TIMES

New CHINESE~ ENGLISH DICTIONARY

时代

汉英
双解词典

TIMES

New

CHINESE-ENGLISH DICTIONARY

时代 汉英 双解词典

王还　主编

联邦出版社 ● 北京语言文化大学出版社

Original edition under the title
Chinese-English Dictionary
first published 1997 by
Beijing Language and Culture University Press
165 Xueyuan Road, Haidian District, Beijing 100083

This edition is published jointly by
Times Media Private Limited
A member of the Times Publishing Group
Times Centre,
1 New Industrial Road,
Singapore 536196
E-mail: fps@tpl.com.sg
Online Book Store: http://www.timesone.com.sg/fpl
and **Beijing Language and Culture University Press**

First published   1997
Reprinted   1998 (twice), 1999 (twice), 2000,
                   2001, 2003 (twice)

ISBN 981 01 2405 8

Printed by B & Jo Enterprise Pte Ltd, Singapore

原版《汉英双解词典》由
北京语言文化大学出版社于 1997 年出版

本版由新加坡 Times Media Private Limited 暨
北京语言文化大学出版社联合出版

1997 年初版
2003 年第 9 次印刷

《时代汉英双解词典》编辑组

主　　编　　王还
副 主 编　　张维
汉语编辑　　赖汉纲 田万湘 许德楠 郝恩美
　　　　　　孟凯 董树人 赵桂玲
英语译者　　英国 Paul White
　　　　　　加拿大 Christine Couturier
译文定稿　　王还

鹿琮世、万汝璠、贾守义、王振礼、张月池、
姜德梧、孙金林等参加了部分词条编写工作。

美国俄亥俄州立大学中文系曾参加部分翻译工作，
统此致谢。

目　　录
CONTENTS

目 录
CONTENTS

前　言

　　《时代汉英双解词典》是一部用汉语和英语同时释义的汉英词典。使用对象为初学汉语以至已掌握相当汉语知识和技能的说英语或具备英语理解能力的、以汉语作为外语或第二语言来学习的成年学习者。

　　本词典收词条三万余，包括近年来许多新词语。由于汉语中许多日常生活用语及科技词汇多有英语对应词，用汉语解释无补于语言的掌握，反而烦琐，这些词条只给英语的对应词，并无汉语释义。也有很多汉语词语，尤其虚词，英语往往无对应词，则用汉语释义，并将释义译成英语。

　　本词典的目的不仅在于释义，而且对一些常用而不容易用的词语讲解用法，帮助读者能在口头、笔下运用自如。

　　为了帮助读者理解并运用一些难用的词语，本词典对许多词条给了相当数量的词语搭配或例句。这些搭配和例句除了说明词义和用法，还可以使读者从中体会目前在中国通行的普通话。所有词语搭配和例句都注有汉语拼音及英语译文。

　　鉴于汉语有不少短语结构十分紧密，但并不是"词"，本词典的词条有一部分是这样的动宾、动补短语。在注音上和"词"有所区别，读者一目了然。

　　虽然汉语有许多词的词性是有争议的，但我们按照我们的原则划分词类，给所有的词都注了词性。错误难免。我们期待读者指正，以备改进。

　　本词典有两个查字表：笔画查字表和部首查字表，十个附录，为读者提供有用的资料。

PREFACE

Times New Chinese-English Dictionary has the special feature that the entries are defined in both Chinese and English. It has been complied for adult learners of Chinese whose first language is English or who know English.

There are more than 30,000 entries, including new words and phrases. Many Chinese words and expressions pertaining to everyday life, as well as technical terms, do have accurate counterparts in English, and these entries are translated into English without Chinese definitions. But there are other Chinese words, especially function words, which have no English equivalents, and these are defined in Chinese with English translations.

This dictionary does not limit its function to defining words; it also illustrates and explains the usages of words and expressions which present difficulty for non-Chinese speakers.

In order to help the users get an idea of the prevalent standard speech of present-day China, example sentences and collocations are included under many entries. All the examples are translated into English and supplied with transliterations in *pinyin*, the Chinese phonetic alphabet.

In addition, there are many very common disyllabic phrases which are difficult to distinguish from disyllabic words. A considerable number of the entries are such verb-object or verb-complement phrases, and these are carefully distinguished in the transliterations.

Parts of speech are marked for every word entry. However, as it is a very controversial question with many Chinese words, we hope that users will point out and correct any mistakes made in this regard.

The dictionary has two indexes, using stroke and radical systems respectively. And there are 10 appendices which the compilers are sure will provide much useful information.

凡　例

1. 本词典所收条目分单字条目和多字条目。前者用大字排印,后者用小字分列于单字条目之下。

2. 单字条目按汉语拼音字母顺序排列。同音异调的按汉字声调顺序排列。同音同调汉字按笔画多少排列。

3. 单字条目中形同音异的,分立条目,后面有"另见……",如"陆" lù 另见 liù,"陆" liù 另见 lù;"看" kān 另见 kàn,"看"kàn 另见 kān。

4. 多字条目按第一个字分列于单字条目之下。不止一条的,按第二个字的拼音字母顺序排列,第二个字的拼音相同的,按第三个字排列,依此类推,如"产"chǎn:产地 chǎndì,产量 chǎnliàng;唇 chún:唇齿相依 chún chǐ xiāng yī,唇齿音 chúnchǐyīn。

5. 本词典所收条目,凡在现代汉语中是词的,均注词性,用词类简称形式(动)(名)(形)(副)等标出。一词兼属两类或几类词性的,在同一条目下分项注明,如"普及"(动)……(形)……。如一个词有几个义项,用序号(1)(2)(3)……,这些大项下如有小项,则用序号①②③……。

6. 在现代汉语中不能独立运用,无独立意义的字,不注词性,不释义,只作打头字出现,如"翩" piān。

7. 在打头字中,有独立意义,但一般不能独立运用的粘着词,标注词性,有释义,但在条目后加符号◇,如"帘"lián（名）◇ curtain。

8. 凡注有词性的条目拼音连写,不是词的,拼音分写,如:"私营" sī yíng,动宾结构则拼音中间用"="号隔开,如"睡觉" shuì＝jiào;动补结构则用"∥"隔开,如"打开" dǎ∥kāi。

9. "一"yī "不" bù 在条目中标原调,在例句注音中标实际读音调,如"一杯酒" yì bēi jiǔ,"不是这样" bú shì zhèyàng。

10. 书写印刷时必须带"儿"字的词,条目中则带"儿",如"个儿"。只在读音中儿化,书写时不带"儿"的,在条目后标上(～儿),如:小偷 xiǎotōu（名）(～儿)。

11. 打头字如系简化字,后边均注出原繁体字,如"伟"(偉)wěi。

12. 用于口语或书面语的词语后面,分别注有〈口〉或〈书〉。少量专业词语后用〈医〉(医学)、〈哲〉(哲学)等简略形式标注。不及物动词标注(动·不及物),不能作定语的形容词,标注(形·非定),不能作谓语的形容词,标注(形·非谓)。

13. 词语搭配和例句中的条目词均以"～"代替。

Guide to the Use of the Dictionary

1. The entries in this dictionary consist of monosyllabic entries and polysyllabic ones. The former are printed in big type, while the latter, in small type, are arranged respectively under the monosyllabic entries.

2. The monosyllabic entries are arranged in the alphabetical order of their transliteration in the Scheme for Chinese Phonetic Alphabet. Words with the same sound but different tones are arranged in the order of tones. Those of the same sound and same tone, are arranged in the order of the number of character strokes.

3. Among the monosyllabic entries, two or more sounds sharing the same character are cross referenced, e. g. 陆 lù see also liù, 陆 liù see also lù; 看 kān see also kàn, 看 kàn see also kān.

4. The polysyllabic entries are arranged under the monosyllabic entries according to the first character. If there are more than one entry, they are arranged alphabetically according to the second character. If the sounds of the second characters are the same, then according to the third character, etc. e. g. 产 chǎn: 产地 chǎndì, 产量 chǎnliàng; 唇 chún: 唇齿相依 chún chǐ xiāng yī, 唇齿音 chúnchǐyīn.

5. All the entries which are words in modern Chinese have their parts of speech marked by (动) (名) (形) (副), etc. If a word belongs to two or more parts of speech, it is marked so under a single entry, e. g. 普及 (动) ... (形) .... If a word has more than one meaning, these are marked by the numbers (1) (2) (3) .... There may be sub-items under these numbers represented by ① ② ③ ....

6. Those characters which cannot be used independently and have no independent meanings are not marked with any parts of speech and not defined. They only appear as head-characters, e. g. 翩 piān.

7. Those bound words among the head-characters, which have independent meanings but cannot be used independently, are marked with parts of speech and defined, but the mark ◇ is added to the entry, e. g. 帘 lián (名) ◇ curtain.

8. Those entries marked with parts of speech have their transliterations in connected form. Those, which are not words but phrases, have their transliterations in separate form, e. g. 私营 sī yíng. For a verb-object structure, ＝ is inserted in its transliteration, e. g. 睡觉 shuì＝jiào. For a verb-complement structure, // is used, e. g. 打开 dǎ

// kāi.

9. 一 yī and 不 bù are marked with their original tone marks in the entries, but are marked with the tones with which they are actually pronounced in examples, e. g. 一杯酒 yì bēi jiǔ, 不是这样 bú shì zhèyàng.

10. Those words, which, when written or printed, must take 儿, have 儿 in the entries. Those, which only take a retroflex 儿 when pronounced, but not when written or printed, are marked with (～儿) in the entry, e. g. 小偷 xiǎotōu (名) (～儿).

11. If the head-character is a simplified character, the original form is given, e. g. 伟 (偉) wěi.

12. Words or phrases used in colloquial speech or literary speech are marked respectively with 〈口〉 or 〈书〉. Some technical terms are marked, e. g. 〈医〉 (medicine), 〈哲〉 (philosophy). Intransitive verbs are marked with (动・不及物). Adjectives which cannot function as attributives are marked with (形・非定), and those which cannot function as predicates are marked with (形・非谓).

13. The entry words in examples are represented by ～.

笔画查字表
Stroke Index

本表所列汉字按笔画多少排列；笔画少的在前，多的在后。同笔画的字，则按第一笔横（一）、竖（丨）、撇（丿）、点（丶）、横折（乛）、竖折（乚）先后排列。

The Chinese characters in this index are arranged in order of the number of strokes, characters with fewer strokes preceding those with more strokes. Characters with the same number of strokes are arranged in order of the first stroke as follows: 一，丨，丿，丶，乛，乚.

"一丨丿丶乛乚"以外的笔形按下面的办法处理：

Apart from "一丨丿丶乛乚", all other strokes are dealt with as follows:

1. （╱╰）　　　　　　　　equivalent to （一）
2. （丄丨）　　　　　　　　equivalent to （丨）
3. （丿⌐丿）　　　　　　　equivalent to （丿）
4. （丶丶⌣）　　　　　　　equivalent to （丶）
5. （フ乛ろ乛乙乚）　　　　equivalent to （乛）
6. （乚乚乚乚乚）　　　　　equivalent to （乚）

一 画

一 …… 1021
乙 …… 1042

二 画

[一]
二 …… 238
十 …… 791
丁 …… 208
厂 …… 103
七 …… 681
[丨]
卜 …… 66
[丿]
人 …… 733
入 …… 746
八 …… 13
几 …… 413,424
九 …… 484
乃 …… 627
儿 …… 236
匕 …… 43

[乛]
刁 …… 205
了 …… 547,566
刀 …… 181
力 …… 554
又 …… 1077
乜 …… 611

三 画

[一]
三 …… 751
干 …… 290,295
于 …… 1079
亏 …… 530
工 …… 314
土 …… 880
士 …… 798
才 …… 85
下 …… 938
寸 …… 153
大 …… 161
丈 …… 1121
万 …… 896

与 …… 1082
[丨]
上 …… 764
小 …… 960
口 …… 521
山 …… 758
[丿]
千 …… 693
乞 …… 686
川 …… 135
亿 …… 1046
个 …… 307
凡 …… 247
勺 …… 770
夕 …… 930
丸 …… 893
久 …… 485
及 …… 418
[丶]
广 …… 340
亡 …… 898
门 …… 602
丫 …… 997
之 …… 1141
[乛]
尸 …… 788

已 …… 1042
弓 …… 315
卫 …… 908
子 …… 1181,1188
也 …… 1018
刃 …… 738
飞 …… 258
习 …… 933
叉 …… 94,97
马 …… 589
[乚]
女 …… 645
乡 …… 950

四 画

[一]
丰 …… 270
王 …… 898
开 …… 501
井 …… 480
天 …… 107
夫 …… 276
元 …… 1088
无 …… 920

云 …… 1096
专 …… 1169
扎 …… 1099,1113
艺 …… 1047
木 …… 620
五 …… 926
支 …… 1142
厅 …… 864
卅 …… 750
不 …… 67
仄 …… 1111
太 …… 844
犬 …… 725
区 …… 718
历 …… 554
歹 …… 168
厄 …… 234
尤 …… 1068
匹 …… 665
巨 …… 492
车 …… 107
牙 …… 998
屯 …… 885
戈 …… 303
比 …… 43

互 …… 386
切 …… 705
瓦 …… 888
[丨]
止 …… 1146
少 …… 770
日 …… 740
中 …… 1154,1158
内 …… 633
水 …… 819
贝 …… 35
见 …… 442
[丿]
午 …… 927
牛 …… 642
手 …… 807
气 …… 689
毛 …… 596
升 …… 783
夭 …… 1013
长 …… 101,1120
仁 …… 737
什 …… 779,792
片 …… 666,668

仆 …… 679
仇 …… 124
仍 …… 740
化 …… 387,390
币 …… 46
仿 …… 546
仅 …… 470
斤 …… 469
爪 …… 1124,1169
反 …… 248
介 …… 466
从 …… 145
父 …… 281
今 …… 469
分 …… 263,269
乏 …… 244
仓 …… 90
凶 …… 981
公 …… 315
月 …… 1094
勿 …… 928
风 …… 271
欠 …… 699
丹 …… 171

匀 …… 1096
凤 …… 275
勾 …… 322,323
乌 …… 919
氏 …… 798
[丶]
六 …… 577
文 …… 913
方 …… 253
忆 …… 1047
闩 …… 818
火 …… 408
为 …… 904,909
斗 …… 217
计 …… 425
订 …… 210
户 …… 386
讣 …… 281
认 …… 738
冗 …… 743
讥 …… 413
心 …… 968
[乛]
尺 …… 118
引 …… 1055

部首查字表
Radical Index

　　本词典部首共 174 个,按笔画数目排列,同笔画数目的按一(横)丨(竖)丿(撇)丶(点)乛(折)五种笔形顺序排列。

　　查字时,先按要查的字的部首在《部首目录》里查出页码,然后查《查字表》。《查字表》内,同一部首的字按除去部首笔画以外的画数排列。

　　对于难查的字,解决的办法是:(1) 部首难于决定的字分收在几个部首内,如:"志"分收在部首"士"和"心"两处,"功"分收在部首"工"和"力"两处。(2)部首不明显的字,一般按起笔(即书写时的第一笔)的笔形收入一丨丿、乛(包括乙乛乚丨 乚等)五个单笔部首内。并为难查字备有笔画索引附于《查字表》后。

This dictionary uses 174 radicals, arranged according to number of strokes. Radicals with the same number of strokes are placed in order of first strokes as follows: 一丨丿、乛.

　　To look up a character, the user should first find the page number in the "Table of Radicals" according to the radical of the character and then find the character under the page number in the "Radical Index". Characters with the same radicals are arranged in order of the number of strokes, excluding the strokes in the radical.

　　To help find characters the radical of which the user may not be sure, they are placed under more than one radical, e. g. 志 is under both 士 and 心, 功 under both 工 and 力, etc. Some characters which don't seem to have any radical are placed under the five single stroke radicals: 一丨丿、乛(including 乙乛乚丨 乚 etc.) according to their first strokes when written and there is a "Stroke Index for Characters of Dubious Radicals" at the end of the "Radical Index".

（一）　部首目录
Table of Radicals

（二）　查字表
Radical Index

（三）　难查字笔画索引
Stroke Index for Characters of Dubious Radicals
（字右边的号码指词典正文的页码）

The number on the right of the character is the page number in the
body of the dictionary

A

ā

阿 ā
另见 ē

【阿斗】Ā Dǒu (名) 三国(公元220—280)时蜀汉后主刘禅的小名。刘禅没有志气, 没有作为。用以比喻愚昧无能的人 *the infant name of Liu Shan, last emperor of the Shu Han Dynasty during the Three Kingdoms Period (220 — 280 A. D.). Liu Shan was known for his lack of will and accomplishments. "Adou" is used to describe an ignorant and incompetent person*; 他整天不声不响, 你要是以为他是个~, 可就错了。Tā zhěng tiān bù shēng bù xiǎng, nǐ yàoshi yǐwéi tā shì ge ~, kě jiù cuò le. *He never talks, but if you think that he's a fool, you're wrong.*

【阿尔法射线】ā'ěrfǎshèxiàn (名) *alpha ray*

【阿飞】āfēi (名) 穿着奇装异服的青少年流氓 *a young person who dresses and behaves in a bizarre and rowdy fashion; punk, punker*

【阿拉伯数字】Ālābó shùzì 国际通用的数字: 0,1,2,3,4,5, 6,7,8,9 *Arabic numerals*: 0, 1, 2, 3, 4, 5, 6, 7, 8, 9

【阿訇】āhōng (名) *ahung; imam*

【阿姨】āyí (名) (1) 孩子或年轻人对比他长(zhǎng)一辈、无亲属关系的妇女的称呼 *form of address used by a young person or child for any woman one generation his senior* (2) 对保育员或帮忙处理家务的妇女的称呼 *form of address for female child-care personnel or domestic helper or maid*

啊 ā
(叹) 表示请求、叮嘱 (*indicates a request or warning*): 到时候可一定要来呀! ~! 别忘了。Dào shihou kě yídìng yào lái ya! ~! Bié wàng le. *Be sure to come when it's time. Don't forget!* /你可别把钱丢了, ~! Nǐ kě bié bǎ qián diū le, ~! *Don't lose the money!* /早点休息吧, ~! Zǎo diǎnr xiūxi ba, ~! *You should go to bed a little earlier.* 另见 á; ǎ; à; a

á

啊 á
(叹) 表示追问, 用于疑问句后 (*used at the end of an interrogative sentence to indicate that one is pressing for an answer*): 我这样唱对吗? ~? Wǒ zhèyàng chàng duì ma? ~? *Is my singing this way right? Is it?* /他的意思你理解了吗? ~? Tā de yìsi nǐ lǐjiěle ma? ~? *Did you get his meaning? Well, did you?* /你去还是不去? ~? Nǐ qù háishi bú qù? ~? *Are you going or not? Hurry up and answer!* /这个句子是这样翻译吗? ~? Zhège jùzi shì zhèyàng fānyì ma? ~? *Is this how this sentence is translated? Is it?* 另见 ā; á; ǎ; a

ǎ

啊 ǎ
(叹) 表示惊疑 (*expresses surprise*): ~! 这是怎么回事? ~! Zhè shì zěnme huí shì? *Hey! What's this all about?* /"~! 你怎么受伤了?"老张吓了一跳。"~! Nǐ zěnme shòushāng le?" Lǎo Zhāng xiàle yí tiào. *"Gosh, how did you get hurt?" asked Lao Zhang in horror.* /"~?"她用怀疑的眼光看着我, "这可能吗?" "~?" Tā yòng huáiyí de yǎnguāng kànzhe wǒ, "Zhè kěnéng ma?" *"What?" she*

looked at me with suspicion "Can this be possible?" 另见 ā; á; à; a

à

啊 à
(叹) (1) 表示醒悟、明白 (发音较重较长) (*indicates sudden realization (the pronunciation is fairly heavy and drawn out*)): ~! 原来你在这儿。~! Yuánlái nǐ zài zhèr. *Ah! So here you are!* /~! 我现在才明白。~! Wǒ xiànzài cái míngbai. *Ah! Now I understand.* (2) 表示同意 (发音较轻较短) (*expresses agreement (the pronunciation is fairly light and short)*): 你们俩一起去吧。——~, 好吧。Nǐmen liǎ yìqǐ qù ba. ——~, hǎo ba. *You two go together. — Right. Okay.* /请你明天把画儿带来我看看。——~, 可以, 可以。Qǐng nǐ míngtiān bǎ huàr dàilai wǒ kànkan. ——~, kěyǐ, kěyǐ. *Please bring the painting tomorrow for me to see.* ——All right, I will. (3) 表示惊异或赞叹 (发音较长) (*expresses surprise or admiration (the pronunciation is fairly drawn out)*): ~! 这些花多美呀! ~! Zhèxiē huār duō měi ya! *Oh, what beautiful flowers!* /~! 你起得真早。~! Nǐ qǐ de zhēn zǎo. *My, you're up so early!* /~! 多危险啊! ~! Duō wēixiǎn a! *Oh, how dangerous!* /~! 我真不知该怎样感谢他才好。~! Wǒ zhēn bù zhī gǎi zěnyàng gǎnxiè tā cái hǎo. *Oh, I really don't know how to thank him enough.* 另见 ā; á; ǎ; a

a

啊 a
(助) 是语气助词, 起舒缓语气的作用, 不影响句子感情色彩的程度, 也不影响意思 (*is a modal particle which expresses a leisurely tone but does not affect the degree of emotional colour in a sentence, nor does it affect the meaning*) (1) 用在表示赞叹、惋惜、轻蔑、憎恨、厌恶、焦虑等感叹句末 (*used at the end of an exclamatory sentence which expresses admiration, regret, disdain, hatred, disgust, anxiety, etc.*): 这场足球踢得真棒~! Zhè chǎng zúqiú tī de zhēn bàng ~! *This football game was played superbly!* /唉! 你全都答错了~! Āi! Nǐ quán dōu dácuò le ~! *Oh my! you've answered everything wrong!* /这么多底片都暴光了, 多可惜~! Zhème duō dǐpiàn dōu bào guāng le, duō kěxī ~! *What a pity so many negatives were exposed!* /饭都做湖了, 这可怎么吃~! Fàn dōu zuòhú le, zhè kě zěnme chī ~! *The rice is all burnt. How is one supposed to eat it?* (2) 用在表示同意、肯定、提醒、嘱咐等句 (*used in a sentence which expresses agreement, certainty, warning, a command, etc.*): 是~, 这是很有道理的。Shì ~, zhè shì hěn yǒu dàoli de. *Yes indeed, this does make a lot of sense.* /明天, 我可以去看你吗? ——行~。Míngtiān, wǒ kěyǐ qù kàn nǐ ma? ——Xíng ~. *Can I go visit you tomorrow? — Yes.* /你也不小啦, 凡事得自己决定。Nǐ yě bù xiǎo la, fán shì děi zìjǐ juédìng ~. *You're no child. You must decide for yourself on all matters.* (3) 用在疑问句末, 用"吗"的疑问句除外 (*used at the end of interrogative sentences except those which use "吗"*): 你去哪儿~? Nǐ qù nǎr ~? *Where are you going?* /他到底去不去~? Tā dàodǐ qù bú qù ~? *After all, is he going or not?* /你在哪个单位工作~? Nǐ zài nǎge dānwèi gōngzuò ~? *At what unit do you work?* /刚才来的是你朋友还是你哥哥~? Gāngcái lái de shì nǐ péngyou háishì nǐ gēge ~? *Was that your friend or your older*

brother who just came? (4)用在句中停顿的地方（*used before a pause within a sentence*）：其实～，下雨比刮风好得多，我就讨厌风。*Qíshí* ～，*xià yǔ bǐ guā fēng hǎo de duō, wǒ jiù tǎoyàn guā fēng. Actually, rain is better than wind. I hate wind.* /这楼房～，不加固不行。*Zhè lóufáng* ～，*bù jiā gù bù xíng. As for this building, it has to be reinforced.* /你还年轻～，到老了就知道时光的可贵了。*Nǐ hái niánqīng* ～，*dào lǎole jiù zhīdào shíguāng de kěguì le. You're still young; you'll realize how valuable time is once you're old.* (5)用在列举的每一项之后（*used after every item in an enumeration*）：他总是书～、杂志～、本子～，摊一桌子，也不收拾。*Tā zǒngshì shū* ～、*zázhì* ～、*běnzi* ～，*tān yì zhuōzi, yě bù shōushi. He always has a deskful of books and magazines. He never tidies up.* /那天可热闹了，同学～、亲戚～、朋友～都来贺喜了。*Nà tiān kě rènao le, tóngxué* ～、*qīnqi* ～、*péngyou* ～都来贺喜了。*dōu lái hè xǐ le. It was really lively that day. Classmates, relatives, and friends — all came to celebrate the happy occasion.* /联欢会上，他们唱～、跳～、说～、笑～，一直搞到很晚。*Liánhuānhuì shang, tāmen chàng* ～、*tiào* ～、*shuō* ～、*xiào* ～，*yìzhí gǎodào hěn wǎn. At the get-together, they sang, and danced, and talked, and laughed until very late.* (6)用于招呼、称呼之后（*used after a greeting or a form of address*）：再见～，朋友们! *Zàijiàn* ～，*péngyoumen! Goodbye, friends.* /小花，你怎么这样不听话呀! *Xiǎo Huā* ～，*Xiǎo Huā, nǐ zěnme zhèyàng bù tīng huà ya! Xiao Hua, why are you being so disobedient?* 另见 ā；á；ǎ；à

āi

哎 āi（叹）(1)表示引起注意或打招呼（*used to attract attention or as a greeting*）：～，妈妈，快来呀! ～，*māma, kuài lái ya! Hey Mom, come here quick!* /～，你可得注意身体呀! ～，*nǐ kě děi zhùyì shēntǐ ya! Look! You have to watch your health.* /～，大李，小心你后边有车，靠边儿走。～，*Dà Lǐ, xiǎoxīn nǐ hòubiānr yǒu chē, kào biānr zǒu. Hey Li, be careful! There's a car behind you. Keep to the side.* (2)表示惊讶或不满（*expresses surprise or discontent*）：～，没想到他一下子摔成这样。～，*méi xiǎngdào tā yíxiàzi shuāichéng zhèyàng. Gosh, I never thought he would take such a bad fall.* /～，雪怎么还没停啊! ～，*xuě zěnme hái méi tíng a! Oh, why hasn't it stopped snowing yet!*

【哎呀】āiyā（叹）(1)表示惊讶（*expresses surprise*）：～，都十二点了，我得走了。～，*dōu shí'èr diǎn le, wǒ děi zǒu le. Gosh, it's already twelve o'clock! I must go.* /～，雨下得真大呀! ～，*yǔ xià de zhēn dà ya! Wow! It's pouring!* /～，他可真有劲儿! ～，*tā kě zhēn yǒu jìnr! Goodness! He certainly is strong!* (2)表示厌烦、埋怨、痛苦、不快等（*expresses annoyance, grumbling, pain, discontent, etc.*）：～，你怎么这么啰嗦! ～，*nǐ zěnme zhème luōsuo! Really! why are you babbling on like this?* /～，事情都让你给耽误了。～，*shìqing dōu ràng nǐ gěi dānwu le. Humph! you've held up the whole thing.* /～，头真疼啊! ～，*tóu zhēn téng a! Ouch, my head hurts!* /～，大家都在忙着，谁能照顾你! ～，*dàjiā dōu zài mángzhe, shuí néng zhàogu nǐ! Look! We're all busy. Who's got time to look after you!*

【哎哟】āiyō（叹）表示惊讶、痛苦等（*expresses surprise, pain, etc.*）：～，你怎么还不睡呀! ～，*nǐ zěnme hái bú shuì ya! Hey, why aren't you asleep yet?* /～，课本让我忘在家里了。～，*kèběn ràng wǒ wàng zài jiā lǐ le. Oh, dear! I forgot my textbook at home.* /～，这药太苦啦! ～，*zhè yào tài kǔ la! Ouch! This medicine is too bitter!* /～，胃里难受极了。～，*wèilǐ nánshòu jí le. Ow! My stomach aches.*

哀 āi

【哀愁】āichóu（名）〈书〉*sadness; sorrow*

【哀悼】āidào（动）〈书〉悲痛地追念（死者）*mourn for (the dead); lament or grieve over (sb.'s death); express one's condolences (on the death of sb.)*：～革命烈士 ～ *gémìng lièshì mourn for revolutionary martyrs* /对祖母的逝世表示沉痛的～。*Duì zǔmǔ de shìshì biǎoshì chéntòng de* ～. *We mourned the loss of our grandmother.*

【哀告】āigào（动）苦苦恳求 *supplicate; beg piteously*：她爸爸原谅她的错误。*Tā* ～ *bàba yuánliàng tā de cuòwù. She begged her father to forgive her for her error.*

【哀号】āiháo（动）〈书〉悲痛而大声地哭叫 *wail*：妻子伏在他尸体旁。*Qīzi fú zài tā shītǐ páng* ～. *She lay prostrate by her husband's corpse and wailed.*

【哀鸿遍野】āi hóng biàn yě 哀鸿：悲哀鸣叫的大雁。比喻到处都是流离失所的灾民（哀鸿：*the mournful cry of a wild goose*）*a land swarming with disaster victims*

【哀鸣】āimíng（动）〈书〉悲哀地哀叫 *whine plaintively; wail*

【哀求】āiqiú（动）（向自认强于自己的人）低声下气地反复请求 *beg, grovel*：他爱答应不答应，我反正不会去～他的。*Tā ài dāying bu dāying, wǒ fǎnzheng bú huì qù* ～ *tā de. He can say yes or no for all I care, but I refuse to grovel.*

【哀伤】āishāng（形）〈书〉悲痛 *grieved; sad*

【哀思】āisī（名）〈书〉怀念死者的悲痛感情 *grief; mourning (for someone who has died)*：开个追悼会，寄托我们的～。*Kāi ge zhuīdàohuì, jìtuō wǒmen de* ～. *to hold a memorial service to express our grief*

【哀叹】āitàn（动）〈书〉悲哀地叹息（觉得无能为力）*bewail (feeling helpless)*：光～自己的命运不好，不努力改变现状，不行。*Guāng* ～ *zìjǐ de mìngyùn bù hǎo, bù nǔ lì gǎibiàn xiànzhuàng, bù xíng. One shouldn't just sit around bewailing one's fate without trying to change the situation.*

【哀痛】āitòng（形）悲痛 *grieved*

【哀乐】āiyuè（名）送葬或追悼时演奏的乐曲 *funeral music; dirge*：奏～ *zòu* ～ *to play a funeral march*

挨 āi（动）〈口〉(1)顺着（次序）。可带"着" *to follow (the order) (can be followed by "着")*：～户通知 ～ *hù tōngzhī to notify family by family* /看病的人多，护士～着号叫。*Kàn bìng de rén duō, hùshi* ～ *zhe hào jiào. There were lots of patients so the nurse called them one by one.* (2)靠近，紧接着。可带"着" *be close to; get near to; be next to (can be followed by "着")*：～墙站着 ～ *qiáng zhànzhe to stand next to the wall* /你～着我坐吧! *Nǐ* ～ *zhe wǒ zuò ba! You sit beside me, OK?* /参观的人一个～一个地走进展览大厅。*Cānguān de rén yí gè* ～ *yí gè de zǒujìn zhǎnlǎn dàtīng. Visitors entered the exhibition hall one after another.* 另见 ái

【挨次】āicì（副）逐一，按一定的次序 *one by one; in sequence*：连长～检查每个战士的军容风纪。*Liánzhǎng* ～ *jiǎnchá měi ge zhànshì de jūnróng fēngjì. The company commander inspected every soldier's discipline, appearance and bearing, one after the other.* /各国体育代表队～走过主席台。*Gè guó tǐyù dàibiǎoduì* ～ *zǒuguò zhǔxítái. The sports delegation of every country passed the platform one by one.* /同学们排好队，要～进入会场。*Tóngxuémen páihǎo duì, yào* ～ *jìnrù huìchǎng. The students have to line up, and file into the assembly hall.*

【挨近】āijìn（动）靠近，使间隔很小 *to be close by; to come close to; to leave a small interval*：可以～一点儿坐! *Kěyǐ* ～ *yìdiǎnr zuò! You can sit closer.* /我的座位～舞台，看得非常清楚。*Wǒ de zuòwèi* ～ *wǔtái, kàn de fēicháng qīngchu. I could see the play clearly because my seat was near the stage.* /我家跟他家挨得很近。*Wǒ jiā gēn tā jiā āi de hěn*

jìn. *My house is close to his.*

唉 āi

【唉声叹气】āi shēng tàn qì 因悲伤、烦闷而发出叹息的声音 *heave sighs of despair; moan and groan:* 你整天～的，到底为什么？Nǐ zhěng tiān ～ de, dàodǐ wèi shénme? *Just why have you been moaning and groaning all day?* /奶奶这几天心情不好，老是～. Nǎinai zhè jǐ tiān xīnqíng bù hǎo, lǎoshi ～. *Grandma hasn't been in a good mood these past few days. She has been heaving deep sighs.*

ái

挨 〔㧒〕ái

(动)(1)遭受(外界加于自己的痛苦) *suffer, undergo (pain caused by others); endure:* ～了一顿揍 ～le yí dùn zòu *was given a beating* /头上～了一拳 tóu shang ～le yì quán *Someone punched him in the head.* /～过两次批评 ～guo liǎng cì pīpíng *was criticized twice* /这孩子又～说了。Zhè háizi yòu ～ shuō le. *This child was scolded again.* (2)困难地度过(岁月),可带"了" *to spend (time) with hardship (can be followed by "了"):* ～了一年又一年,苦日子总算～到头了！～le yì nián yòu yì nián, kǔ rìzi zǒngsuàn ～dào tóu le! *After years and years, the hard times have at last come to an end.* /病床上的日子真难～! Bìngchuáng shang de rìzi zhēn nán ～! *The time spent in sick bed is really hard to endure.* (3)拖延。可有宾语,宾语只限"日子""时间"等表示时间的名词 *delay; put off (can be followed only by an object which is a noun of time such as "日子", "时间"):* 文章快点儿写了就完了,何必～时间呢？Wénzhāng kuài diǎnr xiě le jiù wán le, hébì ～ shíjiān ne? *It won't take long to write the essay, why put it off?* 另见 ài

【挨打】ái＝dǎ 被(别人)打 *be hit (by someone); suffer a beating; be spanked:* 挨了一顿打 áile yí dùn dǎ *suffered a beating* /昨天,那孩子挨没挨打? Zuótiān, nà háizi ái méi ái dǎ? *Was that child spanked yesterday or not?*

【挨饿】ái＝è 正常的饭食需要得不到满足 *suffer from hunger, starve:* 因为救济及时,灾区的人没有～受冻。Yīnwèi jiùjì jíshí, zāiqū de rén méiyou ～ shòu dòng. *No one suffered from hunger and cold in the disaster area due to the timely relief.* /大雪断绝了交通,那里的人挨了两天饿。Dà xuě duànjuéle jiāotōng, nàli de rén áile liǎng tiān è. *The roads were closed by snow, so the people there had nothing to eat for two days.* /那个饲养员从不让牲口～。Nàge sìyǎngyuán cóng bú ràng shēngkou ～. *That stockman never lets the cattle go hungry.*

【挨骂】ái＝mà 被(别人)骂 *be scolded (by someone):* 这种事就得干涉,～也不怕。Zhè zhǒng shì jiù děi gānshè, ～ yě bú pà. *This sort of matter has to be dealt with, even if I get blamed I won't care.* /挨了一顿骂 áile yí dùn mà *was given a scolding*

皑 〔皚〕ái

【皑皑】áiái(形)〈书〉(形容霜雪)洁白、光亮的样子 *(of frost or snow) dazzlingly white:* 白雪～,可是青松傲然挺立。Báixuě ～, kěshì qīngsōng àorán tǐnglì. *The pine trees stand unyieldingly in the field of dazzling snow.*

癌 ái

(名)cancer

ǎi

嗳 〔噯〕ǎi

(叹)表示不以为然或不耐烦 (*expresses disapproval or impatience*):～,你这样说就不对了。～, nǐ zhèyàng shuō jiù bú duì le. *No, no, you shouldn't say this kind of thing.* /～,我要的不是报纸,是杂志。～, wǒ yào de bú shì bàozhǐ, shì zázhì. *No, what I want is a magazine, not a newspaper.* /～,他怎么老听不明白? ～, tā zěnme lǎo tīng bu míngbai? *Why can't he get it into his head?* 另见 ài

矮 ǎi

(形)(1)身材短 *short in stature:* 他是个一个儿。Tā shì ge ～ gèr. *He is a short one.* /小王比老张～多了。Xiǎo Wáng bǐ Lǎo Zhāng ～ duō le. *Xiao Wang is much shorter than Lao Zhang.* /我比他～一头。Wǒ bǐ tā ～ yì tóu. *I am a head shorter than he is.* (2)高度小 *low:* 那堵墙太～,没用。Nà dǔ qiáng tài ～, méi yòng. *That wall is too low, it's of no use.* /那一排矮～的树是什么树? Nà yì pái tīng ～ de shù shì shénme shù? *What kind of trees are those short ones in that row?* (3)低(多指年级、级别) *low (refers to grade, year of school or rank, level, scale and so on):* 我们是同学,我比他～一级。Wǒmen shì tóngxué, wǒ bǐ tā ～ yì jí. *We're schoolmates, but I'm one year behind him.* /父子都是工程师,儿子比爸爸～两级。Fùzǐ dōu shì gōngchéngshī, érzi bǐ bàba ～ liǎng jí. *Both father and son are engineers, but the son is two ranks lower than the father.*

【矮小】ǎixiǎo(形)又矮又小 *(of stature or house) both short and small:* 小刘太～,参军不够条件。Xiǎo Liú tài ～, cān jūn bú gòu tiáojiàn. *Xiao Liu can't meet the requirements to be a soldier because he is too short and too small.* /那个～的棚子是放工具的。Nàge ～ de péngzi shì fàng gōngjù de. *That small shed is for storing tools.*

【矮子】ǎizi (名) *a short person; dwarf*

ài

唉 ài

(叹)表示感伤、惋惜、为难等(发音重而长) (*expresses sadness, regret, awkwardness, etc. (the pronunciation is heavy and drawn out)*):～,别再提那件事了。～, bié zài tí nà jiàn shì le. *My God! Don't bring that matter up again.* /～,没想到事情的结局这么惨。～, méi xiǎngdào shìqing de jiéjú zhème cǎn. *Gosh, I never expected the matter to have such a tragic outcome.* /～,真是去也不好,不去也不好。～, zhēnshi qù yě bù hǎo, bú qù yě bù hǎo. *Really! It won't do if I don't go and it won't do if I do go!* /～! 昨天他还好好的,怎么今天就住院了? ～! Zuótiān tā hái hǎohāo de, zěnme jīntiān jiù zhù yuàn le? *Gosh, he was fine yesterday. How can he be in hospital today?*

爱 〔愛〕ài

(动)(1)(对人或事物)有真诚、亲切的感情 (*towards people or things*) *to have sincere and intimate affection; love:* 我～我的工作。Wǒ ～ wǒ de gōngzuò. *I love my work.* /老刘非常～花儿。Lǎo Liú fēicháng ～ huār. *Lao Liu really loves flowers.* /他很爱他的女儿。Tā hěn ～ tā de nǚ'ér. *He loves his daughter very much.* /她早就～上小林了。Tā zǎo jiù ～shang Xiǎo Lín le. *She fell in love with Xiao Lin a long time ago.* /国家提倡～祖国、～人民、～劳动、～科学、～社会主义的公德。Guójiā tíchàng ～ zǔguó、～ rénmín、～ láodòng、～ kēxué、～ shèhuìzhǔyì de gōngdé. *The state advocates a social morality of loving the motherland, the people, labor, science and socialism.* (2)喜欢(对某事)感兴趣。宾语多为动词、动词短语或形容词 *like; be interested in (something) (objects are mostly verbs, verbal phrases and adjectives):* 他不～打球,～听音乐。Tā

bú ~ dǎ qiú,~ tīng yīnyuè. *He doesn't like to play ball, instead he likes to listen to music.* /老刘非常～种花儿。Lǎo Liú fēicháng ~ zhòng huār. *Lao Liu really enjoys raising flowers.* /那孩子不～学习，就～玩儿。Nà háizi bú ~ xuéxí, jiù ~ wánr. *That child doesn't like to study, he only likes to play.* /他～热闹，我～清静。Tā ~ rènao, wǒ ~ qīngjìng. *He likes being social, I like solitude.* (3)容易发生某种变化或经常发生某种行为。宾语多为动词或形容词或这类短语(*often be highly possible; be apt to; be liable to (objects are verbs, adjectives, verbal phrases, or adjectival phrases*):这一带～刮风。Zhè yídài ~ guā fēng. *It is often windy here.* /铁～生锈。Tiě ~ shēng xiù. *Iron rusts easily.* /他～激动。Tā jiù ~ jīdòng. *He tends to be excitable.* /玲玲最～哭。Lingling zuì ~ kū. *It is easy for Lingling to cry.*

【爱……不……】ài……bù…… (1)常嵌入"理"字，成为描写性短语，表示一种傲然的态度；多用作状语或谓语(*often used before the reduplicated character 理 to form a descriptive phrase which means "to be standoffish"; usu. used as an adverbial or predicate*):你为什么见了人爱理不理的，这样太没礼貌。Nǐ wèi shénme jiànle rén ài lǐ bù lǐ de, zhèyàng tài méi lǐmào. *Why are you so standoffish around others? That's so rude!* /看他自高自大的样子，你问他个什么问题他还爱搭理不搭理的。Kàn tā zì gāo zì dà de yàngzi, nǐ wèn tā ge wèntí tā hái ài dàlǐ bù dàlǐ de. *Look at how arrogant he is. He just looks cold and is indifferent when you ask him a question.* (2)嵌入某些动词或形容词作谓语，有"随他的便"的意思 (*used before certain verbs or adjectives to serve as a predicate; means "do as you like"*):话我已经说了不少，你爱听不听。Huà wǒ yǐjīng shuōle bù shǎo, nǐ ài tīng bù tīng. *I've said enough; you can take my advice or not, it's up to you.* /电影票我放在这儿了，你爱去不去。Diànyǐngpiào wǒ fàng zài zhèr le, nǐ ài qù bú qù. *I put the movie ticket here. You can go or not, for all I care.*

【爱称】àichēng(名)〈书〉表示亲切、喜爱的称呼，多用于儿童 *pet or affectionate name, term of endearment*:家里大人常给小孩儿取个小名儿，不算正式名字，就是一种。Jiā li dàrén cháng gěi xiǎoháir qǔ ge xiǎomíngr, bú suàn zhèngshì mingzi, jiù shì yì zhǒng. *The adults in a family often give a child a pet name which is not his real name but a term of affection.*

【爱戴】àidài(动)崇敬、热爱并拥护(有声望的长者或领袖人物) *to love deeply and support (an honored elder or leader)*:中国人民衷心～周总理。Zhōngguó rénmín zhōngxīn ~ Zhōu zǒnglǐ. *The Chinese people wholeheartedly revere Premier Zhou.* /老村长大公无私，深受乡亲们的～。Lǎo cūnzhǎng dà gōng wú sī, shēn shòu xiāngqīnmen de ~. *The village chief, who is impartial and selfless, is deeply revered by villagers.*

【爱抚】àifǔ(动)〈书〉疼爱并同情、安慰 *to love with compassion and sympathy*

【爱国】ài=guó *love one's country; be patriotic*:我不太了解他，只知道他是很～的。Wǒ bú tài liǎojiě tā, zhǐ zhīdao tā shì hěn ~ de. *I don't know him very well, I just know that he is very patriotic.* /～志士～zhìshì *patriotic idealist* /高度的～热忱 gāodù de ~ rèchén *highly developed patriotic zeal* /广泛的～统一战线 guǎngfàn de ~ tǒngyī zhànxiàn *extensive patriotic united front*

【爱国者】àiguózhě(名) *patriot*

【爱国主义】àiguózhǔyì(名) *patriotism*

【爱好】àihào(动)同"爱"ài(2) *same as "爱" ài(2)*:～游泳～yóuyǒng *be fond of swimming* /～美术～měishù *have a liking for art* (名)能引起浓厚兴趣的事物或活动 *hobby; interest*:我们俩共同的～是下象棋。Wǒmen liǎ gòngtóng de ~ shì xià xiàngqí. *The hobby we two have in common is chess-playing.*

【爱护】àihù(动)爱惜并保护 *cherish; protect; safeguard*:～公共财物～gōnggòng cáiwù *take good care of public property* /～儿童～értóng *cherish children* /～小树苗～xiǎo shùmiáo *protect little saplings* /～眼睛～yǎnjīng *protect (your) eyes* /～群众的积极性～qúnzhòng de jījíxìng *protect the enthusiasm of the masses*

【爱克斯光】àikèsīguāng(名) *X-ray; roentgen ray*

【爱克斯射线】àikèsīshèxiàn(名)〈物〉同"爱克斯光"àikèsīguāng *same as "爱克斯光"* àikèsīguāng

【爱恋】àiliàn(动)〈书〉对人或事物真挚、热烈地爱着 *be in love with (sb.); feel deeply attached to (sth.)*

【爱面子】ài miànzi 怕损伤自己的体面,让别人看不起 *be sensitive about one's reputation; be intent on face-saving; self-conscious*:她有点儿～,一听到批评就脸红。Tā yǒudiǎnr ~, yì tīngdào pīping jiù liǎn hóng. *She's a little self-conscious, if she hears any criticism she blushes.*

【爱莫能助】ài mò néng zhù 虽然有心帮助,但因力量不够或条件所限而做不到 *be willing to help, but unable to do so*:我很想帮助他学数学,可惜我的数学不行,实在～!Wǒ hěn xiǎng bāngzhù tā xué shùxué, kěxī wǒ de shùxué bù xíng, shízài ~! *I really want to help him with his math, it's a pity I'm no good at math, I'm willing to help but I can't.*

【爱慕】àimù(动)〈书〉由于喜爱而追求或希望亲近 *love; adore; admire*:几年来,小王受到不良影响,有点儿～虚荣。Jǐ nián lái, Xiǎo Wáng shòudào bùliáng yǐngxiǎng, yǒudiǎnr ~ xūróng. *For the past few years Xiao Wang has been under a bad influence so he's somewhat vain.* /他们俩大学同学四年,互相有了～之情。Tāmen liǎ dàxué tóng xué sì nián, hùxiāng yǒule ~ zhī qíng. *Those two were classmates at college for four years and have a strong affection for one another.*

【爱情】àiqíng(名)男女相爱的感情 *love (between man and woman)*:真挚的～zhēnzhì de ~ *genuine love* /那是没有～的婚姻。Nà shì méi yǒu ~ de hūnyīn. *That is a loveless marriage.*

【爱人】àiren(名)(1)丈夫或妻子 *husband or wife*:他有～吗?Tā yǒu méi yǒu ~? *Does he have a wife?* /这位是他的～。Zhè wèi shì tā de ~. *This is her husband.* (2)有的地方指准备结婚的两方面,或其一 *fiance or fiancee*

【爱惜】àixī(动)因重视而不糟蹋、不浪费 *cherish (sth.); treasure (sth.); use sparingly*:～时间～shíjiān *make the best use of one's time* /～人才,重用人才。～réncái, zhòngyòng réncái. *don't waste talented people, put them in positions of importance* /～自己的名誉～zìjǐ de míngyù *treasure one's own reputation* /～公共财物～gōnggòng cáiwù *use public money and property sparingly*

【爱憎分明】ài zēng fēnmíng 爱什么恨什么态度非常鲜明 *be clear about whom or what to love or hate; the manner of loving or hating something is extraordinarily clear*:从鲁迅的作品可以看出他爱永远是～的。Cóng Lǔ Xùn de zuòpǐn kěyǐ kànchū tā yǒngyuǎn shì ~ de. *From Lu Xun's writings one can always see he was clear about what to love and what to hate.*

隘 ài (形)◇狭窄 *narrow* (名)◇险要的地方 *pass; defile*:要～ yào ~ *strategic pass*

【隘口】àikǒu(名)险要的关口 *strategic pass*

碍 〔礙〕ài (动)◇阻碍,妨碍 *hinder; obstruct*:车子停在这儿有～交通,请挪开吧!Chēzi tíng zài zhèr ~ jiāotōng, qǐng nuókai ba! *If you park your car here, it will obstruct traffic, please move it away!* /这些东西放在这儿真～脚。

Zhèxiē dōngxi fàng zài zhèr zhēn ~ jiǎo. *These things really get in the way here.* /把行李放在这儿吧,~不着谁。Bǎ xíngli fàng zài zhèr ba,~ bù zháo shuí. *Leave your baggage here, it won't inconvenience anyone.*

【碍口】ài＝kǒu 碍于情面或怕难为情而不便说出口 *too embarrassing to mention*: 她对你有意见,想提出来,可能又觉得~。Tā duì nǐ yǒu yìjian, xiǎng tí chulai, kěnéng yòu juéde ~. *She has a bone to pick with you and wants to bring it up, but she probably feels too awkward to mention it.* /在那么多人面前,让姑娘谈自己的婚事,总有点儿~吧! Zài nàme duō rén miànqián, ràng gūniang tán zìjǐ de hūnshì, zǒng yǒudiǎnr ~ ba! *It is, after all, embarrassing for a young girl to talk about her marriage in front of so many people!*

【碍事】ài＝shì (1)有妨碍,使人感到不方便 *hinder; be in the way*: 柜子放在这儿~极了。Guìzi fàng zài zhèr ~ jí le. *If you put the cupboard here, it'll really be in our way.* /你们干你们的,不碍我的事。Nǐmen gàn nǐmen de, bú ài wǒ de shì. *You people go ahead with your work. It won't bother me.* /咱们唱歌不碍他的事吗?Zánmen chàng gē bú ài tā de shì ma? *Doesn't our singing interfere with his work?* (2)严重,要紧(多用于疑问句或否定句) *be of consequence; serious* (*usu. used in an interrogative or negative sentence*): 他的病~不~?Tā de bìng ~ bú ~? *Is his illness serious or not?* /我只受了点儿轻伤,不~。Wǒ zhǐ shòule diǎnr qīng shāng, bú ~. *I just received a slight wound, it's nothing serious.*

【碍眼】ài＝yǎn (1)嫌有人在跟前不方便 *inconvenience; stand in the way*: 人家一家人好容易团聚一次,咱们去了怪~的。Rénjia yì jiā rén hǎoróngyì tuánjù yí cì, zánmen qùle guài ~ de. *Their whole family has finally gathered together after much difficulty. If we went there, we'd be greatly inconveniencing them.* (2)看着不顺眼 *be unpleasant to look at; be an eyesore*: 院里堆那么多木料,多~!赶快运走吧!Yuàn lǐ duī nàme duō mùliào, duō ~! gǎnkuài yùnzǒu ba! *So much lumber piled up in the courtyard is a real eyesore! Move it away at once!*

嗳 〔嗳〕ài
(叹)表示后悔、遗憾、不满、提示等(发音短而轻) (*expresses regret, dissatisfaction, prompting, etc.* (*pronounced lightly and curtly*)): ~,早知他们不来,就不准备这么多菜了。~, zǎo zhī tāmen bù lái, jiù bù zhǔnbèi zhème duō cài le. *Oh! Had I known a little earlier that they weren't coming, I wouldn't have prepared so many dishes.* /~,要是早点来,就买到票了。Darn! ~, yàoshi zǎo diǎnr lái, jiù mǎidào piào le. *Had I got here a little earlier, I would have been able to buy a ticket.* /~,往旁边坐坐,你把门挡住了。~, wǎng pángbiānr zuòzuo, nǐ bǎ mén dǎngzhu le. *Hey, move over and sit by the side! You're blocking the doorway.* /~,你倒是说呀!~, nǐ dàoshi shuō ya! *Say it!*另见 ǎi

嗳 〔嗳〕ài
【嗳昧】àimèi (形)(1)(态度)含糊,不明朗 (*manner*) *ambiguous, shady*: 儿子犯了严重错误,父亲不闻不问,态度可不行。Érzi fànle yánzhòng cuòwù, fùqin bù wén bú wèn, tàidu ~ kě bù xíng. *It is definitely unsuitable for a father to ignore and have an ambiguous attitude toward the serious error of his son.* (2)(行为、关系)不光明,不正当,见不得人 (*behavior, social relation*) *shady, improper, socially unacceptable*: 他们俩关系~,群众窃窃私议。Tāmen liǎ guānxi ~, qúnzhòng qièqiè sī yì. *Everyone secretly discusses the shady relation between those two.*

ān

安 ān
(动)(1)装设 *install*: ~电灯 ~ diàndēng *install lights* /~机器 ~ jiqì *install a machine* (2)◇强加上 *to force on, impose upon*: 坏人想~赃。Huàirén xiǎng ~ zāng. *That bad person is thinking of planting hot merchandise on someone.* /给他~个罪名,想把他置于死地。Gěi tā ~ ge zuìmíng, xiǎng bǎ tā zhì yú sǐdì. *They falsely accused him, with the intention of having him receive the death penalty.* (3)(对生活、工作等)感觉满足 (*life, work, etc.*) *be satisfied*: ~于现状,不求进取。~ yú xiànzhuàng, bù qiú jìnqǔ. *be satisfied with things the way they are, with no desire to get ahead* (4)存着、怀着(某种不好的念头)总是说"安什么心"或"不安好心""没安好心" *harbour* (*certain evil intention*) (*the most commonly used phrases are "安什么心","不安好心","没安好心"*): 谁知道他~的什么心?Shuí zhīdào tā ~ de shénme xīn?*Who knows what intentions he has?!* /不~好心的人,不会有好下场的!Bù ~ hǎoxīn de rén, bú huì yǒu hǎo xiàchǎng de! *People with bad intentions can't have good results.* (形)◇平安、安全(与"危"相对) *safe, secure* (*opposite to "危"*): 转危为~ zhuǎn wēi wéi ~ — *be out of danger; emerge from danger; extricate* (*oneself*) *from a dangerous situation*

【安插】ānchā (动)多指把人员安排在某一位置上 *to place somebody in a job or position; plant*: 把那几个大学毕业生~在科研单位。Bǎ nà jǐ ge dàxué bìyèshēng ~ zài kēyán dānwèi. *place those university graduates in scientific research units* /他有野心,~亲信,培植个人势力。Tā yǒu yěxīn, ~ qīnxìn, péizhí gèrén shìlì. *He has ambitions; he appoints his cronies and relatives and builds up his own personal influence.*

【安定】āndìng (形)(生活、时局等)平静正常,稳定,没有骚扰或动乱 (*life, current politics*) *quiet and in order, stable, settled*: 保持~团结的局面 bǎochí ~ tuánjié de júmiàn *keep the situation stable and unified* /人民过着~的生活。Rénmín guòzhe ~ de shēnghuó. *People are living a stable life.* /社会秩序很~。Shèhuì zhìxù hěn ~. *The social order is very stable.* (动)使安定 *reassure; stabilize*: ~人心 ~ rénxīn *reassure the public* /把情绪~下来把情绪 ~ xialai bǎ qíngxù xialai *set one's mind at ease*

【安顿】āndùn (动)(将人或事物)安排妥当(使有依靠或有落脚点等) *find a place for; arrange for; help settle down*: 先替他们全家找个房子,把他们~好再说。Xiān tì tāmen quán jiā zhǎo ge fángzi, bǎ tāmen ~ hǎo zài shuō. *First, let's find a house for them, to get them settled in properly.* /我在上海好容易才找到了工作,也有了住处,总算~下来了。Wǒ zài Shànghǎi hǎoróngyì cái zhǎodàole gōngzuò, yě yǒule zhùchù, zǒngsuàn ~ xialai le. *It was with great difficulty that I found a job and a place to live in Shanghai. Now I'm finally settled in.* (形)安稳 *undisturbed; peaceful*: 他胃疼得一夜没睡,刚~一会儿,别吵醒他。Tā wèi téng de yí yè méi shui, gāng ~ yíhuìr, bié chǎoxǐng tā. *He was up all night with stomach trouble. He's finally getting some rest, so don't wake him up.*

【安放】ānfàng (动)〈书〉把(珍贵的,严肃的)物件放在一定位置 *put* (*valuables, solemn things, etc.*) *in a certain place*: 举行骨灰~仪式 jǔxíng gǔhuī ~ yíshì *hold a ceremony for placing the ashes of the deceased* /五架显微镜都~在实验台上。Wǔ jià xiǎnwēijìng dōu ~ zài shíyàn tái shang. *I put all five microscopes on the lab counter.*

【安分】ānfèn (形)守规矩,不做违法乱纪的事 *well-disciplined; law-abiding*: 这个年轻人,规规矩矩,非常~。Zhège niánqīng rén, guīguijǔjǔ, fēicháng ~. *This young*

person is well-behaved and law-abiding. /他儿子不～，很不可靠。Tā érzi bù ～, hěn bù kěkào. His son isn't well-disciplined and is very unreliable.

【安分守己】ānfèn shǒu jǐ 安于所处的地位和环境，规规矩矩地生活，不越轨 be content with things as they are；abide by law and never transgress：他一向是个奉公守法、～的人。Tā yíxiàng shì ge fèng gōng shǒu fǎ、～ de rén. He was a law-abiding citizen and was content with things as they were. 有时指循规蹈矩，缺乏闯劲〈含贬义〉(sometimes) conform to convention, lack pioneering spirit(with derogatory implication)：几十年来，老刘总是照章办事，自己从不出主意，真可谓～有余啊!Jǐ shí nián lái, Lǎo Liú zǒngshì zhào zhāng bàn shì, zìjǐ cóng bù chū zhǔyi, zhēn kě wèi ～ yǒuyú a! For the past few decades Lao Liu has always done as he was told, never made any suggestions of his own and really has been too much of a conformist.

【安抚】ānfǔ (动)〈书〉安顿抚慰 pacify；console；reassure：他到任以后，就去灾区～灾民。Tā dào rèn yǐhòu, jiù qù zāiqū ～ zāimín. He went to the disaster area to console the victims right after he assumed his post.

【安好】ānhǎo (形)〈书〉safe and sound；well：两位老人长途旅行之后，都很～，大家放心了。Liǎng wèi lǎorén chángtú lǚxíng zhī hòu, dōu hěn ～, dàjiā fàng xīn le. We could all rest assured once the two elderly people returned from their long journey safe and sound.

【安家】ān = jiā 安置家庭 settle down；make one's home in a place：我们当然愿意在北京。Wǒmen dāngrán yuànyì zài Běijīng. / Of course we want to settle down in Beijing. /他十年前在新疆安了家。Tā shí nián qián zài Xīnjiāng ānle jiā. He made his home in Xinjiang ten years ago.

【安家落户】ān jiā luò hù 把家安在一个地方并长期住下去 to make one's home or settle down in a place：他，他想调到自己家乡去工作，现在他准备就在这个山村～。Běnlái, tā xiǎng diàodào zìjǐ jiāxiāng qù gōngzuò, xiànzài tā zhǔnbèi jiù zài zhège shāncūn ～ le. Originally he wanted to be transferred to work in his hometown, but now he's planning to settle down in this mountain village.

【安静】ānjìng (形)没有声音；没有骚动 quiet；calm；peaceful and serene：请大家～!现在请老张讲话! Qǐng dàjiā ～!xiànzài qǐng Lǎo Zhāng jiǎng huà! Everyone please be quiet! Now we will ask Lao Zhang to speak. /病人需要一个～的环境。Bìngrén xūyào yí ge ～ de huánjìng. Sick people need a quiet environment. /打了一针以后，孩子睡得安安静静。Dǎle yì zhēn yǐhòu, háizi shuì de ānānjìngjìng. After the injection, the child slept quietly.

【安居乐业】ān jū lè yè 安定愉快地生活和工作：现在，人民～，不但不愁吃穿，而且努力提高生活水平。Xiànzài, rénmín ～, búdàn bù chóu chī chuān, érqiě nǔ lì tígāo shēnghuó shuǐpíng. People live and work in peace and contentment now, not only do they have no worries about food and clothing, but also they try to improve their standard of living.

【安乐】ānlè (形)〈书〉peaceful and happy：不要贪图一时的～, 不求进取。Búyào tāntú yìshí de ～, bù qiú jìnqǔ. Don't just seek momentary peace and happiness at the expense of progress.

【安理会】Ānlǐhuì (名)"安全理事会"的简称 abbrev. for "安全理事会"

【安眠】ānmián (动)〈书〉sleep peacefully

【安眠药】ānmiányào (名)sleeping pill

【安民告示】ān mín gàoshi 原指某种骚乱后，政府当局发布的安定民心的布告。现在比喻事先对有关人员的通知、内容是要商量的问题或要做的事 notice to reassure the public (in the past, e.g. after a war) (now used when informing people beforehand about the agenda of an upcoming meeting)

【安宁】ānníng (形)(1)秩序正常，没有骚扰 peaceful and orderly；tranquil：这里社会～，人民安居乐业。Zhèlǐ shèhuì ～, rénmín ān jū lè yè. This place enjoys social order and the people live and work in peace and contentment. (2)(心情)安定、平静 calm；composed；free from worry：我近来心情愉快～。Wǒ jìnlái xīnqíng yúkuài ～. I have been happy and free from worry recently.

【安排】ānpái (动)(根据情况有计划、有条理地对人或事)作好布置、安置、处理 make arrangement；find a place for something；arrange；plan：要把工作～好再走! Yào bǎ gōngzuò ～ hǎo zài zǒu!Don't go before the work has been planned. /越忙越要合理～时间。Yuè máng yuè yào hélǐ ～ shíjiān. The busier you are, the more rationally you want to plan your time. /他的收入不多，生活却～得不错。Tā de shōurù bù duō, shēnghuó què ～ de búcuò. His income is not high, but he is well prepared for life. /主人为客人～了食宿。Zhǔrén wèi kèrén ～ le shí sù. The host arranged board and lodging for the guest. /那些新来的青年工人都～在车间工作。Nàxiē xīn lái de qīngnián gōngrén dōu ～ zài chējiān gōngzuò. The young workers who recently arrived have been assigned to the workshop. (名)如何安排的计划 plans on how to arrange something：对本学期教学工作，希望你们作出具体～!Duì běn xuéqī jiàoxué gōngzuò, xīwàng nǐmen zuòchū jùtǐ ～! I hope you can come up with specific arrangements for the teaching for this term：/那些大学毕业生都能服从祖国的～, 奔赴工作岗位。Nàxiē dàxué bìyèshēng dōu néng fúcóng zǔguó de ～, bēnfù gōngzuò gǎngwèi. Those university students are able to place themselves at the disposal of their country and go to their work posts.

【安培】ānpéi (量)ampere

【安全】ānquán (形)有保障，没有危险，不出事故 secure；safe：保证～生产 bǎozhèng ～ shēngchǎn guarantee secure production /超速行车不～。Chāo sù xíng chē bù ～. When driving, it is not safe to exceed the speed-limit. /这辆自行车的闸修好了，这样就～得多了。Zhè liàng zìxíngchē de zhá xiūhǎo le, zhèyàng jiù ～ de duō le. Now that the brakes on this bike have been fixed, it is much safer. (名)安全的状况 safety；security：制定～措施 zhìdìng ～ cuòshī work out safety measures /注意交通～! Zhùyì jiāotōng ～! pay attention to traffic safety /要防火, 防盗, 提高警惕, 注意～! Yào fáng huǒ, fáng dào, tígāo jǐngtì, zhùyì ～! We must prevent fires and theft, heighten our vigilance and pay attention to security.

【安全岛】ānquándǎo (名)马路中间供行人穿过时躲避车辆的地方 safety island；pedestrian island

【安全灯】ānquándēng (名)safety lamp；safelight

【安全理事会】Ānquán Lǐshìhuì the Security Council (of the United Nations)

【安全哨】ānquánshào (名)为了安全而设置的警卫人员 security guard

【安全系数】ānquán xìshù safety factor (coefficient)

【安然】ānrán (形)〈书〉(1)平安，安安稳稳 safe and sound：～无事 ～ wú shì safe and sound /布雷区已～通过。Bùléiqū yǐ ～ tōngguò. We have already safely passed the minefield. (2)很放心，没有忧虑 peaceful at rest：他心里很～。Tā xīnli hěn ～. His mind is at rest. /他神态～地坐在那里。Tā shéntài ～ de zuò zài nàlì. He's sitting there with a peaceful expression on his face.

【安如泰山】ān rú Tài Shān 形容像泰山一样地牢靠稳固 as secure as Mount Tai—as solid as a rock

【安身】ān = shēn 指能在某处生活下来(多用在困窘的环境下) to make one's home in a place (usually under difficult circumstances)：各处办的敬老院为许多无儿女的老人提供

~的地方。Gè chù bàn de jìnglǎoyuàn wèi xǔduō wú érnǚ de lǎorén tígōng ~ de dìfang. *The old age homes are to give people without children somewhere to live.*

【安生】ānshēng〔形〕(1)安静,不生事(多指小孩儿) *quiet; still* (*usu. refers to children*):小毛太淘气了,一会儿也不~。Xiǎo Máo tài táoqì le, yíhuìr yě bù ~. *Xiao Mao is so naughty; he can't keep quiet even for a moment.* (2)(生活)平静无事 *peaceful; restful* (*life*):孩子都大了,又很懂事,她可以过一日子了。Háizi dōu dà le, yòu hěn dǒng shì, tā kěyǐ guò ~ rìzi le. *Her children are grown up and are all very sensible. She can now lead a peaceful life.*

【安适】ānshì〔形〕安静而舒适 *quiet and comfortable*:到了晚年,生活~就是最大的幸福。Dàole wǎnnián, shēnghuó~ jiù shì zuì dà de xìngfú. *The greatest happiness in old age is a quiet and comfortable life.* /他住在环境~的海滨,十分愉快。Tā zhù zài huánjìng ~ de hǎibīn, shífēn yúkuài. *He lives in a quiet and comfortable environment by the seaside and is extremely happy.*

【安危】ānwēi〔名〕平安与危险,但实际指可能发生的危险 *safety* (*used in situations where there is possible danger*):把个人~置之度外 bǎ gèrén ~ zhì zhī dù wài *regardless of one's personal safety* /不顾个人~,跳水救儿童。Bùgù gèrén ~, tiào shuǐ jiù értóng. *He jumped in the water to save the child without giving a thought to his own safety.* /安全措施关系到工人生命的~,决不可忽视。Ānquán cuòshī guānxì dào gōngrén shēngmìng de ~, jué bù kě hūshì. *Safety measures have a bearing on the safety of workers' lives and cannot be neglected.*

【安慰】ānwèi〔动〕使人心里安宁而舒适 *comfort; console*:她没考上大学,情绪不好,你去~~她吧。Tā méi kǎoshang dàxué, qíngxù bù hǎo, nǐ qù ~ ~ tā ba. *She didn't pass the college entrance examination, and is in a bad mood. Why don't you go comfort her?* (名)安宁、舒适的感觉 *consolation*:这个新成立的足球队能获得亚军,对他们的教练来说,也是一种~。Zhège xīn chénglì de zúqiúduì néng huòdé yàjūn, duì tāmen de jiàoliàn lái shuō, yě shì yì zhǒng ~. *It's a great relief for their coach that this newly established soccer team was able to win second place.* /父母把两个孩子培养成人,当了国家干部,心里感到莫大~。Fùmǔ bǎ liǎng ge háizi péiyǎng chéng rén, dāngle guójiā gànbù, xīnli gǎndào mòdà ~. *The parents were greatly relieved when their two children grew up and became state cadres.*

【安稳】ānwěn〔形〕(1)不摇动,能保持平衡 *steady*:这段山路崎岖不平,车走起来很不~。Zhè duàn shānlù qíqū bù píng, chē zǒu qilai hěn bù ~. *This mountain road is rough and uneven, vehicles running on it are very unsteady.* (2)(指人的举止)沉静、稳重 *calm, serene, staid* (*of persons*):这个小伙子话不多,干工作安安稳稳,让人放心。Zhège xiǎohuǒzi huà bù duō, gàn gōngzuò ānānwěnwěn, ràng rén fàng xīn. *Bacause this young man doesn't talk much and works steadily, he puts people at ease.*

【安息】ānxī〔动〕〈书〉(1)对死者悼念的用语(多见于悼词或悼念文章),表示死者可以安心死去,不必有什么牵挂 *rest in peace* (R.I.P.):~吧,×××同志!~ ba, ××× tóngzhì! *Rest in peace, comrade ×××*!(2)安静地入睡,休息 *to sleep, rest*:夜深了,大家都~了。Yè shēn le, dàjiā dōu ~ le. *It was late at night and everyone was sleeping.*

【安闲】ānxián〔形〕安静清闲 *peaceful and carefree; leisurely*:生活太~,有点儿单调。Shēnghuó tài ~, yǒudiǎnr dāndiào. *My life is too leisurely. It's even a little monotonous.*

【安详】ānxiáng〔形〕(多指年长的人表情)平静、可亲,举止动作从容 (*refers to the facial expressions of elderly people*) *peaceful, serene, composed*:态度~ tàidù ~ *calm manner* /举止~ jǔzhǐ ~ *behave with composure* /母亲与我

们长辞了,她那~的面容不时地浮现在我的面前。Mǔqin yǔ wǒmen chángcí le, tā nà ~ de miànróng bùshí de fúxiàn zài wǒ de miànqián. *The peaceful expression on my mother's face when she passed often appears before my eyes.*

【安歇】ānxiē〔动〕〈书〉(1)上床睡觉 *go to bed* (*for the night*):她已经~了,有事明天再谈。Tā yǐjīng ~ le, yǒu shì míngtiān zài tán. *She has already gone to bed. If you have a problem, you can talk to her about it tomorrow.* (2)休息 *take a rest*:退休了,事还不少,不得~。Tuì xiū le, shì hái bù shǎo, bù dé ~. *He still had a lot to do after he retired, so he was unable to take a rest.*

【安心】ān=xīn (1)心情安定,不想有所改变 *be content, not desiring to make a change*:他在边疆工作很~。Tā zài biānjiāng gōngzuò hěn ~. *He is very content with his work on the frontier.* /~学习 ~ xuéxí *keep one's mind on one's studies* (2)使情绪安定 *set one's mind at rest*:你能不能安下心来休养?——直到现在我还安不下心来!Nǐ néng bu néng ān xià xīn lai xiūyǎng?——Zhídào xiànzài wǒ hái ān bu xià xīn lai! *Have you been able to relax and convalesce?—Until now I haven't been able to.*

【安逸】ānyì〔形〕安闲舒适 *leisurely and comfortable; easy*:你这个青年人这么怕艰苦、图~,将来怎么了得?Nǐ zhège qīngnián rén zhème pà jiānkǔ, tú ~, jiānglái zěnme déliǎo? *I wonder what will become of a young person like you if you are afraid of hard work and just want an easy life.* /他为革命奔波三十年,现在生活~多了。Tā wèi gémìng bēnbō sānshí nián, xiànzài shēnghuó ~ duō le. *He endured thirty years of turmoil for the revolution, but now his life is more comfortable.*

【安营扎寨】ān yíng zhā zhài 原指军队行军后在某地驻扎,现多指某种团体在一个地方建立临时住地 *encamp; make camp; pitch camp*:登山运动员在山脚下~,做好登山准备。Dēng shān yùndòngyuán zài shānjiǎo xià ~, zuòhǎo dēng shān zhǔnbèi. *The mountaineers made camp at the foot of the mountain and prepared to climb it.*

【安葬】ānzàng〔动〕*bury* (*the dead*)

【安置】ānzhì〔动〕把人员或事物安放在适当的位置,使其有着落 *arrange for; find a place for*:这个单位最近~了一百多青年。Zhège dānwèi zuìjìn ~ le yìbǎi duō qīngnián. *This organization recently found a place for more than 100 youths.* /他的家属从乡下搬到城里,现在还没~好呢。Tā de jiā gāng cóng xiāngxià bāndào chéng lǐ, xiànzài hái méi ~ hǎo ne. *His family just moved from the countryside to the city, but they haven't quite settled in yet.* /几位离休老干部的生活都有妥善~。Jǐ wèi lí xiū lǎo gànbù de shēnghuó dōu yǒu tuǒshàn ~. *Suitable arrangements have been made to place several retired cadres.*

【安装】ānzhuāng〔动〕把机械、部件(多指成套的)等按使用要求固定在一定位置上 *fix; install; assemble*:~暖气设备 ~ nuǎnqì shèbèi *install central heating equipment* /~两部电话 ~ liǎng bù diànhuà *install two telephones*

桉 ān
(名)◇*eucalyptus*
【桉树】ānshù〔名〕*eucalyptus tree*

氨 ān
(名)〈化〉*ammonia*
【氨基酸】ānjīsuān〔名〕〈化〉*amino acid*
【氨水】ānshuǐ〔名〕〈化〉*ammonia water; aqua ammoniae*

庵 ān
(名)佛寺(多指尼姑住的) *Buddhist convent; nunnery*

谙

〔諳〕ān（动）〈书〉熟悉 know well：不～内情 bù ～ nèiqíng not be in the know

【谙练】ānliàn（形）熟练、有经验 proficient；skilled：和外商打交道，他很～。Hé wàishāng dǎ jiāodao, tā hěn ～. He's very skilled at dealing with foreign business people.

鹌

〔鵪〕ān

【鹌鹑】ānchun（名）[只 zhī] quail

鞍

ān（名）◇saddle：马～ mǎ～ saddle

【鞍马】ānmǎ（名）(1)体操器械的一种，形状像马 (gymnastics) pommel horse (2)男子体操比赛项目之一 pommel horse

【鞍子】ānzi（名）saddle

ǎn

俺

（代）〈方〉(1)我 I；me：～今年二十岁。jīnnián èrshí suì. I am 20 years old this year. (2)我们（不包括听话的人）we (excluding the person one is speaking to)；our：～村有五百户人家。～ cūn yǒu wǔbǎi hù rénjiā. We have 500 households in our village.

àn

岸

（名）江、河、湖、海等水边的陆地 bank or shore (of a stream, lake, or sea)；coast：河～ hé ～ riverbank／船停下来人都上了～。Chuán tíng xialai rén dōu shàngle ～. After the boat docked everybody went ashore. ／小河两～绿柳成阴。Xiǎo hé liǎng ～ lù liǔ chéng yīn. Green willows make shade on both banks of the stream.

按

àn（动）(1)用手或手指压 press；push down：～电铃 ～ diànlíng ring a bell ／～图钉 ～ túdīng push in a thumbtack／用手～住，别让风吹跑了。Yòng shǒu ～ zhù, bié ràng fēng chuīpǎo le. Hold it tight, don't let the wind blow it away. (2)压住，搁下 leave aside, shelve：此事暂且～下不说。Cǐ shì zànqiě ～xià bù shuō. Let's leave this matter aside for the moment. (3)抑制 restrain, control：他～下去兴奋的心情，装作平静的样子。Tā ～ xiaqu xīngfèn de xīnqíng, zhuāngzuò píngjìng de yàngzi. He controlled his excitement and pretended to be calm. (介)(1)引出行为、动作的依据、准则 (introduces the reason or justification for a behaviour or action) in accordance with；on the basis of：～现在的进度，这部词典明年三月可以编完。～ xiànzài de jìndù, zhè bù cídiǎn míngnián sānyuè kěyǐ biānwán. According to the present rate of progress, this dictionary can be completed by March of next year. ／～校规处理旷课的学生。～ xiàoguī chǔlǐ kuàng kè de xuéshēng. Students who cut classes are dealt with in accordance with school regulations. ／～一定的程序进行工作。～ yídìng de chéngxù jìnxíng gōngzuò. Carry out the work according to the prescribed order. 有时"按"可带"着"，其宾语必须是双音节或多音节词语 ("按" can sometimes take "着"；its object must then be a disyllabic or polysyllabic word)：你放心吧，我一定～着你说的去做。Nǐ fàng xīn ba, wǒ yídìng ～zhe nǐ shuō de qù zuò. Relax, I will do as you say. ／我～着她留下的地址去找，果然找到了她家。Wǒ ～ zhe tā liúxià de dìzhǐ qù zhǎo, guǒrán zhǎodàole tā jiā. I went looking for her at the address she

gave me and, sure enough, I found her home. ／～着平时的习惯，这个时候他该上床睡觉了。～zhe píngshí de xíguàn, zhège shíhou tā gāi shàng chuáng shuì jiào le. According to his regular habit, he should be in bed by now. (2)引出行为、动作所依照的条件，常带有两个意义相反的形容词，有时这两个形容词可以省略 (introduces the condition on which a behaviour or action is based；usu. the condition takes two adjectives opposite in meaning；these two adjectives can sometimes be omitted)：合唱队～高矮个儿排好，等指挥来了练习。Héchàngduì ～ gāo ǎi gèr páihǎo, děng zhǐhuī láile liànxí. The chorus members lined up according to height and waited until the conductor arrived before beginning practice. ／《现代汉语词典》的条目是～汉语拼音字母的（先后）顺序编排的。《Xiàndài Hànyǔ Cídiǎn》 de tiáomù shì ～ Hànyǔ pīnyīn zìmǔ de (xiān hòu) shùnxù biānpái de. Entries in " A Dictionary of Contemporary Chinese" are arranged in the alphabetic order of Hanyu pinyin. ／要～人力（多少）分配任务。Yào ～ rénlì (duō shǎo) fēnpèi rènwù. Tasks are to be assigned in accordance with the amount of available manpower. (3)指出行为、动作以某单位为计算标准 (indicates the basis of calculation for a certain behaviour or action)：他请了个家庭教师，～月给人家报酬。Tā qǐngle ge jiātíng jiàoshī, ～ yuè gěi rénjia bàochou. He has hired a private tutor and pays him on a monthly basis. ／现在买粮～公斤计算。Xiànzài mǎi liáng ～ gōngjīn jìsuàn. When one buys grain, it is measured on a per kilo basis. ／这些苹果～人分，每人五公斤。Zhèxiē píngguǒ ～ rén fēn, měi rén wǔ gōngjīn. These apples are to be divided on a per capita basis；five kilos per person. (4)"按"和"说""来说""来讲"等搭配，表示根据……做出论断的根据 (when "按" is used together with "说", "来说" or "来讲", it means "according to …", it can be inferred that…")：～常理说，他不会忘记与人约定的事。～ chánglǐ shuō, tā bú huì wàngjì yǔ rén yuēdìng de shì. Normally he won't forget a matter he has arranged with someone. ／～节令来说，现在也该暖和了，怎么还这么冷啊。～ jiēlìng lái shuō, xiànzài yě gāi nuǎnhuo le, zěnme hái zhème lěng a. According to the season, it should be warm by now. Why is it still so cold? ／～这里的风俗讲，通过对歌来找对象是常有的事。～ zhèlǐ de fēngsú jiǎng, tōngguò duì gē lái zhǎo duìxiàng shì cháng yǒu de shì. According to local custom, it is common for someone to find a spouse by singing in antiphonal style. "说"、"讲"、"来说"、"来讲"有时可以省略不用 ("说"、"讲"、"来说"、"来讲" can sometimes be omitted)：～理，你应该登门看望一下你的叔叔才是。～ lǐ, nǐ yīnggāi dēng mén kànwàng yíxià nǐ de shūshu cái shì. Normally you should pay a visit to your uncle. ／～道理，办婚事不应该太铺张。～ dàolǐ, bàn hūnshì bù yīnggāi tài pūzhāng. According to reason, one shouldn't be too extravagant when organizing a wedding party. 按＋人称代词＋说(讲、想)，表示根据某人的意见 ("按"＋a personal pronoun＋说(or 讲、想) means "in (sb. 's) opinion")：～我说这块地种花生。～ wǒ shuō, zhè kuài dì zhòng huāshēng. In my opinion, peanuts should be grown here. ／～您说这块料子做什么好？～ nín shuō zhè kuài liàozi zuò shénme hǎo? In your opinion, what should be made with this piece of material? ／要～你那么说，买牡丹牌电视机最合适了。Yào ～ nǐ nàme shuō, mǎi Mǔdan pái diànshìjī zuì héshì le. If what you say is true, then it would be best if I bought a Peony-brand TV.

【按兵不动】àn bīng bù dòng 原指军队暂不行动，等待时机。现多指接受任务后应该行动而不肯行动 keep the troops in readiness, but do not send them into action；be on the alert, but make no move (often applies to occasions when action should have been taken)：别的单位都在积极植树造林，只有他们那个单位至今还～。Biéde dānwèi dōu zài jījí zhí shù

zào lín, zhǐyǒu tāmen nàge dānwèi zhìjīn hái ～. *Other units have been enthusiastically working at planting trees and afforestation, but so far that unit has done nothing.*

【按部就班】àn bù jiù bān 按照正常的条理、步骤去做。现也指按老规矩办事，不能适应情况的变化（*act*)*in accordance with the prescribed order; keep to conventional ways of doing things*：那里虽然受到了暴风雨的袭击，但各方面的工作仍在～地进行着。Nàli suīrán shòudào bàofēngyǔ de xíjī, dàn gè fāngmiàn de gōngzuò réng zài ～ de jìnxíngzhe. *Although they were hit by a storm, they did things the same as usual.* /为了赶在雨季之前修好路面，工人们必须日夜施工，不能～。Wèile gǎn zài yǔjì zhī qián xiūhǎo lùmiàn, gōngrénmen bìxū rìyè shī gōng, bù néng ～. *The workers will have to work day and night in order to repair the road surface before the raining season; they will not be able to follow the usual procedure.*

【按劳分配】àn láo fēnpèi *distribution according to work; to each according to his work*

【按摩】ànmó（动）*massage*

【按捺】ànnà（动）控制（感情、情绪等）*restrain; control*（*one's emotions, mood, etc.*）：他～不住内心的喜悦。Tā bú zhù nèixīn de xǐyuè. *He couldn't hold back his inner joy.* /我～着满腔怒火，听他把话讲完。Wǒ ～zhe mǎnqiāng nùhuǒ, tīng tā bǎ huà jiǎngwán. *I controlled my rage and listened while he finished what I was saying.*

【按钮】ànniǔ（名）*push button*

【按期】ànqī（副）依照规定的期限，多指正式的或公家规定的。被修饰的至少是双音节词语 *on schedule; on time*（*the modified element is, at the very least, a disyllabic word*)：今年的生产指标已～完成。Jīnnián de shēngchǎn zhǐbiāo yǐ ～wánchéng. *This year's production target was fulfilled on time.* /借图书馆的书要～归还。Jiè túshūguǎn de shū yào ～guīhuán. *Books that have been borrowed from the library must be returned on time.* /如不～提货，车站将扣保管费。Rú bú ～ tí huò, chēzhàn jiāng kòu bǎoguǎn fèi. *If goods are not picked up on schedule, the station will deduct a storage fee.* /轮船虽然遇到了风浪，但还是～到达了。Lúnchuán suīrán yùdàole fēnglàng, dàn háishi ～ dàodá le. *Although the ship encountered stormy waves, it still arrived on schedule.*

【按时】ànshí（副）依照预定或限定的时间 *according to a fixed or limited time; on time*：学生就应该～完成作业。Xuésheng jiù yīnggāi ～ wánchéng zuòyè. *Students should finish their homework on time.* /他们每天早上都～起床、吃饭，～上班。Tāmen měi tiān zǎoshang dōu ～ qǐ chuáng, ～ chī fàn, ～ shàng bān. *Every morning, they get up, eat and go to work at a fixed time.* /如果不能～完成任务，需提前向上级报告。Rúguǒ bù néng ～ wánchéng rènwù, xū tíqián xiàng shàngjí bàogào. *If you can't fulfil your task on time, you must report to your superior beforehand.*

【按说】ànshuō（连）按照一般的情理或事实来说（应如何），多用于句首，后面可有停顿；常有"但是""不过""可是"等转折词以呼应，表示情况并非如此 *normally*（*usu. used at the beginning of a sentence and can be followed by a pause; often used together with words such as* "但是", "不过", "可是", *etc. to indicate that the situation is just not so*)：～我的个子长得不算矮，可是跟他一比，却又差了一头。～ wǒ de gèzi zhǎng de bù suàn ǎi, kěshì gēn tā yì bǐ, què yòu chàle yì tóu. *Normally I'm not considered to be short, but I'm shorter than he is by a head.* /～呢，这事不该我插手，可是我的确又想出点力。～ ne, zhè shì bù gāi wǒ chā shǒu, kěshì wǒ díquè yòu xiǎng chū diǎnr lì. *As a rule, I shouldn't poke my nose into this business, but I would like to put in a bit of effort.* /你们～都是北京人，怎么连这个地方都没来过？Nǐmen ～ dōu shì Běijīng rén, zěnme lián zhège dìfang dōu

méi láiguo? *You are all supposed to be from Beijing. How is it that you have never even been at this place before?* /按理说，他是主任，应该支持我们的工作，但是不知为什么，他总是给我设置障碍。Àn lǐ shuō, tā shì zhǔrèn, yīnggāi zhīchí wǒmen de gōngzuò, dànshì bù zhī wèi shénme, tā zǒngshì gěi wǒ shèzhì zhàng' ài. *Normally he should be supporting our work, as he's the chairman; so I don't know why he's always setting up obstacles for me.*

【按需分配】àn xū fēnpèi *distribution according to need; to each according to his need*

【按语】ànyǔ（名）作者或编者对有关文章所做的说明、提示、考证或所加的具有指导性的话，多印在该文前后 *comment*（*editor's or author's introduction or introductory remarks, postscript, or note, etc.*

【按照】ànzhào（介）意思同"按"àn(1)(2)，引出行为、动作的依据、准则、条件等，但宾语必须是双音节或多音节词语，不能加"着" *same as* "按" àn (1)(2)(*its object must be a disyllabic or polysyllabic word or phrase; cannot take* "着")：工会的建议，各部门安排了春游。～ gōnghuì de jiànyì, gè bùmén ānpáile chūnyóu. *In accordance with the union's suggestion, every department arranged a spring outing.* /～原则办事，没错儿。～ yuánzé bàn shì, méi cuòr. *Act according to principle, and you can't go wrong.* /～工作年限的长短定工资的级别不是那么合理。～ gōngzuò niánxiàn de chángduǎn dìng gōngzī de jíbié bú shì nàme hélǐ. *It isn't that equitable to fix a wage scale according to the length of time worked.* /～轻重缓急安排任务。～ qīng zhòng huǎn jí ānpái rènwù. *Arrange tasks in order of importance.* /～常理来讲，他应该留在这儿。～ cháng lǐ lái jiǎng, tā yīnggāi liú zài zhèr. *According to common sense, he should stay here.*

案 àn

（名）(1)同"案件"ànjiàn *case (usually legal)*：破了一个大盗窃～ pòle yí ge dà dàoqiè ～ *solved a big robbery* (2)机关或企业所保留的备查的分类保存的文件 *records, files*：有～可查 yǒu ～ kě chá *be on file*

【案件】ànjiàn（名）有关诉讼和违法的事件。又叫"案子" *case; legal case*：刑事～ xíngshì ～ *criminal case* /民事～ mínshì ～ *civil case* /反革命～ fǎngémìng ～ *counterrevolutionary case*

【案情】ànqíng（名）案件的情节 *the facts or detail of a case; case*：了解～ liǎojiě ～ *investigate the details of a case* /～极其严重。～ jíqí yánzhòng. *The case is extremely serious.*

【案子】ànzi（名）(1)架起来当桌子用的长木板 *a long wooden board used as a table*：乒乓球～ pīngpāngqiú ～ *ping-pong (table tennis) table* /肉～ ròu ～ *meat counter* (2)同"案件"ànjiàn *same as* "案件"ànjiàn

暗 àn

（形）(1)不明亮，黑暗 *dark, dim*：今天阴天，屋子里有点儿～。Jīntiān yīntiān, wūzi li yǒudiǎnr ～. *The sky is overcast today, so the room is a little dark.* /戏就要开演了，剧场灯光渐渐～下来了。Xì jiù yào kāiyǎn le, jùchǎng dēngguāng jiànjiàn ～ xialai le. *The lights in the theatre gradually dimmed as the play began to start.* (2)◇秘密的，隐蔽的 *secret, hidden*：明人不做～事。Míng rén bú zuò ～ shì. *An honest man doesn't do anything underhand.* /她心里～～高兴。Tā xīnli ～～ gāoxìng. *She is secretly happy.*

【暗堡】ànbǎo（名）秘密的碉堡 *bunker*

【暗藏】àncáng（动）隐藏或隐蔽 *hide, conceal*：特务～在他家里。Tèwu ～ zài tā jiā li. *The spy is hiding in his home.* /～的敌人～ de dírén *hidden enemy*

【暗淡】àndàn（形）(1)（光、色）昏暗；不明亮；不鲜艳（*of light or*

color) dim; dull; dismal: ～的色彩 ～ de sècǎi dull color；
几片白云把月亮遮得～无光。Jǐ piàn bái yún bǎ yuèliang zhē de ～ wú guāng. Several white clouds gloomily hid the moon. 比喻不景气，没有希望 depressive; slump; hopeless (metaphorical)：那个公司由于经营管理不善，前景～. Nàge gōngsī yóuyú jīngyíng guǎnlǐ búshàn, qiánjǐng ～. The prospects for that company are bleak because it is badly run.

【暗地里】àndìli（名）(1)隐蔽的地方（作"在""到"等的宾语）in a secret place (used as the object of "在" and "到")：警察已经躲在～等特务来作案。Jǐngchá yǐjīng duǒ zài ～ děng tèwu lái zuò àn. The police have hid in a secret place and are waiting for the spy to commit the crime. (2)私下里；背地里（作状语）secretly; behind sb.'s back：～散发宣传品 sànfā xuānchuánpǐn secretly distribute propaganda /那几个坏家伙～勾结，为非作歹。Nà jǐ ge huài jiāhuo ～ gōujié, wéi fēi zuò dǎi. Those crooks are secretly working together to commit crimes.

【暗沟】àngōu（名）covered sewerage

【暗害】ànhài（动）秘密地陷害或杀害(好人) do secret injury to; murder; kill secretly; stab in the back：用栽赃的办法～好人 yòng zāi zāng de bànfǎ ～ hǎorén use a planted evidence to hurt an innocent person /遭到匪徒的～ zāodào fěitú de ～ be assassinated by bandits

【暗号】ànhào（名）彼此约定用以进行秘密联系的信号 secret sign, password

【暗箭】ànjiàn（名）比喻暗中伤人的行为或手段 an arrow shot from hiding; a stab in the back：明枪易躲，～难防。Míngqiāng yì duǒ, ～ nán fáng. It is easy to dodge a spear in the open, but hard to guard against an arrow shot from hiding. /你要提防他～伤人。Nǐ yào dīfang tā ～ shāng rén. You must be on your guard against his stabbing you in the back.

【暗礁】ànjiāo (1) hidden rocks, submerged reef (2)比喻事情进行中遇到的潜伏障碍 a metaphor used to describe a hidden obstacle encountered in carrying out a task

【暗流】ànliú（名）(1)流动的地下水 undercurrent (2)比喻潜伏的不好的思想倾向或社会动态 (used figuratively) undercurrent (of evil social trends or ideological tendencies)

【暗杀】ànshā（动）assassinate

【暗伤】ànshāng（名）(1)由跌、打、碰、挤、压等原因引起的身体内部的损伤 internal injury (2)物体表面不显露的损伤 internal (or invisible) damage (on an object)

【暗示】ànshì（动）hint; insinuate; imply：我已经～他明天不要来。Wǒ yǐjīng ～ tā míngtiān búyào lái. I already hinted to him not to come tomorrow. /他一切都已准备好。Tā ～ yíqiè dōu yǐ zhǔnbèi hǎo. He hinted that everything had already been prepared. (名)hint; implication; insinuation：他用眼神儿给了我一个～. Tā yòng yǎnshénr gěile wǒ yí ge ～. The expression in his eyes gave me a hint.

【暗室】ànshì（名）darkroom

【暗算】ànsuàn（动）暗中图谋害人 secretly plot against：他遭了～, 不幸死去。Tā zāole ～, búxìng sǐqù. He fell prey to a plot and thus met with his death. /流氓在路上～他，把他打伤了。Liúmáng zài lùshang ～ tā, bǎ tā dǎshāng le. The hooligans secretly plotted against him in the street and beat him up.

【暗锁】ànsuǒ（名）嵌在门、箱、抽屉上，只有锁孔露在外面的一种锁 built-in lock

【暗无天日】àn wú tiān rì 形容社会、生活极端黑暗 complete darkness; utter darkness; total absence of justice：童工的生活真是～. Tónggōng de shēnghuó zhēn shì ～. The life of child labourers is truly without justice.

【暗指】ànzhǐ（动）隐晦地指出(有关对象) hint, imply：他说的某人是～我。Tā shuō de mǒu rén shì ～ wǒ. The some-

body he is talking about refers to me. /你所谓的不幸是～他受骗吗?Nǐ suǒwèi de búxìng shì ～ tā shòu piàn ma? Does the misfortune you refer to imply the fact that he was cheated?

【暗中】ànzhōng（名）(1)黑暗之中 in the dark：侦察员躲在～观察敌情。Zhēncháyuán duǒ zài ～ guānchá díqíng. The scouts hid in the dark and observed the enemy's situation. (2)背地里、私下里；隐蔽的地方 behind someone's back, on the sly, hidden secretly：敌人在明处, 我们在～,万无一失。Dírén zài míngchù, wǒmen zài ～, wàn wú yì shī. The enemy are in the open while we are hidden. There is no risk at all. /调查必须～进行。Diàochá bìxū ～ jìnxíng. The investigation must be carried out secretly. /他借口买烟～送情报。Tā jièkǒu mǎi yān ～ sòng qíngbào. On the pretext of buying cigarettes, he secretly went and delivered the information.

【暗自】ànzì（副）内心进行某种不公开表露的活动 inwardly; to oneself; secretly：他～下定决心, 这项任务一结束就调离原单位。Tā ～ xiàdìng juéxīn, zhè xiàng rènwù yì jiéshù jiù diàolí yuán dānwèi. He made up his mind secretly to transfer out of his original unit once he finished this task. /我～好笑：他竟是这样幼稚无知!Wǒ ～ hǎoxiào：Tā jìng shì zhèyàng yòuzhì wúzhī! I laughed to myself and thought："He is so unexpectedly childish and ignorant!" /谁知道他心中～盘算什么呢。Shuí zhīdào tā xīnzhōng ～ pánsuàn shénme ne. Who knows what he's secretly planning in his mind!

黯 àn

(形)◇阴暗 dim; gloomy

【黯淡】àndàn（形）同"暗淡"àndàn same as "暗淡" àndàn：～的灯光 ～ de dēngguāng dim light

【黯然】ànrán（形）(1)阴暗的样子 dim; faint：与新产品相比, 老产品显得～失色了。Yǔ xīn chǎnpǐn xiāngbǐ, lǎo chǎnpǐn xiǎnde ～ shīsè le. The old products seem to pale into insignificance when compared to the new ones. (2)心里难过, 情绪低落 dejected; downcast：～泪下 ～ lèi xià shed tears of dejection

āng

肮〔骯〕āng

【肮脏】āngzāng（形）〈书〉(1)不干净, 脏 dirty; filthy：清理疏通～的河沟。Qīnglǐ shūtōng ～ de hégōu. To clean up and dredge dirty streams. (2)比喻卑鄙、丑恶 sordid or disgusting：～的交易 ～ de jiāoyì a dirty deal /这个人的灵魂太～. Zhège rén de línghún tài ～. This man's soul is too mean.

áng

昂 áng

(动)◇仰(头) hold (one's head) high：～首挺胸 ～ shǒu tǐng xiōng hold up one's head and throw out one's chest; chin up and chest out /～起头来 ～ qǐ tóu lai hold up one's head

【昂贵】ángguì（形）〈书〉(价格)特别高 very expensive, costly：价格～的食品不一定是对人最好的。Jiàgé ～ de shípǐn bù yídìng shì duì rén zuì hǎo de. The most expensive food is not necessarily the best for you.

【昂然】ángrán（形）仰着头, 挺起胸, 无所畏惧的样子 upright and fearless

【昂首阔步】áng shǒu kuò bù 抬起头迈着大步向前。形容精神振奋, 气概昂扬 stride forward with head held high：像

沙漠中的骆驼，在逆境中也～地前进。Xiàng shāmò zhōng de luòtuo, zài nìjìng zhōng yě ～ de qiánjìn. *Be like the camel in the desert and stride forward with head held high even under adverse circumstances.*

【昂扬】ángyáng（动）(情绪)高涨(*of sb.'s mood*) *soar*；*rise*

àng

盎 àng

【盎然】àngrán（形）〈书〉形容气氛、趣味等浓厚(*of an atmosphere, sb.'s interest, etc.*) *full*；*exuberant*：兴味～ xìngwèi ～ *full of interest*

【盎司】àngsī（量）*ounce*

āo

凹 āo

（形)比四周低(与"凸"相对) *concave, hollow*：这条路～凸不平。Zhè tiáo lù ～ tū bù píng. *This road is full of bumps and holes.* /～下去的地方积了好多水。～ xiàqu de difang jīle hǎoduō shuǐ. *The hollow places collected a lot of water.*

【凹面镜】āomiànjìng（名）〈物〉*concave mirror*

【凹透镜】āotòujìng（名）〈物〉*concave lens*

【凹陷】āoxiàn（动）向内或向下陷 *sink*；*cave in*：大雨之后，路面有几个地方～。Dà yǔ zhī hòu, lùmiàn yǒu jǐ ge difang ～. *There were a few places on the road that caved in after the heavy rain.*

熬 āo

（动)(把菜等)放在较多的水里煮 *boil*；*cook in water*；*stew*：白菜～熟了。Báicài ～shú le. *The cabbage is done.* /锅里～着豆腐呢! Guō li ～zhe dòufu ne! *The bean curd is cooking in the pot.* 另见 áo

áo

遨 áo

【遨游】áoyóu（动)漫游；游历 *wander*；*roam*：在山中～ zài shān zhōng ～ *roam in the mountains* /乘飞船～太空 chéng fēichuán ～ tàikōng *float through the outer space in a spaceship*

熬 áo

（动)(1)久煮使烂，或使水分减少 *boil, stew*：～粥 ～ zhōu *cook porridge* /～盐 ～ yán *obtain salt from sea water by boiling away the water* /～药 ～ yào *decoct medicinal herbs* (2)忍受着，勉强支撑着(痛苦的生活) *endure, pull through*：那些老年人都是从旧社会～过来的人。Nàxiē lǎonián rén dōu shì cóng jiù shèhuì ～ guolai de rén. *Those old people all endured a life of misery in the old society.* 另见 āo

【熬夜】áo＝yè 整夜或深夜不睡觉 *stay up all night or far into the night*：他下棋入迷了，天天～。Tā xià qí rù mí le, tiāntiān ～. *He is so fascinated with chess that he stays up every night playing it.* /为了赶写那篇文章,他一连熬了两夜。Wèile gǎn xiě nà piān wénzhāng, tā yìlián áole liǎng yè. *He stayed up two nights in a row so that he could finish writing that paper.*

翱 áo

【翱翔】áoxiáng（动)〈书〉(在空中)回旋地飞 *hover, soar, wheel in the air*

鏖 áo

【鏖战】áozhàn（动)激烈地战斗；苦战 *fight a pitched battle*：双方正在～。Shuāngfāng zhèngzài ～. *The two sides waged a pitched battle.* /球场上两队～了一小时。Qiúchǎng shang liǎng duì ～le yì xiǎoshí. *The two teams battled hard in the field for an hour.* /两人在棋盘上～半天，未见胜负。Liǎng rén zài qípán shang ～ bàntiān, wèi jiàn shèng fù. *The two men waged a pitched battle over the chess board for a long time, with no sign of either gaining the upper hand.*

ǎo

袄 〔襖〕ǎo

（名)◇[件 jiàn]至少有两层的中式上衣 *a short Chinese-style coat or jacket with at least two layers*：黑夹～ hēi jiá～ *a black lined jacket* /皮～ pí ～ *a fur-lined jacket* /棉～ mián～ *a quilted jacket*

ào

拗 ào 另见 niù

【拗口】àokǒu（形)说起来不顺口 *hard to pronounce*：他姓苏，名字叫希恕，叫起来真～。Tā xìng Sū, míngzi jiào Xīshù, jiào qilai zhēn ～. *His family name is Su and his given name is Xishu, so it's really hard to call him by his full name.*

傲 ào

（形·非定)〈口〉自高自大 *conceited, arrogant*：～得不得了 ～ de bùdéliǎo *extremely conceited* /那个小伙子很有才干，就是有点～。Nàge xiǎohuǒzi hěn yǒu cáigàn, jiùshi yǒudiǎnr ～. *Although that guy is very competent, he is a little conceited.* /刚有点成绩他就～起来了。Gāng yǒu diǎnr chéngjì tā jiù ～ qilai le. *He gets conceited as soon as he is just a little successful.*

【傲慢】àomàn（形)自以为了不起 *arrogant, haughty, impudent*：～的态度 ～ de tàidu *an arrogant attitude, put on airs* /她对人～，所以很孤立。Tā duì rén ～, suǒyǐ hěn gūlì. *She is very arrogant towards people so she is very lonely.*

【傲气】àoqì（形)自高自大 *arrogant*；*conceited*：你说他有什么可～的? Nǐ shuō tā yǒu shénme kě ～ de? *Do you think he has anything to be conceited about?* (名)自高自大的表现 *air of arrogance*；*haughtiness*：他身上带着一股～。Tā shēnshang dàizhe yì gǔ ～. *He has a certain haughtiness about him.*

【傲然】àorán（形)〈书〉坚强不屈的样子 *iron-willed and unyielding*

【傲视】àoshì（动)〈书〉傲慢地看待 *treat with disdain*；*scorn*

奥 ào

【奥林匹克运动会】 Àolínpǐkè Yùndònghuì *the Olympic Games*

【奥秘】àomì（名)没被人认识的深奥、神秘的道理或内容 *profound mystery*：探索大自然的～ tànsuǒ dàzìrán de ～ *probe the profound mysteries of nature*

【奥妙】àomiào（形)(事物的道理、内容或含义)深奥微妙，不容易了解 *abstruse and subtle, profound, secret*：孩子们觉得电子玩具太～了。Háizimen juéde diànzǐ wánjù tài ～ le. *Children think that electronic toys are really mysterious.* /他的想法是没说清楚，其实并不～。Tā de xiǎngfǎ shì méi shuō qīngchu, qíshí bìng bú ～. *He didn't express his idea*

clearly, *in fact it's really not difficult to understand.*（名）不易说明的或难懂的道理 *mystery*；我还不懂电脑的～。Wǒ hái bù dǒng diànnǎo de ～. *I still don't understand how computers work.*

【奥运会】Àoyùnhuì（名）"奥林匹克运动会"的简称 *abbrev. for "奥林匹克运动会"*

懊 ào

（形）(1)*regretful, remorseful* (2)*annoyed, vexed*

【懊悔】àohuǐ（动）认为自己犯了错误,觉得不该那样 *feel regret or remorse*：他提出尖锐中肯的批评,后来又一起来。Tā tíchū jiānruì zhòngkěn de pīpíng, hòulái yòu～ qilai. *Afterwards he regretted his sharp and pertinent critical re-*marks. /他从来不～。Tā cónglái bú ～. *He never feels regret.* /我～没买那本书。Wǒ ～ méi mǎi nà běn shū. *I regret not buying that book.* /我～不该不买那本书。Wǒ ～ bù gāi bù mǎi nà běn shū. *I should have bought that book, I regret it now.*

【懊恼】àonǎo（形）〈书〉心里别扭,烦闷而苦恼 *annoyed, vexed, upset*

【懊丧】àosàng（形）因事情不如意,而感到丧气,情绪低落 *dejected; despondent; depressed; dismayed; dispirited; downcast*：昨天丢了个钱包,越想越～。Zuótiān diūle ge qiánbāo, yuè xiǎng yuè ～. *Yesterday I lost my wallet. The more I think about it the more depressed I get.*

B

bā

八 bā
（数）*eight* 除在四声前也可读二声外，其他情况均读一声（*always pronounced in the 1st tone except before a syllable of the 4th tone when the 2th tone is also permissible*）. ;~（bá 或 bā）岁— suì *eight years old* /~（bá 或 bā）次 ~ cì *eight times* /~（bá 或 bā）块钱 ~ kuài qián *eight dollars*

【八成】bāchéng（副）〈口〉（~儿）大概、多半，表示估计 *most probably*；*most likely*：天阴得厉害，~要下雪。Tiān yīn de lìhai, ~ yào xià xuě. *The sky is heavily overcast. It will most likely snow.* /这么晚了，他~不来了。Zhème wǎn le, tā ~ bù lái le. *It's so late. Most likely he isn't coming.*

【八股】bāgǔ（名）明清两代科举考试用的一种文体。严格规定全篇必须由八个部分组成，后四部分又须各含有两股排比对偶的字句，共八股。这种文章形式死板，内容千篇一律，不许发挥自己的思想。现在多用来比喻空洞死板充满陈词滥调的文章、演说等 *"eight-part essay"* — *a formulaic way of writing an essay set in the imperial examinations of the Ming*（1368 – 1644）*and Qing*（1644 – 1911）*dynasties*；*and nowadays used to describe stereotyped writing*：他的演说全是~腔。Tā de yǎnshuō quán shì ~ qiāng. *His speech was nothing but stereotyped twaddle.* /这种~文章谁爱看！Zhè zhǒng ~ wénzhāng shuí ài kàn! *Who wants to read this kind of formulaic writing?*

【八路军】Bālùjūn（名）抗日战争时期（1937 – 1945）中国共产党领导的第八路军，是华北抗日的主力。第三次国内革命战争时期改称为中国人民解放军 *the Eighth Route Army*（*under the leadership of the Chinese Communist Party during the War of Resistance Against Japanese Aggression*, *1937 – 1945. The name was changed to the Chinese People's Liberation Army during the Third Revolutionary Civil War*）

【八面玲珑】bāmiàn línglóng 原指屋子门窗多，宽敞明亮。现用来形容人手腕圆滑，面面俱到，什么人都不得罪。多含贬义（*originally of a home with many doors and windows*）*spacious and bright*；*be smooth and slick*（*in social intercourse*）

【八一建军节】Bā-Yī Jiànjūnjié 一九二七年八月一日，中国共产党领导了南昌起义，从此建立了中国人民的革命军队。后将八月一日定为建军节 *Army Day*（*August 1*）（*anniversary of the founding of the People's Liberation Army*（*1927*））

【八月】bāyuè（名）*August*

巴 bā
【巴不得】bābude（动）〈口〉迫切地盼望（某事发生，多指一些表面上并非人所盼望的事 *be very anxious about something*：你以为他怕你不让他去吗？他~不去呢！Nǐ yǐwéi tā pà nǐ bú ràng tā qù ma? Tā ~ bú qù ne! *Do you think he's afraid that you won't let him go? In fact he's not looking forward to going at all!* /我~一生一场病，可以休息休息。Wǒ ~ shēng yì cháng bìng, kěyǐ xiūxi xiūxi. *I wish I could get sick so that I could rest a little.* /你解除他的小组长职务，这正是他~的。Nǐ jiěchú tā de xiǎozǔzhǎng zhíwù, zhè zhèng shì tā ~ de. *You relieved him of his duties as group leader; this is exactly what he was hoping for.*

【巴结】bājie（动）〈口〉*curry favor with*；*suck up to*：~上司 ~ shàngsi *suck up to one's boss* /~有权势的人 ~ yǒu

quánshì de rén *curry favor with influential people*

【巴黎公社】Bālí Gōngshè 一八七一年三月十八日，法国巴黎的无产阶级和人民群众举行武装起义，推翻了资产阶级政权，二十八日成立了巴黎公社，人类历史上第一个无产阶级政权，历时两个多月，五月二十八日最后失败 *the Paris Commune*（*the world's first regime of the proletariat, established on March 18, 1871 by the French working class after overthrowing the bourgeois regime. It lasted 2 months and finally fell on May 28th, 1871*）

【巴儿狗】【叭儿狗】bārgǒu（名）*pekingese*

【巴掌】bāzhang（名）手掌 *palm of the hand*：拍~ pāi ~ *clap hands* /打了他两~ dǎle tā liǎng ~ *I gave him a couple of slaps.* /一个~拍不响。Yí ge ~ pāi bu xiǎng.（*One hand alone can't clap*）—*it takes two to quarrel.*

扒 bā
（动）（1）抓住可依附的东西 *hold on to, cling to*（*something*）：~着墙头往外看 ~zhe qiángtóu wǎng wài kàn *hold on to the top of the wall and look out*（2）刨、挖、拆 *dig*（*out*）, *rake, pull down*：~堤 ~ dī *pull down a dyke* /把埋在坑里的萝卜~出来。Bǎ mái zài kēng li de luóbo ~ chulai. *Dig out the radishes buried in the hole.* /把旧城墙~了。Bǎ jiù chéngqiáng ~ le. *Knock down the old citywall.*（3）拨 *push aside*：~开乱石碎砖捉蟋蟀 ~kāi luàn shí suì zhuān zhuō xīshuài *push aside stones and bricks to catch crickets*（4）剥或脱掉 *shell, peel, skin or take off*：你会把羊皮~下来吗？Nǐ huì bǎ yángpí ~xialai ma? *Do you know how to skin the sheep?* /他把鞋袜一~，就蹚过小河去了。Tā bǎ xié wà yì ~, jiù tāng guò hé qù le. *He took off his shoes and socks and waded across the stream.* 另见 pá

叭 bā
（象声）枪声、敲打声、枝条折断声等 *snap*；*crack*；*rap*：~的一声枪响，一个人倒下去了。~ de yì shēng qiāng xiǎng, yí ge rén dǎo xiaqu le. *There was the crack of a rifle shot and a man fell down.* /只听~的一声，他把钢笔折断了。Zhǐ tīng ~ de yì shēng, tā bǎ gāngbǐ zhéduàn le. *He snapped his pen in two with a crack.* /老师用教鞭在黑板上~~敲了两下。Lǎoshī yòng jiàobiān zài hēibǎn shang ~ ~ qiāole liǎng xià. *The teacher tapped his pointer twice on the blackboard.*

芭 bā
【芭蕾舞】bālěiwǔ（名）*ballet*

疤 bā
（名）[块 kuài]（1）*scar*：这么点儿伤不会留下~的。Zhème diǎnr shāng bú huì liúxià ~ de. *Such a small wound will not leave a scar.* /左腿上有一块~。Zuǒ tuǐshang yǒu yí kuài ~. *He has a scar on his left leg.*（2）器物上像疤一样的痕迹 *a mark on sth. that looks like a scar*：我没注意，买了一个带~的盘子。Wǒ méi zhùyì, mǎile yí ge dài ~ de pánzi. *I didn't notice that the plate I bought had a flaw on it.*

捌 bā
（数）"八"的大写。多用于账目、票证等 *complicated form of 八 used in cheque writing, etc.*

bá

拔 bá（动）（1）抽；拉出 pull out：～剑 ～ jiàn unsheathe a sword /～麦子 ～ màizi pull out the wheat /～牙 ～ yá extract a tooth /草必须连根～掉。Cǎo bìxū lián gēn ～diào. Weeds must be pulled with the roots. （2）吸出（中医的说法）draw out (Chinese medical term)：～毒 ～ dú draw out pus (by applying a plaster to the affected part) （3）攻取（军事据点）attack and seize (a military stronghold)：～掉敌人三个炮楼 ～diào dírén sān ge pàolóu wipe out three of the enemy blockhouses

【拔除】báchú（动）拔出；除掉 uproot, eradicate：～敌人两个据点 ～ dírén liǎng ge jùdiǎn wipe out two enemy strongholds /～祸根 ～ huògēn eradicate the source of trouble

【拔河】báhé（名）〈体〉tug of war

【拔尖儿】bá=jiānr〈口〉（1）出众，超过一般 be outstanding, be among the best：他的学习成绩在全班是～的。Tā de xuéxí chéngjì zài quán bān shì ～ de. He is one of the best students in his class. （2）突出个人〈贬〉(derogatory) feel one is superior to others：她总是想～，怕是大家并不服气。Tā zǒngshì xiǎng ～, kěshì dàjiā bìng bù fúqì. She always thinks that she is better than others, but nobody is really convinced. /这孩子爱～的毛病得给他改改。Zhè háizi ài ～ de máobìng děi gěi tā gǎigai. We have to change this boy's superior attitude.

【拔苗助长】【揠（yà）苗助长】bá miáo zhù zhǎng 表示违反事物发展规律，强求速成，反而把事情弄糟 try to help seedlings grow by pulling them；(fig.) spoil things by undue haste

跋 bá（名）写在文章、书籍等后面的短文，多是评价、鉴定、说明等 postscript (to a book, article etc.)

【跋扈】báhù（形）狂妄、专横（hèng），欺上压下 overbearing, domineering, bullying, bossy：这人非常～，从不把领导放在眼里。Zhè rén fēicháng ～, cóng bù bǎ lǐngdǎo fàng zài yǎn li. This man is extremely overbearing and never has any respect for his superior.

【跋山涉水】bá shān shè shuǐ 翻山过水，形容艰苦的长途奔波 travel across mountains and rivers：地质工作者～为祖国寻找石油。Dìzhì gōngzuòzhě ～ wèi zǔguó xúnzhǎo shíyóu. Geological workers travel across mountains and rivers searching for oil for their country.

【跋涉】báshè（动）〈书〉爬山蹚水，形容旅途的艰辛 cross land and water, make a difficult journey：～了几百里，终于到达了目的地。～le jǐ bǎi lǐ, zhōngyú dàodále mùdìdì. He finally reached his destination after a difficult journey of several hundred miles.

bǎ

把 bǎ（动）（1）◇ 握 hold：～着方向盘 ～ zhe fāngxiàngpán hold the steering wheel /师傅手～手教我。Shīfu shǒu ～ shǒu jiāo wǒ. The master teaches me by guiding my hand. （2）看守 guard：～门 ～ mén guard a gate（名）（自行车、手推车等的）用手把住的部分 handlebar; handle：他骑自行车，可以双手都不扶。Tā qí zìxíngchē, kěyǐ shuāng shǒu dōu bù fú. He can ride his bike "no-hands". （量）（1）名①用于有柄的物件 (measure word for objects with handles)：两～菜刀 liǎng ～ càidāo two kitchen knives /一～铁锹 yì ～ tiěxiān one shovel (spade) ②用手可以抓起的数量

a handful：一～水果糖 yì ～ shuǐguǒ táng a handful of fruit drops /几～花生 jǐ ～ huāshēng several handfuls of peanuts ③用于某些抽象事物的形象说法，数词只能用"一"(for some abstract nouns, if used with a numeral, only "一" can be used)：加（一）～劲儿 jiā (yì) ～ jìnr put more effort (into something) /大家都努（一）～力，任务就完成了。Dàjiā dōu nǔ (yì) ～ lì, rènwu jiù wánchéng le. If we all put in some extra effort, we'll finish the job in no time. （2）动量，用于用手抓的动作（verb measure word, actions done with hand）：一～就把他拉了上来 yì ～ jiù bǎ tā lāle shanglai jerked him up /一～抓住了他 yì ～ zhuāzhùle tā grabbed him（介）"把"字句的功能主要表示对事物或人的处置或影响；"把"的宾语是处置或影响的对象；由"把"组成的介宾结构处于述语前。"把"字句有如下几个特点（the main function of a "把" sentence is to show the influence on sb. or sth. or to show how sth. is dealt with；the object of "把" is that which is influenced or dealt with；the preposition-object structure formed with "把" is placed before the verb；"把" sentences have the following characteristics）（1）述语一般是及物的，"把"的宾语在意念上是述语的受事（the verb is usu. transitive；the object of "把" is, in meaning, the object of the verb）：敌人～他杀害了。Dírén ～ tā shāhài le. The enemy killed him. /他～那部小说看完了。Tā ～ nà bù xiǎoshuō kànwán le. He finished reading that novel. /你的朋友没有～你忘掉。Nǐ de péngyou méiyou ～ nǐ wàngdiào. Your friend has not forgotten you. "有""在""知道""看见""赞成""进"出"等动词虽是及物的，但不表处置，不能用在"把"字句中（although the verbs "有"，"在"，"知道"，"看见"，"赞成"，"进"，"出"etc. are transitive, they cannot be used in a "把" sentence because they do not indicate the handling of sth.）（2）"把"的宾语多是专指的（usu. the object of "把" is specific）：他～眼镜摘下来，准备洗脸。Tā ～ yǎnjing zhāi xialai, zhǔnbèi xǐ liǎn. He took off his glasses to wash his face. /请～这二十块钱带上，路上零花！Qǐng ～ zhè èrshí kuài qián dàishang, lù shang línghuā! Please take this twenty yuan along as spending money en route. /他～桌上的书拿起来，装在书包里。Tā ～ zhuō shang de shū ná qilai, zhuāng zài shūbāo li. He picked up the books that were on the desk and put them in his briefcase. 有些讲道理的句子，"把"的宾语可以是泛指的（some sentences explain a reasoning；in this case, the object of "把"can refer to sth. in general）：时间长了，雨水可以～石头滴穿。Shíjiān cháng le, yǔshuǐ kěyǐ ～ shítou dīchuān. Rainwater can bore a hole through rock drop by drop over a long period of time. /要～青年都培养成有用的人才。Yào ～ qīngnián dōu péiyǎng chéng yǒuyòng de réncai. We must train our youth to become useful talent. （3）"把"字句的述语不能独立存在，它或者自身重叠，或者带后附成分，说明对"把"的宾语的处置或影响，或另有宾语（the verb in a "把" sentence cannot exist alone, it is either reduplicated itself or takes a supplementary component which either describes the handling of the object of "把"or the influence on it, or which has another object）：你应该～房间整理整理。Nǐ yīnggāi ～ fángjiān zhěnglí zhěnglí. You should straighten out the room. /非～他贪污的问题搞清楚不可。Fēi ～ tā tānwū de wèntí gǎo qīngchu bùkě. We must clarify the question of his corruption. /我们～你买的啤酒喝了三瓶。Wǒmen ～ nǐ mǎi de píjiǔ hēle sān píng. We drank three bottles of the beer you bought. /请你～那个句子再念一遍。Qǐng nǐ ～ nàge jùzi zài niàn yí biàn. Please read that sentence aloud once more. （4）述语前有"一"作状语，述语无后附成分，只描绘动作性短促，并无处置意义（把＋宾语＋一＋动词）不能独立成句，后边要停之必与一分句（if the verb is preceded by "一" which serves as an adverbial, then it doesn't take a supplementary component, it just describes the

action as a short, rapid one and does not indicate the handling of sth. ;"把＋object＋一＋verb" usu. cannot form an independent sentence by itself but must be followed by another clause）：他一脚一顿，说："你没什么了不起！"Tā yì jiǎo yì dùn, shuō: "Nǐ méi shénme liǎobuqǐ!" He stamped his foot and said; "You're nothing great!" /他一头一扬，就走过去了。Tā ~ tóu yì yáng, jiù zǒu guoqu le. He raised his head and walked by. (5)述语前加助词"给"，不影响句意（when the particle "给" is placed before the verb, the meaning of the sentence doesn't change）：他右脚往上一抬，~刺刀给踢飞了。Tā yòu jiǎo wǎng shàng yì tái, ~ cìdāo gěi tīfēi le. He lifted his right foot and kicked the bayonet into the air. /刚才主任~他给批评了一顿。Gāngcái zhǔrèn ~ tā gěi pīpíngle yí dùn. The director just gave him a chewing out. (6)只要致使的意义强，"把"字句的动词可以是不及物的，甚至"把"的宾语可以是"动词"的施事而不是受事（as long as the effect on sth. or sb. is very clear, the verb in a "把" sentence does not have to be transitive; the object of "把" may even be the doer of the action rather than the object）：他说的笑话~我的肚子都笑疼了。Tā shuō de xiàohua ~ wǒ de dùzi dōu xiàoténg le. His joke made me laugh until my stomach hurt. /天真冷，~我冻得直打哆嗦。Tiān zhēn lěng, ~ wǒ dòng de zhí dǎ duōsuo. The weather was so cold it made me shiver. （助)用于量词"个"后，"一把"是一两个（used after measure word "个"; "一个把" means "one or two"）：这里今天活儿不多，个~人也就够了。Zhèli jīntiān huór bù duō, gè ~ rén yě jiù gòu le. There isn't much work to do here today — one or two people are enough. /要改完这篇稿子大概得个~月。Yào gǎiwán zhè piān gǎozi dàgài děi gè ~ yuè. One or two more months are needed to finish revising this manuscript. 在"百""千""万"这些数词后，表示略多于"一百""一千""一万"，前后不能再加数词（when used after the numerals "百"，"千" and "万", it indicates an amount slightly larger than "一百"，"一千" and "一万", in this case, no other numerals may be added before or after）：昨天来礼堂听讲演的约有千~人。Zuótiān lái lǐtáng tīng jiǎngyǎn de yuē yǒu qiān ~ rén. About a thousand people or so attended the lecture in the auditorium yesterday. 另见 bà

【把柄】bǎbǐng（名)可被人用来要挟或攻击的漏洞或短处：sth. (shortcoming, mistake, etc.) that may be taken advantage of and used against sb.：他狡猾得很，你抓不住他的~。Tā jiǎohuá de hěn, nǐ zhuā bu zhù tā de ~. He's very cunning, he won't let you hold anything over him. /~落在群众手里，他也逃不掉了。~ luò zài qúnzhòng shǒu li, tā kě táo bu diào le. With the evidence in the hands of the masses, he will not be able to escape.

【把持】bǎchí（动)〈贬〉抓住(权力、位置)排斥别人 control, retain one's grip on：~要害部门 ~yàohài bùmén have complete control over the key departments /谁也不能一手~党政大权。Shuí yě bù néng yìshǒu ~ dǎng zhèng dàquán. Nobody can control both the party and the government single-handedly.

【把关】bǎ＝guān 坚持一定的原则、制度或标准，不让不合格的通过（guard the pass）check that something is in accordance with principles and rules：每道工序都由总工程师~。Měi dào gōngxù dōu yóu zǒng gōngchéngshī ~. Every work procedure is checked by the chief engineer. /考试制度必须严格，才能把好毕业生的关。Kǎoshì zhìdù bìxū yángé, cái néng bǎhǎo bìyèshēng de guān. The examination system must be strict to ensure good graduates. /这本词典的英文翻译由老李~。Zhè běn cídiǎn de Yīngwén fānyì yóu Lǎo Lǐ ~. The English translations in this dictionary were checked by Lao Li.

【把势】【把式】bǎshi（名)〈口〉(1)武术 wushu, martial arts：练~ liàn ~ practise martial arts (2)精通某种技术的人，多限于农村中有限的几种技术 a person skilled in a particular trade (limited to several skills in rural areas)：车~ chē ~ a cart driver /花~ huār ~ a man who cultivates flowers /他是庄稼地里的好~. Tā shì zhuāngjia dì li de hǎo ~. He is a very skilled farmer.

【把守】bǎshǒu（动)守卫(重要的地方)guard, defend：~关口 ~ guānkǒu guard the pass /分兵~ fēn bīng ~ divide the army to defend (the pass) /有一个解放军~大门。Yǒu yí ge jiěfàngjūn ~ dàmén. There is a PLA man guarding the gate.

【把手】bǎshou（名)拉手(lāshou)或器物上便于用双手拿的地方：handle, knob, hand-grip：门~ mén ~ door knob/那口大锅的~坏了一个。Nà kǒu dà guō de ~ huàile yí ge. One of the handles on that big pot is broken.

【把头】bǎtou（名)旧社会里把持某种行业(如搬运、建筑等)，从中剥削工人的罪恶分子 labour contractor, gangmaster

【把握】bǎwò（动)抓住,掌握(多指抽象事物)hold, grasp：~战机 ~ zhànjī seize the opportunity for combat /~事情的实质 ~ shìqing de shízhì grasp the essence of a matter /~住罪证 ~ zhù zuìzhèng have evidence of a crime in hand （名)事物成功的可靠性 one's certainty of being successful：~大不大? ~ dà bu dà? How sure are you of yourself?/有没有~? Yǒu méi yǒu ~ ? Are you sure you can do it?/没什么~ méi shénme ~ I don't think I can. /有~提前三个月建成这座大楼。Yǒu ~ tíqián sān ge yuè jiànchéng zhè zuò dà lóu. It is certain that the construction of this building can be moved ahead 3 months. /不打无准备之仗，不打无~之仗。Bù dǎ wú zhǔnbèi zhī zhàng, bù dǎ wú ~ zhī zhàng. Fight no battle unprepared; fight no battle you are not sure of winning.

【把戏】bǎxì（名)(1)旧指杂技 (in old times) juggling, acrobatics：看~ kàn ~ watch juggling or acrobatics /耍~ shuǎ ~ play tricks (2)"鬼把戏"，指欺骗人的手法 a cheap trick

靶 bǎ（名)◇ target, butt；枪~ qiāng~ target for shooting at with gun/箭~ jiàn~ target for archery/打~ dǎ ~ target practice

【靶场】bǎchǎng（名)shooting range；range

【靶子】bǎzi（名)同"靶"bǎ。但可独立运用 same as "靶" bǎ, but can be used alone

bà

坝〔壩〕bà（名)拦水或巩固堤防的建筑物 dam, dike, embankment：新修了一条大~ xīn xiūle yì tiáo dà ~ built a dam recently

把 bà（名)(~儿)(1)器物上便于用手拿的部分 handle：刀~儿 dāo ~ handle of a knife /砂锅~ shāguō ~ hand of a earthenware pot /勺子~ sháozi ~ handle of a spoon (2)花、叶或果实的柄 stem of a flower, leaf or fruit：梨~儿 lí ~ stem of a pear /每颗樱桃都有一根长长的~儿。Měi kē yīngtáo dōu yǒu yì gēn chángcháng de ~. All the cherries have long stems. 另见 bǎ

爸 bà（名)〈口〉(1)对父亲的称呼 dad, pa：~，请看看我的成绩单，签个字。~, qǐng kànkan wǒ de chéngjiēdān, qiān zì. Dad, please look at my report card and sign it. (2)父亲 father：你~在家吗? Nǐ ~ zài jiā ma? Is your father at home?

【爸爸】bàba〈名〉同"爸"bà same as "爸"bà

耙 bà
（名）碎土和平整土地的农具 harrow（动）用耙弄碎土块 draw a harrow over（a field）；harrow：~地 ~ dì draw a harrow over the ground /那片稻田已经~过了。Nà piàn dàotián yǐjing ~guo le. That rice field has already been harrowed. 另见 pá

罢 〔罷〕bà
（动）◇（1）停，歇 stop, cease：~教 ~ jiào teachers' strike /工程进行了一半，已经是欲~不能了。Gōngchéng jìnxíng le yíbàn, yǐjing shì yù ~ bù néng le. Half of the project has already been carried out and there's no way to stop it.（2）免除（官职）dismiss（from office）（3）用于动词后表示完结，有书面语意味（used after a verb to show completion（usually in written language））：他说~，拿起茶喝了几口。Tā shuō~, náqǐ chá hēle jǐ kǒu. He finished speaking and took a couple of mouthfuls of tea. /吃~午饭就走了。Chī~ wǔfàn jiù zǒu le. He finished eating lunch and left.

【罢工】bà=gōng strike, go on strike：经济~ jīngjì ~ strike for economic reasons /政治~ zhèngzhì ~ strike for political reasons /铁路工人大~ tiělù gōngrén dà ~ The railway workers are on a full-scale strike.

【罢官】bà=guān〈旧〉解除官职 dismiss an official from his post（archaic）

【罢课】bà=kè 学生为表示抗议或实现某种要求而集体停止上课 student strike

【罢了】bàle〈助〉用于陈述句末；前面常有"不过""只是""无非"等词与它呼应，起限定范围的作用，有把事情往小处说的语气，可省略（use at the end of a declarative sentence；often preceded by words such as "不过","只是","无非", etc. which serve to limit the scope；expresses a slight tone of belittlement；can be omitted）：你别太认真，他不过跟你开开玩笑（~）。Nǐ bié tài rènzhēn, tā búguò gēn nǐ kāikai wánxiào（~）. Don't be so serious. He was just joking with you. /对这事他是有想法的，只是没有说出来（~）。Duì zhè shì tā shì yǒu xiǎngfǎ de, zhǐshì méiyou shuō chulai（~）. He does have an opinion on this matter. It's just that he hasn't expressed it. /我无非是想让他知道一下我的意见（~），并没有别的意思。Wǒ wúfēi shì xiǎng ràng tā zhīdào yíxià wǒ de yìjiàn（~）, bìng méi yǒu biéde yìsi. I just wanted to let him know my opinion, that's all. I didn't have anything else in mind.

【罢免】bàmiǎn〈动〉选民代表机关撤销（他们所选出的人员的职务）recall

【罢市】bà=shì 商人为实现某种要求或表示抗议，集体停止营业 shopkeepers' strike

【罢休】bàxiū〈动〉〈书〉停止，了结（多用于否定句，不能有宾语）give up, let the matter drop（usually in negative sentences, cannot take an object）：不达目的决不~ bù dá mùdì jué bú ~ Never give up before attaining one's goal. /直到新娘唱完第五支歌，起哄的人才肯~。Zhídào xīnniáng chàngwán dìwǔ zhī gē, qǐhòng de rén cái kěn ~. The people were not ready to stop booing until after the bride had finished the fifth song.

霸 bà
（名）◇（1）古代诸侯联盟的首领 chief of feudal princes, overlord in olden times：春秋五~ Chūnqiū wǔ ~ the five feudal princes of the Spring and Autumn Period（2）蛮横无理，仗势欺人的人 tyrant, despot, bully：渔~ yú ~ a bully who extorts payment from fishermen /他是这里的一~，群众恨透了他。Tā shì zhèlǐ de yí ~, qúnzhòng hèntòule tā. All the people hate him because he is a local bully.（动）独据，霸占 forcibly occupy, seize：军阀割据，各~一方。Jūnfá gējù, gè ~ yì fāng. The warlords divided up the country and each occupied a part.

【霸道】bàdao〈形〉蛮横，不讲道理 overbearing, high-handed：这个人真，谁也不敢惹他。Zhège rén zhēn ~, shuí yě bù gǎn rě tā. This man is so egoistic and dogmatic that nobody dares to provoke him. /你别那么~，一个人不能占两个人的地方！Nǐ bié nàme ~, yí ge rén bù néng zhàn liǎng ge rén de dìfang! Don't be so unreasonable! One person cannot take up two places.

【霸权】bàquán〈名〉在国际关系上依靠军事或经济优势操纵、控制别国的权力 hegemony, supremacy

【霸权主义】bàquánzhǔyì〈名〉在国际关系中，凭借军事和经济优势统治和支配别国，称霸世界的政策 hegemonism

【霸王】bàwáng〈名〉指不讲道理十分蛮横的人 overlord；bully

【霸占】bàzhàn〈动〉依仗权势强行占为己有 forcibly occupy：~人家的房子 ~ rénjia de fángzi take over another person's house by force /~别国领土 ~ bié guó lǐngtǔ occupy another country's territory

【霸主】bàzhǔ〈名〉中国春秋时代势力最大，在诸侯中取得领导地位的诸侯 the most powerful of the feudal princes of the Spring and Autumn Period in Chinese history

ba

吧 ba
（助）（1）用在祈使句末，表示商量的语气（used at the end of an imperative sentence to indicate a suggestion）：今天参观故宫，请你给我们当向导~！Jīntiān cānguān Gùgōng, qǐng nǐ gěi wǒmen dāng xiàngdǎo ~! We're going to visit the Palace Museum today. Why don't you be our guide? /你还是早点回来~！别让大家等你~! Nǐ háishi zǎo diǎn huílai ~! bié ràng dàjiā děng nǐ. Why don't you come back a little early! Don't make us wait for you. /振作起来~!"失败是成功之母。"Zhènzuò qǐlái ~! "Shībài shì chénggōng zhī mǔ." Pull yourself together. "Failure is the mother of success." /看你脸脏的这个样子，快去洗洗~! Kàn nǐ liǎn zāngchéng zhège yàngzi, kuài qù xǐxi ~! Look how dirty your face is! Go wash up. Hurry!（2）"吧"在"好"后边，表示同意或认可（when "吧" is used after "好", it expresses agreement or approval）：明天一定来啊! —— 好~，不见不散。Míngtiān yídìng lái a! —— Hǎo ~, bú jiàn bú sàn. You must come tomorrow! —— O. K. We won't leave without meeting each other. /我告诉你多练习"说"没错! —— 好~，我听你的。Wǒ gàosù nǐ duō liànxí "shuō" méi cuò! —— Hǎo ~, wǒ tīng nǐ de. I tell you, you can't go wrong if you practise speaking more. —— All right, I'll take your advice. /我们就按原计划执行。—— 好~。Wǒmen jiù àn yuán jìhuà zhíxíng. —— Hǎo ~. Let's implement this according to the original plan. —— O. K.（3）把陈述句变成疑问句，表示对自己的估计十分肯定（turns a declarative sentence into an interrogative sentence to indicate that one is sure about one's conjecture）：几个月不见了，他的学业大有长进了~? Jǐ ge yuè bú jiàn le, tā de xuéyè dà yǒu zhǎngjìnle ~? I haven't seen him for months. He must certainly be making great progress in his studies, is he not? /好像要下雨，你临出来的时候，把窗户关上了~? Hǎoxiàng yào xià yǔ, nǐ lín chūlai de shíhòu, bǎ chuānghu guānshangle ~? It looks like rain. You shut the windows before coming out, didn't you? /这种动物是属于猫科的~? Zhè zhǒng dòngwù shì shǔyú māokē de ~? This kind of animal belongs to the cat family, doesn't it?（4）表示中间的停顿，有假说的语气，有时对举，表示怎么做都不好（used to indi

cate a pause which expresses a hypothetical tone; used after two opposite cases to show a dilemma)：就是心里不愿意～，嘴上也很难说出来。Jiùshì xīnlǐ bú yuànyì ～, zuǐshang yě hěn nán shuō chulai. *It's hard to say so even when one is not willing.* /这衣服不穿～怪可惜的，穿～，式样又那么旧，只好处理了算了。Zhè yīfu bù chuān ～ guài kěxi de, chuān ～, shìyàng yòu nàme jiù, zhǐhǎo chǔlǐle suàn le. *It would be a pity if I didn't wear this jacket, yet if I did wear it, it would be so out of style. I had no choice but to sell it.* /不去～，显得很冷淡，去～，实在没有什么可说的。Bú qù ～, xiǎnde hěn lěngdàn, qù ～, shízài méi yǒu shénme kě shuō de. *I would seem indifferent if I didn't go; yet if I did go, I'd have nothing to say.* (5)表示举例 (indicates that an example is being given)：就拿小林来说～，经过刻苦自学不是也达到了大学水平了吗？你怎么就不行呢？Jiù ná Xiǎo Lín lái shuō ～, jīngguò kèkǔ zìxué bùshí yě dádàole dàxué shuǐpíng le ma? nǐ zěnme jiù bù xíng ne? *Take Xiao Lin for instance; didn't he reach university level by arduous self-study? Why can't you?* /庄稼种上了不管不行，就拿这片麦子来说～，锄草、打药、浇灌，哪一样不做到都会影响收成。Zhuāngjia zhòngshangle bù guǎn bù xíng, jiù ná zhè piàn màizi lái shuō ～, chú cǎo, dǎ yào, jiāoguàn, nǎ yí yàng bú zuòdào dōu huì yǐngxiǎng shōuchéng. *You can't plant crops and not take care of them. Take this field of wheat for instance, the harvest would be affected if you neglected to do any of the following: weeding, hoeing, applying pesticide or irrigating.*

bāi

掰 ᵇᵃⁱ (动)用手把东西分开或折断 break into two or tear off with both hands：把一块饼干～成两半儿及一块儿饼干～chéng liǎng bànr *break a cracker into two* /这块巧克力太厚，我～不动。Zhè kuài qiǎokèlì tài hòu, wǒ ～ bu dòng. *This chocolate bar is too thick, I can't break off a piece.* /把树枝～断了 bǎ shùzhī ～duàn le *broke off a branch*

bái

白 ᵇᵃⁱ (形)(1) white：为了悼念死者，人人都得戴一朵小～花儿。Wèile dàoniàn sǐzhě, rénrén dōu děi dài yì duǒ xiǎo ～ huār. *Everybody is mourning the dead by wearing a small white flower.* /他的头发全～了。Tā de tóufa quán ～ le. *His hair is completely white.* /衬衫太脏了，洗不～。Chènshān tài zāng le, xǐ bu ～. *The shirt is too dirty. It can't be washed clean.* /这孩子脸都冻～了。Zhè háizi liǎn dōu dòng～ le. *This boy's face is blue with the cold.* (2)空白、无物 blank：交一卷儿 jiāo ～juànr *hand in a blank examination paper* /喝～开水最解渴 Hē ～kāishuǐ zuì jiě kě. *Drinking plain boiled water quenches your thirst best.* (3)◇指反动的 (a symbol of reaction)：～军 ～ jūn *the white army* /他在一区做过地下工作。Tā zài ～ qū zuòguo dìxià gōngzuò. *He did underground work in the white area.* (副)(1)表示(行为、动作)没有取得任何效果、得到应得的报酬或达到预期的目的 in vain; to no purpose; for nothing：这孩子不懂道理，我～说了半天，他一句话也没听进去。Zhè háizi bù dǒng dàolǐ, wǒ ～ shuōle bàntiān, tā yí jù huà yě méi tīng jìnqù. *This child just doesn't understand reason. I spent a long time fruitlessly talking to him; not one word sank in!* /他不会对你说实话，你问也～问。Tā bú huì duì nǐ shuō shíhuà, nǐ wèn yě ～ wèn. *There's no way he'll tell you the truth. You're just wasting your breath by asking him.* /小刘～跑了一趟书店，根本就买不到那种词

典。Xiǎo Liú ～ pǎole yí tàng shūdiàn, gēnběn jiù mǎi bu dào nà zhǒng cídiǎn. *Xiao Liu made a trip to the bookstore for nothing because that kind of dictionary just can't be bought.* /这趟北京没有～去，我们参观了很多地方。Zhè tàng Běijīng méiyou ～ qù, wǒmen cānguānle hěn duō dìfang. *This trip to Beijing wasn't fruitless, as we visited many places.* /说了也～说，他们并不想改进。Shuōle yě ～ shuō, tāmen bìng bù xiǎng gǎijìn. *I wasted my breath. They're just not willing to improve at all.* (2)表示不付代价(而得到好处) free of charge; gratis：这些电影票是工会～给的。Zhèxiē diànyǐng piào shì gōnghuì ～ gěi de. *These movie tickets were handed out for free by the union.* /两个孩子都工作了，家里没有～吃闲饭的。Liǎng ge háizi dōu gōngzuò le, jiālǐ méi yǒu ～ chī xiánfàn de. *Now that the two children have jobs, there are no idlers left at home.* /不能～拿工资，得真干事才行。Bù néng ～ ná gōngzi, děi zhēn gàn shì cái xíng. *You can't get paid for nothing. You must earn your keep.* (3)表示(做坏事)而不受惩罚 get away with (doing sth. bad); go unpunished：他打了人可不能～打，得受法律制裁。Tā dǎle rén kě bù néng ～ dǎ, děi shòu fǎlǜ zhìcái. *He can't get away with beating someone. He must be punished by law.* /不能让他们～砍了国家的山林，要他们赔偿损失。Bù néng ràng tāmen ～ kǎnle guójiā de shānlín, yào tāmen péichǎng sǔnshī. *We cannot allow them to get away with cutting down the country mountain forests. They must compensate for the losses.*

【白白】báibái (副)(1)同"白"bái(副)(1)，但后边可以加助词"地"，被修饰的至少是双音节词语 same as "白" bái(副)(1), but can be followed by the structural particle "地" (the word it modifies must at least be disyllabic)：因为保管不好，三千斤大白菜～地烂掉了。Yīnwèi bǎoguǎn bù hǎo, sānqiān jīn dàbáicài ～ de làndiào le. *Three thousand jin of cabbage festered away because they weren't properly cared for.* /青年人要有志气有作为，不要～浪费青春。Qīngnián rén yào yǒu zhìqì yǒu zuòwéi, búyào ～ làngfèi qīngchūn. *Young people should aspire to accomplish great things. They mustn't waste their youth.* /你怎么才回来，让我～等了你两个小时。Nǐ zěnme cái huílai, ràng wǒ ～ děngle nǐ liǎng ge xiǎoshí. *Why are you just arriving now? I wasted two hours waiting for you!* (2)同"白"bái(副)(3)same as "白" bái(副)(3)：不能让敌人～杀死我们的战士。Bù néng ràng dírén ～ shāsǐ wǒmen de zhànshi. *We cannot allow the enemy to get away with killing our soldiers.* /我的钱包放在口袋里让扒手～地偷了去。Wǒ de qiánbāo fàng zài kǒudài li ràng páshǒu ～ de tōule qù. *A pickpocket got away with my wallet which was in my pocket.*

【白班儿】báibānr (名)〈口〉日班，白天工作的班次。与"夜班"相对而言 day shift (antonym of "夜班" (night shift))

【白菜】báicài (名)[棵 kē] cabbage

【白痴】báichī (名)(1) idiocy (2) idiot

【白搭】báidā (动·不及物)〈口〉没用，没益处，不起作用 no use; no good：你去劝也～，他下定决心要走了。Nǐ qù quàn yě ～, tā xiàdìng juéxīn yào zǒu le. *It's of no use for you to plead with him. He's determined to go.* /我费了半天劲，全～了。Wǒ fèile bàntiān jìn, quán ～ le. *I spent a lot of energy, but it was no use.*

【白费】báifèi (动)用掉(力气、时间等等)而得不到结果 waste, used up to no avail：～力气 ～ lìqi *waste one's energy* /～口舌 ～ kǒushé *waste one's breath* /时间～了。Shíjiān ～ le. *Time was wasted.*

【白喉】báihóu (名)〈医〉diptheria

【白花花】báihuāhuā (形)(～的)白得耀眼的 gleaming white; shining white：～的大米 ～ de dàmǐ *gleaming white rice* /盐场上都是～的盐堆。Yánchǎng shang dōu shì ～ de yánduī. *Gleaming white heaps of salt were everywhere at*

the salt works.

【白话】báihuà（名）(1)◇不能实现或没有根据的话 empty words：空口说～ kōng kǒu shuō ～ (he's) all talk (2)指现代汉语（普通话）的书面形式 modern written Chinese

【白话诗】báihuàshī（名）指打破旧诗的格律，用现代汉语写成的诗 free verse written in the vernacular；free verse written in modern Chinese

【白桦】báihuà（名）white birch

【白晃晃】báihuānghuāng（形）白而亮 dazzlingly white：～的探照灯～ de tànzhàodēng a dazzlingly white searchlight

【白金】báijīn（名）platinum

【白净】báijìng（形）(皮肤)洁白干净，没有斑点 (of skin) fair and clear：那姑娘长得挺～。Nà gūniang zhǎng de tǐng ～. That girl's complexion is quite fair and clear.

【白酒】báijiǔ（名）用高粱、玉米等粮食制成的酒，没有颜色 white spirit distilled from grains such as sorghum, maize, etc.

【白开水】báikāishuǐ（名）plain boiled water

【白兰地】báilándì（名）brandy

【白茫茫】báimángmāng（形）(～的)形容无边无际的白色，用于云、雾、雪、大水等 (of snow, cloud, fog) an endless whiteness：这里的冬天，积雪覆盖大地，一片 Zhèli de dōngtiān, jīxuě fùgài dàdì, ～ yīpiàn. In winter the ground is covered with snow and everything is a vast expanse of whiteness. /清晨，浓雾笼罩，～的，对面看不见人。Qīngchén, nóng wù lǒngzhào, ～ de, duìmiàn kàn bu jiàn rén. In the early morning when everything is shrouded in mist it is so white that you can't see in front of you.

【白内障】báinèizhàng（名）〈医〉cataract

【白皮书】báipíshū（名）white paper；white-book

【白旗】báiqí（名）(1)white flag；white banner (2)在过去的某些政治运动中被人认为思想反动的人 ideological reactionary (in past political movements)

【白热化】báirèhuà（动）情况、事态、感情等发展到最尖锐最紧张阶段 turn white hot：双方斗争很激烈，已经～了。Shuāngfāng dòuzhēng hěn jīliè, yǐjīng ～ le. Both parties are involved in a heated dispute, it has already turned white hot. /达到～的程度 dádào ～ de chéngdù become white hot

【白人】Báirén（名）白色人种 white race；member of the white race

【白日】báirì（名）白天，与黑夜相对 daytime：不分～黑夜我都在想着这件事情。Bù fēn ～ hēiyè wǒ dōu zài xiǎngzhe zhè jiàn shìqing. I am thinking of this matter night and day.

【白日做梦】báirì zuò mèng 幻想些根本不能实现的东西 daydream

【白色】báisè（名）(1)白的颜色 white：在中国，用～表示对死者的哀悼。Zài Zhōngguó, yòng ～ biǎoshì duì sǐzhě de āidào. White is used in China to show mourning for the dead. /～显得干净漂亮。～ xiǎnde gānjìng piàoliang. White looks clean and smart. /病房的被褥、床单全是～的。Bìngfáng de bèirù, chuángdānr quán shì ～ de. All the bedding in the hospital ward is white. (2)象征反动或反革命 symbol of reaction or counter-revolution：推翻～政权 tuīfān ～ zhèngquán topple the "white" regime

【白色恐怖】báisè kǒngbù 在反动政权统治下，反革命暴力所造成的恐怖，如大规模的屠杀、逮捕等 "white" terror

【白色人种】báisè rénzhǒng the white race

【白手起家】báishǒu qǐ jiā 在没有基础或条件很差的情况下从零开始，艰苦创业 start from scratch, build up from nothing：这家专业户～建立了一个现代化养鸡场。Zhè jiā zhuānyèhù ～ jiànlì yī ge xiàndàihuà yǎngjīchǎng. This specialized household built a modernized poultry farm from scratch.

【白薯】báishǔ（名）sweet potato

【白糖】báitáng（名）sugar

【白天】báitiān（名）从天亮到天黑的一段时间，跟"黑夜"相对 day-time

【白皙】báixī（形）〈书〉(皮肤)洁白 (of skin) fair；white

【白熊】báixióng（名）[只 zhī] polar bear

【白血病】báixuèbìng（名）〈医〉leukaemia

【白血球】báixuèqiú（名）white blood cell, white corpuscle

【白眼】báiyǎn（名）眼睛朝上或向旁边看，露出白眼珠，是看不起人的一种表情 contemptuous look：遭人～ zāo rén ～ be treated with disdain/用～看人 yòng ～ kàn rén look at others with contempt /他既然看不起我,我干吗去找他,遭他的～呢? Tā jìrán kàn bu qǐ wǒ, wǒ gànmá qù zhǎo tā, zāo tā de ～ ne? He looks down upon me, so why on earth would I want to call on him and be treated with contempt?

【白杨】báiyáng（名）white poplar

【白衣战士】bái yī zhànshì 指医生或护士,也泛指一般医务工作者 warrior in white — doctor；nurse；medical worker

【白银】báiyín（名）silver

【白种】Báizhǒng（名）同"白色人种" báisè rénzhǒng same as "白色人种" báisè rénzhǒng

【白昼】báizhòu（名）白天 daytime：冬季～短,黑夜长。Dōngjì ～ duǎn, hēiyè cháng. In the winter time the days are short and the nights long.

【白字】báizì（名）同"别字"biézì same as "别字" biézì, incorrectly written or mispronounced character

bǎi

百 bǎi
（数）(1)hundred：我们系有二～多个留学生。Wǒmen xì yǒu èr～ duō ge liúxuéshēng. Our department has over two hundred foreign students. (2)◇形容多 many：有～害而无一利 yǒu ～ hài ér wú yī lì There are many disadvantages with no advantage. /花争艳 ～ huā zhēng yàn Flowers blossom in a riot of color. /听他的课,学生总是精神～倍,非常感兴趣。Tīng tā de kè, xuésheng zǒngshì jīngshén ～ bèi, fēicháng gǎn xìngqù. Students always become much more lively when they attend his lectures and are very interested.

【百般】bǎibān（副）采用多种方法或手段（修饰双音节词语）in a hundred and one ways, by every possible means (modifies a disyllabic word)：我们～劝解,他还是想不通。Wǒmen ～ quànjiě, tā háishi xiǎng bu tōng. We've tried every possible means to convince him, but he still hasn't come round. /她可真是个贤妻良母,对丈夫是～顺从。Tā kě zhēn shì ge xián qī liáng mǔ, duì zhàngfu shì ～ shùncóng. She's such a virtuous wife and mother. She obeys her husband in every possible way. /为了阻挠她的工作,他～刁难她。Wèile zǔnáo tā de gōngzuò, tā ～ diāonàn tā. He created all sorts of obstacles to hinder her work. /老奶奶对独生孙女儿～宠爱。Lǎo nǎinai duì dúshēng sūnnǚr ～ chǒng'ài. The grandmother doted on her only granddaughter in a hundred and one ways.

【百发百中】bǎi fā bǎi zhòng（在射箭、打枪、开炮中）每一次都打中目标 hit the bull's eye every time, shoot with great accuracy：他是个～的神枪手。Tā shì ge ～ de shénqiāngshǒu. He is an expert marksman who never misses.

【百废俱兴】bǎi fèi jù xīng 许多应该进行而被废置的事情,都兴办起来了。常用以形容建设事业蓬勃发展的兴旺景象 all neglected tasks are being undertaken — (of social construction) a sign of prosperity

【百分比】bǎifēnbǐ（名）percentage：这十名留学生中,有三名美国学生,两名法国学生,五名日本学生,日本学生占的～

是 50%。Zhè shí míng liúxuéshēng zhōng, yǒu sān míng Měiguó xuésheng, liǎng míng Fǎguó xuésheng, wǔ míng Rìběn xuésheng, Rìběn xuésheng zhàn de ～ shì bǎi fēn zhī wǔshí. *Out of these ten overseas students, there are three Americans, two French and five Japanese, and so fifty percent of them are Japanese.*

【百分号】bǎifēnhào（名）〈数〉*percent sign*（%）

【百分率】bǎifēnlǜ（名）甲数为分母,乙数为分子,乙数所占甲数的百分数,叫做百分率,如 2/5 这个分数用百分率来表示就是 40/100 *percent*

【百分数】bǎifēnshù（名）用 100 做分母的分数 *percentage*

【百分之百】bǎi fēn zhī bǎi 全部;十足 *a hundred percent, absolutely, out and out*;有～的把握 yǒu ～ de bǎwò *be absolutely sure* /保证～地完成任务 bǎozhèng ～ de wánchéng rènwù *guarantee to completely finish a task* /你讲的～地正确。Nǐ jiǎng de ～ de zhèngquè. *What you say is absolutely correct.*

【百花齐放,百家争鸣】bǎi huā qí fàng, bǎi jiā zhēng míng 中国共产党关于促进社会主义文艺和科学事业发展繁荣的根本方针。凡是有利于巩固党的领导,有利于社会主义建设的各种艺术形式和风格可以自由发展,科学上不同的学派可以自由争论 *Let a hundred flowers bloom and a hundred schools of thought contend.* (*A policy proposed by the Chinese Communist Party to promote the development of literature, art and science. All those art forms which are advantageous to the consolidation of Party leadership and to socialist construction can develop freely; and all such schools of science can enjoy free discussion*)

【百花齐放,推陈出新】bǎi huā qí fàng, tuī chén chū xīn 艺术上不同形式和风格自由发展,去掉旧文艺中不好的东西,吸收好的,并使它有新的发展 *Let a hundred flowers bloom; weed through the old to bring forth the new, free development of different forms and styles of art. Discard the bad things in old literature and art; assimilate the good and enable it to develop in a different direction.*

【百货】bǎihuò（名）以服装、器皿、一般日用品为主的各种商品的总称 *general merchandise, including clothing, household utensils, articles of daily use, etc.*

【百货公司】bǎihuò gōngsī *department store*

【百科全书】bǎikē quánshū *encyclopaedia*

【百孔千疮】bǎi kǒng qiān chuāng 形容弊病很多或破坏极为严重,难以收拾的状态 *a hundred holes, a thousand scars; riddled with a thousand gaping wounds; heavily damaged and hard to repair*

【百炼成钢】bǎi liàn chéng gāng 久经锻炼,非常坚强 *be toughened and hardened into steel; become hardened like steel after long tempering*

【百年大计】bǎi nián dàjì 关系到长远利益的重要计划、策略或措施 *a fundamental task crucial for generations to come; a matter of vital and lasting importance; a vital matter of both immediate and long-range concern*;教育和培养青少年一代,是实现四化的～。Jiàoyù hé péiyǎng qīng-shàonián yí dài, shì shíxiàn sìhuà de ～. *Educating and bringing up a generation of young people is a vital matter of both immediate and long-range concern in the realization of the "four modernizations".*

【百万】bǎiwàn（数）*million*;～富翁 ～ fùwēng *millionaire*

【百闻不如一见】bǎi wén bùrú yí jiàn 听到上百次,也不如亲眼见到一次。表示亲眼见到比听别人说更可靠 *it is better to see once than hear a hundred times; seeing for oneself is a hundred times better than hearing from others*

【百姓】bǎixìng（名）人民（与"官吏"相对）*the common people*; 平民~ píngmín ~ *the general public; the populace*

【百叶窗】bǎiyèchuāng（名）*shutter; blind*

【百依百顺】bǎi yī bǎi shùn 一切顺从对方的意愿,对方怎么

说就怎么做 *docile and obedient* (*to one's opponent*)

【百战百胜】bǎi zhàn bǎi shèng 每一次打仗一定胜利 *a hundred battles, a hundred victories; come out victorious in every battle; be invincible*;～的将军是没有的。～ de jiāngjūn shì méi yǒu de. *There is no such thing as an invincible general.*

【百折不挠】【百折不回】(huí)] bǎi zhé bù náo 比喻意志坚强,无论受到多少挫折,毫不退缩或屈服 *undeterred by repeated setbacks*;只要有～的意志,就能登上科学的高峰。Zhǐyào yǒu ～ de yìzhì, jiù néng dēngshàng kēxué de gāofēng. *Provided one has an undaunted will he can scale the heights of science.*

佰 bǎi
（数）"百"字的大写 *complicated form of "百"*

柏 bǎi
（名）◇同"柏树"bǎishù *same as "柏树"* bǎishù:松～长青 sōng ～ cháng qīng *pine trees and cypress trees are evergreens*

【柏树】bǎishù（名）[棵 kē、株 zhū] *cypress*

【柏油】bǎiyóu（名）*pitch; tar; asphalt*

摆〔擺〕bǎi
（动）(1)（把事物）放(在一定位置),多是准备长时间不动或为了陈列或装饰 *put; place; arrange*;把这几本新书～在书架上吧。Bǎ zhè jǐ běn xīn shū ～ zài shūjià shang ba. *Put these new books on the bookshelf.* /屋里最好～上几张小沙发。Wū li zuìhǎo ～shang jǐ zhāng xiǎo shāfā. *It would be a good idea to furnish the room with a couple of sofas.* /窗台上～着几盆花儿。Chuāngtái shang ～zhe jǐ pén huār. *There are some potted flowers on the windowsill.* /全部展品都已经～好了。Quánbù zhǎnpǐn dōu yǐjīng ～hǎo le. *All the exhibits have been displayed.* (2)陈述,举出(一项一项的事物) *present* (*in words*):把你的理由～～. Give your reasons. /～出很多事实来 ～chū hěn duō shìshí lai *present many facts*/各方面的意见一～,就发现问题不少。Gè fāngmiàn de yìjiàn yì ～, jiù fāxiàn wèntí bù shǎo. *It was discovered that there were quite a lot of problems once all the opinions were brought out into the open.* (3)来回摇动 *sway; swing; wave*:他向我～手,意思是不让我进去。Tā xiàng wǒ ～ shǒu, yìsi shì bú ràng wǒ jìnqù. *He waved his hand at me to tell me not to go in.* /你看他摇摇～～,喝醉了吧? Nǐ kàn tā yáoyáo ～～ de, hēzuì le ba? *Look at the way he's swaying around. Do you think he's drunk?* (4)故意显示 *put on; assume*:～架子的人最讨厌。～ jiàzi de rén zuì tǎoyàn. *People who put on airs are the most annoying.* /～老资格 ～ lǎo zīgé *flaunt one's seniority* /～～什么阔呢! Nǐ ～ shénme kuò ne! *You are really flaunting your wealth!* (名)*pendulum*:钟～ zhōng ～ *pendulum of the clock*

【摆布】bǎibù（动）〈贬〉操纵或支配(别人) *manipulate or order around*:我不能任～。Wǒ bù néng rèn rén ～. *I cannot let people order me around.*

【摆动】bǎidòng（动）来回摆动;摇摆 *oscillate; swing*:柳条随风～。Liǔtiáo suí fēng ～. *Willow branches sway in the wind.* /水草在溪水里～。Shuǐcǎo zài xīshuǐ li ～. *Water weeds move around in the stream.*

【摆渡】bǎidù（名）*ferry*（动）*ferry*:把汽车～过去。Bǎ qìchē ～ guoqu. *Ferry cars across (a river, etc.).*

【摆架子】bǎi jiàzi 自高自大,装腔作势 *put on airs; assume great airs*:不要摆官架子。Búyào bǎi guān jiàzi. *Don't act like an official.* /这个人就爱～. Zhège rén jiù ài ～. *This man really likes to put on airs.*

【摆弄】bǎinòng（动）反复拨弄 *twiddle; fiddle with some-*

thing；play with：他最喜欢～收音机，弄坏为止！Tā zuì xǐhuan ～ shōuyīnjī, nònghuài wéizhǐ! *What he likes doing most is playing around with the radio until he breaks it.* /这孩子就爱～他的小手枪、小汽车。Zhè háizi jiù ài ～ tā de xiǎo shǒuqiāng、xiǎo qìchē. *This child likes playing with toy guns and toy cars.*

【摆设】bǎishè（动）安放家具和装饰屋子 *furnish and decorate a room*：新房里～得真漂亮。Xīnfáng li ～ de zhēn piàoliang. *The bridal chamber is furnished and decorated really nicely.* /屋子～不好，就显得很挤。Wūzi ～ bù hǎo, jiù xiǎnde hěn jǐ. *If a room is poorly furnished, it will seem very cramped.*

【摆设】bǎishe（名）（屋子里）摆设的供欣赏的东西 *ornaments，furnishing*：他屋子里～的～都很精致。Tā wūzi li de ～ dōu hěn jīngzhì. *His room is exquisitely furnished.* /她最爱买些小～。Tā zuì ài mǎi xiē xiǎo ～. *What she likes most is buying knick-knacks.*

【摆事实，讲道理】bǎi shìshí, jiǎng dàolǐ 举出事实，用道理说服 *present the facts and reason things out*：批评人要～，不要乱扣帽子。Pīpíng rén yào ～, búyào luàn kòu màozi. *When criticizing people you should present the facts and reason things out and not slam political labels on them.*

【摆脱】bǎituō（动）撇开，脱离（困扰自己的束缚、困境等抽象事物，有时也可以是人，如跟踪者）*cast off；break away；free oneself from*：～不了封建思想的影响～bù liǎo fēngjiàn sīxiǎng de yǐngxiǎng *not be able to break away from the influence of feudal thought* /无法～失去亲人的痛苦 wúfǎ ～ shīqù qīnrén de tòngkǔ *be unable to free oneself from the pain of losing one's kin* /终于～了不自主的婚姻束缚 zhōngyú ～ le bú zìzhǔ de hūnyīn shùfù *finally broke away from the restrictions of arranged marriage*

bài

败〔敗〕bài （动）（1）（在打仗或比赛中）被人打败（与"胜"相对）*be defeated；lose*：今天要是我们～了，就不能参加决赛了。Jīntiān yàoshi wǒmen ～ le, jiù bù néng cānjiā juésài le. *If we lose today, we won't be able to take part in the finals.* /胜～乃兵家常事。Shèng ～ nǎi bīngjiā cháng shì. *For a military commander，winning or losing a battle is a common occurrence.* /胜不骄，～不馁。Shèng bù jiāo, ～ bù něi. *Be neither dizzy with success nor discouraged with failure.* （2）〈书〉打败 *defeat*：大～敌军 dà ～ díjūn *inflict a crushing defeat on the enemy* ①（在做某事时的）失败（与"成"相对）*fail*：不能以成～论英雄 bù néng yǐ chéng ～ lùn yīngxióng *Heroes cannot be determined by their successes and failures.* /不计成～ bù jì chéng ～ *be unconcerned about success or failure* ②◇使失败 *spoil*：这种人成事不足，～事有余，最要不得。Zhè zhǒng rén chéng shì bù zú, ～ shì yǒu yú, zuì yàobude. *People like him who are unable to achieve anything but good at spoiling things are the most intolerable.* （3）凋谢 *wither*：～了的花 ～ le de huā *a faded flower* /这盆菊花且开不～呢！Zhè pén júhuār qiě kā bu ～ ne! *This pot of chrysanthemums won't fade for a long time yet.*

【败笔】bàibǐ（名）写字、写文章或画图儿不成功的地方 *a faulty stroke in calligraphy or painting；a faulty word, expression, etc. in writing*：这个字这一横软弱无力，是一处～。Zhège zì zhè yì héng ruǎnruò wú lì, shì yí chù ～. *This horizontal stroke in this character is weak. It's a faulty stroke.* /这个人物思想转变得太突然了，是这部小说的一个～。Zhège rénwù sīxiǎng zhuǎnbiàn de tài tūrán le, zhè bù xiǎoshuō de yí ge ～. *This character changes his thinking too suddenly. It's a weak point in this novel.*

【败坏】bàihuài（动）破坏，损害（应用范围很窄）*ruin；corrupt；undermine*：～别人的名誉 ～ biérén de míngyù *ruin somebody's reputation* /那个人道德～。Nàge rén dàodé ～. *That person is morally degenerate.* /～社会风气 ～ shèhuì fēngqì *corrupt common social practices*

【败家子】bàijiāzǐ（名）（～儿）不务正业，挥霍家财的子弟 *spendthrift；wastrel（in the family）*

【败局】bàijú（名）失败的形势 *losing battle*：～已定，无法挽回。～ yǐ dìng, wúfǎ wǎnhuí. *There's no way to redeem the situation.*

【败类】bàilèi（名）集体中的变节或堕落的人 *degenerate*：民族～ mínzú ～ *traitor to a nation*

【败露】bàilù（动）〈书〉（阴谋或坏事）被人发觉 *(of a plot etc.) fall through and stand exposed*

【败落】bàiluò（形）（家境）由盛变衰 *declining (of a family's financial situation) declining*：他出身于一个～的地主家庭。Tā chūshēn yú yí ge ～ de dìzhǔ jiātíng. *He was born into a landlord's family that was on the decline.* /祖父去世以后，家业逐渐～。Zǔfù qùshì yǐhòu, jiāyè zhújiàn ～. *After the grandfather passed away, the family property gradually declined.*

【败诉】bàisù（动·不及物）*lose a lawsuit*

【败退】bàituì（动·不及物）因战败而退却 *retreat in defeat*：这一仗打得敌人全线～。Zhè yí zhàng dǎ de dírén quán xiàn ～. *After this battle, the enemy were made to retreat on all fronts.*

【败兴】bài＝xìng 因遇到不愉快的事而情绪低落；扫兴 *disappointed*：乘兴而来，～而回。Chéng xìng ér lái, ～ ér huí. *set out in high spirits and return disappointed* /出门旅游遇上这么大的风，真～。Chū ménr lǚyóu yùshang zhème dà de fēng, zhēn ～. *To set out for sightseeing and meet such a strong wind is really disappointing.*

【败仗】bàizhàng（名）失利的战役或战斗 *lost battle；defeat*：世界上没有常胜将军，谁都打过～。Shìjiè shang méi yǒu cháng shèng jiāngjūn, shui dōu dǎguo ～. *There has never been a general who has not been defeated. Everyone has the experience of lost battles.*

拜bài （动）◇（1）拜访 *visit*：他来看过我两次了，今天我得去回～。Tā lái kànguo wǒ liǎng cì le, jīntiān wǒ děi qù huí ～. *He has been to see me twice, so today I have to pay a return visit.* （2）表示祝贺 *congratulate*：他去给他岳父～寿去了。Tā qù gěi tā yuèfu ～ shòu qu le. *He went to wish his father-in-law a happy birthday.* （3）"拜某人为师"意思是愿意做某人的学生 *"拜某人为师" means take someone as one's teacher*：他～马先生为师，学唱京戏。Tā ～ Mǎ xiānsheng wéi shī, xué chàng jīngxì. *He is studying Peking opera under Mr. Ma.* /你～我为师，我教你炒鸡蛋。Nǐ ～ wǒ wéi shī, wǒ jiāo nǐ chǎo jīdàn. *You'd better take me as your teacher, and I'll teach you how to make scrambled eggs.*

【拜倒】bàidǎo（动）（贬）恭敬地下跪行礼，比喻完全屈服 *bow；prostrate oneself；fall on one's knees；bow down to；surrender*：～在金钱地位面前 ～ zài jīnqián dìwèi miànqián *worship money*

【拜访】bàifǎng（动）访问的客气说法 *pay a visit；call on*：～一位老朋友 ～ yí wèi lǎo péngyou *call on an old friend* /人家专程来～，你不能不见。Rénjia zhuānchéng lái ～, nǐ bù néng bú jiàn. *He makes a special trip to see you, you have to see him.*

【拜会】bàihuì（动）拜见会见（多用于外交上礼节性的访问）*pay an official call；call on；make an official visit*：在首相官邸～首相和夫人。Zài shǒuxiàng guāndǐ ～ shǒuxiàng hé fūren. *call on the prime minister and his wife at their official residence* /～国家元首 ～ guójiā yuánshǒu *make an of-*

ficial visit on the national head of state

【拜见】bàijiàn（动）〈书〉会见，拜访 *pay a formal visit；call to pay respects；meet with（one's senior or superior）*：我们下个星期将去～导师。Wǒmen xià ge xīngqī jiāng qù ～ dǎoshī. *We are going to meet with our tutor next week.*

【拜年】bài=nián 过新年时向人祝贺 *pay a New Year's visit*：我来给同志们～。Wǒ lái gěi tóngzhìmen ～. *I have come to wish my friends a happy New Year.* /一早上拜了几个年，喝了不少茶。Yì zǎoshang bàile jǐ ge nián, hēle bù shǎo chá. *The whole morning we paid several New Year's visits and drank quite a lot of tea.*

【拜师】bài=shī（举行一定仪式）确定师徒关系（*hold a ceremony to*）*acknowledge*（*a person*）*as one's master or teacher*

【拜托】bàituō（动）请别人代办事情说的客气话 *request sb. to do sth.*：这件事就～您了。Zhè jiàn shì jiù ～ nín le. *I would like to ask you to do this for me.* /这封信～您带给张先生。Zhè fēng xìn ～ nín dài gěi Zhāng xiānsheng. *Would you mind giving this letter to Mr. Zhang?*

【拜谒】bàiyè（动）〈书〉（1）同"拜见"bàijiàn *same as "拜见"* bàijiàn（2）参拜瞻仰（陵墓等）*pay homage*（*at a mausoleum, etc.*）

稗 bài

【稗子】bàizi（名）*barnyard grass；barnyard millet*

bai

呗 bai

（助）是语气助词，同"呗"bei（*is a modal particle*）*same as "呗"* bei：爷爷为什么不让他们马上搬走，舍不得孙子～！Yéye wèi shénme bú ràng tāmen mǎshàng bānzǒu, shěbude sūnzi ～! *Why won't grandpa let them move away immediately? Well, he doesn't want to part with his grandson.* /反正我都准备好了，他考就考～！Fǎnzhèng wǒ dōu zhǔnbèi hǎo le, tā kǎo jiù kǎo ～! *At any rate, I'm fully prepared. Let him test me if he wants to.* /这样治疗有没有效，他也没把握，反正"有病乱投医"～！Zhèyàng zhìliáo yǒu méi yǒu xiào, tā yě méi bǎwǒ, fǎnzhèng "yǒu bìng luàn tóu yī" ～! *He has no idea whether this treatment is effective or not, but he'll try anything when he's sick.*

bān

扳 bān

（动）使位置固定的东西转动或改变方向 *pull；turn*：～枪栓 ～ qiāngshuān *pull back the bolt of a rifle* /～道岔 ～ dàochà *pull railway switches*

【扳子】bānzi（名）[把 bǎ] *spanner；wrench*

班 bān

（名）（1）因工作、学习等需要编成的组织 *class；team*：一年级一共有五个～。Yì niánjí yígòng yǒu wǔ ge ～. *Altogether there are five classes in the first year.* /平行～ píngxíng ～ *classes of the same grade* /进修～ jìnxiū ～ *advanced program*（2）一天之内的学习或工作时段 *a period of work or study in one day*：这个星期我上白～，下星期上夜～。Zhège xīngqī wǒ shàng bái～, xià xīngqī shàng yè～. *This week I'm on the day shift, next week I'm on the night shift.* /五点下～。Wǔ diǎn xià ～. *I finish work at 5 o'clock.*（3）军队编制的最小单位 *squad*：他是我们～的班长。Tā shì wǒmen ～ de bānzhǎng. *He's our squad leader.*（量）（1）借用名词（1）（3）（*used as a measure word*）：三～学生 sān～ xuésheng *three classes of students* /两～战士三十人。Liǎng ～ zhànshì gòng èrshí rén. *Altogether there*

are twenty soldiers in two squads.（2）群 *group*：这～小伙子真能干。Zhè ～ xiǎohuǒzi zhēn nénggàn. *These guys really are a capable bunch.*（3）用于定时开行的交通运输工具（*for regularly scheduled train, bus etc.*）：这条路线每天有几～汽车？Zhè tiáo lùxiàn měi tiān yǒu jǐ ～ qìchē? *How many buses a day are there on this route?* /飞广州的飞机今天有两～。Fēi Guǎngzhōu de fēijī jīntiān yǒu liǎng ～. *Today there are two flights to Guangzhou.*

【班车】bānchē（名）（机关团体）固定路线定时开行的汽车 *regular bus service*：今晚我坐学校的～回家。Jīn wǎn wǒ zuò xuéxiào de ～ huí jiā. *I'm taking the school bus home this evening.*

【班次】bāncì（名）（1）班级的次序 *order of classes or grades at school*：把新生编了班，排定了～。Bǎ xīnshēng biānle bān, páidìngle ～. *The new students were grouped into classes which were then arranged in order.*（2）公共交通工具开行的次数 *number of runs or flights*：1路公共汽车增加了～。Yī lù gōnggòng qìchē zēngjiāle ～. *The number of runs of the No. 1 bus was increased.*

【班机】bānjī（名）有固定航线按排定的时间开航的飞机 *regular air service*

【班级】bānjí（名）学校里的级和班的总称 *grades and classes in school*

【班门弄斧】Bān mén nòng fǔ 鲁班是中国古代著名的能工巧匠。在鲁班门前玩弄斧子。比喻在比自己高明的人面前卖弄本领 *wield an axe at Lu Ban's door*（*Lu Ban was a famous carpenter in ancient China*）— *to show off one's meagre skills in front of an expert*：我这个中国人要是给英国人讲英国文学真是～了。Wǒ zhège Zhōngguó rén yàoshi gěi Yīngguó rén jiǎng Yīngguó wénxué zhēn shì ～ le. *If I, as a Chinese, talk to Englishmen about English literature I will only show my ignorance.*

【班长】bānzhǎng（名）学校的班、工厂作业班或军队基层组织的负责人 *class monitor；squad leader；work（team）leader*

【班子】bānzi（名）（1）剧团的旧称 *theatrical troupe*（*in old days*）：戏～ xì ～ *theatrical troupe*（2）为某种任务的完成而成立的组织 *a group of people organized for a specific purpose*：调整生产～ tiáozhěng shēngchǎn ～ *reorganize the production team* /年轻的领导～ niánqīng de lǐngdǎo ～ *a young leading group*

般 bān

（助）有"一样"的意思，"般"前面是用以比喻的词语 *means "一样"，and an expression of analogy comes before "般"*：会场上响起了暴风雨～的掌声。Huìchǎng shang xiǎngqǐle bàofēngyǔ ～ de zhǎngshēng. *The conference hall resounded with stormy applause.* /这两个民族一直有着兄弟～的情谊。Zhè liǎng ge mínzú yìzhí yǒuzhe xiōngdì ～ de qíngyì. *There has always been a brotherly affection between these two nationalities.* /这位歌唱家有着金子～的嗓音。Zhè wèi gēchàngjiā yǒuzhe jīnzi ～ de sǎngyīn. *This singer has a golden voice.*

颁 〔頒〕bān

（动）◇同"颁布"bānbù *same as "颁布"* bānbù

【颁布】bānbù（动）〈书〉（政府）公布（法令、条例等）*promulgate；issue；publish*：～交通法规 ～ jiāotōng fǎguī *issue traffic regulations* /～宪法 ～ xiànfǎ *issue a constitution*

【颁发】bānfā（动）〈书〉（1）授与 *award*：～奖状 ～ jiǎngzhuàng *award a certificate of merit* /～证书 ～ zhèngshū *award a certificate* /～勋章 ～ xūnzhāng *award a medal*（2）发布 *issue；promulgate*：～命令 ～ mìnglìng *issue an order*

斑 bān

（名）物体表面上显露出来的另一种颜色的点子或条纹 *spot*；*speck*；*stripe*：一种竹子上有深色的～，叫斑竹。Yì zhǒng zhúzi shang yǒu shēnsè de ～, jiào bānzhú. *A type of bamboo with dark specks on it is called mottled bamboo.* /老年～ lǎonián ～ *age pigment*；*senile plaque*

【斑白】bānbái （形）〈书〉花白，指头发（*hair on the human head*）*grey*；*grizzled*：两鬓～ liǎng bìn ～ *greying at the temples*

【斑斑】bānbān （形）〈书〉形容斑点很多 *full of stains or spots*：血迹～ xuèjì ～ *bloodstained* /～泪痕～ lèihén *tear-stained*

【斑驳】bānbó （形）〈书〉在一种颜色中不规则地杂有其他颜色 *motley*；*mottled*

【斑点】bāndiǎn （名）皮肤或某种物体表面显现出来其他颜色的小点子 *stain*；*spot*：脸上长了一些小～。Liǎn shang zhǎngle yìxiē xiǎo ～. *He has some small spots on his face.* /你的衬衫上斑斑点点的是怎么回事？Nǐ de chènshān shang bānbān diǎndiǎn de shì zěnme huí shì? *How come your shirt is all stained?*

【斑马】bānmǎ （名）*zebra*

搬 bān

（动）（1）移动位置 *move*：把箱子～走。Bǎ xiāngzi ～zǒu. *Move the trunk away.* /这桌子一个人～得动～不动？Zhè zhuōzi yí ge rén ～ de dòng ～ bu dòng? *Can one person move this table?* /把这个话剧～上银幕。Bǎ zhège huàjù ～ shàng yínmù. *film a play* （2）搬（家）*move house*：～进了新居 ～jìnle xīnjū *move to a new home* /他家～到上海去了。Tā jiā ～dào Shànghǎi qu le. *He has moved to Shanghai.* （3）不加分析地机械套用 *copy slavishly*：死～教条 sǐ～ jiàotiáo *slavishly follow dogma* /别人的经验不能简单地照～。Biéren de jīngyàn bù néng jiǎndān de zhào ～. *Other people's experience cannot be slavishly followed.*

【搬家】bān = jiā （全家从原来住处）迁移到新的住处 *move*：老李～了，他现在住十六楼。Lǎo Lǐ ～ le, tā xiànzài zhù shíliù lóu. *Lao Li has moved, now he lives in the 16th building.* /他三年之内搬了两次家。Tā sān nián zhī nèi bānle liǎng cì jiā. *He has moved twice in three years.* /他把家从法国搬到英国。Tā bǎ jiā cóng Fǎguó bāndào Yīngguó. *He moved from France to England.*

【搬弄】bānnòng （动）（1）用手翻动 *move sth. about (with one's hands)*：～自己的手指。Tā bù hǎoyìsi de dīzhe tóu, ～ zìjǐ de shǒuzhǐ. *She lowered her head in embarrassment and twiddled her fingers.* （2）卖弄 *show off*：～学问 ～ xuéwèn *show off one's erudition*

【搬弄是非】bānnòng shìfēi 把一些影响团结的话传来传去，制造矛盾 *tell tales*；*gossip behind people's backs in order to sow discord*：这个人就好～，应该对他进行教育。Zhège rén jiù hào ～, yīnggāi duì tā jìnxíng jiàoyù. *This person likes to start malicious gossip, he should be straightened out.*

【搬起石头打自己的脚】【搬起石头砸（zá）自己的脚】bānqǐ shítou dǎ zìjǐ de jiǎo 比喻原想害别人反而害了自己 *lift a rock only to drop it on one's own foot*；*intend to do injury to sb. else and wind up hurting oneself instead*：侵略者侵略别的国家，常常是～。Qīnlüèzhě qīnlüè biéde guójiā, chángchǎng shì ～. *Those who invade other countries often wind up getting hurt themselves.*

【搬迁】bānqiān （动）〈书〉大规模地搬家 *move (on a large scale)*：这里要修水库，三四个村子得～。Zhèli yào xiū shuǐkù, sān-sì ge cūnzi děi ～. *A dam is being built here, so three or four villages will have to move.* /～工作进行得很顺利。～ gōngzuò jìnxíng de hěn shùnlì. *The move went smoothly.*

【搬运】bānyùn （大量的东西由一个地方）运到（另一个地方）*convey*；*transport*：东西太多，一辆卡车～不了。Dōngxi tài duō, yí liàng kǎchē ～ bù liǎo. *There are too many things; it would be impossible to carry them in one truck only.* /～工人～ gōngrén *porter*；*docker*

bǎn

板 bǎn

（名）◇较硬的片状物体 *plate*；*board*；*plank*：玻璃～ bōli ～ *plate glass*；*glass top of a desk* /硬纸～ yìng zhǐ～ *sheet of cardboard or hardboard* /把木头锯成～儿 bǎ mùtou jùchéng ～r *saw a log into planks* （动）使（脸）表现出不高兴的样子，毫无笑容 *stop smiling*；*look serious*：～起脸来训人 ～qǐ liǎn lai xùn rén *pull a straight face and give someone a talking-to* /他这几天一直～着脸。Tā zhè jǐ tiān yìzhí ～zhe liǎn. *He has been looking very serious for the last few days.* （形）（1）呆板 *stiff*；*wooden*：这张像照得太～了。Zhè zhāng xiàng zhào de tài ～ le. *The people look too stiff in this photograph.* /这人性格太～, 朋友不多。Zhè rén xìnggé tài ～, péngyou bù duō. *He has a stiff and formal nature, and so he has few friends.* （2）硬得像板子似的 *hard as a board*：天旱得厉害，地太～了，没法锄了。Tiān hàn de lìhai, dì tài ～ le, méi fǎ chú le. *The drought has made the ground too hard to hoe.*

【板报】bǎnbào （名）同"黑板报"hēibǎnbào *same as "黑板报" hēibǎnbào*

【板擦儿】bǎncār （名）[个 gè] *chalkeraser*

【板车】bǎnchē （名）[辆 liàng] *flatbed vehicle*

【板凳】bǎndèng （名）[条 tiáo、个 gè] *wooden bench or stool*

【板结】bǎnjié （动·不及物）（土壤因结构不良、缺乏有机质、降雨或灌水后）变硬（*of soil*）*harden*：这片土地应施有机肥，否则会～。Zhè piàn tǔdì yīng shī yǒujīféi, fǒuzé huì ～. *This patch of land should be manured or else it will get hard.*

【板子】bǎnzi （名）[块 kuài] *board*；*plank*：木头～ mùtou ～ *wooden plank*

版 bǎn

（名）（1）*printing plate (block)*：铅～ qiān~ *lead plate* /活字～ huózì~ *movable type* /已经排好～, 就要付印了。Yìjīng páihǎo～, jiù yào fùyìn le. *The type is set and ready for printing.* （2）书籍排印一次为一版 *edition* （3）报纸的版面 *page (of a newspaper)*：头～头条消息 tóu ～ tóu tiáo xiāoxi *front page story*

【版本】bǎnběn （名）[种 zhǒng] *edition*：他的诗集有好几种～。Tā de shījí yǒu hǎo jǐ zhǒng ～. *There are several versions of his poetry anthology.* /这部书新～的封面更好看了。Zhè bù shū xīn ～ de fēngmiàn gèng hǎokàn le. *The cover of the new edition is even better looking.*

【版画】bǎnhuà （名）[张 zhāng、幅 fú] *woodcut*；*engraving*

【版面】bǎnmiàn （名）*space of a whole page*；*layout of a printed sheet*

【版权】bǎnquán （名）*copyright*

【版图】bǎntú （名）国家的领土（用得较少）*domain*；*territory (not used very often)*

bàn

办 〔辦〕bàn

（动）（1）处理，办理 *do*；*handle*；*manage*；*tackle*；*attend to*：～入境手续～ rù jìng shǒuxù *attend to entry formalities* /这件事比较麻烦，你～得了～不了？Zhè jiàn shì bǐjiào máfan, nǐ ～ de liǎo ～ bu liǎo? *This job is troublesome, will you be able to handle it?* （2）创设，经营 *set up*；

run：～一所综合性大学 ～ yì suǒ zònghéxìng dàxué *run a university*/～工业～农业都离不开现代化技术。～ gōngyè ～ nóngyè dōu lí bu kāi xiàndàihuà jìshù. *Neither industry nor agriculture can be run without modernized technology.* (3)◇惩治 *punish*；首恶必～。Shǒu'è bì ～. *The principal offender must be punished.* /对经济犯罪分子必须严～。Duì jīngjì fànzuì fènzǐ bìxū yán ～. *Elements that commit economic crimes must be severely punished.*

【办不到】bàn bu dào 实现不了(很少带宾语)*not feasible*；*can't be done*(*rarely takes an object*)：这本书一个星期看完，我～。Zhè běn shū yí ge xīngqī kànwán, wǒ ～. *It is not possible for me to finish reading this book in a week.* /半工半读你怎么就～呢？Bàn gōng bàn dú nǐ zěnme jiù ～ ne? *How come you can't work and study at the same time?* /想让我不提意见,这可～!Xiǎng ràng wǒ bù tí yìjiàn, zhè kě ～! *There is no way that you can expect me not to give my opinion.* /别人～的事,他办到了。Biéren ～ de shì, tā bàndào le. *He can do what other people can't do.*

【办得到】bàn de dào 能实现,能这样做(很少带宾语)*can get something done; accomplish* (*rarely takes an object*)/每天准时上班应该～吧。Měi tiān zhǔnshí shàng bān yīnggāi ～ ba. *It should be possible to come to work on time every day.* /这种要求并不过分,他～。Zhè zhǒng yāoqiú bìng bú guòfèn, tā～. *This request is not excessive, he will be able to do it.*

【办法】bànfǎ (名)解决问题或处理事情的方法、法子 *way*；*means*；*measure*：想 ～ xiǎng ～ *think of a way of doing something* /他这个人最有～。Tā zhège rén zuì yǒu ～. *This man is the most resourceful.* /大家商量个～ 。Dàjiā shāngliang ge ～. *Let us discuss and find a way of doing it.*

【办公】bàn＝gōng 处理公事 *handle office business*；*work* (*usually in an office*)：他每天都准时来～。Tā měitiān dōu zhǔnshí lái ～. *He comes to work on time every day.* /～地点在教学楼二层211号。～ dìdiǎn zài jiàoxué lóu èr céng èryāoyāo hào. *The office is room 211 in the classroom building.* /我们的～时间是上午8点到12点。Wǒmen de ～shíjiān shì shàngwǔ bā diǎn dào shí'èr diǎn. *Our office hours are from 8 to 12 A.M.*

【办公室】bàngōngshì (名)(1)办公的屋子 *office*：请到～来谈。Qǐng dào ～ lái tán. *Please come and talk about it in my office.* (2)企事业单位办理行政事务的部门 *any department of administration in an organization*：生产指挥 ～ shēngchǎn zhǐhuī ～ *commanding department of production*/计划生育 ～ jìhuà shēngyù ～ *family planning department*

【办理】bànlǐ (动)同"办"(1) *same as "*办*" bàn(1); attend to; deal with; handle; go through*：～入学手续 ～ rù xué shǒuxù *go through university entrance procedures* /～签证 ～ qiānzhèng *get a visa* /中国银行～兑换外币业务。Zhōngguó Yínháng ～ duìhuàn wàibì yèwù. *Foreign exchange is handled by the Bank of China.*

【办事】bàn＝shì 做事 *handle affairs*；*work*：人民政府是给人民～。Rénmín zhèngfǔ shì gěi rénmín ～ de. *The people's government works for the people.* /办一件大事 bàn yí jiàn dà shì *do something important* /他～能力很强。Tā ～ nénglì hěn qiáng. *He's good at getting things done.*

【办事处】bànshìchù (名)管理行政性事务的机构 *office*：街道～ jiēdào ～ *subdistrict office*

【办事员】bànshìyuán (名)*office worker*

【办学】bàn＝xué 创办、管理学校 *found and run a school*：现在农民都认识到～的重要性。Xiànzài nóngmín dōu rènshidào ～ de zhòngyàoxìng. *Now peasants all realize the importance of founding and running schools.*

半 bàn

(数)(1) *half* ①没整数时,用在量词或不需要量词的名词前(*when used without a whole number, it is placed before the measure word or the noun which does not need a measure word*)：公斤糖 ～ gōngjīn táng *half a kilo of sugar* /一个月 ～ ge yuè *half a month* /小时～ xiǎoshí *half an hour* ②有整数时,用在量词或不需要量词的名词后(*when used with a whole number, it is placed after the measure word or the noun which does not need a measure word*)：一个～月 yí ge ～ yuè *one and a half months* /两岁～的孩子 liǎng suì ～ de háizi *a 2$\frac{1}{2}$ year old child* /学过三年～汉语 xuéguo sān nián ～ Hànyǔ *have studied Chinese for 3$\frac{1}{2}$ years* (2)在……中间 *in the middle*；*halfway*：～山腰 ～shānyāo *halfway up a hill* (3)强调极少,多用于否定句或反问句 *very little; the least bit*：～点儿希望也没有 ～ diǎnr xīwàng yě méi yǒu *It's utterly hopeless.* /我的劝告难道你连一句也听不进去吗？Wǒ de quàngào nándào nǐ lián ～ jù yě tīng bu jìnqù ma? *Didn't you even listen to one little bit of my advice?* (4)不完全的 *partly; semi-*：～自动化 ～ zìdònghuà *semi-automated* /～长的大衣 ～ cháng de dàyī *mid length coat* /十三四岁是～大的孩子了。Shísān-sì suì shì ～ dà de háizi le. *A child is partly grown-up at 13 or 14 years old.*

【半百】bànbǎi (数)五十(多指岁数) *fifty* (*years of age*)：我已年近～,身体又不好,所以提前退休了。Wǒ yǐ nián jìn ～, shēntǐ yòu bù hǎo, suǒyǐ tíqián tuì xiū le. *I'm already approaching fifty and my health isn't very good, so I've retired early.*

【半……半……】bàn……bàn…… 常嵌入两个意义相对的词语,表示相对的两种性质或状态并存(*usu. used before two corresponding words to indicate that two opposing natures or circumstances exist simultaneously*)：这羊肉烤得半生半熟的,不好吃。Zhè yángròu kǎo de bàn shēng bàn shóu de, bù hǎochī. *This mutton is only half-cooked. It's no good.* /这封信"半文半白",准是个老先生写的。Zhè fēng xìn "bàn wén bàn bái", zhǔn shì ge lǎo xiānsheng xiě de. *This letter is half literary, half vernacular, it must have been written by an old gentleman.* /她半真半假地哭起来了。Tā bàn zhēn bàn jiǎ de kū qilai le. *She half-genuinely started to cry.*

【半辈子】bàn bèizi 就中年人说,指中年以前的一段时间。就老年人说,有前半辈子与后半辈子之分,前者指从出生到中年的一段时间,后者指从中年到眼前的一段时间(*of a middle-aged person*) *the first half of one's lifetime* (*before one reaches middle age*)；(*of an elderly person*) 前半辈子 *is from birth to middle age and* 后半辈子 *is from middle age to present*

【半边】bànbiān (名)(～儿)*half of sth.; one side of sth.*：那件毛衣,～是黄色的,～是咖啡色的。Nà jiàn máoyī, ～ shì huángsè de, ～ shì kāfēisè de. *Half of that sweater is yellow and the other half is dark brown.*

【半边天】bànbiāntiān (名)形容中国妇女在革命和建设中的伟大力量和作用,现泛指广大妇女 *women of the new society* (*half the sky*)：妇女能顶～。Fùnǔ néng dǐng ～. *Women hold up half the sky.* /充分发挥～的作用 chōngfèn fāhuī ～ de zuòyòng *give full scope to women's abilities*

【半……不……】bàn……bù…… 意思同"半……半……"bàn……bàn……,但用的范围窄,常含有不满、不喜欢的意思 *same as "*半…半…*" bàn…bàn…, but has a narrow use* (*usu. used to express dissatisfaction or dislike*)：半懂不懂 bàn dǒng bù dǒng *only understand half* /半新不旧 bàn xīn bù jiù *no longer new* /这牛肉半生不熟的。Zhè niúròu bàn shēng bù shú de. *This beef is only half cooked.*

【半成品】bàn chéngpǐn 制造过程未最后完成的产品 *semi-finished products*；*semi-manufactured goods*；这条裤子是刚买的裁好的～，我自己再加工的。Zhè tiáo kùzi shì gāng mǎi de cáihǎo de ～, wǒ zìjǐ zài jiāgōng de. *These pants were bought already cut out but unfinished. I finished them myself.*

【半大】bàndà（形）在大小之间的 *medium*：一个十四五岁的～男孩儿 yíge shísì-wǔ suì de ～ nán háir *a fourteen-year-old boy* /我要个～箱子，不要太大的。Wǒ yào ge ～ xiāngzi, bú yào tài dà de. *I want a medium-sized box, not too large.*

【半导体】bàndǎotǐ（名）*semi-conductor*

【半岛】bàndǎo（名）*peninsula*

【半封建】bànfēngjiàn（名）封建制度在帝国主义经济侵略下形成的一种社会形态，封建经济遭到破坏，资本主义因素有些发展，在很多方面封建制度仍保留着 *semi-feudal*

【半工半读】bàn gōng bàn dú 学生一面做工，一面读书 *work-study programme*；*part work, part study*：大学生实行～是值得提倡的。Dàxuéshēng shíxíng ～ shì zhíde tíchàng de. *It is worthwhile promoting work-study programmes for university students.*

【半机械化】bàn jīxièhuà *semi-mechanize*

【半价】bànjià（名）*half price*：处理床单，～出售。Chǔlǐ chuángdān, ～ chūshòu. *Bed sheets on sale at half price.* /这些东西，卖给本厂职工只收～。Zhèxiē dōngxi, mài gěi běn chǎng zhígōng zhǐ shōu ～. *These things are to be sold to this factory's workers and staff members at half price only.*

【半截】bànjié（名）(～儿)半段；事物的一半 *half (a section)*：～粉笔 ～ fěnbǐ *half a piece of chalk* /话说了～，他就不说了。Huà shuōle ～, tā jiù bù shuō le. *He stopped abruptly what he was saying.* /他好几件事都做了～放在那儿。Tā hǎo jǐ jiàn shì dōu zuòle ～ fàng zài nàr. *He has left many jobs only half-done.*

【半斤八两】bàn jīn bā liǎng（贬）中国旧制重量一斤合十六两，半斤等于八两。比喻彼此都差不多，不相上下（in the old system of weights and measures one jin was equal to 16 liang, and so 1/2 jin is the same as 8 liang）six of one half a dozen of the other；not much to choose between the two：他们俩是～，谁也不要说谁。Tāmen liǎ shì ～, shuí yě búyào shuō shuí. *They shouldn't complain about each other since they are both just as bad.*

【半径】bànjìng（名）*radius*

【半空】bànkōng（名）〈口〉天与地之间的空间 *in the air*：篮子吊在～。Lánzi diào zài ～. *The basket is suspended in the air.* /我看空中飞人，心好像悬在～，惟恐演员跌下来。Wǒ kàn kōngzhōng fēirén, xīn hǎoxiàng xuán zài ～, wéikǒng yǎnyuán diē xialai. *When I saw the trapeze act my heart was in my mouth for fear the performer might fall.*

【半空中】bànkōngzhōng（名）*in midair*；*in the air*：～飘着一个蝴蝶风筝。～ piāozhe yí ge húdié fēngzheng. *A butterfly kite is flying in midair.*

【半拉】bànlǎ（数量词）〈口〉整体的一半 *half*：～西瓜 ～ xīguā *half a watermelon* /～操场都让他们占了。～ cāochǎng dōu ràng tāmen zhàn le. *They occupied half the playground.*

【半劳动力】bàn láodònglì 指体力较弱，只能从事轻体力劳动的人(多指农业劳动) *one able to do light manual labour only* (usu. referring to a farm labourer)

【半路】bànlù（名）路程的一半或中间 *on the way*；*midway*；*halfway*：走到～碰上一位多年不见的老朋友。Zǒudào ～ pèngshang yí wèi duō nián bú jiàn de lǎo péngyou. *On the way I met an old friend whom I hadn't seen for many years.* /他的车骑到～坏了。Tā de chē qídào ～ huài le. *His bike broke down on the way.* /多带些吃的，免得～饿着。Duō dài xiē chī de, miǎnde ～ èzhao. *Take a lit-*

tle more to eat with you so that you won't get hungry on the way.

【半路出家】bànlù chūjiā 原指不是从小就出家当和尚或尼姑，而是后来才出家的，现比喻原来不是做某种工作的，后来才改行做某种工作 *become a monk or a nun late in life —— switch to a new profession or a new field of study late in life*：他原来是学社会学的，现在教英语，可算是～。Tā yuánlái shì xué shèhuìxué de, xiànzài jiào Yīngyǔ, kě suàn shì ～. *He was originally studying sociology but is now teaching English, having more or less switched to a new profession.*

【半票】bànpiào（名）半价的车票或门票等 *half-price ticket*；*half fare*

【半瓶醋】bànpíngcù（名）〈口〉比喻对某种知识或技能只略知一些的人 *dabbler*；*a person who has just a little learning in sth.*：对经济学我可是～，有问题最好别问我。Duì jīngjìxué wǒ kě shì ～, yǒu wèntí zuìhǎo bié wèn wǒ. *I'm just a dabbler in economics. If you have a question, you'd best not ask me.*

【半三声】bànsānshēng（名）第三声在第一声、第二声、第四声或轻声前变成半三声，就是只发三声的前一半，如 xǔduō, lítáng, nǔ lì, xǐhuan *half third tone (a third tone before a first, second, fourth or neutral tone changes into a half third tone, i. e. only the first half of the tone is pronounced. For example, xǔduō; lítáng; nǔ lì; xǐhuan)*

【半山腰】bànshānyāo（名）*on the slope of a mountain*；*halfway up a mountain*

【半晌】bànshǎng（名）〈方〉(1)白天的一半 *half a day*：前～ qián～ *morning* /后～ hòu～ *afternoon* (2)很久 *a long period of time*：他去了～才回来。Tā qùle ～ cái huílai. *He was gone for a long time before he returned.*

【半生】bànshēng（名）一生的一半 *half a lifetime*：《我的前半生》是中国最后一个皇帝的自传。《Wǒ de Qián Bànshēng》shì Zhōngguó zuìhòu yí ge huángdì de zìzhuàn. *"The first half of my life" is the autobiography of China's last emperor.* /后～ hòu～ ～ *the later half of one's life*

【半死不活】bàn sǐ bù huó 将死又没死，活而又有气无力，形容精神萎靡的样子 *on the point of death；(suggestive of) a listless appearance*：看你那～的样子真叫人难受。Kàn nǐ nà ～ de yàngzi zhēn jiào rén nánshòu. *It's really upsetting to see you so listless.* /他整天～的，怎么能把工作做好？Tā zhěng tiān ～ de, zěnme néng bǎ gōngzuò zuòhǎo? *He's been so listless all day, how can he get his work done properly?*

【半天】bàntiān（名）很长时间(用于说话人觉得时间长的时候) *a long time*：我问他，他～没说话。Wǒ wèn tā, tā ～ méi shuō huà. *I asked him but he didn't reply for a long time.* /衣服上的墨水点儿洗了～也洗不掉。Yīfu shang de mòshuǐ diǎnr xǐle ～ yě xǐ bu diào. *Although I tried for a long time, I was unable to wash out the ink spots from my clothes.* /一顿饭怎么吃了这么～? Yí dùn fàn zěnme chīle zhème ～? *How could you take so long to eat?* /他在开会，你要等他得等～。Tā zài kāi huì, nǐ yào děng tā děi děng ～. *He's in a meeting; if you want to wait for him, you'll have to wait a long time.*

【半途而废】bàn tú ér fèi 做事情不能坚持到底 *give up halfway；leave something unfinished*：这项试验是很有价值的，一定不能～。Zhè xiàng shìyàn shì hěn yǒu jiàzhí de, yídìng bù néng ～. *This is a very valuable experiment and it should not be left unfinished.*

【半夜】bànyè（名）(1)一夜的一半 *half the night*：前～ qián～ *the first half of the night (from nightfall to midnight)* /上～ shàng～ *before midnight* /后～ hòu～ *the second half of the night；the small hours* /下～ xià～ *the time after midnight；the latter half of the night* (2)午夜前后，也

指深夜 in the middle of the night：新年晚会进行到～才散。Xīnnián wǎnhuì jìnxíng dào ～ cái sàn. *The New Year's party did not finish until far into the night.* /昨晚～醒来就睡不着了。Zuó wǎn ～ xǐnglái jiù shuì bu zháo le. *Last night I woke up in the middle of the night and couldn't get back to sleep.* /都～了，你怎么还看书呢？Dōu ～ le, nǐ zěnme hái kàn shū ne? *It's the middle of the night, how come you're still reading?*

【半元音】bànyuányīn（名）语音学上指擦音中气流较弱，摩擦较小，介于元音跟辅音之间的音。汉语拼音中的"y""w"都是半元音 semi-vowel, e. g. "y" and "w"

【半月刊】bànyuèkān（名）semimonthly（publication）

【半殖民地】bànzhímíndì（名）形式上独立，实际上在政治、经济、军事、文化各方面受帝国主义控制的国家 semi-colony；旧中国是半封建～的国家。Jiù Zhōngguó shì bànfēngjiàn ～ de guójiā. *Old China was a semi-feudal, semi-colonial country.*

【半自动】bàn zìdòng semi-automatic

扮

（动）（1）化装成（某种人物）dress up as；disguise oneself as：女～男装 nǚ ～ nán zhuāng a woman dressed up as a man/～成富商到敌占区侦查 ～ chéng fùshāng dào dízhànqū zhēnchá disguise oneself as a rich merchant and go and spy in enemy territory（2）（在戏剧电影中）演（某角色）play the role of：他在这个电影里～一位军官。Tā zài zhège diànyǐng li ～ yí wèi jūnguān. *He played an officer in this movie.*

【扮相】bànxiàng（名）演员化装成戏中人物后的外部形象 appearance of an actor in full makeup and costume：他的～和做工不错，但唱工稍有欠缺。Tā de ～ hé zuògōng búcuò, dàn chànggōng shāo yǒu qiànquē. *His makeup and acting are good but his singing leaves something to be desired.*

【扮演】bànyǎn（动）同"扮"bàn（2）same as "扮" bàn（2）；play the role of；act：他最擅长～中国北方农民。Tā zuì shàncháng ～ Zhōngguó běifāng nóngmín. *He is best at playing the role of a northern Chinese farmer.* /这个角色你说谁～最合适？Zhège juésè nǐ shuō shuí ～ zuì héshì? *Who do you think would be most suitable for this role?*

伴

（名）（～儿）同伴 companion；partner：这次旅行有～吗？Zhè cì lǚxíng yǒu ～ ma? *Are you with somebody on this trip?* /我想找个一起去买东西。Wǒ xiǎng zhǎo ge ～ yìqǐ qù mǎi dōngxi. *I'm looking for someone to go shopping with.*（动）keep（sb.）company；accompany /～舞 ～ wǔ be a dancing partner

【伴唱】bànchàng（动）在旁唱歌配合另一个人的歌唱或表演 vocal accompaniment

【伴侣】bànlǚ（名）〈书〉同伴，多指夫妻 companion；mate；partner：结为终身～ jiéwéi zhōngshēn ～ become lifelong companions；be married

【伴随】bànsuí（动）〈书〉跟着；随同（后边带带"着"）accompany；follow：孩子们～着欢乐的乐曲跳起舞来。Háizimen ～zhe huānlè de yuèqǔ tiào qǐ wǔ lai. *The children started dancing to the happy music.* /～经济的改革，将出现市场的繁荣。～ jīngjì de gǎigé, jiàng chūxiàn shìchǎng de fánróng. *Economic reforms will be followed by a booming market.*

【伴同】bàntóng（动）〈书〉陪同，一同 accompany

【伴奏】bànzòu（动）（唱歌、跳舞或独奏时）用其它种乐器配合演奏 accompany（with musical instruments）：女高音独唱，管弦乐队～。Nǚ gāoyīn dúchàng, guǎnxián yuèduì ～. *The orchestra accompanied the soprano.* /笛子独奏，民乐队～。Dízi dúzòu, mínyuèduì ～. *The solo performance on the*

flute was accompanied by the orchestra made up of traditional instruments.

拌

（动）搅和，搅拌 mix：草里～点儿黑豆喂马。Cǎo li ～ diǎnr hēidòu wèi mǎ. *Mix some black soya beans in with the fodder to feed the horse.* /用农药～种子 mix some pesticide in with the seeds /把黄瓜切成丝儿～着吃。Bǎ huángguā qiēchéng sīr ～zhe chī. *Cucumbers can be eaten by shredding them raw and mixing them up with seasoning.*

【拌嘴】bàn=zuǐ 吵嘴 quarrel；squabble：我同他拌了两句嘴，他真生气了。Wǒ tóng tā bànle liǎng jù zuǐ, tā zhēn shēng qì le. *We had a bit of a quarrel and he flew into a rage.*

绊

〔絆〕bàn（动）被别的东西缠住或挡住 cause to stumble；trip：鞋带儿开了，～了一交。Xiédàir kāi le, ～ le yì jiāo. *He tripped over his shoelaces.* /游泳的时候小心不要让水草～住。Yóuyǒng de shíhou xiǎoxīn búyào ràng shuǐcǎo ～zhù. *You have to be careful not to get caught up in the weeds when you're swimming.*

【绊倒】bàn//dǎo 由于被别的东西缠住或挡住而摔倒，或没注意把东西踢倒 stumble and fall；knock over with one's foot：走路小心别把花盆～。Zǒu lù xiǎoxīn bié bǎ huāpénr ～. *Be careful not to knock over the flower pot when you walk.* /他没看见，一条绳子把他～了。Tā méi kànjiàn, yì tiáo shéngzi bǎ tā ～ le. *He wasn't looking where he was going and tripped over a piece of rope and fell.*

【绊脚石】bànjiǎoshí（名）比喻阻碍前进的人或事物 stumbling block；obstacle：保守思想是前进路上的～。Bǎoshǒu sīxiǎng shì qiánjìn lù shang de ～. *Conservative thinking is an obstacle to progress.* /这种领导已经成为～。Zhè zhǒng lingdǎo yǐjīng chéngwéi ～. *Leaders such as these have become a hindrance.*

瓣

（名）（～儿）（1）花朵的花片 petal：这朵花的～掉了。Zhè duǒ huā de ～ diào le. *This flower has dropped its petals.* /满地的花～ mǎn dì de huā～ *The ground is covered with petals.*（2）植物的种子、果实或球茎可以分开的片状小块儿 segment or section（of a tangerine, etc.）；clove：一头蒜有几个蒜～？Yì tóu suàn yǒu jǐ ge suàn ～? *How many cloves to a head of garlic?* /黄豆有两个～。Huángdòu yǒu liǎng ge ～. *Soya beans have two sections.*（量）（～儿）用于花瓣、叶片或种子、果实等分开的小块 segment or piece of a petal, leaf, seed or fruit：他一个橘子没吃完，只吃了几～。Tā yí ge júzi méi chīwán, zhǐ chīle jǐ ～. *He didn't eat a whole orange, he just ate a few segments.*

bāng

邦

（名）◇ nation；state；country

【邦交】bāngjiāo（名）国与国之间的正式外交关系 diplomatic relations：两国建立～。Liǎng guó jiànlì ～. *establish diplomatic relations between two countries* /在断交三年之后又恢复了一～。Zài duàn jiāo sān nián zhī hòu yòu huīfùle ～. *Diplomatic relations were resumed three years after they had been severed.*

帮

〔幫〕bāng（动）帮助 help；assist：我实在～不了你。Wǒ shízài ～ bu liǎo nǐ. *I really can't help you.* /劳驾～我把桌子抬过去。Láojià ～ wǒ bǎ zhuōzi tái guoqu. *Would you mind*

helping me move the table over there? /你能～他借两本参考书吗？ Nǐ néng ～ tā jiè liǎng běn cānkǎoshū ma? *Can you borrow a couple of reference books for him?* （名）（1）车、船、鞋等周围直立部分 *side of a boat，truck，etc.*：车～chē～ *side of a cart* /船～ chuán～ *side of a boat* /鞋～ xié～ *side of a shoe*（2）群、团伙 *gang；band；clique*：反对拉～结派 fǎnduì lā～ jié pài *oppose the practice of forming factions* /这一带山区常有马～来往。Zhè yídài shānqū cháng yǒu mǎ～ láiwǎng. *Horse caravans are often used in this mountainous region to aid travel.* （量）群，伙（用于人）*group*：一～小孩儿 yì～ xiǎoháir *a group of children* /这一小青年干劲可大了。Zhè～ xiǎoqīngnián gànjìn kě dà le. *This group of young people is really enthusiastic.*

【帮办】bāngbàn（名）主管人员的助手 *deputy* （动）帮助主管人员办事 *assist in managing*

【帮厨】bāng＝chú 到厨房去帮助炊事员做饭做菜 *help in the kitchen*：我们只有两个炊事员，每天我们大家轮流～，一天三个人。Wǒmen zhǐ yǒu liǎng ge chuīshìyuán，měitiān wǒmen dàjiā lúnliú～，yì tiān sān ge rén. *We only have two cooks，so we all take turns daily helping in the kitchen. Three people help every day.*

【帮倒忙】bāng dàománg 想要帮助别人，实际上反而给人添了麻烦（unintentionally）*do sb. a disservice；be more of a hindrance than a help*

【帮工】bānggōng（名）帮别人干活儿的人 *helper；farmhand*

【帮工】bāng＝gōng 帮助干活（多指农业劳动）*help；lend a hand (usu. with farm work)*

【帮会】bānghuì（名）旧时民间秘密组织的总称 *secret society (in former times)*

【帮伙】bānghuǒ（名）〈贬〉成帮结伙的集团 *gang；band*

【帮忙】bāng＝máng 替人分担工作或帮人做事 *help；lend a hand*：这件事全靠你～了。Zhè jiàn shì quán kào nǐ～ le. *This depends completely on your help.* /我可帮不了你的忙。Wǒ kě bāng bu liǎo nǐ de máng. *I really can't help you.* /他可帮了大忙了。Tā kě bāngle dà máng le. *He has been a great help.* /有好几封信要打字，请你帮帮忙好吗？Yǒu hǎo jǐ fēng xìn yào dǎ zì，qǐng nǐ bāngbang máng hǎo ma? *There are quite a few letters to be typed，would you mind helping me?*

【帮派】bāngpài（名）〈贬〉宗派，小集团 *faction*

【帮腔】bāng＝qiāng（1）（某些戏曲在演员演唱时，后台有些人）跟着唱。一种表演形式 *choral accompaniment*（2）比喻支持或附和别人的说法 *chime in；speak in support of sb.*：我不需要人～。Wǒ bù xūyào rén～. *I don't need anyone to chime in with me.* /如果没人给他～，他也不会那么强硬。Rúguǒ méi rén gěi tā～，tā yě bú huì nàme qiángyìng. *He won't be so unyielding if nobody supports him.*

【帮手】bāngshou（名）帮别人做事的人 *helper；assistant*：张师傅的女儿心灵手巧，那可是他的好～。Zhāng shīfu de nǚ'ér xīn líng shǒu qiǎo，nà kě shì tā de hǎo～. *Master Zhang's daughter makes a good helper for him since she's is both clever and handy with her hands.* /只要找两个～，我自己就能盖一间温室。Zhǐyào zhǎo liǎng ge～，wǒ zìjǐ jiù néng gài yì jiān wēnshì. *I could build myself a greenhouse if I just had someone to help me.*

【帮凶】bāngxiōng（名）帮助别人作恶行凶的人 *accomplice；accessory*

【帮助】bāngzhù（动）别人做事时，他做一部分或在精神上或物质上给以支持 *help；assist*：他经常～我学英语。Tā jīngcháng～ wǒ xué Yīngyǔ. *He often helps me study English.* /我们互相～。Wǒmen hùxiāng～. *We help each other.* /你为什么都替他做是～他吗？Nǐ yīwèi shénme dōu tì tā zuò shì～ tā ma? *Do you think that you are helping him by doing everything for him?*

bǎng

绑 〔綁〕bǎng （动）捆扎，缚或缠绕 *bind；tie*：他把沙袋～在腿上练跳高。Tā bǎ shādài ～ zài tuǐshang liàn tiàogāo. *He practises high jump with sandbags tied to his legs.* /随便～人是犯法的。Suíbiàn ～ rén shì fàn fǎ de. *It's an offence against the law to tie someone up.*

【绑架】bǎngjià（动）*kidnap*

【绑腿】bǎngtuǐ（名）[副 fù] *leg wrappings；puttees*

榜 bǎng （名）张贴或公布的名单 *list of names posted up*：光荣～上有你的名字。Guāngróng～ shang yǒu nǐ de míngzi. *Your name is on the roll of honour.* /高考发～了。Gāokǎo fā～ le. *The list of successful candidates for the college exam is out.*

【榜样】bǎngyàng（名）值得学习和效仿的好人好事 *example；model*：这位青年厂长是开拓型的～。Zhè wèi qīngnián chǎngzhǎng shì kāituòxíng de ～. *This young factory director is an enterprising model.* /～的作用在儿童中最明显。～ de zuòyòng zài értóng zhōng zuì míngxiǎn. *The effect of a model is most apparent in the case of children.*

膀 （名）◇（1）肩膀 *shoulder*：～大腰圆 ～ dà yāo yuán *broad-shouldered and solidly-built*（2）（～儿）鸟的翅膀 *wing (of a bird)* 另见 pāng；páng

【膀臂】bǎngbì（名）（1）同"膀子"bǎngzi（1）*same as "膀子" bǎngzi (1)*（2）比喻得力的助手 *right-hand man；reliable assistant*：老王一走，主任可少了一个～。Lǎo Wáng yì zǒu，zhǔrèn kě shǎole yí ge ～. *The director was out of a reliable assistant when Lao Wang left.*

【膀子】bǎngzi（名）胳膊的上部，靠近肩的部分，也指整个胳膊 *upper arm；arm*：昨天夜里着了凉，今天左～疼。Zuótiān yèlǐ zháole liáng，jīntiān zuǒ ～ téng. *I caught a chill last night and today my left arm is sore.* /天凉了，你别老光着～了，快穿上衣服吧！Tiān liáng le，nǐ bié lǎo guāngzhe ～ le，kuài chuānshang yīfu ba! *It's chilly now，so don't just stand there stripped to the waist. Hurry up and get dressed!*

bàng

蚌 bàng （名）*freshwater mussel；clam*

棒 bàng （名）◇[根 gēn]*stick；club；cudgel*：一根粗木～ yì gēn cū mù ～ *a thick stick* （形）①强壮；好：水平高 *good；fine；excellent；strong*：～小伙子 ～ xiǎohuǒzi *a strong young fellow* /身体～ shēntǐ ～ *excellent health* /他小提琴拉得真～。Tā xiǎotíqín lā de zhēn ～. *He plays the violin really well.*

【棒球】bàngqiú（名）[个 gè] *baseball*

【棒子】bàngzi（名）（1）*stick；club；cudgel*（2）玉米 *corn；maize*

傍 bàng （动）◇挨近 *draw near；be close to*：这个小村庄依山～水，风景很美。Zhège xiǎo cūnzhuāng yī shān ～ shuǐ，fēngjǐng hěn měi. *This small village is near the mountain and by the river and scenery is very beautiful.*

【傍晚】bàngwǎn（名）临近晚上的时候 *at nightfall；at dusk*，

toward evening：我记得他是～回来的，天还不太黑。Wǒ jìde tā shì ～ huílai de, tiān hái bú tài hēi. *I remember he returned at dusk, when the sky wasn't yet very dark.*

磅 ^{bàng}

（量）*pound* 另见 páng
【磅秤】bàngchèng（名）[台 tái] *scales (for weighing)*

镑 〔鎊〕bàng

（名）*pound (unit of money)*

bāo

包 ^{bāo}

（名）(1)(～儿)包好了的东西 *package*；*packet*：纸～zhǐ ～ *a parcel wrapped in paper* /药～yào ～ *a packet of medicine* /邮～yóu ～ *postal parcel* (2)人体或物体上鼓起的疙瘩 *bump*；*lump*；*swelling*：腋下起了个～。Yè xià qǐle ge ～. *He got a lump under his arm.* /这张桌子油漆得不好，鼓起很多小～。Zhè zhāng zhuōzi yóuqī de bù hǎo, gǔqi hěn duō xiǎo ～. *This table wasn't painted well; it has many small bumps on it.* /他脸上的～越长越大。Tā liǎnshang de ～ yuè zhǎng yuè dà. *The lump on his face grows larger and larger.* (动)(1)裹起来 *wrap*：这个售货员把东西～得又快又好。Zhège shòuhuòyuán bǎ dōngxi ～ de yòu kuài yòu hǎo. *This salesperson wraps things quickly and skillfully.* /你会～饺子吗？Nǐ huì ～ jiǎozi ma? *Can you make dumplings?* (2)负全责 *take responsibility for the whole thing*：这项任务我们三个人～了。Zhè xiàng rènwù wǒmen sān ge rén ～ le. *The three of us will take responsibility for this job.* (3)保证 *assure*；*guarantee*：～你满意 ～ nǐ mǎnyì *I'm sure you'll find it satisfactory.* /我敢～他考试及格。Wǒ gǎn ～ tā kǎoshì jí gé. *I'm certainly assured that he will pass the test.* (4)约定专用 *hire*；*charter*；*book all the tickets (for a film, play, etc.)*：～一节软席车厢～yì jié ruǎnxí chēxiāng *book a soft seat railroad car* /附近小学～了下午那场电影。Fùjìn xiǎoxué ～ le xiàwǔ nà chǎng diànyǐng. *The nearby elementary school booked all the afternoon tickets for that film.* (量)用于成包的东西 *package*；*pack*；*bundle*；*packet*：一～盐 yì ～ yán *a packet of salt* /买两～花生米 mǎi liǎng ～ huāshēngmǐ *buy two packages of peanuts* /去邮局寄几～书 qù yóujú jì jǐ ～ shū *go to the post office and send several bundles of books*

【包办】bāobàn（动）(1)一手负责办理 *take care of everything concerning a job*：算了，事不多，我～了。Suànle, shì bù duō, wǒ ～ le. *There isn't much to do, so I'll do it.* /这家饭馆～酒席。Zhè jiā fànguǎnr ～ jiǔxí. *This restaurant takes care of everything for any reception.* (2)不与有关方面商量或本该和人一起做的却独揽，把持 *keep everything in one's own hands*；*run the whole show*；*monopolize everything*：～代替是行不通的。～ dàitì shì xíng bu tōng de. *To run things all by oneself without consulting others will get you nowhere.* /现在还想～儿女婚事，简直可笑！Xiànzài hái xiǎng ～ érnǚ hūnshì, jiǎnzhí kěxiào! *To think of organizing marriages for one's children all by oneself nowadays is simply ridiculous.*

【包庇】bāobì（动）〈贬〉掩护或祖护(坏人、坏事) *shield or harbour (a wrong doer)*：老师最怕父母～孩子。Lǎoshī zuì pà fùmǔ ～ háizi. *What teacher fears the most is that parents will shield their children.* /～罪犯就是犯罪。～ zuìfàn jiù shì fàn zuì. *To shield a criminal is a crime.*

【包藏】bāocáng（动）包含，隐藏(宾语多为抽象的) *contain*；*harbour*；*conceal (the object is usu. sth. abstract)*：～着不可告人的打算 ～zhe bù kě gào rén de dǎsuàn *harbour hidden intentions* /宇宙～着无穷的奥秘。Yǔzhòu ～zhe wúqióng de

àomì. *The universe contains inexhaustible mysteries.*

【包产】bāo=chǎn 把土地按一定的产量指标包给农民进行生产，超产奖励，减产赔偿。承包者可以是个人，也可以是一个户或组 *contract land to peasants for a fixed output quota (the overfulfilling of the production quota is rewarded and a drop in production must be compensated for; the contractor may be an individual, a household or a group)*

【包产田】bāochǎntián（名）按照包产的办法，农民个人或户、组承包的田地 *farmland contracted to an individual farmer, a peasant household or group for fixed output*

【包场】bāo=chǎng 预定一场电影或演出的全部座位 *book a whole theatre or cinema; make a block booking*

【包抄】bāo=chāo（动）绕到敌人背后或侧面(进攻) *outflank; envelop (the enemy)*：我们兵分三路，～敌人。Wǒmen bīng fēn sān lù, ～ dírén. *We outflanked the enemy in three directions.*

【包饭】bāo=fàn 双方约定，一方每月付一定数目费用，另一方每天供饭食 *get or supply all meals at a fixed rate*；*board*：我每天中午在学校包一顿饭，早晚在家里吃。Wǒ měi tiān zhōngwǔ zài xuéxiào bāo yí dùn fàn, zǎo wǎn zài jiā li chī. *I get or supply my meals every day at the school for a fixed price; breakfast and dinner I eat at home.* /你下月还包不包饭吗？Nǐ xià yuè hái bāo bu bāo fàn ma? *Are you going to get your meals at a fixed rate again next month?*

【包袱】bāofu（名）(1)[块 kuài] 专门包东西用的一块布 *a special cloth used to wrap up things* (2)用包袱包成的包 *a bundle wrapped in cloth*：他骑车走了，后面夹着一个大～。Tā qí chē zǒu le, hòumian jiāzhe yí ge dà ～. *He left on his bike on the back of which he carried a large bundle.* (3)比喻思想上的负担 *a mental burden*：你知道错了就行了，千万不要背～。Nǐ zhīdào cuòle jiù xíng le, qiānwàn búyào bēi ～. *It is enough that you realize you were wrong; you must not carry the burden around with you.* /背了好几年的思想～，总算放下了。Bèile hǎo jǐ nián de sīxiǎng ～, zǒngsuàn fàngxia le. *After carrying a mental burden for many years, he finally put his mind at ease.*

【包干儿】bāo=gānr 对一定数量的工作负责全部完成 *be responsible for a task until it is completed; take on full responsibility for a task*：打扫校园咱们分片儿～。Dǎsǎo xiàoyuán zánmen fēn piànr ～. *We'll divide up the job of cleaning up the school yard.* /生产任务～到户。Shēngchǎn rènwù ～ dào hù. *The production assignment will be the responsibility of each household.*

【包工】bāo=gōng 全部负责按规定条件完成某项建设工程或生产任务 *contract for a construction assignment*：第三建筑公司～修建教学大楼。Dìsān jiànzhù gōngsī ～ xiūjiàn jiàoxué dà lóu. *The number three construction company contracted to build the classroom building.* /学校里住宅的维修由零修班工人～。Xuéxiào li zhùzhái de wéixiū yóu língxiūbān gōngrén ～. *The repairs to the school residence were contracted by the repairing team.*

【包裹】bāoguǒ（名）包扎好的包儿，最常用于邮寄 *parcel*；*package*：寄～要填单子。Jì ～ yào tián dānzi. *You must fill out a form to sent a package.* /～通知单来了。～ tōngzhīdān lái le. *A parcel notice came.*

【包含】bāohán（动）里边有(多是抽象事物或不易分开的成分) *contain*；*embody*：啤酒里当然～酒精，不过不多。Píjiǔ li dāngrán ～ jiǔjīng, búguò bù duō. *Of course beer contains alcohol but only a little.* /他这句话既～着责备也～着爱护。Tā zhè jù huà jì ～zhe zébèi yě ～zhe àihù. *Although his words contained reproach they also showed loving concern.*

【包涵】bāohán（动）谅解，宽容，是请人原谅的客气话 *be tolerant towards; not too exacting; bear with*：招待得很不周到，请多多～。Zhāodài de hěn bù zhōudào, qǐng duōduō ～. *I've been a considerate host; please forgive me.* /我

不大会做菜，请大家～点儿。Wǒ búdà huì zuò cài，qǐng dàjiā ～ diǎnr. *Everyone please excuse my poor cooking.*

【包伙】bāo＝huǒ 包饭（bāo＝fàn）*get or supply all meals at a fixed rate*；*board*：这批短训班学生吃～。Zhè pī duǎnxùnbān xuésheng chī ～. *This group of short term students eat at a fixed rate.* /～比较便宜，省事。～ bǐjiào piányi，shěngshì. *Getting all meals at a fixed rate is comparatively cheap and more convenient.*

【包括】bāokuò（动）*include*；*embrace*；*contain*：学汉语当然～学汉语拼音方案。Xué Hànyǔ dāngrán ～ xué Hànyǔ Pīnyīn Fāng'àn. *Of course studying the Scheme for the Chinese Phonetic Alphabet is included in studying Chinese.* /你说到本月十号为止～不～十号? Nǐ shuō dào běn yuè shí hào wéizhǐ ～ bu ～ shí hào? *When you say up to the 10th of this month，does that include the 10th?* /一个学校的"校友"不但～所有毕业的学生，连教员也～在内。Yí ge xuéxiào de "xiàoyǒu" búdàn ～ suǒyǒu bì yè de xuésheng，lián jiàoyuán yě ～ zài nèi. *The "alumnus" of a school not only includes all the students who graduated，it even includes all the teachers.* /去西安旅行的二十三个人～一名翻译。Qù Xī'ān lǚxíng de èrshí-sān ge rén ～ yì míng fānyì. *One interpreter is included in the 23 people who are going to Xi'an on a trip.*

【包揽】bāolǎn（动）把事情都办下来，全由自己去完成 *undertake the whole thing*；*run the whole show*：活儿不多，都让老李一过去了。Huór bù duō，dōu ràng Lǎo Lǐ ～ guoqu le. *There isn't much work to do and Lao Li has decided to run things all by himself.* /你别大事小事都～下来，分给大家干吧! Nǐ bié dà shì xiǎo shì dōu ～ xialai，fēn gěi dàjiā gàn ba! *Don't try to run the whole show. Divide the work up for everybody to do.*

【包罗万象】bāoluó wànxiàng 形容内容丰富，应有尽有 *all-embracing*；*all-inclusive*；*comprehensive*：这套少年儿童读物适合儿童水平却又～。Zhè tào shàonián értóng dúwù shìhé értóng shuǐpíng què yòu ～. *This set of young children's books suits children's mentality and also very comprehensive.*

【包赔】bāopéi（动）保证赔偿 *guarantee to pay compensation*：打破的玻璃由我～。Dǎpò de bōli yóu wǒ ～. *I guarantee to pay for the broken glass.*

【包围】bāowéi（动）(1)四周围住 *surround*；*circle*：翠绿的竹林～着小木屋。Cuìlǜ de zhú lín ～zhe xiǎo mùwū. *The hut is surrounded by an emerald green bamboo grove.* /女排姑娘们比赛一结束，就被记者～起来。Nǚpái gūniangmen bǐsài yì jiéshù，jiù bèi jìzhě ～ qilai. *As soon as the match was over，the women volleyball players were surrounded by reporters.* (2)围困 *besiege*：敌人～了这座房子。Dírén ～ le zhè zuò fángzi. *The house was besieged by the enemy.* /一小股土匪被民兵～了。Yì xiǎo gǔ tǔfěi bèi mínbīng ～ le. *A small band of bandits was surrounded by the militia.*

【包销】bāoxiāo（动）指商业机构与生产单位订立合同，把全部产品包下来负责销售 *make a contract to have exclusive selling rights to a product*

【包扎】bāozā（动）包上并用绳子等系住 *wrap up*；*bind up*：快把脚上的伤～起来。Kuài bǎ jiǎoshang de shāng ～ qilai. *Hurry and bind up the wound on your foot.* /～好的货物可以装车了。～hǎo de huòwù kěyǐ zhuāng chē le. *The goods that are already packed can be loaded on the truck.*

【包装】bāozhuāng（动）用纸包裹商品或把商品装进纸盒、纸箱、瓶子等 *pack*；*package*：把这些商品～好。Bǎ zhèxiē shāngpǐn ～ hǎo. *Package these goods.* /奶糖、果脯用塑料袋～最好。Nǎitáng、guǒfǔ yòng sùliàodài ～ zuì hǎo. *The best way of packaging toffee or preserved fruit is in plastic bags.* (名)包装商品的东西，纸、盒子、箱子、瓶子等 *packaging*：必须注意商品的～。Bìxū zhùyì shāngpǐn de ～. *You*

must be careful what you use to package the goods. /这种～很美观。Zhè zhǒng ～ hěn měiguān. *This type of packaging looks very nice.*

【包子】bāozi（名)用发面做皮，菜、肉或糖等做馅，包成圆形，蒸熟的食品 *round steamed bun with vegetable，meat or sweet filling*

炮 bāo（动)用锅或铛在旺火上炒，迅速搅拌：～羊肉～yángròu *stir-fried mutton slices* 另见 páo；pào

剥 bāo（动)去掉皮或壳 *shell*；*peel*；*skin*：～豌豆～ wāndòu *shell peas* /花生仁儿～ huāshēngrénr *shell peanuts* /～了皮再吃～le pí zài chī *Peel it before you eat it.* 另见 bó

褒 bāo（动)◇跟"贬"相对 *praise*；*honour*；*commend*（*opposite to "贬"*）

【褒贬】bāobiǎn（动)〈书〉评论好坏 *pass judgement*：～人物～ rénwù *pass judgement on people* /不加～bùjiā ～ *make no comment，complimentary or otherwise*；*neither praise nor censure* /我很少听他对什么人加以～。Wǒ hěn shǎo tīng tā duì shénme rén jiāyǐ ～. *I've rarely heard him pass judgement on anybody.*

【褒贬】bāobiǎn（动)指责、贬低(人) *speak ill of*；*blame*：他是给你提意见，不是～你。Tā shì gěi nǐ tí yìjiàn，bú shì ～ ni. *He's criticizing you，not crying down on you.*

【褒奖】bāojiǎng（动)〈书〉表扬奖励 *commend and award*

【褒义】bāoyì（名)赞扬的意义 *commendatory meaning*："战士"和"兵"意思一样，可是前者是～，后者是中性的。"Zhànshì" hé "bīng" yìsi yíyàng，kěshì qiánzhě shì ～，hòuzhě shì zhōngxìng de. *"战士" and "兵" have the same meaning，but the former is a commendatory term and the latter is a neutral term.*

【褒义词】bāoyìcí（名)包含赞扬或夸奖意思的词 *commendatory term*

báo

雹 báo（名)◇同"雹子" báozi *same as* "雹子" báozi；*hail*：发展副业、战胜一灾。Fāzhǎn fùyè，zhànshèng ～zāi. *Overcome disasters caused by hail by developing sideline occupations.*

【雹灾】báozāi（名)*disaster caused by hail*

【雹子】báozi（名)*hail*；*hailstone*：下～了。Xià ～ le. *It is hailing.*

薄 báo（形)(1)厚度小的，跟"厚"相对 *thin*；*flimsy*：这种纸很～。Zhè zhǒng zhǐ hěn ～. *This kind of paper is very thin.* /盖上～～的一层土 gàishang ～ ～ de yì céng tǔ *cover it with a thin layer of soil* /棉袄～ mián'ǎo *a thin quilted jacket* (2)(基础)薄弱 *weak*：他没上过中学，底子～，在大学学习很吃力。Tā méi shàngguo zhōngxué，dǐzi ～，zài dàxué xuéxí hěn chīlì. *Because he never went to middle school，and has a poor foundation and so found it difficult to study at university.* (3)不肥沃 *infertile*；*poor*：这块地很～，得多施肥。Zhè kuài dì hěn ～，děi duō shī féi. *This piece of land is very poor；it needs more fertilizer.* 另见 bó

bǎo

饱 〔飽〕bǎo（形)(1)吃足了，跟"饿"相对 *full (of eating)*；*have eat-*

en one's fill (*opposite to* "饿"):你吃~了吗?可别客气。Nǐ chī~le ma? Kě bié kèqi. *Have you eaten enough? Please say so if you haven't.* /不能满足于吃~穿暖,生活水平要不断提高。Bù néng mǎnzú yú chī~ chuānnuǎn, shēnghuó shuǐpíng yào búduàn tígāo. *Our standard of living must continue to rise and we must not just be content with having enough food and clothing.* (2)充分、充足 *fully; to the full*:他~尝创业的艰辛。Tā ~ cháng chuàngyè de jiānxīn. *He has tasted to the full the hardships of doing pioneering work.*

【饱和】bǎohé (形)(1) *saturation; saturated* (2)比喻事物发展到最高程度 *saturation* (*used metaphorically*):这家工厂的职工人数已达到了~状态。Zhè jiā gōngchǎng de zhígōng rénshù yǐ dádàole ~ zhuàngtài. *The number of staff at that factory has already reached saturation.*

【饱经风霜】bǎo jīng fēngshuāng 形容经历过很多艰难困苦 *weather-beaten; having experienced the hardships of life*:老人家~,性格变得很深沉。Lǎorénjiā ~, xìnggé biàn de hěn shēnchén. *This old man, who has experienced the hardships of life, has a deep and reserved disposition.*

【饱满】bǎomǎn (形)(1)丰满 *plump*:选种要选籽粒~。Xuǎn zhǒng yào xuǎn zǐlì ~ de. *When choosing seeds you should choose grains which are plump.* /花生仁儿颗颗都很~。Huāshēngrén kēkē dōu hěn ~. *All of the shelled peanuts are plump.* (2)充足 *full*:精神~ jīngshén ~ *full of vigour; energetic* /大家情绪始终~。Dàjiā qíngxù shǐzhōng ~. *Everybody was full of vigour from start to finish.* /~的热情 ~ de rèqíng *full of enthusiasm*

【饱食终日,无所用心】bǎo shí zhōngrì, wú suǒ yòng xīn 整天吃饱喝足,不动脑筋,什么正经事也不干 *eat three square meals a day and do no work; be sated with food and remain idle*:~的生活有什么意思? ~ de shēnghuó yǒu shénme yìsi? *What is the point of a life where you are sated with food but remain idle.*

宝 〔寶〕bǎo

(名)◇原是玉器的总称,现指珍贵的东西 *treasure*:奇珍异~ qí zhēn yì ~ *marvellous treasures* /粮食是~中之~。Liángshi shì ~ zhōng zhǐ ~. *Grain is the greatest treasure.*

【宝宝】bǎobao (名)对小孩儿的爱称 (*term of endearment for children*) *darling*

【宝贝】bǎobèi (名)(1)珍奇的东西 *treasured object*:这几本集邮本可是他的~。Zhè jǐ běn jíyóu běn kě shì tā de ~. *These stamp albums are his treasures.* /近年来地下挖掘出不少~。Jìnnián lái dìxià wājué chū bù shǎo~. *In recent years plenty of treasures have been unearthed.* (2)(~儿)对小孩的爱称 *darling; dear*:~,快吃饭吧! ~, kuài chī fàn ba! *Eat up, dear!*

【宝贵】bǎoguì (形)有价值,值得重视 *valuable; precious*:~的帛画 ~ de bóhuà *valuable painting done on silk* /这条经验非常~。Zhè tiáo jīngyàn fēicháng ~. *This experience is very valuable.* /请多提~意见。Qǐng duō tí ~ yìjian. *Please give more of your valuable opinions.*

【宝剑】bǎojiàn (名)[把 bǎ] 原指珍贵而稀有的剑,后来泛指所有中国旧式的剑 *double-edged sword*

【宝库】bǎokù (名)比喻蕴藏宝贵东西的场所(多用于抽象义) *treasure house*:知识~ zhīshi ~ *treasure house of knowledge* /理论~ lǐlùn ~ *theoretical treasure house* /这所博物馆是中国古代文化的~。Zhè suǒ bówùguǎn shì Zhōngguó gǔdài wénhuà de ~. *This museum is a treasure house for ancient Chinese culture.*

【宝石】bǎoshí (名) *precious stone; gem*:猫眼~ māoyǎn ~ *cat's-eye* /红~戒指 hóng ~ jièzhi *ruby ring*

【宝塔】bǎotǎ (名)[座 zuò] *pagoda*

【宝物】bǎowù (名)珍贵的东西 *treasure; precious object*

【宝藏】bǎozàng (名)(1)储藏着的珍宝和财物,多指矿产 *precious* (*mineral*) *deposits*:中国有丰富的地下~。Zhōngguó yǒu fēngfù de dìxià ~. *China has rich mineral deposits.* (2)可发掘利用的财富 *resources*:中国传统的医药~是值得重视的。Zhōngguó chuántǒng de yīyào ~ shì zhíde zhòngshì de. *Chinese traditional medicine is a treasure that is worth paying attention to.*

【宝座】bǎozuò (名)原指帝王或神佛的座位。现多用于贬义或诙谐义 *throne*:他千方百计想爬上领导的~。Tā qiān fāng bǎi jì xiǎng páshang lǐngdǎo de ~. *He intends to take over the leader's place by hook or by crook.* /主任的~坐着并不舒服。Zhǔrèn de ~ zuòzhe bìng bù shūfu. *It is not at all comfortable to be in the chairman's position.*

保 bǎo

(动)(1)◇保卫;保护 *protect; defend*:~家卫国 ~ jiā wèi guó *protect our homes and defend our country* (2)◇保持 *keep; maintain; preserve*:这种杯子可以~温。Zhè zhǒng bēizi kěyǐ ~ wēn. *This kind of cup can keep the contents hot.* /这次比赛你队能不能~住冠军称号? Zhè cì bǐsài nǐmen duì néng bu néng ~ zhù guànjūn chēnghào ? *Will your team be able to keep the championship title in this competition?* (3)保证 *guarantee; ensure*:~种~收~种 ~ zhòng ~ shōu ensure *both planting and harvesting* /有我在旁边,你准没危险。Yǒu wǒ zài pángbiānr, nǐ zhǔn méi wēixiǎn. *I'll be at the side to make sure you come to no harm.*

【保安】bǎo'ān (动)(1)保卫社会治安 *ensure public security*:他从事~工作。Tā cóngshì ~ gōngzuò. *He's engaged in public security work.* (2)保护工人在生产中的安全 *ensure safety* (*for workers engaged in production*):车间制定了~制度。Chējiān zhìdìngle ~ zhìdù. *The workshop has drawn up a system to ensure safety.*

【保不住】bǎo bu zhù *most likely happen; more likely take place than not*:你看会下雨吗?——那可~。Nǐ kàn huì xià yǔ ma? —— Nà kě ~. *Do you think it will rain?* ——*Most likely.* 常作状语 (*often used as an adverbial*):这天儿~要下雨。Zhè tiānr ~ yào xià yǔ. *From the way the sky looks, it's most likely going to rain.* /他~能拿个第一。Tā néng ná ge dìyī. *He may well be able to win first place.*

【保藏】bǎocáng (动)(把东西)妥善收藏起来 *keep in store; preserve*:他~着不少古书和古画。Tā ~zhe bù shǎo gǔshū hé gǔhuà. *He has a lot of old books and paintings stored up.* /把稻种~好。Bǎ dàozhǒng ~ hǎo. *Keep rice seeds on storage.*

【保持】bǎochí (动)长久维持住 *keep; maintain; preserve*:~整洁 ~ zhěngjié *keep clean and tidy* /~恒温 ~ héngwēn *maintain a constant temperature* /世界纪录~者 shìjiè jìlù ~zhě *world record holder* /~艰苦朴素的作风 ~ jiānkǔ pǔsù de zuòfēng *keep to the style of hard work and plain living* /要~清醒的头脑。Yào ~ qīngxǐng de tóunǎo. *You should keep a cool head.*

【保存】bǎocún (动)保管好,使继续存在 *keep; preserve; conserve*:~史料 ~ shǐliào *preserve historical materials* /打仗时要注意~实力。Dǎ zhàng shí yào zhùyì ~ shílì. *It is necessary to take care to conserve one's strength in times of war.* /这张珍贵的照片她一直~着。Zhè zhāng zhēnguì de zhàopiàn tā yīzhí ~ zhe. *She still has the precious photo well kept.*

【保单】bǎodān (名)表示在一定期限内对某事负责的单据 *guarantee slip*:新买的电视机都有~,在一年内如果出了故障,可以免费修理。Xīn mǎi de diànshìjī dōu yǒu ~, zài yī nián nèi rúguǒ chūle gùzhàng, kěyǐ miǎn fèi xiūlǐ. *All newly-bought TV sets have a guarantee slip. If your TV breaks down within a year, it can be repaired free of charge.*

【保管】bǎoguǎn（动）(1)保藏和管理 take care of：你知道谁
～文件吗？Nǐ zhīdào shuí ～ wénjiàn ma? Do you know
who is in charge of the documents? /～图书资料 ～túshū
zīliào take care of library materials (2)保证，担保 be cer-
tain；be sure：天天坚持锻炼，～身体好。Tiāntiān jiānchí
duànliàn，～ shēntǐ hǎo. You're sure to keep in shape if you
exercise every day. /只要努力，学习成绩～能提高。Zhǐyào
nǔ lì，xuéxí chéngjì ～ néng tígāo. Your study will be sure
to improve if you just work hard. (名)管理物资的人 store-
keeper；storeman：他是工厂仓库的老～了。Tā shì
gōngchǎng cāngkù de lǎo ～ le. He has been the storekeeper
for the factory warehouse for a long time.

【保护】bǎohù（动）爱护、照顾，使不受损害 protect；safe-
guard：～儿童 ～ értóng protect children /像～自己的眼睛
一样～国家的利益。Xiàng ～ zìjǐ de yǎnjing yíyàng ～
guójiā de lìyì. Protect the interests of the country as you
would your own eyes. /～现场 ～ xiànchǎng preserve the
scene (of a crime or accident) undisturbed

【保护国】bǎohùguó（名）protectorate

【保护人】bǎohùrén（名）guardian

【保护伞】bǎohùsǎn（名）umbrella

【保护色】bǎohùsè（名）protective colouration

【保价信】bǎojiàxìn（名）使用邮局特制信封即邮寄有价证券等
的信件，如有遗失，邮局负责赔偿 insured letter

【保健】bǎojiàn（名）为保护健康，防治疾病所采取的预防和
防疫措施 health protection：每个单位都有负责
～的人员。Měi ge dānwèi dōu yǒu fùzé ～ de rényuán.
Each unit has health care personnel. /妇幼～ fùyòu ～ ma-
ternity and child care /搞好～工作 gǎohǎo ～ gōngzuò Do
a good job of health care.

【保健操】bǎojiàncāo（名）setting-up exercises

【保健室】bǎojiànshì（名）一个单位的小规模的负责保健的
组织 health protection office (in a work unit)

【保健网】bǎojiànwǎng（名）health care network

【保健站】bǎojiànzhàn（名）health station (or centre)

【保留】bǎoliú（动）(1)保存原样或不放弃 continue to have；
retain；keep：这座古寺还～着当年的面貌。Zhè zuò gǔsì
hái ～zhe dāngnián de miànmào. This old temple still re-
tains its original appearance. /这个县城的墙值得～吗？
Zhège xiànchéng de qiáng zhíde ～ ma? Is the city wall in
this county worth keeping? /你可以～自己的意见。Nǐ kěyǐ
～ zìjǐ de yìjian. You can have reservations. (2)留下，留着
hold back；reserve：这些信件对别人没什么用，你自己～吧。
Zhèxiē xìnjiàn duì biérén méi shénme yòng, nǐ zìjǐ ～ ba.
These letters are of no use to anybody else; you'd better keep
them yourself. /老中医把祖传秘方毫无～地献给了医学
界。Lǎo zhōngyī bǎ zǔchuán mìfāng háo wú ～ de xiàn gěile
yīxuéjiè. The old doctor donated the secret prescription that
had been in the family for several generations to the medical
community without holding anything back.

【保密】bǎo=mì 保守机密和秘密，不使泄露出去 maintain
secrecy；keep sth. secret：～工作 ～ gōngzuò security work /
～人员 ～ rényuán security personnel /这事人人都知道，你
还保什么密呀？Zhè shì rénrén dōu zhīdao, nǐ hái bǎo
shénme mì ya? Everybody knows that, why are you keeping
it a secret?

【保姆】bǎomǔ（名）雇请到家里来帮助做家务事或照管儿童
的妇女 helper (usually woman) hired to do housework or to
take care of children

【保暖】bǎonuǎn（动·不及物)保持温度，使暖和 heat preser-
vation；keep warm：～设备 ～ shèbèi thermal insulation fa-
cilities /墙太薄，不～。Qiáng tài báo, bù ～. The walls are
too thin to keep the house warm.

【保全】bǎoquán（动）保护，使不受损害 save from damage；
preserve：医生总算为他～了一只眼睛。Yīshēng zǒngsuàn

wèi tā ～le yì zhī yǎnjing. The doctor finally saved one of
his eyes from damage. /必须～我们集体的荣誉。Bìxū ～
wǒmen jítǐ de róngyù. We must preserve the good name of
the collective.

【保墒】bǎo＝shāng 保持土壤中的水分 preservation of soil
moisture

【保守】bǎoshǒu（动）保持使不遗失或泄露 guard；keep：～
机密 ～ jīmì keep confidential （形)守旧，不求革新 con-
servative：思想～ sīxiǎng ～ be conservative in one's thinking
/他们家特别～，至今还是那套老规矩。Tāmen jiā tèbié ～,
zhìjīn hái shì nà tào lǎo guīju. Their family is especially
conservative in their thinking; they are still following those
outmoded customs. /订计划不要太～了。Dìng jìhuà búyào
tài ～ le. You shouldn't be too conservative in your thinking
when making plans.

【保守疗法】bǎoshǒu liáofǎ〈医〉conservative treatment

【保守派】bǎoshǒupài（名）conservatives

【保守主义】bǎoshǒuzhǔyì（名）conservatism

【保送】bǎosòng（动）由国家、机关、学校或团体推荐（去学
习)recommend sb. for admission to school, etc.：他的大学
～他出国留学。Tā de dàxué ～ tā chū guó liúxué. His uni-
versity recommended that he study overseas. /他是由中学
～上大学的。Tā shì yóu zhōngxué ～ shàng dàxué de. He
was recommended for admission to university by his middle
school. /这三个学生是那个中学～来的。Zhè sān ge
xuésheng shì nàge zhōngxué ～ lái de. These three students
were recommended by that middle school.

【保卫】bǎowèi（动）保护使不受侵犯；维护安全 defend；
safeguard：～祖国 ～ zǔguó defend one's country /～边疆
～ biānjiāng defend the borders /～海防 ～ hǎifáng safe-
guard coastal defence

【保温】bǎowēn（动）保持温度，使热量不散发出去 heat
preservation；thermal insulation：这个暖瓶旧了，不～了。
Zhège nuǎnpíng jiù le, bù ～ le. This vacuum flask is old
and doesn't preserve the heat anymore.

【保温杯】bǎowēnbēi（名）thermos cup

【保温瓶】bǎowēnpíng（名）thermos flask

【保鲜】bǎo＝xiān 保持(水果、蔬菜等)新鲜，不变质 preserve
the freshness (of fruit, vegetables, etc.)

【保险】bǎoxiǎn（名）insurance；人寿～ rénshòu ～ life insur-
ance（形)(1)稳妥，可靠 safe：咱们得想个～的办法。
Zánmen děi xiǎng ge ～ de bànfǎ. We must think of a safe
method. /不戴头盔骑摩托车可不～。Bú dài tóukuī qí
mótuōchē kě bù ～. It's really unsafe to not to wear a helmet
when riding a motorbike. /这里的缆车很～。Zhèlǐ de
lǎnchē hěn ～. The cable car here is very safe. (2)〈口〉担
保，保证 be sure；be bound to：把任务交给她，～提前完成。
Bǎ rènwù jiāo gěi tā, ～ tíqián wánchéng. If you give the
job to her, she'll be sure to finish it ahead of time. /这场球
赛，甲队～能得冠军。Zhè chǎng qiúsài, jiǎduì ～ néng dé
guànjūn. Team A is sure to get the championship in this
match.

【保险刀】bǎoxiǎndāo（名）safety razor

【保险柜】bǎoxiǎnguì（名）safe

【保险丝】bǎoxiǎnsī（名）fuse；fuse wire：灯忽然灭了，一定
是～断了。Dēng hūrán miè le, yídìng shì ～ duàn le. The
fuse must have blown; all the lights have gone out.

【保险箱】bǎoxiǎnxiāng（名）safe；strong box

【保修】bǎoxiū（动）保证在一定期限内免费修理 guarantee to
keep sth. in good repair (within a limited time period)：买
表总有保单，一般～一年。Mǎi biǎo zǒng yǒu bǎodān,
yìbān ～ yì nián. There is always a guarantee slip when you
buy a watch. It's usually a one-year guarantee.

【保养】bǎoyǎng（动）(1)保护、调养 take good care of one's
health：～身体固然重要，但更重要的是坚持锻炼。～ shēntǐ

gùrán zhòngyào, dàn gèng zhòngyào de shì jiānchí duànliàn. *No doubt it is important to take care of one's health, but it is even more important to exercise regularly.* / 大病之后，～很重要。Dà bìng zhī hòu，～ hěn zhòngyào. *It is important to take care of one's health after a serious illness.* (2)保护、维修 *maintain；keep in good repair*：机器要注意。Jīqì yào zhùyì. *You have to take care to keep machines in good repair.* /把这台新机床～好。Bǎ zhè tái xīn jīchuáng ～ hǎo. *Keep this new machine tool in good repair.*

【保育人员】bǎoyù rényuán 保育员和幼儿教育工作者 *child-care and preschool education workers*

【保佑】bǎoyòu（动）(迷信的人相信神对人)保护和帮助 *(of a god) bless and protect*

【保育员】bǎoyùyuán（名）托儿所和幼儿园里照管学龄前儿童和幼儿的人员 *child care worker；nurse*

【保育院】bǎoyùyuàn 为保护教育儿童(多指孤儿)而设置的机构，里边有托儿所、幼儿园、小学等 *child-care centre, usu. for orphans (includes a nursery, kindergarten, primary school, etc.)*

【保障】bǎozhàng（动）保护，确保 *secure；ensure；guarantee；safeguard*：～公民的合法权利 ～ gōngmín de héfǎ quánlì *guarantee legal rights for citizens* /发展经济，～供给。Fāzhǎn jīngjì，～ gōngjǐ. *Develop the economy and ensure supplies.*（名）起保障作用的事物 *security；guarantee*：生活有了～，这只是第一步，路还长着呢！Shēnghuó yǒule ～，zhè zhǐ shì dìyī bù，lù hái cháng zhene! *For life to be secure is only the first step, there's still a long way to go. /军队是国家安全的～。Jūnduì shì guójiā ānquán de ～. The army is the country's guarantee of safety.*

【保证】bǎozhèng（动）担保，负责做到 *pledge；guarantee；assure；ensure*：建筑公司～按期完工。Jiànzhù gōngsī ～ ànqī wán gōng. *The construction company guarantees to finish the work on time.* /我向你～，一定坚持到底。Wǒ xiàng nǐ ～，yídìng jiānchí dào dǐ. *I assure you I shall certainly uphold it to the end.*（名）能保证做某事的事物 *guarantee*：我们团结一致就是我们事业成功的～。Wǒmen tuánjié yízhì jiù shì wǒmen shìyè chénggōng de ～. *Our unanimous unity is the guarantee of the success of our cause.*

【保证金】bǎozhèngjīn（名）*bail；cash deposit*

【保证人】bǎozhèngrén（名）*guarantor*

【保证书】bǎozhèngshū（名）*written pledge；letter of guarantee*

【保质保量】bǎo zhì bǎo liàng 确保质和量够标准 *guarantee both quality and quantity*：我们一定要～地完成任务。Wǒmen yídìng yào ～ de wánchéng rènwù. *We must guarantee complete service that offers both quality and quantity*

【保重】bǎozhòng（动）(希望别人)注重健康 *take care of yourself*：祝你一路平安，多多～。Zhù nǐ yílù píng'ān，duōduō ～. *Take care of yourself and have a good trip.* /越是工作重，越要～身体。Yuè shì gōngzuò zhòng，yuè yào ～ shēntǐ. *The heavier the work the more you should take care of your health.*

堡 bǎo（名）◇同"堡垒" bǎolěi *same as "堡垒" bǎolěi fort；fortress*

【堡垒】bǎolěi（名）(1)*fort；fortress；stronghold；blockhouse*(2)比喻难于战胜的事物 *metaphor for something that is difficult to overcome*：头脑里的封建～ tóunǎo li de fēngjiàn ～ *feudal stronghold in the mind* /尖端科学～ jiānduān kēxué ～ *stronghold of the frontiers of science* /～是容易从内部攻破的。～ shì róngyì cóng nèibù gōngpò de. *It is easy to penetrate a fortress from within.*

bào

报〔報〕bào（动）(1)告诉，传达；向上报告 *report；announce；declare*：一有消息，别忘～个信儿。Yì yǒu xiāoxi，bié wàng ～ ge xìnr. *Don't forget to drop me a line as soon as there's news.* /科研预算已经～教育部了。Kēyán yùsuàn yǐjīng jiàoyùbù le. *The budget for scientific research has already been reported to the ministry of education.*（2）◇回答 *respond；reciprocate；reply*：观众～以热烈的掌声。Guānzhòng ～ yǐ rèliè de zhǎngshēng. *The audience responded with warm applause.*（名）(1)〔份 fèn，张 zhāng〕*newspaper*：我订了两份～，一份是一张的，一份是两张的。Wǒ dìngle liǎng fèn ～，yí fèn shì yì zhāng de，yí fèn shì liǎng zhāng de. *I've subscribed to two papers, one is of 4 page and the other is of 8 pages.*（2）◇电报 *telegram*：发～ fā ～ *send a telegram；send a message by telegram* /收～ shōu ～ *receive (on a telegraph) a message*

【报案】bào＝àn 把危害社会治安的事件报告给公安或司法机关 *report to the police or judicial organs an act violating the law or endangering social security*：我的自行车被人偷了，我已经向警察报了案了。Wǒ de zìxíngchē bèi rén tōu le，wǒ yǐjīng xiàng jǐngchá bàole àn le. *My bicycle was stolen. I've already reported the theft to the police.*

【报表】bàobiǎo（名）向上级报告情况的表格(多指统计数字) *forms for reporting (statistics, etc.) to the higher authorities*

【报仇】bào＝chóu *revenge；avenge*：为被害的亲人～ wèi bèi hài de qīnrén ～ *avenge a murdered relative* /这是公报私仇，可耻！Zhè shì gōng bào sī chóu，kěchǐ! *That is abusing public power to take revenge on a personal enemy, it's disgraceful.* /一定要报这个仇！Yídìng yào bào zhège chóu! *This must be avenged.*

【报仇雪恨】bào chóu xuě hèn 采取行动打击仇人以消除愤恨 *avenge oneself and cancel out one's hatred*

【报酬】bàochou（名）*remuneration；reward*：这位退休的医生常给人看病不要～。Zhè wèi tuì xiū de yīshēng cháng gěi rén kàn bìng bú yào ～. *That retired doctor often treats patients for free.*

【报答】bàodá（动）以实际行动表示感谢 *repay；requite*：他热心帮助人，丝毫没想要人～他。Tā rèxīn bāngzhù rén，sīháo méi xiǎng yào rén ～ tā. *He warmheartedly helps people without in the least expecting repayment.* /真不知道怎样～你对我的关心。Zhēn bù zhīdao zěnyàng ～ nǐ duì wǒ de guānxīn. *I really don't know how to repay your kindness.*

【报到】bào＝dào 向组织报告自己的到来 *report (for duty)；report in person；check in*：八月三十一日学生～，九月一日开学。Bāyuè sānshíyī rì xuésheng ～，jiǔyuè yī rì kāi xué. *Students register on August 31st. and begin classes on September 1st.* /先去办公室报个到，再去办别的事。Xiān qù bàngōngshì bào ge dào，zài qù bàn biéde shì. *Before you do anything else you have to check in at the office.*

【报道】【报导 (dǎo)】bàodào（动）通过报章、杂志、广播、电视等形式把新闻告诉群众 *report (news)；cover*：～这个厂改革的先进经验 ～ zhège chǎng gǎigé de xiānjìn jīngyàn *report on the advanced experience of reform of this factory* /应该多～一些年轻有为的人物 yīnggāi duō ～ yìxiē niánqīng yǒuwéi de rénwù *There should be more stories about people who are young and promising.*（名）用书面或广播形式发表的新闻 *news report；story*：今天报上有一篇关于经济特区的～。Jīntiān bào shang yǒu yì piān guānyú jīngjì tèqū de ～. *In today's paper there is a story on special economic zones.*

【报恩】bào＝ēn 报答别人给予自己的恩惠 *pay a debt of*

gratitude; repay sb. for his or her kindness

【报废】bàofèi（动）产品、设备或器物不能再用或不合格 report sth. as worthless：这十几辆汽车全部~了。Zhè shí jǐ liàng qìchē quánbù ~ le. All of these 10-odd cars are worthless. /这台机器因元件不全，不能用，实际等于~。Zhè tái jīqì yīn yuánjiàn bù quán, bù néng yòng, shíjì děngyú ~. This machine is as good as worthless because its parts are incomplete and it cannot be used.

【报复】bàofù（动）make reprisals；retaliate：谁批评他，他就~谁。Shuí pīpíng tā, tā jiù ~ shuí. He retaliates against anyone who criticizes him. /是你在捉弄我，小心我~!Shì nǐ zài zhuōnòng wǒ, xiǎoxin wǒ ~! You'd better not tease me or I'll get you back! (名)报复行为 reprisal

【报告】bàogào（动）把事情或意见告诉给上级或群众 report；make known：向指挥员~敌情 xiàng zhǐhuīyuán ~ díqíng report the enemy's situation to the commander /~大家一个好消息，女排又获得了世界冠军!~ dàjiā yí ge hǎo xiāoxi, nǚpái yòu huòdéle shìjiè guànjūn! I have some good news to tell everybody; the women's volleyball team has once again won the world championship. (名)(向上级或群众所做的)书面或口头的陈述 report；speech；talk；lecture：他下午两点钟做动员~。Tā xiàwǔ liǎng diǎn zuò dòngyuán ~. He is giving a mobilization speech at 2 p.m. /农村调查~写得不错。Nóngcūn diàochá ~ xiě de búcuò. The rural survey report was well written.

【报告文学】bàogào wénxué reportage：这篇~写得生动、感人。Zhè piān ~ xiě de shēngdòng, gǎnrén. This reportage was written in a vivid and moving manner. /他就擅长写~。Tā jiù shàncháng xiě ~. He is very good at writing reportage.

【报关】bào=guān 货物、行李或船舶等进出口时，向海关申报，办理进出口手续 declare sth. at customs；apply to customs

【报馆】bàoguǎn（名)报社的俗称 newspaper office

【报话机】bàohuàjī（名)radiotelephone

【报警】bào=jǐng 遇有危急情况向治安机关报告 report an imminent danger to the police

【报刊】bàokān（名)报纸和杂志的总称 newspapers and periodicals；the press：阅览室~ yuèlǎnshì newspaper and periodical reading room /订第二季度的~ dìng dì'èr jìdù de ~ subscribe to the second quarter issues of newspapers and periodicals /查阅~目录 cháyuè ~ mùlù consult a list of newspapers and periodicals

【报考】bàokǎo（动)报名参加考试 enter oneself for an examination：每年~北京大学的学生都很多。Měi nián ~ Běijīng Dàxué de xuésheng dōu hěn duō. Every year there are many students who sign up for the Beijing University entrance examination.

【报名】bào=míng 向主管人报告自己的姓名(表示愿意参加某种活动或组织) enter one's name；sign up：~参军 cānjūn enlist in the army /高考什么时候~? Gāokǎo shénme shíhou ~? When do we have to sign up for the university exam? /他们都~学跳舞了。Tāmen dōu ~ xué tiào wǔ le. They have all signed up to learn dancing.

【报幕】bào=mù 指文艺演出时，每个节目表演之前向观众报告节目的名字、表演者和作者姓名，有时也介绍节目内容 announce the items on a theatrical programme：她以前没报过幕，这是第一次。Tā yǐqián méi bàoguo mù, zhè shì dìyī cì. She has never done this before; this is the first time that she has announced the items to be performed.

【报批】bàopī（动)向上级写报告要求批准某项开支或计划 submit a written report to the higher authorities requesting funding for a certain job or approval to go ahead with a certain plan：我们的试验计划已经向上级~。Wǒmen de shìyàn jìhuà yǐjīng xiàng shàngjí ~. The plan for our experiment has already been submitted to the higher authorities for approval.

【报丧】bào=sāng 把某人去世的消息通知死者的亲友 send an obituary notice (to the friends and relatives of the deceased)

【报社】bàoshè（名)general office of a newspaper；newspaper office

【报时】bào = shí 报告时间。特指广播电台向收听者，电话局向询问者报告准确的时间 give the correct time (particularly referring to the correct time given by the radio station or telephone bureau to all listeners and inquirers)

【报数】bào= shù number off

【报头】bàotóu（名)masthead (of a newspaper, etc.)；nameplate

【报务】bàowù（名)拍发和抄收电报的业务 telegraphy：他姐姐是搞~工作的。Tā jiějie shì gǎo ~ gōngzuò de. His older sister is a telegraph operator.

【报务员】bàowùyuán（名)telegraph operator；radio operator

【报喜】bào = xǐ 报告使人高兴的消息 announce good news；report success：向大家报个喜，我们的小饭馆儿开张了。Xiàng dàjiā bào ge xǐ, wǒmen de xiǎo fànguǎnr kāi zhāng le. We have some good news to report; our small restaurant is now open.

【报销】bàoxiāo（动）(1) submit an expense account；apply for reimbursement：~旅费 ~ lǚfèi apply for reimbursement for travel expenses /这些用费可以~。Zhèxiē yòngfèi kěyǐ ~. You can submit an expense account for these expenses. (2)把坏作废的物件报告主管单位销账 hand in a list of expended articles (3)消除掉(多含诙谐义) wipe out：这一小股敌人全部~了。Zhè yì xiǎo gǔ dírén quánbù ~ le. The small enemy detachment was completely wiped out. /这一盘包子我可~不了了。Zhè yì pán bāozi wǒ kě ~ bù liǎo. There's no way I can finish off this plate of steamed stuffed buns.

【报效】bàoxiào（动)为报答别人的恩情而为其尽力(多用于对国家、社会或组织) render service to repay sb.'s kindness (usu. refers to a service rendered to the state, society or a group)：~祖国 ~ zǔguó render service to the fatherland

【报信】bào = xìn 把消息告知别人 pass on a message to sb.；notify；inform

【报应】bàoyìng（名)佛教用语。原指做好事能得到好的报答，做坏事会遭到坏的报答，后来专指后者 (in Buddhism) (original meaning) recompensation for good deeds and retribution for evil deeds；(now) retribution for evil deeds

【报纸】bàozhǐ（名)[张 zhāng、份 fèn] (1)同"报"bào（名)(1)newspaper (2) newsprint

刨 bào
（动）plane；plane something down：木板已经~平了。Mùbǎn yǐjīng ~píng le. The board has already been planed level. /把这些金属部件~光。Bǎ zhèxiē jīnshǔ bùjiàn ~ guāng. Plane the metal parts smooth. 另见 páo

【刨床】bàochuáng（名)[台 tái] planer；planing machine

【刨花】bàohuā（名)wood shavings

【刨工】bàogōng（名)(1) planing (2) planing machine operator；planer

【刨子】bàozi（名)[把 bǎ] plane

抱 bào
（动）(1)用手臂搂着 hold or carry in the arms；embrace；hug：~着个大西瓜 ~zhe ge dà xīguā carry a large watermelon /这孩子太胖了，奶奶已经~不动了。Zhè háizi tài pàng le, nǎinai yǐjīng ~ bu dòng le. This child is so fat that his granny can no longer carry him. (2)怀着 cherish；

harbour；*hold*：～着共产主义理想 ～zhe gòngchǎnzhǔyì lǐxiǎng *cherish communist ideals* /我对那件事不～任何幻想。Wǒ duì nà jiàn shì bù ～ rènhé huànxiǎng. *I don't cherish any illusions about that.* /他完全是～着旁观者的态度的。Tā wánquán shì ～zhe pángguānzhě de tàidù de. *He has completely adopted the attitude of a bystander.*

【抱病】bào＝bìng 有病在身，带着有病的身体（做某事）*be ill*；*be in poor health (while doing sth.)*：他～参加我们的会，我们表示衷心感谢。Tā ～ cānjiā wǒmen de huì, wǒmen biǎoshì zhōngxīn gǎnxiè. *We would like to express our heartfelt thanks to him for attending the conference despite poor health.* /王大夫～为病人做了手术。Wáng dàifu ～ wèi bìngrén zuòle shǒushù. *Doctor Wang operated on a patient in spite of his own ill health.*

【抱不平】bàobùpíng（动·不及物）见到别人受到不公平的对待，自己产生强烈的愤慨情绪 *be outraged by an injustice committed against another person*：大家都为他～。Dàjiā dōu wèi tā ～. *Everybody felt indignant at the injustice inflicted on him.* /他就爱为别人打～。Tā jiù ài wèi biérén dǎ ～. *He likes to defend others against injustices.*

【抱残守缺】bào cán shǒu quē 保守，不肯革新 *cherish the outmoded and preserve the outworn — stick to conservative ideas and refuse to change*

【抱负】bàofù（名）志向和愿望 *lofty aim*；*aspiration*；*ambition*；*ideal*：远大的～ yuǎndà de ～ *long-range ambition* /～不凡～ bùfán *extraordinary aspiration* /有～，能实干，才能走上成才之路。Yǒu ～, néng shígàn, cái néng zǒushang chéng cái zhī lù. *Only if you have the ambition and can do solid work can you follow the road to becoming a useful person.*

【抱愧】bàokuì（动）〈书〉心中有愧 *feel ashamed*

【抱歉】bàoqiàn（形）觉得对不起人，心里过意不去 *be sorry*；*feel apologetic*；*regret*：很～，今天我不能帮你的忙。Hěn ～, jīntiān wǒ bù néng bāng nǐ de máng. *I'm very sorry but I can't help you today.* /那本书我忘记带来了，～得很。Nà běn shū wǒ wàngjì dàilai le, ～ de hěn. *I'm very sorry I forgot to bring that book.* /他没替你办成那件事，感到非常～。Tā méi tì nǐ bànchéng nà jiàn shì, gǎndào fēicháng ～. *He feels very sorry that he wasn't able to do that job for you.*

【抱头鼠窜】bào tóu shǔ cuàn〈贬〉形容受到深重打击后像老鼠一样狼狈逃跑（*cover the head and sneak away like a rat*）*scurry off like a frightened rat*

【抱怨】bàoyuàn（动）心里不满，埋怨 *complain*；*grumble*：他自己把事办糟，反而～别人。Tā zìjǐ bǎ shì bànzāo, fǎn'ér ～ biérén. *He does the work poorly himself and then complains about others.* /光～有什么用，得想办法解决问题。Guāng ～ yǒu shénme yòng, děi xiǎng bànfǎ jiějué wèntí. *It's not enough to just complain; you should try to think of a way to resolve the problem.*

豹 bào
（名）[只 zhǐ]◇ *leopard*；*panther*：金钱～ jīnqián ～ *leopard (with spots like coins)*

【豹子】bàozi（名）[只 zhǐ]同"豹"bào *same as "*豹*" bào leopard*

暴 bào
（形）(1)猛烈而又急骤 *sudden and violent*：一场～风雪 yì cháng ～fēngxuě *a blizzard* /河水～涨 héshuǐ ～ zhǎng *the river suddenly rose* (2)急躁（性格）：他脾气很～。Tā píqi hěn ～. *He is short-tempered.*

【暴病】bàobìng（名）突然发生的病（多指危及生命的）*a sudden attack of a serious illness, usu. a life-endangering one*

【暴动】bàodòng（名）为推翻当时的统治而采取的集体武装行动 *insurrection*；*rebellion*：农民的～是要推翻地主阶级的统治。Nóngmín de ～ shì yào tuīfān dìzhǔjiējí de tǒngzhì. *The peasant rebellion aimed at overthrowing the rule of the landlord class.* （动）为破坏当时的政治制度、社会秩序而集体武装行动 *resort to insurrection*

【暴发户】bàofāhù（名）〈贬〉突然发财或得势的人或人家 *upstart*

【暴风】bàofēng（名）*gale*；*tempest*

【暴风雪】bàofēngxuě（名）*snowstorm*；*blizzard*

【暴风雨】bàofēngyǔ（名）又大又急的风雨，有时比喻革命 *rainstorm*；*storm*；*tempest*（*sometimes used as a metaphor for revolution*）：～就要来临了。～ jiù yào láilín le. *The storm is approaching.* /迎接革命的～ yíngjiē gémìng de ～ *greet the revolutionary tempest*

【暴风骤雨】bào fēng zhòu yǔ (1)来势迅猛的风雨 *violent storm*；*hurricane*；*tempest* (2)形容蓬勃兴起的革命群众运动 *used to describe the springing up of revolutionary mass movements*：革命的～不可阻挡。Gémìng de ～ bù kě zǔdǎng. *Revolutionary mass movements cannot be stopped from springing up.*

【暴君】bàojūn（名）*tyrant*；*despot*

【暴力】bàolì（名）*violence*；*force*

【暴力革命】bàolì gémìng 被压迫阶级用武装力量推翻统治阶级，夺取政权的斗争 *violent revolution*

【暴利】bàolì（名）非法获得的非常大的利润 *extravagant profits*；*fabulous profits*

【暴戾】bàolì（形）〈书〉粗暴无理，残酷凶恶 *ruthless and tyrannical*；*cruel and ferocious*

【暴烈】bàoliè（形）凶暴急躁 *violent*；*fierce*：性情～ xìngqíng ～ *have a fiery temper* /他是个性子～的人。Tā shì ge xìngzi ～ de rén. *He has a violent temper.*

【暴露】bàolù（动）使隐蔽的东西公开、显露出来 *expose*；*unmask*；*reveal*；*lay bare*：千万别～目标。Qiānwàn bié ～ mùbiāo. *Be careful not to reveal one's position.* /矛盾都～出来了。Máodùn dōu ～ chulai le. *The contradictions were all revealed.*

【暴露文学】bàolù wénxué *literature of exposure*

【暴露无遗】bàolù wú yí 全部暴露出来 *be thoroughly exposed*；*completely unmasked*：丑恶的嘴脸～。Chǒu'è de zuǐliǎn ～. *Hideous features were completely exposed.*

【暴乱】bàoluàn（名）〈贬〉武装骚动 *riot*；*rebellion*；*revolt*：发生～ fāshēng ～ *a riot took place* /平息了一场～ píngxile yì chǎng ～ *put down a riot*

【暴虐】bàonüè（形）〈书〉凶恶残酷 *brutal*；*ruthless*

【暴跳如雷】bào tiào rú léi 大发脾气，又跳又喊 *stamp with fury*；*fly into a rage*

【暴徒】bàotú（名）*ruffian*；*thug*

【暴行】bàoxíng（名）凶恶残暴的行为 *outrage*；*atrocity*；*savage act*

【暴雨】bàoyǔ（名）又大又急的雨 *torrential rain*；*rainstorm*：下了一场～，立刻凉快了。Xiàle yì chǎng ～, lìkè liángkuai le. *It cooled off right after the downpour.*

【暴躁】bàozào（形）遇事不冷静，性急，易发火 *irascible*；*irritable*：性情～ xìngqíng ～ *be short-tempered*

【暴政】bàozhèng（名）指反动统治者残酷地压迫、剥削人民的措施 *tyranny*；*despotic rule*

爆 bào
（动）猛然炸裂 *explode*；*burst*：气球～了。Qìqiú ～ le. *The balloon burst.*

【爆发】bàofā 突然发作或发生（声势很大的事）*erupt*；*burst out*；*break out*：火山～ huǒshān ～ *The volcano erupted.* /～战争 ～ zhànzhēng *war broke up* /观众～出热烈的欢呼声。Guānzhòng ～ chū rèliè de huānhū shēng. *The audience burst into cheers.*

【爆发音】bàofāyīn（名）〈语〉plosive

【爆裂】bàoliè（动）突然破裂 burst；split；crack

【爆破】bàopò（动）blow up；demolish；dynamite；blast：～碉堡群 ～ diāobǎo qún blow up a group of blockhouses

【爆炸】bàozhà（动）explode；blow up；detonate：～一颗原子弹 ～ yì kē yuánzǐdàn explode an atom bomb /地雷～了。Dìléi ～ le. The mine exploded.

【爆炸性】bàozhàxìng（名）(1)突然爆炸的能引起爆炸的特性 explosiveness；explosive nature：这种手榴弹有很强的～。Zhè zhǒng shǒuliúdàn yǒu hěn qiáng de ～. This type of hand grenade is highly explosive. (2)比喻引起轰动或震惊的 sth. that causes a sensation：这可是一件一的新闻,Zhè kě shì yí jiàn ～ de xīnwén. This is an explosive piece of news. /告诉你一个～的消息,咱们的厂长辞职了。Gàosu nǐ yí ge ～ de xiāoxi, zánmen de chǎngzhǎng cí zhí le. Let me tell you an explosive bit of news. Our factory director has resigned.

【爆竹】bàozhú（名）firecracker

bēi

杯 bēi（名）◇ cup：酒～ jiǔ～ wine cup /玻璃～ bōli～ glass /量～ liáng～ measuring glass /奖～ jiǎng～ cup（as a prize）

【杯子】bēizi（名）[个 gè、只 zhī]cup

卑 bēi（形）◇(地位)低下（position）low；lowly：不～不亢 bù ～ bú kàng neither deferential nor overbearing

【卑鄙】bēibǐ（形）(言行、品质)恶劣,没道德（speech, behaviour or character）base；mean；contemptible；despicable：剽窃是～的行为。Piāoqiè shì ～ de xíngwéi. Plagiarism is a despicable action.

【卑鄙无耻】bēibǐ wúchǐ 品行下流,恶劣,不知羞耻 base and mean：losing all sense of shame；utterly shameless

【卑躬屈膝】bēi gōng qū xī 形容低声下气,奉承讨好的样子 cringing；subservient

【卑贱】bēijiàn（形）(1)地位低（one's social status is）low：～者最聪明。～zhě zuì cōngming. The lowly are most intelligent. (2)卑鄙、下贱 mean；degrading：只有～的行为,没有～的工作。Zhǐ yǒu ～ de xíngwéi, méi yǒu ～ de gōngzuò. Work can never be degrading, only our behaviour.

【卑劣】bēiliè（形）卑鄙、恶劣 base；disgusting；mean；despicable：这种欺骗手段太～了。Zhè zhǒng qīpiàn shǒuduàn tài ～ le. This sort of trickery is just too despicable.

【卑怯】bēiqiè（形）abject

【卑微】bēiwēi（形）petty and low；mean：地位～ dìwèi have a petty and low position /～的态度 ～ de tàidù a mean attitude

【卑下】bēixià（形）base；low：地位～ dìwèi ～ be in a low position /这个人的品格～。Zhège rén de pǐngé ～. This person has a base character.

背 bēi（动）用背驮(东西)carry（sth.）on one's back：小学生～着书包去上学。Xiǎoxuéshēng ～zhe shūbāo qù shàng xué. School children go to school carrying their school bag. /把孩子～在背上。Bǎ háizi ～ zài bèishang. Carry a baby on your back. 另见 bèi

【背包】bēibāo（名）(1)knapsack；rucksack；infantry pack；field pack（army）blanket roll

【背包袱】bēi bāofu 有思想负担 have a weight（or load）on one's mind；take on a mental burden：犯过错误不要背自卑的包袱,有了成绩不要背骄傲的包袱。Fànguo cuòwu búyào

bēi zìbēi de bāofu, yǒule chéngjì búyào bēi jiāo'ào de bāofu. Let neither your mistakes nor your merits hinder your progress by making you feel inferior or superior.

【背带】bēidài（名）(1)straps（for a knapsack）(2)suspenders

【背负】bēifù（动）〈书〉用脊背驮着 bear；carry on one's back；have on one's shoulders：～着保卫祖国的重任 ～zhe bǎowèi zǔguó de zhòngrèn bear the heavy responsibility of guarding one's homeland

【背黑锅】bēi hēiguō〈口〉比喻代替别人承担罪责,泛指受冤枉 take the blame for the fault of others；be made a scapegoat：你应该主动承认是你干的,不能让人替你～。Nǐ yīnggāi zhǔdòng chéngrèn shì nǐ gàn de, bù néng ràng rén tì nǐ ～. You should admit of your own accord that you did it. You cannot let others take the blame for you.

【背债】bēi=zhài 欠债 be in debt；be saddled with debts

悲 bēi（形）◇伤心,哀痛 sad；grieved：四十年前的老朋友终于见面了,真是又～又喜。Sìshí nián qián de lǎo péngyou zhōngyú jiàn miàn le, zhēn shì yòu ～ yòu xǐ. It is both a sad and a happy occasion when old friends who haven't seen each other for forty years finally meet again.

【悲哀】bēi'āi（形）grieved；sorrowful：母亲的病逝使他万分～。Mǔqin de bìngshì shǐ tā wànfēn ～. He was deeply grieved over his mother's death. /从～中解脱出来 cóng ～ zhōng jiětuō chulai free oneself from grief

【悲惨】bēicǎn（形）(遭遇)不幸,(处境)使人伤心 tragic；miserable：～的遭遇 ～ de zāoyù tragic experience /命运很～。Mìngyùn hěn ～. One's fate is tragic. /难民营～的情景 nànmín yíng ～ de qíngjǐng tragic sight of refugee camps

【悲愤】bēifèn（形）〈书〉又悲痛又愤怒 sad and indignant：由于工作人员不负责任造成伤亡事故使人十分～。Yóuyú gōngzuò rényuán bú fù zérèn zàochéng shāngwáng shìgù shǐ rén shífēn ～. Everybody is sad and indignant at the casualties caused by the irresponsibility of the personnel in charge.

【悲歌】bēigē（名）〈书〉哀伤的歌曲 sad melody；elegy：～一曲 ～ yì qǔ a sad melody（动）悲壮地歌唱 sing with solemn fervour：慷慨～ kāngkǎi ～ chant in heroic but mournful tone

【悲观】bēiguān（形）感到没有希望,丧失信心 pessimistic：～情绪 ～ qíngxù pessimism /不要一遇挫折就～起来。Búyào yí yù cuòzhé jiù ～ qilai. Don't feel disheartened as soon as you suffer setbacks. /这样想是否太～了? Zhèyàng xiǎng shì fǒu tài ～ le? Is it too pessimistic to think like that?

【悲欢离合】bēi huān lí hé 泛指悲伤、欢乐、离别、聚会的种种遭遇 joys and sorrows, partings and reunions；vicissitudes of life；varied and often bitter experiences of life：这部小说是讲一家人～的故事。Zhè bù xiǎoshuō shì jiǎng yì jiā rén ～ de gùshi. This novel talks about the joys and sorrows, partings and reunions of a family.

【悲剧】bēijù（名）(1)tragedy (2)比喻悲惨的遭遇 tragedy（metaphor）：有了第三者,就造成了家庭～。Yóuyú yǒule dìsānzhě, jiù zàochéngle jiātíng ～. A family tragedy was brought about by the presence of a third party.

【悲苦】bēikǔ（形）悲哀痛苦 tragic；grievous

【悲凉】bēiliáng（形）悲哀凄凉 sorrowful；melancholy：由于战争的破坏,那里是一片～的景象。Yóuyú zhànzhēng de pòhuài, nàli shì yípiàn ～ jǐngxiàng. That area is a melancholy sight due to destruction in the war.

【悲伤】bēishāng（形）〈书〉难过,伤心 sad；sorrowful：哭得很～ kū de hěn ～ cry sadly

【悲叹】bēitàn（动）〈书〉悲伤叹息 sigh mournfully；lament

【悲痛】bēitòng（形）〈书〉伤心,痛苦 grieved；distressed；sorrowful：化～为力量 huà ～ wéi liliang turn grief into

strength

【悲壮】bēizhuàng（形）悲哀而雄壮；悲哀而壮烈 *solemn and stirring；moving and tragic：*～的曲调 ～ de qǔdiào *a solemn and stirring melody /* 和敌人同归于尽的～结局 hé dírén tóng guī yú jìn de ～ jiéjú *perish in a moving and tragic ending with the enemy /* 事迹～感人。Shìjì ～ gǎnrén. *Moving and tragic deeds are touching.*

碑 bēi
（名）上面刻着文字或图画作为纪念的竖立起来的石头 *a stone tablet erected as memorial with characters or pictures carved on it；* 无名英雄纪念～ wúmíng yīngxióng jìniàn～ *monument for unknown heroes*

【碑帖】bēitiè（名）石刻、木刻书法的拓本或印本，多用来做为练习写字的临摹范本 *rubbing taken from an inscription carved on stone or wood and used as a model for calligraphy*

【碑文】bēiwén（名）刻在碑上的文字 *inscription on a memorial tablet*

běi

北 běi
（名）◇ *north；* ～屋指向南开窗的屋子。～ wū zhǐ xiàng nán kāi chuāng de wūzi. *A northern room refers to a room where the windows face south. /* 向～走 xiàng ～ zǒu *go towards the north /* 房子坐～朝南最好。Fángzi zuò ～ cháo nán zuì hǎo. *It is best for a house to face south.*

【北半球】běibànqiú（名）*the Northern Hemisphere*

【北边】běibiān（名）*north；to the north：* 山～的雪不爱化。Shān ～ de xuě bú ài huà. *Snow on the north side of a mountain is not likely to melt. /* 学院～有一所小学。Xuéyuàn ～ yǒu yì suǒ xiǎoxué. *There is a primary school north of the college. /* 故宫在天安门广场的～. Gùgōng zài Tiān'ānmén Guǎngchǎng de ～. *The Palace Museum is north of the Tian'anmen Square.*

【北冰洋】Běibīngyáng（名）*the Arctic Ocean*

【北斗星】Běidǒuxīng（名）*Dipper；the Plough*

【北伐战争】Běifá Zhànzhēng 1926—1927年中国人民在中国共产党领导下与国民党合作进行的反对帝国主义和代表中国北方封建势力的军阀集团的革命战争。因从广东出发，向北进军，所以叫北伐战争 *the Northern Expedition（the revolutionary war waged by the Chinese people against the imperialists and the northern warlords from 1926 to 1927 under the leadership of the Chinese Communist Party in cooperation with the Kuomintang. It was so named because it started in Guangdong and marched into the north）*

【北方】běifāng（名）(1)the *northern part of；north：* 中国人的传统习惯认为，～是四个方向中最尊贵的。Zhōngguó rén de chuántǒng xíguàn rènwéi, ～ shì sì ge fāngxiàng zhōng zuì zūnguì de. *According to Chinese tradition the north is the most respectable among the four directions.* (2)北部地区，在中国指黄河流域及其以北地区 *the northern part of the country；refers to the area north of Huanghe：* 燕子秋天飞到 南方，春 天飞 回～。Yànzi qiūtiān fēidào nánfāng, chūntiān fēihuí ～. *Swallows fly south in fall and return to the north in spring. /* ～人 rén *Northerner*

【北方话】běifānghuà（名）长江以北地区的汉语方言，是普通话的基础方言。广义的北方话还包括四川、云南、贵州和广西北部的方言 *the northern dialect, spoken in the regions north of the Yangtze River, from which is derived putonghua（standard Chinese pronunciation）；the northern dialect, in the broadest sense, also includes the dialects from Sichuan, Yunnan and the northern part of Guangxi*

【北国】běiguó（名）〈书〉指中国的北部 *the North；northern China：* 这里水源充足，产大米和鱼类，是有名的～江南。

Zhèli shuǐyuán chōngzú, chǎn dàmǐ hé yúlèi, shì yǒu míng de ～ Jiāngnán. *This place abounds in water sources and yields rice and fish. It's the famous Jiangnan of the North.*

【北寒带】běihándài（名）*the north frigid zone*

【北回归线】běihuíguīxiàn（名）*the Tropic of Cancer*

【北极】běijí（名）*the North Pole*

【北极星】běijíxīng（名）*the Pole Star*

【北京】Běijīng（名）中华人民共和国首都 *capital of the People's Republic of China*

【北京人】【北京人】Běijīng yuánrén 大约生活在五十万年以前。化石在1929年发现于北京周口店龙骨山山洞 *Peking Man（lived about 500 thousand years ago. It's fossils were found in Longgushan cave, Zhoukoudian in Beijing in 1929）*

【北美洲】Běiměizhōu（名）*North America*

【北欧】Běi Ōu *Northern Europe；North Europe*

【北纬】běiwěi（名）*north（or northern）latitude*

【北温带】běiwēndài（名）*the north temperate zone*

【北洋军阀】Běiyáng Jūnfá 1912—1927年代表中国北方封建势力的军阀集团 *the Northern Warlords（a clique of warlords representing the northern feudal force（1912—1927））*

bèi

贝 〔貝〕bèi

【贝壳】bèiké（名）（～儿）*shell*

备 〔備〕bèi
（动）◇(1)具有 *have；be equipped with：* 德才兼～ dé cái jiān ～ *have both ability and political integrity* (2)准备；get ready：你们可以～料了。Nǐmen kěyǐ ～ liào le. *You can get the materials ready. /* 宁可～而不用，不可不～。Nìngkě ～ ér bú yòng, bù kě bú ～. *It's better to be prepared to no avail than not be prepared at all.* (3)防备 *prepare for；be on guard against：* 以～万一 yǐ ～ wànyī *prepare for all eventualities* (4)全、尽、周到 *all；in all possible ways：* 关怀～至 guānhuái ～ zhì *show every possible concern for /* ～受欢迎 ～ shòu huānyíng *be warmly welcomed；enjoy great popularity；be very popular*

【备案】bèi=àn 把有关报告或登记存档案，以备查考 *put on file；enter a case in the records（for future reference）*

【备耕】bèi=gēng 为耕种做准备 *prepare for ploughing and sowing：* 开始～ kāishǐ ～ *begin to prepare for ploughing /* 做好～工作 zuòhǎo ～ gōngzuò *complete preparations for ploughing and sowing*

【备荒】bèi=huāng 防备灾荒 *be prepared in case of natural disasters；prepare against natural disasters*

【备件】bèijiàn（名）*spare parts*

【备考】bèikǎo（名）（文件、表格中）供参考用的附录或附注 *additional information（on a form）；（an appendix, note, etc.）for reference*

【备课】bèi=kè 教师为授课做各种准备（of teachers）prepare lessons：集体～ jítǐ ～（teachers）prepare lessons together /不备好课，上课心里没底。Bú bèihǎo kè, shàng kè xīnli méi dǐ. *One will feel unsure if one goes to class unprepared.*

【备忘录】bèiwànglù（名）*memorandum；aide-mémoire；written reminder*

【备用】bèiyòng（动）准备着随时要用的 *reserve；spare；alternate：* 这些零件留着～. Zhèxiē língjiàn liúzhe ～. *Keep these spare parts on hand. /* ～器材 ～ qìcái *spare equipment /* ～物资 ～ wùzī *reserve goods and materials*

【备战】bèi=zhàn 为防御侵略而做的思想和物质上的准备 *prepare for war；be prepared against war*

【备注】bèizhù（名）表格上为附加必要的说明而留下的一栏，

也指在这栏内所加的说明 remarks; comments (on a form)

背 bèi（名）(1)(of a person) back：～朝门坐着～cháo mén zuòzhe sit with one's back to the door (2)(～儿)(of a thing) back：刀～dāo～ the back of a knife /椅～ yǐ～ the back of a chair（动）(1)记在脑子里 learn by heart：他在～英文单词呢。Tā zài ～ Yīngwén dāncí ne. He is learning English words by heart. /小孩儿～书并不困难。Xiǎoháir ～ shū bìng bú kùnnan. It is not difficult for children to learn their lessons by heart. (2)背诵 recite from memory：你把那首诗～给我听听。Nǐ bǎ nà shǒu shī ～ gě wǒ tīngtīng. Would you recite that poem for me? (3)背部对着，跟"向"相对 with the back towards：～山面水～ shān miàn shuǐ with the hill behind and the river in front (4)◇转 turn away：～过身去～guo shēn qu turn about /把脸～过去。Bǎ liǎn ～ guoqu. Turn your face away. (5)◇瞒 hide something from; do sth. behind sb.'s back：他说话做事从不～人。Tā shuō huà zuò shì cóng bú ～ rén. He has never said or done anything behind another person's back. （形）(1)听觉失灵 hard of hearing：他耳朵太～了。Tā ěrduo tài ～ le. He is too hard of hearing. (2)偏僻 out-of-the-way：这条小胡同很～，行人极少。Zhè tiáo xiǎo hútòng hěn ～，xíngrén jí shǎo. This alley is so out-of-the-way that there are few pedestrians on it. (3)〈口〉不顺利，倒霉 unlucky：这些天运气～，总碰上不顺心的事。Zhèxiē tiān yùnqi ～，zǒng pèngshang bú shùnxīn de shì. I've been very unlucky in the last few days, and nothing has gone right. 另见 bēi

【背道而驰】bèi dào ér chí 朝相反的方向跑。比喻彼此的方向或目标完全相反 run in the opposite direction; metaphor for completely opposite goals and directions：这种思想是和时代的要求～的。Zhè zhǒng sīxiǎng shì hé shídài de yāoqiú ～ de. This kind of thought runs counter to the needs of the time.

【背地里】bèidìli（名）人的背后，不当着人面的地方 behind sb.'s back; in private：在～议论别人，这很不好。Zài ～ yìlùn biérén, zhè hěn bù hǎo. It's not good to discuss others behind their backs. /他们～说些什么，我当然不知道。Tāmen ～ shuō xiē shénme, wǒ dāngrán bù zhīdào. Of course, I don't know what they said in private.

【背光】bèi=guāng 光线照不到 be shaded from the light; be sheltered from direct light：窗户在你的右边，写起字来不是～吗?Chuānghu zài nǐ de yòumiàn, xiě qǐ zì lai búshi ～ ma? The window is on your right, so if you write, won't you be sheltered from direct light? /不要背着光看书。Búyào bèizhe guāng kàn shū. Don't read with your back to the light.

【背后】bèihòu（名）后面 behind; at the back; in the rear：西瓜地就在小草棚的～。Xīguādì jiù zài xiǎo cǎopéng de ～. The watermelon field is behind the small thatched shed. /小山～有一片松林。Xiǎo shān ～ yǒu yí piàn sōnglín. There is a pine forest behind the hill.

【背井离乡】bèi jǐng lí xiāng 离开了故乡在外地生活(多指不情愿)leave one's native place to earn a living elsewhere (esp. against one's will)

【背景】bèijǐng（名）(1)舞台上或电影里的布景 the scenery on stage or in a movie：～设计得很好。～ shèjì de hěn hǎo. The scenery was designed very well. (2)美术作品里衬托主体事物的景物 background (in a painting)：这张照片的～深远清晰。Zhè zhāng zhàopiàn de ～ shēnyuǎn qīngxī. The background of this photograph is sharp and clear. /这张油画～十分逼真。Zhè zhāng yóuhuà ～ shífēn bīzhēn. The background of this oil painting is extremely lifelike. (3)对人物、事件、事态起作用的历史情况或现实环境 historical background or setting：时代～ shídài ～ temporal setting /这件谋杀案肯定有政治～。Zhè jiàn móushā'àn kěndìng yǒu zhèngzhì ～. This murder was undoubtedly politically motivated. /要了解当时的历史～才能看懂这本小说。Yào liǎojiě dāngshí de lìshǐ ～ cái néng kàndǒng zhè běn xiǎoshuō. Only by knowing the historical background can one understand this novel.

【背静】bèijing（形）清静，很少有人来往的(地方)quiet and secluded (place)：在校园里，找个～的地方练太极拳。Zài xiàoyuán li, zhǎo ge ～ de dìfang liàn tàijíquán. Find a quiet and secluded place on campus to practise shadow boxing.

【背离】bèilí（动）离开、违背(抽象事物)deviate; depart from：不能～社会主义方向。Bù néng ～ shèhuìzhǔyì fāngxiàng. We must not deviate from the socialist road.

【背面】bèimiàn（名）(～儿)相反的一面，跟"正面"相对 reverse side (opposite of "正面")：照片的～有一行小字儿。Zhàopiàn de ～ yǒu yì háng xiǎo zìr. Something is written in small characters on the back of the photo. /这种纸太薄了，正面有字～就不能写字。Zhè zhǒng zhǐ tài báo le, zhèngmiàn yǒu zì ～ jiù bù néng xiě zì. This type of paper is so thin that you can't write on the other side if there is something written on this side.

【背叛】bèipàn（动）背离、叛变，反对原来所在的方面或投向敌对一方 betray; forsake：他们～了马克思主义。Tāmen ～le Mǎkèsīzhǔyì. They betrayed Marxism. /1927年他～了革命。Yījiǔ'èrqī nián tā ～le gémìng. In 1927 he betrayed the revolution.

【背弃】bèiqì（动）违背和抛弃 abandon; desert; renounce：～前言～ qiányán renounce what one had previously said /他～了自己的诺言。Tā ～le zìjǐ de nuòyán. He went back on his word.

【背诵】bèisòng（动）recite; say by heart：～课文～ kèwén recite a text /他居然把那首长诗～下来了。Tā jūrán bǎ nà shǒu cháng shī ～ xialai le. It was surprising that he recited such a long poem.

【背心】bèixīn（名）[件 jiàn](～儿)没有袖子的上衣 a sleeveless garment; vest; singlet /毛～ máo～ sleeveless woollen sweater

【背信弃义】bèi xìn qì yì 违背诺言，不讲道义和信用 perfidious; treacherous; break faith with sb.：他们～，单方撕毁合同。Tāmen ～，dānfāng sīhuǐ hétong. They are unreliable and break contracts unilaterally.

【背阴儿】bèiyīnr（形）阳光照不到的(地方)shady; (a spot) entirely shaded from the sun：这种花不适合多晒太阳，种在～的地方吧! Zhè zhǒng huā bú shìhé duō shài tàiyáng, zhòng zài ～ de dìfang ba! This kind of flower cannot be exposed to too much sunlight. Plant it in a shady area.

【背影】bèiyǐng（名）(～儿)人体的背面形象 a view of sb.'s back; a figure viewed from behind：我只看见一个～，看不清是谁。Wǒ zhǐ kànjian yí ge ～，kàn bu qīng shì shuí. I just got a view of somebody's back, but didn't see clearly who it was.

【背着】bèizhe（动）瞒着 behind (sb.'s) back; hide the truth from：干坏事的人喜欢～人干。Gàn huàishì de rén xǐhuan ～ rén gàn. People who do bad things like to do them behind others' backs. /小明从来不～大人乱花钱。Xiǎo Míng cónglái bú ～ dàrén luàn huā qián. Xiao Ming never squanders money behind his parents' backs.

钡〔鋇〕bèi（名）barium (Ba)

【钡餐】bèicān（名）〈医〉barium meal

倍 bèi（量）time; -fold：二的三～是六。Èr de sān ～ shì liù. Three times two is six. /人数增加两～多。Rénshù zēngjiā

liǎng ~ duō. *The number of people has more than tripled.* /这个厂的产值比去年增长一~。Zhège chǎng de chǎnzhí bǐ qùnián zēngzhǎng yí ~. *The output value of this factory was twice as much as last year.*

【倍加】 bèijiā（副）指程度高，修饰双音节词语 *doubly (modifies a disyllabic word)*：护士～细心地护理伤员。Hùshi ~ xìxīn de hùlǐ shāngyuán. *The nurse was doubly attentive when nursing the wounded.* /他对故乡的山山水水、乡里乡亲～留恋。Tā duì gùxiāng de shānshān shuǐshuǐ、xiānglǐ xiāngqīn ~ liúliàn. *He was doubly reluctant to leave his fellow villagers and the scenery of his native place, with its mountains and rivers.* /饲养员 ~ 小心地喂养这些羊羔。Sìyǎngyuán ~ xiǎoxīn de wèiyǎng zhèxiē yánggāo. *The stockman was doubly careful in raising these lambs.*

【倍数】 bèishù（名）*multiple*：六是三的～也是二的～。Liù shì sān de ~ yě shì èr de ~. *Six is a multiple of both three and two.*

【倍塔射线】 bèitǎshèxiàn（名）*beta ray*

【倍增】 bèizēng（动）成倍的增加，增加得很多 *redouble; increase a lot*：干劲～ gànjìn ~ *with redoubled vigour* /产量 ~ chǎnliàng ~ *output increased greatly*

被 bèi

（名）[床 chuáng]◇被子 *quilt*：棉～ mián ~ *cotton-padded quilt*（介）在被动句中引进施事者，多为体词，主语是述语意念上的受事。"被"字句多叙述已实现的事实（*introduces the doer of the action in a passive sentence; usu. a nominal; the subject is the receiver of the action; a "被" sentence usu. states sth. that has happened*）(1)述语多为及物的，必带后附成分，说明述语对主语的实际影响（*the verb is usu. a transitive one; must be followed by another component which indicates the actual effect the verb has on the subject*）：杯子～我打碎了，还得去买新的。Bēizi ~ wǒ dǎsuì le, hái děi qù mǎi xīn de. *The glass was broken by me. I have to go buy a new one.* /这条裙子～她裁坏了。Zhè tiáo qúnzi ~ tā cáihuài le. *This skirt was spoiled by her while cutting it out.* /敌人～我军包围了。Dírén ~ wǒ jūn bāowéi le. *The enemy was surrounded by our army.* 在不必或不能指出施事者时，"被"可以没有宾语，直接放在述语前面（*when the doer of the action does not have to be or cannot be indicated, "被" does not have to have an object, but can be placed directly before the verb*）：他被指定为临时召集人。Tā bèi zhǐdìng wéi línshí zhàojí rén. *He was appointed provisional convener.* /大水冲垮了木桥，乡亲们～围困在小岛上，须马上抢救。Dà shuǐ chōngkuǎle mùqiáo, xiāngqīnmen ~ wéikùn zài xiǎo dǎo shang, xū mǎshàng qiǎngjiù. *The flood has shattered the wooden bridge, so the villagers are hemmed in on a small island and need rescuing.* (2)述语如为双音节动词，而且含有动作、行为等已完成的意义，可以不带后附成分（*if the verb is disyllabic and is one that indicates an already completed action or behaviour, it need not be followed by any component*）：那一小股敌人已经～消灭。Nà yì xiǎo gǔ dírén yǐjīng ~ xiāomiè. *That small horde of enemy troops has already been wiped out.* /这些画法一旦～掌握，画图的进度就会大大加快。Zhèxiē huàfǎ yídàn ~ zhǎngwò, huà tú de jìndù jiù huì dàdà jiākuài. *Once these drawing techniques have been mastered, progress in sketching will greatly increase.* (3)述语一般没有宾语，但有时可以有宾语（*the verb does not usu. have an object, but sometimes it can take one*）①宾语是主语的一部分或属于主语的事物（*the object is part of the subject or sth. that belongs to the subject*）：他们稍微一疏忽，小鱼一～冲跑走了一半。Tāmen shāowēi yì shūhu, xiǎo yú ~ chōngzǒule yíbàn. *The moment they were slightly careless, half of the fries were washed away.* /他一～人打破了头。Tā ~ rén dǎpòle tóu.

His head was smashed in by someone. ②宾语是主语受动词支配、影响的结果（*the object is the result of the verb's control or influence over the subject*）：烧红的铁块～打成了锄头。Shāohóng de tiěkuài ~ dǎchéngle chútou. *The red-hot piece of iron was hammered and made into a hoe.* /她的一片好心～当做恶意了，多冤！Tā de yípiàn hǎoxīn ~ dàngzuò èyì le, duō yuān! *Her good intentions were mistaken for evil ones. How unfair!* ③动词和宾语合成一个常用词组（*the verb and the object form a frequently-used word group*）：他十八岁那年～抓了壮丁。Tā shíbā suì nà nián ~ zhuāle zhuàngdīng. *He was conscripted the year he turned eighteen.* /这样做岂不～人笑掉大牙。Zhèyàng zuò qǐ bú ~ rén xiàodiào dà yá. *Aren't you making yourself a laughing stock by doing this?* (4)若有助动词、否定词或其他副词，要放在"被"前（*if there is an auxiliary verb, a negative word, or another adverb, these must be placed before "被"*）：这种建设性的意见哪能不～采纳！Zhè zhǒng jiànshèxìng de yìjiàn nǎ néng bú ~ cǎinà! *Who wouldn't accept this kind of constructive criticism?* /他不但没有～困难吓倒，反而更坚强了。Tā búdàn méiyou ~ kùnnan xiàdǎo, fǎn'ér gèng jiānqiáng le. *Not only was he not frightened away by difficulty, but was instead strengthened by it.* /好话已经～他说尽了。Hǎo huà yǐjīng ~ tā shuōjìn le. *Every possible word of praise has already been said by him.* 描写性的状语多在述语前（*a descriptive adverbial is usu. placed before the verb*）：听了他这一席话，她～深深地感动了。Tīngle zhè yì xí huà, tā ~ shēnshēn de gǎndòng le. *After hearing his talk, she was deeply moved.* /大好时光～这样白白浪费掉岂不可惜。Dà hǎo shíguāng ~ zhèyàng báibái làngfèi diào qǐ bù kěxī. *Isn't it a pity that good time is being wasted like this!* (5)"被"＋动词可作定语（*"被"＋ verb can serve as an attributive*）：在旧社会，妇女处于～欺侮～损害的地位。Zài jiù shèhuì, fùnǚ chǔyú ~ qīwǔ ~ sǔnhài de dìwèi. *In the old society, women were placed in a position where they were mistreated and bullied.* /那些容易～遗忘的小事要记在本子上。Nàxiē róngyì ~ yíwàng de xiǎo shì yào jì zài běnzi shang. *Those easily-forgotten trifling matters should be jotted down in a notebook.*

【被乘数】 bèichéngshù（名）〈数〉*multiplicand*

【被除数】 bèichúshù（名）〈数〉*dividend*

【被单】 bèidān（名）（～儿）*bedsheet*

【被动】 bèidòng（形）跟"主动"相对 *passive (as opposite to* 主动*)* (1)靠外来力量起作用 *acted upon by an external agency*：～免疫 ~ miǎnyì *passive immunity* (2)不能按自己想的去做，迫于应付 *passive; influenced by outside forces; lose all initiative*：陷于～局面 xiànyú ~ júmiàn *land oneself in a passive situation* /他这样做，使自己太～了。Tā zhèyàng zuò, shǐ zìjǐ tài ~ le. *Acting this way, he'll lose all his initiative.*

【被动式】 bèidòngshì（名）〈语〉*passive form*

【被告】 bèigào（名）〈法〉*the accused; the defendant*

【被告席】 bèigàoxí（名）〈法〉*(of court) dock*

【被加数】 bèijiāshù（名）〈数〉*summand*

【被减数】 bèijiǎnshù（名）〈数〉*minuend; number from which another is subtracted*

【被迫】 bèi pò 被强迫，不得已 *be forced; be compelled*：～停战 ~ tíng zhàn *be forced to end war* /～宣布无条件投降 ~ xuānbù wú tiáojiàn tóuxiáng *be forced to declare an unconditional surrender*

【被褥】 bèirù（名）被子和褥子 *quilt and mattress; bedding*

【被套】 bèitào（名）(1)棉被的胎 *cotton wadding for a quilt* (2)套在被子外面的布套（*bag-shaped*）*quilt cover*

【被窝】 bèiwō（名）*quilt folded to form a sleeping bag*

【被罩】 bèizhào（名）同"被套" bèitào(2) *same as "*被套*" bèitào(2)*

【被子】bèizi（名）［床 chuáng ］quilt

辈〔輩〕bèi
（名）◇(1)（～儿）generation：他比我长一～。Tā bǐ wǒ zhǎng yí ～. He is a generation older than me. /我们是同一～的人。Wǒmen shì tóng yí ～ de rén. We belong to the same greeration. (2)类(指人) people of a certain kind：我～实在无能为力。Wǒ ～ shízài wú néng wéi lì. We are really powerless. (3)（～儿）一生 lifetime：后半～ hòubàn ～ the later part of life

【辈出】bèichū（动）◇(人材)一批一批地涌现出来（people of talent）come forth in large numbers：人材～ réncái ～ people of talent coming forth in large numbers /英雄～ yīngxióng ～ heroes coming to the fore in large numbers

【辈分】bèifen（名）家族、亲戚、世交的长幼行辈 seniority in the family, clan or among friends；position in the family hierarchy；generation：中国人很重视弄清楚～。Zhōngguó rén hěn zhòngshì nòng qīngchu ～. Chinese people attach great importance to clarifying somebody's position in the family hierarchy or among friends. /她的祖母是我的朋友，所以，她的～比我小，小两辈。Tā de zǔmǔ shì wǒ de péngyou, suǒyǐ, tā de ～ bǐ wǒ xiǎo, xiǎo liǎng bèi. Her grandmother is my friend, so she ranks as my junior by two generations.

【辈子】bèizi（名）一生（前面必须带数词或"这"、"那"）all one's life；lifetime（there must be a numeral or "这" or "那" in front of it）：一～不会忘记。Yí ～ bú huì wàngjì. I'll never forget it for the rest of my life. /没想到我这～还碰上这种好机会。Méi xiǎngdào wǒ zhè ～ hái pèngshang zhè zhǒng hǎo jīhuì. I didn't expect to have this kind of opportunity in my lifetime. /他受了大半～苦，现在总算享福了。Tā shòule dà bàn ～ kǔ, xiànzài zǒngsuàn xiǎng fú le. Although he has suffered most of his life he is now finally enjoying a happy life.

蓓bèi
【蓓蕾】bèilěi（名）〈书〉bud

bei

呗〔唄〕bei
（助）语气助词，表示常情或道理很明显，或者问题不难解决等（a modal particle；indicates that a reason is obvious or that a problem is easy to resolve）：请你，你就来～! 客气什么。Qǐng nǐ, nǐ jiù lái ～! Kèqi shénme. Well, come if you're invited. Don't stand on ceremony. /不会就学～! 这还有什么可说的。Bú huì jiù xué ～! Zhè hái yǒu shénme kě shuō de. Well, learn if you don't know how to do something. It goes without saying. /东西该买就买～! 干吗老舍不得钱? Dōngxi gāi mǎi jiù mǎi ～! Gànmá lǎo shě bu de qián? Well, buy it if you have to. Why on earth are you always so stingy with your money?

bēn

奔bēn
（动）跑 run quickly, hurry：列车飞~而来。Lièchē fēi~ ér lái. The train is speeding towards us. 另见 bèn
【奔波】bēnbō（动）〈书〉(为某种目的)到（各个不同的地方）去（活动）（for a certain purpose）go to (different places)；be busy running about；～地出 ～ dàochù ～ be busy running everywhere /地质队员长年～于茫茫沙漠之中。Dìzhìduìyuán chángnián ～ yú mángmáng shāmò zhī zhōng. The members of the geological prospecting team

have been busy running around the vast desert all the year round.

【奔驰】bēnchí（动）〈书〉飞快地跑（指车、马等）gallop；speed：马群～在草原上。Mǎqún ～ zài cǎoyuán shang. Herds of horses are galloping on the grasslands. /汽车在公路上～。Qìchē zài gōnglù shang ～. The automobile is speeding on the highway.

【奔放】bēnfàng（形）尽情地表露，毫无拘束 bold and unrestrained；untrammelled：他唱起歌来热情～，非常感人。Tā chàng qǐ gē lái rèqíng ～, fēicháng gǎnrén. His singing is overflowing with enthusiasm. It is very moving.

【奔赴】bēnfù（动）〈书〉很快地奔(一定的目的地)rush to (a certain place)；hasten to：～前线 ～ qiánxiàn go to the front /～工作地点 ～ gōngzuò dìdiǎn go to one's work place

【奔流】bēnliú（动）〈书〉急速地流 flow at a great speed：滔滔江水～不息。Tāotāo jiāng shuǐ ～ bù xī. The surging river flows without end.

【奔忙】bēnmáng（动）〈书〉奔走忙碌 be busy rushing about：为了举办展览会，他每天～不休。Wèile jǔbàn zhǎnlǎnhuì, tā měi tiān ～ bùxiū. He rushes busily about every day so as to put on the exhibition.

【奔跑】bēnpǎo（动）〈书〉快跑 run quickly

【奔腾】bēnténg（动）〈书〉飞奔跳跃 gallop；surge：草原上万马～。Cǎoyuán shang wàn mǎ ～. Thousands of horses are galloping on the grassland. /大河穿过峡谷～呼啸而下。Dà hé chuānguò xiágǔ ～ hūxiào ér xià. The river surges down through the canyon.

【奔走】bēnzǒu（动）〈书〉(1)急走，跑 run：～相告 ～ xiāng gào run around to tell each other (2)（为一定目的而到处）活动 bustle about（with a certain purpose）：为求得支援，四处～。Wèi qiúdé zhīyuán, sìchù ～. rush here and there for support

锛〔錛〕bēn
（名）◇ adze（动）用锛子削平木料 cut（lumber）with an adze

【锛子】bēnzi（名）adze

běn

本běn
（名）(1)◇ 草木的根或茎 the root or stem of a plant：木～植物 mù～ zhíwù woody plant(2)◇事物的根源 root or source of things：这个办法只能治标，不能治～。Zhège bànfǎ zhǐ néng zhì biāo, bù néng zhì ～. Doing it this way, you can only treat the symptoms but can not solve the essential problem. (3)（～儿）同"本子" benzi same as "本子" bēnzi：小学生书包里都是作业 ～。Xiǎoxuéshēng shūbāo lǐ dōu shì zuòyè ～. The primary school children have a lot of exercise books in their school bags. (4)◇版本 edition：平装～ píngzhuāng ～ paperback edition /合订～ hédìng ～ bound volume（of consecutive issues of periodicals, newspapers, etc.）/影印～ yǐngyìn～ photo-offset copy /缩写～ suōxiě～ abridged version (5)本钱 capital；principle：～利一次付清。～ lì yí cì fùqīng. Pay off the principle plus interest. /他做买卖赔了～儿。Tā zuò mǎimai péile ～r. He sustained losses in business. (形)(1)自己方面的 one's own：～国～ guó our country /～院～ yuàn our college；our hospital /～地区～ dìqū our region (2)现今的 present；current：～周～ zhōu this week /～月～ yuè this month /～年度～ niándù this year；this fiscal year /～世纪～ shìjì this century /用于书，本子等（for books, etc.）：三～英文书和五～笔记本～ cān ～ bǐjìběn shū hé wǔ ～ bǐjìběn three English books and five notebooks (副)(1)同形容词"本来"作状语，表示原先，以前（含有现在或后来已有改变之意），不能用于主语前（same as the adjective "本来" běnlái）

used as an adverbial to mean originally or formerly (implying change now);cannot be used before a subject)) originally; at first;我～打算去修英语，无奈工作不能脱身。Wǒ dǎsuàn qù xiū Yīngyǔ, wúnài gōngzuò bù néng tuō shēn. At first, I planned to take a refresher course in English, but I couldn't get away from work. /他～不想多嘴，可是忍不住还是插了一句。Tā ～ bù xiǎng duō zuǐ, kěshì rén bu zhù háishi chāle yí jù. He hadn't originally meant to speak out of turn, but he couldn't help himself from putting a word in edgewise. /小刘～不准备发言，所以说起话来有点心慌。Xiǎo Liú ～ bù zhǔnbèi fā yán, suǒyǐ shuō qǐ huà lai yóudiǎn xīn huāng. Xiao Liu hadn't originally planned on speaking so he was a little nervous when he did start to talk. (2)同副词"本来" běnlái same as the adverb "本来" běnlái：胜败～是兵家常事。Shèng bài ～ shì bīngjiā cháng shì. It goes without saying that victory and defeat are common occurences for a soldier. /就他的能力说，～可以把工作做得更好些，但他并没这种积极性。Jiù tā de nénglì shuō, ～ kěyǐ bǎ gōngzuò zuò de gèng hǎo xiē, dàn tā bìng méi zhè zhǒng jījíxìng. As far as his ability goes, he is able to do better work, but he just doesn't have the enthusiasm for it. /你说的情况～不是什么新闻，已是人所共知的事。Nǐ shuō de qíngkuàng ～ bú shì shénme xīnwén, yǐ shì rén suǒ gòng zhī de shì. The situation you described wasn't even news in the first place. It was already common knowledge.

【本本主义】běnběnzhǔyì (名)迷信书本上的条文,盲目照搬,脱离实际的思想作风 book worship

【本初子午线】běnchūzǐwǔxiàn (名)〈地〉the first meridian; the prime meridian

【本地】běndì (名)当地,人和物所在地区或叙事时所指的某地区 local; native;他不是～人。Tā bú shì ～ rén. He is not a native of this place. /这是一种特产。Zhè shì ～ tèchǎn. This is a special local product. /我去年在广州遇到一个～人,普通话说得好极了。Wǒ qùnián zài Guǎngzhōu yùdào yí ge ～ rén, pǔtōnghuà shuō de hǎo jí le. Last year in Guangzhou I met a native and he spoke Putonghua very well.

【本分】běnfen (名)(1)自己应尽的义务和职责 one's duty;～的工作 ～ de gōngzuò one's duty /教好每一个学生这是教师的～。Jiāohǎo měi yí ge xuésheng zhè shì jiàoshī de ～. The teacher's duty is to teach every student well. /守～ shǒu ～ be content with things as they are (2)安于自己的现状 be content with things as they are;他过分～, 一点儿没有开创精神。Tā guòyú ～ le, yìdiǎn méi yǒu kāichuàng jingshén. He is too satisfied with things as they are to have any initiative.

【本行】běnháng (名)自己所学专业或自己长时间所做的而且熟悉的工作 one's line; one's own profession;改行不如干～顺手。Gǎi háng bùrú gàn ～ shùnshǒu. If you try something new things may not run as smoothly as they would if you kept to your own profession.

【本家】běnjiā (名)同一家族同一姓的人 a member of the same clan in the same family name;他的祖父和我的祖父是堂兄弟,所以他是我的～哥哥。Tā de zǔfù hé wǒ de zǔfù shì táng xiōngdì, suǒyǐ tā shì wǒ de ～ gēge. His paternal grandfather is my paternal grandfather's paternal cousin, so he ranks as my older brother in the clan.

【本科】běnkē (名)高等院校的基本组成部分,区别于"研究部""专修科""预科"等 undergraduate course; regular university course

【本来】běnlái (形)原先的或以前就有的。常作定语和状语,不能作谓语或补语 original (usually used attributively or adverbially, but not as a predicate or complement);故乡已经不是～的样子了。Gùxiāng yǐjīng bú shì ～ de yàngzi le. Our hometown doesn't look as it did originally. /这片稻田～是沼泽地。Zhè piàn dàotián ～ shì zhǎozédì. This rice

field was originally swamp. /～的计划被否定了。～ de jìhuà bèi fǒudìng le. The original plan has been turned down. (副)按道理讲应该如此(含有事实并非如此或人们的认识并非如此的意思)it goes without saying; of course; in the first place;集邮～是一种乐趣和有益的活动,但有些人借机倒卖,那性质就变了。Jíyóu ～ shì yì zhǒng lèqù hé yóuyì de huódòng, dàn yóuxiē rén jiè jī dǎomài, nà xìngzhì jiù biàn le. It goes without saying that philately is a delightful and beneficial activity, but some people look for opportunities to resell stamps at a profit, in which case the nature of stamp collecting changes. /边境争端～可以通过谈判解决,无需诉诸武力。Biānjìng zhēngduān ～ kěyǐ tōngguò tánpàn jiějué, wúxū sùzhū wǔlì. Of course the border dispute can be settled through negotiations. There's no need to resort to force. /你～不应该拖欠作业,怎么能怪老师批评呢? Nǐ ～ bù yīnggāi tuōqiàn zuòyè, zěnme néng guài lǎoshī pīpíng ne? You shouldn't have got behind in your homework in the first place, so how could you blame the teacher for criticizing you? 有时"本来"后加"就",表示早该知道如此,不应迟至现在 ("本来" is sometimes followed by "就" to mean that one should have known long ago);山区～就应该发展林业,赶快行动起来吧! Shānqū ～ jiù yīnggāi fāzhǎn línyè, gǎnkuài xíngdòng qǐlái ba! Of course forestry should be developed in mountain regions. Hurry up and get going on it! /你～就不必去问他,他不会不赞成的,你看是不是? Nǐ ～ jiù búbì qù wèn tā, tā bù huì bu zànchéng de, nǐ kàn shì bu shì? You needn't ask him in the first place. He would not be likely to disagree. You see I was right. "本来嘛(吗)"常作插入语,表示某种看法、作法显然是正确的或有道理的 ("本来嘛(吗)" is often used as a parenthesis to indicate that a certain point of view or method is obviously correct or reasonable);～嘛,他早该大学毕业了,因为中途患病耽误了两年。～ ma, tā zǎo gāi dàxué bì yè le, yīnwèi zhōngtú huàn bìng dānwule liǎng nián. Of course he should have graduated from university long ago, but he was held up for two years because he got sick halfway through. /～嘛,摩托车不是什么好玩的,这下撞坏了,人伤了,损失多大呀! ～ ma, mótuōchē bú shì shénme hǎowánr de, zhè xià zhuànghuài le, rén shāng le, sǔnshī duō dà ya! A motorcycle is nothing to joke around with in the first place. Now the bike was destroyed and he received injuries. It was a heavy loss! /～吗,这也是人之常情,哪个做父母的不牵挂远离身边的子女! ～ ma, zhè yě shì rén zhī chángqíng, nǎge zuò fùmǔ de bù qiānguà yuǎn lí shēnbiān de zǐnǚ! Of course this is the way of the world. What parent doesn't worry about a child who is far away?

【本领】běnlǐng (名)技能,才干 skill; ability; capability; know-how;我们需要的是各种有～的人材。Wǒmen xūyào de shì gè zhǒng yǒu ～ de réncái. What we need are qualified personnel with various kinds of skills. /～都是学来的。～ dōu shì xué lái de. Ability comes from learning. /我没有～说服他。Wǒ méi yǒu ～ shuōfú tā. I haven't the ability to convince him.

【本末倒置】běn mò dào zhì "本"主要的,"末"次要的,把主要的和次要的弄颠倒了,就是不重视主要的而重视次要的 put the cart before the horse; put the incidental before the fundamental;重视资格不重视真本领就是～。Zhòngshì zīgé bú zhòngshì zhēn běnlǐng jiù shì ～. Emphasizing qualifications instead of actual ability is putting the cart before the horse.

【本能】běnnéng (名)instinct;会游泳是狗的～。Huì yóuyǒng shì gǒu de ～. Dogs can swim by instinct.

【本钱】běnqián (名)capital

【本人】běnrén (代)(1)一个人自己 oneself; in person; I (me);公共汽车月票限～用,所以要相片儿。Gōnggòng

qìchē yuèpiào xiàn ～ yòng, suǒyǐ yào xiàngpiānr. *Monthly bus passes are only to be used by the holder himself, therefore a photograph is required.* /工资不一定由～领，你可以替他领。Gōngzi bù yídìng yóu ～ lǐng, nǐ kěyǐ tì tā lǐng. *It's not necessary for one to pick up one's pay in person, you can get it for him.* /讨论他订的计划，最好他～在场。Tǎolùn tā dìng de jìhuà, zuìhǎo tā ～ zài chǎng. *It's better for him to be there in person when his plan is discussed.* /工作是我去做，所以总得我～同意吧。Gōngzuò shì wǒ qù zuò, suǒyǐ zǒngděi wǒ ～ tóngyì ba. *Since this job is my responsibility, at least my consent ought to be required.* (2)（说话人指）自己，代表"我"，有点开玩笑意味 *me or I (referring to oneself when joking)*：你说的关于我的情况，怎么～并不知道呢？Nǐ shuō de guānyú wǒ de qíngkuàng, zěnme ～ bìng bù zhīdào ne? *Why do I not know what you said about me?* /那篇文章的作者就是～! Nà piān wénzhāng de zuòzhě jiù shì ～! *The writer of that article is yours truly!*

【本色】běnsè（名）本来面目 *intrinsic character; true qualities; distinctive character*：敢做敢当是英雄～。Gǎn zuò gǎn dāng shì yīngxióng ～. *The true qualities of a hero are to dare to act and dare to take responsibility for his actions.* /他敢于和不正之风斗争到底，表现出共产党员的～。Tā gǎnyú hé bú zhèng zhī fēng dòuzhēng dào dǐ, biǎoxiàn chū gòngchǎndǎngyuán de ～. *By daring to struggle against unhealthy tendencies through to the end he shows the true qualities of a Communist.*

【本色】běnshǎi（名）（～儿）物品原来的颜色（多指未经染色或漂白的纺织品）*natural colour (of an article)*, *particularly of textiles that haven't been dyed nor bleached*：这是～白布，不白。Zhè shì ～ bái bù, bù bái. *This cloth is naturally off-white, not white.*

【本身】běnshēn（代）人或事物自身 *oneself or itself*：只要自行车～没毛病，气不足好办。Zhǐyào zìxíngchē ～ méi máobìng, qì bù zú hǎo bàn. *As long as there's nothing else wrong with the bike, it is easy to pump it up.* /这几位领导～不懂业务，怎么考核别人的业务？Zhè jǐ wèi lǐngdǎo ～ bù dǒng yèwù, zěnme kǎohé biérén de yèwù? *These leaders do not understand the work themselves, how can they assess other people's?* /计划～是好的，只是执行的时候有些问题。Jìhuà ～ shì hǎo de, zhǐshì zhíxíng de shíhou yǒu xiē wèntí. *The plan was pretty good by itself, only there were some problems carrying it out.*

【本事】běnshi（名）能力，本领，有时指处理事物及人与人的关系随机应变的能力，甚至有贬义 *ability; skill; capability*：两个人机会一样，谁～大，谁的成就就大。Liǎng ge rén jīhuì yíyàng, shuí ～ dà, shuí de chéngjiù jiù dà. *If both have the same opportunity, the one with the best ability will achieve the most.* /以前有～也不能施展。Yǐqián yǒu ～ yě bù néng shīzhǎn. *Previously it wasn't possible to put one's skills to good use even if you had them.* /小李的～大着呢，别人买不到的东西他能买到。Xiǎo Lǐ de ～ dà zhe ne, biérén mǎi bu dào de dōngxi tā néng mǎidào. *Xiao Li certainly knows his way around. He can buy what others can not buy.*

【本题】běntí（名）文章或谈话的主题 *subject or theme of a piece of writing or discussion; the point at issue*

【本土】běntǔ（名）(1)故乡 *one's native place; hometown*：大家都是在本乡～长大的，谁都了解谁。Dàjiā dōu shì zài běnxiāng ～ zhǎngdà de, shuí dōu liǎojiě shuí. *This is our hometown. We've all grown up here, so we each know other very well.* (2)指殖民国家本国的领土（与"殖民地"相对而言）*metropolitan territory (opposite of "殖民地" (colony))*

【本位】běnwèi（名）(1)货币制度的基础或货币价值的计算

标准 *standard*：金～ jīn ～ *gold standard* /～货币 ～ huòbì *standard currency* (2)自己所在的单位，自己工作的岗位 *one's own unit or post*：这是你的～工作，应该努力做好，再说别的。Zhè shì nǐ de ～ gōngzuò, yīnggāi nǔ lì zuòhǎo, zài shuō biéde. *This is your own job. You should work hard at doing it well before bothering about anything else.*

【本位主义】běnwèizhǔyì（名）只为本单位，本部门打算，不顾整体利益，不顾大局的思想作风 *departmental chauvinism*

【本心】běnxīn（名）本来的心思，原来的打算，心愿 *true intention; original intention*：这样做不是出于我的～，是不得已。Zhèyàng zuò bú shì chūyú wǒ de ～, shì bùdéyǐ. *I hadn't originally intended to do it this way, but I had no alternative.*

【本性】běnxìng（名）原有的特性和性质 *natural character; disposition*：帝国主义的～就是侵略。Dìguózhǔyì de ～ jiù shì qīnlüè. *The nature of imperialism is aggression.* /俗话说，"江山易改，～难移"，有一定的道理。Súhuà shuō, "jiāngshān yì gǎi, ～ nán yí", yǒu yídìng de dàoli. *There's a certain truth to the saying that "it's easy to move sea and mountain but hard to change a person's nature."*

【本义】běnyì（名）词语本来的意义 *original meaning*："本"字的～是植物的茎。"Běn" zì de ～ shì zhíwù de jīng. *The original meaning of "本" is the stem of a plant.*

【本意】běnyì（名）本来的意图或意思 *original intention*：我们开联欢会～不过是玩玩，没想到竟促成两桩婚姻。Wǒmen kāi liánhuānhuì ～ búguò shì wánrwanr, méi xiǎngdào jìng cùchéng liǎng zhuāng hūnyīn. *We had only planned it as a fun get-together and never expected it would eventually lead to two marriages.* /他～没有想写书评，是后来才决定写的。Tā ～ méiyou xiǎng xiě shūpíng, shì hòulái cái juédìng xiě de. *He didn't intend to write a book review, but later he decided to do it.*

【本着】běnzhe（介）引出行为动作的依据或准则，有按照、根据的意思，宾语一般只限于"原则""精神""态度""方针"等少数抽象名词，带有同位性定语 *in line with; in accordance with (introduces the criterion or grounds for an action; the object is limited to a few nouns such as "原则", "精神", "态度", "方针", etc. and takes an appositional attributive)*：国家～勤俭建国的精神解决基建问题。Guójiā ～ qínjiǎn jiàn guó de jīngshén jiějué jījiàn wèntí. *The state has resolved the problem of capital construction by building the country through thrift and hard work.* /对于近代史中的重要问题，要～实事求是的态度进行科学分析。Duìyú jìndàishǐ zhōng de zhòngyào wèntí, yào ～ shí shì qiú shì de tàidu jìnxíng kēxué fēnxī. *When dealing with major issues in modern history, one must carry out a scientific analysis that is in line with the attitude of seeking truth from facts.* /人民政府是～为人民服务的原则办事。Rénmín zhèngfǔ shì ～ wèi rénmín fúwù de yuánzé bàn shì. *The people's government always handles matters in accordance with the principle of serving the people.*

【本职】běnzhí（名）自己所担负的职务 *one's job; one's duty*：他～工作完成得很出色，对社会工作也很热心。Tā ～ gōngzuò wánchéng de hěn chūsè, duì shèhuì gōngzuò yě hěn rèxīn. *He does his own job outstandingly well and is also very enthusiastic about doing social work.*

【本质】běnzhì（名）事物所固有的，决定其性质、面貌和发展变化的根本属性，是隐蔽的，从表面上看不出来的 *innate character; intrinsic quality; essence*："苹果落地"的现象，是看得到的，而它的～——万有引力却是看不到的。"Píngguǒ luò dì" de xiànxiàng, shì kàn de dào de, ér tā de ～ —— wànyǒuyǐnlì què shì kàn bu dào de. *The phenomenon of a falling apple is visible while its essence — gravitation is invisible.* /过去，这个地方群众的生产积极性不高，问题的～就是因为搞平均主义，吃大锅饭。Guòqù, zhège dìfang

qúnzhòng de shēngchǎn jījíxìng bù gāo, wèntí de ~ jiù shì yīnwèi gǎo píngjūnzhǔyì, chī dàguōfàn. *The masses had little initiative for production before, the essence of the problem is egalitarianism.* /别看他有些小毛病,~还是十分善良的。Bié kàn tā yǒu xiē xiǎo máobìng, ~ hái shì shífēn shànliáng de. *Although he has a few shortcomings, he's essentially a kind person.*

【本子】bènzi（名）[本 bèn] 把纸装订成册,为写字用的 *book (of blank sheets)*：笔记~ bǐjì ~ *notebook*

bèn

奔 bèn（动）〈口〉(1)一直(向目的地)走 *go straight towards; head for*：你这么急急忙忙的是一哪儿啊？Nǐ zhème jíjímángmáng de shì ~ nǎr a？*Where are you heading off to in such a hurry?* /他骑着自行车直~火车站。Tā qízhe zìxíngchē zhí ~ huǒchēzhàn. *He headed for the station on his bike.* (2)年纪接近(四五十岁以上) *approach; get on for*：她是~七十的人了。Tā shì ~ qīshí de rén le. *She is getting on for seventy.* 另见 bēn

【奔命】bèn=mìng 拼命地赶路或做事 *be in a desperate hurry (to get somewhere); work with all one's might*：丈夫去世后,她整天为一家老小的生活~。Zhàngfu qùshì hòu, tā zhěng tiān wèi yì jiā lǎo xiǎo de shēnghuó ~. *Ever since her husband passed away, she has been spending her days desperately working to support the whole family.*

【奔头】bèntou（名）〈口〉经过努力,有希望达到的前途,多说"有~"或"没有~" *goal worth striving for (usually "有~" or "没有~")*：实行生产责任制后,农民都觉得有了~。Shíxíng shēngchǎn zérènzhì hòu, nóngmín dōu juéde yǒule ~. *Farmers felt that they had a goal worth striving for after the implementation of the system of job responsibility.* /一个人如果觉得没有~,工作效率不会高。Yí ge rén rúguǒ juéde méi yǒu ~, gōngzuò xiàolǜ bú huì gāo. *If a person feels that no goal is worth striving for, he or she will not work effectively.*

笨 bèn（形）(1)智力差 *stupid; dull; foolish*：人各有所长,在某方面聪明的,在另一方面就可能比较 ~. Rén gè yǒu suǒ cháng, zài mǒu fāngmiàn cōngming de, zài lìng yì fāngmiàn jiù kěnéng bǐjiào ~. *Each person has his strong points. It's possible for him to be intelligent in one field and unintelligent in another field.* /骂小孩儿~是最要不得的。Mà xiǎoháir ~ shì zuì yàobude de. *The worst thing you can do to a child is to call him stupid.* (2)不灵巧 *clumsy*：他脑子快,但是嘴~,道理说不清。Tā nǎozi kuài, dànshì zuǐ ~, dàoli shuō bu qīng. *He is quick-witted but inarticulate so he can't express himself clearly.* /他的手可不~,自行车收音机都会修。Tā de shǒu kě bù ~, zìxíngchē shōuyīnjī dōu huì xiū. *He is not at all clumsy, he can repair both bikes and radios.* (3)(物体)不精巧,不轻便 *(of a thing, etc.) heavy, awkward*：这种书柜我不喜欢,太~了。Zhè zhǒng shūguì wǒ bù xǐhuan, tài ~ le. *I don't like this kind of bookcase, it is too cumbersome.*

【笨蛋】bèndàn（名）愚蠢的人(骂人的话) *stupid fellow; clumsy person (abusive language)*

【笨手笨脚】bèn shǒu bèn jiǎo 做事手脚不灵活,不利落 *all fingers and thumbs*：他~的,可做不了这种精细活儿。Tā ~ de, kě zuò bu liǎo zhè zhǒng jīngxì huór. *He's all fingers and thumbs, he'll never be able to do this kind of meticulous work.*

【笨重】bènzhòng（形）(1)粗重,不精巧 *cumbersome, awkward*：这种家具样子太老太~了。Zhè zhǒng jiājù yàngzi tài lǎo tài ~ le. *This type of furniture is too old and unwieldy.* (2)需要用很多体力的 *heavy and arduous*：~的体力劳动应该用机器代替。~ de tǐlì láodòng yīnggāi yòng jīqì dàitì. *Machines should be used instead of awkward manual labour.*

【笨拙】bènzhuō（形）〈书〉脑子笨,不灵巧 *stupid; clumsy*

bēng

崩 bēng（动）(1)倒塌,断裂 *collapse; crumble*：地震造成山~。Dìzhèn zàochéng shān ~. *The earthquake made the mountain crumble.* (2)破裂 *break down; burst*：把气球吹~了。Bǎ qìqiú chuī ~ le. *blow a balloon and burst it* /两个人都性急,一下子就谈~了。Liǎng ge rén dōu xìngjí, yíxiàzi jiù tán ~ le. *Both of them were short-tempered so their talking broke down.* (3)被崩裂的东西打中 *hurt by something burst*：放鞭炮把手~伤了。Fàng biānpào bǎ shǒu ~shāng le. *The firecracker went off in his hand and hurt it.*

【崩溃】bēngkuì（动）完全破坏,彻底毁灭,瓦解 *collapse; crumble; fall apart*：敌军全线~。Díjūn quánxiàn ~. *The enemy collapsed all along the line.* /把国民经济推到了~的边缘 bǎ guómín jīngjì tuīdàole ~ de biānyuán *push the national economy to the verge of collapse*

【崩裂】bēngliè（动）(物体)骤然炸裂为若干碎块 *crack; burst apart*：山上在修筑公路,常有石头~的声音。Shān shang zài xiūzhù gōnglù, cháng yǒu shítou ~ de shēngyīn. *There is the sound of rock cracking frequently because of building highways on the mountain.*

【崩塌】bēngtā（动）崩裂,倒塌 *crumble; collapse*：地震使整座小山~了。Dìzhèn shǐ zhěng zuò xiǎo shān ~ le. *The earthquake made the whole hill crumble.*

【崩陷】bēngxiàn（动）崩裂陷落 *fall in; cave in*：因为缺少植被,大雨之后,山坡多处~。Yīnwei quēshǎo zhíbèi, dàyǔ zhī hòu, shānpō duō chù ~. *Many spots on the hillside caved in after the heavy rain because of a lack of vegetation.*

绷〔綳〕bēng（动）(1)拉(紧) *stretch tight*：~紧琴弦 ~ jǐn qín xián *stretch the strings tight* (2)紧裹 *wrap tight*：这种裤子~得紧紧的,不舒服。Zhè zhǒng kùzi ~ de jǐnjǐn de, bù shūfu. *These pants are too tight and it's not comfortable.* 另见 běng

【绷带】bēngdài（名）*bandage*：几卷~ jǐ juǎn ~ *several rolls of bandage*

béng

甭 béng（副）是"不用"的合音,也是"不用"的意思(*is the combined pronunciation of "不用"*) *needn't; don't* (1)用于祈使句,表示劝阻或禁止(*used in an imperative sentence to express dissuasion or prohibition*)：你们先走,~等我,我回头就来。Nǐmen xiān zǒu, ~ děng wǒ, wǒ huítóu jiù lái. *You go ahead. Don't wait for me, I'll be along later.* /您~着急,安心养病吧。Nín ~ zháo jí, ānxīn yǎng bìng ba. *Just take care of yourself and don't worry.* /您~客气,就在我这儿吃了午饭再走吧。Nín ~ kèqi, jiù zài wǒ zhèr chīle wǔfàn zài zǒu ba. *You needn't be on ceremony. Have lunch here at my place, then you can leave.* "甭了(啦)"意思是"不需要了""甭了(啦)" *means "no need"*：我们去喝杯酸奶再走吧。——啦,现在就走吧。Wǒmen qù hē bēi suānnǎi zài zǒu ba. —— la, xiànzài jiù zǒu ba. *Let's drink a cup of yoghurt first, and then go.* —— *No need. Let's go now.* (2)表示不需要 (*indicates that there is no need for sth.*)：这些道理都~讲,他全明白。Zhèxiē dàoli dōu ~ jiǎng, tā

quán míngbai. *There's no need to explain these reasons. He understands full well.* /这种料子的衣服洗后～熨，仍保持原来的样子。Zhè zhǒng liàozi de yīfu xǐ hòu ～ yùn, réng bǎochí yuánlái de yàngzi. *There's no need to iron the clothes made from this material after washing, as they keep their shape.* /这个电视剧～等看完就能知道结尾。Zhège diànshìjù ～ děng kànwán jiù néng zhīdào jiéwěi. *There's no need to wait until this TV play finishes before knowing what the ending will be.* (3)"甭想"或"甭打算"同"别想"bié xiǎng "甭想" or "甭打算" *are the same as* "别想" bié xiǎng (*impossible*)：没有证件你就～想取出汇款来。Méi yǒu zhèngjiàn nǐ jiù ～ xiǎng qǔchū huìkuǎn lai. *It's impossible to withdraw remittance without any credentials.* /你无论怎样也～想说服他。Nǐ wúlùn zěnyàng yě ～ xiǎng shuōfú tā. *No matter what, it's impossible to convince him.* (4)"甭说"同"别说"同"甭看"同"别看"bié kàn "甭说" *is the same as* "别说" bié shuō (*let alone*)；"甭看" *is the same as* "别看" bié kàn (*in spite of; despite*)：这里一说是树，就连草也很难看到。Zhèli ～ shuō shì shù, jiù lián cǎo yě hěn nán kàndào. *There isn't even grass to be seen here. Let alone trees.* /在这儿一说一个月，就是一星期也别想住了。Zài zhèr ～ shuō yí ge yuè, jiù xíngqī wǒ yě bù xiǎng zhù le. *I don't even want to stay here for a week, let alone one month.* /你一看这孩子小，可非常懂事。Nǐ ～ kàn zhè háizi xiǎo, kě fēicháng dǒng shì. *In spite of the fact that this child is young, he's extremely sensible.* /看他表面很严肃，其实非常平易近人。～ kàn tā biǎomiàn hěn yánsù, qíshí fēicháng píngyì jìn rén. *Despite the serious look on his face, he's actually very amiable and easy to approach.* (5)"甭提"同"别提"biétí "甭提" *is the same as* "别提" biétí (*indescribably*)：这孩子一到了公园，就～提多高兴了! Zhè háizi yí dàole gōngyuán, jiù ～ tí duō gāoxìng le! *This child was indescribably happy as soon as he reached the park.*

běng

绷〔绷〕běng
(动)〈口〉板着 *tighten*：你为什么整天～着脸? Nǐ wèi shénme zhěng tiān ～ zhe liǎn? *Why have you had a long face the whole day?* 另见 běng

bèng

迸bèng
(动)爆发，喷散 *burst out; spurt*：～出许多小火星儿～～chū xǔduō xiǎo huǒxīngr *A lot of sparks flew out.* /江面上～起无数的浪花儿。Jiāng miàn shang ～ qǐ wúshù de lànghuār. *Countless waves broke the surface of the river.* /问了半天，他才～出"可以"两个字来。Wènle bàntiān, tā cái ～ chū "kěyǐ" liǎng ge zì lai. *After being asked several times, he finally blurted out two characters "可以".*

【迸发】bèngfā (动)向外突然发出 *burst forth; burst out*：出一股清泉～chū yì gǔ qīngquán *A gush of spring water bursts out.* /忽然～出一片欢笑声。Hūrán ～ chū yípiàn huānxiào shēng. *There was a sudden outburst of laughter.*

【迸裂】bèngliè (动)突然爆开，向外溅散 *burst; split; burst open*：酒瓶掉在地上，立刻～，幸亏酒不多。Jiǔpíng diào zài dì shang, lìkè ～, xìngkuī jiǔ bù duō. *The wine bottle fell down on the ground and immediately broke, fortunately there was not much wine in it.*

蹦bèng
(动)双脚齐跳 *bounce; jump; hop*：你敢从这么高的地方往下～吗? Nǐ gǎn cóng zhème gāo de dìfang wǎng xià ～ ma? *Do you dare to jump down from such a high place?* /

孩子们都高兴得～了起来。Háizimen dōu gāoxìng de ～ le qilai. *The children jumped up with delight.* /欢～乱跳huān ～ luàn tiào *bouncing cheerfully and vivaciously*

【蹦蹦跳跳】bèngbengtiàotiào (动)形容持续不断地蹦跳着 *ebullient; lively; vivacious*：小李整天～, 说说笑笑，毫无忧虑。Xiǎo Lǐ zhěng tiān ～, shuōshuōxiàoxiào, háo wú yōulù. *Xiao Li bounces around all day, talking and laughing, without a care in the world.* /操场上的小学生们～的, 异常活跃。Cāochǎng shang de xiǎoxuéshēngmen ～ de, yìcháng huóyuè. *The junior school pupils were jumping around on the playing field in an extraordinarily lively manner.*

bī

逼bī
(动)(1)威逼，强迫 *force; threaten; press*：形势～得我们非改革不可。Xíngshì ～ de wǒmen fēi gǎigé bùkě. *We are forced to reform because of the situation.* /他被～得走上了绝路。Tā bèi ～ de zǒushàngjuélù. *He was forced to bring ruin upon himself.* /你简直是～我表态。Nǐ jiǎnzhí shì ～ wǒ biǎo tài. *You are simply forcing me to take a stand.* (2)强力索取 *extort*：～租 ～ zū *press for payment of rent*

【逼供】bīgòng (动·不及物)用威胁或酷刑等手段强迫受审招供 *extort a confession (by threats, torture, etc.)*

【逼供信】bī gòng xìn 相信用逼供手段得到的不真实的供词并以此为根据给受审人定罪的作法 *obtain a confession through coercion and give it credence (as a way of convicting sb. who is standing trial)*

【逼近】bījìn (动)靠近，挨近 *gain on; close in on*：等敌人～碉堡再开枪。Děng dírén ～ diāobǎo zài kāi qiāng. *They are waiting for the enemy to get close to the blockhouse and then they will open fire.* /～黄昏 ～ huánghūn *The dusk is closing in.* /脚步声渐渐～了。Jiǎobù shēng jiànjiàn ～ le. *The sound of steps is getting closer.* /期终考试已经～了, 要抓紧时间复习。Qīzhōng kǎoshì yǐjīng ～ le, yào zhuājǐn shíjiān fùxí. *The end-of-term exams are looming closer, so we had better buckle down to reviewing our lessons.*

【逼迫】bīpò (动)以压力迫使 *force; compel; coerce; constrain*：他说出全过程 ～ tā shuōchū quán guòchéng *force him to tell the whole process* /父亲～他与自己不爱的人结了婚。Fùqin ～ tā yǔ zìjǐ bú ài de rén jiéle hūn. *His father forced him to marry a girl he didn't love.*

【逼人】bīrén (形)对人形成压力的(形势、态度等) *pressing; threatening (situation, attitude, etc.)*：形势～。Xíngshì ～. *The situation is pressing.* /～的目光 ～ de mùguāng *a threatening look* /他说话的口气凌厉。Tā shuō huà de kǒuqì línglì. *He spoke in a fierce and menacing tone.*

【逼上梁山】bī shàng Liáng Shān 中国古典小说《水浒传》写一些英雄反抗封建统治者的迫害而上梁山聚义造反。比喻被迫采取反抗行动或做某种事情 (*the famous ancient novel, The Water Margin, described 108 heroes who were forced to rebel against the feudal governors and go on the Liang Mountain*) *used as a metaphor for being forced to do something desperate*：我本是个石匠。没打过仗, 是革命的需要～。Wǒ běn shì ge shíjiàng, méi dǎguo zhàng, shì gémìng de xūyào ～ de. *I was a stonemason before and had never been to war. It was the revolution that required me to do so.*

【逼视】bīshì (动)〈书〉眼睛紧盯着，靠近目标观看 *watch intently; look at from close-up*：他用严峻的目光～对方 tā yòng yánjùn de mùguāng ～ duìfāng. *He watched his opponent intently with a stern gaze.*

【逼真】bīzhēn (形)(1)像真的一样 *life-like; vivid; true to life*：这幅画像非常～。Zhè fú huàxiàng fēicháng ～. *This*

painting is really true to life. /口技演员表演的鸟叫太~了。Kǒujì yǎnyuán biǎoyǎn de niǎo jiào tài ~ le. *The performer's imitations of bird chirping are extremely lifelike.* (2)十分清楚（只作补语）*distinct*; *clear* (*only as complement*)：听得~ tīng de ~ *hear distinctly* /看得~ kàn de ~ *see clearly*

bí

鼻 (名)◇同"鼻子" bízi *same as "鼻子" bízi*

【鼻孔】bíkǒng（名）*nostril*

【鼻梁儿】bíliángr（名）*bridge of the nose*

【鼻腔】bíqiāng（名）*nasal cavity*：~发炎了。~ fā yán le. *The nasal cavity has become inflamed.*

【鼻涕】bítì（名）*nasal mucus*; *snot*

【鼻音】bíyīn（名）*nasal sound*; *nasal*

【鼻韵母】bíyùnmǔ（名）〈语〉鼻音收尾的韵母，如：an，ang，in，ing，ong 等 *a vowel followed by a nasal consonant, e.g., an, ang, in, ing, ong, etc.*

【鼻子】bízi（名）*nose*

【鼻祖】bízǔ（名）〈书〉始祖，创始人 *the earliest ancestor; orginator (of a tradition, etc.)*

bǐ

匕 (名)

【匕首】bǐshǒu（名）[把 bǎ] *dagger*

比 (动)(1)比赛 *compete*：我不跟你~力气。Wǒ bù gēn nǐ ~ lìqi. *I don't want to compete my strength against yours.* /要说手巧，我们谁也~不过他。Yào shuō shǒu qiǎo, wǒmen shuí yě ~ bu guò tā. *So far as being good with one's hand is concerned, none of us can compare with him.* /~~看谁算得快。~~ kàn shuí suàn de kuài. *Let's see who can add up the fastest.* (2)比划 *make a gesture (with one's hand)*：他用手~了一下说："最好要这么大的，不要太小的。"Tā yòng shǒu ~ le yíxià shuō: "Zuìhǎo yào zhème dà de, bú yào tài xiǎo de." *Gesturing with his hand, he said: "it's best to have them this size, we don't want those that are too small."* (3)仿照，摹拟（"比"后常有"着"）*follow (a pattern) (usu. takes "着")*：你就~着这张桌子的样子做一张。Nǐ jiù ~zhe zhè zhāng zhuōzi de yàngzi zuò yì zhāng. *Just make a table like this one.* (4)比喻（"比"后常带"作"、"为"、"成"等）*draw an analogy (usually followed by "作", "为", "成", etc.)*：我们把平均分配报酬~作"吃大锅饭"。Wǒmen bǎ píngjūn fēnpèi bàochou ~zuò "chī dàguōfàn". *We often use the analogy of "eating from the same big pot" to describe distributing pay equally.* /人们见识少，眼光短浅的人~成井底之蛙。Rénmen bǎ jiànshi shǎo, yǎnguāng duǎnqiǎn de rén ~chéng jǐng dǐ zhī wā. *People often use the analogy of a frog in a well to describe a narrow-viewed person.* (5)表示比赛两方面的分数对比 *to (used in giving scores in competition)*：中国女排以3~0获胜，第一局是15~13，第二局是15~9，第三局是16~14。Zhōngguó nǚpái yǐ sān ~ líng huò shèng, dìyī jú shì shíwǔ ~ shísān, dì'èr jú shì shíwǔ ~ jiǔ, dìsān jú shì shíliù ~ shísì. *The Chinese women volleyball team won by 3 to 0. The 1st set was 15 to 13, the 2nd set was 15 to 9 and the 3rd set was 16 to 14.* (6)比较 *compare*：哪个好，哪个坏一~就知道了。Nǎge hǎo, nǎge huài yì ~ jiù zhīdao le. *We can know which is good and which is bad by making a comparison.* /把那两块布拿来和这块~~，看颜色一样不一样。Bǎ nà

kuài bù nálai hé zhè kuài ~~, kàn yánsè yíyàng bù yíyàng. *Please bring that piece of cloth and compare it with this one and see whether the color is the same or not.* /这两块木板一样宽，~~看哪块长。Zhè liǎng kuài mùbǎn yíyàng kuān, ~~ kàn nǎ kuài cháng. *These two boards are the same width. Just compare them and see which one is longer.* (名)〈数〉比率：这班的男同学和女同学的比例是二与三之~。Zhè bān de nán tóngxué hé nǚ tóngxué de bǐlì shì èr yǔ sān zhī ~. *The proportion of boys and girls in this class is in the ratio of 2：3.* (介)用来比较性状和程度的差别，主语和"比"的宾语是相比较的两个方面，主语是程度甚的一方，主语和宾语可以是体词、动词、动宾结构、主谓结构等；谓语多为形容词，也可以是动词，有时有后附成分；"比"可以受否定词修饰（*indicates a difference in manner or degree by comparison*; *the two aspects which are compared are the subject and object of "比" and the subject is the aspect with the higher degree. Both the subject and object can be nominals, verbs, verb-object structures or subject-predicate structures; the predicate is usu. an adjective, but can also be a verb and is sometimes followed by other elements; "比" may be modified by a negative form*)：你~他大几岁，要让着他点儿。Nǐ ~ tā dà jǐ suì, yào ràngzhe tā diǎnr. *You are a few years older than he, so you must humour him a little.* /这话这么说~那么说得体。Zhè huà zhème shuō ~ nàme shuō déti. *It is more appropriate to put it this way than to put it that way.* /这是~生命还要宝贵的东西。Zhè shì ~ shēngmìng hái yào bǎoguì de dōngxi. *This is something that is more precious than life.* /他的身体今年~去年好多了。Tā de shēntǐ jīnnián ~ qùnián hǎo duō le. *This year he is much healthier than last year.* /今天~昨天冷得多。Jīntiān ~ zuótiān lěng de duō. *Today is much colder than yesterday.* 有时主语和"比"的宾语不一致，是因为有所省略（*sometimes the subject and the object of "比" are not of the same category because there has been an omission*)：他（现在）~从前胖多了。Tā (xiànzài) ~ cóngqián pàng duō le. *He is much fatter (now) than before.* /他的声音~我（的声音）低。Tā de shēngyīn ~ wǒ (de shēngyīn) dī. *His voice is lower than mine (or my voice).* 当比较动作在某方面的程度时，要用带"得"的补语（*when a comparison is made of the degree to which one aspect of an action is performed, the complement with "得" is often used*)：他说英语说得~我流利。Tā shuō Yīngyǔ shuō de ~ wǒ liúlì. *He speaks English more fluently than I.* /他英语~我说得流利。Tā Yīngyǔ ~ wǒ shuō de liúlì. *His English is more fluent than mine.* /狗跑得~马快。Gǒu pǎo de ~ mǎ kuài. *Dogs run faster than horses.* / 狗~马跑得快。Gǒu ~ mǎ pǎo de kuài. *Dogs run faster than horses.* 有时"比"后面可以加"起"，意思不变（*"起" is sometimes added after "比"; the meaning does not change*）：他现在的身体~起那阵儿不知要好多少倍。Tā xiànzài de shēntǐ ~qǐ nàzhènr bù zhī yào hǎo duōshao bèi. *I don't know how many times better his health is now than it was then.* /他的嗓子~起以前要响亮得多。Tā de sǎngzi ~qǐ yǐqián yào xiǎngliàng de duō. *His voice is much more sonorous than before.* 在"比"前后有数词"一"加量词（或量词及名词）或不用量词的名词作状语表示程度累进（*when "比" is preceded and followed by the numeral "一" plus measure word (or measure word and noun) or by a noun that needs no measure word serving as an adverbial, it indicates a progression in degree*）：情况一会儿~一会儿紧张。Qíngkuàng yíhuìr ~ yíhuìr jǐnzhāng. *The situation is getting more and more tense each moment.* /身体一天~一天弱。Shēntǐ yì tiān ~ yì tiān ruò. *His health is getting weaker each day.* /枪声一阵~一阵激烈。Qiāng shēng yí zhèn ~ yí zhèn jiliè. *The sound of gunfire was getting sharper with every burst.*

【比比皆是】bǐbǐ jiē shì 形容很多，到处都有 many；(of things, persons, etc.) such as can be found everywhere：大路两旁卖水果的小摊儿～，这些水果都是他们自己果园出产的。Dà lù liǎng páng mài shuǐguǒ de xiǎo tānr ～. Zhèxiē shuǐguǒ dōu shì tāmen zìjǐ guǒyuán chūchǎn de. The two sides of road have become dotted with small fruit stalls. All of the fruit was grown by the stall-holders.

【比不上】bǐ bu shàng 不能跟……相比 cannot be compared with; no match for：他那种钻研精神谁也～。Tā nà zhǒng zuānyán jīngshén shuí yě ～. No body can be compared with him in studying hard. /要说做事情麻利，我可～他。Yào shuō zuò shìqing máli, wǒ kě ～ tā. So far as being a quick and neat worker is concerned, I cannot be compared with him.

【比得上】bǐ de shàng 能跟……相比 can be compared with; comparable：小李英语说得真棒，我哪儿～呢! Xiǎo Lǐ Yīngyǔ shuō de zhēn bàng, wǒ nǎr ～ ne! Xiao Li speaks English exceedingly well, how can I be compared with him! /论书法他已经～他的老师了。Lùn shūfǎ tā yǐjīng ～ tā de lǎoshī le. His calligraphy is already as good as his teacher's.

【比方】bǐfang (名)example, analogy：他说话喜欢打～。Tā shuō huà xǐhuan dǎ ～. He likes to draw analogies when he speaks. (动)use as an example：人们用"雪中送炭"来～给别人最及时的帮助。Rénmen yòng "xuě zhōng sòng tàn" lái ～ gěi biérén zuì jíshí de bāngzhù. People use the analogy of sending charcoal in snowy weather to mean timely help. (连)(1)同"比如"bǐrú(1) same as "比如" bǐrú(1)：老实人往往吃亏，～我们所的老姜吧，什么好事都轮不到他。Lǎoshí rén wǎngwǎng chī kuī, ～ wǒmen suǒ de Lǎo Jiāng ba, shénme hǎo shì dōu lún bu dào tā. Honest people always get a raw deal. Take Lao Jiang from our institute for instance, he never gets a good turn. /那年我们下乡，也真开了眼界，～第一次看到了耕牛，也知道了怎样栽白薯，怎样种花生。Nà nián wǒmen xià xiāng, yě zhēn kāile yǎnjiè, ～ dìyī cì kàndàole gēngniú, yě zhīdaole zěnyàng zāi báishǔ, zěnyàng zhòng huāshēng. That year we went to the countryside to work was a real eye opener. For instance, it was the first time we saw farm cattle; we also learned how to grow sweet potatoes and plant peanuts. (2)同"比如"bǐrú(2) same as "比如" bǐrú(2)：年轻人得到社会实践中锻炼，～一棵小树，经受了风雨的考验，会生长得更苗壮。Niánqīng rén dé dào shèhuì shíjiàn zhōng duànliàn, ～ yī kē xiǎo shù, jīngshòule fēng yǔ de kǎoyàn, huì shēngzhǎng de gèng zhuózhuàng. Young people have to gain experience from social practice much in the same way a sapling can grow to be much sturdier after withstanding the trials of wind and rain. /爬山，只要不停步，就能爬上山顶，搞科学研究也应有坚持不懈的精神。pá shān, zhǐyào bù tíng bù, jiù néng páshàng shāndǐng, gǎo kēxué yánjiū yě yīng yǒu jiānchí búxiè de jīngshén. Take mountain climbing for instance; as long as you don't stop, you can make it to the summit. In doing scientific research, you must also have a spirit of perseverance. (3)同"比如"bǐrú(3) same as "比如" bǐrú(3)：～有人这样对待我，我就受不了。～ yǒu rén zhèyàng duìdài wǒ, wǒ jiù shòu bu liǎo. If someone treated me that way, I couldn't stand it. /～我要出国，就决不做这有辱国格的事情。～ wǒ yào chū guó, jiù jué bú zuò zhè yǒu rǔ guógé de shìqing. If I went abroad, I would never do such a disgraceful thing to the nation. "比方"在口语中常说成"比方说"(in the spoken language, "比方" is often said as "比方说")：我们要讨论关于期末考试的问题，一说停课及考试日期，如何帮助学生复习等。Wǒmen yào tǎolùn guānyú qīmò kǎoshì de wèntí, ～ shuō tíng kè jí kǎoshì rìqī, rúhé bāngzhù xuésheng fùxí děng. We want to discuss issues that have to do with final exams, such as when classes

end, exam dates, how to help students review, etc.

【比划】bǐhua (动)用手势来帮助或代替说话 gesture; gesticulate：他一边～着一边说。Tā yìbiānr ～ zhe yìbiānr shuō. He gestured while talking. /小许用手～着让老张进来。Xiǎo Xǔ yòng shǒu ～zhe ràng Lǎo Zhāng jìnlai. Xiao Xu gestured for Lao Zhang to come in. /你～～究竟要多长多粗的木头。Nǐ ～～ jiūjìng yào duō cháng duō cū de mùtou. Use gestures to show me just how long and how thick you want the logs.

【比价】bǐjià (名)不同商品的价格比率 price relations; parity; rate of exchange：棉粮的～要调整。Mián liáng de ～ yào tiáozhěng. The price ratios between grain and cotton must be readjusted. /在有些商品的～很不合理，调整价格是必要的。Xiànzài yǒu xiē shāngpǐn de ～ hěn bù hélǐ, tiáozhěng jiàgé shì bìyào de. The price parities between some commodities now are very unreasonable, so prices must be readjusted.

【比较】bǐjiào (动)辨别、对照两种或两种以上的事物的异同、优劣 compare; make a comparison：和别的院校～，我们的条件好得多。Hé biéde yuànxiào ～, wǒmen de tiáojiàn hǎo de duō. Comparing our college with others, our conditions are much better. /对事物的认识，最好是通过～。Duì shìwù de rènshí, zuìhǎo shì tōngguò ～. It's better to know things through a comparison. 表示具有一定程度，但不很高，形容词或动词前有"比较"修饰，不如没有"比较"程度高 fairly; relatively; quite (when "比较" modifies an adjective or adverb, it indicates a lesser degree than when "比较" is not used)：对这个问题他考虑得～周到。Duì zhège wèntí tā kǎolù de ～ zhōudào. He has thought this problem over quite satisfactorily. /这个人我～了解。Zhège rén wǒ ～ liǎojiě. I know this person fairly well. /校对工作是一项～麻烦的工作。Jiàoduì gōngzuò shì yí xiàng ～ máfan de gōngzuò. Proofreading is relatively troublesome work. /卫生员把伤员转移到～安全的地带。Wèishēngyuán bǎ shāngyuán zhuǎnyí dào ～ ānquán de dìdài. The medics transferred the wounded to a relatively safe area. /他～清楚这件事情的来龙去脉。Tā ～ qīngchu zhè jiàn shìqing de lái lóng qù mài. He's fairly clear about the cause and effect of this incident. "比较"在口语里有时候说成"较比"，意思不变 (in the spoken language, "比较" can sometimes be said as "较比", the meaning doesn't change)

【比例】bǐlì (名)〈数〉proportion：这个学校教员和学生的～是1比15。Zhège xuéxiào jiàoyuán hé xuésheng de ～ shì yī bǐ shíwǔ. The proportion of teachers and students in this school is in the ratio of 1：15. /百万分之一～的地图 bǎi wàn fēn zhī yī ～ de dìtú a map of 1：1,000,000 /积累和消费要有适当的～。Jīlěi hé xiāofèi yào yǒu shìdàng de ～. There should be an appropriate proportion between accumulation and consumption.

【比例尺】bǐlìchǐ (名)(1)地图边上的线段表示和实地相应距离的比例 scale (e. g. on a map) (2)绘图时用来量长度的工具，刻度是按比例单位缩小或放大若干倍刻成 architect's scale; engineer's scale

【比率】bǐlù (名)〈数〉同"比值"bǐzhí same as "比值" bǐzhí

【比拟】bǐnǐ (动)〈书〉(1)一种修辞方式，或者把东西或动物当做人来写，或者把人当做动物或东西来写 metaphor or simile (2)比较 compare：可以～ wú kě ～ beyond compare /难以～ nán yǐ ～ difficult to compare

【比如】bǐrú (连)引出具体例子来说明某现象或道理 (introduces a concrete example to illustrate a phenomenon or reason) for example; for instance：人一得志，就容易骄傲，～我们的杨所长吧，当了所长，架子就大多了，对群众连理都不理。Rén yì dé zhì, jiù róngyì jiāo'ào, ～ wǒmen de

Yáng suǒzhǎng ba, dāngle suǒzhǎng, jiàzi jiù dà duō le, duì qúnzhòng lián lǐ dōu bù lǐ. *As soon as someone's career becomes successful, he can easily become arrogant. Take our institute's Director Yang for instance, after he assumed the position of institute director, he stopped paying the slightest attention to the masses.* /得了这种病的人, 会出现明显症状, ～神情痴呆, 喜怒无常等。Déle zhè zhǒng bìng de rén, huì chūxiàn míngxiǎn zhèngzhuàng, ～ shénqíng chīdāi, xǐ nù wú cháng děng. *Those who develop this disease will have obvious symptoms such as senility, mood swings, etc.* (2)引出比喻 (*introduces an analogy*):人的身体总得不断补充营养, 才能维持正常生命, ～机器, 还得时常加油呢! Rén de shēntǐ zǒng děi búduàn bǔchōng yíngyǎng, cái néng wéichí zhèngcháng shēngmìng, ～ jīqì, hái děi shícháng jiā yóu ne! *People need constant nutrition to stay healthy, just as a machine constantly needs oiling!* /知识得逐渐积累, 不能太性急,～吃饭, 总是一口一口吃。Zhīshi děi zhújiàn jīlěi, bù néng tài xìng jí, ～ chī fàn, zǒng shì yì kǒu yì kǒu chī. *Knowledge must be gradually accumulated and one cannot be too impatient, just as one must eat one bite at a time.* (3)"假如"的意思 (*has the same meaning as "假如" jiǎrú*) *if; supposing; in case*:～你有这样的儿子, 你不伤心吗? ～ nǐ yǒu zhèyàng de érzi, nǐ bù shāng xīn ma? *Wouldn't you be broken-hearted if you had this kind of a son?* /～他当了领导, 还能平等待人吗? ～ tā dāngle lǐngdǎo, hái néng píngděng dài rén ma? *If he became leader, would he still be able to treat people equally?* "比如"在口语中常说"比如说" (*in the spoken language, "比如" is often said as "比如说"*):为了丰富人民的文化生活, 要多开辟一些娱乐场所, ～说一些机关、学校的礼堂, 就可以用来放映电影, 对外开放。Wèile fēngfù rénmín de wénhuà shēnghuó, yào duō kāipì yìxiē yúlè chǎngsuǒ, ～ shuō yìxiē jīguān, xuéxiào de lǐtáng, jiù kěyǐ yòng lái fàngyìng diànyǐng, duì wài kāifàng. *More public places of entertainment should be opened up so as to enrich the cultural lives of the people; for example, the auditoriums of some organizations and schools could be used to show movies to the public.*

【比赛】bǐsài (动)*compete; have a match*:～排球 ～ páiqiú *have a volleyball match* /两个小朋友, 看谁跑得快。Liǎng ge xiǎopéngyou, kàn shuí pǎo de kuài. *Two children compete, see who runs faster.* (名)*match; contest; competition*:足球～ zúqiú ～ *football match* /跳高～ tiàogāo ～ *high jump contest* /自行车～ zìxíngchē ～ *bicycle race* /射击～ shèjī ～ *shooting contest*

【比索】bǐsuǒ (名)*peso (currency)*

【比武】bǐ wǔ 比赛武艺 *compete in martial arts*

【比喻】bǐyù (动)*compare one thing to another; draw an analogy*:用青松不怕严寒～英雄不怕困难。Yòng qīngsōng bú pà yánhán ～ yīngxióng bú pà kùnnan. *Compare a pine which does not fear cold with a hero who braves all difficulties.* (名)*metaphor; simile*:"宁为玉碎, 不为瓦全"是一种～, 意思是宁愿为正义事业牺牲, 不愿丧失气节, 苟且偷生。"Nìng wéi yù suì, bù wéi wǎ quán" shì yì zhǒng ～, yìsi shì nìngyuàn wèi zhèngyì shìyè xīshēng, bú yuàn sàngshī qìjié, gǒuqiě tōushēng. *"Rather be a shattered vessel of jade than an unbroken piece of pottery" is a metaphor that means that one would rather die for a just cause than drag out an ignoble existence.*

【比重】bǐzhòng (名)(1)〈物〉*specific gravity* (2)部分在整体中所占的比例 *proportion*:我们要增加轻工业在工业中的～。Wǒmen yào zēngjiā qīnggōngyè zài gōngyè zhōng de ～. *We must increase the proportion of the light industry in industry.*

【比值】bǐzhí (名)〈数〉*specific value; ratio*

彼 bǐ
(代)〈书〉◇(1)那、那个, 跟"此"相对 *that; those; the other; another (opposite to 此)*:非此即～, 二者必居其一。Fēi cǐ jí ～, èrzhě bì jū qí yī. *Either this or that, you must choose one of them.* /此起～伏 cǐ qǐ ～ fú *as one rises, another falls* (2)他, 对方 *one's opposite*:要想打胜仗, 必须知己知～。Yào xiǎng dǎ shèngzhàng, bìxū zhī jǐ zhī ～. *If you want to win a battle you must know both your opponent and yourself.*

【彼岸】bǐ'àn (名)(1)佛教指超脱生死的境界 *nirvana* (2)比喻所向往达到的境界和目的 *metaphor of a goal to be looked forward to*:到达幸福的～ dàodá xìngfú de ～ *arrived in the happy goal* (3)河、海的那一边 *the other shore (of a river or sea)*:乘飞机到达太平洋～的旧金山 chéng fēijī dàodá Tàipíngyáng ～ de Jiùjīnshān *take a plane to San Francisco on the other side of the Pacific Ocean*

【彼此】bǐcǐ (代)这个和那个, 双方 *each other; one another*:他们俩好得不分～。Tāmen liǎ hǎo de bù fēn ～. *Both of them are good friends and share everything.* /这两个人已经到了～不说话的地步。Zhè liǎng ge rén yǐjīng dàole ～ bù shuō huà de dìbù. *These two are not talking to each other anymore.* /同学们～之间应该互相关心。Tóngxuémen ～ zhī jiān yīnggāi hùxiāng guānxīn. *Schoolmates must care for each other.*

【彼一时, 此一时】bǐ yī shí, cǐ yī shí 表示时间不同, 情况有了新的变化 *times have changed*:～, 不能用老办法处理新问题。～, bù néng yòng lǎo bànfǎ chǔlǐ xīn wèntí. *Times have changed. Don't deal with new problems in old ways.*

笔〔筆〕bǐ
(名)(1)〔枝 zhī〕写字绘画用的工具 *pen; pencil; writing brush* (2)汉字最基本的组成部分 (*of a Chinese character*) *stroke*:"人"字有两～。"Rén" zì yǒu liǎng ～. *"人" has two strokes.* /写汉字不能随便丢一～或加一～。Xiě Hànzì bù néng suíbiàn diū yì ～ huò jiā yì ～. *A Chinese character cannot have a stroke missing or one added at will.* (量)(1)用于款项 (*used for money*):他欠了三～账。Tā qiànle sān ～ zhàng. *He had three scores to settle.* /花了一大～钱 huāle yí dà ～ qián (*one*) *spent a big sum of money* (2)◇用于写字之类的事 (数词只能是"一") (*used for writing*):写一～漂亮字 xiě yì ～ piàoliang zì *write a good hand* /这事不用专门写信, 你写信时带上一～就行了。Zhè shì búyòng zhuānmén xiě xìn, nǐ xiě xìn shí dàishang yì ～ jiù xíng le. *There is no need to write a separate letter about this, please tell him when you write him.* (3)用于绘画 (数词只能是"一"或"几") (*used for painting*):他的一～写意画还真不错。Tā de yì ～ xiěyì huà hái zhēn búcuò. *His freehand brushwork is very good.* /会画几～并不等于是画家。Huì huà jǐ ～ bìng bù děngyú shì huàjiā. *That you can paint a little bit does not mean that you are a painter.*

【笔触】bǐchù (名)书法、绘画、文章的笔法格调 *brush stroke in Chinese painting and calligraphy; brushwork; style of drawing or writing*:这些漫画的～简练传神。Zhèxiē mànhuà de ～ jiǎnliàn chuánshén. *These caricatures are drawn on a succinct and vivid style.* /这位作家用犀利的～揭露了现存的官僚主义。Zhè wèi zuòjiā yòng xīlì de ～ jiēlùle xiàncún de guānliáozhǔyì. *This author very sharply exposed the extant bureaucracy.*

【笔调】bǐdiào (名)文章的格调 (*of writing*) *tone; style*:他的作品～生动活泼。Tā de zuòpǐn ～ shēngdòng huópo. *His works are written in a vivid and lively style.*

【笔法】bǐfǎ (名)写字、画画、写文章用笔的技巧与特色 *technique of writing, calligraphy, painting or drawing*:他的字～工整。Tā de zì ～ gōngzhěng. *His writing technique is very neat and careful.* /喜欢用含蓄的～, 是这个作家的特

色。Xǐhuan yòng hánxù de ～, shì zhège zuòjiā de tèsè. *This author's special trait is that he likes to use the technique of implication.*

【笔锋】bǐfēng (名)(1)毛笔的尖端 *the tip of a writing brush* (2)书画作品的笔势,文章的锋芒 *vigour of style in writing; stroke; touch*:～所及,牛鬼蛇神原形毕露。～ suǒ jí, niú guǐ shé shén yuánxíng bì lù. *The vigour with which he writes shows the forces of evil for what they are.*

【笔杆】bǐgǎn (名)[枝 zhī](～儿)笔的手持部分 *holder for a writing brush; pen-holder; pen*:一枝红色～的钢笔 yì zhī hóngsè ～ de gāngbǐ *a pen with a red pen-holder*

【笔画】bǐhuà (名)同"笔"bǐ(名)(2)*same as "笔" bǐ(名)(2) stroke of a Chinese character*:汉字都是由或多或少的～组成的。Hànzì dōu shì yóu huò dōu huò shǎo de ～ zǔchéng de. *A Chinese character is composed of many or a few strokes.*

【笔记】bǐjì (名)(1)听讲、读书时的记录 *notes; memorandum*:上课要记～。Shàng kè yào jì ～. *(One) must take notes in the class.* /他每读一本小说都要写读书～。Tā měi dú yì běn xiǎoshuō dōu yào xiě dú shū ～. *He usually writes reading notes when he reads a novel.* /以随笔记为主的一种文体。如见闻、评论、学习心得等 *a type of literature consisting mainly of short sketches*

【笔记本】bǐjìběn (名)[本 běn]写笔记用的各种本子 *notebook*

【笔迹】bǐjì (名)每个人写的字的特有形象 *handwriting (as it can be identified as being that of a particular person)*:一对～ duì yi duì ～ *identify handwriting* /看不出这是谁的～。Kàn bu chū zhè shì shuí de ～. *cannot identify whose handwriting it is*

【笔尖】bǐjiān (名)(1)毛笔的尖端 *the tip of a writing brush or pencil*:这枝笔太旧了,都没～了。Zhè zhī bǐ tài jiù le, dōu méi ～ le. *This writing brush is too old, it does not have any tip.* (2)nib; pen point:～都用完了,去买几个吧。～ dōu yòngwán le, qù mǎi jǐ ge ba. *All the nibs are used up, let's buy some.*

【笔力】bǐlì (名)写字、画画、作文章笔势上表现出来的力量 *vigour of strokes in calligraphy or drawing; vigour of style in writing*:他的书法很有～。Tā de shūfǎ hěn yǒu ～. *His strokes in calligraphy are very forceful.*

【笔帽】bǐmào (名)(～儿) *the cap of a pen, pencil or writing brush*

【笔名】bǐmíng (名)*pen name; pseudonym*

【笔墨】bǐmò (名)指文章或文字 *pen and ink; words; writing*:他的高兴心情是难以用～形容的。Tā de gāoxìng xīnqíng shì nányǐ yòng ～ xíngróng de. *Words can hardly describe how excited he is.* /他白费了许多～写些不相干的事。Tā báifèile xǔduō ～ xiě xiē bù xiānggān de shì. *He wasted so many words on something that was none of his business.*

【笔试】bǐshì (名)以书面方式进行的考试(区别于"口试") *written examination*:语言课～口试都是必要的。Yǔyán kè ～ kǒushì dōu shì bìyào de. *Both written and spoken examinations are necessary for the language course.*

【笔顺】bǐshùn (名)汉字书写时的笔画次序 *order of strokes in writing a Chinese character*:写汉字要注意～。Xiě Hànzì yào zhùyì ～. *You must pay attention to the order of strokes when you write Chinese characters.*

【笔谈】bǐtán (动)(1)两个人在纸上写字交谈代替说话 *converse by writing*:中国人和日本人有时可以～。Zhōngguó rén hé Rìběn rén yǒushí kěyǐ ～. *Chinese and Japanese can sometimes converse by writing.* (2)用书面发表意见代替说话 *make a written speech; express one's view through writing* (3)笔记(多用于书名,如《梦溪笔谈》) *notes (usu. used in book titles, e. g.,《梦溪笔谈》(Notes from Mengxi))*

【笔挺】bǐtǐng (形)(1)很直地(站着)(*standing*) *very*

straight; *bolt upright*:他～地立在那里。Tā ～ de lì zài nàlǐ. *He stood there bolt upright.* (2)(衣服)很平,没有皱褶 (*of clothes*) *well-pressed; trim*:他西服～,风度翩翩。Tā xīfú ～, fēngdù piānpiān. *His suit is neatly pressed and he has a very elegant demeanour.*

【笔筒】bǐtǒng (名)用陶瓷、竹木等制成的插笔的筒 *pen container; brush pot (usu. made of porcelain, bamboo, etc.)*

【笔误】bǐwù (名)由于疏忽无意中写错的字 *a slip of the pen*:把"日记"写成"日纪"显然是～。Bǎ "rìjì" xiěchéng "rìjì" xiǎnrán shì ～. *It's obviously a slip of the pen to write "日记" into "日纪".*

【笔译】bǐyì (名)笔头(文字)的翻译(区别于"口译")*written translation (as distinguished from interpretation)* (动)用书面形式进行翻译 *translate (in writing)*:请把他们的谈话～成英文。Qǐng bǎ tāmen de tán huà ～ chéng Yīngwén. *Please translate their conversation into English.* /他善于～,不善于口译。Tā shànyú ～, bú shànyú kǒuyì. *He is good at written translation but not at interpretation.*

【笔者】bǐzhě (名)某一篇文章或某一本书的作者的自称 (*what the author of an article or book calls him or herself*) *the author; the writer*

【笔直】bǐzhí (形)非常直 *perfectly straight; upright*:～的树干 ～ de shùgàn *an upright tree trunk* /一条～的马路 yì tiáo ～ de mǎlù *a straight road* /站得～ zhàn de ～ *stand straight*

鄙 bǐ

(形)〈书〉卑下,轻视 *base; scorn*

【鄙薄】bǐbó (动)〈书〉轻视,看不起,宾语涉及的多是事物 *despise; scorn (object is usually a thing)*:～知识是无知的表现。～ zhìshi shì wúzhì de biǎoxiàn. *Despising knowledge is ignorant.* /～政治思想工作也是错误的。～ zhèngzhì sīxiǎng gōngzuò yě shì cuòwù de. *Scorning political thought is also mistaken.*

【鄙弃】bǐqì (动)〈书〉看不起,厌恶 *disdain; detest*:我们都～这种损人利己的行为。Wǒmen dōu ～ zhè zhǒng sǔn rén lì jǐ de xíngwéi. *We all detest this kind of behaviour that benefits the self at the expense of others.*

【鄙视】bǐshì (动)〈书〉看不起,轻视,宾语涉及的多是人或行为等 *despise; disdain; look down upon (object is usually a person or behavior)*:～体力劳动是剥削阶级的思想表现。～ tǐlì láodòng shì bōxuē jiējí de sīxiǎng biǎoxiàn. *Looking down on physical labour is the manifestation of the thought of the exploiting class.* /大家非常～他那种献媚的丑态。Dàjiā fēicháng ～ tā nà zhǒng xiànmèi de chǒutài. *All of us disdain his ingratiating performance very much.*

【鄙夷】bǐyí (动)〈书〉轻视;看不起 *scorn; despise*:他太自私,人们都向他投去～的目光。Tā tài zìsī, rénmen dōu xiàng tā tóuqù ～ de mùguāng. *His selfishness causes everyone to treat him with scorn.*

bì

币 〔幣〕bì

(名)◇ *money; currency*:硬～ yìng～ *coin* /纸～ zhǐ～ *bank notes* /外～ wài～ *foreign currency*

【币值】bìzhí (名)货币的价值,即货币购买商品的能力 *currency value*

【币制】bìzhì (名)货币制度,即用什么东西做货币、货币单位、硬币的铸造、纸币的发行、流通等制度 *currency system*

必 bì

(副)(1)同"必定"bìdìng (1)*same as "必定" bìdìng (1)*:新建的高速公路年底～能通车。Xīn jiàn de gāosù gōnglù niándǐ ～ néng tōng chē. *The newly-built expressway will*

certainly open to traffic by the end of the year. /他这样急着要见你，～有要事相告。Tā zhèyàng jízhe yào jiàn nǐ, ～ yǒu yàoshì xiāng gào. He's so anxious to see you. He must have something urgent to tell you. /他今晨九时乘机离京，此时～已抵上海。Tā jīn chén jiǔ shí chéng jī lí Jīng, cǐshí ～ yǐ dǐ Shànghǎi. He left Beijing on the nine o'clock plane this morning, so he must surely have arrived in Shanghai by now. (2)同"必定"bìdìng (2) same as "必定" bìdìng (2): 有修养的作家～是生活丰富的作家。Yǒu xiūyǎng de zuòjiā ～ shì shēnghuó fēngfù de zuòjiā. Well-cultivated writers must surely lead enriched lives. /他每次喝酒，～醉无疑。Tā měi cì hē jiǔ, ～ zuì wú yí. Every time he drinks, he is certain to get absolutely drunk. /父母的言行对子女～有影响。Fùmǔ de yánxíng duì zǐnǚ ～ yǒu yǐngxiǎng. The words and actions of parents will inevitably influence their children. 否定形式是"不一定"或"未必"，而不是"不必" (the negative form is either "不一定" or "未必", not "不必")

【必不可免】bì bù kě miǎn 不能避免 unavoidable; inevitable: 这位总统的下台是～的。Zhè wèi zǒngtǒng de xià tái shì ～ de. It was inevitable that this president was forced to step down. /遭受到～的失败 zāoshòu dào ～ de shībài suffered unavoidable defeat

【必不可少】bì bù kě shǎo 一定要有的，不可缺少的 absolutely necessary; indispensable; essential: 在国家建设中，各种技术人材是～的。Zài guójiā jiànshè zhōng, gè zhǒng jìshù réncái shì ～ de. Different kinds of technicians are absolutely necessary for the country's construction.

【必定】bìdìng (副)多用于书面语 (usu. used in the written language) (1)同"一定"yīdìng (1), 表示极有把握的估计 same as "一定" yīdìng (1) (indicates a sure conjecture): 小张今天没来上班，～是病了。Xiǎo Zhāng jīntiān méi lái shàng bān, ～ shì bìng le. Xiao Zhang didn't come to work today. She must surely be sick. /要是有天文望远镜，～能观察到哈雷彗星。Yàoshì yǒu tiānwén wàngyuǎnjìng, ～ néng guānchá dào Hāléi huìxīng. You will certainly be able to see Halley's Comet if you have an astronomical telescope. /他一再向上级讨好，～怀有不可告人的目的。Tā yīzài xiàng shàngjí tǎohǎo, ～ huáiyǒu bù kě gào rén de mùdì. He has tried time and again to curry favour with the higher authorities. He must surely harbour secret intentions. (2)同"一定"yīdìng (3) 表示必然 same as "一定" yīdìng (3); inevitably; necessarily: 约翰每次来中国，～拜访杨先生，他们是老朋友。Yuēhàn měi cì lái Zhōngguó, ～ bàifǎng Yáng xiānsheng, tāmen shì lǎo péngyou. Every time John comes to China, he inevitably visits Mr Yang, as they are old friends. /校对是件细致而又麻烦的事，粗心～出错儿。Jiàoduì shì jiàn xìzhì ér yòu máfan de shì, cūxīn ～ chū cuòr. Proofreading is painstaking and troublesome work. Carelessness will inevitably lead to mistakes. /长期患高血压～引起心血管疾病。Chángqī huàn gāoxuèyā ～ yǐnqǐ xīnxuèguǎn jíbìng. Long-term high blood pressure leads to cardiovascular disease. /冬天之后～是春天。Dōngtiān zhīhòu ～ shì chūntiān. Spring must necessarily come after winter.

【必恭必敬】bì gōng bì jìng 十分恭敬 extremely deferential; showing great respect: 他对长辈总是～的。Tā duì zhǎngbèi zǒngshì ～ de. He is extremely deferential to his elders. /学生们～地向老师请教。Xuéshengmen ～ de xiàng lǎoshī qǐngjiào. The students approached the teacher for advice in a most deferential manner. 也作"毕恭毕敬"bì gōng bì jìng can also be said as "毕恭毕敬" bì gōng bì jìng

【必将】bìjiāng (副)必然将，必定将 will definitely; be sure to: 由于这里的工业污染严重，自然环境～恶化。Yóuyú zhèlǐ de gōngyè wūrǎn yánzhòng, zìrán huánjìng ～ èhuà. Since the industrial pollution is very serious here, the natural environment is sure to deteriorate. /他们这么努力，～实现自己的理想。Tāmen zhème nǔ lì, ～ shíxiàn zìjǐ de lǐxiǎng. As they put in such a lot of effort, they are sure to realize their ideal. /这种不得人心的措施～遭到大家的反对。Zhè zhǒng bù dé rénxīn de cuòshī ～ zāodào dàjiā de fǎnduì. Measures against the will of the people like this are sure to meet with opposition.

【必然】bìrán (形)确定不移 inevitable; be bound to: ～的结果 ～ de jiéguǒ inevitable result /他们的胜利是～的。Tāmen de shènglì shì ～ de. Their victory is inevitable. /新生力量～战胜腐朽力量。Xīnshēng lìliang ～ zhànshèng fǔxiǔ lìliang. The newly emerging forces are bound to defeat what is corrupt and degenerate. /中国的四个现代化～要实现。Zhōngguó de sì ge xiàndàihuà ～ yào shíxiàn. The four modernizations of China are bound to be realized. (名)哲学上指客观发展的规律性 (philosophy) necessity: 阶级终究是要消灭的，这是历史发展的～。Jiējí zhōngjiū shì yào xiāomiè de, zhè shì lìshǐ fāzhǎn de ～. Classes will ultimately be abolished. This is a historical necessity.

【必然王国】bìrán wángguó 哲学上指人在没有认识和掌握客观世界规律之前，没有意志自由，行动受着必然性支配的境界。跟"自由王国"相对 realm of necessity (opposite to "realm of freedom")

【必然性】bìránxìng (名)哲学上指由事物的内在本质所决定的确定不移的发展趋势。与"偶然性"相对 necessity; inevitability; certainty (opposite to "contingency"): 认识事物的～就是认识事物的本质。Rènshi shìwù de ～ jiùshì rènshi shìwù de běnzhì. To recognize the necessity of things is to recognize the nature of things.

【必修课】bìxiūkè (名)学生按照学校规定必须学习的学科 (区别于"选修课") compulsory subject; required course: 现代汉语是我们的～。Xiàndài Hànyǔ shì wǒmen de ～. Modern Chinese is our required course. /你们有几门～? Nǐmen yǒu jǐ mén ～? How many required courses do you have?

【必须】bìxū (助动)一定要，其否定形式为"无须"或"不必": 要学好一个国家的语言就～学习那个国家的文化。Yào xuéhǎo yí ge guójiā de yǔyán jiù ～ xuéxí nàge guójiā de wénhuà. If you want to learn a foreign language well, you have to learn the culture of that country. must; have to; be obliged to (the negative is "无须" or "不必")

【必需】bìxū (动)一定得有，不可缺少，多作定语 definitely must have; cannot lack; be essential (mostly used as attribute): 整顿企业是发展国民经济所～的。Zhěngdùn qǐyè shì fāzhǎn guómín jīngjì suǒ ～ de. To overhaul and consolidate enterprises is necessary for the development of the national economy. /～的生活用品 ～ de shēnghuó yòngpǐn necessities of life /把这些原料先拨给最～的工程单位。Bǎ zhèxiē yuánliào xiān bō gěi zuì ～ de gōngchéng dānwèi. These raw materials must be allocated to the most essential construction project first.

【必需品】bìxūpǐn (名)生活中不可缺少的物品 necessities (of life)

【必要】bìyào (形)不可缺少，非这样不行的 cannot lack; can't be done without: 进行～的修改 jìnxíng ～ de xiūgǎi carry out essential corrections /知识更新很～。Zhīshi gēngxīn hěn ～. The renewal of knowledge is very necessary. /～的时候可以延长工作时间。～ de shíhou kěyǐ yáncháng gōngzuò shíjiān. When necessary working hours can be extended. /避免不～的牺牲 bìmiǎn bú ～ de xīshēng avoid unnecessary sacrifices /我看没有～增加经费。Wǒ kàn méi yǒu ～ zēngjiā jīngfèi. In my opinion, it's unnecessary to increase the budget.

【必要性】bìyàoxìng (名)necessity: 有些人不了解学习外语的～。Yǒuxiē rén bù liǎojiě xuéxí wàiyǔ de ～. There are some

people who don't understand the necessity of studying foreign languages. /年龄大了才感觉到锻炼身体的～. Niánlíng dà le cái gǎnjué dào duànliàn shēntǐ de ～. We don't feel the need for exercise until we get old.

【必由之路】bì yóu zhi lù 必须经过的途径 road one must follow; the only road to; the only way: 这条公路是通往西藏的～. Zhè tiáo gōnglù shì tōngwǎng Xīzàng de ～. This is the only road to Tibet. /刻苦学习是获得知识的～. Kèkǔ xuéxí shì huòdé zhīshi de ～. Painstaking study is the only way to obtain knowledge.

【必争之地】bì zhēng zhī dì 指军事上敌对的双方所争夺的军事要地 hotly contested territory (in a battle): 此处历来是兵家～. Cǐ chù lìlái shì bīngjiā ～. This place has always been a strategic point.

毕 〔畢〕bì

(动)◇完 finish; accomplish; conclude

【毕竟】bìjìng (副)(1)指出最关键之点,表示强调 (to emphasize the most crucial point) after all: 李博士～是位数学家,是位逻辑思维能力很强的人. Lǐ bóshì ～ shì wèi shùxuéjiā, shì wèi luójí sīwéi nénglì hěn qiáng de rén. Doctor Li is, after all, a mathematician. His logical thinking is very strong. /战斗～是战斗,总要有流血牺牲的. Zhàndòu ～ shì zhàndòu, zǒng yào yǒu liú xuè xīshēng de. A battle is, after all, a battle. There's bound to be bloodshed. /小王～还年轻,考虑问题不那么周到. Xiǎo Wáng ～ hái niánqīng, kǎolǜ wèntí bú nàme zhōudào. Xiao Wang is, after all, still young. He still doesn't consider problems that adequately. /他们～没有经验,工作中难免出些差错儿. Tāmen ～ méi yǒu jīngyàn, gōngzuò zhōng nánmiǎn chū xiē chācuòr. They are, after all, inexperienced, so they can't really avoid making mistakes in their work. (2)终于、最后,多用于书面语 after all; when all is said and done; in the final analysis; in the end (usu. used in the written language): 他～明白了这个道理. Tā ～ míngbáile zhège dàoli. He understood this reasoning in the end. /虽然遇到了一些困难,但是这次试验～成功了. Suīrán yùdàoo yìxiē kùnnan, dànshì zhè cì shìyàn ～ chénggōng le. Although this experiment met with difficulties it was, in the final analysis, successful. /天～暖和了,孩子们可以多到外边活动了. Tiān ～ nuǎnhuo le, háizimen kěyǐ duō dào wàibiān huódòng le. It is, after all, warm out now. The children can go outside to play more often.

【毕生】bìshēng (形・非谓)〈书〉终生,一辈子的 all of one's life; lifelong: 他把～的精力都用于考古事业. Tā bǎ ～ de jīnglì dōu yòngyú kǎogǔ shìyè. He devoted his lifelong energies to archaeological undertakings. /～没做出任何有价值的事. ～ méi zuòchū rènhé yǒu jiàzhí de shì. In his lifetime he did nothing whatsoever of value. /她～生活在这个小镇上. Tā ～ shēnghuó zài zhège xiǎo zhèn shang. She lived her entire life in this small town.

【毕业】bì=yè 在学校或训练班学习期满,达到规定的要求,结束学习 finish school; graduate; finish training: 他十年前～于一个很有名的小学. Tā shí nián qián ～ yú yí ge hěn yǒu míng de xiǎoxué. Ten years ago he graduated from a very famous elementary school. /他中学没～就考上大学了. Tā zhōngxué méi ～ jiù kǎoshang dàxué le. He didn't graduate from high school but he was accepted into college. /他大学～以后又考取了研究生. Tā dàxué ～ yǐhòu yòu kǎoqǔle yánjiūshēng. After he graduated from college he was accepted as a graduate student. /在学习班学一年就～. Zài xuéxíbān xué yì nián jiù ～. You will be qualified after taking the course for a year.

【毕业证书】bì yè zhèngshū diploma

闭 〔閉〕bì

(动)◇shut; close: 你给我～嘴. Nǐ gěi wǒ ～ zuǐ! Shut up! /请你～上眼睛. Qǐng nǐ ～shang yǎnjing. Please close your eyes. /大家都～口无言. Dàjiā dōu ～ kǒu wú yán. Everyone kept quiet and didn't say anything.

【闭关锁国】bì guān suǒ guó 封闭关口,不与外国来往 close the country to international intercourse: 他们吃尽了～的苦头. Tāmen chījìnle ～ de kǔtou. They endured untold suffering by closing the country to the outside world.

【闭关自守】bì guān zì shǒu 把关口关上,不与外界来往 closed door policy; adopt a closed door policy: 要是～科学就不会进步. Yàoshi ～ kēxué jiù bú huì jìnbù. If a closed door policy is adopted, science can't progress. /～永远是个错误的政策. ～ yǒngyuǎn shì ge cuòwù de zhèngcè. A closed door policy is always a mistake.

【闭路电视】bìlùdiànshì (名)closed-circuit TV

【闭门羹】bìméngēng (名)访问未遇或遭拒绝叫"吃闭门羹""吃闭门羹" means to find sb. out when you visit him or find the door slammed in your face: 昨天去拜访一位老友,不巧吃了～. Zuótiān qù bàifǎng yí wèi lǎoyǒu, bù qiǎo chīle ～. Yesterday I went to visit an old friend but unfortunately he wasn't home.

【闭门造车】bì mén zào chē 关上门造车,比喻脱离实际,凭主观想像办事 make a cart behind closed doors; do things without considering the actual conditions: ～必然要失败. ～ bìrán yào shībài. Doing things without considering the actual conditions will inevitably lead to failure.

【闭目塞听】bì mù sè tīng 闭着眼睛,堵上耳朵,比喻不同外界接触,脱离实际 close one's eyes and stop one's ears; be out of touch with reality

【闭幕】bì=mù (1)演出结束,闭上台幕 the curtain falls; close; conclude: 音乐会晚九点一刻～. Yīnyuèhuì wǎn jiǔ diǎn yí kè ～. The concert will end at 9:15 p.m. (2)会议或展览会等结束 close; conclude: 春季广交会已经～了. Chūnjì Guǎngjiāohuì yǐjīng ～ le. The Spring Guangzhou Export Commodities Fair is already finished.

【闭塞】bìsè (形)与外界隔绝或因隔绝而不了解外界情况 cut off from the outside world; secluded: 这个小山村以前是很～的地方. Zhège xiǎo shāncūn yǐqián shì hěn ～ de dìfang. This small mountain village used to be a very secluded place. /那里交通～. Nàli jiāotōng ～. That place is hard to get to. /我们这里消息太～了. Wǒmen zhèlǐ xiāoxi tài ～ le. Here we are too out of touch with the outside world.

庇 bì

(动)◇遮蔽 shelter; protect; shield

【庇护】bìhù (动)〈书〉包庇,袒护 shelter; shield; put (a wrongdoer) under one's protection: ～罪犯是犯罪行为. ～ zuìfàn shì fàn zuì xíngwéi. Sheltering a criminal is a criminal offence.

哔 〔嗶〕bì

【哔叽】bìjī (名)serge

陛 bì

【陛下】bìxià (名)对皇帝或国王的尊称 His (or Your) Majesty

毙 〔斃〕bì

(动)(1)〈口〉用枪打死 shoot dead: ～了那个坏蛋,为民除害. ～ le nàge huàidàn, wèi mín chú hài. Killing that villain will rid the people of a scourge. (2)◇死 die: 凶手已被击～. Xiōngshǒu yǐ bèi jī ～. The murderer has been

shot to death.

【毙命】bì=mìng〈贬〉*be done for；lose one's life (derog.)：* 杀人犯逃跑时落入河中～。Shārénfàn táopǎo shí luòrù hé zhōng ～. *When the murderer was fleeing he fell into the river and drowned.*

婢 bì
（名）◇〈旧〉供有钱人家使用的女孩 *slave girl；servant girl*

【婢女】bìnǚ（名）〈旧〉意思同"婢"bì *same as "婢" bì*

敝 bì
（形）〈书〉谦辞，用于与自己有关的事物，与敬辞"贵"相对 *shabby；lowly；my (our)：*～姓李。～ xìng Lǐ. *My name is Li.* /～校在北京西郊。～ xiào zài Běijīng xījiāo. *My school is in the western suburb of Beijing.* /春节期间全家团聚，是～国的风俗习惯。Chūnjié qíjiān quán jiā tuánjù, shì ～ guó de fēngsú xíguàn. *It is the custom of our country for the whole family to get together during the Spring Festival.*

蓖 bì
【蓖麻】bìmá（名）*castor oil plant*

裨 bì
（名）◇益处 *benefit；advantage*

【裨益】bìyì（名）〈书〉益处、好处 *benefit；advantage：* 认真听取各方面的意见，对我们事业的发展是大有～的。Rènzhēn tīngqǔ gè fāngmiàn de yìjiàn, duì wǒmen shìyè de fāzhǎn shì dà yǒu ～ de. *It would be of great benefit to the development of our cause if we conscientiously heeded opinions from all sides.*

碧 bì
（形）◇ *emerald green：*～波荡漾 ～ bō dàngyàng *The green waves rose and fell.*

【碧蓝】bìlán（形）较深的蓝色 *relatively dark blue*

【碧绿】bìlǜ（形）*jade green：*～的田野 ～ de tiányě *the jade green field* /湖面一片～。húmiàn yí piàn ～ *The surface of the lake is jade green.*

弊 bì
（名）害处，跟"利"相反 *corrupt practice；disadvantage (opposite of 利)：* 除～兴利 chú ～ xīng lì *abolish what is harmful and promote what is beneficial* /权衡一下利～，这工厂决定停产。Quánhéng yíxià lì ～, zhè gōngchǎng juédìng tíng chǎn. *Having weighed the pros and cons, they decided to close down the factory.*

【弊病】bìbìng（名）〈书〉（工作、制度中的）毛病、缺点 *malpractice；disadvantage；problem：* 大学毕业生由国家统一分配的办法有些～。Dàxué bìyèshēng yóu guójiā tǒngyī fēnpèi de bànfǎ yǒu xiē ～. *There are some problems with the method of centralized placement of university graduates.* /自由竞争虽然有～，但也有可取之处。Zìyóu jìngzhēng suīrán yǒu ～, dàn yě yǒu kěqǔ zhī chù. *Although free competition has disadvantages it also has advantages.*

壁 bì
（名）◇ *wall；wall-like structure：*铜墙铁～ tóng qiáng tiě ～ *bastion of iron；impregnable fortress* /九龙～ jiǔlóng ～ *decorative wall with nine dragons*

【壁报】bìbào（名）机关、学校等把文稿贴在墙上的内部刊物 *newspaper published internally by posting it on the wall：* 办

～班 ～ bàn *run a wall newspaper* /这一期～的内容很丰富。Zhè yì qī ～ de nèiróng hěn fēngfù. *The contents of this issue of the wall newspaper are varied.*

【壁橱】bìchú（名）*built-in wardrobe；closet*

【壁灯】bìdēng（名）[盏 zhǎn]*wall lamp；braket light*

【壁虎】bìhǔ（名）[只 zhī]*gecko；house lizard*

【壁画】bìhuà（名）画在墙壁上的画 *fresco；mural：*敦煌～闻名世界。Dūnhuáng ～ wénmíng shìjiè. *The Dunhuang frescoes are world-famous.*

【壁垒】bìlěi（名）防御工事。多比喻对立的阵营 *strongholds，as a metaphor for two sharply opposed sides：*革命和反革命～分明。Gémìng hé fǎngémìng ～ fēnmíng. *Revolutionaries and counter-revolutionaries are obviously opposed to each other.*

【壁炉】bìlú（名）*fireplace*

【壁毯】bìtǎn（名）挂在墙上做装饰用的毯子 *tapestry hung on the wall*

避 bì
（动）回避，躲开 *evade；shun；avoid：*这间破屋子已不能～风雨了。Zhè jiān pò wūzi yǐ bù néng ～ fēng yǔ le. *This shabby room can't shelter one from the wind and rain.* /不～艰险 bú ～ jiānxiǎn *not avoid difficulty and danger*

【避而不谈】bì ér bù tán 回避，不谈（问题或错误）*evade (the question)：*容易引起争论的问题他就～。Róngyì yǐnqǐ zhēnglùn de wèntí tā jiù ～. *He usually avoids controversial questions.* /～不是解决问题的办法。～ bú shì jiějué wèntí de bànfǎ. *Avoiding the question is no way to settle problems.*

【避风港】bìfēnggǎng（名）供船只躲避大风浪的港口。现常用来比喻政治运动波及不到的地方 *harbour (as in a shelter from a storm for ships)；haven (often used figuratively to indicate place of safety untouched by a political movement)：*必须使一切不正之风找不到～。Bìxū shǐ yíqiè bú zhèng zhī fēng zhǎo bu dào ～. *We must ensure that all unhealthy tendencies do not find a haven.*

【避讳】bìhuì（动）忌讳，不愿说出或听到会引起不愉快的字眼儿或事 *regard sth. as taboo；avoid the mention of：*很多人～"死"这个字，用"去世"、"过去了"等等代替。Hěn duō rén ～ "sǐ" zhège zì, yòng "qùshì"、"guòqùle" děngděng dàitì. *A lot of people avoid the word "die", and instead they use "pass away"，"pass on" etc.*

【避开】bì=kāi 躲开 *evade；steer clear of：*～对方的目光 ～ duìfāng de mùguāng *refuse to look sb. in the eye* /～敌人的正面火力，从侧面攻上去。～ dírén de zhèngmiàn huǒlì, cóng cèmiàn gōng shangqu. *Steer clear of the enemies' front and attack from the side.*

【避雷器】bìléiqì（名）*lightning conductor*

【避雷针】bìléizhēn（名）*lightning rod*

【避免】bìmiǎn（动）*avoid；avert；shun：*要尽量～主观、片面 yào jǐnliàng ～ zhǔguān、piànmiàn *Do your best not to be subjective and one-sided.* /～了一次车祸 ～le yí cì chēhuò *avoided a traffic accident* /新旧思想的矛盾是无法～的。Xīn jiù sīxiǎng de máodùn shì wúfǎ ～ de. *There is no way of avoiding the contradiction between the old and new ways of thought.*

【避难】bì=nàn 躲避灾难或迫害 *take refuge；seek asylum：*要求政治～ yāoqiú zhèngzhì ～ *request political asylum*

【避暑】bì=shǔ (1)夏季酷热时到凉爽地方去住 *to go to a summer resort：*去海边～ qù hǎibiānr ～ *go to the sea shore for the summer* (2)避免中暑 *prevent sunstroke：*～药 ～ yào *medicine for preventing sunstroke*

【避孕】bì=yùn *practice contraception；birth control*

【避重就轻】bì zhòng jiù qīng 回避重要问题，只承担无关紧要的 *avoid the important and dwell on the trivial：*不敢正视

自己的错误，～地谈了两句。Bù gǎn zhèngshì zìjǐ de cuòwù，～ de tánle liǎng jù. *He was afraid to acknowledge his mistakes but made a few comments on some trivial errors.*

臂 bì

〈名〉◇ *arm*

【臂膀】bìbǎng（名）*arm*
【臂章】bìzhāng（名）*armband；shoulder emblem（or patch）*

璧 bì

〈名〉*jade disc with a hole in the center*

biān

边〔邊〕biān

（名）(1)边缘；界限；旁边 *border；margin；side*：道路两～ dàolù liǎng ～ *both sides of the road*／宽～的帽子 kuān ～ de màozi *a hat with a broad brim*／无～的海洋 wú～ de hǎiyáng *boundless sea*／身～没带钱。Shēn～ méi dài qián. *have no money on one* (2)〈数〉*side*：多～形 duō ～ xíng *polygon* (3)用于方位（*used for locality*）：上～ shàng～ *above；on*／外～ wài～ *outside*／前～ qián～ *front*／这～ zhè～ *this side*／哪～ nǎ～ *which side*／左～ zuǒ～ *left（side）*／西～ xī～ *west*／南～ nán～ *south*

【边……边……】biān …… biān …… 表示两个动作同时进行，多用于同一主语，常嵌入两个动词、动词短语或结构（*usu. used before two verbs, verbal phrases, or verbal structures that share the same subject to indicate that two actions occur simultaneously*）：他们在田间小路上边走边谈。Tāmen zài tiánjiān xiǎo lù shang biān zǒu biān tán. *They chatted as they walked along the path between the fields.* ／匪徒边打边退，最后一一落网。Fěitú biān dǎ biān tuì，zuìhòu yīyī luò wǎng. *The bandits fought as they retreated；in the end, they were all captured, one by one.* ／弟兄两个边吃饭边叙家常，直到深夜。Dìxiōng liǎng ge biān chī fàn biān xù jiācháng，zhí dào shēnyè. *The two brothers ate and chatted until late into the night.* 有时"边……"可以叠用两次以上（"*biān...*" *can sometimes be repeated and used more than twice in one sentence*）：她边打鼓边敲锣边唱歌，表演得十分精彩。Tā biān dǎ gǔ biān qiāo luó biān chàng gē，biǎoyǎn de shífēn jīngcǎi. *She sang as she beat drums and gongs, giving a brilliant performance.*

【边防】biānfáng（名）*frontier defense*：～部队 ～ bùduì *frontier guards*／～哨所 ～ shàosuǒ *border sentry post*

【边疆】biānjiāng（名）靠近国界的领土 *border area；frontier region*：保卫～ bǎowèi ～ *defend the border area*／建设～ jiànshè ～ *build up the frontier region*

【边际】biānjì（名）（地区或空间的）边缘、界限 *limit；boundary*：浩瀚的沙漠，看不到～. Hàohàn de shāmò，kàn bu dào ～. *One cannot see the boundaries of a vast desert.* ／他不着～地谈了一会儿，不知他想说什么。Tā bù zháo ～ de tánle yíhuìr，bù zhī tā xiǎng shuō shénme. *He talked wide of the mark for some time. I didn't know what he was trying to say.*

【边界】biānjiè（名）国与国、地区与地区之间的界线 *border；borderline；boundary*：中朝～ Zhōng-Cháo ～ *border between China and Korea*／这条河流就是两国的～. Zhè tiáo héliú jiù shì liǎng guó de ～. *This river marks the border between these two countries.*

【边境】biānjìng（名）紧靠国界的地方 *border；frontier*：～地区～ dìqū *border area*／偷越～的特务被边防战士抓住。Tōu yuè～ de tèwù bèi biānfáng zhànshì zhuāzhu. *The spy who secretly crossed the border was captured by the border guard.*

【边民】biānmín（名）边境的居民 *people living on the frontier；inhabitants of a border area*：这一带，两国的～常有来往。Zhè yídài，liǎng guó de ～ cháng yǒu láiwǎng. *The inhabitants of the border area between these two countries often have dealings with each other.*

【边卡】biānqiǎ（名）边境的哨所 *border checkpoint*

【边区】biānqū（名）民主革命时期，中国共产党在几个省接连的边缘地带建立的农村革命根据地 *border area（revolutionary base area in the countryside on the borders of several adjacent provinces，established by the Chinese Communist Party during the Democratic Revolution and the Anti-Japanese War）*：陕甘宁～ Shǎn-Gān-Níng ～ *the border area between Shaanxi，Gansu，Ningxia*

【边沿】biānyán（名）*edge*：桌子～ zhuōzi ～ *edge of a table*／小河的～ xiǎo hé de ～ *bank of a stream*／马路的～ mǎlù de ～ *edge of a main road*

【边音】biānyīn（名）〈语〉*lateral（sound）*

【边缘】biānyuán（名）周围边沿或跨着界线的部分 *edge；fringe；verge；brink；periphery*：～地区 ～ dìqū *border district*／～科学 ～ kēxué *frontier science*／死亡的～ sǐwáng de ～ *on the verge of death*

【边远】biānyuǎn（形·非谓）紧靠国界的，远离内地的 *distant；remote*：山区 ～ shānqū *a remote mountain area*／～城镇 ～ chéngzhèn *remote cities and towns*

编〔編〕biān

（动）(1)编织 *weave；plait；braid*：～草席 ～ cǎoxí *weave grass mats*／～箩筐 ～ luókuāng *weave wicker baskets*／小辫儿 ～ xiǎobiànr *plait one's hair* (2)组织或排列 *organize；arrange*：～队训练 ～ duì xùnliàn *formation training*／按水平～成三个班 àn shuǐpíng ～chéng sān ge bān *divide into three classes according to level* (3)创作，编写 *compose；write；compile*：～教材 ～ jiàocái *compile teaching materials*／～词典 ～ cídiǎn *compile a dictionary*／～话剧脚本 ～ huàjù jiǎoběn *write a script* (4)捏造 *cook；fabricate*：～瞎话 ～ xiāhuà *fabricate lies*／随便～个故事讲给孩子听。Suíbiàn ～ ge gùshi jiǎng gěi háizi tīng. *Make up a story to tell the children.*／别胡～，说实话。Bié hú ～，shuō shíhuà. *Don't make up stories, tell the truth.*

【编导】biāndǎo（动）编剧和导演 *write and direct（a play，film，etc.）*：这部电影是老林～的。Zhè bù diànyǐng shì Lǎo Lín ～ de. *This film was written and directed by Lao Lin.*（名）编剧和导演的人 *playwright-director；scenarist-director；choreographer-director*

【编号】biānhào（名）组编好了的号数 *serial number*

【编号】biān＝hào 按顺序组编排列号数 *number；give a number to*：新买来的二十本书还没有～，暂不外借。Xīn mǎilai de èrshí běn shū hái méiyou ～，zàn bú wàijiè. *The 20 books newly purchased have not been numbered and cannot be lent out for the time being.*

【编辑】biānjí（动）*edit；compile*：～词典 ～ cídiǎn *compile a dictionary*／～参考资料 ～ cānkǎo zīliào *compile reference materials*／这期画报已～好，可以排版了。Zhè qī huàbào yǐ ～ hǎo，kěyǐ pái bǎn le. *This issue of the pictorial has been edited and is ready for typesetting.*（名）从事编辑工作的人 *editor；compiler*：他是个报纸的～. Tā shì ge bàozhǐ de ～. *He's a newspaper editor.*

【编辑部】biānjíbù（名）担任书籍、报刊等编辑工作的机构 *editorial board*

【编剧】biānjù（名）编写剧本的人 *playwright；screenwriter；scenarist*

【编剧】biān＝jù 编写剧本 *write a play*：这本小说已改编成话剧了，由老林～. Zhè běn xiǎoshuō yǐ gǎibiān chéng huàjù le，yóu Lǎo Lín ～. *This novel has been made into a play by Lao Lin.*

【编目】biānmù（名）编排好的目录（多指书籍、展品等）*cata-*

logue：这是新出土文物的～，共132件。Zhè shì xīn chūtǔ wénwù de ～,gòng yìbǎi sānshí'èr jiàn. *This is a catalogue of newly excavated artifacts. There is a total of 132 pieces.*

【编目】biānmù＝mù *make a catalogue of*：他正在为近三十年有关汉语研究的论文～。Tā zhèngzài wèi jìn sānshí nián yǒuguān Hànyǔ yánjiū de lùnwén ～. *He is making a list of papers on the study of Chinese written over the last thirty years.*

【编排】biānpái（动）按一定目的把许多项目排列好先后次序 *arrange；lay out*：晚会节目已经～好了。Wǎnhuì jiémù yǐjīng ～ hǎo le. *The programme for the party has already been arranged.*

【编委】biānwěi（名）"编辑委员"的简称 *abbrev. for* "编辑委员" *(editorial committee member)*

【编写】biānxiě（动）(1)利用或参考现成的材料编成书、词典或写成文章 *compile*：～教材 ～ jiàocái *compile teaching materials*/ ～汉语课本 ～ Hànyǔ kèběn *compile a Chinese textbook*/ 百科全书的～工作今年完成不了。Bǎikē quánshū de ～ gōngzuò jīnnián wánchéng bù liǎo. *We won't be able to finish the compilation of the encyclopedia this year.* (2)创作 *compose；write*：～电影脚本 ～ diànyǐng jiǎoběn *write a film script*

【编选】biānxuǎn（动）编辑和选择 *select and edit；compile*：这本《古代小说选》是他～的。Zhè běn《Gǔdài Xiǎoshuō Xuǎn》shì tā ～ de. *He compiled this Anthology of Ancient Fiction.*

【编译】biānyì（动）编辑和翻译 *translate and edit*

【编造】biānzào（动）(1)根据材料组织排列(多指表格) *compile；draw up；work out*：～本年度预算 ～ běn niándù yùsuàn *work out this year's budget* (2)凭空捏造 *fabricate；invent；concoct；make up；cook up*：～谣言 ～ yáoyán *fabricate a story*

【编者】biānzhě（名）*editor；compiler*

【编者按】biānzhě'àn（名）在一篇文章或一条消息的前面,编辑人员所加的评论、意见等 *editorial note*

【编织】biānzhī（动）〈书〉*weave；knit；plait；braid*：这里的妇女都会～草席。Zhèli de fùnǚ dōu huì ～ cǎoxí. *The women around here can all weave straw mats.*/毛线～现在多用机器进行了。Máoxiàn ～ xiànzài duō yòng jīqì jìnxíng le. *Nowadays knitting is mostly done by machine.*

【编制】biānzhì（动）(1)编织器物 *weave；plait*：柳条可以～成各种筐子。Liǔtiáo kěyǐ ～ chéng gè zhǒng kuāngzi. *Willow twigs can be woven into various kinds of baskets.* (2)根据资料制定方案、计划等 *work out；draw up*：～基本建设规划 ～ jīběn jiànshè guīhuà *draw up a construction plan* (名)组织机构的设置及人数和职务的分配 *establishment of an organization, the number of staff and the allocation of their work*：我们研究所的～还没有最后确定。Wǒmen yánjiūsuǒ de ～ hái méiyou zuìhòu quèdìng. *No decision has yet been made on the staffing of our research institute.*/这个学校教员已经超过～。Zhège xuéxiào jiàoyuán yǐjīng chāoguò ～. *This school is already overstaffed with teaching personnel.*

【编著】biānzhù（动）〈书〉利用和参考现成资料,经过组织创作写成书 *compile；write*：这几位教员根据教学中积累的材料～了一本近义词词典。Zhè jǐ wèi jiàoyuán gēnjù jiàoxué zhōng jīléi de cáiliào ～ le yì běn jìnyìcí cídiǎn. *These teachers have compiled a dictionary of synonyms on the basis of data accumulated while teaching.*

【编纂】biānzuǎn（动）编写(多指资料较多,篇幅较大的著作) *compile*：～百科全书 ～ bǎikē quánshū *compile an encyclopedia*

蝙 biān

【蝙蝠】biānfú（名）[只 zhī] *bat*

鞭 biān
（名）(1)◇同"鞭子"biānzi *same as* "鞭子" biānzi：皮～ pí～ *leather-thonged whip*/ 马～ mǎ～ *horse whip* (2)古代的一种铁制兵器或武术器械 *an iron staff used as a weapon in ancient China* (3)成串的小爆竹 *a string of small firecrackers*：放一挂 ～ fàng yí guà ～ *set off a string of firecrackers*

【鞭策】biāncè（动）比喻严格督促,使进步 *spur on；urge on*：文艺批评应该能起～作家的作用。Wényì pīpíng yīnggāi néng qǐ ～ zuòjiā de zuòyòng. *Literary criticism should serve the function of encouraging writers.* /以成绩和教训～自己前进。Yǐ chéngjì hé jiàoxùn ～ zìjǐ qiánjìn. *One should spur oneself on with successes as well as lessons.* (名)鼓舞人进步的动力 *spur；encouragement*：老师的表扬对学生是有力的～。Lǎoshī de biǎoyáng duì xuéshēng shì yǒulì de ～. *The teacher's praise is a strong encouragement to the students.*

【鞭笞】biānchī（动）〈书〉用鞭子或板子打(人) *whip；flog；lash*

【鞭打】biāndǎ（动）用鞭子抽打 *whip；flog；lash*

【鞭炮】biānpào（名）(1)*firecrackers* (2)*string of firecrackers*

【鞭挞】biāntà（动）〈书〉鞭打,比喻批判、抨击 *lash；castigate*：大家都来写文章,～因循守旧的恶习。Dàjiā dōu lái xiě wénzhāng, ～ yīnxún shǒujiù de èxí. *Let's all write an article castigating the pernicious habit of sticking to old ways.*

【鞭子】biānzi（名）[杆 gǎn、条 tiáo] *whip*

biǎn

贬 〔貶〕biǎn
（动）(1)◇给以低的评价(跟"褒"相对) *devalue (opposite to* "褒"*)*：这篇文章被他们～得一文不值。Zhè piān wénzhāng bèi tāmen ～ de yì wén bù zhí. *They condemned this article as worthless.* (2)降低(旧指官职,现多指价值) *reduce；censure；depreciate；demote*：～官 ～ guān *demote*/ ～价 ～ jià *devalue*

【贬低】biǎndī（动）把人或事物的价值说得比实际低 *belittle；depreciate；play down；disparage*：～别人,抬高自己。～biérén,táigāo zìjǐ. *to belittle others so as to build up oneself* /千古名著,谁也～不了。Qiāngǔ míngzhù,shuí yě ～ bu liǎo. *You can't belittle a literary work which has been famous through the ages.*

【贬义】biǎnyì（名）语句中含有的不赞成之意,和"褒义"相对 *derogatory meaning (opposite of 褒义)*："勾结"有合作的意思,但包含～,只表示为了干坏事的合作。"Gōujié"yǒu hézuò de yìsi,dàn bāohán ～, zhǐ biǎoshì wèile gàn huàishì de hézuò. *While "gōujié" has the meaning of cooperation, it includes a derogatory sense and is only used to express collusion.*

【贬义词】biǎnyìcí（名）意义中含有厌恶、否定色彩的词,跟"褒义词"相对 *derogatory term*："顽固"和"顽强"意义很接近,但前者是个～,而后者是褒义的。"Wángù" hé "wánqiáng" yìyì hěn jiējìn,dàn qiánzhě shì ge ～, ér hòuzhě shì bāoyì de. *"Wángù" and "wánqiáng" are very close in meaning, but the former is a a derogatory term whereas the latter is a commendatory term.*

【贬值】biǎn＝zhí *devaluate；depreciate (currency)*

扁 biǎn
（形）字体、图形上下的距离比左右的距离小,物体的厚度比长度、宽度小 *flat*：～圆形 ～yuánxíng *oblate* /那个～

～的纸包是什么东西？Nàge ～～ de zhǐbāo shì shénme dōngxi? *What is that flat package?* /把那块蛋糕压～了。Bǎ nà kuài dàngāo yā～ le. *He crushed the cake.* "看扁"意思是看不起(人)"看扁" *means look down on; despise; underestimate*: 别把人看～了，他还是有他的长处的。Bié bǎ rén kàn～ le, tā háishi yǒu tā de chángchù de. *You shouldn't underestimate him, he has his strong points.* 另见 piān

【扁担】biǎndan（名）[条 tiáo] 用来挑或抬东西的扁而长的用具，用竹或木做成 *carrying pole; shoulder pole*: 东西太重，～都被压弯了。Dōngxi tài zhòng, ～ dōu bèi yāwān le. *The shoulder pole is bent because the load is too heavy.*

【扁豆】biǎndòu（名）*string bean*

【扁桃腺】biǎntáoxiàn（名）*tonsil*

匾 biǎn（名）挂在门上或墙上的题字的横牌，表示赞扬或作为标记 *inscribed board*: 这位老中医家里还有一块过去病人送他的～，写着"妙手回春"。Zhè wèi lǎo zhōngyī jiā lǐ hái yǒu yí kuài guòqù bìngrén sòng tā de～, xiězhe "miào shǒu huí chūn". *This old traditional Chinese doctor still has a plaque given by a former patient with the inscription "妙手回春" (To bring the dying back to life by means of a miraculous cure).* /从前店铺门上都挂着一块～，写着店铺的名字。Cóngqián diànpù mén shang dōu guàzhe yí kuài～, xiězhe diànpù de míngzi. *Shops used to have name plaques hanging over their doors.*

biàn

变〔變〕biàn（动）(1)和以前不同 *change; alter; become different*: 三年没见，他一点儿没～。Sān nián méi jiàn, tā yìdiǎnr méi ～. *He hasn't changed a bit in the three years since I last saw him.* /家乡～了，～得更美丽了。Jiāxiāng ～ le, ～ de gèng měilì le. *My hometown has changed and has become even more beautiful.* /树叶从绿～黄，已经是秋天了。Shùyè cóng lǜ ～ huáng, yǐjīng shì qiūtiān le. *Autumn is here and the leaves have already turned yellow.* /他～聪明了。Tā ～ cōngming le. *He has got smarter.* /冻得他脸色都～了。Dòng de tā liǎnsè dōu ～ le. *He was so cold that his color changed.* (2)使和以前不一样 *change; alter*: 我们必须～被动为主动。Wǒmen bìxū ～ bèidòng wéi zhǔdòng. *We must regain the initiative.* /你不能～～你的脾气吗？Nǐ bù néng ～～ nǐ de píqi ma? *Can't you try to control yourself a little?* /把落后的管理方法～为先进的。Bǎ luòhòu de guǎnlǐ fāngfǎ ～wéi xiānjìn de. *Turn outmoded methods of management into advanced ones.* /太阳晒得窗帘已经～颜色了。Tàiyáng shài de chuāngliánr yǐjīng ～ yánsè le. *The sunlight has faded the curtain.*

【变本加厉】biàn běn jiā lì（贬）变得比原来更加严重、恶劣 *become aggravated; be further intensified*

【变成】biàn/chéng 一种情形成为(另一种情形)，使……成为～ *change into; turn into; become; transform*: 把农业国～工业国 bǎ nóngyèguó ～ gōngyèguó *turn agricultural countries into industrial ones* /荒山～了果园。Huāngshān ～ le guǒyuán. *Barren hills have been turned into orchards.* /战争把这座美丽的城市～一片废墟。Zhànzhēng bǎ zhè zuò měilì de chéngshì ～ yí piàn fèixū. *The war turned this beautiful city into ruins.* /几年工夫，技术员～了经理。Jǐ nián gōngfu, jìshùyuán ～ le jīnglǐ. *It took the technician several years to become a manager.*

【变电站】biàndiànzhàn（名）[座 zuò] *transformer station*

【变调】biàn=diào 汉语普通话两个音节连读时声调的变化。有以下几条规则：(1)第三声后面有第一、第二、第四声或轻声时，这第三声读作半三声，如"曙光"、"主席"、"请坐"、"喜欢"。(2)两个第三声相连，或一个三声后连由三声转来的轻声，第一个变为第二声，如"你好"、"理想"、"总统"、"老虎"、"抖擞"。但有的亲属称呼为三声字重叠，第二个读轻声，声调不变，如"姐姐"、"奶奶"。(3)轻声前一音节的声调改变其音高：第一声、第二声和第四声之后较低，第三声之后较高 *tone sandhi (When two syllables are pronounced consecutively, one will sometimes change its tone. The rules for the tone change are as follows:(1)When a 3rd tone is followed by a 1st, 2nd, 4th or neutral tone, it changes into a semi-third tone, e.g."曙光","主席","请坐","喜欢".(2)When a 3rd tone is followed by another 3rd tone, or a neutral tone which was originally a 3rd tone, the first syllable changes into a 2nd tone, e.g."你好","理想","总统","老虎","抖擞". However with some kinship terms, the second syllable is pronounced in the neutral tone, but the first syllable still keeps its third tone, e.g."姐姐","奶奶".(3)A syllable with a neutral tone changes its pitch after syllables of different tones. After a first, second or fourth tone it has a lower pitch, but a higher pitch after a third tone.)*

【变动】biàndòng（动）*change; alter*: 时间减少了一天，要～一下旅行的路线。Shíjiān jiǎnshǎole yì tiān, yào ～ yíxià lǚxíng de lùxiàn. *The itinerary will have to be changed if the travel time is reduced by a day.* /因为下雨，今天的活动又得～。Yīnwèi xià yǔ, jīntiān de huódòng yòu děi ～. *Today's activities will have to be changed again because of the rain.* /会议的地点不再～了。Huìyì de dìdiǎn bú zài ～ le. *The place for the meeting will not be changed again.*（名）和以前不同的地方 *change*: 领导班子有很大的～。Lǐngdǎo bānzi yǒu hěn dà de ～. *There have been great changes in the leading group.* /局势又发生了新的～。Júshì yòu fāshēngle xīn de ～. *There has been another change in the situation.*

【变法】biànfǎ（名）*political reform*

【变法儿】biàn=fǎr〈口〉想各种办法尽最大力量 *try different ways*: 买不到就买不到，用不着～去买。Mǎi bu dào jiù mǎi bu dào, yòng bu zháo ～ qù mǎi. *If we can't buy it, there's no point in trying different ways to buy it.* /他变着法儿弄到两张音乐会的票。Tā biànzhe fǎr nòngdào liǎng zhāng yīnyuèhuì de piào. *He has tried different ways and got hold of two tickets for the concert.* /你得变出法儿来说服他才行。Nǐ děi biàn chū fǎr lai shuōfú tā cái xíng. *You will just have to try different ways to persuade him.*

【变革】biàngé（名）事物的人为的本质的变化 *transformation*: 中国的农村现在发生了空前的～。Zhōngguó de nóngcūn xiànzài fāshēngle kōngqián de ～. *The Chinese countryside is currently undergoing an unprecedented transformation.*（动）使……发生本质的变化 *transform; change*: 必须～吃大锅饭的体制。Bìxū ～ chī dàguōfàn de tǐzhì. *The system which treats everybody equally regardless of effort must be changed.*

【变更】biàngēng（动）更动，改变 *change; alter; modify*: 学习班学习的内容要～一些。Xuéxíbān xuéxí de nèiróng yào ～ yìxiē. *The contents of the study class should be modified.* /因为～了修建计划，经费得增加。Yīnwèi ～ le xiūjiàn jìhuà, jīngfèi děi zēngjiā. *Because of modifications in the construction plans increased funds will have to be allocated.*

【变故】biàngù（名）意外发生的事，灾难 *an unforeseen event; accident; catastrophe*: 他儿子死了，这么大年纪遭到这样的～，实在太不幸了。Tā érzi sǐ le, zhème dà niánjì zāodào zhèyàng de ～, shízài tài búxìng le. *His son has died. To meet with such a catastrophe at such an old age is really unfortunate.*

【变卦】biàn=guà 定好的事忽然改变 *go back on one's word*;

break an agreement; *suddenly change one's mind*：你不是同意我去吗？怎么又变了卦了？Nǐ búshì tóngyì wǒ qù ma? zěnme yòu biànle guà le? *Didn't you agree to let me go? How come you're changing your mind?* /他从来说话算数，不会～。Tā cónglái shuō huà suàn shù, bú huì ～. /*He has never broken his word and never will.* /那姑娘是真的爱这小伙子吗？会不会～？Nà gūniang shì zhēn de ài zhè xiǎohuǒzi ma? huì bu huì ～? *Does that girl really love that guy? Will she change her mind?*

【变化】biànhuà（动）事物的本质或形态、数量等产生了不同原来的情况 *change*：事物都永远在～，有的～得快，有的～得慢。Shìwù dōu yǒngyuǎn zài ～, yǒude ～ de kuài, yǒude ～ de màn. *Everything is constantly changing*；*some changes are rapid and some are slow.*（名）指事物所产生的新情况 *change*：这几年学校的～可不小。Zhè jǐ nián xuéxiào de ～ kě bù xiǎo. *The school has undergone quite a few changes over the last few years.* /他的思想发生了很大的～。Tā de sīxiǎng fāshēngle hěn dà de ～. /*His great changes have taken place in his thinking.* /燃烧是一种化学～。Ránshāo shì yì zhǒng huàxué ～. *Combustion is a type of chemical change.*

【变幻】biànhuàn（动）（事物的内容或形式经常）不规则地变化 （*of the substance of things, of circumstances, etc.*）*change irregularly*；*fluctuate*：二十年风云～，各方面都发生了很大变化。Èrshí nián fēngyún ～, gè fāngmiàn dōu fāshēngle hěn dà biànhuà. *After twenty years of constantly-fluctuating events, every aspect has undergone tremendous changes.*

【变幻莫测】biànhuàn mò cè 变化多而无规律，无法预先知道 *changeable*；*unpredictable changes*：这个山区气候～。Zhège shānqū qìhòu ～. *The weather in this mountain area is unpredictable.*

【变换】biànhuàn（动）更改 *vary*；*alternate*：还是那两盆花儿，～了位置就好看多了。Hái shì nà liǎng pén huār, ～ le wèizhi jiù hǎokàn duō le. *Nevertheless, it looked a lot better after those two flower pots were switched around.* /同样要求，～个说法，人家就容易接受。Tóngyàng yāoqiú, ～ yí ge shuōfǎ, rénjia jiù róngyì jiēshou. *If the request is reworded, it will be more easily accepted.*

【变节】biàn ＝ jié 丧失节操，叛变投敌 *be a turncoat*；*become a traitor*：～分子 ～ fènzǐ *traitor* /敌人威逼利诱都没有使他～。Dírén wēibī lìyòu dōu méiyou shǐ tā ～. *He did not become a traitor in spite of the enemy's intimidation and bribery.*

【变脸】biàn ＝ liǎn 翻脸 *suddenly turn hostile*：正说着，老徐忽然变了脸，拍着桌子大骂起来。Zhèng shuōzhe, Lǎo Xú hūrán biànle liǎn, pāizhe zhuōzi dà mà qilai. *As he was talking, Lao Xu suddenly turned hostile and started to pour forth a stream of abuse as he pounded the desk.*

【变量】biànliàng（名）〈数〉*variable*

【变乱】biànluàn（名）〈书〉战争或其他事变造成的混乱 *turmoil*；*social upheaval*

【变卖】biànmài（动）把衣物财产卖掉 *sell off* (*one's property*)

【变迁】biànqiān（动·不及物）（大的情况长时期）变化、转移 *great change* (*over a long term*)：时代变化得快，语言～也快。Shídài biànhuà de kuài, yǔyán ～ yě kuài. *If society changes rapidly, language will also change rapidly.* /多年的绿化工作使这里自然环境迅速～。Duō nián de lǜhuà gōngzuò shǐ zhèlǐ zìrán huánjìng xùnsù ～. *Many years of forestation have caused the natural environment around here to change rapidly.* /长时间中的各种变化 *vicissitude*；*change*：所谓沧海桑田是指很大的社会～。Suǒwèi cānghǎi sāngtián jiùshì zhǐ hěn dà de shèhuì ～. *The expression "cānghǎi sāngtián (the seas change into farmland*

and vice versa)" refers to great social changes. /这三十年我们生活中各方面的～够大的了。Zhè sānshí nián wǒmen shēnghuó zhōng gè fāngmiàn de ～ gòu dà de le. *There has been some fairly large changes in all aspects of our life over the last thirty years.*

【变色】biàn ＝ sè（1）颜色变化了 *change colour*；*discolour*：枫叶到了秋天就会～。Fēngyè dàole qiūtiān jiù huì ～. *As soon as autumn comes, maple leaves change colour.* /要镇定，要做到脸不～心不跳。Yào zhèndìng, yào zuòdào liǎn bú ～ xīn bú tiào. *You must calm down so that your face stops losing colour and your heart stops jumping.*（2）发怒 *get angry*：勃然～ bórán ～ *flare up*

【变色龙】biànsèlóng（名）（1）*chameleon*（2）比喻观点态度多变的政治投机分子 *opportunist*

【变数】biànshù（名）〈数〉*variable*

【变速器】biànsùqì（名）*transmission*

【变速运动】biàn sù yùndòng〈物〉*variable motion*

【变态】biàntài（名）（1）〈生〉*metamorphosis*（2）〈生〉*modified*；*modification*（3）不正常的状态（跟"常态"相对）*abnormal*：～心理 ～ xīnlǐ *abnormal psychology*

【变天】biàn ＝ tiān（1）天气骤然变化（从好到坏）*change in the weather* (*from good to bad*)：又起风了，看样子要～。Yòu qǐ fēng le, kàn yàngzi yào ～. *The wind is getting up, it looks like the weather is going to change.*（2）被推翻的反动势力复辟 *restoration of reactionary rule*

【变天账】biàntiānzhàng（名）指被打倒的阶级敌人隐藏的准备变天用的文字材料 *restoration records* (*of usurious loans, former land holdings, etc. kept secretly by members of the overthrown classes dreaming of a comeback*)

【变通】biàntōng（动）非原则性地改变，以适应客观情况 *be flexible*；*accomodate or adapt sth. to circumstances*：我们可以～一下，让你晚上闭馆时把词典拿去用，明天开馆时前送回来。Wǒmen kěyǐ ～ yīxià, ràng nǐ wǎnshang bì guǎn shí bǎ cídiǎn náqu yòng, míngtiān kāi guǎn qián sòng huilai. *Here's what we can do for you — we'll let you take the dictionary out when the library closes in the evening and return it tomorrow when we open.*

【变戏法】biàn ＝ xìfǎ *perform conjuring tricks*；*conjure*；*juggle*

【变相】biànxiàng（形·非谓）（贬）形式变化，本质和内容不变 *in disguised form*；*covert* (*derog.*)：他请你吃饭是～行贿。Tā qǐng nǐ chī fàn shì ～ xíng huì. *His taking you out to eat is a disguised form of bribery.* /用大包改小包来实行～涨价。Yòng dà bāo gǎi xiǎo bāo lái shíxíng ～ zhǎng jià. *to disguise a price increase by making the package smaller* /以次货充好货，就是～坑骗顾客。Yǐ cì huò chōng hǎo huò, jiù shì ～ kēngpiàn gùkè. *Passing off inferior merchandise for something of higher quality is a disguised way of cheating the customer.*

【变心】biàn ＝ xīn 对人的爱或忠诚改变了（多指男女爱情）*cease to be faithful* (*in love, etc.*)：男方变了心，另有所爱。Nánfāng biànle xīn, lìng yǒu suǒ ài. *The man stopped being faithful and found another love.* /他向小袁表示永不～。Tā xiàng Xiǎo Yuán biǎoshì yǒng bú ～. *He professed to Xiao Yuan that he would remain forever faithful to her.*

【变形】biàn ＝ xíng 形状、规格变得与原来不同（指变得不好、不正常）*be out of shape*；*become deformed*：这个柜子～了，抽屉都关不上了。Zhège guìzi ～ le, chōuti dōu guān bu shàng le. *This cupboard is out of shape, the drawers won't close.* /他患了多年关节炎，手指都变了形了。Tā huànle duō nián guānjiéyán, shǒuzhǐ dōu biànle xíng le. *He has suffered from arthritis for many years and his fingers have become deformed.*

【变压器】biànyāqì（名）*transformer*

【变异】biànyì（名）〈生〉*variation*

【变质】biàn=zhì 人的思想或事物的本质变坏 go bad；deteriorate；degenerate：这个干部逐渐～，终于成了贪污犯。Zhège gànbù zhújiàn～，zhōngyú chéngle tānwūfàn. This cadre became more and more corrupt until finally he was arrested as an embezzler. /这些药片～了。Zhèxiē yàopiàn～ le. These pills have gone bad. / 变了质的食物不能吃。Biànle zhì de shíwù bù néng chī. You can't eat food that has gone bad.

【变种】biànzhǒng（名）(1)〈生〉variation；mutation (2)〈贬〉比喻跟已有的形式有变化而实质相同的错误或反动的思潮、流派等 variant of an ideology or theory (derog.)：机会主义的～ jīhuìzhǔyì de ～ a variant of opportunism

便 biàn
（副）〈书〉意思用法与"就"的一部分相同。用"便"的地方都可换成"就"（its usage and meaning are identical to a part of "就" jiù；"便" can always be replaced by "就"）(1)同"就"jiù(1)，用于表示时间的词语之后，表示时间早或短same as "就" jiù(1)（used after a word denoting time to indicate that the time is short or early）：世界明星联队在世界排球锦标赛刚结束不久～组成了。Shìjiè Míngxīng Liánduì zài Shìjiè Páiqiú Jǐnbiāosài gāng jiéshù bùjiǔ ～ zǔchéng le. The Team of World Stars was formed right after the World Volleyball Championship ended. / 她的母亲在她五岁的时候～离开了人世。Tā de mǔqin zài tā wǔ suì de shíhòu ～ líkāile rénshì. Her mother passed away when she was only five years old. / 这个旅游团在西安只住了两天，第三天上午～乘飞机去上海了。Zhège lǚyóutuán zài Xī'ān zhǐ zhùle liǎng tiān，dìsān tiān shàngwǔ ～ chéng fēijī qù Shànghǎi le. This tour group only stayed in Xi'an for two days before taking the plane to Shanghai on the morning of the third day. / 王大夫在九点以前～查完了病房，现在又去门诊了。Wáng dàifu zài jiǔ diǎn yǐqián ～ cháwánle bìngfáng，xiànzài yòu qù ménzhěn le. Dr. Wang finished his rounds of the wards before nine o'clock；now he has gone to the outpatient service. (2)同"就"jiù(5)，用于表示因果、条件等关系的复句的后一分句里，承接前一分句 same as "就" jiù(5)（used in the last clause to carry on the idea expressed in the preceding clause in a sentence which indicates a relationship between cause and effect，conditions，etc.）：因为年底事多，大家～比平常紧张繁忙。Yīnwèi niándǐ shì duō，dàjiā ～ bǐ píngcháng jǐnzhāng fánmáng. We are all much busier than usual because there is so much to do at year's end. / 没有辛勤的劳动，～不可能获得丰硕的成果。Méi yǒu xīnqín de láodòng，～ bù kěnéng huòdé fēngshuò de chéngguǒ. You cannot reap a rich harvest without hard work first. /有勇气承认错误，～能进步。Yǒu yǒngqì chéngrèn cuòwu，～ néng jìnbù. If you have the courage to admit your mistakes，then you can make progress. 另见 pián

【便当】biàndang（形）方便、顺手、容易 convenient；handy；easy：在你～的时候，请到我家来一趟。Zài nǐ ～ de shíhou，qǐng dào wǒ jiā lái yí tàng. Come to my home at your convenience. / 请放在这儿，这样会起来比较～。Qǐng fàng zài zhèr，zhèyàng ná qilai bǐjiào ～. Please put it here so that I can easily reach for it. / 我住得离百货大楼很近，买东西～得很。Wǒ zhù de lí Bǎihuò Dàlóu hěn jìn，mǎi dōngxi ～ de hěn. I live very close to a department store，so it's very handy for me to go shopping.

【便道】biàndào（名）(1)马路两侧的人行道 sidewalk；pavement (2)因修路临时改用的道路 makeshift road

【便饭】biànfàn（名）[顿 dùn]日常普通饭食 informal everyday meal：请你就在我家吃顿～吧，这可实在不是请客。Qǐng nǐ jiù zài wǒ jiā chī dùn ～ ba，zhè kě bú shì qǐng kè. I'm not having anything special but please stay and eat with me.

【便服】biànfú（名）平时穿的服装，也指中式服装（区别于"西服"、"制服"或"礼服"）everyday clothes；informal dress；Chinese styled clothes：～穿着比较舒服。～ chuānzhe bǐjiào shūfu. It is more comfortable to wear Chinese styled clothes.

【便利】biànlì（形）convenient；easy：我住的地方买东西很～。Wǒ zhù de dìfang mǎi dōngxi hěn ～. Where I live is handy for shopping. / 交通～对城市来说很重要。Jiāotōng ～ duì chéngshì lái shuō hěn zhòngyào. Good transportation is very important for a city. （动）使方便 facilitate：鼓励个体户经营商业，～群众生活。Gǔlì gètǐhù jīngyíng shāngyè，～ qúnzhòng shēnghuó. Encouraging small family units to run businesses will make life easier for the people.

【便门】biànmén（名）(～儿)正门之外的小门 side door

【便秘】biànmì（名）constipation

【便人】biànrén（名）可以趁方便委托办事的人 somebody who happens to be on hand to run an errand：有～进城，你捎东西不捎？Yǒu～jìn chéng，nǐ shāo dōngxi bù shāo？There's somebody going downtown. Do you want him to buy anything for you？/要有～去，我想托他带个口信儿。Yào yǒu ～ qù，wǒ xiǎng tuō tā dài ge kǒuxìnr. If somebody happens to be going there，I'd like to have him or her pass on a message for me.

【便条】biàntiáo（名）[张 zhāng]写着说明事项的纸条或非正式的简便书信、通知 informal note：这张～是通知他开会的。Zhè zhāng ～ shì tōngzhī tā kāi huì de. This note is to tell him about the meeting.

【便鞋】biànxié（名）[双 shuāng]轻便的鞋，一般指布鞋 cloth shoes；slippers

【便宴】biànyàn（名）非正式的简单宴席 informal dinner：设～招待客人。Shè ～ zhāodài kèren. Have an informal dinner for one's guests.

【便衣】biànyī（名）(1)非军警人员穿的服装 civilian clothes：这张相是一个解放军穿～照的。Zhè zhāng xiàng shì yí ge jiěfàngjūn chuān ～ zhào de. This is a picture of a liberation army soldier wearing civilian clothes. (2)穿着便衣执行侦察、保卫任务的军人、警察 plain-clothes-man

【便于】biànyú（动）〈书〉……方便，使……比较容易进行 easy to；convenient for：把古文译成现代汉语，～水平低的人学习。Bǎ gǔwén yìchéng xiàndài Hànyǔ，～ shuǐpíng dī de rén xuéxí. Translating the classics into modern Chinese will make them easier to study for the ordinary people. / 编了个～索引，～查找各种文章。Biānle yí ge suǒyǐn，～ cházhǎo gè zhǒng wénzhāng. He compiled an index to make it easier to look up references. / 把行李捆紧，～托运。Bǎ xíngli kǔnjǐn，～ tuōyùn. Tying up the baggage will make it more convenient to check.

遍 biàn
（动）达到每个地方 all over；everywhere：我们的朋友～天下。Wǒmen de péngyou ～ tiānxià. We have friends all over the world. 常作补语（often used as a complement）：踏～名山大川 yóu～ míng shān dà chuān have travelled far and wide / 他的名声传～全国。Tā de míngshēng chuán～ quánguó. He is well-known throughout the country. /几个书架都查～了，也没找到那本书。Jǐ ge shūjià dōu chá～ le，yě méi zhǎodào nà běn shū. I scoured the shelves for that book but still couldn't find it. （量）次、回 time：《红楼梦》我看过三～。《Hónglóumèng》wǒ kànguo sān ～. I've read "The Dream of the Red Chamber" three times.

【遍布】biànbù（动）到处都是，到处都有 be found everywhere：街上～警哨。Jiēshang ～ jǐngshào. Police checkpoints can be found everywhere in the streets. / 他手上～紫色的斑点。Tā shǒushang ～ zǐsè de bāndiǎn. There are purplish spots all over his hands.

【遍地】 biàndì（名）普遍，到处 *everywhere; all over the place*：～覆盖了白雪 ～ fùgàile báixuě *There is snow everywhere.* / ～的落叶 ～ de luòyè *Fallen leaves are everywhere.* / 下水道堵塞，污水流得～都是。Xiàshuǐdào dǔsè, wūshuǐ liú de ～ dòu shì. *The sewer is blocked and there's dirty water all over the place.*

【遍及】 biànjí（动）〈书〉达到（各个地方）*extend or spread all over; reach every place*：影响～全校 yǐngxiǎng ～ quán xiào *The effect spread throughout the whole school.* / 这种药物过敏反应～全身。Zhè zhǒng yàowù guòmǐn fǎnyìng ～ quánshēn. *This type of drug allergy affects the whole body.*

【遍体鳞伤】 biàn tǐ línshāng 全身受伤，伤势严重 *be beaten black and blue; covered all over with cuts and bruises; be a mass of bruises*：他出了车祸，摔得～。Tā chūle chēhuò, shuāi de ～. *He was in an accident and is covered in cuts and bruises.*

辨 biàn（动）◇分析；区别 *distinguish; discriminate; differentiate*：真假难～ zhēn jiǎ nán ～ *It is difficult to distinguish between truth and falsehood, the genuine and the fake.* /你不该不～是非地对双方同样责备。Nǐ bù gāi bú ～ shìfēi de duì shuāngfāng tóngyàng zébèi. *You should differentiate between right and wrong and not lay the blame on both sides equally.*

【辨别】 biànbié（动）在认识上区别（不同事物）*distinguish; discriminate; differentiate*：在大森林里很难～方向。Zài dà sēnlín li hěn nán ～ fāngxiàng. *It's hard to get your bearings in a large forest.* / ～美与丑 ～ měi yǔ chǒu *distinguish between beauty and ugliness*

【辨明】 biànmíng（动）*distinguish between*：～是非 ～ shìfēi *distinguish between right and wrong*

【辨认】 biànrèn（动）根据特点分析、辨别并做出判断 *identify; recognize; make out*：我们班同学的字迹我都能～出来。Wǒmen bān tóngxué de zìjì wǒ dōu néng ～ chulai. *I can recognize my fellow students' handwriting.* / 这兄弟俩长得太像了，很难～。Zhè xiōngdì liǎ zhǎng de tài xiàng le, hěn nán ～. *These two brothers are so alike that it's difficult to tell them apart.*

【辨析】 biànxī（动）辨别分析 *differentiate and analyse; discriminate*：把这几组近义词加以～。Bǎ zhè jǐ zǔ jìnyìcí jiāyǐ ～. *Discriminate between these groups of words with similar meanings.*

辩〔辯〕biàn（动）争论，说理 *argue; dispute; debate*：真理越～越明。Zhēnlǐ yuè ～ yuè míng. *The more truth is debated, the clearer it becomes.* / 我不想和他～。Wǒ bù xiǎng hé tā ～. *I don't want to argue with him.* / 我～不过他。Wǒ ～ bu guò tā. *I cannot outargue him.*

【辩白】 biànbái（动）申明理由或说明真相，以消除别人的误解 *try to justify; make an excuse; try to defend oneself; offer an explanation*：无论什么时候都应该允许人为自己～。Wúlùn shénme shíhou dōu yīnggāi yǔnxǔ rén wèi zìjǐ ～. *People should always be given a chance to defend themselves.*

【辩驳】 biànbó（动）提出根据和理由否定对方的看法或意见 *argue and refute*：他的话刚完，好几个人站起来～。Tā de huà gāng wán, hǎo jǐ gè rén zhàn qilai ～. *He had barely finished speaking when several people stood up to refute his words.* / 他的理由充足，是～不了的。Tā de lǐyóu chōngzú, shì ～ bu liǎo de. *It cannot be disputed that he has sufficient reason.* / 这是公认的真理，不容～。Zhè shì gōngrèn de zhēnlǐ, bùróng ～. *This is a generally ac-*

cepted truth which cannot be refuted.

【辩护】 biànhù（动）（1）摆出理由和根据，说明某行为或意见正当合理，常说“为（替）……辩护”*speak in defence of; argue in favour of; defend*：为自己的错误行为～。Wèi zìjǐ de cuòwù xíngwéi ～. *Defend one's improper behaviour.* / 我无法替他～。Wǒ wúfǎ tì tā ～. *I am incapable of defending him.* （2）〈法〉*defend*

【辩护人】 biànhùrén（名）〈法〉*defender; counsel*

【辩护士】 biànhùshì（名）〈贬〉*apologist*

【辩解】 biànjiě（动）当某种行为或观点受到批评或指责时，为消除指责或减轻严重性而进行解释、辩护 *provide an explanation; try to defend oneself*：不容他～是不对的。Bùróng tā ～ shì bú duì de. *It's mistaken not to allow him to explain himself.* / 他是在为自己的错误～。Tā shì zài wèi zìjǐ de cuòwù ～. *He is explaining away his mistake.*

【辩论】 biànlùn（动）（持不同观点、见解的双方）彼此）展开争论 *argue; debate*：他最喜欢跟人～。Tā zuì xǐhuan gēn rén ～. *He likes to argue with people a lot.* / 经过～，统一了思想，统一了认识。Jīngguò ～, tǒngyīle sīxiǎng, tǒngyīle rènshi. *After arguement, we have sought the unity of thinking and understanding.* / 联合国大会就第三项提案进行～。Liánhéguó Dàhuì jiù dìsān xiàng tí'àn jìnxíng ～. *The United Nations General Assembly is debating about the third motion.*

【辩证】 biànzhèng（形）符合辩证法的 *dialectical*：～的观点 ～ de guāndiǎn *the dialectical point of view* / ～统一规律 ～ tǒngyī guīlǜ *the law of the dialectical unity* / 要～地分析问题 yào ～ de fēnxī wèntí *(We) should analyse questions dialectically.*

【辩证法】 biànzhèngfǎ（名）*dialectics*

【辩证唯物主义】 biànzhèng wéiwùzhǔyì *dialectical meterialism*

辫〔辮〕biàn（名）（～儿）同“辫子” biànzi *plait; braid; pigtail*：妈妈替她编小～。Māma tì tā biān xiǎo～. *Her mather braided her hair for her.* / 麦秆儿可以编成草帽。Màigǎnr kěyǐ biānchéng cǎomào. *Wheat stalks can be woven into straw hats.*

【辫子】 biànzi（名）[条 tiáo]（1）*braid; plait; pigtail*：每天早上梳～，太麻烦了。Měi tiān zǎoshang shū ～ le. *It's too troublesome to braid one's hair every morning.* （2）像辫子的东西 *something like braid*：把蒜编成～好保存。Bǎ suàn biānchéng ～ hǎo bǎocún. *braid garlics into braids for store* （3）比喻把柄（fig.）*fact that may be used against sb.*：他没有什么～怕人抓。Tā méi yǒu shénme ～ pà rén zhuā. *He has nothing to be capitalized on by anyone.*

biāo

标〔標〕biāo（动）用记号或文字表明 *put a mark or tag on*：～上号码 ～shang hàomǎr *number sth.* / 这个句子～问号还是～感叹号？Zhège jùzi ～ wènhào háishi ～ gǎntànhào? *Are we to put a question mark or an exclamatory mark at the end of this sentence?* /这批货～上价钱了没有？Zhè pī huò ～shang jiàqián le méiyou? *Have those goods been marked the price or not?* （名）◇事物的表面或枝节，与“本”相对 *the trivial part or outward sign of sth.* (as opp. to 本)：APC 只治～不治本。APC zhǐ zhì ～ bú zhì běn. *APC will only give temporary relief, and not effect a permanent cure.*

【标榜】 biāobǎng（动）〈贬〉夸耀 *brag about; flaunt*：民主 ～ mínzhǔ *brag about democracy* /～自由 ～ zìyóu *flaunt the banner of liberty* /互相 ～ hùxiàng ～ *boast each other*

【标本】biāoběn（名）specimen；sample：采集植物 ～ cǎijí zhíwù ～ collect plant specimens /制做动物 ～ zhìzuò dòngwù ～ make animal specimens

【标兵】biāobīng（名）(1)阅兵场上用来标志界线的士兵。泛指群众集会中用来标志某种界线的人 parade guard；pacesetter (2)比喻可作为学习榜样的人或单位 a model；an example to be followed：他是我们厂的劳动～。Tā shì wǒmen chǎng de láodòng～. He is the working pacesetter in our plant. / 二车间是生产～。Èr chējiān shì shēngchǎn ～. The second workshop is the production example.

【标尺】biāochǐ（名）surveyor's rod；staff gauge

【标点】biāodiǎn（名）同"标点符号" biāodiǎn fúhào same as "标点符号" biāodiǎn fúhào

【标点符号】biāodiǎn fúhào punctuation mark

【标号】biāohào（名）(～儿) grade：高～水泥 gāo ～ shuǐní high-grade cement

【标记】biāojì（名）记号；标志 mark；sign：看过的稿子一定要画上一个～。Kànguo de gǎozi yídìng yào huàshang yí ge ～. It's necessary to mark the manuscripts which have been examined.

【标价】biāojià（名）标明的价格 marked price：各种商品都有～。Gè zhǒng shāngpǐn dōu yǒu ～. Each kind of merchandise has a marked price.

【标价】biāo＝jià 给货物或商品标明价格 mark a price：这批商品已经～了，可以出售。Zhè pī shāngpǐn yǐjing ～ le, kěyǐ chūshòu. These merchandises can be for sale, because they have already been marked the price. / 这批大衣还没标好价，暂不卖。Zhè pī dàyī hái méi biāohǎo jià, zàn bú mài. These overcoats are not for sale temporarily, because they have not been marked the price.

【标量】biāoliàng（名）〈物〉scalar quantity

【标明】biāomíng（动）用文字或某种记号让人知道 mark；indicate：这件毛衣怎么没一尺寸？Zhè jiàn máoyī zěnme méi ～ chǐcùn? Why is this woolen sweater not marked the size? /汽车站的牌子上都一起点站和终点站。Qìchēzhàn de páizi shang dōu ～ qǐdiǎnzhàn hé zhōngdiǎnzhàn. All of the signs at bus stops indicate the starting station and the terminus.

【标签】biāoqiān（名）系或贴在物品上标明品名、价格、用途等的纸片 label；tag：上飞机时每一件行李都系上一个～，写明目的地。Shàng fēijī shí měi yí jiàn xínglǐ dōu jìshang yí ge ～, xiěmíng mùdìdì. A tag of destination is fastened to every piece of luggage on board a plane. / 这种药片的～上怎么说的? Zhè zhǒng yàopiànr de ～ shang zěnme shuō de? What does the tag of these medicinal tablets say? /药瓶的～上说明了这种药片的用途。Yàopíngr de ～ shang shuō-míng zhè zhǒng yàopiànr de yòngtú. The tag on the bottle of medicine tells the use.

【标枪】biāoqiāng（名）javelin

【标题】biāotí（名）文章、报刊新闻等的题目 title；heading；headline；caption：社论的～是什么? Shèlùn de ～ shì shénme? What is the title of the editorial? /大～下还分五个小～。Dà ～ xià hái fēn wǔ ge xiǎo ～. The main headline includes five sub-headlines.

【标新立异】biāo xīn lì yì (1)〈贬〉故意提出新奇的主张显示自己 express unconventional ideas just to show one is different from others (derog.) (2)勇于革新创造 be original and do things creatively：我们要敢于～，大胆改革。Wǒmen yào gǎnyú ～, dàdǎn gǎigé. We should dare to be innovative and reform boldly.

【标语】biāoyǔ（名）[条 tiáo]slogan

【标语牌】biāoyǔpái（名）placard

【标语塔】biāoyǔtǎ（名）为书写标语、口号建造的塔形建筑物 slogan pylon

【标志】biāozhì（动）表明，后边常跟"着" mark；show：蒸气机～着工业革命的开始。Zhēngqìjī ～ zhe gōngyè gémìng de kāishǐ. The steam engine marked the beginning of the industrial revolution. / 1949年新中国的成立～着中华民族的复兴。Yījiǔsìjiǔ nián xīn Zhōngguó de chénglì ～ zhe Zhōnghuá mínzú de fùxīng. The founding of the People's Republic of China in 1949 marked the revival of the Chinese nation. (名)代表特征的记号 marking；symbol；sign：白发是老年的～。Báifà shì lǎonián de ～. White hair is the sign of old age. / 要弄清楚地图上表示铁路公路河流等的～。Yào nòng qīngchu dìtú shang biǎoshì tiělù gōnglù héliú děng de ～. It's necessary to identify the symbols of railways, highways, rivers, etc. on the map.

【标致】biāozhì（形）容貌美丽（多用于女子）(usu. of women)beautiful；pretty：那姑娘长得可～了。Nà gūniang zhǎng de kě ～ le. That girl is really beautiful.

【标准】biāozhǔn（名）standard；criterion：符合～fúhé ～ up to standard /没达到～ méi dádào ～ didn't reach the standard / 用共产党员的～来要求自己。Yòng gòngchǎndǎng-yuán de ～ lái yāoqiú zìjǐ. Set the demands of a Communist on oneself. (形)合乎标准的 standard：～时间 ～ shíjiān standard time /他发音很～。Tā fā yīn hěn ～. He has very standard pronunciation. / 老王说一口～的英语。Lǎo Wáng shuō yì kǒu ～ de Yīngyǔ. Lao Wang speaks standard English.

【标准化】biāozhǔnhuà（动）standardization

【标准时】biāozhǔnshí（名）standard time

【标准音】biāozhǔnyīn（名）standard pronunciation

【标准语】biāozhǔnyǔ（名）standard speech：普通话是中国的～。Pǔtōnghuà shì Zhōngguó de ～. Putonghua is the standard speech in China.

膘 biāo
（名）(～儿)肥肉(用于牲畜) fat (of an animal)：长～zhǎng ～ get fat；put on weight；flesh out /这块猪肉～太厚了。Zhè kuài zhūròu ～ tài hòu le. There's too much fat on this piece of pork.

biǎo

表 biǎo
（名）(1)[张 zhāng]表格 table；chart；form：火车时刻～ huǒchē shíkè ～ train timetable /课程～ kèchéng～ class schedule/填登记～ tián dēngjì ～ fill out the registration form (2)[表][块 kuài, 只 zhī] watch；meter：买了块女～mǎile kuài nǚ ～ bought a woman watch (3)thermometer：给他试试，看发烧不发烧。Gěi tā shìshi, kàn fā shāo bù fā shāo. Let's take his temperature to make sure whether he has a fever or not. / 水～ shuǐ～ water meter (动)表示 express；show：略～谢意 lüè ～ xièyì slightly show one's thanks /深～同情 shēn ～ tóngqíng express one's profound sympathy (for sb.)

【表白】biǎobái（动）向人解释、说明自己(情况或意思) explain oneself：他再三～他不是重男轻女。Tā zàisān ～ tā bú shì zhòng nán qīng nǚ. He tries repeatedly to explain that he does not consider men superior to women. / 这件事他明明插手了，也没用。Zhè jiàn shì ～ tā míngmíng chā shǒu le, ～yě méi yòng. It's obvious that he has interfered in this affair, so, it's useless to explain.

【表层】biǎocéng（名）物体最外面的一层 outer layer；surface：地壳的～有的地方是土壤。Dìqiào de ～ yǒude dìfang shì tǔrǎng. Some surface of the earth's crust is soil.

【表达】biǎodá（动）表示(思想、感情) express：没有把意思～清楚 méiyou bǎ yìsi ～ qīngchu did not express clearly /他汉语口头～能力很强。Tā Hànyǔ kǒutóu ～ nénglì hěn qiáng. He is very proficient in oral Chinese. / 感激的心情

充分～出来了。Gǎnji de xīnqíng chōngfèn ～ chulai le. *expressed the grateful feeling fully*

【表弟】biǎodì（名）父亲的姐妹和母亲的兄弟姐妹的儿子，比自己年龄小的 *son of one's father's sister or mother's brother or sister (younger than oneself)*; cousin

【表哥】biǎogē（名）父亲的姐妹或母亲的兄弟姐妹的儿子，比自己年龄大的 *son of one's father's sister or mother's brother or sister (older than oneself)*; cousin

【表格】biǎogé（名）分项画格,按要求填写数字或文字的书面材料 *form; table; chart*: 填写～ tiánxiě ～ *fill out forms* /画一张～把学生考试成绩登记一下。Huà yì zhāng ～ bǎ xuésheng kǎoshì chéngjì dēngjì yíxià. *Make a form to register the scores of students.*

【表姐】biǎojiě（名）父亲的姐妹和母亲的兄弟姐妹的女儿，比自己年龄大的 *daughter of one's father's sister or mother's brother or sister (older than oneself)*; cousin

【表决】biǎojué（动）*put to the vote; vote*: 最后,大会～, Zuìhòu, dàhuì ～. *Finally, the conference took a vote.* /～结果,老李当选为主任。～ jiéguǒ, Lǎo Lǐ dāngxuǎn wéi zhǔrèn. *The result of vote is that Lao Li is selected as the director.* /这件事得全体代表投票～。Zhè jiàn shì děi quántǐ dàibiǎo tóu piào ～. *This affair needs to be voted on by all representatives.*

【表决权】biǎojuéquán（名）*right to vote; suffrage*

【表里不一】biǎo lǐ bù yī 外表和里面不一样,指人的思想和言行不一致 *one is not what one professes to be*: ～就是欺骗。 ～ jiù shì qīpiàn. *It's cheat that one is not what one professes to be.*

【表里如一】biǎo lǐ rú yī 外表和里面一样,指人的思想和言行完全一致 *what one says and does corresponds with what is in one's mind; one's inner and outer selves are in harmony*: 他～,你完全可以放心。Tā ～, nǐ wánquán kěyǐ fàng xīn. *You can set your mind at rest, because what he says and does corresponds with what is in his mind.*

【表露】biǎolù（动）显示、流露 *show; reveal*: 他对她的爱慕～得够明显的了。Tā duì tā de àimù ～ de gòu míngxiǎn de le. *His admiration for her is showed obviously enough.* /他尽力不使激动的心情～出来。Tā jìn lì bù shǐ jīdòng de xīnqíng ～ chulai. *He does his best to not to show his exciting feeling.*

【表妹】biǎomèi（名）父亲的姐妹和母亲的兄弟姐妹的女儿，比自己年龄小的 *daughter of one's father's sister or mother's brother or sister (younger than oneself)*; cousin

【表面】biǎomiàn（名）（1）物体的最外面或事物的可以看见的表象 *surface; appearance; outside*: 电镀就是在金属～镀上一层别的金属。Diàndù jiù shì zài jīnshǔ ～ dùshang yì céng biéde jīnshǔ. *Electroplating is to electroplate a layer of another kind of metal on the surface of some metal.* /木板的～刨得不平。Mùbǎn de ～ bào de bù píng. *The surface of the plank was not planed smoothly.* /从～上看,妻子听丈夫的,其实正相反。Cóng ～ shang kàn, qīzi tīng zhàngfu de, qíshí zhèng xiāngfǎn. *Superficially, the wife obeys the husband, but the fact is just the opposite.*

【表面化】biǎomiànhuà（动）（矛盾由隐藏的）变成明显的 *become overt; come out into the open*: 他们俩之间的问题并没有解决,矛盾更加～了。Tāmen liǎ zhī jiān de wèntí bìng méiyou jiějué, máodùn gèngjiā ～ le. *The problem between those two has not been resolved, and the contradiction has become more apparent.*

【表面性】biǎomiànxìng（名）外在的或非本质的现象的局限 *superficiality*: 看问题要防止～和片面性。Kàn wèntí yào fángzhǐ ～ hé piànmiànxìng. *Considering questions should avoid superficiality and one-sidedness.*

【表面张力】biǎomiàn zhānglì〈物〉*surface tension*

【表明】biǎomíng（动）表示明白、清楚 *make clear; demon-*strate; indicate: 他不愿意～自己的观点。Tā bú yuànyì ～ zìji de guāndiǎn. *He is not willing to make known his opinion.* /赞成还是反对,你应该～态度。Zànchéng háishi fǎnduì, nǐ yīnggāi ～ tàidu. *Whether to agree or to oppose, you should demonstrate your attitude.*

【表皮】biǎopí（名）*epidermis*

【表亲】biǎoqīn（名）跟祖父、父亲的姐妹的子女的亲戚关系,或跟祖母、母亲的兄弟姐妹的子女的亲戚关系。表亲不同姓 *cousin (as in one's paternal great aunt's and paternal aunt's children or one's maternal cousin*; 表亲 *do not have the same family name)*

【表情】biǎoqíng（名）面部或姿态表达出来的思想感情 *facial expression*: 脸上毫无～。Liǎnshang háo wú ～. *There is no expression on his face.* /演员的～有点过火。Yǎnyuán de ～ yǒudiǎnr guò huǒ. *The actor's expression is a bit overdone.*

【表示】biǎoshì（动）（1）（用语言、行为或文字）表达思想、感情或态度等 *express; show*: 他早就～不欢迎我们去。Tā zǎo jiù ～ bù huānyíng wǒmen qù. *He showed long ago that he did not welcome us.* /大家鼓掌,～赞成。Dàjiā gǔ zhǎng, ～ zànchéng. *All of them applauded to express agreement.* /他写信来～很想跟我们合作。Tā xiě xìn lai ～ hěn xiǎng gēn wǒmen hézuò. *He wrote a letter to show that he would like very much to cooperate with us.* （2）显示某种含义 *indicate*: 他在书上画的问号都～异议。Tā zài shū shang huà de wènhào dōu ～ yìyì. *The question marks he made on the book all means dissent.* /凡是老师用红笔画圈的都～那个字写得好。Fánshì lǎoshī yòng hóng bǐ huà quānr de dōu ～ nàge zì xiě de hǎo. *Every character circled by the teacher means that the character is very well written.*（名）表达思想感情的言行或神情 *expression; indication*: 信他看了,可是没有什么～。Xìn tā kàn le, kěshì méi yǒu shénme ～. *He read the letter but there was no response.* /虽然没说话,笑容就是友好的～。Suīrán méi shuō huà, xiàoróng jiù shì yǒuhǎo de ～. *Although he didn't say anything his smile meant friendliness.*

【表叔】biǎoshū（名）父亲的表弟 *one's father's* 表弟

【表率】biǎoshuài（名）榜样 *good example*: 干部要做群众的～。Gànbù yào zuò qúnzhòng de ～. *Cadres should become models to the people.* /小王在我们车间起着一～作用。Xiǎo Wáng zài wǒmen chējiān qǐzhe ～ zuòyòng. *Xiao Wang plays the role of a good example in our workshop.*

【表态】biǎo＝tài 表示态度(赞成或反对,支持或不支持等) *make public one's stand; clarify one's stand*: 方案一提出来,大家纷纷～,有赞成的,也有反对的。Fāng'àn yì tí chulai, dàjiā fēnfēn ～, yǒu zànchéng de, yě yǒu fǎnduì de. *Once the plan was submitted, everybody clarified their stand; some of them favored it and some of them opposed it.* /他不～是因为不了解情况。Tā bù ～ shì yīnwèi bù liǎojiě qíngkuàng. *He didn't make public his stand because he was not clear about the case.*

【表现】biǎoxiàn（动）（1）显现出来（多指精神、品质等方面）*express; show; display (spirit, character, quality, etc.)*: ～出大无畏的精神 ～ chū dàwúwèi de jīngshén *show the utterly fearless spirit* /她～得很坚强。Tā ～ de hěn jiānqiáng. *She displayed a very strong character.* /这个孩子在学校和在家都～不错。Zhège háizi zài xuéxiào hé zài jiā dōu ～ búcuò. *This child behaves very well both in school and at home.* （2）（贬）故意显示自己 *show off*: 好～的人并不一定真有本事。Hào ～ de rén bìng bù yídìng zhēn yǒu běnshi. *The person who likes to show off does not necessarily have the real capability.* /他就爱自我～。Tā jiù ài zìwǒ ～. *He likes to show off.* （名）从言行中可以看出的品质 *manifestation*: 无论在学习还是工作中,他的～都不错。Wúlùn zài xuéxí háishi gōngzuò zhōng, tā de ～ dōu búcuò.

Whether in study or work, he is doing very well. / 小李的～可不怎么样。Xiǎo Lǐ de ～ kě bù zěnmeyàng. *Xiao Li doesn't seem to make good impressions.*

【表现力】biǎoxiànlì（名）文艺作品的反映生活、表现客观事物、表达思想感情的能力或技巧（*in literary and artistic works*）*ability or technique of reflecting life, expressing objective things and conveying ideas and emotions*

【表兄】biǎoxiōng（名）同"表哥"biǎogē *same as "表哥" biǎogē*

【表演】biǎoyǎn（动）(1)（在观众面前）演出（舞蹈、杂技等）*perform*；*act*：～芭蕾舞 ～ bālěiwǔ, *give a ballet performance* /～魔术 ～ móshù *give a magic display* (2)做技术、技巧的示范 *demonstrate*：～烹调技术 ～ pēngtiáo jìshù *demonstrate cooking skills* /～操作方法 ～ cāozuò fāngfǎ *demonstrate method of operation* (3)〈贬〉（在一定场合）通过各种言行使人看清一个人的真实面貌 *reveal*（*one's character*）（*derog.*）：今天的宴会上你等着看她～吧。Jīntiān de yànhuì shang nǐ děngzhe kàn tā ～ ba. *You just wait and see her act at the banquet today.* (名)（某项）*performance*；*exhibition*；*demonstration*：今天晚上有什么精彩的～? Jīntiān wǎnshang yǒu shénme jīngcǎi de ～? *What good performance is there tonight?*

【表演唱】biǎoyǎnchàng（名）一种带有戏剧性表演或舞蹈动作的歌唱 *singing with actions or dancing*

【表扬】biǎoyáng（动）公开赞美、夸奖 *praise*；*commend*：好人好事应该～。Hǎorén hǎoshì yīnggāi ～. *Good people and good deeds should be praised.* / 今天在会上～了五个青年厂长。Jīntiān zài huì shang ～ le wǔ ge qīngnián chǎngzhǎng. *Five young directors of factories were commended in the meeting today.*

【表语】biǎoyǔ（名）〈语〉有的语法书用来指句中"是"后边的成分，如"我是老师"中的"老师"；也泛指名词性谓语和形容词性谓语，如"妹妹十七岁"，"她很聪明"中的"十七岁"和"很聪明"（*gram.*）*predicative, e.g. "老师" in "我是老师"；also "十七岁" in "妹妹十七岁",and "很聪明" in "她很聪明"*

【表彰】biǎozhāng（动）隆重表扬（比较大的功绩）*cite*；*commend*（*meritorious deed*）

biē

憋 biē（动）(1)抑止，堵住 *hold back*；*restrain*：他～一口气，从水底游到对岸。Tā ～ yī kǒu qì, cóng shuǐ dǐ yóudào duì'àn. *He held his breath and swam across to the opposite bank underwater.* / 把劲儿～得足足的，准备大干。Bǎ jìnr ～ de zúzú de, zhǔnbèi dà gàn. *be bursting with energy and prepare to work hard* /这些话～在心里好几天了，今天一定要说。Zhèxiē huà ～ zài xīnli hǎo jǐ tiān le, jīntiān yídìng yào shuō. *I've been restraining myself for quite a few days and I must speak out today.* (2)闷，不痛快 *stuffy*；*oppressed*：开开窗户通通风吧，屋里～得难受。Kāikai chuānghu tōngtong fēng ba, wū li ～ de nánshòu. *Let's open the window and let in some air as the room is very stuffy.* /这话不说太～得慌。Zhè huà bù shuō tài ～ de huang. *If the thing is not spoken out, he feels very much oppressed.*

【憋闷】biēmèn（形）不舒畅，烦闷 *be dejected*；*be depressed*；*feel oppressed*：人家对他的误解使他感到～。Rénjia duì tā de wùjiě shǐ tā gǎndào ～. *Other people's misunderstanding of him makes him depressed.*

【憋气】biēqì（形）(1)窒息的感觉 *short of breath*；*suffocating*：海拔太高，空气稀薄，使人觉得～。Hǎibá tài gāo, kōngqì xībó, shǐ rén juéde ～. *At so high an elevation the air is thin and one can hardly breathe.* (2)气闷，不痛快 *feel angry and depressed*；*dejected*：这么明显的道理，怎么就说不服他，真～! Zhème míngxiǎn de dàolǐ, zěnme jiù shuō bu fú tā, zhēn～! *The argument was so obvious, yet it could not convince him. How suffocating!*

鳖 〔鱉〕biē（名）*soft-shelled turtle*

bié

别 bié（动）(1)◇分离 *leave*；*make one's departure*；*depart*：两个人一～就是十年。Liǎng ge rén yī ～ jiù shì shí nián. *It has been ten years since they two parted.* / 临～他送我一张相片儿。Lín ～ tā sòng wǒ yì zhāng xiàngpiānr. *When I was leaving, he gave me a picture of his.* /我终于回到～了二十余年的故乡。Wǒ zhōngyú huídào ～le èrshí yú nián de gùxiāng. *Finally I came back to my homeland which I had left for more than twenty years.* (2)pin things together；clip things together：奖章～在左胸前。Jiǎngzhāng ～ zài zuǒ xiōng qián. *A badge is pinned on his left chest.* / 把两份稿件～在一起。Bǎ liǎng fèn gǎojiàn ～ zài yìqǐ. *Clip the two manuscripts together.* (3)插（在腰带上）*tuck*：腰上～着一把斧子。Yāoshang ～zhe yì bǎ fǔzi. *(He) is having an axe tucked into his belt.* (副)〈口〉(1)用于祈使句，同"不要" búyào，表示劝阻或禁止 *same as "不要" búyào* (*used in an imperative sentence*)*don't*：～啰嗦了!这些话我已经听够了! ～ luōsuo le, zhèxiē huà wǒ yǐjing tīnggòu le! *Don't jabber away. I've heard enough!* /大家都～喝生水，不卫生。Dàjiā dōu ～ hē shēngshuǐ, bú wèishēng. *Don't any of you drink unboiled water; it's unsanitary.* /就一个人没来，咱们～等了，先走吧。Jiù yí ge rén méi lái, zánmen ～ děng le, xiān zǒu ba. *There is only one person who hasn't come yet. Let's not wait for him, let's go ahead.* / 千万～做那些违法乱纪的事。Qiānwàn ～ zuò nàxiē wéifǎ luànjì de shì. *Don't break the law and order.* / 你可～太大意了，有病就得及时治疗。Nǐ kě ～ tài dàyi le, yǒu bìng jiù děi jíshí zhìliáo. *Don't be so careless. If you're ill, you should seek treatment without delay.* 在对话中，"别"可以单用（"别"*can be used alone within a dialogue*）：时间不早了，我该走了。——～，再坐一会儿吧! Shíjiān bù zǎo le, wǒ gāi zǒu le. ——～, zài zuò yíhuìr ba! *It's late. I should go.* —— *No, do stay a little while longer!* /要是没事，我把电话挂了吧。——～～，老钟还有事跟你谈。Yàoshi méi shì, wǒ bǎ diànhuà guàle ba. ——～～, Lǎo Zhōng hái yǒu shì gēn nǐ tán. *If that's all, I'll hang up now.* —— *No, don't. Lao Zhong still has something to discuss with you.* (2)"别想"或"别打算"是一种强调说法，表示客观上没有可能（"别想"*or* "别打算" *are expressions used to emphasize impossibility*）*don't think about*：这件事不经过母亲的同意，你就～想办成。Zhè jiàn shì bù jīngguò mǔqin de tóngyì, nǐ jiù ～ xiǎng bànchéng. *Don't even think about doing this without your mother's approval.* / 他要是不想说，你就～打算问出一个字儿来。Tā yàoshi bù xiǎng shuō, nǐ jiù ～ dǎsuan wènchū yí ge zìr lái. *Don't even consider asking him to say one word if he's not willing to tell you.* /那部词典，你没有提前预订，那就～想买到。Nà bù cídiǎn, nǐ méiyou tíqián yùdìng, nà jiù ～ xiǎng mǎidào. *You didn't order that dictionary in advance,so don't even think about getting a copy.* / 他不想戒烟，你也～打算说服他。Tā bù xiǎng jiè yān, nǐ yě ～ dǎsuan shuōfú tā. *Don't even consider talking him round because he doesn't want to quit smoking.* (3)"别提"用于感叹句中，强调程度高，不用细说，句尾要带"了"（"别提"*is used in an exclamatory sentence to emphasize an extreme; there must be "了" at the end of the sentence*）be-

yond description：冰城的各种冰雕～提有多美了。Bīngchéng de gè zhǒng bīngdiāo ～ tí yǒu duō měi le. *You cannot imagine how beautiful all the ice sculptures are in the Ice City.* / 那孩子～提多聪明了，在科技大学少年班从来都考第一。Nà háizi ～ tí duō cōngming le, zài kējì dàxué shàonián bān cónglái dōu kǎo dìyī. *It's amazing how clever that child is. So far, he has come first in every exam in the juvenile class at the University of Science and Technology.* / 我的慢性咽炎又犯了，那个难受劲儿就～提了。Wǒ de mànxìng yānyán yòu fàn le, nàge nánshòu jìnr jiù ～ tí le. *My chronic pharyngitis has flared up again. The pain is indescribable.* (4)在许多熟语或成语中表示"另、另外"的意思 (in many idioms and phrases，"别" has the same meaning as "另" or "另外")：他们似乎～有心思，我全猜不出。Tāmen sìhū ～ yǒu xīnsi, wǒ quán cāi bu chū. *They seem to have other intentions, but I simply cannot guess what these could be.* / 小张那幅一具风格的"池塘"画，参加美国的画展时，轰动了西雅图。Xiǎo Zhāng nà fú 一 jù fēnggé de "Chítáng" huà, cānjiā Měiguó de huàzhǎn shí, hōngdòngle Xīyǎtú. *When Xiao Zhang's painting "The Pond", which has a distinctive flavour, was exhibited in the U. S., it caused a sensation in Seattle.* / 我只想为人民多做工作，～无求。Wǒ zhǐ xiǎng wèi rénmín duō zuò gōngzuò, ～ wú tā qiú. *I just wanted to do more for the people. I had no other intentions.* 另见 bié

【别称】biéchēng (名)正式名称以外的名称 another name：番茄的～是西红柿。Fānqié de ～ shì xīhóngshì. *Another name for 番茄 is 西红柿.*

【别出心裁】bié chū xīn cái 主意独特，与众不同 have an original idea；be unique：有人在水下举行婚礼，可以算是～了。Yǒu rén zài shuǐ xià jǔxíng hūnlǐ, kěyǐ suànshì ～ le. *Some people hold wedding ceremonies underwater. We must say it is unique.*

【别处】biéchù (名)别的地方 elsewhere；other place：这里没有，～也许有。Zhèli méi yǒu, ～ yěxǔ yǒu. *We don't have it, maybe you can find it somewhere else.* / 去一找一找 qù ～zhǎo yī zhǎo go to some other place to look for it /"吗"只能放在句子末尾，不能放在～。"Ma" zhǐ néng fàng zài jùzi mòwěi, bù néng fàng zài ～. *"吗" can be put at the end of a sentence only. It cannot be placed anywhere else.* / 文章里不会只有一个错字，看看～还有没有。Wénzhāng li bú huì zhǐ yǒu yí ge cuòzì, kànkan ～ hái yǒu méi yǒu. *It is impossible to have only one wrong character in the article. Would you please check up whether there is any more elsewhere.*

【别的】biéde (代)其他的或另外的 other：这十个人去故宫，～人去长城。Zhè shí ge rén qù Gùgōng, ～ rén qù Chángchéng. *These ten persons will go to the Palace Museum, and the others will go to the Great Wall.* /我只要一杯水，～什么东西都不要。Wǒ zhǐ yào yì bēi shuǐ, ～ shénme dōngxi dōu bú yào! *I'd like to have a glass of water, and nothing else.* /书桌上除了几本词典，没有～。Shūzhuō shang chúle jǐ běn cídiǎn, méi yǒu ～. *There is nothing else on the desk except several dictionaries.* /今天只谈第一个问题，～不谈。Jīntiān zhǐ tán dìyī ge wèntí, ～ bù tán. *Today we are going to talk about the first question only, nothing else.*

【别动队】biédòngduì (名) special detachment；commando

【别管】biéguǎn (连)同"不管"bùguǎn，用得较少 same as "不管" bùguǎn (but seldom used)：刮风下雨，你就按约定的时间去。～ guā fēng xià yǔ, nǐ jiù àn yuēdìng de shíjiān qù. *No matter whether it's windy or raining, you must go at the appointed time.* /他们怎么对待你，你要对得起良心。～ tāmen zěnme duìdài nǐ, nǐ yào duì de qǐ liángxīn. *No matter how they treat you, you must have a clear conscience.* /为什么那些干部、厂长，～他赚钱、赔钱，能干、不能干，一

当就是一辈子? Wèi shénme nàxiē gànbù、chǎngzhǎng, ～ tā zhuàn qián、péi qián, nénggàn、bù nénggàn, yì dāng jiù shì yíbèizi? *Why is it that once cadres and factory directors assume their posts, they keep them for the rest of their lives, no matter whether they make or lose money, or whether they're competent or not?* /～他是干部还是群众，进门一律凭票。～ tā shì gànbù háishì qúnzhòng, jìn mén yílǜ píng piào. *No matter whether you are a cadre or a commoner, admission is by ticket only.*

【别具一格】bié jù yī gé 另有一种独特的风格，含褒义 have a unique (or distinctive) style (has a commendatory meaning)

【别开生面】bié kāi shēng miàn 另外创造新形式或开创新局面 create a new form；break new ground：以京剧形式演莎士比亚剧本，真是～。Yǐ jīngjù xíngshi yǎn Shāshìbǐyà jùběn, zhēn shì ～. *It is certainly very original to make a Shakespeare play into a Beijing opera.*

【别看】biékàn (连)用于复句的第一分句前，指出人、物的某种现象，表示这只是表面现象，重点在第二分句，说明实质问题。后一分句常有表示转折的连词"但是""可是"等与它呼应 in spite of；despite (used in the first part of a sentence of two or more clauses to point out a certain kind of phenomenon in a person or thing and to show that this phenomenon is superficial；the focal point in the second clause illustrates the crux of the matter；the second clause often uses conjunctions such as "但是"，"可是"，etc.)：～他年纪不大，却很精明，谁也骗不了他。～ tā niánjì bú dà, què hěn jīngmíng, shuí yě piàn bu liǎo tā. *Despite the fact that he's young, he is nevertheless very astute. Nobody can fool him.* /～他能说会道的，办事儿可不怎么有办法。～ tā néng shuō huì dào de, bàn shìr kě bù zěnme yǒu bànfǎ. *In spite of his glib tongue, he can't do a thing.* /～我们是多年的邻居，可是没什么来往。～ wǒmen shì duō nián de línjū, kěshì méi shénme láiwǎng. *Despite the fact that we've been neighours for years, we don't have any dealings with each other.*

【别名】biémíng 人或物正式名字名称以外的名字 another name：现在的人很少有～。Xiànzài de rén hěn shǎo yǒu ～. *Very few people have another name now.* /青蛙的～叫田鸡。Qīngwā de ～ jiào tiánjī. *Besides* 青蛙, *frog has another name,* 田鸡.

【别人】biérén (代)别的人 another person；others：你不说，～怎么会了解你的心事？Nǐ bù shuō, ～ zěnme huì liǎojiě nǐ de xīnshì? *If you didn't speak up, how could others know what you thought?* /那件事不要告诉～。Nà jiàn shì búyào gàosu ～. *Don't tell that to others.* /除我以外～都不认识你。Chú wǒ yǐwài ～ dōu bú rènshi nǐ. *Nobody knows you except me.*

【别是】biéshì (副)〈口〉表示对事情、现象的猜测。说话人对自己的判断没有十分把握 perhaps；can it be that；is it possible that (the speaker is not entirely certain of his or her judgment)：这棵小树怎么还不发芽，～死了吧！Zhè kē xiǎo shù zěnme hái bù fā yá, ～ sǐle ba! *Why is it that this tree hasn't put forth any buds yet? Can it be that it's dead?* /那本字典找不着了，～什么人借走了。Nà běn zìdiǎn zhǎo bu zháo le, ～ shénme rén jièzǒu le. *Can't find that dictionary. Is it possible that somebody borrowed it?* /天这么阴，～要下雨吧。Tiān zhème yīn, ～ yào xià yǔ ba. *The sky is so dark perhaps it's going to rain.*

【别树一帜】bié shù yī zhì 同"独树一帜" dú shù yī zhì same as "独树一帜" dú shù yī zhì

【别墅】biéshù (名) villa

【别说】biéshuō (连)表示一种排除关系，意思是因情况不言自明，就不必说了，后边常用"就是"或"连"，引出深一层的排除 (indicates a type of elimination to belittle sth. in order to stress that sth. is so obvious, it needs not be mentioned；of-

ten followed by "就是" or "连" which introduces further e-limination) let alone：到处是沙漠、～水，就是一棵草也找不到。Dàochù shì shāmò，～ shuǐ，jiù shì yì kē cǎo yě zhǎo bu dào. There is desert everywhere，you can't even find a blade of grass，let alone water. /～粮食，就连几片菜叶，那时候也是好的呀！～ liángshi，jiù lián jǐ piàn càiyè，nà shíhou yě shì hǎo de ya! At that time，even a few leaves from greens were something，let alone grain. 少数情况下，"别说"也可以出现在句子的后半部分（sometimes，"别说" can appear in the last part of the sentence）：他连高等数学都会、～初等数学了。Tā lián gāoděng shùxué dōu huì，～ chūděng shùxué le. He can even do advanced math，let alone middle school math. /连一棵草都找不到，～水了。Lián yì kē cǎo dōu zhǎo bu dào，～ shuǐ le. Even a blade of grass can't be found，let alone water.

【别有用心】bié yǒu yòng xīn〈贬〉另有不可告人的企图或坏主意 with ulterior motives：他叫老刘去当主任是～，Tā jiào Lǎo Liú qù dāng zhǔrèn shì ～. He had ulterior motives in assigning Lao Liu to be the director.

【别针】biézhēn（名）pin；safety pin

【别致】biézhì（形）新奇，不寻常 novel and unusual；unique and ingenious：根雕艺术利用树根的自然形状，制成摆设，十分～。Gēndiāo yìshù lìyòng shùgēn zìrán xíngzhuàng，zhìchéng bǎishe，shífēn ～. Root carving is to make into knickknacks out of tree roots in their natural shapes, and they are quite novel and ingenious. /这篇短篇小说，构思～，结尾又出人意外，很受欢迎。Zhè piān duǎnpiān xiǎoshuōr，gòusī ～，jiéwěi yòu chū rén yìwài，hěn shòu huānyíng. This short story has an ingenious plot and an unexpected ending，and is well received by readers.

【别字】biézì（名）由于字形相近而写错或读错的字，如"找"写成"我"，"提纲"写成"题纲"，"遣"qiǎn 读成 yi（遗）；或把一个字的部分的读音误为整个字的读音，如"脍"（kuài）读成 hui（会）（参看"错字"cuòzì）a wrongly written character owing to similarity in form to another character，e. g."找" wrongly written into"我"，"提纲"into"题纲"；or a mispronounced character owing to similarity in form to another，e. g. 遣（qiǎn）mispronounced as"yí"（遗）；or owing to mistaking the pronunciation of a part of the character as the pronunciation of the character，e. g. 脍（kuài）mispronounced as"hui"（会）

整 bié
【整脚】biéjiǎo（形）〈方〉质量差 inferior in skill or quality；poor and incompetent：～货 ～huò inferior goods

biě
瘪
（形）凹陷；不饱满 shrivelled；flat：自行车带～了。Zìxíngchē dài ～ le. The bicycle has a flat tyre. /这个人瘦得两腮都～了。Zhège rén shòu de liǎng sāi dōu ～ le. This guy is so thin that he has hollow cheeks.

biè
别〔彆〕biè
另见 bié
【别扭】bièniu（形）(1)心不顺；难对付；令人不快 disagreeable；wretched；awkward；eccentric：把我最喜欢的杯子打破了，心里很～。Bǎ wǒ zuì xǐhuan de bēizi dǎpò le，xīnli hěn～. My favorite cup was broken，I feel very wretched. /椅子放在这儿，抽屉拉不开，找东西多～。Yǐzi fàng zài zhèr，chōuti lā bu kāi，zhǎo dōngxi duō ～ a. If the chair is placed here，the drawer cannot be opened；how inconvenient it is! /他脾气～，不爱说话也不跟人来往。Tā píqi ～，bú ài shuō huà yě bù gēn rén láiwǎng. He is eccentric，has very few words and never has anything to do with others. (2)有矛盾；合不来 be at odds；be at cross-purposes：这两个孩子到一起就闹～。Zhè liǎng ge háizi dào yìqǐ jiù nào ～. Whenever these two children get together，they are bound to quarrel. /许多事他自己不做也不让别人做，总是跟大家闹别扭扭的。Xǔduō shì tā zìjǐ bú zuò yě bú ràng biérén zuò，zǒng gēn dàjiā bièbieniūniū de. There are many things which he does not do himself nor does he allow others to do，so he is always at odds with all of us. (3)(说话、作文)不通顺 (of speech，writitng) awkward："写字在黑板上"是～的，应该说"把字写在黑板上"。"Xiě zì zài hēibǎn shang" shì hěn ～ de，yīnggǎi shuō "bǎ zì xiě zài hēibǎn shang". "写字在黑板上" is quite awkward，we should say "把字写在黑板上"。/定语太长，听着～，最好分成几句。Dìngyǔ tài cháng，tīngzhe ～，zuìhǎo fēnchéng jǐ jù. A long attributive sounds very awkward. It's better to divide the whole sentence into several clauses.

bīn

宾
〔賓〕bīn
（名）◇ 客人（跟"主"相对）guest：外～ wài～ foreign guest
【宾馆】bīnguǎn（名）招待客人食宿的地方 guesthouse
【宾客】bīnkè（名）客人的总称 guests；visitors
【宾语】bīnyǔ（名）〈语〉动词后的一种连带成分，用来回答"谁""什么"，如"我学中文"，"他喜欢踢足球"，"你买什么"，"小王说他不知道"这些句中的"中文"、"踢足球"，"什么"，"他不知道"都是宾语（gram.）object，e. g."中文"，"踢足球"，"什么"，"他不知道" in"我学中文"，"他喜欢踢足球"，"你买什么?""小王说他不知道"。
【宾至如归】bīn zhì rú guī 客人到了这里就像回到自己家里一样，形容旅馆、饭馆等对人招待周到，服务热情 guests feel at home（in a hotel，guesthouse，etc. where the service is excellent）；a home away from home
【宾主】bīnzhǔ（名）客人和主人 guest and host：～欢聚一堂 ～ huānjù yì táng Guests and hosts gather happily under the same roof. /～亲切交谈 ～ qīnqiè jiāotán Guests and hosts talk to each other cordially.

缤
〔繽〕bīn
【缤纷】bīnfēn（形）〈书〉色彩、式样等繁多（of colours，styles，etc.）in riotous profusion：到处都是五色～的鲜花。Dàochù dōu shì wǔsè ～ de xiānhuā. There are multi-coloured flowers in riotous profusion everywhere.

濒
〔瀕〕bīn
（动）紧靠（水边）be close to（the sea，a river，etc.）；border on
【濒临】bīnlín（动）〈书〉临近、接近（多指不幸的事）be close to；border on；be on the verge of（usu. misfortune）：公司～倒闭。Gōngsī ～ dǎobì. The company is on the verge of bankruptcy. / 父亲～破产。Fùqin ～ pò chǎn. Father is on the verge of going bankrupt. / 他已～绝境。Tā yǐ ～ juéjìng. He is already bordering on being in a hopeless situation.
【濒于】bīnyú（动）接近、临近(坏的遭遇) be on the verge of；be on the brink of：～死亡 ～ sǐwáng verge on death /～绝境 ～ juéjìng face an impasse：这种珍奇的动物几乎～绝迹。Zhè zhǒng zhēnqí de dòngwù jīhū ～ juéjì. This kind of rare animals verge on extinction.

bìn

摈〔擯〕bìn（动）〈书〉抛弃，除去 discard；get rid of
【摈除】bìnchú（动）〈书〉排除，除去 discard；get rid of：～私心杂念 ～ sīxīn zániàn discard selfish ideas and personal considerations /～一切陈旧的观念 ～ yíqiè chénjiù de guānniàn discard all outmoded ideas
【摈弃】bìnqì（动）〈书〉扔掉，抛弃（宾语多为抽象事物）discard；abandon；cast away（the object is usu. sth. abstract）：～一切不切实际的幻想 ～ yíqiè bú qiè shíjì de huànxiǎng abandon all unrealistic notions

殡〔殯〕bìn（动）〈书〉停放灵柩；把灵柩送到埋葬或火化的地方去 lay a coffin in a memorial hall；carry a coffin to the burial place or a crematory
【殡仪馆】bìnyíguǎn（名）供停放灵柩办理丧事的机构 funeral parlour（or home）；the undertaker's

鬓〔鬢〕bìn（名）鬓角 temples：两～斑白 liǎng ～ bānbái greying at the temples
【鬓发】bìnfà（名）鬓角的头发 hair on the temples
【鬓角】bìnjiǎo（名）耳朵前面长头发的地方 temples

bīng

冰 bīng（名）ice（动）make very cold；ice；refrigerate：把西瓜放在冰箱里去～上。Bǎ xīguā fàng zài bīngxiāng li qu ～shang. Put the watermelon in the refrigerator. / 冷水太～手了。Lěngshuǐ tài ～ shǒu le. The cold water is really freezing.
【冰雹】bīngbáo（名）hailstone
【冰场】bīngchǎng（名）skating rink；ice arena
【冰川】bīngchuān（名）glacier
【冰点】bīngdiǎn（名）freezing point
【冰刀】bīngdāo（名）(ice) skates
【冰袋】bīngdài（名）ice bag
【冰冻】bīngdòng（动）水结成冰 freeze：～食品 ～ shípǐn frozen food /要～两个小时 yào ～ liǎng ge xiǎoshí freeze for two hours
【冰棍儿】bīnggùnr（名）[根 gēn] 冷食的一种，由水、果汁、糖、牛奶等混合搅拌冷冻而成，插有木柄小把儿 ice-lolly made of the mixture of water, fruit juice, sugar and milk
【冰河】bīnghé（名）同"冰川"bīngchuān same as "冰川" bīngchuān
【冰窖】bīngjiào（名）存冰的地窖 icehouse
【冰冷】bīnglěng（形）(1)（触摸时感到）非常冷 ice-cold：～的河水 ～ de héshuǐ ice-cold water of river /手冻得～。Shǒu dòng de ～. The hands are ice-cold. (2)不热情，不温和 lacking in warmth；cold；frigid：～的态度 ～ de tàidù a frigid manner /他板着一副～的面孔。Tā bǎnzhe yí fù ～ de miànkǒng. He wore a cold face.
【冰凉】bīngliáng（形）〈口〉ice-cold
【冰淇淋】bīngqílín（名）ice cream
【冰球】bīngqiú（名）ice hockey
【冰山】bīngshān（名）iceberg
【冰上运动】bīng shàng yùndòng ice-sports
【冰霜】bīngshuāng（名）〈书〉形容神情严肃 austerity；gravity：脸色冷若～。Liǎnsè lěng ruò ～. a frosty look on one's face
【冰糖】bīngtáng（名）crystal sugar；rock candy

【冰天雪地】bīng tiān xuě dì 到处是冰雪 icy and snowy field；all covered with ice and snow；a world of ice and snow：～的南极已经有好几个国家的科学考察站。～ de Nánjí yǐjīng yǒu hǎo jǐ gè guójiā de kēxué kǎocházhàn. There are several investigating stations of different countries on the icy and snowy South Pole.
【冰箱】bīngxiāng（名）[个 gè] icebox；refrigerator
【冰鞋】bīngxié（名）[只 zhī，双 shuāng] skates；skating boots
【冰雪】bīngxuě（名）ice and snow：～封山 ～ fēng shān Snow has sealed the mountain pass. / 峰顶常年覆盖着～。Fēngdǐng chángnián fùgàizhe ～. The top of the mountain is covered with ice and snow throughout the year.
【冰镇】bīngzhèn（动）把饮料或食物放在冰上、碎冰中或电冰箱里使之凉 put ice around；refrigerate：～啤酒 ～ píjiǔ refrigerated beer /～西瓜 ～ xīguā iced watermelon
【冰砖】bīngzhuān（名）ice-cream brick

兵 bīng（名）(1)战士 soldier：他当了三年～。Tā dāngle sān nián ～. He has been a soldier for three years. (2)〈旧〉兵器 weapon；arms：短～相接 duǎn ～ xiāng jiē fight at close quarters (3)〈旧〉军队 army；troops：分～把守 fēn ～ bǎshǒu divide up the forces for defence (4)关于军事或战争的 war；fighting：纸上谈～ zhǐ shàng tán ～ fight only on paper；be an armchair strategist；engage in idle theorizing
【兵变】bīngbiàn（动·不及物）军队突然叛变 mutiny
【兵工厂】bīnggōngchǎng（名）arsenal
【兵荒马乱】bīng huāng mǎ luàn 形容战争造成的动荡不安的混乱局面 turmoil and chaos caused by war：在那～的战争年代，很多人家破人亡。Zài nà ～ de zhànzhēng niándài, hěn duō rén jiā pò rén wáng. Many people's fimilies were ruined or dead in those chaotic years of war.
【兵力】bīnglì（名）军队的实力，包括人员和武器装备 force；military strength：～不足 ～ bù zú shortage of force /了解～部署情况 liǎojiě ～ bùshǔ qíngkuàng find out the disposal of troops for battle
【兵马俑】bīngmǎyǒng（名）古代殉葬用的木制或陶制的兵士和战马 wood or clay figures of warriors and horses buried with the dead in ancient times
【兵器】bīngqì（名）泛指武器 weapons；arms：～工业 ～ gōngyè armaments industry
【兵士】bīngshì（名）ordinary soldier
【兵团】bīngtuán（名）〈军〉(1)军队中的最高组织，下辖几个军或师 the highest military unit which controls several troops；large unit；corps (2)泛指团以上的部队 army：主力～ zhǔlì ～ main force /这里不适于大作战。Zhèli bú shì yú dà ～ zuò zhàn. It is not appropriate for large units to fight here.
【兵役】bīngyì 指公民按兵役法规定当兵的义务 military service：服～ fú ～ serve in the army
【兵役法】bīngyìfǎ（名）国家规定公民入伍服兵役的法律 military service law
【兵营】bīngyíng（名）military camp；barracks
【兵站】bīngzhàn（名）军队在后方交通线上设置的供应、转运等机构 military depot；army service station
【兵种】bīngzhǒng（名）军种内的部队分类，如陆军兵种有：步兵、炮兵、坦克兵等 any combatant branch of the military services；arm of the services

bǐng

丙 bǐng（名）天干的第三位，现常用于表示排列顺序的第三 the third of the ten Heavenly Stems, used to represent "third"
【丙纶】bǐnglún（名）polypropylene fiber

秉 **bǐng**（动）〈书〉(1)拿着，握着 grasp；hold：～笔～bǐ hold a pen (2)掌握；主持 control；preside over：～政～zhèng be in power

【秉承】bǐngchéng（动）〈书〉承受，接受（命令或指示）take (orders)；receive (instructions)

【秉性】bǐngxìng（名）〈书〉天性 natural instincts；nature：他～幽默。Tā～yōumò. He has a humorous nature.

柄 **bǐng**（名）(1)器物上的把儿 handle；shaft：刀～dāo～knife handle／炒勺～chǎosháo～handle of a wok (round-bottomed frying pan) (2)植物的花、叶片或果实跟茎或枝相连的部分 stem (of a plant)：花～huā～flower stem／叶～yè～leaf stem

饼〔餠〕**bǐng**（名）[张 zhāng] cake；pastry

【饼干】bǐnggān（名）[块 kuài] biscuit

屏 **bǐng**（动）(1)抑止（呼吸）hold (one's breath)：人们～着气观看杂技演员表演惊险动作。Rénmen～zhe qì guānkàn zájì yǎnyuán biǎoyǎn jīngxiǎn dòngzuò. People held their breaths as they watched the acrobats perform astounding feats. (2)◇除去，放弃 abandon；get rid of

【屏除】bǐngchú（动）〈书〉同"摒除"bìngchú same as "摒除" bìngchú

【屏气】bǐng＝qì 抑止呼吸 hold one's breath：怕惊醒了他，我屏住气轻轻从他床前走过去。Pà jīngxǐngle tā, wǒ bǐngzhù qì qīngqīng cóng tā chuáng qián zǒu guòqu. I was afraid to startle him out of his sleep, so I held my breath and tiptoed past his bed.

【屏弃】bǐngqì（动）〈书〉同"摒弃"bìngqì same as "摒弃" bìngqì

【屏息】bǐngxī（动）〈书〉同"屏气"bǐng＝qì same as "屏气" bǐng＝qì：～静听～jìng tīng listen with bated breath

bìng

并 **bìng**（动）合在一起 merge；combine：今天三个班～在一起上课。Jīntiān sān ge bān～zài yìqǐ shàng kè. The three classes are combined into one today. ／三步～作两步走。Sān bù～zuò liǎng bù zǒu. walk three steps in two (walk quickly) （副）(1)用在否定词前，加强否定语气，表示事实不是人们想像的或认为的那样（used before a negative word to emphasize the fact that things aren't what people might think them to be）：我觉得你这样做～不高明。Wǒ jiéde nǐ zhèyàng zuò～bù gāomíng. I think that your doing this is not at all wise. ／事情～不像你想的那么简单。Shìqing～bú xiàng nǐ xiǎng de nàme jiǎndān. The matter is just not as simple as you thought it would be. ／英雄人物～非是完美无缺的。Yīngxióng rénwù～fēi shì wánměi wú quē de. Heroes are not at all flawless. ／学校～没有放假，他们为什么就不来了呢？Xuéxiào～méiyou fàng jià, tāmen wèi shénme jiù bù láile ne? The school is not on holidays, so why haven't they come? (2)只与有限的几个单音节词连用，表示对不同的人、物同等对待，或几个人、物同时动作（when used together with a few limited monosyllabic words, it indicates that different people or things are placed on an equal footing, or that a few people or things act simultaneously）simultaneously；equally；side by side：这两件事性质完全不同，不能～论。Zhè liǎng jiàn shì xìngzhì wánquán bù tóng, bù néng～lùn. The natures of these two matters

are entirely different, so they cannot be mentioned in the same breath. ／两个工作同时～进。Liǎng ge gōngzuò tóngshí～jìn. The two tasks are carried on simultaneously. （连）〈书〉(1)表示更进一层，连接并列的双音节动词或同一主语，以动词为主体的分句（links two disyllabic verbs or two clauses which share the same subject）as well as：昨天的大会，讨论～通过了会议的议程。Zuótiān de dàhuì, tǎolùn～tōngguòle huìyì de yìchéng. At the conference yesterday, the agenda was discussed as well as approved. ／真理在开始时总是由少数人发现～掌握。Zhēnlǐ zài kāishǐ shí zǒngshì yóu shǎoshù rén fāxiàn～zhǎngwò. It's always only a small number of people who recognize and grasp the truth at first. ／道德教育的目的，是提醒～培养人们认识自己对社会承担的责任。Dàodé jiàoyù de mùdì, shì tíxǐng～péiyǎng rénmen rènshi zìjǐ duì shèhuì chéngdān de zérèn. The aim of moral education is to remind as well as train people to recognize their responsibility to society. ／老师嘱咐我，多安慰他，～要我在最近一个时期里，帮助他补上功课。Lǎoshī zhǔfù wǒ, duō ānwèi tā,～yào wǒ zài zuìjìn yí ge shíqī li, bāngzhù tā bǔshang gōngkè. The teacher told me to give him a lot of comfort, and to help him catch up on his schoolwork in the near future. (2)意思同"和"，多连接名词。用得较少 and (usu. links nouns)：烦人带去毛裤一条、白衬衣一件，～词典一本。Fán rén dàiqu máokù yì tiáo, bái chènyī yí jiàn,～cídiǎn yì běn. I ask sb. to bring you a pair of long woolen underwear, one white shirt, and one dictionary.

【并存】bìngcún（动）共同存在 coexist：二者不能～。Èr zhě bù néng～. The two cannot coexist.

【并发症】bìngfāzhèng（名）〈医〉complication (illness)

【并驾齐驱】bìng jià qí qū 几匹马拉一辆车，并排一齐快跑。比喻齐头并进，不分先后 run neck and neck；can well stand side by side with：这几个学生成绩都不错，～，总是班上前几名。Zhè jǐ ge xuésheng chéngjì dōu búcuò,～, zǒng shì bān shang qián jǐ míng. These few students are studying very well, and on a par with one another. They are always among the best in the class.

【并肩】bìngjiān（副）shoulder to shoulder；side by side

【并举】bìngjǔ（动）同时兴办，不分先后 promote or carry on simultaneously：农、林、牧、副各业同时～。Nóng, lín, mù, fù gè yè tóngshí～. All of agriculture, forestry, animal husbandry and sideline are promoted simultaneously. ／轻重工业～。Qīng zhòng gōngyè～. The light and heavy industries are promoted simultaneously.

【并立】bìnglì（动）（两个）同时存在，并排站着 exist simultaneously；arrange side by side：两个并列第一的运动员，～在领奖台上。Liǎng ge bìngliè dìyī míng de yùndòngyuán,～zài lǐngjiǎngtái shang. The two athletes who tied for first place are standing side by side on the platform where prizes are awarded. ／作家协会和文艺工作者协会～。Zuòjiā xiéhuì hé wényì gōngzuòzhě xiéhuì～. The Writers' Union and the Literary and Art Workers' Union exist side by side.

【并列】bìngliè（动）不分主次，平行排列 put... on a par with...；parallel；be in juxtaposition with：～复句（coordinated compound sentence）"等等"用在～的几个词或短语之后。"Děngděng" yòng zài～de jǐ ge cí huò duǎnyǔ zhī hòu. "等等" is used after several coordinated words or phrases.

【并排】bìngpái（副）排列在一条线上，不分前后 side by side；abreast：五个人～站在台上领奖。Wǔ ge rén～zhàn zài tái shang lǐng jiǎng. Five people stood abreast on the stage to receive awards. ／他俩～走着，边走边谈。Tā liǎ～zǒuzhe, biān zǒu biān tán. Those two walked side by side as they talked. ／三个小孩儿～坐在长凳上听老爷爷

讲故事。Sān ge xiǎoháir ～ zuò zài cháng dèng shang tīng lǎo yéye jiǎng gùshi. *The three children sat side by side on the bench and listened to an old man tell a story.*

【并且】bìngqiě（连）表示更进一层，连接并列的双音节动词、形容词、助动词以及动词性短语等，也可以连接分句，后边有时有"还""也" *and；besides；moreover；as well as*（*links a series of disyllabic verbs, adjectives, auxiliary verbs and verbal phrases；can also link clauses and is sometimes followed by "还" or "也"*）：要使人民群众懂得～遵守国家的法律。Yào shǐ rénmín qúnzhòng dǒngde ～ zūnshǒu guójiā de fǎlù. *We must make the people understand and abide by the laws of the nation.* / 他非常热情、诚恳～谦逊。Tā fēicháng rèqíng、chéngkěn ～ qiānxùn. *He's extremely warmhearted, sincere, and modest.* / 你应该～必须履行合同规定的条款。Nǐ yīnggāi ～ bìxū lǚxíng hétong guīdìng de tiáokuǎn. *You should and must carry out the clauses stipulated in the contract.* / 等我在山上找到那间小屋时，队伍早就到了那里，～，小王已经把晚饭做好了。Děng wǒ zài shān shang zhǎodào nà jiān xiǎo wū shí, duìwǔ zǎo jiù dàole nàli, ～, Xiǎo Wáng yǐjīng bǎ wǎnfàn zuòhǎo le. *By the time I found that small cabin on the hilltop, the troops had long been there；moreover, Xiao Wang had already prepared supper.* / 他不仅具有极为广博的书画知识,～对保存我国重要文物做出过突出贡献。Tā bùjǐn jùyǒu jíwéi guǎngbó de shūhuà zhīshi, ～ duì bǎocún wǒ guó zhòngyào wénwù zuòchūguo tūchū gòngxiàn. *Not only does he have extensive knowledge of painting and calligraphy, he has made outstanding contributions to the preservation of our nation's major cultural relics as well.*

【并吞】bìngtūn（动）强行侵占别国领土或他人财产 *annex；gobble up*：资本主义制度下,大企业～小企业是当然的。Zīběnzhǔyì zhìdù xià, dà qǐyè ～ xiǎo qǐyè shì dāngrán de. *Under the capitalist system, it is natural that large enterprises annex small enterprises.*

【并行】bìngxíng（动）(1)并排行进 *go side by side*：四五个人在路上～妨碍交通。Sì-wǔ gè rén zài lù shang ～ fáng'ài jiāotōng. *It blocks the traffic that four or five people walk on the road side by side.* (2)同时实施 *do sth. at the same time*：私人企业和国营企业～. Sīrén qǐyè hé guóyíng qǐyè ～. *The individul enterprises and the state enterprises can exist simultaneously.*

【并重】bìngzhòng（动）不分主次轻重,同等对待 *regard both as equally important；attach equal importance to*：思想教育和奖惩制度～. Sīxiǎng jiàoyù hé jiǎngchéng zhìdù～. *We should pay equal attention to both the ideological education and the system of rewards and penalties.*

病 bìng

（名）(1) *disease；illness*：他从来不生～。Tā cónglái bù shēng ～. *He's never been sick.* / 小王的～好了。Xiāo Wáng de ～ hǎo le. *Xiao Wang is better.* /大夫说他得的是什么～? Dàifu shuō tā dé de shì shénme ～? *What disease did the doctor say he has?* (2) 心里不正确的想法 *weakness；problem*：他心里准有～。Tā xīnlǐ zhǔn yǒu ～. *He must have some trouble on his mind.* (3)缺点、错误(语言上的) *flaw（language）*：语～ yǔ～ *flaw in wording* /学生的作业里一句不少。Xuésheng de zuòyè lǐ ～ jù bù shǎo. *There are a lot of faulty sentences in students' homework.* (动)生病 *fall ill；be taken ill*：他～了好几天了,感冒。Tā ～ le hǎo jǐ tiān le, gǎnmào. *He has been ill for several days with a cold.* / 他没有想到自己居然也会～倒在床上。Tā méiyou xiǎngdào zìjǐ jūrán yě huì ～ dǎo zài chuáng shang. *He had never thought that he could be confined to bed with illness.*

【病变】bìngbiàn（名）〈医〉*pathological changes*

【病虫害】bìngchónghài（名）植物所遭受的各种病害和虫害的统称 *plant diseases and insect pests*：消灭～ xiāomiè ～ *wipe out insect pests and plant diseases* / 要抓紧～的防治工作。Yào zhuājǐn ～ de fángzhì gōngzuò. *We should pay close attention to the prevention and control of plant diseases and elimination of pests.*

【病床】bìngchuáng（名）[张 zhāng] *hospital bed*：这是一座有一千张～的医院。Zhè shì yí zuò yǒu yìqiān zhāng ～ de yīyuàn. *This is a hospital with one thousand beds.*

【病毒】bìngdú（名）*virus*

【病房】bìngfáng（名）*sick-room；ward*

【病根】bìnggēn（名）(1)(～儿)没彻底治好的老病、旧病 *old complaint；an incompletely cured illness*：通过锻炼才能除掉～,光吃药不行。Tōngguò duànliàn cái néng chúdiào ～, guāng chī yào bù xíng. *Only by taking exercise can one cure the old complaint. Just taking medicine won't do.* (2)比喻能造成祸事或导致失败的原因 *root cause of trouble*：不幸的家庭生活往往是失足青年的～. Búxìng de jiātíng shēnghuó wǎngwǎng shì shīzú qīngnián de ～. *An unhappy family life is usually the root of juvenile delinquency.*

【病故】bìnggù（动）因病去世 *die of illness*：十年前祖父～了。Shí nián qián zǔfù ～ le. *Grandfather died of illness ten years ago.*

【病号】bìnghào（名）(～儿)多指机关、部队、学校等集体中的病人 *sick person；patient（in a unit）*：我们单位有一个长期～。Wǒmen dānwèi yǒu yí ge chángqī ～. *There is a patient who has been ill for a long time in our unit.* / 今天又有两个新～。Jīntiān yòu yǒu liǎng ge xīn ～. *There are two more fresh sick persons today.* / 我不用再吃～饭了。Wǒ búyòng zài chī ～ fàn le. *I need not be on the patient's diet any more.* /病好了就不要泡～了。Bìng hǎole jiù búyào pào ～ le. *Don't dawdle as a sick person any longer since you have recovered.*

【病假】bìngjià（名）因得病而请假 *sick leave*：小王请～了。Xiǎo Wáng qǐng ～ le. *Xiao Wang has gone home on sick leave.* / 他休长期～,下半年还不能工作。Tā xiū chángqī ～, xià bàn nián hái bù néng gōngzuò. *He's taking a long-term sick leave and cannot work in the next half of the year either.*

【病菌】bìngjūn（名）*germs*

【病理】bìnglǐ（名）〈医〉*pathology*

【病理学】bìnglǐxué（名）〈医〉*pathology*

【病历】bìnglì（名）〈医〉*case history*

【病例】bìnglì（名）〈医〉*case (of illness)*

【病情】bìngqíng（名）疾病的发展变化情况 *patients' condition*：老李的～恶化了。Lǎo Lǐ de ～ èhuà le. *Lao Li's condition has worsened.* /～有好转～ yǒu hǎozhuǎn *The patient's condition is improving.* /不了解～怎么能随便开药? Bù liǎojiě ～ zěnme néng suíbiàn kāi yào? *How can one prescribe without knowing a patient's condition?*

【病人】bìngrén（名）*sick person；patient*：家里有个～,事情就多起来。Jiā lǐ yǒu ge ～, shìqing jiù duō qilai. *There is a lot to do in the house if there is a patient.* / 近来住院的～不多。Jìnlái zhù yuàn de ～ bù duō. *The hospital has taken in very few patients recently.*

【病入膏肓】bìng rù gāohuāng 病情恶化到无法医治的程度。也比喻事态达到了无法挽救的严重地步 *the disease is beyond cure；(fig.) beyond all hope；beyond remedy*

【病势】bìngshì（名）病的轻重 *degree of seriousness of an illness*：～沉重 ～ chénzhòng *be seriously ill* /～减轻 ～ jiǎnqīng *become better*

【病态】bìngtài（名）*morbidness*

【病危】bìngwēi（形）病重将死 *critically ill；terminally ill*

【病因】bìngyīn（名）得病的原因 *cause of disease；pathogeny*

【病原体】bìngyuántǐ（名）〈医〉*pathogen*

【病院】bìngyuàn（名）医院 hospital

【病症】bìngzhèng（名）disease；illness

【病状】bìngzhuàng（名）疾病表现出来的现象 symptom（of a disease）

bō

拨〔撥〕bō

（动）(1)（用手指或棍棒等）使移动 set；poke；move with the finger，etc.；打电话先～号码。Dǎ diànhuà xiān ～ hàomǎr. Dial the telephone number first when you make a call. /把时针～到十二点。Bǎ shízhēn ～dào shí'èr diǎn. Set a clock at twelve. /我手上扎刺了，得～出来。Wǒ shǒushang zhā cì le，děi ～ chulai. I get a thorn in my hand. It needs to be got out. (2)（机关等）分配，调拨 assign；allocate：～给你们研究所两名大学生。～ gěi nǐmen yánjiūsuǒ liǎng ming dàxuéshēng. Two graduates are to be allocated to your institute. /能不能～给这个专业户一笔贷款？Néng bu néng ～ gěi zhège zhuānyèhù yì bǐ dàikuǎn? Is it possible to provide a loan to this specialized household? （量）用于人的分组 group；batch：队伍过去一～又一～。Duìwǔ guòqu yì ～ yòu yì ～. Group after group of soldiers passed by. /这次劳动的人分两～干。Zhè cì láodòng de rén fēn liǎng ～ gàn. They work in two groups.

【拨动】bōdòng（动）用手指或棍棒等使物体移动 move（with the hand，a stick，etc.）；poke；pluck：～六弦琴～liùxiánqín play the six-stringed fiddle /他迅速地～着算盘珠。Tā xùnsù de ～ zhe suànpánzhūr. He flicked the beads of the abacus rapidly.

【拨款】bōkuǎn（名）allocated funds；appropriation；allocation

【拨款】bō＝kuǎn（政府或上级）拨给某项用款 allocate funds：市政府专门～修建一条环城公路。Shì zhèngfǔ zhuānmén ～xiūjiàn yì tiáo huán chéng gōnglù. The municipal government allocated special funds for building a road around the city. /上级十分重视这项工程，又拨了一笔专款。Shàngjí shífēn zhòngshì zhè xiàng gōngchéng，yòu bōle yì bǐ zhuānkuǎn. The higher government attached great importance to this project，and allocated another special fund.

【拨乱反正】bō luàn fǎn zhèng 澄清是非，治理混乱，使社会秩序恢复正常 restore order and return to the right path

【拨弄】bōnòng（动）(1)来回拨动 move；fiddle with：～算盘珠儿 ～ suànpanzhūr move the beads of an abacus /小提琴的弦让小明明～断了一根。Xiǎotíqín de xián ràng Xiǎo Míngming ～ duànle yì gēn. A string of the violin was broken by Xiao Mingming. (2)挑拨 provoke；stir up：我最讨厌那些～是非的人。Wǒ zuì tǎoyàn nàxiē ～ shìfēi de rén. I detest most those people who go round telling tales. (3)摆布 manipulate：现在的年轻人不会随便被人～的。Xiànzài de niánqīng rén bú huì suíbiàn bèi rén ～ de. Young people nowadays are not easily manipulated.

波 bō

（名）◇(1)wave：湖面上泛起微～。Húmiàn shang fànqǐ wēi ～. There were ripples on the lake. (2)〈物〉wave (3)比喻意外事故或纠纷 an unexpected turn of events：一～未平，一～又起。Yì ～ wèi píng，yì ～ yòu qǐ. There is one disturbance after another.

【波长】bōcháng（名）wavelength

【波动】bōdòng（动）起伏不定、动荡 undulate；fluctuate：一阵风吹过，地里的小麦都～起来。Yí zhèn fēng chuīguò，dì li de xiǎomài dōu ～ qilai. There was a gust of wind and the wheat started to undulate. / 情绪～ qíngxù ～ in an anxious state of mind（名）同"波"bō same as "波" bō (2)

【波段】bōduàn（名）〈物〉wave band

【波及】bōjí（动）牵涉到，影响到 involve；affect：改革～面很广。Gǎigé ～ miànr hěn guǎng. Reform has an extensive affection. / 这场暴风雪～欧洲好几个国家。Zhè chǎng bàofēngxuě ～ Ōuzhōu hǎo jǐ gè guójiā. This snowstorm affected several countries in Europe.

【波澜】bōlán（名）〈书〉同"波涛" bōtāo same as " 波涛" bōtāo

【波澜壮阔】bōlán zhuàngkuò 比喻声势浩大，雄伟壮观（多用于运动或文章的描写）on a magnificent scale；surge forward with tremendous momentum：小说《战争与和平》有许多～的场面。Xiǎoshuō《Zhànzhēng Yú Hépíng》yǒu xǔduō ～ de chǎngmiàn. The novel，War and Peace，has a lot of magnificent scenes.

【波浪】bōlàng（名）wave：狂风掀起滚滚～。Kuángfēng xiānqǐ gǔngǔn ～. A violent gust of wind raised billows after billows.

【波涛】bōtāo（名）巨大的波浪 huge waves；billows：～起伏 ～ qifú roaring waves

【波涛汹涌】bōtāo xiōngyǒng 波浪巨大，起伏剧烈 billowing waves：海面上狂风骤起，顿时～。Hǎimiàn shang kuángfēng zhòu qǐ，dùnshí ～. A sudden gale struck on the surface of the sea，and immediately billowing waves started to surge.

【波纹】bōwén（名）ripple；corrugation：他的头发有天然的～。Tā de tóufa yǒu tiānrán de ～. His hair is naturally wavy.

【波折】bōzhé（名）事情进展中发生的意外的曲折 setback；twists and turns：一帆风顺的事很少，～是难免的。Yì fān fēng shùn de shì hěn shǎo，～ shì nánmiǎn de. There are very few plain sailings，and setbacks are inevitable.

玻 bō

【玻璃】bōli（名）[块 kuài]glass：窗～ chuāng ～ window pane /～杯～bēi glass；tumbler

【玻璃纤维】bōli xiānwéi glass fibre

剥 bō

（动）义同"剥" bāo，用于复合词或成语，如：剥离、生吞活剥等 meaning is the same as "剥" bāo，used in compound words or idioms，e. g. " 剥离 bōlí"，"生吞活剥 shēng tūn huó bō" 另见 bāo

【剥夺】bōduó（动）(1)用强制的办法夺去 expropriate：～财产 ～ cáichǎn divest sb. of his property /土地被～了。Tǔdì bèi ～ le.（His）land was divested. (2)依法取消 deprive：～政治权利 ～ zhèngzhì quánlì deprive sb. of political rights

【剥削】bōxuē（动）exploit：资本家～工人。Zīběnjiā ～ gōngrén. Capitalists exploit workers. / 地主～农民。Dìzhǔ ～ nóngmín. Landlords exploit peasants. （名）exploitation：哪里有压迫，哪里有～，哪里就有反抗。Nǎli yǒu yāpò，nǎli yǒu～，nǎli jiù yǒu fǎnkàng. Where there is oppression，where there is exploitation，there is revolt.

【剥削阶级】bōxuējiējí（名）exploiting class

【剥削者】bōxuēzhě（名）exploiter

菠 bō

【菠菜】bōcài（名）spinach

【菠萝】bōluó（名）[个 gè]pineapple

播 bō

（动）(1) broadcast：正在～国际歌 zhèngzài ～ Guójìgē It's broadcasting The Internationale. / 这篇新闻稿由小张

来～。Zhè piān xīnwén gǎo yóu Xiǎo Zhāng lái ～. *This news release will be broadcast by Xiao Zhang.* / 这条消息今天已经～了四次了。Zhè tiáo xiāoxi jīntiān yǐjīng ～ le sì cì le. *This piece of news has been broadcast four times today.* (2)撒种 *sow*：上午～了五亩小麦。Shàngwǔ ～le wǔ mǔ xiǎomài. *Five mu of wheat has been sown this morning.*

【播弄】bōnòng（动）同"拨弄" bōnòng *same as "拨弄"* bōnòng

【播送】bōsòng（动）*broadcast；transmit；beam*：～音乐 yīnyuè *broadcast a music programme* /～长篇小说 chángpiān xiǎoshuō *broadcast a novel* /～两条最新消息 liǎng tiáo zuì xīn xiāoxi *broadcast two pieces of the latest news*

【播音】bō＝yīn 广播电台播送节目 *broadcast by radio*：现在开始～。Xiànzài kāishǐ ～. *Now we'll begin to broadcast.* / 第二套节目继续～。Dì'èr tào jiémù jìxù ～. *The second programme will go on.*

【播种】bō＝zhǒng 播撒种子 *sow seeds*：冬小麦要在秋季～。Dōngxiǎomài yào zài qiūjì ～. *The winter wheat needs to be sown in the fall.* / 刚播完种就下雨了，正好。Gāng bōwán zhǒng jiù xià yǔ le, zhènghǎo. *It's good to have rained right after sowing.*

【播种机】bōzhǒngjī（名）[台 tái、架 jià］*seeder；planter*

【播种】bōzhòng（动）种植作物 *plant by sowing seeds*：～棉花 ～ miánhua *sow cotton* /～蔬菜 ～ shūcài *sow vegetable* /扩大～面积 kuòdà ～ miànjī *extend the sown area*

bó

伯 (名)对父亲的哥哥或略长于父亲的男子的称呼,常叠用 *father's elder brother；uncle*：这是我的大～和二～。Zhè shì wǒ de dà ～ hé èr ～. *Here are my first uncle and second uncle.*

【伯伯】bóbo（名）〈口〉伯父,父亲的哥哥；父亲的朋友,比父亲年龄大一些的 *uncle（father's elder brother；father's friend）*：他有一个～是少将。Tā yǒu yí ge ～ shì shàojiàng. *An elder brother of his father's is a major-general.* /张～是一位有名的电影导演。Zhāng ～ shì yí wèi yǒu míng de diànyǐng dǎoyǎn. *Uncle Zhang is a famous director of films.*

【伯父】bófù（名）同"伯" bó *same as "伯"* bó：我父亲哥儿一个,我没有～。Wǒ fùqin gēr yí ge, wǒ méi yǒu ～. *I have no uncle, because my father is the sole son in his family.* / 我叫李～的是我父亲的同学。Wǒ jiào Lǐ ～ de shì wǒ fùqin de tóngxué. *The man I address as Uncle Li is a classmate of my father's.*

【伯爵】bójué（名）*earl；count*

【伯母】bómǔ（名）伯父的妻子 *wife of father's elder brother；aunt*

驳〔駁〕bó (动)用言词否定某人的意见 *refute；contradict*：我～了半天没有把他驳倒。Wǒ ～ le bàntiān méiyou bǎ tā bódǎo. *I tried to refute him for a long time, but I didn't succeed.* / 这些意见不值一～。Zhèxiē yìjian bù zhí yì ～. *These opinions are not worth refuting.*

【驳斥】bóchì（动）批驳错误的论点或言论 *refute；denounce*：～反动言论 ～ fǎndòng yánlùn *refute reactionary speech* /～错误观点 ～ cuòwù guāndiǎn *refute wrong viewpoint*

【驳船】bóchuán（名）[条 tiáo］*barge；lighter*

【驳倒】bó＝dǎo 否定了对方的观点或意见 *demolish sb.'s argument；refute；outargue*：我们完全可以～他。Wǒmen wánquán kěyǐ ～ tā. *We can refute him all right.* / 真理是驳不倒的。Zhēnlǐ shì bó bu dǎo de. *Truth can never be re-*

futed.

【驳回】bóhuí（动）不应允,不采纳,退回 *reject；turn down；overrule*：～请求 ～ qǐngqiú *reject a request* /他们的建议被～了。Tāmen de jiànyì bèi ～ le. *Their suggestion has been rejected.* / 这些无理要求都一一予以～。Zhèxiē wúlǐ yāoqiú dōu yīyī yǔyǐ ～. *These unreasonable requests are all rejected one by one.*

【驳壳枪】bókéqiāng（名）[支 zhī］手枪的一种,外有木盒,射击时可把木盒移装在枪后,作为托柄。也称盒子枪 *Mauser pistol*

帛 bó (名)〈书〉丝织物的总称 *silks*

【帛画】bóhuà（名）中国古代画在丝织品上的画 *ancient Chinese painting on silk*

【帛书】bóshū（名）中国古代写在丝织品上的书 *ancient Chinese book copied on silk*

泊 bó (动)(1)船靠岸；停（船）*(of a ship) be at anchor；moor*：船～岸边。Chuán ～ àn biān. *The ship is anchored alongside the shore.* (2)◇停留 *stay for a time；stop；remain*

【泊位】bówèi（名）港区内能停靠船舶的位置 *berth*

勃 bó

【勃然】bórán（副）〈书〉(1)振奋、旺盛的样子 *excitedly；vigorously*：～兴起 ～ xīngqǐ *rise vigorously* (2)生气、发怒,变了脸色的样子 *agitatedly；angrily*：～大怒 ～ dà nù *fly into a rage*

脖 bó (名)◇(1)*neck*：有人管长颈鹿叫长～鹿。Yǒu rén guǎn chángjǐnglù jiào cháng～lù. *Some call giraffe long-neck-deer.* (2)(～儿)类似脖子一样的东西 *something like the neck*：歪～树 wāi ～ shù *a crooked tree* /这种花瓶～长,真别致。Zhè zhǒng huāpíng ～ hěn cháng, zhēn biézhì. *The neck of this flower vase is very long. It's quite unique.*

【脖子】bózi（名）*neck*

博 bó (形)〈书〉◇多 *plentiful；abundant*：地大物～ dì dà wù ～ *vast in territory and rich in natural resources*

【博爱】bó'ài（名）*universal fraternity；universal love*

【博得】bódé（动）获得,换取 *win；gain*：～同情 ～ tóngqíng *win sympathy* /～了热烈的掌声 ～le rèliè de zhǎngshēng *draw warm applause from audience* /他以实际行动～了大家的信任。Tā yǐ shíjì xíngdòng ～le dàjiā de xìnrèn. *He has gained others' trust through his deeds.*

【博览会】bólǎnhuì（名）科技成果、工农业产品等大型展览会,多是由一个国家主办,许多国家参加的 *(international) fair*

【博士】bóshì（名）*doctor；Ph.D.*

【博物】bówù（名）动物、植物、矿物等学科的总称 *natural science, including zoology, botany, mineralogy, etc.*

【博物馆】bówùguǎn（名）*museum*

【博学】bóxué（形）学识丰富 *learned；erudite*：他不但是个很好的医生,而且非常～。Tā búdàn shì ge hěn hǎo de yīshēng, érqiě fēicháng ～. *He is not only a good doctor, but also very learned.*

搏 bó (动)◇拼搏 *wrestle；fight hand-to-hand*

【搏动】bódòng（动）〈书〉有节奏地跳动（多指心脏或脉搏）*(usu. of the heart or pulse) beat rhythmically；throb*

【搏斗】bódòu（动·不及物）互相激烈地对打（徒手或用刀、棍等）wrestle；fight hand to hand；警察一定要会～。Jǐngchá yídìng yào huì ～. *It's necessary for a police to know how to fight hand to hand.*

薄

（形）◇量少，轻微 slight；meagre；small：这份礼～了一点儿，再加点儿什么吧。Zhè fènr lǐ ～ le yìdiǎnr, zài jiā diǎnr shénme ba. *This gift is a bit meagre, let's add something more.* / 广种～收 guǎng zhòng ～ shōu *extensive cultivation with meagre per mu yield* (动)瞧不起，慢待 despise；belittle：厚古～今 hòu gǔ ～ jīn *favour the ancient and slight the present* 另见 báo

【薄弱】bóruò（形）力量微小，不雄厚，不坚强 weak；frail；突破敌人的～环节 tūpò dírén de ～ huánjié *break through the enemy's weak link；* 困难只能吓倒意志～的人。Kùnnan zhǐ néng xiàdǎo yìzhì ～ de rén. *Difficulties can only intimidate the weak-willed people.*

bǒ

跛

（动）〈书〉腿或脚有毛病，走起路来身体不平衡 be lame；limp：～脚 ～ jiǎo *have a lame foot；walk with a limp*

bò

簸

【簸箕】bòji（名）dustpan

bǔ

卜

（动）(1)占卜 practise divination (2)〈书〉预料 foretell；predict：生死未～ shēng sǐ wèi～ *hard to tell whether the person is alive or not*

【卜辞】bǔcí（名）殷(Yīn)代刻在龟甲或兽骨上的有关占卜的记录 *oracle inscriptions of the Yin Dynasty on tortoise shells or animal bones*

补

〔補〕bǔ（动）(1) 添料修整残破损坏的东西 mend；patch；repair；现在很少看见人穿～过的衣服。Xiànzài hěn shǎo kànjian rén chuān ～guo de yīfu. *These days one rarely sees people wearing patched clothes.* / 这辆车前轮的里带需要～一下。Zhè liàng chē qiánlún de lǐdài xūyào ～ yíxià. *The front wheel inner tube of this bike needs to be repaired.* (2) 加上应有的或缺少的 fill；supply；make up for：我们组还要～一个人。Wǒmen zǔ hái yào ～ yí ge rén. *Our group has a vacancy to be filled.* / 上星期他病了两天，星期日老师给他～数学。Shàng xīngqí tā bìngle liǎng tiān, xīngqīrì lǎoshī gěi tā ～ shùxué. *Since he was ill for two days last week, the teacher helped him make up his mathematics on Sunday.* (3)补充营养 nourish：这种药～血。Zhè zhǒng yào ～ xuè. *This medicine builds up one's blood.* / 妇女生小孩儿以后应该吃好些，一～一～。Fùnǚ shēng xiǎoháir yǐhòu yīnggāi chī de hǎo xiē, ～ yi ～. *After a woman gives birth to a child, she should eat well to nourish herself back to health.*

【补差】bǔ=chā 补足差额 *make up the difference；make up the balance*

【补偿】bǔcháng（动）补足(损耗) *compensate；make up；* ～损失 ～ sǔnshī *compensate for losses* /～贸易 ～ màoyì com-

pensatory trade/ 失去的时间是难～的。Shīqù de shíjiān shì hěn nán ～ de. *Lost time is difficult to make up for.*

【补充】bǔchōng（动）不足或有损失时增加一些 *make up；supplement；replenish；*～枪枝弹药 ～ qiāngzhī dànyào *replenish firearms and ammunition* /这个问题小李回答得不全, 谁来～一下？Zhège wèntí Xiǎo Lǐ huídá de bù quán, shuí lái ～ yíxià? *Xiao Li didn't answer the question completely, who can add to it?* /这些～教材对老师很有用。Zhèxiē ～ jiàocái duì lǎoshī hěn yǒuyòng. *These supplemental teaching materials are very useful for teachers.*

【补丁】bǔdīng（名）patch (clothing)

【补发】bǔfā（动）发给该发而未发的(钱或物) reissue；pay retroactively；～那三个月应该增加的工资 ～ nà sān ge yuè yīnggāi zēngjiā de gōngzī *pay those three months' increased wages retroactively*

【补花】bǔhuā（名）(～儿) appliqué

【补给】bǔjǐ（动）〈军〉补充、供给军队枪枝、弹药、粮草等 *supply；provide an army with guns, ammunition, supplies, etc.*

【补角】bǔjiǎo（名）〈数〉supplementary angle

【补救】bǔjiù（动）采取措施, 改正错误, 设法使不受或减少损失 remedy：这项工程的缺点已经有了～的办法。Zhè xiàng gōngchéng de quēdiǎn yǐjīng yǒule ～ de bànfǎ. *A way of remedying the project's faults has been found.* /我们无法～这项损失。Wǒmen wúfǎ ～ zhè xiàng sǔnshī. *We have no way of making up for the loss.* /由于大批食品变质造成的损失是无法～的。Yóuyú dàpī shípǐn biàn zhì zàochéng de sǔnshī shì wúfǎ ～ de. *There is no way to remedy the large losses incurred by food spoilage.*

【补考】bǔkǎo（动）因某种原因没有参加考试或者考试不及格的另行考试 *make-up examination*

【补课】bǔ=kè 补上落下的功课 *make up for missed lessons；redo sth. which was not properly done* /王老师生病请了一天假, 明天下午他给同学补上英语课。Wáng lǎoshī shēng bìng qǐngle yì tiān jià, míngtiān xiàwǔ tā gěi tóngxué bǔ shàng Yīngyǔ kè. *Professor Wang took a day off because of illness and will give an English language make-up lecture to his students tomorrow afternoon.* / 明明病好了, 同学们都来帮助他～。Míngming bìng hǎo le, tóngxuémen dōu lái bāngzhù tā ～. *After Mingming recovered from his illness all of his classmates helped him to catch up on class work.*

【补品】bǔpǐn（名）滋补身体的食品或药品 tonic；restorative：核桃是一种～。Hétao shì yì zhǒng ～. *Walnuts are one kind of restorative.*

【补缺】bǔ=quē(1)填补缺额 fill a vacancy (2)旧社会指候补的官吏得到实际职位 (of a candidate to become a government official in the old society) fill a vacancy；become a government official

【补贴】bǔtiē（名）贴补的费用 subsidy；allowance：他得到一百元出差～。Tā dédào yìbǎi yuán chū chāi ～. *He received a one-hundred-yuan allowance for his business trip.* (动)贴补(钱财) subsidize；allow (money)：哥哥每月～他五十元。Gēge měi yuè ～ tā wǔshí yuán. *His elder brother allows him fifty yuan every month.*

【补习】bǔxí（动）课外或业余学习某种知识, 以补不足 *take or give supplementary classes after school or work：*他爸爸请了一位家庭教师给他～数学。Tā bàba qǐngle yí wèi jiātíng jiàoshī gěi tā ～ shùxué. *His father hired a home tutor to give him supplementary math lessons.* / 小李一面工作一面上～学校。Xiǎo Lǐ yímiàn gōngzuò yímiàn shàng ～ xuéxiào. *Xiao Li both works and attends night school.*

【补选】bǔxuǎn（动）根据需要进行的非正式的选举, 以填补缺额 *hold a by-election*

【补养】bǔyǎng（动）通过饮食或药物滋养(身体) *take a tonic*

or nourishing food to build up one's health；大病之后应该～
～。Dà bìng zhī hòu yīnggāi ～ ～. One should take tonics to
build up one's health after a serious illness.

【补药】bǔyào（名）tonic

【补遗】bǔyí（动）增补前人著作中的遗漏部分 supplement an
omission in a previous author's writing（名）附在书籍正文
之后的文字，是对正文遗漏的补充 addendum

【补益】bǔyì（名）〈书〉好处 benefit；advantage

【补语】bǔyǔ（名）〈语〉句子成分的一种，用在动词或形容词
之后，起补充说明作用，常用来回答"怎么样"等问题。如"听
懂"的"懂"，"唱起来"的"起来"，"寄去"的"去"，"道理讲得
很清楚"的"很清楚" complement，e. g. "懂" in "听懂"，
"起来" in "唱起来"，"去" in "寄去"，"很清楚" in "道理讲
得很清楚"

【补正】bǔzhèng（动）〈书〉补充改正（文字的疏忽遗漏和错
误）supplement and correct（an oversight，omission，mis-
take，etc. in a piece of writing）：手稿中的遗漏和错误都已
～。Shǒugǎo zhōng de yílòu hé cuòwù dōu yǐ ～. All the
omissions and mistakes in the manuscript have been supple-
mented and corrected.

【补助】bǔzhù（动）从经济上或物质上给予帮助（多是单位
对个人的）subsidize；help：他有特殊困难，学校～他一百
元。Tā yǒu tèshū kùnnan，xuéxiào ～ tā yìbǎi yuán. Since
he was undergoing special hardships，the school subsidized
him one hundred yuan.（名）给予帮助的钱和物 subsidy；
allowance：这几年他完全不需要～了。Zhè jǐ nián tā
wánquán bù xūyào～ le. This past few years he hasn't re-
quired any subsidies at all.

【补足】bǔzú（动）补全差数 supply what is lacking；make up
a deficiency；fill（a vacancy，gap. etc.）：～缺额 ～ quē'é
fill a vacancy /余下的三个月内～。Yúxià de sān ge yuè
nèi ～. The remaining part will be made up in three
months.

捕 bǔ（动）捉，逮 catch；撒网～鱼 sǎ wǎng ～ yú spread a net
to catch fish /不许～猎珍贵的野生动物。Bù xǔ ～ liè
zhēnguì de yěshēng dòngwù. We are not allowed to catch or
hunt the rare wild animals.

【捕风捉影】bǔ fēng zhuō yǐng 以不可靠的传闻或似是而非
的迹象作根据 chase after the wind and catch the shadows；
make groundless judgements；speak or act on hearsay evi-
dence

【捕获】bǔhuò（动）抓住，逮着 catch；capture；seize：～一只
黑熊 ～ yì zhī hēixióng capture a black bear／两个盗窃犯被
公安人员～。Liǎng ge dàoqièfàn bèi gōng'ān rényuán ～.
Two thieves were caught by the security police.

【捕捞】bǔlāo（动）捕捉打捞（水中的动植物）fish for
（aquatic animals and plants）；catch

【捕食】bǔshí（动）（动物）捉住别的动物并且把它吃掉（of
animals）catch and feed on（other animals）；prey on

【捕捉】bǔzhuō（动）捉，抓 catch；seize：～害虫 ～ hàichóng
catch harmful insects /～罪犯 ～ zuìfàn apprehend a crimi-
nal

哺 bǔ（动）◇ feed（a baby）；nurse

【哺乳动物】bǔrǔ dòngwù mammal

【哺育】bǔyù（动）〈书〉（1）喂养 feed；不忘母亲～之恩 bú
wàng mǔqīn ～ zhī ēn not forget the kindness of your
mother's nurturing（2）比喻培养教育 nurture；foster：党～
这个孤儿成长为教师。Dǎng ～ zhège gū'ér chéngzhǎng
wéi jiàoshī. The Party brought the orphan up to become a
teacher.

bù

不 bù
（副）（1）单用 used alone ①回答问话，表示不同意提问
中的倾向性（answers a question and expresses disagreement
with the implication expressed in the question）：你在学法语
吗?（提问人倾向于相信"学法语"）Nǐ zài xué Fǎyǔ ma?
Are you studying French?（the questioner tends to believe the
person to be studying French）——，我在学英语。——
，wǒ zài xué Yīngyǔ. No I'm studying English. /这事他
知道吗?（提问人倾向于相信"他知道"）Zhè shì tā zhīdào
ma? Does he know about this matter?（the questioner tends to
believe that he does know）——，他不知道。——，tā bù
zhīdào. No，he doesn't. /你不是昨天来的吗?（倾向是"昨
天来的"）Nǐ bú shì zuótiān lái de ma? Didn't you arrive
yesterday?（the implication is that you did arrive yesterday）
——，我是今天来的。——，wǒ shì jīntiān lái de. No，I
arrived today. /这事他不了解吗?（倾向是"不了解"）Zhè
shì tā bù liǎojiě ma? He doesn't understand this matter，
does he?（the implication is that he doesn't understand）——
，他完全了解。——，tā wánquán liǎojiě. Yes，he under-
stands it completely. /你不是昨天来的吧?（倾向是"不是昨
天来的"）Nǐ bú shì zuótiān lái de ba? You didn't arrive
yesterday，did you?（the implication is that you didn't arrive
yesterday）——，我是昨天来的。——，wǒ shì zuótiān
lái de. Yes，I did. ②也可用来更正自己的说法或想法
（used to rectify what oneself is saying or thinking）：我准备
明天动身，——，后天动身去武汉。Wǒ zhǔnbèi míngtiān
dòngshēn，——hòutiān dòngshēn qù Wǔhàn. I'm prepar-
ing to leave for Wuhan tomorrow，no，the day after tomor-
row. / 我真的不想念父母吗?——，人非木石，谁能无情! Wǒ
zhēn de bù xiǎngniàn fùmǔ ma?——，rén fēi mù shí，shuí néng
wú qíng! Do I really not miss my parents? No，people
aren't made of wood or stone. Nobody could be so heartless!
（2）用在形容词、动词、助动词或某些副词前，表示否定，"不
……"可作谓语、定语、状语、补语等（used before an adjec-
tive，verb，auxiliary verb or certain adverbs to indicate the
negative；"不…" can serve as a predicate，attributive ad-
verbial，etc.）①用在形容词前，"不……"作谓语、定
语、状语、补语（when used before an adjective，
"不…" can serve as a predicate，attributive，adverbial or
complement）：这条河～深。Zhè tiáo hé ～ shēn. This river
is not deep. / 那个问题～容易解决。Nàge wèntí ～ róngyì
jiějué. That problem isn't easy to resolve. /为他的事花费
了我～少时间。Wèi tā de shì huāfèile wǒ ～ shǎo shíjiān.
That matter of his cost me no small amount of time. / 这篇
文章写得～精练。Zhè piān wénzhāng xiě de ～ jīngliàn.
This essay is not succinct. ②用在动词前，"不……"除作谓
语、定语、状语、补语外，还可作主语（used before a verb，
"不…" can serve as a predicate，attributive，adverbial，
complement，as well as a subject）：他～关心这件事。Tā ～
guānxīn zhè jiàn shì. He doesn't care about this matter. /
遇见～懂的事就问。Yùjian ～ dǒng de shì jiù wèn. When
you meet up with something you don't understand，ask. /雨
～停地下了三天。Yǔ ～ tíng de xiàle sān tiān. It rained
incessantly for three days. / 你看～见那座山吗? Nǐ kàn ～
jiàn nà zuò shān ma? Can't you see that mountain? /～学习
是他的致命弱点，使他逐渐落后。～ xuéxí shì tā de
zhìmìng ruòdiǎn，shǐ tā zhújiàn luòhòu. Not studying was
his fatal weakness；it made him gradually fall behind. ③
用在助动词前，"不……"作状语、定语（when used before
an auxiliary verb，"不…" serves as an adverbial or at-
tributive）：他～会说日语。Tā ～ huì shuō Rìyǔ. He can't
speak Japanese. / 该知道的就别不听。～ gāi zhīdào de

jiù bié dǎtīng. *Don't ask about what you shouldn't know.* /～愿意去你就留下。/～ yuànyì qù nǐ jiù liúxia. *Just stay if you don't want to go.* /～可能的事不要勉强去做。～ kěnéng de shì búyào miǎnqiǎng qù zuò. *Don't force yourself to do the impossible.* / 他吓得一会说话了。Tā xià de ～ huì shuō huà le. *He was scared speechless.* ④用在其他副词前，"不……"作状语 (*when used before other adverbs*, *"不..." serves as an adverbial*)：他～太像军人，倒像个学生。Tā ～ tài xiàng jūnrén, dào xiàng ge xuésheng. *He doesn't really look like a soldier, he looks like a student.* / 他的汉语说得～很好。Tā de Hànyǔ shuō de ～ hěn hǎo. *He doesn't speak Chinese very well.* (3)用在相同的两个动词、形容词或助动词之间，构成"A 不 A"式，作正反疑问句 (*when used between two identical verbs, adjectives or auxiliary verbs, it forms the pattern "A 不 A" which indicates an affirmative-negative question*)：你是～是上海人? Nǐ shì ～ shì Shànghǎi rén? *Are you from Shanghai or not?* /你帮我干点事好～好? Nǐ bāng wǒ gàn diǎnr shì hǎo ～ hǎo? *Help me with something, okay?* /星期天去长城游览，你愿意～愿意? Xīngqītiān qù Chángchéng yóulǎn, nǐ yuànyì ～ yuànyì? *Would you like to go visit the Great Wall on Sunday or not?* ①若 A 是双音节词，前一个 A 可只保留第一个音节 (*if A is a disyllabic word, the first A in the pattern can just keep the first syllable*)：你愿～愿意去长城游览? Nǐ yuàn ～ yuànyì qù Chángchéng yóulǎn? *Would you like to go visit the Great Wall or not?* /我可～可以借你的书看看? Wǒ kě ～ kěyǐ jiè nǐ de shū kànkan? *May I borrow your book?* ②若"A 不 A"式正反疑问句后无其它成分，"不"后的"A"可省略 (*if the affirmative-negative question using the pattern "A 不 A" is not followed by other elements, the A which follows "不" can be omitted*)：我们要去长城游览，你去～? Wǒmen yào qù Chángchéng yóulǎn, nǐ qù ～? *We're going to visit the Great Wall. Are you going or not?* /明天开会，你知道～? Míngtiān kāi huì, nǐ zhīdào ～? *There's a meeting tomorrow. Did you know about it or not?* (4)用在相同的两个动词、名词或形容词之间，构成"A 不 A"式，与"不管"、"什么"等连用，表示 A 无关紧要 (*when used between two identical verbs, nouns or adjectives to form the pattern "A 不 A" which is then used together with "不管", "什么", etc. it indicates that A is of no importance*)：不管他来～来，会议照常进行。Bùguǎn tā lái ～ lái, huìyì zhàocháng jìnxíng. *Whether he comes or not the meeting will take place as usual.* /什么钱～钱的，不给钱我们也得干。Shénme qián ～ qián de, bù gěi qián wǒmen yě děi gàn. *Never mind whether there's any money or not. Even if we're not paid, we must still work.* /管它好～好, 你写出来就不容易了。Guǎn tā hǎo ～ hǎo, nǐ xiě chulai jiù bù róngyì le. *Never mind whether it's good or not. Writing it out wasn't easy for you.* (5)构成反问句，表示肯定 (*forms a rhetorical question to express the affirmative*)：几十年的老朋友了，难道你还～了解我吗? Jǐ shí nián de lǎo péngyou le, nándào nǐ hái ～ liǎojiě wǒ ma? *We've been friends for decades. Don't you know me yet?* /这么大的人还～会料理自己吗? Zhème dà de rén hái ～ huì liàolǐ zìjǐ ma? *Such a big person — can't he take care of himself yet?* (6)用在助动词前，构成双重否定，表示更有力的肯定 (*used before and after an auxiliary verb to form a double negative which expresses an even stronger affirmative*)：天这么冷，我～能～多穿点衣裳。Tiān zhème lěng, wǒ ～ néng ～ duō chuān diǎnr yīshang. *I have to put on more warmer garments when the weather is so cold.* /这么好的机会，你～可～去。Zhème hǎo de jīhuì, nǐ ～ kě ～ qù. *Such a good opportunity — you must not miss it.* / 这件事他～可能～知道。Zhè jiàn shì tā ～ kěnéng ～ zhīdào. *He can't possibly not know about this matter.* / 这么简单的问题，他～应该～会

回答。Zhème jiǎndān de wèntí, tā～ yīnggāi ～ huì huídá. *He shouldn't be unable to answer such a simple question.* (7)"不"用在"太""怎么"等前，后面跟动词或形容词，表示程度不深，其肯定形式是"很" (*"不" is placed before "太", "怎么", etc. and is used together with the following verb or adjective to indicate a low degree of which the affirmative form is "很"*)：这几天他～太舒服。Zhè jǐ tiān tā ～ tài shūfu. *He hasn't been feeling very well these past few days.* / 他对这个工作～太满意。Tā duì zhège gōngzuò ～ tài mǎnyì. *He's not very satisfied with this job.* /你说的我还～怎么明白。Nǐ shuō de wǒ hái ～ zěnme míngbai. *I still don't understand what you said.* /他～怎么重视这件事。Tā ～ zěnme zhòngshì zhè jiàn shì. *He doesn't regard this matter as being important.* (8)用在表示时间短或数量少的词语之前，不表示否定，而强调时间短或数量少 (*when used before a word which expresses a short period of time or a small amount, it does not indicate a negative, but emphasizes how short the time is or how small the amount*)：一会儿，她就把饭做好了。～ yíhuìr, tā jiù bǎ fàn zuòhǎo le. *She had the meal ready in no time.* / 过～几天，我们又可以见面了。Guò ～ jǐ tiān, wǒmen yòu kěyǐ jiàn miàn le. *We can meet again in just a few days.* /走～几步，他又回去穿大衣。Zǒu ～ jǐ bù, tā yòu huíqu chuān dàyī. *He hadn't walked a few steps when he came back to put on an overcoat.* / ～几年以前，他才结婚。～ jǐ nián yiqián, tā cái jié hūn. *He got married not too many years ago.* (9)"不的话"是习用语，等于"不然的话""如果不这样的话""不的话" *is an idiom; it has the same meaning as "不然的话" or "如果不这样的话"*)：这本书明天就得还他，不的话就要影响他上课了。Zhè běn shū míngtiān jiù děi huán tā, bù de huà, jiù yào yǐngxiǎng tā shàng kè le. *You must give this book back to him by tomorrow or else it will affect his class attendance.* (10)"不是……吗"或"还不是……(吗)"是常见的表示反问的格式，用来加强肯定。在口语中常省去"是"("不是...吗" *or* "还不是...吗" *are frequently used rhetorical patterns which emphasize the affirmative; "是" is often omitted in the spoken language*)：你这不(是)欺人太甚吗! Nǐ zhè bú (shì) qī rén tài shèn ma! *Aren't you going a bit too far?* /我不(是)跟你说过吗! 怎么忘了? Wǒ bú (shì) gēn nǐ shuōguo ma! zěnme wàng le? *I've told you before! How could you forget?* / 这么简单的道理还不(是)一听就懂! Zhème jiǎndān de dàoli, hái bú (shì) yì tīng jiù dǒng! *How can one not understand such simple reasoning?*

【不安】bù'ān (形)(1)不安定，不宁静 *uneasy; perturbed; worried*；疼得他坐卧～ téng de tā zuò wò ～ He was in so much pain that he was unable to sit or lie down. / 夫妇两个～吵得四邻。Fūfù liǎng ge chǎo de sìlín. *The couple quarrelled so that they disturbed their close neighbors.* (2)表示感激或歉意时的客气话 *sorry (polite language used when showing gratitude)*：给你添了这么多麻烦，我真感到～。Gěi nǐ tiānle zhème duō máfan, wǒ zhēn gǎndào ～. *I caused you so much trouble, I really feel like I've put you out.*

【不比】bùbǐ (动)"不像……"，"和……不一样"的意思 *unlike; different from*：北京～广州，冬天要下雪的。Běijīng ～Guǎngzhōu, dōngtiān yào xià xuě de. *Beijing is unlike Guangzhou in that it snows in the winter.* / 老人可～小孩子，不能摔交。Lǎorén kě ～ xiǎoháizi, bù néng shuāijiāo. *Unlike children elderly people cannot fall down without injury.*

【不必】bùbì (副)表示事理上或情理上不需要 *need not; not have to*：你～客气，还是在我这儿吃了饭再走吧。Nǐ ～ kèqi, háishi zài wǒ zhèr chīle fàn zài zǒu ba. *You needn't stand on ceremony. Stay here and eat before going.* / ～多心，她完全是为了帮助你才找你谈的。～ duōxīn, tā

wánquán shì wèile bāngzhu nǐ cái zhǎo nǐ tán de. *You need not be oversensitive. She only came to talk to you so that she could help you.* /就是孩子做错了一点事,家长也~严加训斥,应耐心教育。Jiùshì háizi zuòcuòle yìdiǎnr shì, jiāzhǎng yě ~ yánjiā xùnchì, yīng nàixīn jiàoyù. *Even if a child does make a mistake, parents don't have to reprimand him severely. They should patiently teach him better.* / 你们~都去,去一个人就行了。Nǐmen ~ dōu qù, qù yí ge rén jiù xíng le. *You don't have to all go. One person will do.* / 你们都~去,只要我去就行了。Nǐmen dōu ~ qù, zhǐyào wǒ qù jiù xíng le. *You all don't have to go so long as I do.* "不必"后面的动词,形容词可提前或省略 (*the verb or adjective used after 不必 can sometimes be placed before it, or can be omitted*):要我帮忙吗?——~,我自己来吧,谢谢你! Yào wǒ bāngmáng ma? —— ~, wǒ zìjǐ lái ba, xièxie nǐ! *Do you want me to help? — No need. I can manage by myself, thank you.* / 老张只不过说句笑话,你竟这样认真,我认为大可~。Lǎo Zhāng zhǐ búguò shuō jù xiàohua, nǐ jìng zhèyàng rènzhēn, wǒ rènwéi dà kě ~. *Lao Zhang was just making a joke. I really don't think there's any need for you to take it so seriously.* / 手续如此复杂,完全~!Shǒuxù rúcǐ fùzá, wánquán ~! *There is absolutely no need for formalities to be so complicated!*

【不便】bùbiàn (形)(1)不方便 *inconvenient*:交通~ jiāotōng ~ *inconvenient transportation* /这位老人腿有病,行动~. Zhè wèi lǎorén tuǐ yǒu bìng, xíngdòng ~. *This elderly person has a leg ailment so that he finds walking difficult.* (2)不适合 *inappropriate*:现在是他工作时间,~去打搅。Xiànzài shì tā gōngzuò shíjiān, ~ qù dǎjiǎo. *He is on duty now. It would be inappropriate to disturb him.* / 那是他们俩之间的事,别人~多问。Nà shì tāmen liǎ zhī jiān de shì, biérén ~ duō wèn. *That is a matter between the two of them and it would be inappropriate for others to ask too many questions.*

【不……不……】bù……bù…… (1)嵌入意思相同相近的词或词素,表示比较强调的否定 (*used before two words or morphemes identical or similar in meaning to express an emphatic negative form*):他不知不觉地度过了半年时间。Tā bù zhī bù jué de dùguòle bàn nián shíjiān. *Half a year had passed before he knew it.* /批评要切中要害,只不疼不痒地说几句有什么用? Pīpíng yào qièzhòng yàohài, zhǐ bù téng bù yǎng de shuō jǐ jù yǒu shénme yòng? *It is crucial that criticism strikes home. What is the use of saying a few words lightly?* /一块小石子不偏不倚地正打在他鼻子上。Yí kuài xiǎo shízi bù piān bù yǐ de zhèng dǎ zài tā bízi shang. *A small pebble hit him right in the middle of the nose.* (2)嵌入意思相对的形容词,表示适中 (*used before two adjectives opposite in meaning to indicate an intermediate state*):这件大衣不大不小,你穿正合适。Zhè jiàn dàyī bú dà bù xiǎo, nǐ chuān zhèng héshì. *This coat is neither too big nor too small, but fits you just right.* /他碰了个不软不硬的钉子,有话难说。Tā pèngle ge bù ruǎn bú yìng de dīngzi, yǒu huà nán shuō. *He hit a difficult snag and it was hard for him to say anything.* /你看他不卑不亢的态度,多好。Nǐ kàn tā bù bēi bú kàng de tàidù, duō hǎo. *Look at how good his attitude is — it's neither too modest nor too haughty.* (3)嵌入词义相对的动词,表示"如果不~……就不~……" (*used before two verbs opposite in meaning to mean "如果不…就不…"*):这种不合理的制度打破了就打破了吧,不破不立吗。Zhè zhǒng bù hélǐ de zhìdù dǎpò le jiù dǎpò le ba, bú pò bú lì ma. *If this kind of irrational system is destroyed, let it be destroyed. There can be no construction without destruction.* /咱们可说定了明天早七点在北海公园门口儿见,咱们不见不散。Zánmen kě shuōdìng míngtiān zǎo qī diǎn zài Běihǎi Gōngyuán ménkǒur jiàn,

zánmen bú jiàn bú sàn. *Let's agree to meet tomorrow morning at seven o'clock at the entrance to Beihai Park. We won't leave until we meet.*

【不测】bùcè (形)◇不可估计或不能推测的 *unpredictable*; *unexpected*:天有~风云,人有旦夕祸福。Tiān yǒu ~ fēngyún, rén yǒu dànxī huòfú. *In nature there are unexpected storms and in life unpredictable vicissitudes.* (名)意外的不幸事件 *accident*; *mishap*; *unexpected misfortune*:遭到~ zāodào ~ *meet with misfortune* /防备~ fángbèi ~ *guard against mishaps*

【不曾】bùcéng (副)"曾经"的否定形式,相当于副词"没有" *never (have done sth.)*:阿里从来中国以后就~病过。Ālǐ cóng lái Zhōngguó yǐhòu jiù ~ bìngguo. *Ali has never been ill since he came to China.* / 这些来自非洲的学生~见过雪,所以,这场大雪使他们感到格外的新奇。Zhèxiē láizì Fēizhōu de xuésheng ~ jiànguo xuě, suǒyǐ, zhè chǎng dà xuě shǐ tāmen gǎndào géwài de xīnqí. *These African students have never seen snow, so this heavy snowfall was all the more strange and novel to them.* / 他~上过大学,是自学成才的。Tā ~ shàngguo dàxué, shì zìxué chéng cái de. *He has never attended university, yet taught himself to become useful.* / 我登过很多山,就是~登过黄山和庐山。Wǒ dēngguo hěn duō shān, jiùshì ~ dēngguo Huáng Shān hé Lú Shān. *I've climbed many mountains, but have never climbed Mounts Huang and Lu.*

【……不成】……bùchéng (助)用在句末,表示推测或加强反问语气,前面常有"难道""莫非"等词呼应,"不成"可以省略,不影响句子的意思 (*used at the end of a sentence to indicate conjecture or to emphasize the rhetorical tone; often preceded by "难道""莫非", etc.; "不成" can be omitted without changing the meaning of the sentence*):你闯了祸,难道还要我负责(~)? Nǐ chuǎngle huò, nándào hái yào wǒ fùzé(~)? *You've got yourself into trouble. How can you expect me to take the blame?* /好久没接到他的信,莫非他病了(~)? Hǎojiǔ méi jiēdào tā de xìn, mòfēi tā bìngle(~)? *I haven't received any letters from him for a long time. Could he be sick?* /走这么一点儿路,还能把你累坏(~)? Zǒu zhème yìdiǎnr lù, hái néng bǎ nǐ lèihuài(~)? *How could you possibly be exhausted from walking such a short distance?*

【不成比例】bù chéng bǐlì 数量或大小不相配合 *disproportionate*:他身子那么高,头那么小,有点儿~。Tā shēnzi nàme gāo, tóu nàme xiǎo, yǒudiǎnr ~. *He is so tall yet his head is so small. It looks a little disproportionate.* / 价钱这么贵,质量这么次,简直~。Jiàqián zhème guì, zhìliàng zhème cì, jiǎnzhí ~. *The price is so high yet the quality is quite poor. It's completely disproportionate.*

【不成材】bùchéngcái (形)不能成为有用的人 (*of a person*) *useless*; *good-for-nothing*; *worthless*:他很气他儿子~。Tā hěn qì tā érzi ~. *He was angry that his son was a good-for-nothing.*

【不成话】bù chénghuà 同"不像话" bù xiànghuà *same as "不像话" bù xiànghuà* (1)(言语行动)不合道理 (*of sb. 's words or behaviour*) *unreasonable*:这样粗暴地对待同志,太~。Zhèyàng cūbào de duìdài tóngzhì, tài ~ le. *It is very unreasonable to treat a comrade so rudely.* (2)坏极了,坏得没法说 *shocking*; *outrageous*:屋子里又脏又乱,简直~. Wūzi lǐ yòu zāng yòu luàn, jiǎnzhí ~. *The room is in a filthy mess. It's simply shocking.*

【不成器】bùchéngqì (形)同"不成材" bùchéngcái *same as "不成材" bùchéngcái*:儿女~是父母最伤心的事。Érnǚ shì fùmǔ zuì shāngxīn de shì. *Parents' greatest worry is that their children have become useless individuals.*

【不齿】bùchǐ (动)〈书〉不愿意或不屑于说 *think sth. not worth mentioning*; *hold in contempt*:这种为了个人私利,损

害国家利益的人，为人民所～。Zhè zhǒng wèile gèrén sīlì, sǔnhài guójiā lìyì de rén, wéi rénmín suǒ ～. *This kind of person who seeks private gain at the expense of national interests is held in contempt by the people.*

【不耻下问】bù chǐ xià wèn 向地位比自己低或知识不如自己的人请教不以为可耻 *not feel ashamed to ask for advice and learn from one's inferiors or subordinates*：求学不但要向比自己高明的人请教，还要～。Qiúxué búdàn yào xiàng bǐ zìjǐ gāomíng de rén qǐngjiào, hái yào ～. *When seeking knowledge, one must not only ask for advice from those who are wiser than oneself, but must also be modest enough to consult one's inferiors.* /真正好学的人是～的。Zhēnzhèng hàoxué de rén shì ～ de. *Those who are genuinely eager to learn don't feel ashamed to learn from their inferiors.*

【不出所料】bù chū suǒ liào 没有超出预料 *as expected; within one's expectations*：我说他今天会来，果然～。Wǒ shuō tā jīntiān huì lái, guǒrán ～. *I said that he would come today and, as expected, he did.*

【不辞而别】bù cí ér bié 没有告辞就离去 *leave without saying goodbye*

【不辞劳苦】bù cí láokǔ *spare no pains; take pains*

【不错】bùcuò（形）(1)很好 *not bad; pretty good*：发音～。fāyīn ～.（His）*pronunciation is pretty good.* /这件毛衣真～。Zhè jiàn máoyī zhēn ～. *This sweater is really quite nice.* /这部词典还～，很有特色。Zhè bù cídiǎn hái ～, hěn yǒu tèsè. *This dictionary is really quite good; it has some distinctive features.* (2)对,正确 *yes; that's right (in a reply); correct*：这张画儿是你画的吧？——～!是我画的。Zhè zhāng huàr shì nǐ huà de ba?——～! shì wǒ huà de. *This is the painting that you did?——Right! That's the one.* /～,我说的就是这种式样的皮鞋。～, wǒ shuō de jiù shì zhè zhǒng shìyàng de píxié. *Right. I was referring to this kind of shoes.* /～,是我告诉他的。～, shì wǒ gàosu tā de. *Right, it was I who told him.*

【不打自招】bù dǎ zì zhāo 错误想法或干过的坏事无意中自我暴露出来 *confess without being pressed; make a confession of one's own free will*

【不大】bùdà（副）"不很,不怎么"的意思,表示程度不深 *not very; not too*：这事情不和大家商量,恐怕～好办。Zhè shìqíng bù hé dàjiā shāngliang, kǒngpà ～ hǎo bàn. *I'm afraid it won't be very easy to handle this matter unless we discuss it first.* /因为考前准备得～充分,所以成绩～理想。Yīnwèi kǎo qián zhǔnbèi de ～ chōngfèn, suǒyǐ chéngjì ～ lǐxiǎng. *My results were not very ideal because I hadn't prepared very well before the exam.* /我见他今天～高兴,也就没跟他谈那件事。Wǒ jiàn tā jīntiān ～ gāoxìng, yě jiù méi gēn tā tán nà jiàn shì. *I saw that he was not very happy today so I didn't discuss that matter with him.* /老王身体一直～好,现在又住院了。Lǎo Wáng shēntǐ yìzhí ～ hǎo, xiànzài yòu zhù yuàn le. *Lao Wang's health has never been very good and now he's in hospital again.*

【不单】bùdān（连）同"不但" búdàn *same as "不但" búdàn*：他～是我们的院长,而且是科学院的院士。Tā ～ shì wǒmen de yuànzhǎng, érqiě shì kēxuéyuàn de yuànshì. *He's not only our institute's director but is also an academician at the Academy of Sciences.* /他～精通词赋,并且长于古文字学。Tā ～ jīngtōng cífù, bìngqiě chángyú gǔ wénzìxué. *He not only has a good command of "ci" and "fu" and also good at ancient philology.* /他们开设这个小商店～方便了群众生活,也增加了他们的个人收入。Tāmen kāishè zhège xiǎo shāngdiàn ～ fāngbiàn le qúnzhòng shēnghuó, yě zēngjiā le tāmen de gèrén shōurù. *Their opening up this small shop has not only made life easier for people but has also increased their private income.* /她～会带小孩,就是做饭也不行。Tā ～ bú huì dài

xiǎoháir, jiùshì zuò fàn yě bù xíng. *Not only can she not take care of children, but she can't cook either.* /这个厂～完成了今年的生产计划,连明年一月的任务也完成了。Zhège chǎng ～ wánchéng le jīnnián de shēngchǎn jìhuà, lián míngnián yīyuè de rènwù yě wánchéng le. *This factory has not only fulfilled this year's production plan, it has even completed next year's tasks for January.* /听了我的批评,她～没生气,反而再三表示感谢。Tīngle wǒ de pīpíng, tā ～ méi shēng qì, fǎn'ér zàisān biǎoshì gǎnxiè. *After hearing my criticism, not only did she not get angry, but she even thanked me repeatedly.*

【不但】búdàn（连）用在表示递进的复句的第一分句里,第二分句里常有连词"而且""并且"或副词"也""还"等来相呼应 *not only (used in the first clause of a sentence with two or more clauses which indicate progression; the second clause usu. has conjunctions such as "而且", "并且", or adverbs such as "也", "还", etc.)*：他～功课好,而且品德也好。Tā ～ gōngkè hǎo, érqiě pǐndé yě hǎo. *Not only is his schoolwork good, but his moral character is too.* /他～是我的兄长,并且是我的启蒙老师。Tā ～ shì wǒ de xiōngzhǎng, bìngqiě shì wǒ de qǐméng lǎoshī. *He's not only my elder brother, he's the teacher who introduced me to my field too.* /我们～要学习文化科学知识,还要学习一定的政治理论。Wǒmen ～ yào xuéxí wénhuà kēxué zhīshi, hái yào xuéxí yídìng de zhèngzhì lǐlùn. *We must not only learn cultural and scientific knowledge, but must also learn certain political theories.* "不但"后一分句有时用"就是(即使)……也……""连……也……"强调一种极端的程度 *(the clause following that with "不但" sometimes uses "就是(即使)……也…" or "连…也…" to emphasize the superlative degree)*：现在这位老人～不能行动,就是说话也很困难了。Xiànzài zhè wèi lǎorén ～ bù néng xíngdòng, jiùshì shuōhuà yě hěn kùnnan le. *Not only can this elderly person not move now, but he can barely even speak.* /他肺部的癌细胞已扩散了,～扩散到肝脏,连淋巴也有了。Tā fèibù de ái xìbāo yǐ kuòsàn le, ～ kuòsàn dào gānzàng, lián línbā yě yǒu le. *The cancer cells in his lungs have already spread not only to his liver, but to his lymph as well.* "不但+否定……反而(反倒)……"常用来说明某种情况没有引起应有的反应,却引起相反的反应 *"不但＋a negative… 反而(反倒)…" is often used to illustrate that a certain situation did not get the expected reaction, but received the opposite)*：看见人家有困难,他～不帮忙,反而幸灾乐祸。Kànjiàn rénjia yǒu kùnnan, tā ～ bù bāng máng, fǎn'ér xìng zāi lè huò. *When he sees others having difficulty, not only does he not help, but he even takes pleasure in it.* /这一挫折,～没有使她灰心,反而使她更加振奋起来。Zhè yì cuòzhé, ～ méiyou shǐ tā huīxīn, fǎn'ér shǐ tā gèngjiā zhènfèn qilai. *Not only did this setback fail to discourage her, but it made her even more enthusiastic.*

【不当】bùdàng（形·非定）〈书〉不恰当,不合适 *inappropriate; unsuitable*：用人～ yòng rén ～ *not choose the right person for the job* /处理～ chǔlǐ ～ *not be handled properly*

【不道德】bù dàodé 不符合道德标准 *immoral*：～的人 ～ de rén *an immoral person* /～的行为 ～ de xíngwéi *immoral behaviour*

【不倒翁】bùdǎowēng（名）一种玩具,是个老头儿的形象,上轻下重,底座是半圆体,扳倒后能自动起来。也叫"扳不倒儿" *tumbler; roly-poly*

【不得】bùdé（副）〈书〉不可以 *may not*：～无礼 ～ wú lǐ *You must not go beyond the bounds of decorum.* /～违抗 ～ wéikàng *Don't disobey.* /计划～随意改变。Jìhuà ～ suíyì gǎibiàn. *The plans may not be changed at will.*

【不得不】bù dé bù 表示并不愿意而不能不如此,作状语 *have no choice but to; cannot but; have to (serves as an*

adverbial)：两次派人去都没买回药来，他～亲自走一趟了。Liǎngcì pài rén qù dōu méi mǎi huí yào lai, tā ～qīnzì zǒu yí tàng le. *Twice he sent someone to buy medicine for him, but they didn't get it, so he had no choice but to make a trip himself.* / 因为家里穷，他～到外地谋生。Yīnwèi jiāli qióng, tā ～ dào wàidì móushēng. *He had no option but to seek a living elsewhere because his family was very poor.* / 由于形势紧急，他们夫妻～暂时分开。Yóuyú xingshì jǐnjí, tāmen fūqī ～ zànshí fēnkai. *Owing to the situation being tense, that husband and wife have to separate for the time being.*

【不得了】bùdéliǎo (形)(1)表示情况严重 *disastrous*：～了！小孩儿落水了，快救人哪！～ le! Xiǎoháir luò shuǐ le, kuài jiù rén na! *How terrible! A child fell into the water! Help!* /煤气罐要是爆炸那可～。Méiqìguàn yàoshi bàozhà nà kě ～. *It will be disastrous if a coal gas container explodes.* / 手划破了没什么～的。Shǒu huápòle méi shénme ～ de. *The cut on my hand is not all that serious.* (2)放在"得"后作补语表示很高的程度 *terribly; very much* (used after 得 as a complement of degree)：累～ lèi de ～ *totally exhausted* /喜欢得～ xǐhuan de ～ *extremely pleased* /北京烤鸭的味道香得～。Běijīng kǎoyā de wèidao xiāng de ～. *The aroma of roast Beiking duck is iwonderful.*

【不得要领】bù dé yàolǐng 指没有抓住(话或文章的)主要内容，常比喻办事不得法，没有掌握解决问题的最好办法 *fail to grasp the point (of a discussion, etc.)*：这人讲话实在罗嗦，我听了半天也～。Zhè rén jiǎng huà shízài luōsuo, wǒ tīngle bàntiān yě ～. *This guy can jabber away all day and I still won't be able to grasp what he's talking about.* / 他学习很努力，但是～，所以进步很慢。Tā xuéxí hěn nǔ lì, dànshi ～, suǒyǐ jìnbù hěn màn. *He studies very hard but he fails to grasp the main points, so he makes slow progress.* / 那台机器坏了，因为～，他修了一星期也没修好。Nà tái jiqì huàile le, yīnwei ～, tā xiūle yì xīngqí yě méi xiūhǎo. *Because he didn't really understand what was wrong with that machine, even after a week of trying to fix it, it still wasn't fixed properly.*

【不得已】bùdéyǐ (形)没别的办法，只好如此 *act against one's will; have to; have no alternative but to*：实在～，才来求你的。Shízài ～, cái lái qiú nǐ de. *I have no other alternative but to ask you.* / 不到万一的时候，他是不会答应的。Bú dào wàn ～ de shíhou, tā shì bú huì dāying de. *Until he has absolutely no alternative, he will not agree.* / 他这样做也是出于～。Tā zhèyàng zuò yě shì chūyú ～. *He was compelled to do it this way against his will.* / 我是～，不然,谁肯放弃这么好的机会? Wǒ shì ～, bùrán, shuí kěn fàngqì zhème hǎo de jīhuì? *I really had no choice, otherwise how could I pass up such a good opportunity?*

【不等式】bùděngshì (名)〈数〉*inequality*

【不定】bùdìng (副)〈口〉(1)表示不肯定,多与正反疑问式配合 *not sure* (*expresses uncertainty; usu. used together with the affirmative-negative form of interrogation*)：他今天～在不在，你还是先打个电话问问吧。Tā jīntiān ～ zài bú zài, nǐ háishi xiān dǎ ge diànhuà wènwen ba. *I don't know whether he's in today or not. You should call first and ask.* / 王教授去美国讲学了，四月初～能不能回来。Wáng jiàoshòu qù Měiguó jiǎngxué le, sìyuè chū ～ néng bu néng huílai. *Professor Wang has gone to the U. S. to give lectures. It's not at all certain whether he can come back in early April.* / 我这本词典是上星期日买的，现在去买～有了。Wǒ zhè běn cídiǎn shì shàng xingqírì mǎi de, xiànzài qù mǎi ～ yǒu méi yǒu le. *I bought this dictionary last Sunday so it's hard to say whether there will be any left now.* (2)表示猜测,多与代表人或事物的疑问代词配合 (*indicates conjecture; usu. used together with interrogative pro-*

nouns that stand for persons or things)：他说他去泰山，至今没回来，～又去哪儿了。Tā shuō tā qù Tài Shān, zhì jin méi huílai, ～ yòu qù nǎr le. *He said he was going to Mount Tai, but he hasn't come back yet. He probably went somewhere else.* / 中午小秦没回家吃午饭，～谁又请他去吃饭了。Zhōngwǔ Xiǎo Qín méi huí jiā chī wǔfàn, ～ shui yòu qǐng tā qù chī fàn le. *Xiao Qin didn't come back for lunch so somebody has more than likely invited him over for lunch.* (3)表示程度很高,多与表示数量或程度的疑问代词配合,有惊叹语气 (*usu. used together with an interrogative pronoun which stands for quantity or degree to indicate a high degree; expresses surprise*)：去听音乐会的人多极了，那门票～多难买呢! Qù tīng yīnyuèhuì de rén duō jí le, nà ménpiào ～ duō nán mǎi ne! *So many people are going to the concert. Tickets are most likely impossible to buy.* / 他听到这个好消息，～多高兴呢! Tā tīngdào zhège hǎo xiāoxi, ～ duō gāoxìng ne! *He'll more likely be ecstatic when he hears this good news.* /《红楼梦》我看了～多少遍了!《Hónglóumèng》wǒ kànle ～ duōshǎo biàn le! *I don't know how many times I've read A Dream of Red Mansions!* /小秦的新摩托车被人撞坏了，他～怎么么心疼呢! Xiǎo Qín de xīn mótuōchē bèi rén zhuànghuài le, tā ～ zěnme xīn téng ne! *Xiao Qin's new motorcycle was run into and damaged. He must be terribly distressed!*

【不动产】bùdòngchǎn (名) *real estate; immovable property*

【不动声色】bù dòng shēng sè (在应有表示时)不说话，不使感情表现出来，很镇定 *maintain one's composure; unperturbed; not turn a hair*：他叫人去报告警察，然后～地和逃犯闲谈。Tā jiào rén qù bàogào jǐngchá, ránhòu ～ de hé táofàn xiántán. *He sent someone to fetch the police and then engaged the escaped convict in chat in perfect composure.*

【不冻港】bùdònggǎng (名) *ice-free port*

【不独】bùdú (连)不但 *not only*：他～教学效果好，而且在学术上也有一定的建树。Tā ～ jiàoxué xiàoguǒ hǎo, érqiě zài xuéshù shang yě yǒu yídìng de jiànshù. *He is not only a good teacher, he has also made a definite contribution to scholarship.* / 他～技术能力强，而且懂两门外语。Tā ～ jìshù nénglì qiáng, érqiě dǒng liǎng mén wàiyǔ. *He not only is an able technician, he knows two foreign languages as well.*

【不断】bùduàn (副)连续不间断 *continuously; constantly*：电子工业～地发展。Diànzǐ gōngyè ～ de fāzhǎn. *The electronics industry is constantly developing.* / 这家皮鞋厂～地向市场投放新产品。Zhè jiā píxié chǎng ～ de xiàng shìchǎng tóufàng xīn chǎnpǐn. *This shoe factory is constantly putting new products on the market.* / 在记者招待会上，中外记者～发问。Zài jìzhě zhāodàihuì shang, zhōngwài jìzhě ～ fā wèn. *Chinese and foreign reporters raised questions continuously at the press conference.* / 文艺工作者要～提高自己的艺术表现能力。Wényì gōngzuòzhě yào ～ tígāo zìjǐ de yìshù biǎoxiàn nénglì. *Writers and artists must constantly improve their ability to display their skills.*

【不对】bùduì (形·非定)反常 *unhealthy; abnormal; odd*：神色～ shénsè ～ *to look odd; odd expression* /口气～ kǒuqì ～ *an odd tone of voice* /一进屋就觉得这里的气氛～。Yī jìn wū jiù juéde zhèli de qìfēn ～. *As soon I entered the house, I could feel that the atmosphere wasn't right.*

【不对头】bù duìtóu (1)不正确，不适当 *incorrect; wrong*：这家商店的经营方向～，只顾赚钱，不为顾客提供方便。Zhè jiā shāngdiàn de jīngyíng fāngxiàng ～, zhǐ gù zhuàn qián, bú wèi gùkè tígōng fāngbiàn. *This shop is run on incorrect lines; all they care about is making money, not providing convenience for the customers.* (2)不正常 *unusual; abnormal*：这机器转动的声音～，可能出了毛病。Zhè jiqì

zhuàndòng de shēngyīn ~, kěnéng chūle máobìng. *This machine emits an unusual noise when it is running. Maybe there's something wrong with it.* (3)合不来 incompatible：他俩的脾气 ~, 经常闹别扭。Tā liǎ de píqi ~, jīngcháng nào bièniu. *Those two have incompatible temperaments and they are often at odds with each other.*

【不法】bùfǎ (形·非谓) 违反法律、法令的 unlawful；illegal：~行为 ~ xíngwéi illegal act；unlawful practice /~分子 ~fēnzǐ illegal element

【不凡】bùfán (形·非定)〈书〉不平常，有过人之处 out of the ordinary：气度 ~ qìdù ~ distinguished bearing/自命不凡 ~ zìmìng ~ consider oneself of unusual talent；to have an unduly high opinion of oneself

【不妨】bùfáng (副) 表示这样做没有什么妨碍 there is no harm in；might as well：这种咖啡的味道好极了，你 ~尝尝。Zhè zhǒng kāfēi de wèidao hǎo jí le, nǐ ~ chángchang. *This kind of coffee is delicious. There's no harm in your tasting it.* / 这个消息不知是否准确，~再打听打听。Zhège xiāoxi bù zhī shìfǒu zhǔnquè, ~ zài dǎting dǎting. *I don't know whether this news is accurate or not. There's no harm in asking about it again.* / 你对我有什么意见 ~直接告诉我。Nǐ duì wǒ yǒu shénme yìjian ~ zhíjiē gàosu wǒ. *If you have a complaint about me, you might as well tell me straight out.*

【不符】bùfú (形) 不相符合 not tally with；not conform to；be inconsistent with：名实 ~ míng shí ~ have an undeserved reputation /他所说的和事实 ~. Tā suǒ shuō de hé shìshí ~. *What he says does not tally with the facts.*

【不甘】bùgān (动) 不愿，不甘心 not be resigned to；unwilling：~示弱 ~ shìruò unwilling to be outshone /~屈服 ~ qūfú unwilling to yield /~让步 ~ ràng bù unwilling to make concessions /~失败 ~ shībài not being resigned to failure

【不敢当】bù gǎndāng (谦) 表示承当不起(别人的夸奖、祝愿，招待等)(a polite expression in reply to a compliment, sb.'s best wishes, treatment, etc.)：您是专家，能请您来做报告，我们太高兴了。——专家可~，也谈不上做报告，只是介绍一点经验。Nín shì zhuānjiā, néng qǐng nín lái zuò bàogào, wǒmen tài gāoxìng le. ——Zhuānjiā kě ~, yě tán bu shàng zuò bàogào, zhǐshì jièshào yìdiǎnr jīngyàn. *We are very pleased to be able to invite you here as an expert to give a lecture. ——You flatter me by calling me an expert. And it wasn't a lecture, really. I just talked a little about my experience.* / 您怎么给我拜年来了?实在~! Nín zěnme gěi wǒ bài nián lai le? shízài ~! *You came to wish me a happy New Year! You really shouldn't!*

【不公】bùgōng (形·非定) 不公平 unfair；unjust：判案判得 ~. Pàn àn pàn de ~. *The case was not decided fairly.* / 事情处理得~. Shìqing chǔlǐ de ~. *The matter was unjustly handled.*

【不攻自破】bù gōng zì pò 不需要别人攻打，自己的阵线就破了；现多形容论点站不住脚，经不起批驳 collapse of its own accord：这篇文章的错误观点太明显了，是~的。Zhè piān wénzhāng de cuòwù guāndiǎn tài míngxiǎn le, shì ~ de. *The erroneous viewpoints of this essay were all too obvious, it collapsed of its own accord.*

【不共戴天】bù gòng dài tiān 不能跟仇敌在同一个天底下并存，形容对敌人的仇恨极深 to refuse to share the same sky (with one's enemy)；feel irreconcilable hatred for sb.

【不顾】bùgù (动)(1)不照顾 have no regard for；regardless of：只顾自己方便，~大家利益，是不对的。Zhǐ gù zìjǐ fāngbiàn, ~ dàjiā lìyì, shì bú duì de. *It is wrong to consider only one's own convenience and have no regard for the well-being of everyone else.* (2)不考虑 not to consider：小杨~生命危险，抢救落水儿童。Xiǎo Yáng ~ shēngmìng

wēixiǎn, qiǎngjiù luò shuǐ értóng. *Xiao Yang with no thought to his own life, jumped in the water to save the child.*

【不管】bùguǎn (连) 表示条件或情况无论怎样，结果不变。它的后边常用表示任指的疑问代词"谁""什么""哪""怎么""多"等，并有"都""也""总"呼应 no matter (is often followed by interrogative pronouns such as "谁", "什么", "怎么", "多", "哪", etc. and is used together with adverbs such as "都", "也"or "总")：~刮风下雨，他都骑车上班。~ guā fēng xià yǔ, tā dōu qí chē shàng bān. *No matter whether it's windy or raining, he always rides his bicycle to work.* / ~他是谁，进门都得出示证件。~ tā shì shuí, jìn mén dōu děi chūshì zhèngjiàn. *No matter who you are, you must show I. D. at the gate.* / ~走到哪儿，总有热心人帮助他。~ zǒudào nǎr, zǒng yǒu rèxīn rén bāngzhù tā. *No matter where he went, there was always a warm-hearted person to help him.* / ~你将来是学理还是学文，都应该打好中学的文化基础。~ nǐ jiānglái shì xué lǐ háishi xué wén, dōu yīnggāi dǎhǎo zhōngxué de wénhuà jīchǔ. *No matter whether you will study science or literature in future, you should still get a good cultural foundation in middle school.*

【不管三七二十一】bù guǎn sān qī èrshíyī 不顾一切，对该考虑的不加考虑，对该区别的不加区别 regardless of anything；come what may；(fig.) casting caution to the wind：他~，拿起来就咬，才发现苹果又酸又涩。Tā ~, ná qǐlai jiù yǎo, cái fāxiàn píngguǒ yòu suān yòu sè. *Without thinking he picked up the apple and took a bite. Only then did he realize that it was sour.* / 他~，一进来就跟组长大吵了一通。Tā ~, yí jìnlai jiù gēn zǔzhǎng dà chǎole yí tòng. *Without thinking what he was doing, he came in and immediately began making a big fuss with the group leader.*

【不光】bùguāng (连)〈口〉同"不但"bùdàn same as "不但"bùdàn：这里~土地肥沃，气候也温和。Zhèlǐ ~ tǔdì féiwò, qìhòu yě wēnhé. *Not only is the soil fertile here, the climate is also temperate.* / ~小王喜欢她，小伙子们都喜欢她。~ Xiǎo Wáng xǐhuan tā, xiǎohuǒzimen dōu xǐhuan tā. *Not only does Xiao Wang like her, but all young men do.* / ~人品好，手艺也不错。~ rénpǐn hǎo, shǒuyì yě búcuò. *Not only is his moral character good, his craftsmanship is too.* / ~男子汉，连妇女们也都来了。~ nánzǐhàn, lián fùnǚmen yě dōu lái le. *Not only did men come, but women did too.* / 这位物理学家~在国内影响很大，就是在国际上也是很有名的。Zhè wèi wùlǐxuéjiā ~ zài guónèi yǐngxiǎng hěn dà, jiùshì zài guójì shang yě shì hěn yǒu míng de. *Not only does this physicist have a strong influence within the country, he's also internationally well-known.*

【不轨】bùguǐ (形) 违反法纪：搞叛乱活动 against the law or discipline：~行为 ~ xíngwéi illegal behaviour /图谋不轨 túmóu ~ engage in conspiratorial activities

【不过】bùguò (副)有"只是"、"仅仅"的意思，把事物往小里或轻里说，表示仅限于一定的范围 only；merely；no more than：这本小说我~随便翻了翻，没有细看。Zhè běn xiǎoshuō wǒ ~ suíbiàn fānle fān, méiyou xì kàn. *I didn't read this novel carefully, I merely browsed through it.* / 她~跟你说句笑话，何必当真呢! Tā ~ gēn nǐ shuō jù xiàohua, hébì dàng zhēn ne! *She was only joking with you. There's no need to take her seriously!* /领导上~想了解一下情况，实际上也不一定能解决多大问题。Lǐngdǎoshàng ~ xiǎng liǎojiě yíxià qíngkuàng, shíjìshang yě bù yídìng néng jiějué duō dà wèntí. *The leaders merely want to acquaint themselves with the situation. In fact, they may not necessarily be able to solve any problems.* "不过"后边可以加"是"，并不影响意思，上边列的各例都可以加"是"。"不过"前边都可加"只"，限定范围更明显 (是 can be added af-

ter 不过 *without changing the meaning of the sentence；the above examples can all take* 是. 不过 *can also be preceded by "只" which makes the restriction expressed by "不过" more obvious*)：我和他只～是一面之交，怎好去麻烦人家。Wǒ hé tā zhǐ ～ shì yí miàn zhī jiāo, zěn hǎo qù máfan rénjia. *He and I met only once. How could I possibly go and bother him.* / 入伍前他只～是个普通的高中生，现在却成了战斗英雄。Rù wǔ qián tā zhǐ ～ shì ge pǔtōng de gāozhōngshēng, xiànzài què chéngle zhàndòu yīngxióng. *Before joining the army, he was no more than an average middle school student. Now, however, he has become a combat hero.* "不过""不过是"后边如与"罢了""而已""就是了"配合，可加重往小处说的语气(不过 or 不过是 *can be accompanied by* 罢了，而已 *or* 就是了 *to emphasize the tone of belittlement*)：他打字的指法是对的，只～是打得慢一点就是了。Tā dǎ zì de zhǐfǎ shì duì de, zhǐ ～ shì dǎ de màn yìdiǎnr jiù shì le. *When he types, his fingering is correct；it's just that his typing is a bit slow.* / 有些杂七杂八的刊物～是为了赚钱而已，对读者起不到好作用。Yǒu xiē zá qī zá bā de kānwù ～ shì wèile zhuàn qián éryǐ, duì dúzhě qǐ bu dào hǎo zuòyòng. *There is a whole mixture of publications that are only out to make money and are of no use to readers.* (连) 连接分句、句子，表示转折，后面可有停顿，后一分句或句子如有主语，"不过"可在主语前也可在谓语前 *but；however (links clauses or sentences to indicate a turn in events and can be followed by a pause；if the second clause or sentence has a subject, "不过" can be placed either before the subject or before the predicate)* (1)用于后一分句，是对前一分句所说事情的修正性补充 *(used in the second clause, to serve as an amendment to the matter referred to in the first clause)*：我知道巴黎是个非常漂亮的城市，～我没去过。Wǒ zhīdao Bālí shì ge fēicháng piàoliang de chéngshì, ～ wǒ méi qùguo. *I know that Paris is a beautiful city, but I've never been there.* / 反对他的人不少，他～还蒙在鼓里。Fǎnduì tā de rén bù shǎo, tā ～ hái méng zài gǔ li. *Those who oppose him are not few, but he's still kept in the dark.* / 我们是二十多年的邻居了，～很少来往。Wǒmen shì èrshí duō nián de línjū le, ～ hěn shǎo láiwǎng. *We have been neighbours for over twenty years. However, we seldom have any dealings with each other.* (2)引出与前边不同或相对的事实或结论 *(introduces a fact or conclusion that is different from or the opposite of the preceding one)*：人们都爱春天，～我更爱秋天，因为它是收获的季节。Rénmen dōu ài chūntiān, ～ wǒ gèng ài qiūtiān, yīnwèi tā shì shōuhuò de jìjié. *Everybody loves spring；I, however, prefer autumn because it's the season of harvest.* / 他学习不太努力，在音乐上肯下功夫。Tā xuéxí bú tài nǔ lì, ～ zài yīnyuè shang kěn xià gōngfu. *He doesn't study very hard, but when it comes to music, he's willing to put in a lot of time and energy.* / 这计划倒是很全面，～在现在的条件下，无法实现。Zhè jìhuà dàoshi hěn quánmiàn, ～ zài xiànzài de tiáojiàn xià, wúfǎ shíxiàn. *This plan is indeed comprehensive；under the present circumstances, however, it is not feasible.*

【不寒而栗】bù hán ér lì 不冷可是发抖，形容非常害怕 *tremble with fear；shudder*：想到当时的危险劲儿，让人～。Xiǎngdào dāngshí de wēixiǎn jìnr, ràng rén ～. *Recalling the dangerous situation at that moment, one can't help trembling with fear.*

【不好】bùhǎo (副) 不便，不适合 *not suitable；inconvenient；*～强求 ～ qiǎngqiú *I don't like to insist.* / 他有自己的主张，别人也～多说。Tā yǒu zìjǐ de zhǔzhāng, biéren yě ～ duō shuō. *Since he knows his own mind, it's inappropriate for others to interfere.*

【不好惹】bù hào rě 形容(某人或物)厉害，惹不得 *not to be*

trifled with；stand no nonsense：他这人可～，你说话一定要注意，不要冒犯他。Tā zhè rén kě ～, nǐ shuō huà yídìng yào zhùyì, búyào màofàn tā. *He's not to be trifled with, so be careful what you say and don't get on the wrong side of him.* / 这匹马脾气大，～，小心让它踢着。Zhè pǐ mǎ píqi dà, ～, xiǎoxīn ràng tā tīzhao. *This is a high-spirited horse and not to be trifled with, so be careful not to let it kick you.*

【不好意思】bù hǎoyìsi (1)害羞 *feel embarrassed；shy*：小姑娘听了这些赞扬话，有点儿～了。Xiǎo gūniang tīngle zhèxiē zànyáng huà, yǒudiǎnr ～ le. *When the girl heard such praise, she felt a little embarrassed.* / 新娘子～地笑了笑。Xīnniángzi ～ de xiàole xiào. *The bride smiled shyly.* (2)情面上觉得过意不去 *feel impolite (to do sth.)；*老是麻烦你，我真觉得～。Lǎoshi máfan nǐ, wǒ zhēn juéde ～. *I'm really sorry to bother you all the time.* / 有问题你尽管问，别～。Yǒu wèntí nǐ jìnguǎn wèn, bié ～. *If you have a question feel free to ask, don't think it a bother.* / 你这么热心，我也就～推辞了。Nǐ zhème rèxīn, wǒ yě jiù ～ tuīcí le. *You are so enthusiastic that it would be impolite for me to refuse.*

【不合】bùhé (1)不符合 *not conform to；not tally with；*～手续 ～ shǒuxù *not in keeping with procedures* /～规定 ～ guīdìng *not conform to the rules* (2)合不来 *not get along well with；be unsuited to*：他们俩性格～。Tāmen liǎ xìnggé ～. *Their two characters are incompatible.*

【不和】bùhé (形)不和睦，有矛盾 *not on good terms with；at variance with；disharmony*：家庭～往往发生在婆媳之间。Jiātíng ～ wǎngwǎng fāshēng zài pó xí zhī jiān. *Discord in a family most often happens between the husband's mother and her daughter-in-law.* / 他们弟兄之间有点儿～。Tāmen dìxiong zhī jiān yǒudiǎnr ～. *The brothers were a little at odds with one another.*

【不欢而散】bù huān ér sàn 大家都不高兴了而后分手 *all end up parting on bad terms*：会上，大家争吵起来，毫无结果，最后～。Huì shang, dàjiā zhēngchǎo qilai, háo wú jiéguǒ, zuìhòu ～. *During the meeting, everybody started arguing without getting any results. In the end, the meeting broke up in discord.*

【不及】bùjí (动)比不上，不如 *not as good as*：A班～B班汉语水平高。A bān ～ B bān Hànyǔ shuǐpíng gāo. *Class A is not at as high a level of Chinese as Class B.* / 这个厂的产品质量～那个厂。Zhège chǎng de chǎnpǐn zhìliàng ～ nàge chǎng. *The quality of the products of this factory is not as high as that factory.*

【不及物动词】bùjíwùdòngcí (名)〈语〉*intransitive verb*

【不即不离】bù jí bù lí 既不亲近，也不疏远 *be neither too familiar nor too distant；keep sb. at a respectful distance*：他的女朋友对他～，使他很苦恼。Tā de nǚ péngyou duì tā ～, shǐ tā hěn kǔnǎo. *He felt vexed because his girl friend was keeping him at arm's length.*

【不计其数】bù jì qí shù 多极了，没法数 *countless；innumerable*：今天特别热，海边游泳的人简直～。Jīntiān tèbié rè, hǎi biān yóuyǒng de rén jiǎnzhí ～. *Because it was especially hot today, there were throngs of people at the beach.* / 追逐这位姑娘的人～。Zhuīzhú zhè wèi gūniang de rén ～. *There are countless boys chasing after this girl.*

【不济】bùjì (形·非定)〈口〉不好，不管用 *not good；of no use*：眼力～ yǎnlì ～ *have failing eyesight* /腿脚～ tuǐjiǎo ～ *have difficult walking*

【不假思索】bù jiǎ sīsuǒ 不用考虑(就做出反映)，形容说话、做事速度快 *without thinking；without hesitation；off hand*：他～地说："这事我能办好。" Tā ～ de shuō: "Zhè shì wǒ néng bànhǎo." *Without hesitation he said, "This is something that I can handle."*

【不见】bùjiàn (动·不及物)(1)◇没见面 *not see；not meet；*

好久～,你很忙吗? Hǎojiǔ ～, nǐ hěn máng ma? *Have'nt seen you for a long time. Have you been busy?* (2)(东西)找不到,不知在什么地方(必带"了")(*of objects*) *unable to find; lost* (*must take "了"*):我的帽子怎么～了? Wǒ de màozi zěnme ～ le? *How could I have lost my hat?*

【不见得】bù jiàn dé 不一定,可能不是 *may not; it is improbable that; not likely; not necessarily*:他在法国住过两年,法语一定好吧?——那可～! Tā zài Fǎguó zhùguo liǎng nián, Fǎyǔ yídìng hǎo ba? ——Nà kě ～! *If he lived in France for two years, his French must be very good?——That's not necessarily so.* / 我看她～舍不得让儿子参军。Wǒ kàn tā ～ shě bu de ràng érzi cān jūn. *I think that she is not likely to grudge sending her son to enlist in the army.*

【不结盟国家】bù jié méng guójiā *nonaligned country*

【不解】bùjiě (动)〈书〉不理解,不明白 *not understand; be puzzled*:使人困惑～ shǐ rén kùnhuò ～ *cause one to be puzzled* /这段文字意思深奥,我看了几遍仍然～其义。Zhè duàn wénzì yìsi shēn'ào, wǒ kànle jǐ biàn réngrán ～ qí yì. *This piece of writing is recondite. Even though I've read it several times I can't comprehend its meaning.*

【不禁】bùjīn (副)〈书〉抑制不住,情不自禁(产生某种感情或动作) *cannot refrain from; can't help* (*doing or feeling sth.*):小王一想起上次撞车的情景,心里仍～有些后怕。Xiǎo Wáng yì xiǎngqǐ shàng cì zhuàng chē de qíngjǐng, xīnli réng ～ yǒuxiē hòupà. *As soon as Xiao Wang thinks of the last vehicle collision, he can't help but feel frightened.* / 听到母亲病故的消息,他～失声痛哭。Tīngdào mǔqīn bìnggù de xiāoxi, tā ～ shīshēng tòngkū. *When he heard the news that his mother had died of an illness, he couldn't refrain from choking up with tears.* / 当五星红旗在奥运会上第一次徐徐升起的时候,人们都～欢呼起来。Dāng wǔ xīng hóngqí zài Àoyùnhuì shang dìyī cì xúxú shēngqǐ de shíhòu, rénmen dōu ～ huānhū qilai. *When the Five-starred Flag was gently raised for the first time at the Olympic Games, the people couldn't refrain from cheering.* / 听你唱陕北民歌,～使我回忆起在陕北生活的情况。Tīng nǐ chàng Shǎnběi míngē, ～ shǐ wǒ huíyì qǐ zài Shǎnběi shēnghuó de qíngkuàng. *When I hear you sing North Shaanxi folk songs, I can't help but recall the time I spent in northern Shaanxi.*

【不仅】bùjǐn (连)用法同"不但"bùdàn,多见于书面。有时也说"不仅仅" *same as "不但" bùdàn* (*usu. seen in the written language, sometimes also said as "不仅仅"*):这几天～热得出奇,而且闷得人喘不过气来。Zhè jǐ tiān ～ rè de chūqí, érqiě mèn de rén chuǎn bu guò lái. *It has not only been extraordinarily hot these past few days, it has also been so muggy that one has to gasp for breath.* / 这种自行车～全国有名,在世界上也享有声誉。Zhè zhǒng zìxíngchē ～ quán guó yǒu míng, zài shìjiè shang yě xiǎng yǒu shēngyù. *This kind of bicycle is not only well-known around the country, but it also enjoys a good reputation worldwide.* / 她～没生气,反而跟我热乎起来。Tā ～ méi shēng qì, fǎn'ér gēn wǒ rèhu qilai. *Not only did she not get angry, she even became friendly with me.* / 教师～要传授知识,还应该塑造孩子们的灵魂。Jiàoshī ～ yào chuánshòu zhīshi, hái yīnggāi sùzào háizimen de línghún. *A teacher must not only pass on knowledge, but should also mould children's spirits.*

【不近人情】bù jìn rénqíng 缺乏一般人对人应有的感情 *not amenable to reason; unreasonable*:儿子没有考上大学他就对他那么冷淡,有点儿～。Érzi méiyou kǎoshang dàxué tā jiù duì tā nàme lěngdàn, yǒudiǎnr ～. *It was a little unreasonable that he became very cold toward his son when he failed to gain admittance to college.*

【不经一事,不长一智】bù jīng yī shì, bù zhǎng yī zhì 不经历一件事情,就不能增长对那件事情的见识(一般用于经过失败后得教训的场合) *you can't gain knowledge without practice; knowledge comes from experience* (*usu. used in a situation where one has learned a lesson from having failed*):～,现在我可懂得什么叫受骗了。～, xiànzài wǒ kě dǒngde shénme jiào shòu piàn le. *Now I know what it means to be deceived. / Wisdom comes from experience.*

【不经意】bù jīngyì 不注意,无意识的 *careless; by accident*

【不胫而走】bù jìng ér zǒu 没有腿却能跑,比喻(信息)传播得很快 *not have legs yet be able to run* — (*of information, news, etc.*) *get around fast; spread like wildfire*

【不久】bùjiǔ (名)(1)指离现在不远的将来 *near future; soon*:他～就要去巴黎。Tā ～ jiù yào qù Bālí. *He will be going to Paris in the near future.* / 这条高速公路～就可以完工。Zhè tiáo gāosù gōnglù ～ jiù kěyǐ wán gōng. *This expressway will be completed in the near future.* (2)在过去某个时点前或后不长的时间 *not long* (*after a certain period of time or an occurrence in the past*):刚开学～,又来了一批新学生。Gāng kāi xué ～, yòu láile yì pī xīn xuésheng. *Not long after the school started, there came another group of new students.* / 他出生前～父亲就死了。Tā chūshēng qián ～, fùqīn jiù sǐ le. *He father died just before he was born.* / 小杨大学毕业后～就结婚了。Xiǎo Yáng dàxué bì yè hòu ～ jiù jié hūn le. *Not long after Xiao Yang graduated from college, he was married.*

【不咎既往】bù jiù jì wǎng 不再追究以往的错误或过失 *forgive past misdeeds; let bygones be bygones*:她既然表示决心改悔,那就该～。Tā jìrán biǎoshì juéxīn gǎihuǐ, nà jiù gāi ～. *Since she is determined to change her ways, then we should forgive past misdeeds.*

【不拘】bùjū (动)不受……的束缚 *not stick to; not confine oneself to*:他有点儿～小节,所以有人说他没礼貌。Tā yǒudiǎnr ～ xiǎojié, suǒyǐ yǒu rén shuō tā méi lǐmào. *Because he doesn't bother with small matters, some people say he has no manners.* / 我只想要盆花儿摆摆,什么花儿～。Wǒ zhǐ xiǎng yào pén huār bǎibai, shénme huār ～. *I only want a pot of flower and it doesn't matter what flower it is.* / 给我们杂志写篇文章吧,长短～。Gěi wǒmen zázhì xiě piān wénzhāng ba, cháng duǎn ～. *Please write an article for our magazine, and no limit is set on the length.*

【不觉】bùjué (副)不知不觉 *unconsciously; without realizing*:大家谈着谈着,～三个小时过去了。Dàjiā tánzhe tánzhe, ～ sān ge xiǎoshí guòqu le. *They talked and talked, and before they knew it three hours had slipped by.* / 我实在太疲劳了,看着书～就睡着了。Wǒ shízài tài píláo le, kànzhe shū ～ jiù shuìzháo le. *I was really tired, and while I was reading I fell asleep without realizing it.*

【不堪】bù kān 〈书〉(1)不能(多用于不好或消极方面) *unable* (*used in negative context*); *unbearable; revolting*:～入耳 ～ rù ěr *intolerable to the ear* /～入目 ～ rù mù *disgusting to the eye* /后果～想像 hòuguǒ ～ xiǎngxiàng *The consequences would be too terrible to imagine.* (2)经受不住 *can't endure*:～一击 ～ yì jī *can't withstand a blow* /～其苦 ～ qí kǔ *can't endure the hardship* /～忍受 ～ rěnshòu *can't endure* (3)表示程度深(多用于消极意思的词语后面) (*indicates high degree; used after words expressing unpleasant states*):狼狈～ lángbèi ～ *extremely embarrassed* /疲惫～ píbèi ～ *extremely fatigued* /痛苦～ tòngkǔ ～ *extremely painful*

【不堪设想】bù kān shèxiǎng 事情的后果不敢想像,指会发展到极坏的地步 *too dreadful to think of; unimaginable* (*i. e. unimaginably grave consequences*):年轻人一旦走上邪路,后果～。Niánqīng rén yídàn zǒushàng xiélù, hòuguǒ ～. *Once young people enter on evil paths, the consequences are extremely grave.* / 这种病一定要及早医治,不然将是

~的。Zhè zhǒng bìng yídìng yào jízǎo yīzhì，bùrán jiāng shì ~ de. *One should seek medical attention as soon as possible for this kind of illness，or the consequences will be disastrous.*

【不可避免】bù kě bìmiǎn 无法防止（某种事情的发生）*unavoidable；inevitable*：争论是~的。Zhēnglùn shì ~ de. *Controversy is unavoidable.*/腐朽的东西一定要走向灭亡。Fǔxiǔ de dōngxi ~ de yào zǒu xiàng mièwáng. *Decadent things will inevitably meet with destruction.*/反动派的失败是~的。Fǎndòngpài de shībài shì ~ de. *The failure of the reactionaries is inevitable.*

【不可多得】bù kě duō dé 很不容易得到（好的事物）*hard to come by；seldom encountered*：这种机会~。Zhè zhǒng jīhuì ~. *Opportunities such as this are hard to come by.*/他是个~的人材。Tā shì ge ~ de réncái. *He is a person of extraordinary ability.*

【不可告人】bù kě gào rén 不可以对人说（指不好的行为或事情）*(ulterior motives that) not to be divulged*：~的勾当 de gòudàng *a sinister trick*/要达到~的目的 yào dádào de mùdì *to achieve a hidden agenda*/他从来没做过~的事情。Tā cónglái méi zuòguo ~ de shìqing. *He has never done anything that cannot be divulged.*

【不可救药】bù kě jiù yào 比喻坏到无法挽救的程度 *incurable；beyond help or remedy；beyond cure；hopeless*：这个失足青年还没到~的地步，可以挽救。Zhège shī zú qīngnián hái méi dào ~ de dìbù，kěyǐ wǎnjiù. *This delinquent youth is not yet a hopeless case and can still be rectified.*

【不可开交】bù kě kāi jiāo 没法解脱或结束（一般用在"得"后作结果补语）*be tied up；awfully (often used after 得 as a complement)*：忙得~ máng de ~ *be terribly busy*/争论得~ zhēnglùn de ~ *be engaged in a heated controversy*/吵得~ chǎo de ~ *have an awful row*

【不可磨灭】bù kě mómiè（事迹、功劳、精神等）永不消失，永存 *indelible；ineffaceable（deeds，contributions，spirit，etc.）*：~的英雄事迹 de yīngxióng shìjì *indelible heroic deed*

【不可偏废】bù kě piānfèi 不能片面地重视某一方面，而轻视另一方面 *do not emphasize one thing at the expense of another*：学习外语听、说、读、写，哪一方面都~。Xuéxí wàiyǔ tīng、shuō、dú、xiě，nǎ yì fāngmiàn dōu ~. *When learning a foreign language，listening，speaking，reading and writing should all be equally emphasized.*/农业与副业同时并举。~。Nóngyè yǔ fùyè tóngshí bìngjǔ. *Agriculture and sideline should both be developed. Neither should be emphasized over the other.*

【不可收拾】bù kě shōushi 无法整顿，不能了结，形容情况糟透了（of a situation，etc.）out of hand；irremediable；unmanageable

【不可思议】bù kě sīyì 难于想像，无法理解 *unimaginable；inconceivable*：人类能登上月球，这在以前是~的。Rénlèi néng dēngshang yuèqiú，zhè zài yǐqián shì ~ de. *That people would reach the moon was previously unimaginable.*

【不可调和】bù kě tiáohé *irreconcilable；incompatible*

【不可同日而语】bù kě tóng rì ér yǔ 不能放在一起相比，差得太远 *cannot be mentioned in the same breath*：短短三年，这里农民收入由人均100元提高到1000元，生活和三年前比真是~了。Duǎnduǎn sān nián，zhèlǐ nóngmín shōurù yóu rénjūn yìbǎi yuán tígāo dào yìqiān yuán，shēnghuó hé sān nián qián bǐ zhēn shì ~ le. *In just three short years the farmer's income here was raised from a 100 to 1000 yuan per capital. Life cannot even be compared with that of three years ago.*/这两个工厂，一个年年盈利，一个年年亏损，真~。Zhè liǎng ge gōngchǎng，yí ge niánnián yíng lì，yí ge niánnián kuīsǔn，zhēn ~. *Of these two factories，one has made a profit every year while the other has lost year after year. What a contrast！*

【不可一世】bù kě yī shì 形容极其狂妄自大，自以为世上谁都不如他 *consider oneself without peer；be insufferably arrogant*：谁能想到那位~的县长竟是个大贪污犯。Shuí néng xiǎngdào nà wèi ~ de xiànzhǎng jìng shì ge dà tānwūfàn. *Who would have thought that that unbearable arrogant county magistrate was actually a big embezzler.*

【不可逾越】bù kě yúyuè 没有可能超越过去 *insuperable；impassable*：一千多年前，喜马拉雅山还是~的天险。Yìqiān duō nián qián，Xǐmǎlāyǎ Shān hái shì ~ de tiānxiǎn. *One thousand years ago or so the Himalayas were insurmountable and natural barrier.*/他们两人之间隔阂很深，好像有一条~的鸿沟。Tāmen liǎng rén zhī jiān géhé hěn shēn，hǎoxiàng yǒu yì tiáo ~ de hónggōu. *There is a deep estrangement between them，like an impassable chasm.*

【不可知论】bù kě zhī lùn（名）*agnosticism*

【不可终日】bù kě zhōng rì 连一天也过不下去，形容心情极度惶恐不安或局势危急 *to be unable to carry on for even another day；in a desperate situation*：惶惶~ huánghuáng ~ *be in a constant state of anxiety；be so worried that you think you will not survive another day*

【不可阻挡】bù kě zǔdǎng *irresistible*

【不客气】bù kèqi 客气话，表示不必感谢 *polite phrase used to indicate that thanks are not necessary*：麻烦您了！——~！Máfan nín le！——~！*I've troubled you so much！——Don't mention it.*/谢谢您！——~！Xièxie nín！——~！*Thank you so much！——Don't mention it.*

【不快】bùkuài（形·非定）〈书〉不高兴，不舒服 *unhappy；out of sorts*：感到~ gǎndào ~ *feel displeased*/那场无原则的纠纷使他深为~。Nà cháng wú yuánzé de jiūfēn shǐ tā shēn wéi ~. *That unprincipled dispute put him in extremely low spirits.*

【不愧】bùkuì（动）当得起，当之无愧，常和"是"或"为"（wéi）连用 *be worthy of (often takes 是 or 为(wéi) after it)*：刘老师真~先进工作者的称号。Liú lǎoshī zhēn ~ xiānjìn gōngzuòzhě de chēnghào. *Teacher Liu is really deserving of the title of advanced worker.*/他以身殉国，~是民族英雄。Tā yǐ shēn xùn guó，~ shì mínzú yīngxióng. *He gave his life for the country and is worthy to be a national hero.*/我们的民族~为伟大的民族。Wǒmen de mínzú ~ wéi wěidà de mínzú. *Our people is worthy of being called a great people.*

【不赖】bùlài（形·非定）不坏；好 *not bad；fine；very good*：这苹果的味道真~。Zhè píngguǒ de wèidao zhēn ~. *This apple tastes all right.*/他们俩相处得~。Tāmen liǎ xiāngchǔ de ~. *The two of them get along fine.*

【不劳而获】bù láo ér huò 自己不劳动而占有他人的劳动成果 *be idle and profit by other's toil；reap without sowing*：~的剥削者 ~ de bōxuēzhě *exploiter who profits by other's toil*

【不力】bùlì（形）不得力，不尽力 *be ineffective；incompetent；not do one's best；not exert oneself*：办事~的原因是缺少经验。Bàn shì ~ de yuányīn shì quēshǎo jīngyàn. *The reason he proved incompetent in his work was lack of experience.*/他知道自己能力差，领导~，要求退休。Tā zhīdao zìjǐ nénglì chà，lǐngdǎo ~，yāoqiú tuìxiū. *He knew that his ability was lacking and was failing to exercise competent leadership，and so requested retirement.*

【不利】bùlì（形）（1）没好处，有害 *adverse；disadvantageous；unfavourable*：虽有~条件，也有有利条件。Suī yǒu ~ tiáojiàn，yě yǒu yǒulì tiáojiàn. *Though there are unfavourable conditions，there are advantageous ones as well.*/消除~因素 xiāochú ~ yīnsù *eliminate unfavourable factors*/~于生产的发展 ~ yú shēngchǎn de fāzhǎn *unfavourable for development in production*（2）不顺利（指战

争或体育竞赛) unsuccessful (in war or sports)：第一场球就输了，真是出师～。Dìyī chǎng qiú jiù shū le, zhēn shì chū shī ～. The first match was lost. It's an unsuccessful first campaign.

【不良】bùliáng（形）不好的 bad; unhealthy：～影响 → yìngxiǎng harmful (or adverse) influence /有点儿消化～，得少吃点儿。Yǒudiǎnr xiāohuà ～, děi shǎo chī diǎnr. Since I have a bit of indigestion, I need to eat a little less.

【不了了之】bù liǎo liǎo zhī 情事没办完就不管了，一拖了事 let (a matter) take its own course; end up with nothing definite：领导班子一变动，这件事也就无人过问，～了。Lǐngdǎo bānzi yí biàndòng, zhè jiàn shì yě jiù wú rén guòwèn, ～ le. As soon as the leadership changed there was nobody to take care of the matter and so it just ran its own course. / 这么大的问题怎么能～呢? Zhème dà de wèntí zěnme néng ～ ne? How can such an important issue just be left to itself?

【不料】bùliào（副）和原来想的不同(可以用于主语前) unexpectedly; to one's surprise (can be used before the subject)：这位总统本以为可以连任，～竟被赶下了台。Zhè wèi zǒngtǒng běn yǐwéi kěyǐ liánrèn, ～ jìng bèi gǎnxiàle tái. This president had thought he could be reelected. He never expected to be driven out of office. /这些话原是开玩笑，惹出一场是非来。Zhèxiē huà yuán shì kāi wánxiào, ～ rěchū yì chǎng shìfēi lai. These words were only meant as a joke. I never thought they would provoke a dispute. / 我们原以为老李没有什么大病，～一医生叫他住院。Wǒmen yuán yǐwéi Lǎo Lǐ méi yǒu shénme dà bìng, ～ yīshēng jiào tā zhù yuàn. None of us thought that Lao Li was seriously ill. Who would have expected the doctor to hospitalize him? /我想找她商量一下这本书出版的事,～她出差去广州了。Wǒ xiǎng zhǎo tā shāngliang yíxià zhè běn shū chūbǎn de shì, ～ tā chū chāi qù Guǎngzhōu le. I wanted to talk to her about the publication of this book. To my surprise, she had gone to Guangzhou on business.

【不露声色】bù lù shēngsè 同"不动声色"bù dòng shēngsè same as "不动声色"bù dòng shēngsè retain one's composure; remain impassive

【不伦不类】bù lún bù lèi 不像这类，也不像那类，不像样或不规范 neither fish nor fowl; nondescript：诗是最难翻译的，很容易翻成～的东西。Shī shì zuì nán fānyì de, hěn róngyì fānchéng ～ de dōngxi. Poetry is the most difficult thing to translate. It is very easy to come out with an inappropriate product.

【不论】bùlùn（连）意思同"不管"bùguǎn,但书面上用得更多些 same as "不管"bùguǎn (but used more often in the written language)：～职务高低,都是人民的勤务员。No matter how high or low their position, all are the servants of the people. / ～从哪一方面说,我们都应该好好工作。～ cóng nǎ yì fāngmiàn shuō, wǒmen dōu yīnggāi hǎohǎo gōngzuò. Regardless of which way we look at it, we must work well. / ～任何形式的批评,我们都是欢迎的。～ rènhé xíngshì de pīping, wǒmen dōu shì huānyíng de. We welcome all criticism, no matter what form it takes.

【不落窠臼】bù luò kējiù（文艺等)不俗,有创新 not follow the beaten track; have original style：这电影虽然也是赞美农民发家致富的,但是比较新颖。Zhè diànyǐng suīrán yě shì zànměi nóngmín fā jiā zhì fù de, dànshì bǐjiào xīnyǐng, ～. Though the film like many others also praised building of family fortunes in villages, it was quite original and off the beaten path.

【不满】bùmǎn（动）〈书〉不满意 be dissatisfied; be discontented; be resentful：～现状 → xiànzhuàng be dissatisfied with the present state of affairs/对领导大为～ duì lǐngdǎo dà

wéi ～ be extremely dissatisfied with the leadership /表现出～的样子 biǎoxiàn chū ～ de yàngzi not try to hide one's discontent /久已心怀～ jiǔ yǐ xīn huái ～ has long nursed a grievance

【不忙】bùmáng（动）不必急着(做某事) not urgent：这事～过两天再说。Zhè shìr ～, guò liǎng tiān zài shuō. This matter is not urgent. We'll talk about it again in a couple of days. / 现在～吃饭,先去洗个澡吧。Xiànzài ～ chī fàn, xiān qù xǐ ge zǎo ba. Don't be in a hurry to eat right now. Go and have a bath first.

【不毛之地】bù máo zhī dì 荒凉,不长庄稼的土地,也指不能生长植物的地方 barren land; desert

【不免】bùmiǎn（副）不可避免地(出现某种情况)(of a situation) inevitably：孩子发高烧,妈妈的心里～十分着急。Háizi fā gāoshāo, māma de xīnlǐ ～ shífēn zháo jí. A mother is bound to worry a lot when her child runs a high fever. / 马马虎虎的人,做事总～要出差错。Māmāhūhū de rén, zuò shì zǒng ～ yào chū chācuò. Careless people inevitably make mistakes in everything they do. / 大家初次见面,～感到有些拘束。Dàjiā chūcì jiàn miàn, ～ gǎndào yǒuxiē jūshù. It is inevitable that we feel ill at ease the first time we meet.

【不妙】bùmiào（形·非定）(情况)不好 (of a turn of events) not too encouraging; far from good：他母亲的病近来有点儿～。Tā mǔqin de bìng jìnlái yǒudiǎnr ～. His mother's illness has taken a turn for the worse of late. / 这个厂原来情况很～,换了厂长,很快好转。Zhège chǎng yuánlái qíngkuàng hěn ～, huànle chǎngzhǎng, hěn kuài hǎozhuǎn. The situation in this factory was originally quite bad, the factory manager was changed and things quickly turned for the better. / 这个排球队连续输了好几次,教练感到自己处境～,辞职了。Zhège páiqiúduì liánxù shūle hǎo jǐ cì, jiàoliàn gǎndào zìjǐ chǔjìng ～, cí zhí le. After this volleyball team lost several times in succession, the coach felt himself in a plight and resigned.

【不名一文】bù míng yì wén 一个钱也没有 penniless：身上～,哪儿也去不成。Shēnshang ～, nǎr yě qù bu chéng. Being penniless, one can't go anywhere.

【不明】bùmíng（动）不清楚,不明白 unclear; unknown：～真相 ～ zhēnxiàng be unaware of the facts /情况～,要多作调查。Qíngkuàng ～, yào duō zuò diàochá. The circumstances are unclear; we must investigate further. /他离京以后去向～。Tā lí Jīng yǐhòu qùxiàng ～. It is not clear where he went after he left the capital.

【不谋而合】bù móu ér hé 没经过商量(彼此意见或行动)却完全一致 happen to coincide with (an opinion or action)：老钟也是这么想的,你们俩真是～。Lǎo Zhōng yě shì zhème xiǎng de, nǐmen liǎ zhēn shì ～. Lao Zhong also feels that way, you two just happen to agree.

【不偏不倚】bù piān bù yǐ 不袒护不偏向任何一方 without bias or favour; impartial：对有理的和没理的采取～的态度是不公正的。Duì yǒu lǐ de hé méi lǐ de cǎiqǔ ～ de tàidu shì bù gōngzhèng de. To have an impartial attitude to both the reasonable one and the unreasonable one is unjust.

【不平】bùpíng（名）不公平的事 unjust matter：他是看到一就要干涉的热心人。Tā shì kàndào ～ jiù yào gānshè de rèxīn rén. He is a warm-hearted person who will intervene each unjust matter he sees. (动·不及物)对不平的事表示不满或愤怒 be indignant at the injustice：大家都为他的遭遇～。Dàjiā dōu wèi tā de zāoyù ～. All feel indignant for his encounter.

【不平等条约】bù píngděng tiáoyuē unequal treaty; unjust treaty

【不期而遇】bù qī ér yù 没有约定而意外地相见 to meet by chance; to encounter someone unexpectedly

【不起眼】bùqǐyǎnr（形）〈口〉（～儿）不引人注意，很平常的 not attractive; very common：他从外表看，一点儿～，你再想不到他是个有名的作家。Tā cóng wàibiǎo kàn, yìdiǎnr ～, nǐ zài xiǎng bu dào tā shì ge yǒu míng de zuòjiā. His appearance looks very common, and you would never guess that he is a famous writer. / 那所最～的小房子却是个有历史意义的地方。Nà suǒ zuì ～ de xiǎo fángzi què shì ge yǒu lìshǐ yìyì de dìfang. That most unattractive little house is yet a place of historical significance.

【不求甚解】bù qiú shèn jiě 只满足于理解大概意思，不求完全彻底了解 do not seek to understand things thoroughly：～的学风应该克服。～ de xuéfēng yīnggāi kèfú. The style of study that one does not seek to understand things thoroughly should be surmounted. /他学什么都马马虎虎，～。Tā xué shénme dōu mǎmahūhū, ～. Whatever he learns he has always been careless and not sought to understand thoroughly.

【不屈】bùqū（动·不及物）不屈服，坚强 be unyielding：宁死～ nìng sǐ ～ would rather die than yield

【不屈不挠】bù qū bù náo 形容在恶势力面前毫不屈服，英勇顽强 unswerving; unyielding (when facing vicious power)：与洪水进行了二十四小时～的搏斗 yǔ hóngshuǐ jìnxíng le èrshísì xiǎoshí ～ de bódòu has continued twenty-four hours' unyielding wrestle with the flood

【不然】bùrán（连）(1)如果不这样。引进一种假设的结果。也可以说"不然的话"，使假设的语气更重些 if not; otherwise (can also be said as "不然的话" to emphasize the tone of conjecture)：我该给家里写封信了，～，妈妈该不放心了。Wǒ gāi gěi jiālǐ xiě fēng xìn le, ～, māma gāi bú fàng xin le. I should write home, otherwise mom won't stop worrying. / 大概半路上出事了，～他们早回来了。Dàgài bànlù shang chū shì le, ～ tāmen zǎo huílai le. Something must have happened on the way, otherwise they would have arrived long ago. / 多亏刘大夫及时抢救，～的话，我这条命早完了。Duōkuī Liú dàifu jíshí qiǎngjiù, ～ dehuà, wǒ zhè tiáo mìng zǎo wán le. Thanks to Doctor Liu who came to the rescue on time; if I weren't I wouldn't be alive. (2)引进与上文交替的情况。表示如果不这样，就是那样。它的前面可加"再"，后面常有"就"和它呼应 either... or... (often preceded by "再" and followed by "就")：早晨他或者跑步，或者打拳，～就做做操。Zǎochén tā huòzhě pǎo bù, huòzhě dǎ quán, ～ jiù zuòzuo cāo. He either jogs, practises shadow boxing, or does exercises in the early morning. / 他不在办公室就在车间，再～就是去市里开会去了。Tā bú zài bàngōngshì jiù zài chējiān, zài ～ jiùshì qù shì lǐ kāi huì qu le. If he's not in the office, he's in the workshop; either that, or he went to a meeting in town.

【不人道】bùréndào（形）不合乎人道，残酷的，摧残人的身心的 inhuman; cruel; cause serious damage to people's bodies and minds：～的童工制度 ～ de tónggōng zhìdù the inhuman child-labour system/ 买卖婚姻是既不道德又～的。Mǎi mài hūnyīn shì jì bú dàodé yòu ～ de. Mercenary marriage is not only immoral but also inhuman. / 对小学生实行体罚是～的。Duì xiǎoxuéshēng shíxíng tǐfá shì ～ de. Administering corporal punishment to primary school pupils is inhuman.

【不忍】bùrěn（形）感情上过意不去或忍受不住 can't endure; can't bear (due to sympathy)：养了一年多的鸡，要杀掉，真有点儿～。Yǎngle yì nián duō de jī, yào shādiào, zhēn yǒu-diǎnr ～. To kill a chicken which has been kept for more than one year is indeed a little unable to bear. /看孩子难过的样子，也～再责备他了。Kàn háizi nánguò de yàngzi, yě ～ zài zébèi tā le. He can't bear to scold the child anymore when seeing his sadness.

【不日】bùrì（副）〈书〉几天之内（用于未来）within the next few days; in a few days' time：方案～即可公布。Fāng'àn

～ jí kě gōngbù. The programme can be made public in a few days' time.

【不容】bùróng（动）不让，没有可能 not allow; no possibility：他～我分辩，先批评了一顿。Tā ～ wǒ fēnbiàn, xiān pīpíngle yí dùn. He didn't allow me to defend myself and first gave me a criticism. / 这些证据确实是～置疑的。Zhèxiē zhèngjù quèshí shì ～ zhìyí de. These evidences make no allowance for doubt.

【不如】bùrú（动）"比不上"的意思 be not so good as：论英语，小王～小李。Lùn Yīngyǔ, Xiǎo Wáng ～ Xiǎo Lǐ. As far as English is concerned, Xiao Wang is not so good as Xiao Li. / 他～他弟弟聪明。Tā ～ tā dìdi cōngming. He is not so intelligent as his younger brother. 在两项选择中，引出说话人认为比较好的一方面，前面有时有"与其"跟它搭配 not as good as; it would be better to (introduces the better of two things being compared; sometimes used together with "与其" which precedes "不如")：说他们喝的是酒，～说他们咽下的是泪。Shuō tāmen hē de shì jiǔ, ～ shuō tāmen yànxia de shì lèi. It would be better to say that they are swallowing their tears rather than drinking wine. / 整天发牢骚没有用，～闷头儿干点儿事。Zhěng tiān fā láosao méi yǒu yòng, ～ mēn tóur gàn diǎnr shì. It's useless to grumble all day. It would be better to quietly do a little bit of work. / 如果成名使人飘飘然，倒～不成名的好。Rúguǒ chéng míng shǐ rén piāopiāorán, dào ～ bù chéng míng de hǎo. If fame makes people complacent it would be better to not become famous.

【不入虎穴，焉得虎子】bù rù hǔxué, yān dé hǔzǐ 不进入老虎洞，怎么捉到小老虎仔呢?比喻不亲历艰险就不能得到成功 How can you catch tiger cubs without entering the tiger's lair? You can't get something for nothing.

【不三不四】bù sān bù sì (1)不正派，可怀疑的 dubious; shady：～的话 ～ de huà shady talks /～的人 ～ de rén shady-looking man (2)不像样 not presentable; nondescript：～的小报对读者有害无益，应该取缔。～ de xiǎobào duì dúzhě yǒu hài wú yì, yīnggāi qǔdì. Those cheap newspapers are completely harmful to the readers and so should be banned.

【不善】bùshàn（形）◇(1)不好；不妥当 bad; be not good：这事如果处理，会损害群众的热情。Zhè shì rúguǒ chǔlǐ ～, huì sǔnhài qúnzhòng de rèqíng. If this matter is not well handled, that will do damage to people's enthusiasm. (2)有恶意，有特殊意图；不好对付 evil; with ill intent：我看他来意～，要小心对付。Wǒ kàn tā láiyì ～, yào xiǎoxīn duìfu. I think that he has come with ill intent, we should deal with him cautiously. / 来者～，善者不来。Láizhě ～, shànzhě bù lái. None would come but with ill intent. (3)不善于 be not good at：他的问题在于～向别人学习，总自以为是。Tā de wèntí zàiyú ～ xiàng biérén xuéxí, zǒng zì yǐ wéi shì. The trouble with him is that he is not good at learning from others and always considers himself in the right.

【不甚了了】bù shèn liǎoliǎo 不十分清楚 do not quite understand：库房里都有些什么存货，他也～。Kùfáng li dōu yǒu xiē shénme cúnhuò, tā yě ～. He doesn't quite know what goods there are in the storehouse either.

【不声不响】bù shēng bù xiǎng 不作声，很少说话 quiet; mute：他整天～，工作效率特别高。Tā zhěngtiān ～, gōngzuò xiàolù tèbié gāo. He is quiet all day long, and his work efficiency is exceptionally high.

【不胜】bùshèng（动）〈书〉(1)不能承担，不能忍受 cannot bear (or stand); cannot tolerate：他大病刚好，体力～，还是换个人干吧! Tā dà bìng gāng hǎo, tǐlì ～, háishi huàn ge rén gàn ba. He has just recovered from a serious illness, so he's unequal to the job. You'd better find someone else to take over. /总有人找他诉苦，他简直～其烦。Zǒng yǒu rén

zhǎo tā sù kǔ, tā jiǎnzhí ～ qí fán. *There's always some-body pouring out his woes to him. He feels simply pestered beyond endurance.* (2)用在两个相同的动词之间(动词一般为单音节的),表示不能做,或做不完(*used between two duplicated verbs (usu. monosyllabic ones) to indicate that one is unable to do sth.*) *it's impossible to*:这篇文章错字太多,简直改～改。Zhè piān wénzhāng cuòzì tài duō, jiǎnzhí gǎi ～ gǎi. *There are too many wrongly written characters in this article to be corrected.* / 马路上的自行车简直数～数。Mǎlù shang de zìxíngchē jiǎnzhí shǔ ～ shǔ. *It's simply impossible to count the bicycles in the street.* (副)〈书〉非常;十分 *very; extremely*:～感激 ～ gǎnjī *be extremely grateful* /～遗憾 ～ yíhàn *be very sorry*

【不胜枚举】bù shèng méi jǔ 没办法一个一个都列举出来,形容数量非常多 *too numerous to mention; can't be counted*:这次展销会的各种新产品～。Zhè cì zhǎnxiāohuì de gè zhǒng xīn chǎnpǐn ～. *There are too many new productions to mention in this exposition.*

【不失为】bùshīwéi (动)(虽然不好)还能算得上 (*although not very good) can still be regarded as*:她在无事可做的情况下,去帮人做家务,～一条出路。Tā zài wú shì kě zuò de qíngkuàng xià, qù bāng rén zuò jiāwù, ～ yì tiáo chūlù. *She had nothing to do, so she helped others do housework. This can still be regarded as a way out for her.* /即使他有不少缺点,还～一个正直的人。Jíshǐ tā yǒu bù shǎo quēdiǎn, hái ～ yí ge zhèngzhí de rén. *Although he has many shortcomings, he can still be said to be a just man.* /有的话虽然有些过火,但这篇评论仍～一篇有创见的文章。Yǒude huà suīrán yǒuxiē guòhuǒ, dàn zhè piān pínglùn réng ～ yì piān yǒu chuàngjiàn de wénzhāng. *Although some wordings went too far, this commentary is still one with original ideas.*

【不时】bùshí (副)时时,时断时续地,多用于书面语 *constantly; frequently (used in the written language)*:除夕夜,大街小巷～响起噼噼啪啪的爆竹声。Chúxī yè, dàjiē xiǎoxiàng ～ xiǎngqǐ pīpīpāpā de bàozhú shēng. *The crackling and spluttering of firecrackers constantly rang out in the streets and lanes on New Year's Eve.* / 纺织女工～察看织物上是否出现疵点。Fǎngzhī nǚgōng ～ chákàn zhīwù shang shì fǒu chūxiàn cīdiǎn. *The women textile workers constant-ly check to see whether or not there are any flaws in the fabric.* / 西行的列车～从这里经过。Xī xíng de lièchē ～ cóng zhèlǐ jīngguò. *The trains heading west frequently pass through here.* / 他在昏迷中～说些胡话。Tā zài hūnmí zhōng ～ shuō xiē húhuà. *When he was in a coma, he raved frequently.*

【不识时务】bù shí shíwù 不认识当前的重大事情或客观形势;有时也喻作不会看风使舵 *be insensible of what is going on around one*:当时全国都在推行各种形式的责任制,唯独他～,仍然坚持老一套作法,结果吃了亏。Dāngshí quánguó dōu zài tuīxíng gè zhǒng xíngshì de zérènzhì, wéidú tā ～, réngrán jiānchí lǎo yì tào zuòfǎ, jiéguǒ chīle kuī. *At the time the whole country was promoting various kinds of responsibility systems, he alone stuck to the old ways, oblivi-ous to the trend of the times, and as a result came to grief.* / 他这个人、,偏要同领导对着干,你想会有什么好结果? Tā zhè ge rén ～, piān yào tóng lǐngdǎo duìzhe gàn, nǐ xiǎng huì yǒu shénme hǎo jiéguǒ? *He is insensible to what is go-ing on around him and insists on setting himself against the leaders. Do you think any good will come of that?*

【不识抬举】bù shí táiju (指责人)不接受别人对自己的好意或提拔(是很不客气的) *fail to appreciate sb.'s kindness; not know how to appreciate favours (a very impolite rebuke)*:我好意把这间屋子让给她住,她竟拒绝了,真～! Wǒ hǎoyì bǎ zhè jiān wūzi ràng gěi tā zhù, tā jìng jùjué le,

zhēn～! *I wanted to do her a favour by letting her live in this room, but she refused. She really doesn't know how to appreciate a favour.* /领导叫你当小组长,你怎么不干,不是～吗? Lǐngdǎo jiào nǐ dāng xiǎozǔzhǎng, nǐ zěnme bú gàn, bú shi ～ ma? *The boss has asked you to be group lead-er but you won't do it. Aren't you failing to appreciate his kindness?*

【不是……便是……】bùshì……biànshì…… 嵌入词、语或分句,表示二者必居其一,有书面语意味;同"不是……就是……" *same as "不是... 就是..."* búshì... jiùshì... (*used before two words or clauses to indicate that sth. is either this way or that; has a literary flavour*):他非常用功,每天不是看书便是念。Tā fēicháng yònggōng, měi tiān bú shi kàn shū bú shi niàn. *He's extremely hardworking. Every day, he either reads or writes.* /一到星期日他不是去公园便是找朋友下棋,反正不在家里呆着。Yí dào xīngqīrì tā búshi qù gōngyuán biànshì zhǎo péngyou xià qí, fǎnzhèng bú zài jiālǐ dāizhe. *Every Sunday, he either goes to the park or to a friend's place to play chess. At any rate, he never stays at home.* / 这几天不是刮风便是下雨,所以我哪儿也没去。Zhè jǐ tiān búshi guā fēng biànshì xià yǔ, suǒyǐ wǒ nǎr yě méi qù. *It has been either windy or rainy these past few days, so I haven't gone anywhere.*

【不是……而是……】bùshì……érshì…… 嵌入词语或分句,表示不是这,是那,有否定与肯定两者对比的意味,"不是"的前边可以有"并""再"等 (*used before two words or claus-es to indicate that sth. is this, and that; "不是" can be pre-ceded by "并", "再", etc.*):能登台表演的不是我,而是你。Néng dēng tái biǎoyǎn de búshi wǒ, érshì nǐ. *I'm not the one who can go up on stage and perform, you are.* / 他不是属于你的而是属于人民的。Tā búshi shǔyú nǐ de érshì shǔyú rénmín de. *He doesn't belong to you, he belongs to the people.* / 我不是说他不该管,而是说他年纪大了,管不了。Wǒ búshi shuō tā bù gāi guǎn, érshì shuō tā niánjì dà le, guǎn bù liǎo. *I'm not saying that he shouldn't take care of it. I'm saying that he's too old to take care of it.*

【不是……就是……】bùshì……jiùshì…… 嵌入词语或分句,表示二者必居其一 (*used before two words or clauses to in-dicate sth. is either one way or the other*):这个村子家家篱笆上爬满了花,不是蔷薇就是牵牛花。Zhège cūnzi jiājiā liba shang pámǎnle huā, búshi qiángwēi jiùshì qiānniúhuā. *The bamboo fence of every home in this village is covered all over with flowers. They are either roses or morning glories.* / 昨天敲门的不是你就是老张,对不对? Zuótiān qiāo mén de búshi nǐ jiùshì Lǎo Zhāng, duì bu duì? *Either you or Lao Zhang came to the door yesterday, right?* /她一会儿不闲着,不是给孩子们讲故事就是教他们唱歌,跳舞。Tā yìhuìr bù xiánzhe, búshi gěi háizimen jiǎng gùshi jiùshì jiāo tāmen chànggē, tiào wǔ. *She doesn't stay idle for a moment but is either telling the children a story or teaching them to sing and dance.*

【不是玩儿的】bù shì wánr de 〈口〉不是儿戏,不能轻视 *it's no joke*:这么珍贵的艺术品,弄坏了可～。Zhème zhēnguì de yìshùpǐn, nònghuàile kě ～. *It would be no joke if you destroyed such a precious work of art.* / 把一个七八岁的孩子一个人留在家里,真～。Bǎ yí ge qī-bā suì de háizi yí ge rén liú zài jiā lǐ, zhēn ～. *Letting a seven or eight-year-old child stay at home alone is no joke.*

【不适】bùshì (形)〈书〉(身体)不舒服 *unwell; indisposed; out of sorts*

【不是】bùshi (名)错儿,过失 *blame; fault*:这件事没办成,你说是谁的～? Zhè jiàn shì méi bànchéng, nǐ shuō shì shuí de ～? *We have failed to accomplish this, who do you think ought to be blamed?* /原来是他的～,可是你打了他,就成了你的～了。Yuánlái shì tā de ～, kěshì nǐ dǎle tā, jiù

chéngle nǐ de ~ le. *Originally it was his fault, now it has become yours since you hit him.*

【不受欢迎的人】bù shòu huānyíng de rén 外交用语。一国的外交人员或侨民,如被驻在国驱逐,即被称为"不受欢迎的人" *persona non grata*

【不舒服】bùshūfu (形) 有生病的感觉 *feel ill*: 你哪儿~? Nǐ nǎr ~? *Which part do you feel ill?* / 张先生今天请假,他~了。Zhāng xiānsheng jīntiān qǐng jià, tā ~ le. *Mr. Zhang asks for leave today, he is ill.*

【不送气音】bùsòngqìyīn (名)〈语〉*unaspirated sound*

【不速之客】bù sù zhī kè 没经邀请而自己来的客人 *casual visitor; uninvited guest*: 昨天家里来了几个~。Zuótiān jiā li láile jǐ ge ~. *Some uninvited guests came to my house yesterday.* / 这些~又浪费了我一上午时间。Zhèxiē ~ yòu làng-fèile wǒ yí shàngwǔ shíjiān. *These casual visitors wasted all my morning again.*

【……不算,还……】……bù suàn, hái…… 表示除了一般的,当然的以外,还有更进一步的,重点在后面 *not only...but (also)...*: 他丢了钱不算,还把工作证也丢了。Tā diūle qián bú suàn, hái bǎ gōngzuòzhèng yě diū le. *It's not only money that he lost, but also his employee's I. D. card.* / 你为我的事花了很多时间不算,还得罪了不少人。Nǐ wèi wǒ de shì huàle hěn duō shíjiān bú suàn, hái dézuìle bù shǎo rén. *You have not only spent a lot of time on that matter for me, but have also offended many people.* / 搬到这里以后,上班近了不算,住房面积还多了五平米。Bāndào zhèli yǐhòu, shàng bān jìnle bú suàn, zhù fáng miànjī hái duōle wǔ píngmǐ. *After moving to this place, it's not only closer to work, but the living space is five square meters larger.*

【不同】bùtóng (形) 不一样 *be different*: 这两篇文章~之处很多。Zhè liǎng piān wénzhāng ~ zhī chù hěn duō. *There are many different points in these two articles.* / 他们俩年龄~,经历~,是完全~的人。Tāmen liǎ niánlíng ~, jīnglì ~, shì wánquán ~ de rén. *Both their age and experience are different, they are completely different persons.*

【不同凡响】bù tóng fán xiǎng 不平凡,高水平的 *outstanding; remarkable*: 他的发言可~,没有陈词滥调。Tā de fāyán kě ~, méi yǒu chén cí làn diào. *His speech was out of the common run, with no clichés at all.* / 他的第一篇小说就~,是他成名之作。Tā de dìyī piān xiǎoshuō jiù ~, shì tā chéng míng zhī zuò. *His first novel which made him famous at once is right remarkable.*

【不外】bùwài (动) 不超越某种范围之外 *nothing but; only; just*: 家务事~买菜、做饭、洗衣服,谁都会。Jiāwù shì ~ mǎi cài, zuò fàn, xǐ yīfu, shuí dōu huì. *Housework is nothing but shopping, cooking and washing clothes, and everyone can do it.* / 常来找他的~是几个亲戚和老朋友。Cháng lái zhǎo tā de ~ shì jǐ ge qīnqi hé lǎo péngyou. *Those who come to see him often are just a few relatives and old friends of his.*

【不闻不问】bù wén bù wèn 不听也不过问,意思是不关心 *not bother to ask questions nor listen to what is said; show no interest in sth.*: 你不能只顾学习,对周围的事~。Nǐ bù néng zhǐgù xuéxí, duì zhōuwéi de shì ~. *You can't just think about studying and remain indifferent to what is going on around you.*

【不问】bùwèn (动) (1) 不管;不干预;不过问 *ignore; disregard*: 他的私事,我一概~。Tā de sīshì, wǒ yígài ~. *I have nothing to do at all with his private affairs.* / 对与己无关的事,他从来~。Duì yǔ jǐ wúguān de shì, tā cónglái ~. *He never pays any attention to things which don't concern him.* (2) 不追究 *not get to the roots of*: 首恶必办,胁从~。Shǒu'è bì bàn, xiécóng ~. *The chief criminals must be punished without fail, those who are accomplices under duress shall go unpunished.*

【不无小补】bù wú xiǎo bǔ 表示客气的委婉语,意为不是没有一点儿益处 *not be entirely useless; be of some use*: 每月多收入30元,对生活~。Měi yuè duō shōurù sānshí yuán, duì shēnghuó ~. *The extra 30 yuan a month I receive goes some way to helping with my living expenses.* / 你看一下这本书,对你写论文或许~。Nǐ kàn yíxià zhè běn shū, duì nǐ xiě lùnwén huòxǔ ~. *Have a look at this book. It may be of some use to you when you are writing your thesis.* / 每天早晨坚持散步,对老年人延年益寿~。Měi tiān zǎochén jiānchí sàn bù, duì lǎonián rén yán nián yì shòu ~. *Taking a walk every morning without fail is not without advantages in prolonging the lives of the elderly.*

【不务正业】bù wù zhèngyè 不从事正当职业 *neglect one's proper occupation; have no real job*: 这个人整天游手好闲,~。Zhège rén zhěng tiān yóu shǒu hào xián, ~. *He loafs about all day and never does a proper job of work.* / 我搞这个试验完全是为了改进工作,怎么能说是~? Wǒ gǎo zhè-ge shìyàn wánquán shì wèile gǎijìn gōngzuò, zěnme néng shuō shì ~? *I'm doing this experiment simply to improve our work. How can you say that I'm neglecting my real duties?*

【不惜】bùxī (动) (1) 不吝惜,舍得 *not hesitate (to do something); whatever the cost*: 为了教育好儿子,她是~任何代价的。Wèile jiàoyù hǎo érzi, tā shì ~ rènhé dàijià de. *She will not hesitate to bring up her sons properly-whatever the cost.* / 为革命~牺牲自己生命的,大有人在。Wèi gémìng ~ xīshēng zìjǐ shēngmìng de, dà yǒu rén zài. *There are many people who do not hesitate to sacrifice themselves for revolution.* / 为了拍好这个电影,他们真是~工本。Wèile pāihǎo zhège diànyǐng, tāmen zhēn shì ~ gōngběn. *They do spare no expenses in order to shoot this movie well.* / 不择手段地 *(do something) without scruple*: ~采取造谣栽赃的手段 ~ cǎiqǔ zào yáo zāi zāng de shǒuduàn *not hesitate to use rumor mongering and framing means*

【不暇】bùxiá (动)◇没有时间 (作某事) 忙不过来 *be busy, have no time for (to do something)*: 来参观的人太多,真是应接~。Lái cānguān de rén tài duō, zhēn shì yìngjiē ~. *Too many visitors to entertain.* / 他近来工作繁忙,实在~顾及其它。Tā jìnlái gōngzuò fánmáng, shízài ~ gùjí qítā. *Recently he is so busy that he really has no time for other things.*

【不下】bùxià (动) 同"不下于" bùxiàyú (2) *same as* "不下于" bùxiàyú (2)

【不下于】bùxiàyú (动) (1) 不比……低 *not worse than...*: 这个牌子的电冰箱质量并~雪花牌。Zhège páizi de diànbīngxiāng zhìliàng bìng ~ Xuěhuāpáir. *The quality of this brand's refrigerator is not below that of Snowflakes'.* (2) 不比……少 *not less than...*: 昨天的观众肯定~三千人。Zuótiān de guānzhòng kěndìng ~ sānqiān rén. *It is for sure that the audience was not less than three thousand yesterday.* / 他们搞的科研项目~二十种。Tāmen gǎo de kēyán xiàngmù ~ èrshí zhǒng. *They are doing no less than twenty kinds of scientific research projects.*

【不相干】bùxiānggān (形) (和……) 没关系,无关紧要 *irrelevant*: 我们要谈的事跟你~。Wǒmen yào tán de shì gēn nǐ ~. *What we want to talk about has nothing to do with you.* / 你就要考试了,不要为一些~的事分心。Nǐ jiù yào kǎoshì le, búyào wèi yìxiē ~ de shì fēn xīn. *You will take the examination soon, and so don't be distracted by irrelevant things.* / 这事会大大影响我的前途,怎么~呢? Zhè shì huì dàdà yǐngxiǎng wǒ de qiántú, zěnme ~ ne? *This matter will seriously influence my future, how can you say that it is irrelevant?*

【不相上下】bù xiāng shàng xià 分出高低或优劣,彼此差不多 *on a par; be roughly the same*: 他们几个人的汉语水平~。Tāmen jǐ ge rén de Hànyǔ shuǐpíng ~. *The levels of*

their Chinese are roughly the same. / 这两个～的足球队，比赛起来一定精彩。Zhè liǎng ge ～ de zúqiúduì, bǐsài qǐlai yídìng jīngcǎi. *The levels of these two football teams are roughly the same, their match must be excellent.*

【不详】bùxiáng（动）〈书〉知道得不清楚 not in detail; not quite clear：～其中内情就无法判断是非。～ qízhōng nèiqíng jiù wúfǎ pànduàn shìfēi. *One can not judge whether it's right or wrong if he is not clear about the ins and outs of a matter.* /他死后家属情况如何，～。Tā sǐ hòu jiāshǔ qíngkuàng rúhé, ～. *The situation of his family after his death is not known clearly to others.* /这个诗人的生卒年月～。Zhège shīrén de shēng zú nián yuè ～. *The dates of this poet's birth and death are not quite clear.*

【不祥】bùxiáng（形）不吉祥 inauspicious; ominous：今早一出门就跌了一交，一定是～之兆！Jīn zǎo yì chū mén jiù diēle yì jiāo, yídìng shì ～ zhī zhào! *As soon as I stepped out the door this morning, I fell down. It must be an ill omen!* /有的地方把黑猫看做～之物。Yǒude dìfang bǎ hēi māo kànzuò ～ zhī wù. *Some places regard a black cat as an inauspicious thing.*

【不像话】bù xiànghuà（1）(言语行为)不合理 outrageous：他迟到了八分钟，太～了！Tā chídàole bā fēnzhōng, tài ～ le! *It's outrageous for him to be late for 8 minutes!*/那个人在这么严肃的场合穿着拖鞋，有点～。Nàge rén zài zhème yánsù de chǎnghé chuānzhe tuōxié, yǒudiǎnr ～. *It's shocking for that person to wear slippers on such a serious occasion.*（2)(坏)得很 extremely (bad)：这份稿子乱得～，得重抄一遍。Zhè fèn gǎozi luàn de～, děi chóng chāo yí biàn. *This manuscript is terribly messy, you must make a clean copy of it.* /那个小饭铺脏得～! Nà ge xiǎo fànpù zàng de ～! *That little restaurant is shockingly dirty.*

【不像样】bù xiàngyàng（～儿)水平差，没有达到标准 unfit to be seen; unpresentable：这个报告写得实在～。Zhège bàogào xiě de shízài ～. *This report is totally unacceptable.* /这片庄稼缺乏管理，长得太～。Zhè piàn zhuāngjia quēfá guǎnlǐ, zhǎng de tài ～. *The poor state of crop management here is appalling.* 也作"不像样子"

【不屑】bùxiè（动）〈书〉认为不值得(做)，表示很轻视的态度(宾语是双音节动词) disdain (to do something); feel it beneath one's dignity (to do something) (with an object of disyllabic verb)：～一顾 ～ yí gù *disdain to take even a glance* (something or somebody) /他很狂妄，认为那些专家们都是～请教的。Tā hěn kuángwàng, rènwéi nàxiē zhuānjiāmen dōu shì ～ qǐngjiào de. *He is very arrogant and disdains to ask for advice from those experts.*

【不懈】bùxiè（形）不松懈 unremitting; unceasing; untiring：只要你长期坚持～，总会做出成绩。Zhǐyào nǐ chángqī jiānchí～, zǒng huì zuòchū chéngjì. *So long as you keep on making unremitting efforts over a long period of time you are bound to make achievements.* / 由于他～地努力，最后终于成为电子方面的专家。Yónyú tā ～ de nǔ lì, zuìhòu zhōngyú chéngwéi diànzǐ fāngmiàn de zhuānjiā. *It was due to his unceasing hard work that he finally became a specialist in the field of electronics.*

【不行】bùxíng（形·非定)（1)不可以，不允许 will not do; not allowed：在快车道上骑车～。Zài kuàichēdào shang qí chē ～. *To ride a bycicle in the fast-traffic lane is not allowed.* / 词典只能在阅览室用，拿出去～。Cídiǎn zhǐ néng zài yuèlǎnshì yòng, ná chuqu ～. *Dictionaries can be used only in the reading room, it is not allowed to take them out.* / 我试了三次都～。Wǒ shìle sān cì dōu ～. *I have tried three times and all in vain.*（2)不擅或不会 do not know how to; be no good at：他数学好极了，外语简直～。Tā shùxué hǎo jí le, wàiyǔ jiǎnzhí ～. *His mathematics is excellent but foreign language is awful.* / 她唱歌～，不要勉强她了。Tā

chàng gē ～, búyào miǎnqiǎng tā le. *She can not sing, don't force her to do so.*（3)不中用,要死 hopeless; dying：病人已经～了。Bìngrén yǐjīng ～ le. *The patient is dying.* / 这棵小树苗～了，根部有伤。Zhè kē xiǎo shùmiáo ～ le, gēnbù yǒu shāng. *This little sapling is hopeless because it's root was injured.*（4)差，不符合标准 not up to the standard; not satisfactory：这批产品质量～。Zhè pī chǎnpǐn zhìliàng ～. *These products are of poor quality.* /这几本作业～,退回去重做。Zhè jǐ běn zuòyè ～, tuì huíqu chóng zuò. *These homeworks are not up to the standard, and they must be returned to be rewritten.* / 你的发音还～,得好好练练。Nǐ de fāyīn hái ～, děi hǎohāor liànliàn. *Your pronunciation is still dissatisfactory, and you have to practice more.*（5)表示程度深,不得了(用在"得"后作补语) (used after 得 as a complement of degree)：伤口疼得～。Shāngkǒu téng de ～. *The wound is extremely painful.* / 用了两个多小时才爬到山顶,大家都累得～。Yòngle liǎng ge duō xiǎoshí cái pádào shāndǐng, dàjiā dōu lèi de ～. *After spending more than two hours we got to the mountain top, and everyone felt very tired.* / 天气热得～,到游泳池里泡一会儿去吧。Tiānqì rè de ～, dào yóuyǒngchí li pào yíhuìr qu ba. *It's unbearably hot, let us go to the swimming pool for a dip.*

【不幸】bùxìng（形）不幸运,令人伤心、痛苦的 unfortunate：～的消息 ～ de xiāoxi *unfortunate news* /这是一件～的事。Zhè shì yí jiàn ～ de shì. *This is an unfortunate matter.* /他的个人生活很～。Tā de gèrén shēnghuó hěn ～. *His personal life is very unfortunate.*（名)指灾祸,尤其是杀身之祸 disaster; unfortunate death：他一下飞机就遭到了～。Tā yí xià fēijī jiù zāodàole ～. *He met his death right after his getting off the plane.*

【不休】bùxiū（动）◇不停止(用于双音节动词之后作补语) not stop (used as a complement to a disyllabic verb)：总是争论～ zǒngshì zhēnglùn ～ *always arguing* /夫妻之间吵闹～。Fūqī zhī jiān chǎonào ～. *The couple is always in quarrel.*

【不朽】bùxiǔ（动）永不磨灭,永存 immortal：～的功勋 ～ de gōngxūn *an immortal deed* /人民英雄永垂～。Rénmín yīngxióng yǒng chuí ～. *The people's hero will live forever in the people's hearts.* / 这是一部～的诗篇。Zhè shì yí bù ～ de shīpiān. *This is an immortal poetry.*

【不锈钢】bùxiùgāng（名）stainless steel

【不许】bùxǔ（动）不准许(必有动词或动宾结构作宾语) do not allow; do not permit：～骗人 ～ piàn rén *be not allowed to cheat* /举起手来,～动! Jǔ qǐ shǒu lai, ～ dòng! *Raise your hands and don't move!* /没经过检查的产品～投放市场。Méi jīngguò jiǎnchá de chǎnpǐn ～ tóufàng shìchǎng. *Those products which have not been inspected yet can not be put into market.*

【不学无术】bù xué wú shù 没学问,没什么水平 have neither learning nor skill; be ignorant and incompetent：我是～,当不了一个好教员。Wǒ shì ～, dāng bu liǎo yí ge hǎo jiàoyuán. *I know very little and am not much of a scholar so I cannot be a good teacher.*

【不雅观】bù yǎguān（装束、举止)不文雅,不好看 be an eyesore; unbecoming; unsightly：他光着脚来参加宴会,实在～。Tā guāngzhe jiǎo lái cānjiā yànhuì, shízài ～. *It was really unbecoming of him to arrive at the party barefoot.* / 这件衣服又瘦又短,穿在身上很～。Zhè jiàn yīfu yòu shòu yòu duǎn, chuān zài shēnshang hěn ～. *This jacket is tight and short. It looks unsightly on me.*

【不言而喻】bù yán ér yù 不需要说就能明白 matter of course; it goes without saying：教汉语的必须懂得汉语语法,这不是～的吗? Jiāo Hànyǔ de bìxū dǒngde Hànyǔ yǔfǎ, zhè búshì ～ de ma? *It goes without saying that one*

who teaches Chinese should understand Chinese grammar.

【不要】bùyào（副）(1)意同"别"bié,用于祈使句,表示禁止或劝阻,没有肯定式 same as "别" bié (used in an imperative sentence to indicate prohibition or dissuasion, does not have an affirmative form) don't：请～大声喊叫。Qǐng ～ dà shēng hǎnjiào. Please don't yell. /大家～乱挤,排好队一个一个地上车。Dàjiā ～ luàn jǐ, páihǎo duì yí gè yí gè de shàng chē. Don't push and shove. Line up and board the bus one at a time. /这些书你～都看,来不及,选几本看 Zhèxiē shū nǐ ～ dōu kàn, lái bu jí, xuǎn jǐ běn kàn. Don't read all these books, you don't have time. Just pick a few to read. /这些书你都～看,我另外给你几本。Zhèxiē shū nǐ dōu ～ kàn, wǒ lìngwài gěi nǐ jǐ běn. Don't read any of these books. I'll give you a few others to read. (2)"不要想"同"别想" biéxiǎng（"不要想" is the same as "别想" biéxiǎng）:这件事不那么容易办,你～想一天之内就能达到目的。Zhè jiàn shì bú nàme róngyì bàn, nǐ ～ xiǎng yì tiān zhī nèi jiù néng dádào mùdì. This matter is not that easy to handle. Don't even think that you can reach your goal in just one day. /农业银行不给贷款,你们就～想办成这个加工厂。Nóngyè Yínháng bù gěi dàikuǎn, nǐmen jiù ～ xiǎng bànchéng zhège jiāgōngchǎng. If the Agricultural Bank does not provide you with a loan, don't even think about setting up this processing factory. (3)在复句第一分句中,"不要想"同"别说" biéshuō（when used in the first clause of a sentence of two or more clauses, "不要想" is the same as "别说" biéshuō）:这件事一说当事者,就连别人听了也非常气愤。Zhè jiàn shì ～ shuō dāngshìzhě, jiù lián biéren tīngle yě fēicháng qìfèn. Even other people get indignant when they hear about this matter, let alone the parties involved. /～说城里,就是农村,也有许多人家买了彩电和冰箱。～ shuō chéng lǐ, jiùshì nóngcūn, yě yǒu xǔduō rénjiā mǎile cǎidiàn hé bīngxiāng. Many families buy colour TV sets and refrigerators even in the countryside, let alone in the cities. /秦师傅一说中餐,西餐他也做得很好。Qín shīfu ～ shuō zhōngcān, xīcān tā yě zuò de hěn hǎo. Master Qin is even good at cooking Western food, let alone Chinese food. "不要看"同"别看" biékàn（"不要看" is the same as "别看" biékàn）:看今天阳光不错,但是气温还是很低的。～ kàn jīntiān yángguāng búcuò, dànshì qìwēn háishì hěn dī de. Never mind the fact that it's sunny today. The temperature is still very low. /他这个人,～看平时不多言不多语,工作可是很出色的。Tā zhège rén, ～ kàn píngshí bù duō yán bù duō yǔ, gōngzuò kěshì hěn chūsè de. Never mind the fact that he doesn't usually say much. He's an outstanding worker.

【不要脸】bù yào liǎn 不知羞耻(骂人的话) have no sense of shame (abusive language)

【不一】bùyī（形·非定)不一样,不相同 varied; different：形状～ xíngzhuàng ～ vary in shape /他写的字大小～,很不整齐。Tā xiě de zì dà xiǎo ～, hěn bù zhěngqí. The size of his characters varies, so his writing is not very neat.

【不一而足】bù yī ér zú 指相同的情况或事物很多,不止一次或一个 (similar cases) are numerous

【不宜】bùyí（形)不适宜 not suitable; inadvisable：对子女的婚姻问题,做父母的～过多地干涉。Duì zǐnǚ de hūnyīn wèn-tí, zuò fùmǔ de ～ guò duō de gānshè. It's inadvisable for parents to interfere too much in the question of their children's marriage.

【不遗余力】bù yí yú lì 用尽全力,毫无保留 do one's utmost; spare no pains：～地做好词汇统计工作 ～ de zuòhǎo cíhuì tǒngjì gōngzuò do one's utmost in the work of the statistics of vocabulary /他只要认为是值得做的,做起来就～。Tā zhǐyào rènwéi shì zhíde zuò de, zuò qilái jiù ～. He will do his utmost in what he considers worth doing.

【不已】bùyǐ（动)◇不停(多用作补语) endlessly; ceaselessly (usu. used as a complement)：争论～ zhēnglùn ～ argue endlessly /赞叹～ zàntàn ～ praise again and again

【不以为然】bù yǐ wéi rán 认为是不对的 do not consider (something) right：对那种马马虎虎的工作态度,他是很～的。Duì nà zhǒng mǎmahūhū de gōngzuò tàidù, tā shì hěn ～ de. He objects very much a careless attitude in one's work.

【不翼而飞】bù yì ér fēi 没长翅膀而能飞,指东西忽然不知去向 (fly without wings) disappear suddenly：一夜之间门前的一盆花儿～了。Yí yè zhī jiān mén qián de yì pén huār ～ le. A pot of flower in front of the door disappeared suddenly overnight.

【不用】bùyòng（副)(1)表示不需要(用在动词或形容词前) there's no need; need not (in front of a verb or adjective)：我们都是老朋友了,～这么客气! Wǒmen dōu shì lǎo péngyou le, ～ zhème kèqi! We're all old friends. There's no need to stand on ceremony! /这件事～去找他,我们几个人可以决定。Zhè jiàn shì ～ qù zhǎo tā, wǒmen jǐ ge rén kěyǐ juédìng. You needn't go to him for this matter. We can decide on it ourselves. /你～介绍了,我三年前就认识他了。Nǐ ～ jièshào le, wǒ sān nián qián jiù rènshi tā le. You needn't introduce us. I met him three years ago. /你和小刘都～去。Nǐ hé Xiǎo Liú dōu ～ qù. Both you and Xiao Liu need not go. /你和小刘～都去,去一个人就可以了。Nǐ hé Xiǎo Liú ～ dōu qù, qù yí ge rén jiù kěyǐ le. There's no need for you and Xiao Liu to both go. One of you will do. 有些介宾结构必须放在"不用"之后 (some preposition-object structures must be placed after "不用")：你～为他辩护,让他自己说清楚。Nǐ ～ wèi tā biànhù, ràng tā zìjǐ shuō qīngchu. There's no need for you to defend him. Let him speak for himself. /我～给他写信了,他已经知道这件事了。Wǒ ～ gěi tā xiě xìn le, tā yǐjīng zhīdào zhè jiàn shì le. I need not write him any more, he has already learned about this. 有些介宾结构则置于"不用"前后都可以 (some preposition-object structures can be placed either before or after "不用")：～对他(～)提什么要求,他会做得很好的。～ duì tā (～) tí shénme yāoqiú, tā huì zuò de hěn hǎo de. There's no need to make demands on him. He'll do it very well. "不用"可以单用 ("不用" can be used alone)：明天我去机场送你们。Míngtiān wǒ qù jīchǎng sòng nǐmen. ～ ～, 谢谢! —— ～, ～, xièxie! I'll see you off at the airport tomorrow. — There's no need to, thank you! /我们是不是跟老张打个招呼再走? Wǒmen shì bú shì gēn Lǎo Zhāng dǎ ge zhāohu zài zǒu? —— ～了,她已经知道了。—— ～ le, tā yǐjīng zhīdào le. Aren't we going to let Lao Zhang know before we leave? — No need, she already knows. (2)"不用想"或"不用打算"相当于"别想""别打算",意思是没有可能 ("不用想" and "不用打算" are the same as "别想" biéxiǎng and "别打算" biédǎsuàn, these indicate that sth. is impossible)：海关工作人员检查很严,谁也～想蒙混过关。Hǎiguān gōngzuò rényuán jiǎnchá hěn yán, shuí yě ～ xiǎng ménghùn guò guān. The customs officers check things thoroughly. Nobody should even think about getting by under false pretences. /你就是知道那件事,你也～想让他告诉你。Nǐ jiùshì zhīdào nà jiàn shì, nǐ yě ～ xiǎng ràng tā gàosu nǐ. Even if he knew about that matter, you needn't think about asking him to tell you. (3)"不用说"表示不言而喻 ("不用说" means "it goes without saying" or needless to say)：～说,两家的老人对这桩婚事是相当满意的。～ shuō, liǎng jiā de lǎorén duì zhè zhuāng hūnshì shì xiāngdāng mǎnyì de. Needless to say, the parents of both families are quite satisfied with this marriage. /白天鹅宾馆是广州最大的宾馆,～说,里边的设备一定是最现代化的。Báitiān'é Bīnguǎn shì Guǎngzhōu zuì dà de

bīnguǎn，～ shuō，lǐbiān de shèbèi yídìng shì zuì xiàndàihuà de. *The White Swan Hotel is Guangzhou's largest hotel. It goes without saying that its facilities are among the most modernized.* (4)"不用提"同"别提" biétí，强调程度高("不用提" *is the same as* "别提" biétí；*indicating high degree*)：当小宁收到北京大学的录取通知书时，～提心里有多高兴了。Dāng Xiǎo Níng shōudào Běijīng Dàxué de lùqǔ tōngzhīshū shí，～ tí xīnlǐ yǒu duō gāoxìng le. *When Xiao Ning received the admission notice from Beijing University，she was indescribably happy.* / 他那个固执啊，就～提了。Tā nàge gùzhí a，jiù ～ tí le. *You cannot imagine how stubborn he can be.*

【不由得】bù yóu de 表示不能自禁，自然而然地；常作状语 *cannot help*（*usu. serves as adverbial*）：看到这部词典终于出版了，我们～感到十分高兴。Kàndào zhè bù cídiǎn zhōngyú chūbǎn le，wǒmen ～ gǎndào shífēn gāoxìng. *We couldn't help but be extremely pleased when we finally saw this dictionary published.* /听说小高受了伤，她～流下泪来。Tīng shuō Xiǎo Gāo shòule shāng，tā ～ liú xià lèi lai. *When she heard that Xiao Gao had been injured，she couldn't hold back her tears.* / 唱起这支民歌～又想起你来，是你最初教会我唱的。Chàngqǐ zhè zhī míngē ～ yòu xiǎng qǐ nǐ lai，shì nǐ zuìchū jiāohuì wǒ chàng de. *When I sing this folk song，I cannot help but think of you，as you're the one who first taught me how to sing it.* "不由得……""意思是"不能不……"（"不由得……不…" *is the same as* "...不能不..."）：听他讲得那么有声有色，你不信。Tīng tā jiǎng de nàme yǒu shēng yǒu sè，～ nǐ bú xìn. *When you hear him tell it so dramatically，you cannot but believe him.*

【不由自主】bù yóu zì zhǔ 自己不能抑制住自己 *involuntarily；cannot restrain oneself*：实在太冷了，他～地哆嗦起来。Shízài tài lěng le，tā ～ de duōsuo qilai. *It's so cold that he cannot help trembling.* / 她的话真多，一有机会就～地说个没完。Tā de huà zhēn duō，yì yǒu jīhuì jiù ～ de shuō ge méi wán. *She is so talkative that she will talk without cease whenever she has a chance.*

【不约而同】bù yuē ér tóng 没有经过商量却彼此完全一致 *coincidence；do something in concert without previous arrangement；agree without previous consultation*：没想到你们今天也来游泳了，咱们真是～啊。Méi xiǎngdào nǐmen jīntiān yě lái yóuyǒng le，zánmen zhēn shì ～ a. *It's indeed a coincidence that you come to swim too today.* / 我们的结论居然一样，可以说是～了。Wǒmen de jiélùn jūrán yíyàng，kěyǐ shuō shì ～ le. *It's really a coincidence that our conclusions are the same.*

【不在】bùzài（动）(1)不在家或不在一般应在的地方 *not in；absent*：我父亲～，您有什么事吗？Wǒ fùqin ～，nín yǒu shénme shì ma? *My father is not in，do you have any business?* / 我去办公室找她两次她都～。Wǒ qù bàngōngshì zhǎo tā liǎng cì tā dōu ～. *I have gone to her office twice to look for her but she wasn't there.* (2)"死"的委婉说法（后面有"了"）*dead*（*followed by* "了"）：祖父已经～了，祖母还在。Zǔfù yǐjing ～ le，zǔmǔ hái zài. *My grandfather has already died，but my grandmother is still alive.*

【不在话下】bù zài huà xià 表示事情（对某人来说）是很容易的或当然的，不需要说 *it's nothing to*（*somebody*）；*very easy*：他是一级厨师，做一桌酒席当然～。Tā shì yī jí chúshī，zuò yì zhuō jiǔxí dāngrán ～. *It's very easy for him as a first rate chef to prepare a banquet.*

【不择手段】bù zé shǒuduàn（贬）什么手段都能使出来 *by hook or by crook；by fair means or foul；unscrupulously*：～地拉关系，走后门。～ de lā guānxi，zǒu hòuménr. *establish connections to one's advantage and secure advantage through influence by fair means or foul* / 这种人为了达到个人目的可以～。Zhè zhǒng rén wèile dádào gèrén mùdì kěyǐ ～. *This kind of person will use every means to attain his personal object.*

【不怎么样】bù zěnmeyàng 不很好或较坏 *not very good；relatively bad*：都说这里风景好，我看也～。Dōu shuō zhèlǐ fēngjǐng hǎo，wǒ kàn yě ～. *Everybody says that the scenery here is beautiful，but I don't think much of it.* /这话说得可～。Zhè huà shuō de kě ～. *That was not very well put.*

【不正之风】bù zhèng zhī fēng 不正派的风气 *unhealthy tendency*："走后门"是一种～. "Zǒu hòuménr" shì yì zhǒng ～. *"Going through the back door" is an unhealthy tendency.* /社会上各种～必须刹住。Shèhuì shang gè zhǒng ～ bìxū shāzhu. *All manners of unhealthy tendencies in society must be checked.*

【不知所措】bù zhī suǒ cuò 不知道该怎么办才好。形容受窘或着急 *at a loss；do not know what to do*：宾客已经来齐了，厨师还没到，主人有点儿～. Bīnkè yǐjing láiqí le，chúshī hái méi dào，zhǔrén yǒudiǎnr ～. *All the guests have come but the chef has not yet，the host feels quite at a loss.*

【不止】bùzhǐ（动）(1)继续不停 *keep on*：伤口流血，～可不行。Shāngkǒu liú xuè，～ kě bùxíng. *must not let the wound keep on bleeding* / 他的话惹得大家大笑～. Tā de huà rě de dàjiā dà xiào ～. *His words make all the people laugh without cease.* (2)超出（某数目或某范围）*be more than...*：喜欢喝茶的～中国人。Xǐhuan hē chá de ～ Zhōngguó rén. *Not just Chinese like to drink tea.* 他上班迟到可～一次了。Tā shàng bān chídào kě ～ yí cì le. *It has been more than once that he comes to work late.*

【不只】bùzhǐ（连）同"不但"same as "不但" bùdàn；他～害死了不少无辜群众，还害死了几名他的战友。Tā ～ hàisǐle bù shǎo wúgū qúnzhòng，hái hàisǐle jǐ míng tā de zhànyǒu. *He not only murdered many innocent citizens，but also murdered a few of his own comrades-in-arms.* / ～我对社会学感兴趣，他们也很感兴趣。～ wǒ duì shèhuìxué gǎn xìngqù，tāmen yě hěn gǎn xìngqù. *Not only am I interested in sociology，they are too.* / ～要把它当做科学来研究，而且要研究得很深很透。～ yào bǎ tā dàngzuò kēxué lái yánjiū，érqiě yào yánjiū de hěn shēn hěn tòu. *You must not only treat it as science when you study it，but must also study it thoroughly.*

【不至于】bùzhìyú（动）不会到某种程度 *not likely to；cannot be*（*that bad*）：听说他们兄弟俩不和，已经不来往了。——～吧。Tīng shuō tāmen xiōngdì liǎ bùhé，yǐjing bù láiwǎng le. ——～ ba. *It is said that those two brothers are not on speaking terms with each other.——Couldn't be that bad！* 常作状语（*often serves as an adverbial*）：虽然困难很多，可工作还～搞不下去。Suīrán kùnnan hěn duō，kě gōngzuò hái ～ gǎo bu xiàqù. *Although there are many difficulties，they won't go so far as to keep us from carrying on with our work.* / 我再糊涂也～把绿色看成黑色啊！Wǒ zài hútu yě ～ bǎ lǜsè kànchéng hēisè a! *I'm not so confused as to mistake green for black！* /他的英语不太好，可是～看不懂这么简单的句子。Tā de Yīngyǔ bú tài hǎo，kěshì ～ kàn bu dǒng zhème jiǎndān de jùzi. *His English isn't very good，but it's not so bad as to not being able to understand such a simple sentence.*

【不致】bùzhì（副）表示不会引起某种不良后果，可修饰否定形式 *cannot go so far；be unlikely*（*can modify a negative form*）：制定计划要有实施的措施才～流于形式。Zhìdìng jìhuà yào yǒu shíshī de cuòshī cái ～ liúyú xíngshì. *One must have measures to implement a plan when working one out so that it won't become a mere formality.* / 今天早上你要是穿上大衣上班去，也～冻感冒了。Jīntiān zǎoshang nǐ yàoshi chuānshang dàyī shàng bān qu，yě ～ dòng gǎnmào

le. *Had you worn an overcoat on your way to work this morning, you most likely wouldn't have caught cold.* / 是养母一手培养他成人的,他总～忘恩负义吧? Shì yǎngmǔ yìshǒu péiyǎng tā chéng rén de, tā zǒng ～ wàng ēn fù yì ba? *His foster mother raised him single-handedly. He would never be ungrateful to her, would he?* /这次考试我考得不好,但还～不及格。Zhè cì kǎoshì wǒ kǎo de bù hǎo, dàn hái ～ bù jí gé. *I didn't do well on this exam but I don't think I went so far as to have failed it.*

【不置可否】bù zhì kě fǒu 是对还是错,不表态 *decline to comment; be noncommittal; refuse to say yes or no*:一谈到关键性问题,他总是～。Yì tándào guānjiànxìng wèntí, tā zǒngshì～. *Whenever we reach the crux of any problem he always refuses to say yes or no.*

【不着边际】bù zhuó biānjì 指不切实际地空谈,离题太远 *off the point; entirely irrelevant*:因为他对这个问题没有自己的看法,又不肯承认,所以谈起来总是～。Yīnwèi tā duì zhège wèntí méi yǒu zìjǐ de kànfǎ, yòu bù kěn chéngrèn, suǒyǐ tán qilai zǒngshì ～. *Since he has no opinion of his own on this question and refuses to admit so, whenever he talks about it he is always off the point.* / 讨论问题要围绕一个中心,～地漫谈,是不会有什么结果的。Tǎolùn wèntí yào wéirào yí ge zhōngxīn, ～ de màntán, shì bú huì yǒu shénme jiéguǒ de. *Discussion must always be around some gist, and we shall get nowhere if we ramble off the point.*

【不自量力】bù zì liàng lì 过高地估价自己 *not be aware of one's own limitations*:你要参加登山队,有点儿～吧。Nǐ yào cānjiā dēngshānduì, yǒudiǎnr ～ ba. *If you want to join the mountaineering party, don't you think it will be a little beyond your power?*

【不足】bùzú(形·非定)不充足,不够 *be insufficient; be inadequate*:资金～ *be short of funds* /对困难估计～ duì kùnnan gūjì ～ *an insufficient estimation of difficulties* (动)不满(多指数目)〈书〉*be less than (in number)*:～六岁 ～ liù suì *not quite six years old* /五百人 ～ wǔbǎi rén *less than five hundred people*

【不足道】bùzúdào(动)不值得一说,不值得重视 *not worth mentioning; of no consequence*:我们的事业有无限发展的前途,现在这点儿成绩太～了。Wǒmen de shìyè yǒu wúxiàn fāzhǎn de qiántú, xiànzài zhè diǎnr chéngjì tài ～ le. *Our undertakings have unlimited prospects and what we have achieved now is not worth mentioning.*

【不足为奇】bù zú wéi qí 不值得奇怪 *not at all surprising; entirely to be expected*:在试验过程中出现一些问题也是～的。Zài shìyàn guòchéng zhōng chūxiàn yìxiē wèntí yě shì ～ de. *It is not at all surprising that some problems will crop up in the process of experiment.*

【不足为训】bù zú wéi xùn 不能当做典范或榜样来学习 *not to be taken as a model*:他每天锻炼时间过长,这办法也～。Tā měi tiān duànliàn shíjiān guò cháng, zhè bànfǎ yě ～. *He spends so much time in training physically and it is not a model to be followed.* / 我这样做是不得已,并不能解决根本问题,～。Wǒ zhèyàng zuò shì bùdéyǐ, bìng bù néng jiějué gēnběn wèntí, ～. *I'm doing it this way against my will. This method cannot solve the fundamental problem and is not to be taken as an example to follow.*

【不足之处】bù zú zhī chù 缺点 *defect*:经过改革,又会出现一些新的～,还要改进。Jīngguò gǎigé, yòu huì chūxiàn yì-xiē xīn de ～, hái yào gǎijìn. *Some new defects will appear through the reformation and they will need further improvement.* / 人人都有～,不能要求过高。Rénrén dōu yǒu, bù néng yāoqiú guò gāo. *Everybody has defects, so we cannot be too demanding.*

【不做声】bù zuòshēng 不说话 *not speak; keep silent*:我问了他半天,他也～。Wǒ wènle tā bàntiān, tā yě ～. *I had asked him for a long while but he just kept silent.* / 大家纷纷发表意见,就是他一直～。Dàjiā fēnfēn fābiǎo yìjian, jiùshì tā yìzhí ～. *He kept silent as everybody took turns expressing his or her opinion.*

布 bù
(名)用棉、麻作原料的织物 *cotton or linen cloth*:棉～ *cotton cloth* /亚麻～ *linen* (动)(1)分布 *spread; disseminate*:广播站遍～全国。Guǎngbōzhàn biàn ～ quán guó. *The broadcasting stations are all over the country.* /乌云～满天空。Wūyún ～mǎn tiānkōng. *The sky is overcast with dark clouds.* / 夜空中繁星密～。Yèkōng zhōng fánxīng mì ～. *A host of stars densely spread over the night sky.* (2)安排、布置 *arrange*:水下～雷 shuǐ xià ～ léi *lay mines under the water* /边防线上～下了岗哨。Biānfángxiàn shang ～xiale gǎngshào. *Sentinels were posted all along the frontier defence line.*

【布尔什维克】Bù'ěrshíwéikè(名)*Bolshevik*

【布告】bùgào(名)*notice (on a bulletin board)*

【布景】bùjǐng(名)*(stage) scenery; setting; decor*

【布谷】bùgǔ(名)鸟名,也叫杜鹃 dùjuān *cuckoo*

【布局】bùjú(名)全面安排 *overall arrangement; layout*:轻重工业～合理。Qīng zhòng gōngyè ～ hélǐ. *a rational distribution of light and heavy industries* /市政建设的～一定要统一考虑。Shìzhèng jiànshè de ～ yídìng yào tǒngyī kǎolù. *The layout of municipal construction must be considered as a whole.*

【布匹】bùpǐ(名)各种布类的总称 *cotton cloths; drapery*

【布鞋】bùxié(名)[只 zhī、双 shuāng] *cloth shoe*

【布置】bùzhì(动)(1)按照需要安排陈设 *decorate; arrange*:～新房 ～ xīnfáng *decorate the bridal chamber* /屋子～得好和不好大不一样。Wūzi ～ de hǎo hé bù hǎo dà bù yíyàng. *A room well arranged is quite different from one poorly done.* (2)进行安排(工作或活动) *make arrangements for (work or some activity)*:～这一年的教学和科研工作 ～ zhè yì nián de jiàoxué hé kēyán gōngzuò *arrange the work of this year's teaching and scientific research*

步 bù
(名)(1)step:这孩子刚学走路,今天迈出第一～。Zhè háizi gāng xué zǒu lù, jīntiān màichū dìyī ～. *This child has just begun to learn walking, and today he has taken his first step.* (2)阶段 *step; stage*:他们厂的改建工程是分两～进行的。Tāmen chǎng de gǎijiàn gōngchéng shì fēn liǎng ～ jìnxíng de. *The rebuilding work of their factory was done in two stages.* / 研究所成立了,下一～做什么? Yánjiūsuǒ chénglì le, xià yí ～ zuò shénme? *The research center has been established, and what are we to do next?*

【步兵】bùbīng(名)*infantry*

【步步为营】bùbù wéi yíng 军队在战斗中每前进一步就要修筑一道工事,以巩固阵地。比喻做事谨慎、稳妥 *(fortifications are erected every time the troops make an advance) advance cautiously*

【步调】bùdiào(名)行进中脚步的距离和速度。比喻某种活动进行的方式、进度等 *step; pace*:统一～ tǒngyī ～ *at a uniform pace* /大家～不一致,事情就难办。Dàjiā ～ bùyīzhì, shìqing jiù nán bàn. *It will be difficult if the pace of every one is different.*

【步伐】bùfá(名)军队操练或行进时,脚步的大小快慢。也比喻事情的进程 *length and tempo of steps of drilling soldiers; progress*:队伍迈着整齐的～。Duìwu màizhe zhěngqí de ～. *The troops march with uniform steps.* / 要加速四化建设的～。Yào jiāsù sìhuà jiànshè de ～. *accelerate the development of four modernizations*

【步话机】bùhuàjī(名)*walkie-talkie*

【步履】bùlǚ（名）〈书〉行走 walking；gait：～轻盈 ～ qīngyíng light step；springing gait /～艰难 ～ jiānnán have difficult walking

【步枪】bùqiāng（名）[支 zhī、杆 gǎn] rifle

【步人后尘】bù rén hòu chén 跟着别人走。比喻一味追随、效仿（含贬义）follow in somebody's footsteps (derogatory)：向别人学习，并不仅仅是～，还要有自己的创造。Xiàng biérén xuéxí, bìng bù jǐnjǐn shì ～, hái yào yǒu zìjǐ de chuàngzào. To learn from others should have one's own creation, not just follow in their footseps.

【步行】bùxíng（动）徒步行走（区别于坐车、骑马等）be on foot：～去太慢了。～ qù tài màn le. To go on foot is too slow.

【步骤】bùzhòu（名）做某件事的程序 steps；procedure：有计划有～地进行工作。Yǒu jìhuà yǒu ～ de jìnxíng gōngzuò. proceed with one's work according to certain plans and stages

【步子】bùzi（名）（1）step：她迈着轻快的～走进家门。Tā màizhe qīngkuài de ～ zǒujìn jiā mén. She walked into her house briskly. （2）pace：这地区发展的～不大。Zhè dìqū fāzhǎn de ～ bú dà. This area has not been developed much.

部 bù（名）（1）部位，部分 part；section：胸～ xiōng～ the chest /下～ xià～ the lower part /东～ dōng～ eastern part /外～ wài～ outer part （2）某些机关、单位名称 ministry；board：外交～ wàijiāo～ the Ministry of Foreign Affairs /教育～ jiàoyù～ the Ministry of Education （3）军队连以上的领导机构或所在地（mil.）the organization higher than a company：师～ shī～ division headquarters /司令～ sīlìng～ headquarters （量）用于书籍、电影、车辆、机器等（for books, films, vehicles, machines, etc.）：买一～词典 mǎi yí ～ cídiǎn buy a dictionary /一～新电影 yí ～ xīn diànyǐng a new movie /一～旅游车 yí ～ lǚyóuchē a tourist coach

【部队】bùduì（名）army；armed forces；troops

【部分】bùfen（名）part；section：这所大学分本科和研究生院两～。Zhè suǒ dàxué fēn běnkē hé yánjiūshēngyuàn liǎng ～. This university has two parts；undergraduate school and graduate school. / 他把大～藏书赠送给学校图书馆。Tā bǎ dà ～ cángshū zèngsòng gěi xuéxiào túshūguǎn. He gave most of his collection of books to the school's library. / 这个问题只是～地解决了，不彻底。Zhège wèntí zhǐ shì ～ de jiějué le, bú chèdǐ. This problem was just solved partly, not thoroughly.

【部件】bùjiàn（名）part or component part

【部落】bùluò（名）tribe

【部门】bùmén（名）某类整体中的部分或单位 department；教育～ jiàoyù ～ educational department /卫生～ wèishēng ～ health department

【部首】bùshǒu（名）汉语字典、词典按汉字形体结构所分的门类，如 讠、氵、口、宀、亻 等（of Chinese characters) radical

【部署】bùshǔ（动）安排，布置 arrange；dispose；deploy：～任务 ～ rènwu to assign task /～下阶段工作 ～ xià jiēduàn gōngzuò arrange the work of the next stage （名）对任务或工作的具体计划 arrangement；plan：体制改革是个伟大的战略。Tǐzhì gǎigé shì ge wěidà de zhànlüè ～. The reformation of system is a great strategic plan.

【部委】bùwěi（名）各个部和各种委员会的简称 short for all the ministries and commissions

【部位】bùwèi（名）位置（多用于人的身体）position；place：发音～ fāyīn ～ point of articulation；position of articulation

【部下】bùxià（名）军队中被指挥被领导的人，也指下级 troops under one's command；subordinate

【部长】bùzhǎng（名）minister (of a ministry)

簿 bù（名）簿子 book；notebook：账～ zhàng～ account book /练习～ liànxí～ exercise book

【簿子】bùzi（名）记载某项事物的本子 notebook：户籍～ hùjí ～ census register

C

cā

擦 cā（动）(1)摩擦 chafe：～破了一块皮～pòle yí kuài pí scratched the skin (2)（用布、毛巾等）摩擦（使物干净或抹去某物）to wipe; to scour：～汗～hàn wipe away sweat /～黑板～hēibǎn erase the blackboard /把自行车～一～bǎ zìxíngchē ～ yi ～ clean a bike /把皮鞋～得很亮 bǎ píxié de hěn liàng polished the shoes (3)涂抹 to apply; paint; put on; spread：这双鞋该～油了。Zhè shuāng xié gāi ～ yóu le. This pair of shoes needs to be polished. /手破了，～点儿红药水儿。Shǒu pò le, ～ diǎnr hóngyàoshuǐr. Your hand is scraped, apply some mercurochrome on it. (4)一个物体贴着另一个物体很快过去（one object）passes along very quickly（close to another object）：燕子～着河面飞来飞去。Yànzi ～zhe hémiàn fēi lái fēi qù. Swallows fly to and fro close to the river surface. /一辆汽车从他身边～过去，好危险！Yí liàng qìchē cóng tā shēnbiān ～ guoqu, hǎo wēixiǎn! A car whizzed past him, what a narrow escape!

【擦亮眼睛】cāliàng yǎnjing 提高警惕（分清敌友）remove the scales off sb.'s eyes

【擦拭】cāshì（动）〈书〉同"擦"cā(2) same as "擦" cā(2)

【擦音】cāyīn（名）〈语〉（phonetics）fricative

嚓 cā（象声）scraping or screeching noise：他们听见～～的响声，赶紧躲躲藏藏起来。Tāmen tīngjiàn ～ ～ de xiǎngshēng, gǎnjǐn duǒcáng qilai. On hearing a scraping sound they hurriedly hid themselves. /门外有～～的脚步声。Mén wài yǒu ～ ～ de jiǎobù shēng. From outside the door there came the scraping sound of footsteps.

cāi

猜 cāi（动）根据不十分可靠的线索或凭想像来寻找答案 guess; conjecture：你～～看他有多大年纪！Nǐ ～ ～ kàn tā yǒu duō dà niánji! Try to guess how old he is. /你～谁来了？Nǐ ～ shuí lái le? Guess who came? /这个谜语不好～。Zhège míyǔ bù hǎo ～. This riddle is not easy to guess.

【猜测】cāicè（动）没有足够的根据，只按常理和一般逻辑规律进行推测和想像 surmise; guess; conjecture

【猜度】cāiduó（动）〈书〉猜测估计 guess; surmise; speculate

【猜忌】cāijì（动）疑心别人对自己不利，因而怀恨 to be suspicious of and resent

【猜谜儿】cāi=mèir 猜测谜语的答案 guess the answer to the riddle：咱们～玩儿吧！Zánmen ～ wánr ba! Let's play guessing games. / 你把话说明白一点儿，别让人捉摸不透，像～一样。Nǐ bǎ huà shuō míngbai yìdiǎnr, bié ràng rén zhuōmō bú tòu, xiàng ～ yíyàng. Please make yourself clear, don't puzzle people by speaking in riddles. /有些诗的意思就像谜一样难猜。Yǒu xiē shī de yìsi jiù xiàng mí yíyàng nán cāi. Some meanings of poems are just like riddles, hard to guess.

【猜拳】cāi=quán 喝酒时的游戏。两个人同时出拳伸指，各喊一个数字，符合双方伸出手指总数的人获胜。猜错的人被罚喝酒 a finger-guessing drinking game whereby two people simultaneously extend a certain number of fingers and try to guess the total amount by calling out a number; the one who guesses correctly wins, and the loser must take a drink as punishment

【猜想】cāixiǎng（动）猜测推想 guess; conjecture：我～他今天会去找小王的。Wǒ ～ tā jīntiān huì qù zhǎo Xiǎo Wáng de. I guess today he will look Xiao Wang up.

【猜疑】cāiyí（动）没有根据地起疑心 suspect（without grounds）

cái

才 cái（名）◇才能 talent; ability：德～兼备 dé ～ jiān bèi to be both moral and talented /这人很有～。Zhè rén hěn yǒu ～. This person is very talented.（副）〔纔〕(1)同"刚"gāng，表示事情前不久发生的。重读 same as "刚" gāng（indicates thatsth. has just happened; stressed）：你怎么～来又想走？Nǐ zěnme ～ lái yòu xiǎng zǒu? Are you leaving already? You just got here! /这大衣～买的，还没穿过。Zhè dàyī ～ mǎi de, hái méi chuānguo. I've just bought this coat and haven't worn it yet. (2)用在表示时间或数量的词语之后，表示说话人认为事情发生或结束得晚或时间长或数量大。可用于已然、未然。"才"轻读，数词重读。表示相反的想法用副词"就"（used after words expressing time or quantity to indicate that the speaker feels that sth. has occurred or finished rather late, or it has lasted a long time or that an amount is great; can be used for the past or future; "才" is not stressed in this case, but the numeral is; to express the opposite case, "就" is used）：我早上六点就起床，他八点～起床。Wǒ zǎoshang liù diǎn jiù qǐ chuáng, tā bā diǎn ～ qǐ chuáng. I get up as early as 6:00 a.m. while he doesn't get up until 8:00 a.m. /得用一个星期～能种完这些树。Děi yòng yí ge xīngqī ～ néng zhòngwán zhèxiē shù. It will take a whole week before all these trees can be planted. /他们走了三十里～找到一家人家。Tāmen zǒule sānshí lǐ ～ zhǎodào yì jiā rénjiā. They walked for thirty li before finally finding a household. /买这么一件毛衣，五十块不行，六十块～够。Mǎi zhème yí jiàn máoyī, wǔshí kuài bù xíng, liùshí kuài ～ gòu. Fifty yuan are not enough to buy this kind of sweater. It will take sixty. /我们明天～动身呢! Wǒmen míngtiān ～ dòng shēn ne! We are not leaving until tomorrow. /他们审查了一百人～选中了这几个。Tāmen shěnchále yìbǎi rén ～ xuǎnzhòngle zhè jǐ ge. They investigated a hundred people before finally choosing these few. (3)用在数量或时间的词语之前，同"刚刚"gānggāng、"仅"jǐn、"只"zhǐ，表示数量少、程度低，或表示时间早或短，只用于已然，"才"轻读，数词重读（used before words expressing quantity or time to indicate that the amount is small, the degree is low or that the time is either early or short, same as "刚刚" gānggāng, "仅" jǐn, and "只" zhǐ; "才" is not stressed in this case, the numeral is）：他今年～十七岁，还不到参军年龄。Tā jīnnián ～ shíqī suì, hái bú dào cān jūn niánlíng. He's only seventeen years old this year. He's not old enough to join the army. /这本小说我～看了一半，就被他拿走了。Zhè běn xiǎoshuō wǒ ～ kànle yíbàn, jiù bèi tā názǒu le. I had only read half of this novel before it was taken away by him. /他～高小毕业，当不了秘书。Tā ～ gāoxiǎo bìyè, dāng bu liǎo mìshū. He only graduated from higher primary school, he can't work as a secretary. /这个工厂～五百多人。Zhège gōngchǎng ～ wǔ bǎi duō rén. This factory only has some five hundred or so people. /十点半，怎么就吃午饭了？～ shí diǎn bàn, zěnme jiù chī wǔfàn le? It's only 10:30. Why are you eating lunch? /今天

~四月十号,离"五一"还有二十天呢! Jīntiān ~ sìyuè shí hào, lí "Wǔ-Yī" hái yǒu èrshí tiān ne! *It's only April 10th today. There are still twenty days left to May Day.* (4)用在条件句、因果句中第二分句里,与某些连词相搭配,表示有在某个条件下,或只有由于某种原因、目的,才会有某种结果,暗含别的条件、别的原因不会产生这个结果 (*used in the second clause of a conditional sentence, or a cause and effect sentence, together with certain conjunctions to indicate that only under certain conditions or due to certain reasons or aims could there be a certain result, implies that other conditions or other reasons could not produce this same result*):要有二百块钱~够买这件礼品。 Yào yǒu èrbǎi kuài qián ~ gòu mǎi zhè jiàn lǐpǐn. *You need two hundred yuan before you can buy this gift.* / 他因为想出国,所以~拼命学外语。Tā yīnwei xiǎng chū guó, suǒyǐ ~ pīn mìng xué wàiyǔ. *He's only studying a foreign language with so much effort because he wants to go abroad.* / 为了搞合作项目,他~到北京来。Wèile gǎo hézuò xiàngmù, tā ~ dào Běijīng lái. *He only came to Beijing to do cooperative work.* / 得具备哪些条件~能当个对外汉语教员? Děi jùbèi nǎxiē tiáojiàn ~ néng dāng ge duì wài Hànyǔ jiàoyuán? *What qualifications are required before one can become a teacher of Chinese as a foreign language?* (5)用在某些感叹句里,表示强调、肯定或辩驳 (*used in certain exclamatory sentences to indicate emphasis, certainty or refutation*):昨天那场足球赛~精彩呢! Zuótiān nà chǎng zúqiúsài ~ jīngcǎi ne! *That football game yesterday was so exciting!* /这个不行,那个~好呢! Zhège bù xíng, nàge ~ hǎo ne! *This won't do; only that will!* /你~是胆小鬼,我什么也不怕! Nǐ ~ shì dǎnxiǎoguǐ, wǒ shénme yě bú pà! *You're but a coward. I'm not afraid of anything!* /这种电影我~不看呢! Zhè zhǒng diànyǐng wǒ ~ bú kàn ne! *I refuse to watch this kind of movie.*

【才干】cáigàn (名)办事的能力 *management ability; competence*

【才华】cáihuá (名)表现于外的才能(多指文艺、写作方面) *literary or artistic talent*:~横溢 ~ héng yì *overflowing with talent* /出众 ~ chūzhòng *outstanding talent* / 他写的东西虽然不多,但可以看出他很有~。Tā xiě de dōngxi suīrán bù duō, dàn kěyǐ kànchū tā hěn yǒu ~. *Although he hasn't written much, you can see that he is very talented.*

【才能】cáinéng (名)知识和能力 *knowledge and ability*:他的领导~大家都很佩服。Tā de lǐngdǎo ~ dàjiā dōu hěn pèifu. *Everyone admires his ability as a leader.*

【才学】cáixué (名)才能和学问 *talent and learning*:这个人很有~。Zhège rén hěn yǒu ~. *This person has a lot of talent and learning.*

【才智】cáizhì (名)才能和智慧 *talent and wisdom*:每个人都应有机会贡献出自己的~。Měi ge rén dōu yīng yǒu jihuì gòngxiàn chū zìjǐ de ~. *Every person should have the opportunity to contribute some of his or her talent and wisdom.*

【才子】cáizǐ (名)〈旧〉聪明而有文艺才华的男子 *gifted scholar; an intelligent and talented scholar*

材 cái

(名)◇ (1)木料 *lumber; roughly prepared wood*:八年前种的树木,现已成~。Bā nián qián zhòng de shùmù, xiàn yǐ chéng ~. *The trees that were planted eight years ago are ready to be felled and cut into lumber.* (2)人的资质能力 *a man's potential*:因~施教 yīn ~ shī jiào *to teach one according to his ability* /现在有许多青年自学成~。Xiànzài yǒu xǔduō qīngnián zìxué chéng ~. *Now there are many young people who study by themselves and become useful.* (3)泛指材料 *material in general*:这里石头多,就地取~。Zhèlǐ shítou duō, jiù dì qǔ ~, *There are many stones here so let's make use of the local resources and build a stone house.* 盖个石头房子吧。gài ge shítou fángzi ba.

【材料】cáiliào (名)(1)可直接制成成品的东西,如制造工具用的钢材、木料,建筑用的砖瓦、水泥等 *materials; things which can be directly made into a product like steel, wood, bricks, cement, etc.*:盖房子用的~都备齐了。Gài fángzi yòng de ~ dōu bèiqí le. *The materials needed to build a house are all ready.* (2)提供著作内容的资料 *data; materials*:他在搜集、准备写篇论文。Tā zài sōují ~ zhǔnbèi xiě piān lùnwén. *He is collecting data for his thesis.* (3)可作参考的事实(写成书面的)*facts to be referred to (in written form)*:data:档案~ dàng'àn ~ *archival material* /这些~并不能证明你的结论。Zhèxiē ~ bìng bù néng zhèngmíng ní de jiélùn. *This data cannot prove your conclusion.* (4)适合做某种事情的人才 *a man with a certain talent*:我这人本来就不是学音乐的~。Wǒ zhè rén běnlái jiù bú shì xué yīnyuè de ~. *I'm not musically inclined.*

财〔財〕cái

(名)钱和物资的总称 *a general term for money and property; wealth*:多方挖掘生~之道。Duōfāng wājué shēng ~ zhī dào. *Try all sorts of ways to produce wealth.* / 他很善于理~。Tā hěn shànyú lǐ ~. *He is very good at managing money.*

【财产】cáichǎn (名)泛指一切物质财富,如国家、集体或个人所有的土地、房屋、物资、货币等 *property; assets*

【财阀】cáifá (名)*financial magnate; tycoon*

【财富】cáifù (名)(1)泛指一切有价值的东西 *wealth; valuable things*:物质~ wùzhì ~ *material wealth* /精神~ jīngshén ~ *spiritual wealth* (2)单指物质财富,包括土地、矿山、森林等自然资源和生产工具、原材料、消费品等劳动产品 *natural resources and all sorts of products*:森林资源是国家的宝贵~。Sēnlín zīyuán shì guójiā de bǎoguì ~. *Forest resources are the country's precious wealth.*

【财经】cáijīng (名)〈简〉财政和经济 *finance and economics*

【财力】cáilì (名)经济力量(多指资金)*financial resources; capital; funds*

【财贸】cáimào (名)〈简〉财政和贸易 *finance and trade*

【财迷】cáimí (名)〈贬〉爱钱入迷、专想个人发财的人 *person with an obsessive desire for money; money grubber*:这家伙真是个~。Zhè jiāhuo zhēn shì ge ~. *This guy is a real money grubber.* (形)爱财入迷,专想发财 *obsessed by a craving for money*:你这个人真~。Nǐ zhège rén zhēn ~. *You are really obsessed with money.* / 他呀,~极了。Tā ya, ~ jí le. *He is extremely obsessed with money.*

【财权】cáiquán (名)掌管钱财的权力 *power over financial affairs*

【财势】cáishì (名)钱财和权势 *wealth, power and influence*

【财团】cáituán (名)资本主义社会里控制许多公司、银行和企业的资本家集团 *financial group; consortium*

【财务】cáiwù (名)机关、企业、团体组织中,有关财产的管理或经营以及现金的出纳、保管、计算等事务 *financial affairs*

【财物】cáiwù (名)钱财和物资的总称 *money and property*:我们要爱护公共~。Wǒmen yào àihù gōnggòng ~. *We must take good care of public property.*

【财源】cáiyuán (名)钱财的来源 *financial resources; source of wealth*:税收是地方政府很重要的~。Shuìshōu shì dìfāng zhèngfǔ hěn zhòngyào de ~. *Taxes are an important source of revenue for local governments.*

【财政】cáizhèng (名)*finance*

【财主】cáizhu (名)指旧社会拥有大量财产,靠剥削别人为生的人 *term used in old China to describe a person who amassed wealth by squeezing others; moneybags*

裁 cái

（动）（1）用刀或剪子把片状物分割成若干部分　cut（paper, cloth etc.）：把这张纸～成纸条。Bǎ zhè zhāng zhǐ ～chéng zhǐtiáor. Cut this piece of paper into strips. /你会～衣服吗？Nǐ huì ～ yīfu ma? Can you cut out clothes? (2)把不需要的去掉 get rid of：这张纸太大，请你把多余的～去。Zhè zhāng zhǐ tài dà, qǐng nǐ bǎ duōyú de ～qu. This piece of paper is too big, please cut off the excess. /他原来在一家银行工作，后来被～掉了。Tā yuánlái zài yì jiā yínháng gōngzuò, hòulái bèi ～ diào le. He originally worked at a bank, but later was laid off.

【裁定】cáidìng（动）〈法〉法院在案件审理过程中就某个问题做出决定（court）rule

【裁断】cáiduàn（动）〈书〉经过考虑做出决定 consider and decide

【裁夺】cáiduó（动）〈书〉同"裁断"cáiduàn same as "裁断" cáiduàn

【裁缝】cáifeng（名）指以裁剪缝制衣服为职业的人 tailor; dressmaker

【裁减】cáijiǎn（动）把（多余的机构、人员、装备等）去掉或减少 cut down; reduce：～ 军备 ～ jūnbèi reduce armaments；雍肿的机构早该～了。Yōngzhǒng de jīgòu zǎo gāi ～ le. The overstaffed organizations ought to have been trimmed long ago.

【裁剪】cáijiǎn（动）〈书〉把布料裁成供做衣服的片段 cut out（garments）

【裁决】cáijué（动）对有争议的问题经过考虑，做出决定 rule；make a ruling

【裁军】cái＝jūn 裁减军事人员和装备 to reduce military personnel and equipments；disarmament

【裁判】cáipàn（动）（1）法院依照法律对案件做出决定 to judge（law）（2）根据体育比赛规定，对运动员的成绩和比赛中发生的问题作出评判 to act as a referee（名）同"裁判员"cáipànyuán same as "裁判员" cáipànyuán

【裁判员】cáipànyuán（名）referee；umpire

【裁员】cái＝yuán reduce personnel

cǎi

采 cǎi

（动）（1）摘取 to gather；pick；pluck：～茶 ～ chá to pick tea /上山～药 shàng shān ～ yào climb the mountain to gather medicinal herbs /了一把野花 le yì bǎ yěhuār picked a bunch of wild flowers（2）挖取 mine：～ 矿 ～ kuàng to mine, mining /～煤 ～ méi mine for coal /～油 ～ yóu extract oil（3）搜集 to seek and gather；to collect：～矿样 ～ kuàngyàng collect sample ore /～标本 ～ biāoběn collect specimens

【采办】cǎibàn（动）同"采购"cǎigòu same as "采购" cǎigòu

【采伐】cǎifá（动）（在森林中选取有用的树木）加以砍伐 to fell（trees）

【采访】cǎifǎng（动）搜集寻访（有关的消息、意见等），多指新闻记者的活动 to cover（news）；to be on assignment（for a newspaper）：～新闻 ～ xīnwén to cover news /对运动员进行～ duì yùndòngyuán jìnxíng to be engaged in interviewing an athlete

【采购】cǎigòu（动）（为企业或集体等）选择购买（需要的东西）to purchase（for an organization or collective）

【采购员】cǎigòuyuán（名）在机关、企业等单位负责为集体采购东西的人员 purchasing agent（for an organization, enterprise, etc.）

【采购站】cǎigòuzhàn（名）固定驻在某地负责为某单位采购货物的机构 purchasing station

【采光】cǎiguāng（动）〈建〉在建筑中，设计门窗大小的建筑物结构，使建筑物内部得到适当的光线 natural lighting；daylighting

【采集】cǎijí（动）搜求收集 to seek；to collect：～民歌 ～ míngēr to collect folk songs /～植物标本 ～ zhíwù biāoběn to collect plant specimens

【采掘】cǎijué（动）（对矿物）开采，挖取 excavate

【采矿】cǎi＝kuàng 把埋在地下或露出地表的矿物开采出来 to mine；to extract（from a mine）

【采纳】cǎinà（动）主动接受（意见、建议等）adopt；accept（ideas）：～最佳方案 ～ zuì jiā fāng'àn adopt the best plan/我们的建议被～了。Wǒmen de jiànyì bèi ～ le. Our proposal was accepted.

【采区】cǎiqū（名）采矿时在阶段中沿走向所划分的一定开采区域。在煤矿中采区又常是一级行政组织 mining district（or area）；is usually the lowest level of administrative organization in a coal mine

【采取】cǎiqǔ（动）选择使用（方针、措施、方法、手段、态度等）adopt；take（a policy, measure, method, means, attitude etc.）：～预防措施 ～ yùfáng cuòshī adopt preventive measures /～中西医结合的方法进行治疗 ～ zhōng-xīyī jiéhé de fāngfǎ jìnxíng zhìliáo combine Chinese and western medicines to cure diseases /～不理不睬的态度 ～ bù lǐ bù cǎi de tàidu adopt an ignoring attitude

【采样】cǎi＝yàng〈矿〉sampling

【采用】cǎiyòng（动）选取适当的（方式、方法、材料等）加以利用 to employ；adopt；use：《西游记》是～浪漫主义手法写的。《Xīyóujì》shì ～ làngmànzhǔyì shǒufǎ xiě de. The romantic technique was used in the writing of Pilgrims to the West. /～不锈钢制作炊具较好。～ búxiùgāng zhìzuò chuījù jiào hǎo. It is better to make cooking utensils with stainless steel. /要想增产，必须～新技术。Yào xiǎng zēng chǎn, bìxū ～ xīn jìshù. If you want to increase production, you must use new technology.

【采摘】cǎizhāi（动）〈书〉摘（花儿、果子、叶子等）to pluck；pick（flowers, fruit, leaves）

【采制】cǎizhì（动）采集和加工（中药）collect and process（Chinese medicine）

彩 cǎi

（名）（1）◇各种颜色 colours；这部故事片是带～的。Zhè bù gùshipiàn shì dài ～ de. This feature film is a colour one.（2）赌博、竞赛或游戏中赢得的财物 prize or money won in gambling, contests or games：中～ zhòng ～ to win a prize/ 得～ dé ～ get a prize（3）负伤流血 to be injured and bleed：挂了～ guàle ～ to be wounded

【彩车】cǎichē（名）经过装饰的车辆，多在庆祝盛大节日的游行中，或在结婚时新娘乘坐 float（in a parade）；decorated vehicle（for carrying a bride）

【彩绸】cǎichóu（名）各色的丝绸 coloured silk

【彩带】cǎidài（名）各种颜色的纸条或丝绸条条 streamers and silk ribbons of all colours

【彩蛋】cǎidàn（名）画着彩色图案或图画的鸡蛋壳或鸭蛋壳，是一种工艺品 painted eggshell（usu. that of a hen or duck）

【彩电】cǎidiàn（名）"彩色电视机"的简称 abbrev. for "彩色电视机"

【彩虹】cǎihóng（名）rainbow

【彩画】cǎihuà（名）同"彩绘"cǎihuì same as "彩绘" cǎihuì

【彩绘】cǎihuì（名）器物或建筑物上的彩色图案或图画 coloured drawing or pattern on utensils or buildings

【彩礼】cǎilǐ（名）旧俗订婚时男家送给女家的财物 wedding gifts given by the bridegroom's family to the bride's family

【彩排】cǎipái（动）dress rehearsal

【彩票】cǎipiào（名）lottery ticket

【彩旗】cǎiqí（名）[面 miàn] 各种颜色的旗子 coloured flags

【彩色】cǎisè（形・非谓）多种多样的颜色 *many different colors*

【彩色电视机】cǎisè diànshìjī *colour television*

【彩色片】cǎisèpiàn（名）[部 bù]带颜色的电影片（以别于"黑白片"）*color film（different from black and white film）*

【彩塑】cǎisù（名）带有色彩的雕塑 *painted sculpture*

【彩陶】cǎitáo（名）新石器时代的一种画有彩色花纹的陶器 *ancient painted pottery, made during the Neolithic Age*

【彩陶文化】cǎitáo wénhuà 中国黄河流域新石器时代的一种文化。1921年首次发现于河南渑池仰韶村，也叫仰韶文化 *Painted-Pottery Culture, also known as the Yangshao Culture, a culture in the Yellow River valley during the Neolithic Age, remnants of which were first discovered in 1921 in Yangshao Village, Mianchi County, Henan Province*

【彩霞】cǎixiá（名）红色的云，多在日出或日落时出现的 *rose-coloured clouds*

睬 cǎi
（动）理会，答理，常用于否定形式 *take notice of；acknowledge（sb.'s presence, etc.）（often used in the negative）*：客人来了，她～也不～，还看自己的书。Kèren lái le, tā ～ yě bù ～, hái kàn zìjǐ de shū. *She didn't pay any attention to the guests when they arrived, but just kept on reading her book.* /别～他，他正不高兴呢! Bié ～ tā, tā zhèng bù gāoxìng ne! *Ignore him; he's in a bad mood!*

踩 cǎi
（动）用脚踏 *to trample；to tread；to step on*：注意别～了小苗。Zhùyì bié ～ le xiǎo miáo. *Be careful, don't step on the seedlings.* /脚～两只船。Jiǎo ～ liǎng zhī chuán. *(having feet in two different boats) maintain relationship with either of two antagonistic parties；sit on the fence*

cài

菜 cài
（名）(1)*vegetables；greens* (2)蔬菜、蛋、鱼、肉等副食品的统称 *general name for food vegetables, eggs, fish, meat, etc.*：到菜市场去买～。Dào càishìchǎng qù mǎi ～. *go to the market to buy some food* / 今天晚上我来做。Jīntiān wǎnshang wǒ lái zuò ～. *Tonight I will cook.* /午饭的～丰富极了。Wǔfàn de ～ fēngfù jí le. *There were a lot of dishes at lunchtime.*

【菜刀】càidāo（名）[把 bǎ]切菜、切肉用的刀 *kitchen knife*

【菜单】càidān（～儿）饭馆或食堂中供顾客选购的各种菜的名称和价钱写在纸片上，称菜单 *menu*

【菜地】càidì（名）种蔬菜的田地 *vegetable plot*

【菜花】càihuā（名）（～儿）(1)*cauliflower* (2)油菜的花 *rape flower*

【菜色】càisè（名）〈书〉青黄色，多用来形容营养不良的人的脸色 *pale yellow, usu. used to describe an emaciated (or famished) look*

【菜市】càishì（名）集中出售蔬菜、鱼、肉类等的场所 *food market*

【菜市场】càishìchǎng（名）专卖鱼、肉、蔬菜等的大商场 *a big market where fish, meat, and vegetables can be bought*

【菜蔬】càishū（名）(1)蔬菜 *vegetables；greens* (2)准备吃饭时吃的各种菜肴 *prepared dishes*

【菜肴】càiyáo（名）〈书〉经过烹调的蔬菜、肉、蛋等 *cooked food；cooked vegetables, meat, eggs, etc.*

【菜园】càiyuán（名）种植蔬菜的园地 *vegetable garden*

【菜站】càizhàn（名）专卖蔬菜的国营商店，或批发蔬菜给商店的国营企业 *wholesale vegetable market*

【菜子儿】càizǐr（名）(1)蔬菜的种子 *vegetable seed* (2)专指油菜子 *rapeseed*

cān

参〔參〕cān
（动）◇（1)参加 *join；take part in；participate；attend* (2)参考 *to consult；to refer*：～看 ～kàn *read for reference* 另见 cēn

【参拜】cānbài（动）以一定礼节拜见尊敬的人或瞻仰遗像、陵墓等 *pay one's respects (to a revered person, to the portrait of a deceased revered person or his or her mausoleum, etc.)*

【参观】cānguān（动）到现场去实地观看（建筑、设备、陈列品等）*to visit (buildings, equipments, exhibits, etc.)*

【参加】cānjiā（动）加入（组织、活动等）*to join (organization, activities, etc.)*：～革命队伍 ～ gémìng duìwu *to join revolutionary troops* /～宴会 ～ yànhuì *to attend a banquet* /～体力劳动 ～ tǐlì láodòng *to take part in physical labor* /一个旅游团 ～ yí ge lǚyóutuán *to join a tour group*

【参见】cānjiàn（动）(1)书籍、文章中注释用语，即参考查看另外有关的内容 *see also；cf.*：～第五章第一节。～ dìwǔ zhāng dìyī jié. *See also Chapter 5, Section 1.* (2)以一定礼节拜见 *pay one's respects to (one's superiors, etc.)*

【参校】cānjiào（动）(1)为别人写的书作校订工作 *proofread* (2)一部书有几种本子，拿一种做底本，参考其他本子加以校改、订正 *check a book with one version as the master copy while consulting other versions*

【参军】cān=jūn 加入军队 *to join the army*

【参考】cānkǎo（动）（研究或处理某问题时）看资料、听意见（吸取知识、看法、方法等）*to consult；refer to*：他为写这篇论文～了不少资料。Tā wèi xiě zhè piān lùnwén ～le bù shǎo zīliào. *In order to write this thesis he has consulted many materials* /我的这些意见仅供～。Wǒ de zhèxiē yìjiàn jǐn gòng ～. *My opinions are only for your reference.*

【参考书】cānkǎoshū（名）*reference book*

【参谋】cānmóu（动）替别人出主意 *to offer advice*：这事该怎么办，请你帮我～～。Zhè shì gāi zěnme bàn, qǐng nǐ bāng wǒ ～～. *What can I do about this, would you mind giving me your opinion?*（名）军队中参与计划指挥以及军事训练的军官 *staff officer*

【参谋长】cānmóuzhǎng（名）*chief of staff*

【参数】cānshù（名）（数）*parameter*

【参天】cāntiān（形）（树木等）高耸到天空 *(of trees, etc.) reaching to the sky；towering*：～的大松 ～ de dà sōng *large, towering pines*

【参谒】cānyè（动）〈书〉去见尊敬的人或瞻仰尊敬的人的遗像、陵墓等 *pay one's respects (to a revered person)；pay homage (to a deceased revered person before his tomb or portrait)*

【参议员】cānyìyuán（名）*senator*

【参议院】cānyìyuàn（名）*senate*

【参与】cānyù（动）参加（某事务的计划、讨论、处理等）*to take part in (plan-making, discussion, management etc.)*：～计划的制定 ～ jìhuà de zhìdìng *take part in the working out of the plan* /我并没有～这件事的处理。Wǒ bìng méiyǒu ～ zhè jiàn shì de chǔlǐ. *I did not take part in the management of this matter.*

【参预】cānyù（动）同"参与"cānyù *same as "参与" cānyù*

【参阅】cānyuè（动）参考查阅（某些书面材料）*read sth. for reference*：～了几篇文章以后，他对这个问题的看法有了变化。～ le jǐ piān wénzhāng yǐhòu, tā duì zhège wèntí de kànfǎ yǒule biànhuà. *After having read several articles for reference, his opinion of the problem changed.*

【参赞】cānzàn（名）*counsellor；attaché*

【参战】cān＝zhàn 参加战争的一方,跟另一方作战 to participate in war

【参照】cānzhào（动）参考别人的方法和经验等照着（去做）refer to；consult：他们这个学习计划我们可以以～实行。Tāmen zhège xuéxí jìhuà wǒmen kěyǐ ～ shíxíng. We can consult their study plan and make a similar one for ourselves.

餐 cān
（名）饭食 meal：一顿美 ～ yí dùn měi ～ a delicious meal（动）吃 to eat：饱 ～ 一顿 bǎo ～ yí dùn to have a square meal（量）相当于"顿"（measure word for meals）：一日三 ～. Yí rì sān ～. Three meals a day.

【餐车】cānchē（名）dining car；diner
【餐巾】cānjīn（名）table napkin
【餐具】cānjù（名）dinner set；tableware
【餐厅】cāntīng（名）公共场所内供许多人吃饭用的大房间 dining hall；restaurant

cán

残〔殘〕cán
（形）◇（1）残缺,不完整的 incomplete；deficient：～品 ～pǐn defective goods /～本 ～ běn a defective copy of some book（2）剩下的,快完的 remaining；remnant：～ 敌 ～ dí remnants of enemy troops /～冬 ～ dōng remaining days of winter /～枝败叶 ～ zhī bài yè decaying branches and withered leaves（3）残废 deformed；maimed；disabled：身 ～ 志 不 ～ shēn ～ zhì bù ～ physically disabled but spiritually healthy；broken in body but not in spirit

【残败】cánbài（形）〈书〉残缺衰败 decayed；withered：一阵狂风过后,满地的～枝叶。Yí zhèn kuángfēng guò hòu, mǎn dì ～ de zhīyè. The ground was full of withered branches and leaves after the fierce gust of wind.

【残暴】cánbào（形）残忍凶暴 brutal；cruel；ruthless；merciless：～的罪行 ～ de zuìxíng brutal criminal act / 法西斯匪徒对待革命者是极端的～。Fǎxīsī fěitú duìdài gémìngzhě shì jíduān ～ de. The Fascist bandits treated revolutionaries extremely cruelly.

【残兵败将】cán bīng bài jiàng 战败后剩下的少数兵和将,含贬义 remnants of a completely defeated army

【残存】cáncún（动）〈书〉未被消除而暂时保存下来或剩下来的 to survive；to be left over；to remain：一阵北风过后,只有少数树枝上还～着几片枯叶。Yí zhèn běifēng guò hòu, zhǐ yǒu shǎoshù shùzhī shang hái ～zhe jǐ piàn kūyè. After a gust of north wind, only a few branches still have a few remaining leaves.

【残废】cánfèi（形）crippled：～军人 ～ jūnrén a crippled soldier；physically disabled person

【残骸】cánhái（名）人或动物不完整的尸骨,借指残破的建筑物、机械、车船等 remains（of a human or animal's body）；ruins（of a building）；wreckage（of a machine, ship, car, etc.）：终于在山脚下发现飞机的～。Zhōngyú zài shānjiǎo xià fāxiàn fēijī de ～. The plane's wreckage was finally discovered at the foot of a mountain.

【残害】cánhài（动）（用不正当的残暴的手段）伤害或杀害（1）do damage；do harm（2）murder；slaughter

【残疾】cánjí（名）deformity

【残局】cánjú（名）下棋将结束阶段的棋局,常借指遭到失败或经过动乱的局面 the final phase of a game of chess；the situation after the failure of an undertaking or a social turmoil：收拾～ shōushí ～ tidy up the mess

【残酷】cánkù（形）（1）凶狠无情 cruel；brutal；merciless：迫害 pòhài merciless persecution /统治手段极为～ tǒngzhì shǒuduàn jíwéi ～ Domination tricks are extremely

brutal.（2）激烈而艰苦 harsh；fierce；bitter：他经受过～斗争的磨练。Tā jīngshòuguo ～ dòuzhēng de móliàn. He sustained brutal tempering in the struggle.

【残留】cánliú（动）部分地遗留下来 remain；be left over

【残破】cánpò（形）〈书〉不完整、受到损坏的 broken；dilapidated：那辆汽车已～不堪。Nà liàng qìchē yǐ ～ bùkān. That car is already severely dilapidated.

【残缺不全】cán quē bù quán 残破,不完整 incomplete：这套书散失了很多册,现在已～了。Zhè tào shū sànshīle hěn duō cè, xiànzài yǐ ～ le. Many volumes have been lost from this set of books, now it is incomplete.

【残忍】cánrěn（形）凶残狠毒（指人的性格或伤害人的行为、手段）brutal；cruel；merciless

【残杀】cánshā（动）凶狠地杀害 slaughter；brutally kill；massacre

【残余】cányú（名）剩下来的,不多不完整的事物,多指在被消灭或被淘汰的过程中剩下来的少数人、旧事物和旧思想意识等（常作定语）remnants；remains；vestiges（often used as the attributive）：封建思想～ fēngjiàn sīxiǎng ～ remnants of feudal thought /～的旧势力 ～ de jiù shìlì remnants of old forces /～的匪徒 ～ de fěitú remaining bandits

【残渣】cánzhā（名）（1）某些物质提出精华部分剩下的渣滓 dregs；residual impurities（2）指对社会有破坏作用的人,如流氓、骗子、盗贼等各种坏人 "dregs of society"

【残渣余孽】cán zhā yú niè 比喻残存的坏人,没有消灭干净的恶势力 dregs（of the society）

蚕〔蠶〕cán
（名）silkworm

【蚕豆】cándòu（名）（1）broad bean plant（2）broad bean
【蚕茧】cánjiǎn（名）silkworm cacoon
【蚕食】cánshí（动）像蚕吃桑叶一样,比喻逐步侵占（别国领土）（like a silkworm eating mulberry leaves）to nibble at（another country's territory）
【蚕丝】cánsī（名）silk

惭〔慚〕cán
【惭愧】cánkuì（形）因为自己有缺点错误,或未尽到责任而感到不安 be ashamed：我的学习成绩不好,感到很～。Wǒ de xuéxí chéngjì bù hǎo, gǎndào hěn ～. I didn't do my studies very well and feel ashamed of myself.

cǎn

惨〔慘〕cǎn
（形）（1）悲惨、凄惨 miserable；wretched；pitiful：～不忍睹 ～ bù rěn dǔ too horrible to look at /这个故事的结局太～了。Zhège gùshi de jiéjú tài ～ le. The ending of this story is too miserable.（2）（失败得）严重 disastrous：这场球输得真～啊。Zhè chǎng qiú shū de zhēn ～ a. What a disastrous loss we suffered in this match!

【惨案】cǎn'àn（名）惨痛的事件。多指人民群众被反动派、外国侵略者残害的事件 massacre（as suffered by oppressed peoples in struggle against reactionary rulers or foreign invaders）

【惨白】cǎnbái（形）（脸色）苍白 ghastly pale

【惨淡】cǎndàn（形）（1）暗淡无色 dim；faint；gloomy：天色～ The sky looks gloomy.（2）形容苦心（多用于筹划、构思等）dismal；bleak；painstaking：～经营 jīngyíng keep an enterprise going by painstaking effort

【惨祸】cǎnhuò（名）严重的、悲惨的灾难 horrible disaster；heavy and tragic disaster：由于大雪,发生撞车的～。Yóuyú dà xuě, fāshēng zhuàng chē de ～. There was a horrible vehicle collision due to heavy snow.

【惨境】cǎnjìng（名）悲惨的境地 *tragic circumstances*：车祸使两个孩子陷入失去父母的～。Chēhuò shǐ liǎng ge háizi xiànrù shīqù fùmǔ de ～. *Two children lost both parents in the traffic accident and thus fell into tragic circumstances.*

【惨剧】cǎnjù（名）惨痛的事件 *tragic event*：决不容许这种～重演。Jué bù róngxǔ zhè zhǒng ～ chóngyǎn. *Under no circumstances should we allow this type of tragic event happen again.*

【惨绝人寰】cǎn jué rénhuán 形容悲惨到了极点 是世上没有过的 *tragic beyond compare in this world*：侵略军在这个城市进行了～的大屠杀。Qīnlüèjūn zài zhège chéngshì jìnxíng ～ de dà túshā. *In this city, the invading army carried out a massacre unparalleled anywhere in the world.*

【惨死】cǎnsǐ（动）悲惨地死去 *die a tragic death*：无数犹太人在德国法西斯的集中营里～。Wúshù Yóutài rén ～ zài Déguó fǎxīsī de jízhōngyíng li. *Countless Jewish people died tragic deaths in the fascist concentration camps of Germany.*

【惨痛】cǎntòng（形）悲惨沉痛（事件或教训等）*bitter; grievous; painful*：～的教训 ～ de jiàoxùn *a bitter lesson*

【惨无人道】cǎn wú réndào 形容极其凶残狠毒（行为、制度等）*cruel and inhuman*：～的法西斯暴行 ～ de fǎxīsī bàoxíng *inhuman fascist atrocity* /旧西藏的农奴制实在是～。Jiù Xīzàng de nóngnúzhì shízài shì ～. *The serf system in old Tibet was inhuman.*

【惨笑】cǎnxiào（动）极其痛苦而勉强做出笑容 *a forced and wan smile*

【惨重】cǎnzhòng（形）极其严重（常指损失）*disastrous; heavy; serious; grievous*：损失～ sǔnshī ～ *The loss is disastrous.* /～的失败 ～ de shībài *very serious failure*

【惨状】cǎnzhuàng（名）悲惨的样子 *pitiful sight; miserable condition*

càn

灿〔燦〕càn

【灿烂】cànlàn（形）〈书〉物体明亮耀眼，多用于光彩或色泽方面，也比喻人的成就巨大或前途光明 *bright; magnificent; splendid; dazzling*：阳光～ yángguāng ～ *bright sunshine* /这块缎子真是～耀眼。Zhè kuài duànzi zhēn shì ～ yàoyǎn. *This piece of satin is really magnificent.* /光辉～的未来 guānghuī ～ de wèilái *a bright and glorious future* /我们的祖先创造了～的文化。Wǒmen de zǔxiān chuàngzàole ～ de wénhuà. *Our ancestors created a magnificent culture.*

cāng

仓〔倉〕cāng（名）*granary; storehouse*

【仓促】cāngcù（形）（时间）紧；匆忙 *hasty; hurried*：时间太～，写信不行，得打电报。Shíjiān tài ～, xiě xìn bù xíng, děi dǎ diànbào. *There's not enough time; writing a letter is no good; we'll have to send a telegram.* /他走得很～，来不及向你告别。Tā zǒu de hěn ～, lái bu jí xiàng nǐ gàobié. *He left in a hurry, and didn't have time to say good-bye to you.*

【仓皇】cānghuáng（形）（人）匆忙而慌张 *scared and hasty; in a flurry; in haste*：神色～ shénsè ～ *looked panic-stricken* /敌人～逃命。Dírén ～ táomìng. *The enemy fled in panic.*

【仓库】cāngkù（名）*warehouse; storehouse*

苍〔蒼〕cāng

【苍白】cāngbái（形）(1)（脸）无血色 *(of complexion) pale; pallid*：面色～ miànsè ～ *look pale* (2)形容缺乏旺盛的生命力 *feeble; pale and weak*：这个剧本里的人物～无力。Zhège jùběn li de rénwù ～ wúlì. *The characters in this play are feebly portrayed and lack life.*

【苍苍】cāngcāng（形）〈书〉(1)灰白色 *grey*：鬓发～ bìnfà ～ *greying at the temples* (2)形容植物茂盛的样子 *luxuriant*：郁郁～ yùyù ～ *verdant and luxuriant* (3)深青色 *dark blue*：天～，野茫茫。Tiān ～, yě mángmáng. *Blue is the sky, and boundless the wilds.* (4)同"苍茫"cāngmáng *boundless and indistinct; vast and hazy*：～海山 ～ hǎi shān *a vast expanse of hazy mountains and seas*

【苍翠】cāngcuì（形）（草木等）深绿 *(of grass, trees, etc.) dark green*：山色～ shānsè ～ *dark green mountains*

【苍劲】cāngjìng（形）（树木或书法绘画等）苍老挺拔 *(of trees, paintings, calligraphy) vigorous and bold*：～的青松 ～ de qīngsōng *sturdy and upright pine tree* /笔法～有力。Bǐfǎ ～ yǒulì. *This is vigorous and bold calligraphy.*

【苍老】cānglǎo（形）(1)（声音、容貌等显出）衰老的样子 *(of voice or looks) old; aged* (2)指字、画的笔力雄健 *(of calligraphy, painting) vigorous; forceful*

【苍茫】cāngmáng（形）空阔辽远、没有边际的样子 *boundless and indistinct; vast and hazy*：～大地 ～ dàdì *a vast area of land* /暮色～ mùsè ～ *deepening shades of dusk*

【苍天】cāngtiān（名）〈书〉天。古人常以"苍天"指主宰人生的神 *the sky; in ancient times, people referred to Fate as "苍天"*

【苍蝇】cāngying（名）[只 zhī] *fly*

【苍郁】cāngyù（形）〈书〉草木等颜色很绿，长得很茂盛 *verdant and luxuriant*

沧〔滄〕cāng

【沧海一粟】cānghǎi yī sù 大海中的一粒谷子。比喻非常渺小 *a drop in the ocean*：我为儿童教育所能做的贡献不过～，但我一定尽力去做。Wǒ wèi értóng jiàoyù suǒ néng zuò de gòngxiàn búguò ～, dàn wǒ yídìng jìn lì qù zuò. *What I can do for the children's education is not more than a drop in the ocean, but I certainly will do it to the best of my ability.* /跟我的事业的需要相比，我所做的只不过是～而已。Gēn zhěngge shìyè de xūyào xiāng bǐ, wǒ suǒ zuò de zhǐ búguò shì ～ éryǐ. *Compared with what needs to be done, what I have done is merely a drop in the bucket.*

【沧海桑田】cānghǎi sāngtián 沧海：大海；桑田：农田。大海变成农田，农田变成大海，比喻世上的事情变化很大（沧海：*the sea*; 桑田：*farmland*）*the seas change into farmland and farmland into seas—there are great changes in the world*

【沧桑】cāngsāng（名）〈书〉"沧海桑田"的略语。大海变成桑田，桑田变成大海的意思，比喻世事变化很大 *short for "沧海桑田"—the seas change into farmland and farmland into seas—there are great changes of the world*：这是一位饱经～的老人。Zhè shì yí wèi bāojīng ～ de lǎorén. *This old person has experienced many vicissitudes of life.*

舱〔艙〕cāng（名）*cabin*：客～ kè ～ *passenger cabin* /夜深了，客人都回～睡觉去了。Yè shēn le, kèren dōu huí ～ shuì jiào qu le. *It was late at night and all the passengers had returned to their cabins to sleep.*

【舱室】cāngshì（名）*cabin*

【舱位】cāngwèi（名）船、飞机等舱里的铺位或座位 *cabin seat (on a plane); cabin berth (on a ship)*

cáng

藏 cáng（动）(1)隐蔽自己不使人看见 *to hide; to remain out of*

sight: 远远看见小李来了，他～在大树后面。Yuǎnyuǎn kànjiàn Xiǎo Lǐ lái le, tā ～ zài dà shù hòumiàn. *Seeing Xiao Li coming from afar he hid behind a big tree.* (2)把人或事物置于人看不见的地方 *to hide; to conceal* (*sth. or sb.*): 把这些巧克力～起来吧，不要让孩子一下子都吃了。Bǎ zhèxiē qiǎokèlì ～ qilai ba, búyào ràng háizi yíxiàzi dōu chī le. *Take this chocolate and hide it, we don't want to let the children eat it all at once.* /他心里～不住事，知道点什么总想说出来。Tā xīnli ～ bu zhù shì, zhīdào diǎn shénme zǒng xiǎng shuō chulai. *He cannot keep anything to himself and so whatever he knows he always wants to speak up.* 另见 zàng

【藏躲】cángduǒ（动·不及物）〈书〉*hide or conceal oneself; go into hiding*

【藏龙卧虎】cáng lóng wò hǔ 比喻有未被发现的人才 *hidden dragons and crouching tigers—undiscovered talent*: 没想到这个偏僻地区不出名的大学居然是个～之地。Méi xiǎngdào zhège piānpì dìqū bù chū míng de dàxué jūrán shì ge ～ zhī dì. *Who would have expected such an out-of-the-way and unknown university to be a place of hidden talent.*

【藏匿】cángnì（动）藏起来不让人发现 *conceal; hide; go into hiding*

【藏身】cángshēn（动）躲藏，安身 *hide oneself; go into hiding; take shelter*: 大家提高了法治观念，许多坏分子就无处～了。Dàjiā tígāole fǎzhì guānniàn, xǔduō huàifènzi jiù wú chù ～ le. *When people's awareness of the rule by law has been improved, many evildoers will have nowhere to hide.*

【藏书】cángshū（名）*collection of books*

【藏污纳垢】cáng wū nà gòu 包藏或容纳脏东西。比喻包容坏人坏事 *shelter evil people and countenance evil practices*: 解放前的上海是有名的～的地方。Jiěfàng qián de Shànghǎi shì yǒu míng de ～ de dìfang. *Shanghai was an infamous den of iniquity before Liberation.*

cāo

操 cāo（动）◇拿，抓在手里（用得较少）*hold; grasp* (*not often used*)（名）体育或军事操练 *drill; exercise*: 战士们出～了。Zhànshìmen chū ～ le. *The soldiers went out for drills.* /上～的时候到了。Shàng ～ de shíhou dào le. *It is time for the drills.* /做～对身体有好处。Zuò ～ duì shēntǐ yǒu hǎochu. *Exercising is good for your health.*

【操场】cāochǎng（名）*sports-ground; playground*

【操持】cāochi（动）料理，处理（多指家务等琐细繁杂的事情）*manage; handle*: ～家务 jiāwù *do housework* /这些客人的食宿问题请你～一下。Zhèxiē kèrén de shísù wèntí qǐng nǐ ～ yíxià. *Please take care of the board and lodging of these guests.*

【操劳】cāoláo（动·不及物）〈书〉(1)（为许多伤脑筋的事而）劳累 *to worry about* (*sth.*) *and work hard*: ～过度 guòdù *do excessive work* /母亲～了一生，已经白发苍苍。Mǔqin ～le yìshēng, xiàn yǐ bái fà cāngcāng. *Mother has worked hard all her life and she already has grey hair.* (2)费心料理 *take the trouble to look after*: 孩子已经大了，无须父母为他们～了。Háizi yǐjīng dà le, wúxū fùmǔ wèi tāmen ～ le. *The children have already grown up and they don't need their parents to take care of them.*

【操练】cāoliàn（动）(1)（部队、民兵或体育队伍）学习和练习军事或体育方面的技能 *to drill*: 军事～ jūnshì *military drills* /技术～ jìshù *to practice a skill* /准备参加国庆游行的队伍正在～。Zhǔnbèi cānjiā guóqìng yóuxíng de duìwu zhèngzài ～. *The troops which are to take part in the National Day parade are drilling now.* /老师每讲一个动作都让学生～一遍。Lǎoshī měi jiǎng yí ge dòngzuò dōu

ràng xuésheng ～ yí biàn. *Everytime the teacher explained a movement she made all the students practice it once.* (2)训练(语言技能) *to train; to drill* (*language skill*): 外语教师必须重视学生的课堂～。Wàiyǔ jiàoshī bìxū zhòngshì xuésheng de kètáng ～. *A foreign language teacher must pay great attention to the students' classroom drills.*

【操心】cāo=xīn（为别人，尤其上对下出于关心其利益）费心考虑和办理 *(for others, especially out of concern for one's juniors) to worry about, be concerned over*: 这个孩子努力学习，思想端正，一点儿不用父母～。Zhège háizi nǔ lì xuéxí, sīxiǎng duānzhèng, yìdiǎnr bú yòng fùmǔ ～. *This child studies hard and behaves properly, and his parents needn't be concerned about him.* /作为生产队长，他自然要为社员发展生产～。Zuòwéi shēngchǎn duìzhǎng, tā zìrán yào wèi shèyuán fāzhǎn shēngchǎn ～. *As a production team leader, he naturally concerns himself with the production of the commune members.* /这事他自会处理，你操的什么心哪! Zhè shì tā zì huì chǔli, nǐ cāo de shénme xīn na! *He will eventually manage this affair, what are you worrying about!*

【操行】cāoxíng（名）品行。多指学生在学校的表现 *behaviour; conduct* (*usu. of a student at school*)

【操之过急】cāo zhī guò jí 处理事情由于过于心急而采取不适当措施 *to act with undue haste; to be too hasty*: 对于爱玩不爱读书的孩子，要慢慢引导，使他对学习感兴趣，不要～。Duìyú ài wánr bú ài dú shū de háizi, yào mànmānr yǐndǎo, shǐ tā duì xuéxí gǎn xìngqù, búyào ～. *As to those children who prefer playing to studying, we must make them interested in studying gradually and mustn't act too hastily.*

【操纵】cāozòng（动）(1)控制或开动(机器等) *to control; to operate* (*a machine*): ～机器 ～ jīqì *to operate a machine* /远距离～ yuǎn jùlí ～ *remote control* (2)（用不正当手段）支配，控制 *to manipulate behind the scenes*: ～市场 ～ shìchǎng *rig the market* /一定有人在幕后～。Yídìng yǒu rén zài mùhòu ～. *There must be someone manipulating behind the scenes.*

【操纵台】cāozòngtái（名）控制机器或电气设备等运转的工作台 *control panel; control board*

【操作】cāozuò（动）按照一定的程序和技术要求进行活动（多用于使用机器）*to operate* (*mostly referring to machines*): 掌握技术～规程 zhǎngwò jìshù ～ guīchéng *master the technical operation rules and regulations* /她一个人在五台织布机前～。Tā yí ge rén zài wǔ tái zhībùjī qián ～. *She is operating five weaving machines by herself.*

糙 cāo（形）粗；不细致；不细腻 *rough; coarse*: 这些家具做得很～。Zhèxiē jiājù zuò de hěn ～. *These pieces of furniture were poorly made.* /我的手到冬天就变～了。Wǒ de shǒu dào dōngtiān jiù biàn ～ le. *My hands become coarse in winter.*

cáo

嘈 cáo（形）◇(声音)杂乱 *noisy*

【嘈杂】cáozá（形）〈书〉声音杂乱 *noisy*: ～的市场 ～ de shìchǎng *noisy market* /黄昏的街头一片～。Huánghūn de jiētóu yípiàn ～. *At dusk the street corner is very noisy.*

槽 cáo（名）(1)*trough*: 牲口～ shēngkou ～ *animal trough* /水～ shuǐ ～ *water trough* /猪食～ zhūshí ～ *pig's feeding trough; slop trough* (2)*ditch; groove*: 河～ hé ～ *riverbed* /在板子上挖个～ Zài bǎnzi shang wā ge ～ *make a groove*

on the plank

【槽子】cáozi（名）同"槽"cáo same as "槽" cáo

cǎo

草 cǎo（名）[棵 kē、株 zhū]（1）*grass; straw*（2）特指作饲料或燃料用的某些谷物的茎叶 *green fodder*：该给牲口喂～了。Gāi gěi shēngkou wèi ～ le. *We should give the animal some grass.* /我们家烧～，不烧煤。Wǒmen jiā shāo ～, bù shāo méi. *In our house we burn straw, not coal.*（3）文章的初稿 *the first draft of a piece of writing*：我的文章刚起了个～。Wǒ de wénzhāng gāng qǐle ge ～. *I've just made the first draft of my article.*（形）（字迹写得）不清楚、潦草 *careless; rough; sloppy (usually handwriting)*：这封信字写得太～了，好多地方看不懂。Zhè fēng xìn zì xiě de tài ～ le, hǎoduō dìfang kàn bu dǒng. *The writing of this letter is very sloppy, and I can't make out the words at many places.*

【草案】cǎo'àn（名）尚未最后决定的规章、条例、法案等 *draft (of a plan, resolution, proposal, etc.)*

【草包】cǎobāo（名）（1）用稻草等编成的袋子，多用于包装货物 *a straw bag or sack; packing mat*（2）装着草的袋子，多比喻能力差的人 *a sack stuffed with straw, meaning an incompetent person*：你不要以为他是～,事没办成另有原因。Nǐ búyào yǐwéi tā shì ～, shì méi bànchéng lìng yǒu yuányīn. *Don't consider him an idiot, there are other reasons as to why this did not succeed.*

【草本植物】cǎoběn zhíwù〈生〉*herb; herbaceous plant*

【草草】cǎocǎo（副）表示行为、动作草率或匆忙，可带"地" *hastily (may be used with "地")*；对这种不良现象不能只是批评两句就～了事。Duì zhè zhǒng bùliáng xiànxiàng bù néng zhǐshì pīpíng liǎng jù jiù ～ liǎo shì. *You can't just say a few words of criticism and hastily dispose of such unhealthy tendencies.* /早上他只～吃了点剩饭就上班去了。Zǎoshang tā zhǐ ～ chīle diǎnr shèngfàn jiù shàng bān qù le. *He hastily gulped down some leftovers this morning, and then went to work.* /敌人怕中我军埋伏，所以乱打一阵枪便～收兵。Dírén pà zhòng wǒ jūn máifu, suǒyǐ luàn dǎ yízhèn qiāng biàn ～ shōu bīng. *The enemy troops were afraid of falling into an ambush by our army, so they fired indiscriminately, then hastily withdrew their troops.* /这部长篇小说我只～地翻了翻。Zhè bù chángpiān xiǎoshuō wǒ zhǐ ～ de fān le fān. *I just hastily flipped through this novel.*

【草创】cǎochuàng（动）开始创立或创办 *start to set up (an enterprise, etc.)*

【草丛】cǎocóng（名）生长在一起的很多的草 *a thick growth of grass*

【草地】cǎodì（名）（1）*lawn*（2）*grassland*

【草稿】cǎogǎo（名）初步写成的文稿或初步画出的画稿 *manuscript; draft (of an article, drawing, etc.)*

【草荒】cǎohuāng 农田管理得不好，杂草丛生，妨碍了农作物的生长 *farmland running to weeds*

【草菅人命】cǎo jiān rénmìng 形容不把人命当重要的事，像割草一样随便杀人 *treat human life as if it were not worth a straw; kill people at will (as one would weed grass); act with complete disregard for human life*

【草绿】cǎolǜ（形）像青草一样微黄的绿色 *grass green*：他穿着～的军装。Tā chuānzhe ～ de jūnzhuāng. *He is wearing a green army uniform.*

【草帽】cǎomào（名）[顶 dǐng]用麦杆等编成的帽子 *straw hat*

【草木皆兵】cǎo mù jiē bīng 把草木当成敌兵.形容极度惊惶时疑神疑鬼的心理状态（*all grass and trees are mistaken*

for enemy troops) to be plagued by imaginary fears：要提高警惕,但也不要弄得人心惶惶,～。Yào tígāo jǐngtì, dàn yě búyào nòng de rén xīn huánghuáng, ～. *We want to heighten our vigilance, but don't want to make people anxious over nothing either.*

【草拟】cǎonǐ（动）起草；初步写出或订出（方案、计划等）*to draft (documents)*：我～了一个五年规划,请大家讨论,然后修改定案。Wǒ ～ le yí ge wǔ nián guīhuà, qǐng dàjiā tǎolùn, ránhòu xiūgǎi dìng àn. *I drafted a five year plan, and let's discuss, revise and finalize it.*

【草皮】cǎopí（名）连带一层薄薄的泥土铲下来的草,用来铺成草坪、足球场地,或堤岸表面,也可制成肥料 *sod; turf*

【草坪】cǎopíng（名）*lawn*

【草签】cǎoqiān（动）由缔约国谈判代表在条约草案上临时非正式签署自己的姓名或姓名的简写（*of representatives for negotiations to conclude a treaty) initial or informally sign (a treaty)*

【草书】cǎoshū（名）汉字字体之一。笔画较楷书少而且曲折相连,写起来快。起于汉代 *rapid cursive style of writing in Chinese calligraphy*

【草率】cǎoshuài（形）马马虎虎,粗枝大叶 *rash; careless; perfunctory*：切勿～从事 qiè wù ～ cóng shì *Must on no account be careless.* /这问题处理得太～了。Zhè wèntí chǔlǐ de tài ～ le. *This problem was handled too carelessly.*

【草体】cǎotǐ（名）（1）草书（*in Chinese calligraphy*）*rapid, cursive style of writing; cursive hand*（2）拼音文字的手写体 *script; running hand*

【草图】cǎotú（名）初步的不甚精确的地形图、设计图等 *sketch (drawing; designing)*

【草鞋】cǎoxié（名）[只 zhī、双 shuāng]用稻草等编制的鞋 *straw sandals*

【草药】cǎoyào（名）中医用植物做的药材 *Chinese herbal medicine*

【草原】cǎoyuán（名）*steppe; prairie; grassland*

【草约】cǎoyuē（名）尚未正式签字的契约或条约 *draft treaty; draft agreement*

【草字】cǎozì（名）草书汉字 *a Chinese character written in the cursive hand*

cè

册 cè（名）册子 *pamphlet, booklet*：记分～ jìfēn～（*teacher's*）*grade book, markbook* /点名～ diǎnmíng～ *roll call list; roster*（量）（1）同"本"běn,用得较少 *same as "本" běn (but not often used)*（2）一套书中的每本 *each volume of a set of books*：这套《基础汉语》分上下两～,我只有上～,没有下～。Zhè tào《Jīchǔ Hànyǔ》fēn shàng xià liǎng ～, wǒ zhǐ yǒu shàng ～, méi yǒu xià ～. *This set of "Basic Chinese" is divided into two volumes; I have the 1st volume but not the 2nd volume.*

【册子】cèzi（名）[本 běn]装订成的本子。也指规模不大的书 *a bound notebook, or a small book*：这本关于养花儿的小～挺有用。Zhè běn guānyú yǎng huār de xiǎo ～ tǐng yǒu yòng. *This small pamphlet on growing flowers is very useful.*

厕 [廁]cè（名）◇厕所 *lavatory, toilet, washroom; bathroom, rest-room*：男～ nán～ *men's room, men's toilet* /女～ nǚ～ *ladies' room, women's toilet*

【厕所】cèsuǒ（名）*lavatory; toilet; washroom; bathroom*

侧 [側]cè（名）◇旁边 *side*：路的两～是桦树林。Lù de liǎng ～ shì huàshù lín. *Groves of birch trees are on both sides of the*

street. /我们的办公室在办公楼的北～。Wǒmen de bàn-gōngshì zài bàngōnglóu de běi ～. Our office is on the north side of the office building. （动）向旁边歪斜 incline to one side：～耳细听 ～ ěr xì tīng tilt one's head and listen care-fully /这个小门，～着身子勉强可以通过。Zhège xiǎo mén，～zhe shēnzi miǎnqiǎng kěyǐ tōngguò. You can just barely pass through this small gate by turning sideways.

【侧记】cèjì（名）对某些活动所作的非主要方面的记述，多用于报道文章的标题 sidelights (often used in the title of a re-port or headline of a news report)：教育工作会议 ～ jiàoyù gōngzuò huìyì ～ sidelights on the educational work confer-ence

【侧面】cèmiàn（名）(物体或事物的)旁边的一面(以别于"正面"和"反面") side, aspect, profile, flank (of an object or thing) (as compared to "正面" or "反面")：这堵墙从～看，有点儿倾斜。Zhè dǔ qiáng cóng ～ kàn，yǒudiǎnr qīngxié. If you look at this wall from the side, it slants a little. /你去从～了解一下这个人的品质到底怎样。Nǐ qù cóng ～ liǎojiě yíxià zhège rén de pǐnzhì dàodǐ zěnyàng. Please find out from indirect sources what this person's character is like. /这座楼～没有窗户。Zhè zuò lóu ～ méi yǒu chuānghu. The sides of the building don't have any win-dows.

【侧目】cèmù（动）〈书〉斜着眼睛看，表示又怕又恨的神情 sidelong glance (indicating fear and hatred)

【侧视图】cèshìtú（名）〈机〉lateral view

【侧翼】cèyì（名）指作战时左右两边的部队 the left and right sides of an army when fighting；flank

【侧影】cèyǐng（名）silhouette；profile：他这张～比那张正面照片儿照得好。Tā zhè zhāng ～ bǐ nà zhāng zhèngmiàn zhàopiānr zhào de hǎo. This profile photo of him is better than the full-face photo.

【侧泳】cèyǒng（名）sidestroke

【侧重】cèzhòng（动）把某方面当作重点 make some aspect the focal point；lay emphasis on some aspect：语言教学开始时可以～听说。Yǔyán jiàoxué kāishǐ shí kěyǐ ～ tīng shuō. When beginning to teach a language, you can stress listen-ing and speaking. /既要全面发展，又要有所～。Jì yào quánmiàn fāzhǎn，yòu yào yǒu suǒ ～. There ought to be development in every aspect, as well as emphasis on some as-pect.

测〔測〕cè

（动）测量 survey, measure, gauge：你～一下这水有多深。Nǐ ～ yíxià zhè shuǐ yǒu duō shēn. Measure this water to see how deep it is. /你～出风速了没有？Nǐ ～chū fēngsù le méiyǒu？Have you measured the wind velocity?

【测定】cèdìng（动）测量后确定 survey and determine

【测度】cèduó（动）〈书〉推测 infer；conjecture

【测绘】cèhuì（动）测量后并绘制成图 survey and make blue prints

【测量】cèliáng（动）survey；measure；gauge：～体温 ～ tǐwēn measure (take) body temperature /～风速 ～ fēngsù gauge the wind velocity /～水的深度 ～ shuǐ de shēndù measure the depth of water（名）有关地形、地物等的测定工作 the job of surveying the terrain and (usually man-made) surface features

【测试】cèshì（动）(1)(对机械、仪器和电器等的性能和精度进行)测量 measure (the function and precision of machin-ery, instruments, electric appliances, etc.)：你来～一下这个电表是否失灵了。Nǐ lái ～ yíxià zhège diànbiǎo shìfǒu shīlíng le. Come and find out whether or not this electric meter is out of order. (2)(对学生进行)考试(以测定其水平的高低)give an exam (to students in order to determine their level)：今天上午对入学的新生进行了～。Jīntiān

shàngwǔ duì rù xué de xīnshēng jìnxíng le ～. A test for the new students was held this morning.

【测验】cèyàn（动）carry out an inspection or investigation；test：～一下儿童的智力 ～ yíxià értóng de zhìlì test the in-telligence of children /数学～ shùxué ～ mathematical test

策 cè

（名）计谋，办法 plan；scheme；method：献计献～ xiàn jì xiàn ～ present a plan or strategy（动）〈书〉用鞭子赶(马) use a whip to drive on (a horse)：～马前进 ～ mǎ qiánjìn spur a horse on

【策动】cèdòng（动）〈书〉指使，鼓动(人做坏事)incite, insti-gate (people to do something bad)：～暴乱 ～ bàoluàn incite a riot, instigate a rebellion /～士兵起来叛变 ～ shìbīng qǐlái pànbiàn incite the soldiers to defect

【策反】cèfǎn（动·不及物）to incite rebellion within the enemy camp；incite defection

【策划】cèhuà（动）(为干不公开的事或某重大事件)出主意，想办法 to put forth ideas, to think up a way (to do a covert act or some important event)；plan, plot, scheme, engineer：要办这件事，必须周密地～一番，绝不能出差错。Yào bàn zhè jiàn shì，bìxū zhōumì de ～ yìfān，jué bù néng chū chācuò. If you want to do this job, you must plan careful-ly；you must not make any errors. /他一手～了这个案件。Tā yìshǒu ～le zhège ànjiàn. He single-handedly planned this case.

【策略】cèlüè（名）tactics（形）指能根据客观情况和需要，灵活运用斗争方式或采取相应的处理、对待的方法 tactful：你说话应当更～一些，以免引起不必要的误会。Nǐ shuō huà yīngdāng gèng ～ yìxiē，yǐmiǎn yǐnqǐ bú bìyào de wùhuì. You ought to be a little more tactful when you speak in order to avoid rousing any unnecessary misunderstand-ings. /你替他做，固然比较快，但太不～，让他感到自己不行。Nǐ tì tā zuò，gùrán bǐjiào kuài，dàn tài bú ～，ràng tā gǎndào zìjǐ bù xíng. No doubt it will be done quickly if you do it for him but it's not very tactful. You'll make him feel he is worthless.

【策源地】cèyuándì（名）(战争、社会运动等)发起的地方 place of origin (of a war, social movement, etc.)

cēn

参〔參〕cēn

另见 cān

【参差不齐】cēncī bù qí 长短、高低、大小不一致 the length, height or size is irregular, uneven, or not uniform：最好把草地上～的草剪齐了。Zuìhǎo bǎ cǎodì shang ～ de cǎo jiǎnqí le. It would be best to cut the uneven grass so that it is level. /这班学生的水平～。Zhè bān xuésheng de shuǐpíng ～. The level of the students in this class is not uniform.

céng

层〔層〕céng

（量）(1)分层的物体的一个单位 storey，floor，layer：我住在这个公寓的三～。Wǒ zhù zài zhège gōngyù de sān ～. I live on the 3rd floor of this apartment building. /一口气走完一百～台阶。Yìkǒuqì zǒuwán yìbǎi ～ táijiē. I went up 100 steps without a break. (2)可以分项分步骤的事物中的一项 one item of something that can be divided into steps, measures or items：他这句话有三～意思。Tā zhè jù huà yǒu sān ～ yìsi. There are three meanings to what he says. /他出远门一个月，屋里到处都落了一～灰尘。Tā chū yuǎnmén yí ge yuè，wū li dàochù dōu luòle yì ～ huīchén. He went out of town for one month and his whole room be-

came covered in a layer of dust. /蛋糕包了两~纸。Dàngāo bāole liǎng ~ zhǐ. *The cake was wrapped in two sheets of paper.* /箱子下垫两~木板吧。Xiāngzi xià diàn liǎng ~ mùbǎn ba. *Let's put two boards under the box.*

【层层叠叠】céngcéngdiédié（形）重叠起伏 *layer upon layer*：~的山峦 ~ de shānluán *tier upon tier of undulating hills*

【层出不穷】céng chū bù qióng 连续出现，没有穷尽 *emerge one after another*；*emerge in an endless stream*；*continuously emerging*；*having no end*：农民通过自学与实践成为农业专家的新事~。Nóngmín tōngguò zìxué yǔ shíjiàn chéngwéi nóngyè zhuānjiā de xīn shì ~. *The new phenomenon of farmers becoming agricultural specialists through self-study and practice is continuously appearing.*

【层次】céngcì（名）(1)（说话、作文）内容的次序 *the arrangement of content（in a speech，article，etc.）*：老赵这个报告~分明，语言幽默，大家都爱听。Lǎo Zhào zhège bàogào ~ fēnmíng，yǔyán yōumò，dàjiā dōu ài tīng. *This report of Lao Zhao's was coherent and humorous and everyone enjoyed it.* (2)相属的各级机构的上下关系 *administration levels*：办点儿什么事，要通过许多~的批准，太费时间。Bàn diǎnr shénme shì，yào tōngguò xǔduō ~ de pīzhǔn，tài fèi shíjiān. *In order to get any thing done，you must get the approval of many administrative levels；it's too time-consuming.*

曾 céng（副）同"曾经"céngjīng，多见于书面语 *same as "曾经" céngjīng（usu. used in the written language）*：王教授~三次赴美讲学。Wáng jiàoshòu ~ sān cì fù Měi jiǎngxué. *Professor Wang has gone to the U. S. three times to give lectures.* /我在友谊宾馆~见过这位法国朋友。Wǒ zài Yǒuyì Bīnguǎn ~ jiànguo zhè wèi Fǎguó péngyou. *I have seen this French friend at the Friendship Hotel.* /我~两次登上泰山顶，却不曾有机会看日出。Wǒ ~ liǎng cì dēngshàng Tài Shān dǐng，què bùcéng yǒu jīhuì kàn rì chū. *I've climbed to the summit of Mount Tai twice，but have never had the chance to watch the sunrise from the top.* /他在战争年代里~两次负重伤。Tā zài zhànzhēng niándài li ~ liǎng cì fù zhòng shāng. *He was seriously wounded twice during the war years.* 另见 zēng

【曾经】céngjīng（副）表示经历过某事，即某种行为、动作或情况在过去的某一时间里发生过，现在已经结束（*indicates that a certain action，behaviour，or situation occurred in the past*）*once*；*formerly*：何先生~是我的英语老师。Hé xiānsheng ~ shì wǒ de Yīngyǔ lǎoshī. *Mr. He was once my English teacher.* /他~在巴黎大学任教三年。Tā ~ zài Bālí Dàxué rènjiào sān nián. *He taught at the University of Paris for three years.* /李宁在奥运会上~一个人获得三块金牌。Lǐ Níng zài Àoyùnhuì shang ~ yí ge rén huòdé sān kuài jīnpái. *Li Ning once won three gold medals on his own at the Olympic Games.* 动词后边可以带"过"或"了"（*the verb can take "过" or "了"*）：在曲阜，我~参观过孔庙和孔圣林。Zài Qūfù，wǒ ~ cānguānguo Kǒngmiào hé Kǒngshènglín. *I have visited the Confucian Temple and the Holy Confucian Forest in Qufu.* /杨博士~获得过诺贝尔奖金。Yáng bóshì ~ huòdéguo Nuòbèi'ěr jiǎngjīn. *Doctor Yang won the Nobel Prize once.* /为组织那次旅行，她~忙了好一阵子。Wèi zǔzhī nà cì lǚxíng，tā ~ mángle hǎo yízhènzi. *She slaved away for quite a long time in order to organize that trip.* "曾经"的否定形式是"不曾"（*the negative form of "曾经" is "不曾"*）

cèng

蹭 cèng（动）〈口〉(1)磨，擦 *rub*；*brush*；*scrape*：腿~破了。Tuǐ ~pò le. *scraped one's leg* /走路把脚抬高一点儿，别在地上~。Zǒu lù bǎ jiǎo táigāo yìdiǎnr，bié zài dì shang ~. *Pick your feet up a little when you walk；don't drag them on the ground.* (2)因有接触而沾上 *become stained by coming into contact with something*：小心~上油漆！Xiǎoxīn ~ shang yóuqī! *Watch out for the fresh paint.* /下矿井，身上怎么能不~上煤灰？Xià kuàngjǐng，shēnshang zěnme néng bú ~ shang méihuī? *If you go down into a mine shaft，how can you not get coal dust all over you?* (3)慢吞吞地行动 *move at a snail's pace*：他腿受伤了，只能慢慢~。Tā tuǐ shòu shāng le，zhǐ néng mànmānr ~. *He hurt his leg，so he can only move at a snail's pace.*

chā

叉 chā（名）(1)◇ *fork*：中国人吃饭不用刀~。Zhōngguó rén chī fàn bú yòng dāo ~. *Chinese don't use forks and knives when eating.* (2)(~儿)"×"是标志错误或作废的事物的符号 *"×" is used to indicate errors or to cross out sth.*：在写错的字旁边打个~。Zài xiěcuò de zì pángbiān dǎ ge chā. *Put a "×" next to the characters that are written incorrectly.* (动)用叉子取（物体）*use a fork to spear（sth.）*：~鱼 ~ yú *spear a fish* 另见 chǎ

【叉子】chāzi（名）[把 bǎ] *fork*

差 chā（数）*difference*：10减3的~是7。Shí jiǎn sān de shì qī. *The difference of 10 minus 3 is 7.* 另见 chà；chāi

【差别】chābié（名）不相同之处；区别 *disparity*；*difference*；*gap*：城乡之间现在是有~的。Chéng xiāng zhī jiàn xiànzài shì yǒu ~ de. *There is，at present，a disparity between the city and the country.* /灯光下看不出浅黄和白色的~来。Dēngguāng xià kàn bu chū qiǎnhuáng hé báisè de ~ lai. *You can't see the difference between light yellow and white under the lamp light.*

【差错】chācuò（名）〈书〉具体工作中的错误 *a mistake or error in a particular job*：她当会计十几年，从未出过~。Tā dāng kuàijì shí jǐ nián，cóng wèi chūguo ~. *She has been an accountant for more than 10 years and has never made a mistake.*

【差额】chā'é（名）跟作为标准或用来比较的数额相差的数 *(of accounts) balance*；*difference*；*margin*

【差价】chājià（名）同一商品因各种条件而产生的价格差别 *price difference（for the same product）*：地区~ dìqū ~ *regional price differences* /季节~ jìjié ~ *seasonal price differences*

【差距】chājù（名）事物之间的差别距离·用于后进与先进的对比 *gap or disparity（between the more advanced and those lagging behind）*：看不见自己同别人的~，非落后不可。Kàn bu jiàn zìjǐ tóng biérén de ~，fēi luòhòu bùkě. *If you can't see the disparity between yourself and others，you will inevitably fall behind.*

【差异】chāyì（名）〈书〉差别，不同，多指抽象事物 *difference*；*dissimilarity（often referring to abstract things）*：这兄弟俩的性格有很大~。Zhè xiōngdì liǎ de xìnggé yǒu hěn dà ~. *There is a great difference between the two brothers' characters.*

插 chā（动）(1)扎入 *stick in*，*insert*：把信折好~进信封。Bǎ xìn zhéhǎo ~ jìn xìnfēng. *Fold the letter and insert it in the envelope.* /运动场周围~满了彩旗。Yùndòngchǎng

zhōuwéi ～ mǎnle cǎiqí. *Colored banners were placed all around the sports-ground.* (2)中间加入 *insert，interpose*：他发言的时候，有个人站起来～了一句话。Tā fā yán de shíhou，yǒu ge rén zhàn qǐlai～le yí jù huà. *When he was speaking，a person stood up and put in a word.* /这个新来的同学～到二年级二班。Zhège xīn lái de tóngxué～dào èr niánjí èr bān. *This new student has been assigned to Class Two of the 2nd year.*

【插班】chā=bān（学生在换学校时按照程度）进入某个班级（*when a student is transferring schools*）*enter a certain grade*（*according to his level*）：孩子的家既然搬到附近来了，当然应该到这个小学来～。Háizi de jiā jìrán bāndào fùjìn lái le，dāngrán yīnggāi dào zhège xiǎoxué lái～. *Now that the kids' family has moved into the neighborhood，of course，they should enter this elementary school.* /今年三年级有两个～生。Jīnnián sān niánjí yǒu liǎng ge～shēng. *This year，two transferring students joined the 3rd year class.*

【插翅难飞】chā chì nán fēi 插上翅膀也难以飞出去，比喻无论用什么办法也不能从某个地方逃出去 *even with wings，(he) couldn't escape，a figure of speech meaning no matter what one does，one can't escape from a certain place*

【插队】chā=duì（1）插进队伍中去，也说"夹塞儿" jiā sānr：请到后边排队去，不要～。Qǐng dào hòubian pái duì qu，búyào～. *Please go to the back of the line，don't push in.* （2）指城市知识青年或干部到农村生产队去参加劳动 *refers to urban intellectual youths and cadres joining work teams in the countryside*：～落户 ～ luò hù *settle in the countryside* /他在农村插过三年队。Tā zài nóngcūn chāguo sān nián duì. *He worked for three years in a rural production team.*

【插话】chāhuà（名）[句 jù、段 duàn]（1）在一个人说话过程中，另一个人插进去说的话 *another person's interjection while someone is speaking；a remark interjected*（2）穿插在大事件中的小故事 *digression，episode*：老李在讲他们建厂过程中讲了一段关于他自己生活的～，引得大家哈哈大笑。Lǎo Lǐ zài jiǎng tāmen jiàn chǎng guòchéng zhōng jiǎngle yí duàn guānyú tā zìjǐ shēnghuó de～，yǐn de dàjiā hāhā dà xiào. *While Lao Li was explaining to them the process of constructing the factory，he told an episode of his life and made every one laugh.*

【插话】chā=huà（打断别人的话）说话 *interject；interrupt*（*while someone else is speaking*）：让他说完你再说，别～。Ràng tā shuōwán nǐ zài shuō，bié～. *Let him finish speaking，then you can speak，don't interrupt him.*

【插曲】chāqǔ（1）指两节歌词或两幕歌剧之间插入的音乐片断 *interlude*（*music*）（2）戏剧或电影中除主题歌以外的歌曲 *the song or songs from a film or play，not including the theme song*（3）指事情进行中另外插入的片断 *an interlude*：老林年轻时一年的恋爱经历已成为他生活中的一段～，他至今没有结婚。Lǎo Lín niánqīng shí yì nián de liàn'ài jīnglì zhǐ chéngwéi tā shēnghuó zhōng de yí duàn～，tā zhìjīn méiyǒu jié hūn. *Lao Lin's one year experience of love when he was young was only an interlude. He has never married.*

【插手】chā=shǒu 参加（做某事）*participate*（*in doing something*）；*take part；lend a hand*：这是他们组织内部的事情，我们不便～。Zhè shì tāmen zǔzhī nèibù de shìqing，wǒmen búbiàn～. *This is an internal affair of their organization；it would be inappropriate for us to interfere.* /我很想帮忙，可是插不上手。Wǒ hěn xiǎng bāng máng，kěshì chā bu shàng shǒu. *I really want to help but I don't know how to help.*

【插图】chātú（名）在文字中插入的帮助说明内容的图画 *an illustration in a book to help explain the context*

【插销】chāxiāo（名）（1）*bolt*（*for a door，window，etc.*）

（2）*electric plug*

【插秧】chā=yāng 把水稻的秧苗（从秧田移出）栽入稻田里 *transplant rice shoots*

【插秧机】chāyāngjī（名）[台 tái]把稻秧栽入稻田的机械 *machine to transplant rice；rice-transplanter*

【插足】chāzú（动）比喻参加某种活动 *put one's foot in—participate*（*in some activity*）：由于第三者，使这个原来就不和睦的家庭完全破裂了。Yóuyú dìsānzhě ～，shǐ zhège yuánlái jiù bù hémù de jiātíng wánquán pòliè le. *This household，which was not peaceful to begin with，was completely destroyed due to a third party putting its foot in.* /这件事你一～，就更不好办。Zhè jiàn shì nǐ yì～，jiù gèng bù hǎo bàn. *As soon as you put your foot in this matter，it became more difficult to handle.*

【插嘴】chā=zuǐ 加入别人的谈话（多指不合宜的）*interrupt somebody's speech*：你别～，让他说下去。Nǐ bié～，ràng tā shuō xiaqu. *Don't interrupt；let him continue speaking.* /他们争论得那么热烈，别人要说话也插不上嘴。Tāmen zhēnglùn de nàme rèliè，biérén yào shuō yě chā bu shàng zuǐ. *They are debating so enthusiastically，no one else can get a word in edgewise.*

【插座】chāzuò（名）*socket；outlet*（*for a plug*）

chá

茬 chá（名）(～儿)（1）庄稼收割后留在地里的根和茎 *roots and stubble left in the field after reaping*（2）短而硬的头发或胡子（*short and stiff*）*stubbly hair or beard*：看他脸上的胡子～，大概三天没刮脸了。Kàn tā liǎn shang de húzi～，dàgài sān tiān méi guā liǎn le. *By the looks of his stubbly beard，he probably hasn't shaved for three days.*（量）作物种植或收割的次数 *crop；batch*：菜地每年能收四～菜。Càidì měi nián néng shōu sì～cài. *The vegetable plot produces four crops every year.*

茶 chá（名）（1）*tea（plant）*（2）*tea（beverage）*

【茶杯】chábēi（名）[个 gè] *tea cup*

【茶点】chádiǎn（名）茶和点心 *tea served with pastries；refreshments*

【茶馆】cháguǎn（名）卖茶水的铺子，设有供顾客喝茶用的桌椅 *tea-house*

【茶壶】cháhú（名）[把 bǎ] *tea pot*

【茶花】cháhuā（名）*camellia*

【茶话会】cháhuàhuì（名）备有茶点，大家随便谈谈的集会 *tea party*

【茶会】cháhuì（名）*tea party*

【茶几】chájī（名）(～儿)放置茶具的小桌子 *tea table*：这个～的样子很好看。Zhège～de yàngzi hěn hǎokàn. *This is a neat little tea table.*

【茶镜】chájìng（名）棕绿色的眼镜 *spectacles made of brownish green coloured glass*

【茶具】chájù（名）*tea-set*

【茶农】chánóng（名）以种植茶树为职业的农民 *tea grower*

【茶盘】chápán（名）放茶壶茶杯的盘子 *tray for a tea-set*

【茶色】chásè（名）深棕色 *dark brown*

【茶水】cháshuǐ（名）用茶叶沏成的饮料，有时也包括开水 *tea or boiled water*：小心别把～洒到书上。Xiǎoxin bié bǎ～sǎdào shū shang. *Be careful not to spill any tea on the book.* /列车上免费向乘客供应～。Lièchē shang miǎn fèi xiàng chéngkè gōngyìng～. *Boiled water is supplied to the passengers free of charge on the train.*

【茶碗】cháwǎn（名）喝茶用的小碗 *small bowl used for drinking tea*

【茶叶】cháyè（名）*tea leaves*；*tea*：我要二两十块一斤的～。Wǒ yào èr liǎng shí kuài yì jīn de ～. *I want to buy 2 liang of the 10 yuan tea.*

【茶砖】cházhuān（名）*brick tea*

【茶座】cházuò（名）(～儿)(1)有桌椅卖茶给顾客喝的地方，多指露天的 *teahouse (open-air)* (2)卖茶的地方所设的座位 *seats in a teahouse*

查 chá
（动）(1)检查 *check*：～账 ～ zhàng *audit (examine, check)* accounts /～户口 ～ hùkǒu *check residence cards*；*check on household occupants* /～卫生 ～ wèishēng *make a public health and sanitation check (inspection)* (2)调查 *investigate*：你去～一～，看那个单位是否有这个人。Nǐ qù ～yi～，kàn nàge dānwèi shìfǒu yǒu zhège rén. *Go investigate and see whether or not that unit has this person.* (3)翻阅、寻找 *look over，look up*：小学生要学会～字典。Xiǎoxuéshēng yào xuéhuì ～ zìdiǎn. *Elementary school children should learn how to look up a word in the dictionary.* /我～了半天地图，～不着这个地方。Wǒ ～le bàntiān dìtú，～ bu zháo zhège dìfang. *I looked at the map for a long time but I couldn't find this place.*

【查办】chábàn（动）查明罪状或错误情况，加以惩处或处分 *investigate and punish*：他犯了贪污罪，已经撤职～了。Tā fànle tānwū zuì，yǐjīng chè zhí ～ le. *He had already been investigated，punished and removed from office for committing the crime of corruption.* /～走私商 *investigate and punish smugglers* /清朝政府派林则徐去广州～走私鸦片。Qīngcháo zhèngfǔ pài Lín Zéxú qù Guǎngzhōu ～ zǒu sī yāpiàn. *The Qing dynasty government sent Lin Zexu to Guangzhou to investigate the smuggling of opium.*

【查抄】cháchāo（动）清查并没收(犯罪者的财产) *make an inventory of a criminal's possessions and confiscate them*

【查点】chádiǎn（动）检查清点 *check the number or amount of (sth.)*：每月都要～存货。Měi yuè dōu yào ～ cúnhuò. *We must check the amount of existing stock each month.* /你～一下，有没有人没来。Nǐ ～ yíxià，yǒu méi yǒu rén méi lái. *Check the number of people and see if there is anyone who hasn't come.*

【查对】cháduì（动）检查核对 *verify，check*：～资料 ～ zīliào *check the information* /我已经～过了，货物数目没错。Wǒ yǐjīng ～ guo le，huòwù shùmù méi cuò. *I've already checked. The number of goods is not wrong.*

【查访】cháfǎng（动）调查了解与案子有关的情况 *investigate (a case)；go around and make inquiries*

【查封】cháfēng（动）依照法定手续，对某些资产加以查封之后，贴上封条，禁止动用 *check and seal up；close down*：政府～了他的财产。Zhèngfǔ ～le tā de cáichǎn. *The government has frozen his assets.*

【查获】cháhuò（动）经检查后获得丢失的东西，或找到了罪犯 *hunt down and seize；track down (lost objects，criminals，etc.)*

【查看】chákàn（动）检查观看 *inspect；examine*：～账目 ～ zhàngmù *audit the accounts* /到现场去～地形。Dào xiànchǎng qù ～ dìxíng. *Go to the site and examine the topography.*

【查明】chámíng（动）调查后弄明白 *find out through investigation；ascertain*：这个案件现已全部～。Zhège ànjiàn xiàn yǐ quánbù ～. *This case has already been completely established through investigation.*

【查收】cháshōu（动）检查后收下(多用于寄东西后所写的书信中) *(usu. used in a letter accompanying sth. that is being sent) please find*：寄去上衣两件，衬衣一件，请～。Jìqu shàngyī liǎng jiàn，chènyī yí jiàn，qǐng ～. *Please find two*

jackets and one shirt enclosed herewith.

【查问】cháwèn（动）调查询问；检查追问 *question，interrogate；examine minutely，make a detailed inquiry*：请你一～下这事发生的具体情况。Qǐng nǐ ～ yíxià zhè shì fāshēng de jùtǐ qíngkuàng. *Please inquire into the particular situation in which this incident occurred.* /违章开车，虽然没发生事故也要～。Wéi zhāng kāi chē，suīrán méi fāshēng shìgù yě yào ～. *Although no accident occurred，an inquiry should be made if driving regulations are broken.*

【查询】cháxún（动）〈书〉调查询问 *inquire about；make an inquiry*

【查阅】cháyuè（动）找出(书报、文件中)有关部分加以阅读 *read for information；consult (books，documents)*：～资料 ～ zīliào *consult data* /～旧报刊 ～ jiù bàokān *consult old newspapers*

【查账】chá=zhàng *audit (or check，examine) accounts*

【查证】cházhèng（名）调查、证明 *investigate and verify；check*：经过反复～，事情终于弄清楚了。Jīngguò fǎnfù ～，shìqing zhōngyú nòng qīngchu le. *The matter was finally clarified after being checked repeatedly.*

搽 chá
（动）把粉末、油类等涂(在脸上或手上) *put (powder，ointment，etc.) on one's face or hands；apply*：～粉 ～ fěn *powder (one's face)* /～油 ～ yóu *apply ointment* /～雪花膏 ～ xuěhuāgāo *put on vanishing cream*

碴 chá
（名）同"碴儿"chár *same as "碴儿" chár*

【碴儿】chár（名）〈口〉(1)小碎块 *shard；broken fragment*：玻璃～ bōli ～ *pieces of broken glass* /水里有很多冰～。Shuǐ li yǒu hěn duō bīng ～. *There are lots of shards of ice in the water.* (2)引起双方争执的事由 *cause of strife*：找～ zhǎo ～ *pick a quarrel* /这两个人有～，一见面就争吵。Zhè liǎng ge rén yǒu ～，yí jiàn miàn jiù zhēngchǎo. *There is a grievance between these two. As soon as they see each other they start quarrelling.* (3)指提到的事或别人刚说完的话 *topic just mentioned；something already said*：别搭～ bié dā ～ *Don't interrupt please.* /你说完了，我接～说。Nǐ shuōwán le，wǒ jiē ～ shuō. *When you have finished talking I'll take up the topic from there.*

察 chá
（动）◇仔细看，调查 *observe；look over；examine*：～其言，观其行 ～ qí yán，guān qí xíng *check what he does against what he says*

【察访】cháfǎng（动）通过实地考察、访问进行调查 *make an on-the-spot investigation；go about and make inquiries*：他四处～，终于找到了那篇文章的作者。Tā sìchù ～，zhōngyú zhǎodàole nà piān wénzhāng de zuòzhě. *He made inquiries everywhere and finally found the author of that article.*

【察觉】chájué（动）〈书〉发觉，感觉到 *realize；sense*：几天来，我对他的不正常情绪有所～。Jǐ tiān lái，wǒ duì tā de bú zhèngcháng qíngxù yǒu suǒ ～. *In the last few days，I could sense his abnormal mood.* /我们都～他近来的变化。Wǒmen dōu ～ tā jìnlái de biànhuà. *We all sensed his recent change.*

【察看】chákàn（动）仔细观看 *look over；observe*：～天气 ～ tiānqì *observe the weather* /请你～一下这池鱼养得怎样。Qǐng nǐ ～ yíxià zhè chí yú yǎng de zěnyàng. *Please observe how the fish in this pond has fared.*

【察言观色】chá yán guān sè 观察别人的言语表情，揣度其心意 *guess sb.'s intentions by studying his words and facial expressions*

chǎ

叉 chǎ（动）分开成叉形 separate; spread apart：～开腿　～kāi tuǐ straddle one's legs 另见 chā

chà

杈 chà（名）（～儿）同"杈子"chàzi same as "杈子" chàzi
【杈子】chàzi（名）植物的分枝 branch (of a tree, plant, etc.)

岔 chà（动）（1）转移话题 change the subject：他用别的话把话题～开了。Tā yòng biéde huà bǎ huàtí ～kāi le. He said something else to change the subject.（2）（时间）互相让开 stagger (hours)：教师辅导你的时间要和上课的时间～开。Jiàoshī fǔdǎo de shíjiān yào hé shàng kè de shíjiān ～kāi. The time your teacher tutors you and the time he has class should be staggered.
【岔道儿】chàdàor（名）同"岔路"chàlù same as "岔路" chàlù
【岔开】chà // kāi（1）转移话题 diverge to (another topic); change (the subject of coversation)：大家正说着小张的事，他用别的话～了。Dàjiā zhèng shuōzhe Xiǎo Zhāng de shì, tā yòng biéde huà ～ le. Just as everybody was talking about the matter concerning Xiao Zhang, he changed the subject.（2）互相让开 stagger：不少人两个会都要参加，所以开会时间得～。Bù shǎo rén liǎng ge huì dōu yào cānjiā, suǒyǐ kāi huì shíjiān děi ～. Many people have to attend both meetings, so the times for the meetings must be staggered.
【岔口】chàkǒu（名）道路分岔的地方 fork (in a road)
【岔路】chàlù（名）由主干道路分出的支路 branch road; by-road：桥南有条～直通小学校。Qiáo nán yǒu tiáo ～ zhí tōng xiǎoxuéxiào. On the south side of the bridge there is a side road that goes straight to the elementary school.
【岔子】chàzi（名）（1）不很严重的事故、乱子、错误 trouble, mishap：工作中出点儿～要冷静处理。Gōngzuò zhōng chū diǎnr ～ yào lěngjìng chǔlǐ. When something goes wrong with work, it must be dealt with calmly.（2）小岔路 a small side road; a small fork in the road

刹 chà（名）◇ Buddhist temple：古～ gǔ ～ old Buddhist temple 另见 shā
【刹那】chànà（名）一瞬间，极短暂的时间 an instant, a split second：～间 ～jiān an instant, a split second ／一～ yí ～ in an instant; in a flash; in the twinkling of an eye

诧 〔詫〕chà（形）惊讶 be surprised
【诧异】chàyì（形）〈书〉觉得奇怪 be surprised, be astonished：见他今天情绪如此反常，大家很～。Jiàn tā jīntiān qíngxù rúcǐ fǎncháng, dàjiā dōu hěn ～. Everyone was very astonished to see that his mood today was so unusual.

差 chà（动）（1）缺少 be lacking, in want of; short of：还～一道工序 hái ～ yí dào gōngxù We are still lacking a step in the working procedure. ／～五分钟就要开车了。～ wǔ fēnzhōng jiù yào kāi chē le. The bus will be leaving in 5 minutes.（2）不相合，有差别 differ from; fall short of：离要求～得远 lí yāoqiú ～ de yuǎn fall far short of what is expected ／丝毫不～ sīháo bú ～ not the least bit different（形）（1）不

好，没达到标准 poor; not up to standard：质量～ zhìliàng ～ poor quality ／效果很～ xiàoguǒ hěn ～ very poor results（2）错误（只作补语）wrong, mistaken (used only as a complement)：说～了 shuō～ le made the wrong remark ／记～了 jì～ le not remember correctly 另见 chā; chāi
【差不多】chàbuduō（形）（1）（在某方面）相近或相似（多作谓语。不受否定或任何其它副词修饰）more or less the same (often used as a predicate; it doesn't take a negative or any other adverbial attribute)：他们俩情况～。Tāmen liǎ qíngkuàng ～. The situation of both of them is about the same. ／我们这～年纪的青年都在农村住过几年。Wǒmen zhèxiē ～ niánjì de qīngnián dōu zài nóngcūn zhùguo jǐ nián. All of us young people of about the same age have lived in the countryside for several years. ／这几本书内容都～。Zhè jǐ běn shū nèiróng dōu ～. The contents of these books are about the same.（2）近于全部（多作补语）nearly complete; almost finished (often used as a complement)：人到得～了，可以开会了。Rén dào de ～ le, kěyǐ kāi huì le. Nearly everyone has arrived; we can begin the meeting. ／人都走得～了，还开什么会! Rén dōu zǒu de ～ le, hái kāi shénme huì! Nearly everyone has left; how can we have a meeting? ／文章写得～了，明天一定交稿。Wénzhāng xiě de ～ le, míngtiān yídìng jiāo gǎo. I've nearly finished the article and I will certainly hand in the manuscript tomorrow.（3）一般（水平）的，普通的（只作定语）average (level), common (only used as an attribute)：～的中学生都会装半导体。～ de zhōngxuéshēng dōu huì zhuāng bàndǎotǐ. The average middle school student can assemble a semiconductor. ／他最近英语提高很快，～的英语小说都能看了。Tā zuìjìn Yīngyǔ tígāo hěn kuài, ～ de Yīngyǔ xiǎoshuō dōu néng kàn le. Recently, his English has improved rapidly; he can read the average English novel. ／以前北京～的房子都有个院子。Yǐqián Běijīng ～ de fángzi dōu yǒu ge yuànzi. Previously practically all the houses in Beijing had a courtyard.（副）接近（某数量、某状态）nearly; almost：都～十二点了，你怎么还不睡? Dōu ～ shí'èr diǎn le, nǐ zěnme hái bú shuì? It is almost 12 o'clock; how is it that you are still up? ／明年他就会跟你～高的。Míngnián tā jiù huì gēn nǐ ～ gāo de. By next year, he'll be almost as tall as you. ／洗的衣服已经～干了。Xǐ de yīfu yǐjīng ～ gān le. The clothes I washed are already nearly dry. ／人～到齐了。Rén ～ dàoqí le. Nearly everyone is present. ／人～走光了。Rén ～ zǒuguāng le. Nearly everyone has gone.
【差不离】chàbuli（形）（～儿）同"差不多"chàbuduō same as "差不多" chàbuduō：两人的外语水平～。Liǎng rén de wàiyǔ shuǐpíng ～. Those two have about the same foreign language ability. ／我课文预习得～了。Wǒ kèwén yùxí de ～ le. I have more or less prepared the lesson. ／咱们的纸用得～了，得去买了。Zánmen de zhǐ yòng de ～ le, děi qù mǎi le. Our paper is almost all used up, we'll have to go and buy some more. ／这地区～的人都会唱山歌。Zhè dìqū ～ de rén dōu huì chàng shāngē. Almost everybody in this district can sing folk songs.
【差劲儿】chàjìnr（形）〈口〉能力或质量低 no good; poor; not up to standard; worthless：他的字写得真～。Tā de zì xiě de zhēn ～. His handwriting is really poor. ／这活儿干得相当～。Zhè huór gàn de xiāngdāng ～. This work was done quite poorly. ／这人～! Zhè rén ～! This person is no good!
【差（一）点儿】chà(yi)diǎnr（副）表示事情接近实现或勉强实现 nearly, barely, by a hair's breadth（1）用在说话人不希望发生的事情前面，"差（一）点儿"和"差（一）点儿没"都表示接近发生而没发生（when the event referred to is sth. undesirable, both "差（一）点儿" and "差（一）点儿没" indicate that sth. nearly happened but in fact did not）：

我今天早上～迟到。Wǒ jīntiān zǎoshang ～ chídào. *I was almost late this morning.* /我今天早上～没迟到。Wǒ jīntiān zǎoshang ～ méi chídào. *I was almost late this morning.* (2)用在说话人希望发生的事情前面，"差(一)点儿"是惋惜事情没实现；"差(一)点儿没……"，是庆幸它总算勉强实现了 (*when the event referred to is sth. desirable, indicates that sth. didn't take place though it has seemed possible；"差一点儿没" indicates that sth. barely took place*)：我～(就)赶上火车了！Wǒ ～ (jiù) gǎnshang huǒchē le. *I nearly caught the train.* /我～没赶上火车。Wǒ ～ méi gǎnshang huǒchē. *I just barely caught the train.*

chāi

拆 chāi（动）把合在一起的打开或使分散 *take apart；tear open；demolish；tear down*：～信 ～ xìn *open a letter* /～包裹 ～ bāoguǒ *open a parcel* /～了东墙补西墙 ～le dōngqiáng bǔ xīqiáng *tear down the eastern wall to mend the western wall；borrow from Peter to pay Paul* /过河～桥 guò hé ～ qiáo (*cross the river and demolish the bridge) Bite the hand that feeds you.*

【拆除】chāichú（动）拆掉 *demolish；dismantle；remove*：旧房屋 ～ jiù fángwū *demolish old houses* /～工事 gōngshì *dismantle the defense works*

【拆穿】chāichuān（动）揭破（非具体事物）*expose；reveal；unmask*：～阴谋 ～ yīnmóu *expose a plot* /～谎言 ～ huǎngyán *expose sb.'s lie*

【拆毁】chāihuǐ（动）拆除，毁掉 *destroy；break down；tear down*：这些鬼子兵～了民房，修起了工事。Zhèxiē guǐzibīng ～le mínfáng, xiūqǐle gōngshì. *These foreign soldiers destroyed the people's houses and built defense works.*

【拆散】chāi // sǎn 拆开使分散 *break up*：好好儿的一个玩具让你把它～了。Hǎohāor de yí ge wánjù ràng nǐ bǎ tā ～ le. *A perfectly good toy was broken up by you.* /把辫子～ bǎ biànzi ～ *undo a braid*

【拆散】chāi // sàn 使家庭成员等分散 *break up (the members of a family)*：不要让一点儿误会～一对美满的夫妻。Búyào ràng yìdiǎnr wùhuì ～ yí duì měimǎn de fūqī. *You shouldn't let a little misunderstanding break up a perfectly happy couple.* /拆不散的母子情 chāi bu sàn de mǔzǐ qíng *unseverable mother-son relationship*

【拆台】chāi=tái 比喻进行破坏，使（人和事情）垮台或失败 *undermine；disrupt；cut the ground out from under sb.'s feet*：有意见尽管提，不要拆人家的台。Yǒu yìjiàn jǐnguǎn tí, búyào chāi rénjia de tái. *If you have different opinion, feel free to make suggestions, but don't cut the ground out from under his feet.*

【拆卸】chāixiè（动）拆下机器等的部件 *take apart, dismantle, disassemble〈machinery, etc.〉*：这架机器的零件都被～光了。Zhè jià jīqì de língjiàn dōu bèi ～ guāng le. *The machine's spare parts have all been taken apart and are gone.*

差 chāi（动）◇ 派遣（去做事）*send (sb.) (on a mission)*（名）◇ 差事；被派去做的事 *errand；mission* 另见 chā；chà

【差遣】chāiqiǎn（动）〈书〉派遣，分派（去工作）*send (sb. on a mission)*

【差事】chāishi（名）〈口〉被派去做的事情。仅用于非正式场合或开玩笑 *assignment；errand (only used in informal situation or in joking)*：派到工厂去搞技术革新对他说来是个好～。Pàidào gōngchǎng qù gǎo jìshù géxīn duì tā shuōlái shì ge hǎo ～. *Sending him to the factory to make techno-*

logical innovations is a great assignment for him. /给入学考卷评分可是个苦～。Gěi rù xué kǎojuàn píng fēnr kě shì ge kǔ ～. *Grading entrance examination papers really is a tough job.* /你又有什么～要派我去干？Nǐ yòu yǒu shénme ～ yào pài wǒ qù gàn? *What else do you want me to go do?*

chái

柴 chái（名）柴火 ◇ *firewood；faggot*：砍～ kǎn ～ *cut firewood* /拾～ shí ～ *collect firewood*

【柴草】cháicǎo（名）做柴用的草、木、柴火 *firewood；faggots*：打了这么多～是为了过冬的。Dǎle zhème duō ～ shì wèile guò dōng de. *I've cut this much firewood to get us through the winter.*

【柴火】cháihuo（名）用来烧火的杂草、树枝、秸秆等 *firewood；faggot*

【柴油】cháiyóu（名）*diesel oil*

【柴油机】cháiyóujī（名）[台 tái] *diesel engine*

豺 chái（名）*jackal*

【豺狼】cháiláng（名）豺和狼是两种凶恶的野兽，常用以比喻残忍凶狠的坏人 *jackals and wolves；(fig.) cruel and evil people*：法西斯匪徒像一样残害妇女和儿童。Fǎxīsī fěitú xiàng ～ yíyàng cánhài fùnǚ hé értóng. *Fascist bandits kill women and children just like jackals and wolves.*

chān

掺〔摻〕chān（动）（把一种东西）混合到（另一种东西里去）*add；mix or blend (one thing into something else)*：啤酒里～点儿汽水，很好喝。Píjiǔ li ～ diǎnr qìshuǐr, hěn hǎohē. *Mix a little soft drink into your beer; it's good.*

【掺和】chānhuo（动）同"搀和" chānhuo *same as "搀和"* chānhuo

【掺假】chān=jiǎ 把假的掺在真的里面，或把质量差的掺在质量好的里面 *adulterate*：这不像真正的茅台酒，可能掺了假。Zhè bú xiàng zhēnzhèng de máotáijiǔ, kěnéng chānle jiǎ. *This isn't like genuine Maotai liquor, perhaps it has been adulterated.*

【掺杂】chānzá（动）同"搀杂" chānzá *same as "搀杂"* chānzá

搀〔攙〕chān（动）(1)扶 *support or help sb. by placing one's hand under the person's elbow*：把老大娘～上车。Bǎ lǎodàniáng ～ shàng chē. *Help the old lady into the car.* /他能自己走，不要人～。Tā néng zìjǐ zǒu, bú yào rén ～. *He can walk by himself; he doesn't need support.* (2)同"掺" chān *same as "掺"* chān

【搀扶】chānfú（动）〈书〉同"搀"(1) chān *support or help sb. by placing one's hand under the person's elbow*：老人腿有毛病，走起路来需要别人～。Lǎorén tuǐ yǒu máobing, zǒu qǐ lù lai xūyào biérén ～. *The old man has trouble with his legs. He needs the support of others to walk.*

【搀和】chānhuo（动）（把不同的东西）混合在一起 *blend；mix*：做冰淇淋要把牛奶、鸡蛋和淀粉～在一起。Zuò bīngqílín yào bǎ niúnǎi, jīdàn hé diànfěn ～ zài yìqǐ. *You must mix together milk, eggs and starch to make ice cream.*

【搀杂】chānzá（动）一种事物中混入另一种事物 *mix；add (one thing into something else)*：黄豆里～着不少绿豆。Huángdòu li ～zhe bù shǎo lǜdòu. *A lot of mung beans are mixed into the soybeans.*

chán

谗 〔讒〕chán

【谗言】chányán（名）〈书〉毁谤的话；挑拨离间的话 slanderous talk；calumny

馋 〔饞〕chán

（动）特别想吃（好吃的东西）be gluttonous；be especially fond of eating：我不怎么～肉，可是特别～鱼。Wǒ bù zěnme ～ ròu，kěshì tèbié ～ yú. I don't enjoy eating meat that much but I especially like to eat fish. /他什么也不～，就想吃个橘子。Tā shénme yě bù ～，jiù xiǎng chī ge júzi. He doesn't feel like eating anything else. He just wants to eat an orange. （形）专爱吃好吃的东西 greedy；gluttonous（for good food）：小孩一点儿也不～的恐怕有病。Xiǎoháir yìdiǎnr yě bù ～ de kǒngpà yǒu bìng. If a child doesn't want to eat anything, he's probably ill.

缠 〔纏〕chán

（动）(1)围绕、扎束 to wind；twine：她把毛线都～成了团儿。Tā bǎ máoxiàn dōu ～chéngle tuánr. She wound the wool yarn into balls. /这个山区的农民头上都喜欢～块黑布。Zhège shānqū de nóngmín tóu shang dōu xǐhuan ～ kuài hēi bù. The peasants from this mountain area all like to wrap black cloth around their heads. (2)使不能摆脱 tangle；tie up；pester：每到星期天，家务～身，她没时间出去玩儿。Měi dào xīngqītiān，jiāwù ～ shēn，tā méi shíjiān chūqu wánr. Every Sunday，she is tied up with housework and hasn't time to go out and enjoy herself. /别老～着我了，我真帮不了你的忙。Bié lǎo ～zhe wǒ le，wǒ zhēn bāng bu liǎo nǐ de máng. Don't keep pestering me. I really can't help you. /小明～着爷爷带他去动物园。Xiǎomíng ～zhe yéye dài tā qù dòngwùyuán. Xiao Ming is pestering grandfather to take him to the zoo.
【缠绵】chánmián（形）〈书〉(1)被纠缠住，不能解脱（多指感情或疾病）(of feelings or illness) be entangled in，be in the grips of；unable to extricate oneself；lingering：情思～ be tormented by love (2)（歌声、乐曲等）婉转动人 (of a singing voice or music) sweet and charming：越剧的曲调柔和～。Yuèjù de qǔdiào róuhé ～. The melody of the Shaoxing opera is soft and charming.
【缠绕】chánrào（动）(1)条状物绕在别的物体上 wind or twine around sth.：树上～着一条大蟒。Shù shang ～zhe yì tiáo dà mǎng. A large boa is wound around the tree. (2)纠缠；搅扰 worry，harass：他被杂事～得无法学习。Tā bèi záshì ～ de wúfǎ xuéxí. He is so harassed with miscellaneous matters that he is unable to study.
【缠手】chánshǒu（形）（事情）难办；（病）难治 (of a matter) troublesome；hard to deal with；(of an illness) hard to cure；difficult：他们的家务纠纷很～，不好调解。Tāmen de jiāwù jiūfēn hěn ～，bù hǎo tiáojiě. Their family dispute is hard to mediate. /他的病真有些～，一般的医院治不了。Tā de bìng zhēn yǒuxiē ～，yìbān de yīyuàn zhì bu liǎo. His illness is rather difficult. It can't be treated at a regular hospital.

孱 chán

（形）〈书〉瘦弱，软弱 frail；weak
【孱弱】chánruò（形）〈书〉(1)（身体）瘦弱 frail；delicate（in health）(2)软弱无能 weak and incompetent

蝉 〔蟬〕chán

（名）cicada

【蝉联】chánlián（动）连续相承（多指连任某个职务，或继续保持某种称号）continue to hold a post or title：这个篮球队连续三年～全市冠军。Zhège lánqiúduì liánxù sān nián ～ quán shì guànjūn. This basketball team has won the municipal championship three years in a row.
【蝉蜕】chántuì（名）〈药〉蝉的幼虫变为成虫蜕下的壳，可以做药 cicada slough，which can be used as Chinese medicine

潺 chán

【潺潺】chánchán（象声）溪水、泉水等流动的声音 gurgling and babbling：山溪～ shānxī ～ a gurgling mountain stream /一股～的泉水从山涧流出。Yì gǔ ～ de quánshuǐ cóng shānjiàn liúchū. A stream of gurgling spring water flows from the mountain ravine.

chǎn

产 〔產〕chǎn

（动）(1)（人或动物）生殖（后代）(of people or animals) give birth：～后母婴都很健康。～hòu mǔ yīng dōu hěn jiànkāng. After giving birth，both the mother and infant are in good health. /这种鸡每年可～蛋二百多个。Zhè zhǒng jī měi nián kě ～ dàn èrbǎi duō gè. This type of chicken can lay more than 200 eggs each year. (2)生产或出产 produce；yield：这里每～煤炭二百万吨。Zhèli nián ～ méitàn èrbǎi wàn dūn. Two million tons of coal are produced here annually. /黄岩盛～蜜橘。Huángyán shèng ～ mìjú. Huangyan abounds in tangerines.
【产地】chǎndì（名）某物品出产的地方 the place where a thing is produced：熊猫的～主要在四川和云南的高山区。Xióngmāo de ～ zhǔyào zài Sìchuān hé Yúnnán de gāoshānqū. Pandas are native principally to the high mountainous areas of Sichuan and Yunnan.
【产儿】chǎn'ér（名）〈书〉刚出世的婴儿 newborn baby
【产妇】chǎnfù（名）在分娩期或分娩后一段时期的妇女 lying-in woman；woman in confinement
【产假】chǎnjià（名）在职妇女在分娩前后的假期 maternity leave
【产科】chǎnkē（名）obstetrics；obstetrical (or maternity) department
【产量】chǎnliàng（名）（某段时间）产品的总数量 yield，output（during a certain time period）：石油的年～约一亿吨。Shíyóu de nián ～ yuē yíyì dūn. The yearly output of petroleum is a hundred million tons. /～固然要提高，质量更要提高。～ gùrán yào tígāo，zhìliàng gèng yào tígāo. Admittedly，output must be increased but quality must be improved even more so.
【产品】chǎnpǐn（名）生产出来的物品 product：这是我们家乡的～。Zhè shì wǒmen jiāxiāng de ～. This is a product of our hometown. /他们生产的电扇被评为信得过～. Tāmen shēngchǎn de diànshàn bèi píngwéi xìn de guò ～. The fans they produce have been judged to be trustworthy products.
【产权】chǎnquán（名）property right
【产生】chǎnshēng（动）出现，生出 produce；give rise to；engender：街道居民中～了许多新人新事。Jiēdào jūmín zhōng ～le xǔduō xīnrén xīnshì. Many new people and new things are produced among local residents. /通过实验，他对原有的结论～怀疑。Tōngguò shíyàn，tā duì yuányǒu de jiélùn ～ huáiyí. After experimenting，he had doubts about his original conclusions. /每个小组通过选举～一个代表。Měi ge xiǎozǔ tōngguò xuǎnjǔ ～ yí ge dàibiǎo. Each small group elects one representative.

【产物】chǎnwù（名）（在一定条件下）产生的事物；结果 products；outcome：传记文学是历史和文学结合的～。Zhuànjì wénxué shì lìshǐ hé wénxué jiéhé de ～. *Biographical literature is the product of history and literature combined.* /舞蹈艺术是劳动的～. Wǔdǎo yìshù shì láodòng de ～. *The art of dancing has evolved from the movements of people doing labor.*

【产销】chǎnxiāo（名）生产和销售 production and marketing：～脱节 ～ tuōjié *Production and marketing are out of line.*

【产业】chǎnyè（名）（1）旧指私有土地、房屋、工厂等财产 property；estate（2）关于工业生产的（作定语）industrial（attributive only）：～部门 ～ bùmén *industrial section* /～革命 ～ gémìng *industrial revolution*

【产业工人】chǎnyè gōngrén *industrial worker*

【产院】chǎnyuàn（名）*maternity hospital*

【产值】chǎnzhí（名）output value：上季度本厂～是三万元。Shàng jìdù běn chǎng ～ shì sānwàn yuán. *The output value of our factory last quarter was 30,000 yuan.* /今年的～比去年增加两成。Jīnnián de ～ bǐ qùnián zēngjiā liǎng chéng. *This year's output value has increased 20% over last year's.*

诌〔諂〕chǎn

【诌媚】chǎnmèi（动·不及物）用卑贱的态度向人讨好 flatter；fawn on；toady

铲〔鏟〕chǎn

（名）同"铲子" chǎnzi same as "铲子" chǎnzi（动）（1）（用锹、铲等）撮取 shovel：～煤 ～ méi *shovel coal* /～土 ～ tǔ *shovel dirt (earth)*（2）用铲或锹清除 scrape even；scrape clear；level with a spade：～草 ～ cǎo *clear away weeds with a spade* /把地～平 bǎ dì ～píng *level the ground with a shovel*

【铲除】chǎnchú（动）清除掉（无用或有害的东西）uproot；root out；eradicate（useless or harmful things）：～杂草 zácǎo *root out the weeds* /～陋习，树立新风 ～ lòuxí，shùlì xīnfēng *do away with bad customs and promote new practices*

【铲土机】chǎntǔjī（名）scraper；earth scraper

【铲子】chǎnzi（名）［把 bǎ］spade

阐〔闡〕chǎn

【阐明】chǎnmíng（动）说明白（不容易懂的道理和观点）explain；expound（a point of view or theory that is difficult to understand）：～所以这样做的理由 ～ suǒyǐ zhèyàng zuò de lǐyóu *explain the reasons for doing sth. this way* /～自己的观点 ～ zìjǐ de guāndiǎn *explain one's own point of view*

【阐述】chǎnshù（动）论说和分析（较复杂、深奥的问题）elaborate；explain；expound（a complicated，abstruse problem）：这篇文章重点～了工业和农业的关系。Zhè piān wénzhāng zhòngdiǎn ～ le gōngyè hé nóngyè de guānxi. *This article's main point is to explain the relationship between industry and agriculture.*

chàn

忏〔懺〕chàn

【忏悔】chànhuǐ（动）（对自己过去的错误或罪过）感到悔恨、难过 show repentance；repent；feel sorry about（one's own mistake or offence）：我认为没有做错，自然也不用～。Wǒ

rènwéi méiyou zuòcuò，zìrán yě búyòng ～. *I don't think I made a mistake，naturally then I don't have to feel sorry about it.* /他～了，大家都原谅他了。Tā ～ le，dàjiā dōu yuánliàng tā le. *He repented and everyone forgave him.*

颤〔顫〕chàn

（动）发抖 vibrate；quiver：这老人写起字来，手～得很厉害。Zhè lǎorén xiě qǐ zì lai，shǒu ～ de hěn lìhai. *When this old person writes，his hand shakes terribly.* /唱机有毛病了，放出来的音乐，声音有些～。Chàngjī yǒu máobing le，fàng chūlai de yīnyuè，shēngyīn yǒuxiē ～. *The record player is broken and so when you put music on，the sound vibrates a little.*

【颤动】chàndòng（动）短促而频繁地不由自主地振动 quiver；vibrate；shake：电线被寒风吹得直～。Diànxiàn bèi hánfēng chuī de zhí ～. *The electric lines kept on swaying in the cold wind.*

【颤抖】chàndǒu（动）发抖 哆嗦 tremble；shiver：吓得他两腿～，走不了路。Xià de tā liǎng tuǐ ～，zǒu bu liǎo lù. *He was so scared，his two legs trembled and he couldn't walk.* /把他冻得浑身～。Bǎ tā dòng de húnshēn ～. *He was so cold his whole body trembled.*

【颤巍巍】chànwēiwēi（形）抖动摇晃（多用来形容老年人走路的样子）tottering；faltering（usu. used to describe the walk of an elderly person）

【颤音】chànyīn（名）〈语〉trill；shake

【颤悠】chànyōu（动）颤动摇晃 shake；quiver；flicker：那座木桥年久失修，人一走上去，直～。Nà zuò mù qiáo nián jiǔ shīxiū，rén yì zǒu shangqu，zhí ～. *That wooden bridge has been neglected for years. As soon as somebody walks on it，it shakes.*

chāng

昌 chāng

（形）〈书〉兴旺 prosperous；flourishing：顺我者～，逆我者亡。Shùn wǒ zhě ～，nì wǒ zhě wáng. *Plain sailing to those who do as I say and doom to those who disobey.*

【昌盛】chāngshèng（形）（国家、大企业、事业）兴旺发达 prosperous；flourishing（country，big enterprise，career）：经济繁荣，国家～。jīngjì fánróng，guójiā ～ *The national economy is booming and the country is prosperous.*

猖 chāng

【猖獗】chāngjué（形）〈书〉（指对人有害的虫、兽或坏风气）凶猛，放肆 wild；unbridled；unrestrained：这里的蚊子夜晚极为～。Zhèli de wénzi yèwǎn jíwéi ～. *Here the mosquitoes are ravenous at night.* /"左"倾路线横行之时，唯心主义形而上学十分～。"Zuǒ" qīng lùxiàn héngxíng zhī shí，wéixīnzhǔyì xíng'érshàngxué shífēn ～. *When "Left" opportunism was in power，idealistic metaphysics ran wild.*

【猖狂】chāngkuáng（形）（野兽或敌人）狂妄而放肆 rampant；wild：大雪封山的日子里，饿狼～地闯进山村伤害人畜。Dà xuě fēng shān de rìzi li，èláng ～ de chuǎngjìn shāncūn shānghài rén chù. *When there was heavy snow in the mountain，hungry wolves viciously ran into the mountain village to prey on livestock and villagers.* /打退敌人的～扑 dǎtuì dírén de ～ fānpū *defeat the enemy's desperate counterattack*

娼 chāng

（名）◇ prostitute

【娼妓】chāngjì（名）〈书〉prostitute

cháng

长 〔長〕cháng
（形）*long*：路程很～。Lùchéng hěn ～. *The journey is very long.* /夜～梦多 yè ～ mèng duó (*a long night allows a lot of dreams*) *when a matter drags out, there are more chances of mishaps* （名）(1)长度 *length*：桥全长～五百米。Qiáoshēn quán ～ wǔbǎi mǐ. *The whole length of the bridge is 500 meters.* /这个教室～宽各六米。Zhège jiàoshì ～ kuān gè liù mǐ. *The length and width of this classroom are 6 meters respectively.* (2)长处 *merit; strong point*：一技之～ yī jì zhī ～ *be skilled in something*/扬～避短 yàng ～ bì duǎn *give full play to your merits and avoid your shortcomings* 另见 zhǎng

【长波】chángbō（名）〈电〉*long wave (of a radio)*

【长城】Chángchéng（名）(1) *the Great Wall* (2)现在常用来比喻坚强雄厚的力量 *a metaphor of staunch and reliable force*：中国人民解放军是保卫祖国的牢固～。Zhōngguó Rénmín Jiěfàngjūn shì bǎowèi zǔguó de láogù ～. *The Chinese People's Liberation Army defends the motherland like the Great Wall.*

【长处】chángchù（名）某方面的特长和优势（与"短处"相对）*merit; strong point (opposite to "短处")*：他的～是善于写抒情散文。Tā de ～ shì shànyú xiě shūqíng sǎnwén. *He is very good in writing lyrical prose.* /敌我双方各有～和短处,我们应以己之长攻敌之短。Dí wǒ shuāngfāng gè yǒu ～ hé duǎnchù, wǒmen yīng yǐ jǐ zhī cháng gōng dí zhī duǎn. *Both our enemy and we have strong points and week points and we should use our strong points to attack the enemy's weak points.*

【长此以往】cháng cǐ yǐ wǎng 长期这样下去 *if things go on like this; if things continue this way*：这孩子有时逃学,～就会变坏,必须加紧教育。Zhè háizi yǒushí táo xué, ～ jiù huì biànhuài, bìxū jiājǐn jiàoyù. *This child sometimes plays truant, and if this continues, he'll come to no good, so we must be more strict.*

【长度】chángdù（名）*length*：这块木板的～正好三米。Zhè kuài mùbǎn de ～ zhènghǎo sān mǐ. *The length of this board is exactly 3 meters.*

【长短】chángduǎn（名）(1)长度 *length*：两根竿子的～差不多。Liǎng gēn gānzi de ～ chàbuduō. *The two bamboo sticks are of similar lengths.* (2)意外的变故（多指生命危险，也可说"三长两短"）*unexpected misfortune (mostly danger to one's life, may also be said as "三长两短")*：老人旅行得有人陪,怕万一有个～。Lǎorén lǚxíng děi yǒu rén péi, pà wànyī yǒu gè ～. *When an elderly person travels, he should have someone go with him, just in case something may happen.* (3)是非、好坏（有时也可把"长短"拆开用）*right and wrong; good and bad*：他不愿在背后议论别人的～。Tā bú yuàn zài bèihòu yìlùn biéren de ～. *He doesn't want to gossip behind people's backs.* /这桩事儿我们不便说长道短。Zhè zhuāng shìr wǒmen búbiàn shuō cháng dào duǎn. *It's not appropriate for us to comment on this matter.*

【长方形】chángfāngxíng（名）〈数〉*rectangle*

【长工】chánggōng（名）旧时终年以出卖劳力为生的雇农 *farm laborer hired by the year*

【长颈鹿】chángjǐnglù（名）*giraffe*

【长久】chángjiǔ（形）时间很长 *for a long time*：～养成的习惯很难改变。～ yǎngchéng de xíguàn hěn nán gǎi. *Old habits are hard to break!* /他不准备～在这个公司工作。Tā bù zhǔnbèi ～ zài zhège gōngsī gōngzuò. *He didn't intend to work long at this company.*

【长毛绒】chángmáoróng（名）*plush*

【长眠】chángmián（动）婉辞,指死亡 *eternal sleep (eu-phemism for death)*

【长年】chángnián（副）*all year round*：那里地处热带,所以～有花。Nàli dì chǔ rèdài, suǒyǐ ～ yǒu huā. *That place is situated in the tropics and so there are flowers all year round.*

【长年累月】cháng nián lěi yuè 形容经历许多年月 *over the years; year in year out*：这所小木屋～经受风雨的侵蚀,已经破旧不堪了。Zhè suǒ xiǎo mùwū ～ jīngshòu fēngyǔ de qīnshí, yǐjīng pòjiù bùkān le. *This shack has weathered much over the years and has become old and dilapidated.* /这些珍贵资料是他～收集起来的。Zhèxiē zhēnguì zīliào shì tā ～ shōují qǐlai de. *These valuable materials were collected by him over the years.*

【长跑】chángpǎo（名）〈体〉*long-distance running*：他每天早晨练习～。Tā měi tiān zǎochen liànxi ～. *He jogs every morning.*

【长篇大论】chángpiān dàlùn 篇幅长的文章或演说,含贬义 *a lengthy article or speech*：他一发言就是～,没人爱听。Tā yī fā yán jiù shì ～, méi rén ài tīng. *Whenever he speaks it is always a long-winded speech and nobody wants to listen.* /报纸上尤其不宜登～的文章。Bàozhǐ shang yóuqí búyí dēng ～ de wénzhāng. *It is especially inappropriate to publish lengthy articles in newspapers.*

【长篇小说】chángpiān xiǎoshuō 〔本 běn,部 bù〕*novel*

【长期】chángqī（名）长时期 *a long period of time*：他～以来钻研中国现代文学,发表过不少文章。Tā ～ yǐlái zuānyán Zhōngguó xiàndài wénxué, fābiǎoguò bù shǎo wénzhāng. *Over a long period of time he has made a study of modern Chinese literature and published quite a few articles.* /～从事翻译工作 ～ cóngshì fānyì gōngzuò *to be engaged in translation work for a long time* /必须有～规划 bìxū yǒu ～ guīhuà *One must have a long-term plan.*

【长驱直入】cháng qū zhí rù 长距离不停顿地快速前进。主要形容进军顺利 *to drive straight in quickly without stopping*：我军～,直捣敌巢。Wǒ jūn ～, zhí dǎo díchāo. *Our forces drove straight in and smashed the enemy's camp.*

【长寿】chángshòu（形）活的年龄很大 *long life; longevity; long-lived*：这个山村～老人不少。Zhège shāncūn ～ lǎorén bù shǎo. *There are many long-lived aged people in this mountain village.* /祝您健康～。Zhù nín jiànkāng ～. *Wish you health and longevity.* /怎样才能～呢? Zěnyàng cái néng ～ ne? *What must one do in order to live long?*

【长叹】chángtàn（动）深深地叹息 *sigh deeply*

【长途】chángtú（名）长距离（多作状语或定语）*long distance (mostly used as an adverbial or attributive)*：～跋涉 ～ báshè *to make a long and difficult journey* /～电话 ～ diànhuà *a long-distance telephone call* /～汽车 ～ qìchē *a long-distance bus or cross country bus*

【长线产品】chángxiàn chǎnpǐn 生产周期长的产品 *products on long-term production*

【长于】chángyú（动）〈书〉（某些方面）做得特别好；擅长 *be good at*：他～写作。Tā ～ xiězuò. *He's good at writing.* /一定要了解一个人～什么,就可以用其所长。Yídìng yào liǎojiě yí ge rén ～ shénme, jiù kěyǐ yòng qí suǒ cháng. *You must know what a person is good at so as to be able to make use of his or her strong point.*

【长圆】chángyuán（形）*oval*

【长远】chángyuǎn（形）指未来很长的一段时间 *long-term (into the future)*：制订～规划 zhìdìng ～ guīhuà *to formulate a long-term plan* /过日子要有～打算,不能光顾眼前。guò rizi yào yǒu ～ dǎsuàn, bù néng guāng gù yǎnqián. *To get along you must have a long-term plan and not just look at the present.*

【长征】chángzhēng（名）特指中国工农红军1934－1935年由江西转移到陕北的二万五千里长征 *the 1934－1935*

25,000 *li*（12,500 *kilometres*）*expedition of the Chinese Workers' and Peasants' Red Army from Jiangxi to northern Shaanxi Province*（动）远距离出征 *set out on a long expedition*

【长足】chángzú（形·非谓）〈书〉进展快 *by leaps and bounds*; *rapid*;～的进步 ～ de jìnbù *rapid progress*

场 〔場〕cháng

（名）同"场院"chángyuàn *same as "场院"* chángyuàn（量）用于事情的经过 *for the duration of some event*:上月下了一～大雨。Shàng yuè xiàle yì ～ dàyǔ. *Last month there was a heavy downpour.* /他最近生了一～大病。Tā zuìjìn shēngle yì ～ dà bìng. *He recently came down with a serious illness.* /大哭一～ dà kū yì ～ *cry long and bitterly* 另见 chǎng

【场院】chángyuàn（名）*threshing floor*; *threshing ground*

肠 〔腸〕cháng

（名）同"肠子"chángzi *same as "肠子"* chángzi

【肠胃病】chángwèibìng（名）肠和胃所患疾病的统称 *common name for disease of the intestines and stomach*

【肠炎】chángyán（名）〈医〉*enteritis*

【肠子】chángzi（名）*intestines*

尝 〔嘗〕cháng

（动）吃到嘴里辨别滋味。常比喻为感受的意思 *to taste*; *to have a taste of*; *to experience*:你～～，这菜是不是太咸了。Nǐ ～～, zhè cài shì bu shì tài xián le. *Have a taste and see if this dish is too salty.* /他是个孤儿，直到结婚以后，才～到家庭的温暖。Tā shì ge gū'ér, zhídào jié hūn yǐhòu, cái ～dào jiātíng de wēnnuǎn. *Because he was an orphan, it wasn't until after he was married that he experienced the warmth of a family.*

【尝试】chángshì（动）〈书〉试验 *to try*:我曾～着用各种方式去亲近他，都遭到冷遇。Wǒ céng ～ zhe yòng gè zhǒng fāngshì qù qīnjìn tā, dōu zāodào lěngyù. *I've tried using every way I could to get close to him, but was always met with a cold reception.* /这种办法我没～过，不知好不好。Zhè zhǒng bànfǎ wǒ méi ～ guo, bù zhī hǎo bu hǎo. *I haven't tried this method so I don't know if it is good or not.*

【尝新】cháng＝xīn 吃应时的新鲜食品 *have a taste of what has just come in season*:桃子刚上市，买点儿尝尝新吧！Táozi gāng shàng shì, mǎi diǎnr chángchang xīn ba! *Peaches have just appeared on the market, I think I'll buy some to have a taste of what's in season.*

常 cháng

（形）◇（1）普通、平常（不受否定词或其它副词修饰）*common*; *ordinary*（*not modified by a negative word or any other adverbs*）:～人～rén *ordinary people* /习以为～ xí yǐ wéi ～ *to be used to something*（2）经常，不变的 *everyday*, *unchanging*:冬夏～青 dōng xià ～ qīng *to remain green throughout the year*; *evergreen*（副）时常 *often*, *frequently*:他～给孩子们讲故事。Tā ～ gěi háizimen jiǎng gùshi. *He often tells stories to the children.* /我～去他家玩。Wǒ ～ qù tā jiā wánr. *I often drop in on him.* /我们不～看电影。Wǒmen bù ～ kàn diànyǐng. *We don't often see a film.*

【常备不懈】cháng bèi bú xiè 时刻准备着，毫不松懈 *to be always on the alert*; *to be always prepared*

【常备军】chángbèijūn（名）*standing army*

【常常】chángcháng（副）事情发生不止一次，时间间隔较短 *often*; *frequently*; *usually*:他学习努力，考试～得满分。Tā xuéxí nǔ lì, kǎoshì ～ dé mǎnfēn. *He studies hard and usually gets a full mark.* 否定式是"不常"（*the negative form is*）"不常"

【常规】chángguī（名）（1）沿袭下来的老规矩 *the established practices which have been handed down*:打破～ dǎpò ～ *break with convention*（2）通常的，非特殊的 *common or average*; *not special*;～武器 ～ wǔqì *conventional weapons* /～战争 ～ zhànzhēng *conventional war*（3）〈医〉*routine*:血～ xuè～ *routine blood test*

【常轨】chángguǐ（名）正常的、通常的途径或方法 *normal practice*; *normal course*:战争改变了人们生活的～。Zhànzhēng gǎibiànle rénmen shēnghuó de ～. *The war has changed people's normal course in life.*

【常见病】chángjiànbìng（名）*common illness*

【常绿植物】chánglǜ zhíwù *evergreen*

【常年】chángnián（名）平常年份 *average year*:那时的生活在～还过得去，遇到荒年可就要吃苦了。Nà shí de shēnghuó, zài ～ hái guò de qù, yùdào huāngnián kě jiù yào chī kǔ le. *At that time, on an average year one could barely make ends meet but when there was a famine life became extremely hard.*（副）一年到头;整年 *all year round*:有些渔民没有房子，～住在船上。Yǒu xiē yúmín méi yǒu fángzi, ～ zhù zài chuán shang. *Some fishermen had no houses and lived aboard all the year round.*

【常情】chángqíng（名）一般的情理 *reason*; *common sense*:出门在外的人，每逢节日更加想念亲人，这是人之～。Chū mén zài wài de rén, měi féng jiérì gèngjiā xiǎngniàn qīnrén, zhè shì rén zhī ～. *Those who have left home to live elsewhere miss their loved ones more at every festival. This is only natural and normal.* /不要认为溺爱孩子是人之～，就可以原谅。Búyào rènwéi nì'ài háizi shì rén zhī ～, jiù kěyǐ yuánliàng. *Don't think that it stands to reason that one should dote on a child and so forgive one for doing so.*

【常人】chángrén（名）普通的人；一般的人 *ordinary person*; *the man in the street*

【常识】chángshí（名）*common sense*:生活～ shēnghuó ～ *general knowledge of life* /科学～ kēxué ～ *general scientific knowledge* /这是起码的～，连小学生都知道。Zhè shì qǐmǎ de ～, lián xiǎoxuéshēng dōu zhīdao. *This is elementary common sense, even elementary school children would know it.*

【常数】chángshù（名）〈数〉*constant*

【常态】chángtài（名）正常的状态 *normal state*; *normality*:他气得失去了～,打了弟弟一个耳光。Tā qì de shīqùle ～, dǎle dìdi yí ge ěrguāng. *He was so angry that he lost his composure and gave his little brother a slap in the face.*

【常委】chángwěi（名）"常务委员"的简称 *short for "常务委员"*

【常委会】chángwěihuì（名）"常务委员会"的简称 *short for "常务委员会"*

【常温】chángwēn（名）摄氏15度到25度的温度 *normal atmospheric temperature*（*between 15° and 25℃*）

【常务】chángwù（形·非谓）◇主持日常工作的 *routine*; *day-to-day*（*business*）:～委员 ～ wěiyuán *member of the standing committee* /～理事 ～ lǐshì *standing member of a council*

【常务委员会】chángwù wěiyuánhuì *standing committee*

【常言】chángyán（名）习惯上常说的像谚语、格言等类的话 *saying*; *aphorism*:～说得好，吃一堑,长一智。Cháng yán shuō de hǎo, chī yí qiàn, zhǎng yí zhì. *It is well said that a fall into the pit brings a gain in your wit.* /～道："玩火者必自焚。" ～ dào: "Wán huǒ zhě bì zì fén." *As the saying goes, "He who plays with fire will get burned."*

偿 〔償〕cháng

（动）◇（1）抵补 *make up*; *compensate*; *pay back*:得不～失 dé bù ～ shī *The loss outweighs the gain.*（2）满足 *sat-*

isfy, fulfil：如愿以～ rú yuàn yǐ ～ *have one's wishes fulfilled*

【偿还】chánghuán（动）〈书〉归还（所欠的债）*compensate; pay back*：～债务 ～ zhàiwù *pay a debt* /必须按期～ bìxū ànqī ～ *It is necessary to pay it back on time.*

【偿命】cháng＝mìng 抵偿性命 *a life for a life; pay with one's life (for a murder)*：杀人要～，这是当然的。Shā rén yào ～, zhè shì dāngrán de. *It goes without saying that one must pay with one's life for a murder.*

嫦 cháng

【嫦娥】Cháng'é（名）中国神话说她原是常人，偷吃了丈夫的长生药变为仙女飞入月亮 *the goddess of the moon, the lady in the Chinese legend who swallowed elixir stolen from her husband and flew to the moon*

chǎng

厂〔廠〕chǎng
（名）*factory*：炼钢～ liàngāng～ *steel mill* /～里今天休息。～ li jīntiān xiūxi. *They have a day off at the factory today.*

【厂矿】chǎngkuàng（名）工厂和矿山的合称 *factories and mines*：～企业 ～ qǐyè *factories, mines and other enterprises; industrial enterprises*

【厂房】chǎngfáng（名）工厂的房子，一般指进行生产的车间 *factory building; workshop (where production takes place)*

【厂史】chǎngshǐ（名）工厂的历史 *plant history; history of a factory*

【厂长】chǎngzhǎng（名）*plant manager; factory manager*

【厂子】chǎngzi（名）〈口〉工厂 *factory*：我中午在～里吃饭。Wǒ zhōngwǔ zài ～ li chī fàn. *I eat lunch at the factory.*

场〔場〕chǎng
（名）(1)◇进行一件事情或发生某个事故的地方，*spot*：他俩打架时，小王在～。Tā liǎ dǎ jià shí, Xiǎo Wáng zài ～. *When the two of them got into a scuffle, Xiao Wang was present.* (2)◇舞台 *stage*：现在该你上～了。Xiànzài gāi nǐ shàng ～ le. *It's your turn to go on stage now.* (3)◇比赛场地 *field of competition; court*：他犯规被罚下～了。Tā fàn guī bèi fá xià ～ le. *He was ordered off the field for breaking the rule.* (4)戏剧作品的段落 *scene of a play*：这个剧分三幕七一。Zhège jù fēn sān mù qī ～. *There are three acts and seven scenes in this play.* (量)用于文体活动 *for sports and recreation*：今晚放了两～电影。Jīn wǎn fàngle liǎng ～ diànyǐng. *There were two film shows tonight.* /今天打了三～球，我们输了两～。Jīntiān dǎle sān ～ qiú, wǒmen shūle liǎng ～. *We played three games of basketball today and lost two of them.* 另见 cháng

【场次】chǎngcì（名）电影、戏剧等演出的场数 *the number of showings of a film, play, etc.*

【场地】chǎngdì（名）空地. 常指体育活动或施工的地方 *space, usually of a place for sports activity or of a construction site*：这块～放风筝不错。Zhè kuài ～ fàng fēngzheng búcuò. *This isn't a bad place to fly a kite.*

【场合】chǎnghé（名）一定的时间、地点或情况 *occasion; situation; circumstance*：在公共～要注意衣帽整齐。Zài gōnggòng ～ yào zhùyì yī mào zhěngqí. *In public places one must take care to be neatly dressed.* /不分～乱说一气，难免要出问题。Bù fēn ～ luàn shuō yíqì, nánmiǎn yào chū wèntí. *If you speak carelessly regardless of the situation, how can you help but to have troubles.*

【场景】chǎngjǐng（名）(1)指戏剧、电影中的场 *scene (in a play or film)* (2)泛指情景 *view; sight*：兴修农田水利的热

烈～ xīngxiū nóngtián shuǐlì de rèliè ～ *bustling scene of construction of an irrigation project*

【场面】chǎngmiàn（名）(1)戏剧、电影中由布景、音乐和登场人物组合成的景况 *scene of a drama or film; stage setting* (2)叙事性文学作品中，由各种人物活动构成的生活情景 *life scene in narrative literary work*：这个～描写得很生动。Zhège ～ miáoxiě de hěn shēngdòng. *This scene was described quite vividly.* (3)指戏曲演出时伴奏的人员和乐器，管弦乐是文场面，锣鼓是武场面 *the orchestra which accompanies a Chinese opera, the strings and woodwinds being "文场面" and drums and gongs being "武场面"* (4)泛指一定场合下的情景 *any particular occasion*：这届奥运会开幕式的～十分壮观。Zhè jiè Àoyùnhuì kāimùshì de ～ shífēn zhuàng-guān. *The opening event of the Olympics was truely magnificent.* /草原牧民赛马的欢乐～感染了来访的客人。Cǎoyuán mùmín sài mǎ de huānlè ～ gǎnrǎnle lái fǎng de kèrén. *The festive scene of horse races of the grassland herdsmen was infectious to the visitors.*

【场所】chǎngsuǒ（名）(供大家)活动的处所 *place for public activities*：保持公共～的整洁 bǎochí gōnggòng ～ de zhěngjié *preserve the cleanliness of public places* /街心花园成了退休老人们活动的～. Jiēxīn huāyuán chéngle tuì xiū lǎorénmen huódòng de ～. *The street corner garden has become an activity center for retired people.*

【场子】chǎngzi（名）露天的、宽敞的处所 *a spacious outdoor area (such as a sports ground, etc.)*：有十来个人在东边空～上练武术。Yǒu shí lai gè rén zài dōngbian kòng ～ shang liàn wǔshù. *There are about ten people on the eastern vacant lot practising martial arts.*

敞 chǎng

敞（动）打开 *open*：～着门 ～zhe mén *with the door open* /～着领子 ～zhe lǐngzi *with the collar unbuttoned* (形)(房屋、庭院等)宽敞、没遮拦 *(of houses, courtyards, etc.) spacious; roomy*：这个院子太～了，进门的地方种点儿树吧！Zhège yuànzi tài ～ le, jìn mén de dìfang zhòng diǎnr shù ba! *This courtyard is too open, we should plant some trees at the entrance.*

【敞开】chǎngkāi（动）(把关闭的门、窗等)打开，也比喻毫不遮掩精神、思想 *to open (a door, window, etc.); metaphorically say what's on one's mind*：门窗～，让阳光进来。mén chuāng ～, ràng yángguāng jìnlai. *Open up the doors and the windows and let the sunshine in.* /～胸怀 ～ xiōnghuái *to open one's mind or heart* /～思想，大胆说出心里话 ～ sīxiǎng, dàdǎn shuōchū xīnlǐhuà *be open-hearted and frankly say what is on one's mind*

【敞亮】chǎngliàng（形）(1)(房屋等内部)宽敞明亮 *spacious and bright (inside of a house)*：这个大厅很～. Zhège dàtīng hěn ～. *This hall is quite open and bright.* (2)清楚、明白 *clear*：你这么一讲，我心里～多了。Nǐ zhème yì jiǎng, wǒ xīnli ～ duō le. *After you put it that way it is much clearer to me.*

【敞篷车】chǎngpéngchē（名）[辆 liàng] *open car*

chàng

怅〔悵〕chàng

【怅然】chàngrán（形）〈书〉形容失意的样子 *disappointed; upset*：他去火车站等了半天，也没接到妻子，只好～而归。Tā qù huǒchēzhàn děngle bàntiān, yě méi jiēdào qīzi, zhǐhǎo ～ ér guī. *He went to the train station and waited for a long time, but still didn't meet up with his wife, so he had to return home disappointed.*

【怅惘】chàngwǎng（形）〈书〉形容没精打采的样子 *distract-*

ed; listless; depressed：离开故乡时，感到无限～。Líkāi gùxiāng shí, gǎndào wúxiàn ～. *When I left my hometown, I felt totally depressed.*

畅 〔暢〕 chàng

【畅快】 chàngkuài（形）心里没有不高兴的事，觉得愉快 *to have no cares on one's mind; carefree*：心里～，走起路来也格外精神。Xīnli ～, zǒu qi lù lai yě géwài jīngshen. *With mind at ease, he seemed to walk with a vigorous gait.*

【畅所欲言】 chàng suǒ yù yán 痛痛快快地说出想说的话 *speak one's mind freely*：小组会上大家～，对工作提了不少建议。Xiǎozǔhuì shang dàjiā ～, duì gōngzuò tíle bù shǎo jiànyì. *Everyone spoke his mind at the group meeting and put forth quite a number of suggestions concerning the work.*

【畅谈】 chàngtán（动）尽情地谈论 *to talk freely*：朋友们聚在一起～今后的打算。Péngyoumen jù zài yìqǐ ～ jīnhòu de dǎsuàn. *Friends gather together and talk endlessly about future plans.*

【畅通】 chàngtōng（动）无阻碍地让车辆通过 *unimpeded; unobstructed*：这条路已经完全修好，～无阻了。Zhè tiáo lù yǐjīng wánquán xiūhǎo, ～ wú zǔ le. *The road has been completely repaired and it is open all the way.*

【畅想】 chàngxiǎng（动）尽情大胆地想像（未来美好情景）*give freedom to one's imagination*：小明一心想当宇航员，整天～着未来遨游太空的情景。Xiǎomíng yìxīn xiǎng dāng yǔhángyuán, zhěng tiān ～zhe wèilái áoyóu tàikōng de qíngjǐng. *Xiaoming wants to be an astronaut with all his heart, and he spends all day dreaming about scenes of future space travel.*

【畅销】 chàngxiāo（动）货物销路广，卖得快 *sell well （goods, merchandise, etc.）; be in great demand*：～世界各地 ～ shìjiè gè dì *be in great demand throughout the world* / 这种货在农村很～。Zhè zhǒng huò zài nóngcūn hěn ～. *This kind of product sells well in farming communities.* / 春末是夏装～季节。Chūnmò shì xiàzhuāng ～ jìjié. *Late spring is a good season for summer clothes sales.*

【畅行】 chàngxíng（动）无阻碍地通行或流行 *to advance or pass through unimpeded*：这条路不准走汽车，自行车可以～。Zhè tiáo lù bù zhǔn zǒu qìchē, zìxíngchē kěyǐ ～. *This road is not open to automobile traffic but bicycles can go through.* / 美元和英镑都是～于国际市场的货币。Měiyuán hé Yīngbàng dōu shì ～ yú guójì shìchǎng de huòbì. *The American dollar and the pound sterling are both currencies which can be freely circulated in the international market.*

【畅饮】 chàngyǐn（动）〈书〉尽情地喝酒 *drink one's fill*：开怀～ kāihuái ～ *drink (alcohol) to one's heart's content* / 明天放假，今晚又不需要开车，可以～了。Míngtiān fàng jià, jīn wǎn yòu bù xūyào kāi chē, kěyǐ ～ le. *Tomorrow is a holiday and I don't need to drive the car tonight, so I can drink my fill.*

【畅游】 chàngyóu（动）尽情地游玩或游泳 *to have a good time or to have a good swim*：～长江 ～ Cháng Jiāng *to have a good swim in the Changjiang River* / 去年春天我到杭州～了三天。Qùnián chūntiān wǒ dào Hángzhōu ～le sān tiān. *Last spring I enjoyed a pleasant three days in Hangzhou.*

倡 chàng

【倡导】 chàngdǎo（动）带头提倡和发动（某种主张或运动）*take the lead in advocating sth.*：五四时期，陈独秀首先～文学革命。Wǔ-Sì shíqī, Chén Dúxiù shǒuxiān ～ wénxué gémìng. *During the time of the May Fourth Movement, Chen Duxiu first took the lead in advocating a literary revo-*

lution.

【倡议】 chàngyì（动）首先提出（某种动议）*propose*：工会主席～每人种五棵树。Gōnghuì zhǔxí ～ měi rén zhòng wǔ kē shù. *The union leader proposed that everyone plant five trees.*（名）最先提出的建议 *proposal; suggestion*：这个～得到大家的热烈欢迎。Zhège ～ dédào dàjiā de rèliè huānyíng. *The proposal was enthusiastically received by everyone.*

【倡议书】 chàngyìshū（名）写在书面上的倡议 *written proposal*

唱 chàng

（动）（1）sing：～歌 ～ gē *sing (a song)* / ～戏 ～ xì *perform in an opera* / ～小曲 ～ xiǎoqǔ *sing a popular song*（2）◇大声叫 *call*：～票 ～ piào *call out the names of those voted for (in ballot counting)*

【唱词】 chàngcí（名）歌剧，戏曲中演员演唱的文字 *libretto; words sung in a ballad, traditional opera, etc.*

【唱段】 chàngduàn（名）戏曲里一段完整的唱腔 *(of Chinese opera) aria*

【唱对台戏】 chàng duìtáixì 两个戏班在同一个场所各唱各的戏，带竞争性质。现多比喻相对的两方各说各的观点，或一方采取与对方相对的行动，来反对或搞垮对方 *(of two theatrical troupes) put on rival performances; (fig.) set oneself up against; take an opposing stand to defeat one's opponent*

【唱反调】 chàng fǎndiào 比喻提出与别人相反的意见和主张或采取相反的行动 *willfully speak out or act contrary to*：不少同志说这本书写得好，我想唱个反调，我认为这本书缺点比较多。Bù shǎo tóngzhì shuō zhè běn shū xiě de hǎo, wǒ xiǎng chàng ge fǎndiào, wǒ rènwéi zhè běn shū quēdiǎn bǐjiào duō. *Quite a few comrades think that this book is well written. However, I take exception, I think that it has many faults.* / 你怎么总跟大家～? Nǐ zěnme zǒng gēn dàjiā ～? *Why do you always contradict everyone else?*

【唱高调】 chàng gāodiào 说不切实际的漂亮话，也说说得好听，而实际不做 *use high-sounding language*：这个人就会～，没看见他做过什么事。Zhège rén jiù huì ～, méi kànjian tā zuòguo shénme shì. *This person knows how to use high-sounding language, but I've never seen him do anything.* / 什么"不怕吃苦"，他只不过是～而已，谁也没他怕吃苦。Shénme "bú pà chī kǔ", tā zhǐ búguò shì ～ éryǐ, shuí yě méi tā pà chī kǔ. *What does he mean he is "not afraid of hardship"? He's just using high-sounding words. Nobody is more afraid of hardship than he.*

【唱工】 chànggōng（名）中国戏曲中的唱的艺术 *art of singing in traditional Chinese opera*：因为重点不同，有的戏是～戏，有的是做工戏，也有唱做并重的。Yīnwei zhòngdiǎn bù tóng, yǒude xì shì ～ xì, yǒude shì zuògōng xì, yě yǒu chàng zuò bìngzhòng de. *Because there is a difference in emphasis, some traditional Chinese operas feature the art of singing, some feature acting, and some feature both singing and acting.*

【唱机】 chàngjī（名）*gramophone; phonograph*

【唱片】 chàngpiàn（名）[张 zhāng] *gramophone record*

【唱腔】 chàngqiāng（名）戏曲音乐中唱的曲调 *(of Chinese opera) melody of an aria*

【唱戏】 chàng=xì〈口〉唱戏曲 *sing an opera*：他不是京剧演员，没上过台，可是会～，而且唱得不错。Tā bú shì jīngjù yǎnyuán, méi shàngguo tái, kěshì huì ～, érqiě chàng de búcuò. *He's not a Beijing opera performer; nor has he ever appeared on stage, but he can sing Beijing opera and is in fact quite good at it.*

chāo

抄 chāo

（动）(1)照着写 copy；transcribe：～书 ～ shū copy a book /～稿子 ～ gǎozi copy a manuscript (2)把别人的文章或语句写下来当做自己的 plagiarize：～别人的作业 ～ biéren de zuòyè copy another person's homework (3)搜查并没收 search and confiscate：～家 ～ jiā search sb.'s house and confiscate his belongings /满门～斩 mǎn mén ～ zhǎn execute an entire family and confiscate their property (4)走近路 take a shortcut：～小路走过去 ～ xiǎolù zǒu guòqu take a shortcut on a small road (5)〈口〉急忙抓起 grab：～起扫帚就扫院子 ～qǐ sàozhou jiù sǎo yuànzi take a broom and sweep the courtyard /谁把我的笔～走了? Shuí bǎ wǒ de bǐ ～zǒu le? Who walked off with my pen? (6)两手交叉放在胸前或伸入衣袖内 fold one's hands in front：～着手站在那里 ～zhe shǒu zhàn zài nàli stand with one's arms folded (7)堵截 thwart；outflank：～敌人的后路 ～ dírén de hòulù outflank the enemy and attack from the rear

【抄本】chāoběn（名）照原稿抄写的书本 hand-copied book；transcript

【抄道】chāo=dào（～儿）〈口〉走较近的路 take a shortcut：从这儿去市场，～走只需要五分钟。Cóng zhèr qù shìchǎng，～ zǒu zhǐ xūyào wǔ fēnzhōng. It only takes five minutes to get to the market from here if you take a shortcut.

【抄获】chāohuò（动）搜查并获得 search and seize：在这个特务屋里～了一部电台。Zài zhège tèwù wū li ～le yí bù diàntái. A radio was seized from the spy's hideout.

【抄件】chāojiàn（名）抄录或复制的文件 duplicate；copy（of a document，etc.）：这是～，不是底本。Zhè shì ～，bú shì dǐběn. This is a duplicate，not the master copy.

【抄录】chāolù（动）抄写 make a copy；copy（sth.）：我这里～了别人的一首诗，你看看怎么样 Wǒ zhèli ～le biéren de yì shǒu shī，nǐ kànkan zěnmeyàng. I copied down somebody's poem here，take a look and see what you think.

【抄袭】chāoxí（动）(1)把别人的作品抄来当做自己的 plagiarize：～别人的作品太可耻了。～ biéren de zuòpǐn tài kěchǐ le. It is a disgrace to plagiarize the work of others. (2)不顾客观条件，机械地搬用别人的经验和方法等 borrow indiscriminately from people's experience：一个国家的革命和建设都应走自己的路子，不能～别国的经验。Yí ge guójiā de gémìng hé jiànshè dōu yīng zǒu zìjǐ de lùzi，bù néng ～ bié guó de jīngyàn. The revolution and construction of a country should follow its own path and not borrow indiscriminately from other country's experience. (3)（军队）绕道袭击敌人 launch a surprise attack on the enemy by making a detour.

【抄写】chāoxiě（动）同"抄" chāo(1) same as "抄" chāo(1) copy；make a copy of；duplicate：～文件 ～ wénjiàn copy a document /～歌谱 ～ gēpǔ copy the music of a song /他整天抄抄写写，挺忙的。Tā zhěng tiān chāochāoxiěxiě，tǐng máng de. He has been writing transcribing all day long and has been quite busy.

钞 〔鈔〕chāo

（名）① banknote；paper money：要现～，不要支票。Yào xiàn～，bú yào zhīpiào.（We）want cash，not checks.

【钞票】chāopiào（名）banknote

超 chāo

（动）(1)越过 surpass；overtake；exceed：他爱开快车，总喜欢～车。Tā ài kāi kuàichē，zǒng xǐhuan ～ chē. He likes to drive fast and overtake other cars. (2)越出（一般的）transcend；go beyond：～高压 ～gāoyā superhigh pressure

【超产】chāo=chǎn 超过原定的产量；超额完成包产 exceed the planned production quota：～百分之十五 ～ bǎi fēn zhī shíwǔ exceed the production quota by 15%

【超车】chāo=chē overtake other cars on the road；pass

【超出】chāochū（动）越出 go beyond；exceed：～预算 ～ yùsuàn exceed the budget /～你的职权范围的事，你不一定要做。～ nǐ de zhíquán fànwéi de shì，nǐ bù yídìng yào zuò. If something is beyond your functions and powers，you don't have to do it.

【超等】chāoděng（形·非谓）高出一般的；特等 of superior grade；extra fine

【超额】chāo'é（动）超过定额 exceed or surpass（quota）：月你～了没有? Zhè yuè nǐ ～le méiyou? Did you overfulfil your quota this month? /～完成任务 ～ wánchéng rènwù overfulfil one's quota

【超低温】chāodīwēn（名）ultralow temperature

【超短波】chāoduǎnbō（名）ultrashort wave

【超短裙】chāoduǎnqún（名）[条 tiáo] miniskirt

【超高压】chāogāoyā（名）(1)〈物〉超过十万个大气压的压力 superhigh pressure（atmospheric pressure above 100,000）(2)〈电〉指二十二万伏特以上的电压 extrahigh voltage；extrahigh tension（above 220,000 volts）

【超过】chāoguò（动）(1)从后面赶到前面 surpass；overtake：小轿车很快就～了公共汽车。Xiǎojiàochē hěn kuài jiù ～le gōnggòng qìchē. The sedan quickly overtook the bus. (2)高出 exceed：今年～去年产量的百分之十。Jīnnián ～ qùnián chǎnliàng de bǎi fēn zhī shí. This year we surpassed last year's output by 10%.

【超级】chāojí（形·非谓）super：～市场 ～ shìchǎng supermarket /～大国 ～ dàguó superpower

【超阶级】chāo jiējí transcending classes；supra-class

【超龄】chāolíng（动）超过规定的年龄 over-age：～团员 ～ tuányuán over-age youth league member /我已经～了，没机会服兵役了。Wǒ yǐjing ～ le，méi jīhuì fú bīngyì le. I am already over-age so I have no chance to serve in the army.

【超期服役】chāo qī fú yì extended active duty；extended service in the army

【超然】chāorán（形）（对某种矛盾冲突）采取不介入的态度，不支持其任何一方 stand aloof；detached：在这个问题上，他持～态度。Zài zhège wèntí shang，tā chí ～ tàidu. He takes an aloof attitude toward this problem.

【超人】chāorén（名）superman（as defined by Nietzsche）（形·非谓）（能力等）超过一般人的（of sb.'s ability，etc.）be out of the common run；exceptional：～的毅力 ～ de yìlì exceptional willpower /～的记忆力 ～ de jìyìlì exceptionally good memory

【超声波】chāoshēngbō（名）〈物〉ultrasonic（wave）；supersonic（wave）

【超脱】chāotuō（形）不受成规、形式等的束缚 unconventional；举止～ jǔzhǐ ～ behave in an unconventional manner（动）超出、脱离 exceed；break away from：在现实生活中，～现实是根本不可能的。Zài xiànshí shēnghuó zhōng，～ xiànshí shì gēnběn bù kěnéng de. It is impossible to break away from reality in real life.

【超音速】chāoyīnsù（名）〈物〉supersonic speed

【超员】chāo=yuán 超过规定的人数 exceed the set number of people

【超越】chāoyuè（动）超出、越过 transcend；surmount；exceed；surpass：我们不能～实际生产水平去提倡高消费。Wǒmen bù néng ～ shíjì shēngchǎn shuǐpíng qù tíchàng gāo xiāofèi. We must not encourage a consumption at a higher level than that of actual production.

【超载】chāozài（动）（车、船等）装载的货物等超过规定的载重量 overload（a vehicle，ship，etc.）

【超支】chāozhī（动）overspend

【超重】chāozhòng（动）超过规定的重量 overweight (of goods); overload; 船上的货物～二十吨，太危险了。Chuán shang de huòwù ～ èrshí dūn, tài wēixiǎn le. The goods on board ship are 20 tons overweight which is too dangerous.

cháo

巢 cháo
（名）nest; den; 鸟～ niǎo～ bird's nest / 匪～ fěi～ bandits hideout

【巢穴】cháoxué（名）〈书〉鸟兽藏身的地方。常比喻坏人聚集之地 den; lair

朝 cháo
（名）(1)朝廷 court (2)朝代，或一个君主统治时代 dynasty or period of a ruler's reign; 汉～ Hàn～ the Han Dynasty / 改～换代 gǎi ～ huàn dài change of dynasty; dynastic changes（动）(1)朝见，朝拜 have an audience with the emperor; ～圣 ～shèng make a pilgrimage (2)向 face; 大门～南。Dà mén ～ nán. The door faces south. /他住的是一间～东的屋子。Tā zhù de shì yì jiàn ～ dōng de wūzi. He lives in a room that faces east. /农业要～着机械化的方向发展。Nóngyè yào ～zhe jīxièhuà de fāngxiàng fāzhǎn. Agriculture must develop in the direction of mechanization. （注意："朝"用在单音的方位名词如"东"、"西"、"上"、"下"、"左"、"右"、"前"、"后"等前面时，不能带"着"。）（Note: when used before a monosyllabic word of locality, such as "东", "西", "上", "下", "左", "右", "前", "后", "朝" doesn't take "着".）（介）towards; 隔着窗户～外看 gézhe chuānghu ～ wài kàn gaze out through the window 另见 zhāo

【朝拜】cháobài（动）封建时代官员上朝向君主跪拜; 宗教徒到庙宇或圣地向神、佛礼拜 (of an offical in feudal society) kowtow (to the sovereign); pay religious homage to; worship

【朝代】cháodài（名）[个 gè] dynasty

【朝山】cháo＝shān 佛教徒到名山寺庙烧香、参拜 (of Buddhist followers) make a pilgrimage to a temple on a famous mountain (to burn joss sticks and worship Buddha)

【朝圣】cháoshèng（动·不及物）宗教徒朝拜宗教圣地 go on a pilgrimage to the Holy Land

【朝廷】cháotíng（名）royal or imperial court

【朝阳】cháoyáng（动·不及物）向着太阳，主要指向南 face the sun; face south; ～的房子 ～ de fángzi a house that faces south /这个窗户～。Zhège chuānghu ～. This window faces south.

嘲 cháo
（动）◇ 嘲笑，讥笑 ridicule; jeer; mock; 冷～热讽 lěng ～ rè fěng sarcasm /聊以解～ liáo yǐ jiě ～ try to explain things away when ridiculed

【嘲讽】cháofěng（动）〈书〉嘲笑讽刺 sneer at; ridicule

【嘲弄】cháonòng（动）嘲笑戏弄 mock; ridicule; 别～人。Bié ～ rén. Don't mock people.

【嘲笑】cháoxiào（动）用言语笑话别人 mock; jeer; ridicule; ～别人的生理缺陷是不道德的。～ biéren de shēnglǐ quēxiàn shì bú dàodé de. It is not moral to ridicule other people's physical handicaps.

潮 cháo
（名）定期涨落的海水 tide; 涨～ zhǎng ～ flood tide; rising tide; high tide /退～ tuì ～ ebb tide; low tide（形）有点儿湿 damp; moist; 洗的衣服还有点儿～，再晾一会儿。Xǐ de yīfu hái yǒudiǎnr ～, zài liàng yíhuìr. The washed clothes are still a little damp; let them hang up a little longer. /饼干受～了，一点儿也不酥了。Bǐnggān shòu ～ le, yìdiǎnr yě bù sū le: The biscuits have become moist and they are no longer crispy.

【潮流】cháoliú（名）[股 gǔ]（1）由涨潮引起的水流运动 a tidal current（2）比喻时代或社会变动、发展的趋势 trend; 历史～ lìshǐ ～ historical trend /思想～ sīxiǎng ～ ideological trend /文艺～ wényì ～ literary and artistic trend

【潮气】cháoqì（名）指空气里含的水分 moisture in the air; damp; humidity; 把箱子打开晒晒，去去～。Bǎ xiāngzi dǎkai shàishai, qùqu ～. Open the chest to air it out and get rid of the damp.

【潮湿】cháoshī（形）damp; 我最不喜欢闷热～的天气。Wǒ zuì bù xǐhuan mēnrè ～ de tiānqì. I dislike hot, humid weather the most. /地下室往往很～. Dìxiàshì wǎngwǎng hěn ～. Basement is often damp.

【潮水】cháoshuǐ（名）tide

【潮汐】cháoxī（名）morning and evening tides; tide

【潮汛】cháoxùn（名）一年中定期的大潮 spring tide

chǎo

吵 chǎo
（动）(1)因意见不一致，大声争辩，互不相让 quarrel; 你们别～，有什么问题好好商量。Nǐmen bié ～, yǒu shénme wèntí hǎohāor shāngliang. Don't quarrel. If you have a problem, discuss it properly.（2）声音杂乱扰人 make a noise; disturb; 大街上车来人往的～死人了。Dàjiē shang chē lái rén wǎng de ～sǐ rén le. The traffic and pedestrians on the road are noisy enough to kill a person. /我刚睡着，就被你们给～醒了。Wǒ gāng shuìzháo, jiù bèi nǐmen gěi ～ xǐng le. I just got to sleep when I was woken up by your noise. /他在写文章，别～他。Tā zài xiě wénzhāng, bié ～ tā. He is writing his article. Don't disturb him.

【吵架】chǎo＝jià 激烈的争吵 quarrel; 他从不跟人～。Tā cóng bù gēn rén ～. He never quarrels with others. /刚才我们两人吵了一架。Gāngcái wǒmen liǎng rén chǎole yí jià. We two just had a row.

【吵闹】chǎonào（动·不及物）〈书〉大声争吵 make a lot of noise（形）（声音）杂乱 noisy; 街面上异常～。Jiēmiànshang yìcháng ～. The street is extraordinarily noisy. /外面吵吵闹闹的，是怎么一回事？Wàimiàn chǎochǎonàonào de, shì zěnme yì huí shì? It sure is noisy outside. What's happening?

【吵嚷】chǎorǎng（动·不及物）乱喊叫 shout in confusion; make a racket

【吵嘴】chǎo＝zuǐ 争吵 quarrel; bicker; 这两姐妹为一点儿小事就吵半天嘴。Zhè liǎng jiěmèi wèi yìdiǎnr xiǎo shì jiù chǎo bàntiān zuǐ. These two sisters bickered for a long time over a trifling matter.

炒 chǎo
（动）stir-fry; ～虾仁 ～ xiārénr stir-fry fresh shelled shrimps /～瓜子儿 ～ guāzǐr roast melon seeds

【炒菜】chǎocài（名）用炒的方法制作出来的热菜 a stir-fried dish

【炒菜】chǎo＝cài stir-fry; fry; sauté; 有客人来吃饭多炒两个菜吧。Yǒu kèrén lái chī fàn duō chǎo liǎng ge cài ba. We are having a guest over for dinner, so fry up an extra two dishes.

【炒冷饭】chǎo lěngfàn 比喻重复已经说过的话或做过的事，没有新的内容 heat leftover rice—say or do the same old thing; rehash

【炒面】chǎomiàn（名）(1)炒熟了的面粉，多用开水冲了吃 stir-fried flour, eaten with boiling water added as a kind of porridge (2)煮熟后再放到锅里炒过的面条 stir-fried

noodles which are boiled first

chē

车〔車〕chē
（名）[辆 liàng] *vehicle*（动）(1)用车床切削东西 *shape, turn, lathe*：把零件～光 bǎ língjiàn ～ guāng *smooth a spare part on a lathe*（2)用水车取(水) *lift water by using a waterwheel*：～水 ～ shuǐ *lift up water*

【车把】chēbǎ（名）骑车、拉车、推车时用手抓住的部分 *handlebar (of a bicycle, motorcycle, etc.)*, *shaft (of a wheelbarrow, cart, etc.)*

【车床】chēchuáng（名）[台 tái] *lathe*

【车次】chēcì（名）列车的编号或长途汽车行车的次序 *a train's numbe; coach number (indicating order of departure)*

【车夫】chēfū（名）旧社会指靠推车、拉车、赶车或驾驶汽车为生的人 *(obsolete) driver; carter*

【车工】chēgōng（名）(1) *lathe work* (2) *lathe operator; turner*

【车祸】chēhuò（名）行车时发生的事故 *traffic accident*

【车技】chējì（名）杂技的一种，演员乘特制的自行车，表演各种动作 *trick-cycling (in acrobatics)*

【车间】chējiān（名）*workshop*

【车库】chēkù（名）停放汽车的房子 *garage*

【车辆】chēliàng（名）各种车(多指道路上行驶的)的总称 *vehicles; traffic*

【车轮】chēlún（名）*wheel; tire*

【车皮】chēpí（名）火车的车厢(多指货车) *railway carriage or wagon (esp. of a freight train)*

【车票】chēpiào（名）[张 zhāng] *train or bus ticket*

【车水马龙】chē shuǐ mǎ lóng 形容来往车马很多，连续不断 *incessant (or heavy) traffic*：城市里～，非常热闹。Chéngshì li ～，fēicháng rènao. *Traffic is bustling in the city and it is really exciting.*

【车速】chēsù（名）行车的速度 *speed of a vehicle*

【车胎】chētāi（名）*tire; tyre*

【车厢】chēxiāng（名）火车、汽车等用来载人或装东西的部分 *railway carriage; coach of a train*

【车站】chēzhàn（名）*railway station; bus-stop*

【车子】chēzi（名）同"车" chē(名)，用得较少 *same as "车" chē(名), but seldom used*

chě

扯chě
（动）(1)拉 *pull*：～住他不放 ～zhù tā bú fàng *hold him fast and don't let go* (2)撕 *tear*：～破了衣服 ～pòle yīfu *tear one's clothes* (3)无边无际地闲谈 *chat, gossip*：闲谈 xián ～ *idle gossip*／东拉西～，说起来没完 dōng lā xī ～，shuō qǐlai méi wán *talk about trivialities and not stop*

【扯皮】chěpí（动）无原则地争论推诿 *haggle over trifles; argue back and forth*：还是谈正经的吧，别～了。Háishi tán zhèngjing de ba, bié ～ le. *Let's discuss serious matters and not haggle over trifles.*

chè

彻〔徹〕chè
【彻底】chèdǐ（形）一直到底；深透 *complete; thorough-going*：～改变落后面貌 ～ gǎibiàn luòhòu miànmào *completely change the backwardness of things*／工作做得很～。Gōngzuò zuò de hěn ～. *The work has been done thoroughly.*／问题解决得不～，以后还会出现麻烦事儿。Wèntí

jiějué de bú ～，yǐhòu hái huì chūxiàn máfan shìr. *If the problem isn't completely resolved, trouble can still come up later.*／他的病得到～的治疗。Tā de bìng dédào ～ de zhìliáo. *His illness is completely cured.*

【彻头彻尾】chè tóu chè wěi 从头到尾，完完全全，多含贬义 *thorough-going; out-and-out; downright*：他是个～的伪君子。Tā shì ge ～ de wěijūnzǐ. *He is an out-and-out hypocrite.*／这是～的种族歧视。Zhè shì ～ de zhǒngzú qíshì. *This is downright racial discrimination.*

【彻夜】chèyè（名）〈书〉整夜 *throughout the night*：～不眠 ～ bù mián *lie awake all night*／～赶运救灾物资 ～ gǎn yùn jiù zāi wùzī *rush to deliver relief to a disaster area the whole night*

chè

撤chè
（动）(1)除去 *remove; dismiss*：把岗哨～了 bǎ gǎngshào ～ le *The guard has been dismissed.*／～掉他的职务 ～diào tā de zhíwù *remove him from office* (2)退 *withdraw; retreat*：主动向后～ zhǔdòng xiàng hòu ～ *initiate a retreat*／～兵 ～ bīng *withdraw troops*

【撤除】chè chú（动）除去，取消 *remove; abolish*：～了一些多余的机构 ～le yìxiē duōyú de jīgòu *Some unnecessary organizations have been abolished.*／～岗哨 ～ gǎngshào *dismantle lookout posts*

【撤换】chèhuàn（动）撤去原有的，换上另外的(人或物) *dismiss and replace*：本届大会～了两名代表。Běn jiè dàhuì ～ le liǎng míng dàibiǎo. *Two representatives were dismissed and replaced at this general membership meeting.*／这个大殿的柱子～了好几根。Zhège dàdiàn de zhùzi ～le hǎo jǐ gēn. *Several of the pillars of this big hall were replaced.*

【撤回】chèhuí（动）(1)使(驻在外面的人员)回来 *withdraw, pull back (personnel stationed abroad)*：～军队 ～ jūnduì *withdraw troops*／～大使 ～dàshǐ *recall an ambassador (from a country)* (2)收回(已发出的文件等) *withdraw from circulation (documents, etc. already in circulation)*：～提案 ～ tí'àn *withdraw a proposal*／～讨论稿 ～ tǎolùngǎo *withdraw a discussion draft*

【撤军】chè=jūn *pull back troops*

【撤离】chèlí（动）(从某地方)后退，离开 *withdraw from; leave*：军队～边境地区。Jūnduì ～ biānjìng dìqū. *The army withdrew from the border regions.*／灾民都～了危险区。Zāimín dōu ～le wēixiǎnqū. *The victims of the natural disaster left the danger area.*

【撤退】chètuì（动）(军队)放弃原阵地或新占领的地区 *withdraw, evacuate, retreat (troops)*：军队～到第二道防线。Jūnduì ～ dào dì'èr dào fángxiàn. *The troops retreated to the second line of defense.*

【撤销】chèxiāo（动）取消 *abolish, revoke*：～职务 ～ zhíwù *remove from office*／～处分 ～ chǔfèn *rescind a penalty*／～原议 ～ yuányì *withdraw the original opinion*

【撤职】chè=zhí 撤销职务 *remove from office; dismiss sb. from his post*：撤了他的职 chèle tā de zhí *He was removed from office.*／受到～处分 shòudào ～ chǔfèn *receive a penalty of removal of office*

chēn

嗔chēn
（动）(1)〈书〉发怒 *get angry* (2)对人不满、怪罪 *be annoyed or displeased (with sb.)*：他～着我来晚了，不高兴了。Tā ～zhe wǒ lái wǎn le, bù gāoxìng le. *He was annoyed with me for coming late.*

【嗔怪】chēnguài（动）对人不满而生气；怪罪 *be annoyed and angry (with sb.); blame*

chén

尘 〔塵〕chén
（名）◇dust
【尘埃】chén'āi（名）〈书〉尘土 dust
【尘土】chéntǔ（名）dust

臣 chén
（名）(1)君主制国家官员的统称 a general designation for officials in a monarchical state (2)中国封建时代官吏对皇帝的自称 what Chinese feudal officials called themselves before the emperor

沉 chén
（动）(1)（在水中）往下落（与"浮"相对）sink (in water) (as opposed to 浮)：船～到了海底。Chuán ～dàole hǎidǐ. The boat sank to the bottom of the sea. (2)往下陷落 subside；sink；settle：房基下～了。Fángjī xià ～ le. The house's foundation has settled. (3)往下放，使降落（指抽象事物）settle；lower（for abstract things）：～住气（使降落）～住气 ～ zhù qì cool down one's anger /～下心来 ～ xià xin lai settle down (to one's work, study, etc.) /他把脸一～，走了出去 Tā bǎ liǎn yī ～, zǒule chuqu. He pulled a long face and walked out. (形)(1)分量重 heavy：这个箱子太～了，我提不动。Zhège xiāngzi tài ～ le, wǒ tí bu dòng. This box is too heavy；I can't lift it. (2)程度深（用的范围有限）indicates a high degree (limited in its use)：天阴得很～，怕要下雨。Tiān yīn de hěn ～, pà yào xià yǔ. The sky is really cloudy. It'll probably rain. /他睡得真～，这么吵都不醒。Tā shuì de zhēn ～, zhème chǎo dōu bù xǐng. He sleeps like a log and doesn't even wake with this much noise.
【沉甸甸】chéndiàndiàn（形）形容沉重 heavy：～的谷穗 ～ de gǔsuì heavy ears of millet /做父亲的心里～的，觉得儿子犯了错误自己有责任。Zuò fùqin de xīnli ～ de, juéde érzi fànle cuòwù zìjǐ yǒu zérèn. As a father he feels heavyhearted because he thinks he is responsible for his son's mistakes.
【沉淀】chéndiàn（动）precipitate；settle（名）sediment
【沉积】chénjī（动）河流流速减慢时，水中携带的沙石、泥土等沉淀下来，淤积在河床或海湾等低洼地带 deposit（as silt）（名）指物质在溶液中沉淀积聚的现象 deposit；sediment；silt
【沉寂】chénjì（动）〈书〉很静，没有一点儿声音 dead silent：夜深人静，四野～ Yè shēn rén jìng, sìyě ～ In the still of the night, the surrounding country is dead silent.
【沉浸】chénjìn（动）〈书〉泡在水里，多用引申义，表示处于（某种境界中，常是欢乐的）immerse in water, often used figuratively to express being in a certain condition (usu. a happy condition)：人们都～在节日的欢乐中。Rénmen dōu ～ zài jiérì de huānlè zhōng. Everyone is immersed in the holiday festivities. /她～在幸福的爱情里。Tā ～ zài xìngfú de àiqíng li. She is immersed in happy love.
【沉静】chénjìng（形）(1)寂静 quiet；silent：～的月夜 ～ de yuèyè a silent, moonlit night /山上松涛怒吼，谷底却显得格外～。Shān shang sōngtāo nùhǒu, gǔ dǐ què xiǎnde géwài ～. While the wind howled through the pine trees on the mountain, the bottom of the valley seemed especially quiet. (2)（心情、神色、性格等）安详，平静 calm, serene, placid（mood, expression, temperament, etc.）：神色～ shénsè ～ serene expression /她是个十分～的姑娘。Tā shì ge shífēn ～ de gūniang. She is a really calm girl.
【沉沦】chénlún（动·不及物）〈书〉陷入（罪恶、痛苦的境地）sink into（crime, suffering, etc.）：犯了错误并不可怕，怕的是从此意志消沉，自甘～。Fànle cuòwù bìng bù kěpà, pà de

shì cóngcǐ yìzhì xiāochén, zì gān ～. Making a mistake is not so terrible. What is frightful is that from then on, one becomes demoralized and abandons oneself to vice.
【沉闷】chénmèn（形）(1)（天气或气氛等）使人感到沉重、烦闷 oppressive；depressing（weather, atmosphere, etc.）：会场空气很～。Huìchǎng kōngqì hěn ～. The conference atmosphere is very oppressive. (2)（心情）不舒畅或（性格）不开朗 in low spirits；introverted；reserved（temperament）：他最近很少说话，显得很～。Tā zuìjìn hěn shǎo shuō huà, xiǎnde hěn ～. He doesn't talk much lately and seems very reserved.
【沉没】chénmò（动）沉入水中 submerge in water：轮船在大海中触礁～了。Lúnchuán zài dàhǎi zhōng chù jiāo ～ le. The steamer struck a reef and sank in the sea.
【沉默】chénmò（形）(1)不爱说话 taciturn；reticent：这人一向很～。Zhè rén yīxiàng hěn ～. He has always been very taciturn. (2)不说话 silent：会议开始后，～了半天才有人发言。Huìyì kāishǐ hòu, ～le bàntiān cái yǒu rén fā yán. After the conference started, it was quiet for quite a while before someone spoke.
【沉默寡言】chénmò guǎ yán 形容人的性格好静，不爱多说话 taciturn；reticent；of few words：他是一个～的人。Tā shì yí ge ～ de rén. He is a person of few words.
【沉溺】chénnì（动）〈书〉陷入不良的境地（多指生活方面），自己不能解脱出来 be immersed in, be bogged down in（usu. some aspect of life）and can't get oneself out；indulge：整天～在对物质享受的追求中。Zhěng tiān ～ zài duì wùzhì xiǎngshòu de zhuīqiú zhōng. all day long be immersed in the pursuit of material enjoyment /～于利己主义的泥坑里 ～ yú lìjǐzhǔyì de níkēng li fall into the pit of egoism
【沉睡】chénshuì（动）sleep soundly：服了止痛片，他～了一下午。Fúle zhǐtòngpiàn, tā ～ le yí xiàwǔ. He took the pain-killer and slept soundly all afternoon.
【沉思】chénsī（动·不及物）〈书〉深入地思考 ponder；contemplate；think deeply：他坐在窗前～。Tā zài chuāng qián ～. He sat in front of the window contemplating.
【沉痛】chéntòng（形）(1)非常悲痛 deeply grieved：心情无比～ xīnqíng wúbǐ ～ be in unparalleled grief /～哀悼死者～ àidào sǐzhě deeply grieve the deceased (2)深刻、严重、令人痛心的 bitter；serious；deeply felt：要记取这次～的教训 yào jìqǔ zhè cì ～ de jiàoxùn One must remember this bitter lesson. /没考上大学是对他～的打击 Méi kǎoshang dàxué shì duì tā ～ de dǎjī. His failure to enter college was a serious blow to him.
【沉陷】chénxiàn（动）地面或建筑物的基础下沉 sink；cave in；subside
【沉吟】chényín（动）迟疑不决，低声自语 mutter to oneself；be unable to make up one's mind：他～了一会儿，才说："就这样办吧！" Tā ～ le yīhuìr, cái shuō: "Jiù zhèyàng bàn ba!" He hesitated for a while before finally saying："Okay, do it this way."
【沉重】chénzhòng（形）分量重，程度深 heavy；serious：传来～的脚步声 chuánlai ～ de jiǎobù shēng the sound of heavy footsteps approaching /工作任务十分～。Gōngzuò rènwù shífēn ～. The work assignment is really heavy. /病情～ bìngqíng ～ seriously ill /给侵略者以～打击 gěi qīnlüèzhě yǐ ～ dǎjī give the invaders a heavy blow
【沉住气】chén zhù qì〈口〉（在情况紧急和感情激动时）保持镇静 keep one's head；keep cool：沉得住气 chén de zhù qì can keep one's head /沉不住气 chén bu zhù qì can't keep one's head /在紧急时刻一定要～，决不可慌乱。Zài jǐnjí shíkè yídìng yào ～, jué bù kě huāngluàn. One must keep one's head at the critical moment and by no means fall into turmoil.

【沉着】chénzhuó（形）〈遇事〉镇静，从容不迫 cool；composed；calm：～迎战 ～ yíng zhàn meet the attack calmly /要～，别慌张。Yào ～，bié huāngzhāng. You must be composed and not get flustered.

【沉醉】chénzuì（动）大醉，比喻迷恋或沉浸在某种心情当中 be dead drunk；get intoxicated：～在欢乐的气氛中 ～ zài huānlè de qìfēn zhōng be intoxicated with the joyous atmosphere /初夏的原野，令人～。Chūxià de yuányě, lìng rén ～. The open country in early summer causes one to become intoxicated. /她～在自己的幻想里。Tā ～ zài zìjǐ de huànxiǎng li. She was wrapped up in her own fantasies.

陈 〔陳〕chén

（形）旧的，时间久的 old；stale：～货 ～huò stock which has gone stale；old stock /～酒 ～jiǔ old mellow wine /推出新 tuī ～ chū xīn weed through the old to bring forth the new（动）(1)摆设、布置 lay out；mass：～兵边境 ～ bīng biānjìng mass troops along the border (2)〈书〉叙述 relate；explain；state

【陈词滥调】chén cí làn diào 陈旧的，被人多次重复的，不切实际的言论 platitude；cliché hackneyed phrase：这篇文章毫无新鲜东西，都是～。Zhè piān wénzhāng háowú xīnxiān dōngxi, dōu shì ～. This article has nothing new at all；it's all cliché.

【陈腐】chénfǔ（形）陈旧腐朽 stale；antiquated；outworn：满脑子的～观念 mǎn nǎozi de ～ guānniàn a head full of antiquated ideas

【陈规】chénguī（名）已经不适用的旧规章制度 outmoded conventions

【陈迹】chénjì（名）过去的事情 a thing of the past：历史的～lìshǐ de ～ an historical event

【陈旧】chénjiù（形）旧的，过时的 stale；outdated；outmoded：这书桌的式样太～了。Zhè shūzhuō de shìyàng tài ～ le. The style of this desk is too outmoded. /那套教科书里有不少～的词汇和说法。Nà tào jiàokèshū li yǒu bù shǎo ～ de cíhuì hé shuōfǎ. That textbook has a lot of outdated vocabulary and wording.

【陈列】chénliè（动）把物品摆出来供人看 exhibit；display：橱窗里～着许多新式服装。Chúchuāng li ～ zhe xǔduō xīnshì fúzhuāng. A lot of the latest fashion in clothing is displayed in the showcase.

【陈列馆】chénlièguǎn（名）摆放着许多供人观看的物品的场所 exhibition hall

【陈年】chénnián（形·非谓）时间很长的（of wine, etc.）of many years' standing；aged：～老酒 ～ lǎo jiǔ wine of many years' standing /旧账 bùyào lǎo suàn ～ jiù zhàng Don't always try to settle old scores.

【陈设】chénshè（动）布置，摆放 display；arrange；set out：客厅里～着古色古香的家具。Kètīng li ～zhe gǔ sè gǔ xiāng de jiājù. The sitting room is furnished with antique furniture. （名）〈屋里〉摆放的东西 furnishings：房间里的～说明主人是个青年。Fángjiān li de ～ shuōmíng zhǔrén shì ge qīngnián. The furnishings in the room show that the owner is a young person.

【陈述】chénshù（动）有条理地述说 state；recount：请把你的理由说清楚。Qǐng bǎ nǐ de lǐyóu ～ qīngchu. Please state your reasons clearly.

【陈述句】chénshùjù（名）〈语〉declarative sentence

【陈说】chénshuō（动）同"陈述"chénshù same as "陈述" chénshù

【陈诉】chénsù（动）〈书〉诉说（痛苦或委屈）recite；state（one's hardships or grievances）：有机会～多年来受的委屈 yǒu jīhuì ～ duō nián lái shòu de wěiqu have the opportunity to state grievances one has suffered for many years

晨 chén

（名）早晨 early morning

【晨曦】chénxī（名）清晨的阳光 first rays of dawn

chèn

衬 〔襯〕chèn

（动）(1)在下面托上一层 put sth. underneath；line：衣领里再～一层布。Yīlǐng li zài ～ yì céng bù. Line the collar with one more layer of cloth. (2)对照、陪衬，使主要事物更突出 serve as a contrast：姑娘的大红羽绒衣被遍地白雪～得十分鲜艳。Gūniang de dàhóng yǔróngyī bèi biàndì báixuě ～ de shífēn xiānyàn. The girl's bright red ski jacket, set off by the white snow everywhere, is dazzlingly beautiful.

【衬裤】chènkù（名）[条 tiáo] underpants

【衬裙】chènqún（名）[条 tiáo] underskirt；half-slip；petticoat

【衬衫】chènshān（名）[件 jiàn] shirt

【衬托】chèntuō（动）同"衬"chèn (2) same as "衬" chèn (2)：蓝天～着几朵白云，看来格外淡雅。Lántiān ～ zhe jǐ duǒ báiyún, kànlái géwài dànyǎ. The blue sky, serving as a background for a few white clouds, seems all the more simple and elegant. /几簇盛开的玫瑰～得竹子特别挺拔。Jǐ cù shèngkāi de méigui ～ de zhúzi tèbié tǐngbá. Several bushes of roses in full bloom serve as a contrast so that the bamboos seem especially tall and straight.

【衬衣】chènyī（名）[件 jiàn]通常穿在里面的单衣 shirt

称 〔稱〕chèn

（动）适合，符合（宾语有限）suit, fit, match（objects are very limited）：两个孩子都考上了大学，这可～了他的心愿了。Liǎng ge háizi dōu kǎoshàngle dàxué, zhè kě ～le tā de xīnyuàn le. Having both children pass the university entrance exams, he had his wishes fully gratified. /这件上衣他穿很～身。Zhè jiàn shàngyī tā chuān hěn ～ shēn. This jacket fits him well. 另见 chēng

【称心】chèn=xīn 符合心愿，满意 to one's liking；just as one wishes：～如意 ～ rúyì find everything satisfactory / 不～的女婿 bú ～ de nǚxu a son-in-law not to one's liking

【称愿】chèn=yuàn 满足愿望（多含有为所恨的人遭不幸而高兴的意思）be gratified（esp. at the misfortune of sb. one hates）：骗你钱的人抓住了，你可～了吧。Piàn nǐ qián de rén zhuāzhù le, nǐ kě ～ le ba. You should be gratified. The person who cheated you out of money has been arrested.

【称职】chèn=zhí 能够胜任所担任的职务 be competent at one's job：他担任厂长很～。Tā dānrèn chǎngzhǎng hěn ～. He is competent at being a factory director. /她是个极～的教师，但是个不太～的妈妈。Tā shì ge jí ～ de jiàoshī, dàn shì ge bú tài ～ de māma. She is an extremely competent teacher but a not very competent mother.

趁 chèn

（介）引出动作所利用的条件、机会等，宾语可以是名词、代词、动词、形容词、主谓结构、动宾结构等，"趁"也可写作"乘" while；when（the object may be a noun, pronoun, verb, adjective, subject-predicate structure, verb-object structure, etc.），"趁" can also be written as "乘"）：～他进城买书的机会，请他把这块表送去修理一下儿。～ tā jìn chéng mǎi shū de jīhuì, qǐng tā bǎ zhè kuài biǎo sòngqu xiūlǐ yíxiàr. Ask him to bring this watch in for repair when he goes down town to buy books. /菜炒好了，你～热吃吧。Cài chǎohǎo le, nǐ ～ rè chī ba. The food has just been prepared. Eat it while it's hot. /～早晨凉快，我们快走吧！～ zǎochen liángkuai, wǒmen kuài zǒu ba! Let's hurry up and

go in the early morning while it's cool. /～你有空儿,我要问几个问题。～ nǐ yǒu kòngr, wǒ yào wèn jǐ ge wèntí. I want to ask you a few questions when you have some free time. "趁"可以带"着",宾语是多音节的("趁" can take "着"; the object is polysyllabic):～着放暑假,去外地看看。～zhe fàng shǔjià, qù wàidì kànkan. I'm going travelling during the summer holiday. /～着大姐回北京的机会,咱们去颐和园玩玩。～zhe dàjiě huí Běijīng de jīhuì, zánmen qù Yíhéyuán wánrwanr. Let's go visit the Summer Palace when our eldest sister comes back to Beijing.

【趁便】 chènbiàn（副）顺便 conveniently; in passing:他去上海的时候～到苏州去玩了一天。Tā qù Shànghǎi de shíhou ～ dào Sūzhōu qù wánrle yì tiān. He stopped in Suzhou for a day on his way to Shanghai.

【趁火打劫】 chèn huǒ dǎ jié 利用失火的时机去抢东西。比喻乘人危急之时去捞好处(loot a burning house) fish in troubled waters

【趁机】 chènjī（副）同"乘机" chéngjī same as "乘机" chéngjī

【趁热打铁】 chèn rè dǎ tiě 趁着铁被烧红的时候锤打它。比喻抓紧有利时机把事情做好 strike while the iron is hot

【趁势】 chèn = shì 利用有利的形势 take advantage of a favourable situation:敌人刚到还很疲劳,我们的战士一冲了上去。Dírén gāng dào hái hěn píláo, wǒmen de zhànshì ～ chōngle shàngqu. The enemy troops had just arrived, so they were still very weary. Our soldiers took advantage of this and charged them.

【趁早(儿)】 chènzǎo(r)（副）〈口〉(1)表示抓紧时机或提前时间(采取行动) as early as possible; before it is too late:有病你就～治,千万别耽误了。Yǒu bìng nǐ jiù ～ zhì, qiānwàn bié dānwù le. If you have an illness, you should have it treated as soon as possible. Don't put it off. /春耕的准备工作要～做,以免误了农时。Chūngēng de zhǔnbèi gōngzuò yào ～ zuò, yǐmiǎn wùle nóngshí. Preparations for the spring ploughing should be done as early as possible so as to avoid missing the farming season. /有什么心里话～对大家说说,大家也好帮你出出主意。Yǒu shénme xīnlihuà ～ duì dàjiā shuōshuo, dàjiā yě hǎo bāng nǐ chūchu zhǔyì. If you have something on your mind, tell us as soon as possible so that we can better offer you advice. (2)表示最好的办法:可修饰否定形式 had best (can modify a negative form):那两个售货员最爱和顾客吵架,你～别理他们们！Nà liǎng ge shòuhuòyuán zuì ài hé gùkè chǎo jià, nǐ ～ bié lǐ tāmen! Those two salesclerks like nothing better than to argue with customers, so you had best ignore them! /我认为你不适合开汽车,劝你～改行。Wǒ rènwéi nǐ bú shìhé kāi qìchē, quàn nǐ ～ gǎi háng. I don't think you're fit for driving. I would advise you to change your occupation. /这种菜北方人吃不惯,我看你～别买! Zhè zhǒng cài běifāng rén chī bu guàn, wǒ kàn nǐ ～ bié mǎi! Northerners are not in the habit of eating this kind of vegetable. I think you had best not buy it.

chēng

称 〔稱〕chēng（动）〈书〉(1)叫做,称呼 call:收音机又～无线电。Shōuyīnjī yòu ～ wúxiàndiàn. A "radio" is also called a "wireless". /我～他大伯。Wǒ ～ tā dàbó. I call him uncle. (2)说,赞扬 say; state:拍手～快 pāi shǒu ～ kuài clap with satisfaction /老大爷感动得连～"谢谢"。Lǎodàye gǎndòng de lián ～ "xièxie". The old man was so touched that he said "thank you" over and over. (3)测出重量 weigh; scale:～体重 ～ tǐzhòng weigh oneself /把这包米～一～看有多重。Bǎ zhè bāo mǐ ～ yi ～ kàn yǒu duō zhòng. Take this sack of rice and weigh it to see how heavy

it is. 另见 chèn

【称霸】 chēng = bà 倚仗权势,横行霸道,任意欺压别人 dominate; play the tyrant; seek hegemony:想当年希特勒曾～全欧洲。Xiǎng dāngnián Xītèlè céng ～ quán Ōuzhōu. We all remember those days when Hitler achieved hegemony over all of Europe.

【称道】 chēngdào（动）称赞、夸奖(多不带宾语) praise; commend (does not usu. have an object):这种母爱是愚昧的表现,一点不值得～。Zhè zhǒng mǔ'ài shì yúmèi de biǎoxiàn, yìdiǎnr bù zhíde ～. This is an ignorant manifestation of maternal love and isn't praiseworthy in the least.

【称号】 chēnghào（名）(个人或集体的)名称(多用于光荣的) title:他荣获劳动模范的～。Tā rónghuò láodòng mófàn de ～. He was awarded the title of model worker. /"英雄连队"～ "yīngxióng liánduì" ～ the title of "heroic company"

【称呼】 chēnghu（动）call, address (sb.):大家都～他"老保管"。Dàjiā dōu ～ tā "lǎobǎoguǎn". Everyone calls him "old keeper". (名)〔个 gè〕form of address:"老师"是学生对教员的～。"Lǎoshī" shì xuésheng duì jiàoyuán de ～. "Lǎoshī" is the form of address used by a student to his teacher.

【称颂】 chēngsòng（动）〈书〉称赞颂扬 pay tribute to; praise:同志们都～他的博学。Tóngzhìmen dōu ～ tā de bóxué. All the comrades praise his erudition. /这种助人为乐的精神值得～。Zhè zhǒng zhù rén wéi lè de jīngshén zhíde ～. The spirit of finding pleasure in helping others deserves praise.

【称王称霸】 chēng wáng chēng bà 比喻凭借权势,横行霸道,或狂妄地以首脑自居 lord it over; rule supreme; act like an overlord; be domineering:二十世纪三十年代日本帝国主义曾在亚洲～。Èrshí shìjì sānshí niándài Rìběn dìguózhǔyì céng zài Yàzhōu ～. In the 1930s, Japanese imperialists ruled supreme over Asia.

【称谓】 chēngwèi（名）人们为了表示相互之间的某种关系,或为了表示身分、地位、职业的区别而使用的一些称呼。如父亲、阿姨、同志、老师等 title; appellation (e. g., Father, Aunt, Comrade, Teacher, etc.)

【称赞】 chēngzàn（动）用言语表达对人或事物的优点的喜爱 praise:老师～他是好学生。Lǎoshī ～ tā shì hǎo xuésheng. The teacher praised him as a good student. /这个厂的产品价廉物美,受到顾客的～。Zhège chǎng de chǎnpǐn jià lián wù měi, shòudào gùkè de ～. This factory's products are good and cheap and are praised by the customers.

【称做】 chēngzuò（动）叫做 call:人们把青年人和老年人之间的思想差别~代沟。Rénmen bǎ qīngnián rén hé lǎonián rén zhī jiān de sīxiǎng chābié ～ dàigōu. People call the difference in thinking between young people and old people the generation gap. /麦克风又～话筒。Màikèfēng yòu ～ huàtǒng. A microphone is also called mike.

撑 chēng（动）(1)抵住 prop up; support:两手～着门框向外望。Liǎng shǒu ～zhe ménkuàng xiàng wài wàng. He leaned with both hands against the doorframe and looked out. (2)勉强支持 keep up; maintain:他一夜没睡,又～了一上午,没吃饭就睡了。Tā yí yè méi shuì, yòu ～ le yí shàngwǔ, méi chī fàn jiù shuì le. He didn't sleep all night and kept it up all morning. Then he went to bed without eating. /他经济已经很困难,还要～场面。Tā jīngjì yǐjīng hěn kùnnan, hái yào ～ chǎngmiàn. He is already very hard up but still wants to keep up appearances. (3)撑(船) punt; pole:～船 ～ chuán pole a boat /使张开 open:开伞 ～ kāi sǎn open an umbrella /～起帐篷 ～ qǐ zhàngpeng pitch a tent (5)饱胀得支持不住 stuff or fill to the bursting point:他口袋里不知是什么～得鼓鼓的。Tā kǒudài li bù zhī shì shénme ～

de gǔgǔ de. *I don't know what is stuffed in his bulging pocket.* /他~着了。Tā ~ zhe le. *He overate himself.*

【撑竿跳】chēnggāntiào（名）*pole vault*

【撑腰】chēng = yāo 比喻给以有力支持 *support，back up，bolster up*：有人给他~，他的胆子大得多了。Yǒu rén gěi tā ~, tā de dǎnzi dà de duō le. *Some people give him support so he has a lot more of courage.*

瞠 chēng
（动）〈书〉瞠着眼看 *stare*

【瞠目结舌】chēng mù jié shé 瞠着眼睛说不出话来。形容窘迫或惊呆的样子 *wild-eyed and tongue-tied — dumbfounded；stupefied*

chéng

成 chéng
（动）(1)成为，变成 *turn into；become*：当年的放牛娃，如今~了工程师。Dāngnián de fàngniúwá, rújīn ~le gōngchéngshī. *The child cowherd in those days now has become an engineer.* /滴水~冰 dī shuǐ ~ bīng *(it is so cold that) dripping water freezes* (2)成功，完成 *be successful*：他一说，事情就~了。Tā yì shuō, shìqing jiù ~ le. *As soon as he put in a word about the matter, all was well.* /只用半天工夫，她就把衣服做~了。Zhǐ yòng bàn tiān gōngfu, tā jiù bǎ yīfu zuò ~ le. *She only used half a day to finish making the clothes.* /杭州我去不~了。Hángzhōu wǒ qù bu ~ le. *I'm no longer able to go to Hangzhou.* (3)成全 *help to bring about*：~人之美 ~ rén zhī měi *help to bring a good thing about for sb.* (4)达到一定的量 *reach certain amounts or numbers*：~百斤的粮食 ~ bǎi jīn de liángshi *over a hundred catty of grain* /~千的人 ~ qiān de rén *more than a thousand people* (5)可以，表示允许 *okay；all right*：~，就照你说的办吧。~, jiù zhào nǐ shuō de bàn ba. *Okay, let's do it just as you said.* /不~，这书我不借给他。Bù ~, zhè shū wǒ bú jiè gěi tā. *No, I'm not going to lend this book to him.* (6)作结果补语，表示变成或完成 *(used as a complement of result to indicate change or completion)*：应当实事求是，不能把好说~坏，或把坏说~好。Yīngdāng shí shì qiú shì, bù néng bǎ hǎo shuō ~ huài, huò bǎ huài shuō ~ hǎo. *One must be realistic; one can't call a good thing bad nor a bad thing good.* /这本小说被翻译~阿拉伯文了。Zhè běn xiǎoshuō bèi fānyì ~ Ālābówén le. *This novel has been translated into Arabic.* (形)〈口〉有能力 *capable；competent*：你可真~，一个人挑去这么重的担子。Nǐ kě zhēn ~, yí ge rén tiāo zhème zhòng de dànzi. *You must be very capable to be able to shoulder such heavy responsibilities all by yourself.* /他~，你不用担心。Tā ~, nǐ búyòng dān xīn. *He'll make it; you needn't worry.* (名)◇成就，成果 *achievement；result*：一事无~ yí shì wú ~ *accomplish nothing；get nowhere* /坐享其~ zuò xiǎng qí ~ *sit idle and enjoy the fruits of others' work；reap where one has not sown* (量)十分之一叫一成 *1/10；one-tenth*：增产两~ zēng chǎn liǎng ~ *a 20% increase in output* /他说的话十~有八~不可靠。Tā shuō de huà shí ~ yǒu bā ~ bù kěkào. *His words are 80% unreliable.*

【成败】chéngbài（名）成功或失败（指事业或工作的结果）*success or failure*：一部作品的~决定于它的思想和艺术的水平。Yí bù zuòpǐn de ~ juédìng yú tā de sīxiǎng hé yìshù de shuǐpíng. *The success or failure of a literary work is determined by its level of thought and skill.*

【成倍】chéngbèi（副）一倍又一倍地 *by several times*：这几年中小学学生人数~增加。Zhè jǐ nián zhōng-xiǎoxué xuésheng rénshù ~ zēngjiā. *The number of primary and middle school students has increased by several times during*

the past few years. /这里新建的住宅面积~增加，但住房问题还没完全解决。Zhèlǐ xīn jiàn de zhùzhái miànjī ~ zēngjiā, dàn zhùfáng wèntí hái méi wánquán jiějué. *The area of the newly-built residences has increased by several times, but the housing problem still hasn't been completely resolved.* /这家工厂一年来，产值一提高。Zhè jiā gōngchǎng yì nián lái, chǎnzhí ~ tígāo. *In the past year, this factory's output value has doubled and redoubled.*

【成本】chéngběn（名）生产一种产品所需要的全部费用 *production costs*

【成材】chéng = cái 成为材料；成为有用的人 *grow into useful timber；grow to full size；become a useful person*：这种树长得快，五年就可~。Zhè zhǒng shù zhǎng de kuài, wǔ nián jiù kě ~. *This kind of tree grows quickly. It can grow to full size in just five years.* /父母都盼着自己的孩子尽早~。Fùmǔ dōu pànzhe zìjǐ de háizi jìnzǎo ~. *Parents all look forward to their children growing up to be useful as soon as possible.*

【成虫】chéngchóng（名）〈书〉*imago*

【成分】chéngfèn（名）(1) *composition；component part；ingredient*：你知道这种药的~是什么吗？Nǐ zhīdao zhè zhǒng yào de ~ shì shénme ma? *Do you know what the ingredients are in this medicine?* (2)个人参加革命工作前的社会经济地位或所从事的职业为本人成分；家庭所属的阶级为家庭成分 *class status*

【成风】chéng = fēng 形成风气 *become a common practice*：这里的青年学习技术~。Zhèlǐ de qīngnián xuéxí jìshù ~. *It has become a common practice that the youth here learn skills.* /近来社会上养花~。Jìnlái shèhuì shang yǎng huār ~. *Recently it has become a common practice to raise flowers.*

【成功】chénggōng（动）*succeed*：我们开饭馆的事还没有~。Wǒmen kāi fànguǎn de shìr hái méiyou ~. *The matter about our starting a restaurant has not succeeded yet.* (形)取得很大成就的 *successful*：这笔交易已经谈~了。Zhè bǐ jiāoyì yǐjīng tán ~ le. *This business has already been negotiated successfully.* /这是一次很~的试验。Zhè shì yí cì hěn ~ de shìyàn. *This is a very successful experiment.*

【成规】chéngguī（名）已有的或通行已久的规定、方法等 *established practice；set rules；conventions*：有些~是应该打破的。Yǒu xiē ~ shì yīnggāi dǎpò de. *Some conventions should be done away with.*

【成果】chéngguǒ（名）学习、工作、劳动和事业等方面的收获和结果 *result；accomplishment (of study, work, labor, undertaking, etc.)*：这片树林是他多年劳动的~。Zhè piàn shùlín shì tā duō nián láodòng de ~. *This forest is a result of his many years' labor.*

【成活】chénghuó（动）刚出生的动物或刚栽种的植物没有死去，而能够继续发育、生长 *(of newborn animals, newly-planted trees, etc.) survive*：新生的熊猫能~吗？Xīn shēng de xióngmāo néng ~ ma? *Will the newborn panda survive?*

【成活率】chénghuólǜ（名）幼小动植物培养成活的百分比 *survival rate (of young animals, seedlings, etc.)*

【成绩】chéngjì（名）(1) *school record*：一个人在学校的~不一定说明问题。Yí ge rén zài xuéxiào de ~ bù yídìng shuōmíng wèntí. *One's school record does not necessarily indicate his real achievement.* (2) *achievement*：这两年他在养鸡方面取得很大~。Zhè liǎng nián tā zài yǎng jī fāngmiàn qǔdé hěn dà ~. *He has achieved a lot in raising chickens in the last few years.*

【成家】chéng = jiā (1)（男子）结婚 *(of a man) get married*：他还没有~。Tā hái méiyou ~. *He hasn't got married yet.* (2)◇成为专家 *become an authority or expert*：成名~ chéng míng ~ *become an expert and also come to fame*

【成见】chéngjiàn（名）*prejudice*：消除~，搞好团结 xiāochú

～，gǎohǎo tuánjié *get rid of prejudice so as to strengthen unity* /他对我有～。Tā duì wǒ yǒu ～. *He is prejudiced against me.*

【成交】chéngjiāo（动）*strike a bargain*

【成就】chéngjiù（名）事业上的成绩 *achievement (of career, undertaking)*：在改造沙漠方面～很突出 zài gǎizào shāmò fāngmiàn ～ hěn tūchū *have an extraordinary achievement in reclaiming desert*/他是个很有一的剧作家。Tā shì ge hěn yǒu ～ de jùzuòjiā. *He is a successful prolific playwright.*（动）完成（某项事业）*achieve (an undertaking)*：我们一了前人未曾～的伟大事业。Wǒmen ～ le qiánrén wèicéng ～ de wěidà shìyè. *We have achieved what has never been achieved by our predecessors.*

【成立】chénglì（动）（1）（某组织、机构等）筹建完毕，正式存在 *set up*；*found*；*establish (an organization)*：工厂里一了工会。Gōngchǎng li ～le gōnghuì. *A trade union was established in the factory.*（2）（理论、意见）有根据，站得住 *(theory, opinion) be tenable*：这个论点可以～。Zhège lùndiǎn kěyǐ ～. *This argument is tenable.* /你的理论一点儿也不能～。Nǐ de lǐlùn yìdiǎnr yě bù néng ～. *Your theory is not tenable at all.*

【成龙配套】chéng lóng pèi tào 搭配起来，成为完整的系统 *link up the parts to form a complete system*：这条乳制品生产线已经～。Zhè tiáo rǔzhìpǐn shēngchǎn xiàn yǐjīng ～. *A complete system has been made of the production line of dairy products.*

【成名】chéng＝míng 因某种成就而有了名声 *become famous (by achieving something)*：他因出色地导演了几部故事片而成了名。Tā yīn chūsè de dǎoyǎnle jǐ bù gùshìpiàn ér chéngle míng. *He has become famous because of a few remarkable feature films he directed.*

【成年】chéngnián（动）指人、高等动物或树木等发育到成熟时期 *come of age (human being, animal, wood)*：他还没～。Tā hái méi ～. *He hasn't come of age.* /～人 rén *adult*（副）整年，一年到头 *all (the) year round*；*throughout the year*：小明的爸爸～在大西北工作，只有过年的时候才回家住上一个月。Xiǎo Míng de bàba ～ zài dà Xīběi gōngzuò, zhǐyǒu guò nián de shíhou cái huí jiā zhùshàng yí ge yuè. *Xiao Ming's father works in the Great Northwest all year round and only comes home for a month during the New Year holiday.* /这位乡邮递员～奔波在山区的小路上，为山区人民传递信件。Zhè wèi xiāng yóudìyuán ～ bēnbō zài shānqū de xiǎo lù shang, wèi shānqū rénmín chuándì xìnjiàn. *This rural postman rushes about small roads in a mountain area the whole year round, delivering mail to the people there.* /那一地区～笼罩着战争的硝烟，人民生活在灾难之中。Nà yí dìqū ～ lǒngzhàozhe zhànzhēng de xiāoyān, rénmín shēnghuó zài zāinàn zhī zhōng. *That region is shrouded in gunfire smoke from the war all year round. The people are living amidst a disaster.* /这支文艺轻骑兵～活跃在大草原上。Zhè zhī wényì qīngqíbīng ～ huóyuè zài dà cǎoyuán shang. *This light cavalry of performers and artists livens up the great prairie all the year round.*

【成年累月】chéng nián lěi yuè 一年又一年 *year in year out*；*for years on end*

【成批】chéngpī（形）一批一批的，形容相当多 *in batches*；*groups of*；*one group after another*：～的日用百货运往山区。～ de rìyòng bǎihuò yùnwǎng shānqū. *Batches of daily goods are shipped to the mountain areas.* /这种型号的工具已～生产。Zhè zhǒng xínghào de gōngjù yǐ ～ shēngchǎn. *This type of tools have been produced in batches.*

【成品】chéngpǐn（名）*finished product*

【成器】chéng＝qì 比喻成为有用的人 *grow up to be a useful person*：最使父母伤心的无过于孩子不～。Zuì shǐ fùmǔ

shāng xīn de wúguòyú háizi bù ～. *There is nothing more grievous for parents than having their children grow up to be good-for-nothings.*

【成气候】chéng qìhou 比喻有成就或有发展前途（多用于否定式）*achieve success*；*have prospects for development (usu. used in the negative)*：仅仅一个专业户生产搞得再好也成不了什么气候。Jǐnjǐn yí ge zhuānyèhù shēngchǎn gǎo de zài hǎo yě chéng bu liǎo shénme qìhou. *A mere specialized household, by itself, has no prospects for development even with the most efficient production.*

【成千上万】chéng qiān shàng wàn 形容数量很多 *thousands*：每天都有～的人去长城游览。Měi tiān dōu yǒu ～ de rén qù Chángchéng yóulǎn. *Every day there are thousands of people visiting the Great Wall.*

【成亲】chéng＝qīn（口）结婚 *get married*：他已经三十岁了，还没有～呢！Tā yǐjīng sānshí suì le, hái méiyou ～ ne! *He's over thirty and not married yet!*

【成全】chéngquán（动）帮助人家达到目的实现愿望 *help sb. achieve his or her aim*：他聪明肯干，只要把技术教给他就～了他。Tā cōngming kěn gàn, zhǐyào bǎ jìshù jiāo gěi tā jiù ～le tā. *He's bright and willing to work hard. We just have to teach him the skills to help him achieve his goal.* /你去说服女方父母不要彩礼，一桩美满婚姻吧。Nǐ qù shuōfú nǚfāng fùmǔ bú yào cǎilǐ, ～ yì zhuāng měimǎn hūnyīn ba. *Go and try to persuade the girl's parents not to ask for a price for the bride. By doing this, you'll be helping people to achieve a happy marriage.*

【成群结队】chéng qún jié duì 许多人或物聚集在一起 *forming crowds*；*gathering in throngs*：小鱼～在水里游来游去。Xiǎo yú ～ zài shuǐ li yóu lái yóu qù. *Swarms of fish are swimming hither and thither in the water.* /少先队员～来到这里参观。Shàoxiānduìyuán ～ láidào zhèlǐ cānguān. *Throngs of Young Pioneers are flocking here for a visit.*

【成人】chéngrén（名）*adult*；*grown-up*

【成人】chéng＝rén 人发育成熟 *grow up*：孩子都长大～了，父母也老了。Háizi dōu zhǎngdà ～ le, fùmǔ yě lǎo le. *The children have all grown up and the parents are also old.*

【成色】chéngsè（名）（1）金银币或器物中含金、银的量 *the percentage of gold or silver in a coin, etc.*；*the relative purity of gold or silver*（2）质量 *quality*：货物的～不好，自然卖不了好价钱。Huòwù de ～ bù hǎo, zìrán mài bu liǎo hǎo jiàqián. *It's only natural that the goods can't be sold for a good price if their quality is not good.*

【成熟】chéngshú（动·不及物）*mature*；*ripe*：西红柿必须在没有完全～的时候摘。Xīhóngshì bìxū zài méiyou wánquán ～ de shíhou zhāi. *Tomatoes must be plucked before they have matured completely.*（形）发展到完备的程度 *mature*；*ripe*：条件还不～。Tiáojiàn hái bù ～. *Conditions are not ripe yet.* /他在政治上很～。Tā zài zhèngzhì shang hěn ～. *He is politically mature.*

【成套】chéngtào（形）*in a complete set*：不宜盲目进口～设备。Bù yí mángmù jìnkǒu ～ shèbèi. *It is inappropriate to import complete sets of equipments recklessly.* /这套茶具缺一个杯子，不～了。Zhè tào chájù quē yí ge bēizi, bù ～ le. *This tea-set lacks one cup and is no longer complete.*

【成天】chéngtiān（副）（口）整天，一天到晚 *all day long*；*the whole day*：商店里的售货员～站着，也真够辛苦的。Shāngdiàn li de shòuhuòyuán ～ zhànzhe, yě zhēn gòu xīnkǔ de. *The salesclerks are on their feet all day long. Theirs is really hard work.* /护林老人住在山间的小草屋里，～见不到太阳。Hù lín lǎorén zhù zài shān jiān de xiǎo cǎowū li, ～ jiàn bu dào tàiyang. *The old forest ranger lives in a small thatched hut in the mountains and never sees the sun.* /他总是早出晚归，～忙忙碌碌的。Tā zǒngshi zǎo chū wǎn guī, ～ mángmánglùlù de. *He always leaves early*

and comes back late and is busy bustling about all day long. /这孩子～摆弄他的集邮册。Zhè háizi ～ bǎinòng tā de jíyóucè. *This child is fiddling with his stamp album the whole day.*

【成为】chéngwéi（动）变成 *become*：要～企业家很不容易。Yào ～ qǐyèjiā hěn bù róngyi. *To become an entrepreneur is not very easy.* /这一带可以开垦～商品粮基地。Zhè yídài kěyǐ kāikěn ～ shāngpǐnliáng jīdì. *This area can be reclaimed and made into a commodity grain base.*

【成文】chéngwén（名）现成的文章，比喻老一套 *ready-made writings — the same old stuff*；*the same old story*：他写报告总喜欢按照～来套，一点儿也不生动。Tā xiě bàogào zǒng xǐhuan ànzhào ～ lái tào, yìdiǎnr yě bù shēngdòng. *He always copies some ready-made stuff in his reports, so they're not the least bit lively.* （形）用文字固定下来的；成为书面的 *written*：～的法律 ～ de fǎlǜ *statute law* /上班前十分钟来到车间，做好准备工作，似乎是一条不～的规定。Shàng bān qián shí fēnzhōng láidào chējiān, zuòhǎo zhǔnbèi gōngzuò, sìhū shì yì tiáo bù ～ de guīdìng. *It's as if it were an unwritten rule that one has to come to the workshop ten minutes early to prepare for work.*

【成问题】chéngwèntí（形）（事情）难办，不易解决或（人）有某些缺点、毛病（of a matter, person, etc.）*be a problem*；*be open to doubt*：你要明天走，买飞机票～。Nǐ yào míngtiān zǒu, mǎi fēijī piào ～. *If you want to leave tomorrow, to buy a plane ticket will be a problem.* /去旅行，钱倒不～，～的是旅馆。Qù lǚxíng, qián dào bù ～, ～ de shì lǚguǎn. *Money is not a problem when travelling.* /你可真～，人家托你办的事怎么会忘了呢！Nǐ kě zhēn ～, rénjia tuō nǐ bàn de shì zěnme huì wàngle ne! *I really have my doubts about you. How can you have forgotten to do the thing somebody entrusted to you?*

【成效】chéngxiào（名）功效，有益的结果 *effect*：采用新的管理方法以后，生产上很见～。Cǎiyòng xīn de guǎnlǐ fāngfǎ yǐhòu, shēngchǎn shang hěn jiàn ～. *After adopting new way of managing, there is an obvious effect on production.*

【成心】chéngxīn（形）故意 *purposely*；*intentionally*：他这样做是不～的？Tā zhèyàng zuò shì bu shì ～ de? *Did he act this way intentionally?* /你是～捣乱！Nǐ shì ～ dǎo luàn. *You are making trouble intentionally.* /我真的不是～难为你。Wǒ zhēn de bú shì ～ nánwei nǐ. *I really did not embarrass you on purpose.*

【成型】chéng=xíng 成为应有的形状 *take shape*：他还小，性格体格都还没有～。Tā hái xiǎo, xìnggé tǐgé dōu hái méiyou ～. *He's still young, so his character and physique haven't yet taken shape.*

【成型】chéngxíng（动·不及物）按一定的要求做成某种规格 *make according to specifications*；*mould after a standard*

【成药】chéngyào（名）中药制药厂已经配好的药品不需要再加工就能服用的 *Chinese medicine already prepared by a pharmacy*

【成衣】chéngyī（名）制成后出售的衣服 *ready-made clothes*

【成因】chéngyīn（名）（事物）形成的原因 *cause of formation (of objects)*

【成语】chéngyǔ（名）〈语〉一种固定的词组或短句。含义精辟，富于表现力，在句中通常作一个词来使用。大多由四个字组成，有些有出处 *idiom (a kind of short phrase consisting of four characters generally, with incisive meaning and very expressive; some have anecdotes to them)*

【成员】chéngyuán（名）*member*

【成长】chéngzhǎng（动）生长，向成熟阶段发展 *grow up*；*grow towards maturity*：一代一代的乒乓球运动员不断～起来。Yì dài dài de pīngpāngqiú yùndòngyuán búduàn ～ qilai. *Ping-pong players have grown up one generation after another.* /三十年前的小树已～为栋梁之才了。Sānshí

nián qián de xiǎo shù yǐ ～ wéi dòngliáng zhī cái le. *The little trees planted thirty years ago have now grown to be made into pillars and beams.*

呈 chéng

（动）〈书〉（1）显示出来 *show*；*appear*：月光照在湖水上～银白色。Yuèguāng zhào zài húshuǐ shang ～ yínbáisè. *The water in the lake looks silvery under the moonlight.* （2）恭敬地送上 *respectfully submit*：～交领导审阅 ～ jiāo lǐngdǎo shěnyuè *to submit to the leader for examining*

【呈报】chéngbào（动）〈书〉用公文报告上级 *submit a report to the higher authorities*：～上级备案 ～ shàngjí bèi àn *to submit to the authorities for the record*

【呈递】chéngdì（动）〈书〉恭敬地送上 *respectfully submit*：～国书 ～ guóshū *present credentials*

【呈请】chéngqǐng（动）〈用公文〉向上级请求 *apply (with an official document) to the higher authorities for consideration or approval*：私人开店要～批准。Sīrén kāi diàn yào ～ pīzhǔn. *Private individuals must first apply to the higher authorities for approval before they can set up a store.*

【呈现】chéngxiàn（动）〈书〉显出，露出 *appear*；*present*：大家脸上都～出困惑的神色。Dàjiā liǎn shang dōu ～ chū kùnhuò de shénsè. *Everybody looked perplexed.* /穿过树林，一片碧绿的湖水～在眼前。Chuānguò shùlín, yí piàn bìlǜ de húshuǐ ～ zài yǎnqián. *After walking through the forest, we found a sheet of green lake water in front of our eyes.*

诚〔誠〕chéng

（形）◇ *sincere*；*earnest*：这个老人信佛，心还挺～的哪！Zhège lǎorén xìn fó, xīn hái tǐng ～ de na! *This old man believes in Buddhism and is very sincere.* （副）〈书〉的确，确实 *indeed*；*really*：～非易事 ～ fēi yì shì *Indeed it is not an easy thing.*

【诚惶诚恐】chéng huáng chéng kǒng〈书〉形容十分小心谨慎和极其害怕不安的样子 *with awe and respect*；*with great caution and uneasiness*

【诚恳】chéngkěn（形）真诚恳切 *sincere*；*honest*：老李待人很～。Lǎo Lǐ dài rén hěn ～. *Lao Li treats people very sincerely.* /我～接受同志们的批评。Wǒ ～ jiēshòu tóngzhìmen de pīpíng. *I sincerely accept our comrades' criticisms.*

【诚然】chéngrán（副）〈书〉确认、肯定事实或强调真实性，有"确实"、"真的"的意思 *truly*；*indeed*；*really*：人说"上有天堂，下有苏杭"，这话～不错。Rén shuō "Shàng yǒu tiāntáng, xià yǒu Sū Háng", zhè huà ～ bú cuò. *It is said that "Heaven is above; Suzhou and Hangzhou are below." This is indeed true.* /这些少数民族的风俗习惯～不同于汉族。Zhèxiē shǎoshù mínzú de fēngsú xíguàn ～ bùtóng yú Hànzú. *The customs and habits of these minority nationalities are truly different from those of the Han nationality.* /我爱深秋的香山红叶，那景色～美丽。Wǒ ài shēnqiū de Xiāng Shān hóngyè, nà jǐngsè ～ měilì. *I love the red leaves of Xiangshan in late autumn. They present a beautiful scene indeed.* "诚然"有时可放在句首，后有停顿（"诚然" *is sometimes placed at the beginning of a sentence and is followed by a pause*）：～，他的努力是有成效的，他获得了发明奖。～, tā de nǔ lì shì yǒu chéngxiào de, tā huòdéle fāmíng jiǎng. *It's true, his hard work has produced some results. He has won a prize for his invention.* /～，教育青少年一代是家长和社会的共同责任。～, jiàoyù qīngshàonián yídài shì jiāzhǎng hé shèhuì de gòngtóng zérèn. *You're right, educating the younger generation is the joint responsibility of parents and society.* "诚然"还带跟"然而"相呼应，有"固然"的意思，承认某事实（"诚然"

is also often used with "然而,但是,可是", etc. to mean "it is true ... (but)"; "no doubt... (but)"；你的动机—是好的,但是激烈的态度使人难以接受。Nǐ de dòngjī ～ shì hǎo de, dànshì jīliè de tàidù shǐ rén nányǐ jiēshòu. *No doubt your intentions are good, but your intense attitude is hard for others to take.* /他们的消极怠工—是错误的,但我们不该考虑考虑他们为什么这样做吗? Tāmen de xiāojí dàigōng ～ shì cuòwù de, dàn wǒmen bù gāi kǎolù kǎolù tāmen wèi shénme zhèyàng zuò ma? *To be sure, their slacking off in work is wrong, but shouldn't we consider the reasons why they're doing this?* /维护社会治安—是公安干警的事,可是每个公民也是有责任的。Wéihù shèhuì zhì'ān ～ shì gōng'ān gànjǐng de shì, kěshì měi gè gōngmín yě shì yǒu zérèn de. *True, maintaining public security is the business of the police, but every citizen is also duty-bound to do so.*

【诚实】chéngshí（形）老实,不虚假(很少作状语)*simple and honest; not false*：父母总是教育孩子要—。Fùmǔ zǒngshì jiàoyù háizi yào ～. *Parents always teach children to be simple and honest.* /不—,早晚要吃亏。Bù ～, zǎowǎn yào chī kuī. *Not to be honest will suffer reverses sooner or later.*

【诚心】chéngxīn（名）诚恳待人的心意 *sincerity*：老王待朋友一片—。Lǎo Wáng dài péngyou yīpiàn ～. *Lao Wang treats friends with sincerity.* /我这是—请你,不是随便说说。Wǒ zhè shì ～ qǐng nǐ, bú shì suíbiàn shuōshuo. *I am inviting you with sincerity, I mean it.*

【诚意】chéngyì（名）(待人)诚恳的心意 *sincerity; earnestness*：搞好团结要有—。Gǎohǎo tuánjié yào yǒu ～. *To strengthen solidarity must have sincerity.* /对人缺乏—对待人就缺乏诚意 duì rén quēfá ～ *treat people without sincerity*

【诚挚】chéngzhì（形）〈书〉诚恳真挚 *sincere; earnest*：两人进行了—友好的谈话。Liǎng rén jìnxíngle ～ yǒuhǎo de tán huà. *The two people had a sincere and friendly talk.*

承 chéng
（动）〈书〉(1)承担 *bear; assume; undertake*：本厂—制各式服装。Běn chǎng ～zhì gè shì fúzhuāng. *Our factory undertakes to make all kinds of clothes.* (2)承蒙(客气话)*to be obliged; much indebted to...*：～您热情款待,不胜感谢。～ nín rèqíng kuǎndài, búshèng gǎnxiè. *Much obliged for your enthusiastic hospitality. Thank you very much.* (3)继续 *connect; continue*：～上启下 ～ shàng qǐ xià *serve as a link between the preceding and the following*

【承办】chéngbàn（动）接受办理 *undertake*：～各项订货业务 ～ gè xiàng dìng huò yèwù *undertake all the business involved in the ordering of goods*

【承包】chéngbāo（动）接受工程、订货或某项任务负责完成 *contract*：这座居民楼的建造工程由第三建筑公司～。Zhè zuò jūmín lóu de jiànzào gōngchéng yóu dìsān jiànzhù gōngsī～. *Construction Company No. 3 was contracted to build this residential building.*

【承包商】chéngbāoshāng（名）进行承包的厂商 *contractor*

【承担】chéngdān（动）担负,担当 *bear; assume; undertake*：～责任 ～ zérèn *bear the responsibility* /～义务 ～ yìwù *fulfil an obligation* /他—了两个班的英语课。Tā ～ liǎng ge bān de Yīngyǔ kè. *He bears the responsibility of teaching English to two classes.*

【承当】chéngdāng（动）接受并负起责任 *bear and take (responsibility)*：这项任务由他来～。Zhè xiàng rènwu yóu tā lái ～. *This mission will be undertaken by him.* /既然把工作～下来了,就应尽力做好。Jìrán bǎ gōngzuò ～ xialai le, jiù yīng jìn lì zuòhǎo. *Since we have undertaken the work, we must try our best to do it.*

【承接】chéngjiē（动）〈书〉(1)(用容器)接受(流下来的液体)*(hold out a vessel) to receive (liquid poured into it)* (2)接续 *continue; carry on*：～上文,再加以发挥 ～ shàngwén,

zài jiāyǐ fāhuī *continue to elaborate on the preceding paragraph* (3)承担、接受(某任务)*assume; accept (an assignment, etc.)*：这个公司～建筑设计和施工。Zhège gōngsī ～ jiànzhù shèjì hé shī gōng. *This company assumes the responsibility for the architectural design and construction.*

【承揽】chénglǎn（动）接受(对方委托的业务)*contract to do a job; undertake (a task assigned by another party)*：～各种汽车修理业务。～ gè zhǒng qìchē xiūlǐ yèwù *undertake to do all types of car repairs* /～房屋修缮工作、室内装饰等 fángwū xiūshàn gōngzuò、shìnèi zhuāngshì děng *contract to do the renovation work on houses, interior decorating, etc.*

【承蒙】chéngméng（动）套语.受到（*polite formula*）*be indebted to; be granted a favour*：～关照,十分感谢。～ guānzhào, shífēn gǎnxiè. *I am indebted to you for keeping an eye on things. Thank you very much.*

【承诺】chéngnuò（动）〈书〉对某项事物答应照办 *promise to undertake*

【承认】chéngrèn（动）(1)表示肯定,认可 *recognize; admit; acknowledge*：～错误 ～ cuòwù *acknowledge one's mistake* /他不—说过这句话。Tā bù ～ shuōguo zhè jù huà. *He didn't admit that he had said this.* /大家都～他的论文水平较高。Dàjiā dōu ～ tā de lùnwén shuǐpíng jiào gāo. *People all recognize that his paper is of a pretty high level.* (2)国际上指肯定新国家、新政权的法律地位 *recognize (a new country, a new political power)*

【承上启下】chéng shàng qǐ xià 接续上面的并引起下面的(多用于写作等方面)*connect what precedes with what follows (as in a piece of writing)*：这段文字在整篇文章中起～的作用。Zhè duàn wénzì zài zhěng piān wénzhāng zhōng qǐ ～ de zuòyòng. *This paragraph serves to connect what goes before with what follows in this article.*

【承受】chéngshòu（动）经受,接受 *bear; withstand*：这种路面能—多大的压力? Zhè zhǒng lùmiàn néng ～ duō dà de yālì? *How much pressure can this kind of road surface withstand?* /温室的花朵～不了冰雪的考验。Wēnshì de huāduǒ ～ bu liǎo bīngxuě de kǎoyàn. *The flowers in a greenhouse can not stand the test of ice and snow.*

【承袭】chéngxí（动）(1)照老样子做 *follow; inherit*：这种风俗是从历史上—下来的。Zhè zhǒng fēngsú shì cóng lìshǐ shang ～ xialai de. *This kind of custom has been passed down through history.* (2)封建时代称继承封爵 *inherit a title (in feudal periods)*

【承先启后】chéng xiān qǐ hòu 继承前代的并启发后代的(多用于学问、事业等)*serve as a link between past and future (referring to studies, enterprises, etc.)*

【承运】chéngyùn（动）(运输部门)承担运输业务 *undertake transportation*：～货物 ～ huòwù *transport freight* /～行李 ～ xíngli *transport luggage*

【承载】chéngzài（动）托着物体,承受它的重量 *bear the weight of*

城 chéng
（名）(1)城市 *city*：～乡贸易 ～ xiāng màoyì *the trade between city and countryside* (2)城墙 *city wall*：～里 ～ lǐ *inside the city* /～外 ～ wài *outside the city* (3)城市中比较热闹的商业区 *center in the city*：昨天我进—了。Zuótiān wǒ jìn ～ le. *Yesterday I went downtown.*

【城堡】chéngbǎo（名）*castle*

【城防】chéngfáng（名）城市的防卫 *the defence of a city*

【城关】chéngguān（名）城外靠近城门的一带地方 *the area just outside a city gate*

【城郊】chéngjiāo（名）城外的郊区(与城区相对)*outskirts; suburb*：无锡—有几个很迷人的风景区。Wúxī ～ yǒu jǐ ge hěn mírén de fēngjǐngqū. *There are some charming scenic spots in Wuxi's outskirts.*

【城楼】chénglóu（名）建筑在城墙门洞上的楼 *tower above a city gate*

【城墙】chéngqiáng（名）*city wall*

【城区】chéngqū（名）城里和靠城的地区（和"郊区"相对）*the city proper (antonym of "郊区" (suburbs))*

【城市】chéngshì（名）*city*

【城乡】chéngxiāng（名）城市和乡村的合称 *city and countryside*

【城乡差别】chéngxiāng chābié *the difference between city and country*

【城镇】chéngzhèn（名）城市和集镇的合称 *cities and towns*

乘 chéng

（动）（1）用交通工具代替步行：坐（车、船等）*ride (in a car, bus); travel by (train, boat)*：～车 ～ chē *by car* /～船 ～ chuán *by boat* /～飞机 ～ fēijī *by plane*（2）趁着，利用（机会等）*take advantage of*：～胜前进 ～ shèng qiánjìn *advance in the flush of victory* /～虚而入 ～ xū ér rù *take advantage of a weak point to enter*（3）〈数〉*multiply*：三～以二等于六。Sān ～ yī èr děngyú liù. *Three times two is six.*

【乘法】chéngfǎ（名）〈数〉*multiplication*

【乘方】chéngfāng（名）〈数〉（1）*involution*（2）*power*

【乘风破浪】chéng fēng pò làng 用来比喻志向远大，气魄宏伟；排除各种困难，奋勇前进 *brave the wind and waves; have courage and determination to surmount all difficulties in order to fulfill a great ambition*

【乘号】chénghào（名）〈数〉*multiplication sign*

【乘机】chéngjī（副）*taking the opportunity*：～捣乱 ～ dǎoluàn *taking the opportunity to cause trouble* /～达到个人目的 ～ dádào gèrén mùdì *taking the opportunity to achieve a personal aim*

【乘积】chéngjī（名）〈数〉*product*

【乘警】chéngjǐng（名）列车上执行任务的公安人员 *police on duty aboard a train*

【乘客】chéngkè（名）乘坐车、船、飞机的旅客 *passenger (of a bus, train, boat or plane)*

【乘凉】chéng=liáng 闷热的时候在凉快透风的地方休息 *enjoy the cool air*：大树底下乘～。Dà shù dǐxia hǎo ～. *to enjoy the cool air under the big tree* /屋里太热，咱们到外面乘一会儿凉吧。Wū li tài rè, zánmen dào wàimiàn chéng yíhuìr liáng ba. *It's too hot inside the room. Let's go outside and enjoy the cool air for a little while.*

【乘人之危】chéng rén zhī wēi 趁着人家有困难的时候去损害人家 *take advantage of the misfortune of others*

【乘胜前进】chéng shèng qiánjìn 趁已取得胜利的时机，继续努力，争取更大胜利 *march forward in triumph*：去年我厂生产总值增加三成，今年我们要～，创造更大的成绩。Qùnián wǒ chǎng shēngchǎn zǒngzhí zēngjiā sān chéng, jīnnián wǒmen yào ～, chuàngzào gèng dà de chéngjì. *The total value of the production of our factory last year increased 30%, we want to keep on our endeavour and create a far better achievement this year.*

【乘数】chéngshù（名）〈数〉*multiplier*

【乘务员】chéngwùyuán（名）在车、船、飞机等交通工具上为乘客服务的工作人员 *crew (of trains, boats, planes, etc.)*

【乘虚而入】chéng xū ér rù 趁对方空虚和没防备的时候进入 *take advantage of a weak point*：身体太弱，疾病就会～。Shēntǐ tài ruò, jíbìng jiù huì ～. *When one's health is poor, one has no resistance to disease.*

盛 chéng

（动）（1）把饭菜等放在（碗和桶之类的器具内）*dish out*：他～了两碗饭。Tā ～le liǎng wǎn fàn. *He filled two bowls with rice.* /请给我把汤～在这个碗里。Qǐng gěi wǒ bǎ tāng ～ zài zhège wǎn li. *Please ladle out soup in this bowl*

for me.（2）容纳 *contain; hold; accommodate*：盆里～着水。Pén li ～zhe shuǐ. *The basin contains water.* /礼堂里～不了两千人。Lǐtáng li ～ bu liǎo liǎng qiān rén. *The auditorium can not accommodate two thousand people.* 另见 shèng

程 chéng

◇一段路 *stage of a journey*：让我来送你一～。Ràng wǒ lái sòng nǐ yī ～. *Let me accompany you part of the way.* /走了一～又一～ zǒule yì ～ yòu yì ～ *to keep on walking and walking*

【程度】chéngdù（名）（1）知识与能力等方面的水平 *degree; level of (knowledge, ability)*：他的文化～是高中毕业。Tā de wénhuà ～ shì gāozhōng bì yè. *His level of education is that of a high school graduate.* /觉悟 ～ juéwù ～ *level of consciousness*（2）事物变化所达到的状况 *level; degree*：看看机器损坏的～再决定修理还是更换。Kànkan jīqì sǔnhuài de ～ zài juédìng xiūlǐ háishì gēnghuàn. *Let's look at the extent of damage of the machine and then decide whether to repair or to replace it.* /他有病，但是还不到不能起床的～。Tā yǒu bìng, dànshì hái bú dào bù néng qǐ chuáng de ～. *He is ill, but he is not so ill that he can't get up.*

【程式】chéngshì（名）一定的格式 *formula; equation; style*：公文～ gōngwén ～ *the style of official documents* /京戏表演有特有的～。Jīngxì biǎoyǎn yǒu tèyǒu de ～. *The Beijing opera has its special style.*

【程序】chéngxù（名）事情进行的先后次序 *procedure*：会议～已经定了。Huìyì ～ yǐjīng dìng le. *The procedure of the meeting has been set.* /工作要按一定的～进行。Gōngzuò yào àn yídìng de ～ jìnxíng. *Work should be done according to a certain procedure.*

惩 〔懲〕chéng

（动）◇处罚 *punish*：严～流氓盗窃犯。Yán ～ liúmáng dàoqiè fàn. *Severely punish the hoodlums and thieves.*

【惩办】chéngbàn（动）处罚 *punish*：严厉～杀人放火犯。Yánlì ～ shā rén fàng huǒ fàn. *Severely punish the murderer and arsonist*

【惩处】chéngchǔ（动）惩罚处分 *punish; penalize*：依法～贪污犯。Yī fǎ ～ tānwū fàn. *Penalize the corrupt officials according to law.*

【惩罚】chéngfá（动）严厉地处罚 *severely penalize or punish*：纵火者得到了应有的～。Zònghuǒzhě dédàole yīng yǒu de ～. *The arsonist has got the penalty which he should get.*

【惩前毖后】chéng qián bì hòu 把以前的错误作为教训，使以后不致重犯 *learn from past mistakes in order to avoid future ones*：批评犯错误的同志，目的是～，治病救人。Pīpíng fàn cuòwù de tóngzhì, mùdì shì ～, zhì bìng jiù rén. *The purpose of criticizing a comrade who has made a mistake is to enable him to learn from it, thus curing the illness and saving the patient.*

【惩治】chéngzhì（动）惩办 *punish*：～犯罪分子 ～ fàn zuì fènzǐ *punish criminals*

澄 chéng

（形）〈书〉（水）很清 *clear (water)* 另见 dèng

【澄清】chéngqīng（形）清澈（不受副词修饰）*clear (not modified by any adverb)*：～的溪水 ～ de xīshuǐ *a clear stream* （动）使清楚，明白 *clarify*：～事实 ～ shìshí *clarify the fact* /把问题～一下。Bǎ wèntí ～ yíxià. *Clarify the problem.* 另见 dèngqīng

橙 chéng

（名）*orange*

【橙黄】chénghuáng（形）*orange (colour)*

chěng

逞 chěng
（动）◇（1）显示 show off；exhibit；flaunt：威风～wēifēng flaunt one's power/ 他喜欢～英雄，又总是力不从心。Tā xǐhuān ～ yīngxióng，yòu zǒngshì lì bù cóng xīn. He likes to play the hero，but unable to do it.（2）实现，达到（坏的目的）to realize；to come true；to bring into being （sth. bad)：他偷东西被人发现就～凶把人打伤了。Tā tōu dōngxi bèi rén fāxiàn jiù ～ xiōng bǎ rén dǎshāng le. When he was discovered stealing，he hit the person brutally. / 阴谋没有得～ yīnmóu méiyou dé ～ The conspiracy did not succeed.（3）放任 disregard all restrictions；be licentious：～性子 ～ xìngzi be wayward

【逞能】chěng=néng〈贬〉显示自己能干 show off one's ability：湖水很深，游泳要量力，别～。Húshuǐ hěn shēn，yóuyǒng yào liànglì，bié ～. The water of this lake is very deep，to swim here should be in accordance with one's ability，not to show off.

【逞强】chěng=qiáng 显示自己能力强或好表现自己 flaunt one's superiority：青年人最好（hào）～。Qīngnián rén zuì hào ～. The youth like to flaunt their superiority the most.

【逞凶】chěng=xiōng 做凶暴的事情 act violently

chèng

秤 chèng
（名）[个 gè、杆 gǎn] steelyard；scale

chī

吃 chī
（动）（1）用嘴嚼、吞食物等 eat：～饭 ～ fàn to eat，take or have a meal / ～药 ～ yào take medicine /～奶 ～ nǎi suck the breast （2）在某种出售食物的地方吃饭 have one's meal at...：～食堂 ～ shítáng eat in a dining-hall / ～馆子 ～ guǎnzi eat in a restaurant （3）依靠某种事物生活 depend on certain things for one's living：靠山～山、靠水～水。Kào shān ～ shān，kào shuǐ ～ shuǐ. Those living on a mountain make their living from the mountain；those living near the water make their living from the water. （4）消灭（多用于军事、棋类）wipe out；annihilate (of military affairs，chess，etc.)：～掉敌人一个营 ～ diào dírén yí ge yíng An enemy battalion was wiped out. /我还没～掉他一个棋子儿呢! Wǒ hái méi ～diào tā yí ge qīzir ne! I haven't taken one of his (chess) pieces yet.（5）吸收 absorb；soak up：这种纸～墨。Zhè zhǒng zhǐ ～ mò. This kind of paper can absorb ink. /不～水的布才能做雨衣。Bù ～ shuǐ de bù cái néng zuò yúyī. Only waterproof cloth can be made into raincoats.（6）受、挨 suffer：无缘无故～了他一拳 wú yuán wú gù ～le tā yì quán received a blow without any reason

【吃不开】chī bu kāi 行不通，不受欢迎 be unpopular：官僚主义作风总是～的。Guānliáozhǔyì zuòfēng zǒngshì ～ de. The bureaucratic ways are always unpopular. /他在他们单位一点也～。Tā zài tāmen dānwèi yìdiǎn yě ～. He is not popular at all in their organization.

【吃不消】chī bu xiāo 支持不住，受不了 be unable to stand：这天热得真叫人～。Zhè tiān rè de zhēn jiào rén ～. The weather is unbearably hot. /我～这么重的课程。Wǒ ～ zhème zhòng de kèchéng. I am unable to stand such heavy courses.

【吃不住】chī bu zhù 承受不起；不能支持 be unable to bear or support：这塑料袋装十斤米，恐怕～。Zhè sùliào dài zhuāng shí jīn mǐ，kǒngpà ～. I'm afraid this plastic bag

isn't strong enough to hold ten jin of rice. / 连着去几个城市办事，她的身体～吧! Liánzhe qù jǐ ge chéngshì bàn shì，tā de shēntǐ ～ ba! Her health probably can't take going to several cities in a row to do business.

【吃吃】chīchī（象声）笑时发出的一种声音 chuckling sound：～地笑 ～ de xiào chuckle

【吃醋】chī=cù 产生嫉妒情绪（多指在男女关系上）be jealous（usu. of a rival in love）：他俩互相了解信任从来谁也不吃谁的醋! Tāmen liǎ hùxiāng liǎojiě xìnrèn cónglái shuí yě bù chī shuí de cù! Those two understand and trust each other，and neither has ever been jealous of the other.

【吃大锅饭】chī dàguōfàn "大锅饭"是指用大锅做的，供众人一起吃的普通饭菜。吃大锅饭比喻在经济领域中的平均主义。在地区之间、单位之间、个人之间，干与不干一样，干好干坏一样，多劳不多得，少劳不少得（"大锅饭" refers to food prepared in a large canteen cauldron）eat in the canteen the same as everyone else—egalitarianism in the economic sphere（between regions，units or individuals，it's all the same，whether one works more，one doesn't get more，and whether one works less，one doesn't get less）

【吃得开】chī de kāi 行得通，受欢迎 be popular；be well-received：这种小型拖拉机在山区可～啦! Zhè zhǒng xiǎoxing tuōlājī zài shānqū kě ～ la! Small tractors like this are very popular in the mountain areas. /轻音乐在青年中很～。Qīngyīnyuè zài qīngnián zhōng hěn ～. Light music is very popular among the youth.

【吃得消】chī de xiāo 支持得住，受得了 be able to stand：开一个晚上的夜车还是～的。Kāi yí ge wǎnshang de yèchē háishì ～ de. To work late into the night once is bearable.

【吃得住】chī de zhù 能承受；能支持 be able to bear or support：这么小的两棵树架一架秋千，哪里～! Zhème xiǎo de liǎng kē shù jià yí jià qiūqiān，nǎli ～! How can two small trees such as these possibly support a swing? /别看她瘦瘦的，三个通宵干下来居然～，没垮! Bié kàn tā shòushòu de，sān ge tōngxiāo gàn xiali，jūrán ～，méi kuǎ! Never mind the fact that she's so skinny. She was surprisingly able to work through three nights without collapsing!

【吃饭】chī=fàn 泛指（依靠某行业）生活或生存 make a living：靠劳动～ kào láodòng ～ make a living by laboring /工作不光是为了～。Gōngzuò bùguāng shi wèile ～. To work is not just for making a living. /农业必须改变靠天～的局面。Nóngyè bìxū gǎibiàn kào tiān ～ de júmiàn. We must change the condition of being at the mercy of Nature in agriculture.

【吃喝儿】chīhēr（名）〈口〉可以吃、喝的东西 food and drink：他家～不错，很注意营养。Tā jiā ～ búcuò，hěn zhùyì yíngyǎng. His family eats and drinks properly，and pays particular attention to nutrition. /别老想着～，更要紧的事多着呢! Bié lǎo xiǎngzhe ～，gèng yàojǐn de shì duō zhene! Don't always think about food and drink. There are many more important things to think about.

【吃紧】chījǐn（形·非定）（军事，政治，经济情况）紧张（of a military，political or economic situation）critical；tense：战局～ zhànjú ～ The war situation is tense.

【吃惊】chī=jīng be startled；get a shock of fright；be flabbergasted：局势发展之快，实在令人～。Júshì fāzhǎn zhī kuài，shízài lìng rén ～. The situation develops so fast that it makes people startled. /小伙子骑车从我身边飞过，让我吃了一惊。Xiǎohuǒzi qí chē cóng wǒ shēnbiānr fēi guò，ràng wǒ chīle yì jīng. The young man startled me when he whizzed by me on his bike.

【吃苦】chī=kǔ 受苦 endure hardships：～在前，享受在后，不容易做到。～ zài qián，xiǎngshòu zài hòu，hěn bù róngyì zuòdào. It is not very easy to be the first to bear hardships and the last to enjoy comforts. / 吃了不少苦 chīle bù shǎo

kǔ (one) has gone through countless hardships

【吃苦耐劳】chī kǔ nài láo 经受得住劳苦的磨练 endure hardships and work hard；有事业心，还要有～的精神，才能有所成就。Yǒu shìyèxīn, hái yào yǒu ~ de jīngshén, cái néng yǒu suǒ chéngjiù. Besides ambition, one should have the spirit of enduring hardships before he can succeed.

【吃苦头】chī kǔtou 受罪、受苦、受到教训 suffer hardships, etc.; learn a lesson the hard way；他很小的时候父母就离婚了，在生活上、精神上吃了不少苦头。Tā hěn xiǎo de shíhou fùmǔ jiù lí hūn le, zài shēnghuó shang、jīngshén shang chīle bù shǎo kǔtou. His parents divorced when he was still very young, so he has suffered many hardships, both emotionally and in his life. /不按照客观规律办事就要～。Bú ànzhào kèguān guīlǜ bàn shì jiù yào ~. You will suffer if you don't handle matters according to objective law.

【吃亏】chī=kuī 受损失 get the worse of it; suffer losses; suffer reverses；他太爱紧张，考试总～。Tā tài ài jǐnzhāng, kǎoshì zǒng ~. He is so nervous that he always gets the worst of it in an examination. /吃了好高骛远的亏 chīle hào gāo wù yuǎn de kuī suffered reverses from aiming high but caring nothing about the fundamentals /一点儿亏也不肯吃的人跟别人老合不来。Yìdiǎnr kuī yě bù kěn chī de rén gēn biérén lǎo hé bu lái. The one who is not willing to suffer any losses at all will always be unable to get along with others. /要小聪明使他吃了一次大亏。Shuǎ xiǎocōngming shǐ tā chīle yí cì dà kuī. To play a petty trick made him suffer a big loss.

【吃老本】chī lǎoběn〈口〉比喻倚仗过去的功劳和成绩而骄傲自满，不求进步 live off one's past glory; rest on one's laurels；有了成绩还要继续努力，不能～。Yǒule chéngjì hái yào jìxù nǔ lì, bù néng ~. Having made some achievement, one still needs to keep on his endeavour and cannot live off his past glory.

【吃力】chīlì〈形〉费力气 strenuous; laborious；年纪大了学习外语总感觉～。Niánjì dàle xuéxí wàiyǔ zǒng gǎnjué ~. One always finds it strenuous to learn foreign languages when one is old. /你觉得～的事，他不一定～。Nǐ juéde ~ de shì, tā bù yídìng ~. The thing which you feel laborious may not be so to him.

【吃请】chīqǐng〈动・不及物〉被人请去吃喝（为了拉拢）be invited to dinner (as a bribe)；这位干部廉洁奉公，从来不受礼，不～。Zhè wèi gànbù liánjié fènggōng, cónglái bú shòu lǐ, bù ~. This cadre is honest in performing his official duties. He never accepts gifts, nor dinner invitations.

【吃水】chīshuǐ〈动〉吸收水分 absorb water；这块地太干了，很～。Zhè kuài dì tài gān le, hěn ~. This piece of land is too dry. It absorbs water very quickly. 〈名〉船身入水的深度 draught; draft (of a ship)

【吃素】chī=sù be a vegetarian

【吃透】chī//tòu 对文件等精神深刻领会 have a thorough grasp (of a document)：认真学习文件，～精神。Rènzhēn xuéxí wénjiàn, ~ jīngshén. Make a serious study of the document and grasp its spirit.

【吃香】chīxiāng〈形〉〈口〉受欢迎 be very popular; be much sought after：这种农业知识刊物，在农村很～。Zhè zhǒng nóngyè zhīshi kānwù, zài nóngcūn hěn ~. This publication on agricultural know-how is very popular in the countryside. /只会说空话却不懂技术的领导现在不～了。Zhǐ huì shuō kōnghuà què bù dǒng jìshù de lǐngdǎo xiànzài bù ~ le. Leaders who can only indulge in empty talk but understand nothing about technology are not very popular nowadays.

【吃一堑，长一智】chī yí qiàn, zhǎng yí zhì 经受一次挫折，得到一次教训，增长一分才智（堑：壕沟，比喻挫折、失败）a fall into the pit, a gain in your wit：吃一堑而不能长一智，可算吃大亏了。Chī yí qiàn ér bù néng zhǎng yí zhì, kě suàn chī dà kuī le. One really suffers a big loss if one can not gain in his wit after a fall into the pit.

哧 chī
（象声）快速撕布、纸等的声音和强忍着的笑声（多用于女人和小孩儿）giggle (of women and children)；the sound of tearing cloth or paper fast；～的一声树枝挂破了他的衣裳。~ de yì shēng shùzhī guàpòle tā de yīshang. The branch ripped his coat. /她～～笑个不停。Tā ~ ~ xiào ge bù tíng. She rolls with giggles.

嗤 chī
〈动〉〈书〉讥笑 to laugh at
【嗤笑】chīxiào〈动〉〈书〉讥笑 sneer at; laugh at
【嗤之以鼻】chī zhī yǐ bí 从鼻子里发出冷笑的声音，表示轻蔑，看不起 turn up one's nose at; look down upon; despise

痴〔癡〕chī
〈形〉傻，愚笨 silly; foolish; stupid; dull；～人说梦 ～ rén shuō mèng an idiot's gibberish; idiotic nonsense /他两眼发～，有点儿不正常。Tā liǎng yǎn fā ~, yǒudiǎnr bú zhèngcháng. His eyes stare vacantly into space, and that is a little abnormal.
【痴呆】chīdāi〈形〉dull-witted; stupid
【痴情】chīqíng〈名〉痴心的爱情 unreasoning passion; infatuation；他对她真是一片～。~ He's really infatuated with her. 〈形〉爱到痴心的程度 passionate; madly in love；她很～，而他似乎很冷淡。Tā hěn ~, ér tā sìhū hěn lěngdàn. She's madly in love, while he seems rather indifferent.
【痴想】chīxiǎng〈名〉不能实现的痴心的想法 wishful thinking; illusion
【痴心】chīxīn〈名〉沉迷于某人或某事物的心思 infatuation
【痴心妄想】chīxīn wàngxiǎng 一心想着不能实现的事情 wishful thinking; hope vainly for；你这么差的身体还想当宇航员，真是～！Nǐ zhème chà de shēntǐ hái xiǎng dāng yǔhángyuán, zhēn shì ~! It's indeed a vain thinking that you want to be an astronaut but with such poor health.

chí

池 chí
〈名〉◇（1）池塘 pond；～边长满了杂草。~ biān zhǎngmǎnle zácǎo. It is full of weeds around the pond. （2）中间洼周围高的地方 bed；enclosed space with raised sides：花～ huā ~ flowerbed
【池塘】chítáng〈名〉pond
【池沼】chízhǎo〈名〉比较大的水坑 (relatively large) pond; pool
【池子】chízi〈名〉〈口〉（1）池塘 pond；pool（2）指浴池 common bathing pool (in a public bathhouse)（3）指舞场中专供跳舞的地方 dance floor (in a bauroom)

弛 chí
【弛缓】chíhuǎn〈动〉缓和 relax; calm down；见他这么平易近人，我紧张的心情立刻～下来。Jiàn tā zhème píngyì jìn rén, wǒ jǐnzhāng de xīnqíng lìkè ~ xialai. When I saw that he was so amiable and easy to approach, I immediately calmed down.

驰〔馳〕chí
（动）〈书〉◇（车、马等）跑得很快 (of a car, horse, etc.) gallop; speed

【驰骋】chíchěng（动）〈书〉（骑马）奔跑；比喻腾活跃 gallop (a horse); metaphorically to move actively in life：牧民们骑着马在草原上～. Mùmínmen qízhe mǎ zài cǎoyuán shang ～. Herdsmen ride their horses at a gallop over the steppes. /他半生～疆场，但从不居功自傲. Tā bànshēng ～ jiāngchǎng, dàn cóng bù jū gōng zì ào. Though he spent half of his life in the battle field, he never boasts of his achievements. /～于文坛的风云人物 ～ yú wéntán de fēngyún rénwù an active influential person in the literary circles

【驰名】chímíng（动）好名声流传得很远 become well-known; known far and wide：龙井茶～中外. Lóngjǐngchá ～ zhōngwài. Longjing tea has become well-known far and wide.

迟〔遲〕chí
（形）(1)◇慢 slow：～～不作答复 ～ ～ bú zuò dáfù slow to make a reply (2)晚 late：今天信来～了，不知为什么. Jīntiān xìn lái～ le, bù zhī wèi shénme. I don't know why the mail came late today.

【迟到】chídào（动）到得比规定时间晚 arrive late：今天你一刻钟. Jīntiān nǐ ～ yī kèzhōng. You arrived fifteen minutes late today. /老师学生上课都不应该～. Lǎoshī xuésheng shàng kè dōu bù yīnggāi ～. Neither the teacher nor the students should be late to class.

【迟钝】chídùn（形）（思想、行动）反应慢，不敏捷 slow (in thought or action); slow-witted：文思～ wénsī ～ slow train of thought in writing /年纪大了，行动总比青年要～. Niánjì dà le, xíngdòng zǒng bǐ qīngnián yào ～. When one gets older one cannot move about as easily as when young.

【迟缓】chíhuǎn（形）（行动）缓慢 slow (of movement)：行动～就要落后. Xíngdòng ～ jiù yào luòhòu. If you move slowly, you will fall behind.

【迟误】chíwù（动）〈书〉迟延耽误 delay; procrastinate：今天的班车～了十分钟. Jīntiān de bānchē ～ le shí fēnzhōng. Today's scheduled bus has delayed ten minutes.

【迟延】chíyán（动）耽搁，拖延 delay; retard；因迟到的人太多，开会时间～了半小时. Yīn chídào de rén tài duō, kāi huì shíjiān ～ le bàn xiǎoshí. Because so many people were late, the meeting's starting time was delayed by a half hour.

【迟疑】chíyí（动）犹豫，拿不定主意 hesitate：～不决 ～ bù jué hesitate to make a decision /别～了，就这么决定吧. Bié ～ le, jiù zhème juédìng ba. Don't hesitate, and let's consider this as settled.

【迟早】chízǎo（副）或早或晚（但总有一天一定会发生某种事情或情况）sooner or later (sth. will happen, etc.)：这些旧民房～得拆除. Zhèxiē jiù mínfáng ～ děi chāichú. These old private homes will have to be torn down sooner or later. /海峡两岸的中国人～要团聚. Hǎixiá liǎng àn de Zhōngguó rén ～ yào tuánjù de. The Chinese people on both sides of the strait will reunite sooner or later. /这些大龄青年的婚姻大事～会得到解决的. Zhèxiē dà líng qīngnián de hūnyīn dà shì ～ huì dédào jiějué de. The marriage of these older youths will be resolved sooner or later. /这场边境战争～总要结束的. Zhè chǎng biānjìng zhànzhēng ～ zǒng yào jiéshù de. This border war will end sooner or later.

持 chí
（动）〈书〉(1)◇拿着，握着 hold; grasp：～枪 ～ qiāng hold a gun /～一步话机 shǒu ～ bùhuàjī hold a walkie-talkie (2)采取 adopt; take, follow; maintain：～无所谓的态度 ～ wúsuǒwèi de tàidù take an indifferent attitude /～

不同政见者 ～ bùtóng zhèngjiànzhě one who takes on a different political view (3)治理、主持 manage; run：勤俭～家 qínjiān ～ jiā be industrious and thrifty in running one's home

【持久】chíjiǔ（形）保持长久 lasting; persistent; protracted：～和平 ～ hépíng lasting peace /～的安定团结的局面 ～ de āndìng tuánjié de júmiàn lasting situation of stability and unity /反动统治总是不会～的. Fǎndòng tǒngzhì zǒngshì bú huì ～ de. Reactionary rule cannot last.

【持久战】chíjiǔzhàn（名）持续时间较长的战争 protracted war：在敌强我弱的情况下，我们必须准备打～. Zài dí qiáng wǒ ruò de qíngkuàng xià, wǒmen bìxū zhǔnbèi dǎ ～. In the situation where the enemy is strong and we are weak, we need to be prepared to wage a protracted war.

【持续】chíxù（动·不及物）（某状态）延续不断 carry on; sustain：让我们两国人民的友好关系千秋万代～下去! Ràng wǒmen liǎng guó rénmín de yǒuhǎo guānxi qiānqiū wàndài ～ xiaqu! May the friendly relations between the peoples of our two countries be sustained for many generations to come! /这种高温天气不知还要～多久. Zhè zhǒng gāowēn tiānqì bù zhī hái yào ～ duō jiǔ. I don't know how long this hot weather will last.

【持之以恒】chí zhī yǐ héng 长期坚持下去 be persistent; persevere：无论学习什么都必须～. Wúlùn xuéxí shénme dōu bìxū ～. Whatever you learn you must be persistent.

匙 chí
（名）◇ spoon
【匙子】chízi（名）spoon

踟 chí
【踟蹰】〔踟躇〕chíchú（动）〈书〉心中迟疑，要走又不想走的样子 hesitate; waver：～不前 ～ bù qián hesitate to move forward

chǐ

尺 chǐ
（名）[把 bǎ] ruler（量）measurement of length (1/3 of a metre)

【尺寸】chǐcùn（名）[个 gè]（一件东西的）大小长短 size; dimensions; measurements：你知道自己衣服的～吗? Nǐ zhīdao nǐ zìjǐ yīfu de ～ ma? Do you know your clothing size?

【尺度】chǐdù（名）原指长度的标准，现泛指标准 criterion：好坏优劣总要有个～. Hǎo huài yōu liè zǒng yào yǒu ge ～. There needs to be criteria for good and bad and for excellence and inferiority. /实践是检验真理的～. Shíjiàn shì jiǎnyàn zhēnlǐ de ～. Practice is the criterion by which to test truth.

【尺码】chǐmǎ（名）（～儿）尺寸（多指衣服或鞋帽等）size (of shoes, clothing, etc.)：商店里有各种～的服装和鞋帽. Shāngdiàn lǐ yǒu gè zhǒng ～ de fúzhuāng hé xiémào. The shop has clothing, shoes and hats in all sizes. /你穿多大～的鞋? Nǐ chuān duō dà ～ de xié? What size of shoes do you wear?

齿〔齒〕chǐ
（名）◇(1) tooth (2)（～儿）物体上齿形的部分 tooth-like part of anything：钉耙上有七个～. Dīngpá shang yǒu qī ge ～. The rake has seven teeth. /这把锯都没～了. Zhè bǎ jù dōu méi ～ le. This saw doesn't have any teeth left.

【齿冷】chǐlěng（动）〈书〉耻笑 sneer at; mock
【齿轮】chǐlún（名）cogwheel; gear
【齿龈】chǐyín（名）(physiol.) gums

侈 chǐ（形）◇浪费；夸大 wasteful

【侈谈】chǐtán（动）〈书〉言过其实地谈论 engage in glib talk：不能脱离物质生产而～建设社会主义。Bù néng tuōlí wùzhì shēngchǎn ér ～ jiànshè shèhuìzhǐyì. One should not go on about the socialist construction and disregard material production.

耻 chǐ（名）◇耻辱 shame; disgrace：奇～大辱 qí ～ dà rǔ deep disgrace; galling shame and humiliation /以不讲卫生为～ yǐ bù jiǎng wèishēng wéi ～ regard neglecting hygiene as something shameful

【耻辱】chǐrǔ（名）有损自己人格的事 shame：他为学习成绩不及格感到～。Tā wèi xuéxí chéngjì bù jí gé gǎndào ～. He felt ashamed because his scholastic achievement was not up to standard. /输一场球并不是～，因输球而打人才是～。Shū yì chǎng qiú bìng bú shì ～，yīn shū qiú ér dǎ rén cái shì ～. To lose a football match is no shame, but to fight because of losing is.

【耻笑】chǐxiào（动）〈书〉嘲笑 sneer at; laugh at：～外地人是可耻的。～ wàidì rén shì kěchǐ de. To sneer at people from other places is disgraceful.

chì

叱 chì

【叱呵】chìhē（动）〈书〉大声责骂 bawl at; loudly rebuke

【叱喝】chìhè（动）同"叱呵" chìhē same as "叱呵" chìhē

斥 chì（动）〈书〉责备 scold; blame：他的刻苦学习曾被～为追逐名利。Tā de kèkǔ xuéxí céng bèi ～wéi zhuīzhú mínglì. His hard work and study was criticized for being for the pursuit of fame and wealth.

【斥骂】chìmà（动）用严厉的话批评指责 upbraid; scold; reproach

【斥责】chìzé（动）〈书〉用严厉的语言指出别人的错误或罪行 rebuke; denounce：孩子犯错误，光～也不行。Háizi fàn cuòwù, guāng ～ yě bù xíng. When a child does something wrong a rebuke is not enough. /这小伙子不遵守交通规则，遭到交通警的～。Zhè xiǎohuǒzi bù zūnshǒu jiāotōng guīzé, zāodào jiāotōngjǐng de ～. This youngster disobeyed traffic regulations and was rebuked by the traffic police.

赤 chì（形）红 red (rarely used)：～橙黄绿青蓝紫 ～ chéng huáng lǜ qīng lán zǐ red, orange, yellow, green, blue green, blue, violet（动）bare：～着脚走路 ～zhe jiǎo zǒu lù walk barefoot

【赤膊上阵】chì bó shàng zhèn 光着上身去打仗。比喻不讲策略，不顾一切地去死拼 go into battle stripped to the waist；（fig.）come out into the open; go into a situation recklessly

【赤诚】chìchéng（形）非常真诚 absolute sincerity：～待友 dài yǒu treat one's friends with absolute sincerity /他有一颗～的心。Tā yǒu yì kē ～ de xīn. He is a person of absolute sincerity.

【赤胆忠心】chì dǎn zhōng xīn 非常忠诚 with utter devotion：～为人民 ～ wèi rénmín serve the people with utter devotion

【赤道】chìdào（名）the equator

【赤脚医生】chì jiǎo yīshēng 二十世纪六七十年代经过短期学习成为当地医务人员但也参加地里的劳动的一些中国农村青年 "barefoot" doctor (a Chinese youth who worked in the countryside during a short period in the 1960s and 1970s as both paramedic and farmworker)

【赤金】chìjīn（名）pure gold; solid gold

【赤裸裸】chìluǒluǒ（形）光着身子，不穿衣服。常用以比喻毫无遮盖掩饰 naked；（fig.）barefaced; undisguised：像他那样～地解剖.自己的灵魂是不容易的。Xiàng tā nàyàng ～ de jiěpōu zìjǐ de línghún shì bù róngyì de. To be as barefaced as he about appraising one's inner self is not easy.

【赤贫】chìpín（形）〈书〉穷得什么也没有 utterly destitute; in abject poverty

【赤身露体】chì shē lù tǐ 光着身子或穿得极少，身体部分露在外面 naked; half-naked

【赤手空拳】chì shǒu kōng quán 两手没拿任何东西 with one's bare hands; unarmed：他就～地把流氓抓住了。Tā jiù ～ de bǎ liúmáng zhuāzhù le. He caught the hoodlum with his bare hands.

【赤卫队】chìwèiduì（名）(1)中国第二次国内革命战争时期，革命根据地不脱离生产的人民武装队伍 Red Guards (armed units of the masses in the revolutionary base areas during the Second Revolutionary Civil War in China) (2)俄国二月革命后，由工人组成的武装队伍，后来成为红军的核心。又译为赤卫军 In Russia after the February Revolution the armed units organized from the workers which later became the nucleus of the Red Army, also known as 赤卫军

【赤子】chìzǐ（名）初生的婴儿 newborn child：～之心（比喻纯洁的心，引申为爱国之心）～ zhī xīn innocence; patriotism 海外～ hǎiwài ～ patriotic overseas Chinese

【赤字】chìzì（名）financial deficit

炽〔熾〕chì（形）◇（火）旺 scorching hot; flaming; ablaze

【炽热】chìrè（形）〈书〉极热；（感情）很热烈 red not; blazing; warm or ardent (feeling)：手被～的铁烧伤了。Shǒu bèi ～ de tiě shāoshāng le. His hand was burned by a red-hot piece of iron. /～的情感 ～ de qínggǎn passionate feelings

翅 chì（名）◇翅膀 wing：展～高飞 zhǎn ～ gāo fēi stretch the wings and soar to great heights /插～难飞 chā ～ nán fēi unable to escape even if given wings

【翅膀】chìbǎng（名）wing

chōng

充 chōng（动）充当；冒充 play the part; pose as：～行家～ hángjiā pretend to be an expert /你病成这样还～什么好汉！Nǐ bìngchéng zhèyàng hái ～ shénme hǎohàn. Since you are so ill, I don't see why you still pretend to be a hero.

【充斥】chōngchì（动）〈贬〉充满 fill up; flood; glut：洋货～市场的状况早已改变。Yánghuò ～ shìcháng de zhuàngkuàng zǎo yǐ gǎibiàn. The state of affairs whereby the market was flooded with foreign goods has long changed.

【充当】chōngdāng（动）取得某种身分；担当某种职务（实际不合格或用于比喻）act as; pose as：～辩护士 ～ biànhùshì act as apologist for /我不愿意～红娘的角色。Wǒ bú yuànyì ～ Hóngniáng de juésè. I don't want to act the part of a match-maker.

【充电】chōng=diàn charge (a battery)

【充耳不闻】chōng ěr bù wén 塞住耳朵不听，拒绝听取别人的意见 stop up one's ears and not listen; refuse to listen to the opinions of others：群众意见那么多,他却～。Qúnzhòng yìjiàn nàme duō, tā què ～. In spite of the many differing

opinions from the masses, he covered his ears and refused to listen.

【充分】chōngfèn（形）足够 *full; ample; abundant*（usu. for sth. abstract）：做了～的准备 zuòle ～ de zhǔnbèi *make ample preparations* /这篇文章的论据不～。Zhè piān wénzhāng de lùnjù bù ～. *There are insufficient grounds for the arguement in this article.* /每天学的新东西都练得很～。Měi tiān xué de xīn dōngxi dōu liàn de hěn ～. *The new things learned daily were all thoroughly practised.* /大家要～发表意见。Dàjiā yào ～ fābiǎo yìjiàn. *Everyone ought to fully express their opinions.* /群众的才智都～发挥出来了。Qúnzhòng de cáizhì dōu ～ fāhuī chulai le. *The abilities and talents of the masses were fully brought into play.*

【充公】chōng=gōng *confiscate*

【充饥】chōng=jī〈书〉*appease one's hunger*：他带了几个馒头，打算在路上～。Tā dàile jǐ ge mántou, dǎsuàn zài lù shang ～. *He brought a few mantou along to appease his hunger en route.*

【充满】chōngmǎn（动）(1)(光或气体等)填满，布满（of light or gaseous subtances）*be filled with; be full of; be filled to the brim with*：屋子里～了发霉的气味。Wūzi li ～le fā méi de qìwèir. *The room was filled with a musty smell.* /欢乐的歌声～了大厅。Huānlè de gēshēng ～ le dàtīng. *Joyous songs filled the hall.* (2)充分具有 *be imbued with*：心中～战斗的激情。Xīnzhōng ～ zhàndòu de jīqíng. *His heart is imbued with passion for battle.* /讨论会～了热烈的气氛。Tǎolùnhuì ～ le rèliè de qìfēn. *The discussion was imbued with a warm atmosphere.*

【充沛】chōngpèi（形）充足；旺盛 *full of*（energy）; *abundant*：雨水～ yǔshuǐ ～ *abundant rainfall* /他工作的时候总是精力～的。Tā gōngzuò de shíhou zǒngshì jīnglì ～ de. *He is always full of energy when he works.*

【充其量】chōngqíliàng（副）至多，表示做最大限度的估计 *at most; at best*：我看，这套家具～值两千元。Wǒ kàn, zhè tào jiājù ～ zhí liǎng qiān yuán. *I think this set of furniture costs 2,000 yuan at the most.*

【充任】chōngrèn（动）担任 *fill the post of; hold the position of*：由老李～系主任。Yóu Lǎo Lǐ ～ xì zhǔrèn. *Lao Li was assigned to fill the post of department head.*

【充实】chōngshí（形）丰富，充足 *rich; substantial*：他工作满意，业余活动丰富多彩，感到生活很～。Tā gōngzuò mǎnyì, yèyú huódòng fēngfù duōcǎi, gǎndào shēnghuó hěn ～. *He finds his work satisfactory and his leisure hours rich and varied, so he feels life is full.* /这个学院有一支～的教学科研力量。Zhège xuéyuàn yǒu yì zhī ～ de jiàoxué kēyán lìliang. *This college has a substantial teaching and scientific research capability.* (动)使充足，加强 *strengthen; enrich*：把论文的内容再～～。Bǎ lùnwén de nèiróng zài ～～. *Enrich the content of the treatise.* /图书馆的资料，图书都需要～。Túshūguǎn de zīliào, túshū dōu xūyào ～. *The reference materials and books of the library need enriching.*

【充数】chōng=shù 用不合格的人或质量低的物品来凑足数额 *merely make up the number; fill a gap*：我那个朗诵节目纯粹是～，最好取消。Wǒ nàge lǎngsòng jiémù chúncuì shì ～, zuìhǎo qǔxiāo. *My recital is simply fill a gap on the program, wouldn't it be better to just cancel it.*

【充血】chōngxuè（动）〈医〉*hyperaemia; congestion*

【充裕】chōngyù（形）充足有余 *abundant; ample; plentiful*：时间还很～，别着急。Shíjiān hái hěn ～, bié zháo jí. *Don't worry there's still plenty of time.* /这个月手头不很～，台灯下月再买吧。Zhège yuè shǒutóu bù hěn ～, táidēng xià yuè zài mǎi ba. *We don't have enough money on hand this month, so let's buy the table lamp next month.*

【充足】chōngzú（形）数量多得能够满足需要 *abundant; quite*

sufficient：屋内光线～。Wū nèi guāngxiàn ～. *The light in the room is quite sufficient.* /我有～的证据证明他说谎。Wǒ yǒu ～ de zhèngjù zhèngmíng tā shuō huǎng. *I have sufficient evidence to prove he is lying.* /他为他的论文搜集了～的资料。Tā wèi tā de lùnwén sōujíle ～ de zīliào. *He has gathered abundant material for his paper.*

冲 chōng
（动）(1)用开水浇 *infuse*（usu. with boiling water）：～一杯奶粉 yì bēi nǎifěn *make a glass of powdered milk* (2)冲洗；冲击 *flush; rinse; pound*：大雨把石板路～得干干净净。Dàyǔ bǎ shíbǎnlù ～ de gāngānjìngjìng. *The heavy rains washed the stone road completely clean.* /河上的小桥被洪水～垮了。Hé shang de xiǎo qiáo bèi hóngshuǐ ～ kuǎ le. *The small bridge over the river was washed out by the flood waters.* (3)〔衝〕闯 *dash; rush; charge*：～上前去 ～shàng qián qù *rush to the front* /～出封锁线 ～chū fēngsuǒxiàn *break through the blockade line* /一股浓烟直～天空。Yì gǔ nóng yān zhí ～ tiānkōng. *A thick puff of smoke rose towards the sky.* 另见 chòng

【冲刺】chōngcì（动）〈体〉*sprint*

【冲淡】chōngdàn（动）*dilute*：茶要很浓的，不要加水～。Chá yào hěn nóng de, búyào jiā shuǐ～. *The tea ought to be strong, there is no need to dilute it by adding water.* /他开了个玩笑，～了紧张的气氛。Tā kāile ge wánxiào, ～ le jǐnzhāng de qìfēn. *His making a joke eased the tense atmosphere.*

【冲动】chōngdòng（名）能引起某种动作的神经兴奋 *impulse*：由于一时的～产生的勇气是不能持久的。Yóuyú yìshí de ～ chǎnshēng de yǒngqì shì bù néng chíjiǔ de. *Courage caused by a temporary impulse cannot be lasting.* (动·不及物)由于强烈的感情激动有点失去理智的控制 *get excited; be impetuous*：他一～，把稿子撕得粉碎。Tā yí ～, bǎ gǎozi sīde fěnsuì. *He got excited and tore the draft to shreds.*

【冲锋】chōngfēng（动）*charge; assault*

【冲锋枪】chōngfēngqiāng（名）〔枝 zhī〕*submachine gun*

【冲锋陷阵】chōng fēng xiàn zhèn 冲向敌人，冲垮敌阵 *storm and shatter the enemy position*：鲁迅是在文化战线上向着敌人～最勇敢的民族英雄。Lǔ Xùn shì zài wénhuà zhànxiàn shang xiàngzhe dírén ～ zuì yǒnggǎn de mínzú yīngxióng. *Lu Xun was the most courageous national hero of the literary battle front who challenged the enemy.*

【冲服】chōngfú（动）服药的一种方式，用水或酒调药（多为粉状或小颗粒状）吃下去 *take medicine*（usu. in powder or tablet form）*after mixing it with water, wine, etc.*

【冲昏头脑】chōnghūn tóunǎo 形容在成绩面前骄傲自满而忘记了一切 *carried away*（by success）：(one's success) *goes to one's head*：你听他说些什么！这么点成绩就～了。Nǐ tīng tā shuō xiē shénme! zhèmediǎnr chéngjì jiù ～ le. *Listen to him talk! He gets such a little success and it goes to his head.*

【冲击】chōngjī（动）(1)(水流或其他力量)撞击 *pound or batter*（by water or some other force）：我看这土坝经不起洪水～。Wǒ kàn zhè tǔbà jīng bu qǐ hóngshuǐ ～. *I don't think this dam could stand the pounding of flood.* (2)同"冲锋" chōngfēng same as "冲锋" chōngfēng

【冲击波】chōngjībō（名）*blast wave; shock wave*

【冲积】chōngjī（动）〈地〉*alluviation*

【冲剂】chōngjì（名）中成药新剂型之一。由数种药material的提取物加糖及辅料制成的干燥颗粒，用开水冲服 *a new type of Chinese medicine in the form of a dry pellet, made by extracting materials from several kinds of crude drugs and adding sugar and other supplementary materials, to be taken after being mixed with boiled water*

【冲决】chōngjué（动）〈书〉(大水)冲破(堤岸) *(of a volumi-*

nous amount of water) burst；smash（an embankment）

【冲浪运动】chōnglàng yùndòng〈体〉surfing

【冲力】chōnglì（名）〈物〉impulsive force；momentum

【冲量】chōngliàng（名）〈物〉impulse

【冲破】chōngpò（动）（很快地向前闯）突破（障碍）break through；breach：～封建思想的束缚谈何容易。～ fēngjiàn sīxiǎng de shùfù tán hé róngyì. Breaking the bonds of fuedalistic thought is not easy.

【冲散】chōng//sàn 驱散 break up；scatter；disperse：骑马的警察～了示威的群众。Qí mǎ de jǐngchá ～le shìwēi de qúnzhòng. The mounted police dispersed the crowd of demonstrators.

【冲杀】chōngshā（动）在战场上快速前进，杀伤敌人 rush headlong into battle：勇猛～ yǒngměng ～ rush bravely into battle

【冲晒】chōngshài（动）develop and print：我有两卷胶卷要～。Wǒ yǒu liǎng juǎn jiāojuǎn yào ～. I have two rolls of film to be developed and printed.

【冲刷】chōngshuā（动）(1)一面用水冲，一面刷去附着的东西 wash and brush clean：我得把台阶一～下。Wǒ děi bǎ táijiē ～ yíxià. I need to wash and scrub the steps. ／车轮上的泥已经～干净了。Chēlún shang de ní yǐjīng ～ gānjìng le. The mud on the wheels has been washed clean. (2)水流冲击，使土石流失 pound（by water）；erode（by water）：这条深沟是大雨一～出来的。Zhè tiáo shēn gōu shì dàyǔ ～ chulai de. This deep ravine was caused by the erosion of heavy rains.

【冲天】chōngtiān（形）直上天空，形容气势旺盛 soaring；towering；boundless：～的干劲儿要保持下去。～ de gànjìnr yào bǎochí xiaqu. Boundless enthusiasm needs to be preserved. ／他为什么这样怨气～的？Tā wèi shénme zhèyàng yuànqì ～ de? Why is he full of complaints?

【冲突】chōngtū（动·不及物）观点抵触，发生矛盾 clash；conflict：这篇文章的观点前后～。Zhè piān wénzhāng de guāndiǎn qiánhòu ～. The viewpoints of this article clash. ／这两门课时间～。Zhè liǎng mén kè shíjiān ～. The two courses clash in time. ／两个人刚谈了不一会儿就～起来了。Liǎng ge rén gāng tánle bùyíhuìr jiù ～ qilai le. It wasn't long after the two started to talk that an arguement arose（名）conflict；clash：边界上发生了武装～。Biānjiè shang fāshēngle wǔzhuāng ～. There was an armed clash at the border.

【冲洗】chōngxǐ（动）(1)用水冲去附着物 flush；rinse；wash：雨衣上的泥点都被雨～掉了。Yǔyī shang de nídiǎn dōu bèi yǔ ～diào le. The spots of mud on the raincoat were all washed off by the rain. (2)（photography）develop

【冲撞】chōngzhuàng（动）(1)撞击 collide；ram：海浪～着岸边的礁石。Hǎilàng ～zhe ànbiān de jiāoshí. Waves collided against the rocks on shore. (2)冒犯 offend：我说话不注意，～了他。Wǒ shuō huà bú zhùyì, ～ le tā. I didn't watch what I was saying, so I offended him.

舂 chōng

（动）pound；pestle：～米 ～ mǐ husk rice with mortar and pestle ／把药～成末 bǎ cǎoyào ～chéng mòr pound medicinal herbs into powder

憧 chōng

【憧憬】chōngjǐng（动）〈书〉（对美好事物的）向往 long for；look forward to：两个人～着婚后的幸福生活。Liǎng ge rén ～zhe hūn hòu de xìngfú shēnghuó. The two are looking forward to a life of happiness after their marriage.

chóng

虫〔蟲〕chóng

（名）[条 tiáo、个 gè] insect；worm

【虫害】chónghài（名）insect pest

【虫灾】chóngzāi（名）plague of insects

【虫子】chóngzi（名）insect；worm

重 chóng

〔动〕重复、重叠 repeat；duplicate：这两篇文章内容～了。Zhè liǎng piān wénzhāng nèiróng ～ le. The content of these two articles duplicate each other. ／你准备送他什么礼物？咱们俩别送～了。Nǐ zhǔnbèi sòng tā shénme lǐwù? Zánmen liǎ bié sòng～ le. What kind of gift are you planning to give him? We wouldn't want duplicates.（量）层 layer：冲破一～～的困难 chōngpò yì ～ yòu yì ～ de kùnnan overcome one difficulty after another（副）表示同一或同类动作、行为再来一遍，多修饰单音节动词；"重"前可以加"再"或"又"（over）again；once more（usu. modifies a monosyllabic verb；"再" or "又" can be added before "重"）：那种历史的悲剧决不能～演！Nà zhǒng lìshǐ de bēijù jué bù néng ～ yǎn! That kind of historical tragedy must not happen again. ／毛衣穿过一两年就得拆了～织。Máoyī chuānguo yì-liǎng nián jiù děi chāile ～ zhī. After wearing the sweater for a year or two, I have to unravel it and knit it over again. ／伤员们出院后又～返前线了。Shāngyuánmen chū yuàn hòu yòu ～ fǎn qiánxiàn le. Once the wounded left the hospital, they returned to the front once again. ／还是不要再～提那些三十年前的往事吧！Háishi búyào zài ～ tí nàxiē sānshí nián qián de wǎngshì ba! Let's not bring up again those events of thirty years ago. 介宾结构多放在"重"前（the preposition-object structure of the sentence is usu. placed before "重" because "重" and the verb are relatively closely linked）：我劝你还是把那篇文章再～看一遍。Wǒ quàn nǐ háishi bǎ nà piān wénzhāng zài ～ kàn yí biàn. I would advise you to read that article once more. 有时"重"并不表示简单的与第一次一样的方式，企图比第一次做得更好（sometimes "重" does not indicate a simple repetition of an action, but indicates an attempt at doing sth. even better）：大楼盖得不符合质量要求，得炸掉～建。Dàlóu gài de bù fúhé zhìliàng yāoqiú, děi zhàdiào ～ jiàn. The building was not built according to quality demands so it has to be blasted and rebuilt. ／老师要求写记叙文，你怎么写成说明文了，你得再～写一篇。Lǎoshī yāoqiú xiě jìxùwén, nǐ zěnme xiěchéng shuōmíngwén le, nǐ děi zài ～ xiě yì piān. The teacher asked us to write a narration, so why did you write an exposition? You'll have to write it all over again. ／我有一条丝领带，但不喜欢它的颜色，又～买了一条。Wǒ yǒu yì tiáo zhēnsī lǐngdài, dàn bù xǐhuan tā de yánsè, yòu ～ mǎile yì tiáo. I have a pure silk tie, but I don't like the colour of it so I bought another one. 另见 zhòng

【重唱】chóngchàng（名）指一首歌曲的每个声部分别由一人演唱的多声部声乐演唱形式。按人数分为二重唱、三重唱、四重唱等 an ensemble of two or more singers, each singing one part, as in a vocal duet, trio, quartet, etc.

【重重】chóngchóng（形）一层又一层 layer upon layer；pile upon pile：改革遇到～压力。Gǎigé yùdào ～ yālì. The reform encountered all sorts of pressure. ／他胆子小，处理事情总是顾虑～。Tā dǎnzi xiǎo, chǔlǐ shìqíng zǒngshì gùlǜ ～. He has little courage and whenever he deals with things he is full of apprehension.

【重重叠叠】chóngchóngdiédié（形）（相同的东西）一层又一层（堆积着）overlapping；one on top of another：各色床单

~，摞了一大堆。Gè sè chuángdān ~，luòle yí dà duī. *Bed sheets of various colors were put one on top of another and stacked up to make a big pile.*

【重蹈覆辙】chóng dǎo fù zhé 重新走上翻车的旧路。比喻没有吸取教训，重犯过去的错误 *to fail to learn from the past and make the same old errors; follow the same old disastrous path; fall into the same old trap*：要弄清楚失败的原因，不然以后还会~。Yào nòng qīngchu shībài de yuányīn, bùrán yǐhòu hái huì ~. *You need get a clear idea of causes for your failure, otherwise you will fall into the same old trap again.*

【重叠】chóngdié (动)（相同的东西）一层层堆积起来 *duplicate; reduplicate; overlap*：山峦~ *range upon range of mountains* /~的机构一定要精简。~ de jīgòu yídìng yào jīngjiǎn. *The overlapping administrations really ought to be simplified.* /汉语动词的一个特点是可以~，例如"走走"，"商量商量"。Hànyǔ dòngcí de yí ge tèdiǎn shì kěyǐ ~，lìrú "zǒuzou"，"shāngliang shāngliang". *One of the special features of the Chinese verb is that it can be reduplicated, e.g. 走走，商量商量.*

【重复】chóngfù (动)（相同的事物）又一次出现或又做一遍 *repeat; reiterate; duplicate*：你刚才说的话再~一遍。Nǐ bǎ cái shuō de huà zài ~ yí biàn. *Please reiterate what you just said.* /这首诗最后一段~第一段的内容。Zhè shǒu shī zuìhòu yí duàn ~ dìyī duàn de nèiróng. *The substance of the first stanza of this poem is repeated in the last (stanza).* /他说话总喜欢~。Tā shuō huà zǒng xǐhuan ~. *When he talks he always repeats himself.*

【重合】chónghé (动)〈数〉*coincide*

【重婚】chónghūn (动)〈法〉有配偶的人，又同别人结婚 *bigamy*

【重建】chóngjiàn (动)（放弃旧的）再建设（新的）*rebuild; reconstruct; reestablish*：我们学校的礼堂不合标准，必须~。Wǒmen xuéxiào de lǐtáng bù hé biāozhǔn, bìxū ~. *Because our school's auditorium does not conform to standards, it has to be rebuilt.*

【重申】chóngshēn (动)再一次郑重说明（立场、观点、主张、意见 等）*reiterate; restate; reaffirm (a stand, point of view, position, opinion, etc.)*：在会上，他又~了自己的观点。Zài huì shang, tā yòu ~le zìjǐ de guāndiǎn. *He reiterated his point of view at the meeting.*

【重孙】chóngsūn (名)〈口〉孙子的儿子。也叫重孙子 chóng sūnzi *great-grandson, also called* 重孙子 chóng sūnzi

【重孙女】chóngsūnnü (名)（~儿）孙子的女儿 *great-granddaughter*

【重围】chóngwéi (名)（军事上）一层又一层的包围圈 *tight encirclement (by rings of troops)*：突破~ tūpò ~ *break through rings of troops*

【重温旧梦】chóng wēn jiù mèng 把过去的事情重新经历或回忆一次 *relive or recall an old experience*

【重新】chóngxīn (副)同"重" chóng (副)，表示同一动作再来一次或另行开始，多修饰双音节词或多音节词语 *same as* 重 *chóng; again; once more (usu. modifies a disyllabic or polysyllabic word)*：新的一年开始要~制定工作计划。Xīn de yì nián kāishǐ yào ~ zhìdìng gōngzuò jìhuà. *The new year has begun and once again we must draw up a work plan.* /他离开了八年之后才~回到了北京。Tā líkāile bā nián zhī hòu cái ~ huídàole Běijīng. *He came back to Beijing again eight years after leaving it.* /这个风景区是一九七八年才~接待游人的。Zhège fēngjǐngqū shì yījiǔqībā nián cái ~ jiēdài yóurén de. *This scenic spot only started admitting tourists again in 1978.* 介宾结构在"重新"前或后 (*a preposition-object structure can be placed either before or after "重新"*)：大家把全部书刊都~整理一遍。Dàjiā bǎ quánbù shūkān dōu ~ zhěnglǐ yí biàn. *We*

straightened out all the books and periodicals again. /这位教练，这次是以总领队的身份~跟群众见面的。Zhè wèi jiàoliàn, zhè cì shì yǐ zǒng lǐngduì de shēnfèn ~ gēn qúnzhòng jiàn miàn de. *This time it was in the capacity of general manager of the team that this coach met with the public once again.* /她~在大明眼镜店验了光并配了眼镜。Tā ~ zài Dàmíng Yǎnjìngdiàn yànle guāng bìng pèile yǎnjìng. *Once again, she had her eyes tested and fitted for glasses at the Daming Store for Glasses.*

【重演】chóngyǎn (动)重新演出，比喻相同的事情再一次出现 *repeat a performance—recur; repeat*：历史的悲剧，不许~。Lìshǐ de bēijù, bù xǔ ~. *Tragedies of the past should not be repeated.*

【重洋】chóngyáng (名)一重重的海洋 *the seas and oceans*：远涉~ yuǎn shè ~ *travel across the oceans*

【重整旗鼓】chóng zhěng qí gǔ （失败以后，不服输）重新集合力量（再干）*rally forces again (after a defeat); begin all over again*：他们决心~再为祖国独立而战斗下去。Tāmen juéxīn ~ zài wèi zǔguó dúlì ér zhàndòu xiaqu. *They are determined to rally the forces again and struggle on for the independence of their homeland.*

【重奏】chóngzòu (名)指一首乐曲的每个声部分别由一人演奏的多声部器乐演奏形式。按人数分为二重奏、三重奏、四重奏、五重奏等 *an ensemble of two or more instrumentalists, each playing one part, as in an instrumental duet, trio, quartet, quintet, etc.*

崇 chóng
(形)◇高 *high; lofty* (动)◇重视 *esteem*

【崇拜】chóngbài (动)认为对方是最值得尊敬，无比伟大，比自己高出百倍的 *worship; adore*：无神论者不~上帝，也反对个人~。Wúshénlùnzhě bù ~ shàngdì, yě fǎnduì gèrén ~. *Atheists don't worship God and are also opposed to personal worship.* /这个学生对他的物理老师非常~。Zhège xuésheng duì tā de wùlǐ lǎoshī fēicháng ~. *This student absolutely worships his physics teacher.*

【崇奉】chóngfèng (动)〈书〉信仰（宗教）*believe in (a religion); worship*

【崇高】chónggāo (形)高尚的；最高的 *lofty; sublime*：致以~的敬礼 zhì yǐ ~ de jìng lǐ *extend respectful greetings* /树立~的理想 shùlì ~ de lǐxiǎng *cultivate lofty ideals* /享有~的威望 xiǎngyǒu ~ de wēiwàng *enjoy high prestige*

【崇敬】chóngjìng (动)〈书〉认为对方是高尚、值得尊敬的 *respect; respect and admire*：无私的人受到人们的~。Wúsī de rén shòudào rénmen de ~. *Unselfish people gain the respect and admiration of others.*

【崇山峻岭】chóng shān jùn lǐng 高大的山岭 *lofty mountains and high hills*

【崇尚】chóngshàng (动)〈书〉尊崇并且提倡 *revere and uphold; respect and advocate*：~谦虚 ~ qiānxū *respect and advocate modesty*

【崇洋媚外】chóng yáng mèi wài 崇拜外国，对外国人巴结奉承 *worship and have blind faith in what is foreign*

chǒng

宠〔寵〕chǒng
(动)（上对下）爱得过分而且纵容 *treat with undue care and affection*：别把孩子~坏了。Bié bǎ háizi ~huài le. *Don't spoil the child.* /她是家里唯一的女孩子，大家都~着她。Tā shì jiā li wéiyī de nü háizi, dàjiā dōu ~zhe tā. *Since she was the only girl in the family, everyone spoiled her.*

【宠爱】chǒng'ài (动)〈书〉（上对下）喜爱 *favor; treat with undue affection*：老两口特别~小儿子。Lǎoliǎngkǒur tèbié

~ xiǎo érzi. *The elderly couple especially spoiled the youngest son.*

【宠儿】chǒng'ér〈名〉〈书〉〈贬〉被宠爱的人 *child of fortune; pet; favourite*

【宠信】chǒngxìn〈动〉〈书〉宠爱信任 *be specially fond of and trust unduly (a subordinate)*

chòng

冲〔衝〕chòng

（形）〈口〉(1)力量大，劲头儿足 *forceful; dynamic; powerful*：五层楼的自来水流得总是不～。Wǔ céng lóu de zìláishuǐ liú de zǒngshì bú ~. *The fifth floor water pressure is always weak.* /别看她又瘦又小，干起活儿来挺～。Bié kàn tā yòu shòu yòu xiǎo, gàn qǐ huór lai tǐng ~. *Despite the fact that she is small and thin, she is quite strong when she starts to work.* /意见尽管提，就是口气别太～了。Yìjian jǐnguǎn tí, jiùshì kǒuqì bié tài ~ le. *Feel free to express any opinion but do it with a moderate tone.* (2)（气味）浓烈 *(of smells) strong; powerful*：好～的酒味儿，他准喝醉了！Hǎo ~ de jiǔwèir, tā zhǔn hēzuì le! *He has a strong smell of alcohol about him, he's got to be drunk.* /这花的香气太～，反而不好闻。Zhè huār de xiāngqì tài ~, fǎn'ér bù hǎo wén. *The fragrance of this flower is too strong so that it does not smell good.* （动）向、朝 *face*：那座楼的门～南。Nà zuò lóu de mén ~ nán. *The door of that building faces south.* （介）〈口〉(1)同“朝” cháo (1) *same as "朝" cháo* (1)：他的书桌～窗户放着。Tā de shūzhuō ~ chuānghu fàngzhe. *His desk faces the window.* /那间小屋，门～南开。Nà jiān xiǎo wū, mén ~ nán kāi. *The door of that small room faces south.* (2)同“朝” cháo (2) *same as "朝" cháo* (2)：他站起来～老师鞠了个躬。Tā zhàn qǐlai ~ lǎoshī jūle ge gōng. *He stood up and bowed to the teacher.* /她走进来，～我点头，微笑。Tā zǒu jìnlai, ~ wǒ diǎn tóu, wēixiào. *She walked in, nodded to me and smiled.* (3)引出行为动作的原因 *(introduces the cause for an action) on the strength of; because*：他这股子干劲儿，奖品也应该给他。~ tā zhè gǔzi gànjìnr, jiǎngpǐn yě yīnggāi gěi tā. *With such drive, he should receive the award.* /要不是～你的面子，我才不来呢。Yàobushì ~ nǐ de miànzi, wǒ cái bù lái ne. *If it weren't for your sake, I wouldn't come.* “冲”有时带“着”意思不变，宾语一般不是单音节的 *("冲" can sometimes take "着" without changing its meaning; the object is not usu. monosyllabic in this case)*：他发现了我，立刻～着我这边跑来。Tā fāxiànle wǒ, lìkè ~ zhe wǒ zhèbiān pǎolái. *He ran over to me as soon as he noticed me.* /他挥着马鞭～着河岸奔去。Tā huīzhe mǎbiān ~ zhe hé'àn bēn qù. *He waved the horsewhip and galloped towards the rivershore.* /我刚才那些话就是～着他不负责任的态度说的。Wǒ gāngcái nàxiē huà jiùshì ~zhe tā bú fù zérèn de tàidu shuō de. *What I said a moment ago was aimed at his irresponsible attitude.* 另见 chōng

【冲床】chòngchuáng〈名〉〈机〉*punch (press); punching machine*

【冲压】chòngyā〈动〉用冲床进行的金属加工 *stamp; punch; press out*：一次～成形 yí cì ~ chéng xíng *one-step stamping (process)*

【冲压机】chòngyājī〈名〉*punch*

chōu

抽 chōu

（动）(1)从中取出 *take out (from in between)*：从衣兜里～出钢笔 cóng yīdōu li ~chū gāngbǐ *take a pen from one's coat pocket* /下星期我～工夫去看你。Xià xīngqī wǒ ~

gōngfu qù kàn nǐ. *Next week I will try and find time to go see you.* (2)（植物）长出 *(of plants) sprout*：正是高粱～穗的时候 zhèng shì gāoliang ~ suì de shíhou *It's time for the sorghum to come into ear.* /绿豆～芽了。Lǜdòu ~ yá le. *The green beans sprouted.* (3)吸 *draw*：～烟 ~ yān *smoke (a cigarette or a pipe)* /用抽水机把水～上来。Yòng chōushuǐjī bǎ shuǐ ~ shanglai. *Use a water pump to draw out the water.* (4)（用条状物）打 *whip; thrash*：～了他一皮带 ~le tā yì pídài *thrashed him with a belt* /用鞭子～牲口 yòng biānzi ~ shēngkou *use a whip to thrash a draught animal* (5)收缩 *shrink*：这块新布下水以后～了半寸。Zhè kuài xīn bù xià shuǐ yǐhòu ~le bàn cùn. *This piece of new cloth shrunk a half of an inch after putting it in water.* (6)乒乓球、网球等的攻球动作 *smash (in table tennis, badminton, tennis, etc.)*

【抽查】chōuchá〈动〉从中取一部分进行检查（与“普查”相对）*make a spotcheck; selective examination (as opposite to 普查)*：～水样 ~ shuǐyàng *make a spot check of water samples* /对学生的健康水平进行～。Duì xuésheng de jiànkāng shuǐpíng jìnxíng ~. *Make a spot check of the student's standard of health.*

【抽搐】chōuchù〈动〉〈医〉*twitch; tic*

【抽打】chōudǎ〈动〉用细软的条状物打（去灰尘）*lash; whip (to get rid of dust)*：把地毯好好地～～。Bǎ dìtǎn hǎohāo de ~ ~. *Give the carpet a good lashing.*

【抽搭】chōuda〈动〉〈口〉一吸一顿地哭泣 *sob*：那孩子直～，哭得真伤心。Nà háizi zhí ~, kū de zhēn shāng xīn. *That child kept on sobbing. He was really heart-broken.*

【抽调】chōudiào〈动〉从中调出一部分（人员、物资等）*select for; transfer (personnel, goods, etc.)*：解放初，从部队～了许多干部参加土改工作。Jiěfàng chū, cóng bùduì ~ le xǔduō gànbù cānjiā tǔgǎi gōngzuò. *Soon after the Liberation many cadres were selected out from among the armed forces to attend to the task of land reform.*

【抽动】chōudòng〈动〉收缩颤动 *twitch; jerk; contort*：伤很重，疼得他肌肉都～起来。Shāng hěn zhòng, téng de tā jīròu dōu ~ qilai. *The injury is severe and the pain causes spasms in the muscles.* /她～着身子，伤心地哭着。Tā ~ zhe shēnzi, shāng xīn de kūzhe. *With her whole body shaken by spasms she is weeping piteously.*

【抽风】chōufēng〈形〉〈口〉形容人或器物的不正常状态 *convulsive; abnormal*：这台机器真～，总是转转停停。Zhè tái jīqì zhēn ~, zǒngshì zhuànzhuan tíngting. *This machine is really convulsive. It runs, then stops, then runs, then stops again.* /这人真有点儿～，天这么热，反而把毛衣穿上了。Zhè rén zhēn yǒudiǎnr ~, tiān zhème rè, fǎn'ér bǎ máoyī chuānshang le. *This person is a little abnormal. He's wearing a sweater on such a hot day.*

【抽风】chōu=fēng (1)〈医〉*fall into convulsions* (2)利用一定装置把空气吸进来 *draw in air with a kind of device*

【抽空】chōu=kòng 挤出一部分时间 *manage to find time*：～给家里写封信 ~ gěi jiā li xiě fēng xìn *manage to find time to write home a letter* /你就那么忙，半小时的空都抽不出来？Nǐ jiù nàme máng, bàn xiǎoshí de kòngr dōu chōu bu chūlái? *Are you so busy that you can't even find a spare half an hour in your schedule?*

【抽气机】chōuqìjī〈名〉*air extractor; air pump*

【抽泣】chōuqì〈动〉〈书〉抽抽搭搭地哭 *sob*

【抽签】chōu=qiān（～儿）*draw (or cast) lots*：咱们一共五个人，只有三张票，～吧。Zánmen yígòng wǔ ge rén, zhǐ yǒu sān zhāng piào, ~ ba. *There are five of us altogether, but only three tickets. Let's draw lots.*

【抽身】chōu=shēn（从忙乱中）脱身离开 *to try to get away (e. g. from one's work)*：过几天我～找你一趟。Guò jǐ tiān wǒ ~ zhǎo nǐ yí tàng. *In a few days I will try to get away*

and go see you. /现在很忙，确实抽不出身来。Xiànzài hěn máng，quèshí chōu bu chū shēn lai. *I am really busy at the moment，there is no way that I could get away.*

【抽水机】chōushuǐjī（名）[台 tái] *water pump*

【抽税】chōu = shuì *levy a tax*

【抽穗】chōu = suì（～儿）(小麦、玉米等）长出穗（*of wheat，corn，etc.）heading；earing*：高粱～了。Gāoliang ～ le. *The sorghum is in the ear.*

【抽缩】chōusuō（动）*shrink；contract*

【抽屉】chōuti（名）[个 gè] *drawer (in a desk or a table)*

【抽象】chōuxiàng（形）*abstract*：你说的太～了，我听不明白。Nǐ shuō de tài ～ le，wǒ tīng bu míngbai. *You spoke so abstractly that I didn't understand.* /讲～的道理，最好能举具体的例子来说明。Jiǎng ～ de dàolǐ，zuìhǎo néng jǔ jùtǐ de lìzi lái shuōmíng. *When talking about abstract concepts it is best to illustrate by using concrete examples.*（动）从许多事物中，抽出共同的、本质的属性 *abstract；extract*：理性认识是从许多感性认识～出来的。Lǐxìng rènshi shì cóng xǔduō gǎnxìng rènshi ～ chulai de. *Rational knowledge is drawn from much perceptional knowledge.*

【抽芽】chōu = yá（植物）长出芽（*of plants）put forth buds；bud；sprout*：柳树抽出新芽。Liǔshù chōuchū xīn yá. *The willow trees put forth new buds.*

【抽烟】chōu = yān 吸烟 *smoke (a cigarette or a pipe)*

【抽样】chōu = yàng 从全体中拿一部分作为样子（以备检查）*take a sample*

【抽噎】chōuyē（动）一吸一顿地哭泣，抽搭 *sob*：这孩子睡梦里还在不停地～。Zhè háizi shuìmèng li hái zài bùtíng de ～. *The boy sobs continuously in his sleep.*

chóu

仇 ^{chóu}
（名）(1)敌人 *enemy；foe*：疾恶如～ jí è rú ～ *hate evil like an enemy*（2）仇恨 *hate；enmity；hostility*：苦大～深 kǔ dà ～ shēn *with great bitterness and deep hatred* /替父亲报了～ tì fùqin bàole ～ *avenged (his) father*

【仇敌】chóudí（名）*enemy；foe*

【仇恨】chóuhèn（动）〈书〉因利害对立而产生强烈的憎恨 *hate*

【仇人】chóurén（名）认为曾经害过自己的人 *personal enemy*

【仇视】chóushì（动）当做仇敌看待 *be hostile to；consider as an enemy*：人民～帝国主义。Rénmín ～ dìguózhǔyì. *The people see imperialism as the enemy.* /他以为我在背后伤害过他，所以很～我。Tā yǐwéi wǒ zài bèihòu shānghàiguo tā，suǒyǐ hěn ～ wǒ. *He thinks that I did him harm behind his back，so he is quite hostile toward me.*

惆 ^{chóu}
【惆怅】chóuchàng（形）〈书〉愁闷，伤感 *depressed；melancholy*

绸 〔綢〕chóu
（名）薄而软的丝织品 *silk*

【绸缎】chóuduàn（名）绸子和缎子，也泛指丝织品 *silks and satins*

【绸子】chóuzi（名）*silk fabric*

酬 ^{chóu}
（名）◇报酬 *reward；renumeration；pay*：按劳取～ àn láo qǔ ～ *be paid according to effort*

【酬报】chóubào（动）〈书〉用财物或善意的行动来报答 *requite；repay；recompense*

【酬答】chóudá（动）〈书〉同"酬谢" chóuxiè *same as* 酬谢

chóuxiè

【酬金】chóujīn（名）酬劳的钱 *monetary reward；remuneration*

【酬劳】chóuláo（动）〈书〉用金钱礼物等（向出力的人）表示谢意 *reward；renumerate*

【酬谢】chóuxiè（动）〈书〉用金钱礼物等表示谢意 *thank sb. with a gift，money，etc.*：这事你不要～我，应该～他。Zhè shì nǐ búyào ～ wǒ，yīnggāi ～ tā. *Don't thank me with a gift for this matter. You should thank him.*

稠 ^{chóu}
（形）液体中所含固体成分多（与"稀"相对）*thick (of liquids)*：这粥很～。Zhè zhōu hěn ～. *This gruel is quite thick.*

【稠密】chóumì（形）多而密 *dense*：人烟～ rényān ～ *densely populated* /秧田里的禾苗很～。Yāngtián li de hémiáo hěn ～. *The rice beds are dense with seedlings.*

愁 ^{chóu}
（动）忧虑 *worry*：你～什么？没有解决不了的问题。Nǐ ～ shénme? méi yǒu jiějué bu liǎo de wèntí. *What are you worried about? There aren't any problems that can't be solved.* /做到不～吃，不～穿还不够。Zuòdào bù ～ chī，bù ～ chuān hái bú gòu. *To be free from worry of food and clothing is still not enough.*

【愁苦】chóukǔ（形）〈书〉忧愁苦恼 *anxious；distressed*

【愁眉苦脸】chóu méi kǔ liǎn 愁苦的样子，皱着眉头，脸上没有笑容 *knit one's brow in dispair；a distressed expression*：他的病老不好，整天～。Tā de bìng lǎo bù hǎo，zhěng tiān ～ de. *His illness drags on and all day long he wears a distressed expression.*

【愁闷】chóumèn（形）忧愁烦闷 *in low spirits；depressed*

【愁容】chóuróng（名）发愁的面容 *worried look；anxious expression*：满面～ mǎnmiàn ～ *look extremely worried*

筹 〔籌〕chóu
（动）◇筹划，聚集；想办法取得 *plan；prepare；try to raise*：～款 ～ kuǎn *raise money* /～粮 ～ liáng *gather grain*

【筹办】chóubàn（动）想办法定计划举办 *make preparations for setting up of*：～一个托儿所 ～ yí ge tuō'érsuǒ *make preparations for the setting up of a nursery school*

【筹备】chóubèi（动）举办一件事之前，预先计划、准备 *prepare；arrange in advance*：他们县要创办一所师范学校，目前正在～。Tāmen xiàn yào chuàngbàn yì suǒ shīfàn xuéxiào，mùqián zhèngzài ～. *Their county would like to establish a school for teachers. They are now in the process of making the preparations.*

【筹措】chóucuò（动）设法得到（款子）*raise (money)*：要是～到一笔钱，就能成立一个出版社。Yàoshi ～ dào yì bǐ qián，jiù néng chénglì yí ge chūbǎnshè. *If we can raise some money，we can set up a publishing house.*

【筹划】chóuhuà（动）（为举办某件事情而）想办法，定计划 *plan；prepare*：大家正在～元旦茶话会的事。Dàjiā zhèngzài ～ Yuándàn cháhuàhuì de shì. *We are in the process of planning New Year's tea party.*

【筹集】chóují（动）（为举办某项工程或事业等）筹备收集（资金、物资等）*try to collect；raise (money，funds，etc.)*：学校正在～资金，准备盖一座图书馆。Xuéxiào zhèngzài ～ zījīn，zhǔnbèi gài yí zuò túshūguǎn. *The school is trying to raise funds in preparation to build a library.*

【筹建】chóujiàn（动）筹划建设 *prepare to construct or establish sth.*：他们正在～一座十八层的饭店。Tāmen zhèngzài ～ yí zuò shíbā céng de fàndiàn. *They're preparing to construct an eighteen-storey hotel.*

踌〔躊〕chóu

【踌躇】chóuchú（动）〈书〉犹豫 hesitate：～了一会儿，我还是答应了他的要求。～le yíhuìr，wǒ háishi dāyingle tā de yāoqiú. *After hesitating a moment，I thought I had better comply with his request.*（形）〈书〉得意的样子 elated：～满志 ～ mǎn zhì *enormously proud of one's success*

chǒu

丑 chǒu（形）〔醜〕难看（与"美"相对）ugly（opposite of 美）：相传伊索长得很～，但聪明过人。Xiāngchuán Yīsuǒ zhǎng de hěn ～，dàn cōngming guò rén. *People say that Aesop was quite ugly，but he was surpassingly bright.*（名）(1)叫人讨厌的 bad performance：大家叫我表演，那我就来献～。Dàjiā jiào wǒ biǎoyǎn，nà wǒ jiù lái xiàn ～ le. *Everyone wants me to perform，so I will do what little I can.*（2)戏曲中扮演滑稽人物的角色，有文丑、武丑之分 clown character in Beijing opera（3)地支的第二位 the second of the twelve Earthly Branches

【丑八怪】chǒubāguài（名）〈口〉长得很丑的人 a very ugly person

【丑恶】chǒu'è（形）丑陋恶劣 ugly；loathsome；despicable：～的行为 ～ de xíngwéi *despicable conduct*／充分暴露了他的～嘴脸 chōngfèn bàolùle tā de zuǐliǎn *fully exposed his despicable features*／作品揭露了封建社会的黑暗与～。Zuòpǐn jiēlùle fēngjiàn shèhuì de hēi'àn yǔ ～. *This book exposed the dark and loathsome feudal society.*

【丑化】chǒuhuà（动）把本来不丑的事物弄成丑的，或形容成丑的 smear；defame；vilify；make ugly：这部小说～了劳动人民的形象。Zhè bù xiǎoshuō ～ le láodòng rénmín de xíngxiàng. *This novel vilified the image of the working people.*

【丑剧】chǒujù（名）有戏剧性的丑恶事物 farce

【丑角】chǒujué（名）戏曲角色中的丑 clown；comic character（in Chinese opera）

【丑类】chǒulèi（名）坏人、恶人 infamous lot；unsavory person；evil person

【丑陋】chǒulòu（形）（相貌或样子）难看 ugly：面容～ miànróng ～ *ugly face*

【丑事】chǒushì（名）叫人厌恶的不道德的事 scandal

【丑态】chǒutài（名）丑恶的样子 disgusting manner：卑躬屈膝的～ bēi gōng qū xī de ～ *subservient，disgusting manner*

【丑态百出】chǒutài bǎi chū 丑恶的形态表现得非常充分 act like a buffoon；cut a ridiculous figure

【丑闻】chǒuwén（名）有关不光彩行为的传闻 scandal

瞅 chǒu（动）〈口〉看 look；look at：您没～见我这儿忙着吗！Nín méi ～jiàn wǒ zhèr mángzhe ma! *Haven't you noticed how busy I am here?*／我～了一眼，就认出了他。Wǒ ～le yì yǎn，jiù rènchūle tā. *I knew him at a glance.*

chòu

臭 chòu（形）(1) smelly；foul；stinking：什么味这么～？Shénme wèir zhème ～? *What smells?*（2)惹人讨厌的 disgraceful；disgusting：这人有不少个人主义的～毛病。Zhè rén yǒu bù shǎo gèrénzhǔyì de ～ máobìng. *This person has quite a few of the disgusting idiosyncracies of individualism.* 另见 xiù

【臭虫】chòuchóng（名）bedbug

【臭烘烘】chòuhōnghōng（形）形容很臭 stinking；foul-smelling

【臭架子】chòu jiàzi 指骄傲自大、装腔作势，叫人讨厌的样子 put on airs；put oneself above people；领导干部在群众中切不可摆～。Lǐngdǎo gànbù zài qúnzhòng zhōng qiè bùkě bǎi ～. *Officials in leadership should never put on airs when among the masses.*

【臭名远扬】chòumíng yuǎn yáng 不光彩的名声传遍四面八方 notorious

【臭名昭著】chòumíng zhāozhù 坏名声传得众人都知道 of ill repute；notorious

【臭味相投】chòu wèi xiāng tóu 有相同的不好的思想、癖好，因而合得来 foul smells go well together — get along well with another equally as foul as oneself

chū

出 chū（动）(1)从里面到外面，离开（与"进"相对）go out；depart from（opposite of 进）：～国学习 ～ guó xuéxí go abroad to study／发球～界 fā qiú ～ jiè serve a ball out of bounds（2)往外拿 put forth；issue：～主意 ～ zhǔyì offer advice；think of a way out／我～道算术题让你算。Wǒ ～ dào suànshù tí ràng nǐ suàn. *I'll give you a math problem to solve.*／有钱～钱，有力～力。Yǒu qián ～ qián，yǒu lì ～ lì. *Give what you can.*（3)超出 go beyond；exceed；overstep：不～三天，他准回来。Bù ～ sān tiān，tā zhǔn huílai. *He is sure to return within three days.*／果然不～我所料，他又犯病了。Guǒrán bù ～ wǒ suǒ liào，tā yòu fàn bìng le. *Just as I expected，he had a relapse of an old illness.*（4)出产、产生、出版 produce；publish：渤海湾～石油。Bóhǎiwān ～ shíyóu. *Bohai Bay produces petroleum.*／北京电视机厂～的牡丹牌电视机还不错。Běijīng diànshìjīchǎng ～ de Mǔdānpái diànshìjī hái bùcuò. *The Peony Brand television sets produced by Beijing Television Plant are quite good.*／中国历史上～了不少科学家。Zhōngguó lìshǐ shang ～le bù shǎo kēxuéjiā. *China has produced quite a number of scientists throughout its history.*／少年出版社～了不少好读物。Shàonián Chūbǎnshè ～ le bù shǎo hǎo dúwù. *The Youth Publishing House published a lot of good reading materials.*（5)发生 happen；occur：～问题了。～ wèntí le. *An accident has happened.*／不会～危险 bú huì ～ wēixiǎn *Nothing will go wrong.*／我们学校最近～了几件新鲜事儿。Wǒmen xuéxiào zuìjìn ～le jǐ jiàn xīnxiān shìr. *A few strange things happened at our school recently.*／这事～在我们村。Zhè shì ～ zài wǒmen cūn. *This thing happened in our village.*（6)长出，发出 emerge；break forth：种子～芽了。Zhǒngzi ～ yá le. *Seeds send forth sprouts.*／小孩～麻疹。Xiǎoháir ～ mázhěn. *Children break out with measles.*／浑身～汗。Húnshēn ～ hàn. *perspire all over*（7)显现 appear：天晴了，～太阳了。Tiān qíng le，～ tàiyáng le. *The sky cleared and the sun appeared.*／～了不少风头 ～ le bù shǎo fēngtou *have been very much in the limelight*（8)来到 come：～庭作证 ～ tíng zuò zhèng *appear in court as a witness*／现在该你～场了。Xiànzài gāi nǐ ～ chǎng le. *Now it's your turn to come out on stage.*（9)显得量多（of rice）rise well with cooking：籼米～饭，糯米不～饭。Xiānmǐ ～ fàn，nuòmǐ bù ～ fàn. *Long-grained rice rises well with cooking，while glutinous rice does not.* 放在动词后作补语（affixed to a verb as a complement）(1)表示向外（shows outward movement）：走～校门 zǒu～ xiàomén *walk out the door of the school*／掏～手绢 tāo～ shǒujuànr *take out a handkerchief*／拿～五十块钱 ná～ wǔshí kuài qián *take out fifty dollars*（和"出来""出去"作补语(1)同义，方向朝外，但必须有宾语）（same as 出来 or 出去 as a complement (1) except the direction and an object is necessary）(2)表示显现

(indicates appearance)：说～的话就收不回去了。Shuō-～ de huà jiù shōu bu huíqù le. *The words that were spoken could not be retrieved.* /提～问题就应想法解决。Tí～ wèntí jiù yīng xiǎng fǎr jiějué. *We need to think of ways to solve the problems which were raised.* (3)表示辨认 (indicates identification)：我一下就认～你了。Wǒ yíxià jiù rèn～ nǐ le. *I recognized you immediately.* /可以看～你是老实人。Kěyǐ kàn～ nǐ shì lǎoshi rén. *I could tell right away that you were honest.* (4) 表示产生出结果 (indicates achieving a result)：我做不～这道数学题。Wǒ zuò bu～ zhè dào shùxué tí. *I can't solve this mathematics problem.* /他在平凡的岗位上做～不平凡的成绩。Tā zài píngfán de gǎngwèi shang zuò～ bù píngfán de chéngjì. *He makes extraordinary achievements at an ordinary position.* 放在形容词后作补语，表示超出已有的或应有的 (affixed to an adj. as a complement, indicates more than there or more than there ought to be)：他比我高～两公分。Tā bǐ wǒ gāo～ liǎng gōngfēn. *He is taller than me by two centimetres.* /这件衣服再长～一寸就可以了。Zhè jiàn yīfu zài cháng～ yí cùn jiù kěyǐ le. *If this piece of clothing were just an inch longer it would fit.* (和"出来"放在形容词后作补语义同义，但后面必须有数量) (same as 出来 as a complement after an adj. except that it must be followed by a numeral plus a measure word) (量)(齣)用于戏曲 (for drama)：看了一～戏 kànle yì～ xì *saw a play*

【出版】chūbǎn (动) *publish*：那本词典已经～了。Nà běn cídiǎn yǐjīng ～ le. *That dictionary has already been published.* /他们准备～这位作家的全集。Tāmen zhǔnbèi ～ zhè wèi zuòjiā de quánjí. *They are preparing to publish the complete works of this author.*

【出版社】chūbǎnshè (名) *publishing house*

【出版物】chūbǎnwù (名) 正式出版的书刊图画等 *publication*

【出殡】chū＝ bìn 把灵柩运到埋葬或寄放的地点 *carry a coffin to the cemetary*；*hold a funeral procession*

【出兵】chū＝ bīng 调动军队(作战) *send an army into battle*

【出岔子】chū chàzi 发生差错或事故 *run into trouble*；*go wrong*：今天雪很大，你开车注意别～。Jīntiān xuě hěn dà, nǐ kāi chē zhùyì bié ～. *It's snowing very hard today so be careful not to get into an accident when you're driving.* /他办事从来没出过岔子。Tā bàn shì cónglái méi chūguo chàzi. *He's never gone wrong doing business before.*

【出差】chū＝ chāi 临时到外地办理公事 *be out on official business*：下星期我到河南～。Xià xīngqī wǒ dào Hénán ～. *I will go to Henan on business next week.* /最近到广州出了一趟差。Zuìjìn dào Guǎngzhōu chūle yí tàng chāi. *Recently I made a business trip to Guangzhou.*

【出产】chūchǎn (动) 天然生长或人工生产(某产品) *produce*；*manufacture*：山西～的煤质量很好。Shānxī ～ de méi zhìliàng hěn hǎo. *Coal produced in Shanxi is very good.* /东北～大豆、高粱。Dōngběi ～ dàdòu、gāoliang. *The Northeast produces soybeans and sorghum.*

【出厂】chū＝ chǎng 产品运出工厂 *(of products) leave the factory*：～日期 rìqī *date of production* /～价一般比零售价低。～ jià yìbān bǐ língshòu jià dī. *The ex-factory price is usually lower than the retail price.*

【出场】chū＝ chǎng (1)演员登台(表演) *(of performers) appear on the stage*：节目单上演员姓名的排列一般以～先后为序。Jiémùdān shang yǎnyuán xìngmíng de páiliè yìbān yǐ ～ xiānhòu wéi xù. *The names of actors in a programme are usually listed in order of appearance.* (2)运动员进运动场(的运动员) *(of athletes) enter the arena*：今天～比赛的运动员阵容很强。Jīntiān ～ bǐsài de yùndòngyuán zhènróng hěn qiáng. *There is a strong lineup of players for today's match.*

【出超】chūchāo (动) *have an export surplus*；*favourable balance of trade*

【出车】chū＝ chē 开出车辆(载人或运货) *dispatch a vehicle (carrying passengers or goods)*：学校～接送出去旅行的同学们。Xuéxiào ～ jiē sòng chūqù lǚxíng de tóngxuémen. *The school dispatched a vehicle to send off and meet the students who had gone travelling.* / 这个出租汽车司机病了，出不了车了。Zhège chūzū qìchē sījī bìng le, chū bu liǎo chē le. *This taxi driver was ill, so he couldn't take the car out.*

【出丑】chū＝ chǒu 露出丑样子，让人看见不体面的事 *be disgraced*；*look ridiculous*；*make a fool of oneself*：当众～ dāngzhòng ～ *make a fool of oneself in front of everyone* / 叫我上台表演，不是成心出我的丑吗？Jiào wǒ shàng tái biǎoyǎn, búshì chéngxīn chū wǒ de chǒu ma? *Wouldn't I just make a fool out of myself if I was called up on stage to perform?*

【出处】chūchù (名)(引文或典故的)来源 *(of a quotation or allusion) source*：请你查一下这段引文的～。Qǐng nǐ chá yíxià zhè duàn yǐnwén de ～. *Please check on the source of this quotation.*

【出动】chūdòng (动)(1)(许多人)行动或外出活动 *(of a group of people) go into action*；*set out*：今天上午全体～整理图书。Jīntiān shàngwǔ quántǐ ～ zhěnglǐ túshū. *This morning everyone will go over and straighten up the books.* (2)派出(军队) *(of troops) dispatch*；*send out*：～海陆空三军，进行大规模综合演习。～ hǎi-lù-kōng sānjūn, jìnxíng dà guīmó zōnghé yǎnxí. *The three armed services, navy, army, air force, carried out large scale joint maneuvers.*

【出尔反尔】chū ěr fǎn ěr 说了又反悔或说了不照着做，表示言行前后矛盾 *go back on one's word*；*be inconsistant*：你这样～，谁还再相信你的话！Nǐ zhèyàng ～, shuí hái zài xiāngxìn nǐ de huà! *If you go back on your word like that, who will believe what you say again?*

【出发】chūfā (动)(1)离开原地(到别的地方去) *set out*；*start off*：早上七点～，下午三点就可到达目的地。Zǎoshang qī diǎn ～, xiàwǔ sān diǎn jiù kě dàodá mùdìdì. *If we set out at 7:00 A.M., we will be able to arrive at our planned destination by 3:00 P.M.* (2)(考虑或处理问题时)以(某方面)作着眼点 *consider or treat from a certain point of view*：考虑问题要从全局～。Kǎolǜ wèntí yào cóng quánjú ～. *When considering problems one needs to procede from the situation as a whole.*

【出发点】chūfādiǎn (名)(1)旅程的起点 *starting point*；*point of departure* (2)考虑或处理问题的动机 *intention*；*motive*：你这样做的～是什么？是工作需要呢，还是表现自己呢？Nǐ zhèyàng zuò de ～ shì shénme? shì gōngzuò xūyào ne, háishi biǎoxiàn zìjǐ ne? *What was your motive for doing this? Was it because your work required it or was it show off?*

【出访】chūfǎng (动)出国访问 *visit a foreign country*

【出风头】chū fēngtou 表现在公众场合出现，显示自己 *show off*；*seek the limelight*：演戏是为人民服务，不是为了个人～。Yǎn xì shì wèi rénmín fúwù, bú shì wèile gèrén ～. *Plays are put on to serve the people, not for personal exposure to the limelight.* /他并没想～，但出色的表演使他大受欢迎。Tā bìng méi xiǎng ～, dàn chūsè de biǎoyǎn shǐ tā dà shòu huānyíng. *He didn't want to seek the limelight, but his outstanding performance caused him to receive great acclaim.*

【出格】chū＝ gé 言语行动超出一般的规范因而不适当 *(of sb.'s speech or behaviour) exceed what is proper*：开玩笑不能～。Kāi wánxiào bù néng ～. *One should not go too far when making a joke.*

【出工】chū＝ gōng 去上工，出勤(多指体力劳动) *go to work (usu. refers to physical labor)*：到～的时间了，快走吧！Dào ～ de shíjiān le, kuài zǒu ba! *Hurry up! It's time to go*

to work. /这人按时上班，但光～不出力。Zhè rén ànshí shàng bān，dàn guāng ～ bù chū lì. *This person gets to work on time but doesn't do much when be gets there.*

【出轨】chū = guǐ (1)（火车、有轨电车）行驶时离开轨道（*of a train，street car on rails，etc.*）*be derailed；go off the rails* (2)（言语行动）超出常规之外（*of sb.'s speech or behaviour*）*overstep the bounds*

【出国】chū = guó *go abroad*：他～是留学还是工作？Tā shì liúxué háishì gōngzuò? *Is he going abroad to study or to work?*

【出海】chū = hǎi （海员、渔民或船舶）到海上去（*of sailors，fishermen or ships*）*go to sea；put out to sea*：～打鱼 = dǎ yú *go out to sea to fish* /～巡逻 ～ xúnluó *go patrolling the sea* /下星期一我随轮船～. *Next Monday I am to go on a ship out to sea.*

【出航】chūháng（动）（船或飞机）离开港口或机场去航行（*of a ship*）*set sail；*（*of a plane*）*take off；set out on a flight*

【出乎意料】chūhū yìliào 事前没有想到 *contrary to or exceeding one's expectations*：今年这么早就下了霜了，实在～. Jīnnián zhème zǎo jiù xià shuāng le，shízài ～. *That we had such an early frost this year was quite unexpected.* /她居然会说中文，而且说得这么好，真出乎我的意料。Tā jūrán huì shuō Zhōngwén，érqiě shuō de zhème hǎo，zhēn chūhū wǒ de yìliào. *I was surprised that she could speak Chinese，and that she could speak it so well.*

【出活】chū = huó （～儿）(1)制出成品（干出活儿）*come up with an end（or finished）product；yield results in work*：这种新式工具很轻巧，～又快。Zhè zhǒng xīnshì gōngjù hěn qīngqiǎo，～ yòu kuài. *This new type of tool is light and handy，and can quickly accomplish a lot.* (2)工作效率高 *be efficient（in work）*：你们可真～，才两个小时就抄了这么多页。Nǐmen kě zhēn ～，cái liǎng ge xiǎoshí jiù chāole zhème duō yè. *You are really efficient，having copied so many pages in just two hours.*

【出击】chūjī（动）（部队）发起攻击（*of armed forces*）*launch an attack*：敌人来犯，立即～. Dírén lái fàn，lìjí ～. *When the enemy invades，we launch an attack immediately.*

【出家】chū = jiā 离开家庭到庙宇去做僧尼或道士 *become a monk or a nun*

【出嫁】chūjià（动）女子结婚：这么大的姑娘，该～了。Zhème dà de gūniang，gāi ～ le. *A girl that old ought to get married.*

【出界】chū = jiè 越出一定的界限（*of sports*）*go out-of-bounds；outside*：发球～ = fā qiú ～ *serve a ball out-of-bounds*

【出借】chūjiè（动）借出去（多指物品）*lend（or loan）（things）*：学校有大量体育用品～给学生。Xuéxiào yǒu dàliàng tǐyù yòngpǐn ～ gěi xuéshēng. *The school has a vast amount of sporting goods to be lent out to students.*

【出境】chū = jìng 离开国境或某个特定的地区 *leave the country；exit*：办理一手续 *go through e.xit formalities* /下午两点钟你护送他～. Xiàwǔ liǎng diǎnzhōng nǐ hùsòng tā ～. *Take him out of the country under escort at 2:00 P. M.*

【出口】chūkǒu（动）(1)说出话来 *speak；utter*：你这人说话太不注意，一～就伤人。Nǐ zhè rén shuō huà tài bú zhùyì，yì ～ jiù shāng rén. *You are very careless when you speak and so you will offend people as soon as you open your mouth.* (2)把本国的货物运出去 *export*：今年～三百万吨煤炭。Jīnnián ～ sānbǎi wàn dùn méitàn. *This year we will export 3 million tons of coal.* /他在外贸公司办理～业务。Tā zài wàimào gōngsī bànlǐ ～ yèwù. *He manages the export business at a foreign trade company.* （名）*exit*：火车站的～ huǒchēzhàn de ～ *railway station exit* /剧院～ jùyuàn～ *theatre exit*

【出口成章】chū kǒu chéng zhāng 话说出来就是一篇文章，形容文思敏捷 *words flow from the mouth as if they were a written essay—be eloquent；have a ready pen*

【出来】chū // lái 从里面到外面（朝着说话人方向）*come out*（*towards the direction of the speaker*）：你快～吧，要锁门了。Nǐ kuài ～ ba，yào suǒ mén le. *Come out quickly，we need to lock the door.* /请你～一下，有人找你。Qǐng nǐ yíxià，yǒu rén zhǎo nǐ. *Please come out a minute，there is someone looking for you.* 在动词后作补语（*as a complement after a verb*）(1)表示动作由里向外，朝着说话人（*indicates outward movement towards the speaker*）：从屋里走～ cóng wū li zǒu ～ *come out of the room* /他跑出门来一直往东去了。Tā pǎo chū mén lai yìzhí wǎng dōng qù le. *He ran outside and headed due east.* /把桌子抬～ bǎ zhuōzi tái ～ *carry the table out* （和"出"放在动词后作补语(1)同义，但朝着说话人方向，宾语可有可无）（*same as 出 after a verb as a complement（1）but towards the direction of the speaker；an object is optional*）(2)表示从隐蔽到显现（*indicates appearance*）：有意见你就提～. Yǒu yìjian nǐ jiù tí ～. *If you have an idea，then bring it up.* /我实在想不出好主意来。Wǒ shízài xiǎng bu chū hǎo zhǔyì lai. *I really can't think of any good ideas.* (3)表示辨认（*indicates identification*）：你看～了吗？这是什么文？Nǐ kàn ～ le ma? zhè shì shénme wén? *Have you made it out? What language is it?* /要不是你先叫我，我真认不出你来了。Yàobùshì nǐ xiān jiào wǒ，wǒ zhēn rèn bu chū nǐ lai le. *If you hadn't called to me first，I really wouldn't have recognized you.* (4)表示动作产生结果（*indicates achieving a result*）：这道题我答～了。Zhè dào tí wǒ dá ～ le. *I have answered this question.* /一切财富都是劳动人民创造～的。Yíqiè cáifù dōu shì láodòng rénmín chuàngzào ～ de. *All wealth is created by working people.* （和"出"放在动词后作补语(2)(3)(4)同义，但宾语可有可无）（*same as 出 after a verb as a complement（2）（3）（4），but an object is optional*）放在形容词后作补语，表示超过已有的或应有的（*after an adj. as a complement to indicate more than is there or more than there ought to be*）：把长一的那截木头锯掉。Bǎ cháng ～ de nà jié mùtou jùdiào. *Saw off the extra length of the log.* /我这儿怎么多～两本书？是你的吗？Wǒ zhèr zěnme duō ～ liǎng běn shū? shì nǐ de ma? *How is it that I have extra two books here? Are they yours?* /有几个人没来，所以椅子多～了。Yǒu jǐ ge rén méi lái，suǒyǐ yǐzi duō ～ le. *Several people didn't turn up，so there are extra chairs.* （和"出"放在形容词后作补语同义，但后面的数量可有可无）（*same as 出 as the complement following an adj.，but may or may not be followed by a numeral plus a measure word*）

【出类拔萃】chū lèi bá cuì 超出同类之上（多指人）（*usu. of people*）*stand out among others；stand out from the crowd*：他是当地～的人物。Tā shì dāngdì ～ de rénwù. *He is an outstanding figure of that place.*

【出力】chū = lì 付出力量 *exert oneself；put forth one's strength*：为现代化～ wèi xiàndàihuà ～ *Do one's bit for the modernization* /为边疆的建设事业出把力 wèi biānjiāng de jiànshè shìyè chū bǎ lì *do one's part for the undertaking of building the border area* /他在教育工作中出了很大的力。Tā zài jiàoyù gōngzuò zhōng chūle hěn dà de lì. *He has put forth much effort in educational work.*

【出列】chūliè（动）〈军〉*leave one's place in the ranks*

【出笼】chūlóng（动）（蒸熟了的包子、馒头等）从笼屉里取出；也比喻坏事物的出现（*of food*）*come out of a steamer；come out in the open；emerge（derog.）*：刚～的包子 gāng ～ de bāozi *steamed stuffed buns which have just come out of the steamer* /一篇反党反人民的文章就这样～了。Yì piān fǎn dǎng fǎn rénmín de wénzhāng jiù zhèyàng ～ le. *An anti-party，anti-people article was thus published.*

【出路】chūlù（名）(1)通向外面的道路 *outlet*；*way out*；*exit*：这个货场只有一条～。Zhège huòchǎng zhǐ yǒu yì tiáo ～. *This freightyard has only one exit.* (2)生活的门路或前途 *way of making a living*：个体经营为待业青年开辟了一条新的～。Gètǐ jīngyíng wèi dài yè qīngnián kāipìle yì tiáo xin de ～. *Individual enterprise offers a new outlet to the youth awaiting jobs.* (3)(可以销售货物的)去处 *a place to go to (to sell goods)*：工厂正在为产品寻找～。Gōngchǎng zhèngzài wèi chǎnpǐn xúnzhǎo ～. *The factory is searching for a market for its products.*

【出乱子】chū luànzi 出差错：出毛病 *go wrong*：已经采取了安全措施，不会～的。Yǐjīng cǎiqǔle ānquán cuòshī, bú huì ～ de. *We've already taken safety measures, so nothing can go wrong.*

【出马】chū＝mǎ 原指武士出阵作战，今多指出头做事(*original meaning*) *go into action on the battlefield*；(*present usage*) *go into action*；*take the field*：领导亲自～解决这个问题。Lǐngdǎo qīnzì ～ jiějué zhège wèntí. *The leader solved the problem personally.* / 老将～，一个顶俩。Lǎojiàng ～, yí ge dǐng liǎ. *An old general went into action and did the work of two.* / 你不～，这事可就办不成了。Nǐ bù ～, zhè shì kě jiù bàn bu chéng le. *Unless you tackle this matter yourself it won't get done at all.*

【出卖】chūmài（动）(1)卖 *offer for sale*：把马牵到市场上去～。Bǎ mǎ qiāndào shìchǎng shang qù ～. *Take a horse to market to sell.* (2)为个人利益做有损于道义的事情 *betray*；*sell out*：～灵魂 ～ línghún *sell one's soul (to the enemy, etc.)* / 决不许～国家、民族的利益 jué bù xǔ ～ guójiā, mínzú de lìyì (*We*) *never allow anyone to betray the interests of the country and nation.*

【出门】chū＝mén（～儿）(1)外出 *go out*：他早上就～了，晚上才能回来。Tā zǎoshang jiù ～ le, wǎnshang cái néng huílai. *He went out very early this morning and won't be back until evening.* (2)离开家到外地去 *be away from home*；*go on a journey*：一个人～在外，要多加小心才好。Yí ge rén ～ zài wài, yào duō jiā xiǎoxin cái hǎo. *When a person goes on a journey alone, he or she should be even more careful.*

【出面】chū＝miàn 用(某个人或组织的)名义(做某事)(*act*) *in the name of*：由我～跟他交涉。Yóu wǒ ～ gēn tā jiāoshè. *Let me go and negotiate with him.* / 这事让学生会～去办吧。Zhè shì ràng xuéshēnghuì ～ qù bàn ba. *Let's ask the student association to handle it.*

【出名】chū＝míng 名字为大家所知 *become famous*；*famous*：景德镇的瓷器很～。Jǐngdézhèn de cíqì hěn ～. *The porcelain of Jingdezhen is quite famous.* / 来亨鸡是～的良种鸡。Láihéngjī shì ～ de liángzhǒng jī. *The Leghorn is a famous quality breed chicken.*

【出没】chūmò（动）出现和隐藏 *appear and disappear*；*haunt*：这里是野兽经常～的地方。Zhèli shì yěshòu jīngcháng ～ de dìfang. *This is the place where wild animals usually frequent.* / 这支队伍～无常，使敌人头疼。Zhè zhī duìwǔ ～ wúcháng, shǐ dírén tóu téng. *This unit of troops cause the enemy headaches by appearing and disappearing unexpectedly.*

【出谋划策】chū móu huà cè (为做某件事)想办法、出主意 *give advice and make suggestions*：工人感到自己是企业的主人，所以都为工厂～。Gōngrén gǎndào zìjǐ shì qǐyè de zhǔrén, suǒyǐ dōu wèi gōngchǎng ～. *Because the workers feel themselves to be the owner of the enterprise, they all make suggestions concerning the factory.* / 很少人知道他是幕后～的人物。Hěn shǎo rén zhīdao tā shì mùhòu ～ de rénwù. *Few people know that he is the person pulling the strings behind the scenes.*

【出纳】chūnà（名）(1)付出或收进现金的工作 *receipt and payment of money*：我是负责～的。Wǒ shì fùzé ～ de. *I am responsible for receipts and payments.* (2)负责出纳工作的人 *cashier*

【出纳员】chūnàyuán（名）*cashier*；*teller*

【出品】chūpǐn（名）生产出来的物品 *product*：这烟是青岛卷烟厂的～。Zhè yān shì Qīngdǎo Juǎnyānchǎng de ～. *This cigarette is produced by Qingdao Cigarette Factory.*

【出其不意】chū qí bù yì 在对方没有料到时(突然行动) *take sb. by suprise*；*catch sb. unawares*：～，攻其不备，最容易取胜。～, gōng qí bú bèi, zuì róngyì qǔshèng. *Catching the enemy unawares and attacking them when they are unprepared is the easiest way to gain victory.*

【出奇】chūqí（形）特别，不平常(常作补语和状语) *extraordinary*；*exceptional* (*usu. used as an adverbial or a complement*)：这孩子聪明得～。Zhè háizi cōngming de ～. *This child is exceptionally bright.* / 今年冬天～地冷。Jīnnián dōngtiān ～ de lěng. *This winter is exceptionally cold.*

【出奇制胜】chū qí zhì shèng 用对方料想不到的办法取胜 *gain victory (over an enemy) by surprise attack*

【出气】chū＝qì 把心里的愤怒发泄出来 *give vent to one's anger*；*vent one's spleen*：他一不高兴就摔东西。Tā yí bù gāoxìng jiù shuāi dōngxi ～. *As soon as he is displeased, he gives vent to his spleen by smashing things.*

【出勤】chūqín（动）在规定时间内到工作场所工作 *be present at work*；*be on time to work*：我们车间今天全部～，没有缺勤的。Wǒmen chējiān jīntiān quánbù ～, méi yǒu quēqín de. *Everyone in our shop was present today, there were no absences.*

【出去】chū // qù 从里面到外面(不朝着说话人方向) *go out (not in the direction of the speaker)*：请你～，别在这里妨碍别人工作！Qǐng nǐ ～, bié zài zhèli fáng'ài biérén gōngzuò! *Please go out and stop hampering others' work here.* / 咱们～说吧。Zánmen ～ shuō ba. *Let's go out and talk.* / 下这么大的雨，恐怕出不去门了。Xià zhème dà de yǔ, kǒngpà chū bu qù mén le. *I'm afraid with such heavy rain we won't be able to go out.* 放在动词后作补语，表示动作由里向外 (*as a complement after a verb, indicates outward movement*)：从窗口望～，是一片松林。Cóng chuāngkǒu wàng ～, shì yí piàn sōnglín. *Looking out from the window one can see a grove of pines.* / 把客人送出大门去。Bǎ kèrén sòng chū dàmén qu. *see a guest to the door* / 我给你保密，这事传不～。Wǒ gěi nǐ bǎomì, zhè shì chuán bu ～. *I will keep this confidential for you, it will not go any further.* (和"出"放在动词后作补语(1)同义，但不朝着说话人方向，宾语可有可无) (*same as* 出 *as a complement* (1) *after a verb but not towards the speaker; an object is optional*)

【出圈儿】chū＝quānr 同"出格" chū＝gé *same as "出格" chū＝gé*

【出让】chūràng（动）卖出(个人自己的东西) *sell (one's own things)*：这所房子因主人要到国外去，准备～。Zhè suǒ fángzi yīn zhǔrén yào dào guówài qu, zhǔnbèi ～. *The owner of this house is preparing to sell it because he's going abroad.*

【出人头地】chū rén tóu dì 超出一般人，高人一等(现多用于贬义) *stand out from among the crowd (now usu. derog.)*：这人总好表现自己，什么事都想～。Zhè rén zǒng hào biǎoxiàn zìjǐ, shénme shì dōu xiǎng ～. *This person likes to show off and he stands out in everything.*

【出任】chūrèn（动）〈书〉出来担任(某种官职) *take up the post of*：他～驻英大使已经好几年了。Tā ～ zhù Yīng dàshǐ yǐjīng hǎo jǐ nián le. *Many years have already passed since he took up the post of ambassador to Great Britain.*

【出入】chūrù（动）出去和进来 *come in and go out*：有了这个门，～方便多了。Yǒule zhège mén, ～ fāngbiàn duō le. *Having this door will make it much easier for coming and*

going. /工程重地不可随便～。Gōngchéng zhòngdì bùkě suíbiàn ～. *One can not freely come and go at the construction site.* (名)不一致的地方，差别 *divergence*; *difference*; *discrepancy*：两人的说法基本一致，没有多少～。Liǎng rén de shuōfǎ jīběn yīzhì, méi yǒu duōshǎo ～. *These two people's versions are identical, there is hardly a difference at all.* /我所了解的情况和你说的～很大。Wǒ suǒ liǎojiě de qíngkuàng hé nǐ shuō de ～ hěn dà. *There is quite a discrepancy between my understanding of the situation and what you said.*

【出色】chūsè (形)特别好，超出一般的 *outstanding*; *remarkable*; *distinguished*：学习成绩很～。Xuéxí chéngjì hěn ～. *His scholastic achievements are outstanding.* 这部作品～地反映了当时的社会风貌。Zhè bù zuòpǐn ～ de fǎnyìngle dāngshí de shèhuì fēngmào. *This work remarkably reflects the picture of society at that time.* /他是非常～的画家。Tā shì fēicháng ～ de huàjiā. *He is an outstanding painter.*

【出身】chūshēn (动)(1)生长于(某个阶级的家庭) *come from (a certain kind of family)*：～贫农 ～ pínnóng *come from a poor peasant family* (2)一个人早期经历(所属的阶级成分) *(what one's occupation) was previously*：～店员 ～ diànyuán *was a shop assistant before* /我～学生。Wǒ ～ xuésheng. *I was a student originally.* (名)由家庭经济情况和个人早期经历所决定的身分 *class origin*; *family background*; *one's previous occupation*：他的～很苦。Tā de ～ hěn kǔ. *He comes from a poor family.* /他是工人～。Tā shì gōngrén ～. *He was a worker.*

【出神】chū=shén (因精神高度集中于某事而)发呆 *lost in thought*; *be spellbound*：他在对着窗户～。Tā zài duìzhe chuānghu ～. *He is facing the window lost in thought.* /王老师讲课真生动，学生们都听得出了神。Wáng lǎoshī jiǎng kè zhēn shēngdòng, xuéshengmen dōu tīng de chūle shén. *Teacher Wang gave such an enthralling lecture that all the students were spellbound.*

【出生】chūshēng (动·不及物) *be born*：他是1949年～的。Tā shì yījiǔsìjiǔ nián ～ de. *He was born in 1949.*

【出生率】chūshēnglǜ (名) *birthrate*

【出生入死】chū shēng rù sǐ 冒着生命危险，不顾个人安危 *go through fire and water*; *brave countless dangers*：～的战斗生活 ～ de zhàndòu shēnghuó *militant life of braving countless dangers* /经过～的革命考验 jīngguò ～ de gémìng kǎoyàn *experience the revolutionary trials of going through fire and water*

【出师】chū=shī (1)(学徒)学习期满，能离开师傅独立操作 *finish one's apprenticeship*：以前学徒一般要学三年才能～。Yǐqián xuétú yìbān yào xué sān nián cái néng ～. *Apprentices used to study for three years before they could finish their apprenticeship.* (2)〈书〉出兵打仗。师：军队 (师；army) *dispatch troops to fight*; *send out an army*

【出使】chūshǐ (动)接受外交使命到外国去 *be sent on a diplomatic mission*：他几次～国外，做了大量的友好工作。Tā jǐ cì ～ guó wài, zuòle dàliàng de yǒuhǎo gōngzuò. *He has been sent abroad a few times on diplomatic missions and has done a lot of goodwill work.*

【出世】chūshì (动)(1)指人出生到人世间 *be born*：自我～以来就没听说过这种怪事。Zì wǒ ～ yǐlái jiù méi tīngshuōguo zhè zhǒng guàishì. *I have never heard this sort of strange things since I was born.* /他还没～他父亲就死了。Tā hái méi ～ tā fùqīn jiù sǐ le. *His father died before he was born.* (2)宗教或具有唯心观点的人所说的超脱人世(即脱离现实) *renounce the world*; *stand aloof from worldly affairs*：中国魏晋时期，政治动乱，许多文人都有～思想。Zhōngguó Wèi Jìn shíqī, zhèngzhì dòngluàn, xǔduō wénrén dōu yǒu ～ sīxiǎng. *A lot of scholars wanted to stand aloof from worldly affairs during that upheaval period in the Wei and Jin dynasties.*

【出事】chū=shì 发生事故 *have an accident*：大家都遵守交通规则，就可以避免～。Dàjiā dōu zūnshǒu jiāotōng guīzé, jiù kěyǐ bìmiǎn ～. *If everybody observed traffic regulations, accidents could be avoided.* /那儿马路上围了许多人，一定出了事了。Nàr mǎlù shang wéile xǔduō rén, yídìng chūle shì le. *There are many people gathered round on the street over there. There must have been an accident.*

【出手】chūshǒu (动)从开始做某件事看出人的本领 *skill displayed in making opening moves*：新厂长到任才三天，工人们看出他～不同一般。Xīn chǎngzhǎng dào rèn cái sān tiān, gōngrénmen kàn chū tā ～ bù tóng yìbān. *The new factory director had only assumed his post for three days when the workers could already see that his skill was out of the common run.*

【出手】chū=shǒu (1)卖出货物 *sell*; *dispose of (goods)*：这批货物太贵，恐怕不容易～。Zhè pī huòwù tài guì, kǒngpà bù róngyì ～. *This shipment of goods is too expensive. I'm afraid it won't be easy to dispose of.* /货物长期出不了手。Huòwù chángqī chū bu liǎo shǒu. *We haven't been able to sell the merchandise for a long time now.*

【出售】chūshòu (动)〈书〉把东西卖出去，出卖 *offer for sale*：土地归国家或集体所有，不得任意～。Tǔdì guī guójiā huò jítǐ suǒyǒu, bùdé rènyì ～. *Nobody can offer land for sale at will, because land is owned by the state or collective.* /本店～日用百货。Běn diàn ～ rìyòng bǎihuò. *This store sells articles of daily use.*

【出数儿】chūshùr (形)〈口〉产生的数量大 *be produced in great quantities*：用这种米做饭真～。Yòng zhè zhǒng mǐ zuò fàn zhēn ～. *This kind of rice really rises well with cooking.*

【出庭】chū=tíng 诉讼案件的关系人到法庭上 *appear in court*

【出头】chū=tóu (1)出面 *make a public appearance*; *in the name of*：由你～去解决这个问题吧。Yóu nǐ ～ qù jiějué zhège wèntí ba. *We'll leave this problem to you to resolve.* (2)从苦难中解脱出来 *raise one's head*; *free oneself (from oppression)*：不推翻反动统治，劳动人民就不可能有～的日子。Bù tuīfān fǎndòng tǒngzhì, láodòng rénmín jiù bù kěnéng yǒu ～ de rìzi. *It's not possible for labouring people to get free, if they did not overthrow the reactionary rule.* (3)用在整数之后表示有零数 *slightly over*; ...*odd*：老李已经六十～了。Lǎo Lǐ yǐjīng liùshí ～ le. *Lao Li is over sixty years old.* /我看，这棵大白菜十斤都得～。Wǒ kàn, zhè kē dàbáicài shí jīn dōu děi ～. *I think, this Chinese cabbage must be over ten catty.*

【出头露面】chū tóu lòu miàn (1)在人多的场合公开出现 *make a public appearance*; *be in the limelight*：她最怕～，不会同意在大会发言。Tā zuì pà ～, bú huì tóngyì zài dàhuì fā yán. *She is most afraid of being in the limelight, so she won't agree to speak in the meeting.* (2)因常在公众场合出现而出名 *become famous because of frequent public appearance*：他是个～的人物，谁不认识他呀! Tā shì ge ～ de rénwù, shuí bú rènshi tā ya! *He is such a public figure that nobody doesn't know him.* (3)出面(办事) *go personally*：这次我就不～了，你去跟他们谈谈吧。Zhè cì wǒ jiù bù ～ le, nǐ qù gēn tāmen tántan ba. *You go and talk with them please, I won't go this time.*

【出土】chū=tǔ *be unearthed*; *be excavated*：这是河南～的一批古陶器。Zhè shì Hénán ～ de yì pī gǔ táoqì. *This is a lot of ancient potteries unearthed in Henan.*

【出土文物】chū tǔ wénwù 被发掘出来的古代器物 *unearthed artifacts*

【出外】chūwài (动·不及物)离开家到外地去 *leave (home) for another town, city, etc.*：～谋生 ～ móushēng *leave*

home to seek a living elsewhere

【出席】chūxí（动）参加（会议）be present（at a meeting）：全体代表～了今天的会议。Quántǐ dàibiǎo ～le jīntiān de huìyì. *All representatives are present at today's meeting.*

【出息】chūxi（名）个人的发展前途或志气 promise；prospects；future：这小伙子有志气又很勤奋，将来一定有～。Zhè xiǎohuǒzi yǒu zhìqì yòu hěn qínfèn, jiānglái yídìng yǒu ～. *This young man has high aspirations, and is very diligent, so he is very promising.* /为了这么一点儿小事就哭，真没～。Wèile zhème yìdiǎnr xiǎo shì jiù kū, zhēn méi ～. *What a weakling to cry over such a trifle!*

【出险】chū＝xiǎn（动）(人)脱离险境（of people）be or get out of danger：出事矿井里的矿工已全部～。Chū shì kuàngjǐng lǐ de kuànggōng yǐ quánbù ～. *The miners involved in the mining accident are now all out of danger.* (2)（堤坝等工程）发生险情（of dykes, etc.）be in danger；be threatened：大坝～，同志们立即赶来抢修。Dàbà ～, tóngzhìmen lìjí gǎn lái qiǎngxiū. *When the dyke was in danger, comrades rushed out to repair it immediately.*

【出现】chūxiàn（动）显露出来 apear；emerge；arise：我们学校～了许多小发明家。Wǒmen xuéxiào ～ le xǔduō xiǎo fāmíngjiā. *There appear many young inventors in our school.* /会上～紧张的气氛。Huì shang ～ jǐnzhāng de qìfēn. *A tense atmosphere arose at the meeting.*

【出洋相】chū yángxiàng〈口〉闹笑话；出怪样；出丑 make a fool of oneself：词义没弄清就随便用，难免～。Cíyì méi nòngqīng jiù suíbiàn yòng, nánmiǎn ～. *One will inevitably make a fool of oneself if one uses words without being sure of their meaning first.* /我不会跳舞，你们非让我跳，不是故意让我～吗？Wǒ bú huì tiào wǔ, nǐmen fēi ràng wǒ tiào, bú shì gùyì ràng wǒ ～ ma? *I can't dance. Aren't you all just trying to get me to make a fool of myself by forcing me to do so?*

【出以公心】chū yǐ gōng xīn（办事）从人民利益出发 act out of concern for the public interest；act without selfish motives：党和国家的干部做什么都应当～。Dǎng hé guójiā de gànbù zuò shénme dōu yīngdāng ～. *Government and party officials should act without selfish motives whatever they do.*

【出游】chūyóu（动）〈书〉出去游历 go on a sightseeing tour

【出于】chūyú（动）从某种情况出发 start from；proceed from：他这样做完全是～无奈。Tā zhèyàng zuò wánquán shì ～ wúnài. *He had no choice to do it this way.* /我批评他，是～一片好心，怕他犯错误。Wǒ pīpíng tā, shì ～ yípiàn hǎoxīn, pà tā fàn cuòwu. *It was with the best of intentions that I criticized him. I was afraid he would make a mistake.*

【出院】chū＝yuàn（住院的病人办手续后）离开医院 leave hospital：医生不准他～。Yīshēng bù zhǔn tā ～. *The doctor won't discharge him from hospital.*

【出诊】chūzhěn（动·不及物）医生到病人家给病人治病（of a doctor）visit a patient at home；pay a home visit；make a house call：王大夫～去了，不在医院。Wáng dàifu ～ qu le, bú zài yīyuàn. *Dr. Wang is not at the hospital, he has gone to visit a patient at home.*

【出走】chūzǒu（动）被环境逼迫不声张地离开家庭或当地 run away；flee；leave：他在当地实在无法生活，只好离家出～。Tā zài dāngdì shízài wú fǎ shēnghuó, zhǐhǎo lí jiā ～. *He had no choice but to leave his hometown because he had no way of earning a living there.* /为了逃避包办婚姻，他～了。Wèile táobì bāobàn hūnyīn, tā ～ le. *He ran away to escape an arranged marriage.*

【出租】chūzū（动）hire；let：他有一所房子想～。Tā yǒu yì suǒ fángzi xiǎng ～. *He has a house for rent.*

【出租汽车】chūzū qìchē［辆 liàng］taxi：去叫一辆～来。Qù

jiào yí liàng ～ lai. *Call a taxi please.*

初 chū（名）◇原来的情况；开始的部分 original；the early part of：完好如～。Wánhǎo rú ～. *It remained intact.* /月～ dòng shēn start at the beginning of the month（形）(1)开始的，原来的 at the beginning of；original：～夏～xià early summer /～冬～dōng early winter /～愿～yuàn original intention（2）第一次，刚开始 for the first time：～次见面～cì jiàn miàn meet each other for the first time /他～学汉语，还不大会说呢。Tā ～ xué Hànyǔ, hái búdà huì shuō ne. *He has just begun to learn Chinese, so he can hardly speak it.* /这一地区的水利工程已～具规模。Zhè yí dìqū de shuǐlì gōngchéng yǐ ～ jù guīmó. *The irrigation projects in this region are beginning to take shape.* /到西藏的时候大家都有些高山反应。～dào Xīzàng de shíhou dàjiā dōu yǒu xiē gāoshān fǎnyìng. *Everyone who goes to Tibet for the first time always reacts to the high altitude.*（头）用于阴历每个月前十天（used for the first ten days of a lunar month）：～一～yī the first day of the month /～五～wǔ the fifth day of the month

【初版】chūbǎn（动·书籍、图画）第一版 first edition：这本小说1980年～，1983年再版。Zhè běn xiǎoshuō yíjiǔbālíng nián ～, yìjiǔbāsān nián zàibǎn. *This novel's first edition was published in 1980. It was later reprinted in 1983.*

【初步】chūbù（形·非谓）刚开始阶段的 initial；preliminary；tentative：这是我的一点意见，还不成熟。Zhè shì wǒ de ～ yìjian, hái bù chéngshú. *This is my tentative idea, it's not well-considered.* /他对操作方法只是～了解一些，还没全掌握。Tā duì cāozuò fāngfǎ zhǐshì ～ liǎojiě yìxiē, hái méi wánquán zhǎngwò. *He just knows a little about the method of operation, and has not mastered it yet.*

【初出茅庐】chū chū máolú 比喻刚走到社会上，还缺乏经验 at the beginning of one's career：这些～的小青年，老师傅应多加关照。Zhè shì xiē ～ de xiǎoqīngnián, lǎo shīfu yīng duō jiā guānzhào. *These are inexperienced youths, and the old experienced worker should look after them.*

【初创】chūchuàng（动）刚刚创立 establish for the first time：1982年这里～镇办企业，第二年就获得经济效益。Yǐjiǔbā'èr nián zhèlǐ ～ zhèn bàn qǐyè, dì'èr nián jiù huòdé jīngjì xiàoyì. *This town started doing business for the first time in 1982 and received economic benefits the following year.*

【初等】chūděng（形·非谓）(1)elementary：～数学～shùxué elementary mathematics (2) primary：～教育～jiàoyù primary education

【初伏】chūfú（名）the first of the three ten-day periods of the hot season；the first day of the first period of the hot season

【初稿】chūgǎo（名）［篇 piān、个 gè］第一次的稿子，也泛指未定的稿子 first draft

【初级】chūjí（形·非谓）最低级别的 elementary；primary：～小学～xiǎoxué lower primary school/～产品～chǎnpǐn primary products

【初级农业生产合作社】chūjí nóngyè shēngchǎn hézuòshè elementary agricultural producers' cooperative

【初级社】chūjíshè（名）"初级农业生产合作社"的简称 short for "初级农业生产合作社"

【初交】chūjiāo（名）认识不久的人 new acquaintance：我们是～，彼此了解还不多。Wǒmen shì ～, bǐcǐ liǎojiě hái bù duō. *We're newly acquainted, so we still don't know each other very well.*

【初恋】chūliàn（名）第一次恋爱 first love（动）刚恋爱不久（用得较少）to have just fallen in love（seldom used）

【初年】chūnián（名）(一段较长时期中)刚开始的几年 first

several years (of a long period)：这事发生在清朝～。Zhè shì fāshēng zài Qīngcháo ～. This happened at the beginning of the Qing Dynasty.

【初期】chūqī（名）开始的一段时期 initial stage；early days：建国～ jiàn guó ～ just after the founding of the Republic/解放战争～ jiěfàng zhànzhēng ～ in the early days of the Liberation War

【初试】chūshì（动）初次试验 make a first try：新方法～失败并不能说明什么。Xīn fāngfǎ ～ shībài bìng bù néng shuōmíng shénme. It doesn't mean anything if the new method fails on the first try. （名）分两次考试的第一次 preliminary examination：～通过后，还要复试。～ tōngguò hòu, hái yào fùshì. After the preliminary examination, there will be a reexamination.

【初旬】chūxún（名）每月的前十天 the first ten days of a month

【初愿】chūyuàn（名）〈书〉最初的愿望、志愿 one's original wish：这样做是违背我的～的。Zhèyàng zuò shì wéibèi wǒ de ～ de. Doing it this way goes against my original wish.

【初诊】chūzhěn（名）第一次（到某医院或找某医生）看病 first visit (to a doctor or hospital)：～病人请在这边挂号。～ bìngrén qǐng zài zhèbiān guà hào. Will the patients who are on their first visit please register here.

【初中】chūzhōng（名）初级中学的简称 junior middle school

【初衷】chūzhōng（名）〈书〉最初的心愿 original intention：尽管屡经挫折，他也没有改变～。Jǐnguǎn lǚ jīng cuòzhé, tā yě méiyǒu gǎibiàn ～. Despite his having suffered repeated setbacks, he still hasn't changed his original intention.

chú

除 chú（动）(1)去掉 get rid of；eliminate；remove：斩草～根 zhǎn cǎo ～ gēn cut the weeds and dig up the roots /为民～害 wèi mín ～ hài rid the people of a scourge (2)〈数〉divide：十～以二得五。Shí ～ yǐ èr dé wǔ. 10 divided by 2 is 5. （介）意思同"除了" chúle (1) (2)，但后边一般都要与"外、以外、之外、而外"搭配，组成介词结构，多用于书面语 same as "除了" chúle (1) (2) (but is almost always followed by "外、以外、之外" or "而外" to form a prepositional structure；usu. used in the written language)：～英语以外，我不会别的外语。Yīngyǔ yǐwài, wǒ bú huì biéde wàiyǔ. I can't speak any foreign language except English. /～这个人之外，别人我都不认识。～ zhège rén zhī wài, biérén wǒ dōu bú rènshi. I don't know anyone here except this person. /～《人民日报》外，我还看《北京晚报》。《Rénmín Rìbào》wài, wǒ hái kàn《Běijīng Wǎnbào》. Besides "The People's Daily", I also read "The Beijing Evening Paper". /这个公园里～自然的山、水之外，也有一些造型别致的亭子。Zhège gōngyuán lǐ ～ zìrán de shān, shuǐ zhī wài, yě yǒu yìxiē zàoxíng biézhì de tíngzi. In addition to natural mountains and rivers, there are a few unique pavilions in this park. /他们～完成上缴利润之外，还有不少盈余。Tāmen ～ wánchéng shàngjiāo lìrùn zhī wài, hái yǒu bù shǎo yíngyú. They still have a large surplus left in addition to the profits they have handed in to the higher authorities.

【除草剂】chúcǎojì（名）weed killer；herbicide

【除尘器】chúchénqì（名）dust remover

【除法】chúfǎ（名）〈数〉division

【除非】chúfēi（连）指出唯一的先决条件,常跟"才""不"呼应 (often used together with "才" or "不" to indicate that what follows is a necessary condition) (1)"除非……才……"表示一定要在这样的条件下,才能产生某种结果或出现某种情况（"除非...才..." indicates that a certain result can

only be gained under this situation)：～你去,我才去。～ nǐ qù, wǒ cái qù. I will go only if you do. /～生病,才准请假。～ shēng bìng, cái zhǔn qǐng jià. You are permitted to ask for leave only if you're ill. /每天～晚上,他家才有人。Měi tiān ～ wǎnshang, tā jiā cái yǒu rén. His home is empty, except at night. (2)"除非（不）（才）……,否则(不然)……不（没有）……"表示只有在这样的条件下,才能产生某种结果或出现某种情况,再从反面说明,如果没有这个条件,又有什么结果（"除非...（才）...,否则(不然)...不（没有）..." indicates that only under certain conditions can there be a certain result or situation；and if there weren't this condition, there would be another result)：～你去,他才去,否则,他不会去。～ nǐ qù, tā cái qù, fǒuzé, tā bú huì qù. He will go only if you do, otherwise he won't. /～我们做出一些让步,才能与对方达成协议,不然,是没法达成协议的。～ wǒmen zuòchū yìxiē ràngbù, cái néng yǔ duìfāng dáchéng xiéyì, bùrán, shì méi fǎ dáchéng xiéyì de. We won't reach an agreement unless we make some concessions；if not, there's no way we can reach an agreement. 如着重从反面说明,"才……"可省略（"才"... can be omitted when one wants to emphasize the opposite)：～你去,否则,他不会去。～ nǐ qù, fǒuzé, tā bú huì qù. He won't go unless you do. /～我们做出一些让步,不然是没法达成协议的。～ wǒmen zuòchū yìxiē ràngbù, bùrán shì méi fǎ dáchéng xiéyì de. There's no way we can reach an agreement unless we make some concessions. 有时"否则,不然"也可省略（"否则" or "不然" can also sometimes be omitted)：～你去,他不会去。～ nǐ qù, tā bú huì qù. He won't go unless you do. /～我们做出一些让步,是没法达成协议的。～ wǒmen zuòchū yìxiē ràngbù, shì méi fǎ dáchéng xiéyì de. There's no way we can reach an agreement unless we make some concessions. (3)"除非"指出要想取得某种结果,"除非"引出唯一一条件（"要... 除非..." indicates that to get a certain desired result," 除非" introduces the necessary condition)：要想取得好成绩,～下真功夫。Yào xiǎng qǔdé hǎo chéngjì, ～ xià zhēn gōngfu. You will only get good results if you make a genuine effort. /要让她做点自我批评,～太阳从西边出来。Yào ràng tā zuò diǎn zìwǒ pīpíng, ～ tàiyáng cóng xībiān chūlai. You will get her to make a self-criticism only when the sun rises in the West.

【除根】chú ＝ gēn（～儿）从根本上除掉 root out；cure once and for all：这种病不容易～。Zhè zhǒng bìng bù róngyì ～. This kind of disease is not easy to cure once and for all. /用这个办法治理河道,水患除不了根。Yòng zhège bànfǎ zhìlǐ hédào, shuǐhuàn chú bu liǎo gēn. If this method is used to harness the river, floods will not be thoroughly done away with.

【除开】chúkāi（介）同"除了"chúle (1) (2)，用得较少 same as "除了" chúle (1)(2), but seldom used：～假日,其它时间这个图书馆都开门。～ jiàrì, qítā shíjiān zhège túshūguǎn dōu kāi mén. This library opens every day except on holidays. /～母亲,我们家的人都喜欢旅行。～ mǔqin, wǒmen jiā de rén dōu xǐhuan lǚxíng. Every member of our family likes to travel except for my mother. /在这沙漠地区,～沙,几乎什么也没有。Zài zhè shāmò dìqū, ～ shā, jīhū shénme yě méi yǒu. There's nothing in this desert region except sand. /这房间～小以外,光线也太暗。Zhè fángjiān ～ xiǎo yǐwài, guāngxiàn yě tài àn. In addition to this room being small, the light in it is too dim. /要想求得知识,～要虚心向别人请教,还得学会发现问题。Yào xiǎng qiúdé zhīshi, ～ yào xūxīn xiàng biérén qǐngjiào, hái děi xuéhuì fāxiàn wèntí. Besides being modest about asking others for advice, one must also learn how to discover problems if one wants to seek knowledge.

【除了】chúle（介）与名词、动词、形容词、主谓结构等相组合,

并常与"外、以外、之外、而外"等呼应（*forms a word group with nouns, verbs, adjectives and subject-predicate structure; often followed by "外, 以外, 之外" or "而外"*）*except; besides* (1)排除个别的,强调其余的一致性,后面常与"全""都"等,或否定形式（*eliminates sth. specific to emphasize the community of what's left; often followed by "全, 都" or a negative form*）:～南边那座(以外),其它的楼房都在十层以上。～ nánbiān nà zuò (yǐwài), qítā de lóufáng dōu zài shí céng yǐshàng. *Except for the building in the south, all other buildings have more than ten storeys.* /～小王和小李(外),别人全去参观植物园了。～ Xiǎo Wáng hé Xiǎo Lǐ (wài), biérén quán qù cānguān zhíwùyuán le. *Except for Xiao Wang and Xiao Li, everyone else has gone to visit the botanical garden.* /我～写错一个字(以外),问题都答对了。Wǒ ～ xiěcuò yí ge zì (yǐwài), wèntí dōu dáduì le. *Except for one character that I wrote wrong, I answered every question correctly.* /她的英语～发音好(以外),其它方面没什么突出的。Tā de Yīngyǔ ～ fāyīn hǎo (yǐwài), qítā fāngmiàn méi shénme tūchū de. *Except for her pronunciation being good, there's nothing outstanding about her English.* / ～啤酒(以外),别的酒我一概不喝。～ píjiǔ (yǐwài), biéde jiǔ wǒ yìgài bù hē. *I don't drink any kind of alcohol except for beer.* /姐姐稍微高点儿(外),我简直分不清她们姐妹俩。～ jiějie shāowēi gāo diǎnr (wài), wǒ jiǎnzhí fēn bu qīng tāmen jiě mèi liǎ. *I can't tell the difference between these two sisters except that the older one is slightly taller.* (2)排除已知,补充其它,后边常有"还、也、只"等（*eliminates the known which is then supplemented by other elements; often followed by "还, 也, 只", etc.*）:这种汽车,～灵便(以外),还省油。Zhè zhǒng qìchē, ～ língbiàn (yǐwài), hái shěng yóu. *Besides being easy to handle, this kind of car also saves gas.* /她住的地方～交通方便(外),周围的环境也不错。Tā zhù de dìfang ～ jiāotōng fāngbiàn (wài), zhōuwéi de huánjìng yě búcuò. *Besides having a good transport service, the environment in which she lives is also quite nice.* /编写教科书(以外),王老师每星期还上两节课。～ biānxiě jiàokēshū (yǐwài), Wáng lǎoshī měi xīngqī hái shàng liǎng jié kè. *Besides compiling textbooks, Teacher Wang also teaches two classes every week.* (3)"除了……就是……""除了……便是……" ①表示不是这个就是那个,不是这样,就是那样,二者必居其一（*indicates if not this, then that, or if not like this, then like that; either...or...*）:那些衣服～太瘦,就是太短,我都不能穿。Nàxiē yīfu ～ tài shòu, jiùshì tài duǎn, wǒ dōu bù néng chuān. *These clothes, are either too small, or too short. I can't wear any of them.* /星期六晚上,他～看电视,便是看电影。Xīngqīliù wǎnshang, tā ～ kàn diànshì, biànshì kàn diànyǐng. *If he's not watching TV on Saturday evening, then he's seeing a movie.* /弹钢琴的～他,就是他妹妹。Tán gāngqín de ～ tā, jiùshì tā mèimei. *Either he plays the piano, or his younger sister does.* ②经过比较,前者居后者之上,如排除前者,则后者居上（*indicates a comparison whereby the former ranks above the latter; if the former is eliminated, then the latter ranks higher*）:我们班滑冰滑得好的,～小王(以外),就是小李了。Wǒmen bān huá bīng huá de hǎo de, ～ Xiǎo Wáng (yǐwài), jiù shì Xiǎo Lǐ le. *If Xiao Wang is not the best skater in our class, then Xiao Li is.* /那些头巾,～那条红色的(以外),我看就是那块银灰色的最好看了。Nàxiē tóujīn, ～ nà tiáo hóng de (yǐwài), wǒ kàn jiùshì nà kuài yínhuīsè de zuì hǎokàn le. *Except for the red scarf, I think the silver grey one is the prettiest of all these scarves.*

【除名】chú ＝ míng 从某集体中开除;从名册中去掉某人的名字 *expel sb. from a group; remove sb.'s name from the book*:由于不遵守足球队的纪律,他已被～。Yóuyú bù

zūnshǒu zúqiúduì de jìlù, tā yǐ bèi ～. *He was expelled from the football team for not observing team discipline.*

【除去】chúqù（介）同"除了"chúle (1) (2) *same as* 除了 chúle (1) (2):～一年级学生,别的学生都去长城了。～ yì niánjí xuésheng, biéde xuésheng dōu qù Chángchéng le. *All students have gone to the Great Wall except the students in Grade One.* /～星期天,他每天都工作。～ xīngqītiān, tā měi tiān dōu gōngzuò. *He works every day except Sunday.* /他的行李很简单,一只箱子,没有别的东西。Tā de xíngli hěn jiǎndān, ～ yì zhǐ xiāngzi, méi yǒu biéde dōngxi. *His luggage is very simple. He doesn't have anything except one suitcase.* /这种灯泡～省电,还不伤眼睛。Zhè zhǒng dēngpào ～ shěng diàn, hái bù shāng yǎnjing. *In addition to saving electricity, this kind of lightbulb also does not harm the eyes.*

【除数】chúshù（名）〈数〉*divisor*

【除外】chúwài（动·不及物）排除在外 *except*:明天大家都去植树,年老体弱的～. Míngtiān dàjiā dōu qù zhí shù, niánlǎo tǐruò de ～. *Except those who are old and weak, all of us are going to plant trees tomorrow.* /北京的博物馆每天开放,星期一～. Běijīng de bówùguǎn měi tiān kāifàng, xīngqīyī ～. *The museums in Beijing open every day except Monday.*

【除夕】chúxī（名）*New Year's Eve*

chú

厨（名）◇同"厨房"chúfáng *same as "*厨房*" chúfáng*
【厨房】chúfáng（名）*kitchen*
【厨师】chúshī（名）*cook; chef*
【厨子】chúzi（名）旧时指厨师 *cook (obsolete)*

锄〔鋤〕chú（名）[把 bǎ] *hoe*（动）（用锄）松土除草;铲除 *work with a hoe; hoe*:～地 ～ dì *hoe fields* /～奸 ～ jiān *eliminate traitors*
【锄头】chútou（名）[把 bǎ] 同"锄"chú（名）*same as "*锄*" chú（名）*

雏〔雛〕chú（形）◇幼小的（鸟、兽）*young (bird, animal)*:～鸡 ～ jī *chicken* /～燕 ～ yàn *young swallow* /～鹰学飞 ～ yīng xué fēi *young eagles learn flying*
【雏形】chúxíng（名）(1)（要做的东西,未定型前的）最初形式 *embryonic form; embryo* (2)依照原样缩小的模型 *model*:这是一座中国式花园的～. Zhè shì yí zuò Zhōngguó shì huāyuán de ～. *This is a model of a Chinese style garden.*

橱（名）*cabinet; closet*:衣～ yī ～ *wardrobe* /书～ shū～ *bookcase* /碗～ wǎn～ *cupboard*
【橱窗】chúchuāng（名）*show window; showcase; shop window*
【橱柜】chúguì（名）(～儿) *cupboard*

chǔ

处〔處〕chǔ（动）(1)跟别人一起生活,交往 *get along with sb.*:他俩～得很好。Tā liǎ ～ de hěn hǎo. *They get along quite well.* /这人脾气怪,不好～. Zhè rén píqi guài, bù hǎo ～. *This fellow is hard to get along with because he is eccentric.* (2)处于;置身于 *be situated in; be in a certain condition*:地～交通要道。Dì ～ jiāotōng yàodào. *It is located in a vital communication line.* /～在当时的情况下,你也只能那么办。～ zài dāngshí de qíngkuàng xià, nǐ yě zhǐ néng nàme

bàn. *Under the condition of that time, you could only act that way.* (3)◇处罚 *punish; sentence;* ～以重刑 ～ yǐ zhòngxíng *sentence to severe punishment* /～以罚款 ～ yǐ fá kuǎn *impose a fine* 另见 chù

【处罚】chǔfá (动)给以处分或依法惩处 *punish; penalize;* ～贪污盗窃分子/ tānwū dàoqiè fènzǐ *to punish embezzlers* / 对犯罪分子必须严加～。Duì fàn zuì fènzǐ bìxū yán jiā ～. *It's necessary to punish criminals severely.* /受到应有的～ shòudào yīng yǒu de ～ (*sb.*) *receives a deserved punishment*

【处方】chǔfāng (名)(医生给病人开的)药方 *prescription; recipe*

【处分】chǔfèn (动)(对犯罪或犯错误的人)给以一定的惩罚和处理 *take disciplinary action against; punish;* ～犯错误的人,是为了惩前毖后,治病救人。～ fàn cuòwu de rén, shì wèile chéng qián bì hòu, zhì bìng jiù rén. *To punish the people who made mistakes is to learn from past mistakes to avoid future ones.* (名)(对犯罪或犯错误的人)所做的处分决定 *disciplinary action;* 给以警告～ gěiyǐ jǐnggào ～ *give sb. disciplinary warning* /行政～ xíngzhèng ～ *administrative disciplinary measure*

【处境】chǔjìng (名)所处的环境,面临的情况 *unfavourable situation; plight;* 困难～ kùnnan be *in a sorry plight* /在那种危险的～下,他仍然镇定自若。Zài nà zhǒng wēixiǎn de ～ xià, tā réngrán zhèndìng zìruò. *He still remained calm in that dangerous situation.*

【处决】chǔjué (动) *put to death; execute*

【处理】chǔlǐ (动)(1)处置,安排解决 *handle; deal with; dispose of;* 认真～ rènzhēn ～ *deal with sth. conscientiously* / ～家务 ～ jiāwù *do housework* /正确～人民内部矛盾 zhèngquè ～ rénmín nèibù máodùn *correctly handle contradictions among the people* (2)减价出售 *sell at reduced prices;* 一些积压多年的货物都～掉了。Yìxiē jīyā duō nián de huòwù dōu ～ diào le. *All of the goods kept for years in stock have been sold at reduced prices.*

【处理品】chǔlǐpǐn (名)减价出售的物品(常常是残次品或积压物品) *goods sold at reduced prices (esp. substandard or overstocked goods)*

【处女】chǔnǚ (名) *virgin; maiden*

【处女地】chǔnǚdì (名) *vergin land; virgin soil*

【处世】chǔshì (动)(采取一定的态度)对待人和事 *conduct oneself in society;* 他为人～,非常老实、诚恳。Tā wéirén ～, fēicháng lǎoshi, chéngkěn. *He deals with people and affairs honestly and sincerely.* /一团和气,谁也不得罪,是老王的～哲学。Yì tuán héqi, shuí yě bù dézuì, shì Lǎo Wáng de ～ zhéxué. *To be on good terms with all and not to offend anybody is Lao Wang's philosophy of life.* /这个人不大会～。Zhège rén búdà huì ～. *This guy does not know how to deal with people and affairs in society.*

【处事】chǔshì (动)处理事物 *deal with affairs; handle;* 他～冷静,头脑清楚。Tā ～ lěngjìng, tóunǎo qīngchu. *He's sober-minded and clear-headed in dealing with affairs.*

【处死】chǔsǐ (动)处以死刑 *put to death;* 纽伦堡法庭～了一大批法西斯战犯。Niǔlúnbǎo fǎtíng ～ le yí dàpī fǎxīsī zhànfàn. *A whole lot of Fascist war criminals were sentenced to capital punishment at Nuremberg Court.*

【处心积虑】chǔ xīn jī lǜ (贬) 费尽心机,蓄谋很久 *have all along nurtured schemes to; be bent on;* 这家伙～搞破坏。Zhè jiāhuo ～ gǎo pòhuài. *This fellow is bent on undermining sth.*

【处于】chǔyú (动)在某种地位或状态 *be in (a position or situation);* 客队在比赛中一直～领先地位。Kèduì zài bǐsài zhōng yìzhí ～ lǐng xiān dìwèi. *The visiting team has held a safe lead all along.* /病人～昏迷状态。Bìngrén ～ hūnmí zhuàngtài. *The patient is in a state of unconsciousness.*

【处之泰然】chǔ zhī tàirán 形容对待困难或紧急情况毫不在意,沉着镇定 *take things calmly; remain unruffled;* 大家听了这消息都有些惶恐不安,他却。Dàjiā tīngle zhè xiāoxi dōu yǒuxiē huángkǒng bù'ān, tā què ～. *After we heard this news, we were all a bit frightened, but he remained unruffled.*

【处治】chǔzhì (动)处分,惩治 *punish;* 对屡教不改的坏分子应该从严～。Duì lǚ jiào bù gǎi de huàifènzǐ yīnggāi cóng yán ～. *Bad elements who cannnot be reformed after being educated time and again should be punished severely.* /最近学校～了两个破坏纪律的学生。Zuìjìn xuéxiào ～ le liǎng ge pòhuài jìlǜ de xuésheng. *The school recently punished two students who had violated discipline.*

【处置】chǔzhì (动)(1)处理 *handle; deal with; manage; dispose of;* ～失当 ～ shīdàng *mismanage; mishandle* /这事你根据具体情况去～吧。Zhè shì nǐ gēnjù jùtǐ qíngkuàng qù ～ ba. *You can handle it according to the concrete situation.* (2)惩治 *punish;* 破坏森林的必将受到应有的～。Pòhuài sēnlín de bì jiāng shòudào yīng yǒu de ～. *Those who have damaged forests must be duly punished.*

储 〔儲〕chǔ

(动)◇～ *store up;* ～粮备荒 ～ liáng bèi huāng *store up grain against natural disasters*

【储备】chǔbèi (名)储存备用的东西 *reserve;* 日子过得好了,每家每户都有～。Rìzi guò de hǎo le, měi jiā měi hù dōu yǒu ～. *Life is better, so every family has reserves.* /黄金～ huángjīn ～ *gold reserve* (动)储存起来准备随时用 *store for future use;* 为牲口～了足够的过冬饲料。Wèi shēngkou ～ le zúgòu de guò dōng sìliào. *Lay up adequate fodder for the winter.*

【储备基金】chǔbèi jījīn *reserve fund*

【储备粮】chǔbèiliáng (名)储存起来准备(荒年等)用的粮食 *grain reserve*

【储藏】chǔcáng (动)(1)保存收藏 *save and preserve; store; keep;* ～白薯 ～ báishǔ *store sweet potatoes* /苹果很容易～。Píngguǒ hěn róngyì ～. *It's easy to preserve apples.* (2)蕴藏 *deposit;* 山西省地下～着丰富的煤炭。Shānxī Shěng dìxià ～ zhe fēngfù de méitàn. *There is a rich underground coal deposit in Shanxi Province.*

【储存】chǔcún (动)(暂时不用的钱和物)存放起来 *lay in; lay up; store; stockpile;* 我们家～了三百斤大白菜。Wǒmen jiā ～ le sānbǎi jīn dàbáicài. *Our family is storing 300 catties of Chinese cabbages.* /农民家家都～着一两年的粮食。Nóngmín jiājiā dōu ～ zhe yì-liǎng nián de liángshi. *Every farmer's family has stored up grain for the consumption of one or two years.*

【储量】chǔliàng (名)〈矿〉蕴藏的数量 *reserves*

【储蓄】chǔxù (把节省下来或暂时不用的钱)存入银行 *save; deposit;* 他在银行～了不少钱。Tā zài yínháng ～ le bù shǎo qián. *He has a lot of savings.* /银行提高利率,鼓励～。Yínháng tígāo lìlǜ, gǔlì ～. *The bank has raised the interest rate in order to encourage saving.* (名)储存起来的钱 *savings;* 城市居民的～这几年增长很快。Chéngshì jūmín de ～ zhè jǐ nián zēngzhǎng hěn kuài. *The savings of urban population have increased very fast in the recent years.*

chù

处 〔處〕chù

(名)(1)地方 *place;* 住～ zhù～ *dwelling place* /你到各～看看会感到鼓舞。Nǐ dào gè ～ kànkan huì gǎndào gǔwǔ. *You'll feel encouraged if you go and have a look at different places.* /两个人有相同之～,也有不同之～。Liǎng ge rén yǒu xiāngtóng zhī ～, yě yǒu bù tóng zhī ～. *The two*

of them have identical points as well as differences. (2)机关或机关里的一个部门 *department*；*office*：总务 ～ zǒngwù ～ *general affairs department* /问事 ～ wènshì～ *inquiry desk* /我调到他那个～去工作了。Wǒ diàodào tā nàge ～ qù gōngzuò le. *I was transferred to work in his department.* 另见 chǔ

【处处】chùchù（副）(1)各个地方 *everywhere*：～充满着生机和活力。～ chōngmǎnzhe shēngjī hé huólì. *Everywhere is brimming with life and vitality.* /～是友谊和温暖。～ shì yǒuyì hé wēnnuǎn. *One can find friendship and warmth everywhere.* (2)在各方面 *in all respects*：我们不做好准备，就会～陷于被动。Wǒmen bú zuòhǎo zhǔnbèi, jiù huì ～ xiànyú bèidòng. *If we are not fully prepared, we will find ourselves in a passive position in all respects.* /她像个大姐一样，～照顾我。Tā xiàng ge dàjiě yíyàng, ～ zhàogù wǒ. *She's like an older sister and takes care of me in all respects.* /作为一个大夫，～应当替病人着想。Zuòwéi yí ge dàifu, ～ yīngdāng tì bìngrén zhuóxiǎng. *Being a doctor means that one should consider the patient's interests in all respects.*

【处所】chùsuǒ（名）〈书〉*place*；*location*：举行典礼的～jǔxíng diǎnlǐ de ～ *the place for ceremony* /牧民现在都有了定居的～。Mùmín xiànzài dōu yǒule dìngjū de ～. *The herdsmen have different places to settle now.*

【处长】chùzhǎng（名）机关里的一个部门的负责人 *head of a department*；*section chief*

畜 chù

（名）◇泛指饲养的牲畜、家禽 *domestic animal*；*livestock*：六～兴旺 liù ～ xīngwàng *All livestock are thriving.* 另见 xù

【畜力】chùlì（名）（用于运输或耕作等方面的）牲畜的力量 *animal power*：中国农村很多地方还依靠～耕种。Zhōngguó nóngcūn hěn duō dìfang hái yīkào ～ gēngzhòng. *A lot of places still rely on the animal power to do farming in the countryside of China.*

【畜生】chùsheng（名）泛指禽兽，常用作骂人的话 *domestic animal*；(*also used as abusive language*) *beast*；*dirty swine*：不应虐待不会说话的～。Bù yīng nüèdài bú huì shuō huà de ～. *Animals that can't talk back should not be maltreated.* /刘大爷急了，大骂："～!你给我滚!" Liú dàye jí le, dà mà："～! nǐ gěi wǒ gǔn!" *Grandpa Liu was irritated and cursed loudly："You beast! Get out!"*

搐 chù

【搐动】chùdòng（动）抽动，肌肉不由自主地收缩颤动 *twitch*；*move or contract spasmodically*

触〔觸〕chù

（动）(1)接触，碰 *touch*：～雷 ～ léi *strike a mine* /无意中～到了他的痛处。Wúyì zhōng ～dàole tā de tòngchù. *touch him to the quick unwittingly* (2)（受外界刺激）引起（感情变化，回忆等）*detonate by contact*；*touch off*：～起思乡之情～qǐ sī xiāng zhī qíng *touch off home thoughts*

【触电】chù = diàn *get an electric shock*：小心触了电! Xiǎoxīn chùle diàn! *Danger! Live wire!*

【触动】chùdòng（动）(1)碰撞，撞 *touch*；*move* 请勿～! Qǐng wù ～! *Don't touch!* (2)打动，感动（情感、记忆等）*move*；*touch*；*stir*：这些话～了他的心事。Zhèxiē huà ～ le tā de xīnshì. *These remarks reminded him of something he'd had on his mind for a long time.* /你的批评对我～很大。Nǐ de pīpíng duì wǒ ～ hěn dà. *Your criticisms shook me up a lot.*

【触犯】chùfàn（动）冲撞，冒犯，侵害 *offend*；*violate*；*go against*：～人民的利益 ～ rénmín de lìyì *encroach on the*

people's interests /～了民族尊严 ～le mínzú zūnyán *trample on the national dignity* /～法律 ～ fǎlǜ *break the law* /我怎么～了你，干吗发那么大的火? Wǒ zěnme ～le nǐ, gànmá fā nàme dà de huǒ? *How have I offended you? Why are you in such a temper?*

【触及】chùjí（动）〈书〉接触到 *touch*：～灵魂 ～ línghún *touch sb. to his very soul* /这话～到事物的本质。Zhè huà ～dào shìwù de běnzhí. *These words get to the essence of a matter.*

【触礁】chù = jiāo 船只在航行中碰上了暗礁 (*of ships*) *strike a reef* (*or rock*)

【触角】chùjiǎo（名）*antenna*；*feeler*

【触景生情】chù jǐng shēng qíng 看到眼前的景象，引起联想产生了某种感情 *the sight arouses deep feelings and brings back memories*：重返三十年前的母校，～，想起很多老同学。Chóng fǎn sānshí nián qián de mǔxiào, ～, xiǎngqǐ hěn duō lǎo tóngxué. *Revisiting his former school which he went to 30 years ago brought back the memories of many of his old schoolmates.*

【触觉】chùjué（名）*tactile sensation*；*sense of touch*

【触类旁通】chù lèi páng tōng 懂得或掌握了某一事物的知识或规律，由此类推而认识到其他的同类事物。触：碰到。旁：别的，其他的（触：*touch upon*；旁：*other*）*grasp a typical example and you will grasp the whole category*；*understand by analogy*：你把这个难题解决以后，其他问题也就迎刃而解了。Nǐ bǎ zhège nántí jiějué yǐhòu, ～, qítā wèntí yě jiù yíng rèn ér jiě le. *Once you've solved this difficult problem, you will have grasped the main idea, and all other problems can be readily solved.*

【触目惊心】chù mù jīng xīn 形容问题的严重性，看到后使内心震惊 *startling*；*shocking*：这个单位浪费现象的严重，实在令人～。Zhège dānwèi làngfèi xiànxiàng de yánzhòng, shízài lìng rén ～. *The extreme waste in this organization is shocking indeed.*

【触怒】chùnù（动）〈书〉惹人发怒 *enrage*；*infuriate*：你那句尖刻的话把他～了，你还不知道。Nǐ nà jù jiānkè de huà bǎ tā ～ le, nǐ hái bù zhīdào. *You didn't realize that your biting words infuriated him.*

黜 chù

（动）〈书〉罢免，革除 *remove sb. from office*；*dismiss*

【黜免】chùmiǎn（动）〈书〉罢免（官职）*dismiss* (*a government official*)

矗 chù

（动）直立 *stand tall and upright*

【矗立】chùlì（动）直立，高耸 *stand tall and upright*：一座高楼在广场中央，格外引人注目。Yí zuò gāo lóu ～ zài guǎngchǎng zhōngyāng, géwài yǐn rén zhùmù. *A building towering aloft in the center of the square is specially spectacular.*

chuāi

揣 chuāi

（动）放在衣服里 *hide or carry in one's clothes*：他两手～在衣袖里，站在门口。Tā liǎng shǒu ～ zài yīxiù li, zhàn zài ménkǒu. *He stands in the doorway with his hands tucked into the sleeves.* /因为肚子痛，他怀里～了个热水袋。Yīnwèi dùzi tòng, tā huái li ～le ge rèshuǐdài. *He carried a hot-water bag in his bosom because of stomachache.* 另见 chuǎi

chuǎi

揣 chuǎi

（动）〈书〉估计 *estimate* 另见 chuāi

【揣测】chuǎicè（动）推测 guess；conjecture：据我们～，这批失足青年，绝大多数是可以变好的。Jù wǒmen ～, zhè pī shī zú qīngnián, jué dàduōshù shì kěyǐ biànhǎo de. Our conjecture is that most of these juvenile delinquents can be rehabilitated.

【揣度】chuǎiduó（动）〈书〉推测，估计 conjecture；surmise：他心里想什么，别人难以～。Tā xīnli xiǎng shénme, biérén nányǐ ～. It's hard for other people to make a conjecture of what he has in his mind. /他一面谈话一面～对方的心理。Tā yímiàn tán huà yímiàn ～ duìfāng de xīnlǐ. He is making conjectures of the other party's mind as he's talking.

【揣摩】chuǎimó（动）反复思考推求 try hard to figure out：他的话里有文章，到底是什么意思，还要仔细～。Tā de huà li hěn yǒu wénzhāng, dàodǐ shì shénme yìsi, hái yào zǐxì ～. There is an insinuation in his remarks. We must try hard to figure out what it is.

chuài

踹 chuài
（动）用脚底向外撞击 kick with the sole of one's foot：他一脚就把桌子～翻了。Tā yì jiǎo jiù bǎ zhuōzi ～fān le. He kicked the table over.

chuān

川 chuān
（名）◇（1）河流 river：名山大～ míngshān dà～ famous mountains and big rivers /百～归大海。Bǎi ～ guī dàhǎi. All rivers flow into the sea. （2）平原，平地 plain：一马平～ yì mǎ píng ～ a vast expanse of flat land /荒滩变成米粮～。Huāngtān biànchéng mǐliáng ～. Wasteland has been turned into grain field.

【川流不息】chuān liú bù xī 水流不停。比喻行人、车船等来往不绝 flowing past in an endless stream：工地上车来人往，～。Gōngdì shang chē lái rén wǎng, ～. Vehicles and workers come and go in an endless stream on the construction site.

穿 chuān
（动）（1）put on；wear：～衣服 ～ yīfu put on one's clothes /～袜子 ～ wàzi put on one's socks /着大衣还觉得冷 ～zhe dàyī hái juéde lěng It's cold even with his overcoat on. （2）pierce through；penetrate：帽子被子弹～了一个洞，多危险！Màozi bèi zǐdàn ～le yí ge dòng, duō wēixiǎn! The hat has been pierced by a bullet. What a narrow escape! /把山打～了。Bǎ shān dǎ～ le. The mountain has been tunneled through. /滴水～石 dī shuǐ ～ shí Drops of water can pierce stone. （3）通过（空地、缝、孔等）pass through：～过马路～guò mǎlù cross a street /～针～ zhēn thread a needle /～过前边的树林，就是小学。～ guò qiánbiān de shùlín, jiù shì xiǎoxué. You will see the primary school after you pass through the wood. /火车要～好几个山洞。Huǒchē yào ～ hǎo jǐ ge shāndòng. The train will pass through several tunnels. （4）string：用小贝壳～了一串练 yòng xiǎo bèiké ～le ge xiàngliànr make a necklace by stringing small shells together /这个帘子是用珠子～成的。Zhège liánzi shì yòng zhūzi ～chéng de. This curtain was made by stringing beads. 尼龙线～，棉线不结实。Děi yòng nílóngxiàn ～, miánxiàn bù jiēshi. One must string with nylon thread. Cotton is not strong enough.

【穿插】chuānchā（动）（1）（几种活动）交叉（进行）alternate；do in turn：这个戏中有歌有舞有说白，各部分相互～。Zhège xì zhōng yǒu gē yǒu wǔ yǒu shuōbái, gè bùfen xiānghù ～. Songs, dances and dialogues alternate in this play. （2）（小说、戏曲或报告等为了衬托主题）中间安排

（次要情节）（of a play or novel）insert（subplots）：报告中～了许多生动事例。Bàogào zhōng ～le xǔduō shēngdòng shìlì. The report was spiced with vivid examples. /～上几个生活情节，使这个戏更加感人。～ shang jǐ ge shēnghuó qíngjié, shǐ zhège xì gèngjiā gǎn rén. By inserting several subplots of daily life you can make this play more moving.

【穿戴】chuāndài（名）穿的和戴的（衣帽，首饰等）apparel：中国有些少数民族的～非常讲究。Zhōngguó yǒu xiē shǎoshù mínzú de ～ fēicháng jiǎngjiu. The apparels of some of the national minorities in China are exquisitely made. /整洁～ zhěngjié be neatly dressed

【穿孔】chuān = kǒng（动）〈医〉perforate：胃～ wèi ～ gastric perforation

【穿梭】chuānsuō（动·不及物）像织布时梭子来回穿动一样。形容来往频忙不停 shuttle；move rapidly back and forth：车辆像～一样，来往不断。Chēliàng xiàng ～ yíyàng, láiwǎng bú duàn. Vehicles shuttled back and forth ceaselessly.

【穿小鞋】chuān xiǎo xié（为了打击报复）故意给人设置障碍或制造困难 give sb. tight shoes to wear — make things hard for sb.；purposely hinder sb. from doing sth.：我可不敢得罪我们的主任，我怕他给我～。Wǒ kě bù gǎn dézuì wǒmen de zhǔrèn, wǒ pà tā gěi wǒ ～. I don't dare offend our director lest he make things hard for me.

【穿行】chuānxíng（动）通过（孔洞、缝隙、空地、马路等）pierce；go through；penetrate：行人不得在马路上随意～，要走人行横道。Xíngrén bù dé zài mǎlù shang suíyì ～, yào zǒu rén xíng héngdào. Pedestrians must not cross the main road haphazardly, but must use the pedestrian crossings. /西行的列车在许多隧道中～。Xī xíng de lièchē zài xǔduō suìdào zhōng ～. Westbound trains have to go through a lot of tunnels.

【穿越】chuānyuè（动）〈书〉通过 pass through：飞机～云层。Fēijī ～ yúncéng. The plane passed through the cloud layer. /我们设法从敌人的封锁线上～过去。Wǒmen shèfǎ cóng dírén de fēngsuǒxiàn shang ～ guòqu. We are trying to think of a way to get through the enemy blockade.

【穿针引线】chuān zhēn yǐn xiàn 比喻在双方之间联系、拉拢、撮合 to act as a go-between；try to make a match：我情愿给你俩做一个～的红娘。Wǒ qíngyuàn gěi nǐmen liǎ zuò yí ge ～ de Hóngniáng. I'm willing to be the matchmaker for you two. /这两个企业通过老李的～，建立了联系。Zhè liǎng ge qǐyè tōngguò Lǎo Lǐ de ～, jiànlile liánxì. These two businesses established relations with each other with the help of Lao Li as the go-between.

【穿着】chuānzhuó（名）穿戴装束 dress；apparel：应该注意～整洁得体。Yìnggāi zhùyì ～ zhěngjié détǐ. One must be dressed neatly and appropriately.

【穿凿】chuānzuò（动·不及物）非常牵强地解释，把没有这种意思说成是这种意思 give a far-fetched interpretation；read too much into sth.：他的解释完全是～附会，毫无根据。Tā de jiěshì wánquán shì ～ fùhuì, háo wú gēnjù. His explanation is but a strained interpretation with far-fetched analogies.

chuán

传 〔傳〕chuán
（动）（1）由一方转交给另一方；由上代交给下一代 pass on；hand down：把球～过去 bǎ qiú ～ guòqu pass the ball /唐代诗人白居易的诗歌，～下来的将近三千首。Tángdài shīrén Bái Jūyì de shīgē, ～ xialai de jiāngjìn sānqiān shǒu. There are about three thousand poems handed down from poet Bai Juyi of the Tang Dynasty. （2）传授 pass on：老师傅无保留地把手艺～给徒弟。Lǎo shīfu wú bǎoliú de bǎ shǒuyì ～ gěi túdi. The old master worker passed on his

skills unreservedly to his apprentices. (3)传播、散布 *spread*：这消息学校里都～遍了，当然也～到我耳朵里来了。Zhè xiāoxi xuéxiào li dōu ～biàn le, dāngrán yě ～dào wǒ ěrduo li lái le. *The news has spread over the whole school, and of course, it has reached my ears too.* (4)传导 *transmit；conduct*：～电 ～ diàn *conduct electricity* /～热 ～ rè *transmit heat* (5)(法庭等发命令)叫人来(*law*) *summon*：～证人 ～ zhèngrén *summon the witness* /把他～来 bǎ tā ～ lai *summon him to the court* (6)传染(病) *infect；be contagious*：现在感冒流行，少到公共场所去，免得～上。Xiànzài gǎnmào liúxíng, shǎo dào gōnggòng chǎngsuǒ qù, miǎnde ～shang. *Cold is prevalent now. One should keep away from public place to avoid infection.* 另见 zhuàn

【传播】chuánbō (动)广泛散布 *propagate；disseminate*：苍蝇、蚊子、老鼠等都是～病菌的媒介。Cāngying、wénzi、lǎoshǔ děng dōu shì ～ bìngjūn de méijiè. *Flies, mosquitoes and rats are all vehicles of diseases.* /大力～科学文化知识 dàlì ～ kēxué wénhuà zhīshi *make every effort to disseminate scientific and cultural knowledge*

【传布】chuánbù (动)传扬，散布 *spread；disseminate*：这种说法～得很广。Zhè zhǒng shuōfǎ ～ de hěn guǎng. *This argument is widely spread.*

【传抄】chuánchāo (动)一人接一人地传递抄写 *make private copies (of a document, etc. which is being circulated)*：在那一段时间里，青年学生中曾～过一些不健康的小说。Zài nà yí duàn shíjiān li, qīngnián xuésheng zhōng céng ～guo yìxiē bú jiànkāng de xiǎoshuō. *During that time, some copies of unhealthy novels were made among young students.*

【传达】chuándá (动)(把一方的意见)转达给(另一方)，现多指转达上级的指示、命令等 *transmit；relay；pass on*：～上级指示 ～ shàngjí zhǐshì *pass on the instructions from the higher authorities* /～文件的精神 ～ wénjiàn de jīngshén *communicate the gist of the documents* (名)在机关、学校、工厂门口负责管理登记和引导来访的工作。也指从事这种工作的人 *work of a janitor；janitor*

【传达室】chuándáshì (名)机关、学校、工厂等门口担任传达的人的工作室 *janitor's office*

【传代】chuán = dài 一代接一代地继续传下去 *hand down from generation to generation*：这个玉壶在他们家传了好几代了。Zhège yùhú zài tāmen jiā chuánle hǎo jǐ dài le. *This jade pot has been handed down in his family for several generations.* /艺术天才往往～。Yìshù tiāncái wǎngwǎng ～. *Artistic ability is often handed down from generation to generation.*

【传单】chuándān (名)[张 zhāng] *handbill；leaflet*

【传导】chuándǎo (动) *conduct；transmit*

【传递】chuándì (动)一个接一个地送过去 *deliver；pass on；transmit*：～邮件 ～ yóujiàn *deliver mails* /～情报 ～ qíngbào *transmit information*

【传动】chuándòng (动)(机) *transmission；drive*

【传动带】chuándòngdài (名)[条 tiáo](机) *transmission belt*

【传呼】chuánhū (动)(1)电信局通知受话人接长途电话 *notify sb. to receive a long distance phone call* (2)管理公用电话的人通知受话人去接电话 *(of a public telephone custodian) notify sb. of a phone call*：～电话 ～ diànhuà *neighbourhood telephone service*

【传话】chuán = huà 把某人的话转告给另外的人 *pass on a message*：请你传个话给老张，叫他下午别来了。Qǐng nǐ chuán ge huà gěi Lǎo Zhāng, jiào tā xiàwǔ bié lái le. *Please pass on a message to Lao Zhang. Tell him not to come this afternoon.* /应该注意，不要随便～。Yīnggāi zhùyì, búyào suíbiàn ～. *Be careful not to pass on at random what others say.*

【传家宝】chuánjiābǎo (名)家中世代相传的宝贵物品，现常比喻为好的传统作风 *family heirloom；cherished tradition*：

艰苦朴素，勤俭节约是我们的～。Jiānkǔ pǔsù, qínjiǎn jiéyuē shì wǒmen de ～. *The practice of hard work and frugality is our cherished tradition.*

【传教】chuán = jiào 基督教用语，指宣传教义，劝人信教 *do missionary work*

【传教士】chuánjiàoshì (名) *missionary*

【传令】chuánlìng (动) 传达命令 *transmit (or dispatch) orders*：他已经三次受到～嘉奖。Tā yǐjīng sān cì shòudào ～ jiājiǎng. *He was cited three times in dispatches.*

【传票】chuánpiào (名)(法) *court summons；subpoena*

【传奇】chuánqí (形) *legend*：这位老游击队长的战斗经历颇有～色彩。Zhè wèi lǎo yóujī duìzhǎng de zhàndòu jīnglì pō yǒu ～ sècǎi. *The fighting experience of this old guerrilla leader has considerable legendary color.* (名)指中国唐宋时期盛行的文言短篇小说和明清时期盛行的长篇戏曲 *short stories of the Tang and Song dynasties；poetic dramas of the Ming and Qing dynasties*

【传染】chuánrǎn (动)(医) *infect*：～病院 ～ bìngyuàn *hospital for infectious diseases* /他把感冒～给我了。Tā bǎ gǎnmào ～ gěi wǒ le. *He infected me with cold.* /我～上感冒了。Wǒ ～shang gǎnmào le. *I'm infected with cold.*

【传染病】chuánrǎnbìng (名) *infectious (or contagious) disease*

【传人】chuánrén (名)(书)(1)能够继承某种学术专长或技艺而使其流传的人 *a person who can inherit and pass on a certain branch of learning, skill, etc.* (2)后代，传宗接代的人 *descendant*：龙的～ lóng de ～ *descendants of the dragon*

【传神】chuánshén (形)(文艺作品)将人或物的神态描绘得生动、逼真 *vivid；lifelike*：这两只小猫绣得多么～！Zhè liǎng zhī xiǎo māo xiù de duōme ～！ *How lifelike these two embroidered kittens are!* /小说中对两个主人公的描写十分～。Xiǎoshuō zhōng duì liǎng ge zhǔréngōng de miáoxiě shífēn ～. *The description of the two leading characters in the novel is very vivid.* /真是～之笔！Zhēn shì ～ zhī bǐ! *It's a vivid touch indeed!*

【传声筒】chuánshēngtǒng (名)(1) *megaphone；loudhailer* (2)比喻无个人见解，只传扬别人意见的人 *sb.'s mouthpiece；one who parrots another*

【传世】chuánshì (动·不及物)珍宝、著作(多指古代的)等流传到后世 *(of a treasure, etc.) be handed down from ancient times*：这幅画是这位著名画家的～之作。Zhè fú huà shì zhè wèi zhùmíng huàjiā de ～ zhī zuò. *This painting is a work done by this famous artist that has been handed down from ancient times.* /最近又出土了不少～之宝。Zuìjìn yòu chūtǔle bù shǎo ～ zhī bǎo. *Many more ancient treasures have been unearthed recently.*

【传授】chuánshòu (动)(把知识技能)教给(别人) *(of knowledge) teach；impart；pass on*：～先进经验 ～ xiānjìn jīngyàn *pass on one's advanced experience* /～科学知识 ～ kēxué zhīshi *pass on scientific knowledge to sb. else* / 她把养蚕方法无私地～给别人。Tā bǎ yǎng cán fāngfǎ wúsī de ～ gěi biérén. *She imparts her skill of raising silkworms to other people selflessly.*

【传说】chuánshuō (动)经过很多人述说 *it is said；they say*：很久就～他牺牲了，其实他还活着。Hěn jiǔ jiù ～ tā xīshēng le, qíshí tā hái huózhe. *It has long been said that he laid down his life, but in fact, he is still alive.* (名)(1)流传的说法 *hearsay*：这种说法只是一种～，不足为据。Zhè jìn shì yì zhǒng ～, bù zú wéi jù. *This is only a hearsay and cannot be used as evidence.* (2) *legend*：牛郎织女的～ Niúláng Zhīnǚ de ～ *the folklore of the cowherd and the girl weaver*

【传送】chuánsòng (动)传递 *deliver*：～消息 ～ xiāoxi *deliver a message* /请把这张纸条～到主席台上。Qǐng bǎ zhè zhāng zhǐtiáo ～ dào zhǔxítái shang. *Please pass this note to the rostrum.*

【传送带】chuánsòngdài（名）〈机〉conveyer belt

【传颂】chuánsòng（动）辗转相传，广为赞颂 be on everybody's lips；be widely praised：这位厂长的开创精神广为～。Zhè wèi chǎngzhǎng de kāichuàng jīngshén guǎng wéi ～. Praise for this factory director's initiating spirit is on everybody's lips.

【传统】chuántǒng（名）tradition；conventions：革命～ gémìng ～ revolutionary tradition /～观念 ～ guānniàn traditional idea /～剧目 ～ jùmù traditional theatrical pieces /～教育 ～ jiàoyù traditional education

【传闻】chuánwén（名）hearsay（动）it is said；they say

【传讯】chuánxùn（动）〈法〉summon for interrogation or trial；subpoena

【传言】chuányán（名）〈书〉辗转流传的话 hearsay；rumour：这些～未必可靠。Zhèxiē ～ wèibì kěkào. These rumours are not necessarily reliable.（动）〈书〉传话，转达别人的话 pass on a message

【传扬】chuányáng（动）（事情、名声等）传播开了（of sb.'s reputation，an event，etc.）spread：小张舍己救人的事迹在厂里很快～开了。Xiǎo Zhāng shě jǐ jiù rén de shìjì zài chǎng li hěn kuài ～ kāi le. Xiao Zhang's deed by which he saved others regardless of his own life quickly spread around the factory. /老徐生怕这件事一出去，影响不好。Lǎo-Xú shēngpà zhè jiàn shì ～ chuqu，yǐngxiǎng bù hǎo. Lao Xu was afraid that this matter would be spread around and give a bad impression.

【传阅】chuányuè（动）传着看 pass around（or circulate）for perusal：相互～ xiānghù ～ circulate it to everyone /这个稿件请几位编辑一下。Zhège gǎojiàn qǐng jǐ wèi biānjí ～ yíxià. Please pass the draft around among the editors.

【传真】chuánzhēn（动）facsimile：无线电～ wúxiàndiàn ～ radio facsimile /～照片 ～ zhàopiàn radiophoto

船 chuán（名）[只 zhī、条 tiáo] boat；ship；vessel

【船舶】chuánbó（名）各种船的总称 ships and vessels

【船舱】chuáncāng（名）cabin（of a ship）

【船队】chuánduì（名）fleet；flotilla

【船帆】chuánfān（名）sail

【船夫】chuánfū（名）在木船上工作的人 boatman

【船工】chuángōng（名）（1）船夫；船员 sailor；boatman：阿昌是个～。Ā Chāng shì ge ～. Achang is a boatman.（2）制造木船的工人 boat builder

【船户】chuánhù（名）（1）在水上以船为家的住户 boat dweller（2）以驾驶自己的木船为生的人家 one who owns a boat and makes a living as a boatman；boatman

【船艘】chuánsōu（名）船只 vessels；shipping

【船台】chuántái（名）（building）berth；slipway；slip

【船坞】chuánwù（名）dock；shipyard

【船舷】chuánxián（名）side of a ship（or boat）

【船员】chuányuán（名）（ship's）crew

【船长】chuánzhǎng（名）captain；skipper

【船只】chuánzhī（名）同"船舶"chuánbó same as "船舶" chuánbó

橼 chuán

【橼子】chuánzi（名）放在檩子上架着屋面板和瓦的木条 rafter

chuǎn

喘 chuǎn（动）（1）gasp；pant：他累得直～。Tā lèi de zhí ～. He is so exhausted that he is gasping for breath.（2）asthma：

他一到冬天就犯～。Tā yí dào dōngtiān jiù fàn ～. He suffers from asthma every winter.

【喘气】chuǎn = qì（1）呼吸 breathe：这鱼还没死，你看它还在～。Zhè yú hái méi sǐ，nǐ kàn tā hái zài ～. The fish isn't dead. Look，it still breathes. /叫烟呛得喘不过气来。Jiào yān qiàng de chuǎn bu guò qì lai. The smoke almost choked me.（2）短时间休息 take a short break：咱们喘口气再干吧。Zánmen chuǎn kǒu qì zài gàn ba. Let's take a breather before we go on.

【喘息】chuǎnxī（动）〈书〉（1）急促呼吸 gasp for breath：他刚进门～未定，又被叫去开会。Tā gāng jìn mén ～ wèi dìng，yòu bèi jiàoqu kāi huì. He had just come in and was asked to attend a meeting before he has a chance to catch his breath.（2）紧张活动中的短暂休息 take a breather：必须乘胜追击，不给敌人以～的时机。Bìxū chéng shèng zhuījī，bù gěi dírén yǐ ～ de shíjī. We must follow up the victory with pursuit so as not to allow the enemy a breathing space.

【喘吁吁】chuǎnxūxū（形）形容喘气的样子 pant；gasp for breath：他大概跑了不少路，累得～的。Tā dàgài pǎole bù shǎo lù，lèi de ～ de. He must have run a long distance because he's tired out and panting. /她跑过来～地对我说："王老师在找你。"Tā pǎo guolai ～ de duì wǒ shuō："Wáng lǎoshī zài zhǎo nǐ." She ran over to me and gasping，said："Teacher Wang is looking for you."

chuàn

串 chuàn（动）（1）连贯 string together：～讲课文 ～ jiǎng kèwén explain the text word by word and clause by clause from beginning to end（2）勾结（做坏事）collude with：～供 ～ gòng collaborate to make each other's confessions tally（3）错误地连接 get things mixed up：电话～线了。Diànhuà ～ xiàn le. The telephone lines have crossed. /我眼花了，看～行了。Wǒ yǎn huā le，kàn ～ háng le. My eyes blurred and I skipped a line.（4）（从这儿到那儿）走动 go from place to place；run about：～亲戚 ～ qīnqi go and see one's relatives（量）用于成串的东西 string；cluster：一～钥匙 yì ～ yàoshi a bunch of keys /一～珠子 yí ～ zhūzi a string of beads /两～古钱 liǎng ～ gǔqián two strings of ancient coins

【串连】chuànlián（动）同"串联"chuànlián same as "串联" chuànlián

【串联】chuànlián（动）相互联系，沟通 establish ties with；contact：他～了几个同学，一起去远游。Tā ～ le jǐ ge tóngxué，yìqǐ qù yuǎnyóu. He contacted several schoolmates and went to travel together.

【串门儿】chuàn = ménr〈口〉到别人家去闲坐，聊天儿 drop in for a chat；call casually at someone's home：老奶奶～去了。Lǎo nǎinai ～ qu le. The old lady has gone to drop in at someone's home. /她打算去她姨家串个门儿。Tā dǎsuàn qu tā yí jiā chuàn ge ménr. She is thinking of dropping over at her aunt's place.

【串通】chuàntōng（动）〈贬〉暗中联系，使言谈行动相互配合 collude with；gang up；collaborate：你们别～起来捉弄别人。Nǐmen bié ～ qilai zhuōnòng biéren. Don't gang up to make fun of others. /他们几个早～好了，当然都说不知道这事。Tāmen jǐ ge zǎo ～ hǎo le，dāngrán dōu shuō bù zhīdào zhè shì. Acting in collaboration，of course all of them said they didn't know the thing.

chuāng

创 〔剏〕chuāng（名）〈文〉wound 另见 chuàng

【创痕】chuānghén（名）scar

【创口】chuāngkǒu（名）wound；cut
【创面】chuāngmiàn（名）the surface of a wound
【创伤】chuāngshāng（名）(1) wound (2)比喻由于某种原因造成的损害 damage；trauma：战争～ zhànzhēng ～ the wounds of war /精神～ jīngshén ～ a mental scar /心灵上的～ xīnlíng shang de ～ a wound to one's psyche
【创痍】chuāngyí（名）〈书〉同"疮痍" chuāngyí same as "疮痍" chuāngyí

疮 〔瘡〕chuāng
（名）〈医〉sore
【疮疤】chuāngbā（名）scar：别好了～忘了疼。Bié hǎole ～ wàngle téng. Don't forget the pain after the wound is healed. /就是这个人，我记得他脸上的～. Jiù shì zhège rén, wǒ jìde tā liǎn shang de ～. This is the guy. I remember the scar on his face.
【疮口】chuāngkǒu（名）the open part of a sore
【疮痍】chuāngyí（名）〈书〉创伤，比喻地方遭受破坏或受灾后的景象 sores and wounds；desolation after destruction or a disaster：大地震后，真是满目～，难以想像。Dà dìzhèn hòu, zhēn shì mǎnmù ～, nányí xiǎngxiàng. It is really hard to imagine the total scene of devastation that meets the eye after a major earthquake.

窗 chuāng
（名）同"窗户" chuānghu same as "窗户" chuānghu
【窗户】chuānghu（名）[个 gè、扇 shàn] window
【窗花】chuānghuā（名）(～儿)剪纸的一种，贴在窗户上作为装饰 paper-cut for window decoration
【窗口】chuāngkǒu（名）[个 gè] (1)(～儿)窗户跟前 right in front of the window：她坐在～想心事。Tā zuò zài ～ xiǎng xīnshì. She sat in front of the window lost in thought. (2)(售票室、挂号室等)墙上开的窗形的口 wicket
【窗帘】chuānglián（名）window curtain
【窗明几净】chuāng míng jī jìng 窗户明亮，桌子干净，形容屋子非常整洁 with bright windows and clean tables—(room) bright and clean；spotless
【窗纱】chuāngshā（名）[块 kuài] gauze for screening windows；window screen
【窗台】chuāngtái（名）(～儿)[个 gè] windowsill
【窗子】chuāngzi（名）[扇 shàn] 同"窗户" chuānghu same as "窗户" chuānghu

chuáng

床 chuáng
（名）[张 zhāng] bed（量）用于被褥毯子等 for quilt, mattress, blanket, etc.：两～被子 liǎng ～ bèizi two quilts /三～褥子 sān ～ rùzi three mattresses
【床单】chuángdān（名）[条 tiáo] bedsheet
【床铺】chuángpù（名）床和铺的总称 bed
【床头】chuángtóu（名）the head of a bed；bedside
【床位】chuángwèi（名）车、船、医院、集体宿舍、招待所等为服务对象设置的床 bed or berth (in hospital, hotel, ship, train, etc.)
【床罩】chuángzhào（名）(～儿)[个 gè] bedspread

chuǎng

闯 〔闖〕chuǎng
（动）猛冲 rush；dash；charge：他是从枪林弹雨中～过来的。Tā shì cóng qiāng lín dàn yǔ zhōng ～ guolai de. He has hewn his way through a hail of bullets. /科学研究需要更多的人来～新路子。Kēxué yánjiū xūyào yǒu gèng duō de rén lái ～ xīn lùzi. Scientific research needs more people to break new paths.
【闯祸】chuǎng = huò 因行动鲁莽或不小心而造成损失或引起不幸的事 get into trouble；bring disaster：这孩子特别淘气，总～. Zhè háizi tèbié táoqì, zǒng ～. This child is very naughty and always gets into trouble. /他又闯祸了，把人家的玻璃打破了！Tā yòu ～ le, bǎ rénjia de bōli dǎpò le! He has got into trouble again. He broke somebody's window-pane. /这次祸可闯大了，开车撞了人。Zhè cì huò kě kǎi chē zhuàngle rén. This time he really caused a disaster. He knocked somebody over with his car.
【闯江湖】chuǎng jiānghú 旧时指奔走四方，流浪谋生，从事算卦、杂技等职业 (in former times) make a living (as a fortune-teller, acrobat, etc.) wandering from place to place
【闯将】chuǎngjiàng（名）在战斗中勇于冲锋陷阵的将领。多比喻不惧艰险，敢于革命，勇于创新的人 daring general；pathbreaker：革命～ gémìng ～ pathbreaker in revolution /科技界的～ kējìjiè de ～ pathbreaker in scientific and technological fields
【闯劲儿】chuǎngjìnr（名）不怕困难，勇于创新的劲头 spirit of a pathbreaker；pioneering spirit：要开创新局面就要有一股～. Yào kāichuàng xīn júmiàn jiù yào yǒu yì gǔ ～. To initiate a new situation, one must have pioneering spirit. /他很会动脑子，可是缺乏～. Tā hěn huì dòng nǎozi, kěshì quēfá ～. He is very smart but lacks the spirit of a pathbreaker.
【闯练】chuǎngliàn（动）离家外出，在实际生活中磨练 leave home to temper oneself：年轻人出去～～也好。Niánqīng rén chūqu ～～ yě hǎo. It is good for young people to leave home to temper themselves.

chuàng

创 〔創〕chuàng
（动）开始，开始做 initiate；inaugurate：～历史最高记录 ～ lìshǐ zuì gāo jìlù set an all-time high record /你们厂能不能～出更高的产量来？Nǐmen chǎng néng bu néng ～ chū gèng gāo de chǎnliàng lái? Can your factory achieve higher output? 另见 chuāng
【创办】chuàngbàn（动）开始举办 establish；set up：《人民文学》杂志于 1950 年～.《Rénmín Wénxué》zázhì yú yījiǔwǔlíng nián ～. The magazine People's Literature started in 1950. /莫斯科大学是谁～的？Mòsīkē Dàxué shì shuí ～ de? Who established Moscow University?
【创导者】chuàngdǎozhě（名）开始兴办和领导某项事业的人 initiator
【创记录】chuàng jìlù 打破原有记录，创造最高成绩 set a (new) record：吉林今年小麦丰收，获得～的高产。Jílín jīnnián xiǎomài fēngshōu, huòdé ～ de gāochǎn. There was a bumper harvest in Jilin this summer, which set a new record for the highest yield.
【创见】chuàngjiàn（名）与众人不同的见解 original idea：学术上要有～，不然怎么进步？Xuéshù shang yào yǒu ～, bùrán zěnme jìnbù? We must have original ideas in the sphere of learning, otherwise, how can we progress?
【创建】chuàngjiàn（动）初次建立 found；create；establish：新华社是抗日战争时期在延安～的。Xīnhuáshè shì Kàng Rì Zhànzhēng shíqí zài Yán'ān ～ de. Xinhua News Agency was founded in Yan'an during the War of Resistance Against Japan. /这个文艺团体～于上海。Zhège wényì tuántǐ ～ yú Shànghǎi. This literature and art organization was founded in Shanghai.
【创举】chuàngjǔ（名）从来没有过的重大举动或事业 pioneering work：宋代毕昇发明的"活字印刷"，在印刷史上是个～。Sòngdài Bì Shēng fāmíng de "huózì yìnshuā", zài

yìnshuāshǐ shang shì ge ～. *Movable type printing invented by Bi Sheng in the Song Dynasty was a great pioneering undertaking in the printing history.*

【创刊】 chuàngkān（动·不及物）(报刊)开始出版发行（*of a magazine*）*start publication*：《工人日报》是新中国成立后～的。*Gōngrén Rìbào* shì xīn Zhōngguó chénglì hòu ～ de. *Workers' Daily started publication after the People's Republic of China was founded.*

【创立】 chuànglì（动）初次建立 *set up*；*found*；*originate*：～一个学会 ～ yí ge xuéhuì *set up a learned society* /一个学派 ～ yí ge xuépài *found a school of thought*

【创设】 chuàngshè（动）(1)创办 *found*；*set up*：最近镇上～了一家出版社。Zuìjìn zhèn shang ～le yì jiā chūbǎnshè. *A publishing house was set up in the town recently.* (2)创造（条件）*create*（*condition*）：学校为教师的科研工作～了良好的条件。Xuéxiào wèi jiàoshī de kēyán gōngzuò ～ le liánghǎo de tiáojiàn. *Universities have created favourable research conditions for teachers.*

【创始】 chuàngshǐ（动）创立，创建 *initiate*；*originate*；*found*：进化论是达尔文～的。Jìnhuàlùn shì Dá'ěrwén ～ de. *The theory of evolution was originated by Darwin.* /相传佛教的～人是释迦牟尼。Xiāngchuán Fójiào de ～ rén shì Shìjiāmóuní. *It's said that the founder of Buddhism is Sakyamuni.*

【创收】 chuàngshōu（动）通过工作或生产给集体增加收入 *increase the collective income*（*through additional work or production*）

【创新】 chuàngxīn（动·不及物）抛弃旧的创造新的 *create sth. new*；*blaze new trails*：这个厂勇于～，年年都有新产品出现。Zhège chǎng yǒngyú ～, niánnián dōu yǒu xīn chǎnpǐn chūxiàn. *This factory is bold in blazing trails and they bring forth new products every year.* /任何传统艺术都得不断～。Rènhé chuántǒng yìshù dōu děi búduàn ～. *Any traditional art has to bring forth new ideas constantly.*

【创业】 chuàngyè（动）开创事业 *start an undertaking*；*do pioneering work*：要想～就要经过一番斗争。Yào xiǎng ～ jiù yào jīngguò yì fān dòuzhēng. *One must fight in order to start an undertaking.* /建设国家要有艰苦～的精神。Jiànshè guójiā yào yǒu jiānkǔ ～ de jīngshén. *To build up one's country one must have the spirit of doing hard pioneering work.*

【创造】 chuàngzào（动）创立新的事物 *create*；*bring about*：～世界记录 ～ shìjiè jìlù *set a world record* /人间奇迹 ～ rénjiān qíjì *create a miracle* /一切财富都是劳动人民～的。Yíqiè cáifù dōu shì láodòng rénmín ～ de. *All of wealth is created by working people.* （名）[个 gè]创立出来的新事物 *creation*：一年来他搞了不少～发明。Yì nián lái tā gǎole bù shǎo ～ fāmíng. *He has done a lot of creation and invention in the last year.*

【创造性】 chuàngzàoxìng（名）勇于创新的精神 *creativity*：工作中要有～，不能墨守成规。Gōngzuò zhōng yào yǒu ～, bù néng mò shǒu chéngguī. *One must have creativity in one's work, and not stay in a rut.* /一般劳动不难，～的劳动就不容易了。Yìbān láodòng bù nán, ～ de láodòng jiù bù róngyì le. *Ordinary work is not difficult, while creative work is not easy.*

【创作】 chuàngzuò（动）创造文艺作品 *create*（*literature and art*）：他善于～反映现代青年生活的小说。Tā shànyú ～fǎnyìng xiàndài qīngnián shēnghuó de xiǎoshuō. *He is good at writing novels representing the life of modern young people.* /请你给青年作家谈谈～经验。Qǐng nǐ gěi qīngnián zuòjiā tántán ～ jīngyàn. *Please talk to young writers about your writing experience.* （名）[部 bù]创造出来的作品 *creative work*：曹雪芹的伟大～——《红楼梦》在中国文学史上占有突出的地位。Cáo Xuěqín de wěidà ～

《Hónglóumèng》zài Zhōngguó wénxuéshǐ shang zhànyǒu tūchū de dìwèi. *Cao Xueqin's great creative work, Dream of the Red Chamber, holds an outstanding position in the Chinese history of literature.*

chuī

吹 chuī（动）(1) *blow*；*puff*；*play*（*wind instruments*）：～了一口气 ～le yì kǒu qì *give a puff* /喇叭 ～ lǎba *play a bugle* /口琴 ～ kǒuqín *play a mouth organ* (2)（*of wind*）*blow*：风把树叶～得沙沙响。Fēng bǎ shùyè ～ de shāshā xiǎng. *The leaves rustled in the wind.* (3)说大话 *boast*；*brag*：你总爱～，我就不信你会修电视机。Nǐ zǒng ài ～, wǒ jiù bú xìn nǐ huì xiū diànshìjī. *You are bragging all the time. I don't believe that you can repair TV sets.* /他嘴上～得天花乱坠,事实远不是那么回事。Tā zuǐ shang ～ de tiān huā luàn zhuì, shìshí yuǎn bú shì nàme huí shì. *He can boast most fantastically, but facts are entirely different.* (4)（事情）失败,（友谊）破裂 *fall through*；*break up*：你去研究所的事～了,那里的人够了。Nǐ qù yánjiūsuǒ de shì ～ le, nàli de rén gòu le. *The plan of your going to the research institute has fallen through, because they have had enough people.* /他俩两年前恋爱过,早～了。Tā liǎ liǎng nián qián liàn'àiguo, zǎo ～ le. *The two of them fell in love with each other two years ago, but they have long broken up.*

【吹吹拍拍】 chuīchuīpāipāi（动）吹捧、讨好 *flatter*；*toady*

【吹打】 chuīdǎ（动）用管乐器和打击乐器演奏 *play wind and percussion instruments*

【吹风】 chuī= fēng (1)被风吹 *get in a draught*：你在发烧,别～。Nǐ zài fā shāo, bié ～. *Don't get in a draught. You are having a fever.* /打开电扇吹吹风吧。Dǎkāi diànshàn chuīchui fēng ba. *Let's turn on the electric fan and have some cool air.* (2)用吹风机把头发吹干,并使伏贴 *dry*（*hair*）*with a blower*：理过发以后再～。Lǐguò fà yǐhòu zài ～. *have the hair dried after a hair-cut* (3)〈口〉事先有意识地透露有关的意见或内容 *let sb. in on sth. in advance*：准备排演哪几出戏,今天先给吹吹风,大家可以考虑考虑。Zhǔnbèi páiyǎn nǎ jǐ chū xì, jīntiān xiān chuīchui fēng, dàjiā kěyǐ kǎolǜ kǎolǜ. *I'll let you in on what plays we are going to rehearse so that all of you can think about them.*

【吹风机】 chuīfēngjī（名）*hair dryer*

【吹拂】 chuīfú（动）〈书〉轻轻地吹过（*of a breeze*）*gently pass*

【吹鼓手】 chuīgǔshǒu（名）旧时婚丧礼仪中吹奏乐器的人。现比喻替坏人或错误理论进行宣传的人 *trumpeter*；*eulogist*

【吹胡子瞪眼】 chuī húzi dèng yǎn 形容发怒的样子。态度不好,语言粗暴 *froth at the mouth and glare*；*foam with rage*

【吹灰之力】 chuī huī zhī lì 比喻非常小的力量。多用于否定语句（*usu. negative*）*least bit of effort*；*a mere puff*：把这篇文章翻成中文,对他来说真是不费～。Bǎ zhè piān wénzhāng fānchéng Zhōngwén, duì tā lái shuō zhēn shì bú fèi ～. *For him to translate this paper into Chinese is as easy as blowing away dust.*

【吹冷风】 chuī lěngfēng 喻指说打击别人情绪的泄气话 *blow a cold wind over*；*throw cold water on*；*dampen*（*sb.'s spirits, etc.*）：我并不是给他～,而是叫他不要盲目乐观。Wǒ bìng búshì gěi tā ～, érshì jiào tā búyào mángmù lèguān. *I wasn't trying to throw cold water on him; I just didn't want him to be unrealistically optimistic.*

【吹毛求疵】 chuī máo qiú cī 把皮上的毛吹开,以寻找微小的毛病。比喻故意挑毛病,找差错 *find fault with*：对企业的改革方案应当热情支持,不应～。Duì qǐyè de gǎigé fāng'àn

yīngdāng rèqíng zhīchí, bù yīng ~. *One should warmly support the reform plan of our enterprise, and not find fault with it.*

【吹牛】chuī = niú 说大话,夸口 *boast*; *brag*: 这个人就会一拍马。 Zhège rén jiù huì ~ pāi mǎ. *This guy can boast and flatter only.* /别听他瞎~,事情并不像他说的那么容易解决。 Bié tīng tā xiā ~, shìqing bìng bú xiàng tā shuō de nàme róngyì jiějué. *Don't believe his boast. Things can not be as easily solved as he said.* /他刚才吹了半天牛。 Tā gāngcái chuīle bàntiān niú. *He's been bragging a lot just now.*

【吹牛皮】chuī = niúpí *boast*; *brag*

【吹捧】chuīpěng (动)〈贬〉吹嘘和胡乱赞美(别人) *lavish praise on*; *flatter*: 他们两个人相互~。 Tāmen liǎng ge rén xiānghù ~. *They two flatter each other.*

【吹嘘】chuīxū (动)〈贬〉夸大或无中生有地宣扬(自己或别人的优点) *brag*: 自我~ zìwǒ ~ *blow one's own trumpet* / 你何必那么卖劲地替他~呢? Nǐ hébì nàme màijìnr de tì tā ~ ne? *Why did you put yourself out to sing his praises?*

【吹奏】chuīzòu (动)用管乐器演奏;也泛指演奏各种乐器 *play a wind instrument*; *play any musical instrument*

【吹奏乐】chuīzòuyuè (名)用管乐器演奏的乐曲 *wind music*

炊 chuī
(动)◇烧火做饭 *cook a meal*: 暴风雪使那个山村居民几乎断~。 Bàofēngxuě shǐ nàge shāncūn jūmín jīhū duàn ~. *Snowstorm made the residents in that mountain village nearly go hungry.*

【炊具】chuījù (名) *cooking utensils*

【炊事员】chuīshìyuán (名)机关学校等公共食堂的做饭的人员 *cook*; *the kitchen staff*

【炊烟】chuīyān (名) *smoke from a kitchen chimney*

chuí

垂 chuí
(动)(1)(东西的一头)耷拉下来 *droop*; *hang down*; *dangle*: 他为什么~着头挺不高兴的? Tā wèi shénme ~ zhe tóu tǐng bù gāoxìng de? *Why does he hang his head and look so unhappy?* /岸边的柳枝几乎~到水面。 Ànbiān de liǔzhī jīhū ~ dào shǐmiàn. *The branches of the willows on the bank nearly touch the surface of the river.* (2)流传 *hand down*; *bequeath*: 烈士的英名永~千古。 Lièshì de yīngmíng yǒng ~ qiāngǔ. *The martyr's name will go down in history.*

【垂钓】chuídiào (动·不及物)〈书〉钓鱼 *fish with a hook and line*

【垂柳】chuíliǔ (名) *weeping willow*

【垂暮】chuímù (名)天将晚的时候;也指人到了老年 *dusk*; *towards sunset*; *old age*: 天已~,四野无人。 Tiān yǐ ~, sìyè wú rén. *It's already dusk and there is none to be seen anywhere.* /我已到了~之年,不能做多少事了。 Wǒ yǐ dàole ~ zhī nián, bù néng zuò duōshǎo shì le. *I've already reached old age, so I can't do too much.*

【垂死挣扎】chuísǐ zhēngzhá〈贬〉接近死亡时还尽力支撑,反抗 *put up a last-ditch struggle*

【垂头丧气】chuí tóu sàng qì 低着脑袋,无精打采。形容失意时情绪低沉的样子 *crestfallen*; *dejected*; *despondent*; *in low spirits*: 没考上大学也用不着~,出路多得很。 Méi kǎoshang dàxué yě yòng bu zháo ~, chūlù duō de hěn. *You needn't be so dejected even if you failed the college entrance exam. There are many other ways leading to a bright future.*

【垂危】chuíwēi (动·不及物)〈书〉病重或伤重将死 *be at death's door*; 生命~ shēngmìng ~ *be dying* /病已~ bìng yǐ ~ *be critically ill*

【垂涎】chuíxián (动)〈书〉〈贬〉(因想吃好的东西而)流口水。 形容因羡慕某东西,很想得到 *covet*: ~已久 ~ yǐ jiǔ *have coveted it for a long time* /~欲滴 ~ yù dī *be unable to hide one's greed*

【垂涎三尺】chuí xián sān chǐ 形容见了别人的好东西很想得到的丑态 *with one's mouth watering with greed*

【垂线】chuíxiàn (名)[条 tiáo]同"垂直线"chuízhíxiàn *same as "垂直线"chuízhíxiàn*

【垂直】chuízhí (动·不及物) *perpendicular*

【垂直线】chuízhíxiàn (名)[条 tiáo] *perpendicular line*; *vertical line*

捶 chuí
(动)用拳头或棒槌敲打 *beat* (*with the fist or a stick*); *pound*: 请你给我~~背。 Qǐng nǐ gěi wǒ ~~ bèi. *Please thump me on the back.*

槌 chuí
(名)(~儿)敲打用的棒,大多为一头较大或呈球形 *mallet*; *beetle*: 鼓~儿 gǔ ~r *drumstick*

锤 〔錘〕chuí
(名)同"锤子"chuízi *same as "锤子" chuízi* (动)用锤敲打 *hammer*: 把这块铁片~平 bǎ zhè kuài tiěpiànr ~píng *hammer this piece of iron flat and even*

【锤炼】chuíliàn (动)(1)锻炼,磨练 *hammer into shape*; *steel and temper*: 长期的战争生活,把他~得非常坚强。 Chángqī de zhànzhēng shēnghuó, bǎ tā ~ de fēicháng jiānqiáng. *The long period of fighting life made him firm and strong.* (2)(艺术、文章等)反复琢磨加工 (*of writing*) *polish*: 他的文章写得不错,但有些词句还要~~。 Tā de wénzhāng xiě de búcuò, dàn yǒu xiē cíjù hái yào ~~. *This article of his was very well written, but some parts still need polishing.*

【锤子】chuízi (名)[把 bǎ] *hammer*

chūn

春 chūn
(名)◇(1)春季 *spring*: 这个地方四季如~。 Zhège dìfang sìjì rú ~. *This place is like spring all the year round.* (2)◇生机 *life*; *vitality*: 妙手回~ miàoshǒu huí ~ (*of a doctor*) *with the skill to bring the dying back to life*

【春播】chūnbō (动·不及物)春季播种 *sow in spring*: 该~了。 Gāi ~ le. *It's time for spring sowing.* /现在是~季节。 Xiànzài shì ~ jìjié. *It's the season of spring sowing now.*

【春分】chūnfēn (名)二十四节气之一,在3月20日或21日 *the Spring Equinox* (*around March 20th or 21st*)

【春风化雨】chūn fēng huà yǔ 能滋养草木的风和雨。比喻良好的教育和影响,也用以称颂师长的教诲 *life-giving spring breeze and rain—good influence and education* (*also used to praise a teacher's instruction*): 王老师既有鼓励又有批评的话,如~滋润着我的心田。 Wáng lǎoshī jì yǒu gǔlì yòu yǒu pīpíng de huà, rú ~ zīrùnzhe wǒ de xīntián. *Teacher Wang offers both encouragement as well as criticism. His words are like a life-giving spring breeze and rain moistening my mind.*

【春风满面】chūnfēng mǎn miàn 满意高兴的样子 *beaming with satisfaction*; *radiant with happiness*

【春耕】chūngēng (动)春季播种之前松动土地 *plough in the spring*: 修好农具,准备~。 Xiūhǎo nóngjù, zhǔnbèi ~. *Repair farm tools to prepare for spring ploughing.*

【春光】chūnguāng (名)〈书〉春天的景色、风光 *the sights of spring*: ~明媚 ~ míngmèi *a bright and enchanting scene of spring*

【春华秋实】chūn huá qiū shí 春天开花,秋天结果。比喻事物

的因果关系 the blooming of flowers in spring and bearing of fruit in autumn — cause and effect; causality；～，不辛勤耕种，哪儿能有丰硕的收获。～，bù xīnqín gēngzhòng，nǎr néng yǒu fēngshuò de shōuhuò. It's a matter of cause and effect. How can you gather a rich harvest if you don't work hard at cultivating?

【春季】chūnjì（名）[个 gè] the spring season

【春假】chūnjià（名）学校里春天放的假，一般在五月初 spring vacation (usu. at the beginning of May)

【春节】Chūnjié（名）[个 gè] 农历正月初一及以后几天，是中国人民的传统节日 the Spring Festival

【春雷】chūnléi（名）[声 shēng] 春天的雷声。常用来比喻激动人心的好消息 spring thunder

【春联】chūnlián（名）[副 fù]（～儿）门上的对联，每年春节撕去旧的，贴上新的 New Year couplets

【春秋】chūnqiū（名）(1)[个 gè] 春季和秋季，常用来表示整个一年，也指人的年龄 spring and autumn；year；age；又过了十几个～，小树和种树人都已长大成材。Yòu guòle shí jǐ ge ～，xiǎo shù hé zhòng shù rén dōu yǐ zhǎngdà chéng cái. More than ten years had passed, and both the saplings and those who had planted them had grown up to be useful timber.（2）Chūnqiū 中国古代的一个历史时期（770B. C.—476B. C.）the Spring and Autumn Period (770-476 B. C.)

【春色】chūnsè（名）〈书〉春天的景色。常比喻繁荣昌盛的新气象 the beautiful scenery of spring；(fig.) prosperity：满园～ mǎn yuán ～ The garden is bursting with spring beauty.

【春天】chūntiān（动）同"春季" chūnjì same as "春季" chūnjì

【春游】chūnyóu spring outing

【春装】chūnzhuāng（名）spring clothing

chún

纯 [純]chún

（形）纯净，不含杂质的 pure；unmixed：～毛的衣料～máo de yīliào pure wool fabric /这瓶果汁的成分不～，加了白糖。Zhè píng guǒzhī de chéngfèn bù ～，jiāle báitáng. This bottle of fruit juice is not pure. There is sugar in it. /他帮助人的动机不～，想给人一个好印象。Tā bāngzhù rén de dòngjī bù ～，xiǎng gěi rén yī ge hǎo yìnxiàng. He has impure motives when he helps other people, because he wants to give others a good impression.

【纯粹】chúncuì（形）不搀杂其他成分的（反义词为"不纯"）pure；unadulterated；absolute (antonym is "不纯")：他说的不是～的北京话。Tā shuō de bú shì ～ de Běijīnghuà. He doesn't speak pure Beijing dialect. /杯子里是～的橘汁。Bēizi li shì ～ de júzhī. There is pure orange juice in the glass. /他的话是为骗你而编造的。Tā de huà ～ shì wèi piàn nǐ ér biānzào de. What he said was a sheer fabrication to deceive you. /大家给你提意见～出于好心。Dàjiā gěi nǐ tí yìjian ～ chūyú hǎoxīn. They criticized you purely out of concern for you. /我买到这本书～由于机会。Wǒ mǎidào zhè běn shū ～ yóuyú jīhuì. It was a sheer matter of chance that I bought this book.

【纯度】chúndù（名）purity

【纯洁】chúnjié（形）完全没有污点，没有任何不好的东西 pure；clean and honest：这姑娘的思想很～。Zhè gūniang de sīxiǎng hěn ～. This girl has quite a pure mind. /他是个好人，但是灵魂也并不那么～。Tā shì ge hǎo rén, dànshì línghún yě bìng bú nàme ～. He is a nice guy, but his soul is not that pure.（动）使纯洁 purify：～党的组织 ～ dǎng de zǔzhī purify the Party organization

【纯洁性】chúnjiéxìng（名）纯洁的程度 purity：要保持这支队伍的～。Yào bǎochí zhè zhī duìwu de ～.（We) must preserve the purity of this contingent. /他的动机的～值得怀疑。Tā de dòngjī de ～ zhíde huáiyí. The purity of his motive is doubtful.

【纯净】chúnjìng（形）单纯洁净，没有杂质 pure and clean

【纯利】chúnlì（名）net profit

【纯朴】chúnpǔ（形）同"淳朴" chúnpǔ same as "淳朴" chúnpǔ

【纯熟】chúnshú（形）非常熟练 skillful；fluent；well-versed：他有一套～的打铁技术。Tā yǒu yī tào ～ de dǎ tiě jìshù. He is highly skilled in iron forging. /这位牙雕能手技巧非常～。Zhè wèi yádiāo néngshǒu jìqiǎo fēicháng ～. This dab at ivory carving is highly skilled.

【纯真】chúnzhēn（形）单纯，天真；纯洁真挚 pure；innocent；pure and sincere

【纯正】chúnzhèng（形）(1)纯粹，合标准，不杂有其他成分的 pure：酒味～ jiǔwèir ～ The wine has a pure taste. /他说一口～的牛津英语 Tā shuō yī kǒu ～ de Niújīn Yīngyǔ. He speaks standard Oxford English.（2）纯洁、正当 pure and upright；pure：用心～ yòngxīn ～（His) motives are straightforward and pure.

唇 chún ◇ lip

【唇齿相依】chún chǐ xiāng yī 比喻关系密切，像唇和齿一样互相依存 as dependent on each other as lips and teeth：两国是山水相连、～的邻邦。Liǎng guó shì shān shuǐ xiāng lián、～ de línbāng. Our two countries are neighbours sharing common rivers and mountains, and as dependent on each other as lips and teeth.

【唇齿音】chúnchǐyīn（名）〈语〉labiodental

【唇舌】chúnshé（名）嘴唇和舌头，比喻说的话（多用于辩论和辩解方面）words；argument：再说也无用，何必空费～！Zài shuō yě wú yòng, hébì kōng fèi ～! It's no use saying anymore, why waste your breath?/我一下儿就把他说服了，没费什么。Wǒ yíxiàr jiù bǎ tā shuōfú le, méi fèi shénme ～. I was able to persuade him right away, I didn't waste any words.

【唇亡齿寒】chún wáng chǐ hán 嘴唇没有了，牙齿就会感到寒冷。多比喻邻国如果受到侵略，自己国家也有危险 (the lips are gone, the teeth will be cold) if one of two interdependent things falls, the other is in danger

淳 chún

【淳厚】chúnhòu（形）朴实 pure and honest；simple and kind：当地居民至今仍保持着古老～的习俗。Dāngdì jūmín zhìjīn réng bǎochízhe gǔlǎo ～ de xísú. The inhabitants of this place even today still keep their traditional simple and unpretentious customs.

【淳朴】chúnpǔ（形）诚实朴素 honest；simple；unsophisticated：～的语言 ～ de yǔyán unsophisticated language /她作风很～。Tā zuòfēng hěn ～. She has a very simple style.

醇 chún

【醇厚】chúnhòu（形）(1)（气味、滋味等）纯正、浓厚（of a flavour, aroma, etc.) mellow；rich：酒味～。Jiǔwèi ～. The wine tastes mellow.（2）同"淳厚" chúnhòu same as "淳厚" chúnhòu

chǔn

蠢 chún

（形）(1)（头脑）愚笨，不聪明 stupid；foolish；dull；clumsy：我最近干了件一事。Wǒ zuìjìn gànle jiàn ～ shì. I've been doing a stupid thing lately. /他自以为很聪明，占

了便宜,其实很～。Tā zì yǐwéi hěn cōngming, zhànle piányi,qíshí hěn ～. *He thinks he's really smart by taking advantage of people;in fact he's really stupid.*(2)(动作)笨拙,不灵活 *be clumsy*:看他那个～样子,笨手笨脚的。Kàn tā nàge ～ yàngzi, bèn shǒu bèn jiǎo de. *Look at his clumsy way, he's all fingers and thumbs.*

【蠢笨】chǔnbèn (形)〈书〉*clumsy;awkward;stupid*

【蠢蠢欲动】chǔnchǔn yù dòng 原是形容虫子蠕动的样子,现指敌人准备进犯或坏人准备捣乱 (*ready to start wriggling*) *ready to make trouble*

【蠢动】chǔndòng (动)(1)虫子爬动 *wriggle* (2)(敌人或坏人)进行活动 *create disturbances;carry on disruptive activities*

【蠢货】chǔnhuò (名)笨家伙(骂人的话)(*abusive language*) *blockhead;idiot*

【蠢人】chǔnrén (名)*fool;idiot*

chuō

戳 chuō (动)(1) *jab;poke;stab*:注意你的筷子别～了他的眼睛! Zhùyì nǐ de kuàizi bié ～le tā de yǎnjing! *Watch you don't poke him in the eyes with your chopsticks!* (2)因猛触另一硬物而自身受伤或损坏 *sprain;blunt*:我跌了一交,～了大拇指。Wǒ diēle yì jiāo,～le dàmǔzhǐ. *I fell over and sprained my thumb.* /铁条被石头～弯了。Tiětiáo bèi shítou ～wān le. *The iron bar was bent by a stone.* (名)(～儿)图章 *stamp;seal*:怎么这封信的邮票没盖～? Zěnme zhè fēng xìn de yóupiào méi gài ～? *How come the stamp on this letter has no postmark?*

【戳穿】chuōchuān (动)(1)刺透 *puncture*:麻袋不知被什么～了,里面的玉米都漏出来了。Mádài bù zhī bèi shénme ～le, lǐmiàn de yùmǐ dōu lòu chūlai le. *I don't know what punctured the`sack. The corn inside has all leaked out.* (2)说破,揭穿 *expose;reveal;disclose;tell what sth. really is*:～谎言 ～ huǎngyán *expose lies* /他耍的花招当场被～了。Tā shuǎ de huāzhāo dāngchǎng bèi ～ le. *His game was exposed on the spot.*

chuò

啜 chuò (动)〈书〉(1)喝 *sip;drink* (2)抽噎的样子 *sob*

【啜泣】chuòqì (动)〈书〉一吸一顿地哭 *sob*

绰 〔綽〕chuò

【绰绰有余】chuòchuò yǒu yú 形容能力、时间或财力、物力很富裕,足够用 (*of sb.'s ability, of time, financial resources, etc.*) *more than sufficient*:这些钱去一趟上海～。Zhèxiē qián qù yí tàng Shànghǎi ～. *This is more than enough money to make a trip to Shanghai.* /时间～,不用着急。Shíjiān ～, búyòng zháo jí. *Time is more than enough, so you needn't worry.* /承担这项工作,就你的能力来讲,～. Chéngdān zhè xiàng gōngzuò, jiù nǐ de nénglì lái jiǎng, ～. *Your ability is more than sufficient to take on this job.*

【绰号】chuòhào (名)[个 gè] *nickname*

辍 〔輟〕chuò

【辍学】chuòxué (动)中途停止上学 *discontinue one's studies;drop out*:他念到高中二年级时就～了。Tā niàndào gāozhōng èr niánjí shí jiù ～ le. *He studied as far as the second year of senior middle school and then dropped out.*

cì

刺 cì (象声)*spatter;snap*:～的一声,划了一根火柴。～ de yì shēng, huále yì gēn huǒchái. *Snap! A match was lit.* 另见 cì

【刺棱】cīlēng (象声) *sound of a quick movement*:他～一声把刀拔出来了。Tā ～ yì shēng bǎ dāo bá chulai le. *With a swish, he pulled out a knife.*

【刺溜】cīliū (象声) *sound of slipping and falling;(of bullets) whistle*:他脚底下～一声就摔倒了。Tā jiǎo dǐxia ～ yì shēng jiù shuāidǎo le. *He slipped and fell.* /子弹～～地从头顶上飞过。Zǐdàn ～ ～ de cóng tóudǐng shang fēiguò. *Bullets whistled past his head.*

疵 cī (名)◇ *flaw;defect;blemish*

【疵点】cīdiǎn (名)缺点,毛病 *flaw;defect;blemish*:这块布料是副品,有～。Zhè kuài bùliào shì fùpǐn, yǒu ～. *This piece of cloth is substandard;it has a flaw in it.*

cí

词 〔詞〕cí (名)(1)语言中最小的可以自由运用的单位 *word* (2)说话或诗歌、文章、戏剧中的语句 *words or lines in a song, play, etc.*:这支歌是老王作的。Zhè zhī gē shì Lǎo Wáng zuò de ～. *Lao Wang wrote the words for this song.* /这篇散文用～优美,含义深刻。Zhè piàn sǎnwén yòng ～ yōuměi, hányì shēnkè. *The words of this prose are exquisite and meaning profound.* (3)[首 shǒu]一种韵文形式,产生于隋唐,盛行于宋代。句式长短不齐,因此又叫长短句 "ci", *poetry written to certain patterns with strict rhyme schemes, in fixed numbers of lines and words, originating in the Tang Dynasty* (618—907) *and fully developed in the Song Dynasty* (960—1279):他填了一首～。Tā tiánle yì shǒu ～. *He's written a "ci".*

【词不达意】cí bù dá yì 语言不能确切地表达自己的思想感情 *the words fail to convey the idea*:我这话说得有点～,我本来不是这个意思。Wǒ zhè huà shuō de yǒudiǎnr ～, wǒ běnlái bú shì zhège yìsi. *My words have failed to convey my idea. This wasn't what I originally meant.*

【词典】cídiǎn (名)[本 běn, 部 bù] *dictionary*

【词法】cífǎ (名) *morphology*

【词根】cígēn (名)〈语〉词的主要组成部分,是词义的基础。如"老虎"的"虎"、"房子"的"房" *root, e. g.* "虎" *in* "老虎" *and* "房" *in* "房子"

【词汇】cíhuì (名) *vocabulary*

【词汇学】cíhuìxué (名)〈语〉*lexicology*

【词句】cíjù (名)词和句的合称,有时也指字和句 *words and phrases;expressions*:这篇小品里多～一些讽刺的～。Zhè piàn xiǎopǐn yòngle yìxiē fěngcì de ～. *There are several satirical expressions in this essay.* /那本古典小说的手抄本有些～肯定是错的。Nà běn gǔdiǎn xiǎoshuō de shǒuchāoběn yǒu xiē ～ kěndìng shì cuò de. *In the hand-written copy of that classical novel there are some words and phrases which are surely wrong.*

【词类】cílèi (名)〈语〉*parts of speech*

【词令】cílìng (名)同"辞令"cílìng *same as* "辞令" cílìng

【词牌】cípái (名)填词时所用的各种固定格式的名称,如《西江月》、《沁园春》*names of the patterns to which* "ci" *poems are composed, e. g.* 《西江月》,《沁园春》,*etc.*

【词素】císù (名)〈语〉[个 gè] *morpheme*

【词头】cítóu (名)〈语〉[个 gè] *prefix*

【词尾】cíwěi（名）〈语〉[个 gè] suffix
【词性】cíxìng（名）〈语〉词的语法特点，可作为划分词类的根据。如"锁门"的"锁"，可带宾语，是动词；"一把锁"的"锁"，可与数量词结合，是名词 syntactical functions and morphological features of a word that help to determine a part of speech，for example，the "锁" in "锁门" can take an object so it is a verb；in "一把锁" it can combine with a measure word，so it is a noun
【词序】cíxù（名）word order
【词义】cíyì（名）the meaning or sense of a word
【词语】cíyǔ（名）词和短语 words and expressions；terms
【词缀】cízhuì（名）〈语〉affix
【词组】cízǔ（名）两个或几个词的不同的语法关系的组合，如"老作家"、"社会舆论"、"讲故事"、"深入研究"、"吃穿不愁"等 word group；phrase，a grammatical combination of two or more words，such as "老作家"，"社会舆论"，"讲故事"，"深入研究"，"吃穿不愁"

祠 cí
【祠堂】cítáng（名）[座 zuò] ancestral hall or temple

瓷 cí
（名）porcelain；china
【瓷器】cíqì（名）[件 jiàn、套 tào] porcelain；chinaware
【瓷土】cítǔ（名）porcelain clay
【瓷砖】cízhuān（名）[块 kuài] ceramic tile；glazed tile

辞〔辭〕cí
（名）[首 shǒu] 中国的一种古典文学体裁；中国的一种古诗 a type of classical Chinese literature；a form of classical poetry（动）〈书〉(1)告别 take leave：不～而别 bù ～ ér bié leave without saying goodbye (2)躲避，推托 shirk：不辞劳苦 bù ～ láokǔ spare no effort；take pains /粉身碎骨，在所不～ fěn shēn suì gǔ，zài suǒ bù ～ readily give one's life for something (3)请求离去或解雇 decline；resign；dismiss：兼职太多，我想一掉几个。Jiān zhí tài duō，wǒ xiǎng ～ diào jǐ gè. I hold too many concurrent positions，I'm planning to resign from several of them. /他们厂把临时工都一了。Tāmen chǎng bǎ línshígōng dōu ～ le. They dismissed all the temporary workers at their factory.
【辞别】cíbié（动）〈书〉临离开前告别 bid farewell；say goodbye；take one's leave：～了亲友 ～le qīnyǒu say goodbye to one's relatives and friends /～了故乡 ～le gùxiāng leave one's hometown
【辞呈】cíchéng（名）[份 fèn] 请求辞职的报告 written resignation
【辞典】cídiǎn（名）[本 běn、部 bù] 同"词典" cídiǎn same as "词典" cídiǎn
【辞令】cílìng（名）[套 tào] 交际场合应对得非常适宜的话 language appropriate to the occasion：外交～ wàijiāo ～ diplomatic language /善于～ shànyú ～ eloquent
【辞书】císhū（名）[部 bù、本 běn] 字典、词典等工具书的统称 dictionary；lexicographical work；e.g. wordbook，etc.
【辞退】cítuì（动）dismiss；discharge
【辞谢】cíxiè（动）很客气地推辞不接受 politely decline：他婉言一了人家的厚礼。Tā wǎnyán ～le rénjia de hòulǐ. He graciously declined the generous gift.
【辞行】cíxíng（动·不及物）〈远行前向亲友〉告别 say goodbye (to one's friends，etc.) before setting out on a journey：明天我就要到广州去工作了，今天来向大家～。Míngtiān wǒ jiù yào dào Guǎngzhōu qù gōngzuò le，jīntiān lái xiàng dàjiā ～. I've come to say goodbye because I'm going to Guangzhou tomorrow to take a job.
【辞藻】cízǎo（名）诗文中华丽精巧的词语，常指引用的典故

或古诗文中现成的词语 flowery language；ornate diction
【辞职】cí = zhí 请求解除自己的职务 resign；hand in one's resignation：他要求～，可是没被批准。Tā yāoqiú ～，kěshì méi bèi pīzhǔn. He asked to resign but his resignation was not accepted.

慈 cí
（形）◇ kind；loving
【慈爱】cí'ài（形）〈书〉（长对幼）仁慈喜爱 love；affection；kindness：李奶奶的一片～之心，完全倾注在小孙子身上。Lǐ nǎinai de yípiàn ～ zhī xīn，wánquán qīngzhù zài xiǎo sūnzi shēnshang. Granny Li throws all her kindness and love on her little grandson.
【慈悲】cíbēi（形）具有同情和怜悯（用得不多）merciful；benevolent：信佛的人以～为怀。Xìn fó de rén yǐ ～ wéi huái. Buddhists cherish mercy. /猫哭老鼠——假～。Māo kū lǎoshu —— jiǎ ～. For a cat to mourn a mouse is false pity.
【慈善】císhàn（形）仁慈善良，富于同情心（用得不多）charitable；benevolent；philanthropic：～事业 ～ shìyè charities /～机关 ～ jīguān charitable organization
【慈祥】cíxiáng（形）（老年人的态度、神色等）和蔼、安祥（of old people）kindly：看着王大爷～的面孔，想把心里话都告诉他。Kànzhe Wáng dàye ～ de miànkǒng，xiǎng bǎ xīnlihuà dōu gàosu tā. As soon as you see Uncle Wang's kindly face you'll want to tell him everything that's on your mind. /老校长脸上露出了～的笑容。Lǎo xiàozhǎng liǎnshang lùchūle ～ de xiàoróng. A kindly smile appeared on the old principal's face.

磁 cí
（名）(1) magnetism (2)同"瓷" cí same as "瓷" cí
【磁场】cíchǎng（名）magnetic field
【磁带】cídài（名）[盘 pán]（magnetic）tape
【磁感应】cígǎnyìng（名）〈物〉magnetic induction
【磁化】cíhuà（动）magnetize
【磁极】cíjí（名）magnetic pole
【磁疗法】cíliáofǎ（名）magnetic treatment
【磁石】císhí（名）[块 kuài] magnetite；magnet
【磁铁】cítiě（名）[块 kuài] 同"磁石" císhí same as "磁石" císhí
【磁头】cítóu（名）[个 gè] magnetic recording head
【磁性】cíxìng（名）magnetism；magnetic
【磁针】cízhēn（名）[根 gēn] magnetic needle

雌 cí
（形·非谓）与"雄"相对 female：～蕊 ～ruǐ pistil / ～蜂 ～fēng queen bee or worker
【雌性】cíxìng（名）female
【雌雄】cíxióng（名）〈书〉比喻胜负、高下 male and female —— victory and defeat；relative superiority or inferiority：北京足球队与上海足球队今晚将一决。Běijīng zúqiúduì yǔ Shànghǎi zúqiúduì jīn wǎn jiāng yì jué ～. The Beijing and Shanghai football teams will have a showdown to see who's superior this evening.

cǐ

此 cǐ
（代）(1)这，这个 this：～人 ～ rén this person/ ～时～地 ～ shí ～ dì here and now (2)这儿，这里 here：由～往南就可以到邮局。Yóu ～ wǎng nán jiù kěyǐ dào yóujú. The post office is south from here. /会议到～结束。Huìyì dào ～ jiéshù. We'll stop the meeting here.
【此地无银三百两】cǐ dì wú yín sān bǎi liǎng 中国民间笑话

有个人把银子埋在地里,在旁边墙上写了"此地无银三百两"。比喻想要隐瞒、掩盖,结果更加暴露 no 300 taels of silver are buried here (the sign put up by the man in the folk tale over the place where he had hidden some money)— a guilty person gives himself away by conspicuously protesting his innocence; protest one's innocence too much

【此后】cǐhòu (连) 从这个时候以后,可以用于句首或分句之间 after this; henceforth; hereafter (can be used either at the beginning of a sentence or between two clauses):～一连几天,我照顾久病的父亲,再也没有出门。～ yìlián jǐ tiān, wǒ zhàogu jiǔ bìng de fùqin, zài yě méiyou chū mén. Henceforth, I didn't go out for several days in a row because I was taking care of my father who had been ill for a long time. /在北京开会的时候,我见过他一面;～,就再也没有见到他。Zài Běijīng kāi huì de shíhou, wǒ jiànguo tā yí miàn;～, jiù zài yě méiyou jiàndào tā. I met with him once when I was in Beijing for a meeting and I haven't seen him since.

【此间】cǐjiān (名)〈书〉这里,此地 here; this place:代表团将于明天到达,～正准备着热烈欢迎。Dàibiǎotuán jiāng yú míngtiān dàodá,～ zhèng zhǔnbèi rèliè huānyíng. The delegation is arriving tomorrow, so this place is now preparing for a warm welcome.

【此刻】cǐkè (名)这时候 this moment; now; at present:～班机已经起飞,你去来不及了。～ bānjī yǐjing qǐfēi, nǐ qù lái bu jí le. The plane has already taken off, you're too late. /到～为止,出去的人一个都没回来。Dào ～ wéizhǐ, chūqu de rén yí ge dōu méi huílái. Until now nobody has returned.

【此起彼伏】cǐ qǐ bǐ fú 这里起来,那里落下,比喻连续不断 as one falls, another rises; rise one after another:会场上口号声～,非常热烈。Huìchǎng shang kǒuhào shēng ～, fēicháng rèliè. In the meeting place the sound of one slogan following right after another makes everything extremely lively.

【此外】cǐwài (连) 除了上面所说的以外,后面可有停顿 besides; in addition; as well (can be followed by a pause) (1) 后边是肯定形式,表示除了前边讲的,还有别的 (followed by an affirmative form to indicate that there is more, in addition to the aforementioned):那天进城,我买了一套历史书,～,还买了一本《新人新作选》。Nà tiān jìn chéng, wǒ mǎile yí tào lìshǐ cóngshū,～, hái mǎile yì běn 《Xīn Rén Xīn Zuò Xuǎn》. When I went downtown that day, I bought a collection of History books; in addition to this, I also bought a copy of Selections from the New Works of New People. /我学过英语、法语,～,也学过德语。Wǒ xuéguo Yīngyǔ、Fǎyǔ,～, yě xuéguo Déyǔ. I've studied English, French, and German as well. (2)后边是否定形式,表示除了前边讲的,没有别的 (followed by a negative form to indicate that there is no more in addition to the aforementioned):三间房都已住满了人,～,再没有空屋了。Sān jiān fáng dōu yǐ zhùmǎnle rén,～, zài méi yǒu kòng wū le. All three rooms are already full. There are no more empty rooms left. /赶快找王主任帮帮忙,～,再没有别的办法了。Gǎnkuài zhǎo Wáng zhǔrèn bāngbang máng,～, zài méi yǒu bié de bànfǎ le. Hurry up and get Director Wang to help. There's no other way. /这时候他只可能在宿舍或图书馆,～,不会去别的地方。Zhè shíhou tā zhǐ kěnéng zài sùshè huò túshūguǎn,～, bú huì qù bié de dìfang. At this time, he could only be in his dormitory or in the library. There is nowhere else he could have gone.

cì

次 cì (形)〈口〉质量较差的,有时也指人的品质作风比较差

second-rate; inferior:这么～的布可别买。Zhème ～ de bù kě bié mǎi. It's best not to buy such inferior cloth. /这活儿干得真～! Zhè huór gàn de zhēn ～! This is really a second-rate job! /他只顾自己不管别人,太～了! Tā zhǐ gù zìjǐ bù guǎn biéren, tài ～ le! He's really terrible! He doesn't care about other people, just himself. (名)〈书〉次序 order; sequence:依～前往 yī ～ qiánwǎng go forward in order /顺～而上 shùn ～ ér shàng go up in order (数)〈书〉第二 second:～日 ～ rì next day /～女 ～nǚ second daughter (量)回、趟 time:初～进京 chū ～ jìn Jīng go to the capital for the first time /第二～去才找到他。Dì'èr ～ qù cái zhǎodào tā. I found him when I went the second time. 量词"次"还可以与其它量词或名词合为复合量词 (can be made into a compound measure word with another measure word or noun):每天飞出的飞机有二十架～。Měi tiān fēichū de fēijī yǒu èrshí jià～. There are twenty flights a day. /参观展览的共三万人～。Cānguān zhǎnlǎn de gòng sānwàn rén～. A total of 30,000 people visited the exhibition.

【次大陆】cìdàlù (名) subcontinent

【次等】cìděng (形·非谓) second-class; second-rate; inferior

【次第】cìdì (名)〈书〉次序 order; sequence (副)〈书〉一个挨一个地 one after another:客人们～入座。Kèrénmen ～ rù zuò. The guests took their seats one after another. /鲜艳的彩旗～排开。Xiānyàn de cǎiqí ～ páikāi. There were gaily-coloured banners lined up one after another.

【次品】cìpǐn (名)低于标准,但尚可用的产品 seconds; substandard product

【次数】cìshù (名)动作或事件重复出现的数目 number of times:我到上海去过许多次,但具体～我记不清了。Wǒ dào Shànghǎi qùguo xǔduō cì, dàn jùtǐ ～ wǒ jì bu qīng le. I have been to Shanghai several times, but I don't remember exactly how many.

【次序】cìxù (名)[个 gè] 排列的前后顺序 order; sequence:参观要按排队～进场。Cānguān yào àn páiduì ～ jìn chǎng. Line up and enter the exhibition ground in order. /请把书放回原处,不要打乱原来的排列～。Qǐng bǎ shū fànghuí yuánchù, búyào dǎluàn yuánlái de páiliè ～. Please put the book back where you got it from so as not to disturb the original order.

【次要】cìyào (形)重要性较差 next in importance:～的事别费太多时间。～ de shì bié fèi tài duō shíjiān. Don't waste too much time on things of secondary importance. /我来这里主要是为了学习,至于探亲访友那是～的。Wǒ lái zhèlǐ zhǔyào shì wèile xuéxí, zhìyú tàn qīn fǎng yǒu nà shì ～ de. My main reason for coming here was to study. Visiting friends and relatives was only secondary.

伺 cì

【伺候】cihou (动)侍奉,照料生活 wait upon; serve:她是～老太太的女仆。Tā shì ～ lǎotàitai de nǚpú. She's a maid-servant who waits on the old lady. /他认为服务员是～人的工作,不愿意干。Tā rènwéi fúwùyuán shì ～ rén de gōngzuò, bú yuànyì gàn. He thinks that being an attendant is doing servant's work, so he isn't willing to do it.

刺 cì

刺 cì (动)(1)(尖的东西)穿入 prick:手被针～破了。Shǒu bèi zhēn ～pò le. He pricked his hand with a needle. (2) (用武器)暗杀 stab:遇～身亡 yù ～ shēn wáng be assassinated (3)讽刺 make fun of; mock:有意见好好提,别～人。Yǒu yìjian hǎohǎo tí, bié ～ rén. If you want to criticize, do it properly and don't mock at people. (名)像针一样尖锐的东西 [个 gè、根 gēn] thorn; splinter:手上扎了一个～。Shǒushang zhāle yí ge ～. Get a splinter in one's hand.

/玫瑰花的～真多! Méiguīhuā de ～ zhēn duō! *Roses really have a lot of thorns!* 另见 cī

【刺刀】cìdāo（名）[把 bǎ] *bayonet*

【刺耳】cì'ěr（形）声音尖锐、杂乱或（言语）使人觉着难受，难听 *ear-piercing; irritating or unpleasant to the ear*: 汽车紧急刹车发出～的声音。Qìchē jǐnjí shā chē fāchū ～ de shēngyīn. *The car will make an irritating noise when you apply the emergency brakes.* /这么粗野的话真～。Zhème cūyě de huà zhēn ～. *Such rough language is really unpleasant to the ear.* /他专门爱说～的话讽刺别人。Tā zhuānmén ài shuō ～ de huà fěngcì biéren. *He especially likes to make irritating remarks to mock at other people.*

【刺骨】cìgǔ（形）侵入骨头里，多用来形容冷 *piercing to the bones; piercing; biting*: 寒风～ hánfēng ～ *a biting cold wind* /河水冰冷～。Héshuǐ bīnglěng ～. *The water in the river is ice-cold and bone chilling.*

【刺激】cìjī（动）(1) 使精神上受到挫折或打击 *provoke; irritate; upset*: 在集中营里，非人的待遇～了他，使他精神失常。Zài jízhōngyíng li, fēi rén de dàiyù ～le tā, shǐ tā jīngshén shīcháng. *The inhuman treatment in the concentration camp upset him and made him distraught.* (2) 推动事物使起积极变化 *stimulate; spur on*: 责任制可以～劳动者的生产积极性。Zérènzhì kěyǐ ～ láodòngzhě de shēngchǎn jījíxìng. *A system of job responsibility can stimulate the workers to have an enthusiasm for production.* (名)[个 gè] *stimulus; incentive*: 物质～ wùzhì ～ *material incentive* /母亲的死对这孩子是个很大的～。Mǔqin de sǐ duì zhè háizi shì ge hěn dà de ～. *The child was extremely upset over his mother's death.*

【刺激素】cìjīsù（名）*stimulin*

【刺客】cìkè（名）〈旧〉*assassin*

【刺杀】cìshā（动）*assassinate*: 他是被特务～的。Tā shì bèi tèwu ～ de. *He was assassinated by a spy.* (名)用刺刀同敌人拼杀的技术 *bayonet charge*: 练～ liàn ～ *practise bayonet fighting*

【刺探】cìtàn（动）暗中探听 *detect; make roundabout or secret inquiries; pry; spy out*: ～消息 ～ xiāoxi *spy out information* /～军事情报 ～ jūnshì qíngbào *gather military intelligence*

【刺猬】cìwei（名）*hedgehog*

【刺绣】cìxiù（名）*embroidery*（动）*embroider*

【刺眼】cìyǎn（形）(1) 光线过强，使眼睛不舒服 *dazzling*: 灯光～，应该罩上灯罩。Dēngguāng ～, yīnggāi zhàoshang dēngzhào. *The light is hard on the eyes, it should be covered with a lampshade.* (2) 惹人注目，使人觉着不顺眼 *offending to the eye; hard on the eyes*: 她这身打扮，太怪了，真～。Tā zhè shēn dǎban, tài guài le, zhēn ～. *Her loud clothes are really strange and hard on the eyes.*

【刺痒】cìyang（动）〈口〉*itch*

赐〔賜〕cì（动）(1) *favour* (2)〈书〉敬辞，给予 *grant*: 如有不妥，请先生～教。Rú yǒu bù tuǒ, qǐng xiānsheng ～ jiào. *Please be so kind as to point out anything amiss.* /见信后，望～复。Jiàn xìn hòu, wàng ～ fù. *Awaiting your early reply.*（名）〈书〉敬辞，指受到的礼物 *gift*: 厚～受之有愧。Hòu~ shòu zhī yǒu kuì. *I am ashamed at receiving such a generous gift.*

【赐予】cìyǔ（动）〈书〉*grant; bestow*

cōng

匆 cōng

【匆匆】cōngcōng（形）急急忙忙的样子 *hurriedly*: 他听到喊声，就～跑出去了。Tā tīngdào hǎnshēng, jiù ～ pǎo chuqu le. *He heard a cry and immediately ran out.* /你怎么老是来去～的? Nǐ zěnme lǎoshi lái qù ～ de? *How come you're always in such a hurry?*

【匆促】cōngcù（形）匆忙，仓促 *hastily; in a hurry*: 时间～，此事望抓紧办理。Shíjiān ～, cǐ shì wàng zhuājǐn bànlǐ. *There's not much time so please attend to this matter at once.*

【匆忙】cōngmáng（形）急急忙忙的 *in a hurry; hastily*: 是临时决定的，所以他走得很～。Shì línshí juédìng de, suǒyǐ tā zǒu de hěn ～. *It was decided at the last moment, so he had to leave in a hurry.* /王老师匆匆忙忙吃了点饭就去上课了。Wáng lǎoshī cōngcōngmángmáng chīle diǎnr fàn jiù qù shàng kè le. *Professor Wang hurriedly ate and went off to class.*

葱 cōng（名）[棵 kē, 根 gēn] *onion; scallion*

【葱葱】cōngcōng（形）草木茂盛的样子 *lush green (of vegetation)*: 山上草木～，野花竞相开放。Shān shang cǎomù ～, yěhuā jìng xiāng kāifàng. *The vegetation on the mountain is lush green and the wild flowers are all vying with each other to bloom.*

【葱翠】cōngcuì（形）葱茏，青翠；形容绿色植物很茂盛 *(of vegetation) verdant; fresh and green; luxuriantly green*

【葱茏】cōnglóng（形）（草木）青翠茂盛 *(of plants and trees) verdant; luxuriantly green*

【葱绿】cōnglǜ（形）(1)（颜色）浅绿而微黄 *pale yellowish green*: 深秋的田野，铺满了～的麦苗。Shēnqiū de tiányě, pūmǎnle ～ de màimiáo. *In late autumn the fields are covered with pale yellowish green wheat seedlings.* (2) 草木青翠的颜色 *lush green*: 山下是一片～的竹林。Shān xià shì yī piàn ～ de zhúlín. *Beneath the mountain there is a lush green bamboo forest.*

【葱头】cōngtóu（名）*onion*

【葱郁】cōngyù（形）（草木）青翠茂密 *verdant; luxuriantly green*: 连绵起伏的山岭上，长满了～的松柏。Liánmián qǐfú de shānlǐng shang, zhǎngmǎnle ～ sōngbǎi. *The undulating mountain ridges are covered with verdant pines and cypresses.*

聪〔聰〕cōng（形）听觉灵敏 *acute hearing*: 耳～目明 ěr ～ mù míng *able to see and hear clearly*

【聪明】cōngming（形）智力好，天资高 *intelligent; bright; clever*: 他很～，学什么都快。Tā hěn ～, xué shénme dōu kuài. *He is very bright; he learns everything fast.* /你是～人，这事还能瞒得住吗? Nǐ shì ～ rén, zhè shì hái néng mán nǐ ma? *You're an intelligent person, how could we hope to hide this from you!*

cóng

从〔從〕cóng（动）(1) 参加（军队）*join*: ～军 ～ jūn *join the army* /投笔～戎 tóu bǐ ～ róng *throw aside the writing brush and join the army; renounce the pen for the sword* (2) 采取（某种原则或办法等）*adopt*: 一切～简 yīqiè ～ jiǎn *adopt the simplest method of doing sth.* /～严处理 ～ yán chǔlǐ *deal with something severely* (3) 顺从 *follow; comply with; obey*: 言听计～ yán tīng jì ～ *always follow sb.'s advice; act on whatever sb. says; have implicit faith in* /力不～心 lì bù ～ xīn *ability falling short of one's wishes; ability not equal to one's ambition*（形）(1) 次要的 *secondary*: 有主有～，主～分明 yǒu zhǔ yǒu ～, zhǔ ～ fēnmíng *There are both primary and secondary aspects which are distinct*

from each other. (2)堂房的 relationship between cousins etc. of the same paternal grandfather, great-grandfather or a yet earlier common ancestor; of the same clan: ～兄弟 ～ xiōngdì first, second or distant male cousins of the same clan; cousins (介)(1)表示起点 (indicates a starting point) from; since ①表示时间的起点，宾语多是表示时间的词语 (indicates a starting point in time; the object is usu. a word denoting time): 小王～昨天晚上就有点发烧。 Xiǎo Wáng ～ zuótiān wǎnshang jiù yǒudiǎn fā shāo. Xiao Wang has had a slight fever since last night. /我们一下周开始期末复习。Wǒmen ～ xià zhōu kāishǐ qīmò fùxí. We will start the end-of-term review next week. /他～小就喜欢踢足球。Tā ～ xiǎo jiù xǐhuan tī zúqiú. He has liked football ever since he was a child. /我认识他的第一天，我就喜欢上他了。～ wǒ rènshi tā de dìyī tiān, wǒ jiù xǐhuanshang tā le. I've liked him since the first day I met him. /你是～什么时候开始学英语的? Nǐ shì ～ shénme shíhou kāishǐ xué Yīngyǔ de? When did you start learning English? "从……" 后可以加"起"，意思不变，但"从……起"后常有停顿("从……起"may be followed by "起" without changing the meaning, but "从... 起" is usu. followed by a pause): ～十月一日起，实行秋季作息时间。～ shíyuè yī rì qǐ, shíxíng qiūjì zuòxí shíjiān. The autumn work schedule will come into effect on October 1st. /～语言学院建校那一天起，她就在图书馆工作。～ Yǔyán Xuéyuàn jiàn xiào nà yì tiān qǐ, tā jiù zài túshūguǎn gōngzuò. She started working in the library on the very first day the Language Institute was established. 如用助动词，最好放在"从"前(if an auxiliary verb is used it should be placed before "从"): 晚会能不能～七点半开始举行? Wǎnhuì néng bu néng ～ qī diǎn bàn kāishǐ jǔxíng? Can we start the party at seven-thirty? 否定词用在"从"前或"从……"后，意思不同 (a negative word used before "从" or after "从...", indicates different meanings): 我～星期一起不上班。Wǒ ～ xīngqīyī qǐ bú shàng bān. Starting on Monday, I'm not going to work. /我～星期一起上班。～星期五起。Wǒ bù ～ xīngqīyī qǐ shàng bān, ～ xīngqīwǔ qǐ. It's not starting on Monday, but on Friday that I'm going to work. /我～小李住院就没见过他。(否定词无法前移) Wǒ ～ Xiǎo Lǐ zhù yuàn jiù méi jiànguo tā. I haven't seen Xiao Li since he entered the hospital. (the negative word cannot be used before "从" here) 有时"起"放在动词之后("起" is sometimes placed after the verb): 这件事还得～两年前说起。Zhè jiàn shì hái děi ～ liǎng nián qián shuōqǐ. You must start from the beginning two years ago to talk about this matter. /他参军那年算起，已经是十年军龄了。～ tā cān jūn nà nián suànqǐ, yǐjīng shì shí nián jūnlíng le. Starting from the year he joined the army, he has already had ten years of service. /联欢会是～几点开起的? Liánhuānhuì shì ～ jǐ diǎn kāiqǐ de？At what time did the get-together begin? "从……(起)"常与"到……"配合，指出一段时间("从... (起)" is often accompanied by "到..." to indicate a duration of time): 这座大饭店～破土动工到建成使用，仅用三年时间。Zhè zuò dà fàndiàn ～ pò tǔ dòng gōng dào jiànchéng shǐyòng, jǐn yòng sān nián shíjiān. It took only three years to build this large hotel, from the breaking of ground to start the construction of it to the moment when it was put into operation. /小明明一岁起，到六岁半，一直是在奶奶身边的。Xiǎo Míngming ～ yī suì qǐ, dào liù suì bàn, yìzhí shì zài nǎinai shēnbiān de. Xiao Mingming was by his grandmother's side from the time he was one year old to six and a half years old. "到"有时放在动词之后("到" is sometimes placed after the verb): 这本书我昨晚～七点半看到十二点。Zhè běn shū wǒ zuó wǎn ～ qī diǎn bàn kàndào shí'èr diǎn. I read this book last night from seven thirty until midnight. "从……"和"以后"

配合，表示在过去的某一时点之后（when "从…" is accompanied by "以后", it indicates after a starting point in the past): ～老中医去世以后，那个秘方就失传了。 ～ lǎo zhōngyī qùshì yǐhòu, nàge mìfāng jiù shīchuán le. That secret recipe was lost after that old practitioner of traditional Chinese medicine passed away. /这个孩子～上中学以后就懂事了。Zhège háizi ～ shàng zhōngxué yǐhòu jiù dǒng shì le. This child learned to be sensible after he went to middle school. "从……"和"以来"配合，表示从过去某一时点直到说话的时候（when "从…" is accompanied by "以来", it indicates from a starting point in the past up until the time at which the statement is made): ～开学以来，他从未旷过课。～ kāi xué yǐlái, tā cóng wèi kuàngguo kè. He has not cut class since school began. /～入冬以来，供暖一直不错。～ rù dōng yǐlái, gōng nuǎn yìzhí búcuò. Ever since the beginning of winter, the heating has been very good. ②表示空间的起点，宾语必是处所词语，非处所词必须加上方位词或"这儿""那儿"，常有"到"与之配合，"从"的宾语可以加"起"，不影响意思 (indicates a starting point in space; the object must be a word denoting a location, either a noun of locality or "这儿"，"那儿" must be added to a word that does not denote a location; often accompanied by "到"; the object of "从" may also take "起" without changing the meaning): ～语言学院到北京站，大约十六公里。～ Yǔyán Xuéyuàn dào Běijīngzhàn, dàyuē shíliù gōnglǐ. It is approximately sixteen kilometres from the Language Institute to the Beijing railway station. /～我这儿到邮局比～你那儿近。～ wǒ zhèr dào yóujú bǐ ～ nǐ nàr jìn. It is closer to the post office from my place than from your place. /他～床上站了起来。Tā ～ chuáng shang zhànle qilai. He got up from the bed. (2)表示出发的处所或事物的来源，宾语是处所词语或方位词 (indicates a point of departure or the origin of sth.; the object is a word denoting a location or a noun of locality): 他是～广州来的。Tā shì ～ Guǎngzhōu lái de. He came from Guangzhou. /这消息是～南极考察站传来的。Zhè xiāoxi shì ～ Nánjí kǎocházhàn chuánlái de. This news came from the observation station at the South Pole. /～我们家去颐和园比较近。～ wǒmen jiā qù Yíhéyuán bǐjiào jìn. It's relatively near from my home to the Summer Palace. /他～书架上拿走一本词典。Tā ～ shūjià shang názǒu yì běn cídiǎn. He took away a dictionary from the bookshelf. 助动词用在"从"前或"从……"后，有时表示不同的意思(when an auxiliary verb is used before "从" or after "从...", different meanings are sometimes indicated): 我～北京只能坐飞机去巴黎，不能坐船。Wǒ ～ Běijīng zhǐ néng zuò fēijī qù Bālí, bù néng zuò chuán. I can only travel by plane from Beijing to Paris. I can't travel by ship. /我只能～北京坐飞机，不能从上海坐飞机。Wǒ zhǐ néng ～ Běijīng zuò fēijī, bù néng cóng Shànghǎi zuò fēijī. I can only take a plane from Beijing, not from Shanghai. 有时不影响意思 (sometimes the meaning is not changed): 你能～北京大学来找我吗? Nǐ néng ～ Běijīng Dàxué lái zhǎo wǒ ma? Can you come to see me from Beijing University? /你～北京大学能来找我吗? Nǐ ～ Běijīng Dàxué néng lái zhǎo wǒ ma? Can you come from Beijing University to see me? 否定词用在"从"前或"从……"后，有时表示不同意思 (negative words are placed before "从" or after "从...", sometimes to indicate different meanings): 我不～学校去机场，～大使馆去。Wǒ bù ～ xuéxiào qù jīchǎng, ～ dàshǐguǎn qù. I'm not going to the airport from the school, but from the embassy. /我～学校不去机场，去北京饭店。Wǒ ～ xuéxiào bú qù jīchǎng, qù Běijīng Fàndiàn. I'm not going to the airport from the school, I'm going to the Beijing Hotel. 有时不影响意思 (sometimes the meaning doesn't change): 他没～南京给我

写信。Tā méi ~ Náijīng gěi wǒ xiě xìn. *He didn't write to me from Nanjing.* /他～南京没给我写信。Tā ~ Nánjīng méi gěi wǒ xiě xìn. *He didn't write to me from Nanjing.* (3)表示动作经过的处所或路线，宾语是处所词语，动词后常有趋向补语 (indicates the route or location through which the action passes; the object is a word denoting location; the verb is often followed by a directional complement)：一列军车～小站前面飞驰而过。Yí liè jūn chē ~ xiǎozhàn qiánmiàn fēichí ér guò. *A military train sped past the front of the small station.* /太阳的光芒～玻璃窗射了进来。Tàiyáng de guāngmáng ~ bōlichuāng shèle jìnlai. *The rays of sunlight came shining in through the window.* (4)"从"有时不用于具体处所而是指出事物来源、动作或变化的起点 ("从" sometimes is not used for concrete locations, but is used to indicate the origin of sth. or the starting point of an action or change)：制订计划，应该～实际出发。Zhìdìng jìhuà, yīnggāi ~ shíjì chūfā. *One should proceed from actual conditions when working out a plan.* /知识是～实践中来的。Zhīshi shì ~ shíjiàn zhōng lái de. *Knowledge comes from practice.* /当他～睡梦中醒来时，天已经大亮了。Dāng tā ~ shuìmèng zhōng xǐnglái shí, tiān yǐjīng dà liàng le. *By the time he awoke from his dream, it was already broad daylight.* /～检查结果看，他的病情并不严重。~ jiǎnchá jiéguǒ kàn, tā de bìngqíng bìng bù yánzhòng. *From the results of the examination, it can be seen that the condition of his illness is not at all serious.* /我们要～失败中吸取教训。Wǒmen yào ~ shībài zhōng xīqǔ jiàoxùn. *We must draw a lesson from our failure.* (5)"从……到……"有时表示范围。("从……到……" sometimes indicates a range)：党的领导者到每个党员、国家领导人到每个公民,在党纪和国法面前都是平等的。~ dǎng de lingdǎozhě dào měi gè dǎngyuán、guójiā lǐngdǎorén dào měi gè gōngmín, zài dǎngjì hé guófǎ miànqián dōu shì píngděng de. *From Party leaders to every Party member, and from the leaders of the nation to every citizen, all are equal before the law and party discipline.* /～学校到社会,～成人到孩子,都要进行法制教育。~ xuéxiào dào shèhuì, ~ chéngrén dào háizi, dōu yào jìnxíng fǎzhì jiàoyù. *From schools to society, and from adults to children, all must undergo education on the legal system.* (6)"从……"指出动作的观点或出发点 ("从..." indicates the viewpoint or point of departure for an action)：审美观点来看，她这种打扮和年龄不协调。~ shěnměi guāndiǎn lái kàn, tā zhè zhǒng dǎban hé niánlíng bù xiétiáo. *From an aesthetic point of view, her style of dress doesn't go well with her age.* /～端正党风来说，严肃处理这起贪污受贿案十分必要。~ duānzhèng dǎngfēng lái shuō, yánsù chǔlǐ zhè qǐ tānwū shòu huì àn shífēn bìyào. *From the point of view of correct Party practice, it is absolutely essential that this case of corruption and acceptance of bribes is seriously dealt with.* (7)"从……说来(看来)"等作插入语,指出论断的依据 ("从...说来(看来)" serves as a parenthesis to indicate the basis on which an inference is drawn)：～他多年一贯表现看来,完全达到了一个党员的标准。~ tā duō nián yíguàn biǎoxiàn kàn lái, wánquán dádàole yí ge dǎngyuán de biāozhǔn. *Judging from the way he has behaved for years, he has fully reached the standard of a Party member.* /～总的说来,这部词典体现了为外国人使用的特点。~ zǒng de shuō lái, zhè bù cídiǎn tǐxiànle wèi wàiguó rén shǐyòng de tèdiǎn. *All in all, this dictionary has some features that are specially for the use of foreigners.* /～她的健康状况看来,还能活上二十年。~ tā de jiànkāng zhuàngkuàng kàn lái, hái néng huóshang èrshí nián. *Judging from her physical condition, she will live a good twenty years more.* (副) 同"从来"的意思,只修饰否定形式 *ever (only modifies the*

negative form)：他～不吸烟、喝酒。Tā ~ bù xī yān、hē jiǔ. *He never smokes and never drinks.* /我～没到过欧洲,也没到过美洲。Wǒ ~ méi dàoguo Ōuzhōu, yě méi dàoguo Měizhōu. *I have never been to Europe, nor to America.* /我对此事,～未失去信心。Wǒ duì cǐ shì, ~ wèi shīqù xìnxīn. *I have never lost faith in this matter.*

【从长计议】cóng cháng jìyì 用较长时间慎重地加以商量、考虑 *give the matter further thought and discuss it later*：此事很复杂,应～,不宜仓促从事。Cǐ shì hěn fùzá, yīng ~, bù yí cāngcù cóngshì. *This is very complicated, we'll have to give it further thought and discuss it later. We must not take action in haste.*

【从……出发】cóng … chūfā 原指自某时某地动身起程,多借指考虑或处理问题的动机 *set out from; start off from; proceed from*：从早上出发,中午即可到达。Cóng zǎoshang chūfā, zhōngwǔ jí kě dàodá. *If we start out in the morning, we can get there at noon.* /红军长征是从江西瑞金出发的。Hóngjūn chángzhēng shì cóng Jiāngxī Ruìjīn chūfā de. *The Long March started from Ruijin in Jiangxi.* /办事应从实际出发。Bàn shì yīng cóng shíjì chūfā. *In handling a matter one should proceed from the actual conditions.* /作为领导,考虑问题要从全局出发。Zuòwéi lǐngdǎo, kǎolù wèntí yào cóng quánjú chūfā. *As a leader, one has to view a problem with the overall situation in mind.*

【从此】cóngcǐ (连)从这个(前面指出的)时间起。连接句子或分句。后边可以有停顿 *from this time on; from now (then) on (links two sentences or clauses and can be followed by a pause)*：那次见面,他鼓励了我半天,～我心里更觉亮堂了,更觉得有了奔头儿。Nà cì jiàn miàn, tā gǔlìle wǒ bàntiān, ~ wǒ xīnli gèng liàngtang le, gèng juéde yǒule bèntour. *When we met that time, he spent a long time encouraging me. I have felt much more enlightened and felt that my prospects were much better ever since.* /1964年,我当上了教师,～就再没换过职业。Yījiǔliùsì nián, wǒ dāngshangle jiàoshī, ~ jiù zài méi huànguo zhíyè. *I became a teacher in 1964 and haven't changed professions since.* /只有那次,我才尝到了锻炼的甜头儿,～以后,再没有间断过。Zhǐyǒu nà cì, wǒ cái chángdàole duànliàn de tiántou, ~ yǐhòu, zài méiyou jiànduànguo. *Until that one time, I had never got anything out of exercising, I haven't stopped since then.*

【从而】cóng'ér (连)连接同一主语的两个分句,引出某种结果或进一步的行动 *thus; thereby (links two clauses which have the same subject; introduces a certain result or a further action)*：这位京剧演员不断借鉴和吸收其它流派的表演特长,～丰富自己的技艺。Zhè wèi jīngjù yǎnyuán búduàn jièjiàn hé xīshōu qítā liúpài de biǎoyǎn tècháng, ~ fēngfù zìjǐ de jìyì. *This Beijing opera performer is always drawing on the experience of and absorbing the special acting skills of other schools, thus enriching his own skills.* /通过对外开放,搞活了经济,～提高了人民的生活水平。Tōngguò duì wài kāifàng, gǎohuóle jīngjì, ~ tígāole rénmín de shēnghuó shuǐpíng. *By opening to the outside world, the economy has been enlivened, thereby improving the people's standard of living.* /我们必须广泛搜集这种病的病例,进行研究,找到真正的病因,～研究制服它的办法。Wǒmen bìxū guǎngfàn sōují zhè zhǒng bìng de bìnglì, jìnxíng yánjiū, zhǎodào zhēnzhèng de bìngyīn, ~ yánjiū zhìfú tā de bànfǎ. *We must collect extensive cases of this kind of illness so as to carry out research and find the real cause of the disease, thus researching how to bring it under control.*

【从犯】cóngfàn (名)在共同犯罪中,帮助主犯进行犯罪活动的罪犯 *accessary (criminal)*

【从来】cónglái (副)(1)表示从过去到现在一直如此。含有绝对肯定或绝对否定的语气。后面常有"都"、"就"或"不"等

all along; always; ever (has an absolute affirmative or negative tone; often followed by "都","就","不"): 在我们这里，～都是他说了算的。Zài wǒmen zhèli, ～ dōu shì tā shuōle suàn de. He has always had the final word here. / 这个人骄傲得很，～就不爱理人。Zhège rén jiāo'ào de hěn, ～ jiù bú ài lǐ rén. This person is very arrogant and never pays attention to others. /他～不吸烟。Tā ～ bù xī yān. He has never smoked. /我～不认识他，怎么谈得上关系不错呢？Wǒ ～ bú rènshi tā, zěnme tán de shàng guānxi búcuò ne? I have never met him, so how can you say that we get along well? /我～没去过重庆，不知道那里怎么样。Wǒ ～ méi qùguo Chóngqìng, bù zhīdào nàli zěnmeyàng. I have never been to Chongqing so I don't know what it's like there. (2)"从来没有……过"可表示截至目前为止以前没有过像现在所出现的情况（"从来没有...过" means "up until now (sth.) has never occurred (or appeared)"）：堂堂一个男子汉，他～没有这样失声痛哭过。Tángtáng yí ge nánzǐhàn, tā ～ méiyou zhèyàng shīshēng tòngkūguo. He's a very dignified man and has never been choked with tears like this before. /他～没有这样激动过，手发抖，脸发热，一句话也说不出来。Tā ～ méiyou zhèyàng jīdòngguo, shǒu fādǒu, liǎn fā rè, yí jù huà yě shuō bu chūlái. He has never been this excited before—his hands are shaking, his face is red, and he's speechless.

【从略】cónglüè (动) 照省略的办法处理 be omitted：引文～。Yǐnwén ～. The quotation is omitted. /由于时间的关系，我只能引用那篇文章中的两段话，其它部分～。Yóuyú shíjiān de guānxi, wǒ zhǐ néng yǐnyòng nà piān wénzhāng zhōng de liǎng duàn huà, qítā bùfen ～. I was only able to quote two paragraphs from that paper. I had to omit the rest because I didn't have enough time.

【从前】cóngqián (名) 以前,过去的时候 before; formerly; in the past：你的相貌跟～大不一样了。Nǐ de xiàngmào gēn ～ dà bù yíyàng le. You look quite different from before. /～,这里是条小胡同,现在修成大马路了。～, zhèli shì tiáo xiǎo hútòngr, xiànzài xiūchéng dà mǎlù le. This used to be a small lane here; now it has become a big highway. /从～到现在他一直是个好丈夫。Cóng ～ dào xiànzài tā yìzhí shì ge hǎo zhàngfu. He has always been a good husband.

【从容】cóngróng (形) (1) 不慌不忙,镇静沉着 calm; unhurried; leisurely：～就义 ～ jiùyì go to one's death unflinchingly; meet one's death like a hero /这个人慢性子,什么时候都是～的。Zhège rén mànxìngzi, shénme shíhou dōu shì ～ de. This man is really a slowpoke; he is never in a hurry. (2) (经济或时间) 宽裕 plentiful：手头～ shǒutóu ～ be quite well off at the moment /时间很～. Shíjiān hěn ～. There's still plenty of time.

【从容不迫】cóngróng bù pò 不慌不忙,非常镇静 calm and unhurried：准备得充分,遇事才能～。Zhǔnbèi de chōngfèn, yù shì cái néng ～. Only by being well-prepared can you be calm and unhurried when something crops up.

【从事】cóngshì (动) (1) 投身到(某种事业中去) go in for; be engaged in：他～商业活动已经三年了。Tā ～ shāngyè huódòng yǐjīng sān nián le. He has already been in business for three years. /我刚开始～经济管理工作。Wǒ gāng kāishǐ ～ jīngjì guǎnlǐ gōngzuò. I have just started work in financial management. (2) (按某种办法) 处理 deal with：违令者按军法～。Wéilìngzhě àn jūnfǎ ～. Those who disobey this order will be dealt with in accordance with military law.

【从属】cóngshǔ (动) 依从;附属 be subordinate to：在中国,个体经济是～于国家经济的。Zài Zhōngguó, gètǐ jīngjì shì ～ yú guójiā jīngjì de. In China the individual economy is subordinate to that of the country.

【从速】cóngsù (动) 〈书〉赶快 (去做) as soon as possible; without delay：～解决 ～ jiějué solve (the problem) without delay /～处理 ～ chǔlǐ deal with the matter as soon as possible /～结案 ～ jié àn wind up the case as soon as possible /来货不多,欲购～。Lái huò bù duō, yù gòu ～. Only a few goods in stock. Buy now, while they last.

【从头】cóngtóu (副) 从最初,从开始(做)。动词如为单音节又无后附成分,可以带补语"起" from the beginning (the complement "起" can be used if the verb is monosyllabic and has no after element)：他又～看了一遍,才在报告上签了字。Tā yòu ～ kànle yí biàn, cái zài bàogào shang qiānle zì. He read the report from the beginning again before signing it. /这样做不行,必须～开始! Zhèyàng zuò bù xíng, bìxū ～ kāishǐ! This way won't do. You must start again from the beginning. /前边的早忘了,还得～看起。Qiánbiān de zǎo wàng le, hái děi ～ kànqǐ. I've forgotten the first part, so I must read it again from the beginning. /要想知道事情的根由,还得～说起。Yào xiǎng zhīdao shìqing de gēnyóu, hái děi ～ shuōqǐ. I must relate the matter from the very beginning if you want to know its cause. /这节体操让他～做一遍给你看。Zhè jié tǐcāo ràng tā ～ zuò yí biàn gěi nǐ kàn. Let him do this exercise once again from the beginning for you to see.

【从新】cóngxīn (副) 重新 again; anew：你再～做一遍这个动作。Nǐ zài ～ zuò yí biàn zhège dòngzuò. Make this movement once again. /请你～抄一遍。Qǐng nǐ ～ chāo yí biàn. Please copy this over one more time. /一切～做起。Yíqiè ～ zuòqǐ. Do it all once again.

【从中】cóngzhōng (副) 从里边 out of; from among; therefrom：～破坏 ～ pòhuài undermine /～搞鬼 ～ dǎoguǐ create mischief /～斡旋 ～ wòxuán mediate between (two sides) /～调解 ～ tiáojiě mediate between (two sides)

丛 〔叢〕cóng

(名) ◇ (1) 生长在一起的草木 clump; thicket; grove：草～草 cǎo～ patch of grass /树～ shù～ clump of trees /灌木～ guànmù～ clump of shrubs (2) 泛指聚集在一起的人或物 crowd; collection：人～ rén～ crowd of people /论～ lùn～ collection of essays; collected essays

【丛刊】cóngkān (名) [部 bù] 同"丛书" cóngshū same as "丛书" cóngshū

【丛林】cónglín (名) [片 piàn] 树林子 jungle; forest

【丛生】cóngshēng (动) (草木) 聚在一起生长 (of plants) grow thickly：杂草～ zácǎo～ be overgrown with weeds (2) (疾病或弊端等) 同时发生 (of disease, evils, etc.) break out simultaneously：百病～ bǎi bìng ～ All kinds of diseases and ailments are breaking out. /百弊～ bǎi bì ～ All kinds of corruption is breaking out.

【丛书】cóngshū (名) [部 bù、套 tào] 根据一定目的和使用对象,选择若干种书编为一套,在一个总名称下出版的,如《汉语基础知识～》、《青年修养～》等 books which are reprinted as a collection on a specific topic, e. g. "汉语基础知识～" or "青年修养～"

淙 cóng

【淙淙】cóngcóng (象声) gurgling：流水～ liúshuǐ ～ a gurgling stream

còu

凑 còu

(动) (1) 聚集 gather; collect; pool; put together：大家～在一起玩扑克牌。Dàjiā ～ zài yìqǐ wánr pūkèpái. All of us got together and played cards. /农民们自己～钱办了一

所学校。Nóngmínmen zìjǐ ~ qián bànle yì suǒ xuéxiào. *The peasants put their own money together and set up a school.* /得～足二十人才能组织旅游团。Děi ~ zú èrshí rén cái néng zǔzhī lǚyóutuán. *You have to put together at least twenty people before you can form a tour group.* /几个青年～了一万元，开了一个小饭馆。Jǐ ge qīngnián ~ le yíwàn yuán, kāile yí ge xiǎo fànguǎnr. *Several young people put together 10,000 yuan and started a small restaurant.* (2) 碰、赶、趁 happen by chance; take advantage of: 我去广西出差,～机会游了一趟桂林。Wǒ qù Guǎngxī chū chāi,~ jīhuì yóule yí tàng Guìlín. *I went to Guangxi on business and took advantage of the chance to visit Guilin.* (3)(不及物)靠近、挨近 move close to: 咱们往前～~,听他说些什么。Zánmen wǎng qián ~-~, tīng tā shuō xiē shénme. *Let's move closer to hear what he is saying.* /人家在争论,他也～上去搭话。Rénjia zài zhēnglùn, tā yě ~ shàngqu dā huà. *Some other people were arguing and he also threw in his two cents worth.*

【凑合】còuhe (动)(1)聚集 gather together; collect; assemble: 几个人～在一起办了个青年服务社。Jǐ ge rén ~ zài yìqǐ bànle ge qīngnián fúwùshè. *Several people got together and set up a youth service centre.* (2)拼凑 improvise: 我今天在会上的发言完全是临时的。Wǒ jīntiān zài huì shang de fāyán wánquán shì línshí ~ de. *The speech I gave at today's meeting was completely off the top of my head.* (3)将就 make do: 这件大衣～着还能穿一冬。Zhè jiàn dàyī ~ zhe hái néng chuān yì dōng. *I can make this overcoat do for another winter.*

【凑集】còují (动)聚集在一起 gather together: 把零散的资料～起来。Bǎ língsǎn de zīliào ~ qilai. *Gather all scattered materials together.*

【凑拢】còulǒng (动·不及物)聚合在一块 move close to; press together: 大家～在队长周围,听他传达一件事。Dàjiā ~ zài duìzhǎng zhōuwéi, tīng tā chuándá yí jiàn shì. *Everybody pressed together around the captain to hear him make an announcement.*

【凑巧】còuqiǎo (形)表示正是时候, 或正遇上所希望或不希望发生的事情 luckily; fortunately; as luck would have it: 我们正要去找他,～他来了。Wǒmen zhèng yào qù zhǎo tā,~ tā lái le. *We were going to go and get him when luckily he came along.* /我正要去上班,下起大雨来,真不～! Wǒ zhèng yào qù shàng bān, xià qǐ dàyǔ lai, zhēn bú ~! *I was just going to work when it started to pour down. What a drag!* /今年麦收的时候,遇上了阴雨天,～收割机也坏了,真叫人着急。Jīnnián màishōu de shíhou, yùshàngle yīnyǔtiān,~ shōugējī yě huài le, zhēn jiào rén zháo jí. *During harvest it was overcast and rainy and to top it off the harvester broke down. This really made everybody worried.*

【凑趣儿】còu = qùr 逗笑取乐;参加娱乐性活动 join in (a game, etc.); make merry: 几个小青年在一起说说笑笑,老孙头也来～。Jǐ ge xiǎoqīngnián zài yìqǐ shuōshuōxiàoxiào, Lǎosūntóu yě lái ~. *A few youths were talking and laughing together when Old Sun came along to join in the fun.* /我们正在打扑克,王叔叔你也凑个趣儿吧! Wǒmen zhèngzài dǎ pūkè, Wáng shūshu nǐ yě còu ge qùr ba! *We're playing cards. Come and join in the game, Uncle Wang!*

【凑热闹】còu rènao (1)参加进去,同大家一起玩儿 take part in and join the fun: 每逢节日,青年人都会有的老头儿、老太太也跟着～。Měi féng jiérì, qīngnián rén dōu yǒu de lǎotóur, lǎotàitai yě gēnzhe ~. *Every holiday the young people put on a show and some of the old folks join in too.* (2)表示添麻烦 add trouble to: 你们这里很忙,我不来～了。Nǐmen zhèlǐ hěn máng, wǒ bù lái ~ le. *You're very busy here, so I won't give you any more trouble.* /我们正烦得要命,你还凑什么热闹! Wǒmen zhèng fán de

yàomìng, nǐ hái còu shénme rènao! *We have enough trouble as it is without you coming to bother us!*

【凑数】còu = shù 拿不合要求的(人或物)来凑足数额 make up the number or amount; serve as a stopgap: 你们打桥牌要是缺人,我可以凑个数。Nǐmen dǎ qiáopái yàoshi quē rén, wǒ kěyǐ còu ge shù. *If you don't have enough people for bridge I can fill the gap.* /研究生可以少招,甚至不招,千万不要～。Yánjiūshēng kěyǐ shǎo zhāo, shènzhì bù zhāo, qiānwàn búyào ~. *We can admit fewer graduate students and even none at all but in no circumstances make up the number.*

cū

粗 cū (形)(和"细"相对) (1) thick: 得要一根～点儿的棍子。Děi yào yì gēn ~ diǎnr de gùnzi. *You need a stick that's a little thicker.* /她的两条辫子可真～。Tā de liǎng tiáo biànzi kě zhēn ~. *Her braids are really thick.* /你这一笔写得太～了。Nǐ zhè yì bǐ xiě de tài ~ le. *This stroke is too thick.* / 这行字下面红笔画的～线是什么意思? Zhè háng zì xiàmiàn hóngbǐ huà de ~ xiàn shì shénme yìsi? *What does this thick red line under this line of characters mean?* (2) (声音)大而低 gruff; husky: ～嗓子～嗓子～ sǎngzi ~ sǎngzi voice/ 这姑娘说话～声～气,像个男孩子。Zhè gūniang shuō huà ~ shēng ~ qì, xiàng ge nán háizi. *This girl has a deep, gruff voice. She sounds like a boy.* (3)粗糙、不精细 rude; unrefined; coarse:工艺很～ gōngyì hěn ~ *The workmanship is very rough.* /她买了一件～花呢的大衣。Tā mǎile yí jiàn ~ huā ne de dàyī. *She bought a tweed coat.* / 这竹篮子编得够～的。Zhè zhú liánzi biān de gòu ~ de. *This bamboo basket is really roughly made.* (4)颗粒大 coarse; rough:我不喜欢那种很～的砂糖。Wǒ bù xǐhuan nà zhǒng hěn ~ de shātáng. *I don't like this coarse type of sugar.* (5)疏忽,不周密 careless; negligent: 他的心太～了,干起活来丢三落四。Tā de xīn tài ~ le, gàn qǐ huór lai diū sān là sì. *He is very careless and forgetful.* /我只是～～地打了一个稿子,文字还没很好地推敲。Wǒ zhǐ shì ~ ~ de dǎle yí ge gǎozi, wénzì hái méi hěn hǎo de tuījiáo. *I just made a rough draft. It still has to be reworded.* (6)粗鲁,不文雅 rough; rude; vulgar:～话 ~huà *vulgar language* /他是个～人,干不了细活儿。Tā shì ge ~ rén, gàn bu liǎo xìhuó. *He's a bit of a boor, he can't do skilled work.* (7)略微 roughly; slightly:～通文墨 ~ tōng wénmò *barely know the rudiments of writing* /经过两年的筹建,这个饭店已～具规模。Jīngguò liǎng nián de chóujiàn, zhège fàndiàn yǐ ~ jù guīmó. *After two years of preparation the hotel is roughly in shape.*

【粗暴】cūbào (形)鲁莽暴躁 rude; rough; crude; brutal:性格～ xìnggé ~ *a rough disposition* /待人～ dàirén ~ *treat people roughly*

【粗笨】cūbèn (形)(1)(物体)笨重,不精细 clumsy; unwieldy:这种机器样子很～,但经久耐用。Zhè zhǒng jīqì yàngzi hěn ~, dàn jīngjiǔ nàiyòng. *These machines look unwieldy but they are able to stand wear and tear.* (2)(人的身材,举止)笨拙、不灵活 clumsy:这个篮球队员身体特别高大,但动作却不～。Zhège lánqiú duìyuán shēntǐ tèbié gāodà, dàn dòngzuò què bù ~. *Although this member of the basketball team is exceptionally tall and big, he is not clumsy.*

【粗布】cūbù (名)质地粗糙的棉布 coarse cloth

【粗糙】cūcāo (形)(1)(物体表面)不光滑 rough:皮肤～ pífū ~ *rough skin* /很～的麻布 hěn ~ de mábù *very rough linen* (2)(工作等)不细致 crude:这本儿童读物的插图太～了。Zhè běn értóng dúwù de chātú tài ~ le. *The illustrations in this children's book are really crude.* /这些衣服样式不错,

就是做工～. Zhèxiē yīfu yàngshì búcuò, jiùshì zuògōng ～. *The style of these clothes is pretty good but the workmanship is crude.*

【粗茶淡饭】cū chá dàn fàn 简单的普通的饮食。比喻生活简朴 *plain tea and simple food — homely fare; plain living*：您住在我们家,～,招待不周。Nín zhù zài wǒmen jiā,～, zhāodài bù zhōu. *You're staying in our home, but all we can offer you is plain living.* /我的要求不高,～就行。Wǒ de yāoqiú bù gāo,～ jiù xíng. *I don't ask for much; just plain fare will do.*

【粗大】cūdà (形)(1)(人体、物体)粗 *(of sb.'s body or an object) bulky; thick*：四肢～ sìzhī ～ *have thick, strong limbs* /～的树干 ～ de shùgàn *a thick tree trunk* (2)(声音)大 *(of a voice, sound, etc.) loud*：他声音～,说话瓮声瓮气的。Tā shēngyīn ～, shuō huà wèng shēng wèng qì de. *He speaks in a loud, jarring voice.*

【粗纺】cūfǎng (名)"粗梳毛纺"的简称 *abbrev. for "粗梳毛纺"*

【粗放】cūfàng (形)投入较少的劳力、肥料等的粗略的(农业生产)*extensive (agricultural production, which involves relatively little labour, fertilizing, etc.)*

【粗犷】cūguǎng (形)(1)粗野,粗鲁 *rough; rude; boorish* (2)豪放,有气魄,没有拘束 *straightforward and uninhibited; bold and unrestrained; rugged*：性格～ xìnggé ～ *a straightforward and uninhibited disposition*

【粗活儿】cūhuór (名)指技术性较低而消耗体力较大的工作 *heavy manual labour; unskilled work*

【粗粮】cūliáng (名)与"细粮"相对。通称大米、面粉以外的杂粮,如高粱、玉米、小米、豆类、薯类等。有时也指未经碾轧加工的原粮 *coarse food grain; maize; sorghum; millet; beans; sweet potatoes, etc. as distinct from wheat and rice*

【粗劣】cūliè (形)粗糙、低劣 *of poor quality; shoddy*：～的产品,产量越高越赔钱。～ de chǎnpǐn, chǎnliàng yuè gāo yuè péi qián. *The more shoddy products are produced, the more money is lost.*

【粗陋】cūlòu (形)粗糙简陋 *coarse and crude*

【粗卤】cūlǔ (形)同"粗鲁" cūlǔ *same as "粗鲁" cūlǔ*

【粗鲁】cūlǔ (形)指性格、行为等粗暴、鲁莽 *rough; rude; boorish*：他非常诚实可靠,就是有点儿～. Tā fēicháng chéngshí kěkào, jiùshì yǒudiǎnr ～. *He's extremely honest and reliable, but a bit rude though.*

【粗略】cūlüè (形)大略,不精确 *rough; sketchy*：全年增产总额还没统计出来,这只是一个～的估计。Quán nián zēng chǎn zǒng'é hái méi tǒngjì chulai, zhè zhǐ shì yí ge ～ de gūjì. *The total increase in production for the whole year has not been calculated. This is only a rough estimate.* /这种书只要～地看看就行了。Zhè zhǒng shū zhǐyào ～ de kànkan jiù xíng le. *You just need to take a quick glance at these books.*

【粗浅】cūqiǎn (形)浅显易懂,不深奥 *superficial; shallow; simple*：这样～的道理谁不懂呢! Zhèyàng ～ de dàolǐ shuí bù dǒng ne! *Who doesn't understand such superficial reasoning!* /请允许我谈点儿～的看法。Qǐng yǔnxǔ wǒ tán diǎnr ～ de kànfǎ. *Please let me tell my simple point of view.*

【粗疏】cūshū (形)马虎,粗心 *careless; inattentive*

【粗梳毛纺】cūshū máofǎng *woollen spinning*

【粗率】cūshuài (形)不仔细考虑,粗心草率 *ill-considered; rough and careless*

【粗俗】cūsú (形)(言谈、举止等)粗野、庸俗 *(of the way one speaks, sb.'s behaviour, etc.) vulgar; coarse*

【粗细】cūxì (名)(1)粗细的程度 *thickness*：这些绳子的～正合适。Zhèxiē shéngzi de ～ zhèng héshì. *The thickness of these ropes is just right.* /管子这里有的是,～不等,你自己挑吧。Guǎnzi zhèlǐ yǒudeshì, ～ bù děng, nǐ zìjǐ tiāo ba. *There are plenty of pipes here of all different thickness. You can choose for yourself.* (2)粗糙和细致的程度 *crudeness or fineness; degree of finish; quality of work*：这批活儿～差得很远,不像是一个人做的。Zhè pī huór ～ chà de hěn yuǎn, bú xiàng shì yí ge rén zuò de. *The quality of the different pieces of work of this batch vary a lot, they don't look like they were made by one person.*

【粗线条】cūxiàntiáo (名)(～儿)(1)画得很粗的线,或用粗线勾出的轮廓 *thick lines; rough outline*：这个建筑图还是个～的。Zhè ge jiànzhù tú hái shì ge ～ de. *This is still but a rough sketch of the building.* (2)比喻粗率的性格和作风 *(of sb.'s character, style, etc.) rough-and-ready; rough and careless*：老张是个～的人物,从不计较小事。Lǎo Zhāng shì ge ～ de rénwù, cóng bú jìjiào xiǎo shì. *Lao Zhang is a rough and careless person; he never bothers about trifles.*

【粗心】cūxīn (形)疏忽,不细心 *careless; thoughtless*：我太～了,没问他的住址。Wǒ tài ～ le, méi wèn tā de zhùzhǐ. *I'm really thoughtless. I forgot to get his address.* /看护病人千万不可～大意。Kānhù bìngrén qiānwàn bùkě ～ dàyì. *When taking care of the sick one must never on any account be negligent.*

【粗野】cūyě (形)(语言、行为)粗鲁,没礼貌 *rough; boorish; uncouth*：这孩子自从母亲死了以后变得很～,真可惜。Zhè háizi zìcóng mǔqin sǐle yǐhòu biàn de hěn ～, zhēn kěxī. *After his mother died the child became really uncouth. It's a shame.*

【粗枝大叶】cū zhī dà yè 比喻做事粗心大意,不细致 *crude and careless; sloppy; slapdash*：～的工作作风往往把事情办坏。～ de gōngzuò zuòfēng wǎngwǎng bǎ shìqing bànhuài. *A sloppy work style more often than not will ruin things.*

【粗制滥造】cū zhì làn zào 制作东西草率马虎,不顾质量 *manufacture in a rough and slipshod way*：这些家具,简直是～. Zhèxiē jiājù, jiǎnzhí shì ～. *These pieces of furniture is simply made in a rough and slipshod way.*

【粗重】cūzhòng (形)(1)声音低而强有力 *(of a voice) low and coarse; gruff*：～的嗓音 ～ de sǎngyīn *a gruff voice* /声音～ shēngyīn ～ *speak in a jarring voice* (2)形体宽,颜色浓 *thick and heavy*：～的眉毛 ～ de méimao *bushy eyebrows* /线条～ xiàntiáo ～ *thick and heavy lines* (3)(手脚)大而有力,(物体)笨重 *(of hands or feet) large and strong; (of an object) heavy; cumbersome; bulky*：～的手 ～ de shǒu *large and strong hands* /旧式的～的桌椅 jiùshì de ～ de zhuōyǐ *old-fashioned bulky table and chairs* (4)(工作)繁重费力 *(of work) strenuous; heavy*：遇有～的活儿,他总是抢着干。Yù yǒu ～ de huór, tā zǒngshì qiǎngzhe gàn. *He always vies for the strenuous work.*

【粗壮】cūzhuàng (形)(1)粗大结实 *sturdy; thickset; brawny*：码头工人都有两只～的臂膀。Mǎtou gōngrén dōu yǒu liǎng zhī ～ de bìbǎng. *The dock workers all have brawny arms.* /这根杠棒～得很,抬八百斤东西也压不断。Zhè gēn gàngbàng ～ de hěn, tái bābǎi jīn dōngxi yě yā bu duàn. *This carrying pole is extremely sturdy. It won't even break if you carry 800 catties with it.* (2)(声音)大 *deep and resonant*：他的嗓门十分～. Tā de sǎngménr shífēn ～. *His voice is extremely deep and resonant.*

cù

促 cù (动)催,推动(用得较少) *urge; hurry*：把工作～上去。Bǎ gōngzuò ～ shangqu. *Hurry a job along.* /他最近学习有些放松,得～一～他。Tā zuìjìn xuéxí yǒuxiē fàngsōng, děi ～ yi ～ tā. *He has been a little lax in his studying late-*

ly. We have to push him a little.

【促成】cùchéng（动）推动使成功 help to bring about; facilitate：努力～祖国的统一。Nǔlì ～ zǔguó de tǒngyī. *Make great efforts to unite the motherland.* /这个合同的签订是由双方努力～的。Zhège hétong de qiāndìng shì yóu shuāngfāng nǔlì ～ de. *Both sides made great efforts to facilitate the signing of this contract.*

【促进】cùjìn（动）推动，使事物发展 promote; ȧdvance; accelerate：先进的生产制度能～生产发展。Xiānjìn de shēngchǎn zhìdù néng ～ shēngchǎn fāzhǎn. *An advanced production system can accelerate production development.* /我们要努力～与各国的文化交流。Wǒmen yào nǔlì ～ yǔ gè guó de wénhuà jiāoliú. *We must make great efforts to promote cultural exchange with all countries.*

【促进派】cùjìnpài（名）推动事物发展的人们 promoter of progress

【促声】cùshēng（名）〈语〉短促的声调，指入声，是普通话没有的 the entering tone (a tone not used in standard Chinese pronunciation, but still retained in certain dialects)

【促使】cùshǐ（动）推动，使（事物发生变化）impel; urge; spur：老师的耐心帮助，～他认识了自己的错误。Lǎoshī de nàixīn bāngzhù, ～ tā rènshile zìjǐ de cuòwù. *The teacher's patient help impelled him to recognize his own mistakes.*

【促退】cùtuì（动）促使退步，促使后退 hinder progress：要做促进派，不要做～派。Yào zuò cùjìnpài, búyào zuò ～pài. *You must promote progress, not hinder it.* /你这种作法不是促进而是～。Nǐ zhè zhǒng zuòfǎ búshì cùjìn érshì ～. *This method of yours doesn't promote progress, but hinders it.*

【促膝谈心】cù xī tán xīn 形容两人膝盖对膝盖地坐在一起，畅谈心里的话 sit side by side and talk intimately; have a heart-to-heart talk：通过～，彼此增进了了解。Tōngguò ～, bǐcǐ zēngjìnle liǎojiě. *Having a heart-to-heart talk enhanced their understanding of each other.*

醋 cù
（名）(1) vinegar (2)"吃醋"比喻忌妒（多指在男女关系上）"吃醋" means jealousy (as in love affair)：他和那位女工程师完全是工作的关系，说他爱人吃～纯粹是开玩笑。Tā hé nà wèi nǔ gōngchéngshī wánquán shì gōngzuò de guānxi, shuō tā àiren chī ～ chúncuì shì kāi wánxiào. *He only has a working relationship with that woman engineer. It is sheer joking to say that his wife is jealous.*

【醋酸】cùsuān（名）〈化〉acetic acid

簇 cù
（量）用于聚集成团成堆的东西 cluster; bunch：送给客人一～玫瑰。Sòng gěi kèren yí ～ méigui. *give the guest a bunch of roses* /院子里有好几～盛开的金银花。Yuànzi li yǒu hǎo jǐ ～ shèngkāi de jīnyínhuā. *There are several clusters of honeysuckles in the courtyard.*

【簇新】cùxīn（形）〈书〉全新的（多指衣服）brand new：今天他穿着～的礼服，好像怪不自在的。Jīntiān tā chuānzhe ～ de lǐfú, hǎoxiàng guài bú zìzài de. *He is wearing brand new formal attire today and looks rather uncomfortable.*

【簇拥】cùyōng（动）〈书〉（许多人）紧紧围拢着 cluster round：小学生～着他们的老师走进会场。Xiǎoxuéshēng ～ zhe tāmen de lǎoshī zǒujìn huìchǎng. *The school children gathered around their teachers and went into the assembly hall .*

cuān

氽 cuān
（动）把食物放到沸水里稍微煮一下 boil; quick-boil：～丸子～ wánzi quick-boiled meat balls (with soup)/ 用黄瓜肉片～一碗汤。Yòng huánggua ròupiàn ～ yì wǎn tāng.

Boil some cucumbers and meat slices to make a bowl of soup.

撺〔攛〕cuān
【撺掇】cuānduo（动）〈口〉从旁鼓动（别人做某事）；怂恿 egg on; instigate; urge：她总是～我去南方旅行。Tā zǒngshì ～ wǒ qù nánfāng lǔxíng. *She's always urging me to go travelling in the south.*

蹿〔躥〕cuān
（动）(1)向上跳 leap up：从门里～出来一条狗。Cóng mén li ～ chulai yì tiáo gǒu. *A dog came leaping out of the door.* /猫～到树上去了。Māo ～dào shù shang qù le. *The cat leapt up onto the tree.* (2)喷射 spray; spurt：水管子里的水～了一地。Shuǐguǎnzi li de shuǐ ～le yí dì. *Water came spurting out of the waterpipe onto the ground.*

cuán

攒〔攢〕cuán
（动）(把零散的东西)聚集在一起 collect together (scattered objects); assemble：他把收音机拆了，又～起来了。Tā bǎ shōuyīnjī chāi le, yòu ～ qilai le. *He took the radio apart and put it back together.* /他自己～了一辆自行车。Tā zìjǐ ～ le yí liàng zìxíngchē. *He assembled a bicycle by himself.* 另见 zǎn

【攒聚】cuánjù（动）紧紧地聚集在一起 gather closely together

cuàn

窜〔竄〕cuàn
（动）(匪、兽类)逃跑、乱跑 flee; scurry：东逃西～ dōng táo xī ～ flee in all directions /抱头鼠～ bào tóu shǔ ～ scamper off like a frightened rat /敌军～到村里。Díjūn ～ dào cūn li. *The enemy soldiers fled to the village.*

【窜犯】cuànfàn（动）〈书〉(成股的匪徒或小股敌军)进犯 make an inroad into：～边境的外国匪徒全部被歼。～ biānjìng de wàiguó fěitú quán dōu bèi jiān. *The foreign bandits that raided the border have been wiped out.*

【窜扰】cuànrǎo（动）〈书〉(成股匪徒或小股敌军)进行扰乱 harass：～我领空的敌机被击落。～ wǒ lǐngkōng de díjī bèi jiluò. *The enemy plane which had intruded into our air space was shot down.*

【窜逃】cuàntáo（动）(坏人)慌乱逃跑 flee in disorder; scurry off：一股匪徒～出边境。Yì gǔ fěitú ～chū biānjìng. *A band of bandits fled over the border.*

篡 cuàn
（动）◇夺取（权力、地位）usurp; seize：～权 ～ quán seize power /～位 ～ wèi usurp the throne

【篡夺】cuànduó（动）用不正当手段夺取（地位或权力）usurp; seize：妄图～国家最高权力 wàngtú ～ guójiā zuì gāo quánlì try in vain to seize the highest authority of a country/～ 了这个单位的领导位置 ～ le zhège dānwèi de lǐngdǎo wèizhi the leadership of this unit was usurped

【篡改】cuàngǎi（动）用以假乱真的手段改动或错误地解释（理论、政策等）distort; misrepresent; tamper with; falsify：～历史 ～ lìshǐ distort history /～事实 ～ shìshí alter facts

cuī

崔 cuī
【崔巍】cuīwēi（形）〈书〉(山、建筑物)高大雄伟(of moun-

tains, buildings, etc.) lofty; towering

催 cuī (动) (1) 叫人赶快(行动或做某事) urge; hurry: ～他快点儿走。～ tā kuài diǎnr zǒu. *Tell him to hurry up.* / 别～他,让他再想想。Bié ～ tā, ràng tā zài xiǎngxiang. *Don't rush him. Let him think about it.* (2)〈书〉使事物加快生产或变化 hasten; expedite; speed up: 布谷～春。Bùgǔ ～ chūn. *The cuckoo speeds the coming of spring.* /时光～人老。Shíguāng ～ rén lǎo. *Time ages people.*

【催逼】 cuībī (动) 催促逼迫 press; compel: 到了年底,地主～着贫苦农民还债。Dàole niándǐ, dìzhǔ ～zhe pínkǔ nóngmín huán zhài. *The landlord pressed the poverty-stricken peasants for payment of their debts at the end of the year.*

【催产】 cuīchǎn〈医〉expedite child delivery; induce (childbirth)

【催促】 cuīcù (动)〈书〉催 urge; hasten; press: 他学习很自觉,不用父母～。Tā xuéxí hěn zìjué, bú yòng fùmǔ ～. *He studies of his own accord, his parents don't need to push him.* /经过多次～,他才把书还回来。Jīngguò duō cì ～, tā cái bǎ shū huán huílai. *After being urged several times, he finally gave the book back.*

【催化剂】 cuīhuàjì (名) catalyst; catalytic agent

【催泪弹】 cuīlèidàn (名) [个 gè、颗 kē] tear bomb; tear gas grenade

【催眠】 cuīmián (动) lull to sleep; hypnotize; mesmerize

【催眠曲】 cuīmiánqǔ (名) [支 zhī] lullaby

【催命】 cuī=mìng〈口〉比喻催促得很急 keep pressing sb. to do sth: 你别～了,明天一定把钱还给你! Nǐ bié ～ le, míngtiān yídìng bǎ qián huán gěi nǐ! *Don't keep pressing me. I will pay you back by tomorrow.*

【催生】 cuī=shēng 同 "催产" cuī=chǎn same as "催产" cuī=chǎn

摧 cuī (动)◇折断,破坏 break; destroy: 无坚不～ wú jiān bù ～ capable of destroying any stronghold; all-conquering

【摧残】 cuīcán (动) 用残酷手段使受损害 wreck; destroy; devastate: 不幸的童年～le 他的心灵,他变得很孤僻。Búxìng de tóngnián ～le tā de xīnlíng, tā biàn de hěn gūpì. *His unhappy childhood destroyed his spirit and he became very unsociable and eccentric.* /由于暴风雨的～,花儿全落了。Yóuyú bàofēngyǔ de ～, huār quán luò le. *The flowers have all dropped their petals because of the devastation of the storm.* /战争使这个历史名城遭受严重～。Zhànzhēng shǐ zhège lìshǐ míngchéng zāoshòu yánzhòng ～. *This famous historical city was seriously damaged by war.*

【摧毁】 cuīhuǐ (动) 用强大力量破坏 destroy; smash; wreck: ～敌人的防御工事 ～ dírén de fángyù gōngshì *destroy the enemy's defences* /～旧的国家机器 ～ jiù de guójiā jīqì *destroy the old state apparatus*

【摧枯拉朽】 cuī kū lā xiǔ 形容腐朽势力像枯草朽木一样,很容易打垮 (as easy as) crushing dry weeds and smashing rotten wood: 当年解放军进山剿匪,势同～,很快就把匪徒消灭光了。Dāngnián jiěfàngjūn jìn shān jiǎo fěi, shì tóng ～, hěn kuài jiù bǎ fěitú xiāomiè guāng le. *When the Liberation Army went into the mountains to suppress the bandits, it was like crushing dry weeds and smashing rotten wood — the bandits were quickly wiped out.*

cuī

璀 cuī

【璀璨】 cuīcàn (形)〈书〉光彩鲜明 bright; resplendent: ～的

珍珠 ～ de zhēnzhū *resplendent pearls*

cuì

脆 cuì (形) (1)(物体)容易碎裂 crisp; fragile; brittle: 花生不～就不好吃了。Huāshēng bú ～ jiù bù hǎochī le. *Peanuts are not good to eat when they are no longer crisp.* /他喜欢吃又甜又～的梨。Tā xǐhuan chī yòu tián yòu ～ de lí. *He likes to eat pears that are sweet and crisp.* /这些纸放得太久,全～了。Zhèxiē zhǐ fàng de tài jiǔ, quán ～ le. *These papers have been here too long, they've become brittle.* (2)(声音)清脆 clear; crisp: 这小姑娘嗓音～,唱起歌来可好听了。Zhè xiǎo gūniang sǎngyīn ～, chàng qǐ gē lai kě hǎotīng le. *This young girl has a clear voice that sounds really nice when she sings.*

【脆弱】 cuìruò (形) 不坚强,经不起挫折 fragile; frail; weak: 她的感情太～,碰到一点困难就哭 Tā de gǎnqíng tài ～, pèngdào yìdiǎnr kùnnan jiù kū. *She is easily upset — she cries as soon as she runs into a little bit of trouble.* /这小伙子,性格有点～,得多锻炼锻炼。Zhè xiǎohuòzi, xìnggé yǒudiǎnr ～, děi duō duànliàn duànliàn. *This guy's character is a little weak. He needs to strengthen it.*

萃 cuì

【萃取】 cuìqǔ (动)〈化〉extract

啐 cuì (动) 用力从口里吐出来 spit; expectorate: ～了一口唾沫 ～le yì kǒu tuòmo *spit*

淬 cuì (动)◇ quench

【淬火】 cuìhuǒ (动)〈冶〉quench

翠 cuì (形)◇ emerald green; green

【翠绿】 cuìlù (形) emerald green; jade green

【翠微】 cuìwēi (名)〈书〉青绿的山色,泛指青山 (light) green hills

cūn

村 cūn (名) [个 gè] 村庄 village; hamlet: 我们那个～并不大。Wǒmen nàge ～ bìng bú dà. *That village of ours is really not big.*

【村落】 cūnluò (名) [个 gè] 同 "村庄" cūnzhuāng same as "村庄" cūnzhuāng

【村镇】 cūnzhèn (名) 村庄和小市镇 villages and small towns

【村庄】 cūnzhuāng (名) [个 gè] village; hamlet

【村子】 cūnzi (名) [个 gè] 同 "村庄" cūnzhuāng same as "村庄" cūnzhuāng

cún

存 cún (动) (1) 储存、聚集、保留 store; keep: 他家～了很多粮食。Tā jiā ～le hěn duō liángshi. *He has a lot of food stored in his home.* /暂时不用的钱～在银行里吧。Zànshí bú yòng de qián ～ zài yínháng li ba. *You should keep the money you're not using right now in the bank.* (2) 寄存 check; leave with: 火车站都有～行李的地方。Huǒchēzhàn dōu yǒu ～ xíngli de dìfang. *Railway stations have places to*

check baggage. /这儿昼夜都可以～自行车。Zhèr zhòuyè dōu kěyǐ ～ zìxíngchē. *You can leave your bike here day and night.* (3)剩余、结算后余下 *remain on balance; be in stock*：收支相抵还～五万二千元。Shōuzhī xiāng dǐ hái ～ wǔwàn èrqiān yuán. *The accounts show a balance of $52,000.* (4)〈书〉活着 *exist; live; survive*：家父已逝,老母尚～。Jiāfù yǐ shì, lǎomǔ shàng ～. *Father is no longer alive, but mother is still living.* (5)心中怀有 *cherish; harbour*：我对他不～幻想。Wǒ duì tā bù ～ huànxiǎng. *I don't harbour any illusions about him.* /他对此事～有很大希望。Tā duì cǐ shì ～ yǒu hěn dà xīwàng. *He cherishes high hopes about this.* /他心里～不住话,总得说出来。Tā xīnlǐ ～ bu zhù huà, zǒng děi shuō chulai. *He never holds anything back, he always says what he thinks.*

【存车处】cúnchēchù (名)〔个 gè〕存放自行车的地方 *parking lot for bicycles*

【存档】cún = dàng 把处理完的公文、书信、稿件等分类归入档案,以备查考 *place (official documents, letters, manuscripts, etc.) on file (for future reference)*

【存放】cúnfàng (动)〈书〉寄放 *leave with; leave in somebody's care*：本处可以～行李,每件一角。Běn chù kěyǐ ～ xínglǐ, měi jiàn yì jiǎo. *You can leave your luggage here. It costs 10 fen a piece.*

【存根】cúngēn (名)〔个 gè〕开出票据或证件后留下来的底子 *counterfoil; stub*

【存货】cúnhuò (名)〔批 pī〕储存待售的货物 *goods in stock; existing stock*

【存货】cún ＝ huò 储存货物 *stock goods*：现在最好少～。Xiànzài zuìhǎoshǎo ～. *It's best not to stock much.*

【存款】cúnkuǎn (名)〔笔 bǐ〕*savings*：我有一笔～。Wǒ yǒu yì bǐ ～. *I have a sum of savings.*

【存款】cún ＝ kuǎn *deposit*：我到银行去～。Wǒ dào yínháng qù ～. *I'm going to the bank to deposit some money.*

【存栏数】cúnlánshù (名)在饲养中的牲畜的数目 *amount of livestock on hand*

【存身】cún ＝ shēn 安身,在某地居住和生活(多指处于困难条件下)*take shelter; make one's home (esp. under difficult conditions)*：只有一间破草棚,实在难以～。Zhǐ yǒu yì jiān pò cǎopéng, shízài nányǐ ～. *It's really difficult to make one's home in just a run-down thatched hut.*

【存亡】cúnwáng (动)生和死,存在和灭亡 *live or die; survive or perish*：与阵地共～ *defend one's position to the death* /这是决定中华民族生死～的战争。Zhè shì juédìng Zhōnghuá mínzú shēngsǐ ～ de zhànzhēng. *This was the war which decided whether or not the Chinese nation would survive or perish.*

【存项】cúnxiàng (名) *credit balance; balance*

【存心】cúnxīn (副)故意,有意 *intentionally; deliberately; on purpose*：她这么～整我。Tā zhè shì ～ zhěng wǒ. *She's deliberately making me suffer.* /你这不是～让我当众出丑吗? Nǐ zhè bùshi ～ ràng wǒ dāngzhòng chū chǒu ma? *Isn't this intentionally getting me to make an exhibition of myself?*

【存心】cún ＝ xīn 怀着某种(不好的)想法 *cherish certain bad intentions*：～可疑 ～ kěyǐ *questionable intentions* /你是存的什么心? Nǐ zhè shì cún de shénme xīn? *What do you intend to do?*

【存衣处】cúnyīchù (名) *cloakroom*

【存疑】cúnyí (动)把问题或疑难问题放着不去处理 *leave a question open*：作者的生卒年月还不清楚,只好暂时～。Zuòzhě de shēng zú nián yuè hái bù qīngchu, zhǐhǎo zànshí ～. *The dates of this author's birth and death were not clear, so we had to leave the question open for the time being.*

【存在】cúnzài (动) *exist; be*：水里～不少杂质。Shuǐ li ～ bù shǎo zázhì. *There are a lot of impurities in the water.* /前

进道路上还～许多困难。Qiánjìn dàolù shang hái ～ xǔduō kùnnan. *There are still a lot of problems on the road ahead.* (名)哲学范畴。指人们意识之外的客观物质世界 *being*：～决定意识,社会～决定社会意识。～ juédìng yìshí, shèhuì ～ juédìng shèhuì yìshí. *Being determines consciousness; social being determines social consciousness.*

【存折】cúnzhé (名)〔个 gè〕*bankbook; deposit book*

【存执】cúnzhí (名)同"存根" cúngēn *same as "存根" cúngēn*

cǔn

忖 cǔn (动)◇仔细思考,揣测 *ponder; thoroughly consider*

【忖度】cǔnduó (动)〈书〉推测 *speculate; conjecture*

cùn

寸 cùn (量)市制长度单位,一米的三十分之一 *a unit of length, 1/30 of a metre* (形)◇比喻极小或极短 *very little; very short; small*：～功 ～ gōng *small contribution; meagre achievement* /～草不生 ～ cǎo bù shēng *no grass can grow*

【寸步不离】cùn bù bù lí 形容两者关系紧密,一会儿也不肯分离 *follow sb. closely; keep close to*：小狗紧随它的主人,～。Xiǎo gǒu jǐn suí tā de zhǔrén, ～. *The puppy follows his master closely.* /这孩子～地跟着他爸爸。Zhè háizi ～ de gēnzhe tā bàba. *The child was his father's shadow.*

【寸步难行】cùn bù nán xíng 形容走路困难。现多用来比喻处境艰难,(事情)不能有任何进展 *difficult to move even a step*：不冲破传统观念和旧制度,要想改革真是～。Bù chōngpò chuántǒng guānniàn hé jiù zhìdù, yào xiǎng gǎigé zhēn shì ～. *You can't move a step in reform without breaching traditional ideas and old systems.*

【寸草不留】cùn cǎo bù liú 一点小草也不留,比喻破坏得十分彻底 *leave not even a blade of grass—be totally devastated*

【寸土必争】cùn tǔ bì zhēng 一点儿土地也要争夺(不让侵略者占领)*fight for every inch of land*

【寸土不让】cùn tǔ bú ràng 一点儿土地也不让给别人 *will not give up even an inch of land*：保卫祖国,～。Bǎowèi zǔguó, ～. *To protect the motherland we will not give up even an inch of land.*

cuō

搓 cuō (动)两个手掌反复摩擦,或把手掌放在别的东西上来回揉 *rub with the hands; wring (one's hands)*：他急得直～手。Tā jí de zhí ～ shǒu. *He wrung his hands in anguish.* /我半天才～了一根绳子。Wǒ bàntiān cái ～ le yì gēn shéngzi. *It took me a long time to twist one piece of rope.*

【搓板儿】cuōbǎnr (名)〔个 gè、块 kuài〕*washboard*

磋 cuō

【磋商】cuōshāng (动)〈书〉反复商量讨论 *consult; exchange views*：通过～,双方达成协议。Tōngguò ～, shuāngfāng dáchéng xiéyì. *After exchanging views, both sides reached agreement.*

撮 cuō (动)用簸箕等工具贴着平面往前推,使零散的东西聚在一起 *scoop up with a dustpan or shovel*：把场上晒的粮食～在一块堆起来。Bǎ cháng shang shài de liángshi ～ zài yíkuàir duī qilai. *Scoop up the grain that is drying on the threshing*

ground and put it in a pile. （量）（1）a unit of capacity (= 1 millilitre)（2）用拇、食、中三指所捏取的那些细碎东西称一撮，也借用于极少数坏人 pinch; handful：一～盐 yì ～ yán a pinch of salt /一～糖 yì ～ táng a pinch of sugar /好人占绝大多数，坏人只是一小～。Hǎorén zhàn jué dàduōshù, huàirén zhǐ shì yì xiǎo ～. Good people are in the majority, while there is only a handful of bad people.

【撮合】cuōhe（动）从中促成，使之聚合 make a match; act as go-between：这对夫妻是我们大家给～的。Zhè duì fūqī shì wǒmen dàjiā gěi ～ de. This is the couple for whom we acted as go-between. / 在村长的～下，我们四家成立了联合养鸡场。Zài cūnzhǎng de ～ xià, wǒmen sì jiā chénglile liánhé yǎngjīchǎng. With the help of the village head our four families established a joint chicken farm.

蹉 cuō

【蹉跎】cuōtuó（动）〈书〉时间白白地过去 (time) slips by with no accomplishment

cuó

嵯 cuó

【嵯峨】cuó'é（形）〈书〉山势高而陡 (of mountains) high and steep

cuò

挫 cuò

（动）◇（1）压下去，使降低 subdue; lower：～敌人的气焰，长自己的威风。 deflate the enemy's arrogance and increase our own morale /～～他的骄气 ～ ～ tā de jiāoqì deflate his arrogance（2）失败，失利 defeat：初战受～ chū zhàn shòu ～ suffer a setback at the beginning of the war

【挫败】cuòbài（动）击败 frustrate; defeat：敌人三次进攻～ dírén sān cì jìngōng bèi ～ foil the enemy's attack three times / 阴谋被～。Yīnmóu bèi ～. The plot was foiled.

【挫伤】cuòshāng（动）（正气）受损伤 dampen; discourage：不要～他的积极性 búyào ～ tā de jijíxìng don't dampen his enthusiasm /这孩子的自尊心受到～。Zhè háizi de zìzūnxīn shòudào ～. The child's self-respect was injured.

【挫折】cuòzhé（名）（事情进行中遇到）困难、阻碍，乃至失利或失败的情况 setback; reverse：工作中遭受不少～。Gōngzuò zhōng zāoshòu bù shǎo ～. suffer quite a few setbacks in one's work /遇到～不要灰心丧气。Yùdào ～ búyào huī xīn sàng qì. When you suffer a setback you shouldn't get disheartened.

措 cuò

（动）◇安排，处置 arrange; manage; handle：不知所～ bù zhī suǒ ～ be at one's wits' end

【措词】cuò = cí〈书〉（说话或作文章时）选用词句 wording; diction：～严厉 ～ yánlì couched in harsh terms /～失当 shīdàng inappropriate wording /一样的话，～不同，效果也不同。Yíyàng de huà, ～ bù tóng, xiàoguǒ yě bù tóng. The same thing said in a different wording would not have the same effect.

【措辞】cuò = cí 同"措词" cuòcí same as "措词" cuòcí

【措施】cuòshī（名）[项 xiàng]（处理事情）所采用的办法 measure; step：～不力 ～ búlì weak measures /采取重大～ cǎiqǔ zhòngdà ～ adopt an important measure /安全一定要跟上。Ānquán ～ yídìng yào gēnshang. Safety measures must be adopted immediately.

【措手不及】cuò shǒu bù jí 没有准备，临时来不及应付 be caught unprepared; be caught unawares：打他个～ dǎ tā ge ～ make a surprise attack on them /事前要作好准备，以免台风来临。Shìqián yào zuòhǎo zhǔnbèi, yǐmiǎn táifēng láilín ～. You should be prepared beforehand so that when a typhoon comes you won't be caught unawares.

锉 〔銼〕cuò

（名）[把 bǎ] file（动）file; make smooth with a file：请你把这块铁片～光。Qǐng nǐ bǎ zhè kuài tiěpiàn ～guāng. Please file this piece of iron smooth.

【锉刀】cuòdāo（名）[把 bǎ] 同"锉" cuò（名）same as "锉" cuò（名）

错 〔錯〕cuò

（名）（～儿）过失，差错 fault; mistake：你没～，都怨他。Nǐ méi ～, dōu yuàn tā. You are not to blame. It's his fault. /细心点，别出～。Xìxīn diǎnr, bié chū ～. Be careful or you'll make mistakes.（形）（1）不正确 wrong：～字 ～ zì wrong character /你记～了，还是他说得对。Nǐ jì le, háishi tā shuō de duì. You have remembered it wrongly, he is right. /他算～了账。Tā suàn ～le zhàng. He has added up the bill wrong.（2）坏、差（用于否定）bad; poor (only in negative)：这篇文章写得挺不～。Zhè piān wénzhāng xiě de tǐng bú～. This paper is well-written. / 你放心，我买的东西～不了。Nǐ fàng xīn, wǒ mǎi de dōngxi ～ bu liǎo. Don't worry, the things I buy are sure to be good.（动）相互避让，使不碰到一起 stagger; arrange alternately：你们两个队的练习时间要～开，因为只有一个球场。Nǐmen liǎng ge duì de liànxí shíjiān yào ～ kāi, yīnwèi zhǐ yǒu yí ge qiúchǎng. You'll have to stagger your practice times for your two teams, since there's only one court.

【错案】cuò'àn（名）〈法〉a misjudged case

【错别字】cuòbiézì（名）错字和别字 wrongly written or pronounced characters：你的作文里～太多。Nǐ de zuòwén li ～ tài duō. There are too many wrongly written characters in your composition.

【错车】cuò = chē (of a vehicle) give the right of way to another vehicle

【错处】cuòchù（名）过错 fault; demerit：这不是你的～，而是他太挑剔了。Zhè bú shì nǐ de ～, ér shì tā tài tiāoti le. It's not your fault. He's just too picky.

【错怪】cuòguài（动）因误会而错误地责怪或抱怨 blame sb. wrongly：你别～了他，是我干的事。Nǐ bié ～le tā, shì wǒ gàn de shì. Don't blame him, I did it.

【错过】cuòguò（动）失去（机会）miss (a chance)：别～这个大好时机。Bié ～ zhège dàhǎo shíjī. Don't miss this golden opportunity. /～了班车 ～le bānchē miss the bus

【错觉】cuòjué（名）对客观事物的一种错误感觉，如同一灰色物，放在白、黑两种背景中，看起来前者较黑，后者较白 illusion; misconception; wrong impression

【错误】cuòwù（形）不正确，不符合客观实际的 wrong; mistaken; erroneous：～观点 ～ guāndiǎn a mistaken viewpoint / 你的作法是～的。Nǐ de zuòfǎ shì ～ de. The way you did it is wrong.（名）不正确的事物、行为等 mistake; error：坚持真理，修正～。Jiānchí zhēnlǐ, xiūzhèng ～. Hold firmly to the truth and correct one's mistakes. /我今天犯了一个大～。Wǒ jīntiān fànle yí ge dà ～. I made a big mistake today.

【错字】cuòzì（名）（1）任何写错或读错的汉字，包括"别字"和印刷错误 wrongly written character; mispronounced character; misprint (the character may be correct, but is not the right one in the context)（2）区别于"别字"的读错或写错的汉字以及这样的印刷错误 a character so wrongly written or pronounced it is no longer a proper character

D

dā

耷 dā
【耷拉】dāla（动）〈口〉下垂 *droop*; *hang down*：小狗的耳朵老～着。Xiǎogǒu de ěrduo lǎo ～zhe. *The puppy's ears are always drooping.* /裙子太长了，都快～到地上了。Qúnzi tài cháng le, dōu kuài ～ dào dì shang le. *The skirt is too long. It hangs down almost to the ground.* /他这两天总～着脸，是怎么了？Tā zhè liǎng tiān zǒng ～zhe liǎn, shì zěnme le? *What's the matter with him? He has had a long face for the past two days.*

搭 dā
（动）(1)支，架 *put up*; *pitch*; *build*：临时～个台 línshí ～ ge tái *build a platform temporarily* /～棚子～ péngzi *put up a shed* /乌鸦喜欢在杨树上～窝。Wūyā xǐhuan zài yángshù shang ～ wō. *The crows like to build their nests on the aspen.* (2)把柔软的东西放在可以支架的物体上 *hang over*：洗的衣服太多，绳子上没地方～了。Xǐ de yīfu tài duō, shéngzi shang méi dìfang ～ le. *The clothes are washed too many to hang over the rope.* /他把毛衣脱了～在肩膀上。Tā bǎ máoyī tuōle ～ zài jiānbǎng shang. *He took off his sweater and slung it over his shoulder.* (3)叠合 *come into contact*：注意别让这根电线～在那上。Zhùyì bié ràng zhè gēn diànxiàn ～ zài nà shang. *Be careful, not let this wire touch that one.* (4)凑上，加上〈口〉*add*; *throw in*：再一上二十块钱就可以买辆好自行车。Zài ～ shang èrshí kuài qián jiù kěyǐ mǎi liàng hǎo zìxíngchē. *To add twenty dollars more I can buy a good bicycle.* /～上他，正好十个人。～shang tā, zhènghǎo shí ge rén. *There are exactly ten persons if he is added.* (5)配搭〈口〉*coordinate*; *go together*：米、面最好～着吃，不要净吃一样儿。Mǐ、miàn zuìhǎo ～zhe chī, búyào jìng chī yí yàngr. *You had better eat rice and wheat flour alternately and don't eat just one of them.* (6)共同抬起 *carry*; *lift up（together with sb.）*：你帮我把桌子一起来，挪一下，行吗？Nǐ bāng wǒ bǎ zhuōzi ～ qilai, nuó yíxià, xíng ma? *Could you lift the desk with me and move it a bit?* (7)乘（车、船等）*take（a car, ship）*：他明天也去飞机场，我可以～他的车。Tā míngtiān yě qù fēijīchǎng, wǒ kěyǐ ～ tā de chē. *He will go to the airport tomorrow too, so I can go there by his car.* /他是～船去上海的。Tā shì ～ chuán qù Shànghǎi de. *He went to Shanghai by boat.*
【搭班子】dā bānzi 为执行一定任务而成立某种组织和机构（包括人员的安排等）*get a group together and set up an organization（to carry out a specific task）*
【搭伴】dā=bàn（～儿）结伴（同行）*（travel）together*; *in company*：一个人旅行太孤单，咱们俩～走。Yí ge rén lǚxíng tài gūdān, zánmen liǎ ～ zǒu. *To travel alone is so lonesome, let us go together.*
【搭乘】dāchéng（动）乘（车、船等）*travel by（car, ship, etc.）*：～火车～ huǒchē *travel by train*
【搭档】dādàng（名）合作共事的人 *partner*：他是我的老～了。Tā shì wǒ de lǎo ～ le. *He's my old partner.*
【搭伙】dā=huǒ（动）(1)合在一起（做某事）*join as partner（to do sth.）*：我们俩一做买卖。Wǒmen liǎ ～ zuò mǎimai. *We two are partners in business.* (2)加入集体伙食，和别人一起吃饭 *eat regularly（in a mess, etc.）*：我那时在一个小学里～。Wǒ nà shí zài yí ge xiǎoxué lǐ ～. *At that time, I was eating regularly in a primary school cafeteria.*
【搭架子】dā jiàzi 搭起（房子的）架子，比喻事情刚刚开始做，或文章刚开始布局 *build a framework（for a house）*; *get（a matter, etc.）roughly into shape*; *make an outline（of an article, etc.）*：出版社还没正式成立，刚～。Chūbǎnshè hái méi zhèngshì chénglì, gāng ～. *The publishing house hasn't been formally set up yet. It's just getting into shape.* /我这篇文章已经搭好架子了，两三天就能写完。Wǒ zhè piān wénzhāng yǐjīng dāhǎo jiàzi le, liǎng-sān tiān jiù néng xiěwán. *I've already made an outline for this article and should be finished writing it in two or three days.*
【搭救】dājiù（动）帮助人脱离危险或灾难 *rescue*：旧社会遇到天灾人祸没人～。Jiù shèhuì yùdào tiānzāi rénhuò méi rén ～. *No one rescued the people when there were natural and man-made calamities in the old society.* /是共产党～了我这个孤儿。Shì gòngchǎndǎng ～le wǒ zhège gū'ér. *It is the Communist Party who saved me—an orphan.*
【搭拉】dāla（动）〈口〉同"耷拉" dāla *same as "耷拉"* dāla
【搭配】dāpèi（动）两种或更多的人、物按一定要求一定比例配合在一起 *arrange（in pairs or groups）*; *co-ordinate*; *combine*：分配任务时强弱劳动力要合理～。Fēnpèi rènwu shí qiáng ruò láodònglì yào hélǐ ～. *When assigning workers to tasks, see that strong workers and weaker ones are assigned to work together in proper proportions.* /这个动词和这个名词～不当。Zhège dòngcí hé zhège míngcí ～ bú dàng. *This verb is not in proper collocation with this noun.*
【搭腔】dā=qiāng〈口〉回答，接着说 *answer*; *respond*：我问了半天，没人～。Wǒ wènle bàntiān, méi rén ～. *I asked several times, but nobody answered.*
【搭桥】dā=qiáo 架桥，也比喻从中撮合，联系 *build（or put up）a bridge*; *（fig.）act as a go-between*：河上新搭了一座木桥。Hé shang xīn dāle yí zuò mù qiáo. *A wooden bridge has been newly built over the river.* /他们俩结婚，还是我搭的桥呢。Tāmen liǎ jié hūn, háishì wǒ dā de qiáo ne. *I acted as the matchmaker for those two and now they're married.*
【搭讪】dāshàn（动·不及物）（为了接近不认识的人，或把难堪的局面应付过去）没话找话说 *strike up a conversation（with a stranger）*; *make some comments to smooth over an embarrassing situation*
【搭手】dā=shǒu 帮忙 *help sb.*; *render sb. a service*：我实在忙不过来，请你搭把手。Wǒ shízài máng bu guòlái, qǐng nǐ dā bǎ shǒu. *I can't manage all by myself. Please give me a hand.* /我想帮他干，可又搭不上手。Wǒ xiǎng bāng tā gàn, kě yòu dā bu shàng shǒu. *I want to help him do it, but I can't.* /劳驾，请搭搭手，把那几本书递给我。Láo jià, qǐng dāda shǒu, bǎ nà jǐ běn shū dì gěi wǒ. *Excuse me, would you please help and pass those books over to me?*

答 dā
（动）◇*answer*; *reply*; *respond* 另见 dá
【答理】dāli（动）对别人的言语、行动表示态度，多用于否定句 *acknowledge（sb.'s words, actions, etc.）*; *respond（usu. used in a negative sentence）*：他架子大，不爱～人。Tā jiàzi dà, bú ài ～ rén. *He really puts on airs and rarely acknowledges others.* /说了半天，也没人～他。Shuōle bàntiān, yě méi rén ～ tā. *He went on for a long time, but still nobody gave him a response.* /他俩吵架了，谁也不～谁。Tā liǎ chǎo jià le, shuí yě bù ～ shuí. *Those two have fallen out with each other, so now they are not on speaking terms.*

【答应】dāying（动）(1)应声回答 answer；reply；respond：我在门外喊了几声，没人～。Wǒ zài mén wài hǎnle jǐ shēng, méi rén ～. I called several times outside the door, but there was no answer. (2)应允、同意 promise；agree：他起初不肯，后来才～了。Tā qǐchū bù kěn, hòulái cái ～ le. He did not agree at first but later he did. /任何国家想霸占我国领土，我们都坚决不～。Rènhé guójiā xiǎng bàzhàn wǒ guó lǐngtǔ, wǒmen dōu jiānjué bù ～. We will resolutely resist if any country wants to forcibly occupy our territory. /父亲～给儿子买辆自行车。Fùqin ～ gěi érzi mǎi liàng zìxíngchē. The father promised to buy a bicycle for his son.

dá

打 dá（量）十二个为一打(用于小件用品计量)(英语 dozen 的音译) dozen：一～铅笔 yì ～ qiānbǐ one dozen of pencils /两～袜子 liǎng ～ wàzi two dozen pairs of socks 另见 dǎ

达〔達〕dá（动）(1)到达 reach；attain：不～目的，决不停止。Bù ～ mùdì, jué bù tíngzhǐ. We will never stop until our goal is achieved. /他们的谈话长～五小时。Tāmen de tán huà cháng ～ wǔ xiǎoshí. Their conversation continued as long as five hours. (2)表达 express；convey：词不～意 cí bù ～ yì That word fails to convey the meaning.

【达标】dá=biāo 达到规定的标准 reach a set standard
【达成】dá // chéng（通过商谈）得到(双方共同认可的条款) reach；conclude；achieve：～协议 ～ xiéyì reach an agreement /～一笔交易 ～ yì bǐ jiāoyì achieve a bargain
【达到】dá // dào（通过努力）达到或实现(抽象的事物) reach；achieve；attain：～国际水平 ～ guójì shuǐpíng reach international standards /～目的 ～ mùdì achieve the aim /～大学毕业程度 ～ dàxué bì yè chéngdù reach university graduating level /这种要求谁也达不到。Zhè zhǒng yāoqiú shuí yě dá bu dào. No one can meet this requirement.

沓 dá（量）(～儿) pile (of paper, etc.); pad; wad：请你给我一～纸。Qǐng nǐ gěi wǒ yì ～ zhǐ. Please give me a pad of paper. /他拿了一～钞票就走了。Tā nále yì ～ chāopiào jiù zǒu le. He grabbed a wad of banknotes and left.

答 dá（动）回答 answer；reply：我问了他几个问题，他都～出来了。Wǒ wènle tā jǐ ge wèntí, tā dōu ～ chulai le. I asked him a few questions and he answered them all. /问题刚～了一半时间就到了。Wèntí gāng ～ le yíbàn shíjiān jiù dào le. Only half of the questions were answered when time ran out. 另见 dǎ

【答案】dá'àn（名）对问题所做的解答 answer to a question；solution to a problem：上次考试的标准～你知道吗？Shàng cì kǎoshì de biāozhǔn ～ nǐ zhīdao ma? Do you know the standard answers of the last examination? /这个问题没有一定的～。Zhège wèntí méi yǒu yídìng de ～. This question does not have a definite answer.
【答辩】dábiàn（动）答复别人的指责、控告、问难，为自己的行为或论点申辩 reply in support of one's own idea or opinion：明天这个研究生要为他的论文～。Míngtiān zhège yánjiūshēng yào wèi tā de lùnwén ～. This graduate student will defend himself for his thesis tomorrow. /在法庭上，被告人有～的权利。Zài fǎtíng shang, bèigàorén yǒu ～ de quánlì. The accused has right to defend himself in court.
【答词】dácí（名）(在一定仪式中)表示谢意或答复时所说的话 (on a formal occasion) speech in reply：在致～的时候，

他发表了热情洋溢的讲话。Zài zhì ～ de shíhou, tā fābiǎole rèqíng yángyì de jiǎnghuà. He expressed fervently when he made the answering speech.
【答对】dáduì（动·不及物）回答(多用于否定式) answer (a question)；reply (usu. used in the negative)：我问得他无言～。Wǒ wèn de tā wú yán ～. He was flustered by my question.
【答复】dáfù（动）对某种要求、请求给以回答(比较正式) reply (formally)：这么多日子了，你得赶快～人家。Zhème duō rìzi le, nǐ děi gǎnkuài ～ rénjia. It has been many days; you should give the answer to them as soon as possible. /我们的报告送上去一个多月了，上级还没～。Wǒmen de bàogào sòng shangqu yí ge duō yuè le, shàngjí hái méi ～. Our report has been submitted to the superior for more than one month, but they have not answered.
【答话】dáhuà（动·不及物）回答，多用于否定式 answer；reply (usu. used in the negative)：问题提出后，对方一直没～。Wèntí tíchū hòu, duìfāng yìzhí méi ～. The other party hasn't replied to the question yet.
【答卷】dájuàn（名）考试时，回答好问题的卷子 an answered examination paper
【答数】dáshù（名）solution；answer
【答谢】dáxiè（动）受了别人的好处或招待，表示谢意(多作谓语) reciprocate；express appreciation：法国总统昨晚举行～宴会。Fǎguó zǒngtǒng zuó wǎn jǔxíng ～ yànhuì. The president of France held a return banquet last night.

dǎ

打 dǎ（动）(1)用手或物体撞击 strike；hit；beat：～人 ～ rén strike somebody /～门 ～ mén knock the door /～鼓 ～ gǔ beat a drum (2)器皿、蛋类等因撞击而破碎 break；smash：他不小心～了一个碗。Tā bù xiǎoxin ～ le yí ge wǎn. He broke a bowl carelessly. (3)攻打 attack：把敌人～回老家去。Bǎ dírén ～ huí lǎojiā qu. attack the enemy and drive them back to their home (4)捆卷 tie up：～行李 ～ xíngli tie up one's luggage /～裹腿 ～ guǒtuǐ wrap one's puttees (5)编织 knit；weave：～毛衣 ～ máoyī knit a sweater/ ～草鞋 ～ cǎoxié weave straw-sandals (6)画 paint；draw：～格儿 ～ gér draw squares /～个问号 ～ ge wènhào put a question mark (7)凿、挖、钻 dig；bore：～眼儿 ～ yǎnr punch a hole /～井 ～ jǐng dig a well /～洞 ～ dòng dig a hole (8)举、撑 hoist；raise：～伞 ～ sǎn hold up an umbrella / ～旗子 ～ qízi hold aloft a flag (9)发射、发出 give out；send；emit：～炮 ～ pào fire a gun /～信号 ～ xìnhào send a signal /～电报 ～ diànbào send a telegram /～电话 ～ diànhuà make a telephone call (10)用割、砍等动作收获、收集 get in；collect：～了两万斤稻子 ～ le liǎngwàn jīn dàozi get in 20,000 jin of rice (unhusked) /～柴 ～ chái gather firewood /～草喂牛 ～ cǎo wèi niú cut grass and feed the cow (11)取 fetch；gather in；get：～水 ～ shuǐ fetch some water (12)捕捉，猎取 catch；hunt：～鱼 ～ yú catch fish /～野猪 ～ yězhū hunt boars (13)买 buy：～酒 ～ jiǔ buy wine /～油 ～ yóu buy oil /～票 ～ piào buy a ticket (14)玩、练 play：～乒乓球 ～ pīngpāngqiú play table tennis /～扑克 ～ pūkè play cards /～太极拳 ～ tàijíquan (shadow boxing) (15)奠定 lay：～基础 ～ jīchǔ lay a foundation /他的汉语底子～得好。Tā de Hànyǔ dǐzi ～ de hǎo. He has a good grounding in Chinese. (16)做、从事 do；engage in：～短工 ～ duǎngōng be hired by the day as a labourer /～游击 ～ yóujī wage guerrilla warfare (17)计算〈口〉calculate；estimate：就～着只来二十人，这些面也不够吃呀！Jiù ～ zhe zhǐ lái èrshí rén, zhèxiē miàn yě bú gòu chī ya! These noodles are not enough to eat even if only

twenty people come. /这笔钱～在你的帐里没有? Zhè bǐ qián ～ zài nǐ de zhàng li méiyou? Did you count this money into your account? （介）〈口〉意同"从" cóng (1)(2)(3)，但不用于单音节方位词前或四字格中 same as "从" cóng (1)(2)(3) (but is not used before a monosyllabic word indicating a position, nor in a four-character pattern) from; since (1)介绍出作为起点的处所、时间或出发点、来源等 (introduces a starting point in place or time, or a point of departure, a source, etc.）：～来中国以后, 我去过他家三次了。～ lái Zhōngguó yǐhòu, wǒ qùguo tā jiā sān cì le. I have gone to his house three times since I came to China. /学校门口往北走, 就是邮局。～ xuéxiào ménkǒu wǎng běi zǒu, jiù shì yóujú. If you walk northward from the school gate, you will find the post office. /不知他～哪儿来的力量, 把书全搬上去了。Bù zhī tā ～ nǎr lái de liliang, bǎ shū quán bān shangqu le. I don't know where he gets his strength, he moved all the books upstairs. /这股溪水是～深山里来的。Zhè gǔ xīshuǐ shì ～ shēn shān li lái de. This stream flows out from deep in a mountain. (2)介绍出经过的路线或处所 (introduces the path or place through which sth. goes)：～小道走, 近得多。～ xiǎo dào zǒu, jìn de duō. It's much closer if you take the path. /汽车～我旁边开过去了。Qìchē ～ wǒ pángbiān kāi guoqu le. The bus drove by me. /月光～窗外射进来。Yuèguāng ～ chuāng wài shè jinlai. Moonlight came shining in from outside the window. "打"也可说成"打从" ("打" can also be said as "打从")：他～从一上大学, 就搬到学校去住了。Tā ～ cóng yī shàng dàxué, jiù bāndào xuéxiào qu zhù le. He moved onto campus and has lived there ever since he started university. 另见 dá

【打靶】dǎ=bǎ practise shooting; rifle practice; target practice：这个地方今天下午有部队来～。Zhège dìfang jīntiān xiàwǔ yǒu bùduì lái ～. A unit will come here to practise shooting this afternoon.

【打败】dǎ//bài (1)战胜(敌人或对方) defeat; beat：昨天我们班把他们班～了, 获得排球冠军。Zuótiān wǒmen bān bǎ tāmen bān ～ le, huòdé páiqiú guànjūn. Our class defeated theirs and won the volleyball champion. /我可打不败他! Wǒ kě dǎ bu bài tā! I can't defeat him. (2)在战争或竞赛中失败 (in a war, competition) fail; lose：在国际战争中, ～的一方叫战败国。Zài guójì zhànzhēng zhōng, ～ de yì fāng jiào zhànbàiguó. In an international war, the one defeated is called the defeated nation. /这次篮球赛～了没关系, 下次再努力。Zhè cì lánqiúsài ～ le méi guānxi, xià cì zài nǔ lì. To lose in this basketball game does not matter, we can strive for next time.

【打扮】dǎban (动)通过修饰或装饰, 使容貌或外观好看 dress up; deck out; make up：这个姑娘～得真漂亮。Zhège gūniang ～ de zhēn piàoliang. This girl dresses up very beautifully. /节日的天安门～得格外壮观。Jiérì de Tiān'ānmén ～ de géwài zhuàngguān. The Tian'anmen is decorated particularly magnificant in festivals. （名）衣着穿戴的样子 style of dress：一看～, 就知道她是华侨。Yí kàn ～, jiù zhīdao tā shì huáqiáo. From her dressing you can know that she is an overseas Chinese. /教师有教师的～, 得合身份。Jiàoshī yǒu jiàoshī de ～, děi hé shēnfen. A teacher should dress as a teacher and the style must be compatible with his status.

【打包】dǎ=bāo (1)用纸、布、稻草等包装物品 bale; pack (with paper, cloth, rice straw, etc.); bundle up：棉花都已打好包, 装上车了。Miánhua dōu yǐ dǎhǎo bāo, zhuāngshàng chē le. All the cotton has been bundled up and packed onto the truck. (2)打开包着的东西 unpack：图书馆最近买了一批书, 还没～呢! Túshūguǎn zuìjìn mǎile yì pī shū, hái méi ～ ne! The library bought a batch of books recently, but they haven't been unpacked yet.

【打保票】dǎ bǎopiào 保证 guarantee：我想他能通过这次考试, 可是我也不能给他～。Wǒ xiǎng tā néng tōngguò zhè cì kǎoshì, kěshì wǒ yě bù néng gěi tā ～. I think probably he can pass this examination, but I am not very sure.

【打抱不平】dǎ bàobùpíng 对发生在别人身上的不公平的事表示不满, 出面干涉 speak up for somebody who has been wronged; stand up to a bully in defense of somebody：这个人最爱～, 对自己的事却不大计较。Zhège rén zuì ài ～, duì zìjǐ de shì què búdà jìjiào. This person always likes to stand up to a bully in defense of somebody else but he gives no thought to his own matters.

【打草惊蛇】dǎ cǎo jīng shé 应采取机密行动时, 透露了风声, 惊动了对方 (beat the grass and frighten away the snake) give away secrets by acting rashly, thus putting the enemy on his guard：你监视他, 一定不要让他发现, 不然就会～, 使我们的计划失败。Nǐ jiānshì tā, yídìng búyào ràng tā fāxiàn, bùrán jiù huì ～, shǐ wǒmen de jìhuà shībài. Keep an eye on him! But never let him find out, for that will give away secrets and fail our plan.

【打岔】dǎ=chà 别人说话时, 插入内容上不相干的话 interrupt (a conversation)：你别～, 听我说下去。Nǐ bié ～, tīng wǒ shuō xiàqu. Don't interrupt. Let me continue my speech. /大人说话, 孩子总是爱～. Dàren shuō huà, háizi zǒngshì ài ～. The children always like to interrupt when the adults are speaking.

【打场】dǎ=cháng 农作物收割后在场上脱粒 thresh (grain)：种完小麦以后再～. Zhòngwán xiǎomài yǐhòu zài ～. Plant wheat first and then thresh grain. /打完场以后, 我要去趟北京。Dǎwán cháng yǐhòu, wǒ yào qù tàng Běijīng. After threshing grain, I will go to Beijing.

【打成一片】dǎ chéng yí piàn 不同阶层、不同身份的人思想感情上不分彼此, 十分融洽 become one with; merge with; identify oneself with; be one with：知识分子要跟工农～. Zhīshi fènzǐ yào gēn gōng nóng ～. The intelligentsia should merge with the workers and the peasants. /这个机关的干部和群众已经完全～, 没有人有什么特权。Zhège jīguān de gànbù hé qúnzhòng yǐjīng wánquán ～, méi yǒu rén yǒu shénme tèquán. The cadres have merged with the masses in this organization, and no one has any privilege.

【打倒】dǎ//dǎo 攻击使其垮台; 推翻 overthrow; down with：一切帝国主义和新老殖民主义, 都～! yíqiè dìguózhǔyì hé xīn lǎo zhímínzhǔyì. Overthrow all the imperialism and the old and new colonialism. /封建制度早被～, 但是封建思想残余至今还存在。Fēngjiàn zhìdù zǎo bèi ～, dànshì fēngjiàn sīxiǎng cányú zhìjīn hái cúnzài. The feudal system was overthrown long ago, but the feudal thought still exists now.

【打底子】dǎ dǐzi (1)画底样或起草稿 sketch (a picture, etc.); make a rough draft (of a manuscript, etc.)：这幅画我刚～. Zhè fú huà wǒ gāng ～. I just sketched this drawing. /这篇发言稿你先打个底子, 然后大家再讨论修改。Zhè piān fāyángǎo nǐ xiān dǎ ge dǐzi, ránhòu dàjiā zài tǎolùn xiūgǎi. First, you write a rough draft for this speech, then we'll all discuss and revise it afterwards. (2)打基础 lay a foundation：这一摊工作当初都是老张打的底子。Zhè yì tān gōngzuò dāngchū dōu shì Lǎo Zhāng dǎ de dǐzi. It was Lao Zhang who originally laid the foundation for this pile of work.

【打点】dǎdian (动)〈口〉收拾, 准备 get (luggage, etc.) ready：明早就要起程, 行李～好了吗? Míng zǎo jiù yào qǐchéng, xíngli ～ hǎo le ma? We're setting out early tomorrow morning. Have you got your luggage ready yet?

【打点滴】dǎ diǎndī 〈医〉输液 have an intravenous drip

【打动】dǎdòng (动)〈用话语〉使人感动 move; touch：她的一番话, ～了小伙子的心。Tā de yì fān huà, ～le xiǎohuǒzi

de xīn. *What she said touched the young man to the heart.* /他的富于鼓动性的报告一定会～听众的。Tā de fùyú gǔdòngxìng de bàogào yídìng huì ～ tīngzhòng de. *His agitating report will certainly touch the audience.*

【打赌】dǎ=dǔ bet：他准考不上大学，你不信，咱们～，他考上了，我请你吃饭。Tā zhǔn kǎo bu shàng dàxué，nǐ bú xìn，zánmen ～，tā kǎoshàng le，wǒ qǐng nǐ chī fàn. *It is certain that he will not pass the college entrance examination. We can bet if you don't believe me and I will treat you to a dinner in case he does.* /明天一定是好天儿，咱们打个赌吧，——，你赌什么？Míngtiān yídìng shì hǎo tiānr，zánmen dǎ ge dǔ ba! ——，nǐ dǔ shénme? *It will be a nice day tomorrow, shall we bet? ——What is your stake?*

【打断】dǎ//duàn (1)由于受击而断折 break：狼的腿被～了，跑不掉了。Láng de tuǐ bèi ～ le，pǎo bu diào le. *The wolf's leg was broken and it can't run away.* (2)由于外界条件的干扰而中止 interrupt：写文章的时候最怕让人～思路。Xiě wénzhāng de shíhou zuì pà ràng rén ～ sīlù. *It is most distressing that the train of thought is interrupted when writing a composition.* /随便～别人的谈话是不礼貌的。Suíbiàn ～ biérén de tánhuà shì bù lǐmào de. *To freely interrupt others' talking is impolite.*

【打盹儿】dǎ=dǔnr（坐着或靠着）断断续续地入睡 doze off

【打哆嗦】dǎ duōsuo 发抖 tremble；shiver

【打发】dǎfa (动)(1)派（出去）send；dispatch：我已经小张去天津定货了。Wǒ yǐjing ～ Xiǎo Zhāng qù Tiānjīn dìng huò le. *I've already sent Xiao Zhang to Tianjin to order goods.* (2)使离去 dismiss；send away：赶快～他走，别让爸爸看见他。Gǎnkuài ～ tā zǒu，bié ràng bàba kànjian tā. *Send him away at once. Don't let Dad see him.* (3)消磨（时光）while away（one's time）：他这星期整天无事可做，靠看小说～日子。Tā zhè xīngqī zhěng tiān wú shì kě zuò，kào kàn xiǎoshuō ～ rìzi. *He had nothing to do all week, so he read novels to while away his time.*

【打官腔】dǎ guānqiāng 由于不想真心解决问题说些表面很严正的话 stall with official jargon：这个干部办事，总是～。Zhège gànbù bàn shì，zǒngshì ～. *This cadre always talks like a bureaucrat when taking care of his affairs.* /谁都听得出来他在～。Shuí dōu tīng de chūlái tā zài ～. *Everybody can tell that he is only stalling.*

【打官司】dǎ guānsi (1)民事或刑事案件当事人双方到法庭去说理 go to law (against somebody)：从前农民跟地主～，非输不可。Cóngqián nóngmín gēn dìzhǔ ～，fēi shū bùkě. *The peasants would certainly lose if they went to law with the landlords during the old days.* (2)比喻双方辩论（多指对某个理论问题的笔战）debate；argue：打笔墨官司 dǎ bǐmò guānsi *be engaged in written polemics* /"合二而一"与"一分为二"的问题，哲学界已经打了几年官司了。"Hé èr ér yī" yǔ "yī fēn wéi èr" de wèntí，zhéxuéjiè yǐjing dǎle jǐ nián guānsi le. *The problem of "to combine two into one" and "to divide one into two" has been argued for many years in the philosophical world.*

【打滚儿】dǎ=gǔnr〈口〉roll about：疼得他在床上直～。Téng de tā zài chuáng shang zhí ～. *He was in so much pain that he rolled about on the bed.* /别在地上～了，把衣服都弄脏了。Bié zài dì shang ～ le，bǎ yīfu dōu nòngzāng le. *Don't roll on the ground，or you'll get your clothes dirty.*

【打火机】dǎhuǒjī (名)[个 gè] cigarette lighter

【打击】dǎjī (动)攻击；使受挫折 hit；strike；attack；deal a blow (to，at)：不能～群众的积极性。Bù néng ～ qúnzhòng de jījíxìng. *We shouldn't pour cold water on the enthusiasm of the masses.* /给敌人以毁灭性的～ gěi dírén yǐ huǐmièxìng de ～ *give an exterminatory attack to the enemy*

【打击面】dǎjīmiàn (名)〈～儿〉(指在政治运动或刑事制裁中)打击或惩治的人的范围 scope of attack (in a political movement，etc.)；range of punishment (in taking sanctions against criminals，etc.)：这次运动～太宽了。Zhè cì yùndòng ～ tài kuān le. *The scope of attack in this movement was much too wide.* /在打击刑事犯罪运动中要注意缩小～，扩大教育面。Zài dǎjī xíngshì fànzuì yùndòng zhōng yào zhùyì suōxiǎo ～，kuòdà jiàoyùmiànr. *One must be careful to reduce the scope of punishment in movements against crimes and widen the range of education.*

【打击乐】dǎjīyuè (名)用敲打乐器本身发音构成的音乐，乐器主要是锣、鼓等 percussion music

【打架】dǎ=jià 相互吵嘴殴打 fight；come to blows；engage in a brawl：小孩子之间很容易～。Xiǎoháizi zhī jiān hěn róngyì ～. *Fighting easily happens between children.*

【打江山】dǎ jiāngshān 用武力夺取国家统治权 seize political power by force：革命先辈千辛万苦打下来的江山，可不能在我们手中丧失。Gémìng xiānbèi qiān xīn wàn kǔ dǎ xialai de jiāngshān，kě bù néng zài wǒmen shǒu zhōng sàngshī. *We cannot lose the country which was fought for hard by those revolutionary forerunners.*

【打交道】dǎ jiāodao〈口〉交际，往来，发生关系 have dealings with；have contact with；negotiate with (a person)：我们俩经常～。Wǒmen liǎ jīngcháng ～. *We often have contacts with each other.* /我没跟他打过交道，不知道他的为人。Wǒ méi gēn tā dǎguo jiāodao，bù zhīdào tā de wéirén. *I have never had contact with him before，so I don't know what kind of person he is.* 比喻接触某事物 have contact with；engage in；do something：你搞微生物学，整天跟细菌～，可得注意啊！Nǐ gǎo wēishēngwùxué，zhěng tiān gēn xìjūn ～，kě děi zhùyì a! *You study microbiology and engage in microbe all day long，you should be careful!* /庄稼人总是跟泥土～。Zhuāngjiarén zǒngshì gēn nítǔ ～. *The farmers always engage in soil.*

【打搅】dǎjiǎo (动)(1)扰乱 disturb；interrupt：他正在看书，你不要去～他。Tā zhèngzài kàn shū，nǐ bú yào qù ～ tā. *He is reading，don't disturb him.* (2)套语（意为添麻烦）trouble；bother (as an apology)：改日再来～。Gǎirì zài lái ～. *(I) will come to see you another day.*

【打井】dǎ=jǐng 挖井 sink a well：现在，旱地都打了井，成了水浇地。Xiànzài，hàndì dōu dǎle jǐng，chéngle shuǐjiāodì. *Now all the dry land has been sunk wells and under irrigation.* /～、挖渠、兴修水利是农业的根本。～、wā qú，xīngxiū shuǐlì shì nóngyè de gēnběn. *To sink wells，dig canals and develop water conservancy are the bases of agriculture.*

【打开】dǎ//kāi (1)使原来关闭的事物展开 open；unfold；turn on；untie：～箱子 xiāngzi *open a box* /～抽屉 chōuti *open a drawer* /～包袱 ～ bāofu *untie a bundle* /～伞 sǎn *open an umbrella* /～书 ～ shū *open a book* /把表，看看机器有什么毛病。Bǎ biǎo ～，kànkan jīqì yǒu shénme máobìng. *Open the watch and see what's wrong with the machine.* (2)接通电路 turn on：～收音机 ～ shōuyīnjī *turn on the radio* /～电灯 ～ diàndēng *turn on the light* (3)使停滞或狭小的局面发展 make a beginning；break (the ice)；make (a breach)；widen (one's outlook)：～僵局 jiāngjú *break the deadlock* /他到了那里以后，一直打不开局面。Tā dàole nàli yǐhòu，yìzhí dǎ bu kāi júmiàn. *He has not been able to make a beginning since he went there.*

【打垮】dǎ//kuǎ 进行打击使垮台 crush；completely defeat：坚决～敌人 jiānjué ～ dírén *resolutely defeat the enemy*

【打捞】dǎlāo (动)把沉在水里的东西找到取上来 get out of the water；salvage：～沉船 ～ chénchuán *salvage a sunken ship*

【打雷】dǎ=léi thunder：你听，～了。Nǐ tīng，～ le. *Listen! It is thundering.* /打了几声雷，也没下雨。Dǎle jǐ shēng

léi, yě méi xià yǔ. *Although it thundered, it did not rain.*

【打量】dǎliang (动)观察(人的衣着、外貌) take the measure (of somebody); look somebody up and down:警察上下～了他一下,问:"你是个老师?" Jǐngchá shàngxià ～le tā yíxià, wèn:"Nǐ shì ge lǎoshī?" *The police looked him up and down, and asked him:" Are you a teacher?"*

【打猎】dǎ=liè go hunting:他打了一辈子猎也没打过一只老虎。Tā dǎle yíbèizi liè yě méi dǎguo yì zhī lǎohǔ. *He has hunted for his lifetime but never hunted even one tiger.*

【打乱】dǎluàn (动) 弄乱 upset; disrupt; throw into confusion:～部署 bùshǔ disrupt the deployment of troops /～次序,重新安排。～ cìxù, chóngxīn ānpái. *Upset the order and rearrange it again. /*原定的会议开不了,这就把我们的计划～了。Yuán dìng de huìyì bù kāi le, zhè jiù bǎ wǒmen de jìhuà ～ le. *The meeting that had originally been set will not take place. This has disrupted our plans.*

【打埋伏】dǎ máifu (1)lie in ambush; set an ambush; ambush:一排在这里,二排截击敌人后路,三排随全营前进。Yīpái zài zhèlǐ, èrpái jiéjī dírén hòulù, sānpái suí quán yíng qiánjìn. *The first platoon lies in ambush here; the second one attacks the back of the enemy; the third one advances with the whole battalion.* (2)比喻隐瞒某种事实或真相 keep under cover; hold something back:你不要跟我～,我什么不知道! Nǐ búyào gēn wǒ ～, wǒ shénme bù zhīdào! *Don't hold anything back. I know everything!*

【打喷嚏】dǎ pēntì sneeze:他一连打了三个喷嚏。Tā yìlián dǎle sān ge pēntì. *He kept on sneezing three times.* ·

【打破】dǎ//pò (1)(使器物)受撞击而破碎 break; smash:我不小心～了新买的玻璃杯。Wǒ bù xiǎoxīn ～le xīn mǎi de bōli bēi. *I carelessly broke the newly bought glass. /*这盘子是塑料的,打不破。Zhè pánzi shì sùliào de, dǎ bu pò. *This dish is made of plastic and will not be broken.* (2)突破原有的限制、水平或拘束 break away (from original restrict, level):～ 常规,作创造性改革。～ chángguī, zuò chuàngzàoxìng gǎigé. *Break the convention and make a pioneering reformation.* /～了沉默 ～ le chénmò break the silence /～100米全国记录 ～ yìbǎi mǐ quán guó jìlù break the national record of 100-metre race

【打破砂锅问到底】dǎpò shāguō wèn dào dǐ 比喻穷究一件事的根源 keep on asking questions till one gets to the bottom of a matter

【打气】dǎ=qì (1)inflate; pump up:自行车带瘪了,该～了。Zìxíngchē dài biě le, gāi ～ le. *The bicycle's tire is flat, and it should be pumped up.* (2)比喻义,鼓劲儿 bolster (up); encourage; cheer up:他缺乏自信,咱们给他打打气。Tā quēfá zìxìn, zánmen gěi tā dǎda qì. *He lacks confidence, let's encourage him.*

【打前站】dǎ qiánzhàn 行军或集体到外地时,派人走在大队人员之前去进行联系,安排食宿等 act as an advance party; go in advance to make arrangements (for food, lodging, etc.):这次组织学生到外地旅行,还是由小马～。Zhè cì zǔzhī xuéshēng dào wàidì lǚxíng, háishi yóu Xiǎo Mǎ ～. *Xiao Ma will go again this time to make advance arrangements for the group of students who will be travelling.*

【打球】dǎ=qiú 进行足球以外的各种球类运动 play a ball game (except football):下课了,咱们～去。Xià kè le, zánmen ～ qu. *The class is over. Let's go to play a ball game.* /看了半天书,该打会儿球活动活动。Kànle bàntiān shū, gāi dǎ huìr qiú huódòng huódòng. *I have been reading for quite a while. I should play a ball game for a little while and stretch my legs.*

【打趣】dǎ=qù (动) 恶意地(拿人)开玩笑,嘲弄 make fun of:在任何情况下拿人～都是不对的。Zài rènhé qíngkuàng xià ná rén ～ dōu shì bú duì de. *To make fun of*

someone is wrong under any circumstances.

【打群架】dǎ qúnjià 许多人在一起打架斗殴 engage in a gang fight

【打扰】dǎrǎo (动)同"打搅"dǎjiǎo same as "打搅" dǎjiǎo:真对不起,又来～您了。Zhēn duì bu qǐ, yòu lái ～ nín le. *Sorry, I've come to disturb you again.* /常常来～,真抱歉! Chángcháng lái ～, zhēn bàoqiàn! *I'm really sorry to disturb you so often.*

【打入冷宫】dǎ rù lěnggōng (1)封建时代,作为惩罚,使后、妃搬入冷宫居住,再不参与宫廷生活 in feudal ages, this was a kind of punishment for queens or imperial concubines; they were moved to a specific palace and no longer attended the palace life (2)比喻搁置不理 put aside:他的合理建议竟被领导～了。Tā de hélǐ jiànyì jìng bèi lǐngdǎo ～ le. *His reasonable suggestions were put aside and forgotten.*

【打扫】dǎsǎo (动)用笤帚、扫帚除去肮脏的东西,加以整理 clean up:院子太脏了,快～～吧! Yuànzi tài zāng le, kuài ～～ ba! *The courtyard is too dirty, clean it up quickly!* /看来这屋子好久没～了。Kànlái zhè wūzi hǎojiǔ méi ～ le. *It's obvious that this room has not been cleaned up for a long time.*

【打闪】dǎ=shǎn (of lightning) flash

【打手】dǎshou (名) 有钱有势的坏人豢养的欺压人民群众的恶棍 hatchet man (kept by wealthy or powerful people)

【打算盘】dǎ suànpán (1)用算盘计算 calculate on an abacus:小学生都要学～。Xiǎoxuéshēng dōu yào xué ～. *Primary school pupils all learn how to calculate on an abacus.* (2)比喻生活上节俭,或善于计划用钱,也可以喻指为个人利益斤斤计较 be frugal; be good at budgeting; be calculating:她可会～了,从来舍不得乱花钱。Tā kě huì ～ le, cónglái shě bu de luàn huā qián. *She's very thrifty and never spends money extravagantly.* /他的算盘打得可细了,吃亏的事他决不干。Tā de suànpan dǎ de kě xì le, chī kuī de shì tā jué bú gàn. *He's extremely calculating and never gets himself into an unfavourable situation.*

【打算】dǎsuàn (动)考虑;计划 intend; plan:星期日我～看一个朋友。Xīngqīrì wǒ ～ qù kàn yí ge péngyou. *I plan to go and see an old friend on Sunday.* /人民政府处处为人民～。Rénmín zhèngfǔ chùchù wèi rénmín ～. *The people's government plans for people in all respects.* /毕业以后我～从事文学创作。Bì yè yǐhòu wǒ ～ cóngshì wénxué chuàngzuò. *I intend to engage in literary creation after my graduation.* /暑假你有什么～? Shǔjià nǐ yǒu shénme ～? *What plans do you have for the summer vacation?*

【打探】dǎtàn (动)打听、探问(多指方式比较秘密、言词比较含蓄) investigate; inquire; reconnoitre:～敌情 ～ díqíng reconnoitre the enemy's position /～虚实 ～ xūshí ascertain the actual situation /派人去～～。Pài rén qù ～～. *Despatch someone to reconnoitre.*

【打天下】dǎ tiānxià (1) 用武力夺取政权 seize power by force:农民组织起来～。Nóngmín zǔzhī qǐlai ～. *The peasants organized themselves and seized power by force.* (2)比喻创立事业 originate a cause (or undertaking)

【打听】dǎting (动)(向某人)探问(某一事实或情况,与被问人的想法无关) inquire; ask:我想跟你～一个人,你认识江英吗? Wǒ xiǎng gēn nǐ ～ yí ge rén, nǐ rènshi Jiāng Yīng ma? *I want to ask you about somebody, do you know Jiang Ying?* /你能不能替我～一下词典出版了没有? Nǐ néng bu néng tì wǒ ～ yíxià cídiǎn chūbǎnle méiyou? *Could you ask for me whether the dictionary has been published?* /反正去植物园是那个方向,一边走一边～吧。Fǎnzhèng qù zhíwùyuán shì nàge fāngxiàng, yìbiān zǒu yìbiān ～ ba! *Anyway, that direction is the one to the botanical garden. Let's walk and ask the way at the same time.*

【打通】dǎ // tōng (1)除去阻隔,使贯通 open up; break

through; get through: 山已经～，火车要通过了。Shān yíjīng ～，huǒchē yào tōngguò le. *The mountain has been broken through, and the train will pass.* (2)比喻消除思想顾虑 dispel (somebody's doubts, etc.): 他是很反对这样做的，恐怕不容易～他的思想。Tā shì hěn fǎnduì zhèyàng zuò de, kǒngpà bù róngyì ～ tā de sīxiǎng. *He opposed to doing so very much. It may be very difficult to convince him.*

【打退堂鼓】dǎ tuìtánggǔ 封建时代官吏停止办公时打鼓。今比喻做事中途退缩 beat a retreat; back out before something is finished: 这个人软弱得很，遇到点儿困难就～。Zhège rén ruǎnruò de hěn, yùdào diǎnr kùnnan jiù ～. *This person is very weak; he will beat a retreat whenever he encounters difficulties.*

【打响】dǎ // xiǎng (1)(战争开始时)开火;接火 open fire: 战斗已经～了。Zhàndòu yǐjīng ～ le. *The battle has already begun.* (2)比喻事情初步成功 win initial success; make a good start; get off to a good start: 这位青年导演第一炮就～了，导演的第一部片子很受欢迎。Zhè wèi qīngnián dǎoyǎn dìyī pào jiù ～ le, dǎoyǎn de dìyī bù piànzi hěn shòu huānyíng. *This young director won success at his first time; his first film was very popular with people.*

【打消】dǎxiāo (动)消除(用于抽象方面) dispel; give up; remove; get rid of (abstract things): ～顾虑 ～ gùlü dispel misgivings /～学法律的念头 ～ xué fǎlü de niàntou give up the idea of reading law /她的疑虑早～了。Tā de yílü zǎo ～ le. *All her misgivings have long been dispelled.*

【打掩护】dǎ yǎnhù (1)在主力部队的侧面或后面跟敌人作战。保护主力部队完成任务 provide cover for: 一连二连担任主攻任务，三连～。Yīlián èrlián dānrèn zhǔgōng rènwu, sānlián ～. *The first and second companies hold the main post of attacking, and the third company will provide cover for them.* (2)比喻掩盖、包庇(坏人坏事) protect; shield (evil persons or things): 他总是替别人的错误言行～。Tā zǒngshì tì biérén de cuòwù yánxíng ～. *He always covers up others' misdeeds.* /他自己都承认了，你还替他打什么掩护！Tā zìjǐ dōu chéngrèn le, nǐ hái tì tā dǎ shénme yǎnhù! *He himself has admitted. You don't need to provide cover for him anymore.*

【打油诗】dǎyóushī (名)按旧诗体裁，但内容和词句通俗易懂，诙谐有趣，格律不严的诗 doggerel; ragged verse

【打游击】dǎ yóujī (1)从事游击活动 fight as a guerrilla (2)比喻从事没有固定地点的工作或活动等(多为诙谐说法) (often used as a jocular statement) work, live, etc. at no fixed place: 我爱人出差了，这几天吃饭只好～。Wǒ àiren chū chāi le, zhè jǐ tiān chī fàn zhǐhǎo ～. *My wife has gone away on business, so I have to fend for myself for a few days.* /我打了几天游击，现在总算有个固定的住处了。Wǒ dǎle jǐ tiān yóujī, xiànzài zǒngsuàn yǒu ge gùdìng de zhùchù le. *I spent a few days without a fixed address, but now I've finally found a place of my own.*

【打、砸、抢】dǎ zá qiǎng 特指"文化大革命"十年动乱中，造反派迫害革命干部和群众，抓人、打人、抄家、砸机关、抢档案公共财物等种种罪恶活动 beating, smashing and looting; refers esp. to the ten years of the Cultural Revolution during which rebels committed all manners of crimes, such as persecuting revolutionary cadres and the masses, capturing people and beating them, searching homes and confiscating property, smashing offices and making off with files, public property, etc.

【打杂儿】dǎ = zár 〈口〉做杂事 do odd jobs; fix up odds and ends: 你先～吧，过两天再给你新任务。Nǐ xiān ～ ba, guò liǎng tiān zài gěi nǐ xīn rènwù. *You'll just do odd jobs for the first couple of days, and then you'll get a new assignment.* /他虽然老了，但打个杂儿，扫个地儿什么的还可以。Tā suīrán lǎo le, dàn dǎ ge zár, sǎo ge dì shénme de hái

kěyǐ. *He may be a bit old but he can still do odd jobs like sweeping the floor.*

【打仗】dǎ = zhàng 进行战争，进行战斗 fight; fight a battle: 他打过八年仗，立过三次功，居然没受过伤。Tā dǎguo bā nián zhàng, lìguo sān cì gōng, jūrán méi shòuguo shāng. *He has fought for eight years and rendered meritorious service three times, but he has never been wounded.* /昨天敌我双方打了一仗。Zuótiān dí wǒ shuāngfāng dǎle yí zhàng. *There was a fighting between us and the enemy yesterday.*

【打招呼】dǎ zhāohu (1)与人见面时，用语言或动作作礼节性的表示 greet somebody (by word or gesture): 他碰见熟人，老远就～。Tā pèngjian shúrén, lǎo yuǎn jiù ～. *When he sees an acquaintance he waves to him from afar.* (2)(事先或事后)就某件事情或某个问题告知有关方面 inform; let somebody know: 这件事情，早就跟他打过招呼了，你去找他帮忙吧。Zhè jiàn shìqing, zǎo jiù gēn tā dǎguo zhāohu le, nǐ qù zhǎo tā bāng máng ba. *I have informed him this matter long ago, so go to see him for help!* /事情处理完了，向上打个招呼就得了，不必写书面汇报。Shìqing chǔlǐ wán le, xiàng shàng dǎ ge zhāohu jiù dé le, búbì xiě shūmiàn huìbào. *Just inform the superior after handling this matter! You don't need to write a report.*

【打折扣】dǎ zhékòu (1)降低商品的价钱(出售) (sell at a) discount: 这些货如果你都买了，可以～。Zhèxiē huò rúguǒ nǐ dōu mǎi le, kěyǐ ～. *I'll give you a discount if you buy all of these goods.* (2)比喻不完全按规定的、已承认或答应的来做 fall short of a requirement or promise; not live up to one's word, etc.: 他的话你可不能全信，要～的。Tā de huà nǐ kě bù néng quán xìn, yào ～ de. *You can't believe everything he says. He doesn't always live up to his word.* /要完完全全按规定办事，不许～。Yào wánwánquánquán àn guīdìng bàn shì, bù xǔ ～. *You must do things completely by the book and must not fall short of this requirement.*

【打针】dǎ = zhēn have or give an injection: 这病不用～，吃点药就行了。Zhè bìng búyòng ～, chī diǎnr yào jiù xíng le. *This sickness doesn't need to have an injection, to take some medicine is enough.* /你得打一针退烧针。Nǐ děi dǎ yì zhēn tuì shāo zhēn. *You have to be given an injection to bring your fever down.*

【打主意】dǎ zhǔyi 做出决定或(在某方面)动脑筋 think of a plan; make a decision: 这件事情，你要早～。Zhè jiàn shìqing, nǐ yào zǎo ～. *You should think of a plan as early as possible for this matter.* /假期去不去旅行，到现在他还没打定主意。Jiàqī qù bu qù lǚxíng, dào xiànzài tā hái méi dǎdìng zhǔyi. *He has not determined whether he will travel during the vacation.* /要打开销路，得在更新产品上～。Yào dǎkāi xiāolù, děi zài gēngxīn chǎnpǐn shang ～. *If we want to open the market, we should think of the renewing of products.* "打某人的主意"，意思是想用某人，或通过某人的关系做某事 "打某人的主意" intend to make use of somebody; to do something through somebody's relation: 我们缺个会计，我在打老李的主意。Wǒmen quē ge kuàijì, wǒ zài dǎ Lǎo Lǐ de zhǔyi. *We lack an accountant and I intend to hire Lao Li.*

【打转儿】dǎ zhuànr (动·不及物)绕圈子，旋转 spin; rotate; revolve: 母亲突然发病,急救车总不来，急得他直～。Mǔqin tūrán fā bìng, jíjiùchē zǒng bù lái, jí de tā zhí ～. *His mother suddenly got ill. He was running round in circles from worry because the ambulance wasn't coming.* /这些事老在我脑子里～。Zhèxiē shì lǎo zài wǒ nǎozi li ～. *These matters have been revolving round my mind for a long time.* /他的影子一直在我眼前～。Tā de yǐngzi yìzhí zài wǒ yǎnqián ～. *His image has been continuously spinning before my eyes.*

【打字】dǎ=zì *type*; *typewrite*:英文～容易学，中文～不容易掌握。Yīngwén ～ róngyì xué, Zhōngwén ～ bù róngyì zhǎngwò. *To type in English is easy to learn, but not easy in Chinese.* /我打了半天字，挺累的。Wǒ dǎle bàntiān zì, tǐng lèi de. *I have typed for quite a while and am very tired.*

【打字机】dǎzìjī（名）[架 jià、台 tái] *typewriter*

dà

大 dà（形）（1）在体积、面积、数量、力量、强度、年龄等某一方面超过一般或超过所比较的对象（跟"小"相对）*big*; *great*; *large*（opposite to 小）：～城市 ～ chéngshì *big city*/我们班比你们班～。Wǒmen bān bǐ nǐmen bān ～. *Our class is bigger than yours.* /声音真～。Shēngyīn zhēn ～. *The voice is so loud.* /他没你力气～。Tā méi nǐ lìqi ～. *He is not as strong as you.* /这人干劲儿特别～。Zhè rén gànjìnr tèbié ～. *This person is particularly vigorous.* /你今年多～?——我二十一。Nǐ jīnnián duō ～?——Wǒ èrshíyī. *How old are you?——I am twenty-one.* /他～还是你～? Tā ～ háishi nǐ ～? *Is he older or you are?* /他比我～三岁。Tā bǐ wǒ ～ sān suì. *He is three years older than I.* /他年纪太～了。Tā niánjì tài ～ le. *He is too old.* /刮了一夜的～风，现在又下起～雨。Guāle yí yè de ～ fēng, xiànzài yòu xiàqǐ ～ yǔ. *A strong wind has blown the whole night; now, it begins a pouring rain.*（2）排行第一的 *the eldest*：～哥 ～gē *the eldest brother*/～姐 ～jiě *the eldest sister*/～舅 ～jiù *the eldest uncle (mother's brother)*（3）长辈、年纪大的人 *the senior generation*; *elderly person*：一家～小 yì jiā ～xiǎo *the whole family*（4）地位高、职务高、待遇高的（可以有讽刺意味）*one who is in high position or has good salary (may imply a satirical meaning)*：他爸爸是个～干部。Tā bàba shì ge ～ gànbù. *His father is a high rank cadre.* /老李在那个医院里已经是个～大夫了。Lǎo Lǐ zài nàge yīyuàn li yǐjīng shì ge ～ dàifu le. *Lao Li has been a high rank doctor in that hospital.* /这位～教授倒是很谦虚的。Zhè wèi ～ jiàoshòu dào shì hěn qiānxū de. *This famous professor is very modest.* /他是有名的～律师。Tā shì yǒu míng de ～ lùshī. *He is a famous lawyer.*（副）（1）表示不受约束或控制，或随心所欲 *without restraint*; *as one pleases*（usu. *modifies a monosyllabic verb*）：看到他的滑稽表演，人们都哈哈～笑起来。Kàndào tā de huájī biǎoyǎn, rénmen dōu hāhā ～ xiào qilai. *Upon seeing his comical performance, the people laughed heartily.* /不知为什么，这孩子今早起床后～哭～闹了一阵。Bù zhī wèi shénme, zhè háizi jīn zǎo qǐ chuáng hòu ～ kū ～ nàole yízhèn. *I don't know why, but when this child got out of bed this morning, he made a big scene.* /要防止一些干部借机～搞不正之风。Yào fángzhǐ yìxiē gànbù jiè jī ～ gǎo búzhèng zhī fēng. *We must guard against cadres who seize every opportunity to go all out and practise unhealthy tendencies.*（2）完全、彻底，或表示极高的程度 *greatly*; *fully* ①修饰某些形容词、动词，多是单音节的（*modifies certain adjectives and verbs which are usu. monosyllabic*）：他们出发的时候天已～亮了。Tāmen chūfā de shíhou tiān yǐ ～ liàng le. *It was already broad daylight when they set out.* /在那次战斗中，英雄们～败侵略军。Zài nà cì zhàndòu zhōng, yīngxióngmen ～ bài qīnlüèjūn. *The heroes inflicted a crushing defeat on the invading army during that battle.* /这～冷天，你怎么穿这么点儿衣服? Zhè ～ lěng tiān, nǐ zěnme chuān zhème diǎnr yīfu? *How can you wear so little in such terribly cold weather?* /昨天他喝酒喝得～醉。Zuótiān tā hē jiǔ hē de ～ zuì. *Yesterday he drank and got utterly smashed.* /他们～干四十天，使工程提前一个月完工。Tāmen ～ gàn sìshí tiān, shǐ gōngchéng tíqián yí ge

yuè wán gōng. *They put in their all for forty days and this led the project to be finished a month in advance.* ②修饰助动词"可"、"可以"，限于少数情况（*modifies the auxiliary verb "可", "可以", but only in a few cases*）：这些无私无畏的英雄，是～可颂扬一番的。Zhèxiē wúsī wúwèi de yīngxióng, shì ～ kě sòngyáng yìfān de. *These selfless and dauntless heroes can be greatly praised.* /为这么点小事你～可以不必发火。Wèi zhème diǎnr xiǎo shì nǐ ～ kěyǐ búbì fā huǒ. *There's absolutely no need for you to get angry over such a trifling matter.* ③可以修饰少数的否定形式（*can modify a few negative forms*）：八十年代的青年跟五十年代的青年～不相同。Bāshí niándài de qīngnián gēn wǔshí niándài de qīngnián ～ bù xiāngtóng. *The youth of the eighties are vastly different from the youth of the fifties.* /学与不学可～不一样。Xué yǔ bù xué kě ～ bù yíyàng. *Studying and not studying are not the same thing at all.* /老王的身体状况～不如前了。Lǎo Wáng de shēntǐ zhuàngkuàng ～ bù rú qián le. *Lao Wang's health is much worse than before.* /我们讲了那么多道理，他却～不以为然。Wǒmen jiǎngle nàme duō dàoli, tā què ～ bù yǐwéi rán. *We gave so many reasons, yet he still disappoved totally.*（3）有大规模的意思 *on a large scale*; *extensively*：他是在那次～搜捕中被敌人抓去的。Tā shì zài nà cì ～ sōubǔ zhōng bèi dírén zhuāqu de. *It was during that large-scale search and seizure that he was taken away by the enemy.* /坚决反对铺张浪费，～摆酒宴。Jiānjué fǎnduì pūzhāng làngfèi, ～ bǎi jiǔyàn. *Resolutely oppose extravagance and waste such as large feasts.* /今年春节他们的子女都回来探亲，全家～团圆。Jīnnián Chūnjié tāmen de zǐnǚ dōu huílai tàn qīn, quán jiā ～ tuányuán. *All their children came back for a large family reunion during this year's Spring Festival.*（4）表示很高的程度，修饰由"有"构成的短语（*indicates a high degree*; *modifies a phrase formed with "有"*）：你只要努力学习，前途是～有希望的。Nǐ zhǐyào nǔ lì xuéxí, qiántú shì ～ yǒu xīwàng de. *So long as you study diligently, there is great hope for your future.* /新厂长上任后，这些知识分子才～有用武之地。Xīn chǎngzhǎng shàng rèn hòu, zhèxiē zhīshi fènzǐ cái ～ yǒu yòng wǔ zhī dì. *Only after the new factory director assumed his post was there ample scope for these intellectuals to display their abilities.* /乡镇企业是～有可为的事业。Xiāng-zhèn qǐyè shì ～ yǒu kě wéi de shìyè. *Small town industry is an enterprise which has bright prospects.*

【大半】dàbàn（形）超过一半 *for the most part*; *the greater part*; *most*：我只要～碗饭。Wǒ zhǐ yào ～ wǎn fàn. *I just want a little more than half a bowl of rice.* /这些书～是外文的。Zhèxiē shū ～ shì wàiwén de. *Most of these books are in foreign languages.* /我们班一～儿赞成，一小半儿反对。Wǒmen bān yí～r zànchéng, yì xiǎobànr fǎnduì. *More than half of our class approves it, and the other smaller part opposes it.* /他吃了～个苹果。Tā chīle ～ ge píngguǒ. *He ate the greater part of an apple.* /工程已经完成～儿了。Gōngchéng yǐjīng wánchéng yí ～ le. *The project has been more than half done.*（副）表示有较大的可能性的估计 *very likely*; *most probably*：没有一点儿声音，～人们早已进入梦乡了。Méi yǒu yìdiǎnr shēngyīn, ～ rénmen zǎo yǐ jìnrù mèngxiāng le. *There isn't the slightest sound. Most likely the people have already gone off to dreamland.* /这时火车～已经过了天津了。Zhè shí huǒchē ～ yǐjīng guòle Tiānjīn le. *The train has most probably passed Tianjin by now.* /他～把我忘了。Tā ～ zǎo yǐ bǎ wǒ wàng le. *Most probably he has already forgotten me.*

【大本营】dàběnyíng（名）（1）战时军队的最高统帅部 *headquarters*; *centre of certain sorts of activities*：从～发出了大反攻的命令。Cóng ～ fāchūle dà fǎngōng de mìnglìng. *The*

command of the big counter-attack was issued from the headquarters. （2）泛指某种活动的策源地 place of origin：辛亥革命以前，同盟会的～一直设在国外。Xīnhài Gémìng yǐqián，Tóngménghuì de ～ yìzhí shè zài guó wài. The headquarters of the Tongmenghui was set up abroad before the Revolution of 1911.

【大便】dàbiàn（名）stool：化验～ huàyàn ～ test stool/你几天没一了? Nǐ jǐ tiān méi ～ le? How long have you not moved the bowels?

【大不了】dà bu liǎo 有"很严重"的意思；常以"有什么大不了的"这种形式在句中作谓语或定语；多用于否定句中 alarming；serious（has the same meaning as "很严重"；the pattern "有什么大不了的"is often used within a sentence to serve as a predicate or attributive；usu. in a negative sentence）：这种商品你挑不出一的毛病来。Zhè zhǒng shāngpǐn nǐ tiāo bu chū ～ de máobìng lai. You won't find any serious faults with this kind of product. /事情没办成也没什么～的。Shìqing méi bànchéng yě méi shénme ～ de. If the matter can't be handled，it's not that serious. /他最好去一趟，不过即使不去，也没什么～的。Tā zuìhǎo qù yí tàng，búguò jíshǐ bú qù，yě méi shénme ～ de. It would be best if he went，but even if he didn't it wouldn't be that serious. 有"顶多"的意思，表示估计到最高的程度（has the same meaning as "顶多" which indicates an estimate to the highest degree）：电影票没买到没关系，～明天不看。Diànyǐngpiào méi mǎidào méi guānxi，～ míngtiān bú kàn. It doesn't matter if you couldn't buy the movie tickets. If the worst comes to the worst，we just won't see a movie tomorrow. /～熬几夜，任务总是可以按期完成的。～ áo jǐ yè，rènwù zǒngshi kěyǐ ànqī wánchéng de. At most，we have to suffer through a few nights to finally get the task finished on time.

【大步流星】dà bù liú xīng 形容步子迈得很大，走得很快 with vigorous strides：他～地走来。Tā ～ de zǒu lai. He walked in with vigorous strides.

【大部】dàbù（名）大部分 greater part

【大材小用】dà cái xiǎo yòng 大的材料用在小的地方。多指人才使用上不当，才能不能发挥 use talented people for trivial tasks；use a steam-engine to crack a nut：他在我们这里工作有点～，应该换个地方。Tā zài wǒmen zhèli gōngzuò yǒudiǎnr ～，yīnggāi huàn ge dìfang. His talent cannot be fully brought into play in our place；he should go to another position.

【大车】dàchē（名）[辆 liàng]用牲口拉的双轮车，主要用于运东西 cart

【大臣】dàchén（名）君主国家的高级官员（king's）minister

【大吃一惊】dà chī yī jīng 感到非常吃惊 be startled；be greatly shocked；be astounded

【大吹大擂】dà chuī dà lèi 比喻大肆宣扬、吹嘘 blow a loud blast on the trumpet，make a big noise；brag：不要～，要实事求是。Búyào ～，yào shí shì qiú shì. Don't brag! Be practical and realistic.

【大打出手】dà dǎ chūshǒu 形容野蛮地打人逞凶或打架斗殴 strike violently；fight brutally 打出手：戏曲中一种武打表演，由主要武打演员与几个演员对打（打出手）：perform opening moves in wushu in a traditional opera.

【大大】dàdà（副）用来说明程度 greatly；enormously：通过落实各项新政策，～提高了广大群众的生产积极性。Tōngguò luòshí gè xiàng xīn zhèngcè，～ tígāole guǎngdà qúnzhòng de shēngchǎn jījíxìng. By implementing every new policy we greatly increased the broad masses' enthusiasm for production.

【大……大……】dà……dà…… 嵌入意义相近或相关的两个单音节名词、动词或形容词（这些单音节词是有限的），表示程度深，可做各种句子成分（used before two monosyllabic nouns，verbs，or adjectives similar or related in meaning as an intensifier（these monosyllabic words are limited）；can serve as different elements in a sentence）：你干吗这么大喊大叫的? Nǐ gànmá zhème dà hǎn dà jiào de? Why on earth are you shouting at the top of your voice? /找种种借口大吃大喝。Zhǎo zhǒngzhǒng jièkǒu dà chī dà hē. He looks for any kind of excuse to treat himself to a feast. /大红大绿太俗气，我喜欢淡雅的颜色。Dà hóng dà lǜ tài súqì，wǒ xǐhuan dànyǎ de yánsè. Loud colours are too vulgar. I like simple and elegant ones. /他总是大手大脚地花钱。Tā zǒngshì dà shǒu dà jiǎo de huā qián. He's always spending money extravagantly.

【大胆】dàdǎn（形）不害怕，有勇气，无顾虑，不畏缩 bold；daring：你就～地干吧，我们都支持你。Nǐ jiù ～ de gàn ba，wǒmen dōu zhīchí nǐ. Just boldly do it! We'll all support you. /搞学术研究要敢于～创新。Gǎo xuéshù yánjiū yào gǎnyú ～ chuàngxīn. In doing academic research one should be bold to create new things. /要～提拔、使用年轻干部。Yào ～ tíbá、shǐyòng niánqīng gànbù.（The superiors）should boldly promote and use the young cadres.

【大刀阔斧】dà dāo kuò fǔ 比喻做事果断，有魄力 make a snap decision；bold and resolute；drastic：这回要～地干，可不能缩手缩脚的了。Zhè huí yào ～ de gàn，kě bù néng suō shǒu suō jiǎo de le. This time you should do it boldly and resolutely，and must not be over-cautious.

【大道】dàdào（名）[条 tiáo]宽阔的道路 broad road；the path leading to a bright future：到那个地方去走小道比走～近三分之一。Dào nàge dìfang qù zǒu xiǎodào bǐ zǒu ～ jìn sān fēn zhī yī. It will be shorter by one third to go there by the small path than by the road. /对中国说来，社会主义是一条光明～。Duì Zhōngguó shuō lái，shèhuìzhǔyì shì yì tiáo guāngmíng ～. Socialism is a bright broad road for China.

【大抵】dàdǐ（副）大多数，一般说来 in the main；most；generally speaking：各地人的饮食习惯很不一样，～南方人喜欢吃米饭，北方人喜欢吃面食。Gè dì rén de yǐnshí xíguàn hěn bù yíyàng，～ nánfāng rén xǐhuan chī mǐfàn，běifāng rén xǐhuan chī miànshí. The eating habits of people in various parts are very different. Most Southerners usually eat rice and most Northerners eat wheaten food. / 这本文集收集的文章的性质不同，～以抒情和记事为多数。Zhè běn wénjí shōují de wénzhāng de xìngzhì bù tóng，～ yǐ shūqíng hé jìshì wéi duōshù. The nature of the articles in this anthology of collected works varies. Generally speaking，the majority are either lyric prose or chronicles. 有时"大抵"所修饰的不是紧接着的短语，而是在后面的一句（the phrase that "大抵" modifies sometimes does not directly follow it，but is placed in the latter part of the sentence）：说来也怪，～人在倒霉的时候，不顺利的事总是接二连三地出现。Shuō lái yě guài，～ rén zài dǎo méi de shíhou，bú shùnlì de shì zǒngshi jiē èr lián sān de chūxiàn. It's strange，but when someone has bad luck，problems generally arise one after another.

【大地】dàdì（名）(1)广阔的地面 land：为了深入研究中草药，他曾走遍祖国～。Wèile shēnrù yánjiū zhōngcǎoyào，tā céng zǒubiàn zǔguó ～. In order to make a profound study of the Chinese medical herbs，he has gone all over the motherland. (2)地球 the earth

【大典】dàdiǎn（名）(国家举行的)隆重典礼 grand ceremony（held by the state）

【大动脉】dàdòngmài（名）〈生理〉main artery；aorta

【大豆】dàdòu（名）(1)soybean plant (2)这种植物的种子 soybean

【大都】dàdū（副）大多数、大部分。可修饰否定形式 for the most part；mostly（can modify a negative form）：这位新作家，读者～对他还不够熟悉。Zhè wèi xīn zuòjiā，dúzhě ～ duì tā hái bú gòu shúxī. Most readers are still not very familiar with this new author. /好嫉妒的人，～自己没什么

真本事。Hào jìdù de rén, ~ zìjǐ méi shénme zhēn běnshi. *Envious people don't for the most part have any ability of their own.* /南方人～爱吃米饭。Nánfāng rén ~ ài chī mǐfàn. *Most Southerners like to eat rice.*

【大多】dàduō (副) 同 "大都" dàdū *same as* "大都" dàdū：这个研究所的研究人员，～是青年。Zhège yánjiūsuǒ de yánjiū rényuán ~ shì qīngnián. *The researchers in this research institute are for the most part young people.* /他们～会说一口流利的英语。Tāmen ~ huì shuō yì kǒu liúlì de Yīngyǔ. *Most of them can speak English fluently.*

【大多数】dàduōshù (名) 超过半数很多的数量 *majority*：工作比较好的还是～。Gōngzuò bǐjiào hǎo de hái shì ~. *The better workers are still the majority.* /文学艺术应该为～人服务。Wénxué yìshù yīnggāi wèi ~ rén fúwù. *Literature should serve the majority.*

【大而无当】dà ér wú dàng 大而不合用 *large but impractical*：这张书桌真大，可是～。Zhè zhāng shūzhuō zhēn dà, kěshì ~. *This writing desk is really large, but it's impractical.*

【大发雷霆】dà fā léitíng 比喻大发脾气，高声训斥 *burst into a rage*：孩子学习不好，爸爸～也没用。Háizi xuéxí bù hǎo, bàba ~ yě méi yòng. *It is useless that a father bursts into a rage when his child is not learning well.*

【大凡】dàfán (副) 〈书〉用来总括一般情形。有大部分的意思，用于句首。常跟"总、都"等呼应 (*used to sum up a situation*) *generally; in most cases* (*used at the beginning of a sentence; often accompanied by* "总，都"，*etc.*)：～有点儿官职的，总是要摆点儿官架子的。~ yǒu diǎnr guānzhí de, zǒngshì yào bǎi diǎnr guān jiàzi de. *Generally those in even the lowest official positions put on bureaucratic airs.* /～一种新事物出现的时候，或多或少，都是要受到保守势力反对的。~ yì zhǒng xīn shìwù chūxiàn de shíhou, huò duō huò shǎo, dōu shì yào shòudào bǎoshǒu shìlì fǎnduì de. *In most cases when something new appears it is more or less always opposed by the conservative forces.*

【大方】dàfang (形) (1) 对财物不计较，不吝啬 *generous; liberal*：他很～，但并不乱花钱。Tā hěn ~, dàn bìng bú luàn huā qián. *He is very generous but does not waste money.* (2) 举止自然，不拘谨 *natural and poised*：虽然来的都是生客，女主人却谈笑自若，大大方方。Suīrán lái de dōu shì shēngkè, nǚ zhǔrén què tán xiào zìruò, dàdàfāngfāng. *Although the hostess is not familiar with all the guests, she still talks naturally and cheerfully.* (3) (样子、颜色) 不俗气 (*of a fashion, color, pattern, etc.*) *in good taste; tasteful*：衣服式样要简单一点才～。Yīfu shìyàng yào jiǎndān yìdiǎnr cái ~. *A dress should be simpler to be in good taste.*

【大放厥词】dà fàng jué cí 大发不正确的议论 *talk a lot of drivel*：要让大家充分讨论这个计划，有人～也不怕。Yào ràng dàjiā chōngfèn tǎolùn zhège jìhuà, yǒu rén ~ yě bú pà. *Let all people fully discuss this project even if someone will talk wildly.*

【大风大浪】dà fēng dà làng 比喻社会的大动荡、大变化 *wind and waves*；(*fig.*) *turbulence; upheaval* (*in society*)

【大副】dàfù (名) *first* (*or chief*) *mate; chief officer*

【大概】dàgài (形) 不十分精确，不十分详细 *general; rough*：～的情况 ~ de qíngkuàng *general situation* /～的数字 ~ de shùzì *approximate figure* /～的印象 ~ de yìnxiàng *general impression* / 别人怎样看待他，他心里知道个～。Biéren zěnyàng kàndài tā, tā xīnli zhīdao ge ~. *He knows roughly about how others treat him.* (副) 一种估计，表示有很大的可能性。用于主语前 *probably; most likely; approximately* (*can be used before the subject*) 别等了，他～不来了。Bié děng le, tā ~ bù lái le. *Don't wait any more, he's probably not coming.* /从北京到天津，～一百二十公里。Cóng Běijīng dào Tiānjīn, ~ yìbǎi èrshí gōnglǐ. *It's ap-*

proximately 120 kilometres from Beijing to Tianjin. /～这些人都是从外地来的吧。~ zhèxiē rén dōu shì cóng wàidì lái de ba. *I'd say these people most likely all come from other places.* /～三十年以前，他到过这里。~ sānshí nián yǐqián, tā dàoguo zhèlǐ. *He came here once before about thirty years ago.*

【大纲】dàgāng (名) *general outline*：他最近几年要完成一部五六十万字的专著，～已经写好了。Tā zuìjìn jǐ nián yào wánchéng yí bù wǔ-liùshí wàn zì de zhuānzhù, ~ yǐjīng xiěhǎo le. *He wants to write a five-or six-hundred-thousand-word treatise in the near future, and the outline has been written down.* /按照教学～的要求，这门课应该讲授160学时。Ànzhào jiàoxué ~ de yāoqiú, zhè mén kè yīnggāi jiǎngshòu yìbǎi liùshí xuéshí. *This course should be taught in one hundred and sixty class-hours according to the teaching programme's requirements.*

【大功告成】dà gōng gào chéng (某一事业) 成功地完成 *the task is accomplished*：我们的词汇统计工作已经～了。Wǒmen de cíhuì tǒngjì gōngzuò yǐjīng ~ le. *Our statistical work of vocabularies has been accomplished.*

【大公无私】dà gōng wú sī 一切为国家、集体利益着想，丝毫不从个人私利出发 *selfless*：他办事严肃认真，～，决不开后门。Tā bàn shì yánsù rènzhēn, ~, jué bù kāi hòuménr. *He takes care of his affairs seriously and conscientiously and he is selfless and never gives any unfair opportunities to anyone.*

【大规模】dà guīmó 规模大、范围广大 (开展某种活动) *large scale; massive; extensive*：举行～的纪念活动 jǔxíng ~ de jìniàn huódòng *hold memorial activity on a large scale* /～地开展卫生运动 ~ de kāizhǎn wèishēng yùndòng *develop a public health movement on a large scale*

【大锅饭】dàguōfàn (名) 用大锅做的供许多人吃的普通饭。见"吃大锅饭"chī dàguōfàn *food prepared in a large cauldron; see* "吃大锅饭" chī dàguōfàn：大家都吃～，不论工作好坏，报酬都一样，所以人没有积极性。Dàjiā dōu chī ~, búlùn gōngzuò hǎo huài, bàochou dōu yíyàng, suǒyǐ rén méi yǒu jījíxìng. *Everybody eats from the same big pot and gets paid the same, whether work is well done or not so people don't have any enthusiasm.*

【大国沙文主义】dàguó Shāwénzhǔyì *great-nation chauvinism*：在国际交往中，要反对～。Zài guójì jiāowǎng zhōng, yào fǎnduì ~. *We should oppose the great-nation chauvinism in international relations.*

【大国主义】dàguózhǔyì (名) 同 "大国沙文主义" dàguó Shāwénzhǔyì *same as* "大国沙文主义" dàguó Shāwénzhǔyì

【大海捞针】dà hǎi lāo zhēn 比喻极难找到 *look for a needle in a haystack; very difficult to find*

【大好】dàhǎo (形) (1) 很好，非常好 *very good; excellent*：形势～ xíngshì ~ *The situation is excellent.* /河山～ héshān *beautiful rivers and mountains* (*of a country*) (2) 宝贵的 *precious*：青年人要努力学习，不要浪费掉～时光。Qīngnián rén yào nǔ lì xuéxí, búyào làngfèi diào ~ shíguāng. *The youth should study strenuously, and not to waste good time.*

【大合唱】dàhéchàng (名) 〈乐〉 *cantata; chorus*

【大红】dàhóng (名) *bright red; scarlet*：中国国旗的颜色是～的。Zhōngguó guóqí de yánsè shì ~ de. *The Chinese flag is bright red.*

【大后年】dàhòunián (名) 在后年之后的那一年 *three years from now*：今年是1986年，～是1989年。Jīnnián shì yī-jiǔbāliù nián, ~ shì yījiǔbājiǔ nián. *It is now 1986, so in three years from now it will be 1989.*

【大后天】dàhòutiān (名) 后天之后的那一天 *three days from now*

【大话】dàhuà (名) 吹嘘夸张的话 *brag; boast*：他就会说～，

却干不了大事。Tā jiù huì shuō ～，què gàn bu liǎo dà shì. *He's all talk and no action.* / 说～的人往往没有什么本事。Shuō ～ de rén wǎngwǎng méi yǒu shénme běnshi. *People who are fond of bragging usually have no substance to them.*

【大会】dàhuì（名）(1)国家机关、团体、政党等召开的全体或全体代表会议 *assembly conference; rally; congress*：党的代表～ dǎng de dàibiǎo ～ *congress of the party's representatives* /人民代表～ rénmín dàibiǎo ～ *the People's Congress*/全院职工～ quán yuàn zhígōng ～ *the congress of all the institute's staff* (2)人数众多的群众集会 *mass meeting; party*：欢迎～ huānyíng ～ *a welcome party* /庆 祝～ qìngzhù ～ *a celebration assembly*

【大会战】dàhuìzhàn（名）有许多人参加的战役，比喻有许多单位或许多人参加的生产活动 *a mass military campaign;（fig.）launch a mass campaign（for production, etc.）*：解放平津的～于1948年年底开始。Jiěfàng Píng Jīn de ～ yú yījiǔsībā nián niándǐ kāishǐ. *The mass campaign to liberate Beijing and Tianjin started at the end of 1948.* /这是一场钢铁大生产～。Zhè shì yì cháng gāngtiě shēngchǎn ～. *This is a mass campaign for the production of iron and steel.*

【大伙儿】dàhuǒr（代）〈口〉同"大家"dàjiā *same as "大家" dàjiā*：这个办法～都不同意。Zhège bànfǎ ～ dōu bù tóngyì. *This method is not agreed by all.*

【大计】dàjì（名）长远的重要的设想，考虑 *major project of fundamental importance*：一个国家的教育是百年～。Yí ge guójiā de jiàoyù shì bǎinián ～. *Education is a fundamental task crucial for generations to come for a country.*

【大家】dàjiā（代）指一定范围内的所有的人 *all; everybody（within a certain scope）*：这个问题，～都有发言权。Zhège wèntí, ～ dōu yǒu fāyánquán. *Everybody has the right to speak on this problem.* /～对工作都充满了信心。～ duì gōngzuò dōu chōngmǎnle xìnxīn. *Everybody is full of confidence in his work.* / 请～坐好，我要说一件事。Qǐng ～ zuòhǎo, wǒ yào shuō yí jiàn shì. *Everybody sit down please, I want to say something.* 注意：(1)某人或某些人与"大家"对举时，这人或这些人不在"大家"的范围之内 *Note:（1）when "大家" is used in contrast with a certain person or certain people, this person or these people are not included in "大家"*：他们要到外地去了，～都来欢送。Tāmen yào dào wàidì qù le, ～ dōu lái huānsòng. *They are leaving and we have all come to see them off.* (2)"大家"常放在"你们、我们，咱们"后面做复指成分 *(2) "大家" is often used after "你们"，"我们"，"咱们"，etc. as an apposition*：明天去工厂参观，咱们～都可以去。Míngtiān qù gōngchǎng cānguān, zánmen ～ dōu kěyǐ qù. *We can all go on tomorrow's visit to the factory.*

【大将】dàjiàng（名）(1)某些国家将官的最高一级 *senior general* (2)高级将领 *high-ranking military officer*

【大街】dàjiē（名）城镇中路面较宽，店铺集中，比较繁华的街道 *street*：北京最繁华的地方是王府井～、前门～、西单～。Běijīng zuì fánhuá de dìfang shì Wángfǔjǐng ～、Qiánmén ～、Xīdān ～. *The most prosperous and bustling streets in Beijing are Wangfujing Street, Qianmen Street and Xidan Street.* /没事儿在家看点书，别总是去逛～。Méi shìr zài jiā kàn diǎnr shū, bié zǒngshì qù guàng ～. *Stay at home and read some books when you are free, and don't just do window shopping.*

【大节】dàjié（名）一个人在为人上，大的方面的表现 *matter of principle; main principles guiding one's conduct*：这个人小毛病儿有一些，不错。Zhège rén yǒu máobǐngr yǒu yìxiē，búcuò. *Although this person has some trivial defects, bascically he conducts himself well.* / 看一个人要看～。Kàn yí ge rén yào kàn ～. *One should judge a person by the main principles of the person's conducts.*

【大捷】dàjié（名）(战争中取得的)大胜利 *great victory*：我军首战～。Wǒ jūn shǒu zhàn ～. *Our army got a great victory in the first battle.*

【大惊小怪】dà jīng xiǎo guài 形容对于不足为奇的事情过分惊讶 *make a fuss over*：这个人不论对什么事情，总是～的。Zhège rén búlùn duì shénme shìqing, zǒngshì ～ de. *This person will make a fuss over everything.* / 这件事情值不得～。Zhè jiàn shìqing zhí bu de ～. *This matter is not worthy of being made a fuss.*

【大静脉】dàjìngmài（名）〈生理〉*vena cava*

【大局】dàjú（名）整体的局面；整个的形势 *general situation; overall situation*：办事得照顾～，不能只考虑自己的单位。Bàn shì děi zhàogu ～, bù néng zhǐ kǎolǜ zìjǐ de dānwèi. *One should consider the general situation and not just one's own unit when taking care of affairs.* / ～已定，没有挽回的余地了。～ yǐ dìng, méi yǒu wǎnhuí de yúdì le. *The general situation has been settled down; there is no room for retrieving.*

【大举】dàjǔ（副）大规模地(多用于军事行动) *(of military operations, etc.) large-scale; extensive*：～进犯 ～ jìnfàn *make a large-scale invasion* / ～反攻 ～ fǎngōng *mount a large-scale counteroffensive*

【大军】dàjūn（名）人数众多，声势浩大的武装部队 *a huge army; large force* 引义是指为某目的组织起来的众多的人（figuratively）*a lot of people organized for a specific purpose*：治河～ zhì hé ～ *the huge group of workers for taming a river* /修路～ xiū lù ～ *a group of workers for building the road*

【大卡】dàkǎ（量）〈物〉*kilocalorie*

【大楷】dàkǎi（名）(1)手写的大的楷体的汉字 *regular script in big characters* (2)印刷体的大写拼音字母 *block letters*

【大快人心】dà kuài rén xīn(因坏人受到惩罚或打击)大家感到非常高兴、痛快 *to the great satisfaction of the masses*：这个坏家伙终于被逮捕起来了，真是～。Zhège huài jiāhuo zhōngyú bèi děi qǐlai le, zhēn shì ～. *This bad fellow was at last arrested. It is to the great satisfaction of the masses.*

【大老粗】dàlǎocū（名）原指没有文化的人，现指工农出身的文化水平较低的人，常用于自谦 *(original meaning) uneducated person;（present meaning）worker or peasant of relatively low class origin; uncouth fellow（often used as a self-deprecating term）*

【大理石】dàlǐshí（名）*marble*

【大力】dàlì（副）表示投入很多力量(做非非需要体力的事)被修饰的动词为双音节动词 *energetically; vigorously（modifies a disyllabic verb）*：～发展 ～ fāzhǎn *energetically develop* / ～提高 ～ tígāo *vigorously improve* / ～推广 ～ tuīguǎng *make a vigorous effort to popularize* / ～控制 ～ kòngzhì *vigorously control* / ～纠正 ～ jiūzhèng *vigorously redress*

【大力士】dàlìshì（名）〈旧〉力气特别大的人，旧时多指做举重等表演的人 *a man of unusual physical strength*

【大量】dàliàng（形）(1)很多，只作定语、状语或置于"是……的"中不受程度副词修饰 *a large number; a great quantity; a great deal（only as an attributive, adverbial or inserted in "是...的"，not to be modified by any adverb of degree）*：图书馆有～的工具书。Túshūguǎn yǒu ～ de gōngjùshū. *The library contains a large number of reference books.* /这个工厂产品～积压，浪费很大。Zhège gōngchǎng chǎnpǐn ～ jīyā, làngfèi hěn dà. *The products of this factory are overstocked, and that means very much waste.* / 出了～的汗，就得喝～的水。Chūle ～ de hàn, jiù děi hē ～ de shuǐ. *One should drink a great quantity of water after perspiring a lot.* / 很想上大学而没有机会上的青年是～的。Hěn xiǎng shàng dàxué ér méi yǒu jīhuì shàng de qīngnián shì ～ de. *There are many young people who are anxious to enter uni-*

versities but do not have opportunities. (2) 指人气量大 broadminded；他为人宽宏～。Tā wéirén kuānhóng ～. He is very tolerant and broadminded.

【大龄青年】dàlíng qīngnián 青年中二十五六岁以上的人；特指这类中的未婚青年 a youth over 25 or 26 years old，esp. one who is still single

【大陆】dàlù（名）continent；欧亚～ Ōu Yà ~ European and Asian Continent /非洲～ Fēizhōu ~ African Continent / 和台湾终将统一。～ hé Táiwān zhōng jiāng tǒngyī. The mainland and Taiwan will be unified finally.

【大陆架】dàlùjià（名）continental shelf
【大陆性气候】dàlùxìng qìhòu continental climate
【大路货】dàlùhuò（名）质量一般而销路较广的货物 popular goods of regular quality

【大乱】dàluàn（形）封建时代有战争，人民生活不安定的状态 in general disorder；天下～ tiānxià ~ great chaos throughout the world

【大略】dàlüè（名）大概的情况 general idea：他的事迹我知道个～。Tā de shìjì wǒ zhīdao ge ~. I have a general idea of his deed. （副）大概 generally；roughly：时候不早了，你～整理一下，就休息吧。Shíhou bù zǎo le, nǐ ~ zhěnglǐ yíxià, jiù xiūxi ba. It's late. Straighten things out a bit, then you can go to bed. /情况我先～跟你说说，明天你再找人详细了解一下。Qíngkuàng wǒ xiān ~ gēn nǐ shuōshuo, míngtiān nǐ zài zhǎo rén xiángxì liǎojiě yíxià. I'll just tell you roughly what the situation is, then you can get someone else to give you the details tomorrow.

【大妈】dàmā（名）(1) 伯母 father's elder brother's wife；aunt （2）对估计比自己母亲年龄稍大的妇女的尊称 aunt （a respectful form of address for a woman who is probably older than one's mother）

【大麻】dàmá（名）hemp；marijuana
【大麦】dàmài（名）barley
【大门】dàmén（名）建筑物靠近街的主要的门 front door；main（or front）gate
【大米】dàmǐ（名）rice
【大民族主义】dà mínzúzhǔyì chauvinism of a majority nationality toward a minority nationality

【大名鼎鼎】dàmíng dǐngdǐng（人）非常有名（有时有开玩笑的意味）(of a person) famous；well-known；celebrated：他是个～的喜剧演员。Tā shì ge ~ de xǐjù yǎnyuán. He is a well-known comedy actor.

【大鸣大放】dà míng dà fàng 完全自由地发表意见 full and frank expression of views and opinions.

【大模大样】dà mó dà yàng 形容傲慢，满不在乎的样子 with a swagger；with a pretentious manner：他～地坐在那里，谁也不理。Tā ~ de zuò zài nàli, shuí yě bù lǐ. He sat there with a pretentious air and ignored everybody.

【大拇指】dàmǔzhǐ（名）〈口〉thumb
【大男子主义】dànánzǐzhǔyì（名）在家庭中一切以男子为中心的思想，是封建主义男权思想的表现 male chauvinism
【大难临头】dà nàn lín tóu 大的灾难将要降到自己身上 a disaster has befallen：他听到这个消息，好像～一样。Tā tīngdào zhège xiāoxi, hǎoxiàng ~ yíyàng. It seemed that a disaster would befall when he heard the news.

【大脑】dànǎo（名）cerebrum
【大逆不道】dà nì bù dào 封建统治者对违犯封建秩序，敢于起来造反的人所加的罪名。逆：叛逆；不道：不合道德、不合正常的发展道路（逆：rebel against；不道：heretical）high treason and heresy（accusation by feudal rulers against rebels）

【大娘】dàniáng〈口〉(1) 同"伯母"bómǔ，父亲的哥哥的妻子 same as "伯母" bómǔ（wife of father's elder brother）(2) 年长的妇女，或对这种妇女的称呼（respectful form of address for an elderly woman）：我们房东是个五十多岁的～。

Wǒmen fángdōng shì ge wǔshí duō suì de ~. Our landlady is an elderly woman of about fifty years old.

【大炮】dàpào（名）[门 mén] cannon
【大批】dàpī（形）数量多，只作定语，修饰可数名词，不能作谓语，也不受程度副词修饰 large quantities；a lot（can only be used as attributive to countable nouns，cannot be modified by any adverb of degree）：～货物 huòwù a large amount of goods /～图书资料 túshū zīliào a large number of books and materials /～知识分子 ～ zhīshi fènzǐ a large number of intelligentsias/～粮食（一袋一袋的面粉或大米）～ liángshi a large amount of grain（in bags）

【大气】dàqì（名）atmosphere；air
【大气层】dàqìcéng（名）〈气象〉atmosphere
【大气压】dàqìyā（名）atmospheric pressure
【大千世界】dàqiān shìjiè 原为佛教用语。现指广阔无边的世界（originally a term used in Buddhism）the boundless universe

【大前天】dàqiántiān（名）前天以前的一天 three days ago
【大秋】dàqiū（名）(1) 指九、十月收割玉米、高粱、豆类多种作物的季节，区别于收割麦子的季节——麦秋 September and October，when corn，beans，and sorghum are harvested；～快到了，要做收割的准备了。～ kuài dào le, gāi zuò shōugē de zhǔnbèi le. Autumn harvest will soon be coming, we should get prepared for it. （2）指大秋的收成 autumn harvest：你们那儿～怎么样啊？Nǐmen nàr ~ zěnmeyàng a? How is your autumn harvest?

【大秋作物】dàqiū zuòwù 秋季收获的农作物，有高粱、玉米、谷子等 autumn-harvested crops，as sorghum，corn，millet，etc.

【大人】dàrén（名）敬辞，称长辈（多用于书信）(term of respect used for one's seniors；usu. used in a letter)：父亲～fùqin ~ Dear father

【大人物】dàrénwù（名）指有地位有名望的人 great personage；VIP

【大人】dàren（名）(1) 成年人（区别于"孩子"）grown-up；adult：～不能跟孩子一般见识。～ bù néng gēn háizi yìbān jiànshi. An adult should not look at things in the same way as a child. /～要管好自己的孩子。～ yào guǎnhǎo zìjǐ de háizi. The adults should educate their children well. (2) 封建时代称官职高的人 high officials in feudal period

【大嫂】dàsǎo（名）(1) 大哥的妻子 eldest brother's wife；sister-in-law （2）对年纪与自己相仿的已婚妇女的尊称 elder sister（a polite form of address for a married woman about one's own age）

【大厦】dàshà（名）[座 zuò] 高大的房屋。今多用做高大楼房建筑的名称 big building；edifice：华侨～ huáqiáo ~ The Building for Overseas Chinese /上海～ Shànghǎi ~ The Shanghai Building / 广州～ Guǎngzhōu ~ The Guangzhou Building

【大舌头】dàshétou（名）〈口〉指说话话不清楚的人 a thick-tongued person；lisper

【大赦】dàshè（动）国家最高权力机关或（元首）对全体罪犯赦免或减刑 amnesty；general pardon：他在服刑期间，遇到了～。Tā zài fú xíng qījiān, yùdàole ~. He was amnestied during his term of imprisonment. /政府决定今秋～政治犯。Zhèngfǔ juédìng jīn qiū ~ zhèngzhìfàn. The government has decided to give a general pardon to the political criminals this autumn.

【大婶儿】dàshěnr（名）〈口〉对估计比自己母亲年纪稍小的已婚妇女的尊称 aunt（a respectful form of address for a married woman slightly younger than one's mother）

【大声】dàshēng（形）大的声音。常作状语 in a loud voice（only as an adverbial)：～说 ~ shuō speak in a loud voice /～念 ~ niàn read in a loud voice/～喊 ~ hǎn shout in a loud voice/～哭 ~ kū cry in a loud voice / 请你～点儿，我听不

见。Qǐng nǐ ~ diǎnr, wǒ tīng bu jiàn. *Please speak louder. I can't hear you.*

【大声疾呼】dàshēng jí hū 大声而急切地呼喊(以引起人们的注意和醒悟),现只用来表示极力造舆论 *cry out a warning; sound a grave warning*:他在黑暗的旧社会向人民~,起来推翻旧制度。Tā zài hēi'àn de jiù shèhuì xiàng rénmín ~, qǐlái tuīfān jiù zhìdù. *In the dark old society, he encouraged the masses to rise up and overthrow the old system.*

【大失所望】dà shī suǒ wàng 非常失望 *greatly disappointed*:他听到没考上大学的消息,感到~。Tā tīngdào méi kǎoshàng dàxué de xiāoxi, gǎndào ~. *He felt very disappointed when he heard that he failed the examination for entering a university.*

【大师】dàshī (名)(1)在学术或艺术上有很深造诣的人 *great master; master (scholar or artist)* (2)对和尚的尊称 *Great Master (a courtesy title used to address a Buddhist monk)*

【大使】dàshǐ (名) *ambassador*

【大使馆】dàshǐguǎn (名) *embassy*

【大势所趋】dà shì suǒ qū 从整个局势所看到的发展趋向 *general trend of history; the general, inevitable trend of development of events*:原来的殖民地走独立自主的道路,已是世界的~。Yuánlái de zhímíndì zǒu dúlì zìzhǔ de dàolù, yǐ shì shìjiè de ~. *It is a world tendency that the colonies begin to act independently and keep the initiative in their own hands.*

【大事记】dàshìjì (名)记载重大事件的材料 *chronicle of (major) events*

【大势已去】dà shì yǐ qù 掌握的权力、控制全局的能力已经失去 *the game is up; (of a situation) hopeless; irretrievable*

【大是大非】dà shì dà fēi 有关政治的原则性的是非问题 *questions of principle*:承认不承认知识分子是工人阶级的一部分是个~的问题。Chéngrèn bù chéngrèn zhīshi fènzǐ shì gōngrénjiējí de yí bùfen shì ge ~ de wèntí. *Whether to admit the intelligentsia is a part of the working class or not is a question of principle.*

【大手大脚】dà shǒu dà jiǎo 形容花钱、办事不知道节俭 *be wasteful; spend money or use things extravagantly*:提高生活水平和~完全是两码事。Tígāo shēnghuó shuǐpíng hé ~ wánquán shì liǎng mǎ shì. *To promote the living standard is completely different from to waste money.*

【大叔】dàshū (名)〈口〉对估计比父亲年纪稍小的男子的尊称 *uncle (a respectful form of address for a man slightly younger than one's father)*

【大肆】dàsì (副)无顾忌地(做坏事)。多修饰双音节动词 *wantonly; (do sth. bad) without restraint (usu. modifies a disyllabic verb)*:~活动 = huódòng *wantonly manoeuvre* / ~宣传 = xuānchuán *give enormous publicity to* / ~吹嘘 ~ chuīxū *boast* / ~掠夺 lüèduó *plunder without restraint*

【大踏步】dàtàbù (副)迈着大步,常用于抽象意义 *in big strides (often used in the abstract)*:~前进 = qiánjìn *stride forward*

【大……特……】dà……tè…… 嵌入相同的单音节动词(这种动词是很有限的)和极个别的形容词,表示规模大、程度深,带有夸张语气,有时中间可以用"而"(*used before the same monosyllabic verb or adjective (this kind of verbs and adjectives are limited) as an intensifier; expresses a tone of exaggeration; "而" may sometimes be used in between*):他大讲特讲这种电风扇的优点。Tā dà jiǎng tè jiǎng zhè zhǒng diànfēngshàn de yōudiǎn. *He went on and on about the merits of this kind of electric fan.* /这个年轻人艰苦创业的事迹十分感人,应该大书特书。Zhège niánqīng rén jiānkǔ chuàngyè de shìjì shífēn gǎn rén, yīnggāi dà shū tè shū. *This youth's deeds in building an enterprise through arduous effort are extremely moving. Volumes should be* written about them. /他对那位女演员大捧特捧。Tā duì nà wèi nǚ yǎnyuán dà pěng tè pěng. *He kept on boosting that actress.* /这次你的估计可是大错特错了。Zhè cì nǐ de gūjì kě shì dà cuò tè cuò le. *You were grievously mistaken in your estimate this time.*

【大提琴】dàtíqín (名) *violoncello; cello*

【大体】dàtǐ (名)根本性的道理 *fundamental principle; main principle; what is of paramount importance*:识大局,顾~。Shí dà jú, gù ~. *Keep the whole situation in mind and give due consideration to what is of paramount importance.* (形)就多数情形或主要方面说,只作定语或状语 *on the whole; in general; in the main; roughly (only used as an attributive or adverbial)*:~的情况就是如此。~ de qíngkuàng jiù shì rúcǐ. *That, roughly, is the general situation.* /我~上同意你的看法。Wǒ ~ shang tóngyì nǐ de kànfǎ. *On the whole, I agree with your view.* /连个~的计划都没有呢! Lián ge ~ de jìhuà dōu méi yǒu ne! *Even a general plan is lacking.*

【大田】dàtián (名)大面积种植农作物的田地,多指种粮食的田 *large area of land for growing crops, esp. grain crops*

【大田作物】dàtián zuòwù 〈农〉在大田里种植的小麦、高粱、玉米等农作物 *field crop, such as wheat, sorghum, corn, etc.*

【大厅】dàtīng (名) *hall*

【大庭广众】dà tíng guǎng zhòng 人数众多而公开的场合(多说明一些在公开场合不该做或很难做到的事) *in front of everybody; openly; in public*:这个人,在~之下,居然撒谎!Zhège rén, zài ~ zhī xià, jūrán sā huǎng! *This person lied even in front of everybody.* / 在~之中承认自己的错误是很不容易的。Zài ~ zhī zhōng chéngrèn zìjǐ de cuòwu shì hěn bù róngyì de. *To admit one's own mistake in front of everybody is not easy.*

【大同】dàtóng (名)中国古代某些哲学家的一种理想,指没有阶级、没有压迫,人人享受美好幸福生活的一种社会 *Great Harmony (an ideal, perfect society envisaged by ancient Chinese philosophers wherein there are no class distinctions, no oppression, and all people enjoy a beautiful and happy life)*

【大同小异】dà tóng xiǎo yì 在主要方面,多数地方相同,次要方面,个别地方不同 *similar in essentials but differing in minor respects; mostly alike except for slight differences*:你的意见跟他的意见~,没有本质区别。Nǐ de yìjian gēn tā de yìjian ~, méi yǒu běnzhì qūbié. *Your opinion and his are mostly alike, and there are no essential differences.*

【大头针】dàtóuzhēn (名)[根 gēn](~儿) *pin*

【大团圆】dàtuányuán (动·不及物)(1)全家人聚合在一起 *family reunion*:春节时,在外地工作的儿女都回家来,他们家~了。Chūnjié shí, zài wàidì gōngzuò de érnǚ dōu huí jiā lai, tāmen jiā ~ le. *During the Spring Festival, children who work away from home go back there for a family reunion.* (2)小说、戏剧、电影中主要人物经过种种曲折终于得到快乐团聚的结局 *happy ending (for the protagonist in a novel, play, film, etc.)*

【大腿】dàtuǐ (名)[条 tiáo] *thigh*

【大王】dàwáng (名)(1)在资本主义社会中垄断某种经济事业的人 *magnate*:石油~ shíyóu ~ *oil magnate* /钢铁~ gāngtiě ~ *steel magnate* (2)指对某种技艺有专长的人 *a master in sth.; one who is good at sth.*:养鸡~ yǎng jī ~ *master at raising chickens* /爆破~ bàopò ~ *demolition expert*

【大为】dàwéi (副)表示程度高。所修饰的必是双音节词或音结构,仅限于说明一种新发生的或将发生的状况 *very; greatly (the modified must be a disyllabic word or construction; used only to describe sth. that has just cropped up or sth. that is about to happen)*:~慌恐 ~ huāngkǒng *in a great panic* / ~下降 ~ xiàjiàng *greatly decline* / ~扫兴

~ sǎoxìng *feel extremely disappointed* / ～开心 ～ kāixīn *feel very happy* /大家听了他的话都一吃惊。Dàjiā tīngle tā de huà dōu ~ chī jīng. *We were all greatly shocked when we heard what he said.* /你要是不请他来,他会～不满的。Nǐ yàoshi bù qǐng tā lái, tā huì ~ bùmǎn de. *He will resent it greatly if you don't invite him over.*

【大尉】dàwèi (名)某些国家尉官的最高一级 *senior captain*

【大无畏】dàwúwèi (形)什么都不怕(指对于困难、风险等) *utterly fearless; dauntless*:～的精神 ～ de jīngshén *utterly fearless spirit* /他是无私的,所以也是～的。Tā shì wúsī de, suǒyǐ yě shì ~ de. *He is selfless so he is also dauntless.*

【大西洋】Dàxīyáng (名) *the Atlantic Ocean*

【大显身手】dà xiǎn shēn shǒu 充分表现自己的本领 *fully display one's skill; give full play to one's abilities*:这次运动会,是运动员们～的机会。Zhè cì yùndònghuì, shì yùndòngyuánmen ~ de jīhuì. *This sports meet is a chance for athletes to fully display their skill.* / 这位新上任的厂长,两年来～,工厂已扭亏为盈。Zhè wèi xīn shàng rèn de chǎngzhǎng, liǎng nián lái ~, gōngchǎng yǐ niǔ kuī wéi yíng. *For two years the new director of the factory has given full play to his abilities and the factory has turned loss into profit.*

【大小】dàxiǎo (名) *size*:两双鞋～一样。Liǎng shuāng xié ~ yíyàng. *These two pairs of shoes are the same size.* /你量一量头的～,我去给你买顶帽子。Nǐ liáng yi liáng tóu de ~, wǒ qù gěi nǐ mǎi dǐng màozi. *Measure the size of your head, and I'll go buy a cap for you.*

【大校】dàxiào (名)某些国家校官的最高一级 *senior colonel*

【大写】dàxiě (名)(1)汉字数目字的一种笔画较繁的写法,如"一、二、三、四、五、六、七、八、九、十"分别写成"壹、贰、叁、肆、伍、陆、柒、捌、玖、拾","百"作"佰","千"作"仟"等,主要用于账目中 *the complicated Chinese character for a numeral*:～的"八"怎么写？~ de "bā" zěnme xiě? *How do you write the complicated "八"?*(2)拼音字母的一种写法,如拉丁字母的 A、B、C、D,多用于句首或专名的第一个字母 *capital (letter)* (动)用大写的汉字或字母写 *write the complicated Chinese character for a numeral; capitalize*:支票上数字必须～。Zhīpiào shang shùzì bìxū ~. *The numerals on a check must be written in complicated forms.*

【大兴土木】dà xīng tǔmù 大规模地兴办土木工程,多指盖房子 *go in for large-scale construction*

【大猩猩】dàxīngxing (名) *gorilla*

【大型】dàxíng (形·非谓)形状或规模大的,只作定语,不受程度副词修饰 *large size; large scale; full length (only as attributive and not modified by adverb)*:～钢材 ～ gāngcái *rolled steel of large size* /～历史剧 ～ lìshǐjù *a full-length historical play* /～起重机 ～ qǐzhòngjī *large crane*

【大熊猫】dàxióngmāo (名) *giant panda*

【大选】dàxuǎn (名) *general election*

【大学】dàxué (名) *university*

【大循环】dàxúnhuán (名)〈生理〉 *systemic circulation*

【大言不惭】dà yán bù cán 说大话而不感到羞愧 *boast shamelessly*:他～他上课最受学生欢迎。Tā ~ de shuō tā shàng kè zuì shòu xuéshēng huānyíng. *He boasts shamelessly that he is the most popular teacher with students.*

【大洋】dàyáng (名)(1) *ocean* (2)旧指银元 *silver dollar*:那时候一一百元可以买很多东西。Nà shíhou ~ yìbǎi yuán kěyǐ mǎi hěn duō dōngxi. *At that time one hundred silver dollars could buy many things.*

【大洋洲】Dàyángzhōu (名) *Oceania*

【大爷】dàye (名)〈口〉(1)父亲的哥哥 *father's elder brother* (2)对比自己父亲年岁不很多的男子的尊称 *a respectful form of address for a man not too much older than one's father*:李～,您是要找我爸爸吗？Lǐ ~, nín shì yào zhǎo wǒ bàba ma? *Uncle Li, you want to see my father?*

【大衣】dàyī (名) [件 jiàn] *overcoat*:天气渐渐冷了、短～不解决问题,得买件长～。Tiānqì jiànjiàn lěng le, duǎn ~ bù jiějué wèntí, děi mǎi jiàn cháng ~. *It has become gradually cold; a short overcoat cannot solve the problem, I should buy a long one.*

【大衣呢】dàyīní (名)适于做大衣的呢料 *heavy woollen cloth, suitable for making overcoats*

【大义凛然】dàyì lǐnrán 严峻不可侵犯的样子。形容为了正义事业在敌人迫害、摧残时坚强不屈 *inspire awe due to one's defiance of death for a just cause*:她在敌人面前,～,宁死不屈。Tā zài dírén miànqián, ~, nìng sǐ bù qū. *Facing the execution by the enemy, she inspired awe and would rather die than surrender.*

【大意】dàyì (名)主要的意思 *general idea*:请你讲讲这篇文章前两段的段落。Qǐng nǐ jiǎngjiang zhè piān wénzhāng qián liǎng duàn de duànluò. *Could you explain the general idea of the first two paragraphs of this article?* /你听报告时只要记一,不必太详细。Nǐ tīng bàogào shí zhǐ yào jì ~, búbì tài xiángxì. *When you listen to a report, you just need to jot down the general idea and not the details.*

【大意】dàyì (形)疏忽;不加小心(多做谓语) *careless*:做什么事儿一一就出错儿。Zuò shénme shìr yí ~ jiù chū cuòr. *You will make mistakes whatever you do if you are careless.* / 怎么把护照弄丢了,你太～了。Zěnme bǎ hùzhào nòng diū le, nǐ tài ~ le. *How could you lose your passport? You are too careless!*

【大有可为】dà yǒu kě wéi (某件工作、某种事业)很值得做,有可出力的地方,有发展前途 *there are bright prospects; there is plenty of opportunity for development of one's abilities*:科学种田是～的事业。Kēxué zhòng tián shì ~ de shìyè. *There are bright prospects for the scientific farming.* /目前,电脑应用的研究～。Mùqián, diànnǎo yìngyòng de yánjiū ~. *At present, there are bright prospects for the study of the use of the computer.*

【大有文章】dà yǒu wénzhāng 指表面现象以外的暗中含有的重要内容,常常是指有目的的计划、用心等(往往有贬义) *there's a great deal behind all this; there's more to it than meets the eye*:表面上只是调动几个技术员,但里面却～。Biǎomiàn shang zhǐ shì diàodòng jǐ ge jìshùyuán, dàn lǐmiàn què ~. *On the surface, there are just a few technicians who were transferred, but there's a great deal behind all this.*

【大有作为】dà yǒu zuòwéi 能充分发挥作用,做出大贡献 *there is plenty of room to fully develop one's talents and to make a contribution*:你那么能写文章,去报社工作,岂不是～? Nǐ nàme néng xiě wénzhāng, qù bàoshè gōngzuò, qǐ bú shì ~? *You will have every chance to fully develop your talent if you work in a newspaper office since you are so good in writing.*

【大约】dàyuē (副)(1)表示对数目、时间的估计 *approximately; about*:他到国外～去了三年了。Tā dào guówài ~ qùle sān nián le. *It has been about three years since he went abroad.* / ～有三万人参观过这个展览。~ yǒu sānwàn rén cānguānguo zhège zhǎnlǎn. *Approximately 30,000 people attended this exhibition.* / 北京到天津～240华里。Běijīng dào Tiānjīn ~ èrbǎi sìshí huálǐ. *It's approximately 240 li from Beijing to Tianjin.* (2)表示"大概" *probably*:他这几天没来学校,～是病了。Tā zhè jǐ tiān méi lái xuéxiào, ~ shì bìng le. *He hasn't come to school for the past few days. He's most likely ill.* / 只有小王才了解他的真实想法。～ zhǐyǒu Xiǎo Wáng cái liǎojiě tā de zhēnshí xiǎngfǎ. *Most probably Xiao Wang is the only one who understands what he really has in mind.*

【大杂烩】dàzáhuì (名)(1)用各种原料搅在一起做成的菜 *stew*:我今晚吃的是～。Wǒ jīn wǎn chī de shì ~. *I'm hav-*

ing stew tonight. （2）比喻杂凑而成的事物或集体（含贬义）**hodgepodge** (*has a sarcastic meaning*)：这本刊物什么都登，简直成了～了。Zhè běn kānwù shénme dōu dēng，jiǎnzhí chéngle ～ le. *This publication will print anything. It's nothing but a hodgepodge.* / 参加那个协会的什么人都有，是个～。Cānjiā nàge xiéhuì de shénme rén dōu yǒu，shì ge ～. *The members of that association are a hodgepodge of different kinds of people.*

【大张旗鼓】 dà zhāng qí gǔ 比喻开展某种活动时，声势和规模很大 **on a grand scale; in a big way**：要～地宣传计划生育的必要性。Yào ～ de xuānchuán jìhuà shēngyù de bìyàoxìng. *We must propagate the necessity of family planning on a grand scale.*

【大丈夫】 dàzhàngfu （名）有志气有抱负或有作为的男子 *a true man; real man*：一个男子汉～居然哭起来了! Yí ge nánzǐhàn ～ jūrán kū qǐlai le! *Who would have thought that a true man could cry?*

【大致】 dàzhì （形）一般的，粗略的，只作定语、状语 *rough; main; general* (*only as an attributive or adverbial*)：请你把会议～的情况告诉我。Qǐng nǐ bǎ huìyì ～ de qíngkuàng gàosu wǒ. *Please tell me the rough conditions of the meeting.* /这两本小说内容～相同。Zhè liǎng běn xiǎoshuō nèiróng ～ xiāngtóng. *The contents of these two fictions are roughly the same.* （副）（对数目）不精确地（估计）*rough* (*estimate of number*)：现在～十一点的样子。Xiànzài ～ shíyī diǎn de yàngzi. *It seems that it is eleven o'clock now.* / 那个剧本～有十几个角色吧。Nàge jùběn ～ yǒu shí jǐ gè juésè ba. *That play script has roughly more than ten roles.*

【大众】 dàzhòng （名）社会广大群众 *the masses; the people*：食堂怎么办要听听～的意见。Shítáng zěnme bàn yào tīngting ～ de yìjian. *To know how to run the dining hall, one should listen to the people's opinions.* /～食品的质量要逐步提高。～ shípǐn de zhìliàng yào zhúbù tígāo. *The quality of popular foodstuff should be gradually promoted.*

【大众化】 dàzhònghuà （动）（思想感情，或质量价格）和广大群众一致或适合他们的需要 *suit something to the tastes, needs, educational level, etc. of the masses; popularize*：作风～ zuòfēng ～ *The working style suits to the masses.* / 这家饭馆专卖～的饭菜，价格也很便宜。Zhè jiā fànguǎnr zhuān mài ～ de fàncài，jiàgé yě piányi. *This restaurant provides popularized food and the price is also low.*

【大主教】 dàzhǔjiào （名）*archbishop*

【大专院校】 dà zhuān yuànxiào 大学、学院和专科学校的简称 *universities and colleges; institutions of higher learning*

【大篆】 dàzhuàn （名）笔画较繁复的篆书，是周朝时字体 *Chinese script at the time of the Zhou Dynasty* (*1122 B.C. – 221 B.C.*)

【大字报】 dàzìbào （名）指用大字写成发表意见的文字，写在大张纸上，贴出或挂出 *wall poster in large characters*

【大自然】 dàzìrán （名）*Nature*：人类离征服～还远着呢! Rénlèi lí zhēngfú ～ hái yuǎn zhene! *It is still a long way for mankind to conquer Nature.*

【大宗】 dàzōng （形）（1）大批（货物、款项等）*a large amount; a large quantity* (*of goods, funds, etc.*)：码头上运来了～棉花。Mǎtóu shang yùnlaile ～ miánhua. *The wharf has a large quantity of cotton that has just been shipped in.* （2）数量最大的（产品、商品等）*staple* (*product, commodity, etc.*)：这里的出产以稻米为～。Zhèlǐ de chūchǎn yǐ dàomǐ wéi ～. *Rice is the staple crop here.*

呆 dāi

（形）（1）头脑迟钝，不灵敏 *stupid; foolish*：这个小孩儿

并不～，他只是还没适应新环境。Zhège xiǎoháir bìng bù ～，tā zhǐshì hái méi shìyìng xīn huánjìng. *This child is not stupid, but just hasn't adjusted himself to his new environment.* （2）表情凝滞 *to show an empty expression on one's face*：一听这件事，把我吓～了。Yì tīng zhè jiàn shì，bǎ wǒ xià ～ le. *When I heard this thing I was frightened and could not speak even one word.* （动）同"待"dāi〈口〉*same as "待"; stay*：这次去上海，我准备～一星期就回来。Zhè cì qù Shànghǎi，wǒ zhǔnbèi ～ yì xīngqī jiù huílai. *This time I go to Shanghai, I will just stay there for one week.* /再～会儿吧，还早呢! Zài ～ huìr ba，hái zǎo ne! *Stay a little longer, it is still early.*

【呆板】 dāibǎn （形）（人的表情或思想）不灵活，不自然，不知变通 (*a person's expression or thought*) *stiff; rigid; inflexible; unnatural* / 她画的人物太～，不够自然。Tā huà de rénwù tài ～，bú gòu zìrán. *Her portraits are too stiff and not natural enough.* /他倒是个好人，就是太～，缺少办法。Yes, *he's a nice guy, but he's too inflexible and lacks resourcefulness.*

【呆若木鸡】 dāi ruò mù jī 形容人因害怕或吃惊而发愣的样子 *dumb as a wooden chicken; dumbstruck; transfixed* (*with fear or surprise*)

【呆头呆脑】 dāi tóu dāi nǎo （指人对事）反应迟钝，不机敏 *idiotic*：他这几天一定有心事，显得～。Tā zhè jǐ tiān yídìng yǒu xīnshì，xiǎnde ～ de. *He must have some worries in his mind，because he seems a little idiotic.*

【呆滞】 dāizhì （形）不灵活，不流通 *dull; idle*：他两眼～，面色苍白，大概病了。Tā liǎng yǎn ～，miànsè cāngbái，dàgài bìng le. *He has a dull look in his eyes and his face is pale. He must be ill.*

【呆子】 dāizi （名）傻子；低能的人 *idiot*

待 dāi

（动）*stay* 另见 dài

dǎi

歹 dǎi

（形）坏的（人、事）（与"好"相对）*bad; evil* (*opposite to "好"*)：一个人首先就得分清好～。Yí ge rén shǒuxiān jiù děi fēnqīng hǎo～. *A man should first distinguish what is good and what is bad.*

【歹徒】 dǎitú （名）坏人 *evildoer; scoundrel*

逮 dǎi

（动）〈口〉捕捉 *catch*：～鸟儿 ～ niǎor *catch birds* / ～住一个蝴蝶 ～zhù yí ge húdié *has caught a butterfly* 另见 dài

dài

大 dài

另见 dà

【大夫】 dàifu （名）〈口〉（1）医生 *doctor; medical man*：他爸爸是个～. Tā bàba shì ge ～. *His father is a doctor.* （2）对医生的称呼 *address for a doctor*：张～，您来看看这位病人。Zhāng ～，nín lái kànkan zhè wèi bìngrén. *Doctor Zhang, please come to see this patient.*

代 dài

（名）（1）历史的分期；朝代 *dynasty; historical period*：清～ Qīng～ *the Qing Dynasty* /汉～ Hàn～ *the Han Dynasty* （2）世系的辈分 *generation*：这一～ zhè ～ *this generation* / 第二～ dì'èr ～ *the second generation* / 老一～ lǎo yí ～ *the*

older generation / 年轻的一～ niánqīng de yí ～ *the younger generation* / ～相传 ～～ xiāngchuán *hand down from generation to generation* (动)代替；代理 *take the place of*；*act for another*；*act on behalf of*：李老师病了，由王老师～课。Lǐ lǎoshī bìng le, yóu Wáng lǎoshī ～ kè. *Teacher Li is sick, and Teacher Wang will take over the classes for him.* /这封信不是老林自己写的，是他儿子～写的。Zhè fēng xìn bú shì Lǎo Lín zìjǐ xiě de, shì tā érzi ～ xiě de. *This letter was not written by Lao Lin himself, but by his son.* /他不是院长，是～院长。Tā bú shì yuànzhǎng, shì ～ yuànzhǎng. *He is not the dean, but the acting dean.* /我～他领工资。Wǒ ～ tā lǐng gōngzī. *I'll get his salary for him.*

【代办】dàibàn (动)代行办理 *do or act for another*：储蓄～所处续 ～suǒ *an office taking charge of people's saving affairs* /本处～托运 běn chù ～ tuōyùn *our office do the delivery for people* /这件事请你～一下。Zhè jiàn shì qǐng nǐ ～ yíxià. *Please do this matter for (me).* (名) *charge d'affaires*

【代笔】dàibǐ (动·不及物)替别人写文章、书信等 *write (an article, letter, etc.) on sb.'s behalf*

【代表】dàibiǎo (名)(1) *representative*；*deputy*；*delegate*：人大～ réndà ～ *deputy of the National People's Congress* /政府～ zhèngfǔ ～ *representative of the government* / 群众～ qúnzhòng ～ *representative of the masses* / 学生～ xuéshēng～ *representative of the students* (2)受委托或指派代替个人、团体、政府办事或表达意见的人 *representative*；*deputy*；*delegate*：厂长～ chǎngzhǎng ～ *representative of the factory director* / 总统～ zǒngtǒng ～ *representative of the president* (3)显示同一类的共同特征的人或事物 *typical representative*：陆大夫是个中年知识分子的典型～。Lù dàifu shì ge zhōngnián zhīshi fènzǐ de diǎnxíng ～. *Doctor Lu is a typical representative of the middle-age intelligentsia.* (动)(1)代替个人或集体办事或表达意见 *represent*；*stand for*；*act on behalf of*：李副总理昨日～总理举行盛大招待会。Lǐ fùzǒnglǐ zuórì ～ zǒnglǐ jǔxíng shèngdà zhāodàihuì. *Vice-premier Li held a grand reception yesterday for the premier.* /我只能～我自己，我～不了我们班其他同学。Wǒ zhǐ néng ～ wǒ zìjǐ, wǒ ～ bu liǎo wǒmen bān qítā tóngxué. *I can just represent myself, not the other classmates.* (2)(人或事物)表示某种意义 *(of a person or thing) represent some specific meaning*：这篇论文不能～他们研究所的水平。Zhè piān lùnwén bù néng ～ tāmen yánjiūsuǒ de shuǐpíng. *This paper can not represent the research level of their institute.* / 这出戏里的女主人公～八十年代中国有进取心的青年性格。Zhè chū xì li de nǚ zhǔréngōng ～bāshí niándài Zhōngguó yǒu jìnqǔxin de qīngnián xìnggé. *The heroine in this play represents the 80's Chinese youth who strives for self-improvement.*

【代表团】dàibiǎotuán (名) *delegation*；*mission*：中国政府～ Zhōngguó zhèngfǔ ～ *the delegation of the Chinese government* /党的工作者～ dǎng de gōngzuòzhě ～ *the delegation of the Party's workers* /新疆～ Xinjiāng ～ *the delegation of Xinjiang*

【代表性】dàibiǎoxing (名)能够反映某类人或某种事物的特征 *the quality of being representative*；*typical*：挽救这个失足青年很重要，他的失足很有～。Wǎnjiù zhège shī zú qīngnián hěn zhòngyào, tā de shī zú hěn yǒu ～. *To save this youth who has made a wrong step in life is very important; his slip is very typical.* / 抓这个问题没有必要，因为它没有～。Zhuā zhège wèntí méi yǒu bìyào, yīnwei tā méi yǒu ～. *To stress this problem is not necessary since it is not a typical one.*

【代词】dàicí (名)〈语〉代替名词、动词、形容词、数量词、副词的词。分人称代词、疑问代词、指示代词三种 *pronoun*

【代耕】dàigēng (动)(1)中国革命战争时期，各革命根据地组织农民群众帮助缺乏劳动力的革命烈士、革命军人家属耕种土地的一种优待办法 *(during the Revolutionary War in China) do farmwork for a revolutionary soldier's family or for the members of a revolutionary martyr's family (as a method for giving them preferential treatment)* (2)农机站代替农民耕种，收一定费用 *(of a farm machinery station) do cultivation work for peasants (for a price)*

【代沟】dàigōu (名)两代人之间在政治、道德等方面的不同看法 *generation gap*

【代购】dàigòu (动)(私人或单位)替别人购买物品 *(of a private individual or unit) buy on sb.'s behalf*；*act as a purchasing agent*

【代管】dàiguǎn (动)代替经管 *manage something for somebody*；*act for others*；*act as an agent*：我们学校原属教育部，现由市政府～。Wǒmen xuéxiào yuán shǔ jiàoyùbù, xiàn yóu shì zhèngfǔ ～. *Our school was originally under the Ministry of Education, now the municipal government acts for the Ministry of Education.* /车间主任外出期间，他的工作请你～一下。Chējiān zhǔrèn wàichū qijiān, tā de gōngzuò qǐng nǐ ～ yixià. *Please take charge of the workshop director's work when he is out.*

【代号】dàihào (名)为了简便或保密而用来代替正式名称(如部队、机关、工厂、产品等名称)的别名或编号 *code name, number or letter*：我们还不知道那个特务的～。Wǒmen hái bù zhīdao nà ge tèwu de ～. *We don't know yet the code name of that secret agent.* /本刊～G—621。Běn kān ～ G—liù èr yī. *The code name of our journal is G—621.*

【代价】dàijià (名)为达到某种目的所耗费的物质或精力 *price*；*cost*：取得任何成果都得付出一定的～。Qǔdé rènhé chéngguǒ dōu děi fùchū yídìng de ～. / 现在要考虑的是付出这么大的～值得不值得。Xiànzài yào kǎolǜ de shì fù zhème dà de ～ zhíde bù zhíde. *One must pay a certain price to get any achievement. What we should consider now is whether such a high cost is worthwhile.*

【代劳】dàiláo (动·不及物)(替别人)办事 *do something for sb.*：他明天不能去，换外汇的事，请您～，行不行？Tā míngtiān bù néng qù, huàn wàihuì de shì, qǐng nín ～, xíng bu xíng. *He can't go tomorrow. Would you mind doing him a favour and change some foreign currency for him?* / 有你～，比我自己去更好。Yǒu nǐ ～, bǐ wǒ zìjǐ qù gèng hǎo. *If you can go for me that will be all the better.* / 定飞机票我完全可以～，我自己也要定。Dìng fēijī piào wǒ wánquán kěyǐ ～, wǒ zìjǐ yě yào dìng. *I can reserve your plane ticket for you, since I also have to reserve one for myself.*

【代理】dàilǐ (动)(1)暂时(代人)担任(某机关或某部门的负责职务) *act on behalf of someone in a responsible position*：主席因病或因事缺位的时候，由副主席～。Zhǔxí yīn bìng huò yīn shì quē wèi de shíhou, yóu fùzhǔxí ～. *When the chairman is sick or away on business, the vice-chairman acts on his behalf.* /他是我们的～主任。Tā shì wǒmen de ～ zhǔrèn. *He is our acting chairman.* (2)〈法〉受当事人委托，代表他进行某种活动 *act as agent*：当事人因病不能出庭，由我～。Dāngshì rén yīn bìng bù néng chū tíng, yóu wǒ ～. *The litigant was sick and couldn't go to court, so I acted as his agent.*

【代理人】dàilǐrén (名)(1)〈法〉 *attorney*：他不能出庭，委托没委托一个～？Tā bù néng chū ting, wěituō méi wěituō yí ge ～? *He is unable to go to court. Did he get an attorney?* (2)实际上为别人的利益服务的人(用于贬义) *agent*；*deputy*；*proxy*：当年中国的军阀是封建地主阶级的～。Dāngnián Zhōngguó de jūnfá shì fēngjiàn dìzhǔjiējí de ～. *At that time the Chinese warlords were proxies of the feudal landlord class.*

【代乳粉】dàirǔfěn（名）用大豆或其他原料制成的粉末状食品，可以代替奶的 powder substitute for milk

【代售】dàishòu（动）替人销售（作为一种业务）be commissioned to sell sth.（as one's business）

【代数】dàishù（名）〈数〉algebra

【代数式】dàishùshì（名）〈数〉algebraic expression

【代数学】dàishùxué（名）同"代数" dàishù same as "代数" dàishù·

【代替】dàitì（动）replace；substitute for；take the place of：可以用石头～砖来砌墙。Kěyǐ yòng shítou ～ zhuān lái qì qiáng. Stones can be used instead of bricks to build a wall. / 谁犯法谁受惩罚，谁也～不了谁。Shuí fàn fǎ shuí shòu chéngfá, shuí yě ～ bu liǎo shuí. Whoever commits a crime will be punished；nobody can take the place of another person.

【代销】dàixiāo（动）代替销售（某些商品）act as a commission agent：这家小百货店～邮票。Zhè jiā xiǎo bǎihuò diàn ～ yóupiào. This small department store is commissioned to sell stamps.

【代谢】dàixiè（动·不及物）metabolize

【代序】dàixù（名）代替序言的文章 an article used in lieu of a preface

【代言人】dàiyánrén（名）替某些人说话，能代表他们的意见的人，并不是正式代表 spokesman：他实际上是资产阶级的～。Tā shíjì shang shì zīchǎnjiējí de ～. In fact he is the spokesman for the bourgeoisie. /那位记者可以算是那里农民的～。Nà wèi jìzhě kěyǐ suàn shì nàlǐ nóngmín de ～. That reporter can be considered as the spokesman for the farmers there.

【代营】dàiyíng（动）替别人经营 manage a business on sb.'s behalf

【代用】dàiyòng（动）用性能相近或相同的东西代替原用东西（多作定语）substitute：这种材料又贵又缺，应该挖掘～材料。Zhè zhǒng cáiliào yòu guì yòu quē, yīnggāi wājué ～ cáiliào. This type of material is expensive and scarce. Substitute materials should be found.

【代用品】dàiyòngpǐn（名）可以代替正式或原用东西的东西 substitute；ersatz

带〔帶〕dài

（名）（1）带子或像带子的长条物，作绑扎用 belt；girdle；ribbon；band：皮～ pí～ leather belt/ 丝～ sī～ silk ribbon/ 轮胎 tyre：自行车～ zìxíngchē ～ bicycle tyre/ 里～ lǐ～ inner tube/ 外～ wài～ tyre cover（3）地带 zone；area；belt：长江一～ Chángjiāng yí～ area around the Yangtze River（动）（1）take；bring；carry：进阅览室不要～书包。Jìn yuèlǎnshì búyào ～ shūbāo. Schoolbags are not to be taken into the reading room. /参加这次考试可以～字典。Cānjiā zhè cì kǎoshì kěyǐ ～ zìdiǎn. Dictionaries may be taken to the exam. /坐飞机可以～25公斤行李。Zuò fēijī kěyǐ ～ èrshíwǔ gōngjīn xínglǐ. When you travel by plane you can take 25kg of luggage. /捎带（做某事）do sth. incidentally：如果上街，请给我～几张邮票来。Rúguǒ shàng jiē, qǐng gěi wǒ ～ jǐ zhāng yóupiào lai. If you're going out please get me some stamps. /你看见他，替我～个话叫他来一趟。Nǐ kànjian tā, tì wǒ ～ ge huà jiào tā lái yí tàng. If you see him please tell him to come and see me. （3）呈现：含有 appear；contain：面～笑容。Miàn ～ xiàoróng. wear a smile/ 话里～刺儿。Huà li ～ cìr. be sarcastic /橘子甜里～酸。Júzi tiánli ～ suān. Tangerines are sweet and sour at the same time. （4）连带 include；attached：给小孩儿买故事书，最好买～画儿的。Gěi xiǎoháir mǎi gùshi shū, zuìhǎo mǎi ～ huàr de. When buying children a storybook, it's best to buy one with pictures in it. /有的形容词作定语一定要～"的"。Yǒude xíngróngcí zuò

dìngyǔ yídìng yào ～ "de". Some adjectives must have a "的" when used as an attribute. / 他参加暑期班，学习～旅游。Tā cānjiā shǔqībān, xuéxí ～ lǚyóu. He is taking a summer course which includes both study and travel. （5）引导，带领 lead；head：～队 ～ duì lead a group of people / 他～新同学去见老师。Tā ～ xīn tóngxué qù jiàn lǎoshī. He takes new students to see the teacher. （6）带动（一般有带"得"的补语）drive；spur on：这两个大孩子不学习，一～得一班学生都不好好学习。Zhè liǎng ge dà háizi bù xuéxí, ～ de yì bān xuésheng dōu bù hǎohāo xuéxí. These two big boys don't study and spur on the class not to study well. （7）照料，抚育，培养 look after；bring up；raise：她母亲替她～孩子。Tā mǔqin tì tā ～ háizi. Her mother looks after her children for her. / 她的两个孩子都是她母亲～大的。Tā de liǎng ge háizi dōu shì tā mǔqin ～dà de. Her two children were both brought up by her mother. /他现在～三个研究生。Tā xiànzài ～ sān ge yánjiūshēng. At the moment he has three graduate students.

【带电】dài=diàn electrified；charged

【带动】dàidòng（动）（1）用力量带着不动的东西动起来 drive：现在火车都用内燃机车～。Xiànzài huǒchē dōu yòng nèiránjīchē ～. Now trains are driven by internal combustion engines. （2）用某种行动影响别人也行动起来 spur on：劳动模范～本单位工人提高产品的质量。Láodòng mófàn yào ～ běn dānwèi gōngrén tígāo chǎnpǐn de zhìliàng. A model worker must spur on his unit of workers to raise the quality of their products.

【带分数】dàifēnshù（名）〈数〉整数后带着分数的数。如 $3\frac{1}{2}$ whole number with a fraction, e. g. $3\frac{1}{2}$

【带劲】dàijìn（形）（～儿）〈口〉（1）有生气，有力量（usu. as a predicate or complement）energetic；forceful：他干活儿总是很～的。Tā gàn huór zǒngshì hěn ～ de. He always works like a horse. /运动会的开幕式上，整齐的队伍走得可～了。Yùndònghuì de kāimùshì shang, zhěngqí de duìwu zǒu de tài ～ le. At the opening ceremony of the sports meet the well-ordered ranks walked really forcefully. （2）有兴致，能引起兴致 interesting；exciting；wonderful：他看小说看得正～，爸爸叫他做作业。Tā kàn xiǎoshuō kàn de zhèng ～, bàba jiào tā zuò zuòyè. He was deeply engrossed in the novel when his father made him go and do his homework. / 我认为游泳比划船～。Wǒ rènwéi yóuyǒng bǐ huá chuán ～. I think that swimming is more interesting than rowing.

【带领】dàilǐng（动）领导或指挥（一群人进行集体活动）lead；guide：他当年一千军万马在战场上英勇作战。Tā dāngnián ～ qiān jūn wàn mǎ zài zhànchǎng shang yīngyǒng zuòzhàn. At that time he led thousands of troops onto the battlefield to fight brave battles. /老师～学生去农村作社会调查。Lǎoshī ～ xuésheng qù nóngcūn zuò shèhuì diàochá. The teacher took the students to the countryside to do a social survey.

【带路】dài=lù 带领不认识路的人行进 show the way；act as a guide：穿过这片森林一定得有人～。Chuānguò zhè piàn sēnlín yídìng děi yǒu rén ～. If you want to pass through this forest, you must have a guide to show you the way. /他小时候为八路军战士带过路。Tā xiǎoshíhou wèi bālùjūn zhànshì dàiguo lù. When he was small he acted as a guide for the soldiers of the Eighth Route Army. / 革命领袖是群众的～人。Gémìng lǐngxiù shì qúnzhòng de ～ rén. Revolutionary leaders are the guides for the masses.

【带头】dài=tóu 自己首先行动，并以自己的行动带动别人 take the lead；be the first；take the initiative；set an example：这次改革他起了一～作用。Zhè cì gǎigé tā qǐle ～ zuòyòng. He played a leading role in this reform. /讨论会

上他总是~发言,提问题。Tǎolùnhuì shang tā zǒngshì ~ fāyán, tí wèntí. *He is always the first to talk and raise questions during discussions.* / 只要你带个头,我们都跟着干。Zhǐyào nǐ dài ge tóur, wǒmen dōu gēnzhe gàn. *You take the lead and we'll follow your example.*

【带鱼】dàiyú (名)[条 tiáo] *hairtail*

【带子】dàizi (名)[条 tiáo] *belt; girdle; ribbon; band; tape*:这个箱子的锁坏了,你有没有绳子或~,捆一捆。Zhège xiāngzi de suǒ huài le, nǐ yǒu méi yǒu shéngzi huò ~, kǔn yi kǔn. *The lock on this trunk is broken, do you have some string or a belt to tie it with?*

贷〔貸〕dài

(动)(银行)借出或向(银行)借入 *loan*:今年银行~给个体户不少钱。Jīnnián yínháng ~ gěi gètǐhù bù shǎo qián. *This year the bank loaned quite a bit of money to different self-employed business people.* /他向银行~了一笔五千元的款子。Tā xiàng yínháng ~ le yì bǐ wǔqiān yuán de kuǎnzi. *He borrowed 5000 yuan from the bank.*

【贷款】dàikuǎn (名)[笔 bǐ](一国借给另一国的)款项;(银行或信贷机构借给某个部门或个人的)款项 *loan*:这是一笔无息~。Zhè shì yì bǐ wúxī ~. *This is an interest-free loan.*

【贷款】dài=kuǎn (1)(一国)借钱给(另一国);(银行或信用社等机构)借钱给(某个部门或个人) *(one country) lends money (to another country); (a bank or trust company) lends money to (a department or individual)* (2)(一国向另一国)借钱;(某部门或个人向银行或信用社等机构)借钱 *(one country) borrows money from (another country); (a department or individual) borrows money (from a bank or trust company)*:国家不能靠~过日子。Guójiā bù néng kào ~ guò rìzi. *A country cannot be run by loans.* /明年春天我得从信用社贷点儿款。Míngnián chūntiān wǒ děi cóng xìnyòngshè dài diǎnr kuǎn. *Next spring I have to get a small loan from the credit coorperative.*

待 dài

(动)(1)对待 *treat; deal with*:他~人很诚恳。Tā ~ rén hěn chéngkěn. *He is sincere in his dealings with people.* /他一直~我不错。Tā yìzhí ~ wǒ búcuò. *He has always treated me well.* (2)招待 *entertain*:热情~客 rèqíng ~ kè *warmly entertain a guest* (3)等待 *wait for; await*:这项制度有~改进。Zhè xiàng zhìdù yǒu ~ gǎijìn. *This system has yet to be improved.* /一切都准备好,~机行事。Yīqiè dōu zhǔnbèi hǎo, ~ jī xíng shì. *Everything is ready and I'm waiting for an opportunity.* (4)正(要)(用得很少)*going to; about to (rarely so used)*:~要开口,又被别人岔开了。~ yào kāi kǒu, yòu bèi biérén chàkāi le. *I was about to say something when someone else changed the subject.*

【待命】dàimìng (动)(部队)等待命令 *await orders*:通知他们在原地~。Tōngzhī tāmen zài yuándì ~. *Tell them to stay where they are, pending orders.*

【待人接物】dài rén jiē wù 跟别人相处并处理跟人有关的事情 *the way one gets along with people*:他很善于~。Tā hěn shànyú ~. *He's very good at dealing with people.*

【待业】dài=yè 等待分配工作,等待就业 *wait for employment; wait to be assigned work*:~青年 ~ qīngnián *youth waiting for employment*

【待遇】dàiyù (名)(1)对待人的情形、态度、方式等 *treatment*:我没想到会遭受他冷淡的~。Wǒ méi xiǎngdào huì zāoshòu tā lěngdàn de ~. *I didn't expect him to give me the cold shoulder.* (2)(由政府给的)社会地位、特权等(*political*) *treatment*:对归国华侨,政府给以很高的政治~。Duì guī guó huáqiáo, zhèngfǔ gěiyǐ hěn gāo de zhèngzhì ~. *The government's political treatment of overseas Chinese*

who return to China is very good. /为什么对他们两个人的~这样不平等? Wèi shénme duì tāmen liǎng ge rén de ~ zhèyàng bù píngděng? *Why are those two men treated so unequally?* (3)物质报酬,如工资福利等 *remuneration*;对国家贡献大的人当然应该享受比较优厚的~。Duì guójiā gòngxiàn dà de rén dāngrán yīnggāi xiǎngshòu bǐjiào yōuhòu de ~. *People who make major contributions to the country should of course enjoy a relatively favourable remuneration.*

怠 dài

(形)◇ 懒 *idle; remiss; slack*

【怠惰】dàiduò (形)〈书〉懒惰 *lazy; indolent*

【怠工】dàigōng (动) *slow down; go slow; sabotage*:消极~也是一种斗争的手段。Xiāojí ~ yě shì yì zhǒng dòuzhēng de shǒuduàn. *A passive slowdown is also a means of struggle.*

【怠慢】dàimàn (动)(1)待人冷淡 *give the cold shoulder to; slight*:他觉得主人~了他,很快就走了。Tā juéde zhǔrén ~ le tā, hěn kuài jiù zǒu le. *He felt that the host had slighted him, so he soon left.* (2)客气话,意思是招待不周(*used as an apology for not having properly entertained a guest*):今天客人太多,我实在忙不过来,~你了。Jīntiān kèrén tài duō, wǒ shízài máng bu guòlái, ~ nǐ le. *Today there were so many guests and I was so busy that I'm afraid I have been a poor host.*

袋 dài

(名)(~儿)(1) *bag; sack*:米~ mǐ ~ *a rice sack* /布~ bù ~ *a cloth sack* /一~大豆 yí ~ dàdòu *a sack of soybeans* (2) *pocket*:裤~ kù ~ *trouser pocket*

【袋鼠】dàishǔ (名)[只 zhī] *kangaroo*

【袋子】dàizi (名)同"袋"dài *same as "袋"* dài

逮 dài

另见 dǎi

【逮捕】dàibǔ (动)(政法机关)捉拿(罪犯) *arrest; take into custody*:~犯人 ~ fànrén *arrest a criminal* /罪犯业已~法办。Zuìfàn yèyǐ ~ fǎbàn. *The culprit has already been brought to justice.*

戴 dài

(动)使东西附着在头、面、颈、胸、臂等处 *put on; wear*:~帽子 ~ màozi *put on a hat* /~口罩 ~ kǒuzhào *wear a gauze mask* /~耳环 ~ ěrhuán *wear earrings* /~项链 ~ xiàngliànr *wear a necklace* /来的客人~眼镜不~? Lái de kèrén ~ yǎnjìng bú ~? *Did the visitor wear glasses?* /我忘了~手表了。Wǒ wàngle ~ shǒubiǎo le. *I forgot to wear my watch.*

dān

丹 dān

(名)(1)红色 *red* (2)颗粒状或粉末状的中药 *pellet or powder (Chinese medicine)*:感冒~ gǎnmào ~ *pellets for the common cold*

【丹心】dānxīn (名)〈书〉赤诚的心 *a loyal heart*:一片~ yí piàn ~ *with loyalty*

担〔擔〕dān

(动)(1)用肩挑 *carry on a shoulder pole*:~水 ~ shuǐ *carry water (with a shoulder pole and buckets)* /~柴 ~ chái *carry firewood on a shoulder pole* /~着两筐苹果 zhe liǎng kuāng píngguǒ *carry two baskets of apples on a shoulder pole* (2)承担(任务、责任)*take on; undertake*:我

们还有潜力，这项任务可以～起来。Wǒmen hái yǒu qiánlì, zhè xiàng rènwu kěyi ～ qilai. *We still have some potential and so we can take on this job.* /你放心，出了事我～着。Nǐ fàng xin, chūle shì wǒ ～zhe. *Don't worry. I 'll take responsibility if something goes wrong.* 另见 dàn

【担保】dānbǎo (动)保证(不出问题或一定办到) *guarantee*; *vouch for*; 这事包在我身上，我～一定办到。Zhè shì bāo zài wǒ shēnshang, wǒ ～ yídìng bàndào. *Let me take care of this matter. I assure you I will do it.* /经费问题由王主任～，你放心吧。Jīngfèi wèntí yóu Wáng zhǔrèn ～, nǐ fàng xin ba. *You can rest assured, Director Wang has guaranteed the funds.*

【担待】dāndài (动)〈口〉(1)原谅 *forgive*; *put up with*; *bear with*; 孩子小不懂事，你就～些吧！Háizi xiǎo bù dǒng shì, nǐ jiù ～ xiē ba! *The child is too young to know how to behave, so you must bear with him somewhat.* (2)担当(责任) *assume office*; *take up a burden*; 出了问题，厂长～，你急什么? Chūle wèntí, chǎngzhǎng ～, nǐ jí shénme? *If there is any problem the factory manager will take the responsibility of solving it. Don't get agitated.*

【担当】dāndāng (动)承当(任务)，承受(责任) *take on*; *undertake*; *assume*; 这项工作是我力所能及的，自然要～起来。Zhè xiàng gōngzuò shì wǒ lì suǒ néng jí de, zìrán yào ～ qilai. *This work is within my power to do so naturally I'll take it on.* / 如果出了问题，我们可～不起啊! Rúguǒ chūle wèntí, wǒmen kě ～ bù qǐ a! *If something goes wrong we can't take the responsibility.*

【担风险】dān fēngxiǎn 承担可能发生的危险，如果发生问题要承担责任 *take risks*; *run risks*; 老怕～，什么也做不成。Lǎo pà ～, shénme yě zuò bu chéng. *If one is always afraid of taking risks, one can never achieve anything.* / 为革命奔波要担很大的风险。Wèi gémìng bēnbō yào dān hěn dà de fēngxiǎn. *One has to take a lot of risks when running around for the revolution.*

【担负】dānfù (动)承担(任务、工作、费用等) *bear*; *shoulder*; *take on*; *be charged with*; 老师们～着培养青少年的任务。Lǎoshīmen ～zhe péiyǎng qīng-shàonián de rènwu. *Teachers are charged with the responsibility of bringing up youth.* / 老李～着重要领导工作。Lǎo Lǐ ～zhe zhòngyào lǐngdǎo gōngzuò. *Lao Li has taken on important leadership work.* /他住院治疗的费用由公家～。Tā zhù yuàn zhìliáo de fèiyong yóu gōngjiā ～. *His hospitalization fees were borne by the state.*

【担架】dānjià (名)[副 fù]*stretcher*; 用～把病人抬到医院。Yòng ～ bǎ bìngrén tái dào yīyuàn. *Use a stretcher to take a patient to hospital.*

【担惊受怕】dān jīng shòu pà 担心害怕 *be stricken with fear and anxiety*; 你在外边胡闹，老叫妈妈～。Nǐ zài wàibian húnào, lǎo jiào māma ～. *You're always going out and creating mischief, which puts mom in a constant state of anxiety.*

【担任】dānrèn (动)担当某种职务或工作 *assume the office of*; *hold the post of*; 叫他～副部长比较合适。Jiào tā ～ fùbùzhǎng bǐjiào héshì. *It would be quite suitable to ask him to be a vice-minister.* /他～我们班的语法课。Tā ～ wǒmen bān de yǔfǎ kè. *He is in charge of our grammar class.*

【担心】dān=xīn 放不下心(怕出问题、事故、危险等) *worry*; *feel anxious*; 我～他找不到那个地方。Wǒ ～ tā zhǎo bu dào nàge dìfang. *I am afraid he won't find that place.* /他非常机警，你不用为他～。Tā fēicháng jījǐng, nǐ búyòng wèi tā ～. *Don't worry about him, he is extremely alert.* / 这么晚还没回来，我～他出车祸了。Zhème wǎn hái méi huílai, wǒ ～ tā chū chēhuò le. *It's so late and he is not back, I'm worried he has had an accident.* /我白担了半天心，一切都很顺利。Wǒ bái dānle bàntiān xīn, yíqiè dōu hěn shùnlì. *I've been worrying for nothing. Everything went smoothly.*

【担忧】dānyōu (动)发愁，忧虑 *worry*; *be anxious*; 她总是替别人～。Tā zǒngshì tì biérén ～. *She's always worrying about others.* / 我现在的日子很好过，没有什么可～的。Wǒ xiànzài de rìzi hěn hǎo guò, méi yǒu shénme kě ～ de. *I'm getting along fine right now. I have nothing to worry about.*

单 〔單〕dān

(名)◇(～儿)(1)*sheet*；床～ chuáng～ *bed sheet* / 褥～ rù～ *sheet for mattress* (2)分项记事或说明问题的纸片 *bill*; *list*; 货～ huò～ *waybill* / 节目～ jiémù～ *programme* (形)(只作定语，不受任何副词修饰)(*only as attributive and not modified by any adverb*)(1) 一个(跟"双"或"多"相对) *single* (*opposite to* "双" *or* "多")；～人床 ～ rén chuáng *single bed* /～音节词 ～yīnjiécí *monosyllabic word* (2)奇数的(跟"双"相对) *odd* (*opposite to* "双")；～日 ～ rì *odd-numbered days* /～号 ～ hào *odd numbers* (3)只有一层的(衣服) (*of clothes*) *single layered*；～裤 ～kù *unlined trousers* / ～褂 ～guà *unlined gown* / 这件上衣是～的。Zhè jiàn shàngyī shì ～ de. *This jacket is unlined.* (副)(1)单独，另外 *by oneself*; *separately*; 这本书要～放着，别跟别的书弄混了。Zhè běn shū yào ～ fàngzhe, bié gēn biéde shū nònghùn le. *This book must be placed by itself. Don't get it mixed up with others.* /这几个学生程度比较高，要～开一个班。Zhè jǐ ge xuésheng chéngdù bǐjiào gāo, yào ～ kāi yí ge bān. *The level of these students is relatively high. We will start a separate class for them.* (2) "只"的意思，但不能限制数量 *only*; *just* (*not applied to quantity*)；我～买上册，可以吗? Wǒ ～ mǎi shàngcè, kěyi ma? *Can I just buy the first volume?* /看人不能～看外表，还得看他的为人。Kàn rén bù néng ～ kàn wàibiǎo, hái děi kàn tā de wéirén. *One must not judge people by appearance alone, but must also look at their personality.* / 今天大会还是他当主席呢，可是到现在～他还没来。Jīntiān dàhuì háishì tā dāng zhǔxí ne, kěshì dào xiànzài ～ tā hái méi lái. *He's the chairman of today's conference, but he's the only one who hasn't arrived yet.* / 别人出门儿都是好天儿，～我出门儿就下雨。Biérén chū mén'r dōu shì hǎo tiān'r, ～ wǒ chū mén'r jiù xià yǔ. *The weather is fine when others go out, it rains only when I go out.* (3)表示不需要别的，可以起到某种目的的，或别的更不用说 *alone*; 凭他那种认真负责的态度，就值得我学习。～ píng tā nà zhǒng rènzhēn fùzé de tàidu, jiù zhíde wǒ xuéxí. *His responsible attitude alone is worth my learning.* / ～是马路上拥挤的人群就使我眼晕，更不要说那些穿梭一样奔驰着的汽车了。～ shì mǎlù shang yōngjǐ de rénqún jiù shǐ wǒ yǎnyūn, gèng búyào shuō nàxiē chuān suō yíyàng bēnchízhe de qìchē le. *The crowd alone on that street is making me dizzy, never mind those vehicles whizzing back and forth.*

【单薄】dānbó (形)(1)(天凉或天冷的时候穿的衣服)薄而少 *thin* (*of clothing*)；天气这么冷，你怎么穿得这么～? Tiānqi zhème lěng, nǐ zěnme chuān de zhème ～? *It's so cold. How come you are wearing so few clothes?*/ 穿～点儿比穿得过多好。Chuān ～ diǎnr bǐ chuān de guò duō hǎo. *It's better to wear too few clothes than too many.* (2)身体瘦弱 *thin and weak*; *frail*; 他长得很～。Tā zhǎng de hěn ～. *He looks very frail.* (3)(力量)薄弱 *weak*；人力～ rénlì ～ *shortage of manpower* (4)(作品)内容、情节、人物等简单或(文章)论据不充分 *poor*; *scanty*; *flimsy*; *thin*；情节～ qíngjié ～ *a weak plot* /人物写得～。Rénwù xiě de ～. *The characters are poorly developed.* /论据显得～，说服力不强。Lùnjù xiǎnde ～, shuōfú lì bù qiáng. *The argument seems feeble; it's is not very convincing.*

【单产】dānchǎn（名）在一年或一季中单位面积的产量,通常指平均每亩的产量(与"总产"相对) per unit area yield:这个地区的水稻今年～1200斤。Zhège dìqū de shuǐdào jīnnián ～ yìqiān èrbǎi jīn. *This year the per unit area yield for rice paddies in this area was 1200 catties.*

【单程】dānchéng（名）一来或一返的整个行程(区别于"往返"行程) one way:从北京到我的家乡～240里。Cóng Běijīng dào wǒ de jiāxiāng ～ èrbǎi sìshí lǐ. *It's 240 li one way from Beijing to my hometown.* / 他们只卖一票不卖来回票。Tāmen zhǐ mài ～ piào bú mài láihuí piào. *They just sell one way tickets, they don't sell return ones.*

【单纯】dānchún（形）(1)简单,不复杂 simple; uncomplicated:这个人非常～。Zhège rén fēicháng ～. *This man is very sincere and honest.* /事情并不像你想的那么～。Shìqing bìng bú xiàng nǐ xiǎng de nàme ～. *It's not so simple as you thought.* (2)单一 alone; purely; merely:反对～追求数量,不注意质量。Fǎnduì ～ zhuīqiú shùliàng, bú zhùyì zhìliàng. *Oppose the practice of striving merely for quantity and not attending to quality.* / 他的工作很～,就是校对稿子。Tā de gōngzuò hěn ～, jiùshì jiàoduì gǎozi. *His job is very simple; he's a proofreader.*

【单纯词】dānchúncí（名）〈语〉只包含一个词素的词(区别于"合成词") simple word; single morpheme word:"葡萄"是个～,不是合成词。"Pútáo" shì ge ～, bú shì héchéngcí. *"Pútáo" is a single morpheme word and not a compound word.*

【单词】dāncí（名）〈语〉一个一个的词(区别于词组或句子) individual word:学外语首先要记忆～。Xué wàiyǔ shǒuxiān yào jì ～. *When you study a foreign language, you first have to memorize individual words.*

【单打】dāndǎ（名）〈体〉singles:女子网球～冠军 nǚzǐ wǎngqiú ～ guànjūn *women's singles tennis champion*

【单单】dāndān（副）(1)同"单"dān (2) same as "单"dān (2):～从北京这几年盖起的一幢幢大楼,就可以看出中国这几年的发展速度。～ cóng Běijīng zhè jǐ nián gàiqǐ de yí zhuàngzhuàng dà lóu, jiù kěyǐ kànchū Zhōngguó zhè jǐ nián de fāzhǎn sùdù. *One can see the rate at which China is developing in recent years just by looking at all the tall buildings going up in Beijing.* / 靠嘴皮子不行,还得有真本事。～ kào zuǐpízi bù xíng, hái děi yǒu zhēn běnshi. *Just relying on smooth talking won't do. One must also have some ability.* (2)同"独独"dúdú same as "独独"dúdú:大家都能坚持,～他坚持不了。Dàjiā dōu néng jiānchí, ～ tā jiānchí bu liǎo. *We can all hold up; he alone cannot.* / 人家都乐乐呵呵的,～咱们家这样不和气! Rénjia dōu lèlèhēhē de, ～ zánmen jiā zhèyàng bù héqì! *All others are cheerful; only our family doesn't get along friendly.*

【单刀直入】dān dāo zhí rù 比喻说话直截了当,不绕弯子 come straight to the point; speak out without beating around the bush:今天咱们就～地谈,不要拐弯抹角浪费时间。Jīntiān zánmen jiù ～ de tán, búyào guǎi wān mò jiǎo làngfèi shíjiān. *Today we have to come straight to the point and not waste time beating about the bush.*

【单调】dāndiào（形）简单重复而没有变化 monotonous; dull; drab:内容～ nèiróng ～ dull contents /色彩～ sècǎi ～ dull colouring / 生活天天都一样,有点儿～。Shēnghuó tiāntiān dōu yíyàng, yǒudiǎnr ～. *Life is a little dull when every day is the same.*

【单独】dāndú（形）独自,不跟别人或别物合在一起 alone; by oneself; on one's own; single-handed; independent:不要采取～行动。Búyào cǎiqǔ ～ xíngdòng. *Don't take independent action.* / 让他～操作,不要老不放心。Ràng tā ～ cāozuò, búyào lǎo bú fàng xīn. *Let him operate it by himself, don't always be so untrusting.* / 一个人总有时候愿意～一个人呆着。Yí ge rén zǒng yǒushíhou yuànyì ～ yí ge

rén dāizhe, *A person sometimes just wants to be alone.* / 这些豆子～放在一个地方留做种子。Zhèxiē dòuzi ～ fàng zài yí ge dìfang liú zuò zhǒngzi. *These beans must be put aside somewhere and used as seeds.* （副）(1)同"独自"dúzì same as "独自" dúzì alone; by oneself:别人都去操场锻炼去了,只有他～留在屋子里做功课。Biérén dōu qù cāochǎng duànliàn qù le, zhǐyǒu tā ～ liú zài wūzi li zuò gōngkè. *Others went to the sports field to do exercises. Only he stayed alone in his room to do homework.* / 大家一起干,有五天也就够了;一个人～干,二十天也干不完。Dàjiā yìqǐ gàn, yǒu wǔ tiān yě jiù gòu le; yí ge rén ～ gàn, èrshí tiān yě gàn bu wán. *If we all work together, five days will be enough; if one worked by himself, even twenty days wouldn't be enough to finish.* (2)表示动作、行为仅限于双方,不包括其他人 (indicates that an action or behaviour concerns only two parties no one else is included):我们出去有点儿事,你俩～谈谈。Wǒmen chūqu yǒu diǎnr shì, nǐmen liǎ ～ tántan. *We're going out to do something; you two talk alone.* / 三位领导～告诉他,准备提拔他当科长。Sān wèi lǐngdǎo ～ gàosu tā, zhǔnbèi tíbá tā dāng kēzhǎng. *The three leaders told him when he was alone that they were going to promote him to section chief.* (3)用于事物,表示和别的分开 (used for objects to indicate that they are separate from others):这些材料要～放着,免得弄乱。Zhèxiē cáiliào yào ～ fàngzhe, miǎndé nòngluàn. *These materials are to be kept separate to avoid getting them mixed up with others.* / 大人每年给的压岁钱,他都～留起来。Dàren měi nián gěi de yāsuìqián, tā dōu ～ liú qǐlai. *All the money that the adults give him every year for New Year's, he has put away by itself.*

【单方】dānfāng（名）(1)(～儿)民间流传的药方 folk prescription; folk remedy (2)同"单方面"dān fāngmiàn same as "单方面" dān fāngmiàn

【单方面】dān fāngmiàn 具有双方关系的一方(做出某事或采取某行动) one-sided; unilateral:这次撤军完全是～的。Zhè cì chè jūn wánquán shì ～ de. *The withdrawal of troops was completely unilateral.* / ～撕毁合同 ～ sīhuǐ hétong tear up a contract unilaterally/ ～裁军 ～ cái jūn unilateral disarmament

【单干】dāngàn（动）(1)中国农业合作化时期,不参加农业互助合作组织,自己一个人或一家人耕种土地 work alone with one's family in farming the land and not take part in agricultural cooperation (2)自己一个人,不与别人在一起干 work on one's own; go it alone:他认为他可以靠～编一本词典。Tā rènwéi tā kěyǐ kào ～ biān yì běn cídiǎn. *He thinks that he can compile a dictionary all by himself.*

【单杠】dāngàng（名）(1) *horizontal bar*[个 gè、根 gēn] (2) *horizontal bar gymnastics*

【单轨】dānguǐ（名）*single track*

【单价】dānjià（名）商品的单位价格 unit price:商品柜中每种商品都标着～。Shāngpǐn guì zhōng měi zhǒng shāngpǐn dōu biāozhe ～. *All the products in the display case have their unit price marked.*

【单间儿】dānjiānr（名）(1)只有一间的屋子 room with only one unit:这院子的西房共三间,外屋是两间,里屋是个～。Zhè yuànzi de xīfáng gòng sān jiān, wàiwū shì liǎng jiān, lǐwū shì ge ～. *The west building in this courtyard has three units; the outer room has two and the inner room has one.* (2)饭馆中和大饭厅分开的小间吃饭的屋子 separate room in a restaurant:在这家饭馆定了个～,请客。Zài zhè jiā fànguǎnr dìngle ge ～ qǐng kè. *We've reserved a separate room in this restaurant for a banquet.* (3)旅馆中的一间屋子的客房,既不是两间一套的,也不是许多人共住的大房间 a one-room suite in a hotel

【单晶硅】dānjīngguī（名）*monocrystalline silicon*

【单句】dānjù（名）〈语〉同"简单句" jiǎndānjù same as "简单句" jiǎndānjù

【单据】dānjù（名）[张 zhāng]收付款项或货物的凭据，如收据、发票、发货单、收支传票等 documents attesting to the giving or receiving of money, goods, etc., such as receipts, bills, vouchers and invoices

【单枪匹马】dān qiāng pǐ mǎ 比喻一个人单独行动，没有别人帮助 single-handed；all by oneself；alone：大规模的工作要依靠广大群众，～是不行的。Dà guīmó de gōngzuò yào yīkào guǎngdà qúnzhòng，～ shì bù xíng de. Large-scale jobs cannot be undertaken single-handedly and must depend on the broad masses. /他～绿化了一座荒山。Tā ～ lǜhuàle yí zuò huāngshān. He afforested an uncultivated mountainside all by himself.

【单人舞】dānrénwǔ（名）solo dance

【单身】dānshēn（名）没有家属或不跟家属在一起生活 single；unmarried：他现在还是～吗？——不，他早结婚了。Tā xiànzài hái shì ～ ma?——Bù, tā zǎo jié hūn le. Is he still single? No, he's already married. / 她爱人在外地，明年才能调来，现在两个人都住～宿舍。Tā àiren zài wàidì, míngnián cái néng diàolai, xiànzài liǎng ge rén dōu zhù ～ sùshè. Her husband is somewhere else and is not transferred here until next year. At present they are both living in unmarried quarters.

【单身汉】dānshēnhàn（名）没有结婚的男人 bachelor

【单身宿舍】dānshēn sùshè 企业事业单位中专供未婚者或住家远的职工居住的宿舍 quarters (in an enterprise, institution, etc.) for single men or women, or for employees who live alone away from home

【单数】dānshù（名）(1)odd number (2)〈语〉singular number：这个词的复数形式与一形式一样。Zhège cí de fùshù xíngshì yǔ ～ xíngshì yíyàng. Both the singular and plural forms of this word are the same.

【单位】dānwèi（名）[个 gè](1) 计量事物的标准量的名称 unit：人民币的一是元。Rénmínbì de ～ shì yuán. The RMB unit is the yuan. (2)指机关、团体、厂矿、学校等各个具体部门 unit (as an organization, department, division, section etc.)：你在哪个～工作？Nǐ zài nǎge ～ gōngzuò? Which unit do you work in?/ 参加会议的有二十多个～的代表。Cānjiā huìyì de yǒu èrshí duō ge ～ de dàibiǎo. There were representatives from over twenty units at the meeting.

【单位面积】dānwèi miànjī 作为单位的面积，如中国土地以亩为基本面积单位，一亩的面积即为土地的单位面积 unit area, e. g. in China the 亩 is used as the basic unit of area：这种水稻～产量已超过了一千二百斤。Zhè zhǒng shuǐdào ～ chǎnliàng yǐ chāoguòle yìqiān èrbǎi jīn. The yield per unit area for this type of rice has already surpassed 1200 catties.

【单线】dānxiàn（名）(1)单一的线条 single line (2)只有一条轨道的铁道线或电车线，与"复线"相对而言 single track (opposite of "复线" (multiple track)) (3) single thread in sewing (as opposed to double thread)

【单相思】dānxiāngsī（动·不及物）男女之间，只有一方爱慕另一方 unrequited love

【单项】dānxiàng（名）〈体〉individual event

【单行本】dānxíngběn（名）(1)从报刊或从成套成部的书里抽出来单独印行的著作 offprint：鲁迅的《野草》在全集中能找到，也有～。Lǔ Xùn de《Yěcǎo》zài quánjí zhōng néng zhǎodào, yě yǒu ～. Lu Xun's Wild Grass can be found in his complete works as well as in offprint. (2)在报刊上分期发表后，汇集整理印行的著作 separate edition：这个小说在晚报上已经连载完了，不久即可出～. Zhège xiǎoshuō zài wǎnbào shang yǐjīng liánzài wán, bùjiǔ jí kě chū ～. This novel has just finished being serialized in the

evening paper；before long it will be out under separate cover.

【单行线】dānxíngxiàn（名）车辆只能向一个方向行驶的路 one-way road

【单眼皮】dānyǎnpí（名）（～儿）边缘没有褶儿的上眼皮 single-fold eyelid

【单一】dānyī（形）只有一种的 single；unitary：～的样式 ～ de yàngshì single pattern/ ～的社会主义经济 ～ de shèhuìzhǔyì jīngjì unitary socialist economy /色彩～ sècǎi ～ unitary colouring

【单一经济】dānyī jīngjì single-product economy

【单衣】dānyī（名）[件 jiàn]unlined garment

【单音节词】dānyīnjiécí（名）〈语〉只有一个音节的词，如我、笔、红、拿等 monosyllabic word，e. g. "我" (wǒ)，"笔" (bǐ)，"红"(hóng)，"拿"(ná)，etc.

【单元】dānyuán（名）[个 gè](1)教材中自成一个中心的篇章段落 unit (of lessons)：这本教材一共有五个～，每个～五课。Zhè běn jiàocái yígòng yǒu wǔ ～, měi ge ～ wǔ kè. Altogether there are five units in this textbook and each unit has five lessons. (2)由一个门出入，共用一个楼梯的一组住宅 a group of flats sharing one entrance：我家住十楼六～七号。Wǒ jiā zhù shí lóu liù ～ qī hào. I live at No. 7, Entrance 6, Building 10.

【单元楼】dānyuánlóu（名）由若干单元组成的居民楼 apartment building

【单字】dānzì（名）(1)单个的汉字 individual character (2)外语中单个的词 separate word (in a language other than Chinese)

【单子】dānzi（名）(1) bed sheet：床上的～太短了。Chuáng shang de ～ tài duǎn le. The sheet on the bed is too short. (2) list：菜～ cài～ menu/ 你要买什么，开个～. Nǐ yào mǎi shénme, kāi ge ～. Make out a list of what you want to buy.

耽 dān

【耽搁】dānge（动）(1)停留 stop over：因为有些事情没办完，他在那儿还要多～几天。Yīnwei yǒu xiē shìqing méi bànwán, tā zài nàr hái yào duō ～ jǐ tiān. He is going to stop over there for a few more days, since there are a few things he hasn't finished. (2)拖延，耽误 delay；hold up：前些天太忙，把回信的事给～了。Qián xiē tiān tài máng, bǎ huí xìn de shì gěi ～ le. I was too busy the last few days, so I delayed replying to your letter. / 你的病得赶快治，可别～了。Nǐ de bìng děi gǎnkuài zhì, kě bié ～ le. You have to cure your illness as soon as possible and must not let it get worse by delay.

【耽误】dānwu（动）因拖延错过时机而误事 delay；hold up：你这样做白～时间。Nǐ zhèyàng zuò bái ～ shíjiān. Doing it like that is a real waste of time. / 他出去旅行～了许多功课。Tā chūqu lǚxíng ～le xǔduō gōngkè. He went travelling and missed several classes. /这不是什么大病，～两天没关系。Zhè bú shì shénme dà bìng, ～ liǎng tiān méi guānxi. This illness is not very serious; it doesn't matter if it's left for a couple of days.

dǎn

胆〔膽〕dǎn（名）(1) gallbladder：蛇的～可以治病。Shé de ～ kěyi zhì bìng. Snake gallbladders can cure diseases. (2)胆量 courage；guts；pluck：她原来很～小，现在～大了！Tā yuánlái hěn ～ xiǎo, xiànzài kě ～ dà le! She used to be a coward. Now look how brave she is! (3)装在器物内部，容纳水、空气等物的东西 a bladder-like inner container：暖水

瓶～ nuǎnshuǐpíng ～ *the glass liner of a vacuum flask* / 球～ qiú～ *the rubber bladder of a ball*

【胆敢】dǎngǎn（副）竟然有胆量（做某事）*dare to; have the nerve to (do sth.)*：敌人一进犯我国边境，定然叫它有来无回。Dírén ～ jìnfàn wǒ guó biānjìng，dìngrán jiào tā yǒu lái wú huí. *If the enemy has the audacity to invade our border, we will make sure that they will come here never to return.* / 好小子，～跟我比试！Hǎo xiǎozi，～ gēn wǒ bǐshì? *Okay fellow, dare you compete with me?*

【胆固醇】dǎngùchún（名）〈医〉*cholesterol*

【胆量】dǎnliàng（名）不怕危险的精神；勇气 *courage; guts; pluck; spunk*：抵制不正之风得有～。Dǐzhì bú zhèng zhī fēng děi yǒu ～. *It takes guts to oppose malpractices.*

【胆略】dǎnlüè（名）勇气和智谋 *courage and resourcefulness*：这个人有见识，有～，能成为好领导。Zhège rén yǒu jiànshi, yǒu ～, néng chéngwéi hǎo lǐngdǎo. *This man would make a good leader; he's experienced and has courage and resourcefulness.*

【胆怯】dǎnqiè（形）〈书〉胆小、畏缩 *timid; cowardly*：这么陡的山，上去我不怕，下山可有点儿～。Zhème dǒu de shān, shàngqu wǒ bú pà, xià shān kě yǒudiǎnr ～. *I am not afraid of going up such a steep mountain; I'm just a little timid about coming down.*

【胆石病】dǎnshíbìng（名）〈医〉*cholelithiasis*

【胆识】dǎnshí（名）胆量与眼光 *courage and insight*：我很佩服老张，他很有～。Wǒ hěn pèifu Lǎo Zhāng, tā hěn yǒu ～. *I really admire Lao Zhang. He has a lot of courage and insight.* / 他～过人，前途不可限量。Tā ～ guò rén, qiántú bù kě xiànliàng. *He surpasses others in courage and insight. His prospects are boundless.*

【胆小如鼠】dǎn xiǎo rú shǔ 比喻一个人胆量极小（含贬义）*chicken-hearted; timid as a mouse*：你别看他平时张牙舞爪的，真正到关键时刻，却——。Nǐ bié kàn tā píngshí zhāng yá wǔ zhǎo de, zhēnzhèng dào guānjiàn shíkè, què ——. *Don't worry about his making threatening gestures; when it comes to the crunch he's actually chicken-hearted.*

【胆战心惊】dǎn zhàn xīn jīng 形容非常害怕 *tremble with fear; be terror-stricken*：风浪这么大，真叫人～。Fēnglàng zhème dà, zhēn jiào rén ～. *It's really terrifying when the sea is so choppy.*

【胆汁】dǎnzhī（名）〈生理〉*bile*

【胆子】dǎnzi（名）胆量 *courage; nerve*：～大 ～ dà *bold; brave*/ ～ 特别小 ～ tèbié xiǎo *be really cowardly*

掸〔撢〕dǎn

（动）用掸子或别的东西轻轻地抽或扫，以去掉器物上的灰尘等 *brush lightly; whisk*：快把头发上的雪～掉，不然头发都湿了。Kuài bǎ tóufa shang de xuě ～diào, bùrán tóufa dōu shī le. *Hurry and brush the snow off your hair or it will get wet.*

【掸子】dǎnzi（名）〔把 bǎ〕用鸡毛或布绑成的扫除器物上灰尘的用具 *duster (usually made of chicken feathers or strips of cloth)*

dàn

石 dàn

（量）容量单位。十斗为一石 *a unit of dry measure for grain*：一亩地能打好几～谷子。Yì mǔ dì néng dǎ hǎo jǐ ～ gǔzi. *One "亩" of land can give several "石" of millet.* 另见 shí

旦 dàn

（名）〈书〉天亮时候 *dawn; daybreak*：通宵达～ tōngxiāo dá ～ *all night long*

【旦夕】dànxī（名）〈书〉早晨和晚上，比喻短时间内 *this morning or evening—in a short while*：生命危在～。Shēngmìng wēi zài ～. *One's life is in imminent danger.*

但 dàn

（副）〈书〉◇ 只 *only; merely*：一进冀中平原，～见万顷麦浪，随风起伏。Yí jìn Jìzhōng píngyuán, ～ jiàn wàn qǐng mài làng, suí fēng qǐfú. *As soon as one enters the great plains of Hebei Province, one can see nothing but a boundless expanse of wheat billowing in the wind.* /"不求有功，～求无过"是一种消极的处事态度。"Bù qiú yǒu gōng, ～ qiú wú guò" shì yì zhǒng xiāojí de chǔshì tàidù. *"Not seek merit, only seek to not make mistakes" is to take a passive attitude towards handling matters.* (连)用法基本上同"但是"，只是不能停顿，多见于书面 *basically the same usage as "但是" dànshì (but cannot be followed by a pause; usu. seen in the written language)*：他虽未获得名次，精神可嘉。Tā suī wèi huòdé míngcì, jīngshén kě jiā. *Although he didn't win a place, his spirit was nevertheless commendable.* /他生于海滨，长于海滨，～却不会游泳。Tā shēng yú hǎibīn, zhǎng yú hǎibīn, ～ què bú huì yóuyǒng. *He was born and raised on the coast, yet he can't swim.*

【但凡】dànfán（连）(1)表示最低的条件，有"只要"的意思 *as long as*：～有点儿功夫，我也会去看他的。～ yǒu diǎnr gōngfu, wǒ yě huì qù kàn tā de. *As long as I have a little bit of time, I will go to see him.* /～过得去，也不会让他重写。～ guò de qù, yě bú huì ràng tā chóng xiě. *As long as it's passable, I won't ask him to write it again.* /～我能支持，绝不请假。～ wǒ néng zhīchí, jué bù qǐng jià. *As long as I can hold out, I won't ask for leave.* (2)起限定范围的作用，有"凡是"的意思，后常有"都"、"总"等与它呼应 *in every case; without exception (used together with "都", "总", etc.)*：～逢年过节，他总要去看望他的老师。～ féng nián guò jié, tā zǒng yào qù kànwàng tā de lǎoshī. *On every New Year's Day and every festival, he always goes to visit his teacher.* / 村里～有个大事小事儿的，都离不了她前后张罗。Cūn li ～ yǒu ge dà shì xiǎo shìr de, dōu lí bu liǎo tā qián hòu zhāngluo. *Nothing in the village can escape her meddling, no matter how big or small the matter is.* /～能找到的资料，我都找来了。～ néng zhǎodào de zīliào, wǒ dōu zhǎolai le. *I have gathered all the material that was available.*

【但是】dànshì（连）表示转折，连接分句或句子，也连接词、词组或段落。"但是"后面可以有停顿，要表达的重点在"但是"之后 *but; yet; still; nevertheless (links two clauses, sentences, words, word groups or paragraphs); "但是" can be followed by a pause and that which the speaker wants to emphasize is placed after "但是")*(1)"但是"所引出的意思和前面所说的不是相对的，而是对前面的补充 *(that which "但是" introduces supplements that which is mentioned before it)*：要用功读书，～还要善于读书。Yào yònggōng dú shū, ～ hái yào shànyú dú shū. *You must study diligently, but must also excel at it.* / 她还是那么年轻，热情，～，更成熟了。Tā háishi nàme niánqīng, rèqíng, ～, gèng chéngshú le. *She's just as young and affectionate, but she's more mature.* (2)"但是"前后两层意思是相对的，前面常用"虽然""尽管"，后面常出现"却""仍然""还""也"等（*what precedes and what follows "但是" are opposite in meaning; usu. preceded by "虽然", "尽管", and "却", "仍然", "还", "也", etc. usu. appear after "但是"*）：他的个子虽然不高，～力气却不小。Tā de gèzi suīrán bù gāo, ～ lìqi què bù xiǎo. *Although he's not tall, he's still quite strong.* / 天气炎热，～人们还是干得很欢。Tiānqì yánrè, ～ rénmen háishi gàn de hěn huān. *The weather was sweltering hot, yet people still worked with great drive.* / 尽管事情很多，

~他安排得很有条理。Jǐnguǎn shìqíng hěn duō, ~ tā ānpái de hěn yǒu tiáolǐ. *Even though there were many things to do, he still arranged them in a very orderly way.* (3)"但是"连接句子或段落时，前面一般用"虽然""尽管"等词语（when "但是" links sentences or paragraphs, it is not usu. preceded by "虽然", "尽管", etc.）：创作来源于生活。要想写出好作品，必须深入实际，深深扎根于群众之中。~，可惜得很，我们的不少作家却不真正懂得这个道理。Chuàngzuò láiyuán yú shēnghuó. Yào xiǎng xiěchū hǎo zuòpǐn, bìxū shēnrù shíjì, shēnshēn zhā gēn yú qúnzhòng zhī zhōng. ~, kěxī de hěn, wǒmen de bù shǎo zuòjiā què bù zhēnzhèng dǒngdé zhège dàolǐ. *Creation stems from life. If you want to write a good work, you must delve into reality and take firm root among the masses. But the sad thing is that many of our writers don't truly understand this.* / 我们反对自由化，~我们应该弄清什么是自由化，什么是真正地发扬民主。Wǒmen fǎnduì zìyóuhuà, ~ wǒmen yīnggāi nòngqīng shénme shì zìyóuhuà, shénme shì zhēnzhèng de fāyáng mínzhǔ. *We are against liberalization, but we must make a clear distinction between what is meant by liberalization and what is meant truly developing democracy.* (4)"但是"有时连接两个意思相对的词或短语，"但是"后不能停顿（"但是" sometimes links two words or phrases opposite in meaning; in this case, it cannot be followed by a pause）：这条小巷狭窄~洁净，有半里多长。Zhè tiáo xiǎo xiàng xiázhǎi ~ jiéjìng, yǒu bàn lǐ duō cháng. *This small alley is narrow yet spotless and is over half a li long.* / 汽车在宽阔的~高低不平的土路上颠簸着。Qìchē zài kuānkuò de ~ gāo dī bù píng de tǔ lù shang diānbǒzhe. *The bus bumped along the wide but uneven dirt road.*

【但愿】dànyuàn（动）非常希望（又认为可能性不大），多为无主语句 if only; I wish：~他能平安回来。~ tā néng píng'ān huílái. *I hope he can come home safely.* / ~ 如此，~ rúcǐ.~这只是谣传。~ zhè zhǐ shì yáochuán. *I wish it were only a rumour.*

担〔擔〕dàn

（名）◇ 担子 a carrying pole and the loads on it; load; burden：勇挑重~ yǒng tiāo zhòng ~ ready to shoulder heavy tasks（量）(1)用于成担的东西 for things which can be carried on a pole：一~水 yí ~ shuǐ two buckets of water (carried on a shoulder pole) /两~柴 liǎng ~ chái four bundles of firewood (carried twice on a shoulder pole) (2)重量单位，市担的通称 a unit of weight（= 50kg.）; a picul：一百市斤为一~。Yìbǎi shìjīn wéi yí ~. One hundred catties make one "担" (picul). 另见 dān

【担子】dànzi（名）［副 fù］(1)扁担及由扁担担的东西 a carrying pole and the loads on it; 他挑着一副~，走得飞快。Tā tiāozhe yí fù ~, zǒu de fēikuài. *He zips along carrying his pole over his shoulder.* (2)比喻担负的责任 load; burden：他能担起领导这个学校的~。Tā néng dānqǐ lǐngdǎo zhège xuéxiào de ~. *He is able to bear the burden of leading this school.*

诞〔誕〕dàn

（动）（书）（人）出生 be born（名）生日 birthday（形）荒唐，不合情理的 absurd; fantastic

【诞辰】dànchén（名）生日（多用于所尊敬的有社会影响的人）birthday（for personages）：今天是马克思~。Jīntiān shì Mǎkèsī ~. *It is Marx's birthday today.*

【诞生】dànshēng（动）(1)（人）出生 be born：他~于 1890 年。Tā ~ yú yībājiǔlíng nián. *He was born in 1890.* (2)比喻事物产生或出现，多指伟大事物 come into being; emerge：1949 年 10 月 1 日，中华人民共和国~了。Yījiǔsìjiǔ nián shí yuè yī rì, Zhōnghuá Rénmín Gònghéguó ~le. *The People's Republic of China was born on the first of October*, 1949.

淡 dàn

（形）(1)（跟"浓"相对）thin; light; weak（opposite to "浓"）：这么~的茶不会影响你睡觉。Zhème ~ de chá bú huì yǐngxiǎng nǐ shuì jiào. *Tea that is this weak will not keep you awake.* (2)含盐分少（跟"咸"相对）（opposite to "咸"）tasteless：这个菜太~，加点盐吧！Zhège cài tài ~, jiā diǎnr yán ba! *This dish is not salty enough; add a little salt.* (3)（颜色）浅（跟"深"相对）（opposite to "深"）light; pale：~绿 ~ lù light green /颜色再~点儿就好了。Yánsè zài ~ diǎnr jiù hǎo le. *It would be better if the colour were lighter.*

【淡薄】dànbó（形）(1)（兴趣）减退 indifferent; flagging：他对篮球的兴趣早~了。Tā duì lánqiú de xìngqù zǎo ~ le. *His interest in basketball has already worn off.* (2)（印象）模糊 dim; hazy; faint：他童年的这个朋友在他脑子里只留下一个很~的印象。Tā tóngnián de zhège péngyou zài tā nǎozi li zhǐ liúxià yí ge hěn ~ de yìnxiàng. *He only has a very faint impression of this childhood friend of his.*

【淡而无味】dàn ér wú wèi 形容食物味道太淡，没有滋味；也用以比喻文艺作品太平淡，不能引起起兴趣（of food）tasteless; (of literary and artistic works) dull; insipid：他做的菜，~不好吃。Tā zuò de cài ~, bù hǎochī. *His cooking is tasteless, so it isn't any good.* / 老讲那些~的故事干吗？Lǎo jiǎng nàxiē ~ de gùshi gànmá? *Why on earth are you always telling those insipid stories?*

【淡化】dànhuà（动）desalinate：海水~ hǎishuǐ ~ desalination of sea water

【淡季】dànjì（名）某种东西出产少或上市少的季节（跟"旺季"相对）slack season; off season（opposite to "旺季"）：现在是西红柿的~，所以很贵。Xiànzài shì xīhóngshì de ~, suǒyǐ hěn guì. *Tomatoes are not in season right now; so they're very expensive.*

【淡漠】dànmò（形）(1)不热情；冷淡 indifferent; apathetic; nonchalant：他对什么事都很~。Tā duì shénme shì dōu hěn ~. *He is indifferent to everything.* (2)（印象）淡薄 faint; dim; hazy：那个戏的具体情节在我的印象里早已~了。Nàge xì de jùtǐ qíngjié zài wǒ de yìnxiàng li zǎo yǐ ~ le. *The exact plot of that play is already faint in my mind.*

【淡青】dànqīng（形）浅蓝而微带绿色 light greenish blue

【淡青色】dànqīngsè（名）浅蓝而微绿的颜色 light greenish blue colour

【淡水】dànshuǐ（名）fresh water：~鱼 ~ yú fresh water fish /船上的~很充足，不必担心。Chuán shang de ~ hěn chōngzú, búbì dān xīn. *Don't worry, there's sufficient fresh water on the ship.*

【淡水湖】dànshuǐhú（名）freshwater lake

【淡雅】dànyǎ（形）（颜色花样）素净雅致 simple and elegant; quietly elegant：教师的服装应该~。Jiàoshī de fúzhuāng yīnggāi ~. *A teacher should dress simply and elegantly.*

弹〔彈〕dàn

（名）子弹 bullet：~不虚发 ~ bù xū fā not a single bullet misses its target 另见 tán

【弹壳】dànké（名）（~儿）shell case; cartridge case

【弹坑】dànkēng（名）［个 gè］（shell）crater：战斗刚刚结束，地面到处是~。Zhàndòu gānggāng jiéshù, dìmiàn dàochù shì ~. *The fighting was just over and the ground was covered with craters.*

【弹片】dànpiàn（名）shell fragment; shrapnel：他是多次负伤的老战士，至今身上还有两块~。Tā shì duō cì fù shāng de lǎo zhànshì, zhìjīn shēnshang hái yǒu liǎng kuài ~. *He is an old soldier who has been wounded many times. Even*

now he still has a couple of pieces of shrapnel in his body.

【弹头】 dàntóu (名)（~儿）*warhead; bullet*

【弹丸】 dànwán (名)(1)打弹弓用的铁丸或泥丸 *pellet; mud ball (thrown with a slingshot)* (2)枪弹的弹头 *bullet* (3)〈书〉比喻地方很小 *a tiny (or small) area*：~之地，还争个不休。~ zhī dì, hái zhēng ge bùxiū. *They're still arguing endlessly over a tiny bit of land.*

【弹药】 dànyào (名) *ammunition*

蛋 dàn

(名)(1)*egg* (2)球形的东西 *an egg-shaped thing*：马铃薯有的地方叫山药~。Mǎlíngshǔ yǒu de dìfang jiào shānyao ~. *Some places refer to potatoes as egg-shaped yams.*

【蛋白】 dànbái (名)(1)*egg white; albumen* (2)*protein*

【蛋白酶】 dànbáiméi (名) *protease; proteinase*

【蛋白质】 dànbáizhì (名) *protein*

【蛋糕】 dàngāo (名)[块 kuài] *cake*

【蛋黄】 dànhuáng (名) *yolk*

【蛋鸡】 dànjī (名)专门为生蛋用的母鸡 *layer*

【蛋品】 dànpǐn (名)(1)用蛋类组成的食品，如松花蛋、蛋粉等 *egg products, such as preserved eggs, egg powder, etc.* (2)鸡蛋、鸭蛋、鹅蛋、鸽子蛋等的总称 *a general designation for all types of eggs, including chicken's eggs, goose's eggs, pigeon's eggs, etc.*

【蛋青】 dànqīng (形)颜色像鸭蛋壳色的 *pale blue, as the colour of a duck's egg*

氮 dàn

(名)*nitrogen*

【氮肥】 dànféi (名) *nitrogenous fertilizer*

dāng

当 〔當〕 dāng

(动)(1)担任，充当 *work as; serve as; be*：大家选他～班长。Dàjiā xuǎn tā ~ bānzhǎng. *Everybody elected him class monitor.* / 他说长大要~作家。Tā shuō zhǎngdà yào ~ zuòjiā. *He said he wanted to be a writer when he grew up.* / 父母的要给子女做个好榜样。~ fùmǔ de yào gěi zǐnǚ zuò ge hǎo bǎngyàng. *Parents should be good models for their children.* (2)承认，承受 *bear; accept; deserve*：敢做敢~ gǎn zuò gǎn ~ *dare to do some thing and dare to take responsibility for it* / 您这样赞美我，实在~不起。Nín zhèyàng zànměi wǒ, shízài ~ bu qǐ. *I really don't deserve such praise.* (象声)〔噹〕撞击金属器物的声音 *a clanging noise*：响起了～～的钟声。Xiǎngqǐle ~ ~ de zhōngshēng. *The clanging noise of a bell rang out.* (助动)应该 *ought; should; must*：这话我本来不～说。Zhè huà wǒ běnlái bù ~ shuō. *I shouldn't have said that.* / ～买的，贵点儿也要买，不~买的，多便宜也不要买。~ mǎi de, guì diǎnr yě kěyǐ mǎi, bù ~ mǎi de, duō piányi yě búyào mǎi. *If something is expensive but necessary it's alright to buy it. However don't buy something you don't need just because it's cheap.* (介)(1)表示事情发生的时间，宾语多是带修饰语的"时"或"时候"，有时也可以是带修饰语的"时刻""时期""那天""那年"等。"当……"常放在句首，作时间状语 (*indicates the time at which sth. occurs; the object usu. is "时" or "时候" with a modifier; can also be "时刻", "时期", "那天", "那年" etc. with a modifier; "当..." is often placed at the beginning of a sentence to serve as an adverbial of time*) *when*：～他们回到宿舍时，天都黑了。~ tāmen huídào sùshè shí, tiān dōu hēi le. *It was already dark when they returned to their dormitories.* / ～我们赶到时，汽车早开走了。~ wǒmen gǎndào shí, qìchē zǎo kāizǒu le. *By the time*

we arrived, the bus had already left. / ～我跟他谈话的时候，他弟弟突然进来了。~ wǒ gēn tā tán huà de shíhou, tā dìdi tūrán jìnlai le. *His younger brother suddenly walked in while we were talking.* / ～革命战争时期，那里的环境十分艰苦。~ gémìng zhànzhēng shíqī, nàli de huánjìng shífēn jiānkǔ. *The environment there was extremely difficult during the revolutionary war.* / ～情况紧急时刻，他立响了警铃。~ qíngkuàng jǐnjí shíkè, tā lāxiǎngle jǐnglíng. *Just when the situation became critical, he sounded the alarm.* / ～她生第一个孩子那年，她母亲去世了。~ tā shēng dìyī ge háizi nà nián, tā mǔqin qùshì le. *Her mother passed away the year she bore her first child.* / ～你的试验成功的那天，我们一定来祝贺。~ nǐ de shìyàn chénggōng de nà tiān, wǒmen yídìng lái zhùhè. *We will definitely come to congratulate you the day your experiment succeeds.* "当……之际"用于书面语与"当……的时候"意思一样 ("当...之际" *is used in the written language and has the same meaning as* "当...的时候")：~他生活极为困难之际，你伸出援助之手，使他十分感激。~ tā shēnghuó jíwéi kùnnan zhī jì, nǐ shēnchū yuánzhù zhī shǒu, shǐ tā shífēn gǎnjī. *Just as his life was most difficult, you reached out a helping hand and that made him very grateful.* 前面的修饰语比较长时，"时"或"时候"可省略 (*when the preceding modifier is relatively long, "时" or "时候" can be omitted*)：~我们正要去打听他的消息，他来电话了。~ wǒmen zhèng yào qù dǎtīng tā de xiāoxi, tā lái diànhuà le. *Just as we were about to go ask about him, he called.* (2)"当"前可以有副词"每""正"修饰，"每当"是"每一次到那个时候"，"正当"是"正在那个时候" ("当" *can be modified by the adverbs "每" or "正"; "每当" means "whenever"; "正当" means "just when"*)：每～我从小学门前经过时，就会想起我童年的老师。Měi ~ wǒ cóng xiǎoxué mén qián jīngguò shí, jiù huì xiǎngqǐ wǒ tóngnián de lǎoshī. *Whenever I pass by an elementary school, I think of my childhood teachers.* / 正～他犹豫不决的时候，老王帮他拿定了主意。Zhèng ~ tā yóuyù bù jué de shíhou, Lǎo Wáng bāng tā nádìngle zhǔyì. *Just when he was hesitating, Lao Wang helped him make up his mind.* (3)"当……以前""当……以后"表示事情发生在另一件事出现之前或之后 ("当...之前" *and* "当...之后" *indicate that sth. occurs right before or right after sth. else*)：~这本小说正式出版以前，我看过征求意见稿。~ zhè běn xiǎoshuō zhèngshì chūbǎn yǐqián, wǒ kànguo zhēngqiú yìjiàn gǎo. *Just before this novel was officially published, I read the unrevised rough draft.* / ~他觉悟过来以后，已经太晚了。~ tā juéwù guòlái yǐhòu, yǐjīng tài wǎn le. *It was already too late by the time he came to his senses.* (4)"当"也可以说成"当着"，它的宾语是"面"或是指人的体词，表示在某人面前 ("当" *can also be said as "当着"; its object is either "面" or a noun or pronoun denoting a person and means "to sb.'s face" or "in sb.'s presence"*)：我可以～着他的面批评他。Wǒ kěyǐ ~ zhe tā de miàn pīpíng tā. *I can criticize him to his face.* / 你要～着大家把问题讲清楚。Nǐ yào ~ zhe dàjiā bǎ wèntí jiǎng qīngchu. *You must explain the problem clearly in the presence of us all.* / ～着这么多人，你们可不能吵架呀！~ zhe zhème duō rén, nǐmen kě bù néng chǎo jià ya! *You mustn't argue in front of so many people!* 另见 dàng

【当兵】 dāng=bīng *be a soldier; serve in the army*：他入伍当了三年兵就复员了。Tā rù wǔ dāngle sān nián bīng jiù fùyuán le. *He served in the army for three years, then was demobilized.*

【当场】 dāngchǎng (名)就在那个地方，那个时候 *on the spot; then and there*：讲解以后～表演。Jiǎngjiě yǐhòu ~ biǎoyǎn. *After he had explained it, he demonstrated right on the spot.* / 他作案时被～捕获。Tā zuò àn shí bèi ~

bǔhuò. *He was caught red-handed.*

【当初】dāngchū（名）最初，开始的时候，过去刚发生某件事情的时候，多与后来对比 *originally；at the outset；in the first place；at that time*：～他还不愿意来呢，现在却不愿意走了。*tā hái bú yuànyi lái ne, xiànzài què bú yuànyi zǒu le. At first he didn't want to come, now he doesn't want to leave.* / 我～刚学汉语，用这本小词典正好，慢慢地就感到不够了。*Wǒ ～ gāng xué Hànyǔ, yòng zhè běn xiǎo cídiǎn zhènghǎo, mànmàn de jiù gǎndào bú gòu le. This small dictionary was just right when I first began to study Chinese, but I'm starting to find it no longer satisfying.*

【当代】dāngdài（名）目前我们所处的这个时代 *the present age；the contemporary era*：～中国文学 *Zhōngguó wénxué contemporary Chinese literature*/ ～历史 *lìshǐ contemporary history*/ ～政治舞台上的大人物 *zhèngzhì wǔtái shang de dà rénwù a big shot on the contemporary political stage* /在～，这个作家是比较有影响的。*Zài ～, zhège zuòjiā shì bǐjiào yǒu yǐngxiǎng de. In the contemporary era this writer is quite influential.*

【当道】dāngdào（动）〈贬〉旧时用指掌握政权（*in former times*）*be in power*：南宋初年，奸臣～。*Nánsòng chūnián, jiānchén ～. At the beginning of the Southern Song Dynasty, treacherous court officials were in power.*

【当地】dāngdì（名）人物所在的或事情发生的那个地方（前面曾经提到过的）*at the place in question；in the locality；local*：他是～人，情况熟极了。*Tā shì ～ rén, qíngkuàng shú jí le. He is a native of that place, so he is extremely familiar with the situation.* / 昨天～发生了一桩凶杀案，公安人员正在侦察。*Zuótiān ～ fāshēngle yì zhuāng xiōngshā àn, gōng'ān rényuán zhèngzài zhēnchá. There was a murder there yesterday. It is being investigated by public security officers.*

【当机立断】dāng jī lì duàn 在事情的关键时刻，毫不犹豫地做出决断 *decide promptly and opportunely；make a prompt decision*：他一看父亲的病情，就～同意医生动手术。*Tā yí kàn fùqin de bìngqíng, jiù ～ tóngyì yīshēng dòng shǒushù. As soon as he saw his father's condition, he made a prompt decision to allow the doctor to operate.*

【当即】dāngjí（副）〈书〉立即，马上就 *at once；right away*：他发病以后，～送往医院抢救。*Tā fā bìng yǐhòu, ～ sòng wǎng yīyuàn qiǎngjiù. When he fell ill, he was sent to the hospital at once for emergercy treatment.* / 张老师一听，～表示同意。*Zhāng lǎoshī yì tīng, ～ biǎoshì tóngyì. As soon as he heard this, Teacher Zhang gave his consent right away.*

【当家】dāng＝jiā 主持家务；有决定权 *manage household affairs；have the power to make decisions*：我们家是我妻子～。*Wǒmen jiā shì wǒ qīzi ～. My wife is the one who wears the pants in our family.* / 这件事我一个人可当不了家，得大家商量商量。*Zhè jiàn shì wǒ yí ge rén kě dāng bu liǎo jiā, děi dàjiā shāngliang shāngliang. I don't have the power to decide this matter by myself. It must be discussed by all.*

【当家作主】dāng jiā zuò zhǔ 行使作主人的权利 *be master in one's own house；be the master of one's own affairs or destiny*：1949年以后，中国劳动人民～了。*Yījiǔsìjiǔ nián yǐhòu, Zhōngguó láodòng rénmín ～ le. The Chinese working people became masters of their own destiny after 1949.*

【当间儿】dāngjiànr（名）〈口〉中间 *in the middle；in the centre*：大厅的～放着一张椭圆形大桌子。*Dàtīng de ～ fàngzhe yì zhāng tuǒyuán xíng dà zhuōzi. In the middle of the hall was a big oval table.*

【当今】dāngjīn（名·时）*now；nowadays*

【当局】dāngjú（名）指政府、党派或学校中的最高领导层 *the authorities*：政府～ *zhèngfǔ ～ the government authorities*/ 学校～接受了学生们的正当要求。*Xuéxiào ～ jiēshòule*

xuéshengmen de zhèngdàng yāoqiú. *The school authorities accepted the reasonable requests of the students.*

【当口儿】dāngkǒur（名）〈口〉事情发生或正在进行的时候 *at this or that very moment*：夫妇俩吵得越来越激烈，正在这～，忽然丈夫的心脏病发作了。*Fūfù liǎ chǎo de yuèláiyuè jiliè, zhèngzài zhè ～, hūrán zhàngfu de xīnzàng bìng fāzuò le. Just at the moment when the argument between that couple became more intense, the husband had a heart attack.*

【当量】dāngliàng（名）〈化〉*equivalent（weight）*

【当面】dāng＝miàn 面对面 *to somebody's face；in somebody's presence；face to face*：有些事情写信比～说能更详细更周到。*Yǒu xiē shìqíng xiě xìn bǐ ～ shuō néng gèng xiángxì gèng zhōudào. Some things can be said more carefully and more thoughtfully by writing a letter than by saying them to somebody directly.* / 这事最好～谈，打电话也不行。*Zhè shì zuìhǎo ～ tán, dǎ diànhuà yě bù xíng. It's best to discuss this face to face rather than on the phone.* / 他们两个当着我的面就吵起来了。*Tāmen liǎng ge dāngzhe wǒ de miàn jiù chǎo qilai le. They started to quarrel in front of me.*

【当年】dāngnián（名）(1)指过去某一段时间 *in those years or days；at that time*：他在这里住过，你看这是他～种的树。*Tā zài zhèli zhùguo, nǐ kàn zhè shì tā ～ zhòng de shù. He lived here at one time and this is the tree he planted.* (2)指身强力壮的时期 *prime of life*：他正～，提拔做领导最合适了。*Tā zhèng ～, tíbá zuò lǐngdǎo zuì héshì le. He is right in his prime of life, so it would be a good idea to make him leader.* 另见 dàngnián

【当前】dāngqián（名）目前；现阶段 *present；current*：你对～的国际形势怎么看？*Nǐ duì ～ de guójì xíngshì zěnme kàn? What do you think of the current international situation?*/ ～的任务是搞好企业改革。*～ de rènwu shì gǎohǎo qǐyè gǎigé. The present task is to do a good job of business reforms.*（动）在前面 *before one；facing one*：大敌～，内部要搞好团结。*Dàdí ～, nèibù yào gǎohǎo tuánjié. Faced with a formidable foe, we must strengthen internal unity.* / 一事～，他首先想到的是国家利益。*Yí shì ～, tā shǒuxiān xiǎngdào de shì guójiā lìyì. Whenever something crops up, he always thinks of his country's interests first.*

【当权】dāng＝quán 掌握党政大权 *be in power；hold power*：那时是坏人～，好人受气。*Nà shí shì huàirén ～, hǎorén shòu qì. At that time it was the bad people who were in power so the good people suffered wrongs.* / 现在的社会是劳动人民～。*Xiànzài de shèhuì shì láodòng rénmín ～. In the present society it is the working people who hold the power.*

【当权派】dāngquánpài（名）掌握权力的人 *person（or people）in power*

【当然】dāngrán（形）合于事理或情理，没有疑问的 *of course*：中国人认为尊重、赡养父母是～的事。*Zhōngguó rén rènwéi zūnzhòng、shànyǎng fùmǔ shì ～ de shì. The Chinese think that it's only natural to respect and support one's parents.* / 交通法规大家～要遵守。*Jiāotōng fǎguī dàjiā ～ yào zūnshǒu. It goes without saying that everybody should abide by the traffic regulations.* / 你参加运动会吗？——那～啰！*Nǐ cānjiā yùndònghuì ma? —— Nà ～ lou! Are you going to take part in the sports meet? ——Of course I am!* / 希望你能这样做，～，我也不勉强你。*Xīwàng nǐ néng zhèyàng zuò, ～, wǒ yě bù miǎnqiǎng nǐ. I hope that you can do it like this, but of course I'm not forcing you.*

【当仁不让】dāng rén bù ràng 遇到应该做的事，积极主动去做，不勉强 *not pass on to others what one is called upon to do；not decline to shoulder a responsibility*：为灾民捐款，人人都要～。*Wèi zāimín juān kuǎn, rénrén dōu yào ～. Everybody should do their part and contribute money to victims of natural disasters.* / 你有业务能力，有组织能力，选你做

组长，你就该～。Nǐ yǒu yèwù nénglì, yǒu zǔzhī nénglì, xuǎn nǐ zuò zǔzhǎng, nǐ jiù gāi ～. *You have professional and organizational ability and if you are elected group leader you must not refuse to take on the responsibility.*

【当日】dāngrì（名·时）同"当时" dāngshí *same as "* 当时*" dāngshí*

【当时】dāngshí（名）指过去发生某件事情的时候 *then; at that time*：十年前他发表了第一篇小说，～他还是个大学三年级的学生。Shí nián qián tā fābiǎole dìyī piān xiǎoshuō, ～ tā hái shì ge dàxué sān niánjí de xuésheng. *Ten years ago when he published his first novel, he was still a third-year university student.* / 是我同意他这样做的，因为～没有别的办法。Shì wǒ tóngyì tā zhèyàng zuò de, yīnwei ～ méi yǒu biéde bànfǎ. *I consented to his doing this way because there was no other way out at that time.* 另见 dàngshí

【当事人】dāngshìrén（名）(1)〈法〉*party* (*to a lawsuit*); *litigant* (2)跟事情有直接关系的人 *person or party concerned; interested parties*：～说小孩子打破玻璃不是故意的，不要赔了。～ shuō xiǎoháizi dǎpò bōli bú shì gùyì de, búyào péi le. *The person concerned said that the child didn't break the glass intentionally, so there's no need to pay for it.*

【当头一棒】dāng tóu yī bàng 突然提出的严重警告（使将犯错误的人猛醒）*a blow on the head; severe warning; an abrupt warning intended to bring somebody to his senses*：这个少年最近常和一些流氓混在一起，得立刻给他～，断绝这些来往。Zhège shàonián zuìjìn cháng hé yìxiē liúmáng hùn zài yìqǐ, děi lìkè gěi tā ～, duànjué zhèxiē láiwǎng. *This youth has recently been hanging around with a group of punks; he needs a severe warning right away to make him break off his contacts with them.*

【当务之急】dāng wù zhī jí 当前急需办理的事情、解决的问题 *a pressing matter of the moment; a high priority task; an urgent matter*：要提高中小学教学质量，～是提高师资的业务水平。Yào tígāo zhōng-xiǎoxué jiàoxué zhìliàng, ～ shì tígāo shīzī de yèwù shuǐpíng. *If the quality of teaching in middle and primary schools needs to be raised; a pressing matter of the moment is raising the professional skill of teachers.*

【当下】dāngxià（副）立刻，就在那个时刻 *immediately; instantly*：我请他给我画一张画儿，他～就答应了。Wǒ qǐng tā gěi wǒ huà yì zhāng huàr, tā ～ jiù dāyìng le. *I asked him to make a painting for me and he agreed at once.* / 这么多钱，你～拿得出来吗？Zhème duō qián, nǐ ～ ná de chūlái ma? *Can you get hold of so much money all at once?* / 他一听这话，～脸色就变了。Tā yì tīng zhè huà, ～ liǎnsè jiù biàn le. *The look on his face changed instantly as soon as he heard these words.*

【当先】dāngxiān（动·不及物）赶在最前面 *in the front; at the head*：奋勇～ fènyǒng ～ *fight bravely in the vanguard* / 他一马～，跑在最前面。Tā yì mǎ ～, pǎo zài zuì qiánmiàn. *He ran to the front to take the lead.*

【当心】dāngxīn（动）留神 *take care; be careful; look out*：过马路要～。Guò mǎlù yào ～. *Take care when crossing the street.* / 工作忙也要～自己的身体。Gōngzuò máng yě yào ～ zìjǐ de shēntǐ. *You have to take care of your health even when you have a lot of work to do.* / 他算账时一不～，出了好几个错。Tā suàn zhàng shí yí bù ～, chūle hǎo jǐ ge cuò. *He was careless doing the accounts and made several mistakes.*

【当选】dāngxuǎn（动）通过选举被选上 *be elected*：这次他～为人民代表大会代表。Zhè cì tā ～ wéi rénmín dàibiǎo dàhuì dàibiǎo. *This time he was elected representative of the People's Congress.* / 昨天选举结果谁～了? Zuótiān xuǎnjǔ jiéguǒ shuí ～ le? *Who was elected in yesterday's election?*

【当月】dāngyuè（名·时）（就在）本月，同一个月 *the same month; that very month*：他们月初离开北京，～返回。Tāmen yuèchū líkāi Běijīng, ～ fǎnhuí. *They left Beijing at the beginning of the month and came back that same month.*

【当政】dāngzhèng（动·不及物）掌握政权 *be in power*

【当之无愧】dāng zhī wú kuì 承受某种职务或荣誉完全够格儿 *fully deserve* (*a title, an honour, etc.*); *be worthy of*：在新文化运动中，鲁迅是～的青年领袖。Zài xīn wénhuà yùndòng zhōng, Lǔ Xùn shì ～ de qīngnián lǐngxiù. *Lu Xun fully deserves to be the leader of youth in the New Cultural Movement.*

【当中】dāngzhōng（名）(1)正中 *in the middle; in the centre*：老师坐在～，学生坐在两边，正在热烈争论。Lǎoshī zuò zài ～, xuésheng zuò zài liǎng biānr, zhèngzài rèliè zhēnglùn. *The teacher is sitting in the centre and the students are sitting on the sides. They are all having a lively discussion.* (2)中间，之内 *among*：挑选基层干部要到群众～去发现。Tiāoxuǎn jīcéng gànbù yào dào qúnzhòng ～ qù fāxiàn. *Grass-roots level cadres should be chosen from among the masses.* / 你们～有没有人会画画儿的? Nǐmen ～ yǒu méi yǒu rén huì huà huàr de? *Is there anyone among you who can paint?*

【当众】dāngzhòng（副）在众人面前（做某事）(*do sth.*) *in public; in the presence of all*：～说谎 ～ shuō huǎng *tell a lie in public* / ～表扬 ～ biǎoyáng *commend* (*sb.*) *in public* / ～审问 ～ shěnwèn *interrogate sb. in the presence of all* / ～承认错误 ～ chéngrèn cuòwù *acknowledge one's mistakes in public*

dǎng

挡 〔攩〕dǎng
（动）阻拦，抵挡 *block; keep off; hold back*：一座大山～住了我们的视线。Yí zuò dà shān ～ zhùle wǒmen de shìxiàn. *A large mountain is blocking our line of vision.* / 帐子怎么～得了风呢? Zhàngzi zěnme ～ de liǎo fēng ne? *How can a bedcurtain keep out the wind?* (2)遮蔽 *cover; obscure*：山高也～不住太阳，困难也难不倒英雄。Shān gāo yě ～ bu zhù tàiyáng, kùnnan yě nán bu dǎo yīngxióng. *No mountain is high enough to shut out the sun, nor any problem great enough to daunt a hero.*

【挡箭牌】dǎngjiànpái（名）即盾牌。比喻推托的借口 *shield* (*used figuratively to mean an excuse or pretext*)：他最不爱干家务事了，总拿工作忙当～。Tā zuì bú ài gàn jiāwù shì le, zǒng ná gōngzuò máng dāng ～. *He really hates doing housechores and always uses the excuse that he has too much work to do.*

党 〔黨〕dǎng
（名）(1)政党；在中国，特指中国共产党 *political party; the Party* (*the Communist Party of China*)：许多资本主义国家，都是两三个～轮流执政。Xǔduō zīběnzhǔyì guójiā, dōu shì liǎng sān ge ～ lúnliú zhízhèng. *Many capitalist countries have two or three political parties who take turns being in power.* / 有什么为难的事，可以找～帮助解决。Yǒu shénme wéinán de shì, kěyǐ zhǎo ～ bāngzhù jiějué. *If an awkward matter should arise one can seek help from the party.* (2)由私人利害关系结成的集团 *clique; faction; gang*：在革命队伍内，不准结～营私。Zài gémìng duìwu nèi, bù zhǔn jié ～ yíng sī. *It is not permitted to form a clique to pursue selfish interests within the revolutionary ranks.*

【党八股】dǎngbāgǔ（名）是五四运动以后在中国共产党内部流行的一种形式主义的文风。它的特点是：或内容空洞，

或无的放矢，语言表达上也总是固定的一套，缺乏生气 *stereotyped Party writing full of jargon; a formalized style of writing popular in the Chinese Communist Party after the May 4th Movement; its characteristics were that it was devoid of content and haphazard; in terms of its language it used the same set formula and so lacked vitality*

【党报】dǎngbào（名）政党的机关报。在中国特指中国共产党的机关报 *party newspaper; refers esp. to the party newspaper of the Chinese Communist Party*

【党阀】dǎngfá（名）指政党内把持大权，专横跋扈，培植亲信，排斥异己，搞宗派活动的头目 *tyrant inside a party*

【党风】dǎngfēng（名）(1)政党的作风 *style of a political party* (2)特指中国共产党的作风 *style of the Chinese Communist Party*

【党纲】dǎnggāng（名）一个政党的最基本的政治纲领和组织纲领 *party programme*

【党籍】dǎngjí（名）*party membership*

【党纪】dǎngjì（名）一个政党所规定的该党全体党员必须遵守的纪律 *party discipline*；他所犯下的罪行为～国法所不容。Tā suǒ fànxià de zuìxíng wéi ～ guófǎ suǒ bù róng. *His crime was something that was not allowed by party discipline or by the law.* / ～不能代替国法。～ bù néng dàitì guófǎ. *Party discipline cannot replace the law of the land.*

【党课】dǎngkè（名）中国共产党组织为党员进行有关党纲、党章的教育而开设的课 *Party class; Party lecture (of the Chinese Communist Party)*

【党龄】dǎnglíng（名）党员入党的年数 *party standing*；他是一个有四十多年～的老党员。Tā shì yí ge yǒu sìshí duō nián ～ de lǎo dǎngyuán. *He is an old party member with forty years of standing.*

【党派】dǎngpài（名）各政党或政党中各派的统称 *political parties and groups*；中国的各民主～都参加了政协。Zhōngguó de gè mínzhǔ ～ dōu cānjiāle Zhèngxié. *All of the democratic parties in China attended the Chinese People's Political Consultative Conference.*

【党旗】dǎngqí（名）[面 miàn]代表一个政党的旗帜 *party flag*

【党群关系】dǎng qún guānxi 一个政党和该政党以外的群众的关系 *the relationship between the party and the masses*；党的基层组织，尤其要注意搞好～。Dǎng de jīcéng zǔzhī, yóuqí yào zhùyì gǎohǎo ～. *The party organizations of the basic level must pay particular attention to building good relationships between the party and the masses.*

【党徒】dǎngtú（名）〈贬〉参加某一政党、派别或集团的人 *member of a clique or reactionary political party; henchman*

【党委】dǎngwěi（名）某些政党的各级委员会的简称。在中国，是中国共产党各级委员会的简称 *party committee*；县～ xiàn ～ *county party committee*/ 区～ qū ～ *regional party committee*/ 校 ～ xiào ～ *school party committee*/ 厂～ chǎng～ *factory party committee* /机关～ jīguān～ *organization party committee* /～书记 ～ shūjì *party committee secretary*

【党校】dǎngxiào（名）中国共产党培养训练党员干部的学校 *Party school (where Chinese Communist Party cadres are trained)*

【党性】dǎngxìng（名）(1)一个政党所代表的阶级的阶级性最高最集中的表现。不同的政党有不同的党性 *party spirit* (2)特指共产党员的党性，就是无产阶级的阶级性最高最集中的表现，是衡量党员阶级觉悟的高低和立场是否坚定的准绳 *the spirit of the Communist Party*；共产党员要加强～锻炼。Gòngchǎndǎngyuán yào jiāqiáng ～ duànliàn. *The Communist Party members should strengthen and build up party spirit.* /这是～不纯的表现。Zhè shì ～ bù chún de biǎoxiàn. *This is a sign of impurity in party spirit.*

【党羽】dǎngyǔ（名）反动政党、集团、派别的首领以下的人

members of a clique; adherents; henchmen

【党员】dǎngyuán（名）一个政党的成员。在中国，当前特指中国共产党的成员 *party member; (in China) the Communist Party member*；在中国，目前有四千多万～。Zài Zhōngguó, mùqián yǒu sìqiān duō wàn ～. *In China, at present there are more than 40 million party members.*

【党章】dǎngzhāng（名）*party constitution*

【党证】dǎngzhèng（名）*Party card*

【党支部】dǎngzhībù（名）某些政党的基层组织。特指中国共产党的基层组织 *Party branch, esp. of the Chinese Communist Party*

【党支部委员会】dǎng zhībù wěiyuánhuì 中国共产党的基层组织之一 *branch committee of the Chinese Communist Party*

【党中央】dǎngzhōngyāng（名）党的中央委员会的简称，特指中国共产党中央委员会 *the party central committee; the central leading body of the party*

【党总支】dǎng zǒngzhī 中国共产党的总支部委员会的简称 *abbrev. for "中国共产党总支部委员会" (general Party branch committee of the Chinese Communist Party)*

【党总支部委员会】dǎng zǒngzhībù wěiyuánhuì 中国共产党的基层组织之一 *general Party branch committee of the Chinese Communist Party*

【党组】dǎngzǔ（名）国家机关、人民团体等所设立的党的领导组织 *leading Party group (in a state organ or people's organization)*

dàng

〔當〕dàng
（动）(1)当作；作为 *treat as; use as*；他恨不得把一天～两天用。Tā hènbude bǎ yì tiān ～ liǎng tiān yòng. *He wishes he could make the day twice as long.* / 他把小张简直～弟弟对待。Tā bǎ Xiǎo Zhāng jiǎnzhí ～ dìdi duìdài. *He treats Xiao Zhang just like a younger brother.* / 假戏要～真戏演。Jiǎ xì yào ～ zhēn xì yǎn. *If you act in a play, you must act as if it were real.* (2)以为〈口〉*think*；我还～他骗我，原来是真的。Wǒ hái ～ tā piàn wǒ, yuánlái shì zhēn de. *Before I thought he was lying, but actually he was telling the truth.* / 你们怎么这么安静？我～没人呢。Nimen zěnme zhème ānjìng? Wǒ ～ méi rén ne. *How come you are so quiet? I thought there was nobody here.* (形) 合宜；合适 *proper; right*；用词不～。Yòng cí bú ～. *inappropriate choice of words*；计划很好，措施不～也不行。Jìhuà hěn hǎo, cuòshī bú ～ yě bù xíng. *Even if the plans are very good, it will not work if the measures are wrong.* 另见 dāng

【当铺】dàngpu（名）*pawnshop*

【当年】dàngnián（名）就在本年 *the same year; that very year*；种果树总要过几年才能结果，不能～受益。Zhòng guǒshù zǒng yào guò jǐ nián cái néng jiē guǒ, bù néng ～ shòu yì. *When you plant a fruit tree you have to wait several years before you get fruit, you can't get anything from it the same year.* 另见 dāngnián

【当时】dàngshí（名）就在那个时刻；马上；立刻 *at that time; right away; at once; immediately*；他一听到这个消息，～就晕过去了。Tā yì tīngdào zhège xiāoxi, ～ jiù yūn guoqu le. *As soon as he heard the news, he fainted.* / 你要在～把他的话录下来就好了。Nǐ yào zài ～ bǎ tā de huà lù xialai jiù hǎo le. *I wish you had recorded what he said at that time.* 另见 dāngshí

【当天】dàngtiān（名）就在本日；同一天 *the same day; the very day*；～收到的信他一定～回信。～ shōudào de xìn tā yídìng ～ huí xìn. *He used to answer a letter on the same day he receives it.* /他上星期日来过北京，～就回去了。Tā shàng xīngqīrì láiguo Běijīng, ～ jiù huíqu le. *He came to*

Beijing last Sunday and went home on the same day.

【当真】 dàngzhēn (形) 真的,确实(仅用于疑问句) *really true*：你说的这件事～吗? Nǐ shuō de zhè jiàn shì ～ ma? *Is that really true what you said?* 可作状语(*can be used as an adverbial*)：我不骗你,他～下落不明。Wǒ bú piàn nǐ, tā ～ xiàluò bù míng. *I'm not kidding, nobody knows where he is.*

【当真】 dàng＝zhēn 信以为真 *take seriously; believe something to be true*：我没想到他把玩笑当了真了。Wǒ méi xiǎngdào tā bǎ wánxiào dàngle zhēn le. *I never thought he would take the joke seriously.*

【当做】 dàngzuò (动) 看成,作为 *treat as; regard as; look upon as*：不要把大家的批评～耳旁风。Búyào bǎ dàjiā de pīpíng ～ ěrpángfēng. *You shouldn't let everybody's criticism go in one ear and out the other.* / 这个剧本可以～教材。Zhège jùběn kěyǐ ～ jiàocái. *This play can be used as a teaching material.*

荡 〔蕩〕 dàng

(动)摇动 *swing; sway; wave*：她坐在秋千上～来～去。Tā zuò zài qiūqiān shang ～lái ～qù. *She swung back and forth on the swing.* / 舟湖上～ zhōu hú shàng *to row a boat on a lake*

【荡涤】 dàngdí (动)〈书〉冲洗(只用于抽象意思) *cleanse; clean up; wash away*：旧社会遗留下来的封建意识。～jiù shèhuì yíliú xiàlai de fēngjiàn yìshi. *Wash away the feudal consciousness left over from the old society.*

【荡然无存】 dàngrán wú cún 形容原有的东西全部都没有了 *all gone; nothing left*

【荡漾】 dàngyàng (动)〈书〉在微风吹拂下水波一起一伏地动 *ripple; undulate*：湖水～。Húshuǐ ～. *There were ripples on the lake.* / 船在湖中～。Chuán zài hú zhōng ～. *The boat swayed on the lake.* / 歌声～。Gēshēng ～. *The song rose and fell like waves.*

档 〔檔〕 dàng

【档案】 dàng'àn (名) 机关、学校、厂矿、企业等分类保存的各种文件、资料 *files; archives; record; dossier*：人事～ rénshì ～ *personnel file*/ 资料～ zīliào ～ *data file*

【档次】 dàngcì (名) (产品、商品的)等级 *grade (of products, goods, etc.)*：商品要拉开～,按质论价。Shāngpǐn yào lākāi ～, àn zhì lùn jià. *Goods must be separated by grade and prices must be determined according to quality.*

dāo

刀 dāo

(名)[把 bǎ] *knife*：菜～ cài～ *kitchen knife* /这～快不快? Zhè ～ kuài bu kuài? *Is'this knife sharp?* (量) 计算纸的单位,通常为一百张 *one hundred sheets (of paper)*：他买了一～纸。Tā mǎile yì ～ zhǐ. *He bought a hundred sheets of paper.*

【刀把儿】 dāobàr (名)(1)刀的柄 *the handle of a knife* (2)比喻掌握的权力 *(fig.) power*：～在反对派手里。～ zài fǎnduìpài shǒu li. *Power is in the hands of the opposition faction.*

【刀背儿】 dāobèir (名) *the back of a knife blade*

【刀耕火种】 dāo gēng huǒ zhòng 一种原始的耕种方法,放火烧山,把草木烧成灰做肥料,就在原地挖坑下种 *slash-and-burn (a primitive method of cultivation)*

【刀光剑影】 dāo guāng jiàn yǐng 刀剑闪动,形容激烈的搏斗的场面,也比喻已显露的要杀人的迹象 *the glint and flash of sword—a fierce struggle; visible signs of an imminent murder*

【刀具】 dāojù (名)〈机〉切削工具的总称,包括车刀、铣刀、刨刀、绞刀等 *cutting tools, including a lathe tool, millings cutter, planer tool, reamer, etc.*

【刀口】 dāokǒu (名)同“刀刃” dāorèn *same as "刀刃"*

【刀片】 dāopiàn (名)(～儿)[片 piàn]*razor blade*

【刀枪】 dāoqiāng (名)刀和枪,泛指武器 *sword and spear; weapons*：拿起～上战场 náqǐ ～ shàng zhànchǎng *pick up one's weapons and go off to battle*

【刀刃】 dāorèn (名)(～儿)刀锋：～卷了。～ juǎn le. *The knife edge is bent.* / 好钢用在～上。Hǎo gāng yòng zài ～ shang. *Good steel is used for knife edges.*

【刀山火海】 dāo shān huǒ hǎi 比喻非常大的危险和困难 *a mountain of swords and a sea of flames; most dangerous places; most severe trials*：为革命,上刀山,下火海在所不辞。Wèi gémìng, shàng dāo shān, xià huǒ hǎi zài suǒ bù cí. *I would not hesitate to go to the most dangerous places for the revolution.*

【刀子】 dāozi (名)[把 bǎ] 小的刀 *small knife; pocket knife*

叨 dāo

【叨叨】 dāodao (动)〈口〉不停地说(含厌恶意) *talk on and on; chatter away (used to indicate impatience or disgust)*：为一点儿小事,她已经～半个小时了,真烦人。Wèi yìdiǎnr xiǎo shì, tā yǐjīng ～ bàn ge xiǎoshí le, zhēn fán rén. *It's really vexing. She chattered away for half an hour about a trifling matter.*

【叨唠】 dāolao (动)〈口〉同“叨叨” dāodao *same as "叨叨" dāodao*

dǎo

导 〔導〕 dǎo

(动)*lead; guide*

【导弹】 dǎodàn (名)[枚 méi] *guided missile*

【导电】 dǎo＝diàn *electric conduction*：金属能～. Jīnshǔ néng ～. *Metal can conduct electricity.*

【导管】 dǎoguǎn (名)(～儿)(1)〈机〉*conduit; pipe; duct* (2)〈生〉*vessel; duct*

【导航】 dǎoháng (动)(利用航行标志、雷达、无线电装置等)引导飞机或轮船等航行 *navigation*

【导火索】 dǎohuǒsuǒ (名)使爆炸物爆炸的引线 *fuse (for igniting explosives)*

【导火线】 dǎohuǒxiàn (名)(1)(of a shell or mine) *fuse* (2)比喻直接引起事变爆发的事件 *a small incident that touches off a big one*：这只是那场战争的～,不是原因。Zhè zhǐ shì nà chǎng zhànzhēng de ～, bú shì yuányīn. *That was not the cause of the war, it was just the spark that set it off.*

【导论】 dǎolùn (名)学术著作前面的概括论述,有时作书名 *introduction to a book*：《语言学～》《Yǔyánxué ～》*An Introduction to Linguistics*

【导热】 dǎo＝rè *heat conduction*

【导师】 dǎoshī (名)(1)*tutor; teacher* (2)在大事业中,指导方向的人 *guide of a great cause; teacher*：无产阶级革命的～ Lièníng *Lenin, the teacher of the proletarian revolution*

【导体】 dǎotǐ (名)〈物〉*conductor*

【导线】 dǎoxiàn (名)[根 gēn](1)*lead; conduction wire* (2)同“导火线” dǎohuǒxiàn *same as "导火线" dǎohuǒxiàn*

【导言】 dǎoyán (名)学术论著的开头部分,一般总论该书的主旨和内容 *introduction (to a piece of writing); introductory remarks*

【导演】 dǎoyǎn (动) *direct (a film, play etc.)*：他～过不少有名的电影。Tā ～guo bù shǎo yǒu míng de diànyǐng. *He has directed quite a few famous movies.* (名)担任导演工作

的人 director

【导游】dǎoyóu（动·不及物）为旅游者作向导，担任解说 conduct a sightseeing tour：这个旅行团由小李负责～。Zhège lǚxíngtuán yóu Xiǎo Lǐ fùzé ～. Xiao Li is in charge of taking this touring party sightseeing.（名）为旅游者作向导，担任解说的人 tour guide：他当～已经两年了。Tā dāng ～ yǐjīng liǎng nián le. He has been a tour guide for two years.

【导致】dǎozhì（动）（某种原因）产生或引起（某种结果，多是不好的）lead to; bring about; result in; cause：你知道这次失败的原因吗？Nǐ zhīdao ～ zhè cì shībài de yuányīn ma? Do you know what led to the failure? / 一篇文章一场笔墨官司。Yì piān wénzhāng ～ yì cháng bǐmò guānsi. One article led to a battle of words.

岛〔島〕dǎo
（名）[个 gè] island

【岛国】dǎoguó（名）island country：日本和英国都是～。Rìběn hé Yīngguó dōu shì ～. Japan and Britain are both island countries.

【岛屿】dǎoyǔ（名）islands; islands and islets：太平洋中有大大小小无数～。Tàipíngyáng zhōng yǒu dàdàxiǎoxiǎo wúshù ～. There are a lot of large and small islands in the Pacific Ocean.

捣〔搗〕dǎo
（动）用棒子等的一端戳撞；砸 pound with a pestle etc.; beat; smash：～蒜 ～ suàn crush garlic

【捣蛋】dǎo=dàn 毫无理由惹起纠纷，故意捣乱 make trouble for no reason

【捣鬼】dǎo=guǐ 暗中使用诡计 play an underhanded trick; do mischief：一定是他捣的鬼。Yídìng shì tā dǎo de guǐ. It must be he who played that trick. / 这个人就爱～。Zhège rén jiù ài ～. This man really likes to play tricks.

【捣毁】dǎohuǐ（动）破坏，击垮 smash up; demolish; destroy：这次战斗，～敌人三座火药库。Zhè cì zhàndòu, ～ dírén sān zuò huǒyàokù. Three of the enemy's powder magazines were destroyed in this battle.

【捣乱】dǎo=luàn（1）进行破坏；扰乱 sabotage; make trouble：敌人老是在边境上～。Dírén lǎoshi zài biānjìng shang ～. The enemy is always making trouble on the border.（2）干扰，添乱 make trouble; create a disturbance：你出去玩儿吧，别在这儿～。Nǐ chūqu wánr ba, bié zài zhèr ～. Go out and play; don't make trouble around here.

倒 dǎo
（动）(1) fall; topple：他一进门就～在床上。Tā yí jìn ménr jiù ～ zài chuáng shang. He threw himself on the bed as soon as he came in. / 那堵墙快～了。Nà dǔ qiáng kuài ～ le. That wall is soon going to fall over. / 路很滑，小心摔～。Lù hěn huá, xiǎoxīn shuāi ～. The road is very slippery so be careful you don't fall over. / 风把树刮～了。Fēng bǎ shù guā ～ le. The wind blew the tree over. (2) 失败，垮台（多指政治方面的）be overthrown; topple; collapse：刚组好一个月的内阁又～了。Gāng zǔhǎo yí ge yuè de nèigé yòu ～ le. The cabinet that had been formed a month ago collapsed. (3) 转移；调换 change; shift：我想休一下，这星期日不休息，星期一休息，行不行？Wǒ xiǎng ～ yixià yíxià, zhè xīngqīrì bù xiūxi, xīngqīyī xiūxi, xíng bu xíng? I'd like to change my day off. Would it be okay if I took Monday off instead of Sunday? / 这个人从农民那里买了鸡蛋到市场去卖，这样一～，每斤赚三角钱。Zhège rén cóng nóngmín nàli mǎile jīdàn dào shìchǎng qù mài, zhèyàng yì ～, měi jīn zhuàn sān jiǎo qián. This man bought eggs from the farmers and sold them in the market.

In this way he make 30 fen on each catty when it changed hands. 另见 dào

【倒班】dǎo=bān（～儿）change shifts; work in shifts：我们两个组轮换着上白班、夜班，一个星期倒一次班。Wǒmen liǎng ge zǔ lúnhuànzhe shàng báibān、yèbān, yí xīngqī dǎo yí cì bān. Our two groups take turns working days and nights. We change shifts once a week.

【倒闭】dǎobì（动）私人企业或商店因为亏本而停业 close down; go bankrupt：在那次经济危机中，许多工厂都～了。Zài nà cì jīngjì wēijī zhōng, xǔduō gōngchǎng dōu ～ le. During that economical crisis, many factories closed down.

【倒车】dǎo=chē 中途换车 change trains, buses, etc.：从这儿到城里要倒两次车。Cóng zhèr dào chénglǐ děi dǎo liǎng cì chē. To get to the city from here you have to change twice. / 这趟列车直达上海，旅客不用～。Zhè tàng lièchē zhídá Shànghǎi, lǚkè búyòng ～. This train goes straight to Shanghai, you don't need to change.

【倒伏】dǎofú（动）(of crops) lodging：一场暴风雨过去，几百亩水稻都～了。Yì cháng bàofēngyǔ guòqu, jǐ bǎi mǔ shuǐdào dōu ～ le. After the storm, there was lodging in several hundred mu of paddy fields. / 这种小麦，生长得快，杆儿粗壮，抗～能力强。Zhè zhǒng xiǎomài, shēngzhǎng de kuài, gǎnr cūzhuàng, kàng ～ nénglì qiáng. This variety of wheat grows fast, has strong stalks and has a high resistance to lodging.

【倒戈】dǎogē（动·不及物）在战争中投降敌人，反过来打自己人 change sides in a war; transfer one's allegiance in a war

【倒换】dǎohuàn（动）(1) 轮流替换 rotate; take turns：几种菜～着吃。Jǐ zhǒng cài ～ zhe chī. rotate a few different kinds of dishes / 两个人～着照顾病人。Liǎng ge rén ～ zhe zhàogù bìngrén. Those two people take turns looking after the patient. (2) 掉换(次序) rearrange (sequence, etc.)：你们俩～一下，请你站到前边来。Nǐmen liǎ ～ yíxià, qǐng nǐ zhàndào qiánbiān lai. You two change places. Please come and stand in the front.

【倒卖】dǎomài（动）买到商品以后转手卖出，牟取非法暴利 resell at an illegal profit

【倒霉】dǎo=méi〈口〉遇事不利，遭遇不幸 have bad luck; be out of luck; be down on one's luck：真～，刚到街上就把钱包丢了，什么也没买成。Zhēn ～, gāng dào jiēshang jiù bǎ qiánbāo diū le, shénme yě méi mǎichéng. What bad luck! Just when I got to the street I lost my wallet and couldn't buy anything. / 他让汽车撞伤了，你看～不～! Tā ràng qìchē zhuàngshāng le, nǐ kàn ～ bu ～! Wasn't that too bad! He got run over by a car. / 我连着碰上两件～的事! Wǒ liánzhe pèngshang liǎng jiàn ～ de shì! I had two strokes of bad luck right in succession.

【倒手】dǎo=shǒu (1) 从一个人手上转到另一个人手上(多指货物买卖)(of merchandise, etc.) change hands：他刚买的那辆自行车又～卖给别人了。Tā gāng mǎi de nà liàng zìxíngchē yòu ～ mài gěi biérén le. He has resold the bicycle he just bought. (2) 从一只手上转到另一只手上 change (or transfer) from one hand to the other：碗烫得端不住，他不住地～。Wǎn tàng de duān bu zhù, tā búzhù de ～. The bowl was so hot that he couldn't carry it. He kept transferring it from one hand to the other. / 箱子比较重，他倒了两次手才提上楼。Xiāngzi bǐjiào zhòng, tā dǎole liǎng cì shǒu cái tíshang lóu. The suitcase was quite heavy. He had to change hands twice before he could get it upstairs.

【倒塌】dǎotā（动·不及物）(房屋等建筑物)因坏损而倒下 collapse; topple down：这次台风，使许多房屋都倒～。Zhè cì táifēng, shǐ xǔduō fángwū dōu ～. This typhoon caused many houses to collapse.

【倒台】dǎo=tái 垮台 fall from power

【倒腾】dǎoteng（动）〈口〉(1)翻腾；移动 turn sth. over and over；move around：你在那儿～些什么？Nǐ zài nàr ～ xiē shénme? What are you rummaging through over there? /桌子刚搬进来，又得～出去。Zhuōzi gāng bān jinlai, yòu děi ～ chuqu. The desk has just been moved inside; now it has to be moved back out again. (2)不合法的买进卖出 engage in illegal buying and selling：解放前，他父亲～黄金发了财。Jiěfàng qián, tā fùqin ～ huángjīn fāle cái. Before Liberation, his father made a fortune through the illegal buying and selling of gold.

【倒胃口】dǎo wèikǒu 因为不对口味而不想再吃，也比喻某种事物使人感到厌烦 (of food) no longer be to one's appetite; (of sth.) no longer be to one's liking：青菜都煮成黄颜色的了，我一看就～。Qīngcài dōu zhǔchéng huáng yánsè de le, wǒ yí kàn jiù ～. The greens were boiled until they turned yellow. I lost my appetite as soon as I looked at them. /有关改革的小说，有些也公式化起来，真让人～。Yǒuguān gǎigé de xiǎoshuō, yǒu xiē yě gōngshìhuà qilai, zhēn ràng rén ～. Some novels that deal with reform have become so stereotyped that they're no longer interesting.

祷〔禱〕dǎo

【祷告】dǎogào（动）pray；say one's prayers

dào

到 dào

（动）达于（某时点或地点）arrive；reach：从星期三～星期五 cóng xīngqīsān ～ xīngqīwǔ from Wednesday to Friday /他现在已经～北京了。Tā xiànzài yǐjīng ～ Běijīng le. He has already arrived in Beijing. /他～外国去工作。Tā ～ wàiguó qù gōngzuò. He went abroad to work. /请你～我家来做客。Qǐng nǐ ～ wǒ jiā lái zuò kè. Please come to my house as my guest. 常作为一动词的补语（used as a complement after a verb）(1)通过某动作到达（某时点、地点或数量）（indicating getting to a certain place, time or quantity through the action expressed by the verb）：普通话已推广～这一带山区。Pǔtōnghuà yǐ tuīguǎng ～ zhè yídài shānqū. Putonghua has already been promoted in this mountainous region. /我坐火车只坐一天津，然后坐船去上海。Wǒ zuò huǒchē zhǐ zuò～ Tiānjīn, ránhòu zuò chuán qù Shànghǎi. I only took the train as far as Tianjin, then I took the boat to Shanghai. /这几句话说～我心坎儿上了。Zhè jǐ jù huà shuō ～ wǒ xīnkǎnr shang le. Those few words struck a chord in my heart. /他们水稻每亩产量已经增加～1400斤。Tāmen shuǐdào měi mǔ chǎnliàng yǐjīng zēngjiā～ yìqiān sìbǎi jīn. The yield per mu of their paddy fields has already increased to 1400 jin. /我们要坚持～最后。Wǒmen yào jiānchí ～ zuìhòu. We will keep on until the end. /他一直睡～中午。Tā yìzhí shuì ～ zhōngwǔ. He slept straight through until noon. (2)指出动作涉及的范围（indicates the range of the action）：会议上提～了教师进修的问题。Huìyì shang tí ～ le jiàoshī jìnxiū de wèntí. The problem of teachers taking advanced courses was raised at the meeting. /这个研究项目，获得这么大成果，是我们没有估计～的。Zhège yánjiū xiàngmù, huòdé zhème dà chéngguǒ, shì wǒmen méiyou gūjì ～ de. We didn't expect this research project to achieve such great results. (3)表示通过动作有所获（indicates a gain）：他们昨天出海捕～了一大船鱼。Tāmen zuótiān chū hǎi bǔ～le yí dà chuán yú. They went out on the sea yesterday and caught a boatful of fish. /这本书现在买不～。Zhè běn shū xiànzài mǎi bu ～ le. This book is no longer available. /通过实习，他学一些从书本上学不～的东西。Tōngguò shíxí, tā xué

一些从书本上学不～的东西。From doing practical work he learnt a lot of things that he wouldn't have been able to learn from books. (4)用在"做"和"办"后面 表示以行动实现（used after "做" and "办" to mean to achieve or realize through the action）：一定要做～当天的事当天做完。Yídìng yào zuò ～ dàngtiān de shì dàngtiān zuòwán. We must see to it that today's work must be done today. /使每一个人都满意是办不～的。Shǐ měi yí ge rén dōu mǎnyì shì bàn bu ～ de. You can't please everyone.

【到场】dào=chǎng 亲自到会场或某种活动场所 be present；show up

【到处】dàochù（副）各处；每一个地方 at every place；everywhere：节日里～是笑语和歌声。Jiérì lǐ ～ shì xiàoyǔ hé gēshēng. There is laughter and singing everywhere during festivals. /工地上，～放着钢筋、水泥、沙石和木料。Gōngdì shang, ～ fàngzhe gāngjīn、shuǐní、shāshí hé mùliào. There are reinforcing bars, cement, sand and lumber scattered all over the construction site. /中国～都有可游览的地方。Zhōngguó ～ dōu yǒu kě yóulǎn de dìfang. There are tourist sites all over China. /一座座的新建筑，～都是。Yí zuòzuò de xīn jiànzhù, ～ dōu shì. New buildings can be found everywhere. /这本书～都买不到。Zhè běn shū ～ dōu mǎi bu dào. This book is not available anywhere.

【到达】dàodá（动）〈书〉到（某一地点、阶段）arrive；get to；reach：火车于下午三时～北京。Huǒchē yú xiàwǔ sān shí ～ Běijīng. The train gets to Beijing at 3 p. m. /从社会主义～共产主义，需要很长时间的努力。Cóng shèhuìzhǔyì ～ gòngchǎnzhǔyì, xūyào hěn cháng shíjiān de nǔ lì. To reach communism from socialism requires a lot of hard work.

【到底】dàodǐ（副）(1)表示（经过种种变化、曲折）最后发生了（某种情况）或出现了（某种结果）in the end；finally：大家多方努力，～请到了一位教员。Dàjiā duōfāng nǔ lì, ～ qǐngdàole yí wèi jiàoyuán. We all made every effort and finally engaged a teacher. /我想了几天几夜，～想出了一个好主意。Wǒ xiǎngle jǐ tiān jǐ yè, ～ xiǎngchūle yí ge hǎo zhǔyi. I thought for many days and finally came up with a good idea. /试验～成功了。Shìyàn ～ chénggōng le. The experiment has finally succeeded. /虽然挽留了半天，他～还是没挽留住他。Suīrán wǎnliúle bàntiān, dàn ～ háishi méi wǎnliú zhù tā. Even though we begged him repeatedly, in the end he didn't stay. (2)用在问句中，表示追究，要求确定回答（used in an interrogative sentence to indicate that a definite reply is requested）：你～是真愿意去还是说说而已？Nǐ ～ shì zhēn yuànyì qù háishi shuōshuo éryǐ? Do you really want to go or are just saying you do? /今天你～为什么不高兴？Jīntiān nǐ ～ wèi shénme bù gāoxìng? Why on earth are you so sad today? (3)同"毕竟"bìjìng same as "毕竟" bìjìng；after all：他～是个孩子，不能像大人那样对待。Tā ～ shì ge háizi, bù néng xiàng dàrén nàyàng duìdài. After all, he's just a child. You can't treat him like an adult. /人家～是大地方的人，经得多，见得广。Rénjia ～ shì dà dìfang de rén, jīng de duō, jiàn de guǎng. After all, he is from a large place. He has seen and experienced many things.

【到底】dào=dǐ 到底部；到尽头、终点；到最后的时刻 to the end；to the finish：这井很深，绳子好像还没有系～。Zhè jǐng hěn shēn, shéngzi hǎoxiàng hái méiyou xì ～. This well is very deep, it seems that the rope hasn't reached the bottom yet. /他没跑～就下来了。Tā méi pǎo ～ jiù xiàlai le. He gave up before he got to the finish. /工作一定要做～。Gōngzuò yídìng yào zuò ～. The work must be carried on to the end.

【到家】dào=jiā 达到极点或相当高的水平 reach a very high level；be perfect：王师傅的烹调技术可真是～了。Wáng

shífu de pēngtiáo jìshù kě zhēn shì ～ le. *Master Wang really excels at cooking.* /你还得学几年，你的技艺还不～。 Nǐ hái děi xué jǐ nián, nǐ de jìyì hái bú ～. *Your skill is far from perfect. You have to learn for a few more years.* /这种服务工作可以算做到了家了。Zhè zhǒng fúwù gōngzuò kěyǐ suàn zuòdàole jiā le. *This is what is called excellent service.*

【到来】dàolái (动·不及物)来临 arrive; approach：这几天的天气说明夏季已经～。Zhè jǐ tiān de tiānqì shuōmíng xiàjì yǐjīng ～. *The weather in these past few days indicates that summer is approaching.* /学生们盼望暑假早日～。Xuéshengmen pànwàng shǔjià zǎorì ～. *Students look forward to the speedy arrival of the summer vacation.* /大家热烈欢迎英雄们的～。Dàjiā rèliè huānyíng yīngxióngmen de ～. *Everybody warmly welcomed the heroes' arrival.*

【到期】dào＝qī 到了规定的期限 become due; expire; mature：存款～了，可以取了。Cúnkuǎn ～ le, kěyǐ qǔ le. *Your savings have matured and can now be withdrawn.* /我们租的房子年底～。Wǒmen zū de fángzi niándǐ ～. *The lease on our house expires at the end of the year.*

【到手】dào＝shǒu 拿到手 succeed in getting：他五百块钱一就花光了。Tā wǔbǎi kuài qián ～ jiù huāguāng le. *He managed to get 500 yuan and then spent it all.* /钱已经给了他，东西还没～呢？Qián yǐjīng gěile tā, dōngxi hái méi ～ ne! *I already gave him the money, but I didn't get the things yet!*

【到头】dào＝tóu (～儿)到结束的时刻 to the end：你应该跑～，不应该中途下来。Nǐ yīnggāi pǎo ～, bù yīnggāi zhōngtú xiàlai. *You ought to run to the end, and shouldn't have given up.* /这回他苦日子～了，该过幸福生活了。Zhè huí tā kǔ rìzi ～ le, gāi guò xìngfú shēnghuó le. *Now his hard time is at an end and he ought to live a happy life.*

【到头来】dàotóulái (副)经过一个较长时间或一个曲折的过程(事情并无新的进展或力气全白费) finally; in the end (nothing new develops or one's energy has been wasted)：准备了好几个月，～还是没用上。Zhǔnbèile hǎo jǐ gè yuè, ～ háishi méi yòngshàng. *I spent months preparing it but didn't use it in the end.* /多年来，我处处照顾她，～还是把她得罪了。Duō nián lái, wǒ chùchù zhàogù tā, ～ háishi bǎ tā dézuì le. *I've been taking care of her in all respects for years, but I still ended up offending her.* /这盆茉莉我一直精心培植，可～一朵花也没开。Zhè pén mòlì wǒ yìzhí jīngxīn péizhí, kě ～ yì duǒ huār yě méi kāi. *I've taken great pains to cultivate this pot of jasmine, but in the end not one flower bloomed.*

【到(至)……为止】dào (zhì) …… wéizhǐ 表示时间、进度从过去某一点起到另一点截止，"为"有时可省略；可做状语、补语或谓语 until; up to ("为" may sometimes be omitted; can serve as an adverbial, a complement, or a predicate)：到目前为止，我还没得到答复。Dào mùqián wéizhǐ, wǒ hái méi dédào dáfu. *To this day I still haven't received a reply.* /从上小学起到中学毕业为止，我一直没离开过北京。Cóng shàng xiǎoxué qǐ dào zhōngxué bì yè wéizhǐ, wǒ yìzhí méi líkāiguo Běijīng. *From the time I started going to primary school up to my graduation from middle school, I never once left Beijing.* /要学打太极拳的，今天开始报名，到明天午五点止。Yào xué dǎ tàijíquán de, jīntiān kāishǐ bào míng, dào míngtiān xiàwǔ wǔ diǎn zhǐ. *Those who wish to learn Taijiquan have until 5 p.m. tomorrow to sign up.* /今天的讨论到此为止。Jīntiān de tǎolùn dào cǐ wéizhǐ. *That's all for today's discussion.*

【到职】dào＝zhí (干部)接受任命，来到工作岗位 (of a cadre) take office; arrive at one's post

倒 dào
(动)(1)使上成为下，下成为上，或前成为后，后成为前 upside down：把它～过来，大头朝下放。Bǎ tā ～ guòlai, dàtóu cháo xià fàng. *Turn it over and put the big end down.* /注意木箱里是酒瓶，不能～着放。Zhùyì mùxiāng li shì jiǔpíng, bù néng ～zhe fàng. *There are wine bottles in this box so be careful not to leave it upside down.* / 第四页～数第二行有一个错字。Dìsì yè ～ shǔ dì'èr háng yǒu yí ge cuòzì. *There is a misprint in the second line from the bottom on page 4.* (2)倾倒 pour：～水 ～ shuǐ pour water /把壶里的茶～干净。Bǎ hú li de chá ～ gānjing. *Pour out all the tea of the teapot.* /她今天把多年闷在心里的话都～出来了。Tā jīntiān bǎ duō nián mēn zài xīnli de huà dōu ～chulai le. *Today she poured out everything that had been on her mind for many years.* (3)向后退 go backward; reverse：～车 ～ chē reverse a car /～着走 ～zhe zǒu go backwards (副)(1)同"反而"，表示某一情况本应产生某种结果却产生了相反的结果 same as "反而" fǎn'er (indicates the opposite result of what was expected)：婆婆比媳妇显得年轻。Pópo ～ bǐ xífu xiǎnde niánqīng. *The mother-in-law actually looks younger than her daughter-in-law.* / 没吃药，病～好了。Méi chī yào, bìng ～ hǎo le. *I didn't take any medicine, but I got better anyway.* /他从来没出过国，国外的事情～知道得不少。Tā cónglái méi chūguo guó, guówài de shìqíng ～ zhīdao de bù shǎo. *He has never gone abroad, yet he knows a lot about what goes on there.* (2)表示某种想法过于简单乐观，而事实并非如此 (indicates that an idea is too simple and optimistic, but the facts are not so)：你说得～容易，你自己来做做看。Nǐ shuō de ～ róngyi, nǐ zìjǐ lái zuòzuo kàn. *It's not as easy as you say. Do it and see for yourself.* / 他想得～简单，可没那么容易的事！Tā xiǎng de ～ jiǎndān, kě méi nàme róngyi de shì! *It's not as simple a matter as he thinks.* /这种打算～不错，就怕干不成。Zhè zhǒng dǎsuan ～ búcuò, jiù pà gàn bu chéng. *This kind of plan is not bad at all, but I'm afraid it can't be carried out.* (3)表示出乎意料 (indicates sth. unexpected)：我们都以为他一定会反对这件事，没想到他～很赞成。Wǒmen dōu yǐwéi tā yídìng huì fǎnduì zhè jiàn shì, méi xiǎngdào tā ～ hěn zànchéng. *We all thought that he would oppose this matter for sure; we never expected him to agree so much.* /他从来准时，这次～迟到了。Tā cónglái zhǔnshí, zhè cì ～ chídào le. *He's always on time, but this time he was late.* /平常总迟到的人，今天～先来了。Píngcháng zǒng chídào de rén, jīntiān ～ xiān lái le. *Those who are usually late actually arrived first today.* /他这一说～让我想起了一件事。Tā zhè yì shuō ～ ràng wǒ xiǎngqǐle yí jiàn shì. *As soon as he said this, something popped into my mind.* (4)表示转折，比前一分句预示的情况好 (indicates a change in the course of events which turns out to be better than expected as indicated in the preceding clause)：房间不大，收拾得～挺干净。Fángjiān bú dà, shōushi de ～ tǐng gānjing. *The room is small, yet it's very tidy.* /虽然我的英语水平不高，这么简单的句子～还看得懂。Suīrán wǒ de Yīngyǔ shuǐpíng bù gāo, zhème jiǎndān de jùzi ～ hái kàn de dǒng. *Although my English is not very good, I can still understand such simple sentences.* /虽说多花了点钱，～少跑不少路。Suī shuō duō huāle diǎnr qián, ～ shǎo pǎo bù shǎo lù. *Even though I spent a little more money, I didn't have to go very far.* /他个子不高，～挺有力气。Tā gèzi bù gāo, ～ tǐng yǒu lìqi. *He isn't tall, but he's quite strong.* (5)表示让步，肯定积极的一面，但重点在指出后边的消极方面或不足之处 (indicates concession; points out the positive aspect of sth. while what follows emphasizes the negative aspect)：样子～挺好，就是贵了点儿。Yàngzi ～ tǐng hǎo, jiùshì guìle diǎnr. *The style is indeed quite nice;*

it's just that it's a bit expensive. /我～很想去,不知道有没有时间。Wǒ ～ hěn xiǎng qù, bù zhīdào yǒu méi yǒu shíjiān. *I really do want to go, but I don't have the time to.* (6)表示婉转的赞美 (*indicates tactful praise*): 将来有机会出国开眼,那～不错。Jiānglái yǒu jīhuì chū guó kāi yǎn, nà ～ búcuò. *It would be rather nice if I could go abroad in future so as to broaden my views.* /整天打打扑克,下下棋,那～是神仙的日子。Zhěngtiān dǎda pūkè, xiàxia qí, nà ～ shì shénxiān de rìzi. *Playing poker and chess all day — that is truly a life fit for angels?* / 能有这样一个儿子～是福气。Néng yǒu zhèyàng yí ge érzi ～ shì fúqì. *One would indeed be lucky to have such a son.* (7)表示与某种看法、想法不一样 (*indicates an opposite point of view or idea*):你说欧洲人都喜欢跳舞,那～不见得。Nǐ shuō Ōuzhōu rén dōu xǐhuan tiào wǔ, nà ～ bújiàndé. *You say that all Europeans like to dance but that's not necessarily true.* / 我～不是故意的,是一时不小心把杯子摔坏了。Wǒ ～ bú shì gùyì de, shì yìshí bù xiǎoxīn bǎ bēizi shuāihuài le. *I didn't do it on purpose. It was in a moment of carelessness that I broke the glass.* / 大家都说他做事慢,我～觉得没什么,只要认真就好。Dàjiā dōu shuō tā zuò shì màn, wǒ ～ juéde méi shénme, zhǐyào rènzhēn jiù hǎo. *Everybody says that he does things slowly, but I don't think that matters as long as he works conscientiously.* / 如果做窗帘,布厚点～还可以,主要颜色要淡一些。Rúguǒ zuò chuānglián, bù hòu diǎnr ～ hái kěyǐ, zhǔyào yánsè yào dàn yìxiē. *If you use a bit thicker material to make the curtains, that's fine; the main thing is that the colour must be light.* (8)用于追问或催促,有不耐烦情绪 (*used in a question to indicate impatience*):你～是去不去啊? Nǐ ～ shì qù bu qù a? *Are you going or not?* / 要还是不要,你～说句话! Yào háishi bú yào, nǐ ～ shuō jù huà! *Do you want it or not? At least say something!* 另见 dǎo

【倒打一耙】dào dǎ yì pá 犯了错误不承认,反而说对方有错 *make unfounded charges when one is at fault oneself*:小李把花瓶打破了,～说花瓶不应该放在那里。Xiǎo Lǐ bǎ huāpíng dǎpò le, ～ shuō huāpíng bù yīnggāi fàng zài nàli. *Xiao Li broke the vase, but instead of admitting his mistake he said that the vase shouldn't have been put where it was.*

【倒挂】dàoguà (动·不及物)物体大的一头向下挂着。比喻事物的位置弄颠倒了,如某些农副产品的收购价格高于零售价格,叫做价格倒挂 *hang upside down; turn upside down; reverse, e. g. the wholesale price of some agricultural by-products is higher than the retail price, this is called a price inversion*

【倒立】dàolì (动·不及物)(1)顶向下竖立 *stand upside down*:山影～在湖水里。Shānyǐng ～ zài húshuǐ li. *The mountains are reflected upside down in the lake.* (2)〈体〉*handstand*

【倒流】dàoliú (动)(水)向上游流去 *(of water) flow backwards*

【倒数】dàoshǔ (动)*count backwards*:他是～第一名。Tā shì ～ dìyī míng. *He placed last.* / 第38页～第三行有一个错字。Dìsānshíbā yè ～ dìsān háng yǒu yí ge cuòzì. *There's a mistake in the third line from the bottom on page 38.*

【倒数】dàoshù (名)〈数〉*reciprocal*

【倒退】dàotuì (动)(1)抽象意义的后退 *go backwards; fall back; retrogress*:只能不断前进,～是没有出路的。Zhǐ néng búduàn qiánjìn, ～ shì méi yǒu chūlù de. *There's no going back, we can only keep going forward.* (2)设想回到若干年前(某个年代,某个阶段) *go backward to the past*:～三十年,我也是个壮小伙子。～ sānshí nián, wǒ yě shì ge zhuàng xiǎohuǒzi. *Thirty years ago even I was a strong chap.* / ～到四十年代,穿这种服装的有的是。～ dào sìshí niándài, chuān zhè zhǒng fúzhuāng de yǒudeshì. *Back in the forties*

there were plenty of people who dressed like this.

【倒行逆施】dào xíng nì shī 所作所为违背社会正义和时代发展趋向 *go against the historical trend and act in a reactionary fashion; try to put the clock back*:强迫妇女回到厨房去是～的行为。Qiángpò fùnǚ huídào chúfáng qù shì ～ de xíngwéi. *To force women to go back into the kitchen is trying to put the clock back.*

【倒叙】dàoxù (动)文学作品或记叙文的一种叙述方法,即先写结局或某些情节,然后再回过来叙述先前发生的经过 *flashback (in a narrative or literary work)*

【倒影】dàoyǐng (名)*inverted image*

【倒栽葱】dàozāicōng (名)头向下摔倒 *fall headlong; fall head over heels*:他摔了一个～。Tā shuāile yí ge ～. *He tumbled and fell headlong onto the ground.* / 飞机被高射炮打中,一个～掉进海里。Fēijī bèi gāoshèpào dǎzhòng, yí ge ～ diàojìn hǎi li. *The plane was hit by an anti-aircraft gun and fell headlong into the sea.*

【倒置】dàozhì (动)多用于书面 (*often used in the written language*)(1)倒着放 *place or put upside down*:木箱上写着:"小心轻放,请勿～!" Mùxiāng shang xiězhe: "Xiǎoxīn qīng fàng, qǐng wù ～!" *On the box was written "Handle With care! This side up."* (2)违反事物应有的顺序 *invert*:本末～ běn mò ～ *put the cart before the horse*/ 轻重～ qīng zhòng ～ *put the trivial above the important*

【倒转】dàozhuǎn (动)向和原来相反的方向转 *turn the other way round; reverse*:时间不能～。Shíjiān bù néng ～. *Time cannot be turned back.*

悼 dào

【悼词】dàocí (名)对死者表示哀悼的演讲或文章 *memorial speech*:这位老教授的追悼会开得很隆重,书记主持会,院长致～。Zhè wèi lǎo jiàoshòu de zhuīdàohuì kāi de hěn lóngzhòng, shūjì zhǔchí huì, yuànzhǎng zhì ～. *The memorial meeting for the old professor was held very solemnly with the secretary as host and the president delivering the memorial speech.*

【悼念】dàoniàn (动)〈书〉怀念死者,表示哀痛 *mourn; grieve over*:沉痛～人民的好总理周恩来同志。Chéntòng ～ rénmín de hǎo zǒnglǐ Zhōu Ēnlái tóngzhì. *Premier Zhou Enlai was deeply mourned.*

盗 dào

(名)◇ 强盗;偷东西的人 *burglar; a thief*:江洋大～ jiāng yáng dà ～ *an infamous robber or pirate* (动)◇ 偷 *steal; rob*:价值两万多元的国家财产被～。Jiàzhí liǎngwàn duō yuán de guójiā cáichǎn bèi ～. *State property worth more than 20,000 yuan was stolen.*

【盗匪】dàofěi (名)〈书〉用暴力劫夺财物或偷东西或危害人身安全的人的总称 *burglars and bandits*

【盗卖】dàomài (动)偷窃并出卖〈公物〉*steal and illegally sell (public property)*:～国家文物是犯法的行为。～ guójiā wénwù shì fàn fǎ de xíngwéi. *It's against the law to steal and sell cultural relics.*

【盗窃】dàoqiè (动)〈书〉偷 *steal*:～公款 ～ gōngkuǎn *embezzle funds*/～国家经济情报 ～ guójiā jīngjì qíngbào *steal information about the economic situation of the state*

【盗窃】dàoqiè (名)盗窃,偷盗 *steal; embezzle*

【盗用】dàoyòng (动)非法使用公家的或别人的名义、财物等 *embezzle; usurp*:～公款二十万元 ～ gōngkuǎn èrshí wàn yuán *embezzle 200,000 yuan public money*/ ～公章 ～ gōngzhāng *use an official seal illegally*/ ～国家领导人的名义进行诈骗活动。～ guójiā lǐngdǎorén de míngyì jìnxíng zhàpiàn huódòng. *To use the name of state leaders under false pretences so as to swindle.*

道 dào (名)(1)(～儿)道路 road:后山也有上山的～. Hòushān yě yǒu shàng shān de ～. There is also a road up at the back of the mountain. (2)◇ 方向;方法;道理 way; method; reason:志同～合 zhì tóng ～ hé cherish the same ideals and follow the same path/ 以其人之～,还治其人之身. Yǐ qí rén zhī ～, huán zhì qí rén zhī shēn. Deal with others the way they deal with you. (3)(～儿)细长的痕迹 line:书上划了许多铅笔～. Shū shang huàle xǔduō qiānbǐ ～. There were many pencil lines drawn in the book. / 你什么地方看不懂在下面划个～儿. Nǐ shénme dìfang kàn bu dǒng zài xiàmian huà ge ～ ér. Underline the parts you don't understand. (动)◇ 说(常用在小说的行文中) say; speak; talk:说长～短 shuō cháng ～ duǎn idle chatter; random talk; gossip /文章里写"：精神文明要每个人从自己做起". Wénzhāng li xiě:"Jīngshén wénmíng yào měi ge rén cóng zìjǐ zuòqǐ". In the article it is written "Spiritual enlightenment has to come from oneself". / 老师喊～:"你们快进教室去." Lǎoshī hǎn～:"Nǐmen kuài jìn jiàoshì qu." The teacher shouted,"All of you hurry up and go into the classroom." (量)(1)用于某些长条的东西 (used for things in the form of a line):请你把这张纸折一一～缝. Qǐng nǐ bǎ zhè zhāng zhǐ zhé yí ～ fèngr. Please fold this piece of paper in half. / 太阳射出万～金光. Tàiyáng shèchū wàn ～ jīnguāng. The sun is emitting a myriad golden rays. (2)用于分层次的东西 (used for things arranged in order):走过两～门/ zǒuguò liǎng ～ mén go through two doors/ 冲破三～防线 chōngpò sān ～ fángxiàn break through three lines of defence / 上了好几～菜 shàngle hǎo jǐ ～ cài Several courses were served. / 省了一～手续 shěngle yí ～ shǒuxù save one step in the process (3)用于命令、题目 (used for orders; questions):一～命令 yí ～ mìnglìng an order/ 一百～题 yìbǎi ～ tí 100 questions

【道白】dàobái (名)歌剧唱词以外说的话 spoken parts in an opera

【道岔】dàochà (名)(交)使列车由一条轨道转到另一条轨道上的装置 switch; points (of a railway)

【道德】dàodé (名) morals; ethics; morality; moral integrity:良好的～品质 liánghǎo de ～ pǐnzhì an excellent moral character /缺乏应有的～ quēfá yīng yǒu de ～ lack proper morals "不道德"是个形容词 "不道德" is an adjective, immoral:这样做很不～. Zhèyàng zuò hěn bú ～. It is extremely immoral to do it this way.

【道德法庭】dàodé fǎtíng 指社会舆论对于虽不犯法但却严重违反道德的行为给以揭露、批评、谴责 moral court (whereby the public exposes and condemns behaviour that seriously violates the moral code, albeit not the law)

【道姑】dàogū (名) 女道士 Taoist nun

【道观】dàoguàn (名) 道教的庙 Taoist temple

【道家】dàojiā (名) 中国春秋战国时期的一个学派,以老聃、庄周为代表 Taoist school (a school of thought in the Spring and Autumn and Warring States Periods, represented by Lao Dan(老聃) and Zhuang Zhou(庄周))

【道教】dàojiào (名) 中国主要宗教之一 Taoism, one of the chief religions in China

【道具】dàojù (名) stage property; prop

【道口儿】dàokǒur (名)路口 road junction

【道理】dàolǐ (名)(1)事情的原理 principle; truth; hows and whys:炼钢时为什么要加锰,这个～我还不清楚. Liàn gāng shí wèi shénme yào jiā měng, zhège ～ wǒ hái bù qīngchu. I still don't understand why you need to add manganese when making steel. (2)事情或论点是非的根据；理由 reason; argument; sense:教育学生,要跟他们讲～. Jiàoyù xuésheng, yào gēn tāmen jiǎng ～. Educating stu-

dents should be done by guiding them along. / 你说的话很有～,我非常赞成. Nǐ shuō de huà hěn yǒu ～, wǒ fēicháng zànchéng. What you said is very reasonable, I completely agree with you. / 这个人很不讲～. Zhège rén hěn bù jiǎng ～. This man is very unreasonable.

【道路】dàolù (名) road; path; way:～平坦 píngtǎn a smooth road/ 刚刚盖好房子,～还没有修. Gānggāng gàihǎo fángzi, ～ hái méiyou xiū. The house has just been built but the road hasn't. / 要选好人生的～. Yào xuǎnzé hǎo rénshēng de ～. You must choose a right road of life.

【道貌岸然】dàomào ànrán 举止神态庄重严肃的样子(现含贬义) pose as a person of high morals; be sanctimonious:别看他～,专做见不得人的事. Bié kàn tā ～, zhuān zuò jiàn bu de rén de shì. Don't be fooled by his sanctimonious looks, his behaviour is simply scandalous.

【道歉】dào＝qiàn 表示歉意 apologize; make an apology:这件事情,必须让他本人去～. Zhè jiàn shìqing, bìxū ràng tā běnrén qù ～. Concerning this matter, he should go and apologize in person. / 人家向你道了好几次歉了,你还不谅解啊? Rénjia xiàng nǐ dàole hǎo jǐ cì qiàn le, nǐ hái bú liàngjiě a? He has apologized to you several times and you still don't forgive him.

【道士】dàoshì (名) Taoist priest

【道听途说】dào tīng tú shuō 从道路上听到,在道路上传说。泛指传闻的、没有根据的、不一定确切的话 hearsay:这些话都是～,不能作为根据 Zhèxiē huà dōu shì ～, bù néng zuòwéi gēnjù. This is only hearsay and cannot be used as evidence.

【道喜】dào＝xǐ 对有喜庆事的人表示祝贺 congratulate sb. on a happy occasion:今天一个朋友结婚,我们都要去～. Jīntiān yí ge péngyou jié hūn, wǒmen dōu yào qù ～. A friend is getting married today, so we are all going to congratulate him. / 他昨天生了个女儿,我刚才给他道过喜了. Tā zuótiān shēngle ge nǚ'ér, wǒ gāngcái gěi tā dàoguo xǐ le. Yesterday his wife bore him a baby girl, I just congratulated him on her birth.

【道谢】dào＝xiè 用言语表示感谢 express one's thanks:你们给我们那么多帮助,我们～来了. Nǐmen gěi wǒmen nàme duō bāngzhù, wǒmen ～ lái le. We've come to express our thanks for all your help. / 他向我道了半天谢. Tā xiàng wǒ dàole bàntiān xiè. He kept thanking me for a long time.

【道义】dàoyì (名)道德和正义 morality and justice:～的力量 ～ de lìliang the power of morality and justice/ 给我们以～上的支持 gěi wǒmen yǐ ～ shang de zhīchí give us moral support

稻 dào (名)rice；(unhusked) paddy

【稻草】dàocǎo (名)[根 gēn] rice straw:他把这件事当成救命～. Tā bǎ zhè jiàn shì dàngchéng jiù mìng ～. He used that as a straw to clutch at.

【稻谷】dàogǔ (名) rice in the husk

【稻糠】dàokāng (名) rice chaff

【稻田】dàotián (名) paddy field

【稻秧】dàoyāng (名)(～儿) rice seedlings; rice shoots

【稻种】dàozhǒng (名)rice seed

【稻子】dàozi (名)〈口〉同"稻"dào same as "稻" dào:南方种～多,北方种麦子多. Nánfāng zhòng ～ duō, běifāng zhòng màizi duō. In the south they mostly grow rice and in the north wheat is grown.

dé

得 dé (动)(1)得到(跟"失"相对) get; obtain; gain (opposite

to "失"）：今年他～了一笔奖金。Jīnnián tā ～ le yì bǐ jiǎngjīn. *This year he got a cash award.* / 这次考试我～80分。Zhè cì kǎoshì wǒ ～ bāshí fēn. *I got 80% in the exam.* (2)演算产生(结果) result in（of a calculation）：三三～九。Sān sān ～ jiǔ. *Three times three makes nine.* (3)〈口〉完成(可以供使用) be finished；be ready：饭～了，快吃吧！Fàn ～ le, kuài chī ba! *The meal is ready, come and eat!* / 这件衣服几天能做～? Zhè jiàn yīfu jǐ tiān néng zuò～? *How many days will it take to make this dress?* / 小李等房子盖～了，就结婚。Xiǎo Lǐ děng fángzi gài～ le, jiù jié hūn. *Xiao Li is waiting for the house to be built then he's getting married.* (4)〈口〉在对话中，表示同意、禁止、反感、惋惜等情绪 alright；just go ahead；well：～，就这么办！～, jiù zhème bàn! *Okay, we'll do it like that.* / ～了，说得好听，我才不信呢! ～ le, shuō de hǎotīng, wǒ cái bú xìn ne! *Go ahead, just see if I believe you!* / ～，这回又白跑一趟! ～, zhè huí yòu bái pǎo yí tàng! *Well, we've made another trip for nothing!* 另见 de；děi

【得便】débiàn（副）(～儿)遇到方便的机会 when it's convenient：这本书请您～带给张老师。Zhè běn shū qǐng nín ～ dài gěi Zhāng lǎoshī. *Please take this book over to Teacher Zhang whenever it's convenient.* / 什么时候～我得去一趟天津。Shénme shíhou ～ wǒ děi qù yí tàng Tiānjīn. *I must take a trip to Tianjin when it's convenient for me to do so.*

【得不偿失】dé bù cháng shī 得到的抵不上失去的。比喻某事值不得做，不合算 the loss outweighs the gain：赚二十块钱误了一个星期的活儿，～. Zhuàn èrshí kuài qián wù le yí ge xīngqī de huór, ～. *If you earn 20 but miss a week of work, the loss outweighs the gain.* / 那是一种～的做法。Nà shì yì zhǒng ～ de zuòfǎ. *The loss will outweigh the gain if you do it that way.*

【得逞】déchěng（动）(坏)想法实现，(坏)目的达到 have one's way；accomplish or succeed (in an evil act)：他早就想窃取党政大权，但始终没能～. Tā zǎo jiù xiǎng qièqǔ dǎng zhèng dàquán, dàn shǐzhōng méi néng ～. *He planned to grab the party's political power, but in the end he didn't succeed.* / 敌人的罪恶目的如果～，就要有许多人遭殃。Dírén de zuì'è mùdì rúguǒ ～, jiù yào yǒu xǔduō rén zāo yāng. *If the enemy's evil objective is successful, many people will suffer.*

【得寸进尺】dé cùn jìn chǐ 得到一些好处，还想再得到更大的好处。比喻贪心大，不知足 reach out for a yard after taking an inch；give him an inch and he'll take a mile：侵略者的欲望永远也不会满足，他总是～. Qīnlüèzhě de yùwàng yǒngyuǎn yě bú huì mǎnzú, tā zǒngshì ～. *An invader's desire is never satisfied；he'll always take a mile if you give him an inch.* / 我的忍让是有限度的，你不要～! Wǒ de rěnràng shì yǒu xiàndù de, nǐ búyào ～! *My patience is limited, don't take more than I'm prepared to give.*

【得当】dédàng（形）(说话、做事)恰当、合适 apt；appropriate；proper；suitable：使用～，就能使人材充分发挥作用。Shǐyòng ～, jiù néng shǐ réncái chōngfèn fāhuī zuòyòng. *If used properly, qualified personnel can fully fulfill their function.* / 他的批评，措词～，大家很乐于接受。Tā de pīpíng, cuòcí ～, dàjiā hěn lèyú jiēshòu. *His criticism was appropriately worded, so everyone was happy to accept it.*

【得到】dé //dào 获得 get；obtain；gain；receive：～一笔奖金 ～ yì bǐ jiǎngjīn receive a cash award/ 一次旅游的机会 ～ yí cì lǚyóu de jīhuì get a chance to go on a tour/ 多数人的支持 ～ duōshù rén de zhīchí gain the support of the majority/ 方法～改进 fāngfǎ ～ gǎijìn The method was improved. / 大家的鼓励 ～ dàjiā de gǔlì receive everybody's encouragement

【得道多助，失道寡助】dé dào duō zhù, shī dào guǎ zhù 坚持正义的就能得到多数人的支持，违背正义的就没人支持 a just cause enjoys abundant support, while an unjust cause finds little support

【得分】dé=fēn (～儿)游戏或比赛时得到分数 score（in a game or match）：这场篮球赛，天津队的五号～最多。Zhè chǎng lánqiúsài, Tiānjīnduì de wǔ hào ～ zuì duō. *Player No. 5 of the Tianjin team scored the most points in this basketball game.* / 五号是天津队的主要～手。Wǔ hào shì Tiānjīnduì de zhǔyào ～ shǒu. *Player No. 5 is the Tianjin team's top scorer.*

【得法】défǎ（形）使用的方法、采取的措施正确 do something in the proper way：管理～，庄稼就生长得好。Guǎnlǐ ～, zhuāngjia jiù shēngzhǎng de hǎo. *If managed properly, crops will grow well.* / 管孩子要～，不要乱加训斥打骂。Guǎn háizi yào ～, búyào luàn jiā xùnchì dǎ mà. *Children have to be handled properly and shouldn't be reprimanded indiscriminately.* / 他学习总是不～，很努力，成绩却不好。Tā xuéxí zǒngshì bù ～, hěn nǔ lì, chéngjì què bù hǎo. *He doesn't study in a proper way and although he works hard his grades are poor.*

【得过且过】dé guò qiě guò 能勉强过得去就这样过下去，马马虎虎敷衍地过日子 muddle along；get by however one can：他没有远大抱负，抱着～的思想混日子。Tā méi yǒu yuǎndà bàofù, bàozhe ～ de sīxiǎng hùn rìzi. *He doesn't have any high aspirations, but just muddles along from day to day.*

【得计】déjì（动·不及物）计谋、打算实现 succeed in one's scheme, plan, etc.：他考试作弊得了高分数，自以为～，谁知老师一下子就发现了。Tā kǎoshì zuò bì déle gāo fēnshù, zì yǐwéi ～, shuí zhī lǎoshī yíxiàzi jiù fāxiàn le. *He cheated during the exam and got a high mark. He thought he had cleverly succeeded in his scheme when the teacher quickly found out.*

【得劲】déjìn（形）(～儿)〈口〉舒服合适 comfortable；right：我这么坐着～儿。Wǒ zhème zuòzhe ～. *I feel comfortable sitting like this.* / 他这两天有点不～儿，可能是感冒了。Tā zhè liǎng tiān yǒudiǎn bù ～, kěnéng shì gǎnmào le. *He hasn't been feeling very well these past two days. Perhaps he has caught a cold.*

【得空】dé=kòng (～儿)有空闲时间 have some free time：他一～就去找小文聊天。Tā yì ～ jiù qù zhǎo Xiǎo Wén liáo tiānr. *As soon as he had some free time he went to chat with Xiao Wen.* / 我这几天不～，下星期再去看你。Wǒ zhè jǐ tiān bù ～, xià xīngqī zài qù kàn nǐ. *I don't have any free time for the next few days. I'll go visit you next week.*

【得力】délì（形）有能力的，可以起很大作用的 capable；competent；efficient：～助手 ～ zhùshǒu a competent assistant/ ～干部 ～ gànbù an efficient cadre /这个单位的领导很～，也有魄力。Zhège dānwèi de lǐngdǎo hěn ～, yě yǒu pòlì. *The leader of this unit is not only efficient but bold and resolute in his work.*

【得了】déliǎo（形）表示情况严重，用于反问句或否定式（indicates a serious situation；used in a negative sense）：不～了,着火了! Bù ～ le, zháo huǒ le! *Oh no! It's caught fire!* /这还～吗? Zhè hái ～ ma? *Isn't this a disaster!*

【得人心】dé rénxīn 使多数人产生好感或得到多数人的拥护 be popular；win popular approval：办事公正最～. Bàn shì gōngzhèng zuì ～. *One will win popular approval if one is fair in handling affairs.* / 做坏事不～. Zuò huàishì bù ～. *Doing evil deeds does not win popular approval.*

【得胜】dé=shèng 取得胜利 win a victory；triumph：祝你旗开～. Zhù nǐ qí kāi ～. *I wish you a speedy success.*

【得失】déshī（名）(1)所得和所失 gain and loss；success and failure：他做事从不计较个人的～. Tā zuò shì cóng bù jìjiào gèrén de ～. *He gives no thought to personal gains or losses when handling affairs.* (2)利弊；好处和坏处 advan-

tages and disadvantages; merits and demerits: 两种办法各有～，要慎重考虑。Liǎng zhǒng bànfǎ gè yǒu ～, yào shènzhòng kǎolǜ. *Both ways have advantages and disadvantages, so careful consideration is needed.*

【得势】dé=shì *be in power; be in favour*

【得手】dé=shǒu (1)(工具)使用着顺手 *suit one nicely*: 这把铁锹用起来很不～。Zhè bǎ tiěxiāo yòng qilai hěn bù ～. *This spade is not very handy.* (2)(得到机会(做坏事) *take the opportunity (to do something bad)*: 这个人一～就偷，大家得加点儿小心。Zhège rén ～ jiù tōu, dàjiā děi jiā diǎnr xiǎoxin. *Whenever he has the chance he steals, so everybody should be extra careful.* (3)(做坏事)成功 *succeed (in doing evils)*: 这个匪徒想杀人没～。Zhège fěitú xiǎng shā rén méi ～. *The bandit was unsuccessful in his attempt to commit murder.*

【得体】déti (形)言语、行动适合身份或当时的场景，使人感到恰如其分 *appropriate (of words or behaviour)*: 他那几句话说得很～，受到大家的欢迎。Tā nà jǐ jù huà shuō de hěn ～, shòudào dàjiā de huānyíng. *His words were very appropriate and were well received by everybody.*

【得天独厚】dé tiān dú hòu 得到特殊的机遇和条件 *be richly endowed by nature; abound in gifts of nature; enjoy exceptional advantages*: 他个儿高，父母都是打篮球的，做个篮球运动员真是～。Tā gèr gāo, fùmǔ dōu shì dǎ lánqiú de, zuò ge lánqiú yùndòngyuán zhēn shì ～. *He has two natural advantages if he becomes a basketball player — he is tall and his parents were basketball players.*

【得心应手】dé xīn yìng shǒu 心里想怎么做就能怎么做，形容做事不费力很顺利 *with facility; with high proficiency*: 准备工作做得充分，做起来就～。Zhǔnbèi gōngzuò zuò de chōngfēn, zuò qilai jiù ～. *If a job is fully prepared it can be easily carried out.*

【得以】déyǐ (助)(借此)能够、可以 *so that...; can...*: 政策改变了，我们的目的才～实现。Zhèngcè gǎibiàn le, wǒmen de mùdì cái ～ shíxiàn. *The policy has changed so our objective can be realized.* / 由于很多人帮忙，问题才～解决。Yóuyú hěn duō rén bāng máng, wèntí cái ～ jiějué. *The problem was resolved because many people helped.*

【得意】déyì (形)觉得称心如意甚至觉得自己了不起 *proud of oneself; complacent*: 自鸣～ zì míng ～ *show self-satisfaction* / 他很～自己得了博士学位。Tā hěn ～ zìjǐ déle bóshì xuéwèi. *He showed self-satisfaction at getting his Ph. D.* / 刚取得一点儿成绩，你看他那～的样子。Gāng qǔdé yìdiǎnr chéngjì, nǐ kàn tā nà ～ de yàngzi. *Look how self-satisfied he is at achieving a little success.*

【得意忘形】déyì wàng xíng 形容浅薄的人遇到好事以后，高兴得什么都忘了的样子 *get dizzy with success; have one's head turned by success*: 他这个人只要受到点儿表扬就～。Tā zhège rén zhǐyào shòudào diǎnr biǎoyáng jiù ～. *Praise him just a little and it goes to his head.*

【得意洋洋】déyì yángyáng 十分得意的样子 *very proud and satisfied; elated; self-satisfied*: 他这次成功真不容易，难怪他～。Tā zhè cì chénggōng zhēn bù róngyì, nánguài tā ～. *His success did not come easily, no wonder he is self-satisfied.*

【得志】dé=zhì 志愿实现，称心如意 *achieve one's ambition*: 他是小人～，有点得意忘形 Tā shì xiǎorén ～, yǒudiǎnr déyì wàng xíng. *He's a villain who holds sway and who gets a bit dizzy with success.* / 他这几年很不～，心情不好。Tā zhè jǐ nián hěn bù ～, xīnqíng bù hǎo. *He hasn't enjoyed success in the past few years so his state of mind is not very good.*

【得罪】dézuì (动)引起(别人)不满或怀恨 *offend; displease*: 那次我没有答应他的要求就～了他。Nà cì wǒ méiyou dāying tā de yāoqiú jiù ～ le tā. *He got offended when I*

didn't comply with his request.

德 dé
(名)(1)道德品质，人格修养；政治品质 *virtue; morals; moral character*: 青少年要～、智、体全面发展。Qīngshàonián yào ～, zhì, tǐ quánmiàn fāzhǎn. *Youth have to develop their morality, intelligence and physique!* / 这个人才是无～。Zhège rén yǒu cái kěshì wú ～. *He is talented but lacks moral character.* (2)心意 *heart; mind*: 一心一～ yì xīn yì ～ *be of one heart and one mind* (3)恩惠 *kindness; favour*: 以～报怨 yǐ ～ bào yuàn *return good for evil*

【德才兼备】dé cái jiān bèi 政治品质、工作能力都好 *have both ability and political integrity*: 我们必须选～的人进入领导班子。Wǒmen bìxū xuǎn ～ de rén jìnrù lǐngdǎo bānzi. *Those with both ability and political integrity should be chosen for the leadership group.*

【德高望重】dé gāo wàng zhòng 品德高尚，有名望，为人尊重(仅用于老年人) *(of elderly people only) be held in high esteem for one's moral integrity and good reputation*: 咱们协会的会长最好选个～的人。Zánmen xiéhuì de huìzhǎng zuìhǎo xuǎn ge ～ de rén. *It would be best if we chose someone of noble character and high prestige to be the president of our association.*

【德行】déxíng (名)道德品行 *moral integrity*: ～端正 duānzhèng *proper moral integrity*

【德育】déyù (名)有关政治思想和道德品质的教育 *moral education*: 学校对学生不但要重视智育，也要重视～、体育。Xuéxiào duì xuésheng búdàn yào zhòngshì zhìyù, yě yào zhòngshì ～, tǐyù. *Schools not only need to pay attention to the intellectual development, but also moral and physical development of the students.*

【德政】dézhèng (名)有利于人民的政治措施 *measure taken by the government that is of benefit to the people*: 这条河消除了污染，真是一项～。Zhè tiáo hé xiāochúle wūrǎn, zhēn shì yí xiàng ～. *It was a really beneficial move to clear up the pollution in this river.*

地 de
(助)是结构助词，用于状语后 *(structural particle; used after an adverbial)* (1)少数名词或名词性短语作状语，一般带"地" *(some nouns or nominal phrases which serve as adverbials must take "地")*: 我们要历史～分析和评价这本书。Wǒmen yào lìshǐ ～ fēnxi hé píngjià zhè běn shū. *We must analyse and appraise this book historically.* / 不能形式主义～看问题。Bù néng xíngshìzhǔyì ～ kàn wèntí. *You mustn't look at problems formalistically.* 方位词语、时间词语作状语时不带"地" *(when a noun of locality or a word denoting time serves as an adverbial," 地" is not used)*: 请您里边坐。Qǐng nín lǐbiānr zuò. *Please sit inside.* / 两年前我们还不认识。Liǎng nián yǐqián wǒmen hái bú rènshi. *Two years ago, we didn't know each other yet.* (2)形容词作状语 *(an adjective which serves as an adverbial)* ①单音节形容词作状语，一般不带"地"，只有少数可带"地" *(a monosyllabic adjective which serves as an adverbial does not usu. take "地"; only a few such adjectives can take "地")*: 快走吧! 不早了。Kuài zǒu ba! bù zǎo le. *Hurry up and go! It's late!* / 他每天上班都早来，下班晚回去。Tā měitiān shàng bān dōu zǎo lái, xià bān wǎn huíqu. *He comes to work early and goes home late every day.* / 她真(～)相信这些谣言吗? Tā zhēn (～) xiāngxìn zhèxiē yáoyán ma? *Does she really believe these rumours?* ②双音节或多音节形容词或形容词短语作状语，一般带"地" *(disyllabic or polysyllabic adjectives and adjectival phrases which serve as adverbials usu. take "地")*: 登山队员们艰难～向顶峰攀登。Dēng shān duìyuánmen jiānnán ～ xiàng dǐngfēng

pāndēng. *The members of the mountaineering party scaled their way with difficulty toward the summit.* / 她愉快～接受了我们的邀请。Tā yúkuài ～ jiēshòule wǒmen de yāoqīng. *She joyfully accepted our invitation.* (3)副词作状语,单音节一般不能带"地",双音节副词可带"地"也可不带"地"(when a monosyllabic adverb serves as an adverbial, it cannot take "地", but a disyllabic one may or may not take "地")；他刚走。Tā gāng zǒu. *He just left.* / 我再重复一遍那句话。Wǒ zài chóngfù yí biàn nà jù huà. *I will repeat that sentence one more time.* / 他逐渐(～)疏远了她。Tā zhújiàn (～) shūyuǎnle tā. *He gradually became estranged from her.* / 大家再三(～)要求,他才同意来作报告。Dàjiā zàisān (～) yāoqiú, tā cái tóngyì lái zuò bàogào. *It was only after we asked him repeatedly that he finally agreed to come and give a lecture.* / 雨过天晴,天空显得格外(～)蓝。Yǔ guò tiān qíng, tiānkōng xiǎnde géwài (～) lán. *The sky seemed extraordinarily blue after the rain stopped and the sky cleared.* (4)短语或结构作状语多带"地",介词结构不带"地"(when a phrase or structure serves as an adverbial, it usu. takes "地", but a prepositional structure does not)；他不顾一切～冲了上去。Tā bú gù yíqiè ～ chōngle shàngqu. *He rushed ahead without giving a thought to anything.* / 我们毫无目的～在外边走着。Wǒmen háo wú mùdì ～ zài wàibiān zǒuzhe. *We strolled outside with no particular goal in mind.* / 老李气急败坏～从院子闯进屋里。Lǎo Lǐ qìjí bàihuài ～ cóng yuànzi chuǎngjìn wū lǐ. *Lao Li came rushing into the room from the courtyard in a fit of exasperation.* / 她半认真半开玩笑～说:"如果你不去,我们都不去。"Tā bàn rènzhēn bàn kāi wánxiào ～ shuō:"Rúguǒ nǐ bú qù, wǒmen dōu bú qù." *She half-seriously and half-jokingly said: "If you don't go, then none of us will."* (5)象声词作状语,单音节的一般用"地",多音节的可有可无 (a monosyllabic onomatopoeia usu. takes "地" where as a polysyllabic one may or may not)；远处轰～响了一声,不知出了什么事。Yuǎnchù hōng ～ xiǎngle yì shēng, bù zhī chūle shénme shì. *A boom resounded in the distance, but I don't know what happened.* / 瓶子啪一一声炸了。Píngzi pā ～ yì shēng zhà le. *The bottle exploded with a bang.* / 水哗哗(～)流着。Shuǐ huāhuā (～) liúzhe. *The water went gurgling on.* / 北风呼呼(～)吹了进来。Běifēng hūhū (～) chuīle jìnlai. *The north wind came whistling in.* / 心里怦怦(～)直跳。Xīnli pēngpēng (～) zhí tiào. *My heart was thumping madly.* (6)数量短语重叠形式作状语,"地"可有可无 (a numeral-measure word in its reduplicated form which serves as an adverbial may or may not take "地")；树叶一片一片(～)往下落。Shùyè yí piàn yí piàn (～) wǎng xià luò. *The leaves on the trees fell to the ground one by one.* / 人们排着队两个两个(～)进入会场。Rénmen páizhe duì liǎng gè liǎng gè (～) jìnrù huìchǎng. *People lined up and entered the meeting room two by two.* / 他把工作一件一件(～)交代清楚。Tā bǎ gōngzuò yí jiàn yí jiàn (～) jiāodài qīngchu. *He explained the jobs clearly, one by one.* 另见 dì

的 de

(助)(A)结构助词。"的"在定语和中心语之间 (as a structural particle; "的" is placed between the attributive and the word the attributive modifies) (1)代词作定语,表示领属关系,一般有"的"(when a pronoun serves as an attributive to indicate a relationship between the possessor and what is possessed,"的" is usu. used)；咱们一问题就在这里。Zánmen ～ wèntí jiù zài zhèlǐ. *This is where our problem lies.* / 他～困难在于没有助手。Tā ～ kùnnan zàiyú méi yǒu zhùshǒu. *His difficulty lies in his not having an assistant.* 如果中心语是对人的称谓或集体、机构名称以及

方位词时,人称代词后一般不用"的"(if the word modified by the attributive is an appellation, the name of a collective or organization, or is a noun of locality, the personal pronoun is usu. not followed by "的")；她母亲今晚要去我家。Tā mǔqin jīn wǎn yào qù wǒ jiā. *Her mother is going to my home this evening.* / 他们厂长只有三十五岁。Tāmen chǎngzhǎng zhǐ yǒu sānshíwǔ suì. *Their factory director is only thirty-five years old.* / 我们学校是个新成立的学校。Wǒmen xuéxiào shì ge xīn chénglì de xuéxiào. *Our school is a newly-founded one.* / 我前边是李老师。Wǒ qiánbiān shì Lǐ lǎoshī. *In front of me is Teacher Li.* (2)名词作定语 (when a noun serves as an attributive) ①表示领属关系一般带"的"(it usu. carries "的" when a relationship between a possessor and what is possessed)；这是哥哥～帽子。Zhè shì gēge de màozi. *This is my older brother's hat.* / 狗～嗅觉十分灵敏。Gǒu ～ xiùjué shífēn língmǐn. *The sense of smell of dogs is acute.* ②表示修饰关系,一般"的"常常省略 (when it indicates modification,"的" is usu. omitted)；群众(～)队伍排列整齐。Qúnzhòng (～) duìwǔ páiliè zhěngqí. *The contingents of people were neatly arranged.* / 那个塑料(～)杯子很好看。Nàge sùliào (～) bēizi hěn hǎokàn. *That plastic cup is pretty.* (3)动词作定语,表示修饰关系 (when a verb serves as an attributive to indicate a modification)：①中心语实际是动词的受事,必须有"的"(the modified word is in fact object of the verb,"的" is obligatory)；写一信收到了。Xiě ～ xìn shōudào le. *The letter you wrote has been received.* / 买一花子都种上了。Mǎi ～ huāzir dōu zhòngshang le. *The flower seeds that I bought have all been planted.* ②一般修饰关系有"的",单音节动词必有"的"(with an ordinary modification "的" is usu. used,"的" is obligatory when the verb is monosyllabic)；道歉一信已经寄去了。Dàoqiàn ～ xìn yǐjīng jìqu le. *The letter of apology has already been mailed.* / 人们用怀疑～目光看着他。Rénmen yòng huáiyí ～ mùguāng kànzhe tā. *People looked at him with suspicious eyes.* / 他的战斗一生令人钦佩。Tā de zhàndòu ～ yìshēng lìng rén qīnpèi. *His lifelong struggle commands admiration.* / 那个笑～女孩儿是谁? Nàge xiào ～ nǚháir shì shuí? *Who is that smiling girl?* 许多常用熟语,"的"被省略,如"学习时间""生产计划""怀疑对象" ("的" is omitted in many commonly-used phrases e.g. "学习时间" (study time), "生产计划" (production plan), "怀疑对象" (object of suspicion)) (4)形容词作定语,表示修饰关系,一般有"的"(when an adjective serves as an attributive to indicate a modification, "的" is usu. used)；我赶上一辆很挤～公共汽车。Wǒ gǎnshang yí liàng hěn jǐ ～ gōnggòng qìchē. *I caught a very crowded bus.* / 这是一条热闹～商业街。Zhè shì yì tiáo rènao ～ shāngyè jiē. *This is a very lively commercial street.* / 多可爱～熊猫啊! Duō kě'ài de xióngmāo a! *What a cute panda!* / 咱们得想一个快～办法,这样太慢。Zánmen děi xiǎng yí ge kuài ～ bànfǎ, zhèyàng tài màn. *We must think of a faster method. This one is too slow.* 有些修饰语和中心名词经常组合的,尤其单音节形容词作修饰语时,"的"常省略,如"红花""高楼""黑头发""矮墙""紧急任务""幸福生活"等 (some modifiers and their modified nouns often form set phrases, especially monosyllabic adjectives which serve as modifiers, in this case, "的" is usu. omitted e. g. "红花" (red flowers), "高楼" (tall building), "黑头发" (black hair), "矮墙" (a low wall), "紧急任务" (urgent task), "幸福生活" (a happy life), etc. (5)数量短语作定语 (when a numeral-measure word phrase serves as an attributive) ①序数及量词修饰名词,一定不要"的"("的" must not be used when an ordinal number and a measure word modify a noun)；请你住三号房间吧。Qǐng nǐ zhù sān hào fángjiān ba. *You can stay in Room Number Three.* / 你可以去八层

楼去找他。Nǐ kěyǐ qù bā céng lóu qù zhǎo tā. *You can find him on the eighth floor.* ②序数及量词代表集体或名词表示领属关系,一般要有"的"("的" *is usu. used when an ordinal number and a measure word represent a collective or when a noun which indicates a relationship between a possessor and what (or who) is possessed*):八层(楼)~房间都有人住。Bā céng (lóu)~ fángjiān dōu yǒu rén zhù. *There are people staying in all the rooms on the eighth floor.* / 三号(房间)~电灯坏了。Sān hào (fángjiān)~ diàndēng huài le. *The light in (Room) Number Three is broken.* 但与所修饰的中心语常组合在一起的,不用"的"(*but when the attributive and the modified word form a set phrase,*"的" *is not used*),如:"一连连长""四班同学" e. g. "一连连长"(*Company No. 1 company commander*),"四班同学"(*the students of Class No. 4*) ③基数及量词在名词前表示数量,一定不用"的",如"三张桌子""十本杂志"(*when a cardinal number and a measure word are placed before a noun to express quantity ,*"的"*cannot be used,e. g.* "三张桌子"(*three desks*),"十本杂志"(*ten magazines*)) ④基数及量词修饰名词起限制作用的,一定有"的"(*when a cardinal number and a measure word modify a noun to express restriction,* "的" *must be used*):这是一个100瓦~灯泡。Zhè shì yí ge yìbǎi wǎ ~ dēngpào. *This is a hundred-watt bulb.* / 小王家的西瓜地里长了一个15斤~大西瓜。Xiǎo Wáng jiā de xìguā dì li zhǎngle yí ge shíwǔ jīn ~ dà xīguā. *A fifteen-jin watermelon grew in Xiao Wang's family's watermelon patch.* (6)时间词或处所词作定语(*when a word denoting time or locality serves as an attributive*)①时间词作定语,表示时点时一般要有"的",如后边有指示代词和量词,"的"可省略,表示时段时,"的"可有可无(*when a word denoting time serves as an attributive,* "的" *is used if the word denotes a point in time; if it is followed by a demonstrative pronoun and a measure word,* "的" *can be omitted;if the word denotes a period of time,* "的" *is optional*):我们看下午两点钟~电影。Wǒmen kàn xiàwǔ liǎng diǎnzhōng ~ diànyǐng. *We are going to see this afternoon's two o'clock movie.* / 我们看下午两点钟(~)那场电影。Wǒmen kàn xiàwǔ liǎng diǎnzhōng (~) nà chǎng diànyǐng. *We are going to see movie that's at two o'clock this afternoon.* / 咱们坐早上八点钟一飞机走吧!Zánmen zuò zǎoshang bā diǎnzhōng ~ fēijī zǒu ba!*Let's take the.*8:00 *a. m. plane.* / 咱们坐早上八点钟(~)那班飞机走吧! Zánmen zuò zǎoshang bā diǎnzhōng (~) nà bān fēijī zǒu ba! *Let's take the plane that leaves at* 8:00 *a. m.* / 现在离考试只有两天(~)时间了。Xiànzài lí kǎoshì zhǐ yǒu liǎng tiān (~) shíjiān le. *There are only two days left before the exam.* / 这个月他请了十天(~)病假。Zhège yuè tā qǐngle shí tiān (~) bìngjià. *He has asked for ten days' sick leave this month.* ②处所词作定语,"的"可有可无(*when a noun of locality serves as an attributive,*"的" *is optional*):天暖了,颐和园(~)游艇开始下水了。Tiān nuǎn le, Yíhéyuán (~) yóutǐng kāishǐ xià shuǐ le. *Now that the weather is warm,the pleasure-boats at the Summer Palace have started launching.* / 马路左边(~)那家百货店是新开的。Mǎlù zuǒbiān (~) nà jiā bǎihuòdiàn shì xīn kāi de. *That department store on the left-hand side of the road is newly-opened.* / 下面(~)一段文字可以删掉。Xiàmiàn (~)yí duàn wénzì kěyǐ shāndiào. *The following paragraph can be left out.* (7)动宾结构、介词结构、主谓结构等作定语,必须有"的"("的" *is obligatory when a verb-object structure, a prepositional structure, or a subject-predicate structure serves as an attributive*):那个穿红衣服~人是她妹妹。Nàge chuān hóng yīfu ~ rén shì tā mèimei. *The one wearing the red clothes is her younger sister.* / 对新问题~看法,大家并不一致。Duì xīn wèntí ~ kànfǎ,dàjiā bìng bù yízhì. *We are not at all of*

one mind when it comes to our views on new issues.* / 纪律严明~军队,受到人民的称赞。Jìlù yánmíng ~ jūnduì, shòudào rénmín de chēngzàn. *The highly disciplined army won the acclaim of the people.* /他最近出版~小说销路好吗? Tā zuìjìn chūbǎn ~ xiǎoshuō xiāolù hǎo ma? *Is his newly-published novel selling well?* (8)象声词作定语要有"的"("的" *must be used when an onomatopoeia serves as an attributive*):外边响起嘭嘭~敲门声。Wàibian xiǎngqǐ pēngpēng ~ qiāo mén shēng. *There was a knocking sound at the door.* / 只听咚~一声,有什么东西从高处掉下来了。Zhǐ tīng dōng ~ yì shēng, yǒu shénme dōngxi cóng gāochù diào xialai le. *I heard a thud as something fell from above.* (9)"的"粘附在词或词组之后,组成"的"字结构,相当于一个名词,可以取代中心语(*when "的" is attached to a word or phrase to form a "的" structure,* it corresponds to a noun and can replace the modified word*):这两个杯子,大一用来喝茶,小~用来喝酒。Zhè liǎng ge bēizi, dà ~ yòng lái hē chá, xiǎo ~ yòng lái hē jiǔ. *Of these two cups, the large one is for drinking tea and the small one is for drinking liquor.* /那几件衣服,我喜欢黑~,不喜欢绿~。Nà jǐ jiàn yīfu, wǒ xǐhuan hēi ~, bù xǐhuan lǜ ~. *Of those pieces of clothing,I like the black one, not the green one.* / 这公共汽车上没有卖票~。Zhè gōnggòng qìchē shang méi yǒu mài piào ~. *There are no conductors on this bus.* / 这些练习尽量今天做完,实在做不完~,只好明天再做了。Zhèxiē liànxí jǐnliàng jīntiān zuòwán, shízài zuò bu wán ~, zhǐhǎo míngtiān zài zuò le. *Do your best to finish these exercises today. Those which really can't be finished have to be done tomorrow.* / 能去参加植树~都要去,除了有事实在脱不开身~。Néng qù cānjiā zhí shù ~ dōu yào qù,chúle yǒu shì shízài tuō bu kāi shēn ~. *Those who are able to take part in the tree planting must go, except for those who really cannot get away from their work.* / 他送给我~是一本画册。Tā sòng gěi wǒ ~ shì yì běn huàcè. *What he gave me was a picture album.* (10)某些以定语形式出现但并非定语的"的"字结构(*some "的-structures" which occupy the positions of attributives but are in fact not attributives*)①叙述某人某种活动的状况,而这种状况是以动宾结构加补语来说明的(*a verb-object structure with a complement describing sb.'s activity*):时间太紧了,我~长城去不成了。Shíjiān tài jǐn le, wǒ ~ Chángchéng qù bu chéng le. *I had very little time,so I couldn't go to the Great Wall.* / 约翰~汉语学了三年。Yuēhàn ~ Hànyǔ xuéle sān nián. *John studied Chinese for three years.* / 她~中国饭,越做越好。Tā ~ Zhōngguó fàn, yuè zuò yuè hǎo. *She's getting better and better at cooking Chinese food.* ②说明某一角色由谁扮演,或某一职务由谁承担(*when indicating who is playing the part of a certain role,or who is responsible for a certain task*):这个话剧里(是)赵文~老医生。Zhège huàjù lǐ (shì) Zhào Wén ~ lǎo yīshēng. *Zhao Wen plays the old doctor in this play.* /明天开会是王院长~主席。Míngtiān kāi huì shì Wáng yuànzhǎng ~ zhǔxí. *Director Wang will chair the meeting tomorrow.* ③某些动宾结构,当其需要意念上的受事时,因结构上不能再有宾语,就将这受事变为宾语的定语(*when a verb-object structure calls for an object, this object becomes the attributive of the structure's object because the structure itself cannot have an additional object*):朋友之间要互相帮助,今天我帮你~忙,明天你帮我~忙。Péngyou zhī jiān yào hùxiāng bāngzhù, jīntiān wǒ bāng nǐ ~ máng, míngtiān nǐ bāng wǒ ~ máng. *Friends must help each other ── I will help you today and you can help me tomorrow.* / 要我告诉你这个秘密,你得请我~客。Yào wǒ gàosu nǐ zhège mìmì,nǐ děi qǐng wǒ ~ kè. *If you want me to tell you this secret,you must invite me to dinner.* / 你可不要开老张~玩笑。Nǐ kě búyào kāi Lǎo Zhāng ~ wánxiào.

You mustn't play jokes on Lao Zhang. / 他事业心很强，家里要支持他，可不能拖他～后腿。Tā shìyèxīn hěn qiáng，jiāli yào zhīchí tā，kě bù néng tuō tā～hòutuǐ. *His dedication is great. His family must support him, and not try to hold him back.* (B)语气助词 (a modal particle) (1)"的"用在句尾，表示肯定、确认的语气 (when "的" is used at the end of a sentence，it indicates assertion): 他经过反复考虑，才下定决心～. Tā jīngguò fǎnfù kǎolù，cái xiàdìng juéxīn ～. *He considered it over and over again before he finally made up his mind.* / 这件事你知道～，我告诉过你。Zhè jiàn shì nǐ zhīdào～，wǒ gàosùguo nǐ. *You know about this matter because I've told you about it before.* (2)"的"用在并列成分后，表示停顿和列举未尽 (when "的" is used after a list of examples，it marks a pause and indicates that the list is not complete): 那个百货店绸缎、布匹、毛线、东西很多。Nàge bǎihuòdiàn chóuduàn、bùpǐ、máoxiàn 、，dōngxi hěn duō. *That department store has many different things: silks，satins，fabrics，wool，etc.* / 你们这是干什么，又哭又闹～。Nǐmen zhè shì gàn shénme，yòu kū yòu nào ～. *What are you doing，crying and making such a scene?* (3)语气助词"的"常与前面的"是"呼应成为"是……的"的句 (the modal particle "的" is often preceded by "是" to form the sentence pattern "是...的") ①用"是……的"强调说明动作发生的时间、地点、原因、方式、目的、动作的施事者等，一般是已然的，"是"一般可省，但否定式"不是"不能省 ("是...的" is used to emphasize the time or place，at which an action occurs，the reason for it，the way in which it occurs，its goal or to emphasize the doer of the action; usu. used for that which has already occurred; "是" can be omitted，but if the sentence is in the negative form，"不是" cannot be omitted): 他（是）哪年来中国～? Tā（shì）nǎ nián lái Zhōngguó ～? *What year did he come to China?* / 我们（是）坐地铁来～。Wǒmen（shì）zuò dìtiě lái ～. *We came by subway.* / （是）老师叫我去～. (Shì) Lǎoshī jiào wǒ qù ～. *It was the teacher who asked me to go.* / 这些菜不是她自己做～。Zhèxiē cài bú shì tā zìjǐ zuò ～. *She didn't cook these dishes herself.* / 那种书不是给小孩子看～。Nà zhǒng shū bú shì gěi xiǎoháizi kàn ～. *That kind of books are not for children to read.* ②用"是……的"强调事实确实如此，否定式以述语的否定形式表示 ("是...的" is used to emphasize that the facts are as such; the negative form is expressed through the negative form of the verb): 公园里的花木是不能攀折～。Gōngyuán li de huāmù shì bù néng pānzhé ～. *The flowers in the garden are not to be picked.* / 解决矛盾的办法是有～，不过，他不肯采纳。Jiějué máodùn de bànfǎ shì yǒu ～，búguò，tā bù kěn cǎinà. *There is a way to resolve the contradiction，but he refuses to accept it.* /他是很了解我～。Tā shì hěn liǎojiě wǒ ～. *He knows me very well.* / 他是不了解我～。Tā shì bù liǎojiě wǒ ～. *He doesn't know me well.* ③动词带有助动词或可能补语，用"是……的"强调愿望、可能性、必要性等 (a verb which takes an auxiliary verb or a complement uses "是...的" to emphasize a desire，possibility，necessity，etc.; "是" can be omitted; the negative form is expressed through the negative form of the auxiliary verb or of the complement): 一切困难都（是）可以克服～。Yíqiè kùnnan dōu（shì）kěyǐ kèfú ～. *Every difficulty can be overcome.* / 有些困难（是）一时不能克服～。Yǒuxiē kùnnan（shì）yìshí bù néng kèfú ～. *Some difficulties cannot be overcome for the time being.* / 他的脾气太倔，我是说服不了他～。Tā de píqi tài juè，wǒ shì shuōfú bù liǎo tā ～. *He's too surly. I can't talk him round.* / 我相信我（是）说服得了他～。Wǒ xiāngxìn wǒ（shì）shuōfú de liǎo tā ～. *I believe I can talk him round.* 另见 dí

【……的话】……dehuà（助）放在表示假设的短语或从句之后，与前面的"要是""如果"等呼应，加强假设语气，一般可以省略，不影响句子的意思 (used after a phrase or subordinate clause indicating conjecture; echoes the preceding "如果"，"要是"，etc. to emphasize the tone of conjecture; can usu. be omitted without changing the meaning of the sentence): 要是你骑自行车（～），我可以陪你。Yàoshi nǐ qí zìxíngchē（～），wǒ kěyǐ péi nǐ. *If you're going by bicycle，I'll go with you.* / 你要给他写信（～），我这里有他的地址。Nǐ yào gěi tā xiě xìn（～），wǒ zhèlǐ yǒu tā de dìzhǐ. *I have his address if you want to write to him.* / 如果咱们照这个速度干下去（～），到明年七月是无法完工的。Rúguǒ zánmen zhào zhège sùdù gàn xiaqu（～），dào míngnián qīyuè shì wúfǎ wán gōng de. *If we carry on at this rate，we can't possibly finish the project by July of next year.* / 这是刚出版的一本小说，有兴趣（～），你可以看看。Zhè shì gāng chūbǎn de yì běn xiǎoshuō，yǒu xìngqù（～），nǐ kěyǐ kànkan. *This novel has just been published. You can take a look at it，if you're interested.*

【……的时候】……de shíhou 与词或词组组合，作时间状语 (when; at the time of): 毕业～，我们照张合影。Bì yè ～，wǒmen zhào zhāng héyǐng. *Let's take a group picture at graduation.* / 秋天～，我想去中国旅游。Qiūtiān ～，wǒ xiǎng qù Zhōngguó lǚyóu. *I'm planning to take a trip to China in the fall.*

得 de

（助）是结构助词，放在动词或形容词之后，引出补语 (structural particle; placed after a verb or adjective to introduce a complement)（1）用在动词或形容词与表示结果或程度的补语之间 (used between a verb or an adjective and its complement of result or degree): 他走～慢极了。Tā zǒu ～ màn jí le. *He walked extremely slowly.* / 今年夏天热出奇。Jīnnián xiàtiān rè ～ chūqí. *It's unusually hot this summer.* / 这些日子，我累～不了了。Zhèxiē rìzi wǒ lèi ～ bùdéliǎo. *I've been feeling extremely tired these days.* / 房间收拾～十分整齐。Fángjiān shōushi ～ shífēn zhěngqí. *The room was extremely tidy.* / 这个论点他阐述～不清楚。Zhège lùndiǎn tā chǎnshù ～ bù qīngchu. *He didn't expound this argument clearly.* / 他念～很流利。Tā niàn ～ hěn liúlì. *He reads very fluently.* 一般的动宾结构中的动词，如要加带"得"的补语，要重复动词 (if the verb in a regular verb-object structure takes a complement with "得"，it is reduplicated): 她唱歌唱～很好。Tā chàng gē chàng ～ hěn hǎo. *She sings very well.* / 我讲话讲～嗓子都哑了。Wǒ jiǎng huà jiǎng ～ sǎngzi dōu yǎ le. *I spoke until my voice became hoarse.* / 孩子听故事听～入了迷。Háizi tīng gùshi tīng ～ rùle mí. *The child was enchanted by the story.* （2）用在动词之后，表示可能、可以 (used after a verb to indicate possibility) ①用在单音节动词后，后面不再带补语，否定式是"不得" (used after a monosyllabic verb which does not take a complement; the negative form is "不得"): 安眠药小孩吃～吗? Ānmiányào xiǎoháir chī ～ ma? *Can children take sleeping pills?* / 这双鞋你试试看，穿～穿不～。Zhè shuāng xié nǐ shìshi kàn，chuān ～ chuān bu ～. *Try on this pair of shoes to see whether or not they fit.* 动词和"得"或"不得"后可以带宾语 (a verb with "得" or "不得" can take an object): 小孩 吃不～安眠药。Xiǎoháir chī bu ～ ānmiányào. *Children cannot take sleeping pills.* / 他穿～这双鞋。Tā chuān ～ zhè shuāng xié. *He can wear this pair of shoes.* ②用在动词后，结果或趋向补语前，否定式是"不+补语" (used after a verb and before a directional complement or complement of result; the negative form is "不＋ complement"): 放心吧! 这问题解决～了。Fàng xīn ba! Zhè wèntí jiějué ～ liǎo. *Don't worry! This problem*

can be resolved. / 这封信我二十分钟～完。Zhè fēng xìn wǒ èrshí fēnzhōng xiě ～ wán. *I can finish writing this letter in twenty minutes.* / 他今天回～来回不来? Tā jīntiān huí ～ lái huí bu lái? *Will he be able to come back today or not?* /抽屉太小,放不进这么多书去。Chōuti tài xiǎo, fàng bu jìn zhème duō shū qu. *The drawer is too small to fit so many books.* /我翻来覆去,怎么也睡不着。Wǒ fān lái fù qù, zěnme yě shuì bu zháo. *I tossed and turned, but still couldn't get to sleep.* / 他太无能,办不成事。Tā tài wúnéng, bàn bu chéng shì. *He's too incompetent to handle anything.* 另见 dé; děi

【……得慌】……de huāng 用在表示不舒服感觉的词语后,表示难以忍受 *(used after a word expressing an uncomfortable feeling to indicate a very high degree of that feeling)*: 疼～téng ～ *hurt a lot* /呛～ qiàng ～ *badly irritate the respiratory organs* /今天下午闷～,可能要下雨。Jīntiān xiàwǔ mēn ～, kěnéng yào xià yǔ. *It's really stuffy this afternoon, maybe it's going to rain.* / 这项工作限七天做完,太赶～。Zhè xiàng gōngzuò xiàn qī tiān zuòwán, tài gǎn ～. *There's a seven-day deadline on this job. It's too much of a rush.*

děi

得 děi
(动)需要 *need*:处理那个问题～你亲自去。Chǔlǐ nàge wèntí ～ nǐ qīnzì qù. *You will have to handle this problem in person.* / 养好这个伤～两个月。Yǎnghǎo zhège shāng ～ liǎng ge yuè. *This wound will need two months to heal.* / 买一本词典～五块钱。Mǎi yì běn cídiǎn ～ wǔ kuài qián. *You need 5 yuan to buy a dictionary.* (助动)(1)必须;需要 *must; have to; ought to*:有重要事情,我～马上回去。Yǒu zhòngyào shìqíng, wǒ ～ mǎshàng huíqu. *I'll have to go back immediately because something important has cropped up.* / 我～买部《汉英词典》。Wǒ ～ mǎi bù 《Hàn-Yīng Cídiǎn》. *I have to buy a "Chinese-English Dictionary".* (2)必然(表示推测) *be sure to; will certainly be*:大会八点开始,不快走,咱们就～迟到。Dàhuì bā diǎn kāishǐ, bú kuài zǒu, zánmen jiù ～ chídào. *The meeting starts at 8 o'clock and if we don't hurry we're sure to be late.* 另见 dé; de

dēng

灯 [燈] dēng
(名)[盏 zhǎn] *lamp; lantern; light*
【灯光】dēngguāng (名)(1)灯发出的光亮 *lamplight*:这间屋子～不足。Zhè jiān wūzi ～ bù zú. *There's not enough light in this room.* / 远处出现闪闪的～。Yuǎnchù chūxiàn shǎnshǎn de ～. *Glittering lights appeared in the distance.* (2)舞台或摄影棚内的照明设备 *(stage) lighting*
【灯红酒绿】dēng hóng jiǔ lǜ 形容奢侈腐化的生活 *red lanterns and green wine — a life of debauchery; decadence*
【灯火】dēnghuǒ (名)泛指亮着的灯 *lights*:晚上九点到北京,已是万家～了。Wǎnshang jiǔ diǎn dào Běijīng, yǐ shì wàn jiā ～ le. *When we arrive at Beijing at 9 p. m. lights will be on everywhere.*
【灯火辉煌】dēnghuǒ huīhuáng (形容城市或建筑中晚间)很多亮着的灯,非常好看的样子 *brilliantly illuminated; ablaze with lights*:人民大会堂今晚上～,在庆祝国庆。Rénmín Dàhuìtáng jīntiān wǎnshang ～, zài qìngzhù guóqìng. *This evening the Great Hall of the People is ablaze with lights in celebration of National Day.*
【灯节】Dēngjié (名)元宵节,中国农历正月十五日是灯节 *Lantern Festival (also called Yuanxiao or " Sweet*

Dumpling" Festival, falls on the evening of the 15th day of the first month by the lunar calendar)
【灯具】dēngjù (名)泛指各种照明用具如台灯、吊灯、壁灯等 *general designation for all types of lamps and lanterns, including desk lamps, pendent lamps, wall lamps, etc.*
【灯笼】dēnglong (名)[个 gè] *lantern*
【灯笼裤】dēnglongkù (名)[条 tiáo] *knickerbockers*
【灯谜】dēngmí (名)贴在灯上的谜语(现多挂在墙或绳子上)。猜灯谜是中国一种传统的娱乐活动,多在节日或喜庆日的晚上进行 *riddles written on lanterns (as a game during Spring Festival)*
【灯泡】dēngpào (名)(～儿)[个 gè] *light bulb*
【灯伞】dēngsǎn (名)有点像伞的样子的灯罩 *lampshade*
【灯塔】dēngtǎ (名)[座 zuò、个 gè] *lighthouse; beacon*
【灯头】dēngtóu (名)[个 gè] (1)煤油灯上装灯心、安灯罩的部分 *holder for wick and chimney of a kerosene lamp* (2) *socket*:螺丝口的～ luósī kǒu de ～ *screw socket* (3)指电灯盏数 *electric light; lamp*:这间屋子有几个～? Zhè jiān wūzi yǒu jǐ ge ～? *How many lights are there in this room?*
【灯心】dēngxīn (名) *lampwick; wick*
【灯心绒】dēngxīnróng (名) *corduroy*
【灯油】dēngyóu (名)点灯用的油,一般指煤油 *lamp oil; kerosene; paraffin oil*
【灯罩】dēngzhào (名)(～儿)[个 gè] *lampshade*

登 dēng
(动)(1)腿和脚向脚底的方向用力 *pedal; treadle; press down with the foot*:～三轮车～ sānlúnchē *peddle a pedicab* (2)踩,踏 *tread; step on*:脚不要～在凳子上。Jiǎo búyào ～ zài dèngzi shang. *Don't put your feet on the stool.* / 你～着我肩膀上去。Nǐ ～zhe wǒ jiānbǎng shàngqu. *You can step on my shoulders and climb up.* (3)(人)由低处向高处走 *ascend; mount; scale; climb*:登山队～上珠穆朗玛峰。Dēngshānduì ～ shàng Zhūmùlǎngmǎ Fēng. *The mountaineers scaled Mount Qomolangma.* /～上去广州的火车 ～ shàng qù Guǎngzhōu de huǒchē *get on the train to Guangzhou* (4)刊布 *publish; record*:这条消息在昨天的报纸上。Zhè tiáo xiāoxi ～ zài zuótiān de bàozhǐ shang. *This news is in yesterday's paper.* / 这种新产品已经开始出售,昨天～广告了。Zhè zhǒng xīn chǎnpǐn yǐjīng kāishǐ chūshòu, zuótiān ～ guǎnggào le. *This new product is already on the market and was advertized in yesterday's paper.*
【登报】dēng=bào 把某事、某新闻消息登载在报纸上 *publish in a newspaper*:新疆在北京招聘科技人员,已经～了。Xīnjiāng zài Běijīng zhāopìn kējì rényuán, yǐjīng ～ le. *Xinjiang is looking for scientific and technical personnel; there was already an ad in the newspaper.*
【登场】dēng=chǎng (演员作为剧中的某个角色)来到舞台上 *come on stage (to give a performance)*:～前她有点害怕。～ qián tā yǒudiǎnr hàipà. *She was a little nervous before coming on stage.*
【登程】dēngchéng (动·不及物)〈书〉起程 *start off (or set out) on a journey*
【登峰造极】dēng fēng zào jí 比喻学问、技艺达到了极高的程度。现多指坏事做得程度之甚 *reach the peak of perfection; have a very high level (of scholastic attainment or technical skill); reach the limit*:当年德国法西斯在集中营屠杀犹太人之残酷可算到了～的地步。Dāngnián Déguó fǎxīsī zài jízhōngyíng túshā Yóutài rén zhī cánkù kě suàn dàole ～ de dìbù. *We can say that the German fascists reached the limit of cruelty when they massacred the Jews in the concentration camps.*
【登高】dēnggāo (动·不及物)(1)上到高处 *ascend a height*:～远望 ～ yuǎn wàng *ascend a height to enjoy a distant*

view（2）中国旧的习俗，农历九月九日重阳节登山，叫登高 *refers to.* *to the ancient Chinese custom of ascending a height on the Double Ninth Festival* (*the 9th day of the 9th lunar month*)

【登记】dēngjì（动）把某些事项写在专备的表册上以备查考 *register；check in；enter one's name：*～图书资料 ～túshū zīliào *check in library materials/*户口 ～ hùkǒu ～ *residence registration /*他们俩下午准备去～结婚。Tāmen liǎ xiàwǔ zhǔnbèi qù ～ jié hūn. *In the afternoon they are planning to go and register their marriage.*

【登陆】dēng＝lù 渡过海洋或江河登上陆地。特指作战的军队从海洋登上敌方的陆地 *land；disembark：*敌人10号～，12号即占领了沿海的几个大城市。Dírén shí hào ～, shí'èr hào jí zhànlǐngle yánhǎi de jǐ ge dà chéngshì. *The enemy landed on the 10th and occupied several large coastal cities on the 12th. /* 台风今早在广东沿海～。Táifēng jīn zhǎo zài Guǎngdōng yánhǎi ～. *This morning the typhoon had already hit the coast of Guangdong.*

【登陆艇】dēnglùtǐng（名）*landing ship* (*or boat*)

【登门】dēng＝mén 到别人家里（或住的地方）去 *call at sb.'s house：*～拜访 ～ bàifǎng *pay sb. a visit/*～领教 ～ lǐngjiào *call at sb.'s house to seek advice /*我从今以后不再登你家的门。Wǒ cóng jīn yǐhòu bú zài dēng nǐ jiā de mén. *From now on, I will never call at your house again.*

【登攀】dēngpān（动·不及物）抓住东西往上爬 *hold onto sth. and climb；scramble up；scale*

【登山】dēng＝shān 向高山上走。特指登山运动 *climb a mountain；mountaineering*

【登时】dēngshí（副）立刻，马上 *immediately；at once：*小于听说是给他介绍对象，～脸就红了。Xiǎo Yú tīng shuō shì gěi tā jièshào duìxiàng, ～ liǎn jiù hóng le. *When Xiao Yu heard that somebody was going to introduce a girlfriend for him, his face immediately turned crimson. /* 老师提出问题，学生～就得回答。Lǎoshī tíchū wèntí, xuéshēng ～ jiù děi huídá. *When the teacher asks a question, the students must answer at once.*

【登台】dēng＝tái 登上讲台或舞台 *mount a platform；go up on the stage：*～表演 ～ biǎoyǎn *go up on stage and perform*

【登载】dēngzǎi（动）〈书〉（消息、新闻、文章等）在报刊上印出 *publish* (*in newspapers, magazines*)：这条消息～在上星期的《纽约时报》上。Zhè tiáo xiāoxi ～ zài shàng xīngqī de 《Niǔyuē Shíbào》 shang. *This news was published in last week's "New York Times".*

噔 dēng（象声）沉重的东西落地或撞击物体的声音 *sound of a thud or thump：*他把肩上的木箱子～的一声放在了地上。Tā bǎ jiān shang de mù xiāngzi ～ de yì shēng fàng zàile dìshang. *With a thud he dropped the wooden box he was carrying on his shoulder. /* 我听见有人～～～的跑上楼来了。Wǒ tīngjian yǒu rén ～～～ de pǎo shàng lóu lai le. *I heard someone pounding up the stairs.*

蹬 dēng（动）同"登"dēng（1）（2）*same as* "登"dēng（1）（2）

děng

等 děng（名）等级 *class；grade；rank：*三～品 sān ～ pǐn *third class goods/* 二～功 èr ～ gōng *merit citation class Ⅱ /*头～舱 ～ cāng *first class cabin /* 特～功臣 tè ～ gōngchén *a worker of special merit*（动）等候 *wait：*你别～他了，他今天回不来。Nǐ bié ～ tā le, tā jīntiān huí bu lái. *Don't wait for him, he's not coming back today. /* 好多人～着看

病。Hǎoduō rén ～zhe kàn bìng. *Many people are waiting to see the doctor. /* 我～在他的回信。Wǒ zài ～ tā de huíxìn. *I'm waiting for his reply. /*有人～我给他剪头发。Yǒu rén ～ wǒ gěi tā jiǎn tóufa. *Somebody is waiting for me to cut his hair. /* 咱们～雨停了再走吧。Zánmen ～ yǔ tíngle zài zǒu ba. *Let's wait for the rain to stop and then leave.*（代）（1）用于人称代词或指人的名词之后，表示复数（仅见于书面）(*used after* "我，你，他" *or a noun denoting a person to indicate plural number* (*only in written language*)）：我～五人已于日前抵沪。Wǒ ～ wǔ rén yǐ yú rìqián dǐ Hù. *The five of us arrived in Shanghai the day before yesterday. /* 今年录取了李信～八名研究生。Jīnnián lùqǔle Lǐ Xìn ～ bā míng yánjiūshēng. *This year we enrolled Li Xin and the rest eight in all graduate students.*（2）表示列举未尽 *and so on；and so forth：*中国许多大河，如黄河、长江～多是从西向东流的。Zhōngguó xǔduō dà hé, rú Huáng Hé、Cháng Jiāng ～ duō shì cóng xī xiàng dōng liú de. *Many of the big rivers of China, such as the Yellow River and the Yangtze flow from west to east. /* 他买了许多竹编草编～手工艺品。Tā mǎile xǔduō zhúbiān cǎobiān ～ shǒugōngyìpǐn. *He bought a lot of handicrafts such as bamboo and grass woven items.*（3）放在列举完了之后不表示任何意思 (*used to end an enumeration*)：代表团访问了沈阳、鞍山、大连、长春、哈尔滨～五城市。Dàibiǎotuán fǎngwènle Shěnyáng、Ānshān、Dàlián、Chángchūn、Hā'ěrbīn ～ wǔ chéngshì. *The delegation visited the five cities of Shenyang, Anshan, Dalian, Changchun and Harbin.*

【等次】děngcì（名）同"等级" děngjí，但用得较少 *grade；class*

【等差级数】děngchā jíshù（数）*arithmetic progression*

【等待】děngdài（动）〈书〉等（某人的到来，某情况的出现）*wait* (*for*)；*await：*～上级的指示 ～ shàngjí de zhǐshì *wait for instructions from higher authorities/*～机会 ～ jīhuì *wait for an opportunity /*你要耐心。Nǐ yào nàixīn. *You must wait patiently.*

【等到】děngdào（连）引出事情发生的时间或条件，后边多为短语或句子 *by the time；when：followed by a phrase or sentence*）：～儿子大了，我让他学美术。～ érzi dà le, wǒ ràng tā xué měishù. *When my son grows up, I'm going to let him study art. /* ～天亮的时候，三亩麦子已经割完了。～ tiān liàng de shíhou, sān mǔ màizi yǐjīng gēwán le. *By the time it was daylight, three mu of wheat had already been cut. /* 以前没有一点症状，～出现症状再看医生，已经来不及了。Yǐqián méi yǒu yìdiǎnr zhèngzhuàng, ～ chūxiàn zhèngzhuàng zài kàn yīshēng, yǐjīng lái bu jí le. *There had been no previous symptoms. By the time the symptoms did appear and he went to see a doctor, it was already too late.*

【等等】děngděng（代）基本同"等" děng，可附在列举成分后，后面一般不带总括性词语，也不带数量词组（*basically the same as* "等" děng, *it can be used at the end of an enumeration；can be reduplicated；does not usu. take a word expressing summarization；nor a numeral-measure word compound*）：蜜蜂、蚂蚁、蚊子、苍蝇～，都是昆虫。Mìfēng、mǎyǐ、wénzi、cāngying ～, dōu shì kūnchóng. *Bees, ants, mosquitoes, flies, etc. are all insects. /* 山货，是指山区的土产，像核桃、栗子、榛子～。Shānhuò, shì zhǐ shānqū de tǔchǎn, xiàng hétao、lìzi、zhēnzi ～. *Mountain products refer to a mountain region's local products, such as walnuts, chestnuts, hazelnuts, and so on.*

【等份】děngfèn（名）（指把某物分成的）数量相等的份数 (*divide into*) *equal parts：*把这个线段分成五～，每份是多长？Bǎ zhège xiànduàn fēnchéng wǔ ～, měi fèn shì duō cháng? *If you divide this line segment into five equal parts, how long will each part be?*

【等高线】děnggāoxiàn（名）〈地理〉*contour* (*line*)

【等号】děnghào（名）*sign of equality*; *equal-sign*：这两个词的意思差不多，但是不能划～。Zhè liǎng ge cí de yìsi chàbuduō，dànshì bù néng huà～. *These two words mean about the same but you can't consider them to be exactly the same.* / 他俩犯的错误有某些相似之处，但不能划～。Tā liǎ fàn de cuòwù yǒu mǒu xiē xiāngsì zhī chù，dàn bù néng huà～. *There are similarities in the two mistakes these two made but they are not exactly the same.*

【等候】děnghòu（动）同"等待"děngdài，多用于具体的对象 *wait*; *await*; *expect*：～客人～kèrén *wait for a guest* / 录取与否，一通知。Lùqǔ yǔ fǒu，～ tōngzhī. *You must wait to be notified whether you are enrolled.*

【等级】děngjí（名）(1)物品按质量差异做出的区别 *grade*; *rank*：商品都按～定价格。Shāngpǐn dōu àn～ dìng jiàgé. *Goods are priced according to grade.* (2)人由于社会地位不同显出的区别 *social stratum*; *rank*; *status*：～社会～shèhuì *stratified society* / 一观念是封建思想。～ guānniàn shì fēngjiàn sīxiǎng. *The concept of status is a feudalistic idea.*

【等价】děngjià（名）不同商品的相等的价值 *of equal value*：～交换原则～jiāohuàn yuánzé *principle of exchange at equal value* / 我们出口大米，而进口一的小麦。Wǒmen chūkǒu dàmǐ，ér jìnkǒu～ de xiǎomài. *We export rice and import an equal value of wheat.*

【等价交换】děngjià jiāohuàn *exchange at equal value*

【等价物】děngjiàwù（名）能体现另一种商品价值的商品。货币是体现各种商品价值的一般等价物 *equivalent*

【等距离】děngjùlí（形）*equidistance*

【等量】děngliàng（名）*equivalence*

【等量齐观】děng liàng qí guān 同等看待（主要用于否定）*be regarded as equal（in value，merit）（usually used in negative）put on a par*：这两种错误的性质完全不同，不能～。Zhè liǎng zhǒng cuòwù de xìngzhì wánquán bù tóng，bù néng～. *The nature of these two mistakes is completely different; they can't be regarded as equal.*

【等式】děngshì（名）表示两个数（或两个代数式）相等的算式。如：2+3＝1+4 *equation*

【等速运动】děngsù yùndòng〈物〉*uniform motion*

【等同】děngtóng（动）同样看待 *equate*：不能把工作不努力和能力差～起来。Bù néng bǎ gōngzuò bù nǔ lì hé nénglì chà～qilai. *You cannot equate not putting effort into a job with having poor ability.*

【等外】děngwài（形·非谓）质量很差，不能列入等级的（产品）*substandard（product）*：这些～品都要减价百分之四十。Zhèxiē～ pǐn dōu/yào jiǎn jià bǎi fēn zhī sìshí. *The prices of these substandard products are to be reduced by 40%.*

【等闲】děngxián（形）〈书〉平常 *ordinaty*; *unimportant*：切不可～视之。Qiè bù kě～ shì zhī. *One must not regard it as unimportant.* / 这些人不过～之辈。Zhèxiē rén búguò～ zhī bèi. *They are merely ordinary people.*

【等腰三角形】děngyāo sānjiǎoxíng〈数〉*isosceles triangle*

【等于】děngyú（动）(1)*be equal to*; *be equivalent to*：三加二～五。Sān jiā èr～ wǔ. *Three plus two equals five.* (2)跟……差不多，跟……没有区别 *be the same as*; *be like*：随便拿公家的东西就～偷。Suíbiàn ná gōngjiā de dōngxi jiù～tōu. *Taking public property is the same as stealing.* / 这个词的意思你懂了，但并不～会用了。Zhège cí de yìsi nǐ dǒng le，dàn bìng bù～ huì yòng le. *You understand the meaning of this word，but that does not mean you know how to use it.*

戥 děng

【戥子】děngzi（名）测定贵重物品或药品重量的器具，最大单位是"两"，小到"分"或"厘" *a small steelyard for weighing precious metal，medicine，etc.，of which the largest unit is "两" liang（＝50g）and the smallest "分" fēn（＝0.5g）or "厘" lí（＝0.05g）*

děng

凳 dèng（名）◇ *stool*; *bench*：没有桌～学生怎么上课？Méi yǒu zhuō～ xuésheng zěnme shàng kè? *If there are no desks and benches，how can the students attend class?*

【凳子】dèngzi（名）[个 gè] *stool*; *bench*

澄 dèng（动）*（of liquid）settle*：把水～一～ bǎ shuǐ～ yi～ *let the water settle* / 把沙子～出去 bǎ shāzi～ chuqu *let the sand settle* 另见 chéng

【澄清】dèngqīng（动）*（of liquid）settle*; *become clear* 另见 chéngqīng

瞪 dèng（动）(1)用力睁大（眼睛）*open one's eyes wide*：他～大了眼睛看了半天，也没看见。Tā～dàle yǎnjing kànle bàntiān，yě méi kànjiàn. *He opened his eyes wide and looked for ages，but still he didn't see it.* (2)睁大眼睛看，表示不满或气愤 *stare*; *glare*：他～了她一眼。Tā～le tā yì yǎn. *He glared at her.*

dī

低 dī（形）(1)离地面距离近 *low*：云彩很～，看来要下雨。Yúncai hěn～，kànlái yào xià yǔ. *The clouds are very low，it looks like it's going to rain.* (2)在一般标准或平均水平之下 *low level*：声音太～。Shēngyin tài～. *The sound is too low.* / 写作水平～。Xiězuò shuǐpíng～. *low level of writing* (3)等级在下面的 *lower grade*：我们是同学，我比他一年级。Wǒmen shì tóngxué，wǒ bǐ tā～ yì niánjí. *We are schoolmates and I'm one grade lower than him.* （动）向下垂 *bow*; *hang*：～着头～zhe tóu *hang one's head*

【低产】dīchǎn（名）产量在一般标准之下 *low yield*：芝麻是～作物。Zhima shì～ zuòwù. *Sesame is a low-yield crop.*

【低潮】dīcháo（名）(1)*low tide* (2)比喻事物发展过程中，低落、停滞的阶段 *low ebb*：1927年夏天，中国革命处于～。Yījiǔ'èrqī nián xiàtiān，Zhōngguó gémìng chǔyú～. *In the summer of 1927，the Chinese Revolution was at a low ebb.*

【低沉】dīchén（形）(1)天色阴暗，云厚而低 *overcast*：天空～，远处响起了雷声。Tiānkōng～，yuǎnchù xiǎngqǐle léishēng. *The sky was overcast and there was the sound of thunder in the distance.* (2)（声音）低 *low and deep（of voice）*：你听他～的声音，准是个男低音。Nǐ tīng tā～ de shēngyin，zhǔn shì ge nán dīyīn. *Listen to his low and deep voice，it's definitely a bass.* (3)情绪低落 *low in spirits*; *downcast*：他工作不大顺利，情绪有点～。Tā gōngzuò búdà shùnlì，qíngxù yǒudiǎnr～. *His work is not going too smoothly and he is a little downcast.*

【低档】dīdàng（形·非谓）低级的，低等的（商品）*（of products）low-grade*; *of low quality*：这个商店不卖～货，东西都很贵。Zhège shāngdiàn bú mài～ huò，dōngxi dōu hěn guì. *This store does not sell low-grade goods. Everything is expensive there.*

【低等】dīděng（形·非谓）下等的，低级的 *low-grade*; *inferior*

【低等动物】dīděng dòngwù *lower animal*

【低估】dīgū（动）（对某人某物某一方面）估计偏低 *underesti-*

mate；underrate：他～了任务的复杂性，结果不能按时完成。Tā ～ le rènwù de fùzáxìng, jiéguǒ bù néng ànshí wánchéng. *He underestimated how complicated the job was going to be, so he couldn't complete it on time.* / 一定不能～他在群众中的影响。Yídìng bù néng ～ tā zài qúnzhòng zhōng de yǐngxiǎng. *One certainly cannot underestimate his influence on the masses.*

【低耗】dīhào（形）*low consumption*

【低级】dījí（形）(1)初步的，形式简单的 *elementary；rudimentary*：动植物都是由一向高级发展的。Dòng-zhíwù dōu shì yóu ～ xiàng gāo jí fāzhǎn de. *Plants and animals develop from the elementary to the advanced.* (2)庸俗的 *vulgar*：～趣味 ～ qùwèi *vulgar interests* /开一的玩笑 kāi ～ de wánxiào *make a vulgar joke*

【低贱】dījiàn（形）身分或地位低 *lowly（status, position, etc.）*：在旧社会，唱戏是个～的行业。Zài jiù shèhuì, chàng xì shì ge ～ de hángyè. *Being an opera performer was a lowly profession in the old society.*

【低空】dīkōng（名）*low altitude；low level*

【低栏】dīlán（名）〈体〉*low hurdles*

【低廉】dīlián（形）〈书〉*cheap；low*：价格 ～ jiàgé ～ *Prices are low.*

【低劣】dīliè（形）〈书〉〈质量〉极差 *(of quality) inferior*

【低落】dīluò（动）下降 *be low；downcast*：情绪～ qíngxù ～ *be in low spirits* / 军队的士气～。Jūnduì de shìqì ～ . *The troops' morale is low.*

【低能】dīnéng（形）*feeble-minded*

【低能儿】dīnéng'ér（名）*retarded child*

【低频】dīpín（名）〈电〉*low frequency*

【低三下四】dī sān xià sì 形容认为自己卑贱，低人一等的样子 *mean；humble；obsequious*：他在领导面前，总是～，丑极了。Tā zài lǐngdǎo miànqián, zǒngshì ～ de, chǒu jí le. *He always acts humble in front of the leader；it's really disgraceful.*

【低烧】dīshāo（名）体温在37.5－38度叫低烧 *low fever；slight fever*

【低声】dīshēng（名）*low voice*：他～说："我只告诉你一个人，你可别再告诉人。" Tā ～ shuō: "Wǒ zhǐ gàosu nǐ yí ge rén, nǐ kě bié zài gàosu rén." *He said in a low voice："I'm telling only you, so don't spread it around."*

【低声下气】dī shēng xià qì 形容恭顺小心讨好对方的样子 *soft-spoken and submissive；meek and subservient*：彬彬有礼和～完全是两码事。Bīnbīn yǒu lǐ hé ～ wánquán shì liǎng mǎ shì. *Being refined and courteous and being meek and subservient are two completely different things.*

【低头】dī=tóu (1) 垂下头 *hang one's head*：～暗笑 ànxiào *hang one's head and snicker* (2) 比喻屈服 *yield；submit*：决不向恶势力～ jué bú xiàng è shìlì ～ *refuse to yield to evil force*

【低洼】dīwā（形）比四周低的（地方）*low-lying（area）*：～地区都被水淹了。～ dìqū dōu bèi shuǐ yān le. *All the lowlying areas were flooded.*

【低微】dīwēi（形）〈书〉(1)细小 *(of a voice or sound) low*：他受了重伤不住～地呻吟。Tā shòule zhòng shāng búzhù ～ de shēnyín. *He was severely injured and kept on uttering low groans.* (2)身分或地位低 *(of sb.'s status or position) lowly；humble*：解放前，由于他出身～，没有机会上学。Jiěfàng qián, yóuyú tā chūshēn ～, méi yǒu jīhuì shàng xué. *He didn't have the opportunity to go to school before liberation because he had a lowly family background.*

【低温】dīwēn（名）(1)较低的温度 *low temperature*：最近几天一直～多雨。Zuìjìn jǐ tiān yìzhí ～ duō yǔ. *For the last few days we have had low temperatures and a lot of rain.* (2)物理学上指－192℃到－263℃的液态空气的温度 *microtherm*

【低下】dīxià（形）在一般标准之下 *low；lowly (of status or living standards)*：生活水平 ～ shēnghuó shuǐpíng ～ *a low standard of living* / 工作能力～ gōngzuò nénglì ～ *low working ability* / 学习成绩～ xuéxí chéngjì ～ *do poorly in one's studies*

【低压】dīyā（名）(1)〈物〉较低的压力 *low pressure* (2)〈电〉较低的电压，通常指二百五十伏特以下的电压 *low voltage* (3)〈气〉低气压 *low pressure* (4)〈医〉*minimum pressure*

堤 dī
（名）*dyke；embankment*

【堤岸】dī'àn（名）同"堤"dī *same as "堤" dī*

【堤坝】dībà（名）堤和坝的总称，也泛指防水、拦水的建筑物 *dam；dike*：大水漫过了～。Dà shuǐ mànguòle ～. *The flood overflowed the dam.* / 快到汛期了，赶快检查～。Kuài dào xùnqī le, gǎnkuài jiǎnchá ～. *It will soon be flood season；hurry up and check the dike.*

【堤防】dīfáng（名）同"堤"dī *same as "堤" dī*

【堤堰】dīyàn（名）堤坝，防水、拦水的建筑物 *weir*

提 dī
另见 tí

【提防】dīfang（动）小心注意（不要让不幸的或不愉快的事发生），多用于命令句 *take precautions against；be on guard against；beware of*：这事暂时保密，我们要～记者泄露消息。Zhè shì zànshí bǎo mì, wǒmen yào ～ jìzhě xièlòu xiāoxi. *This matter is secret for the time being, we have to take precautions to prevent the news from being leaked.* / 你可得～着他，他什么事都干得出来。Nǐ kě děi ～zhe tā, tā shénme shì dōu gàn de chūlái. *You really have to be on guard against him；he can do anything.* /天气太干太热，要～发生火灾。Tiānqì tài gān tài rè, yào ～ fāshēng huǒzāi. *It is too dry and hot so we have to beware of fires.*

嘀 dī
另见 dí

【嘀嗒】dīdā（象声）同"滴答"dīdā *same as "滴答" dīdā*

滴 dī
（动）液体一点一点地向下落 *drip*：你给我～几滴眼药。Nǐ gěi wǒ ～ jǐ dī yǎnyào. *Put some eyedrops in for me.* / 汗水直往下～。Hànshuǐ zhí wǎng xià ～. *Sweat drips straight down.*（量）用于滴下的液体数量 *drop*：几～眼泪 jǐ ～ yǎnlèi *several tear drops* /一～汗 yì ～ hàn *a drop of sweat*

【滴答】dīdā（象声）形容水滴落下或钟表摆动的声音 *drip tick；ticktock*

【滴答】dīdā（动）成滴地落下，也作"嘀嗒" *drip；also said as "嘀嗒"*：屋檐上的雨水～了我一身。Wūyán shang de yǔshuǐ ～ le wǒ yì shēn. *The rainwater on the eaves dripped down all over me.*

【滴滴涕】dīdītì（名）*D.D.T.*

【滴水成冰】dī shuǐ chéng bīng 水一滴下来就冻成冰，形容天气极冷 *so cold that dripping water freezes*：现在正是～的时候。Xiànzài zhèng shì ～ de shíhou. *Right now it is when it gets so cold that dripping water freezes.*

【滴水穿石】dī shuǐ chuān shí 高处滴下的水滴，时间长了能把石头滴穿。比喻尽管力量很小，只要坚持不懈，一定能成功 *water constantly dripping wears away stone；little strokes fell great oaks*

dí

迪 dí

【迪斯科】dísīkē（名）*disco*

的 dí
另见 de

【的确】díquè（副）确实（如此）*indeed*；*really*：这部电影～好，要不怎么那么多人喜欢看呢！Zhè bù diànyǐng ～ hǎo, yàobù zěnme nàme duō rén xǐhuan kàn ne! *This movie is indeed good, otherwise why so many people like it.* / 这个人的脾气～有点儿怪。Zhège rén de píqi ～ yǒudiǎnr guài. *This person is indeed a bit strange.* / ～，这个意见值得考虑。～, zhège yìjiàn zhídé kǎolǜ. *This idea really is worth considering.* / 这只鼎的的确确是商代的。Zhè zhī dǐng dídíquèquè shì Shāngdài de. *This ancient cooking vessel really is from the Shang Dynasty.*

【的确良】díquèliáng（名）*dacron*；*terylene*

敌〔敵〕dí
（名）◇敌人 *enemy*；*foe*：～军～ jūn *enemy troops* /国～ guó *enemy country* /我分明～ wǒ fēnmíng *make a clear distinction between the enemy and oneself* / 有我无～ yǒu wǒ wú ～ *We and our enemy cannot coexist.* （动）◇对抗，抵挡 *oppose*；*fight*；*resist*：寡不～众 guǎ bù ～ zhòng *be hopelessly outnumbered*

【敌百虫】díbǎichóng（名）*dipterex*

【敌敌畏】dídíwèi（名）*DDVP*；*dichlorvos*

【敌对】díduì（形）有利害冲突不能相容；仇视而相对抗 *hostile*；*antagonistic*：～的双方 ～ de shuāngfāng *two hostile sides* /～的力量 ～ de lìliàng *a hostile force* /～的态度 ～ de tàidu *a hostile attitude*

【敌后】díhòu（名）作战时敌人的后方 *behind the enemy's lines*：到～去工作必须非常机智。Dào ～ qù gōngzuò bìxū fēicháng jīzhì. *You have to be very quick-witted to go and work behind the enemy lines.*

【敌寇】díkòu（名）对敌人的憎称 *enemy*

【敌情】díqíng（名）敌人的情况。特指敌方对自己一方采取行动的情况 *the enemy's situation*；*the state of the enemy's forces*：摸～ mō ～ *find out about the enemy's situation* /侦察～ zhēnchá ～ *gather intelligence about the enemy* / 发现～ fāxiàn ～ *discover the state of the enemy's forces* /～紧急。～ jǐnjí. *Enemy activities present an imminent threat.*

【敌人】dírén（名）敌对一方的人；敌对的人 *enemy*：他错把朋友当～。Tā cuò bǎ péngyou dàng ～. *He mistook his friend for an enemy.*

【敌视】díshì（动）〈书〉把……当做敌人看待，对待 *be hostile or antagonistic to*；*adopt a hostile attitude towards*：这个地方的人往往～外地搬来的人。Zhège dìfang de rén wǎngwǎng ～ wàidì bānlai de rén. *The people around here are often hostile to those who move here from other places.* / 他对我投来～的眼光。Tā duì wǒ tóulai ～ de yǎnguāng. *He threw me a hostile glare.*

【敌手】díshǒu（名）能相抗衡的对手（用得很少）*rival*

【敌特】dítè（名）(1)敌人方面的特务 *enemy spy (or agent)* (2)敌人和敌人方面特务的简称 *enemies and enemy spies*

【敌伪】díwěi（名）指抗日战争时期的日本侵略者和汉奸政权 *the enemy and the puppet regime (refers to the Japanese invaders and the traitor regime during the War of Resistance Against Japan)*

【敌我矛盾】dí wǒ máodùn 两个敌对阶级之间的矛盾，具体用于中国范围之内，指人民和任何与人民为敌的人或阶级之间的矛盾 *contradiction between ourselves and the enemy*

【敌意】díyì（名）仇视的心理 *hostility*；*animosity*：怀有～ huái yǒu ～ *harbour hostile feelings* /毫无～ háo wú ～ *without the least bit of animosity*

【敌阵】dízhèn（名）敌方阵地 *enemy position*

涤〔滌〕dí

【涤荡】dídàng（动）〈书〉冲洗（多用于比喻）*wash away*；*cleanse*：革命的风暴～着旧世界。Gémìng de fēngbào ～ zhe jiù shìjiè. *The storm of revolution is washing away the old world.*

【涤除】díchú（动）〈书〉洗掉，洗去 *wash away*；*eliminate*

【涤纶】dílún（名）*polyester fibre*

笛 dí
（名）(1) *bamboo flute* (2) *whistle*

【笛子】dízi（名）[枝 zhī]同“笛”dí(1) *same as "笛" dí(1)*

嘀 dí
另见 dī

【嘀咕】dígu（动）(1)小声暗中说，暗中商量议论 *whisper*：有话大声说，别小声在下边儿嘀～。Yǒu huà dà shēng shuō, bié xiǎo shēng zài xiàbiānr xiā ～. *If you have something to say, speak up. Don't mumble.* / 他们你来我往～什么呢？Tāmen nǐ lái wǒ wǎng ～ shénme ne? *What are they whispering to each other?* (2)犹疑 *have misgivings about something*；*have something on one's mind*；*be indecisive*：商量好了就赶快决定，不能总～来～去。Shāngliang hǎo le jiù gǎnkuài juédìng, bù néng zǒng ～ lái ～ qù. *After a discussion one must decide quickly and not hesitate.* / 买不买，我心理总～，拿不定主意。Mǎi bu mǎi, wǒ xīnlǐ zǒng ～, ná bu dìng zhǔyì. *I can never make up my mind whether to buy it or not.*

嫡 dí
（名）封建宗法制度下指妻子所生的（跟“庶”，妾所生的相对）*of or by the wife (as distinguished from by a concubine under the feudal-patriarchal system)*：封建制度下，～长子是当然的继承人。Fēngjiàn zhìdù xià, ～ zhǎngzǐ shì dāngrán de jìchéngrén. *Under the feudal system, the wife's eldest son was the natural heir.*

【嫡系】díxì（名）有最直接、最亲密关系的部分（多指军队）*direct line of descent*；*closest ties of relationship*

dī

诋〔詆〕dī

【诋毁】dǐhuǐ（动）〈书〉诽谤，污蔑 *slander*；*defame*：不能随便～人。Bù néng suíbiàn ～ rén. *One cannot slander people at will.* / ～罪 ～ zuì *slander*

抵 dī
（动）(1)支撑 *support*；*sustain*：他用手～着下巴不说话。Tā yòng shǒu ～zhe xiàba bù shuō huà. *He rested his chin on his hands and said nothing.* (2)抵偿 *pay*：欠债的还钱，杀人的～命。Qiàn zhài de huán qián, shā rén de ～ mìng. *Those who owe money should repay it; those who kill should pay with their life.* (3)抵消 *cancel out*：收支相～。Shōu zhī xiāng ～. *Income balances expenditure.* (4)相当，能代替 *be equal to*：一个～十个。Yí ge ～ shí ge. *One equals ten.* 〈书〉到达 *reach*；*arrive at*：代表团十五日～京。Dàibiǎotuán shíwǔ rì ～ Jīng. *The delegation reached Beijing on the 15th.*

【抵偿】dǐcháng（动）用价值相等的事物作为赔偿或补偿 *compensate (for a loss)*；*make amends*：国家规定蔬菜经营的亏损，可以由其它方面的利润～。Guójiā guīdìng shūcài jīngyíng de kuīsǔn, kěyǐ yóu qítā fāngmiàn de lìrùn ～. *The state stipulated that losses from vegetable enterprises could be compensated by profits in other sectors.*

【抵触】dǐchù（动）跟另一方有矛盾 conflict; contradict：在个人利益和集体利益有一个的时候，应该服从集体利益。Zài gèrén lìyì hé jítǐ lìyì yǒu — de shíhou, yīnggāi fúcóng jítǐ lìyì. When individual and collective interests conflict, those of the collective should prevail. / 他虽然服从了命令，但有～情绪。Tā suīrán fúcóngle mìnglìng, dàn yǒu — qíngxù. Although he followed the order, he did so with resentment. / 他们俩的意见互相～。Tāmen liǎ de yìjiàn hùxiāng —. Their opinions conflict.

【抵达】dǐdá（动）到达 arrive; reach：代表团八时起程，当日下午～东京。Dàibiǎotuán bā shí qǐchéng, dàngrì xiàwǔ — Dōngjīng. The delegation left at 8 o'clock and arrived in Tokyo in the afternoon of the same day.

【抵挡】dǐdǎng（动）阻止，抵抗 withstand; resist; keep off：一定要～住敌人的进攻。Yídìng yào — zhù dírén de jìngōng. Enemy attacks must be resisted. / 这是一股社会潮流，一个人很难～。Zhè shì yì gǔ shèhuì cháoliú, yí ge rén hěn nán —. This is a social trend which is difficult for one person to resist.

【抵抗】dǐkàng（动）用武力反击对方的进攻 resist; oppose; withstand：～外国侵略者 — wàiguó qīnlüèzhě resist foreign invaders / 敌人没怎么～就投降了。Dírén méi zěnme — jiù tóuxiáng le. The enemy offered no resistance and surrendered.

【抵赖】dǐlài（动）用谎言和狡辩否认（过失或罪行）refuse to admit (guilt); deny (facts)：所犯罪行不容～。Suǒ fàn zuìxíng bùróng —. The comitted crime cannot be denied. / 证据这么充分，怎么～得了？Zhèngjù zhème chōngfèn, zěnme — de liǎo? The evidence is so strong that it is impossible to deny the facts.

【抵命】dǐ＝mìng a life for a life

【抵消】dǐxiāo（动）两种事物的作用因性质或方向相反而互相消除 offset; cancel out; counterbalance：这两种药性相反，在一起吃，药力就～了。Zhè liǎng zhǒng yào yàoxìng xiāngfǎn, zài yìqǐ chī yàolì jiù — le. The properties of these two types of medicine are the opposite, so they counterbalance each other's effects if you take them together. / 这种影响是任何力量～不了的。Zhè zhǒng yǐngxiǎng shì rènhé lìliàng — bu liǎo de. This type of influence cannot be offset by any force.

【抵押】dǐyā（动）mortgage：他已经把房屋～给了人家。Tā yǐjīng bǎ fángwū — gěile rénjia. He has already mortgaged the house to someone. / 他拿自行车作～，借了人家三百多块钱。Tā ná zìxíngchē zuò —, jièle rénjia sānbǎi duō kuài qián. He left the bicycle in pledge and borrowed more than 300 yuan.

【抵御】dǐyù（动）〈书〉抵挡，抵抗 withstand; resist; stand up against

【抵账】dǐ＝zhàng 用实物或劳力等还债 pay a debt in kind or by labour

【抵制】dǐzhì（动）用行动或措施阻止（某种有害的事物）resist; oppose; reject; boycott：～错误的领导 — cuòwù de lǐngdǎo reject the leader's mistakes /～资产阶级思想侵蚀 — zīchǎnjiēsī xiǎng qīnshí resist the corrosive influence of bourgeois ideology / 不但自己不走后门，也～别人走后门。Búdàn zìjǐ bù zǒu hòuménr, yě — biérén zǒu hòuménr. He not only does not use pull but opposes others doing the same.

底 dǐ
（名）(1)物体最下部分的平面 bottom; base：抽屉的～掉了。Chōutì de — diào le. The bottom of the drawer fell out. / 沉入海～ chén rù hǎi — sink to the bottom of the sea / 井～之蛙 jǐng — zhī wā the frog in the bottom of the well (2)年、月的末尾 end of a year or month：年～ nián — end of the year / 月～ yuè — end of the month (3)◇事情的根

源或内情 the heart of a matter; ins and outs：这件事情我始终不知～。Zhè jiàn shìqing wǒ shǐzhōng bù zhī —. I have never been able to get to the heart of the matter. / 你去摸摸～。Nǐ qù mōmo —. Go and sound out the situation. / 他总爱刨根问～。Tā zǒng ài páo gēn wèn —. He always likes to get to the root of something. (4)(～儿)可作根据的草稿 rough draft or sketch; a copy kept as a record：那篇稿子我没留。Nà piān gǎozi wǒ méi liú —. I didn't keep a copy of that draft. / 这封信的～儿在哪儿呢？Zhè fēng xìn de —r zài nǎr ne? Where's the rough draft of this letter? (5)花纹图案的衬托面 background：中国民间蜡染布多半是蓝～白花 或是白～蓝花。Zhōngguó mínjiān làrǎnbù duōbàn shì lán — bái huār huò shì bái — lán huār. Most Chinese batik is blue with white flowers or white with blue flowers.

【底版】dǐbǎn（名）同"底片"dǐpiàn same as "底片" dǐpiàn

【底本】dǐběn（名）(1)留作底子的稿本 a copy for the record (2)抄本或印刷出版所依据的本子 master copy; the original manuscript (for printing or publishing) (3)校勘时作为依据的本子 a text against which other texts are checked

【底层】dǐcéng（名）(1)建筑物最底下的一层 bottom storey; ground floor：大楼的～设有咖啡厅、冷饮店。Dàlóu de — shè yǒu kāfēitīng、lěngyǐndiàn. On the ground floor of the building there is a coffee shop and a cold drinks counter. (2)旧社会生活无依无靠、贫困不堪、受剥削和压迫的阶层 lowest and most deprived stratum of the old society

【底肥】dǐféi（名）〈农〉播种、移栽之前施撒在地里的肥料 base fertilizer

【底稿】dǐgǎo（名）公文、信件、文章等保存起来备查的原稿 draft; manuscript

【底盘】dǐpán（名）(1)汽车、拖拉机等的一个组成部分，包括传动机构、行驶机构和控制机构 chassis (2)电子仪器内安装大部分零件的板 chassis

【底片】dǐpiàn（名）[张 zhāng] negative; photographic plate：在照相馆照相，他们给不给～？Zài zhàoxiàngguǎn zhào xiàng, tāmen gěi bu gěi nǐ —? If you get your picture taken in a photo studio, do they give you the negative?

【底数】dǐshù（名）〈数〉base number

【底细】dǐxi（名）同"底"dǐ(3) same as "底" dǐ(3)：我完全知道他的～，他是可靠的。Wǒ wánquán zhīdào tā de —, tā shì kěkào de. I know everything about him; he's reliable. / 先去了解下这事的～再做决定。Xiān qù liǎojiě yíxià zhè shì de — zài zuò juédìng. First learn the ins and outs of this matter, then decide.

【底下】dǐxia（名）(1)下面 under; below; beneath：床～床 chuáng — under the bed / 树～很凉快。Shù — hěn liángkuai. It's very cool under the tree. / 这是窗户～金银花的香味儿。Zhè shì chuānghu — jīnyínhuā de xiāngwèir. That is the smell of honeysuckle beneath the window. / 他手～有几个很能干的人。Tā shǒu — yǒu jǐ ge hěn nénggàn de rén. He has several capable people under him. (2)(某事)之后，以后 next; later; afterward：词典工作结束以后，～我们干什么？Cídiǎn gōngzuò jiéshù yǐhòu, — wǒmen gàn shénme? After the dictionary work is finished, what will we do next? / 他先独唱，～就是我们的合唱了。Tā xiān dúchàng, — jiù shì wǒmen de héchàng le. He will sing solo first, then we sing the chorus.

【底子】dǐzi（名）(1)鞋底 sole of a shoe：纳～ nà — stitch soles of shoes (2)基础 foundation：他数学～好。Tā shùxué — hǎo. His foundation in math is good. / 他家原来没什么～，现在很富裕了。Tā jiā yuánlái méi shénme —, xiànzài hěn fùyu le. His family didn't have any property before, but is quite well-off now. (3)可做根据的稿子或草稿 a copy kept as a record：发出的文件要留～。Fāchū de wénjiàn yào liú —. You have to keep a copy when you issue

a document. / 那张画刚画了个～。Nà zhāng huàr gāng huàle ge ～. I just sketched that picture. (4)东西剩下的最后一部分 remnant：货～ huò ～ remnants of stock / 粮食～ liángshi ～ leftover grain

【底座】dǐzuò（名）（～儿）base；foundation

砥 dǐ
（名）〈书〉细的磨刀石 whetstone

【砥砺】dǐlì（动）〈书〉(1) 磨炼 temper oneself (2)勉励 encourage

dì

地 dì
（名）(1)地球 the earth；天～之间 tiān ～ zhī jiān between heaven and earth (2)陆地 land；soil：～底下蕴藏着石油。～ dǐxia yùncángzhe shíyóu. There is oil beneath the ground. (3)田地 fields：这个村子有一三千亩。Zhège cūnzi yǒu ～ sānqiān mǔ. This village has 3000 mu of fields. (4)屋子或院子的地面 floor；ground：～擦得发亮。～ cā de fāliàng. The floor has been polished up. / 院子里是方砖铺的～。Yuànzi lǐ shì fāngzhuān pū de ～. The yard is paved with bricks. (5)路程（用于里数、站数后）distance（used after "里" or number of bus stops)：离这儿有20里～ lí zhèr yǒu èrshí lǐ ～ It is 20 li from here. / 他步行了有五站～。Tā bùxíng yǒu wǔ zhàn ～. He walked five stops. (6)地区、地方 place；locality：全国各～ quán guó gè ～ everywhere in the country (7)同"底"dì(5) same as "底"dì(5) 另见 de

【地板】dìbǎn（名）室内的用木板铺的地面 wooden floor；floor board

【地堡】dìbǎo（名）〈军〉bunker；blockhouse；pillbox

【地表】dìbiǎo（名）〈地〉地球的表面 the earth's surface

【地步】dìbù（名）(1)达到的程度（必有定语，表示很高的程度）extent（most have an attributive of a very high degree)：他兴奋到睡不着的～。Tā xīngfèn dào shuì bu zháo de ～. He was so excited that he couldn't sleep. /怎么病到这个～才去找医生呢？Zěnme bìngdào zhège ～ cái qù zhǎo yīshēng ne? How is it that you didn't see the doctor until so sick? (2)境况（多指不好的）condition；plight：他已经到了没人同情的～。Tā yǐjīng dàole méi rén tóngqíng de ～. He has got himself into such a fix that nobody has any sympathy for him.

【地层】dìcéng（名）〈地质〉stratum；layer

【地产】dìchǎn（名）real estate；landed property

【地磁】dìcí（名）〈物〉geomagnetism

【地大物博】dì dà wù bó 土地面积广阔，物产很丰富（用于形容一个国家）vast territory and abundant resources；a big country abounding in natural wealth：中国～，有广阔的发展前途。Zhōngguó ～, yǒu guǎngkuò de fāzhǎn qiántú. China is a big country abounding in natural wealth with broad prospects for development.

【地带】dìdài（名）[片 piàn]具有某种性质或特点的一片地方 district；region；zone；belt：这是沼泽～，不能通过。Zhè shì zhǎozé ～, bù néng tōngguò. This is marshland；we can't get through. / 必须尽快撤出危险～。Bìxū jìnkuài chèchū wēixiǎn ～. You must withdraw from the danger zone as quickly as possible.

【地道】dìdào（名）[条 tiáo]在地下掘成的长条通道（多用于军事目的）tunnel

【地道战】dìdàozhàn（名）中国抗日战争时期，冀中军民创造的一种战法，用地道作掩护，展开对敌人的斗争 tunnel warfare

【地道】dìdao（形）(1)真正的，纯粹的 pure；real：这是～的真丝锦缎。Zhè shì ～ de zhēnsī jǐnduàn. This is pure silk

brocade. / 他说的上海话～不～? Tā shuō de Shànghǎi huà ～ bu ～ ? Does he speak pure Shanghai dialect? 重叠时全部重读（when reduplicated, every character is stressed)：这才是地地道道的四川菜。Zhè cái shì dìdìdàodào de Sìchuān cài. This is genuine Sichuan cuisine. (2)质量上达到了理想的标准 up to standard：这活儿干得真～。Zhè huór gàn de zhēn ～. This job is well done. / 这种呢子很～。Zhè zhǒng nízi hěn ～. This woollen cloth is excellent. "不地道"指人品质不好，不可靠 "不地道" means morally bad：这个人不～，什么坏事都干得出来。Zhège rén bú ～, shénme huàishì dōu gàn de chūlái. This chap is a scoundrel and will do anything.

【地点】dìdiǎn（名）[个 gè]某事发生或某物所在的地方 locality；place：运动会的～定了吗？Yùndònghuì de ～ dìngle ma? Has the location for the sports meet been decided? / 这所医院，～选得比较适中。Zhè suǒ yīyuàn, ～ xuǎn de bǐjiào shìzhōng. This hospital is well situated.

【地动仪】dìdòngyí（名）〈天〉seismograph as invented by the Chinese scientist Zhang Heng（张衡）in A.D. 132

【地洞】dìdòng（名）[个 gè]在地面下挖成的洞 tunnel；cave

【地段】dìduàn（名）地面上的一段空间 section of an area：这～的卫生由谁负责？Zhè ～ de wèishēng yóu shuí fùzé? Who's responsible for sanitation in this section of the area?

【地方】dìfāng（名）(1)中央政权以下各级政权及其所辖区划的统称 district；local（of administration)：这个问题牵涉几个省，～上很难解决。Zhège wèntí qiānshè jǐ ge shěng, ～ shang hěn nán jiějué. This problem involves several provinces and is difficult to solve locally. / ～权力过大就要削弱中央权力。～ quánlì guò dà jiù yào xuēruò zhōngyāng quánlì. If local power becomes too strong it will weaken the central power. (2)本地，当地 local；of that peace：他当县长的时候，给～上办了不少好事。Tā dāng xiànzhǎng de shíhou, gěi ～ shang bànle bù shǎo hǎoshì. When he was county magistrate he did a lot for the district. / 发展教育要靠～上的力量。Fāzhǎn jiàoyù yào kào ～ shang de lìliang. The development of education has to depend on the local strength.

【地方病】dìfāngbìng（名）经常在某一地区发生的疾病 endemic disease

【地方民族主义】dìfāng mínzúzhǔyì 在多民族的国家中，少数民族中的一些人物在民族关系上表现出来的一种思想行为。处处站在本民族的立场上，不顾其他民族和整个国家的利益 local nationalism

【地方戏】dìfāngxì（名）产生和流行于某个区域，用当地方言演唱，具有明显地方色彩的剧种。像汉剧、川剧、越剧、黄梅戏等 local opera

【地方志】dìfāngzhì（名）记载一个地方的地理、历史、教育、风俗、物产、人物等情况的书 local chronicles；annals of local history（which include an area's local geography, history, education, customs, produce, personages, etc.)

【地方】difang（名）[个 gè](1)某个区域，地上或空间或任何物体上 area；place：你是什么～的人? Nǐ shì shénme ～ de rén? Where are you from? / 那个～的桃很出名。Nàge ～ de táor hěn chūmíng. That region is famous for it's peaches. / 你看，那个～有个小黑点，是不是飞机? Nǐ kàn, nàge ～ yǒu ge xiǎo hēi diǎnr, shì bu shì fēijī? Look, there's a small black speck over there. Is it a plane? / 你说桌上什么～有水? Nǐ shuō zhuō shang shénme ～ yǒu shuǐ? Where is there water on the table? / 我这个～不舒服。Wǒ zhège ～ bù shūfu. I don't feel well here. (2)空的区域 place；space；room：来晚了，没～坐了。Láiwǎn le, méi ～ zuò le. We're late, there's no room. / 找个～放这盆花。Zhǎo ge ～ fàng zhè pén huār. Find a place to put the potted flower. (3)部分，某一点 part of：他的意见也有对的～，不能一概否定。Tā de yìjiàn yě yǒu duì de ～, bù néng yígài

fǒudìng. *A part of what he says is right, it can't be totally rejected.* / 你什么～不懂就问吧。Nǐ shénme ～ bù dǒng jiù wèn ba. *Ask if there's some part you don't understand.*

【地沟】dìgōu（名）地下的流水沟 *underground ditch for irrigation or discharge of sewage and rainwater*

【地基】dìjī（名）*ground; foundation*

【地窖】dìjiào（名）[个 gè]保存薯类、蔬菜等的地洞 *cellar*

【地牢】dìláo（名）地面下的监牢 *dungeon*

【地雷】dìléi（名）[颗 kē、个 gè]（land）*mine*

【地理】dìlǐ（名）*geography*

【地理学】dìlǐxué（名）*geography*

【地力】dìlì（名）土壤肥沃的程度 *soil fertility*

【地利】dìlì（名）(1)地理的优势 *topographical advantages* (2)土地适于种植作物的条件 *land productivity*：要充分发挥～，种植适合的作物。Yào chōngfèn fāhuī ～, zhòngzhí shìhé de zuòwù. *We must make full use of the land's productivity and grow suitable crops.*

【地貌】dìmào（名）〈地〉地球表面的形态 *the general configuration of the earth's surface*

【地面】dìmiàn（名）(1)地的表面,地平面 *the earth's surface; ground*：植被对～起保护作用。Zhíbèi duì ～ qǐ bǎohù zuòyòng. *Vegetation acts to protect the earth's ground.* / 河床比～低好几米。Héchuáng bǐ ～ dī hǎo jǐ mǐ. *The river bed is several metres lower than the ground.* (2)建筑物内部地上铺的一层东西 *ground; floor*：浴室是瓷砖,其它屋子是水泥～。Yùshì shì cízhuān, qítā wūzi shì shuǐní ～. *The floor in the bathroom is tiled, whereas the other rooms have cement floors.* (3)〈口〉地区（多指行政区域）*region; area; territory*：进入河北～,地势就平坦起来。Jìnrù Héběi ～, dìshì jiù píngtǎn qilai. *Once you get into Hebei, the land levels out.*

【地膜】dìmó（名）(～儿)覆盖在园田上的塑料薄膜 *plastic film used to cover vegetable gardens*

【地盘】dìpán（名）(～儿)军阀或者土匪控制的地区,势力范围 *territory under one's control; domain*：解放前,山西是阎锡山的～。Jiěfàng qián, Shānxi shì Yán Xīshān de ～. *Before Liberation, Shanxi was under the control of Yan Xishan.*

【地皮】dìpí（名）(1)供建筑用的土地 *land for building*：香港的～很贵。Xiānggǎng de ～ hěn guì. *Land for building in Hong Kong is very expensive.* (2)地的表皮 *surface of the ground*：雨太小了,连～都不怎么湿。Yǔ tài xiǎo le, lián ～ dōu bù zěnme shī. *There was too little rain. Even the surface of the ground wasn't wet.*

【地痞】dìpǐ（名）地方上的流氓,坏分子 *local ruffian; local riffraff*

【地平线】dìpíngxiàn（名）*horizon*

【地铺】dìpù（名）把铺盖铺在地上睡觉的地方 *shakedown (on the floor)*

【地契】dìqì（名）买卖土地时签定的契约 *title deed for land*

【地壳】dìqiào（名）*the earth's crust*

【地勤】dìqín（名）*ground service*

【地球】dìqiú（名）*the earth; the globe*

【地球物理学】dìqiú wùlǐxué〈物〉*geophysics*

【地球仪】dìqiúyí（名）[个 gè]*globe; terrestrial globe*

【地区】dìqū（名）[个 gè](1)较大范围的地域 *area; district; region*：华北～ Huáběi ～ *North China district* / 四川西部～ Sìchuān xībù ～ *western Sichuan* / 多山～ duō shān ～ *a mountainous region* / 这个～最适宜种小麦。Zhège ～ zuì shìyí zhòng xiǎomài. *This area is most suitable for planting wheat.* (2)指未获得独立的殖民地、托管地,外国占领地等 *prefecture; colony; place*：香港～ Xiānggǎng ～ *Hong Kong region* / 澳门～ Àomén ～ *Macao region*

【地热】dìrè（名）地球内部的热能 *terrestrial heat*

【地上】dìshang（名）*on the ground; on the floor*

【地势】dìshì（名）*physical features of a place; relief; terrain; topography*：～平坦 ～ píngtǎn *level terrain* / ～险要 ～ xiǎnyào *terrain which is strategically located and difficult to access* / 中国总的是西北高东南低。Zhōngguó zǒng de ～ shì xīběi gāo dōngnán dī. *The general physical features of China are that it is high in the northwest, and low in the southeast.*

【地毯】dìtǎn（名）[张 zhāng、块 kuài]*carpet; rug*

【地铁】dìtiě（名）地下铁道的简称 *abbrev. for "地下铁道"*

【地头】dìtóu（名）(～儿)被耕种的地块的两端 *edge of a field*：快锄吧,锄到～歇会儿。Kuài chú ba, chúdào ～ xiē huìr. *Hurry up and hoe. We'll rest as soon as we've hoed up to the edge of the field.*

【地头蛇】dìtóushé（名）[个 gè]在地方上依仗权势,作威作福,欺压百姓的坏人 *a snake in its old haunts—local bully*：他在这里是～,没人敢惹。Tā zài zhèli shì ～, méi rén gǎn rě. *He is the local bully around here, nobody dares to offend him.*

【地图】dìtú（名）[张 zhāng]*map*

【地委】dìwěi（名）"中国共产党地区委员会"的简称 *short for "中国共产党地区委员会"*

【地位】dìwèi（名）人或团体在社会关系中所处的位置 *position; standing; place; status*：妇女享有与男子平等的社会～. Fùnǚ xiǎngyǒu yǔ nánzǐ píngděng de shèhuì ～. *Women enjoy the same social status as men.* / 解放以来中国的国际～大大提高了。Jiěfàng yǐlái Zhōngguó de guójì ～ dàdà tígāo le. *Since Liberation the standing of China has increased significantly.*

【地温】dìwēn（名）〈气〉*ground (or earth) temperature*

【地下】dìxià（名）(1)地面之下,地层内部 *underground; subterranean*：～商店 ～ shāngdiàn *underground shops* / 这里～煤层很厚。Zhèli ～ méicéng hěn hòu. *The underground coal seam here is very thick.* (2)秘密的,不公开的 *secret (activity); underground*：～工作 ～ gōngzuò *underground work* / ～组织 ～ zǔzhī *underground organization* / 转入～ zhuǎnrù ～ *go underground*

【地下党】dìxiàdǎng（名）指全国解放前,在敌人占领区秘密进行活动的中国共产党的组织 *underground Party; refers esp. to the pre-Liberation underground organization of the Chinese Communist Party*

【地下室】dìxiàshì（名）[间 jiān]*basement; cellar*

【地下水】dìxiàshuǐ（名）*groundwater*

【地下铁道】dìxià tiědào *subway; underground railway; tube; metro*

【地下】dìxia（名）地面上（意思同"地上"dìshang）*on the ground (same as "地上" dìshang)*：茶杯掉到～居然没破。Chábēi diào dào ～ jūrán méi pò. *Surprisingly the teacup didn't break when it fell on the floor.* / 你看～亮晶晶的是什么? Nǐ kàn ～ liàngjīngjīng de shì shénme? *What is that sparkling on the ground?*

【地线】dìxiàn（名）[根 gēn]*ground (or earth) wire*

【地心引力】dìxīn yǐnlì〈物〉*gravity*

【地形】dìxíng（名）*topography; terrain*

【地狱】dìyù（名）[座 zuò]*hell; inferno*：旧社会是富人的天堂,穷人的～. Jiù shèhuì shì fùrén de tiāntáng, qióngrén de ～. *The old society was heaven for the rich and hell for the poor.*

【地域】dìyù（名）(1)面积相当大的一片地方,与行政划分无关 *region; district; area; territory*：新疆～宽广。Xīnjiāng ～ kuānguǎng. *Xinjiang is a broad territory.* (2)指本乡本地 *regional*：～观念 ～ guānniàn *regionalism*

【地震】dìzhèn（名）*earthquake; seism*

【地震波】dìzhènbō（名）〈地质〉*seismic wave*

【地震仪】dìzhènyí（名）〈地质〉*seismograph*

【地支】dìzhī（名）即子、丑、寅、卯、辰、巳、午、未、申、酉、戌、

亥十二支,旧时用作表示次序的符号 the twelve Earthly Branches (namely 子,丑,寅,卯,辰,巳,午,未,申,酉,戌), formerly used as symbols to express sequence

【地址】dìzhǐ (名)[个 gè]人或团体、机关居住或通信地点 address

【地质】dìzhì (名) geology

【地质学】dìzhìxué (名) geology

【地主】dìzhǔ (名)[个 gè]占有一定量的土地,自己不劳动、依靠雇工或出租土地剥削农民为主要生活来源的人 landlord

【地主阶级】dìzhǔjiējí(名) landlord class

【地租】dìzū (名) land rent; ground rent

弟 dì

(名)(1)弟弟 younger brother:我们兄弟三个,我是大哥,他是我二~,那个是我三~。Wǒmen xiōngdì sān ge, wǒ shì dà gē, tā shì wǒ èr ~, nàge shì wǒ sān ~. We are three brothers, I'm the eldest, he is my first brother and that one is my second brother. / 堂 ~ táng ~ younger male cousin on the paternal side (2)亲戚中同辈年纪比自己小的男子 male cousin younger than oneself:我们是表兄~。Wǒmen shì biǎoxiōng ~. We are cousins (on the maternal side). (3)男人的一种对自己的谦称(多见于书信中) used for "I" by men as a humble form (mostly in letters):如需帮忙,请来信。Rú xū ~ bāng máng, qǐng lái xìn. If you need my help, let me know.

【弟弟】dìdi (名)[个 gè](1) younger brother (2)有血统关系的同辈而年纪比自己小的男子 a male cousin younger than oneself:他是我叔伯~。Tā shì wǒ shūbái ~. He is my cousin (younger cousin on the paternal side).

【弟妹】dìmèi (名)(1)弟弟和妹妹 younger brother and sister (2)〈口〉称弟弟的妻子 younger brother's wife; sister-in-law

【弟媳】dìxí (名)[个 gè]弟弟的妻子 younger brother's wife

【弟兄】dìxiong (名)弟弟和哥哥 brothers:他有好几个~。Tā yǒu hǎo jǐ gè ~. He has several brothers. / 他们俩是亲~。Tāmen liǎ shì qīn ~. They are brothers.

【弟子】dìzǐ (名)旧称学生、徒弟 disciple; pupil; follower

帝 dì

(名)◇(1) the supreme being (2) emperor (3)帝国主义的简称 short for "帝国主义":人民的反~斗争 rénmín de fǎn ~ dòuzhēng the people's fight against imperialism

【帝国】dìguó (名)[个 gè] empire

【帝国主义】dìguózhǔyì (名)(1) imperialism (2)指帝国主义国家 imperialist country

【帝王将相】dì wáng jiàng xiàng 指封建君主制国家的皇帝、王侯及其文武大臣,泛指封建统治阶级中的上层人物 emperors and kings, generals and ministers

【帝制】dìzhì (名)以皇帝为首的专制政体 imperial system:中国于1911年废弃了~,实行了共和。Zhōngguó yú yījiǔyīyī nián fèiqìle ~, shíxíngle gònghé. In 1911 China discarded the imperial system and implemented a republic.

递〔遞〕dì

(动)(1) hand over; pass; give:把今天的报~给我。Bǎ jīntiān de bào ~ gěi wǒ. Pass me today's paper. (2)"递眼色"是用眼睛向别人表示某种意思 "递眼色" means wink at somebody to convey a message:我给他一了个眼色,他就不说话了。Wǒ gěi tā ~ le ge yǎnsè, tā jiù bù shuō huà le. I winked at him and he stopped talking. (3)◇ 顺着次序 successively; in the proper order

【递补】dìbǔ (动)按顺序补充 fill vacancies in the proper order

【递加】dìjiā (动)同"递增"dìzēng same as "递增" dìzēng

【递减】dìjiǎn (动)一层比一层、一级比一级、一次比一次成比例地减少 decrease progressively; decrease by degrees:农业税每年按0.5%~。Nóngyè shuì měi nián àn bǎi fēn zhī líng diǎn wǔ ~. Each year agricultural tax decreases progressively by 0.5%.

【递交】dìjiāo (动)当面交给 hand over; present; submit:请~本人。Qǐng ~ běnrén. Please give it to the person in question /~国书 ~ guóshū (of an ambassador) present one's credentials

【递进】dìjìn (动)后一个比前一个深入一步 go further; reinforce:"那所房子太小,而且离我上班的地方也远。"这就是有~关系的两句话。"Nà suǒ fángzi tài xiǎo, érqiě lí wǒ shàng bān de dìfang yě yuǎn." zhè jiù shì yǒu ~ guānxi de liǎng jù huà. "That house is too small, furthermore, it is very far from the place I work at." These are two clauses with the second reinforcing the first.

【递送】dìsòng (动)〈书〉传送(公文、文件、情报等) send; deliver:他给敌人~情报被公安部门捕获了。Tā gěi dírén ~ qíngbào bèi gōng'ān bùmén bǔhuò le. The ministry of public security caught him sending information to the enemy.

【递增】dìzēng (动)一次一次有规律地增加 increase progressively:产值每年~百分之十。Chǎnzhí měi nián ~ bǎi fēn zhī shí. Each year the value of output increases by 10%.

第 dì

(头)表示序数的词头,用在正整数前与正整数一起表示序数 prefix for ordinal numbers:~一名 ~yī míng first place /~十五排 ~ shíwǔ pái the fifteenth row/ ~五年 ~ wǔ nián the fifth year

【第二次国内革命战争】Dì'èr Cì Guónèi Gémìng Zhànzhēng 1927年—1937年中国人民在中国共产党领导下,反对国民党反动统治的战争,也叫"土地革命战争" the Second Revolutionary Civil War (1927—1937), waged by the Chinese people under the leadership of the Chinese Communist Party against the reactionary Kuomintang rule; also called "土地革命战争"(the Agrarian Revolutionary War)

【第二次世界大战】Dì'èr Cì Shìjiè Dàzhàn the Second World War

【第二国际】Dì'èr Guójì the Second International

【第二线】dì'èr xiàn 原为军事术语,处于战斗最前线的为第一线,排列在第一线后边的为第二线。其它工作,如学校里直接上课是第一线,编写教材或做行政管理工作是第二线 (military term) second line, situated behind the front line, secondary line (of work); e. g. in a school, teachers who teach classes are part of the forefront; those engaged in compiling teaching materials, doing administrative work, etc. are part of secondary line of work

【第二信号系统】dì'èr xìnhào xìtǒng 〈生理〉the second signal system

【第纳尔】dìnà'ěr (名) dinar (currency in Yugoslavia)

【第三产业】dìsān chǎnyè 指商业、服务业、饮食业、旅游业以及其他非物质生产的行业 tertiary industry, industry which has nonmaterial production, such as commerce, the service industry, the catering industry, tourism, etc.

【第三次国内革命战争】Dìsān Cì Guónèi Gémìng Zhànzhēng 1946年—1949年,中国人民在中国共产党领导下为反对国民党反动派卖国、独裁、内战政策而进行的革命战争,也叫解放战争 the Third Revolutionary Civil War (1946—1949), waged by the Chinese people under the leadership of the Chinese Communist Party against the reactionary dictatorship of the Kuomintang; also called "解放战争"(the War of Liberation)

【第三国际】Dìsān Guójì the Third International

【第三者】dìsānzhě (名)(1)当事双方以外的人或团体 a third party (to a lawsuit, etc.) (2)特指与已婚者搞恋爱的人

third party (to a marriage)

【第一把手】dìyī bǎ shǒu 一个单位或一个领导班子中的首要负责人 *person who is in a position of primary responsibility*；*first in command*：他是我们学校的～。Tā shì wǒmen xuéxiào de ～. *He is in charge of our school.* / 党委的～要管全面工作。Dǎngwěi de ～ yào guǎn quánmiàn gōngzuò. *The person in charge of the Party committee has to look after everything.*

【第一次国内革命战争】Dìyī Cì Guónèi Gémìng Zhànzhēng 1924年—1927年，中国人民在中国共产党领导下进行的反对帝国主义、北洋军阀的战争 *the First Revolutionary Civil War (1924—1927)*；*waged by the Chinese people under the leadership of the Chinese Communist Party against imperialism and the Northern Warlords*

【第一次世界大战】Dìyī Cì Shìjiè Dàzhàn *the First World War*

【第一国际】Dìyī Guójì *the First International*

【第一流】dìyī liú 最好的一级，上等的 *first class*；*first rate*：这个作家在中国是属～的。Zhège zuòjiā zài Zhōngguó shì shǔ ～ de. *He is one of China's top writers.* / 这个小地方难得看到～剧团的演出。Zhège xiǎo dìfang nándé kàndào ～ jùtuán de yǎnchū. *One rarely sees performances by first rate theatrical troupes in this small place.*

【第一手材料】dìyīshǒu cáiliào 本人亲身从实际生活中得到的材料 *firsthand material*；*original material*：领导干部在解决一个具体问题时，要重求掌握～。Lǐngdǎo gànbù zài jiějué yí ge jùtǐ wèntí shí, yào zhòngshì zhǎngwò ～. *When solving a specific problem, the leading cadres should attach importance to having firsthand information.*

【第一线】dìyī xiàn 直接从事生产、工作或斗争的地方 *forefront*；*front line*；*first line*：生产～ shēngchǎn ～ *forefront of production* / 他一生都没有离开过讲学～，始终给学生上课。Tā yìshēng dōu méiyou líkāiguo jiǎoxué ～, shǐzhōng gěi xuéshēng shàng kè. *He has never left the forefront of teaching and has always been conducting classes.*

【第一信号系统】dìyī xìnhào xìtǒng 〈生理〉*the first signal system*

缔〔締〕dì

【缔交】dìjiāo（动·不及物）〈书〉缔结邦交 *establish diplomatic relations*

【缔结】dìjié（动）〈书〉订立（条约等）*conclude*；*establish (a treaty)*：两国应尽早～和约，结束战争状态。Liǎng guó yīng jìnzǎo ～ héyuē, jiéshù zhànzhēng zhuàngtài. *The two countries ought to establish a peace treaty at the earliest possible date and terminate the state of war.*

【缔约】dìyuē（动）〈书〉订立条约 *conclude or sign a treaty*：～双方必须遵守下列条款。～ shuāngfāng bìxū zūnshǒu xiàliè tiáokuǎn. *The two sides must respect the following provisions of the treaty.*

【缔约国】dìyuēguó（名）*signatory to a treaty*

【缔造】dìzào（动）创立、建立（多指大的事业），是褒义词 *create*；*found*：中国人民解放军是毛泽东同志亲手～的。Zhōngguó Rénmín Jiěfàngjūn shì Máo Zédōng tóngzhì qīnshǒu ～ de. *The Chinese People's Liberation Army was founded by Comrade Mao Zedong himself.*

diān

掂 diān（动）用手托着上下反复摆动 *weigh in the hand*：你～一～这个瓜有几斤？Nǐ ～ yi ～ zhège guā yǒu jǐ jīn? *Weigh the melon in your hand and tell how much it weighs.* / 她把

书拿起来～了一了，又放下了，没买。Tā bǎ shū ná qilai ～le ～, yòu fàngxia le, méi mǎi. *She took the book and weighed it in her hand and put it down without buying it.*

【掂量】diānliang（动）〈口〉斟酌、估量 *think over*；*consider*；*estimate*；*weigh up*：派几个人去，你～着办吧。Pài jǐ ge rén qù, nǐ ～zhe bàn ba. *Send as many people as you see fit.* / 你～一下，派几个人去。Nǐ ～ yíxià, pài jǐ ge rén qù. *Estimate how many you are going to send.*

颠〔顛〕diān

（动）上下震动 *bump*；*jolt*：我得朝前坐一坐，汽车后边太～。Wǒ děi cháo qián zuò yi zuò, qìchē hòubiānr tài ～. *I have to sit in the front, it's too bumpy in the back of the car.* （名）*head*；*top*

【颠簸】diānbǒ（动）同"颠"diān（动）*same as "颠" diān (动)*

【颠倒】diāndǎo（动）(1)次序倒置 *turn upside down*；*invert*；*reverse*：这两个字印～了。Zhè liǎng ge zì yìn ～ le. *The order of these two characters is reversed.* (2)"神魂～"是指情绪不安定，精神不太正常，多由于爱情方面的问题引起的 *"神魂～" means infatuated*

【颠倒黑白】diāndǎo hēibái 故意歪曲事实，混淆是非 *confound black and white*；*confuse right and wrong*：你应该尊重事实，不能～。Nǐ yīnggāi zūnzhòng shìshí, bù néng ～. *You must respect the facts; you can't confuse right and wrong.*

【颠倒是非】diāndǎo shìfēi 同"颠倒黑白"diāndǎo hēibái *same as "颠倒黑白"diāndǎo hēibái*

【颠覆】diānfù（动）〈贬〉从内部破坏、瓦解以至最后推翻（某个政权）*overturn*；*subvert*：叛乱分子企图～政府的阴谋失败了。Pànluàn fènzǐ qǐtú ～ zhèngfǔ de yīnmóu shībài le. *The plot by the armed rebels to overthrow the government failed.*

【颠来倒去】diān lái dǎo qù 用不同的说法重复说某几句话，含贬义 *over and over*；*same thing in different words*：他～说了半天，无非是为自己开脱责任。Tā ～ shuōle bàntiān, wúfēi wèi zìjǐ kāituō zérèn. *His spending such a long time saying the same thing in different words was simply to absolve himself from responsibility.*

【颠沛流离】diānpèi liúlí （由于经济窘困或战乱）东奔西走、家人离散 *wandering about homeless*；*leading a vagrant life*

【颠扑不破】diān pū bù pò 无论怎么摔打都不破，比喻永远不会被推翻（多指某个理论）*be able to withstand heavy battering*；*irrefutable*；*indisputable*：哪里有压迫，哪里就有反抗，这是～的真理。Nǎli yǒu yāpò, nǎli jiù yǒu fǎnkàng, zhè shì ～ de zhēnlǐ. *Wherever there is oppression there is resistance. This is indisputable.*

【颠三倒四】diān sān dǎo sì 形容说话、做事重复错乱，没有条理 *(of speech, actions, etc.) incoherent*；*confused*：看他这几天心事重重的样子，说话也～的。Kàn tā zhè jǐ tiān xīnshì chóngchóng de yàngzi, shuō huà yě ～ de. *He has been burdened with anxiety these last few days and his speech has been incoherent.*

巅〔巔〕diān

（名）◇ 山顶 *mountain peak*，*summit*

癫〔癲〕diān

（形）◇ *mentally deranged*；*insane*

【癫狂】diānkuáng（形）〈书〉*demented*；*insane*

【癫痫】diānxián（名）〈医〉*epilepsy*

diǎn

典 diǎn（名）(1)◇ 标准、法则 *standard*；*law*：～章 ～zhāng de-

crees and regulations（2）可以作为典范的书籍 standard work：引经据～ yǐn jīng jù ～ quote the classics（3）典故 allusion；literary quotation：有的人写文章喜欢用～。Yǒude rén xiě wénzhāng xǐhuān yòng ～. Some people like to use literary quotations in their writings.（4）◇ 典礼 ceremony：举行盛～ jǔxíng shèng ～ hold a grand ceremony（动）mortgage：解放前，他祖父把房子一给别人，一直没钱收回来。Jiěfàng qián，tā zǔfù bǎ fángzi ～ gěi biéren，yìzhí méi qián shōu huilai. His grandfather mortgaged his house to someone before Liberation and has since not had the money to get it back.

【典当】diàndàng（动）mortgage；pawn

【典范】diǎnfàn（名）可以作为学习、仿效标准的人或物 model；example；paragon：学生往往把自己敬佩的老师作为～。Xuésheng wǎngwǎng bǎ zìjǐ jìngpèi de lǎoshī zuòwéi ～. Students often use the teacher they admire most as their model。/"五四"以来～的白话文可作为普通话的标准。"Wǔ-Sì" yǐlái ～ de báihuà wén kě zuòwéi pǔtōnghuà de biāo-zhǔn. The model writings in the vernacular since the May 4th Movement can serve as a paragon for standard mandarin.

【典故】diǎngù（名）诗词或文章等引用的古书中的故事或词语 llusion；literary quotation：三十岁被人叫做"而立之年"是用孔子说的"三十而立"的。Sānshí suì bèi rén jiàozuò "ér lì zhī nián" shì yòng Kǒng Zǐ shuō de "sānshí ér lì" de ～. When the age of thirty is called "而立之年"，this is from the literary quotation by Confucius "三十而立".

【典籍】diǎnjí（名）泛指古代图书。也指记载古代法制的书籍 ancient books and records

【典礼】diǎnlǐ（名）[个 gè]为某事郑重举行的仪式 ceremony；celebration：开学～ kāi xué ～ school opening ceremony / 结婚～ jié hūn ～ marriage ceremony / 毕业～ bì yè ～ graduation ceremony

【典型】diǎnxíng（名）[个 gè]（1）具有代表性的人或事物 typical case；model；type：用先进～推动全面工作。Yòng xiānjìn ～ tuīdòng quánmiàn gōngzuò. Use an exemplary model to expedite all work。/一本小说里总要有一～人物。Yì běn xiǎoshuō li zǒng yào yǒu ～ rénwù. In a novel there always has to be a typical character.（形）有代表性的 typical representative：老张是～的北方人，纯朴、踏实，会做不会说。Lǎo Zhāng shì ～ de běifāng rén，chúnpǔ、tāshi，huì zuò bú huì shuō. Lao Zhang is a typical Northener：honest，dependable，good at working but poor at talking.

【典押】diǎnyā（动）同"典当"diàndàng same as "典当" diàndàng

【典雅】diǎnyǎ（形）优美文雅，不粗俗 refined；elegant：～的词句 ～ de cíjù refined diction / 室内的装饰很～。Shì nèi de zhuāngshì hěn ～. The room is elegantly decorated.

点 〔點〕diǎn

（动）（1）用笔加上点子 put a dot：这个字还要一个点儿。Zhège zì hái yào ～ yí gè diǎn. This character needs another dot.（2）使液体一滴一滴地向下落 drip：～眼药 ～ yǎnyào drop in eyedrops（3）点播 dibble；plant in holes：棉花 ～ miánhua dibble cotton／～豆子 ～ dòuzi dibble beans（4）一个个地数（shǔ）count；人数 ◇ rénshù count the number of people / 这是150元，请你一～。Zhè shì yìbǎi wǔshí yuán，qǐng nǐ ～ yī ～. Here is 150，please count it.（5）指点，暗示 hint：不用多说，只要稍微一～，他就会懂的。Búyòng duō shuō，zhǐyào shāowēi yì ～，tā jiù huì dǒng de. You don't need to say too much，just give him a small hint and he'll understand.（6）light：把蜡烛都一～起来。Bǎ làzhú dōu ～ qilai. Light all the candles. / 炉子里劈柴都放好了，一～就着。Lúzi li pǐchai dōu fànghǎo le，yì ～ jiù zháo. The kindling has all been put in the stove. Just one

match and it will start burning.（名）[个 gè]（1）（～儿）液体的小滴 drop：雨 ～ yǔ ～ raindrops / 水 ～ shuǐ ～ drops of water（2）（～儿）小的痕迹 spot；dot；speck；blot：泥～ ní ～ mud specks / 墨 ～ mò ～ ink blots（3）（～儿）小数点儿 decimal point：2.50读作二～五〇。2.50 dúzuò èr ～ wǔ líng. "2.50" is read as "二点五〇".（4）（数）point：两～间的线段只以直线为最短。Liǎng ～ jiān de xiànduàn yǐ zhíxiàn wéi zuì duǎn. The shortest line between two points is a straight line.（5）一定的方面、环节 aspect；feature：找一个比较薄弱的～先突破。Zhǎo yí gè bǐjiào bóruò de ～ xiān tūpò. Look for a weaker point to break through first.（6）一定的时间 appointed time：到～了，他怎么还不下课？Dào ～ le，tā zěnme hái bú xià kè？ It's time now. How come he hasn't finished his class?（7）（～儿）汉字的笔画，形状是"、" dot stroke (in Chinese characters)：你这个字少了一～。Nǐ zhège zì shǎole yì ～. You missed a dot off this character.（量）（1）（～儿）表示少量（数词只能是"一"）a little；bit；some：做这个菜要用一～酒。Zuò zhège cài yào yòng yì ～ jiǔ. When you make this dish you need to use a little wine. / 您想买～什么？Nín xiǎng mǎi ～ shénme? What would you like to buy?（2）用于事项 piece；item；point：提两～意见 tí liǎng ～ yìjian make two suggestions /以下三～需引起注意。Yǐxià sān ～ xū yǐnqǐ zhùyì. The following three points should be kept in mind.（3）时间单位 o'clock：四～三刻 sì ～ sān kè 4:45

【点播】diǎnbō（动）（1）（农）播种的一种方法，隔一定距离挖一个小坑，放入种子 dibble seeding；dibble（2）（听众）指定节目要求广播电台播出 (of a listener) ask the radio station to broadcast one's requested item：听众常常一这位歌唱家演唱的歌曲。Tīngzhòng chángcháng ～ zhè wèi gēchàngjiā yǎnchàng de gēqǔ. Listeners often request songs performed by this vocalist.

【点菜】diǎn＝cài（去饭馆吃饭时）选择菜肴 choose dishes from a menu；order dishes (in a restaurant)：两个人吃饭，点三个菜足够了。Liǎng ge rén chī fàn，diǎn sān ge cài zúgòu le. Ordering three dishes for two people is quite enough.

【点滴】diǎndī（形）形容零星微小 in very small drops：学生的～进步都应当鼓励。Xuésheng de ～ jìnbù dōu yīngdāng gǔlì. Every little bit of progress made by a student should be encouraged.

【点火】diǎn＝huǒ（1）引着火 light a fire；kindle：天不早了，赶快～做饭。Tiān bù zǎo le，gǎnkuài ～ zuò fàn. It's getting late，hurry up and light a fire to cook supper (or lunch).（2）比喻挑起是非、制造事故 stir up trouble；cause mischief；arouse；incite：你说这么一句话不是在起了～的作用吗？Nǐ shuō zhème yí jù huà búshì qǐle ～ de zuòyòng ma? Don't you think that remark of yours will stir up trouble?

【点将】diǎn＝jiàng 旧指指定出战的武将，比喻指定负责某项任务的人员 (in former times) assign tasks to commanders engaged in battle；(fig.) name a person for a particular job

【点名】diǎn＝míng（1）查点人员是否在场时一个一个叫名字 call the roll；roll-call：教师每天上课时要～。Jiàoshī měi tiān shàng kè shí yào ～. The roll has to be called every day in class.（2）指名 name：领导一叫你去。Lǐngdǎo ～ jiào nǐ qù. The leader named you to go. / 在会上～批评。Zài huì shang ～ pīpíng. Be criticized by name in the meeting.

【点破】diǎn // pò 用一两句话说出真相或隐情 bring something out into the open；lay bare；point out bluntly：现在双方心里都知道是怎么回事，就差有人给～。Xiànzài shuāngfāng xīnli dōu zhīdao shì zěnme huí shì，jiù chà yǒu

rén gěi ～ le. *Now both sides understand what the problem is*, *it's just there's nobody to bring it out into the open.* / 你不～，他还以为别人不知道呢! Nǐ bù ～, tā hái yǐwéi biérén bù zhīdào ne! *If you don't point it out, he still thinks nobody knows.*

【点燃】 diǎnrán (动)〈书〉点着使燃烧 *light*；*kindle*；*ignite*：～革命的火种 ～ gémìng de huǒzhǒng *ignite the sparks of revolution*

【点射】 diǎnshè (动)〈军〉 *fire in bursts*

【点收】 diǎnshōu (动)一件一件清点接收(货物或财产等) *check and accept* (*goods*, *property*, etc.) *one by one*

【点数】 diǎnshù (～儿)清点数目 *check and count*；*count*：收回来的书还没～呢。Shōu huílai de shū hái méi ～ ne. *The books that have been returned haven't been checked and counted yet.* / 这是二百五十块钱,请你点点数儿。Zhè shì èrbǎi wǔshí kuài qián, qǐng nǐ diǎndiǎn shùr. *Here is 250 yuan. Please count it.*

【点头】 diǎn ～tóu *nod one's head*；*give permission*：这件事你不～就办不成。Zhè jiàn shì nǐ bù ～ jiù bàn bu chéng. *This job won't get done if you don't give the okay.* / 我们问他这是不是真的,他点了点头,没有说话。Wǒmen wèn tā zhè shì bu shì zhēn de, tā diǎnle diǎn tóu, méiyou shuō huà. *We asked him if it was true. He nodded his head and said nothing.*

【点头哈腰】 diǎn tóu hā yāo 〈口〉又点头又哈腰,形容过分客气或恭顺小心的样子 *nod one's head and bend over*；*bow unctuously*；*bow and scrape*

【点心】 diǎnxin (名)[块 kuài]糕饼之类的食品 *light refreshments*；*pastry*：现在～品种很多,可是有的质量不高。Xiànzài ～ pǐnzhǒng hěn duō, kěshì yǒude zhìliàng bù gāo. *There are many kinds of pastry at present, but the quality is not always good.*

【点种】 diǎnzhòng (动)〈农〉同“点播”diǎnbō(1) *same as "点播" diǎnbō(1)*

【点缀】 diǎnzhuì (动)(1)加以装饰或衬托,使原有事物更美好 *embellish*；*adorn*；*decorate*：即使房子好,周围没有花草树木～也不行。Jíshǐ fángzi hǎo, zhōuwéi méi yǒu huācǎo shùmù ～ yě bù xíng. *Even though it's a nice house if there are no flowers and trees around it, it won't look beautiful.* (2)为了适应情况而不得不做某事 *use something merely for show*：他并不爱喝酒,庆祝会上只喝一点～～。Tā bìng bú ài hē jiǔ, qìngzhùhuì shang zhǐ hē yìdiǎnr ～～. *He really doesn't like drinking; he only drank for show at the celebration party.* (名)有其名无其实的事物 *something used merely for show*：我实在没有领导才能,如果叫我当领导,只是个～。Wǒ shízài méi yǒu lǐngdǎo cáinéng, rúguǒ jiào wǒ dāng lǐngdǎo, zhǐ shì ge ～. *I really don't have any leadership ability. If you make me a leader, I'll just be a figurehead.*

【点子】 diǎnzi (名)[个 gè](1) *spot*；*dot*；*speck*：衣服上怎么有好些油～? Yīfu shang zěnme yǒu hǎoxiē yóu ～? *How come there are so many oil spots on your clothes?* (2)主意,办法 *idea*；*method*：这件事得靠你多出～. Zhè jiàn shì děi kào nǐ duō chū ～. *You'll have to come up with some ideas on this.* / 这个人鬼～特别多。Zhège rén guǐ ～ tèbié duō. *This guy is particularly full of wicked ideas.* (3) *crucial*：他说了半天也没说到～上。Tā shuōle bàntiān yě méi shuōdào ～ shang. *He spoke for ages but never got to the point.*

碘 diǎn
(名)*iodine*

【碘酒】 diǎnjiǔ (名)〈药〉 *tincture of iodine*

踮 diǎn
(动)脚后跟抬起,用脚尖站着 *stand on tiptoe*：人围得太多,他～着脚也看不见里边发生了什么事。Rén wéi de tài duō, tā ～zhe jiǎo yě kàn bu jiàn lǐbiān fāshēngle shénme shì. *So many people had gathered round that even by standing on tiptoe he couldn't see what was going on inside.*

diàn

电 〔電〕 diàn
(名)(1) *electricity* (2)◇ 电报、电讯的简称 *telegram*；*cable*：上海来～ Shànghǎi lái ～ *a telegram from Shanghai* / 新华社9月5日～ Xīnhuáshè jiǔyuè wǔ rì ～ *a Xinhua News Agency dispatch dated September 5th* (动)触电 *get an electric shock*：当心,别～着你。Dāngxīn, bié ～zhao nǐ. *Careful! Don't get a shock.*

【电报】 diànbào (名)[份 fèn] *telegram*；*cable*：打～ dǎ ～ *send a telegram* / 发～ fā ～ *send a telegram*

【电报挂号】 diànbào guàhào *cable address*

【电表】 diànbiǎo (名)[个 gè](1) *ammeter*；*voltmeter* (2) *kilowatt-hour meter*；*watt-hour meter*；*electric meter*

【电冰箱】 diànbīngxiāng (名)[个 gè] *refrigerator*；*fridge*

【电波】 diànbō (名)〈电〉 *electric wave*

【电场】 diànchǎng (名)〈电〉 *electric field*

【电唱机】 diànchàngjī (名)[个 gè] *record player*

【电车】 diànchē (名)[辆 liàng] *tram*；*streetcar*

【电池】 diànchí (名)[节 jié]〈电〉 *battery*；*(electric) cell*

【电传】 diànchuán (名)利用电信号传递文字、图片、图表、声音的技术 *telex* (动) *telex*：开紧急会议的通知,非～不行。Kāi jǐnjí huìyì de tōngzhī, fēi ～ bùxíng. *Notices for the emergency meeting must be telexed.*

【电磁】 diàncí (名) *electromagnetism*

【电大】 diàndà (名)“广播电视大学”的简称 *abbrev. for* "广播电视大学"(*broadcasting and TV college*)

【电灯】 diàndēng (名)[盏 zhǎn] *electric lamp*；*electric light*

【电动】 diàndòng (形·非谓)用电力使机械运转的 *electrically operate*：～玩具 ～ wánjù *electric toy*

【电动机】 diàndòngjī (名)[台 tái]〈机〉 *(electric) motor*

【电镀】 diàndù (动) *electroplate*

【电饭锅】 diànfànguō (名) *electric rice cooker*

【电工】 diàngōng (名)(1)电工学 *electrical engineering* (2) *electrician*

【电工学】 diàngōngxué (名)〈电〉 *electrical engineering*

【电功率】 diàngōnglǜ (名) *electric power*

【电光】 diànguāng (名) *light produced by electricity*；*lightning*

【电焊】 diànhàn (动) *electric welding*

【电贺】 diànhè (动)打电报祝贺 *telegraph one's congratulations to sb.*

【电荷】 diànhè (名)〈电〉 *electric charge*；*charge*

【电弧】 diànhú (名)〈电〉 *electric arc*

【电化教育】 diànhuà jiàoyù *education with electrical audio-visual aids*

【电化学】 diànhuàxué (名) *electrochemistry*

【电话】 diànhuà (名)[个 gè](1) *telephone* (2) *phone call*：我明天给你打个～。Wǒ míngtiān gěi nǐ dǎ ge ～. *I'll call you tomorrow.* / 老王,你的～。Lǎo Wáng, nǐ de ～. *Lao Wang, there's a call for you.* / 刚才的～谁接的? Gāngcái de ～ shuí jiē de? *Who answered that call just now?*

【电话会议】 diànhuà huìyì 通过电话举行的会议 *telephone conference*

【电话局】 diànhuàjú (名) *telephone exchange*；*telephone office*

【电汇】 diànhuì (名) *telegraphic money order* (动) *transfer money by telegraph*

【电机】diànjī（名）[部 bù、台 tái］electrical machinery
【电极】diànjí（名）〈电〉electrode
【电键】diànjiàn（名）〈电〉telegraph key；key button
【电教片】diànjiàopiàn（名）"电化教育影片"的简称 abbrev. for "电化教育影片"（audio-visual education film）
【电解】diànjiě（动）〈化〉electrolysis
【电缆】diànlǎn（名）（electric）cable
【电老虎】diànlǎohǔ（名）指耗电量大的机器 electric tiger — machinery that consumes vast amounts of electricity
【电力】diànlì（名）electric power
【电力网】diànlìwǎng（名）power network
【电量】diànliàng（名）[库仑 kùlún]〈电〉quantity of charge（measured by coulomb）
【电疗】diànliáo（动）〈医〉electrotherapy
【电料】diànliào（名）电气器材的统称,如:电线、开关、插销等 electrical equipment and materials, such as electric wire, switch, plug, etc.
【电铃】diànlíng（名）[个 gè]electric bell
【电流】diànliú（名）[安培 ānpéi]〈电〉electric current
【电炉】diànlú（名）[个 gè]electric stove；hot plate；electric furnace
【电路】diànlù（名）（electric）circuit
【电码】diànmǎ（名）（telegraphic）code
【电门】diànmén（名）（electric）switch
【电脑】diànnǎo（名）[台 tái]computer
【电能】diànnéng（名）〈电〉electrical energy
【电钮】diànniǔ（名）[个 gè]button（as on a machine）
【电瓶】diànpíng（名）storage battery；accumulator
【电瓶车】diànpíngchē（名）[辆 liàng］storage battery car；electromobile
【电气】diànqì（名）同"电"diàn same as "电" diàn
【电气化】diànqìhuà（动）electrification
【电器】diànqì（名）〈电〉electrical equipment；electrical appliance
【电热褥】diànrèrù（名）electric mattress
【电容】diànróng（名）[法拉 fǎlā]electric capacity；capacitance（measured by farad）
【电容器】diànróngqì（名）〈电〉condenser；capacitor
【电扇】diànshàn（名）[台 tái]electric fan
【电视】diànshì（名）(1) the method of telecasting (2) television programme：看～ kàn ～ watch television (3) [架 jià、台 tái]television set：你家买彩色一了吗？Nǐ jiā mǎi cǎisè ～ le ma? Has your family bought a colour TV?
【电视大学】diànshì dàxué 即"广播电视大学",利用广播电视进行教学的业余高等学校 namely," 广播电视大学"（broadcasting and TV college）, a sparetime institute of higher learning where teaching is carried out through broadcasts and TV programs
【电视机】diànshìjī（名）[架 jià、台 tái]TV；TV set
【电视剧】diànshìjù（名）television play
【电视台】diànshìtái（名）TV station
【电台】diàntái（名）[座 zuò](1) transmitter-receiver；transceiver (2)指广播电台 broadcasting or radio station
【电烫】diàntàng（动）permanent waving；perm
【电梯】diàntī（名）[部 bù]elevator
【电筒】diàntǒng（名）flashlight
【电网】diànwǎng（名）electrified wire netting
【电文】diànwén（名）电报的文字、内容 text of a telegram：请秘书先拟好一让我看看再去发电报。Qǐng mìshū xiān nǐhǎo ～ ràng wǒ kànkan zài qù fā diànbào. Have the secretary make a draft of the telegram and let me see it before you send it.
【电线】diànxiàn（名）[根 gēn]（electric）wire
【电信】diànxìn（名）telecommunications
【电学】diànxué（名）electricity（as a science）

【电讯】diànxùn（名）telegraphic dispatch
【电压】diànyā（名）[伏特 fútè]voltage
【电压计】diànyājì（名）voltmeter
【电唁】diànyàn（动）发电报吊唁 send a telegram of condolence
【电影】diànyǐng（名）[个 gè、部 bù]movie；film
【电影放映机】diànyǐng fàngyìngjī［台 tái］movie projector
【电影剧本】diànyǐng jùběn scenario
【电影摄影机】diànyǐng shèyǐngjī［架 jià］movie camera；cinecamera
【电影院】diànyǐngyuàn（名）[座 zuò]movie house；cinema
【电源】diànyuán（名）power supply；power source；mains
【电灶】diànzào（名）electric cooking range（or stove）
【电闸】diànzhá（名）（electric）switch
【电针麻醉】diànzhēn mázuì〈中医〉galvano-acupuncture anasethesia
【电钟】diànzhōng（名）electric clock
【电子】diànzǐ（名）electron
【电子管】diànzǐguǎn（名）[个 gè、支 zhī]electron tube；valve
【电子计算机】diànzǐ jìsuànjī［台 tái］electronic computer
【电子计算器】diànzǐ jìsuànqì［个 gè］electronic calculator
【电子琴】diànzǐqín（名）electronic keyboard
【电子显微镜】diànzǐ xiǎnwēijìng electron microscope
【电子学】diànzǐxué（名）electronics
【电子钟】diànzǐzhōng（名）electronic clock
【电阻】diànzǔ（名）[欧姆 Ōumǔ]resistance
【电钻】diànzuàn（名）〈机〉electric drill

佃 diàn
（动）〈农民向地主〉租种〈土地〉rent land（from a landlord）
【佃户】diànhù（名）[家 jiā]〈旧〉租种某地主土地的农民称为·该地主的佃户 tenant（farmer）
【佃农】diànnóng（名）[个 gè]〈旧〉自己无土地,租种地主土地的农民 tenant-peasant；tenant farmer
【佃租】diànzū（名）〈旧〉佃农交纳给地主的地租 land rent

店 diàn
（名）[家 jiān](1)客店 inn：今晚到那个村子去住～。Jīn wǎn dào nàge cūnzi qù zhù ～. I'm going to stay at the inn in that village this evening. (2)商店 shop；store：洗染～ xǐrǎn ～ laundering and dyeing shop / 杂货～ záhuò ～ grocery store
【店铺】diànpù（名）shop；store
【店员】diànyuán（名）[个 gè]salesperson；store clerk

玷 diàn
【玷辱】diànrǔ（动）〈书〉使蒙受耻辱 bring disgrace on；be a disgrace to
【玷污】diànwū（动）〈书〉弄脏。现主要用于比喻 stain；sully；tarnish：他的可耻行为～了祖国的荣誉。Tā de kěchǐ xíngwéi ～ le zǔguó de róngyù. His disgraceful behaviour has tarnished his country's honour.

垫 [墊] diàn
（动）(1)把一物体放于另一物体之下,使上面的物体加高：put sth. under sth. else to raise it or make it level / 一个枕头不够高,下面再一个。Yī ge zhěntou bú gòu gāo, xiàmiàn zài ～ yí ge. If one pillow is not high enough, you can put another one underneath it. (2)铺一些东西使表面平正,或起隔离作用 fill up；pad：把路上的坑～平。Bǎ lù shang de kēng ～píng. Repair a road by filling the holes.：熨衣服时,上面要一块湿布。Yùn yīfu shí, shàngmiàn yào ～ kuài shī bù. When you iron clothes you should put a

piece of wet cloth on top. / 碗很烫，用一个碟子～着。Wǎn hěn tàng，yòng yí ge diézi ～zhe. *The bowl is very hot, put a plate under it.* (3)替人暂时付钱 *pay for sb. and expect to be repaid later*：他的钱不够了，我替他～了一块钱。Tā de qián bú gòu le，wǒ tì tā ～le yi kuài qián. *He didn't have enough money, I let him have a dollar.* (名)(～儿)〔个 gè〕垫子 *mat; pad; cushion*：椅～ yǐ ～ *chair cushion* / 杯子～ bēizi ～ *coaster*

【垫付】diànfù (动)暂时替人付钱 *pay for sb. and expect to be repaid later*：你要是没带钱，我先替你～吧。Nǐ yàoshi méi dài qián，wǒ xiān tì nǐ ～ ba. *If you haven't brought any money along, I'll pay for you for now.*

【垫肩】diànjiān (名)(1)衬在上衣肩部的三角形衬垫，使衣服穿起来美观 *shoulder pad* (2)挑或扛东西时放在肩上的垫子 *shoulder padding (for cushioning one's shoulders while one is carrying sth. on them)*

【垫脚石】diànjiǎoshí (名)向上攀登时垫在脚下的石头，比喻有野心的人向上爬时所利用的人或事物 *stepping-stone (also used figuratively)*

【垫圈】diànquān (名)(～儿)扁平的金属环，垫在螺母与其所连接的零件之间，用来增大接触面 *washer*

【垫上运动】diànshàng yùndòng〈体〉*mat tumbling*

【垫子】diànzi (名)〔个 gè〕垫在床、椅子、凳子上或别的地方的东西 *mat; pad; cushion*：这种床有两个弹簧～。Zhè zhǒng chuáng yǒu liǎng ge tánhuáng ～. *These beds have two spring mattresses.* / 他用草编的那个小～是放杯子用的。Tā yòng cǎo biān de nàge xiǎo ～ shì fàng bēizi yòng de. *The small straw mat that he wove is for putting glasses on.*

惦 diàn

(动)挂念 *remember with concern; be concerned about; keep thinking about*：她老～着她儿子的病。Tā lǎo ～zhe tā érzi de bìng. *She can't stop thinking about her child's illness.*

【惦记】diànjì (动)心里总是结记着，放心不下 *remember; be concerned about; keep thinking about*：家里没什么事让他～，他很安心。Jiā li méi shénme shì ràng tā ～，tā hěn ān xīn. *There's nothing for him to worry about at home so he is very much at ease.*

【惦念】diànniàn (动)〈书〉惦记、挂念 *keep thinking about; be anxious about; worry about*

淀〔澱〕diàn

【淀粉】diànfěn (名)*starch; amylum*

奠 diàn

(动)(1)用祭品向死者致哀 *make offerings to the spirits of the dead* (2)建立(基础) *establish; lay (a foundation)*

【奠定】diàndìng (动)使局面稳固，使基础牢固 *establish; settle*：1972年的中美上海联合公报为发展中美两国关系～了基础。Yijiǔqī'èr nián de Zhōng-Měi Shànghǎi Liánhé Gōngbào wèi fāzhǎn Zhōng Měi liǎng guó guānxi ～ le jīchǔ. *The 1972 Sino-American Shanghai Joint Communiqué laid the foundation for the development of relations between China and the U.S.A.*

【奠基】diànjī (动)为建筑物打基础 *lay a foundation*：人民英雄纪念碑是1949年9月30日～的。Rénmín Yīngxióng Jìniànbēi shì yijiǔsìjiǔ nián jiǔyuè sānshí rì ～ de. *The foundation for the Monument to the People's Heroes was laid on September 30th, 1949.* / 鲁迅是中国新文学的～人。Lǔ Xùn shì Zhōngguó xīnwénxué de ～ rén. *Lu Xun was the founder of China's new vernacular literature.*

殿 diàn

(名)〔座 zuò、个 gè〕供奉神佛或帝王受朝理事的高大房屋 *hall; palace; temple*：故宫有好几个大～，你都看过吗？Gùgōng yǒu hǎo jǐ ge dà ～，nǐ dōu kànguo ma? *There are several large halls in the Forbidden City, have you seen them all?*

【殿后】diànhòu (动)走在队伍的最后 *(of troops) bring up the rear*

【殿堂】diàntáng (名)〈书〉宫殿，多用于比喻 *palace (often used figuratively)*

【殿下】diànxià (名)对太子或亲王的尊称 *Your Highness*

靛 diàn

(名)(1)深蓝色的有机染料 *indigo* (2)由蓝和紫混合而成的深蓝色 *indigo blue*

【靛蓝】diànlán (名)同"靛"diàn (1) *same as "*靛*" diàn(1)*

【靛青】diànqīng (名)深蓝色 *indigo blue; dark blue*

diāo

刁 diāo

(形)狡猾 *tricky; artful; sly*

【刁悍】diāohàn (形)狡猾凶狠 *cunning and fierce*

【刁滑】diāohuá (形)狡猾，为自己打算不惜伤害别人，手段巧妙 *cunning; crafty; artful*：她是一个～的女人。Tā shì yí ge ～ de nǚrén. *She is a cunning woman.*

【刁难】diāonàn (动)(故意出难题)使人为难 *create difficulties; make things difficult*：领导不同意他的改革措施，就故意～他。Lǐngdǎo bù tóngyì tā de gǎigé cuòshī，jiù gùyì ～ tā. *The leader didn't agree with his reform measures and deliberately made things difficult for him.* / 他们在那里处处受到歧视和～。Tāmen zài nàli chùchù shòudào qíshì hé ～. *They faced discrimination and obstacles at every turn over there.*

【刁钻】diāozuān (形)狡猾奸诈 *cunning and treacherous*

叼 diāo

(动)〈口〉用嘴咬住(物体的一小部分) *hold (part of sth.) in the mouth*：小狗把骨头～在嘴里。Xiǎo gǒu bǎ gǔtou ～ zài zuǐ li. *The dog held the bone in its mouth.* / 他～着香烟说话。Tā ～zhe xiāngyān shuō huà. *He spoke with a cigarette dangling from his lips.*

凋 diāo

【凋敝】diāobì (形)〈书〉(事业)衰败，(生活)困苦 *(of business) in the decline; depressed; (of life) hard; destitute*

【凋零】diāolíng (形)〈书〉(草木)凋谢零落 *withered; fallen and scattered about*

【凋落】diāoluò (动)(草木花叶)掉下 *wither and fall*：因为天太旱树叶都～了。Yīnwei tiān tài hàn shùyè dōu ～ le. *The leaves all withered and fell off the trees because the weather was too dry.*

【凋谢】diāoxiè (动)花叶脱落 *wither and fall*：没有不～的花，没有不老的人。Méi yǒu bù ～ de huā，méi yǒu bù lǎo de rén. *All flowers eventually wither and fall and all men eventually become old.*

貂 diāo

(名)*marten*：～皮是很珍贵的皮子。～ pí shì hěn zhēnguì de pízi. *Marten fur is a precious fur.*

碉 diāo

【碉堡】diāobǎo (名)〔座 zuò〕军事上防守用的建筑物，多用

砖、石、钢筋混凝土等建成 *pillbox*；*blockhouse*

雕 diāo
（名）用雕刻的方法制成的工艺品、家具等 *carving*：石～ shí～ *stone carving* / 牙～ yá～ *ivory carving*（动）在竹木、玉石、金属等上面刻画 *carve*；*engrave*：他把树根～成一个头像。Tā bǎ shùgēn ～chéng yí ge tóuxiàng. *He carved a head from the tree root.*

【雕虫小技】diāo chóng xiǎo jì 比喻微不足道的技能（常指文字技巧方面）*insignificant skill（esp. in writing）*

【雕花】diāohuā（名）在木器上雕成的花纹、图案等 *carved patterns or designs on woodwork*；*carving*（动）在木器上雕刻花纹、图案 *carve patterns or designs on woodwork*

【雕刻】diāokè（动）在金属、象牙、骨头、玉石等材料上刻出形象 *carve*；*engrave*（名）指雕刻艺术 *carving*

【雕漆】diāoqī（名）特种工艺的一种，在铜胎或木胎上涂上好多层漆，阴干后在上面雕刻各种花纹。也叫漆雕 *carved lacquerware*

【雕塑】diāosù（动）用雕刻和塑造的方法制作形象 *sculpture*：这条街上的塑像全是他～的。Zhè tiáo jiēshang de sùxiàng quán shì tā ～ de. *All the statues on this street were sculpted by him.*（名）指用雕塑方法制成的艺术形象 *sculpture*：这些全是石膏～。Zhèxiē quán shì shígāo ～. *These are all plaster sculptures.*

【雕像】diāoxiàng（名）雕刻而成的人像或动物 *statue*

【雕琢】diāozhuó（动）（1）雕刻（玉石）*carve*；*cut and polish（jade, etc.）*（2）指写文章时过分修饰（文辞）*write in an ornate style*：写文章要朴素通俗，不要太～字句。Xiě wénzhāng yào pǔsù tōngsú, búyào tài ～ zìjù. *An essay should be written in plain and simple words and not be too ornate.*

diào

吊 diào
（动）（1）悬挂，多是头向下的 *hang*；*suspend with the head down*：床前～着一个瓶子给病人输液。Chuáng qián ～zhe yí ge píngzi gěi bìngrén shūyè. *There's a bottle hanging over the bed which is an infusion for the patient.*（2）用绳子等向上提或向下放 *lift up or let down with a rope*：你不用下来，我把水给你～上去。Nǐ búyòng xiàlai, wǒ bǎ shuǐ gěi nǐ ～ shangqu. *You don't have to come down, I'll hoist the water up to you.*

【吊车】diàochē（名）[台 tái]*crane*；*hoist*

【吊带】diàodài（名）*suspenders*；*garters*

【吊儿郎当】diào'erlángdāng（形）形容衣服不整洁，态度随便，不严肃，不好好工作 *careless and casual*；*slovenly*：他最近变得～的，一定有原因。Tā zuìjìn biàn de ～ de, yídìng yǒu yuányin. *He has recently become very slovenly; there must be a reason for it.*

【吊环】diàohuán（名）（1）[副 fù]*（of gymnastics）rings*（2）*rings（event in gymnastic competition）*

【吊桥】diàoqiáo（名）[座 zuò]*suspension bridge*

【吊丧】diào＝sāng 到死人家里去祭奠亡者 *visit the family of the deceased to offer one's condolences*

【吊嗓子】diào sǎngzi 中国戏曲演员锻炼嗓音 *（of performers in Chinese traditional opera）train one's voice*

【吊桶】diàotǒng（名）向井中、河中或坑中取水的桶，桶上拴着绳子或竹竿 *well bucket*；*bucket（which is tied to a rope or bamboo pole and is used for retrieving water from a well or river）*

【吊袜带】diàowàdài（名）同"吊带"diàodài *same as "吊带" diàodài*

【吊销】diàoxiāo（动）收回并取消（发出去的证件）*revoke*；*withdraw（certificates, papers, etc. that have already been issued）*：这个出租汽车司机的驾驶执照被～了。Zhège chūzū qìchē sījī de jiàshǐ zhízhào bèi ～ le. *This taxi driver's licence was revoked.*

【吊唁】diàoyàn（动）〈书〉祭奠死者并慰问其亲属 *condole*；*offer one's condolences*

【吊装】diàozhuāng（动）*hoist*

钓 [釣] diào
（动）*fish with a hook and line*：～鱼 ～ yú go *fishing* / ～虾 ～ xiā *fish for shrimp*

【钓饵】diào'ěr（名）[个 gè]*bait*：这件礼物实际是个～，你不要上当。Zhè jiàn lǐwù shíjì shì ge ～, nǐ búyào shàng dàng. *This gift is really just a bait, so don't be taken in.*

【钓竿】diàogān（名）（～儿）*fishing rod*

【钓钩】diàogōu（名）[个 gè]*fishhook*

调 [調] diào
（动）（1）调动 *transfer*；*shift*；*move*：他～到上海去工作了。Tā ～dào Shànghǎi qù gōngzuò le. *He has been transfered to Shanghai to work.*（2）调拨 *allot*；*allocate*：希望你们能～一批毛线给我们。Xīwàng nǐmen néng ～ yì pī máoxiàn gěi wǒmen. *We hope that you will be able to allot us a batch of knitting wool.*（3）调换 *exchange*；*change*；*swap*：我能和你～一下座位吗？Wǒ néng hé nǐ ～ yíxià zuòwèi ma? *Could I switch seats with you?*（名）（1）（～儿）*air*；*tune*；*melody*：这个歌儿的～很好听。Zhège gēr de ～ hěn hǎotīng. *This song has a nice melody.*（2）*key*：这个歌是C～。Zhège gēr shì C～. *This song is in the key of "C".*（3）（～儿）腔调 *accent*：他的普通话里的广东～改不了了。Tā de pǔtōnghuà li de Guǎngdōng ～ gǎi bu liǎo le. *The Cantonese accent in his putonghua cannot be changed.* 另见 tiáo

【调兵遣将】diào bīng qiǎn jiàng 调动兵士，派遣将领。指为了做某事调动、配备大批人力 *move troops*；*deploy forces*

【调拨】diàobō（动）由上级机关把某种东西成批地从一个部门调到另一部门，从一个地方调到另一个地方 *allocate and transfer（goods or funds）*：北京市从附近农村～了大批水果供应国庆市场。Běijīng Shì cóng fùjìn nóngcūn ～le dàpī shuǐguǒ gōngyìng guóqìng shìchǎng. *The markets in Beijing were allocated large quantities of fruit from the nearby countryside for the national day.*

【调查】diàochá（动）为了了解情况进行具体的考察 *investigate*；*inquire into*；*look into*；*survey*：你们应该～一下这几年青少年犯罪的情况。Nǐmen yīnggāi ～ yíxià zhè jǐ nián qīng-shàonián fàn zuì de qíngkuàng. *You should look into the situation of juvenile delinquency over the last few years.* / 据～这一带居民购买力比去年大大提高。Jù ～, zhè yídài jūmín gòumǎilì bǐ qùnián dàdà tígāo. *According to findings, the purchasing power of the inhabitants of this region has increased considerably over last year.*（名）*investigation*：他们利用暑假作了一次农村～。Tāmen lìyòng shǔjià zuòle yí cì nóngcūn ～. *They used their summer vacation to conduct a rural survey.*

【调动】diàodòng（动）（1）由领导机关或上级变更某人或某些人的工作单位或部门 *move（troops）*；*manoeuvre*；*muster*；*transfer sb. to another post*：～队伍 ～ duìwǔ *move troops* / 他要求～工作，想去学校。Tā yāoqiú ～ gōngzuò, bú yuàn zài gōngchǎng, xiǎng qù xuéxiào. *He has applied for a transfer, he doesn't want to work in the factory anymore; he wants to teach.*（2）调集动员 *mobilize*；*arouse*：做领导的一定要会～工作人员的积极性。Zuò lǐngdǎo de yídìng yào huì ～ gōngzuò rényuán de jījíxìng. *Leaders must know how to arouse their workers' enthusiasm.*（名）指调动事宜 *transfer*：频繁的军队～ pínfán de jūnduì ～ *frequent transfer of troops*

【调度】diàodù（动）负责管理并安排（工作、人力、车辆等）*dispatch*；*manage*；*control*（名）指担负调度工作的人 *dispatcher*；*controller*

【调度员】diàodùyuán（名）*dispatcher*；*controller*

【调号】diàohào（名）〈语〉（～儿）[个 ge]表示声调的符号。《汉语拼音方案》规定，第一声（阴平）用"－"，第二声（阳平）用"ˊ"，第三声（上声）用"ˇ"，第四声（去声）用"ˋ" *tone mark*，e. g. "－" *for first tone*，"ˊ" *for second tone*，"ˇ" *for third tone*，*and* "ˋ" *for fourth tone*

【调虎离山】diào hǔ lí shān 为了便于达到某种目的，想法使不利于这种目的实现的关键人物离开（*lure the tiger out of the mountains*）*lure the enemy away from his base*：他这是采取的—计，我们不能上当。Tā zhè shì cǎiqǔ de — jì，wǒmen bù néng shàng dàng. *We musn't fall for his trick of trying to lure us away from our base.*

【调换】diàohuàn（动）彼此对换 *exchange*；*change*；*swap*：每个人位子是固定的，不能随便。Měi ge rén wèizi shì gùdìng de，bù néng suíbiàn—. *Everybody's seat is fixed and cannot be changed at random.* / 这件工作服太小，能给我—件大的吗？Zhè jiàn gōngzuòfú tài xiǎo，néng gěi wǒ — yí jiàn dà de ma? *This overall is too small. Could you exchange it for a larger one?*

【调集】diàojí（动）调动使集中 *assemble*；*muster*：—兵力 bīnglì *assemble forces* /—防汛物资 — fáng xùn wùzī *assemble materials for flood control*

【调令】diàolìng（名）调动工作人员工作的命令 *transfer order*

【调门儿】diàoménr（名）〈口〉（1）说话或歌唱时音调的高低 *pitch*：他唱的—太高了。Tā chàng de — tài gāo le. *His singing is too high-pitched.* / 妈妈怕吵，你们说话—放低点儿。Māma pà chǎo，nǐmen shuō huà — fàng dī diǎnr. *Mom doesn't like loud noises, so speak a little lower.* （2）比喻讲话或写文章所表现的意见、论调 *view*；*argument*（*in an essay or speech*）：他今天的发言—可高了，我看他行动上不一定做得到。Tā jīntiān de fāyán — kě gāo le，wǒ kàn tā xíngdòng shang bù yídìng zuò de dào. *He adopted a high view in his speech today, but I don't think he'll live up to his words.* / 这篇文章—不低。Zhè piān wénzhāng — bù dī. *This article is rather high-keyed.*

【调配】diàopèi（动）调动分配 *allocate*；*deploy*：合理—劳动力 héli — láodònglì *a reasonable allocation of labour* /—支农物资 — zhī nóng wùzī *allocate goods to supply the needs of agriculture* 另见 tiáopèi

【调遣】diàoqiǎn（动）调动，差遣 *dispatch*；*assign*：—军队 jūnduì *dispatch troops* / 我们是来支援灾区的，完全由你—。Wǒmen shì lái zhīyuán zāiqū de，wánquán yóu nǐ—. *We're here to help the disaster area and are ready to accept your assignment.*

【调任】diàorèn（动）调动职位，担任另一种工作 *be transferred to another post*：这个研究所的所长现在—科学院副院长了。Zhège yánjiūsuǒ de suǒzhǎng xiànzài — kēxuéyuàn fùyuànzhǎng le. *The director of this research institute has now been transferred to the post of vice-director of the Academy of Sciences.*

【调演】diàoyǎn（名）（为了观摩和推动文艺的发展，由主管机关）调集各有关文艺团体一起的演出 *performances by groups or artists, etc. who have been assembled together（so as to perform before fellow artists for the purpose of discussion and emulation）*：话剧— huàjù — *an assembly of performances of modern drama* / 京剧— jīngjù — *an assembly of performances of Beijing opera*

【调运】diàoyùn（动）调拨和运输 *allocate and transport*：—轻工产品下乡 — qīnggōng chǎnpǐn xià xiāng *allocate and ship light-industry products to the countryside* / 从四川鲜橘来北京。Cóng Sìchuān — xiān jú lái Běijīng. *allocate and transport fresh oranges from Sichuan to Beijing*

【调值】diàozhí（名）〈语〉*tone pitch*

【调子】diàozi（名）[个 ge]（1）*tune*；*melody*：这是一个非常欢乐的—。Zhè shì yí ge fēicháng huānlè de —. *This is a really happy tune.* （2）*tone* （3）说话时带的某种情绪 *note（of speech）*：他的谈话—轻松乐观。Tā de tán huà — qīngsōng lèguān. *There was a happy and relaxed note in what he said.*

掉 diào

（动）（1）落下 *fall*；*drop*；*shed*：～眼泪 — yǎnlèi *shed tears* / 一阵风过去，枯叶—了一地。Yí zhèn fēng guòqu，kūyè —le yí dì. *After a gust of wind there were dead leaves everywhere.* / 他—到沟里去了。Tā —dào gōu li qù le. *He fell into the ditch.* （2）遗漏 *lose*；*be missing*：我抄稿子的时候，整整—了一行！Wǒ chāo gǎozi de shíhou，zhěngzhěng —le yì háng！ *When I was copying the manuscript I missed a whole line.* （3）回转 *turn around*：我去拿箱子，你把车—一下。Wǒ qù ná xiāngzi，nǐ bǎ chē — yixia. *I'll go and get the trunk and you turn the car around.* （4）减损 *fade*；*lose*：～色 — shǎi *The colour is fading.* / 一夏天他体重—了三斤。Yí xiàtiān tā tǐzhòng —le sān jīn. *He lost three jin of weight in one summer.* （5）表示事物通过动作而了结或消失（作动词的补语）*be done with something*；…*away*：废纸早就扔—了。Fèizhǐ zǎo jiù rēng— le. *The waste paper has already been thrown away.* / 这块锈迹洗得—洗不—？Zhè kuài xiùjì xǐ de — xǐ bu —? *Can these rust marks be washed out?* / 他跑不—，我们一定能找到他。Tā pǎo bu —，wǒmen yídìng néng zhǎodào tā. *He can't run away. We're sure to find him.*

【掉包】diào=bāo（～儿）用假的（或坏的）暗中掉换真的（或好的），是一个偷东西的方法 *stealthily substitute one thing（usu. sth. fake or bad）for another（usu. sth. genuine or good）*

【掉队】diào=duì 落在队伍的后边 *fall behind*；*drop out*：这次长途行军，我们连没有一个—的。Zhè cì chángtú xíng jūn，wǒmen lián méi yǒu yí ge — de. *Nobody in our company dropped out in the long-distance march.* / 最重要的是思想上不要—。Zuì zhòngyào de shì sīxiǎng shang búyào —. *The most important thing is not to fall behind in one's thinking.*

【掉换】diàohuàn（动）（1）互换，调换 *exchange*；*swap*：我跟你—一下座位，行吗？Wǒ gēn nǐ — yíxià zuòwèi，xíng ma? *Would you mind if I swapped seats with you?* （2）变换 *change*：路牌都—成新的了。Lùpái dōu — chéng xīn de le. *The road signs have all been changed for new ones.*

【掉色】diào=shǎi（纺织品经水洗或日晒后）颜色脱落 *lose colour*；*fade（in the sun or through washing）*：这块花布可不怎么样，一洗就—。Zhè kuài huābù kě bù zěnmeyàng，yì xǐ jiù —. *This cotton print is no good. It loses its colour as soon as it's washed.* / 这毛线有点儿—。Zhè máoxiàn yǒudiǎnr —. *This knitting wool is a little faded.*

【掉头】diào=tóu（1）（人）转回头 *turn one's head*；*turn around*：我—看，原来是他喊我。Wǒ — yí kàn，yuánlái shì tā hǎn wǒ. *I turned around and realized that he was calling me.* （2）（车、船）转成相反的方向 *turn around*；*make a "U" turn*：这车不再向前开，在这里—。Zhè chē bú zài xiàng qián kāi，zài zhèlǐ —. *This car won't go any further, and will turn round here.*

【掉以轻心】diào yǐ qīng xīn 对事情采取不在意的态度 *lower one's guard*；*treat sth. lightly*：这件事情必须高度重视，决不能—。Zhè jiàn shìqing bìxū gāodù zhòngshì，jué bù néng —. *We should attach great importance to this matter and not treat it lightly.*

【掉转】diàozhuǎn（动）改变成相反的方向 *turn round*：司机

把车～过来往回开。Sǐjī bǎ chē ～ guolai wǎng huí kāi. *The driver turned the car round and started to drive back.* / 他～船头向岸边划去。Tā ～ chuántóu xiàng ànbiān huáqù. *He turned the boat's stem round and rowed towards shore.*

diē

爹 diē （名）〈口〉父亲。普通话多用于间接称呼 *father; dad; daddy; pa*

跌 diē （动）(1)摔倒 *fall; tumble*：～了一交～le yì jiāo *fall over* (2)（价格）下降 *drop; fall (in price)*：生活必需品的价格见涨不见～。Shēnghuó bìxūpǐn de jiàgé jiàn zhǎng bú jiàn ～. *The prices of daily necessities appear to be increasing rather than falling.* / 近日股票价格大～。Jìnrì gǔpiào jiàgé dà ～. *Lately stocks fell considerably in price.*
【跌倒】diēdǎo （动·不及物）*fall; tumble*：足球场上，一连好几个人～。Zúqiúchǎng shang, yìlián hǎo jǐ gè rén ～. *On the soccer field several people fell one after another.*
【跌跌撞撞】diēdiezhuàngzhuàng （形）(～的)形容走路不稳 *staggeringly; stumblingly*：你看他一定是喝醉了，走路～的。Nǐ kàn tā yídìng shì hēzuì le, zǒu lù ～ de. *Look at the way he's staggering along the road. He must be drunk already!*
【跌价】diē=jià 商品价格下降 *go down in price*：很多商品～，说明群众购买力大大下降。Hěn duō shāngpǐn ～, shuōmíng qúnzhòng gòumǎilì dàdà xiàjiàng. *A lot of items have gone done in price. This means there has been a considerable decline in the purchasing power of the masses.*
【跌交】diē=jiāo (1)摔跟头 *trip; stumble*：他一出门儿就跌了一交。Tā yì chū mén jiù diēle yì jiāo. *He tripped over as he was going out the door.* / 小孩儿学走路总是要～的。Xiǎoháir xué zǒu lù zǒngshì yào ～ de. *Children always fall over when they are learning to walk.* (2)比喻犯有失体面的大过失，或受大挫折 *make a mistake; meet with a setback*
【跌落】diēluò （动）〈书〉(1)(物体)往下掉 *fall; drop*：从桥上～到河里。Cóng qiáo shang ～ dào hé li. *He fell off the bridge into the river.* (2)(价格、产量等)下降 *(of prices, yields, etc.) fall; drop*

dié

迭 dié
【迭次】diécì （副）〈书〉屡次 *repeatedly; again and again*
【迭起】diéqǐ （动）〈书〉一次又一次地兴起、出现 *occur repeatedly*：剧中高潮～ *jù zhōng gāocháo ～ The play came to one climax after another.*

谍〔諜〕dié
【谍报】diébào （名）*information obtained through espionage; intelligence report*

喋 dié
【喋喋不休】diédié bù xiū 说话说完没了 *chatter away; rattle on; talk endlessly*：他～的发言引起大家的反感。Tā ～ de fā yán yǐnqǐ dàjiā de fǎngǎn. *People found his endless talking disgusting.*

碟 dié （名）(～儿)[个 gè] 碟子 *small dish; small plate; saucer*
【碟子】diézi （名）[个 gè、块 kuài] *saucer*

蝶 dié （名）◇ *butterfly*
【蝶泳】diéyǒng （名）*butterfly stroke*

叠 dié （动）(1)一层加一层 *pile up*：～罗汉 ～ luóhàn *pyramid* (2)折叠 *fold*：～被子 ～ bèizi *fold up a quilt* / ～衣服 ～ yīfu *fold clothes* /把信～好装到信封里。Bǎ xìn hǎo zhuāngdào xìnfēng li. *Fold the letter and put it in the envelop.*
【叠印】diéyìn （动）〈电影〉把两个或更多的不同的画面重叠印在一起，表现电影中角色的回忆、幻想等 *put together two or more different frames and reprint them to express a role's recollection, fantasy, etc. in a film*

dīng

丁 dīng （名）(1)天干的第四位，也常用来做顺序号"第四" *the fourth of the ten Heavenly Stems; fourth* (2)(～儿) *small cubes (of meat or vegetable)*：肉～ ròu～ *diced meat* / 萝卜～ luóbo～ *diced radish* / 土豆～ tǔdòu～ *diced potato*
【丁当】dīngdāng （象声）摹拟金属、瓷器等的撞击声 *ding-dong; jingle; clatter*：铁锤～响。Tiěchuí ～ xiǎng. *The iron hammer made a clatter.*
【丁零】dīnglíng （象声）*tinkle; jingle*
【丁零当郎】dīnglingdāngláng （象声）*jingle-jangle*
【丁宁】dīngníng （动）同"叮咛" dīngníng *same as "叮咛"* dīngníng
【丁是丁，卯是卯】dīng shì dīng, mǎo shì mǎo 形容办事认真，毫不马虎，也可形容按规定办事，不讲情面，不肯通融 *keep ding (a Heavenly Stem) distinct from mao (an Earthly Branch) — be conscientious and meticulous (in one's work); strictly abide by the regulations*：有的事必须～，而有的事就不一定这样。Yǒude shì bìxū ～, ér yǒude shì jiù bù yídìng zhèyàng. *Some matters must be done very conscientiously, while others do not necessarily have to be this way.*
【丁香】dīngxiāng （名）(1) *lilac* (2)*clove*
【丁字尺】dīngzìchǐ （名）[把 bǎ] *T-square*
【丁字街】dīngzìjiē （名）"丁"形的道口 *T-shaped road junction*
【丁字形】dīngzìxíng （名）*T-shape*

叮 dīng （动）(1)蚊虫等把嘴插入动物或人的皮肤吸吮血液 *sting; bite*：我让蚊子～了好几下。Wǒ ràng wénzi ～le hǎo jǐ xià. *I got several mosquito bites.* (2)再度说明，以使对方彻底明确、认可 *say or ask again to make sure*：你可～好了他，免得明天出差错。Nǐ kě ～ hǎole tā, miǎnde míngtiān chū chācuò. *You'd better enjoin him again to make sure that he won't make any mistakes tomorrow.* / 你再～～他，别让他忘了。Nǐ zài ～～ tā, bié ràng tā wàng le. *Tell him again so that he won't forget.*
【叮当】dīngdāng （象声）同"丁当" dīngdāng *same as "丁当"* dīngdāng
【叮咛】dīngníng （动）反复嘱咐 *urge again and again; warn; exhort*：我千～万嘱咐叫你别忘了，你还是忘了。Wǒ qiān ～ wàn zhǔfù jiào nǐ bié wàng le, nǐ háishi wàng le. *Although I repeatedly told you not to forget, you still forgot.*

【叮嘱】dīngzhǔ（动）〈书〉再三嘱咐 urge again and again; warn; exhort：临走，母亲～再三记着按时吃药。Lín zǒu, mǔqin ～ zàisān jìzhe ànshí chī yào. *Just before she left, her mother urged her repeatedly to take her medicine on time.*

盯 dīng
（动）(在一定的距离内)集中目力看 fix one's eyes on; gaze at; stare at：他上课眼睛总是～着老师。Tā shàng kè yǎnjing zǒngshì ～zhe lǎoshī. *He always stares at the teacher in class.* / 便衣早～上他了，他还不知道呢。Biànyī zǎo ～shang tā le, tā hái bù zhīdào ne. *He hasn't yet realized that the plainclothesman has been watching him all along.*

【盯梢】dīng=shāo 同"钉梢"dīng=shāo *same as*" 钉梢"dīng=shāo

钉 〔釘〕dīng
（名）◇ 同"钉子"dīngzi *same as* "钉子" dīngzi （动）(1)紧跟着不放松 follow closely; tail; watch closely：他们采取人～人的战术。Tāmen cǎiqǔ rén ～ rén de zhànshù. *They have adopted the man-on-man tactic.* (2)督促；催问 urge; press：上级～得很紧，我不办不行。Shàngjí ～ de hěn jǐn, wǒ bú bàn bù xíng. *My superior was pushing me so hard that I had no choice but to do it.* / 你～紧点儿，也许他们能给解决。Nǐ ～jǐn diǎnr, yěxǔ tāmen néng gěi jiějué. *If you push them a little harder, perhaps they can come up with a solution.* (3)同"盯"dīng *same as* "盯" dīng 另见 dìng

【钉梢】dīng=shāo（动）暗中了解、掌握某人的行踪而偷偷地紧跟在他的后面 shadow sb.; tail sb.：解放以前，国民党特务经常对进步分子～。Jiěfàng yǐqián, Guómíndǎng tèwu jīngcháng duì jìnbù fènzǐ ～. *Before Liberation Kuomintang agents often used to shadow members of progressive groups.*

【钉鞋】dīngxié（名）spiked shoe

【钉子】dīngzi（名）[个 gè] nail

【钉子精神】dīngzi jīngshen 形容利用一切时间刻苦钻研力学习的精神 the spirit of the nail — the spirit of making use of every available minute to delve into one's studies

dǐng

顶 〔頂〕dǐng
（名）人或某些物体最高的部分 top; peak; summit：头～ tóu ～ crown of the head / 房～ fáng ～ roof / 山～ shān ～ mountain top; hilltop （动）(1)用头支撑 carry on the head：有的民族习惯用头～东西。Yǒude mínzú xíguàn yòng tóu ～ dōngxi. *There are some peoples that have the custom of carrying things on their heads.* (2)用东西支撑 prop up; sustain; support：门有毛病了，关不上，用个椅子～着吧。Mén yǒu máobìng le, guān bu shàng, yòng ge yǐzi ～zhe ba. *There's something wrong with the door; it won't close. Let's prop it with a chair.* (3)冒，迎着 go against; brave (the elements)：他刚才～着雨走了。Tā gāngcái ～zhe yǔ zǒu le. *He just left, braving the rain.* / 你朝东骑车正～风。Nǐ cháo dōng qí chē zhèng ～ fēng. *If you cycle east you'll be going straight against the wind.* (4)顶撞；反驳 retort; refute：我～了他几句，他也没说什么。Wǒ ～le tā jǐ jù, tā yě méi shuō shénme. *I said a few words to him in retort, but he didn't say anything.* (5)等于，相当于 equal; be equivalent to：我不行，我～不了你。Wǒ bù xíng, wǒ ～ bu liǎo nǐ. *I won't do, I can't take your place.* (6)顶替：冒充 take the place of; substitute; replace：今天我～他的班儿。Jīntiān wǒ ～ tā de bānr. *I'm working his shift for him today.* / 不能以次～好。Bù néng yǐ cì ～ hǎo. *You must not use something inferior to substitute for something of high quality.* (7)从下面拱起 push from below or behind; push

up; prop up：豆子已经把土～起来了，几天芽就出来。Dòuzi yǐjīng bǎ tǔ ～ qilai le, jǐ tiān yá jiù chūlai. *The beans have already pushed up the earth and the sprouts will appear in a few days.* （量）(for things which have a top)：一～ 帽子 yì ～ màozi a hat / 一～ 帐子 yì ～ zhàngzi a mosquito net （副）〈口〉最，极 most; extremely：我～讨厌拍马屁的了。Wǒ ～ tǎoyàn pāi mǎpì de le. *What I dislike most is flattery.* (can modify a negative form which expresses sth. of an unpleasant nature)：我～不爱吃鱼了。Wǒ ～ bú ài chī yú le. *I hate eating fish.* / 这本小说～没意思了。Zhè běn xiǎoshuō ～ méi yìsi le. *This novel is most uninteresting.*

【顶班】dǐng=bān（工厂、企业、干部）到车间像一个工人那样参加生产劳动 (of factory or business cadres) go to the workshops to work regular shifts; work full-time

【顶点】dǐngdiǎn（名）[个 gè]（1）〈数〉vertex; apex（2）最高点，极点 apex; zenith; acme; pinnacle：快爬到～了，大家加油吧！Kuài pádào ～ le, dàjiā jiā yóu ba! *We are very near the top, let's make a greater effort!* / 事态已经发展到～了，到了非解决不可的时候了。Shìtài yǐjīng fāzhǎn dào ～ le, dàole fēi jiějué bùkě de shíhou le. *The situation has already developed as far as it can, and has reached the point where it must be resolved.*

【顶端】dǐngduān（名）〈书〉[个 gè]（1）最高最上的部分 top; peak; apex; end：旗杆～挂着的红旗迎风招展。Qígān ～ guàzhe de hóngqí yíng fēng zhāozhǎn. *The red flag on top of the flagpole fluttered in the breeze.* (2)长条东西的末尾 end of something long：竹竿的～系了一根绳子。Zhúgān de ～ jìle yì gēn shéngzi. *A rope was tied to the end of the bamboo pole.*

【顶多】dǐngduō（副）表示最高极限，最大限度 后常有"也""也不过""也只是"与之呼应 at (the) most; at best (often followed by "也，也不过，也只是", etc.)：看他写的这封信～是个中学生。Kàn tā xiě de zhè fēng xìn ～ shì ge zhōngxuéshēng. *Judging from this letter that he wrote, he is at best a middle school student.* / 他参加革命那年，～十六岁。Tā cānjiā gémìng nà nián, ～ shíliù suì. *He was at most sixteen years old when he joined the revolution.* / 你甭着急，～ 让你等一星期。Nǐ béng zháo jí, ～ ràng nǐ děng yì xīngqī. *Don't worry. You will have to wait one week at the most.* / 我当不了领导，～也不过做些具体工作。Wǒ dāng bu liǎo lǐngdǎo, ～ yě búguò zuò xiē jùtǐ gōngzuò. *I can't be leader at best, I can do no more than a bit of concrete work.* / 这里冬天～也只是穿一件毛衣。Zhèli dōngtiān ～ yě zhǐshì chuān yí jiàn máoyī. *One needs to wear at most only one sweater in the winter time here.*

【顶风】dǐngfēng（名）跟(人、车、船)等前进的方向相反的风 head wind；骑车遇上～，特别费力。Qí chē yùshang ～, tèbié fèi lì. *It is particularly strenuous work to ride a bicycle against the wind.*

【顶风】dǐng=fēng against the wind：～骑车 qí chē cycle against the wind

【顶峰】dǐngfēng（名）[个 gè]（1）山的最高处 peak; summit：咱们不爬到～决不下来。Zánmen bù pádào ～ jué bú xiàlai. *If we don't get to the summit we will not come down.* (2)比喻事物发展的最高点 (fig.) height：青年人应当勇于攀登文化科学的～。Qīngnián rén yīngdāng yǒngyú pāndēng wénhuà kēxué de ～. *Young people should dare to scale the heights of culture and science.*

【顶角】dǐngjiǎo（名）〈数〉vertex angle

【顶梁柱】dǐngliángzhù（名）比喻起主要作用的骨干力量 pillar; backbone

【顶牛儿】dǐng=niúr〈口〉比喻双方争执不下或互相冲突 lock horns — clash; be at loggerheads：我们俩的看法总是～。Wǒmen liǎ de kànfǎ zǒngshì ～. *Our views always*

clash. / 音乐会和联欢会的时间～了，非放弃一个不可。Yīnyuèhuì hé liánhuānhuì de shíjiān ～ le, fēi fàngqì yí ge bùkě. *The times for the concert and the get-together clash, so I have to give up one of them.* / 他们俩谈着谈着就顶起牛儿来。Tāmen liǎ tánzhe tánzhe jiù dǐng qǐ niúr lai. *Those two talked on and on, and finally started to wrangle.*

【顶棚】dǐngpéng (名)比较简陋屋子的天花板，常是用纸糊的 *a simple and crude ceiling (usu. made of paper)*

【顶事】dǐng=shì (～儿)能解决问题，有用 *be useful; serve the purpose*：别看小于是徒工，干起活儿来很～。Bié kàn Xiǎo Yú shì túgōng, gàn qǐ huór lai hěn ～. *Never mind the fact that Xiao Yu is an apprentice. Once he sets to work, he's a great help.* / 你就是请出老王来商量,也不～。Nǐ jiùshì qǐng chū Lǎo Wáng lai shāngliang, yě bù ～. *It's no use, even if you asked Lao Wang to come and help.* / 这么点钱,就顶得了事啦? Zhème diǎnr qián, jiù dǐng de liǎo shì la? *What's the use of such a small amount of money?*

【顶替】dǐngtì (动)顶名代替 *take on someone's identity*：他退休以后,他的儿子～他的工作。Tā tuì xiū yǐhòu, tā de érzi ～ tā de gōngzuò. *After his retirement, his son will take over his post.* / 有人走后门把他的名额～了。Yǒu rén zǒu hòuménr bǎ tā de míng'é ～ le. *Someone took over his position through the back door.*

【顶天立地】dǐng tiān lì dì 形容人伟大无畏 (fig.) of gigantic stature; upright and high-minded; heroic; indomitable：～的人都是无私的。～ de rén dōu shì wúsī de. *A man of indomitable spirit is selfless.*

【顶头上司】dǐngtóu shàngsi *one's immediate superior*

【顶用】dǐngyòng (形)管事,有效 *be of use or help; serve the purpose*：这种药真～,一吃病就好了。Zhè zhǒng yào zhēn ～, yì chī bìng jiù hǎo le. *This kind of medicine works, I took it and immediately got cured.* / 光说不～,得踏踏实实地干。Guāng shuō bù ～, děi tātāshíshí de gàn. *Just words are no use, there must be downright action.*

【顶针】dǐngzhen (名)(～儿) *thimble*

【顶住】dǐng // zhù 用物或用人支撑住 *withstand; stand up to; hold out against*：把门～,别让他们进来。Bǎ mén ～, bié ràng tāmen jìnlái. *Block the door. Do not let them get in.* / 我们一定～敌人的进攻,你们赶快撤退。Wǒmen yídìng ～ dírén de jìngōng, nǐmen gǎnkuài chètuì. *We can hold out against the enemy's attack and you retreat as soon as possible.* / 歪风邪气必须～。Wāifēng xiéqì bìxū ～. *Dishonest practices must be resisted.*

【顶撞】dǐngzhuàng (动)用生硬的不顺耳的话反驳(长辈或上级) *rebuff with rude remarks (to one's elder or superior)*：他经常～领导,领导也经常给他穿小鞋儿。Tā jīngcháng ～ lǐngdǎo, lǐngdǎo yě jīngcháng gěi tā chuān xiǎo xiér. *He often talks back to his leader, and his leader often makes things difficult for him.*

【顶嘴】dǐng=zuǐ 〈口〉争辩(多指对长辈或上级) *reply defiantly; talk back (esp. to one's senior or superior)*：小孩子不许跟奶奶～! Xiǎo háizi bù xǔ gēn nǎinai ～! *Children must not talk back to their grandmothers!* / 他不服气,跟车间主任顶了半天嘴。Tā bù fúqì, gēn chējiān zhǔrèn dǐngle bàntiān zuǐ. *He wasn't convinced, so he talked back for a long time to the head of the workshop.*

鼎 dǐng (名)[个 gè]古代煮东西的器物,有三足两耳 *an acient cooking vessel with two loop handles and three legs*

【鼎鼎大名】dǐngdǐng dàmíng 形容某人非常出名 *a great reputation*：他是我们这里的～的人物,你怎么不知道? Tā shì wǒmen zhèlǐ ～ de rénwù, nǐ zěnme bù zhīdào? *He is a man of great reputation around here, and you didn't know?*

【鼎沸】dǐngfèi (形)〈书〉形容喧闹、混乱,像开了锅的水一样

like a seething cauldron — noisy and confused：人声～ rénshēng ～ *a hubbub of voices*

【鼎立】dǐnglì (动)三个集团势力相对立 *keep equilibrium among three rival powers*：三国～的局面 sān guó ～ de júmiàn *The three kingdoms were in tripartite confrontation.*

【鼎盛】dǐngshèng (形)〈书〉正当兴盛或强壮 *in a period of prosperity; at the height of power*：这几年是我们工厂的～时期。Zhè jǐ nián shì wǒmen gōngchǎng de ～ shíqī. *Our factory has been going through a period of prosperity these past few years.*

dìng

订 〔訂〕dìng (动)(1)订立制度 *conclude; draw up*：～计划 ～ jìhuà *work out a plan*/～条约 ～ tiáoyuē *conclude a treaty* (2)预订 *subscribe; book*：～一份《人民日报》～ yí fèn 《Rénmín Rìbào》 *subscribe to "Renmin Ribao"* / ～两份杂志 ～ liǎng fèn zázhì *subscribe to two magazines* (3)装订 *bind (a book); staple together*：用纸～个本子 yòng zhǐ ～ ge běnzi *staple sheets of paper together to make a notebook*

【订购】dìnggòu (动) *order; place an order for something*

【订户】dìnghù (名)[个 gè]由于预先约定而得到定期供应的个人或单位 *subscriber*：这是个新创刊的杂志,正在登广告征求～。Zhè shì ge xīn chuàngkān de zázhì, zhèngzài dēng guǎnggào zhēngqiú ～. *The new magazine has just now put out its advertisement for subscribers.*

【订婚】dìng=hūn *be engaged*：他们俩早就订了婚了。Tāmen liǎ zǎo jiù dìngle hūn le. *They got engaged long ago.*

【订货】dìng=huò 订购产品或货物(目的往往不是为个人消费) *order goods*

【订立】dìnglì (动)双方或几方经过商谈把所谈的结果用书面形式列条肯定下来 *conclude*：～条约 ～ tiáoyuē *conclude a treaty*/～了技术协作合同 ～ le jìshù xiézuò hétong *conclude a cooperational agreement in technology*/～了贸易协定～le màoyì xiédìng *conclude a trade agreement*

【订阅】dìngyuè (动)预先付款订购(报纸、期刊) *subscribe (a newspaper, magazine, etc.)*：农村～科技期刊的人多起来了。Nóngcūn ～ kējì qīkān de rén duō qǐlai le. *There are more subscribers to scientific and technological periodicals from the countryside.*

【订正】dìngzhèng (动)改正(文字中的错误) *correct; revise; amend*：他给我的译稿～了很多错误。Tā gěi wǒ de yìgǎo ～ le hěn duō cuòwù. *He corrected quite a few mistakes in my translation.*

钉 〔釘〕dìng (动)(1) *drive a nail into*：别在墙上～钉子。Bié zài qiáng shang ～ dīngzi. *Don't drive a nail into the wall.* / 这种墙～不进钉子。Zhè zhǒng qiáng ～ bu jìn dīngzi. *It is hard to hammer a nail into this kind of wall.* (2) nail：～马掌 ～ mǎzhǎng *nail on horseshoes*：这几块板儿可以～一个盒子。Zhè jǐ kuài bǎnr kěyǐ ～ ge hézi. *You can nail these boards to make a box.* 另见 dīng

定 dìng (动)(1)使镇静,安稳 *calm; stable*：他老想着开晚会的事,不能一～下心来看书。Tā lǎo xiǎngzhe kāi wǎnhuì de shì, bù néng ～ xià xīn lai kàn shū. *He has been thinking about the evening party, and can't calm down to read.* (2)决定,确定 *decide; fix; set*：出发的时间已经～,人数还没～。Chūfā de shíjiān yǐjīng ～, rénshù hái méi ～. *The schedule for departure has already been settled on, but the number of people has not.* (3)同"订" dìng (2) *same as*

"订" dìng(2)(副)〈书〉修饰单音节词 (modifies a monosyllabic word)(1)同"一定" yídìng(1),表示必然 same as "一定" yídìng(1)(expresses certainty):凡火车站~有大钟。Fán huǒchēzhàn ~ yǒu dàzhōng. Every train station is sure to have a large clock. / 他去南京~谒中山陵。Tā qù Nánjīng ~ yè Zhōngshān Líng. He will definitely pay homage at Sun Yat-sen's mausoleum whenever he goes to Nanjing. (2)同"一定"yídìng(2),表示有把握的估计 same as "一定" yídìng(2)(indicates conjecture made with certainty):开会之事,他~已忘记。Kāi huì zhī shì,tā ~ yǐ wàngjì. He must have forgotten about the meeting. / 他~是在广播中听到这个消息的。Tā ~ shì zài guǎngbō zhōng tīngdào zhège xiāoxi de. He must have heard this news on the radio. / 秘密~已泄露。Mìmì ~ yǐ xièlòu. The secret must have already been revealed. (3)同"一定"yídìng(3),表示坚定的主观意志 same as "一定" yídìng(3)(expresses a firm subjective will):明天的会议我~来参加。Míngtiān de huìyì wǒ ~ lái cānjiā. I will definitely attend the meeting tomorrow. / 他决意下周~返前线。Tā juéyì xià zhōu ~ fǎn qiánxiàn. He has resolved to return to the front next week. (4)同"一定"yídìng(4),加强各种口气 same as "一定" yídìng(4)(used for emphasis):~要多练才能说好外语。~ yào duō liàn cái néng shuōhǎo wàiyǔ. Only through frequent practice can one learn to speak a foreign language well. / 粗心~会出错。Cūxīn ~ huì chū cuò. Carelessness leads to mistakes. / 我虽竭力挽留,他~要回去。Wǒ suī jiélì wǎnliú,tā ~ yào huíqu. Although I tried my best to get him to stay, he was determined to go.

【定案】dìng'àn(名)[个 gè] final verdict on a case or the final draft (of a plan for a project)

【定案】dìng=àn 对案件、方案等做最后决定 pass the final verdict on a case:那个暗杀事件已经审~。Nàge ànshā shìjiàn yǐjīng zhōngshěn ~. The final verdict on the case of the murder has already been passed down in the final judgement. / 因为证据不足,那个案件老定不了案。Yīnwei zhèngjù bù zú,nàge ànjiàn lǎo dìng bu liǎo àn. Due to lack of evidence, the final verdict in the case has not been passed.

【定编】dìngbiān(动)(机关、企业等)确定各级人员的数量 (of an organization, business, etc.) fix the number of personnel at each level

【定单】dìngdān(名)定货的凭据 order form (for goods)

【定点】dìng=diǎn 确定在某个地点 fix (or determine) the place for:~植树 ~ zhí shù determine the place where trees are to be planted / 这些商品~供应。Zhèxiē shāngpǐn ~ gōngyìng. Supply centres have been fixed for this merchandise.

【定额】dìng'é(名)规定的某段时间做某件工作的数量 quota; norm:他们车间提前一个月完成全年生产~。Tāmen chējiān tíqián yí ge yuè wánchéng quán nián shēngchǎn ~. Their workshop finished their production quota for the entire year one month earlier.

【定购】dìnggòu(动)同"订购"dìnggòu same as "订购" dìnggòu

【定规】dìngguī(名)[个 gè]一定的规矩,成规 rules and regulations:出租车收费应该有~,不能由司机随便要。Chūzūchē shōu fèi yīnggāi yǒu ~,bù néng yóu sījī suíbiàn yào. There should be a rule for collecting taxi fares, the drivers should not be allowed to collect it at will.

【定户】dìnghù(名)同"订户"dìnghù same as "订户" dìnghù

【定婚】dìng=hūn 同"订婚"dìng=hūn same as "订婚" dìng=hūn

【定货】dìng=huò 同"订货"dìng=huò same as "订货" dìng=huò

【定价】dìngjià(名)某种商品规定的单位售价 fixed price:

这本书~九角六分。Zhè běn shū ~ jiǔ jiǎo liù fēn. The price of the book is 0.96. / 货物未标~,不能出售。Huòwù wèi biāo ~,bù néng chūshòu. The goods have no price marks, they can't be sold.

【定居】dìngjū(动)在某个地方长时间地居住下来 settle down:草原上的游牧民族现多已~。Cǎoyuán shang de yóumù mínzú xiàn duō yǐ ~. Most of the nomadic tribes in the prairie have settled. / 他们夫妇已离开台湾去美国~。Tāmen fūfù yǐ líkāi Táiwān qù Měiguó ~. The couple has already left Taiwan and moved to the U.S.

【定居点】dìngjūdiǎn(名)牧民、渔民等定居的地方 settlement (for herdsmen, fishermen, etc.)

【定局】dìngjú(名)确定不移的形势 inevitable outcome; foregone conclusion:决赛是在两个中国选手之间进行,所以中国得冠军已成~。Juésài shì zài liǎng ge Zhōngguó xuǎnshǒu zhī jiān jìnxíng,suǒyǐ Zhōngguó dé guànjūn yǐ chéng ~. Since both contestants in the finals are Chinese, it is an inevitable conclusion that the championship will belong to China. (动)做最后决定或安排 make a final decision; settle finally:到底周末怎样安排还没有~。Dàodǐ zhōumò zěnyàng ānpái hái méiyou ~. The schedule for the weekend is not yet completely settled.

【定理】dìnglǐ(名)[条 tiáo] theorem

【定量】dìngliàng(名)规定的数量 fixed quantity; ration:目前粮食实行~供应。Mùqián liángshi shíxíng ~ gōngyìng. Currently, food grain is rationed.

【定量】dìng=liàng〈化〉determine the amounts of the components of a substance:~分析 ~ fēnxī quantitative analysis

【定律】dìnglǜ(名)[条 tiáo] law:物质不灭~ wùzhì bú miè ~ the law of conservation of matter / 欧姆~ Ōumǔ ~ Ohm's Law

【定论】dìnglùn(名)[个 gè]无需商讨的结论 conclusion; verdict:这个问题学术界早有~,不需要再讨论。Zhège wèntí xuéshùjiè zǎo yǒu ~,bù xūyào zài tǎolùn. The conclusion of this case has already been arrived at in academic circles, it needs no more discussion.

【定名】dìngmíng(动)确定名称(不用于人)choose a name for; be named (not for a person):中日两国青年在一起种了一大片树,~为"友谊林"。Zhōng Rì liǎng guó qīngnián zài yìqǐ zhòngle yí dà piàn shù,~ wéi "yǒuyìlín". The young people of China and Japan got together and planted trees on this tract of land. The trees were named "Friendship Forest".

【定评】dìngpíng(名)(对人或事物)确定的公认的评价 accepted opinion (of a person or thing):有~的作品也还是可以评论。Yǒu ~ de zuòpǐn yě háishi kěyǐ pínglùn. Literary works on which there are accepted opinions can still be reviewed.

【定期】dìngqī(形·非谓)有一定期限的 at regular intervals:这些都是~刊物,有季刊,有月刊。Zhèxiē dōu shì ~ kānwù,yǒu jìkān,yǒu yuèkān. These are all periodicals, such as quarterly and monthly publications. / 进行~检查 jìnxíng ~ jiǎnchá have a regular check-up

【定神】dìng = shén(1)集中注意力 concentrate (one's thoughts):我一看,这位空中小姐,不正是小王的妹妹吗?Wǒ ~ yí kàn,zhè wèi kōngzhōng xiǎojiě,bú zhèng shì Xiǎo Wáng de mèimei ma? Now that I look closely, isn't that air stewardess Xiao Wang's younger sister? (2)使心神安定 calm down; collect one's wits:你先别激动,坐下定定神,有话慢慢说。Nǐ xiān bié jīdòng,zuòxia dìngdìng shén,yǒu huà mànmān shuō. First of all, don't get excited. Just sit down and calm yourself, and say anything you have to say slowly.

【定时】dìngshí(形)有一定时间的 regular; fixed time:吃饭要~定量。Chī fàn yào ~ dìngliàng. Have one's meals at

fixed times and in regular amounts. / 他每天～值班，～去夜校学习。Tā měi tiān ～ zhí bān，～ qù yèxiào xuéxí. *Regularly, he goes to work every day and to school every night.*

【定时炸弹】dìngshí zhàdàn [颗 kē] *time bomb*

【定位】dìngwèi〈动〉(1)用仪器对物体所在的位置进行测量 *orientate* (2)确定固定的工作岗位 *fix a permanent post*〈名〉*fixed position；location；orientation*

【定息】dìngxī〈名〉中国私营工商业实行公私合营后，国家对私人资产进行核价，在一定时期内按固定利率每年付给的利息 *fixed interest on private properties paid by the state to the owners in a certain period of time after the privately owned industrial and commercial enterprises became publicly and privately jointly owned*

【定向】dìng＝xiàng (1) *directional*：～爆破 ＝ bàopò *directional blasting* (2)决定(人的专业)方向 *predetermined orientation*：～培养 ＝ péiyǎng *training (of sb.) with a predetermined orientation* / 青年教师应该早点～，以利于业务上的培养提高。Qīngnián jiàoshī yīnggāi zǎo diǎnr ～，yǐ lìyú yèwù shang de péiyǎng tígāo. *Young teachers should orient themselves in their work as soon as possible so as to be able to train and improve themselves early for their vocation.*

【定型】dìng＝xíng 事物的特点逐渐形成并已固定下来 *become fixed and unchangeable (in nature, quality, etc.)；fall into a pattern*：他是三十多岁的人了，性格早已～了。Tā shì sānshí duō suì de rén le，xìnggé zǎo yǐ ～ le. *He is over the age of thirty. His personality has long been formed.*

【定性分析】dìngxìng fēnxī〈化〉*qualitative analysis*

【定义】dìngyì〈名〉[个 gè] *definition*：请你给"语法"下个～。Qǐng nǐ gěi "yǔfǎ" xià ge ～. *Please, define the term "grammar".*

【定影】dìngyǐng〈动〉〈摄〉*fix (photography)*

【定语】dìngyǔ〈名〉〈语〉[个 gè]名词性结构的中心语前边的表示领属、性质、数量等的修饰成分。如"中国的军队"，"黄颜色"，"三千老百姓"，"我买的书"中的"中国的"、"黄"、"三千"、"我买的"都是。汉语中名词、代词、形容词、数量词等都可以做定语 *attributive, such as "中国的" in "中国的军队"，"黄颜色"，"三千老百姓"，"我买的书"* (*noun, pronoun, adjective, numeral-measure word phrase, S-P construction, etc. can all be attributives*)

【定员】dìngyuán〈名〉(1)机关、学校、企事业单位、军队等人员的编制的名额 *fixed number of staff members*：我们单位～三十人，早满额了。Wǒmen dānwèi ～ sānshí rén，zǎo mǎn é le. *The fixed number of staff members in our department is 30, and they have already been filled.* (2)车、船等规定容纳乘客的数目 *fixed number of passengers；the capacity*：这节车厢的～是八十四人。Zhè jié chēxiāng de ～ shì bāshísì rén. *This railway carriage has a seating capacity of 84.*

【定阅】dìngyuè〈动〉同"订阅"dìngyuè *same as "订阅" dìngyuè*

【定准】dìngzhǔn〈名〉(～儿)确定的标准 *established (or set) standard*：你心里得有个～，不能这样也对，那样也对。Nǐ xīnli děi yǒu ge ～，bù néng zhèyàng yě duì，nàyàng yě duì. *You must establish a certain standard in your mind. You can't just say this way is right and that way is right too.* (副)(～儿)一定 *surely；certainly*：这种发式她～不喜欢。Zhè zhǒng fàshì tā ～ bù xǐhuan. *She definitely doesn't like this kind of hairdo.*

【定做】dìngzuò〈动〉根据预先提出的要求专门制做 *have sth. made to order*：有地方～皮鞋吗？Yǒu dìfang ～ píxié ma？ *Is there a place where shoes can be made to order?* / 这套家具是按照她自己画的样式～的。Zhè tào jiājù shì ànzhào tā zìjǐ huà de yàngshì ～ de. *She drew the design*

for this furniture set and then had it made to order.

diū

丢 diū〈动〉(1)遗失 *lose；mislay*：他的钥匙～了。Tā de yàoshi ～ le. *He lost his key.* / 他家昨天晚上～了许多贵重东西。Tā jiā zuótiān wǎnshang ～ le xǔduō guìzhòng dōngxi. *There were quite a few precious things missing from his house last night.* / 我给他的一封信寄～了。Wǒ gěi tā de yì fēng xìn jì ～ le. *The letter I wrote to him was lost in the mail.* (2)扔 *throw away；cast away；toss away*：把废纸～进纸篓，别到处乱扔。Bǎ fèizhǐ ～ jìn zhǐlǒu，bié dàochù luàn rēng. *Put waste paper in a wastepaper basket, do not litter.* (3)放下，抛开 *put aside；cast aside*：他～下手里的活儿把孩子抱起来。Tā ～ xia shǒu li de huór bǎ háizi bào qilai. *Putting aside what he was doing he took the child in his arms.* / 伤员决不能～开不管。Shāngyuán jué bù néng ～kāi bù guǎn. *The wounded must not be put aside and left alone.*

【丢丑】diū＝chǒu 丢脸，丧失体面 *lose face；be disgraced*：小雨竟去偷人家的钱包，使他们全家～。Xiǎo Yǔ jìng qù tōu rénjia de qiánbāo，shǐ tāmen quán jiā ～. *Xiao Yu unexpectedly stole somebody's wallet, which disgraced his whole family.*

【丢掉】diūdiào〈动〉(1)遗失 *lose*：警察把他～的皮包找到，还给他了。Jǐngchá bǎ tā ～ de píbāo zhǎodào，huán gěi tā le. *The police found his lost briefcase and returned it to him.* (2)抛弃 *throw away*：他竟～原来的妻子，和另一个女人结了婚。Tā jìng ～ yuánlái de qīzi，hé lìng yí ge nǚrén jiéle hūn. *Unexpectedly, he deserted his first wife and married another woman.*

【丢盔卸甲】diū kuī xiè jiǎ 形容失败惨重 (*lit.*) *throw away one's helmet and armour；fly pell-mell；*(*fig.*) *be defeated seriously*：那一仗打得敌人～，四处逃窜。Nà yí zhàng dǎ de dírén ～，sìchù táocuàn. *The enemy was defeated seriously in the battle, and fled pell-mell.*

【丢脸】diū＝liǎn 丢失体面 *lose face；be disgraced*：我怎么连这么容易的问题都答不出，真～！Wǒ zěnme lián zhème róngyì de wèntí dōu dá bu chū，zhēn ～！ *How embarrassing! I can't even answer such an easy question!* / 作为一个医生对病人这么冷酷，实在丢医务人员的脸！Zuòwéi yí ge yīshēng duì bìngrén zhème lěngkù，shízài diū yīwù rényuán de liǎn！ *As a doctor, to treat his patients this coldly is truly a disgrace to medical workers.* / 决不能做丢中国人脸的事。Jué bù néng zuò diū Zhōngguó rén liǎn de shì. *We must not do anything that may bring disgrace on the Chinese.*

【丢面子】diū miànzi 不体面 *disgraceful*：他有些大男子主义，总觉得妻子比自己强～。Tā yǒuxiē dànánzǐzhǔyì，zǒng juéde qīzi bǐ zìjǐ qiáng ～. *He's slightly chauvinistic and feels that it is disgraceful for his wife to be better than he.* / 不懂的地方，就向内行人请教，这不是什么～的事。Bù dǒng de dìfang，jiù xiàng nèiháng rén qǐngjiào，zhè bú shì shénme ～ de shì. *There's nothing disgraceful about asking an expert for advice on something one doesn't understand.*

【丢弃】diūqì〈动〉〈书〉*abandon；discard*：果皮、纸屑不要随便～。Guǒpí，zhǐxiè búyào suíbiàn ～. *Don't litter.*

【丢三落四】diū sān là sì 形容人好忘事 *forgetful；scatterbrained*：她这几天总是～的，好像有心事。Tā zhè jǐ tiān zǒngshì ～ de，hǎoxiàng yǒu xīnshì. *These last few days she has been forgetful, it seems she has something on her mind.*

【丢失】diūshī〈动〉〈书〉遗失 *lose*：他非常谨慎，从不～东西。Tā fēicháng jǐnshèn，cóng bù ～ dōngxi. *He is very careful and has never lost anything.*

【丢人】diū=rén 同"丢脸"diū=liǎn *same as "丢脸"diū=liǎn*

dōng

东〔東〕dōng
(名)*east*：往～一直走就可以到邮局。Wǎng ～ yìzhí zǒu jiù kěyǐ dào yóujú. *Go straight east, then you can find the post office.* / 他家的门朝～。Tā jiā de mén cháo ～. *The door of his house faces east.*

【东半球】dōngbànqiú (名) *the Eastern Hemisphere*

【东北】dōngběi (名)(1) *northeast* (2)"东北"特指中国的东北地区,包括吉林、辽宁、黑龙江三省 *the "Northeast" means northeast China, including the three provinces of Jilin, Liaoning and Heilongjiang*：一听他说话就知道他是～人。Yì tīng tā shuō huà jiù zhīdào tā shì ～ rén. *When you hear his accent, then you know he is from the Northeast.*

【东边】dōngbiān (名) *the east side*：我们家的～是一个小树林。Wǒmen jiā de ～ shì yí ge xiǎo shùlín. *To the east of our house lies a small woods.*

【东不拉】dōngbulā (名)同"冬不拉"dōngbulā *same as "冬不拉"*

【东道】dōngdào (名)(1)请客的主人 *one who treats sb. to a meal; host*：做 ～ zuò ～ *stand treat* / 今天,他是～。Jīntiān, tā shì ～. *He is the host today.* / 略尽～之谊 lüè jìn ～ zhī yì *(of a host) make a humble attempt at expressing friendship* (2)请客的义务 *obligation to stand treat*：咱们赌个～,谁输了谁请客。Zánmen dǔ ge ～, shuí shūle shuí qǐng kè. *Let's make a bet. The loser has to stand treat.*

【东道国】dōngdàoguó (名)国际性的会议、体育比赛等在哪国举行,哪国即为东道国 *host country*

【东道主】dōngdàozhǔ (名)请客的一方(不用于日常生活) *host or hostess*：你是从上海来的,我们北京人当然是～了。Nǐ shì cóng Shànghǎi lái de, wǒmen Běijīng rén dāngrán shì ～ le. *You come from Shanghai, we Beijingnese surely would be your host.*

【东方】dōngfāng (名) *the east*：中国人、日本人都是～人。Zhōngguó rén, Rìběn rén dōu shì ～ rén. *Both Chinese and Japanese are Orientals.*

【东家】dōngjia (名)旧时受雇用的人对他的主人或佃户对租给他地的地主的称呼 *a form of address formerly used by an employee to his employer or a tenant-peasant to his landlord*

【东南】dōngnán (名) *southeast*：这条河从西边来,流向～。Zhè tiáo hé cóng xībiān lái, liú xiàng ～. *The river comes from the west and flows southeast.*

【东山再起】Dōng Shān zài qǐ 比喻失势之后,重新恢复地位 *stage a comeback*

【东……西……】dōng……xī…… 表示"这里……那里……"的意思... *here... there:* 东张西望 dōng zhāng xī wàng *look around; look in all directions* / 东奔西跑 dōng bēn xī pǎo *run around here and there; bustle about* / 东倒西歪 dōng dǎo xī wāi *lie about in disorder* / 东拉西扯 dōng lā xī chě *ramble on; talk randomly* / 东一句,西一句 dōng yí jù, xī yí jù *speak incoherently* / 东一群,西一伙 dōng yì qún, xī yì huǒr *be in straggling groups*

【东西】dōngxi (名)[个 gè](1)泛指各种具体的或抽象的事物 *thing*：我想请你带一点儿～给他。Wǒ xiǎng qǐng nǐ dài yìdiǎnr ～ gěi tā. *I would like to ask you to bring him something.* / 这屋子里～太多了。Zhè wūzi lǐ ～ tài duō le. *There are too many things in the room.* / 病人今天没吃什么～。Bìngrén jīntiān méi chī shénme ～. *The patient did not eat anything today.* / 他最近写了不少～。Tā zuìjìn xiěle bùshǎo ～. *Lately he has written quite a lot.* (2)指人或动物(表示厌恶或喜爱的感情) *(of a person or animal,*

implying likes or dislikes) creature：这人真不是～! Zhè rén zhēn bú shì ～! *What a despicable creature this guy is!* / 你这糊涂～,丢了钱还不知道。Nǐ zhè hútu ～, diūle qián hái bù zhīdào. *What a muddle-headed creature you are, not to be aware of losing the money.* / 小鸟是可爱的小～。Xiǎo niǎo·shì kě'ài de xiǎo ～. *The little bird is a lovely creature.*

冬 dōng
(名)◇ *winter*：他在我家住了两～。Tā zài wǒ jiā zhùle liǎng ～. *He has stayed with my family for two winters.* / 我们贮存的苹果,吃了一～都没吃完。Wǒmen zhùcún de píngguǒ, chīle yì ～ dōu méi chīwán. *The apples we had stored up have been eaten for the whole winter and not run out.*

【冬不拉】dōngbulā (名)哈萨克族的一种弦乐器 *a plucked stringed instrument, used by the Kazak nationality*

【冬瓜】dōngguā (名)[个 gè] *wax gourd; white gourd*

【冬季】dōngjì (名) *winter (season)*

【冬眠】dōngmián (动) *hibernate*

【冬天】dōngtiān (名)同"冬季"dōngjì *same as "冬季"dōngjì*

【冬至】dōngzhì (名)二十四节气之一,在12月22日前后 *the Winter Solstice (around the 22nd of December)*

【冬装】dōngzhuāng (名)[套 tào、件 jiàn]冬季穿的衣服 *winter clothes*：天气渐渐冷了,人们都换上了～。Tiānqì jiànjiàn lěng le, rénmen dōu huànshàngle ～. *It has been getting cold, and people have put on their winter clothes.*

咚 dōng
(象声)形容击鼓或敲门的声音 *rapping sound; rat-a-tat*：村民们随着～～的鼓声扭起秧歌来。Cūnmínmen suízhe ～ ～ de gǔ shēng niǔ qǐ yāngge lai. *The villagers started to do the yangko dance to the rat-a-tat of a drum.* / ～～的敲门声把孩子惊醒了。～～ de qiāo mén shēng bǎ háizi jīngxǐng le. *A rapping on the door startled the child from sleep.*

dǒng

董 dǒng
(名)◇ 董事 *director; trustee*：校～ xiào～ *school trustee*

【董事】dǒngshì (名) *director; trustee*

【董事会】dǒngshìhuì (名) *(of a business) board of directors; (of a school) board of trustees*

懂 dǒng
(动)(1) *know; understand*：你～我的意思吗? Nǐ ～ wǒ de yìsi ma? *Do you understand what I mean?* / 她～英语。Tā ～ Yīngyǔ. *She understands English.* / 他的话我听～了。Tā de huà wǒ tīng～ le. *I understood what he said.* / 我没看～这段话。Wǒ méi kàn～ zhè duàn huà. *I didn't understand what this paragraph meant.* (2)具备某方面的知识 *have certain special knowledge*：他很～中国画,是个内行。Tā hěn ～ Zhōngguó huà, shì ge nèiháng. *He knows Chinese painting and is an expert.*

【懂得】dǒngde (动)同"懂"dǒng (1),但不能作补语 *same as "懂"dǒng (1) (but can't be used as a complement)*：他一点也不～做人的道理。Tā yìdiǎnr yě bù ～ zuòrén de dàolǐ. *He knows nothing about how to get along with others.* / 光～一个词的意思不一定会用。Guāng ～ yí ge cí de yìsi bù yídìng huì yòng. *Just to know the meaning of a word does not necessarily mean you know how to use it.*

【懂事】dǒngshì (形)了解一般的人情事理,最常用于孩子 *sensible (of a child)*：这孩子非常～。Zhè háizi fēicháng ～. *He is a very sensible child.* / 父母把她惯得特别不～。

Fùmǔ bǎ tā guàn de tèbié bù ~. *Her parents have spoiled her so, that she has no sense at all.*

dòng

动〔动〕dòng

(动)（1）改变原来的位置或静止状态 *move*：坐在这儿别 ～，我要给你们照张相。Zuò zài zhèr bié ～, wǒ yào gěi nǐmen zhào zhāng xiàng. *Sit here and don't move, I'll take your picture.* / 这些展品只能看,不能～。Zhèxiē zhǎnpǐn zhǐ néng kàn, bù néng ～. *These exhibition items may be looked at but not touched.* （2）动作, 行动 *act*：人家都～了, 咱们怎么样? Rénjia dōu ～ le, zánme zěnmeyàng? *All the others took action, what about us?* （3）使用 *use*：办事不一脑子不行。Bàn shì bù ~ nǎozi bù xíng. *In handling affairs, one must think or things won't work out.* / 他只会～嘴,不会～手。Tā zhǐ huì ~ zuǐ, bú huì ~ shǒu. *He's all talk, and no action.* （4）作补语, 表示通过某动作而移动位置或起应起的变化（*used as a complement after a verb*）*be moved*：我一个人搬不～这张桌子。Wǒ yí ge rén bān bu ~ zhè zhāng zhuōzi. *I can't move the table by myself.* / 石头太硬砸不～。Shítou tài yìng zá bu ~. *The stone is too hard to crush.* / 他牙还可以,还吃得～花生米。Tā yá hái kěyǐ, hái chī de ~ huāshēngmǐ. *His teeth are all right. He still can eat peanuts.*

【动宾结构】dòng bīn jiégòu 以动词和它的宾语为中心成分组成的短语结构。也叫"动宾词组"。如"买东西","坐船"或"高高兴兴地吃了一顿饭"等 *verb-object construction such as* "买东西", "坐船", "高高兴兴地吃了一顿饭"

【动补结构】dòng bǔ jiégòu 由一个动词加一个作它的结果补语（或趋向补语）的词成构成, 如"吃完""找到""整理好""想出来"等 *verb-complement construction, such as* "吃完","找到","整理好","想出来", *etc.*

【动不动】dòng bu dòng（副）表示理由或原因并不充分而轻易地（有所行动或表现）,多用于不愉快的行为或是说话人所不希望的,后面多带"就" *easily; at every turn; frequently* (*engage in negative behaviour*)；(*also used when sth. that the speaker does not wish to happen, often followed by* "就")：她心胸狭窄,～就闹情绪。Tā xīnxiōng xiázhǎi, ～ jiù nào qíngxù. *She's narrow-minded and gets disgruntled easily.* / 你怎么～就发火,不能控制一下自己吗? Nǐ zěnme ～ jiù fā huǒ, bù néng kòngzhì yíxià zìjǐ ma? *Why do you lose your temper so easily? Can't you control yourself a little?* / 这两个人合不来,～就吵起来。Zhè liǎng ge rén hé bu lái, ～ jiù chǎo qilai. *These two don't get along. They argue with each other at every turn.* / 她在学习上要求自己不严格,～就不来上课。Tā xuéxí shang yāoqiú zìjǐ bù yángé, ～ jiù bù lái shàng kè. *She doesn't make strict demands on herself in her studies and frequently misses class for no reason at all.*

【动产】dòngchǎn（名）与"不动产"相对,指可以移动的财产, 如金钱、器物等（*opposite to* "不动产"）*movable property; movables*

【动词】dòngcí（名）〈语〉[个 gè]语法上指陈述人或事物的动作、变化、状态或情况的词,如"走、飞、笑、有、喜欢、休息"等 *verb*

【动荡】dòngdàng（动）（波浪）起伏,（局势）不稳定 *be turbulent; be unrest*：今天风大,湖水～得利害。Jīntiān fēng dà, húshuǐ ~ de lìhai. *There are big winds today causing large waves on the lake.* / 局势～不安。Júshì ~ bù'ān. *a turbulent situation*

【动工】dòng = gōng（1）（土木工程）开工 *start building; begin construction*：修建体育馆的工程将于明年一月～。Xiūjiàn tǐyùguǎn de gōngchéng jiāng yú míngnián yīyuè ~. *The construction of the stadium will begin in January.* / 天

太冷,还动不了工。Tiān tài lěng, hái dòng bu liǎo gōng. *It is too cold to start the construction.* （2）施工 *be under construction*：～的地方用席围起来了。～ de dìfang yòng xí wéi qilai le. *The place of construction was enclosed with mats.*

【动画片】dònghuàpiàn（名）[部 bù] *cartoon* (*film*)

【动火】dòng = huǒ（～儿）〈口〉*get angry; flare up*：他一听儿子考试不及格就动了火,大声地训斥起来。Tā yì tīng érzi kǎoshì bù jí gé jiù dòngle huǒ, dà shēng de xùnchì qilai. *He flared up as soon as he heard that his son failed the exam and started to give him a good dressing-down.* / 您别～,咱们慢慢商量着办。Nín bié ~, zánmen mànmān shāngliangzhe bàn. *Don't get angry. Let's settle this calmly through discussion.*

【动机】dòngjī（名）[个 gè]支配人做某件事的念头 *motive; intention*：入党～ rù dǎng ~ *motivation for joining the party* / 出国～ chū guó ~ *motive for going abroad* /～不纯 bù chún *have impure motives* / 我们不但要看～,也要看效果。Wǒmen búdàn yào kàn ~, yě yào kàn xiàoguǒ. *We examine not only the motive, but also its effect.*

【动静】dòngjing（名）（1）说话或行动的声音 *signs of activity; stir*：要是屋子里有人,怎么连一点儿～也没有呢? Yàoshi wūzi li yǒu rén, zěnme lián yìdiǎnr ~ yě méi yǒu ne? *If there were some one in the room, why was there no sign of activity?* （2）（了解或侦察的）情况 *movement; happenings*：提工资的事,有没有什么～? Tí gōngzī de shì, yǒu méi yǒu shénme ~? *Is anything happening in regard to the raise of salaries?* / 要注意敌人的～。Yào zhùyì dírén de ~. *Be cautious about the enemy's movement.*

【动力】dònglì（名）（1）*power; motive power* （2）比喻推动工作、事业等前进和发展的力量 *motive* (*or driving*) *force; impetus*：她缺乏前进的～。Tā quēfá qiánjìn de ~. *She is lacking the drive to advance.* / 只有人民才是创造世界历史的～。Zhǐyǒu rénmín cái shì chuàngzào shìjiè lìshǐ de ~. *People alone create the impetus for world history.*

【动力学】dònglìxué（名）*dynamics; kinetics*

【动乱】dòngluàn（名）[场 cháng]社会骚动变乱 *turmoil; disturbance; upheaval; turbulence*：引起社会～ yǐnqǐ shèhuì ~ *cause a social disturbance* / 在～中,有些投机分子浑水摸鱼。Zài ~ zhōng, yǒu xiē tóujī fènzǐ hún shuǐ mō yú. *There were some opportunists who fish in troubled waters.* / 十年～期间,他干了许多坏事。Shí nián ~ qījiān, tā gànle xǔduō huàishì. *During the ten-year disturbance, he did a lot of evil things.*

【动脉】dòngmài（名）[根 gēn] *artery*

【动脉硬化】dòngmài yìnghuà〈医〉*arteriosclerosis*

【动能】dòngnéng（名）〈物〉*kinetic energy*

【动怒】dòng = nù〈书〉*lose one's temper; get angry*

【动气】dòng = qì〈口〉生气 *get angry*：为这么点儿小事不值得～。Wèi zhème diǎnr xiǎo shì bù zhíde ~. *It's not worth it to get angry over such a trifling matter.*

【动情】dòng = qíng（1）情绪激动 *get worked up; become excited*：这种热烈激动的场面,真让人～。Zhè zhǒng rèliè jīdòng de chǎngmiàn, zhēn ràng rén ~. *Such a warm and inspiring scene gets a person really worked up.* （2）（男女之间）产生爱慕之心 *become enamoured; fall in love*：听到小芹那甜美的歌声,他不免动了情。Tīngdào Xiǎo Qín nà tiánměi de gēshēng, tā bùmiǎn dòngle qíng. *He couldn't help but fall in love when he heard the sweet-sounding voice of Xiao Qin's singing.*

【动人】dòngrén（形）感动人 *moving; touching*：这个话剧中许多对话非常～。Zhège huàjù zhōng xǔduō duìhuà fēicháng ~. *In this play there are quite a few dialogues which are very moving.* / 作者自己都不受感动,作品怎么能～呢? Zuòzhě zìjǐ dōu bú shòu gǎndòng, zuòpǐn zěnme néng ~ ne? *If the author is not moved by his own work,*

then how can the work move others?

【动容】 dòngróng（动）〈书〉脸上现出受感动的表情 *be visibly moved*：这一乐曲表现了动乱年代中人民的痛苦、愤怒以及奋起抗争，听众无不~。*Zhè yí yuèqǔ biǎoxiànle dòngluàn niándài zhōng rénmín de tòngkǔ, fènnù yǐjí fènqǐ kàngzhēng, tīngzhòng wú bù ~. This musical composition expressed the people's sufferings, indignation and resistance during the years of upheavel. The entire audience was visibly moved.*

【动身】 dòng=shēn 开始离开某处 *set out; begin a journey*：你明天几点~? ——早上六点。*Nǐ míngtiān jǐ diǎn ~? ——Zǎoshang liù diǎn. When do you set out tomorrow? ——6 o'clock in the morning.* / 他们没买到飞机票，今天动不了身了。*Tāmen méi mǎidào fēijī piào, jīntiān dòng bu liǎo shēn le. They couldn't buy airplane tickets, so they can't set out today.*

【动手】 dòng=shǒu（1）用手接触，摸弄 *touch*；请勿~! *Qǐng wù ~! Please, don't touch!*（2）开始做；做 *start work; get to work*：早点儿~早点儿完，反正就是这么多活儿。*Zǎo diǎnr ~ zǎo diǎnr wán, fǎnzhèng jiùshi zhème duō huór. The sooner we start, the sooner we finish. In any case, we only have this much to do.* / 什么都准备好了，人一到齐就~。*Shénme dōu zhǔnbèi hǎo le, rén yí dàoqí jiù ~. Everything is all set. We will get to work when everyone arrives.*（3）指打人 *hit out*：你们俩谁先动的手? *Nǐmen liǎ shuí xiān dòng de shǒu? Which of you struck the first blow?*

【动手术】 dòng shǒushù *have an operation; be operated on*：他得了急性盲肠炎，昨天动了手术。*Tā déle jíxìng mángchángyán, zuótiān dòngle shǒushù. He developed acute appendicitis and was operated on yesterday.* / 你什么时候~，决定了吗? *Nǐ shénme shíhou ~, juédìngle ma? When will you have the operation? Has it been decided yet?* / 是张大夫给我动的手术。*Shì Zhāng dàifu gěi wǒ dòng de shǒushù. Doctor Zhang is the one who operated on me.*

【动态】 dòngtài（名）（1）事情发展变化的情况 *tendency; general trend of affairs*：学术~ *xuéshù ~ the tendency of academic activities* / 经济~ *jīngjì ~ developments in economy* / 科技~ *kējì ~ developments in science and technology*（2）〈物〉*dynamic state*：~分析 ~ fēnxī *dynamic analysis*

【动弹】 dòngtan（动）〈口〉（人或动物）活动，（机器）转动 *move; stir*：他躺在那儿一点儿也不~，睡着了吧? *Tā tǎng zài nàr yìdiǎnr yě bú ~, shuìzháo le ba? He's lying there without the slightest movement, is he sleeping?* / 你~，别老坐着。*Nǐ ~, bié lǎo zuòzhe. Don't just sit there, move around a bit.* / 人不~, 机器怎么~? *Rén bú ~, jīqì zěnme ~? If people don't move, how can a machine?*

【动听】 dòngtīng（形）好听；使人觉得有趣或者使人感动 *interesting or pleasant to listen to*：他很会讲话，讲的话很~。*Tā hěn huì jiǎng huà, jiǎng de huà hěn ~. He's a good speaker, and what he says is interesting.* / 多有意思的事，让我一说就~不了。*Duō yǒu yìsi de shì, ràng wǒ yì shuō jiù ~ bu liǎo. When I talk about them, even the most interesting things become boring.* / 光说~的也不能解决问题。*Guāng shuō ~ de yě bù néng jiějué wèntí. Just making things sound good, won't solve the problem.*

【动武】 dòng=wǔ 使用武力（多指殴打）*use force; come to blows*：得讲道理，总想~可不行。*Děi jiǎng dàoli, zǒng xiǎng ~ kě bù xíng. You must use reasoning. You can't always use force.*

【动物】 dòngwù（名）［个 gè］*animal*：高等~ gāoděng ~ *higher animal* / 低等~ dīděng ~ *lower animal* / 哺乳~ bǔrǔ ~ *mammal* / 爬行~ páxíng ~ *reptile*

【动物学】 dòngwùxué（名）*zoology*

【动物油】 dòngwùyóu（名）*animal oil*

【动物园】 dòngwùyuán（名）［座 zuò、个 gè］*zoo*

【动向】 dòngxiàng（名）［个 gè、种 zhǒng］变化或发展的趋向 *trend; tendency*：必须注意青年的思想~。*Bìxū zhùyì qīngnián de sīxiǎng ~. We must pay attention to the ideological tendency of our youth.* / 掌握敌人的~ zhǎngwò dírén de ~ *know the enemy's tendencies*

【动心】 dòng=xīn 思想、感情起波动，特别指认为是可取的 *be attracted by one's desire to have something; be aroused*：他本来不想去，听说居住条件好，又有点儿~。*Tā běnlái bù xiǎng qù, tīng shuō jūzhù tiáojiàn hǎo, yòu yǒudiǎnr ~. Originally he didn't want to go, but after hearing how good the living conditions were, he was attracted by the idea.* / 使他~的是那位姑娘的性格好，办事能力强。*Shǐ tā ~ de shì nà wèi gūniang de xìnggé hǎo, bàn shì nénglì qiáng. What attracts him is that the girl has a good personality, and is an efficient worker.* / 他的报告实在感人，没有人不为~。*Tā de bàogào shízài gǎnrén, méi yǒu rén bù wèi zhī ~. His report was truly moving, everyone was touched by it.*

【动摇】 dòngyáo（动）（1）不稳固，不坚定 *shake; waver; vacillate*：前几年她决心搞生理学，现在又~了。*Qián jǐ nián tā juéxīn gǎo shēnglǐxué, xiànzài yòu ~ le. For the last few years she has been determined to work in physiology, now she is vacillating.* / 他是个~分子，干什么也没恒心。*Tā shì ge ~ fènzǐ, gàn shénme yě méi héngxīn. He is a waverer and does not stick with one thing until it's done.*（2）使动摇 *shake*：再差的工作条件也~不了他们建设边疆的意志。*Zài chà de gōngzuò tiáojiàn yě ~ bu liǎo tāmen jiànshè biānjiāng de yìzhì. However hard the conditions may be, they don't waver their determination to work on the border.*

【动用】 dòngyòng（动）使用（物资、款项、人力）*put to use; employ; draw on*：这几笔款子，专款专用，不准随便~。*Zhè jǐ bǐ kuǎnzi, zhuānkuǎn zhuānyòng, bù zhǔn suíbiàn ~. These sums of money are earmarked for specified purposes only, and should not be used as we like.* / 这项工程~了二十万民工，修了三年才完成。*Zhè xiàng gōngchéng ~ le èrshí wàn míngōng, xiūle sān nián cái wánchéng. It has taken three years and 200,000 workers to finish the construction.*

【动员】 dòngyuán（动）发动、劝导人参加某项活动或工作 *mobilize; arouse*：~青年参军 ~ qīngnián cān jūn *mobilize young men to join the army* / 群众承包 qúnzhòng ~ *mobilize the masses to use contracts* / 做~报告 zuò ~ bàogào *make a mobilization speech* / 开个~大会 kāi ge ~ dàhuì *hold a mobilization meeting* / 全民~, 大搞教育。*Quánmín ~, dà gǎo jiàoyù. Mobilize the people of the whole nation for education.*

【动辄】 dòngzhé（副）〈书〉动不动就 *easily; frequently; at every turn*：~得咎 ~ dé jiù *be blamed to every turn*

【动作】 dòngzuò（名）［个 gè］全身或身体的一部分的活动 *movement; motion; action*：这个体操运动员的每个~都很准确。*Zhège tǐcāo yùndòngyuán de měi gè ~ dōu hěn zhǔnquè. Every movement of this gymnast is accurate.* / ~敏捷，行动迅速。~ mǐnjié, xíngdòng xùnsù. *nimble in movement and swift in action*

冻〔凍〕dòng

（动）（1）*freeze*：河已经~冰了。*Hé yǐjīng ~ bīng le. The river is frozen.* / 这是一块~牛肉。*Zhè shì yí kuài ~ niúròu. This is a piece of frozen beef.* / 白菜~了就不好吃了。*Báicài ~le jiù bù hǎochī le. If cabbage is frozen, it will not taste good.*（2）受冷或感到冷 *feel very cold; freeze; be frostbitten*：我的脚~了。*Wǒ de jiǎo ~ le. My feet have chilblains.* / 在外边站了会儿~得慌，我又跑进来

了。Zài wàibiān zhànle huìr ～ de huang, wǒ yòu pǎo jìnlái le. *I stood outside just for a while and was freezing to death, so I rushed back in again.*（名）*jelly*：肉～ ròu ～ *jellied meat* / 果汁～ guǒzhīr ～ *juice jelly*

【冻疮】dòngchuāng（名）*chilblain*

【冻害】dònghài（名）农业上的灾害，指由于气温下降使植物受冻，遭到破坏 *damage (to crops) caused by freezing temperatures*

【冻结】dòngjié（动）比喻阻止流动或变动 *freeze; congeal*：～工资 ～ gōngzī *wage-freezing*/ ～存款 ～ cúnkuǎn *deposit-freezing* / 人员～ rényuán ～ *personnel freeze*

【冻伤】dòngshāng（名）*frostbite*

【冻雨】dòngyǔ（名）*sleet*

栋〔棟〕dòng

（量）房屋的量词（*for buildings*）：他住在第三～楼房，第二个门里。Tā zhù zài dìsān ～ lóufáng, dì'èr ge ménr li. *He lives in the second entrance of the third building.*

【栋梁】dòngliáng（名）比喻担负国家重任的人（*fig.*）*a pillar (of the state or of society)*：～之材 ～ zhī cái *a man of great ability* / 你们要好好学习，将来做国家的～。Nǐmen yào hǎohǎor xuéxí, jiānglái zuò guójiā de ～. *You should study hard and become the pillars of the state.*

恫 dòng

【恫吓】dònghè（动）〈书〉威胁；吓唬 *threaten; frighten; scare*：～群众 ～ qúnzhòng *to threaten the masses* / 对人民进行战争～ duì rénmín jìnxíng zhànzhēng ～ *threaten the people with war*

洞 dòng

（名）[个 gè] *hole; cave*：墙脚那个～是老鼠～吧？Qiángjiǎo nàge ～ shì lǎoshǔ ～ ba? *Is the hole in the base of the wall a mouse's hole?* / 他不小心把窗帘烧了一个～。Tā bù xiǎoxīn bǎ chuānglián shāole yí ge ～. *He was careless and burnt a hole in the curtain.* / 下雨了，咱们可以到那个～里去躲躲。Xià yǔ le, zánmen kěyǐ dào nàge ～ li qù duǒduo. *It's raining. Let's take shelter from the rain in that cave.*

【洞察】dòngchá（动）透过表面现象发现真实情况 *see clearly; have an insight into*：～一切内心的活动 ～ yíqiè nèixīn de huódòng *have an insight into one's inner life*

【洞彻】dòngchè（动）〈书〉彻底地了解 *understand thoroughly*

【洞达】dòngdá（动）〈书〉很了解，很明白 *understand very well; see clearly*

【洞房】dòngfáng（名）新婚夫妇的房间 *bridal (or nuptial) chamber*

【洞口】dòngkǒu（名）[个 gè] 洞穴向外的通口 *entrance to a cave*：那个有亮的地方就是～了。Nàge yǒu liàngr de dìfang jiù shì ～ le. *That bright area is the entrance to the cave.*

【洞悉】dòngxī（动）〈书〉很清楚地知道 *know clearly*：～内幕 ～ nèimù *know clearly what goes on behind the scenes*

【洞穴】dòngxué（名）〈书〉[个 gè] 地洞或山洞 *cave; cavern*：原始人就住在～里边。Yuánshǐ rén jiù zhù zài ～ lǐbiānr. *Primitive men lived in caves.*

dōu

都 dōu

（副）(1) 表示两个或更多的人、物中的每一个；所指的人、物要放在"都"前 *all; both (the people or things to which "都" refers must precede "都")*：年轻人～喜欢运动。Niánqīng rén ～ xǐhuan yùndòng. *All young people like exercise.* / 史密斯和汤姆～是英国人。Shǐmìsī hé Tāngmǔ ～

shì Yīngguó rén. *Smith and Tom are both British.* / 几本杂志～翻了，就是没找到那篇文章。Jǐ běn zázhì ～ fān le, jiùshì méi zhǎodào nà piān wénzhāng: *I've flipped through all those magazines but just couldn't find that article.* / 人们～说他是大好人。Rénmen ～ shuō tā shì dàhǎorén. *Everybody says that he's a fine person.* / 我把信～寄出去了。Wǒ bǎ xìn ～ jì chuqu le. *I've posted all the letters.* / 他家几乎每个星期～有客人来。Tā jiā jīhū měi ge xīngqī ～ yǒu kèrén lái. *His family has guests over almost every week.* (2) 表示强调的语气，有"甚至"的意思，有时与"连"呼应，轻读（*used for emphasis; has the same meaning as "甚至"; sometimes used together with "连"; unstressed*）*even*：他～去，你更应该去。Tā ～ qù, nǐ gèng yīnggāi qù. *Even he is going; all the more reason for you to go.* / 那地方连草～不长。Nà dìfang lián cǎo ～ bù zhǎng. *Even grass doesn't grow there.* / 老年人～步行，你还乘车？Lǎonián rén ～ bùxíng, nǐ hái chéng chē? *Even the elderly people are walking, yet you're taking the bus?* / 弟弟比哥哥～高。Dìdi bǐ gēge ～ gāo. *The younger brother is even taller than the elder brother.* / 怎么你连这么简单的汉字～不认识？Zěnme nǐ lián zhème jiǎndān de Hànzì ～ bú rènshi? *How could you not even know such a simple character?* (3) 用在以疑问代词构成的疑问句中，表示所问的人、物是复数，"都"用在疑问代词前，疑问代词如是宾语，则在动词或介词前（*used in an interrogative sentence which uses an interrogative pronoun to indicate that the persons or objects in question are in the plural form*；"都" *is placed before the interrogative pronoun, but if the interrogative pronoun is the object of the sentence, then "都" is placed before either the verb or the preposition*）：～谁今天去西山种树？～ shuí jīntiān qù Xī Shān zhòng shù? *Who are going to Xishan to plant trees today?* / 你～把哪几首诗背下来了？Nǐ ～ bǎ nǎ jǐ shǒu shī bèi xialai le? *Which poems have you memorized?* / 你～什么时候在家？Nǐ ～ shénme shíhòu zài jiā? *What times are you at home?* / 他～喜欢什么歌？Tā ～ xǐhuan shénme gē? *Which songs does he like?* (4) 可用在表示任指的疑问代词后，有无例外的意思（*can be used after an interrogative pronoun which refers to sb. or sth. in general to indicate that there are no exceptions*）：有问题你就来问，找谁～可以。Yǒu wèntí nǐ jiù lái wèn, zhǎo shuí ～ kěyǐ. *If you have a question, you can ask anyone.* / 我带的日用品很全，什么～不缺。Wǒ dài de rìyòngpǐn hěn quán, shénme ～ bù quē. *I've brought along all types of articles for everyday use. Nothing is missing.* / 你哪天来～行。Nǐ nǎ tiān lái ～ xíng. *You can come any day.* / 这事你们怎么解决我～没意见。Zhè shì nǐmen zěnme jiějué wǒ ～ méi yìjiàn. *I don't care how you resolve this matter.* (5)"已经"的意思，表示说话人认为时间晚、时间长、数量多，或强调时间迫近或某种情况早已存在或比较严重，"都"轻读，句尾常有"了"，也可和"已经"并存 *already ("都" is unstressed in this case; the end of the sentence can take "了"; "都" can exist simultaneously with "已经" in a sentence)*：为了你的事，他～挨批评了。Wèile nǐ de shì, tā ～ ái pīpíng le. *He has already been criticized because of your business.* / 别再说了，我～烦死了。Bié zài shuō le, wǒ ～ fánsǐ le. *Don't say any more. I've had enough!* / 人～已经到齐了，怎么还不开会？Rén ～ yǐjīng dàoqí le, zěnme hái bù kāi huì? *Everybody has already gathered together, so why hasn't the meeting started yet?* / 如今你们组～十个人了，人手该够了吧！Rújīn nǐmen zǔ ～ shí ge rén le, rénshǒu gāi gòule ba! *Now your group has as many as ten members. I suppose it should be enough manpower.* / ～三十了，该成家了。～ sānshí le, gāi chéng jiā le. *I'm already thirty years old. I should get married.* / 天是暖和了，你看草～绿了。Tiān shì nuǎnhuo le, nǐ kàn cǎo ～ lǜ le. *The weather is warm.*

See the grass is already green. / 饭～快凉了，快吃吧! Fàn ~ kuài liáng le, kuài chī ba! The food is already getting cold. / 他～走远了，你赶不上了。Tā ~ zǒuyuǎn le, nǐ gǎn bu shàng le. He has already gone far away. You won't catch up to him. (6)与"是"合用，说明理由，常常有抱怨，不满之意（used together with "是" to refer to a cause; often indicates complaint or dissatisfaction）：～是为了等你，不然，我们早走了。~ shi wèile děng nǐ, bùrán, wǒmen zǎo zǒu le. It's all because we were waiting for you, otherwise we would have left long ago. /～是他太马虎，把小王的地址弄丢了。~ shi tā tài mǎhu, bǎ Xiǎo Wáng de dìzhǐ nòngdiū le. It's because he's so careless. / ～是他，把小王的地址弄丢了。~ shi tā, bǎ Xiǎo Wáng de dìzhǐ nòngdiū le. It's his fault. He lost Xiao Wang's address. 另见 dū

兜 dōu

（名）（～儿）[个 gè] pocket; bag：裤子～ kùzi ~ trouser pocket / 上衣～ shàngyī ~ pocket in upper garment / 布～ bù~ cloth bag （动）(1)做成兜形把东西拢住 wrap up in a piece of cloth, etc.：老太太用手绢～来一兜花生让大家吃。Lǎotàitai yòng shǒujuànr ~ lai yì dōu huāshēng ràng dàjiā chī. The old lady brought us peanuts wrapped up in a handkerchief to eat. (2)〈口〉承担；包下来 take responsibility for sth.：你们尽管放心去做，出了问题，我～着。Nǐmen jǐnguǎn fàng xīn qù zuò, chūle wèntí, wǒ ~ zhe. Take it easy and work it out. If something happens, I will take responsibility for it.

【兜抄】dōuchāo （动）(军队)从后面或两边包围攻击（of troops）close in from the rear or both flanks

【兜风】dōu＝fēng (1)(船帆、车篷等)挡住风（of a ship's sails, the awning on a car, etc.）catch the wind (2)坐汽车等出外乘凉或游玩 go for a drive, ride, etc.; go for a spin

【兜揽】dōulǎn （动）(1)招揽(顾客、买卖) canvass; solicit：～生意 ~ shēngyi solicit customer; drum up trade (2)把事情往自己身上拉 take on oneself or take upon oneself：他爱管过人，喜欢～别人不爱管的事。Tā jīnglì guò rén, xǐhuan ~ biérén bú ài guǎn de shì. He is extremely energetic, and loves to take on jobs nobody else wants. / 要没那么大本事，就别～那么多事。Yào méi nàme dà běnshi, jiù bié ~ nàme duō shì. If you are not capable enough, don't take it upon yourself to attempt too much.

【兜圈子】dōu quānzi 绕弯儿 go around in circles; circle：飞机在天上～。Fēijī zài tiānshang ~. The plane is circling in the air. / 小鸟儿兜着圈子飞。Xiǎo niǎo dōuzhe quānzi fēi. The little bird flew around in circles. / 你有话直说，别～! Nǐ yǒu huà zhí shuō, bié ~! If you have something to say, say it. Don't beat around the bush!

【兜售】dōushòu （动）想方设法推销货物（现多用比喻义，贬义）try to sell; peddle; hawk (used mostly in a figurative sense with a bad denotation)：他到处一语法无用论。Tā dàochù ~ yǔfǎ wúyòng lùn. He goes everywhere hawking the theory that grammar is useless.

【兜销】dōuxiāo （动）到处推销（货物）promote sales (of goods)

【兜子】dōuzi （名）[个 gè]同"兜"dōu same as "兜" dōu

dǒu

斗 dǒu

（名）量粮食的器具，容量是一斗，方形或柱形，用木板柳条或竹子制成 a container as a unit of dry measure for grain （量）即市斗，相当于10升 measurement of capacity

（=10 litres）另见 dòu

【斗拱】dǒugǒng （名）〈建〉中国传统木结构中，梁柱之间的一种支承结构，由弓形的"拱"和方形的"斗"组成 a traditional Chinese system of brackets inserted between the top of a column and a crossbeam (each bracket being formed of a gong (拱), which supports a block of wood, called dou (斗), on each side)

【斗笠】dǒulì （名）[顶 dǐng]遮阳光和雨的帽子，有很宽的边，用竹篾夹油纸或竹叶制成 bamboo hat

【斗篷】dǒupeng （名）[件 jiàn]披在肩上的没有袖子的外衣（有的带帽子）cloak; cape

【斗室】dǒushì （名）〈书〉比喻非常小的屋子 a small (or tiny) room

抖 dǒu

（动）(1)振动，甩动 shake：把大衣上的雪～一～。Bǎ dàyī shang de xuě ~ yi ~. Shake the snow off your overcoat. (2)哆嗦、战栗 tremble; shiver; quiver：他冷得直～。Tā lěng de zhí ~. He shivers with cold.

【抖动】dǒudòng （动）(1)颤动 tremble：他的手不停地～。Tā de shǒu bùtíng de ~. His hands tremble unceasingly. (2)用手振动物体 shake：这块刚洗完的绸子～一下就干了。Zhè kuài gāng xǐwán de chóuzi ~ yíxià jiù gān le. The silk that has just been washed will dry if you shake it for a while.

【抖擞】dǒusǒu （动）振作（仅限于"精神"）enliven; rouse：～精神 ~ jīngshén brace up; pull oneself together / 精神～ jīngshén ~ full of energy; full of beans

陡 dǒu

（形）steep; precipitous：山崖～得很。Shānyá ~ de hěn. The cliff is very steep. / 很～的山路 hěn ~ de shānlù very steep mountain road （副）突然 suddenly; abruptly：天气～变。Tiānqì ~ biàn. The weather changed suddenly.

【陡峻】dǒujùn （形）〈书〉(地势)高而陡 (of terrain) high and precipitous

【陡立】dǒulì （动）(山峰、建筑物等)直立 (of a mountain peak, a building, etc.) rise steeply

【陡坡】dǒupō （名）[个 gè]坡度大的坡 steep slope

【陡峭】dǒuqiào （形）(山势等)坡度很大，直上直下 steep; abrupt; precipitous：山势～ shānshì ~ The lie of the mountain is precipitous. / ～的山峰 ~ de shānfēng steep mountain peaks

【陡然】dǒurán （副）〈书〉突然 suddenly：说着说着，他～变了脸。Shuōzhe shuōzhe, tā ~ biànle liǎn. He was talking on and on when he suddenly turned hostile.

dòu

斗 [鬥] dòu

（动）(1)斗争 fight; tussle：～恶霸地主 ~ èbà dìzhǔ settle old scores with despotic landlords (2)使动物搏斗 make animals fight (as a game)：鸡～ jī ~ cockfight / ~蟋蟀 ~ xīshuài cricketfight (3)争胜 fight; contest：这是一场～智的战斗。Zhè shì yì cháng ~ zhì de zhàndòu. It is a battle of wits. / 你～不过他。Nǐ ~ bu guò tā. You are not his match. 另见 dǒu

【斗争】dòuzhēng （名）[场 chǎng]矛盾的双方之间的相互冲突 struggle against; conflict; strive：阶级～ jiējí ~ class struggle / 路线～ lùxiàn ~ struggle between two lines / 思想～ sīxiǎng ~ ideological conflicts / 跟敌特展开坚决的～ gēn dítè zhǎnkāi jiānjué de ~ fight absolutely against enemy agents （动）(1)群众用说理、揭发、控诉等方式打击敌对分子或坏分子 accuse and denounce at a meeting：～反革命分子 ~ fǎngémìng fènzi publicly denounce counterrev-

olutionaries （2）努力奋斗 *make great efforts*：为保卫世界和平而～。Wèi bǎowèi shìjiè hépíng ér'～. *Make great efforts to defend world peace.*

【斗争性】dòuzhēngxìng（名）与敌对势力、不良现象斗争的勇气 *fighting spirit*：～强 ～ qiáng *be full of fighting spirit* / 缺乏 ～ quēfá ～ *lack of fighting spirit*

【斗志】dòuzhì（名）战斗的意志 *will to fight*：鼓舞 ～ gǔwǔ ～ *arouse the fighting spirit* / 丧失 ～ sàngshī ～ *lose one's fighting spirit*

【斗志昂扬】dòuzhì ángyáng 斗争的意志很旺盛 *have high morale*

豆 dòu
（名）[粒 lì、颗 kē]豆类作物及其种子 *peas*；*beans*：种瓜得瓜，种～得～。Zhòng guā dé guā, zhòng ～ dé ～. *As you sow, so shall you reap.*

【豆腐】dòufu（名）[块 kuài]食品。将大豆磨成豆浆然后放入锅中煮开，再放入适量石膏或盐卤使凝结成块，压去一部分水分而成 *bean curd*

【豆腐干儿】dòufugānr（名）[块 kuài]用豆腐做成的一种食品 *dried bean curd*

【豆腐乳】dòufurǔ（名）[块 kuài]用豆腐经发酵腌制而成的一种食品 *fermented bean curd*

【豆荚】dòujiá（名）豆类的果实 *pod*：这片大豆的～结得真多。Zhè piàn dàdòu de ～ jiē de zhēn duō. *A lot of pods have sprouted from this soybean patch.*

【豆浆】dòujiāng（名）饮料,把黄豆泡透,加水磨成浆,去渣煮开而成 *soybean milk*

【豆角儿】dòujiǎor（名）〈口〉[个 gè]豆荚 *bean or pea pod*

【豆绿】dòulǜ（形）像青豆一样的绿色 *pea green*

【豆芽儿】dòuyár（名）用黄豆、黑豆或绿豆过水而生成的嫩芽。芽长二三寸,也叫豆芽菜 *beansprouts*：肉丝炒～可是个好菜。Ròusī chǎo ～ kě shì ge hǎo cài. *Shredded meat stir-fried with beansprouts is a fine dish.*

【豆制品】dòuzhìpǐn（名）用豆腐制成的多种食品的总称 *bean curd products*

【豆子】dòuzi（名）[粒 lì、颗 kē]*bean*；*pea*

逗 dòu
（动）（用于小孩儿、小动物）（*of kids*, *pets*）（1）使（人爱）*attract*；*charm*：这孩子很～人喜欢。Zhè háizi hěn ～ rén xǐhuan. *This child is very charming.* (2) *tease*：他用皮球～小猫。Tā yòng píqiú ～ xiǎo māo. *He is teasing the kitty with a ball.* / 哥哥把弟弟～哭了。Gēge bǎ dìdi ～kū le. *The elder brother teased the young brother until he cried.* （形）〈口〉滑稽可笑 *funny*：他讲的那个笑话～极了。Tā jiǎng de nàge xiàohua ～ jí le. *His joke is hilarious.* / 那个人挺～de. Nàge rén tǐng ～ de. *He is a very amusing man.*

【逗号】dòuhào（名）[个 gè]标点符号"，"，表示句子中较小的停顿 *comma*

【逗留】dòuliú（动·不及物）短时间地停留 *stay*；*stop*（*temporarily*）：回来的时候,他在天津～了三天。Huílai de shíhou, tā zài Tiānjīn ～le sān tiān. *When he came back, he stopped over in Tianjin for three days.*

【逗人】dòurén（形）招人喜爱的 *charming*；*amusing*：这小孩儿黑黑的眼睛,红红的小脸,挺～儿! Zhè xiǎoháir hēihēi de yǎnjing, hónghóng de xiǎo liǎn, tǐng ～ de! *This child's dark eyes and little red face are quite charming!* / 大熊猫的样子真～! Dà xióngmāo de yàngzi zhēn ～! *The giant panda's manner is really amusing!* （动）取笑 *tease*；*make fun of*：你别～了,我怎么能穿这么鲜艳的衣服? Nǐ bié ～ le, wǒ zěnme néng chuān zhème xiānyàn de yīfu? *Don't kid me. I couldn't possibly wear bright-coloured clothes.*

痘 dòu
（名）*smallpox*

【痘苗】dòumiáo（名）（*bovine*）*vaccine*

dū

都 dū
（名）◇ 首都 *capital*：建～于北京 jiàn ～ yú Běijīng *found a capital in Beijing* 另见 dōu

【都城】dūchéng（名）[座 zuò]首都 *capital*

【都会】dūhuì（名）[座 zuò]同"都市" dūshì *same as* "都市" dūshì

【都市】dūshì（名）[座 zuò]大城市 *big city*；*metropolis*

督 dū
【督促】dūcù（动）监督催促 *superintend and urge*：这个孩子学习很自觉,不要人～。Zhège háizi xuéxí hěn zìjué, bú yào rén ～. *This child studies very conscientiously, and doesn't need supervision.* / 领导应该经常～检查工作。Lǐngdǎo yīnggāi jīngcháng ～ jiǎnchá gōngzuò. *Leaders ought to often supervise job performance.*

嘟 dū
（象声）*toot*；*honk*：汽车喇叭～～直响。Qìchē lǎba ～～ zhí xiǎng. *The car's horn tooted again and again.*

【嘟噜】dūlu（量）〈口〉用于连成一簇的东西 *bunch*；*cluster*：我买了一～葡萄。Wǒ mǎile yì ～ pútao. *I bought a bunch of grapes.* （动）向下垂着 *hang down*：他～着脸,不知为什么不高兴。Tā ～ zhe liǎn, bù zhī wèi shénme bù gāoxìng. *He has a long face, but I don't know why he's unhappy.* （名）（～儿）舌或小舌连续颤动发出的声音 *trill*：我不会打～,所以发不好这个音。Wǒ bú huì dǎ ～, suǒyǐ fā bu hǎo zhège yīn. *I can't trill, so I can't pronounce this sound properly.*

【嘟囔】dūnang（动）〈口〉不断地自言自语 *mutter to oneself*；*mumble*：你在那儿～什么? Nǐ zài nàr ～ shénme? *What are you mumbling about over there?*

dú

毒 dú
（名）*poison*；*toxin*：这种蘑菇有～,不能吃。Zhè zhǒng mógu yǒu ～, bù néng chī. *This kind of mushroom is poisonous, and cannot be eaten.* /没～的蛇对人类有好处。Méi ～ de shé duì rénlèi yǒu hǎochu. *Non-poisonous snakes are beneficial for man.* （动）用毒物害死 *poison*：老鼠被～死了。Lǎoshǔ bèi ～sǐ le. *The rat has been poisoned to death.* （形）（1）毒辣 *poisonous*；*vicious*；*malevolent*；*malicious*：这个人心特别～。Zhège rén xīn tèbié ～. *This person is very malicious.* （2）（阳光）热烈 *blazing*：七月的太阳真～。Qīyuè de tàiyáng zhēn ～. *The sun is at its fiercest in July.* /用～～的太阳晒一晒,也能杀死细菌。Yòng ～～ de tàiyáng shài yi shài, yě néng shāsǐ xìjūn. *Basking in the blazing sun might destroy germs.*

【毒草】dúcǎo（名）有毒的草,常比喻对人民、对社会主义事业有害的言论和作品（*lit.*）*poisonous weeds*；（*fig.*）*harmful speech*, *writing*, *etc.*：必须善于辨别什么是香花,什么是～。Bìxū shànyú biànbié shénme shì xiānghuā, shénme shì ～. *Be good at differentiating fragrant flowers from poisonous weeds.* /凡是～,都应铲除。Fánshì ～, dōu yīng chǎnchú. *All poisonous weeds should be taken out.*

【毒害】dúhài (动) 用对人思想、身体有害的东西使人受害 *poison*: 19世纪时，英国殖民者用鸦片～中国人民。Shíjiǔ shìjì shí, Yīngguó zhímínzhě yòng yāpiàn ～ Zhōngguó rénmín. *The British colonists used opium to poison Chinese in the 19th century.* /一切～人们心灵的报刊都不许出版。Yíqiè ～ rénmen xīnlíng de bàokān dōu bù xǔ chūbǎn. *Newspapers and magazines that poison people's minds are not permitted to be published.*

【毒化】dúhuà (动) (反动派利用教育、文艺等向人民)灌输反动、落后思想 *poison; infect*: 占领当局极力通过学校教育～青年学生。Zhànlǐng dāngjú jílì tōngguò xuéxiào jiàoyù ～ qīngnián xuéshēng. *The occupiers employed school education as a means to poison young students.*

【毒计】dújì (名) [条 tiáo、个 gè] 毒辣的计策 *venomous scheme*: 我们一定要揭穿敌人挑拨民族矛盾的～。Wǒmen yīdìng yào jiēchuān dírén tiǎobō mínzú máodùn de ～. *We must expose the venomous scheme the enemy designed to provoke racial dissensions.*

【毒辣】dúlà (形) (心狠或手段)恶辣残酷 *vicious; murderous*: 手段～ shǒuduàn ～ *vicious means* / ～的心肠 ～ de xīncháng *sinister mind* / 阴险～ yīnxiǎn ～ *sinister and vicious*

【毒瘤】dúliú (名) *malignant tumour*

【毒品】dúpǐn (名) 指作为嗜好用的鸦片、吗啡、海洛因等 *narcotic drugs; narcotics*

【毒气】dúqì (名) *poisonous gas*

【毒蛇】dúshé (名) [条 tiáo] *poisonous snake; viper*

【毒手】dúshǒu (名) 伤害或杀害人的狠毒手段 *violent treachery; murderous scheme*: 下～ xià ～ *resort to a violent treachery*/ 惨遭～ cǎn zāo ～ *suffer from a violent treachery*

【毒素】dúsù (名) (1)某些有机体产生的有毒的物质 *toxin* (2)比喻言论或著作中对思想意识有腐蚀作用的成分 *poison*: 散布失败主义的～ sànbù shībàizhǔyì de ～ *propagate defeatism to poison people's minds*/ 这部作品中有很多封建迷信的～。Zhè bù zuòpǐn zhōng yǒu hěn duō fēngjiàn míxìn de ～. *This work consists of a lot of harmful feudalism and supersition.*

【毒物】dúwù (名) 有毒的物质 *poisonous substance*

【毒刑】dúxíng (名) 残酷的刑罚 *cruel corporal punishment; torture*

【毒药】dúyào (名) *poison; toxicant*: 下～ xià ～ *put poison in…*

独 〔獨〕dú

(形) 单一，只有一个 *alone; single* (副) 多用在单音节动词前，有书面语意味 (*often used before a monosyllabic verb, has a literary flavour to it*) (1) "单"、"只"、"惟独"的意思 *only; merely; alone*: 一些往事，如过眼烟云，早已忘得一干二净，～有这一件事，却牢牢记在我的心中。Yìxiē wǎngshì, rú guò yǎn yānyún, zǎo yǐ wàng de yì gān èr jìng, ～ yǒu zhè yí jiàn shì, què láoláo jì zài wǒ de xīnzhōng. *Some past events are as transient as fleeting clouds, and I've long forgotten them completely. Only this one matter remains firmly entrenched in my mind.* /在二三十个同事中，～有他是我的知音。Zài èr-sānshí gè tóngshì zhōng, ～ yǒu tā shì wǒ de zhīyīn. *Out of twenty or thirty colleagues, only he is my bossom friend.* (2) "独自"的意思，行为、动作是一个人进行的 *alone; by oneself*: 这是给大家的，你可不能～吞了啊! Zhè shì gěi dàjiā de, nǐ kě bù néng ～ tūn le a! *This is for everybody, so don't gulp it down by yourself.* / 他一直～住一间屋子，没跟别人合住 Tā yìzhí ～ zhù yì jiān wūzi, méi gēn biérén hé zhù. *He has always lived alone in a single room and has never shared place with anyone.* /这些财产是父亲留给你们兄弟三个的，谁也不能～占。Zhèxiē cáichǎn shì fùqin liúgěi nǐmen xiōngdì sān ge de, shuí yě bù néng ～ zhàn. *This property was left to all three of you brothers by your father. Not one of you can monopolize it.*

【独霸】dúbà (动) 指以武力或政治、经济势力独自统治(某地区) *dominate exclusively; monopolize*: 当时这个大地主势力极大，～一方。Dāngshí zhège dà dìzhǔ shìlì jí dà, ～ yì fāng. *At that time, this landlord had great power and became a local despot.*

【独白】dúbái (名) 戏剧、电影中角色独自抒发个人情感和愿望的话 *soliloquy; monologue*

【独裁】dúcái (动·不及物) *establish a dictatorship*: 必须实行民主，不能～。Bìxū shíxíng mínzhǔ, bù néng ～. *We have to establish a democracy, not a dictatorship.* (名) *dictatorship*

【独裁者】dúcáizhě (名) [个 gè] *dictator*

【独唱】dúchàng (名) *solo* (动) *sing a solo*

【独出心裁】dú chū xīncái 同"别出心裁"bié chū xīncái。想出来的办法与众不同 *be original; show originality*: 用手指画画，真是～。Yòng shǒuzhǐ huà huàr, zhēn shì ～. *It is truly original to draw pictures with one's fingers.*

【独创】dúchuàng (动) 独特的创造发明 *create sth. original*: 这种产品是我们厂～的。Zhè zhǒng chǎnpǐn shì wǒmen chǎng ～ de. *This kind of product is our factory's original creation.* / ～性应该受到鼓励。～ xìng yīnggāi shòudào gǔlì. *Originality should be encouraged.*

【独句句】dújùjù (名) 一个词在一定的语言环境中，表达一个完整的意思，起到一个句子的作用，如当你告诉别人小心汽车时，你只说: "汽车!"这就是独句句 *one-word sentence such as "汽车!" when one warns sb. of a coming car*

【独当一面】dú dāng yí miàn 单独负责一个部门或一个方面的工作 *be competent enough to be solely responsible for a major task*: 这个青年能力很强可以～! Zhège qīngnián nénglì hěn qiáng kěyǐ ～. *This young man is competent enough to take charge of any major task by himself.*

【独到】dúdào (形) 与众不同的(多指见解) *original*: 他对这个问题有～的见解。Tā duì zhège wèntí yǒu ～ de jiànjiě. *His view on this question is original.* /他的设计有～之处。Tā de shèjì yǒu ～ zhī chù. *His design has originality.*

【独独】dúdú (副) 在一般人、物中指出个别的，并说明其与众不同之处 (如用于主语，"独独"可用于主语或谓语前，如为介词的宾语，"独独"用于介词或述语前，如为动词的宾语，则用于述语前) *only; just this one (if the person or thing to which this refers is the subject of a sentence, "独独" is placed before the subject or predicate; if it is a prepositional object, it is placed before the preposition or the predicate; if it is the object of the verb, then "独独" is placed before the predicate)*: 所有的商店都是早上八点开门，～这家百货公司十点才开门。(或: 所有的商店都是早上八点开门，这家百货公司～十点才开门。) Suǒyǒu de shāngdiàn dōu shì zǎoshang bā diǎn kāi mén, ～ zhè jiā bǎihuò gōngsī shí diǎn cái kāi mén. (huò: Suǒyǒu de shāngdiàn dōu shì zǎoshang bā diǎn kāi mén, zhè jiā bǎihuò gōngsī ～ shí diǎn cái kāi mén.) *All shops open at 8:00 a.m.; just this one department store doesn't open until 10:00 a.m. (or: All shops open at 8:00 a.m.; this department store, however, only opens at 10:00 a.m.)* /在他的同事中，年轻、漂亮的女子不少，可是他～对夏小莉有着极微妙的感情。(或: 在他的同事中，年轻、漂亮的女子不少，可是他对夏小莉～有着极微妙的感情。) Zài tā de tóngshì zhōng, niánqīng, piàoliang de nǚzǐ bù shǎo, kěshì tā ～ duì Xià Xiǎolì yǒuzhe jí wēimiào de gǎnqíng. (huò: Zài tā de tóngshì zhōng, niánqīng, piàoliang de nǚzǐ bù shǎo, kěshì tā duì Xià Xiǎolì ～ yǒuzhe jí wēimiào de gǎnqíng.) *He has many young and beautiful female colleagues, but he has a*

very subtle affection for Xia Xiaoli only. (or: He has many young and beautiful female colleagues, but he only has a very subtle affection for Xia Xiaoli.) /他走遍了整个车间,～不见王工段长。Tā zǒubiànle zhěnggè chējiān, ～ bú jiàn Wáng gōngduànzhǎng. *He went round the workshop once and Section Chief Wang was the only one he didn't see.*

【独断独行】dú duàn dú xíng〈贬〉行事专断,不听取别人的意见 *to decide and act on one's own; to act arbitrarily*

【独断专行】dú duàn zhuān xíng 同"独断独行" dú duàn dú xíng *same as "独断独行" dú duàn dú xíng*

【独夫】dúfū〈名〉〈书〉残暴无道的统治者 *cruel and unreasoning ruler; autocrat; despot*

【独个儿】dúgèr〈副〉单独;独自 *alone; by oneself*:小李～住在一套房子里。Xiǎo Lǐ ～ zhù zài yí tào fángzi li. *Xiao Li lives in a flat all by himself.* /寒假里,他～到南方各城市旅游了半个月。Hánjià li, tā ～ dào nánfāng gè chéngshì lǚyóule bàn ge yuè. *During the winter vacation he spent half a month touring all the cities in the south by himself.*

【独立】dúlì〈动·不及物〉*be independent*:妇女要解放,经济必须～。Fùnǚ yào jiěfàng, jīngjì bìxū ～. *If women want to free themselves, they should be financially independent.* /印度是在1947年～的。Yìndù shì zài yījiǔsìqī nián ～ de. *India declared independence in 1947.* /宣布～ xuānbù ～/～国家 ～ guójiā *independent country*〈形〉不依靠别人(常作状语) *independent*:～工作的能力 ～ gōngzuò de nénglì *be able to work on one's own* /一个人一定要能～思考,不能人云亦云。Yí ge rén yídìng yào néng ～ sīkǎo, bù néng rén yún yì yún. *One should be able to think independently, and should not echo the views of others.*

【独立王国】dúlì wángguó 比喻对抗中央或上级,另搞自己一套的不正当做法的地区或部门 *a district or institution that assumes illegal independence from the central government*

【独立性】dúlìxìng〈名〉*independence*:这个少数民族地区有一定的～。Zhège shǎoshù mínzú dìqū yǒu yídìng de ～. *This minorities' district has a certain amount of independence.* /他当领导时,经常蔑视中央闹～。Tā dāng lǐngdǎo shí, jīngcháng gēn zhōngyāng nào ～. *When he was a leader, he often refused to follow the orders of the central government.*

【独立自主】dúlì zìzhǔ 一个国家享有自己的主权,在政治、经济、军事、外交等各个方面都不受其他国家的控制和支配 *maintain independence and keep the initiative in one's own hands*:一个国家不但政治上要～,经济上也必须～。Yí ge guójiā búdàn zhèngzhì shang yào ～, jīngjì shang yě bìxū ～. *A nation should gain its independence not only politically but also economically.*

【独轮车】dúlúnchē〈名〉只有一个轮子的小车 *wheelbarrow*

【独木桥】dúmùqiáo〈名〉[个 gè] 用一根木头搭成的桥。常用来比喻艰难的路途 *single-plank or single-log bridge; (fig.) difficult path*

【独幕剧】dúmùjù〈名〉[出 chū] *one-act play*

【独善其身】dú shàn qí shēn 只顾自己的品德修养,不帮助别人 *pay attention to one's own moral upbringing without thought of others*

【独身】dúshēn〈名〉单身 *unmarried; single*:他一直～一人在北京工作。Tā yìzhí ～ yì rén zài Běijīng gōngzuò. *He has been single and working in Beijing all along.* /十几年不见了,你怎么还是～? Shí jǐ nián bú jiàn le, nǐ zěnme hái shì ～? *We haven't seen each other for more than ten years. How is it that you're still single?*

【独生子女】dúshēng zǐnǚ *only son or daughter*

【独树一帜】dú shù yī zhì 单独树起一面旗帜。比喻独自开创出一条新路或采取了一种独特的方式 *fly one's own colours; take a course or line of one's own*

【独特】dútè〈形〉独有的,与众不同的。褒义 *distinctive; original; unique (laudatory)*:～的见解 yǒu ～ de jiànjiě *have original views* /他在创作上早已形成了自己的一种风格。Tā zài chuàngzuò shang zǎo yǐ xíngchéngle zìjǐ de yìzhǒng fēnggé. *His works have already attained their own unique style.*

【独一无二】dú yī wú èr 形容没有可以相比的 *unique; unparalleled; unmatched*:她唱歌儿的天才在我们学校是～的。Tā chàng gēr de tiāncái zài wǒmen xuéxiào shì ～ de. *Her talent for singing is unparalleled in our school.*

【独占】dúzhàn〈动〉一个人占有 *enjoy exclusively*:他～了三间房子。Tā ～ le sān jiān fángzi. *He had three rooms to himself.*

【独子】dúzǐ〈名〉独生子 *only son*

【独自】dúzì〈副〉单独一个人(进行某动作),可与"一个人"连用,多用于书面语 *alone; by oneself (can be jointly used with "一个人"; usu. used in the written language)*:老吴～在办公室里看文件。Lǎo Wú ～ zài bàngōngshì li kàn wénjiàn. *Lao Wu is in the office by himself reading documents.* /他想着,想着,忍不住～笑了起来。Tā xiǎngzhe, xiǎngzhe, rěn bu zhù ～ xiàole qilai. *He thought and thought, then couldn't help but start chuckling to himself.* /我想～呆一会儿,你们去玩儿吧! Wǒ xiǎng ～ dāi yíhuìr, nǐmen qù wánr ba! *I feel like being alone for a while. You all go out and enjoy yourselves.* /他～一个人在外地谋生,寂寞冷清之感可想而知。Tā ～ yí ge rén zài wàidì móushēng, jìmò lěngqīng zhī gǎn kě xiǎng ér zhī. *He is making a living by himself in another part of the country. One can well imagine how lonely and desolate he must feel.*

【独奏】dúzòu〈名〉*solo performance on any music instrument*:钢琴～ gāngqín ～ *piano solo*〈动〉*play a solo*

读〔讀〕dú

〈动〉(1) *read aloud*:老师～,学生听。Lǎoshī ～, xuésheng tīng. *The teacher reads, and the students listen.* /他经常给不识字的老大爷、老大娘～报。Tā jīngcháng gěi bù shí zì de lǎodàye, lǎodàniáng ～ bào. *He often reads the newspaper for illiterate elders.* (2)阅读,看(文章) *read*:这本书值得一～。Zhè běn shū zhíde yì ～. *The book is worth reading.* /那几句话我还没～懂。Nà jǐ jù huà wǒ hái méi ～dǒng. *I haven't figured out what those sentences mean.* (3)(在学校)学习 *go to school*:～师范 ～ shīfàn *go to a normal school* /他～完小学就失学了。Tā ～wán xiǎoxué jiù shī xué le. *After he completed his elementary education he was unable to continue.* /早年他在英国剑桥大学～英国文学。Zǎo nián tā zài Yīngguó Jiànqiáo Dàxué ～ Yīngguó wénxué. *In his early years, he read English literature at Cambridge in England.*

【读本】dúběn〈名〉课本(多指语言或文学课本) *textbook; reader*

【读书】dú=shū (1)看着书本,出声或不出声地念上面的文字内容 *read a book*:学校到处是～声。Xuéxiào dàochù shì ～ shēng. *The sounds of reading books were heard here and there around the school.* (2)学习 *study*:在大学～和在中学～不完全一样。Zài dàxué ～ hé zài zhōngxué ～ bù wánquán yíyàng. *Attending college is quite different from going to high school.* /～要得法,不得法就会收获不大。～ yào défǎ, bù défǎ jiù huì shōuhuò bú dà. *One must know how to study, otherwise the gain will be little.* /他记了许多～笔记。Tā jìle xǔduō ～ bǐjì. *He took a lot of reading notes.*

【读物】dúwù〈名〉[本 běn] 供阅读的东西,多指通俗性、普及性的书籍、杂志、报纸等 *reading material*:课外～ kèwài ～ *outside readings* /通俗～ tōngsú ～ *popular literature* /儿童～ értóng ～ *children's books*

【读音】dúyīn（名）*pronunciation*
【读者】dúzhě（名）［个 gè］书刊报纸或文章的阅读人 *reader*

渎〔瀆〕dú
（动）〈书〉不尊重 *show disrespect*
【渎职】dúzhí（动）没有尽到职责，在完成本职工作中犯有严重错误 *dereliction of duty; malfeasance*

犊〔犢〕dú
（名）同"犊子" dúzi *same as "犊子"* dúzi
【犊子】dúzi（名）小牛 *calf*

dǔ

肚 dǔ
（名）（～儿）同"肚子" dǔzi *same as "肚子"* dǔzi 另见 dù
【肚子】dǔzi（名）做食物的动物的胃 *tripe*；羊～ yáng ～ *lamb tripe* / 猪～ zhū ～ *pork tripe*

笃〔篤〕dǔ
（形）〈书〉（1）忠实，专一 *sincere; earnest*：感情甚～ gǎnqíng shèn ～ *with sincere love* (2)（病）重 *(of an illness) serious; critical*：病势危～ bìngshì wēi ～ *be critically ill*
【笃实】dǔshí（形）〈书〉（1）忠诚老实 *honest and sincere* (2)实在，扎实 *solid; sound*：他古汉语的根底～。Tā gǔ Hànyǔ de gēndǐ ～. *He has a solid foundation in classical Chinese.*
【笃信】dǔxìn（动）〈书〉忠实地信仰 *sincerely believe in*

堵 dǔ
（动）（1）堵塞 *stop up; block up*：把老鼠洞～上。Bǎ lǎoshǔ dòng ～shang. *Plug up the mousehole.* / 你靠边站，别～着门。Nǐ kào biānr zhàn, bié ～zhe mén. *Step aside, don't stand in the doorway.* / 汽车太多，把路～上了。Qìchē tài duō, bǎ lù ～shang le. *There are too many cars and the road was blocked.* (2)憋闷 *stifled; suffocated; oppressed*：他有许多话～在心里要找我谈谈。Tā yǒu xǔduō huà ～ zài xīnli yào zhǎo wǒ tántan. *He had a lot on his mind that he wanted to talk to me about.* （量）用于墙（*for walls*）：一～墙 yì ～ qiáng *a wall*
【堵塞】dǔsè（动）阻塞（洞、通道）使不通 *stop up; block up*：～工作中的漏洞 ～ gōngzuò zhōng de lòudòng *plug a loophole in work* / 交通～，车辆通不过。Jiāotōng ～, chēliàng tōng bu guò. *There is a traffic jam and cars can't get through.*

赌〔賭〕dǔ
（动）*gamble; bet*：这几个人～了一夜，输赢上千元。Zhè jǐ ge rén ～le yí yè, shū yíng shàng qiān yuán. *These people gambled a whole night and they won and lost over a thousand yuan.* / 必须禁～。Bìxū jìn ～. *Gambling must be banned.* / 他把全部家产都～光了。Tā bǎ quánbù jiāchǎn dōu ～-guāng le. *He has gambled away all his fortune.*
【赌博】dǔbó〈书〉（名）*gambling*：赛马也可以成为一种～。Sài mǎ yě kěyǐ chéngwéi yì zhǒng ～. *Horse races might become a form of gambling.* （动·不及物）*gamble*：不许青年们～。Bù xǔ qīngniánmen ～. *Do not allow young people to gamble.*
【赌场】dǔchǎng（名）*gambling house*
【赌局】dǔjú（名）旧时赌博的场所 *gambling house (used in former times)*
【赌气】dǔqì〈口〉（因对人或对事不满意）而断然采取任性言论或行动 *feel wronged and act rashly*：她妈妈说她玩儿得太多了，她和妈妈～，一星期没出门。Tā māma shuō tā wánr de tài duō le, tā hé māma ～, yì xīngqī méi chū mén. *Her mother complained that she spent too much time play-*

ing. Feeling wronged, she stayed home for a whole week. / 人家没要他的稿子，他～把稿子撕得粉碎。Rénjia méi yào tā de gǎozi, tā ～ bǎ gǎozi sī de fěnsuì. *When his writing was rejected, he had a fit and tore it into pieces.* / 她～地说："我还不如死了呢！" Tā ～ de shuō: "Wǒ hái bùrú sǐ le ne!" *She said in a fit of pique, "I would rather die."* / 听说领导没表扬她，她一～就走了。Tīng shuō lǐngdǎo méi biǎoyáng tā, tā yì ～ jiù zǒu le. *When she heard that the leadership did not praise her in public, she left in a fit of pique.*
【赌钱】dǔ=qián〈口〉赌博 *gamble*
【赌徒】dǔtú（名）*gambler*
【赌咒】dǔ=zhòu *swear*：他～再也不赌钱了。Tā ～ zài yě bù dǔ qián le. *He swore that he would not gamble any more.* / 你说你真没去，你敢～吗？Nǐ shuō nǐ zhēn méi qù, nǐ gǎn ～ ma? *You said you didn't go. Can you swear to it?*
【赌注】dǔzhù（名）*stake*：下～ xià ～ *place stake on*

睹 dǔ
（动）〈书〉看见 *see*：耳闻目～ ěr wén mù ～ *what one sees and hears*

dù

杜 dù
【杜鹃】dùjuān（名）(1)一种鸟［个 gè、只 zhī］*cuckoo* (2)一种植物［棵 kē、朵 duǒ］*azalea*
【杜绝】dùjué（动）〈书〉彻底防止；消灭 *completely eradicate; put an end to*：～贪污和浪费 ～ tānwū hé làngfèi *eradicate embezzlement and stop waste* / ～严重交通事故 ～ yánzhòng jiāotōng shìgù *prevent serious traffic accidents* / 在中国，天花的流行早已经～了。Zài Zhōngguó, tiānhuā de liúxíng zǎo yǐjīng ～ le. *The prevalence of smallpox has already been eradicated in China.*
【杜撰】dùzhuàn（动）没有根据地编造 *make up; fabricate*：别听他的，那些事全是他～的。Bié tīng tā de, nàxiē shì quán shì tā ～ de. *Don't listen to him. Those stories were all fabricated by him.*

肚 dù
（名）同"肚子" dùzi *same as "肚子"* dùzi 另见 dǔ
【肚皮】dùpí（名）腹部；肚子 *abdomen; belly*
【肚子】dùzi（名）*abdomen; belly*

妒 dù
（动）◇ *envy*：～才是个大害。～ cái shì ge dà hài. *Envying talent is an evil.*
【妒忌】dùjì（动）*be jealous of*：他自己不努力，又～别人的成就。Tā zìjǐ bù nǔ lì, yòu ～ biéren de chéngjiù. *He doesn't work hard himself, yet he's jealous of others' successes.* / 别人是无能的表现。～ biéren shì wúnéng de biǎoxiàn. *Jealousy is a manifestation of incompetence.*

度 dù
（动）〈书〉过（时间）*(of time) spend; pass*：欢～佳节 huān ～ jiājié *joyously celebrate a festival* / 她准备到海边去～假。Tā zhǔnbèi dào hǎibiānr qù ～ jià. *She plans to spend her holidays at the seaside.* / 不能虚～光阴。Bù néng xū ～ guāngyīn. *can't waste one's time.* （名）(1)程度 *limit; extent; degree*；清晰～ qīngxī ～ *clarity* / 可见～ kějiàn ～ *visibility* / 选教材要考虑难易～。Xuǎn jiàocái yào kǎolǜ nányì ～. *The degree of difficulty is an important consideration in selecting teaching materials.* (2)限度；程度 *limit; extend*：每人喝酒以不醉为～。Měi rén hē jiǔ yǐ bú zuì wéi

~. As for drinking, everyone has to draw a line at not being drunk. (量)◇ (1)〈书〉次, 回, 多用于动词前 time; occasion: 该国总统曾两~访华。Gāi guó zǒngtǒng céng liǎng ~ fǎng Huá. The president of that country has come to visit China twice. / 我们的年会是两年一~。Wǒmen de niánhuì shi liǎng nián yí ~. Our annual meeting is held once every two years. (2)划分地球经纬度的单位 unit of measure for longitude and latitude: 北纬三十八~ běiwěi sānshíbā ~ latitude 38°N (3)气温的单位 unit of measurement for temperature: 零下五~ líng xià wǔ ~ five degrees below zero (4)电量的计算单位 unit of measurement for electricity: 一~电 yí ~ diàn one kilowatt-hour

【度过】dùguò (动)过(时间、假期、节日等) spend; pass: ~暑假以后, 再回北京。~ shǔjià yǐhòu, zài huí Běijīng. After summer vacation, we will go back to Beijing. / 帮助他们~地震后的困难时期。Bāngzhù tāmen ~ dìzhèn hòu de kùnnan shíqī. Help them live through the hardship in the wake of the earthquake.

【度假】dù=jià spend one's holidays; go vacationing

【度量】dùliàng (名)指一个人心里容人的程度 tolerance: 这个人~大, 不爱跟人计较。Zhège rén ~ dà, bú ài gēn rén jìjiào. He is very tolerant, and doesn't like to haggle with others. / ~小的人常常会不愉快。~ xiǎo de rén chángcháng huì bù yúkuài. A narrow-minded person often feels unhappy.

【度量衡】dùliànghéng (名)length, capacity and weight; weights and measures

【度命】dù=mìng〈书〉勉强维持生活 drag out a miserable existence

【度日】dù=rì〈书〉过日子(多指在困境中) live; get along, esp. in hardships: ~如年 ~ rú nián days wear on like years / 艰难~ jiānnán ~ subsist in hardships

【度数】dùshu (名)number of degrees; reading

渡 (动)由这一岸到那一岸, 通过(江、河、海等) cross (a river): 横~长江 héng ~ Cháng Jiāng cross the Yangtze River
【渡船】dùchuán (名)[条 tiáo] ferryboat
【渡口】dùkǒu (名) ferry
【渡轮】dùlún (名)[艘 sōu、只 zhī] ferry steamer

镀〔鍍〕dù
(动)plating
【镀金】dù=jīn gold-plating; get gilded: 他去外国留学三年, 只是为了~, 什么本事也没学到。Tā qù wàiguó liúxué sān nián, zhǐ shì wèile ~, shénme běnshi yě méi xuédào. He went abroad to study for three years in order to enhance his social status. He learned nothing.

蠹 dù (名)同"蠹虫" dùchóng(1) same as "蠹虫" dùchóng (1)
【蠹虫】dùchóng (名)(1)咬东西(木器、书、衣物等)的虫子 a kind of insect that eats into wooden articles, books, clothing, etc. (2)比喻危害集体利益的坏人 a harmful person; vermin; moth

duān

端 duān (动)用手在胸前平拿一件东西 hold sth. level with one hand or both hands: 用脸盆~水。Yòng liǎnpén ~ shuǐ. Use a basin to carry water. / 一手~一碗汤, 一手~一盘菜。Yì shǒu ~ yì wǎn tāng, yì shǒu ~ yì pánr cài. Hold a bowl of soup in one hand and a dish in the other. (名)长形

东西的一头儿 end: 竹竿的两~ zhúgān de liǎng ~ the two ends of a bamboo pole / 绳子的一~系在树上。Shéngzi de yì ~ jì zài shù shang. One end of the rope is tied to the tree.
【端量】duānliang (动)端详, 打量 look sb. up and down
【端午节】Duānwǔjié (名)中国的传统节日, 农历五月初五。相传古代伟大诗人屈原在这天投江自杀, 后人为了纪念他, 就把这一天作为节日, 有吃粽子、赛龙舟等风俗 the Dragon Boat Festival (the 5th day of the 5th lunar month)
【端详】duānxiáng (动)〈书〉仔细地看(某人), 目的是为了认出他是谁, 或是做什么的 scrutinize; examine: 他~了半天这个很面熟的人, 到底没有认出他是谁。Tā bàntiān zhège hěn miànshú de rén, dàodǐ méiyou rènchū tā shì shuí. He observed for quite a while the man who looked very familiar, but couldn't figure out who he was after all.
【端正】duānzhèng (形)(1)不歪斜 upright; regular: 五官~。Wǔguān ~. have regular features / 不能要求小学生老端端正正地坐着。Bù néng yāoqiú xiǎoxuéshēng lǎo duānduān-zhèngzhèng de zuòzhe. One can't expect the elementary students to sit up straight all the time. (2)正派 proper; correct: 品行~ pǐnxíng ~ of honorable character and correct behavior / 他的作风不~, 老想取巧。Tā de zuòfēng bù ~, lǎo xiǎng qǔqiǎo. He doesn't behave honorably and tends to resort to trickery. (动)使(行为)端正、正确 correct; rectify; straighten: ~ dòngjī correct or rectify one's motive / ~学习态度, 你就学不好。Bù ~ xuéxí tàidù, nǐ jiù xué bu hǎo. If you don't correct your attitude towards study, then you won't learn.
【端庄】duānzhuāng (形)〈书〉(举止、神情)端正庄重 dignified; sedate

duǎn

短 duǎn (形)short: ~袖衬衫 ~ xiù chènshān short-sleeved shirt / 十分钟太~, 写不完。Shí fēnzhōng tài ~, xiě bu wán. Ten minutes are too short to finish writing. / 他挺矮的, 穿这条裤子不~。Tā tǐng ǎi de, chuān zhè tiáo kùzi bù ~. He is very short, so this pair of pants is not too short for him to wear. (动)缺少, 少, 丢失 lack; run short of; owe; miss: 看一看该参加会的还~谁。Kàn yi kàn gāi cānjiā huì de hái ~ shuí. Check who ought to be attending the meeting but are still missing. / 欠的账都还了, 不~谁的钱了。Qiàn de zhàng dōu huán le, bù ~ shuí de qián le. The debts are paid, we don't owe anyone. / 咱们办公室的椅子怎么~了一把? Zánmen bàngōngshì de yǐzi zěnme ~le yì bǎ? Why is one chair missing in our office?
【短波】duǎnbō (名)shortwave
【短兵相接】duǎn bīng xiāng jiē 作战时, 双方用刀、枪等短兵器刺杀。比喻双方面对面进行斗争 engage in close combat: ~的斗争 ~ de dòuzhēng conflict at close quarters / ~热烈争论 ~ de rèliè zhēnglùn argue face to face vehemently
【短不了】duǎn bu liǎo (1)不能缺少 cannot do without: 红烧鱼~葱姜。Hóngshāo yú ~ cōng jiāng. Braised fish cannot do without scallions and ginger. / 老同学每次聚会都~小崔。Lǎo tóngxué měi cì jùhuì dōu ~ Xiǎo Cuī. The old classmates cannot do without Xiao Cui whenever they get together. (2)免不了 cannot avoid; have to: 住得这么近, 以后~来打搅你们了。Zhù de zhème jìn, yǐhòu ~ lái dǎjiǎo nǐmen. Most likely I'll have to come and disturb you since you live so near.
【短处】duǎnchu (名)shortcoming; defect: 人人都有长处, 都有~。Rénrén dōu yǒu chángchu, dōu yǒu ~. We all have our strengths and weaknesses.

【短促】duǎncù（形）（时间）极短 short：时间～ shíjiān ～ The time is short. / 他在～的一生中写出不少好作品。Tā zài ～ de yīshēng zhōng xiěchū bù shǎo hǎo zuòpǐn. In his short life he wrote many fine works.

【短工】duǎngōng（名）临时的雇工 seasonal laborer；temporary help

【短见】duǎnjiàn（名）(1) 狭窄而肤浅的见解 shortsighted view；superficial view：这是我的，仅供参考。Zhè shì wǒ de ～，jǐn gōng cānkǎo. This is but my superficial view. It is for your reference only. (2) "寻短见"指自杀 "寻短见" means to commit suicide：她一时想不开，要寻～。Tā yīshí xiǎng bu kāi, yào xún ～. She took things too hard for a moment and wanted to commit suicide.

【短路】duǎnlù（动）〈电〉short circuit

【短命】duǎnmìng（形）寿命不长的 die young；be short-lived：从前卫生条件差，～的人很多。Cóngqián wèishēng tiáojiàn chà, ～ de rén hěn duō. In the past sanitary conditions were poor, so many people died young.

【短跑】duǎnpǎo（名）dash；sprint

【短篇小说】duǎnpiān xiǎoshuō short story

【短评】duǎnpíng（名）brief comment；short commentary

【短期】duǎnqī（名）短时期，常作定语 short term：这个～汉语学习班学习三个月。Zhège ～ Hànyǔ xuéxíbān xuéxí sān ge yuè. This short-term Chinese class is three months long.

【短浅】duǎnqiǎn（形）狭隘而浅薄 narrow and shallow：见解～ jiànjiě ～ have a narrow and shallow understanding

【短缺】duǎnquē（动）短少，缺乏（一般不带宾语）be short of；lack (does not usu. have an object)：我手头一时～，想找你借点钱。Wǒ shǒutóu yīshí ～, xiǎng zhǎo nǐ jiè diǎn qián. I'm a bit short on money at the moment and would like to borrow a little from you. / 这些都是目前市场上～的商品。Zhèxiē dōu shì mùqián shìchǎng shang ～ de shāngpǐn. There is a shortage of these goods on the market at present.

【短少】duǎnshǎo（动）遗失；欠缺（多指少于定额）be short of；lack；be deficient in：他发现账目里～五十元。Tā fāxiàn zhàngmù li ～ wǔshí yuán. He found the account fifty yuan short.

【短视】duǎnshì（形）眼光短浅 shortsighted

【短途】duǎntú（名）路程近的，多作定语 short distance：他买了两辆卡车跑～运输。Tā mǎile liǎng liàng kǎchē pǎo ～ yùnshū. He bought two trucks for short-distance transportation.

【短线】duǎnxiàn（形·非谓）供应短缺 (of products) in short supply：～产品 ～ chǎnpǐn production goods in short supply

【短小精悍】duǎnxiǎo jīnghàn (1) 形容文章篇幅虽短但很有分量 (of articles) short but pithy (2) 形容人身材短小而精明强干 (of persons) small but capable

【短训班】duǎnxùnbān（名）短期训练班的简称 abbrev. for "短期训练班" (short-term training course)

【短语】duǎnyǔ（名）〈语〉大于词而小于句子的语言结构单位 phrase

【短暂】duǎnzàn（形）（时间）短而有临时性 momentary：～停留 ～ tíngliú stop over momentarily / ～逗留 ～ dòuliú stay for a while / ～的一生 ～ de yīshēng a short life

duàn

段 duàn（量）(1) 长条东西分成的若干部分 section：这一～木头不够长。Zhè yī ～ mùtou bù gòu cháng. This section of wood is not long enough. / 有几～马路需要翻修。Yǒu jǐ ～ mǎlù xūyào fānxiū. There are several sections of road needing repair. / 下车以后再走不长的一～路就到。Xià chē yǐhòu zài zǒu bù cháng de yī ～ lù jiù dào. After getting off the bus, you need walk only a short way before arriving. / 裤腿太长，得剪去一小～。Kùtuǐ tài cháng, děi jiǎnqù yī xiǎo ～. The trousers are too long and need to be shortened a bit. (2) 事物的一部分 part of something：这篇文章共分九～。Zhè piān wénzhāng gòng fēn jiǔ ～. This article consists of nine sections. / 这一～话是从哪儿引来的？Zhè ～ huà shì cóng nǎr yǐnlái de? Where is this paragraph quoted from? / 他在我这里住过一～时间。Tā zài wǒ zhèli zhùguo yī ～ shíjiān. He stayed at my place for a period of time.

【段落】duànluò（名）（文章或事情）根据内容分成的部分 paragraph：文章每个～都要有中心思想。Wénzhāng měi gè ～ dōu yào yǒu zhōngxīn sīxiǎng. Every paragraph must have its gist. / 那项试验已经告一～。Nà xiàng shìyàn yǐjīng gào yī ～. That test has been completed.

断〔斷〕duàn（动）(1) break；snap：铁丝～了。Tiěsī ～ le. The iron wire was broken. / 把绳子剪～。Bǎ shéngzi jiǎn ～. Cut the rope. / 砍～一棵树 kǎn ～ yī kē shù to chop down a tree (2) 断绝，隔绝 break off；cut off；sever：～了联系 ～ le liánxì lose contact with/～水 ～ shuǐ cut off the water supply / ～电 ～ diàn cut off electricity / 给小孩儿～奶 gěi xiǎoháir ～ nǎi wean the child (3) 判断，判决 decide；judge：～案 ～ àn settle a lawsuit / 清官难～家务事。Qīngguān nán ～ jiāwù shì. Even a good judge has a hard time deciding a family dispute. （副）〈书〉表示"绝对、一定"，修饰有限的几个有否定意义的动词、形容词，或助动词的否定形式 absolutely；decidedly；definitely (modifies a limited amount of verbs and adjectives that have a negative meaning, as well as the negative form of auxiliary verbs)：～无此事，切勿听信谣言。～ wú cǐ shì, qiè wù tīngxìn yáoyán. There is absolutely no such thing. Don't believe the rumours that you hear. / 贵方提出的条件，我们～难接受。Guì fāng tíchū de tiáojiàn, wǒmen ～ nán jiēshòu. It is decidedly difficult for us to accept the requirements your side has put forth. / 你可～不能撇下我们就走啊！Nǐ kě ～ néng piēxià wǒmen jiù zǒu a! You just cannot cast us aside and then leave! / 你们必须慎重，～不可贸然从事。Nǐmen bìxū shènzhòng, ～ bù kě màorán cóng shì. You must be prudent and must absolutely not act rashly.

【断案】duàn=àn〈法〉审判诉讼案件 settle a lawsuit

【断肠】duàncháng（形）〈书〉形容悲痛到极点 heartbroken

【断层】duàncéng（名）〈地〉(geology) fault

【断炊】duàn=chuī〈书〉没饭吃了。没米没柴，不能做饭·挨饿 run out of rice and fuel；starve

【断代】duàndài（形·非谓）按时代分成段落的 division of history into periods：对历史进行～研究。Duì lìshǐ jìnxíng ～ yánjiū. carry out research on the different periods in history / ～史 ～ shǐ dynastic history

【断定】duàndìng（动）判断并下结论 conclude：你根据什么～他是说谎？Nǐ gēnjù shénme ～ tā shì shuō huǎng? What do you base your conclusion that he is lying? / 我敢～他不是好人。Wǒ gǎn ～ tā bú shì hǎorén. I am certain that he is not a good person.

【断断】duànduàn（副）〈书〉同"断"duàn（副）。语气更强烈，比较自由地运用于否定形式之前 same as "断" duàn （副） (but the tone is much stronger；used relatively freely before a negative form)：你这个主意可～使不得！Nǐ zhège zhǔyì kě ～ shǐ bu dé! This idea of yours just simply won't do! / 你～不能走这条路。Nǐ kě ～ bù néng zǒu zhè tiáo lù. You can absolutely not go this way. / 这纯粹是谣言，～没有此事！Zhè chúncuì shì yáoyán, ～ méi yǒu cǐ shì! This is sheer rumour. There is absolutely no such thing! / 他非常可靠，～不会玩忽职守 Tā fēicháng kěkào, ～ bú huì wánhū zhíshǒu. He's extremely reliable and will absolutely not ne-

glect his duties. / 这～不是我们的意图。Zhè ～ bú shì wǒmen de yìtú. This was definitely not our intention.

【断断续续】duànduànxùxù〈形〉时而中断,时而继续 off and on; intermittently:雨～下了一星期了。Yǔ ～ xiàle yì xīngqī le. It rained on and off for a week. / 离得太远,歌声～的,听不清楚。Lí de tài yuǎn, gēshēng ～ de, tīng bu qīngchu. I'm too far away and the song is disjointed; I can't hear clearly. / 他们两人之间～的朋友关系拖了一年就完全中断了。Tāmen liǎng rén zhī jiān ～ de péngyou guānxi tuōle yì nián jiù wánquán zhōngduàn le. Their freindship was on and off for a year then broke off completely.

【断乎】duànhū〈副〉〈书〉同"断断"duànduàn,有时可说"断断乎"duànduànhū same as "断断"duànduàn; sometimes "断断乎"duànduànhū can be employed:您这个打算,～不可。Nín zhège dǎsuan,～ bù kě. This plan of yours is absolutely impermissible. / 这个任务要求我们于月内完成,这～不能。Zhège rènwù yāoqiú wǒmen yú yuè nèi wánchéng, zhè ～ bù néng. We are required to fulfil this task within the month, but it's absolutely impossible. / 理论研究的基础知识,是断断乎不可缺少的。Lílùn yánjiū de jīchǔ zhīshi, shì duànduànhū bù kě quēshǎo de. One can absolutely not do without a rudimentary knowledge of theoretical research.

【断句】duàn=jù 古书没有标点符号,根据文义停顿或加标点符号,叫"断句" make pauses in reading unpunctuated ancient writings or add punctuation marks to them according to their meaning

【断绝】duànjué〈动〉(1)停止(联系或交往) break off; cut off; sever:～来往 ～ láiwǎng break off relationships / 他和他儿子～父子关系了。Tā hé tā érzi ～ fùzǐ guānxi le. He and his son broke off their relationship. (2)原来连贯的不再连贯 break:滑坡使铁路交通～. Huápō shǐ tiělù jiāotōng ～. The railway was shut down on account of the landslide. (3)切断(供应) cut off; stop (supplies):～粮食供应 ～ liángshí gōngyìng cut off food supplies/ ～水源 ～ shuǐyuán cut off water supplies

【断粮】duàn=liáng 粮食断绝,没粮食吃了 cut off the supply of grain; run out of grain (or food)

【断裂】duànliè〈动〉split

【断路】duànlù〈动〉〈电〉open circuit; broken circuit

【断面】duànmiàn〈名〉同"剖面"pōumiàn same as "剖面"pōumiàn

【断片】duànpiàn〈名〉片段 passage; part; fragment

【断气】duàn=qì〈口〉停止呼吸,死 stop breathing; die

【断然】duànrán〈形·非谓〉毫不犹豫地,果断地(采取某种消极性质的手段) flatly; absolutely:采取～的措施,把他开除出厂。Cǎiqǔ ～ de cuòshī, bǎ tā kāichú chū chǎng. Take drastic measures to kick him out of the factory. / 他～否认他曾去过那里。Tā ～ fǒurèn tā céng qùguo nàli. He flatly denied that he had been there.

【断送】duànsòng〈动〉使丧失、毁灭(宾语仅限于"生命"、"前途"等) lose; ruin; forfeit:一步走错,～了他的一生。Yí bù zǒucuò, ～ le tā de yìshēng. One wrong step ruined his whole life. / 整天游手好闲,会～自己的前途的。Zhěngtiān yóu shǒu hào xián, huì ～ zìjǐ de qiántú de. Idling away his time will ruin his future. / 生病不找医生,求神,结果～了性命。Shēng bìng bù zhǎo yīshēng, qù qiú shén, jiéguǒ ～le xìngmìng. When he got sick, he prayed to the Gods instead of seeing a doctor. The result was that he lost his life.

【断头台】duàntóutái〈名〉guillotine

【断言】duànyán〈动〉非常肯定地说 say with certainty; affirm:我可以～,这个学生将来一定会有出息。Wǒ kěyǐ ～, zhège xuésheng jiānglái yídìng huì yǒu chūxi. I can say with certainty that this student has a promising future. / 那

时候他还～我们非失败不可呢! Nà shíhou tā hái ～ wǒmen fēi shībài bùkě ne! At that time he was sure we would fail.

【断语】duànyǔ〈名〉下结论的话;结论 conclusion; judgment:没有经过调查研究,对这个问题不能下～。Méiyou jīngguò diàochá yánjiū, duì zhège wèntí bù néng xià ～. I cannot draw a conclusion for this question without having looked into it first.

【断章取义】duàn zhāng qǔ yì〈贬〉不顾上下文,不管全篇或全部话语的内容,只孤立地取一句或一段的意思 quote out of context; garble (a statement, etc.)

【断肢】duànzhī〈名〉断了的肢体 severed limb

【断肢再植】duànzhī zài zhí replantation of a severed limb

缎〔緞〕duàn

（名）◇ 同"缎子" duànzi same as "缎子" duànzi

【缎子】duànzi（名）[匹 pǐ] satin

锻〔鍛〕duàn

（动）◇ forge

【锻工】duàngōng（名）forging; forger; blacksmith

【锻件】duànjiàn（名）forging

【锻炼】duànliàn（动）(1)通过参加体育运动,增强身体素质,培养坚强、果敢的作风 take exercise; have physical training:年纪大的人不～可不行。Niánjì dà de rén bù ～ kě bù xíng. It is necessary for the old to exercise. (2)通过具体工作、政治斗争、体力劳动等,提高工作能力、思想觉悟 temper; steel; toughen:他大学毕业后在基层～了三年,各方面都有显著的提高。Tā dàxué bì yè hòu zài jīcéng ～ le sān nián, gè fāngmiàn dōu yǒu xiǎnzhù de tígāo. After graduating from college he worked in basic grass-roots jobs for three years, and made obvious improvements in all aspects.

【锻压】duànyā（动）forge and stamp

【锻造】duànzào（动）forge

duī

堆 duī

（动）(1)堆积 pile up; heap up; stack:今年大丰收,打的粮食～成山。Jīnnián dà fēngshōu, dǎ de liángshí ～chéng shān. We have a bumper harvest this year. The grain is heaped up as high as a mountain. / 把煤～在墙角吧。Bǎ méi ～ zài qiángjiǎo ba. Stack the coal in the corner. (名）堆积起来的东西 pile; heap; stack:土～ tǔ～ a mound of earth /草～ cǎo～ a haystack（量）用于成堆之物 pile; heap:一～煤 yì ～ méi a heap of coal / 一～白菜 yì ～ báicài a stack of cabbages / 两～垃圾 liǎng ～ lājī two garbage heaps

【堆放】duīfàng（动）pile up; stack:此处不准～杂物。Cǐ chù bù zhǔn ～ záwù. It is not permitted to stack things here. / 大院里～着许多木料。Dà yuàn li ～ zhe xǔduō mùliào. There is a lot of lumber piled up in the compound.

【堆积】duījī（动）〈书〉同"堆"duī（动）same as "堆" duī（动）

【堆砌】duīqì（动）比喻写文章时使用大量华丽而不必用的词藻（of language）be pompous:写文章文字要朴素,不要～词藻。Xiě wénzhāng wénzì yào pǔsù, búyào ～ cízǎo. When writing one should use plain language and not load one's writing with fancy phrases.

duì

队〔隊〕duì

（名）(1)为了某种专门目的的组织起来的集体 group; team:篮球～ lánqiú ～ a basketball team / 消防～ xiāofáng ～ a team of fire fighters / 演出～ yǎnchū ～ a group of

actors (2)行列 *line*; *a row of people*: 我排了半天～才买到票的。Wǒ páile bàntiān ～ cái mǎidào piào de. *I queued up along time before buying a ticket.* / 两个人两个人地排成～入场。Liǎng ge rén liǎng ge rén de páichéng ～ rù chǎng. *fall into two lines to enter the stadium* (量)用于行列 *team*; *column*; *line*: 两～民兵 liǎng ～ mínbīng *two columns of militiamen*

【队伍】duìwu (名)(1)军队 *troops*; *contingent* (2)有组织的群众行列 *parade*; 游行～走过观礼台。Yóuxíng ～ zǒuguò guānlǐtái. *The parade passed in front of the reviewing stand.*

【队形】duìxíng (名)〈军〉(mil.) *formation*

【队员】duìyuán (名) *member of a team*

【队长】duìzhǎng (名) *group leader*; *team leade*

对〔對〕duì

(动)(1)◇ 对待 *treat*: 他～人热情极了。Tā ～ rén rèqíng jí le. *He is very warmhearted towards others.* (2)把两个东西放在一起比较, 看是否一样 *compare (to see if two things are the same)*; *check*; *identify*: ～号入座 ～ hào rù zuò *find one's seat according to the number on the ticket* / ～笔记 ～ bǐjì *compare notes with someone else* (3)多种液体搀和 *mix (usu. liquids)*: 汤太咸～点儿水吧! Tāng tài xián ～ diǎnr shuǐ ba! *The soup is too salty, add some water.* (4)调整使合于一定的标准 *adjust*: ～表 ～ biǎo *adjust one's watch*/ ～距离 ～ jùlí *adjust the focus* (5)朝着、向着 *face*; 我们学校门口儿～着一个很大的百货商店。Wǒmen xuéxiào ménkǒur ～zhe yí ge hěn dà de bǎihuò shāngdiàn. *There is a big department store across from the gate of our school.* (形)正确 *correct*; *right*; 他的意见是～的。Tā de yìjian shì ～ de. *His opinion is correct.* / 你说得～, 就改或以。就照你说的办。Nǐ shuō de ～, jiù gǎi correct *a mistake when it is made* / 你说得～, 就照你说的办。Nǐ shuō de ～, jiù zhào nǐ shuō de bàn. *You are right, I will follow what you say.* (量)(～儿)用于成对的人和物 *pair*: 一～鸽子 yí ～ gēzi *a pair of pigeons* / 两～枕头 liǎng ～ zhěntou *two pairs of pillows* / 一～新婚夫妇 yí ～ xīnhūn fūfù *a newlywed couple* (介)宾语是体词或动宾结构、主谓结构等 *(the object is a substantive or verb-object structure, a subject-predicate structure, etc.)* (1)组成介词结构作状语 *(forms a prepositional structure that serves as an adverbial)* 1)有"向""朝""面对"的意思。指出动作行为的目标, "对……"要放在主语之后, 助动词或否定副词可在"对……"前或后 *(indicates the objective of an action or behaviour, same as "向", "朝", "面对"; is placed after the subject; an auxiliary verb or negative adverb can be placed either before or after "对……")*: 他～我点了点头。Tā ～ wǒ diǎnle diǎn tóu. *He nodded to me.* / 他愿意～我讲心里话。Tā yuànyì ～ wǒ jiǎng xīnli huà. *He's willing to tell me his innermost feelings.* / 你为什么不～他提出批评? Nǐ wèi shénme bù ～ tā tíchū pīpíng? *Why didn't you criticize him?* / 我从没～任何人说过假话。Wǒ cóng méi ～ rènhé rén shuōguò jiǎ huà. *I have never lied to anyone.* / 学生～老师鞠了个躬, 走出教室。Xuésheng ～ lǎoshī jūle ge gōng, zǒuchū jiàoshì. *The student bowed to the teacher, then walked out of the classroom.* 2)有"对待"的意思。"对……"多修饰说明态度的描写性词语。"对……"必须放在主语后 *(has the meaning of 对待 (towards, in relation to); "对…" usu. modifies descriptive words or phrases modifying an attitude;" 对…" must be placed after the subject)*: 这个年轻人从小就～画画儿有兴趣。Zhège niánqīng rén cóng xiǎo jiù ～ huà huàr yǒu xìngqù. *This young person has been interested in painting ever since he was a child.* / 他～任何事情都那么认真、负责。Tā ～ rènhé shìqing dōu nàme rènzhēn, fùzé. *He is so earnest and conscientious in anything he does.* / 人们～老王是十分信赖

的。Rénmen ～ Lǎo Wáng shì shífēn xìnlài de. *People have extreme faith in Lao Wang.* / 他～同志从没这么冷淡过。Tā ～ tóngzhì cóng méi zhème lěngdàoguo. *He has never been so cold to his comrades before.* / 这个人～谁都不很热情。Zhège rén ～ shuí dōu bù hěn rèqíng. *This person is not warm towards anyone.* 3)为了突出受事或句子结构上的需要, 用"对"把动词的宾语提前, "对"的宾语是后边动词支配的对象。"对……"可放在主语前或主语后 *(use "对" to place the object of the verb at the beginning of a sentence so as to stress the object of the action or because of the structure of the sentence; the object of "对" is that to which the following verb refers; "对…" may be placed either before or after the subject)* ①"对……"修饰及物动词, "对"的宾语在意念上是动词的受事 *(when "对…" modifies transitive verbs, the object of "对" is the recipient of the action expressed by the verb)*: 领导上～他的错误行为还没有处理。Lǐngdǎo shang ～ tā de cuòwu xíngwéi hái méiyou chǔlǐ. *The leaders have not dealt with his erroneous behaviour yet.* / 人们～这位身患重病的姑娘积极热情地帮助。Rénmen ～ zhè wèi shēn huàn zhòng bìng de gūniang jījí rèqíng de bāngzhù. *People offered warmhearted and enthusiastic help to this girl who was suffering from a serious illness.* / 观众～这部新影片, 热烈讨论了几次。Guānzhòng ～ zhè bù xīn yǐngpiàn, rèliè tǎolùnle jǐ cì. *The audience opened up lively discussions on this new film.* ②"对……"修饰动补结构, "对"的宾语, 在意念上是这个动补结构的受事 *(when "对…"modifies a verb-complement structure, the object of "对" is the recipient of the action expressed by this verb-complement structure)*: 过去我～你的工作关心不够。Guòqù wǒ ～ nǐ de gōngzuò guānxīn bú gòu. *I didn't concern myself enough with your work in the past.* / 我～他的性格已经摸透了。Wǒ ～ tā de xìnggé yǐjing mōtòu le. *I've already got to know his character well.* / 我们～那里的地质情况还没有查清。Wǒmen ～ nàli de dìzhì qíngkuàng hái méiyou cháqīng. *We have not yet made a thorough investigation of that area's geological conditions.* 4)"对"引进与动作、行为有关联的对象。"对……"一般放在主语后 *("对…" introduces the object connected with the action or behaviour; "对…" is usu. placed after the subject)* ①"对……"修饰动宾结构, 指出这个动作或行为所关联的人或事物 *(when "对…"modifies a verb-object structure, it points out the person or thing connected with this action or behaviour)*: 这项福利工作, ～残疾人学习就业都将有所帮助。Zhè xiàng fúlì gōngzuò, ～ cánjí rén xuéxí jiù yè dōu jiāng yǒu suǒ bāngzhù. *This welfare project will be of some help to handicapped people in their studies and employment.* / 他的教学经验, ～我们提高教学质量起了一定的作用。Tā de jiàoxué jīngyàn, ～ wǒmen tígāo jiàoxué zhìliàng qǐle yídìng de zuòyòng. *His teaching experience has played a certain role in improving the quality of our teaching.* / 你看完了整本书以后, ～这本书才能做出全面的评价。Nǐ kànwánle zhěng běn shū yǐhòu, ～ zhè běn shū cái néng zuòchū quánmiàn de píngjià. *You can make a comprehensive appraisal of this book only after you've read the entire thing.* / 父母给他创造了很好的学习环境～他抱着很大的希望。Fùmǔ gěi tā chuàngzàole hěn hǎo de xuéxí huánjìng, ～ tā bàozhe hěn dà de xīwàng. *His parents created a very good learning environment for him because they entertained high hopes for him.* ②"对……"修饰描写性词语, 指出与这种性质或状态有关联的人或事物 *(when "对…" modifies descriptive words, it points out the person or thing connected with the kind of nature or condition described)*: 那件衣服～你不合适, 太长了。Nà jiàn yīfu ～ nǐ bù héshì, tài cháng le. *That jacket doesn't suit you. It's too long.* / 这中药～治疗神经衰弱很有效。Zhè zhǒng zhōngyào ～ zhìliáo shénjīng

shuāiruò hěn yǒu xiào. *This kind of Chinese medicine is very efficacious for treating neurasthenia.* / 这样的条件～开展工作十分有利。Zhèyàng de tiáojiàn，～ kāizhǎn gōngzuò shífēn yǒulì. *These kinds of conditions are beneficial to the development of our work.* 5)"对……来说"(对"……来讲"、"对……说来")表示某种判断是针对某人某事物做出的（"对...来说"(or "对...来讲"、"对……说来") *indicates that a judgment is directed at a certain person or thing*）：～小王来说，学习英语并不吃力。～ Xiǎo Wáng láishuō, xuéxí Yīngyǔ bìng bù chīlì. *To Xiao Wang, studying English is not a strain.* / 这种工作，～妇女来说恐怕不太合适。Zhè zhǒng gōngzuò, ～ fùnǚ láishuō kǒngpà bú tài héshì. *I'm afraid this kind of work is not suitable for women.* /～有经验的人来说，这事做起来轻而易举，但～我来说就感到困难了。～ yǒu jīngyàn de rén láishuō, zhè shì rú qǐlai qīng ér yì jǔ, dàn ～ wǒ láishuō jiù gǎndào kùnnan le. *To experienced people, this job is easy to do, but to me it's difficult.* (2)组成介词结构作定语，"对……"修饰作主语或宾语的双音节动词、名词、形容词，一定要直接放在中心语前（*forms a prepositional structure that serves as an attributive when "对..." modifies a disyllabic verb, noun or adjective that serves as the subject or object it must be placed directly before the head word*）1)"对……"修饰作主语或宾语的双音节动词，"对"的宾语在意念上受后面的双音节动词的支配（"对..." *modifies a disyllabic verb that serves as the subject or object, the object of "对"is the recipient of the action expressed by this disyllabic verb*）：他一丝不苟的工作态度和～真理的执着追求，都是值得我们学习的。Tā yì sī bù gǒu de gōngzuò tàidu hé ～ zhēnlǐ de zhízhuó zhuīqiú, dōu shì zhíde wǒmen xuéxí de. *His conscientious and meticulous attitude towards work and his rigid search for truth are worth our learning.* /他～学生的关心、爱护，就跟～自己的孩子一样。Tā ～ xuésheng de guānxīn, àihù, jiù gēn ～ zìjǐ de háizi yíyàng. *He shows as much solicitude and care for his students as he does for his own children.* /我将永远记住老师～我的教导。Wǒ jiāng yǒngyuǎn jìzhù lǎoshī ～ wǒ de jiàodǎo. *I will always bear in mind the guidance my teacher has given me.* 2)"对……"修饰作主语或宾语的双音节形容词或名词（"对..."*modifies a disyllabic adjective or noun that serves as the subject or object*）：～敌人的仁慈，就是对人民的残忍。～ dírén de réncí, jiù shì ～ rénmín de cánrěn. *Mercy to the enemy means cruelty to the people.* /客队～主队的攻势非常猛烈。Kèduì ～ zhǔduì de gōngshì fēicháng měngliè. *The visiting team's offensive against the host team was very powerful.*

【对岸】duì'àn（名）在河的一边称另一边为"对岸" *the other side of the river*

【对白】duìbái（名）戏剧、电影中人物之间的对话 *dialogue (between the actors in a play or film)*

【对比】duìbǐ（动）两种事物相比较 *compare; contrast*：把新旧社会一比一下。Bǎ xīn jiù shèhuì ～ yíxià. *Compare the new society with the old society.*（名）两种事物相比较的结果 *contrast*：形成鲜明的～ xíngchéng xiānmíng de ～ *form a striking contrast*

【对不起】duì bu qǐ（1）表示抱歉 *sorry; excuse me*：～，让你久等了。～, ràng nǐ jiǔ děng le. *Sorry to keep you waiting.* /忘记把你要的书带来了，真～！Wàngjì bǎ nǐ yào de shū dàilai le, zhēn ～! *I'm really sorry, I forgot to bring the book you wanted.*（2）辜负（希望或委托）*let someone down*：不应该做～人的事情。Bù yīnggāi zuò ～ rén de shìqing. *Do not do anything that will let people down.* / 老师给他辅导了好几次，他还是没考好，真～他的老师。Lǎoshī gěi tā fǔdǎole hǎo jǐ cì, tā háishi méi kǎohǎo, zhēn ～ tā de lǎoshī. *His teacher gave him quite a lot of extra help in his studies, but he still didn't do well on the test. He really let*

his teacher down.

【对不住】duì bu zhù 同"对不起"duì bu qǐ *same as "对不起"* duì bu qǐ：他觉得～自己的朋友。Tā juéde ～ zìjǐ de péngyou. *He felt apologetic toward his friend.* / 这件事没帮上你的忙，真～。Zhè jiàn shì méi bāngshang nǐ de máng, zhēn ～. *I'm very sorry, I couldn't help you in this matter.*

【对策】duìcè（名）[个 gè]对付对方的策略或办法 *countermeasure*

【对唱】duìchàng（动）两人或两组歌唱者对答式演唱 *musical dialogue (between two vocalists or groups of vocalists) in antiphonal style*

【对称】duìchèn（形）*symmetrical*：他的脸右边比左边稍微大一点儿，不很～。Tā de liǎn yòubiānr bǐ zuǒbiānr shāowēi dà yìdiǎnr, bù hěn ～. *The right side of his face is slightly bigger than the left side. The two sides are not symmetrical.* /故宫的建筑是完全左右～的。Gùgōng de jiànzhù shì wánquán zuǒyòu ～ de. *The architecture of the Forbidden City is completely symmetrical.*

【对答】duìdá（动·不及物）《书》回答（问话）*answer (a question)*：～如流 ～ rú liú *answer fluently* / 无言～ wú yán ～ *not have the words to answer*

【对待】duìdài（动）以某种态度加之于人或事物 *treat*：他总以满腔热情～他的学生。Tā zǒng yǐ mǎnqiāng rèqíng ～ tā de xuésheng. *He is always very warmhearted towards his students.* / 应当正确～个人和集体的关系。Yīngdāng zhèngquè ～ gèrén hé jítǐ de guānxi. *We should have a proper attitude towards the relations between the individual and the collective.*

【对得起】duì de qǐ 和"对不起"（2）相对。对人无愧，不辜负（希望、重托等）*be worthy of; not let sb. down; treat sb. fairly*：只要尽自己的力量做好工作就～关心我的人了。Zhǐyào jìn zìjǐ de lìliang zuòhǎo gōngzuò jiù ～ guānxīn wǒ de rén le. *Just work as hard as I can and I won't let those who care for me down.*

【对得住】duì de zhù 同"对得起"duì de qǐ *same as "对得起"* duì de qǐ

【对等】duìděng（形）（两方面）等级、地位、人数等相同 *reciprocal; equatable*：两国以～的条件交换留学生。Liǎng guó yǐ ～ de tiáojiàn jiāohuàn liúxuéshēng. *The two countries have a reciprocal arrangement for exchange students.* / 双方使馆人员的编制是～的。Shuāngfāng shǐguǎn rényuán de biānzhì shì ～ de. *The establishment of the embassy staff of both sides is equitable.*

【对调】duìdiào（动）互相掉换 *exchange; swap*：他和天津一个工人～工作。Tā hé Tiānjīn yí ge gōngrén ～ gōngzuò. *He swapped jobs with a worker in Tianjin.* / 请您二位～一下座位。Qǐng nín èr wèi ～ yíxià zuòwèi. *Will you two please exchange seats.*

【对方】duìfāng（名）*the other side; the other party*：推迟谈判日期，是～同意的。Tuīchí tánpàn rìqī, shì ～ tóngyì de. *Both sides have agreed to postpone the negotiations.*

【对付】duìfu（动）(1)应付一个不容易打交道的人或难于对待的问题 *deal with; cope with; counter*：我知道怎么～他，你们不用管了。Wǒ zhīdao zěnme ～ tā, nǐmen búyòng guǎn le. *I know how to handle him, you don't have to worry about it.* / 这么复杂的局面，你～不了。Zhème fùzá de júmiàn, nǐ ～ bu liǎo. *You can't handle such a complex situation.*（2）将就，凑合 *make do*：一时找不到会计，我只好～着干。Yìshí zhǎo bu dào kuàijì, wǒ zhǐhǎo ～ zhe gàn. *For the time being I can't find an accountant, I'll just have to make do.* / 你先～着穿，下个月给你买件新大衣。Nǐ xiān ～ zhe chuān, xià ge yuè gěi nǐ mǎi jiàn xīn dàyī. *Next month I'll buy you a new coat, for now just make do with what you're wearing.*

【对歌】duìgē（动·不及物）一种民间歌唱形式。双方一问一

答地唱歌, 流行于中国某些少数民族地区 *a type of folk singing, popular among some minority nationalities in China, whereby one side asks questions and the other side replies while singing*

【对光】 duì=guāng *focus a camera*

【对过】 duìguò (名)(～儿)在街道、空地、小河等的一边称另一边为"对过" *opposite*: 我们学校的～是一个百货商店。Wǒmen xuéxiào de ～ shì yí ge bǎihuò shāngdiàn. *There's a department store just opposite our school.* / 他就住在我们家～。Tā jiù zhù zài wǒmen jiā ～. *He lives just opposite our home.* / 邮局就在～。Yóujú jiù zài ～. *The post office is just across the way.* / 街上车太多, 从～走过来也不容易。Jiēshang chē tài duō, cóng ～ zǒu guòlai yě bù róngyì. *There are too much traffic on the street. It's not easy to walk from across the way to here.*

【对号】 duìhào (名)(～儿)用来表示正确的符号, 多用于批改学生作业或试卷, 如"√"、"○"等 *check mark to show the answer is correct, such as* "√", "○", *etc. used to mark a student's homework or examination paper*

【对号】 duì=hào (～儿)查对相合的号数 *check the number*: 请～入座。Qǐng ～ rù zuò. *Please sit in the right seats.*

【对话】 duìhuà (动·不及物)国际上两方或几方之间的接触或谈判(多指一向无联系的国家或政府间) *dialogue* (名)(小说、戏剧中)两个或更多的人之间的谈话 *dialogue*: 在这个剧里女主角和她女儿的一段～很动人。Zài zhège jù li nǚ zhǔjué hé tā nǚ'ér de yí duàn ～ hěn dòngrén. *The dialogue in this play between the female protagonist and her daughter is very moving.*

【对讲机】 duìjiǎngjī (名)[部 bù] *walkie-talkie*

【对角】 duìjiǎo (名)〈数〉 *opposite angles*

【对角线】 duìjiǎoxiàn (名)[条 tiáo]〈数〉 *diagonal line*

【对劲儿】 duìjìnr (形)(1)合得来 *get along (well)*: 她和老张～, 你找老张劝劝她。Tā hé Lǎo Zhāng ～, nǐ zhǎo Lǎo Zhāng quànquan tā. *She and Lao Zhang get along well, so go and ask Lao Zhang to try to persuade her.* / 她们俩～, 总闹矛盾。Tāmen liǎ bú ～, zǒng nào máodùn. *Those two don't get along. They're always at loggerheads with each other.* (2)(工具)称心, 合适 *(of tools, etc.) be to one's liking; suit one*: 这把锯用着不～。Zhè bǎ jù yòngzhe bú ～. *This saw isn't easy to handle when you use it.* (3)正常(多用于否定) *right (often used in the negative)*: 怎么会场的气氛有些不～? Zěnme huìchǎng de qìfēn yǒuxiē bú ～? *How is it that the atmosphere of the meeting room seems not quite right?*

【对开】 duìkāi (动·不及物)(1)整张纸的二分之一(一般作定语) *folio* (2)双方各半 *go fifty-fifty*: 这笔生意赚了钱两个人～。Zhè bǐ shēngyì zhuànle qián liǎng ge rén ～. *The profit made by this deal will be shared equally by the two of them.* (3)(车、船等)由两点相向运行 *(of trains, buses, ships, etc.) run from opposite directions*: 桥面上两列火车可以～。Qiáomiàn shang liǎng liè huǒchē kěyǐ ～. *Two trains can run from opposite directions on the bridge.*

【对抗】 duìkàng (动)矛盾双方对立起来, 相持不下 *antagonize; resist; oppose*: 敌我双方实力相当, 处于～状态。Dí wǒ shuāngfāng shílì xiāngdāng, chǔyú ～ zhuàngtài. *We and the enemy are well matched in strength and are in a stalemate situation.* / 我们的力量足以～敌人的进攻。Wǒmen de lìliàng zúyǐ ～ dírén de jìngōng. *Our force is strong enough to resist enemy attack.*

【对抗赛】 duìkàngsài (名)〈体〉两个或几个单位之间组织的单项体育比赛 *dual meet*

【对抗性】 duìkàngxìng (名) *antagonism*

【对口】 duìkǒu (形)(～儿)相声、快板、山歌等的一种表演方式, 由两人交替着说或唱 *(of two performers) speak or sing alternately*: ～相声 ～ xiàngsheng *cross talk* / 唱～

chàng *musical dialogue in antiphonal style*/ ～词 ～ cí *rhymed dialogue*

【对口】 duì=kǒu 一个人的专业和从事的工作性质相一致 *fit in with one's training or speciality*: 他的工作和他所学的专业～。Tā de gōngzuò hé tā suǒ xué de zhuānyè ～. *He's job is suited to his training.* / 他是个工程师, 叫他搞贸易, 可不～。Tā shì ge gōngchéngshī, jiào tā gǎo màoyì, kě bú ～. *He's an engineer. Asking him to engage in trade doesn't fit in with his training.*

【对垒】 duìlěi (动·不及物)指两军相持 *(of two armies) stand facing each other; be pitted against each other*: 两军～ liǎng jūn ～ *two armies pitted against each other*

【对立】 duìlì (动·不及物)两种事物相互矛盾、相互冲突 *oppose; be antagonistic to*: 不要把学习和娱乐～起来。Búyào bǎ xuéxí hé yúlè ～ qilai. *Don't think of study as conflicting with recreation.* / 这两个人之间有～情绪。Zhè liǎng ge rén zhī jiān yǒu ～ qíngxù. *These two people are antagonistic towards each other.*

【对立面】 duìlìmiàn (名)〈哲〉处于矛盾统一体中的相互依存相互斗争的两个方面 *opposite; antithesis*: 在辩论会上, 他是我的～。Zài biànlùnhuì shang, tā shì wǒ de ～. *He was my antithesis at the debate.*

【对立统一规律】 duìlì tǒngyī guīlǜ 矛盾着的双方又统一又斗争的法则. 它是宇宙间的根本规律, 是唯物辩证法的核心和准则 *law of unity of opposites*

【对联】 duìlián (名)[副 fù]旧叫"楹联"(yínglián), 一般贴在门两旁, 或刻在门两旁的门框或柱子上。它的特点是两联每句话字数相同, 平仄相反, 词性也相同, 是一种严格的对偶句 *antithetical couplet (written on scrolls)*

【对流】 duìliú (动)〈物〉 *convection; circulate*: 这间屋子南北都有窗户, 空气可以～。Zhè jiān wūzi nán běi dōu yǒu chuānghu, kōngqì kěyǐ ～. *There is both a northern and southern window in this room, and thus good air circulation.*

【对路】 duìlù (形)适合需要 *satisfy the need*: 产品试销一下, 看看是否～。Chǎnpǐn shìxiāo yíxià, kànkan shì fǒu ～. *Put the production on a trial sale to see whether or not it satisfies the needs.*

【对门】 duìmén (名)(～儿)大门相对的房子 *(of two houses) facing each other*: 我们两家住～。Wǒmen liǎng jiā zhù ～. *We live across from one another.* / 邮局～是电影院。Yóujú ～ shì diànyǐngyuàn. *The theatre is across from the post office.* (动)大门相对 *face each other*: 他们家和我们家～。Tāmen·jiā hé wǒmen jiā ～. *Their house and our house face each other.*

【对面】 duìmiàn (名)(1)直接相对的路的另一边 *opposite*: 我家的～是他家的后门。Wǒ jiā de ～ shì tā jiā de hòumén. *Opposite our house is the back door of his house.* / 幼儿园在喷泉的～。Yòu'éryuán zài pēnquán de ～. *The nursery school is opposite the fountain.* (2)正前方 *right in front*: 他看见他的儿子从～跑过来。Tā kànjian tā de érzi cóng ～ pǎo guolai. *He saw his son toward him from the front.* / ～射过来一股很亮的灯光。～ shè guolai yì gǔ hěn liàng de dēngguāng. *There was a bright light shining from the front.* (副)面对面地 *face to face*: 他们俩～坐着聊天。Tāmen liǎ ～ zuòzhe liáo tiānr. *The two of them are sitting down talking face to face.*

【对牛弹琴】 duì niú tán qín 比喻对外行人说内行话是白费力气 *play a lute before an ox; choose the wrong audience; preach to deaf ears*: 你跟我谈摄影艺术真是～。Nǐ gēn wǒ tán shèyǐng yìshù zhēn shì ～. *When you talk to me about photography, it's like casting pearls to swine.*

【对偶】 duì'ǒu (名)〈语〉一种修辞方式, 对称的字句, 如"青山"和"绿水"、"去伪"和"存真"都是对偶 *antithesis, the putting together in speech or writing of two opposite ideas,*

e. g. "青山" and "绿水" (blue hills and green water)；"去伪" and "存真" (eliminate the false and retain the true)

【对手】duìshǒu (名)(1)竞赛的对方 opponent：我们的～是一个欧洲强队。Wǒmen de ～ shì yí ge Ōuzhōu qiáng duì. Our opponent is a strong European team. (2)特指本领不相上下的竞赛的对方 match or equal：他虽然是欧洲冠军，也不是你的～。Tā suīrán shì Ōuzhōu guànjūn, yě bú shì nǐ de ～. Although he is the European champion, he is not your match.

【对数】duìshù (名)〈数〉logarithm

【对台戏】duìtáixì (名)比喻在同一件事情上，与对方有不同的看法和做法 rival show：他在学术观点上，敢同专家唱～。Tā zài xuéshù guāndiǎn shang, gǎn tóng zhuānjiā chàng ～. From an academic point of view, he is willing to put on a rival show with the experts. / 你这样做，不是跟领导唱一吗？Nǐ zhèyàng zuò, búshì gēn lǐngdǎo chàng ～ ma? In doing it this way, are you sure you won't rival your leaders?

【对头】duìtóu (形·非定)(1)正确，对路子 correct；on the right track：想法～ xiǎngfǎ ～ right way of thinking / 方法不～，搞不好工作。Fāngfǎ bú ～, gǎo bu hǎo gōngzuò. If the method is incorrect, the job can't be done well. (2)"不对头"意思是看上去不正常 "不对头"means abnormal：他今天情绪不～，怎么回事？Tā jīntiān qíngxù bú ～, zěnme huí shì? He isn't right today, what's wrong?

【对头】duìtou (名)仇敌 enemy：这两家过去是死～。Zhè liǎng jiā guòqù shì sǐ ～. In the past these two houses were sworn enemies.

【对外贸易】duì wài màoyì foreign trade

【对味儿】duìwèir (形)〈口〉合口味，味道合适 tasty；to one's taste：您尝尝这菜～吗？Nín chángcháng zhè cài ～ ma？Taste this dish. / Is it to your liking? / 我抽这烟有点不～。Wǒ chōu zhè yān yǒudiǎnr bú ～. This cigarette doesn't taste quite right. "不对味儿"指说话或作文章带有某种情绪，或使人觉得不符合某个标准 "不对味儿"means (of an article) not seem quite right：他刚才的话不～，好像有些情绪。Tā gāngcái de huà bú ～, hǎoxiàng yǒu xiē qíngxù. What he just said didn't sound quite right. He seems to be a bit moody. / 你仔细看看这篇文章，我觉得不太～。Nǐ zìxì kànkan zhè piān wénzhāng, wǒ juéde bú tài ～. Take a close look at this article. It doesn't seem quite right to me.

【对虾】duìxiā (名)prawn

【对象】duìxiàng (名)(1)行动或思考时作为目标的事物 target；object：民主革命的～是封建地主阶级。Mínzhǔ gémìng de ～ shì fēngjiàn dìzhǔjiējí. The target of the democratic revolution is the feudal landlord class. / 她研究的～是海洋生物。Tā yánjiū de ～ shì hǎiyáng shēngwù. The object of her research is marine biology. (2)特指恋爱的对方 boy or girl friend：他快三十了，还没找到～。Tā kuài sānshí le, hái méi zhǎodào ～ . He's almost thirty and still hasn't found a girlfriend.

【对眼】duìyǎn (形)〈口〉合乎自己的眼光，满意(多指男女找对象) (usu. refers to sb. one is considering as a mate) to one's liking：她觉得小王挺～的。Tā juéde Xiǎo Wáng tǐng ～ de. She feels that Xiao Wang is quite to her liking. (名)(～儿)内斜视 cross-eye

【对应】duìyìng (动·不及物)两种事物在性质、作用、位置或数量上相当 (of two kinds of things) correspond (in nature, effect, position or quantity)："语法"的英语～词是"grammar"。"Yǔfǎ" de Yīngyǔ ～ cí shì "grammar". The word in English that corresponds to "语法" is "grammar".

【对于】duìyú (介)表示人、事物、行为之间的对待关系，宾语是体词、动宾结构、主谓结构等；"对于"和它的宾语构成介词结构，在句子中常作状语、定语、同位语；可用在主语前或后 (indicates the relationship between people, things or be-

haviours；the object is a substantive, verb-object structure, subject-predicate structure, etc.；"对于" and its object form a prepositional structure which usu. serves as an adverbial, an attributive, or an appositive in a sentence；can be placed either before or after the subject)(1)组成介词结构作状语 (forms a prepositional structure which serves as an adverbial)1)同"对"duì(1)3) same as "对"duì(1)3)：～这里的情况，我很熟悉。～ zhèlǐ de qíngkuàng, wǒ hěn shúxi. I'm quite familiar with the situation here. / 老陈～锻炼身体向来很重视。Lǎo Chén ～ duànliàn shēntǐ xiànglái hěn zhòngshì. Lao Chen has always attached importance to physical exercise. / 大家～国际形势进行了讨论。Dàjiā ～ guójì xíngshì jìnxíng le tǎolùn. We all held a discussion on the international situation. / ～犯罪分子必须实行专政。～ fàn zuì fènzǐ bìxū shíxíng zhuānzhèng. Absolute control must be exercised over criminals. / 通过这件事，我～他的为人已经认识清楚了。Tōngguò zhè jiàn shì, wǒ ～ tā de wéirén yǐjīng rèn qīngchu le. Thanks to this matter, I've come to realize exactly what kind of person he is. / 你～他的话，完全理解错了。Nǐ ～ tā de huà, wánquán lǐjiě cuò le. You've completely misconstrued what he said. / ～这些小事，何必认真去计较它！～ zhèxiē xiǎo shì, hébì rènzhēn qu jìjiào zuò! Why fuss about such trifling matters! 2)同"对"duì(1)4) same as "对"duì(1)4)：历史上，秦朝～中国经济文化的发展起了很大的作用。Lìshǐ shang, Qín Cháo ～ Zhōngguó jīngjì wénhuà de fāzhǎn qǐle hěn dà de zuòyòng. Historically, the Qin Dynasty played a major role in the development of China's economy and culture. / 这样做～你没有任何好处。Zhèyàng zuò ～ nǐ méi yǒu rènhé hǎochù. You have absolutely nothing to gain by doing it this way. / 他～那个地方并不陌生。Tā ～ nàge dìfang bìng bú mòshēng. He's no stranger to that place. / 这些资料～我们简直太宝贵了。Zhèxiē zīliào ～ wǒmen jiǎnzhí tài bǎoguì le. These materials are simply priceless to us. 3)同"对"duì(1)5) same as "对"duì(1)5)：～年轻人来说，工作重一些，正是锻炼的好机会。～ niánqīng rén láishuō, gōngzuò zhòng yìxiē, zhèng shì duànliàn de hǎo jīhuì. As for young people, hard work offers them a good chance for tempering. / ～学习来说，这里的条件相当不错了。～ xuéxí láishuō, zhèlǐ de tiáojiàn xiāngdāng búcuò le. The conditions here are quite conducive to studying. (2)组成介词结构作定语，同"对"duì(2)(when it forms a prepositional structure which serves as an attributive, it is the same as "对"duì(2))：我～这个问题的理解恐怕不正确。Wǒ ～ zhège wèntí de lǐjiě kǒngpà bú zhèngquè. I'm afraid I did not understand this problem correctly. / 这就是我～今后工作的建议。Zhè jiù shì wǒ ～ jīnhòu gōngzuò de jiànyì. This is precisely what I suggest for our work from now on. / 他～儿子出国学习的志愿非常支持。Tā ～ érzi chū guó xuéxí de zhìyuàn fēicháng zhīchí. He strongly supports his son's wish to study abroad. / 他～集体事情的热心，赢得了大家的赞扬。Tā ～ jítǐ shìqing de rèxīn, yíngdéle dàjiā de zànyáng. His enthusiasm for collective matters has won everybody's praise.

【对照】duìzhào (动)(1)互相对比参照 contrast；compare：汉英～读物 Hàn-Yīng ～ dúwù an Chinese-English bilingual textbook / 译稿应该～原文校对一遍。Yìgǎo yīnggāi ～ yuánwén jiàoduì yí biàn. You should check over the translation with the original once. (2)同"对比"duìbǐ，用得较少 contrast：两种前途，两种命运形成了鲜明的～。Liǎng zhǒng qiántú, liǎng zhǒng mìngyùn xíngchéngle xiānmíng de ～. The two kinds of future prospects, and two kinds of fate formed a distinct contrast.

【对折】duìzhé (名)一半的折扣，半价 50% discount：这些衣服样式过时了，打一～出售。Zhèxiē yīfu yàngshì guò shí le,

dǎ ～ chūshòu. *These clothes are out of fashion. Sell them at a 50% discount.*

【对证】duìzhèng（动）为了证明是否真实而加以核对 *verify; check*：你还得去和他～一下，看他反映的是否真实。Nǐ hái děi qù hé tā ～ yíxià, kàn tā fǎnyìng de shì fǒu zhēnshí. *You still have to check with him to see if his report is authentic.*

【对症下药】duì zhèng xià yào 比喻针对具体情况，确定解决问题的办法 *suit the remedy to the case; suit the medicine to the illness*：要想解决一个人的思想问题必须～。Yào xiǎng jiějué yí ge rén de sīxiǎng wèntí bìxū ～. *If you want to solve one's ideological problem, you must suit the remedy to the case.*

【对质】duìzhì（动·不及物）〈法〉*confrontation (in court)*

【对峙】duìzhì（动）〈书〉(1)相对而立 *confront each other; stand face to face*：两山～ liǎng shān ～ *the two mountains stand facing each other* (2)敌对双方的对立 *confrontation*：两军～ liǎng jūn ～ *confrontation between two armies*

【对子】duìzi（名）(1)对联 *antithetical couplet (written on scrolls, etc.)* (2)成对偶的词句 *a pair of antithetical phrases*

兑 duì
（动）◇ *exchange; convert*

【兑换】duìhuàn（动）用一种货币换另一种货币 *exchange; convert*

【兑现】duìxiàn（动）(1) *cash (a cheque)* (2)比喻语言的实现 *honor (a commitment, etc.)*：他说的话总不～，怎么能树立威信? Tā shuō de huà zǒng bú ～, zěnme néng shùlì wēixìn? *He always fails to live up to his word, how can he foster trust?*

dūn

吨〔噸〕dūn
（量）*ton*

【吨公里】dūngōnglǐ（量）*ton kilometre*

【吨海里】dūnhǎilǐ（量）*ton sea (or nautical) mile*

【吨位】dūnwèi（名）*tonnage*

敦 dūn

【敦促】dūncù（动）〈书〉恳切地催促(用于比较正式的场合) *urge; press*：～市政府加快解决交通安全问题。～ shì zhèngfǔ jiākuài jiějué jiāotōng ānquán wèntí. *Urge the municipal government to expedite the solution to the traffic safety problem.*

【敦厚】dūnhòu（形）诚实，能宽容人 *honest and tolerant*

【敦请】dūnqǐng（动）〈书〉诚恳地邀请 *cordially invite*

【敦实】dūnshi（形）(人长得)粗短而结实 *stocky*

墩 dūn
（名）(1)土堆 *mound* (2)(～儿)墩子 *a block of wood or stone*（量）用于丛生的或几棵合在一起的植物 *cluster*：二百～稻秧 èrbǎi ～ dàoyāng 200 *clusters of rice seedlings*

【墩布】dūnbù（名）[把 bǎ] *mop*

【墩子】dūnzi（名）厚实而粗大的一整块石头或木头 *a block of wood or stone*

蹲 dūn
（动）(1) *squat* (2)比喻呆着不做事 *stay idle*：他一直没工作，～在家里好几个月了。Tā yìzhí méi gōngzuò, ～ zài jiā li hǎo jǐ gè yuè le. *He's stayed at home now for several months, all the while unemployed.*

【蹲点】dūn=diǎn（～儿）领导干部深入基层单位参加实际工作，目的是通过实际工作取得对整体工作的经验（*of cadres*)n *to stay at a grassroots unit to help improve its work and gain first-hand experience for guiding overall work*：县长正在一个村子～。Xiànzhǎng zhèng zài yí ge cūnzi ～. *The county magistrate is currently working at a small village to gain first-hand experience.*

dǔn

趸 dǔn
（动）整批地买进(以后卖出) *buy wholesale*：一次～了二百箱肥皂 yí cì ～le èrbǎi xiāng féizào *bought 200 crates of soap wholesale*

dùn

囤 dùn
（名）用竹、苇箔、荆条、稻草等制成的圆形的盛粮食的器物 *grain bin* 另见 tún

炖〔燉〕dùn
（动）烹调方法，把食物放入锅中加水用小火久煮(多用于肉类) *stew*

盾 dùn
（名）*shield*

【盾牌】dùnpái（名）(1) *shield* (2)比喻推托的借口 *pretext; excuse*：她拿身体不好当～长期不工作。Tā ná shēntǐ bù hǎo dàng ～ chángqī bù gōngzuò. *She used her poor health as a pretext for not working for a long time.*

钝〔鈍〕dùn
（形）*blunt; dull*：刀子很～。Dāozi hěn ～. *The knife is dull.*

【钝角】dùnjiǎo（名）〈数〉*obtuse angle*

顿〔頓〕dùn
（动）(1)言语稍停 *pause*：他说了一句话，～了一下，才又说下去。Tā shuōle yí jù huà, ～le yíxià, cái yòu shuō xiaqu. *He spoke a sentence, and after a short pause, continued.* (2)书法上指用力使笔着纸而暂不移动（*of Chinese calligraphy*) *pause in writing in order to reinforce the beginning or ending of a stroke*（量）用于吃饭、斥责、打骂等行为的次数（*for meals, beatings, reprimands, etc.*)

【顿号】dùnhào（名）标点符号"、"，用于并列的词或并列的较短的词组之间 *a slight pause mark used to set off items in a series*

【顿然】dùnrán（副）忽然；突然；一下子 *suddenly*：走进地下宫殿，～凉爽起来。Zǒujìn dìxià gōngdiàn, ～ liángshuǎng qilai. *On entering the underground palace we suddenly began to feel chilly.* / 听到这一不幸消息，大家～失色。Tīngdào zhè yí búxìng xiāoxi, dàjiā ～ shisè. *On hearing the bad news everyone suddenly turned pale.*

【顿时】dùnshí（副）〈书〉"立刻"的意思。只用于叙述已然之事。它所修饰的动词，一般都要有后置成分，它还可修饰短语、主谓结构等 *immediately; at once (can only be used to recount sth. that has already become a fact; the modified verb must usu. be followed by another element, can also modify a phrase, a subject-predicate structure, etc.)*：决定刚一做出，～就传开了。Juédìng gāng yí zuòchū, ～ jiù chuánkāi le. *As soon as the decision was made, it spread round immediately.* / 一听到夸奖，他～神气起来。Yì tīngdào kuājiǎng, tā ～ shénqì qilai. *As soon as he hears praise, he becomes cocky at once.* / 一阵西北风吹来，～乌云滚滚，雷电交加。Yí zhèn xīběi fēng chuīlái, ～ wūyún

gǔngǔn, léidiàn jiāojiā. *A gust of northwest wind blew this way, and dark clouds immediately came rolling in with lightning and thunder.* / 听到他在飞机失事中遇难的消息，～人们都惊呆了。Tīngdào tā zài fēijī shīshì zhōng yùnàn de xiāoxi, ～ rénmen dōu jīngdāi le. *When the people heard the news that he had died in a plane crash, they were immediately dumbfounded.* / 开演的铃声一响，观众～不再说话了。Kāiyǎn de líng shēng yì xiǎng, guānzhòng ～ bú zài shuō huà le. *As soon as the bell announcing the beginning of the performance rang, the audience stopped talking at once.*

遁 dùn

【遁词】dùncí（名）〈书〉(因为理屈词穷故意说的)避开正题的话 quibble; subterfuge

duō

多 duō

（形）(1)数量大（跟"少"相对）*many; much; a lot*：中国人口太～了。Zhōngguó rénkǒu tài ～ le. *China's population is too large.* / 工作做得不～。Gōngzuò zuò de bù ～. *Little work was accomplished.* / 学外语必须～说～听。Xué wàiyǔ bìxū ～ shuō ～ tīng. *One must speak and listen a lot in order to learn a foreign language.* 作定语时，如无其它状语，必须带"很"(when used as an attributive, if there is no other adverbial, it must take "很"): 山里有很～铁矿石。Shān li yǒu hěn ～ tiě kuàngshí. *There are many iron ores in the mountain.* / 很～人都有这种想法。Hěn ～ rén dōu yǒu zhè zhǒng xiǎngfǎ. *Many people have this kind of idea.* (2)作形容词或某些词组的补语，表示相差程度大 *much more; far more* (as the complement of an adjective or phrase)：这样说比那样说清楚～了。Zhèyàng shuō bǐ nàyàng shuō qīngchu ～ le. *Putting it this way is far clearer than putting it that way.* / 这间屋子比那间大得～。Zhè jiān wūzi bǐ nà jiān dà de ～. *This room is much bigger than that one.* / 现在流行病少～了。Xiànzài liúxíngbìng shǎo ～ le. *Epidemic diseases are far less now.* / 小李现在能吃苦～了。Xiǎo Lǐ xiànzài néng chī kǔ ～ le. *Xiao Li is much more able to bear hardship now.* (3)作动词的结果补语，表示次数多或超过一定限度(句尾"了"是必要的) *excessive; too much* (used as the complement of a verb; "了" at the at the end of the sentence is necessary)：今天午饭吃～了，有点儿不消化。Jīntiān wǔfàn chī～ le, yǒudiǎnr bù xiāohuà. *I ate too much at lunch today, and I'm having a bit of indigestion.* / 这种事看～了也就不觉得奇怪了。Zhè zhǒng shì kàn～ le yě jiù bù juéde qíguài le. *I've seen a lot of this kind of thing, so I'm used to it.* / 今天喝酒喝～了，有点儿头晕。Jīntiān hē jiǔ hē～ le, yǒudiǎnr tóu yūn. *I drank too much today, and feel a bit dizzy.* (4)作状语，和数量词呼应，表示比较 (as an adverbial in conjunction with numeral-measure word to show comparison)：今年治了虫，～产一千斤苹果。Jīnnián zhìle chóng, ～ chǎn yìqiān jīn píngguǒ. *This year we controlled pest infestation, and produced 1000 catties of apples more than usual.* / 晚饭来的人多～多，～做三个菜。Wǎnfàn lái de rén duō, ～ zuò sān ge cài. *A lot of people have arrived for dinner, so we must prepare three more dishes.* (动) 比原来或需要多 *more than the required or original number*：要能～几个人帮忙就好了。Yào néng ～ jǐ ge rén bāng máng jiù hǎo le. *It would be better if we could get several more people to help.* / "大"字～一个点儿就成了"太"。Dà" zì ～ yí ge diǎnr jiù chéngle "tài". *If there is an extra dot in "大", it becomes "太".* (数)与数量词结合，表示概数 *more; over; odd* (used with

numeral measure word to show an approximate number)：四十～岁 sìshí ～ suì *over forty* / 三十～斤肉 sānshí ～ jīn ròu *more than thirty catties of meat* / 一百～尺布 yìbǎi ～ chǐ bù *more than 100 feet of cloth* / 五千～人 wǔqiān ～ rén *more than 5000 people* 如"多"所表示的数少于"一"，"多"要放在量词或不需要量词的名词后 (if the number expressed by "多" is fewer than one, "多" must be placed after the measure word or the noun which does not need a measure word)：四岁～ sì suì ～ *over four years old* / 三斤～ sān jīn ～ *over three catties* / 两个～星期 liǎng ge ～ xīngqī *over two weeks* / 一尺～长 yì chǐ ～ cháng *over a foot long* (副)(1)用在感叹句中，强调程度很高，带有较强的夸张色彩，可用在有贬义的或特殊意义的否定形式前 (used in an exclamatory sentence to emphasize a high degree; has a relatively strong tone of exaggeration; can be used before a negative form which has a derogatory or special meaning)：今天～热啊！Jīntiān ～ rè a! *It's so hot today!* / 她那水汪汪的一对大眼睛，～可爱啊！Tā nà shuǐwāngwāng de yì duì dà yǎnjing, ～ kě'ài a! *Those bright and intelligent eyes of hers are so lovely!* / 在人背后说长道短～讨厌啊！Zài rén bèihòu shuō cháng dào duǎn ～ tǎoyàn a! *Gossiping about others behind their backs is so disgusting!* / 他的脾气～不好啊！Tā de píqi ～ bù hǎo a! *He has such a bad temper!* / 你老不写信，你妈妈～不放心哪！Nǐ lǎo bù xiě xìn, nǐ māma ～ bú fàng xīn a! *You haven't written for so long. Your mother is so worried!* / 她这几年～不容易啊！Tā zhè jǐ nián ～ bù róngyi a! *She has had a hard time these past few years!* / 老让你请客～不好意思！Lǎo ràng nǐ qǐng kè ～ bù hǎoyìsi! *You're always treating me, I'm so ashamed!* (2)作为疑问代词，问程度 (used as an interrogative pronoun to inquire about degree) *how*：那座桥有～长？Nà zuò qiáo yǒu ～ cháng? *How long is that bridge?* / 他今年～大年纪了？Tā jīnnián ～ dà niánjì le? *How old is he?* / 美国离中国～远？Měiguó lí Zhōngguó ～ yuǎn? *How far is the U.S.A. from China?* / 我得亲身体验一下，看看那项工作有～复杂。Wǒ děi qīnshēn tiyàn yíxià, kànkan nà xiàng gōngzuò yǒu ～ fùzá. *I have to see for myself just how complicated that job is.* / 你要称一称，这口袋粮食到底有～重。Nǐ yào chēng yi chēng, zhè kǒudai liángshi dàodǐ yǒu ～ zhòng. *Weigh this sack of grain and see just how heavy it is.* / 你哪知道找个工作有～难！Nǐ nǎ zhīdao zhǎo ge gōngzuò yǒu ～ nán? *How could you possibly know how hard it is to find work?* (3)"没多……""不多……"修饰形容词表示程度不深数量不多 ("没多…","不多…" modify adjectives to indicate a low degree or small amount)：这条街没～长，五分钟就可走到头儿。Zhè tiáo jiē méi ～ cháng, wǔ fēnzhōng jiù kě zǒudào tóur. *This street is not long at all. You can walk to the end of it in five minutes.* / 那座楼没～高，只有四层。Nà zuò lóu méi ～ gāo, zhǐyǒu sì céng. *That building isn't tall, it's only four stories high.* / 这箱子没～重，我提得动。Zhè xiāngzi méi ～ zhòng, wǒ tí de dòng. *This suitcase isn't heavy. I can lift it.* / 他刚走不～远，你追得上。Tā gāng zǒu bù ～ yuǎn, nǐ zhuī de shàng. *He hasn't gone very far. You can catch up to him.* / 小王坐了不～久就走了。Xiǎo Wáng zuòle bù ～ jiǔ jiù zǒu le. *Xiao Wang hadn't been here for long when he left.* (4)"多"表示任何一种条件或程度，句首可加"无论""不论""不管"等连词 ("多" means "any condition or degree (will do)"; conjunctions such as "无论","不论","不管",etc. can be added at the beginning of the sentence)：(不管)路～不好走我都去。(Bùguǎn) lù ～ bù hǎo zǒu wǒ dōu qù. *No matter how bad the road is, I'm going.* / (无论)日子～艰难，她都不去求人。(Wúlùn) rìzi ～ jiānnán, tā dōu bú qù qiú rén. *No matter how rough things are for her, she won't beg from*

others. /(不论)你～有本事,独自一个人也完不成任务。(Bùlùn) nǐ ～ yǒu běnshi, dúzì yí ge rén yě wán bu chéng rènwu. *No matter how talented you are, you can't complete the task by yourself.*

【多半】duōbàn (副)用于估计。表示有很大的可能。一般不出现于主语前 *probably; most likely (does not usu. appear before the subject)*:天都这么晚了,他～不来了。Tiān dōu zhème wǎn le, tā ～ bù lái le. *It's already so late; he's most likely not coming.* / 看他这几天的精神、气色,～要病倒了。Kàn tā zhè jǐ tiān de jīngshén, qìsè, ～ yào bìngdǎo le. *Judging from his spirits and complexion these past few days he will probably be down with an illness.* / 这次改选,～得选上他。Zhè cì gǎixuǎn, ～ děi xuǎnshang tā. *He will most likely be elected in this reelection.*

【多边】duōbiān (形)由三个以上方面参加的;特指由三个以上国家参加的 *multilateral*:～会谈 ～ huìtán *multilateral talks* /～贸易 ～ màoyì *multilateral trade*

【多边形】duōbiānxíng (名)〈数〉*polygon*

【多才多艺】duō cái duō yì 具有很多种才能 *gifted in many ways; versatile*:他是个很有文学修养的建筑师,歌也唱得不错,还写得一笔好字,真是～。Tā shì ge hěn yǒu wénxué xiūyǎng de jiànzhùshī, gē yě chàng de búcuò, hái xiě de yì bǐ hǎo zì, zhēn shì ～. *He's an architect who is very accomplished in literature. He also sings fairly well and his calligraphy is good. He's really gifted in many ways.*

【多此一举】duō cǐ yì jǔ 做不必要做的、多余的事情 *make an unnecessary move*:这并不是你的错,你为什么向他道歉?真～! Zhè bìng bú shì nǐ de cuò, nǐ wèi shénme xiàng tā dào qiàn? Zhēn shì ～! *It wasn't your fault, why apologize to him? It's unnecessary!*

【多的是】duōdeshì (形·非定)〈口〉非常多。只能作谓语,不能作定语 *a lot (can only be used as the predicate, not as the attributive)*:这儿很珍贵的香蕉,我的家乡～。Zài zhèr hěn zhēnguì de xiāngjiāo, wǒ de jiāxiāng ～. *Bananas which are precious here are plentiful in my hometown.*

【多多益善】duō duō yì shàn 越多越好 *the more the better*:河流两岸应该种树,而且。～。Héliú liǎng àn yīnggāi zhòng shù, érqiě ～. *We should plant trees on either side of the river, and the more the better.*

【多发病】duōfàbìng (名)〈医〉*frequently-occurring disease*

【多方】duōfāng (副)〈书〉表示从多方面、多渠道着手(做某事)。修饰双音节或多音节词语 *in many ways; in every aspect (modifies disyllabic or polysyllabic words)*:虽经有关部门～营救,仍有九名船员遇难。Suī jīng yǒuguān bùmén ～ yíngjiù, réng yǒu jiǔ míng chuányuán yù nàn. *Despite the fact that the authorities concerned made every effort to rescue the ship's crew, nine members still died.* / 经过大夫～抢救,他才脱险。Jīngguò dàifu ～ qiǎngjiù, tā cái tuō xiǎn. *He escaped danger only after the doctor had tried every means to rescue him.* / 老吴～探索,终于制成了一种疗效高的新药。Lǎo Wú ～ tànsuǒ, zhōngyú zhìchéngle yì zhǒng liáoxiào gāo de xīn yào. *Lao Wu explored every possible aspect before finally producing a new medicine with a highly curative effect.*

【多会儿】duōhuìr (代)〈口〉什么时候 *when; whenever* (1)用在疑问句中,问时间 *when (used in an interrogative sentence)*:你～到北京来的? Nǐ ～ dào Běijīng lái de? *When did you come to Beijing?* / 他在这儿一直要住到～? Tā zài zhèr yìzhí yào zhùdào ～? *Until when is he staying here?* (2)指某一时间或任何时间 *whenever; at any time*:你～有空我想跟你谈件事。Nǐ ～ yǒu kòng wǒ xiǎng gēn nǐ tán jiàn shì. *I'd like to talk to you about something whenever you have time.* / 他～也没掉过眼泪。Tā ～ yě méi diàoguo yǎnlèi. *He has never, at any time, shed tears.*

【多级火箭】duōjí huǒjiàn *multistage rocket*

【多角形】duōjiǎoxíng (名)〈数〉*polygon*

【多快好省】duō kuài hǎo shěng 指数量多、速度快、质量好、资金省 *achieve more, faster, better and more economical results*

【多亏】duōkuī (动)很幸运地得到(某种帮助或有利因素) *thanks to*:他重伤得救,～了那位高明的医生。Tā zhòng shāng dé jiù, ～ le nà wèi gāomíng de yīshēng. *He was saved from serious injury, thanks to that brilliant doctor.* (副)*luckily*:我们都没带雨衣,～雨没下起来。Wǒmen dōu méi dài yǔyī, ～ yǔ méi xià qǐlái. *We didn't bring our raincoats, fortunately it didn't rain.* /～亲友资助,我才勉强完成了中学的学业。～ qīnyǒu zīzhù, wǒ cái miǎnqiǎng wánchéngle zhōngxué de xuéyè. *It was only thanks to financial help from friends and relatives that I was able to get through my middle school studies.*

【多劳多得】duō láo duō dé 付出的劳动多,得到的物质财富也多;指按劳分配 *the more you work, the more you get; distribution according to work*

【多么】duōme (副)(1)同“多”duō(1),“多么”后有时可带“地”*same as "多" duō(1); can sometimes take "地"*:我们的生活～幸福啊! Wǒmen de shēnghuó ～ xìngfú a! *We live such a happy life!* / 这是一匹～高大的马啊! Zhè shì yì pǐ ～ gāodà de mǎ a! *What a big tall horse this is!* / 我～喜欢北京的清晨啊! Wǒ ～ xǐhuan Běijīng de qīngchén a! *Oh, how I like early morning in Beijing!* / 你看,她的注意力～地集中啊,连人进屋她都不知道。Nǐ kàn, tā de zhùyìlì ～ de jízhōng a, lián rén jìn wū tā dōu bù zhīdào. *Look at how hard she concentrates! She doesn't even notice when someone walks into the room.* / 她一边工作,一边学习,～不容易呀! Tā yìbiān gōngzuò, yìbiān xuéxí, ～ bù róngyì ya! *She works while studying. That's not easy to do!* (2)同“多”duō(2) *same as "多" duō(2)*:莫斯科到北京有～远? Mòsīkē dào Běijīng yǒu ～ yuǎn? *How far is it from Moscow to Beijing?* / 你不知道那本书有～厚! Nǐ bù zhīdào nà běn shū yǒu ～ hòu! *You don't know how thick that book is!* (3)同“多”duō(4) *same as "多" duō(4)*:(无论)你～有钱也不能挥霍。(Wúlùn) nǐ ～ yǒu qián yě bù néng huīhuò. *No matter how much money you have, you shouldn't squander it.*

【多面角】duōmiànjiǎo (名)〈数〉*solid angle*

【多面手】duōmiànshǒu (名)指有多种技能的人 *a many-sided person; a versatile person*

【多面体】duōmiàntǐ (名)〈数〉*polyhedron*

【多幕剧】duōmùjù (名)分成若干幕演出的大型戏剧 *a play of many acts; a full-length drama*

【多年】duōnián (名)许多年 *many years*:离别～ líbié ～ *be parted for a long period* /～不见,你还是那么年轻! ～ bú jiàn, nǐ hái shì nàme niánqīng! *I haven't seen you for ages, and you're still looking as young as ever!*

【多年生】duōniánshēng (形)〈植〉*perennial*:～植物 ～ zhíwù *perennial plant*

【多情】duōqíng (形)重爱情 *full of affection*

【多少】duōshǎo (副)或多或少,偏重于少量。后面常有“有点儿”、“有些”等与之呼应 *somewhat; more or less (often followed by "有点儿", "有些", etc.)*:我看这个人～有点儿糊涂。Wǒ kàn zhège rén ～ yǒudiǎnr hútu. *I think this person is somewhat muddleheaded.* / 我经济上遇到了困难,朋友们～都帮助了我一点儿。Wǒ jīngjì shang yùdàole kùnnan, péngyoumen ～ dōu bāngzhùle wǒ yìdiǎnr. *When I had financial problems, my friends helped me somewhat.* / 我们到医院去看看他吧,对他～是点儿安慰。Wǒmen dào yīyuàn qu kànkan ba, duì tā ～ shì diǎnr ānwèi. *Let's go visit him in the hospital. It will give him some comfort.* / 你觉得怎么样?我讲的～有点道理吧! Nǐ juéde zěnmeyàng? Wǒ jiǎng de ～ yǒu diǎn dàoli ba! *What do you think? What I say more or less makes sense.*

【多少】duōshao（数）(1)问数量（估计数量超过十），量词可用可不用 how many；how much：北京有～（所）大学？Běijīng yǒu ～（suǒ）dàxué? How many universities are there in Beijing? / 这辆自行车～钱? Zhè liàng zìxíngchē ～ qián? How much does this bicycle cost? / 他喝了～酒?怎么醉成这样? Tā hēle ～ jiǔ?zěnme zuìchéng zhèyàng? How much liquor did he drink to become this drunk? (2)连用两个"多少"，两个"多少"代表同一数量，前者决定后者 use one "多少" after another to represent the same quantity，the former decides the latter；你们能节约～劳力，就节约～. Nǐmen néng jiéyuē ～ láolì, jiù jiéyuē ～. Save as much labour as you can. / 书需要～本买～本，别买多了. Shū xūyào ～ běn mǎi ～ běn, bié mǎiduō le. Buy only as many books as you need, not more. (3)表示数量（indicates amount）①用于感叹句，表示数量多（used in exclamatory sentences to indicate large quantities）：有～外国朋友希望来中国旅游啊! Yǒu ～ wàiguó péngyou xīwàng lái Zhōngguó lǚyóu a! There are many foreign friends who want to come and tour China! / 取得这样的成绩，他花了～精力啊! Qǔdé zhèyàng de chéngjì, tā huāle ～ jīnglì a! What a lot of effort be spent to obtain these results! ②用于否定句，表示数量小（used to indicate small amounts）：这一带很偏僻没有～住户. Zhè yídài hěn piānpì méi yǒu ～ zhùhù. This area is very remote and has few households. /这些活儿她用不了～时间都能干完. Zhèxiē huór tā yòng bu liǎo ～ shíjiān dōu néng gànwán. It won't take her much time to finish up these tasks. / 梨很便宜，十斤也不值～钱. Lí hěn piányi, shí jīn yě bù zhí ～ qián. Pears are cheap, ten catties costs hardly anything.

【多时】duōshí（名）〈书〉很长时间 a long time：已恭候～一恭候 ～ have awaited respectfully for a long time

【多事】duōshì（形）〈书〉事故或事变多 eventful：～之秋 ～ zhī qiū an eventful year

【多事】duō=shì 做多余的事 be meddlesome：都怪你～，这事你不管反而更简单些. Dōu guài nǐ ～, zhè shì nǐ bù guǎn fǎn'ér gèng jiǎndān xiē. It's your fault for being meddlesome. It would have been much simpler had you not poked your nose into this matter. / 他的家庭纠纷，工会干部正在调解，你就不要多那个事了. Tā de jiātíng jiūfēn, gōnghuì gànbù zhèngzài tiáojiě, nǐ jiù búyào duō nàge shì le. A cadre from the labour union is mediating his family's dispute. Don't you go interfering in it.

【多数】duōshù（名）majority；most：少数服从～. Shǎoshù fúcóng ～. The minority must obey the majority.

【多谢】duōxiè（动）many thanks；thanks a lot：这正是我要的那本书，～～! Zhè zhèng shì wǒ yào de nà běn shū, ～～! This is exactly the book I wanted, thanks a lot! /你帮我找到旅馆! ～ nǐ bāng wǒ zhǎodào lǚguǎn! Thanks very much for helping me to find a hotel!

【多心】duō=xīn 没必要地起疑心（怀疑别人对自己不好）oversensitive；suspicious：他的话不是指你是指我，你多什么心? Tā de huà bù shì zhǐ nǐ shì zhǐ wǒ, nǐ duō shénme xīn? He's talking about me not you. What are you so sensitive about? / 这人很爱～，你说话注意点儿. Zhè rén hěn ài ～, nǐ shuō huà zhùyì diǎnr. This person is over sensitive, be careful about what you say.

【多样】duōyàng（形）diverse：品种～ pǐnzhǒng ～ large assortment / 活动方式～化 huódòng fāngshì ～huà a variety of activities / 产品必须向～性转化. Chǎnpǐn bìxū xiàng ～xìng zhuǎnhuà. Production must become diversified.

【多一半】duōyībàn（名）超过半数；大半 the greater part；most：这些花～是老王养的. Zhèxiē huā ～ shì Lǎo Wáng yǎng de. Most of these flowers were grown by Lao Wang. / 他书倒不少，可～没看过. Tā shū dào bù shǎo, kě ～ méi kànguo. He has a lot of books, but hasn't read most of them.

【多义词】duōyìcí（名）具有两个以上意义的词 polysemant

【多余】duōyú（形）(1)超过需要数量的 surplus：农民把～的粮食拿到自由市场来卖. Nóngmín bǎ ～ de liángshi nádào zìyóu shìchǎng lái mài. The farmers bring surplus grain to the free market to sell. (2)不必要的 unnecessary：这些事让他自己做，你何必替他做，～! Zhèxiē shì ràng tā zìjǐ zuò, nǐ hébì tì tā zuò, ～! Let him do these jobs himself, why should you do them for him! / 他写文章从来没有～的话. Tā xiě wénzhāng cónglái méi yǒu ～ de huà. He's never wasted words when writing. / 你这些话～说. Nǐ zhèxiē huà ～ shuō. What you say is superfluous.

【多元论】duōyuánlùn（名）〈哲〉pluralism

【多种多样】duō zhǒng duō yàng 各种各样，种类、样式很多 of all types；varied：人的性格是～的，所以社会才复杂而有趣. Rén de xìnggé shì ～ de, suǒyǐ shèhuì cái fùzá ér yǒuqù. It is because there are people of all kinds that society is both complex and interesting. / 我们不能用简单划一的办法去解决～的思想问题. Wǒmen bù néng yòng jiǎndān huàyī de bànfǎ qù jiějué ～ de sīxiǎng wèntí. We cannot use one simple uniform method to solve all types of ideological problems.

【多种经营】duō zhǒng jīngyíng (1)指商业部门经营各种不同性质的商品 diversified merchandise (2)指农业上同一个生产单位同时从事农、林、牧、副、渔等各方面的生产 diversification；diversified economy

【多嘴】duō=zuǐ〈口〉说不该说的话 speak out of turn：他的毛病不是爱～，而是该说的不说. Tā de máobing búshì ～, érshì gāi shuō de bù shuō. His problem is not that he speaks out of turn, but that he doesn't say what he should. /我多了一句嘴，惹出不少麻烦. Wǒ duōle yí jù zuǐ, rěchū bù shǎo máfan. I asked for a lot of trouble by shooting my mouth off.

咄 duō

【咄咄逼人】duōduō bī rén 形容气势汹汹，盛气凌人 overbearing；aggressive：他的话一点儿道理也没有，还一副～的样子! Tā de huà yìdiǎnr dàolǐ yě méi yǒu, hái yí fù ～ de yàngzi! What he said made absolutely no sense at all, and he's still this overbearing!

【咄咄怪事】duōduō guài shì 令人惊异，令人不解的事情 monstrous；absurdity：主持正义的人遭受迫害没人管，岂不是～! Zhǔchí zhèngyì de rén zāoshòu pòhài méi rén guǎn, qǐ bú shì ～! When no one cares about those who are persecuted because they uphold justice, then this is absolutely absurd!

哆 duō

【哆哆嗦嗦】duōduosuōsuō（形）〈口〉shivering；trembling：他～的，说不出话来. Tā ～ de, shuō bu chū huà lai. He's shaking and can't speak a word.

【哆嗦】duōsuo（动）〈口〉tremble；shiver：这孩子冻得直～. Zhè háizi dòng de zhí ～. This child is shivering from cold. / 他有病吗?手怎么老～? Tā yǒu bìng ma? Shǒu zěnme lǎo ～? Is he sick? Why do his hands keep on trembling?

duó

夺〔奪〕duó（动）(1)抢，强取 take by force；seize；wrest：民警把坏人手里的刀子一下夺了下来了. Mínjǐng bǎ huàirén shǒu li de dāozi ～ xialai le. The policeman seized the knife from the hooligan. / 他们双方展开了～权斗争. Tāmen shuāngfāng zhǎnkāile ～ quán dòuzhēng. The two sides engaged in a

struggle to seize power. （2）争夺、夺取 contend for; compete for：～冠军 ～ guànjūn to compete for the championship /～高产 ～ gāochǎn to contend for high production

【夺标】duó=biāo 夺取锦标 capture the prize (or trophy)

【夺得】duódé（动）在竞赛中，通过拼搏而得到 to win in competition：这次比赛，中国女排～了冠军。Zhè cì bǐsài, Zhōngguó nǚpái ～le guànjūn. In this competition, the Chinese women's volleyball team took the championship. / 在智力竞赛中我们中学～第一名。Zài zhìlì jìngsài zhōng wǒmen zhōngxué ～ dìyī míng. In this intelligence contest, our high school took first place.

【夺冠】duó=guàn 夺取冠军 carry off the first prize; capture the championship

【夺目】duómù（形）〈书〉色彩好看，引人注目 dazzle the eyes; brilliant：草原上各色的野花鲜艳～。Cǎoyuán shang gè sè de yěhuā xiānyàn ～. The many-colored wild flowers on the prairie are dazzling to the eye. / 光彩～的丝绸，引人喜爱。Guāngcǎi ～ de sīchóu, yǐn rén xǐ'ài. The brightly colored silk is very attractive.

【夺取】duóqǔ（动）（1）用武力强取 capture; seize; wrest：～政权 ～ zhèngquán seize political power / 今天一定要～山头的碉堡。Jīntiān yídìng yào ～ shāntóu de diāobǎo. Today we must capture the mountain top pillbox. （2）努力争取 strive for：～更出色的成绩 ～ gèng chūsè de chéngjì strive for even more remarkable accomplishments/～新的成功 ～ xīn de chénggōng strive for new successes

踱 duó
（动）慢步行走 stroll; pace：他在屋里～来～去，拿不定主意。Tā zài wūlǐ ～lái ～qù, ná bu dìng zhǔyi. He paced to and fro in his room, and couldn't make up his mind.

duǒ

朵 duǒ
（量）用于花朵、云彩等（for flowers, clouds etc.）：咱们去摘几～玫瑰吧！Zánmen qù zhāi jǐ ～ méiguì ba! Let's go pick some roses!

躲 duǒ
（动）（1）藏起来，使别人看不见自己 hide (oneself)：他～在一棵大树的后边。Tā ～ zài yì kē dà shù de hòubiānr. He hid behind a big tree. （2）避开,闪开 avoid; dodge：～车 ～ chē dodge the car / ～雨 ～ yǔ avoid the rain / 这个孩子怕他父亲，老～着他。Zhè ge háizi pà tā fùqin, lǎo ～ zhe tā. The child is afraid of his father, and always avoids him.

【躲避】duǒbì（动）（1）有意闪开或隐藏起来 go into hiding; hide (oneself)：这些天他总～起来不见我，不知为什么。Zhèxiē tiān tā zǒng ～ qilai bú jiàn wǒ, bù zhī wèi shénme. I can't figure out why he seems to be hiding himself so as to avoid me these last few days. （2）离开对自己不利的事物 avoid; keep away from：渔船为了～台风，纷纷返航。Yúchuán wèile ～ táifēng, fēnfēn fǎn háng. In order to avoid the typhoon, the fishing boats returned to port one after the other. / 别人对你的攻击，无法～也不应～，要据理驳斥。Biérén duì nǐ de gōngjī, wúfǎ ～ yě bù yīng ～, yào jù lǐ bóchì. You have no way to avoid others' attack on you nor should you, you should refute it on just grounds.

【躲藏】duǒcáng（动）〈书〉同"躲"duǒ（1）same as "躲" duǒ (1)

【躲躲闪闪】duǒduǒ shǎnshǎn（1）由于害怕，不敢接触某人或某物不愿意接近 to dodge and evade：她最近见了我总是～的，可能怕我劝她考大学。Tā zuìjìn jiànle wǒ zǒngshì ～ de, kěnéng pà wǒ quàn tā kǎo dàxué. Lately when she sees me she runs,

possibly because she's afraid I'll encourage her to take the college entrance exams. （2）形容回避实质问题 evasive：他的检查总是～的，根本不敢涉及问题的本质。Tā de jiǎnchá zǒngshì ～ de, gēnběn bù gǎn shèjí wèntí de běnzhì. His self-criticism is evasive, and doesn't dare to touch upon the essence of the problem.

【躲开】duǒ // kāi 避开 avoid; move：这儿要停车，请你～点儿。Zhèr yào tíng chē, qǐng nǐ ～ diǎnr. This is a parking space. Please move. / 下星期哪天开会都行，只要～星期三下午。Xià xīngqī nǎ tiān kāi huì dōu xíng, zhǐyào ～ xīngqīsān xiàwǔ. Other than next Wednesday afternoon, anytime next week is fine to have the meeting.

【躲债】duǒ=zhài 因无钱还债，离开家不与债主见面 avoid a creditor

duò

剁 duò
（动）用刀向下砍 chop; cut：肉冻得太硬，～不动。Ròu dòng de tài yìng, ～ bu dòng. The meat is frozen solid, it can't be cut.

垛 duò
（动）整齐地向上堆 pile up neatly：～柴火 ～ cháihuo stack firewood / 把干草～起来 bǎ gāncǎo ～ qilai pile up the straw（名）把柴草整齐地向上堆成的堆儿 stack：草～cǎo ～ pile of straw / 柴火～cháihuo ～ stack of firewood

舵 duò
（名）rudder; helm

【舵轮】duòlún（名）轮船、汽车等的方向盘 steering wheel

【舵手】duòshǒu（名）helmsman; steersman

堕〔墮〕duò
（动）〈书〉落、掉 fall; sink：飞机～进深谷。Fēijī ～jìn shēn gǔ. The airplane crashed into the canyon.

【堕落】duòluò（动）一个人的思想、行为、品德向不好的方面变化 degenerate; sink low：思想～ sīxiǎng ～ ideologically degenerate / 好好的一个大学生～成诈骗犯。Hǎohāor de yí ge dàxuéshēng ～ chéng zhàpiànfàn. A good college student has degenerated into a swindler.

【堕入】duòrù（动）〈书〉sink (or lapse) into; land oneself in：～泥潭 ～ nítán fall into a morass / 不幸～坏人的圈套 búxìng ～ huàirén de quāntào Unfortunately (he) fell into the criminal's trap. / ～贪污腐化的泥坑 ～ tānwū fǔhuà de níkēng fall into a pit of corruption

跺 duò
（动）（脚）用力踏地 stamp (one's foot)：把鞋上的泥～下去 bǎ xié shang de ní ～ xiaqu stamp the mud off one's shoes

【跺脚】duò=jiǎo stamp one's foot：急得他直～。Jí de tā zhí ～. He was so impatient that he kept on stamping. /太冷了,跺了半天脚也没用。Tài lěng le, duòle bàntiān jiǎo yě méi yòng. I've stamped my feet all this time and it's still too cold.

惰 duò
（形）◇ 懒，与"勤"相对 lazy; indolent（opposite of "勤"）

【惰性】duòxìng（名）（1）〈化〉inertia （2）由于懒惰, 不愿改变原有的习惯、生活等的倾向 unwilling to change old ways：我～挺严重的, 对改革不利。Wǒ ～ tǐng yánzhòng de, duì gǎigé búlì. I'm a very static person, and that is harmful to reform.

【惰性气体】duòxìng qìtǐ〈化〉inert gas

【惰性元素】duòxìng yuánsù〈化〉inert element

E

ē

阿 ē
另见 ā

【阿谀奉承】ēyú fèngcheng 谄媚讨好，拍马屁 *curry favour with*；*fawn on*：老王作风正派，从不会～。Lǎo Wáng zuòfēng zhèngpài, cóng bú huì ～. *Lao Wang is honest and upright, and never would ingratiate himself with anyone.*

é

讹 〔訛〕é
（动）〈口〉以欺骗手段夺取别人的钱物 *extort*；*blackmail*：我跟他借了五十块钱，他说是五百，这不是～我吗？要～我四百五十块。Wǒ gēn tā jièle wǔshí kuài qián, tā shuō shì wǔbǎi, zhè bú shì ～ wǒ ma? Yào ～ wǒ sìbǎi wǔshí kuài. *I borrowed fifty yuan from him. He said it was five hundred, isn't this blackmail? He wants to extort four hundred and fifty yuan from me.*（名）错误 *error*；*mistake*：以～传～ yǐ ～ chuán ～ *spread an error or falsehood*

【讹传】échuán（动）〈书〉错误地传说 *it is rumored*
【讹误】éwù（名）〈书〉（文字、记载方面的）错误 *error（in a text）*
【讹诈】ézhà（动）*blackmail*；*extort under false pretences*：～钱财 ～ qiáncái *extort money*（名）*blackmail*：核～ hé ～ *nuclear blackmail*

俄 é
【俄顷】éqǐng（副）〈书〉很短的时间，一会儿 *very soon*；*in a moment*：～，东方现出了红色，太阳要出来了。～, dōngfāng xiànchūle hóngsè, tàiyáng yào chūlai le. *Very soon the east was red, and the sun was about to rise.*

鹅 〔鵝〕é
（名）[只 zhī] *goose*
【鹅黄】éhuáng（形）像小鹅绒毛的淡黄色 *light yellow*
【鹅卵石】éluǎnshí（名）*cobblestone*；*cobble*
【鹅毛】émáo（名）[根 gēn] *goose feather*：～大雪 ～ dà xuě *big snowflakes*／千里送～，礼轻人意重。Qiān lǐ sòng ～, lǐ qīng rén yì zhòng. *A goose feather sent from a thousand li away.；The gift is small, but it's the intention that counts.*
【鹅绒】éróng（名）*goose down*

蛾 é
（名）◇ *moth*
【蛾子】ézi（名）[个 gè] *moth*

额 〔額〕é
（名）◇ *forehead*
【额定】édìng（形）规定数目的，一般作定语 *specified（number or amount）（only as an attributive）*：～人数 ～ rénshù *maximum number of people allowed*／～产量 ～ chǎnliàng *specified production*
【额数】éshù（名）规定的数目 *specific number*
【额头】étóu（名）同"额"é *same as "额" é*
【额外】éwài（形·非谓）超出规定或一般的数量或范围的 *extra*；*additional*；*added*：～负担 ～ fùdàn *added burden*／～的要求 ～ de yāoqiú *additional requests*：这些开支都是～的。Zhèxiē kāizhī dōu shì ～ de. *These are extra expenses.*／这些是我的～工作，不是份内的事。Zhèxiē shì wǒ de

～ gōngzuò, bú shì fènnèi de shì. *These are my additional duties, not my main job.*

ě

恶 〔惡〕ě
另见 è

【恶心】ěxin（动）（1）有要呕吐的感觉 *feel like vomiting*：他有点晕船，直～。Tā yǒudiǎnr yùn chuán, zhí ～. *He's a little seasick, and feels nauseated.*（2）讨厌到难以忍受的程度 *disgusting*；*nauseating*：这种吹捧领导的作风，真让人～。Zhè zhǒng chuīpěng lǐngdǎo de zuòfēng, zhēn ràng rén ～. *Fawning on leaders is really disgusting.*（3）使（人）感到难堪 *make one feel embarrassed*：她老提小李闹笑话的事，太～他了。Tā lǎo tí Xiǎo Lǐ nào xiàohua de shì, tài ～ tā le. *She kept on repeating how Xiao Li made a fool of himself and made him feel very embarrassed.*

è

厄 è
【厄运】èyùn（名）〈书〉不幸的遭遇 *adversity*；*disaster*

扼 è
（动）◇（1）用力掐住 *clutch*；*grip*：用手～住他的脖子。Yòng shǒu ～zhu tā de bózi. *Strangle his neck.*（2）把守，控制 *guard*；*control*
【扼杀】èshā（动）多比喻（反动力量）压制（新的进步的事物）*smother*；*strangle*：企图～革命 qǐtú ～ gémìng *attempt to quell the revolution*
【扼守】èshǒu（动）紧紧地守住（险要的地方）*hold（a strategic point）*；*guard*
【扼要】èyào（形）（说话、写文章）能抓住要点或中心的 *to the point*：他的话简明～。Tā de huà jiǎnmíng ～. *He spoke briefly and to the point.*／时间不多了，请你～地谈谈吧！Shíjiān bù duō le, qǐng nǐ ～ de tántan ba! *There's very little time, please speak briefly.*

恶 〔惡〕è
（名）◇指犯罪的事情，极坏的行为 *bad*；*evil*；*vice*：这个家伙无～不作。Zhège jiāhuo wú ～ bú zuò. *This guy won't stop at anything in doing evil.*（形）◇（1）凶狠，凶猛，激烈 *fierce*；*ferocious*：一只～狗 yì zhī ～ gǒu *a vicious dog*／一场～战 yì chǎng ～ zhàn *a fierce war.*（2）恶劣，坏 *evil*；*wicked*：～行 ～ xíng *evil conduct*／～人先告状。～ rén xiān gào zhuàng. *The evil man sues his victim before he himself is prosecuted.* 另见 ě
【恶霸】èbà（名）旧社会依仗反动势力独霸一方，欺压人民的坏人 *local tyrant（or despot）*
【恶毒】èdú（形）阴险狠毒 *vicious*；*malicious*：手段～ shǒuduàn ～ *malicious means*／语言～ yǔyán ～ *vicious words*／～的计划 ～ de jìhuà *evil plot*／～攻击别人 ～ gōngjī biérén *viciously attack others*
【恶感】ègǎn（名）（对人或事物所抱的）不满和憎恶的感情，与"好感"相对 *ill-feeling*；*malice*：我对他并无～，虽然我也并不喜欢他。Wǒ duì tā bìng wú ～, suīrán wǒ yě bìng bù xǐhuan tā. *Although I don't like him, I bear no malice to him.*
【恶贯满盈】è guàn mǎn yíng 罪恶累累，已到非惩处不可的时候了 *to have committed countless crimes and deserve to come to judgement*；*face retribution for a life of crime*：那

个家伙～，受到了应有的惩处。Nàge jiāhuo ～, shòudàole yīngyǒu de chéngchǔ. *That man has committed countless crimes, and has gotten his deserved punishment.*

【恶棍】ègùn (名)为非作歹，欺压群众的流氓无赖 *ruffian; bully; scoundrel*

【恶果】èguǒ (名)很坏的结果 *evil consequence; disastrous effect*: 自食～ zì shí ～ *one gets what one deserves; you reap what you sow* /滥伐树木，可能造成滑坡的～。Làn fá shùmù, kěnéng zàochéng huápō de ～. *Indiscriminate deforestation can create landslides.*

【恶狠狠】èhěnhěn (形)(态度)非常凶狠 *fierce; ferocious*: ～的态度 ～ de tàidu *ferocious attitude* /不要这样～的。Búyào zhèyàng ～ de. *Don't be this fierce.* /～地骂了他一顿。～ de màle tā yí dùn. *(He) viciously cursed him.*

【恶化】èhuà (动)(情况)向坏的方面转化，或使(情况)变坏 *worsen; deteriorate*: 病情一天一天地～。Bìngqíng yì tiān yì tiān de ～. *The illness gets worse each day.* /这样会～两国关系。Zhèyàng huì ～ liǎng guó guānxi. *This will deteriorate the relations between the two countries.*

【恶劣】èliè (形)坏而卑劣 *odious; abominable; disgusting*: 品质～ pǐnzhì ～ *abominable character* /服务态度～ fúwù tàidu ～ *abominable service* /～的作风 ～ de zuòfēng *bad style of work* /在～的环境中，不随波逐流。Zài ～ de huánjìng zhōng, bù suí bō zhú liú. *When in odious circumstances, don't drift with the tide.* /～的气候使粮食大大减产。～ de qìhou shǐ liángshi dàdà jiǎn chǎn. *The harsh climate has caused a great reduction in grain harvest.*

【恶魔】èmó (名)*demon; devil*

【恶人】èrén (名)坏人，凶恶的人 *evil person; villain*

【恶习】èxí (名)坏习惯 *bad habit*: 必须改掉说谎的～。Bìxū gǎidiào shuō huǎng de ～. *One must get rid of the bad habit of telling lies.*

【恶性】èxìng (形·非谓)能产生严重后果的 *malignant; pernicious; vicious (only as an attributive)*: ～肿瘤 zhǒngliú *malignant tumor; cancer*

【恶性案件】èxìng ànjiàn 指凶杀、强奸、抢劫等重大案件 *serious offence; vicious crime*

【恶性循环】èxìng xúnhuán 若干事互为因果，不断循环，越来越坏 *vicious circle*

【恶意】èyì (名)坏的用意，与"善意"相对 *evil intentions; ill will; malice*: 怀有～ huái yǒu ～ *harbor malice* /诽谤～ fěibàng *malicious slander* /这是借口批评进行～攻击。Zhè shì jièkǒu pīpíng jìnxíng ～ gōngjī. *This is launching a malicious attack under the pretext of criticism.*

【恶作剧】èzuòjù (名) *practical joke; mischief*: 一场低级的～ yì chǎng dījí de ～ *a despicable practical joke*

饿
〔餓〕è

(形)与"饱"相对 *hungry (opposite to "饱" bǎo)*: 他～坏了。Tā ～huài le. *He's very hungry.* /我还不～呢，等会儿再吃饭。Wǒ hái bú ～ ne, děng huìr zài chī fàn. *I'm still not hungry, let's wait a while before eating.* (动)使受饿 *starve*: ～了他一顿 ～le tā yí dùn *He skipped a meal.* /我们不吃没关系，可不能～着孩子。Wǒmen bù chī méi guānxi, kě bù néng ～zhao háizi. *It doesn't matter if we don't eat, but we can't let the children go hungry.*

【饿殍】èpiǎo (名)〈书〉饿死的人 *bodies of the starved; starved corpses*

萼
è

(名)◇ *calyx*

【萼片】èpiàn (名)〈植〉*sepal*

遏
è

(动)◇止住 *check; hold back*: 怒不可～ nù bù kě ～ *ir-*

repressible anger; overcome with rage

【遏止】èzhǐ (动)〈书〉用力阻止，不使其前进或发展，多用于抽象事物 *check; hold back*: 群情激奋，不可～。Qúnqíng jifèn, bù kě ～. *The masses are aroused, and can't be repressed.*

【遏制】èzhì (动)〈书〉制止(某种行动)，使其不能发生 *contain; restrain*: 要采取措施～对方的进攻。Yào cǎiqǔ cuòshī ～ duìfāng de jìngōng. *(We) must adopt a method of containing the adversary's attack.*

愕
è

【愕然】èrán (形)〈书〉吃惊 *stunned; astounded*: 听到班上最好的学生没考上大学，老师们都为之～。Tīngdào bān shang zuì hǎo de xuésheng méi kǎoshang dàxué, lǎoshīmen dōu wéi zhī ～. *The teachers were astounded when they heard that the best student in the class didn't pass the college entrance exam.*

腭
è

(名)〈生理〉*palate*

噩
è

【噩耗】èhào (名)〈书〉指亲友或敬爱的人死亡的消息 *sad news of the death of one's beloved*: 听到父亲以身殉职的～，他万分悲痛。Tīngdào fùqin yǐ shēn xùn zhí de ～, tā wànfēn bēitòng. *When he heard his father died at his post, he was overcome by grief.*

【噩梦】èmèng (名)〈书〉可怕的梦 *nightmare*: 做了一个～ zuòle yí ge ～ *had a nightmare*

鳄
〔鱷〕è

(名)◇ *crocodile; alligator*

【鳄鱼】èyú (名) *crocodile; alligator*

ē

欸
ē

(叹)表示招呼或引起注意，用于熟人之间 *hey (a shout used to greet or to call attention between familiars)*: ～，你去哪儿？～, nǐ qù nǎr? *Hey! Where are you going?* /～，那儿危险，快回来。～, nàr wēixiǎn, kuài huílai. *Hey! It's dangerous over there. Come back! Quick!* 另见 é; ě; è

é

欸
é

(叹)表示惊异 *what; hey (used to express surprise)*: ～，他怎么来啦？～, tā zěnme lái la? *What? How come he is here?* /～，那儿聚着一堆人，在干什么呢？～, nàr jùzhe yì duī rén, zài gàn shénme ne? *Hey! What do those people clump together for?* 另见 ē; ě; è

ě

欸
ě

(叹)表示不以为然 *(used to express disapproval)*: ～，你别客气呀！～, nǐ bié kèqi ya! *Please, you mustn't stand on ceremony.* /～，谁先谁后都一样。～, shuí xiān shuí hòu dōu yíyàng. *Please, after you.* 另见 ē; é; è

è

欸
è

(叹)表示答应或同意 *(used to express one's response to a person calling or one's agreement to a request)*: ～，我

在这儿。~，wǒ zài zhèr. *Yes，I'm here.* /~，就按你刚才说的办。~，jiù àn nǐ gāngcái shuō de bàn. *All right. We'll do just as you said.* 另见 ě；é；ě

ēn

恩 ēn（名）◇（一方使另一方得到的）比较重大的好处 *kindness；favor；grace*：救命之~ jiù mìng zhī ~ *life-saving favor* /养育之~ yǎngyù zhī ~ *love and care from childhood*

【恩爱】ēn'ài（形）〈夫妻〉亲热，感情好 *conjugal love*

【恩赐】ēncì（动）〈书〉原指封建帝王的赏赐。今指出于怜悯而给予施舍（含贬义）*bestow favors*：幸福不能靠别人~，要自己创造。Xìngfú bù néng kào biérén ~，yào zìjǐ chuàngzào. *Happiness can't depend on others' charity, instead it must depend on one's own creation.*

【恩赐观点】ēncì guāndiǎn 以救世主自居，认为群众的解放是自己恩赐给他们的思想。也指以恩人自居，给别人以好处的思想 *considering oneself as the savior who bestows favors on the masses*

【恩德】ēndé（名）（给别人的或受到的）很大的好处 *favor；kindness*

【恩惠】ēnhuì（名）〈书〉（一方给另一方的）利益 *favor；kindness；bounty；generosity*

【恩将仇报】ēn jiāng chóu bào 用报仇的举动来报答恩惠 *requite kindness with enmity*

【恩情】ēnqíng（名）深厚的情义，巨大的恩惠 *loving kindness*：这个日本孤儿忘不了中国养母的~。Zhège Rìběn gū'ér wàng bu liǎo Zhōngguó yǎngmǔ de ~. *This Japanese orphan will never forget his Chinese foster mother's kindness.*

【恩人】ēnrén（名）对自己有大恩的人 *benefactor*：救命~ jiù mìng ~ *life-saving benefactor*

【恩怨】ēnyuàn（名）恩惠和仇恨（多偏重指仇恨）*feeling of gratitude or resentment*：他用人的时候从不考虑个人~。Tā yòng rén de shíhou cóng bù kǎolǜ gèrén ~. *When using people he never considers his personal feelings.*

ér

儿〔兒〕ér（名）◇儿子 *son*：生～育女 shēng ～ yù nǚ *give birth to children* / 他无～无女，孤身一人。Tā wú ～ wú nǚ，gūshēn yì rén. *He is alone and childless.* （尾）(1) 在名词后，表示小（*used after a noun as a diminutive suffix*）：小鱼～ xiǎo yú～ *little fish* / 麦苗～ miáomiáo～ *wheat seedling* / 冰棍～ bīnggùn～ *popsicle* (2) 使动词、形容词改变成名词（*a suffix to turn a verb or adjective into a noun*）：盖上盖～ gàishang gài～ *put on the cap* /拔掉塞～ bádiào sāi～ *pull off the stopper* / 黑暗中看见一个亮～。Hēi'àn zhōng kànjian yí ge liàng～. *See a light in the dark.* (3) 有区别词义的作用（*a suffix to change the meaning of the original word*）：头――头～ tóu――tóu～ *head――boss* / 信――信～ xìn―― xìn～ *letter―― message* / 眼――眼～ yǎn――yǎn～ *eye――hole*（词尾"儿"的读音变化，参看"儿化"条）(*concerning suffix "儿" see entry "儿化"*)

【儿歌】érgē（名）[首 shǒu]*nursery rhyme*

【儿化】érhuà（动）汉语普通话和某些方言中的一种语音现象，就是一个音节后的"儿"（r，er）不自成音节，而和前面一个音节合在一起构成卷舌韵母。例如"那儿"的发音是 nàr，不是 nà'ér；"气儿"qìr，不是 qì'ér *suffixation of a monosyllabic "r" to a syllable, causing a retroflexion of the preceeding vowel, typical of pronunciation of standard Chinese and some dialects, e.g. the pronunciation of "那儿" is "nàr", not "nà'ér"；"气儿" is "qìr", not "qì'ér"*

【儿科】érkē（名）〈医〉*department of paediatrics*

【儿女】érnǚ（名）(1) 子女 *sons and daughters；children*：他的~都已长大成人。Tā de ～ dōu yǐ zhǎngdà chéng rén. *His children have all grown up.* (2) ◇指男女 *young man and woman in love*：那本书写的无非是些～情长，没什么新的东西。Nà běn shū xiě de wúfēi shì xiē ～ qíng cháng，méi shénme xīn de dōngxi. *That book is nothing new, it's just about love between men and women.*

【儿孙】érsūn（名）儿女和孙子、孙女，泛指后代 *children and grand children；descendants*

【儿童】értóng（名）〈书〉*children*

【儿童节】Értóngjié（名）全世界儿童的节日。也叫"六一儿童节"，"六一国际儿童节"，"国际儿童节" *International Children's Day (June 1)*

【儿童团】Értóngtuán（名）民主革命时期中国共产党在各个革命根据地领导建立的少年儿童组织 *the Children's Corps*

【儿童文学】értóng wénxué *children's literature*

【儿媳妇】érxífu（名）*daughter-in-law*

【儿戏】érxì（名）小孩儿的游戏，仅用在评价人对严肃事情的态度的时候 *trifling matter*：选择工作可不是～，要慎重。Xuǎnzé gōngzuò kě bú shì ～，yào shènzhòng. *Choosing a job is no small matter, one must be prudent.* /别把爱情当～。Bié bǎ àiqíng dàng ～. *Don't treat love as a trifling matter.*

【儿子】érzi（名）*son*

而 ér（连）(1) 表示转折 *yet* ①连接两个语义相对的词语（形容词、动词以及各种结构、短语等）(*links two words――adjectives，verbs，as well as every type of structure，phrase，etc. ――of two opposite meanings*)：他的一生，平凡～又伟大。Tā de yìshēng，píngfán ～ yòu wěidà. *All his life，he has been ordinary yet great.* /他行动敏捷～又从容不迫。Tā xíngdòng mǐnjié ～ yòu cōngróng bú pò. *His movements are nimble yet calm and unhurried.* /他的工作费力～很难被人了解。Tā de gōngzuò fèi lì ～ hěn nán bèi rén liǎojiě. *His work is strenuous yet hard for others to understand.* /她的房间不大，～不显得挤。Tā de fángjiān bú dà，～ bù xiǎnde jǐ. *Her room is not big yet it doesn't seem overcrowded.* /她很会打扮，服装艳～不俗。Tā hěn huì dǎbàn，fúzhuāng yàn ～ bù sú. *She really knows how to dress up. Her clothes are colourful but not vulgar.* ②连接分句，表示两件事意思相对（*links two clauses to indicate that two matters are opposite in meaning*）：他都结婚了，～我还把他当作孩子。Tā dōu jié hūn le，～ wǒ hái bǎ tā dàngzuò háizi. *He's already married yet I still think of him as a child.* /我认为文学总要夸张，～科学本质是求实。Wǒ rènwéi wénxué zǒng yào kuāzhāng，～ kēxué běnzhì shì qiú shí. *I feel that literature always exaggerates whereas the essence of science is to seek facts.* /有的人事业上的成功全靠自己的努力，～有的人却全凭机遇。Yǒude rén shìyè shang de chénggōng quán kào zìjǐ de nǔ lì，～ yǒude rén què quán píng jīyù. *Some people rely wholly on their own hard work for success in their cause whereas others depend entirely on opportunity.* /这里已经结冰了，～南方还穿单衣。Zhèlǐ yǐjīng jié bīng le，～ nánfāng hái chuān dānyī. *This place is already frozen over whereas unlined garments are still being worn in the South.* ③连接两个分句，一个肯定一个否定，对比说明一个道理（*links two clauses，one affirmative and one negative，to illustrate a reasoning by contrast*）：江南雨量大，适合种水稻，～不适合种小麦。Jiāngnán yǔliàng dà，shìhé zhòng shuǐdào，～ bú shìhé zhòng xiǎomài. *Rainfall is heavy in the South. This is suitable for growing rice，but not suitable for growing wheat.* /这不是小事，～是关系到一个人前途的大事。Zhè bú shì

xiǎo shì, ～ shì guānxìdào yí ge rén qiántú de dà shì. *This is no small matter but has to do with somebody's future.* /理论要与实践相结合,～不是相脱离。Lǐlùn yào yǔ shíjiàn xiāng jiéhé, ～ bú shì xiāng tuōlí. *Theory and practice must be combined; not divorced from each other.* ④连接形式上像主语、谓语的两部分,有"如果"或"但是"的意思,后面有结论式的句子 (*links two parts which seem like subjects and predicates in form; has the same meaning as "如果" or "但是" and is followed by a concluding sentence*): 服务员～不为人民服务,那还叫什么服务员? Fúwùyuán ～ bú wèi rénmín fúwù, nà hái jiào shénme fúwùyuán? *What would be an attendant if he or she didn't serve the people?* /文艺作品～不反映现实生活,怎能受到广大读者欢迎呢! Wényì zuòpǐn ～ bù fǎnyìng xiànshí shēnghuó, zěn néng shòudào guǎngdà dúzhě huānyíng ne! *If literary works didn't reflect real life, then how could they be received by the reading public?* (2)连接的成分语义上互为补充 (*links elements whose meanings suggest that they supplement each other*): 他沉着、勇敢～又顽强。Tā chénzhuó, yǒnggǎn ～ yòu wánqiáng. *He is cool-headed, brave and tenacious.* /小丽热情～周到地照料着每一位旅客。Xiǎo Lì rèqíng ～ zhōudào de zhàoliàozhe měi yí wèi lǚkè. *Xiao Li takes care of every tourist with warmth and thoughtfulness.* /地形图上的褐色逐渐加深,～所表示的高度也逐渐增高。Dìxíngtú shang de hèsè zhújiàn jiā shēn, ～ suǒ biǎoshì de gāodù yě zhújiàn zēng gāo. *As the brown colour on the relief map gradually deepens, the height it indicates also gradually increases.* /农村需要大量化肥,～化肥生产供不应求。Nóngcūn xūyào dàliàng huàféi, ～ huàféi shēngchǎn gōng bú yìng qiú. *The countryside needs a vast amount of chemical fertilizer, but fertilizer supply falls short of demand.* (3)把表示目的、原因、依据、方式、状态等词语连接到动词上去 (*links words which indicate an aim, reason, basis, means, state, etc. to a verb*) ①前面常有"因(为)""为""随"等 (*preceded by "因(为)","为","随", etc.*): 不能因为受到某些挫折～丧失信心。Bù néng yīnwèi shòudào mǒu xiē cuòzhé ～ sàngshī xìnxīn. *You can't lose faith just because you suffer certain setbacks.* /为实现自己的理想～奋斗。Wèi shíxiàn zìjǐ de lǐxiǎng ～ fèndòu. *Struggle to realize your ideal.* /蔬菜价格随着季节变化～变化。Shūcài jiàgé suízhe jìjié biànhuà ～ biànhuà. *The price of vegetables changes with the seasons.* ②前面用动词、形容词以及短语或结构,表示方式、状态 (*preceded by a verb, adjective, phrase or structure to indicate a means or state*): 吉普车顺着公路盘山～上。Jípǔchē shùnzhe gōnglù pán shān ～ shàng. *The jeep climbed up along the winding mountain road.* /他接到电话,匆匆～去。Tā jiēdào diànhuà, cōngcōng ～ qù. *He answered the phone and then hurried out.* /这个京剧院是在原来的两个京剧团的基础上组建～成。Zhège Jīngjùyuàn shì zài yuánlái de liǎng ge Jīngjùtuán de jīchǔ shàng zǔjiàn ～ chéng de. *This Beijing opera academy was founded on the basis of two original Beijing opera troupes merging together.* (4)前面有"由",表示状态从一个阶段过渡到另一个阶段 (*preceded by "由" to indicate the change of a state from one phase to another*): 马蹄声由远～近,又由近～远,骑兵队过去了。Mǎtí shēng yóu yuǎn ～ jìn, yòu yóu jìn ～ yuǎn, qíbīngduì guòqu le. *The clatter of horses' hooves approached from afar and then receded into the distance as the cavalry unit passed by.* /围观的人由少～多,逐渐围成一个大圈。Wéiguān de rén yóu shǎo ～ duō, zhújiàn wéichéng yí ge dà quānr. *The crowd of onlookers grew in number and gradually formed a large circle.*

【而后】érhòu (副)〈书〉同"然后" ránhòu,表示接着某个动作或情况之后 *same as "然后" ránhòu; after that; then;* 先

召集骨干会议,～再召开全体会议。Xiān zhàojí gǔgàn huìyì, ～ zài zhàokāi quántǐ huìyì. *First call together the core members for a meeting and then convene a plenary session.* /他把汽车停在门口,～匆忙地下车,走进院子。Tā bǎ qìchē tíng zài ménkǒu, ～ cōngmáng de xià chē, zǒujìn yuànzi. *He stopped the car at the gate, then hastily got out and entered the courtyard.* /经理走进办公室,～跟进来的是会计师。Jīnglǐ zǒujìn bàngōngshì, ～ gēn jìnlai de shì kuàijìshī. *The manager walked into the office, then the senior accountant came in after him.*

【而今】érjīn (名)〈书〉较长一段的现在,多出现在对举的句式中 *at the present time;* 过去婚姻必须由父母包办,～却是非法的了。Guòqù hūnyīn bìxū yóu fùmǔ bāobàn, ～ què shì fēifǎ de le. *In the past marriages were completely monopolized by the parents, now this is unlawful.*

【而且】érqiě (连)表示意思上更进一层。连接形容词、动词、助动词以及各种短语或分句等。前面常有"不但"、"不仅""不只"等,后面常有"还""也""更"等。连接分句时,"而且"之后可以停顿 *and also; moreover (links adjectives, verbs, auxiliary verbs and all types of phrases or clauses; often preceded by "不但","不仅","不只", etc. and followed by "还","也","更", etc.; when it links two clauses, "而且" can be followed by a pause*): 他不仅相貌端庄,～头脑清楚。Tā bùjǐn xiàngmào duānzhuāng, ～ tóunǎo qīngchu. *He not only has regular features, he's also clearheaded.* /不仅应该,～必须这样做。Bùjǐn yīnggāi, ～ bìxū zhèyàng zuò. *You not only should, but you have to do it this way.* /这种枣甜～脆。Zhè zhǒng zǎo tián ～ cuì. *This kind of date is sweet and crisp too.* /不但我不同意,～大家也不赞成。Búdàn wǒ bù tóngyì, ～ dàjiā yě bú zànchéng. *Not only do I not agree, nobody else does either.* /他不高兴时,就不说话,～一个劲儿地抽烟。Tā bù gāoxìng shí, jiù bù shuō huà, ～ yígejìnr de chōu yān. *Whenever he's not happy, he doesn't speak; moreover, he chain-smokes.* /对我们的计划,他不但同意,～在实行中给予很大的支持。Duì wǒmen de jìhuà, tā búdàn tóngyì, ～ zài shíxíng zhōng jǐyǔ hěn dà de zhīchí. *He not only agreed with our plan, he also gave us tremendous support while we were carrying it out.*

【而已】éryǐ (助)〈书〉用在陈述句末尾,常与前面的"不过""无非""只""仅仅"等配合,意思相当于"罢了",可以省略 (*used at the end of a declarative sentence; often used in conjunction with the preceding "不过","无非","只","仅仅", etc.; has the same meaning as "罢了"; can be omitted) that is all; nothing more:* 不勤奋而想成材,那不过是空想(～)。Bù qínfèn ér xiǎng chéng cái, nà búguò shì kōngxiǎng (～). *Wanting to make something of yourself without being diligent is nothing more than wishful thinking.* /你的这篇文章,我仅是加了几个字(～),谈不上修改。Nǐ de zhè piān wénzhāng, wǒ jǐn shì jiāle jǐ ge zì (～), tán bu shàng xiūgǎi. *I just added a few words to your article, that's all. I can't say I revised it.* /这些花,每天只是浇浇水(～),不需要更多的照料。Zhèxiē huār, měi tiān zhǐshì jiāojiao shuǐ (～), bù xūyào gèng duō de zhàoliào. *These flowers don't need much more care than a little watering every day.*

ěr

尔 〔爾〕 ěr

【尔后】ěrhòu (名)〈书〉从此以后 *thereafter; subsequently:* 兄弟二人1945年秋在北京分手,～三十多年不通音信。Xiōngdì èr rén yījiǔsìwǔ nián qiū zài Běijīng fēn shǒu, ～ sānshí duō nián bù tōng yīnxìn. *The two brothers parting in Beijing during the autumn of 1945, and for over thirty years thereafter did not communicate with each other.*

【尔虞我诈】ěr yú wǒ zhà 互相欺骗 each trying to cheat the other

耳 ěr (名)◇(1) ear: ～鼻喉科 ～ bí hóu kē E. N. T. (ear-nose-throat) Department (2)位置在两旁的或形状像耳朵的 on both sides; flanking; ear-like: ～房 ～ fáng side rooms / ～门 ～ mén side doors

【耳边风】ěrbiānfēng (名)同"耳旁风" ěrpángfēng same as "耳旁风" ěrpángfēng

【耳朵】ěrduo (名)[只 zhī] ear

【耳光】ěrguāng (名)[个 gè, 记 jì] 常与"打"连用。用手打在耳朵附近的部位叫打耳光，口语也说打耳光子，还常与"扇"(shān)、"挨"等动词连用 a slap on the face; a box on the ear: 他打了小李一个～，太不应该了。Tā dǎle Xiǎo Lǐ yí ge ～, tài bù yīnggāi le. He shouldn't have boxed Xiao Li's ear. /他挨了一记～。Tā áile yí jì ～. He was slapped on the face. /扇他两个～。Shān tā liǎng ge ～. Slap him a couple of times.

【耳环】ěrhuán (名)[只 zhī, 副 fù] earrings

【耳机】ěrjī (名) earphones; headphones

【耳鸣】ěrmíng (名)〈医〉tinnitus

【耳目】ěrmù (名)〈书〉(1)耳朵和眼睛 ears and eyes: 年纪大了,～都不灵了。Niánjì dà le, ～ dōu bù líng le. In old age, the eyes and ears are not as sharp as they once were. /～所及,都是新鲜事。～ suǒ jí, dōu shì xīnxiān shì. What one sees and hears is all new. (2)给人刺探消息的人 one who spies for someone else: 他的～众多。Tā de ～ zhòngduō. He has eyes and ears everywhere.

【耳目一新】ěr mù yī xīn 听到和看到的都变了样,感到很新鲜 find everything fresh and new: 我回到离开只三年的故乡,就觉得～。Wǒ huídào líkāi zhǐ sān nián de gùxiāng, jiù juéde ～. When I returned home after three years, I found everything new and different.

【耳旁风】ěrpángfēng (名)耳朵旁边吹过的风,比喻听后完全不放在心上的告诫或叮嘱的话 unheeded advice: 他总把父母的话当做～。Tā zǒng bǎ fùmǔ de huà dàngzuò ～. He never listens to what his parents say.

【耳濡目染】ěr rú mù rǎn 经常听到和看到,不知不觉地受到影响 to be imperceptibly influenced by what one constantly sees and hears: 他的父母都是画家,～,他很小就会画画儿。Tā de fùmǔ dōu shì huàjiā, ～, tā hěn xiǎo jiù huì huà huàr. He was influenced by his parents who are both artists, and thus could draw from an early age.

【耳塞】ěrsāi (名)(1)可塞入耳中的小型受话器 (electronic) earplug (2)游泳时塞在耳中防止进水的塞子 earplug (to keep out water)

【耳闻目睹】ěr wén mù dǔ 亲耳听见,亲眼看见 what one sees and hears: 这些都是我～的事实,完全可信。Zhèxiē dōu shì wǒ ～ de shìshí, wánquán kě xìn. These are the facts as I see and hear them, they're completely believable.

【耳语】ěryǔ (动)〈书〉嘴凑到别人耳边小声说话 whisper: 两人在低声～。Liǎng rén zài dī shēng ～. The two people whisper softly.

èr

一 èr

一 (数)(1) two: ～百～十～天 ～ bǎi ～ shí ～ tiān two hundred twenty two days (2) second: ～叔 ～ shū second uncle /～等品 ～ děng pǐn second grade material /～流作品 ～ liú zuòpǐn second rate work /小学～年级 xiǎoxué ～ niánjí elementary school, second grade (3)两个不同的 different: 一心不能～用。Yì xīn bù néng ～ yòng. Don't be half-hearted. One can't do two things at the same time.

【二把刀】èrbǎdāo (形)指对某项工作知识不足或技术不高 have only a passing acquaintance with a subject; have a smattering of: 你可真～,看把衬衣的领子都做歪了。Nǐ kě zhēn ～, kàn bǎ chènyī de lǐngzi dōu zuòwāi le. You're really not very skillful. Look at how crooked you've made the shirt collar! (名)指对某项工作知识不足或技术不高的人 half-baked workman; tyro; tenderfoot: 我是个～,修不了这么高级的录音机。Wǒ shì ge ～, xiū bu liǎo zhème gāojí de lùyīnjī. I'm too much of a tenderfoot to repair such a high-class recorder. /他只学过一年电工,是个～,复杂的活可干不了。Tā zhǐ xuéguo yì nián diàngōng, shì ge ～, fùzá de huór kě gàn bu liǎo. He's only studied electrical repairs for one year and he's still a tyro at it. He couldn't handle such complicated work.

【二把手】èrbǎshǒu (名)指一个单位领导干部的副职 second in command

【二重唱】èrchóngchàng (名)(vocal) duet

【二重性】èrchóngxìng (名) duality; dual character: 商品具有～,一方面它有使用价值,另一方面它有价值。Shāngpǐn jùyǒu ～, yì fāngmiàn tā yǒu shǐyòng jiàzhí, lìng yì fāngmiàn tā yǒu jiàzhí. There is a dual character to merchandise; use value and value.

【二次方程】èrcìfāngchéng (名)〈数〉quadratic equation

【二道贩子】èrdàofànzi (名)购买零售商品再转手倒卖的商贩(多指非法的,有贬义) scalper

【二地主】èrdìzhǔ (名)旧时向地主租入土地,自己不耕种,转租给别人,收取地租的人 sub-landlord

【二房东】èrfángdōng (名)旧时把租来的房子再转租给别人,从中取利的人 tenant who sublet a part of the house to someone else

【二伏】èrfú (名)中伏,参看"三伏" the second of three ten-day periods of the hot season

【二副】èrfù (名) second mate; second officer

【二锅头】èrguōtóu (名)一种较纯的一般白酒 a strong spirit made from sorghum

【二胡】èrhú (名)胡琴的一种,比京胡大,声音低沉,也叫"南胡" two-stringed bowed instrument

【二话】èrhuà (名)别的话,不同的意见(指后悔、抱怨、讲条件等)多用于否定句 demur; objection: 一听需要他去,他～没说,拿起帽子就走。Yì tīng xūyào tā qù, tā ～ méi shuō, náqǐ màozi jiù zǒu. As soon as he heard they needed him, he picked up his hat and left without saying a word. /需要帮忙的时候你就找我,我决没～。Xūyào bāng máng de shíhou nǐ jiù zhǎo wǒ, wǒ jué méi ～. If you need help just call me, I won't hesitate.

【二愣子】èrlèngzi (名)鲁莽的人 rash fellow

【二流子】èrliúzi (名)游手好闲没有正式工作,有时做坏事的人 loafer; idler

【二人转】èrrénzhuàn (名)流行于东北吉林、辽宁一带的,由两个人边舞边唱的表演形式 a song-and-dance duet popular in the Northeast

【二七大罢工】Èr Qī Dà Bà Gōng 1923年京汉铁路工人在中国共产党领导下举行的反帝反军阀的政治罢工,2月7日遭到军阀的残酷镇压,造成血案 the Great Strike of Feb. 7th, 1923 (an anti-imperialist, anti-warlord strike of the Beijing-Hankou Railway workers led by the Chinese Communist Party)

【二氧化碳】èryǎnghuàtàn (名) carbon dioxide

【二一添作五】èr yī tiān zuò wǔ 本是珠算除法的一句口诀,是1÷2＝0.5的意思,用来指双方平分 both sides share equally; go halves

【二元方程式】èr yuán fāngchéngshì 〈数〉binary equation

【二元论】èryuánlùn (名)〈哲〉dualism

【二月】èryuè (名) February

【二者必居其一】èr zhě bì jū qí yī 指两项中必然占其中的一

项,表示没有别的选择余地 *must be one of the two*：要么克服困难,要么被困难压倒,～。Yàome kèfú kùnnan, yàome bèi kùnnan yādǎo, ～. *Either overcome your difficulties, or be defeated by them. It's one or the other.*

贰 〔贰〕èr

（数）"二"的大写 *two（used for the numeral "二" on checks, etc. to avoid alteration）*

F

fā

发〔發〕fā
(动)(1)送出 send out：把通知～下去。Bǎ tōngzhī xiaqu. Send out the notice. /～两封信～ liǎng fēng xìn send out two letters /～电报～ diànbào send a telegram (2)射出 shoot；emit：～炮～ pào shoot a cannon /～光～ guāng emit light (3)发放,散发 distribute：～奖～ jiǎng hand out prizes /～工资～ gōngzī pay wages /～传单～ chuándān distribute handbills or leaflets (4)表达,说出 deliver (a speech)：～议论～ yìlùn make an argument /～牢骚～ láosāo complain；grumble (5)产生,发生 produce；cause：～大水～ dà shuǐ flood /吃点儿药～～汗就好了。Chī diǎnr yào ～ ～ hàn jiù hǎo le. It will be all right if you take some medicine to induce perspiration. (6)感觉到(不舒服的感觉) feel (uncomfortable)：全身～痒。Quán shēn ～ yǎng. itch all over /手指～麻。Shǒuzhǐ ～ má. Fingers are numb. /腰～酸。Yāo ～ suān. have a sore back (7)显现出(某种现象) show (some phenomenon)：叶子～黄,快落了。Yèzi ～ huáng, kuài luò le. The leaves have turned yellow and are about to fall. /这种灰色有点儿～绿,那种～蓝。Zhè zhǒng huīsè yǒudiǎnr ～ lǜ, nà zhǒng ～ lán. This shade of gray looks a little greenish and that shade looks bluish. /毯子～潮了。Tǎnzi ～ cháo le. The blankets feel damp. (8)◇(因得到大量财物而)兴旺 prosper because of obtaining a great deal of money and properties：靠劳动～家致富 kào láodòng ～ jiā zhì fù build up a family fortune by working hard /这家工厂这两年～起来了。Zhè jiā gōngchǎng zhè liǎng nián ～ qilai le. In the last two years the plant has thrived. (9)(食物因发酵或水浸)胀大 (of foodstuffs) rise or expand (when fermented or soaked)：面已经～了。Miàn yǐjing ～ le. The dough has risen. /干蘑菇先用水～一～才能吃。Gān mógu xiān yòng shuǐ ～ yi ～ cái néng chī. Dried mushrooms must be soaked in water before you cook them. (量)用于枪弹、炮弹,同"颗"kē (for ammunition, either of a handgun or of artillery)：两～子弹 liǎng ～ zǐdàn two bullets /几千～炮弹 jǐ qiān ～ pàodàn several thousand shells 另见 fà

【发榜】fā=bǎng (入学考试后)公布(被录取者)名单 publish a list of successful candidates (after an entrance examination for a school)

【发报机】fābàojī (名)[台 tái] telegraph transmitter

【发表】fābiǎo (动)(1)正式表达(意见),宣布出来 express (one's opinion) formally；publish：在议会～演说 zài yìhuì ～ yǎnshuō make a speech in the parliament /对记者～谈话 duì jìzhě ～ tánhuà make a statement to the reporters /充分～意见 chōngfēn ～ yijian give a full expression to one's opinions /～声明～ shēngmíng issue a statement (2)(文章、图画、歌曲等)在报刊上登载 publish (an article, picture, song, etc.) in a newspaper or magazine：～两篇文章～ liǎng piān wénzhāng publish two articles /～重要社论～ zhòngyào shèlùn publish an important editorial

【发病】fā=bìng 〈医〉某种疾病开始发作 (of a disease) come on

【发病率】fābìnglǜ (名)〈医〉incidence of a disease

【发布】fābù (动)(政府机关)郑重地宣布(法律、命令、指示、文告、新闻、消息等) issue；release (laws, decrees, instructions, proclamations, news, or informations, etc. by a government or bureau)：国务院～通告。Guówùyuàn ～ tōnggào. The State Council released an announcement. /中

央军委向全军～命令。Zhōngyāng jūnwěi xiàng quán jūn ～ mìnglìng. The Central Military Commission issued an order to the armed forces. /这两条消息是外交部发言人～的。Zhè liǎng tiáo xiāoxi shì wàijiāobù fāyánrén ～ de. These two news items came from the spokesman of the Foreign Ministry.

【发财】fā=cái (个人或私人企业)赚得大量的钱 (an individual or private enterprise) get rich；make a fortune：懒人发不了财。Lǎn rén fā bu liǎo cái. Lazy people will never get rich.

【发愁】fā=chóu 遇到困难,没有主意或办法而感到忧虑和苦恼 worry；be vexed：他的病老治不好,真让人～。Tā de bìng lǎo zhì bu hǎo, zhēn ràng rén ～. We are worried that he has not been cured of his illness. /他～考不上大学。Tā ～ kǎo bu shàng dàxué. He is worried that he may not be able to pass the university entrance examination. /粮食太多,没地方放,农民发起愁来。Liángshi tài duō, méi dìfang fàng, nóngmín fā qǐ chóu lai. The farmers were worried that there was no place to store the grain since there was too much.

【发出】fā // chū (1)产生(声音、味道) produce (a sound)；emit (a light)；give out (a smell)：锅里～香味儿。Guō li ～ xiāng wèir. There is a delicious smell coming out of the pot. /山上～隆隆的响声。Shān shang ～ lónglóng de xiǎngshēng. There are loud noises (e. g. thunder) rumbling in the mountains. /霉味儿是从哪儿～的? Méi wèir shì cóng nǎr ～ de? Where is the mildew smell coming from? (2)(政府或机构)提出,宣布 issue；announce (by a government or bureau)：市政府～植树的号召。Shì zhèngfǔ ～ zhí shù de hàozhào. The municipal government appeals to the people to plant trees. /学校～加强纪律的指示。Xuéxiào ～ jiāqiáng jìlǜ de zhīshì. The school issued instructions for discipline to be tightened. (3)送出 send out：～通知～ tōngzhī send out a notice /请帖已经～。Qǐngtiě yǐjing ～. The invitations have already been sent out.

【发怵】fāchù (动)胆怯,因害怕(做某事)而不敢向前 draw back in fear；grow timid：在这么多人面前讲话,我真～。Zài zhème duō rén miànqián jiǎng huà, wǒ zhēn ～. I feel timid at the prospect of speaking in front of all those people. /这个人很不讲理,我最～跟他打交道了。Zhège rén hěn bù jiǎng lǐ, wǒ zuì ～ gēn tā dǎ jiāodào le. He is impervious to reason, so I'm afraid to argue with him.

【发达】fādá (形)(1)已充分发展(多指人体各部分) have developed (of a human body)：肌肉～,肌肉～ jīròu ～ have well-developed muscles /人类的大脑最～。Rénlèi de dànǎo zuì ～. Man's cerebrum is the most well-developed. (2)(事业)兴盛 flourishing：工商业很～。Gōngshāngyè hěn ～. Industry and commerce are flourishing. /交通不～。Jiāotōng bù ～. The transportation system is insufficiently developed. /四个现代化将使中国成为一个～的国家。Sì ge xiàndàihuà jiāng shǐ Zhōngguó chéngwéi yí ge ～ de guójiā. The four modernizations will make China a developed country.

【发呆】fā=dāi 因着急、害怕或一心一意想着某一事物,而对外界的事物完全不注意,失去知觉 stare blankly；be in a daze；be in a trance：他想着家里生病的孩子,无心工作,老～。Tā xiǎngzhe jiā li shēng bìng de háizi, wú xīn gōngzuò, lǎo ～. He stared blankly into space as he thought of his ill child at home, consequently he was in no mood for working. /喂! 人家都走了,你还坐在那儿发什么呆? Wèi! Rénjia dōu zǒu le, nǐ hái zuò zài nàr fā shénme dāi? Hey! Everybody's gone, why are you still sitting there, staring

blankly?

【发电】fā=diàn generate electricity

【发电厂】fādiànchǎng (名) power plant

【发电机】fādiànjī (名)[台 tái] generator

【发电站】fādiànzhàn (名) 同"发电厂" fādiànchǎng same as "发电厂" fādiànchǎng

【发动】fādòng (动)(1)使(大规模的行动)开始 launch; get started; get going: ～攻势 ～ gōngshì launch an attack /～战争 ～ zhànzhēng start a war (2)使(许多人)行动起来 arouse; mobilize; call into action: ～群众搞好环境卫生。～ qúnzhòng gǎohǎo huánjìng wèishēng. Mobilize the masses to do a good job in environmental sanitation. /～学生捐款 ～ xuésheng juān kuǎn arouse the students to contribute money (3)使机器运转 start a machine: 你听, 拖拉机已经～了。Nǐ tīng, tuōlājī yǐjīng ～ le. Listen! They have started the tractor. /汽车怎么～不了了? Qìchē zěnme ～ bu liǎo le? Why couldn't the car be started?

【发动机】fādòngjī (名)[台 tái] motor

【发抖】fādǒu (动)(身体或身体某一部分)不由自主地颤动 shiver; shake; tremble: 冷得直～ lěng de zhí ～ shivering with cold /他气得嘴唇～, 说不出话来。Tā qì de zuǐchún ～, shuō bu chū huà lai. He is so angry that his lips are trembling and he cannot speak.

【发凡】fāfán (动)〈书〉陈述(全书或某一学科)的主要目的、意义等, 现仅见于书名, 相当于"概论" introduction (to a book or subject); preface; foreword:《修辞学～》《Xiūcíxué ～》"An Introduction to Rhetoric"

【发放】fāfàng (动)(政府或某机构)把钱或物等发给一批人 provide; grant; extend (by a government or bureau): 贷款 ～ dàikuǎn grant credits /～救济物资 ～ jiùjì wùzī provide or supply emergency goods /通行证 ～ tōngxíngzhèng issue a pass

【发奋】fāfèn (动)振作精神, 决心努力 make a firm resolution; make a determined effort: 五十岁时, 他才～学习德文。Wǔshí suì shí, tā cái ～ xuéxí Déwén. He did not start to put his energy into learning German until the age of fifty. /从此, 他就～工作, 直至现在。Cóngcǐ, tā jiù ～ gōngzuò, zhí-zhì xiànzài. Since then he has put all his energies into his work.

【发奋图强】fāfèn tú qiáng 同"发愤图强" fāfèn tú qiáng same as "发愤图强" fāfèn tú qiáng

【发愤图强】fāfèn tú qiáng 努力奋斗, 争取强盛或做出成绩 work with a will to make the country strong

【发疯】fā=fēng (1)go mad (diseased); be out of one's mind; become insane: 她因精神受刺激而～。Tā yīn jīngshén shòu cìjī ér ～. The emotional shock drove her mad. (2)表现和平常不一样, 乱闹 go crazy: 有的孩子越是有客人来, 越～。Yǒude háizi yuè shì yǒu kèren lái, yuè ～. Some children become even naughtier when their parents have company.

【发福】fā=fú (客套话, 指中年以上的人)变胖了 (of a person over or in middle age) become plump

【发稿】fā=gǎo 送出稿件 (通讯社把新闻稿送给报社, 编辑部门把书刊、图片等稿件交给出版单位或印刷厂) send manuscripts to the press: 这本书下星期可以～了。Zhè běn shū xià xīngqī kěyǐ ～ le. The draft of this book can be sent to the press next week.

【发号施令】fā hào shī lìng 发命令, 下指示(贬义) issue an order: 不了解实际情况, 只坐在办公室里～, 就叫瞎指挥。Bù liǎojiě shíjì qíngkuàng, zhǐ zuò zài bàngōngshì li ～, jiù jiào xiā zhǐhuī. Giving blind orders means that the orders are issued by a person who merely sits in the office without knowing the actual situation.

【发狠】fā=hěn (1)下决心, 不顾一切 make a determined effort: 他发了狠, 决心与封建家庭决裂。Tā fāle hěn, juéxīn

yǔ fēngjiàn jiātíng juéliè. With a determined effort, he decided to cut off relations with his feudal family. (2)(由于)生气而凶狠地(做某事) show anger; be angry: 她～地打了儿子一顿。Tā ～ de dǎle érzi yí dùn. She was so angry that she beat her son.

【发还】fāhuán (动)把收来的东西还给原主(多用于上对下) return something (usually to one's subordinate): 因为下雨不能郊游, 学生交的车钱都～了。Yīnwèi xià yǔ bù néng jiāoyóu, xuésheng jiāo de chēqian dōu ～ le. The students got their fares back since the outing was called off because of rain.

【发慌】fā=huāng 因为害怕、着急或虚弱而心神不定 feel nervous; get flustered: 一听枪响, 他就～了。Yì tīng qiāng xiǎng, tā jiù ～ le. He felt nervous when he heard gunfire. /他考试的时候老～, 总考不好。Tā kǎoshì de shíhou lǎo ～, zǒng kǎo bu hǎo. During his examinations, he is always nervous; therefore, he never gets a good grade.

【发挥】fāhuī (动)(1)把内在的性能、作用充分表现出来 bring (one's talents, etc.) into full play: 每个人都要～积极性、创造性。Měi ge rén dōu yào ～ jijíxìng, chuàngzàoxìng. Everyone has to bring his initiative and creativity into full play. /在科学研究中充分～了图书资料的作用。Zài kēxué yánjiū zhōng chōngfèn ～ le túshū zīliào de zuòyòng. We have brought the usage of books and reference materials into full play in the scientific research. (2)把意思或道理充分表达出来 develop (an idea, etc.); elaborate: 他讲了健全社会主义法制的重要, 但因为时间关系, 没有充分～。Tā jiǎngle jiànquán shèhuìzhǔyì fǎzhì de zhòngyào, dàn yīnwèi shíjiān guānxi, méiyou chōngfèn ～. He talked about the significance of strengthening the socialist legal system; but due to limited time, he did not elaborate on his idea fully. /这个剧本修改以后, 更好地～了主题。Zhège jùběn xiūgǎi yǐhòu, gèng hǎo de ～ le zhǔtí. The theme of this play was further developed after its revision.

【发昏】fā=hūn 知觉和意识不清醒 feel dizzy or confused: 他觉得头脑～, 差点儿跌倒。Tā juéde tóunǎo ～, chàdiǎn diēdǎo. He felt dizzy and almost fell over. /你真是发了昏, 怎么把醋当成酱油了? Nǐ zhēn shì fāle hūn, zěnme bǎ cù dàngchéng jiàngyóu le? How could you mistake vinegar for soy sauce? You must be out of your mind!

【发火】fā=huǒ (1)子弹经撞击后火药爆发 go off; detonate: 打了两枪都没有～, 哪儿出毛病了? Dǎle liǎng qiāng dōu méiyou ～, nǎr chū máobìng le? What is wrong with the gun? It didn't go off, although I pulled the trigger twice. (2)(～儿)发脾气 lose one's temper; get angry: 玩笑开得太过分, 他有点儿～了。Wánxiào kāi de tài guòfèn, tā yǒudiǎnr ～ le. They went too far in making fun of him, so he got a little angry. /他急得直～, 怕丢了表。Tā jí de zhí ～, pà diū le biǎo. He was so worried that he lost his temper. /为这么点儿事不值得这么大的火。Wèi zhème diǎnr shì bù zhíde fā zhème dà de huǒ. It is not worth getting so angry over such a trifle.

【发家】fā=jiā 使家庭变得富裕、有钱 build up a family fortune: 靠劳动～ kào láodòng ～ build up a family fortune by working hard /他父亲是靠短途运输发的家。Tā fùqin shì kào duǎntú yùnshū fā de jiā. It was by working in the business of short-distance transport that his father built up a family fortune.

【发酵】fā=jiào ferment

【发觉】fājué (动)看出来, 或开始知道(隐藏的或以前没有注意到的事) find; realize; discover: 上了半天课老师才～最后一排多了一个学生。Shàngle bàntiān kè lǎoshī cái ～ zuì hòu yì pái duōle yí ge xuésheng. The teacher did not notice the fact that there was one more student in the last row until after he had been teaching for a long time. /这两天我～左肩有点儿疼。Zhè liǎng tiān wǒ ～ zuǒ jiān yǒudiǎnr

téng. *I felt my left shoulder has been aching a bit during the last two days.*

【发掘】fājué（动）把埋藏或潜藏的东西挖掘出来 *excavate*; *unearth*; *explore*：～地下的宝藏 ～ dìxià de bǎozàng *excavate ores* /这里～出一个古墓。Zhèlǐ ～ chū yí ge gǔ mù. *An ancient tomb was unearthed here.* /我们在人材方面还有潜力可以～。Wǒmen zài réncái fāngmiàn hái yǒu qiánlì kěyǐ ～. *With regard to the matter of qualified personnel we still have much latent potential to explore.*

【发刊词】fākāncí（名）[篇 piān] 报章杂志创刊号上说明本刊宗旨、性质等的文字 *editor's opening statement for a new magazine, newspaper, etc.*

【发狂】fā=kuáng〈书〉同"发疯"fā=fēng(2) *same as* "发疯" fā=fēng(2)

【发愣】fā=lèng 同"发呆"fā=dāi *same as* "发呆"fā=dāi；同事们一听小张受了重伤都～了。Tóngshìmen yì tīng Xiǎo Zhāng shòule zhòng shāng dōu ～ le. *His colleagues were dazed when they heard that Xiao Zhang had been seriously wounded.* /他不知怎么办，发了半天愣 Tā bù zhī zěnme bàn, fāle bàntiān lèng. *He had been in a daze for quite a while, not knowing what to do.*

【发毛】fā=máo〈口〉害怕，发慌 *be scared*; *get gooseflesh*：半夜一个人走回家，心里有点儿～。Bànyè yí ge rén zǒuhuí jiā, xīnlǐ yǒudiǎnr ～. *I felt a little scared when I walked home alone at midnight.*

【发霉】fā=méi *go mouldy*; *become mildewed*：屋子潮湿，衣服～了。Wūzi cháoshī, yīfu ～ le. *The house is damp and the clothes have become mildewed.* /这袋米发了霉了，吃不得了 Zhè dài mǐ fāle méi le, chī bu de le. *This sack of rice cannot be eaten because it has gone mouldy.*

【发蒙】fā=mēng〈口〉糊涂；发昏 *get confused*; *get into a muddle*：事情发生得太突然，他一下子发了蒙，不知怎么办。Shìqing fāshēng de tài tūrán, tā yíxiàzi fāle mēng, bù zhī zěnme bàn. *The accident happened so suddenly that he became flustered and didn't know what to do.*

【发蒙】fāméng（动）旧时指教小孩儿开始读书识字 *to enlighten*; *start teaching the three Rs (formerly)*

【发面】fāmiàn（名）发酵后的面 *leavened dough*：这饼是～的，不是死面的。Zhè bǐng shì ～ de, bú shì sǐmiàn de. *The cake is leavened, not unleavened.*

【发面】fā=miàn 使面粉发酵 *make dough rise*：她发了两斤面，准备蒸包子。Tā fāle liǎng jīn miàn, zhǔnbèi zhēng bāozi. *She leavened two jin of dough in preparation for making steamed stuffed buns.*

【发明】fāmíng（动）*invent*：造纸术是中国人首先～的。Zàozhǐshù shì Zhōngguó rén shǒuxiān ～ de. *Paper making was first invented by the Chinese.* （名）创造出的新事物或新方法 *invention*；那种技术人家早有了，算不上什么新～。Nà zhǒng jìshù rénjia zǎo yǒu le, suàn bu shàng shénme xīn ～. *That skill has been around for a long time and in no way can be considered to be new.*

【发明家】fāmíngjiā（名）*inventor*

【发难】fānàn（动）〈书〉发动革命或叛乱 *rise in revolt*; *spearhead a rebellion or revolution*

【发怒】fā=nù〈书〉同"发脾气"fā píqì *same as* "发脾气" fā píqì

【发排】fāpái（动·不及物）把稿件交给排字工人去排版 *send a manuscript to a composer*

【发胖】fāpàng（动·不及物）（身体）变胖 *get fat*; *put on weight*

【发配】fāpèi（动）多见于早期白话 *banish (a criminal to frontier) (especially of Chinese vernacular novels)*

【发脾气】fā píqì 因事情不如意而吵闹或骂人 *lose one's temper*; *get angry*：因为人家没按他说的办，他大～。Yīnwei rénjia méi àn tā shuō de bàn, tā dà ～. *He lost his temper*

because they didn't do what he told them. /他跟谁发那么大的脾气? Tā gēn shuí fā nàme dà de píqì? *Who is he so angry at?*

【发票】fāpiào（名）[张 zhāng] *invoice*; *bill of sale*：请开一张～! Qǐng kāi yì zhāng ～! *Please give me an invoice.*

【发起】fāqǐ（动）(1)倡议(做某事) *initiate*; *sponsor*：二年级同学～星期日义务劳动。Èr niánjí tóngxué ～ xīngqīrì yìwù láodòng. *The sophomores initiated a program of voluntary labor on Sundays.* (2)发动(战争、攻势、进攻等) *start*; *launch*：～反攻 ～ fǎngōng *launch a counterattack* /～冲锋 ～ chōngfēng *charge forward*

【发起人】fāqǐrén（名）倡议做某事的人 *initiator*; *sponsor*

【发情】fāqíng *be in (or on) heat*

【发球】fā=qiú *(of sports) serve a ball*

【发热】fārè（动）(1)（身体）发烧 *have a fever* (2)产生热量 *generate heat* (3)"头脑发烧"是不冷静，凭一时热情 "头脑发热" *means be hotheaded*; *rash*; *reckless*：你真有点头脑～，毫无准备，怎么做报告? Nǐ zhēn yǒudiǎnr tóunǎo ～, háo wú zhǔnbèi, zěnme zuò bàogào? *You are really reckless! How can you make a report without any preparation?*

【发人深省】fā rén shēn xǐng 启发人深刻思考，使人醒悟 *set people thinking*; *call for deep thought*; *provide food for thought*; *provocative*; *thought-provoking*：这篇文章中有不少的东西，值得一读。Zhè piān wénzhāng zhōng yǒu bù shǎo ～ de dōngxi, zhíde yì dú. *There is much food for thought in this essay, it is really worth reading.*

【发人深醒】fā rén shēn xǐng 同"发人深省"fā rén shēn xǐng *same as* "发人深省"fā rén shēn xǐng

【发散】fāsàn（动）(1)（光线等）由某一点向四周散开（*of rays, etc.*）*diverge* (2)中医指用发汗的药物把体内的热散出去，以治疗疾病 *disperse the internal heat with sudorifics in traditional Chinese medicine*

【发丧】fā=sāng (1)（死人家属）正式告诉大家某人已死去 *inform relatives and friends of a death* (2)处理人死后的一些事情 *take charge of funeral arrangements*

【发烧】fā=shāo 同"发热"fārè(1) *same as* "发热"fārè(1)：他～了，38度。Tā ～ le, sānshíbā dù. *He has a temperature of 38℃.* /发高烧 fā gāoshāo *have or run a high temperature* /他一连发了三天烧。Tā yìlián fāle sān tiān shāo. *He had had a fever for three days.*

【发射】fāshè（动）射出（枪弹、炮弹、火箭、电波等）*launch*; *project*; *discharge*; *shoot*; *fire*：～人造卫星 ～ rénzào wèixīng *launch a man-made satellite*

【发射点】fāshèdiǎn（名）〈军〉*firing point*

【发射机】fāshèjī（名）〈电〉*transmitter*

【发射台】fāshètái（名）*launching pad*

【发生】fāshēng（动）原来没有的事情出现了 *take place*; *occur*; *happen*：情况～了变化。Qíngkuàng ～le biànhuà. *The circumstances changed.* /双方～冲突。Shuāngfāng ～ chōngtū. *The two parties clashed.* /那个意外事故就～在我家门前。Nàge yìwài shìgù jiù ～ zài wǒ jiā mén qián. *It was in front of my house that the accident took place.*

【发誓】fā=shì *vow*; *pledge*; *swear*; *take an oath*：那个失足青年～一定要重新做人。Nàge shīzú qīngnián ～ yídìng yào chóngxin zuò rén. *That juvenile delinquent swore that he would turn over a new leaf.*

【发售】fāshòu（动）卖 *sell*：这种新型暖水瓶，市场上已开始～。Zhè zhǒng xīnxíng nuǎnshuǐpíng, shìchǎng shang yǐ kāishǐ ～. *This new type of vacuum flask is already on the market.*

【发抒】fāshū（动）〈书〉表达（意见、感情），同"抒发"shūfā *express*; *same as* "抒发"shūfā

【发水】fā=shuǐ 闹水灾 *flood*

【发送】fāsòng（动）〈书〉(1)〈电〉（把无线电信号）发射出去 *send out*; *transmit (by a radio)* (2)（把文件、信件等）送出

【发送机】fāsòngjī（名）同"发射机"fāshèjī *same as "发射机"* fāshèjī

【发条】fātiáo（名）*spiral power spring；clockwork spring*

【发文】fāwén（名）本单位发出去的公文 *outgoing message；dispatch*

【发问】fāwèn（动·不及物）（口头）提出问题 *question；ask（put，pose or raise）a question*；等老师讲完了再～。Děng lǎoshī jiǎngwánle zài ～. *Do not ask a question until the teacher is finished with his lecture.*

【发现】fāxiàn（动）（1）找到以前没有找到的事物或规律 *discover；detect*：那里一个溶洞。Nàli ～ le yí ge róngdòng. *A limestone cavern was discovered there.* /要善于总结经验，～规律。Yào shànyú zǒngjié jīngyàn，～ guīlù. *You need to be good at learning from your experiences and to discover the principles of life.*（2）同"发觉"fājué *same as "发觉"* fājué：答案看了好几遍也没～错误。Dá'àn kànle hǎo jǐ biàn yě méi ～ cuòwu. *Even though the answers were read over several times, no mistakes were detected.* /我～小李新交了一个女朋友。Wǒ ～ Xiǎo Lǐ xīn jiāole yí ge nǚ péngyou. *I found out that Xiao Li has a new girlfriend.*（名）*discovery*：有关我省新矿藏的～ yǒuguān wǒ shěng xīn kuàngcáng de ～ *regarding the new discovery of ores in our province* /一项重大的～ yí xiàng zhòngdà de ～ *a major discovery*

【发祥地】fāxiángdì（名）指帝王或祖先开始兴起的地方，现也用指民族、革命、文化等起源或建立基业的地方 *place of origin；birthplace*：北京是五四运动的～。Běijīng shì Wǔ-Sì Yùndòng de ～. *Beijing is the birthplace of the May 4th Movement of 1919.* /中国古代文明的～在黄河流域。Zhōngguó gǔdài wénmíng de ～ zài Huáng Hé liúyù. *The birthplace of China's ancient civilization is in the Yellow River valley.*

【发笑】fāxiào（动）笑起来 *laugh*

【发泄】fāxiè（动）尽量散发出来（情欲或不满情绪）*give vent to；vent*：你怎么能把怒气～在孩子身上？Nǐ zěnme néng bǎ nùqì ～ zài háizi shēnshang? *How can you take out your anger on the child?* /他写了一篇文章～他的不满情绪。Tā xiěle yì piān wénzhāng ～ tā de bùmǎn qíngxù. *He wrote an article to air his complaints.*

【发行】fāxíng（动）发出新印刷的货币、邮票、公债或新出版的书刊等 *issue；publish*：八张一套鲁迅纪念邮票在全国～。Bā zhāng yí tào Lǔ Xùn jìniàn yóupiào zài quán guó ～. *A set of eight Lu Xun commemorative stamps is issued throughout the country.* /要～一种养花的杂志。Yào ～ yì zhǒng yǎng huār de zázhì. *We plan to publish a magazine on growing flowers.*

【发芽】fā＝yá（plant，seed）*germinate；sprout*：豆种发出芽来了。Dòuzhǒng fā chū yá lai le. *The beans have sprouted.* /树枝开始～了。Shùzhī kāishǐ ～ le. *The trees are budding.* /～率 ～lù *germination percentage*

【发言】fāyán（名）（在会议上）发表的意见 *statement；opinion（expressed in a meeting）*：老吴在讨论会上的～引起了大家的重视。Lǎo Wú zài tǎolùnhuì shang de ～ yǐnqǐle dàjiā de zhòngshì. *People paid great attention to what Old Wu said in the symposium.*

【发言】fā＝yán（在会议上）发表意见 *speak；make a statement or speech；take the floor*：座谈会上大家踊跃～。Zuòtánhuì shang dàjiā yǒngyuè ～. *People took the floor one after another during the symposium.* /我发过言了，该你了。Wǒ fāguo yán le，gāi nǐ le. *I've made my speech. It's your turn now.*

【发言权】fāyánquán（名）发表意见的权利 *right to speak*：没有调查研究就没有～. Méi yǒu diàochá yánjiū jiù méi yǒu ～. *Those who have not carried out an in-depth study of a subject have no right to speak about it.*

【发言人】fāyánrén（名）*spokesman*：外交部～对此发表了重要谈话。Wàijiāobù ～ duì cǐ fābiǎole zhòngyào tánhuà. *The spokesman for the Ministry of Foreign Affairs issued an important statement on this.*

【发炎】fā＝yán〈医〉*become inflamed*

【发扬】fāyáng（动）进一步发展和提高（优良作风、传统、思想、精神等）*develop；carry on (or forward)*：～优点，改正错误。～ yōudiǎn，gǎizhèng cuòwu. *Develop the strong points and rectify the mistakes.* /敢于改革的精神需要～。Gǎnyú gǎigé de jīngshén xūyào ～. *We need to develop a spirit which has the courage to make reform.*

【发扬光大】fāyáng guāngdà 使事业或优良作风、传统等在原来基础上发展、扩大和提高 *carry forward；develop；enhance and glorify*：毕业生表示，要坚持母校的优良传统和作风，并使之～。Bìyèshēng biǎoshì，yào jiānchí mǔxiào de yōuliáng chuántǒng hé zuòfēng，bìng shǐ zhī ～. *The graduates vowed to preserve and carry on the traditions and customs of their alma mater.*

【发音】fāyīn（名）*pronunciation*：你听听，我的～准不准？Nǐ tīngting，wǒ de ～ zhǔn bu zhǔn? *Listen and see whether my pronunciation is correct.*

【发音】fā＝yīn *pronounce；articulate*：你说说怎么发这个音。Nǐ shuōshuo zěnme fā zhège yīn. *Could you tell me how to pronounce this sound?* /他正练习～呢! Tā zhèng liànxí ～ ne! *He is practicing his pronunciation.* /～器官〈语〉～ qìguān *articulator* /～部位〈语〉～ bùwèi *point of articulation*

【发语词】fāyǔcí（名）〈语〉文言文里一种虚词，用于一段文章的开头，如"夫、盖"等 *one kind of function word in classical Chinese, which is used to begin a paragraph, e. g. "夫"，"盖"，etc.*

【发育】fā＝yù〈生〉*develop；grow up*：～不良 ～bùliáng *not well-developed physically* /这个新生儿～得很正常。Zhège xīnshēng'ér ～ de hěn zhèngcháng. *The baby is coming along well.*

【发源】fāyuán（动）（河流）开始流出，也比喻事物的开端 *rise；originate*：黄河是中国第二大河，～于青海省南部。Huáng Hé shì Zhōngguó dì'èr dà hé，～ yú Qīnghǎi Shěng nán bù. *The Yellow River, the second longest in China, begins in the south of Qinghai Province.* / 知识是从实践～的。Zhīshi shì cóng shíjiàn ～ de. *Knowledge originates in practice.*

【发源地】fāyuándì（名）（河流）开始流出的地方 *the place of origin*

【发展】fāzhǎn（动）（1）使事物由小到大、由简到繁、由低级到高级、由旧到新 *develop；expand*：～教育事业 ～ jiàoyù shìyè *promote education* /～友好合作关系 ～ yǒuhǎo hézuò guānxi *promote good cooperation* /生产有了～，生活才能提高。Shēngchǎn yǒule ～，shēnghuó cái néng tígāo. *Only if production is increased can the standard of living be raised.*（2）（事物自己）由小到大，由低级到高级变化 *develop*：语言总是～，不过很缓慢。Yǔyán zǒng zài ～，búguò hěn huǎnmàn. *Languages are always developing, but they develop very slowly.*（3）扩大 *expand*：～自由贸易 ～ zìyóu màoyì *promote free trade* /～组织 ～ zǔzhī *expand an organization* /～会员 ～ huìyuán *recruit new members*

【发展中国家】fāzhǎnzhōng guójiā *developing country*

【发作】fāzuò（动·不及物）（1）（隐伏体内的物质）起作用或暴发 *break out；show the effects of*：心脏病～ have a heart attack /酒性～ jiǔxìng *begin to show the effects of intoxication* /药性慢慢～了。Yàoxìng mànmān ～ le. *The effect of the medicine is gradually beginning to show.*（2）发脾气 *have a fit of anger*：他的坏脾气动不动就～. Tā de huài píqì dòngbudòng jiù ～. *He often goes in-*

to a tantrum. /他很不高兴,可不好意思~。Tā hěn bù gāoxìng, kě bù hǎoyìsi ~. *He is upset, but finds it too embarrassing to lose his temper.*

fá

乏 fá

(形)(1)疲倦,劳累,不旺 *tired; weary; exhausted*：刚跑了五千米,挺~的。Gāng pǎole wǔqiān mǐ, tǐng ~ de. *I am extremely tired after running five thousand meters.* /人都走~了。Rén dōu zǒu ~ le. *I am tired from the long walk.* /炉子的火~了。Lúzi de huǒ ~ le. *The fire in the stove is going out.* (2)无能,不中用 *useless*：~走狗~zǒugǒu a worn-out lackey (动)缺少 *lack*；不~其人 bù ~ qí rén *There is no lack of such people.*

【乏味】fáwèi (形)缺乏趣味,引不起兴趣 *dull; insipid; without interesting or attractive qualities*：内容枯燥,语言~。Nèiróng kūzào, yǔyán ~. *The content is dull and the language is uninteresting.*

伐 fá

(动)(1)砍(树) *fell (a tree)*：一共~了十棵树。Yígòng ~le shí kē shù. *A total of ten trees were felled.* (2) ◇ 攻打 *attack; strike; send an expedition against*：南征北~ nán zhēng běi ~ *fight on many fronts*

【伐木】fá=mù 砍树,锯树 *lumbering; felling*：~工~gōng *lumberman; lumberjack*

罚〔罰〕fá

(动)(口)处分,处罚 *punish; penalize; fine*：我们~他喝一杯酒。Wǒmen ~ tā hē yì bēi jiǔ. *We made him drink as a penalty.* /犯了交通规则,~五块钱。Fànle jiāotōng guīzé, ~ wǔ kuài qián. *He violated the traffic regulations and was fined 5 yuan.* /猜谜猜着有奖,猜不着挨~。Cāi mí cāizháo yǒu jiǎng, cāi bu zháo ái ~. *Guess the riddle. Those who get the right answer will be rewarded and those who make a wrong guess will be awarded a penalty.*

【罚不当罪】fá bù dāng zuì 处罚和罪行不相称 *punishment is not in keeping with the crime*：罚得太重或太轻都是~。Fá de tài zhòng huò tài qīng dōu shì ~. *If the punishment is too severe or too light, it is not in keeping with the crime.*

【罚金】fájīn (名) *fine*

【罚款】fákuǎn (名) *fine*：十块钱的~ shí kuài qián de ~ *a fine of ten yuan*

【罚款】fá = kuǎn (1) *fine*：骑自行车带人~两元。Qí zìxíngchē dài rén ~ liǎng yuán. *Those who carry someone on a bike will be fined two yuan.* /谁违章就罚谁的款。Shuí wéi zhāng jiù fá shuí de kuǎn. *Those who violate the regulations will be fined.* (2)订合同的一方处罚违反合同的另一方以一定数额的钱 *forfeit*

【罚球】fá=qiú *penalty shot; penalty kick*：他~没进。Tā ~ méi jìn. *He did not get a score on his penalty shot (or kick).* /一连罚了两次球 yìlián fále liǎng cì qiú *have two penalty shots (or kicks) successively* /罚进一个球 fájìn yí ge qiú *make a score on a penalty kick (or shot)* /罚任意球 fá rènyìqiú *free kick or throw*

阀〔閥〕fá

(名) ◇ (1)旧社会里在某一方面有支配势力的人物或家族 *a powerful person or family* (2)阀门 *valve*

【阀门】fámén (名)(~儿) *valve*

筏 fá

(名) ◇ 同"筏子" fázi *same as "筏子" fázi*

【筏子】fázi (名) *raft*

fǎ

法 fǎ

(名) ◇ (1)法律,法令 *law*：诉讼~ sùsòng~ *procedural law* /婚姻~ hūnyīn~ *marriage law* /绳之以~ shéng zhī yǐ~ *punish someone according to law* (2)方式,方法 *method; way*：写~不对。Xiě~ bú duì. *This way of writing is incorrect.* /作~欠妥。Zuò~ qiàn tuǒ. *The way of doing it is not appropriate.* (3)(射击的)技术,(写字、画画、作文用笔的)技巧或风格 *skill; style (of writing, painting or calligraphy)*：枪~高明。Qiāng~ gāomíng. *His marksmanship is remarkable.* /笔~娴熟。Bǐ~ xiánshú. *His calligraphy is skillful.*

【法案】fǎ'àn (名)提交国家立法机关审查讨论的关于法律、法令问题的议案 *bill; proposed law*

【法办】fǎbàn (动)(审判机关对犯罪分子)依法惩办 *deal with according to law; punish by law; bring to justice*：该案主犯已逮捕~。Gāi àn zhǔfàn yǐ dàibǔ ~. *The principal criminal of that case was arrested and brought to justice.*

【法宝】fǎbǎo (名)(1)宗教或神话中指能制服妖魔鬼怪的宝物 *a magic weapon; talisman* (2)比喻用起来特别有效的思想工具、方法或经验 *an effective weapon*：专业化是农村致富的~之一。Zhuānyèhuà shì nóngcūn zhì fù de ~ zhī yī. *Specialization is one of the talismans that can bring wealth to the rural areas.*

【法典】fǎdiǎn (名) *code; statute book*

【法定】fǎdìng (形·非谓)为法律、法令所规定的 *legal; statutory*：不足~人数 bù zú ~ rénshù *lack a quorum* /这是~时间,个人无权更改。Zhè shì ~ shíjiān, gèrén wú quán gēnggǎi. *This time has been set by law and nobody has the right to alter it.* /手续是~的,必须履行。Shǒuxù shì ~ de, bìxū lǚxíng. *The procedure is made according to law and has to be followed.*

【法度】fǎdù (名)(书)(1)法律 *law* (2)规矩,行为的准则 *discipline*

【法官】fǎguān (名) *judge; justice*

【法规】fǎguī (名)法律、法令、条例、规则、章程等的总称 *laws and regulations*

【法纪】fǎjì (名)法律和纪律 *law and discipline*：严格遵守~ yángé zūnshǒu ~ *do something strictly according to the regulations* /目无~ mù wú ~ *act in utter disregard of law and discipline; flout and disregard the law*

【法家】Fǎjiā (名)战国时期,以商鞅、韩非等为主要代表,主张"法治"的,代表当时地主反对贵族的先进思想流派 *Legalists (a school of thought in the Warring State Period, 480-221 B.C., stressing law and punishment)*

【法警】fǎjǐng (名) *bailiff; judicial police*

【法拉】fǎlā (量)〔电〕电容单位 *farad*

【法兰绒】fǎlánróng (名) *flannel*

【法郎】fǎláng (名) *franc*

【法力】fǎlì (名)原指佛法的力量,后泛指神奇的力量 *supernatural power*

【法令】fǎlìng (名)国家政权机关所颁布的命令、指示、决定等的总称 *laws and decrees; decree*

【法律】fǎlǜ (名) *law; statute*

【法权】fǎquán (名)权利、特权 *right; privilege*

【法师】fǎshī (名)对和尚或道士的尊称 *master (a title of respect for a Buddhist or Taoist priest)*

【法术】fǎshù (名) *magic arts, black arts*

【法庭】fǎtíng (名) *court of law*

【法网】fǎwǎng (名)像网一样的法律,比喻法律很严密,不易逃脱 *the dragnet or the arm of law*：难逃~ nán táo ~ *It is hard to escape the dragnet of law.*

【法西斯】fǎxīsī（名）*fascist*
【法西斯主义】fǎxīsīzhǔyì（名）*fascism*
【法学】fǎxué（名）*the science of law；jurisprudence*
【法医】fǎyī（名）*legal medical expert*
【法院】fǎyuàn（名）*court of justice；law court；court*
【法则】fǎzé（名）*rule；law*：自然～zìrán～*law of nature*
【法制】fǎzhì（名）*legal system*
【法治】fǎzhì（名）(1)战国时法家的政治思想，主张以法为准则，统治人民，处理国事 *rule by law（the thoughts of Legalists in the Warring States Period）*(2)根据法律治理国家的方法 *rule by law*：实行～shíxíng～*carry out ruling by laws*
【法子】fǎzi（名）〈口〉方法，办法 *way；method*：只要肯动脑筋，～多得很。Zhíyào kěn dòng nǎojīn，～duō de hěn. *If you are willing to use your head，there are quite a few ways to do it.*/老说“没～”的人现在也有～了。Lǎo shuō "méi ～" de rén xiànzài yě yǒu ～ le. *Those who always said there was "No way" to do it now have a way to do it.*/咱们想～帮他一下。Zánmen xiǎng ～ bāng tā yíxià. *Let's think of a way of helping him.*

砝 fǎ
【砝码】fǎmǎ（名）*weight (used in old fashioned scales)*

fà
发〔髪〕fà（名）◇头发 *hair (on the head)*：刚理了～ gāng lǐle ～ *I just got a haircut.* 另见 fā
【发髻】fàjì（名）在头顶或脑后盘成的各种形状的头发 *hairstyle featured by a bun or coil on the top or back of the head*
【发胶】fàjiāo（名）*hair spray*
【发蜡】fàlà（名）*pomade*
【发网】fàwǎng（名）妇女罩头发用的网子 *hairnet*
【发型】fàxíng（名）*hairstyle；hairdo*
【发指】fàzhǐ（动）〈书〉头发竖起来，形容非常愤怒 *bristle (or boil) with anger*：这种罪恶行径令人～。Zhè zhǒng zuì'è xíngjìng lìng rén ～. *That kind of criminal act makes one's blood boil.*

珐 fà
【珐琅】fàláng（名）*enamel*
【珐琅质】fàlángzhì（名）〈生理〉*enamel，especially referring to the hard，white glossy coating on teeth*

fān
帆 fān（名）[张 zhāng] *sail (of a ship)*
【帆板运动】fānbǎn yùndòng〈体〉*wind-surfing*
【帆布】fānbù（名）*sailcloth；canvas*
【帆船】fānchuán（名）[只 zhī] *sailboat*

番 fān
（量）(1)种（数词只能是“一”）*kind*：这一组舞蹈，确有一～民族风味。Zhè yì zǔ wǔdǎo，què yǒu yì ～ mínzú fēngwèi. *This set of dances truly has its national characteristics.*/他这一～好意你可不要误解。Tā zhè ～ hǎoyì nǐ kě búyào wùjiě. *You had better not misunderstand his good intentions.*(2)用于某些费力费时的动作（数词只能是“一”）*(for some strenuous action)*：不下一～苦功就学不好汉语。Bú xià yì ～ kǔgōng jiù xué bu hǎo Hànyǔ. *It takes a lot of*

effort to learn Chinese./那一～话真动了她的心。Nà yì ～ huà zhēn dòngle tā de xīn. *These words touched her emotions.*/为使问题圆满解决，他颇费了一～心思。Wèi shǐ wèntí yuánmǎn jiějué，tā pō fèile yì ～ xīnsi. *He tried very hard to solve the problem satisfactorily.*(3)倍 *fold*：五翻一～是十，翻两～是二十。Wǔ fān yì ～ shì shí，fān liǎng ～ shì èrshí. *Twice five is ten；four times five is twenty.*(4)（动量）◇次：使用范围极小－～才能决定。Hái děi hǎohāor sīkǎo yì ～ cái néng juédìng. *Before making the decision，you had better think well.*/他三～五次打电话来问。Tā sān ～ wǔ cì dǎ diànhuà lái wèn. *He called many times and asked about it.*
【番号】fānhào（名）部队的编号 *designation (of a military unit)*

蕃 fān
【蕃茄】fānqié（名）*tomato*

翻 fān
（动）(1)歪倒，反转 *turn over*：马车～了。Mǎchē ～ le. *The carriage turned over.*/船差点儿～了。Chuán chàdiǎnr ～ le. *The ship almost capsized.*/把大衣～过来晒晒。Bǎ dàyī ～ guolai shàishai. *Turn the overcoat over and air it in the sun.*(2)为了寻找而翻动物体 *rummage about；search*：把抽屉都～乱了。Bǎ chōuti dōu ～luàn le. *The drawer has been rummaged through.*(3)翻转（书页）*turn (pages)*：请把书～开，～到第二十二页。Qǐng bǎ shū ～ kāi，～ dào dì'èrshí'èr yè. *Open the book and turn to page 22.*(4)爬为（山，墙等）从另一面下去 *climb over (a mountain，a wall，etc.)*：～过这座山就到了。～guò zhè zuò shān jiù dào le. *We will get there after climbing over this mountain.*/他～墙逃跑了。Tā ～ qiáng táopǎo le. *He climbed over the wall and ran away.*(5)翻译 *translate*：把英语～成汉语。Bǎ Yīngyǔ ～chéng Hànyǔ. *Translate from English into Chinese.*(6)〈口〉感情破裂，翻脸 *turn hostile to；quarrel with；fall out；break up*：兄弟俩闹～了。Xiōngdì liǎ nào～ le. *The two brothers had a falling-out.*/她说错一句话把他惹～了。Tā shuōcuò yí jù huà bǎ tā rě～ le. *She made a wrong remark and infuriated him.*(7)（数量）成倍地增长 *double；redouble*：产量～了好几番。Chǎnliàng ～ le hǎo jǐ fān. *The output has increased several times.*
【翻案】fān=àn 推翻已定的罪案，也指推翻原来的结论、评价、鉴定、处分等 *reverse a verdict*
【翻版】fānbǎn（名）(1)照原样翻印的版本 *a reprint of a book*(2)比喻照抄、照搬原样或形式不同而实质一样的事物。含贬义 *duplicate；copy；something different in form but the same in essence*：他今天的讲话就是昨天他听的报告的～，没有他自己的东西。Tā jīntiān de jiǎnghuà jiù shì zuótiān tā tīng de bàogào de ～，méi yǒu tā zìjǐ de dōngxi. *What he said today was what he had heard from someone else's report yesterday with nothing of his own.*
【翻动】fāndòng（动）在小范围内（把东西）上下左右掀起移动 *turn；change position；rummage*：这些稿子千万不要随便～。Zhèxiē gǎozi qiānwàn búyào suíbiàn ～. *These drafts should by no means be rummaged.*/谁～了我的抽屉？Shuí ～le wǒ de chōuti? *Who messed up my drawer?*
【翻番】fān=fān 成倍递增 *multiply*：今年的小麦产量比1950年翻了一番。Jīnnián de xiǎomài chǎnliàng bǐ yījiǔwǔlíng nián fānle yì fān. *The wheat harvest this year was twice as much as it was in 1950.*/五十翻四番是二百。Wǔshí fān liǎng fān shì èrbǎi. *Fifty times four is two hundred.*/鸡蛋的产量～也是不成问题的。Jīdàn de chǎnliàng ～ yě shì bù chéng wèntí de. *Multiplying the output of eggs will not be a problem，either.*

【翻改】fāngǎi〈动〉把做好的衣物等拆了，改变尺寸或样式，或把面子反过来重做 alter：这家缝纫店专门～大衣。Zhè jiā féngrèndiàn zhuānmén ～ dàyī. This tailor shop specializes in altering overcoats. ／现在没有人愿意～衣服。Xiànzài méi yǒu rén yuànyì ～ yīfu. Nowadays nobody is willing to alter clothes.

【翻盖】fāngài〈动〉把旧的房屋拆掉，就原有规模重建 rebuild

【翻跟头】fān=gēntou turn a somersault：他在舞台上连翻了二十多个跟头。Tā zài wǔtái shang lián fānle èrshí duō ge gēntou. He performed more than twenty successive somersaults on the stage.

【翻供】fān=gòng 推翻自己以前所供认的话 retract one's testimony or confession（at a law-court）

【翻滚】fāngǔn〈动〉〈书〉(1)（水）上下滚动 roll：大海波涛～，无边无际。Dà hǎi bōtāo ～, wú biān wú jì. The rolling sea is boundless. (2)乱翻身，转动 toss and turn：他肚子疼得满床～。Tā dùzi téng de mǎn chuáng ～. His stomach was aching, so he tossed and turned in his bed.

【翻悔】fānhuǐ〈动〉反悔。对以前所答应的事后悔而不承认 disavow a statement; back out（of a commitment, promise, etc.）

【翻江倒海】fān jiāng dǎo hǎi 水势浩大。比喻力量或声势非常壮大；也比喻心情激荡 overturning rivers and seas; a metaphor for something powerful or an agitated state of mind; overwhelming：暴雨～似地倾泻下来。Bàoyǔ ～ shìde qīngxiè xialai. The rain poured down in torrents. ／人民的力量可以～。Rénmín de lìliàng kěyǐ ～. The strength of a people can turn over rivers and seas. ／她心里一般地激动。Tā xinli ～ bān de jídòng. She is terribly excited.

【翻来复去】fān lái fù qù (1)来回翻身 toss and turn：昨天夜里我～睡不着。Zuótiān yèli wǒ ～ shuì bu zháo. Last night, I tossed and turned in bed and couldn't get to sleep. (2)一次又一次地 again and again; repeatedly：他这几句话～说了好几遍。Tā zhè jǐ jù huà ～ shuōle hǎo jǐ biàn. He has been saying these words over and over. (3)屡次改变主意 change one's mind several times：去还是不去，快决定，别老是～的。Qù háishì bú qù, kuài juédìng, bié lǎoshì ～ de. Please decide once for all to go or not to go. Don't keep changing your mind.

【翻脸】fān=liǎn 对人的态度变得不好，感情破裂 fall out; turn hostile：昨天他答应派人帮忙，今天又一说派不出人。Zuótiān tā dāyìng pài rén bāng máng, jīntiān yòu ～ shuō pài bu chū rén. He promised yesterday that he would send someone to help us, but today he suddenly turned hostile and said that nobody could be sent to help us. ／两人吵翻了脸，不说话了。Liǎng rén chǎofānle liǎn, bù shuō huà le. These two persons had a falling-out and aren't speaking to each other anymore.

【翻领】fānlǐng〈名〉(～儿) turndown collar

【翻然悔悟】fānrán huǐwù 迅速而彻底地认识错误，并加以改正 be aware of and correct one's mistakes or misdeeds quickly：小王如能～，犹未为晚。Xiǎo Wáng rú néng ～, yóu wèi wéi wǎn. It is not too late for Xiao Wang to become aware of his mistakes and correct them.

【翻砂】fānshā〈名〉founding; moulding

【翻身】fān=shēn (1)躺着翻转身体 turn over（one's body in bed）：翻过身来再躺一会儿。Fānguò shēn lai zài tǎng yíhuìr. I turned over and lay a while longer. (2)人民从被压迫被剥削的情况下解放出来 freed from oppression or exploitation; be liberated：劳动人民～当家作主了。Láodòng rénmín ～ dāng jiā zuò zhǔ le. The working people were liberated and were able to be masters of their own destiny. (3)◇指彻底改变落后面貌 thoroughly change the backward state of things：在商品粮生产上打了个～仗。Zài shāngpǐnliáng shēngchǎn shang dǎle ge ～ zhàng. We won a great battle by increasing the output of commodity grain.

【翻腾】fānténg〈动〉〈书〉上下剧烈地滚动 seethe; churn：波浪～。Bōlàng ～. seething（or turbulent）waves

【翻腾】fānteng〈动〉〈口〉(1)翻动 turn over：卡片千万别～乱了。Kǎpiàn qiānwàn bié ～ luàn le. The cards should not be disturbed. (2)指反复地（在思想中）想 ponder over and over：那件事在我脑子里～了好几天了。Nà jiàn shì zài wǒ nǎozi li ～le hǎo jǐ tiān le. I have been pondering over this thing for quite a few days. (3)胃和肚子感到不舒服 stomach disorder：他吃多了，胃里老～。Tā chī duō le, wèili lǎo ～. He ate too much and had a stomach disorder.

【翻天】fān=tiān (1)造反 rebel：他那么孤立，怎么能～！Tā nàme gūlì, zěnme néng ～! He is so completely isolated. How can he rebel? ／这可真是翻了天了，儿子教训起老子来了。Zhè kě zhēn shì fānle tiān le, érzi jiàoxùn qǐ lǎozi lai le. It's truly topsy-turvy for the son to teach his father a lesson. (2)形容闹得很厉害或变化很大 raise hell; raise rumpus：大人不在家，几个孩子简直闹翻了天了。Dàren bú zài jiā, jǐ ge háizi jiǎnzhí nàofānle tiān le. While their parents were away, the children really raised hell.

【翻天覆地】fān tiān fù dì 形容变化巨大，变革彻底。常作定语 turn everything upside down; earth-shaking：起了～的变化 qǐle ～ de biànhuà There was an earth-shaking change. ／有～的力量 yǒu ～ de lìliàng have a force capable of overturning the heavens ／这是一个～的时代，是彻底变革的时代。Zhè shì yí ge ～ de shídài, shì chèdǐ biàngé de shídài. It is a time of earth-shaking change; a time of thorough reform.

【翻箱倒柜】fān xiāng dǎo guì（为了寻找某物）把箱子里的东西彻底倒出来或彻底翻动很多东西 rummage through chests and cupboards; search thoroughly：他～，仍然不见那篇稿子。Tā ～, réngrán bújiàn nà piān gǎozi. He searched thoroughly for his draft but could not find it. ／他～地找了一上午。Tā ～ de zhǎole yí shàngwǔ. He searched for it high and low the whole morning.

【翻新】fānxīn〈动〉(1)把旧的东西拆了重做（多指衣服）renovate; recondition; make over：呢子衣服穿几年可以～一下。Nízi yīfu chuān jǐ nián kěyǐ ～ yíxià. Woollen clothes can be worn for several years and then be made over. (2)从旧的变化中出新的 be in a new guise：这些服装真是花样～，和以前的很不一样。Zhèxiē fúzhuāng zhēnshì huāyàng ～, hé yǐqián de hěn bù yíyàng. The style of these clothes is highly innovative and is quite different from those of the past.

【翻修】fānxiū〈动〉把旧的建筑拆除后，就原有规模重建 rebuild：校舍破旧，需要～。Xiàoshě pòjiù, xūyào ～. The school buildings are old and dilapidated and need to be rebuilt. ／马路又该～了。Mǎlù yòu gāi ～ le. The road needs repairing again.

【翻译】fānyì〈动〉translate; interpret：把汉语～成日语 bǎ Hànyǔ ～ chéng Rìyǔ. Translate Chinese into Japanese. ／～电报 ～ diànbào decode the telegram〈名〉translator; interpreter：他是法文～。Tā shì Fǎwén ～. He is a French interpreter.

【翻印】fānyìn〈动〉书刊、图画等照原样重印（指不是原出版者重印）reprint（not by the original publisher）：版权所有，不得～。Bǎnquán suǒyǒu, bùdé ～. Copyrights reserved, not to be reprinted.

【翻阅】fānyuè〈动〉〈书〉比较随便地翻开看看（杂志、书籍、文件等）browse, look over; glance over; leaf through（a magazine; book, document, etc.）：他坐在那里一画报一着看病。Tā zuò zài nàli ～ huàbào, děngzhe kàn bìng. While waiting to see the doctor, he sat there leafing through a pictorial.

【翻越】fānyuè（动）越过（障碍）cross over：～崇山峻岭 ～ chóng shān jùn lǐng tramp over high mountain ridges

【翻云覆雨】fān yún fù yǔ 比喻人反复无常或善于耍手腕（produce clouds with one turn of the hand and rain with another）shifty; given to playing tricks

fán

凡 fán （副）表示无例外，所有的，用总括一类情况、原因或条件。只能用于主语前，后面常有"都"、"就"等词与它呼应 every; all (used to sum up one kind of situation, reason or condition; can only be used before the subject and is often followed by "都", "就", etc.)：～年满十八岁的公民，都有服兵役的义务。～ nián mǎn shíbā suì de gōngmín, dōu yǒu fú bīngyì de yìwu. Every citizen who has reached the age of eighteen is obliged to perform military service. /～我能办到的，我一定尽力办。～ wǒ néng bàndào de, wǒ yídìng jìn lì bàn. I will try my best to do everything I can. /～属精神产品，都不应该轻易下结论。～ shǔ jīngshén chǎnpǐn, dōu bù yīnggāi qīngyì xià jiélùn. One should not make hasty conclusions about anything that is an intellectual product. /～对人民有利的工作就应该支持。～ duì rénmín yǒu lì de gōngzuò jiù yīnggāi zhīchí. We should encourage all work that will benefit the people. /～事在做之前都要考虑周全。～ shì zài zuò zhī qián dōu yào kǎolǜ zhōuquán. You must think every matter thoroughly before handling it.

【凡尔丁】fán'ěrdīng（名）valetin

【凡例】fánlì（名）书前关于本书体例的说明 notes on the use of a book, etc.; guide to the use of a book, etc.; explanatory notes

【凡人】fánrén（名）(1)平常的人 ordinary person; common people; average people：我只是个～，当不了领导。Wǒ zhǐ shì ge ～, dāng bu lǎo lǐngdǎo. I am just an ordinary person and cannot be a leader. (2)尘世的人（区别于"神仙"）mortal (vs. supernatural being); human being

【凡士林】fánshìlín（名）vaseline; petrolatum

【凡是】fánshì（副）同"凡" fán，但较"凡"口语化 same as "凡" fán (but used more often in the spoken language)：～托他办的事,他都尽力去办。～ tuō tā bàn de shì, tā dōu jìn lì qù bàn. He tries his best to do every job entrusted to him. /～能参加的,都要参加。～ néng cānjiā de, dōu yào cānjiā. Every person who can attend, must. /～人,都有情感欲望。～ rén, dōu yǒu qínggǎn yùwàng. Everybody has feelings and desire. /～冒牌的艺术品,都没有真正的生命力。～ màopáir de yìshùpǐn, dōu méi yǒu zhēnzhèng de shēngmìnglì. No counterfeit work of art has genuine vitality.

【凡庸】fányōng（形）〈书〉平凡,平平常常（多用于形容人）ordinary

矾 〔礬〕fán（名）vitriol

烦 〔煩〕fán （形）(1)苦闷,厌烦 be vexed; be irritated; be bored：心～意乱 xīn ～ yì luàn feel vexed /一天到晚没事干,真让人～死了。Yì tiān dào wǎn méi shìr gàn, zhēn ràng rén ～ sǐ le. It's really boring when you have nothing to do all day. /就这几本小人书,孩子都看～了。Jiù zhè jǐ běn xiǎorénshū, háizi dōu kàn ～ le. There are only these picture-story books, so the children are tired of reading them. (2)〈口〉多而杂 superfluous and confusing：要言不～ yàoyán bù ～ give the essentials in simple language（动）〈书〉请,托（请人帮忙的客气话）trouble（polite way of asking a favour）：此信～您代交张同志。Cǐ xìn ～ nín dài jiāo Zhāng tóngzhì. Would you mind passing on this letter to Comrade Zhang?

【烦闷】fánmèn（形）心里不痛快,不爱说话,闷闷不乐 be unhappy; be worried：唯一的女儿结婚走了,老妈妈自己又寂寞又～。Wéiyī de nǚ'ér jié hūn zǒu le, lǎo māma zìjǐ yòu jìmò yòu ～. The only daughter of the family got married and left so that her old mother was lonely and unhappy.

【烦恼】fánnǎo（形）心里不痛快,而且为某事感到苦恼 be vexed; be worried：他四十多岁还没找到爱人,常感到～。Tā sìshí duō suì hái méi zhǎodào àirén, cháng gǎndào ～. He often worries about members of his set still being single. /你老为别人的事发愁,真是自寻～! Nǐ lǎo wèi biérén de shì fā chóu, zhēn shì zì xún ～! You are always worrying about other people's problems, and that is really courting vexation.

【烦扰】fánrǎo（动）〈书〉(1)（以杂事）扰乱（某人）使他不能专心工作而感到苦恼 bother; disturb (2)因受搅扰而心里厌烦 feel disturbed

【烦琐】fánsuǒ（形）繁杂、琐碎（多形容文章、报告或说话）loaded down with trivial details：小周写文章一向是～累赘,重点不突出。Xiǎo Zhōu xiě wénzhāng yíxiàng shì ～ léizhuì, zhòngdiǎn bù tūchū. Xiao Zhou's articles are always loaded down with trivial details which obscure his points.

【烦琐哲学】fánsuǒ zhéxué scholasticism; overelaboration; hairsplitting

【烦躁】fánzào（形）心里不痛快,因而发急,不能控制感情 be fidgety; be agitated; annoyed and impatient：他的病老不好,性情～,动不动就跟人发火。Tā de bìng lǎo bù hǎo, xìngqíng ～, dòngbudòng jiù gēn rén fā huǒ. Because his illness has not been cured for a long time. He is short-tempered and frequently gets angry at other people.

繁 fán （形）◇complicated; numerous：举例由简到～。Jǔ lì yóu jiǎn dào ～. The given examples are from simple to complicated.

【繁多】fánduō（形）◇ 种类多（多作谓语）various; numerous：品种～ pǐnzhǒng ～ large varieties of; all kinds of /名目～ míngmù ～ a multitude of items or names

【繁复】fánfù（形）〈书〉多而复杂 heavy and complicated

【繁华】fánhuá（形）（城镇、都市的工商业、市面）兴盛而热闹 flourishing; bustling; busy：～的城市 ～ de chéngshì a flourishing city /住宅区不要太～。Zhùzháiqū búyào tài ～. Residential areas must not be full of shops and bustling with people. /这个城市,东半部比西半部～多了。Zhège chéngshì, dōng bàn bù bǐ xī bàn bù ～ duō le. The eastern part of this city is much more prosperous and bustling than its western part.

【繁忙】fánmáng（形）◇ 事情多而杂,没空余时间（多指工作,常作谓语）busy; fully occupied：任务～ rènwu ～ be busy with tasks /事情～ shìqíng ～ be busy doing things /～的工作 ～ de gōngzuò work that demands a lot of time

【繁茂】fánmào（形）〈书〉（草木）多、密而茂盛 lush; luxuriant：到了夏天,树的枝叶特别～。Dàole xiàtiān, shù de zhīyè tèbié ～. The trees are a luxuriant mass of branches and leaves in summer.

【繁荣】fánróng（形）（经济或事业）兴旺发达 flourishing; prosperous; booming：经济～,市场～ jīngjì ～, shìchǎng ～ The economy is thriving and the market is booming. /国家～富强。Guójiā ～ fùqiáng. The country is strong and prosperous.（动）使兴旺发达 make (something) prosperous：～农村经济 ～ nóngcūn jīngjì make the rural area

prosperous /～文化艺术 ～ wénhuà yìshù *foster culture and arts*

【繁荣昌盛】fánróng chāngshèng 蓬勃发展,兴旺发达 *thriving and prosperous*：对外贸易日益 ～ duì wài màoyì rìyì *The foreign trade is growing more prosperous day by day.*

【繁缛】fánrù（形）〈书〉多而琐碎 *overelaborate*：要废除一些 ～的礼节。Yào fèichú yìxiē ～ de lǐjié. *Eliminate some of the overelaborate formalities.*

【繁盛】fánshèng（形）繁荣兴盛 *thriving；flourishing；prosperous*：这个小县城逐渐～起来了。Zhège xiǎo xiànchéng zhújiàn ～ qǐlai le. *This little county town is gradually becoming prosperous.*

【繁琐】fánsuǒ（形）同"烦琐" fánsuǒ *same as "烦琐"* fánsuǒ

【繁体字】fántǐzì（名）被简化字所代替的汉字,如"機"是"机"的繁体字 *the original complex form of a simplified Chinese character, e. g. "機" is the original complex form of "机"*

【繁星】fánxīng（名）夜里多而密的星星。多用于比喻 *a host of stars*：多如～ duō rú ～ *as many as a host of stars*

【繁衍】fányǎn（动）〈书〉（生物品种）逐渐增多,扩大 *multiply；increase gradually in number*

【繁育】fányù（动）〈书〉繁殖培育 *breed*

【繁杂】fánzá（形）（事情）多而杂乱 *(of affairs) numerous and diverse*：这个单位的工作头绪多,一个人简直管不过来。Zhège dānwèi de gōngzuò tóuxù ～, yí ge rén jiǎnzhí guǎn bu guòlái. *The things handled by this office are too numerous and diverse and are simply too much for one person to handle.*

【繁殖】fánzhí（动）*breed；reproduce*

【繁殖率】fánzhílǜ（名）*rate of reproduction；breed rate*

【繁重】fánzhòng（形）（工作,任务）又多又重 *heavy；strenuous；onerous*：任务～,个人难于承担,得成立一个小组。Rènwu ～, gèrén nányú chéngdān, děi chénglì yí ge xiǎozǔ. *The job is too onerous for one person to do alone so we shall have to form a group.*

fǎn

反 fǎn（动）(1)反对,反抗 *oppose；be against；resist*：～侵略 ～ qīnlüè *resist against aggression* /～ 殖民主义 ～ zhímínzhǔyì *anti-colonialism* (2)◇扭转 *turn over*：败为胜 ～ bài wéi shèng *turn defeat into victory* /～攻为守 ～ gōng wéi shǒu *turn offense into defense* (形)颠倒的,方向相背的（跟"正"相对）*inverse；in an opposite direction*：床单铺～了。Chuángdān pū～ le. *The sheet has been put on inside out.* /把衣服～过来晾。Bǎ yīfu ～ guòlai liàng. *Turn the jacket inside out to dry in the sun.* (名)反革命、反动派的简称 *short for "反革命"(counterrevolutionary) and "反动派"(reactionary)*：肃 ～ sù ～ *suppress counterrevolutionaries* (副)同"反而" fǎn'ér *same as "反而"* fǎn'ér：过分谦虚,～使人感到虚假。Guòfèn qiānxū, ～ shǐ rén gǎndào xūjiǎ. *Being excessively modest makes others feel that one is being hypocritical.* /你这样答复他,～不如直截了当的好。Nǐ zhèyàng dáfu tā, ～ bùrú zhíjié liǎodàng de hǎo. *It is better to be blunt than to answer him like you just did.* /我这人,好心～不得好报。Wǒ zhè rén, hǎoxīn ～ bù dé hǎo bào. *My intentions were good, but I was not repaid with kindness.*

【反比】fǎnbǐ（名）〈数〉*inverse ratio*

【反比例】fǎnbǐlì（名）*inverse proportion*

【反驳】fǎnbó（动）提出理由否定对方的意见、论点 *refute；retort*：他的发言理论根据充分,别人无法～。Tā de fāyán lǐlùn gēnjù chōngfèn, biérén wúfǎ ～. *Since his speech was well grounded theoretically, nobody was able to refute him.*

【反差】fǎnchā（名）〈摄〉*contrast*

【反常】fǎncháng（形）失去常态,不正常 *abnormal*：～现象 ～ xiànxiàng *an unusual phenomenon* /最近气候有些～,该冷不冷。Zuìjìn qìhòu yǒuxiē ～, gāi lěng bù lěng. *The weather is a bit peculiar lately since it is supposed to be chilly but it is not.* /这几天小张不说不笑,很～。Zhè jǐ tiān Xiǎo Zhāng bù shuō bú xiào, hěn ～. *It is strange that Xiao Zhang has been so quiet and unhappy lately.*

【反衬】fǎnchèn（动）从反面来衬托 *contrast；set off by contrast；serve as a foil to*：蓬松乌黑的头发～出她白皙的面孔。Péngsōng wūhēi de tóufa ～ chū tā báixī de miànkǒng. *Her fluffy black hair sets off her fair complexion.*

【反冲力】fǎnchōnglì（名）〈物〉*recoil*

【反刍】fǎnchú（动）〈动〉*ruminate*：牛在～。Niú zài ～. *The cow is chewing the cud.* /牛是～动物。Niú shì ～ dòngwù. *The cow is a ruminant.*

【反串】fǎnchuàn（动）传统戏曲演员临时扮演平常不扮演的类型的角色 *(in Chinese opera) play a role other than one's speciality*

【反唇相讥】fǎn chún xiāng jī 受到指责不服气,反过来讥讽对方 *answer back sarcastically*

【反导弹系统】fǎn dǎodàn xìtǒng *antimissile system*

【反倒】fǎndào（副）同"反而" fǎn'ér,比"反而"口语化 *same as "反而"* fǎn'ér *(but is more colloquial)*：你别告诉他,让他知道～不好。Nǐ bié gàosu tā, ràng tā zhīdào ～ bù hǎo. *Don't tell him. On the contrary, it's not good to let him know.* /已经进入腊月,天气～变暖了,太不正常了。Yǐjīng jìnrù làyuè, tiānqì ～ biàn nuǎn le, tài bú zhèngcháng le. *The twelfth month of the lunar year has already begun, but the weather has gotten warmer. This is so unusual！* /你包庇他,对他没有帮助,～害了他。Nǐ bāobì tā, duì tā méi yǒu bāngzhù, ～ hàile tā. *Covering up for him won't help him; on the contrary, you're harming him.* /他不但不同情我,～批评了我一通。Tā búdàn bù tóngqíng wǒ, ～ pīpíngle wǒ yítòng. *He not only did not sympathize with me, but even criticized me.*

【反帝】fǎn＝dì 反对、反抗帝国主义的简称 *short for "反对 (or 反抗) 帝国主义" (anti-imperialism)*

【反动】fǎndòng（形）(1)*reactionary*：～立场 ～ lìchǎng *a reactionary point of view* /～行为 ～ xíngwéi *a reactionary action* /～思想～ sīxiǎng ～ *a reactionary thought* (2)相反的作用 *reaction*：那个年轻人自杀是对婚姻不能自主的～。Nàge niánqīng rén zìshā shì duì hūnyīn bù néng zìzhǔ de ～. *The young man committed suicide as a reaction against not being able to marry the partner of his choice.*

【反动派】fǎndòngpài（名）反对进步、反对革命事业的集团或分子 *reactionary*

【反对】fǎnduì（动）不赞成,不同意 *oppose；be against*：我们都～选他当代表。Wǒmen dōu ～ xuǎn tā dāng dàibiǎo. *We all oppose electing him representative.* /这个计划遭到多数人的～。Zhège jìhuà zāodào duōshù rén de ～. *This plan met with opposition from the majority of people.* /会上,对这个建议有的支持,有的～。Huì shang, duì zhège jiànyì yǒude zhīchí, yǒude ～. *During the meeting, there were both those who supported the suggestion, and those who opposed it.*

【反而】fǎn'ér（副）用在谓语之前,表示在某种前提下应产生某种结果或得出某种结论,而实际情况正相反,有时前面有"不仅不","不但不(没)"等与它呼应 *instead；on the contrary；but (used before the predicate of a sentence to indicate that an opposite result or conclusion is achieved to what was expected；sometimes preceded by "不仅不","不但不(没)"，etc.)*：弟弟～比哥哥高。Dìdi ～ bǐ gēge gāo. *On the contrary, the younger brother is taller than the elder brother.* /春天到了,怎么～下起雪来了呢? Chūntiān dào le, zěnme ～ xià qǐ xuě lái le ne? *Spring has arrived, yet*

it's snowing. How can this be? /他听了这话不仅不生气，～笑了起来。Tā tīngle zhè huà bùjǐn bù shēng qì，～ xiàole qilai. *Not only did he not get angry when he heard this，but he even laughed.* /问题不仅没解决，～越来越复杂。Wèntí bùjǐn méi jiějué，～ yuè lái yuè fùzá. *Not only has the problem not been resolved，it is instead getting more and more complex.* /你如果太客气了，～使大家不自在。Nǐ rúguǒ tài kèqi le，～ shǐ dàjiā bú zìzai. *If you're too polite，you'll make us feel awkward.* /戴的装饰品太多，不但不能给人以美感，～显得俗气。Dài de zhuāngshìpǐn tài duō，búdàn bù néng gěi rén yǐ měigǎn，～ xiǎnde súqì. *When somebody wears too much jewelry it not only does not look beautiful，it even seems vulgar.*

【反封建】fǎn fēngjiàn *anti-feudal；against feudalism*

【反腐蚀】fǎn fǔshí 反对腐朽的思想和生活作风对人的腐蚀 *against corruption*

【反复】fǎnfù（动）(1)忽而这样，忽而那样，变动不定 *chop and change*：已经说定了的事，不要再～了。Yǐjīng shuōdìngle de shì，búyào zài ～ le. *An agreement has been reached，so do not make any changes.* (2)重犯（多指人的病）*have a relapse*：一年之内，他的病又了好几次。Yì nián zhī nèi，tā de bìng ～le hǎo jǐ cì. *He has had several relapses within the past year.* (3)一次又一次，多次重复 *do (something) over and over or again and again；repeat*：～琢磨 ～ zuómó *improve (literary works) over and over* /～练习 ～ liànxí *practice over and over* /（名）指重复的情况 *relapse；reversal；setback*：他说谎的毛病改正之后，又有几次～。Tā shuō huǎng de máobìng gǎizhèng zhī hòu，yòu yǒu jǐ cì ～. *He broke his habit of telling lies but he had a couple of relapses.*

【反复无常】fǎnfù wúcháng 忽而这样，忽而那样，颠过来倒过去，让人捉摸不定（贬义，多指人的性格）*inconsistent；capricious*

【反感】fǎngǎn（动·不及物）产生抵触、不满或憎恶的情绪 *be disgusted with；be averse；dislike；take unkindly to*：她那种自以为很美的样子，谁看见谁～。Tā nà zhǒng zì yǐwéi hěn měi de yàngzi，shuí kànjian shuí ～. *Everybody who notices her narcissistic manner is disgusted with it.* /他一讲就是一套空洞的大道理，真使人～。Tā yì jiǎng jiù shì yí tào kōngdòng de dà dàolǐ，zhēn shǐ rén ～. *Every time he opens his mouth he expounds on some meaningless argument and makes everybody feel disgusted.*

【反戈一击】fǎn gē yī jī 调转枪头反击。比喻一旦觉悟，回过头来对自己一方的坏人坏事进行揭露和斗争 *turn one's weapon around and strike—turn against those one has wrongly sided with*

【反革命】fǎngémìng（形）与革命政权对立，进行破坏活动，企图推翻革命政权的 *counterrevolutionary*：～活动 ～ huódòng *counterrevolutionary activities* /～言行 ～ yánxíng *counterrevolutionary words and deeds* /～思想 ～ sīxiǎng *counterrevolutionary thought*（名）反革命分子 *counterrevolutionaries*：清清～ qǐngchú ～ suàqīng *~ root out counterrevolutionaries*

【反革命分子】fǎngémìng fènzǐ *counterrevolutionaries*

【反攻】fǎngōng（动）军队在防御或退却之后转入进攻 *counteroffensive；counterattack*

【反攻倒算】fǎngōng dàosuàn 被打倒的阶级敌人向人民反扑，企图夺回失去的权力和财产 *counterattack to settle old scores；launch a vindictive counterattack；retaliate*

【反光】fǎnguāng（动）使光线反射 *reflect light*：对着阳光照相，眼镜～，我得摘下来。Duìzhe yángguāng zhào xiàng，yǎnjìng ～，wǒ děi zhāi xialai. *If I take a picture facing the sun，my glasses will reflect the light，so I'd better take them off.*（名）反射的光线 *reflection of light*：墙上那块亮儿是外边池塘的～。Qiáng shang nà kuài liàngr shì wàibian chítáng de ～. *The spot of light on that wall is the reflection of light coming from the pond outside.*

【反光镜】fǎnguāngjìng（名）*reflector*

【反话】fǎnhuà（名）［句·句］故意说的与自己真正意思相反的话 *irony*："咱们运气可真好，出门正赶上大雨！"他气得说了句～。"Zánmen yùnqì kě zhēn hǎo，chū mén zhèng gǎnshang dà yǔ！" tā qì de shuōle jù ～. *"How lucky we are to get caught in a storm just as we are going out the door."* *He said furiously and ironically.*

【反悔】fǎnhuǐ（动·不及物）对以前允诺的事后悔而不承认 *go back on one's word or promise*：你放心好了，我说一是一，说二是二，决不～。Nǐ fàng xīn hǎo le，wǒ shuō yī shì yī，shuō èr shì èr，jué bù ～. *You can depend on me；I always keep my promises.*

【反击】fǎnjī（动）对进攻的敌人或敌对势力进行回击 *strike back；counterattack；beat back*：～侵略者 ～ qīnlüèzhě *strike back against the aggressors* /对来犯者进行有力的～。Duì láifànzhě jìnxíng yǒulì de ～. *Carry out a vigorous counterattack against the invaders.*

【反剪】fǎnjiǎn（动）两手交叉地放在背后或绑在背后 *with one's hands behind one's back；with one's hands tied behind one's back*

【反骄破满】fǎn jiāo pò mǎn 反对骄傲，破除自满，保持谦虚谨慎的态度 *oppose arrogance and shatter complacency*

【反诘】fǎnjié（动）〈书〉同"反问" fǎnwèn(1) *same as "反问" fǎnwèn(1)*

【反抗】fǎnkàng（动）用行动、力量反对、制止对方的压迫或进攻 *resist*：～侵略 ～ qīnlüè *resist an invasion* /哪里有压迫，哪里就有～，有斗争。Nǎli yǒu yāpò，nǎli jiù yǒu ～，yǒu dòuzhēng. *Where there is oppression there is resistance and conflict.* /她这个人总是默默地忍受一切，缺乏～精神。Tā zhège rén zǒngshì mòmò de rěnshòu yíqiè，quēfá ～ jīngshén. *She is a kind of person who tolerates everything in silence without ever complaining.*

【反馈】fǎnkuì（动）(1)〈电〉*feedback* (2)〈医〉*feedback* (3)（消息、信息等）返回（*of information，etc.*）*feedback*

【反面】fǎnmiàn（名）(1)物体上跟正面相反的一面 *reverse side (opposite to obverse side)*：这块布的正面还不如～好看呢！Zhè kuài bù de zhèngmiàn hái bùrú ～ hǎokàn ne！ *The obverse side of the cloth isn't as pretty as its reverse side.* (2)与好的积极的人或事物相对立的 *negative (opposite to positive)*：从～接受教训 cóng ～ jiēshòu jiàoxun *be taught from a negative example* /～的典型 ～ de diǎnxíng *a stock character of a negative kind* /～角色 ～ juésè *play the role of a villain* (3)事情、问题等的另一面 *the reverse side of a matter or problem*：所谓全面地看问题，就是既要看它的正面，也要看它的～。Suǒwèi quánmiàn de kàn wèntí，jiù shì jì yào kàn tā de zhèngmiàn，yě yào kàn tā de ～. *Viewing a problem comprehensively means viewing not only its obverse side but also its reverse side.*

【反面教材】fǎnmiàn jiàocái 从反面教育人民的材料 *negative example which may serve as a lesson from which something positive may be learned*

【反面教员】fǎnmiàn jiàoyuán 指可以用来从反面教育人民的某些代表人物 *a person who stands as a negative example*

【反面人物】fǎnmiàn rénwù 指文学艺术作品中所塑造的落后的、被否定的或反动的人物典型（*of literary and artistic works*）*negative character；negative role*

【反目】fǎnmù（动·不及物）〈书〉（夫妻）吵架，不和 *fall out (especially between husband and wife)*

【反派】fǎnpài（名）戏剧、电影等中的反面人物，坏人 *villain (in a drama，movie，etc.)；negative character*

【反扑】fǎnpū（动）被打退后又扑过来（多指野兽或敌人）*pounce on somebody again after having been beaten off*：斗牛场上，一头牛刚败了下来，一转身又～过去了。Dòu niú chǎng shang，yì tóu niú gāng bàile xialai，yì zhuàn shēn yòu ～ guoqu le. *During a bullfight，the bull turned*

around and charged at the bullfighter just after it had been beaten off. /要警惕敌人的～。 Yào jǐngtì dírén de ～. *Be aware of the enemy's counterattack.*

【反切】fǎnqiè〈名〉〈语〉中国过去用两个字给一个字注音的方法,拼时取前字的声母和后字的韵母及声调。如"冬",都宗切,取"都"字的声母 d、"宗"字的韵母和声调 ōng,拼成 dōng *a traditional method of indicating the pronunciation of a Chinese character by using two other Chinese characters, the first having the same consonant as the given character and the second having the same vowel (with or without final nasal) and tone (e. g. the pronunciation of 冬 dōng is indicated as 都宗切, meaning a combination of the consonant "d" from 都 dōu and the vowel plus nasal "ong" and the tone from 宗 zōng)*

【反射】fǎnshè〈动〉(1)〈生〉*reflex* (2)〈物〉*reflection*

【反射角】fǎnshèjiǎo〈名〉*angle of reflection*

【反射线】fǎnshèxiàn〈名〉*ray of reflection*

【反诉】fǎnsù〈动〉〈法〉*countercharge; counterclaim*

【反坦克炮】fǎn tǎnkè pào〈军〉*anti-tank gun*

【反胃】fǎn=wèi 吃东西以后,胃里不舒服,有恶心或呕吐的症状 *upset the stomach; nauseating; feeling of sickness (e. g. as caused by bad food)*

【反问】fǎnwèn〈动〉(1)对提问题的人发问 *ask (a question) in reply*:我问小刘为什么不跟大家去旅游,小刘却～我:"你怎么也不去?" Wǒ wèn Xiǎo Liú wèi shénme bù gēn dàjiā qù lǚyóu, Xiǎo Liú què ～ wǒ: "Nǐ zěnme yě bú qù?" *I asked Xiao Liu why he hadn't gone on the trip with the others, instead of answering he asked me back why I hadn't gone either.* (2)用疑问语气加强肯定,并不要求回答 *ask a rhetorical question*:"河水难道会倒流吗?"这就是～。"Hé shuǐ nándào huì dào liú ma?" Zhè jiù shì ～. *"Can a river return to its source?" That is a rhetorical question.*

【反问句】fǎnwènjù〈名〉〈语〉用疑问语气或形式表达与字面相反的意义的句子,不要求回答 *rhetorical question*

【反响】fǎnxiǎng〈名〉(言论、事情所引起的)态度、意见或行动 *repercussion; echo; response*:国家高等教育自学考试制度一公布,在广大青年中引起了强烈的～。 Guójiā gāoděng jiàoyù zìxué kǎoshì zhìdù yī gōngbù, zài guǎngdà qīngnián zhōng yǐnqǐle qiángliè de ～. *The announcement concerning the self-study examination system in higher education evoked a strong response from the youth.*

【反省】fǎnxǐng〈动〉回想自己的思想或行为,检查其中的错误 *introspection; self-examination; self-questioning*:停职～ tíng zhí ～ *be temporarily relieved of one's post in order to engage in self-examination*

【反宣传】fǎnxuānchuán〈名〉*counterpropaganda*

【反咬】fǎnyǎo〈动〉(被控告的人)诬赖揭发人、见证人 *trump up a counthercharge (against one's accuser)*:～一口～ yì kǒu *make a false countercharge*

【反义词】fǎnyìcí〈名〉〈语〉词性相同,意义和另一个词相反的词,如"长"是"短"的反义词,也可以说"长"和"短"是一组反义词 *antonym*

【反应】fǎnyìng〈名〉(1)有机体受到刺激而引起的相应活动 *reaction; response*:针灸时,这条腿一灵敏,那条腿一迟钝。 Zhēnjiǔ shí, zhè tiáo tuǐ ～ língmǐn, nà tiáo tuǐ ～ chídùn. *This leg is sensitive to acupuncture treatment; whereas the other reacts slowly.* /在排球场上,小张～快、小李～慢。 Zài páiqiú chǎng shang, Xiǎo Zhāng ～ kuài, Xiǎo Lǐ ～ màn. *On the volleyball court, Xiao Zhang responds quickly; whereas Xiao Li responds slowly.* (2)物质发生化学或物理变化的过程 化学～ huàxué ～ *chemical reaction* (3)打针、服药所引起的呕吐、发烧、头疼、腹痛等症状 *reaction*:药物～ yàowù ～ *reaction to a medicine* (4)事物引起的态度、评论、意见或行动 *response; repercussion; reaction*:大家对那个报告的～很好。 Dàjiā duì nàge bàogào de ～ hěn

hǎo. *Everybody had a positive response to the report.*

【反应堆】fǎnyìngduī〈名〉*reactor*

【反映】fǎnyìng〈动〉(1)把客观事物的实质表现出来 *reflect; mirror*:这个画展大部分题材是～草原牧民生活的。 Zhège huàzhǎn dà bùfen tícái shì ～ cǎoyuán mùmín shēnghuó de. *The theme of this exhibition of paintings mostly portrays the life of nomadic people on the prairie.* /那篇作品没有正确地～现实,不是一篇好作品。 Nà piān zuòpǐn méiyou zhèngquè de ～ xiànshí, bú shì yì piān hǎo zuòpǐn. *That work is not well-written since it does not correctly reflect reality.* (2)转达,一般指把情况或意见等告诉上级、有关方面或有关个人 *report; make known*:向领导～一下大家的要求。 Xiàng lǐngdǎo ～ yíxià dàjiā de yāoqiú. *We should make our needs known to the leader.* /把意见～给他本人。 Bǎ yìjian ～ gěi tā běnrén. *You should inform himself of your opinion.*

【反映论】fǎnyìnglùn〈名〉*the theory of reflection*

【反照】fǎnzhào〈动〉反射的光 使……很亮,也指日落时日光的照射 *reflection of light; evening glow*:湖面的阳光～得舱里十分明亮。 Hú miàn de yángguāng ～ de cāng li shífēn míngliàng. *The inside of the cabin was brilliantly lit by the reflection of the sunlight from the lake.*

【反正】fǎnzhèng〈动〉敌方的军队投到自己一方 *come over from the enemy's side*(副)(1)表示在任何条件下结论或结果都一样,有时和"无论"、"不管"等呼应,可以在主语前 *anyway; anyhow; at any rate; in any case (indicates that no matter what the circumstances, the conclusion or result will be the same; sometimes used together with "无论"、"不管", etc., may be placed before the subject in a sentence)*:工作忙也好,闲也好,～我得上完职工大学。 Gōngzuò máng yě hǎo, xián yě hǎo, ～ wǒ děi shàngwán zhígōng dàxué. *Whether my work is hectic or not, I am determined to finish my studies at the vocational university anyway.* /不管你怎么说,～这事不好办。 Bùguǎn nǐ zěnme shuō, ～ zhè shì bù hǎo bàn. *This matter won't be easy to handle anyway, no matter what you say.* /你去不去倒不要紧,～他必须去。 Nǐ qù bú qù dào bú yàojǐn, ～ tā bìxū qù. *Whether you go or not, don't worry. He has to go anyhow.* (2)强调情况属实,或表示坚定决心 *(emphasizes that a situation is indeed as such, or indicates urgent determination)*:那本书是谁拿走的我不知道,～不在这儿了。 Nà běn shū shì shuí názǒu de wǒ bù zhīdào, ～ bú zài zhèr le. *I don't know who took off with that book. At any rate, it isn't here anymore.* /时间来得及,我先打个电话,咱们再走。～ shíjiān lái de jí, wǒ xiān dǎ ge diànhuà, zánmen zài zǒu. *In any case, there's time enough for me to make a call before we leave.* /你要找他你就去,～我不去。 Nǐ yào zhǎo tā nǐ jiù qù, ～ wǒ bú qù. *Go look for him if you want. At any rate, I'm mot going.* /那个电影你们看不看我不管,～我要去看。 Nàge diànyǐng nǐmen kàn bu kàn wǒ bù guǎn, ～ wǒ yào qù kàn. *I don't care whether you go to see that movie or not. I'm going anyway.* (3)引出有把握的判断,然后加以阐述 *(introduces a definite judgment which is further elaborated on)*:～路不会远,要不他怎么一刻钟就来了!～ lù bú huì yuǎn, yàobù tā zěnme yí kè zhōng jiù lái le. *In any case, it can't be far or else he wouldn't be able to get here in just fifteen minutes.* /考题不难,不然怎么人人都在30分以上?～ kǎotí bù nán, bùrán zěnme rénrén dou zài bāshí fēn yǐ shàng? *At any rate, the exam questions couldn't have been difficult, otherwise why would everybody have scored over 80?* /要做手术,晚做不如早做。～ yào zuò shǒushù, wǎn zuò bùrú zǎo zuò. *At any rate, the operation must be performed, so it's better to have it done sooner than later.*

【反证】fǎnzhèng〈动〉由证明与论题相矛盾的判断是不真实

的，来证明论题的真实性 disprove（名）可以驳倒原论证的证据 counterevidence

【反之】fǎnzhī（连）连接分句或句子，后面可有停顿。用于书面（links two clauses or sentences and can be followed by a pause; used in the written language）on the contrary; otherwise（1）表示后面叙述的情况和前面的相反（indicates that the situation described after "反之" is the opposite of the one which precedes it）; 他虽然是国内外知名的学者，但没有一点架子，～，却语言幽默，平易近人。Tā suīrán shì guónèiwài zhīmíng de xuézhě, dàn méi yǒu yìdiǎn jiàzi, ～, què yǔyán yōumò, píngyì jìn rén. Even though he's a well-known scholar at home and abroad, he doesn't put on airs; on the contrary, he's humorous and friendly. / 一个人，只有对社会做出贡献，活得才有意义，～，庸庸碌碌，活得再长也毫无价值。Yí ge rén, zhǐyǒu duì shèhuì zuòchū gòngxiàn, huó de cái yǒu yìyì; ～, yōngyōnglùlù, huó de zài cháng yě háo wú jiàzhí. Life only has meaning if one contributes to society; conversely, life is worthless for the mediocre and unambitious, no matter how long they live. （2）表示如果条件和前面相反（means "if conditions were the opposite of the aforementioned"）：温度升高，它的体积就会膨胀，～，就会收缩。Wēndù shēnggāo, tā de tǐjī jiù huì péngzhàng; ～, jiù huì shōusuō. When the temperature rises, its volume will expand; conversely, it will shrink. / 雨水少的时候，花木就多浇点儿水，～，就少浇些水。Yǔshuǐ shǎo de shíhou, huāmù jiù duō jiāo diǎnr shuǐ; ～, jiù shǎo jiāo xiē shuǐ. When there is little rain, give the flowers and trees more water; otherwise, water them a little less. / 如完成承包指标，厂长晋升两级工资，～，就地免职。Rú wánchéng chéngbāo zhǐbiāo, chǎngzhǎng jìnshēng liǎng jí gōngzi, ～, jiùdì miǎn zhí. If the contract quota is fulfilled, the factory director's wage will increase by two levels; if not, he will be relieved of his post. "反之也一样"常用来从正反两方面说明道理（"反之也一样" means "vice versa"）：农业和轻工业有着密切的关系，农业发展了就能促进轻工业的发展，～也一样。Nóngyè hé qīnggōngyè yǒuzhe mìqiè de guānxì, nóngyè fāzhǎnle jiù néng cùjìn qīnggōngyè de fāzhǎn, ～ yě yíyàng. Agriculture and light industry are closely related; the development of agriculture can promote the development of light industry, and vice versa.

【反殖】fǎn=zhí "反对殖民主义" fǎnduì zhímínzhǔyì 的简称 short for "反对殖民主义" fǎnduì zhímínzhǔyì (anti-colonialism)

【反作用】fǎnzuòyòng（名）（1）〈物〉reaction（2）相反的作用 an effect opposite to what was intended：本来是让你去劝劝他，没想到你来个火上浇油，倒起了～。Běnlái shì ràng nǐ qù quànquan tā, méi xiǎngdào nǐ lái ge huǒ shàng jiāo yóu, dào qǐle ～. I wanted you to try and persuade him, but you made matters worse and led him in the opposite direction.

【反作用力】fǎnzuòyònglì（名）〈物〉reacting force

返 fǎn（动）〈书〉回 return：战士伤好了，重～前线。Zhànshi shāng hǎo le, chóng ～ qiánxiàn. The soldiers have returned to the front now that their wounds have healed. / 迷途知～。Mítú zhī ～. One realizes that he has gone astray and return to the right way.

【返防】fǎn=fáng（部队）回到驻防的地方 return to stations

【返工】fǎn=gōng 质量不合格而重新加工或制作 do poorly done work over and again：这十件毛衣袖子太长，非～不可。Zhè shí jiàn máoyī xiùzi tài cháng, fēi ～ bùkě. The sleeves of these ten woolen sweaters are too long so that they will have to be redone.

【返航】fǎnháng（动）（舰船、飞机等）航行归来（of a warship, airplane, etc.）return to port or base：那架战斗机完成了任务，立刻就～了。Nà jià zhàndòujī wánchéngle rènwu, lìkè jiù ～ le. The fighter plane returned to base as soon as its mission was done. / 渔轮一途中幸运地躲过了台风。Yúlún ～ túzhōng xìngyùn de duǒguòle táifēng. The fishing boat was fortunate enough to avoid the typhoon on the way back to port.

【返回】fǎnhuí（动）〈书〉回，回到（原来的地方）return; go back：昨天去长城，早上七点出发，下午四点就～学校了。Zuótiān qù Chángchéng, zǎoshang qī diǎn chūfā, xiàwǔ sì diǎn jiù ～ xuéxiào le. We went to the Great Wall yesterday. We started at 7 a. m. and returned to our school by 4 p. m.

【返老还童】fǎn lǎo huán tóng 由衰老回转到青春 recover one's youthful vigour; feel rejuvenated：他每天锻炼身体，很见效，有点～的样子。Tā měi tiān duànliàn shēntǐ, hěn jiànxiào, yǒudiǎnr ～ de yàngzi. Exercising every day is effective in helping him recover his youthful vigour.

【返青】fǎnqīng（动）植物幼苗过冬或移植后恢复生长，叶色渐渐转绿（of winter crops or transplanted seedlings）return green：天气变暖，麦苗开始～了。Tiānqì biànnuǎn, màimiáo kāishǐ ～ le. When it becomes warm, the wheat seedlings start to return green.

【返销粮】fǎnxiāoliáng（名）从农村征购来的又运回农村销售的粮食 grain resold by the state to the place of production (in cases of natural disaster, etc.)

【返修】fǎnxiū（动）产品出厂后，由于有毛病又送回厂修理，或已修理的物品，由于没修好而重新修理 return goods for repair：他修好的手表，从来不～。Tā xiūhǎo de shǒubiǎo, cónglái bù ～. Once he fixes a watch it is never returned for repair again.

【返祖现象】fǎnzǔ xiànxiàng atavism

fàn

犯 fàn（动）（1）违反 violate：五号～了五次规，被罚下去了。Wǔ hào ～le wǔ cì guī, bèi fá xiaqu le. Number five committed five fouls so he was awarded a penalty and dismissed from the game. （2）◇ 侵犯，进攻 attack; assail; invade：必须击退来～的敌人！Bìxū jītuì lái ～ de dírén! We need to strike back against our attackers. （3）复发，发生（多指错误的或不好的事情）have a recurrence of (an illness or a bad habit)：气管炎又～了。Qìguǎnyán yòu ～ le. I have had another attack of tracheitis. / ～了错误应该改正。～le cuòwu yīnggāi gǎizhèng. If you commit a mistake you ought to correct it. / 心里老～疑心。Xīnli lǎo ～ yíxīn. have been suspicious all the while（名）◇ 有罪的人 criminal; convict：盗窃～ dàoqiè ～ thief / 贪污～ tānwū ～ embezzler / 刑事～ xíngshì～ criminal offender; criminal

【犯案】fàn=àn 作案后被发觉 be found out and brought to justice

【犯病】fàn=bìng 以前得过的老病重新发作 have an attack of one's old illness; have a relapse：他有三年没～了。Tā yǒu sān nián méi ～ le. He has not had an attack of his old illness for three years. / 今年我犯了好几次病。Jīnnián wǒ fànle hǎo jǐ cì bìng. I have had quite a few attacks this year. / 身体好了，病也不犯了。Shēntǐ hǎo le, bìng yě bú fàn le. My health is much better and I haven't had any relapses.

【犯不上】fàn bu shàng "不值得"、"没有必要"的意思。一般作状语 be not worth; be not deserving：即使我错怪了你，也～气得这样。Jíshǐ wǒ cuòguàile nǐ, yě ～ qì de zhèyàng. Even if I blamed you unjustly, it wouldn't be worth being so exasperated. / 为了买件衬衣～进城。Wèile mǎi jiàn chènyī ～ jìn chéng. It isn't worth going down town just to

buy a shirt.

【犯不着】fàn bu zháo 同"犯不上"fàn bu shàng *same as "犯不上"* fàn bu shàng：在这种小问题上，～花这么多时间。Zài zhè zhǒng xiǎo wèntí shang，～ huā zhème duō shíjiān. *On such a trifling matter，it isn't worthwhile spending so much time.* /他工作那么忙，小小的困难～去麻烦他。Tā gōngzuò nàme máng，xiǎoxiǎo de kùnnan ～ qù máfan tā. *He is so much occupied that it is not worth our while to bother him with such a small problem.*

【犯愁】fàn＝chóu 同"发愁"fā＝chóu *same as "发愁"* fā＝chóu

【犯得上】fàn de shàng "值得"、"有必要"的意思。它只能用在反问句里，表示"不值得"、"没必要"(*only used in a rhetorical question to mean not worthwhile*)：这点小事儿，～这么着急吗？Zhè diǎnr xiǎo shìr，～ zhème zháo ji ma？*Is it worthwhile to be so worried over such a trifling matter?* /他还是个孩子，～跟他那么认真吗？Tā hái shì ge háizi，～ gēn tā nàme rènzhēn ma？*He is still a child，is it worthy of such seriousness with him?*

【犯得着】fàn de zháo 同"犯得上"fàn de shàng *same as "犯得上"* fàn de shàng：这样小的工程～动用那么多人力吗？Zhèyàng xiǎo de gōngchéng ～ dòngyòng nàme duō rénlì ma？*Is it worthwhile employing such a lot of manpower for such a small project?*

【犯法】fàn＝fǎ 违反国家的法律、法令 *break the law*：他那种做法犯不犯法？Tā nà zhǒng zuòfǎ fàn bú fàn fǎ？*Is what he's doing breaking the law?* /谁犯了法都要受到国家法律的制裁。Shuí fànle fǎ dōu yào shòudào guójiā fǎlǜ de zhìcái. *Those who break the law should be punished according to the law of the state.*

【犯规】fàn＝guī 违反规则、规定(多用于体育比赛或游戏等) *foul (in sports)*：足球场上触手就算。Zúqiúchǎng shang chù shǒu jiù suàn. *It is a foul to touch the ball with your hand on the soccer field.* /小王连犯五次规，被罚下了场。Xiǎo Wáng lián fàn wǔ cì guī，bèi fáxià le chǎng. *Xiao Wang had five fouls in a row so he was penalized by being sent off the field.*

【犯忌】fàn＝jì 违反禁忌 *violate a taboo*：许多老人认为说"死"字是一的。Xǔduō lǎorén rènwéi shuō "sǐ" zì shì ～ de. *It is a taboo for most old people to utter the word "die".*

【犯禁】fàn＝jìn 违犯禁令 *violate a ban or prohibition*

【犯人】fànrén(名) *prisoner；convict*

【犯疑】fànyí (动·不及物)产生怀疑 *be suspicious；suspect*：他的话使我～，他好像在隐瞒什么。Tā de huà shǐ wǒ ～，tā hǎoxiàng zài yǐnmán shénme. *His words made me suspicious since it seemed that he was hiding something.*

【犯罪】fàn＝zuì 做出犯法的、应受刑罚或处罚的事 *commit a crime*：他犯了什么罪？Tā fànle shénme zuì？*What crime did he commit?* /走上了～的道路 zǒushàngle ～ de dàolù *to lead a life of crime* /浪费等于～。Làngfèi děngyú ～. *To waste is to commit a crime.*

饭〔飯〕fàn

(名)(1)煮熟的谷类食物，多指大米饭、小米饭 *rice (cooked)* (2)每日定时吃的食物 *meal*：午～ wǔ～ *lunch*

【饭菜】fàncài (名)(1)饭和菜 *meal；repast* (2)和饭一起吃的菜(区别于"酒菜") *dish to go with rice (not "酒菜")* *dish to go with wine)*

【饭店】fàndiàn(名)[家 jiā](1)营业性的供旅客食宿的地方 *hotel* (2)较大的设备较好的饭馆 *restaurant*

【饭馆】fànguǎnr (名)[家 jiā]专卖饭菜供人食用的店铺 *restaurant*

【饭盒】fànhé(名)(～儿)用来装饭菜的盒子 *lunch box；mess tin；dinner pail*

【饭量】fànliàng(名)一个人一顿饭能吃的食物的量 *ap-*

petite：小吴的～可不小，这么点饭菜不够他吃的。Xiǎo Wú de ～ kě bù xiǎo，zhème diǎnr fàncài bú gòu tā chī de. *Xiao Wu eats a lot and these few dishes are not enough for him.* /最近这个孩子的～大减，大概病了。Zuìjìn zhège háizi de ～ dà jiǎn，dàgài bìng le. *The child is eating less and less lately. He is probably sick.*

【饭票】fànpiào (名)(～儿)内部食堂用的买饭菜的票证 *meal ticket；mess card*

【饭铺】fànpù (名)(～儿)规模不大的饭馆 (*a small*) *restaurant*

【饭食】fànshi (名)饭和菜(多就质量而言) *food*

【饭厅】fàntīng (名) *dining hall；dining room；mess hall*

【饭桶】fàntǒng (名)盛饭的桶；比喻无能、无用的人(骂人的话，含讥讽意) *rice bucket；fathead；good-for-nothing*：你这个人连照相机都不会用，真是个～！Nǐ zhège rén lián zhàoxiàngjī dōu bú huì yòng，zhēn shì ge ～！*You fathead! You don't even know how to use a camera!*

【饭碗】fànwǎn (名)[个 gè](1)盛饭的碗 *rice bowl* (2)旧时比喻职业 *job；means of livelihood*：那时，找个～实在不容易。Nà shí，zhǎo ge ～ shízài bù róngyì. *At the time，it was not easy to find a job.* /新社会人人有工作，但要注意避免这种铁～带来的后果。Xīn shèhuì rénrén yǒu gōngzuò，dàn yào zhùyì bìmiǎn zhè zhǒng tiě～ dàilai de hòuguǒ. *Everyone has a job in the new society but we have to be careful to avoid the bad effects that guaranteed life time employment can bring.*

【饭庄】fànzhuāng (名)规模较大的饭馆 (*a large*) *restaurant*

泛 fàn

(动)(1)◇浮在水面上 *float*：～舟湖上 ～ zhōu hú shàng *go boating on a lake* (2)浮现出 *be suffused with*：他的脸色黑里～红，显得十分健壮。Tā de liǎnsè hēi li ～ hóng，xiǎnde shífēn jiànzhuàng. *He looks healthy and strong with his tanned and glowing face.*

【泛读】fàndú (动)(学生)进行较快的阅读，只求懂大意，而不是逐字逐句地学习 *extensive reading*

【泛泛】fànfàn (形)肤浅，不深入 *general；no deepgoing*：关于这一章，现在先～地讲一遍，以后还要细讲。Guānyú zhè yì zhāng，xiànzài xiān ～ de jiǎng yí biàn，yǐhòu hái yào xì jiǎng. *I shall first give a general outline of the chapter. Later on I'll discuss it in detail.* /只是～而论，不接触实际，解决不了问题。Zhǐshì ～ ér lùn，bù jiēchù shíjì，jiějué bu liǎo wèntí. *This is only a general discussion. It will not solve the problem since it is not in line with reality.* /他们二人只是～之交。Tāmen èr rén zhǐ shì ～ zhī jiāo. *They two are only casual acquaintances.*

【泛滥】fànlàn (动)江河湖泊的水满后而流出堤岸，造成灾害；比喻错误的思想、言行到处扩散、流传 *flood；overflow*：洪水～成灾。Hóngshuǐ ～ chéng zāi. *The flood raged out of control.* /防止错误思想到处～。Fángzhǐ cuòwù sīxiǎng dàochù ～. *Prevent a false idea from spreading.*

【泛指】fànzhǐ (动)一般地指，与"专指"相对 *be used in a general sense；make a general reference (opposite to "专指" (make a specific reference))*：在"他每天没什么事，只是看看书写写信"这句话里"书"和"信"都是～的。Zài "Tā měi tiān méi shénme shì，zhǐ shì kànkan shū xiěxie xìn" zhè jù huà li "shū" hé "xìn" dōu shì～ de. *In a sentence like "He does nothing every day but just reads books and writes letters," the words "books" and "letters" are used in a general sense.* /"父兄"～长辈。"Fùxiōng" ～ zhǎngbèi. *The term "父兄" is used in a general sense to refer to the older generation.*

范〔範〕fàn

【范畴】fànchóu (名)(1)人的思维对客观事物的普遍本质的

概括和反映 category；化合、分解等是化学的～。Huàhé、fēnjiě děng shì huàxué de ～. Chemical combination and decomposition are both chemical processes. （2）类型，范围 scope；limits；range：那个座谈会上所讨论的问题基本上没有超出语言教学的～。Nàge zuòtánhuì shang suǒ tǎolùn de wèntí jīběnshang méiyou chāochū yǔyán jiàoxué de ～. The questions which were discussed in the symposium, in general, were within the scope of language teaching.

【范读】fàndú（动）目的在示范的朗读 read in order to set an example of how to read aloud：在英语课上，老师总是～课文。Zài Yīngyǔ kè shang, lǎoshī zǒngshì ～ kèwén. In the English class, the teacher always reads the lesson aloud in order to set an example.

【范例】fànlì（名）可作榜样的事例 example；model：她刻苦自学，掌握五门外语的事迹，是广大青年自学成才的～。Tā kèkǔ zìxué, zhǎngwò wǔ mén wàiyǔ de shìjì, shì guǎngdà qīngnián zìxué chéng cái de ～. Through painstaking self-study she managed to master five foreign languages. She is thus useful as an example for encouraging youth to engage in self-study.

【范围】fànwéi（名）周围界限 scope；limits；range：那个油田在山东地区～内。Nàge yóutián zài Shāndōng dìqū ～ nèi. That oilfield is in the Shandong area. /他的活动～很广。Tā de huódòng ～ hěn guǎng. He is involved in a wide range of activities. /院长的职权～可不小。Yuànzhǎng de zhíquán ～ kě bù xiǎo. A dean has full authority. /代表人选先在小组～内酝酿。Dàibiǎo rénxuǎn xiān zài xiǎozǔ ～ nèi yùnniàng. The decision as to whom is to be selected as representative will first be deliberated on within the confines of the group.

【范文】fànwén（名）可以作为规范的文章 model essay

贩〔販〕fàn
（动）指商人买进货物 buy to resell：他到农民那儿～了一车西瓜。Tā dào nóngmín nàr ～ le yì chē xīguā. He bought a cart of water melons from the farmers. /这些药材是刚～来的。Zhèxiē yàocái shì gāng ～ lai de. These medicinal herbs have just been bought.

【贩卖】fànmài（动）买进后再卖出，获取利润 buy goods and sell them at a higher price：不许非法～粮食。Bùxǔ fēifǎ ～ liángshi. It is prohibited to sell grain illegally.

【贩运】fànyùn（动）（商人）从甲地买货运到乙地（出卖）transport goods for sale；traffic

【贩子】fànzi（名）旧时往来各地贩卖东西的人，常含贬义 peddler；petty trader：牲口～ shēngkou ～ livestock dealer /人～ rén ～ slave trader；trader in human beings

梵fàn
【梵文】fànwén（名）Sanskrit

fāng

方fāng
（名）（1）◇方向 direction：向东北～跑去 xiàng dōngběi ～ pǎoqù run in a northeasterly direction（2）◇方面 side；party：双～达成的协议，任何一～都不能破坏。Shuāng～ dáchéng de xiéyì, rènhé yì ～ dōu bù néng pòhuài. If both of them make an agreement, neither of them can break it. （3）◇办法 method；way：想～设法 xiǎng ～ shè fǎ try every means / 教子有～ jiào zǐ yǒu ～ skillful in educating one's own children（4）（～儿）配药的单子 prescription：找大夫开个治咳嗽的～。Zhǎo dàifu kāi ge zhì késou de ～. Ask a doctor to write a prescription for the cough. （5）〈数〉（maths）power：3 的 3 次～是 27。Sān de sān cì ～ shì

èrshíqī. The 3rd power of 3 is twenty-seven. （形）square：这块木头不够～，这边得去掉一点儿。Zhè kuài mùtou bú gòu ～, zhè bian děi qùdiào yìdiǎnr. This piece of wood is not square so a little will have to be sawed off of this side. / ～的镜框比较少，多半是长方的。～ de jìngkuàng bǐjiào shǎo, duōbàn shì chángfāng de. There aren't many square frames；most of them are rectangular. （量）（1）〈书〉用于方形的东西（for squared objects）：一～砚台 yì ～ yàntái one ink-stone /两～图章 liǎng ～ túzhāng two seals；two chops（2）平方米或立方米的简称 short for 平方米 or 立方米：铺地板二十～（二十平方米）。Pū dìbǎn èrshí ～ (èrshí píngfāng mǐ). Lay twenty square metres of floor. /两～（两立方米）木料 liǎng ～ (liǎng lìfāng mǐ) mùliào two cubic meters of lumber（副）〈书〉（1）同"刚"gāng，表示不久前发生或达到 same as "刚" gāng；just；at the time when：他～三岁，母亲就去世了。Tā ～ sān suì, mǔqin jiù qùshì le. His mother passed away when he was just three years old. /他～从梦中醒来，就被叫去开会。Tā ～ cóng mèng zhōng xǐnglái, jiù bèi jiàoqu kāi huì. He had just awakened from his dream when he was called to a meeting. （2）意思是"才"，用在复句的第二分句中，前一分句是条件或原因 same as "才" cái (used in the second part of a complex sentence, the first part of the sentence indicates a condition or reason)：老王的病需半月～能治愈。Lǎo Wáng de bìng xū bàn yuè ～ néng zhìyù. Lao Wang needs half a month before his illness can be cured. /这项工程须三年～可完工。Zhè xiàng gōngchéng xū sān nián ～ kě wán gōng. This project needs three years before it can be completed. /经他详加解释，我～懂得一点内中的奥妙。Jīng tā xiáng jiā jiěshì, wǒ ～ dǒngde yìdiǎn nèizhōng de àomiào. It was only after he explained in detail that I finally understood a little of the inner subtleties.

【方案】fāng'àn（名）（1）进行工作或战斗的具体规划 plan；program；project：施工～ shī gōng ～ construction plan / 作战～ zuò zhàn ～ battle plan（2）由政府制定或批准而颁布施行的办法或规定 scheme；project：汉语拼音～ Hànyǔ Pīnyīn ～ The Scheme for the Chinese Phonetic Alphabet

【方便】fāngbiàn（形）（1）便利，没有妨碍 convenient：我住在市中心，交通十分～。Wǒ zhù zài shì zhōngxīn, jiāotōng shífēn ～. I live downtown, so it's easy for me to get around. /要说买东西，这儿是个～地点。Yào shuō mǎi dōngxi, zhèr shì ge ～ dìdiǎn. If you want to go shopping, this is a good place. /一本词典也没有，学习真不～。Yì běn cídiǎn yě méi yǒu, xuéxí zhēn bù ～. It is hard to study without a dictionary. （2）适宜 proper；suitable：我要跟你谈件事，这儿说话不～，到我办公室来吧。Wǒ yào gēn nǐ tán jiàn shì, zhèr shuō huà bù ～, dào wǒ bàngōngshì lái ba. There is something I want to talk over with you, but this isn't the right place. Could you come to my office?（动）使便利 do something for the convenience of someone：～顾客 ～ gùkè Do something for the convenience of customers. /扩大商业网点，～群众。Kuòdà shāngyè wǎngdiǎn, ～ qúnzhòng. Expand the commercial network for people's convenience.

【方便面】fāngbiànmiàn（名）一种加过工的干面条，用开水泡一会儿就能吃 instant noodles

【方步】fāngbù（名）斯斯文文大而慢的步子 measured steps

【方才】fāngcái（名）同"刚才"gāngcái，用得较少 same as "刚才" gāngcái（副）（1）同"才"cái，表示某种情况或动作发生得晚，往往在另一动作或情况之后 same as "才" cái (indicates that an action or situation occurs late and frequently follows another action or situation)：他送走了客人，～回到屋里吃饭。Tā sòngzǒule kèrén, ～ huídào wū li chī fàn. He didn't go back into his room to eat until he had seen all

the guests off. /报告人交待了事件的背景以后，～叙述事件的经过情况。Bàogàorén jiāodàile shìjiàn de bèijǐng yǐhòu，～ xùshù shìjiàn de jīngguò qíngkuàng. *The speaker did not relate what happened during the incident until he had briefed us on its background.* (2) 同"方"fāng（副）(2) *same as "方" fāng（副）(2)*：我们查了五本词典，～找到那个字。Wǒmen chále wǔ běn cídiǎn，～ zhǎodào nàge zì. *It was only after consulting five dictionaries that we finally found that character.* /只有农业发展了，工业～能有足够的原料和市场。Zhǐyǒu nóngyè fāzhǎn le，gōngyè ～ néng yǒu zúgòu de yuánliào hé shìchǎng. *Agriculture must be developed before industry can have a sufficient market and raw materials.* /大家必须团结一心，～能够抵抗入侵之敌。Dàjiā bìxū tuánjié yīxīn，～ nénggòu dǐkàng rùqīn zhī dí. *Everybody must unite as one before we can stand up to the invading enemy.*

【方程】fāngchéng（名）〈数〉*equation*

【方程式】fāngchéngshì（名）〈数〉同"方程" fāngchéng *same as "方程" fāngchéng*

【方尺】fāngchǐ（量）平方尺 *same as "平方尺" píngfāngchǐ*

【方寸】fāngcùn（量）平方寸 *same as "平方寸" píngfāngcùn*；〈书〉内心 *heart*：～已乱 with one's heart troubled and confused；*with one's mind in a turmoil*；*greatly agitated*

【方法】fāngfǎ（名）解决问题或处理事情的门路和办法 *method*；*way*；*means*：学习～灵活。Xuéxí ～ línghuó. *a flexible method of study* /思想～不对头。Sīxiǎng ～ bù duìtóu. *The way of thinking is not on the right track.* /同一的问题得用不同的～解决。Bù tóng de wèntí děi yòng bù tóng de ～ jiějué. *Different problems have to be solved in different ways.*

【方法论】fāngfǎlùn（名）哲学上的一种关于认识世界和改造世界的根本方法的学说 *methodology*

【方格】fānggé（名）（～儿）*checker*

【方块字】fāngkuàizì（名）指汉字，因汉字成方形而得名 *Chinese character*

【方框】fāngkuàng（名）（～儿）*square frame*

【方略】fānglüè（名）〈书〉全盘的计划与策略 *general plan*

【方面】fāngmiàn（名）就相对的或并列的几个人或几件事物之一来说，叫方面 *aspect*；*respect*；*side*；*field*：主动权一直在我军。Zhǔdòngquán yìzhí zài wǒ jūn. *Our side has been in control of the initiative.* /要提高产品质量，首先得解决技术～的问题。Yào tígāo chǎnpǐn zhìliàng，shǒuxiān děi jiějué jìshù ～ de wèntí. *Before we can improve the quality of products we first have to resolve the technical problems.* /他举出各～的例子来说明改革是必要的。Tā jǔchū gè ～ de lìzi lái shuōmíng gǎigé shì bìyào de. *He gave various examples to explain why reforms are needed.*

【方面军】fāngmiànjūn（名）〈军〉担负一个方面作战任务的军队的最大一级编组，负责若干兵团或军 *front army*

【方式】fāngshì（名）说话、办事时采取的方法和形式 *way*；*fashion*；*pattern*：说理也是一种斗争～。Shuō lǐ yě shì yì zhǒng dòuzhēng ～. *Argument and reasoning are also forms of struggle.* /做思想工作要注意～。Zuò sīxiǎng gōngzuò yào zhùyì ～. *It is necessary to pay attention to one's methods when carrying out ideological work.* /我们俩的生活～有点儿不同。Wǒmen liǎ de shēnghuó ～ yǒudiǎnr bù tóng. *The two of us have a slightly different style of living.*

【方位】fāngwèi（名）方向位置，如东、南、西、北、上、下、前、后等 *position*；*direction*；*bearing*；*points of the compass*

【方位词】fāngwèicí（名）〈语〉名词中表示方向位置的词 *noun of locality*：东、南、上、下、旁边、之下、上头、外面等都是～。Dōng、nán、shàng、xià、pángbiān、zhīxià、shàngtou、wàimian děng dōu shì ～. 东、南、上、下、旁边、之下、上头、外面，*etc. are all nouns of locality.*

【方向】fāngxiàng（名）(1)指东、西、南、北等 *direction*：在沙漠里迷失了～。Zài shāmò li míshīle ～. *I got lost in the desert.* (2)正对的位置，前进的目标 *direction*；*orientation*；*course*：他正朝着俱乐部的～走去。Tā zhèng cháozhe jùlèbù de ～ zǒuqù. *He is making straight for the club.* /我的科研～已经明确。Wǒ de kēyán ～ yǐjīng míngquè. *The orientation of my scientific research has already been defined.*

【方向盘】fāngxiàngpán（名）*steering wheel*

【方兴未艾】fāng xīng wèi ài 多指革命形势或新生事物正在蓬勃发展，一时不会停止 *be rising*；*be in the ascendant*；*be just unfolding*：太阳能的利用在世界范围内～。Tàiyángnéng de lìyòng zài shìjiè fànwéi nèi ～. *The use of solar energy is just unfolding in the world.*

【方形】fāngxíng（名）*square*

【方言】fāngyán（名）*dialect*

【方圆】fāngyuán（名）(1)指范围 *surrounding area*：这一带～几百里一座山也没有。Zhè yídài ～ jǐ bǎi lǐ yí zuò shān yě méi yǒu. *There are no mountains in this area for several hundred miles.* (2)指周围的长度 *circumference*：这个大运动场～不过四五千米。Zhège dà yùndòngchǎng ～ búguò sì-wǔqiān mǐ. *This big playground has a circumference of no more than 4,000 or 5,000 metres.*

【方丈】fāngzhàng（量）*square zhang*

【方丈】fāngzhang（名）(1)对佛教、道教寺观内住持者的尊称 *Buddhist abbot* (2)佛寺或道观中住持者住的房间 *abbot's room*

【方针】fāngzhēn（名）引导事业前进的指针 *policy*；*guiding principle*：为社会主义服务、为人民服务是我们的文艺～。Wèi shèhuìzhǔyì fúwù、wèi rénmín fúwù shì wǒmen de wényì ～. *The guiding principle of our literature and art is to serve socialism and the people.*

【方桌】fāngzhuō（名）[张 zhāng] *square table*

【方子】fāngzi（名）(1)药方 *prescription* (2)化学制品、冶金产品等的配制方法 *formula*；*directions for mixing chemicals*

芳 fāng

【芳香】fāngxiāng（形）〈书〉香（多指花草）*fragrant*；*sweet-smelling*

fáng

防 fáng

（动）〈 防备，防止 *guard against*：要有～火～盗的措施。Yào yǒu ～ huǒ ～ dào de cuòshī. *We need to have fire prevention and anti-theft measures.* （名）〈 防御 *defend*：布～ bù ～ *place troops on garrison duty*；*organize a defence*

【防备】fángbèi（动）为应付攻击或避免受害而预先做好准备 *guard against*；*take precautions against*：要提高警惕，～敌人突然袭击。Yào tígāo jǐngtì，～ dírén tūrán xíjī. *We need to heighten our vigilance and be prepared for surprise attacks by the enemy.* /打这种农药，是为了～虫害。Dǎ zhè zhǒng nóngyào，shì wèile ～ chónghài. *We spray this kind of pesticide in order to take precautions against some insect pests.* /把粮食储存起来，～万一。Bǎ liángshi chǔcún qilai，～ wànyī. *Store food so as to be prepared for the worst.*

【防潮】fáng=cháo (1)防止潮湿 *dampproof*；*moistureproof* (2)防备潮汐 *protection against the tides*：～闸门 ～ zhámén *sluice gate to protect against the tides*

【防弹】fáng=dàn *bulletproof*；*shellproof*

【防盗】fáng=dào *guard against theft*；*take precautions against burglars*；*anti-theft*

【防地】fángdì（名）（部队）驻防的地区 defence sector；station (of a unit)

【防毒】fáng＝dú 防止毒物对人畜等的危害。常作定语 take precautions against poisoning：～措施 ～ cuòshī precautions against poisoning /～面具 ～ miànjù gas mask

【防范】fángfàn（动）〈书〉戒备，千方百计不使其发生 be on guard；keep a lookout：森林火灾必须严加～。Sēnlín huǒzāi bìxū yán jiā ～. We should keep a close watch for forest fires.

【防风林】fángfēnglín（名）windbreak（forest）；shelterbelt

【防腐】fáng＝fǔ 防止有机体腐烂 anticorrosive；antiseptic：～的化学药品 ～ de huàxué yàopǐn antiseptic chemicals /这种药品防不防腐？Zhè zhǒng yàopǐn fáng bù fáng fǔ? Is the reagent antiseptic?

【防腐剂】fángfǔjì（名）antiseptic；preservative

【防洪】fáng＝hóng 防备洪水灾害 flood prevention：做好～、抗洪的准备。Zuòhǎo ～、kàng hóng de zhǔnbèi. Prepare for flood prevention. /今天全体干部都去～了，办公室没人。Jīntiān quántǐ gànbù dōu qù ～ le, bàngōngshì méi rén. There was nobody in the office today because all the cadres had gone to help with flood control.

【防护】fánghù（动）防备和保护 shelter；protect

【防护林】fánghùlín（名）以调节气候，减免水、旱、风灾，保持水土为主而营造的森林 shelter forest

【防化学兵】fánghuàxuébīng（名）antichemical warfare corps

【防患未然】fáng huàn wèi rán 在事故或灾害发生之前就采取措施，预先防止 take preventive measures；take preventive measures against possible calamities：打预防针为了～。Dǎ yùfáng zhēn wèile ～. A protective inoculation is for prevention.

【防空】fángkōng（动）为防御敌人空袭而采取各种斗争手段和措施。常作定语 air defence；anti-aircraft：～壕 ～ háo air-raid dugout /～演习 ～ yǎnxí air-raid drill；air defence exercise or practice

【防空洞】fángkōngdòng（名）（1）为了防备空袭而挖掘的洞 air-raid shelter（2）比喻可以掩护坏人、坏思想的事物 a hideout for evildoers

【防涝】fáng＝lào 防备水涝成灾。常作定语 prevent waterlogging：～设施 ～ shèshī installations for waterlogging prevention /～措施 ～ cuòshī measures for waterlogging prevention /为了～，田间修了不少水渠。Wèile ～, tiánjiān xiūle bù shǎo shuǐqú. Quite a few dicthes were dug across the farmland to prevent waterlogging.

【防区】fángqū（名）（部队）驻防的区域 defence area；garrison area

【防沙林】fángshālín（名）为防止沙漠的侵袭和扩大而种植的树林 sandbreak；shelterbelt

【防守】fángshǒu（动）警戒守卫 defend；guard：增加兵员，加强～力量。Zēngjiā bīngyuán, jiāqiáng ～ lìliang. Detach more troops to strengthen the defence. /这个队既能进攻，又能～，是个技术全面的足球队。Zhège duì jì néng jìngōng, yòu néng ～, shì ge jìshù quánmiàn de zúqiúduì. This soccer team is good at both offence and defence so it is a well-rounded team.

【防水】fáng＝shuǐ 防止水（液体）进入 waterproof：～表 ～ biǎo waterproof watch /～措施 ～ cuòshī waterproofing measures /这种表防不防水？Zhè zhǒng biǎo fáng bù fáng shuǐ? Are these watches waterproof?

【防特】fáng＝tè 防止特务活动 guard against enemy agents

【防微杜渐】fáng wēi dù jiàn 在错误或坏事刚开始时就及时制止，不让它发展、扩大 check erroneous ideas at the outset：那位经验丰富的教师，对学生的教导能做到～。Nà wèi jīngyàn fēngfù de jiàoshī, duì xuésheng de jiàodào néng zuòdào ～. That experienced teacher can teach and guide his students by checking any erroneous ideas at the outset.

【防卫】fángwèi（动）防御和保卫 defend

【防务】fángwù（名）（国家）安全防御方面的工作 defence

【防线】fángxiàn（名）the line of defence：已经设置了三道～。Yǐjing shèzhìle sān dào ～. Three lines of defence have been set up.

【防汛】fáng＝xùn 在江河涨水时期采取戒备措施，防止洪水泛滥成灾 flood prevention：江水暴涨，军民联合～。Jiāng shuǐ bào zhǎng, jūn mín liánhé ～. The army and the people joined together to fight against the rapidly rising waters of the river. /制定～抗洪措施 zhìdìng ～ kàng hóng cuòshī draw up flood prevention measures /～指挥部 ～ zhǐhuībù headquarters for flood prevention

【防疫】fáng＝yì 预防传染病。常作定语，不作谓语 epidemic prevention：～站 ～zhàn epidemic prevention station /打～针 dǎ ～ zhēn inoculate

【防雨布】fángyǔbù（名）waterproof cloth；tarpaulin

【防御】fángyù（动）（军队）抗击（敌人进攻）defend：加强力量 jiāqiáng ～ lìliang enforce defence；strengthen the defence capabilities /～工事 ～ gōngshì defences /我们的军队纯粹是为了～。Wǒmen de jūnduì chúncuì shì wèile ～. Our troops are just for defence.

【防震】fáng＝zhèn 采取一定的措施或安装某种装置，使建筑物、机器、仪表等免受震动 shockproof；quakeproof；take precautions against earthquakes：～装置 ～ zhuāngzhì earthquake proof equipment /～设施 ～ shèshī earthquake proof facilities /～手表 ～ shǒubiǎo a shockproof watch /你的手表防不防震？Nǐ de shǒubiǎo fáng bù fáng zhèn? Is your watch shockproof?

【防止】fángzhǐ（动）预先设法制止（坏事发生）prevent；guard against：加强安全教育，～交通事故。Jiāqiáng ānquán jiàoyù, ～ jiāotōng shìgù. Promote the education of traffic safety to prevent traffic accidents. /生活富裕也要～浪费。Shēnghuó fùyù yě yào ～ làngfèi. Even though we have an affluent life, we still have to guard against waste. /游泳出危险 ～ yóuyǒng chū wēixiǎn take precautions against swimming accidents

【防治】fángzhì（动）预防和治疗人体、动物体的疾病或植物体的病虫害 prevent and cure：病虫害要及早～。Bìngchónghài yào jìzǎo ～. Plant diseases and insect pests need to be prevented and treated as soon as possible.

妨 fáng

【妨碍】fáng'ài（动）阻碍、干扰，使事情不能顺利进行 hinder；hamper；impede；obstruct：不要～交通。Búyào ～ jiāotōng. Do not block traffic. /在阅览室大声说话会～别人。Zài yuèlǎnshì dà shēng shuō huà huì ～ biérén. Talking aloud in the reading-room will disturb other people.

【妨害】fánghài（动）……有害于 impair；jeopadize；be harmful to：吸烟～人体健康。Xī yān ～ réntǐ jiànkāng. Smoking is harmful to one's health.

房 fáng

（名）◇［间 jiān］（1）房屋，房子 house：瓦～ wǎ～ a house with a tiled roof /土～ tǔ～ a house made of dried mud bricks（2）屋子 room：五间北～ wǔ jiān běi ～ five rooms facing south

【房产】fángchǎn（名）house property

【房东】fángdōng（名）landlord；landlady

【房基】fángjī（名）房屋的地基 foundations（of a building）

【房间】fángjiān（名）［个 gè］room

【房客】fángkè（名）向房东租房住的人 tenant

【房屋】fángwū（名）房子的总称 houses；buildings

【房檐】fángyán（名）（～儿）eaves

【房子】fángzi（名）［所 suǒ、套 tào］house；building：我家住

一套三居室的新～。Wǒ jiā zhù yí tào sān jūshì de xīn ～. I live in a new suite of three rooms.
【房租】fángzū（名）rent

fǎng

仿 fǎng（动）照着样子做（多指某种器物）imitate; copy; pattern after：这个衣柜是～着他那个做的。Zhège yīguì shì ～zhe tā nàge zuò de. This wardrobe was modelled on that one of his. /你能不能～着这张画画一张？Nǐ néng bù néng ～zhe zhè zhāng huà huà yì zhāng? Can you copy this picture?

【仿佛】fǎngfú（动）类似，差不多 be like; be alike：两种颜色相～。Liǎng zhǒng yánsè xiāng ～. These two colors look alike. /他们俩的年纪相～。Tāmen liǎ de niánji xiāng ～. They are both about the same age. （副）好像，似乎。句尾可加"似的，一样"等助词。多用于书面 seem; as if; like (auxiliary words such as "似的", "一样", etc. can be added at the end of the sentence; usu. used in the written language)（1）表示不是很有把握的感觉或判断（indicates an uncertain feeling or judgment）：几个月不见，这孩子～又长了一大截（似的）。Jǐ ge yuè bú jiàn, zhè háizi ～ yòu zhǎngle yí dà jié（shìde）. I haven't seen this child for months. He seems to have grown a great deal. /～这里的天气比别处冷得早（似的）。～ zhèli de tiānqì bǐ biéchù lěng de zǎo（shìde）. This place seems to get cold earlier than other places. （2）表示相似或成为明喻（indicates a resemblance or simile）：满地的月光，～铺了白纱（一样/似的）。Mǎn dì de yuèguāng, ～ pūle bái shā（yíyàng/shìde）. The ground was bathed in moonlight. It was as if white gauze had been spread over it. /他看着地图，～是看到了那里的崇山峻岭（一样/似的）。Tā kànzhe dìtú, ～ shì kàndàole nàli de chóngshān jùnlǐng（yíyàng/shìde）. It was as if he could see the high mountain ridges of that area when he looked at the map. /两人见了面连招呼也不打，～根本不认识（似的/一样）。Liǎng rén jiànle miàn lián zhāohu yě bù dǎ, ～ gēnběn bú rènshi（shìde/yíyàng）. Those two didn't even say hello when they met. They acted like complete strangers. （3）"仿佛……"如作状语，后面必有"似的"等助词相呼应（if "仿佛..." is used as an adverbial, it must be echoed by an auxiliary word such as "似的", etc.）：他～是到了自己家似的，毫不拘束。Tā ～ shì dàole zìjǐ jiā shìde, háo bù jūshù. He wasn't the least bit ill at ease. It was as if he had come home. /我～卸了千斤重担似的嘘了一口气。Wǒ ～ xièle qiān jīn zhòngdàn shìde xūle yì kǒu qì. I uttered a sigh as though I were lifting a burden of thousands of jin off my shoulders. /他们一见面就～是老朋友一样谈起话来。Tāmen yí jiàn miàn jiù ～ shì lǎo péngyou yíyàng tán qǐ huà lai. As soon as they meet, they start to chat like old friends.

【仿古】fǎnggǔ（动）模仿古代器物或古代艺术品（多作定语）modelled after an antique; be in the style of the ancients：～瓷瓶 ～ cípíng imitation of an ancient porcelain vase

【仿生学】fǎngshēngxué（名）bionics

【仿宋体】fǎngsòngtǐ（名）中国印刷字体的一种，是依照宋代刻书字体改写的字体 imitation of Song-Dynasty-style typeface

【仿效】fǎngxiào（动）模仿（别人的方法、作法、式样等），效法（别人的行为、长处、短处等）imitate; follow the example of：这种外衣的款式完全是～上海的。Zhè zhǒng wàiyī de kuǎnshì wánquán shì ～ Shànghǎi de. The style of this overcoat is a perfect imitation of the Shanghai style. /这个孩子的一举一动处处～他哥哥。Zhège háizi de yì jǔ yí dòng chùchù ～ tā gēge. The child imitates everything his elder brother does.

【仿造】fǎngzào（动）照着样子制造或制作（某种器物）copy; make (something from) a model：这不是真的飞鸽牌自行车，是～的。Zhè bú shì zhēnde Fēigēpái zìxíngchē, shì ～ de. This is not a genuine "Pigeon" bicycle. It is an imitation.

【仿照】fǎngzhào（动）按照已有的方法或式样（去做）follow an example：那个工厂的管理办法很好，各工厂可～试行。Nàge gōngchǎng de guǎnlǐ bànfǎ hěn hǎo, gè gōngchǎng kě ～ shìxíng. That factory is well managed. It would be a good idea for other factories to try it out. /你要做大衣，可以～他那件。Nǐ yào zuò dàyī, kěyǐ ～ tā nà jiàn. If you want to make an overcoat, you can use his as a model.

【仿制】fǎngzhì（动）同"仿造"fǎngzào same as "仿造" fǎngzào：这是～品，不是我们创造的。Zhè shì ～ pǐn, bú shì wǒmen chuàngzào de. This was not started by us, it's an imitation.

访

访〔訪〕fǎng（动）◇（1）看望，探问 visit; call on：～亲～友 ～ qīn ～ yǒu call on relatives and friends（2）向人询问、调查 seek by inquiry：接待记者来～。Jiēdài jìzhě lái ～. be interviewed by a reporter

【访贫问苦】fǎng pín wèn kǔ（1）土地改革时，工作人员到贫苦农民家里，启发他们的阶级觉悟，激励他们起来和地主阶级作斗争 at the time of Land Reform, members of work teams visited poor peasants and asked about their past sufferings in order to arouse their class consciousness（2）访问在旧社会苦大仇深的劳动人民，了解他们过去受剥削、受压迫的苦难生活，听取他们的意见和呼声，向他们学习 visit labouring people who were cruelly exploited in the old society and ask about their past sufferings in order to learn about exploitation

【访求】fǎngqiú（动）〈书〉探访寻求 seek

【访问】fǎngwèn（动）去某地或某人处看望、探问 visit or interview：为了巩固和发展友谊，两国总理将互相～。Wèile gǒnggù hé fāzhǎn yǒuyì, liǎng guó zǒnglǐ jiāng hùxiāng ～. The prime ministers of the two countries will visit each other in order to strengthen and develop the friendship of the two countries. /这位服装设计专家接待了记者的～。Zhè wèi fúzhuāng shèjì zhuānjiā jiēdàile jìzhě de ～. The dress designer was interviewed by a reporter.

纺

纺〔紡〕fǎng（动）spin：～线 ～ xiàn spin yarn /～棉花 ～ miánhua spin cotton（名）short for 纺绸 fǎngchóu：杭～ Háng～ a soft plain-weave silk cloth made in Hangzhou

【纺车】fǎngchē（名）spinning wheel

【纺绸】fǎngchóu（名）a soft plain-weave silk fabric

【纺纱】fǎng = shā spin：她在工厂纺了三十年纱。Tā zài gōngchǎng fǎngle sānshí nián shā. She has been working as a spinner in the textile mill for thirty years.

【纺织】fǎngzhī（动）纺纱织布 spin and weave：～工业 gōngyè textile industry /男耕女织，就是男的在地里劳动，女的～。Nán gēng nǔ zhī, jiù shì nánde zài dì li láodòng, nǔde ～. 男耕女织 means that the duty of a man is to plow the fields and that of a woman is to spin and weave at home.

【纺织品】fǎngzhīpǐn（名）textiles

fàng

放 fàng（动）（1）解除约束，使得到自由 let go; set free; release：他刚逮了一只麻雀，又～了。Tā gāng dǎile yì zhī máquè, yòu ～ le. He caught a sparrow but set it free again. /对俘

虜进行教育以后，把他～了。Duì fúlǔ jìnxíng jiàoyù yǐhòu, bǎ tā ～ le. *Release the prisoner after he has been inculcated.* (2)无拘束，敞开 *let oneself go; give away to:* ～声歌唱 ～ shēng gēchàng *sing heartily; sing as loud as one likes* / 他胆小怕事，干什么工作都～不开手。Tā dǎn xiǎo pà shì, gàn shénme gōngzuò dōu ～ bu kāi shǒu. *He is afraid of his own shadow and never does things with a free hand.* (3)使散出 *let out; let off:* 把气球里的气都～了。Bǎ qìqiú li de qì dōu ～ le. *Let out all the air from the balloon.* (4)把牲畜赶到野外去吃草和活动 *put (cattle, etc.) in fields to graze:* ～牛～羊 ～ niú ～ yáng *graze cattle and sheep* (5)在一定时间停止(学习或工作) *let out:* ～工 ～ gōng *knock off* (6)放射 *let off; shoot:* 永～光芒 yǒng ～ guāngmáng *shine forever* /～枪 ～ qiāng *shoot a rifle* (7)点燃 *set off; let off:* ～爆竹 ～ bàozhú *let off firecrackers* /～了一把火 ～le yì bǎ huǒ *set on fire* (8)放大，扩展 *make larger; expand:* ～两张照片 ～ liǎng zhāng zhàopiàn *enlarge two photos* /裤子还要～肥一点儿。Kùzi hái yào ～ féi yìdiǎnr. *The pants need widening a bit.* (9)(花)开 *bloom; open:* 鲜花怒～ xiānhuā nù ～ *The fresh flowers are in full bloom.* (10)搁置，存 *lay aside:* 这几个西红柿有点儿青，～几天就红了。Zhè jǐ ge xīhóngshì yǒudiǎnr qīng, ～ jǐ tiān jiù hóng le. *These tomatoes are a bit greenish. Lay them aside for a few days, and they will turn red.* /急事先办，不急的可以～一～。Jí shì xiān bàn, bù jí de kěyǐ ～ yi ～. *If something is urgent then do it first. If not, then you can lay it aside for a while.* /把我的行李先～你这儿行不行? Bǎ wǒ de xíngli xiān ～ nǐ zhèr xíng bu xíng? *Could I leave my luggage in your place for a while?* (11)使……处于一定的位置 *put:* 把茶杯～在茶几儿上。Bǎ chábēi ～ zài chájīr shang. *Put the teacups on the sidetable.* (12)加进去，装 *put in:* 咖啡里要～点儿糖。Kāfēi li yào ～ diǎnr táng. *Put some sugar in the coffee.* /把钱～在衣袋里。Bǎ qián ～ zài yīdài li. *Put the money in your pocket* (13)控制自己的行动，使采取某种态度 *readjust (attitudes, behavior, etc.) to a certain extent:* 把声音～低点儿。Bǎ shēngyīn ～ dī diǎnr. *Lower your voice a little bit.* /眼光～远些。Yǎnguāng ～yuǎn xiē. *Be a little more farsighted!* /态度～谦虚些。Tàidu ～ qiānxū xiē. *Be a little more modest!*

【放大】fàng // dà 按比例从小扩大(多用于照片、图纸等) *enlarge; magnify; amplify; (of pictures, etc.) blow up:* 把一寸照片～成四寸的。Bǎ yí cùn zhàopiànr ～ chéng sì cùn de. *Enlarge this one-inch-wide photo to a four-inch-wide one.* /这张图纸要～四倍才看得清楚。Zhè zhāng túzhǐ yào ～ sì bèi cái kàn de qīngchu. *This blueprint needs to be enlarged fourfold to be seen clearly.* /～尺 ～chǐ *pantograph*

【放大镜】fàngdàjìng (名) *magnifier; magnifying glass*

【放大器】fàngdàqì (名)〈电子〉*amplifier*

【放荡】fàngdàng (形) 生活作风不正派，行为放纵或不注意约束自己 *dissolute*

【放电】fàng=diàn〈物〉*discharge*

【放飞】fàngfēi (动) 空军训练的术语，让飞机起飞 *fly (in training aviators)*

【放风】fàng=fēng (1)使空气流通 *let in fresh air:* 开开窗户放放风吧。Kāikai chuānghu fàngfang fēng ba. *Let us open the window and let in some fresh air.* (2)(不到公开宣布的时候)透露消息 *leak certain information; spread news or rumours:* 关于会议的内容，他放了一点儿风。Guānyú huìyì de nèiróng, tā fàngle yìdiǎnr fēng. *He spread some information about the agenda of the conference.* (3)放关在监狱里的人到院中散步 *let prisoners out for excercise:* 这个监狱每天放两次风。Zhège jiānyù měi tiān fàng liǎng cì fēng. *In this prison, the prisoners are let out twice a day for excercise.* (4)把守并观察动静，监视来人 *be on the lookout; act as a lookout:* 你们俩谈，我到外边给你们～。Nǐmen liǎ tán, wǒ dào wàibian gěi nǐmen ～. *I will go outside and act as your lookout and let you two talk to each other.*

【放虎归山】fàng hǔ guī shān 比喻放走已经落网的敌人，留下后患 *let the tiger go back to the mountain; (fig.) release an enemy whom one has captured, and so breed calamity for the future*

【放火】fàng=huǒ 点火烧毁房屋、粮草、森林等，进行破坏 *set on fire; set fire; commit arson*

【放假】fàng=jià 在规定的日期内停止工作或学习 *have a holiday or vacation; have a day off:* 国庆节～两天。Guóqìngjié ～ liǎng tiān. *We have two days off on National Day.* /暑期放了一个月假。Shǔqī fàngle yí ge yuè jià. *The summer vacation is one month long.*

【放开手脚】fàngkāi shǒujiǎo 不受拘束，没有顾忌 *do as one likes; with a free hand:* 你只管～干，一切由我负责。Nǐ zhǐguǎn ～ gàn, yíqiè yóu wǒ fùzé. *Do as you like and I will be responsible for all.* /他处理问题还有顾虑，放不开手脚。Tā chǔlǐ wèntí hái yǒu gùlǜ, fàng bu kāi shǒujiǎo. *He still has some misgivings in dealing with this problem, so he can't act with a free hand.*

【放空炮】fàng kōngpào 比喻说空话 *talk big; spout hot air; brag;* 应该说到做到，不要～。Yīnggāi shuōdào zuòdào, búyào ～. *You should live up to your word and not just talk big.*

【放宽】fàngkuān (动) 在原来(政策界限、条件限制、期限等)的基础上扩大 *lighten or relax restriction; relax:* 医学院录取农村学生时，条件可以～些。Yīxuéyuàn lùqǔ nóngcūn xuésheng shí, tiáojiàn kěyǐ ～ xiē. *The medical college may relax their admission requirements a little when recruiting new students from rural areas.* /由于特殊原因，工程队请求～交工的期限。Yóuyú tèshū yuányīn, gōngchéngduì qǐngqiú ～ jiāo gōng de qīxiàn. *For some reason, the construction brigade requested an extension in the deadline of the final project.*

【放冷风】fàng lěng fēng 比喻散布诬蔑、挑拨的话 *spread slanderous remarks*

【放牧】fàngmù (动) 把牲畜赶到草地里吃草和活动，多作定语 *graze; herd; put out to pasture:* ～业 ～ yè *pasturage* /～生活 ～ shēnghuó *nomadic life* /那个作家在草原上～过三年，对牧民的生活很有体验。Nàge zuòjiā zài cǎoyuán shang ～guo sān nián, duì mùmín de shēnghuó hěn yǒu tǐyàn. *That writer has lived on the steppes for three years so he has learnt a lot about the life of the nomadic people.*

【放炮】fàng=pào (1) *fire a gun* (2)说话毫无顾忌，直率地发表批评性的意见 *shoot off one's mouth:* 你说话注意点，别乱～。Nǐ shuō huà zhùyì diǎnr, bié luàn ～. *Be careful what you say. Don't shoot off your mouth without thinking.* (3)密闭的物体爆裂 *blow out:* 车带～了。Chēdài ～ le. *The tire has blown out.*

【放屁】fàng=pì (1)*break wind; fart* (2)非常不礼貌的骂人的话 *talk nonsense (abusive)*

【放弃】fàngqì (动) 自动不要，不坚持，丢掉(原有的主张、意见、权利、原则等) *abandon; give up; renounce (one's opinion, right, principle, etc.):* ～休息时间 ～ xiūxi shíjiān *give up the right for a break* /～个人意见，服从大会决定。～ gèrén yìjiàn, fúcóng dàhuì juédìng. *give up one's own opinion and follow the decision made at the meeting* /发扬民主并不是～领导。Fāyáng mínzhǔ bìng bú shì ～ lǐngdǎo. *Developing a democratic spirit does not mean abandoning the leadership.* /必须坚持原则，～原则是不对的。Bìxū jiānchí yuánzé, ～ yuánzé shì bú duì de. *We should uphold our principles and not abandon them.* /不准～阵地，一定要守住。Bù zhǔn ～ zhèndì, yídìng yào shǒuzhù. *Do*

not give up the front. We must hold it.

【放晴】fàng=qíng 阴雨后转晴 *clear up (after rain)*

【放任】fàngrèn（动）听其自然，不加干涉 *not interfere；let go*：对厂内的不良现象，厂长不能～不管。Duì chǎng nèi de bùliáng xiànxiàng, chǎngzhǎng bù néng ～ bù guǎn. *The factory manager should not ignore unhealthy tendencies in the plant.*

【放任自流】fàngrèn zìliú 不加领导或不闻不问，听凭自然发展 *let things drift*：对小学生的学习，不能～。Duì xiǎoxuéshēng de xuéxí, bù néng ～. *The homework of primary school children shouldn't be allowed to slide.*

【放哨】fàng=shào 多指派出军事人员到紧要的地方去警戒、巡逻 *stand sentry*

【放射】fàngshè（动）（光）由一点向四外射出 *send out；to emit；to radiate*：～出夺目的光彩 ～ chū duómù de guāngcǎi *emit a dazzling splendour*

【放射线】fàngshèxiàn（名）*radioactive rays*

【放射性】fàngshèxìng（名）*radioactivity*

【放射性元素】fàngshèxìng yuánsù（化）*radioactive element*

放声大哭 fàng shēng dà kū *cry aloud*

【放手】fàng=shǒu（1）放开握住物体的手 *let go；release*：刚抓到的猫，一～又跑了。Gāng zhuādào de māo, yí ～ yòu pǎo le. *As soon as he let go of the cat that he'd just caught, it ran away again.*（2）解除顾虑或限制，大胆去做 *have a free hand；go all out*：～发动群众 ～ fādòng qúnzhòng *go all out to mobilize the masses；fully arouse the masses*（3）是不抓，放弃 *let go；let go of one's hold of*：对工作～不管是不对的。Duì gōngzuò ～ bù guǎn shì bú duì de. *It is wrong to let go of one's hold of the work.*

【放肆】fàngsì（形）（言行）轻率任意，不守规矩，没有一点顾忌 *unbridled；wanton*：你这个年轻人，在客人面前这样大嚷大叫，没一点礼貌，简直太～了 Nǐ zhège niánqīng rén, zài kèrén miànqián zhèyàng dà rǎng dà jiào, méi yìdiǎnr lǐmào, jiǎnzhí tài ～ le. *For a young person like you to yell and shout so much in front of guests is really impolite and simply outrageous.*

【放松】fàngsōng（动）（对事物的注意或控制）由紧变松，抓得不紧 *relax；slacken；loosen*：不能～警惕。Bù néng ～ jǐngtì. *Do not relax your vigilance.* /学习一～，就要退步。Xuéxí yí ～, jiù yào tuìbù. *As soon as you let your studies go you will fall behind.*

【放下包袱】fàngxià bāofu 比喻解除思想负担 *lift the load off one's mind*：老吴劝他朋友说："犯了错误背上思想包袱就不好，你应～，轻装前进！" Lǎo Wú quàn tā péngyou shuō: "Fànle cuòwu bēishang sīxiǎng bāofu jiù bù hǎo, nǐ yīng ～, qīngzhuāng qiánjìn!" *Lao Wu advised his friend not to let his mind be weighed down by his mistakes and to continue with a clear conscience.*

【放心】fàng=xīn 心情安定，无须挂虑 *feel safe；be at ease；set one's mind at ease*：这个小伙子可靠，办事让人～。Zhège xiǎohuǒzi kěkào, bànshì ràng rén ～. *The young man is reliable. We feel confident in letting him work for us.* /这么晚了，孩子还没回家，妈妈一直放不下心。Zhème wǎn le, háizi hái méi huí jiā, māma yìzhí fàng bu xià xīn. *Since it's so late and her child hasn't come home yet, the mother can't stop worrying.*

【放行】fàngxíng（动）（海关、岗哨、车站检查口等）准许通过 *let someone pass*：正在检票～ zhèngzài jiǎn piào ～ *They are checking everybody's ticket before they let them through.*

【放学】fàng=xué 学生在学校上完课后回家 *return home after school；school lets out*：小学每天十一点放不了学，必须十二点才～。Xiǎoxué měi tiān shíyī diǎn fàng bu liǎo xué, bìxū shí'èr diǎn cái ～. *Elementary schools don't let out at 11 a.m. every day, they don't let out until 12.*

【放养】fàngyǎng（动）把有经济价值的动物放到有益于它们

繁殖的地方养殖 *put (fish, etc.) in a suitable place to breed*

【放音机】fàngyīnjī（名）专门播放盒式磁带录音的机器，体积小，有耳机 *walkman；small portable tape recorder with earphones*

【放映】fàngyìng（动）*show；project*

【放映机】fàngyìngjī（名）放映电影用的机器 *projector*

【放债】fàng=zhài 把钱借给别人，收取高利。这是旧社会的一种剥削手段 *lend money at a high interest；a common practise of loan sharks in the preliberation days*

【放着……不……】fàngzhe……bù…… 用于复句的前一分句，全句表示好的、有利的不取，而取坏的、不利的，带有指责的口吻 *(used in the first clause of a sentence with two or more clauses；the entire sentence expresses that one chooses the bad or disadvantageous despite the good or advantageous being available；indicates a reproachful tone)*：放着新鲜菜不吃，干吗要吃剩菜? Fàngzhe xīnxiān cài bù chī, gàn má yào chī shèng cài? *Why on earth are you eating leftovers when there is fresh food?* /他放着舒服日子不过，专门自找苦吃。Tā fàngzhe shūfu rìzi bú guò, zhuānmén zì zhǎo kǔ chī. *He has given up a comfortable life and goes looking for hardships to bear.* /你怎么放着大学不念，去经商? Nǐ zěnme fàngzhe dàxué bú niàn, qù jīng shāng? *Why did you become engaged in business and give up the chance to go to university?*

【放之四海而皆准】fàng zhī sìhǎi ér jiē zhǔn 用在什么地方都是正确的。比喻具有普遍性的真理，到处都适用 *(of truth) universally applicable；valid everywhere*

【放置】fàngzhì（动）（书）安放 *put away；lay up；lay aside*

【放纵】fàngzòng（动）（1）对错误行为不加制止而任其发展，不加约束 *let someone have his own way；give a free rein to*：对他的那些坏毛病一下去，就会把他害了。Duì tā de nàxiē huàibìng ～ xiaqu, jiù huì bǎ tā hài le. *If you let him get away with his bad habits, it will be detrimental to him in the future.*（2）同"放肆" fàngsì *same as "放肆" fàngsì*

fēi

飞〔飛〕fēi
（动）（1）*fly*：小鸽子会～了。Xiǎo gēzi huì ～ le. *The baby pigeon has learnt how to fly.* /从北京直～广州。Cóng Běijīng zhí ～ Guǎngzhōu. *Make a nonstop flight from Beijing to Guangzhou.*（2）物体在空中飘荡 *hover or flutter in the air*：～雪花了。～ xuěhuā le. *Snowflakes are fluttering in the air.* /大风把花瓣吹得满天～。Dà fēng bǎ huābànr chuī de mǎn tiān ～. *The strong wind filled the sky with fluttering petals.*（3）作状语，形容快，像飞一样 *swiftly；fast*：物价一涨。Wùjià ～ zhǎng. *Prices are skyrocketing.* /～跑回家 ～ pǎo huí jiā *literally fly home*（4）◇意外的，无缘无故地发生（不幸的事）*happen unexpectedly*：～来横祸 ～ lái hènghuò *a sudden unexpected disaster*

【飞奔】fēibēn（动）飞快地跑 *dash；run at full speed*

【飞播】fēibō（动）用飞机播种 *sow seeds by airplane*

【飞驰】fēichí（动）（书）（车、马）飞快地跑 *speed along；move very fast*：卡车在公路上～。Kǎchē zài gōnglù shang ～. *The truck is speeding along the highway.* /～的骏马 ～ de jùnmǎ *a speeding steed*

【飞虫】fēichóng（名）能飞的昆虫 *flying insect*

【飞船】fēichuán（名）*airship*

【飞碟】fēidié（名）（体）*clay pigeon shooting*

【飞黄腾达】fēihuáng téng dá 旧时指人得意很，官职、地位上升得很快。现在也指投机分子向上爬得很快，有贬义 *in the past, it meant to advance rapidly in one's career；now, it means to experience a meteoric rise (in a derogatory sense)*：这个人很会吹拍，就～了。Zhège rén hěn huì chuī pāi, jiù ～ le. *This man is good at boasting and flattery so he has a*

meteoric rise.

【飞机】fēijī（名）airplane

【飞机场】fēijīchǎng（名）airport

【飞快】fēikuài（形）（1）（刀、剪 等）非常 锋利 extremely sharp；razor-sharp：～的刀片 ～ de dāopiàn an extremely sharp blade /这把菜刀～。Zhè bǎ càidāo ～. This kitchen knife is razor-sharp. （2）速度高 swiftly；very fast；at lightning speed：他跑得～。Tā pǎo de ～. He runs very fast. /小汽车～地从门前驶过。Xiǎo qìchē ～ de cóng mén qián shǐ guò. A car sped by the door.

【飞轮】fēilún（名）（1）flywheel（2）（～儿）free wheel (of a bicycle)

【飞毛腿】fēimáotuǐ（名）〈口〉指跑得特别快的人，也指跑得特别快的腿 fleet-footed；fleet-footed runner

【飞盘】fēipán（名）一种运动器具，形似盘子，一般由两人互相投掷、承接 Frisbee

【飞禽】fēiqín（名）〈书〉会飞的鸟类 birds

【飞速】fēisù（副）表示非常快 at full (or lightning) speed；rapidly：车轮在～旋转。Chēlún zài ～ xuánzhuàn. The car wheel was spinning at lightning speed. /只见他在纸上～地写着什么。Zhǐjiàn tā zài zhǐ shang ～ de xiězhe shénme. I just saw him rapidly writing something down on paper. /船～地驶向远方。Chuán ～ de shǐ xiàng yuǎnfāng. The ship sailed off to a distant place at full speed. /电子工业～发展。Diànzǐ gōngyè ～ fāzhǎn. The electronic industry is booming.

【飞天】fēitiān（名）佛教壁画或石刻中的空中飞舞的神 flying Apsaras (as in the frescoes of the Dunhuang Caves)

【飞舞】fēiwǔ（动）〈书〉像跳舞似地在空中飞 dance in the air；flutter：蝴蝶在花丛中～。Húdié zài huācóng zhōng ～. Butterflies are fluttering from flower to flower. /雪花漫天～。Xuěhuā màntiā ～. Snowflakes are dancing in the air.

【飞翔】fēixiáng（动）盘旋地飞 hover；circle in the air：老鹰在空中～。Lǎoying zài kōngzhōng ～. A hawk is hovering in the sky.

【飞行】fēixíng（动）（飞机）在空中飞 fly (of an airplane)

【飞行员】fēixíngyuán（名）pilot；aviator

【飞旋】fēixuán（动）飞快地旋转 gyrate in the air

【飞扬】fēiyáng（动）〈书〉向上飘起 fly upward；rise：歌声～ gē shēng ～ songs floating in the air /这里一刮大风，黄土就满天～。Zhèlǐ yì guā dà fēng, huángtǔ jiù mǎn tiān ～. Around here, whenever there is a gust of wind the sky is immediately filled with dust flying through the air.

【飞扬跋扈】fēiyáng báhù 骄横放肆，欺上压下 arrogant and domineering

【飞跃】fēiyuè（动）（1）在哲学上指质变、突变。是事物根本性质的变化 leap（2）特别快，差别大 rapid；in leaps and bounds：他在学习上有了～的进步。Tā zài xuéxí shang yǒule ～ de jìnbù. His learning has made progress in leaps and bounds. /革命形势～发展。Gémìng xíngshì ～ fāzhǎn. The revolution is developing rapidly.

【飞越】fēiyuè（动）fly over；乘飞机～太平洋。Chéng fēijī ～ Tàipíngyáng. take a plane across the Pacific

【飞涨】fēi zhǎng 像飞一样上涨得很快很高（多指物价）(of prices, etc.) soar；shoot up；skyrocket：物价～ wùjià ～ prices have skyrocketed

妃 fēi（名）皇帝的妾或太子、王、侯的妻子 an imperial concubine；a wife of a marquis

【妃色】fēisè（名）淡红色 light pink

非 fēi（名）◇错，不对。与"是"相对 wrong (the opposite of "是")：要分清是与～ yào fēnqīng shì yǔ ～ (We) need to draw a line between right and wrong. /到底谁是谁～? Dàodǐ shuí shì shuí ～? So who is right and who is wrong then? （形）non-, un-, in-：～正义战争 ～ zhèngyì zhànzhēng an unjust war /～工作人员 ～gōngzuò rényuán non-staff-member /～正式谈判 ～zhèngshì tánpàn informal negotiation（动）〈书〉不是。多用于固定格式中 be not；(usu. used in a set pattern)（1）非……所……not...；：答～所问 dá ～ suǒ wèn give an irrelevant answer /那里生活之艰苦，绝～你我所能想像的。Nàli shēnghuó zhī jiānkǔ, jué ～ nǐ wǒ suǒ néng xiǎngxiàng de. We cannot begin to imagine the hardships of life there. （2）非……非……表示"既不是……也不是……"。用在意义相关或相近的单音节名词中 "非...非..." means "neither...nor..." (used between two nouns identical or similar in meaning)：我和他～亲～故，干么要庇护他呢! Wǒ hé tā ～ qīn ～ gù, gàn má yào bìhù tā ne! He and I are neither kith nor kin. Why on earth would I want to protect him? （3）非……即……。用在两个同类词语之间（多为单音节），表示"不是……就是……" ("非...即..." is used between two similar words (usu. monosyllabic ones) to mean "either...or..."；：此即彼，不会有第三种可能。～ cǐ jí bǐ, bú huì yǒu dìsān zhǒng kěnéng. It's either this or that；there's no way there could be a third possibility. /他两人～亲即友，不然怎么会那么亲热。Tā liǎng rén ～ qīn jí yǒu, bùrán zěnme huì nàme qīnrè. Those two are either friends or relatives；otherwise, why would they be so intimate? （4）似……非……。用在两个相同的单音节动词、形容词或名词之间，表示"又像又不像" ("似...非..."is used between two similar monosyllabic verbs, adjectives, or nouns to indicate both similarity and dissimilarity)：似醉～醉 sì zuì ～ zuì look half-drunk /似懂～懂 sì dǒng ～ dǒng not quite understand /似红～红 sì hóng ～ hóng look red, but not be red（副）（1）"非"与"不"呼应表示必须或必然。"非……不可"或"非……不行""非……不成"常作谓语，有时可作定语("非" and "不可" used together mean "must" or "inevitably"；"非...不可" or "非...不行" usu. serves as a predicate but can sometimes serve as an attributive)：今天的会你～参加不可。Jīntiān de huì nǐ ～ cānjiā bùkě. You must attend today's meeting. /这问题～解决不行。Zhè wèntí ～ jiějué bùxíng. This problem must be resolved. /要说服他～他不成。Yào shuōfú tā ～ nǐ qù bùchéng. If he is to be convinced, you must go and do it. （2）在口语中，"非"后面如果是动词词语，那么"非"后的"不可、不成、不行"等可以省略 (in the spoken language, if the word following "非"is a verb, then "不可", "不成", "不行" can be omitted)：不叫他去,他～要去。Bú jiào tā qù, tā ～ yào qù. We asked him not to go, but he's determined to. /他不来就算了，为什么～叫他来? Tā bù lái jiù suàn le, wèi shénme ～ jiào tā lái? If he didn't come, forget it. Why do you insist on asking him to come? /星期日他～让我陪她去买衣服。Xīngqīrì tā ～ ràng wǒ péi tā qù mǎi yīfu. She insisted that I accompany her while shopping for clothes on Sunday. /治这病～盘尼西林不行。Zhì zhè bìng ～ pánníxīlín bùxíng. You can't cure this disease without penicillin. ("不行"cannot be omitted here) /修水泵～他不可。Xiū shuǐbèng ～ tā bùkě. The water pump can't be repaired without him. ("不可"cannot be omitted here) （3）非……才……表示必要条件，后边有"才"引出结果 ("非..." indicates essential conditions and is followed by "才" which introduces the result)：用盘尼西林，才能治好这种病。～ yòng pánníxīlín, cái néng zhìhǎo zhè zhǒng bìng. This kind of disease cannot be cured without penicillin. /～打扫干净，他才能离去。～ dǎsǎo gānjing, tā cái néng lí qù. He can't go until he has cleaned up. /早上她～喂饱孩子，才去上班，

Zǎoshang tā ～ wèibǎo háizi, cái qù shàng bān. *She won't go to work in the morning until she has fed her child.* (4) "非……"有"如果不（是）……"或"如果没（有）……"的意思，后面是否定性的结论或结果（"非..." *means "if it is not..." or "if there is no..." and is followed by a negative conclusion or result*）: ～ 你不能说服他。～ nǐ bù néng shuōfú tā. *If not for you, he couldn't be convinced.* /这个学校,～90分的学生不收。Zhège xuéxiào,～ jiùshí fēn de xuésheng bù shōu. *This school only accepts students with scores in the nineties.* /～有丰富的教学和管理经验不能当校长。～ yǒu fēngfù de jiàoxué hé guǎnlǐ jīngyàn bù néng dāng xiàozhǎng. *You can't be a principal without abundant experience in teaching and management.* /这些～办不可的事何必全拖着不办呢? Zhèxiē ～ bàn bùkě de shì hébì lǎo tuōzhe bú bàn ne? *Must you continue to put off handling these matters that must be taken care of?* /～到万不得已的时候决不要去打扰他。～ dào wàn bù déyǐ de shíhou jué búyào qù dǎrǎo tā. *You must absolutely not disturb him unless you have no other choice.* /我今天晚上～写完这篇文章不去睡觉。Wǒ jīntiān wǎnshang ～ xiěwán zhè piān wénzhāng bú qù shuì jiào. *I must finish writing this article tonight or I won't go to bed.* /他～找到一个人替他不能休假。Tā ～ zhǎodào yí ge rén tì tā bù néng xiū jià. *He can't go on leave unless he finds someone to replace him.*

【非常】fēicháng（形）◇ 不寻常的, 特别的 *unusual; out of ordinary*: ～会议 ～ huìyì *extraordinary session* /～时期 ～ shíqī *an extraordinary period* /～事件 ～ shìjiàn *an unusual incident* /～措施 ～ cuòshī *an emergent measure*（副）表示程度极高。可修饰形容词、助动词、表示心理活动的动词, 及某些描写性短语。有时后面可带"之、地" *extremely; very (can modify an adjective, an auxiliary verb, a verb which indicates mental activity, and some descriptive phrases; can sometimes take "之,地")*（1）修饰形容词及表示不愉快性质的否定形容词（*modifies an adjective or negative adjective which indicates sth. of an unpleasant nature*）: 他今天情绪～了好。Tā jīntiān qíngxù ～ (bù)hǎo. *He's in an extremely good (bad) mood today.* /大街上～之热闹。Dàjiēshang ～ zhī rènao. *The streets are very lively.* /这颜色叫人看了～(不)舒服。Zhè yánsè jiào rén kànle ～ (bù) shūfu. *This colour is (not) very pleasing to the eye.* /这个汉字～难写。Zhège Hànzì ～ nán xiě. *This character is extremely difficult to write.* /这雨下得～大。Zhè yǔ xià de ～ dà. *It's raining very hard.*（2）修饰助动词及其否定形式（*modifies an auxiliary verb and its negative form*）: 我～(不)想看那个电影。Wǒ ～ (bù) xiǎng kàn nàge diànyǐng. *I really (don't) want to see that movie.* /他～(不)愿意到南方去。Tā ～ (bú) yuànyì dào nánfāng qù. *He really wants (doesn't want) to go to the South.* /这个经理～地(不)会做买卖。Zhège jīnglǐ ～ de (bú) huì zuò mǎimai. *This manager is (not) very good at doing business.*（3）修饰表示心理活动的动词及表示不愉快性质的否定形式（*modifies a verb which indicates mental action and a negative form which indicates sth. of an unpleasant nature*）: 我～(不)同意你的看法。Wǒ ～ (bù) tóngyì nǐ de kànfǎ. *I strongly (dis)agree with your point of view.* /我～后悔没买那本词典。Wǒ ～ hòuhuǐ méi mǎi nà běn cídiǎn. *I very much regret not buying that dictionary.* /他对你那天的作法～(不)满意。Tā duì nǐ nà tiān de zuòfǎ ～ (bù) mǎnyì. *He was extremely (dis)satisfied with your method of work that day.* /小王～(不)喜欢游泳。Xiǎo Wáng ～ (bù) xǐhuan yóuyǒng. *Xiao Wang extremely likes (dislikes) swimming.* /我～恨这种官僚主义作风。Wǒ ～ hèn zhè zhǒng guānliáozhǔyì zuòfēng. *I abhor this bureaucratic way of doing things.* /小李对这事～(不)关心。Xiǎo Lǐ duì zhè shì ～ (bù) guānxīn. *Xiao Li is extremely con-*cerned about this matter (or Xiao Li doesn't care in the least about this matter).（4）修饰某些描写性短语及表示不愉快性质的或有特殊意思的否定形式（*modifies certain descriptive phrases or negative forms which either indicate sth. of an unpleasant nature or which have a special meaning*）: 这个电视剧～(不)吸引人。Zhège diànshìjù ～ (bù) xīyǐn rén. *This television play is very (un)appealing.* /那个电影～(没)有意思。Nàge diànyǐng ～ (méi) yǒu yìsi. *That movie is extremely interesting. (or: That movie is extremely dull.)* /这孩子～(不)听话。Zhè háizi ～ (bù) tīng huà. *This child is very (dis)obedient.* /他忘了带钱来,～不好意思。Tā wàngle dài qián lái, ～ bù hǎoyìsi. *He forgot to take money along, so he felt extremely embarrassed.* /他对经商～有办法。Tā duì jīng shāng ～ yǒu bànfǎ. *He really has a way with doing business.* /她这几年～不容易。Tā zhè jǐ nián ～ bù róngyi. *She has been having an extremely difficult time these past few years.*（5）"非常"可以重叠（"非常"can be reduplicated）: 你来做客,我们～～欢迎。Nǐ lái zuò kè, wǒmen ～ ～ huānyíng. *We welcome you very very much as a guest in our home.* /她～～希望当电影演员。Tā ～ ～ xīwàng dāng diànyǐng yǎnyuán. *She wants to be a movie actress very badly.*

【非但】fēidàn（连）意思同"不但"bùdàn。用在第一分句里, 多跟否定形式; 第二分句有"而且""并且""也""还"等与它呼应, 表示后一分句的意思比前边更进一层 *same as "不但" bùdàn; (used in the first clause, usu. with a negative form; the second clause uses words such as "而且"," 并且", "也","还", etc. to indicate further addition to the first clause) not only... (but)*: 他～不该受罚, 而且还该奖励。Tā ～ bù gāi shòu fá, érqiě hái gāi jiǎnglì. *Not only should he not be punished, but he should be rewarded.* /他～没得来意外之财, 连命也搭进去了。Tā ～ méi délái yìwài zhī cái, lián mìng yě dā jìnqu le. *Not only did he not strike it rich, but he even lost his life.* /我们～没受到照顾, 还受了百般的刁难。Wǒmen ～ méi shòudào zhàogu, hái shòudàole bǎibān de diāonàn. *Not only were we not taken care of, we even met up with innumerable obstacles.* "非但＋否定……反而(反倒)……"常用来说明某种情况没有引起应有的反应, 而引起相反的反应（"非但＋a negative...反而(反倒)..." *is often used to indicate that a certain situation did not produce the expected reaction, but produced the opposite instead*）: 吃了药, 他～没有退烧, 反而烧得更厉害了。Chīle yào, tā ～ méiyou tuì shāo, fǎn'ér shāo de gèng lìhai le. *Not only did his fever not go down after he took the medicine, but it even went up.* /对大家的关心, 他～不感激, 反倒显出不耐烦的样子。Duì dàjiā de guānxīn, tā ～ bù gǎnjī, fǎndào xiǎnchū bù nàifán de yàngzi. *Not only was he not moved by everybody's concern for him, but he even seemed annoyed.*

【非党群众】fēidǎng qúnzhòng 没有参加任何政党的人。特指没有参加中国共产党的人 *a non-party mass (especially for those who are not Communists)*

【非党人士】fēidǎng rénshì 不是中国共产党党员的有一定名望地位的人 *non-party public figure*

【非导体】fēidǎotǐ（名）*non-conductor*

【非得】fēiděi（助）一定要, 必须。可以跟"不可""不行""不成"呼应 *must; have to (can be used in conjunction with "不可","不行","不成")*: 这个病～开刀(不可)。Zhège bìng ～ kāi dāo (bùkě). *This disease calls for an operation.* /明天的大会～你来主持(不行)。Míngtiān de dàhuì ～ nǐ lái zhǔchí (bùxíng). *You will have to preside over the meeting tomorrow.* /他听了这些话～不高兴(不可)。Tā tīngle zhèxiē huà ～ bù gāoxìng (bùkě). *He is sure to be upset when he hears these remarks.*

【非对抗性矛盾】fēiduìkàngxìng máodùn 指不需要通过外部

冲突的形式去解决的矛盾 *nonantagonistic contradiction*

【非法】fēifǎ（形）不合法的 *illegal*；*unlawful*；*illicit*：取缔～（的）活动 qǔdì ～ (de) huódòng *ban unlawful activities* /～（的）收入 ～ (de) shōurù *illicit income* /～占用公家房屋 ～zhànyòng gōngjiā fángwū *occupy a public building illegally* /投机倒把是～的。Tóujī dǎobǎ shì ～ de. *It is unlawful to engage in speculation and profiteering.*

【非凡】fēifán（形）〈书〉不寻常，超过一般的 *outstanding*；*extraordinary*；*uncommon*；*remarkable*：做出～的贡献 zuòchū ～ de gòngxiàn *make an outstanding contribution* /～的音乐天才 ～ de yīnyuè tiāncái *an outstanding genius in music* /节日里，大街小巷热闹～。Jiérì lǐ, dàjiē xiǎoxiàng rènao ～. *The streets and alleys were bustling with activities during the holiday.* /这次庆祝会隆重～。Zhè cì qìngzhùhuì lóngzhòng ～. *This celebration meeting was extraordinarily ceremonious.*

【非官方】fēiguānfāng（名）不是政府方面的 *unofficial*：～消息 ～ xiāoxi *unofficial news* /～报纸 ～ bàozhǐ *a newspaper not run by the state*

【非金属】fēijīnshǔ（名）*nonmetal*

【非军事区】fēijūnshìqū（名）*demilitarized zone*

【非驴非马】fēi lǘ fēi mǎ 不是驴也不是马，比喻什么也不像的东西或不伦不类的事情 *neither ass nor horse*；（*fig.*）*neither fish nor fowl*；*neither fish, flesh, nor fowl*：这幅画既不是国画也不是西洋画，简直～。Zhè fú huàr jì bú shì guóhuà yě bú shì Xīyánghuà, jiǎnzhí ～. *This is not a Chinese painting, and not a Western painting either; it is exactly what you call neither fish nor fowl.*

【非卖品】fēimàipǐn（名）在展览中大部分展品都准备出卖，其中一部分不出卖的物品 *goods not for sale* (*esp. in an exhibition*)

【非难】fēinàn（动）〈书〉质问，指责，责备（常用于否定式）*blame*；*censure*；*reproach* (*often used in the negative*)：他的建议完全是合理的，无可～。Tā de jiànyì wánquán shì hélǐ de, wú kě ～. *His suggestion is completely reasonable and is above criticism.* /他的建议完全是合理的，有什么可～的呢? Tā de jiànyì wánquán shì hélǐ de, yǒu shénme kě ～ ne? *His suggestion is completely reasonable so what is there to criticize?*

【非人待遇】fēi rén dàiyù（遭到）人无法忍受的对待 *inhuman treatment*：过去，西藏的农奴长期受着～。Guòqù, Xīzàng de nóngnú chángqí shòuzhe ～. *In the past Tibetan serfs were submitted to a long history of inhuman treatment.*

【非同小可】fēi tóng xiǎo kě 不同于一般的小事。形容事情重要或情况严重，不可轻视 *no trivial matter—used to describe the importance and seriousness of a matter or situation*：疮长在脊背上，这可一，你一定要抓紧治疗。Chuāng zhǎng zài jǐbèi shang, zhè kě ～, nǐ yīdìng yào zhuājǐn zhìliáo. *You have a boil in your back. That is not something to be ignored. It has to be cured as soon as possible.*

【非洲】Fēizhōu（名）*Africa*

【非组织观念】fēizǔzhī guānniàn 革命队伍中，不要组织（政党、团体）领导，不要组织纪律的错误思想 *non-organizational thoughts*

【非组织活动】fēizǔzhī huódòng 指共产党员、革命干部背着组织搞的违反组织原则和纪律，对革命有害的活动 *non-organizational activities*

菲 fēi
另见 fěi

【菲菲】fēifēi（形）〈书〉（1）（花草）香气很浓 (*of flowers, etc.*) *fragrant* （2）形容花草茂盛，美丽 *luxuriant and beautiful*

扉 fēi（名）〈书〉*door*

【扉页】fēiyè（名）*title page*

féi

肥 féi（形）（1）含脂肪多（与"瘦"相对，不用来形容人）*fat* (*the opposite of 瘦, not used of human beings*)：～猪 ～ zhū *a big porker* /～肉 ～ ròu *fat meat* /这块肉太～了，请换一块瘦点儿的! Zhè kuài ròu tài ～ le, qǐng huàn yí kuài shòu diǎnr de! *This piece of meat is too fat. Could you please change it for a leaner piece.* /那匹马喂得多～啊! Nà pǐ mǎ wèi de duō ～ a! *Look how fat the horse has grown!* （2）土质含养分、水分丰富，肥沃 *fertile*：地～人勤，肯定会多打粮食。Dì ～ rén qín, kěndìng huì duō dǎ liángshi. *The land is fertile and there are many hard workers. The yield is sure to be high.* （3）宽大（指衣服、鞋袜）*wide* (*of clothing, shoes, socks, etc.*)：裤腿太～，不好看。Kùtuǐ tài ～, bù hǎokàn. *The pant legs are too wide. They don't look nice.* /这双鞋有点儿～。Zhè shuāng xié yǒudiǎnr ～. *This pair of shoes is a little big.* （名）肥料 *fertilizer*：用大车运～ yòng dàchē yùn ～ *use a cart to carry the fertilizer* /还要再追一次～ hái yào zài zhuī yí cì ～ *It needs an additional application of fertilizer.*

【肥大】féidà（形）〈书〉（1）（衣服等）又宽又大 (*of clothes etc.*) *loose*；*large*：他穿着一条～的裤子 Tā chuānzhe yí tiáo ～ de kùzi. *He is wearing a pair of loose trousers.* （2）（生物）粗大壮实 (*of animals, plants*) *fat*；*plump*：花落了，长出～的果实。Huā luò le, zhǎngchū ～ de guǒshí. *The flowers have faded and the plump fruit begin to grow.* （3）〈医〉人体的某一器官或某一组织，由于病变而增加了体积 *hypertrophy*：心脏～ xīnzàng ～ *hypertrophy of the heart* /扁桃体～ biǎntáotǐ ～ *hypertrophy of the tonsils*

【肥力】féilì（名）〈农〉土壤肥沃的程度 *fertility* (*of soil*)

【肥料】féiliào（名）*fertilizer*；*manure*

【肥美】féiměi（形）（1）肥沃；*rich*：这一带土地～，年年丰收。Zhè yídài tǔdì ～, niánnián fēngshōu. *The land around here is fertile, and there are bumper harvests every year.* （2）多而好；肥壮 *luxuriant*；*plump*；*fat*：牧草～ mùcǎo ～ *rich pastures* /草原上到处是～的牛羊。Cǎoyuán shang dàochù shì ～ de niú yáng. *There are thriving herds of cattle and sheep everywhere on the grasslands.*

【肥胖】féipàng（形）*fat*；*corpulent*：～症 ～ zhèng *obesity*

【肥瘦儿】féishòur（名）〈口〉（1）（衣服、鞋袜的）宽窄 *the size of a garment, shoes, socks, etc.*：这件大衣～怎么样? Zhè jiàn dàyī ～ zěnmeyàng? —— 你穿着正合适。—— Nǐ chuānzhe ～ zhèng héshì. *How does this coat look? It fits you just right.* （2）指半肥半瘦的肉 *meat partly fat and partly lean*：同志，请来一块钱的～。Tóngzhì, qǐng lái yí kuài qián de ～. *Please give me a dollar's worth of meat that is not too fat and not too lean.*

【肥田粉】féitiánfěn（名）*ammonium sulphate*

【肥沃】féiwò（形）土地含有丰富的养分和水分 *fertile*；*rich* (*of land*)：～的田野 ～ de tiányě *fertile field* /土质～ tǔzhì ～ *rich soil*

【肥效】féixiào（名）〈农〉肥料的效力 *the effect of the fertilizer*

【肥源】féiyuán（名）〈农〉肥料的来源 *source of fertilizer*

【肥皂】féizào（名）[条 tiáor，块 kuài] *soap*

【肥皂粉】féizàofěn（名）洗涤去污用的粉状化学制品 *detergent powder*

【肥猪粉】féizhūfěn（名）促进猪多长肉的药物 *a chemical used to accelerate the fattening process in pigs*

【肥壮】féizhuàng（形）肥大而强壮（多用于动物）*stout and*

strong（of animals）：畜牧场的牛羊成群,骡马～。Xùmùchǎng de niú yáng chéng qún, luó mǎ ～. *There are thriving herds of cattle, sheep, mules and horses in the livestock farm.*

fěi

匪 fěi（名）◇抢劫财物危害人民的人 *bandit; robber*：剿～ jiǎo ～ *suppress bandits*

【匪帮】fěibāng（名）强盗集团 *a gang of bandits; a band of robbers*：法西斯～ fǎxīsī ～ *a bandit gang of fascists*

【匪巢】fěicháo（名）盗匪聚集、藏身的地方 *bandit's hideout*：直捣～,活捉匪首。Zhí dǎo ～, huózhuō fěishǒu. *Drive straight on to the bandit's den and capture the head of the bandits alive.*

【匪盗】fěidào（名）*bandit; robber; brigand*

【匪患】fěihuàn（名）〈书〉土匪造成的灾祸 *banditry*

【匪军】fěijūn（名）为非作歹、欺压百姓的军队 *bandit troops*

【匪首】fěishǒu（名）〈书〉强盗的头子 *bandit chieftain*

【匪徒】fěitú（名）(1)用暴力抢夺别人财物的强盗 *bandit; robber* (2)为非作歹、危害人民的坏人 *gangsters*

诽〔誹〕fěi（动）◇*slander*

【诽谤】fěibàng（动）造谣诬蔑,说人坏话,毁人名誉 *slander; calumniate; libel*：～别人是犯罪行为。～ biéren shì fàn zuì xíngwéi. *It is a criminal offence to slander someone.*

菲 fěi　另见 fēi

【菲薄】fěibó（形）〈书〉(1)微薄(指数量少、质量差) *humble; poor (in quantity and quality)*：礼品～ lǐpǐn ～ *a small gift* (2)轻视,小看 *belittle; despise*：不要妄自～。Búyào wàng zì～. *You shouldn't underestimate your own capabilities.*

翡 fěi

【翡翠】fěicuì（名）(1)*jadeite* (2)*halcyon; kingfisher*

fèi

吠 fèi（动）〈书〉(狗)叫 *bark*

狒 fèi

【狒狒】fèifèi（名）*baboon*

废〔廢〕fèi（动）停止,不再使用 *give up; abandon; abolish; abrogate*：因噎～食是不行的。Yīn yē ～ shí shì bù xíng de. *One shouldn't give up eating for fear of choking.* /这张票是过期的,～了。Zhè zhāng piào shì guò qī de, ～ le. *This ticket has expired and is no good.*（形）失去原有效用的,没有用的,只作定语 *waste; useless; disused*：～铁 ～ tiě *scrap iron* /～纸 ～ zhǐ *waste paper* /～水 ～ shuǐ *waste water*

【废弛】fèichí（动）〈书〉(法令、规章制度等)因不执行或不被重视而失去约束作用 *(a law or custom, etc.) cease to be binding or become lax*：纪律～的军队不能打仗。Jìlǜ ～ de jūnduì bù néng dǎ zhàng. *Undisciplined troops are unable to fight.*

【废除】fèichú（动）取消,停止行使(法令、制度、条约等) *(of a law, treaty, rule, etc.) abrogate; abolish*：～不平等条约 ～ bù píngděng tiáoyuē *abrogate all unequal treaties* /束缚生产力的制度应该～。Shùfù shēngchǎnlì de zhìdù yīnggāi ～. *Any rules or regulations which hamper production should be abolished.*

【废黜】fèichù（动）*dethrone; depose*

【废话】fèihuà（名）〈口〉没有用的话 *rubbish; nonsense; superfluous words*：他的报告很短,没有一句～。Tā de bàogào hěn duǎn, méi yǒu yí jù ～. *His report is very brief, and not one sentence is superfluous.* /我没票,他们不会让我进电影院吧？——～！Wǒ méi piào, tāmen bú huì ràng wǒ jìn diànyǐngyuàn ba? — ～! *I don't have a ticket. Will they let me into the theater? — Of course not!*（只用于比较亲密的人之间）(only used between intimates)

【废话】fèi＝huà（口）说废话 *talk nonsense*：别～,你干脆说,帮不帮忙呀? Bié ～, nǐ gāncuì shuō, bāng bù bāng máng ba? *Don't beat around the bush. Do you want to help me or not?* / 他既然连听都不听,你还跟他废什么话呢！Tā jìrán lián tīng dōu bù tīng, nǐ hái gēn tā fèi shénme huà ne! *Since he refuses to listen to what you say, why are you still wasting your breath?*

【废料】fèiliào（名）在制造产品过程中剩下的,对本生产过程不再有用的部分 *waste material (in the process of production)*

【废品】fèipǐn（名）(1)不合规格的产品 *reject*：提高产品质量,不出次品,～。Tígāo chǎnpǐn zhìliàng, bù chū cìpǐn, ～. *Improve quality. Don't produce seconds and rejects.* (2)破的、旧的或失去原有使用价值的物品 *scrap*：收购～ shōugòu ～ *buy and collect scrap*

【废气】fèiqì（名）*waste gas*

【废弃】fèiqì（动）〈书〉抛弃不用 *discard; abandon; cast aside*：把～了多年的寺庙改建成学校。Bǎ ～le duō nián de sìmiào gǎijiàn chéng xuéxiào. *Renovate the temple which has been neglected for years and turn it into a school.* /要最大限度地利用～物资。Yào zuì dà xiàndù de lìyòng ～ wùzī. *Make use of waste materials as much as possible.*

【废寝忘餐】fèi qǐn wàng cān 同"废寝忘食" fèi qǐn wàng shí *same as "废寝忘食" fèi qǐn wàng shí*

【废寝忘食】fèi qǐn wàng shí 顾不得睡觉,忘记了吃饭。形容非常勤奋专心 *(so absorbed or occupied as to) forget to eat and sleep*：一年来,小王～,苦心钻研,终于考上了研究生。Yì nián lái, Xiǎo Wáng ～, kǔxīn zuānyán, zhōngyú kǎoshàngle yánjiūshēng. *For the last year, Xiao Wang has been completely absorbed in his studies and finally managed to be admitted as a graduate student.*

【废物】fèiwù（名）失去原有使用价值的东西 *waste materials*：～利用 ～ lìyòng *make use of waste materials*

【废物】fèiwu（形）〈口〉形容毫无用处(常用来骂人) *good-for-nothing (used to rebuke someone)*：你真～,连飞机票都不会买。Nǐ zhēn ～, lián fēijī piào dōu bú huì mǎi. *You're really useless, you don't even know how to buy an airplane ticket.*

【废墟】fèixū（名）城镇、村庄等遭受战争严重破坏或自然灾害而变成的荒凉地方,仍然有旧日房屋痕迹 *ruins (caused by a war, natural disaster, etc.)*

【废液】fèiyè（名）*waste liquid*

【废渣】fèizhā（名）*waste residue*

【废止】fèizhǐ（动）同"废除" fèichú；但不如"废除"用得多 *same as "废除" fèichú, but not used as often*

【废置】fèizhì（动）〈书〉认为没用而搁在一边 *put aside as useless*：有的厂缺设备,而有的厂却把多余设备长期～。Yǒude chǎng quē shèbèi, ér yǒude chǎng què bǎ duōyú shèbèi chángqī ～. *Whereas some factories lack equipment, others have allowed their surplus equipment to fall into disuse.*

沸 fèi (动) ◇boil：～水 ～shuǐ *boiling water* /等水煮～后再放面条。Děng shuǐ zhǔ ～ hòu zài fàng miàntiáo. *Don't put in the noodles before the water boils.*

【沸点】fèidiǎn (名) *boiling point*

【沸腾】fèiténg (动) (1)(*of liquid*) *boil* (2)比喻情绪高涨 (*fig.*) *seethe with excitement*：敌军入侵，人民热血～，奋起反抗。Díjūn rùqīn, rénmín rèxuè ～, fènqǐ fǎnkàng. *When the enemy invaded, the people seethed with righteous indignation and rose in opposition.* /工地上人声～。Gōngdì shang rén shēng ～. *The work-site is bustling with a hubbub of voices.*

肺 fèi (名) *lung*

【肺病】fèibìng (名) 〈口〉同"肺结核" fèijiéhé *the same as "肺结核"* fèijiéhé

【肺腑】fèifǔ (名) ◇比喻内心 *the bottom of one's heart*：感人～ gǎn rén ～ *move one deeply*；*touch one to the depth of one's soul* /他这样诚恳地指出我错误的严重性，真是出自～之言。Tā zhèyàng chéngkěn de zhǐchū wǒ cuòwù de yánzhòngxìng, zhēn shì chū zì ～ zhī yán. *He was so sincere in pointing out the gravity of my mistake that they were really words from the bottom of his heart.*

【肺活量】fèihuóliàng (名) *vital capacity*

【肺结核】fèijiéhé (名) *pulmonary tuberculosis (TB)*

【肺气肿】fèiqìzhǒng (名) 〈医〉*pulmonary emphysema*

【肺炎】fèiyán (名) *pneumonia*

费 〔費〕fèi (名) ◇费用 *fee*；*charge*；*dues*；*expenses*：水电～ shuǐdiàn ～ *water and eletricity bill* /交～ jiāo ～ *pay fees* / 收～ shōu ～ *collect fees* (动) 花费，耗损(跟"省"相对) *cost*；*spend*；*expend*；*consume too much* (*the opposite of* "省")：没～多少时间，就把机器修好了。Méi ～ duōshǎo shíjiān, jiù bǎ jīqì xiūhǎo le. *It didn't take long before the machine was fixed.* /我～了很大的劲儿才说服了他。Wǒ ～ le hěn dà jìnr cái bǎ shuōfúle tā. *It took a lot of my effort to persuade him.* /那种冰箱又贵又～电。Nà zhǒng bīngxiāng yòu guì yòu ～ diàn. *That kind of refrigerator is very expensive and also uses a lot of electricity.* (形)形容浪费，耗损，不能作定语 (*use or spend*) *wasteful*；*expending something too much*：这个孩子的鞋穿得太～。Zhège háizi de xié chuān de tài ～ le. *The child is terribly hard on his shoes.* /她做菜，油用得很～。Tā zuò cài, yóu yòng de hěn ～. *She uses too much cooking oil in her cooking.* /我们家都是夜猫子，电特别～。Wǒmen jiā dōu shì yèmāozi, diàn tèbié ～. *My family are all nighthawks, so we use a lot of electricity.*

【费话】fèi=huà 多说话，耗费言词 *use*；*express in a large number of words*，*especially unnecessary words*：你用不着多～，稍微一点，他就明白。Nǐ yòng bu zháo duō ～, shāowéi yì diǎn, tā jiù míngbai. *He'll understand almost at once so you don't need to waste a lot of words on him.* /我费了好多话，才把他说服了。Wǒ fèile hǎo duō huà, cái bǎ tā shuōfú le. *I only managed to persuade him after wasting a lot of words.*

【费解】fèijiě (形) (文章、说话)使人不容易了解，不好懂 (*of an article, speech*) *hard to understand*；*obscure*；*unintelligible*：文章的第二段文字意思隐晦，实在～。Wénzhāng de dì'èr duàn wénzì yìsi yǐnhuì, shízài ～. *The second paragraph of this article is abstruse and hard to understand.*

【费尽心机】fèi jìn xīnjī 挖空心思，想尽办法(暗中谋划损害别人) *rack one's brains* (*in scheming and plotting, often derog.*)：一事当前，他左右盘算，想多占便宜，真可谓～！Yí shì dāngqián, tā zuǒyòu pánsuàn, xiǎng duō zhàn piányi, zhēn kě wèi ～! *He is always planning to see how he can gain an advantage by unfair means. He really is a schemer!*

【费劲儿】fèi=jìnr 费力 *need to make great effort*：练习拔河真～。Liànxí bá hé zhēn ～. *Practising tug-of-war is really strenuous.* /我们费了很大的劲儿才把这个箱子抬到楼上来。Wǒmen fèi le hěn dà de jìnr cái bǎ zhège xiāngzi táidào lóu shàng lai. *We only managed to move the trunk upstairs with great difficulty.*

【费力】fèi=lì 耗费力量 *use physical strength or great effort*：搬动这个五十公斤重的大包，小王一点儿也不～，小周就有一点儿～了。Bàndòng zhège wǔshí gōngjīn zhòng de dà bāo, Xiǎo Wáng yìdiǎnr yě bú ～, Xiǎo Zhōu jiù yǒuyìdiǎnr ～ le. *It is not too hard for Xiao Wang to move this big fifty kilo bag, but it is a little bit harder for Xiao Zhou.* /为这件事，其实他并没费多少力。Wèi zhè jiàn shì, qíshí tā bìng méi fèi duōshǎo lì. *In reality, he didn't really put much effort into it.*

【费神】fèi=shén 耗费精神(常用作托人办事时的客套话) *may I trouble you* (*to do something*)；*would you mind* (*doing something*)(*while politely asking for a favor*)：请您～把这本词典带给张老师。Qǐng nín ～ bǎ zhè běn cídiǎn dài gěi Zhāng lǎoshī. *Would you mind taking this dictionary and giving it to Mr. Zhang?* /我的孩子特别淘气，老师多～了。Wǒ de háizi tèbié táoqì, lǎoshī duō ～ le. *My child is very naughty, and so must have put you to a lot of trouble.*

【费事】fèi=shì 事情复杂，做起来费时间 *take a lot of trouble*；*time*：要挪动那张桌子，先得把抽屉里的东西拿出来，太～了。Yào nuódòng nà zhāng zhuōzi, xiān děi bǎ chōuti lǐ de dōngxi ná chulai, tài ～ le. *It really is a lot of trouble to move that desk because you first have to take everything out of the drawers.* /别走了，在我家吃饭吧，饭菜现成的，不费什么事。Nǐ bié zǒu le, zài wǒ jiā chī fàn ba, fàn cài xiànchéng de, bú fèi shénme shì. *Don't go! Stay and eat with us. The food's all ready and it's really no trouble at all!*

【费心】fèi=xīn 耗费心思。多用作客气话 *take the trouble* (*polite expression*)：请您～替我打听打听老吴搬到哪儿去了。Qǐng nín ～ tì wǒ dǎting dǎting Lǎo Wú bāndào nǎr qù le. *Would you mind finding out where Lao Wu has moved to?* /王老师，我们小冬冬挺淘气，让您～了。Wáng lǎoshī, wǒmen Xiǎo Dōngdōng tǐng táoqì, ràng nín ～ le. *Mr. Wang! Our Xiao Dongdong is very naughty. He has really given you a lot of trouble.* /为了小冬冬的学习，王老师可费了不少心。Wèile Xiǎo Dōngdōng de xuéxí, Wáng lǎoshī kě fèile bù shǎo xīn. *Mr. Wang has really taken a lot of trouble over Xiao Dongdong's studies.*

【费用】fèiyòng (名)〔笔 bǐ〕花费的钱；开支 *cost*；*expense*；*expenditure*

痱 fèi

【痱子】fèizi (名) *heat rashes*；*heat spots*；*prickly heat*

fēn

分 fēn (动)(1)把整体的或联在一起的事物变成几部分(跟"合"相对) *divide*；*separate*；*part* (*the opposite of* 合)：～三个小组讨论 ～ sān ge xiǎozǔ tǎolùn *be divided into three discussion groups*/《古代汉语》～上、中、下三册。《Gǔdài Hànyǔ》～ shàng、zhōng、xià sān cè. *"Classical Chinese" is divided into three volumes.* (2)分配，分给 *distribute*；*assign*；*allot*：他干一年活儿，～了两千块钱。Tā gàn yì nián

huór,～le liǎngqiān kuài qián. *He worked for a year and was allotted two thousand dollars.* /最近，我～到了一套新房。Zuìjìn, wǒ ～dàole yí tào xīn fáng. *Recently I was allotted a new flat.* /他毕业后～到研究所工作。Tā bì yè hòu ～dào yánjiūsuǒ gōngzuò. *After he graduated，he was assigned to work in a research institute.* (3)区分，辨别 *tell one from another；differentiate；distinguish*：～清是非～qīng shìfēi *distinguish right from wrong* /这块衣料～不出正反面。Zhè kuài yīliào ～bu chū zhèng fǎn miàn. *I can't tell which is the right side of this piece of material.* (4)◇分支；部分 *branch (of an organization)*：邮政总局下设若干一局。Yóuzhèng zǒngjú xià shè ruògān ～jú. *The main post office has several branches under it.* /这部历史书共十个～册。Zhè bù lìshǐ shū gòng shí ge ～cè. *There are ten volumes to this history book.* (名)(～儿)分数 *point；mark*：英语考试得了九十～。Yīngyǔ kǎoshì déle jiǔshí ～. *I got ninety in the English test.* /这场篮球比赛两队只差几～。Zhè chǎng lánqiú bǐsài liǎng duì zhǐ chà jǐ ～. *The scores of the two teams in the basketball game were within a few points of each other.* (量)(1)中国长度、重量和地积单位，相当于 1/100 尺、1/1000 斤、1/10 亩 *Chinese measure of length, weight and arear；equivalent to 1/100 chi，1/1000 jin and 1/10 mu respectively*；(2)中国的货币单位，相当于 1/100 元 *unit of Chinese currency，1/100 of a yuan* (3)时间单位，相当于 1/60 小时 *minute，1/60 of an hour* (4)利率 *interest rate*：年利一一 niánlì yì ～ 10% *annual interest* 另见 fèn

【分贝】fēnbèi (量) *decibel (db)*

【分崩离析】fēn bēng lí xī 形容国家或集团崩塌解体、四分五裂，不可收拾 *(of a nation or organization) disintegrate；fall to pieces；come apart*

【分辨】fēnbiàn (动) 根据不同事物的特点，加以比较，在认识上区分开来 *distinguish；differentiate*：～好坏 ～ hǎohuài *tell good from bad* /～不出真假 ～ bu chū zhēnjiǎ *be unable to distinguish genuine from fake* /这两种字迹你～得清楚吗? Zhè liǎng zhǒng zìjì nǐ ～ de qīngchu ma? *Can you tell the difference between the two samples of handwriting?*

【分辩】fēnbiàn (动) 为了消除所受的指责而说理或辩护 *defend oneself (against a charge)；offer an explanation*：他把事故的责任推到我身上，我当然得跟他～清楚。Tā bǎ shìgù de zérèn tuīdào wǒ shēnshang, wǒ dāngrán děi gēn tā ～ qīngchu. *Since he forced me to take the responsibility for the accident, I definitely have to defend myself.* /错误非常明显，没什么可～的。Cuòwù fēicháng míngxiǎn, méi shénme kě ～ de. *The mistake is so obvious that it does not need any explanation at all.*

【分别】fēnbié (动) (1)(不及物) 较长时间跟熟悉的人或地方分开 *part；be separated from each other*：同学们快毕业了，很快就要～了。Tóngxuémen kuài bì yè le, hěn kuài jiù yào ～le. *Because the students are about to graduate they will soon part company.* /再见了，～是暂时的，后会有期。Zàijiàn le, ～ shì zànshí de, hòu huì yǒu qī. *Goodbye. The separation is just temporary, we will see each other again.* /今天，我又重新回到～了二十多年的故乡。Jīntiān, wǒ yòu chóngxīn huídào ～le èrshí duō nián de gùxiāng. *Today, I came back to my hometown which I had been away from for more than twenty years.* (2)区分开 *distinguish；differentiate*：好话坏话难道他还～不清吗? Hǎohuà huàihuà nándào tā hái ～ bu qīng ma? *Can't he tell good words from malicious remarks?* /事情都要～轻重缓急，采取不同对策。Shìqing dōu yào ～ qīng zhòng huǎn jí, cǎiqǔ bù tóng duìcè. *We have to differentiate cases on the basis of whether they are serious or urgent or not and adopt counter measures accordingly.* /你看，这两种颜色有没有～? Nǐ kàn, zhè liǎng zhǒng yánsè yǒu méi yǒu ～? *Look! Is there any dif-*ference between these two colors? (副) (1)表示各自、分头或先后(做) *each；respectively；separately* ①一个主体对几个对象 *(of one subject towards several objects)*：他～拜访了老李、老王、老张几个人。Tā ～ bàifǎngle Lǎo Lǐ, Lǎo Wáng, Lǎo Zhāng jǐ ge rén. *He visited Lao Li, Lao Wang and Lao Zhang respectively.* ②几个主体对一个对象 *(of a few subjects towards one object)*：连长、指导员～到这个班来征求大家的意见。Liánzhǎng, zhǐdǎoyuán ～ dào zhège bān lái zhēngqiú dàjiā de yìjiàn. *The company commander and the political instructor each came to this squad to solicit their opinions.* ③几个主体各自做同类事情 *(of a few subjects each doing the same kind of thing)*：几路队伍～奔向指定地点。Jǐ lù duìwu ～ bēn xiàng zhǐdìng dìdiǎn. *Troops from several routes each hastened towards the appointed destination.* /这些词～属于名词、动词、形容词。Zhèxiē cí ～ shǔyú míngcí, dòngcí, xíngróngcí. *These words are nouns, verbs and adjectives respectively.* /几个班～开了迎新会。Jǐ ge bān ～ kāile yíngxīnhuì. *These classes each held a welcome party for newcomers.* ④相同数目的主体和客体一个对一个 *(of the same amount of subjects and objects, one against the other)*：老三和老四～当了工人、医生。Lǎo sān hé Lǎo sì ～ dāngle gōngrén, yīshēng. *The third brother and the fourth brother became worker and physician respectively.* /鱼、肉、蛋～涨价 300%、200%、50%。Yú, ròu, dàn ～ zhǎng jià bǎi fēn zhī sānbǎi, bǎi fēn zhī èrbǎi, bǎi fēn zhī wǔshí. *The price of fish, meat and eggs increased by 300%, 200% and 50% respectively.* (2)表示用不同的态度或办法 *(indicates that different attitudes or methods are used)*：对敌方官员应该～对待。Duì dífāng guānyuán yīnggāi ～ duìdài. *Enemy officials should be dealt with differentially.* /根据犯罪情节轻重～处理。Gēnjù fàn zuì qíngjié qīngzhòng ～ chǔlǐ. *Each will be dealt with according to the seriousness of his crime.*

【分布】fēnbù (动) 分散地存在(于一定的地区内) *distribute；spread；scatter (in a certain area)*：世界人口～图 shìjiè rénkǒu ～tú *a map of the distribution of world population* /大小水库～全国各地。Dà xiǎo shuǐkù ～ quánguó gè dì. *There are both large and small reservoirs distributed throughout the country.* /他们正在勘察海底石油～情况。Tāmen zhèngzài kānchá hǎidǐ shíyóu ～qíngkuàng. *They are prospecting the distribution of oil deposits under the sea.*

【分成】fēn＝chéng 从总收入中按一定比例分得(一部分财物) *to distribute dividends (in business)*：他们俩合资经营，按百分之五十一。Tāmen liǎ hé zī jīngyíng, àn bǎi fēn zhī wǔshí ～. *Both of them pool capital for a business and the dividends are distributed 50 and 50.*

【分寸】fēncùn (名) 根据具体情况而定的谈话或做事的适当限度 *proper limits for speech or action；sense of propriety*：即使是开玩笑，也应该注意～。Jíshǐ shì kāi wánxiào, yě yīnggāi zhùyì ～. *Even if it is just a joke, we should have a sense of propriety.* /老王批评同志，态度诚恳，说话又有～，别人都乐意接受。Lǎo Wáng pīpíng tóngzhì, tàidù chéngkěn, shuō huà yòu lèyì jiēshòu. *While criticizing his colleagues, Lao Wang is very sincere and knows what to say and what not to say. Therefore the others are all glad to accept his criticism.*

【分担】fēndān (动) (几人或几个组织、团体)各担负一部分 *(of several persons or groups) share the responsibility*：夫妻二人～家务。Fūqī èr rén ～ jiāwù. *Husband and wife share household duties.* /这项科研任务是由他们两校～的。Zhè xiàng kēyán rènwu shì yóu tāmen liǎng xiào ～ de. *The task of the scientific research is shared by these two schools.*

【分道扬镳】fēn dào yáng biāo 原指分路而行。后来比喻因志趣、目标不同，而各走各的路，互不相干 *(lit.) separate and*

go different ways；(fig.)(for two persons)to engage in different pursuits and to quit partnership：我们两个自从前年一至今没有合作过。Wǒmen liǎng ge zìcóng qiánnián ～ yǐhòu, zhìjīn ményou hézuòguo. We two have not cooperated since we went our separate ways the year before last.

【分得】fēndé（动）分到 be alloted：今年～红利三千元。Jīnnián ～ hónglì sānqiān yuán. was alloted three thousand yuan dividend this year /父亲死后，他一一笔遗产。Fùqin sǐ hòu, tā ～ yì bǐ yíchǎn. After his father died, he was given a share of the inheritance.

【分店】fēndiàn（名）一个商店分设的支店 branch store

【分队】fēnduì（名）一般指军队中相当于营到班一级的组织 a troop unit corresponding to the platoon or squad

【分发】fēnfā（动）(1)一个一个地发给 distribute one by one：把奖品～给每一个获奖者。Bǎ jiǎngpǐn ～ gěi měi yí ge huòjiǎngzhě. Distribute the prizes to the winners one by one. /通知书已一下去了。Tōngzhīshū yǐ ～ xiaqu le. The notices were distributed. (2)分派(人到工作岗位去) assign (a job)：毕业生已一到各省去了。Bìyèshēng yǐ ～ dào gè shěng qù le. The graduates were assigned to various provinces.

【分封制】fēnfēngzhì（名）中国古代奴隶社会分封诸侯、实行奴隶主贵族世袭统治的制度 the feudal system enfeoffment

【分割】fēngē（动）把整体或有联系的事物强行分开 cut apart；break up；carve up：台湾是中国领土不可～的一部分。Táiwān shì Zhōngguó lǐngtǔ bù kě ～ de yí bùfen. Taiwan is an inalienable part of Chinese territory. /把这个线段～成四等份。Bǎ zhège xiànduàn ～ chéng sì děngfèn. Cut the line up into four equal parts.

【分隔】fēngé（动）在中间隔断，使不相连或不接触 separate：把粮食和农药～开，以免发生事故。Bǎ liángshi hé nóngyào ～ kāi，yǐmiǎn fāshēng shìgù. Grain should be kept separate from insecticides to prevent any accident. /这匹母马就要产驹了，非和其它骡马～开不可。Zhè pǐ mǔmǎ jiù yào chǎn jū le，fēi hé qítā luómǎ ～ kāi bùkě. The mare is going to foal and she should be kept separated from the other horses and mules.

【分工】fēn=gōng 许多劳动者分别从事各种不同而又相互联系的工作 division of labor：工作无所谓贵贱，只是～不同。Gōngzuò wúsuǒwèi guìjiàn，zhǐshì ～ bù tóng. There is not such a thing as high-rank or low-rank jobs but differences in the division of labor. /既要～，又要合作。Jì yào ～，yòu yào hézuò. It needs not only a division of labor, but also cooperation. /咱们先分分工，然后分头去做。Zánmen xiān fēnfēn gōng，ránhòu fēntóu qù zuò. We first divide the labor, then let us go about the work separately.

【分行】fēnháng（名）银行的分支机构 bank branch

【分毫】fēnháo（名）一分一毫，形容数量极少 fraction；a bit；trifle；whit：他把账管得清清楚楚，～不差。Tā bǎ zhàng guǎn de qīngqīngchǔchǔ，～ bú chà. He keeps the accounts very properly without the slightest error. /这个零件是有一定规格的，差一也不行。Zhège língjiàn shì yǒu yídìng guīgé de，chà ～ yě bù xíng. The spare part has a fixed standard. It won't work with the slightest variation.

【分号】fēnhào（名）(；)表示一句话中并列分句之间的停顿 semicolon

【分红】fēn=hóng share bonus；distribute dividends

【分洪】fēnhóng（动）为了避免洪水灾害，在适当地点使洪水分流，把洪水引入湖、海或蓄洪区，这种措施叫"分洪" flood diversion：～工程 ～ gōngchéng flood-diversion project

【分化】fēnhuà（动）(1)统一的或性质相同的事物，在发展过程中逐渐分裂开或变得不相同 split up；become divided；break up：他们那个小集团，不是铁板一块，现在正在～。

Tāmen nàge xiǎo jítuán，bú shì tiěbǎn yí kuài，xiànzài zhèngzài ～. That clique of theirs is not a monolithic bloc and is now breaking up. /穷的越穷，富的越富，这就是两极～。Qióngde yuè qióng，fùde yuè fù，zhè jiù shì liǎngjí ～. The poor become even poorer，the rich get richer，this is polarization. (2)使(集团、组织等)内部起变化 cause (a group or organization) to split up：～瓦解敌人、～敌人 cause splits among the enemy to bring on their collapse

【分家】fēn=jiā (1)原来在一起生活的大家庭，把共同的财产分了，分成各自过活的小家庭 (of a big family) divide up family property and live apart (2)指一个整体分开 break up：这个布娃娃的头和身子怎么～了? Zhège bù wáwa de tóu hé shēnzi zěnme ～ le? How come the head and the body of the doll are separated?

【分解】fēnjiě（动）(1)一个整体分成几个部分 resolve；decompose：力的～ lì de ～ resolution of force (2)一种物质由于化学反应分成两种或两种以上的物质 resolve；水可以～为氢和氧。Shuǐ kěyǐ ～ wéi qīng hé yǎng. Water can be decomposed into hydrogen and oxygen. (3)细说，说明白。常用于章回小说每回的末尾 be explained；be disclosed (used in classical serial novels)：……，且听下回～。……，qiě tīng xià huí ～. ..., as to what happened thereafter, that will be disclosed in the next chapter.

【分界】fēnjiè（名）划分的界线。同"分界线" fēnjièxiàn demarcation line；same as "分界线" fēnjièxiàn

【分界】fēn=jiè 划分界线 be demarcated by；have as a boundary：这两个县以这条河～。Zhè liǎng ge xiàn yǐ zhè tiáo hé ～. These two counties have this river as boundary.

【分界线】fēnjièxiàn（名）两个地区分界的线 demarcation line：那条山脉是那两个省的～. Nà tiáo shānmài shì nà liǎng ge shěng de ～. These two provinces are demarcated by that mountain ridge.

【分居】fēnjū（动）一家人分开生活 (for members of a family) live apart

【分句】fēnjù（名）〈语〉组成复句的各个单句 clause

【分开】fēn // kāi (1)人或事物各自单独在某处 separate；part：孩子结婚以后跟我～住。Háizi jié hūn yǐhòu gēn wǒ ～ zhù. After my son got married, we lived separately. /我的成长跟老师的帮助分不开。Wǒ de chéngzhǎng gēn lǎoshī de bāngzhù fēn bu kāi. Without my teachers' help I wouldn't have grown up the way I had. /这两个人好得分不开。Zhè liǎng ge rén hǎo de fēn bu kāi. The relationship between the two of them is inseparable. (2)使分开 cause to be separated：他们夫妻俩被一个第三者～了。Tāmen fūqī liǎ bèi yí ge dìsānzhě ～ le. The couple was separated by a third party. /阅览室的汉语书和外文书都是～的。Yuèlǎnshì de Hànyǔ shū hé wàiwén shū shì ～ de. In the reading room the Chinese books and the foreign language books are separated.

【分类】fēn=lèi 根据事物的特点划分种类 classify：植物～学 zhíwù ～xué plant taxonomy /我们要先把这些新书分类，然后再编目。Wǒmen yào xiān bǎ zhèxiē xīn shū fēnlèi，ránhòu zài biān mù. First we need to classify these new books and then catalogue them.

【分离】fēnlí（动·不及物）(1)分开，离开 separate；part：过去，母女失散多年，再次团聚以后，从未～过。Guòqù，mǔnǚ shīsàn duō nián，zài cì tuánjù yǐhòu，cóng wèi ～ guo. The mother and daughter were reunited after they separated for years. They've never parted again since then. /氮气是可以从空气中～出来的。Dànqì shì kěyǐ cóng kōngqì zhōng ～ chulai de. Nitrogen can be separated from air. (2)分别 part；separate：～了二十几年的老同学居然在旅途中意外见面了。～ le èrshí jǐ nián de lǎo tóngxué jūrán zài lǚtú zhōng yìwài jiàn miàn le. I came across my old classmate on the trip after we had parted for more than

twenty years.

【分裂】fēnliè（动）(1)一个整体分成独立的两个或两个以上的部分 split；divide：细胞～xibāo～ cell division /这个学派后来～成两个学派。Zhège xuépài hòulái ～ chéng liǎng ge xuépài. Later on the school broke up into two schools. (2)(团结)出现严重不一致或破裂 split；divide；break up：必须坚持团结，反对～。Bìxū jiānchí tuánjié, fǎnduì ～. We should stick together and resist dissension. /希望你们全组同志以团结为重，互帮互爱，不要～。Xīwàng nǐmen quán zǔ tóngzhì yǐ tuánjié wéi zhòng, hù bāng hù ài, búyào ～. I hope that the members of your group all think that it is important to stick together, help each other, love each other, and do not break up.

【分裂主义】fēnlièzhǔyì（名）指排除异己，搞秘密派别活动，分裂干部和群众，分裂政党和组织等。多指党或团体内部 splittism；factionalism

【分门别类】fēn mén bié lèi（按照一定的标准，把事物）分成各种门类 classify；put into different categories：很多文物珍品一地陈列在柜子里。Hěn duō wénwù zhēnpǐn ～ de chénliè zài guìzi li. A great deal of cultural relics are classified and exhibited in the display cases.

【分泌】fēnmì（动）secrete

【分娩】fēnmiǎn（动）〈书〉(1)生小孩儿 give birth to a child (2)生幼畜 give birth to a baby animal

【分秒必争】fēn miǎo bì zhēng 一分一秒也不放过。形容抓紧时间 seize every minute and every second；every second counts；not a second is to be lost：为了抢在雨季到来之前完工，工人们都在～，日夜奋战。Wèile qiǎng zài yǔjì dàolái zhī qián wán gōng, gōngrénmen dōu zài ～, rìyè fènzhàn. In order to finish the project before the monsoon season, the workers seize every minute and every second while working hard day and night.

【分明】fēnmíng（形）界限清晰 clear；distinct：界限～jièxiàn～ clearly demarcated /她穿着白上衣黑裙子，黑白～。Tā chuānzhe bái shàngyī hēi qúnzi, hēi bái ～. She wears a white shirt and a black skirt. The white and the black are in striking contrast. /那张山水画，色调层次～。Nà zhāng shānshuǐ huàr, sèdiào céngcì ～. The arrangement of the colors in this landscape is very distinctive. (副)表示显然如此或确实如此。下文意思常有转折 obviously (as an adverbial)（same as 明明 míngmíng）：这件衣服～是旧的，你怎么看成新的了？Zhè jiàn yīfu ～ shì jiù de, nǐ zěnme kànchéng xīn de? It is obvious that this piece of clothing is old, what makes you think it's new? /那些话～是他昨天亲口对我说的，可是今天他就不承认了。Nàxiē huà ～ shì tā zuótiān qīnkǒu duì wǒ shuō de, kěshì jīntiān tā jiù bù chéngrèn le. That is certainly what he told me in person yesterday. But today he refused to admit he said it. /他刚才～进屋来了，怎么又不见了？Tā gāngcái ～ jǐn wū lái le, zěnme yòu bú jiàn le? He clearly came into the room just now, so how could he have disappeared?

【分母】fēnmǔ（名）〈数〉denominator of a fraction

【分蘖】fēnniè（动）〈植〉tillering：目前，小麦已经开始～。Mùqián, xiǎomài yǐjing kāishǐ ～. Recently the wheat has started tillering.

【分派】fēnpài（动）(1)分配指定（人去完成任务）assign（a task for a person）：主任～老张到上海开定货会去了。Zhǔrèn ～ Lǎo Zhāng dào Shànghǎi kāi dìnghuòhuì qu le. The director assigned Lao Zhang to attend the meeting in Shanghai for ordering goods. (2)(一项任务)分给几个单位(去做）assign a task for several groups：绿化厂区的任务已经～给各车间了。Lǜhuà chǎngqū de rènwu yǐjing ～ gěi gè chējiān le. The task of planting trees around the factory has been assigned to all the workshops.

【分配】fēnpèi（动）(1)按一定的标准分（东西）distribute；al-

lot；assign：按劳力～土地。Àn láolì ～ tǔdì. Distribute the land on the basis of laboring. /学校～给他一套三间的房子。Xuéxiào ～ gěi tā yí tào sān jiān de fángzi. The authority of the school alloted him a flat with three rooms. (2)根据情况有计划地对人或事做好安置处理 assign：组织上～他当教师。Zǔzhī shang ～ tā dāng jiàoshī. The organization assigned him as a teacher. /时间要合理～。Shíjiān yào hélǐ ～. The management of time needs to be rational. /这次～的劳力太少，不够用。Zhè cì ～ de láolì tài shǎo, bú gòu yòng. This time the assigned work force is too small and not enough to meet the need. (3)(经)指把社会产品或价值按一定形式分给社会成员 distribute

【分批】fēn = pī（多数的人或事物）一部分一部分地 be in groups or in batches：展览室比较小，这么多人参观要～。Zhǎnlǎnshì bǐjiào xiǎo, zhème duō rén cānguān yào ～. The exhibition room is relatively small, with this many visitors, we must divide them into groups. /展览室比较小，这么多人要～参观。Zhǎnlǎnshì bǐjiào xiǎo, zhème duō rén yào ～ cānguān. The exhibition hall is relatively small and so the visitors have to go in in groups. /展览室比较小，这么多人要分三批参观。Zhǎnlǎnshì bǐjiào xiǎo, zhème duō rén yào fēn sān pī cānguān. Since the exhibition hall is relatively small, so many visitors have to visit in three groups. /成堆的问题，只能分期～解决。Chéng duī de wèntí, zhǐ néng fēn qī ～ jiějué. Since there are heaps of problems, they can only be solved in turn and by stages.

【分片包干】fēn piànr bāo gānr 按地段或工作范围分派一定的任务，分别由个人或单位负责完成 divide up the work and assign a part to each individual or group

【分期】fēnqī（名）分成的若干时期 periods：历史～lìshǐ ～ the division of historical periods

【分期】fēn = qī 一段时间一段时间地 by stages：分两期施工 fēn liǎng qī shī gōng carry out the project in two stages /公债本息分四期偿还。Gōngzhài běn xī fēn sì qī chánghuán. The capital and interest of government bonds are paid back in four instalments. /从这个商店买电冰箱可以～付款。Cóng zhège shāngdiàn mǎi diànbīngxiāng kěyǐ ～ fù kuǎn. The refrigerators in this store can be bought on an instalment plan.

【分歧】fēnqí（名）（思想、认识、意见、看法、主张等)不一致、有差别的地方 difference；divergence（in thoughts, opinions, etc.）：他们俩在思想上有一些～。Tāmen liǎ zài sīxiǎng shang yǒu yìxiē ～. The two of them are somewhat different in thinking. /大家的看法还存在着很大的～。Dàjiā de kànfǎ hái cúnzàizhe hěn dà de ～. We all still have quite different points of view. (形)不一致 different；divergent：同志们议论纷纷，意见很～。Tóngzhìmen yìlùn fēnfēn, yìjiàn hěn ～. The comrades are discussing it, and all have various opinions.

【分散】fēnsàn（动）使（注意力、精力等）散在多处。与"集中"相对 disperse；scatter；decentralize（opposite of 集中）：学生上课，不能～注意力。Xuéshēng shàng kè, bù néng ～ zhùyìlì. When in class, students should not let their attention wander. /我替他把这些杂事管起来，免得～他的精力。Wǒ tì tā bǎ zhèxiē zá shì guǎn qilai, miǎnde ～ tā de jīnglì. I took charge of these odd jobs for him in order that he wouldn't spread himself too thin. (形)不集中 scattered；dispersed：把这些～的材料、组织、加工成一篇好文章。Bǎ zhèxiē ～ de cáiliào, zǔzhī, jiā gōng chéng yì piān hǎo wénzhāng. Take these scattered materials and organize them into a good article. /兵力太～对战斗不利。Bīnglì tài ～ duì zhàndòu búlì. The forces are dispersed and that is disadvantageous to fighting.

【分散主义】fēnsànzhǔyì（名）违反民主集中制原则的一种无组织无纪律倾向，表现为不尊重中央或上级的决定，不接受

组织的统一领导和监督（多用于政党内部）*decentralism*

【分身】fēn = shēn 抽出工夫去照顾其他事情（多用于否定式）*take time from one's main work to attend to something else (often used in the negative)*：请等一会儿，我现在分不开身。Qǐng děng yīhuìr, wǒ xiànzài fēn bu kāi shēn. *Could you wait a while, I can't break away from what I'm doing now.* /最近太忙，难以～，上海只好不去了。Zuìjìn tài máng, nányǐ ～, Shànghǎi zhǐhǎo bú qù le. *I've been busy recently and can't get away, the trip to Shanghai will just have to be given up.* /我无法～，请你替我去吧。Wǒ wúfǎ ～, qǐng nǐ tì wǒ qù ba. *I can't get away, would you please go for me.*

【分神】fēn = shén 分些精神（托人办事时的客套话）*give some attention (to ask a favor)*：有我的挂号信吗？请您～给看看。Yǒu wǒ de guàhàoxìn ma? Qǐng nín ～ gěi kànkan. *Do I have a registered letter? Could you check it for me, please?* /这孩子太淘气，请多～照管他一下。Zhè háizi tài táoqì, qǐng duō ～ zhàoguǎn tā yīxià. *The child is too naughty, would you mind taking care of him?*

【分手】fēn = shǒu 别离，分开 *part*：既然你不肯去，那我们只好～了。Jìrán nǐ bù kěn qù, nà wǒmen zhǐhǎo ～ le. *Since you are unwilling to go, it would be better for us to part company.* /他要去上海，我们就在北京分了手 Tā yào qù Shànghǎi, wǒmen jiù zài Běijīng fēnle shǒu. *He was going to Shanghai, so we parted company in Beijing.* /她和她的男朋友，由于性格格不来，终于～了。Tā hé tā de nán péngyou, yóuyú xìnggé hé bu lái, zhōngyú ～ le. *She and her boyfriend finally broke up because of differences in personality.*

【分数】fēnshù（名）(1)表示成绩或比赛胜负的数字 *grade; mark in a test or examination*：那次考试，他的～不高。Nà cì kǎoshì, tā de ～ bù gāo. *He did not get a good grade in that test.* (2)〈数〉*fraction*

【分数线】fēnshùxiàn（名）入学考试成绩达到统一规定的最低标准的分数，以这个分数作为录取和不录取的界线 *the lowest score necessary to pass an entrance examination to a school*

【分水岭】fēnshuǐlǐng（名）(1)两个流域分界的山脊或高原 *watershed; divide*：秦岭是黄河流域和长江流域的～。Qín Lǐng shì Huáng Hé liúyù hé Cháng Jiāng liúyù de ～. *Qinling is a watershed between the Yellow River Valley and that of Yangtze River.* (2)比喻两个容易混淆的事物的最关键的区别（fig.）*line of demarcation*：承认不承认存在决定意识的原则，是历史唯物主义和历史唯心主义的～。Chéngrèn bù chéngrèn cúnzài juédìng yìshí de yuánzé, shì lìshǐ wéiwùzhǔyì hé lìshǐ wéixīnzhǔyì de ～. *Recognition or nonrecognition of the principle of existence which determines one's consciousness is the line of demarcation between historical materialism and historical idealism.*

【分摊】fēntān（动）分担（费用）*share (a financial burden)*：租旅游车的费用由大家～。Zū lǚyóuchē de fèiyòng yóu dàjiā ～. *The expense of renting a tour bus is to be shared by all of us.*

【分庭抗礼】fēn tíng kàng lǐ 古代宾主相见，分站在庭院两边，以平等地位相对行礼。现在用来比喻平起平坐、彼此对等的关系，有时有互相对立的意思 *in ancient times when a host met a guest, they stood at opposite sides of the yard and then bowed to each other in the equal position; nowadays, it means stand up to sb. as an equal or act independently and defiantly*

【分头】fēntóu（名）短发头向两边分开梳的发式 *parted hair*（副）若干人分别做同类事，同"分别"fēnbié（副）(1)③ *severally; separately (do the same thing); same as* 分别 fēnbié（副）(1)③：春节期间干部们～到各家拜年。Chūnjié qījiān gànbùmen ～ dào gè jiā bài nián. *Cadres go separately to every home to pay New Year calls during the Spring Festival.* /今天下午去参观，我们一去通知大家。Jīntiān xiàwǔ qù cānguān, wǒmen ～ qù tōngzhī dàjiā. *Let's go separately to notify everyone that we're going on a visit this afternoon.*

【分析】fēnxī（动）*analyze*：～矛盾，解决矛盾 ～ máodùn, jiějué máodùn *analyze the contradiction and resolve it* /要把那个问题仔细地～。Yào bǎ nàge wèntí zìxì de ～. *We must analyze that problem carefully.*（名）*analysis*：化学～ huàxué ～ *chemical analysis* /他对国内国际形势的～很有说服力。Tā duì guó nèi guójì xíngshì de ～ hěn yǒu shuōfúlì. *His analysis of domestic and international affairs is very convincing.*

【分析化学】fēnxī huàxué〈化〉*analytical chemistry*

【分析语】fēnxīyǔ（名）〈语〉*analytical language*

【分享】fēnxiǎng（动）（和别人一起）享受（胜利果实、欢乐、幸福、光荣等）*share (joy, rights, etc.)*：～胜利的喜悦 ～ shènglì de xǐyuè *share the joy of victory* /～家庭生活的乐趣 ～ jiātíng shēnghuó de lèqù *share the joy of family life* /～劳动所得 ～ láodòng suǒ dé *share the fruits of one's labor*

【分晓】fēnxiǎo（名）〈书〉(1)事情的结果或底细 *outcome; solution*：一直到昨天，录取结果才见～。Yīzhí dào zuótiān, lùqǔ jiéguǒ cái jiàn ～. *The outcome of the enrollment was not known until yesterday.* /胜负如何，明天便可知～。Shèngfù rúhé, míngtiān biàn kě zhī ～. *Tomorrow we will know whether we win or lose.* (2)明白，清楚 *see or understand clearly*：他一定要问个～。Tā yīdìng yào wèn ge ～. *He definitely wants to get to the bottom of the matter.*

【分心】fēn = xīn 分散注意力，不专心，耗费精力 *divert or distract one's attention or energy*：点票子，必须聚精会神，一～就会出差错。Diǎn piàozi, bìxū jù jīng huì shén, yī ～ jiù huì chū chācuò. *When counting bills, you should concentrate your full attention. Once you get distracted, you will make a mistake.* /家里有个病人，总得分她一点心儿。Jiā li yǒu ge bìngrén, zǒng děi fēn tā yìdiǎnr xīn. *One of her family is sick so she is bound to get a little distracted.*

【分忧】fēnyōu（动·不及物）分担别人的忧愁 *share someone's cares or burdens*：你有什么难处跟我说说，也好给～解愁呀！Nǐ yǒu shénme nánchu gēn wǒ shuōshuo, yě hǎo gěi ～ jiě chóu ya! *Tell me if you have a problem so that I can share your worries.* /你是我的老朋友了，你不替我，谁替我～呢？Nǐ shì wǒ de lǎo péngyou le, nǐ bú tì wǒ ～, shuí tì wǒ ～ ne? *You are one of my old friends, if you can't share my cares, then who is going to do that for me?*

【分赃】fēn = zāng 以不正当的手段得来的财物、权益等，每个人得一份 *share the booty or loot*

【……分之……】fēn zhī …… 分数读法 *the way a fraction is read*：四～一（1/4）sì ～ yī (1/4)：*one fourth; a quarter* /五～二（2/5）wǔ ～ èr (2/5) *two fifths* /百～百（100/100）bǎi ～ bǎi (100/100) *one hundred percent*

【分支】fēnzhī（名）从一个系统或主体中分出来的部分 *branch*

【分子】fēnzǐ（名）(1)〈数〉*numerator (in a fraction)* (2)〈化〉*molecular* 另见 fènzǐ

【分子量】fēnzǐliàng（名）〈化〉*molecular weight*

【分子式】fēnzǐshì（名）〈化〉*molecular formula*

芬 fēn

【芬芳】fēnfāng（形）〈书〉（花）香，（花的）香味 *(of a flower) fragrant*：满院都是～的花朵。Mǎn yuàn dōu shì ～ de huāduǒ. *The yard is full of fragrant flowers.*

吩 fēn

【吩咐】fēnfù（动）口头指派或命令（多是上对下）*tell；instruct（a superior to his inferior）*：这孩子不等妈妈～就把屋子整理好了。Zhè háizi bù děng māma ～ jiù bǎ wūzi zhěnglǐ hǎo le. *The child cleaned up the house without his mother telling him to.*

纷〔纷〕fēn

【纷繁】fēnfán（形）◇（事务性的工作）多而复杂 *(of a task) numerous and diverse；profuse*：那个问题头绪～，至今还没有弄清楚。Nàge wèntí tóuxù ～, zhìjīn hái méiyou nòng qīngchu. *That problem is so complicated that even now it still hasn't been figured out.* /～的手续，真使人头疼。～ de shǒuxù, zhēn shǐ rén tóuténg. *There is so much red tape that it really gives one a headache.*

【纷飞】fēnfēi（动）（处处）乱飞。形容漫天都是 *flutter about*：北风凛冽，大雪～。Běi fēng lǐnliè, dà xuě ～. *There is a piercing north wind and snow is falling heavily.* /看了这个电影，不由得使我回忆起战火～的年代。Kànle zhège diànyǐng, bùyóude shǐ wǒ huíyì qǐ zhànhuǒ ～ de niándài. *Seeing the movie, I cannot help remembering the time when the war was raging.*

【纷纷】fēnfēn（形）(1)（意见、议论、往下落的东西）多而杂乱 *numerous and confused*：人们对那件传闻至今议论～。Rénmen duì nà jiàn chuánwén zhìjīn yìlùn ～. *Everybody is still discussing the rumor to this very day.* /对于这个问题，大家意见～，莫衷一是。Duìyú zhège wèntí, dàjiā yìjiàn ～, mò zhōng yí shì. *Since opinions vary, no decision can be reached.* /～细雨下个不停。～ xìyǔ xià ge bù tíng. *The drizzle continues unceasingly.* (2)作状语，表示（许多人或事物）连续不断地 *one after another；in great numbers*：广大青少年～参加作文比赛。Guǎngdà qīng-shàonián ～ cānjiā zuòwén bǐsài. *Vast numbers of youth take part in the composition contest.* /国庆之际，各国领导～打来贺电。Guóqìng zhī jì, gè guó lǐngdǎo ～ dǎlái hèdiàn. *Congratulatory telegrams poured in from leaders of various countries on the occasion of the National Day.*

【纷纷扬扬】fēnfēnyángyáng（形）形容雪花飞舞的样子。也形容消息或谣言传播开了 *(of snow or rumors) spread*：大雪～地下着。Dà xuě ～ de xiàzhe. *Heavy snow is falling.* /各种谣言传播得～。Gè zhǒng yáoyán chuánbō de ～. *Rumors are being circulated widely.*

【纷乱】fēnluàn（形）〈书〉杂乱。多用来形容声音或心情 *numerous and disorderly；(of noise or state of mind)*：～的脚步声，他就预感到要出事了。Yì tīngdào ～ de jiǎobù shēng, tā jiù yùgǎn dào yào chū shì le. *As soon as he heard hurried footsteps, he had a premonition that some accident was going to happen.* /近来工作遭受几次挫折，所以他心～得很。Jìnlái gōngzuò zāoshòu jǐ cì cuòzhé, suǒyǐ tā xīnxù ～ de hěn. *Recently he has suffered several setbacks in his work, so he has been feeling rather confused.*

【纷纭】fēnyún（形）〈书〉（言论、事情等）多而杂乱 *(of opinions, things, etc.) diverse and confused*：众说～，莫衷一是。Zhòng shuō ～, mò zhōng yí shì. *As opinions vary, no unanimous conclusion can be drawn.*

【纷争】fēnzhēng（名）纠纷 *dispute；wrangle*：一场～，终于解决。Yì chǎng ～, zhōngyú jiějué. *The dispute was finally solved.* （动）〈书〉争斗 *dispute；wrangle*：三国～，天下大乱。Sān guó ～, tiānxià dà luàn. *When the three kingdoms (220-265 A.D.) were wrangling among themselves, the whole country was in turmoil.*

【纷至沓来】fēn zhì tà lái：纷：众多、杂乱。沓：重复。形容接连不断地来到 *come in continous stream；keep pouring in*

fén

坟〔坟〕fén

（名）[座 zuò] *grave；tomb*

【坟地】féndì（名）埋葬死人的地方；坟墓所在的地方 *graveyard；cemetery*

【坟墓】fénmù（名）[座 zuò]〈书〉同"坟"fén *same as "坟" fén*

【坟头】féntóu（名）（～儿）埋葬死人以后，地面上筑起的土堆，有的是用砖、石砌起来的 *grave mound*

【坟茔】fényíng（名）〈书〉坟墓；坟地 *grave；tomb graveyard；cemetery*

焚 fén

（动）〈书〉烧 *burn*：玩火者，必自～。Wánhuǒzhě, bì zì ～. *He who plays with fire will get burned.*

【焚化】fénhuà（动）烧掉（尸体、神像等）*incinerate；cremate (a corpse, picture or statue of a God, etc.)*

【焚毁】fénhuǐ（动）〈书〉烧坏，烧掉 *destroy by fire；burn down*

【焚烧】fénshāo（动）〈书〉烧 *burn；set on fire*

fěn

粉 fěn

（名）(1)细末儿 *powder*：药～ yào～ *medicinal powder* (2)特指化妆用的粉末 *powder for make-up*：香～ xiāng～ *face-powder* /往脸上搽点儿～. Wǎng liǎnshang chá diǎnr ～. *Lightly powder one's face.* （形）同"粉红"fěnhóng *same as "粉红" fěnhóng；pink*：这盆月季花是红的，那盆是～的。Zhè pén yuèjìhuā shì hóng de, nà pén shì ～ de. *The Chinese roses in this pot are red whereas those in that pot are pink.*

【粉笔】fěnbǐ（名）[根儿 gēnr] *chalk*

【粉尘】fěnchén（名）（在燃烧或工业生产过程中产生的）粉末状的废物 *dust*

【粉刺】fěncì（名）*acne*

【粉红】fěnhóng（形）*pink；rosy*

【粉剂】fěnjì（名）〈药〉*powder*

【粉末】fěnmò（名）*powder*

【粉墨登场】fěn mò dēng chǎng 化装上台演戏。现在多比喻坏人爬上政治舞台 *(literally) make oneself up and go on stage；(figuratively) embark upon a political venture (derog.)*

【粉身碎骨】fěn shēn suì gǔ（人遭到）完全彻底的毁灭 *have one's body smashed to pieces；die the most cruel death；utterly crushed；ground to dust*：为保卫祖国的神圣领土，～也心甘。Wèi bǎowèi zǔguó de shénshèng lǐngtǔ, ～ yě xīn gān. *If need be, I will be willing to die the most cruel death to defend the sacred territory of our motherland.*

【粉饰】fěnshì（动）美化外表，以掩盖缺点、错误 *gloss over；whitewash*：～太平 *tàipíng Present a false picture of peace and prosperity.* /工作中的缺点、错误要如实揭露出来，不要～。Gōngzuò zhōng de quēdiǎn, cuòwù yào rúshí jiēlù chūlai, búyào ～. *If there are any shortcomings or mistakes in one's work, they should be exposed as they are. Do not cover them up.*

【粉刷】fěnshuā（动）*whitewash*：房子隔几年就要～一次。Fángzi gé jǐ nián jiù yào ～ yí cì. *A house needs to be repainted once every few years.*

【粉丝】fěnsī（名）用绿豆等的淀粉制成的线状的食品 *vermicelli made of starch extracted from peas*

【粉碎】fěnsuì（动）(1)使破碎 *break into pieces*：用粉碎机饲料。Yòng fěnsuìjī ～ sìliào. *Grind the fodder with a grinder.* (2)使失败或毁灭 *crush；shatter；smash*：～敌人

的阴谋 ～ dírén de yīnmóu *crush the conspiracy of the enemy*（形）破碎得像粉末一样。多作补语 *crushed (often used as complement)*：踩得～ cǎi de ～ *crush something with one's foot* /碾得～ niǎn de ～ *ground into pieces* /玻璃杯摔得～。Bōlibēi shuāi de ～. *The glass smashed into pieces.*

【粉碎机】fēnsuìjī（名）*grinder*

【粉条】fēntiáo（名）比较粗的粉丝 *noodles made from bean or sweet potato starch*

fèn

分 fèn
另见 fēn

【分量】fènliang（名）重量 *weight*：小刘卖菜价钱公道，～很准。Xiǎo Liú mài cài jiàqian gōngdao, ～ hěn zhǔn. *Xiao Liu sells vegetables for a reasonable price and gives full weight.* /他提意见时话虽不多,可很有～。Tā tí yìjiàn shí huà suī bù duō, kě hěn yǒu ～. *Although he used few words to make his suggestion, they carried a lot of weight.* / 三十来岁的小张当了厂长,这副担子～可不轻啊! Sānshí lái suì de Xiǎo Zhāng dāngle chǎngzhǎng, zhè fù dànzi ～ kě bù qīng a! *Xiao Zhang, at the age of thirty, became the director of a factory. This is quite a heavy responsibility.*

【分内】fènnèi（名）自己的责任和义务范围之内 *one's job or duty*：只要对群众有利,不管～分外,他都积极去做。Zhǐyào duì qúnzhòng yǒulì, bùguǎn ～ fènwài, tā dōu jījí qù zuò. *If it is good for the people, he goes for it enthusiastically whether it is his duty or not.* /这是你～的事,为什么不管? Zhè shì nǐ ～ de shì, wèi shénme bù guǎn? *It is within your duty. Why don't you do it?*

【分外】fènwài（名）自己的责任和义务范围之外 *above and beyond one's duty*：他是个大忙人,除了本职工作,还有不少～的工作。Tā shì gè dà máng rén, chúle běnzhí gōngzuò, hái yǒu bù shǎo ～ de gōngzuò. *He is busy as a bee. In addition to his own job, he has quite a few extra jobs.*（副）修饰形容词和表示心理状态的动词,说明事物的性质和状态异乎寻常 *particularly; especially (modifies adjectives and verbs that express a frame of mind)*：今晚的月亮～明亮。Jīn wǎn de yuèliang ～ míngliàng. *The moon is particularly bright tonight.* / 仇人相见～眼红。Chóurén xiāngjiàn ～ yǎnhóng. *When enemies come face to face, their eyes blaze with hate.* / 室内灯光黯淡,空无一人,他感到～凄凉。Shìnèi dēngguāng àndàn, kōng wú yì rén, tā gǎndào ～ qīliáng. *The room was dimly lit and there wasn't a single soul in it, so he felt especially dreary.* / 实验成功使他～高兴。Shíyàn chénggōng shǐ tā ～ gāoxìng. *The success of the experiment made him especially happy.* / 他调离这里,大家都感到～惋惜。Tā diàolí zhèli, dàjiā dōu gǎndào ～ wǎnxī. *Everybody felt especially sorry because he was transferred out of here.*

【分子】fènzi（名）属于一定阶级、阶层、集团或具有某种特征的人 *a person of a specific class or with a particular characteristic; member; element*：无产阶级先进～ wúchǎnjiējí xiānjìn ～ *advanced element of the proletariat* /知识～ zhīshi ～ *intelletual* /文娱积极～ wényú jījí ～ *activist in cultural recreation* 另见 fēnzi

份 fèn
（名）（～儿）整体分成几部分,每部分叫一份 *share; portion*：把这堆水果分成～分给孩子们。Bǎ zhè duī shuǐguǒ fēnchéng ～ fēngěi háizimen. *Divide the fruits among the children.* /你请客有没有我的～? Nǐ qǐng kè yǒu méi yǒu wǒ de ～? *Do you count me in in your party?*（量）（～儿）(1)用于搭配成组或成件的东西 *(for things where a pile or a set is referred)*：每桌准备六～碗筷。Měi zhuō

zhǔnbèi liù ～ wǎnkuài. *Set up six sets of bowls and chopsticks for every table.* / 送一～礼物 sòng yí ～ lǐwù *give a gift* (2)用于报刊文件等 *(for papers, etc.)*：订一～《北京晚报》。Dìng yí ～ 《Běijīng Wǎnbào》. *(I) subscribe for a copy of Beijing Evening Paper*/那份科学考察报告印了不少～,足够每人一～。Nà fèn kēxué kǎochá bàogào yìnle bù shǎo ～, zú gòu měi rén yí ～. *That scientific study report was printed a few copies and so are sufficient for everyone to get a copy.*

【份儿饭】fènrfàn（名）一人一份的饭食；按份儿卖的饭 *set meal*

【份子】fènzi（名）〈口〉(1)泛指作为礼物的钱 *money as a gift; cash gift*：明天有个同事结婚,大家都送了～。Míngtiān yǒu ge tóngshì jié hūn, dàjiā dōu sòng le ～. *One of our colleagues is going to get married tomorrow and we all send him a cash gift.* (2)集体送礼时,每人分摊的钱 *one's share of expenses for a joint gift for a mutual friend; chip in*：他结婚,我们凑～买了一套餐具送他。Tā jié hūn, wǒmen còu ～ mǎile yí tào cānjù sòng tā. *When he got married, we clubbed together and bought him a set of tableware.*

奋 〔奮〕fèn

【奋不顾身】fèn bù gù shēn 奋勇直前,不顾个人安危 *dash ahead regardless of one's safety*：火势熊熊,小张～,冒着浓烟烈火救人。Huǒshì xióngxióng, Xiǎo Zhāng ～, màozhe nóng yān lièhuǒ jiù rén. *The building was ablaze terribly and Xiao Zhang dashed in and braved heavy smoke and raging fire to rescue the people trapped in the fire.*

【奋斗】fèndòu（动·不及物）为了一定目标而不懈地努力去做 *struggle; fight; strive*：艰苦～ jiānkǔ ～ *work hard with perseverance* /英勇～ yīngyǒng ～ *fight hard and bravely* / 为实现四个现代化而～。Wèi shíxiàn sì ge xiàndàihuà ér ～. *Work hard to carry out the four modernizations.* /为建设物质文明和精神文明而～终身。Wèi jiànshè wùzhì wénmíng hé jīngshén wénmíng ér ～ zhōngshēn. *Devote oneself to building up the material and spiritual civilizations.*

【奋发】fènfā（形）精神振作,斗志高昂的。使用面较窄 *exert oneself (it is used in very few cases)*：～有为的青年 ～ yǒuwéi de qīngnián *a hard working and promising young man*

【奋发图强】fènfā tú qiáng 振作精神,力争强盛 *work hard for the prosperity of the country*：这个球队～,为冲出亚洲走向世界做出了巨大贡献。Zhège qiúduì ～, wèi chōngchū Yàzhōu zǒu xiàng shìjiè zuòchūle jùdà gòngxiàn. *This ball team has done a good job by working hard to leap from Asian to world standards.*

【奋进】fènjìn（动·不及物）〈书〉奋发前进 *exert oneself to make progress*

【奋力】fènlì（副）形容用尽全部力量(去做某事) *spare no effort*：～前进 ～ qiánjìn *make progress with all efforts* /～救火 ～ jiù huǒ *make a great effort to put out the fire* /他向前～游去。Tā xiàng qián ～ yóuqù. *He swims ahead with all efforts.*

【奋起】fènqǐ（动）振作起来 *rise with force and spirit; rise up with ardour*：～反抗 ～ fǎnkàng *rise up in resistance* /我们与其他厂的差距太大,必须～直追。Wǒmen yǔ qítā chǎng de chājù tài dà, bìxū ～ zhí zhuī. *Since our factory is far behind the others, we should do all we can to catch up.*

【奋勇】fènyǒng（形·非谓）形容精神振作,勇气十足 *summon up all one's courage and energy*：～非凡 ～ fēifán *unusually courageous* /～前进 ～ qiánjìn *advance bravely* /～杀敌 ～ shā dí *fighting enemy troops bravely* /自告～ zì gào ～

bravely volunteer

【奋勇当先】fènyǒng dāngxiān 鼓起勇气，走在斗争的最前列 *summon up one's courage to be the first to fight*：在扑灭森林大火中，战士们个个～。Zài pūmiè sēnlín dà huǒ zhōng, zhànshìmen gègè ～. *All the soldiers are brave to put out the forest fire.*

【奋战】fènzhàn（动）奋勇战斗 *fight bravely*：全连战士英勇～，打退敌人五次进攻。Quán lián zhànshì yīngyǒng ～, dǎtuì dírén wǔ cì jìngōng. *All the soldiers of the company fought bravely to beat back five enemy attacks.* /他们日夜～半个月，终于提前完成了种麦任务。Tāmen rìyè ～ bàn ge yuè, zhōngyú tíqián wánchéngle zhòng mài rènwù. *They work so hard during the day and night for half a month that they finished the job of planting wheat earlier than the schedule.*

愤〔憤〕fèn

【愤愤】fènfèn（形）◇ 气愤发怒的样子（*be*）*indignant*；（*feel*）*aggrieved*；（*be*）*resentful*：他见到不公平的事，心里就～不平。Tā jiàndào bù gōngpíng de shì, xīnli jiù ～bùpíng. *When he sees things unfair, he is indignant.*

【愤恨】fènhèn（形）形容愤怒而痛恨的心情 *resentful*：看了这份巨大浪费的报道，实在令人～。Kànle zhè fèn jùdà làngfèi de bàodào, shízài lìng rén ～. *It really makes one indignant to read this report on such an outrageous squander.*

【愤慨】fènkǎi（形）因不平而气愤 *indignant*：侵略军的暴行，使人民极为～。Qīnlüèjūn de bàoxíng, shǐ rénmín jíwéi ～. *The invader's savagery aroused the great indignation of the people.* /对侵略军的暴行，人民表示无限～。Duì qīnlüèjūn de bàoxíng, rénmín biǎoshì wúxiàn ～. *The countrymen expressed a storm of indignation at the invader's savagery.*

【愤懑】fènmèn（形）〈书〉气愤，一肚子不痛快 *frustrated and depressed*

【愤怒】fènnù（形）气愤到了极点 *indignant*；*angry*；*wrathful*：～声讨侵略者的罪行 ～ shēngtǎo qīnlüèzhě de zuìxíng *make an angry denunciation of the invader's wicked conducts*

【愤然】fènrán（形）〈书〉形容发怒，气愤 *angrily*；*indignantly*：他认为领导不尊重他，就一辞职了。Tā rènwéi lǐngdǎo bù zūnzhòng tā, jiù ～ cí zhí le. *He thought that the leadership had no respect for him so he angrily tendered his resignation.*

粪〔糞〕fèn
（名）*excrement*

【粪便】fènbiàn（名）*excrement and urine*；*night soil*

【粪肥】fènféi（名）可做肥料的人或家畜、鸟类的粪便 *manure*；*muck*；*dung*；*night soil*

【粪土】fèntǔ（名）（1）粪便和泥土 *dung and dirt*；*muck*（2）比喻毫无价值的东西 *something worthless*：革命志士看金钱地位如～。Gémìng zhìshì kàn jīnqián dìwèi rú ～. *The person who devotes himself to revolution looks upon money and high status as dirt.*

fēng

丰〔豐〕fēng

【丰碑】fēngbēi（名）高大的石碑，比喻不朽的事物 *monument*：他的英雄事迹，在人民心中立下了永不磨灭的～。Tā de yīngxióng shìjì, zài rénmín xīnzhōng lìxiàle yǒng bù mómiè de ～. *His heroic deeds are an everlasting monument in the heart of the people.*

【丰采】fēngcǎi（名）同"风采" fēngcǎi *same as "风采"* fēngcǎi

【丰产】fēngchǎn（动）多指农业比一般产量高 *high yield*：这块玉米地去年歉收，今年～。Zhè kuài yùmǐ dì qùnián qiànshōu, jīnnián ～. *There was a bad harvest in this corn field last year whereas there was a bumper harvest this year.* /科学种田才能～。Kēxué zhòng tián cái néng ～. *Only by applying science to farming, can we ensure a good harvest.*

【丰产田】fēngchǎntián（名）指农业比一般产量高的地块儿 *a high-yield plot*

【丰登】fēngdēng（动）〈书〉丰收 *bumper harvest*：五谷～ wǔgǔ ～ *a bumper grain harvest*

【丰富】fēngfù（形）（多指物质财富、学识经验、书刊内容）种类多或数量大 *rich*；*abundant*；*plentiful*：～的资源 ～ de zīyuán *rich in natural resources* /物产～ wùchǎn ～ *abundant in produce* /～的知识 ～ de zhīshi *(have) ample knowledge* /文章内容不够～。Wénzhāng nèiróng bú gòu ～. *The content of the article is not rich enough.*（动）使富 *enrich*：年轻教师应注意不断～自己的工作经验。Niánqīng jiàoshī yīng zhùyì búduàn ～ zìjǐ de gōngzuò jīngyàn. *Young teachers should enrich their working experience constantly.*

【丰富多采】fēngfù duōcǎi 内容丰富，花色繁多 *rich and colorful*；*rich and varied*：这次摄影作品展览真是～！Zhè cì shèyǐng zuòpǐn zhǎnlǎn zhēn shì ～! *The pictures of this photographic exhibition are truly rich and varied.* / 晚会上，演出了一个～的节目。Wǎnhuì shang, yǎnchūle ～ de jiémù. *The evening party presented a varied and interesting programme.*

【丰功伟绩】fēng gōng wěi jì 伟大的功劳和成就 *great achievements*；*signal contribution*：中国人民解放军在保卫边疆中建立了一。Zhōngguó Rénmín Jiěfàngjūn zài bǎowèi biānjiāng zhōng jiànlìle ～. *The Chinese People's Liberation Army made a great contribution to guarding the frontier.*

【丰厚】fēnghòu（形）丰富、富裕 *thick*；*rich and generous*：在这个公司工作，待遇～。Zài zhège gōngsī gōngzuò, dàiyù ～. *The salary and benefits are generous at this company.* / 他们送去了～的礼品。Tāmen sòngqùle ～ de lǐpǐn. *They sent a generous gift.*

【丰满】fēngmǎn（形）（1）◇指粮仓的粮食满满的 *plentiful*（2）形容身体或身体某部分健壮，匀称好看 *full and round*；*full-grown*；（*body*）*well-developed*：小鸟的羽毛～之后就要高飞了。Xiǎo niǎo de yǔmáo ～ zhī hòu jiù yào gāo fēi le. *When a little bird becomes full-grown, it will fly away.* /他瘦弱的身体慢慢～起来。Tā shòuruò de shēntǐ mànmān ～ qilai. *His thin and emaciated body slowly started to become chubbier.*

【丰年】fēngnián（名）农业丰收的年景（跟"歉年"相对）*bumper harvest year*；*good year*（*the opposite of "歉年"* qiànnián）

【丰盛】fēngshèng（形）（指物质）又多又好 *rich*；*sumptuous*：～的晚餐 ～ de wǎncān *a sumptuous dinner* /物产～ wùchǎn ～ *rich in produce*

【丰收】fēngshōu（动·不及物）收成丰富（跟"歉收"相对）*bumper harvest*（*the opposite of "歉收"* qiànshōu）：大白菜～了。Dàbáicài ～ le. *The Chinese cabbage bore a plentiful harvest.* /农产品～能促进轻工业发展。Nóngchǎnpǐn ～ néng cùjìn qīnggōngyè fāzhǎn. *A good harvest of farm produce will bring an advance in light industry.*（名）指丰富的收成 *bumper harvest*：几年来，农业连续获得了三个大～。Jǐ nián lái, nóngyè liánxù huòdéle sān ge dà ～. *In the last couple of years, there were three successive bumper harvests in argriculture.* /今年是我国球类运动的～年。Jīnnián shì wǒ guó qiúlèi yùndòng de ～ nián. *This year we made great strides in ball games.*

【丰硕】fēngshuò（形）（果实）多而大，常形容劳动成果 plentiful and substantial：没有辛勤的劳动，就没有～的果实。Méi yǒu xīnqín de láodòng, jiù méi yǒu ～ de guǒshí. No hard labor, no fruitful gain. (No pains, no gains.)／研究员们苦心钻研十五年，成果～。Yánjiūyuánmen kǔxīn zuānyán shíwǔ nián, chéngguǒ ～. The researchers made great achievements through having painstakingly studied for fifteen years.

【丰衣足食】fēng yī zú shí 吃穿都很富足，形容生活富裕 be well-fed and well-clothed

【丰腴】fēngyú（形）〈书〉（身体）丰满 have a full (figure)

【丰足】fēngzú（形）〈书〉富裕 abundant：衣食～ yī shí ～ have plenty of food and clothing

风〔風〕fēng
（名）[阵 zhèn]（1）wind（2）◇风气 style; practice; custom：煞住请客送礼之～ Shāzhù qǐng kè sòng lǐ zhī ～. Put an end to the practice of standing treat and giving gifts.／杜绝不正之～。Dùjué búzhèng zhī ～. Stop all corrupt practices.／团结互助，蔚然成～。Tuánjié hùzhù, wèirán chéng ～. To unite as one and help each other has become the order of the day.（3）◇（～儿）风声，消息 news; information：事关重大，走了～可不得了。Shì guān zhòngdà, zǒule ～ kě bùdéliǎo. It is of extreme importance. To leak any information will be very serious.（4）中医的一种病名 term for certain diseases in Chinese traditional medicine

【风暴】fēngbào（名）[场 cháng]（1）狂风暴雨 windstorm; tempest; storm（2）比喻规模大、气势猛烈的，震动社会的形势或事件（usu. used figuratively）storm; tempest：一场革命～ yì cháng gémìng ～ a storm of revolution

【风波】fēngbō（名）[场 cháng] 比喻事情的波折、纠纷 disturbance; incident：两家街坊由于误会闹了一场～。Liǎng jiā jiēfang yóuyú wùhuì nàole yì cháng ～. Misunderstanding raised a disturbance among two neighbors.

【风采】fēngcǎi（名）美好的举止、风度 elegant demeanor; graceful bearing; fine deportment：～动人 ～ dòngrén The elegant demeanor is attractive.／迷人的～ mírén de ～ enchanting beauty

【风餐露宿】fēng cān lù sù 风里吃饭，露天睡觉。形容旅途或野外工作的辛苦（lit.) eat in the wind and sleep in the open air; (fig.) endure the hardships of an arduous journey or fieldwork：这支勘探队常年～，跋山涉水，走遍了祖国大地。Zhè zhī kàntànduì chángnián ～, bá shān shè shuǐ, zǒubiànle zǔguó dàdì. The prospecting team ate in the wind, slept in the open, scaled mountains, forded streams, and travelled all over the country the whole year round.

【风铲】fēngchǎn（名）〈机〉pneumatic shovel

【风潮】fēngcháo（名）指群众性的反抗运动或反抗事件 agitation; unrest

【风车】fēngchē（名）（1）windmill（2）winnower（3）（～儿）玩具，用纸做成叶轮，迎风转动 pinwheel

【风尘】fēngchén（名）◇比喻旅途上所受的辛苦 travel fatigue; hardships of a journey：满面～ mǎnmiàn ～ looking fatigued (after a long journey)

【风尘仆仆】fēngchén púpú 形容旅途奔波，忙碌劳累的样子 endure the hardships of a long journey; travelstained; travel-weary

【风驰电掣】fēng chí diàn chè 形容像风吹电闪那样迅速 swift as the wind and quick as lightning：汽车一般在高速公路上行驶。Qìchē ～ bān zài gāosù gōnglù shang xíngshǐ. The car rushed on the expressway at lightning speed.

【风吹草动】fēng chuī cǎo dòng 比喻一点点动静或轻微的社会动荡。多用于敌对分子身上（lit.) the rustle of leaves in the wind, (fig.) a slight sign of disturbance or trouble (usu. used for anti-revolutionary)：一有～，那几个坏家伙就要兴风作浪。Yì yǒu ～, nà jǐ ge huàijiāhuo jiù yào xīng fēng zuò làng. If there is a slight sign of disturbance, those bad guys will stir up trouble.

【风灯】fēngdēng（名）storm lantern

【风动工具】fēngdòng gōngjù〈机〉pneumatic tools

【风斗】fēngdǒu（名）（～儿）冬季安在窗户上的透气又挡风的东西，多用木架糊纸做成 wind scoop

【风度】fēngdù（名）美好的举止、神态 demeanor; bearing：有～ yǒu ～ have poise／有教师的～ yǒu jiàoshī de ～ have teacher-like manners／没有～ méi yǒu ～ have no poise／～大方 ～ dàfang have an elegant manner／洒脱～ sǎtuō ～ have a free and easy manner

【风范】fēngfàn（名）〈书〉风度，气派 air; manner; appearance

【风风火火】fēngfēnghuǒhuǒ（形）（1）形容着急又匆忙的样子 in a great hurry：看他那～的样子，不知有什么急事。Kàn tā nà ～ de yàngzi, bù zhī yǒu shénme jí shì. He was in such a great hurry that there must be something happening.／那天下午，她忽然～地跑来了。Nà tiān xiàwǔ, tā hūrán ～ de pǎolai le. On that afternoon, she suddenly hurried over here.（2）活跃，劲头儿足 energetic：这些年轻人，干什么都是～的，充满朝气。Zhèxiē niánqīng rén, gàn shénme dōu shì ～ de, chōngmǎn zhāoqì. No matter what these young men do, they are always energetic and full of vigor and vitality.

【风干】fēnggān（动·不及物）放在空气流通的地方使干燥 air-dry：栗子～以后，非常甜。Lìzi ～ yǐhòu, fēicháng tián. After air-drying, the chestnut tastes very sweet.／～腊肉 ～ làròu air-dry bacon

【风镐】fēnggǎo（名）〈机〉pneumatic pick; air pick

【风格】fēnggé（名）（1）作风，品格 style：～高 ～ gāo be honourable／～低 ～ dī be mean／发扬互助友爱的～ fāyáng hùzhù yǒu'ài de ～ develope a practice of helping and caring about each other（2）一个时代、一个流派或一个人的文艺作品所表现的主要的思想特点和艺术特点（of literary works of a person or school or a time）style：幽默、风趣而且富有哲理是那位漫画家创作的～。Yōumò, fēngqù érqiě fùyǒu zhélǐ shì nà wèi mànhuàjiā chuàngzuò de ～. Humor and wit with an abundance of philosophical thought are the characteristics of the cartoonist's works.

【风光】fēngguāng（名）风景，景色 scenery：秋天是游览北京～的好季节。Qiūtiān shì yóulǎn Běijīng ～ de hǎo jìjié. Autumn is the best season to make a sightseeing tour of Beijing./这里山清水秀，是典型的南方～。Zhèlǐ shān qīng shuǐ xiù, shì diǎnxíng de nánfāng ～. The green hills and clear waters around here are typical of southern picturesque scenery.

【风害】fēnghài（名）大风所造成的灾害 damage caused by a windstorm

【风寒】fēnghán（名）冷风和寒气 chill; cold：受了～，所以腰腿疼。Shòule ～, suǒyǐ yāo tuǐ téng. Because he caught a cold, his back and legs hurt.

【风和日暖】fēng hé rì nuǎn 风很温和，阳光温暖，形容天气晴又不冷 bright sunshine and gentle breeze; (fig.) warm and sunny weather

【风花雪月】fēng huā xuě yuè 原指旧文学中描写的四种景物，后喻指内容不健康又堆砌辞藻的诗文 wind, flowers, snow and moon — referring originally to the subject matters typical of feudal literary works, now referring to the works which are ornate and morally bad

【风华】fēnghuá（名）〈书〉风采，才华 elegance and talent：那时他三十五岁，是～正茂的时候。Nàshí tā sānshíwǔ suì, shì ～ zhèng mào de shíhou. At that time he was thirty five and in his prime.

【风化】fēnghuà（动）（1）〈地质〉weathering（2）〈化〉efflo-

resence（名）◇指社会风俗习惯 morals and manners；decency；酗酒斗殴有伤～。Xùjiǔ dòu'ōu yǒu shāng ～. Excessive drinking and fighting are an offence against decency.

【风纪】fēngjì（名）作风和纪律 conduct and discipline

【风景】fēngjǐng（名）可供观赏的自然风光或景色 scenery；landscape：～好的地方旅游者就多。～hǎo de dìfang lǚyóuzhě jiù duō. A place of beautiful sceneries will attract a lot of tourists. /这里已辟为～区。Zhèli yǐ pìwéi ～qū. This place has been opened up as a scenic spot.

【风景画】fēngjǐnghuà（名）以风景为题材的画 landscape painting

【风镜】fēngjìng（名）[副 fù]专门挡风沙的眼镜 goggles

【风卷残云】fēng juǎn cán yún 像大风把残云吹散一样，形容一下子消灭干净 make a clean sweep of something：三个小伙子干了一下午活儿，吃起晚饭来简直是～。Sān ge xiǎohuǒzi gànle yí xiàwǔ huór, chī qǐ wǎnfàn lai jiǎnzhí shì ～. After having worked for the whole afternoon, the three young men ate their dinner like hungry wolves.

【风口】fēngkǒu（名）气流集中通过的地方 a place where there is a draught

【风浪】fēnglàng（名）(1)水面上的风和浪 wind and waves：湖面上一点～也没有，水平如镜。Hú miàn shang yìdiǎnr ～ yě méi yǒu, shuǐ píng rú jìng. There are no waves at all on the lake; it is as smooth as a mirror. (2)比喻艰难险阻 hardship；difficulties：他是一位久经～的老干部，有丰富的革命斗争经验。Tā shì yí wèi jiǔ jīng ～ de lǎo gànbù, yǒu fēngfù de gémìng dòuzhēng jīngyàn. He is an old cadre with much experience in the hardships of revolution.

【风雷】fēngléi（名）狂风巨雷。比喻迅猛发展、声势浩大的群众冲击力量 strong wind and thunder；(fig.) violent forces：革命～ gémìng ～ the force of a revolution

【风力】fēnglì（名）风力 wind-force；wind power：天气预报，今天晴，～二三级。Tiānqì yùbào, jīntiān qíng, ～ èr-sān jí. Weather report said, today will be sunny and breezy.

【风凉】fēngliáng（形）有小风吹着，很凉快 cool；breezy：天太热了，我要找个～的地方看书去。Tiān tài rè le, wǒ yào zhǎo ge ～ de dìfang kàn shū qu. It is too warm. I need to find a shady place to do some reading. /这儿挺～，在这儿坐会儿吧！Zhèr tǐng ～, zài zhèr zuò huìr ba! It is pretty cool here. Let's sit for a while.

【风凉话】fēngliánghuà（名）不负责任的而带有讽刺意味的话 irresponsible and sarcastic remarks：他看见小李工作有困难，不但不帮助他，反而还说～"谁让你当初爱出风头接受这个任务呢！" Tā kànjian Xiǎo Lǐ gōngzuò yǒu kùnnan, búdàn bù bāngzhù tā, fǎn'ér hái shuō ～: "shuí ràng nǐ dāngchū ài chū fēngtou jiēshòu zhège rènwu ne!" When he knew Xiao Li had trouble with his job, instead of helping him, he commented: "Who asked you to show off by taking this job in the first place?"

【风流】fēngliú（形）(1)杰出的，有才华的 distinguished and admirable：～人物 ～ rénwù truly great man (2)dissolute；loose

【风马牛不相及】fēng mǎ niú bù xiāng jí 用来比喻两件事情毫不相干（表示不应该认为有关系）have nothing to do with each other；be totally unrelated；irrelevant："风化"有时是地质术语，有时是指风俗习惯，这两个意思真是～。"Fēnghuà" yǒu shí shì dìzhì shùyǔ, yǒu shí shì zhǐ fēngsú xíguàn, zhè liǎng ge yìsi zhēn shì ～. The word "风化" could be a term of geology or refer to "customs and habits". These two references are totally irrelevant.

【风貌】fēngmào（名）风格和面貌 style and feature：这座古寺整修以后，又重现了原来的～。Zhè zuò gǔ sì zhěngxiū yǐhòu, yòu chóngxiànle yuánlái de ～. After the renovation, the old temple again took on its own original style and feature. /这座古寺经过整修，～一新。Zhè zuò gǔ sì jīngguò zhěngxiū, ～ yì xīn. After the renovation, the old temple looks brand new.

【风靡一时】fēngmǐ yìshí 形容某事物在一个时期里普遍流行 become fashionable for a time：那首民歌在五十年代曾经～，颇有影响。Nà shǒu míngē zài wǔshí niándài céngjīng ～, pō yǒu yǐngxiǎng. That folk song was popular in the 50s and had a great influence. /这只是～的一篇低级趣味的作品，不久就会被人忘记的。Zhè zhǐ shì ～ de yì piān dījí qùwèi de zuòpǐn, bùjiǔ jiù huì bèi rén wàngjì de. It is nothing but a popular article in vulgar taste. It will soon be forgotten.

【风魔】fēngmó（形）同"疯魔" fēngmó（形）same as "疯魔"；fēngmó（形）(动)同"疯魔" fēngmó（动）same as "疯魔" fēngmó（动）

【风派人物】fēngpài rénwù 丧失原则立场，自私自利，哪股风硬就倒向哪一边的政治上的投机分子 time-server；the bend-with-the-wind type

【风平浪静】fēng píng làng jìng 无风无浪。比喻平静无事 the wind has subsided and the waves have calmed down；(fig.) calm and tranquil：傍晚，湖面～，只有一叶小舟在远处飘荡。Bàngwǎn, hú miàn ～, zhǐ yǒu yí yè xiǎo zhōu zài yuǎn chù piāodàng. At dusk, it was calm on the lake, there was only one small boat floating in the remote place. /老大老二吵架吵得不可开交，可是爸爸一进门，顿时～，鸦雀无声了。Lǎodà Lǎo'èr chǎo jià chǎo de bù kě kāi jiāo, kěshì bàba yí jìn ménr, dùnshí ～, yā què wú shēng le. Two brothers had a quarrel with each other and made a great commotion, but when their father entered the room, they, all of sudden, calmed down and became silent.

【风起云涌】fēng qǐ yún yǒng 多用来比喻革命斗争相继兴起，声势浩大 like a rising wind and scudding clouds；rolling on with full force：反对殖民主义的解放斗争～，势不可当。Fǎnduì zhímínzhǔyì de jiěfàng dòuzhēng ～, shì bù kě dàng. The struggle of anti-colonialism is rolling on with full force irresistibly.

【风气】fēngqì（名）[种 zhǒng]社会上或某一集体中流行的某种习惯 common practice；fashion：尊老爱幼应成为我们社会的新～。Zūn lǎo ài yòu yīng chéngwéi wǒmen shèhuì de xīn ～. To respect the elderly and to love children, should be a new common practice in our society. /坏～ huài ～ a bad practice /不正～ búzhèng a corrupt practice

【风琴】fēngqín（名）organ

【风趣】fēngqù（名）(指说话或文章)幽默、诙谐的趣味 humor or wit (of speech or writing)：他说话总是很有～，大家都爱听他说话。Tā shuō huà zǒngshì hěn yǒu ～, dàjiā dōu ài tīng tā shuō huà. He talks wittily so that everyone loves to listen to him. （形）有趣或幽默的 witty：张老师讲课特别～，常常引得学生大笑。Zhāng lǎoshī jiǎng kè tèbié ～, chángcháng yǐn de xuésheng dà xiào. In class, Mr. Zhang talks wittily, and often makes students laugh.

【风沙】fēngshā（名）风和被风卷起的沙土 wind and sand blown by the wind

【风尚】fēngshàng（名）社会的风气和习惯，与"风气"差不多。"风气"多用于口语，可用于好坏两方面；"风尚"多用于书面语，含褒义 prevailing custom (practice or habit) (its reference is the same as "风气", but 风气 is more colloquial and refers to both the positive and negative；whereas, "风尚" is often used in writing and refers to the positive)：树立社会主义新～ shùlì shèhuìzhǔyì xīn ～ set up new socialist common practices /拾金不昧是一种好～。Shí jīn bú mèi shì yì zhǒng hǎo ～. Not to pocket the money one has found is a good common practice.

【风声】fēngshēng（名）传出来的一般不公开的消息 rumor；news；information：这事可别走漏了～。Zhè shì kě bié

zǒulòule ～. *Don't leak any information on this matter.* / 你听到什么～没有? Nǐ tīngdào shénme ～ méiyǒu? *Have you got any wind of it?*

【风声鹤唳】fēng shēng hè lì 原指败兵逃走时听到风声和鹤叫都疑心是追兵。形容人在非常害怕时听到一点声音,就感到十分恐慌、紧张 (*lit.*) *a fleeing army's suspicion of danger at slightest sound, e. g. the sound of wind and the cry of cranes, as the sound made by their enemy running after them; (fig.) to sense danger everywhere while being scared*

【风湿病】fēngshībìng (名)〈医〉*rheumatism*

【风蚀】fēngshí (名)〈地〉*wind erosion*

【风霜】fēngshuāng (名)比喻旅途或生活中经历的艰难辛苦 (*lit.*) *wind and frost; (fig.) hardship of a journey or of one's life*: 看他那饱经～的面孔,很使人同情。Kàn tā nà bǎo jīng ～ de miànkǒng, hěn shǐ rén tóngqíng. *Seeing the man with a face that has seen all kinds of hardship makes everyone feel sympathy for him.*

【风俗】fēngsú (名)长期积累、沿袭下来的礼节、习惯等的总和。因社会、时代、民族、地区而不同 *social customs*

【风速】fēngsù (名)〈气〉*wind speed; wind velocity*

【风瘫】fēngtān (动)同"瘫痪"fēngtān(动) (名)同"瘫痪"fēngtān (名)*same as "瘫痪"* fēngtān(动)

【风调雨顺】fēng tiáo yǔ shùn 风雨及时,适合农作物的需要 *favorable weather (for raising crops)*: 今年～,收成一定不错。Jīnnián ～, shōucheng yídìng búcuò. *There is favorable weather this year, so the harvest must be good.*

【风头】fēngtou (名)(1)风吹的方向 (*lit.*) *the way the wind blows; (fig.) the development that is likely*: 他没有原则,只是看～办事。Tā méi yǒu yuánzé, zhǐshì kàn ～ bàn shì. *He has no principles, but just does things according to how the wind blows.* (2)"出风头"意思是在别人面前显示自己 "出风头"*means be in the limelight; show off*: 他总喜欢说些与众不同的话,出出～。Tā zǒng xǐhuan shuō xiē yǔ zhòng bù tóng de huà, chūchu ～. *He always loves to make remarks different from those of others in order to be in the limelight.*

【风土人情】fēngtǔ rénqíng 指一个地方特有的气候、物产、风俗、习惯等 *local customs and practices*: 他每到一个地方,一定要了解当地的～。Tā měi dào yí ge dìfang, yídìng yào liǎojiě dāngdì de ～. *When he gets to a place, he always gets to know its local customs and practices.*

【风味】fēngwèi (名)(～儿)事物的地方特色 *local color or flavor*: 她会做十几种广东～的菜。Tā huì zuò shí jǐ zhǒng Guǎngdōng ～ de cài. *She can make more than ten different dishes of Cantonese flavor.* /这首歌听起来有陕北民歌的～。Zhè shǒu gē tīng qilai yǒu Shǎnběi míngē de ～. *This song has a touch of northern Shaanxi folk music.*

【风险】fēngxiǎn (名)[场 cháng] 可能发生的不幸的事或危险 *risk; hazard*: 冒着～ màozhe ～ *take risk; take a chance; run risk* /不避～ bú bì ～ *face risk* /搞改革就要担～。Gǎo gǎigé jiù yào dān ～. *One must run risks to reform.*

【风箱】fēngxiāng (名)[个 gè] *bellows*

【风向】fēngxiàng (名)风吹来的方向 *wind direction*

【风行】fēngxíng (动)普遍流行;盛行 *be in a fashion; be popular*: 去年,这种样式的服装～一时。Qùnián, zhè zhǒng yàngshì de fúzhuāng ～ yìshí. *This style of clothes was popular last year.* /现在～戴太阳镜。Xiànzài ～ dài tàiyángjìng. *Wearing sunglasses is now in fashion.*

【风言风语】fēng yán fēng yǔ 没有根据的话。多指暗地的中伤或捏造 *groundless talk intended to slander; slanderous gossip*: 你该怎么做就怎么做,别听那些～。Nǐ gāi zěnme zuò jiù zěnme zuò, bié tīng nàxiē ～. *Do what you ought to do. Do not listen to those groundle lks.*

【风衣】fēngyī (名)一种挡风的外衣 *wind coat*

【风雨】fēngyǔ (名)[场 cháng] 风和雨。指经受的艰难困苦的考验 (*lit.*) *wind and rain; (fig.) trials and hardships*: 温室的花朵是经不起～的。Wēnshì de huāduǒ shì jīng bu qǐ ～ de. *Flowers grown in a greenhouse cannot stand wind and rain.* /有志的青年应当到祖国需要的地方去经～,见世面,会大有好处。Yǒu zhì de qīngnián yīngdāng dào zǔguó xūyào de dìfang qù jīng ～, jiàn shìmiàn, huì dà yǒu hǎochu. *Ambitious young men should go to the place where their country needs them, to go through all kinds of trials and hardships, and see the world. This will be good for them.*

【风雨飘摇】fēngyǔ piāoyáo 形容局势动荡不安,很不稳定 (*lit.*) *swaying in the midst of a raging storm; (fig.) precarious; unstable; tottering*: 那个国家的政局正处于～之中,政府可能要垮台。Nàge guójiā de zhèngjú zhèng chǔyú ～ zhī zhōng, zhèngfǔ kěnéng yào kuǎ tái. *The government of that country is in a precarious state. It may collapse.*

【风雨同舟】fēngyǔ tóng zhōu 在大风雨中同坐一条船。比喻在艰难困苦的条件下,齐心协力,战胜困难 (*lit.*) *in the same storm-tossed boat; (fig.) stand together through thick and thin*: 我们要～,扭转局面。Wǒmen yào ～, niǔzhuǎn júmiàn. *We must stand together through thick and thin and turn the tide.*

【风雨无阻】fēng yǔ wú zǔ 无论风或雨,都阻挡不住 *rain or shine*: 他练长跑,一年四季,～。Tā liàn chángpǎo, yì nián sì jì, ～. *Rain or shine, he practices long-distance running all year around.*

【风云】fēngyún (名)比喻变幻动荡的局势 (*lit.*) *wind and cloud; (fig.) an unstable situation*: 战争～ zhànzhēng ～ *the changeable situation of the war* /～突变 ～ tūbiàn *There is a sudden change in the situation.*

【风云人物】fēngyún rénwù 指活跃一时,言论、行动在社会上影响较大的人。有时含贬义 *man of the hour; a heroic figure (sometimes it is an unfavorable comment)*

【风灾】fēngzāi (名)[场 cháng] 风所造成的灾害 *disaster caused by a windstorm*

【风障】fēngzhàng (名)〈农〉(～儿)用高粱杆、稻草或苇子等编成的放在菜畦旁边挡风的屏障,用来保护秧苗 *windbreak*

【风筝】fēngzheng (名)[只 zhī] *kite*

【风烛残年】fēng zhú cán nián 风烛:被风吹着的蜡烛。比喻临近死亡的晚年 *old and ailing like a candle glittering in the wind*

【风姿】fēngzī (名)〈书〉风度姿态 *graceful bearing; charm*: 美好的～ měihǎo de ～ *great charm*

【风钻】fēngzuàn (名)*pneumatic drill*

枫〔楓〕fēng
(名)◇同"枫树"fēngshù *same as "枫树"* fēngshù

【枫树】fēngshù (名)[棵 kē] *maple*

【枫叶】fēngyè (名)*maple leaf*

封 fēng
(动)密闭,堵塞,隔绝 *seal*: 信已～好,可以寄出了。Xìn yǐ ～ hǎo, kěyǐ jìchū le. *The letter is sealed and can be mailed.* /大雪把山路～住了。Dà xuě bǎ shānlù ～zhù le. *The heavy snow blocked up the mountain trails.* (量)指封套一类东西的件数 *(for sth. enveloped)*: 两～信 liǎng ～ xìn *two letters*

【封闭】fēngbì (动)〈书〉(1)严密盖住或关住,使不能通行或随便打开 *seal*: 把这些废弃的矿井都～起来。Bǎ zhèxiē fèiqì de kuàngjǐng dōu ～ qilai. *Close down the deserted mines.* (2)*seal off; close*: 当局把那家报社～了。Dāngjú bǎ nà jiā bàoshè ～ le. *The authority closed down that newspaper office.* (3)"封闭类"〈语〉数目有限的,如代词

就是封闭类词 closed-class（word）

【封存】fēngcún（动）〈书〉把东西封好存放起来 seal up for safe keeping：这些资料目前用不着了，暂时一起来吧！ Zhèxiē zīliào mùqián yòng bu zháo le, zànshí 〜 qilai ba! These materials are not of any use now. Let's put them away temporarily.

【封底】fēngdǐ（名）书刊的背面，跟封面相对的一面 back cover（of a book）

【封顶】fēng=dǐng 把顶部封住，比喻规定某种数量的最高限额 fixed maximum：按照最新规定，奖金从下月起不〜了。 Ànzhào zuì xīn guīdìng, jiǎngjīn cóng xià yuè qǐ bù 〜 le. According to the new regulations there is no fixed maximum of the prize from next month.

【封二】fēng'èr（名）书刊封面那一页的背面 inside front cover

【封官许愿】fēng guān xǔ yuàn 以名利、地位引诱别人 offer offical posts and make lavish promises：〜，培植个人势力，是不正之风。〜，péizhí gèrén shìlì, shì búzhèng zhī fēng. To offer offical posts and make lavish promises in order to foster one's personal influence is an unhealthy practice.

【封建】fēngjiàn（名）feudalism（形）带有封建社会色彩的（不开通的或迷信的思想等）feudal：这个老头儿头脑太〜，简直跟不上时代。 Zhège lǎotóur tóunǎo tài 〜, jiǎnzhí gēn bu shàng shídài. This old man is very feudal-minded. He simply can't catch up with the times.

【封建割据】fēngjiàn gējù 封建势力在一国之内以武力占据部分地区，形成分裂对抗局面 feudal separationist rule

【封建社会】fēngjiàn shèhuì feudal society

【封建制度】fēngjiàn zhìdù feudal system

【封建主】fēngjiànzhǔ（名）feudal lord

【封建主义】fēngjiànzhǔyì（名）(1)指封建的社会制度 feudalism (2)指维护封建社会制度的思想体系 feudalism

【封口】fēng=kǒu（〜儿）(1)把信封粘上 seal：信还没〜呢，你要不要加几句话？Xìn hái méi 〜 ne, nǐ yào bu yào jiā jǐ jù huà? The letter has not been sealed yet. Do you want to add a few words? (2)伤口愈合 heal：他腿上的伤已经〜了。Tā tuǐ shang de shāng yijing 〜 le. His leg wound has healed.

【封里】fēnglǐ（名）书刊上指封二，有时也兼指封三 indside front cover；inside back cover

【封面】fēngmiàn（名）一般指书刊印着书刊名称等的第一面 title page；cover

【封皮】fēngpí（名）(1)书刊的封面 front cover (2)信封 envelop (3)包在物品外面的纸 wrapping paper

【封三】fēngsān（名）指书刊中封底里面的那一面 inside back cover

【封山育林】fēng shān yù lín 对有条件自然成林的山区，有计划地封闭起来，禁止采伐、放牧，使自然成长或人工辅助育成新林 close hillsides to facilitate afforestation

【封四】fēngsì（名）指书刊中的封底 back cover

【封锁】fēngsuǒ（动）禁止进出通行，使与外界断绝联系 blockade；block；seal off：〜交通 〜 jiāotōng seal off the roads /〜消息 〜 xiāoxi block the passage of information；block the transmission of information /实行经济〜 shíxíng jīngjì 〜 put under an economic blockade /军事〜 jūnshì 〜 blockade by armies or warships

【封锁线】fēngsuǒxiàn（名）blockade line

【封条】fēngtiáo（名）贴在被封物件开口处的纸条，上面写有封闭日期并加盖印章 a strip of paper used for sealing on which the date of sealing and the official stamp are put

【封一】fēngyī（名）即书刊的封面 front cover

疯 ［瘋］fēng

（形）(1)insane；mad；crazy：那个人〜了一年多了。 Nàge rén 〜le yīnián duō le. That man's been insane over a

year. (2)农作物只长枝叶不结果实（of a plant, grain corp, etc.）spindle

【疯疯癫癫】fēngfēngdiāndiān（形）精神失常的样子。也用于开玩笑，表示某人言论行动不正常 be mentally deranged；act like a lunatic；be flighty：他这几天不大安心，到处乱跑，有点儿〜的。Tā zhè jǐ tiān búdà ānxīn, dàochù luàn pǎo, yǒudiǎnr 〜 de. These last few days he hasn't been very calm, he's running around everywhere acting a little crazy.

【疯狗】fēnggǒu（名）mad dog；rabid dog

【疯狂】fēngkuáng（形）发疯，比喻极度猖狂 insane：打退侵略军〜的进攻。Dǎtuì qīnlüèjūn 〜 de jìngōng. Beat away the desperate attack of the invaders.

【疯魔】fēngmó（形）入迷 be fascinated；captivated：看小说看得都〜了。Kàn xiǎoshuō kàn de dōu 〜 le. He's obsessed by reading novels. （动）使入迷 fascinate：迪斯科〜了不少年轻人。Dísīkē 〜 le bù shǎo niánqīng rén. A lot of young people are obsessed with disco.

【疯人院】fēngrényuàn（名）mad house；lunatic asylum

【疯瘫】fēngtān（动）paralyze（名）paralysis

【疯子】fēngzi（名）有严重精神病的人 lunatic；madman

峰 fēng

（名）◇同"山峰"shānfēng same as "山峰" shānfēng：这是这个山的最高〜。Zhè shì zhège shān de zuì gāo 〜. It is the highest peak of the mountain.（量）只用于计算骆驼的单位（for camels）

【峰峦】fēngluán（名）〈书〉连着的山峰 ridges and peaks

烽 fēng

【烽火】fēnghuǒ（名）(1)古时边防报警的烟火。有敌人来犯时，守卫的人就点火相告 beacon-fire（used to give border alarm in the old days）(2)比喻战火或战争 flames of war：那个国家连年〜，人民流离失所。Nàge guójiā liánnián 〜, rénmín liú lí shī suǒ. There have been flames of war for years in that country and many people have become destitute and homeless.

【烽火连天】fēnghuǒ lián tiān 形容战火烧遍各地 flames of battle raging everywhere：老王的前半生都是在〜的战争年代度过的。Lǎo Wáng de qiánbànshēng dōu shì zài 〜 de zhànzhēng niándài dùguò de. Lao Wang lived the first half of his life in the torrent of war.

锋 ［鋒］fēng

◇（名）the sharp point or cutting edge（of a sword）：刀〜 dāo 〜 the cutting edge of a knife

【锋利】fēnglì（形）(1)（刃）sharp；keen：这把刀十分〜。Zhè bǎ dāo shífēn 〜. This knife is very sharp. (2)比喻（言论、文笔）尖锐有力 sharp；caustic；incisive：他在大会上的演讲，语言〜，切中要害。Tā zài dàhuì shang de yǎnjiǎng, yǔyán 〜, qièzhòng yàohài. In the meeting he made incisive remarks went right to the point.

【锋芒】fēngmáng（名）(1)刀剑的尖端。常用来比喻斗争的矛头 cutting edge；（fig.）the spearhead of struggle：批判的〜是对着那些搞不正之风的人。Pīpàn de 〜 shì duìzhe nàxiē gǎo búzhèng zhī fēng de rén. The spearhead of criticism points to those who exercise a bad practice. (2)比喻显露出来的锐气和才干 talent displayed：她在这次大会的组织工作中初露〜。Tā zài zhè cì dàhuì de zǔzhī gōngzuò zhōng chū lù 〜. In organizing this conference, she displayed her talent for the first time.

【锋芒毕露】fēngmáng bì lù 比喻锐气和才干全部显露了出来，给人以压力。含贬义 make a showy display of one's abilities（a derogatory sense）：不要这样〜的，不能含一点

吗？Búyào zhèyàng ～ de，bù néng hánxù yìdiǎnr ma？ *Don't show off in this way. Couldn't you be a little bit reserved?*

【锋芒所向】fēngmáng suǒ xiàng 斗争矛头的指向 *target of attack*：揭露某些单位惊人的浪费是这篇社论的～。Jiēlù mǒu xiē dānwèi jīngrén de làngfèi shì zhè piān shèlùn de ～. *The target of attack in the editorial is to expose the alarming waste of money by certain units.*

蜂 fēng
（名）[只 zhī]（1）*wasp，hornet*（2）特指蜜蜂 *bee*

【蜂房】fēngfáng（名）*any of the six-sided wax cells in a honeycomb；honeycomb*

【蜂蜜】fēngmì（名）*honey*

【蜂起】fēngqǐ（动）〈书〉像蜂飞起来一样成群地起来 *rise in swarms*：叛乱分子～。Pànluàn fènzǐ ～. *An armed rebellion rises in swarms.*

【蜂窝】fēngwō（名）*honeycomb*

【蜂拥】fēngyōng（形）形容许多人一齐拥上前来 *swarm；flock*：公共汽车一到站，等车的人～而上。Gōnggòng qìchē yí dào zhàn，děng chē de rén ～ ér shàng. *When a bus comes to a bus stop，all the waiting passengers swarm forward to get on the bus.*

féng

逢 féng
（动）◇遇到（不常用作句中主要动词）*meet；come upon*：生不～时 shēng bù ～ shí *not born in the right time*／他一到那里，人就问，很快就找到那座古庙。Tā yí dào nàli，～ rén jiù wèn，hěn kuài jiù zhǎodào nà zuò gǔ miào. *When he got there he asked whoever he met，so it did not take him long to find the old temple.*／只是～年过节时他才喝几杯酒。Zhǐshì ～ nián guò jié shí tā cái hē jǐ bēi jiǔ. *Only on festival days and on the New Year's Day does he drink a bit.*

【逢迎】féngyíng（动）（说话、做事）故意迎合别人的心意 *curry favor with；toady to*：这个人最会～上级了。Zhège rén zuì huì ～ shàngjí le. *He really knows how to curry favor with his superiors.*

缝〔縫〕féng
（动）*stitch；sew*：在裙子上～个口袋儿。Zài qúnzi shang ～ ge kǒudàir. *Patch a pocket on the skirt.*／头碰破了，大夫给他～了两针。Tóu pèngpò le，dàifu gěi tā ～ le liǎng zhēn. *He cut his head and the doctor sewed two stitches.* 另见 fèng

【缝补】féngbǔ（动）*sew and mend；patch*：～衣裳 yīshang *sew and mend clothes*／孩子多，缝缝补补的事就多。Háizi duō，féngféngbǔbǔ de shì jiù duō. *The more children，the more the need for sewing and mending.*

【缝缝连连】féngfengliánlián（动）泛指缝补等小修小补的针线活儿 *sewing and mending*

【缝合】fénghé（动）〈医〉*suture；sew up*：伤口～完毕。Shāngkǒu ～ wánbì. *The wound has been sewn up.*

【缝纫】féngrèn（名）泛指制作衣服、鞋帽等的工作 *sewing；tailoring*：学～ xué ～ *learn sewing and tailoring*

【缝纫机】féngrènjī（名）[架 jià] *sewing-machine*

fěng

讽〔諷〕fěng
（动）◇*satirize；mock*

【讽刺】fěngcì（动）*satirize*：我做得不对，你就说，何必～我呢？Wǒ zuò de bú duì，nǐ jiù míng shuō，hébì ～ wǒ ne？ *If I made a mistake，just say so，why make fun of me?*

fèng

凤〔鳳〕fèng
（名）同"凤凰"fènghuáng *same as "凤凰" fènghuáng*

【凤凰】fènghuáng（名）传说中的百鸟之王。雄的叫"凤"，雌的叫"凰"。"凤凰"就用作这种鸟的名称。常用来象征吉祥 *phoenix；a queen of birds（"凤" for male and "凰" for femal；it is a symbol of "good luck"）*

【凤毛麟角】fèng máo lín jiǎo 比喻稀少珍贵的东西或罕见而可贵的人才（*precious and rare as*）*phoenix feathers and unicorn horns；rarity*

奉 fèng
（动）〈书〉（1）恭敬地送给（上级或长辈）*give or present with respect（to the superior or elderly）*：报告一份～上，请批示。Bàogào yí fèn ～ shàng，qǐng pīshì. *Please accept a report for your consideration*（2）恭敬地接受（上级或长辈的）*receive（orders from the superior or elderly）*：我军～指挥部之命，火速开往前线。Wǒ jūn ～ zhǐhuībù zhī mìng，huǒsù kāi wǎng qiánxiàn. *On the order from headquarters，our troops rushed to the front.*（3）推崇，信仰，遵照。有讽刺意 *look up to（in a sense of irony）*：他也是普通人，怎么能把他～若神明？Tā yě shì pǔtōng rén，zěnme néng bǎ tā ～ ruò shénmíng? *He is also an ordinary person. How can we look up to him as a God?*

【奉承】fèngcheng（动）用行动或好听的话向人讨好。与"拍马屁"差不多 *flatter*：喜欢～领导也是不正之风。Xǐhuan ～ lǐngdǎo yě shì bùzhèng zhī fēng. *A love of flattering one's superior is also a bad practice.*／～话最恶心。～ huà zuì ěxin. *Flattering remarks are most disgusting.*

【奉告】fènggào（动）〈书〉〈敬辞〉告诉 *have the honor to inform*：详细情形，等过两天当面～。Xiángxì qíngxing，děng guò liǎng tiān dāng miàn ～. *I'll give you the details in person in two days.*／双方谈判正在进行中，现在无可～。Shuāngfāng tánpàn zài jìnxíng zhōng，xiànzài wú kě ～. *Since the negotiation of the two parties is still in process，there is no comment now.*

【奉公守法】fèng gōng shǒu fǎ 秉公办事，遵守法令 *be law-abiding*：任何一个中国公民都应该～。Rènhé yí ge Zhōngguó gōngmín dōu yīnggāi ～. *Any Chinese citizen should be law-abiding.*

【奉还】fènghuán（动）〈敬辞〉归还 *return with thanks*

【奉命】fèng＝mìng 接受并遵守上级的命令 *follow orders or instructions；be under orders*：我部～坚守阵地。Wǒ bù ～ jiānshǒu zhèndì. *Our troop followed the order to hang on in the front.*

【奉陪】fèngpéi（动）〈敬辞〉相陪，陪伴 *keep sb. company*：什么时候游长城，我一定～。Nǐ shénme shíhou yóu Chángchéng，wǒ yídìng ～. *When you take a trip to the Great Wall，I would like to go with you.*／你们两个人谈吧，我有事，不能～了。Nǐmen·liǎng ge rén tán ba，wǒ yǒu shì，bù néng ～ le. *You two have a nice talk. I have something to do and can't stay with you.* 有时用于开玩笑（*sometimes in a sense of a joke*）：只要你愿意辩论这个问题，我一定～到底。Zhǐyào nǐ yuànyì biànlùn zhège wèntí，wǒ yídìng ～ dào dǐ. *If you are willing to debate the question with me，I would love to keep you company until the end.*

【奉劝】fèngquàn（动）〈敬辞〉郑重地劝告 *give a piece of advice*：～患气管炎的人还是不抽烟的好！～ huàn qìguǎnyán de rén háishi bù chōu yān de hǎo! *My advice for those who have tracheitis is not to smoke.* 有时含有警告的意思（*sometimes in a sense of a warning*）：～你讲点文明礼貌，嘴干净

点儿。～ nǐ jiǎng diǎnr wénmíng lǐmào, zuǐ gānjìng diǎnr. *My advice to you is that you don't forget your manners and watch your mouth.*

【奉若神明】fèng ruò shénmíng 盲目崇拜某人或某事物，像迷信者敬神那样 *revere as sacred; treat with great reverence; worship sb. or sth.; make a fetish of sth.*: 他把老张～，一向言听计从。Tā bǎ Lǎo Zhāng ～, yíxiàng yán tīng jì cóng. *He treats Lao Zhang with great reverence and always follows what he says.*

【奉送】fèngsòng（动）〈敬辞〉赠送 *offer as a gift; give away free*: 把我们编的词典～给他。Bǎ wǒmen biān de cídiǎn ～ gěi tā. *Let's give him a copy of our dictionary.*

【奉献】fèngxiàn（动）〈敬辞〉送给，献上 *offer as a tribute; present with respect*

【奉行】fèngxíng（动）遵照执行 *pursue (a policy)*: 中国一贯～不论大国小国一律平等的国际准则。Zhōngguó yíguàn ～ búlùn dà guó xiǎo guó yìlù píngděng de guójì zhǔnzé. *China always pursues an international norm that all nations are equal no matter whether they are big or small.*

【奉养】fèngyǎng（动）侍奉和赡养（父母或其他长辈）*support and wait upon (one's parents or other elderly)*

缝〔縫〕fèng

（名）[条 tiáo]（1）（～儿）细长的裂口 *crack; crevice; chink*: 墙上裂了一道～儿。Qiáng shang lièle yí dào ～. *There is a crack in the wall.* /窗户～的风挺凉的。Chuānghu ～ de fēng tǐng liáng de. *The wind from the chink under the window is very cold.* （2）接合的地方 *seam*: 无～钢管 wú ～ gāngguǎn *seamless steel tube* 另见 féng

【缝隙】fèngxì（名）〈书〉裂开或自然露出的狭长的空处 *chink; crack*: 门窗的～太大，工具粗! Mén chuāng de ～ tài dà, gōng zhēn cū! *The chinks beneath the doors and windows are too big. The work is crudely done.* /这两座楼几乎连在一起了，中间只有一点～。Zhè liǎng zuò lóu jīhū lián zài yìqǐ le, zhōngjiān zhǐ yǒu yìdiǎn ～. *These two buildings are almost connected with only a narrow opening between them.*

fó

佛 fó

（名）（1）*Buddha*（2）佛像 *statue of Buddha*: 这座庙里有三尊铜～。Zhè zuò miào lǐ yǒu sān zūn tóng ～. *There are three bronze statues of Buddha in this temple.* （3）佛教 *Buddhism*: 他信～。Tā xìn ～. *He believes in Buddhism.*

【佛教】Fójiào（名）*Buddhism*

【佛经】fójīng（名）*Buddhist sutra; Buddhist scripture*

【佛龛】fókān（名）供奉佛像的小阁子 *niche for a statue of Buddha*

【佛堂】fótáng（名）供奉佛像、念佛经的屋子 *family hall for worshipping Buddha*

【佛像】fóxiàng（名）*statue of Buddha*

【佛学】fóxué（名）*Buddhism*

【佛牙】fóyá（名）*tooth relic of Buddha*

【佛爷】fóye（名）佛教徒对释迦牟尼的尊称，泛称佛教的神 *Buddha*

fǒu

否 fǒu

（动）（1）〈口〉否定（多用于意见、建议等）*nay; no*: 会上把他的方案给～了。Huì shang bǎ tā de fāng'àn gěi le. *His proposal was turned down in the meeting.* （2）〈书〉不是这样，表示不同意（一般用在答话里）*no* （3）〈书〉表示疑问（*for question*）: 你的病情是～好转? 望告! Nǐ de

bìngqíng shì ～ hǎozhuǎn? Wàng gào! *Are you getting better? Please let me know.* /工程月底能～竣工，现仍难预料。Gōngchéng yuèdǐ néng ～ jùngōng, xiàn réng nán yùliào. *Whether the project will be finished or not by the end of the month, has yet to be determined.* /请你团下月初来京参加会演，可～? 请回信! Qǐng nǐ tuán xià yuè chū lái Jīng cānjiā huìyǎn, kě ～? Qǐng huí xìn! *Would your art troupe come to join our theatrical feastival in Beijing at the beginning of next month? R.S.V.P.* /这份合理化建议当～, 请批示! Zhè fèn hélǐhuà jiànyì dàng ～, qǐng pīshì! *Is this rationalization proposal suitable? Please give a written instruction or comment.* 另见 pǐ

【否定】fǒudìng（动）不承认，不同意（与"肯定"相对）*negate; deny (the opposite of "肯定")*: 成绩是主流，谁也～不了。Chéngjì shì zhǔliú, shuí yě ～ bu liǎo. *None can deny the fact that the achievements are the main trend.* /对那个施工方案他持～的态度。Duì nàge shī gōng fāng'àn tā chí ～ de tàidu. *As for that construction project, he does not agree to it.* （名）〈哲〉*negation*（形）*negative*: ～判断 ～ pànduàn *negative judgment*

【否决】fǒujué（动）否定（意见、议案等）*vote down; veto; overrule*: 经过讨论，他的提议被～了。Jīngguò tǎolùn, tā de tíyì bèi ～ le. *After the discussion, his proposal was voted down.* /投～票 tóu ～ piào *cast a dissenting vote*

【否决权】fǒujuéquán（名）*veto power*

【否认】fǒurèn（动）不承认（与"承认"相对）*deny (the opposite of "承认")*: 他～说过那些话。Tā ～ shuōguo nàxiē huà. *He denied having said such words.* /证据确凿，无法～。Zhèngjù quèzuò, wúfǎ ～. *There is conclusive evidence. It cannot be denied.*

【否则】fǒuzé（连）意思是"如果不这样"；用在后一分句的开头，表示对前一分句做出假设的否定，并指出可能产生的结果，或提供另一选择；"否则"后可有停顿，有时也可带"的话"*otherwise; if not; or else (used at the beginning of the second clause and may be followed by a pause; may sometimes also be followed by "的话")*: 你最好上午去，～就下午早点去。Nǐ zuìhǎo shàngwǔ qù, ～ jiù xiàwǔ zǎo diǎn qù. *You had best go in the morning; if not, then go a little earlier in the afternoon.* /这种机会非常难得，你一定不要错过，～你会后悔的。Zhè zhǒng jīhuì fēicháng nándé, nǐ yídìng búyào cuòguò, ～ nǐ huì hòuhuǐ de. *This kind of opportunity is rare. You must not let it slip, or you'll regret it.* /危险房屋要尽早修理，～，会造成人民生命财产的严重损失。Wēixiǎn fángwū yào jìnzǎo xiūlǐ, ～, huì zàochéng rénmín shēngmìng cáichǎn de yánzhòng sǔnshī. *Unsafe homes must be repaired as soon as possible, otherwise they may result in serious losses to people's lives and property.* /你可能有顾忌吧，～的话，怎么连一句话也不说呢? Nǐ kěnéng yǒu gùlù ba, ～ de huà, zěnme lián yí jù huà yě bù shuō ne? *You must have some misgivings about speaking up, otherwise why would you be keeping silent?*

fū

夫 fū

（名）◇丈夫 *husband*: 一～一妻制 yì ～ yì qī zhì *monogamy*

【夫妇】fūfù（名）丈夫和妻子。同"夫妻"fūqī *man and wife; same as "夫妻" fūqī*: 这是一对新婚～。Zhè shì yí duì xīnhūn ～. *They are a newly married couple.*

【夫妻】fūqī（名）丈夫和妻子 *man and wife*: 一对～只生一个孩子。Yí duì ～ zhǐ shēng yí ge háizi. *A couple ought to have only one child.*

【夫妻店】fūqīdiàn（名）由夫妻二人经营的小商店 *a small shop run by a husband and wife*

【夫权】fūquán（名）丈夫在家庭中的统治权力 authority of the husband

【夫人】fūren（名）对别人妻子的尊称。现多用于外交场合 lady；madame；Mrs.：请向您的～问候！Qǐng xiàng nín de ～ wènhòu! Please give my kind regards to your wife.

【夫子】fūzǐ（名）〈书〉(1)旧时对儒家学者的尊称 an ancient form of address to a Confucian scholar or to a master by his disciples：孔～ Kǒng ～ Master Confucius (2)旧时对老师的尊称(用于书信) respectful address to one's master in the old days (used in writing a letter) (3)指死读古书而思想陈腐的人 pedant：老～ lǎo ～ a pedantic old fogey

肤〔膚〕fū
（名）◇skin

【肤泛】fūfàn（形）〈书〉不深刻 superficial and vague：论述十分～. Lùnshù shífēn ～. in very shallow and vague exposition

【肤浅】fūqiǎn（形）(学识)浅薄,(认识、了解)不深刻 shallow；superficial：～的了解 ～ de liǎojiě a shallow comprehension /这种认识很～. Zhè zhǒng rènshi hěn ～. It is a very superficial understanding.

【肤色】fūsè（名）皮肤的颜色 complexion：我们虽然～不同,但友谊是深厚的。Wǒmen suīrán ～ bù tóng，dàn yǒuyì shì shēnhòu de. Although we differ in races, we've build up quite a firm friendship.

麸〔麩〕fū
（名）◇同"麸子" fūzi same as "麸子" fūzi

【麸子】fūzi（名）(wheat) bran

敷 fū
（动）(1) apply (powder，ointment，etc.)：伤口不用～药。Shāngkǒu búyòng ～ yào. The wound does not need any application of ointment. (2) be sufficient for：入不～出 rù bù ～ chū unable to make ends meet

【敷料】fūliào（名）〈医〉dressing

【敷设】fūshè（动）铺(轨道) lay (a railway track)

【敷衍】fūyǎn（动）办事不认真不负责,待人表面应付,无诚意 be perfunctory；do sth. or deal with others in a perfunctory or insincere manner；be halfhearted：他工作细致认真,从不～. Tā gōngzuò xìzhì rènzhēn，cóng bù ～. He works elaborately and never perfunctorily. /人家问他什么意见,他模棱两可地～了几句,没有明确的表示。Rénjia wèn tā shénme yijian，tā móléng liǎng kě de ～le jǐ jù，méi yǒu míngquè de biǎoshì. While someone asks for his opinion, he replies perfunctorily instead of in a clear-cut manner.

孵 fū
（动）hatch；brood；incubate：母鸡～小鸡。Mǔ jī ～ xiǎo jī. The hen sits.

【孵化】fūhuà（动）hatch；incubate：人工～ réngōng ～ artificial incubation

fú

伏 fú
（动）〈书〉(1)身体前倾靠在物体上 bend over：深夜他仍～案写作。Shēnyè tā réng ～ àn xiězuò. At midnight he is till bending over his desk writing. (2)低下去 go down；subside：这个戏情节曲折,有起有～. Zhège xì qíngjié qūzhé，yǒu qǐ yǒu ～. The plot of the play is complicated with a series of unexpected events. (3)隐藏 hide：昼～夜出 zhòu ～ yè chū hide by day and come out at night (4)屈服,低头承认 submit；admit：～不～罪? ～ bu ～ zuì? Do you admit your guilt? /～不～输? ～ bu ～ shū? Do you admit

defeat? (名)伏天 dog days (in summer)：初～ chū ～ first ten days of the hot season /中～ zhōng ～ middle ten days of the hot season /末～ mò ～ last ten days of the hot season

【伏安】fú'ān（量）〈电〉volt-ampere

【伏笔】fúbǐ（名）写作上的一种表现手法,对将要论述的问题或将要描述的人物、事件等预先做的暗示 a hint foreshadowing later developments in a story，etc.；foreshadowing：小说第一回已为故事的发展埋下了～. Xiǎoshuō dìyī huí yǐ wèi gùshì de fāzhǎn máixiàle ～. There is a hint foreshadowing in chapter one that paves a way for the later developments of the story.

【伏兵】fúbīng（名）troops in ambush

【伏法】fúfǎ（动）(犯人)被执行死刑 be executed

【伏击】fújī（动）预先把兵力隐蔽在敌人必经的地区,突然袭击敌人 ambush：游击队巧妙地～了侵略军。Yóujīduì qiǎomiào de ～le qīnlüèjūn. The guerrillas attacked the invaders unexpectedly from ambush. /～战 ～ zhàn a fight of ambush

【伏特】fútè（量）volt

【伏特计】fútèjì（名）〈电〉voltmeter

【伏天】fútiān（名）中国夏季最热的时期。也是三伏(初伏、中伏、末伏)的总称 the hottest days of the year—the first, second and third ten-day periods after the summer solstice

【伏罪】fú=zuì 同"服罪" fú=zuì same as "服罪" fú=zuì

凫〔鳬〕fú
（动）(在水里)游 swim

【凫水】fú=shuǐ 在水里游 swim：鸭子会～。Yāzi huì ～. Ducks can swim.

扶 fú
（动）(1)用手支住使不倒 support with the hand；～着墙站起来 ～zhe qiáng zhàn qilai stand up with the hand on the wall /护士～着病人散步。Hùshi ～zhe bìngrén sàn bù. The nurse supported her patient as he took a walk. /汽车要拐弯了,请您～好! Qìchē yào guǎi wānr le，qǐng nín ～ hǎo! The bus is about to make a turn. Please hold on to your seat. /你帮我～一下自行车,我系一下鞋带儿。Nǐ bāng wǒ ～ yíxià zìxíngchē，wǒ jì yíxià xiédàir. Could you hold my bike for a minute? I want to tie my shoelace. (2)用手使倒下的立起来 help sb. up；straighten sth. up：把被风刮倒的庄稼～起来。Bǎ bèi fēng guādǎo de zhuāngjia ～ qilai. Straighten up the crops blown down by the wind. /你必须～他一下,他才能坐起来。Nǐ bìxū ～ tā yíxià，tā cái néng zuò qilai. You have to give him a hand so he can sit up.

【扶持】fúchí（动）〈书〉看守、照顾(老小病弱等人) give aid；help (the old，the weak，child，etc.)：她刚生了孩子,得有人～。Tā gāng shēngle háizi，děi yǒu rén ～. She recently had a baby, so she needs somebody to give her a hand.

【扶老携幼】fú lǎo xié yòu 搀着老的、拉着小的,形容对老小服务周到。也形容由于灾荒、战乱一家家老人、孩子到处流浪的惨状 helping old people and holding children by hand—helping the needy physically：列车员不辞劳苦,～,受到旅客们的尊敬。Lièchēyuán bù cí láokǔ，～，shòudào lǚkèmen de zūnjìng. The attendant on the train felt none too tired to help the old and the young, so he was respected by the passengers.

【扶手】fúshǒu（名）能让人扶住的东西 handrail；rail banisters：楼梯的～ lóutī de ～ banister /椅子的～断了。Yǐzi ～ duàn le. An arm of the chair was broken.

【扶养】fúyǎng（动）养育,养活 foster；bring up：她～两个孩子。Tā ～ liǎng ge háizi. She brings two children up.

【扶摇直上】fúyáo zhí shàng 扶摇：向上升起的旋风。形容一直往上升 soar；rise steeply；skyrocket：他年轻有为,四五年就～当了经理。Tā niánqīng yǒuwéi，sì-wǔ nián jiù ～

dāngle jīnglǐ. *He is a very capable young man and in just four or five years rose to manager.*

【扶植】fúzhí（动）◇ 帮助，培植（多指新生事物）*foster; prop up*：大力～新生事物 dàlì ～ xīnshēng shìwù *make a great effort to foster new things* 有时含贬义（*sometimes in a derogatory sense*）：～傀儡政权 ～ kuǐlěi zhèngquán *support and foster a puppet regime*

【扶助】fúzhù（动）帮助（老小、病弱或弱小的力量），使之强有力 *help; assist; support*：老干部要积极～年轻干部工作。Lǎo gànbù yào jījí ～ niánqīng gànbù gōngzuò. *The old cadres ought to do what they can to help the young ones in their work.* /要～少数民族办好教育事业。Yào ～ shǎoshù mínzú bànhǎo jiàoyù shìyè. *We must assist the minorities to do a good job in education.* /全民所有制大厂有义务～集体所有制小厂。Quánmín suǒyǒuzhì dà chǎng yǒu yìwù ～ jítǐ suǒyǒuzhì xiǎo chǎng. *The large factories under ownership by the whole people have a duty to help the small factories under collective ownership.*

芙 fú

【芙蓉】fúróng（名）(1)*cottonrose hibiscus* (2)*lotus*

拂 fú

（动）〈书〉轻轻擦过 *whisk; flick*：～去尘土 ～ qù chéntǔ *whisk the dust off*

【拂拭】fúshì（动）〈书〉掸掉或擦掉（灰尘）*whisk or wipe off*：他将室内陈设都～干净。Tā jiāng shì nèi chénshè dōu ～ gānjìng. *He dusted all the furniture.*

【拂晓】fúxiǎo（名）〈书〉天快亮的时候 *dawn*：～起床，坚持跑步。～ qǐ chuáng, jiānchí pǎo bù. *Get up at dawn and go jogging, rain or shine.*

【拂袖而去】fú xiù ér qù 把袖子一甩就走了。形容很生气地走了 *leave with a flick of one's sleeve; go off in a huff*

服 fú

（动）(1)◇ 吃（药）*take (medicine)*：现在还～不～药？Xiànzài hái ～ bu ～ yào? *Are you still taking pills?* (2)◇ 承担 *serve*：～兵役 ～ bīngyì *serve in the army* (3)◇ 习惯，适应 *be accustomed to*：不～水土 bù ～ shuǐtǔ *not acclimatized* (4)听从，信服 *be convinced*：口～心不～ kǒu ～ xīn bù ～ *say "yes" but remain unconvinced* /谁说得对我就～谁。Shuí shuō de duì wǒ jiù ～ shuí. *He whose argument is right convinces me.* (5)使信服 *convince*：以力～人，口服心不服，以理～人，才是心服。Yǐ lì ～ rén, kǒu fú xīn bù fú, yǐ lǐ ～ rén, cái shì xīn fú. *If the people are convinced by force, they may remain unconvinced in their hearts; on the other hand, by argument, they will be sincerely convinced.*

【服从】fúcóng（动）遵从，听从 *obey; submit (oneself) to; be subordinated*：～指挥 ～ zhǐhuī *obey orders* /个人～国家需要 gèrén ～ guójiā xūyào *Each individual submits to the need of the nation.* /少数～多数 shǎoshù ～ duōshù *The minority sumbits itself to the majority.* /局部～全局 júbù ～ quánjú *The part is subordinated to the whole.*

【服毒】fú=dú 吃毒药（自杀）*take poison*

【服服帖帖】fúfutiētiē（形）顺从、听话、不违背、不反抗 *submissive; resigned; docile and obedient*：把孩子管得～，什么都不敢做，真是害了他。Bǎ háizi guǎn de ～, shénme dōu bù gǎn zuò, zhēn shì hàile tā. *Keeping the child submissive prevent him from daring to do anything. This really harms him.*

【服气】fúqì（动）从心里信服 *be convinced*：我说不过你，可是我并不～。Wǒ shuō bu guò nǐ, kěshì wǒ bìng bù ～. *I cannot argue with you, but I am not convinced, either.* /对方确实比我们强，我们输得～。Duìfāng quèshí bǐ wǒmen

qiáng, wǒmen shū de ～. *Our rival is truly stronger than us. We admit defeat.*

【服饰】fúshì（名）〈书〉衣着穿戴 *dress and personal adornment*：她～讲究、华丽。Tā ～ jiǎngjiu, huálì. *She is elegantly dressed.*

【服侍】fúshi（动）伺候 *wait upon; attend*：老太太行动不便，得有人～。Lǎotàitai xíngdòng búbiàn, děi yǒu rén ～. *The old woman has difficulty getting about so she needs to be attended to.*

【服输】fú=shū 认输，承认失败 *admit defeat; acknowledge one's defeat*：我连赢了他三盘棋，他还不～。Wǒ lián yíngle tā sān pán qí, tā hái bù ～. *I beat him at three games of chess successively, but he is still unwilling to acknowledge defeat.* /你服不服输？Nǐ fú bu fú shū? *Do you admit defeat?*

【服帖】fútiē（形）(1)顺从，老老实实，驯服 *submissive; resigned*：别把孩子管得那么～。Bié bǎ háizi guǎn de nàme ～. *Do not make the child so submissive.* /他毫无办法，服服帖帖跟警察走了。Tā háo wú bànfǎ, fúfutiētiē gēn jǐngchá zǒu le. *He had no choice but to resign himself to going with the police.* (2)稳妥 *fitting; well arranged*：他们把事情处理得很～。Tāmen bǎ shìqing chǔlǐ de hěn ～. *They arranged everything smoothly.*

【服务】fúwù（动）(为一定的对象)工作 *serve; be in the service of; give service to*：老吴在火车站～了四十多年。Lǎo Wú zài huǒchēzhàn ～ le sìshí duō nián. *Lao Wu has been serving at the railway station for more than forty years.* /为人民～ wèi rénmín ～ *serve the people* /让科学～于人类。Ràng kēxué ～ yú rénlèi. *serve human beings with science* /～性设施 ～ xìng shèshī *facilities for rendering service*

【服务行业】fúwù hángyè 泛指满足群众日常生活需要的职业 *service trades*：饭馆、缝纫、旅馆、理发等都属于～。Fànguǎnr, féngrèn, lǚguǎn, lǐ fà děng dōu shǔyú ～. *Restaurant work, tailoring, hotel service, hairdressing, all belong to the service industry.*

【服务员】fúwùyuán（名）机关里做勤杂工作的人员或旅馆、饭店等服务行业中招待客人的工作人员 *attendant*

【服务站】fúwùzhàn（名）中国城市里由街道居民组织起来的，为人民群众办理各种生活事情的机构 *neighbourhood service centre*

【服刑】fú=xíng *serve a sentence*

【服役】fú=yì 服兵役。旧时也指服劳役 *be on active service; enlist in the army*

【服用】fúyòng（动）吃（药）*take (medicine)*：医生让我～消炎药。Yīshēng ràng wǒ ～ xiāo yán yào. *The doctor has me taking antiphlogistics.*

【服装】fúzhuāng（名）衣服的统称 *clothing*：～店 ～ diàn *clothes shop* /儿童～ értóng ～ *clothes for children* /中老年～ zhōng-lǎonián ～ *clothes for the middle-aged and the old* /～整洁 ～ zhěngjié *be neatly dressed*

【服罪】fú=zuì 承认自己的罪过 *admit one's guilt; plead guilty*

氟 fú

（名）*fluorine*

【氟化氢】fúhuàqīng（名）*hydrogen fluoride*

俘 fú

（动）◇ 俘虏 *capture; take prisoner*：敌军全部被～。Díjūn quánbù bèi ～. *The enemy troops are all captured.* （名）◇ 俘虏 *prisoner of war; captive*：遣～回国 qiǎn ～ huí guó *repatriate prisoners of war*

【俘获】fúhuò（动）〈书〉俘虏（敌人）和缴获（武器等）*capture*：此次战斗，我军大胜，～甚多。Cǐ cì zhàndòu, wǒ jūn

dà shèng, ～ shèn duō. *In this battle, our troops were victorious and captured many POWs and much ammunition.*

【俘虏】fúlǔ（动）作战时捉住(敌人) *capture；take prisoner*：前线～敌军百余人。Qiánxiàn ～ dí jūn bǎi yú rén. *capture over one hundred enemy troops at the front*（名）作战时捉住的敌人 *prisoner of war；captive*：当了～ dāngle ～ *be a captive*／优待～，不杀，不辱。Yōudài ～, bù shā, bù rǔ. *Give lenient treatment to prisoners of war. Do not kill them and do not humiliate them.*／抓住几个～ zhuāzhù jǐ ge ～ *take several prisoners of war*／～政策 ～ zhèngcè *the policy of prisoners of war*

浮 fú
（动）(1)漂在水面或空中 *float*：几片落叶～在水面上。Jǐ piàn luòyè ～ zài shuǐ miàn shang. *Several leaves are floating on the water.*／几朵白云在空中～来～去。Jǐ duǒ báiyún zài kōngzhōng ～lái ～qù. *White clouds are floating in the sky.* (2)在水里游 *swim*：池塘里的鸭子～到对岸去了。Chítáng li de yāzi ～dào duì'àn qu le. *The ducks in the pond swam across.*／狗都会～水。Gǒu dōu huì ～ shuǐ. *All dogs can swim.* (3)不沉着，不踏实 *flighty；unstable；superficial*：这个学生太～，学什么也钻不进去。Zhège xuéshēng tài ～, xué shénme yě zuān bu jìnqù. *This student is very frivolous, he cannot dig into whatever he learns.*

【浮标】fúbiāo（名）*buoy*

【浮尘】fúchén（名）在空中飞扬或附着在器物表面的灰尘 *floating dust；surface dust*

【浮荡】fúdàng（动）飘荡 *float in the air*

【浮雕】fúdiāo（名）雕塑的一种。在平面材料上雕出的凸起的形象 *relief (sculpture)*

【浮动】fúdòng（动）(1)在水面上随水缓慢漂动 *float；drift*：天渐暖了，河里冰块儿开始～了。Tiān jiàn nuǎn le, hé li bīngkuàir kāishǐ ～ le. *It is getting warmer, chunks of ice in the river are starting to float.* (2)不安定，不稳定 *be unsteady*：最近，那个地区地震闹得人心～。Zuìjìn, nàge dìqū dìzhèn nào de rénxīn ～. *Lately, the earthquake in that area has made the people there feel insecure.*

【浮动汇率】fúdòng huìlǜ *floating exchange rate*

【浮泛】fúfàn（动）〈书〉(1)飘浮在水面上 *floating about* (2)流露，显出 *reveal；display*：脸上～出兴奋的神情。Liǎnshang ～ chū xīngfèn de shénqíng. *A face beaming with excitement.* (形)表面的，不实在的 *superficial；uncertain*：这些意见非常～。Zhèxiē yìjian fēicháng ～. *These opinions are very vague.*／我的体会是很～的，不深刻。Wǒ de tǐhuì shì hěn ～ de, bù shēnkè. *My understanding is very superficial and not profound.*

【浮光掠影】fú guāng lüè yǐng 水面上的反光，一闪而过的影子。比喻匆匆过目，印象不深 *skimming over the surface；hasty and casual；cursory*：调查研究不要～，走马观花。Diàochá yánjiū búyào ～, zǒu mǎ guān huā. *The investigation should not be undertaken cursorily and hurriedly.*

【浮华】fúhuá（形）讲究表面好看华丽而不顾实际 *showy；flashy*：～的陈设 ～ de chénshè *flashy furnishings*

【浮夸】fúkuā（动）不符合实际地夸大，虚夸(多用于夸大成绩、优点等) *exaggerate；boast*：反映工作情况，要实事求是，不可～。Fǎnyìng gōngzuò qíngkuàng, yào shí shì qiú shì, bù kě ～. *While reporting the work situation, one must be realistic and not exaggerate.*

【浮力】fúlì（名）液体或气体将物体向上托的力 *buoyancy*

【浮面】fúmiàn（～儿）〈口〉表面 *surface*：只要把～上的灰尘擦一擦就行了。Zhǐyào bǎ ～ shang de huīchén cā yi cā jiù xíng le. *If you just wipe the dust on the surface that will do.*／不管怎么说，～上也得让人过得去。Bùguǎn zěnme shuō, ～ shang yě děi ràng rén guò de qù. *No mat-

ter what, it must let people feel good on the surface.*／他们俩只有～上的交情。Tāmen liǎ zhǐ yǒu ～ shang de jiāoqíng. *They just have a nodding acquaintance with each other.*

【浮漂】fúpiāo（形）不踏实 *frivolous*：他的工作作风太～，我有些不放心。Tā de gōngzuò zuòfēng tài ～, wǒ yǒuxiē bú fàng xīn. *His work attitude is too frivolous, I don't quite trust him.*

【浮萍】fúpíng（名）*duckweed*

【浮浅】fúqiǎn（形）(对事物)了解得少，理解得不深刻。同"肤浅"fūqiǎn *superficial；shallow*：学识～ xuéshí ～ *have little learning*／对那个问题我只能谈点儿～的看法。Duì nàge wèntí wǒ zhǐ néng tán diǎnr ～ de kànfǎ. *As for that question, I can only offer a superficial opinion.*／他对错误的认识比较～。Tā duì cuòwù de rènshi bǐjiào ～. *His understanding of his mistake is rather superficial.*

【浮桥】fúqiáo（名）在并列的船式筏子上铺上木板造成的桥 *pontoon bridge*

【浮土】fútǔ（名）地表面的松散的土；附在衣服或器物表面上的灰尘 *surface dust*

【浮现】fúxiàn（动）(旧有的印象)重新显现 *appear before one's eyes*：我第一天上小学的情景还时而～在眼前。Wǒ dìyī tiān shàng xiǎoxué de qíngjǐng hái shí'ér ～ zài yǎnqián. *From time to time, the scene of the first day of my going to elementary school recurs to my mind.*

【浮想联翩】fúxiǎng liánpiān 头脑中浮现出许多接连不断的想法 *thoughts thronging in one's mind*

【浮游生物】fúyóu shēngwù *plankton*

【浮云】fúyún（名）漂浮的云彩 *floating clouds*

【浮躁】fúzào（形）轻浮急躁，没有耐性 *impetuous；impulsive*：小王性情～，干不了那种细致活儿。Xiǎo Wáng xìngqíng ～, gàn bu liǎo nà zhǒng xìzhì huór. *Xiao Wang is too impetuous to do such delicate work.*

【浮肿】fúzhǒng（名）*dropsy；oedema*

符 fú
（动）◇(与……在某方面)一致，相同 *accord with；tally with*：他们俩反映的情况,大致相～。Tāmen liǎ fǎnyìng de qíngkuàng, dàzhì xiāng ～. *Both of their impressions about the situation are mostly in accord with each other.*（名）*tally*

【符号】fúhào（名）记号，标记 *symbol；mark*：标点～ biāodiǎn ～ *punctuation marks*／老李看过的书,都画着多种多样的～。Lǎo Lǐ kànguò de shū, dōu huàzhe duō zhǒng duō yàng de ～. *There are marks of every kind in the books Lao Li has read.*

【符合】fúhé（动）(要求、数量、形状、情况等)相合 *accord with；tally with；conform to；be in keeping with*：～参军条件 ～ cān jūn tiáojiàn *meet the requirements for joining the army*／这样做完全～人民利益。Zhèyàng zuò wánquán ～ rénmín lìyì. *To act this way is in full accord with the interest of the people.*／他的反映不～实际情况。Tā de fǎnyìng bù ～ shíjì qíngkuàng. *His report is not in accord with the real situation.*

幅 fú
（名）布帛、呢绒等的宽度 *width of cloth*：宽～花布 kuān ～ huā bù *double-width cotton print*／这种料子是单～还是双～? Zhè zhǒng liàozi shì dān ～ háishi shuāng ～ de? *Is this material for making clothes in single or double width?*（量）用于布帛、字画等 *for cloth, calligraphy, painting, etc.*：墙上挂着两～画儿和一～地图。Qiáng shang guàzhe liǎng ～ huàr hé yì ～ dìtú. *There are two pictures and a map hanging on the wall.*／一～布做窗帘不够宽。Yì ～ bù zuò chuānglián bú gòu kuān. *A single

width of cloth for making a curtain is not wide enough.

【幅度】fúdù（名）物体振动或摇摆时所展开的宽度。比喻事物变动的程度、范围 *range*；*scope*；*extent*；*aptitude*：棉花增产的～不大。Miánhua zēng chǎn de ～ bú dà. *The increase of cotton production is within a narrow margin.* /棉花产量大～增加。Miánhua chǎnliàng dà ～ zēngjiā. *There was a big increase in cotton production.* /最近气温大～下降。Zuìjìn qìwēn dà ～ xiàjiàng. *There has been a big decrease in temperature lately.*

【幅面】fúmiàn（名）布、丝绸、呢绒等的宽度 *width of cloth*：这种绸子～有一米。Zhè zhǒng chóuzi ～ yǒu yì mǐ. *The width of this kind of silk is one meter.*

【幅员】fúyuán（名）领土面积（指国家疆域）*the area of a country's territory*：广大 ～ guǎngdà *vast in territory* /～辽阔 ～ liáokuò *a vast expanse of land*

辐〔輻〕fú
（名）*spoke*

【辐射】fúshè（动）*radiate*

【辐射带】fúshèdài（名）*radiation zone*

【辐射能】fúshènéng（名）*radiation energy*

【辐射体】fúshètǐ（名）*radiating body*

【辐射源】fúshèyuán（名）*radiant*

【辐条】fútiáo（名）〈口〉车轮中连接车轴和轮圈的直棍和钢条 *spoke*

福fú
（名）幸福、福气。跟"祸"相对 *good fortune*；*blessing*；*happiness (the opposite of "祸")*：是祸是～，很难预料。Shì huò shì ～, hěn nán yùliào. *It is difficult to predict whether it is fortune or misfortune.* /这两个百岁老人，身体还很健康，真是有～啊！Zhè liǎng ge bǎi suì lǎorén, shēntǐ hái hěn jiànkāng, zhēn shì yǒu ～ a! *The two centenarians are still healthy. They're really blessed!*

【福分】fúfen（名）〈口〉福气 *happy lot*；*good fortune*：这老头儿自己身体好，女儿又有出息，～不小啊！Zhè lǎotóur zìjǐ shēntǐ hǎo, nǚ'ér yòu yǒu chūxi, ～ bù xiǎo a! *The old man is healthy and his daughter has a future, what a blessing!*

【福利】fúlì（名）生活上的利益。特指对职工食、宿、医疗、生活等方面的照顾 *well-being*；*welfare*：～费 ～ fèi *welfare fund* /办好集体的～事业 bànhǎo jítǐ de ～ shìyè *make a great effort to run a collective welfare project* /为群众谋～ wèi qúnzhòng móu ～ *work for the welfare of the masses*

【福气】fúqi（名）指享受幸福生活的命运；好的命运 *happy lot*；*good fortune*：这位老人有～，儿女都很孝敬。Zhè wèi lǎorén yǒu ～, érnǚ dōu hěn xiàojìng. *The old man has good fortune; his children are all very filial.*

【福音】fúyīn（名）(1)基督教徒把耶稣所说的话及其门徒所传布的教义叫"福音" *Gospel* (2)比喻对群众有利的好消息 *good tidings*：冬季供暖情况要大大改善，这可是居民的～。Dōngjì gōng nuǎn qíngkuàng yào dàdà gǎishàn, zhè kě shì jūmín de ～. *The winter heating situation is to be greatly improved, this is good news for the residents.*

fǔ

抚〔撫〕fǔ
（动）*stroke, caress*

【抚爱】fǔ'ài（动）〈书〉抚慰疼爱 *fondle*；*caress*：她从小虽无父母，却受到祖母的～。Tā cóngxiǎo suī wú fùmǔ, què shòudào zǔmǔ de ～. *Ever since she was little she has been without parents, but she always has had her grandmother's tender loving care.*

【抚摩】fǔmó（动）用手摸着并轻轻移动 *stroke*：小英就爱着小猫玩儿。Xiǎo Yīng jiù ài ～zhe xiǎo māo wánr. *Xiao Ying loves to stroke her kitty for fun.*

【抚慰】fǔwèi（动）〈书〉安慰 *comfort*

【抚恤】fǔxù（动）（对因公伤残、牺牲以及病故者的家属）进行慰问，并给予物质的照顾 *comfort and compensate (a bereaved family)*

【抚恤金】fǔxùjīn（名）公家发给因公伤残人员或因公牺牲、因病死去人员家属的钱 *pension for the disabled or for the family of the deceased who was wounded or sacrificed his life on duty*

【抚养】fǔyǎng（动）（长辈对孩子）照料并教养 *bring up*：～子女 ～ zǐnǚ *bring up one's children* /他把一个朋友的女儿～成人。Tā bǎ yí ge péngyou de nǚ'ér ～ chéng rén. *He brought up his friend's daughter.*

【抚育】fǔyù（动）照料儿童，使健康地成长，基本同"抚养"fǔyǎng；照料生物，使苗壮生长 *foster*；*nurture*；*tend*：～子女 ～ zǐnǚ *bring up one's children* /～幼林 ～ yòu lín *tend the young growth*

斧fǔ
（名）◇斧子 *axe*：锛、凿、～、锯是木工活儿少不了的工具。Bēn、záo、～、jù shì mùgōng huór shǎo bu liǎo de gōngjù. *The adze, chisel, axe, and saw are the tools that a carpenter could not do without for his work.*

【斧头】fǔtóu（名）斧子 *axe*

【斧子】fǔzi（名）[把 bǎ]砍竹、木等用的工具 *axe*；*hatchet*

俯fǔ
（动）◇〈书〉〈头〉低下，跟"仰"相对 *bow (one's head)*，*(the opposite of "仰")*：～首听命 ～ shǒu tīng mìng *obey submissively*

【俯冲】fǔchōng（动）（飞机）以高速度和大角度向下飞 *dive*

【俯瞰】fǔkàn（动）〈书〉同"俯视"fǔshì *same as "俯视"* fǔshì

【俯拾即是】fǔ shí jí shì 低头一拣就是，形容多而易得 *can be found everywhere*：你要找的那种石头子儿，我们家乡的河滩上～。Nǐ yào zhǎo de nà zhǒng shítouzǐr, wǒmen jiāxiāng de hétān shang ～. *The pebbles you are looking for can be found everywhere on the beach of the river in my hometown.* /用"吧"的句子在口语中几乎是～。Yòng "ba" de jùzi zài kǒuyǔ zhōng jīhū shì ～. *In the colloquial language, sentences using "ba" are extensive.*

【俯拾皆是】fǔ shí jiē shì 同"俯拾即是" *same as "俯拾即是"* fǔ shí jí shì

【俯视】fǔshì（动）向下看，从高处往低处看 *overlook*；*look down at*

【俯视图】fǔshìtú（名）*vertical view*

【俯首帖耳】fǔ shǒu tiē ěr〈贬〉形容低声下气、驯服听命的样子 *be docile and obedient*：绝不能把年轻人管教成～的奴才。Jué bù néng bǎ niánqīng rén guǎnjiào chéng ～ de núcai. *We must not discipline the young people to be servile sycophants.*

【俯卧撑】fǔwòchēng（名）〈体〉*push-up*；*press-up*

釜fǔ
（名）*cauldron*

【釜底抽薪】fǔ dǐ chōu xīn 从锅底下抽去燃烧的柴火。比喻从根本上解决问题或拆台 *take away the firewood from under the cauldron*；*(fig.) take drastic measures to strike at the source of a problem or pull the rug out from under someone*；*nip something in the bud*：十几个人干这活儿本来就不够，你还要调人，这不是～吗？Shí jǐ ge rén gàn zhè huór běnlái jiù bú gòu, nǐ hái yào diào rén, zhè búshì ～ ma? *From the start, more than ten people couldn't handle this job, wouldn't it be defeating the purpose to transfer people away?*

辅〔輔〕fǔ
（名）◇辅助的。只用于"以……为……"格式中 assist; complement; supplement; 这项工程设计以他为主, 以你为～。Zhè xiàng gōngchéng shèjì yǐ tā wéi zhǔ, yǐ nǐ wéi ～. The design of the construction mainly relies on him, and is supplemented by you. / 治疗下肢瘫痪病, 应以针灸为主, 以吃药为～。Zhìliáo xiàzhī tānhuànbìng, yīng yǐ zhēnjiǔ wéi zhǔ, yǐ chī yào wéi ～. The treatment of lower limb paralysis is mainly based on the use of accupuncture and supplemented with herbal medicine.

【辅导】fǔdǎo（动）帮助和指导 coach; instruct; 老师每星期给学生～三次。Lǎoshī měi xīngqī gěi xuésheng ～ sān cì. The teacher coaches his students three times a week. （名）指帮助和指导的工作 coaching; instruction; tutorial; 今天晚上有语法～。Jīntiān wǎnshang yǒu yǔfǎ ～. There is a tutorial of grammar tonight.

【辅导员】fǔdǎoyuán（名）(1)多指学校中负责帮助和指导学生学习, 培养学生的品德的人（political and ideological）assistant (2)少年先锋队员的指导者, 由共青团委派（young pioneers' counsellor

【辅音】fǔyīn（名）也叫子音, 与"元音"相对。指发音时气流通路受到阻碍形成的音。汉语的声母大都是辅音, 如 b、p、m、f 等 consonant

【辅助】fǔzhù（动）帮助、协助 aid; assist; 老王抓全厂工作, 由小刘～他。Lǎo Wáng zhuā quán chǎng gōngzuò, yóu Xiǎo Liú ～ tā. Lao Wang is in charge of the entire factory and Xiao Liu assists him. /～劳动 ～ láodòng auxiliary labor / 起～作用 qǐ ～ zuòyòng play a supporting role

【辅佐】fǔzuǒ（动）〈书〉协助君主（办理国事）assist (a ruler in governing a country)

腐 fǔ
（形）◇变坏, 腐烂 rotten; stale; putrid; corroded; 流水不～。Liú shuǐ bù ～. Running water never becomes stale.

【腐败】fǔbài（形）(1)腐烂 rotten; putrid; decayed; ～变质的食物不可吃。～ biàn zhì de shíwù bù kě chī. Don't eat the rotten food. / 木制家具涂上油漆可以防止～。Mù zhì jiājù túshang yóuqī kěyǐ fángzhǐ ～. Painting can prevent the wooden furniture from being rotten. (2)比喻（思想行为、政治制度等）堕落败坏、腐朽黑暗 corrupt; ～的官僚～ de guānliáo corrupt officials /～的清朝政府～ de Qīngcháo zhèngfǔ the corrupt government of the Qing Dynasty

【腐化】fǔhuà（形）多指生活过分贪图享乐并做不道德的事 degenerate; corrupt; dissolute; depraved; 生活～ shēnghuó ～ lead a dissolute life / 堕落成为贪污～分子 duòluò chéngwéi tānwū ～ fènzi degenerate to be an embezzler (动)使腐化。同"腐蚀"fǔshí same as "腐蚀" fǔshí corrupt; 金钱可以～意志不坚定的人。Jīnqián kěyǐ ～ yìzhì bù jiāndìng de rén. Money can corrupt a person if he is not strong-willed.

【腐烂】fǔlàn（动）有机体由于微生物的滋生而变坏。同"腐败"fǔbài (1) decay; rot; same as "腐败" fǔbài(1); 冷藏防止水果～。Lěngcáng fángzhǐ shuǐguǒ ～. Refrigeration can prevent the fruit from becoming rotten.

【腐乳】fǔrǔ（名）酱豆腐 fermented bean curd

【腐蚀】fǔshí（动）corrode; corrupt; 酸能～金属。Suān néng ～ jīnshǔ. Acid can corrode metal. / 精神污染～人的灵魂。Jīngshén wūrǎn ～ rén de línghún. Spiritual pollution will corrupt the soul of man.

【腐蚀剂】fǔshíjì（名）corrosive; corrodent

【腐朽】fǔxiǔ（形）(1)同"腐烂"fǔlàn、"腐败"fǔbài(1)。多指木头等有纤维的物质腐烂, 不用于食物变质 same as "腐烂" fǔlàn, "腐败"fǔbài (1); (not refers to food) rotten; decayed; 这堆木料经过多次雨淋, 大部分～了。Zhè duī mùliào jīngguò duō cì yǔ lín, dà bùfen ～ le. The timber has been drenched by rain time and again and most of it has rotted. (2)同"腐败"fǔbài (2) same as "腐败" fǔbài (2); ～的封建思想 ～ de fēngjiàn sīxiǎng decadent feudalism

【腐殖质】fǔzhízhì（名）humus

fù

父 fù
（名）◇爸爸, 父亲 father; 他们～女俩长得十分相像。Tāmen ～ nǚ liǎ zhǎng de shífēn xiāngxiàng. The father and daughter closely resemble in appearance.

【父老】fùlǎo（名）〈书〉对一国一地的长辈尊敬的统称 elders (of a country or district); 看望家乡～ kànwàng jiāxiāng ～ pay a visit to elders at one's hometown

【父母】fùmǔ（名）父亲和母亲 parents; father and mother; ～双全 ～ shuāngquán Both of one's parents are alive. / 我～都健在。Wǒ ～ dōu jiànzài. My parents are alive.

【父亲】fùqin（名）father

【父系】fùxì（名）在血统上属于父亲这方面 paternal line

【父兄】fùxiōng（名）〈书〉(1)父亲和哥哥 father and elder brothers (2)泛指家长 heads of a family

讣〔訃〕fù
（名）obituary

【讣电】fùdiàn（名）通知丧事的电文 telegram of obituary

【讣告】fùgào（名）丧事的通知 obituary (notice); ～如下 rúxià The obituary is as follows. (动)报告丧事 announce someone's death; ×××不幸逝世, ～全国……。×× × búxìng shìshì, ～ quán guó ……. ×× × sadly passed away, (we) notify the entire nation of ×× ×'s death.

【讣文】fùwén（名）同"讣闻"fùwén same as "讣闻"fùwén

【讣闻】fùwén（名）向亲友报丧的书面通知, 多附有死者的生、死年月和经历 obituary

付 fù
（动）交; 给 pay; 欠款已经～清。Qiàn kuǎn yǐjīng ～ qīng. The debt was paid. / 这个月的房租已经～了。Zhège yuè de fángzū yǐjīng ～ le. The rent of this month was paid. (量)同"副"fù(量) same as "副" fù(量); 一～象棋 yí ～ xiàngqí a set of Chinese chess / 一～笑脸 yí ～ xiàoliǎn a smiling face

【付出】fùchū（动）给出去（款项）、用出去（血汗、劳动代价等）pay out; ～五百元现金 ～ wǔbǎi yuán xiànjīn pay five hundred yuan in cash / 为了中国的解放, 先烈们～了血的代价。Wèile Zhōngguó de jiěfàng, xiānlièmen ～le xiě de dàijià. Our martyrs gave their lives for liberating China. / 肯～辛勤的劳动, 才有可喜的收获。Kěn ～ xīnqín de láodòng, cái yǒu kěxǐ de shōuhuò. Those who are willing to work hard will make a considerable gain.

【付印】fùyìn（动·不及物）（稿子）交出去印刷 send to the printer; 稿子昨天已经～了。Gǎozi zuótiān yǐjīng ～ le. The draft was sent to the printer yesterday.

【付与】fùyǔ（动）〈书〉给; 交给 pay; 请将五百元现款～来人。Qǐng jiāng wǔbǎi yuán xiànkuǎn ～ láirén. Please pay the bearer five hundred yuan in cash.

【付诸东流】fù zhū dōng liú 东西扔进东流的水里, 被冲走。比喻成果丧失或希望落空 gone with the wind; 他的小说稿在战乱中遗失, 十年心血～了。Tā de xiǎoshuō gǎo zài zhànluàn zhōng yíshī, shí nián xīnxuè ～ le. The draft of his novel was lost during the war, and his ten-year painstaking effort was gone with the wind.

【付诸实施】fù zhū shíshī〈书〉（把法令、政策、计划等）拿出

来实行 carry out；put into practice：再好的计划不～也毫无用处。Zài hǎo de jìhuà bú ～ yě háo wú yòngchu. *Even the best project would be useless if it is not to be put into practice.*

负〔負〕fù
（动）〈书〉◇(1)背(bēi) carry on the back or shoulder：～重竞走 ～ zhòng jìngzǒu *weight-carry foot race* (2)担负 shoulder (responsibility，burden，etc.)：他是领导，责任应由他～。Tā shì lǐngdǎo, zérèn yīng yóu tā ～. *He is the leader. He should bear the responsibility of that.* /身－要职 shēn － yào zhí bear a primary responsibility (3)败，输 lose：两队比赛多次，各有胜 ～ Liǎng duì bǐsài duō cì, gè yǒu shèng ～. *These two teams have had many matches, and both have had victories and defeats.* (4)享有 enjoy：中国丝绸久～盛名。Zhōngguó sīchóu jiǔ ～ shèngmíng. *Chinese silk has long enjoyed a good reputation.*

【负担】fùdàn (动) 承担(费用等) bear：老人的生活费由女儿～。Lǎorén de shēnghuó fèi yóu nǔ'ér ～. *The old man's living expenses are borne by his daughter.* (名)指所承担的工作、责任、费用以及精神压力等 burden；load：减轻学生的学习～，以利全面发展。Jiǎnqīng xuésheng de xuéxí ～, yǐ lì quánmiàn fāzhǎn. *To ease the students' burden in their study would be good for an all-round development.* /她一个人养着一个老人、两个孩子，经济～太重。Tā yí ge rén yǎngzhe yí ge lǎorén, liǎng ge háizi, jīngjì ～ tài zhòng. *She supports her parent and brings up two children all by herself. The financial burden is too heavy.* /小吴第一次做领导工作，有些思想～。Xiǎo Wú dìyī cì zuò lǐngdǎo gōngzuò, yǒu xiē sīxiǎng ～. *It's the first time Xiao Wu assumed leadership, he's got some burden on his mind.* /妇女应从家务～中解放出来。Fùnǚ yīng cóng jiāwù ～ zhōng jiěfàng chulai. *Women should be liberated from the burden of housework.*

【负电】fùdiàn (名) negative charge

【负号】fùhào (名)（～儿）表示负数的符号，即 (-) minus sign；negative sign

【负荷】fùhè (名) load；capacity

【负疚】fùjiù (动)〈书〉觉得自己对不起人，感到抱歉 feel sorry；feel apologetic；have a guilty conscience

【负气】fùqì (动) 赌气 do something in a fit of pique：因为家庭纠纷，他～出走了。Yīnwèi jiātíng jiūfēn, tā ～ chūzǒu le. *He went away in a fit of pique because he had a dispute with his family.*

【负伤】fù＝ shāng 受伤：～多次 ～ duō cì be wounded many times /身负重伤 shēn fù zhòng shāng receive critical injury /在战场上负过三次伤 zài zhànchǎng shang fùguo sān cì shāng be injured three times in the battlefield

【负数】fùshù (名) 小于零的数。如－3，－1.5 negative number

【负心】fùxīn 背弃自己所爱的人(多指男女恋人或夫妻之间) desert one's love or lover：男女青年刚恋爱时都是说一辈子也不会～的。Nán nǚ qīngnián gāng liàn'ài shí dōu shì shuō yíbèizi yě bú huì ～ de. *When youths first fall in love, they always promise that they will never desert each other for the rest of their lives.*

【负隅顽抗】fùyú wánkàng (残敌)凭借险要的地势顽固抵抗 (of enemy) resist stubbornly with one's back to the wall：强盗必须放下武器投降，如若～，只有死路一条。Qiángdào bìxū fàngxià wǔqì tóuxiáng, rúruò ～, zhǐ yǒu sǐlù yì tiáo. *The bandits must put down their weapons and surrender, if they resist, death is their only way out.*

【负嵎顽抗】fùyú wánkàng 同"负隅顽抗"fùyú wánkàng same as "负隅顽抗"fùyú wánkàng

【负约】fù＝yuē 不守原来的约定 break one's promise：既然已经答应参加，就不要～。Jìrán nǐ yǐjīng dāyìng cānjiā, jiù búyào ～. *Since you had already agreed to take part in it, you should not break your promise.*

【负载】fùzài (名) load

【负责】fùzé (动) 承担责任 bear or take one's responsibility：他只～教学工作，学生生活方面由我～。Tā zhī ～ jiàoxué gōngzuò, xuésheng shēnghuó fāngmiàn yóu wǒ ～. *He is in charge of teaching and I am responsible for things concerning the students' daily life.* (形)（工作）认真，踏实，尽到责任 conscientious：他对人对事都采取很～的态度。Tā duì rén duì shì dōu cǎiqǔ hěn ～ de tàidu. *He is very conscientious in coping with things and relationships with others.* /老刘工作一贯认真～。Lǎo Liú gōngzuò yíguàn rènzhēn ～. *As a rule, Lao Liu is very conscientious in his work.*

【负债】fù＝ zhài 欠人家的钱 be in debt；incur debts：孩子长期住院治疗，他负了一点债。Háizi chángqī zhù yuàn zhìliáo, tā fùle yìdiǎnr zhài. *His child has been in the hospital for a long time. He has incurred some debts.* /她很会精打细算，从来没有负过债。Tā hěn huì jīng dǎ xì suàn, cónglái méiyou fùguo zhài. *She is an expert in finance, and has never been in debt.*

【负重】fù＝zhòng〈书〉背着重的东西 carry a heavy load on one's back

妇〔婦〕fù
（名）◇ 妇女 women：这位副厂长分管工、青、～工作。Zhè wèi fùchǎngzhǎng fēn guǎn gōng、qīng、～ gōngzuò. *The vice factory director is in charge of the work concerning the workers, the youths, and the women.*

【妇科】fùkē (名) 医院中专门治妇女病的一科 (department of) gynaecology

【妇女】fùnǚ (名) 成年女子的通称 woman

【妇女病】fùnǚbìng (名)gynaecological disease

【妇女节】fùnǚjié (名) 即"三八国际劳动妇女节"，以每年三月八日为国际妇女斗争的纪念日 International Women's Day (March 8)

【妇人】fùrén (名)〈书〉指已婚女子 married woman

【妇幼】fùyòu (名) 妇女和儿童 women and children：～卫生 ～ wèishēng maternity and child hygiene

附fù
（动）(1)加上 add；attach；enclose：妈妈在我给弟弟的信上特意～上几句话。Māma zài wǒ gěi dìdi de xìn shang tèyì ～shang jǐ jù huà. *Mother added a few words in the letter which I wrote to my younger brother.* /信里还～上一张照片。Xìn li hái ～shang yì zhāng zhàopiàn. *There is a photo enclosed with the letter.* (2)靠近 get close to；near：临走时，她～在小李耳边说了几句话。Lín zǒu shí, tā ～ zài Xiǎo Lǐ ěr biān shuōle jǐ jù huà. *At the moment of her leaving, she whispered a few words in Xiao Li's ear.*

【附笔】fùbǐ (名) 信的正文后边另加的话 P. S. (postscript)

【附带】fùdài (动) 外加上，顺便 include：买一台录音机～十盘磁带。Mǎi yì tái lùyīnjī ～ shí pán cídài. *Buy a tape recorder and ten tapes.* /你去看王那儿吗?请－告诉他会议取消了。Nǐ qù Lǎo Wáng nàr ma? Qǐng ～ gàosu tā huìyì qǔxiāo le. *You are going to see Lao Wang, aren't you? Would you tell him the meeting is called off please.* /除了这一点之外，我还有个～的条件。Chúle zhè yì diǎn zhīwài, wǒ hái yǒu ge ～ de tiáojiàn. *Besides this point, I want to include another condition.*

【附耳】fù'ěr (副) 嘴贴近别人耳边(小声说话) move close to someone's ear (whisper in one's ear)：他们俩～低语，不知说些什么。Tāmen liǎ ～ dī yǔ, bù zhī shuō xiē shénme. *We did not know what they two were whispering about.*

【附和】fùhè（动）不加辨别地跟着别人说话或做事 echo；chime in with：随声～suí shēng～chime in with others

【附加】fùjiā（动）额外加上 add；attach：复印机的说明书后边～了一张机器构造图。Fùyìnjī de shuōmíngshū hòubiān ~le yì zhāng jīqì gòuzào tú. There is a structure diagram attached at the end of the instructions of the copy machine. /～税～shuì surtax；additional tax；supertax /～条件～tiáojiàn a supplementary clause /这次数学考试，除了正题，他还做对了两道～题。Zhè cì shùxué kǎoshì, chúle zhèngtí, tā hái zuòduìle liǎng dào ~tí. He answered correctly not only the main questions but also two supplementary questions on the math test.

【附加工资】fùjiā gōngzī 额外的工资，另外加的工资 extra salary

【附件】fùjiàn（名）(1)配合正式文件而发出的有关文字材料 appendix；enclosure：文件的正文和～一起发给你们。Wénjiàn de zhèngwén hé～yìqǐ fā gěi nǐmen. The main body of the document with its appendix is sent to you. (2)机器的零件、部件 accessories；attachment：汽车～qìchē～accessories of a car /车床～chēchuáng～lathe accessories

【附近】fùjìn（名）nearby regions：邮局就在～。Yóujú jiù zài ~. A post office is nearby. /他家～有不少商店。Tā jiā～yǒu bù shǎo shāngdiàn. There are quite a few stores near his house. /～地区办了几个加工厂。～dìqū bànle jǐ ge jiāgōngchǎng. There are several processing factories in the nearby regions.

【附录】fùlù（名）附在正文后边与正文有关的文章或参考材料 appendix；annex

【附设】fùshè（动）附带设置 have as an attached institution：这所工学院～了一个函授部。Zhè suǒ gōngxuéyuàn～le yí ge hánshòubù. There is a correspondence department attached to the college of engineering.

【附属】fùshǔ（动）依附，归属 subsidiary；auxiliary；attach；affiliate：这个机构最好～在教育部门。Zhège jīgòu zuìhǎo~zài jiàoyù bùmén. It would be better to attach this structure to an educational department. /北京医科大学～医院 Běijīng Yīkē Dàxué～Yīyuàn the hospital attached to Beijing Medical University /人民大学～中学 Rénmín Dàxué～Zhōngxué the middle school attached to People's University

【附小】fùxiǎo（名）附属小学的简称 short for "附属小学" fùshǔ xiǎoxué (attached primary school)

【附议】fùyì（动·不及物）同意别人的意见作为共同提议人 support a proposal；second a motion：他的提议很好，我～。Tā de tíyì hěn hǎo, wǒ~. His proposal is quite all right. I second that.

【附庸】fùyōng（名）(1)指附属于大国的小国，今指受大国统治和操纵的国家 dependence (a country) (2)泛指依附于其他事物而存在的事物 appendage

【附庸国】fùyōngguó（名）同"附庸"fùyōng (1) same as "附庸" fùyōng (1)

【附中】fùzhōng（名）附属中学的简称 short for "附属中学" fùshǔ zhōngxué (attached middle school)

【附着】fùzhuó（动）较小的物体粘着在较大的物体上 adhere to；stick to：灰尘～在呢绒上很不容易除去。Huīchén～zài níróng shang hěn bù róngyì chúqù. It is not easy to get rid of dust stuck on woolen goods.

【附着力】fùzhuólì（名）〈物〉adhesion；adhesive force

驸 〔駙〕fù

【驸马】fùmǎ（名）皇帝的女婿 emperor's son-in-law

赴 fù
（动）〈书〉到（某处）去 go to；attend：～宴～yàn attend a banquet /～约～yuē keep an appointment /～会～huì attend a meeting

【赴难】fùnàn（动）〈书〉当国家危难时，去参加拯救工作 go to the aid of one's country；go to help save the country from danger

【赴汤蹈火】fù tāng dǎo huǒ 到热水到火里去。比喻不怕艰险，奋不顾身 go through fire and water：为了人民的利益～也心甘情愿。Wèile rénmín de lìyì～yě xīn gān qíng yuàn. For the people's benefit, we are more than willing to go through fire and water.

复 〔復〕fù
（动）◇(1)转过去或转回来 turn around；turn back：循环往～xúnhuán wǎng～repeat in a cyclical pattern (2)回答，答复 answer；reply：～信～xìn write a letter in reply /请电～。Qǐng diàn～. Please, answer by telegraph. (3)恢复 recover；resume：～工～gōng return to work (after a strike) /～职～zhí resume one's post（副）◇再，又 again：草木～苏 cǎo mù～sū Forests and vegetation comes to life again. /时间一去不～返。Shíjiān yí qù bú fǎn. Time never comes back. /我万万没想到这个钱包会失而～得。Wǒ wànwàn méi xiǎngdào zhège qiánbāo huì shī ér~dé. I never thought that I could lose this wallet and then get it back again.

【复本】fùběn（名）同一种书刊或文件收藏不止一部时，第一部以外的叫做复本 duplicate

【复辟】fùbì（动）被推翻的反动统治者恢复原有的地位，或被消灭的旧制度复活 restoration of a dethroned monarch or an old system

【复查】fùchá（动）再一次检查 check；reexamine：检查身体时我的肺部不太好，下个月还要～。Jiǎnchá shēntǐ shí wǒ de fèibù bú tài hǎo, xià ge yuè hái yào～. I was found having lung trouble in my physical examination and I shall be checked again next month. /这些考卷看完后，还要～。Zhèxiē kǎojuàn kànwán hòu hái yào～. These examination papers have been graded. They need to be checked again.

【复仇】fùchóu 报仇 revenge；avenge

【复发】fùfā（动）再一次发作(多指病痛，毛病) have a relapse；recur：旧病～jiù bìng～have a relapse /老毛病～lǎo máobìng～have an attack of an old illness

【复方】fùfāng（名）〈医〉(1)西医指成药中含有两种以上的药品成分的 medicine made of two or more ingredients (2)中医指由两个以上成方配成的方子 Chinese medicine made of two or more prescriptions

【复辅音】fùfǔyīn（名）〈语〉在同一音节中，两个或更多的辅音结合在一起叫复辅音 consonant cluster

【复工】fù=gōng 停工或罢工后恢复生产或工作 return to work (after a strike or layoff)

【复古】fù=gǔ 恢复古代的制度或风尚 restore ancient ways；return to the ancients

【复合】fùhé（动）合在一起 compound："ai"是～元音"ai" shì～yuányīn. "ai" is a compound vowel. /复辅音就是～辅音的简称。Fùfǔyīn jiù shì～fǔyīn de jiǎnchēng. 复辅音 is short for 复合辅音.

【复合词】fùhécí（名）〈语〉两个或两个以上语素合成的词，如：朋友、庆祝、照相机等 compound word

【复合句】fùhéjù（名）〈语〉语法上指能分成两个或两个以上相当于单句的句子 compound or complex sentence

【复合量词】fùhé liàngcí〈语〉表示复合单位的量词，如：架次、吨公里等 compound measure word

【复合元音】fùhé yuányīn〈语〉在一个音节里的音值前后不一致的元音，发音时嘴唇和舌头从一个元音的位置过渡到另一个元音的位置，如汉语普通话语音中的 ai ei ao ou 等 compound vowel

【复核】fùhé（动）(1)审查核对 check；go over：请把账目再

~一下。Qǐng bǎ zhàngmù zài ~ yíxiàr. *Please*, *check the accounts again*. (2)〈法〉最高人民法院对判处死刑的案件作再一次的审核 (*of the supreme people's court*) *review* (*a case in which a death sentence has been passed by a lower court*)

【复活】fùhuó (动) 死了又活过来,多用于比喻被推翻的事物又活动起来 *bring back to life*; *revive*: 防止军国主义 ~ fángzhǐ jūnguózhǔyì ~ *guard against the revival of militarism*

【复活节】fùhuójié (名) *Easter*

【复交】fùjiāo (动·不及物) 恢复外交关系 *reestablish or resume diplomatic relations*

【复旧】fùjiù (动·不及物) 恢复旧的一套(思想、制度、作法、习惯等) *restoration or revival of old ways*; *return to the past*

【复句】fùjù (名)〈语〉由两个或两个以上的分句组成的句子 *same as* "复合句" fùhéjù

【复刊】fù=kān (报刊停办后) 又恢复刊行 *resume publication* (*of a periodical*)

【复课】fù=kè (学校因某种原因停课或罢课后) 又恢复上课 *resume classes*

【复赛】fùsài (动·不及物) 体育竞赛中,初赛后决赛前进行的比赛 *intermediary heat*

【复审】fùshěn (动) (1) 再一次审核或审查 *reexamine* (2)〈法〉再一次审讯 *review a case*

【复试】fùshì (动) 有的考试分两次举行,第一次叫初试,初试录取后进行第二次考试,叫复试 *a second examination*

【复述】fùshù (动) (1) 说过的话再重说一遍 *repeat* (2) 语文教学上练习的方法之一,学生把读物内容或教师讲的一段内容用自己的话说出来 *retell*

【复数】fùshù (名) (1)〈语〉 *plural* (*number*) (2)〈数〉含有实数和虚数两部分的数 *complex number*

【复苏】fùsū (动·不及物) 昏迷后又苏醒过来,也比喻衰落后又重新兴旺起来 *come back to life or consciousness*; *resuscitate*; *recovery*: 经济 ~ jīngjì ~ *economic recovery*

【复习】fùxí (动) *review*: ~旧课,预习新课 ~ jiù kè, yùxí xīn kè *review the old lessons and preview the new lessons*

【复写】fùxiě (动) *make carbon copies*: 这封信要 ~ 三份。Zhè fēng xìn yào ~ sān fèn. *Make three copies of the letter.*

【复写纸】fùxiězhǐ (名) *carbon paper*

【复信】fùxìn (名) 回复的信 *letter in reply*

【复信】fù=xìn 写回信 *reply a letter*

【复兴】fùxìng (动) 衰败后又兴盛起来 *revive*; *resurge*; *rejuvenate*: 文艺 ~ wényì ~ *the Renaissance* /这个民族又一起来了。Zhège mínzú yòu ~ qilai le. *This race rises again.*

【复姓】fùxìng (名) 两个字的姓,如:诸葛、司马、欧阳等 *compound surname*; *two-character surname*

【复学】fù=xué 休学后又上学 *go back to school*

【复印】fùyìn (动) *duplicate* (*as on a copying machine*): 这份资料,~三份。Zhè fèn zīliào, ~ sān fèn. *Make three copies of this material.*

【复印机】fùyìnjī (名) *duplicating machine*

【复员】fùyuán (动) (1) 武装力量和一切经济、政治、文化部门从战时状态转入和平状态 (*of military forces, economic, political and cultural departments*) *return to normal peacetime operations after a war* (2) 军人服役期满,退出现役 (*of soldiers*) *be demobilized*; *discharged*: 他是去年秋天 ~ 的。Tā shì qùnián qiūtiān ~ de. *He was demobilized last fall.*

【复原】fùyuán (动·不及物) (1) 恢复健康 *recover from an illness*: 他病了两个月,现在身体还没有 ~。Tā bìngle liǎng ge yuè, xiànzài shēntǐ hái méiyou ~. *He has been sick for two months and has not recovered.* (2) 恢复原状 *restore*; *rehabilitate*: 那些出土文物 ~ 以后,才能展出。Nàxiē chū tǔ wénwù ~ yǐhòu, cái néng zhǎnchū. *After the excavated treasures are restored, they will be displayed.* /这座宫殿战

时遭到破坏,现在已经 ~。Zhè zuò gōngdiàn zhàn shí zāodào pòhuài, xiànzài yǐjīng ~. *The palace had been destroyed during the war. But now it has been restored.*

【复杂】fùzá (形) (事物的种类、头绪等) 多而杂 *complicated*; *complex*: 情况 ~ qíngkuàng ~ *The situation is complicated.* 问题~ wèntí ~ *The problem is complicated.* /他处理了一个非常 ~ 的案件。Tā chǔlǐle yí ge fēicháng ~ de ànjiàn. *He resolved a very complicated case.*

【复杂化】fùzáhuà (动·不及物) *complicate*: 他一插手反而把问题 ~ 了。Tā yì chā shǒu fǎn'ér bǎ wèntí ~ le. *As soon as he interferes he actually complicates the problem.*

【复诊】fùzhěn (动) 医疗单位指病人初诊后再来看病 *further consultation* (*with a doctor*); *subsequent visit*

【复职】fù=zhí 解除职务后又恢复原来的职务 *resume one's post*; *be reinstated*

【复制】fùzhì (动) 仿照原样(多指艺术品)制造,或翻印书籍等 *duplicate*; *reproduce*; *make a copy of*: ~ 古画是很不容易的。~ gǔ huà shì hěn bù róngyì de. *It is not easy to duplicate an ancient painting.* /你看这是原画还是~品? Nǐ kàn zhè shì yuán huà háishi ~pǐn? *See whether this is a genuine painting or a replica.*

【复壮】fùzhuàng (动)〈农〉恢复品种的原有优良特性,提高种子的生活力 *rejuvenate*

副 fù

(形) 第二位的,次级的,辅助的 *assistant*; *vice-*; *subsidiary*: ~校长 ~ xiàozhǎng *vice principal* /~品 ~ pǐn *substandard goods* (量) (1) 用于成对或成组的东西 *pair*; *set*: 一~手套 yí ~ shǒutào *a pair of gloves* /一~眼镜 yí ~ yǎnjìng *a pair of glasses* /两~对联 liǎng ~ duìlián *two pairs of couplets* /几~扑克牌 jǐ ~ pūkèpái *several packs of playing cards* /全~武装 quán ~ wǔzhuāng *fully-armed* (2) 用于面部表情 (*for facial expressions*): 一~和蔼的面孔 yí ~ hé'ǎi de miànkǒng *a kindly face* /一~严肃的表情 yí ~ yánsù de biǎoqíng *a stern face* (3) 用于中药 (*for Chinese medicine*): 吃了两 ~ 药 chīle liǎng ~ yào (*He*) *had two prescriptions* (*of Chinese medicine*)

【副本】fùběn (名) (1) 依照书籍或文件誊写或复制的本子 *copy or duplicate of a document* (2) 文件正本以外的其他本子 *copy*; *duplicate*

【副标题】fùbiāotí (名) 加在文章或新闻的标题旁边或下面作为补充说明的标题 *subheading*; *subtitle*

【副产品】fùchǎnpǐn (名) 制造某种物品时附带生产的物品 *by-product*: 苯是炼焦的 ~。Běn shì liàn jiāo de ~. *Benzene is a by-product from the coking.* /这篇论文是我们进行技术革新的 ~。Zhè piān lùnwén shì wǒmen jìnxíng jìshù géxīn de ~. *This paper is a by-product of our carrying out technological innovation.*

【副词】fùcí (名) *adverb*

【副教授】fùjiàoshòu (名) *associate professor*

【副刊】fùkān (名) 报纸上刊登新闻体裁以外作品的固定版面,如:文艺副刊 *supplement* (*of a newspaper*)

【副品】fùpǐn (名) 质量没有达到正规要求的产品 *substandard goods*

【副食】fùshí (名) 指鱼、肉、蔬菜等,区别于主食,米面等 *foods such as fish, meat, vegetable, which are supplementary to staple grains*; *non-staple food*

【副手】fùshǒu (名) (1) 助手 *assistant*; *helper* (2) 居第二位的负责人 *deputy*

【副题】fùtí (名) 同"副标题" fùbiāotí *same as* "副标题" fùbiāotí

【副研究员】fùyánjiūyuán (名) *associate research-fellow*

【副业】fùyè (名) 农业上主要生产任务以外,附带经营的事业 *side-line occupation*; *auxiliary occupation*; *subsidiary occupation*: 这个地区农民主要种水稻,还搞些养鱼、编席等~。

Zhège dìqū nóngmín zhǔyào zhòng shuǐdào, hái gǎo xiē yǎng yú, biān xí děng ~. *The farmers in this area mainly cultivate rice and carry on some auxiliary occupations such as fish culture, mat-weaving, etc.*

【副职】fùzhí（名）居第二位的职位 *the position of a deputy to the chief of an office*

【副总工程师】fùzǒnggōngchéngshī（名）*deputy chief engineer*

【副作用】fùzuòyòng（名）主要作用和功能以外产生的不好的作用 *side effect; by-effect*：这种药治关节炎很灵，但是有些~，影响心脏。Zhè zhǒng yào zhì guānjiéyán hěn líng, dànshì yǒu xiē ~, yǐngxiǎng xīnzàng. *It is a good remedy for arthritis but produces some side effects on the heart.*

赋〔賦〕fù（名）(1)旧指土地税 *tax* (archaic)：田~ tián ~ *land tax* (2)中国古代一种有韵的散文 *rhymed prose in ancient China*（动）◇做（诗、词）*compose* (poetry)：酒后~诗 jiǔ hòu ~ shī *compose poems after having a drink*

【赋税】fùshuì（名）田赋和各种捐税的总称 *taxes*

【赋有】fùyǒu（动）具有（性格、个性等）*possess; be gifted*：他~学者的气质。Tā ~ xuézhě de qìzhì. *He has a scholarly disposition.*

【赋予】fùyǔ（动）〈书〉交给（重大任务、使命等）*bestow; endow* (an important task, mission, etc.)：保卫祖国是国家~每个战士的光荣使命。Bǎowèi zǔguó shì guójiā ~ měi ge zhànshì de guāngróng shǐmìng. *To protect and defend one's country is the glorious duty which the government has entrusted to every soldier.* / 教育和培养好下一代是人民~教师的重任。Jiàoyù hé péiyǎng hǎo xià yí dài shì rénmín ~ jiàoshī de zhòngrèn. *To educate and nurture a young generation well is an important task which the people have entrusted to teachers.*

富fù（形）(1)财产多（与"贫""穷"相对）*rich; wealthy*：这个村很~。Zhège cūn hěn ~. *This village is rich.* / 这里生产棉花，最近又发展了造纸业，农民们都~起来了。Zhèli shēngchǎn miánhua, zuìjìn yòu fāzhǎnle zàozhǐyè, nóngmínmen dōu ~ qilai le. *In this area, cotton is produced and lately the paper industry has developed. The farmers are getting rich.* (2)丰富，多 *rich in; abundant*：~有创造性 ~ yǒu chuàngzàoxìng *be highly creative*

【富贵】fùguì（形）〈书〉旧时指又有钱又有地位的 *wealthy and high-ranked*：出身~之家 chūshēn ~ zhī jiā *born in a wealthy and distinguished family*

【富矿】fùkuàng（名）*rich ore; high-grade ore*

【富丽堂皇】fùlì tánghuáng（建筑）宏伟美丽、气势盛大 *sumptuous; gorgeous; splendid*：这座歌剧院真是~。Zhè zuò gējùyuàn zhēn shì ~. *The opera house is truly gorgeous.*

【富农】fùnóng（名）农村中以剥削雇佣劳动（兼放高利贷或出租部分土地）为主要生活来源的人。一般占有土地和比较优良的生产工具和活动资本。自己参加劳动，但收入主要是由剥削来的 *rich peasant*

【富强】fùqiáng（形）（国家）出产丰富，人民收入高，力量强大 *prosperous and strong*

【富饶】fùráo（形）物产丰富，充裕 *rich in; abundant; fertile*：~的土地 ~ de tǔdì *fertile land*

【富庶】fùshù（形）物产丰富，人口众多 *rich and populous*

【富翁】fùwēng（名）极为有钱的人 *man of wealth*：百万~ bǎiwàn ~ *millionaire*

【富有】fùyǒu（形）财富多 *wealthy; rich*：他出身于一个十分~的家庭。Tā chūshēn yú yí ge shífēn ~ de jiātíng. *He was born into a very wealthy family.*（动）具有或大量具有（多指抽象事物，积极方面的）*be rich in; be full of*：~代表

性~ dàibiǎoxìng *be very typical* / 他~同情心。Tā ~ tóngqíngxīn. *He tends to be sympathetic.* / 这是个~创造精神的年轻人。Zhè shì ge ~ chuàngzào jīngshén de niánqīng rén. *He is a young man with great creative spirit.* / 我们要请一位~实践经验的工人来参加新产品的设计。Wǒmen yào qǐng yí wèi ~ shíjiàn jīngyàn de gōngrén lái cānjiā xīn chǎnpǐn de shèjì. *We want to invite a worker who has rich practical experience to join with us in designing new products.*

【富于】fùyú（动）同"富有" fùyǒu（动）*same as "富有" fùyǒu*（动）：这几首歌都~战斗性。Zhè jǐ shǒu gē dōu ~ zhàndòuxìng. *These songs are all full of fighting spirit.* / 这孩子~想像力。Zhè háizi ~ xiǎngxiànglì. *This child has a fertile imagination.*

【富裕】fùyù（形）（财富）充足 *well-to-do; well-off; prosperous*：~的生活 ~ de shēnghuó *well-off life* / 人们日子过得一天比一天~了。Rénmen rìzi guò de yì tiān bǐ yì tiān ~ le. *People are better off with each passing day.*

【富裕中农】fùyù zhōngnóng 中农中主要依靠自己劳动生活，对别人有轻微的剥削，生活状况在普通中农之上的，又称上中农 *well-to-do middle peasant*

【富余】fùyu（动）多余 *have more than needed; have enough and to spare*：我们班十八个人，有二十张票，~两张。Wǒmen bān shíbā ge rén, yǒu èrshí zhāng piào, ~ liǎng zhāng. *There are eighteen in our class, and we have twenty tickets. Therefore, we have two tickets to spare.* / 买了这些书，我就没什么~钱了。Mǎile zhèxiē shū, wǒ jiù méi shénme ~ qián le. *If I buy these books, then I won't have any money left over.* / 这块布做一件上衣还有~。Zhè kuài bù zuò yí jiàn shàngyī hái yǒu ~. *The cloth is more than enough to make a jacket.*

【富足】fùzú（形）丰富，充足 *plentiful; abundant; rich*：发展副业以后，生活~起来了。Fāzhǎn fùyè yǐhòu, shēnghuó ~ qilai le. *After carrying out a subsidiary occupation, they have become very well-off.*

腹fù（名）◇*belly; abdomen*：~痛 ~ tòng *bellyache*

【腹背受敌】fù bèi shòu dí 前后都受到敌人的攻击 *be attacked front and rear*：一定要避免~。Yídìng yào bìmiǎn ~. *Do avoid being attacked front and rear.*

【腹部】fùbù（名）*stomach region; midriff*

【腹地】fùdì（名）内地；中部地区 *hinterland*

【腹腔】fùqiāng（名）*abdominal cavity*

【腹泻】fùxiè（动·不及物）*diarrhoea*

缚〔縛〕fù（动）◇捆绑 *tie up; bind; truss*

覆fù（动）〈书〉(1)盖住 *cover*：~以塑料薄膜 ~ yǐ sùliào bómó *cover with a plastic film* (2)翻 *overturn*：水可以载舟，也可以~舟。Shuǐ kěyǐ zài zhōu, yě kěyǐ ~ zhōu. *Water can carry a boat, but also can capsize it.* (3)同"复" fù (1)(2) *same as "复" fù* (1)(2)

【覆盖】fùgài（动）蒙、遮盖 *cover*：树阴~了整条街道。Shùyīn ~le zhěng tiáo jiēdào. *The shade from the trees covers the entire street.* / 山顶终年为积雪~着。Shān dǐng zhōngnián wéi jīxuě ~zhe. *The top of the mountain is covered with snow all year round.*

【覆盖率】fùgàilù（名）*proportion of forested land*：世界上森林的~不断降低。Shìjiè shang sēnlín de ~ búduàn jiàngdī. *The proportion of forested land on earth decreases continuously.*

【覆灭】fùmiè（动）（军队）被消灭 *(of troops) be annihilated*

【覆没】fùmò（动）(1)（船只）沉没（of ships）sink; capsize: 敌舰～在大海里。Dí jiàn ～ zài dàhǎi li. *The enemy warship was sunk in the sea.* (2)（军队）被消灭 be annihilated: 全军～ quán jūn ～ *All troops were annihilated.*

【覆亡】fùwáng（动·不及物）（国家）灭亡（of a nation）be subjugated; fall

馥 fù

【馥郁】fùyù（形）〈书〉形容香气浓厚 very fragrant; with strong fragrance

G

gā

旮 gā

【旮旯儿】gālár (名) 〈口〉corner (e.g. of a room, courtyard) nook：把东西放在屋子~里。Bǎ dōngxi fàng zài wūzi ~ li. Put the stuff in the corner of the room.

伽 gā

【伽马射线】gāmǎ shèxiàn 〈物〉(phys.) gamma ray

咖 gā

另见 kā

【咖喱】gālí (名) curry powder

嘎 gā

(象声)quack：鸭子~~地叫着。Yāzi ~~ de jiàozhe. The ducks are quacking.

【嘎巴】gābā (象声) 形容树枝、竹竿等折断的声音 crack, snap：只听~一声, 小于手中的棍子被折断了。Zhǐ tīng ~ yì shēng, Xiǎo Yú shǒu zhōng de gùnzi bèi zhéduàn le. The stick in Xiao Yu's hand broke with a crack.

【嘎吱】gāzhī (象声) 形容物体受压后发出的声音 creak：这把椅子有毛病了, 一坐就~~响。Zhè bǎ yǐzi yǒu máobing le, yí zuò jiù ~~ xiǎng. There is something wrong with the chair. It creaks all the time when you sit on it.

gāi

该〔該〕gāi

(助动)同"应该" yīnggāi, 但不能用于"是……的"结构中作谓语。口语中用得较多 ought to; should (cannot be used in the structure "是...的" as the predicate, is very colloquial)：你不~讽刺他。Nǐ bù ~ fěngcì tā. You shouldn't make fun of him. /十二点了, ~下班了。Shí'èr diǎn le, ~ xià bān le. It is twelve o'clock. It is time to go home. (动) 轮到 to be somebody's turn to do something：—— 谁发牌? —— Shuí fā pái? —— ~ 小王了。~ Xiǎo Wáng le. Whose turn to deal the cards? It is Xiao Wang's turn. /下面~你发言。Xiàmiàn ~ nǐ fā yán. Now it is your turn to speak. (代) 〈书〉指上文说过的人或事物 that which has been mentioned previously：那篇文章即将发表, 我们正在核对~文所引用的材料。Nà piān wénzhāng jíjiāng fābiǎo, wǒmen zhèngzài héduì ~ wén suǒ yǐnyòng de cáiliào. That article is about to be published. We are checking the references quoted. (副)(1)表示估计、猜测(情况应该如此), 多读轻声, 后面必有"了"、"吧"等。不能单独回答问题, 没有否定形式；但可修饰其他否定形式 (indicates conjecture or estimation, usu. not stressed; must be followed by "了", "吧", etc.; cannot answer a question but does not have a negative form, but can modify other negative forms) must; probably; should：赶了这么多路, 你~饿了吧! Gǎnle zhème duō lù, nǐ ~ è le ba! You must be hungry after such a long journey! /快走吧, 回去晚了你妈~着急了。Kuài zǒu ba, huíqu wǎn le nǐ mā ~ zháo jí le. Hurry up and go. Your mother will most likely be worried about your returning so late! /回信晚了, 你~不会怪我吧! Huí xìn wǎn le, nǐ ~ bú huì guài wǒ ba! I hope you're not angry with me for answering this letter so late! /你看看这些考题, ~

不太难吧! Nǐ kànkan zhèxiē kǎotí, ~ bú tài nán ba! Look at these exam questions; they couldn't be too difficult, I suppose. (2)表示设想, 用于感叹, 格式是"该(有)多(么)……(啊)" (indicates imagination; usu. in an exclamation of which the pattern is "该(有)多(么)...(啊)")：秋天, 当满山葡萄熟了的时候, 那景象~多让人陶醉呀! Qiūtiān, dāng mǎn shān pútao shú le de shíhou, nà jǐngxiàng ~ duō ràng rén táozuì ya! In autumn, when the hillsides are covered with ripe grapes, it must be an intoxicating sight! /一口气跑完八十多公里~多累呀! Yì kǒu qì pǎowán bāshí duō gōnglǐ ~ duō lèi ya! How exhausted you must be after running more than eighty kilometres in one stretch!

【该当】gāidāng (助动) 应当(一般无否定形式) deserve to; should; ought (there is no negative form)：给祖父做生日, 是孙子~作的。Gěi zǔfù zuò shēngrì, shì sūnzi ~ zuò de. A grandson ought to host a party for his grandfather's birthday.

【该死】gāisǐ (形) 〈口〉表示愤恨、厌恶或自责 damned：真~! 我把汽车月票忘在家里了。Zhēn ~! Wǒ bǎ qìchē yuèpiào wàng zài jiāli le. Damn, I left my monthly pass at home. /这个~的, 把水溅了我一身! Zhège ~ de, bǎ shuǐ jiànle wǒ yì shēn! Damn him! He spilt the water all over me.

gǎi

改 gǎi

(动)(1)改变 alter; change：河床~道 héchuáng ~ dào The river has changed its course. /收发室~了地方。Shōufāshì ~le dìfang. The janitor's room moved to a new place. /离开家乡这么多年, 你的口音还没有~。Líkāi jiāxiāng zhème duō nián, nǐ de kǒuyīn hái méiyou ~. You have been away from your home town for such a long time but your accent is still not changed. (2)修改 correct, make alterations：~文章 ~ wénzhāng revise an article /~作业 zuòyè correct students' homework /~本子 ~ běnzi correct students' assignment /这件衣服越~越瘦。Zhè jiàn yīfu yuè ~ yuè shòu. The more this piece of clothing is altered, the tighter it becomes. (3)改正 correct, amend, rectify：~错儿 ~ cuòr correct mistakes /他这个坏习惯不~可不行啊! Tā zhège huài xíguàn bù ~ kě bù chéng a! He really should break himself of that bad habit. /这几个字你打错了, 请~过来。Zhè jǐ ge zì nǐ dǎcuò le, qǐng ~ guolai. There are a few typos here, please correct them.

【改编】gǎibiān (动)(1)根据原著重写(成为剧本、电影等) adapt, rewrite：这部小说已~成剧本了。Zhè bù xiǎoshuō yǐ ~ chéng jùběn le. This script has been adapted from a novel. (2)改变编制(多指军队)reorganize, redesignate

【改变】gǎibiàn (动) change, alter (1)使事物发生显著的变化 alter：~面貌(多指结果比以前好的) ~ miànmào take on a new look /~人与人之间的关系 ~ rén yǔ rén zhī jiān de guānxi improve the relationship between human beings (2)改动(文字、项目、制度、规定等) change, alter：~计划 ~ jìhuà change a plan /~行车路线 ~ xíng chē lùxiàn alter one's driving route /他这种习惯一直没有~。Tā zhè zhǒng xíguàn yìzhí méiyou ~. He has never changed this habit. (名)事物发生的显著差别(多指比以前好的)：这里的风俗有了很大的~。Zhèli de fēngsú yǒule hěn dà de ~. The customs here have undergone great changes.

【改朝换代】gǎi cháo huàn dài 封建王朝的更迭。泛指政权更替, 有贬义 change of dynasty or regime (derogatory)

【改道】gǎi＝dào（1）改变行车或旅行的路线 change one's route of driving or travel（2）(河流)改变河道 (of a river) change its course

【改动】gǎidòng（动)变动(文学、设计、规章制度等) change, alter, revise：这篇稿子我～了几处。Zhè piān gǎozi wǒ ～le jǐ chù. I rewrote a few places of this article. /听说设计图纸又～了。Tīngshuō shèjì túzhǐ yòu ～le. It is said that the design has been revised again.

【改革】gǎigé（动）把社会上的事物中不合理的部分改成新的更合理的 reform; transform；～工艺 ～ gōngyì improve technology /～不合理的制度 ～ bù héli de zhìdù reform an unjust system（名)社会事物由不合理改为合理的适应客观情况的行为、事项 reform：一项重大的 ～ yī xiàng zhòngdà de ～ a reform of great importance /我们工厂已经实现了管理上的～。Wǒmen gōngchǎng yǐjīng shíxiànle guǎnlǐ shang de ～. The management has undergone reforms in our plant.

【改观】gǎiguān（动·不及物)旧事物中出现了新样子。常用于"面貌"等 have a new look; be quite different from; change in appearance：这座城市的面貌已经大大～。Zhè zuò chéngshì de miànmào yǐjīng dàdà ～. The physical set-up of this city has improved greatly. /这一带山区的建设，希望在几年之内有所～。Zhè yīdài shānqū de jiànshè, xīwàng zài jǐ nián zhī nèi yǒu suǒ ～. The result of the reform of this mountain area is expected to be seen in the near future.

【改过】gǎiguò（动·不及物)改正过失或错误 amend, correct one's error (misdeed)：这个青年决心～，应该鼓励。Zhège qīngnián juéxīn ～, yīnggāi gǔlì. This young man is determined to correct his wrong doings. He should be encouraged.

【改过自新】gǎiguò zìxīn 改正较大的过失或错误，重新做人或有所振作 correct one's errors and make a fresh start; mend one's ways; turn over a new leaf：他曾是个失足青年，但是现在已经～了。Tā céng shì ge shīzú qīngnián, dànshì xiànzài yǐjīng ～le. He used to be a juvenile delinquent but now he has already corrected his mistakes.

【改行】gǎi＝háng 从一种行业转为另一种行业 change one's profession：他原来是搞商业的，现在～搞交通运输了。Tā yuánlái shì gǎo shāngyè de, xiànzài ～ gǎo jiāotōng yùnshū le. Originally he was in business, but now he is in transportation. /我从来没改过行，一直搞建筑 Wǒ cónglái méi gǎiguo háng, yīzhí gǎo jiànzhù. I have never changed my profession. I've always been in the field of architecture.

【改换】gǎihuàn（动)改变替换 change; replace：～说法 ～ shuōfǎ say in another way /～了一种试验方法 ～ le yī zhǒng shìyàn fāngfǎ have changed an experimental method

【改悔】gǎihuǐ（动)认识并改正错误 repent, amend：他显然有～的意思。Tā xiǎnrán yǒu ～ de yìsi. It is quite clear that he wants to repent. /你再不～就太晚了。Nǐ zài bù ～ jiù tài wǎn le. If you don't repent now, it will be too late.

【改嫁】gǎi＝jià 妇女(离婚后或丈夫死后)再结婚 (of a woman) remarry

【改建】gǎijiàn（动)建筑物在原有的基础上加以改造 reconstruct, rebuild

【改进】gǎijìn（动)改变原有的方法、态度等，使之有所进步或提高 improve; make better：～学习方法 ～ xuéxí fāngfǎ improve one's study method /～操作工艺 ～ cāozuò gōngyì improve operating technology /～服务态度 ～ fúwù tàidù improve the attitude of service（名）improvement：这种商品的质量有了很大的～。Zhè zhǒng shāngpǐn de zhìliàng yǒule hěn dà de ～. The quality of this merchandise has improved a lot.

【改口】gǎi＝kǒu 改变说话的内容或口气 correct oneself,

withdraw or modify one's previous remarks；change to a different voice：他想～，可是已经来不及了。Tā xiǎng ～, kěshì yǐjīng lái bu jí le. He wanted to correct himself, but it was too late. /她一看父亲生气了，连忙～说："我也不一定非去不可。" Tā yī kàn fùqin shēng qì le, liánmáng ～ shuō: "Wǒ yě bù yīdìng fēi qù bùkě." As soon as she saw that her father was angry, she changed her mind and said "I really don't have to go."

【改良】gǎiliáng（动)改掉事物(多为具体的)中的缺欠，使之更适合要求 improve, ameliorate：～农具 ～ nóngjù improve farm tools /～土壤 ～ tǔrǎng ameliorate the soil /要提高产量，必须～农作物的品种。Yào tígāo chǎnliàng, bìxū ～ nóngzuòwù de pǐnzhǒng. To increase the quantity of production, it is necessary to improve the variety of crops.

【改良主义】gǎiliángzhǔyì（名）reformism

【改期】gǎi＝qī 改变原定的日期 change the date, change the scheduled time：会议～举行 huìyì ～ jǔxíng The meeting date has been changed. /博览会原订五月开幕，现在因故～。Bólǎnhuì yuán dìng wǔyuè kāi mù, xiànzài yīn gù ～. Originally, the international exposition was scheduled to open in May, however, it has been postponed.

【改善】gǎishàn（动)改变原来状况，使之好一些 improve：～生活 ～ shēnghuó better one's living conditions /～待遇 ～ dàiyù increase the wage and improve fringe benefits /～两国关系 ～ liǎng guó guānxi improve the relationship between the two countries /这个企业的经营管理得到了～。Zhège qǐyè de jīngyíng guǎnlǐ dédàole ～. The management and administration of this enterprise have been improved.

【改天】gǎitiān（副)〈口〉"以后较近的某一天"的意思；常与"再"连用。有时可作"改日" another day; some other day; soon (often used together with "再"; can sometimes be said as "改日")：咱们～再细谈。Zánmen ～ zài xì tán. Let's discuss this carefully another day. /～来玩吧！～ lái wánr ba! Come back another day. /多亏您帮忙，改日再来面谢。Duōkuī nín bāng máng, gǎirì zài lái miàn xiè. Thank you for your help. I'll have to thank you in person some day soon. "改天"有时可单用，但须在上文明确指出谓语之后 "改天" can sometimes be used alone, but only after the predicate has been indicated in the preceding sentence："咱们一块去圆明园怎么样？" "Zánmen yīkuàir qù Yuánmíngyuán zěnmeyàng?" "～吧！" "～ ba!" Let's go to Yuanming Park, how about it? "Some other day, okay?"

【改天换地】gǎi tiān huàn dì 彻底改变原来的面貌，常指改造社会、改造大自然 transform heaven and earth; change the world：这次回到家乡，见到各种乡镇企业和农村专业户，真使人有～之感。Zhè cì huídào jiāxiāng, jiàndào gè zhǒng xiāngzhèn qǐyè hé nóngcūn zhuānyèhù, zhēn shǐ rén yǒu ～ zhī gǎn. When I went back to my home village, I found various kinds of small businesses in town and family businesses in the countryside, I felt that everything was changing dramatically.

【改头换面】gǎi tóu huàn miàn 只在表面上改变一下，实质上没有改变。贬义 change the external appearance of sth. only; a change only in form; not in essence (derog.)：这种商品只是换了包装，～后作为新商品进入市场。Zhè zhǒng shāngpǐn zhǐshì huànle bāozhuāng, ～ hòu zuòwéi xīn shāngpǐn jìnrù shìchǎng. They have only changed the packaging of this product and have marketed it as a completely new one.

【改弦更张】gǎi xián gēng zhāng 琴声不和谐，去掉旧弦，安上新的。比喻在制度、方针、方法这些比较重大的方面有比较彻底的改革 make a fresh start; change one's method of doing things：厂长决心～，在管理上有个较大的变化。Chǎngzhǎng juéxīn ～, zài guǎnlǐ shang yǒu ge jiào dà de biànhuà. The factory director is determined to change to

new ways so as to make considerable improvement in management.

【改邪归正】gǎi xié guī zhèng 离开邪路,回到正路上来,不再作坏事 give up evil ways and return to the right path; mend one's ways:对犯人进行～的教育 duì fànrén jìnxing ～ de jiàoyù inculcate the prisoners with the idea of turning over a new leaf

【改写】gǎixiě (动) 根据原著重写 rewrite; adapt:他把那本小说～成一部电视剧本。Tā bǎ nà běn xiǎoshuō ～ chéng yí bù diànshì jùběn. He adapted that novel and made it into a TV play.

【改选】gǎixuǎn (动) 由于当选人任期届满或其他原因,而重新选举 select or elect new persons to fill the slots:大会～了三个委员。Dàhuì ～le sān ge wěiyuán. Three new committee members were elected at the meeting. /他们～一位教授当校长。Tāmen ～ yí wèi jiàoshòu dāng xiàozhǎng. They elected a professor as the president of their school. /在国会～中,该党失去了五个议席。Zài guóhuì ～ zhōng, gāi dǎng shīqule wǔ ge yìxí. That party lost five seats in the parliamentary election.

【改造】gǎizào (动) 改变旧的,建立新的,使之适应形势和需要 transform, remould, reform:～盐碱地 ～ yánjiǎndì transform alkaline land /你封建意识太多,真该～～。Nǐ fēngjiàn yìshí tài duō, zhēn gǎi ～ ～. You have too many feudalistic ideas. They need to be reformed. /人类的文明史就是～世界的历史。Rénlèi de wénmíngshǐ jiù shì ～ shìjiè de lìshǐ. The history of the civilization of mankind is one of reforming the world.

【改正】gǎizhèng (动) 把错误的改为正确的 correct, put right:～错误 ～ cuòwu correct one's mistakes /请把这几个写错的数字～过来 Qǐng bǎ zhè jǐ ge xiěcuò de shùzì ～ guolai. Please correct these few wrong figures. /孩子要～偏食的习惯。Háizi yào ～ piānshí de xíguàn. Children's picky eating habits should be corrected.

【改装】gǎizhuāng (动) (1)改变装束 change one's costume or dress:为了躲过特务的跟踪,他～成了一个商人。Wèile duǒguò tèwu de gēnzōng, tā ～ chéng yí ge shāngrén. He disguised himself as a business man to avoid being followed by the spy. (2)改变包装 repackage; repack:我们厂生产的奶粉已～成小袋的了。Wǒmen chǎng shēngchǎn de nǎifěn yǐ ～ chéng xiǎo dàir de le. The powdered milk produced in our factory has been packed into small packages. (3)改变机器的装置 refit:他把九吋的电视机～了一下,变成十二吋的。Tā bǎ jiǔ cùn de diànshìjī ～le yíxià, biànchéng shí'èr cùn de. He reshaped a 9 inch TV and changed it into a 12 inch TV.

【改锥】gǎizhuī (名) [把 bǎ] screw driver

【改组】gǎizǔ (动) 对原来的机构或人员进行改变或更换 reorganize; reshuffle:～司令部 ～ sīlìngbù reshuffle the headquarters /领导班子 ～ lǐngdǎo bānzi reorganize the leading group /这个机构太臃肿,必须～。Zhège jīgòu tài yōngzhǒng, bìxū ～. This organization is overstaffed. It needs to be reorganized.

gài

盖 〔蓋〕gài

(名) lid; cover:锅 ～ guō ～ lid of a pan /茶壶～儿 cháhú ～r teapot lid /这个杯子的～儿砸了,能配一个吗? Zhège bēizi de ～r zá le, néng pèi yí ge ma? The lid of this cup is broken. Can it be replaced? (动) (1) cover:～被子 ～ bèizi cover with a quilt /上一层沙子 ～ shàng yì céng shāzi cover up with a layer of sand /把盖儿～严 bǎ gàir ～ yán put the lid on properly (2)打上、印上(印、章等) affix (seal):～图章 ～ túzhāng affix a seal /介绍信要～公章

Jièshàoxìn yào ～ gōngzhāng. The official seal should be affixed on the introduction letter. (3) (声音)压倒、超过 overwhelm, surpass, top:欢呼声～过了锣鼓声。Huānhū shēng ～guòle luógǔ shēng. Cheers drowned out the sounds of gongs and drums. (4)建筑(房屋)〈口〉build:房子～好了没有? Fángzi ～ hǎole méiyou? Have you finished building the house? /平房拆了～楼房。Píngfáng chāile ～ lóufáng. One-story houses were pulled down to make room for high buildings. /加一个小厨房 jiā ～ yí ge xiǎo chúfáng A small kitchen was added. (副) (1) 大概; 也许 approximately; around; perhaps:司马迁的生年～在公元前 145 年或 135 年。Sīmǎ Qiān de shēngnián ～ zài gōngyuán qián yìbǎisìshíwǔ nián huò yìbǎisānshíwǔ nián. Sima Qian was born around 145 or 135 B.C. (2)承接上文申述的理由或原因 for; because; in fact:我来上海多年,但家母仍留住北京,～年事已高,不愿移动。Wǒ lái Shànghǎi duō nián, dàn jiāmǔ réng liú zhù Běijīng, ～ niánshì yǐ gāo, bú yuàn yídòng. I have been in Shanghai for years, but my mother is still in Beijing because she's already quite old and is unwilling to move. (3)用在句子开头作发语词,无实际意义 used at the beginning of a sentence to start off, but has no specific meaning:～汉语语法之研究因起步较晚,至今有争议之点仍随处皆是。～ Hànyǔ yǔfǎ zhī yánjiū yīn qǐbù jiào wǎn, zhìjīn yǒu zhēngyì zhī diǎn réng suíchù jiē shì. As research on Chinese grammar started relatively late, there are still many points which are controversial.

【盖棺论定】gài guān lùn dìng 指人的是非功过到死后才能作出结论 Only after a person is dead can the final judgement on him be passed.

【盖饭】gàifàn (名) 即"盖浇饭",把菜盛在米饭上的一种份儿饭 rice served with meat and vegetables on top

【盖世】gàishì (形)〈书〉(才能、功绩等)高出于当代人之上 unparalleled; matchless; peerless:～无双 ～ wú shuāng unparalleled anywhere in the world /～英雄 ～ yīngxióng peerless hero

【盖世太保】gàishìtàibǎo (名) gestapo

【盖子】gàizi (名) cover; top; cap:下水道的出口有一个金属～。Xiàshuǐdào de chūkǒu yǒu yí ge jīnshǔ ～. There is a metal cover on the outlet of the sewer. "揭盖子"指排除障碍,使隐藏的事物暴露出来 uncover, bring to light:其中黑幕颇多,需要揭开～。Qízhōng hēimù pō duō, xūyào jiēkāi ～. Those shady deals should be exposed.

概 gài

(副)〈书〉一律,一概 without exception; totally:货物售出～不退换。Huòwù shòuchū ～ bú tuìhuàn. Once goods are sold, they cannot be returned. /你放心回去吧,这儿出了问题～由我负责。Nǐ fàng xīn huíqu ba, zhèr chūle wèntí ～ yóu wǒ fùzé. You can set your mind at rest and go back. If anything happens here, I will take full responsibility.

【概况】gàikuàng (名) 大概的、主要的情况 general conditions; basic facts:一九八三年的经济发展 ～ yījiǔbāsān nián de jīngjì fāzhǎn ～ the general conditions of the economic development in 1983

【概括】gàikuò (动) (把事物的主要内容)集中陈述 summarize:今天大家的发言,～起来有两点。Jīntiān dàjiā de fāyán, ～ qilai yǒu liǎng diǎn. The speeches given today can be summarized as two main points. /请你～地介绍一下这本书的内容。Qǐng nǐ ～ de jièshào yíxià zhè běn shū de nèiróng. Please tell us briefly the contents of the book.

【概率】gàilǜ (名)〈数〉probability

【概率论】gàilǜlùn (名)〈数〉probability theory

【概略】gàilüè (名) 大概的内容 outline; summary:我把故事～说给你听听。Wǒ bǎ gùshì ～ shuō gěi nǐ tīngting. I'll tell you the outline of the story. (形) 大概的,非详尽的

brief, general；～的情况 ～ de qíngkuàng general situation /老师把湖南省的地理～地讲了一下。Lǎoshī bǎ Húnán Shěng de dìlǐ ～ de jiǎngle yíxià. The teacher gave a brief talk on the geography of Hunan Province.

【概论】gàilùn（名）概括的，一般的论述，多用于书名或书中绪论 outline；introduction（used in book titles）：《经济学～》《Jīngjìxué ～》Introduction to Economics /第一章是～ dìyī zhāng shì ～ The first chapter is the introduction.

【概貌】gàimào（名）大概的情况 general picture：听了他的介绍，对那个地区我脑子里有了一个～。Tīngle tā de jièshào, duì nàge dìqū wǒ nǎozi li yǒule yi ge ～. After hearing his introduction, I have got a general picture of that area.

【概念】gàiniàn（名）concept；notion；idea

【概念化】gàiniànhuà（动）指文学艺术创作中用抽象的概念代替具体描写和典型塑造的倾向（of something written）in abstract terms deal in generalities：这篇小说太～了。Zhè piān xiǎoshuō tài ～ le. This novel is too formularized.

【概述】gàishù（动）概略地叙述 give a very general account of；deal with in general outline：他～了过去一年的经济形势。Tā ～ le guòqù yì nián de jīngjì xíngshì. He gave a brief account of the economic situation in the last year.

【概数】gàishù（名）大概的数目。可以用"几、多、来、上下、左右"等表示（如：十几年、三十多岁、十来个学生、五百元上下、一百米左右）或可以用某些相邻数词的连用来表示（如：三五个人、下午两三点钟、七八斤梨）approximate number (e. g. more than 10 years；over thirty years of age；over ten students；around 500 yuan；about 100 meters；or, three or five persons；between 2 or 3 o'clock p. m. seven or eight catties of pears)

【概算】gàisuàn（名）制定预算前，对收支指标所提出的大概的数字 budgetary estimate

【概要】gàiyào（名）重要的、简略的、一般的论述，多用于书名 outline；summary；essentials：《中国哲学史～》《Zhōngguó Zhéxuéshǐ ～ 》An Outline of the History of Chinese Philosophy /《心理学～》《Xīnlǐxué ～》Essentials of Psychology

gān

干 〔乾〕gān
（形）(1)没有或缺乏水分的（跟"湿"相对）dry：～柴 ～ chái dry firewood /～肉 ～ ròu dried meat /衣服晾～了。Yīfu liàng～ le. The clothes are dry. /最近的天气～得厉害。Zuìjìn de tiānqì ～ de lìhai. The weather these days has been really dry. (2)没有或缺乏油 dry (oilless)：冬天皮肤特别～。Dōngtiān pífū tèbié ～. In winter one's skin is very dry. /这种点心太～，不好吃。Zhè zhǒng diǎnxin tài ～, bù hǎochī. This kind of pastry is too dry and hard. It's not good. 引申为不生动、枯燥无味 unlively, uninteresting；dull and dry：他的报告就是～～的几条抽象的理论，没有生动的例子，谁都不爱听。Tā de bàogào jiù shì ～～ de jǐ tiáo chōuxiàng de lǐlùn, méi yǒu shēngdòng de lìzi, shuí dōu bú ài tīng. Without interesting examples, his report is only a few dry and abstract theories. Nobody likes it. (3)非血缘关系而拜认的亲属关系 taken into nominal kinship：～妈 ～ mā godmother /～姐妹 ～ jiěmèi daughters of one's godmother （副）futile；do sth. to no purpose：～着急～ zháo jí be anxious but unable to do anything 另见 gàn

【干巴】gānbā（形）(1)干燥，不喜受的意味 dry；completely lack moisture or oil：这种饼子～的实在不好吃。Zhè zhǒng bǐnggān ～ de shízài bù hǎochī. This biscuit is as dry as a bone and tastes awful. /橘子放了好几天，变得～的了。Júzi fàngle hǎo jǐ tiān, biàn de ～ de le. The oranges were put aside for a few days and have dried up. (2)（语言文字）不生动、不丰富（of language）dry and dull；insipid：这篇报导～的，引不起人的兴趣。Zhè piān bàodǎo ～ de, yǐn bu qǐ rén de xìngqù. This report is dry and dull and cannot inspire any interest.

【干巴巴】gānbābā（形）〈口〉(1)失去水分而收缩变硬 dried；shrivelled；parched：这块面包都放～了。Zhè kuài miànbāo dōu fàng ～ le. This loaf of bread has been put aside for so long that it is stale and hard. (2)皮肤老化或干燥皱巴，引申为身体瘦小枯干 wizened；lacking moisture or oil：老人伸出了一双～的手。Lǎorén shēnchūle yì shuāng ～ de shǒu. The old man stretched out a pair of shrivelled hands. /这孩子怎么长得这么～，是不是有病？Zhè háizi zěnme zhǎng de zhème ～, shì bu shì yǒu bìng? This child looks wizened. There must be something wrong with him.

【干杯】gān=bēi 喝干杯里的酒，多用于劝饮表示礼貌或庆祝等的场合 drink a toast；cheers；"Bottoms up."：为大家的健康～！Wèi dàjiā de jiànkāng ～! Here's to your health. /～，为了咱们共同的事业～！～, wèile zánmen gòngtóng de shìyè! Here's to our common cause!

【干瘪】gānbiě（形）(1)干而枯缩 wizened；shrivelled：这些果实还没成熟就已经～了。Zhèxiē guǒshí hái méi chéngshú jiù yǐjīng ～ le. These fruits have become shrivelled even before they ripened. (2)（语言文字等）内容贫乏，枯燥无味（of writing）dull；dry；colorless：这首诗是口号的堆砌，～得很。Zhè shǒu shī shì kǒuhào de duīqì, ～ de hěn. This poem is loaded with slogans and so it is extremely colorless.

【干冰】gānbīng（名）〈化〉dry ice

【干菜】gāncài（名）晒干的蔬菜 dried vegetable

【干脆】gāncuì（形）说话直截、爽快或作事利落。作状语时可以重叠 straightforward；clear-cut；decisive；not hesitant (can be reduplicated when used as adverbial)：老张办事情～，从来不拖泥带水。Lǎo Zhāng bàn shì hěn ～, cónglái bù tuō ní dài shuǐ. Lao Zhang is very decisive in whatever he does, and never sloppy. /你怎么这么不～？去不去快快定。Nǐ zěnme zhème bù ～? qù bu qù kuài juédìng. Why are you so hesitant? Decide quickly whether you're going or not. /你有意见就干干脆脆说吧，别绕弯子。Nǐ yǒu yìjiàn jiù gāngāncuìcuì shuō ba, bié rào wānzi. If you have something on your mind, say it directly and don't beat around the bush. （副）表示下决心采取断然措施或极端行为，有时可用于主语前 simply；just；altogether (can sometimes be used before the subject of a sentence)：他既然很不情愿，～别勉强他了。Tā jìrán hěn bù qíngyuàn, ～ bié miǎnqiǎng tā le. Since he is very unwilling, just don't force him. /这孩子扁桃腺经常发炎，～割掉算了。Zhè háizi biǎntáoxiàn jīngcháng fā yán, ～ gēdiào suàn le. This child's tonsils frequently flare up. They should be taken out altogether. /两个人感情已经破裂，～离婚，免得老闹矛盾。Liǎng ge rén gǎnqíng yǐjīng pòliè, ～ lí hūn, miǎnde lǎo nào máodùn. Their marriage has already broken up. They should just get divorced to avoid the constant quarrelling. /现在恐怕太晚了，～咱们明天再去吧。Xiànzài kǒngpà tài wǎn le, ～ zánmen míngtiān zài qù ba. I'm afraid it's too late now. Why don't we just go tomorrow.

【干戈】gāngē（名）〈书〉泛指武器，比喻战争或打架斗殴 weapons of war；arms；war：化～为玉帛 huà ～ wéi yùbó turn hostility into friendship /大动～da dòng ～ fight fiercely (lit. or figuratively)

【干果】gānguǒ（名）(1)dry fruit (e. g. nuts) (2)晒干了的水果 dried fruit

【干旱】gānhàn（形）因不下雨或雨量不足而造成土壤、气候干燥 drought；dry spell；arid：最近天气比较～. Zuìjìn tiānqì bǐjiào ～ . The weather has been rather dry lately. /～的土地得到了灌溉。～ de tǔdì dédàole guàngài. The drid field has been irrigated. /这个地区连年～。Zhège

dìqū liánnián ～. *This area has been hit by drought year after year.*

【干涸】gānhé（动·不及物）（河流、水库等）干枯 *dry up*：那个池塘已经～了。Nàge chítáng yǐjīng ～ le. *That pond has dried up.*

【干货】gānhuò（名）泛指干果、干菜、晒干的海味等 *dried food and nuts （as merchandise）*

【干净】gānjìng（形）(1)没有尘垢或多余的东西 *clean*；*neat and tidy*：～杯子 ～ bēizi *a clean glass* /屋子里很～。Wūzi li hěn ～. *The room is neat and tidy.* /床单洗得干干净净的。Chuángdān xi de gānganjìngjìng de. *The sheets have been washed spotlessly clean.* /文章写得～利落。Wénzhāng xiě de ～ liluo. *The article is written lucidly.* (2) 一点不剩（多作补语）*not a bit left*，*completely （used as a complement）*：地里的花生都刨～了。Dìli de huāshēng dōu páo ～ le. *All the peanuts in the fields have been gotten in.* /我把那件事忘得干干净净。Wǒ bǎ nà jiàn shì wàng de gānganjìngjìng. *I completely forgot about that.* /～、彻底地消灭敌人。～、chèdì de xiāomiè dírén. *Thoroughly and completely defeat the enemy.*

【干枯】gānkū（形）(1)草木因缺少水分等而变干变黄 *dried up*；～的树叶 ～ de shùyè *withered leaves* (2)（皮肤）老化或干燥多皱纹 *wizened*，*shrivelled* (3)干涸 *dry up*，*run dry*：老不下雨，小河都～了。Lǎo bú xià yǔ, xiǎo hé dōu ～ le. *Since there has been no rain for such a long time, the stream has dried up.*

【干酪】gānlào（名）*cheese*

【干冷】gānlěng（形）形容干燥而寒冷的天气 *dry and cold （weather）*；这个冬天雪太少，天气～～的。Zhège dōngtiān xuě tài shǎo, tiānqì ～ ～ de. *It didn't snow much this winter, so it has been dry and cold.*

【干粮】gānliang（名）便于携带的非流质面食，如馒头、烙饼等。有的地区也指在家食用的馒头等 *solid food （prepared for a journey）*

【干裂】gānliè（动）因干燥而裂开 *crack*；*split*：大旱三个月，土地都～了。Dà hàn sān ge yuè, tǔdì dōu ～ le. *After three months of drought the ground was all cracked.* /这双皮鞋的皮子已经～了。Zhè shuāng píxié de pízi yǐjīng ～ le. *The leather of these shoes has already cracked.*

【干亲】gānqīn（名）没有血缘或婚姻关系而结成的比一般朋友更亲密的关系 *nominal kinship*

【干扰】gānrǎo（动）扰乱；*disturb*；*interfere*；*obstruct*：别为这点小事去～他的研究工作。Bié wèi zhè diǎn xiǎo shì qù ～ tā de yánjiū gōngzuò. *Don't let this trivial matter interfere with his research.* /他读书从来不怕别人谈话的～。Tā dú shū cónglái bú pà biérén tán huà de ～. *He is never disturbed by other people's talking when he is studying.* （名）〈电〉*jam*：～台 gānrǎo ～ *jamming station*

【干扰素】gānrǎosù（名）〈生理〉*interferon*

【干涉】gānshè（动）以行动影响（他人），多指不该管而管，有时也指正常的制止过问 *interfere*；*intervene*：～是不允许的。～ bié guó nèizhèng shì bù yǔnxǔ de. *It's not permissible to interfere with the internal affairs of other countries.* /这件事必须你出面～。Zhè jiàn shì bìxū nǐ chū miàn ～. *You have to intervene in this matter.* /对影响公共秩序的行为要进行～。Duì yǐngxiǎng gōnggòng zhìxu de xíngwéi yào jìnxing ～. *Any action that disturbs public order should be intervened.* （名）*intervention*：武装 ～ wǔzhuāng ～ *armed intervention*

【干瘦】gānshòu（形）形容人很瘦 *skinny*；*bony*：原来他是个～的老头儿! Yuánlái tā shì ge ～ de lǎotóur ! *He's actually a skinny old man!*

【干洗】gānxǐ（动）*dry clean*

【干系】gānxì（名）牵涉到责任或能引起纠纷的关系（多指与事件或案件有关的）*responsibility*；*implication*；*involve-*

---

ment：罪犯作案后到过他家，他很可能和这个案件有些～。Zuìfàn zuò àn hòu dàoguo tā jiā, tā hěn kěnéng hé zhège ànjiàn yǒu xiē ～. *Because the offender went to his home after committing the crime, it's very possible that he is involved in the case.*

【干笑】gānxiào（动·不及物）不想笑而勉强笑 *hollow laugh*

【干预】gānyù（动）过问（别人的事）*intervene*；*meddle in*：他自己的事，你何必～? Tā zìjǐ de shì, nǐ hébì ～ ? *It's his own affair, you are not to intervene.*

【干燥】gānzào（形）(1)没有或缺乏水分的 *dry*；*arid*：～的气候～de qìhou *arid climate* /空气～ kōngqì ～ *The air is dry.* (2)无趣味，不生动，常与"无味"连用 *dull*；*uninteresting*：这个话剧～无味。Zhège huàjù ～ wú wèi. *This play is really dull.*

甘 gān
（形）◇ 甜，甜美 *sweet*；*pleasant*：这种水果味～而色美。Zhè zhǒng shuǐguǒ wèi ～ ér sè měi. *This fruit has a sweet taste and beautiful color.* /他现在总算苦尽～来，生活很幸福了。Tā xiànzài zǒngsuàn kǔ jìn ～ lái, shēnghuó hěn xìngfú le. *He has finally come to the time when the bitterness of the past is over, and prospects for the future are bright.* （副）〈书〉表示非常愿意，只修饰单音节动词 *willingly （only modifies monosyllabic verbs）*：～冒风险 ～ mào fēngxiǎn *willingly run risks* /为祖国～洒热血 wèi zǔguó ～ sǎ rèxuè *willingly shed one's blood for the motherland* /刘老师说她～做一辈子园丁。Liú lǎoshī shuō tā ～ zuò yí bèizi yuándīng. *Teacher Liu said that she would willingly spend her life as elementary school teacher.* "不甘"或"甘于"则既可修饰单音节词语也可修饰双音节词语 *"不甘" or "甘于" can modify both a monosyllabic word and a disyllabic one*：不～受歧视 bù ～ shòu qíshì *unwilling to be discriminated against* /～于做第二把手 ～ yú zuò dì'èr bǎ shǒu *willingly serve as the second in line* /～于牺牲个人利益 ～ yú xīshēng gèrén lìyì *be ready to sacrifice one's personal interests* /谁都不～落后。Shuí dōu bù ～ luòhòu. *No one is willing to lag behind.*

【甘拜下风】gān bài xià fēng 真心佩服，自认不如对方 *willingly to accept one's defeat or inferiority （in a skill, etc.）*：你的乒乓球打得真好，我～。Nǐ de pīngpāngqiú dǎ de zhēn hǎo, wǒ ～. *Your table tennis is excellent. You can certainly play a lot better than me.* /还没有和那个球队认真较量，我们怎能～呢! Hái méiyou hé nàge qiúduì rènzhēn jiàoliàng, wǒmen zěn néng ～ ne! *How can we admit defeat without ever having played that team?*

【甘居中游】gān jū zhōngyóu 形容在各种活动中满足于不上不下的中间状态，不求上进 *be content with one's work, which is merely adequately done*

【甘苦】gānkǔ（名）(1)顺境或逆境。美好的或艰苦的处境 *sweetness and bitterness*；*weal and woe*；*pleasure and sorrow*：干部和群众要同～，共患难。Gànbù hé qúnzhòng yào tóng ～, gòng huànnàn. *Cadres should share the joys and sorrows together with the masses.* (2)在各种活动或经历中体会到的滋味，多偏指艰苦一面 *one's experience of pleasures and hardships （with the stress on latter）*：作家都深知创作的～。Zuòjiā dōu shēn zhī chuàngzuò de ～. *All writers know the hardships of creative writing.*

【甘美】gānměi（形）〈书〉（味道）香甜 *sweet tasting and fragrant*：～的食品 ～ de shípǐn *delicious food* /～的饮料 ～ de yǐnliào *refreshing and sweet beverage*

【甘甜】gāntián（形）甜 *sweet*

【甘心】gānxīn（动）(1)愿意，情愿 *willingly*；*readily*：他～把自己的一生献给边疆的建设事业。Tā ～ bǎ zìjǐ de yìshēng xiàn gěi biānjiāng de jiànshè shìyè. *He is willing to devote his whole life to the reconstuction of the frontier re-*

gion. (2)称心满意,多用于否定式 *be reconciled to*; *resign oneself to*; *be content with*:不达目的,绝不～. Bù dá mùdì, jué bù ～. *Never be content without having reached one's goal.* /为了实现真理,死了也～. Wèile shíxiàn zhēnlǐ, sǐ le yě ～. *To realize the truth, he is ready to give up his life.*

【甘心情愿】gānxīn qíngyuàn 心里完全愿意,没有一点勉强 *willingly and gladly*;为了美好的未来,目前吃点苦也～. Wèile měihǎo de wèilái, mùqián chī diǎnr kǔ yě ～. *I'm entirely willing to suffer present hardships in order that the future may be bright.* /老王～让位给年轻同志,自己当顾问. Lǎo Wáng ～ ràng wèi gěi niánqīng tóngzhì, zìjǐ dāng gùwèn. *Lao Wang is willing and glad to yield his position to young people and to be a consultant himself.*

【甘休】gānxiū（动）情愿罢手和停止,多用于否定式 *willing to let sth. go*; *going to give up* (*usu. in the negative*):输了棋他是不会～的,一定要再下. Shūle qí tā shì bú huì ～ de, yídìng yào zài xià. *He will not give up when he loses a chess game. He will insist on having a rematch.*

【甘油】gānyóu（名）*glycerine*

【甘于】gānyú（动）甘心（去作）,情愿 *be willing to*; *be ready to*; *be happy to*:共产党员要～牺牲个人利益. Gòngchǎndǎngyuán yào ～ xīshēng gèrén lìyì. *A communist should be always ready to sacrifice his own personal interests.* /她～放弃优裕的生活,和他一起过贫困的日子. Tā ～ fàngqì yōuyù de shēnghuó, hé tā yìqǐ guò pínkùn de rìzi. *She is totally willing to give up her own affluent living conditions and to live a impoverished life together with him.*

【甘愿】gānyuàn（助动）甘心情愿,一般不受否定词修饰 *willingly*; *readily*:为了发展教育事业,她～到偏僻的农村去做教师. Wèile fāzhǎn jiàoyù shìyè, tā ～ dào piānpì de nóngcūn qù zuò jiàoshī. *To develop the cause of education, she is willing to go to the remote countryside to be a teacher.*

【甘蔗】gānzhè（名）*sugarcane*

杆 gān（名）◇*pole*:电线～ diànxiàn ～ *pole* (*for telephone or electric power lines etc.*) 另见 gǎn

【杆子】gānzi（名）[根 gēn] *stick*; *pole*:用一些木头～搭了个小棚儿. Yòng yìxiē mùtou ～ dāle ge xiǎo péngr. *put up a shed with some poles*

肝 gān（名）◇*liver*

【肝胆相照】gān dǎn xiāng zhào 比喻真心相待 *show utter devotion to* (*a friend, etc.*)

【肝火】gānhuǒ（名）〈口〉易怒易急的脾气,怒气 *irascibility*; *irritability*; *spleen*:年轻人～旺. Niánqīng rén ～ wàng. *Young people tend to be very hot-tempered.* /冷静点儿,别动～. Lěngjìng diǎnr, bié dòng ～. *Keep calm. Don't get worked up.*

【肝炎】gānyán（名）〈医〉*hepatitis*

【肝脏】gānzàng（名）同"肝" gān *liver*

坩 gān

【坩埚】gānguō（名）*crucible*

柑 gān（名）◇ *mandarin orange*

【柑橘】gānjú（名）(1)橘子一类的果树 *trees of oranges or tangerines* (2)这一类果树的果实 *orange*; *tangerine*

【柑子】gānzi（名）*mandarin orange*

竿 gān（名）◇竿子,竹竿 *pole*; *rod*:钓鱼～ diàoyú～ *fishing pole*

【竿子】gānzi（名）竹竿 *bamboo pole*

尴 〔尷〕gān

【尴尬】gāngà（形）指处境困难,进退失据 *awkward*, *embarrassed*:他刚和小李吵了嘴,又有事不得不求小李帮忙,实在～得很. Tā gāng hé Xiǎo Lǐ chǎole zuǐ, yòu yǒu shì bùdébù qiú Xiǎo Lǐ bāng máng, shízài ～ de hěn. *He feels very awkward to have to ask Xiao Li for help because he just quarreled with him.*

gǎn

杆 gǎn（名）(～儿) *stick, pole*:钢笔～ gāngbǐ ～ *penholder* /枪～ qiāng～ *the barrel of a rifle* /烟袋～ yāndài ～ *the stem of a pipe* /秤～ chèng ～ *the arm of a steelyard* (量)用于有杆状柄的器物:一～秤 yì ～ chèng *a steel yard* /两～枪 liǎng ～ qiāng *two rifles* 另见 gān

【杆秤】gǎnchèng（名）*steelyard*

【杆菌】gǎnjūn（名）*bacillus*

秆 gǎn（名）(～儿) 庄稼的茎 *stalk*

赶 〔趕〕gǎn（动）(1)追 *catch up with*:我好容易才～上小张,把他叫了回来. Wǒ hǎoróngyì cái ～shàng Xiǎo Zhāng, bǎ tā jiàole huílai. *I finally managed to catch up with Xiao Zhang and told him to come back.* /学先进,～先进. Xué xiānjìn, ～ xiānjìn. *Learn from and catch up with those who are advanced.* (2)加快行动,以争取时间 *hurry up*; *rush for*; *try to catch*:一阵紧跑,终于在车开之前～到. Yízhèn jǐn pǎo, zhōngyú zài chē kāi zhī qián ～ dào. *I dashed for the bus stop and got there before the bus left.* /他昨晚～写了一篇总结报告. Tā zuó wǎn ～ xiěle yì piān zǒngjié bàogào. *He dashed off a summary report last night.* "～时间"意思是节约、抓紧时间 "～时间" *means to save time*:为了～时间,他这两天住在厂里不回家. Wèile ～ shíjiān, tā zhè liǎng tiān zhù zài chǎng li bù huí jiā. *He has been sleeping at the factory these past couple of days so as to save time.* (3)驱使,驱逐 *drive away*; *expel*:～羊上坡 ～ yáng shàng pō *drive the sheep up the hill* /把入侵者～出去. Bǎ rùqīnzhě ～ chūqù. *expel the invaders* (4)驾御 (牲畜拉的车) *drive*:～大车 ～ dàchē *drive a cart* /～牛车 ～ niúchē *drive a cart pulled by an ox* (5)遇到 (某种情况或机会) 多与"上"连用 *happen to*; *find oneself in* (*a situation*); *run into* (*an opportunity*) (*usu. used with* "*上*"):昨天去香山玩,没想到～上一场雨. Zuótiān qù Xiāng Shān wánr, méi xiǎngdào ～ shang yì cháng yǔ. *It happened to be raining yesterday when we went to Xiang Shan.* /我怎么没～上那个好机会? Wǒ zěnme méi ～ shang nàge hǎo jīhuì? *Why didn't I chance upon that good opportunity?* (介)〈口〉一般用在时间词语前,表示等到将来某个时候 *till*; *until* (*usu. used before a word indicating time*):～年底他就回来了. ～ niándǐ tā jiù huílai le. *He won't be back until the end of the year.* /～下午四点钟,咱们一块儿去打网球. ～ xiàwǔ sì diǎnzhōng, zánmen yíkuàir qù dǎ wǎngqiú. *Let's wait until four o'clock this afternoon to go to play tennis.* /你～明天晌午,来找我一下吧! Nǐ ～ míngtiān shǎngwǔ, lái zhǎo wǒ yíxià ba! *Wait till tomorrow noon, then come and see me.*

【赶超】gǎnchāo（动）赶上并超过 *catch up and surpass*:～先

进 ～ xiānjìn *catch up and overtake those who are advanced*

【赶车】gǎn = chē 驾御（马、牛等牲畜拉的）车 *drive a cart*

【赶集】gǎn = jí 到农村集市上去买东西或卖东西 *go to the village fair*

【赶脚】gǎn = jiǎo 旧时指赶着驴或骡子替人运东西或供人骑用 *in the olden days it referred to the driver of a mule or donkey which was used to transport people or goods*：他以前赶过几年脚，会喂牲口。Tā yǐqián gǎnguo jǐ nián jiǎo，huì wèi shēngkou. *He used to drive draft animals so he knows how to feed them.*

【赶紧】gǎnjǐn（副）(1)在叙述句中表示主观要使动作加速 *(used in a declarative sentence to indicate that one wants to speed up the action)lose no time; hasten*：潮水涌来，小明一跑上岸。Cháoshuǐ yǒnglái, Xiǎo Míng — pǎoshàng àn. *The tide came rushing in and Xiao Ming hastened onto shore.*／听说有客人来了，他～跑回自家来。Tīng shuō yǒu kèrén lái le, tā — pǎo huí jiā lái. *He hurried home when he heard that some people called.*／快下雨了，大家一把麦子都盖好了。Kuài xià yǔ le, dàjiā — bǎ màizi dōu gàihǎo le. *It was going to rain. We hurried up and covered all the wheat.* (2)在祈使句中表示催促（别人加速或及早行动）*(used in an imperative sentence indicating to hurry sb. up)*：～走吧，要不就晚了。— zǒu ba, yàobù jiù wǎn le. *Hurry up and go, or we'll be late.*／一干，干完了好早点儿回去。— gàn, gànwánle hǎo zǎo diǎnr huíqu. *Hurry up and do it. Once you've finished, you can go back early.*／你的长途电话，～去接吧!Nǐ de chángtú diànhuà, — qù jiē ba! *Hurry up and answer your long-distance call!*

【赶尽杀绝】gǎn jìn shā jué 消灭干净。形容对人刻毒，不留余地 *spare none; be ruthless*

【赶快】gǎnkuài（副）(1)在叙述句中，同"赶紧"gǎnjǐn(1) *(used in a declarative sentence)same as "赶紧" gǎnjǐn(1)*：要想不误车，必须～走。Yào xiǎng bú wù chē, bìxū — zǒu. *You must hurry if you don't want to miss the bus.*／我～追上去同他说了几句。Wǒ — zhuī shangqu tóng tā shuōle jǐ jù. *I hastened to catch up with him so that I could say a few words to him.*／我得～去学校一趟。Wǒ děi — qù xuéxiào yí tàng. *I have to make a trip to the school in a hurry.* (2)在祈使句中同"赶紧"gǎnjǐn(2) *(used in an imperative sentence)same as "赶紧" gǎnjǐn(2)*：这鱼臭了，你～把它扔出去。Zhè yú chòu le, nǐ — bǎ tā rēng chūqu. *This fish stinks. Throw it out right now.*／咱们～走吧，别误了班机。Zánmen — zǒu ba, bié wùle bānjī. *Let's hurry up and go, or we'll miss the flight.*

【赶浪头】gǎn làngtou（贬）紧跟潮流，做一些适应当前形势的事 *follow the trend*

【赶路】gǎn = lù 加快行路的速度，可指步行也可利用交通工具 *hurry on with one's journey*：为了～，我们只能在这里休息十分钟。Wèile —, wǒmen zhǐ néng zài zhèli xiūxi shí fēnzhōng. *We have to get on with our journey, so we can only rest for ten minutes here.*／赶了一天的路，他到家时十分疲倦。Gǎnle yì tiān de lù, tā dào jiā shí shífēn píjuàn. *He was dog-tired when he got home after a day's hard journey.*

【赶忙】gǎnmáng（副）用于叙述句中，表示主观上加速行动，不能用于祈使句，也不能表示未然 *hurriedly; hastily (used in a statement; cannot be used in an imperative sentence, nor can it be used to express that which has not become an established fact)*：听见有人喊，我～跑了出去。Tīngjiàn yǒu rén hǎn, wǒ — pǎole chūqù. *I hastily ran out when I heard someone yelling.*／小老鼠听到猫叫～溜了。Xiǎo lǎoshǔ tīngdào māo jiào — liù le. *The mouse hurried off when it heard a cat-mewing.*

【赶明儿】gǎnmíngr（副）有"以后"、"将来"的意思，多指比明天更往后的不准确的时间 *one of these days*：～你长大了，

愿不愿意当飞行员？～ nǐ zhǎngdàle yuàn bu yuànyì dāng fēixíngyuán? *One of these days when you're grown up, do you want to be a pilot?*／他～再来的时候，你叫他把住址留下来。Tā — zài lái de shíhou, nǐ jiào tā bǎ zhùzhǐ liú xialai. *When he comes again one of these days, get him to leave his address.*／我～找个时间约他来谈谈吧。Wǒ — zhǎo ge shíjiān yuē tā lái tántan ba. *One of these days I will find time to ask him over for a chat.*

【赶巧】gǎnqiǎo（副）〈口〉凑巧，恰巧 *happen to; it so happened that*：我去车站送人，～碰上了张云。Wǒ qù chēzhàn sòng rén, — pèngshangle Zhāng Yún. *I happened to meet Zhang Yun when I went to the station to see someone off.*／他来的时候，～我不在家。Tā lái de shíhou, — wǒ bú zài jiā. *It so happened that I was not at home when he came.*

【赶任务】gǎn rènwu 为完成一定的任务而加快行动 *get one's work done quickly*：会场今晚一定要布置好，请你们加个班赶任务。Huìchǎng jīn wǎn yídìng yào bùzhì hǎo, qǐng nǐmen jiā ge bān gǎngǎn rènwu. *The arrangement of the conference hall should be finished tonight. Please work overtime to get it done.*

【赶时髦】gǎn shímáo 迎合某个时期流行的风尚 *follow the fashion*：这种样式的服装很快就会过时，你何必～? Zhè zhǒng yàngshi de fúzhuāng hěn kuài jiù huì guò shí, nǐ hébì —? *These clothes will be out of date soon. Why do you want to follow the fashion?*

【赶鸭子上架】gǎn yāzi shàng jià *force sb. to do something which is clearly beyond his capability*：我哪儿会写诗呀，他们非让我写，真是～。Wǒ nǎr huì xiě shī a, tāmen fēi ràng wǒ xiě, zhēn shì —. *I know nothing about writing a poem, but they keep insisting. It really is entirely beyond me.*

敢 gǎn

（助动）有勇气（做某事）*dare*：这个困难的任务，你～试试吗？Zhège kùnnan de rènwu, nǐ — shìshi ma? *Do you have the nerve to try this difficult task?*／那样的大场面，我可不～发言。Nàyàng de dà chǎngmiàn, wǒ kě bù — fā yán. *I don't have the nerve to speak at such a big occasion.*

【敢情】gǎnqíng（副）〈口〉(1)表示发现原先不知道的事实，意思相当于"原来" *(indicates that one notices a fact that one has not known before; similar in meaning to "原来")so; why; I say*：我以为来了什么贵客呢，～是你呀! Wǒ yǐwéi láile shénme guìkè ne, — shì nǐ ya! *Oh, it's you.*／我说他为什么没来呢，～不知道今天开会呀! Wǒ shuō tā wèi shénme méi lái ne, — bù zhīdào jīntiān kāi huì ya! *I thought it strange that he didn't know about the meeting today!* (2)"当然"、"自然"的意思，可单独用 *of course; naturally; indeed; really (may sometimes be used alone)*：你肯帮忙，那～好。Nǐ kěn bāng máng, nà — hǎo. *You're willing to help. That'll be really wonderful!*／他们家四口人都有工作，～日子好过。Tāmen jiā sì kǒu rén dōu yǒu gōngzuò, — rizi hǎo guò. *All four in their family have work, so they naturally lead a comfortable life.*／今年春节过得热闹吧？——～!Jīnnián Chūnjié guò de rènào ba? ——～! *Did you have fun during the Spring Festival this year? —— Of course!*

【敢死队】gǎnsǐduì（名）〈军职〉为完成艰巨的、很可能牺牲生命的任务而组成的先锋队伍 *dare-to-die corps*

【敢于】gǎnyú（动）〈书〉有决心、有勇气（去做），后面常常是非单音的动词或结构 *dare to; have the courage to; be bold in (usu. followed by a non-monosyllabic verb or a structure)*：～斗争 — dòuzhēng *dare to struggle*／提出不同的意见 — tíchū bù tóng de yìjiàn *have the courage to give a differing opinion*／承担责任 — chéngdān zérèn *have the courage to take the responsibility*

【敢字当头】gǎn zì dāng tóu 形容遇事有勇气，不畏缩，认为有勇气是最重要的 put daring about all else：对这件棘手的工作，我们要～，认真对待。Duì zhè jiàn jìshǒu de gōngzuò, wǒmen yào ～, rènzhēn duìdài. We should be careful and daring in tackling this knotty problem.

感 gǎn
（动）◇觉得 feel, sense：深～不安 shēn ～ bù'ān feel very uneasy

【感触】gǎnchù（名）遇到一些人或事物而有所触动的思想情绪 thoughts and feelings aroused by what one sees or encounters：他完全靠自学成材，回想自己走过的路，很有～。Tā wánquán kào zìxué chéng cái, huíxiǎng zìjǐ zǒuguo de lù, hěn yǒu ～. He is a self-made man and when he reminisces about his past life he has many thoughts and feelings. /他看到十年前自己亲手栽的树已经长成，～很深。Tā kàndào shí nián qián zìjǐ qīnshǒu zāi de shù yǐjīng zhǎngchéng, ～ hěn shēn. On seeing the trees which he planted ten years ago grow into mature timber he has a lot of thoughts. /这篇文章不过写出了自己对这件小事的一点儿～。Zhè piān wénzhāng búguò xiěchūle zìjǐ duì zhè jiàn xiǎo shì de yìdiǎnr ～. This article merely recorded my feelings on this trivial matter.

【感到】gǎndào（动）觉得 feel：～光荣 ～ guāngróng feel honoured /～很不光彩 ～ hěn bù guāngcǎi feel very disgraceful /～遗憾 ～ yíhàn feel regretful /～不安 ～ bù'ān feel uneasy /～不舒服 ～ bù shūfu feel uncomfortable

【感动】gǎndòng（动）受外界影响而情绪激动、产生同情等，或使他人如此 move; touch：他的忘我精神深深地～了大家。Tā de wàng wǒ jīngshén shēnshēn de ～le dàjiā. His selfless spirit moved the others deeply. /她～得流下了眼泪。Tā ～ de liúxiàle yǎnlèi. She was moved to tears.

【感恩】gǎn＝ēn 对别人给予的恩惠心中感激 feel grateful; be thankful：您的建议和帮助挽救了我们厂，我们实在～不尽。Nín de jiànyì hé bāngzhù wǎnjiùle wǒmen chǎng, wǒmen shízài ～ bú jìn. We are really grateful for your advice and help in saving our factory.

【感恩戴德】gǎn ēn dài dé 感激承受了别人的恩德。现多用于讽刺 be grateful for favours bestowed on one：你受到那个人的赏识，自然是～啦！Nǐ shòudào nàge rén de shǎngshí, zìrán shì ～ la! You naturally feel grateful, because you are appreciated by that person.

【感奋】gǎnfèn（动·不及物）〈书〉由于感动或感激而发奋或兴奋 be moved and inspired; be fired with enthusiasm

【感官】gǎnguān（名）感觉器官的简称 sense organ; sensory organ

【感光】gǎn＝guāng exposed to light

【感化】gǎnhuà（动）通过劝告、教育或行动影响别人，使他的思想行为逐渐向好的方面变化 help (a misguided or erring person) to change by persuasion, setting an example, etc.：对这个失足青年，要进行教育，设法～。Duì zhège shīzú qīngnián, yào jìnxíng jiàoyù, shèfǎ ～. We should try and help this young juvenile delinquent get back on the right track.

【感激】gǎnjī（动）对于他人的好意或帮助，有所激动或产生好感 feel grateful; feel indebted：～万分 ～ wànfēn feel extremely indebted /得到你们的帮助，我十分～。Dédào nǐmen de bāngzhù, wǒ shífēn ～. I am extremely grateful for your help.

【感激涕零】gǎnjī tì líng 感激得掉下眼泪。现在有时用于讽刺 shed grateful tears; be moved to tears of gratitude; (sometimes used sarcastically)：为一点小事，他谢了又谢，～，倒让人觉得虚伪了。Wèi yìdiǎnr xiǎo shì, tā xiè le yòu xiè, ～, dào ràng rén juéde xūwěi le. By thanking us over

and over again for such a trivial thing, his gratitude gave us the feeling that he was really hypocritical.

【感觉】gǎnjué（动）（1）产生（某种感觉）feel; perceive; sense：～有点儿冷 ～ yǒudiǎnr lěng feel a little cold /～腿酸 ～ tuǐ suān feel a sore in one's leg（2）觉得，认为 feel; perceive; think：同志们都～他很热情。Tóngzhìmen dōu ～ tā hěn rèqíng. All his comrades think he is very warm and friendly.（名）feeling; sense perception; sensation：看到儿子有了成就，心里充满幸福的～。Kàndào érzi yǒule chéngjiù, xīnli chōngmǎn xìngfú de ～. Seeing that his son has been a success makes him feel extremely happy. /针灸的时候，你应该有麻的～。Zhēnjiǔ de shíhou, nǐ yīnggāi yǒu má de ～. You should feel a tingling sensation when you have acupuncture.

【感觉器官】gǎnjué qìguān sense organ

【感慨】gǎnkǎi（动）（看到、接触人或物）产生感触和感叹：看着一片碧绿的葡萄园，想起原来的沼泽地，老张真是～万分。Kànzhe yí piàn bìlù de pútao yuán, xiǎngqǐ yuánlái de zhǎozé dì, Lǎo Zhāng zhēn shì ～ wànfēn. Looking at the vast green vineyard and thinking of the original swamp, Lao Zhang was extremely moved by the immensity of the change. /这位老运动员无限～地说：“我儿子都成了足球教练了，我怎么能不老呢！”Zhè wèi lǎo yùndòngyuán wúxiàn ～ de shuō: "Wǒ érzi dōu chéngle zúqiú jiàoliàn le, wǒ zěnme néng bù lǎo ne!" This old athlete sighed nostalgically and said: "How can I not grow old; My son has now become a soccer coach!"

【感冒】gǎnmào（名）cold：他得了～。Tā déle ～. He caught a cold.（动）患这种病 catch cold：她～了。Tā ～ le. She has come down with flu. /天气变化太快，小心～! Tiānqì biànhuà tài kuài, xiǎoxīn ～! The weather is rather changeable. Be careful not to catch a cold.

【感情】gǎnqíng（名）（1）对人或事物的较强的情绪反应 feelings; emotions; sentiments：这次他真动了～。Zhè cì tā zhēn dòngle ～. He is really carried away by his emotions this time. /老王轻易不流露他的～。Lǎo Wáng qīngyì bù liúlù tā de ～. Lao Wang does not easily reveal his feelings. （2）对人或事物的关心或喜爱 affection; love; attachment：他和她慢慢有了～。Tā hé tā mànmàn yǒule ～. He and she are gradually developing an attachment for each other. /他虽然不搞体育了，但对这一行还有～。Tā suīrán bù gǎo tǐyù le, dàn duì zhè yì háng hái yǒu ～. Though he is no longer engaged in athletics, he still has a deep affection for it.

【感情用事】gǎnqíng yòng shì 没有深思熟虑，凭一时的喜怒处理（事情）be swayed by one's emotions; act impetuously：请你冷静地处理问题，可不能～呀! Qǐng nǐ lěngjìng de chúlǐ wèntí, kě bù néng ～ a! Please deal with the problem calmly and don't act impetuously.

【感染】gǎnrǎn（动）（1）infect：伤口～了。Shāngkǒu ～ le. The wound has become infected.（2）（通过作品、言行）（他人）有共同的思想感情 influence; infect; affect：他的欢乐情绪～了大家。Tā de huānlè qíngxù ～le dàjiā. His high spirits were infectious. /演员真切、生动的表演使观众受到～。Yǎnyuán zhēnqiè, shēngdòng de biǎoyǎn shǐ guānzhòng shòudào ～. The audience was affected by the actors' vivid and lively performance.

【感人】gǎnrén（形）使人感动 moving; touching：这个悲剧十分～。Zhège bēijù shífēn ～. This tragedy is very touching. /她的话多么～哪! Tā de huà duōme ～ na! How moving her speech is!

【感伤】gǎnshāng（形）因有所感触而悲伤，情绪低沉 sad; sorrowful; sentimental：她丈夫的遗著今天出版了，她看着书有些～。Tā zhàngfu de yízhù jīntiān chūbǎn le, tā

kànzhe shū yǒuxiē ～. *Her husband's posthumous work is published today, reading the book, she feels quite sentimental.*

【感受】gǎnshòu（名）生活实践中受到的影响和自己的体会 *impression; experience*：生活～ shēnghuó ～ *experiences of one's life* /请您谈谈您获奖后有什么～。Qǐng nín tántan nín huò jiǎng hòu yǒu shénme ～. *Would you please tell us how you feel after receiving the award?*（动）受到（感染、影响等）*be affected by*：～风寒 ～ fēnghán *catch cold* /～到家庭的温暖 ～ dào jiātíng de wēnnuǎn *to have experienced the warmth of the family*

【感叹】gǎntàn（动）有所感触而叹息 *sigh with feeling*

【感叹词】gǎntàncí（名）〈语〉也叫"叹词"，表示感叹或呼唤应答的声音的词，如"啊"、"哎"、"哎呀"、"哼"等 *interjection; exclamation*

【感叹号】gǎntànhào（名）标点符号"！"，表示一个感叹句完了 *exclamation mark*

【感叹句】gǎntànjù（名）〈语〉*exclamatory sentence*

【感想】gǎnxiǎng（名）由于客观事物引起的思想反应 *impressions; feelings; reflections; thoughts*：读完了这篇小说，我有不少～。Dúwánle zhè piān xiǎoshuō, wǒ yǒu bù shǎo ～. *I have a lot of thoughts after reading this novel.* /记者请他谈谈参加大会的～。Jìzhě qǐng tā tántan cānjiā dàhuì de ～. *The reporter asked him to talk about his impressions of the conference.*

【感谢】gǎnxiè（动）用言语、文字、行动表示感激或谢意 *thank; be grateful*：十分～ shífēn ～ *be extremely grateful* /表示～ biǎoshì ～ *express one's gratitude* /～各界对我们的展览会的支持！～ gè jiè duì wǒmen de zhǎnlǎnhuì de zhīchí. *We would like to thank people from all walks of life for supporting our exhibition.*

【感性】gǎnxìng（名）指属于感觉、知觉等心理活动的（跟"理性"相对）*perceptual（as opposite to "rational"）*：我对于这个问题接触不多，仅限于～认识，还很不深刻。Wǒ duìyú zhège wèntí jiēchù bù duō, jǐn xiànyú ～ rènshi, hái hěn bù shēnkè. *I am not familiar with this subject and have only a rather shallow perceptual knowledge of it.*

【感性认识】gǎnxìng rènshi 人们在实践的基础上，通过眼、耳、鼻、舌、身这五种官能获得的感觉和印象，是认识过程中的初级阶段 *perceptual knowledge*

【感应】gǎnyìng（动）(1)〈电〉*induction* (2)外界影响引起相应的感情或动作 *response; reaction; interaction*：这种小动物，～十分灵敏。Zhè zhǒng xiǎo dòngwù, ～ shífēn língmǐn. *These small animals have an extremely sensitive response.*

【感召】gǎnzhào（动）(政策、讲话等)使人思想上受到触动而有所觉悟 *be moving; inspire impel*：他受到了党的英大政策的～, 向法庭投案自首。Tā shòudàole kuāndà zhèngcè de ～, xiàng fǎtíng tóu àn zìshǒu. *Impelled by the policy of leniency, he turned himself in.*

【感召力】gǎnzhàolì（名）(政策、精神、讲话等所具有的)使人思想上受到触动而有所觉悟的力量 *impellent*：这位校长的讲话极富于～。Zhè wèi xiàozhǎng de jiǎnghuà jí fùyú ～. *The school master's speech is very impelling.*

橄 gǎn

【橄榄】gǎnlǎn（名）*olive*

【橄榄球】gǎnlǎnqiú（名）〈体〉*rugby; American football*

撼 gǎn

（动）*roll（dough, etc.）*：～饺子皮 ～ jiǎozi pí *roll out dumpling wrappers* /把面～成饼 bǎ miàn ～chéng bǐng *roll the dough into a pancake*

【擀面杖】gǎnmiànzhàng（名）*rolling pin*

gàn

干〔幹〕gàn

（动）作，从事。宾语比较有限，最常见的有"活儿"（多指体力劳动）、"什么"等 *do; work*：上午～了半天活儿。Shàngwǔ ～le bàntiān huór. *I worked the whole morning.* /你毕业以后想～什么? Nǐ bì yè yǐhòu xiǎng ～ shénme? *What do you plan to do when you graduate?* /他～什么像什么。Tā ～ shénme xiàng shénme. *He looks like an old hand in whatever he does.* /他整天闲着不～事儿。Tā zhěng tiān xiánzhe bú ～ shì. *He does nothing all day long.* 有时"干"的宾语指行业或职务，限于口语 *the object of "干" can be a profession in colloquial speech*：他是～体育的。Tā shì ～ tiyù de. *He is in athletics.* /你～的是哪一行? Nǐ ～ de shì nǎ yì háng? *What line of work are you in?* /～一行爱一行。～ yì háng ài yì háng. *He loves whatever work he does.* /他～过生产队长。Tā ～ guo shēngchǎnduìzhǎng. *He used to be a leader of a production brigade.* 还有些习惯搭配，宾语是固定的 *"干" often forms some set phrases*：～革命 ～ gémìng *wage a revolution* /～具体工作 ～ jùtǐ gōngzuò *do the concrete work* /～一番大事业 ～ yìfān dà shìyè *work for a great cause* 有时可不带宾语 *"干" sometimes can do without an object*：今天的定额你～完了吗?（不能说"～定额"）Jīntiān de dìng'é nǐ ～ wán le ma? *Have you finished today's quota?（one can't say "～定额"）* /你们不～，我们～! Nǐmen bú ～, wǒmen ～! *If you don't do it, we will.* /时间不早了, 大伙快～哪! Shíjiān bù zǎo le, dàhuǒr kuài ～ na! *Time is running out. Let's hurry up.*（名）◇(1)事物的主体或重要部分 *the main part of sth.*：～流 ～ liú *mainstream; trunk stream* /树～ shù ～ *trunk* /这棵树的～不直。Zhè kē shù de ～ bù zhí. *The trunk of this tree is not straight.* (2)"干部"的简称 *short for "干部"*：～群关系 ～ qún guānxi *the relationship between masses and cadres* 另见 gān

【干部】gànbù（名）(1)国家机关、军队、人民团体中的公职人员（士兵、勤杂人员除外）*cadre* (2)指担任一定的领导工作或管理工作的人员 *official; cadre*：企业管理～ business administrator /他当了大～。Tā dāngle dà ～. *He's become a big shot.*

【干才】gàncái（名）(1)办事的才能 *ability; capability*：他很果断，脑子快，有些～。Tā hěn guǒduàn, nǎozi kuài, yǒu xiē ～. *He's decisive, ingenious and capable.* (2)有办事才能的人 *able/capable person*：他是个搞商业的～。Tā shì ge gǎo shāngyè de ～. *He's a very able business person.*

【干掉】gàndiào（动）〈口〉杀死 *kill; get rid of; put sb. out of the way*

【干活】gàn＝huó（～儿）作体力或脑力工作，以前者为多 *work; do manual labour*：他干了一天木工活儿。Tā gànle yìtiān mùgōng huór. *He's been doing carpentry the whole day.* /夫妇俩都得干家务活儿。Fūfù liǎ dōu děi gàn jiāwù huór. *Both husband and wife should do the housework.* /由于身体不好，两个星期没～了。Yóuyú shēntǐ bù hǎo, liǎng ge xīngqī méi ～ le. *Owing to poor health, he's not working for two weeks.*

【干将】gànjiàng（名）能干的人，敢干的人 *capable person; go-getter*：小王聪明有为，身体又好，是我们单位的一员～。Xiǎo Wáng cōngmíng yǒuwéi, shēntǐ yòu hǎo, shì wǒmen dānwèi de yì yuán ～. *Xiao Wang is intelligent and fit and is a key worker in our unit.*

【干劲】gànjìn（名）(～儿)学习、工作等的劲头 *vigour; drive; energy; enthusiasm*：～十足 ～ shízú *be full of vigour* /很有～ hěn yǒu ～ *with great enthusiasm* /～不足 ～ bù zú *lack of enthusiasm* /鼓足～ gǔzú ～ *rouse one's enthusiasm*

【干警】gànjǐng（名）公安机关的干部和警察的合称 *security officer；cadres and policemen in an unit of public security*

【干练】gànliàn（形）办事能力强，又有经验 *capable and experienced*：办事～ *bàn shì ~ work in a capable manner* /他是一位～的企业管理干部。*Tā shì yí wèi ~ de qǐyè guǎnlǐ gànbù. He is a capable and experienced business management cadre.*

【干吗】gàn má〈口〉(1)同"做什么" zuò shénme *same as "做什么" zuò shénme*：今天下午咱们～? *Jīntiān xiàwǔ zánmen ~ ? What are we going to do this afternoon?* /他是～的? *Tā shì ~ de? What does he do?* /先～后～要安排好。*Xiān ~ hòu ~ yào ānpái hǎo. We have to settle what we are going to do first, and what next.* (2)同"为什么" wèi shénme. 不能用于询问客观事物的道理 *why/what on earth；whatever for*：你～起得这么早? *Nǐ ~ qǐ de zhème zǎo? Why on earth are you up so early?* /你～动不动就训人?*Nǐ ~ dòngbudòng jiù xùn rén? Why do you always reprimand the others?*

【干渠】gànqú（名）[条 tiáo]从水源引水的主要的渠道 *main canal；trunk canal*

【干事】gànshi（名）(1)一些机关中专门负责某项具体事务的低级工作人员 *basic level cadre in charge of sth.*：文体～ *wéntǐ ~ person in charge of recreational activities* /宣传～ *xuānchuán ~ person in charge of publicity* /人事～ *rénshì ~ person in charge of personnel* (2)军队中负责政治工作的基层干部 *a cadre in charge of political affairs (of PLA)*

【干线】gànxiàn（名）交通线、电线、输送油、水、气等的管道的主要线路（和"支线"相对）*trunk line；main line；artery*：铁路～ *tiělù ~ an arterial railway* /交通～ *jiāotōng ~ main lines of communication*

【干校】gànxiào（名）"干部学校"的简称 *short for "干部学校"*：政法～ *zhèngfǎ ~ cadre school of political science and law* /石油～ *shíyóu ~ cadre school of oil industry*

【干休所】gànxiūsuǒ（名）干部休养所的简称，一般是供离休、退休、老弱病残干部休息疗养的地方 *short for "干部休养所"*

gāng

刚〔剛〕gāng
（形）◇硬（与"柔"相对），常指方式、方法、战术或性格等抽象事物 *firm；strong；indomitable (opposite to 柔)*：以柔克～ *yǐ róu kè ~ hardness succumbs to gentleness* /处理这种事必须～柔相济，既要果断又要细致、耐心。*Chǔlǐ zhè zhǒng shì bìxū ~ róu xiāng jì, jì yào guǒduàn yòu yào xìzhì, nàixīn. It is necessary to be both tough and flexible and decisive and patient in handling this matter.* /这个人性子太～，是宁折不弯的。*Zhège rén xìngzi tài ~, shì nìng shé bù wān de. He is unyielding and never gives in.* （副）(1)表示某一动作或情况在说话前不久发生。可修饰否定形式 *only a short while ago；just*：他～吃过晚饭。*Tā ~ chīguò wǎnfàn. He just had supper.* /他～下火车，还没找到住处呢。*Tā ~ xià huǒchē, hái méi zhǎodào zhùchu ne. He has just got off the train and hasn't found a place to stay yet.* /街上～平静下来。*Jiēshang ~ píngjìng xiàlai. The streets have just quieted down.* /前几天还32℃呢!这两天～不热了。*Qián jǐ tiān hái 32℃ ne! Zhè liǎng tiān ~ bú rè le. A few days ago it was 32℃! It just turned cool these past few days.* /他～不生气了，你可别再惹他。*Tā ~ bù shēng qì le, nǐ kě bié zài rě tā. He just cooled off. Don't provoke him.* (2)用在复句的前一分句表示另一动作或状态紧接前一动作或状态发生。后面常有"就、又"呼应。也可说"刚一……"*(used in the first clause of a sentence of two or more clauses to indicate that another action or situation oc-* curs immediately after the one in the first clause；often followed by "就"，"又" etc.；"刚一…" can also be said) *just*；*as soon as*：她～进门就开始做饭。*Tā ~ jìn mén jiù kāishǐ zuò fàn. She started to cook as soon as she walked in the door.* /月亮～升起来又被乌云遮住了。*Yuèliang ~ shēng qǐlai yòu bèi wūyún zhēzhù le. The moon had just risen when it was covered by dark clouds.* /他～一合眼就睡熟了。*Tā ~ yì hé yǎn jiù shuìshú le. As soon as he closed his eyes he fell asleep.* (3)表示勉强达到一定数量或某种程度。*(indicates that a specified amount or a certain degree is barely reached) just；barely*：这块布～够做两件衬衣。*Zhè kuài bù ~ gòu zuò liǎng jiàn chènyī. There was just enough of this material to make two undershirts.* /这棵树的高矮粗细～够标准。*Zhè kē shù de gāo'ǎi cūxì ~ gòu biāozhǔn. The height and thickness of this tree just meets the standard.* /这屋子～能坐下三十个人。*Zhè wūzi ~ néng zuòxia sānshí ge rén. This room seats barely thirty people.* /这孩子～到入学年龄。*Zhè háizi ~ dào rù xué niánlíng. This child has just reached school age.* (4)表示事物数量少，时间短、程度低，有"才""只"的意思 *(indicates a small amount, a short time, or a low degree. has the same meaning as "才" and "只") barely；only just*：他～上大学二年级。*Tā ~ shàng dàxué èr niánjí. He has only just started his second year of university.* /我～做完两道题，还有三道呢! *Wǒ ~ zuòwán liǎng dào tí, hái yǒu sān dào ne! I've barely finished two questions. I still have three left!* /我来北京～两年。*Wǒ lái Běijīng ~ liǎng nián. I've been in Beijing barely two years.*

【刚愎自用】gāngbì zì yòng 固执任性，自以为是，独断专行 *self-willed；opinionated and dogmatic；headstrong*：这位部长～，听不得不同意见。*Zhè wèi bùzhǎng ~, tīng bu de bù tóng yìjiàn. This minister is self-willed. He won't listen to any different opinions.*

【刚才】gāngcái（名）指说话前不久的那段时间 *just now*：～是休息时间，现在是工作时间。*~ shì xiūxi shíjiān, xiànzài shì gōngzuò shíjiān. A moment ago it was time to rest, but now it is time to work.* /那个电话是谁打来的? *~ nàge diànhuà shì shuí dǎlai de? Who called just now?* /有个人给你送来两瓶酒。*~ yǒu ge rén gěi nǐ sònglai liǎng píng jiǔ. A moment ago, someone sent you two bottles of wine.* /他～讲的我都同意。*Tā ~ jiǎng de wǒ dōu tóngyì. I agree with what he said just now.*

【刚刚】gānggāng（副）与"刚"基本相同。但"刚刚"更强调时间间隔短促或勉强达到某种程度。*(basically the same as "刚" gāng, but "刚刚" emphasizes even more the shortness of time or that a certain degree is barely reached)* (1)同"刚"gāng (1) *same as "刚" gāng (1)*：我～收到他的信，现在还在看。*Wǒ ~ shōudào tā de xìn, xiànzài hái zài kàn. I have just received his letter and am still reading it.* /会议～散，场里的人还没走完呢。*Huìyì ~ sàn, chǎng li de rén hái méi zǒuwán ne. The meeting just ended. Not everyone has left the hall yet.* (2)同"刚"gāng (2) *same as "刚" gāng (2)*：你怎么～来就要走? *Nǐ zěnme ~ lái jiù yào zǒu? Why are you leaving when you just got here?* /她～出院，又病了。*Tā ~ chū yuàn, yòu bìng le. No sooner had she left the hospital than she fell ill again.* /我～关上门就有人敲门。*Wǒ ~ guānshàng mén jiù yǒu rén qiāo mén. No sooner had I closed the door than somebody knocked.* (3)同"刚"gāng (3) *same as "刚" gāng (3)*：这些菜～够两个人吃的。*Zhèxiē cài ~ gòu liǎng ge rén chī de. There is just enough food for two people.* /这次考试他的成绩不太好，～及格。*Zhè cì kǎoshì tā de chéngjì bú tài hǎo, ~ jí gé. He didn't get a very good mark on this exam. He barely passed.* /声音小得～能听到。*Shēngyīn xiǎo de ~ néng tīngdào. His voice was so low I could barely hear it.* (4)同"刚"gāng (4) *same*

as "刚" gāng（4）：你～四十多岁，怎么就说老啦！Nǐ ～ sìshí duō suì, zěnme jiù shuō lǎo la! *You've barely in your forties. How can you say you're old?* /这药我～吃了两天，还看不到什么效果。Zhè yào wǒ ～ chīle liǎng tiān, hái kàn bu dào shénme xiàoguǒ. *I've only been taking this medicine for two days, so you can't see any results yet.*

【刚好】gānghǎo（形·非定）正合适 *just right; exactly*：这衣服你穿着～,不肥也不瘦。Zhè yīfu nǐ chuānzhe ～, bù féi yě bú shòu. *This dress fits you just right — it's neither too big nor too small.* /我正有事找你,你来得～。Wǒ zhèng yǒu shì zhǎo nǐ, nǐ lái de ～. *I was just looking for you — you came just in time.*（副）（1）同"正好"zhènghǎo（副）（1）,表示两件事或两种情况巧合 *same as* "正好" zhènghǎo（副）（1）; *happen to; chance to; as it happens*：我们到车站时,～火车也进了站。Wǒmen dào chēzhàn shí, ～ huǒchē yě jìnle zhàn. *As it happens, the train was just coming in when we reached the station.* /～他家对面有个商店,我们就去买了啤酒。～ tā jiā duìmiàn yǒu ge shāngdiàn, wǒmen jiù qù mǎile píjiǔ. *There happened to be a shop across the street from his home, so we went there to buy some beer.*（2）同"正好"zhènghǎo（副）（2）,不多不少正是某数目,或完全合适 *same as* "正好" zhènghǎo（副）（2）; *just; exactly*：他的体重～五十公斤。Tā de tǐzhòng ～ wǔshí gōngjīn. *He weighs exactly 50 kilograms.* /这件衣服不大不小,你穿着～合身。Zhè jiàn yīfu bú dà bù xiǎo, nǐ chuānzhe ～ hé shēn. *This jacket is neither too big nor too small, but fits you just right.* /这辆车一装三吨水泥。Zhè liàng chē ～ zhuāng sān dūn shuǐní. *This lorry holds exactly three tons of cement.*

【刚健】gāngjiàn（形）坚强有力（多指性格、风格、姿态等）*vigorous; energetic; robust*

【刚劲】gāngjìng（形）有力,多形容姿态、风格等 *vigorous; sturdy; bold*：看这笔字多么～挺拔！Kàn zhè bǐ zì duōme ～ tíngbá! *Look, how bold and straight this handwriting is!* /大石边挺立着一株～的松树。Dà shí biān tǐnglìzhe yì zhū ～ de sōngshù. *Beside the big rock stands a sturdy pine tree.* /这幅《梅竹图》风格～。Zhè fú《Méi Zhú Tú》fēnggé ～. *This "Plum and Bamboo" painting has a vigourous style.*

【刚强】gāngqiáng（形）刚直坚强,多形容意志、性格等 *firm; staunch; unyielding*：这小伙子性情真～,受了伤还坚持打退了敌人。Zhè xiǎohuǒzi xìngqíng zhēn ～, shòule shāng hái jiānchí dǎtuìle dírén. *This young man is really staunch. He repelled the enemy even when he was wounded.*

【刚巧】gāngqiǎo（副）同"刚好"gānghǎo（副）*same as* "刚好" gānghǎo（副）*happen to; it so happened that*：我～带了一百块钱,你拿去吧。Wǒ ～ dàile yìbǎi kuài qián, nǐ náqù ba. *I happen to have one hundred yuan on me. You can take it.* /我们俩～分在一个班。Wǒmen liǎ ～ fēn zài yí ge bān. *It so happens that we have been assigned to the same class.*

【刚毅】gāngyì（形）刚强坚毅,多形容意志和性格 *resolute and steadfast*：一个残疾青年没有～的性格怎么能自学成才？Yí ge cánjí qīngnián méi yǒu ～ de xìnggé zěnme néng zìxué chéng cái? *How could a handicapped youth teach himself to become a useful person without being resolute and steadfast?*

【刚直】gāngzhí（形）刚强正直 *upright and outspoken*：～的性格 ～ de xìnggé *an upright and outspoken character* /这位老画家为人～,就像他画的竹子一样,宁折不弯。Zhè wèi lǎo huàjiā wéirén ～, jiù xiàng tā huà de zhúzi yíyàng, nìng shé bù wān. *This old painter, like the bamboo he paints; never submits.*

肛 gāng
（名）*anus*

【肛门】gāngmén（名）*anus*

纲 〔綱〕gāng
（名）（1）提网的总绳,总用来比喻事物的主要部分 *the head rope of a net; key link; guiding principle; outline*：这本图书目录～、目清楚,查阅方便。Zhè běn túshū mùlù ～, mù qīngchu, cháyuè fāngbiàn. *The headings and entries in this library catalogue are very clear and it's very easy to use.* /那本汉语教科书是以语法为～编写的。Nà běn Hànyǔ jiàokēshū shì yǐ yǔfǎ wéi ～ biānxiě de. *The guiding principle in compiling that Chinese text book was that it should illustrate grammadical points.*（2）〈生〉*class* (*e. g. fish; birds; and mammals are all classes within the subphylum "vertebrates".*)

【纲纪】gāngjì（名）〈书〉国家的法纪,社会的秩序 *the law of a nation; the order of society*

【纲举目张】gāng jǔ mù zhāng 纲,网上的总绳,比喻事物的主要部分；目,网上的眼,比喻事物的从属部分。提起网的总绳,所有的网眼就都张开了。比喻抓住事物的主要环节,就可以带动次要部分。也比喻条理分明 "*After you nail down the main items, the details will fall into place.*"：先把这个科研计划的几个大项目定下来,～,小项目就好定了。Xiān bǎ zhège kēyán jìhuà de jǐ ge dà xiàngmù dìng xiàlai, ～, xiǎo xiàngmù jiù hǎo dìng le. *We should first make a decision on the big items in this scientific research project, once it is done, the small ones will be easy to handle.*

【纲领】gānglǐng（名）（1）政府、政党、社团等根据自己在一定时期内的任务而规定的奋斗目标和行动步骤 *program; guiding principle; guideline*：《共同～》《Gòngtóng ～》*common guiding principle*（2）泛指起指导作用的原则 *guiding principle; general outline*：制订行动 ～ zhìdìng ～ *draft a guiding principle of action* /这是指导我们最近各项工作的～性文件。Zhè shì zhǐdǎo wǒmen zuìjìn gè xiàng gōngzuò de ～xìng wénjiàn. *This is a programmatic document to guide all of our recent work.*

【纲目】gāngmù（名）大纲和细目,常用于文件、书籍 *detailed outline*：拟一个调查～ nǐ yí ge diàochá ～ *draw a detailed outline for an investigation* /这份《学院三年发展规划》已经有了～,还不够详细。Zhè fèn《Xuéyuàn Sān Nián Fāzhǎn Guīhuà》yǐjīng yǒule ～, hái bú gòu xiángxì. *We've already got an outline for the Three-Year Development Program of our college, and we need go into details.* /《本草～》《Běncǎo ～》*The Compendium of Materia Medica*

【纲要】gāngyào（名）（1）概要,多作书名和文件名 *outline; sketch; essentials*：《普通语音学》《Pǔtōng Yǔyīnxué ～》*The Essentials of General Phonetics*（2）提纲,较一般提纲为正式 *program; outline*：制订～ zhìdìng ～ *formulate a program* /起草一个～ qǐcǎo yí ge ～ *lay down a program* /大会秘书处发表了几次会议讨论的～,征求各界的意见。Dàhuì mìshūchù fābiǎole jǐ cì huìyì tǎolùn de ～, zhēngqiú gè jiè de yìjiàn. *The secretariat of the congress had several editions of the conference summary published in order to solicit opinions from different sectors.*

钢 〔鋼〕gāng
（名）*steel*：炼～ liàn ～ *steelmaking* /鞍山市是中国的～都。Ānshān Shì shì Zhōngguó de ～dū. *The city of Anshan is the capital of China's steel industry.* /平炉正在出～。Pínglú zhèngzài chū ～. *The open-hearth furnace is tapping.*

【钢板】gāngbǎn（名）〔块 kuài〕（1）各种板状的钢材 *steel plate; plate*：轧～ zhá ～ *steel plate rolling* /切割～ qiēgē ～ *cut up steel plate*（2）汽车上使用的片状弹簧 *spring (of a motor car)*（3）誊写钢板的简称 *stencil steel board*：刻写～ kèxiě ～ *cut a stencil* /她正在刻～。Tā zhèngzài kè ～.

She's cutting a stencil.

【钢笔】gāngbǐ（名）［枝 zhī］笔头用金属制成的笔 *pen*；*fountain pen*；这个表格必须用～填写。Zhège biǎogé bìxū yòng ～ tiánxiě. *The chart is to be filled in with ink.*

【钢材】gāngcái（名）钢锭或钢坯经过轧制后的成品，如钢管、钢板、型钢等 *steel products*；*rolled steel*；*steels*；轧制～ zházhì ～ *steel rolling*

【钢锭】gāngdìng（名）*steel ingot*；浇铸～ jiāozhù ～ *to cast steel ingot*

【钢管】gāngguǎn（名）［根 gēn］*steel tube/pipe*

【钢轨】gāngguǐ（名）*rail*

【钢花】gānghuā（名）炼钢时溅出的烧红的钢水 *spray (or sparks) of molten steel*

【钢筋】gāngjīn（名）*reinforcing bar*

【钢精】gāngjīng（名）一般指制造日用器皿用的铝 *aluminium (as used for utensils)*；～锅 ～ guō *aluminium pan*

【钢盔】gāngkuī（名）［顶 dǐng］*helmet*

【钢钎】gāngqiān（名）*drill rod*；*drill steel*

【钢琴】gāngqín（名）［架 jià、台 tái］*piano*；弹～ tán ～ *play the piano*／～伴奏 ～ bànzòu *piano accompaniment*

【钢水】gāngshuǐ（名）*molten steel*

【钢丝】gāngsī（名）(steel) *wire*；～绳 ～ shéng *steel cable*；*wire rope*／～网 ～ wǎng *steel net*／走～ zǒu ～ *walk the wire*；*walk the tight rope*；*high-wire walking*

【钢铁】gāngtiě（名）(1)钢和铁的总称，有时专指钢 *steel*；*iron and steel*（2)比喻坚强 *firm*；～般的意志 ～ bān de yìzhì *iron will*／～战士 ～ zhànshì *a dauntless fighter*

【钢印】gāngyìn（名）(1)机关、团体、学校、企业等部门使用的产生凸出字迹的硬印 *steel seal*（2)用钢印盖出的凸出的印痕 *embossed stamp*

缸 gāng
（名）［口 kǒu］盛物的器具，底小口大，用陶、瓷、搪瓷、玻璃等烧制而成 *jar*；*big crock*；酒～ jiǔ ～ *wine jar*／金鱼～ jīnyú ～ *goldfish bowl*／玻璃～ bōli ～ *glass jar*／水～ shuǐ ～ *a jar of water*

【缸子】gāngzi（名）［口 kǒu］喝水或装糖用的大口器皿，形状像罐，有的有把儿 *jar*；*mug*

gǎng

岗 ［崗］gǎng
（名）(1)（～儿）高起的土坡 *hillock*；*mound*：黄土～ huángtǔ ～ *loess mound*／小～ xiǎo ～ *a small hillock*（2)岗哨 *sentry*；*post*：交通～ jiāotōng ～ *traffic control post*／～已经撤了。～ yǐjing chè le. *The sentry post has been withdrawn.*／这地方戒备森严，几乎是五步一哨，十步一～。Zhè dìfang jièbèi sēnyán, jīhū shì wǔ bù yí shào, shí bù yí ～. *This place has very tight security with guards and sentry posts all over.*／站好最后一班～（of one who is about to leave his job) continue working hard till the last minute*

【岗楼】gǎnglóu（名）碉堡的一种，上有枪眼，居高临下 *watch tower*

【岗哨】gǎngshào（名）(1)站岗放哨的处所 *lookout post*；*guard post*；*sentry post*（2)边界～ biānjiè ～ *guard post on the border*（2)站岗放哨的人 *sentinel*；*sentry*：部队每到一地，都要首先派出～。Bùduì měi dào yí dì, dōu yào shǒuxiān pàichū ～. *Whenever the troops arrived at a place, the first thing they did was to post sentries.*

【岗亭】gǎngtíng（名）为军警站岗而设立的亭子 *sentry box*；*police box*

【岗位】gǎngwèi（名）原指军警守卫的处所，现在泛指职守、职位、工作地点 *post*；*station*：他在教育～上已经工作了三十年。Tā zài jiàoyù ～ shang yǐjing gōngzuòle sānshí nián.

He's been working in education for thirty years.／坚守～，作好本职工作。Jiānshǒu ～, zuòhǎo běnzhí gōngzuò. *stick to one's job and do one's own work well*／售货亭就是我的～。Shòuhuòtíng jiù shì wǒ de ～. *This booth is my post.*

【岗位责任制】gǎngwèi zérènzhì 中国社会主义企业中，明确规定各种工作岗位的职责并对之进行监督检查的制度 *system of personal responsibility*

【岗子】gǎngzi（名）(1)高起的土坡 *mound*；*hillock*（2)平面上凸起的一长道 *ridge*；*wale*；*welt*

港 gǎng
（名）◇(1)港口 *port*；*harbour*：该国西海岸多良～。Gāi guó xī hǎi'àn duō liáng ～. *That country has many good harbours on the west coast.*／出～捕鱼 chū ～ bǔ yú *go and fish off the harbour*（2)特指香港 *(gang) short for Xianggang (Hong Kong)*：～省、～足球赛 shěng、～ zúqiú sài *a soccer match between Hong Kong and the Guangdong Province*／～澳同胞 ～ Ào tóngbāo *our compatriots in Xianggang (Hong Kong) and Aomen (Macao)*

【港币】gǎngbì（名）*HongKong currency*

【港口】gǎngkǒu（名）*port*；*harbour*

【港湾】gǎngwān（名）便于船只停泊的海湾，有一定设施 *harbour*

【港务】gǎngwù（名）有关港口的事务 *port routine*

gàng

杠 ［槓］gàng
（名）(1)(1)较粗的棍子 *thick stick*；*stout carrying pole*；*bar*：顶门的木～ dǐng mén de mù ～ *the thick stick used to bar the door*（2)(～儿)［道 dào］批改文字或阅读时作为标记所画的较粗直线 *thick line (drawn beside or under words in reading or correcting papers, etc.)*：老师把学生作文里的错误都用红～画出来了。Lǎoshi bǎ xuésheng zuòwén lǐ de cuòwu dōu yòng hóng ～ huà chulai le. *The teacher underlined all the mistakes with red ink in the students' composition exercise book.*

【杠杆】gànggǎn（名）〈物〉*lever*：这种工具很简单，是利用～原理制成的。Zhè zhǒng gōngjù hěn jiǎndān, shì lìyòng ～ yuánlǐ zhìchéng de. *This device is very simple. It's based upon the principle of the lever.*

【杠杠】gànggàng（名）(1)一道道的线 *lines*（2)指某些界限、规定 *demarcation line*；*guide line*；*limits*：招收新工人有年龄～，只要十八岁到二十五岁的。Zhāoshōu xīn gōngrén yǒu niánlíng ～, zhǐ yào shíbā suì dào èrshíwǔ suì de. *The age requirements for new workers is from eighteen to twenty five.*

【杠铃】gànglíng（名）〈体〉*barbell*

【杠子】gàngzi（名）(1)［根 gēn］较粗的棍子 *thick stick*；*bar*；*stout carrying pole*：木头～ mùtou ～ *wooden bar*／根～把这块大石头撬起来。Zhǎo gēn ～ bǎ zhè kuài dà shítou qiào qilai. *Go and find a thick stick to lever this big rock up.*（2)［道 dào］批改文字或阅读时作为标记所画的较粗的直线 *lines (drawn in reading or correcting)*：他看书总在一些重要的地方画些～。Tā kàn shū zǒng zài yìxiē zhòngyào de dìfang huà xiē ～. *He always underlines the important places while reading.*

gāo

高 gāo
（形）(1)tall*；*high* ①与"矮"相对（*opposite to "矮"*）：山～ shān ～ *high mountain*／～楼 ～ lóu *high building*／小张真～，快两米了吧！Xiǎo Zhāng zhēn ～, kuài liǎng mǐ le ba! *Xiao Zhang is really tall. He must be around two me-*

ters. /这堵墙大约有三米来～。Zhè dǔ qiáng dàyuē yǒu sān mǐ lái ～. This wall is about three meters high. /那棵树有多～? Nà kē shù yǒu duō ～? What's the height of that tree? ②与"低"相对（opposite to "低"）:这里地势～。Zhèli dìshì ～. The terrain here is high. /～空飞行 ～ kōng fēixíng high-altitude flight (2)等级或水平在"高"和"低"相对 advanced; superior（opposite to "低"）:～年级 ～ niánjí upper class (in a school) /～工资 ～ gōngzī high salary /级别～ jíbié ～ high rank (3)超过一般标准的,和"低"相对 above average; above normal（opposite to "低"）:～速度 ～ sùdù high speed /水平～ shuǐpíng ～ high standard; high level /体温～ tǐwēn ～ high body temperature /～标准,严要求～ biāozhǔn, yán yāoqiú high standards and strict requirements /价钱不算～. Jiàqián bú suàn ～. The price is not high. (4)◇高明 brilliant; superior:这主意真～。Zhè zhǔyì zhēn ～. What a brilliant idea! /见解比别人～。Jiànjiě bǐ biérén ～. His understanding of the matter is superior to that of the others. /那位师傅的手艺很～。Nà wèi shīfu de shǒuyì hěn ～. The skill of that craftsman is very high. (5)向上的 upward:热情很～。Rèqíng hěn ～. high enthusiasm /他今天情绪不～。Tā jīntiān qíngxù bù ～. He's in low spirits today. (名)◇高度 altitude; height:请你量一量这箱子的长、宽、～。Qǐng ní liáng yi liáng zhè xiāngzi de cháng、kuān、～. Please measure the length, width and height of this trunk.

【高矮】gāo'ǎi (名)（～儿）高矮的程度 height:这兄弟俩～差不多。Zhè xiōngdì liǎ ～ chà bù duō. The two brothers are about the same height. /你量一量这个柜子的～。Nǐ liáng yi liáng zhè ge guìzi de ～. Please measure the height of this cupboard.

【高昂】gāo'áng (形)〈书〉(1)（声音、情绪、气势等）向上。也可以说"高"（of spirits, mood, voice, etc.）high; elated; exalted:情绪～ qíngxù ～ high spirits /歌声越来越～。Gēshēng yuèláiyuè ～. The singing is becoming increasingly spirited. (2)昂贵。也可以说"高" expensive; costly; dear:价格～ jiàgé ～ The price is high. /取得这个经验教训,我们付出了～的代价。Qǔdé zhège jīngyàn jiàoxùn, wǒmen fùchūle ～ de dàijià. The cost of learning this lesson has been high. (动)高高地抬起（头）hold high（one's head etc.）:他们挺直了胸,～着头,齐步走过检阅台。Tāmen tǐngzhíle xiōng,～zhe tóu, qí bù zǒuguò jiǎnyuètái. They marched through the reviewing stand with their chests thrown out and heads held high.

【高傲】gāo'ào (形)极其骄傲,自以为是,自视很高,有时含有"清高"成分 arrogant; haughty; supercilious:哼,他这么年轻,却目中无人,太～了! Hng, tā zhème niánqīng, què mù zhōng wú rén, tài ～ le! The way he looks down on others is just too arrogant for such a young person.

【高不成,低不就】gāo bù chéng, dī bù jiù 标准或条件高的得不到或做不到,标准或条件低的又不愿意或不肯做,常指选择婚姻对象或职业 be unfit for a higher post but unwilling to take a lower one; can't have one's heart's desire but won't stoop to less:他～,都三十五岁了,还没对象。Tā ～, dōu sānshíwǔ suì le, hái méi duìxiàng. He's already thirty-five years old but he still does not have a fiancee yet because he can't have his heart's desire and accept second best.

【高不可攀】gāo bù kě pān 高得没法攀登,形容难以达到（标准等）too high to reach; too difficult to obtain:这项考核标准订得不切实际,大家都觉得～。Zhè xiàng kǎohé biāozhǔn dìng de bú qiè shíjì, dàjiā dōu juéde ～. The standard for this test is set unreasonably high. All of us think that it is too difficult to meet. /这个科研项目是不容易完成的,但也不是～的。Zhège kēyán xiàngmù shì bù róngyì wánchéng de, dàn yě bú shì ～ de. This research project is not easy to accomplish, but it is not unattainable either.

【高才生】gāocáishēng (名)指成绩优异的学生 a brilliant (or outstanding) student

【高材生】gāocáishēng (名)同"高才生" gāocáishēng same as "高才生" gāocáishēng

【高产】gāochǎn (名)超过一般标准的产量 high yield; high production;～ duō ～ strive for high yield /～低消耗 ～ dī xiāohào high production with low cost

【高产作物】gāochǎn zuòwù 产量很高的农作物 high-yield crops

【高唱】gāochàng (动)高声歌唱 sing loudly; sing with spirit

【高超】gāochāo (形)好得超过一般水平的,多指技艺、见解等 superb; excellent; exquisite:～的见解 ～ de jiànjiě excellent opinion /技术～ jìshù ～ superb skill /他的棋艺～,连胜几位名手,获得冠军。Tā de qíyì ～, lián shèng jǐ wèi míngshǒu, huòdé guànjūn. He plays chess superbly. He won the championship after he defeated a few famous players one after the other.

【高潮】gāocháo (名)(1)潮汐的最高潮位 high tide; high water (2)比喻高度发展的阶段,多指生产、体育运动、社会运动等 upsurge:掀起生产的新～. Xiānqǐ shēngchǎn de xīn ～. Initiate a new movement to promote production. /比赛达到了～,观众情绪激昂。Bǐsài dádàole ～, guānzhòng qíngxù jī'áng. The competition has reached its high point and the spectators are highly excited. (3)在戏剧、电影或小说中情节、矛盾冲突发展到最紧张的阶段 climax; high light:第五场是全剧的～. Dìwǔ chǎng shì quán jù de ～. The fifth act is the climax of the play.

【高次方程】gāocì fāngchéng〈数〉higher degree equation

【高大】gāodà (形)(1)又高又大 big and tall:～的拦河坝～ de lánhébà the grand and high dike /身材～ shēncái ～ be of great statue /那座雕像～. The height of that statue is great. (2)形容文学艺术中人物形象的高尚、完满 lofty:～的文学形象 ～ de wénxué xíngxiàng the lofty image of literature

【高档】gāodàng (形·非谓)高级的、优等的（多指商品）top grade; superior quality:现在～服装最畅销。Xiànzài ～ fúzhuāng zuì chàngxiāo. Nowadays top grade clothes are in high demand.

【高等】gāoděng (形·非谓)(1)高深的 advanced; higher:～数学 ～ shùxué advanced mathematics /～物理 ～ wùlǐ advanced physics (2)高级的 advanced; higher:～教育 ～ jiào-yù higher education

【高等学校】gāoděng xuéxiào 大学、专门学院和专科学校的统称 colleges and universities

【高低】gāodī (名)(1)高度,限用于山、建筑物等非正式的说法 height:这座楼～不过十公尺吧? Zhè zuò lóu ～ bú guò shí gōngchǐ ba? The height of that building is no more than ten metres, right? (2)（水平）高低,高下 difference in degree:他们俩的汉语水平分不出～来。Tāmen liǎ de Hànyǔ shuǐpíng fēn bu chū ～ lái. The Chinese language proficiency of these two people is more or less the same. One cannot tell who is better. /你们俩比～棋艺的～,怎么样? Nǐmen liǎ bǐ yì bǐ qíyì de ～, zěnmeyàng? How about the two of you have a chess match to see who can defeat the other. /这个考题最能测出学生水平的～。Zhège kǎotí zuì néng cèchū xuéshēng shuǐpíng de ～. This question can best test the students' level. (3)◇（指说话或做事的）深浅轻重,常用于否定句（of speaking or doing things）appropriateness; sense of propriety; discretion:说话不知～ shuō huà bù zhī ～ make inappropriate remarks /不懂得眉眼～ bù dǒngde méiyǎn ～ have no sense of propriety

【高低杠】gāodīgàng (名)[副 fù]（1)uneven bars (2)女子竞技体操项目之一 uneven bars (athletic event):她得了～第一名。Tā déle ～ dìyī míng. She got the first place in the uneven bars competition.

【高地】gāodì (名)地面突起的部分（山、丘等）,用于军事

high ground; height (military)：一二五 ～ yī'èrwǔ ～ height 125 /无名 ～ wúmíng ～ an unnamed hill

【高调】gāodiào (名) 很高的调子,比喻不切实际的议论或只说不做的漂亮话 high pitch tone; high sounding words; lofty tone：他什么也不干,就会唱 ～. Tā shénme yě bú gàn, jiù huì chàng ～. He can do nothing but use fine-sounding words. /请把那些一收起来吧! 现在需要的是切实的工作。Qǐng bǎ nàxiē ～ shōu qǐlai ba! Xiànzài xūyào de shì qièshí de gōngzuò. Enough talk, what we need now is practical action.

【高度】gāodù (名) altitude; height：飞行三米。fēixíng ～ flying altitude /这个游泳池跳板的～是三米. Zhège yóuyǒngchí tiàobǎn de ～ shì sān mǐ. The swimming pool has a three-meter diving board. (形·非谓)程度高〈褒〉a high degree of；highly：～的责任感 ～ de zérèngǎn highly developed sense of responsibility /～发展的造船业 ～ fāzhǎn de zàochuányè highly developed shipbuilding industry /～赞扬 ～zànyáng speak highly of /～概括 ～ gàikuò high condensation /～评价 ～ píngjià have a high opinion of

【高度计】gāodùjì (名) altimeter

【高尔夫球】gāo'ěrfūqiú (名) golf; golf ball

【高分子】gāofēnzǐ (名) high polymer; macromolecule

【高峰】gāofēng (名)(1)高的山峰 peak, summit, height；珠穆朗玛峰是世界第一～. Zhūmùlǎngmǎfēng shì shìjiè dìyī ～. Mount Qomolangma is the highest peak in the world. (2)比喻事物发展的最高阶段 climax, height：尖端科学的～ jiānduān kēxué de ～ the heights of the most advanced science /这位运动员的水平,在二十八岁时达到了一～. Zhè wèi yùndòngyuán de shuǐpíng, zài èrshíbā suì shí dádàole ～. This athlete reached his peak at the age of twenty-eight.

【高干】gāogàn (名) 高级干部的简称 short for "高级干部"

【高高在上】gāogāo zài shàng〈贬〉原来指地位高. 现在形容领导者不深入实际,脱离群众 hold oneself aloof; stand high above the masses and reality：瞧他,刚当了领导,就～,不出办公室了。Qiáo tā, gāng dāngle lǐngdǎo, jiù ～, bù chū bàngōngshì le. Since he became the head, he has shut himself inside the office, far away from the masses.

【高歌猛进】gāo gē měng jìn 高声歌唱,勇猛前进. 比喻情绪高涨,斗志昂扬地(为崇高事业)奋斗 stride forward singing triumphantly；(fig.) advance triumphantly and high-spiritedly：这些青年人正在人生的道路上～. Zhèxiē qīngnián rén zhèng zài rénshēng de dàolù shang ～. These young people are advancing triumphantly and high spirit-edly in the course of life.

【高跟儿鞋】gāogēnrxié (名)[只 zhī、双 shuāng] high-heeled shoe

【高官厚禄】gāo guān hòu lù〈贬〉高的官位,优厚的待遇 high position and good salary; high posts with salaries to match：我们的干部应该是人民的勤务员,绝不应该是～、养尊处优的老爷。Wǒmen de gànbù yīnggāi shì rénmín de qínwùyuán, jué bù yīnggāi shì ～、yǎng zūn chǔ yōu de lǎoye. The cadres should be the servants of the people, not bureaucrats who only enjoy high positions and handsome salaries.

【高贵】gāoguì (形)(1)高尚而可珍贵的,多指品质等 noble; high; honourable：～的品德 ～ de pǐndé noble quality /他具有助人为乐的～品质。Tā jùyǒu zhù rén wéi lè de ～ pǐnzhì. He has the noble quality of deriving enjoyment from helping others. (2)旧指地位在社会上层生活享受优越的 highly privileged; elitist：～的家族 ～ de jiāzú noble family /～出身 ～ chūshēn born with a silver spoon in one's mouth

【高寒】gāohán (形·非谓)地势高而寒冷 high altitude and low temperature：～山区 ～ shānqū frigid mountain area /他们的气象站设在～地带。Tāmen de qìxiàngzhàn shè zài

～地带. Their meteorological observatory is located in a high and frigid area.

【高呼】gāohū (动)大声呼叫,常用于较固定的词组 shout：～口号 ～ kǒuhào shout slogans /～万岁 ～ wànsuì shout "long live...." /振臂～ zhèn bì ～ cry out with raised arm

【高级】gāojí (形)(1)(非谓)(级别、阶段等)较高的 high ranking; high level; senior：～英语补习班 ～ Yīngyǔ bǔxí bān advanced English continuation class /～人民法院 ～ rén-mín fǎyuàn the superior people's court /～发展阶段 ～ fā-zhǎn jiēduàn a stage of high development /～领导干部 ～lǐngdǎo gànbù senior leading cadre/～军官 ～ jūnguān high-ranking officer (2)(质量、水平等)较好的 high grade; high-quality; advanced：～香水 ～ xiāngshuǐ high grade perfume /～衣料 ～ yīliào high quality fabric /你这个录音机挺～的。Nǐ zhège lùyīnjī tǐng ～ de. Your tape recorder is really high quality.

【高级社】gāojíshè (名) 高级农业生产合作社的简称 ad-vanced agricultural cooperative

【高级知识分子】gāojí zhīshi fènzǐ 一般指副教授或相当于副教授以上的知识分子 senior intellectual

【高价】gāojià (名) 很高的价格,比一般定价高的. 常作定语或状语 high price：拿到自由市场去卖～ nádào zìyóu shì-chǎng qù mài ～ Take something to the free market to sell for a high price. /～商品 ～ shāngpǐn expensive commodi-ties /～出售 ～ chūshòu to sell at a high price

【高见】gāojiàn (名)高明的见解,用于客套,或带诙谐意味 your brilliant idea; your opinion：您有何～? Nín yǒu hé ～? What's your opinion? /我认为应该这么办,您的～呢? Wǒ rènwéi yīnggāi zhème bàn, nín de ～ ne? I think it should be done this way. What do you think about it?

【高精尖】gāojīngjiān (形) 高级、精密、尖端的(科学技术及产品) high-grade, precision and advanced (industrial products or technology)

【高峻】gāojùn (形)(山势、地势等)高而陡 high and steep

【高亢】gāokàng (形)(声音)高而宏亮 loud and sonorous; resounding

【高考】gāokǎo (名) 高等学校招生考试的简称 college en-trance examination

【高空】gāokōng (名) 离地面较高的空间 high altitude; up-per air

【高空作业】gāokōng zuòyè 在架子上或杆子上等高处进行操作,如修高层建筑或架电线等工作 work high above the ground

【高利贷】gāolìdài (名)索取超高利息的贷款 usury; usurious loan：放～ fàng ～ practice usury /～盘剥 ～ pánbō exploit by charging high interest

【高粱】gāoliang (名) sorghum

【高龄】gāolíng (名) 很大的岁数(一般指七十岁以上),多含敬意 advanced age; venerable age：他已经到了九十～。Tā yǐjīng dàole jiǔshí ～. He's already reached the advanced age of 90.

【高炉】gāolú (名)[座 zuò]blast furnace

【高帽子】gāomàozi (名)[顶 dǐng](1)纸糊的很高的帽子 tall paper hat (worn as a sign of humiliation); dunce cap：让土豪劣绅戴～游街 ràng tǔháo lièshēn dài ～ yóu jiē Parade the local tyrants and evil gentry through the street wearing dunce caps. (2)比喻恭维的话 flattery：他专会给领导戴～. Tā zhuān huì gěi lǐngdǎo dài ～. He only knows how to flatter the leaders.

【高明】gāomíng (形)(见解、技能等)超过一般的 bright; brilliant; wise：这个主意真～. Zhège zhǔyì zhēn ～. This idea is brilliant. /～的医术 ～ de yīshù brilliant medical skill /那位女演员昨晚的表演太过火,实在不～. Nà wèi nǚ yǎnyuán zuó wǎn de biǎoyǎn tài guò huǒ, shízài bù ～. The performance of that actress last night was overdone. It

wasn't anything special at all. (名)◇高明的人，含有讽刺或不满意味 (*of person*) *better qualified*：我实在治不了这个病，您另请～吧！Wǒ shízài zhì bu liǎo zhège bìng, nín lìng qīng ～ ba！*I really can't cure this sickness. Find someone better qualified* (*than myself*).

【高能物理学】gāonéng wùlǐxué *high-energy physics*

【高攀】gāopān (动) 指与社会地位比自己高的人交朋友或结成婚姻关系 *make friends or claim ties of kinship with someone of a higher social position*：不敢～ bù gǎn ～ *Dare not to develop relations with those of higher social position.* /～不上 bú shàng *social position is too low to match up with those of higher ones* /他们家是高干，我们家是种地的，怎么敢～？Tāmen jiā shì gāogàn, wǒmen jiā shì zhòng dì de, zěnme gǎn ～? *Their family is one of high-ranking cadres, but we are farmers, so how can we claim ties with them?*

【高频】gāopín (名) 〈电〉*high-frequency*

【高频词】gāopíncí (名) 〈语〉*frequently used words*

【高强】gāoqiáng (形) (武艺) 高超 *excel in* (*martial arts*)

【高山反应】gāoshān fǎnyìng *high mountain reaction*

【高尚】gāoshàng (形) (1) (道德、品质等) 水平高 *noble; lofty*：～的道德品质 ～ de dàodé pǐnzhì *noble moral character* /～的情操 ～ de qíngcāo *lofty sentiment* /～的人 ～ de rén *noble-minded person* (2) (趣味、娱乐等) 不低级，有益于身心的 *noble; beneficial*：～的情趣 ～ de qíngqù *noble interest* /～的娱乐 ～ de yúlè *beneficial recreation*

【高烧】gāoshāo (名) 指体温在39℃以上 *high fever*：发～ fā ～ *run a high fever* /已经退了。～ yǐjīng tuì le. *The fever is gone.* /他连续～三天。Tā liánxù ～ sān tiān. *He has had a high fever for three consecutive days.*

【高射炮】gāoshèpào (名) [门 mén] *anti-aircraft gun*

【高深】gāoshēn (形) 水平较高，内容较深的 (多指学术) *profound; advanced; recondite*：～的学问 ～ de xuéwèn *recondite knowledge* /这是一门～的学科。Zhè shì yì mén ～ de xuékē. *This is an advanced branch of science.*

【高手】gāoshǒu (名) (～儿) 本领、技能高超的人 *masterhand; past master*：他是打桥牌的～。Tā shì dǎ qiáopái de ～. *He is a master bridge player.* /请个～来会诊一下。Qǐng ge ～ lái huìzhěn yíxià. *Ask an expert physician for consultation.*

【高耸】gāosǒng (动) 高而直立。多形容建筑物或山峰 *towering; tall; lofty*：这楼～入云。Zhè lóu ～ rù yún. *This building towers into the clouds.* /～的电视塔尖是全城的最高点。～ de diànshì tǎjiān shì quán chéng de zuì gāo diǎn. *The top of that television tower is the highest point of the whole city.*

【高速】gāosù (形·非谓) 很高的速度 *high speed*：～发展 ～ fāzhǎn *develop by leaps and bounds* /～行驶 ～ xíngshǐ *drive at a high speed*

【高速公路】gāosù gōnglù *freeway; high way; express way*

【高谈阔论】gāo tán kuò lùn 空洞地大发议论，含贬义 *harangue; indulge in loud and empty talk*：你们整天～，这怎么能解决实际问题呢？Nǐmen zhěng tiān ～, zhè zěnme néng jiějué shíjì wèntí ne? *Every day you indulge in loud and empty talk. How can this solve any concrete problems?* /我实在懒得听他的～。Wǒ shízài lǎnde tīng tā de ～. *I'm really tired of listening to his loud and empty talk.*

【高温】gāowēn (名) 较高的温度，在不同的情况下，所指数值不同 *high temperature*：耐火砖能耐1580℃—1770℃～。Nàihuǒzhuān néng nài gāowēn wǔbǎi bāshí dù C—yìqiān qībǎi qīshí dù C de ～. *Firebricks can stand high temperatures of from 1580℃ to 1770℃.* /这里超过了32℃，属于～车间。Zhèlǐ chāoguòle sānshí'èr dù C, shǔyú ～ chējiān. *It's over 32℃ here. It is a high temperature workshop.*

【高屋建瓴】gāo wū jiàn líng 〈书〉在屋顶上倒翻瓶子里的

水。比喻不可阻挡的形势像水下泻一样 *like water pouring down from the steep roof of a tall building; sweep down irresistibly from a commanding height*：解放大军以～之势，直下江南。Jiěfàng dàjūn yǐ ～ zhī shì, zhí xià Jiāngnán. *The People's Liberation Army swept forward courageously and irresistibly toward the Yangtze River.*

【高下】gāoxià (名) (程度) 高低、优劣、好坏 *level*：他们俩的法语水平难分～。Tāmen liǎ de Fǎyǔ shuǐpíng nán fēn ～. *It's hard to tell whose French is better between the two of them.* /那两个球队技术～悬殊，比赛没看头。Nà liǎng ge qiúduì jìshù ～ xuánshū, bǐsài méi kàntou. *The levels of the two ball teams are far apart. Their match is not worth watching.*

【高小】gāoxiǎo (名) 高级小学的简称 *short for* 高级小学

【高薪阶层】gāo xīn jiēcéng 享受最高薪金待遇的人 *the class of people who are highly paid*

【高兴】gāoxìng (形) (1) 愉快而兴奋 *happy; pleased; cheerful; glad*：今天他为什么有点儿不～？Jīntiān tā wèi shénme yǒudiǎnr bù ～? *Why is he a little unhappy today?* /孩子们玩儿得真～。Háizimen wánr de zhēn ～. *The children are playing happily.* /他高高兴兴上大学了。Tā gāogāoxìngxìng de shàng dàxué le. *He happily went off to college.* (2) 喜欢、愿意 (做某事) 用于否定居多 *be willing to; be happy to; like*：那个公园没什么意思，我可不～去。Nàge gōngyuán méi shénme yìsi, wǒ kě bù ～ qù. *That park is no fun at all. I don't like to go.* /写不写这封信就看你～不～了，不～就不写。Xiě bù xiě zhè fēng xìn jiù kàn nǐ ～ bu ～ le, bù ～ jiù bù xiě. *It's up to you whether you write the letter or not. If you don't want to, you don't have to write it.*

【高血压】gāoxuèyā (名) *high blood pressure; hypertension*：患～ huàn ～ *have high blood pressure*

【高压】gāoyā (名) (1) 几千到几万大气压的压力 *high atmospheric pressure* (2) 高的电压 *high-voltage* (3) 心脏收缩压的俗称 (med.) *systolic pressure* (形) 残酷地迫害和压制人民的 *high-handed; oppressive* (only as attributive)：～政策 ～ zhèngcè *high-handed policy* /～手段 ～ shǒuduàn *high handed measure*

【高压锅】gāoyāguō (名) *pressure cooker*

【高压线】gāoyāxiàn (名) *high tension wire*

【高原】gāoyuán (名) *plateau; tableland*

【高瞻远瞩】gāo zhān yuǎn zhǔ 看得高，望得远。比喻眼光远大 *stand high and see far; take a long and broad view; be farsighted*：这位老科学家～，五十年代就提出了控制人口的问题。Zhè wèi lǎo kēxuéjiā ～, wǔshí niándài jiù tíchūle kòngzhì rénkǒu de wèntí. *This old scholar showed great foresight. He raised the question of population control early in the 50's.*

【高涨】gāozhǎng (动) 急剧上升或大幅度提高，常指物价、情绪等 *rise; upsurge; run high*：大雨之后水位～。Dàyǔ zhī hòu shuǐwèi ～. *After the storm the water level has risen.* /物价～ wùjià ～ *prices have gone up* /～的情绪 ～ de qíngxù *high morale*

【高招】gāozhāo (名) (～儿) 好主意、办法，有时含诙谐义 *clever move; brilliant idea*：你有什么～快说呀！Nǐ yǒu shénme ～ kuài shuō ya! *What have you got up your sleeve? Spit it out.* /小于有个～能治他这个毛病，让小于说说。Xiǎo Yú yǒu ge ～ néng zhì tā zhège máobìng, ràng Xiǎo Yú shuō-shuō. *Xiao Yu has a way to help him to get rid of this shortcoming of his. Let Xiao Yu tell us.*

【高枕无忧】gāo zhěn wú yōu 枕头高高的安心睡觉，无所顾虑。比喻麻痹大意、盲目乐观 *head on thick pillows and sleep free of care; relax one's vigilance; set one's mind at ease*：咱们厂的产品市场竞争能力还不强，可不能～，以为万事大吉了！Zánmen chǎng de chǎnpǐn shìchǎng jìngzhēng

nénglì hái bù qiáng, kě bù néng ～, yīwéi wàn shì dà jí le! *The products of our factory still cannot get the upper hand in the competition. We cannot sit back and relax, and think that everything is fine.*

【高指标】gāo zhǐbiāo (1)定得较高的生产定额或计划规定的目标 *high target*：我们车间～、高速度地完成了生产任务。Wǒmen chējiān ～、gāo sùdù de wánchéngle shēngchǎn rènwu. *Our workshop attained its high production target well ahead of schedule.* (2)特指过高的超越实际可能的生产定额或计划指标 *excessive quota or norm*：脱离实际的～造成了浮夸风。Tuōlí shíjì de ～ zàochéngle fúkuā fēng. *Excessive quotas are divorced from reality and thus lead to a tendency for boasting and exaggeration.*

【高中】gāozhōng (名) 高级中学的简称 *short for* 高级中学

【高足】gāozú (名) 敬词，称呼别人的学生 *respectful term referring to another's pupil or disciple*：这是王老师的～。Zhè shì Wáng lǎoshī de ～. *This is Mr. Wang's student.*

羔 gāo

【羔羊】gāoyáng (名) 小羊，常比喻天真、无助的弱小者 *lamb*；*kid*；*fawn*

【羔子】gāozi (名) 小羊，也指某些幼小的动物 *lamb*；*kid*；*fawn*

睾 gāo

【睾丸】gāowán (名) *testicle*

膏 gāo

(名) 稠的糊状物，多指食物或药物 *paste*；*cream*；*ointment*：这种梨～可以治咳嗽。Zhè zhǒng lí ～ kěyi zhì késou. *This kind of pear syrup can stop coughs.*

【膏剂】gāojì (名) [药] 中药内服药物的一种，把药物和水加热，熬成液体，过滤后再蒸发使之变浓，再加入适量蜂蜜制成 *medicinal extract*；*electuary*

【膏药】gāoyao (名) [贴 tiē] 中药外用药的一种，药与油合在一起，涂在小块布、纸或皮的一面，贴在患处 *Chinese style band-aid or plaster*：贴了几贴～腿就不疼了。Tiēle jǐ tiē ～ tuǐ jiù bù téng le. *After a couple of bandaids were put on his leg, it stopped hurting.* /把～慢慢揭下来 bǎ ～ mànmān jiē xialai *peel the bandaid off slowly*

篙 gāo

(名) 撑船用的木杆或竹竿 *punt-pole*

糕 gāo

(名) [块 kuài] 用米粉或面粉等制成的食品 *cake*；*pudding*

【糕点】gāodiǎn (名) *cakes and pastries*

gǎo

搞 gǎo

(动) (1)作。一般不指具体的工作，而是职业或某类活动 *do*；*make*；*usu. not referring to concrete work, but to a profession or type of activity*：你们是～什么工作的？——我是～音乐的，他是～美术的。Nǐmen shì ～ shénme gōngzuò de? ——Wǒ shì ～ yīnyuè de, tā shì ～ měishù de. *What kind of work do you do? I am a musician, he is an artist.* /她利用业余时间～服装设计。Tā lìyòng yèyú shíjiān ～ fúzhuāng shèjì. *She does clothing design in her spare time.* /这孩子喜欢～飞机模型。Zhè háizi xǐhuan ～ fēijī móxíng. *This child is fond of making model airplanes.* (2)做。可指较具体的事情，有时带有诙谐的或随便的语气 *do*；*make*；

can refer to concrete thing, sometimes carrying the flavor of irony or informality：今天我亲手～个南方菜请你吃吃。Jīntiān wǒ qīnshǒu ～ ge nánfāng cài qǐng nǐ chīchi. *Today I cooked a southern dish just for you.* /他～的这个设计不行。Tā ～ de zhège shèjì bù xíng. *The design he made did not work.* (3)代替一些说不大清或不必说清的具体动作 *takes the place of a concrete action which is difficult to describe or of which a description is unnecessary*：大～副业 dà ～ fùyè *put one's efforts into sideline production* /和同事之间的关系～好 tóngshì zhī jiān de guānxì *have good personal relationship with one's colleagues* /先把这个词的意思～清楚，再谈用法。Xiān bǎ zhège cí de yìsi ～ qīngchu, zài tán yòngfǎ. *You must first have a clear understanding of the meaning of this word and then learn its usage.* /你怎么～的？把东西翻得这么乱！Nǐ zěnme ～ de? Bǎ dōngxi fān de zhème luàn! *What have you been doing? Everything is messed up.* (4)设法弄到 *try to get hold of*：～一张音乐会的票 ～ yì zhāng yīnyuèhuì de piào *get a ticket for concert* /最近～不到那种好酒了。Zuìjìn ～ bú dào nà zhǒng hǎo jiǔ le. *Recently it's impossible to get hold of good wine like that.*

【搞对象】gǎo duìxiàng 青年男女间恋爱 *be in love*

【搞鬼】gǎo = guǐ 暗中使坏或使用诡计 *play tricks*；*make trouble*：轮胎被刀子扎破了，不知是谁搞的鬼。Lúntāi bèi dāozi zhāpò le, bù zhī shì shuí gǎo de guǐ. *Somebody has slashed the tires. I wonder who could have played a mean trick like that.* /为人要光明正大，不要背后～。Wéi rén yào guāngmíng zhèngdà, búyào bèihòu ～. *One should be open and above board in one's dealings with others and not do things behind their back.*

【搞活经济】gǎohuó jīngjì (破除束缚生产力发展的条条框框，规定切实的政策和措施)使经济由停滞不前或发展缓慢，变得活跃、繁荣起来 *spur on the economy*

【搞小圈子】gǎo xiǎo quānzi 为个人私利互相拉拢、互相利用，组成小集团 *band together to form a faction*

镐 [鎬] gǎo

(名) [把 bǎ] *pick*，*pickaxe*：先用～刨一个坑，再把树苗种上。Xiān yòng ～ páo yí ge kēng, zài bǎ shùmiáo zhòngshang. *First, dig a hole with a pick, then plant the tree in it.*

稿 gǎo

(名) (～儿) [篇 piān] (1)初步写出的文章或初步画出的画儿 *draft*，*sketch*：写文章的时候先打个～。Xiě wénzhāng de shíhou xiān dǎ ge ～. *make a draft first* /写成的文章或画出的画儿(尚未出版或刊用的) *manuscript*；*original text*；诗～ shī ～ *unpublished poems* /画～ huà ～ *rough sketch* /约～ yuē ～ *invite an article* /撰～ zhuàn ～ *write an article* /编辑正在伏案改～。Biānjí zhèng zài fú àn gǎi ～. *The editor is correcting an article at the desk.* /这家报纸清晨三点截～。Zhè jiā bàozhǐ qīngchén sān diǎn jié ～. *The deadline for the editor of this newspaper to send the last news copy to the composition room is 3 a.m.* /文章还没有完～。Wénzhāng hái méiyou wán ～. *The article is not finished yet.*

【稿酬】gǎochóu (名) [笔 bǐ] 同"稿费"gǎofèi *same as* "稿费" gǎofèi

【稿费】gǎofèi (名) [笔 bǐ] 出版机构出版或发表著作、图画、照片等后，付给作者的报酬 *payment for an article or a book written*；*author's remuneration*

【稿件】gǎojiàn (名) 作者写给出版社或报刊编辑部的文稿 *manuscript*；*contribution*：收到～两份 shōudào ～ liǎng fèn *receive two manuscripts* /处理～ chǔlǐ ～ *handle the contributed manuscripts*

【稿约】gǎoyuē（名）刊物的编辑部向投稿人说明投稿注意事项的条文 notice to contributors

【稿纸】gǎozhǐ（名）[张 zhāng]写稿子用的方格纸 squared or lined paper for making drafts or copying manuscripts

【稿子】gǎozi（名）[篇 piān]（1）诗文、图画等的草稿 draft; sketch:这份公文，请你先拟个 ～。Zhè fèn gōngwén, qǐng nǐ xiān nǐ ge ～。Would you please first make a draft for this official document. /杂志封面设计的 ～ 已经画出来了。Zázhì fēngmiàn shèjì de ～ yǐjing huà chulai le. The design of the magazine cover is finished. （2）写成的诗文，尚未刊用的 manuscript; contribution

gào

告 gào

（动）（1）◇（向人）陈述（事情），口语中是"告诉"的省读，书面语中限于固定词组（"电告"、"转告"等） tell; inform; notify; short for 告诉 in colloquial speech, in written language, used in set phrases:我 ～ 你一个好消息吧。Wǒ ～ nǐ yí ge hǎo xiāoxi ba. I have some good news to tell you. /希将此事转 ～ 厂方。Xǐ jiāng cǐ shì zhuǎn ～ chǎngfāng. Please convey this matter to the factory. （2）检举，控诉 accuse; bring an action against:到法院去 ～ 他 dào fǎyuàn qu ～ tā sue him in the court /他让人给 ～ 了。Tā ràng rén gěi ～ le. He was sued by someone. （3）◇请求 ask for; request:～假 ～ jià ask for leave （4）◇宣布或表示（某种情况的实现、变化等） announce (the completion of sth.):工作已 ～ 一段落。Gōngzuò yǐ ～ yí duànluò. The first phase of the job has been completed. /调停已～失败。Tiáoting yǐ ～ shībài. The mediation has ended in failure.

【告别】gàobié（动）（1）离别，分手 leave; part with:～了父母，～了家乡 ～ le fùmǔ, ～ le jiāxiāng take leave of one's parents and hometown /两人从此 ～，分道扬镳。Liǎng rén cóngcǐ ～, fēn dào yáng biāo. The two of them parted company then, and each went his own way. （2）辞行 bid farewell to; say goodbye to:我明天要走了，特地来向大家 ～。Wǒ míngtiān yào zǒu le, tèdì lái xiàng dàjiā ～. I'm leaving tomorrow, I came especially to say goodbye to you all. /举行～宴会 jǔxíng ～ yànhuì hold a farewell banquet （3）和死者最后诀别 pay one's last respect to the deceased:向××遗体 ～ xiàng ×× yítǐ ～ pay one's last respect to the remains of sb.

【告成】gàochéng（动·不及物）〈书〉（重要的工作）宣告完成 announce the completion (of some important work):经过六年，词汇统计工作大功 ～。Jīngguò liù nián, cíhuì tǒngjì gōngzuò dàgōng ～. After six years, the word frequency project has been completed.

【告辞】gàocí（动）〈书〉（向主人）辞别 take leave; say goodbye:客人坐了一会儿，就向主人 ～ 了。Kèrén zuòle yíhuìr, jiù xiàng zhǔrén ～ le. After sitting for a while, the guests took leave of their hosts. /～的时候，他说了不少感谢的话。～ de shíhou, tā shuōle bù shǎo gǎnxiè de huà. As he left, he expressed his gratitude in no uncertain terms.

【告急】gào=jí 通告情况紧急并请求支援 make an urgent request for help in an emergency; be in an emergency:指挥部接到了汛区发来的 ～ 电。Zhǐhuibù jiēdàole xùnqū fālái de ～ diàn. The headquarters received the urgent telegram requesting help from the flooded area. /遇险的登山队员用无线电向大本营 ～。Yù xiǎn de dēngshān duìyuán yòng wúxiàndiàn xiàng dàběnyíng ～. The mountaineers, who were in danger, radioed the camp base for help. /渔船遭到特大风浪，没来得及 ～ 就沉了。Yúchuán yùdào tè dà fēnglàng, méi lái de jí ～ jiù chén le. The fishing boat was caught in an especially heavy storm and sank before it could ask for help.

【告捷】gàojié（动）（1）取得胜利，多指军事、体育竞技，也可用于科学试验等 win a victory:首战 ～ shǒu zhàn ～ win the first battle （2）报告胜利消息 report a victory:实验小组向大家 ～，实验取得重大突破。Shíyàn xiǎozǔ xiàng dàjiā ～, shíyàn qǔdé zhòngdà tūpò. The research group reported that an important break through had been achieved.

【告诫】gàojiè（动）劝戒,提请注意,多指对上级对下级,前辈对后辈 warn; exhort; enjoin; counsel; admonish:谆谆 zhūnzhūn ～ repeatedly admonish /老师～学生要练好基本功,打好基础。Lǎoshī ～ xuésheng yào liànhǎo jīběngōng, dǎhǎo jīchǔ. The teacher exhorted the students to master the basic skills to lay a solid foundation.

【告警】gàojǐng（动·不及物）报告发生紧急情况,请求帮助或加强戒备 give an alarm; report an emergency

【告密】gào=mì（贬）（向有关的部门）暗中告发（别人的秘密活动）,多指坏人告发好人 inform against sb.:～信 ～ xìn a letter written to inform against sb. /向官方 ～ xiàng guānfāng ～ inform against sb. to an official

【告饶】gào=ráo〈口〉（在较量时承认对方比自己厉害）要求不再较量,或承认自己错误严重,请求对方不要惩治。是很谦卑丢脸的用语,或用于玩笑 beg for mercy; ask pardon:他们俩打不可开交,直到一方～为止。Tāmen liǎ dǎ de bù kě kāi jiāo, zhídào yì fāng ～ wéizhǐ. The fierce fight between the two of them did not stop until one side begged for mercy.

【告示】gàoshì（名）[张 zhāng]〈旧〉布告 official notice; bulletin

【告诉】gàosu（动）说给人听,使（人）知道 tell; inform:昨天那事刚发生,就有人 ～ 了我。Zuótiān nà shì gāng fāshēng, jiù yǒu rén ～ le wǒ. As soon as it happened yesterday, somebody immediately informed me. /我 ～ 你吧,我有一桩心事。Wǒ ～ nǐ ba, wǒ yǒu yī zhuāng xīnshì. I must tell you I've got some worry. /千万别 ～ 她! Qiānwàn bié ～ tā! Be sure not to tell her!

【告退】gàotuì（动）（1）旧时指自请辞去职位 ask permission to resign (in old days) （2）在集会中要求先离去 request to withdraw from a meeting early:有点事,先 ～ 了! Yǒu diǎn shì, xiān ～ le! Excuse me, I have something urgent to do. Please allow me to leave early.

【告慰】gàowèi（动）〈书〉表示安慰,使……感到安慰 comfort; console

【告终】gàozhōng（动）〈书〉宣告结束（结局常为不好的）conclude; come to an end; end up:谈判以破裂而 ～。Tánpàn yǐ pòliè ér ～. The negotiations broke down. /第二次鸦片战争以清朝政府的割地赔款而 ～。Dì èr cì Yāpiàn Zhànzhēng yǐ Qīngcháo zhèngfǔ de gē dì péi kuǎn ér ～. The second Opium War ended up with the Qing Government ceding territory and paying reparations. /讨论至此 ～,毫无结果,大家不欢而散。Tǎolùn zhì cǐ ～, háo wú jiéguǒ, dàjiā bù huān ér sàn. The discussion ended with no outcome whatsoever and broke up in discord.

【告状】gào=zhuàng 向司法机关起诉,也泛指因受到欺负、损害向上级或长辈诉说委屈 bring a law suit against sb.; lodge a complaint (with sb.'s superior):向法院 ～ xiàng fǎyuàn ～ sue sb. in a law-court /向领导告了那个人的状 xiàng lǐngdǎo gàole nàge rén de zhuàng make a complaint against that person with his superior /她让人告了一状。Tā ràng rén gàole yí zhuàng. She was sued.

gē

戈 gē

（名）古代兵器,横刃,用青铜或铁制成,长柄 spear; lance

【戈壁】gēbì（名）蒙古语,指沙漠。主要分布在中国内蒙古北

部及蒙古南部，中国新疆一带也有戈壁存在 the Gobi Desert

疙 gē

【疙瘩】gēda（名）[个 gè]（1）皮肤或肌肉上生长的硬块 pimple；lump or swelling on one's skin：腿上起了个～。Tuǐ shang qǐle ge ～. have a swelling on one's leg /脸上长了两个小～。Liǎnshang zhǎngle liǎng ge xiǎo ～. Two small pimples appeared on his face. （2）不太正规的球状或块状物，不太大 knot；lump：土～ tǔ ～ small clump of earth /面～ miàn ～ dough drop /线～ xiàn ～ knot of thread （3）比喻想不通或解决不了的问题 a knotty problem which weighs on one's mind and which one can't solve，hang-up, a knot in one's heart：思想～ sīxiǎng ～ a burden on one's mind /心里有个～，老解不开。Xīnli yǒu ge ～, lǎo jiě bu kāi. He still hasn't been able to eliminate his hang-up.

【疙疙瘩瘩】gēgedādā（形）〈口〉（～的）（1）不平滑 rough；knotty；bumpy：这～的路面，什么时候才能修好呢？Zhè ～ de lùmiàn, shénme shíhou cái néng xiūhǎo ne? When can this bumpy road be repaired? /他脸上～的，有皮肤病吗？Tā liǎnshang ～ de , yǒu pífūbìng ma? His face is quite pimply. Does he have a skin disease? （2）（办事）不顺利或（对问题）想不通 unsmooth；rough；problematic：这件事一直是～的，没多大把握。Zhè jiàn shì yìzhí shì ～ de , méi duō dà bǎwò. This matter has always been problematic. I'm not sure about it. /为了调工资的事，他心里～的，总是不痛快。Wèile tiáo gōngzī de shì, tā xīnli ～ de , zǒng shì bú tòngkuai. He is harboring some resentment concerning the matter of a salary raise.

【疙里疙瘩】gēligēdā（形）〈口〉（～的）同"疙疙瘩瘩"gēgedādā same as "疙疙瘩瘩" gēgedādā

咯 gē

【咯噔】gēdēng（象声）形容硬物接触的声音 click；clack；clatter：～～的拐杖击地的声音 ～ ～ de guǎizhàng jī dì de shēngyīn the sound of a walking stick tapping on the ground /有人～～地上楼来了。Yǒu rén ～ ～ de shàng lóu lai le. Somebody is clumping up the stairs.

【咯吱】gēzhi（象声）creak；groan：那个胖子一坐下，压得沙发～～的。Nàge pàngzi yí zuòxia, yā de shāfā ～ ～ de. When Fatty sat down the sofa groaned under his weight. /老虎吃小动物，发出～～的声音。Lǎohǔ chī xiǎo dòngwù, fāchū ～ ～ de shēngyīn. There was a crunching sound as the tiger ate the small creature.

哥 gē

（名）（1）哥哥。必须加上排行 elder brother：二～ èr～ second elder brother /大～ dà～ eldest brother （2）对哥哥的称呼 address for an elder brother（elder）brother：～，你刚下班？～, nǐ gāng xià bān? Did you just get off work?（said to one's brother）（3）"哥儿"加上数目及量词，指兄弟若干人：他们家一俩都是工人。"哥儿" plus a numeral and measure word to indicate the total number of brothers：Tāmen jiā ～ liǎ dōu shì gōngrén. The two brothers in that family are both workers. /我们是～四个，没有姐妹。Wǒmen shì ～ sì ge, méi yǒu jiěmèi. There are four boys and no girls in our family.（4）称呼比自己年纪大或跟自己年纪差不多的男子，含亲热意 address for a man slightly older than or about the same age as oneself，indicating intimacy：李～ Lǐ ～ brother Li /刘二～，明天请到我家来玩儿吧！Liú èr～, míngtiān qǐng dào wǒ jiā lái wánr ba!（Brother）Liu, why don't you stop over tomorrow.

【哥哥】gēge（名）（1）同父母（或只父，或只母）所生，比自己大的男子 elder brother （2）同族同辈比自己大的男子

cousin

【哥儿们】gērmen（名）〈口〉一伙青年人，常在一起吃吃喝喝，关系比较好，但并非正经的朋友 buddies；pals；brothers

胳 gē

【胳膊】gēbo（名）[只 zhī] arm：伸～ shēn ～ stretch one's arm /举起～ jǔqǐ ～ raise one's arm

鸽〔鴿〕gē

（名）◇[只 zhī、对 duì]鸽子 dove；pigeon：和平～ hépíng ～ dove of peace /白～ bái～ white pigeon

【鸽子】gēzi（名）[只 zhī、对 duì] pigeon；dove

搁〔擱〕gē

（动）（1）放置 put；place；lay：做鱼的时候，～点糖。Zuò yú de shíhou, ～ diǎnr táng. When you cook fish, add a little bit of sugar. /别把脏衣服～在床上。Bié bǎ zāng yīfu zài chuáng shang. Don't leave your dirty clothes on the bed. /这个书橱可以～不少书。Zhège shūchú kěyǐ ～ bù shǎo shū. This bookcase can hold quite a few books. （2）放下不做，耽搁 put aside；leave over；shelve：可别把这些问题都一起来，得赶快解决。Kě bié bǎ zhèxiē wèntí dōu qǐlai, děi gǎnkuài jiějué. Don't put these problems aside. They should be solved as soon as possible. /这件衣服不等着穿，先～～再做吧! Zhè jiàn yīfu bù děngzhe chuān, xiān ～ yi ～ zài zuò ba! I don't need this dress right away. There's no hurry, you can make it later.

【搁笔】gē=bǐ（写作、绘画）放下笔，表示不再写或画了 lay down one's pen, stop working

【搁浅】gēqiǎn（动）（1）因水浅船不能行驶 run aground；be stranded：船在江边～了。Chuán zài jiāng biān ～ le. The boat got stranded on the river bank. （2）比喻事情遭到阻碍，不能继续进行 reach a deadlock：两家合资办书店的事，因为找不到地方就～了。Liǎng jiā hé zī bàn shūdiàn de shì, yīnwèi zhǎo bu dào dìfang jiù ～ le. The joint venture to open a bookstore by the two sides came to a deadlock because a place couldn't be found.

【搁置】gēzhì（动）〈书〉（事情）放下，停止进行 shelve；put aside：他因为太忙，就把那件事暂时～下来了。Tā yīnwèi tài máng, jiù bǎ nà jiàn shì zànshí ～ xialai le. He has put the matter aside for the time being because he is too busy.

割 gē

（动）（1）截断 cut：～麦 ～ mài cut wheat /～稻子 ～ dàozi cut paddy /～草 ～ cǎo cut grass （2）◇引申为割让（土地）cede：～地赔款 ～ dì péi kuǎn cede territory and pay indemnities

【割爱】gē'ài（动·不及物）〈书〉放弃心爱的东西（多用于婉辞）give up what one treasures；part with sth. one loves：忍痛～ rěntòng ～ part reluctantly with what one treasures /文章中多余的段落，您最好～删去。Wénzhāng zhōng duōyú de duànluò, nín zuìhǎo ～ shānqu. You'd better leave out the unnecessary paragraphs in the article.

【割除】gēchú（动）切割掉，除去 cut off；cut out；excise；remove：他得了急性阑尾炎，阑尾要～。Tā déle jíxìng lánwěiyán, lánwěi yào ～. He has got acute appendicitis. His appendix should be removed.

【割断】gē//duàn cut off；sever：绳索～ shéngsuǒ cut a rope /电话线被～了。Diànhuà xiàn bèi ～ le. The telephone line has been cut. /～联系 ～ liánxì sever relations /不能～历史 bù néng ～ lìshǐ You can't consider a problem apart from its historical context.

【割据】gējù（动）一国之内，拥有武装的势力占据部分地区，形成分裂对抗的局面 set up a separatist regime by force of

arms；封建～ fēngjiàn ～ *feudal separatist rule* /～一方～ yì fāng *set up a separate regime*

【割裂】gēliè（动）分割（不应分割的东西），不用于具体事物 *separate*；*sever*；*cut apart*：不要把理论和实践～开来。Búyào bǎ lǐlùn hé shíjiàn ～ kāilái. *Don't separate theory from practice.* /这个民族被人为地～成两个国家。Zhège mínzú bèi rénwéi de ～ chéng liǎng ge guójiā. *This nation was divided into two separate countries.*

【割让】gēràng（动）因外力威胁或战败，被迫把部分领土划给别国 *cede*：～沿海港口 ～ yánhǎi gǎngkǒu *cede the coast ports*

歌 gē

（名）（～儿）[个 gè，支 zhī] *song*：唱一个～ chàng yí ge ～ *sing a song* /这支～真好听。Zhè zhī ～ zhēn hǎotīng. *This is a very melodious song.*（动）〈书〉唱 *sing*：高～一曲 gāo ～ yì qǔ *sing a song loudly* /引吭高～ yǐn háng gāo ～ *sing joyfully with a loud voice*

【歌本】gēběn（名）（～儿）印有歌词及曲谱的小册子 *songbook*

【歌唱】gēchàng（动）〈书〉（1）唱（歌）（不能再以"歌"为宾语）*sing*：尽情～ jìnqíng ～ *sing to one's heart's content*（2）用唱歌或朗诵等形式颂扬 *praise*（*in song*）：～祖国～ zǔguó *sing in praise of our motherland* /～春天～ chūntiān *sing in praise of spring*

【歌词】gēcí（名）[首 shǒu] *words of a song*：请你为这首～谱个曲子。Qǐng nǐ wèi zhè shǒu ～ pǔ ge qǔzi. *Please compose a melody for this song.*

【歌功颂德】gē gōng sòng dé 用语言或文字来歌颂功绩和恩德（多用于贬义）*eulogize sb.'s virtues and achievements*；*sing sb.'s praises*：这本旧小说污蔑农民起义，为反动统治者～。Zhè běn jiù xiǎoshuō wūmiè nóngmín qǐyì, wèi fǎndòng tǒngzhìzhě ～. *This old novel slanders peasants' uprisings and sings the praises of the reactionary rulers.*

【歌喉】gēhóu（名）〈书〉唱歌人的嗓子 *(singer's) voice*；*singing voice*

【歌剧】gējù（名）[出 chū] *opera*：上演～ shàngyǎn ～ *put on an opera* /排练一出～ páiliàn yì chū ～ *rehearse an opera*

【歌谱】gēpǔ（名）歌曲的谱子 *music of a song*

【歌曲】gēqǔ（名）[支 zhī]〈书〉*song*：一支动人的～ yì zhī dòngrén de ～ *a touching song*

【歌声】gēshēng（名）歌唱的声音 *singing*：从远处传来一阵～。Cóng yuǎnchù chuánlái yí zhèn ～. *The sound of far off singing could be heard.*

【歌手】gēshǒu（名）擅长歌唱的人（一般指民间的）*singer*：这位老汉是苗族有名的～。Zhè wèi lǎohàn shì Miáozú yǒu míng de ～. *This old man is a well-known Miao singer.*

【歌颂】gēsòng（动）用语言文字赞美颂扬 *sing the praise of*；*extol*；*eulogize*：～开拓型人物 ～ kāituòxíng rénwù *sing the praise of people who are pioneers*

【歌舞】gēwǔ（名）唱歌和舞蹈 *singing and dancing*；*song and dance*：东方～ dōngfāng ～ *oriental songs and dances* /～节目 ～ jiémù *singing and dancing performance* /～晚会 ～ wǎnhuì *singing and dancing party* /擅长～ shàncháng ～ *good at singing and dancing*

【歌谣】gēyáo（名）[首 shǒu]民间文学中的短篇韵文作品，包括民歌、民谣、儿歌、童谣等 *ballad*；*folk song*；*nursery rhyme*

【歌咏】gēyǒng（名）（作为一种社会活动的，群众或个人的）唱歌活动 *singing*：～队 ～ duì *singing group*；*chorus* /开展～活动 kāizhǎn ～ huódòng *organize a get-together for the purpose of singing*

gé

革 gé

（名）*leather*；*hide*：制～ zhì ～ *tan hides* /～制品 zhìpǐn *leather goods*（动）◇撤除（职务）*remove from (office)*；*expel*：～去他总经理的职务 ～ qù tā zǒngjīnglǐ de zhíwù *remove him from the position of general manager*

【革除】géchú（动）〈书〉（1）铲除（不良习惯等）*get rid of*；*abolish*；*eliminate*：～陋习 ～ lòuxí *get rid of bad habits and practices* /这种送礼之风必须～。Zhè zhǒng sòng lǐ zhī fēng bìxū ～. *The practice of giving gifts must be eliminated.*（2）开除，撤职 *dismiss*；*expel*；*remove from office*：～公职 ～ gōngzhí *dismiss sb. from his position* /此人因犯贪污罪已被公司～。Cǐ rén yīn fàn tānwū zuì yǐ bèi gōngsī ～. *This person has been fired for embezzlement.*

【革命】gémìng（名）*revolution*：社会主义～ shèhuìzhǔyì *socialist revolution* /技术～ jìshù ～ *technological revolution* /～政权 ～ zhèngquán *revolutionary regime*（动）*take part in a revolution*：被压迫人民纷纷起来～。Bèi yāpò rénmín fēnfēn qǐlái ～. *The oppressed people are rising in revolution one after the other.*（形）具有革命意识的 *revolutionary*：～文学 ～ wénxué *revolutionary literature* /他那时已经是很～的了。Tā nà shí yǐjīng shì hěn ～ de le. *He was already quite revolutionary at that time.*

【革命化】gémìnghuà（动·不及物）指人或事物在一方面或各方面变得符合革命要求 *revolutionize*；*do things in a revolutionary way*：思想～ sīxiǎng ～ *revolutionized thought* /对臃肿的机构进行～的改造。Duì yōngzhǒng de jīgòu jìnxíng ～ de gǎizào *reform the overstaffed organization in a revolutionary way*

【革命家】gémìngjiā（名）具有革命思想，从事革命工作，并作出重大贡献的人 *a revolutionary*

【革命浪漫主义】gémìng làngmànzhǔyì *revolutionary romanticism*

【革命乐观主义】gémìng lèguānzhǔyì *revolutionary optimism*：具有～精神 jùyǒu ～ jīngshén *have the spirit of revolutionary optimism* /以～对待困难 yǐ ～ duìdài kùnnan *handle difficulties with revolutionary optimism*

【革命派】gémìngpài（名）革命的、激进的人们 *revolutionaries*；*revolutionary group*

【革命人道主义】gémìng réndàozhǔyì *revolutionary humanism*

【革命圣地】gémìng shèngdì 指具有重大革命历史意义和作用的地方 *place sacred to the revolution*：到～延安参观游览。Dào ～ Yán'ān cānguān yóulǎn. *Go to visit Yan'an, the sacred place to the revolution.*

【革命现实主义】gémìng xiànshízhǔyì *revolutionary realism*

【革命性】gémìngxìng（名）（任务或作品等的）革命的精神或特点 *revolutionary spirit*（*quality, character*）

【革命英雄主义】gémìng yīngxióngzhǔyì 在同敌人或自然作斗争中，不畏艰险、不怕牺牲，敢于冲锋陷阵的革命精神 *revolutionary heroism*：发扬～精神 fāyáng ～ jīngshén *develop the revolutionary heroism* /以～战胜困难 yǐ ～ zhànshèng kùnnan *overcome difficulties with revolutionary heroism*

【革命者】gémìngzhě（名）从事革命的人 *a revolutionary*：作一个～ zuò yí ge ～ *be a revolutionary* /二十年代，他就成为～了。Èrshí niándài, tā jiù chéngwéi ～ le. *He became a revolutionary in the 20's.*

【革新】géxīn（动）革除旧的，创造新的 *innovate*；*reform*：～工艺 ～ gōngyì *make an innovation in technique*（名）*innovation*：他们搞了好几项技术～。Tāmen gǎole hǎo jǐ xiàng jìshù ～. *They have made quite a few technological innovations.*

【革职】gé=zhí 撤职 *dismiss*；*remove*；*discharge from a position*：已经革了他的职。Yǐjīng géle tā de zhí. *He has been dismissed.*

阁〔閣〕gé

（名）（1）中国老式楼房的一种，四周开窗，多建筑在风景区或庭园的高处，可以凭高远望或供藏书之用 *pavillion; a kind of closed pavillion in ancient China*：亭台楼～ *tíng tái lóu* ～ *pavillion, high platform, building with more than one storey, closed pavillion* /藏书～ *cáng shū* ～ *closed pavillion for keeping books* (2)◇旧时指女人的住屋 *lodging place for ladies in ancient China* (3)◇旧时指放东西的架子 *shelf*；这些手稿一直束之高～，没有整理。*Zhèxiē shǒugǎo yìzhí shù zhī gāo* ～，*méiyou zhěnglǐ. These scripts have been laid aside and neglected, without being sorted out.* (4)◇内阁的简称 *short for "内阁" (cabinet)*：组～ *zǔ* ～ *form a cabinet* /入～ *rù* ～ *join a cabinet*

【阁楼】gélóu（名）在较高的房间内架起的一层矮小的房间 *attic; loft; garret*

【阁下】géxià（名）旧时对人的敬称，现多用于外交场合 *your excellency; his or her excellency*：总理～，我们邀请您在适当的时间访问我国。*Zǒnglǐ* ～，*wǒmen yāoqǐng nín zài shìdàng de shíjiān fǎngwèn wǒ guó. Your excellency, Mr. Premier, is invited to visit our country at his convenience.*

格 gé

（名）（1）（～儿）纸或布上的平行线之间的空隙或横线与竖线交叉成的方块；木条交叉成的框架 *square; chequer*：横～本 *héng* ～ *běnr ruled notebook* / 红～布 *hóng* ～ *bù cloth with red check* (2)书架、柜子等分成若干层，一层叫一格 *shelf; division*：书放在柜子的最下一～。*Shū fàng zài guìzi de zuì xià yì* ～. *The books are placed on the lowest shelf of the cupboard.* (3)◇标准，风格 *standard; style; pattern*：别具一～ *bié jù yì* ～ *have a special style of one's own* /你这样做有些出～了。*Nǐ zhèyàng zuò yǒuxiē chū* ～ *le. That's going a bit too far!* (4)某些语言中用来指称名词（也包括代词、形容词）的语法关系 *case*：主～ *zhǔ* ～ *the nominative case* /宾～ *bīn* ～ *the objective case*

【格调】gédiào（名）（1）指不同作家或不同作品的艺术特点 *(literary or artistic)style* (2)〈书〉指人的风格或品质 *one's style of work as well as one's moral quality*：他在处理个人问题时，～不高。*Tā zài chǔlǐ gèrén wèntí shí*，～ *bù gāo. The way he handled his own problems was not honourable.*

【格斗】gédòu（动·不及物）紧张激烈地搏斗 *fight; grapple*

【格格不入】gé gé bù rù 格格：阻碍，抵触。互相有抵触、不相投（多指意见或感情不合）*incompatible; like a square peg in a round hole*：她来到这个老式家庭，感到处处～。*Tā láidào zhège lǎoshì jiātíng, gǎndào chùchù* ～. *Since coming into this old fashioned family, she has felt out of place.*

【格局】géjú（名）结构、格式、规模、式样（常指作品，有时也指棋弈、计划、建筑等）*style; manner; arrangement pattern; structure*：画画儿得讲究～。*Huà huàr děi jiǎngjiu* ～. *Composition is important in painting.* /那篇文章没有条理，不成～。*Nà piān wénzhāng méi yǒu tiáolǐ, bù chéng* ～. *That article is not well-organized.* /这个计划订得很有～。*Zhège jìhuà dìng de hěn yǒu* ～. *This plan is well structured.* /这座楼的～与众不同。*Zhè zuò lóu de* ～ *yǔ zhòng bù tóng. The lay-out of this building is out of the ordinary.*

【格律】gélǜ（名）诗、赋、词、曲等关于字数、句数、对偶、平仄、押韵等方面的格式和规则 *versification; rules and forms of classical poetic composition; prosody*：这首古诗很严谨。*Zhè shǒu gǔ shī* ～ *hěn yánjǐn. This ancient poem strictly follows the prosody of classical poetry.*

【格式】géshì（名）规格、式样（多指书面材料）*form; pattern*：公文～ *gōngwén* ～ *the form of an official document* /请把这篇文章按规定～抄好。*Qǐng bǎ zhè piān wénzhāng àn guīdìng* ～ *chāohǎo. Please copy this article according to* the set form. /你画的这个表～不对。*Nǐ huà de zhège biǎo* ～ *bú duì. The form of the chart you made is not right.*

【格外】géwài（副）表示异乎寻常；超过一般；可修饰形容词、形容词性短语、某些动词，可带"地"或"的" *especially; exceptionally (modifies adjectives, adjectival phrases and certain verbs; can be used with "地" or "的")*：天～（的）蓝，水也～（的）绿。*Tiān* ～ *(de) lán, shuǐ yě* ～ *(de) lù. The sky is especially blue and the water is exceptionally green.* /他今天～有精神。*Tā jīntiān* ～ *yǒu jīngshen. He is in exceptionally high spirits today.* /没让她参加比赛，她～（地）不高兴。*Méi ràng tā cānjiā bǐsài, tā* ～ *(de) bù gāoxìng. She was especially displeased because she was not asked to join the competition.* /别人都在着急，老程却～沉得住气。*Biéren dōu zài zháo jí, Lǎo Chéng què* ～ *chén de zhù qì. Others were all anxious, yet Lao Cheng remained exceptionally calm.*

【格言】géyán（名）含有教育意义的固定语句，如"勤能补拙""世间无难事，只怕有心人" *maxim; motto; aphorism*

【格子】gézi（名）同"格"gé（1）*same as "格" gé (1) check; checker*：小学生练习写字都用有方～的本子。*Xiǎoxuéshēng liànxí xiě zì dōu yòng yǒu fāng* ～ *de běnzi. Primary school students practise writing in a notebook with squared paper.* /有横～的练习本叫横格本。*Yǒu héng* ～ *de liànxíběn jiào hénggéběnr. A notebook with lines is called a ruled notebook.* /那块红白～布作衬衫不错。*Nà kuài hóng bái* ～ *bù zuò chènshān búcuò. That piece of red and white checked cloth would make a nice shirt.*

隔 gé

（动）（1）阻隔，分开 *separate; partition*：我家和他家就～着一堵墙。*Wǒ jiā hé tā jiā jiù* ～ *zhe yì dǔ qiáng. My house and his are separated by a wall.* /我们虽然远～千山万水，但是有着深厚的友谊。*Wǒmen suīrán yuǎn* ～ *qiān shān wàn shuǐ, dànshì yǒuzhe shēnhòu de yǒuyì. Though we are separated by mountains and rivers, the friendship between us is profound.* /把这个大房间用木板～成两小间。*Bǎ zhège dà fángjiān yòng mùbǎn* ～ *chéng liǎng xiǎo jiān. Turn the big room into two small ones by means of a plywood partition.* (2)插入空间或时间上一段距离 *at a distance; after or at an interval of*：他～两三个星期总去看他母亲一次。*Tā* ～ *liǎng-sān ge xīngqī zǒng qù kàn tā mǔqīn yí cì. He goes to see his mother every two or three weeks.* /两地相～不远。*Liǎng dì xiāng* ～ *bù yuǎn. The two places are not far away from each other.*

【隔岸观火】gé àn guān huǒ 比喻看到别人有危难不去援助而在一旁看热闹 *watch a fire from the other side of the river; look on sb.'s troubles with indifference*

【隔壁】gébì（名）前后或左右相连的屋子或人家 *next door*：他就住在我家～。*Tā jiù zhù zài wǒ jiā* ～. *He lives just next door to us.* /我的房间～是厨房。*Wǒ de fángjiān* ～ *shì chúfáng. The room next to mine is the kitchen.*

【隔断】gé//duàn 阻隔使断绝 *cut off; separate; obstruct*：我正向远方眺望，一列火车～了我的视线。*Wǒ zhèng xiàng yuǎnfāng tiàowàng, yí liè huǒchē* ～ *le wǒ de shìxiàn. I was looking into the distance when a train came and obstructed my view.* /长时期的分离也隔不断他们之间的感情。*Cháng shíqī de fēnlí yě gé bu duàn tāmen zhī jiān de gǎnqíng. Not even a long separation can obstruct the feelings between them.*

【隔断】géduàn（名）把一间屋子隔成几间的遮挡物，如板壁等 *partition*：打～ *dǎ* ～ *set up a partition*

【隔阂】géhé（名）彼此有距离，思想有差异 *estrangement; alienation; lack of understanding*：产生～ *chǎnshēng* ～ *produce feelings of estrangement* / ～很深 ～ *hěn shēn deep misunderstanding* /消除～ *xiāochú* ～ *clear up a mis-*

understanding /他们两人早就有～,如今又有了新的矛盾。Tāmen liǎng rén zǎo jiù yǒu ～, rújīn yòu yǒule xīn de máodùn. *Their relationship has been plagued by a lack of understanding for some time and now a new problem has arisen.*

【隔绝】géjué(动)断绝,不通往来 *be completely cut off*; *be isolated*:音信～ yīnxìn ～ *never hear from sb.* /与外界～多年 yǔ wàijiè ～ duō nián *be cut off from the outside world for a long time*

【隔离】gélí(动)使分隔开不与外界接触(指人、畜等) *keep a-part*; *isolate*; *segregate*; *quarantine*:传染病患者必须～。Chuánrǎnbìng huànzhě bìxū ～. *Patients having infectious diseases must be isolated.* /对同案犯进行～审查。Duì tóng'-ànfàn jìnxíng ～ shěnchá. *The two criminals in the case were investigated separately.*

【隔膜】gémó(名)思想感情不相通的状况 *estrangement*; *lack of mutual understanding*:产生～ chǎnshēng ～ *an estrangement occurred* / 消除～ xiāochú ～ *end an estrangement*

【隔热】gé=rè 隔断热的传播 *heat insulation*:屋顶太薄,不～,所以这屋子夏天像火炉。Wūdǐng tài báo, bù ～, suǒyǐ zhè wūzi xiàtiān xiàng huǒlú. *The roof of this house is too thin to keep the heat out so in the summer it's like a furnace.*

【隔音】gé=yīn 隔绝声音的传播 *soundproof*; *sound insula-tion*:这房子质量不好,不～,楼上走动都能听到。Zhè fángzi zhìliàng bù hǎo, bù ～, lóu shàng zǒudòng dōu néng tīngdào. *This building is of poor quality. It has no sound insulation so the sounds of people moving around carries from upstairs.* /录音室的周围要用～材料建造,才能提高录音质量。Lùyīnshì de zhōuwéi yào yòng ～ cáiliào jiànzào, cái néng tígāo lù yīn zhìliàng. *To improve the quality of recording*, *soundproof materials are to be used to build the walls of recording studios.*

【隔音板】géyīnbǎn(名)〈建〉建筑中用来隔音的板状材料 *soundproof building material*

【隔音符号】géyīn fúhào〈语〉汉语拼音方案规定,当以 a、o、e 开头的音节处于另一音节之后,如有误解的可能,用隔音符号(')隔开,如［pí'ǎo］(皮袄),［jù'é］(巨额),［fāng'àn］(方案) *syllable-dividing mark*

gè

个〔個〕gè

(量)(1)应用范围很广,用于没有其它专用量词的名词 (*most commonly used measure word*):有几～排队的 yǒu jǐ ～ pái duì de *There are a few waiting in line.* /这部书有上、中、下三～分册。Zhè bù shū yǒu shàng、zhōng、xià sān ～ fēncè. *This book has three volumes.* /替我想一办法。Tì wǒ xiǎng ～ bànfǎ. *Think of an idea for me.* (2)可以代替一些别的量词(*can sometimes replace other measure words*):一～(顶)帽子 yí ～ (dǐng) màozi *a hat*/操场旁边有一～(座)宿舍楼。Cāochǎng pángbiān yǒu yí ～ (zuò) sùshè lóu. *There is a dorm building by the sports ground.* (3)在动词或形容词和概数之间可以用“个”加强估计语气 (*used between a verb or adjective and an approximate num-ber to indicate that one is making an estimate*):这课课文有一两三节课就可以讲完了。Zhè kè kèwén yǒu ～ liǎng-sān jié kè jiù kěyǐ jiǎngwán le. *The text of this lesson can be covered in two or three periods.* /这个基本动作,要练一一二十遍才能学会。Zhège jīběn dòngzuò, yào liàn ～ yī-èrshí biàn cái néng xuéhuì. *About 20 repetitions will be required before you can master this basic skill.* /我也就比他早到一五六分钟。Wǒ yě jiù bǐ tā zǎo dào ～ wǔ-liù fēnzhōng. *I arrived here only about 5 or 6 minutes earlier than he did.* (4)“个”用在动宾结构之间,用以举例(作为宾语的名词本来不

一定以“个”为量词) (*inserted between a verb and its object to indicate that something is being illustrated*):他多才多艺,唱一歌,演一戏,踢一球……样样都行。Tā duō cái duō yì, chàng ～ gēr, yǎn ～ xì, tī ～ qiú …… yàngyàng dōu xíng. *He is gifted in many ways*: *singing*, *acting*, *and foot-ball — and good at all of them.* /他穿一衣服,刷一鞋也得一刻钟。Tā chuān ～ yīfu, shuā ～ xié yě děi yí kèzhōng. *It takes him about a quarter of an hour just to put on his clothes or brush his shoes.* (5)用在动词和补语之间,一般在动作或动作的结果达到很高的程度时才用 (*inserted be-tween a verb and its complement when the latter indicates a very high degree*):雨下一没完了。Yǔ xià ～ méi wán le. *It seems that the rain will never stop.* /他们把饭菜吃了一一干二净。Tāmen bǎ fàn cài chīle ～ yì gān èr jìng. *They ate up every bit of the meal.* /这问题非得搞一水落石出不可。Zhè wèntí fēiděi gǎo ～ shuǐ luò shí chū bùkě. *We must get to the bottom of this problem.*

【个别】gèbié(形·非谓)(1)极少数 *very few*; *exceptional*; *one or two*; *rare*:只差～的代表还没到会。Zhǐ chà ～ de dàibiǎo hái méi dào huì. *All but a few representatives have shown up at the conference.* /这种现象不是～的。Zhè zhǒng xiànxiàng bú shì ～ de. *This phenomenon isn't rare.* /我只要找一几个人了解一下就行了。Wǒ zhǐyào zhǎo ～ jǐ ge rén liǎojiě yíxià jiù xíng le. *I only want to interview a few peo-ple.* (2)单独,各个(常作状语) *individually*; *separately*; *specific*:～谈话 ～ tán huà *talk to sb. individually* /～辅导 ～ fúdǎo *individual tutoring*

【个儿】gèr(名)身材或物体的大小 *height*; *size*; *stature*:他是个高～。Tā shì ge gāo ～. *He's tall.* /你～太矮,打篮球不行。Nǐ ～ tài ǎi, dǎ lánqiú bù xíng. *You are too short to play basketball.* /大～的西瓜一毛一斤,小～的八分一斤。Dà ～ de xīguā yì máo yì jīn, xiǎo ～ de bā fēn yì jīn. *The bigger watermelons are 10 fen per catty, the smaller ones 8 fen.* /按高矮～排队,矮的在前面。Àn gāo'ǎi ～ pái duì, ǎi de zài qiánmiàn. *Line up according to your height, the shorter ones in front and the taller ones be-hind.* (2)指一个个的人或物 *persons or things taken singly*:上课的时候,老师挨着一向学生提问。Shàng kè de shíhou, lǎoshī āizhe ～ xiàng xuéshēng tíwèn. *In class the teacher asks questions to students in turn.* /这儿的鸡蛋论～卖。Zhèr de jīdàn lùn ～ mài. *The eggs here are sold indi-vidually.*

【个人】gèrén(名)(1)一个人(跟“集体”相对) *individual*; *personal* (*as opp. to collective*):不能把～放在集体之上。Bù néng bǎ ～ fàng zài jítǐ zhī shàng. *The individual cannot be placed above the collective.* /～的力量总是有限的。～ de lìliàng zǒng shì yǒuxiàn de. *An individual's power is al-ways limited.* (2)自称(在发表意见时,常作“我”的同位语,表示只代表自己一个人,和别人无关) *oneself* (*often in apposition to* 我):我～还有一点儿保留意见。Wǒ ～ hái yǒu yìdiǎnr bǎoliú yìjiàn. *I myself still have some reservations.* /我～认为,这样作未必合适。Wǒ ～ rènwéi, zhèyàng zuò wèibì héshì. *In my opinion, it would not be proper to act so.*

【个人崇拜】gèrén chóngbài 同“个人迷信” gèrén míxìn same as "个人迷信" gèrén míxìn

【个人迷信】gèrén míxìn 指对领袖人物不恰当地夸大其个人的作用,加以神化而崇拜,像迷信神佛一样 *cult of individ-ual*; *personality cult*

【个人英雄主义】gèrén yīngxióngzhǔyì 轻视人民群众和集体的力量,夸大个人作用,好出风头等错误思想 *individual-istic heroism*:克服～ kèfú ～ *overcome individualistic hero-ism* /这个人～十分严重。Cǐ rén ～ shífēn yánzhòng. *This person has a very strong sense of individualistic heroism*

【个人主义】gèrénzhǔyì(名)一切从个人出发,把个人的利益放在集体利益之上,只顾自己,不顾别人的错误思想 *indi-*

vidualism

【个体】gètǐ（名）单个的人或生物 *individual*：～经营 ～ jīngyíng *individual management* /～商贩 ～ shāngfàn *self-employed small retailer*

【个体户】gètǐhù（名）占有一定生产资料，从事小规模经营的个体劳动者 *a self-employed person who owns the means of production to produce something and operates a business on a small-scale*

【个体经济】gètǐ jīngjì *individual economy*

【个体劳动者】gètǐ láodòngzhě 从事个体经济的个人劳动者 *self-employed laborer*

【个位】gèwèi（名）〈数〉*digit*

【个性】gèxìng（名）(1)*individuality*；*personality*；*one's individual character*：这两个孩子～很不相同，一个倔强，一个软弱。Zhè liǎng ge háizi ～ hěn bù xiāngtóng, yí ge juéjiàng, yí ge ruǎnruò. *These two children have quite different personalities, one is stubborn, the other timid.* (2)〈哲〉指一事物区别于其他事物的个别的、特殊的性质，和"共性"相对 *specific character (as opp. to "共性" general character)*

【个子】gèzi（名）指人的身高，有时也指动物身体大小 *height*；*stature*；*build*：他～不高。Tā ～ bù gāo. *He is short.* /他是个大～。Tā shì ge dà ～. *He's big.* /小～ *small size* /矮～ *ǎi be short* /这只猎狗～好大呀! Zhè zhī liègǒu ～ hǎo dà ya! *This hunting dog is really big.*

各 gè

（代）不只一个（并常表示彼此有所不同）*each*；*every*；*various*：～国 ～ guó *every country* /～人 ～ rén *everybody* /～位朋友 ～ wèi péngyou *friends(term of address)*（副）一个范围内每个个体作同样的事或具有同样的情况，可修饰动词、数量词 *each*；*every (modifies verbs and numeral-measure word compounds)*：每个人要～，Měi ge rén yào ～ jìn suǒ néng. *Each must act according to his or her own ability.* /咱们几个人一出一点钱就够了。Zánmen jǐ ge rén ～ chū yìdiǎn qián jiù gòu le. *If each one of us put in a little money, it would be enough.* /国家无论大小，都～有长处和短处。Guójiā wúlùn dà xiǎo, dōu ～ yǒu chángchù hé duǎnchù. *Every nation, big or small, has its strong and weak points.* /我校新生和老生～二百名。Wǒ xiào xīnshēng hé lǎoshēng ～ èrbǎi míng. *There are two hundred of each new students and old in our school.* /对立双方展开争论，～不相让。Duìlì shuāngfāng zhǎnkāi zhēnglùn, ～ bù xiāng ràng. *The two opposing sides started a dispute and neither was ready to give way.* 有时动词前后都有一个"各"，前者是副词，后者是代词 *(sometimes there is a "各" both before and after a verb, the former being an adverb and the latter, a pronoun)*：每人的志趣不同，～有的爱好。Měi rén de zhìqù bù tóng, ～ yǒu gè de àihào. *Every person's inclination differs; each has his own hobby.* /咱们～走各的路，谁也别干涉谁。Zánmen ～ zǒu gè de lù, shuí yě bié gānshè shui. *Let's each go our own way and not interfere with each other.*

【各奔前程】gè bèn qiánchéng 各走各的路，各自走向自己的人生道路 *each goes his own way*：这一班同学，毕业以后就～了。Zhè yì bān tóngxué, bì yè yǐhòu jiù ～ le. *After graduation, the students in this class each went his own way.*

【各别】gèbié（形）(1)各不相同，有区别（常作状语）*in different ways*：这个问题比较特殊，以后～处理。Zhège wèntí bǐjiào tèshū, yǐhòu ～ chǔlǐ. *This problem is special and will be handled differently later.* /这些学生性格都不一样，要～对待。Zhèxiē xuéshēng xìnggé dōu bù yíyàng, yào ～ duìdài. *The temperaments of these students vary, so they should be treated differently.* (2)特别（含贬义，常作谓语）

peculiar，*particular*：这个人常有一些很～的想法。Zhège rén cháng yǒu yìxiē hěn ～ de xiǎngfǎ. *This person often has some very peculiar ideas.* /他真～，总跟人合不来。Tā zhēn ～, zǒng gēn rén hé bu lái. *He's particular and can never get along with others.*

【各持己见】gè chí jǐ jiàn 各人都坚持自己的意见 *each one sticks to his own opinion*：会上，大家～，思想无法统一。Huì shang, dàjiā ～, sīxiǎng wúfǎ tǒngyī. *At the meeting each one persisted in his own idea so that an agreement could not be reached.*

【各得其所】gè dé qí suǒ 每个人都得到适当安置 *each one receives what he deserves*；*everyone is placed in the position that suits them best*：在这个单位，大家都能～，发挥自己的长处。Zài zhège dānwèi, dàjiā dōu néng ～, fāhuī zìjǐ de chángchù. *In this unit everyone is properly positioned to give freedom to their special skills.*

【各个】gè gè 每个（常作定语）*each*；*every*；*various*：～主要路口都设置了路标。～ zhǔyào lùkǒu dōu shèzhìle lùbiāo. *Signs are placed at every main intersection.* /～角落都要扫干净。～ jiǎoluò dōu yào dǎsǎo gānjìng. *Every corner should be cleaned.* /只想一个方面不行，～方面都要考虑到。Zhǐ xiǎng yí ge fāngmiàn bù xíng, ～ fāngmiàn dōu yào kǎolǜ dào. *You cannot only think single-sidedly, every aspect should be considered.*

【各个击破】gè gè jīpò 把敌方逐个攻破，也泛指对问题一个一个地解决 *crush the enemy unit by unit*；*solve problems one by one*：这些难题要～，不可能一下子都解决了。Zhèxiē nántí yào ～, bù kěnéng yíxiàzi dōu juéjié le. *These difficult problems should be dealt with one by one. It's impossible to solve them all at once.*

【各尽所能，按劳分配】gè jìn suǒ néng, àn láo fēnpèi *from each according to his ability, to each according to his work*

【各尽所能，按需分配】gè jìn suǒ néng, àn xū fēnpèi *from each according to his ability, to each according to his needs*

【各就各位】gè jiù gè wèi (1)〈体〉*(of sports) on your marks*；(2)各人到自己的工作位置去 *every one goes to his own work station*：希望会后大家立即～，把今年的任务很好地完成。Xīwàng huì hòu dàjiā lìjí ～, bǎ jīnnián de rènwu hěn hǎo de wánchéng. *It is hoped that every one will go back to his own work immediately after the meeting is over and do a good job of completing this year's tasks.*

【各色】gèsè（形·非谓）各种各样 *of every kind*：～水果，摆满了摊子。～ shuǐguǒ, bǎimǎnle tānzi. *Fruits of all kinds filled the stall.*

【各式各样】gè shì gè yàng 多种不同的式样或方式 *all kinds of*；*in various ways*；*of every description*：～的玻璃杯 ～ de bōlibēi *all kinds of glasses* /～的玩具 ～ de wánjù *all kinds of toys* /～的旅客 ～ de lǚkè *passengers of every description* /这次展出的商品～琳琅满目。Zhè cì zhǎnchū de shāngpǐn ～ línláng mǎn mù. *One is dazzled by the variety of goods exhibited.*

【各抒己见】gè shū jǐ jiàn 各自充分谈出自己的见解 *each expresses his own views*：在这次学术讨论会上，学者们～，讨论十分热烈。Zài zhè cì xuéshù tǎolùnhuì shang, xuézhěmen ～, tǎolùn shífēn rèliè. *At the symposium, each scholar aired his own view and the discussion was heated.*

【各行其是】gè xíng qí shì 指思想不统一，行动不一致，各人按自己的主张去作 *act as one pleases*；*each goes his own way*：工作要有统一的安排，不能～。Gōngzuò yào yǒu tǒngyī de ānpái, bù néng ～. *The work should be handled by means of a planned schedule and not in a haphazard manner.*

【各有千秋】gè yǒu qiān qiū 各有所长，各有特点 *each has his merits*：这两位画家风格不同，～。Zhè liǎng wèi huàjiā fēnggé bù tóng, ～. *The styles of these two painters are dif-*

ferent but each has its own strong points.

【各自】gèzì (代) 各人自己，各个方面自己的一方 *by oneself；each*：～为战 ～wéi zhàn *each fights his own battle* /～作好本职工作 ～zuòhǎo běnzhí gōngzuò *each one does his own work well* /谈判双方～申述了不同的观点。Tánpàn shuāngfāng ～ shēnshùle bù tóng de guāndiǎn. *Each of the two parties of the negotiation expressed his respective viewpoint.*

【各自为政】gèzì wéi zhèng (在一个集体之内，或互有联系的人之间)各人按自己的主张办事，不顾整体，互不配合 *each manages his affairs in his own way (within a collective)*：厂长和副厂长～，使下面的人无所适从 Chǎngzhǎng hé fùchǎngzhǎng ～，shǐ xiàmiàn de rén wú suǒ shì cóng. *Both the factory manager and the assistant manager do things in their own way so that the people under them are at loss as to what to do.*

gěi

给〔給〕gěi (动)(1)交，送(可作补语) *give*：我～他一本画册。Wǒ ～ tā yì běn huàcè. *I gave him a picture album.* /请再～我一次机会吧！Qǐng zài ～ wǒ yí cì jīhuì ba! *Please give me another chance.* /把香烟递～了客人。Bǎ xiāngyān dì ～ le kèrén. *Pass the cigarette to the guest.* /他在上飞机前打了个电报～我。Tā zài shàng fēijī qián dǎle ge diànbào ～ wǒ. *Before boarding the plane, he sent me a telegram.* (2)让，使，允许(必作兼语式的前一个动词) *let；allow*：这～消息应该～大家知道一下。Zhège xiāoxi yīnggāi ～ dàjiā zhīdào yíxià. *This news should be made known to the others.* /他把东西藏在身后，不～他看。Tā bǎ dōngxi cáng zài shēn hòu, bù ～ tā kàn. *He hid the thing behind him and didn't let her see it.* (3)使对方遭受(某种不愉快)，一般带双宾语 *make sb. suffer (some displeasure)，(usu. has a direct and an indirect objects)* ①第二个宾语前应带数词和量词 *(the second object must have a numeral and a measure word)*：～他一个难堪 ～ tā yí ge nánkān *make him very embarrassed* /～他们一个下马威 ～ tāmen yí ge xiàmǎwēi *deal them a head-on blow at the first encounter* /～他点厉害！～ tā diǎnr lìhai! *teach him a lesson；intimidate him* /～他点颜色看看！～ tā diǎnr yánsè kànkan! *make it hot for him；teach him a lesson* ②"给"可代替一些具体动作动词 *("给" can replace some verb indicating a definite action)*：～他一个耳光(打他一个耳光) ～ tā yí ge ěrguāng *slap him on the face* /～了他两脚(踢了他两脚) ～ le tā liǎng jiǎo *kicked him twice* (介)以体词、动宾结构、主谓结构为宾语 *(with nominals, verb-object structures and subject-predicate structures as an object)* (1)组成介词结构作状语 *(forms a prepositional structure that functions as an adverbial)*：①引进服务对象，相当于"为"或"替" *(introduces the object of one's service；similar to "为" or "替")*：张大夫～李大娘治病。Zhāng dàifu ～ Lǐ dàniáng zhì bìng. *Doctor Zhang cured Aunt Li's illness.* /我～你买来一斤苹果。Wǒ ～ nǐ mǎilai yì jīn píngguǒ. *I've bought a jin of apples for you.* 口语中常用的介词结构"给我"作状语，可能有两种意思：一是"为我"、"替我"；二是用命令语气表示说话人的意志 *(the prepositional structure"给我"that acts as an adverbial is often used in the spoken language and has two possible meanings：the first is "for me" or "on my behalf"；the second is part of an order which expresses the will of the speaker)*：谢谢您把孩子～找回来。Xièxie nín bǎ háizi ～ wǒ zhǎo huílai le. *Thank you for finding my child for me.* /请您～我介绍一下这些产品的功能。Qǐng nín ～ wǒ jièshào yíxià zhèxiē chǎnpǐn de gōngnéng. *Please explain for me the function of these products.* /你～我滚出去！Nǐ ～ wǒ gǔn chuqu!

Get out! /你～我老实交待，这些东西从哪儿来的?! Nǐ ～ wǒ lǎoshi jiāodài, zhèxiē dōngxi cóng nǎr lái de ?! *Tell me honestly, where do these things come from?* ②引进动作、行为的承受者，相当于"向"或"对" *(introduces the recipient of an action or behaviour；similar to "向" or "对")*：他在～学生讲课。Tā zài ～ xuésheng jiǎng kè. *He's teaching the students a lesson.* /临别时，他～老师鞠了个躬。Lín bié shí, tā ～ lǎoshī jūle ge gōng. *Just before parting, he made a bow to the teacher.* ③引进事物的接受者，有"给予"的意思 *(introduces the recipient of an object；same as "给予")*：请～我倒杯开水。Qǐng ～ wǒ dào bēi kāishuǐ. *Please pour me a cup of boiling water.* /他～母亲写了两封信。Tā ～ mǔqīn xiěle liǎng fēng xìn. *He wrote two letters to his mother.* /邮递员～他送来一个包裹。Yóudìyuán ～ tā sònglái yí ge bāoguǒ. *The postman delivered a parcel to him.* ④引进受动作结果损害的对象 *(introduces the person who is harmed by the result of an action)*：真对不起，电影票我～你弄丢了。Zhēn duì bu qǐ, diànyǐng piào wǒ ～ nǐ nòngdiū le. *Sorry, I've lost your movie ticket.* /他把玻璃杯～你打碎了。Tā bǎ bōlibēi ～ nǐ dǎsuì le. *He broke your glass.* ⑤表示被动，相当于"被" *(acts as a passive indicator；similar to "被")*：缸里的金鱼～猫叼走了。Gāng li de jīnyú ～ māo diāozǒu le. *The goldfish in the bowl was carried off by the cat.* /门前的柳树～大风吹倒了。Mén qián de liǔshù ～ dà fēng chuīdǎo le. *The willows in front of the gate were blown down by the wind.* 有时"给"可以不引进施事者，直接放在动词前 *(sometimes "给" may not introduce the doer of an action and is placed directly before the verb)*：信～送来了。Xìn ～ sònglai le. *The letter has been delivered here.* /那几本书都～借光了。Nà jǐ běn shū dōu ～ jièguāng le. *Those books have all been borrowed.* /那年闹虫灾，地里的庄稼都～吃光了。Nà nián nào chóng zāi, dìli de zhuāngjia dōu ～ chīguāng le. *There was a plague of insects that year, and all the crops in the fields were eaten up.* ⑥(口)相当于介词"把" *(similar to the preposition "把")*：刚才"轰隆"一个响雷，～我吓了一跳。Gāngcái "hōnglōng" yí ge xiǎngléi, ～ wǒ xiàle yí tiào. *There was a rumble of thunder that gave me a fright just now.* /你颠三倒四说了半天，～我们弄糊涂了。Nǐ diān sān dǎo sì shuōle bàntiān, ～ wǒmen nòng hútu le. *You spoke incoherently for a long time and got us all confused.* /他～这个字写错了。Tā ～ zhège zì xiěcuò le. *He wrote this character wrong.* (2)组成介词结构，用在动词后，指出交付、传送的接受者 *(forms a prepositional structure and is used after a verb to indicate the recipient of sth. that is handed over or delivered)*：邮递员亲手把信交～他。Yóudìyuán qīnshǒu bǎ xìn jiāo ～ tā. *The postman handed the letter over to him personally.* /我送～小李一件毛衣。Wǒ sòng ～ Xiǎo Lǐ yí jiàn máoyī. *I'm giving a sweater to Xiao Li as a gift.* /把青春贡献～社会主义祖国。Bǎ qīngchūn gòngxiàn ～ shèhuìzhǔyì zǔguó. *Dedicate your youth to the socialist motherland.* (助)(口)用于述语前，不起什么作用，可以省略 *(placed before the verb；may be omitted)* (1)用于主动句，表示为别人帮忙的意思 *(when used in a sentence of active voice, it indicates that one is helping sb.)*：请您帮忙～推一下车。Qǐng nín bāng máng (～) tuī yíxià chē. *Please help (me) push the cart.* /这篇文章他能不能～改改？Zhè piān wénzhāng tā néng bù néng (～) gǎigai? *Can he revise this article (for us) or not?* /我(～)写个提纲吧。Wǒ (～) xiě ge tígāng ba. *Let me write an outline (for you).* 如无"给"则可能不是替别人写 *(if there were no "给" then perhaps the outline would not be written for sb. else)*：这个词我不大懂，他(～)解释了半天。Zhège cí wǒ bú dà dǒng, tā (～) jiěshìle bàntiān. *I didn't understand this word very well so he spent a long time explaining it (to*

me）.（2）用于"把"字句（used in a "把" sentence）：挖土时，他把腰（～）扭伤了。Wā tǔ shí, tā bǎ yāo (～) niǔshāng le. *He wrenched his back when he was digging up the earth.* / 注意别把这件事（～）忘了。Zhùyì bié bǎ zhè jiàn shì (～) wàng le. *Be sure not to forget this matter.* （3）用于"被"字句，以及表示不如意结果的，没有"被"字的被动句（used in a "被" sentence or in a passive sentence not employing "被" which indicates that the result is not as one wishes）：活儿都被他们（～）干完了。*The work was all finished by them.* /收音机叫小王（～）修好了。Shōuyīnjī jiào Xiǎo Wáng (～) xiūhǎo le. *The radio was repaired by Xiao Wang.* /那个地区闹蝗虫，一大片麦子，一夜之间就（～）吃光了。Nàge dìqū nào huángchóng, yí dà piàn màizi, yí yè zhī jiān jiù (～) chīguāng le. *That district had a plague of locusts. A vast expanse of wheat was eaten up in just one night.* /镜子（～）打破了，真可惜。Jìngzi (～) dǎpò le, zhēn kěxī. *What a pity, the mirror has been smashed.* 另见 jī

【给以】gěiyǐ（动）"给以"总与双音动词结合作谓语，其意义与该双音动词无异，多用于书面语 "给以" is always combined with a disyllabic verb to form the predicate and the meaning is the same as that of the verb：在产品设计中，他很有创造性，应当～鼓励。Zài chǎnpǐn shèjì zhōng, tā hěn yǒu chuàngzàoxìng, yīngdāng ～ gǔlì. *He is very creative at product design so he should be encouraged.* /凡是有效的改革，我们都要～支持。Fánshì yǒuxiào de gǎigé, wǒmen dōu yào ～ zhīchí. *We will give support to all effective reform.*

【给⋯⋯以⋯⋯】gěi⋯yǐ⋯ 同"给"gěi（1）。"给"后面是间接宾语，"以"后面是直接宾语（多为双音动词或抽象名词）same as "给" gěi (1), the indirect object is placed after 给 and the direct object, usu. an abstract noun or disyllabic verb, after 以：在长期的革命斗争中，各国人民给我们以巨大的支援。Zài chángqī de gémìng dòuzhēng zhōng, gè guó rénmín gěi wǒmen yǐ jùdà de zhīyuán. *In our long revolutionary struggle, we have received great support from peoples of all countries.* /进行实验的时候，专家们给他们以具体的指导。Jìnxíng shíyàn de shíhòu, zhuānjiāmen gěi tāmen yǐ jùtǐ de zhǐdǎo. *Experts gave them concrete guidance while they were carrying out the experiment.* /能不能给严重失职者以刑事处分？Néng bù néng gěi yánzhòng shīzhízhě yǐ xíngshì chǔfēn? *Can we take legal action against those who have grossly neglected duties?*

gēn

根 gēn（名）（1）root：树～ shù ～ *the roots of a tree* /草～ cǎo ～ *the roots of grass* /深叶茂 ～ shēn yè mào *deep roots and lush leaves* （2）◇物体的底部或底部附近 foot；root：牙～ yá ～ *the root of a tooth* /舌～ shé ～ *the root of the tongue* /墙～ qiáng ～ *the foot of a wall* （3）事物的本源或人的底细 cause；origin；root；source：刨～儿问底儿 páo～r wèn dǐr *get to the root of a matter* /我从小就认识他，知～知底。Wǒ cóng xiǎo jiù rènshi tā, zhī ～ zhī dǐ. *We have known each other since we were young so we know each other really well.* /要把穷～挖掉。Yào bǎ qióng ～ wādiào. *Do away with the root cause of poverty.* （4）◇比喻基础 base；foundation：作家要把～扎在人民群众中。Zuòjiā yào bǎ ～ zhā zài rénmín qúnzhòng zhōng. *A writer should have his roots among the masses.* （5）〈数〉root：16的平方根是4。Shíliù de píngfāng～ shì sì. *The square root of 16 is 4.* （6）◇（～儿）比喻子孙后代 later generations；descendants：那位革命烈士有一个儿子，是唯一的一条～。Nà wèi gémìng lièshì yǒu yí ge érzi, shì wéiyī de yì tiáo ～. *That revolu-*

tionary martyr has a son, his only descendant. （7）◇比喻祖籍、故土、家乡 home town；origin；root；ancestral home：这位老华侨的后代回祖国来寻～。Zhè wèi lǎo huáqiáo de hòudài dào zǔguó lái xún ～. *The descendant of that old overseas Chinese has come back to the motherland to seek the roots.* （量）（～儿）用于一些细长的东西 measure word for long, thin things：一～筷子 yì ～ kuàizi *one chopstick* /几～头发 jǐ ～ tóufa *several hairs* /两三～粉笔 liǎng-sān ～ fěnbǐ *two or three pieces of chalk*

【根本】gēnběn（名）事物的根源或症结 foundation；base；essence：抓住问题的～ zhuāzhù wèntí de ～ *grasp the essence of the problem* /从～上解决 cóng ～ shang jiějué *achieve a fundamental solution* （形·非谓）主要的，重要的 basic；fundamental；essential；cardinal：～问题 ～ wèntí *essential problem* /粮食是最～的必需品。Liángshi shì zuì ～ de bìxūpǐn. *Grain is the most basic necessity.* /宪法是国家的～大法。Xiànfǎ shì guójiā de ～ dàfǎ. *The basic laws of the country are embodied in the constitution.* （副）（1）修饰否定形式，表示"始终、全然"的意思，语气很强；可与"就"搭配（modifies a negative form to mean "entirely"; has an emphatic tone; can be used together with "就"）at all；simply：我～就不认识他。Wǒ ～ jiù bú rènshi tā. *I simply do not know him.* /这老汉～不觉得累。Zhè lǎohàn ～ bù juéde lèi. *This old man doesn't feel tired at all.* /她对打球～没兴趣。Tā duì dǎ qiú ～ méi xìngqù. *She is simply not interested in playing ball.* （2）修饰肯定形式，表示"完全、彻底"的意思（modifies an affirmative form to mean "thoroughly"）thoroughly：这些病现已～绝迹了。Zhèxiē bìng xiàn yǐ ～ jué jì le. *These diseases have already been thoroughly eradicated.* /要～改变这个城市的面貌。Yào ～ gǎibiàn zhège chéngshì de miànmào. *We will thoroughly change the look of this city.* /两人的意见～相反。Liǎng rén de yìjian ～ xiāngfǎn. *Their two opinions are radically opposed.*

【根除】gēnchú（动）彻底除掉 uproot；exterminate；eradicate；eliminate：消灭蚊子，才能～这种疾病。Xiāomiè wénzi, cái néng ～ zhè zhǒng jíbìng. *This kind of disease can only be eliminated when mosquitoes are exterminated.* /他的这个毛病很难～。Tā de zhège máobìng hěn nán ～. *It's hard for him to get rid of this bad habit.*

【根底】gēndǐ（名）（1）基础、底子（常指学业）foundation：他的古汉语～很好。Tā de gǔ Hànyǔ ～ hěn hǎo. *He has a solid foundation in classical Chinese.* /他在写作上没什么～，缺乏基本功的训练。Tā zài xiězuò shang méi shénme ～, quēfá jīběngōng de xùnliàn. *He doesn't have a very good foundation in writing and lacks basic skills.* （2）底细cause；root：追问～ zhuīwèn ～ *inquire into the cause of the matter* /哼！谁不知道他的～! Hng! shuí bù zhīdao tā de ～! *Humph! Who doesn't know his background!*

【根号】gēnhào（名）〈数〉radical sign

【根基】gēnjī（名）（1）基础 foundation；basis：盖房子最重要的是打好～。Gài fángzi zuì zhòngyào de shì dǎhǎo ～. *The most important part of building a house is to lay a solid foundation.* /他在这门学科上～不深，需要好好学习。Tā zài zhè mén xuékē shang ～ bù shēn, xūyào hǎohāor xuéxí. *He does not have a good foundation in this subject. He needs to study hard.* （2）比喻家底 resources；family property accumulated over a long period of time：这几年他们家有了点儿～，生活有了保障。Zhè jǐ nián tāmen jiā yǒule diǎnr ～, shēnghuó yǒule bǎozhàng. *Because they have accumulated some savings in the past few years, they feel secure.*

【根据】gēnjù（名）作为下结论或采取行动的基础 basis；grounds；foundation：说话要有～。Shuō huà yào yǒu ～. *One should avoid making assertions without good grounds.*

/~不足，予以驳回。~ bù zú, yǔyǐ bóhuí. *Insufficient grounds, it is rejected.* (动) 以……为根据 *on the basis of; according to:* 你这样说，~什么? Nǐ zhèyàng shuō, ~ shénme? *What is your basis for saying that?* /大家的建议把计划修改了一下。~ dàjiā de jiànyì bǎ jìhuà xiūgǎile yíxià. *The plan was modified in accordance with everybody's suggestions.*

【根据地】gēnjùdì (名) (1) 在革命过程中，为了最终取得胜利而建立的战略基地 *base; base area* (2) 特指中国在第二次国内革命战争(1927—1937)、抗日战争(1937—1945)、解放战争(1946—1949)时期的革命根据地 *base areas during the 2nd Revolutionary Civil War (1927—1937), the War Resistance Against Japan (1937—1945) and the War of Liberation* (1946—1949)

【根绝】gēnjué (动) 彻底消灭(祸患) *exterminate; wipe out; eliminate:* ~天花 ~ tiānhuā *exterminate smallpox* / 能不能~交通事故? Néng bu néng ~ jiāotōng shìgù? *Can all traffic accidents be eliminated?*

【根苗】gēnmiáo (名) (1) 植物的根和苗 *root and shoot* (2) 事情的来由、原因 *source; root* (3) 后代 *offspring*

【根深柢固】gēn shēn dǐ gù 同 "根深蒂固" gēn shēn dì gù *same as "根深蒂固"* gēn shēn dì gù

【根深蒂固】gēn shēn dì gù 比喻基础稳固，不容易动摇(多含贬义) *deep-rooted; ingrained:* 重男轻女的思想在一些人的头脑中~。Zhòng nán qīng nǚ de sīxiǎng zài yìxiē rén de tóunǎo zhōng ~. *The way of thinking which attaches greater importance to men than to women is still ingrained in the minds of some people.*

【根由】gēnyóu (名) 来历，起因 *cause; origin*

【根源】gēnyuán (名) 使事物产生的根本原因 *source; origin; root:* 社会~ shèhuì ~ *social roots* /历史~ lìshǐ ~ *historical roots* /个人主义是他犯错误的~。Gèrénzhǔyì shì tā fàn cuòwu de ~. *Individualism is the source of his mistakes.* (动) (社会现象)起源(于) *originate:* 这次大罢工~于资本家对工人的残酷压榨。Zhè cì dà bà gōng ~ yú zīběnjiā duì gōngrén de cánkù yāzhà. *This strike originated in the capitalists' cruel expoitation of the workers.*

【根治】gēnzhì (动) 彻底治好(灾害、疾病) *radical cure; cure once and for all; permanent control:* ~海河 ~ Hǎi Hé *bring the Haihe River under permanent control* /这种病现在还无法~。Zhè zhǒng bìng xiànzài hái wúfǎ ~. *Up to now we have been unable to find a permanent cure for this disease.*

【根子】gēnzi (名) (1) 植物的根 *root* (2) 事物的起源 *origin:* 祸~ huò ~ *cause of disaster* /挖掉穷~ wādiào qióng ~ *eradicate the cause of poverty*

跟 gēn

(名) (~儿) 脚的后部或鞋袜的后部 *heel:* 他的脚后~受了伤。Tā de jiǎo hòu ~ shòule shāng. *He hurt his heel.* /这双皮鞋~太高了。Zhè shuāng píxié ~ tài gāo le. *The heels of this pair of shoes are too high.* (动) 紧接着，随 *follow:* 快点儿~上队伍。Kuài diǎnr ~ shàng duìwu. *Hurry up and catch up with the rank file.* /这个小女孩儿总~在妈妈身后。Zhège xiǎo nǚháir zǒng ~ zài māma shēn hòu. *This little girl follows her mother everywhere.* /代表们一个一个地走进会场。Dàibiǎomen yí gè ~ yí gè de zǒujìn huìchǎng. *The delegates came into the conference hall one after another.* (介) 〈口〉宾语多是体词，有时是动宾结构、主谓结构；处于"跟"前面的人、物是主要的 (*the object is usu. a nominal, but may sometimes also be a verb-object structure or subject-predicate structure; the person or thing before "跟" is the main doer of the action*) (1) 引出动作的另一个施动者，表示动作由双方共同进行 (*introduces the other doer of the action to indicate that there are two doers of the action*) and; with：这问题我~他研究过。Zhè wèntí wǒ ~ tā yánjiūguo. *He and I have considered this problem.* /我~他一起去香山。Wǒ ~ tā yìqǐ qù Xiāng Shān. *He is going with me to Xiangshan.* 一些否定副词或助动词用在 "跟" 前，表示主观愿望，用在 "跟" 后表示客观事实 (*when certain negative elements or auxiliary verbs are used before "跟", this indicates a subjective wish; when they are used after "跟", this indicates objective fact*)：他能~你合作。Tā néng ~ nǐ hézuò. *He is willing to cooperate with you.* /他~你能合作。Tā ~ nǐ néng hézuò. *He is able to cooperate with you.* /一年级的学生不~他们赛足球。Yì niánjí de xuésheng bù ~ tāmen sài zúqiú. *The first grade students wouldn't play a football match with them.* /一年级的学生~他们没赛足球。Yì niánjí de xuésheng ~ tāmen méi sài zúqiú. *The first grade students did not play a football match with them.* (2) "跟……" 用于 "说" "谈" "提" 等动词或短语或少数表示态度的形容词或短语前，指出主语的动作、态度的对象，而这动作、态度是单方面的 (*when "跟……" is used before such verbs such as "说", "谈" or "提", or phrases, or a few adjectives or phrases that express attitude, it points out the object of the subject's action or aproach which is one-sided*)：我可不~他来往。Wǒ kě bù ~ tā láiwǎng. *I have no dealings with him.* /我有些看法，~你们谈谈可以吗? Wǒ yǒu xiē kànfǎ, ~ nǐmen tántan kěyǐ ma? *I have a few ideas that I'd like to discuss with you. May I?* /他仿佛~这里的人很熟似的，非常随便。Tā fǎngfú ~ zhèlǐ de rén hěn shú shìde, fēicháng suíbiàn. *He seems to be familiar with the people here as he's very much at ease.* /他~谁都很客气。Tā ~ shuí dōu hěn kèqi. *He's polite to everyone.* (3) 引出与动作有关的对方，有 "对" 或 "向" 的意思 *to; towards; from (as "对" or "向")：*他们~银行贷了两万块钱。Tāmen ~ yínháng dàile liǎngwàn kuài qián. *They got a twenty-thousand-yuan loan from the bank.* /他已经~老师请了假。Tā yǐjīng ~ lǎoshī qǐngle jià. *He has already asked the teacher for leave of absence.* /咱们得~她学学怎么养茉莉花。Zánmen děi ~ tā xuéxue zěnme yǎng mòlìhuā. *We must ask her to show us how to grow jasmine flowers.* /我要~小王打听一下李老的住址。Wǒ yào ~ Xiǎo Wáng dǎtīng yíxià Lǎo Lǐ de zhùzhǐ. *I must ask Xiao Wang for Lao Li's address.* (4) 引进与一方有某种联系的另一方，有 "同"、"与" 的意思 *and; with (introduces the related other party as "同" or "与")：*他~海外的叔叔一直通信。Tā ~ hǎiwài de shūshu yìzhí tōng xìn. *He has been corresponding with his uncle overseas.* /这两年，他~姐姐断绝了联系。Zhè liǎng nián, tā ~ jiějie duànjuéle liánxì. *He has severed relations with his older sister these past two years.* /人的心情~天气好坏也有关系。Rén de xīnqíng ~ tiānqì hǎo huài yě yǒu guānxi. *People's mood also has something to do with the changes in weather.* /知识分子要~工农民众相结合。Zhīshifènzǐ yào ~ gōng nóng mínzhòng xiàng jiéhé. *Intellectuals must integrate with the masses of workers and peasants.* (5) 引出比较的对象，后面常有 "相同" "不同" "一样" "差不多" "相似" 等词语与之呼应 (*introduces the object of a comparison; often followed by "相同", "不同", "一样", "差不多", "相似", etc.*)：你(现在)~从前差不多。Nǐ (xiànzài) ~ cóngqián chà bu duō. *You're still the same (now) as before.* /他学习~我(学习)不一样，非常仔细认真。Tā xuéxí ~ wǒ (xuéxí) bù yíyàng, fēicháng zǐxì rènzhēn. *The way he studies is different from mine, is very conscientious.* /他的想法~你的想法不相同。Tā de xiǎngfǎ ~ nǐ de xiǎngfǎ bù xiāngtóng. *His idea is not the same as yours.* /你怎么能~他相比呢? Nǐ zěnme néng ~ tā xiāng bǐ ne? *How could you possibly compare with him?* /我到他家就~在我家一样随便。Wǒ dào tā jiā jiù ~ zài wǒ jiā yíyàng suíbiàn. *I'm very much at ease in his home as*

I am in my own. /这个人说起话来老～演说似的。Zhège rén shuō qǐ huà lai lǎo ～ yǎnshuō shide. *This man always talks as if he were making a speech.* (连)〈口〉表示联合关系(同"和"hé)；可连接句中并列的主语、宾语、定语 *and* (*links together juxtaposed subjects, objects and attributives in a sentence*)：鲁迅～郭沫若都是中国的大文学家。Lǔ Xùn ～ Guō Mòruò dōu shì Zhōngguó de dà wénxuéjiā. *Lu Xun and Guo Moruo were both great Chinese writers.* /我们未必能够分清美的—丑的、正确的与错误的。Wǒmen wèibì nénggòu fēnqīng měi de ～ chǒu de, zhèngquè de yǔ cuòwù de. *We may not necessarily be able to draw a clear distinction between beautiful and ugly, right and wrong.* /我把去年的～今年的杂志都放在一起了。Wǒ bǎ qùnián de ～ jīnnián de zázhì dōu fàng zài yìqǐ le. *I put last year's magazines and this year's together.* /老大～老二的母亲去世了，老三和老四是现在的母亲生的。Lǎodà ～ lǎo'èr de mǔqin qùshì le, lǎosān hé lǎosì shì xiànzài de mǔqin shēng de. *The eldest's and second eldest's mother passed away. The third and fourth children were borne by the mother they have now.*

【跟前】gēnqián (名) (～儿) 身边，附近 *in front of*; *nearby*: 他把几盆花都放在～。Tā bǎ jǐ pén huā dōu fàng zài ～. *He placed a few potted flowers nearby.* /孩子坐在妈妈～。Háizi zuò zài māma ～. *The children are sitting near their mother.* /商店就在她家～。Shāngdiàn jiù zài tā jiā ～. *The store is near her house.*

【跟随】gēnsuí (动) 同"跟"gēn (动)，较庄重 *follow*: 他曾几个名画家学过画。Tā céng ～ jǐ ge míng huàjiā xuéguo huàr. *He studied painting under several famous painters.* /不能总～在别人后面，要自己开辟道路。Bù néng zǒng zài biéren hòumiàn, yào zìjǐ kāipì dàolù. *You cannot always follow the footsteps of others. You've got to make your own path.*

【跟头】gēntou (名) (1) 身体摔倒的动作 *fall*: 摔～ shuāi *trip and fall* /他走路不小心，跌了一个～。Tā zǒu lù bù xiǎoxīn, diēle yí ge ～. *He wasn't looking where he was going and fell down.* (2) somersault：翻～ fān ～ *do a somersault*

【跟着】gēnzhe (动) 随 *follow*: 我不认识路，你骑车在前边走，我～。Wǒ bú rènshi lù, nǐ qí chē zài qiánbiānr zǒu, wǒ ～. *I don't know the way. You ride the bike in front of me and I'll follow.* /弟弟～哥哥去上学。Dìdi ～ gēge qù shàng xué. *The younger brother went to school with his elder brother.* /我起个头，大家一唱！Wǒ qǐ ge tóur, dàjiā ～ chàng. *I will set a tune and then you follow me.* (连) 表示前面的动作与后面的动作在时间上紧紧相连；通常连接的是两个分句 *immediately following*; *right after* (*usu. links two clauses*)：首先是东边响了一枪，～，西边也响了一枪。Shǒuxiān shì dōngbiān xiǎngle yì qiāng, ～, xībiān yě xiǎngle yì qiāng. *First the east side fired a shot, then a shot from the west side immediately followed.* /他先跳下了游泳池～我也跳下去了。Tā xiān tiàoxiàle yóuyǒngchí, wǒ yě tiào xiaqu le. *First he jumped into the swimming pool, then I jumped in right after him.* /先是302房间熄了灯，～其他房间的灯也灭了。Xiàn shì sānlíng'èr fángjiān xile dēng, ～ qítā fángjiān de dēng yě miè le. *Room 302 put out the lights first, then the lights in the other rooms were extinguished immediately afterwards.*

【跟踪】gēnzōng (动) (为追赶或监视) 紧跟在后面 *follow the track of*; *tail*: ～追击 zhuījī *go in hot pursuit of* /暗中～ ànzhōng ～ *shadow sb. in secret*

gēng

更 gēng (动) ◇ 改变 *change* (名) 中国旧时夜间计时单位。一夜分做五更，每更大约两小时 *one of the five two-hour periods into which the night was formerlly divided*; *watch*: 打～ dǎ ～ *beat the watches* /五～天了。Wǔ ～ tiān le. *It's just before dawn.* 另见 gèng

【更迭】gēngdié (动) 〈书〉 轮流更换 *alternate*; *change*

【更动】gēngdòng (动) 更改，变动 *alter*: 这份计划有一处～了一下。Zhè fèn jìhuà yǒu yí chù ～ le yíxià. *One part of the plan has been altered.* /会议日程已经大大～了。Huìyì rìchéng yǐjīng dàdà ～ le. *The agenda of the conference has been changed a lot.* (名) 更改、变动的地方 *change*; *alteration*: 人事～ rénshì *personnel changes* /旅游日程表有一个小小的～。Lǚyóu rìchéngbiǎo yǒu yí ge xiǎoxiǎo de ～. *There is a small change in the itinerary.*

【更改】gēnggǎi (动) 改换，改动 *change*; *alter*: 飞机航线～ fēijī hángxiàn *change the course of flying* /计划～ jìhuà *alter a plan* /这篇文章写得不错，只要～几个字就行了。Zhè piān wénzhāng xiě de búcuò, zhǐyào ～ jǐ ge zì jiù xíng le. *This is a well written article and only needs some minor changes in the wording.*

【更换】gēnghuàn (动) 变换，替换 *change*; *replace*: ～位置 wèizhì *change places* /一旧机器～ jiù jī *replace old machinery* / 设备太旧了，需要～新的。Shèbèi tài jiù le, xūyào ～ xīn de. *This old equipment should be updated.*

【更替】gēngtì (动) 更换、代替 *replace*: 干部中年龄大的要用年轻的去～。Gànbù zhōng niánlíng dà de yào yòng niánqīng de qù ～. *Old cadres should be replaced by younger ones.* /事物新旧～是自然的事。Shìwù xīn jiù ～ shì zìrán de shì. *It is natural to replace the old with the new.*

【更新】gēngxīn (动) 新旧交替 *renew*; *replace*: 设备～ shèbèi *the renewal of equipment* /万象～ wànxiàng *every thing takes on a new look*

【更衣室】gēngyīshì (名) 体育馆、游泳场等公共场所中专供换衣服的地方 *locker room*; *change room*

【更正】gēngzhèng (动) 改正 (已出版或发表的文字或谈话内容中的错误) *make corrections of errors* (*in statements or published articles*): ～文字错误 ～ wénzì cuòwu *correct writing errors* /刚才我讲的内容，有一处需要～一下。Gāngcái wǒ jiǎng de nèiróng, yǒu yí chù xūyào ～ yíxià. *One correction should be made in my previous remark.* (名) 改正的地方 *a correction*: 一处～ yí chù *one correction*

耕 gēng (动) *plough*: ～地 ～ dì *plough the field* /深～细作 shēn ～ xì zuò *deep ploughing and meticulous cultivation*

【耕畜】gēngchù (名) 用来耕地的牲畜，主要是牛、马、骡子等 *draught animal*

【耕地】gēngdì (名) 种植农作物的土地 *farmland*; *cultivated fields*: 合理利用～ hélǐ lìyòng ～ *proper use of cultivated fields* /扩大～面积 kuòdà ～ miànjī *expand farmland acreage*

【耕具】gēngjù (名) 耕种用的工具，如犁、耙等 *farming tools*

【耕牛】gēngniú (名) 耕地用的牛 *farm cattle*

【耕种】gēngzhòng (动) 耕地和种植 *plough and sow*; *cultivation*; *arming*: 必须科学地～土地。Bìxū kēxué de ～ tǔdì. *Farmland should be cultivated in a scientific way.*

【耕作】gēngzuò (动) 在农田中劳动，包括耕、耙、锄等 *till*; *cultivate*

羹 gēng (名) 有浓汁的食品 *thick soup*: 鸡蛋～ jīdàn ～ *egg custard* /莲子～ liánzǐ ～ *lotus seed soup*

gěng

耿 gěng

【耿耿于怀】gěnggěng yú huái 心里老想着,不能忘怀(指不愉快的事)take sth. to heart:几年前对他的待遇很不公平,至今他仍～。Jǐ nián qián duì tā de dàiyù hěn bù gōngpíng, zhìjīn tā réng ～. He was treated unjustly a few years ago, and he still broods over it.

【耿直】gěngzhí (形)(性格、脾气)正直、直爽 frank and upright:性格～ xìnggé ～ upright character /～的人 ～ de rén an honest and frank person /老王有什么说什么,很～. Lǎo Wáng yǒu shénme shuō shénme, hěn ～. Lao Wang is very frank and always says what is on his mind.

埂 gěng

(名)同“埂子”gěngzi same as "埂子" gěngzi:土～ tǔ ～ embankment;earthen dike

【埂子】gěngzi (名)田地里稍高起的分界线(狭窄的小路)earthen embankment

哽 gěng

(动)(因感情激动,喉咙)堵塞 choke (with emotion):她感到十分委屈,话一在喉咙里说不出来。Tā gǎndào shífēn wěiqu, huà 一 zài hóulóng li shuō bu chūlái. She felt so wronged that she became speechless with emotion.

【哽咽】gěngyè (动)一了半天,终于大声痛哭。Tā ～ le bàntiān, zhōngyú dà shēng tòngkū. She finally burst into tears after sobbing for some time.

梗 gěng

(名)(～儿)植物的枝或茎 stem;stalk:葡萄～ pútáo 一 vine /芹菜～ qíncài ～ celery stalk (动)◇挺直(脖子、身子等少数身体部位)straighten:他一着脖子等护士敷药。Tā ～ zhe bózi děng hùshi fú yào. He straightened his neck and waited for the nurse to apply ointment.

【梗概】gěnggài (名)(故事等)大略的内容 outline; main idea; gist:这个影片的～ zhège yǐngpiàn de ～ the outline of the movie /故事的～ gùshi de ～ the gist of the story /在这个剧本上演之前,先把它的～介绍一下。Zài zhège jùběn shàngyǎn zhī qián, xiān bǎ tā de ～ jièshào yíxià. Before the play is put on, it's necessary to tell you its synopsis.

【梗塞】gěngsè (动)(1)阻塞(道路)等 obstruct, block;clog:交通～ jiāotōng ～ traffic jam /道路～ dàolù ～ road blocking (2)(医)同“梗死”gěngsǐ same as "梗死" gěngsǐ:心肌～ xīnjī ～ myocardial infarction

【梗死】gěngsǐ (动)(医)infarction

【梗直】gěngzhí (形)同“耿直”gěngzhí same as"耿直"gěngzhí

【梗阻】gěngzǔ (动)〈书〉(1)(道路)阻塞 block; obstruct; hamper:虽然有山川～,他们之间信件一直来往不断。Suīrán yǒu shānchuān ～, tāmen zhī jiān xìnjiàn yìzhí láiwǎng bú duàn. Though they are far apart they still keep writing to each other. (2)拦挡(多指从中作梗)obstruct:他要去参加舞会,你为什么要横加一呢? Tā yào qù cānjiā wǔhuì, nǐ wèi shénme yào héng jiā ～ ne? Why did you stop him from going to the dance party for no reason?

鲠〔鯁〕gěng

(名)〈书〉鱼骨头 fishbone

【鲠直】gěngzhí (形)同“耿直”gěngzhí same as "耿直" gěngzhí

gèng

更 gèng

(副)用于比较,表示程度进一步加深,可修饰形容词、助动词、某些动词及表示不愉快性质或有特殊意义的否定形式 (used in a comparison to indicate a further degree; can modify an adjective, auxiliary verb, certain verbs and negative forms which indicate sth. of an unpleasant nature or which have a special meaning) more; even more:比起那里来,这里的大理石产量～多,质量～好。Bǐ qǐ nàlǐ lái, zhèlǐ de dàlǐshí chǎnliàng ～ duō, zhìliàng ～ hǎo. In comparison to that place, the output of marble here is even higher and the quality is even better. /你能不能说得～简单一些? Nǐ néng bù néng shuō de ～ jiǎndān yìxiē? Could you put that more simply? /红纱灯～增添了节日的气氛。Hóng shādēng ～ zēngtiānle jiérì de qìfēn. Red gauze lanterns add an even more festive atmosphere. /那么容易的数学题他都不会,这些难的他～不会了。Nàme róngyì de shùxué tí tā dōu bú huì, zhèxiē nán de tā ～ bú huì le. He can't even solve easy math problems; as for these difficult ones, he's even less able to solve them. /你说不清楚,我一说不清楚了。Nǐ shuō bù qīngchu, wǒ ～ shuō bù qīngchu le. If you can't put it clearly, I'm even less able to. /他要是还觉得不好意思,我就～不好意思了。Tā yàoshi hái juéde bù hǎoyìsi, wǒ jiù ～ bù hǎoyìsi le. If he still feels embarrassed, then I feel even more so. /他这样做比那样做一没有把握。Tā zhèyàng zuò bǐ nàyàng zuò ～ méi yǒu bǎwò. His doing it this way is even less certain than doing it that way. /选择干部不只看他的工作能力,一要看他的思想品质。Xuǎnzé gànbù bù zhǐ kàn tā de gōngzuò nénglì, ～ yào kàn tā de sīxiǎng pǐnzhì. You must not only look at a person's work ability when selecting a cadre; even more important is his ideological character. /泰山的风景当然好,但黄山的风景一是迷人。Tài Shān de fēngjǐng dāngrán hǎo, dàn Huáng Shān de fēngjǐng ～ shì mírén. Of course the scenery at Mount Tai is beautiful; but the scenery at Mount Huang is even more enchanting. 另见 jīng

【更加】gèngjiā (副)与“更”基本相同,但常修饰多音节词语,多用于书面语 basically the same as "更" gèng, but often modifies polysyllabic words; usu. used in the written language:风刮得～猛烈。Fēng guā de ～ měngliè. The wind blew even more fiercely. /你说得越玄,就～使人难以置信。Nǐ shuō de yuè xuán, jiù ～ shǐ rén nányǐ zhìxìn. The more abstrusely you speak, the harder it is for others to believe you. /从此以后我一尊敬他了。Cóngcǐ yǐhòu wǒ ～ zūnjìng tā le. From then on, I've had even more respect for him. /大女儿就～不需要你来照顾了。Dà nǚ'ér jiù ～ bù xūyào nǐ lái zhàogù le. Your eldest daughter needs to be taken care of even less. "更加"如修饰单音节词,后面往往有"了"等附加成分 if "更加" modifies a monosyllabic word, particles such as "了" are usu. added at the end:他来得比过去～早了。Tā lái de bǐ guòqù ～ zǎo le. He came even earlier than before. /近来,她似乎一瘦了。Jìnlái, tā sìhū ～ shòu le. She seems to be even thinner of late.

【更上一层楼】gèng shàng yī céng lóu 比喻再提高一步(多用于鼓励或要求)climb one story higher; attain a yet higher goal:你近来很有进步,希望你～,取得更好的成绩。Nǐ jìnlái hěn yǒu jìnbù, xīwàng nǐ ～, qǔdé gèng hǎo de chéngjì. You have made a lot of progress recently, I hope you can attain a still higher goal and achieve even more. /我们要加倍努力,使产品质量～. Wǒmen yào jiābèi nǔ lì, shǐ chǎnpǐn zhìliàng ～. We should redouble our efforts to make the quality of our products even better.

【更为】gèngwéi (副)〈书〉同“更加”gèngjiā same as 更加

gèngjiā：青年人应当去开拓～广阔的天地。Qīngnián rén yīngdāng qù kāituò ～ guǎngkuò de tiāndì. *Young people should go and open up an even vaster world.* /自私自利总是不光彩的，身居高位以权谋私令人～憎恶。Zìsī zì lì què shì bù guāngcǎi de，shēn jū gāo wèi yì quán móu sī lìng rén ～ zēngwù. *Selfishness is really dishonourable, but taking advantage of one's high position to seek private gain is even more detestable.*

gōng

工 **gōng**（名）(1)◇工人和工人阶级的简称 short for "工人" and "工人阶级"：青～qīng ～ young worker /今天的大会，有～、农、兵、学、商等社会各界的代表参加。Jīntiān de dàhuì，yǒu ～、nóng、bīng、xué、shāng děng shèhuì gè jiè de dàibiǎo cānjiā. *Those who attend the conference today are representatives of workers, peasants, soldiers, scholars, businessmen and all walks of life.* (2)◇工作；生产性的劳动 work；labor：省～省料 shěng ～ shěng liào save both materials and labor /这种手工活儿太费～了。Zhè zhǒng shǒugōng huór tài fèi ～ le. *This kind of manual work costs a lot of labor.* (3)◇工业 industry：商～商界 shāng～shāngjiè industrial and commercial circles /农联合企业～nóng liánhé qǐyè workers and peasants integrated complex (4)一个劳动者一天的工作量 man-day：做这套家具需要多少个～? Zuò zhè tào jiājù xūyào duōshǎo ge ～? *How many man-days will it take to make this set of furniture?*

【工本】gōngběn（名）制造物品所需的成本。多用于否定式，或说明工本过高 production costs：不惜。bùxī ～ spare no expense /～太高 ～ tài gāo The cost of production is too high. 有时引申为作事所需精力，财力等 energy，or cost（required to do sth.）：当年他为追求他爱人，可真是不惜～! Dāngnián tā wèile zhuīqiú tā àirén，kě zhēn shì bùxī ～! *He really spared no expense when he was courting his sweetheart years ago.*

【工兵】gōngbīng（名）工程兵 engineering corps

【工厂】gōngchǎng（名）[个 gè] factory；mill；plant；works：修建～ xiūjiàn ～ construct a factory

【工场】gōngchǎng（名）[个 gè] 手工业作坊 workshop

【工潮】gōngcháo（名）工人为实现某种要求或表示抗议而发动的风潮 workers' demonstration or protest movement；strike movement：发生～ fāshēng ～ A strike has broken out. /闹～ nào ～ to go on strike

【工程】gōngchéng（名）[项 xiàng] 土木建筑或其它生产、制造部门用比较大而复杂的设备进行的建设工作 construction work；project；engineering：水利～ shuǐlì ～ water conservancy project /土木～ tǔmù ～ civil engineering /主体～ zhǔtǐ ～ principal part of project /～浩大 ～ hàodà a gigantic project

【工程兵】gōngchéngbīng（名）engineer；engineer corps

【工程师】gōngchéngshī（名）engineer：评定～ píngdìng ～ evaluate engineers

【工程语言学】gōngchéng yǔyánxué 用工程的方法重点研究语言的结构体系，同数学、物理学、数理逻辑、信息论、控制论等科学紧密结合，解决机器翻译、情报自动检索、人机对话等问题。是在机器翻译的设想过程中逐渐发展起来的一个语言学分支 engineering linguistics

【工地】gōngdì（名）进行建筑、开发、生产等工作的现场 construction site；work-site：建筑～ jiànzhù ～ construction site /清理～ qīnglǐ ～ clear up the building site /～设备 shèbèi construction site equipment /～上正在紧张施工。～ shang zhèngzài jǐnzhāng shī gōng There is heavy construction in progress at the worksite.

【工读学校】gōngdú xuéxiào [所 suǒ] 专门为教育挽救失足青少年设立的学校，收有轻微犯罪行为的青少年，全部住校，半工半读。对学生既进行思想品德教育，又进行文化知识及职业教育，同时让学生参加生产劳动 school for juvenile delinquency

【工段】gōngduàn（名）(1)建筑、交通、水利等工程部门根据具体情况划分的施工组织 section or area of a construction site (2)工厂的一个车间内按生产过程划分的基层生产组织 section of a workshop：老马在我们厂二车间一～任～长。Lǎo Mǎ zài wǒmen chǎng èr chējiān yī ～ rèn ～ zhǎng. *Lao Ma is the chief of the first section of the second workshop of our factory.*

【工分】gōngfēn（名）中国农村人民公社计算社员工作量的劳动报酬的单位 work-point (unit measuring the amount of work done by a commune member)：记～ jì ～ keep record of work-point /计算～ jìsuàn ～ calculate the workpoint /劳动一天得几个～? Láodòng yì tiān dé jǐ ge ～? *How many workpoints do you get for one day's work?*

【工夫】gōngfu（名）(1)(占用的)时间 time：他半天(的)～就会骑自行车了。Tā bàntiānr (de) ～ jiù xuéhuì qí zìxíngchē le. *It only took him half a day to learn to ride a bicycle.* /他们用一个月的～把房子粉刷油漆一新。Tāmen yòng yí ge yuè de ～ bǎ fángzi fěnshuā yóuqī yì xīn. *It took them a month to paint the house.* /不大～他就回来了。Bú dà ～ tā jiù huílai le. *After a short while he returned.* /他看病的～可不小了。Tā kàn bìng de ～ kě bù xiǎo le. *It really took him a long time to see the doctor.* (2)空闲时间 (常说"有工夫""没工夫")spare time；leisure：以后有～请到我家玩儿。Yǐhòu yǒu ～ qǐng dào wǒ jiā wánr. *Please come around when you have some spare time.* /我一直没～去看小李。Wǒ yìzhí méi ～ qù kàn Xiǎo Lǐ. *I haven't had any time to see Xiao Li.* (3)精力 effort；energy；labor：只要肯下～，没有什么学不会的。Zhǐyào kěn xià ～，méi yǒu shénme xué bu huì de. *There is nothing you can't master as long as you work hard at it.* (4)本领，造诣 skill；ability；workmanship：练～ liàn ～ practice a skill /～很深 ～ hěn shēn excellent skill /这一笔字可真见～。Zhè yì bǐ zì kě zhēn jiàn ～. *His skill of calligraphy is superb.*

【工会】gōnghuì（名）工人阶级的群众性组织 labor union；trade union：成立～ chénglì ～ set up a labor union /加入～ jiārù ～ join in the labor union /海员～ hǎiyuán ～ sailors union

【工间操】gōngjiāncāo（名）机关或企业中的工作人员每天在工作时间内抽出一定时间集体做的体操 work-break exercises

【工匠】gōngjiàng（名）手艺工人 craftsman；artisan

【工交口】gōngjiāokǒu（名）主管工业、交通运输部门的总称 industry and communications

【工具】gōngjù（名）(1)进行生产活动时所使用的器具 tool；instrument；implement：制造～ zhìzào ～ make tools /使用～ shǐyòng ～ use of implement (2)比喻帮助达到一定目的的事物 means；tool：语言是人们进行交际的～。Yǔyán shì rénmen jìnxíng jiāojì de ～. *Language is the means of communication.* /他不动脑子，只知道为别人卖命，简直成了人家的～。Tā bú dòng nǎozi，zhǐ zhīdào wèi biérén mài mìng，jiǎnzhí chéngle rénjia de ～. *He works himself to the bone for others without question and has simply become a tool for their use.*

【工具书】gōngjùshū（名）[本 běn、部 bù] 专为读者查考字义、词义及用法，字句出处和各种事实而编纂的书籍 reference book：大学生必须学会使用各种～。Dàxuéshēng bìxū xuéhuì shǐyòng gè zhǒng ～. *A college student must learn how to use reference books of all kinds.*

【工科】gōngkē（名）有关工程学科的统称 engineering course：清华是一所～大学。Qīnghuá shì yì suǒ ～ dàxué. *Qinghua is a university of engineering.*

【工力】 gōnglì（名）(1)工夫和力量 skill; craftsmanship: 这幅画颇见~。Zhè fú huàr pō jiàn ~. This painting shows the skill of a master. /这位老演员~很深。Zhè wèi lǎo yǎnyuán ~ hěn shēn. This is an experienced actor of remarkable craftsmanship. (2)人力（指一项工作所需要的）man-power: 盖这个礼堂需要多少~? Gài zhège lǐtáng xūyào duōshao ~? How much man-power does it take to build this auditorium?

【工龄】 gōnglíng（名）length of service; standing; seniority: 他的~很长。Tā de ~ hěn cháng. He has a long record of service. /退休金按~的长短发给。Tuìxiūjīn àn ~ de cháng duǎn fāgěi. The amount of retirement pay depends upon the length of service.

【工农联盟】 gōng nóng liánméng 工人阶级和劳动农民在工人阶级政党（共产党）领导下的革命的联合 alliance of workers and peasants

【工棚】 gōngpéng（名）工地上临时搭起来作为办公室和宿舍的简便房屋 work shed; builders' temporary shed

【工期】 gōngqī（名）工程的期限 time limit of a project

【工钱】 gōngqián（名）(1)做零活儿的报酬 money paid for odd jobs; charge for a service (2)〈口〉工资（现已少用）wages; pay

【工区】 gōngqū（名）某些工矿企业部门的基层生产单位 work area

【工人】 gōngrén（名）worker: 当~ dāng ~ be a worker /铁路~ tiělù ~ railroad worker /~出身 ~ chūshēn from a worker's family

【工人阶级】 gōngrénjiējí（名）又称无产阶级。个人不占有生产资料、靠工资收入为生的生产劳动者所组成的阶级 working class

【工人运动】 gōngrén yùndòng 工人为实现某种要求或表示抗议而进行的有组织的行动 labor movement; workers' movement

【工伤】 gōngshāng（名）工人在生产劳动过程中受到的意外伤害 injury suffered on the job: ~事故 ~ shìgù industrial accident /发生了一次意外的~ fāshēngle yí cì yìwài de ~ An industrial accident occurred on the job. /他因~而进了医院。Tā yīn ~ ér jìnle yīyuàn. He is hospitalized owing to an injury incurred while working.

【工商业】 gōngshāngyè（名）工业和商业的统称 industry and commerce

【工时】 gōngshí（名）工业上计算工人劳动量的时间单位。工人工作一小时为一个工时 man-hour: 按~发给工资 àn ~ fāgěi gōngzī pay by the hour

【工事】 gōngshì（名）保障作战的建筑物 defence works; fortification: 修筑~ xiūzhù ~ build defence works /破坏~ pò-huài ~ destroy defence works /坚固的~ jiāngù de ~ solid fortification

【工头】 gōngtóu（名）(~儿)资本家雇来监督工人劳动的人 foreman; overseer

【工效】 gōngxiào（名）工作效率 work efficiency: 提高~ tígāo ~ increase work efficiency /~不高 ~ bù gāo work efficiency is not high

【工序】 gōngxù（名）生产过程中各项工作的程序 work procedure; process: 制成这种商品，要经过十几道~。Zhìchéng zhè zhǒng shāngpǐn, yào jīngguò shí jǐ dào ~. To make this kind of product, it requires more than ten different procedures.

【工业】 gōngyè（名）industry: 机械~ jīxiè ~ engineering industry /电子~ diànzǐ ~ electronics industry

【工业国】 gōngyèguó（名）现代工业在国民经济中占主要地位的国家 industrial (or industrialized) country

【工业化】 gōngyèhuà（动·不及物）industrialization

【工艺】 gōngyì（名）technology: ~要求 ~ yāoqiú technoloical requirements /~流程 ~ liúchéng technological process /很

高的~水平 hěn gāo de ~ shuǐpíng high technological level

【工艺美术】 gōngyì měishù 指工艺品上的装饰性美术 industrial art; arts and crafts: 他是搞~的。Tā shì gǎo ~ de. He is an industrial artist.

【工艺品】 gōngyìpǐn（名）手工艺的产品 handcraft article

【工贼】 gōngzéi（名）scab; blackleg

【工整】 gōngzhěng（形）细致整齐（多指字体）neat and orderly: 他的字写得很~ Tā de zì xiě de hěn ~. He writes neatly. /她把稿子工工整整地抄写好。Tā bǎ gǎozi gōng-gōngzhěngzhěng de chāoxiě hǎo. She copied the manuscript carefully and neatly.

【工种】 gōngzhǒng（名）工矿企业中按生产劳动的性质和任务而划分的种类 type of work in production: 他们俩一不同，一个是钳工，一个是车工。Tāmen liǎ ~ bù tóng, yí ge shì qiángōng, yí ge shì chēgōng. The two of them have different kinds of work in the factory, one is a fitter, the other a turner.

【工资】 gōngzī（名）wages; pay: 增加~ zēngjiā ~ increase wages /调整~ tiáozhěng ~ adjust wages /领~ lǐng ~ draw one's wages /发~ fā ~ pay out wages /~很高 hěn gāo very high pay /~太低 ~ tài dī The pay is too low.

【工字钢】 gōngzìgāng（名）I-steel

【工作】 gōngzuò（名）(1)业务 work; business: 秘书~ mìshū ~ secretarial work /工会~ gōnghuì ~ trade union work /科学研究~ kēxué yánjiū ~ scientific research (2)职业 profession; work; job: 分配~ fēnpèi ~ assign sb. a job /找~ zhǎo ~ look for a job /介绍~ jièshào ~ recommend sb. a job（动）人从事体力或脑力劳动，也泛指机器、工具受人操纵而发挥生产作用 work: 开始~ kāishǐ ~ begin to work /他在哪个单位~? Tā zài nǎge dānwèi ~? Where does he work? /她在食堂~。Tā zài shítáng ~. She works in the cafeteria. /电子计算机正在正常~。Diànzǐ jìsuànjī zhèngzài zhèngcháng ~. The computer is working normally.

【工作服】 gōngzuòfú（名）[件 jiàn、套 tào]专门在工作时穿的衣服 work-clothes: 纺织厂的女工穿着白色的~。Fǎngzhīchǎng de nǚgōng chuānzhe báisè de ~. In the textile factory the women workers wear white work clothes.

【工作面】 gōngzuòmiàn（名）(1)〈矿〉face (of a mine) (2)机床加工零件时，零件上进行机械加工的部位 working surface

【工作母机】 gōngzuò mǔjī machine tool

【工作日】 gōngzuòrì（名）一天中按规定做工作的时间 work-day; working day: 八小时~ bā xiǎoshí ~ an eight hour work day

【工作台】 gōngzuòtái（名）做加工活儿或作实验用的大桌子 work table

【工作证】 gōngzuòzhèng（名）机关、学校、企业等给本单位工作人员发的证明其身分的证件 employee's ID card

【工作组】 gōngzuòzǔ（名）为完成某项专门任务而组成的临时工作班子 special work group

弓 gōng
（名）bow（动）◇弯曲（指身体的一些部位）bend; bow; arch: ~着背 ~zhe bèi bend low; arch one's back

公 gōng
（名）◇(1)丈夫的父亲 husband's father; father-in-law (2)公事 official business: 因~出差 yīn ~ chū chāi take a trip on official business / ~余时间 ~ yú shíjiān time after work; sparetime /我办完~想找你谈谈。Wǒ bànwán ~ xiǎng zhǎo nǐ tántan. I want to have a talk with you after I finish my official business.（形）(1)属于国家或集体的 public; state-owned; collective: ~营 ~ yíng publicly owned /~与私的矛盾 ~ yǔ sī de máodùn the conflict be-

tween the public and the private /～私不分 ～ sī bù fēn does not separate public and private property(2)◇公平，公正 fair；just：～买～卖 ～ mǎi ～ mài fair in selling and buying /处理不～ chǔlǐ bù ～ handle unjustly (3)◇共同的，大家承认的 universally acknowledged：～议 ～ yì public or collective evaluation (4)雄性的(动物，跟"母"相对 animal，opposite to "母")male：～牛 ～ niú bull /这三只小鸡，两只是～的，一只是母的。Zhè sān zhī xiǎo jī，liǎng zhī shì ～ de，yì zhī shì mǔ de. Among these three chickens, two are cocks，one is a hen. (动)◇公布 announce；promulgate：～之于世 ～ zhī yú shì make it known to the public

【公安】gōng'ān (名)社会整体(包括社会秩序、公共财产、公民权利等)的治安(常作定语) public security：～人员 rényuán public security officer /～局 ～ jú public security bureau

【公安部队】gōng'ān bùduì public security troops

【公报】gōngbào (名)communiqué；bulletin：发表～ fābiǎo announce a communiqué /人民代表大会会议～ rénmín dàibiǎo dàhuì huìyì ～ the communiqué of the people's congress /谈判～ tánpàn ～ negotiation bulletin

【公倍数】gōngbèishù (名)〈数〉common multiple：十六是二、四、八的～。Shíliù shì èr，sì，bā de ～. Sixteen is the common multiple of two，four and eight.

【公布】gōngbù (动)公开发布(政府机关的法律、命令、文告，团体的正式通知)promulgate；announce；publish；make public：～法令 ～ fǎlìng promulgate a decree /～于众 ～ yú zhòng make it known to public /录取名单已经～。Lùqǔ míngdān yǐjing ～. The list of names of those admitted has been published. /账目每季度～一次。Zhàngmù měi jìdù ～ yí cì. The accounts are published quarterly.

【公尺】gōngchǐ (量)metre

【公道】gōngdao (形)(1)(说话或做事等)公平 just；impartial；fair：说话～ shuō huà ～ speak justly /说句～话 shuō jù ～ huà be fair /主持～ zhǔchí ～ uphold justice (2)(价钱)合理，不算高 fair；reasonable：这种商品价钱～。Zhè zhǒng shāngpǐn jiàqián ～. The price of this kind of goods is reasonable.

【公德】gōngdé (名)公共道德 social morality；social ethics：随便摘公园里的花，真不讲～！Suíbiàn zhāi gōngyuán li de huār，zhēn bù jiǎng ～！It's not in the public interest to pick the flowers in the park!

【公敌】gōngdí (名)共同的敌人 public enemy：人民～ rénmín ～ an enemy of the people

【公断】gōngduàn (动)(1)由非当事人作出判断或决定 arbitrate (2)公平地作出判断或决定 decide (or judge) fairly

【公吨】gōngdūn (量)同"吨"dùn，一公吨等于1000公斤 metric ton

【公费】gōngfèi (名) 由国家或团体供给的费用 at public expense：他出国留学，享受～待遇。Tā chū guó liúxué，xiǎngshòu ～ dàiyù. He studies abroad at state expense.

【公费医疗】gōngfèi yīliáo 由国家供给医疗费用 public health service：国家对职工提供～。Guójiā duì zhígōng tígōng ～. The state provides the workers and staff members with free medical care.

【公分】gōngfēn (名)(1)厘米的旧称 centimetre (2)克的旧称 gram

【公愤】gōngfèn (名)(群众)共同的不满或愤怒 public indignation；popular anger：引起～ yǐnqǐ ～ arouse public indignation

【公告】gōnggào (名)政府、机关团体向公众发出的文告 announcement；proclamation：发表～ fābiǎo ～ issue an announcement /～如下 ～ rú xià proclaim as follows

【公共】gōnggòng (形·非谓)属于社会或公众公有公用的 public；common；communal：～财产 ～ cáichǎn public property /～卫生 ～ wèishēng public health (hygiene) /～

交通事业 ～ jiāotōng shìyè public communication enterprise /～福利事业 ～ fúlì shìyè public welfare facilities or services

【公共积累】gōnggòng jīlěi 公积金。企业或生产单位从收益中提取的用做扩大再生产的资金 common accumulation；accumulation fund

【公共汽车】gōnggòng qìchē [辆 liàng] bus：五路～ wǔ lù ～ bus line number five /乘～ chéng ～ take bus /坐～去学校 zuò ～ qù xuéxiào go to school by bus

【公公】gōnggong (名)(1)丈夫的父亲 husband's father；father-in-law (2)对老年男子的尊称 old gentleman：老～ lǎo ～ grandad

【公馆】gōngguǎn (名)旧称官员或有钱人的住宅 residence；mansion

【公海】gōnghǎi (名)high seas；international waters

【公害】gōnghài (名)各种污染源对社会公共环境造成的污染和破坏 social effects of pollution；environmental pollution

【公函】gōnghán (名)平行及不相隶属的机关、团体间的来往公文 official letter：发一封～ fā yì fēng ～ send an official letter /收到～ shōudào ～ receive an official letter

【公积金】gōngjījīn (名)企业单位、生产单位从收益中提取用做扩大再生产的资金 accumulation fund

【公祭】gōngjì (动)机关、公共团体举行祭奠，对死者表示哀悼 pay respect to a deceased person by holding a public memorial service：下午三时～这次为救火牺牲的两位同志。Xiàwǔ sān shí ～ zhè cì wèi jiù huǒ xīshēng de liǎng wèi tóngzhì. A public memorial ceremony will be held at three this afternoon for the two people that died while fighting the fire. (名)公祭的仪式 public memorial ceremony

【公家】gōngjiā (名)〈口〉指国家、企业、机关、团体(区别于"私人")the state；the organization：小汽车都是～的，私人的很少。Xiǎoqìchē dōu shì ～ de，sīrén de hěn shǎo. Most cars belong to the state，there are very few private ones. /要爱护～的财物。Yào àihù ～ de cáiwù. Take care of public property.

【公检法】gōngjiǎnfǎ (名)公安部门、人民检查院、人民法院的统称 public security organs，procuratorial organs and people's court

【公斤】gōngjīn (量)kilogram

【公开】gōngkāi (形)不加隐蔽和隐瞒的(和"秘密"相对)open；overt；public：～的活动 ～ de huódòng act openly /～露面 ～ lòu miànr show one's face in public /～发表 fābiǎo make sth. known to the public (动)使……成为公开 make public；make known to the public：这件事不能～。Zhè jiàn shì bù néng ～. This matter cannot be made public. /他们间的关系已经～。Tāmen liǎ de guānxi yǐjing ～. The relationship between the two of them is already made public.

【公开信】gōngkāixìn (名)[封 fēng] 作者认为内容有必要让大家知道，因而公开发表的信 open letter

【公款】gōngkuǎn (名)[笔 bǐ] 属于国家、机关、企业、团体的钱(常针对私人的款项而言) public fund (or money)

【公里】gōnglǐ (量)kilometre

【公理】gōnglǐ (名)(1)axiom (2)社会上多数人公认的正确道理 generally acknowledged truth：为～所不容 wéi ～ suǒ bù róng jar with the generally acknowledged truth

【公历】gōnglì (名)the Gregorian calendar

【公粮】gōngliáng (名)农业生产者和农业生产单位每年缴给政府的作为农业税的粮食 agricultural tax paid in grain：交～ jiāo ～ pay agricultural tax in grain /送～ sòng ～ deliver grain to the state

【公路】gōnglù (名)[条 tiáo]市区以外的可以通行各种汽车的交通线路 road；highway：修～ xiū ～ repair highway；build highway /高速～ gāosù ～ freeway；expressway

【公论】gōnglùn（名）公众的评论 *public opinion*；*the verdict of the masses*：是非自有～。Shìfēi zì yǒu ～. *Public opinion will decide which is right and which is wrong.* /争论的双方谁是谁非，留待～。Zhēnglùn de shuāngfāng shuí shì shuí fēi，liú dài ～. *Public opinion will best judge which side of the debate is right.*

【公民】gōngmín（名）［个 gè］*citizen*

【公民权】gōngmínquán（名）公民根据宪法规定所享受的权利 *civil rights*；*citizen's rights*

【公亩】gōngmǔ（量）公制地积单位，一公亩等于100平方米 *are*（100 square metres）

【公墓】gōngmù（名）公共坟地 *public cemetery*

【公平】gōngpíng（形）（处理事情）公正合理 *fair*；*just*：～合理 ～ hélǐ *fair and reasonable* /～交易 ～ jiāoyì *fair deal* /～的裁决 ～ de cáijué *an impartial ruling* /这样处理太不～了！Zhèyàng chǔlǐ tài bù ～ le! *It's unfair to handle it this way.*

【公平秤】gōngpíngchèng（名）某些商店专为顾客设置的用于检查所购物品是否够分量的秤 *lever scales placed in some stores for the buyers to use to make sure the deal is fair*

【公婆】gōngpó（名）丈夫的父母亲（公公和婆婆）的合称 *husband's father and mother*；*parents-in-law*

【公仆】gōngpú（名）［个 gè］人民大众的仆人，为公众服务的人 *public servant*：干部都应该是人民～。Gànbù dōu yīnggāi shì rénmín ～. *All cadres should be public servants.*

【公切线】gōngqiēxiàn（名）〈数〉*common tangent*

【公勤人员】gōngqín rényuán 机关、学校、企业等单位中从事勤务工作的人员 *office attendants*

【公顷】gōngqǐng（量）公制地积单位，一公顷等于10000平方米 *hectare*（ha.）

【公然】gōngrán（副）公开地、毫无顾忌地（多含贬义）*openly*；*brazenly*（has a derogatory sense）：一个公民，～破坏国家财产，实为法纪难容。Yí ge gōngmín，～ pòhuài guójiā cáichǎn，shí wéi fǎjì nán róng. *A citizen who openly destroys state property is not tolerated by the law and discipline.* /在大庭广众之下，他～侮辱人，真令人气愤。Zài dà tíng guǎng zhòng zhī xià，tā ～ wǔrǔ rén，zhēn lìng rén qìfèn. *He brazenly humiliated somebody before a big crowd. It's really infuriating.* /自己刚说的话，又～不承认，太奇怪了。Zìjǐ gāng shuō de huà，yòu ～ bù chéngrèn，tài qíguài le. *It's strange to not openly acknowledge what one has just said.*

【公认】gōngrèn（动）（大家都）认为（含褒义）*generally acknowledge*；*universally accept*：工人们一致～老王是个好厂长。Gōngrénmen yízhì ～ Lǎo Wáng shì ge hǎo chǎngzhǎng. *All the workers acknowledge that Lao Wang is a good director of the factory.* /他的成就是～的。Tā de chéngjiù shì ～ de. *His achievements have been widely recognized.*

【公社】gōngshè（名）［个 gè］*commune*

【公审】gōngshěn（动）中国的人民法院公开审判案件的一种方式，在群众代表参加下审判有重大社会影响的案件 *public or open trial*：进行～ jìnxíng ～ *conduct a public trial* /～罪犯 ～ zuìfàn *bring the criminals up for public trial*

【公升】gōngshēng（量）公制容量的主单位，一公升等于1000毫升 *liter*

【公使】gōngshǐ（名）由一国派驻在另一国的，次于大使一级的外交官，全称为特命全权公使 *envoy*；*minister*：～衔参赞 ～ xián cānzàn *counsellor with the rank of minister*；*minister-counsellor* /任命某人为～ rènmìng mǒu rén wéi ～ *appoint sb. envoy*

【公式】gōngshì（名）（1）*formula*：数学～ shùxué ～ *mathematics formula* /物理～ wùlǐ ～ *physics formula* /根据几个～进行计算。Gēnjù jǐ ge ～ jìnxíng jìsuàn. *calculate according to a few formulas* (2)泛指可以应用于同类事物的

方式、方法、模式 *formula*；*model*：解决这种问题，没有现成的～可循。Jiějué zhè zhǒng wèntí，méi yǒu xiànchéng de ～ kě xún. *There is no precedent to follow to solve this kind of problem.* /这几部电影故事雷同，像是按照同一个～写出来的。Zhè jǐ bù diànyǐng gùshi léitóng，xiàng shì ànzhào tóng yí ge ～ xiě chulai de. *These few movies, as if out of the same model, are identical.*

【公式化】gōngshìhuà（动·不及物）（1）指文艺创作中套用某种固定格式来描写现实生活和人物性格的不良倾向 *formulism*：这篇反映农村生活的小说，太～了！Zhè piān fǎnyìng nóngcūn shēnghuó de xiǎoshuō，tài ～ le! *This novel, describing the life in the countryside, is too stereotyped!* (2)指不针对具体情况而死板地根据某种固定方式处理问题 *formulistic*；*stereotyped*：这是一个～的会议，什么问题也没解决。Zhè shì yí ge ～ de huìyì，shénme wèntí yě méi jiějué. *This meeting was too formulistic to have solved any problem.*

【公事】gōngshì（名）公家的事（区别于私人的事）*public affairs*；*official business*：处理～ chǔlǐ ～ *attend official duties* /公办～ gōng bàn *do official business according to official principles*；*not let personal considerations interfere with one's execution of public duty* /我来拜访您，完全是为了～。Wǒ lái bàifǎng nín，wánquán shì wèile ～. *The purpose of my calling upon you is sheer business.*

【公司】gōngsī（名）*company*；*corporation*：电力～ diànlì ～ *electric company* /钢铁～ gāngtiě ～ *iron and steel corporation* /汽车～ qìchē ～ *auto company*

【公私合营】gōngsī héyíng 中国对资本主义工商业实行社会主义改造采取的国家资本主义的高级形式，开始是生产资料由国家和资本家共同占有，发展到生产资料全部转归国家，资本家的股金由国家付给定息 *joint state-private ownership*

【公诉】gōngsù（名）〈法〉*prosecution*

【公诉人】gōngsùrén（名）〈法〉代表国家向法院提起公诉的人 *public prosecutor*

【公文】gōngwén（名）机关之间互相往来联系事务的文件 *official document*：起草～ qǐcǎo ～ *to draft an official document* /收发～ shōufā ～ *send and receive public documents* /批示～ pīshì ～ *write comments on an official document* /～旅行 ～ lǚxíng *pass the buck*

【公务】gōngwù（名）关于国家或集体的事务 *public affairs*；*official duty*

【公务员】gōngwùyuán（名）（1）政府机关工作人员 *government functionary* (2)机关、团体中称作勤杂工作人员 *orderly*

【公物】gōngwù（名）属于公家的东西 *public property*；*public assets*：爱护～ àihù ～ *cherish public property* /损坏～要赔偿。Sǔnhuài ～ yào péicháng. *One who damaged the public property should pay for it.*

【公休】gōngxiū（动·不及物）法定休息 *official holiday*

【公演】gōngyǎn（动）公开上演 *perform in public*；*give a performance*：这个世界名剧将于下周在京～。Zhège shìjiè míng jù jiāng yú xià zhōu zài Jīng ～. *This world famous play will be put on next week in Beijing.*

【公议】gōngyì（动·不及物）大家一起评议 *discuss en masse*；*hold a public discussion*：自报～ zì bào ～ *self-appraisal and public discussion*（when making contributions, everyone names the amount he offers and all comment on the sum and make the final decision）

【公益】gōngyì（名）公共利益（多指群众福利事业）*the common good*；*public welfare*：热心～ rèxīn ～ *concerned about public welfare* /～事业 ～ shìyè *cause of public welfare*

【公益金】gōngyìjīn（名）企业单位、生产单位用来兴办本单位的文化事业和公共福利事业的资金 *public welfare fund*

【公因式】gōngyīnshì（名）〈数〉*common factor*

【公营】gōngyíng 由国家或地方经营 *publicly owned*；*public operated*

【公用】gōngyòng（形·非谓）公共使用 *for public use*：～电话 ～ diànhuà *public telephone*；*pay phone* /这个太阳能浴室是几家～的。Zhège tàiyángnéng yùshì shì jǐ jiā ～ de. *This solar energy bathroom is shared by a few families.*

【公用事业】gōngyòng shìyè 城市和乡镇中供居民使用的电报、电话、电灯、自来水、公共交通等企业的统称 *public utilities*

【公有】gōng yǒu 公共所有（限用于少数固定词组）*public*；*public owned*：收归～ shōu guī ～ *transfer to public ownership* / 社会～ shèhuì ～ *owned by the society* /～财产～ cáichǎn *public property*

【公有制】gōngyǒuzhì（名）生产资料归公共所有的制度 *public ownership (of means of production)*

【公余】gōngyú（名）工作时间以外的时间 *time after work*；*spare time*

【公寓】gōngyù（名）(1)旧时租期较长、房租按月计算的旅馆房间 *long-leased rooms in a hotel in old days* (2)现指能容许多人家居住的房舍，多为楼房，房间成套 *apartment house*；*flats*：～楼 ～ lóu *apartment building* /和平街第二～三单元八号 Hépíng Jiē dì'èr ～ sān dānyuán bā hào *apartment 8, unit 3, apartment building 2, Peace Street*

【公元】gōngyuán（名）*the Christian Era*：～1985年 ～ yījiǔbāwǔ nián 1985 A.D. /他生于～前25年，死于～40年。Tā shēng yú ～ qián èrshíwǔ nián, sǐ yú ～ sìshí nián. *He was born in 25 B.C. and died in 40 A.D.*

【公园】gōngyuán（名）供公众游览休息的园林 *park*；逛～ guàng ～ *stroll in the park*

【公约】gōngyuē（名）(1) *convention*；*pact*；*teaty*：日内瓦～ Rìnèiwǎ ～ *the Geneva Conventions* /缔结～ dìjiē ～ *conclude a treaty* (2) 机关、团体或街道居民内部拟订的共同遵守的章程 *joint pledge*：卫生～ wèishēng ～ *public health pledge* /服务～ fúwù ～ *service pledge*

【公约数】gōngyuēshù（名）〈数〉 *common divisor*：三是九、十二、十五、十八的～。Sān shì jiǔ, shí'èr, shíwǔ, shíbā de ～. *Three is the common divisor of nine, twelve, fifteen and eighteen.*

【公允】gōngyǔn（形）〈书〉(主张、意见等)公平恰当 *fair and just*：～的主张 ～ de zhǔzhāng *an evenhanded proposition* /持论～ chí lùn ～ *make an impartial comment* /有失～ yǒu shī ～ *lack of being fair and equitable*

【公债】gōngzhài（名）国家向公民或向外国借的债 *government bonds*

【公债券】gōngzhàiquàn（名）*bond*

【公章】gōngzhāng（名）机关团体的印章 *official seal*

【公正】gōngzhèng（形）公平正直，没有偏私 *just*；*fair*；*impartial*：为人～ wéirén ～ *be fair-minded* /～无私 ～ wúsī *just and selfless* /这位裁判非常～。Zhè wèi cáipàn fēicháng ～. *This referee is very impartial.*

【公证】gōngzhèng（名）*notarization*

【公职】gōngzhí（名）*public office*；*public employment*

【公制】gōngzhì（名）国际公制的简称 *short for "国际公制" (the metric system)*

【公众】gōngzhòng（名）大众，社会上大多数的人 *the public*：领导得倾听～的意见。Lǐngdǎo děi qīngtīng ～ de yìjiàn. *The leaders should listen attentively to the view of the masses.*

【公主】gōngzhǔ（名）*princess*

【公转】gōngzhuàn（动）*revolve*：地球除自转外，并围绕太阳～。Dìqiú chú zìzhuàn wài, bìng wéirǎo tàiyáng ～. *Beside rotating, the earth also revolves around the sun.*

【公子哥儿】gōngzǐgēr（名）原称官僚和其他有钱人家不知作人处世道理的子弟。后泛指娇生惯养讲究吃喝玩乐的男子 *a pampered son of a wealthy or influential family*, *dandy*

功 gōng
（名）(1) 功劳、功勋 *merit*；*meritorious deed*：立了一次三等～ lìle yí cì sān děng ～ *win a third class order of merit* /立～受奖 lì ～ shòu jiǎng *render outstanding service and is awarded* /荣立战～ róng lì zhàn ～ *win merit glorious in the battle* /记一大～ jì yí dà ～ *render sb. a great merit* (2) ◇功夫，技术和技术修养 *skill*：舞蹈演员每天都要练～。Wǔdǎo yǎnyuán měi tiān dōu yào liàn ～. *A dancer has to paractice his skill everyday.* (3) ◇ 成效 *achievement*：这些弱智儿童的进步，完全是老师的教育之～。Zhèxiē ruòzhì értóng de jìnbù, wánquán shì lǎoshī de jiàoyù zhī ～. *The progress these mentally retarded children have made is all due to the results of the teachers.* (4)〈物〉*work*

【功臣】gōngchén（名）封建时代指有功之臣。现指人民革命事业有特殊功劳的人 *the person who rendered outstanding service*

【功德】gōngdé（名）(1) 功劳和恩德 *merits and virtues* (2) 佛教用语，指行善和念经、做佛事等 *Buddhist term meaning charitable and pious deeds*；*benefaction*

【功底】gōngdǐ（名）基本功的底子 *background*；*grounding*：他古文～很深。Tā gǔwén ～ hěn shēn. *He has a solid background in the classical Chinese.* /缺乏～ quēfá ～ *He lacks the basics.* /～较弱 ～ jiào ruò *His grasp of the fundamentals is somewhat weak.*

【功夫】gōngfu（名）同"工夫" gōngfu (3)(4) *same as "工夫" gōngfu (3)(4)*

【功夫片】gōngfupiàn（名）以武打为主要内容的影片 *kongfu movie*；*martial art movie*

【功过】gōngguò（名）功劳和过失 *merit and fault*：评论一个人的～，不能脱离当时的历史背景。Pínglùn yí ge rén de ～, bù néng tuōlí dāngshí de lìshǐ bèijīng. *We cannot evaluate a person's merits and errors without taking into the consideration of the historical background of the society in which he is.*

【功绩】gōngjì（名）功劳和成就 *merits and achievements*；*contribution*：不朽的～ bùxiǔ de ～ *immortal merits and achievements* /非凡的～ fēifán de ～ *outstanding contribution* /这位技术员在改进产品质量上很有～。Zhè wèi jìshùyuán zài gǎijìn chǎnpǐn zhìliàng shang hěn yǒu ～. *This technician has made considerable contribution to improving the quality of the product.*

【功课】gōngkè（名）[门 mén] 学生按照规定学习的知识、技能 *homework*；*schoolwork*：～不错 ～ búcuò *His school work is quite good.* /他有一门～不及格。Tā yǒu yì ménr ～ bù jí gé. *He failed one course of his schoolwork.* /他门门～都是优秀。Tā ménmén ～ dōu shì yōuxiù. *He has done an excellent job in every subject of his schoolwork.* /我因为生病，落下了不少～。Wǒ yīnwei shēng bìng, làxiàle bù shǎo ～. *Because I have been sick, I am well behind in my classes.*

【功亏一篑】gōng kuī yí kuì 原意是只差一筐土不能完成全部工程。现比喻最后差最后一点人力、物力而不能成功（有惋惜之意）*fail to build a mound for want of one basket of earth*；*fall short of success for lack of a final effort*：你还差一个月就大学毕业了，一定要坚持下去，不要～。Nǐ hái chà yí ge yuè jiù dàxué bì yè le, yídìng yào jiānchí xiaqu, búyào ～. *You have only one month to graduate from college. Don't give up at the last minute.*

【功劳】gōngláo（名）对事业的贡献 *contribution*；*credit*：有～ yǒu ～ *have credit* /～很大 ～ hěn dà *big contribution* /在建厂时，小张的～可不小哇！Zài jiàn chǎng shí, Xiǎo Zhāng de ～ kě bù xiǎo wa! *Xiao Zhang made a great contribution while setting up the factory!*

【功力】gōnglì（名）（1）同"工力"gōnglì（1）*same as* "工力"gōnglì（1）（2）功效 *effect；efficacy*
【功利主义】gōnglìzhǔyì（名）*utilitarianism*
【功率】gōnglǜ（名）〈物〉*power*
【功能】gōngnéng（名）（事物所发挥的）有利的作用，效能 *function*：这种农机～很多，既能耕作，又能脱粒等等。Zhè zhǒng nóngjī ～ hěn duō, jì néng gēngzuò, yòu néng tuō lì děngděng. *This multi-function farming machine can plough, thresh and so on.* /副词在句中的～是什么？Fùcí zài jù zhōng de ～ shì shénme? *What is the function of an adverb in a sentence?* /这种电子计算机有很多种～. Zhè zhǒng diànzǐ jìsuànjī yǒu duō zhǒng ～. *This kind of computer has many functions.* /你的肝～怎样？Nǐ de gān ～ zěnyàng? *How is your liver function?*
【功效】gōngxiào（名）功能、效率 *effect；efficacy*：这种药酒治关节炎～显著。Zhè zhǒng yàojiǔ zhì guānjiéyán ～ xiǎnzhù. *This kind of medicated wine is quite effective in the treatment of arthritis.*
【功勋】gōngxūn（名）对国家、集体作出的重大贡献，立下的特殊功劳 *exploit；meritorious service*：建立～ jiànlì ～ *perform feats* /卓著～ zhuōzhù outstanding exploits
【功用】gōngyòng（名）功能，用处 *use；function*：这种草药有多种～. Zhè zhǒng cǎoyào yǒu duō zhǒng ～. *This herb medicine has many functions.*
【功罪】gōngzuì（名）功劳和罪过 *merits and faults*：千秋～ qiānqiū ～ *the merits and faults through ages* /～相抵 xiāng dǐ *The merits and faults compensated each other.*

攻 gōng
（动）（1）攻击，攻打（与"守"相反）*attack（opposite of "守"）*：～城 ～ chéng *make an attack on a city* /这个球队能～善守。Zhège qiúduì néng ～ shàn shǒu. *This ball team is equally good at offense and defense.* （2）◇指责，驳斥 *accuse；charge*：不～自破 bù ～ zì pò *collapsed without being charged* /群起而～之 qún qǐ ér ～ zhī *Everyone points an accusing finger at him.* （3）◇学习，研究 *study；delve into*：她是专～气象学的。Tā shì zhuān ～ qìxiàngxué de. *She specializes in meteorology.* /咱们一定要～下这个难关。Zánmen yídìng yào ～xià zhège nánguān. *We have to overcome this difficulty.*
【攻打】gōngdǎ（动）为占领敌方阵地或据点而进攻 *attack；assault*：～据点 ～ jùdiǎn *attack a stronghold* /～敌人的炮楼 ～ dírén de pàolóu *assault the enemy's blockhouse*
【攻读】gōngdú（动）努力学习或钻研某一门学问 *study hard；specialize in*：～化学 ～ huàxué *study chemistry* /中国文学史 Zhōngguó wénxuéshǐ *specialize in the history of Chinese literature* /～博士学位 ～ bóshì xuéwèi *read for Ph. D degree*
【攻关】gōngguān（动·不及物）*tackle key problem*：组织协作～ zǔzhī xiézuò ～ *organize combined efforts to tackle key problems* /这是一个～项目，要投入大量人力。Zhè shì yí ge ～ xiàngmù, yào tóurù dàliàng rénlì. *This is a key program, which requires a great deal of man power.*
【攻击】gōngjī（动）（1）攻打，进攻 *attack；launch an assault；launch an offensive*：向敌人发动总～ xiàng dírén fādòng zǒng ～ *launch a general offensive against the enemy* /～敌方阵地 ～ dífāng zhèndì *attack the enemy's front* （2）恶意挑剔、指责（别人的缺点）*accuse；charge；slander；vilify*：有人写文章～他的观点。Yǒu rén xiě wénzhāng ～ tā de guāndiǎn. *Someone has written an article attacking his points of view.* /他的文章受到了～。Tā de wénzhāng shòudàole ～. *His article has received criticism.* /不要进行人身～。Búyào jìnxíng rénshēn ～. *Don't engage in personal attack.*
【攻坚战】gōngjiānzhàn（名）攻击敌人坚固阵地的战斗 *battle in which fortified positions are stormed*
【攻克】gōngkè（动）攻下（敌方据点城镇等）*attack and capture*：～堡垒 ～ bǎolěi *capture a stronghold* /接连～两个县城 jiēlián ～ liǎng ge xiànchéng *capture two counties in succession*
【攻破】gōngpò（动）（1）攻下（敌人的城市或据点等）*make a break through；breach* （2）比喻突破（难关）*break through*：这个工艺流程中最后一个难关终于～了。Zhège gōngyì liúchéng zhōng zuìhòu yí ge nánguān zhōngyú ～ le. *The last problem of the technological process has finally been broken through.*
【攻其不备】gōng qí bù bèi 趁敌人没有防备的时候进攻（用于军事，也用于下棋、球类比赛等）*attack the unaware enemy；take the enemy by surprise*：～最容易取胜。～ zuì róngyì qǔshèng. *The easiest win would be to attack the enemy by surprise.*
【攻取】gōngqǔ（动）攻打并夺取 *storm and capture；attack and seize*
【攻势】gōngshì（名）向敌方进攻的行动或形势（用于军事，也用于竞技）*offensive*：采取～ cǎiqǔ ～ *take the offensive* /～凌厉 ～ línglì *powerful offensive* /旱季～ hànjì ～ *dry season offensive* /在这场比赛中，客队的～不算猛烈。Zài zhè chǎng bǐsài zhōng, kèduì de ～ bú suàn měngliè. *The offensive of the guest team is not really strong in this game.*
【攻无不克】gōng wú bù kè 进攻没有不取得成功的，形容英勇善战（可用于军事，也可用于竞技等）*succeed in all attacks*：在解放战争中，这支英雄部队～，战无不胜。Zài jiěfàng zhànzhēng zhōng, zhè zhī yīngxióng bùduì ～, zhàn wú bú shèng. *During the War of Liberation this heroic troop was always victorious.* /这个排球队在这次全国比赛中，～，获得冠军。Zhège páiqiúduì zài zhè cì quán guó bǐsài zhōng, ～, huòdé guànjūn. *In the national competition this volley ball team was ever-victorious and won the championship.*
【攻心】gōng = xīn 从思想上进攻 *make a psychological attack*：～战 ～ zhàn *psychological warfare* /～战术 ～ zhànshù *tactics of psychological attack*

供 gōng
（动）（1）供给，供应 *supply；feed*：～水 ～ shuǐ *supply water* /～电～ diàn *supply electricity* /是他大哥～他上的大学。Shì tā dàgē ～ tā shàng de dàxué. *It is his elder brother who supports him to go to college.* （2）提供某种条件（给对方利用）*provide for；for*：这些资料仅～参考。Zhèxiē zīliào jǐn ～ cānkǎo. *These materials are for reference only.* /那些小船是～游人租用的。Nàxiē xiǎo chuán shì ～ yóurén zūyòng de. *Those boats are provided for the tourists to rent.* 另见 gòng
【供不应求】gōng bù yìng qiú 供给满足不了需要 *supply falls short of demand*：学习成了风气，有些书籍简直～。Xuéxí chéngle fēngqì, yǒu xiē shūjí jiǎnzhí ～. *When the general mood of studying is on the increase, the demand of some books exceeds the supply.* /这里的高档商品～。Zhèlǐ de gāodàng shāngpǐn ～. *Here the supply of the high quality merchandise falls short of demand.*
【供给】gōngjǐ（动）提供（费用、资料、用品等给人使用）*supply；provide；furnish*：～学习费用 ～ xuéxí fèiyòng *provide expenses for studying* /所需材料由本处～。Suǒ xū cáiliào yóu běn chù ～. *The materials needed are all provided here.* /发展经济，保证～。Fāzhǎn jīngjì, bǎozhèng ～. *develop economics and ensure supplies*
【供给制】gōngjǐzhì（名）中国革命战争时期和解放初期对军队和干部实行的按大致相同的标准，直接供给生活资料和少量零用钱的分配制度 *the supply system—a system of payment in kind, practised during the Revolutionary Wars*

and in the early days of the People's Republic, providing working personnel and their dependents with the primary necessities of life

【供暖】gōng＝nuǎn 供给暖气 supply heating：这些新建的住宅都是统一～。Zhèxiē xīn jiàn de zhùzhái dōu shì tǒngyī ～. The newly built apartment buildings all have central heating system.

【供气】gōng＝qì(1)供给煤气 providing gas (2)供给作为动力的气体 air feed

【供求】gōng qiú 供应和需求（多指商品）supply and demand：～平衡 pínghéng The balance between supplies and demands /～关系 ～ guānxi The relation between supply and demand /这个地区电冰箱进货太多,已供过于求。Zhège dìqū diànbīngxiāng jìn huò tài duō, yǐ gōng guò yú qiú. There are too many refrigerators in stock in this area, which makes the supply exceed the demand.

【供销】gōng xiāo 供应生产资料、消费品和销售各种产品 supply and marketing：两个单位签订～合同。Liǎng ge dānwèi qiāndìng ～ hétong. The two companies signed a supply and marketing contract. /市场～两旺。Shìchǎng ～ liǎng wàng. Both the supply and marketing are flourishing.

【供销合作社】gōngxiāo hézuòshè 中国为满足农村生产和生活需要设立的推销生产工具、生活用品和收购农产品、副业产品的商业机构 supply and marketing cooperative

【供养】gōngyǎng（动）供给（长辈或年长的人）生活所需的钱、物 provide（one's parents or elders）；support：～双亲 ～ shuāngqīn support one's parents /舅父没有子女,由我～。Jiùfù méi yǒu zǐnǚ, yóu wǒ ～. I support my uncle because he does not have any children.

【供应】gōngyìng（动）以物资满足需要 supply；provide：～的原料不够。～ de yuánliào bú gòu. insufficient material supply /商品～充足。Shāngpǐn ～ chōngzú. The supply of merchandise is abundant. / 这个厂所需的煤炭由山西省～。Zhège chǎng suǒ xū de méitàn yóu Shānxī Shěng ～. The coal needed by this plant is provided by Shanxi Province.

宫 gōng
（名）◇(1) palace (2)神话中神仙居住的房屋 palace inhabited by fairies：天～ tiān～ the heaven palace /月～ yuè～ the moon palace (3)庙宇的名称 temple：雍和～ Yōnghé～ Yonghe Temple (4)一些文化娱乐场所的名称 a place for cultural activities and recreation：民族～ Mínzú～ the nationality palace /文化～ wénhuà～ the cultural palace

【宫灯】gōngdēng（名）[盏 zhǎn]一种六面柱状或八面柱状的挂灯,里面点蜡烛（现在常用电灯泡）旧时多用于宫中,所以叫"宫灯" decorative palace lantern

【宫殿】gōngdiàn（名）[座 zuò]同"宫"gōng (1) same as "宫" gōng (1)：巍峨的～ wēi'é de ～ huge and impressive palace /～式建筑 ～ shì jiànzhù buildings in the style of a palace

【宫廷】gōngtíng（名）(1)帝王居住、办事的处所 court (2)由帝王及其大臣构成的统治集团 the monarch and his officials

【宫廷政变】gōngtíng zhèngbiàn 原指帝王宫廷内发生篡夺王位的事件。现在一般用来指某个国家统治集团中少数人从内部采取某种方式夺取国家政权 coup d'état from within the ruling clique：发动～ fādòng ～ start a coup / 发生～ fāshēng ～ a coup occurred

恭 gōng
（形）◇恭敬 respectful
【恭候】gōnghòu（动）〈书〉恭敬地等候 await respectfully
【恭敬】gōngjìng（形）严肃有礼貌 respectful：小学生很～地

向老师行个礼。Xiǎoxuéshēng hěn ～ de xiàng lǎoshī xíng ge lǐ. The pupils saluted the teacher respectfully.

【恭顺】gōngshùn（形）恭敬顺从 respectful and submissive：态度～ tàidù ～ a respectful and submissive attitude

【恭维】gōngwéi（动）为讨好而过分地赞扬。也作"恭惟" gōngwéi flatter；compliment：他最怕别人～自己。Tā zuì pà biérén ～ zìjǐ. The last thing he likes is being flattered.

【恭喜】gōngxǐ（动）套语,祝贺人家的喜事 congratulate：～你升了两级！～ nǐ shēngle liǎng jí! Congratulations on being promoted two grades! /～试验获得成功！～ shìyàn huòdé chénggōng! Congratulations on the success of your experiment!

gǒng

巩 ［鞏］gǒng
【巩固】gǒnggù（形）坚固,不易动摇（多用于抽象事物）solid；firm；stable：政权很～。Zhèngquán hěn ～. very stable political power /双方关系的基础并不～。Shuāngfāng guānxi de jīchǔ bìng bù ～. The foundation of the relationship between the two parties is not quite solid. （动）使坚固（多用于抽象事物）consolidate；strengthen；solidify：～工农联盟 ～ gōngnóng liánméng consolidate the alliance of workers and peasants /～和发展两国人民的友谊 ～ hé fāzhǎn liǎng guó rénmín de yǒuyì strengthen and develop the friendship between the two countries

汞 gǒng
（名）〈化〉mercury

拱 gǒng
（名）arch：～形 ～xíng arch /～门 ～mén an arched door-way（动）(1)两手相合,臂的前部略上举（礼节的一种）clasp and raise（one's hands）：～手 ～ shǒu clasp and raise one's hands /～手为礼 ～ shǒu wéi lǐ pay respect by clasping and raising one's hands (2)人或动物肢体弯曲成弧形 arch；curve：～肩缩背 ～ jiān suō bèi hunch one's shoulders and arch one's back /小猫～一～腰。Xiǎo māo ～ yì ～ yāo. The kitten arched its back. (3)用身体顶动、拨开别的人或物（所用的力不是爆发力）push up or forward with one's body：你别～我！Nǐ bié ～ wǒ! Don't push me with your shoulder. /院门让狗给～开了。Yuàn mén ràng gǒu gěi ～kāi le. The yard door is pushed open by the dog. /蚯蚓从地下～出许多土来。Qiūyǐn cóng dìxia ～ chū xǔduō tǔ lai. The earthworm pushed up piles of earth from underground. (4)植物生长,从土里向外钻或顶 sprout up：竹笋～出地面。Zhúsǔn ～ chū dìmiàn. The bamboo shoots are sprouting up from the ground.

【拱门】gǒngmén（名）arched door
【拱桥】gǒngqiáo（名）[座 zuò]中部高起、桥洞呈弧形的桥 arch bridge：七孔～ qī kǒng ～ arch bridge with seven arches /石～ shí ～ stone arch bridge

gòng

共 gòng
（动）◇共同具有或承受 share：同甘苦～患难 tóng gānkǔ ～ huànnàn share joys and sorrows（副）(1)〈书〉表示"一起,共同"；用在动词前,后无数量短语 together；jointly；together as a verb；no numeral-classifier-phrase follows the verb)：～进午餐 ～ jìn wǔcān have lunch together /各党派聚在一起,～商国家大事。Gè dǎngpài jù zài yìqǐ, ～ shāng guójiā dàshì. Every political party and group gathered together to jointly discuss major national is-

sues. / 两国人民～饮一江水。Liǎng guó rénmín ～ yǐn yì jiāng shuǐ. *The people of the two countries drink from the same river.* (2) 表示数量的总计，用在动词前，后有数量短语；有时也可省略动词 altogether；in all；all told (*used before a verb which is followed by a numeral-classifier phrase; the verb may sometimes be omitted*)：全村～有五百人。Quán cūn ～ yǒu wǔbǎi rén. *There are altogether five hundred people in the village.* / 去年他～分了两千元。Qùnián tā ～ fēnle liǎngqiān yuán. *Last year he was given altogether 2,000 yuan in shares.* / 两班各有学生四十人，～八十人。Liǎng bān gè yǒu xuéshēng sìshí rén，～ bāshí rén. *Each of the two classes has forty students，which makes eighty in all.* (名) 共产党的简称 short for "共产党"：中～ Zhōng ～ *the Communist Party of China*

【共产党】gòngchǎndǎng (名) *the Communist Party*

【共产党员】gòngchǎndǎngyuán (名) 共产党的成员 *member of the communist party*

【共产风】gòngchǎnfēng (名) 指中国 1958 年无偿征调农民的私有牲畜、家禽、农具、粮食等的错误作法。当时说是向共产主义过渡，故称共产风 *the mistake committed by the Communist Party of China in communizing the farmers' properties in 1958*

【共产国际】Gòngchǎn Guójì 全世界共产党和共产主义组织的国际联合组织，是经列宁的提议于 1919 年在莫斯科成立的。1943 年宣告解散 *the Communist International*

【共产主义】gòngchǎnzhǔyì (名)(1)*communism* 人类理想的社会制度。它在发展上分两个阶段，初级阶段是社会主义，高级阶段是共产主义。通常所说的共产主义指共产主义的高级阶段 *communism as a social system*

【共产主义青年团】gòngchǎnzhǔyì qīngniántuán 在共产党领导下的先进青年的群众性组织 *the Communist Youth League*

【共处】gòngchǔ (动·不及物) 共同存在，(多数国家)一起相处 *coexist*：两国和平～ liǎng guó hépíng ～ *Two countries coexist in peace.*

【共存】gòngcún (动·不及物) 共同存在 *coexist*：两种制度～ liǎng zhǒng zhìdù ～ *two systems coexist*

【共管】gòngguǎn (动) "国际共管"的简称。两个或两个以上的国家共同统治或管理某一地区、国家或某一国家的部分领土 short for "国际共管" *international condominium*

【共和国】gònghéguó (名) *republic*

【共鸣】gòngmíng (名)(1)物体因共振而发声的现象 *resonance* (2) 由别人的某种情绪而引起的相同的思想感情 *sympathetic chord*：这部电影反映了现实的社会问题，引起观众的～。Zhè bù diànyǐng fǎnyìngle xiànshí de shèhuì wèntí，yǐnqǐ guānzhòng de ～. *This movie，reflecting a real social problem，has struck a responsive chord in the hearts of the masses.*

【共计】gòngjì (动) 一共计算 *total；add up to；amount to*：三年级五个班～二百二十个学生。Sān niánjí wǔ ge bān ～ èrbǎi èrshí ge xuéshēng. *The five classes of the third grade amount to two hundred and twenty students.*

【共青团】gòngqīngtuán (名) 共产主义青年团的简称 short for "共产主义青年团"

【共识】gòngshí (名) 共同认识 *understanding*：达成～ dáchéng ～ *reach an understanding* /经过讨论求得～。Jīngguò tǎolùn qiúdé ～. *Strive to reach an understanding through discussion.*

【共事】gòngshì (动·不及物) 在一起从事某项活动或工作 *work together*：他俩在一个学校～多年。Tā liǎ zài yí ge xuéxiào ～ duō nián. *The two of them worked together in a school for many years.* /他这个人挺随和，很容易和他～。Tā zhège rén tǐng suíhé，hěn róngyì hé tā ～. *He's amiable and easy to work with.*

【共同】gòngtóng (形·非谓)(1)彼此都具有的；属于大家的

common；～的理想 ～ de lǐxiǎng common ideal /他们两个都喜欢看足球，有～的语言。Tāmen liǎng ge dōu xǐhuan kàn zúqiú，yǒu ～ de yǔyán. *They have a common language. They both love watching football.* /这姐妹俩的爱好毫无～之处。Zhè jiěmèi liǎ de àihào háo wú ～ zhī chù. *The interests of these two sisters are completely different.* /五一国际劳动节是全世界劳动人民～的节日。Wǔ-Yī Guójì Láodòngjié shì quán shìjiè láodòng rénmín ～ de jiérì. *The May First International Labor Day is the common holiday for all the working people in the world.* (2)多数人在一起(做，往往是互相影响的)(多作状语) *together；jointly*：经过大家的～努力，任务提前完成了。Jīngguò dàjiā de ～ nǔ lì，rènwu tíqián wánchéng le. *Through everyone's joint efforts，the job has been completed ahead of schedule.* /我们几个人～讨论了这个问题，意见比较一致了。Wǒmen jǐ ge rén ～ tǎolùnle zhège wèntí，yìjian bǐjiào yízhì le. *We discussed this question together and our opinions were relatively consistant.*

【共同市场】gòngtóng shìchǎng 若干国家为了共同的政治、经济利益而组成的相互合作的统一市场 *the Common Market*

【共同体】gòngtóngtǐ (名) "欧洲共同体"的简称 short for "欧洲共同体"

【共性】gòngxìng (名)共同具有的性质，和"个性"相对 *general character；generality*：动物和植物具有一定的～，二者都是有生命的。Dòngwù hé zhíwù jùyǒu yídìng de ～，èr zhě dōu shì yǒu shēngmìng de. *The animal and plant share some general characteristics，they both are alive.* /所有的语言都有语法，这是语言的～之一，而每种语言的语法都有自己的特点，这就是个性。Suǒyǒu de yǔyán dōu yǒu yǔfǎ，zhè shì yǔ-yán de ～ zhī yī，ér měi zhǒng yǔyán de yǔfǎ dōu yǒu zìjǐ de tèdiǎn，zhè jiù shì gèxìng. *Every language has grammar. That is the generality of languages. But the grammar of each language has its own peculiarity，that is the individuality.*

【共振】gòngzhèn (名)〈物〉*resonance*

贡 [貢] gòng tribute

【贡献】gòngxiàn (动) 拿出物资、力量、经验等献给别人、公众或国家等 *contribute；dedicate；devote*：他把一件古文物～给国家了。Tā bǎ yí jiàn gǔ wénwù ～ gěi guójiā le. *He contributed a historical relic to the state.* /为发展教育事业～力量 wèi fāzhǎn jiàoyù shìyè ～ lìliang contribute one's effort to the development of the cause of education (名)对公众或国家等所做的有益的事 *devotion；contribution*：石油工人为国家做出了很大的～。Shíyóu gōngrén wèi guójiā zuòchūle hěn dà de ～. *The oil workers have made great contribution to the state.*

供 gòng

(动)(1) 被审问者在法庭上述说事实 *confess；own up*：罪犯～出了犯罪事实。Zuìfàn ～chūle fàn zuì shìshí. *The offender owned up to his criminal deeds.* (2) 把香烛等放在神佛或祖宗的像前，表示敬奉 *lay (offerings)*：春节时～祖先 Chūnjié shí ～ zǔxiān. lay offerings to ancestors during Spring Festival / 佛像前～着水果。Fóxiàng qián ～zhe shuǐguǒ. *Fruit is laid before the figure of buddha.* (名)◇供品 *offerings*：给神佛上～ gěi shén fó shàng ～ lay offerings for the image of buddha. 另见 gōng

【供词】gòngcí (名)[篇 piān] 指犯事被告人根据其被指控的犯罪事实以口头或书面形式所作的陈述 *confession；a statement made under examination*

【供奉】gòngfèng (动) 供养，奉养 *enshrine and worship；con-*

secrete

【供品】gòngpǐn（名）供奉神佛、祖先的菜肴、瓜果、糕点等 *offerings*

【供认】gòngrèn（动）被告人承认（所作的事情）*confess*：他～接受了一千元贿赂。Tā ～ jiēshòule yìqiān yuán huìlù. *He confessed that he received one thousand dollars bribe.*

gōu

勾 gōu

（动）(1)用笔画出符号表示删除 *strike out*；*cancel*；*remove*：名单上有两个名字被～掉了。Míngdān shang yǒu liǎng ge míngzi bèi ～ diào le. *Two names were removed from the list.* /这段话太啰嗦，我给你～去了几句。Zhè duàn huà tài luōsuo, wǒ gěi nǐ ～qule jǐ jù. *This passage is too wordy. I struck some sentences out.* (2)用笔画出符号表示截取 *tick off*：凡是用红笔～出来的地方，都是重点。Fánshì yòng hóng bǐ ～ chulai de dìfang, dōu shì zhòngdiǎn. *Whatever places are marked red are important.* (3)画出形象的边缘：描画 *draw*；*delineate*：～出一个头像的轮廓 ～chū yí ge tóuxiàng de lúnkuò. *draw an outline of a head* (4)◇ 用灰、水泥等涂抹砖石建筑物的缝 *daub the seams of bricks of building with cement or lime*：～墙缝 ～ qiángfèng *daub the wall seams* (5)引出（记忆、议论等）*remind*；*arouse*；*evoke*：我随便一句话，又一起她的伤心事。Wǒ suíbiàn yí jù huà, yòu ～qǐ tā de shāngxīn shì. *I made a casual remark, and it again reminded her of her sorrows.* /这幅油画～出他对油画方面的一大篇议论。Zhè fú yóuhuà ～chū tā duì yóuhuà fāngmiàn de yí dà piān yìlùn. *This oil painting evoked from him a long talk on oil paintings.* 另见 gòu

【勾搭】gōuda（动）引诱或互相串通（做不正当的事），可重叠为"勾勾搭搭" *engage jointly (in wrong doings)*，*gang up with*：这伙人一起来专干坏事。Zhè huǒ rén ～ qilai zhuān gàn huàishì. *These guys gang up solely to commit wrong doings.* /你和那些人勾勾搭搭的，有什么好处？Nǐ hé nàxiē rén gōugoudādā de, yǒu shénme hǎochu? *What good is it if you work hand in glove with those fellows?*

【勾画】gōuhuà（动）用线条画出轮廓，或用简明的文字描写 *roughly sketch out*：这幅漫画简单的几笔就～出一个官僚主义者的形象。Zhè fú mànhuà jiǎndān de jǐ bǐ jiù ～chū yí ge guānliáozhǔyìzhě de xíngxiàng. *The few strokes of this cartoon sketch out a bureaucrat.* /那篇特写～了农村集市的兴旺景象。Nà piān tèxiě ～le nóngcūn jíshì de xīngwàng jǐngxiàng. *That special report brings out the prosperous aspects of the farm market.*

【勾结】gōujié（动）暗中串通、结合（干坏事）*collaborate with*；*collude with*：互相～ hùxiāng ～ *collaborate with each other* /～起来进行诈骗 ～ qilai jìnxíng zhàpiàn *collude together to defraud*

【勾勒】gōulè（动）(1)用线条画出轮廓 *draw the outline of*；*sketch the contours of*：画家几笔就～出一个青年的肖像。Huàjiā jǐ bǐ jiù ～ chū yí ge qīngnián de xiàoxiàng. *The artist drew a portrait of a young man with a few strokes.* (2)用简单的笔墨描写事物的大致情况 *give a brief account of*；*outline*：作家这段文字～出一幅美丽的田园景色。Zuòjiā zhè duàn wénzì ～ chū yì fú měilì de tiányuán jǐngsè. *This passage of the author outlines a beautiful rural scenery.*

【勾通】gōutōng（动）暗中串通 *collaborate with behind the scenes*；*collude with*

【勾销】gōuxiāo（动）取消、抹掉 *cancel*；*write off*：你欠我的钱，一笔～，以后谁也不要再提了。Nǐ qiàn wǒ de qián, yì bǐ ～, yǐhòu shuí yě búyào zài tí le. *The money you owed me is written off. Don't mention it any more.*

【勾心斗角】gōu xīn dòu jiǎo 几个人各用心计，互相排挤。"勾"原作"钩" *scheme against each other*：在商业竞争中，商人们往往～。Zài shāngyè jìngzhēng zhōng, shāngrénmen wǎngwǎng ～. *In competition, merchants, more often than not, scheme against each other.*

【勾引】gōuyǐn（动）勾结某种势力，或引诱人（做坏事）*tempt*；*entice*；*lure*：历史上常有卖国贼～外来侵略势力危害祖国的事。Lìshǐ shang cháng yǒu màiguózéi ～ wàilái qīnlüè shìlì wēihài zǔguó de shì. *Often in the history, there are traitors who invite the foreign invaders to harm their own country.* /要教育青少年，不要受坏人的～。Yào jiàoyù qīng-shàonián, búyào shòu huàirén de ～. *Young people should be educated not to be lured by bad people.*

佝 gōu

【佝偻病】gōulóubìng（名）*rickets*

沟〔溝〕gōu

（名）[条 tiáo、道 dào](1)人工挖掘的水道 *ditch*；*trench*；*channel*：挖一道～ wā yí dào ～ *dig a ditch* /明～ míng ～ *trench* /暗～ ~ *sewer* (2)浅槽，像沟一样的洼处 *groove*；*rut*；*furrow*：车～ chē ～ *rut* /瓦～ wǎ ～ *groove between rows of tiles* (3)一般的水道 *brook*；*stream*：小河～ xiǎo hé ～ *brook*

【沟壑】gōuhè（名）山沟，坑谷 *gully*；*ravine*：这一带～纵横，地形比较复杂。Zhè yídài ～ zònghéng, dìxíng bǐjiào fùzá. *This area is crisscrossed by ravines with a relatively complex terrain.*

【沟渠】gōuqú（名）为灌溉或排水而挖的水道的统称 *irrigation canals and ditches*：这一片农田有完整的～网，旱涝都不怕。Zhè yí piàn nóngtián yǒu wánzhěng de ～ wǎng, hàn lào dōu bú pà. *This farming field, with a complete irrigation system, is safe from draught and flood.*

【沟通】gōutōng（动）使彼此相通 *link up*；*connect*：～意见 ～yìjian *exchange opinions* /～文化 ～ wénhuà *culture exchange* /南京长江大桥～南北。Nánjīng Cháng Jiāng Dàqiáo ～ nánběi. *The Yangtze River Bridge at Nanjing connects the north and south.*

钩〔鉤〕gōu

（名）(1)(～儿)钩子 *hook*；钓鱼～ diào yú ～ *fishing hook* /铁～ tiě ～ *iron hook* (2)汉字的一种钩形笔划，如"亅乛"*(of Chinese characters) hook stroke* (3)(～儿)钩形符号，形状是"√" *check mark*（动）(1)用钩子钩取或搭、挂，引申为用脚作钩形动作 *hook*；*secure with a hook*：把掉在井里的水桶～上来。Bǎ diào zài jǐng li de shuǐtǒng ～ shanglai. *Fish up the bucket which dropped into the well.* /前锋一个倒～，把球踢进球门。Qiánfēng yí ge dào ～, bǎ qiú tījìn qiúménr. *The forward sent the ball into the goal with a reverse kick.* /猴子用尾巴～住树枝。Hóuzi yòng wěiba ～ zhù shùzhī. *The monkey hooked its tail to the branch.* (2)用带钩的针编织 *crochet*：～一块桌布 ～ yí kuài zhuōbù *crochet a table cover* (3)缝纫方法之一，粗缝 *sew with large stiches*

【钩子】gōuzi（名）*hook*

篝 gōu

【篝火】gōuhuǒ（名）*bonfire*；*campfire*

gǒu

苟 gǒu

【苟安】gǒu'ān（动·不及物）〈书〉贪图眼前的安逸 seek comfort and ease when one should take action; seek momentary ease

【苟且】gǒuqiě（形）〈书〉(1)只顾眼前,消极地一天天凑合下去 muddle along; drift along (2)敷衍了事 muddle through; do perfunctorily:决不～从事 jué bù ～ cóngshì never muddle through one's work

【苟且偷安】gǒuqiě tōu'ān 贪图目前安逸,凑合着过日子,不顾将来 be content with temporary ease and comfort:在国家需要我们出力的时候,我们怎能躲在家里～呢! Zài guójiā xūyào wǒmen chū lì de shíhou, wǒmen zěn néng duǒ zài jiā li ～ ne! How can we seek momentary ease at home when the country needs us?

【苟全】gǒuquán（动）〈书〉苟且保全(生命) preserve (one's own life) at all costs:那只是～生命而已,不是真正的生活。Nà zhǐ shì ～ shēngmìng éryǐ, bú shì zhēnzhèng de shēnghuó. That is simply drifting along; it's not really living.

【苟延残喘】gǒu yán cán chuǎn 勉强维持生存(不能活多久了),多含贬义 eke out a meagre existence; linger on in a steadily worsening condition:这些土匪躲进深山～,不久就会被消灭的。Zhèxiē tǔfěi duǒjìn shēnshān ～, bùjiǔ jiù huì bèi xiāomiè de. These bandits hiding themselves deep in the mountain are on their last legs and will be wiped out soon.

狗 gǒu
（名）[只 zhī] dog

【狗急跳墙】gǒu jí tiào qiáng〈贬〉比喻走投无路时不顾一切地蛮干 a cornered dog will leap over a wall in desperation; be driven to extremes:在被追捕中,罪犯～,竟向警察反扑了过去。Zài bèi zhuībǔ zhōng, zuìfàn ～, jìng xiàng jǐngchá fǎnpū le guoqu. Being pursued, the criminal swooped down on the policemen in desperation.

【狗头军师】gǒutóu jūnshī〈贬〉专给人出坏主意的人,低劣的谋士 a person who offers bad advice; inept adviser

【狗腿子】gǒutuǐzi（名）〈口〉hired thug; lackey

【狗尾续貂】gǒu wěi xù diāo 用不好的东西接在好东西的后面,前后不相称(多指文章或文艺作品) a wretched sequel to a fine work; a bad ending to an otherwise fine beginning

【狗血喷头】gǒu xuè pēn tóu 形容骂人骂得很凶狠 thoroughly abuse or curse somebody; pour out a torrent of abuse:他被人骂得～。Tā bèi rén mà de ～. He's been thoroughly abused.

【狗仗人势】gǒu zhàng rén shì 比喻靠别人的势力欺压好人 a dog threatening others on the strength of its master's power; play the bully because one has the backing of a powerful person:过去他是乡里的二流子,因为亲戚在县里作官,他就～,为所欲为。Guòqù tā shì xiāng li de èrliúzi, yīnwèi qīnqi zài xiàn lǐ zuò guān, tā jiù ～, wéi suǒ yù wéi. He used to be a bum in the village, but because he has a relative who is an official in the county, he is now doing whatever he pleases on the strength of his relative. /他是恶霸的狗腿子,常常～,压迫老百姓。Tā shì èbà de gǒutuǐzi, chángcháng ～, yāpò lǎobǎixìng. Being a hired thug of a local tyrant, he often oppressed common people with the protection of his master.

gòu

勾 gòu
另见 gōu

【勾当】gòudàng（名）事情(现在多指不正当的事) deal; business (illicit):不可告人的～ bù kě gào rén de ～ a dirty deal /这些年,他干了不少损人利己的～。Zhèxiē nián, tā gànle bù shǎo sǔn rén lì jǐ de ～. These years he's made many deals that have hurt others but benefited himself.

构 〔構〕gòu

【构成】gòuchéng（动）组成,形成 construct; form; make up:这些住宅楼、商店、绿地等,～一个居民小区。Zhèxiē zhùzhái lóu、shāngdiàn、lǜdì děng, ～ yí ge jūmín xiǎoqū. These apartment buildings, stores, and lawns etc. form a small residential area. /这个装置由发动机和传送带～。Zhège zhuāngzhì yóu fādòngjī hé chuánsòngdài ～. This device is made up of a motor and a conveyer belt. /草地上五彩缤纷的野花～了美丽的画面。Cǎodì shang wǔcǎi bīnfēn de yěhuā ～le měilì de huàmiàn. The colorful flowers on the grass make a pretty picture.

【构词法】gòucífǎ（名）〈语〉词的构成法则,即由词素构成不同的词的法则,也指语言中创造新词的方法 word formation; morphology; rules for the formation of words

【构件】gòujiàn（名）(1) component; part:飞轮是自行车的一个重要～。Fēilún shì zìxíngchē de yí ge zhòngyào ～. The free wheel is a very important part of a bicycle. (2)〈建〉组成建筑物某一结构的单元 component; member:梁、柱是中国古代建筑的～。Liáng、zhù shì Zhōngguó gǔdài jiànzhù de ～. Roof beams and pilars are components of Chinese ancient buildings.

【构思】gòusī（动）作者写文章、进行文艺创造及制作艺术品过程中的一系列思维活动 (of literature or artistic creation) work out the argument of an article, the plot of a story or the composition of a picture:小说家在动笔前总要～很久。Xiǎoshuōjiā zài dòng bǐ qián zǒng yào ～ hěn jiǔ. A writer always spends a long time in working out the plot before he sets to work. /这个雕刻的～很巧妙。Zhège diāokè de ～ hěn qiǎomiào. The composition of this carving is ingenious.

【构图】gòutú（动·不及物）创作美术作品时根据题材和主题思想的要求,把要表现的形象适当地组织起来,构成一个协调的、完整的画面 composition (of a picture)

【构造】gòuzào（名）各个组成部分的安排、组织和相互关系 construction; structure:地质～ dìzhì ～ geological structure /人体～ réntǐ ～ the anatomy of the human body /句子的～ jùzi de ～ sentence structure /～运动 ～ yùndòng tectonic movement

购 〔購〕gòu
（动）〈书〉买 buy:欢迎选～ huānyíng xuǎn ～ welcome to look and buy /市场～销两旺。Shìchǎng ～ xiāo liǎng wàng. brisk buying and selling

【购买】gòumǎi（动）买(多用于较正式场合,宾语多为双音节词语) purchase; buy:～武器 ～ wǔqì purchase arms /～石油 ～ shíyóu buy oil

【购买力】gòumǎilì（名）purchasing power:人民的～大幅度提高。Rénmín de ～ dà fúdù tígāo. The purchasing power of the people has increased a great deal. /～下降了。～ xiàjiàng le. The purchasing power has decreased. /社会～ shèhuì ～ the purchasing power of the society

【购销】gòuxiāo（动）购买和销售 buying and selling

【购置】gòuzhì（动）购买(设备等长期使用的器物) purchase (durable):～机器 ～ jīqì purchase machines /～建筑材料 ～ jiànzhù cáiliào purchase construction material /～设备 ～ shèbèi purchase equipment

够 gòu
（动）(1)伸手或用工具得到某物(含有不易触到、取到的意味) reach for sth. with one's hand or a tool:请你把柜子最上格的那本书～下来。Qǐng nǐ bǎ guìzi zuì shàng gér de nà běn shū ～ xialai. Would you please grab the book on the

highest shelf for me. /饭桌太大，那边的菜我～不着。Fànzhuō tài dà, nàbiān de cài wǒ ～ bu zháo. *The dining table is too big for me to reach the dish at the other end.* (2) 达到一定标准 *reach certain standard*：～标准 biāozhǔn *be up to the standard* /～水平 ～ shuǐpíng *up to the level* /这孩子满六岁了，～上学的年龄了。Zhè háizi mǎn liù suì le, ～ shàng xué de niánlíng le. *This child is six years old and old enough to go to school.* /他的考试分数太低,～不上录取标准。Tā de kǎoshì fēnshù tài dī, ～ bu shàng lùqǔ biāozhǔn. *His exam score is too low to reach the admission level.* /这根绳子～长不～长? Zhè gēn shéngzi ～ cháng bú ～ cháng? *Is this rope long enough?* (形) (1) 满足需要 (多为数量上的) (不作定语) *enough*：带十块钱买书～不～? Dài shí kuài qián mǎi shū ～ bu ～? *Is ten yuan enough to take to buy books?* /这些米饭四个人吃一定～了。Zhèxiē mǐfàn sì ge rén chī yídìng ～ le. *The rice is sure enough for four people.* /你尝尝菜里的盐放得～不～! Nǐ chángchang cài li de yán fàng de ～ bu ～! *Will you please try the dish to see whether it has enough salt.* /那出戏太好了,我看了一遍,没看够。Nà chū xì tài hǎo le, wǒ kànle yí biàn, méi kàn～. *That play is really good. Seeing it once is just not enough.* (2) 因太多而厌烦 *be fed up with*：～了,不要说了。～ le, búyào shuō le! *That's enough. Stop it.* /天天听这个曲子,真～了。Tiāntiān tīng zhège qǔzi, zhēn tīng～ le. *I've gotten fed up with listening to this song everyday.* (副) (1) 修饰形容词,表示达到很高程度,句尾常带有"的、了、的了",不受否定词修饰,可修饰表示不愉快性质或有特殊意义的否定形式 (*modifies an adjective to indicate that a high degree is reached；the end of the sentence often takes "的", "了", "的了"；cannot be modified by a negative form, can modify a negative form which indicates sth. of an unpleasant nature or which has a special meaning*) *quite；rather*：这小伙子真～棒的! Zhè xiǎohuǒzi zhēn ～ bàng de! *This young fellow is quite something!* /他的身体～差的了。Tā de shēntǐ ～ chà de le. *His health is quite poor.* /那件衣服～短的了,再短就不好看了。Nà jiàn yīfu ～ duǎn de le, zài duǎn jiù bù hǎokàn le. *That jacket is quite short；if it were any shorter, it wouldn't look good.* /一小时走二十里,～快的了。Yì xiǎoshí zǒu èrshí lǐ, ～ kuài de le. *You walked twenty li in one hour；that was rather fast!* /他已经～难过的了,别再责备他了。Tā yǐjīng ～ nánguò de le, bié zài zébèi tā le. *He's already quite miserable；don't reproach him anymore.* /他已经～不专心的了,你比他更严重。Tā yǐjīng ～ bù zhuānxīn de le, nǐ bǐ tā gèng yánzhòng. *He's already quite inattentive；you're worse than he.* /她三年来～不容易的了。Tā sān nián lái ～ bù róngyì de le. *She has been having a rather difficult time in the past three years.* (2) 修饰积极意义的形容词,表示达到一定标准；"够"可受否定词修饰,但不修饰否定形式 (*modifies adjectives which have a positive meaning to indicate reaching a certain standard；"够" can be modified by a negative but does not modify a negative form*) *enough；sufficient*：这张桌子～高不～高? —— 不～高。Zhè zhāng zhuōzi ～ gāo bú ～ gāo? —— Bú ～ gāo. *Is this desk high enough or not? —— It's not high enough.* /这张床给孩子睡～长了。Zhè zhāng chuáng gěi háizi shuì ～ cháng le. *This bed is long enough for a child to sleep on.* /他的态度不～诚恳,我信不过他。Tā de tàidu bú ～ chéngkěn, wǒ xìn bu guò tā. *His attitude is not sincere enough；I don't trust him.* /我的要求不高,这个表对我来说～准了。Wǒ de yāoqiú bù gāo, zhège biǎo duì wǒ lái shuō ～ zhǔn le. *I don't ask for much. This watch is accurate enough for me.* /那种仪器还不～精密。Nà zhǒng yíqì hái bú ～ jīngmì. *That kind of instrument is still not sufficiently precise.*

【够本】gòu=běn (～儿) (1) 买卖不赔不赚 (*make*) *enough to pay one's expenses；break even* (2) 比喻得失相当 (有诙谐的语气) *break even；worth*：今天虽然很累,可是看到了这里美丽的风光,可以算～了。Jīntiān suīrán hěn lèi, kěshì kàndàole zhèlǐ měilì de fēngguāng, kěyǐ suàn ～ le. *Although I'm really tired, I've seen the beautiful scenery here, and it was worth it.*

【够劲儿】gòujìnr (形) 〈口〉担负的分量极重；程度极高 (作谓语和补语) *almost too much to cope with*：每天得劳动十几小时,真～! Měi tiān děi láodòng shí jǐ xiǎoshí, zhēn ～! *To work over ten hours everyday is almost more than I can bear!* /这几天热得～! Zhè jǐ tiān rè de ～! *It's really hot these days!*

【够朋友】gòu péngyou 〈口〉达到朋友的标准 *deserve to be called a true friend；a friend indeed*：老张真～,他给我帮了大忙了。Lǎo Zhāng zhēn ～, tā gěi wǒ bāngle dà máng le. *Lao Zhang is a friend indeed. He helped me a lot.* /老李,可有点不～,求你这么点儿事你都不管! Lǎo Lǐ, nǐ kě yǒudiǎnr bú ～, qiú nǐ zhème diǎnr shì nǐ dōu bù guǎn! *Lao Li, you are not being very friendly, when I ask you for a little help in this matter and you pay no attention! /你看,什么都替你准备好了,我够不够朋友? Nǐ kàn, shénme dōu tì nǐ zhǔnbèi hǎo le, wǒ gòu bu gòu péngyou? *Look, everything is prepared for you. Don't you think that's enough to show my friendship?*

【够呛】gòuqiàng (形) 〈口〉十分厉害,够受的 (作谓语或补语) *unbearable；terrible*：今天这么热,参加马拉松赛跑的运动员们真～! Jīntiān zhème rè, cānjiā mǎlāsōng sàipǎo de yùndòngyuánmen zhēn ～! *It's so hot today. It's terrible for those who run the marathon.* /哎呀,我今天饿得～!快拿饭菜来吧! Āiyā, wǒ jīntiān è de ～! Kuài ná fàncài lai ba! *I'm terribly hungry, get me something to eat.*

【够瞧的】gòuqiáode (形) 很厉害,使人受不了 作谓语和补语 *really awful；too much*：天冷得～了,你怎么还说不冷? Tiān lěng de ～ le, nǐ zěnme hái shuō bù lěng? *The weather is terribly cold. How come you still say it is not.* /这口袋沉得～,我怕背不动。Zhè kǒudai chén de ～, wǒ pà bēi bu dòng. *This bag is too heavy, I'm afraid I can't carry it.*

【够受的】gòu shòu de 〈口〉表示使人难以忍受,常作补语 *hard to bear；quite an ordeal*：疼得～ *unbearably painful* /累得～ *be dog-tired* /这几天热得真～. Zhè jǐ tiān rè de zhēn ～. *It's too hot to bear these days.* /家里一下子病倒两个人,真够他受的。Jiā lǐ yíxiàzi bìngdǎo liǎng ge rén, zhēn gòu tā shòu de. *Two of his family members suddenly became sick at the same time, making it very hard on him.*

【够味儿】gòuwèir (形) 〈口〉功力达到相当高的水平,很有味道。作谓语和补语 *just the right flavor；just the thing*：他唱京剧唱得真～! Tā chàng jīngjù chàng de zhēn ～! *His singing of Beijing opera is just superb.* /名不虚传,这菜～! Míng bù xū chuán, zhè cài ～! *This dish has just the right flavor. It deserves the reputation it enjoys.*

媾 gòu

【媾和】gòuhé (动·不及物) 交战国缔结和约,结束战争状态。也指一国之内,交战各方达成和平协议,结束战争 *make peace；negotiate for peace*

gū

估 gū (动) 大致推算 *estimate；reckon；appraise*：～一～稻子的产量 ～ yì ～ dàozi de chǎnliàng *estimate the rice production* /不要低～了这个球队的水平。Búyào dī ～le zhège

qiúduì de shuǐpíng. *Don't underestimate this ball team.*

【估计】 gūjì (动) 做大概的推算 *estimate*；*reckon*；*size up*：我～他得三天以后才能回来。Wǒ ～ tā děi sān tiān yǐhòu cái néng huílai. *I estimate he won't be back until three days later.* /根据目前的情况，～国际形势将有变化。Gēnjù mùqián de qíngkuàng, ～ guójì xíngshì jiāng yǒu biànhuà. *It is reckoned that the international situation will change according to the present circumstances.* /你把他的能力～得太高了。Nǐ bǎ tā de nénglì ～ de tài gāo le. *You overestimated him.* (名)所做的大概推断 *calculation*；*appraisal*：这只是个粗略的～。Zhè zhǐ shì ge cūlüè de ～. *This is only a rough calculation.* /这种～是根据不足的。Zhè zhǒng ～ shì gēnjù bùzú de. *This kind of appraisal is without good grounds.* /他讲演的题目是：《对目前形势的几点～》。Tā jiǎngyǎn de tímù shì：《Duì mùqián xíngshì de jǐ diǎn ～》. *The topic of his address is " A Few Points of View on the Current Situation".*

【估价】 gūjià (动) 对人或事物给以评价 *evaluate*；*appraise*：人们对这项工艺上的改革～很高。Rénmen duì zhè xiàng gōngyì shang de gǎigé ～ hěn gāo. *The techonological improvement is highly evaluated.* /你看看评论家是怎样～这本小说的。Nǐ kànkan pínglùnjiā shì zěnyàng ～ zhè běn xiǎoshuōr de. *Please read how the book is evaluated by the critics.* /对文学作品的～都要恰如其分。Duì wénxué zuòpǐn de ～ dōu yào qià rú qí fèn. *The evaluation of literary works should be appropriate.*

【估价】 gū＝jià 估计商品的价格 *evaluate*；*appraise*：信托公司给这些旧家具作了个价介。Xìntuō gōngsī gěi zhèxiē jiù jiājù gūle ge jià. *The trust company made appraisals on these pieces of old furniture.*

【估量】 gūliang (动) 估计，约摸 *estimate*；*appraise*；*figure*；*assess*：我～着今天他会来找我的。Wǒ ～zhe jīntiān tā huì lái zhǎo wǒ de. *I figure that he will come to see me today.* /不可～的损失 bù kě ～ de sǔnshī *inestimable loss* /这次事件影响的深远是无法～的。Zhè cì shìjiàn yǐngxiǎng de shēnyuǎn shì wúfǎ ～ de. *The far-reaching effect of this event is inestimable.*

【估摸】 gūmo (动)〈口〉估计 *guess*；*reckon*：我～着他快回来了。Wǒ ～zhe tā kuài huílai le. *I guess he is coming back soon.* /这筐苹果～有五十斤。Zhè kuāng píngguǒ ～ yǒu wǔshí jīn. *This basket of apples reckons about fifty catties.*

咕 gū

【咕咚】 gūdōng (象声) 重东西落下的声音 *thud*；*splash*；*plump*

【咕嘟】 gūdū (象声) 液体沸腾，大口喝水，或水从小口内涌出的声音 *bubble*；*gurgle*

【咕唧】 gūjī (象声) 水受压力向外挤出的声音 *squelch*

【咕唧】 gūji (动) 小声谈论或自言自语 *whisper*；*murmur*

【咕隆】 gūlōng (象声) 雷声、机器轰鸣等 *rumble*；*rattle*；*roll*

【咕噜】 gūlū (象声) 东西滚动或水流动的声音 *rumble*；*roll*

【咕哝】 gūnong (动) 小声说话或自言自语 *murmur*；*mutter*；*grumble*

沽 gū

(动)〈书〉(1)◇买 *buy*：～酒 ～ jiǔ *buy wine* (2)◇卖 *sell*：待价而～ dài jià ér ～ *wait to sell at a good price*；*wait for the highest bid*

【沽名钓誉】 gū míng diào yù〈贬〉使用各种手段谋求好的名声和荣誉 *fish for fame and compliments*：哼，他对人的帮助总带有一个目的。Hng, tā duì rén de bāngzhù zǒng dài yǒu yí ge yòngxīn. *When he helps others it always means he wants to better his own reputation.*

姑 gū

(名)姑母 *aunt* (father's sister)；大～ dà～ *eldest aunt* (father's first sister) /二～ èr～ *second aunt* (副)〈书〉同 "姑且" gūqiě，常用于固定词组 *same as " 姑且" gūqiě, often used in a fixed word group*：他～妄言之，你～妄听之，信不信全由你。Tā ～ wàng yán zhī, nǐ ～ wàng tīng zhī, xìn bu xìn quán yóu nǐ. *He made this remark at random. You must take it with a pinch of salt and decide for yourself whether or not to believe it.* /这话正确与否～置不论，但说话人的态度确是诚恳的。Zhè huà zhèngquè yǔ fǒu ～ bú lùn, dàn shuō huà rén de tàidu què shì chéngkěn de. *Never mind for now whether this statement is correct or not, the speaker's attitude was very sincere.*

【姑父】 gūfu (名) 姑母的丈夫 *the husband of one's father's sister*；*uncle*

【姑姑】 gūgu (名)〈口〉姑母 *father's sister*；*aunt*

【姑妈】 gūmā (名)〈口〉称已婚的姑姑 *father's sister* (married)；*aunt*

【姑娘】 gūniang (名) (1)未婚的女子 *girl* (2)〈口〉女儿 *daughter*：这是老王的二～。Zhè shì Lǎo Wáng de èr ～. *She's Lao Wang's second daughter.*

【姑且】 gūqiě (副) *tentatively*；*for the moment*；*for the time being* (1)表示说话人暂时作某种让步 (indicates that the speaker is temporarily making a certain concession)：以前的事儿～不提，这次冲突确是你引起的。Yiqián de shìr ～ bù tí, zhè cì chōngtu què shì nǐ yǐnqǐ de. *Never mind past affairs for the moment. This time you are the one who caused this conflict.* /历史上是否真有仓颉其人～不论，单说文字是某一个人创造的，就不可信。Lìshǐ shang shìfǒu zhēn yǒu Cāng Jié qí rén ～ bú lùn, dàn shuō wénzì shì mǒu yí ge rén chuàngzào de, jiù bù kě xìn. *Leave aside for the moment the question of whether or not there was such a person as Cang Jie in history, to simply say that one person created the written language is not credible.* (2)表示虽不满意，但暂时只好如此 (indicates that although sth. is not satisfactory, it has to be so temporarily)：他笑了笑，～同意了这种牵强的解释。Tā xiào le xiào, ～ tóngyì zhè zhǒng qiānqiǎng de jiěshì. *He just laughed and agreed with this farfetched explanation for the time being.* /这事儿我从没干过，～试试也不妨。Zhè shìr wǒ cóng méi gànguo, ～ shìshi yě bùfáng. *I've never done this before, but might as well try for now.*

【姑嫂】 gūsǎo (名) 女子和她弟兄的妻子的合称 *a woman and her brother's wife*；*sisters-in-law*

【姑息】 gūxī (动) 无原则地宽容 *appease*；*indulge*；*tolerate*：老王对下级的缺点一味～，这是对工作不负责。Lǎo Wáng duì xiàjí de quēdiǎn yíwèi ～, zhè shì duì gōngzuò bú fùzé. *Lao Wang is irresponsible because he is over indulgent to his subordinates.* /他对自己的任何小毛病都不～，一发现就坚决改正。Tā duì zìjǐ de rènhé xiǎo máobìng dōu bù ～, yì fāxiàn jiù jiānjué gǎizhèng. *He does not tolerate any of his own shortcomings and is determined to correct them as soon as he finds them.*

【姑息养奸】 gūxī yǎng jiān 宽容和包庇坏人坏事，助长坏事的发展 *to tolerate evil is to abet it*, *purposely tolerate evildoers and evil things*：对坏人不能手软，否则～，后患无穷。Duì huàirén bù néng shǒuruǎn, fǒuzé ～, hòuhuàn wúqióng. *We must not be soft toward bad people, toleration will bring endless trouble in the future.*

孤 gū

(形)◇单独，孤单 *lonely*；*solitarity*；*isolated*：～岛 ～ dǎo *an isolated island* /～雁 ～ yàn *a lone wild goose* /～身一人 ～ shēn yì rén *one lonely person* (名)◇幼年丧父或失去父母的(人) *orphan*

【孤傲】gū'ào（形）不喜欢和人来往又骄傲 aloof and arrogant：~的性格 ~ de xìnggé proud and aloof disposition

【孤本】gūběn（名）[份 fèn、个 gè]指某书仅存一份在世间流传的版本，也指仅存一份的没出版的手稿等 the only copy extant；the only existing copy

【孤儿】gū'ér（名）(1)死了父亲的儿童 child who has lost his father：~寡妇 ~ guǎfù orphan and widow (2)失去父母的儿童 orphan：~院 ~yuàn orphanage

【孤芳自赏】gū fāng zì shǎng 比喻自命清高，自我欣赏 a solitary flower in love with its own fragrance；indulge in self-admiration；a lone soul admiring his own purity：一个人有了一点成就，更要虚心，可不能～，看不起别人。Yí ge rén yǒule yìdiǎnr chéngjiù，gèng yào xūxīn，kě bù néng ~，kàn bu qǐ biéren. One should be modest when he has made some achievements. He should not indulge in self-admiration, let alone look down upon the others.

【孤寂】gūjì（形）〈书〉孤独寂寞 lonely

【孤家寡人】gūjiā guǎrén "孤家"、"寡人"都是中国封建帝王的自称。现在比喻脱离群众、孤独无助的人 a loner；a person in solitary splendour；a person isolated from the masses：当干部的要善于团结群众，如果成了～，就会一事无成。Dāng gànbù de yào shànyú tuánjié qúnzhòng，rúguǒ chéngle ~，jiù huì yí shì wú chéng. A cadre should be good at uniting the masses and without their support, he can accomplish nothing.

【孤军】gūjūn（名）孤立无援的军队 an isolated army：~作战 ~ zuòzhàn fight in isolation /深入，非常危险。~ shēn rù，fēicháng wēixiǎn. An isolated force penetrating deep into enemy territory is extraordinarily dangerous.

【孤苦伶仃】gūkǔ língdīng 没有亲人可以依靠，生活困苦 friendless and wretched；orphaned and helpless

【孤立】gūlì（形）(1)与其他事物无联系 isolated：把一切事物看成彼此、~的和永远不变的，是形而上学的观点。Bǎ yíqiè shìwù kànchéng bǐcǐ、~ de hé yǒngyuǎn bú biàn de，shì xíng'érshàngxué de guāndiǎn. It's a metaphysical point of view to consider things as isolated from each other and never changing. (2)得不到同情和援助 isolated：陷入十分～的困境 xiànrù shífēn ~ de kùnjìng in a quite isolated difficult situation /由于他自高自大、脱离群众，所以非常～。Yóuyú tā zì gāo zìdà、tuōlí qúnzhòng，suǒyǐ fēicháng ~. Because of being arrogant and separated from the masses, he is very much isolated.（动）使得不到同情和援助 isolate：~敌人 ~ dírén isolate the enemy /他犯了错误，大家不应该～他，要帮助他认识错误。Tā fànle cuòwù，dàjiā bù yīnggāi ~ tā，yào bāngzhù tā rènshi cuòwu. He made some mistakes. Instead of isolating him, we should help him to correct them.

【孤立无援】gūlì wú yuán 得不到同情和援助 isolated and helpless；isolated and cut off from help

【孤零零】gūlínglíng（形）无依无靠，孤单或没有其他东西作陪衬 alone；all by oneself：父母死后，家里就剩下她一个～的一个人。Fùmǔ sǐ hòu，jiālǐ jiù shèngxià tā ~ de yí ge rén. After her parents died, she was left alone at home. /房前只有一棵小树，～的，在寒风中摇晃。Fáng qián zhǐ yǒu yì kē xiǎo shù，~ de，zài hán fēng zhōng yáohuàng. There is only a small tree in front of the house, alone and swaying in the cold wind.

【孤陋寡闻】gū lòu guǎ wén 学识浅薄，见闻不广。常用于自谦，有时也可以用于评论他人 with very limited knowledge and scanty information；ignorant and ill-informed：关于这方面的学术资料和动态，我～，知之甚少。Guānyú zhè fāngmiàn de xuéshù zīliào hé dòngtài，wǒ ~，zhī zhī shèn shǎo. I'm ignorant and ill-informed and know little about the academic trend and materials concerning this field.

【孤僻】gūpì（形）不喜欢跟人来往，性格又很怪 aloof and eccentric；unsociable and eccentric：性格～ xìnggé ~ an uncommunicative and eccentric disposition

【孤掌难鸣】gū zhǎng nán míng 一个巴掌拍不响，比喻一个人力量薄弱，很难做成事情 one cannot clap with one hand；it is difficult to accomplish anything without support：他的计划很不错，可惜别人不热心，他～，没有办法。Tā de jìhuà hěn búcuò，kěxī biéren bú rèxīn，tā ~，méi yǒu bànfǎ. His plan is very good, it's a shame the others are not quite enthusiastic. He cannot accomplish it without support.

【孤注一掷】gū zhù yí zhì 把所有的钱财全部投作赌注，企图最后赌赢。比喻在危急时刻把全部力量拿出冒一次险 put all one's eggs in one basket—risk everything on a single venture；stake everything on a single throw

骨 gū

另见 gǔ

【骨碌】gūlu（动·不及物）滚动 roll：皮球～到桌子底下去了。Píqiú ~ dào zhuōzi dǐxia qu le. The ball rolled under the table. /他一～就从床上爬起来了。Tā yì ~ jiù cóng chuáng shang pá qilai le. He climbed out of bed quickly.

辜 gū

【辜负】fùfù（动）对不住和违背（别人的好意、期望或帮助）fail to live up to；disappoint；let down；be unworthy of：小刘大学毕业了，他说："我绝不～祖国的培养，好好地为人民服务。" Xiǎo Liú dàxué bì ye le，tā shuō："Wǒ jué bù ~ zǔguó de péiyǎng，hǎohāor de wèi rénmín fúwù." When Xiao Liu graduated from college, he said："I will never fail to live up to the training of the motherland and I'll serve the people well." /他学习很差，～了父母对他的期望。Tā xuéxí hěn chà，~ le fùmǔ duì tā de qīwàng. His school work is not good at all. He has let his parents down.

箍 gū

（动）用金属条或竹篾捆紧，用带子之类勒住 hoop；band；band round

gǔ

古 gǔ

（形·非谓）经历长久年代的（一般不能直接受否定词修饰）ancient；old-aged：~镜 ~ jìng an ancient mirror /~书 ~ shū ancient book /~钱币 ~ qiánbì ancient coin（名）◇古代（常与"今"对称）ancient times：厚今薄～ hòu jīn bó ~ stress the present, not the past /~已有之 ~ yǐ yǒu zhī existing already in ancient times

【古板】gǔbǎn（形）（思想、作风等）固执守旧，呆板、很少变化 old fashioned and inflexible：他一向很～，对年轻人的作风总看不惯。Tā yíxiàng hěn ~，duì niánqīng rén de zuòfēng zǒng kàn bu guàn. He's always been really old fashioned and frowns upon the ways of young people. /他是"老古板"是固执守旧的人 old fogy：他是个老～儿，不赞成女孩子踢足球。Tā shì ge lǎo ~ r，bú zànchéng nǚ háizi tī zúqiú. He's an old fogy；He objects to girls playing football.

【古代】gǔdài（名）(1)过去距离现代较远的时代（区别于"近代、现代"）ancient times；antiquity：在中国的历史分期上，多指十九世纪中叶(1840)以前 ancient times；antiquity：遥远的～ remote antiquity /～历史 ~ lìshǐ history of ancient times (2)特指奴隶社会时代（有时也包括原始公社时代）ancient times（referring to slave society or including the primitive commune）

【古典】gǔdiǎn（名）典故（诗文里引用的古书中的故事或词句）classical allusion（形）古代流传下来的、在一定时期认为是典范的（常作定语）classical；classic：～诗词 ~ shīcí

classical poetry /～作品 ～ zuòpǐn *classic* /～政治经济学 ～ zhèngzhì jīngjìxué *classical political economics* /～音乐 ～ yīnyuè *classical music*

【古典文学】gǔdiǎn wénxué 古代优秀的文学作品 *classical literature*：研究 ～ yánjiū ～ *study classics* /～的阅读和欣赏 ～ de yuèdú hé xīnshǎng *reading and appreciation of the classics*

【古董】gǔdǒng（名）古代留传下来的器物，可供了解古代文化的参考。现多比喻过时的东西或顽固守旧的人 *antique；curio；old fogey*：这些假 ～跟真的很难分清。Zhèxiē jiǎ ～ gēn zhēn de hěn nán fēnqīng. *These fake antiques are hard to distinguish from the genuine ones.* /他爸爸可是个老～，什么新事物都反对。Tā bàba kě shì ge lǎo ～，shénme xīn shìwù dōu fǎnduì. *His father, an old fogey, opposes anything new.*

【古怪】gǔguài（形）和一般不同，非常特别，使人难于了解的 *strange；queer*：样子～ yàngzi ～ *odd-looking* /～的脾气 ～ de píqi *eccentric character* /他是一个～的老头儿。Tā shì yí ge ～ de lǎotóur. *He's a queer old man.*

【古话】gǔhuà（名）古时候人常说的话（多为谚语或带有哲理性的格言等）*old saying*：～说"为学如逆水行舟，不进则退"，确实如此。～ shuō "wéi xué rú nì shuǐ xíng zhōu，bú jìn zé tuì"，quèshí rúcǐ. *As the old saying goes："Study, like sailing a boat against the current, must forge ahead or it will be driven back."*

【古迹】gǔjì（名）古代的遗迹，如古建筑物或遗址等 *historic site；place of historic interest*：名胜～ mínsshèng ～ *well-know scenic spot and historic site* /这个古城里～不少。Zhège gǔ chéng li ～ bù shǎo. *There are many historic sites in this ancient city.*

【古籍】gǔjí（名）〈书〉古书 *ancient books*：整理～ zhěnglǐ ～ *edit the ancient books* /收购～ shōugòu ～ *buy ancient books*

【古今中外】gǔ jīn zhōng wài 古代、当代、中国和外国，泛指时间空间跨度大、内容包罗广 *ancient and modern，Chinese and foreign；at all times and in all countries*：这个博物馆收藏丰富，有不少～的珍品。Zhège bówùguǎn shōucáng fēngfù，yǒu bù shǎo ～ de zhēnpǐn. *This museum has abundant collection from all times and all countries.* /这是一个普遍真理，～，都不例外。Zhè shì yí ge pǔbiàn zhēnlǐ，～，dōu bú lìwài. *This is a universal truth with no exceptions at all times and in all countries.*

【古兰经】Gǔlánjīng（名）伊斯兰教的经典 *the Koran*

【古老】gǔlǎo（形）经历了久远年代的（一般不受否定副词直接修饰）*ancient；old-aged*：～的民族 ～ de mínzú *an ancient nation* /～的城市 ～ de chéngshì *an old city* /这个风俗很～了。Zhège fēngsú hěn ～ le. *This custom is very old.*

【古朴】gǔpǔ（形）朴素而有古代风格 *simple and unsophisticated；of primitive simplicity*：这座庙宇的建筑风格。Zhè zuò miàoyǔ de jiànzhù fēnggé. *The architecture style of this temple is simple and unsophisticated.* /老人的家里，陈设～大方。Lǎorén de jiā li，chénshè ～ dàfang. *The old man's home is furnished simply and in good taste.*

【古人】gǔrén（名）泛指古代的人或某个古代的人 *the ancients；our forefathers*：～曾经说过：寸金难买寸光阴，真是一点不错。～ céngjīng shuōguo：cùn jīn nán mǎi cùn guāngyīn，zhēn shì yìdiǎnr bú cuò. *The ancients once said that time could not be bought by gold, which is really true.* /～发明了算盘，多聪明啊！～ fāmíngle suànpan，duō cōngming a! *How smart it is for the ancients to have invented the abacus.*

【古生物】gǔshēngwù（名）*ancient life forms*

【古生物学】gǔshēngwùxué（名）*palaeontology*

【古诗】gǔshī（名）[首 shǒu]（1）古体诗：每篇句数不固定，有四言、六言、七言各种，平仄用韵较自由，区别于律诗、绝句 *a form of poem having considerable freedom in the use*

of tones and rhyme scheme，with 4，6 or 7 characters in each line and an unlimited number of lines（2）泛指古代所有的诗歌作品 *ancient poetry*

【古体诗】gǔtǐshī（名）见"古诗"gǔshī(1) *see "古诗" gǔshī(1)*

【古铜色】gǔtóngsè（名）*bronze-colored；bronze*

【古玩】gǔwán（名）古代留传下来，可供摆设、玩赏的器物 *antique；curio*

【古往今来】gǔ wǎng jīn lái 泛指从古代到现在 *through the ages；from the ancient to the present*：～，各个时代都有杰出的人物。～，gè gè shídài dōu yǒu jiéchū de rénwù. *Since time immemorial, there have been outstanding figures in each period.* /他讲了～的许多有趣的故事。Tā jiǎngle ～ de xǔduō yǒuqù de gùshi. *He told many interesting stories from all ages.*

【古为今用】gǔ wéi jīn yòng 批判地继承优秀的古代文化遗产，使之为现在的社会主义事业服务 *make the past serve the present*

【古文】gǔwén（名）"五四"以前的文言文的统称 *classical Chinese*：这篇～很难懂。Zhè piān ～ hěn nán dǒng. *This piece of classical Chinese is hard to understand.* /鲁迅早期的这篇论文是用浅显的～写的。Lǔ Xùn zǎoqī de zhè piān lùnwén shì yòng qiǎnxiǎn de ～ xiě de. *This earlier essay by Lu Xun was written in simple classical literary style.*

【古文字】gǔwénzì（名）古代的文字，在中国指篆文或甲骨文、金文 *ancient script；palaeography*

【古物】gǔwù（名）古代的器物 *ancient objects；antiques*

【古稀】gǔxī（名）指人七十岁 *seventy years of age*：他已到～之年。Tā yǐ dào ～ zhī nián. *He has reached his seventies.*

【古训】gǔxùn（名）古代流传下来的有教育意义或可作为准则的话 *ancient saying；ancient motto*

【古谚】gǔyàn（名）古代流传下来的民间谚语 *ancient proverb*："近朱者赤，近墨者黑"，这句～很有道理。"Jìn zhū zhě chì，jìn mò zhě hēi"，zhè jù ～ hěn yǒu dàolǐ. *The ancient saying "He who stays near vermilion gets stained red, and he who stays near ink gets stained black." is quite right.*

【古筝】gǔzhēng（名）中国古代一种弦乐器。原有十三根弦，后发展为十六根，现有二十五根弦。也叫筝 *ancient Chinese zither（a 13-，16- or 25-stringed plucked instruments in some way similar to the zither）*

【古装】gǔzhuāng（名）古代式样的服装（与"时装"相对）*ancient costume*

谷 gǔ

（名）（1）[穀]◇谷类作物 *grain；cereal*：五～ wǔ～ *the five cereals（rice，two kinds of millet，wheat and beans）*（2）[穀]谷子 *millet*（3）山谷 *valley；gorge*：深～ shēn ～ *deep valley*

【谷物】gǔwù（名）（1）谷类作物的子实 *grain*（2）谷类作物的通称 *cereal crops*：～丰收 ～ fēngshōu *abundant grain harvest；good crops* /～歉收 ～ qiànshōu *shortfall of grain harvest；poor harvest*

【谷子】gǔzi（名）[粒 lì] *unhusked rice*

股 gǔ

（名）（1）大腿 *thigh*（2）某些机关、企业、团体中的一级组织单位 *section*：财务～ cáiwù～ *financial section* /总务～ zǒngwù～ *section of general affairs*（3）（～儿）集合资金的一份或一笔财物平均分配的一份 *one of several equal parts；share in a company*：分～ fēn ～ *divide into equal parts* /一人一～ yì rén yì ～ *one share per person*（量）（1）用于成条状物 *measure word for strand like thing*：一～清泉 yì ～ qīng quán *a trickle of spring water* /山上有两～小道。Shān shang yǒu liǎng ～ xiǎo dàor. *There are two trails on the mountain.* /三～的毛线 sān ～ de máoxiàn *3-*

ply wool（2）用于气味、气体等，数词一般是"一" *measure word for gas, smell, etc.*：一～香味 yī ～ xiāng wèir *a whiff of fragrance* /一～烟 yì ～ yān *a whiff of smoke* /有（一）～坚持劲儿 yǒu (yì) ～ jiānchí jìnr *shows a lot of perseverance*（3）用于成批的人，多含贬义 *for groups of people; usu. derog.*：两～土匪 liǎng ～ tǔfěi *two bandit gangs*

【股东】gǔdōng（名）*shareholder; stockholder*
【股份】gǔfèn（名）*share; stock*
【股份有限公司】gǔfèn yǒuxiàn gōngsī *limited-liability company; limited company*
【股金】gǔjīn（名）*money paid for shares*
【股票】gǔpiào（名）[张 zhāng] 股份公司用来表示股份的证券 *stock; share; share certificate*
【股息】gǔxī（名）股份公司按照股票的数量分给各股东的利润 *dividend*

骨 gǔ

（名）◇（1）骨头 *bone*：人～ rén ～ *human bones* /牛～ niú ～ *bones of a cow*（2）◇比喻在物体内部支撑的架子 *skeleton; framework*：钢～水泥 gāng ～ shuǐní *reinforced concrete* 另见 gū
【骨干】gǔgàn（名）比喻起主要作用的人或事物 *backbone; mainstay*：力量～ liliang ～ *backbone strength* /业务～ yèwù ～ *mainstay of a profession* /领导～ lǐngdǎo ～ *core of the leadership* /起～作用 qǐ ～ zuòyòng *be a mainstay*
【骨骼】gǔgé（名）*skeleton*
【骨灰】gǔhuī（名）（1）*ashes of the dead*：～盒 ～ hé *cinerary casket*（2）动物骨头烧成的灰 *bone ash*
【骨科】gǔkē（名）*orthopaedics department*：～大夫 ～ dàifu *osteopath* /关大夫擅长～。Guān dàifu shàncháng ～. *Dr. Guan is an expert osteopath.*
【骨膜】gǔmó（名）*periosteum*
【骨气】gǔqì（名）刚强不屈的气概 *moral character; "backbone"*：这个人很有～。Zhège rén hěn yǒu ～. *He's a staunch and upright character.* /他太没～了。Tā tài méi ～ le. *The trouble with that fellow is he's no backbone.*
【骨肉】gǔròu（名）（1）指父母兄弟子女等亲人 *one's flesh and blood; kindred*：～团聚 ～ tuánjù *reunion of kinfolk* /～离散 ～ lísàn *dispersal of kinfolk* /这孩子是他的亲～。Zhè háizi shì tā de qīn ～. *This child is his own flesh and blood.*（2）比喻紧密相连，不可分割的关系 *(metaphorically) inseparable relationship*：亲如～ qīn rú ～ *as close as blood relations*
【骨瘦如柴】gǔ shòu rú chái 形容身体非常瘦，像柴草一样 *emaciated appearance; "bag of bones"*：一场大病后，老李简直是～。Yì cháng dà bìng hòu, Lǎo Lǐ jiǎnzhí shì ～. *Lao Li was a mere bag of bones following his bout of illness.*
【骨髓】gǔsuǐ（名）*bone marrow*
【骨头】gǔtou（名）*bone*（1）鸡～ jī ～ *chicken bones* /猪～ zhū ～ *pig bones* /摔了一跤，胳膊的～折了。Shuāile yì jiāo, gēbo de ～ zhé le. *He felt and fractured his arm.*（2）◇比喻人的品质 *backbone; integrity*：硬～ yìng ～ *an iron-willed person* /软～ ruǎn ～ *a weak-kneed person* /没～ méi ～ *spineless; without back bone*
【骨折】gǔzhé（动）*fracture a bone*：他跌了一交，大腿～。Tā diēle yì jiāo, dàtuǐ ～. *He took a tumble and fractured his thigh.*
【骨子里】gǔzili（名）〈贬〉指内心深处 *in one's heart of hearts; to the core; deep down*：别听他甜言蜜语的，～没安好心。Bié tīng tā tián yán mì yǔ de, ～ méi ān hǎo xīn. *Don't listen to his sweet talk. Deep down he's a villain.*

蛊 〔蠱〕gǔ

【蛊惑人心】gǔhuò rénxīn 用有害的语言或文字毒害、迷惑群众 *poison people's minds; resort to demagoguery*

鼓 gǔ

（名）[面 miàn] *drum*：打～ dǎ ～ *beat a drum* /击～ jī ～ *pound on a drum*（动）（1）◇激起，使振奋 *summon up; drum up (courage, etc.)*：他犹豫半天，终于～起勇气，提出反对意见。Tā yóuyù bàntiān, zhōngyú ～qǐ yǒngqì tíchū fǎnduì yìjiàn. *After hesitating for ages he finally summoned up enough courage to raise an objection.* /拉拉队高喊"加油"，为运动员～劲儿。Lālāduì gāo hǎn "jiā yóu", wèi yùndòngyuán ～ jìnr. *The cheerleaders encouraged the contestants to further efforts with loud cries of "加油".*（2）◇敲打（某些乐器或东西，使发出声音）*drum on; tap on*：～琴 ～ qín *strum the lyre*（3）*bulge; swell*：这孩子小脸～得圆圆的，多可爱！Zhè háizi xiǎo liǎn ～ de yuányuán de, duō kě'ài! *This child has the cutest chubby cheeks!* /船帆～起来了。Chuánfān ～ qilai le. *The boat's sails bellied out.*（形）凸起的样子 *convex; bulging*：手提包塞得～～的。Shǒutíbāo sāi de ～～ de. *The handbag was so full it bulged.*
【鼓吹】gǔchuī（动）（1）宣扬（贬）*advocate; preach*：～爱情至上 ～ àiqíng zhìshàng *preach the supremacy of love* /～种族优劣论 ～ zhǒngzú yōulièlùn *advocate racialism*（2）宣传，提倡 *publicise; advocate*：～新文化 ～ xīn wénhuà *advocate the New Culture* /早在二十世纪初，他就参加了进步团体，～革命。Zǎo zài èrshí shìjì chū, tā jiù cānjiāle jìnbù tuántǐ, ～ gémìng. *Already in the first part of the 20th century he joined progressive groups advocating revolution.*
【鼓动】gǔdòng（动）用语言或文字激发人们的情绪，使行动起来 *agitate; arouse*：这家伙企图～一些人闹事。Zhè jiāhuo qǐtú ～ yìxiē rén nào shì. *This rascal has been deliberately trying to stir up trouble.* /他的发言一下子就把群众的热情～起来了。Tā de fāyán yíxiàzi jiù bǎ qúnzhòng de rèqíng ～ qilai le. *His speech immediately got the crowd stirred up.*
【鼓风机】gǔfēngjī（名）[台 tái] *air-blower*
【鼓鼓囊囊】gǔgunāngnāng（形）（～的）形容口袋、包裹等塞得凸起的样子 *bulging; chockful*：他背着一个～的大口袋。Tā bēizhe yí ge ～ de dà kǒudai. *He is carrying a bulging pack on his back.* /他身上～的，不知带着什么东西。Tā shēnshang ～ de, bù zhī dàizhe shénme dōngxi. *There's a bulge in his coat. I wonder what he's carrying?*
【鼓励】gǔlì（动）使人振作起来采取某种正确的行动，或肯定某种行动是正确的，使人乐于继续做下去 *encourage; urge; egg on*：当她遭到不幸时，他～她勇敢地战胜厄运。Dāng tā zāodào búxìng shí, tā ～ tā yǒnggǎn de zhànshèng èyùn. *When she met with setbacks he encouraged her to bravely overcome misfortune.* /对勇于创新的同志应加以～。Duì yǒngyú chuàngxīn de tóngzhì yīng jiāyǐ ～. *We must give special encouragement to comrades who are bold in blazing new trails.* /学校给学习成绩优异的学生发了奖品，以资～。Xuéxiào gěi xuéxí chéngjì yōuyì de xuésheng fāle jiǎngpǐn, yǐ zī ～. *The school gave prizes to students with outstanding achievements as a means of encouraging them.*（名）*incentive*：物质～ wùzhì ～ *material incentive* /精神～ jīngshén ～ *moral incentive* /我厂生产的照相机松获国家银质奖，这对我们是个很大的～。Wǒ chǎng shēngchǎn de zhàoxiàngjī huòdé guójiā yínzhìjiǎng, zhè duì wǒmen shì ge hěn dà de ～. *Our factory's cameras won a state silver prize, and we found this a great moral incentive.*
【鼓手】gǔshǒu（名）乐队中打鼓的人 *drummer*
【鼓舞】gǔwǔ（动）（1）使人振作奋发 *inspire; hearten*：～士气 ～ shìqì *beef up morale* /～人心 ～ rénxīn *inspire enthu-*

siasm; hearten /他的话稳定了人们的情绪，～了人们的斗志。Tā de huà wěndìngle rénmen de qíngxù，～le rénmen de dòuzhì. *His words calmed the people's spirits and fired them with the will to fight.* (2)激动，兴奋：这个城市的十年发展规划令人～。Zhège chéngshì de shí nián fāzhǎn guīhuà lìng rén ～. *The city's ten-year development plan is very inspiring.* (名) *inspiration; encouragement*：战斗英雄生动感人的报告，给大家以巨大的～和力量。Zhàndòu yīngxióng shēngdòng gǎnrén de bàogào, gěi dàjiā yǐ jùdà de ～ hé lìliang. *The vivid and moving reports of the combat heroes gave everyone great encouragement and strength.*

【鼓噪】gǔzào (动)〈书〉古代指出战时擂鼓呐喊，以壮军威；今指很多人大声喊叫〈贬〉*raise an uproar; raise a clamor*

【鼓掌】gǔ=zhǎng *clap (the hands); applaud*

【鼓足劲头】gǔzú jìntóu 充分发挥积极性主动性，产生十足的工作劲头儿 *go all out*

gù

固 gù
(形)◇牢固，坚固 *secure; solid*：大堤基础已～。Dàdī jīchǔ yǐ ～. *The foundations of the dyke have been made solid.* /这座楼房需要修理、加～。Zhè zuò lóufáng xūyào xiūlǐ、jiā ～. *This building needs to be repaired and consolidated.* (动)◇ 使坚固 *strengthen; solidify*：～齿 ～ chǐ *strengthen teeth* (副)〈书〉(1) 坚决地、坚定地 *resolutely; firmly*：～请 ～ qǐng *earnestly request* (2) 原来 *originally; in the first-place*：～当如此 ～ dāng rúcǐ *It is just as it should be.* (连)〈书〉意思同"固然" gùrán *same as* 固然 gùrán：种树～可生产木材，但更重要的在于改进生态环境。Zhòng shù ～ kě shēngchǎn mùcái, dàn gèng zhòngyào de zàiyú gǎijìn shēngtài huánjìng. *Admittedly planting trees can produce lumber, but more important is the improvement of the ecological environment.* /文学～不能脱离社会生活，但也不能照抄现实生活。Wénxué ～ bù néng tuōlí shèhuì shēnghuó, dàn yě bù néng zhàochāo xiànshí shēnghuó. *True, literature cannot be divorced from real life, but it must also not just copy real life either.*

【固步自封】gù bù zì fēng 同"故步自封" gù bù zì fēng *same as* "故步自封" gù bù zì fēng

【固定】gùdìng (动)(1) 使不移动或不变动 *fix; make immovable*：课堂的桌椅都在地板上的。Kètáng de zhuōyǐ dōu shì ～ zài dìbǎn shang de. *The desks and chairs in the classroom are all fixed to the floor.* /咱们把技术交流会的时间～下来吧。Zánmen bǎ jìshù jiāoliúhuì de shíjiān ～ xialai ba. *Let's decide on a fixed time for the technical exchange meeting.* (形)不变动或不移动的 *immobile; unchangeable; permanent*：～资产 ～ zīchǎn *fixed assets* /～的位置 ～ de wèizhi *fixed position* /～的职业 ～ de zhíyè *permanent occupation* /他的生活很有规律，一切时间都很～。Tā de shēnghuó hěn yǒu guīlǜ, yíqiè shíjiān dōu hěn ～. *He lives a very regular life. All his time is carefully mapped out.*

【固然】gùrán (连) 表示承认某事实，接着用"但是"、"可是"等转入叙述的本义或引出另一侧面 *no doubt; it is true; admittedly; true (followed by "但是", "可是", etc. which change the original meaning of the statement, or introduce another aspect)*：毒蛇～能伤人，但毒液也可入药治病。Dúshé ～ néng shāng rén, dàn dúyè yě kě rù yào zhì bìng. *True, poisonous snakes can harm people, but their venom can also be used as medicine to cure diseases.* /学汉语～不容易，但是只要认真努力，还是可以学好的。Xué Hànyǔ ～ bù róngyì, dànshì zhǐyào rènzhēn nǔ lì, háishì kěyǐ xuéhǎo de. *Learning Chinese is admittedly not easy, but as long as one works hard at it, one can still learn it well.* /奇花异草

～可爱，然而苍翠的劲松更令人起敬。Qí huā yì cǎo ～ kě'ài, rán'ér cāngcuì de jìnsōng gèng lìng rén qǐ jìng. *True, exotic flowers and rare plants are lovely, but dark green sturdy pines are much more admirable.* /去过明十三陵的人～不少，而把十三座陵都游览一遍的人恐怕就不多了。Qùguo Míng Shísānlíng de rén ～ bù shǎo, ér bǎ shísān zuò líng dōu yóulǎnguo yí biàn de rén kǒngpà jiù bù duō le. *No doubt, those who have been to the Ming Tombs are many, but I'm afraid that those who have visited all thirteen tombs are few.*

【固守】gùshǒu (动)(1) 牢固地守住；坚决地守住 *defend tenaciously; "stick to one's guns"*：1948年，国民党军队企图～北平、天津。Yījiǔsìbā nián, Guómíndǎng jūnduì qìtú ～ Běipíng、Tiānjīn. *In 1948 the Guomindang schemed to hold on to Beiping and Tianjin at all costs.* (2)主观固执地遵循 *follow; adhere to*：～成规 ～ chéngguī *stick to the rules*

【固态】gùtài (名)〈物〉*solid state*

【固体】gùtǐ (名)〈物〉*solid matter*

【固体饮料】gùtǐ yǐnliào 用食用原料和糖等加工制成的颗粒状或粉末状食品，可冲水饮用 *solid substance that makes a drink when dissolved in water*

【固有】gùyǒu (形) 本来就有的，不是外来的 *inherent; intrinsic*：～的文化 ～ de wénhuà *innate culture* /改变人们头脑中～的观念是很不容易的。Gǎibiàn rénmen tóunǎo zhōng ～ de guānniàn shì hěn bù róngyì de. *It is by no means an easy task to change people's innate concepts.* /尊老爱幼是中华民族～的美德。Zūn lǎo ài yòu shì Zhōnghuá mínzú ～ de měidé. *Respect for the aged and care for the young are intrinsic virtues of the Chinese race.*

【固执】gùzhí (形) *obstinate; stubborn*：他是～而不是坚定。Tā shì ～ ér bú shì jiāndìng. *He is stubborn rather than steadfast.* /这个人很～，很难让他改变想法。Zhège rén hěn ～, hěn nán ràng tā gǎibiàn xiǎngfǎ. *He's so stubborn that it's very difficult to get him to change his mind.*

【固执己见】gùzhí jǐ jiàn〈贬〉坚持自己的看法不肯改变 *stubbornly stick to one's opinion*

故 gù
(名)◇(1) 缘故，原因 *cause; origin*：他不知何～未到。Tā bù zhī hé ～ wèi dào. *I don't know why he didn't come.* /今晚电影因～暂停。Jīn wǎn diànyǐng yīn ～ zàn tíng. *The showing of the film this evening has been adjourned for some reason.* (2) 朋友，友情 *friend; friendship*：沾亲带～ zhān qīn dài ～ *have ties of kinship or friendship* (形)◇(1) 原来的，从前的 *original; previous*：一切如～ yíqiè rú ～ *Everything is as it always was.* /黄河一道 Huáng Hé ～ dào *the old course of the Yellow River* (2)故意 *on purpose; wilfully*：明知～问 míng zhī ～ wèn *ask even though one knows the answer* /～作镇静 ～ zuò zhènjìng *force oneself to remain calm* (3) 已死的（人）*late (deceased)*：～友 ～ yǒu *deceased friend* (动)◇〈人〉死亡 *die*：友人病～ yǒurén bìng ～ *A friend died of illness.* /父母已～ *His parents have passed away.* (连)〈书〉意思同"所以" suǒyǐ，用在表示因果关系的复句中，一般在后一分句的开头，表示结果或推断 *same as* "所以" suǒyǐ (usu. placed at the beginning of a latter clause in a sentence to indicate a result or inference)：因古时的大路主要是供马车行驶的，～称"马路"。Yīn gǔ shí de dà lù zhǔyào shì gōng mǎchē xíngshǐ de, ～ chēng "mǎlù". *Large streets were for the use of horse-drawn carriages in ancient times; hence the name "马路" (horse street).* /因连日阴雨，未能施工，～工程难以按期完成。Yīn lián rì yīnyǔ, wèi néng shī gōng, ～ gōngchéng nányí ànqī wánchéng. *Because it was overcast and rainy for days on end, we were unable to do any construction work. Consequently, it will be difficult to complete*

the project on schedule. /病人需立即进行手术，～直接送入手术室。Bìngrén xū lìjí jìnxíng shǒushù, ～ zhíjiē sòngrù shǒushùshì. The patient had to be operated on at once. He was therefore sent directly to the operating room.

【故步自封】gù bù zì fēng 比喻安于现状、保守、不求进步 be stubbornly conservative; be a stick-in-the-mud; 无论有多大成就，都不能～。Wúlùn yǒu duō dà chéngjiù, dōu bù néng ～. No matter what great achievements you have scored you should not be smugly complacent.

【故此】gùcǐ （连）所以（只能用在后一分句的开头）therefore (can only be used to start a consecutive clause)：你们相互都认识，～不必介绍了。Nǐmen xiānghù dōu rènshi, ～ búbì jièshào le. You all know each other so there is no need to introduce you. /他担心我们迟到，～一再提醒。Tā dān xīn wǒmen chídào, ～ yízài tíxǐng. He worried that we might arrive late, so he kept on reminding us.

【故都】gùdū （名）过去的国都 former capital

【故宫】gùgōng （名）旧王朝的宫殿，特指北京的清故宫 former imperial palace — more specifically, the Forbidden City in Beijing

【故伎重演】gùjì chóng yǎn 〈贬〉又一次使用老花招、老手段 play the same old trick

【故交】gùjiāo （名）〈书〉老朋友 old friend

【故居】gùjū （名）〈书〉从前住过的房子 former residence；鲁迅～已成为博物馆了。Lǔ Xùn ～ yǐ chéngwéi bówùguǎn le. Lu Xun's former residence has been converted into a museum.

【故弄玄虚】gù nòng xuánxū 故意玩弄花招儿，使人捉摸不定，来迷惑人、欺骗人 make something simple obscure; be deliberately mystifying

【故去】gùqù （动·不及物）去世 die; pass away

【故人】gùrén （名）〈书〉旧友，老朋友 old friend

【故事】gùshi （名）［个 gè］story; tale；民间～ mínjiān ～ folk tale /他很会讲～。Tā hěn huì jiǎng ～. He is good at telling stories. /这是篇报道，没什么～性。Zhè shì piān bàodào, méi shénme ～xìng. This is a report, not a story.

【故事片】gùshipiàn （名）［部 bù］feature film；～、新闻片我都喜欢看。～, xīnwénpiàn wǒ dōu xǐhuan kàn. I like to watch both feature films and newsreels.

【故土】gùtǔ （名）故乡 one's native place；怀念～ huáiniàn ～ cherish the memory of one's native place /归返～ guīfǎn ～ return to one's native place

【故乡】gùxiāng （名）hometown; native place

【故意】gùyì （形）intentional; deliberate：他不来参加晚会是～的，根本不是忘了。Tā bù lái cānjiā wǎnhuì shì ～ de, gēnběn bú shì wàng le. He missed the evening party on purpose; it certainly wasn't because he forgot. /你别～难为他了。Nǐ bié ～ nánwei tā le. Don't deliberately embarrass him. /他一失手把你的花瓶打破了，可不是～的。Tā yì shī shǒu bǎ nǐ de huāpíng dǎpò le, kě bú shì ～ de. He broke your flower vase by accident, not deliberately.

【故友】gùyǒu （名）死去的朋友 deceased friend

【故障】gùzhàng （名）breakdown; stoppage; hitch：机器出了～。Jīqì chūle ～. The machine has broken down. /～排除了。～ páichú le. The problem's been fixed.

【故知】gùzhī （名）〈书〉旧友 old friend：他乡遇～ Tā xiāng yù ～. bump into an old friend in a strange place

【故纸堆】gùzhǐduī （名）指大量的陈旧的书籍、资料等 pile of moldering documents

顾 〔顧〕gù

（动）(1)〈书〉转过头看，看 turn one's head to see：左右盼 zuǒ ～ yòu pàn glance right and left /相～无言 xiāng ～ wú yán look at each other without a word (2)照管、注意 pay attention to：他太～家了，有时甚至影响了工作。Tā tài

～ jiā le, yǒushí shènzhì yǐngxiǎngle gōngzuò. He's too wrapped up in his family, to the extent that it sometimes affects his work. /一忙起来，他连吃饭都～不上了。Yì máng qilai, tā lián chī fàn dōu ～ bu shàng le. Whenever he gets busy he even forgets all about eating. /由于计划性不强，在工作中常常～了这个就～不了那个。Yóuyú jìhuàxìng bù qiáng, zài gōngzuò zhōng chángcháng ～le zhège ～ bu liǎo nàge. He's not a very organized person, and in his work he often concentrates on one thing to the neglect of another. (3) 考虑到（某方面利益）在行动上加以照顾，使不受损害）take into consideration; weigh the advantages；识大体—大局 shí dàtǐ — dàjú "see the whole picture"; take an overall view /对同志的缺点，不能总～面子一味迁就。Duì tóngzhì de quēdiǎn, bù néng zǒng ～ miànzi yíwèi qiānjiù. When it comes to a comrade's shortcomings, one must not make too many allowances for his feelings.

【顾此失彼】gù cǐ shī bǐ 顾了这个，丢了那个 pay too much attention to one thing to the neglect of another：学习外语固然重要，而专业学习更要抓紧，千万不要～。Xuéxí wàiyǔ gùrán zhòngyào, ér zhuānyè xuéxí gèng yào zhuājǐn, qiānwàn búyào ～. The study of foreign languages is, of course, important. But mastery of one's speciality is even more important, so make sure you don't concentrate on the former to the neglect of the latter.

【顾及】gùjí （动）照顾到，注意到 take into account; attend to：当时那么危险，他还～到我，真难得！Dāngshí nàme wēixiǎn, tā hái ～ dào wǒ, zhēn nándé! In that time of danger he took extraordinary care of me! That's really rare! /他做事一向不～别人。Tā zuò shì yíxiàng bú ～ biéren. Whatever he does, he takes no account of others. /那时他只能逃命，不能～其它了。Nà shí tā zhǐ néng táo mìng, bù néng ～ qítā le. At that time he had no thought for anything else but running for his life.

【顾忌】gùjì （动）因怕对人或对事不利而有顾虑 scruples; misgivings：有什么意见尽管提，不要～那么多。Yǒu shénme yìjian jǐnguǎn tí, búyào ～ nàme duō. If you have some opinion to express, go ahead and express it. Don't beat around the bush. /我和他是老朋友了，无话不谈，什么也不～。Wǒ hé tā shì lǎo péngyou le, wú huà bù tán, shénme yě bú ～. We are old friends. We have no secrets from each other and don't stand on ceremony.

【顾客】gùkè （名）customer

【顾虑】gùlù （动）怕给自己、别人或事情带来不利后果(不敢按自己原意说话或行动)的表现 misgivings; worries：消除～ xiāochú ～ clear up misgivings /～重重 ～ chóngchóng racked by worries /老实说，我对给他提意见是有～的，怕影响两个人的关系。Lǎoshi shuō, wǒ duì gěi tā tí yìjian shì yǒu ～ de, pà yǐngxiǎng liǎng ge rén de guānxi. To tell the truth, I was not without misgivings when I made criticisms to him. I was afraid that they might affect our relationship. （动）怕（带来不利后果,不敢按自己原意做）be apprehensive（about the consequences of one's action）：怎么想就怎么说，～什么? Zěnme xiǎng jiù zěnme shuō, ～ shénme? Say what you think. What are you worried about?

【顾名思义】gù míng sī yì 看到名称就联想到它的含义 as the term implies：美容霜，～，是一种使面容更美的化妆品。Měiróngshuāng, ～, shì yì zhǒng shǐ miànróng gèng měi de huàzhuāngpǐn. Meirongshuang face-beautifying-cream, as the name implies, is a cosmetic which beautifies the face.

【顾全大局】gùquán dàjú （考虑问题或采取某种行动时)顾及整个局面或形势 take the overall situation into account：他们放弃小集体的利益是为着～。Tāmen fàngqì xiǎo jítǐ de lìyì shì wèile ～. They sacrificed the interests of the smaller group in order to take account of the overall interests.

【顾问】gùwèn（名）advisor；consultant

雇 gù

（动）（1）出钱让别人给自己做事 employ；hire：～了两个工人 ～le liǎng ge gōngrén I hired a couple of workers.（2）出钱让别人用车、船等为自己服务 rent services（of a driver，boatman，etc.）：～一辆出租车 ～ yí liàng chūzūchē hire a taxi /～了两条船 ～le liǎng tiáo chuán I rented two boats.

【雇工】gùgōng（名）受雇的劳动者，有时特指雇农 hire labor；hire hands；farmhand

【雇农】gùnóng（名）旧社会农村中的无产阶级。他们没有或只有极少土地和生产工具，主要靠出卖劳动力为生 farmhand；farm laborer

【雇佣】gùyōng（动）employ；hire

【雇佣观点】gùyōng guāndiǎn 拿多少钱干多少活儿的消极思想和工作态度 hired-hand mentality；attitude of someone who will only do something for money

【雇佣军】gùyōngjūn（名）mercenary army

【雇佣劳动】gùyōng láodòng wage labor

【雇员】gùyuán（名）employee

瘤 gù

【瘤疾】gùjí（名）经久难治的病，有时引申为社会难改的弊病 chronic illness；(social) evils

guā

瓜 guā

（名）melon；gourd：有的～是水果，如西瓜、香瓜；有的～是蔬菜，如黄瓜、冬瓜。Yǒude ～ shì shuǐguǒ，rú xīguā，xiāngguā；yǒude ～ shì shūcài，rú huángguā，dōngguā. Some gourds are fruits, such as watermelons and muskmelons; and some are vegetables, such as cucumbers and white gourds.

【瓜分】guāfēn（动）像切瓜一样地分割。特指几个强国分割侵占弱小国家的领土 carve up；partition

【瓜葛】guāgé（名）瓜和葛都是蔓(màn)生植物，能攀绕或依附在其他物体上。比喻辗转相连的关系，也泛指两件事情互相牵连的关系 connection；association：这个事件可能与前任领导有些～。Zhège shìjiàn kěnéng yǔ qiánrèn lǐngdǎo yǒu xiē ～. This matter has possibly some connection with the former leadership. /赵家庄的人都姓赵，各户之间多少都有些～。Zhàojiā Zhuāng de rén dōu xìng Zhào，gè hù zhī jiān duōshǎo dōu yǒu xiē ～. The people of Zhaojiazhuang are all surnamed Zhao, and every household has some kind of relationship with another.

【瓜熟蒂落】guā shú dì luò 比喻条件、时机成熟，事情会成功 "when a melon is ripe it falls from the stem" — a matter will be naturally settled when the time is ripe

【瓜子儿】guāzǐr（名）（1）瓜的种子 melon seeds（2）炒熟做食品的西瓜子、南瓜子、葵花子等 roasted melon，pumpkin or sunflower seeds

刮 guā

（动）（1）scrape；shave：～胡子 ～ húzi shave a beard /用刀把树枝的皮～掉 yòng dāo bǎ shùzhī de pí ～ diào shave off the bark of a tree branch with a knife（2）〔飐〕（风）吹 blow（of the wind）：下午～起了大风。Xiàwú ～qile dà fēng. A strong wind began to blow in the afternoon. /哎哟，什么风把你～来了？Āiyo，shénme fēng bǎ nǐ ～lai le? Good heavens！What wind has blown you here?

【刮风】guā=fēng blow（of the wind）

【刮脸】guā=liǎn shave

【刮脸刀】guāliǎndāo（名）razor

【刮目相看】guā mù xiāng kàn 刮目：擦眼睛。去掉过去的看法，另眼相看。指（别人已有显著进步）不能用老眼光看人 regard a person in a new light；treat a person with new respect

呱 guā

（象声）clatter；quack

【呱呱】guāguā（象声）形容青蛙的叫声 sound made by a frog croaking

guǎ

寡 guǎ

（形）〈书〉（1）◇少、缺少（与"众"、"多"相对）few；insufficient（opposite of "众" and "多"）：～言少语 ～ yán shǎo yǔ be taciturn；be of few words /～不敌众 ～ bù dí zhòng be hopelessly outnumbered /～情～义 ～ qíng ～ yì be emotionless；be phlegmatic /众～悬殊 zhòng ～ xuánshū wide gap between the majority and the minority（2）死了丈夫的 widowed：～居 ～ jū live as a widow /孤儿～母 gū'ér ～ mǔ widows and orphans

【寡妇】guǎfu（名）widow

【寡头】guǎtóu（名）〈贬〉掌握政治、经济大权的少数首脑人物 oligarch

guà

挂 guà

（动）（1）hang up：墙上～了幅油画。Qiáng shang ～le fú yóuhuà. An oil painting was hung on the wall. /请把衣服～在衣架上。Qǐng bǎ yīfu ～ zài yījià shang. Please hang your clothes on the clothes rack. /～上窗帘，屋子好看多了。～shang chuānglián，wūzi hǎokàn duō le. After you hung the window curtains, the room looked much nicer. /门前～着两盏宫灯，烘托出节日的气氛。Mén qián ～ zhe liǎng zhǎn gōngdēng，hōngtuō chū jiérì de qìfēn. There were two palace lanterns hanging in front of the door, giving off a festive atmosphere.（2）打（电话）make a phone call：我给他～过电话了。Wǒ gěi tā ～guo diànhuà le. I called him on the phone.（3）hang up（the telephone）：我的话还没说完，对方就把电话～了。Wǒ de huà hái méi shuōwán，duìfāng jiù bǎ diànhuà ～ le. The other party hung up before I'd finished speaking.（4）钩 hook；catch：树枝把她的头巾～住了。Shùzhī bǎ tā de tóujīn ～zhu le. Her headscarf got hooked by a tree branch.（5）用钩子等搭住、连接上 hook up；attach by hooking：客车后边临时～上两节货车。Kèchē hòubian línshí ～shang liǎng jié huòchē. Behind the passenger coach were hooked two extra freight cars.（6）挂念，不放心 keep in mind；be concerned about：别老～着他，他不会出什么事。Bié lǎo ～ zhe tā，tā bú huì chū shénme shì de. You shouldn't be always worrying about him. No harm will come to him. /儿子的婚姻大事，母亲总是～在心上。Érzi de hūnyīn dà-shì，mǔqīn zǒngshì ～ zài xīnshang. The mother is always fretting about her son's marriage.（量）用于成串成套的东西 string of objects；measure word for things made up of two or more parts：一～鞭 yí ～ biān a string of firecrackers /买了两～大车 mǎile liǎng ～ dàchē I bought two carts.

【挂彩】guà＝cǎi（1）悬挂彩绸，表示庆贺 festoon；decorate with festive hangings：各个机关、企业都悬灯～，庆祝国庆。Gè gè jīguān、qǐyè dōu xuán dēng ～，qìngzhù guóqìng. Every government organ and enterprise hung lanterns and festive streamers to celebrate the national holiday.（2）为正义斗争受伤流血 be wounded in a righteous struggle：这个战

士挂过两次彩，但伤都不重。Zhège zhànshì guàguo liǎng cì cǎi, dàn shāng dōu bú zhòng. *This warrior has been wounded twice, but the wounds were not serious.*

【挂斗】guàdǒu（名）（～儿）挂在卡车或拖拉机等后边被牵引的装货的车辆 *trailer (articulated to a truck or tractor)*

【挂钩】guà＝gōu（1）用车钩把两节车厢连接起来 *couple (vehicles, carriages, etc.)*（2）比喻联系 *link up with*; *establish contact with*: 产销～ chǎn xiāo ～ *direct link between production and sales* /这个厂与科研单位挂上钩以后，产品质量、管理水平都有所提高。Zhège chǎng yǔ kēyán dānwèi guàshang gōu yǐhòu, chǎnpǐn zhìliàng、guǎnlǐ shuǐpíng dōu yǒu suǒ tígāo. *After the factory established links with scientific research institutes both the quality of its products and its management rose.*

【挂号】guà＝hào（1）为了确定次序并便于查考而登记编号（多用于医院）*register (at a hospital, etc.)*: 看病得先～。Kàn bìng děi xiān ～. *When you go to see a doctor the first thing you have to do is register.* /我挂的是28号。Wǒ guà de shì èrshíbā hào. *I'm 28th in the line.*（2）重要信件或印刷品，邮寄时由邮局登记编号，并给收据，以便丢失时追查 *register a letter*: 这些书很贵重，寄的时候要～。Zhèxiē shū hěn guìzhòng, jì de shíhou yào ～. *These books are very valuable; when you mail them you'd better send them by registered mail.*

【挂号信】guàhàoxìn（名）*registered mail*

【挂花】guà＝huā 同"挂彩"guà＝cǎi（2）*same as "挂彩" guà＝cǎi (2)*

【挂面】guàmiàn（名）*vermicelli*

【挂念】guàniàn（动）心里惦记着，放不下心 *worry*; *fret*; *miss (absent friends, etc.)*: 她总是～着在外地学习的女儿。Tā zǒngshì ～zhe zài wàidì xuéxí de nǚ'ér. *She constantly misses her daughter who is away at college.* /我一切都好，请勿～。Wǒ yíqiè dōu hǎo, qǐng wù ～. *I'm absolutely fine. Please don't fret.*

【挂失】guà＝shī 遗失了票据或证件，到原发证单位去登记，声明作废 *report the loss of documents, etc. to the organization which issued them*

【挂帅】guà＝shuài 原意是当元帅，比喻作领导或居于领导、统帅的地位 *take command*; *assume leadership*: 这项重大科学实验，由王总工程师～。Zhè xiàng zhòngdà kēxué shíyàn, yóu Wáng zǒnggōngchéngshī ～. *Chief engineer Wang is in charge of this important scientific experiment.*

【挂图】guàtú（名）[幅 fú] 挂起来看的大幅地图或图表 *wall chart*

【挂羊头卖狗肉】guà yángtóu mài gǒuròu 比喻以好的名义做招牌，实际上干坏事 *"hang up a sheep's head and sell dog meat" — palm off shoddy goods*; *peddle an inferior product by advertising it as a quality one*

【挂一漏万】guà yī lòu wàn 形容列举不全，漏掉很多 *leave a great deal out (of a list, etc.)*: 当时大家提的意见很多，我刚才总结得很简单，难免～，别人再补充吧。Dāngshí dàjiā tí de yìjiàn hěn duō, wǒ gāngcái zǒngjié de hěn jiǎndān, nánmiǎn ～, biérén zài bǔchōng ba. *There were many opinions raised at that time, and I have only given a short account, leaving a great deal out. I hope other people will fill out the list.*

【挂钟】guàzhōng（名）挂在墙上的时钟 *wall clock*

guāi

乖 guāi（形）（小孩儿）听话，不闹 *well behaved (child)*: 这孩子～极了，很少哭。Zhè háizi ～ jí le, hěn shǎo kū. *This is a very well behaved child, who very seldom cries.* /她是个～孩子。Tā shì ge ～ háizi. *She is a well behaved child.*

【乖僻】guāipì（形）（性情）古怪 *eccentric*; *odd*: 他性格～，很少与人来往。Tā xìnggé ～, hěn shǎo yǔ rén láiwǎng. *He is eccentric by nature. He seldom mixes with people.*

【乖巧】guāiqiǎo（形）讨人喜欢，机灵 *smart*; *cute*: 她为人～，善于逢迎。Tā wéirén ～, shànyú féngyíng. *She is shrewd and flattering.* /这小姑娘～得很，很惹人爱。Zhè xiǎo gūniang ～ de hěn, hěn rě rén ài. *This little girl is well behaved, many people like her.*

guǎi

拐 guǎi（动）（1）转变方向 *turn*: 往前走向右一～就是剧场。Wǎng qián zǒu xiàng yòu yì ～ jiù shì jùchǎng. *Go straight ahead and make a right turn. Then you will arrive at the theatre.*（2）瘸 *limp*: 他～着腿走这么多路，十分艰难。Tā ～zhe tuǐ zhème duō lù, shífēn jiānnán. *That he limped all this way, is truely difficult.* /你走路怎么一～一～的，脚受伤了吗？Nǐ zǒu lù zěnme yì ～ yì ～ de, jiǎo shòu shāng le ma? *Why are you limping, is your foot injured?*（3）用欺骗手段弄走（人或财物）*swindle*: 他的钱被骗子～走了。Tā de qián bèi piànzi ～zǒu le. *His money was swindled away by a swindler.* /这个犯罪集团～卖幼女。Zhège fàn zuì jítuán ～mài yòunǚ. *This band of thieves sold young girls.*

【拐棍】guǎigùn（名）[根 gēn] *walking stick*: 老人柱着～走路。Lǎorén zhǔzhe ～ zǒu lù. *The old man walks with a walking stick.*

【拐角儿】guǎijiǎor（名）拐弯的地方、角落 *corner*; *turning*: 胡同～有个小杂货店。Hútòng ～ yǒu ge xiǎo záhuòdiàn. *At the corner of the alley there is a small grocery.*

【拐卖】guǎimài（动）用欺骗手段把妇女、小孩拐走转卖 *kidnap (a woman or a child) and sell*: 人口～ rénkǒu kidnap for sale.

【拐弯】guǎi＝wān（～儿）*turn*; *turn a corner*: 汽车向左拐了个弯儿。Qìchē xiàng zuǒ guǎile ge wānr. *The car turned left.* /一直向前走，别～，就到邮局了。Yìzhí xiàng qián zǒu, bié ～, jiù dào yóujú le. *Go straight ahead without turning, and you'll come to the post office.*

【拐弯抹角】guǎi wān mò jiǎo 沿着弯弯曲曲的路走。比喻说话写文章不直接了当 *talk in a roundabout way*; *beat about the bush*: 我跟着他～的走到一间小屋前。Wǒ gēnzhe tā ～ de zǒudào yì jiān xiǎo wū qián. *He led me in a roundabout way to a small house.* /有话你就直说吧，我最不喜欢～的。Yǒu huà nǐ jiù zhí shuō ba, wǒ zuì bù xǐhuan ～ de. *If you have something to say, say it*; *don't beat around the bush.* /他一～地说了半天，才谈出自己的要求。Tā yì ～ de shuōle bàntiān, cái tánchū zìjǐ de yāoqiú. *After beating around the bush for a long time, he finally said what he wanted.*

【拐杖】guǎizhàng（名）拐棍，手杖 *walking stick*

guài

怪 guài（形）奇怪的 *strange*; *odd*; *queer*: ～事 ～ shì *strange matter* /～腔～调 ～ qiāng ～ diào *odd strange tone* /你这人真～，这么热还关着窗户。Nǐ zhè rén zhēn ～, tiān zhème rè hái guānzhe chuānghu. *You're really strange. It's this hot, and you still have the window closed.* /她性格～得很，总是独来独往。Tā xìnggé ～ de hěn, zǒngshì dú lái dú wǎng. *She has an odd personality, and usually keeps to herself.*（动）怨，责备 *blame*: 他迟到不能～他，都～我把时间说错了。Tā chídào bù néng ～ tā, dōu ～ wǒ bǎ shíjiān shuōcuò le. *Don't blame him because he arrived late, it's my fault for telling him the incorrect time.* /都～你工作时不

专心，出了废品。Dōu ~ nǐ gōngzuò shí bù zhuānxīn, chūle fèipǐn. *It's your fault for creating this waste because you didn't concentrate on your work.* /汽车出了毛病也～不得谁，车子太老了。Qìchē chūle máobìng yě ～ bu dé shuí, chēzi tài lǎo le. *It's no one's fault that the car broke down, it's too old.* （副）〈口〉意思是"挺"，具有厌恶或喜爱的感情色彩，多修饰形容词或描写性短语，后面有"的"或"地"与它呼应 *quite*, *rather* (*possesses an emotional colouring which expresses disgust or fondness for sth. usu. modifies adjectives or descriptive phrases; echoed by words such as "的", "地" etc.*）：这孩子～可爱的。Zhè háizi ～ kě'ài de. *This child is quite lovable.* /天这么黑，让人～害怕的。Tiān zhème hēi, ràng rén ～ hàipà de. *It's so dark out. It's rather scary.* /他平时不声不响，～老实的。Tā píngshí bù shēng bù xiǎng, ～ lǎoshi de. *He's usually quiet and is quite well-behaved.* /你说得人家～不好意思的。Nǐ shuō de rénjia ～ bù hǎoyìsi de. *You made him feel quite embarrassed by saying that.* /听了他的话，心里～不痛快的。Tīngle tā de huà, xīnli ～ bú tòngkuai de. *I was rather unhappy when I heard his words.* /这种～难听的话以后别说了。Zhè zhǒng ～ nántīng de huà yǐhòu bié shuō le. *Don't say such an offensive thing again.* /他～不耐烦地摇头、摆手，不让我说下去。Tā ～ bú nàifán de yáo tóu、bǎi shǒu, bú ràng wǒ shuō xiaqu. *He rather impatiently shook his head and waved his hand and wouldn't let me go on speaking.*

怪不得 guàibude （副）表示明白了原因，而对后面的情况不觉奇怪；表示原因的分句可以在后。"怪不得"多修饰主谓结构、动词短语等 *no wonder; so that's why; that explains why* (*indicates that one has understood the reason for sth. and is not surprised at the following situation; the clause which expresses the reason may be before or after* "怪不得"; "怪不得" *usu. modifies a subject-predicate structure, verbal phrase, etc.*)：七千年前，北京这个地方是一片海水，～现在北京的一些地名里有"海"字呢。Qīqiān nián qián, Běijīng zhège dìfang shì yí piàn hǎishuǐ, ～ xiànzài Běijīng de yìxiē dìmíng lǐ yǒu "hǎi" zì ne. *The Beijing area was a vast expanse of sea seven thousand years ago, so that explains why some places here still have the character "海" in their names.* /～起晚了，原来他们两点才睡。～ qǐwǎn le, yuánlái tāmen liǎng diǎn cái shuì. *No wonder they got up late. They didn't go to bed until two.* /这西瓜是甜，～那么多人买呢! Zhè xīguā shì tián, ～ nàme duō rén mǎi ne! *These watermelons are sweet. No wonder so many people are buying them!* /她误会了我的意思，～她一脸不高兴的样子。Tā wùhuìle wǒ de yìsi, ～ tā yì liǎn bù gāoxìng de yàngzi. *She misunderstood my meaning, so that's why she had a sour look on her face.* /～那么熟，你们是邻居呀! ～ nàme shú, nǐmen shì línjū ya! *So that explains why you two know each other so well. You're neighbours!*

怪话 guàihuà （名）多指无原则的牢骚和议论 *cynical remark*：他对什么都不满意，总是说～。Tā duì shénme dōu bù mǎnyì, zǒngshì shuō ～. *He's dissatisfied with everything, and is always making cynical remarks.*

怪里怪气 guàiliguàiqì （形）〈贬〉（形状、声音、装束等）奇特、与众不同 *eccentric; peculiar*：她总用一种～的腔调说话。Tā zǒng yòng yì zhǒng ～ de qiāngdiào shuō huà. *She always speaks in a peculiar manner.* /这个图案～的，一点也不好看。Zhège tú'àn ～ de, yìdiǎn yě bù hǎokàn. *This design isn't the least bit attractive; it's too peculiar.*

怪模怪样 guài mú guài yàng 形容形态怪异 *strange or odd; strange looking; grotesque*：她打扮得～，惹人注目。Tā dǎban de ～ de, rě rén zhùmù. *Dressed so strangely, she's very conspicuous.*

怪僻 guàipì （形）（性格、习惯）古怪、孤僻与人合不来 *eccentric*：小王的脾气～得很。Xiǎo Wáng de píqi ～ de hěn. *Xiao Wang is very eccentric.*

怪物 guàiwu （名）*monster; freak*

怪罪 guàizuì （动）责备、怨恨 *blame*：别～别人了，都是你自己的错。Bié ～ biéren le, dōu shì nǐ zìjǐ de cuò. *Don't blame others, you made the mistakes.* /他怎么能～我没叫醒他，我又不知道他要赶火车。Tā zěnme néng ～ wǒ méi jiàoxǐng tā, wǒ yòu bù zhīdào tā yào gǎn huǒchē. *How can he blame me for not getting him up, I didn't know he had a train to catch.*

guān

关 〔關〕guān
（动）（1）闭，使开着的东西合起来 *shut; close*：～门 ～ mén *close the door* /～上抽屉 ～ shang chōuti *close the drawer* （2）使（机器等）停止运行 *turn off*：～上灯 ～ shàng dēng *turn off the light* /把机器～了。Bǎ jīqì ～ le. *turn off the machine* /录音机～了没有? Lùyīnjī ～ le méiyou? *Is the tape recorder turned off?* （3）放在里边不使出来；拘禁 *lock up; shut in*：笼子里～着一只鹦鹉。Lóngzi lǐ ～zhe yì zhī yīngwǔ. *There's a parrot in the cage.* /他在敌人的监狱里～了三年。Tā zài dírén de jiānyù lǐ ～le sān nián. *He was locked in the enemy's prison for three years.* （4）◇关系到，牵连 *concern; involve*：事～大局 shì ～ dàjú *an issue that concerns the overall situation* （名）（1）关口 *pass* （2）比喻重要的转折点和难关 *barrier; critical juncture*：手术这一～如果能通过，他就得救了。Shǒushù zhè yì ～ rúguǒ néng tōngguò, tā jiù dé jiù le. *If he can get through surgery, he will be saved.* /工厂要紧紧把住质量～。Gōngchǎng yào jǐnjǐn bǎzhù zhìliàng ～. *The factory must guarantee the quality of its products.*

关闭 guānbì （动）（1）使开着的物体合拢 *close; shut*：～门窗 ～ mén chuāng *close the doors and windows* （2）停止使用或不许使用 *close down; shut down*：～机场 ～ jīchǎng *close down the airport* /～港口 ～ gǎngkǒu *close the harbor* （3）（工厂、商店）不再继续生产和营业 *close down*：这个厂～两个月了。Zhège chǎng ～ liǎng ge yuè le. *This factory has been closed down two months.*

关怀 guānhuái （动）关心、爱护（多用于上级对下级、集体对个人）*show loving care for*：政府很～妇幼卫生事业。Zhèngfǔ hěn ～ fùyòu wèishēng shìyè. *The government is very concerned with women and children's health care.* /在老师们的～下，这个孤儿健康地成长起来了。Zài lǎoshīmen de ～ xià, zhège gū'ér jiànkāng de chéngzhǎng qilai le. *Under the care of his teachers, this orphan has grown up healthy and sound.*

关键 guānjiàn （名）事物最重要的部分，对事物发展变化起决定作用的因素 *hinge; key; crux*：从中小学体育抓起，是提高整个体育运动水平的～。Cóng zhōng-xiǎoxué tǐyù zhuāqǐ, shì tígāo zhěnggè tǐyù yùndòng shuǐpíng de ～. *The key to raising the level of athletics, is to begin good physical education in elementary and high school.* /发展生产力的～在于培养人才。Fāzhǎn shēngchǎnlì de ～ zàiyú péiyǎng réncái. *The key to developing production is to train qualified personnel.* /脑子是人体的～部位。Nǎozi shì réntǐ de ～ bùwèi. *The brain is a critical part of the human body.* /五号运动员踢进的一球，球场形势发生了变化。Wǔ hào yùndòngyuán tījìn ～ de yì qiú, qiúchǎng xíngshì fāshēngle biànhuà. *Player five scored the critical goal, and changed the scope of the game.*

关节 guānjié （名）〈生理〉[个 gè] *joint*

关节炎 guānjiéyán （名）〈医〉*arthritis*

关口 guānkǒu （名）（1）来往必须经过的地方 *strategic pass*

（2）关头 *juncture*

【关联】guānlián（动·不及物）事物相互间发生联系和影响 *be related*；*be connected*：一个国家轻工业、重工业和农业是互相～的。Yí ge guójiā qīnggōngyè、zhònggōngyè hé nóngyè shì hùxiāng ～ de. *A country's light industry, heavy industry and agriculture are all interrelated.*

【关门主义】guānménzhǔyì（名）指在发展革命组织时，把具备条件的人关在门外，不让参加的错误思想和作法。也指在革命工作中对友党友军采取不合作态度等的错误作法 *closed-doorism*

【关卡】guānqiǎ（名）为收税或防走私等，在交通要道设立的检查站、岗哨 *an outpost*；*checkpoint*

【关切】guānqiè（动·不及物）亲切地关心（多偏重于态度方面）*be deeply concerned*；*show concern for*：领导对职工业余教育工作很～。Lǐngdǎo duì zhígōng yèyú jiàoyù gōngzuò hěn ～. *The leadership is concerned about spare-time education of the staff.* /人们都～地注视着形势的发展。Rénmen dōu ～ de zhùshìzhe xíngshì de fāzhǎn. *People are deeply concerned about the developing situation.*

【关税】guānshuì（名）*customs duty*

【关头】guāntóu（名）起决定性作用的时机或转折点。前边必须带修饰性定语 *juncture*；*moment*（*always used with an attributive*）：战斗正处于紧要～。Zhàndòu zhèng chǔyú jǐnyào ～. *The struggle is now at a critical juncture.* /在危急，他敢于挺身而出。Zài wēijí ～, tā gǎnyú tǐng shēn ér chū. *At the critical juncture, he bravely stepped forward.* /在这生死～，他不顾一切地保护同志脱险。Zài zhè shēng sǐ ～, tā búgù yíqiè de bǎohù tóngzhì tuō xiǎn. *At the moment when fate was in the balance, he disregarded everything to save his comrades from danger.*

【关系】guānxi（名）（1）事物之间相互依赖、相互影响的状态 *relation*；*relationship*：工业和农业的～ gōngyè hé nóngyè de ～ *the relationship between industry and agriculture* /政治与业务的～ zhèngzhì yǔ yèwù de ～ *political and business relationship*（2）人与人、人与事物之间的某种联系 *relationship*：我们两个人是同事～。Wǒmen liǎng ge rén shì tóngshì ～. *The two of us are colleagues.* /婆媳～很融洽。Pó xí ～ hěn róngqià. *The mother-in-law and daughter-in-law's relationship is very harmonious.* /他的社会～比较复杂。Tā de shèhuì ～ bǐjiào fùzá. *His social relations are comparatively complex.* /她的社会～可多了，好像各行各业她都有熟人。Tā de shèhuì ～ kě duō le, hǎoxiàng gè háng gè yè tā dōu yǒu shúrén. *She knows people from all walks of life.*（3）对有关事物的影响或重要性，或值得注意的地方，常跟"有""没有"连用 *bearing*；*impact*；*significance*：家庭、社会环境对一个人性格的形成有很大～。Jiātíng、shèhuì huánjìng duì yí ge rén xìnggé de xíngchéng yǒu hěn dà ～. *Domestic and social conditions have great impact on the developement of an individual's personality.* /手擦破点儿皮，没什么～，照样可以写字。Shǒu cāpò diǎnr pí, méi shénme ～, zhàoyàng kěyǐ xiě zì. *My hand·is only scratched a little, I can still write.* /你常头疼，跟你的眼镜不合适有～。Nǐ cháng tóu téng, gēn nǐ de yǎnjìng bù héshì yǒu ～. *You often have a headache because your glasses prescription isn't right.*（4）泛指（对事物）有限制性的原因、条件等，常和"因为""由于"连用 *conditions*；*factors*：由于时间～，我不能多谈了。Yóuyú shíjiān ～, wǒ bù néng duō le. *I can't speak at length because of time limitations.* /因为技术力量的～，他们承担不了这项工程。Yīnwèi jìshù lìliàng de ～, tāmen chéngdān bu liǎo zhè xiàng gōngchéng. *Because of technical factors, they could not undertake this engineering project.*（5）表明有某种组织关系的证明信或文件等 *credentials*；*membership*：党的～ dǎng de ～ *party credentials* /团的～ tuán de ～ *youth league membership*（动）（某一事对另一事）有牵涉、关联、影响

---

concern；*affect*；*have bearing on*：练习方法好不好，直接～着教学效果。Liànxí fāngfǎ hǎo bu hǎo, zhíjiē ～ zhe jiàoxué xiàoguǒ. *Whether practice methods are good or not, directly affects teaching result.* /卫生防病工作～人民的身体健康。Wèishēng fáng bìng gōngzuò ～ rénmín de shēntǐ jiànkāng. *Work in preventive medicine has a direct bearing on the people's health and well-being.* /修建这条公路～到千家万户的切身利益，人们怎么能不关心呢！Xiūjiàn zhè tiáo gōnglù ～ dào qiān jiā wàn hù de qièshēn lìyì, rénmen zěnme néng bù guānxīn ne! *The construction of this highway has a bearing on many people's interests, how can they not be concerned!*

【关系户】guānxìhù（名）指在经济活动或工作交往中，某些单位或个人之间通过不正当手段在购物价格、质量，优先购买或办事等方面互相有所照顾，提供方便。双方互为关系户 *parties of connection who facilitate each other through improper means in order to attain personal gains*

【关心】guānxīn（动）（对人或事物）重视和爱护 *be concerned with*；*care for*：共青团组织～青年们的学习与生活。Gòngqīngtuán zǔzhī ～ qīngniánmen de xuéxí yǔ shēnghuó. *The Communist Youth League is concerned with the lives and education of young people.* /她～同志，肯帮助人。Tā ～ tóngzhì, kěn bāngzhù rén. *She is concerned for her comrades, and willing to help others.* /人人都要～国家大事。Rénrén dōu yào ～ guójiā dàshì. *Everyone should be concerned with national affairs.*

【关押】guānyā（动）*lock up*；*put in prison*：～犯人 ～ fànrén *lock up criminals*

【关于】guānyú（介）以体词或动宾结构、主谓结构为宾语；引进所涉及的人或事物，"关于……"可作定语、状语、宾语（*its object is either a nominal, verb-object structure, or subject-predicate structure*；*introduces the person or thing dealt with*；"关于..." *can serve as an attributive, an adverbial, or an object*）*about*；*concerning*（1）"关于"作定语，与中心语之间须加"的"（*when* "关于..." *serves as an attributive,* "的" *must be added between it and the word it modifies*）：屈原的传说已有两千多年的历史了。～ Qū Yuán de chuánshuō yǐ yǒu liǎngqiān duō nián de lìshǐ le. *The legend of Qu Yuan is over two thousand years old.* /～人事安排的问题下次再讨论。～ rénshì ānpái de wèntí xià cì zài tǎolùn. *Let's discuss the questions concerning personnel matters next time.* /～修桥的事，你们商量着办吧。～ xiū qiáo de shì, nǐmen shāngliangzhe bàn ba. *You discuss how to deal with the matter of building the bridge.* /这里有些～工农业发展情况的材料。Zhèlǐ yǒu xiē ～ gōng-nóngyè fāzhǎn qíngkuàng de cáiliào. *There are some materials here that deal with the situation of the development of industry and agriculture.*（2）"关于"作状语，表示动作涉及的人、事物或范围；多用于句首，后面有语音停顿（*when* "关于..." *serves as adverbial, it indicates the person, thing or scope which the action touches upon*；*usu. used at the beginning of a sentence and followed by a pause in speech*）：～这个问题，我们已认真讨论过。～ zhège wèntí, wǒmen yǐ rènzhēn tǎolùnguo. *As for this question, we've already thoroughly discussed it.* /～植树造林，大家都要充分重视。～ zhí shù zào lín, dàjiā dōu yào chōngfèn zhòngshì. *We must all attach the utmost importance to afforestation.*（3）"关于"可作"是"、"有"的宾语，后面常加"的"（*when* "关于..." *can serve as the object of* "有" *or* "是", *which is usu. followed by* "的"）：我讲的问题是～儿童教育的，而不涉及其他。Wǒ jiǎng de wèntí shì ～ értóng jiàoyù de, ér bú shèjí qítā. *The topic I'm talking about has to do with child education; it doesn't touch upon other things.* /大家讨论的范围很广，有～农业的，也有～工业的。Dàjiā tǎolùn de fànwéi hěn guǎng, yǒu ～ nóngyè de, yě yǒu ～ gōngyè de.

We discussed a wide range of subjects. We talked about agriculture and industry too.

【关照】 **guānzhào** (动)(1)关心、照顾(多为客气话) *look after; keep an eye on*：我刚来，情况不熟悉，请您多～。Wǒ gāng lái, qíngkuàng bù shúxi, qǐng nín duō ～. *I've just arrived and am not used to the situation. Please help me.* (2)口头通知 *notify by word of mouth*；我已经一家里，不要等我吃晚饭了。Wǒ yǐjing ～ jiāli, búyào děng wǒ chī wǎnfàn le. *I've already told my family not to hold up supper for me.*

【关注】 **guānzhù** (动)〈书〉关心、重视 *pay close attention to*：人们正在一着事态的发展。Rénmen zhèngzài ～zhe shìtài de fāzhǎn. *People are now paying close attention to the developing situation.* /对弱智儿童的培养教育工作受到政府的～。Duì ruòzhì értóng de péiyǎng jiàoyù gōngzuò shòudào zhèngfǔ de ～. *The government is paying close attention to the education of retarded children.*

观 〔觀〕 guān

(动)◇看(观赏、观察) *look at; observe*：～花 ～ huā *view and admire the flowers* /～剧 ～ jù *see a play* /～风向 ～ fēngxiàng *be on the lookout* (名)◇(1)(值得观赏的)景象、样子 *sight; view*：洋洋大～ yángyáng dà～ *spectacular; grandiose* (2)对事物的看法、认识 *outlook; view; concept*：人们有不同的苦乐～。Rénmen yǒu bù tóng de kǔlè ～. *People have different concepts of sorrow and happiness.* 另见 guàn

【观测】 **guāncè** (动)(1)观察并测量(天文、地理、气象、方向等) *observe*：天文台～到一颗新星。Tiānwéntái ～ dào yì kē xīn xīng. *The observatory detected a new star.* (2)观察并推测(情况) *observe*：～敌情 ～ díqíng *observe the enemy's situation*

【观察】 **guānchá** (动)有目的地仔细察看(人、事物、情况) *observe; watch; survey*：到底这个人的作风、品质如何，要一个时期才能下结论。Dàodǐ zhège rén de zuòfēng, pǐnzhì rúhé, yào ～ yí ge shíqí cái néng xià jiélùn. *We will observe him for a while to decide what his behavior and personality really are.* /医生说他的病现在不能确诊，还需要～。Yīshēng shuō tā de bìng xiànzài bù néng quèzhěn, hái xūyào ～. *The doctor said his illness still needs to be watched before entering a diagnosis.* /他从小就喜欢一些昆虫的生活规律。Tā cóng xiǎo jiù xǐhuan ～ yìxiē kūnchóng de shēnghuó guīlǜ. *Ever since he was young he's enjoyed observing the lifestyle of insects.*

【观察家】 **guānchájiā** (名)政治评论家.常常用做报刊上重要政治评论文章作者的署名 *observer; political commentator*

【观察员】 **guāncháyuán** (名)一个国家派遣列席国际会议的没有表决权的外交代表 *observer (at a meeting)*

【观潮派】 **guāncháopài** (名)指在剧烈的政治变革中采取旁观态度的人 *a person who takes a wait and see attitude; bystander; on-looker*

【观点】 **guāndiǎn** (名)观察、考虑、评价事物时所处的位置或采取的态度 *point of view; viewpoint; standpoint*：这篇书评完全是用对青年思想影响的～来评价那本小说。Zhè piān shūpíng wánquán shì yòng duì qīngnián sīxiǎng yǐngxiǎng de ～ lái píngjià nà běn xiǎoshuō de. *This book review uses a youth oriented point of view to appraise the novel.* /从中国传统～看，不结婚是很不正常的。Cóng Zhōngguó chuántǒng ～ kàn, bù jié hūn shì hěn bú zhèngcháng de. *From a traditional Chinese viewpoint, not being married is abnormal.*

【观感】 **guāngǎn** (名)(参观、访问、观察事物所产生的)体会、感想和印象 *impressions*：你能不能谈谈这次旅行的～? Nǐ néng bu néng tántan zhè cì lǚxíng de ～? *Can you give us some impressions you have from your trip?*

【观光】 **guānguāng** (动)〈书〉参观外国或外地的景物、建设等 *go sightseeing; tour; visit*：归国华侨到祖国各地～。Guī guó huáqiáo dào zǔguó gè dì ～. *Returning overseas Chinese tour all over the motherland.* /这次到云南、广西等地～，感想很多。Zhè cì dào Yúnnán, Guǎngxi děng dì ～, gǎnxiǎng hěn duō. *I have many impressions from this trip to Yunnan, Guangxi and other places.*

【观看】 **guānkàn** (动)〈书〉看(比赛、表演等),是比较正式的说法 *watch; view*：～这场足球比赛的有两千人。～ zhè chǎng zúqiú bǐsài de yǒu liǎngqiān rén. *There are two thousand people in attendance at this soccer match.* /我们～了生产这种景泰蓝花瓶的全过程。Wǒmen ～ le shēngchǎn zhè zhǒng jǐngtàilán huāpíng de quán guòchéng. *We observed the entire production process of a cloisonné vase.*

【观礼】 **guān=lǐ** (应遵)参加观看盛大的庆祝活动和典礼仪式 *attend a celebration or ceremony*：～代表有各方面的人士。～ dàibiǎo yǒu gè fāngmiàn de rénshì. *Attending the ceremony were representatives from all walks of life.*

【观礼台】 **guānlǐtái** (名)高出地面的多层台子。举行盛大的庆祝活动或典礼仪式时,观礼者坐或站在上面 *reviewing stand; visitors' stand*

【观摩】 **guānmó** (动·不及物)观看彼此的成绩,交流经验,互相学习 *inspect and learn from each other's work*：今天上午王老师举行公开课,很多老师来～。Jīntiān shàngwǔ Wáng lǎoshī jǔxíng gōngkāikè, hěn duō lǎoshī lái ～. *This morning Mr. Wang opened his class, and many other teachers came to observe his work.* /这几个京剧团集中在北京演出,互相～,取长补短。Zhè jǐ ge jīngjù tuán jízhōng zài Běijīng yǎnchū, hùxiāng ～, qǔ cháng bǔ duǎn. *In Beijing several Beijing opera troupes performed and learned from each other's strong points.*

【观念】 **guānniàn** (名)(1)思想意识 *idea; concept*：别看他年轻,可有不少旧～. Bié kàn tā niánqīng, kě yǒu bù shǎo jiù ～. *In spite of the fact that he's young, he has a lot of old ideas.* /有些传统～必须打破。Yǒu xiē chuántǒng ～ bìxū dǎpò. *There are some traditional concepts that must be overcome.* /劳动致富在农村是一种新～。Láodòng zhì fù zài nóngcūn shì yì zhǒng xīn ～. *Prosperity through labor is a new concept in the countryside.* (2)sense：有的人没有一点时间～,约会总迟到,谈起天来没完了。Zhège rén méi yǒu yìdiǎnr shíjiān ～, yuēhuì zǒng chídào, tán qǐ tiān lai méi wán méi liǎo. *This person has no sense of time. He's always late. He talks incessantly.* /一定要使青年加强法制～,不然,有些人犯了法还不知道。Yídìng yào shǐ qīngnián jiāqiáng fǎzhì ～, bùrán, yǒu xiē rén fànle fǎ hái bù zhīdào. *Young people must strengthen their sense of law, otherwise, some break the law and not even know it.* /他的组织～很强。Tā de zǔzhī ～ hěn qiáng. *He has a very strong sense of organization.*

【观赏】 **guānshǎng** (动)〈书〉观看、欣赏(风景、花草、艺术等) *view and admire; enjoy the sight of*：这个星期天他们去公园～菊花。Zhège xīngqītiān tāmen qù gōngyuán ～ júhuā. *Next Sunday they are going to the park to enjoy the chrysanthemums.* /这些植物没什么经济价值,都是供人～的。Zhèxiē zhíwù méi shénme jīngjì jiàzhí, dōu shì gōng rén ～ de. *These plants aren't worth much, they're just for ornamentation.* /来宾们～了几位舞蹈艺术家的精彩表演。Láibīnmen ～ le jǐ wèi wǔdǎo yìshùjiā de jīngcǎi biǎoyǎn. *The guests enjoyed several dancers' splendid performance.*

【观望】 **guānwàng** (动)(1)怀着犹豫的心情在旁边观察 *wait and see*：当年很多同学参加了革命,他～了一个时期才参加进去。Dāngnián hěn duō tóngxué cānjiā le gémìng, tā ～ le yí ge shíqí cái cānjiā jìnqu. *During those years many students joined the revolution, but only after he sat aside and watched for some time did he finally join in.* /我现在先不

参加老王办的公司，～～再说。Wǒ xiànzài xiān bù cānjiā Lǎo Wáng bàn de gōngsī，～～ zài shuō. *I'll wait and see before joining Lao Wang's company.* （2）（向四周或远处）看：他站在台阶上不知在～什么。Tā zhàn zài táijiē shang bù zhī zài ～ shénme. *He stood on the steps, we wonder what he was looking at?*

【观象台】guānxiàngtái（名）*observatory*

【观众】guānzhòng（名）看表演、电影、戏剧或比赛的人 *audience；spectator*

官 guān

（名）（1）旧称官府人员 *official；officers* （2）国家机关或军队中经过任命的、一定等级以上的公职人员（多用于军队和外交场合）*official；public servant*：外交～ wàijiāo ～ *diplomat* /～兵一致 ～ bīng yízhì *unity between officers and men*

【官邸】guāndǐ（名）公家所建的高级官员的住所 *official residence*：首相～ shǒuxiàng ～ *Prime Minister's official residence*

【官方】guānfāng（名）政府方面 *official（by the government）*：这个消息来自～，完全可靠。Zhège xiāoxi lái zì ～，wánquán kěkào. *This news is official, and completely dependable.*

【官价】guānjià（名）旧时指政府规定的价格 *official price*

【官架子】guānjiàzi（名）（当领导的）自高自大、脱离群众的作风 *bureaucratic airs*：他总好摆～，群众有事也不愿意找他。Tā zǒng hào bǎi ～，qúnzhòng yǒu shì yě bú yuànyì zhǎo tā. *Because he always puts on bureaucratic airs, no one wants to discuss matters with him.*

【官吏】guānlì（名）〈旧〉*government officials*

【官僚】guānliáo（名）（1）〈旧〉地位比较高的官吏 *bureaucrat* （2）官僚主义 *bureaucracy*：他就爱耍～。Tā jiù ài shuǎ ～. *He likes to put on bureaucratic airs.*

【官僚主义】guānliáozhǔyì（名）指脱离实际、脱离群众，不关心群众利益，只知发号施令而不进行调查研究的工作作风和领导作风 *bureaucracy*

【官僚资本】guānliáo zīběn 官僚资产阶级所拥有的资本 *bureaucratic capital*

【官僚资本主义】guānliáo zīběnzhǔyì *bureaucrat capitalism*

【官僚资产阶级】guānliáo zīchǎnjiē 半封建半殖民地国家里，勾结帝国主义和地主阶级势力，掌握国家政权，垄断全国经济命脉的买办性的大资产阶级 *the bureaucratic capitalist class*

【官气】guānqì（名）官僚主义作风 *bureaucratic airs*

【官腔】guānqiāng（名）利用规章、手续等来推托、责备的话 *bureaucratic tone；official jargon*：这个人只跟我打～，根本不想帮我解决问题。Zhège rén zhǐ gēn wǒ dǎ ～，gēnběn bù xiǎng bāng wǒ jiějué wèntí. *He wasn't the least bit interested in helping me solve the problem, instead he just gave me the official line.*

【官商作风】guānshāng zuòfēng 指某些国营商店不积极改善经营管理，提高经济效益，对顾客冷淡的经营作风 *the poor service attitude of employees of government owned business*

【官司】guānsi（名）[场 cháng]*lawsuit*：打了一场～ dǎle yì cháng ～ *had a lawsuit* /～打赢了。～ dǎyíng le. *have won a lawsuit*

【官样文章】guānyàng wénzhāng 比喻徒有形式、内容空虚，或虽有条文并不实行的办法、手续等 *mere formalities*

【官员】guānyuán（名）〈书〉*official*

冠 guān

（名）◇（1）帽子 *hat*：衣～整齐 yī ～ zhěngqí *be neatly dressed* （2）形状像帽子或在顶上的东西 *crest*：鸡～ jī ～ *cock's comb* /树～ shù ～ *tree top* 另见 guàn

【冠冕堂皇】guānmiǎn tánghuáng 形容表面上庄严正大的样子。含讽刺意味 *highfalutin；highsounding*：他说得～，其实心里想的完全是另一回事。Tā shuō de ～，qíshí xīnli xiǎng de wánquán shì lìng yì huí shì. *What he says sounds great, but in his heart he's thinking something else.*

【冠心病】guānxīnbìng（名）〈医〉*coronary heart disease*

棺 guān

（名）◇棺材 *coffin；casket*

【棺材】guāncai（名）[口 kǒu]*coffin*

鳏〔鰥〕guān

（名）◇指没有妻子或妻子死了的男人 *wifeless*

【鳏夫】guānfū（名）无妻或丧妻的人 *old bachelor or widower*

【鳏寡孤独】guān guǎ gū dú 鳏：没有妻子或死了妻子的男人。寡：死了丈夫的妇女。孤：没有父亲的儿童。独：没有儿子的老人。泛指失去依靠，需要照顾的人 *widowers, widows, orphans and childless old people*

guǎn

馆〔館〕guǎn

（名）◇*accomodation for guests；embassy*

【馆子】guǎnzi（名）*restaurant*：下～ xià ～ *go to a restaurant* /他常去吃～。Tā cháng qù chī ～. *He often eats out.*

管 guǎn

（动）（1）负责、管理 *manage；be in charge of；run*：这三台机器由他一个人～。Zhè sān tái jīqì yóu tā yí ge rén ～. *He runs these three machines.* /他是这个学校分工～教学的校长。Tā shì zhège xuéxiào fēn gōng ～ jiàoxué de xiàozhǎng. *He is one of the principals of this school and was assigned to be in charge of teaching affairs.* （2）管辖 *manage*：这一带归我们区～。Zhè yídài guī wǒmen qū ～. *This tract of land is under the jurisdiction of our district.* （3）管教、约束 *dicipline*：家长对孩子～得太严并不好。Jiāzhǎng duì háizi ～ de tài yán bìng bù hǎo. *It's not good for parents to dicipline children too strictly.* （4）干预、过问 *bother about；mind*：对违反交通规则的行为交通警当然要～。Duì wéifǎn jiāotōng guīzé de xíngwéi jiāotōngjǐng dāngrán yào ～. *Of course traffic cops are concerned about the violation of traffic laws.* /这几个人故意破坏公物，不～怎么行！Zhè jǐ ge rén gùyì pòhuài gōngwù，bù ～ zěnme xíng！*These people destroyed public property on purpose, how could you not interfere！* （5）理睬、顾及 *mind；take care of*：他正生气呢，别～他，一会儿就会好的。Tā zhèng shēng qì ne，bié ～ tā，yíhuìr jiù huì hǎo de. *He's angry, leave him alone, he'll be fine in a moment.* /我得走了，～不了你了，你自己做晚饭吧！Wǒ děi zǒu le，～ bu liǎo nǐ le，nǐ zìjǐ zuò wǎnfàn ba！*I've got to go. I can't help you, you'll have to make dinner yourself！* /你不用～我，我会照顾自己的。Nǐ búyòng ～ wǒ，wǒ huì zhàogù zìjǐ de. *Don't worry about me, I'll take care of myself.* （6）保证，供给 *provide*：学校～吃～住还发给学习用品。Xuéxiào ～ chī ～ zhù hái fā gěi xuéxí yòngpǐn. *The school provides room and board, and also distributes educational materials.* （名）（～儿）*tube；pipe*：钢～ gāng ～ *steel tube* /自来水～ zìláishuǐ ～ *water pipe* /玻璃～ bōlí ～ *glass tube*

【管保】guǎnbǎo（动）〈口〉保证 *guarantee*：你吃了这片药～不再头疼了。Nǐ chīle zhè piàn yào ～ bú zài tóu téng le. *If you take this pill, I guarantee it will cure your headache.* /这个电影一定要去看，～你喜欢。Zhège diànyǐng yídìng yào qù kàn，～ nǐ xǐhuan. *You definitely must go to see this movie, I guarantee you'll like it.* /你可以用这个办法试试，成功不成功可不～。Nǐ kěyǐ yòng zhège bànfǎ shìshì，chénggōng bù chénggōng kě bù ～.

chénggōng bù chénggōng kě bù ～. *You can try to do it this way, but I can't guarantee it will work.*

【管道】guǎndào（名）*pipeline；piping；conduit；tubing*：这里正在安装煤气。Zhèlǐ zhèngzài ānzhuāng méiqì. *Gas piping is now being installed here.* /我们家一带用的是～煤气。Wǒmen jiā yídài yòng de shì ～ méiqì. *Our neighborhood uses pipeline gas.*

【管家】guǎnjiā（名）(1) 旧指为地主、官僚、富人主管家务的高级仆人，也用做对一般仆人的尊称 *steward；butler* (2) 现指为集体管理财物或生活的人 *manager；housekeeper*

【管……叫……】guǎn……jiào……〈口〉意思是"把……叫做……" *call（sb. or sth. by name）（same as "把…叫做…"）*：她妈是我姨，我管她叫表姐。Tā mā shì wǒ yí, wǒ guǎn tā jiào biǎojiě. *Her mother is my aunt, so I call her "older cousin".* /这里的农民管收音机叫话匣子。Zhèlǐ de nóngmín guǎn shōuyīnjī jiào huàxiázi. *The peasants here call a radio a "chatterbox".*

【管教】guǎnjiào（动）(上对下，大人对孩子) 约束教导 *subject sb. to dicipline*：这孩子太不像话了，得好好～一下。Zhè háizi tài bú xiànghuà le, děi hǎohāor ～ yíxià. *This child's behavior is awful, he needs to be disciplined.*

【管教所】guǎnjiàosuǒ（名）少年犯管教所的简称，是管教改造未成年罪犯的机构 *reform school*

【管理】guǎnlǐ（动）(1) 负责 (某项工作) *supervise；manage*：～国家大事 ～ guójiā dàshì *run national affairs* /他～企业很有办法。Tā ～ qǐyè hěn yǒu bànfǎ. *He is an effective business administrator.* (2) 保管和处理 *manage；administrate*：这些资料请你～好。Zhèxiē zīliào qǐng nǐ ～ hǎo. *Please take care of these materials.* /他把库房～得井井有条。Tā bǎ kùfáng ～ de jǐngjǐng yǒu tiáo. *He put the store room in perfect order.* /他是图书～员。Tā shì túshū ～ yuán. *He is the librarian.*

【管事】guǎnshì＝shì（～儿）〈口〉同"管用"guǎnyòng *same as "管用"* guǎnyòng：这种胶粘合木头很～。Zhè zhǒng jiāo zhānhé mùtou hěn ～. *This kind of adhesive is very effective for gluing wood together.* /他很尊重你，你去劝劝他，可能管点儿事。Tā hěn zūnzhòng nǐ, nǐ qù quànquan tā, kěnéng guǎn diǎnr shì. *He respects you; it may help if you go persuade him.*

【管束】guǎnshù（动）管理约束，使不越轨 *restrain；control；check*：由于家长～不得法，这孩子学坏了。Yóuyú jiāzhǎng ～ bù défǎ, zhè háizi xuéhuài le. *The child has gone astray because his parents didn't discipline him properly.*

【管辖】guǎnxiá 管理、统辖 (人员、事务、区域、案件等) *have jurisdiction over；administer*：这些工人都在车间主任的～之下。Zhèxiē gōngrén dōu zài chējiān zhǔrèn de ～ zhī xià. *These workers are all the responsibility of the head of the shop.* /这个派出所～的区域不小。Zhè ge pàichūsuǒ ～ de qūyù bù xiǎo. *This local police station has jurisdiction over a large district.*

【管闲事】guǎn xiánshì〈口〉*mind other's business*：他爱～，是个热心人。Tā ài ～, shì ge rèxīn rén. *He's warm-hearted and likes to help other people.* /你管这个闲事干吗？自找麻烦。Nǐ guǎn zhège xiánshì gàn má? Zì zhǎo máfan. *Why poke your nose into this? You're just asking for trouble.*

【管弦乐】guǎnxiányuè（名）*orchestral music*

【管用】＝yòng 有效、起作用 *effective；of use*：这种药水治气管炎很～。Zhè zhǒng yàoshuǐr zhì qìguǎnyán hěn ～. *This kind of medicine is effective in curing tracheitis.* /这张火车票过期了，不～了。Zhè zhāng huǒchēpiào guò qī le, bù ～ le. *This train ticket is expired, it's no longer useful!* /天这么冷，穿一件毛衣管什么用？Tiān zhème lěng, chuān yí jiàn máoyī guǎn shénme yòng? *With the weather this cold, wearing a sweater isn't enough.*

【管制】guǎnzhì（动）(1) 强制性的管理 *control*：～灯火

dēnghuǒ *blackout* /实行军事～ shíxíng jūnshì ～ *implement military control* (2)（对罪犯或坏分子）实施强制管束 *put under surveillance*

【管子】guǎnzi（名）[根 gēn] *tube；pipe*

guàn

观 〔觀〕guàn （名）道教的寺庙 *Daoist temple* 另见 guān

贯 〔貫〕guàn （动）◇ 穿过，贯穿 *pass through；pierce*：学～古今 xué ～ gǔ jīn *well versed in both ancient and modern learning* /气～长虹 qì ～ cháng hóng *full of noble aspiration and daring*

【贯彻】guànchè（动）彻底实现或体现 (方针、政策、精神等) *carry out；implement；put into practice*：～大会精神 ～ dàhuì jīngshén *act in the spirit of congress* /～党的知识分子政策 ～ dǎng de zhīshi fènzǐ zhèngcè *implement the Party's intellectual policy* /～到底 ～ dào dǐ *carry out to the end* /在工作中要～群众路线。Zài gōngzuò zhōng yào ～ qúnzhòng lùxiàn. *In work one must carry out the mass line.*

【贯彻始终】guànchè shǐzhōng（方针、政策、精神等）从开始到最后能彻底实现或体现 *carry out from beginning to end*

【贯穿】guànchuān（动）(1) 穿过、连通 *run through；penetrate*：这条铁路～两个省。Zhè tiáo tiělù ～ liǎng ge shěng. *This railway line passes through two provinces.* (2) 从头到尾穿过一个或几个事物 (多为抽象事物) *permeate*：这部作品从始至终～着爱国主义思想。Zhè bù zuòpǐn cóng shǐ zhì zhōng ～ zhe àiguózhǔyì sīxiǎng. *This work is permeated through and through with patriotism.* / 把创新精神～到科学研究领域中去。Bǎ chuàngxīn jīngshén ～ dào kēxué yánjiū lǐngyù zhōng qù. *Let the spirit of new ideas permeate the realm of scientific research.*

【贯串】guànchuàn（动）同"贯穿"guànchuān (2) *same as "贯穿"* guànchuān (2)

【贯通】guàntōng（动）(1) 全部透彻地理解、领悟 *have a thorough knowledge of；be well versed in*：经他一讲解，我的思想豁然～。Jīng tā yì jiǎngjiě, wǒ de sīxiǎng huòrán ～. *After hearing his explanation, I suddenly saw everything in a clear light.* (2) 沟通、连接 *link up；thread together*：这是一条～南北的大运河。Zhè shì yì tiáo ～ nán běi de dà yùnhé. *This big canal links up the north and south.*

【贯注】guànzhù（动）集中 (精力、精神) *absorbed in*：他把全部精力都～在这项试验上。Tā bǎ quánbù jīnglì dōu ～ zài zhè xiàng shìyàn shang. *He brought all his concentration to bear on this experiment.*

冠 guàn （名）第一位 *first place；the best*：他的书法居全校之～。Tā de shūfǎ jū quán xiào zhī ～. *His calligraphy is the best at school.* /玄武湖景色之美为南京之～。Xuánwǔ Hú jǐngsè zhī měi wéi Nánjīng zhī ～. *The scenery at Lake Xuan Wu is the most beautiful in Nanjing.* (动) 在前面加某种名号或文字 *crown with*：在他的名字前边～上了总经理的头衔。Zài tā de míngzi qiánbian ～shàngle zǒngjīnglǐ de tóuxián. *He was given the title of general manager.* 另见 guān

【冠词】guàncí（名）〈语〉*article (of the English language)*

【冠军】guànjūn（名）*champion*

惯 〔慣〕guàn （形）因为常常做某事而能适应或已成了习惯 *to be used*

to；be in the habit of：你怎么这么这么早就起来了？——我每天都起这么早，已经～了。Nǐ zěnme zhème zǎo jiù qǐlái le?——Wǒ měi tiān dōu qǐ zhème zǎo，yǐjīng～le. How can you get up this early?——I get up this early every day，it's a habit. /辣椒你吃得～吃不～？Làjiāo nǐ chī de～chī bu～? Are you used to eating hot peppers?/他住～了平房，不愿意搬到楼房里去住。Tā zhù～le píngfáng，bú yuànyi bāndào lóufáng li qu zhù. He's used to living in a one story house，and doesn't want to move to an apartment building. /这是他～用的手法。Zhè shì tā～yòng de shǒufǎ. This is his habitual practise. (动)纵容(孩子养成不好的习惯或作风）spoil；indulge：她总是～着她的独生子，将来要～坏的。Tā zǒngshì～zhe tā de dúshēngzǐ，jiānglái yào～huài de. She always indulges her only child，he will become spoiled someday. /奶奶把孙子～得一点儿样儿也没有。Nǎinai bǎ sūnzi～de yìdiǎnr yàngr yě méi yǒu. Grandmother has spoiled her grandchild rotten.

【惯犯】guànfàn（名）多次作案屡教不改的罪犯 habitual offender

【惯匪】guànfěi（名）经常抢劫的匪徒 hardened bandit

【惯技】guànjì（名）〈贬〉经常使用的手段 customary tactic；old trick

【惯例】guànlì（名）convention；usual practice：国际～ guójì～ international convention /按照～春节放假三天。Ànzhào～ Chūnjié fàng jià sān tiān. According to usual practice there are three days off during the Spring Festival.

【惯窃】guànqiè（名）经常盗窃，屡教不改的人 inveterate thief；incorrigible thief

【惯性】guànxìng（名）〈物〉inertia

【惯用】guànyòng（动）惯于使用，多含贬义 consistently use：～欺骗手段～ qīpiàn shǒuduàn consistently use deceiving means /～的伎俩～ de jiliǎng customary tactics

【惯于】guànyú（动）〈书〉习惯于(做某事)，后面多是双音节动词或动词性词组 get used to；habitually：～欺上瞒下 ～ qī shàng mán xià get used to deceiving one's superiors and deluding one's subordinates /这个人对上级～奉承、讨好。Zhège rén duì shàngjí～ fèngcheng、tǎo hǎo. He habitually flatters and ingratiates himself with his superiors. /他～作繁琐、细致的工作。Tā～ zuò fánsuǒ、xìzhì de gōngzuò. He is used to doing painstaking and meticulus work. /不～夜间工作的人，不能做这个工作。Bú～ yèjiān gōngzuò de rén，bù néng zuò zhège gōngzuò. People who aren't used to working at night，can't do this job.

盥 guàn

【盥洗】guànxǐ（动）〈书〉洗脸洗手 wash hands and face

【盥洗室】guànxǐshì（名）洗手洗脸的屋子，有时包括厕所 washroom

灌 guàn

（动)(1)浇(田地）irrigate：引水～田 yǐn shuǐ～ tián channel water to irrigate the fields (2)(把液体、气体或粉状物)倒进或装进(比较深的容器）fill；pour：把牛奶～到奶瓶里。Bǎ niúnǎi～ dào nǎipíng li. Pour milk into the milk bottle. /气球里～满了氢气。Qìqiú li～ mǎnle qīngqì. The balloon is filled with hydrogen. /这口袋里～的都是沙土。Zhè kǒudai li～ de dōu shì shātǔ. This bag is filled with sand. 常引申为教师讲课时从头到尾自己讲解，不启发学生独立思考，不进行练习 cram；spoonfeed：教语言课千万不能满堂～，要培养学生运用语言的能力。Jiāo yǔyán kè qiānwàn bù néng mǎn táng～，yào péiyǎng xuésheng yùnyòng yǔyán de nénglì. When teaching language you absolutely must not cram the students，but instead develop the students' ability to use the language. (3)钻入(较小的空

隙）get into；go through：风从窗户缝～进来。Fēng cóng chuānghu fèng ～ jinlai. The wind seeped in from a crack in the window. /噪声直往人们耳朵里～。Zàoshēng zhí wǎng rénmen ěrduo li ～. The noise kept pouring in the people's ears.

【灌唱片】guàn chàngpiàn make a gramophone record；cut a disc

【灌溉】guàngài（动）irrigate

【灌木】guànmù（名）bush；scrub

【灌区】guànqū（名）某一水利灌溉工程的受益区域 irrigated area

【灌输】guànshū（动）〈书〉介绍、传播(多指知识、思想）instil into；inculcate；imbue with：～革命思想～ gémìng sīxiǎng instil with revolutionary thought /～科学知识～ kēxué ·zhīshi instil with scientific knowledge

【灌注】guànzhù（动）〈书〉浇进、注入 pour into

罐 guàn

（名）(～儿)[个 gè] pot；jar；tin：水～ shuǐ～ water pitcher /糖～ táng～ sugar container

【罐头】guàntou（名）tin can，canned food

【罐子】guànzi（名）[个 gè]同"罐"guàn same as "罐" guàn

guāng

光 guāng

（名）light；ray：植物的生长离不开～和热。Zhíwù de shēngzhǎng lí bu kāi ～ hé rè. Plants cannot do without light and heat. /这张照片照得不太好，～太强了。Zhè zhāng zhàopiàn zhào de bú tài hǎo，～ tài qiáng le. This picture didn't turn out well；it's overexposed. /发～的不一定是金子。Fā～ de bù yídìng shì jīnzi. All that glitters may not be gold. /红色的灯罩使～柔和多了。Hóngsè de dēngzhào shǐ～ róuhé duō le. The red lampshade softened the light. (动)(身体或身体的一部分)裸露着 bare；naked：～着脚下田～zhe jiǎo xià tián go to the fields barefooted /他没有戴帽子的习惯，一年四季总～着头。Tā méi yǒu dài màozi de xíguàn，yì nián sì jì zǒng～zhe tóu. He's not in the habit of wearing a hat，and goes bareheaded all year round. (形)(1)一点儿不剩，多作补语 used up；nothing left：一大盘鱼，都吃～了。Yí dà pán yú，dōu chī～le. A big plate of fish was all eaten up. /墨水用～了。Mòshuǐ yòng～le. run out of ink /他一到夏天就把头剃得～～的。Tā yí dào xiàtiān jiù bǎ tóu tì de～～ de. When summer comes he shaves his head bare. (2)(物体表面)什么东西也没有("光"一般要重叠）bare：原来这片地～～的，连一棵树也没有。Yuánlái zhè piàn dì ～～ de，lián yì kē shù yě méi yǒu. Originally this tract of land was completely bare，without even one tree. /～～的桌子，不摆点儿花儿吗？～～ de zhuōzi，bù bǎi diǎnr huā ma? Why not put some flowers on this bare table? (3)光滑、平滑 smooth；glossy：这块石板又平又～。Zhè kuài shíbǎn yòu píng yòu～. This slab of rock is smooth and even. /水泥地面抹得很～。Shuǐní dìmiàn mò de hěn～. The cement surface was made smooth. /大理石不磨～不行。Dàlǐshí bù mó～ bù xíng. Marble must be polished smooth. (副)(同"单""只"的意思)限定范围，不能限定数量，用在动词、形容词、名词前(has the same meaning as "单"dān and "只"zhī，limits a scope，but cannot limit a quantity；used before a verb，adjective or noun)：～有书本知识还不够，必须理论联系实际。～ yǒu shūběn zhīshi hái bú gòu，bìxū lǐlùn liánxì shíjì. Text book knowledge alone is not enough；theory must relate to practice. /～急躁也没用，要想点办法。～ jízào yě méi yòng，yào xiǎng diǎnr bànfǎ. Merely being impatient won't help；you must think of a way. /今天办公室里～我一个人

办公。Jīntiān bàngōngshì li ~ wǒ yí ge rén bàn gōng. *I'm the only one working at the office today.* /我一顾了跟你说话,把这事给忘忘了。Wǒ ~ gùle gēn nǐ shuō huà, bǎ zhè shì gěi wàng le. *I was only concentrating on talking to you and forgot about this matter.* /我们组~技术员就有八个。Wǒmen zǔ ~ jìshùyuán jiù yǒu bā ge. *In technicians alone, our group has eight.* /我~吃饭,不喝酒。Wǒ ~ chī fàn, bù hē jiǔ. *I'm just eating, not drinking wine.*

【光波】guāngbō (名)〈物〉 light wave
【光彩】guāngcǎi (名)〈书〉 颜色和光泽 luster; splendour; radiance:这块锦缎~照人,漂亮极了。Zhè kuài jǐnduàn ~ zhào rén, piàoliang jí le. *This piece of brocade is dazzling to the eye; it's extremely beautiful.* /由于兴奋,她眼里放出异样的~。Yóuyú xīngfèn, tā yǎn lǐ fàngchū yìyàng de ~. *Because of excitement, her eyes radiated an unusual brilliance.* /她卓越的才华和成就,为中国影坛增添了不少~。Tā zhuōyuè de cáihuá hé chéngjiù, wèi Zhōngguó yǐngtán zēngtiānle bù shǎo ~. *Her outstanding artistic talents and accomplishments have added great luster to Chinese film circles.* (形)(做了好事,取得了成绩)面子上好看 honorable; glorious:山沟里出了一名大学生,全村人都觉得~。Shāngōu li chūle yì míng dàxuéshēng, quán cūn rén dōu juéde ~. *This mountain village turned out a university student and the whole village felt proud of him.* /孩子偷了人家的东西,父母感到极不~。Háizi tōule rénjia de dōngxi, fùmǔ gǎndào jí bù ~. *Because the child stole things, his parents lost face.* /我没干什么不~的事,我什么也不怕。Wǒ méi gàn shénme bù ~ de shì, wǒ shénme yě bú pà. *I've done nothing shameful, so I have nothing to fear.*
【光电技术】guāngdiàn jìshù 〈物〉 photoelectric technology
【光辐射】guāngfúshè (名) ray radiation
【光复】guāngfù (动) 收回(失去的领土)、恢复(已亡的国家) recover (lost territory)
【光顾】guānggù 敬辞,商家多用以欢迎顾客 patronage (of customers):欢迎~ huānyíng ~ *We welcome your patronage.*
【光棍儿】guānggùnr (名) 没有妻子的成年人 bachelor; unmarried man
【光合作用】guānghé zuòyòng photosynthesis
【光滑】guānghuá (形) (东西的表面)平而且亮,不粗糙 smooth; glossy; sleek:冰面~、透明。Bīngmiàn ~、tòumíng. *The ice surface is smooth and transparent.* /我涂了这种药,脸上~多了,疙瘩都没了。Wǒ túle zhè zhǒng yào, liǎnshang ~ duō le, gēda dōu méi le. *When I apply this kind of medicine, my face becomes much smoother; and the pimples are gone.*
【光辉】guānghuī (名) 闪烁耀眼的光 radiance; brilliance:太阳的~普照大地。Tàiyáng de ~ pǔzhào dàdì. *The sun's brilliance radiates all corners of the land.* (形)光明、灿烂 brilliant:~的榜样 ~ de bǎngyàng *a fine example* /~的节日 ~ de jiérì *a bright festival*
【光洁】guāngjié (形) 光滑而洁净 brilliant and clean
【光洁度】guāngjiédù (名) smooth finish
【光景】guāngjǐng (名)(1)情况、状况(多指经济方面的) circumstances; conditions:这个养鸭专业户的~一年比一年好。Zhège yǎng yā zhuānyèhù de ~ yì nián bǐ yì nián hǎo. *The financial conditions for this household who raises ducks become better each year.* /老王用钱不会计划,又爱喝酒,家中~总不如别人。Lǎo Wáng yòng qián bú huì jìhuà, yòu ài hē jiǔ, jiā zhōng ~ zǒng bùrú biéren. *Because Lao Wang can't budget his money and loves to drink, his household financial situation isn't as good as other people's.* (2)(某一具体场合的)情形、景象 scene:看了这幅山水画,当年故乡的~又浮现在我眼前。Kànle zhè fú shānshuǐhuàr, dāngnián gùxiāng de ~ yòu fúxiàn zài wǒ yǎn qián. *When I saw this*

landscape painting, scenes from my hometown in the past floated before my eyes. /没有灯光,又没有一点儿动静,看这~他们一家人都出去了。Méi yǒu dēngguāng, yòu méi yǒu yìdiǎnr dòngjing, kàn zhè ~ tāmen yì jiā rén dōu chūqu le. *There's no light or activity; their whole family must have all gone out.* (3)表示(对时间、数量的)估计 about; around:我走了不过一年~,这里就变了样子。Wǒ zǒule búguò yì nián ~, zhèli jiù biànle yàngzi. *I've been gone only about a year, but things are different here.* /大约下午五点钟~,有人来找过你。Dàyuē xiàwǔ wǔ diǎnzhōng ~, yǒu rén lái zhǎoguo nǐ. *At about five in the afternoon, someone came to see you.* /这个村子离县城大概二十里~吧。Zhège cūnzi lí xiànchéng dàgài èrshí lǐ ~ ba. *This village is about twenty li from the county seat.*
【光亮】guāngliàng (形) 明亮 bright; luminous; shiny:窗户都擦得十分~。Chuānghu dōu cā de shífēn ~. *The windows have been brightly cleaned.* /地面~照人。Dìmiàn ~ zhào rén. *The floor has a shiny reflection.*
【光临】guānglín (动) 敬辞,指客人来到。常用在请帖上 be present (of a guest):欢迎~ huānyíng ~ *We welcome you.* /敬请~ jìngqǐng ~ *Your presence is cordially requested.* /有几十位外宾~工业展览馆参观。Yǒu jǐ shí wèi wàibīn ~ gōngyè zhǎnlǎnguǎn cānguān. *Dozens of foreign guests were invited to attend the industrial exhibition.*
【光溜溜】guāngliūliū (形)(1)形容非常光滑 smooth; slippery:河面结了冰,无法行走。Hé miàn jiéle bīng, ~ de wúfǎ xíngzǒu. *The river is frozen, and is too slippery to walk on.* /她的屋子总是窗明几净,地板也擦得~。Tā de wūzi zǒngshì chuāng míng jī jìng, dìbǎn yě cā de ~ de. *Her room is always bright and clean, and the floor polished smooth.* /这纸~的,怎么写字啊!Zhè zhǐ ~ de, zěnme xiě zì a! *This paper is too smooth, how can you write on it.* (2)形容(地面、物体、身体)没有遮盖的样子 bare; naked:阳台上~的,连一盆花儿也没有。Yángtái shang ~ de, lián yì pén huār yě méi yǒu. *The balcony is bare; without even one potted plant.* /这些男孩子一到夏天就脱得~的,到河里去摸鱼。Zhèxiē nán háizi yí dào xiàtiān jiù tuō de ~ de, dào hé li qù mō yú. *As soon as summer comes, the boys take off their clothes and catch fish.*
【光芒】guāngmáng (名) 向四面放射的强烈光线 rays of light; radiance:太阳射出万道~。Tàiyáng shèchū wàn dào ~. *Many rays of light shining from the sun.*
【光明】guāngmíng (名) 亮光。常用来比喻希望 light:听说来了游击队,人们似乎在黑暗中看到了~。Tīngshuō láile yóujīduì, rénmen sìhū zài hēi'àn zhōng kàndàole ~. *When they heard the guerilla army came, it was like the people saw a ray of light in the darkness.* (形)(1)明亮,多比喻正义的、有希望的事物 bright; promising:我们的国家有着~的未来。Wǒmen de guójiā yǒuzhe ~ de wèilái. *Our country has a bright future.* /谁不希望自己有个~的前途。Shuí bù xīwàng zìjǐ yǒu ge ~ de qiántú. *Who doesn't have hope for a promising future.* (2)(胸怀)坦白,没有私心 open hearted; guileless:他心地~,从不干损人利己的事。Tā xīndì ~, cóng bù gàn sǔn rén lì jǐ de shì. *He is open hearted, and has never hurt others for his own benefit.*
【光明磊落】guāngmíng lěiluò 胸怀坦白,没有私心 open and above board
【光明正大】guāngmíng zhèngdà 言行正派,从不在背后议论人,从不做见不得人的事 honest; forthright
【光年】guāngnián (量) light-year
【光谱】guāngpǔ (名) spectrum
【光谱仪】guāngpǔyí (名)〈物〉 spectrograph
【光荣】guāngróng (形)(由于做了有利于人民和正义的事而)被大家认为值得尊敬的 honorable; glorious:他成了一名~的边防战士。Tā chéngle yì míng ~ de biānfáng

zhànshì. *He became an honored frontier guard.* /作一个人民代表，是很～的。Zuò yí ge rénmín dàibiǎo, shì hěn ～ de. *It is an honor to be a representative of the people.* /由于在治沙方面成绩突出，他～地被评为劳动模范。Yóuyú zài zhì shā fāngmiàn chéngjì tūchū, tā ～ de bèi píngwéi láodòng mófàn. *Because of his outstanding contributions in sand control, he was elected model worker.* （名)光荣的名誉 *credit*: 我们的产品被评为优质产品，这是全厂的～。Wǒmen de chǎnpǐn bèi píngwéi yōuzhì chǎnpǐn, zhè shì quán chǎng de ～. *Our products have been praised as high quality, this is to the credit of the entire factory.* /～属于那些在各工作岗位上辛勤工作的无名英雄们。～ shǔyú nàxiē zài gè gōngzuò gǎngwèi shang xīnqín gōngzuò de wúmíng yīngxióngmen. *Credit goes to those industrious unknown heroes who work in every position and job.*

【光荣榜】guāngróngbǎng（名）表扬先进人物的张贴物，把先进人物的名字（有时有像片）写在纸上张贴出去 *honor roll*

【光束】guāngshù（名)〈物〉*light beam*

【光速】guāngsù（名）*speed of light*

【光天化日】guāng tiān huà rì 比喻大家都能看得清清楚楚的场合（出现一般不会在这种地方出现的事）*broad daylight; in the light of day*: 这伙暴徒居然在～之下企图抢劫银行。Zhè huǒ bàotú jūrán zài ～ zhī xià qǐtú qiǎngjié yínháng. *The gang of hoodlums actually planned to rob the bank in broad daylight.*

【光头】guāngtóu（名）剃光的头或没戴帽子的头 *bare-headed*: 风大着呢，你～出去不冷吗？Fēng dàzhene, nǐ ～ chūqu bù lěng ma? *The wind is very strong, won't you be cold going out without a hat?* /他为什么剃了个～？Tā wèi shénme tìle ge ～? *Why did he shave his head?*

【光秃秃】guāngtūtū（形）〈贬〉*bare; bald*: 过去这一带山冈～的，最近几年绿化得不错了。Guòqù zhè yídài shāngāng ～ de, zuìjìn jǐ lǚhuà de búcuò le. *In the past these hills were bare, but in recent years have become green.*

【光线】guāngxiàn（名）*light; ray*: 在黑暗中忽然射过来一条很强的～。Zài hēi'àn zhōng hūrán shè guolai yì tiáo hěn qiáng de ～. *From the darkness there suddenly appeared a bright ray of light.*

【光学】guāngxué（名）*optics*

【光焰】guāngyàn（名）同"光芒"guāngmáng，但用的较少 *same as "光芒" guāngmáng but rarely used*

【光阴】guāngyīn（名）时间（只用于一般抽象说法）*time*: ～如流水一般逝去。～ rú liúshuǐ yìbān shìqù. *Time passes by like flowing water.* /不要让宝贵的～白白过去。Búyào ràng bǎoguì de ～ báibái guòqu. *Don't waste valuable time.*

【光源】guāngyuán（名）*light source*

【光泽】guāngzé（名）*luster; gloss*: 她一定有什么病，头发一点儿～也没有。Tā yídìng yǒu shénme bìng, tóufa yìdiǎnr ～ yě méi yǒu. *She is certainly sick, her hair has lost its luster.* /这种皮革的～比种种好。Zhè zhǒng pígé de ～ bǐ nà zhǒng hǎo. *The shine on this kind of leather is better than the shine on that one.*

【光子】guāngzǐ（名)〈物〉*photon*

guǎng

广〔廣〕guǎng
（形）(1)面积大、范围大 *wide; vast; extensive*: 地～人稀 dì ～ rén xī *a vast and thinly populated area* /这本小说流传很～。Zhè běn xiǎoshuō liúchuán hěn ～. *This novel has spread far and wide.* (2)方面多（多指知识等）*many; numerous*: 这种植物的用途很～。Zhè zhǒng zhíwù de yòngtú hěn ～. *This kind of plant has many uses.* /这个年轻人知识面比较～。Zhège niánqīngrén zhīshimiànr bǐjiào

～. *This young person has extensive knowledge.* /你的交游可真～啊！Nǐ de jiāoyóu kě zhēn ～ a! *You have a lot of friends!* /这个村的农民多方设法～开财源，经济收入显著增加。Zhège cūn de nóngmín duōfāng shèfǎ ～ kāi cáiyuán, jīngjì shōurù xiǎnzhù zēngjiā. *The farmers in this village have tried many ways of expanding financial resources, and this has increased their revenue.* （动)◇扩大、扩充 *expand; spread*: 抓紧机会参观游览以～见闻。Zhuājǐn jīhuì cānguān yóulǎn yǐ ～ jiànwén. *Seize the opportunity to travel and expand knowledge.*

【广播】guǎngbō（动）*broadcast; be on the air*

【广播电台】guǎngbō diàntái *radio (broadcasting) station*

【广播剧】guǎngbōjù（名）*radio play*

【广播体操】guǎngbō tǐcāo 通过广播指挥做的健身体操，一般有音乐配合 *calisthenics to radio music*

【广博】guǎngbó（形）范围广、方面多（多指知识、学问）*(of a person's knowledge) extensive*: 学识～ xuéshí ～ *erudite* /～的知识 ～ de zhīshi *extensive knowledge*

【广场】guǎngchǎng（名）[片 piàn、个 gè] 面积广阔的场地，特指城市中的广阔的场地 *public square; square*

【广大】guǎngdà（形）（不作状语，不受副词修饰 *not as an adverbial, not be modified by adverbs*) (1)（面积、空间）大 *vast; wide; extensive*: 西北～地区 xīběi ～ dìqū *northwestern extensive areas* /幅员～ fúyuán ～ *vast in territory* (2)（人数）多（只作定语）*numerous*: 政府的决定得到～群众的拥护。Zhèngfǔ de juédìng dédào ～ qúnzhòng de yōnghù. *The government's decision obtained the masses' support.* /要充分发挥～知识分子的作用。Yào chōngfēn fāhuī ～ zhīshi fènzǐ de zuòyòng. *We must fully utilize the function of the numerous intellectuals.* /注意保持青年团与～青年的密切联系。Zhùyì bǎozhí Qīngniántuán yú ～ qīngnián de mìqiè liánxì. *We must be attentive to protecting the many close relationships between the Communist Youth League and young people.*

【广度】guǎngdù（名）广狭的程度（多指抽象事物）*scope; range*: 这几篇科学论文无论从深度或～来看，都是很不错的。Zhè jǐ piān kēxué lùnwén wúlùn cóng shēndù huò ～ lái kàn, dōu shì hěn búcuò de. *No matter from what depth or scope these scientific articles are considered, they are all worthwhile.*

【广泛】guǎngfàn（形）（涉及的）范围大，方面广，多用于抽象事物 *extensive; widespread; wide-ranging*: 这个问题影响的方面十分～。Zhège wèntí yǐngxiǎng de fāngmiàn shífēn ～. *The influence of this problem is widespread.* /他的讲话内容非常～。Tā de jiǎnghuà nèiróng fēicháng ～. *The content of his speech is extensive.* /他们得到了～的支持和帮助。Tāmen dédàole ～ de zhīchí hé bāngzhù. *They have attained widespread help and support.* /为了改进工作，他～地了解情况、征求意见。Wèile gǎijìn gōngzuò, tā ～ de liǎojiě qíngkuàng、zhēngqiú yìjiàn. *In order to improve the job, he solicited opinion from all sides and took a broad understanding of the situation.* /这项科研成果，已经～地应用于生产。Zhè xiàng kēyán chéngguǒ, yǐjīng ～ de yìngyòng yú shēngchǎn. *The results of this experiment has already been widely used in production.*

【广告】guǎnggào（名）*advertisement*: 在报上登～ zà bào shang dēng ～ *publish an ad in the paper*

【广交会】Guǎngjiāohuì 中国出口商品交易会（地点在广州）的简称 *The Guangzhou Trade Fair*

【广开言路】guǎng kāi yánlù 尽量使所有的人有充分发表意见的机会 *encourage the free airing of views*

【广阔】guǎngkuò（形）广大宽阔 *vast; wide; broad*: 湖面～ húmiàn ～ *broad lake* /原野～ de yuányě *vast open country* /乡镇企业的发展有着～的前景。Xiāngzhèn qǐyè de fāzhǎn yǒuzhe ～ de qiánjǐng. *The development in rural

area enterprises has vast potential.

【广阔天地】guǎngkuò tiāndì 人们活动的宽广范围 a vast world：农村是个~，各种人才都有用武之地。Nóngcūn shì ge ~, gè zhǒng réncái dōu yǒu yòng wǔ zhī dì. Countryside is a vast area which provides ample scope for all sorts of talents.

【广义】guǎngyì（名）范围较宽的定义（与"狭义"相对）broad sense（opposite to "狭义"）

【广种薄收】guǎng zhòng bó shōu 一种种植面积很大而单位产量低的耕作方法 extensive cultivation and low yield

guàng

逛 guàng

（动）〈口〉(在外边)随便走走，玩玩，看看 stroll；ramble：~公园 ~ gōngyuán take a walk in the park /~大街 ~ dàjiē stroll around the streets /我们在上海~了两天，就去苏州了 Wǒmen zài Shànghǎi ~ le liǎng tiān, jiù qù Sūzhōu le. We stayed in Shanghai for a couple of days, then went on to Suzhou.

【逛荡】guàngdang（动·不及物）〈贬〉闲逛、游荡 loiter；loaf about：他~了半辈子，一直到解放后才有正式工作。Tā ~ le bàn bèizi, yìzhí dào jiěfàng hòu cái yǒu zhèngshì gōngzuò. He loafed about for years, until he finally found a job after Liberation.

guī

归〔歸〕guī

（动）(1)返回 return；go back to：~期未定 ~ qī wèi dìng undetermined date of return /叶落~根 yè luò ~ gēn falling leaves settle on their roots /这位华侨将于下月~国探亲。Zhè wèi huáqiáo jiāng yú xià yuè ~ guó tàn qīn. This overseas Chinese plans to return to China next month to visit relatives. (2)◇还给 give back；return：物~原主 wù ~ yuánzhǔ return something to its rightful owner (3)◇趋向或集中于一个地方 converge；come together：千条河流~大海。Qiān tiáo héliú ~ dàhǎi. A thousand rivers find their way to the sea. (4)聚拢、合并 put together；merge：把所有的杂志都~在一个书架上。Bǎ suǒyǒu de zázhì dōu ~ zài yí ge shūjià shang. Put all the magazines together on one shelf. /我把大家的建议~了一类，大致分成两类。Wǒ bǎ dàjiā de jiànyì ~le ~ lèi, dàzhì fēnchéng liǎng lèi. I've considered everyone's opinions together and roughly seperate them into two categories. (5)属于，由(谁负责某项工作) turn over to：土地~国家所有。Tǔdì ~ guójiā suǒyǒu. Land belongs to the country. /这几本词典都~你了。Zhè jǐ běn cídiǎn dōu ~ nǐ le. These dictionaries now all belong to you. /这次足球赛青年队获胜，奖杯~他们了。Zhè cì zúqiúsài qīngniánduì huò shèng, jiǎngbēi ~ tāmen le. The youth team was victorious in this soccer contest, and captured the cup. /课外数学小组~王老师管。Kèwài shùxué xiǎozǔ ~ Wáng lǎoshī guǎn. Responsibility for the math club has been turned over to Mr. Wang. /这个区的中小学都~区教育局领导。Zhège qū de zhōngxiǎoxué dōu ~ qū jiàoyùjú lǐngdǎo. The primary and middle schools in this area are all under the jurisdiction of the district Education Office. (6)用在两个相同的动词之间，表示这动作只限在这动作范围内，和别的没关系 used between two identical verbs to indicate that an action is limited in its scope and doesn't concern anything else：做~做，言行不一致，你别相信他。Tā shuō ~ shuō, zuò ~ zuò, yán xíng bù yízhì, nǐ bié xiāngxìn tā. He doesn't practise what he preaches, he can't be believed. /批评~批

评，其实他是很喜欢你的。Pīpíng ~ pīpíng, qíshí tā hěn xǐhuan nǐ de. Despite his criticisms, he really does like you.

【归案】guī'àn 隐藏或逃跑的罪犯被逮捕，押解到司法机关 bring to justice：半年之后，才把他逮捕~。Bàn nián zhī hòu, cái bǎ tā dàibǔ ~. Six months later he was finally arrested and brought to justice.

【归并】guībìng (1)并入 incorporate into：我们县原属山西省，两年前~到河北省了。Wǒmen xiàn yuán shǔ Shānxī Shěng, liǎng nián qián ~ dào Héběi Shěng le. Our county originally belonged to Shanxi province, but two years ago was incorporated into Hebei Province. (2)合在一起 lump together；add up：把三堆粮食~在一起。Bǎ sān duī liángshi ~ zài yìqǐ. put the three piles of grain together.

【归队】guīduì (1)〈军〉回到原来的队伍中去 rejoin one's unit：他伤好之后立刻~了。Tā shāng hǎo zhī hòu lìkè ~ le. After his injury healed, he immediately returned to his unit. (2)比喻回到原来所从事的行业 return to the profession one was trained for：老何脱离地质工作五年了，今天又~了。Lǎo Hé tuōlí dìzhì gōngzuò wǔ nián le, jīntiān yòu ~ le. Today, after leaving the field of geology for five years, Lao He returned.

【归根结底】guī gēn jié dǐ 归结到根本上 in the final analysis：我们队这次比赛输了，~还是技术不行。Wǒmen duì zhè cì bǐsài shū le, ~ háishì jìshù bù xíng. In the final analysis, our team lost because our skills were not up to par.

【归根结柢】guī gēn jié dǐ 同"归根结底" guī gēn jié dǐ same as "归根结底" guī gēn jié dǐ

【归根结蒂】guī gēn jié dǐ 同"归根结底" guī gēn jié dǐ same as "归根结底" guī gēn jié dǐ

【归功】guīgōng（动）把功劳归于(某人或集体)，后面常跟"于" give the credit to；attribute the success to：国家的进步应~于人民。Guójiā de jìnbù yīng ~ yú rénmín. The progress of the country should be attributed to the people. /我能取得这点成绩，应~于老师的辛勤教育。Wǒ néng qǔdé zhè diǎn chéngjì, yīng ~ yú lǎoshī de xīnqín jiàoyù. I must give credit to the education I received from my teachers in being able to achieve these successes. /取得成绩都是大家努力的结果，怎么能~于我一个人呢？Qǔdé chéngjiù shì dàjiā nǔ lì de jiéguǒ, zěnme néng ~ yú wǒ yí ge rén ne? Achieving results is the combined effort of everyone, how can I take sole credit?

【归还】guīhuán（动）〈书〉return；revert：所借工具已按时~。Suǒ jiè gōngjù yǐ ànshí ~. All the tools have been returned on time.

【归结】guījié（动）总括起来而得出结论 sum up；put in a nutshell：大家的意见~起来有三点。Dàjiā de yìjian ~ qilai yǒu sān diǎn. In summing up everyone's opinion, there are three points. /发生这次事故的原因很多，简单地~为粗心是不合适的。Fāshēng zhè cì shìgù de yuányīn hěn duō, jiǎndān de ~ wéi cūxīn shì bù héshì de. There are many reasons for this accident; merely attribute it to carelessness is not appropriate.

【归咎】guījiù（动）把错误或过失归于(某人或某方面) attribute a fault to；impute to：工作出了问题，我也有责任，不能完全~于他。Gōngzuò chūle wèntí, wǒ yě yǒu zérèn, bù néng wánquán ~ yú tā. I was also at fault concerning the job problem, don't fault him completely.

【归拢】guīlǒng（动）把分散的东西弄在一起 put together：~起来 ~ qilai Put them all together. /~到一块儿~ dào yíkuàir Put them all in a pile. /请把那些零碎东西~~! Qǐng bǎ nàxiē língsuì dōngxi ~ ~! Please put all those odds and ends together.

【归纳】guīnà（名）〈逻辑〉一种推理方法，与"演绎"相对 induce（动）由一系列具体事实中概括出一般原理或把许多

事情总结起来分为几项 conclude; sum up:请把大家的意见～一下。Qǐng bǎ dàjiā de yìjiàn ～ yíxià. *Please sum up everyone's opinion.* /从这几个英雄人物的事迹中可以～出这样一条真理：只有无私才能无畏。Cóng zhè jǐ ge yīngxióng rénwù de shìjì zhōng kěyǐ ～chū zhèyàng yì tiáo zhēnlǐ：zhǐyǒu wúsī cái néng wúwèi. *From these people's heroic deeds, one can conclude this truth, only the selfless can be fearless.* /我把你的工作方法～成五条，你看对不对。Wǒ bǎ nǐ de gōngzuò fāngfǎ ～ chéng wǔ tiáo, nǐ kàn duì bu duì. *I've summed up your work method in five points, do you agree?*

【归侨】guīqiáo（名）回归祖国的华侨 *returned overseas Chinese*

【归入】guīrù（动）集中到,归并到 *classify; include*:这本书应该～哪一类呢？Zhè běn shū yīnggāi ～ nǎ yí lèi ne? *In which category should this book be included?*

【归属】guīshǔ（动）〈书〉属于,划定从属关系 *belong to; come under the jurisdiction of*

【归宿】guīsù（名）〈书〉人或事物最终的着落 *a home to return to*:他只身在海外漂泊多年,老年回到故乡总算有了～。Tā zhīshēn zài hǎiwài piāobó duō nián, lǎonián huídào gùxiāng zǒngsuàn yǒule ～. *After wandering overseas alone for years, he returned home in his later life and finally settled down.* /海洋是一切江河的～。Hǎiyáng shì yíqiè jiānghé de ～. *The sea is home to all rivers.*

【归途】guītú（名）〈书〉回来的路途 *homeward journey; one's way home*

【归心似箭】guī xīn sì jiàn 比喻想回家的心情,像射出的箭一样急切 *with one's heart set on speeding home; impatient to get back*

【归于】guīyú（动）（多用于抽象事物）(1)属于 *belong to*:荣誉～祖国 róngyù ～ zǔguó *honor belongs to the motherland* /胜利～人民 shènglì ～ rénmín *victory belongs to the people* /不能把功劳～自己 bù néng bǎ gōngláo ～ zìjǐ *can't take credit for oneself* (2)趋于（某方面）*result in; end in*:在会议上,大家的意见渐渐～一致。Zài huìyì shang, dàjiā de yìjian jiànjiàn ～ yízhì. *During the meeting, everyone's opinion eventually was unanimous.* /一场暴风雨过后,大地～平静。Yì cháng bàofēngyǔ guò hòu, dàdì ～ píngjìng. *After the rainstorm, quiet returned to the land.* /脱离实际的计划,终将～失败。Tuōlí shíjì de jìhuà, zhōng jiāng ～ shībài. *An impractical plan will always result in failure.*

【归罪】guīzuì（动）把过失归于（某个人或集体）,后面常跟"于" *to put the blame on; to impute*:这事没办好,应～于你。Zhè shì méi bànhǎo, yīng ～ yú nǐ. *This matter was handled poorly, and it's your fault.*

龟〔龜〕guī
（名）[只 zhī] *tortoise; turtle* 另见 jūn
【龟甲】guījiǎ（名）*tortoise-shell*
【龟缩】guīsuō（动）〈贬〉比喻像乌龟的头缩在甲壳内一样藏起来,不敢出来活动 *huddle up like a turtle drawing in its head and legs; withdraw into passive defence; hole up*

规〔規〕guī
（名）◇(1)画圆圈的工具 *compasses; dividers*:两脚～ liǎng jiǎo ～ *compasses* (2)规则 *regulation; rule*:革除陈陋习 géchú chén ～ lòu xí *abolish outmoded regulations and bad practices* /他办事总有一定之～。Tā bàn shì zǒng yǒu yídìng zhī ～. *He always handles matters according to regulations.*
【规程】guīchéng（名）*rules; regulations*:掌握这套机器的操作～,至少要一个月。Zhǎngwò zhè tào jīqì de cāozuò ～, zhìshǎo yào yí ge yuè. *It takes at least a month to learn the rules of operation for this machine.*

【规定】guīdìng（动）对某一事物的数量、质量或方式、方法等正式作出决定 *stipulate; fix; set*:学校～学生宿舍晚上十点半熄灯。Xuéxiào ～ xuéshēng sùshè wǎnshang shí diǎn bàn xī dēng. *The school stipulates that student dormitory lights are to be turned off at 10:30 p.m.* /工厂～了本月生产指标。Gōngchǎng ～le běn yuè shēngchǎn zhǐbiāo. *The factory has set this month's production quota.* （名）这种决定的内容 *regulation*:我们不能违犯海关～! Wǒmen bù néng wéifàn hǎiguān ～! *We can't violate customs regulations!* /这方面的事情国家有统一的～,找文件来看看就清楚了。Zhè fāngmiàn de shìqing guójiā yǒu tǒngyī de ～, zhǎo wénjiàn lái kànkan jiù qīngchu le. *Regarding this matter, the country has a unified regulation. To clarify this just take a look at the documents.* /婚姻法有～,近亲男女不能结婚。Hūnyīnfǎ yǒu ～, jìn qīn nán nǚ bù néng jié hūn. *Marriage law regulations prohibit the marriage of near relations.*

【规范】guīfàn（名）标准 *standard; norm*:操作～ cāozuò ～ *operation standards* /发音不合乎～ fā yīn bù héhū ～ *incorrect pronunciation* （形）合乎标准的 *conform to standard*:这个句子的语法不～。Zhège jùzi de yǔfǎ bù ～. *The grammar in this sentence is not normal.* /外语课上,老师教给学生的都是～的语言。Wàiyǔ kè shang, lǎoshī jiāo gěi xuéshēng de dōu shì ～ de yǔyán. *In teaching foreign languages, the teacher uses only standard language.* /他的汉语发音真～。Tā de Hànyǔ fā yīn zhēn ～. *His Chinese pronunciation is really perfect.*
【规范化】guīfànhuà（动）使合于统一的标准 *standardization*
【规格】guīgé（名）产品质量的标准,也泛指规定的要求或条件 *specifications; standards; norms*:经过检验,这批电视机都合～。Jīngguò jiǎnyàn, zhè pī diànshìjī dōu hé ～. *After being inspected, these televisions were all found to be up to standards.* /这张表你填得不合～。Zhè zhāng biǎo nǐ tián de bù hé ～. *You filled this form out incorrectly.*
【规划】guīhuà（名）全面、长远的计划 *program; plan*:经济建设～ jīngjì jiànshè ～ *economic program* /工厂制定了十年发展～。Gōngchǎng zhìdìngle shí nián fāzhǎn ～. *The factory established a ten year development plan.* （动）做规划 *plan*:市政建设由市政府统一～。Shìzhèng jiànshè yóu shì zhèngfǔ tǒngyī ～. *The city government established a unified plan for municipal construction.*
【规矩】guīju（名）一定的标准、法则、习惯 *rule; established practice; custom*:这个班的小学生都挺守～。Zhège bān de xiǎoxuéshēng dōu tǐng shǒu ～. *This class of elementary students all adhere to the rules.* /星期天不上课,这是老～。Xīngqītiān bú shàng kè, zhè shì lǎo ～. *It is established practice not to hold class on Sunday.* /按这个地方的～,给人送行的时候要吃饺子。Àn zhège dìfang de ～, gěi rén sòng xíng de shíhou yào chī jiǎozi. *According to the customs of this area, before sending someone off they should eat dumplings.* （形）（行为）端正老实,合乎一般标准 *well behaved; well diciplined*:这个青年总是规规矩矩的,但缺乏创见。Zhège qīngnián zǒngshì guīguijǔjǔ de, dàn quēfá chuàngjiàn. *This youngster is always well behaved, but lacks original ideas.*
【规律】guīlǜ（名）事物之间内在的必然联系。这种联系不断重复出现,经常起作用,并决定着事物的发展方向 *law; regular pattern*:价值～ jiàzhí ～ *law of value* /社会发展～ shèhuì fāzhǎn ～ *law of social development* /客观～是不以人的意志为转移的。Kèguān ～ shì bù yǐ rén de yìzhì wéi zhuǎnyí de. *Objective law is a reality independant of man's will.* /我已找到了我胃痛的～,都是饭前空肚子时痛。Wǒ yǐ zhǎodàole wǒ wèi tòng de ～, dōu shì fàn qián kòng dùzi shí tòng. *I've found the pattern to my stomach trouble is that when my stomach is empty before eating, it aches.* /他

每天的生活是很有～的。Tā měi tiān de shēnghuó shì hěn yǒu ～ de. *His everyday activities are very regulated.*

【规律性】guīlùxìng（名）事物的内在规律不断重复出现，经常起作用的特性 *law; regularity*：加强饮食起居的～，对健康有好处。Jiāqiáng yǐnshí qǐjū de ～, duì jiànkāng yǒu hǎochu. *Increasing regularity in diet and life is good for one's health.*

【规模】guīmó（名）事物所包括的范围 *scale; scope; dimensions*：适当压缩基本建设～ shìdàng yāsuō jīběn jiànshè ～ *properly reduce basic construction dimensions* /这个会议很大，各方面的代表都要参加。Zhège huìyì ～ hěn dà, gè fāngmiàn de dàibiǎo dōu yào cānjiā. *The scope of this meeting is large, and there will be representatives from all sides attending.* /这个新品种小麦经过小～试种，然后才推广的。Zhège xīn pǐnzhǒng xiǎomài jīngguò xiǎo ～ shì zhòng, ránhòu cái tuīguǎng de. *This new strain of wheat had gone through small scale experimentation before being grown.* /大坝建筑工程已初具～。Dàbà jiànzhù gōngchéng yǐ chū jù ～. *The basic construction of the dam has already begun to take shape.*

【规劝】guīquàn（动）〈书〉郑重忠告，使改正错误 *admonish; advise*

【规则】guīzé（名）定出来供大家共同遵守的制度、条例 *rule; regulation*：交通～ jiāotōng ～ *traffic regulations* /篮球比赛～ lánqiú bǐsài ～ *basketball game rules* /（形）（在形状、结构或分布上）合乎同一的方式 *regular*：故宫的建筑东西对称，布局十分～。Gùgōng de jiànzhù dōng xī duìchèn, bùjú shífēn ～. *The construction of the Forbidden City is symmetrical, and the overall layout is regular.* /那块布是蓝底印着不～的白色花纹。Nà kuài bù shì lán dǐr yìnzhe bù ～ de báisè huāwén. *That bolt of cloth has a blue background with an irregular white pattern.*

【规章】guīzhāng（名）规定的大家共同遵守的制度和章程 *rules; regulations*

闺〔閨〕guī
（名）〈书〉旧时指女子居住的房子 *boudoir*：深～ shēn ～ *boudoir*

【闺女】guīnü（名）（1）没有结婚的女子 *girl; maiden*（2）〈口〉女儿 *daughter*

瑰 guī
【瑰宝】guībǎo（名）特别珍贵的东西 *rarity; treasure; gem*：古代艺术的～ gǔdài yìshù de ～ *ancient art treasures* /这幅画是国家的～。Zhè fú huà shì guójiā de ～. *This painting is a national treasure.*

【瑰丽】guīlì（形）异常美丽 *magnificent; surpassingly beautiful*：湖边景色～。Hú biānr jǐngsè ～. *The lakeside scenery was magnificent.*

guǐ

轨〔軌〕guǐ
（名）◇（1）路轨 *rail; track*：这条铁路已开始铺～。Zhè tiáo tiělù yǐ kāishǐ pū ～. *The construction of this stretch of rail has already started.* /有一列火车出了～！Yǒu yí liè huǒchē chū le ～! *A train derailed!*（2）比喻规矩、秩序等 *course; path*：他的行动没有越出常～。Tā de xíngdòng méiyou yuèchū cháng ～. *His action did not exceed normal practice.*

【轨道】guǐdào（名）（1）*track*（2）*orbit; trajectory*（3）行动应遵循的规则、程序或范围等 *course; path*：开学已经一星期，教学工作都走上正常的～了。Kāi xué yǐjīng yì xīngqí, jiàoxué gōngzuò dōu zǒushàng zhèngcháng de ～ le. *School*

has been in session for a week, and all school work is proceeding on track.

【轨迹】guǐjì（名）〈数〉*locus; orbit*

诡〔詭〕guǐ
【诡辩】guǐbiàn（动）（1）*sophism*（2）没有道理地狡辩 *quibble*

【诡称】guǐchēng（动）〈书〉怀着欺骗的目的说 *falsely allege; pretend*：他盗用公款却～被小偷偷了钱。Tā dàoyòng gōngkuǎn què ～ bèi xiǎotōu tōule qián. *He absconded with public funds, but alleged the money was stolen by thieves.*

【诡计】guǐjì（名）狡猾、奸诈的计策 *cunning scheme; trick; ruse; crafty plot*

【诡计多端】guǐjì duō duān 诡计很多，常用诡计骗人 *have a bag of tricks; be crafty*：这家伙～，小心别上他的当！Zhè jiāhuo ～, xiǎoxīn bié shàng tā de dàng! *This guy is very crafty, don't let him trick you!*

【诡秘】guǐmì（形）〈书〉（贬）（行动、态度等）隐蔽狡诈不易察觉 *secretive; surreptitious*：此人每天早出夜归，不知干些什么。Cǐ rén měi tiān zǎo chū yè guī, xíngdòng ～, bù zhī zài gàn xiē shénme? *This man leaves in the morning and returns at night. He is secretive. What's he up to?*

【诡诈】guǐzhà（形）〈书〉狡猾、奸诈 *crafty; cunning; treacherous*

鬼 guǐ
（名）（1）*ghost; spirit; apparition*（2）◇放在另一词或短语后，组成骂人的话：吸血～ xīxuè～ *vampire; leech* /吝啬-～ lìnsè～ *miser* /胆小～ dǎnxiǎo～ *coward*（3）◇不可告人的打算或勾当 *sinister plot; dirty trick*：心中有～ xīnzhōng yǒu ～ *have a guilty conscience* /他们在搞什么～? Tāmen zài gǎo shénme ～? *What are they up to?*（形）（1）不光明磊落：～头～脑 ～ tóu ～ nǎo *thievish; stealthy; furtive*（2）恶劣、糟糕（限做定语）*terrible; damnable*：这～天气，怎么总下雨。Zhè ～ tiānqì, zěnme zǒng xià yǔ. *This is terrible weather, it's always raining.* /那个～地方，上哪儿都不方便！Nàge ～ dìfang, shàng nǎr dōu bù fāngbian! *That's a terrible place. It's difficult to go anywhere from there.*（3）〈口〉脑子快，会猜测，善于应付不利的情况，总不吃亏 *clever; smart; quick*：这孩子真～，什么事也瞒不住他。Zhè háizi zhēn ～, shénme shì yě mán bu zhù tā. *This child is very smart, you can't keep anything from him.* /他这人～着呢，谁也骗不了他。Tā zhè rén ～ zhene, shuí yě piàn bu liǎo tā. *He's too clever, no one can fool him.*

【鬼把戏】guǐ bǎxì 指暗中捉弄人的手段或阴险狡猾的计策 *underhanded trick*：要弄～ shuǎnòng ～ *play a dirty trick* /识破他的～ shípò tā de ～ *see through his sinister plot*

【鬼鬼祟祟】guǐguǐsuìsuì（形）行为诡秘不光明正大的样子 *sneaking; furtive; stealthy*

【鬼话】guǐhuà（名）〈口〉或夸大或无中生有的或有真有假的成套骗人的话 *lie*

【鬼混】guǐhùn（动·不及物）〈口〉（1）没有目的地生活，不好好工作 *aimless existence*：他没有正当职业，整天～ Tā méi yǒu zhèngdàng zhíyè, zhěng tiān ～ *he doesn't have a proper job and just hangs around all day.* /他常不上班，不知跑到哪儿去～ Tā cháng bú shàng bān, bù zhī pǎodào nǎr qù ～ *He often misses work; I don't know where he goes to fool around.*（2）过不正当的生活（多指乱搞男女关系）*have an illicit relationship*：她甘心情愿和那个人～，你有什么办法？Tā gānxīn qíngyuàn hé nàge rén ～, nǐ yǒu shénme bànfǎ? *She is completely willing to hang around with that person, what can you do about it?*

【鬼迷心窍】guǐ mí xīnqiào 被错误思想支使，干了一些不正

当的或错误的事而又不觉悟 *be possessed*；*be obsessed*

【鬼蜮】 guǐyù（名）〈书〉蜮：传说是在水里暗中害人的怪物。鬼蜮指阴险害人的东西 *evil spirit*；*demon*；*treacherous person*：玩弄～伎俩 wánnòng ～ jìliǎng *engage in evil tactics*

【鬼子】 guǐzi（名）对外国侵略者的憎称 *devil*（*a term of abuse for foreign invaders*）

guì

柜〔櫃〕guì
（名）◇ *cupboard*；*cabinet*：书～ shū～ *bookcase* /衣～ yī ～ *wardrobe* /食品～ shípǐn ～ *food cupboard*

【柜橱】 guìchú（名）收藏衣物或书籍杂物的家具 *cabinet*；*closet*

【柜台】 guìtái（名）*counter*；*bar*：她站～已经十年了，始终热爱自己的工作。Tā zhàn ～ yǐjīng shí nián le, shǐzhōng rè'ài zìjǐ de gōngzuò. *She's worked behind the counter for ten years, and loves her work.*

【柜子】 guìzi（名）［个 gè］*cupboard*；*cabinet*

剑〔劍〕guì
【剑子手】 guìzishǒu（名）〈旧〉*executioner*；*headsman*

贵〔貴〕guì
（形）(1)价值高（与"贱"相对）*expensive*；*costly*；*dear*：这是一件很～的大衣。Zhè shì yí jiàn hěn ～ de dàyī. *This is a very expensive coat.* /这里香蕉比苹果～得多。Zhèli xiāngjiāo bǐ píngguǒ ～ de duō. *Here the bananas are much more expensive than apples.* (2)珍贵 *valuable*；*precious*；*highly valued*：～金属 ～ jīnshǔ *precious metals* /春雨～如油。Chūn yǔ ～ rú yóu. *Spring rain is as precious as oil.* /物以稀为～。Wù yǐ xī wéi ～. *Scarce materials are valuable.* (3)以某情况为好而又是难做到的 *rare and precious*：人～有自知之明。Rén ～ yǒu zì zhī zhī míng. *Self knowledge is wisdom.* /兵～神速 bīng ～ shénsù *Speed is precious in war.* (4)敬辞。称与对方有关系的事物 *your*：～国与我国相距甚远。～ guó yǔ wǒ guó xiāngjù shèn yuǎn. *Your country and ours are far apart.*

【贵宾】 guìbīn（名）尊贵的客人（现多指外国客人）*honored guest*；*distinguished guest*

【贵客】 guìkè（名）尊贵的客人（常有谐谑意）*honored guest*：你们很少来，是～，得好好招待招待。Nǐmen hěn shǎo lái, shì ～, děi hǎohǎo zhāodai zhāodai. *You are our honored guests as you seldom come here; and we will do our best to entertain you.* /你快来看，来了～了。Nǐ kuài lái kàn, láile ～ le. *Come quickly, some honored guests have arrived.*

【贵姓】 guì xìng 敬辞。问人姓氏 *your name*：您～? Nín ～? *May I ask your name?*

【贵重】 guìzhòng（形）价值高；值得重视 *valuable*；*precious*：～仪器 ～ yíqì *valuable instruments* /～物品 ～ wùpǐn *valuables* /我看不要送太～的礼物。Wǒ kàn búyào sòng tài ～ de lǐwù. *I don't think the presents should be too expensive.*

【贵族】 guìzú（名）*noble*；*aristocrat*

桂 guì
（名）◇ (1)肉桂 *cinnamon* (2)桂花 *sweet-scented osmanthus*

【桂冠】 guìguān（名）*laurel* 的译文，现泛指荣誉 *laurel*（*as a symbol of distinction*）：他很年轻就获得书法家的～。Tā hěn niánqīng jiù huòdé shūfǎjiā de ～. *He was very young when he was distinguished as a master calligrapher.*

【桂花】 guìhuā（名）*sweet scented osmanthus*

跪 guì
（动）*kneel*；*go down on one's knees*

【跪拜】 guìbài（动）磕头 *kowtow*；*worship on bended knees*：我们一般已经废除了～的礼节。Wǒmen yìbān yǐjīng fèichúle ～ de lǐjié. *We have already done away with kowtowing.*

gǔn

滚 gǔn
（动）(1) *roll*：球～出场外。Qiú ～chū chǎng wài. *The ball rolled off the field.* (2)走开（含斥责义）*get away*；*beat it*：～开! ～kāi! *Beat it!* /～出去! ～ chūqù! *Get out of here!* /快～! Kuài ～! *Get out now!* (3)（液体）翻腾，特指受热沸腾 *boil*：锅里的水～了。Guō li de shuǐ ～ le. *The water in the pot is boiling.* （名）(～儿)身体滚动的动作 *roll*：小毛驴在地上打了两个～儿。Xiǎo máolú zài dìshang dǎle liǎng ge ～r. *The little donkey rolled twice on the ground.*

【滚蛋】 gǔn=dàn 骂人的话 *beat it*；*get out*

【滚动】 gǔndòng（动）*roll*

【滚瓜烂熟】 gǔn guā làn shú 形容读书或背诵一些书面东西非常流利熟练 *have memorized something thoroughly*；*have something pat*

【滚滚】 gǔngǔn（形）形容急剧地翻腾 *roll*；*billow*；*surge*：波涛～ bōtāo ～ *rolling*，*billowing* /狂风卷着黄沙～而来。Kuángfēng juǎnzhe huángshā ～ ér lái. *The fierce wind brought with it billowing sands.*

【滚热】 gǔnrè（形）非常热（多指饮食或体温）*boiling hot*；*burning*；*hot*：～的鸡汤 ～ de jītāng *hot chicken soup* /他身上～，准是发烧了。Tā shēnshang ～, zhǔn shì fā shāo le. *He is burning hot all over, he must have a fever.*

【滚烫】 gǔntàng（形）滚热，热度很高 *boiling hot*；*burning hot*：～的烤白薯，快吃吧。～ de kǎo báishǔ, kuài chī ba. *Eat this baked sweet potato while it's hot.* /开水～，慢点儿喝。Kāishuǐ ～, màn diǎnr hē. *The water is hot, drink it slowly.* /我一摸他的头，～! Wǒ yì mō tā de tóu, ～! *I touched his forehead and found it burning hot.*

【滚圆】 gǔnyuán（形）极圆 *perfectly round*：～的西瓜 ～ de xīguā *perfectly round watermelon* /眼睛睁得～～的。yǎnjing zhēng de ～ ～ de. *stare with rounded eyes*；*stare goggle-eyed*

【滚珠】 gǔnzhū（名）［粒 lì］*ball*（*of ball bearing*）

【滚珠轴承】 gǔnzhū zhóuchéng *ball bearing*

gùn

棍 gùn
（名）(～儿)［根 gēn］*rod*；*stick*

【棍棒】 gùnbàng（名）(1)棍子和棒的总称（武术器械）*club*；*stick* (2)器械体操用具 *stick*（*used in gymnastics*）

【棍子】 gùnzi（名）［根 gēn］*rod*；*stick*

guō

聒 guō
【聒耳】 guō'ěr（形）〈书〉（声音）杂乱刺耳 *noisy*

锅〔鍋〕guō
（名）［口 kǒu］*pot*；*pan*；*cauldron*

【锅炉】 guōlú（名）*boiler*

【锅驼机】 guōtuójī（名）*portable steam engine*

guó

国 〔國〕guó
（名）◇［个 gè］ country; state; nation：你是哪～人? Nǐ shì nǎ ～ rén? *What country are you from?* /他出～了，要去两年呢。Tā chū ～ le, yào qù liǎng nián ne. *He has gone abroad and will be away for two years.* /我下个月回～。Wǒ xià ge yuè huí ～. *Next month I'll return to my country.*

【国宝】guóbǎo（名）国家的珍宝 national treasure：他画的画是～。Tā huà de huà shì ～. *His painting is a national treasure.*

【国宾】guóbīn（名）接受本国政府邀请，前来访问的外国元首或政府领导人 state guest

【国策】guócè（名）国家的基本政策 basic national policy

【国产】guó chǎn 本国生产的，常作定语 made in one's own country：～手表不错，买～的吧。～ shǒubiǎo búcuò, mǎi ～ de ba. *The watches made in our own country are fine, buy one.*

【国耻】guóchǐ（名）因外国侵略而使国家蒙受的耻辱 national humiliation

【国粹】guócuì（名）旧时指中国文化中的精华（含有保守或盲目崇拜意味）essence of (Chinese) culture

【国都】guódū（名）一个国家的首都 national capital

【国度】guódù（名）指国家（多就国家区域而言，不牵涉政治制度）country; state; nation：那是一个干旱缺雨的～。Nà shì yí ge gānhàn quē yǔ de ～. *That is a dry and arid country.* /第一次到一个陌生的～，觉得什么都很新奇。Dìyī cì dào yí ge mòshēng de ～, juéde shénme dōu hěn xīnqí. *Being the first time in a strange country, everything seems novel to me.*

【国法】guófǎ（名）国家的法纪 national law; the law of the land

【国防】guófáng（名）national defence

【国歌】guógē（名）national anthem

【国格】guógé（名）（～儿）国家的尊严 national pride; national honor：一个外交官利用职权走私，实在有损～。Yí ge wàijiāoguān liyòng zhíquán zǒusī, shízài yǒu sǔn ～. *For a diplomat to use his power to smuggle really harmed national pride.*

【国号】guóhào（名）中国历代君主建立的国家的称号，如：汉、唐等 dynastic title

【国画】guóhuà（名）［幅 fú］中国传统的绘画 traditional Chinese painting

【国徽】guóhuī（名）national emblem

【国会】guóhuì（名）某些国家的最高立法机关 parliament; congress; diet

【国籍】guójí（名）nationality

【国计民生】guó jì mín shēng 国家的经济和人民的生活 the national economy and the people's livelihood：粮食生产是关系～的大事。Liángshi shēngchǎn shì guānxi ～ de dàshì. *Grain production is heavily related to the people's livelihood.*

【国际】guójì（名）international

【国际法】guójìfǎ（名）international law

【国际歌】Guójìgē（名）Internationale

【国际公制】guójì gōngzhì the metric system

【国际共管】guójì gòngguǎn international control

【国际惯例】guójì guànlì international practice

【国际社会】guójì shèhuì 世界各个国家、各种社会组织的总称 international society

【国际象棋】guójì xiàngqí chess

【国际音标】guójì yīnbiāo international phonetic symbols

【国际主义】guójìzhǔyì（名）internationalism

【国家】guójiā（名）country; state

【国家机器】guójiā jīqì 指统治一个国家的一整套政府机构和军事设施，包括议会、内阁、警察、监狱、法庭、军队等 state apparatus

【国家资本主义】guójiā zīběnzhǔyì state capitalism

【国界】guójiè（名）national boundaries

【国境】guójìng（名）territory

【国库】guókù（名）national treasury

【国库券】guókùquàn（名）某些国家银行对国内发行的一种债券 national bonds

【国民】guómín（名）具有某国国籍的人就是那国的国民 national

【国民党】guómíndǎng（名）Kuomintang (KMT)

【国民经济】guómín jīngjì national economy

【国民收入】guómín shōurù national income

【国难】guónàn（名）由于外国侵略所造成的国家灾难 national calamity

【国内】guónèi（名）国家内部，与"国外"和"国际"相对，常作定语 internal; domestic：～市场 ～ shìchǎng domestic market /国际、～的形势都很好。Guójì、～ de xíngshi dōu hěn hǎo. *The international and domestic situation is very good.* /他侨居国外多年，与～亲友联系不多。Tā qiáojū guówài duō nián, yǔ ～ qīnyǒu liánxì bù duō. *He has lived abroad for years, and hasn't had much contact with relatives and friends in the country.* /我们厂的产品主要在～销售。Wǒmen chǎng de chǎnpǐn zhǔyào zài ～ xiāoshòu. *Most of our factory's products are sold domestically.*

【国旗】guóqí（名）［面 miàn］national flag

【国情】guóqíng（名）一个国家的社会性质、政治、经济、文化等方面的基本情况。也指一个国家某一时期的基本情况和特点 the condition of a country：只有社会主义才能救中国，这是符合中国～的。Zhǐyǒu shèhuìzhǔyì cái néng jiù Zhōngguó, zhè shì fúhé Zhōngguó ～ de. *Only socialism can save China, this is in accord with Chinese national conditions.*

【国庆节】guóqìngjié（名）National Day

【国事】guóshì（名）国家大事的总称 national affairs：～繁忙 ～ fánmáng busy with national affairs

【国事访问】guóshì fǎngwèn state visit

【国书】guóshū（名）credentials

【国体】guótǐ（名）(1)表明国家根本性质的国家体制，是由各阶级在国家的地位来决定的。中国的国体是工人阶级领导的，以工农联盟为基础的人民民主专政 state system (2)国家的体面 national prestige：这种作法有伤～。Zhè zhǒng zuòfǎ yǒu shāng ～. *This way of doing things can harm national prestige.*

【国土】guótǔ（名）国家的领土 territory; land

【国外】guówài（名）本国以外，与"国内"相对 external; overseas; abroad：他不习惯住在～。Tā bù xíguàn zhù zài ～. *He isn't used to living abroad.* /他在～还有两个亲戚。Tā zài ～ hái yǒu liǎng ge qīnqi. *He has two relatives living abroad.*

【国王】guówáng（名）king

【国务卿】guówùqīng（名）美国国务院的领导人 Secretary of State

【国务委员】guówù wěiyuán 中华人民共和国国务院常务会议组成人员之一 State Council man

【国务院】guówùyuàn（名）(1)中国最高国家行政机关，也就是中央人民政府，由总理、副总理若干人、各部部长、各委员会主任等人员组成 the State Council (of China) (2)美国政府中主管外交兼管部分内政的部门 the State Department (of U.S.A.)

【国宴】guóyàn（名）state banquet

【国营】guó yíng 国家投资经营。常作定语 state-operated; state run：～企业 ～ qìyè state enterprise /～农场 ～

nóngchǎng *state farm* /中国所有的铁路都是～的。Zhōng-guó suǒyǒu de tiělù dōu shì ～ de. *All China's railways are state operated.*

【国营经济】guó yíng jīngjì *state run economy*

【国有】guó yǒu *national*；*owned by the state*：土地～ tǔdì ～ *land is state-owned*

【国有化】guóyǒuhuà（动）*nationalization*

guǒ

果 (名)◇（1）果实 *fruit*：开花结～ kāi huā jié ～ *blossom and bear fruit*（2）事情的结局，与"因"相对 *consequence*：事情都有个前因后～。Shìqing dōu yǒu ge qián yīn hòu ～. *Everything has a cause and effect.* (副)〈书〉意同"果然" guǒrán，但不能用于主语前，常修饰单音节词 *same as "果然" guǒrán, but cannot be used before a subject (often modifies monosyllabic words)*：～有其事 ～ yǒu qí shì *There really is such a thing.* /～不出我所料 ～ bù chū wǒ suǒ liào *It was as I expected.* /到车站一看，～见人山人海，拥挤不堪。Dào chēzhàn yí kàn, ～ jiàn rén shān rén hǎi, yōngjǐ bùkān. *As soon as I got to the station, sure enough there was a sea of people and crowded to the utmost.*

【果断】guǒduàn（形）在必要时能作出决定，不犹豫 *resolute*；*decisive measures*：他办事很～，从不拖泥带水。Tā bàn shì hěn ～, cóng bù tuō ní dài shuǐ. *He handles matters resolutely, and never sloppily.* /在紧急关头要采取～措施。Zài jǐnjí guāntóu yào cǎiqǔ ～ cuòshī. *At critical times one must use decisive measures.* /你怎么一点都不～，非误事不可。Nǐ zěnme yìdiǎnr dōu bù ～, fēi wù shì bùkě. *How come you're not the least bit resolute? You will mess things up.*

【果脯】guǒfǔ（名）*preserved fruit*

【果敢】guǒgǎn（形）果断而且勇敢（多指行动）*courageous and resolute*：利用当时时机立刻突围是～的行动。Lìyòng dāngshí shíjī lìkè tūwéi shì ～ de xíngdòng. *To make use of the opportunity then to break out of an encirclement is a courageous action.* /考虑不周，估计错误，～就成了莽撞。Kǎolǜ bù zhōu, gūjì cuòwù, ～ jiù chéngle mǎngzhuàng. *If you don't consider things fully and make a wrong estimation, resolution will turn to recklessness.*

【果酱】guǒjiàng（名）*jam*

【果木】guǒmù（名）同"果树" guǒshù *same as "果树" guǒshù*

【果品】guǒpǐn（名）水果和干果的总称 *fruit (fresh and dried)*

【果然】guǒrán（副）表示事实与所想或所说的相符，用在主语或谓语前。也可说成"果不然"，"果其然" *really*；*as expected*；*sure enough (used before the subject or predicate；may also be said as "果不然" or "果其然")*：经过试用，～这药十分有效。Jīngguò shìyòng, ～ zhè yào shífēn yǒu xiào. *This medicine was tried out and sure enough proved efficacious.* /早就听说泰山雄伟，今天见了，～名不虚传。Zǎo jiù tīng shuō Tài Shān xióngwěi, jīntiān jiàn le, ～ míng bù xū chuán. *I had heard long ago that Mount Tai was magnificent. I saw it today and it really does have a well-deserved reputation.* /我刚去看过，那里的蔬菜～新鲜。Wǒ gāng qù kànguo, nàlǐ de shūcài ～ xīnxiān. *I just went to take a look and, sure enough, the vegetables there are fresh.* /我早就料定他这样蛮干要出岔子，果不其然，今天他到底出了大事故。Wǒ zǎo jiù liàodìng tā zhèyàng mán gàn yào chū chàzi, guǒ bù qí rán, jīntiān tā dàodǐ chūle dà shìgù. *I had anticipated long ago that his recklessness would cause trouble; as expected, he finally had a serious accident today.*

【果实】guǒshí（名）〈书〉［个 gè]（1）〈植〉*fruit*（2）（好的）结果 *gains*；*fruits*：大家分享劳动的～。Dàjiā fēnxiǎng

láodòng de ～. *Everyone enjoys the fruits of labor.*

【果树】guǒshù（名）［棵 kē]*fruit tree*

【果园】guǒyuán（名）［片 piàn、个 gè]*orchard*

【果真】guǒzhēn（副）同"果然" guǒrán *same as 果然 guǒrán*：我出去一看，～山上起了火。Wǒ chūqu yí kàn, ～ shān shang qǐle huǒ. *I went out to take a look and, sure enough, a fire had broken out on the hilltop.* /侧耳一听，～有人在呻吟。Cè ěr yì tīng, ～ yǒu rén zài shēnyín. *I pricked up my ears; there really was someone groaning.* /你闻闻，这鱼～臭了。Nǐ wénwen, zhè yú ～ chòu le. *Smell this fish. It really does stink.*

裹 (动)（用带状物）缠绕、包扎 *bind*；*wrap*：他的腿受了伤，护士用纱布给他一起来。Tā de tuǐ shòule shāng, hùshi yòng shābù gěi tā ～ qilai. *The nurse used gauze to wrap up his injured leg.* /那个地方人人头上都～着黑布。Nàge dìfang rénrén tóushang dōu ～ zhe hēi bù. *Everyone from there wraps their head with blackcloth.*

【裹胁】guǒxié（动）用胁迫手段使人跟从（做坏事）*coerce*；*force to take part*

【裹足不前】guǒ zú bù qián 形容（该前进的时候）停步不进 *hesitate to move forward*：在改革的浪潮中，我们可不能～啊。Zài gǎigé de làngcháo zhōng, wǒmen kě bù néng ～ a. *Within the wave of reform, we must not hesitate.*

guò

过〔過〕guò (动)（1）经过每个空间或时间 *cross*；*pass*：又～了一个星期，还没消息。Yòu ～ le yí ge xīngqī, hái méi xiāoxi. *Another week has passed, and still no news.* /我坐船～河。Wǒ zuò chuán ～ hé. *I took the boat across the river.* /车太多，～马路不容易。Chē tài duō, ～ mǎlù bù róngyì. *It's not easy to cross the street because there are too many cars.* /这事儿～几天再谈吧! Zhè shìr ～ jǐ tiān zài tán ba! *Let's talk about it in a few days.*（2）经过某种处理 *undergo a process*；*go through*；*go over*：筛子～ shāizi ～ *pass through a strainer* /一～一～数 yí ～ yí ～ shù *count* /磅～ bàng weigh（3）超过（某个范围或限度）*exceed*；*go beyond*：～半数 ～ bàn shù *majority* /不了三天就能做完。～ bù liǎo sān tiān jiù néng zuòwán. *Finish in three days.* /言～其实 yán ～ qí shí *exaggerate*（4）庆祝、欢度 *spend (time)*；*pass (time)*：～生日 ～ shēngri *celebrate a birthday* /～春节 ～ Chūnjié *celebrate Spring Festival*（5）生活 *live*：日子越～越红火。Rìzi yuè ～ yuè hónghuo. *Life is getting more and more prosperous.* /母女两个一起～。Mǔnǚ liǎng ge yìqǐ ～. *Mother and daughter live together.* /在那个地方，他～不惯。Zài nàge dìfang, tā ～ bú guàn. *He can't get used to living there.*（6）从甲方转移到乙方 *transfer*：～账 ～ zhàng *transfer items* /汽车～户手续还没办。Qìchē ～ hù shǒuxù hái méi bàn. *The transferring procedures of the car have not been completed.* 放在动词后做补语（*used after a verb as a complement*）（1）表示完毕（*indicates completion*）：电影已经演～了，你怎么才来? Diànyǐng yǐjīng yǎn～ le, nǐ zěnme cái lái? *Why are you so late? The movie is over.* /你吃～饭就去吧! Nǐ chī～ fàn jiù qù ba! *Go after you eat.* /这课我们学～了。Zhè kè wǒmen xué～ le. *We've taken this lesson.*（2）表示超出一限度 *over*：跨～这条沟，就是别人家了。Kuà～ zhè tiáo gōu, jiù shì biérén jiā le. *Over this ditch is someone else's house.* /他跳～一米七。Tā tiào～ yì mǐ qīlíng le. *He jumped over 170 centimeters.* /他老在汽车上想心事，常坐～一站。Tā lǎo zài qìchē shàng xiǎng xīnshì, cháng zuò～ yí zhàn. *When riding the bus he always has something on his mind and often misses his*

stop. /他住20号，这是24号，我们走～（头）了。Tā zhù èrshí hào，zhè shì èrshísì hào，wǒmen zǒu～(tóu) le. *He lives at number twenty, this is twenty four, we've passed his place.* /今天早上他睡～（头）了，九点才醒。Jīntiān zǎoshang tā shuì～(tóu) le，jiǔ diǎn cái xǐng. *He over slept this morning and got up at nine.* (3)表示从旁边经过 *across; pass; over*：汽车刚开～他家门口。Qìchē gāng kāi～tā jiā ménkǒu. *The car just drove past his house.* /河水流～村头。Hé shuǐ liú～cūntóu. *The river flows past the entrance of the village.* (4)表示胜过或能够……（动词后常接"得"或"不"）*surpass*：你打得～他，但是说不～他。Nǐ dǎ de～tā，dànshì shuō bu～tā. *You can beat him in a fight but not in an arguement.* /我信得～你的为人，可是信不～你的技术。Wǒ xìn de～nǐ de wéirén，kěshì xìn bu～nǐ de jìshù. *I believe in you as a person, but not in your skills.* /这个乒乓球队的新手赛～了老将。Zhège pīngpāngqiúduì de xīnshǒu sài～le lǎojiàng. *The new comer to the ping-pong team outplayed the old veteran.* /这个提案一定通得～。Zhège tí'àn yídìng tōng de～. *This proposal will pass.* (5)表示动作通过一段空间移向某个方向 *across; over*：他拿一碗就去盛饭。Tā ná～wǎn jiù qù chéng fàn. *He took the bowl over and went to get some rice.* /我递～一些杂志让他看。Wǒ dì～yìxiē zázhì ràng tā kàn. *I handed him some magazines to read.* /他穿～丛林走到海边。Tā chuān～cónglín zǒudào hǎi biān. *After passing through the jungle, he arrived at the seashore.* /队伍越～高山，渡～大河。Duìwu yuè～gāo shān，dù～dà hé. *The troops crossed the mountain tops, and forded the river.* (6)表示使事物改变方向 *turn over*：他回～头对后边的人说了些什么。Tā huí～tóu duì hòubiān de rén shuōle xiē shénme. *He turned his head and spoke something to the people behind him.* /她赶快转～脸不敢看。Tā gǎnkuài zhuǎn～liǎn bù gǎn kàn. *She quickly turned away, afraid to look.* /你们翻～这一页，看下一页。Nǐmen fān～zhè yí yè，kàn xià yí yè. *Please turn over this page and read the next.* /你们再翻～上一页再看一遍。Nǐmen zài fān～shàng yí yè zài kàn yí biàn. *Turn back to the last page and read it again.* ((5)(6)和"过来"或"过去"作补语(1)(2)同义，方向除外，但必须有宾语)((5) and (6) *mean the same thing as "过来"or "过去" as a complement* (1) and (2)，*except the direction, and an object is necessary*) (7)表示某段时间的消失 *passing away of time*：忙～这几天就轻松多了。Máng～zhè jǐ tiān jiù qīngsōng duō le. *After being busy for a few days, we'll be able to relax.* /他的青年时代是胡里胡涂地混～。Tā de qīngnián shídài shì húlihútú de hùn～ de . *He spent his youth aimlessly.* (8)表示避开（动词后常带"得"或"不"）*avoid*：你们什么事也骗不～我。Nǐmen shénme shì yě piàn bu～wǒ. *You can't fool me about anything.* /他们终于躲～了那场灾难。Tāmen zhōngyú duǒ～le nà cháng zāinàn. *They finally avoided that disaster.* /这么大的地震谁能逃～！Zhème dà de dìzhèn shuí néng táo～！*Who could have escaped such a severe earthquake.* ((7)(8)和"过去"作补语(4)(5)同义，但一般有宾语)((7) and (8) *have the same meaning as "过去" as a complement* (4) and (5)，*but usu. take an object*) "过"用在有限的几个形容词后，表示超过 *used after a few adjectives to mean surpass*：三年前种的树已经高～两层楼了。Sān nián qián zhòng de shù yǐjīng gāo～liǎng céng lóu le. *The trees planted three years ago, are over two stories tall.* /一代强～一代。Yí dài qiáng～yí dài. *One generation is better than the past.* /这里气温最低也不会低～摄氏零下20度。Zhèlǐ qìwēn zuì dī yě bú huì dī～shèshì líng xià èrshí dù. *The temperature here will not go lower than twenty degrees c. below zero.* (名)◇ 过错 *fault; mistake*：是谁之～? Shì shuí zhī～? *Who's mistake?* /知～必改 zhī～bì gǎi *If you know your mistakes, correct*

them. /记一大～ jì yí dà～ *put his error on record* /功大于～ gōng dà yú～ *One's achievements outweigh one's errors.* (副) 表示过分，只修饰单音节形容词 *excessively; unduly*：机关人员～多，需要裁减。Jīguān rényuán～duō，xūyào cáijiǎn. *The organization is overstaffed. We need to cut down on personnel.* /今天风力～大，不能放风筝。Jīntiān fēnglì～dà，bù néng fàng fēngzheng. *The wind is unduly strong today, so I can't fly my kite.* /他用力～猛，摔了一交。Tā yòng lì～měng，shuāile yì jiāo. *He used too violent a force and tumbled.* 另见 guo

【过不去】guò bu qù (1)有阻碍，通不过去 *cannot get through*：这是条死胡同，～。Zhè shì tiáo sǐ hútòng，～. *This is a dead end, we can't get through.* /前面在修路，～。Qiánmiàn zài xiū lù，～. *There's construction ahead, we can't get through.* (2)表示故意为难 *be hard on; make difficult for*：老师对你要求严格是为你好，不是跟你～。Lǎoshī duì nǐ yāoqiú yángé shì wèi nǐ hǎo，bú shì gēn nǐ ～. *The teacher puts demands on you for your own good, not to make things hard for you.* (3)过意不去，感到抱歉 *feel sorry*：你放下自己的活儿来帮我，我心里实在～。Nǐ fàngxià zìjǐ de huór lái bāng wǒ，wǒ xīnlǐ shízài～. *I feel bad you had to put aside your own work to help me.* (4)"面子上过不去"是脸上不光彩、不体面的意思 *feel ashamed, feel embarrassed*：朋友从上海来，不请他吃顿饭，面子上～。Péngyou cóng Shànghǎi lái，bù qǐng tā chī dùn fàn，miànzi shang～. *I would feel embarrassed if not taking my friends from Shanghai out to eat.*

【过场】guòchǎng（名）(1)指演员上场不多停留，穿过舞台就下场 *cross the stage* (2)戏剧中贯串前后情节的简短表演 *interlude* (3)指为了敷衍应付而做给人看的场面，多与"走"连用 *go through the formalities*：卫生工作要经常抓，不要走～，应付检查。Wèishēng gōngzuò yào jīngcháng zhuā，búyào zǒu～，yìngfù jiǎnchá. *Constantly maintain health care, and not just go through the formalities.* /安全教育要认真进行，怎么能走～呢！Ānquán jiàoyù yào rènzhēn jìnxíng，zěnme néng zǒu～ne！*We must conscientiously teach safety; and not just go through the formalities!*

【过程】guòchéng（名）［个 gè］ *course; process*：我把去采访的～谈谈吧。Wǒ bǎ qù cǎifǎng de～tántan ba. *Let me tell you the course of the interview.* /这件不幸的事情发生的～我不清楚。Zhè jiàn búxìng de shìqing fāshēng de～wǒ bù qīngchu. *I'm not clear about the course of happening of this unfortunate matter.*

【过错】guòcuò（名）不正确的行为；过失 *fault; mistake*：没通知你开会的时间，全是我的～。Méi tōngzhī nǐ kāi huì de shíjiān，quán shì wǒ de～. *It was my mistake that you weren't notified of the meeting time.*

【过道】guòdào（名）*passage way; corridor*

【过得去】guò de qù (1)路上无阻碍，通得过 *able to pass; can get through*：这座桥很结实，桥面也很宽，卡车～。Zhè zuò qiáo hěn jiēshi，qiáomiàn yě hěn kuān，kǎchē～. *This bridge is sturdy and broad, trucks are able to pass.* (2)勉强合格，超过最低标准 *passable tolerable; so-so*：考试能得七八十分，就～了。Kǎoshì néng dé qī-bāshí fēn，jiù～le. *A seventy or eighty on the test is not too bad.* /他的技术～。Tā de jìshù hái～. *His skill is alright.* (3)用于反问，表示过意不去 *feel at ease (used in a rhetorical question)*：为我的事把你累成这样，我心里怎么～呢? Wèi wǒ de shì bǎ nǐ lèichéng zhèyàng，wǒ xīnlǐ zěnme～ne? *How can I feel at ease when you've worked yourself to the bone for me?*

【过度】guòdù（形）在某方面超过适当的限度 *excessive; undue; over*：劳累～ láolèi～ *be overtired* /饮酒～ yǐn jiǔ～ *overdrink* /由于～兴奋，他怎么也睡不着。Yóuyú～xīngfèn，tā zěnme yě shuì bu zháo. *He's over excited and can't sleep.*

【过渡】guòdù（动）（事物）由一个阶段逐渐发展而转入另一个阶段 transition; interim

【过渡时期】guòdù shíqí transition period：老队员退出了好几个，新队员技术还不过关，现在正是～。Lǎo duìyuán tuìchūle hǎo jǐ gè，xīn duìyuán jìshù hái bú guò guān，xiànzài zhèng shì ～. Many of the experienced team members are gone，this is a transition period for the less skilled new comers.

【过分】guòfèn（形）（说话、做事）超过应有的程度或限度 excessive; undue; over：提意见可以，但是你的话太～了。Tí yìjian kěyǐ，dànshì nǐ de huà tài ～ le. It's fine to say your opinion，but you've gone over board. /人们称赞他一心为公，一点儿也不～。Rénmen chēngzàn tā yì xīn wèi gōng，yì-diǎnr yě bú ～. It's not inordinate for people to say he is completely devoted to the collective. /教师应当注意仪表整洁，但不可～讲究穿着。Jiàoshī yīngdāng zhùyì yíbiǎo zhěngjié，dàn bù kě ～ jiǎngjiu chuānzhuó. Teachers should have a neat appearance，but should not pay excessive attention to dress.

【过关】guò＝guān 通过关口，现多用来比喻合乎法定的标准或规格 pass a barrier; go through an ordeal; pass a test; reach a standard：过了数学考试这一关，他就可以放心去玩了。Guòle shùxué kǎoshì zhè yì guān，tā jiù kěyǐ fàng xīn qù wánr le. After getting through this math test，he can relax. /产品质量～了。Chǎnpǐn zhìliàng ～ le. Product quality is up to standard. /他的英语还没～。Tā de Yīngyǔ hái méi ～. His English is not yet up to standard. /外语到什么程度才算～呢？Wàiyǔ děi dào shénme chéngdù cái suàn ～ ne? When speaking a foreign language，to attain what level is it considered up to standard?

【过河拆桥】guò hé chāi qiáo 比喻达到目的后，就把帮助过自己的人抛开 remove th bridge after crossing the river; drop one's benefactor as soon as help is not required; kick down the ladder

【过后】guòhòu（副）(1)往后 later：说好了他在这儿可以住一个月，～可怎么办呢？Shuōhǎole tā zài zhèr kěyǐ zhù yí ge yuè，～ zěnme bàn ne? He can stay here a month; but where will he go afterwards? /先这么答复他，有什么问题～再说。Xiān zhème dáfù tā，yǒu shénme wèntí ～ zài shuō. Tell him this for now，if there's a problem later we'll talk about it then. (2)后来 afterwards; later：是他先走的，～我们才走。Shì tā xiān zǒu de，～ wǒmen cái zǒu. He left first，and afterwards we followed. /他当时表示同意，～又来找我说，这么办不行。Tā dāngshí biǎoshì tóngyì，～ yòu lái zhǎo wǒ shuō，zhème bàn bù xíng. At that time he agreed，but later he told me it was unacceptable.

【过活】guòhuó（动）生活，过日子。常与"靠"呼应，构成"靠……过活" make a living; live：当时我们一家靠打鱼～。Dāngshí wǒmen yì jiā kào dǎ yú ～. At that time our family fished for a living.

【过火】guòhuǒ（形）（说话、做事）超过应有的分寸或限度，不能作状语 go too far; go to extremes; overdo：这个玩笑开得太～了。Zhège wánxiào kāi de tài ～ le. This joke has gone too far. /他这人很稳重，从不说～的话，不做～的事。Tā zhè rén hěn wěnzhòng，cóng bù shuō ～ de huà，bú zuò ～ de shì. He is very steady and，never speaks in exaggeration，nor does he overdo anything. /说他对企业经营一窍不通，未免有点～吧。Shuō tā duì qǐyè jīngyíng yí qiào bù tōng，wèimiǎn yǒudiǎn ～ ba. To say he knows nothing of business management is a bit too extreme.

【过激】guòjī（形）过于激烈 too drastic; extremist：他常发表～的言论。Tā cháng fābiǎo ～ de yánlùn. He often expresses extremist views.

【过奖】guòjiǎng（动·不及物）谦辞，（对方对自己）过分表扬

和夸奖 overpraise; undeserved compliment：您～了，我的水平还差得远。Nín ～ le，wǒ de shuǐpíng hái chà de yuǎn. You flatter me，I'm not that good.

【过街天桥】guò jiē tiānqiáo 横跨在大街上供行人横过马路用的桥，桥下通行车辆 sky walk; over pass

【过节】guò＝jié 欢度节日 celebrate a festival：咱们怎么～？Zánmen zěnme ～? ——不过，老老实实在家呆着。——Bú guò，lǎolao shíshí zài jiā dāizhe. How shall we celebrate? ——We won't celebrate and stay quiet at home.

【过来】guò // lái 表示动作朝说话人或所叙述的对象移动 come over; come up：你快～吧，那边来车了。Nǐ kuài ～ ba，nàbiān lái chē le. Come over here quick，there's a car coming. /他刚从马路对面～。Tā gāng cóng mǎlù duìmiàn ～. He just came over from across the street. /这里水太浅，船过不来。Zhèli shuǐ tài qiǎn，chuán guò bu lái. The water is too shallow here，the boat can't come across. /你等着，我～跟你谈。Nǐ děngzhe，wǒ ～ gēn nǐ tán. Wait，I'll come over and we can talk. 放在动词后作补语（used after a verb as the complement）(1)表示动作通过一段空间向说话人的方向移动，如宾语是动作通过的地点或事物，必插入"过来"之中（indicates that the action moves towards the speaker across a stretch of space，and if the object is the place or thing the action passes through，it must be inserted between 过 and 来）：你把桌子搬～。Nǐ bǎ zhuōzi bān ～. Move the table over here. /他扔～两份报（扔过两份报来）。Tā rēng ～ liǎng fèn bào（rēng guò liǎng fèn bào lái）. He tossed over two newspapers. /请把船划过河来。Qǐng bǎ chuán huá guò hé lai. Please row the boat across the river. /他跑过草地来了。Tā pǎo guò cǎodì lai le. He ran across the lawn. /我看见小李穿过人群来了。Wǒ kànjiàn Xiǎo Lǐ chuān guò rénqún lai le. I saw Xiao Li come through the crowd. (2)使事物转向说话人或转过所需要的那面，如有宾语，必须插入"过来"之中（indicates that the thing turns towards the speaker or one turns over the needed side of the thing，if there is an object，it must be inserted between 过 and 来）：他转过脸来对我笑笑。Tā zhuǎn guò liǎn lai duì wǒ xiàoxiao. He turned his head and smiled at me. /你们把这一页翻～看看。Nǐmen bǎ zhè yí yè fān ～ kànkan. Turn over the page and read it. /把衣服翻～晒晒，别只晒一面。Bǎ yīfu fān ～ shàishai，bié zhǐ shài yí miàn. Turn the clothes over to air in the sun on one side. ((1)(2)除了动作有固定方向外，和"过"作补语(5)(6)同义，但宾语可有可无）((1) and (2) with the exception that the action has a definite direction，are the same in meaning as "过" as a complement(5) and (6) but an object is optional）(3)对较多的事物逐个处理，多与"得""不"连用，表示可能或不可能（used with "得" or "不" to indicate possibility or impossibility in dealing with numerous things one by one）：这么多事情，我一个人怎么忙得～? Zhème duō shìqing，wǒ yí ge rén zěnme máng de ～? How can I handle all these by myself? /这么多账，我一个晚上算不～。Zhème duō zhàng，wǒ yí ge wǎnshang suàn bu ～. I can't balance all these accounts in one night. /这些书你两天看得～吗? Zhèxiē shū nǐ liǎng tiān kàn de ～ ma? Can you read these books in two days? (4)表示恢复到正常或清醒状态 recover; return to the usual state of health：他终于醒～了。Tā zhōngyú xǐng guò lai le. He finally woke up to reality. /我明白～了。Wǒ míngbai ～ le. I understand now. /我刚缓过气来。Wǒ gāng huǎn guò qì lai. I just caught my breath.

【过来人】guòláirén（名）对某事有过亲身经历和体验的人 a person who has had the experience：他结过两次婚，在谈恋爱方面是～了。Tā jiéguò liǎng cì hūn，zài tán liàn'ài fāngmiàn shì ～ le. He's been married twice，and has a lot of experience in courtship.

【过路】guò=lù 行程中经过某个地方 pass by on one's way：我是个～人，不是本地的。Wǒ shì ge ～ rén, bú shì běndì de. *I'm not from here, just a passerby.*

【过虑】guòlǜ（动）忧虑不必忧虑的事情 be overanxious；worry too much：一个中学生还不会坐火车去天津？你不放心，也太～了。Yí ge zhōngxuéshēng hái bú huì zuò huǒchē qù Tiānjìn? nǐ bú fàng xīn, yě tài ～ le. *A high school student still not being able to take the train to Tianjing? You worry too much.* /他怕我招待不了这么几位客人，未免有点～。Tā pà wǒ zhāodài bu liǎo zhème jǐ wèi kèren, wèimiǎn yǒudiǎnr ～. *He's afraid I can't entertain these few guests, he worries a bit too much.*

【过滤】guòlǜ（动）filter；filtrate：～嘴儿香烟 ～ zuǐr xiāngyān *cigarette with a filter tip*

【过敏】guòmǐn（形）(1)〈医〉allergy：他对鱼～，一吃鱼脸上就起疙瘩。Tā duì yú ～, yì chī yú liǎnshang jiù qǐ gēda. *He's allergic to fish, as soon as he eats one his face breaks out into pimples.* (2)oversensitive：你别神经～，他根本不是说你。Nǐ bié shénjīng ～, tā gēnběn bú shì shuō nǐ. *Don't be oversensitive, we aren't talking about you at all.*

【过目】guò=mù 看一遍(表示审核) look over to approve (of papers)：这是会议日程，请～。Zhè shì huìyì rìchéng, qǐng ～. *This is the meeting agenda, please look it over.* /总结我已写好了，请您过一下目。Zǒngjié wǒ yǐ xiěhǎo le, qǐng nín guò yíxià mù. *I've finished the summary, please look it over.*

【过年】guò=nián (1)在新年或春节期间进行庆祝活动 celebrate the New Year：咱们商量商量怎么～。Zánmen shāngliang shāngliang zènme ～. *Let's talk about how we'll spend the New Year.* /的时候真热闹。～ de shíhou zhēn rènao. *New Year's is very lively.* (2)指新年或春节以后 next year：这篇文章等过了年再写。Zhè piān wénzhāng děng guòle nián zài xiě. *Wait until after the New Year to write this essay.*

【过期】guò=qī 超过期限 overdue；exceed the time limit：～杂志 ～ zázhì *back number of a magazine* /火车票早～了。Huǒchē piào zǎo ～ le. *The train ticket has long expired.*

【过去】guòqù（名）现在以前的时期 in the past；of the past；formerly：～，我到过新疆。～, wǒ dàoguo Xīnjiāng. *I've been to Xinjiang.* /～，我们没来往，最近才有联系的。～, wǒmen méi láiwǎng, zuìjìn cái yǒu liánxì de. *We've never had any contact until recently.* /～的事就让它过去吧。～ de shì jiù ràng tā guòqu ba. *Let past events stay in the past.*

【过去】guò＝qù 表示动作向非说话人方向移动 indicates that the action moves away from the speaker：你等一下，我就～。Nǐ děng yíxià, wǒ jiù ～. *Wait a while, and I'll come over.* /他刚从这儿～。Tā gāng cóng zhèr ～. *He has just crossed over from here.* /那边水太浅，船过不去。Nàbian shuǐ tài qiǎn, chuán guò bu qù. *The water is too shallow there, the boat can't cross.* 放在动词后作补语 (used after a verb as the complement) (1)表示动作通过一段空间向非说话人方向移动，宾语如是动作通过的地点或事物，必插入"过去"之中 (indicates that the action moves across a stretch of space away from the speaker. If the object is the place or thing through which the action passes, it must be inserted between 过 and 去)：你把桌子搬～。Nǐ bǎ zhuōzi bān ～. *Move the table over there.* /他扔～两份报(扔过两份报去)。Tā rēng ～ liǎng fèn bào (rēng guò liǎng fèn bào qù). *He tossed over two newspapers.* /请把船划过河去。Qǐng bǎ chuán huá guò hé qu. *Please row the boat across.* /他跑过草地去了。Tā pǎo guò cǎodì qu le. *He ran across the lawn.* /我看见小李穿过人群去了。Wǒ kànjian Xiǎo Lǐ chuān guò rénqún qu le. *I saw Xiao Li cross through the crowd.* (2)使事物转向非说话人方向，或移开不需要的那面，如有宾语，必插入"过去"之中 (turns the

thing away from the speaker or turns away the rejected side, and if there is an object, it must be inserted between 过 and 去)：他转过脸去看看他。Tā zhuǎn guò liǎn qu kànkan tā. *She turned her head and looked at him.* /请把这一页翻～，看下一页。Qǐng bǎ zhè yí yè fān ～, kàn xià yí yè. *Please turn this page over and read the next one.* /把衣服这面翻～，晒那一面。Bǎ yīfu zhè miàn fān ～, shài nà yí miàn. *Turn over this side of the clothing, and let that side face the sun.* (1)(2)除了动作有固定的方向外，和"过"作补语(5)(6)同义，但宾语可有可无 (except for a definite direction and an object is optional) (3)表示某段时间的消失 (indicates the passing of some time)：忙过这几天去，就轻松多了。Máng guò zhè jǐ tiān qu, jiù qīngsōng duō le. *After working for several more days, I can relax.* /不要把光阴白白放～。Búyào bǎ guāngyīn báibái fàng ～. *Don't let time slip away without doing anything.* /度过这段困难时期去，一切就会好起来的。Dù guò zhè duàn kùnnan shíqī qu, yíqiè jiù huì hǎo qilai de. *After we get through these difficult times, everything will get better.* (4)表示避开(动词后常带"得"或"不") avoid；keep away (the verb usu. take 得 or 不)：你们什么事也骗不过我去。Nǐmen shénme shì yě piàn bu guò wǒ qu. *You can't fool me about anything.* /他们终于躲～那场灾难了。Tāmen zhōngyú duǒ ～ nà cháng zāinàn le. *They finally avoided the disaster.* /这么大的地震,谁能逃得～。Zhème dà de dìzhèn, shuí néng táo de ～. *Who could escape this massive earthquake.* ((3)(4)和"过"作补语(7)(8)同义，但宾语可有可无) ((3) and (4) have the same meanings as 过 as a complement (7) (8), but an object is optional) (5)表示失去知觉 lose consciousness：他晕～了 yūn ～ *He fainted.*

【过日子】guò rìzi (1)生活 live：他只求能安安稳稳地～，没有什么奢望。Tā zhǐ qiú néng ān'anwěnwěn de ～, méi yǒu shénme shēwàng. *He has no extravagant hopes, he just wants to live peacefully.* (2)安排吃、住、用度等生活问题 manage household：这位大娘很会～，从不浪费一分钱。Zhè wèi dàniáng hěn huì ～, cóng bú làngfèi yì fēn qián. *This old woman manages very well and never wastes a penny.*

【过甚其词】guò shèn qí cí 说话夸大，不符合实际情况 overstate the case：这个人喜欢夸张，谈起别人的优缺点来，往往～。Zhège rén xǐhuan kuāzhāng, tán qǐ biéren de yōuquēdiǎn lai, wǎngwǎng ～. *He likes to exaggerate and always overstates other peoples' good points and bad points.* /他说话很有分寸，毫无～的地方。Tā shuō huà hěn yǒu fēncùn, háo wú ～ de dìfang. *He has a sense of propriety, and never exaggerates.*

【过剩】guòshèng（动）excess；surplus：盲目生产容易造成生产～。Mángmù shēngchǎn róngyì zàochéng shēngchǎn ～. *It's easy to create a surplus when blindly manufacturing.*

【过失】guòshī（名）因疏忽而犯的错误 fault；error：一个小小的～，多画了一个零，就造成很大的浪费。Yí ge xiǎoxiǎo de ～, duō huàle yí ge líng, jiù zàochéng hěn dà de làngfèi. *Just the small error of writing an extra zero created all that waste.*

【过失犯罪】guòshī fànzuì〈法〉因疏忽而造成的刑事犯罪 unpremeditated offence

【过时】guò＝shí (1)超过规定的时间 out of date；obsolete：～不候 ～ bú hòu *leave on time without waiting* /～无效 wú xiào *out of date and invalid* (2)过去流行现已不时兴，陈旧不合时宜 out of fashion：自来水笔似乎有点～，人人都用圆珠笔了。Zìláishuǐbǐ sìhū yǒudiǎn ～, rénrén dōu yòng yuánzhūbǐ le. *Fountain pens are a bit outmoded, everyone uses ball-point pens now.* /这种衣服减价出售，就是因为样式早～了。Zhè zhǒng yīfu jiǎn jià chūshòu, jiùshì

yīnwèi yàngshì zǎo ～ le. *This clothing is on sale because it went out of fashion long ago.*

【过问】guòwèn（动）参与，干预 *take an interest in; concern oneself with*：这事儿我从没～过。Zhè shìr wǒ cóng méi ～guo. *I've never had an interest in this matter.* /请您抽点时间～一下我们的工作。Qǐng nín chōu diǎnr shíjiān ～ yíxià wǒmen de gōngzuò. *Please spare some time to take note of our work.*

【过细】guòxì（形）（工作态度）认真，仔细（一般不受程度副词修饰）*meticulous; careful*：对失足青年要多做～的思想工作。Duì shī zú qīngnián yào duō zuò ～ de sīxiǎng gōngzuò. *We must pay minute attention to and do a lot of talking with those young people who have lost their way in life.* /一定要～核对一下数字。Yídìng yào ～ héduì yíxià shùzì. *We must carefully examine the figures.*

【过意不去】guòyì bú qù 心中不安，感到抱歉 *feel apologetic; feel sorry*：你为我受了委屈，我实在～。Nǐ wèi wǒ shòule wěiqū, wǒ shízài ～. *Because of me you were wronged, I'm very sorry.* /让你白跑了两趟，我很～。Ràng nǐ bái pǎole liǎng tàng, wǒ hěn ～. *I'm sorry you've had to come twice and to no avail.*

【过瘾】guò = yǐn〈口〉觉得得到了最大的满足 *satisfy a craving; do sth. to one's hearts content*：今天溜冰，溜得真～! Jīntiān liū bīng, liū de zhēn ～! *Today I ice-skated to my heart's content.* /这酒度数太低,喝起来不～。Zhè jiǔ dùshù tài dī, hē qilai bú ～. *This liquor isn't very potent, and isn't satisfying to drink.* /这种报告听着～。Zhè zhǒng bàogào tīngzhe ～. *This kind of report is a joy to hear.*

【过硬】guò = yìng 经受得起严格的考验或检验 *be able to pass the stiffest test*：～的本领 ～ de běnlǐng *have mastery of technique* /技术不～ jìshù bú ～ *skills not up to the mark* /他的毛笔字过硬。Tā de máobǐzì guò de yìng. *His calligraphy is really up to the mark.*

【过于】guòyú（副）〈书〉表示程度和数量过分，有"太"的意思，修饰双音节或多音节词语 *too; unduly; excessively*（*modifies disyllabic or polysyllabic words*）：编制～庞大,机构～雍肿，效率反而不高。Biānzhì ～ pángdà, jīgòu ～ yōngzhǒng, xiàolù fǎn'ér bù gāo. *The establishment is too huge and the organization is overstaffed, so it is inefficient.* /小孩要学会独立生活,不要～依赖大人。Xiǎoháir yào xuéhuì dúlì shēnghuó, búyào ～ yīlài dàrén. *Children must learn to be independent; they must not rely too much on adults.* /遇事要冷静,不要～感情用事。Yù shì yào lěngjìng, búyào ～ gǎnqíng yòng shì. *One must remain calm when matters arise and not act too impetuously.* /他这人～胆小怕事。Tā zhè rén ～ dǎn xiǎo pà shì. *He is exces-sively timid.*

guo

过 guo（助）是时态助词 *modal particle*（1）用在动词或形容词后表示过去的经验，也可表示未完成的经验，述语前可用"曾""曾经""没""没有"等副词（*used after a verb or adjective to indicate a past experience; may also indicate an experience that has not been completed; the adverbs "曾"，"曾经"，"没"，or "没有" may be used before the verb*）：你去～新疆吗? ——去～。（或"没去～。"）Nǐ qù ～ Xīnjiāng ma? ——Qù ～.（或"Méi qù ～."）*Have you been to Xinjiang? ——Yes, I have.（or No, I haven't.）*/为这事儿他们曾（经）吵～架。Wèi zhè shìr tāmen céng（jīng）chǎo ～ jià. *They had an argument once because of this matter.* /我从没（有）经历～这种场面。Wǒ cóng méi（you）jīnglì ～ zhè zhǒng chǎngmiàn. *I've never experienced this kind of situation before.* /镇上从来没这样热闹～。Zhènshang cónglái méi zhèyàng rènao ～. *The town has never been so lively before.* /生活上他顺利～，也遇到～挫折。Shēnghuó shang tā shùnlì ～, yě yùdào ～ cuòzhé. *He has had his ups and downs in life.* /你吃～中国饭以后，就知道中国饭确实好吃。Nǐ chī ～ Zhōngguó fàn yǐhòu, jiù zhīdào Zhōngguó fàn quèshí hǎochī. *Once you have eaten Chinese food, you will know that it is indeed delicious.* /等你跟他打～交道，就会发现他待人很诚恳。Děng nǐ gēn tā dǎ ～ jiāodào, jiù huì fāxiàn tā dài rén hěn chéngkěn. *Once you've had dealings with him, you will notice that he treats people very sincerely.*（2）用在动词后表示完成，可与表示完成的"了"并用，这种"过"可不读轻声（*used after a verb to indicate the completion of an action; can be used together with "了" which also indicates the completion of an action; in this case, "过" is stressed*）：他吃～（了）午饭，马上就去上班了。Tā chī ～（le）wǔfàn, mǎshàng jiù qù shàng bān le. *As soon as he finished eating lunch, he went to work immediately.* /咱们看～电影，直接回家还是去买东西? Zánmen kàn ～ diànyǐng, zhíjiē huí jiā háishi qù mǎi dōngxi? *Shall we go directly home or go shopping after seeing the movie?* /那本杂志你看～就还图书馆吧。Nà běn zázhì nǐ kàn～ jiù huán túshūguǎn ba. *When you've finished reading that maga-zine, return it to the library.* /门上的锁刚修～了,怎么又坏了? Mén shang de suǒ gāng xiū～ le, zěnme yòu huài le? *The lock in the door has just been fixed, so how can it be broken again?* 另见 guò

H

hā

哈 hā (动)(1)张口呼(气) blow a puff of breath：～了一口气 ～le yì kǒu qì *emitted a puff of breath* /在镜子上～点儿气，就容易擦干净了。Zài jìngzi shang ～ diǎnr qì，jiù róngyì cā gānjing le. *A mirror is easier to clean if you breathe on it first.* (2)弯(腰)〈口〉bow：他一～腰，摘下一朵野花。Tā yī ～ yāo，zhāixia yì duǒ yěhuā. *He bent over and plucked a wild flower.* / 这人看见谁都点头～腰的，有点讨厌。Zhè rén kànjiàn shuí dōu diǎn tóu ～ yāo de，yǒudiǎnr tǎoyàn. *He has the annoying habit of bobbing and bowing to everybody he sees.* (叹)表示得意或满意(可叠用) *exclamation of satisfaction (sometimes reduplicated)*：～，这回可找到你了。～，zhè huí kě zhǎodào nǐ le. *Aha! Now I've found you! (Aha! So there you are!)* /～，还是我说对了吧！～，háishì wǒ shuōduìle ba! *Aha! So I was right after all.* (象声)形容大笑的声音(叠用) *Onomatopoeic representation of a loud laugh (sometimes reduplicated)*：我听屋里有人～～大笑。Wǒ tīng wū li yǒu rén ～～ dàxiào. *I heard somebody guffawing in the room.* 另见 hǎ

【哈哈镜】hāhājìng (名)[面 miàn] 用凹面或凸面玻璃做成的镜子，能把人和物照成奇怪的形状，而引人大笑 *A mirror which distorts images by the use of convex or concave glass, often used in amusement parks for entertainment.*

【哈欠】hāqian (名)[个 gè] *yawn*：打了个～ dǎle ge ～ *gave a yawn*

há

蛤 há
【蛤蟆】háma (名)[只 zhī]〈口〉*frog*
【蛤蟆夯】hámaháng (名)[台 tái，架 jià] 一种小型的砸实地基用的机械用具，开动起来一步一步向前跳动，就像蛤蟆一样 *a type of small earth-ramming machine used in construction, which moves forward in jumps*

hǎ

哈 hǎ 另见 hā
【哈巴狗】hǎbagǒu (名)[只 zhī] *Pekinese dog*
【哈达】hǎdá (名) 藏族和部分蒙古族人民表示敬意和祝贺用的白、黄、蓝等色的丝巾 *a type of silk scarf (hada) in white, yellow, blue etc. used by the Tibetan and some of the Mongolian nationality as a present on ceremonial occasions*

hāi

咳 hāi (叹)(1)表示非正式的、不客气的招呼，声音高而强，语气较急促 *(indicates an informal and rude greeting; spoken with a strong, loud voice and has a relatively hurried tone)* hey：～，你快走啊！～，nǐ kuài zǒu a! *Hey, you! Get going!* /～，别摘花！～，bié zhāi huā! *Hey, you! Don't pick the flowers!* (2)表示惊喜、赞美，声音较强，语气较急促 *(indicates surprise, praise; spoken with a relatively strong voice and hurried tone)* my：～，没想到你有这个本领！～，

méi xiǎngdào nǐ yǒu zhège běnlǐng! *My! I never knew you had such talent!* /～，这小伙子真棒！～，zhè xiǎohuǒzi zhēn bàng! *My! This young fellow is great!* (3)表示伤感、惋惜等，声音低沉，语气缓慢，也可读 hài *(indicates regret; spoken slowly with a low and deep voice; can also be pronounced as hài)*：～，这日子怎么过呀！～，zhè rìzi zěnme guò ya! *My! How will I get through these days!* /～，我怎么这么糊涂！～，wǒ zěnme zhème hútu! *Damn! How stupid I was!* /～，你这是图什么呀？～，nǐzhè shì tú shénme ya? *Hey! What are you just planning there?* /～，你呀，你呀，真不争气！～，nǐ ya，nǐ ya，zhēn bù zhēng qì! *You! You're such a disgrace!* 另见 ké

hāi

嗨 hāi
【嗨哟】hāiyō (叹) 集体干重体力劳动时发出的呼喊声，以调节节奏 *heave-ho*：同志们哪，～！打起夯呀，～！砸地基哟，～！盖楼房啊，～！Tóngzhìmen na，～! Dǎqǐ hāng ya，～! Zá dìjī yo，～! Gài lóufáng a，～! *Comrades，heave-ho! Raise the rammer，heave-ho! Smash the ground，yo-heave-ho! Raise the building，heave-ho!*

hái

还 〔還〕hái (副)(1)表示某现象继续存在，或某动作继续进行，有"依然""仍然"的意思 *still; yet; as before (has the same meaning as "依然" and "仍然")*：我～年轻，我～要活下去。Wǒ ～ niánqīng，wǒ ～ yào huó xiaqu. *I'm still young. I still want to live.* /他～跟从前一样，没什么变化。Tā ～ gēn cóngqián yíyàng，méi shénme biànhuà. *He's the same as he used to be. He hasn't changed a bit.* /那本书～没借到。Nà běn shū ～ méi jièdào. *I haven't borrowed that book yet.* /他虽然受了重伤，但精神～很好。Tā suīrán shòule zhòngshāng，dàn jīngshén ～ hěn hǎo. *Although he was seriously injured，he was still in good spirits.* 有时"还"用在第一分句中，表示某一动作没有结束，后一分句必表示另一动作已发生 *("还" is sometimes used in the first clause of a sentence to indicate that an action has not yet ended; the following clause must indicate that another action has already occurred)*：连长的话～没说完，就被叫出去了。Liánzhǎng de huà ～ méi shuōwán，jiù bèi jiào chuqu le. *The company commander hadn't finished speaking yet when he was called away.* /我～没起床，他就来找我了。Wǒ ～ méi qǐchuáng，tā jiù lái zhǎo wǒ le. *I hadn't got up yet when he came to look for me.* 如表示不应如此仍然如此，"还"要重读 *(if one wants to express that sth. is still as such when it shouldn't be "还" is stressed)*：天都黑了，你怎么～在这儿？Tiān dōu hēi le，nǐ zěnme ～ zài zhèr? *It's already dark out. Why are you still here?* /你～坐着哪！快去帮帮她吧！Nǐ ～ zuòzhe na! kuài qù bāngbang tā ba! *You're still sitting there! Go help her at once!* (2)表示有所补充 *also; too; in addition*：院子里有棵核桃树，～有一棵枣树。Yuànzi li yǒu kē hétao shù，～ yǒu yì kē zǎo shù. *There's a walnut tree in the courtyard and a jujube tree too.* /礼堂里座位都坐满了，过道里～站着不少人。Lǐtáng li de zuòwèi dōu zuòmǎn le，guòdào li ～ zhànzhe bù shǎo rén. *All the seats in the auditorium were filled. There were also many people standing in the passageway.* /除了买铅笔、纸张外，～ 要买墨水。Chúle mǎi qiānbǐ，zhǐzhāng wài，～ yào mǎi mòshuǐr. *Besides pencils and paper，I also*

want to buy ink. (3)用在表示时点的词语前，表示说话人认为时间已过很久，常与"在"或"是"连用 (used before a word denoting a point in time to indicate that the speaker feels that a long time has already passed by; often used together with "在" or "是"):～在小学六年级的时候,他就迷上了排球。 zài xiǎoxué liù niánjí de shíhou, tā jiù míshangle páiqiú. He became a volleyball fan when he was just a sixth-grader. /那～是八年前的照片。 Nà ～ shì bā nián qián de zhàopiàn. That picture was taken a full eight years ago. /我～是清早五点离开家的,看来得半夜才能回去了。 Wǒ ～ shì qīngzǎo wǔ diǎn líkāi jiā de, kànlái děi bànyè cái néng huíqu le. I left home as early as 5:00 a.m. but it looks as if I won't be able to go back until late night. (4)用于比较句,加深程度差别,用"没有"或"不如"时,"还"放在"没有"或"不如"前 (used in a comparative sentence to stress the difference; when "没有" or "不如" is used, "还" is placed before "没有" or "不如"):她比我～有力气。 Tā bǐ wǒ ～ yǒu lìqi. She's even stronger than I. /这儿比那儿～冷。 Zhèr bǐ nàr ～ lěng. It's even colder here than there. /那块石头～没有这块重。 Nà kuài shítou ～ méiyou zhè kuài zhòng. That rock is still not as heavy as this one. /这地板～不如操场平呢。 Zhè dìbǎn ～ bùrú cāochǎng píng ne. This floor isn't even as level as the sports ground. /公共汽车太挤,～不如走路去。 Gōnggòng qìchē tài jǐ, ～ bùrú zǒu lù qù. The bus is too crowded. It would be better to walk. (5)表示某种情况还过得去 (indicates that a situation is passable or tolerable):这酒味道～可以。 Zhè jiǔ wèidao ～ kěyǐ. This wine tastes all right. /那张画儿～挺好看。 Nà zhāng huàr ～ tǐng hǎokàn. That painting is fairly nice. /这文章写得～不错。 Zhè wénzhāng xiě de ～ búcuò. Still, this article is fairly well written. (6)举出出例子,用"还"表示即使这样仍不能达到标准,其它更不必说了,意思是"尚且"(when giving an unusual example, "还" is used to indicate that even though such is the case, a certain standard still cannot be reached, let alone others; same as "尚且"):你们俩人一搬不动,我一个人更不行了。 Nǐmen liǎ rén ～ bān bu dòng, wǒ yí ge rén gèng bù xíng le. If the two of you can't move it, then I alone am even less able to. /一门外语～没学好,两门更谈不上了。 Yì mén wàiyǔ ～ méi xuéhǎo, liǎng mén gèng tán bu shàng le. I haven't even learned one foreign language properly, let alone two. (7)用在反问句,加强反问语气 (used in a rhetorical question to emphasize the rhetorical tone):我们吃这种亏～少吗? Wǒmen chī zhè zhǒng kuī ～ shǎo ma? Haven't we suffered enough losses? /笔我弄坏了,我一定修好,～不行吗? Bǐ wǒ nònghuài le, wǒ yídìng xiūhǎo, ～ bù xíng ma? I broke the pen, so I will repair it. Won't that do? /他的自行车被撞坏了,心里～能痛快吗? Tā de zìxíngchē bèi zhuànghuài le, xīnli ～ néng tòngkuai ma? How can he be happy when his bicycle was run into and wrecked? (8)因感到意外,表示有些惊讶 (expresses surprise at sth. unexpected):你～真有两下子,这字写得相当漂亮。 Nǐ ～ zhēn yǒu liǎngxiàzi, zhè zì xiě de xiāngdāng piàoliang. You really do know a few tricks of the trade. Your calligraphy is quite beautiful. /这老头儿的力气～挺大哩! Zhè lǎotóur de lìqi ～ tǐng dà lī! You must admit this old man has a lot of strength. (9)表示名不符实,有责备或讽刺意味 (indicates that the name falls short of reality; expresses reproach or sarcasm):亏他～是从草原来的,骑马的技术太差了。 Kuī tā ～ shì cóng cǎoyuán lái de, qí mǎ de jìshù tài chà le. And he comes from the grasslands! His riding skills are so inferior. /你～念过大学呢,连这个字都不认识! Nǐ ～ niànguo dàxué ne, lián zhège zì dōu bú rènshi! You don't even know this character and yet you went to university! 另见 huán

【还是】háishi (副)(1)同"还"hái (1) same as "还" hái (1):念了好几遍,～记不住。Niànle hǎo jǐ biàn, ～ jì bu zhù. He still couldn't memorize it after reading it several times. /擦了半天,～不干净。Cāle bàntiān, ～ bù gānjing. I've been wiping it for a long time but it's still not clean. /尽管天下雨,他们～要去。Jǐnguǎn tiān xià yǔ, tāmen ～ yào qù. Even though it's raining, they still want to go. (2)经过比较,选出较满意的 (indicates a relatively satisfactory choice after a comparison):比较起来,～他写得好。Bǐjiào qǐlai, ～ tā xiě de hǎo. In comparison, he writes the best. /～走小路近。～ zǒu xiǎo lù jìn. It's closer to go along the path. /我～去听相声,京剧我听不懂。Wǒ ～ qù tīng xiàngsheng, jīngjù wǒ tīng bu dǒng. I think I'll go listen to the comic dialogue. I don't understand Beijing opera. /你～去接他一下,他可能不认识路。Nǐ ～ qù jiē tā yíxià, tā kěnéng bú rènshi lù. He might not know the way. (连)(1)句中连用两个或更多"还是",构成选择疑问句,"还是"放在每一选择项目前;如供选择的是宾语,要放在动词前;句中第一个"还是"常省略为"是"或完全省略 or (used in an interrogative sentence to indicate a choice between two or more things and is placed before each choice; if the choice is the object, "还是" is placed before the verb; the first "还是" in a sentence may be simplified to "是" or may be completely omitted):是你说得对呢,～他说得对? Shì nǐ shuō de duì ne, ～ tā shuō de duì? Are you correct or is he? /你同意～不同意? Nǐ tóngyì ～ bù tóngyì? Do you agree or not? /咱们坐车去,～坐船去? Zánmen zuò chē qù, ～ zuò chuán qù? Shall we go by train or by boat? /你～吃馒头～吃米饭? Nǐ ～ chī mántou ～ chī mǐfàn? Do you want to eat mantou or steamed rice? (2)与"无论、不管"等呼应,表示结果不受所说的条件或情况影响 (when accompanied by "无论", "不管", etc., indicates that the result is not affected by the said conditions or is not influenced by the said situation):无论春秋～冬夏,他都坚持长跑锻炼。Wúlùn chūn qiū ～ dōng xià, tā dōu jiānchí chángpǎo duànliàn. Whether it's winter, spring, summer or fall, he persists in running long-distance for exercise. /不管穿西服～着便服,他总是那么整洁。Bùguǎn chuān xīfú ～ zhuó biànfú, tā zǒngshì nàme zhěngjié. Regardless of whether he's wearing a suit or informal dress, he's always neatly dressed. (3)用"还是"构成的疑问句可以成为另一句的一部分,整个句子并非疑问句 (an interrogative sentence using "还是" may form part of another sentence which is not interrogative):我不知道他来～不来。Wǒ bù zhīdào tā lái ～ bù lái. I don't know whether he's coming or not. /这花远远看去很难看出是真的～假的。Zhè huā yuǎnyuǎn kànqù hěn nán kànchū shì zhēn de ～ jiǎ de. When looking at this flower from afar, it's hard to tell whether it's real or not.

【还是……好】háishì ……hǎo 经过比较,得出结论,认为某种事物或作法较好 (indicates that sth. is better in comparison to sth. else):与平房相比,还是楼房好。Yǔ píngfáng xiāngbǐ, háishì lóufáng hǎo. Multi-storied buildings are better than one-storey houses. /不管怎样,还是故乡好。Bùguǎn zěnyàng, háishì gùxiāng hǎo. No matter what, one's hometown is always best. /还是这本词典编得好,简、全面,又实用。Háishì zhè běn cídiǎn biān de hǎo, jiǎnmíng、quánmiàn, yòu shíyòng. This dictionary is better compiled, more concise, comprehensive and more practical. /我们还是亲自去看看为好。Wǒmen háishì qīnzì qù kànkan wéi hǎo. It would be best if we went to see for ourselves.

孩 hái (名)◇(～儿) child

【孩提】háití (名)〈书〉幼儿时期 early childhood; infancy

【孩子】háizi（名）（1）儿童 child：幼儿园的～应该多在户外活动。Yòu'éryuán de ～ yīnggāi duō zài hù wài huódòng. The kindergarten children should have more outdoor activities. （2）子女 sons and daughters；offsprings：他们夫妻俩有两个～：大一是男的，二的是女的。Tāmen fūqī liǎ yǒu liǎng ge ～：dà一shì nán de，èr de shì nǚ de. They have two children. The elder is a boy and the younger a girl.

【孩子气】háiziqì（名）像孩子一样的脾气或神气 having a child-like temperament or attitude；childishness：这些大学生很年轻，有几个还带着点～。Zhèxiē dàxuéshēng hěn niánqīng，yǒu jǐ ge hái dàizhe diǎnr ～. These university students are very young and some of them are even a bit childish. （形）脾气或神气像个孩子那样的 childish (temperament or attitude)：人老了，有时会变得有点儿～。Rén lǎo le，yǒushí huì biàn de yǒudiǎnr ～. When people get old，they sometimes get a little childish.

骸 hái
（名）〈书〉（1）人的尸骨 human skeleton（2）身体 human body

【骸骨】háigǔ（名）〈书〉人的骨头（多指尸骨）human bones；skeleton

hǎi

海 hǎi
（名）sea

【海岸】hǎi'àn（名）seashore；coast

【海岸线】hǎi'ànxiàn（名）coastline

【海拔】hǎibá（名）height above sea level；elevation：这座山～3,000米。Zhè zuò shān ～ sānqiān mǐ. This mountain reaches 3,000 metres above sea level.

【海报】hǎibào（名）贴在街头的戏剧、电影等演出或体育活动的宣传品 a street poster advertising a play，film，athletic meet，etc.；a playbill

【海豹】hǎibào（名）[只 zhī] seal；sea leopard

【海滨】hǎibīn（名）seashore；seaside

【海产】hǎichǎn（名）海洋里出产的动植物 flora and fauna produced in the sea；marine products

【海潮】hǎicháo（名）tide

【海带】hǎidài（名）seaweed；kelp

【海岛】hǎidǎo（名）island in the sea

【海盗】hǎidào（名）pirate

【海底】hǎidǐ（名）sea bed

【海底捞月】hǎidǐ lāo yuè 比喻根本做不到，白费力气 "trying to scoop the moon from the bottom of the sea"；a metaphor for wasting one's efforts trying to do the impossible：你这样做，简直是～，何必呢？Nǐ zhèyàng zuò，jiǎnzhí shì ～，hébì ne? This way you are simply "trying to scoop the moon from the bottom of the sea." Why bother? /为筹办一个贸易公司，他费了不少劲儿，结果是一场空。Wèi chóubàn yí ge màoyì gōngsī，tā fèile bù shǎo jìnr，jiéguǒ shì yì cháng kōng. He put a great deal of effort into running a trading company，but he ended up "trying to scoop the moon from the bottom of the sea".

【海底捞针】hǎidǐ lāo zhēn 比喻极难找到 metaphor for an extremely difficult search；"trying to pick up a needle from the sea bed" — searching for a needle in a haystack

【海防】hǎifáng（名）coastal defence

【海港】hǎigǎng（名）seaport；harbour

【海关】hǎiguān（名）customs (as in customs officer，customs duty，etc.)

【海龟】hǎiguī（名）[只 zhī] green turtle

【海疆】hǎijiāng（名）沿海的领土 coastal territory

【海军】hǎijūn（名）navy

【海军陆战队】hǎijūn lùzhànduì marine corps

【海口】hǎikǒu（名）（1）海湾内的港口 port located on a bay of the sea（2）"夸海口"是漫无边际地说大话 "夸海口" means boast wildly：他夸下海口，说能买到五十张音乐会的票。Tā kuāxià hǎikǒu，shuō néng mǎidào wǔshí zhāng yīnyuèhuì de piào. In a fit of bragging，he claimed he could buy 50 tickets for the concert.

【海枯石烂】hǎi kū shí làn 表示经历极长的时间（多用于爱情誓言，表示意志坚定，永远不变）"the seas run dry and the rocks crumble" — the extremely distant future，often used in protestations of undying love：～，永不变心。～，yǒng bú biàn xīn. (Our) hearts will remain true though the rocks crumble.

【海阔天空】hǎi kuò tiānkōng 原形容大自然的广阔，现多用来比喻说话或想像漫无边际，没有约束或限制 originally signifies the vast expanse of nature，now a metaphor for wide-ranging speech or thought — "as boundless as the sea and sky"：他可爱聊天了，一聊起来就～，没个完。Tā kě ài liáo tiān le，yì liáo qilai jiù ～，méi ge wán. He really loves to talk. Once he gets going he talks about everything under the sun.

【海狸】hǎilí（名）beaver

【海里】hǎilǐ（量）nautical mile

【海量】hǎiliàng（名）（1）能喝很多酒而不醉 a great capacity for liquor：我比不上你的～，我喝一杯就醉。Wǒ bǐ bu shàng nǐ de ～，wǒ hē yì bēi jiù zuì. I can't match you in drinking，one glass and I'm drunk.（2）宽宏的度量 magnanimous；tolerant；broad-minded

【海轮】hǎilún（名）[艘 sōu] seagoing vessel

【海螺】hǎiluó（名）[只 zhī] conch

【海洛因】hǎiluòyīn（名）〈药〉heroin

【海米】hǎimǐ 海里的小虾去皮加盐煮熟晒干 small sea shrimps which are shelled，seasoned，boiled and then dried in the sun；dried shrimps

【海绵】hǎimián（名）（1）sponge（2）用橡胶或塑料制成的多孔材料，柔软，有弹力，像海绵 foam (sponge) rubber：～底球鞋 ～ dǐ qiúxié foam-cushioned sports shoes /～垫 ～ diàn foam-rubber cushion (pad，mat) /～（乒乓）球拍 ～ (pīngpāng) qiúpāi sponge-faced table tennis paddle

【海绵田】hǎimiántián（名）经过改造，地面平，腐殖质多，活土层厚，土质松软的田地 a field in which the soil contains large amounts of decaying vegetable matter，making it loose，even and spongy

【海面】hǎimiàn（名）surface of the sea

【海内】hǎinèi（名）指国境以内 inside the boundaries of the country

【海鸥】hǎi'ōu（名）[只 zhī] seagull

【海参】hǎishēn（名）sea cucumber；sea slug；trepang

【海狮】hǎishī（名）sea lion

【海蚀】hǎishí（动）海水的冲击和侵蚀 erosion caused by the beating of the sea's waves

【海市蜃楼】hǎi shì shèn lóu a mirage at sea：你的这种想法太脱离实际，像～一样不能实现。Nǐ de zhè zhǒng xiǎngfǎ tài tuōlí shíjì，xiàng ～ yíyàng bù néng shíxiàn. Your idea is too far-fetched. It's completely impractical—just like a mirage.

【海誓山盟】hǎi shì shān méng 男女相爱立下的誓言和盟约，表示爱情像山和海一样永不改变 a pledge of love between a man and a woman，indicating that the couple's love is as constant as the mountains and seas

【海滩】hǎitān（名）sea beach

【海棠】hǎitáng（名）（1）Chinese flowering crabapple tree（2）flower of such a tree（3）fruit of such a tree

【海图】hǎitú（名）航海用的海洋图 marine navigation chart

【海豚】hǎitún（名）dolphin

【海外】hǎiwài（名）overseas；abroad：从前有不少人外出谋生，就在～安家了。Cóngqián yǒu bù shǎo rén wàichū móushēng，jiù zài ～ ān jiā le. *Previously, many people went overseas on business and are now settled in foreign parts.*

【海外关系】hǎiwài guānxi 和在国外的亲戚朋友的关系 *connections with friends and relatives overseas*

【海湾】hǎiwān（名）bay；gulf

【海味】hǎiwèi（名）tasty seafood

【海峡】hǎixiá（名）straits；channel

【海啸】hǎixiào（名）seismic tidal wave

【海鲜】hǎixiān（名）可供食用的新鲜的海生动物如虾、蟹等 *fresh seafood such as prawns, crabs, etc.*

【海蟹】hǎixiè（名）[只 zhī] sea crab

【海星】hǎixīng（名）starfish

【海盐】hǎiyán（名）sea salt

【海燕】hǎiyàn（名）[只 zhī] stormy petrel

【海洋】hǎiyáng（名）ocean

【海洋权】hǎiyángquán（名）maritime rights

【海洋生物】hǎiyáng shēngwù 生活在海洋里的动物、植物 *flora and fauna of the sea*

【海洋性气候】hǎiyángxìng qìhòu maritime climate

【海洋学】hǎiyángxué（名）oceanography

【海洋资源】hǎiyáng zīyuán marine resources

【海域】hǎiyù（名）maritime area

【海员】hǎiyuán（名）seaman；sailor

【海运】hǎiyùn（名）ocean transport

【海葬】hǎizàng（动）burial at sea

【海藻】hǎizǎo（名）seaweed (of all types)

【海战】hǎizhàn（名）naval warfare

【海蜇】hǎizhé（名）jellyfish

hài

骇〔駭〕hài
（动）◇ 震惊 be amazed；astonished；shocked

【骇人听闻】hài rén tīng wén 使人听了非常震惊（多指产生影响较大的坏事）shocking；appalling：法西斯对和平居民的疯狂屠杀是～的。Fǎxīsī duì hépíng jūmín de fēngkuáng túshā shì ～ de. *The Fascists' savage slaughter of peaceful citizens is appalling.*

害 hài
（动）(1)使……受损害 cause harm to something or some person：父母溺爱孩子，就是爱他，而是～他。Fùmǔ nì'ài háizi，búshì ài tā，érshì ～ tā. *If the parents dote on their children they are not loving them, but hurting them.* / 我把他的眼镜打破了，～得他几天不能看书。Wǒ bǎ tā de yǎnjìng dǎpò le，～ de tā jǐ tiān bù néng kàn shū. *I broke his glasses and stopped him reading for a few days.* /他没告诉我就拿了我的词典，～我白找了半天。Tā méi gàosù wǒ jiù nále wǒ de cídiǎn，～ wǒ bái zhǎole bàntiān. *He took my dictionary without telling me, and made me hunt all over for it.* (2)生（病）suffer (from an illness)：他去年～了一场大病。Tā qùnián ～ le yì cháng dà bìng. *He caught a serious illness last year.* (3)◇（为了罪恶目的）杀死（人）(unjustly) kill；murder：不幸遇～ búxìng yù ～ be tragically murdered/ 他父亲是被叛徒～死的。Tā fùqin shì bèi pàntú ～sǐ de. *His father was murdered by a traitor.* (名)(1)祸害，害处。跟"益"相对 disaster；harm，opposite of 益：为民除～ wèi mín chú ～ rid the people of a scourge /吸烟对人体有～。Xī yān duì réntǐ yǒu ～. *Smoking is harmful to one's health.* (2)灾害 disaster；calamity：这种地方病是当地人的一个大～。Zhè zhǒng dìfāngbìng shì dāngdì rén de yí ge dà ～. *This kind of endemic disease is a great*

calamity for the people of the region.

【害病】hài＝bìng（人体）发生疾病 contract illness：他到底害的是什么病？Tā dàodǐ hài de shì shénme bìng? *What disease, exactly, is he suffering from?* /他母亲去年害过一场大病。Tā mǔqin qùnián hàiguo yì cháng dà bìng. *His mother was seriously ill last year.*

【害虫】hàichóng（名）pest；destructive insect

【害处】hàichu（名）harm 对人或事物不利的因素；坏处 element harmful to people or objects：这种农药对人畜没有～，可以使用。Zhè zhǒng nóngyào duì rén chù méi yǒu ～，kěyǐ shǐyòng. *This farm chemical is safe to use. It won't harm either people or animals.*

【害鸟】hàiniǎo（名）对农业或渔业生产有害处的鸟 bird considered as pest by the farming and fishing industries

【害怕】hàipà（动）be afraid：这只狗不咬人，别～。Zhè zhī gǒu bù yǎo rén，bié ～. *This dog doesn't bite people. Don't be afraid.* /看见他的伤口流了那么多血，我真～。Kànjiàn tā de shāngkǒu liúle nàme duō xiě，wǒ zhēn ～. *When I saw so much blood seeping from his wound I was scared.* / 我最～他发脾气。Wǒ zuì ～ tā fā píqi. *I am really afraid of him losing his temper.*

【害群之马】hài qún zhī mǎ 比喻危害集体的坏人 a metaphor for a bad person who spoils the group; a "black sheep"

【害人虫】hàirénchóng（名）对社会危害大的坏人 a person regarded as a bad influence on society；pest；menace

【害羞】hàisào（形）同"害羞"hàixiū same as"害羞"hàixiū

【害羞】hàixiū（形）shy：这位年轻女教师第一次给学生上课，有些～。Zhè wèi niánqīng nǚ jiàoshī dìyī cì gěi xuésheng shàng kè，yǒuxiē ～. *This young teacher was somewhat shy when she first had to take a class.*

hài

嘻 hài
（叹）表示伤感、惋惜（indicates distress or regret）：～，既然如此，还有什么办法呢？～，jìrán rúcǐ，hái yǒu shénme bànfǎ ne? *Oh! Since it's like this, what can we do?* /～，多好的一个花瓶，叫你打碎了。～，duō hǎo de yí ge huāpíng，jiào nǐ dǎsuì le. *Oh dear! You've smashed a good vase!* /～，这么好的一个旅游机会，让你给错过了。～，zhème hǎo de yí ge lǚyóu jīhuì，ràng nǐ gěi cuòguò le. *What a pity! You've given up such a good chance to travel!*

hān

酣 hān
（形）〈书〉（喝酒）喝得高兴痛快，或由于别的原因十分高兴痛快 merry and contented (through drinking wine or for some other reason)：～饮 ～ yǐn drink heartily / ～歌 ～ gē sing merrily

【酣梦】hānmèng（名）〈书〉熟睡中的美梦；熟睡 sweet dream

【酣睡】hānshuì（动）〈书〉熟睡 sound sleep

【酣战】hānzhàn（动）〈书〉剧烈地战斗 fierce battle：两军～ liǎng jūn ～ two armies locked in mortal combat/ ～一昼夜 ～ yì zhòuyè round-the-clock battle ·

憨 hān
（形）(1)傻 foolish：他小时候头受过伤，有点～。Tā xiǎo shíhou tóu shòuguo shāng，yǒudiǎnr ～. *He received a head injury when he was small, and it left him a little foolish.* (2)朴实，天真 naive；ingenuous：我就喜欢这孩子的一股～劲儿。Wǒ jiù xǐhuan zhè háizi de yì gǔ ～ jìnr. *I really like this child's simplicity.*

【憨厚】hānhòu（形）朴实厚道 straightforward and good-natured：弟弟很精明，哥哥比较～。Dìdi hěn jīngming，gēge bǐjiào ～. *The younger brother is very smart, but the elder brother is nicer.*

【憨笑】hānxiào（动）天真地笑；傻笑 natural smile; a fatuous grin

【憨直】hānzhí（形）朴实直爽 honest and straightforward

鼾 hān

（名）睡着时粗重的呼吸 heavy snoring while asleep：他睡觉会打~的。Tā shuì jiào huì dǎ ~ de. He always snores when he is sleeping.

【鼾声】hānshēng（名）睡着时粗重的呼吸声 the sound of snoring

【鼾睡】hānshuì（动）熟睡而同时打鼾 fast asleep and snoring

hán

含 hán

（动）(1)东西放在嘴里，不咽下 hold something in the mouth：~着一块糖 ~ zhe yí kuài táng with a candy in one's mouth / 这种治咳嗽的药片得~在嘴里，不要咽下去。Zhè zhǒng zhì késou de yàopiànr děi ~ zài zuǐ li, búyào yàn xiaqu. Don't swallow this cough medicine. Just keep it in your mouth. (2)（眼睛里）有（眼泪）(eyes) brimming (with tears)：她~着泪把话说完。Tā ~ zhe lèi bǎ huà shuōwán. She told her story with tears in her eyes. (3)包含在里面 content(s)：甘蔗~糖量很高。Gānzhe ~ táng liàng hěn gāo. Sugarcane has a very high sugar content. / 胡萝卜里有大量丙种维生素。Húluóbo li ~ yǒu dàliàng bǐng zhǒng wéishēngsù. Carrots contain large amounts of vitamin C.

【含糊】hánhu（形）(1)不明确，不清楚 inexact; vague：你赞成还是反对，要说清楚，不能~其辞。Nǐ zànchéng háishi fǎnduì, yào shuō qīngchu, bù néng ~ qí cí. You must be either for or against. Tell me clearly — no prevaricating. / 关于他自己的看法，他讲得很~，还得再问他一下。Guānyú tā zìjǐ de kànfǎ, tā jiǎng de hěn ~, hái děi zài wèn tā yíxià. He spoke very ambiguously about his own views. We had better ask him again. /他说得含含糊糊的，不知道他是赞成还是反对。Tā shuō de hánhanhūhū de, bù zhīdao tā shì zànchéng háishì fǎnduì. He talked so vaguely that I don't know whether he was for or against it. 除上面的成语"~其辞"外，这一意义的"含糊"不能用于否定形式 Apart from the idiom "~其辞", in this meaning "含糊" cannot be used in the negative. 下面两个意义常用于否定句或反问：The next two meanings emerge in denials or rhetorical questions. (2)不认真，马虎 not serious; sloppy：你们提供的数据要绝对可靠，一点儿也不能~。Nǐmen tígōng de shùjù yào juéduì kěkào, yìdiǎnr yě bù néng ~. The data you present must be exact and reliable. There must not be the slightest ambiguity. (3)示弱、畏缩 show weakness; shrink; flinch：你们干得那么出色，我们能~吗？Nǐmen gàn de nàme chūsè, wǒmen néng ~ ma? Since you have performed so splendidly, how can we drag our feet? (4)"不含糊"作谓语或补语，有"出色"的意思 "不含糊" has the meaning of doing an outstanding job or performing a splendid feat：这活儿干得真不~。Zhè huór gàn de zhēn bù ~. This work turned out extremely well. /她拉小提琴可不~。Tā lā xiǎotíqín kě bù ~. She plays the violin wonderfully.

【含混】hánhùn（形）模糊 blurred; indistinct; dim; vague：文章的中心思想~不清。Wénzhāng de zhōngxīn sīxiǎng ~ bù qīng. The article's central theme was not clear. / 言辞~，令人费解。Yáncí ~, lìng rén fèijiě. The words are quite unintelligible.

【含量】hánliàng（名）（一种物质）所包含的某种成分的数量 the amount of ingredients or contents (contained in a substance)：橘子中维生素的~很高。Júzi zhōng wéishēngsù

de ~ hěn gāo. Oranges have a high vitamin content.

【含怒】hánnù（动）有怒气而没发作出来 pent-up anger

【含沙射影】hán shā shè yǐng 指在说话中或文章里暗中（对人）进行诽谤或攻击 attack or slander somebody slyly in speech or writing：~地谩骂 ~ de mànmà abuse insidiously /进行~的攻击 jìnxíng ~ de gōngjī mount an insidious attack

【含漱剂】hánshùjì（名）〈药〉mouthwash; gargling medicine

【含笑】hánxiào（动）（脸上）带着笑容 have a smile on one's face

【含辛茹苦】hán xīn rú kǔ 忍受各种痛苦、不幸 bear all kinds of hardships and misfortunes

【含羞】hánxiū（动·不及物）带着害羞的样子 have a bashful look

【含蓄】hánxù（形）（语言、诗文的意思）不是明显地表达出来，使人深思，或（人的思想感情）不轻易流露 (of speech or writing) implicit and causing the hearer or reader to reflect; (of person) reserved; profound：这篇寓言写得很~，要好好思考才能理解它的含义。Zhè piān yùyán xiě de hěn ~, yào hǎohāor sīkǎo cái néng lǐjiě tā de hányì. This fable is written in very obscure language. One really has to think hard in order to understand its real meaning. /老刘比较~，喜怒看不大出来。Lǎo Liú bǐjiào ~, xǐ nù kàn búdà chūlái. Lao Liu is really hard to fathom. It's not easy to tell when he is pleased or angry.

【含义】hányì（名）（词，尤其是句、文）包含的字面以外的意思 a deeper meaning (contained in words, especially a piece of writing)：他写的诗~都很深刻。Tā xiě de shī ~ dōu hěn shēnkè. All his poems have deep-hidden meanings.

【含冤】hán~yuān 被冤枉而没有得到纠正 suffer a wrong and be unable to obtain justice：~去世 ~ qù shì die with one's grievance unrequited

函 hán

（名）〈书〉信件 postal item; letter：来~已收到。Lái ~ yǐ shōudào. (Your) letter has been received.

【函大】hándà（名）函授大学的简称 abbrev. for "函授大学" hánshòu dàxié

【函电】hándiàn（名）信和电报的总称 general term for letters and telegrams

【函购】hángòu（动）写信去（生产单位或经营单位）购买 write (to a production or business unit) to order goods; mail order

【函授】hánshòu（名）correspondence course：~学校 ~ xuéxiào correspondence school

【函授大学】hánshòu dàxué correspondence college (university level)

【函数】hánshù（名）〈数〉function

涵 hán

【涵洞】hándòng（名）culvert

【涵养】hányǎng（名）能控制自己的能力 the ability to control oneself：这位领导很有~，能耐心听取各种意见。Zhè wèi lǐngdǎo hěn yǒu ~, néng nàixīn tīngqǔ gè zhǒng yìjiàn. This leader has a lot of self-control. He can listen patiently to all kinds of views.

【涵义】hányì（名）同"含义"hányì same as "含义" hányì

寒 hán

（形）◇〈书〉(1)冷，跟"暑"相对 cold; opposite of "暑"：~风刺骨 ~ fēng cì gǔ cold wind that pierces to the bone/冬腊月 ~ dōng làyuè the depths of winter /天~地冻 tiān ~ dì dòng the weather is cold and the ground is frozen (2)害怕，畏惧 be afraid; dread：心惊胆~ xīn jīng dǎn ~ be

terrified

【寒潮】háncháo（名）*cold wave；cold front（meteorological）*

【寒碜】hánchen（形）〈口〉(1)难看 *ugly*：这种鸟样子真～。Zhè zhǒng niǎo yàngzi zhēn ～. *This is an ugly type of bird.*（2)丢脸 *shameful*；要是老师问问题，我回答不出多～哪！Yàoshi lǎoshī wèn wèntí, wǒ huídá bù chū duō ～ na! *It's so embarrassing when the teacher asks a question and I can't answer it!* /不会就问,有什么～的! Bú huì jiù wèn, yǒu shénme ～ de! *If you don't know how to do it, ask. What's there to be ashamed of?*（动)讥笑,故意使人丢脸 *embarrass*：我要把他丢人的事告诉大家,～他。Wǒ yào bǎ tā diūrén de shì gàosu dàjiā, ～ tā. *I'm going to really embarrass him by telling everyone how he lost face.*

【寒伧】hánchen（形)同"寒碜"hánchen（形)*same as "寒碜" hánchen (形)*；（动)同"寒碜"hánchen（动)*same as "寒碜" hánchen (动)*

【寒带】hándài（名）*frigid zone*

【寒假】hánjià（名）*winter vacation*：再过几天,学校就放～了。Zài guò jǐ tiān, xuéxiào jiù fàng ～ le. *The school's winter vacation starts in a few days.* /今年～大约有一个月。Jīnnián ～ dàyuē yǒu yí ge yuè. *This year we'll get about a month's winter vacation.*

【寒噤】hánjìn（名）因受冷或受惊而导致身体颤动的现象 *shiver；chill (of cold or fear)*：打了个～ dǎle ge ～ *give a shiver*

【寒苦】hánkǔ（形)〈书〉贫穷、困苦 *destitute；poverty-stricken*

【寒冷】hánlěng（形)〈书〉冷 *cold*：～季节 ～ jìjié *cold season* /气候～。qìhòu ～ *The climate is cold.*

【寒流】hánliú（名）*cold current*

【寒露】hánlù（名）二十四节气之一,在10月8日或9日 *"Cold Dew" — one of the 24 Solar Terms — occuring on the eighth or ninth of October*

【寒毛】hánmáo（名）[根 gēn] *fine hair on the human body*

【寒色】hánsè（名）〈美〉青、绿、紫等给人以寒冷感觉的颜色 *colours which give off a cool impression, such as blue, green, purple, etc.*

【寒暑表】hánshǔbiǎo（名）*thermometer*

【寒酸】hánsuān（形)〈贬〉形容穷苦不大方的姿态,有时也指不适当的艰苦朴素的表现 *poor and miserable in appearance（sometimes used to refer to an inappropriate display of plain living）*：招待客人既不要铺张浪费,也不要太～。Zhāodài kèren jì búyào pūzhāng làngfèi, yě búyào tài ～. *When one entertains a guest one should neither be too extravagant nor too niggardly.*

【寒心】hánxīn（形）由于自己的热情好心得不到应有的反应或受到不公平待遇,或看到类似情况发生在别人身上,而感到心灰意冷 *having a bitter feeling when one's warm feelings or love are not reciprocated or when one sees sb. else suffering a similar fate*：这孩子怎么管也管不好,真叫人～。Zhè háizi zěnme guǎn yě guǎn bu hǎo, zhēn jiào rén ～. *I can't handle this child at all. He really disappoints me.* /看到老朋友的女儿对父亲那样冷淡,老张也很～。Kàndào lǎopéngyou de nǚ'ér duì fùqin nàyàng lěngdàn, Lǎo Zhāng yě hěn ～. *When he saw how coldly his old friend's daughter treated her father Lao Zhang was sick at heart.* /我真心实意地帮助他,他不但不感谢,反而说我多事,怎么不让我～! Wǒ zhēnxīn shíyì de bāngzhu tā, tā búdàn bù gǎnxiè, fǎn'ér shuō wǒ duō shì, zěnme bú ràng wǒ ～! *I did my best to help him, but he not only did not thank me, he even accused me of meddling. Can you blame me for being upset?*

【寒暄】hánxuān（动）说应酬话 *conventional greetings；polite chit-chat*：我们见面时只～了几句就分手了。Wǒmen

jiàn miàn shí zhǐ ～le jǐ jù jiù fēn shǒu le. *When we met we simply exchanged a few polite words.*

【寒衣】hányī（名）〈书〉冬天穿的衣服,如棉衣、皮衣等 *clothes worn in cold weather, such as padded and fur-lined garments, etc.*

【寒战】hánzhàn（名）感觉冷,全身发抖的现象,总和动词"打"连用 *shiver（generally used together with the verb "打"）*：衣服穿得太少,冻得我直打～。Yīfu chuān de tài shǎo, dòng de wǒ zhí dǎ ～. *I wasn't wearing enough clothes and got so cold that my whole body was shivering.* /他病了,盖着被子还打～。Tā bìng le, gàizhe bèizi hái dǎ ～. *He is ill and shivering all over even with a quilt on.*

hǎn

罕 hǎn（形）◇稀少 *rare；scarce*：熊猫是世间～有的珍贵动物。Xióngmāo shì shìjiān ～ yǒu de zhēnguì dòngwù. *The panda is one of the world's rare and valuable animals.*

【罕见】hǎnjiàn（形）很少见到的 *seldom seen*：一块～的大宝石 yí kuài ～ de dà bǎoshí *a large rare gemstone* /这场大雪是几十年来～的。Zhè cháng dà xuě shì jǐ shí nián lái ～ de. *Such a heavy fall of snow has seldom been seen for decades.*

喊 hǎn（动）(1)大声叫 *call out in a loud voice*：～口号 kǒuhào *shout a slogan* /说话声儿小一点,别这么大声～。Shuō huà shēngr xiǎo yìdiǎnr, bié zhème dà shēngr ～. *Please talk a little more quietly. Don't shout so loudly.*（2)叫（人）*call (a person)*：不用～他,他不参加这个会。Búyòng ～ tā, tā bù cānjiā zhège huì. *There's no need to call him. He isn't going to attend this meeting.* /好像有人～救命。Hǎoxiàng yǒu rén ～ jiù mìng. *I think somebody is calling for help.*

【喊话】hǎnhuà（动）远距离（向敌人)大声宣传,劝其投降 *shout over a distance propaganda to an enemy*：战士们每天晚上向敌人～。Zhànshimen měi tiān wǎnshang xiàng dírén ～. *Every evening the troops shout propaganda at the enemy.*

【喊叫】hǎnjiào（动）〈书〉高声叫或大声地说话 *shout or talk in a loud voice*：大街上发出一阵阵～声,不知发生了什么事情。Dàjiē shang fāchū yí zhènzhèn ～ shēng, bù zhī fāshēngle shénme shìqing. *A burst of shouting has broken out in the street. I wonder what happened.*

hàn

汉〔漢〕Hàn（名）(1)中国的一个朝代,公元前206年—公元220年 *a Chinese dynasty（B. C. 206—A. D. 220）*（2)◇汉族 *the Han nationality*：～人占中国人口的绝大多数。～ rén zhàn Zhōngguó rénkǒu de jué dàduōshù. *The Hans form the vast majority of China's population.*（3)（hàn）◇男子 *man；fellow*；英雄 — yīngxióng ～ *heroic fellow* /老～ lǎo～ *old man；old fellow*

【汉白玉】hànbáiyù（名）*white marble*

【汉奸】hànjiān（名）原指出卖民族利益的汉族人,今泛指出卖中国人民利益的中国人 *originally meant someone of the Han nationality who sold out his people for gain, now refers to any Chinese traitor*

【汉学家】hànxuéjiā（名）*Sinologist*

【汉语】Hànyǔ（名）汉民族的语言,是中国各民族之间的共同交际语 *the language of the Han nationality；the common language of all China's nationalities*

【汉语拼音方案】Hànyǔ Pīnyīn Fāng'àn 用拉丁字母加上表

示声调的符号,给汉字注音和拼写汉语普通话语音的方案 *the Chinese phonetic alphabet（pinyin）*
【汉字】Hànzì（名）*Chinese character*
【汉子】hànzi（名）*man；fellow*
【汉族】Hànzú（名）*Han nationality*

汗 hàn
（名）[滴 dī] *sweat；perspiration*：热得我直出～。Rè de wǒ zhí chū ～. *It was so hot that I kept perspiring.*
【汗斑】hànbān（名）[块 huài] *sweat stain*
【汗流浃背】hàn liú jiā bèi 形容汗出得多,湿透了背上的衣服 *sweating so much that the back of one's shirt is wringing wet*；天真热,我们刚跑完一圈儿,就人人～. Tiān zhēn rè, wǒmen gāng pǎowán yì quānr, jiù rénrén ～. *It was a hot day and we had only run once around the track when everybody was dripping with sweat.*
【汗马功劳】hànmǎ gōngláo 原指战功,现常指对开创某一事业作出的贡献 *originally meant exploits on the battlefield；now often means pioneering or contributing to a great task*；王校长为这所大学的创建立下了～. Wáng xiàozhǎng wèi zhè suǒ dàxué de chuàngjiàn lìxiàle ～. *Head Wang was the driving force behind the founding of the university.*
【汗毛】hànmáo（名）[根 gēn] 同 "寒毛" hánmáo *same as* "寒毛" hánmáo
【汗青】hànqīng（名）〈书〉史册 *historical records；annals*
【汗衫】hànshān（名）[件 jiàn] *sweatshirt；vest；T-shirt*
【汗水】hànshuǐ（名）〈书〉*sweat*
【汗腺】hànxiàn（名）*sweat gland*
【汗颜】hànyán（形）〈书〉惭愧 *ashamed*
【汗珠子】hànzhūzi（名）〈口〉*bead of sweat*

旱 hàn
（动）缺雨雪,跟 "涝" 相对 *lack of rain or snow；opposite of "涝"*：这个地区连续～了三年了。Zhège dìqū liánxù ～le sān nián le. *There has been a drought in this region for three years running.* /赶快浇水,别～死小苗。Gǎnkuài jiāo shuǐ, bié ～ sǐ xiǎomiáo. *Pour some water on the young shoots quickly. Don't let them die of thirst.*（名）*drought*：必须注意抗～。Bìxū zhùyì kàng ～. *It is necessary to pay attention to anti-drought measures.*（形）*dry*：这个地区得很,每年的降雨量极小。Zhège dìqū ～ de hěn, měi nián de jiàngyǔliàng jí xiǎo. *This is a very arid region, and the annual rainfall is very low.*
【旱冰场】hànbīngchǎng（名）[个 gè] *roller-skating rink*
【旱冰鞋】hànbīngxié（名）[只 zhī,双 shuāng] *roller-skates*
【旱地】hàndì（名）*non-irrigated farmland*
【旱季】hànjì（名）*dry season*
【旱涝保收】hàn lào bǎo shōu 无论降雨量大小,庄稼都能保证有通常的收获量 *ensuring a steady harvest of crops no matter whether there is too much or too little rain*：自从兴修水利以后,这里的庄稼年年～。Zìcóng xīngxiū shuǐlì yǐhòu, zhèlǐ de zhuāngjia niánnián ～. *Since the construction of water-conservancy projects, the local harvests have been guaranteed every year.*
【旱路】hànlù（名）陆地上的交通路线 *transportation routes on land；overland transport*
【旱情】hànqíng（名）干旱的情况 *drought；conditions of drought*
【旱伞】hànsǎn（名）[把 bǎ] *parasol*
【旱象】hànxiàng（名）干旱的现象 *phenomenon of drought；signs of drought*
【旱烟】hànyān（名）装在旱烟袋里吸的烟丝或烟叶 *leaf or cut tobacco for a long-stemmed Chinese pipe*
【旱烟袋】hànyāndài（名）吸旱烟的用具 *long-stemmed Chinese pipe*

【旱灾】hànzāi（名）由于缺乏雨水,造成农作物大量减产的自然灾害 *severe crop failure due to lack of rain*

捍 hàn
【捍卫】hànwèi（动）以抵御手段加以保卫 *defend；guard*：～祖国领空 ～ zǔguó lǐngkōng *defend the nation's air space*

悍 hàn
（形）◇ 勇猛 *brave；bold；courageous*：一员～将 yì yuán ～ jiàng *a brave warrior*
【悍然】hànrán（副）〈书〉蛮横地、不顾一切地 *outrageously；flagrantly*：侵略者～占领了这块土地。Qīnlüèzhě ～ zhànlǐngle zhè kuài tǔdì. *The invaders outrageously seized this area of land.* /劫机者～杀害了两名人质。Jiéjīzhě ～ shāhàile liǎng míng rénzhì. *The highjackers flagrantly murdered two hostages.*

焊 hàn
（动）*weld；solder*：铁壶漏水的地方已经～好了。Tiěhú lòu shuǐ de dìfang yǐjīng ～hǎo le. *The place where the kettle was leaking has been soldered.*
【焊工】hàngōng（名）（1）*welding；soldering*（2）*welder；solderer*
【焊接】hànjiē（动）*join by welding or soldering*：铁栏杆断了,工人把它～起来了。Tiě lángan duàn le, gōngrén bǎ tā ～ qilai le. *The railing snapped, so the workmen are welding it back in place.*
【焊枪】hànqiāng（名）*welding torch；blowpipe*
【焊条】hàntiáo（名）[根 gēn] *welding rod*

hāng

夯 hāng
（名）砸实地基用的工具 *instrument for tamping（ramming）earth solid*（动）用夯砸 *tamp；use a tamper*

háng

行 háng
（名）◇ 行业 *trade；profession；business*：我们需要各～各业的人材。Wǒmen xūyào gè ～ gè yè de réncái. *We need qualified people in all trades and professions.* /干医生这～的,非有个好身体不可。Gàn yīshēng zhè ～ de, fēi yǒu ge hǎo shēntǐ bùkě. *You've got to have a robust constitution to engage in the medical profession.*（动）（兄弟姐妹）按年龄排次序 *rank by age among brothers and sisters*：他们兄弟三个,他～二。Tāmen xiōngdì sān ge, tā ～ èr. *There are three brothers and he is the second.*（量）用于成行的东西 *row；queue；line*：排队买票的人排成两～。Pái duì mǎi piào de rén páichéng liǎng ～. *There are two lines of people queueing up to buy tickets.* /第三页第五～有两个错字。Dìsān yè dìwǔ ～ yǒu liǎng ge cuòzì. *There are two erroneous characters on the fifth line of page three.* /欧洲的sonnet 我们叫十四～诗。Ōuzhōu de "sonnet" wǒmen jiào shísì ～ shī. *We call the European sonnet the 14-line poem.* 另见 xíng
【行当】hángdang（名）（～儿）〈口〉行业 *trade；profession；business*
【行话】hánghuà（名）各行各业的专门用语 *specialised jargon used in different lines of work*
【行会】hánghuì（名）旧时同行业的手工业者或商人的联合组织 *in former times, an association of artisans or tradesmen；guild*
【行家】hángjiā（名）内行人 *expert；specialist；connoisseur*；

小王虽不是木工,却可以算个木工的～。Xiǎo Wáng suī bú shì mùgōng, què kěyǐ suàn ge mùgōng de ～. *Although Xiao Wang isn't a carpenter he could be considered an expert at working in wood.* /找个～来看看,电视机为什么不出图像。Zhǎo ge ～ lái kànkan, diànshìjī wèi shénme bù chū tú-xiàng. *We had better get an expert to come and look at the television and find out why there's no picture.*

【行距】hángjù（名）〈农〉space between rows (of rice, etc.)

【行列】hángliè（名）人(或物)排成的竖行和横行的总称,常用来比喻为同一目标而奋斗的集体 ranks (rows) of men or objects；(often used figuratively) groups fighting for a common objective：参加游行的人排成整齐的。Cānjiā yóuxíng de rén páichéng zhěngqí de ～. *The people participating in the demonstration formed neat rows.* /我也加入了教师的～。Wǒ yě jiārùle jiàoshī de ～. *I also have joined the ranks of the teachers.*

【行情】hángqíng（名）price quotations：国际市场小麦的～平稳。Guójì shìchǎng xiǎomài de ～ píngwěn. *Wheat prices are stable on the international market.* /黄金～有上涨的趋势。Huángjīn ～ yǒu shàngzhǎng de qūshì. *Gold prices have a tendency to rise.*

【行市】hángshi（名）市面上的商品的一般价格 general price of goods on the market：去了解一下今天集上大米的～。Qù liǎojiě yíxià jīntiān jíshang dàmǐ de ～. *Go and find out today's market price of rice.* /国际市场上的棉花～怎么样? Guójì shìchǎng shang de miánhua ～ zěnmeyàng? *How's the price of cotton on the international market?*

【行业】hángyè（名）工商业中的类别,泛指职业 a sector of industry or commerce；profession：各个～都有自己的专家。Gè ge ～ dōu yǒu zìjǐ de zhuānjiā. *Every trade has its specialists.* /每个～选出五个优秀代表参加大会。Měi ge ～ xuǎnchū wǔ ge yōuxiù dàibiǎo cānjiā dàhuì. *Every profession selected five outstanding representatives to take part in the conference.*

【行业语】hángyèyǔ（名）〈语〉同"行话" hánghuà same as "行话" hánghuà

杭 háng

【杭育】hángyō（象声）重体力劳动时呼喊的声音 a grunting cry uttered while doing heavy work；"heave-ho"

航 háng

（动）◇ 航行 navigate；sail：舰队明早要远～。Jiànduì míng zǎo yào yuǎn ～. *The fleet will start on a long voyage early tomorrow.*

【航标】hángbiāo（名）navigation mark；buoy

【航程】hángchéng（名）飞机、船只由起点到终点航行的路程 the route followed by a plane or ship from the starting point to the destination：从北京坐飞机到上海～是多少公里? Cóng Běijīng zuò fēijī dào Shànghǎi ～ shì duōshǎo gōnglǐ? *How many kilometers is it from Beijing to Shanghai by plane?*

【航次】hángcì（名）飞机或轮船航行的班次 the flight (voyage) number of an airplane (ship)

【航道】hángdào（名）船舶在江河湖泊等水域中安全行驶的通道 a safe channel for boats to traverse on rivers, lakes, etc.

【航海】hánghǎi（动）navigate

【航空】hángkōng（名）aviation：民用～ mínyòng ～ civil aviation /～公司 ～ gōngsī civilian airline company

【航空兵】hángkōngbīng（名）airman

【航空模型】hángkōng móxíng model airplane

【航空母舰】hángkōngmǔjiàn（名）[艘 sōu] aircraft carrier

【航空信】hángkōngxìn（名）[封 fēng] airmail letter

【航路】hánglù（名）船只航行的路线 sea route

【航模】hángmó（名）航空模型的简称 abbreviation for "航空模型" hángkōng móxíng

【航天】hángtiān（名）space flight

【航天舱】hángtiāncāng（名）space capsule

【航天飞机】hángtiān fēijī spaceship；space shuttle

【航天服】hángtiānfú（名）[件 jiàn、套 tào] space suit

【航天通信】hángtiān tōngxìn space communications

【航线】hángxiàn（名）[条 tiáo] 空中和水上航行的路线 air or shipping route

【航向】hángxiàng（名）course (of a ship or plane)

【航行】hángxíng（动）(船在水上或飞机在天空)行驶 sail or fly

【航运】hángyùn（名）水上运输事业的统称 general term for transportation by water

hàng

巷 hàng
另见 xiàng

【巷道】hàngdào（名）〈矿〉tunnel；drift；gallery

hāo

薅 hāo
（动）用手拔(草、毛、发等细小的东西) pluck (small things such as grass, hair, etc.) by hand：在稻田里～草 zài dàotián li ～ cǎo weeding a paddy field

háo

号〔號〕háo
（动）〈口〉大叫,大哭 shout loudly；cry aloud：那个小孩儿～了半天,没人理他。Nàge xiǎoháir ～le bàntiān, méi rén lǐ tā. *That child cried for ages but nobody took any notice.* 另见 hào

【号叫】háojiào（动）拖长声音大声叫唤 call out in a long and loud voice；wail

【号哭】háokū（动）连喊带叫大声哭 wail loudly

【号啕大哭】háotáo dàkū 大声哭 wail loudly：听到母亲去世的消息,她～。Tīngdào mǔqin qùshì de xiāoxi, tā ～. *When she heard of her mother's death she burst into a fit of crying.*

蚝〔蠔〕háo
（名）oyster

【蚝油】háoyóu（名）oyster sauce

毫 háo
（名）(1)细长的毛 fine long hair (2)〈书〉指毛笔 writing brush：挥～作画 huī háo zuò huà draw a picture with a brush

【毫安】háo'ān（量）〈电〉milliampere

【毫不】háobù（副）一点儿也不,多修饰双音节词语 not at all；not in the least；not in the slightest (usually followed by a disyllabic word or phrase)：～利己,专门利人,是很不容易的～ lì jǐ, zhuānmén lì rén, shì hěn bù róngyì de. *It is not easy to be not in the least bit selfish.* /别人给他提了不少批评意见,但他～在乎。Biéren gěi tā tíle bù shǎo pīpíng yìjian, dàn tā ～ zàihu. *Other people have criticised him but he takes not the slightest notice.* /为了攻克技术难关,花多少精力他都～吝惜。Wèile gōngkè jìshù nánguān, huā duōshǎo jīnglì tā dōu ～ lìnxī. *No matter how much effort it takes to overcome technical problems, he doesn't begrudge it in the least.*

【毫发】háofà（名）〈书〉毫毛和头发，比喻极小的数量（多用于否定式）fine strands of fur or hair; metaphorically used to signify an extremely small amount (often used in the negative)；～不差　bú chà not the slightest difference

【毫克】háokè（量）milligram

【毫厘】háolí（名）一毫一厘，形容极少的数量 the least bit; iota; smallest amount；差之～，失之千里。Chā zhī ～, shī zhī qiān lǐ. The smallest slip can lead you far astray.

【毫毛】háomáo（名）[根 gēn]人或鸟兽身上的细毛 fine hairs on the bodies of humans or animals；他打仗十分勇敢，可是居然没有损失一根～。Tā dǎ zhàng shífēn yǒnggǎn, kěshì jūrán méiyou sǔnshī yì gēn ～. He fought bravely but didn't suffer the slightest harm.

【毫米】háomǐ（量）millimetre

【毫升】háoshēng（量）millilitre

【毫无】háowú（动）一点儿也没有；宾语至少是双音节词 not the slightest (its object must be at least a disyllabic word)；～准备　zhǔnbèi without any preparation at all /～感觉　gǎnjué numb /～悔过之意 ～ huǐguò zhī yì completely unrepentant /这孩子太淘气，爸爸妈妈对他～办法。Zhè háizi tài táoqì, bàba māma duì tā ～ bànfǎ. This naughty boy leaves his parents completely helpless.

豪 háo

【豪放】háofàng（形）气魄大而无所拘束（指人的性格）a bold and unrestrained spirit (referring to a person's character)；性情～　xìngqíng～ rugged disposition

【豪富】háofù（形）〈书〉有钱有势 wealthy and influential（名）〈书〉有钱有势的人 a wealthy and powerful person

【豪华】háohuá（形）(1)（生活上）奢侈、铺张（living）luxurious; sumptuous (2)（建筑、设备等）富丽堂皇（architecture, installations）luxurious; grand; sumptuous；～型轿车 ～xíng jiàochē luxurious (gorgeous) car /这家饭店十分～。Zhè jiā fàndiàn shífēn ～. This restaurant is extremely posh.

【豪杰】háojié（名）〈旧〉才能出众的人 a person of exceptional talent or outstanding ability

【豪迈】háomài（形）气魄大，勇往直前 bold and heroic；这些年轻人决心为保卫祖国这一～～事业贡献一切。Zhèxiē niánqīng rén juéxīn wèi bǎowèi zǔguó zhè yì ～ shìyè gòngxiàn yíqiè. These young people have made up their minds to devote themselves to the noble cause of defending their country.

【豪门】háomén（名）有钱有势的家庭 rich and influential family

【豪气】háoqì（名）英雄气概 heroic spirit

【豪情】háoqíng（名）〈书〉豪迈的感情 noble sentiment；满怀～奔向新的工作岗位。Mǎnhuái ～ bēn xiàng xīn de gōngzuò gǎngwèi. Filled with lofty sentiments he hastened to his new post.

【豪情壮志】háoqíng zhuàngzhì 豪迈的感情和伟大的志向 lofty sentiments and noble aspirations；中国运动员们在国际比赛中勇于拼搏，体现了中国青年为国争光的～。Zhōngguó yùndòngyuánmen zài guójì bǐsài zhōng yǒngyú pīnbó, tǐxiànle Zhōngguó qīngnián wèi guó zhēng guāng de ～. The Chinese athletes displayed (embodied) the noble aspirations of China's youth to win glory for their country through their spirited participation in international competitions.

【豪绅】háoshēn（名）旧社会地方上依仗封建势力欺压百姓的绅士 despotic gentry or squirearchy of the old feudal society

【豪爽】háoshuǎng（形）（人的性格）豪放直爽 straightforward; forthright; honest (of a person's character)

【豪言壮语】háoyán zhuàngyǔ 表示自己的志愿、对待人生的态度的气魄很大的语言 bold words expressing one's aspirations and attitude to life；光说些～不行，得有实际行动。Guāng shuō xiē ～ bù xíng, děi yǒu shíjì xíngdòng. Mere high-sounding words are not enough. We need practical action.

【豪壮】háozhuàng（形）（精神、气概）雄壮（spirit or attitude）heroic; majestic

壕 háo

（名）◇(1)人工挖掘的围绕城墙的河 man-made moat around a city wall；护城～　hùchéng ～ protective moat around a city (2)在作战时为掩护用挖的沟 trench dug for protection in wartime；防坦克～　fáng tǎnkè ～ anti-tank shelter /防空～　fángkōng ～ air raid shelter

【壕沟】háogōu（名）[条 tiáo]为作战时起掩护作用而挖掘的沟 ditch or trench dug for protective purposes in wartime

嚎 háo

（动）大声叫 cry out loudly；狼～　láng ～ howl of a wolf; A wolf howls.

hǎo

好 hǎo

（形）(1)符合道德标准 morally right；～人～事 ～ rén ～ shì good people and good deeds /～作风　zuòfēng good style of work; good way of doing things /～同志 ～ tóngzhì good comrade (2)使人满意的，效率高的 satisfactory; efficient；服务态度～　fúwù tàidù ～ The service is quite satisfactory. /～药　yào effective medicine /～办法～ bànfǎ proper method /～领导　lǐngdǎo good leadership /经营得～　jīngyíng de ～ manage efficiently (3)具备应有的性质，优点多 having the proper qualities; having many advantages /～天气 ～ tiānqì fine weather /眼睛～～ yǎnjing ～ having keen eyesight /这个牌子的手表不～。Zhège páizi de shǒubiǎo bù ～. This brand of watch is no good. /他的理发技术～。Tā de lǐ fà jìshù ～. He is very skillful at cutting hair. /这位师傅四川菜做得～。Zhè wèi shifu Sìchuān cài zuò de ～. This chef really knows how to prepare Sichuan dishes. /～教员 ～ jiàoyuán an accomplished teacher /～酒 ～ jiǔ good wine (4)友爱、和睦 friendly; nice；夫妇感情～。Fūfù gǎnqíng ～. They are a very affectionate couple. /两家关系～。Liǎng jiā guānxi ～. The two families get along well together. /对人态度～　duì rén tàidù ～ good attitude towards other people (5)有益、有用，profitable; useful；运动对身体～。Yùndòng duì shēntǐ ～. Exercise is good for the body. /你还是去一趟～。Nǐ háishì qù yí tàng ～. It would be better for you to go there. /阳光是个～东西。Yángguāng shì ge ～ dōngxi. Sunshine is very beneficial. /这样对待他不～。Zhèyàng duìdài tā bù ～. This is no way to treat him. (6)健康；没毛病的 healthy; without flaws /心情不大～。Xīnqíng búdà ～. I don't feel in a good mood. /我听说她病了，不知道现在～了没有。Wǒ tīng shuō tā bìng le, bù zhīdào xiànzài ～ le méiyou. I heard that she was ill, and wonder whether she's better now. /他本来左眼就失明了，现在那只一眼睛又坏了。Tā běnlái zuǒ yǎn jiù shī míng le, xiànzài nà zhī ～ yǎnjing yòu huài le. He has already lost the sight in his left eye and now his good eye has deteriorated. /这些碗有～的，有残的，你自己挑吧。Zhèxiē wǎn yǒu ～ de, yǒu cán de, nǐ zìjǐ tiāo ba. Some of these bowls are sound, some are cracked. You can choose for yourself. (7)作结果补语（acts as a complement of result）①完成 complete；晚饭做～了，现在就吃吗？Wǎnfàn zuò～ le, xiànzài

jiù chī ma? *Dinner's ready. Shall we eat?* /你的毕业论文什么时候可以写～? Nǐ de bì yè lùnwén shénme shíhou kěyǐ xiě～? *When can you finish your graduation thesis?* /请客的事我们已经商量～了，就定在星期六晚上。Qǐng kè de shì wǒmen yǐjīng shāngliang ～ le, jiù dìng zài xīngqīliù wǎnshang. *We've already finished discussing the dinner party, and decided on Saturday evening.* ②应有的状态 proper:书架上的书太乱，你把它摆～! Shūjià shang de shū tài luàn, nǐ bǎ tā bǎi～! *The books on the bookshelves are in a mess. You'd better tidy them up.* /同学们坐～，我们上课了。Tóngxuémen zuò～, wǒmen shàng kè le. *Sit up properly. We're about to start the lesson.* (8)单独用，表示赞许、同意 when used alone indicates praise or agreement:～，就照你说的办。～，jiù zhào nǐ shuō de bàn. *All right, we'll do it your way.* /～，我和你一起去。～, wǒ hé nǐ yìqǐ qù. *O.K. I'll go with you.* (9)"好了"表示"到此为止" "好了"indicates "let's stop here":～了，你就念到这儿吧！～ le, nǐ jiù niàndào zhèr ba! *All right, stop reading.* (副)(1)用在形容词及某些动词、短语前，表示程度深，常带有感叹语气 (used before adjectives and certain verbs and phrases to indicate a high degree; often has an exclamatory tone):～冷！～ lěng! *How cold it is!* /这件事老解决不了，让人～头疼。Zhè jiàn shì lǎo jiějué bu liǎo, ràng rén ～ tóu téng. *I haven't been able to resolve this matter for a long time. What a headache it is!* /～危险，我差点儿摔下去。～ wēixiǎn, wǒ chàdiǎnr shuāi xiàqu. *How dangerous! I almost fell down.* /～漂亮的毛衣！～ piàoliang de máoyī! *What a beautiful sweater!* /你把报放在哪里了?让我～找。Nǐ bǎ bào fàng zài nǎli le? Ràng wǒ ～ zhǎo. *Where did you put the paper? You've made me look for it everywhere.* (2)用在"几"、"多"或"一会儿"、"一阵"、"半天"等词前，表示数量多或时间长 (used before words such as "几", "多", "一会儿", "一阵", "半天" to indicate a large quantity or long time):有 ～ 几天没见到他了。Yǒu ～ jǐ tiān méi jiàndào tā le. *I haven't seen him for several days.* /～多人在排队买活鱼。～ duō rén zài pái duì mǎi huó yú. *Many people are lined up to buy live fish.* /～等了～半天他才来。Wǒmen děngle ～ bàntiān tā cái lái. *We waited for such a long time before he finally came.* /你快去追吧，他已经走了～一会儿了。Nǐ kuài qù zhuī ba, tā yǐjīng zǒule ～ yíhuìr le. *Hurry after him. He left quite a while ago.* (3)放在某些动词前，有"容易"的意思，句子的主语是受事 (used before certain verbs to mean "easy", in this case, the subject of the sentence is the object of the action):今年大学招生名额多，比较～考。Jīnnián dàxué zhāo shēng míng'é duō, bǐjiào ～ kǎo. *The planned enrolment figure for university students is high this year, so it will be relatively easy to pass the entrance exam.* /这个病 ～ 治不 ～ 治? Zhège bìng ～ zhì bù ～ zhì? *Is this disease easy to cure or not?* /坏习惯是很不～改的。Huài xíguàn shì hěn bù ～ gǎi de. *Bad habits are not easy to change.* (4)用在复合句的后一分句里，引出目的 (used in the second clause of a compound sentence to introduce the aim):他在床头放了盏台灯，晚上～看书。Tā zài chuángtóu fàngle zhǎn táidēng, wǎnshang ～ kàn shū. *He installed a reading lamp at the head of his bed so that he could read at night.* /把窗前的树枝剪去一些～让屋里亮一点。Bǎ chuāng qián de shùzhī jiǎnqù yìxiē ～ ràng wū li liàng yìdiǎnr. *Trim some of the branches in front of the window so that more light can get into the room.* 另见 hào

【好比】hǎobǐ (动)(1)如同，像……一样 be similar; be like:学习～逆水行舟，不进则退。Xuéxí ～ nì shuǐ xíng zhōu, bú jìn zé tuì. *Studying is like sailing against the current. If you don't keep going, you will lose ground.* /培养人材就～种植花木，要耐心细致。Péiyǎng réncái jiù ～ zhòngzhí

huāmù, yào nàixīn xìzhì. *Nurturing talent is like planting flowers or trees. You have to be patient and meticulous.* (2)比如，常与"说"连用 for example (often used with "说"):他的兴趣十分广泛，～说游泳、摄影、唱歌、演戏什么的都喜欢。Tā de xìngqù shífēn guǎngfàn, ～ shuō yóuyǒng, shèyǐng, chàng gē, yǎn xì shénmede dōu xǐhuān. *He has a wide range of interests. For instance, he likes swimming, photography, singing, acting in a play, etc.*

【好不】hǎobù (副)用在一些双音形容词前表示程度深。多见于书面语，"好不……"多作谓语或补语 (used before certain disyllabic adjectives to indicate a high degree, usu. seen in the written language; "好不..." usu. serves as a predicate or complement):农贸市场上熙熙攘攘～热闹。Nóngmào shìchǎng shang xīxīrǎngrǎng ～ rènao. *What a busy place the farmers' market is, with people bustling about.* /当个小学教员，起早贪黑，～辛苦。Dāng ge xiǎoxué jiàoyuán, qǐ zǎo tān hēi, ～ xīnkǔ. *How hard it is to be a primary school teacher, starting work early and knocking off late.* /这种鬼天气，细雨绵绵，～让人心烦。Zhè zhǒng guǐ tiānqi, xìyǔ miánmián, ～ ràng rén xīnfán. *This kind of terrible weather, the endless drizzle, is so irritating!* /他怎么还不来?让人等得～心焦! Tā zěnme hái bù lái? Ràng rén děng de ～ xīnjiāo! *Why hasn't he come yet? This is really worrying!* "好不容易"和"好容易"一样，都是"很不容易"的意思，只作状语，常与"才"连用，只用于已然 ("好不容易" and "好容易" both mean "很不容易" (not easily); can only serve as an adverbial; often used together with "才"; only used for that which has already occurred):他跑到海边看海潮去了，～容易才把他找回来。Tā pǎodào hǎi biānr kàn hǎicháo qu le, ～ róngyi cái bǎ tā zhǎo huílai. *He ran to the seashore to watch the tide. I had a hard time getting him back here.* /小白的棋艺比我高，赢了我好几盘，我～容易才赢了他一盘。Xiǎo Bái de qíyì bǐ wǒ gāo, yíngle wǒ hǎo jǐ pán, wǒ ～ róngyì cái yingle tā yì pán. *Xiao Bai's skill at chess is better than mine. He won several games. It was with great difficulty that I won one game with him.* /～容易把这匹烈马给驯服了。～ róngyi bǎ zhè pǐ liè mǎ gěi xúnfú le. *It was with great difficulty that I tamed this wild horse.* 以上例句中的"好不容易"都可以换成"好容易" (the "好不容易" in the above examples can all be replaced by "好容易")

【好吃】hǎochī (形)味道好 pleasant tasting; delicious:这种苹果很～。Zhè zhǒng píngguǒ hěn ～. *This kind of apples are delicious.* "好吃的"指好吃的东西 "好吃的" means things which are good to eat:去商店买点～的。Qù shāngdiàn mǎi diǎnr ～ de. *Go to the shop and buy something nice to eat.* /我饿了，你有没有什么～的?Wǒ è le, nǐ yǒu méi yǒu shénme ～ de?*I'm hungry. Have you got anything nice to eat?*

【好处】hǎochu (名)对人或事物有利的因素 qualities beneficial to people or things:抽烟对身体没有～，只有害处。Chōu yān duì shēntǐ méi yǒu ～, zhǐ yǒu hàichu. *Smoking has no benefits for one's health, only harm.* /引导儿童看有益的书，～很多。Yǐndǎo értóng kàn yǒuyì de shū, ～ hěn duō. *Many benefits accrue from getting children to read wholesome books.* /把营业时间拖长有什么～呢?Bǎ yíngyè shíjiān tuōcháng yǒu shénme ～ ne? *What would be the advantage of extending business hours?*

【好歹】hǎodǎi (名)(1)笼统的非具体事物的好坏 the general abstract notion of good and bad:他怎么分不清～? Tā zěnme fēn bu qīng ～? *How is it he can't tell good from evil?* (2)危险(多指生命危险) danger (often danger to life):年龄这么大，得了这个病，很难说不发生什么～。Niánlíng zhème dà, déle zhège bìng, hěn nánshuō bù fāshēng shénme ～. *Catching this disease at such an ad-*

vanced age could be very dangerous.（副）（1）将就，凑合，马马虎虎 make do with; put up with; carelessly：他匆匆忙忙 回家里里，～ 吃点东西又出去了 Tā cōngcongmángmáng pǎohuí jiā lǐ, ~ chī diǎnr dōngxi yòu chūqu le. He hurried home, made to with what there was to eat, then went out again. /考察队在山林里搭了个小茅棚，～能挡风雨就住下了。Kǎocháduì zài shānlín li dāle ge xiǎo máopéng, ~ néng dǎngdang fēngyǔ jiù zhùxia le. The observation team built a small thatched shack on the wooded mountain. It was just good enough to shelter them from the wind and the rain.（2）不管怎样；无论如何，带有勉强的语气 no matter in what way; anyhow; at any rate; in any case：她要是在家，～能帮点忙，免得我一个人忙得团团转。Tā yàoshi zài jiā, ~ néng bāng diǎnr máng, miǎnde wǒ yí ge rén máng de tuántuán zhuàn. If she's home, she helps in whatever way she can so that I don't have to run around in circles. /他～念完了大学，也有了工作。Tā ~ niànwánle dàxué, yě yǒule gōngzuò. At any rate, he has finished university and has already found a job. "好歹"可以重叠，意思不变 "好歹" can be reduplicated; the meaning remains the same：我们好好歹歹把晚饭做出来了。Wǒmen hǎohǎodǎidǎi bǎ wǎnfàn zuò chulai le. At any rate, we've made supper.

【好感】hǎogǎn（名）对人对事的满意或喜欢的心情。常作"有"的宾语 feelings of satisfaction or fondness towards a person or object (often acts as the object of "有")：我对印象派艺术没有兴趣，所以不想去看那个画展。Wǒ duì yìnxiàngpài yìshù méi yǒu ~, suǒyǐ bù xiǎng qù kàn nàge huàzhǎn. I'm not very fond of the Impressionists, so I don't want to go to that exhibition. /这个人很诚恳、热情，谁见他都会产生～。Zhège rén hěn chéngkěn, rèqíng, shuí jiàn tā dōu huì chǎnshēng ~. He is very sincere and warm-hearted. Everyone who meets him likes him.

【好汉】hǎohàn（名）原为旧式武侠小说中的英雄人物，勇敢正直，武艺高强。现用于评价人物，含感情色彩 originally a bold knight-errant in the old novels of adventure; nowadays used as a term with emotional overtones：你考虑考虑自己的能力，要是不行，就不要去充什么～！Nǐ kǎolǜ kǎolǜ zìjǐ de nénglì, yàoshi bù xíng, jiù búyào qù chōng shénme ~! Check your own abilities very carefully. If they are not good enough, don't go around pretending to be a hero. /他赤手空拳打退了三个暴徒，真不愧是个～！Tā chì shǒu kōng quán dǎtuìle sān ge bàotú, zhēn búkuì shì ge ~! He beat off three ruffians with his bare hands! He really is a man of spirit. /～做事一当，我不怕承认这事是我干的。zuò shì ~ dāng, wǒ bú pà chéngrèn zhè shì shì wǒ gàn de. A real man accepts the consequences of his actions, so I'm not afraid to admit that I did this.

【好好儿】hǎohāor（形）（～的）形容情况正常 normal; proper：你看，我不是～的吗？谁说我病了！Nǐ kàn, wǒ búshì ~ de ma? Shui shuō wǒ bìng le! I'm perfectly all right, don't you think? Who said I was ill? /～的画儿给弄脏了。~ de yì zhāng huàr gěi nòngzāng le. A perfectly good picture got all dirty. /你～（地）躺着，别动。Nǐ ~ (de) tǎngzhe, bié dòng. Just lie there. Don't move. /你～地跟他谈，别发脾气。Nǐ ~ de gēn tā tán, bié fā píqi. Just talk to him properly. Don't get angry.（副）尽力地；尽情地 to the best of one's ability; to one's heart's content：你～回忆一下当时的情况。Nǐ ~ huíyì yíxià dāngshí de qíngkuàng. Try your best to remember the situation at that time. /别打扰他，让他～休息休息。Bié dǎrǎo tā, ràng tā ~ xiūxi xiūxi. Don't disturb him. Let him have a good rest. /你帮了我的大忙了，我得～谢谢你。Nǐ bāngle wǒ de dà máng le, wǒ děi ~ xièxie nǐ. You've been a great help to me. I really must do my best to thank you. /有空咱们俩～聊一聊。Yǒu

kòng zánmen liǎ ~ liáo yi liáo. Let's have a good chat when you have the time. "好好儿"后也可以带"地"（"好好儿"may also be followed by "地"）：你得～地学学，人家是怎样做的。Nǐ děi ~ de xuéxue, rénjia shì zěnyàng zuò de. You must do your best to learn how it is done by others. /我要～地思考这些问题。Wǒ yào ~ de sīkǎo zhèxiē wèntí. I want to think these problems over carefully. /你的病还没好，还需要～地治一治。Nǐ de bìng hái méi hǎo, hái xūyào ~ de zhì yi zhì. You're not well yet. You still need to cure your illness properly.

【好好先生】hǎohǎo xiānsheng 对什么人都很好，不管对不对都不争辩，只希望大家能够和平相处的人 a person who never argues with anyone whether they are right or wrong, but always tries not to offend

【好家伙】hǎojiāhuo（叹）〈口〉表示惊讶或赞叹 exclamation of surprise or approval：～，你居然一上午就看完一本小说！～, nǐ jūrán yí shàngwǔ jiù kànwán yì běn xiǎoshuō! Good for you! You read a whole novel in one morning! /～，有这么多衣服要洗呵！～, yǒu zhème duō yīfu yào xǐ a! Good Lord! I've got all these clothes to wash.

【好久】hǎojiǔ（名）很长时间，指说话以前的时间（previous to the time of the speaker's words）：我～没回家乡了。Wǒ ~ méi huí jiāxiāng le. I haven't been back to my hometown for ages. /等了他～。Děngle tā ~. I waited for him for a long time. /那是～以前的事了，我早就忘了。Nà shì ~ yǐqián de shì le, wǒ zǎo jiù wàng le. That happened a long time ago. I had forgotten all about it. /我写了封信给他，～以后他才回信。Wǒ xiěle fēng xìn gěi tā, ~ yǐhòu tā cái huí xìn. I wrote to him but I didn't get a reply for a long time afterwards.

【好看】hǎokàn（形）（1）美观 pleasant to look at：这孩子长得真～。Zhè háizi zhǎng de zhēn ~. This child is really lovely. /他穿浅色衣服比穿深色衣服～。Tā chuān qiǎnsè yifu bǐ chuān shēnsè yifu ~. He looks smarter in light-coloured clothes than in dark-coloured ones. /我想买套～的茶具。Wǒ xiǎng mǎi tào ~ de chájù. I want to buy a lovely tea set.（2）"脸上好看"意思是光彩、光荣 "脸上好看"means splendour, glory, honour：学生学习成绩出色，老师脸上也～。Xuésheng xuéxí chéngjì chūsè, lǎoshī liǎnshang yě ~. If the students do well, they will do great credit to their teachers.（3）"要某人的好看"，意思是使某人难堪 "要某人的好看" means to cause somebody embarrassment：明知我不会唱歌，还硬要我唱，简直是要我的～。Míngzhī wǒ bú huì chàng gē, hái yìng yào wǒ chàng, jiǎnzhí shì yào wǒ de ~. You know very well that I can't sing, but you insist that I do so. I think you're just trying to make a fool of me.

【好人】hǎorén（名）（1）道德品质好的人 person of high moral calibre; good person（2）身体健康，没病的人（和"病人"相对）person with a healthy constitution (opposite to "病人")

【好容易】hǎoróngyi（副）见"好不"hǎobù

【好生】hǎoshēng（副）（1）同副词"好"hǎo，但用得较少 same as the adverb "好" hǎo, but seldom used：这个人～面熟，好像在哪儿见过。Zhège rén ~ miànshú, hǎoxiàng zài nǎr jiànguo. This person looks quite familiar. I think I've seen him somewhere before. /听了他的话，我心里～不解，难道他真的变了吗？Tīngle tā de huà, wǒ xīnli ~ bùjiě, nándào tā zhēnde biànle ma? I was quite puzzled when I heard what he said. Had he really changed? /有时候我上家里找他，看他那爱理不理的样子，我～恼火。Yǒu shíhou wǒ shàng jiā lǐ zhǎo tā, kàn tā nà ài lǐ bù lǐ de yàngzi, wǒ ~ nǎohuǒ. Sometimes when I went to his home and saw his stand-offish manner, I got rather irritated.（2）"好好地"的意思 to the best of one's ability; to one's heart's content：你～睡吧，到时间我叫你。Nǐ ~ shuì ba, dào shíjiān wǒ

jiào nǐ. *Try to get some sleep. I'll call you when it's time.* /他经常教育孩子，要～学习，掌握知识，将来更好地工作。Tā jīngcháng jiàoyù háizi, yào ～ xuéxí, zhǎngwò zhīshi, jiānglái gèng hǎo de gōngzuò. *He often teaches children to do their best to learn and get a good grasp on knowledge so as to be able to work better in future.*

【好事】hǎoshì（名）(1)有益的事 *something beneficial* (2)〈书〉喜庆的事 *happy event; wedding*

【好手】hǎoshǒu（名）在某方面技艺精湛或能力很强的人 *person of outstanding ability or consummate skill at some technique*：她是个织毛衣的～。Tā shì ge zhī máoyī de ～. *She is an expert at knitting sweaters.*

【好受】hǎoshòu（形）(身心)感到愉快，舒服 *feel happy or comfortable*：外面天气太热，屋里～多了。Wàimiàn tiānqì tài rè, wū li ～ duō le. *It is too hot outside. We feel much more comfortable inside the room.* /他刚才挨了一顿批评，心里正不～呢！Tā gāngcái ái le yí dùn pīpíng, xīnli zhèng bù ～ ne! *He has just been criticized, so he is feeling peevish.*

【好说】hǎoshuō（形）套语，用在别人向自己请求帮助时，表示不必客气 *a polite formula used in the sense of "don't mention it" when someone apologizes for troubling you*：你去邮局时，请代我买几张邮票，麻烦你了。——～，没什么。Nǐ qù yóujú shí, qǐng dài wǒ mǎi jǐ zhāng yóupiào, máfan nǐ le. —— ～, méi shénme. *Could I trouble you to buy me some stamps when you go to the post office? Of course. No trouble at all.*

【好说话儿】hǎo shuō huàr〈口〉指脾气好，遇事容易商量 *good-natured, easy to reason with about problems*：他这人很～，你去求他，他准能帮忙。Tā zhè rén hěn ～, nǐ qù qiú tā, tā zhǔn néng bāng máng. *He is very good-natured. Go and see him. He will be sure to help you.* /有的事情他～，有的事情就不～。Yǒude shìqing tā ～, yǒude shìqing jiù bù ～. *He is very easy-going about some things, but strict about others.*

【好似】hǎosì（动）好像。不如"好像"口语化，用得较少 *seem; be like; be similar to (as colloquial as "好像", comparatively rarely used)*：平静的湖水～一面明亮的镜子。Píngjìng de húshuǐ ～ yí miàn míngliàng de jìngzi. *The calm lake was like a bright mirror.* /老宋从老伴的眼色里一觉察到了什么东西，但又说不出来是什么。Lǎo Sòng cóng lǎobànr de yǎnsè li ～ juéchá dàole shénme dōngxi, dàn yòu shuō bù chūlái shì shénme. *Lao Song seemed to have sensed that there was something in the glance his wife gave him, but he couldn't put his finger on what it was.* /～只要找到那个人，一切问题就好办了。～ zhǐyào zhǎodào nàge rén, yíqiè wèntí jiù hǎo bàn le. *It seems that as long as that person can be found, all problems can be easily handled.* /他～听见背后有人在嘲笑他。Tā ～ tīngjiàn bèihòu yǒu rén zài cháoxiào tā. *He seemed to have heard someone laughing at him behind his back.* /在火车站的人群里，要寻找一个不很熟悉的人～大海捞针一样。Zài huǒchēzhàn de rénqún li, yào xúnzhǎo yí ge bù hěn shúxi de rén ～ dàhǎi lāo zhēn yíyàng. *Looking for someone whom one doesn't know very well amidst the crowd at the railway station is like looking for a needle in a haystack.*

【好听】hǎotīng（形）(1)悦耳 *pleasant to hear*：这支曲子你觉得～吗？Zhè zhī qǔzi nǐ juéde ～ ma? *Do you like this tune?* /你听这鸟叫得多～！Nǐ tīng zhè niǎo jiào de duō ～! *Listen to how pleasantly this bird sings.* (2)(言语)使人满意 *(words) which cause satisfaction*：光说～的不行，还要有实际行动。Guāng shuō ～ de bù xíng, hái yào yǒu shíjì xíngdòng. *It is not enough just to speak pleasant words. You need practical action too.* /他的话不怎么～，然而是真心话。Tā de huà bù zěnme ～, rán'ér shì zhēnxīnhuà. *His

words may not be pleasant to hear but they are sincere.*

【好玩儿】hǎowánr（形）〈口〉(处所、物件、幼儿或活动)能引起兴趣 *(places, objects, children or actions which) cause interest or fun*：有些玩具很～，连大人都喜欢。Yǒuxiē wánjù hěn ～, lián dàrén dōu xǐhuan. *Some toys are such fun that even adults like them.* /～的电子游戏机使许多人着迷。～ de diànzǐ yóuxìjī shǐ xǔduō rén zháo mí. *Some people get absorbed in playing interesting electronic games.* /两三岁的孩子最～。Liǎng-sān suì de háizi zuì ～. *Children of two or three years old are lots of fun.* /哪儿～，我们就到哪儿去旅行。Nǎr ～, wǒmen jiù dào nǎr qù lǚxíng. *We'll make a trip to any interesting place.*

【好闻】hǎowén（形）气味香 *having pleasant odour*：有些花香我认为并不～。Yǒuxiē huā xiāng wǒ rènwéi bìng bù ～. *I don't like the smell of some flowers.* /锅里煮着什么呢？这么～！Guō li zhǔzhe shénme ne? zhème ～! *What's boiling in the pot? It certainly smells nice.*

【好像】hǎoxiàng（动）(1)像，后边可加"是"，可与"一样"或"似的"呼应 *be like; be similar (can have "是", "一样" or "似的" following)*：今天真暖和，～(是)春天。Jīntiān zhēn nuǎnhuo, ～ (shì) chūntiān. *It's really warm today, just like spring.* /他在水里游来游去，～鱼一样。Tā zài shuǐ li yóulái yóuqù, ～ yú yíyàng. *He swims about in the water just like a fish.* (2)似乎、仿佛，后边可加"是"，可与"似的"呼应 *seem; reminiscent of (can have "是" or "似的" after)*：今天～比昨天冷点儿。Jīntiān ～ bǐ zuótiān lěng diǎnr. *Today seems a bit colder than yesterday.* /我～是看过这个电影。Wǒ ～ shì kànguo zhège diànyǐng. *I seem to have seen this film before.* /他～有点儿不高兴似的。Tā ～ yǒudiǎnr bù gāoxìng shìde. *He seems to be a little unhappy.* "好像……似的"或"好像……一样"作状语，"似的"或"一样"是不能少的 *when "好像……似的" or "好像……一样" serves as an adverbial, "似的" or "一样" cannot be omitted*：他听到这一消息，～受到沉重的打击一样地倒在床上。Tā tīngdào zhè yì xiāoxi, ～ shòudào chénzhòng de dǎjī yíyàng de dǎo zài chuáng shang. *As soon as he heard this news, he fell on the bed as though he had been struck by a heavy blow.*

【好笑】hǎoxiào（形）使人发笑；可笑。不如"可笑"常用 *laughable; amusing (not used as often as "可笑")*：看我做的这件蠢事，多～！Kàn wǒ zuò de zhè jiàn chǔnshì, duō ～! *It is really funny to see me do such a stupid thing.*

【好些】hǎoxiē（数）〈口〉很大的数量。如用于可数名词，也可说"好些个" *large number ("好些个" can be used to indicate nouns of an indefinite plural number)*：我们这里～(个)人学过英语。Wǒmen zhèli ～ (ge) rén xuéguo Yīngyǔ. *Lots of us here have studied English.* /我家里东西不少，但是没用的。Wǒ jiā li dōngxi bù shǎo, kěshì ～ shì méi yòng de. *We have lots of things in the house but many of them are useless.* /你要塑料袋吗？我给你，我有～呢。Nǐ yào sùliàodài ma? Wǒ gěi nǐ, wǒ yǒu ～ ne. *Do you want a plastic bag? I'll give you one. I've got lots of them.* /地上有～土。Dì shang yǒu ～ tǔ. *There is a lot of dust on the floor.*

【好心】hǎoxīn（名）(1)好意，为对方着想的善良愿望 *benevolent disposition towards others*：他出于～，才直率地讲出你的缺点来。Tā chūyú ～, cái zhíshuài de jiǎng chū nǐ de quēdiǎn lai. *It is only because he shows his good will that he can point out your shortcomings so frankly.* /我～帮助你，你怎么反倒埋怨我呢？Wǒ ～ bāngzhu nǐ, nǐ zěnme fǎndào mányuàn wǒ ne? *I helped you out of the goodness of my heart, so why are you so resentful of me?* /他劝你别那样做，完全是一片～。Tā quàn nǐ bié nàyàng zuò, wánquán shì yípiàn ～. *When he tells you not to act that way, he is simply showing his good will towards you.* (2)好心肠，常说"好心人" *kindhearted (often "好心人")*：他是个～人，

准会帮助你。Tā shì ge ~ rén, zhǔn huì bāngzhu nǐ. *He is a kindhearted person. He will be sure to help you.*

【好样儿的】hǎoyàngde（名）〈口〉有骨气，有胆量或有作为的人，常说"是好样儿的" *having strength of character; moral fiber (often "是好样儿的")*：这些青年人都是~。Zhèxiē qīngnián rén dōu shì ~. *These young people are all fine, upstanding types.* /他没考上大学，却自学成材，当上了工程师，是个~。Tā méi kǎoshang dàxué, què zìxué chéng cái, dāngshangle gōngchéngshī, shì ge ~. *Although he never went to university, he studied by himself and became an engineer. He is a man of fine character.*

【好意】hǎoyì（名）同"好心" hǎoxīn same as "好心" hǎoxīn：大家好心~地劝他，他却当做耳旁风。Dàjiā hǎoxīn ~ de quàn tā, tā què dàngzuò ěrpángfēng. *Although everybody gave him sincere, good-hearted advice he took absolutely no notice.* /感谢你对我的一番~。Gǎnxiè nǐ duì wǒ de yì fān ~. *Thank you for your kindness to me.*

【好意思】hǎoyìsi（形）不怕难为情（常用于反问句）*fearing no embarrassment (often used in rhetorical questions)*：上次把他的笔用坏了，这次怎么~再去借呢! Shàng cì bǎ tā de bǐ yònghuài le, zhè cì zěnme ~ zài qù jiè ne! *I broke his pen last time, so I'm embarrassed to ask to borrow it again.* /走后门买火车票，你还一说呢! Zǒu hòumén mǎi huǒchēpiào, nǐ hái ~ shuō ne! *You bought a train ticket through "the back door"! Aren't you ashamed to say so?*

【好在】hǎozài（副）有"幸亏"xìngkuī 的意思，指出在困难或不利的情况下有有利条件，但不像用"幸亏"时有庆幸避免了不幸的后果的感觉。可以用在句首 *fortunately; luckily (has the same meaning as "幸亏" xìngkuī, but does not imply rejoicing at having avoided a misfortune as "幸亏" does; can be used at the beginning of a sentence)*：~这一带他很熟悉，所以就是晚上也无不会迷路。~ zhè yídài tā hěn shúxí, jíshǐ shì wǎnshang yě bú huì mí lù. *Fortunately he's familiar with this area, so even if it were evening, he wouldn't get lost.* /这是家常便饭，随便吃一点，~你也不是外人。Zhè shì jiācháng biànfàn, suíbiàn chī yìdiǎnr, ~ nǐ yě bú shì wàirén. *This is but simple homely food. Help yourself to some. Luckily you're not an outsider.* /~孩子们也长大了，在家务上也能帮忙。~ háizimen yě zhǎngdà le, zài jiāwù shang yě néng bāng máng. *Fortunately the children have grown up. They can help with the housework too.* 同一情况由于说话人想法不同可用"幸亏"也可用"好在" *(even if the situation is the same, the speaker could choose to use either "幸亏" or "好在" depending on his feeling of it)*：幸亏他提醒了我，我差点儿忘了打电话。Xìngkuī tā tíxǐngle wǒ, wǒ chàdiǎnr wàngle dǎ diànhuà. *Fortunately he reminded me. I almost forgot to call.* /~他提醒了我，电话已经打了。~ tā tíxǐngle wǒ, diànhuà yíjīng dǎ le. *Luckily he reminded me. I've already made the call.*

【好转】hǎozhuǎn（动）向好的方面转变 *take a turn for the better; improve*：他的病情开始~了。Tā de bìngqíng kāishǐ ~ le. *His illness has begun to take a turn for the better.* /家里经济状况~以后，再添置家具吧。Jiā li jīngjì zhuàngkuàng ~ yǐhòu, zài tiānzhì jiājù ba. *We'll buy more furniture after the economic situation at home improves.*

hào

号〔號〕hào（名）[个 gè]（1）军队或乐队里所用的喇叭 *trumpet or bugle*：吹~ chuī ~ *blow a trumpet* （2）用号吹出的，表示一定意义的声音 *signal or command blown on a bugle*：起床~ qǐ chuáng ~ *reveille* /冲锋~ chōngfēng ~ *signal to charge* （3）排定的次序 *order of sequence*：我要去外科挂个

~。Wǒ yào qù wàikē guà ge ~. *I want to register in the surgical department.* /编～ biān ~ *give a number to* /六~房间 liù ~ fángjiān *Room No. 6* （4）大小的等级 *grading of size*：大~皮鞋 dà ~ píxié *large-sized shoes* /五~铅字 wǔ ~ qiānzì *No. 5 type size* （5）一个月里的日子 *indicates a day of the month*：十一月一~ shíyīyuè yī ~ *the first of November* 另见 hǎo

【号称】hàochēng（动）（1）以某名著称 *noted for; be known as*：中国四川省～天府之国。Zhōngguó Sìchuān Shěng ~ tiān fǔ zhī guó. *Sichuan is known as a land of plenty.* /那片森林地区～中国的植物园。Nà piàn sēnlín dìqū ~ Zhōngguó de zhíwùyuán. *That forested area is known as China's botanical garden.* （2）名义上是 *nominal; in name*：这个单位～研究所，其实没作什么研究。Zhège dānwèi ~ yánjiūsuǒ, qíshí méi zuò shénme yánjiū. *This unit is called a research unit, but in fact they have never done any research.*

【号角】hàojiǎo（名）〈书〉传达命令的喇叭一类的东西，现在多用于比喻 *originally a bugle or signal trumpet, but nowadays used figuratively*：向尖端科学进军的～吹响了。Xiàng jiānduān kēxué jìnjūn de ~ chuīxiǎng le. *The bugle has sounded for a march to the frontiers of science.*

【号令】hàolìng（名）[个 gè]特指战斗时指挥部的命令 *order, particularly from a command post during a battle*：发出～ fāchū ~ *issue an order* /一声～，全军动员起来。Yì shēng ~, quán jūn dòngyuán qǐlái. *Upon the order being given, the whole army mobilized.*

【号码】hàomǎ（名）（~儿）[个 gè] *number (showing place in order)*：每页右上角都有~。Měi yè yòu shàng jiǎo dōu yǒu ~. *Every page is numbered in the top right-hand corner.* /每个房间的门上都写着房间~。Měi ge fángjiān de mén shang dōu xiězhe fángjiān ~. *The room number is on the door of every room.*

【号手】hàoshǒu（名）[名 míng] *trumpeter; bugler*

【号外】hàowài（名）[张 zhāng]报社为及时报导某项重要消息，临时增出的小型报纸 *small-format edition of a newspaper carrying timely news of special importance; an "extra"*

【号召】hàozhào（动）召唤广大群众共同去做某一件事 *appeal to the masses to join in some project*：厂工会~青年工人上业余大学。Chǎng gōnghuì ~ qīngnián gōngrén shàng yèyú dàxué. *The factory committee appeals to the young workers to attend a spare-time university.* （名）[个 gè] *call; appeal; exhortation*：发出~ fāchū ~ *issue an appeal* /响应～ xiǎngyìng ~ *respond to an appeal; answer a call*

【号子】hàozi（名）在集体劳动中为协调动作所唱的歌，多由一人领唱，众人应和 *work song sung to coordinate the movements of the laborers, with one person leading and the others responding*

好 hào（动）（1）喜爱，爱好。宾语多是动词或动词性短语，以及某些形容词 *like; love; be fond of (the object is often a verb, verbal phrase or even an adjective)*：他很~学，也~动脑筋。Tā hěn ~ xué, yě ~ dòng nǎojīn. *He is fond of studying, and loves using his brains.* /女孩子们多半都~美。Nǚ háizimen duōbàn dōu ~ měi. *Most young girls like to look pretty.* /他~静不~动。Tā ~ jìng bú ~ dòng. *He is fond of peace and quiet. He doesn't like a lot of bustle.* （2）容易发生或常常发生。指人的行为 *easily occurring or often occurring (indicates a person's actions or temperament)*：~发火~ fā huǒ *quick-tempered* /小孩儿~哭，大半是有病。Xiǎoháir ~ kū, dàbàn shì yǒu bìng. *If a baby keeps crying he's probably ill.* 另见 hǎo

【好大喜功】hào dà xǐ gōng（不切实际地）想做大事立大功

(*somewhat impractically*) *yearning to do great deeds*

【好高务远】hào gāo wù yuǎn 追求脱离实际的过高的目标 *aspire to an unrealistically high goal*;*"bite off more than one can chew"*:既要严格要求自己,又要避免～。Jì yào yángé yāoqiú zìjǐ,yòu yào bìmiǎn ～. *You must make strict demands on yourself, but at the same time avoid aiming too high.* /只学了一年英语就开始翻译英文小说,真是～。Zhǐ xuéle yì nián Yīngyǔ jiù kāishǐ fānyì Yīngwén xiǎoshuō,zhēn shì ～. *To start translating an English novel after only studying English for one year is really setting one's sights too high.*

【好高骛远】hào gāo wù yuǎn 同"好高务远"hào gāo wù yuǎn *same as "好高务远"* hào gāo wù yuǎn

【好客】hàokè (形) 乐于热情接待客人 *taking delight in entertaining guests*;*hospitable*;*keep an open house*:他特别～,家里客人不断。Tā tèbié ～,jiā li kèrén bú duàn. *He's really hospitable. He's always got guests coming round.*

【好奇】hàoqí (形) 对自己所不了解的事情觉得新奇而感兴趣 *feeling novelty and interest in things one doesn't understand*;*curious*:这个人一点～心也没有,什么都不感兴趣。Zhège rén yìdiǎnr ～ xīn yě méi yǒu,shénme dōu bù gǎn xìngqu. *He hasn't a spark of curiosity in him. He has no interest in anything.* /他太～了,什么都想看看。Tā tài ～ le,shénme dōu xiǎng kànkan. *He is too inquisitive. He wants to have a look at everything.*

【好强】hàoqiáng (形) 特别希望自己事事做得完满、美好 *eager to do everything perfectly or nicely*:这孩子很～,学习很努力。Zhè háizi hěn ～,xuéxí hěn nǔ lì. *This child is really keen to do well. He studies very hard.* /他是个～的人,工作上从来不肯落在别人后头。Tā shì ge ～ de rén,gōngzuòshang cónglái bù kěn luò zài biérén hòutou. *He's very keen to excel and determined never to fall behind the others in his work.*

【好胜】hàoshèng (形) 处处都想胜过别人 *always trying to do better than other people*:太～和不～都不好。Tài ～ hé bú ～ dōu bù hǎo. *Always trying to outdo others and never trying to outdo others are both just as bad.*

【好恶】hàowù (名) 〈书〉对人或事物的喜爱和厌恶 *likes and dislikes*;*taste*:这些都是好诗,但个人～不同,不一定每个人每首都喜欢。Zhèxiē dōu shì hǎo shī,dàn gèrén ～ bù tóng,bù yídìng měi ge rén měi shǒu dōu xǐhuan. *These poems are all good, but as people's tastes differ, not everybody will like all of them.* /不要根据自己的～评价一个人。Búyào gēnjù zìjǐ de ～ píngjià yí ge rén. *You shouldn't judge people according to your own likes and dislikes.*

【好逸恶劳】hào yì wù láo 〈贬〉喜好安逸,厌恶工作 *loving ease and hating toil*:这个人就是～,什么活儿都不愿干。Zhège rén jiù shì ～,shénme huór dōu bú yuàn gàn. *He is a lazybones. He won't do any kind of work.* /～的人绝不会有成就。～ de rén jué bú huì yǒu chéngjiù. *A person who loves leisure and hates work will never be successful.*

【好战】hàozhàn (形) 爱好挑起战争 *fond of war*;*bellicose*;*warlike*:希特勒是个～的独裁者。Xītèlè shì ge ～ de dúcáizhě. *Hitler was a warmongering dictator.*

耗 hào

(动)(1)消耗 *consume*;*waste*;*cost*:这项研究很～时间。Zhè xiàng yánjiū hěn ～ shíjiān. *This item of research is taking up a lot of time.* /这种电冰箱～电量大。Zhè zhǒng diànbīngxiāng ～ diàn liàng dà. *This type of refrigerator consumes a lot of electricity.* (2)〈口〉拖延,呆着不工作 *procrastinate*;*dawdle*;*idle*:他一～就是一天,什么也不干。Tā yí ～ jiù shì yì tiān,shénme yě bú gàn. *Once he starts to loaf around he does nothing the whole day.* /工作做完了就可以回家,不必在这儿～着。Gōngzuò zuòwánle

jiù kěyǐ huí jiā,búbì zài zhèr ～ zhe. *When you have finished your work you can go home. There is no need to hang around here.* (名)〈书〉◇坏的消息 *bad news*:死～ sǐ ～ *news of a death*

【耗费】hàofèi (动) 消耗、费,含有浪费的意思 *consume*;*spend* (*in the sense of waste*):～人力物力 ～ rénlì wùlì *use up manpower and resources* /要考虑时间～得有没有价值。Yào kǎolù shíjiān ～ de yǒu méi yǒu jiàzhí. *We have to consider whether it is worth spending the time* (*on doing something*). /抽烟、喝酒太～钱,而且对身体也有害。Chōu yān、hē jiǔ tài ～ qián,érqiě duì shēntǐ yě yǒuhài. *Smoking and drinking are a great waste of money, besides being harmful to one's health.*

【耗损】hàosǔn (动) 消耗损失 *waste*;*lose*:有的货物在运输中总要～一部分。Yǒude huòwù zài yùnshū zhōng zǒng yào ～ yí bùfen. *Some goods always suffer partial loss in transit.* (名) *wastage*:除去～,实际卖了五百五十斤苹果。Chúqu ～,shíjì màile wǔbǎi wǔshí jīn píngguǒ. *Not counting the wastage, I sold off 550 jin of apples.*

【耗子】hàozi (名) 〈口〉[只 zhī] *mouse*;*rat*

浩 hào

【浩大】hàodà (形)(气势、规模)盛大 *grand* (*in scale or vigor*):工程～ gōngchéng ～ (*engineering*) *project imposing in scale* /声势～ shēngshì ～ *tremendous impetus* (*momentum*) /唐代长安城规模～。Tángdài Cháng'ān chéng guīmó ～. *The Tang Dynasty capital of Chang'an was built on a magnificent scale.*

【浩荡】hàodàng (形) 水势大,泛指广阔或壮大 *rush of water, generally used to indicate vast in extent or mighty in strength*:～的南海 ～ de nánhǎi *boundless South Sea* /～的人群 ～ de rénqún *vast concourse of people* /大街上充满了浩浩荡荡的游行队伍。Dàjiē shang chōngmǎnle hàohàodàngdàng de yóuxíng duìwu. *The main street was filled with hordes of demonstrators.*

【浩瀚】hàohàn (形)〈书〉广大,漫无边际,繁多 *vast*;*boundless*;*all sorts of*:～的原始森林 ～ de yuánshǐ sēnlín *boundless primeval forest* /～的沙漠 ～ de shāmò *vast desert* /典籍～ diǎnjí ～ *huge collection of ancient archives*

【浩劫】hàojié (名)〈书〉大灾难 *calamity*;*catastrophe*;*disaster*

【浩如烟海】hào rú yān hǎi (文献、资料等)非常丰富 *rich*;*voluminous*;*abundant* (*of documents, data etc.*):历史上遗留下来的图书典籍～! Lìshǐ shang yíliú xialai de túshū diǎnjí ～! *A tremendous number of documents have been handed down by history.*

hē

呵 hē

(动)呼(气),哈(气) *exhale through the mouth*;*blow a puff of breath*:冷得他直～手。Lěng de tā zhí ～ shǒu. *It was so cold he kept blowing on his hands* (*to warm them*). (叹)表示惊讶和赞美 (*indicates amazement and admiration*):～,你这么快就写完了! ～,nǐ zhème kuài jiù xiěwán le! *Good heavens! You've finished writing it already!*

【呵斥】hēchì (动)〈书〉大声斥责 *scold loudly*;*berate*:～孩子不是教育。～ háizi bú shì jiàoyù. *Scolding children is not the same as educating them.*

【呵呵】hēhē (象声) 形容笑声 *the sound of laughter*

【呵欠】hēqiàn (名) *yawn*

喝 hē

（动）(1)drink：～茶 ～ chá drink tea /～酒 ～ jiǔ drink alcoholic beverages（2）特指喝酒 particularly drinking wine，etc.：他每天晚饭时总要～两杯。Tā měi tiān wǎnfàn shí zǒng yào ～ liǎng bēi. He is in the habit of having a couple of drinks with his supper.（叹）(1) 同"嗬" hē(1) same as "嗬" hē(1)：～，这房子可真漂亮！～，zhè fángzi kě zhēn piàoliang！Oh，what a beautiful house！/～，你们来得多早啊！～，nǐmen lái de duō zǎo a！Oh，you've come so early？(2) 同"嗬" hē(2) same as "嗬" hē(2)：～，好像没有你不懂的事。～，hǎoxiàng méi yǒu nǐ bù dǒng de shì. My，it seems there's nothing you don't understand. /～，现在老王可神气了，当了科长了嘛。～，xiànzài Lǎo Wáng kě shénqi le，dāngle kēzhǎng le ma！My，isn't Lao Wang the wonderful one. He's now the section chief. 另见 hè

嗬 hē

（叹）(1)表示惊喜、赞美（indicates a pleasant surprise or praise）ah；oh：～，这车跑得真快！～，zhè chē pǎo de zhēn kuài！Oh，this vehicle goes so fast！/～，这孩子长这么高了。～，zhè háizi zhǎng zhème gāo le. Oh，this child has grown so tall！/～，看他这身衣服多精神！～，kàn tā zhè shēn yīfu duō jīngshen！Oh，look how wonderful the outfit he's wearing is！(2)带有讽刺、玩笑的口气（has a sarcastic or jesting tone）：～，什么事都少不了你，你真成了大红人了。～，shénme shì dōu shǎo bu liǎo nǐ，nǐ zhēn chéngle dà hóngrén le. Oh，so nothing can be done without you！Haven't you become the important one！/～，你可真敢吹牛皮！～，nǐ kě zhēn gǎn chuī niúpí！My，don't you talk big！

hé

禾 hé

（名）◇ standing grain（especially rice）

【禾苗】hémiáo（名）[棵 kē]谷类作物的幼苗 seedlings of cereal crops

合 hé

（动）(1)闭，对拢 close；put together：～上书 ～ shang shū close a book /笑得～不上嘴 xiào de ～ bu shàng zuǐ laugh uproariously（with a wide-open mouth）(2)聚集、共同，常作状语 collectively；together（used as an adverbial）：同心～力地干 tóng xīn ～ lì de gàn work in complete harmony /两人～写一本书。Liǎng rén ～ xiě yì běn shū. The two of them co-authored a book. /几家商店～办一个托儿所。Jǐ jiā shāngdiàn ～ bàn yí ge tuō'érsuǒ. Several stores jointly run a nursery school.（3）符合 accord with；conform to；in keeping with：分配我当教员，正～我的心意。Fēnpèi wǒ dāng jiàoyuán，zhèng ～ wǒ de xīnyì. Assignment as a teacher is just what I want. /这样做不～国家政策。Zhèyàng zuò bù ～ guójiā zhèngcè. This is not in accord with the national policy.（4）折合，共计 convert into；total up；sum up：一美元～多少人民币？Yī měiyuán ～ duōshao rénmínbì？One American dollar is equal to how many renminbi？/ 这件大衣连料子带手工～多少钱？Zhè jiàn dàyī lián liàozi dài shǒugōng ～ duōshao qián？How much is this coat，including materials and tailoring？/一米～三市尺。Yì mǐ ～ sān shìchǐ. One meter is equal to three chi.

【合抱】hébào（动）两臂围拢那么大的（多作定语，形容树木、柱子等的粗细）span of both arms（used to describe the thickness of trees，pillars，etc.）：～的古松 ～ de gǔsōng an old pine tree as thick as a man's arm span /这棵树两个人都～不了。Zhè kē shù liǎng ge rén dōu ～ bù liǎo. Two people couldn't put their arms round this tree.

【合并】hébìng（动）合到一起 merge into one；amalgamate；两个组～成一个组了。Liǎng ge zǔ ～ chéng yí ge zǔ le. Two groups（units）were merged into one. /这两个问题可以一在一起讨论。Zhè liǎng ge wèntí kěyǐ ～ zài yìqǐ tǎolùn. We can deal with both these questions in the same discussion. /A 班只剩四个学生了，可以～到 B 班去上课。A bān zhǐ shèng sì ge xuésheng le，kěyǐ ～ dào B bān qù shàng kè. There are only four students left in class A，so we can absorb them into class B. /这几件事可以～处理。Zhè jǐ jiàn shì kěyǐ ～ chǔlǐ. We can handle all these things at the same time.

【合不来】hé bu lái（动）性情不相投，相处不和睦 be different in temperament；uncongenial：他们俩有点儿～。Tāmen liǎ yǒudiǎnr ～. Somehow the two of them can't get along. / 他跟谁都～. Tā gēn shuí dōu ～. He can't get along with anyone.

【合唱】héchàng（名）chorus；choir：男声～ nánshēng ～ male voice choir /女声～ nǚshēng ～ female voice choir /黄河大～ Huáng Hé Dà～ The Yellow River Chorus /参加～团 cānjiā ～tuán join a choir

【合成】héchéng（动）(1)由部分组成整体；合并成 compose a whole out of parts；amalgamate；merge：三年级的两个班～一个班了。Sān niánjí de liǎng ge bān ～ yí ge bān le. Two third-year classes were merged into one.（2）通过化学反应把（成分简单的物质）变成（成分复杂的物质），常作定语 form a compound from basic elements through chemical reaction（often used attributively）：～染料 ～ rǎnliào synthetic dyestuff /～石油 ～ shíyóu synthetic petroleum

【合成氨】héchéng'ān（名）synthetic ammonia

【合成词】héchéngcí（名）由两个或更多的词素构成的词 word formed of two or more morphemes；compound word：“火车”是由“火”和“车”组成的～。"Huǒchē" shì yóu "huǒ" hé "chē" zǔchéng de ～. "火车" is a compound word made of "火" and "车".

【合成革】héchénggé（名）synthetic leather

【合成纤维】héchéng xiānwéi synthetic fiber

【合成橡胶】héchéng xiàngjiāo synthetic rubber

【合得来】hédelái（动）性情相投，相处很好 compatible in temperament；getting along well together：他们俩～。Tāmen liǎ ～. Those two people are well suited to each other. /他跟小王还算～. Tā gēn Xiǎo Wáng hái suàn ～. He gets along pretty well with Xiao Wang.

【合法】héfǎ（形）符合法律规定 in accordance with the law；legal；lawful；legitimate：取得～地位 qǔdé ～ dìwèi obtain a legal status /进行～斗争 jìnxíng ～ dòuzhēng conduct a legal battle /这样做～吗？Zhèyàng zuò ～ ma？Is this action legal？/ 决不能做不～的事。Jué bù néng zuò bù ～ de shì. We definitely can't do anything that's against the law.

【合法化】héfǎhuà（动）变为合法的 make legal；legalize：决不能让走后门～。Jué bù néng ràng zǒu hòumén ～. We certainly can't allow any legalization of "back-door" transactions.

【合格】hégé（形）符合标准 qualified；up to standard：～产品 ～ chǎnpǐn quality product /不～的产品一律不许出厂。Bù ～ de chǎnpǐn yílǜ bùxǔ chū chǎng. No substandard products are allowed to leave the factory. /做一个～的教师。Zuò yí ge ～ de jiàoshī. be a qualified teacher / 这种领导很不～。Zhè zhǒng lǐngdǎo hěn bù ～. Such a leader is not up to the post.

【合股】hé=gǔ 几个人聚集资金（经营某项事业）常作状语 several people pooling their funds（to run an enterprise）（often used adverbially）：几个青年～创办了一个奶牛场。Jǐ ge qīngnián ～ chuàngbànle yí ge nǎiniúchǎng. Several young people pooled their capital to found a dairy farm. / 他想和别人～开设一个服装店。Tā xiǎng hé biérén ～ kāishè yí ge fúzhuāngdiàn. He wants to open a clothing

store in partnership with some other people.

【合乎】héhū（动）符合（愿望、要求等）conform to; correspond to（wishes, demands, etc.）：～要求 ～ yāoqiú meet (conform to) a demand /～标准 ～ biāozhǔn meet (up to) standard

【合伙】hé＝huǒ 合成一伙（做某件事）form a partnership (to accomplish something)：～经营农场 ～ jīngyíng nóngchǎng run a farm in partnership /他太不民主，我不愿意跟他～。Tā tài bù mínzhǔ, wǒ bú yuànyì gēn tā ～. He is too despotic. I don't want to work in partnership with him. /这个养鸡场是几个女青年～干起来的。Zhège yǎngjīchǎng shì jǐ ge nǚ qīngnián ～ gàn qilai de. This chicken farm was started up by a partnership of several young women.

【合计】héjì（动）〈口〉(1)盘算 calculate：我们正在～着人力怎样安排更合理。Wǒmen zhèngzài ～ zhe rénlì zěnyàng ānpái gèng hélǐ. We are just figuring out how best to deploy our personnel. (2)商量 think over; discuss：有什么问题大家一起～～。Yǒu shénme wèntí dàjiā yìqǐ ～ ～. If there is any problem you should all work it out together.

【合金】héjīn（名）alloy：铝～ lǚ～ aluminum alloy

【合金钢】héjīngāng（名）alloy steel

【合理】hélǐ（形）合乎道理或事理 conforming to reason of logic：对不～的规定可以提出来讨论讨论。Duì bù ～ de guīdìng kěyǐ tí chūlai tǎolun tǎolun. Any unreasonable rules can be brought up for discussion. /谁提出来的方案，就采纳谁的。Shuí tí chulai de fāng'àn ～, jiù cǎinà shuí de. If anyone comes up with a reasonable plan we will adopt it. /价格很～。Jiàgé hěn ～. The price is reasonable. /～使用 ～ shǐyòng put to reasonable use /～调整 ～ tiáozhěng reasonable adjustment (revision)

【合理化】hélǐhuà（动）变得更加合理 make more rational; rationalize：～建议 ～ jiànyì rational proposal /实行科学管理，使企业生产越来越～。Shíxíng kēxué guǎnlǐ, shǐ qǐyè shēngchǎn yuèláiyuè ～. The practice of scientific management is promoting the rationalization of enterprise production.

【合力】hélì（名）〈物〉resultant of forces（动）join forces; pool efforts：几个村子～修一个水库。Jǐ ge cūnzi ～ xiū yí ge shuǐkù. Several villages joined efforts to build a reservoir.

【合流】héliú（动）(1)（河流）汇合在一起 confluence of rivers (2)比喻在思想行动上趋于一致，多含贬义 figuratively used of the convergence of ideology and action（often containing a pejorative sense）：两小股恶势力～后，在社会上形成一大害。Liǎng xiǎo gǔ è shìlì ～ hòu, zài shèhuì shang xíngchéng yí dà hài. After the two minor pernicious forces merged they formed a great social evil.

【合龙】hélóng（动）修筑堤坝、桥梁等从两端施工，最后在中间接合 closure（of a dam, dyke, etc.）：新建的大坝不久即将～。Xīn jiàn de dàbà bùjiǔ jíjiāng ～. The sections of the new dam will soon be closed. /黄河大桥顺利地完成了～工程。Huáng Hé Dàqiáo shùnlì de wánchéngle ～ gōngchéng. The work of joining the sections of the Great Yellow River Bridge has been carried out smoothly.

【合拢】hé＝lǒng（两个东西）并在一起 close up：用手一碰，含羞草两片叶子就～了。Yòng shǒu yí pèng, hánxiūcǎo liǎng piàn yèzi jiù ～ le. Just touch it with your finger and the two leaves of the sensitive plant will close up. /他笑得嘴都合不拢了。Tā xiào de zuǐ dōu hé bu lǒng le. He laughed with a wide-open mouth.

【合谋】hémóu（动）（几个人）共同商议策划，多含贬义（several people）scheme; plot; conspire：这是他们事前～，精心策划的。Zhè shì tāmen shìqián ～, jīngxīn cèhuà de. This is a premeditated and carefully hatched plot by them.

【合拍】hé＝pāi 符合节奏，比喻协调一致 in time（with the music）—figuratively used to mean "in step"：你唱得不～。Nǐ chàng de bù ～. You are singing out of time. /他们两人的意见很～。Tāmen liǎng rén de yìjian hěn ～. The views of those two people are in harmony. /你的想法和新的潮流太不～了。Nǐ de xiǎngfǎ hé xīn de cháoliú tài bù ～ le. Your thinking is completely out of step with the trends.

【合情合理】hé qíng hé lǐ 合乎情理 fair and reasonable; sensible：他的要求～，一点也不过分。Tā de yāoqiú ～, yìdiǎnr yě bú guòfèn. His demand is quite reasonable, not at all excessive. /这件事处理得～，两方面都没有意见。Zhè jiàn shì chǔlǐ de ～, liǎng fāngmiàn dōu méi yǒu yìjian. This matter has been handled in a very fair manner. Neither side has any objections.

【合身】héshēn（形）（～儿）衣服适合身材（clothes）fitting the figure：这件衣服我穿着很～。Zhè jiàn yīfu wǒ chuānzhe hěn ～. This coat really fits me. /他个子太大，不容易买到～的衣服。Tā gèzi tài dà, bù róngyì mǎidào ～ de yīfu. He has such a large build that it is not easy to buy clothes that fit him.

【合适】héshì（形）符合情理上或客观实际的要求 conforming to reason or objective reality：这双鞋我穿着正～。Zhè shuāng xié wǒ chuānzhe zhèng ～. These shoes are really suitable for me. /用"光明"形容眼睛是不～的。Yòng "guāngmíng" xíngróng yǎnjing shì bù ～ de. It is not appropriate to use "光明" to describe a person's eyes. /我们学校要请一位数学老师，至今没找到～的人。Wǒmen xuéxiào yào qǐng yí wèi shùxué lǎoshī, zhìjīn méi zhǎodào ～ de rén. Our school wishes to recruit a mathematics teacher, but as yet we haven't found a suitable person. /人家诚心诚意请你吃饭，你不去可不～。Rénjia chéngxīn chéngyì qǐng nǐ chī fàn, nǐ bú qù kě bù ～. When you receive a sincere dinner invitation it is impolite to refuse.

【合算】hésuàn（形）所费人力物力相对较少而收效大 the return being bigger than the expenditure（of manpower or resources）; worthwhile：这段路坐船比坐火车～，少花十多块钱。Zhè duàn lù zuò chuán bǐ zuò huǒchē ～, shǎo huā shí duō kuài qián. On this stage of the journey it is worthwhile to go by ship rather than by train. We'll save more than 10 dollars. /坐火车比坐飞机省钱，可是从时间上说不～。Zuò huǒchē bǐ zuò fēijī shěng qián, kěshì cóng shíjiān shang shuō bù ～. The train is cheaper than the airplane, but from the point of view of time it is not worth it.（动）算计 calculate：我～了一下，用这个方案既节省资金，又节省人力。Wǒ ～-le yíxià, yòng zhège fāng'àn jì jiéyuē zījīn, yòu jiéshěng rénlì. I have reckoned it up, and if we use this plan we will save both funds and manpower. /上个月花钱没～好，欠了点债。Shàng ge yuè huā qián méi ～ hǎo, qiànle diǎnr zhài. I didn't budget properly for last month so I ran into debt.

【合同】hétong（名）contract：立～ lì ～ draw up a contract/签订～ qiāndìng ～ sign a contract /履行～ lǚxíng ～ fulfill (carry out) a contract /撕毁～ sīhuǐ ～ cancel (tear up) a contract

【合同工】hétonggōng（名）企事业单位在国家劳动计划之内，用签订劳动合同的方式招收正式工人 contract employee（for a business unit which recruits workers under a contract system within the state labor plan）

【合围】héwéi（动）作战或打猎时围住（敌人或野兽）surround（an enemy in wartime or a wild animal while hunting）

【合意】hé＝yì 合乎心意 to be to one's liking or taste：这双鞋样子我觉得挺～，可惜太贵。Zhè shuāng xié yàngzi wǒ juéde tǐng ～, kěxī tài guì. I really like the style of this pair of shoes, but unfortunately they are too expensive. / 我

看了一下新出产的录音机，觉得不合我的意。Wǒ kànle yíxià xīn chūchǎn de lùyīnjī, juéde bù hé wǒ de yì. *I took a look at that new model tape recorder, but it is not to my taste.*

【合营】héyíng（动）共同经营。特指公私合营和中外合营 *jointly manage, own or operate; especially refers to public-private or Sino-foreign joint ventures*：一家私营商店资金不足，跟国营企业～了。Yì jiā sī yíng shāngdiàn zījīn bù zú, gēn guó yíng qǐyè ～ le. *A privately-owned store finds itself short of capital so it went into joint ownership with a state company.* /这家饭店是中外～企业。Zhè jiā fàndiàn shì zhōngwài ～ qǐyè. *This restaurant is a Sino-foreign joint venture.*

【合影】héyǐng（名）两个或更多的人合在一起照的相片 *a photograph taken of two or more people; a group photo*：这是我们全家的～. Zhè shì wǒmen quán jiā de ～. *This is a group photo of all our family.*

【合影】hé=yǐng 两个或更多的人在一起照相 *take a group photo*：我们几个同学合个影，怎么样？Wǒmen jǐ ge tóngxué hé ge yǐng, zěnmeyàng? *Why don't we take a group photo of our classmates together?*

【合用】héyòng（动）（大家）共同使用（一件工具或器物）*share (the use of)*：两个人～一台录音机。Liǎng ge rén ～ yì tái lùyīnjī. *This tape recorder is to be shared by two people.* (形)使用起来顺手 *smoothly operating*：这枝笔不～. Zhè zhī bǐ bù ～. *This pen doesn't work smoothly.*

【合辙】hé=zhé（1）两辆或几辆车的轮子在地上轧出来的沟一样宽，比喻说话、做事协调一致 *(originally) the ruts left by the wheels of two or more carts being the same width; used figuratively to mean in rhythm, harmony, accord*：两人想法一样，说起来就～。Liǎng rén xiǎngfǎ yíyàng, shuō qǐlai jiù ～. *If two have the same way of thinking, once they start talking they are in complete accord.*（2）(戏曲、小调)押韵 *rhyme (in a traditional opera aria or song)*：歌词～才好唱。Gēcí yào ～ cái hǎo chàng. *It is only when a song has rhymes that it is easy to sing.*

【合资经营】hézī jīngyíng 两方或多方资本经办管理（企业）*two or more partners pooling capital to run a business*

【合奏】hézòu（名）几种乐器或按种类分成的几组乐器，演奏同一乐曲 *a number of instruments playing in harmony; instrumental ensemble*：管乐～ guǎnyuè ～ *wind instrument ensemble* / 管弦乐～ guǎnxiányuè ～ *wind and string ensemble*

【合作】hézuò（动）为了同一个目的一起工作或完成某项任务 *work together for a common aim; cooperate; collaborate*：七个人分工～，完成了一项科研任务。Qī ge rén fēn gōng ～, wánchéngle yí xiàng kēyán rènwu. *With seven people sharing the work this item of scientific research was completed.* / 我们两方面可以～，编一本汉英词典。Wǒmen liǎng fāngmiàn kěyǐ ～, biān yì běn Hàn Yīng cídiǎn. *Our two parties can work together and compile a Chinese-English dictionary.* /这两个纺织厂搞技术～。Zhè liǎng ge fǎngzhīchǎng gǎo jìshù ～. *These two textile mills are operating in technical cooperation.*

【合作化】hézuòhuà（动）用合作社的组织形式，把整个地区或某一范围内分散的个体劳动者和小私有者组织起来 *be organized into cooperatives (of the individual laborers and farmers of a certain area)*：农业已经～了。Nóngyè yǐjīng ～ le. *Agriculture has already been organized into cooperatives.*

【合作社】hézuòshè（名）[个 gè]劳动人民根据互助合作的原则建立起来的经济组织 *cooperative*：农业～ nóngyè ～ *agricultural cooperative* / 手工业～ shǒugōngyè ～ *handicraft cooperative* / 信用～ xìnyòng ～ *credit cooperative*

【合作医疗】hézuò yīliáo 以生产队为单位的合作形式，实行免费或部分免费的医疗制度 *system of free or subsidized medical care based on cooperation within a production brigade as the unit*

何 hé

（代）〈书〉(1)什么 *what*：～人 ～ rén *who* /～事 ～ shì *what* (2)哪里 *where*：谣言从～而来? Yáoyán cóng ～ ér lái? *Where did the rumor come from?* (3)为什么 *why*：～出此言? ～ chū cǐ yán? *Why did you say this?* (4)表示反问（*represents a rhetorical question*）：你想自己盖房，谈～容易? Nǐ xiǎng zìjǐ gài fáng, tán ～ róngyì? *Do you think it's easy to build a house all by yourself?*

【何必】hébì（副）用反问的语气来表示不必要（*used in a rhetorical question*）*there is no need; why*：打个电话告诉我就行了，大老远的～跑一趟呢? Dǎ ge diànhuà gàosu wǒ jiù xíng le, dà lǎo yuǎn de ～ pǎo yí tàng ne? *Just give me a call to tell me. There's no need to run all the way over here.* /我上你家也不是第一次，～客气? Wǒ shàng nǐ jiā yě bú shì dìyī cì, ～ kèqi? *This isn't the first time I've come to your home. There's no need to stand on ceremony.* /有不同意见尽管提，～说气话呢? Yǒu bù tóng yìjiàn jǐnguǎn tí, ～ shuō qì huà ne? *If you have a differing opinion, feel free to express it. Why get angry?* /～等下星期? Míngtiān jiù kěyǐ chūfā. *Why wait until next week? We can leave tomorrow.* 有时"何必"加"呢"可独立成句，所说明的部分要到上文去找 "何必" *and* "呢" *can sometimes form an independent sentence which refers to the preceding text*：今天的事就算了，不要和他纠缠，～呢? Jīntiān de shì jiù suàn le, búyào hé tā jiūchán, ne? *Let today's matter rest. Why quibble with him?* /天真热，我去买几瓶汽水吧! ——～呢? 喝点冰水就行了。Tiān zhēn rè, wǒ qù mǎi jǐ píng qìshuǐr ba! —— ～ ne? Hē diǎnr bīngshuǐ jiù xíng le. *It's really hot. Let me go buy some soft drinks. —— Why bother? Let's just drink some ice water.* / 我得亲自去请他。——～呢?给他带个条子去就行了。Wǒ děi qīnzì qù qǐng tā. —— ～ ne? gěi tā dài ge tiáozi qù jiù xíng le. *I must go and invite him myself. —— There's no need. Just send him a message. That'll do.*

【何不】hébù（副）〈书〉用反问语气表示应该或可以，同"为什么不"（*used in a rhetorical sentence*）*why not*：晚上有舞会，～参加? Wǎnshang yǒu wǔhuì, ～ cānjiā? *There's a dance tonight. Why not go?* / 这橘子既然便宜，你～多买一点儿? Zhè júzi jìrán piányi, nǐ ～ duō mǎi yìdiǎnr? *Since these oranges are cheap. Why don't you buy a few more?* / 他明天要进城，～托他看看有没有凤凰女车? Tā míngtiān yào jìn chéng, ～ tuō tā kànkan yǒu méi yǒu fènghuáng nǚ chē? *He's going to town tomorrow. Why don't you ask him to see whether or not there are any Phoenix-brand women's bicycles?* /攒钱，给孩子们准备着，何必呢?～让自己生活过得好些? Zǎn qián, gěi háizimen zhǔnbèizhe, hébì ne? ～ ràng zìjǐ shēnghuó guò de hǎo xiē? *Why save money for the children? Why not have a better life for ourselves?*

【何尝】hécháng（副）〈书〉用反问的语气表示未曾或并不是，也可用于否定形式前成为双重否定（*used in a rhetorical statement to mean "have not", "did not"; can also be placed before a negative to form a double negative*）：我～想到会出这样的事? Wǒ ～ xiǎngdào huì chū zhèyàng de shì? *How could I have expected such a thing to happen?* /说这种话的人～少呢? Shuō zhè zhǒng huà de rén ～ shǎo ne? *People who say this kind of thing are not few.* /在那艰难的日子里，我～叫过一声苦? Zài nà jiānnán de rìzi lǐ, wǒ ～ jiàoguo yì shēng kǔ? *I did not complain once during the time of hardship.* / 人们的心里～不怀念他呢? Rénmen de xīnlǐ ～ bù huáiniàn tā ne? *It's not that the people don't cherish the memory of him.* /他提出了自己的看法，又～不

对? Tā tíchūle zìjǐ de kànfǎ, yòu~ bú duì? *He expressed his own view. How is that wrong?*/ 你的处境我~没考虑过? Nǐ de chǔjìng wǒ ~ méi kǎolùguo? *It's not that I haven't considered your plight before.*

【何等】héděng（副）〈书〉用赞叹的语气表示很高的程度,多修饰双音节和多音节词语,相当于"多么",可以带"地"(*used in an exclamatory sentence to indicate a high degree; usu. modifies disyllabic and polysyllabic words; similar to* "多么" *and can be used with* "地"):生活在这个时代,~幸福! Shēnghuó zài zhège shídài, ~ xìngfú! *How wonderful life is in this day and age!*/ 他回答得～巧妙! Tā huídá de ~ qiǎomiào! *What a clever answer!*/她是刚满十五岁的女孩子,却～有主见。Tā shì gāng mǎn shíwǔ suì de nǚ háizi, què ~ yǒu zhǔjiàn. *She's just a young girl of fifteen yet how well she knows her own mind.*/为人民的利益而献身~地光荣! Wèi rénmín de lìyì ér xiànshēn ~ de guāngróng! *He devoted his life to the interests of the people. How glorious!*

【何妨】héfáng（副）"不妨"的意思,带反问语气,表示可以这样做,没什么妨碍,后边的动词或形容词常用重叠式 *why not; might as well*(*has a rhetorical tone; the verb or adjective following it is often reduplicated*):这种药治感冒效果很好,~试试。Zhè zhǒng yào zhì gǎnmào xiàoguǒ hěn hǎo, ~ shìshi. *This kind of medicine is very effective in treating the flu. Why not try it?*/听说那个故事很有意思,~给我们讲讲,让我们也知道知道。Tīng shuō nàge gùshi hěn yǒu yìsi, ~ gěi wǒmen jiǎngjiang, ràng wǒmen yě zhīdao zhīdao. *We've heard that story is very interesting. Why not tell it to us?*/这个线索很重要,~仔仔细细调查一下。Zhè ge xiànsuǒ hěn zhòngyào, ~ zǐzǐxìxì diàochá yíxià. *This clue is important. You might as well investigate it very carefully.*

【何苦】hékǔ（副）用反问的语气表示不必(做有损于己或费力不讨好的事)*why bother; is it worth the trouble*:你~为这点儿小事生那么大气? Nǐ ~ wèi zhè diǎnr xiǎo shì shēng nàme dà qì? *Getting so angry over such a trifling matter — is it worth it?*/ 你经常咳嗽,~还抽烟? Nǐ jīngcháng késou, ~ hái chōu yān? *You cough a lot. Is it worth it to keep on smoking?*/他讨厌你,你~还去接近他,自找没趣儿! Tā tǎoyàn nǐ, nǐ ~ hái qù jiējìn tā, zì zhǎo méi qùr! *He can't stand you, so why do you bother trying to get close to him? You're just asking for it!*/明明知道这样做是不行的,~偏要试试呢? Míngmíng zhīdào zhèyàng zuò shì bù xíng de, ~ piān yào shìshi ne? *You know very well that doing it this way won't work, yet you're determined to try — is it worth it?* 有时"何苦"加"呢"可以独立成句或作谓语,所说明的部分要从上文中去找("何苦"*followed by* "呢" *can sometimes stand alone as a sentence or serve as a predicate and the part to which it refers can be found in the preceding phrase or sentence*):两句玩笑话,把你气成这样,~呢? Liǎng jù wánxiào huà, bǎ nì qìchéng zhèyàng, ~ ne? *Is it worth it to get so angry over a couple of words spoken in jest?*/你不戒烟哮喘病就好不了,~呢? Nǐ bú jiè yān xiàochuǎn bìng jiù hǎo bu liǎo, ~ ne? *Your asthma can't get better if you don't quit smoking — is it worth it?*/ 他的主意已定,你去劝他,只会使他不高兴,这又~ne? Tā de zhǔyì yǐ dìng, nǐ qù quàn tā, zhǐ huì shǐ tā bù gāoxìng, zhè yòu ~ ne? *His mind is already made up. If you plead with him, you will only offend him — why bother?*

【何况】hékuàng（连）(1)用在后一分句前,构成反问句,表示更进一层的意思。"何况"前可加"更",也可带"又、还";前一分句常有"尚且、都、就"或"连……都……"与它呼应 *much less; let alone* (*used before the latter of two clauses to form a rhetorical statement;* "何况" *may be preceded by*

"更" *and followed by* "又" *or* "还"; *in the first clause,* "尚且", "都", "就" *or* "连...都..." *are often used*):这么重的箱子连大人都抬不动,~小孩呢? Zhème zhòng de xiāngzi lián dàren dōu tái bu dòng, ~ xiǎoháir ne? *This suitcase is too heavy even for an adult, let alone a child.*/乘船远航本来就够辛苦了,更~又遇上了风浪! Chéng chuán yuǎn háng běnlái jiù gòu xīnkǔ le, gèng ~ yòu yùshangle fēnglàng! *It's hard enough just to travel a long distance by ship, let alone meet up with stormy waves.*/我走起来都很吃力,更～跑呢! Wǒ zǒu qǐlai dōu hěn chīlì, gèng ~ pǎo ne! *I can't walk without straining myself, much less run!*/空手爬山尚且很艰难,~还背着东西! Kōng shǒu pá shān shàngqiě hěn jiānnán, ~ hái bēizhe dōngxi! *Even with empty hands, it's difficult to climb a mountain, let alone carry something on one's back.* (2)用在后一分句前,表示进一步申述或追加理由,以加强说服力 (*used before the latter of two clauses to indicate further explanation or to add to a reason so as to further strengthen one's explanation*); *besides; moreover*:天这么热,~又没有重要事情,我不想进城去。Tiān zhème rè, ~ yòu méi yǒu zhòngyào shìqing, wǒ bù xiǎng jìn chéng qu. *It's so hot out, besides, I don't have anything important to do, so I don't feel like going downtown.*/路那么远,~还在下雨,明天再走吧! Lù nàme yuǎn, ~ hái zài xià yǔ, míngtiān zài zǒu ba! *It's so far, moreover, it's raining, so don't go until tomorrow.*/一位年近七十的老人,创作如此勤奋,已使人十分佩服,~展出的画幅幅都是精品。Yī wèi nián jìn qīshí de lǎorén, chuàngzuò rúcǐ qínfèn, yǐ shǐ rén shífen pèifu, ~ zhǎnchū de huà fúfú dōu shì jīngpǐn. *An old man approaching seventy who creates so diligently is already very admirable, but not only that, everyone of his paintings is also of the best quality.*

【何乐而不为】hé lè ér bù wéi 以反问语气表示很可以做或很愿意做 (*rhetorically expresses feasibility or strong will to do something*):这样做省工、省料,又不影响质量,那我们~呢? Zhèyàng zuò shěng gōng, shěng liào, yòu bù yǐngxiǎng zhìliàng, nà wǒmen ~ ne? *This way we save labor and materials, besides, it will have no effect on quality, so why not do it this way?*

【何去何从】hé qù hé cóng 选择什么,放弃什么(指个人或集体在重大问题上选择方向) *which course to choose and which to avoid* (*dilemma of which course to follow in some weighty matter*):小李考取大学,市足球队又想吸收他,~他还拿不定主意。Xiǎo Lǐ kǎoqǔ dàxué, shì zúqiúduì yòu xiǎng xīshōu tā, ~ tā hái ná bu dìng zhǔyì. *Xiao Li won admission to university, and at the same time the city football team wanted to recruit him. So he really was in a dilemma about what to do.*

【何如】hé rú〈书〉(1)怎么样,常作谓语 *how; how about* (*often used as a predicate*):下月组织一次旅行,~? Xià yuè zǔzhī yí cì lǚxíng, ~? *How about organizing a trip next month?* (2)用于反问句,表示不如,用得较少 (*used in a rhetorical question indicating* "better"; *comparatively rare*):这篇文章与其大改,~重写。Zhè piān wénzhāng yǔqí dà gǎi, ~ chóng xiě. *It would be better to rewrite this piece rather than make extensive corrections.*

【何谓】héwèi〈书〉什么叫做;什么是 *What is it called? What is it?*:~幸福? ~ xìngfú? *What is happiness?*/~理想? ~ lǐxiǎng? *What is the meaning of an ideal?*/ ~灵魂? ~ línghún? *What exactly is the soul?*

【何以】hé yǐ〈书〉(1)为什么 *why*:既经商定,~反悔。Jì jīng shāngdìng, ~ fǎnhuǐ. *We already came to a decision, so why are you backing out?* (2)用什么 *by what means*:如不干出点成绩来,~向同志们交代? Rú bù gàn chū diǎnr chéngjì lái, ~ xiàng tóngzhìmen jiāodài? *If you haven't*

achieved anything, how can you account for it to your comrades?

【何在】hé zài〈书〉在哪里，只用于抽象事物 *where (only referring to abstract things)*：理由～? *Lǐyóu ～? What is the ground (reason for an argument)?* /原因～? *Yuányīn ～? What is the cause?*/良心～? *Liángxīn ～? Where is your conscience?*

和 hé
(名)〈数〉*sum*：二加三的～是五。*Èr jiā sān de ～ shì wǔ. Two and three make five.* (动)结束战争或争执 *winding up of war or other strife*：两国是战～，已经到了紧要的关头。*Liǎng guó shì zhàn shì ～, yǐjīng dàole jǐnyào de guāntóu. The two countries have reached the juncture of war or peace.* /这盘棋～了。*Zhè pán qí ～ le. This chess game ended in a draw.* (形)◇平静，和暖 *calm；genial*：风～日暖。*Fēng ～ rì nuǎn. The breeze is gentle and the sun is warm.* /对敌狠，对己～。*Duì dí hěn, duì jǐ ～. ruthless towards the enemy, gentle toward one's own people* (介)意义和用法与介词"跟"gēn 相同 *same as the preposition "跟" gēn in meaning and usage* (1)同介词"跟"gēn(1)，引出动作的另一个施动者，表示动作由双方共同进行 *same as the preposition "跟" gēn(1) (introduces the other doer of an action to indicate that both parties act together)*：我～他一起打乒乓球。*Wǒ ～ tā yìqǐ dǎ pīngpāng qiú. He and I played table tennis together.* /刚才他～老张在谈话。*Gāngcái tā ～ Lǎo Zhāng zài tán huà. He and Lao Zhang were talking a moment ago.* (2)同介词"跟"gēn(2)，引出与动作有关的对方，有"对""向"的意思 *same as the preposition "跟" gēn(2) (introduces the recipient of the action; has the same meaning as "对" or "向")*：这几天他老～我念叨你。*Zhè jǐ tiān tā lǎo ～ wǒ niàndao nǐ. He has been constantly talking about you to me these past few days.* /我已经～他讲清道理了。*Wǒ yǐjīng ～ tā jiǎngqīng dàolǐ le. I have already clearly explained my reasons to him.* (3)同介词"跟"gēn(3)，引进与一方有某种联系的另一方，有"同""与"的意思 *same as the preposition "跟" gēn (3) (introduces the other party that is related to one party; has the same meaning as "同" or "与")*：这棵树长得不好～土质差有关。*Zhè kē shù zhǎng de bù hǎo ～ tǔzhì chà yǒu guān. The reason this tree is not growing well has to do with the quality of the soil.* /他的事儿～我没什么关系。*Tā de shìr ～ wǒ méi shénme guānxi. His business has nothing to do with me.* /他～我从未联系过。*Tā ～ wǒ cóng wèi liánxìguo. He has never been in contact with me.* (4)同介词"跟"gēn(4)，引出比较的对象，后面常有"相同""不同""一样""差不多""相似"等词语与之呼应 *same as the preposition "跟" gēn (4) (introduces the object of a comparison, often used together with "不同", "一样", "差不多", "相似", etc.)*：这座楼～那座楼很相像。*Zhè zuò lóu ～ nà zuò lóu hěn xiāngxiàng. This building and that one are very much alike.* /我～他比起来差得远了。*Wǒ ～ tā bǐ qǐlai chà de yuǎn le. I'm far inferior compared to him.* /那个人穿一件白上衣，个子～你差不多高。*Nàge rén chuān yí jiàn bái shàngyī, gèzi ～ nǐ chà bu duō gāo. That person is wearing a white jacket and is about as tall as you are.* (连) (1)表示平等的联合关系。它所连接的成分多是并列的词或短语，在结构上相近似，在意义上属于同类，但不连接分句 *and (indicates an equal relationship; the elements that it links are usu. juxtaposed words or expressions which have similar structures and meanings; cannot link two clauses)* ①连接并列的主语、宾语、定语、状语 *(links juxtaposed subjects, objects, attributives and adverbials)*：我～他都是上海人。*Wǒ ～ tā dōu shì Shànghǎi rén. He and I are both from Shanghai.* /这是我买的书～本子。*Zhè shì wǒ mǎi de*

shū ～ běnzi. These are the book and notebook that I bought. /我们吃～穿的东西都是劳动人民创造的。*Wǒmen chī ～ chuān de dōngxi dōu shì láodòng rénmín chuàngzào de. The things we wear and eat are all created by working people.* /今天～明天我都不在家。*Jīntiān ～ míngtiān wǒ dōu bú zài jiā. I won't be home today and tomorrow.* /学习理论～实地调查都很必要。*Xuéxí lǐlùn ～ shídì diàochá dōu hěn bìyào. Studying theory and making on-the-spot investigations are both very essential.* ②连接并列的谓语时，作谓语的动词、形容词须是双音节；而且前面须有共同的助动词或状语，或后面有共同的宾语或补语 *(when it links juxtaposed predicates, the verb or adjective that serves as the predicate must be disyllabic and is either preceded by a common auxiliary verb or adverbial, or is followed by a common object or complement)*：他能够正确认识～解决这个问题。*Tā nénggòu zhèngquè rènshi ～ jiějué zhège wèntí. He has a correct understanding of this problem and can solve it.* /他的神色十分焦燥～不安。*Tā de shénsè shífēn jiāozào ～ bù'ān. He has an extremely impatient and restless expression on his face.* /室内安排～布置得很巧妙。*Shì nèi ānpái ～ bùzhì de hěn qiǎomiào. The way the room is arranged and decorated is very clever.* /大会讨论～通过了宪法修改草案。*Dàhuì tǎolùn ～ tōngguòle xiànfǎ xiūgǎi cǎo'àn. A draft constitutional amendment was discussed and passed at the meeting.* ③连接三个或三个以上成分时，"和"放在最后两项之间，其他成分用顿号隔开 *(when it links three or more elements, "和" is placed between the final two elements and the other elements are separated by a pause-mark)*：代表团访问了北京、上海、广州～成都等地。*Dàibiǎotuán fǎngwènle Běijīng、Shànghǎi、Guǎngzhōu ～ Chéngdū děng dì. The delegation visited Beijing, Shanghai, Guangzhou and Chengdu.* /阳光、空气～水，是植物生长所需的条件。*Yángguāng、kōngqì ～ shuǐ, shì zhíwù shēngzhǎng suǒ xū de tiáojiàn. Sunlight, air and water are necessary to the growth of plants.* ④多项并列成分如有几个层次，可用"和"表示一种层次，其他层次用顿号、逗号或"与、及、以及"等表示 *(if the juxtaposed elements indicate different levels, "和" can be used to indicate one level and the other levels are indicated by a pause-mark, comma, or words such as "与, 及, 以及", etc.)*：今天爷爷、奶奶～爸爸、妈妈，以及哥哥、姐姐、弟弟、妹妹等，全家都去天安门广场照了像。*Jīntiān yéye、nǎinai ～ bàba、māma, yǐjí gēge、jiějie、dìdi、mèimei děng, quán jiā dōu qù Tiān'ānmén Guǎngchǎng zhàole xiàng. Grandpa, grandma and dad, mom, as well as my elder brother and sister, and my younger brother and sister all went to Tian'anmen Square to have their pictures taken today.* /目前城市～乡村、工人～农民以及脑力劳动～体力劳动之间的差别仍然存在。*Mùqián chéngshì ～ xiāngcūn、gōngrén ～ nóngmín yǐjí nǎolì láodòng ～ tǐlì láodòng zhī jiān de chābié réngrán cúnzài. At present, disparities still exist between urban and rural areas, workers and peasants, as well as between mental and manual labour.* (2)表示包括所有的，常用在"不论"、"无论"、"不管"之后 *(indicates that every aspect is included; often used after "不论", "无论" or "不管")*：不管男人～女人，老人～小孩，谁也不肯落后。*Bùguǎn nánrén ～ nǚrén, lǎorén ～ xiǎoháir, shuí yě bù kěn luòhòu. Whether man or woman, old or young, no one is willing to lag behind.* /无论父亲、母亲～我，谁也不反对这个意见。*Wúlùn fùqin、mǔqin ～ wǒ, shuí yě bù fǎnduì zhège yìjiàn. Neither my father or mother, nor I oppose this idea.* 另见 huó, huò

【和蔼】hé'ǎi (形)〈书〉温和 *amiable (affable) attitude*：可亲～ kěqīn *affable；friendly* /态度～ tàidù ～ *His attitude is amiable.* /老师～地询问学生学习上有什么困难。

Lǎoshī ～ de xúnwèn xuésheng xuéxíshang yǒu shénme kùnnan. *The teacher amiably asked the students what problems they had in their studies.*

【和风细雨】 hé fēng xì yǔ 比喻方式和缓，不粗暴 *figuratively used to mean gentle, amiable, as opposed to rough*：他批评人总是～的，从来不发脾气。Tā pīpíng rén zǒng shì ～ de, cónglái bù fā píqi. *When he criticizes people he always does it gently and never loses his temper.*

【和好】 héhǎo（动）恢复和睦的关系和感情 *restore harmonious relations or feelings*：夫妇二人闹了几天矛盾，现已～如初了。Fūfù èr rén nàole jǐ tiān máodùn, xiàn yǐ ～ rú chū le. *That couple were quarrelling for a few days, but now their relationship is back to normal.* /这两家邻居终于～了。Zhè liǎng jiā línjú zhōngyú ～ le. *The two neighboring families have finally patched up their differences.*

【和缓】 héhuǎn（形）（性情或言行）温和；（药的性质）平和，不剧烈 *gentle; mild (of character, speech or actions); gentle-acting (of drugs)*：态度～ tàidù ～ *of a mild disposition* /药性～ yàoxìng ～ *mild-acting medicine*（动）使和缓 *relax*：这次谈判大大～了局势。Zhè cì tánpàn dàdà ～ le júshì. *This round of negotiations has relaxed the tension.* /紧张气氛～下来了。Jǐnzhāng qìfēn ～ xialai le. *The tense atmosphere has been relaxed.*

【和解】 héjiě（动）经过解释（争执）得到解决，两方面和好（*a dispute*）*reaching a solution after explanations, with both sides satisfied*：你们～了吧！别成天吵吵闹闹的了。Nǐmen ～ le ba! bié chéngtiān chǎochaonàonào de le. *Please settle your differences and don't be arguing all the time.*

【和局】 héjú（名）（下棋或球赛中）不分胜负的结局 *a drawn game (of chess or in a contest)*

【和睦】 hémù（形）不争吵，相处得好 *harmony; absence of quarrels; concord*：家庭～是一种幸福。Jiātíng ～ shì yì zhǒng xìngfú. *Family harmony is a blessing.* /这几个同事～相处，都感到很愉快。Zhè jǐ ge tóngshì ～ xiāngchǔ, dōu gǎndào hěn yúkuài. *These colleagues get along well together. They are all very happy.* /几个同事之间很～。Jǐ ge tóngshì zhī jiān hěn ～. *There is a very harmonious relationship between these co-workers.*

【和盘托出】 hépán tuōchū 比喻全部说出，毫无隐瞒 *figuratively indicates telling all, holding nothing back*

【和平】 hépíng（名）没有战争的状态。跟战争相对 *peace (opposite of war)*：保卫世界～! Bǎowèi shìjiè ～! *Protect world peace!* /争取～的国际环境，进行社会主义建设。Zhēngqǔ ～ de guójì huánjìng, jìnxíng shèhuìzhǔyì jiànshè. *Strive for a peaceful international environment and engage in socialist construction.*（形）温和，不猛烈 *mild; not fierce*：一场争斗和和平平地解决了。Yì cháng zhēngdòu héhépíngpíng de jiějué le. *A fight was settled peacefully.* /这种药，药性～，没有副作用。Zhè zhǒng yào, yàoxìng ～, méi yǒu fùzuòyòng. *This type of medicine is mild. There are no side-effects.*

【和平鸽】 hépínggē（名）[只 zhī] *dove of peace*

【和平共处】 hépíng gòng chǔ 国家之间，用和平方式解决彼此争端，在平等互利的基础上，发展彼此间经济和文化联系 *peaceful coexistence*

【和平共处五项原则】 hépíng gòng chǔ wǔ xiàng yuánzé 五项原则是：(1)互相尊重主权和领土完整，(2)互不侵犯，(3)互不干涉内政，(4)平等互利，(5)和平共处 *the Five Principles of Peaceful Coexistence: mutual respect for sovereignty and territorial integrity, mutual nonaggression, non-interference in each other's internal affairs, mutual benefit, and peaceful coexistence*

【和气】 héqi（形）(1)态度温和 *attitude of amiability*：说话～ shuō huà ～ *He is very soft-spoken.* /对人～ duì rén ～ *kind (gentle) toward others* /这位售货员总是和和气气地对待顾客，受到好评。Zhè wèi shòuhuòyuán zǒngshì héhéqìqì de duìdài gùkè, shòudào hǎo píng. *This shop assistant has been praised for her unfailing warm treatment of customers.*（名）◇和睦的感情 *harmonious feelings*：别为小事伤了你们之间的～。Bié wèi xiǎo shì shāngle nǐmen zhī jiān de ～. *Don't let a little thing spoil your harmonious relationship.*

【和亲】 héqīn（动·不及物）古代封建王朝为了和边疆各民族保持友好关系，把女儿嫁给那里的领袖 *the sending of daughters of feudal kings in ancient times to marry border chieftains in order to cement good relations with minority peoples*

【和善】 héshàn（形）和蔼而善良 *kind and good*

【和尚】 héshang（名）*monk*：～庙 ～ miào *monk's temple* / 出家当～ chū jiā dāng ～ *leave home and become a monk*

【和声】 héshēng（名）〈音〉*(musical) harmony*

【和事老】 héshìlǎo（名）调解争端的人，特指无原则地进行调解的人 *person who mediates in disputes, especially one who does so without regard to the principles involved*

【和顺】 héshùn（形）温和而顺从 *amiable and submissive; easy going*

【和谈】 hétán（名）交战双方为了结束战争而进行的谈判 *peace negotiations*：进行～ jìnxíng ～ *conduct peace talks* / ～代表 ～ dàibiǎo *representative at peace negotiations*

【和谐】 héxié（形）配合得适当和匀称 *balanced and well-fitted; harmonious*：音调～ yīndiào ～ *melodious; in perfect harmony; tuneful* /彼此感情～ bǐcǐ gǎnqíng ～ *Their feelings are in complete accord.* /室内家具和窗帘什么的颜色很～。Shì nèi jiājù hé chuānglián shénmede yánsè hěn ～. *The colors of the furniture and the curtains in this room all match.* /谈判中，充满了～的气氛。Tánpàn zhōng, chōngmǎnle ～ de qìfēn. *The negotiations were conducted in an atmosphere of complete cordiality.*

【和煦】 héxù（形）温暖 *pleasantly warm; genial*：阳光～ yángguāng ～ *The sunshine is genial.* / ～的春风吹遍大地。～ de chūnfēng chuībiàn dàdì. *A pleasant spring breeze wafted over the land.*

【和颜悦色】 hé yán yuè sè 样子和蔼，态度温和可亲 *amiable appearance and warm and lovable attitude*：～地跟他谈，他会接受你的意见的。～ de gēn tā tán, tā huì jiēshòu nǐ de yìjiàn de. *Talk to him in a pleasant manner and he will accept your opinions.* /医生如果不能～对待病人，应该算失职。Yīshēng rúguǒ bù néng ～ duìdài bìngrén, yīnggāi suàn shī zhí. *If a doctor does not treat his patients with a kind attitude, we must consider that he is neglecting his duty.*

【和约】 héyuē（名）[项 xiàng] 交战双方订立的结束战争、恢复和平关系的条约 *treaty to restore peace between two warring sides*：签订～ qiāndìng ～ *sign a peace treaty*

【和衷共济】 hé zhōng gòng jì 同心协力 *cooperate wholeheartedly*

河 hé
（名）[条 tiáo] *river*

【河岸】 hé'àn（名）*river bank*

【河槽】 hécáo（名）[条 tiáo] 河床 *river bed*

【河川】 héchuān（名）大小河流的统称 *collective name for large and small rivers*

【河床】 héchuáng（名）*riverbed*：河流泥沙淤积，～越来越高。Héliú níshā yūjī, ～ yuèláiyuè gāo. *The riverbed is rising as it gradually gets silted up.*

【河道】 hédào（名）[条 tiáo] 河流的线路，通常指能通航的河 *navigable part of a river; often means a navigable river*

【河堤】 hédī（名）沿河防水的建筑物 *breakwater; dyke*

【河沟】 hégōu（名）（～儿）[条 tiáo] 通常指不很大的水道 *a*

small watercourse; stream; brook

【河谷】hégǔ（名）river valley

【河口】hékǒu（名）[个 gè] 河水流入江、湖、海的地方 mouth of a river where it enters another river, a lake or the sea

【河流】héliú（名）[条 tiáo] 地球表面上较大的天然水流的统称 general term for fairly large natural flows of water on the earth's surface; river

【河山】héshān（名）指国家的疆土 a nation's territory：大好～ dàhǎo～ one's beloved country / 锦绣～ jǐnxiù～ beautiful land

【河水】héshuǐ（名）river water

【河滩】hétān（名）河边比岸低的地方 surrounding land lower than the banks of a river; flood land

【河运】héyùn（名）泛指江河运输事业 river transportation

荷 hé
（名）◇ 同"莲"lián same as "莲" lián

【荷包】hébao（名）[个 gè] 随身携带，用来装零钱和零星东西的小包 small purse for carrying change and odds and ends

【荷包蛋】hébāodàn（名）[个 gè] fried or poached egg

【荷花】héhuā（名）[朵 duǒ、株 zhū]（1）莲的花 lotus flower; lotus blossom（2）莲 lotus

核 hé
（名）◇（1）核果中心的坚硬部分 hard core of a fruit; stone; pit：桃～ táo～ peach stone /杏～ xìng～ apricot pit（2）物体中像核的部分 core of an object：细胞～ xìbāo～ cell nucleus /原子～ yuánzǐ～ atomic nucleus 另见 hú

【核保护伞】hé bǎohùsǎn nuclear umbrella

【核爆炸】hé bàozhà nuclear explosion

【核裁军】hé cái jūn nuclear disarmament

【核大国】hé dà guó nuclear power

【核弹头】hé dàntóu nuclear warhead

【核蛋白】hédànbái（名）nucleoprotein

【核导弹】hédǎodàn（名）nuclear missile

【核电站】hédiànzhàn（名）[座 zuò] nuclear power station

【核定】héding（动）审核后定下来 verification（approval）after checking：这个计划由专家小组～。Zhège jìhuà yóu zhuānjiā xiǎozǔ～. This plan will be approved by the experts.

【核动力】hédònglì（名）nuclear power

【核对】héduì（动）审核查对 check to see if something is correct or not：～账目～ zhàngmù check the accounts /～数字～ shùzì check the figures /～事实～ shìshí check the facts

【核讹诈】hé ézhà nuclear blackmail

【核辐射】héfúshè（名）nuclear radiation

【核基地】héjīdì（名）nuclear base

【核军备】héjūnbèi（名）nuclear armaments

【核扩散】hé kuòsàn nuclear proliferation

【核垄断】hé lǒngduàn nuclear monopoly

【核潜艇】héqiántǐng（名）nuclear-powered submarine

【核燃料】héránliào（名）nuclear fuel

【核实】héshí（动）审核证实 verify; check：～情况～ qíngkuàng check the circumstances /调查来的材料要一一下。Diàochá lai de cáiliào yào～ yíxià. The data has to be checked. /关于情况的报告已经～无误。Guānyú qíngkuàng de bàogào yìjīng～ wú wù. The report on the conditions has been checked and found to be correct.

【核试验】hé shìyàn nuclear test

【核算】hésuàn（动）财政、经济等方面经营管理上的考核计算 accounting（in the financial, business and economic fields）：经济～ jīngjì～ economic accounting / 成本～ chéngběn～ cost accounting / 资金～ zījīn～ fiscal accounting

【核桃】hétao（名）（1）核桃树 walnut tree（2）这种植物的果实 walnut

【核武器】héwǔqì（名）nuclear weapon

【核心】héxīn（名）nucleus; core; kernel：领导～ lǐngdǎo～ core of leadership /～力量～ lìliang force at the core/～作用～ zuòyòng core（central, basic）function

【核优势】hé yōushì nuclear superiority

【核装置】hézhuāngzhì（名）能发生原子核反应的装置，多指原子弹或氢弹 installation capable of producing a nuclear reaction; usually refers to atom or hydrogen bombs

【核准】hézhǔn（动）审核后批准 ratification; approval：这个计划要经上级～才能实行。Zhège jìhuà yào jīng shàngjí～ cái néng shíxíng. This plan will have to be approved by the higher authorities before it can be put into effect.

【核子】hézǐ（名）〈化〉nucleon

盒 hé
（名）（～儿）small box; case：火柴～ huǒchái～ matchbox /铅笔～ qiānbǐ～ pencil case /铁～ tiě～ steel box /眼镜～ yǎnjìng～ spectacle case

【盒式磁带】héshì cídài cassette tape

【盒式录音机】héshì lùyīnjī cassette recorder

【盒子】hézi（名）[个 gè]（1）盒儿，较大，但比箱子小 relatively large case which is smaller than a chest or trunk；纸～ zhǐ～ cardboard box /木～ mù～ wooden case（2）〈口〉指盒子枪 Mauser pistol（3）一种烟火，外形像盒子 a type of fireworks with a box-shaped container：放～ fàng～ get off fireworks

hè

吓 〔嚇〕hè
（叹）表示不满（indicates dissatisfaction）tut-tut：～，怎么把屋子弄得这么脏！～，zěnme bǎ wūzi nòng de zhème zāng! Tut-tut, how could you have made such a filthy mess in this room? /～，你怎么这么轻率地就同意了？～，nǐ zěnme zhème qīngshuài de jiù tóngyì le? Tut-tut, how could you have agreed so hastily? 另见 xià

hè

贺 〔賀〕hè
（动）◇ 庆祝，庆贺 celebrate; congratulate：可喜可～ kě xǐ kě～（said of a happy event that）deserves congratulations

【贺词】hècí（名）在喜庆的仪式上所说的表示祝贺的话 good wishes and congratulations given at a joyous ceremony：致～ zhì～ extend congratulations/向大会致～ xiàng dàhuì zhì～ extend congratulations to the mass rally

【贺电】hèdiàn（名）[封 fēng] 表示祝贺的电报 a congratulatory telegram：向大会致～ xiàng dàhuì zhì～ send the mass rally a congratulatory telegram /发了一封～ fāle yì fēng～ A congratulatory telegram was sent. / 给……发～ gěi……fā～ send off a congratulatory telegram to

【贺礼】hèlǐ（名）祝贺时赠送的礼物 gift given as a token of congratulation

【贺年】hè＝nián（向……）庆贺新年 extend a New Year greeting or pay a New Year call：元旦上午他到朋友家去～。Yuándàn shàngwǔ tā dào péngyou jiā qu～. New Year's morning, he went to a friend's house to extend a New Year greeting.

【贺喜】hè＝xǐ（向人）祝贺婚事或生小孩儿 congratulate a wedding or birth of a child：小王今天结婚，大家都去向他～。Xiǎo Wáng jīntiān jié hūn, dàjiā dōu qù xiàng tā～. Xiao Wang got married today. Everyone went to congratu-

late him.

【贺信】hèxìn（名）[封 fēng]表示祝贺的信 a congratulatory letter

喝
（动）大声喊叫 shout loudly 另见 hē

【喝彩】hè=cǎi 大声叫好 cheer：表演到最精彩的时候，全场的人都喝起彩来。Biǎoyǎn dào zuì jīngcǎi de shíhou, quánchǎng de rén dōu hè qǐ cǎi lai. At the performance's most brilliant moment, the entire stadium cheered.

赫
hè

【赫赫有名】hèhè yǒumíng 名声很大，为大家所知 widely renowned；recognized by all：他是全校～的跳远运动员王小山。Tā shì quán xiào ～ de tiàoyuǎnr yùndòngyuán Wáng Xiǎoshān. He is athlete Wang Xiaoshan, a widely renowned long jumper.

褐
（形）◇ brown

【褐色】hèsè（名）brown

壑
hè

（名）山沟或大水坑 ravine；gully

hēi

黑
hēi

（形）(1) black：～头发 ～ tóufa black hair (2)暗 dark：天～了。Tiān ～ le. The sky is dark. /走廊里很～，请开开灯。Zǒuláng li hěn ～, qǐng kāikai dēng. The corridor is very dark. Please turn on the light. (3)坏，狠毒 wicked；sinister：～心肠 ～ xīncháng wicked intentions / 这人心太～。Zhè rén xīn tài ～. This person is too evil-hearted. (4)◇秘密的，不公开的(多是违法的或反动的) secret；not public (usually illegal or reactionary)：这是一个～组织。Zhè shì yí ge ～ zǔzhī. This is a shady organization.

【黑暗】hēi'àn（形）(1)没光 dark；without light：～的角落 ～ de jiǎoluò a dark corner /四周一片 ～ sìzhōu yípiàn ～ It's dark all around. (2)比喻社会政治腐败 dark society；a society with a decayed and corrupt government：～的社会 ～ de shèhuì a decadent society /～的势力 ～ de shìlì forces of darkness；reactionary forces

【黑白电视】hēibái diànshì（架 jià）black and white television

【黑白片】hēibáipiàn（名）[部 bù] black and white movie

【黑板】hēibǎn（名）[块 kuài] blackboard

【黑板报】hēibǎnbào（名）工厂、机关、学校或团体办的报，写在黑板上 blackboard newspaper

【黑帮】hēibāng（名）秘密的反动组织 secret reactionary gang

【黑沉沉】hēichénchén（形）(～的)很黑，多形容天气 dark；gloomy (often used to describe the weather)：～的天空，一颗星星也没有。～ de tiānkōng, yì kē xīngxing yě méi yǒu. The sky was so overcast that not a single star could be seen. / ～的云彩压了过来，暴雨马上要来了。～ de yúncai yāle guolai, bàoyǔ mǎshàng yào lái le. Judging from the way the clouds are lowering overhead, a storm is about to break.

【黑洞洞】hēidōngdōng（形）黑暗 very dark；pitch-black：～的隧道 ～ de suìdào pitch-black tunnel /屋子里～的。Wūzi li ～ de. The room is pitch-black.

【黑糊糊】hēihūhū（形）(～的) (1)颜色发黑 black；dark；blackened：床单～的，好像好久没洗了。Chuángdān ～ de, hǎoxiàng hǎojiǔ méi xǐ le. The sheets were so blackened they looked as though they hadn't been washed for a long time. (2)光线昏暗 gloomy；very dark：屋里没有开灯，～

的。Wū lǐ méiyou kāi dēng, ～ de. The light wasn't on and the room was very dark. (3)人或东西多，从远处看模糊不清 obscured or made indistinct by a mass of people or things：远看～一片，不知是乌鸦还是什么东西。Yuǎn kàn ～ yípiàn, bùzhī shì wūyā háishi shénme dōngxi. I couldn't make out whether the black patch in the distance were crows of what.

【黑乎乎】hēihūhū（形）同"黑糊糊"hēihūhū black；dark —same as "黑糊糊" hēihūhū

【黑话】hēihuà（名）旧社会的帮会、无业游民、盗匪等所使用的秘密话 secret words used by gangs of the old society, bandits, robbers, etc.

【黑货】hēihuò（名）[批 pī] 指漏税或违禁的货物 smuggled or contraband goods；查抄～ cháchāo ～ search a criminal's house and confiscate contraband goods / 贩运～ fànyùn ～ traffic illegal goods

【黑名单】hēimíngdān（名）[张 zhāng] blacklist：把……写进～ bǎ...... xiějìn ～ put...on a blacklist

【黑幕】hēimù（名）黑暗的内幕 sinister plot；shady deal

【黑人】hēirén（名）(1) Black people (2) 没有户口的人 those without a registered permanent residence

【黑色】hēisè（名）black

【黑色金属】hēisè jīnshǔ ferrous metal

【黑色人种】hēisè rénzhǒng the Black race

【黑色素】hēisèsù（名）〈生理〉melanin

【黑社会】hēishèhuì（名）指进行抢劫、凶杀、欺诈等犯罪活动的有组织的势力 an influential organization which conducts illegal activities such as stick ups, murders, swindles, etc.

【黑市】hēishì（名）black market

【黑体】hēitǐ（名）(1)〈物〉blackbody (2) boldface：～字 ～ zì boldface type

【黑土】hēitǔ（名）black earth

【黑心】hēixīn (1)阴险狠毒的心肠 ruthless and sinister intentions (形)阴险狠毒 sinister and ruthless

【黑信】hēixìn（名）〈口〉poison-letter；anonymous letter

【黑猩猩】hēixīngxīng（名）chimpanzee

【黑熊】hēixióng（名）black bear

【黑魆魆】hēixūxū（形）very dark；pitch-black (describes sky or surroundings)

【黑压压】hēiyāyā（形）(～的) 多形容密集的人群，密集的或大片的东西 in a dense or dark mass：路边～的挤满了人。Lùbiān ～ de jǐmǎnle rén. The roadside was jam-packed with people. /火车站前一片，有多少人也弄不清。Huǒchēzhàn qián ～ yípiàn, yǒu duōshao rén yě nòng bu qīng. In front of the station was a dense mass of I don't know how many people.

【黑鸦鸦】hēiyāyā（形）同"黑压压"hēiyāyā same as "黑压压" hēiyāyā

【黑眼珠】hēiyǎnzhū（名）(～儿)眼球上的黑色部分 iris of the eye (usually black in Chinese eyes)

【黑油油】hēiyōuyōu（形）黑而发亮 shiny black；jet black：～的土地 ～ de tǔdì rich black soil /她的头发～的。Tā de tóufa ～ de. Her hair is black and glossy.

【黑黝黝】hēiyōuyōu（形）(～的) (1)同"黑油油"hēiyōuyōu same as "黑油油" hēiyōuyōu (2)光线很暗，模糊不清 jet-black；pitch-black：路上～的，没有灯光，也没有行人。Lùshang ～ de, méi yǒu dēngguāng, yě méi yǒu xíngrén. The road was pitch-black, with not a single light or passer-by.

【黑种】hēizhǒng（名）Black race

【黑子】hēizǐ（名）〈天〉sunspot

嗨
hēi

（叹）(1)同"嘿"hēi(1) same as "嘿" hēi(1)：～，今天下午你去游泳吗？～, jīntiān xiàwu nǐ qù yóuyǒng ma? Hey!

Are you going swimming this afternoon?/～，我跟你一起去吧！～，wǒ gēn nǐ yìqǐ qù ba！Hey! may I go with you! (2)同"嘿" hēi (2) same as "嘿" hēi (2)：～，这机器不能随便动！～，zhè jīqì bù néng suíbiàn dòng! Hey! You can't touch this machine as you please! /～，说话小声点儿！～，shuō huà xiǎoshēng diǎnr! Hey! Speak a little lower! (3)同"嘿" hēi (3) same as "嘿" hēi (3)：～，这地方又有山又有水，真不错。～，zhè dìfang yòu yǒu shān yòu yǒu shuǐ，zhēn búcuò. Hey! There are mountains as well as rivers here. It's beautiful! /～，我儿子可孝顺了。～，wǒ érzi kě xiàoshùn le. Hey! Isn't my son filial. (4)同"嘿" hēi (4) same as "嘿" hēi (4)：～，那里的木材堆成了山！～，nàli de mùcái duīchéngle shān！Oh! There lumber has been piled up so high! /～，怎么连个人影都不见了？～，zěnme lián ge rényǐng dōu bú jiàn le? Oh, why isn't there anybody here? 另见 hāi

嘿 hēi

（叹）(1)表示不太客气的招呼 (indicates greeting between familiar ones)：～，我们要去书店看看，你去不？～，wǒmen yào qù shūdiàn kànkan，nǐ qù bu? Hey, we're going to take a look at the bookstore. Are you coming or not? /～，要去就快点儿！～，yào qù jiù kuài diǎnr! Hey, hurry up if you want to go! (2)表示引起注意 (used to attract sb.'s attention)：～，小心碰碎玻璃！～，xiǎoxīn pèngsuì bōli! Hey! Be careful you don't break the glass! /～，这里不准吸烟！～，zhèli bù zhǔn xī yān! Hey! No smoking allowed here! (3)表示赞叹、得意 (indicates admiration or complacency)：～，看我这摩托车多棒！～，kàn wǒ zhè mótuōchē duō bàng! Hey! Isn't my motorcycle great?/以三比零战胜对手，～，这才叫真正的冠军呢！Yǐ sān bǐ líng zhànshèng duìshǒu，～，zhè cái jiào zhēnzhèng de guànjūn ne! They beat their opponent by a score of 3 to 0. Now that's what I call a real champion! (4)表示惊异 (indicates surprise)：～，这棵树真够高的！～，zhè kē shù zhēn gòu gāo de! Wau! This tree sure is tall! /～，这洪水好凶啊！～，zhè hóngshuǐ hǎo xiōng a! Wau! Is this flood ever vicious!

hén

痕 hén

（名）◇痕迹，物体上遗留下来的印儿 trace; vestige; mark left on an object：桌上有一道刀～. Zhuō shang yǒu yí dào dāo ～. There is a knife mark on the table. /脸上有泪～. Liǎnshang yǒu lèi ～. There is a tear stain on his face.

【痕迹】hénjì（名）(1)物体上留下的印儿 mark left on an object：雪地上清楚地看到自行车走过的～. Xuědì shang qīngchu de kàndào zìxíngchē zǒuguò de ～. The bicycle tracks are clearly seen in the snow. /罪犯作案不可能不留下～. Zuìfàn zuò àn bù kěnéng bù liúxià ～. It is impossible for a criminal case not to leave a clue. (2)迹象 sign; indication：刚刚繁荣起来的小镇，还残留着旧的落后的～. Gānggāng fánróng qǐlai de xiǎo zhèn，hái cánliúzhe jiù de luòhòu de ～. A small town, just now flourishing, still shows signs of the old and backward. /这里，战争的～已经完全消失了. Zhèli，zhànzhēng de ～ yǐjīng wánquán xiāoshī le. The signs of war have already vanished here.

hěn

狠 hěn

（形）(1)凶恶、残忍 ferocious; ruthless：这人心太～. Zhè rén xīn tài ～. This person is too hard-hearted. (2)用尽全力地、严厉地 resolute; firm：一个小偷被人～打了一

顿。Yí ge xiǎotōu bèi rén ～ dǎle yí dùn. A petty thief was beaten up relentlessly. /～～地打击犯罪分子 ～～ de dǎjī fànzuì fènzǐ vigorously take measures to counter criminals / 有错不改，一定要受到～的批评. Yǒu cuò bù gǎi，yídìng yào shòudào ～～ de pīpíng. Failing to correct mistakes deserves stern criticism.

【狠毒】hěndú（形）凶狠毒辣 vicious; sinister; malicious：心太～ xīn tài ～ intentions too malicious /这个人真～，看把孩子打成这样。Zhège rén zhēn ～，kàn bǎ háizi dǎchéng zhèyàng. This person is really vicious. Look how he beat the child.

【狠命】hěnmìng（副）使出所有的力气 exert all one's strength：他一一拉，绳子断了。Tā ～ yì lā，shéngzi duàn le. He pulled with all his might and the rope snapped. /我～地跑，也没追上他。Wǒ ～ de pǎo，yě méi zhuīshang tā. I ran flat out but I still couldn't catch him.

【狠心】hěnxīn（形）心肠残忍 cruel-hearted，heartless：当时闹旱灾，很多父母不得不～卖掉自己的孩子。Dāngshí nào hànzāi，hěn duō fùmǔ bùdébù ～ màidiào zìjǐ de háizi. During the drought, many parents had to heartlessly sell their children.

很 hěn

（副）是最常用的程度副词，表示较高的程度 (is the most frequently used adverb of degree; expresses a relatively high degree) (1·)表示程度高的作用不明显，"很"读轻声 (when its role in expressing a high degree is not obvious "很" is not stressed) ①"多""少"作定语时，后面可不要"的" (when "多" and "少" serve as attributives, they must be preceded by "很"; the following "的" may be left out)：还有～多事情要我去做。Hái yǒu ～ duō shìqing yào wǒ qù zuò. There are still many things he wants me to do. /夜深了，街上只有～少几个行人。Yè shēn le，jiēshang zhǐ yǒu ～ shǎo jǐ ge xíngrén. It's late. There are only a few pedestrians in the streets. ②形容词，尤其单音节形容词作谓语或补语时，"很"是不可少的 ("很" cannot be omitted when an adjective, especially a monosyllabic one that serves as a predicate or complement, is used)：现在我心里～乱. Xiànzài wǒ xīnli ～ luàn. My mind is confused right now. /这里离车站～近. Zhèli lí chēzhàn ～ jìn. This place is near the train station. /他年纪～小，～活泼，真讨人喜欢。Tā niánjì ～ xiǎo，～ huópo，zhēn tǎo rén xǐhuan. He's very young and lively. He's really likable. /夜～深，天～黑，这小小的山村显得～寂静. Yè ～ shēn，tiān ～ hēi，zhè xiǎoxiǎo de shāncūn xiǎnde ～ jìjìng. It was late and the sky was dark. This tiny mountain village seemed very still. 如果形容词前没有"很"，则往往有对比意味 (if an adjective is not preceded by "很", a contrast in intention is usu. implied)：这个人高。(那个人矮。) Zhège rén gāo. (Nàge rén ǎi.) This person is tall. (That one is short.) (2)表示程度高，"很"可读轻声，也可读原声 (when used to indicate a high degree, "很" may either be unstressed or pronounced in its original tone) ①修饰作定语或状语的形容词以及某些动词、助动词、短语等时，必带"的"或"地" (when it modifies adjectives or certain verbs, auxiliary verbs, phrases, etc. which serve as attributives or adverbials, "的" or "地" must be used)：他穿着一件～旧的大衣。Tā chuānzhe yí jiàn ～ jiù de dàyī. He's wearing an overcoat. /应该～冷静地考虑这些问题。Yīnggāi ～ lěngjìng de kǎolǜ zhèxiē wèntí. You should think these problems over very calmly. /她～费劲地在雪地里走着。Tā ～ fèi jìn de zài xuědì lǐ zǒuzhe. She walked through the snow with great effort. /母亲生日，买点礼物，还不是～应该的事吗？Mǔqin shēngri，mǎi diǎnr lǐwù，hái búshì ～ yīnggāi de shì ma? Isn't one supposed to buy a gift for one's mother on her

birthday? /这是一幅～耐人寻味的画。Zhè shì yì fú ～ nài rén xún wèi de huà. *This painting gives one much food for thought.* /这样的典型人物～可以宣传宣传。Zhèyàng de diǎnxíng rénwù ～ kěyǐ xuānchuán xuānchuán. *This kind of typical character should be given a lot of publicity.* ②修饰作谓语或补语的多音节形容词、某些动词、助动词、短语（*modifies polysyllabic adjectives, certain verbs, auxiliary verbs or phrases which serve as predicates of complements*）：她举止活泼，说话～大方、爽快，却～有分寸。Tā jǔzhǐ huópo, shuō huà ～ dàfang, shuǎngkuài, què ～ yǒu fēncùn. *She has a lively manner and speaks with ease and frankness, yet she has a strong sense of propriety.* /女儿～懂事，～会料理家务。Nǚ'ér ～ dǒng shì, ～ huì liàolǐ jiāwù. *My daughter is very sensible and really knows how to manage household affairs.* /处理这样的事,～叫我为难。Chǔlǐ zhèyàng de shì, ～ jiào wǒ wéinán. *Handling this sort of matter makes me feel very awkward.* /这场雨下得～是时候。Zhè cháng yǔ xià de ～ shì shíhou. *This rain fell just at the right time.* (3)表示相当高的程度,"很"读原声，甚至重读（*when it indicates a fairly high degree, "很" is pronounced in its original tone or is even stressed*）①修饰动词带表示量小的概数的数量短语及宾语，实际上表示相当大的量（*when it modifies a verb that takes a numeral-measure word phrase which expresses a small amount and an object, it actually indicates a large amount*）：听说他在外面做买卖,～发了点儿财。Tīng shuō tā zài wàimiàn zuò mǎimai, ～ fāle diǎn cái. *I heard that he was doing business elsewhere and made a nice little sum of money.* /我们这个班里～有一些舞迷，只要有舞会，一定参加。Wǒmen zhège bān lǐ ～ yǒu yìxiē wǔmí, zhǐyào yǒu wǔhuì, yídìng cānjiā. *There are quite a few in our class who are crazy about dancing. As long as there's a dance, they will attend it.* /她平时不多说话，心里却～有点儿主意。Tā píngshí bù duō shuō huà, xīnli què ～ yǒu diǎnr zhǔyì. *She doesn't usually say much but she certainly has her views on things.* /～费了一番周折，才把事情办妥。～ fèile yì fān zhōuzhé, cái bǎ shìqing bàntuǒ. *I really went through a lot of trouble before I finally settled the matter.* ②"很是"修饰多音节形容词、动词等，较"很"程度为高；有书面语意味（*"很是" modifies a polysyllabic adjective, verb, etc. and indicates a relatively high degree; has a literary flavour*）：这个人办事～是精细。Zhège rén bàn shì ～ shì jīngxì. *This person handles matters very meticulously.* /他的文章念起来～是顺口。Tā de wénzhāng niàn qilai ～ shì shùn kǒu. *His essay reads very smoothly.* /大家听了～是满意。Dàjiā tīngle ～ shì mǎnyì. *We were all very satisfied upon hearing this.* (4)"很"既受否定副词"不"修饰，也可以修饰否定形式，"很"表示不高的程度，"不"减弱"很"的作用（(1)(2)项中受"很"修饰的词语都可受"不很"修饰）（*"很" can be modified by the negative adverb "不" as well as modify a negative form; "不很" indicates a low degree and "不很" lessens the role of "很"; the words modified by "很" in items (1) and (2) can all be modified by "不很"*）：你刚来，对这里的情况不～了解。Nǐ gāng lái, duì zhèlǐ de qíngkuàng bù ～ liǎojiě. *You've just come, so you aren't very familiar with the situation here.* /花也不～多，圆圆地排成一个圈，不～精神，倒也整齐。Huā yě bù ～ duō, yuányuán de páichéng yí ge quānr, bù ～ jīngshen, dào yě zhěngqí. *There aren't many flowers either. Arranged in a circle, they don't look very lively, but they do look neat.* /我也不～赞成他的意见。Wǒ yě bù ～ zànchéng tā de yìjiàn. *I don't agree with his idea very much either.* "很"能修饰三种否定形式，增强否定程度（*"很" can modify three different negative forms to emphasize the negative*）①表示不愉快性质的否定形式（*a negative form which expresses sth. of* an unpleasant nature）：我～不喜欢说假话的人。Wǒ ～ bù xǐhuan shuō jiǎhuà de rén. *I really don't like people who lie.* /这样做～不安全。Zhèyàng zuò ～ bù ānquán. *Doing this is not safe at all.* /对自己的前途～没信心。Duì zìjǐ de qiántú ～ méi xìnxīn. *He doesn't have any confidence in his own future.* /这个人说话不算数,～靠不住。Zhège rén shuō huà bú suàn shù, ～ kào bu zhù. *This person doesn't mean what he says and is very unreliable.* ②表示肯定意义的否定形式（*a negative form which expresses the affirmative*）：她知道的事～不少。Tā zhīdao de shì ～ bù shǎo. *She knows a lot.* (不少＝多，不多≠少,不能说"很不多")("不少" means "多", but "不多" does not mean "少"; "很不多"cannot be said) /这种矿物～不容易找到。Zhè zhǒng kuàngwù ～ bù róngyì zhǎodào. *This kind of mineral is not easy to find.* (不容易＝难，不难≠容易，不能说"很不难")("不容易" means "难", but "不难" does not mean "容易"; "很不难" cannot be said) /这条河～不浅。Zhè tiáo hé ～ bù qiǎn. *This river is not shallow.* (不浅＝深，不深≠浅，不能说"很不深")("不浅" means "深", but "不深" does not mean "浅"；"很不深" cannot be said) ③有特殊意义的否定形式（*a negative form which has a special meaning*）：太麻烦人家了，我～不好意思。Tài máfan rénjiā le, wǒ ～ bù hǎoyìsi. *I'm very ashamed to bother him so much.* /小小年纪一个人旅行,～不简单哪！Xiǎoxiǎo niánjì yí ge rén lǚxíng, ～ bù jiǎndān na! *It's really remarkable for someone so young to travel alone!* (5)放在形容词、某些动词和动宾短语加"得"后作补语，所表示的程度高于状语所表示的程度（*placed after an adjective, certain verbs, and verb-object phrases which are followed by "得" to serve as a complement; the degree expressed by this is higher than the degree expressed when "很" serves as an adverbial*）：这些日子我们忙得～。Zhèxiē rìzi wǒmen máng de ～. *We have been terribly busy these days.* /对我们的要求严格得～。Duì wǒmen de yāoqiú yángé de ～. *.be extremely strict with us* /看见蛇，他害怕得～。Kànjian shé, tā hàipà de ～. *I was frightened to death when he saw the snake.* /叫他干点儿活，费劲得～。Jiào tā gàn diǎnr huór, fèi jìn de ～. *It takes a lot to get him to do a bit of work.* /这些资料有用得～。Zhèxiē zīliào yǒu yòng de ～. *These materials are extremely useful.*

【很少】hěnshǎo（副）表示频率很低 seldom; very little：他平时～说话。Tā píngshí ～ shuō huà. *He seldom speaks.* /小陈是个细心人，办事～出错。Xiǎo Chén shì ge xìxīn rén, bàn shì ～ chū cuò. *Xiao Chen is a very meticulous person and seldom makes mistakes in his work.* /他住在什么地方,～有人知道。Tā zhù zài shénme dìfang, ～ yǒu rén zhīdao. *Very few people know where he lives.* /这个地方冬天虽然很冷，但～下雪。Zhège dìfang dōngtiān suīrán hěn lěng, dàn ～ xià xuě. *Although it's very cold here in winter, it seldom snows.*

hèn

恨 hèn （动）仇视，怨恨 *regard as an enemy; hate*：人人都～社会上的不正之风。Rénrén dōu ～ shèhuì shang de bú zhèng zhī fēng. *Everyone hates crooked practices in the society.* /小王～他自己当初在学校没好好学习。Xiǎo Wáng ～ tā zìjǐ dāngchū zài xuéxiào méi hǎohāo xuéxí. *Xiao Wang is mad at himself for not studying hard at school from the start.*

【恨不得】hènbude（副）表示急切盼望做成实际上做不到的事，用来表示一种强烈的感情 *how one wishes one could; itch to*：他～马上就离开这个鬼地方。Tā ～ mǎshàng jiù líkāi zhège guǐ dìfang. *He itched to leave this forsaken*

place. /我～插上翅膀飞去见他。Wǒ ～ chāshang chìbǎng fēiqu jiàn tā. How I wish I could put on wings and fly over to see him. /他～长出十张嘴来,把要说的话都说出来。Tā ～ zhǎng chū shí zhāng zuǐ lai, bǎ yào shuō de huà dōu shuō chūlai. He wished he could grow ten mouths so that he could say all that he wanted to say.

【恨不能】hènbunéng (副) same as "恨不得" hènbude; 我～马上找他把道理说明白。Wǒ ～ mǎshàng zhǎo tā bǎ dàolǐ shuō míngbai. I wish I could go right now and explain my reasons to him clearly. /他对朋友可忠诚了,～把心掏出来送给你。Tā duì péngyou kě zhōngchéng le, ～ bǎ xīn tāo chūlai sòng gěi nǐ. He is very loyal to his friends and would take his heart out and give it to you if he could.

【恨铁不成钢】hèn tiě bù chéng gāng 比喻对所期望的人不求上进而感到失望,急切希望他变好 setting high goals for somebody after being disappointed by him, with eager hopes that he will then change for the better

hēng

哼 hēng (动)(1)鼻子里发出声音 a noise made from the nose: 他很坚强,伤这么重都没～一声。Tā hěn jiānqiáng, shāng zhème zhòng dōu méi ～ yì shēng. He is very tough. He suffered such a serious wound and did not groan even once. (2)低声吟唱 sing under one's breath, hum: 他一面走一面～着歌儿。Tā yìmiàn zǒu yìmiàn ～zhe gēr. He hummed a song as he walked. 另见 hng

【哼哧】hēngchī (象声) 形容粗重的喘息声 heavy breathing sound

【哼唧】hēngjī (动) 低声说话、唱歌或诵读 speak, sing or read aloud in a low voice

【哼唷】hēngyō (叹) 重体力劳动时发出的有节奏的声音 rythmic sound chanted when doing heavy physical labor; heave-ho

héng

恒 héng (形)◇(1)永久,持久 permanent; enduring (2)恒心 perseverance: 学什么都要有个～。Xué shénme dōu yào yǒu ～. Whatever one studies, one needs perseverance.

【恒等式】héngděngshì (名)〈数〉identical equation

【恒温】héngwēn (名) 固定不变的温度 constant temperature

【恒心】héngxīn (名) 长久不变的意志 perseverance; constancy of purpose: 做事要有～,才能做出成绩。Zuò shì yào yǒu ～, cái néng zuòchū chéngjì. One must act with perseverance. Only then can achievement be made.

【恒星】héngxīng (名)[颗 kē](fixed) star

横 héng (形)(1)跟水平面平行的,跟"竖""直"相对 horizontal or parallel (opposite of vertical or perpendicular): 一根梁 yì gēn ～ liáng a cross beam /～排本 ～ pái běn horizontally printed book /人行～道 rén xíng ～ dào (pedestrian's) street crossing /～写 ～ xiě write words sideways (2)有竖有横,非常杂乱 criss-cross; in a jumble: 血肉～飞 xuèròu ～ fēi splattered with blood and strewn with bodies/老泪～流 lǎo lèi ～ liú tears flowing from aged eyes (3) 蛮横凶恶 unreasonably mean; flagrantly: ～加阻拦 ～ jiā zǔlán willfully obstruct (动)物体成横向 set across or athwart: 把尺～过来画线。Bǎ chǐ ～ guòlai huà xiàn. set the ruler crosswise to draw a line /眼前～着一条大河。Yǎn qián ～zhe yì tiáo dà hé. Ahead of us is a big river. (名)汉字的笔画,平

着由左向右,形状是"一" stroke in a Chinese character which is written horizontally from left to right. Looks like a "一": 写"大"时,第一笔先写"横"。Xiě "dà"shí, dìyī bǐ xiān xiě "héng". When writing "大", the first is the horizontal stroke. (副)〈口〉(1)表示肯定,有"不管怎么样""无论如何"的意思 no matter what; at any rate: 他～不能把儿子赶出去! Tā ～ bù néng bǎ érzi gǎn chūqu! No matter what, he can't throw his own son out! /我没带什么东西,汽车再挤,我～能上去。Wǒ méi dài shénme dōngxi, qìchē zài jǐ, wǒ ～ néng shàngqu. I'm not carrying anything with me, so even if the bus were over crowded, I could still get on. (2)表示猜测,相当于"大概"(indicates conjecture; same as "大概" dàgài) approximately; most likely: 他离开家二十分钟了,现在～快到了。Tā líkāi jiā èrshí fēnzhōng le, xiànzài ～ kuài dào le. He left home twenty minutes ago, so he'll most likely arrive at any moment now. /他头发全白了,～有七十了吧。Tā tóufa quán bái le, ～ yǒu qīshí le ba. His hair is all white. He's about seventy years old. /三天的任务,一天就干了～有一半。Sān tiān de rènwù, yì tiān jiù gànle ～ yǒu yíbàn. There were three days' worth of duties. We finished about half of them in one day. 另见 hèng

【横冲直撞】héng chōng zhí zhuàng 乱冲乱闯 dash around madly; reckless action: 他喝醉了,在人群里～。Tā hēzuì le, zài rénqún li ～. He was drunk and jostled through the crowd.

【横笛】héngdí (名) 笛子 bamboo flute

【横渡】héngdù (动) 从江河湖海的一岸过到另一岸 pass from bank to bank of a river or shore to shore of a lake or ocean: ～太平洋 ～ Tàipíng Yáng cross the Pacific Ocean /你参加不参加～长江的游泳? Nǐ cānjiā bù cānjiā ～ Cháng Jiāng de yóuyǒng? Are you going to participate in the swim across the Yangtze river?

【横断面】héngduànmiàn (名) 同"横剖面" héngpōumiàn same as "横剖面" héngpōumiàn

【横队】héngduì (名) 横的队形 horizontal rows of formation

【横幅】héngfú (名)[条 tiáo、张 zhāng] 横的字画等 horizontal scroll of calligraphy or painting: 墙上挂着一副对联,对联中间一张梅花的～。Qiáng shang guàzhe yí fù duìlián, duìlián zhōngjiān yì zhāng méihuā de ～. An antithetical couplet hangs on the wall and in-between the couplet is a horizontal scroll with plum blossoms.

【横亘】hénggèn (动)〈书〉(桥梁、山冈等) 横跨;横卧 (bridge, low hill, etc.) span; lie across

【横贯】héngguàn (动) 横向通过 cross; traverse: 一条林荫大道～全城。Yì tiáo línyìn dà dào ～ quán chéng. A broad boulevard traversed the entire city. /一条～东西两岸的铁路 yì tiáo ～ dōng xī liǎng àn de tiělù a railroad track, running east to west, crossed from shore to shore

【横跨】héngkuà (动) stretch over or across: 大桥～长江两岸。Dà qiáo ～ Cháng Jiāng liǎng àn. A large bridge stretched across the Yangtze River.

【横眉立目】héng méi lì mù 同"横眉怒目" héng méi nù mù same as "横眉怒目" héng méi nù mù

【横眉怒目】héng méi nù mù 形容很厉害不讲道理的样子 fierce and irrational expression; face others with frowning brows and angry eyes

【横披】héngpī (名)[张 zhāng、幅 fú] 同"横幅" héngfú same as "横幅" héngfú

【横剖面】héngpōumiàn (名) cross section

【横扫】héngsǎo (动) 全面根除、彻底消灭 sweep away; completely annihilate: ～一切反动势力 ～ yíqiè fǎndòng shìlì annihilate all reactionary forces

【横生】héngshēng (动)〈书〉(1)杂乱地生长 grow wild: 山冈上杂草～。Shāngāng shang zácǎo ～. A variety of

grasses grow wild on the hills. (2)连续不断地表现出 come forth continuously; be overflowing with; 妙趣～ miàoqù ～ be full of wit and humor (3) 意外地发生 happen unexpectedly; ～枝节 zhījié cause unexpected difficulties

【横是】héngshì（副）〈口〉(1)同"横" héng（副）(1) same as "横" héng（副）(1)：你～不敢说他的要求太过分吧！Nǐ ～ bù gǎn shuō tā de yāoqiú tài guòfèn ba！At any rate, you wouldn't dare tell him his request is too extreme, would you? /你爱怎么理解就怎么理解,刚才那句话我～没那个意思。Nǐ ài zěnme lǐjiě jiù zěnme lǐjiě, gāngcái nà jù huà wǒ ～ méi nàge yìsi. Take it any way you like. At any rate, I didn't mean anything like that in what I just said. /不管我愿意不愿意,～得去帮他的忙。Bùguǎn wǒ yuànyì bú yuànyì, ～ děi qù bāng tā de máng. Whether I want to or not, I have to go help him. (2)同"横"héng（副）(2) same as "横"héng（副）(2)：天气这么闷热,～要下雨了。Tiānqì zhème mēnrè, ～ yào xià yǔ le. The weather is so muggy. It's most likely going to rain. /他今天话特别少,～有点儿什么心事。Tā jīntiān huà tèbié shǎo, ～ yǒu diǎnr shénme xīnshì. He's especially quiet today. He most likely has something on his mind. /现在买个彩色电视机～得两三千元吧？Xiànzài mǎi ge cǎisè diànshìjī ～ děi liǎng-sān qiān yuán ba？A colour TV must cost about two or three thousand yuan these days, right?

【横竖】héngshu（副）〈口〉同"反正" fǎnzhèng,表示(在任何情况下)结果不变。不如"反正"常用 same as "反正" fǎnzhèng; in anycase; anyway（not as frequently used as "反正"）:不管你怎么说,我～不去。Bùguǎn nǐ zěnme shuō, wǒ ～ bú qù. No matter what you say, I'm not going. /你说也行,他说也行,～都一样。Nǐ shuō yě xíng, tā shuō yě xíng, ～ dōu yíyàng. It doesn't matter whether you or he speaks. It's all the same anyway. /～他会同意的,何必着急。～ tā huì tóngyì de, hébì zháo jí. In any case, he's bound to agree, so there's no need to worry. 有时只表示肯定的语气（sometimes only expresses a tone of certainty）:人到老年,对于生、老、病、死这个自然规律,看得平静多了,～是早晚的事。Rén dào lǎonián, duìyú shēng、lǎo、bìng、sǐ zhège zìrán guīlǜ, kàn de píngjìng duō le, ～ shì zǎo wǎn de shì. When people get older, they look at the natural law of birth, old age, sickness and death much more calmly. At any rate, it's just a matter of time to them. /屋子我也不想打扫了,～这几天就要搬家了。Wūzi wǒ yě bù xiǎng dǎsǎo le, ～ zhè jǐ tiān jiù yào bān jiā le. I don't feel like cleaning the room. We'll be moving within the next few days anyway. /打牌就打牌,～今天没事干。Dǎ pái jiù dǎ pái, ～ jīntiān méi shì gàn. Play cards if you want. There's nothing else to do today anyway.

【横心】héng ＝xīn 下决心不顾一切 resolve to do something regardless of other considerations：我横了心了,死也不去求他帮助。Wǒ héngle xīn le, sǐ yě bú qù qiú tā bāngzhù. I have resolved to do it. Even at death, I will not ask for his help.

【横行】héngxíng（动）行动粗暴野蛮;倚仗权势做坏事 rude and rough behavior; rely on one's power and position to do evil deeds; play the tyrant：～不法 ～ bùfǎ illegally abuse power and influence/ 决不能任he ～ jué bù néng rèn tā ～ must not let him play the tyrant

【横行霸道】héngxíng bàdào 倚仗权势做坏事,欺压别人 bully and oppress; ride roughshod over people：人人都懂得民主,谁再想～就不可能了。Rénrén dōu dǒngdé mínzhǔ, shuí zài xiǎng ～ jiù bù kěnéng le. If everyone understands democracy, it will be impossible for anyone to bully or oppress people.

【横征暴敛】héng zhēng bào liǎn 征收不合理的很重的税 extort excessive taxes and levies

衡 héng

【衡量】héngliáng（动）(1) 比较;判定 weigh; measure; judge：～得失 ～ déshī weigh gains and losses /在任何社会中,妇女解放的程度是～真正民主的标准。Zài rènhé shèhuì zhōng, fùnǚ jiěfàng de chéngdù shì ～ zhēnzhèng mínzhǔ de biāozhǔn. In any society, the standard for measuring true democracy is the degree of women's liberation. (2)斟酌 consider; deliberate：你～一下去哪儿旅行更合适些。Nǐ ～ yíxià qù nǎr lǚxíng gèng héshì xiē. Consider for a moment a more suitable place to travel. /我～了半天,拿不定主意。Wǒ ～le bàntiān, ná bu dìng zhǔyì. I have deliberated for a long time and cannot make a decision.

hèng

横 hèng（形）粗暴;不讲理 harsh; unreasonable：你怎么这么～? 不能和气点吗? Nǐ zěnme zhème ～? Bù néng héqi diǎnr ma? Why are you so harsh? Can't you be a bit more amiable? 另见 héng

【横暴】hèngbào（形）蛮横凶暴 perverse and brutal：性情～ xìngqíng ～ perverse and brutal disposition

【横财】hèngcái（名）[笔 bǐ] 用不正当手段获得的比较多的钱 fortune made by using dishonest means：发一笔 ～ fā yì bǐ ～ amass ill-gotten wealth

【横祸】hènghuò（名）意外的灾祸 unexpected calamity

【横死】hèngsǐ（动）因自杀、被杀或意外事故而死 die by suicide, murder or accident

哼 hng（叹）不但可以用于句前,有时也用于句后。(1)表示不满或气愤（not only can be used at the beginning of a sentence, but is sometimes also used at the end）humph（indicates dissatisfaction or indignation）：～,我才不上他的当呢! ～, wǒ cái bú shàng tā de dàng ne! Humph! I simply won't be fooled by him! /靠整人往上爬,早晚得垮台,～! Kào zhěng rén wǎng shàng pá, zǎowǎn dé kuǎ tái, ～! Those who depend on harming others to climb upwards will come to grief sooner or later. Humph! /～,像他这种人,我永远也不想再理他!～, xiàng tā zhè zhǒng rén, wǒ yǒngyuǎn yě bù xiǎng zài lǐ tā! I never want to have anything to do with his kind again! /怎么着? 你想欺负人吗? 没那么容易,～! Zěnmezhe? Nǐ xiǎng qīfu rén ma? Méi nàme róngyì, ～! What? You want to be a bully? It's not that simple! Humph! (2)表示怀疑或不相信（indicates suspicion or lack of belief）：～! 真看不出他原来是个副教授呢!～! Zhēn kàn bu chū tā yuánlái shì ge fùjiàoshòu ne! Humph! You sure can't tell that he's an associate professor! /～! 你就那么相信他,不怕受骗吗? ～! Nǐ jiù nàme xiāngxìn tā, bú pà shòu piàn ma? Humph! You believe him so quickly! Aren't you afraid of being duped? /～! 鬼知道他安的是什么心,～! Guǐ zhīdao tā ān de shì shénme xīn, ～! The devil only knows what's on his mind! Humph! 另见 hèng

hōng

轰〔轟〕hōng（动）(1)（雷）鸣;（火药）爆炸;（炮）击（thunder）rumble;（gun powder）explode;（canon）bombard：雷～电闪 léi ～ diàn shǎn Thunder rumbled and lightening flashed. /用炸药～裂山石 yòng zhàyào ～liè shānshí use dynamite to blow up the mountain rocks /用大炮～城 yòng dàpào ～ chéng use artillery to bomb the city (2)赶;驱散 disperse;

drive away：～麻雀 ～ máquè shoo away the sparrows /把看热闹的人～开。disperse the onlookers（象声）形容爆炸的声音 sound of an explosion：～的一声炸药包爆炸了。～ de yì shēng zhàyàobāo bàozhà le. The explosives blew up with a bang.

【轰动】hōngdòng（动）惊动某一范围内的所有的人 cause a sensation；create a stir：这条消息～全国。Zhè tiáo xiāoxi ～ quán guó. This news caused a sensation throughout the country. /～一时 ～ yìshí create a furore /他的歌声使全场～。Tā de gēshēng shǐ quán chǎng ～. His song made a stir in the audience. /这条惊人的消息～了全世界。Zhè tiáo jīng rén de xiāoxi ～le quán shìjiè. This shocking news created a stir worldwide.

【轰轰烈烈】hōnghōnglièliè（形）形容气魄雄伟，声势浩大 having breadth of spirit and magnificence；great in strength and impetus：～的革命运动 ～ de gémìng yùndòng mighty revolutionary movement/工作搞得～ gōngzuò gǎo de ～ perform work dynamically

【轰击】hōngjī（动）用炮火攻击 bombard；shell：～敌人阵地 ～ dírén zhèndì bombard the enemy front /城市遭到大炮～。Chéngshì zāodào dàpào ～. The city was bombarded by canons.

【轰隆】hōnglōng（象声）形容雷声、爆炸声、机器声等 sound of thunder，explosions，machines，etc.：～一声雷响 ～ yì shēng léi xiǎng a rumble of thunder /～～的爆炸声 ～～ de bàozhà shēng a roar of an explosion /机器～～地开动起来了。Jīqì ～～ de kāidòng qilai le. The machine started with a roar.

【轰鸣】hōngmíng（动）发出轰隆轰隆的大声音 give a large roar；crash：雷声～ léi shēng ～ peal of thunder /大炮～ dàpào ～ bang of artillery

【轰炸】hōngzhà（动）从飞机上投掷炸弹 drop a bomb from a plane：两架飞机～无名高地。Liǎng jià fēijī ～ wú míng gāodì. Two planes bombed an unnamed hill.

【轰炸机】hōngzhàjī（名）[架 jià] bomber

哄 hōng
另见 hǒng

【哄动】hōngdòng（动）同"轰动" hōngdòng same as "轰动" hōngdòng

【哄抢】hōngqiǎng（动）许多人纷纷抢夺 flow of people looting or snatching up goods

【哄抬】hōngtái（动）不法商人纷纷抬高（物价）businessmen illegally driving up prices：～物价 ～ wùjià drive up the price of goods

【哄堂大笑】hōngtáng dàxiào 形容全屋子的人同时大笑 the whole room rocking with laughter：他只说了一句话就惹得大家～。Tā zhǐ shuōle yí jù huà jiù rěde dàjiā ～. All he said was one sentence，and he caused everyone to rock with laughter.

【哄笑】hōngxiào（动）很多人大声笑 let out a gale of laughter

烘 hōng
（动）(1)就火取暖 warm by the fire：手冻僵了，在炉火旁～～就暖和过来了。Shǒu dòngjiāng le，zài lúhuǒ páng ～～ jiù nuǎnhuo guolai le. My hands were frozen stiff，I put them by the stove，then they warmed up. (2)利用火的热能使物体变热或干燥 use fire's heat to heat or dry：雨老不停，洗的衣服只好～干了。Yǔ lǎo bù tíng，xǐ de yīfu zhǐhǎo ～ gān le. It keeps on raining. The laundry can only dry by the fire. /我把你的饭放在炉子旁边～着，不会凉的。Wǒ bǎ nǐ de fàn fàng zài lúzi pángbiān ～zhe，bú huì liáng de. I put your food by the stove where it won't get cold.

【烘托】hōngtuō（动）陪衬，使形象鲜明、突出 serve as a con-

trast or foil to make an object seem brighter and more prominent：这小说精心描述反面人物是为了～小说中的英雄。Zhè xiǎoshuō jīngxīn miáoshù fǎnmiàn rénwù shì wèile ～ xiǎoshuō zhōng de yīngxióng. This novel painstakingly describes the villain in order to enhance the hero through contrast.

hóng

弘 hóng
（形）◇ grand；magnificent

【弘论】hónglùn（名）同"宏论" hónglùn same as "宏论" hónglùn

【弘愿】hóngyuàn（名）同"宏愿" hóngyuàn same as "宏愿" hóngyuàn

红 hóng
（形）(1)red：～旗 ～qí red flag /～铅笔 ～ qiānbǐ red pen /苹果已经～了。Píngguǒ yǐjīng ～ le. The apple has turned red. (2)◇ 受到人们的欢迎、赞美 welcomed；praised by the people：这出戏有好几个～演员，所以票不好买。Zhè chū xì yǒu hǎo jǐ gè ～ yǎnyuán，suǒyǐ piào bù hǎo mǎi. This play has many popular performers，so the tickets are hard to buy. /这个歌手可～了。Zhège gēshǒu kě ～ le. This singer is really well-received. (3) 象征革命或政治觉悟高 revolutionary；high political consciousness：又～又专 yòu ～ yòu zhuān both red and expert

【红白事】hóngbáishì（名）喜事和丧事。也说"红白喜事" happy and sad events；can also say "红白喜事"

【红白喜事】hóng bái xǐshì 同"红白事" hóngbáishì same as "红白事" hóngbáishì

【红榜】hóngbǎng（名）同"光荣榜" guāngróngbǎng same as "光荣榜" guāngróngbǎng

【红宝石】hóngbǎoshí（名）ruby

【红茶】hóngchá（名）black tea

【红潮】hóngcháo（名）（书）害羞时两边脸上的红色 a blush from shyness

【红尘】hóngchén（名）人类社会 human society：看破～ kànpò ～ see through the vanity of the world

【红蛋】hóngdàn（名）染红的鸡蛋，旧风俗生孩子的人家用来分送亲友 red-dyed eggs（an old custom was for a family with a newborn child to give them to friends and relatives）

【红灯】hóngdēng（名）[盏 zhǎn] 指示车辆停止的交通信号灯 red traffic light

【红豆】hóngdòu（名）(1)红豆树 Ormosia Hosiei (2)这种树的种子，古代文学作品中常用来象征爱情 the seed of this tree，used in ancient Chinese literary works to symbolize love

【红汞】hónggǒng（名）mercurochrome

【红光满面】hóng guāng mǎn miàn 形容脸色红润而光滑 a face glowing with health：他～，怎么会有病呢？Tā～，zěnme huì yǒu bìng ne？He is absolutely glowing. How could he be sick?

【红火】hónghuo（形）热闹、兴旺 lively；prosperous；flourishing：晚会开得很～。Wǎnhuì kāi de hěn ～. The party was very lively. /日子越过越～。Rìzi yuè guò yuè ～. Life becomes more lively and prosperous every day.

【红果】hóngguǒ（名）haw

【红军】Hóngjūn（名）(1)"中国工农红军"的简称 short for "中国工农红军" (2)1946年以前的苏联军队 the Soviet army prior to 1946

【红利】hónglì（名）企业分给股东的利润或分给职工的额外报酬 dividend；bonus

【红脸】hóng＝liǎn (1)害羞 blush：她见了生人就～。Tā jiànle shēngrén jiù ～. She blushes when she sees a stranger. (2)因生气而争吵 become angry or quarrel：这夫妻俩从没

红过脸。Zhè fūqī liǎ cóng méi hóngguo liǎn . *There has never been a cross word between this couple.*

【红领巾】hónglǐngjīn（名）(1)红色的领巾，代表国旗的一角，是中国少先队员的标志 *red scarf representing the Chinese flag worn by the Young Pioneers* (2)指中国少先队员 *Young Pioneer*

【红绿灯】hónglǜdēng（名）指挥交通的信号灯 *traffic lights*

【红霉素】hóngméisù（药）*erythromycin*

【红模子】hóngmúzi（名）供儿童练习毛笔字用的纸，印有红色的字，用墨笔顺着笔画描红字 *a sheet of paper with red characters printed on it and the characters are to be traced over with a brush by children learning calligraphy*

【红男绿女】hóngnán lǜnǚ 指穿着各色漂亮衣服的青年男女 *young girls and boys who wear beautiful and colorful clothes*

【红娘】Hóngniáng（名）是戏剧《西厢记》中崔莺莺的丫头。她促成了莺莺与张生的婚姻。现在指帮助别人完成美满婚姻的人 *Hongniang was Cui Yingying's slave girl in the drama "Xi Xiang Ji". She facilitated the marriage of Yingying and Zhang Sheng. Now , Hongniang is a name for any person who helps bring about a happy marriage.*

【红扑扑】hóngpūpū（形）(～的)形容脸色很红 *red-faced*

【红旗】hóngqí（名）[面 miàn]（1)红色的旗子，是无产阶级革命的象征 *red flag or banner*，symbol of the proletarian revolution（2)指在竞赛中奖励优胜者的红色旗子 *red flag used as an award for the winner of a competition*（3)比喻先进的 *forerunner*；*pacesetter*：～单位 ～ dānwèi *red-banner unit*；*advanced unit*

【红旗手】hóngqíshǒu（名）给予先进人物的光荣称号 *honorary title given to a forerunning individual*

【红人】hóngrén（名）(～儿)受领导宠信的人 *someone trusted and favored by a person in power*；*fair-haired boy*

【红润】hóngrùn（形）(皮肤)红而滋润 *(skin) rosy*；*ruddy*：脸色～ liǎnsè ～ *rosy cheeks*；*ruddy complexion*

【红色】hóngsè（名）（1)红的颜色 *red colour*；血是～的。Xiě shì ～ de. *Blood is red.* (2)象征革命或政治觉悟高 *revolutionary*；*politically conscious*：～ 政权 ～ zhèngquán *red political power*/～ 专家 zhuānjiā *revolutionary expert*

【红十字会】Hóngshízìhuì（名）*Red Cross*

【红糖】hóngtáng（名）蔗糖的一种，褐黄色、赤褐色或黑色，含有砂糖和糖蜜，供食用 *a type of sugar which is golden, redish brown or black*；*brown sugar*

【红彤彤】hóngtōngtōng（形）同"红通通" hóngtōngtōng *same as "红通通" hóngtōngtōng*

【红通通】hóngtōngtōng（形）形容很红 *bright red*：～的炉火～ de lúhuǒ *glowing red fire* /～ 的晚霞 ～ de wǎnxiá *bright red sunset* / 脸上晒得～ de. Liǎnshang shài de ～ de. *His face has a bright red sunburn.*

【红头文件】hóngtóu wénjiàn 指中央或省市一级党政机关发出的文件,文件用红色大字标题 *documents with large red character headings issued by central or provincial level Party organs*

【红外线】hóngwàixiàn（名）*infra-red ray*

【红星】hóngxīng（名）[颗 kē]红色的五角星,是革命武装力量的标志 *five-point red star, symbol of the Revolutionary Armed Forces*

【红血球】hóngxuèqiú（名）*red blood cell*；*erythrocyte*

【红眼】hóng ＝yǎn 非常着急 *very anxious*

【红眼病】hóngyǎnbìng（名）(1)〈医〉*pinkeye* (2)对别人美慕妒忌的思想行为 *envious and jealous attitude*

【红艳艳】hóngyànyàn（形）形容色彩鲜红 *brilliant red*：满山都是～的杜鹃花。Mǎn shān dōu shì ～ de dùjuānhuā. *The mountain was covered with brilliant red azaleas.*

【红药水】hóngyàoshuǐ（名）同"红汞" hónggǒng *same as "红汞" hónggǒng*

【红叶】hóngyè（名）秋天变成红色的枫树、槭树的叶子 *red autumnal leaves of Chinese sweet gum and maple trees*

【红衣主教】hóngyī zhǔjiào（名）*(Catholic) cardinal*

【红缨枪】hóngyīngqiāng（名）[枝 zhī]一种旧式兵器,在长柄的一端装有尖锐的金属枪头,和柄相连处装饰着红缨 *an ancient weapon which has a pointed metal spearhead fitted on a long handle and red tassles hung from where the spearhead joins the shaft*

【红运】hóngyùn（名）好运气 *good luck*

【红晕】hóngyùn（名）中心浓而四周渐淡的一团红色。一般在脸上 *bright and concentrated red center which becomes lighter toward the edges , usually refers to the face*：他喝了两杯酒,两颊泛起～. Tā hēle liǎng bēi jiǔ , liǎng jiá fànqǐ ～. *He had two drinks and his cheeks became scarlet.*

【红装】hóngzhuāng（名）〈书〉(1)妇女的红色装饰或其它美丽的衣服 *women's red clothing or other beautiful attire* (2)指青年妇女 *young woman*

【红肿】hóngzhǒng（形）*swollen and red*：他的手扭伤,手背～,痛得厉害。Tā de shǒu niǔshāng , shǒubèi ～ , tòng de lìhai. *He sprained his wrist , and the back of his hand was red and swollen and very painful.*

宏 hóng
（形）◇ 巨大、雄壮伟大 *great*；*grand*；*magnificent*

【宏大】hóngdà（形）宏伟；巨大 *great*；*grand*：～ 的志愿 ～ de zhìyuàn *great aspirations* /规模 ～ guīmó ～ *on a grand scale*

【宏观】hóngguān（形）〈物〉*macroscopic*

【宏观世界】hóngguān shìjiè〈物〉*macrocosm*

【宏论】hónglùn（名）见识广博的言论 *informed opinion*

【宏图】hóngtú（名）远大的设想,宏伟的计划 *grand prospect*；*great plan*：立大志,展 ～ lì dà zhì, zhǎn ～ *make an important resolution and develop a great plan*

【宏伟】hóngwěi（形）雄壮伟大 *magnificent*；*grand*：～的建设计划 ～ de jiànshè jìhuà *grand construction plan* /～的殿堂 ～ de diàntáng *magnificent hall* /建筑规模 ～ jiànzhù guīmó ～ *grand-scale structure*

【宏愿】hóngyuàn（名）宏大的志愿 *great aspirations*

虹 hóng
（名）*rainbow*

【虹吸管】hóngxīguǎn（名）〈物〉*siphon*

【虹吸现象】hóngxī xiànxiàng〈物〉*siphonage*

洪 hóng
（形）◇ 大 *big*；*vast*（名）◇ 指洪水 *flood*

【洪大】hóngdà（形）(声音等)大 *loud*

【洪峰】hóngfēng（名）*flood peak*

【洪亮】hóngliàng（形）(声音)大；响亮 *loud and clear*；*resounding*：声音 ～ shēngyīn ～ *sonorous voice* /～的回声在山谷里回荡。～ de huíshēng zài shāngǔ li huídàng. *The echo reverberated loud and clear throughout the mountain valley.*

【洪流】hóngliú（名）(1)巨大的水流 *powerful current*：下了几天大雨,小溪变成了 ～. Xiàle jǐ tiān dà yǔ , xiǎoxī biànchéngle ～. *After several days of heavy rainfall , small streams developed strong currents.* (2)历史前进不可阻挡的趋势 *irresistible historical trend*：时代的 ～ shídài de ～ *the powerful current of the times*

【洪炉】hónglú（名）大炉子,常比喻能锻炼人的环境 *great furnace (often used as an analogy for an environment that toughens or tempers people)*：时代的 ～ shídài de ～ *an era which is a crucible* /在革命的 ～里锻炼成长。Zài gémìng de ～ li duànliàn chéngzhǎng. *be tempered in the mighty fur-*

nace of revolution

【洪水】hóngshuǐ（名）河流因大雨或融雪而引起的暴涨的水流 floodwater due to rainfall, snow runoff or sudden rise in river's water level：～泛滥 ～ fànlàn The river overflowed its banks. / 冲垮了公路桥。～chōngkuǎle gōnglù qiáo. Floodwater washed away the public bridge.

【洪灾】hóngzāi（名）洪水造成的灾害 flood

鸿 〔鴻〕hóng

（名）(1)〈书〉大雁 swan goose (2)〈书〉信 letter（形）◇大 great; grand

【鸿沟】hónggōu（名）[道 dào] 比喻明显的界线，感情上的隔阂 wide gap; chasm：他俩关系不好，总像隔着一道～似的。Tā liǎ guānxì bù hǎo, zǒng xiàng gézhe yí dào ～ shìde. Those two are on bad terms. There always seems to be a wide gap between them.

【鸿毛】hóngmáo（名）〈书〉鸿雁的毛，比喻事物轻微或不足道 a goose feather; something very light or insignificant：死有重于泰山，有轻于～。Sǐ yǒu zhòng yú Tài Shān, yǒu qīng yú ～. Death can be as heavy as Mt. Tai or as light as a goose feather.

【鸿图】hóngtú（名）同"宏图" hóngtú same as "宏图" hóngtú

【鸿雁】hóngyàn（名）大雁 swan goose

hǒng

哄 hǒng

（动)(1)哄骗 cheat; hoodwink：他编了一套瞎话来～人，谁信呢！Tā biānle yí tào xiāhuà lái ～ rén, shuí xìn na! He is trying to mislead people with a false story. Who is going to believe him?(2)用言语或行动引人高兴，特指逗弄对待小孩儿 using words or actions to make someone happy, especially children：妈妈给孩子唱歌，慢慢儿把他～睡了。Māma gěi háizi chàng gē, mànmānr bǎ tā ～shuì le. Mother sang to the child which slowly put him to sleep. / 妈妈出去了，爸爸在家～孩子。Māma chùqu le, bàba zài jiā ～ háizi. Mother went out while father stayed home and humored the child. 另见 hōng

【哄骗】hǒngpiàn（动)〈书〉用假话或欺骗手段骗人 hoodwink people by lying or cheating：根本不是那么回事儿，你想～我们吗？Gēnběn bú shì nàme huí shìr, nǐ xiǎng ～ wǒmen ma? That isn't the situation at all. Are you trying to swindle us?

hóu

侯 hóu

（名）(1)封建爵位名 marquis (2)尊贵的人物 honorable or respected person

喉 hóu

（名)larynx; throat

【喉擦音】hóucāyin（名）〈语〉gutteral fricative

【喉结】hóujié（名）〈生理〉Adam's apple

【喉咙】hóulóng（名）throat：～疼 ～ téng have a sore throat /放开～大声歌唱 fàngkāi ～ dà shēng gēchàng sing loudly

【喉塞音】hóusèyin（名）〈语〉glottal stop

【喉舌】hóushé（名）能替别人说话的人或机构 mouthpiece（can be a person or organ）：国家宣传机构是政府的～。Guójiā xuānchuán jīgòu shì zhèngfǔ de ～. The state propaganda organ is the government's mouthpiece. /人民的报纸应该是人民的～。Rénmín de bàozhǐ yīnggāi shì rénmín de ～. The people's newspaper ought to be the people's mouthpiece.

【喉头】hóutóu（名）〈生理〉同"喉" hóu same as "喉" hóu

猴 hóu

（名）◇ monkey

【猴子】hóuzi（名）同"猴" hóu same as "猴" hóu

hǒu

吼 hǒu

（动)(1)大声叫 roar; bellow; howl：狮～ shī ～ the roar of a lion /有人大～一声，小偷立即逃走了。Yǒu rén dà ～ yì shēng, xiǎotōu lìjí táozǒu le. A person gave a howling cry. The petty thief fled at once. (2)形容风、汽笛等发出很大的声音 howl or whistle of the wind, siren, etc.：北风怒～。Běi fēng nù ～. The northern wind howled. /火车汽笛长～一声通过大桥。Huǒchē qìdí cháng ～ yì shēng tōngguò dà qiáo. The train whistled a long blast when going through the bridge.

【吼叫】hǒujiào（动)〈书〉大声叫喊，常指发怒或情绪激动时发出的喊声 roar; bellow; yell（usually in anger, agitation or excitement）

hòu

后 〔後〕hòu

（名)(1)空间上与"前"相对 back; behind; rear（opposite of "前"）：房一有一个小花园。Fáng － yǒu yí ge xiǎo huāyuán. Behind the house is a small garden. /我去买票的时候，前排的都卖完了，只有～排的了。Wǒ qù mǎi piào de shíhou, qián pái de dōu màiwán le, zhǐ yǒu ～ pái de le. When I went to buy tickets, the front row was sold out. I could only buy back row tickets. /他考了个最一名。Tā kǎole ge zuì － yì míng. He got the lowest score on the test. (2)时间上与"先""前"相对 after; afterwards; later（opposite of "先"and "前"）：先来的有座儿，～来的没座儿了。Xiān lái de yǒu zuòr, ～ lái de méi zuòr le. Those who got there early got seats, but many late-comers couldn't find seats. /他出国一直没来信 Tā chū guó － yìzhí méi lái xìn. After he left the country, he never wrote home. /他一生的最～十年是很不幸的。Tā yìshēng de zuì ～ shí nián shì hěn búxìng de. The last ten years of his life were very unlucky. /下星期我前两天在办公室工作，～几天去车间了解情况。Xià xīngqī wǒ qián liǎng tiān zài bàngōngshì gōngzuò, ～ jǐ tiān qù chējiān liǎojiě qíngkuàng. Next week I'll spend the first two days working in the office and the last several days acquainting myself with the situation in the workshop. /这个学校三年内先～有六百学生毕业。Zhège xuéxiào sān nián nèi xiān ～ yǒu liùbǎi xuésheng bì yè. During the past three years, this school has successively graduated six hundred students.

【后半天】hòubàntiān（名）(～儿）下午 afternoon：整个～全浪费了。Zhěnggè ～ quán làngfèi le. The entire afternoon was wasted. /他～才来呢。Tā ～ cái lái ne. He won't come until the afternoon. /一直等到～他也没来。Yìzhí děngdào ～ tā yě méi lái. I had waited from morning till afternoon, and he never turned up.

【后半夜】hòubànyè（名）从半夜到天亮的一段时间 midnight till dawn; small hours of the morning：整个～他都睡得很好，烧也退了。Zhěnggè ～ tā dōu shuì de hěn hǎo, shāo yě tuì le. The second half of the night he slept well, and his fever also went down. /他们俩一直谈到～还不想睡。Tāmen liǎ yìzhí tándào ～ hái bù xiǎng shuì. The two of them talked continuously through the small hours of the morning but still did not want to go to sleep.

【后备】hòubèi（名）为以后作补充而准备的（人员、财物等）reserves（people, goods, etc.）：赛球时每个队都有几个～

队员。Sài qiú shí měi ge duì dōu yǒu jǐ ge ～ duìyuán. *During a game, every team has several reserve players.* /这个球队是本市参加全国比赛的一力量。Zhège qiúduì shì běn shì cānjiā quán guó bǐsài de ～ lìliang. *This ball team is the reserve force of this city's team which will participate in the national competition.* /每个月的收入都要留一部分作～. Měi ge yuè de shōurù dōu yào liú yí bùfen zuò ～. *Keep a part of each month's income as reserves.*

【后备军】hòubèijūn（名）(1) 随时准备根据国家需要到军队服役的人员 *reserve forces*；民兵是一支强大的～. Mínbīng shì yì zhī qiángdà de ～. *The people's militia is a powerful reserve force.* (2) 指某些职业队伍的补充力量 *any professional rank's reserve forces*；产业 ～ chǎnyè ～ *industrial reserve army*

【后辈】hòubèi（名）(1) 指子孙后代 *younger generation* (2) 同行中年纪轻或资历浅的人 *posterity*；一定要超过前辈。～ yídìng yào chāoguò qiánbèi. *Later generations certainly should surpass earlier generations.*

【后边】hòubiān（名）(～儿) 跟"前边"相对的方位；位置或次序靠后的部分 *rear；back (in position or order) (opposite of "前边")*：我家房子一有一个小果园。Wǒ jiā fángzi ～ yǒu yí ge xiǎo guǒyuán. *Behind my house is a small orchard.* /这本词典前边三页是说明,～才是正文。Zhè běn cídiǎn qiánbiān sān yè shì shuōmíng, ～ cái shì zhèngwén. *The first three pages of this dictionary are explanation. Following this is the main body of the text.* /这个问题我一再仔细讲。Zhège wèntí wǒ ～ zài zǐxì jiǎng. *I will discuss this problem more carefully later.* /最一一行座位是空的。Zuì ～ yì háng zuòwèi shì kòng de. *The last row of seats are vacant.*

【后步】hòubù（名）说话做事时为了以后可伸缩回旋而留下的地步 *room for manoeuvre left when saying or doing something；leeway*：你把话说得活一点儿,万一完不成任务,我们也可有个～. Nǐ bǎ huà shuō de huó yìdiǎnr, wànyī wán bu chéng rènwù, wǒmen yě kě yǒu ge ～. *When you make that promise, don't be too exacting and leave a margin for error.* /他这人说话办事都很绝对,从不留～. Tā zhè rén shuō huà bàn shì dōu hěn juéduì, cóng bù liú ～. *He is very precise about whatever he says or does and gives himself no leeway.*

【后尘】hòuchén（名）走路时后面扬起的尘土,比喻在别人的后面 *the dust thrown up by one's heels；(figurative) following in someone's footsteps*：老步人～实在没什么意思,得有创新。Lǎo bù rén ～ shízài méi shénme yìsi, děi yǒu chuàngxīn. *There is no point in always following in the footsteps of those who have gone before us. We need to blaze new trails.*

【后代】hòudài（名）(1) 某一时代以后的时代 *later periods；succeeding generations*：这些古诗一有不少人注释过。Zhèxiē gǔshī ～ yǒu bù shǎo rén zhùshìguo. *Many people of later generations have annotated these ancient poems.* (2) 后代的人,也指个人的子孙 *descendants；progeny*：我们这一代人要为一着想。Wǒmen zhè yí dài rén yào wèi ～ zhuó xiǎng. *Our generation must take the interests of our descendants into consideration.* /他给他的一留下一笔财产。Tā gěi tā de ～ liúxià yì bǐ cáichǎn. *He left a certain amount of property to his descendants.*

【后盾】hòudùn（名）背后的有力的援助和支持 *backup force；reinforcements*：你去跟他谈判,我们作你的～,一定能成功。Nǐ qù gēn tā tánpàn, wǒmen zuò nǐ de ～, yídìng néng chénggōng. *If we act as a backup force when you go to negotiate with him we are bound to succeed.* /要战胜敌人,没有人民作一是不行的。Yào zhànshèng dírén, méi yǒu rénmín zuò ～ shì bù xíng de. *Without the people behind us there is no way we can defeat the enemy.*

【后发制人】hòu fā zhì rén 先退让一步,等对方动手后,再加以反击,制服对方 *overcoming an opponent by waiting until he has struck the first blow and then retaliating*：对敌人采取～的手段,会得到多数人的同情。Duì dírén cǎiqǔ ～ de shǒuduàn, huì dédào duōshù rén de tóngqíng. *If we adopt the method of waiting for the enemy to strike the first blow we will gain the sympathy of the majority.*

【后方】hòufāng（名）远离战线的地区。跟"前方""前线"相对 *rear area of a battle front；opposite of "前方" or "前线"*：一医院 ～ yīyuàn *rear area (base) hospital* /一支援前线。～ zhīyuàn qiánxiàn. *The rear supports the front line.*

【后跟】hòugēn（名）(～儿) 鞋子或袜子贴在脚跟的部位 *heel part of a shoe or sock*：鞋～ xié ～ *heel of a shoe*

【后顾之忧】hòugù zhī yōu 在自己后面的使自己不能安心的事 *uneasiness about possible trouble in the rear or at home*：解除～ jiěchú ～ *to relieve fears about trouble in the rear.* /他有了工作,孩子已经上学,他再也没有～,可以专心搞科研了。Àiren yǒule gōngzuò, háizi yǐjīng shàng xué, tā zài yě méi yǒu ～, kěyǐ zhuānxīn gǎo kēyán le. *His wife has a job and his children are in school, so he can concentrate on his research without being distracted by problems at home.*

【后果】hòuguǒ（名）最后的结果,多指坏的结果 *final result；consequences (usually bad consequences)*：化工车间不注意防火,出了事故,～不堪设想。Huàgōng chējiān bú zhùyì fáng huǒ, chūle shìgù, ～ bùkān shèxiǎng. *They are careless about fire safety in the chemical workshop and if an accident happens, the results will be disastrous.* /如果你一意孤行,一切～由你负责。Rúguǒ nǐ yí yì gū xíng, yíqiè ～ yóu nǐ fùzé. *If you insist on having your own way you will have to take responsibility for the consequences.*

【后患】hòuhuàn（名）以后的灾祸或忧患 *disasters or troubles in store for the future*：不彻底清除病根,会给病人留下～. Bù chèdǐ qīngchú bìnggēn, huì gěi bìngrén liúxià ～. *If we don't eradicate the basic cause of the disease the patient will have a health problem later.* /不堵塞工作中的这些漏洞,将来～无穷。Bù dǔsè gōngzuò zhōng de zhèxiē lòudòng, jiānglái ～ wúqióng. *If we don't block up these loopholes in our work we are going to have endless problems later.*

【后悔】hòuhuǐ（动）事后感到不应当那样 *regret saying or doing something*：我很～当初没有好好帮助他。Wǒ hěn ～ dāngchū méiyou hǎohāor bāngzhù tā. *I regret not having helped him in the first place.* /他没去报考音乐学院,感到～极了。Tā méi qù bàokǎo yīnyuè xuéyuàn, gǎndào ～ jí le. *He didn't enter for the music college examination, and really regretted it afterwards.* /机会一错过,～也来不及了。Jīhuì yī cuòguò, ～ yě lái bu jí le. *If you fumble this chance there will be no use regretting it later.*

【后悔莫及】hòuhuǐ mò jí 虽然后悔,但已无法达到某一目的 *too late to repent*：不趁年轻时多学点知识,将来～. Bú chèn niánqīng shí duō xué diǎnr zhīshi, jiānglái ～. *If one doesn't gain knowledge in one's youth it will be too late to repent in the future.*

【后记】hòujì（名）写在书籍、文章等的后边,用以说明写作目的、经过的短文 *postscript*：有些书只有前言,没有～. Yǒuxiē shū zhǐ yǒu qiányán, méi yǒu ～. *Some books only have a preface and no postscript.* /译者在文章后面写了一篇～. Yìzhě zài wénzhāng hòumiàn xiěle yì piān ～. *The translator wrote a postscript at the end of the piece.*

【后继有人】hòu jì yǒu rén 对某项事业有人能接续前头的人 *successor who can carry on some task*：教育界人才辈出,出现了～的可喜现象。Jiàoyùjiè réncái bèichū, chūxiànle ～ de kěxǐ xiànxiàng. *The educational field has produced a great number of qualified personnel and there are worthy successors to shoulder the task.* /尖端科学领域里,培养了大批优秀工作者,我们的科学事业～. Jiānduān kēxué lǐngyù

lì，péiyǎnglè dàpī yōuxiù gōngzuòzhě，wǒmen de kēxué shìyè ～. *An excellent crop of workers has been produced in advanced science, so our scientific work has no lack of successors.*

【后脚】hòujiǎo（名）（1）迈步时在后面的一只脚 *rear foot (when walking)*：他前脚落水，～还在岸上，所以只湿了一只鞋。Tā qiánjiǎo luò shuǐ，～hái zài àn shang，suǒyǐ zhǐ shīle yì zhī xié. *His forwardfoot slipped into the water but his rear foot stayed on the bank, so he only got one shoe wet.* (2)与"前脚"连说时，表示紧跟在别人后面，时间很近（*used together with "前脚" indicates immediately after or right behind somebody*）：我前脚走，他～就到了。Wǒ qiánjiǎo zǒu，tā ～ jiù dào le. *As soon as I left, he arrived.*

【后进】hòujìn（形）进步比较慢，水平比较低的 *retarded；of low level (standard)*：先进帮～. Xiānjìn bāng ～. *The more advanced help the laggards.* /～国家的人民都在努力提高科技水平。～ guójiā de rénmín dōu zài nǔlì tígāo kējì shuǐpíng. *The less-advanced countries are striving to raise the level of their science and technology.*

【后劲】hòujìn（名）（～儿）（1）用在后一阶段的力量 *energy kept in reserve*：在长跑比赛中，保留充足的～非常重要。Zài chángpǎo bǐsài zhōng，bǎoliú chōngzú de ～ fēicháng zhòngyào. *In a long-distance race it is very important to keep some reserve strength.* (2)显露较慢的作用或力量 *delayed effect；after effect*：这种酒的～很大。Zhè zhǒng jiǔ de ～ hěn dà. *This drink has a powerful delayed action.*

【后来】hòulái（名）指过去某一时间之后的时间。跟"起先"相对，只指过去 *afterwards (opposite of "起先"；only refers to the past)*：我们原来希望天气会变好，可是一直到～，天都是阴的。Wǒmen yuánlái xīwàng tiānqì huì biànhǎo，kěshì yìzhí dào ～，tiān dōu shì yīn de. *We originally hoped that the weather would turn out fine, but it stayed dull right through.* /起先我不太喜欢这个人，～发现他有不少优点。Qǐxiān wǒ bú tài xǐhuan zhège rén，～ fāxiàn tā yǒu bù shǎo yōudiǎn. *At first I didn't like him, but afterwards I found that he had many good qualities.* /他上学的时候成绩不错，～的情况我就不了解了。Tā shàng xué de shíhou chéngjì búcuò，～ de qíngkuàng wǒ jiù bù liǎojiě le. *He did very well in school, but I don't know what he did afterwards.*

【后来居上】hòu lái jū shàng 后来的人或事物超过先前的 *people or things that come later surpassing their predecessors*：一个不出名的小青年竟打败世界冠军，真是～. Yí ge bù chū míng de xiǎoqīngnián jìng dǎbài shìjiè guànjūn，zhēn shì ～. *An unknown youth beat the world champion — that is really a case of "后来居上".* /年轻人应该～，超过前人。Niánqīng rén yīnggāi ～，chāoguò qiánrén. *The younger generation ought to surpass the achievements of their forerunners.*

【后来人】hòuláirén（名）指后成长起来的人 *succeeding generation*：我们这些～要继承前辈人艰苦创业的精神。Wǒmen zhèxiē ～ yào jìchéng qiánbèi rén jiānkǔ chuàngyè de jīngshen. *We, the succeeding generation, should inherit the spirit of creative hard work from our elders.*

【后浪推前浪】hòu làng tuī qián làng 比喻新生事物推动和代替陈旧的事物，不断前进 *"the following wave pushes the one in front" (indicates that something new overtakes and replaces its predecessor)*：改革的浪潮，一浪高过一浪。Gǎigé de làngcháo，yí làng gāoguò yí làng. *The tide of reform rolls on relentlessly, each wave overtopped by the next.*

【后路】hòulù（名）［条 tiáo］（1）军队背后的交通线或退路 *army's lines of communication or retreat*：抄～ chāo ～ *outflank the enemy* /堵住敌人的～ dǔzhù dírén de ～ *cut off an enemy's retreat*（2）回旋的余地，同"后步"hòubù *room*

for manoeuvre, same as "后步" hòubù：话不要说得太绝对了，得给自己留一条～. Huà búyào shuō de tài juéduì le，děi gěi zìjǐ liú yì tiáo ～. *You should not speak too precisely. Always leave yourself some room for manoeuvre.* /我有意不留～，非成功不可。Wǒ yǒuyì bù liú ～，fēi chénggōng búkě. *I haven't left any margin for error deliberately, so I have to make sure I succeed.*

【后门】hòumén（名）（～儿）（1）房子除了前面正门以外，后面的门 *back door of a house (as opposed to the main entrance)*（2）不合法，不正当的途径 *illegal or improper route or means of doing something*：买这个东西不走～也行，走～就不要排队了。Mǎi zhège dōngxi bù zǒu ～ yě xíng，zǒu ～ jiù búyào pái duì le. *You don't have to buy this through the back door, but if you do you don't have to line up.* / 他儿子不是走～上的大学，是凭本事考上的。Tā érzi bú shì zǒu ～ shàng de dàxué，shì píng běnshì kǎoshang de. *His son did not get into university through the back door. He relied on his own ability to pass the exam.*

【后面】hòumiàn（名）（～儿）同"后边"hòubiān *same as* "后边" hòubiān

【后母】hòumǔ（名）*stepmother*

【后脑】hòunǎo（名）〈生理〉*hindbrain；rhombencephalon*

【后年】hòunián（名）*year after next*

【后怕】hòupà（动·不及物）危险过后感到害怕 *fear which comes upon one after the danger has passed*：想起那年地震的事，真让人～. Xiǎngqǐ nà nián dìzhèn de shì，zhēn ràng rén ～. *It gives people the shivers just to think about the earthquake that year.*

【后期】hòuqī（名）某一时期的后一阶段 *later stage；later period*：这个组织是三十年代～成立的。Zhège zǔzhī shì sānshí niándài ～ chénglì de. *This organization was set up in the late 1930s.* /现在是二十世纪～，不久将是二十一世纪。Xiànzài shì èrshí shìjì ～ le，bùjiǔ jiāng shì èrshíyī shìjì. *We are now in the latter part of the 20th century, and before long we will be in the 21st century.*

【后起之秀】hòu qǐ zhī xiù 后出现或新成长起来的优秀人物 *up-and-coming young talent*：这位青年作家是文艺界的～. Zhè wèi qīngnián zuòjiā shì wényìjiè de ～. *This young writer is a budding talent in artistic circles.*

【后勤】hòuqín（名）指后方对前方的一切供应工作或机关学校企业等单位中的行政杂务管理工作 *rear-service (backup) units；logistics*：～部队 ～ bùduì *logistics unit* /～人员 ～ rényuán *logistics personnel* /他是搞～的。Tā shì gǎo ～ de. *He is engaged in logistics work.*

【后人】hòurén（名）（1）后代的人 *later generations；posterity；descendants*：古代的哲学家给～留下了许多精神财富。Gǔdài de zhéxuéjiā gěi ～ liúxiale xǔduō jīngshén cáifù. *Ancient philosophers have left a great deal of spiritual wealth to later generations.* /前人种树，～乘凉。Qiánrén zhòng shù，～ chéng liáng. *Those who go before plant trees which give shade to those who come after.* (2)子孙 *descendant*：孔××是孔子的～. Kǒng ×× shì Kǒngzǐ de ～. *Kong ×× is a descendant of Confucius.*

【后身】hòushēn（名）（1）（～儿）背后 *back of a person；back view*：从～看不出这人是谁。Cóng ～ kàn bu chū zhè rén shì shuí. *From the back I can't tell who this person is.* (2)（～儿）上衣、大衣等背后的部分 *back of a garment*：大衣的～淋湿了。Dàyī de ～ línshī le. *The back of this coat is wet through.* (3)（～儿）房屋等的后边 *back part of a house or other building*：这房子的～种了不少树。Zhè fángzi de ～ zhòngle bù shǎo shù. *At the back of this house quite a few trees have been planted.* (4)（机构、制度等）由早先的一个转变而成的另一个（有的只是改换名称）*successor*：北大中文专修班的～是北京语言学院。Běidà Zhōngwén Zhuānxiūbān de ～ shì Běijīng Yǔyán Xuéyuàn.

The successor to the Chinese Language Program in Beijing University is the Beijing Languages Institute.

【后生可畏】hòushēng kě wèi "后生"指年轻的一代。年轻的一辈是可敬畏的,因为他们能超过前辈("后生" *refers to the younger generation*) *the younger generation is to be respected as it has the potential of surpassing its predecessors.*

【后事】hòushì (名)(1)以后的事情(多见于中国旧式小说) *what happens afterwards; afterwards (often used in old Chinese novels)*(2)丧事 *funeral*

【后嗣】hòusì (名)子孙后代 *heirs; descendants*

【后台】hòutái (名)(1)剧场中舞台后面的部分 *backstage* (2)在背后操纵,支持某种活动的人或集团 *behind-the-scenes supporter*:没有很硬的~,这些人不会这么大胆。Méi yǒu hěn yìng de ~, zhèxiē rén bú huì zhème dàdǎn. *These people wouldn't be so daring if they didn't have some strong backing.* /旧社会的帮会组织都有政界人物作~。Jiù shèhuì de bānghuì zǔzhī dōu yǒu zhèngjiè rénwù zuò ~. *The secret societies in the old days all had political backing behind the scenes.*

【后台老板】hòutái lǎobǎn 在背后进行操纵、支持的人或集团的首脑 *powerful figure or group behind the scenes*

【后天】hòutiān (名)明天的明天 *day after tomorrow*

【后退】hòutuì (动)向后面退;退回(后边的地方或地位) *retreat; fall back*:双方军队各~三公里,停止战斗。Shuāngfāng jūnduì gè ~ sān gōnglǐ, tíngzhǐ zhàndòu. *Each army will retire three kilometers and cease fighting.*

【后头】hòutou (名)同"后边" hòubiān *same as* "后边" hòubiān

【后卫】hòuwèi (名)(1)军队行军时,在后方担任掩护或警戒的部队 *rear guard* (2)篮球、足球等球类比赛中,主要担任防御的队员 *back; guard(position in basketball, football, etc.)*

【后遗症】hòuyízhèng (名)[个 gè](1)某种疾病痊愈后所遗留下来的一些症状 *aftereffects of an illness or injury; sequela*:他那次受伤后留下了~,常常头痛。Tā nà cì shòu shāng hòu liúxiàle ~, chángcháng tóutòng. *He often has headaches as a result of that old injury.* (2)做事情或处理问题不妥当而留下的消极影响 *lingering effects of something not well done, or some question not solved properly*

【后裔】hòuyì (名)[个 gè]已经死去的人的子孙 *descendants or offspring of somebody deceased*

【后影】hòuyǐng (名)(~儿)[个 gè]从后面看到的人或物的形状 *back view of a person or thing*:从~看去,这人很像是她的妹妹。Cóng ~ kànqu, zhè rén hěn xiàng shì tā de mèimei. *From the back she looks like her younger sister.* /我只看见一个~,是个男的。Wǒ zhǐ kànjian yí ge ~, shì ge nán de. *I only saw the back and it was a man.*

【后援】hòuyuán (名)*reinforcements; backing; support*

【后者】hòuzhě (名)〈书〉*the latter*:老林和小李是好朋友,前者又是~的老师。Lǎo Lín hé Xiǎo Lǐ shì hǎo péngyou, qiánzhě yòu shì ~ de lǎoshī. *Lao Lin and Xiao Li are good friends. The former is also the latter's teacher.*

【后缀】hòuzhuì (名)〈语〉*suffix*

【后坐力】hòuzuòlì (名)〈物〉*recoil force*

厚 hòu

(形)thick:~木板 ~ mùbǎn *thick plank* /~毛衣 máoyī *thick sweater* /这床棉被太~了。Zhè chuáng miánbèi tài ~ le. *This quilt is too thick.* /大雪下了半米~。Dà xuě xiàle bàn mǐ ~. *Snow fell to the depth of half a meter.* /这本书有多~? Zhè běn shū yǒu duō ~? *How thick is this book?*

【厚薄】hòubáo (名)*thickness*:这块玻璃的~正合适。Zhè kuài bōli de ~ zhèng héshì. *This glass is just the right thickness.*

【厚此薄彼】hòu cǐ bó bǐ 优待、重视一方,轻视、薄待另一方 *make a fuss of one and slight the other*:同样是你的孩子,可不能~。Tóngyàng shì nǐ de háizi, kě bù néng ~. *They are both your children. You must not make a fuss of one and neglect the other.*

【厚道】hòudao (形)待人诚恳,能宽容,不刻薄 *treating people in an honest and kind way*:他为人~。Tā wéirén ~. *He is very warm-hearted toward other people.*

【厚度】hòudù (名)*thickness*

【厚古薄今】hòu gǔ bó jīn 在学术研究上,重视古代,轻视现代 *in scholastic circles) stress the past and neglect the present*

【厚今薄古】hòu jīn bó gǔ 在学术研究上,重视现代,轻视古代 *(in scholastic circles) stress the present and neglect the past.*

【厚实】hòushi (形)〈口〉厚 *thick*:这种呢子~,适合做大衣。Zhè zhǒng nízi ~, shìhé zuò dàyī. *This type of wool is the right thickness to make an overcoat.* /这件棉衣厚厚实实的,不好看,可是暖和。Zhè jiàn miányī hòuhoushíshí de, bù hǎokàn, kěshì nuǎnhuo. *This cotton padded jacket is thick and not very stylish, but it is warm.*

【厚颜无耻】hòuyán wúchǐ 厚着脸皮,不顾羞耻 *insolent; brazen; shameless*:他~地为自己辩解。Tā ~ de wèi zìjǐ biànjiě. *He brazenly made excuses for himself.* / 他什么也不懂,还自称专家,真是~。Tā shénme yě bù dǒng, hái zìchēng zhuānjiā, zhēn shì ~. *He understands nothing, yet he calls himself an expert. He really is shameless.*

【厚意】hòuyì (名)深厚的情意 *kindness*:感谢您的~。Gǎnxiè nín de ~. *Thank you for your kindness.*

候 hòu

(动)等待 *wait*:请稍~。Qǐng shāo ~. *Please wait a moment.* /让你久~,实在抱歉。Ràng nǐ jiǔ ~, shízài bàoqiàn. *Please forgive me for making you wait so long.*

【候补】hòubǔ (动)be a candidate (for a post or vacancy):~委员 ~ wěiyuán *candidate (alternate) committee member*

【候车室】hòuchēshì (名)[间 jiān]车站的等候乘车的屋子 *waiting room (in a train or bus station)*

【候鸟】hòuniǎo (名)[只 zhī] *migratory bird*

【候审】hòushěn (动)〈法〉(原告、被告) 等候审问 *await trial*

【候选人】hòuxuǎnrén (名)选举前预先提名作为选举对象的人 *candidate for election*

【候诊】hòuzhěn (动)(病人)在医院门诊部等候诊断治疗 *wait to consult a doctor*

hū

呼 hū

(动)◇(1)使气从口或鼻孔出来 *breathe out (exhale) through the mouth or nose*:~气 ~ qì *give a puff* /~出一口气 ~chū yì kǒu qì *exhale a puff of breath* (2)大声喊 *cry out*:~口号 ~ kǒuhào *shout a slogan* (3)〈书〉叫 *call*:直~其名 zhí ~ qí míng *call somebody by his given name (disrespectfully)* (象声) *onomatopoeic sound of wind, etc.*:大风~~地刮了一夜。Dà fēng ~~ de guāle yí yè. *A strong wind was howling all night.*

【呼哧】hūchī (象声)形容喘息声 *huff and puff*

【呼喊】hūhǎn (动)〈书〉叫喊;嚷 *call out*:大声~ dà shēng ~ *call loudly* /一个落水的孩子在~求救。Yí ge luò shuǐ de háizi zài ~ qiú jiù. *A child who had fallen in the water was calling for help.*

【呼号】hūháo (动)〈书〉因悲伤而哭叫;因有困难需要帮助而叫喊 *cry out in distress or appeal for help in difficulties*

【呼号】hūhào (名)无线电通讯中使用的联络名称或代号 *call sign (e. g. of a radio station)*

【呼唤】hūhuàn (动)〈书〉召唤 call out to

【呼叫】hūjiào (动)〈书〉(1)呼喊叫人 call out to somebody (2)电台上用呼号叫对方 broadcast a call sign

【呼救】hūjiù (动) 大声叫人来救命 call for help

【呼啦啦】hūlālā (象声) 因风吹动发出的声音 sound of a flag flapping in the wind：旗子被风吹得～地响。Qízi bèi fēng chuī de ～ de xiǎng. The wind is making the flag flap.

【呼喇喇】hūlālā (象声) 同"呼啦啦" hūlālā same as "呼啦啦" hūlālā

【呼噜】hūlu (名)〈口〉鼾声 wheeze; snore：他一躺下就打起～来了。Tā yì tǎng xià jiù dǎ qi ～ lai le. As soon as he lay down he started snoring.

【呼扇】hūshan (动)〈口〉(片状物) 颤动 (flat object) shake; vibrate; sway：这座小木桥一走人就～。Zhè zuò xiǎo mùqiáo yì zǒu rén jiù ～. As soon as somebody steps on this small wooden bridge it shakes.

【呼声】hūshēng (名) 多数人的意见和要求 voiced opinions or demands of a group of people：他可能会当厂长，因为群众的～很高。Tā kěnéng huì dāng chǎngzhǎng, yīnwèi qúnzhòng de ～ hěn gāo. He will probably become the factory manager, as everybody is calling for him to take the job.

【呼哨】hūshào (名) whistle：这个～打得真响！Zhège ～ dǎ de zhēn xiǎng! What a piercing whistle!

【呼天抢地】hū tiān qiāng dì 大声呼天，用头撞地，表示极端悲痛 "cry out to heaven and beat the ground with one's head" — wail in extreme anguish

【呼吸】hūxī (动) breathe：屋子里太闷，出去～一下新鲜空气吧。Wūzi li tài mēn, chūqù ～ yíxià xīnxiān kōngqì ba. The room is too stuffy. Let's go outside for a breath of fresh air. /等我赶到，他已经停止了～。Děng wǒ gǎndào, tā yǐjīng tíngzhǐle ～. By the time I got there he was already dead. /游泳就是～。Yóu yǒng jiù shì ～. The art of swimming lies in proper breathing.

【呼吸道】hūxīdào (名)〈生理〉respiratory tract

【呼吸系统】hūxī xìtǒng (名)〈生理〉respiratory system

【呼啸】hūxiào (动)〈书〉发出高而又长的声音 utter a piercing whistle：北风～。běi fēng ～ The north wind whistles. /一列火车～而过。Yí liè huǒchē ～ ér guò. A train passed whistling.

【呼应】hūyìng (动) 一呼一应，二者互相联系、配合 call and reply; echo; two working in correlation：用"即使"时，常用"也"和它。Yòng "jíshǐ" shí, cháng yòng "yě" hé tā. When "即使" is used, "也" is often used to correlate with it. /"不但"和"而且"常～。"Búdàn" hé "érqiě" cháng ～. "不但" and "而且" often correlate with each other. /台上台下互相～，观众也唱起来了。Tái shàng tái xià hùxiāng ～, guānzhòng yě chàng qilai le. Everybody began to sing, the performers and audience together.

【呼吁】hūyù (动) 向个人或社会陈述，请求主持公道或给予援助 appeal; call on：国际组织～各国禁止捕杀大象。Guójì zǔzhī ～ gè guó jìnzhǐ bǔshā dà xiàng. International organizations are appealing to all countries to halt the capture and slaughter of elephants. /被侵略国家向联合国～，制止侵略。Bèi qīnlüè guójiā xiàng Liánhéguó ～, zhìzhǐ qīnlüè. The victim of aggression appealed to the United Nations to halt the invasion.

忽 hū

(副)(1)意思同"忽然" hūrán, 多用于书面语 same as "忽然" hūrán (usu. used in the written language)：我从睡梦中惊醒，刚要坐起来，～听得窗外有人说话。Wǒ cóng shuìmèng zhōng jīngxǐng, gāng yào zuò qilai, ～ tīngdé chuāng wài yǒu rén shuō huà. I woke up with a start and was about to sit up when I suddenly heard voices

outside my window. /他出门刚走几步，～又返了回来，像是忘了带什么东西。Tā chū mén gāng zǒu jǐ bù, ～ yòu fǎnle huílai, xiàng shì wàngle dài shénme dōngxi. He had just walked out the door when he turned abruptly around and went back in as though he had forgotten something. (2)"忽"可以放在两个意义相反的动词或形容词前，表示两种动作或性状交互出现 ("忽" can be placed before two verbs or adjectives opposite in meaning to indicate that both actions or situations occur alternately) now ... now ... ：成群的海燕在海面上～上～下地飞舞。Chéng qún de hǎiyàn zài hǎimiàn shang ～ shàng ～ xià de fēiwǔ. Swarms of petrels danced up and down in the air over the ocean's surface. /战士们在硝烟中～隐～现，英勇杀敌。Zhànshimen zài xiāoyān zhōng ～ yǐn ～ xiàn, yīngyǒng shā dí. Soldiers appeared, then disappeared amidst the gunpowder smoke as they fought heroically. /他说话的声音～高～低，很富有感情。Tā shuō huà de shēngyīn ～ gāo ～ dī, hěn fùyǒu gǎnqíng. As he spoke, his voice rose and fell. It was full of emotion. /这里的天气～冷～热，真难适应。Zhèli de tiānqì ～ lěng ～ rè, zhēn nán shìyìng. The weather here is cold one moment, and hot the next. It's really hard to adapt to.

【忽地】hūdì (副) 意思同"忽然" hūrán, 多用于书面语 same as "忽然" hūrán (usu. used in the written language)：看着这封信，她眼里～涌出了泪水。Kànzhe zhè fēng xìn, tā yǎn li ～ yǒngchūle lèishuǐ. Her eyes suddenly overflowed with tears as she read this letter. /海边的天气常常是正出着太阳，～又下起雨来。Hǎibiānr de tiānqì chángcháng shì zhèng chūzhe tàiyang, ～ yòu xià qǐ yǔ lai. At the seashore, it often happens that the sun is shining one moment, then it suddenly starts to rain. /他～站起来匆匆忙忙地往外跑。Tā ～ zhàn qilai jícōngcōng de wǎng wài pǎo. He suddenly stood up and rushed out. /河水～暴涨起来。Héshuǐ ～ bàozhǎng qilai. The river suddenly rose.

【忽而】hū'ér (副) 意思同"忽然" hūrán, 不如"忽然"常用 same as "忽然" hūrán (but not as frequently used)：他阴沉的脸上～现出了笑容。Tā yīnchén de liǎnshang ～ xiànchūle xiàoróng. A smile suddenly broke out on his sombre-looking face. /他们正在屋子里开会，～从门外闯进一个人来。Tāmen zhèngzài wūzi li kāi huì, ～ cóng mén wài chuǎng jìn yí ge rén lai. They were just in the room having a meeting when someone suddenly came rushing in from outside. /到了门口，刚要敲门，室内的灯～灭了。Dàole ménkǒu, gāng yào qiāo mén, shì nèi de dēng ～ miè le. When I reached the entrance, I was just about to knock on the door when the light in the room suddenly went out. /我凝神注视着那座小山，～发现一点小小的亮光，"那里有人"，我高兴地叫了起来。Wǒ níngshén zhùshizhe nà zuò xiǎo shān, ～ fāxiàn yìdiǎnr xiǎoxiǎo de liàngguāng, "nàli yǒu rén", wǒ gāoxìng de jiàole qilai. I was gazing fixedly at that small hill when a tiny light suddenly appeared. "There's someone over there!" shouted I with joy.

【忽而……忽而……】hū'ér ... hū'ér ... 嵌入两个意义相对或相近词语，表示"一会儿这样，一会儿那样"的意思 (used before two words corresponding or similar in meaning to indicate an alternation between two actions) now ... now ... ：江水～向南，～向北，但最终总要流向大海。Jiāng shuǐ hū'ér xiàng nán, hū'ér xiàng běi, dàn zuì zhōng zǒng yào liú xiàng dàhǎi. The river flows south here, then flows north there, but it finally flows out to sea. /对面的山歌～高，～低，忽而又戛然而止。Duìmiàn de shāngē hū'ér gāo, hū'ér dī, hū'ér yòu jiárán ér zhǐ. The folk song being sung across the way was loud and low by turns, and sometimes would even suddenly stop. /木排在浪涛中忽而被涌上波顶，忽而又跌进谷底

Mùpái zài làngtāo zhōng hū'ér bèi yǒngshàng bō dǐng, hū'ér yòu diējìn gǔ dǐ. *The raft rose and fell by turns among the great waves.*

【忽略】húlüè（动）没有注意到，疏忽 *neglect*; *overlook*; *pay no attention to*: 数目虽小，但不可～. Shùmù suī xiǎo, dàn bùkě ～. *Although they are few in number they cannot be overlooked.* /我～了你信上最后提的那件事，没告诉他. Wǒ ～ le nǐ xìn shang zuìhòu tí de nà jiàn shì, méi gàosu tā. *I overlooked what you said in the last part of your letter, and I didn't tell him.*

【忽然】hūrán（副）表示事情发生得快而且出乎意外 *suddenly*; *abruptly*: 我～觉得脑子"嗡"地一声，就什么也不知道了. Wǒ ～ juéde nǎozi "wēng" de yì shēng, jiù shénme yě bù zhīdào le. *I suddenly heard a buzzing in my head, then I lost consciousness.* /他说着说着～眼泪刷刷地往下掉. Tā shuōzhe shuōzhe ～ yǎnlèi shuāshuā de wǎng xià diào. *He was talking on and on when all of a sudden tears started rolling down his face.* /我们正在谈话，～他来了. Wǒmen zhèngzài tán huà, ～ tā lái le. *While we were talking when he suddenly showed up.* 有时可以放在句首（can sometimes be placed at the beginning of a sentence）: ～想起一个人来，他就是那个医院的大夫，～ wǒ xiǎng qǐ yí ge rén lai, tā jiù shì nàge yīyuàn de dàifu. *All of a sudden, some one came to my mind — it was a doctor from that hospital.* /～自行车放了炮，车胎瘪了. ～ zìxíngchē fàngle pào, chē tāi biě le. *The bicycle tire suddenly had a blowout and went flat.* "忽然"有时也说成"忽然间""忽然之间"，常放在句首，后面可有停顿（"忽然" is sometimes said as "忽然间" or "忽然之间" which are often placed at the beginning of a sentence and can be followed by a pause）: ～间，我想起了一段往事。～ jiān, wǒ xiǎngqǐle yí duàn wǎngshì. *All of a sudden, I recalled a moment from the past.* /～间听得一个声音，这声音虽然很低，却很耳熟. ～ jiān tīngdé yí ge shēngyīn, zhè shēngyīn suīrán hěn dī, què hěn ěrshú. *Suddenly I heard a voice. Even though it was very low, it sounded familiar.* /～之间，狂风大作，飞沙走石，我们只好躲进山洞里. ～ zhī jiān, kuángfēng dà zuò, fēi shā zǒu shí, wǒmen zhǐhǎo duǒjìn shāndòng li. *All of a sudden, a fierce wind picked up, throwing sand and stones everywhere in the air. We had to hide in a cave.*

【忽闪】hūshan（动）闪耀; 闪动（lights）*flicker*; *flash*: 远方灯塔上的白光，隔一会儿就～一下. Yuǎnfāng dēngtǎ shang de bái guāng, gé yíhuìr jiù ～ yí xià. *The white beam from the far-off lighthouse flashed on and off.* /小姑娘～着大眼睛，十分可爱. Xiǎo gūniang ～ zhe dà yǎnjing, shífēn kě'ài. *That little girl is really cute with her sparkling eyes.*

【忽视】hūshì（动）不注意，不重视 *ignore*; *overlook*; *neglect*: 这个车间由于～安全检查，发生了一件事故. Zhège chējiān yóuyú ～ ānquán jiǎnchá, fāshēngle yí jiàn shìgù. *This workshop neglected to carry out a safety inspection, and the result was an accident.* /感冒容易引起别的病，不能～. Gǎnmào róngyì yǐnqǐ biéde bìng, bù néng ～. *Never neglect a cold. It can easily bring on another illness.*

嗯 hū

【嗯哨】hūshào（名）同"呼哨" hūshào *same as* "呼哨" hūshào

糊 hū（动）用较浓的糊状物涂抹（缝子、洞、平面等）*plaster*（fill cracks, smooth walls, etc. with plaster）: 墙有缝，得用水泥～一下. Qiáng yǒu fèng, děi yòng shuǐní ～ yíxià. *There is a crack in the wall. We'd better plaster over it.* 另

见 hú

hú

囫 hú

【囫囵吞枣】húlún tūn zǎo 把枣整个吞下去，不加咀嚼，不辨滋味儿. 比喻读书学习等不加分析，笼统接受 *"swallow a date whole without chewing it"* — *reading without digesting information*: 学习别人的经验，要结合实际，不能～，一律照搬. Xuéxí biéren de jīngyàn, yào jiéhé shíjì, bù néng ～, yílù zhào bān. *To learn from somebody else's experience one has to match it with reality and not just follow his example blindly.*

狐 hú（名）◇ *fox*

【狐臭】húchòu（名）*body odor*; *bromhidrosis*

【狐假虎威】hú jiǎ hǔ wēi〈贬〉比喻倚仗别人的势力来欺压人 *"the fox borrows the terror of the tiger"* — *bully others by wielding one's powerful connections*: ～, 狗仗人势的人，一旦主子垮台，他自己也必然垮台. ～, gǒu zhàng rén shì de rén, yídàn zhǔzi kuǎ tái, tā zìjǐ yě bìrán kuǎ tái. *A person who uses powerful connections to bully others will fall when his patron falls.*

【狐狸】húli（名）[只 zhī] *fox*

【狐狸尾巴】húli wěiba 比喻坏主意或坏行为 *fox's tail*（indicates something that betrays a person's evil intentions）; *cloven hoof*: ～是藏不住的. ～ shì cáng bu zhù de. *A fox's tail can not be hidden. The devil can't hide his cloven hoof.*

【狐群狗党】húqún gǒudǎng〈贬〉比喻勾结在一起的坏人 *pack of scoundrels*: 一些道德败坏的人结成～, 到处胡作非为. Yìxiē dàodé bàihuài de rén jiéchéng ～, dàochù hú zuò fēi wéi. *A group of hooligans formed a gang and ran around committing all kinds of outrages.*

【狐疑】húyí（动）传说狐狸性情多疑，所以称多疑为狐疑 *doubt*; *suspect*（traditionally foxes were supposed to be very suspicious）: ～不决 ～ bù jué *full of doubt and wavering* / 满腹～ mǎn fù ～ *be full of suspicion*

弧 hú（名）*arc*

【弧度】húdù（名）〈数〉*radian*

【弧光】húguāng（名）*arc light*

【弧形】húxíng（名）*arc shape*; *curve*

胡 hú（副）〈口〉随意地，不依照应有的规律、办法、根据等（做）*recklessly*: 每月发了工资，他就～花，没几天就花光了. Měi yuè fāle gōngzī, tā jiù ～ huā, méi jǐ tiān jiù huāguāng le. *Every month he spends his pay recklessly and within just a few days it's all gone.* /根本就没那回事，是她～编的. Gēnběn jiù méi nà huí shì, shì tā ～ biān de. *There is no such thing. She recklessly concocted that matter.* /孩子在墙上～画，是个坏习惯. Háizi zài qiáng shang ～ huà, shì ge huài xíguàn. *Kids write recklessly on walls. It's a nasty practice.* /他一回家就拿半导体收音机～捣腾. Tā yì huí jiā jiù ná bàndǎotǐ shōuyīnjī ～ dǎoteng. *As soon as he got home, he picked up the transistor radio and fiddled recklessly with it.* "胡"还常跟"乱"搭配使用，所修饰的动词意思是相同或相近的（"胡" is also often used together with "乱"; the verbs which they modify are identical or similar in meaning）: 这几个孩子在一起就～打乱闹. Zhè jǐ ge háizi zài yìqǐ jiù ～ dǎ luàn nào. *When these*

children get together, they make a racket. /这是作业本，怎么能一画乱写呢! Zhè shì zuòyèběn, zěnme néng — huà luàn xiě ne! *This is a homework notebook. How could you scribble recklessly all over it?* /工作的时候要专心致志，不要～思乱想。Gōngzuò de shíhou yào zhuānxīn zhìzhì, búyào — sī luàn xiǎng. *You must give your undivided attention to your work. You can't let yourself daydream.* /别听那些一言乱语。Bié tīng nàxiē — yán luàn yǔ. *Don't listen to that nonsense.*

【胡扯】húchě（动）说些没有意义或不符合实际的话 *talk nonsense*：你们在一起一些什么? Nǐmen zài yìqǐ — xiē shénme? 谈点正事儿吧! tán diǎnr zhèng shìr ba! *What kind of nonsense are you talking? Talk sense for a change!* /别～，根本不是那么回事! Bié — , gēnběn bú shì nàme huí shì! *Don't talk rubbish. It isn't like that at all!*

【胡蝶】húdié（名）[只 zhī] 同 "蝴蝶" húdié *same as* "蝴蝶" húdié

【胡话】húhuà（名）神智不清时说的话 *wild (reckless) talk; ravings*

【胡椒】hújiāo（名）*pepper*

【胡搅蛮缠】hú jiǎo mán chán *pester; harass; make unreasonable demands*

【胡来】·húlái（动）(1)不按规程，任意乱做 *tamper (with something); fool about(with something)*：你不会用电子计算机就别～! Nǐ bú huì yòng diànzǐ jìsuànjī jiù bié — ! *If you don't know how to use an electronic calculator, don't mess around with it.* (2)胡闹；胡作非为 *run wild; create havoc*：以执行村镇建设规划为名，拆农民的房子，简直是～! Yǐ zhíxíng cūnzhèn jiànshè guīhuà wéi míng, chāi nóngmín de fángzi, jiǎnzhí shì — ! *Tearing down farmhouses under the pretext of rural construction is simply causing chaos.*

【胡乱】húluàn（副）(1)马虎；草率 *carelessly; rashly*：他今天起晚了,～吃了点东西就去上班了。Tā jīntiān qǐwǎn le, — chīle diǎn dōngxi jiù qù shàng bān le. *He got up late this morning, made a hasty breakfast and dashed off to work.* (2)随意 *willfully; whimsically*：晚会上有人叫我出节目，我就～编了个笑话。Wǎnhuì shang yǒu rén jiào wǒ chū jiémù, wǒ jiù — biānle ge xiàohua. *Somebody asked me to perform at the party. I just shrugged him off with a joke.*

【胡萝卜】húluóbo（名）*carrot*

【胡闹】húnào（动）乱吵、乱叫；没有理由地吵闹 *make mischief; cause trouble*：老师不在的时候，孩子们在教室里踢球、喊叫,～起来。Lǎoshī bú zài de shíhou, háizimen zài jiàoshì lǐ tī qiú、hǎnjiào, — qǐlai. *When the teacher was out the children started to play football in the classroom and became mischievous.* /让我这个老man儿上台表演，简直是～。Ràng wǒ zhège lǎotóur shàng tái biǎoyǎn, jiǎnzhí shì — . *Asking an old man like me to go on the stage and perform is really absurd.* /他提出无理要求，在办公室～了一阵。Tā tíchū wúlǐ yāoqiú, zài bàngōngshì — le yízhèn. *He made some unreasonable demands and caused a furor in the office.*

【胡琴】húqin（名）(～儿)[把 bǎ] 中国传统弦乐器 *a traditional Chinese stringed instrument*

【胡说】húshuō（动·不及物）说话没有根据或没有道理 *talk nonsense; drivel; poppycock*：你不了解情况不要～。Nǐ bù liǎojiě qíngkuàng búyào — . *If you don't know the situation, don't talk nonsense.*

【胡说八道】húshuō bā dào 胡说 *same as* "胡说" húshuō

【胡思乱想】hú sī luàn xiǎng 没有根据或没有道理地想 *indulge in flights of fancy*：别～了，他不会出事的。Bié — le, tā bú huì chū shì de. *Don't let your imagination carry you away. He'll be all right.* /你总好～，这事根本不可能实现。Nǐ zǒng hào — , zhè shì gēnběn bù kěnéng shíxiàn.

Your imagination's running wild. Such a thing never could happen.

【胡同】hútòng（名）(～儿)[条 tiáo] 比较窄小的街道；巷 *narrow lane; alley*：一条小～儿 yì tiáo xiǎo — *a small back street* /出了～口儿就是大街。Chūle — kǒur jiù shì dàjiē. *At the end of the lane is the main street.*

【胡须】húxū（名）〈书〉胡子 *beard; whiskers*

【胡言】húyán（名）〈书〉胡话 *same as* "胡话" húhuà

【胡言乱语】hú yán luàn yǔ 没有根据地瞎说；随意乱说 *talk nonsense; talk wildly*：别听他～，他可能是喝醉了。Bié tīng tā — , tā kěnéng shì hēzuì le. *Don't take any notice of his nonsense. He's probably drunk.*

【胡子】húzi（名）*beard; whiskers*

【胡作非为】hú zuò fēi wéi 毫无顾忌地任意做坏事 *act wildly and outrageously*：决不允许任何人利用职权～。Jué bù yǔnxǔ rènhé rén lìyòng zhíquán — . *We don't allow anyone to use his authority to commit outrages.*

壶〔壺〕hú

（名）[把 bǎ] *kettle; pot*：茶～ chá~ *teapot* /水～ shuǐ~ *kettle* /酒～ jiǔ~ *wine jar*

核 hú

另见 hé

【核儿】húr（名）*stone; pit; core*

葫 hú

【葫芦】húlu（名）*gourd*

猢 hú

【猢狲】húsūn（名）*macaque*

餬〔餬〕hú

【餬口】húkǒu（动）生活艰难，勉强有饭吃 *eke out a living*：在旧中国，许多贫苦农民靠出卖劳动力～。Zài jiù Zhōngguó, xǔduō pínkǔ nóngmín kào chūmài láodònglì — . *In old China many poor peasants had to sell their labor to eke out a meager living.*

湖 hú

（名）*lake*：天然～ tiānrán ~ *natural lake* /人工～ réngōng~ *man-made lake* / 咸水～ xiánshuǐ~ *saltwater lake*

【湖泊】húpō（名）湖的总称 *general term for lakes*

【湖色】húsè（名）淡绿色 *light green*

蝴 hú

【蝴蝶】húdié（名）[只 zhī] *butterfly*

【蝴蝶结】húdiéjié（名）用带子系的像蝴蝶那样的结 *bow (a knot)*

糊 hú

（动）*paste*：～风筝 ~ fēngzheng *make a kite (by pasting paper to a frame)* /～信封 ~ xìnfēng *make envelopes*

另见 hū

【糊里糊涂】hú li hútū 不明事理或头脑不清醒 *muddle-headed; confused*：这个人明明是骗他，他却一de xiāngxìn le. *That person was obviously cheating him, but he was too muddle-headed to realize it.* /这个报告，我听了半天还是～。Zhège bàogào, wǒ tīngle bàntiān háishi — . *I listened to that re-*

port for a long time but I am still confused.

【糊涂】hútu（形）(1)不明事理；对事物的认识不清楚 *muddled; confused; unclear about things*：你可真～，你老帮他做，他不是老学不会吗？Nǐ kě zhēn ～, nǐ lǎo bāng tā zuò, tā búshì lǎo xué bu huì ma? *You are really a blockhead. If You keep on helping him, he will never be able to learn to do it by himself.* /你讲的完全不合逻辑，我越听越～。Nǐ jiǎng de wánquán bù hé luójí, wǒ yuè tīng yuè ～. *There is no logic in what you say. The more I listen to you, the more confused I become.* (2)内容混乱的 *chaotic*：一本～帐 yì běn ～ zhàng *a chaotic ledger*

【糊涂虫】hútuchóng（名）不明事理的人（骂人的话）*blockhead; bungler (term of abuse)*

hǔ

虎 hǔ
（名）[只 zhī] *tiger*

【虎将】hǔjiàng（名）[员 yuán] 勇猛的将官 *brave general*

【虎口】hǔkǒu（名）(1)比喻危险的境地 *a dangerous place or situation — the jaws of death*：逃出 ～ táochū ～ *escape from the jaws of death* /～余生 ～ yúshēng *have a narrow escape* (2)大拇指与食指相连的部分 *part of the hand between the thumb and the index finger*

【虎狼】hǔláng（名）比喻凶狠残暴的人 *fierce and violent person*

【虎视眈眈】hǔ shì dāndān 形容贪婪而凶狠地注视着，等待机会下手 *eye something greedily; glare fiercely at an object of desire*：猎狗～地等待狐狸走近。Liègǒu ～ de děngdài húli zǒujìn. *The hound eagerly awaits the fox.* /军国主义者总是～地看着邻国的领土。Jūnguózhǔyìzhě zǒngshì ～ de kànzhe línguó de lǐngtǔ. *The militarists have always got their greedy eyes on the territory of a neighboring country.*

【虎头虎脑】hǔtóuhǔnǎo（形）形容男孩胖胖的，很结实的样子 *(of little boy) plump; sturdy*

【虎头蛇尾】hǔtóu shéwěi 比喻做事有始无终，开始声势很大，后来劲头越来越小 *starting strongly but tapering off to a poor finish*：他从来不干～的事，干什么都善始善终。Tā cónglái bú gàn ～ de shì, gàn shénme dōu shàn shǐ shàn zhōng. *He's never "in like a lion and out like a lamb". He always sees whatever he starts right through to the end.*

【虎穴】hǔxué（名）(1)老虎洞 *tiger's cave; "lion's den"* (2)比喻危险境地 *a dangerous situation*：警察不怕危险，深入～，捕获了土匪头子。Jǐngchá bú pà wēixiǎn, shēnrù ～, bǔhuòle tǔfěi tóuzi. *The policemen fearlessly went right into the lion's den to arrest the bandit boss.*

琥 hǔ
【琥珀】hǔpò（名）*amber*

hù

互 hù
（副）〈书〉意思同"互相" hùxiāng，多修饰单音节动词或构成四字短语 *same as "互相" hùxiāng; each other (usu. modifies a monosyllabic verb or is used to form a four-character phrase)*：比赛双方～赠队旗和纪念品。Bǐsài shuāngfāng ～ zèng duìqí hé jìniànpǐn. *Both sides of the competition presented each other with their team flags and souvenirs.* /见面之后互相握手，～致问候。Jiàn miàn zhī hòu hùxiāng wò shǒu, ～ zhì wènhòu. *When they met, they shook hands and extended greetings to each other.* /师生之间、同学之间要～教～学，共同进步。Shī shēng zhī jiān, tóngxué zhī jiān yào ～ jiāo ～ xué, gòngtóng jìnbù.

Teachers and students must all teach and learn from each other and progress together. "互"可修饰否定形式，构成四字短语（"互" can modify a negative form to make up a four-character phrase)：他干他的，我们干我们的，～不干扰。Tā gàn tā de, wǒmen gàn wǒmen de, ～ bù gānrǎo. *He minds his own business and we mind ours, and we don't interfere with each other.* /他们两家虽然是邻居，但～不往来。Tāmen liǎng jiā suīrán shì línjū, dàn ～ bù wǎnglái. *Although these two families are neighbours, they don't have any dealings with each other.* /同事之间～不信任，这种现象很不正常。Tóngshì zhī jiān ～ bú xìnrèn, zhè zhǒng xiànxiàng hěn bú zhèngcháng. *It is very unusual for colleagues to not trust each other.* /他们各执一理，～不相让。Tāmen gè zhí yì lǐ, ～ bù xiāng ràng. *Each of them is sticking to his own reason, and neither will give in to the other.*

【互不侵犯条约】hù bù qīnfàn tiáoyuē 国与国之间签订的互相保证不使用武力攻击或威胁对方的条约 *mutual non-aggression pact*

【互访】hùfǎng（动）互相访问 *exchange visits*

【互换】hùhuàn（动）互相交换 *exchange*

【互惠】hù huì 互相给予优惠待遇 *mutually beneficial; reciprocal*：～待遇 ～ dàiyù *reciprocal treatment* /～关税 ～ guānshuì *mutually preferential tariff*

【互利】hù lì 互相有利 *mutually beneficial*：对外贸易只有在平等～的基础上才能得到正常的发展。Duì wài màoyì zhǐyǒu zài píngděng ～ de jīchǔ shang cái néng dédào zhèngcháng de fāzhǎn. *Foreign trade can only achieve normal development on a basis of mutual benefit.*

【互通有无】hù tōng yǒu wú 互相沟通，用自己已有的东西换自己没有的东西，以满足双方各自的需要 *supply each other's needs*：我国愿意在平等互利条件下，发展同一切国家的贸易。～。Wǒ guó yuànyì zài píngděng hù lì tiáojiàn xià, fāzhǎn tóng yíqiè guójiā de màoyì, ～. *Our country wishes to develop trade with all other countries so that we can supply each other's needs, under conditions of equality and mutual benefit.*

【互相】hùxiāng（副）表示彼此以同样的态度对待，多修饰多音节动词或短语 *each other (usu. modifies a polysyllabic verb or phrase)*：邻居之间～关心，～照顾，这是个朴素的传统。Línjū zhī jiān ～ guānxīn, ～ zhàogù, zhè shì ge pǔsù de chuántǒng. *Neighbours caring for and helping each other — this is a very simple custom.* /在欢迎会上，大家～介绍，很快就熟识了。Zài huānyíng huì shang, dàjiā ～ jièshào, hěn kuài jiù shúshí le. *At the welcome party, we all introduced each other and quickly became acquainted.* /在工作中要～帮助，～支持。Zài gōngzuò zhōng yào ～ bāngzhù, ～ zhīchí. *We must help and support each other at work.* /比赛前他们～握了握手。Bǐsài qián tāmen ～ wòle wò shǒu. *They shook hands before the match.* /他们之间有矛盾，～不信任。Tāmen zhī jiān yǒu máodùn, ～ bú xìnrèn. *There is a conflict between them. They don't trust each other.* "互相"除了极少数情况，如"互相不信任"，一般不修饰否定形式（except for a very few cases, such as "互相不信任", "互相" does not modify a negative form)

【互助】hùzhù（动）互相帮助 *mutual aid*：～合作 ～ hézuò *mutual aid and cooperation* /～小组 ～ xiǎozǔ *mutual aid team*

【互助组】hùzhùzǔ（名）中国农业合作化初期，个体农民按照自愿互利原则建立的劳动互助的组织 *name for mutual aid groups formed during the early period of China's agricultural cooperativisation movement on the principle of voluntary mutual benefit*

户 hù
（名）◇(1)门 *door* (2)门第 *status of a family*：大～人

家 dà ～ rénjiā good and respectable family (3) 人家；住户 household：挨家挨～通知开会 āi jiā āi ～ tōngzhī kāi huì go from door to door informing people of a meeting (4) 户头 (bank) account：存～ cún ～ depositor（量）measure word for household：这条街有二百多～人家。Zhè tiáo jiē yǒu èrbǎi duō ～ rénjiā. There are over 200 households in this street.

【户籍】hùjí（名）地方民政机关以户为单位登记本地区内居民的册子 household register kept by local government organs

【户口】hùkǒu（名）户籍 register of households：报～ bào ～ register as a householder；apply for residence /迁～ qiān ～ change one's domicile registration /查～ chá ～ check on household occupants

【户头】hùtóu（名）(bank) account：开～ kāi ～ open a bank account

【户主】hùzhǔ（名）户籍上一户的负责人 head of a household

护 〔護〕hù（动）◇(1)保护 protect；guard：～路～ lù guard a road (or railway) (2)袒护 shield in an unprincipled way；take under protection：孩子有缺点，做父母的不应当～着。Háizi yǒu quēdiǎn, zuò fùmǔ de bù yīngdāng ～zhe. If a child has faults his parents should not make excuses and shield him.

【护岸林】hù'ànlín（名）种在渠道、河流两岸使免受冲刷的防护林 protective belt of trees planted along the banks of a river

【护城河】hùchénghé（名）[条 tiáo] city moat

【护短】hù=duǎn 为自己(或自己方面的人)的缺点或过失辩护 make excuses for one's (or one's cronies') faults：有了过错就应当承认，为什么要～? Yǒule guòcuò jiù yīngdāng chéngrèn, wèi shénme yào ～? If you make a mistake you ought to own up to it. What is the point of making excuses? /做父母的对自己的孩子往往容易～。Zuò fùmǔ de duì zìjǐ de háizi wǎngwǎng róngyì ～. It is often easy for a parent to cover up a child's shortcomings.

【护航】hùháng（动）护送船只或飞机航行 provide a safe escort for ships or aircraft：由四架飞机为国家元首的专机～。Yóu sì jià fēijī wèi guójiā yuánshǒu de zhuānjī ～. Four aircraft escort the head of state's special plane.

【护理】hùlǐ（动）(1) nurse；tend (the sick)：对病人细心～。Duì bìngrén xīxīn ～. carefully nurse patients (2)保护管理(农作物等)，使不受损害 protect (farm produce, etc.)：～树苗～ shùmiáo nurse saplings

【护身符】hùshēnfú（名）(1) amulet；talisman；good luck charm (2)比喻保护自己避免困难或惩罚的人或事物 a person or thing that shields one from harm or punishment

【护士】hùshì（名）nurse：～长～ zhǎng head nurse；matron

【护送】hùsòng（动）陪同前往，使免遭意外(多指武装保护) escort；convoy：派人把珍贵物品～到安全地带。Pài rén bǎ zhēnguì wùpǐn ～ dào ānquán dìdài. dispatch people to escort valuables to a place of safety /他～五位同志通过敌人封锁线。Tā ～ wǔ wèi tóngzhì tōngguò dírén fēngsuǒxiàn. He escorted five comrades through the enemy blockade. /重伤病人需要～到医院去。Zhòng shāng bìngrén xūyào ～ dào yīyuàn qu. The seriously wounded cases must be taken to the hospital.

【护田林】hùtiánlín（名）在田地周围栽种的防护林，以保护农田不受大风、沙侵蚀 trees planted around agricultural land to protect it from soil erosion

【护腿】hùtuǐ（名）[副 fù、只 zhī] shin guard；shin pad

【护卫】hùwèi（动）保护捍卫 protect；guard

【护膝】hùxī（名）[副 fù、只 zhī] kneecap

【护照】hùzhào（名）passport

戽 hù（动）汲(水灌田) bail；scoop

【戽斗】hùdǒu（名）dipper；scoop；ladle

怙 hù

【怙恶不悛】hù è bù quān 坚持作恶，不肯悔改 completely steeped in sin and unrepentant：～，必须严惩。～, bìxū yán chéng. Incorrigible scoundrels must be severely punished.

huā

化 huā（动）耗费 spend；consume：该～的钱就要～。Gāi ～ de qián jiù yào ～. We will spend what we ought to spend. /～时间～ shíjiān spend time；take up time 另见 huà

花 huā（名）[朵 duǒ] (1) flower：一朵～ yì duǒ ～ a flower /开～了 kāi ～ le The flower has blossomed. (2)像花的东西 things resembling flowers：火～ huǒ～ spark /雪～ xuě～ snowflake /钢～四溅 gāng ～ sì jiàn drops of molten steel flying in all directions (3)焰火 fireworks；fire crackers：放～ fàng ～ let off fireworks (4) 花纹 decorative pattern：这种墙纸的～很好看。Zhè zhǒng qiángzhǐ de ～ hěn hǎokàn. This wallpaper has a beautiful pattern. (5) 指事业中最重要、最好的部分 most important part；best part；essence：文艺之～ wényì zhī ～ flower (apex) of literature and art (6)"挂花" 指作战时受伤 "挂花"(guàhuā) means to be wounded in battle（动）同"化" huà same as "化" huà：～时间～ shíjiān spend time；take up time /～力气～ lìqì expend energy /～钱～ qián spend money（形）(1)颜色或种类错杂 spotted；speckled；blotched；mottled；of many colors：猫～ māo tortoiseshell cat /这块布太～了。Zhè kuài bù tài ～ le. This cloth has too many colors. (2)(眼睛)看不清楚 dim (eyes)：一到五十岁，眼睛就开始～了。Yí dào wǔshí suì, yǎnjing jiù kāishǐ ～ le. When you reach the age of 50 your eyes begin to dim.

【花白】huābái（形）(须发)黑白混杂 (hair) speckled with grey；grizzled：～胡子～ húzi grizzled beard /头发已经～了。Tóufa yǐjing ～ le. His hair is already showing streaks of grey.

【花瓣】huābàn（名）petal

【花苞】huābāo（名）同 "花蕾" huālěi same as "花蕾" huālěi

【花边】huābiān（名）(～儿) (1) decorative border：盘子的四周有一道～。Pánzi de sìzhōu yǒu yí dào ～. The plate has a decorative border running all round it. (2)编织或刺绣成各种花纹图案的带子 various types of fancy trimmings in embroidery or lace work：领子和袖口上镶着～。Lǐngzi hé xiùkǒu shang xiāngzhe ～. The collar and cuffs are edged with lace. (3) 出版物上文字图画的花纹边框 decorative frame round pictures or text in published material：这个标题加上～更醒目些。Zhège biāotí jiāshang ～ gèng xǐngmù xiē. This title would be more eye-catching with a border round it.

【花布】huābù（名）带花纹图案的布 cloth with printed patterns；printed cotton

【花草】huācǎo（名）供观赏的花和草 general term for flowers and grass

【花茶】huāchá（名）用花熏制成的绿茶 green tea cured with scented flowers：茉莉～ mòlì ～ jasmine tea

【花池子】huāchízi（名）庭园中四周有矮栏围绕、中间种植花草的地方 flower bed

【花旦】huādàn（名）戏曲中旦角的一种。扮演性格开朗活泼或泼辣的年轻女子 role of a young girl in traditional opera

【花朵】huāduǒ（名）花的总称 general name for flowers：这种玫瑰～不大，可是特别香。Zhè zhǒng méigui ～ bú dà, kěshì tèbié xiāng. This type of rose is not large but is especially fragrant.

【花萼】huā'è（名）calyx

【花房】huāfáng（名）greenhouse；conservatory

【花费】huāfèi（动）因使用而消耗掉 spend；consume；expend：～时间做这个，不值得。～ shíjiān zuò zhège, bù zhíde. It is not worth spending time on this task. /～一些钱～ yìxiē qián spend some money /太～精力 tài ～ jīnglì expend too much energy

【花费】huāfei（名）消耗的钱 expenditure；outlay：他喜欢请客，每月～很大。Tā xǐhuan qǐng kè, měi yuè ～ hěn dà. He likes to entertain guests and his monthly expenditure is high.

【花粉】huāfěn（名）pollen

【花岗岩】huāgāngyán（名）granite

【花鼓戏】huāgǔxì（名）流行于湖南、湖北、江西、安徽等省的地方歌剧 regional form of opera common in Hunan, Hubei, Jiangxi and Anhui Provinces

【花冠】huāguān（名）〈植〉corolla

【花好月圆】huā hǎo yuè yuán 象征美满团聚（多用于新婚的颂词）"blooming flowers and full moon" — perfect harmony (often used to indicate conjugal bliss)

【花花搭搭】huāhuādādā（形）形容大小、疏密不一致；颜色有深有浅，或一种颜色中掺杂着其他颜色 blotchy；patchy：小苗没出齐，地里～的。Xiǎomiáo méi chūqí, dì li ～ de. The seedlings have not all sprouted evenly and so the field is blotchy. /这张桌子漆得～的，真难看。Zhè zhāng zhuōzi qī de ～ de, zhēn nánkàn. The patchy paint on this table looks ugly. /这种布掉颜色，洗了一次就变得～的了。Zhè zhǒng bù diào yánsè, xǐle yí cì jiù biàn de ～ de le. This cloth is not colorfast, one washing and it becomes all spotty.

【花花公子】huāhuāgōngzǐ（名）有钱家庭中的不工作不学习，只知吃喝玩乐的青年 young wastrel from a rich family

【花花绿绿】huāhuālǜlǜ（形）有各种鲜艳颜色的 colorful；gaily colored：小女孩儿喜欢～的衣服。Xiǎo nǚháir xǐhuan ～ de yifu. Young girls like brightly colored clothes. /～的东西往往不好看。～ de dōngxi wǎngwǎng bù hǎokàn. Brightly colored things are often ugly.

【花花世界】huāhuā shìjiè 指繁华地区，也泛指人世间。含贬义 the world with all its pleasures and temptations (pejorative sense)：一个农村青年第一次来到大城市这个～，觉得什么都很新奇。Yí ge nóngcūn qīngnián dìyī cì láidào dà chéngshì zhège ～, juéde shénme dōu hěn xīnqí. When a country youth comes to the city for the first time he finds everything dazzlingly new.

【花环】huāhuán（名）用鲜花绿叶扎成的环状物，用做装饰或荣誉赠品 garland；wreath used as a present or ornament

【花卉】huāhuì（名）（1）花草 flowers and plants（2）（美）以花草为题材的中国画 traditional Chinese flower-and-plant painting

【花甲】huājiǎ（名）指六十岁 sixty years of age：他已年过～。Tā yǐ nián guò ～. He has already passed his sixtieth birthday.

【花儿匠】huārjiàng（名）（1）为某单位或人家管理、种植花木的工人 gardener（2）靠种花、卖花生活的人 person who plants or sells flowers for a living

【花椒】huājiāo（名）Chinese prickly ash tree；seed of this tree

【花镜】huājìng（名）[副 fù] presbyopic glasses；long-sighted lenses

【花卷儿】huājuǎnr（名）一种蒸熟的面食，卷成螺旋状 a kind of steamed roll in a spiral shape

【花篮】huālán（名）[只 zhī] 装着鲜花的篮子，祝贺时用做礼物 basket of flowers used on festive occasions

【花蕾】huālěi（名）(flower) bud

【花里胡哨】huālihúshào（形）（1）形容颜色过分鲜艳复杂（含贬义）gaudy；garish；showy：衣服颜色可以鲜艳，可是不能～的。Yīfu yánsè kěyǐ xiānyàn, kěshì bù néng ～ de. It is all right for clothes to be brightly colored but not gaudy.（2）比喻(言语、行动等)浮华而不实 high-sounding；ostentatious：写文章还是朴实一些好，用一些～的词句，让人看了厌烦。Xiě wénzhāng háishi pǔshí yìxiē hǎo, yòng yìxiē ～ de cíjù, ràng rén kànle yànfán. When writing a composition it is better to stick to simple vocabulary. High-sounding words will annoy the reader.

【花脸】huāliǎn（名）戏曲中的角色，扮演性格刚烈或粗暴的人，脸上用油彩画出表示性格的图案 traditional opera role, typically a sturdy character wearing distinctive facial makeup

【花柳病】huāliǔbìng（名）venereal disease

【花露水】huālùshuǐ（名）toilet water；eau de cologne

【花名册】huāmíngcè（名）旧时写着人员姓名的册子 obsolete expression meaning a list of names or roster

【花木】huāmù（名）供观赏的花和树木 general name for flowers and trees

【花呢】huāní（名）指表面有条、格、点等花纹的毛织品 woolen cloth with fancy patterns or texture；fancy suiting

【花农】huānóng（名）以种花为职业的农民 farmer who grows flowers for a living

【花炮】huāpào（名）烟火和炮仗的总称 firecrackers

【花盆儿】huāpénr [个 gè] flowerpot

【花瓶】huāpíng（名）[个 gè] flower vase

【花圃】huāpǔ（名）(botanical) nursery

【花期】huāqī（名）植物开花的那一段时间 period when a plant blooms

【花腔】huāqiāng（名）〈音〉（1）把中国戏曲的基本唱腔复杂化和曲折化的唱法 florid ornamentation in Chinese opera singing（2）coloratura

【花墙】huāqiáng（名）墙头砌成镂空花样的墙 wall with hollowed decorated tile patterns on top

【花圈】huāquān（名）用鲜花或纸花扎成环状的祭奠用品 wreath of real or artificial flowers：献～ xiàn ～ present a wreath

【花蕊】huāruǐ（名）〈植〉stamen；pistil

【花色】huāsè（名）（1）花纹和颜色 design and color：这批上衣～淡雅、柔和。Zhè pī shàngyī ～ dànyǎ, róuhé. This batch of jackets has a simple design and subdued colors.（2）同一种货物的不同样式、颜色 variety of designs and colors in a certain type of goods：这个鞋厂的皮鞋～多，样式新。Zhège xiéchǎng de píxié ～ duō, yàngshì xin. This factory turns out the latest styles of shoes in various colors and designs.

【花哨】huāshao（形）（1）装饰的颜色鲜艳 garish；gaudy；flowery (of colors)：联欢晚会的会场布置得很～。Liánhuān wǎnhuì de huìchǎng bùzhì de hěn ～. The place where the reunion party was held was gaily decorated.（2）花样多；变化多 multiple patterns and designs：这姑娘的衣服上又是花边，又是胡蝶结，可真～。Zhè gūniang de yifu shang yòu shì huābiānr, yòu shì húdiéjié, kě zhēn ～. That girl's dress is very gaudy with all those flowery borders and bows. /这个食堂的面食～了，馒头、花卷、包子、饺子，还有各种各样的糕点。Zhège shítáng de miànshí kě ～ le, mántou, huājuǎnr, bāozi, jiǎozi, hái yǒu gè zhǒng gè yàng de gāodiǎn. This canteen has an extensive stock of pastries：dumplings, steamed buns and all kinds of cakes.

【花生】huāshēng（名）peanuts

【花生米】huāshēngmǐ（名）[粒 lì、颗 kē] 去壳的花生 shelled peanuts

【花生仁】huāshēngrén（名）（～儿）同"花生米" huāshēngmǐ same as "花生米" huāshēngmǐ

【花生油】huāshēngyóu（名）*peanut oil*

【花饰】huāshì（名）装饰性的花纹 *ornamental pattern or design*

【花束】huāshù（名）*bouquet*

【花坛】huātán（名）种植花卉的土台子，四周用砖石砌住，用来装饰庭园 *elevated flower bed*

【花天酒地】huā tiān jiǔ dì 过荒淫腐化、吃喝嫖赌的生活 *abandon oneself to a life of debauchery*

【花团锦簇】huā tuán jǐn cù 形容五色缤纷、十分华丽的样子 "*bunches of flowers and piles of silk*"—*magnificent colorful decorations*：这次丝绸展览可以称得上～，琳琅满目。Zhè cì sīchóu zhǎnlǎn kěyǐ chēng de shàng ～, línláng mǎn mù. *This silk exhibition is such a display of beautiful colours and patterns that it is a feast for the eyes.*

【花纹】huāwén（名）*decorative pattern*：这些篮子上编着各种～，都很好看。Zhèxiē lánzi shang biānzhe gè zhǒng ～, dōu hěn hǎokàn. *These baskets have all kinds of nice patterns woven into them.*

【花消】huāxiao（名）〈口〉开支的费用 *expense; cost*：这个月有不少意外的～，工资全花光了。Zhège yuè yǒu bù shǎo yìwài de ～, gōngzī quán huāguāng le. *I've had so many unexpected expenses this month that my salary is all gone.*

【花絮】huāxù（名）各种有趣的零碎新闻（多用于新闻报导的标题）*titbits (sidelights, gleanings) of news (often used as a newspaper column head)*：大会～ dàhuì ～ *sidelights from the plenary session* /比赛场上的 ～ bǐsàichǎng shang de ～ *sports meeting sidelights*

【花言巧语】huā yán qiǎo yǔ (1)指虚假而动听的话 *sugar-coated words; sweet talk; blandishments*：别听他那些～。Bié tīng tā nàxiē ～. *Don't listen to his sweet talk.* /他的～被人们揭穿了。Tā de ～ bèi rénmen jiēchuān le. *People have seen through his sugar-coated words.* (2)说虚假而使人动听的话 *talk in a hollow, beguiling way*：他～吹嘘自己，骗了不少人。Tā ～ chuīxū zìjǐ, piànle bù shǎo rén. *He has deceived many people with boasts about himself.* /他再能～，也掩盖不了事实真相。Tā zài néng ～, yě yǎngài bu liǎo shìshí zhēnxiàng. *He can't cover up the truth by sweet-talking it away.*

【花眼】huāyǎn（名）*presbyopia; farsightedness caused by old age*

【花样】huāyàng（名）(1)*pattern; variety*：她会织许多毛衣的～。Tā huì zhī xǔduō máoyī de ～. *She can knit sweaters in all sorts of patterns.* /你会～滑冰吗？Nǐ huì ～ huá bīng ma? *Can you figure-skate?* (2)种类 *kind; sort*：食堂的主食～很多。Shítáng de zhǔshí ～ hěn duō. *The canteen has a wide variety of standard fare.* (3)花招 *trick*：他又想出一个新～。Tā yòu xiǎngchū yí gè xīn ～. *He's thought up another new trick.*

【花园】huāyuán（名）[座 zuò]*garden*

【花招】huāzhāo（名）欺骗人的狡猾手段 *trick*：耍～ shuǎ ～ *play a trick* /他的～不灵了。Tā de ～ bù líng le. *His tricks didn't work.*

【花枝招展】huāzhī zhāozhǎn 妇女打扮得十分鲜艳惹人注意的样子 *(of women) gorgeously dressed and made up*

【花烛】huāzhú（名）旧式婚礼那天晚上，新房里点的蜡烛 *candles lit on the wedding night in older times*

【花子儿】huāzǐr（名）*flower seed*

哗〔嘩〕huā
（象声）*onomatopoeia, indicating a loud rushing sound*：～的一声，一根树枝刮断了。～ de yì shēng, yì gēn shùzhī guāduàn le. *A tree branch broke off with a splintering crack.* /雨～～地打在玻璃窗上。Yǔ ～～ de dǎ zài bōli

chuāng shang. *The rain splattered against the window.* 另见 huá

【哗啦】huālā（象声）形容东西倒塌、流水或下雨等的声音 *the sound of something collapsing, water gushing or rain falling*：～一声，把一捆竹竿碰倒了。～ yì shēng, bǎ yì kǔn zhúgān pèngdǎo le. *He knocked over a bunch of bamboo poles, which fell with a clatter.* /小溪～地流。Xiǎoxī ～～ de liú. *The brook was gurgling.*

huá

划huá
（动）(1)〔劃〕尖锐的东西刻划或擦过 *scratch or scrape with a sharp object*：～火柴 ～ huǒchái *strike a match* /手被树枝～破了。Shǒu bèi shùzhī ～pò le. *He scratched his hand badly on a branch.* (2)row：你会～船吗？Nǐ huì ～ chuán ma? *Can you row a boat?* /他把船从对岸～过来了。Tā bǎ chuán cóng duì'àn ～ guolai le. *He rowed the boat over from the opposite bank.* 另见 huà

【划不来】huá bu lái 不合算，不经济 *doesn't pay; uneconomical*：坐船去上海很费时间，太～了！Zuò chuán qù Shànghǎi hěn fèi shíjiān, tài ～ le. *It is not worth taking the boat to Shanghai. It takes too much time.* /这种东西爱坏，虽然便宜也～。Zhè zhǒng dōngxi ài huài, suīrán piányi yě ～. *This sort of thing breaks down very easily and so although it is cheap it is not worth buying.*

【划得来】huá de lái 合算，经济 *worth it; economical*：投资不多，当年受益，真～。Tóu zī bù duō, dàngnián shòu yì, zhēn ～. *We made a profit that year although the investment was small, so it was well worth it.* /买现成的家具比订做～。Mǎi xiànchéng de jiāju bǐ dìng zuò ～. *It is more economical to buy ready-made furniture than to get it made specially.*

【划算】huásuàn（形）同"划得来" huádelái same as "划得来" huádelái：做小孩儿的衣服用这么贵的衣料～。Zuò xiǎoháir de yīfu yòng zhème guì de yīliào ～. *It is not worth using such expensive material to make children's clothes.*

华〔華〕huá
（名）huá(1)指中国 *China*：各国驻～大使 gè guó zhù ～ dàshǐ *ambassadors of various countries stationed in China* (2)汉（语）*Chinese language*：英～大词典 Yīng ～ dà cídiǎn *English-Chinese dictionary*（形）huá 光辉，有光采 *bright; glistening*

【华北】Huáběi（名）指中国河北、山西一带 *region comprising Hebei and Shanxi Provinces*

【华表】huábiǎo（名）古代宫殿、陵墓等大建筑物前做装饰用的大石柱。柱身雕刻着龙凤等图案，上部横插着云状石板 *ornamental stone pillars erected in front of ancient edifices or tombs, with carved designs of dragons, phoenixes and clouds*

【华达呢】huádání（名）*gabardine*

【华灯】huádēng（名）〈书〉华美、灿烂的灯 *decorated lantern*

【华东】Huádōng（名）指中国长江下游地区特别是沿海几省 *region around the lower reaches of the Yangtse River, chiefly the coastal provinces*

【华而不实】huá ér bù shí 比喻表面好看而内容不实在 *pleasing in appearance but without substance*：我们做工作要讲求实效，不要～，夸夸其谈。Wǒmen zuò gōngzuò yào jiǎngqiú shíxiào, búyào ～, kuākuā qí tán. *In our work we must stress results and not simply brag about appearances.*

【华尔兹】huá'ěrzī（名）*waltz*

【华工】huágōng（名）旧指在国外做工的中国工人 *formerly used to refer to Chinese workers abroad*

【华贵】huáguì（形）*luxurious; sumptuous*：～的家具 ～ de

jiājù *costly furniture*

【华里】 huálǐ（量）市里的旧称（区别于"公里"、"英里"）*traditional Chinese unit of distance, equivalent to about half a kilometer*

【华丽】 huálì（形）美丽而有光彩 *magnificent; gorgeous*：～的宫殿 ～ de gōngdiàn *magnificent palace* /穿着～ chuānzhuó～*splendidly dressed*

【华美】 huáměi（形）*magnificent; gorgeous; splendid*

【华南】 Huánán（名）指中国珠江流域，包括广东、广西 the area of the Pearl River valley, including Guangdong and Guangxi Provinces

【华侨】 huáqiáo（名）旅居国外的中国人 *Chinese residing abroad*

【华氏温度计】 Huáshì wēndùjì *Fahrenheit scale thermometer*

【华西】 Huáxī（名）指中国长江上游地区四川一带 *region around the upper reaches of the Yangtse River including Sichuan Province*

【华夏】 Huáxià（名）中国的古称 *ancient name for China*

【华裔】 huáyì（名）华侨在侨居国所生的子女，并取得侨居国国籍者 *people born abroad of Chinese descent*

【华中】 Huázhōng（名）指中国长江中游湖北、湖南一带 *area of Hubei and Hunan Provinces on the middle reaches of the Yangtse River*

哗〔嘩〕huá

（形）◇ 声音大而杂乱；热闹 *noisy; boisterous; clamorous* 另见 huā

【哗变】 huábiàn（动）（军队）突然叛变 *mutiny*

【哗然】 huárán（形）〈书〉形容许多人吵吵嚷嚷 *in an uproar; in commotion*：舆论～ yúlùn ～ *There was a public outcry.*

【哗众取宠】 huá zhòng qǔ chǒng 用言论行动迎合群众，以博得人们的称赞和支持（含贬义）*win public praise and support by words or actions that pander to their tastes; demagoguery*：他很会讲话，喜欢～。Tā hěn huì jiǎng huà, xǐhuan ～. *He has a glib tongue and really likes to play to the gallery.*

滑 huá

（形）（1）*slippery*：雪后路～，开车要小心。Xuě hòu lù ～, kāi chē yào xiǎoxīn. *The roads will be slippery after the snow, so you had better drive carefully.* （2）不诚实、狡诈 *insincere; cunning*：这人很～. Zhè rén hěn ～. *He is a very crafty person.* （动）滑动 *slide; slip*：他～了一跤。Tā ～le yì jiāo. *He slipped and fell.* /孩子从滑梯上～下来。Háizi cóng huátī shang ～ xialai. *The child slid down the slide.*

【滑冰】 huá=bīng *skate on ice*：天太暖了，滑不了冰了。Tiān tài nuǎn le, huá bu liǎo bīng le. *The weather is too warm for skating.*

【滑车】 huáchē（名）同"滑轮"huálún *same as "滑轮" huálún*

【滑动】 huádòng（动）〈物〉*slide*

【滑稽】 huájī（形）言语、动作引人发笑 *funny; amusing; comical*：那个丑角的表演真～. Nàge chǒujué de biǎoyǎn zhēn ～. *That clown's performance is really funny.*

【滑轮】 huálún（名）*pulley*

【滑溜】 huáliū（形）〈口〉光滑 *smooth; glossy; sleek*：这桌面很～. Zhè zhuōmiàn hěn ～. *This table top is very glossy.*

【滑润】 huárùn（形）光滑滋润 *smooth; lubricated*：皮肤～ pífū ～ *smooth skin*

【滑石】 huáshí（名）*talcum; talc*

【滑梯】 huátī（名）（children's）*slide*

【滑头】 huátóu（形）油猾，不老实 *crafty; shifty*：这人太～. Zhè rén tài ～. *He is very crafty indeed.* （名）油滑、不老实的人 *crafty（foxy, slippery）person*：谁都知道，他是个

老～。Shuí dōu zhīdao, tā shì ge lǎo ～. *Everybody knows he is a very slippery customer.*

【滑翔】 huáxiáng（动）*glide*：滑翔机在空中～。Huáxiángjī zài kōngzhōng ～. *A glider sails along in mid-air.*

【滑行】 huáxíng（动）（1）*slide; glide; coast* （2）（车辆关闭发动机）靠惯性前进（*shut off the engine and）roll along; taxi* （3）（飞机起飞前或降落后在跑道上）行驶 *taxi（of an airplane before takeoff and after landing）*

【滑雪】 huá=xuě *skiing*

【滑雪板】 huáxuěbǎn（名）*skis*

【滑雪衫】 huáxuěshān（名）*ski jacket*

huà

化 huà

（动）（1）*melt; dissolve*：铁烧～了。Tiě shāo～ le. *The iron is melted by the fire.* /水越热，糖～得越快。Shuǐ yuè rè, táng huà de yuè kuài. *The hotter the water, the faster the sugar melts.* （2）◇ 变化或使变化 *transform; turn; change*：～消极因素为积极因素 huà xiāojí yīnsù wéi jījí yīnsù *transform negative factors into positive ones* /～悲痛为力量 ～ bēitòng wéi lìliang *transform sorrow into strength* /大事～小、小事～了。Dà shì ～, xiǎo shì ～ liǎo. *Great matters change into minor ones, and minor ones dwindle away to nothing.* （尾）某些名词、形容词后面加"化"构成动词（除少数单音节形容词加"化"构成动词可带宾语外，其他加"化"构成的动词不能带宾语）*some nouns and adjectives take the suffix "化" to become verbs（such verbs are usually intransitive with only a few exceptions made of monosyllabic adjectives and 化）*：绿～荒山 lǜ～ huāng shān *make barren mountains green* /美～城市 měi～chéngshì *beautify a city* /简～汉字 jiǎn～ Hànzì *simplify Chinese characters* /净～空气 jìng～ kōngqì *purify the air* /机械～ jīxiè～ *mechanize* /现代～ xiàndài～ *modernize* /科学～ kēxué～ *make（something）scientific* /大众～ dàzhòng ～ *popularize* /水利～ shuǐlì～ *bring under irrigation* 另见 huā

【化肥】 huàféi（名）化学肥料的简称 *short for "化学肥料" huàxué féiliào*

【化工】 huàgōng（名）化学工业的简称 *short for "化学工业" huàxué gōngyè*

【化公为私】 huà gōng wéi sī 用巧妙手段把公物变成私人财物 *use clever methods to convert public property to private property*

【化合】 huàhé（动）〈化〉*chemical combination*

【化合反应】 huàhé fǎnyìng *chemical reaction*

【化合物】 huàhéwù（名）*chemical compound*

【化名】 huàmíng（名）*alias*：老张是他的～，其实他姓李。Lǎo Zhāng shì tā de ～, qíshí tā xìng Lǐ. *Lao Zhang is his alias. His real surname is Li.*

【化名】 huà=míng 用假名字 *use an assumed name*：他做地下工作时～老张。Tā zuò dìxià gōngzuò shí ～ Lǎo Zhāng. *When he was doing underground work he used the alias, Lao Zhang.*

【化脓】 huà=nóng *fester; suppurate*

【化身】 huàshēn（名）（1）佛教称佛或菩萨暂时出现在人间的形体 *form of the temporary reincarnation of Buddha or Bodhisattva among men.* （2）抽象观念的具体形象（metaphorical usage）*embodiment（of some virtue, etc.）*：勇敢的～ yǒnggǎn de ～ *embodiment of courage* /他对人从来真诚，没有恶意，真是善良的～。Tā duì rén cónglái zhēnchéng, méi yǒu èyì, zhēn shì shànliáng de ～. *He has always dealt with people honestly and never bears any malice. He is the epitome of decency.*

【化石】 huàshí（名）*fossil*

【化纤】huàxiān（名）化学纤维的简称 short for "化学纤维" huàxuéxiānwéi

【化险为夷】huà xiǎn wéi yí 由危险变为平安 prevent a disaster；head off danger：消防人员迅速将火扑灭，使楼内居民～。Xiāofáng rényuán xùnsù jiāng huǒ pūmiè, shǐ lóu nèi jūmín ～. The firemen quickly put out the blaze and saved the residents of the building from danger.

【化学】huàxué（名）chemistry

【化学变化】huàxué biànhuà chemical change

【化学反应】huàxué fǎnyìng chemical reaction

【化学方程式】huàxué fāngchéngshì chemical equation

【化学肥料】huàxué féiliào chemical fertilizer

【化学工业】huàxué gōngyè 用化学方法从事生产的工业 chemical industry

【化学武器】huàxué wǔqì 施放毒剂的武器弹药和喷火或发烟的军用器械 chemical weapons

【化学纤维】huàxué xiānwéi chemical fiber

【化学元素】huàxué yuánsù chemical element

【化验】huàyàn（动）chemical (laboratory) test：化验员～出病人尿里有蛋白。Huàyànyuán ～ chū bìngrén niào li yǒu dànbái. The laboratory assistant discovered albumin in the patient's urine.

【化整为零】huà zhěng wéi líng 把一个整体分成许多零零散散部分 break up a whole into separate parts：游击队采取～的办法，把队员分散隐蔽，保存力量。Yóujīduì cǎiqǔ ～ de bànfǎ, bǎ duìyuán fēnsàn yǐnbì, bǎocún lìliang. The guerrillas adopted the tactic of splitting up into separate units and going underground to preserve their strength.

【化妆】huàzhuāng（动·不及物）put on makeup：她～以后显得年轻了。Tā ～ yǐhòu xiǎnde niánqīng le. She looked a lot younger after she put makeup on.

【化妆品】huàzhuāngpǐn（名）cosmetics

【化装】huà＝zhuāng（1）演员为了适合所扮演的角色的形象而修饰容貌（of actors, etc.）putting on makeup：演员们已经化好了装，准备演出。Yǎnyuánmen yǐjīng huàhǎole zhuāng, zhǔnbèi yǎnchū. The actors have put on their makeup and are ready to perform. （2）假扮 disguise; dress up as：敌军长～成士兵逃走了。Dí jūnzhǎng ～ chéng shìbīng táozǒu le. The enemy commander escaped disguised as a common soldier.

划 〔劃〕huà

（动）（1）划分 divide：～界 ～ jiè delimit boundaries （2）分出来拨给 divide up and share out：把这笔钱～出一部分做福利基金。Bǎ zhè bǐ qián ～chū yí bùfen zuò fúlì jījīn. Set aside some of this money as a welfare fund. 另见 huá

【划拨】huàbō（动）transfer：我们学校由银行～一万元给出版社。Wǒmen xuéxiào yóu yínháng ～ yíwàn yuán gěi chūbǎnshè. Our school has transferred 10,000 yuan from the bank to the publishing company.

【划分】huàfēn（动）分成几部分或分成几类 divide up into several parts or into different kinds：～势力范围 ～ shìlì fànwéi divide up into spheres of influence/把要解决的问题按重要性～成三类，一类一类地解决。Bǎ yào jiějué de wèntí àn zhòngyàoxing ～ chéng sān lèi, yí lèi yí lèi de jiějué. Divide these questions into three in order of importance and solve them one by one.

【划归】huàguī（动）从一方划出来归另一方 transfer (something) to another administration：崇明岛已从江苏省～上海市。Chóngmíngdǎo yǐ cóng Jiāngsū Shěng ～ Shànghǎi Shì. The administration of Chongming Island has been transferred to Shanghai Municipality. /这所医院～那个医学院做实习医院。Zhè suǒ yīyuàn ～ nàge yīxuéyuàn zuò shíxí yīyuàn. This hospital has been put under the administration of that medical college as a teaching hospital.

【划清】huà∥qīng 区分清楚 make a clear distinction：要～有意做坏事和无心犯错误的界限。Yào ～ yǒuyì zuò huàishì hé wúxīn fàn cuòwu de jièxiàn. You must make a clear distinction between wilful and unwitting wrongdoing. /有时候划不清词和短语的界限。Yǒu shíhou huà bu qīng cí hé duǎnyǔ de jièxiàn. There are times when the distinction between words and phrases is not clear.

【划时代】huà shídài 开辟新时代（多作定语）opening of an epoch；epoch-making：～的著作 ～ de zhùzuò epoch-making work（book）/ 新中国的成立是一件～的大事。Xīn Zhōngguó de chénglì shì yí jiàn ～ de dà shì. The founding of New China was an epoch-making event.

【划一】huàyī（动）使一致 standardize; make uniform：～体例 ～ tǐlì standardize style（形）一致 identical; unanimous; consistent：参加体操表演的儿童穿戴要整齐、～。Cānjiā tǐcāo biǎoyǎn de értóng chuāndài yào zhěngqí, ～. The children participating in the gymnastics display must wear neat and uniform clothing.

画 〔畫〕huà

（动）draw; paint：这个五岁的孩子～猫～得很好。Zhège wǔ suì de háizi ～ māo ～ de hěn hǎo. This five-year-old child draws a cat very well. / 这幅画儿～得不错。Zhè fú huàr ～ de búcuò. This painting is very well done. /～了个十字～le ge shí zì draw a cross（名）（1）（～儿）[张 zhāng、幅 fú]drawing; painting：这种～叫国画。Zhè zhǒng ～ jiào guóhuà. This type of painting is a traditional Chinese painting. （2）汉字的一笔叫一画 stroke of a Chinese character：“上”字有三～。"Shàng" zì yǒu sān huà. There are three strokes in the character "上".

【画板】huàbǎn（名）[块 kuài]画画时用来钉画纸的板子 drawing board

【画报】huàbào（名）[本 běn、张 zhāng]pictorial publication

【画饼充饥】huà bǐng chōng jī 画张饼来解馋，比喻以空想安慰自己 "draw cakes to assuage hunger"—comfort oneself with illusions

【画册】huàcè（名）picture album

【画家】huàjiā（名）擅长画画儿的人 artist; painter

【画卷】huàjuàn（名）（1）成卷轴形的画 picture scroll （2）比喻壮丽的自然景色或动人的战斗场面 used figuratively for a beautiful landscape or a stirring scene of battle

【画刊】huàkān（名）（1）主要刊登图画、照片的报纸专栏 illustrated section（in a publication）（2）同"画报" huàbào same as "画报" huàbào

【画廊】huàláng（名）（1）有彩绘的走廊 decorated corridor; gallery （2）gallery（to display paintings, etc.）

【画龙点睛】huà lóng diǎn jīng 比喻写文章或说话时，说出一两句最关键的话 "paint the dragon's eyes" — add the crucial touch to a work of art：这一句话抓住了问题的本质，起到了～的作用。Zhè yí jù huà zhuāzhùle wèntí de běnzhì, qǐdàole ～ de zuòyòng. This sentence really embodies the essence of the problem. It "paints the dragon's eye".

【画面】huàmiàn（名）画幅、银幕等上面呈现的形象 image on the screen or the canvas

【画皮】huàpí（名）比喻掩盖丑恶实质的美丽外表（fig.）a painted disguise（which transforms a monster into a beauty）

【画片】huàpiàn（名）[张 zhāng]印制的小幅图画 picture postcard

【画蛇添足】huà shé tiān zú 比喻做多余的事，反而不恰当 "add legs to a snake" — overdo somethings, thereby spoiling it：这几句话把要说的意思说得很清楚了，再多说就是～了。Zhè jǐ jù huà bǎ yào shuō de yìsi shuō de hěn qīngchu le, zài duō shuō jiù shì ～. These few words are quite sufficient to express what you want to say. Anything further would be overdoing it.

【画室】huàshì（名）(painter's) studio
【画像】huàxiàng（名）[张 zhāng、幅 fú] portrait；likeness
【画像】huà=xiàng paint (draw) a portrait：来，我给你画个像。Lái, wǒ gěi nǐ huà ge xiàng. Come on, I'll paint your portrait.
【画展】huàzhǎn（名）art exhibition；看～ kàn ～ view an art exhibition /举办个人～ jǔbàn gèrén ～ hold an individual exhibition of paintings
【画轴】huàzhóu（名）裱后带轴的画（总称）scroll painting

话 〔話〕huà

（名）[句 jù] words：这句～说得很有道理。Zhè jù ～ shuō de hěn yǒu dàolǐ. What he says is reasonable. /文章最后再写几句～做结束语。Wénzhāng zuìhòu zài xiě jǐ jù ～ zuò jiéshùyǔ. Write a few more words at the end of your writing as the closing remarks. /我的～说完了，说说你的意见吧。Wǒ de ～ shuōwán le, shuōshuo nǐ de yìjiàn ba. I've finished what I have to say. Please tell me your opinion.
【话别】huàbié（动）离别前在一起谈话 say a few parting words：他走前，大家聚到他家里～。Tā zǒu qián, dàjiā jùdào tā jiā li ～. Before he left everybody gathered at his house to say goodbye.
【话柄】huàbǐng（名）被人拿来当做谈笑资料的言论或行为 laughing-stock；subject of ridicule：我一时说错了话，可成了你们的～了。Wǒ yìshí shuōcuòle huà, kě chéngle nǐmen de ～ le. I made one slip of the tongue and ever since then you have been making fun of me. /不要把人家说的错话当～，老嘲笑没完。Búyào bǎ rénjia shuō de cuò huà dàng ～, lǎo cháoxiào méi wán. Don't keep making fun of somebody, just because he once made a slip of the tongue.
【话茬儿】huàchár（名）(1)谈话的头绪 thread of discourse：我接着老王的～说几句。Wǒ jiēzhe Lǎo Wáng de ～ shuō jǐ jù. I'll pick up the thread of Lao Wang's discourse. (2)谈话中透露出来的意思 tenor of what someone says：听～，他好像对小李的情况十分了解。Tīng ～, tā hǎoxiàng duì Xiǎo Lǐ de qíngkuàng shífēn liǎojiě. It sounds as though he really understands Xiao Li's position.
【话旧】huà=jiù 和久别重逢的朋友谈往事 reminisce about old times：老友相见，难免要话话旧。Lǎo yǒu xiāng jiàn, nánmiǎn yào huàhua jiù. When old friends meet they can't help talking about old times.
【话剧】huàjù（名）drama；stage play
【话题】huàtí（名）谈话内容的中心 topic of conversation：开会时发言不集中，常把～转到与讨论无关的事情上。Kāi huì shí fā yán bù jízhōng, cháng bǎ ～ zhuǎndào yǔ tǎolùn wúguān de shìqing shang. The speeches at the meeting were uncoordinated and often had nothing to do with the discussions.
【话筒】huàtǒng（名）[个 gè] (1) microphone (2)向附近众多的人大声讲话用的圆锥形的筒 megaphone
【话头】huàtóu（名）(～儿)谈话的头绪 subject (thread) of a conversation or discourse：打断了他的～，我～I interrupted his story.
【话务员】huàwùyuán（名）telephone operator
【话音】huàyīn（名）(～儿)(1)说话的声音 sound of a voice；tone：听～，好像是李老师。Tīng ～, hǎoxiàng shì Lǐ lǎoshī. From the sound of his voice, it's Teacher Li. (2)〈口〉言语暗含的意思 overtone；implication：听～,他似乎对目前的工作不太满意。Tīng ～, tā sìhū duì mùqián de gōngzuò bú tài mǎnyì. From his tone I think he's not satisfied with the way the job is going. /你还听不出他的～来？Nǐ hái tīng bu chū tā de ～ lái? tā bù xiǎng cānjiā nàge huì. Can you still not tell from his tone of voice that he doesn't want to take part in that meeting?

【话语】huàyǔ（名）言语；说的话 spoken words：他这人～不多，可是一说就很中肯。Tā zhè rén ～ bù duō, kěshì yì shuō jiù hěn zhòngkěn. He is a man of few words, but when he does speak he speaks to the point.

桦 〔樺〕huà

（名）◇ birch
【桦树】huàshù（名）birch tree

huái

怀 〔懷〕huái

（名）胸前 bosom：把小孩抱在～里。Bǎ xiǎoháir bào zài ～ li. Hold the baby in your lap. （动）◇ 心里存着 cherish；keep in the mind：不～好意 bù ～ hǎoyì nurse evil thoughts；harbor evil designs /～着振兴教育事业的志愿考师范大学 ～zhe zhènxīng jiàoyù shìyè de zhìyuàn bàokǎo shīfàn dàxué He enrolled at the Teachers University, cherishing the lofty aspiration of contributing to the invigoration of education. /～着报仇的想法参加革命 ～zhe bào chóu de xiǎngfǎ cānjiā gémìng With revenge in his heart, he joined the revolution.
【怀抱】huáibào（名）◇ 胸前 bosom：母亲的～ mǔqīn de ～ mother's bosom /回到祖国的～ huídào zǔguó de ～ return to the bosom of the fatherland（动）(1)抱在怀里 cherish；clasp to one's breast：～着婴儿 ～zhe yīng'ér clasping a child in her arms (2)心里存着 cherish；keep in mind：～着做乐队指挥的理想 ～zhe zuò yuèduì zhǐhuī de lǐxiǎng cherishing the ideal of becoming an orchestra conductor
【怀表】huáibiǎo（名）[只 zhī] pocket watch
【怀恨】huáihèn（名）心里怨恨 nurse hatred；harbor resentment：～在心 ～ zài xīn nurse hatred in one's heart /他不是故意反对你，你不必～。Tā bú shì gùyì fǎnduì nǐ, nǐ búyào ～. He is not deliberately against you. You must not harbor resentment against him.
【怀念】huáiniàn（动）思念 think of fondly；cherish the memory of：～故乡 ～ gùxiāng think fondly of one's hometown /～旧友 ～ jiùyǒu reminisce about old friends /我没有什么往事值得～的。Wǒ méi yǒu shénme wǎngshì zhíde ～ de. I don't have any fond memories.
【怀疑】huáiyí（动）(1)不大相信 doubt；to be doubtful about the truth of；not trusting：我～这个人。Wǒ ～ zhège rén. I am suspicious of him. /我～他的话。Wǒ ～ tā de huà. I find what he says doubtful. /我～他的话是否可靠。Wǒ ～ tā de huà shì fǒu kěkào. I'm not sure whether what he says is reliable. /我～他的话的真实性。Wǒ ～ tā de huà de zhēnshíxìng. I doubt the veracity of his words. /大家一点儿也不～这个计划的可行性。Dàjiā yìdiǎnr yě bù ～ zhège jìhuà de kěxíngxìng. Nobody doubts the feasibility of this plan. (2)倾向于认为 think likely；believe to be true：我～他今天来不了。Wǒ ～ tā jīntiān lái bu liǎo. I suspect he won't be able to come today. /大家都～他没说实话。Dàjiā dōu ～ tā méi shuō shíhuà. Everybody suspects that he didn't tell the truth. /大家都～那话是他说的。Dàjiā dōu ～ nà huà shì tā shuō de. Everybody believes that he said that.（名）不相信的想法 suspicion：他的诡秘行踪使人产生了～。Tā de guǐmì xíngzōng shǐ rén chǎnshēngle ～. His furtive movements have aroused people's suspicions.
【怀孕】huái=yùn be pregnant

槐 huái

（名）◇ Chinese scholartree
【槐树】huáishù（名）[棵 kē] Chinese scholartree

huài

坏〔壞〕huài

（形）（1）*bad*：没想到～事变成了好事。Méi xiǎngdào ～ shì biànchéngle hǎoshì. *I never thought a bad thing could turn into a good one.* /最近天气很～，又热又潮，有时还下冰雹。Zuìjìn tiānqì hěn ～，yòu rè yòu cháo，yǒushí hái xià bīngbáo. *The weather has been terrible recently. It's been hot and humid and sometimes there have been hailstones.*（2）用在一些动词后，作补语，表示变坏（*used after certain verbs as a complement to indicate that something has changed for the worse*）：这枝笔已经用～了。Zhè zhī bǐ yǐjīng yòng～ le. *This pen has worn out.* /我的表摔～了。Wǒ de biǎo shuāi～ le. *I dropped my watch and broke it.* /昨天照的相，照～了两张。Zuótiān zhào de xiàng，zhào～le liǎng zhāng. *Two of the pictures I took yesterday were spoilt.*（3）用在某些动词后，表示程度深（*as a complement to some verbs to indicate intensity*）：把他气～了。Bǎ tā qì～ le. *He was infuriated.* /他考上了大学，乐～了。Tā kǎoshàngle dàxué，lè～ le. *When he passed the university entrance exam he went wild with joy.*（动）（1）变得不健全不完整，失去作用；变质 *change for the worse*：身体～了。Shēntǐ ～ le. *His health broke down.* /车～了，开不了了。Chē ～ le，kāi bu liǎo le. *My car is broken down. It won't go.* /苹果～了。Píngguǒ ～ le. *The apple is rotten.*（2）使变坏（用的范围很窄）*cause a change for the worse（restricted usage）*：吃这种东西容易～肚子。Chī zhè zhǒng dōngxi róngyì ～ dùzi. *Eating such things can easily give you stomach ache.* /工作方法简单往往 ～ 事。Gōngzuò fāngfǎ jiǎndān wǎngwǎng ～ shì. *A simple style of work often spoils the job.*

【坏处】huàichù（名）对人或事物有害的因素 *harmful element；disadvantage*：这样做没什么～。Zhèyàng zuò méi shénme ～. *There is no harm in doing it this way.* /现在大家都在议论吸烟的～。Xiànzài dàjiā dōu zài yìlùn xī yān de ～. *These days everybody is talking about the harmful effects of smoking.* /事情大概都有好坏两方面，要做好处多～少的事。Shìqing dàgài dōu yǒu hǎo huài liǎng fāngmiàn，yào zuò hǎochu duō ～ shǎo de shì. *Things usually has both good and bad aspects. We must do the things which have more advantages than disadvantages.*

【坏蛋】huàidàn（名）坏人（骂人的话）*"rotten egg"；scoundrel*

【坏分子】huàifēnzǐ（名）严重破坏社会秩序的坏人 *bad element；someone who damages social order*

【坏话】huàihuà（名）说别人坏处的话 *talk about another person's bad points*：不要背后说别人的～。Búyào bèihòu shuō biéren de ～. *Don't speak ill of others behind their backs.*

【坏人】huàirén（名）品质恶劣的人或坏分子 *evil person；wrongdoer；scoundrel*

【坏死】huàisǐ（动）〈医〉*necrosis*

huān

欢〔歡〕huān

（形）（1）◇快乐 *happy*：～度国庆 ～ dù guóqìng *spend a national holiday joyfully* /齐声～唱 qí shēng ～ chàng *sing out happily in chorus*（2）起劲、活跃 *vigorous*：孩子们玩儿得可～了！Háizimen wánr de kě ～ le! *The children are playing so happily!* /大家跳舞跳得正～呢！Dàjiā tiào wǔ tiào de zhèng ～ ne! *Everyone is dancing joyfully.*

【欢畅】huānchàng（形）〈书〉高兴，痛快 *happy；delighted*：大学刚毕业分配到合意的工作，心情十分～。Dàxué gāng

bì yè fēnpèi dào héyì de gōngzuò，xīnqíng shífēn ～. *I was delighted that I was assigned to a suitable job after graduation.*

【欢呼】huānhū（动）欢乐地呼喊 *whoop with delight；cheer*：～胜利 ～ shènglì *hail a victory* /群众鼓掌，热烈迎接贵宾。Qúnzhòng gǔ zhǎng，rèliè yíngjiē guìbīn. *Everybody clapped and cheered to give the guest a warm welcome.*

【欢聚一堂】huānjù yī táng 大家欢快地团聚在一起 *have a happy get-together*：各民族代表～，交流经验。Gè mínzú dàibiǎo ～，jiāoliú jīngyàn. *Representatives of various nationalities had a cheerful get-together and shared their experiences.* /老朋友们～，畅谈往事。Lǎo péngyoumen ～，chàngtán wǎngshì. *The old friends had a joyful reunion and chatted happily about old times.*

【欢快】huānkuài（形）欢乐轻快 *cheerful and light-hearted；lively*：～的舞蹈 ～ de wǔdǎo *lively dance* /～的乐曲 ～ de yuèqǔ *cheerful tune*

【欢乐】huānlè（形）欢喜，快乐 *happy；joyful*：～的歌声 ～ de gēshēng *joyful song* /～的心情 ～ de xīnqíng *cheerful mood*

【欢声雷动】huānshēng léidòng 欢呼的声音像雷鸣一样地震动大地 *thunderous applause*：他一宣布这个好消息，全场～。Tā yì xuānbù zhège hǎo xiāoxi，quán chǎng ～. *When he announced the good news the whole hall burst into thunderous applause.*

【欢送】huānsòng（动）高兴地送别（多用集体开会方式）*give a warm send off（in the form of a farewell gathering，etc.）*：～会 ～ huì *farewell gathering* /明天开茶话会～王先生。请你参加。Míngtiān kāi cháhuàhuì ～ Wáng xiānsheng. Qǐng nǐ cānjiā. *We are giving a tea party to say farewell to Mr. Wang tomorrow. Please attend.*

【欢腾】huānténg（动）欢喜得手舞足蹈 *greatly rejoice*：听到这个特大喜讯，大家立刻～起来。Tīngdào zhège tè dà xǐxùn，dàjiā lìkè ～ qilai. *On hearing this especially happy news everybody jumped for joy.*

【欢天喜地】huān tiān xǐ dì 形容非常高兴 *overjoyed*：几十户人家～地搬进新楼。Jǐ shí hù rénjiā ～ de bānjìn xīn lóu. *Those families were overjoyed when they moved into the new building.*

【欢喜】huānxǐ（形）高兴 *happy；joyful；delighted*：满心～ mǎn xīn ～ *with a heart full of joy* /全家团聚，人人～。Quán jiā tuánjù，rénrén ～. *Everybody was overjoyed when the whole family got together.* /欢欢喜喜过新年 huānhuānxǐxǐ guò xīnnián *spend a joyful New Year*

【欢笑】huānxiào（动）欢快地笑 *laugh heartily*：人们尽情地～。Rénmen jìnqíng de ～. *Everyone laughed to their heart's content.*

【欢心】huānxīn（名）对人或事物喜爱的心情 *fond feelings toward a person or thing*：最能体贴人的小女儿深得父母的～。Zuì néng tǐtiē rén de xiǎo nǚ'ér shēn dé fùmǔ de ～. *The youngest daughter who shows the most consideration for others gets the most affection from her parents.*

【欢欣】huānxīn（形）〈书〉欢快而喜悦 *joyous；delighted*

【欢欣鼓舞】huānxīn gǔwǔ 形容非常高兴、振奋 *filled with joy；elated*：这个工厂的远景规划，使工人们～、精神振奋。Zhège gōngchǎng de yuǎnjǐng guīhuà，shǐ gōngrénmen ～，jīngshén zhènfèn. *The factory's long-term plans filled the workers with elation and fired their enthusiasm.*

【欢迎】huānyíng（动）（1）高兴地迎接 *welcome*：～会 ～ huì *welcoming party* /主人走出大门～客人。Zhǔren zǒuchū dàmén ～ kèren. *The host stepped out of the main gate to welcome the guest.*（2）乐意接受 *be glad to have（sb.）*：你来我们学校参观。～ nǐ lái wǒmen xuéxiào cānguān. *You are welcome to come and look round our school.* /这种服装款式新颖，很受消费者～。Zhè zhǒng fúzhuāng kuǎnshì

xīnyíng, hěn shòu xiāofèizhě ~. *These garments are of the latest design and have received a warm reception from our customers.*

獾 huān
（名）*badger*

huán

还 〔還〕huán
（动）(1)◇返回原来的地方或恢复原来的状态 *return to one's original place or state*：～乡 ～ xiāng *return to one's native place* /公物～家 gōngwù ~ jiā *Public property is restored to the state.* /～他本来面目 ～ tā běnlái miànmù *show him in his true colors* (2)归还，偿还 *return；repay*：去图书馆～书 qù túshūguǎn ~ shū *go to the library and return some books* /我要～他两块钱。Wǒ yào ~ tā liǎng kuài qián. *I'm going to repay him two dollars.* (3)回报(别人对自己的行动等)*reciprocate; give in return*：以眼～眼，以牙～牙。Yǐ yǎn ~ yǎn, yǐ yá ~ yá. *An eye for an eye and a tooth for a tooth.* /血债要用血来～。Xuèzhài yào yòng xiě lái ~. *A blood debt must be repaid in blood.* 另见 hái

【还击】huánjī（动）回报对方对自己的攻击 *fight back; counterattack*：～敌人 ～ dírén *hit back at the enemy; counterattack*

【还价】huán ＝ jià 买方因嫌货价高而说出愿付的价格 *counter offer; counter bid (price)*：讨价～tǎo jià ~ *bargain; haggle* 在农贸市场上买东西可以～。Zài nóngmào shìchǎng shang mǎi dōngxi kěyi ~. *When you buy things in the peasant markets it is all right to bargain.*

【还礼】huán ＝ lǐ (1)回答别人的敬礼 *return a greeting (salute)；return a courtesy*：战士小李给师长敬了个礼，师长还了礼。Zhànshì Xiǎo Lǐ gěi shīzhǎng jìngle ge lǐ, shīzhǎng huánle lǐ. *The commander returned Private Li's salute.* (2)回赠礼物 *give a present in return*：朋友送我不少苹果，我得买点什么～呀！Péngyou sòng wǒ bù shǎo píngguǒ, wǒ děi mǎi diǎnr shénme ~ ya! *My friend sent me a pile of apples. I had better buy something to return the compliment.*

【还手】huán ＝ shǒu 因被打或受攻击而反过来打击对方 *hit back*：打不～，骂不还口。Dǎ bù ~, mà bù huán kǒu. *Don't return a blow or a curse.* /被打而～是正当的防卫。Bèi dǎ ér ~ shì zhèngdàng de fángwèi. *To strike back when one is hit is legitimate defense.*

【还原】huán ＝ yuán (1)在化学上指氧化的逆过程 (*in chemistry) reduction* (2)事物恢复原来的状态 *return to the original state*：皮包让雨淋坏了，没法～了。Píbāo ràng yǔ línhuài le, méi fǎ ~ le. *The rain has ruined this purse. There is no way to restore it to its original shape.*

【还债】huán ＝ zhài *repay a debt*

【还嘴】huán ＝ zuǐ 受到批评、指责时进行辩驳，或挨骂时反过来骂对方 *answer back；retort*：他骂了我，但我并没～。Tā màle wǒ, dàn wǒ bìng méi ~. *I refused to reply to his taunts.*

环 〔環〕huán
（名）◇(1)*circle；ring；hoop*：铜～ tóng~ *copper ring* /耳～ ěr~ *ear ring* (2)环节 *link*：生产过程中很重要的一～ shēngchǎn guòchéng zhōng hěn zhòngyào de yì ~ *a very important link in the production process* (3)〈体〉评定打靶成绩的数量单位 *unit of point scoring in shooting contests*：九发子弹打了八十八～。Jiǔ fā zǐdàn dǎle bāshíbā ~. *He scored 88 points with nine shots.*

【环保】huánbǎo（名）"环境保护"的简称 *short for "环境保护"*huánjìng bǎohù

【环抱】huánbào（动）围绕 *surround；encircle；hem in*：群山～ qún shān ~ *surrounded by mountains* / 小木屋被竹林～，非常凉爽。Xiǎo mùwū bèi zhúlín ~, fēicháng liángshuǎng. *The cottage nestled in a cool, shady bamboo thicket.*

【环顾】huángù（动）向四周看 *look around*：他说完以后～了一下在座的专家们，问他们有什么意见。Tā shuōwán yǐhòu ~ le yíxià zàizuò de zhuānjiāmen, wèn tāmen yǒu shénme yìjian. *When he finished his remarks he looked round at the assembled experts and asked for their opinions.*

【环节】huánjié（名）指互相关联的一系列事物中的一个 *link*：中心～ zhōngxīn ~ *key link* /薄弱～ bóruò ~ *weak link* /重要～ zhòngyào ~ *important link*

【环境】huánjìng（名）(1)*environment*：自然～ zìrán ~ *natural environment* /家庭～ jiātíng ~ *domestic environment* /客观～ kèguān ~ *objective environment* (2)周围的地方 *surroundings*：修建住宅，选择～很重要。Xiūjiàn zhùzhái, xuǎnzé ~ hěn zhòngyào. *When building a house it is important to choose the right surroundings.*

【环境保护】huánjìng bǎohù *environmental protection*

【环境卫生】huánjìng wèishēng *environmental sanitation*

【环球】huánqiú（名）全世界 *whole world*：～闻名 ～ wénmíng *worldwide reputation*

【环球】huán ＝ qiú 围绕地球 *circling the globe*：～飞行 ～ fēixíng *round-the-world flight* /～旅行 ～ lǚxíng *round-the-world trip*

【环绕】huánrào（动）围绕 *girdle；circle；surround*：运动员的队伍～运动场一周。Yùndòngyuán de duìwu ~ yùndòngchǎng yì zhōu. *The athletics squad marched around the field.*

【环视】huánshì（动）〈书〉向周围观看 *look around*：他走上讲台～整个会场，非常从容自如。Tā zǒushàng jiǎngtái ~ zhěnggè huìchǎng, fēicháng cóngróng zìrú. *He mounted the rostrum and looked around at the assembly in a very self-composed manner.*

【环卫】huánwèi（名）"环境卫生"的简称 *short for "环境卫生"* huánjìng wèishēng

【环行】huánxíng（动）沿着环形路线行走 *travel along a circular route*：～无轨电车 ～ wúguǐ diànchē *trolleybus with a circular route* /～公路 ～ gōnglù *ring road*

【环形】huánxíng（名）*circular shape*

【环子】huánzi（名）[个 gè] *ring；link*

寰 huán

【寰球】huánqiú（名）〈书〉整个地球；全世界 *whole world*

【寰宇】huányǔ（名）〈书〉同"寰球" huánqiú *same as "寰球"* huánqiú

huǎn

缓 〔緩〕huǎn
（动）(1)推迟，延迟 *delay；postpone；put off*：这件事～两天办也不晚。Zhè jiàn shì ~ liǎng tiān zài bàn yě bù wǎn. *If we put this off for a few days it will not be too late.* /安电话的问题得立刻解决，不能再～了。Ān diànhuà de wèntí děi lìkè jiějué, bù néng zài ~ le. *We can't put off the problem of installing a telephone any longer.* (2)恢复正常生理状态(多指生物)：这盆快死的茉莉花，经他细心照料，又～过来了。Zhè pén kuài sǐ de mòlihuā, jīng tā xìxīn zhàoliào, yòu ~ guolai le. *This pot of jasmine flowers was nearly dead, but he managed to revive them with careful treatment.* /大病以后，他身体一直很弱，最近才～过来。Dà bìng yǐhòu, tā shēntǐ yìzhí hěn ruò, zuìjìn cái ~ guolai. *After his illness his health was poor for a long time and he*

has only recently begun to recover. （形）〈书〉迟，慢 *slow*：～～而行 ～～ ér xíng *walk slowly*；*saunter* /办事情要分清一急，一件一件解决。Bàn shìqíng yào fēnqīng ～ jí，yí jiàn yí jiàn jiějué. *You must distinguish the urgent problems from the ones which can be postponed, and solve them one at a time.*

【缓兵之计】huǎn bīng zhī jì 使对方延缓进攻的计策；使事态暂时缓和以便想出应付的策略 *stalling (delaying) tactics*：敌人现在要求谈判，完全是～。Dírén xiànzài yāoqiú tánpàn，wánquán shì ～. *Now the enemy wants to parley, but it is nothing but a delaying tactic.*

【缓步】huǎnbù（副）用很慢的步子 *at a slow pace*：～登上主席台 ～ dēngshàng zhǔxítái *slowly mount the platform*

【缓冲】huǎnchōng（动）使冲突缓和下来 *buffer；cushion*：交战双方各后退一公里，留出一条～地带，停止战斗三天，～一下。Jiāo zhàn shuāngfāng gè hòutuì yì gōnglǐ，liúchu yì tiáo ～ dìdài，tíngzhǐ zhàndòu sān tiān，～ yíxià. *The combatants should retire and leave a one-kilometer buffer zone, and then have a three-day respite from fighting.* /～作用 ～ zuòyòng *cushioning effect；shock-absorber effect*

【缓和】huǎnhé（动）(1)（原来激烈、紧张的局势、气氛、状态、心情等）变得和缓 *relax；ease up；mitigate*：紧张的心情慢慢～下来了。Jǐnzhāng de xīnqíng mànmàn ～ xia-lai le. *My agitation slowly subsided.* /经过劝解，他的态度渐渐～起来。Jīngguò quànjiě，tā de tàidu jiànjiàn ～ qilai. *After we had reasoned with him his attitude gradually softened.* (2)使和缓 *relax；slacken*：～紧张气氛 ～ jǐnzhāng qìfēn *calm down a tense atmosphere*（形）和缓、温和 *gentle；relaxed*：他说话的语气比较～。Tā shuō huà de yǔqì bǐjiào ～. *His tone was quite calm and relaxed.*

【缓解】huǎnjiě（动）缓和 *relax；ease up；mitigate；alleviate*：紧张气氛有所～。Jǐnzhāng qìfēn yǒu suǒ ～. *The tense atmosphere relaxed somewhat.*

【缓慢】huǎnmàn（形）〈书〉慢、不迅速 *slow*：行动～ xíngdòng ～ *slow（sluggish）movements* /进度～ jìndù ～ *slow progress* /～的动作 ～ de dòngzuò *slow（sluggish）actions*

【缓期】huǎnqī（动）把预定的时间向后推迟 *postpone（a deadline）；suspend；defer*：～执行 ～ zhíxíng *suspend a criminal sentence* /要求～ yāoqiú ～ *ask for a suspended sentence* /～付款 ～ fù kuǎn *defer payment* /～两个月交工 ～ liǎng ge yuè jiāo gōng *delay the handing over of a project by two months* /一时交不了款可以～。Yìshí jiāo bu liǎo kuǎn kěyǐ ～. *Payment may be temporarily deferred.*

【缓气】huǎn＝qì（～儿）恢复正常呼吸（多指极度疲劳后的休息）*have a respite；take a breather；rest for a while*：太累了，让我们休息一会儿缓口气吧！Tài lèi le，ràng wǒmen xiūxi yíhuìr huǎn kǒu qì ba! *We're exhausted. Let us take a breather.*

【缓刑】huǎnxíng（动）*suspend the execution of a sentence；reprieve；probation*

huàn

幻 huàn（形）◇不真实的 *unreal；imaginary；illusory*（动）◇奇异地变化 *change fantastically；fluctuate*

【幻灯】huàndēng（名）*lantern slide*：放～ fàng ～ *show slide* /～片 ～piàn *slide*

【幻灯机】huàndēngjī（名）[架 jià]*slide projector*

【幻景】huànjǐng（名）幻想中的不真实的景物 *illusion；mirage*

【幻境】huànjìng（名）幻想中的奇异的境界 *fantasy land；dreamland；fairy land*

【幻觉】huànjué（名）视觉、听觉、触觉等方面，没有外界刺激而产生的虚假的感觉 *hallucination*

【幻灭】huànmiè（动）像幻景一样地消失。多指希望等落空 *vanish into thin air（in a puff of smoke）*：美好的愿望～了。Měihǎo de yuànwàng ～ le. *My beautiful hope vanished into thin air.*

【幻想】huànxiǎng（动）对还没有实现的事物有所想像 *have an illusion；fantasise*：小王～着有一天他会成为一位农业专家。Xiǎo Wáng ～zhe yǒu yì tiān tā huì chéngwéi yí wèi nóngyè zhuānjiā. *Xiao Wang has a fantasy that he will some day become an agricultural specialist.*（名）对未实现的事物的想像 *fancy；fantasy*：小李美丽的～终于成为现实。Xiǎo Lǐ měilì de ～ zhōngyú chéngwéi xiànshí. *Xiao Li's beautiful dreams finally came true.* /这纯粹是～，是不可能实现的。Zhè chúncuì shì ～，shì bù kěnéng shíxiàn de. *This is a complete fantasy. It can never become reality.*

【幻影】huànyǐng（名）*false image*

宦 huàn（名）(1)◇官吏 *official* (2)宦官 *eunuch*

【宦官】huànguān（名）*eunuch*

换 huàn（动）(1)交换，互换 *exchange*：小明用一枝铅笔和同学～了一张画片。Xiǎo Míng yòng yì zhī qiānbǐ hé tóngxué ～ le yì zhāng huàpiàn. *Xiao Ming exchanged a pen for a picture card.* /小张拿一张十元的人民币～了十张一元的。Xiǎo Zhāng ná yì zhāng shí yuán de rénmínbì ～ le shí zhāng yì yuán de. *Xiao Zhang changed a 10-yuan note for 10 separate yuan.* (2)变换、更换 *change*：你先坐5路公共汽车，再～3路。Nǐ xiān zuò wǔ lù gōnggòng qìchē，zài ～ sān lù. *First take the No. 5 bus and then change to the No. 3.* /我得～一件衣服。Wǒ děi ～ jiàn yīfu. *I must change my clothes.* /他精神振奋，充满信心，跟一年前相比，真像～了一个人。Tā jīngshén zhènfèn，chōngmǎn xìnxīn，gēn yì nián qián xiāngbǐ，zhēn xiàng ～le yí ge rén. *He is full of vigor and confidence these days. Compared to a year ago he has changed into a completely different person.*

【换班】huàn＝bān 按时轮流替做某项工作 *change shifts*：每天早上八点白班和夜班工人～。Měi tiān zǎoshang bā diǎn báibān hé yèbān gōngrén ～. *The day shift takes over from the night shift everyday at 8 a.m.*

【换防】huàn＝fáng 原在某处驻防的部队移交防守任务，由新来的部队接替 *relieve a garrison*

【换工】huàn＝gōng *exchange labor services*

【换货协定】huàn huò xiédìng *barter agreement*

【换季】huàn＝jì（衣着）按季节而变更 *change（clothes）according to the season*：按季节说，该～了还是天气还和冬天一样冷。Àn jìjié shuō，gāi ～ le，kěshì tiānqì hái hé dōngtiān yíyàng lěng. *According to the calendar we should change into our spring clothes but it is still as cold as winter.*

【换钱】huàn＝qián (1)把整钱换成零钱或把零钱换成整钱 把一种货币换成另一种货币 *change denomination（money）* (2)把东西卖出去得到钱 *sell goods；convert goods into cash*：这家农民种的菜吃不完，拿一部分去市场～。Zhè jiā nóngmín zhòng de cài chī bu wán，ná yí bùfen qù shìchǎng ～. *This farm household has grown more vegetables than it can eat, so it will sell some in the market.* /这么多旧报纸也能换不少钱呢？Zhème duō jiù bàozhǐ yě néng huàn bù shǎo qián ne! *Such a lot of old papers could fetch a great price.*

【换取】huàn＝qǔ（动）用交换的方法取得 *exchange items；barter*：出口煤炭～外汇。Chūkǒu méitàn ～ wàihuì. *export coal for foreign currency*

【换算】huànsuàn（动）把某种单位的数量折合成另一种单位的数量 *convert units of an amount into the equivalent in*

other units：～表 ～ biǎo conversion table /～法 ～ fǎ method of conversion /中国原来的计量单位都～成国际公制单位了。Zhōngguó yuánlái de jìliàng dānwèi dōu ～ chéng guójì gōngzhì dānwèi le. China's traditional units of measurement have been all changed for international metric measures.

【换汤不换药】huàn tāng bú huàn yào 比喻形式虽然变了，但内容没有变（figurative）the form has changed but the essence has not；如不从根本上改革管理体制，改来改去还是～。Rú bù cóng gēnběn shang gǎigé guǎnlǐ tǐzhì, gǎilái gǎiqù hái shì ～. Unless you reform the management system right from the roots no matter what you try you will get no genuine change.

【换文】huànwén（名）国家与国家之间为补充正式条约或协议而互相交换的内容相同的文件 exchanged（diplomatic）notes

【换文】huàn＝wén（国家与国家之间）交换已达成协议的文件 exchange（diplomatic）notes：举行～仪式 jǔxíng ～ yíshì hold a ceremony marking the exchange of diplomatic notes

唤 huàn
（动）〈书〉呼喊，使对方注意 call out（to somebody）

【唤起】huànqǐ（动）（1）号召使奋起 arouse（people with slogans, etc.）：～民众 ～ mínzhòng arouse（stir up）the masses（2）引起 evoke；call attention to；recall：～了对往事的回忆～le duì wǎngshì de huíyì It evoked in him remembrances of the past. /～了爱国热情～le àiguó rèqíng It aroused fervent patriotic feelings. /必须～大家的注意。Bìxū ～ dàjiā de zhùyì. We have to call everyone's attention to this.

【唤醒】huànxǐng（动）叫醒；使觉醒 wake somebody up；rouse：我在沉睡中被人～. Wǒ zài chénshuì zhōng bèi rén ～. I was woken from a deep sleep. /五四运动～了当时的中国青年。Wǔ-Sì Yùndòng ～ le dāngshí de Zhōngguó qīngnián. The May 4 Movement aroused the youth of China at that time.

涣 huàn
（动）◇ melt；vanish；dissolve

【涣散】huànsàn（形）散漫；松懈 lax；slack：士气～ shìqì ～ flabby morale /纪律～ jìlǜ ～ slack discipline / 精神～ jīngshén ～ weak spirit/ 组织～ zǔzhī ～ loose（sloppy）organization（动）使分散，散漫 loosen；slacken：～人心～ rénxīn undermine the popular will/ ～斗志 ～ dòuzhì undermine（the troops'）fighting spirit

患 huàn
（动）害（病）suffer from；contract：他～的什么病？Tā ～ de shénme bìng? What illness afflicts him? /我～了几天胃病。Wǒ ～le jǐ tiān wèibìng. I've had stomach trouble for a few days.（名）◇灾祸 disaster；calamity；水～ shuǐ ～ flood disaster /防～于未然 fáng ～ yú wèirán take preventive measures；guard against trouble

【患处】huànchù（名）part（of the body）affected by disease

【患得患失】huàn dé huàn shī 没得到时，担心得不到，得到了又怕失掉，形容一个人总是考虑个人利害得失 worrying about one's gains and losses；为一些小事～，是自寻烦恼。Wèi yìxiē xiǎo shì ～, shì zì xún fánnǎo. Worrying about the outcome of little things is simply inviting distress.

【患难】huànnàn（名）困难和危险的境遇 trials；troubles；adversity：我们俩共过～。Wǒmen liǎ gòngguo ～. We two have been through thick and thin together. /在～中友谊特别可贵。Zài ～ zhōng yǒuyì tèbié kěguì. Friendship in adversity is something to be specially treasured.

【患难与共】huànnàn yǔ gòng 共同承担灾祸与困难 share

trials and tribulations：在解放战争时期，我们是～的战友。Zài jiěfàng zhànzhēng shíqī, wǒmen shì ～ de zhànyǒu. During the War of Liberation we were comrades-in-arms who went through thick and thin together.

【患难之交】huànnàn zhī jiāo 在困难和危险处境中交的朋友 friend in time of trouble

【患者】huànzhě（名）害某种病的人 patient；sufferer from an illness：肝炎～ gānyán ～ hepatitis patient /结核病～ jiéhébìng ～ tuberculosis patient

焕 huàn
（形）◇ shining；glowing

【焕发】huànfā（动）（1）光彩四射 shine；glow：调换工作后，他大大发挥了才能，又～了青春。Diàohuàn gōngzuò hòu, tā dàdà fāhuīle cáinéng, yòu ～ le qīngchūn. After he changed jobs he really started to display his talent and glow with youthful vigor. /刚理完发，又刮去了胡子，容光～，简直年轻了十岁。Gāng lǐwán fà, yòu guāqùle húzi, róngguāng ～, jiǎnzhí niánqīngle shí suì. He had a haircut and shaved off his beard, with the result that his face glowed with health and he looked ten years younger.（2）使～发、振作 enliven；radiate：～精神，努力工作。～ jīngshén, nǔ lì gōngzuò. Summon up all one's vigor and throw all one's efforts into one's work.

【焕然一新】huànrán yī xīn 形容出现了崭新的面貌 take on an entirely new look：校舍经过整修～. Xiàoshè jīngguò zhěngxiū ～. The school building had a completely new appearance following the renovation.

豢 huàn

【豢养】huànyǎng（动）收买利用 keep（attendants）

huāng

荒 huāng
（动）（1）因无人管理，使（田地）长满野草 go to waste：他家缺劳动力，把地全～了。Tā jiā quē láodònglì, bǎ dì quán ～ le. His household is short of labor so his land has all gone to waste.（2）荒疏 out of practice；rusty：玩儿还是要玩儿的，可是功课也不能～。Wánr háishì yào wánr de, kěshì gōngkè yě bù néng ～. Play by all means but don't get out of practice with your schoolwork.（形）人烟少，荒凉 bleak；wild；desolate：一个～岛 yí ge ～ dǎo a desert island /那里挺～的，不过土地肥沃，很有发展前途。Nàli ting ～ de, búguò tǔdì féiwò, hěn yǒu fāzhǎn qiántú. That place is very desolate, but the soil is fertile and there are prospects for development.（名）（1）荒地 wasteland：开～ kāi ～ open up the wasteland（2）（因天灾）农作物没收成或收成坏的情况 poor crop yield because of natural disasters：储粮备～ chǔ liáng bèi ～ store up grain against a bad year /节约度～ jiéyuē dù ～ practise thrift to tide over a poor harvest（3）严重缺乏的状况 situation of severe shortage：房～ fáng ～ housing shortage /煤～ méi ～ coal shortage /水～ shuǐ ～ water shortage

【荒诞】huāngdàn（形）不真实，不可信；不近情理 fantastic；incredible；preposterous：他常有些～的想法。Tā cháng yǒu xiē ～ de xiǎngfǎ. He often gets fantastic ideas. /这种传说～极了，谁也不会信的。Zhè zhǒng chuánshuō ～ jí le, shuí yě bú huì xìn de. This legend is absolutely fantastic. Nobody can believe it. /～不经 ～ bù jīng preposterous；incredible

【荒诞无稽】huāngdàn wújī fantastic

【荒地】huāngdì（名）[块 kuài，片 piàn]没有耕种的土地 uncultivated land

【荒废】huāngfèi（动）（1）不耕种 leave fallow：这块地～了两年。Zhè kuài dì ～le liǎng nián. This plot of land has lain fallow for two years. （2）浪费 waste；squander：～时间～shíjiān waste time /这两个钟头什么也没干，白白～过去了。Zhè liǎng ge zhōngtóu shénme yě méi gàn，báibái ～ guòqu le. I didn't do anything for two hours. They were completely wasted. （3）荒疏 out of practice；rusty：～学业～xuéyè One's studies have got rusty.

【荒凉】huāngliáng（形）荒芜，冷清 bleak；desolate；wild：～的古城遗址～de gǔ chéng yízhǐ desolate ruins of an old city /一片～的景象 yí piàn ～ de jǐngxiàng a scene of desolation

【荒谬】huāngmiù（形）荒诞；极端错误、极不合情理 absurd；preposterous：～的论调～de lùndiào preposterous argument /他的意见虽然有点怪，并不～，应该考虑。Tā de yìjiàn suīrán yǒudiǎnr guài，bìng bù ～，yīnggāi kǎolù. Although his viewpoint is somewhat strange it is not completely absurd，so we should study it.

【荒谬绝伦】huāngmiù juélún 荒诞谬误到了极点 utterly preposterous

【荒漠】huāngmò（形）人少、冷清而又无边无际 desolate；bleak；～的大草原～de dà cǎoyuán desolate grassland （名）荒凉的沙漠或空旷的原野 bleak desert or vast empty plain

【荒年】huāngnián（名）庄稼歉收或没有收成的年头儿 lean（famine）year

【荒僻】huāngpì（形）荒凉、偏僻 desolate and isolated：那些～的村庄，交通改进后就能改变面貌。Nàxiē ～ de cūnzhuāng，jiāotōng gǎijìn hòu jiù néng gǎibiàn miànmào. An improvement in communications will utterly transform those isolated villages.

【荒山】huāngshān（名）未开垦的山 wild mountains：绿化～lühuà ～ plant greenery on bare mountains

【荒疏】huāngshū（形）（学业、技术等）因中断或缺乏练习而生疏 out of practice；stale；rusty（studies，skills，etc.）：学业～了。Xuéyè ～ le. One's studies have got rusty. /外语千万不能～。Wàiyǔ qiānwàn bù néng ～. You mustn't let your foreign languages get rusty. /因生病而～了的基本功得赶快恢复。Yīn shēng bìng ér ～ le de jīběngōng děi gǎnkuài huīfù. Because of illness I got out of practice，so I have to hurry up and get those basic skills back up to scratch.

【荒唐】huāngtáng（形）（1）思想言行没有根据，不近情理 absurd；ridiculous；preposterous：这种说法太～，不值得驳斥。Zhè zhǒng shuōfǎ tài ～，bù zhíde bóchì. His argument is completely ridiculous. It is not even worth refuting. （2）行为放荡，不加节制 dissipated；loose；intemperate：～行为～xíngwéi intemperate behavior；dissolute actions

【荒无人烟】huāng wú rényān 荒凉得没有人居住 desolate and uninhabited：原来～的土地建起了一座石油城。Yuánlái ～ de tǔdì jiànqǐle yí zuò shíyóu chéng. An oil industry city has grown up on previously barren wasteland.

【荒芜】huāngwú（形）〈书〉土地因无人管理而长满野草 waste；uncultivated；fallow：不能让任何田地～。Bù néng ràng rènhé tiándì ～. We can't let any of the fields go fallow.

【荒野】huāngyě（名）荒凉的野地 wilderness；wild country：连年战争使大片良田变成～。Liánnián zhànzhēng shǐ dà piàn liángtián biànchéng ～. Continuous warfare has turned a large area of farmland into a wilderness.

【荒淫无耻】huāngyín wúchǐ 荒唐淫乱，不知羞耻 dissipated and shameless

慌 huāng （动）慌张 flustered；confused：考试的时候，千万不能

～。Kǎoshì de shíhòur，qiānwàn bù néng ～. When you take the exam you must on no account get flustered. /镇静点儿，别～。Zhènjìng diǎnr，bié ～. Calm down. Don't get all flustered. /心里直～。Xīnlǐ zhí ～. He is all agitated inside. /～了手脚～le shǒujiǎo in a complete flap（panic）/～了神儿～le shénr in a state of confusion

【慌里慌张】huānglihuāngzhāng（形）～（的）flustered；confused：看他那～的样子，不知出了什么事。Kàn tā nà ～ de yàngzi，bù zhī chūle shénme shì. Seeing him so flustered，I wonder if something untoward has happened. /他～地跑进教室，把大家吓了一跳。Tā ～ de pǎojìn jiàoshì，bǎ dàjiā xiàle yí tiào. He gave everyone a start the way he dashed into the classroom in such a lather.

【慌乱】huāngluàn（形）慌张而混乱 flustered；flurried；alarmed；confused：～的人群向四处奔跑。～ de rénqún xiàng sìchù bēnpǎo. Panic-stricken people ran in every direction. 一声一声巨响，附近的居民～起来。Tūrán yì shēng jù xiǎng，fùjìn de jūmín ～ qǐlai. Suddenly there was a loud noise which startled the people of the neighborhood.

【慌忙】huāngmáng（形）急忙、慌乱的样子 in a rush；in a hurry：听说有他的电报，他～跑下楼去。Tīngshuō yǒu tā de diànbào，tā ～ pǎo xià lóu qu. When he heard that there was a telegram for him he rushed downstairs. /要迟到了，他慌慌忙忙地拿起书包就走。Yào chídào le，tā huānghuāngmángmáng de náqǐ shūbāo jiù zǒu. Fearing he would be late，he grabbed his briefcase and rushed off.

【慌张】huāngzhāng（形）惊慌失措的样子 looking flustered；be at a loss；神色～ shénsè ～ look flustered and confused /一个孩子慌慌张张地跑着喊：快救人哪！有人掉进河里了！Yí ge háizi huānghuāngzhāngzhāng de pǎozhe hǎn：Kuài jiù rén na！Yǒu rén diàojìn hé lǐ le! A boy ran in all flustered and shouted，"Help，somebody has fallen in the river."

huáng

皇 huáng （名）◇ emperor

【皇帝】huángdì（名）emperor：宣统是中国历史上最后的～。Xuāntǒng shì Zhōngguó lìshǐ shang zuìhòu de ～. Xuantong was the last emperor in Chinese history.

【皇后】huánghòu（名）empress

【皇皇】huánghuáng（形）同"惶惶" huánghuáng same as "惶惶" huánghuáng

【皇皇不可终日】huánghuáng bù kě zhōng rì 同"惶惶不可终日" same as "惶惶不可终日" huánghuáng bù kě zhōng rì

【皇家】huángjiā（名）皇帝的家族 imperial clan

【皇历】huánglì（名）〈口〉[本 běn] 历书 almanac

【皇室】huángshì（名）皇帝的家庭 imperial family

【皇太后】huángtàihòu（名）皇帝的母亲 empress dowager

【皇太子】huángtàizǐ（名）皇帝的儿子（已确定继承帝位的）crown prince

【皇族】huángzú（名）与皇帝有宗族关系的人 imperial kinsmen；imperial lineage

黄 huáng （形）（1）yellow （2）（名）（Huáng）（名）◇ 指黄河 Yellow River：治～工程 zhì ～ gōngchéng flood control work on the Yellow River；harnessing the Yellow River /引～灌溉 yǐn ～ guàngài irrigation channelled from the Yellow River

【黄包车】huángbāochē（名）旧社会一种用来载人的人拉的车，用人力车 rickshaw

【黄灿灿】huángcàncàn（形）颜色金黄而鲜艳 bright yellow；golden：～的玉米 ～ de yùmǐ golden maize

【黄疸】huángdǎn（名）〈医〉jaundice

【黄澄澄】huángdēngdēng（形）形容金黄色 *sparkling bright yellow；golden*：～的金子 ～ de jīnzi *glittering gold*

【黄豆】huángdòu（名）[粒 lì、颗 kē] *soybean*

【黄瓜】huángguā（名）[根 gēn、条 tiáo] *cucumber*

【黄昏】huánghūn（名）太阳落下以后星星出现以前的时间. *dusk*

【黄金】huángjīn（名）*gold*

【黄金储备】huángjīn chúbèi *gold reserve*

【黄金时代】huángjīn shídài（1）指政治、经济或文化等事业最繁荣的时期 *golden age*：十七、十八世纪是资本主义国家发展的～。Shíqī, shíbā shìjì shì zìběnzhǔyì guójiā fāzhǎn de ～. *The 17th and 18th centuries were the golden age of the development of capitalism.*（2）指一个人一生里最宝贵的时期 *one's prime；a person's heyday*：五十年代到六十年代, 那位作家写了很多优秀作品, 是他从事创作的～。Wǔshí niándài dào liùshí niándài, nà wèi zuòjiā xiěle hěn duō yōuxiù zuòpǐn, shì tā cóngshì chuàngzuò de ～. *That writer produced many outstanding works in the fifties and sixties. That was when he really got down to do some creative writing.*

【黄酒】huángjiǔ（名）用糯米、大米、黄米等酿造的酒 *wine made out of rice or millet*

【黄历】huánglì（名）同 "皇历" huánglì *same as* "皇历" huánglì

【黄连】huánglián（名）一种苦味中药 *Chinese goldthread*（Coptis chinensis）

【黄牛】huángniú（名）[只 zhī、头 tóu] *ox*

【黄色】huángsè（名）（1）黄的颜色 *yellow color*（2）指色情 *pornographic*：～ 歌曲 *lewd songs*/ ～ 小说 xiǎoshuō *pornographic novel*

【黄色人种】huángsè rénzhǒng 同"黄种" huángzhǒng *same as* "黄种" huángzhǒng

【黄鼠狼】huángshǔláng（名）[只 zhī] *yellow weasel*

【黄土】huángtǔ（名）*loess*

【黄油】huángyóu（名）（1）*butter*（2）从石油里分馏出来的膏状油脂, 多用做润滑油 *lubricating grease*

【黄种】huángzhǒng（名）*yellow race*

惶 huáng（形）◇ *fear；anxiety；fright*

【惶惶】huánghuáng（形）〈书〉惊恐不安 *anxious；alarmed*：谣言四起, 人心～。Yáoyán sì qǐ, rénxīn ～. *With rumors circulating on all sides everyone was in a state of alarm.*

【惶惶不可终日】huánghuáng bù kě zhōng rì 形容非常惊恐、内心不安, 一天也过不下去 *be in a constant state of anxiety*：匪盗四处流窜, 老百姓～。Fěidào sìchù liúcuàn, lǎobǎixìng ～. *Swarms of bandits kept the people in constant fear.*

【惶惑】huánghuò（形）因不了解情况而害怕 *perplexed because one cannot understand a situation*

【惶恐】huángkǒng（形）形容惊慌害怕 *terrified；petrified with fear*：～得 bù'ān *frightened out of one's wits* / 大批中小企业倒闭, 大企业主也感到～。Dàpī zhōng xiǎo qǐyè dǎobì, dà qǐyèzhǔ yě gǎndào ～. *The bankruptcy of small and medium-sized businesses alarmed even the bosses of the large firms.*

蝗 huáng（名）◇ 蝗虫 *locust*：灭～ miè ～ *destroy locusts*

【皇虫】huángchóng（名）*locust*

【蝗灾】huángzāi（名）[场 chǎng] 蝗虫造成的灾害 *plague of locusts*

磺 huáng（名）*sulphur*

【磺胺】huáng'àn（名）*sulphanilamide（SN）*

huǎng

恍 huǎng

【恍惚】huǎnghū（形）（1）神志不清, 思想不集中 *with muddled thoughts；in a trance；absent-minded*：他太累了, 有点儿精神～。Tā tài lèi le, yǒudiǎnr jīngshén ～. *He is extremely tired and he is not thinking straight.*（2）不真切, 不清楚 *dim；faint；vague*：屋里太暗, 我～看见一个人坐在那里。Wū li tài àn, wǒ ～ kànjiàn yí ge rén zuò zài nàli. *It was very dark in the room so I could only dimly make out that there was a person sitting there.* /他夜里恍恍惚惚听见下雨了。Tā yèli huǎnghuǎnghūhū tīngjiàn xià yǔ le. *During the night he vaguely heard the sound of falling rain.*

【恍然大悟】huǎngrán dà wù 形容一下子明白过来了 *suddenly realize what has happened；"see the light"*：经过解释我才～, 他那样做全是为了我。Jīngguò jiěshì wǒ cái ～, tā nàyàng zuò quán shì wèile wǒ. *It was only when it was explained to me that it dawned on me that he had done it for my sake.*

晃 huǎng（动）（1）（光芒）照耀 *dazzle*：灯光太强, ～眼。Dēngguāng tài qiáng, ～ yǎn. *That light is too bright. It dazzles my eyes.*（2）很快地闪过 *flash past*：人影一～, 就不见了。Rényǐng yì ～, jiù bú jiàn le. *The shape of a person flashed past and disappeared.* 另见 huàng

谎〔謊〕huǎng（名）◇谎话 *lie；falsehood*：别撒～. Bié sā ～. *Don't tell lies.*

【谎话】huǎnghuà（名）*lie*：说～ shuō～ *tell lies* /连篇～ liánpiān a *tissue of lies；series of falsehoods*

【谎言】huǎngyán（名）〈书〉谎话 *lie*：揭露 ～ jiēlù ～ *expose lies；refute falsehoods*

幌 huǎng

【幌子】huǎngzi（名）商店外面表明所卖商品的标志, 比喻进行某种活动时所假借的名义 *signboard advertising a shop's wares or an establishment's services；"in the guise of "*：打着开会的～去游山玩水。Dǎzhe kāi huì de ～ qù yóu shān wán shuǐ. *go sightseeing under the pretense of attending meetings*

huàng

晃 huàng（动）摇动；摆动 *shake；rock；sway*：大风刮得小树来回～。Dà fēng guā de xiǎo shù láihuí ～. *The wind blew the saplings this way and that.* /那个人说起话来摇头～脑的, 真叫人讨厌。Nàge rén shuō qǐ huà lai yáo tóu ～ nǎo de, zhēn jiào rén tǎoyàn. *As soon as he opens his mouth he puts on such a show of self-importance that it annoys everyone.* 另见 huǎng

【晃荡】huàngdang（动）〈口〉（1）向两边摆动 *rock backwards and forwards；oscillate*：小船遇到风浪～得很厉害。Xiǎo chuán yùdào fēnglàng ～ de hěn lìhai. *The wind and waves made the little boat rock violently.*（2）毫无目的地闲逛 *saunter aimlessly*：他忙得很, 哪儿有时间在大街上瞎～。Tā máng de hěn, nǎr yǒu shíjiān zài dàjiē shang xiā ～. *He is far too busy to saunter around the streets.*

【晃动】huàngdòng（动）摇晃 *rock；sway；wobble；oscillate*：

地震时这座楼只轻微～了一下。Dìzhèn shí zhè zuò lóu zhǐ qīngwēi ～le yíxià. *During the earthquake this building only swayed slightly.*

【晃悠】huàngyou（动）〈口〉摆动 *swing*; *sway from side to side*：风吹得树枝来回～。Fēng chuī de shùzhī láihuí ～. *The wind made the tree branches sway this way and that.*

【晃晃悠悠】huànghuangyōuyōu（形）*staggering*; *unsteady*：他喝醉了，晃晃悠悠地走回了家。Tā hēzuì le, ～ de zǒuhuíle jiā. *He got drunk and staggered home.*

huī

灰 huī（名）(1)*ash*：注意别让烟～掉在地上。Zhùyì bié ràng yān ～ diào zài dì shang. *Be careful not to drop your cigarette ash on the floor.* /炉～ lú ～ *cinder* /烧成～ shāochéng ～ *burn to a cinder*; *burn to ashes* (2) 灰尘；尘土 *dust*：桌子上落了一层～。Zhuōzi shang luòle yì céng ～. *There was a layer of dust on the table.* /刚才打扫卫生，弄了一脸～。Gāngcái dǎsǎo wèishēng, nòngle yì liǎn ～. *I've just finished cleaning up and I've got dust all over my face.* (3)特指石灰 *lime mortar*：往墙上抹～ wǎng qiáng shang mò ～ *plaster a wall*（形）灰色的 *grey*：浅～裤子好，配什么颜色衬衫都可以。Qiǎn ～ kùzi hǎo, pèi shénme yánsè chènshān dōu kěyǐ. *Light grey trousers are good because they go well with any color of shirt.*

【灰暗】huī'àn（形）暗淡不鲜明 *murky grey*; *gloomy*; *overcast (sky)*：天色～ grey sky/ 几天几夜的劳累使他脸色变得很～。Jǐ tiān jǐ yè de láolèi shǐ tā liǎnsè biàn de hěn ～. *Working non-stop night and day has turned his face an ashen grey.*

【灰白】huībái（形）浅灰色的 *light grey color*：一件深灰色的衬衣，穿了几年，已经洗成～的了。Yí jiàn shēn huīsè de chènyī, chuānle jǐ nián, yǐjīng xǐchéng ～ de le. *This shirt was originally dark grey but years of wear and washing have turned it light grey.*

【灰白色】huībáisè（名）*ashen*; *grey*

【灰尘】huīchén（名）*dust*; *dirt*; *grime*

【灰烬】huījìn（名）〈书〉物品燃烧后剩下的灰 *ashes which remain after combustion*：一场大火，整所房子化为～。Yì chǎng dà huǒ, zhěng suǒ fángzi huàwéi ～. *A large-scale fire reduced the whole house to ashes.*

【灰溜溜】huīliùliù（形）形容懊丧或消沉的神态 *with a gloomy expression*; *hangdog look*：受了挫折要鼓起勇气再干，不要～的。Shòule cuòzhé yào gǔqǐ yǒngqì zài gàn, búyào ～ de. *In the face of setbacks one must pluck up one's courage and carry on, not get depressed.* /那个蛮横的人，受到群众的指责，～地走开了。Nàge mánhèng de rén, shòudào qúnzhòng de zhǐzé, ～ de zǒukāi le. *When that bully was censured by the masses he scuttled off "with his tail between his legs".*

【灰蒙蒙】huīmēngmēng（形）暗淡模糊（多指景色）*gloomy (sky)*; *overcast*; *dusky*：～的天空，好像要下雨。～ de tiānkōng, hǎoxiàng yào xià yǔ. *The sky has become overcast. It looks like rain.*

【灰色】huīsè（名）(1) *grey color*：～上衣 ～ shàngyī *grey jacket* (2)比喻颓废和失望 *gloomy*; *dejected*; *downhearted*：～的人生观 ～ de rénshēngguān *gloomy (pessimistic) outlook on life*/一个颓废作家的作品里充满了～情调。Yí ge tuífèi zuòjiā de zuòpǐn li chōngmǎnle ～ qíngdiào. *The works of a writer of the decadent school are full of gloomy sentiments.*

【灰心】huīxīn（形）（遭到困难、失败）意志消沉 *disheartened*; *discouraged*

【灰心丧气】huīxīn sàngqì 因遇到困难或事情不顺利，遭到失败而意志消沉、情绪低落 *feel dejected as a result of disappointment or failure*：学习上有困难不要～，要坚持学下去。Xuéxí shang yǒu kùnnan búyào ～, yào jiānchí xué xiaqu. *When you meet difficulties in your studies don't be downcast, keep right on studying.*

诙 huī〔詼〕

【诙谐】huīxié（形）言语有趣，使人发笑 *humorous*; *jocular*：他很～，有他总是笑声不断。Tā hěn ～, yǒu tā zǒngshì xiàoshēng bú duàn. *He is very amusing. We never stop laughing when he is around.* /谈吐～ tántǔ ～ *humorous (bantering) style of speech*

挥 huī〔揮〕（动）〈书〉(1)舞动、摇摆 *wave*; *wield*：～拳打人 ～ quán dǎ rén *pummel a person wildly* / ～刀前进 ～ dāo qiánjìn *advance waving swords* / ～笔作画 ～ bǐ zuò huà *paint a picture*/他大笔一～，签了一张一千元的支票。Tā dà bǐ yì ～, qiānle yì zhāng yìqiān yuán de zhīpiào. *With a flourish of the pen he signed a check for 1,000 dollars.* (2)◇ 抹掉，甩掉 *wipe away*：～汗如雨 ～ hàn rú yǔ *drip with sweat* / ～泪而别 ～ lèi ér bié *wipe away one's tears and depart*

【挥动】huīdòng（动）〈书〉挥舞；摆动 *wave*; *brandish*：群众一边欢呼一边～花束。Qúnzhòng yìbiān huānhū yìbiān ～ huāshù. *The crowd was cheering and waving bunches of flowers.*

【挥发】huīfā（动）*volatilize*; *evaporate*：把瓶盖拧紧，免得瓶里的汽油～掉。Bǎ pínggàir zhuǎnjǐn, miǎnde píng li de qìyóu ～ diào. *Make sure the bottle is sealed tightly, otherwise the gasoline inside will evaporate.* / 时间一长，箱子里的樟脑块全～了。Shíjiān yì cháng, xiāngzi li de zhāngnǎokuàir quán ～ le. *After some time the camphor in the box has all evaporated.*

【挥霍】huīhuò（动）用钱没有节制：任意花钱 *spend freely*; *squander*：收入再多也不能任意～。Shōurù zài duō yě bù néng rènyì ～. *Just because you have a large income doesn't mean you can throw it around just as you wish.*

【挥金如土】huī jīn rú tǔ 形容生活奢侈大肆挥霍 *"spend money like water"*：看他那～的样子，十足的暴发户！Kàn tā nà ～ de yàngzi, shízú de bàofāhù! *Judging from the way he spends money like water, he must be a complete upstart.*

【挥手】huīshǒu huī=shǒu 举手摆动向对方示意 *wave (hand)*：小王把我送到车上，我们便～告别了。Xiǎo Wáng bǎ wǒ sòngdào chē shang, wǒmen biàn ～ gàobie le. *Xiao Wang saw me to the train and we waved goodbye to each other.*

【挥舞】huīwǔ（动）举起手臂（连同拿着的东西）挥动、摇摆 *wave*; *brandish*：舞蹈演员～着红绸，跳起舞来。Wǔdǎo yǎnyuán ～zhe hóng chóu, tiào qǐ wǔ lai. *The dancers leapt onto the stage waving red silk streamers.*

恢 huī

【恢复】huīfù（动）变成或使变成原来的样子 *resume*; *renew*：～交通 ～ jiāotōng *restore communications* / ～健康 ～ jiànkāng *recover one's health* / ～原状 ～ yuánzhuàng *restore (something) to its former state*; *restore the status quo ante* /社会秩序已经～了。Shèhuì zhìxù yǐjīng ～ le. *Social order has already been restored.*

辉 huī〔輝〕（名）◇ 闪耀的光 *brightness*; *splendor*（动）◇ 照耀 *shine*; *be ablaze with light*

【辉煌】huīhuáng（形）光辉灿烂 brilliant：大厅装饰得华丽～。Dàtīng zhuāngshì de huálì ～. The hall was splendidly decked out. /人民军队取得了～的战果。Rénmín jūnduì qǔdéle ～ de zhànguǒ. The people's army achieved a brilliant victory.

【辉映】huīyìng（动）〈书〉照耀；映衬 shine；reflect：湖光山色交相～。Húguāng shānsè jiāo xiāng ～. The lakes and hills reflect each other's radiance.

徽 huī
（名）◇ 表示某个集体的标志 emblem；badge；insignia：校～ xiào~ school badge

【徽章】huīzhāng（名）［枚 méi］badge

huí

回 huí
（动）(1)（从一个地方）到（原来的地方）return：代表团就要～国了。Dàibiǎotuán jiù yào ～ guó le. The delegation will soon return home. /老李只在这里工作一星期，以后还～原单位。Lǎo Lǐ zhǐ zài zhèlǐ gōngzuò yì xīngqī, yǐhòu hái ～ yuán dānwèi. Lao Li will only work here for one week. After that he will return to his own unit. (2)还 return（a favor）；give back：王先生送来一些礼物，我们应当～他一份。Wáng xiānsheng sònglai yìxiē lǐwù, wǒmen yīngdāng ～ tā yí fèn. Mr. Wang has sent us some presents. We should return the favor. (3)掉转 turn round：请你～手把钢笔递给我。Qǐng nǐ ～ shǒu bǎ gāngbǐ dì gěi wǒ. Could you turn round and pass me that pen that's behind you? /他一～身，碰倒了桌边的杯子。Tā yì ～ shēn, pèngdǎole zhuō biān de bēizi. He turned round and accidentally knocked over a cup on the edge of the table. (4)〔回复 reply（to a letter, telephone call, etc.）：我给他～了信。Wǒ gěi tā ～le xìn. I sent a reply to his letter. /小王打电话来，让你给他～个电话。Xiǎo Wáng dǎ diànhuà lái, ràng nǐ gěi tā ～ ge diànhuà. Xiao Wang called. He wants you to call him back. 放在动词后作补语，表示到原来的地方（和"回来"、"回去"作补语同义，方向除外，但必须有宾语）(used after a verb as a complement indicating back to the original place；same as "回来"or "回去" as a complement with the exception of direction, but an object is necessary)：他忽然发现忘记带钱，又跑一家一趟。Tā hūrán fāxiàn wàngjì dài qián, yòu pǎo～ jiā yí tàng. He suddenly discovered he had forgotten to bring any money, so he ran back home to get some. /看完杂志请放～原处。Kànwán zázhì qǐng fàng～ yuánchù. When you have finished reading the magazine please put it back in its original place. /那盆花已经送～花房了。Nà pén huār yǐjīng sòng～ huāfáng le. I have sent that potted plant back to the greenhouse. (名)原来的方向 original direction：往～走 wǎng ～ zǒu go back the way one came /往～看 wǎng ～ kàn look back（量）(1)指动作的次数 number of times：我只去过一～长城。Wǒ zhǐ qùguo yì ～ Chángchéng. I have only been to the Great Wall once. /这一来中国，我觉得这里又有了新的变化。Zhè ～ lái Zhōngguó, wǒ juéde zhèlǐ yòu yǒule xīn de biànhuà. On my trip to China this time I feel that there have been more new developments. /他是第二～来北京了。Tā shì dì'èr ～ lái Běijīng le. This is his second time in Beijing. (2)章回体长篇小说的章节 chapter of a full-length traditional Chinese novel：《红楼梦》总共一百二十一，我看到第九十五～了。《Hónglóumèng》 zǒnggòng yìbǎièrshí ～, wǒ kàndào dìjiǔshíwǔ ～ le. "The Dream of the Red Chamber" has 120 chapters altogether. I have read up to chapter 95.

【回拜】huíbài（动）对方访问后，去拜会对方，用于敬重语气 pay a return visit：外国贵宾拜访了我国领导人，第二天我

国领导人～了贵宾。Wàiguó guìbīn bàifǎngle wǒ guó lǐngdǎo rén, dì'èr tiān wǒ guó lǐngdǎorén ～le guìbīn. A foreign visitor paid a call on one of our country's leaders, and on the next day the latter paid a return visit. /这位客人年龄大又不是熟人，得～。Zhè wèi kèren niánlíng dà yòu bú shì shúrén, děi ～. This guest is senior in years and not an acquaintance, so we should pay him a return visit.

【回避】huíbì（动）(1)躲避 evade；dodge；avoid；shirk：谈问题如果～事实，就弄不清是非。Tán wèntí rúguǒ ～ shìshí, jiù nòng bu qīng shìfēi. We will never clear things up if we sidestep the facts when discussing a problem. (2)〈法〉办案人员如与案件当事人有某种关系，不参加任何审理活动 step down（as a judge in a case of conflict of interest）

【回潮】huícháo（动·不及物）已经干了的东西又变湿 regain moisture

【回答】huídá（动）reply：请你～我的问题。Qǐng nǐ ～ wǒ de wèntí. Please reply to my question. （名）answer；reply：我们提出的要求得到了满意的～。Wǒmen tíchū de yāoqiú dédàole mǎnyì de ～. The demand we put forward got a satisfactory reply.

【回荡】huídàng（动）（声音等）来回飘荡 resound；reverberate：杜鹃的叫声～在春天的山谷里。Dùjuān de jiàoshēng ～ zài chūntiān de shāngǔ li. The cry of the cuckoo resounded in the spring time valley.

【回电】huídiàn（动）用电讯方式回复对方 send a reply telegram；wire back：家里来电报问我回国的日期，我～告诉了他们。Jiā li lái diànbào wèn wǒ huí guó de rìqī, wǒ ～ gàosule tāmen. I received a telegram from home asking me the date of my return to China, so I wired a reply.（名）回复对方的电报 reply telegram：盼了好几天，终于接到了小王的～。Pànle hǎo jǐ tiān, zhōngyú jiēdàole Xiǎo Wáng de ～. After several days of anxious waiting I finally got Xiao Wang's reply telegram.

【回访】huífǎng（动）对方拜访以后，去拜访对方 pay a return visit：日本首相访华后不久，中国总理～了日本。Rìběn shǒuxiàng fǎng Huá hòu bùjiǔ, Zhōngguó zǒnglǐ ～ le Rìběn. Not long after the Japanese prime minister visited China, the Chinese premier paid a return visit to Japan.

【回复】huífù（动）(1)回答，答复（多指用书信形式）reply（generally in written form）：报纸编辑部每天都要～大量的读者来信。Bàozhǐ biānjíbù měi tiān dōu yào ～ dàliàng de dúzhě láixìn. The newspaper's editorial department has to reply to a lot of readers' letters every day. /人民来信提的问题应该迅速给以～。Rénmín láixìn tí de wèntí yīnggāi xùnsù gěiyǐ ～. A speedy reply must be given to the people's petition. (2)同"恢复"huífù，用的很少 same as "恢复" huīfù（rarely used）

【回顾】huígù（动）回过头来看（以前的事情）look back（on some past event）；review：～过去，我们在经济建设中取得了经验，也取得了教训。～ guòqù, wǒmen zài jīngjì jiànshè zhōng qǔdéle jīngyàn, yě qǔdéle jiàoxùn. Looking back, we can say that we gained experience and learned lessons in economic construction. /～大学生活，那真是我一生中的黄金时代。～ dàxué shēnghuó, nà zhēn shì wǒ yìshēng zhōng de huángjīn shídài. Looking back on my university days, I can say that really was a golden age of my life.

【回归线】huíguīxiàn（名）〈地〉tropic：南～ nán~ Tropic of Capricorn /北～ běi~ Tropic of Cancer

【回合】huíhé（名）［个 gè］旧小说里描写一方用兵器攻击一次而另一方用兵器抵挡一次叫一个回合，现常指一个战役或体育竞赛中双方较量一次，也指一次争论或一次谈判 round；bout（of combat or negotiations）：激战了几个～，A队终于把球踢进了对方的大门。Jīzhànle jǐ ge ～, A duì zhōngyú bǎ qiú tījìnle duìfāng de dàmén. After several bouts of attacking, the A team finally scored a goal.

【回话】huíhuà（名）(～儿)[个 gè] 答复的话(常由别人转告) answer; reply (often forwarded by sb. else)：行不行明天一定给你～. Xíng bù xíng míngtiān yídìng gěi nǐ ～. He will definitely give you an answer, yes or no, tomorrow.

【回话】huí＝huà 回答别人问话 give sb. a reply：你快点儿回他个话儿吧. Nǐ kuài diǎnr huí tā ge huàr ba. You had better give him a reply quickly. /他一说今天不能来. Tā ～ shuō jīntiān bù néng lái. He sent a reply saying that he is unable to come today.

【回击】huíjī（动）用攻击的手段回答对方的攻击 counterattack; fight back：敌人敢于向我们进攻, 我们就坚决给以～. Dírén gǎnyú xiàng wǒmen jìngōng, wǒmen jiù jiānjué gěiyǐ ～. If the enemy dares to attack we will fight back stiffly. /我们要用无可争辩的事实来～那些谣言. Wǒmen yào yòng wú kě zhēngbiàn de shìshí lái ～ nàxiē yáoyán. We need some solid facts to refute those rumors.

【回家】huí＝jiā 从另外的地方到自己的家 return home：他每年暑假、寒假可以回两趟家. Tā měi nián shǔjià、hánjià kěyǐ huí liǎng tàng jiā. He gets to return home every summer and winter vacation.

【回见】huíjiàn（动）客套话. 再见(用于分别很短的时间, 一会儿就能见面) see you again; see you later (parting salutation)

【回教】Huíjiào（名）Islam

【回敬】huíjìng（动）(1)回报别人的敬意或馈赠 return a compliment; do something in return：请允许我～你一杯. Qǐng yǔnxǔ wǒ ～ nǐ yì bēi. Please allow me to reciprocate your toast. (2)回击(有讽刺意) counterattack (satirical sense)：这个人说话很不客气, 我也～了他几句. Zhège rén shuō huà hěn bú kèqi, wǒ yě ～le tā jǐ jù. He was very rude so I returned the compliment. /谁敢打你, 你就用拳头～他. Shuí gǎn dǎ nǐ, nǐ jiù yòng quántou ～ tā. If anyone dares to hurt you use your fist to return the compliment.

【回绝】huíjué（动）答复对方, 表示拒绝 refuse; decline：不法分子向干部行贿, 被～了. Bùfǎ fènzǐ xiàng gànbù xíng huì, bèi ～ le. When corrupt elements tried to bribe the cadre they were rebuffed. /对任何无理要求, 一律～. Duì rènhé wúlǐ yāoqiú yílǜ ～. All improper requests must be uniformly turned down.

【回扣】huíkòu（名）sales commission

【回来】huí//lái 返还原来的地方(朝着说话人的方向) come back; return (towards the speaker)：他下个月才回我们学校来呢. Tā xià ge yuè cái huí wǒmen xuéxiào lai ne. He will return to our school next month. /你哪天从上海～, 务必告诉我一声. Nǐ nǎ tiān cóng Shànghǎi ～, wùbì gàosu wǒ yì shēng. Be sure to tell me which day you will be returning from Shanghai. 放在动词后作补语, 表示通过动作回到人或物原来的地方(朝着说话人的方向), 和"回"作补语同义, 宾语可有可无 (used after a verb as a complement indicating back to the original place in the direction of the speaker, same as "回" as a complement, but the object is optional)：他把借的东西送～了. Tā bǎ jiè de dōngxi sòng ～ le. He returned the things he had borrowed. /你去买两棵白菜～. Nǐ qù mǎi liǎng kē báicài ～. Go and buy two cabbages (and bring them back). /他把椅子搬回屋来了. Tā bǎ yǐzi bān huí wū lai le. He brought the chairs back into the room. /他寄回家来很多照片. Tā jì huí jiā lai hěn duō zhàopiānr. He has sent lots of photographs home to us.

【回廊】huíláng（名）曲折环绕的走廊 winding corridor

【回笼】huílóng（动）(1)把已经蒸熟而冷了的食物放回笼屉里再蒸 steam (cooked food) again; reheat (2)在社会上流通的货币回到银行 withdraw currency from circulation

【回民】Huímín（名）回族人 the Huis (Chinese Muslims)

【回暖】huínuǎn（动）(天气变冷以后)又变暖 warm up again (after a cold spell)

【回去】huí//qù 回到原来的地方(不是朝着说话人的方向) return; go back：他已经～了, 你没碰见他? Tā yǐjīng ～ le, nǐ méi pèngjiàn tā? He has already gone back. Didn't you bump into him? /昨天他就回家去了. Zuótiān tā jiù huí jiā qu le. He already went home yesterday. 放在动作后作补语, 表示通过动作回到人或物原来的地方(不是朝着说话人的方向), 和"回"作补语同义, 宾语可有可无 (used after a verb as a complement indicating back to the original place not in the direction of the speaker, same as "回" as a complement, but the object is optional)：请把借来的东西送～. Qǐng bǎ jièlái de dōngxi sòng ～. Please take back the things you borrowed. /我下了班要买两棵白菜～. Wǒ xiàle bān yào mǎi liǎng kē báicài ～. After work I want to buy two cabbages to take back. /他把椅子搬回屋里去了. Tā bǎ yǐzi bān huí wū qù le. He took the chairs back into the room. /他从我这里走～了, 没坐车. Tā cóng wǒ zhèlǐ zǒu ～ le, méi zuò chē. He walked back from here. He didn't take a car. /他回国时带一两箱中文书. Tā huí guó shí dài ～ liǎng xiāng Zhōngwén shū. He took two boxes of Chinese books back to his own country. /你是不是要汇钱回家去? Nǐ shì bu shì yào huì qián huí jiā qu? Do you want to remit money back home?

【回升】huíshēng（动）下降后又上升 rise again (after a drop); resurge; pick up：今年这里的水稻产量有所～. Jīnnián zhèlǐ de shuǐdào chǎnliàng yǒu suǒ ～. The rice output has picked up a little this year. /近几天的气温～了一二度. Jìn jǐ tiān de qìwēn ～le yī-èr dù. The temperature has risen again one or two degrees in the past few days.

【回声】huíshēng（名）echo

【回收】huíshōu（动）把物品(多指废品或旧物)收回利用 retrieve; recover; reclaim (mostly old or used materials)：废品收购站每天～大量废旧物品. Fèipǐn shōugòuzhàn měi tiān ～ dàliàng fèijiù wùpǐn. The salvage yard retrieves a large amount of scrap every day. /化工厂把废液～起来加以利用. Huàgōngchǎng bǎ fèiyè ～ qilai jiāyǐ lìyòng. Chemical plants reprocess waste effluent into useful materials.

【回条】huítiáo（名）note acknowledging receipt of something

【回头】huítóu（副）〈口〉(1)表示在短时间以后, 可以用在句首 in a short while; in no time (can be used at the beginning of a sentence)：你先去吃饭, ～咱们再商量. Nǐ xiān qù chī fàn, ～ zánmen zài shāngliang. Go eat first, then we'll discuss it in a short while. /年纪大了, 记不住事, ～就忘. Niánjì dà le, jì bu zhù shì, ～ jiù wàng. When you get old, you can't remember things. You forget them in no time. /～我上家里找你. ～ wǒ shàng jiā li zhǎo nǐ. I'll go get you at your home in just a short while. (2)与"先"呼应, 表示在另一行动之后, 常与"再"连用 (when used together with "先", it indicates an action that occurs after another action; often used together with "再") later：先解决这个问题, ～再解决那个问题. Xiān jiějué zhège wèntí, ～ zài jiějué nàge wèntí. Let's resolve this problem first, then we can resolve that one later. /先把东西给人家送去, ～咱们再谈. Xiān bǎ dōngxi gěi rénjia sòngqu, ～ zánmen zài tán. Deliver the stuff to him first. We can talk later. /你们俩先认识认识, ～好联系. Nǐmen liǎ xiān rènshi rènshi, ～ hǎo liánxì. You two get to know each other first. Then you can get in touch with each other later. "先"可以省略 ("先" can be omitted)：你去看看他回来了没有, ～我们再去找他. Nǐ qù kànkan tā huílai le méiyou, ～ wǒmen zài qù zhǎo tā. Go and see whether he has come back or not, then we can go visit him later. /叫他把东西都准备好, ～我就去. Jiào tā bǎ dōngxi dōu zhǔnbèi hǎo, ～ wǒ jiù qù. Tell him to get everything ready. I'll go later.

【回头】huí＝tóu (1)把头转向后方 turn the head：你快回过

头来看看，后边是谁? Nǐ kuài huí guò tóu lai kànkan, hòubian shì shuí? *Quickly, turn and see who is behind us.* / 她一边向前走一边老～向后看。Tā yìbiān xiàng qián zǒu yìbiān lǎo ～ xiàng hòu kàn. *While walking straight ahead she kept turning to look behind her.* (2) 转向过去(想、看等) *look back to the past*：做完一件事再回过头来总结一下，很有必要。Zuòwán yí jiàn shì zài huí guò tóu lai zǒngjié yíxià, hěn yǒu bìyào. *When one has accomplished something it is necessary to think back and sum up the experience.* (3) 悔悟：改邪归正 *regret; repent; put right*：你既然知道错了，就应该及早～。Nǐ jìrán zhīdao cuò le, jiù yīnggāi jízǎo ～. *Since you know now that you were wrong you had better put your mistake right before it is too late.*

【回头路】huítóulù (名) 比喻倒退的道路或已经走过的老路 *road back to one's former position*：再困难也要闯出一条新路来，决不能走～。Zài kùnnan yě yào chuǎng chū yì tiáo xīn lù lai, jué bù néng zǒu ～. *Whatever difficulties crop up we must find a new road through and never backtrack.* / 过去错了，再也别走～了。Guòqù cuò le, zài yě bié zǒu ～ le. *You have made a mistake and you must never follow the same path again.*

【回味】huíwèi (名) 食物吃过后的余味 *aftertaste*：这种茶喝完之后没有什么～，不是好茶。Zhè zhǒng chá hēwán zhīhòu méi yǒu shénme ～, bú shì hǎo chá. *This tea is not very good. There is no lingering flavor.* (动) 从回忆里体会 *mull over a past event*：老人讲的一席话，很值得我们仔细～。Lǎorén jiǎng de yì xí huà, hěn zhíde wǒmen zǐxì ～. *It is well worth our while to ponder over that old man's words.*

【回响】huíxiǎng (动) (1) 发出回声 *echo; resound; reverberate*：火车的汽笛声在山谷里～。Huǒchē de qìdí shēng zài shāngǔ li ～. *The train whistle resounded in the valley.* (2) *response*：他的倡议得到许多人的～。Tā de chàngyì dédào xǔduō rén de ～. *His proposal drew responses from many people.*

【回想】huíxiǎng (动) 想过去的事情 *think back; recollect; recall*：～在北京的时候，生活过得多么愉快。～ zài Běijīng de shíhou, shēnghuó guò de duōme yúkuài. *I remember how pleasant it was when I lived in Beijing.* / 不要老～往事，多想想将来。Búyào lǎo ～ wǎngshì, duō xiǎngxiang jiānglái. *Don't be always thinking about the past. Think more about the future.* / ～过去，再看看现在，我的家庭发生了多大的变化呀! ～ guòqù, zài kànkan xiànzài, wǒ de jiātíng fāshēngle duō dà de biànhuà ya! *When I compare what it was like in the past to today, I must say that our family really has made progress.*

【回心转意】huí xīn zhuǎn yì 转变态度恢复感情 *change one's feelings (towards an estranged person)*：他原来想和妻子离婚,后来又～了。Tā yuánlái xiǎng hé qīzi lí hūn, hòulái yòu ～ le. *He was thinking of divorcing his wife, but later he changed his mind.*

【回信】huíxìn (名) [封 fēng、个 gè] (1) 答复的信 *a letter in reply*：老王来信了,我要给他写封～。Lǎo Wáng lái xìn le, wǒ yào gěi tā xiě fēng ～. *I want to write a reply to Lao Wang's letter.* (2) (～儿) 答复的话 *verbal reply*：星期天你来不来,下午务必给我个～。Xīngqītiān nǐ lái bu lái, xiàwǔ wùbì gěi wǒ ge ～. *You must tell me this afternoon whether you can come on Sunday or not.*

【回信】huí=xìn 答复来信 *write back*：我给他写了一封信,一直没回我信。Wǒ gěi tā xiěle yì fēng xìn, tā yìzhí méi huí wǒ xìn. *He still hasn't replied to my letter.*

【回修】huíxiū (动) 因质量不合格(由修理者)重新修理 *send something back for repair the second time (because the repair was not well done)*

【回旋】huíxuán (动) (1) 绕圈 *circle*：飞机在机场上空～几周

后,降落了。Fēijī zài jīchǎng shàngkōng ～ jǐ zhōu hòu, jiàngluò le. *The airplane landed after circling the airport a few times.* (2) 可进退;可商量 *be open for negotiation; maneuver*：没把握就别把完工的日子定死了,留点～的余地。Méi bǎwò jiù bié bǎ wán gōng de rìzi dìngsǐ le, liú diǎn ～ de yúdì. *Don't fix a definite date for completion of the job if you are not sure of yourself. Leave some room for maneuver.* / 不存点钱,以后用钱就没有～的余地了。Bù cún diǎnr qián, yǐhòu yòng qián jiù méi yǒu ～ de yúdì le. *If you don't keep some money in reserve you will have no leeway when it comes to expenses later on.*

【回忆】huíyì (动) 回想记忆中的事 *recollect; recall*：你～一下,咱们看话剧那天是几号? Nǐ ～ yíxià, zánmen kàn huàjù nà tiān shì jǐ hào? *Think back. What date did we go to the play?* / 过去的事有的～不起来了。Guòqù de shì yǒude ～ bu qǐlái le. *There are some incidents in the past that I can't recall.*

【回忆录】huíyìlù (名) *reminiscences; memoirs*

【回音】huíyīn (名) (1) 回声 *echo*：这个大厅有～,不适宜开音乐会。Zhège dàtīng yǒu ～, bú shìyí kāi yīnyuèhuì. *This hall has an echo. It is not suitable for a concert.* (2) 回复的音信 *reply*：我给弟弟写了两封信,但至今没有～。Wǒ gěi dìdi xiěle liǎng fēng xìn, dàn zhìjīn méi yǒu ～. *I have written my younger brother two letters but up until now I have had no reply.*

【回执】huízhí (名) 〈书〉同"回条" huítiáo *same as "回条" huítiáo*

蛔 huí

【蛔虫】huíchóng (名) [条 tiáo] *roundworm*

huǐ

悔 huǐ (动) ◇ *regret; repent*：～不该当初没听你的劝告。～ bù gāi dāngchū méi tīng nǐ de quàngào. *I regret not having taken your advice in the first place.*

【悔改】huǐgǎi (动) 认识错误并加以改正 *repent and mend one's ways*：做错了事能～就好。Zuòcuòle shì néng ～ jiù hǎo. *If one commits an error, then one should repent and mend one's ways.* / 我看他一点没有～的意思。Wǒ kàn tā yìdiǎnr méi yǒu ～ de yìsi. *I think he has no intention of repenting and mending his ways.*

【悔过】huǐguò (动) *feel self-reproachful*

【悔过自新】huǐguò zìxīn 追悔自己的错误并且自觉地改正错误,重新做人 *repent and make a fresh start*：犯罪分子只有～才是唯一的出路。Fàn zuì fènzǐ zhǐyǒu ～ cái shì wéiyī de chūlù. *The only way ahead for criminal elements is to repent and turn over a new leaf.*

【悔恨】huǐhèn (动) 懊悔、痛恨 *regret deeply; be bitterly remorseful*：我～当初没有很好地利用时机学好一门外语。Wǒ ～ dāngchū méiyou hěn hǎo de liyòng shíjī xuéhǎo yì mén wàiyǔ. *I deeply regret not having taken the opportunity to master a foreign language.*

【悔悟】huǐwù (动) 悔恨自己的错误,而觉悟过来 *wake up to the error of one's ways*：小王不注意开车安全,出了事故后～后才～了。Xiǎo Wáng bú zhùyì kāi chē ānquán, chūle shìgù hòu cái ～ le. *Xiao Wang paid no attention to safety while driving. It was only after an accident that he realized his foolishness.*

【悔之不及】huǐ zhī bù jí 后悔也来不及 *too late for repentance*：家长不好好教育子女,将来孩子走上邪路,就～了。Jiāzhǎng bù hǎohāor jiàoyù zǐnǚ, jiānglái háizi zǒushàng xiélù, jiù ～ le. *If a parent does not educate his children*

properly, it will be too late to regret it later when they follow evil ways.

毁 huǐ
（动）破坏；糟蹋 *destroy；ruin；damage*：由于管理不严，这村子～了不少树林。Yóuyú guǎnlǐ bù yán, zhè cūnzi ～le bù shǎo shùlín. *Due to lax management this village has destroyed large areas of forest.* /挺好的一床毯子让虫子给～了。Tǐng hǎo de yì chuáng tǎnzi ràng chóngzi gěi ～le. *An excellent blanket was ruined by moths.* /风灾使许多房屋被～。Fēngzāi shǐ xǔduō fángwū bèi ～. *A lot of houses were damaged by the hurricane.*

【毁坏】huǐhuài（动）*destroy；damage*：～公物要赔偿 ～ gōngwù yào péicháng *Compensation must be paid for damage to public property.*

【毁灭】huǐmiè（动）摧毁消灭 *destroy；exterminate*：十年前被大地震～的城市又重新建立起来了。Shí nián qián bèi dà dìzhèn ～ de chéngshì yòu chóngxin jiànlì qilai le. *The city which was devastated in an earthquake ten years ago has been rebuilt.*

【毁约】huǐ＝yuē 破坏约定 *break a promise；scrap a treaty*

huì

汇〔匯〕huì
（动）（1）汇合 *come together；converge*：无数小溪～成大河。Wúshù xiǎoxī ～ chéng dà hé. *Innumerable small streams converge to form a big river.* （2）通过邮局或银行等把一个地方的款项划拨到另一地方 *remit（money）*：我要～两笔款子到上海。Wǒ yào ～ liǎng bǐ kuǎnzi dào Shànghǎi. *I want to remit two sums of money to Shanghai.*

【汇报】huìbào（动）综合材料（向上级或群众）报告 *report*：把大家讨论的情况向领导～一下。Bǎ dàjiā tǎolùn de qíngkuàng xiàng lǐngdǎo ～ yixia. *Report to the higher authorities what was discussed.* /上午我～本部门工作情况去了。Shàngwǔ wǒ ～ běn bùmén gōngzuò qíngkuàng qù le. *This morning I went and reported on the work situation in our section.* （名）综合材料归纳出来的报告 *report*：院长听取了各系主任的一次～后，大家便开始研究教学工作。Yuànzhǎng tīngqǔle gè xì zhǔrèn de yīcì ～ hòu, dàjiā biàn kāishǐ yánjiū jiàoxué gōngzuò. *After the principal had heard reports from all the department heads everybody began to deliberate on their teaching.*

【汇编】huìbiān（动）把几篇文章或几个文件编在一起，印成书 *compile（written materials）*：中文系教师写的一些语法论文已经～成书。Zhōngwénxì jiàoshi xiě de yìxiē yǔfǎ lùnwén yǐjīng ～ chéng shū. *Papers on grammar written by teachers in the Chinese department have been compiled into a book.* （名）几篇文章或几个文件编印在一起的书.常用于书名 *collection（often used as part of a book title）*：教学法资料～ jiàoxuéfǎ zīliào ～ *collection of materials on pedagogy*

【汇兑】huìduì（动）（邮局或银行把汇款人的款项）汇交给（收款人）*remit*：办理～ bànlǐ ～ *process a remittance*

【汇费】huìfèi（名）*remittance fee*

【汇合】huìhé（动）（1）（水流）聚集 *converge；flow together*：大河大江都是很多小河一起来的。Dà hé dà jiāng dōu shì hěn duō xiǎo hé ～ qilai de. *Big rivers are formed by the flowing together of small rivers.* （2）（人）聚集在一起 （*people*）*get together*：人们从四面八方走来～成人流。Rénmen cóng sì miàn bā fāng zǒulái ～ chéng rénliú. *People came from all over and formed a stream of humanity.*

【汇集】huìjí（动）聚集 *collect；compile；assemble*：～资料 ～ zīliào *collect materials* /参加集会的群众已经～到广场上来。Cānjiā jíhuì de qúnzhòng yǐjīng ～ dào guǎngchǎng lái. *The*

masses who are to take part in the rally have already assembled in the square.*

【汇款】huìkuǎn（名）[笔 bǐ、项 xiàng] 汇出或汇来的款项 *remittance*：收到一笔 ～ shōudào yì bǐ ～ *receive a remittance*

【汇款】huì＝kuǎn 把款汇出去 *remit money*：他到邮局～去了。Tā dào yóujú ～ qù le. *He went to the post office to send a remittance.* /款已汇到。Kuǎn yǐ huìdào. *The remittance has already arrived.*

【汇率】huìlǜ（名）*exchange rate（of currencies）*：今天美元和人民币的～是一比四点五九。Jīntiān měiyuán hé rénmínbì de ～ shì yī bǐ sì diǎn wǔ jiǔ. *Today's exchange rate of the U.S. dollar against the yuan is one to 4.59.*

【汇票】huìpiào（名）[张 zhāng] *draft；money order*

【汇总】huìzǒng（动）（统计数字、资料、款项等）汇集起来 *gather；collect；pool*：各单位节余的款项～后再交到财务部门。Gè dānwèi jiéyú de kuǎnxiàng ～ hòu zài jiāodào cáiwù bùmén. *The surplus funds of all the units will be collected together and handed over to the financial department.* /明天要把各部门的工作情况～上报。Míngtiān yào bǎ gè bùmén de gōngzuò qíngkuàng ～ shàngbào. *Tomorrow I am going to collect data on the work in all the sections and make a report.*

会〔會〕huì
（名）*association；assembly*：联欢～ liánhuān ～ *party*；get-together /经验交流～ jīngyàn jiāoliú ～ *meeting to share experiences* /纪念～ jìniàn ～ *commemoration meeting*（动）（1）聚合，合在一起 *gather；come together*；hold a meeting：咱们明天上午九点在学校门口～齐。Zánmen míngtiān shàngwu jiǔ diǎn zài xuéxiào ménkǒu ～qí. *Let us assemble at the school gate at nine o'clock tomorrow morning.* （2）彼此见面 *meet each other*：那天你～着他没有? Nà tiān nǐ ～zhe tā méiyou? *Did you meet him that day?* （3）熟习、懂得或掌握（知识、技能等）*having ability, understanding or knowledge*：我～英文，不～中文。Wǒ ～ Yīngwén, bú ～ Zhōngwén. *I know（how to speak）English, but I don't know Chinese.* /谁～这道数学题?给我讲讲。Shuí ～ zhè dào shùxué tí? gěi wǒ jiǎngjiang. *Who can solve this arithmetical problem? Please explain it to me.*（助动）（1）有能力做某事或表示擅长 *having the ability to do something or a particular skill*：我不太～写文章。Wǒ bú tài ～ xiě wénzhāng. *I am not very good at writing essays.* /谁～说英语?请翻译一下。Shuí ～ shuō Yīngyǔ? qǐng fānyì yíxià. *Who is good at English? Please translate.* /他很～讲笑话。Tā hěn ～ jiǎng xiàohua. *He is good at telling jokes.* （2）表示可能性很大 *be possible；be probable*：他～准时来的。Tā ～ zhǔnshí lái de. *He will come on time.* /你的建议，大家不～不赞成。Nǐ de jiànyì, dàjiā bú ～ bú zànchéng. *Everyone will certainly approve of your suggestion.* /看样子困难不～少。Kàn yàngzi kùnnan bú ～ shǎo. *It seems that there will be many difficulties.* /他～不～已经走了? Tā ～ bu ～ yǐjīng zǒu le? *Could he have left already?* 另见 kuài

【会餐】huìcān（动）聚餐 *get together for dinner*：今天中外师生～. Jīntiān zhōng wài shīshēng ～. *Today both the Chinese and foreign teachers and students are going to get together for dinner.*

【会场】huìchǎng（名）*meeting place；conference hall*

【会费】huìfèi（名）*membership fee；dues*

【会合】huìhé（动）聚集到一起 *join；meet；come together；assemble*：两个师的兵力在某地～后继续前进。Liǎng ge shī de bīnglì zài mǒu dì ～ hòu jìxù qiánjìn. *The two divisions assembled at a certain place and continued the advance.* /北京的永定河在天津地区与海河～，流入渤海。Běijīng de

Yǒngdìng Hé zài Tiānjīn dìqū yǔ Hǎi Hé ～, liúrù Bó Hǎi. *Beijing's Yongding River merges with the Hai River in the Tianjin area and flows into Bohai.*

【会话】huìhuà（动）对话（多用于学习语言）*converse*：经常跟外国人～能很快提高外语口头表达能力。Jīngcháng gēn wàiguó rén ～ néng hěn kuài tígāo wàiyǔ kǒutóu biǎodá nénglì. *By conversing often with foreigners one can quickly raise one's ability to express oneself orally.*（名）对话 *dialogue*：这课～我已经念得很熟了。Zhè kè ～ wǒ yǐjīng niàn de hěn shú le. *I have thoroughly learnt the dialogue in this lesson.*

【会集】huìjí（动）同"汇集" huìjí *same as "汇集" huìjí*

【会见】huìjiàn（动）跟别人相见（多用于外交场合）*meet another person (often used of diplomatic meetings)*：中国总理在人民大会堂～了外国客人。Zhōngguó zǒnglǐ zài Rénmín Dàhuìtáng ～le wàiguó kèrén. *The Chinese premier met the foreign guests in the Great Hall of the People.*

【会客】huì＝kè 和来访的客人见面 *meet visitors*：校长在～呢！Xiàozhǎng zài ～ ne! *The school principal is receiving visitors.* /他现在不～。Tā xiànzài bú ～. *He isn't receiving any visitors now.*

【会客室】huìkèshì（名）接待来访者的屋子 *reception room*

【会面】huì＝miàn 见面 *meet*：我只跟他会过一次面，没长谈过。Wǒ zhǐ gēn tā huìguo yí cì miàn, méi cháng tánguo. *I only met him once and we didn't talk much.* /明天我们还在这里～，别忘了啊！Míngtiān wǒmen hái zài zhèli ～, bié wàngle a! *We'll meet again here tomorrow. Don't forget.*

【会商】huìshāng（动）双方或多方共同商量 *hold discussions (between two or more parties)*：经几方面多次～终于达成了协议。Jīng jǐ fāngmiàn duō cì ～ zhōngyú dáchéngle xiéyì. *After several rounds of many-sided discussions we finally reached an agreement.*

【会师】huìshī（动）几支部队在战地会合 *join forces*

【会谈】huìtán（动）双方或多方共同商谈 *hold a group discussion between two or more parties*：这事得由双方～才能决定。Zhè shì děi yóu shuāngfāng ～ cái néng juédìng. *This matter can only be settled after discussion between the two sides.* /～正在进行。～ zhèngzài jìnxíng. *The talks are going on right now.*

【会同】huìtóng（介）跟有关方面会合到一起（办某件事）*(handling a matter) jointly with (the parties concerned)*：这件事已经由公安部门～学校当局解决了。Zhè jiàn shì yǐjīng yóu gōng'ān bùmén ～ xuéxiào dāngjú jiějué le. *The Public Security department settled the issue in conjunction with the school authorities.*

【会晤】huìwù（动）互相见面（多用于较正式场合）*meet (usually on a formal occasion)*：两国领导人将在北京～。Liǎng guó lǐngdǎorén jiāng zài Běijīng ～. *The leaders of the two countries are to meet in Beijing.*

【会演】huìyǎn（动）几个单位的文艺节目集中起来演出，互相观摩 *perform jointly (art troupes, etc.)*：下个月有几个省的京剧团在北京～。Xià ge yuè yǒu jǐ ge shěng de jīngjùtuán zài Běijīng ～. *Next month opera troupes from several provinces will put on joint performances in Beijing.*

【会议】huìyì（名）(1)有组织有领导地商量事情的集会 *organized discussion; conference*：召开～ zhàokāi ～ *call (convene) a meeting* (2)一种经常商讨并处理重要事务的常设机构或组织 *organization set up to deliberate and deal with important matters*：中国人民政治协商～ Zhōngguó Rénmín Zhèngzhì Xiéshāng ～. *The Chinese People's Political Consultative Conference*

【会意】huìyì（动）领会别人没有明白表示出来的意思 *catch somebody's meaning without him being specific*：老李暗示了小王一下，小王～地点了点头。Lǎo Lǐ ànshìle Xiǎo Wáng yíxià, Xiǎo Wáng ～ de diǎnle diǎn tóu. *Lao Li dropped a hint to Xiao Wang, who nodded to show that he understood.*（名）"六书"之一。见"六书" liùshū *one of the six categories of Chinese characters, see "六书" liùshū*

【会员】huìyuán（名）*member*：数学研究会～ Shùxué Yánjiūhuì ～ *member of a mathematics research society*

【会战】huìzhàn（动）（战争双方主力在某一地区和时间内）进行决战 *meet to fight a decisive battle at a certain time and place*：双方军队调动了各自的最精锐部队准备～。Shuāngfāng jūnduì diàodòngle gèzì de zuì jīngruì bùduì zhǔnbèi ～. *The crack troops of both armies are preparing to fight a decisive battle.*（名）*decisive battle*：进行一场大～。Jìnxíng yì chǎng dà ～ *launch a fight to the death*

【会诊】huìzhěn（动）几个医生共同诊断疑难病症 *joint consultation between doctors*：今天有五位大夫给这个病人～。Jīntiān yǒu wǔ wèi dàifu gěi zhège bìngrén ～. *Today five doctors will hold a consultation on this patient's case.*

讳 〔諱〕huì

（动）◇ 忌讳，因为有顾忌而不敢说或不愿说 *avoid a taboo expression*：西方的老人最～"老"字。Xīfāng de lǎorén zuì ～ "lǎo" zì. *Old people in the West shun the word "old".*（名）忌讳的事 *taboo object or action*：注意别犯他的～。Zhùyì bié fàn tā de ～. *Be careful not to break any of his taboos.*

【讳疾忌医】huì jí jì yī 怕人知道自己有病，而不肯去医治。比喻掩饰自己的缺点和错误，不肯改正 *refuse treatment for fear that one's illness may become known to all; hide one's shortcomings for fear of reproof*：自己有缺点错误不要～，应该认真检查，坚决改正。Zìjǐ yǒu quēdiǎn cuòwù búyào ～, yīnggāi rènzhēn jiǎnchá, jiānjué gǎizhèng. *Don't cover up your mistakes. Face up to them honestly and correct them firmly.*

【讳莫如深】huì mò rú shēn 隐瞒得没有比这更深的了。指事情隐瞒得很紧，唯恐别人知道 *guard a secret closely*：一提到他的儿子，他就～，大家也就不问了。Yì tídào tā de érzi, tā jiù ～, dàjiā yě jiù bú wèn le. *When the subject of his son is brought up his lips are sealed, so people don't ask him anymore.*

【讳言】huìyán（动）〈书〉不敢或不愿说 *not dare to or be unwilling to speak*：无可～，至今中国人思想中封建落后的东西还很多。Wú kě ～, zhìjīn Zhōngguó rén sīxiǎng zhōng fēngjiàn luòhòu de dōngxi hái hěn duō. *There is no hiding the fact that even now there is much feudal backwardness in Chinese ways of thought.*

海 〔誨〕huì

（动）◇ 教导 *teach; instruct; train*

【诲人不倦】huì rén bù juàn 教导人特别耐心，从不厌倦 *teach tirelessly with extra patience*：教师应有～的精神，但这是很不容易的。Jiàoshī yīng yǒu ～ de jīngshén, dàn zhè shì hěn bù róngyì de. *Teachers ought to have a spirit of tireless instruction, but this is not easy to attain.*

绘 〔繪〕huì

（动）画 *paint; draw*

【绘画】huìhuà（名）[张 zhāng] 画的画儿 *drawing; painting*：山水画儿是中国特有的传统～艺术。Shānshuǐhuàr shì Zhōngguó tèyǒu de chuántǒng ～ yìshù. *Landscapes are a traditional form of Chinese art.* /选几张合适的～做书的插图。Xuǎn jǐ zhāng héshì de ～ zuò shū de chātú. *select some suitable illustrations for a book*

【绘声绘色】huì shēng huì sè 形容叙述或描写得生动逼真 *lively (vivid) description or writing*：他～地谈论着昨晚的魔术表演。Tā ～ de tánlùnzhe zuó wǎn de móshù biǎoyǎn. *He gave a vivid description of last night's magic show.*

【绘图】huì=tú 画地图或机械、建筑设计图 draw a map or blueprint of a machine or building

【绘制】huìzhì（动）画（图表）draw（a plan, design, etc.）：把统计数字～成图表，看起来既简单又清楚。Bǎ tǒngjì shùzì ～ chéng túbiǎo, kàn qilai jì jiǎndān yòu qīngchu. Making a chart of the statistics will make them look both simple and clear.

贿 〔賄〕huì
（名）◇ 贿赂 bribe：受～ shòu ～ accept a bribe /行～ xíng ～ practise bribery; pass bribes

【贿赂】huìlù（动）用钱或物买通别人 bribe：犯罪分子企图用金钱～干部。Fàn zuì fènzǐ qǐtú yòng jīnqián ～ gànbu. The criminal elements are plotting to bribe cadres with cash.（名）用来买通别人的钱或物 bribe：接受～是违法行为。Jiēshòu ～ shì wéi fǎ xíngwéi. It is against the law to take bribes.

烩 〔燴〕huì
（动）(1)菜炒熟后再加上少量的水和芡粉 braise：～虾仁儿 ～ xiārénr braise shrimp meat /胡萝卜丝 ～ húluóbo sī braise shreds of carrot (2)把米饭等和熟菜混在一起加上水煮 boil rice, etc. and cooked vegetables together：～饼 ～ bǐng cook shredded pancake with vegetables /米饭 ～ mǐfàn boil rice with vegetables

彗 huì
【彗星】huìxīng（名）[颗 kē] comet

晦 huì
（形）〈书〉◇ 昏暗、不明显 dark; gloomy（名）夜晚 night

【晦气】huìqì（形）不吉利；倒霉 unlucky：真～！刚出门就摔了一跤。Zhēn ～! Gāng chū mén jiù shuāijle yì jiāo. What rotten luck! As soon as I stepped outside the door I slipped and fell.

【晦涩】huìsè（形）（诗文、乐曲等的含意）隐晦不易懂 obscure; hard to understand：有人以为把文章写得～就是深刻。Yǒu rén yǐwéi bǎ wénzhāng xiě de ～ jiù shì shēnkè. Some people think that if a piece of writing is obscure then it must be profound.

hūn

昏 hūn
（动）神志不清，失去知觉 faint; lose consciousness：病人～过去了。Bìngrén ～ guoqu le. The patient has lost consciousness. /他在路上～倒了，被人送进医院。Tā zài lùshang ～dàole, bèi rén sòngjìn yīyuàn. He fainted in the road and somebody took him to hospital.（形）(1)头脑迷糊 muddled; confused：工作太紧张，使得小王头～脑胀。Gōngzuò tài jǐnzhāng, nòng de Xiǎo Wáng tóu ～ nǎo zhàng. The hectic pace of work is making Xiao Wang muddle-headed. /我得了重感冒，感到头发～。Wǒ déle zhòng gǎnmào, gǎndào tóu fā ～. I have a heavy cold and my head feels thick. (2)◇ 昏暗 dark

【昏暗】hūn'àn（形）光线不足 dim; gloomy; murky：天色～下来，要下大雨了。Tiānsè ～ xialai, yào xià dàyǔ le. The sky is beginning to get murky, so it's probably going to rain heavily. /在～的灯光下看书容易损伤眼睛。Zài ～ de dēngguāng xià kàn shū róngyì sǔnshāng yǎnjing. Reading in a dim light can easily damage your eyes.

【昏沉】hūnchén（形）(1)暗淡 dim; murky; gloomy：暮色～ mùsè ～ gloomy twilight (2)神志不清，感觉不适 feeling dull and heavy：头脑～ tóunǎo ～ the head feels like lead /我昨晚没睡好觉，今天有点儿昏昏沉沉的。Wǒ zuó wǎn méi shuìhǎo jiào, jīntiān yǒudiǎnr hūnhunchénchén de. I didn't sleep well last night, so my head is a bit fuzzy today.

【昏花】hūnhuā（形）眼光模糊（多指老年人）dim-sighted：他已经八十多岁，老眼～了，没看清那个人是谁。Tā yǐjīng bāshí duō suì, lǎo yǎn ～ le, méi kànqīng nàge rén shì shuí. He is over 80 years old and his eyes are dim. He couldn't make out who that person was.

【昏厥】hūnjué（动）〈医〉faint; swoon; pass out

【昏聩】hūnkuì（形）〈书〉头脑糊涂，分不清是非 muddle-headed; unable to distinguish right from wrong

【昏迷】hūnmí（动）因疾病或大脑功能失调而长时间失去知觉 go unconscious; fall into a coma (stupor)：他的头部被撞伤，一天一夜还～不醒。Tā de tóubù bèi zhuàngshāng, yì tiān yí yè hái ～ bù xǐng. He received a blow to the head and was in a coma for a day and a night. /听说孩子死去，她悲痛万分，～了过去。Tīng shuō háizi sǐqù, tā bēitòng wànfēn, ～ le guoqu. When she heard that the child had died she was so grief-stricken that she swooned.

【昏睡】hūnshuì（动）头脑糊里糊涂地睡去 fall into a lethargic sleep

【昏天黑地】hūn tiān hēi dì (1)天色昏暗 darkened sky：这么晚了，～的，你还上哪儿去？Zhème wǎn le, ～ de, nǐ hái shàng nǎr qù? It's so late and it's pitch-black outside. Where are you going? (2)形容社会黑暗，秩序混乱 decadent; disorderly：流氓集团把这一带闹得～，人人不得安宁。Liúmáng jítuán bǎ zhè yídài nào de ～, rénrén bù dé ānníng. Gangs of hooligans have made this area a shambles.

【昏头昏脑】hūn tóu hūn nǎo 头脑发昏，形容神志不清 muddle-headed; absent-minded

【昏眩】hūnxuàn（形）头脑发昏，眼睛发花 dizzy; giddy

【昏庸】hūnyōng（形）糊涂而愚蠢 stupid; addlepated; fatuous：～的领导也许并不主动做坏事，但必然成为坏人的保护伞。～ de lǐngdǎo yěxǔ bìng bù zhǔdòng zuò huàishì, dàn bìrán chéngwéi huàirén de bǎohùsǎn. Stupid leaders will not necessarily be the instigators of evil actions but they cannot help becoming the protection for bad people.

荤 〔葷〕hūn
（形）指有鸡鸭鱼肉或动物油脂的（食物），跟"素"相对 food consisting of meat, fish or animal fats（opposite of "素"）：这些菜太～了，一点蔬菜都没有。Zhèxiē cài tài ～ le, yìdiǎnr shūcài dōu méi yǒu. These dishes have no vegetables at all. They are too rich. /每顿饭都应该有～有素。Měi dùn fàn dōu yīnggāi yǒu ～ yòu sù. Every meal should contain some meat dishes and some vegetables. /他不吃～。Tā bù chī ～. He doesn't eat meat (He's a vegetarian).

【荤菜】hūncài（名）用鱼肉类做的菜 dish made of meat or fish, etc.

【荤腥】hūnxīng（名）指鱼肉等食品 meat or fish foodstuffs

婚 hūn
（名）◇ 婚姻 marriage：他已成～。Tā yǐ chéng ～. He is already married.（动）结婚 get married：已～ yǐ ～ be married /未～ wèi ～ be unmarried

【婚礼】hūnlǐ（名）结婚时举行的仪式 wedding ceremony

【婚事】hūnshì（名）[件 jiàn、桩 zhuāng]有关婚姻的事 matter connected with marriage：尽管说婚姻自主，他的父母还是为他的～操心。Jǐnguǎn shuō hūnyīn zìzhǔ, tā de fùmǔ zǒng wèi tā de ～ cāo xīn. Although marriage is supposed to be by free choice, his parents are constantly scheming to

marry him off.

【婚姻】hūnyīn（名）marriage：包办～ bāobàn ～ arranged marriage /他俩的～十分美满。Tā liǎ de ～ shífēn měimǎn. Their marriage is a happy one.

【婚姻法】hūnyīnfǎ（名）有关婚姻和家庭制度的法律 law relating to marriage and the family；marriage law

【婚约】hūnyuē（名）engagement

hún

浑〔渾〕hún
（形）(1)（水等）含杂质，不清洁 muddy；turbid；polluted（water, etc.）：池塘里的水太～，鱼要死了。Chítáng li de shuǐ tài ～, yú yào sǐ le. The fish can't live in that muddy pond water. (2)糊涂，不明事理 dull-witted：这人太～，跟他讲不通道理。Zhè rén tài ～, gēn tā jiǎng bu tōng dàolǐ. You can't reason with him — he's too dim-witted.

【浑厚】húnhòu（形）(1)质朴老实 simple；straightforward；honest：他性格～. Tā xìnggé ～. He has an open and honest nature. (2)诗文、书画的风格朴实雄厚 simple and vigorous style（of a poem, painting, etc.）：笔力～ bǐlì ～, bold, vigorous pen strokes /色调～ sèdiào ～ bold, simple colors

【浑身】húnshēn（名）〔口〕全身 whole body；all over；from head to foot：～是土。～ shì tǔ. covered in dust from head to foot /我觉得～疼。Wǒ juéde ～ téng. I'm aching all over.

【浑圆】húnyuán（形）perfectly round；completely circular：～的珍珠是很难得的。～ de zhēnzhū shì hěn nándé de. A perfectly round pearl is very rare.

【浑浊】húnzhuó（形）muddy；turbid

馄〔餛〕hún

【馄饨】húntun（名）wonton；dumpling soup

混hún
（形）同"浑" hún same as "浑" hún 另见 hùn

【混蛋】húndàn（名）不明事理的人（骂人的话）blackguard；skunk（term of abuse）

【混水摸鱼】hún shuǐ mō yú 比喻趁混乱的时机捞取利益 fish in troubled waters：在双方争吵不休时，投机分子～，捞到不少好处。Zài shuāngfāng zhēngchǎo bù xiū shí, tóujī fènzǐ ～, lāodào bù shǎo hǎochu. When the two sides are quarrelling constantly an opportunist will find it to his advantage to fish in troubled waters.

魂hún
（名）(1)灵魂 soul：他这几天精神特别不好，像丢了～似的。Tā zhè jǐ tiān jīngshén tèbié bù hǎo, xiàng diūle ～ shide. These past few days he has been in low spirits, just as if his soul has disappeared. (2)指精神或情绪 spirit or mood：～不守舍～ bù shǒu shè be in a trance

【魂不附体】hún bù fù tǐ 形容人受到震惊，恐惧万分的样子 be startled out of one's wits：犯罪分子一听判处他死刑，吓得～。Fàn zuì fènzǐ yì tīng pànchǔ tā sǐxíng, xià de ～. When the criminal heard the death sentence he was scared out of his wits.

【魂灵】húnlíng（名）soul 同"魂" hún (1) same as "魂" hún (1)

hùn

混hùn
（动）(1)搀杂 mix；mingle：这两种药你千万别～在一块儿吃。Zhè liǎng zhǒng yào nǐ qiānwàn bié ～ zài yíkuài

chī. Make sure you don't take these two medicines together. (2)蒙混 pass off as：特务、间谍～在群众中探听情报。Tèwu, jiàndié ～ zài qúnzhòng zhōng tànting qíngbào. Secret agents and spies infiltrated the masses to pick up information. (3)得过且过 muddle through；drift along：有的人不是在认真工作，而是～日子。Yǒude rén bùshì zài rènzhēn gōngzuò, érshì ～ rìzi. Some people don't work properly. They just drift along. /他生活没什么目标，～一天算一天。Tā shēnghuó méi shénme mùbiāo, ～ yì tiān suàn yì tiān. He has no objective in life. He just muddles through from day to day. 另见 hún

【混沌】hùndùn（形）形容无知识的样子，不清醒 ignorant；befuddled：头脑～不清。Tóunǎo ～ bù qīng. His brain is all befuddled.

【混纺】hùnfǎng（名）用两种或几种不同的纤维混合在一起纺织的纺织品 blending（of textiles）：～毛线 ～ máoxiàn blending wool /～棉布 ～ miánbù blending cotton

【混合】hùnhé（动）(1)搀杂在一起 mix；blend；mingle：男女～双打 nánnǚ ～ shuāngdǎ mixed doubles（in tennis, etc.）/～编队 ～ biān duì composite formation/ 几个足球队的主要队员组成一个～队，成为一支劲旅。Jǐ gè zúqiúduì de zhǔyào duìyuán zǔchéng yí gè ～ duì, chéngwéi yì zhī jìnglǚ. Several teams formed their leading players into a crack soccer force. (2)化学用语，区别于"化合"（chemical term）mixture（as opposed to "compound"）：～物 ～ wù（chemical）mixture

【混乱】hùnluàn（形）纷杂不清没有秩序 confused；chaotic：众说纷纭，弄得大家思想～. Zhòngshuō fēnyún, nòng de dàjiā sīxiǎng ～. Opinions differ widely, causing much confusion of thought. /从前这里的交通秩序十分～. Cóngqián zhèlǐ de jiāotōng zhìxù shífēn ～. The traffic round here used to be absolutely chaotic.

【混凝土】hùnníngtǔ（名）concrete

【混同】hùntóng（动）（把本质不同的人或事物）等同起来 confuse；mix up：干部应当起模范作用，不应把自己～于普通群众。Gànbu yīngdāng qǐ mófàn zuòyòng, bù yīng bǎ zìjǐ ～ yú pǔtōng qúnzhòng. A cadre must set an example. He must not consider himself merely one of the masses. /把两种不同性质的矛盾～起来，就不能分清是非。Bǎ liǎng zhǒng bù tóng xìngzhì de máodùn ～ qilai, jiù bù néng fēnqīng shìfēi. If you start to confuse two intrinsically different contradictions then you will not be able to distinguish right from wrong.

【混为一谈】hùn wéi yī tán（把不同的事物）混在一起说成是同样的事物 fail to make a distinction between different things：不要把可能性和现实性～. Búyào bǎ kěnéngxìng hé xiànshíxìng ～. Don't confuse possibility with practicality. /侵略战争和反侵略战争不能～. Qīnlüè zhànzhēng hé fǎnqīnlüè zhànzhēng bù néng ～. You can't lump together wars of aggression and wars of resistance.

【混淆】hùnxiáo（动）(1)混杂，界限不清 obscure；mix up：真伪～ zhēn wěi ～ Truth and falsehood are jumbled up. /～不清 ～ bù qīng confused and unclear (2)使混乱；使界限不清 blur the distinction：～是非 ～ shìfēi confuse right and wrong /～黑白 ～ hēibái mix up black and white /是非界限，不容～. Shìfēi jièxiàn, bù róng ～. The boundary between right and wrong must not be blurred.

【混杂】hùnzá（动）混合搀杂 mix together；mingle：要把～在稻秧里的种子拔掉。Yào bǎ ～ zài dàoyāng li de bàizi bádiào. You must pick out the grass that is mixed in with the rice shoots. /少数坏人～在群众中伺机捣乱。Shǎoshù huàirén ～ zài qúnzhòng zhōng sìjī dǎoluàn. A few bad elements are mingling with the masses just waiting for a chance to cause trouble.

【混战】hùnzhàn（动）目标不明或对象常有变化的战争或斗

争 engage in warfare with obscure or shifting objectives：两个流氓集团发生冲突，引起一场～. Liǎng ge liúmáng jítuán fāshēng chōngtū, yǐnqǐ yì cháng ～. The two gangs of hoodlums clashed, leading to a round of confused battling. /双方在黑暗中一一场. Shuāngfāng zài hēi'àn zhōng ～ yì cháng. Both sides fell into a confusion of fighting in the darkness.

【混浊】hùnzhuó（形）液体含有杂质或空气不新鲜 muddy; polluted (of water); stale (of air)：空气～ kōngqì ～ The air was foul. /～的水要净化以后才能用. ～ de shuǐ yào jìnghuà yǐhòu cái néng yòng. The water will have to be purified before we can use it.

huō

嗬 huō
（叹）表示惊讶 (expresses surprise)：～!你也来了! ～! Nǐ yě lái le! Oh! You came too! /～!这山这么高哇! ～! Zhè shān zhème gāo wa! Oh, this mountain is so high! /～!你可真是发了福了! ～! Nǐ kě zhēn shì fāle fú le! Oh, you must have put on some weight! /～!想不到你还有这两下子,还会裁剪服装! ～! Xiǎng bu dào nǐ hái yǒu zhè liǎng xiàzi, hái huì cáijiǎn fúzhuāng! Oh! I never knew you were so clever! You can cut out garments too!

豁 huō
（动）裂开 split (crack) open：衬衣上的一个扣眼～了. Chènyī shang de yí ge kòuyǎn ～ le. A button hole in his shirt tore. /手被砸伤,～了个口子,流了很多血. Shǒu bèi záshāng, ～le ge kǒuzi, liúle hěn duō xiě. His hand was crushed, a gaping wound appeared and blood poured out. 另见 huò

【豁出去】huō chuqu 不惜付出任何代价 be prepared to do something at all costs：～喝几口水,也要把游泳学会. ～ hē jǐ kǒu shuǐ, yě yào bǎ yóu yǒng xuéhuì. Even if it means gulping down gallons of water I am determined to learn how to swim. /这回我们～,无论如何要夺取冠军. Zhè huí wǒmen ～, wúlùn rúhé yào duóqǔ guànjūn. This time we will do whatever we have to in order to wrest the championship from them. /就是～我这条老命,也要揭发这批坏人的罪恶. Jiùshì ～ wǒ zhè tiáo lǎo mìng, yě yào jiēfā zhè pī huàirén de zuì'è. Even if it means putting my own life on the line I will expose that gang's crimes.

【豁口】huōkǒu（名）缺口 opening; breach; break; gap：城墙上,拆了几个～. Chéngqiáng shang, chāile jǐ ge ～. Several breaches were made in the city wall. /大风从山的～吹来. Dà fēng cóng shān de ～ chuīlái. A strong wind is blowing from a gap in the mountains.

【豁嘴】huōzuǐ（名）（～儿）harelip; person with a harelip

huó

和 huó
（动）粉状物加液体搅拌或揉弄 mix powdery and liquid substances：～泥 ～ ní mix plaster /～面 ～ miàn knead dough 另见 hé; huò

活 huó
（动）生存,有生命 exist; have life：一个人要～到老,学到老. Yí ge rén yào ～dào lǎo, xuédào lǎo. People should study as long as they live. /新栽的小树都～了. Xīn zāi de xiǎo shù dōu ～ le. The newly planted trees are all still alive. /最好能买到～鱼,比死鱼好吃多了. Zuìhǎo néng mǎidào ～ yú, bǐ sǐ yú hǎochī duō le. It is best to buy live fish. They taste much better than dead ones. （形）(1)灵活

不死板 nimble; agile：这条鱼画得真～. Zhè tiáo yú huà de zhēn ～. The fish is drawn very vividly. /他的学习方法很～. Tā de xuéxí fāngfǎ hěn ～. His method of studying is a very flexible one. (2)活动的 movable; mobile; moving; loose：这个绳子结是～的,一拉就开. Zhège shéngzi jié shì ～ de, yì lā jiù kāi. This rope is tied in a slipknot, one jerk and it will untie. （名）(1)（～儿）工作(通常多指体力劳动) work (generally manual labor)：庄稼～ zhuāngjia ～ farm work /铁～ tiě ～ ironwork /木～ mù ～ woodwork /干了一天～,该休息了. Gànle yì tiān ～ gāi xiūxi le. Having worked the whole day, we must rest now. (2)产品 product：这批～质量很好. Zhè pī ～ zhìliàng hěn hǎo. The quality of this batch of products is very good. （副）有非常、简直的意思,带有夸张的语气,应用范围很窄 simply; exactly (has a tone of exaggeration; used within a narrow scope)：整天呆在家里没事干,简直是～受罪. Zhěng tiān dāi zài jiā li méi shì gàn, jiǎnzhí shì ～ shòu zuì. Staying at home all day long with nothing to do — that's some life! /这幅画得～像真的. Zhè xià huà de ～ xiàng zhēn de. This painted shrimp looks exactly like a real one.

【活宝】huóbǎo（名）滑稽可笑的人(一般含贬义,有时也含亲切意) joker; clownish person (derogatory or showing intimacy)

【活报剧】huóbàojù（名）[幕 mù] 能迅速反映时事新闻的戏剧。在戏场或街头都可演出 topical skit performed in a theater or on the street

【活便】huóbian（形）〈口〉(1)灵活 nimble; agile; supple：这位老人腿脚还～. Zhè wèi lǎorén tuǐjiǎo hái ～. This old man's limbs are still very supple. (2)方便 convenient：在这里开个门进出就～多了. Zài zhèli kāi ge mén jìn chū jiù ～ duō le. If we make an entrance here, it will be much more convenient. /手头存点儿钱用起来也～. Shǒutóu cún diǎnr qián yòng qilai yě ～. It's always convenient to keep some money with one for incidental expenses.

【活动】huódòng（动）(1)运动 exercise：看书看累了,到外面去～～吧! Kàn shū kànlèi le, dào wàimiàn qu ～ ～ ba! You must be tired of reading. Go outside and get some exercise. /很久没～了,今天开始每天坚持打半小时球. Hěn jiǔ méi ～ le, jīntiān kāishǐ měi tiān jiānchí dǎ bàn xiǎoshí qiú. I haven't had any exercise for a long time, so from today I'm determined to play tennis for half an hour every day. (2)松动 be loose; be flexible：这个螺丝钉～了. Zhège luósīdīng ～ le. This screw is loose. /我的一颗牙～了,得去拔掉. Wǒ de yì kē yá ～ le, děi qù bádiào. I've got a loose tooth. I'd better go and get it pulled out. (3)不固定,可以移动 not fixed; movable; movable：～模型 ～ móxíng movable model /～房屋 ～ fángwū mobile home（名）为达到某种目的而采取的行动 activity：文娱～ wényú ～ recreational activities /体育～ tǐyù ～ sporting activities /外交～ wàijiāo ～ diplomatic activities /社会～ shèhuì ～ social activities

【活动家】huódòngjiā（名）在政治生活、社会生活中积极活动并有较大影响的人 activist：政治～ zhèngzhì ～ political activist /社会～ shèhuì ～ social activist

【活佛】huófó（名）"living Buddha"

【活该】huógāi（动）〈口〉照理应该这样(不值得怜惜) serve one right; deserve：是我不好,没说清楚,他买错了,～我倒霉. Shì wǒ bù hǎo, méi shuō qīngchu, tā mǎicuò le, ～ wǒ dǎoméi. He bought the wrong thing, but it serves me right because I didn't explain clearly. /屡教不改,落得这样的下场～! Lǚ jiào bù gǎi, luòdé zhèyàng de xiàchang, ～! He was told time and time again but refused to mend his ways, so he deserved to end up like this.

【活话】huóhuà（名）（～儿）不很肯定的话 vague (equivocal) words：他托人带来一句～,说星期天可能来.

Tā tuō rén dàilai yí jù ～, shuō xīngqītiān kěnéng lái. *He sent somebody with a vague message saying he might come on Sunday.*

【活活】huóhuó（副）（～儿）在活着的状态下（多指有生命的东西受到损害）*alive (usually meaning something is alive when it receives some damage)*：母亲～被他气死了。Mǔqin ～ bèi tā qìsi le. *His mother was vexed to death by him.* / 那条狗～饿死了。Nà tiáo gǒu ～ èsi le. *That dog starved to death.*

【活火山】huóhuǒshān（名）[座 zuò]*active volcano*

【活计】huójì（名）（1）现泛指各种体力活儿（包括带有技术性的活儿）*manual labor (including skilled work)*：他的铁匠～做得很好。Tā de tiějiang ～ zuò de hěn hǎo. *He is very good at blacksmith's work.* / 农业上的～季节性很强。Nóngyè shang de ～ jìjiéxìng hěn qiáng. *Farm work is very seasonal in nature.* （2）手工制品（缝纫、刺绣等）*handiwork (needlework, sewing, etc.)*：她的～是有名的。Tā de ～ shì yǒu míng de. *She is famous for her needlework.*

【活见鬼】huójiànguǐ（形）形容离奇或无中生有 *sheer fantasy; utter nonsense*：他硬说是我把他的笔弄丢了。真是～！我何曾见过他的笔！Tā yìng shuō shì wǒ bǎ tā de bǐ nòngdiū le. Zhēn shì ～! Wǒ héceng jiànguo tā de bǐ! *He insists that I lost his pen. What rubbish! I've never even seen his pen!*

【活扣】huókòu（名）*slipknot*：系鞋带要系～，千万别打死扣。Jì xiédài yào jì ～, qiānwàn bié dǎ sǐkòu. *Tie your shoe laces in a slipknot. Don't, whatever you do, tie a fast knot.*

【活力】huólì（名）旺盛的生命力 *vigor; energy; vitality*：青年们跳起了集体舞，步子欢快，充满～。Qīngniánmen tiàoqǐle jítǐwǔ, bùzi huānkuài, chōngmǎn ～. *The young people started a group dance with lively steps and full of vigor.*

【活灵活现】huó líng huó xiàn 形容描绘得很生动、逼真 *in a vivid way; lifelike*：故事讲得～。Gùshi jiǎng de ～. *The story is told in a vivid way.* / 他把事情经过说得～，好像他亲眼看见过似的。Tā bǎ shìqing jīngguò shuō de ～, hǎoxiàng tā qīnyǎn kànjiànguo shide. *He describes things in such a lively way, as if he had seen them with his own eyes.*

【活龙活现】huó lóng huó xiàn 同"活灵活现" huó líng huó xiàn *same as "活灵活现" huó líng huó xiàn*

【活路】huólù（名）[条 tiáo]能够生活下去的办法 *way of surviving; way of getting along*：在旧中国，有的人找不到～，被迫卖掉自己的子女。Zài jiù Zhōngguó, yǒude rén zhǎo bu dào ～, bèipò màidiào zìjǐ de zǐnǚ. *In old China some people had no way out but to sell their children in order to live.*

【活命】huómìng（名）性命 *life*：多危险，掉进山谷，就没了。Duō wēixiǎn, diàojìn shāngǔ, jiù méi ～ le. *What a narrow escape! If you had fallen into the valley you would have been killed.*

【活命】huó=mìng（1）维持生命 *scrape a living*：老李在旧中国靠挖煤。Lǎo Lǐ zài jiù Zhōngguó kào wā méi ～. *In old China Lao Li scraped a living by digging coal.* （2）〈书〉救命 *save a life*

【活泼】huópo（形）生动自然，不呆板 *natural and lively*：性格～。xìnggé ～ *lively nature* /这孩子真～. Zhè háizi zhēn ～. *This child is very lively.* /这篇文章文字～，内容丰富。Zhè piān wénzhāng wénzì ～, nèiróng fēngfù. *This piece of writing has a lively style and rich content.*

【活期】huóqī（形）存户可以随时提取的（存款）*current (bank account)*：～存款 ～ cúnkuǎn *current account*

【活塞】huósāi（名）[个 gè]*piston*

【活生生】huóshēngshēng（形）（1）实际生活中发生过的 *alive; living; real; actual*：～的例子 ～ de lìzi *living example* /～的事实 ～ de shìshí *actual fact* （2）活活 *while*

still alive：农奴主把那个农奴～地折磨死了。Nóngnúzhǔ bǎ nàge nóngnú ～ de zhémó sǐ le. *The master tormented his serf to death.*

【活水】huóshuǐ（名）*flowing water*

【活像】huóxiàng（动）极像 *look exactly like; be the image of*：这孩子长得～他妈妈。Zhè háizi zhǎng de ～ tā māma. *The child is the very image of his mother.* /这绣的猫～一只真猫。Zhè xiù de māo ～ yì zhī zhēn māo. *This embroidered picture of a cat looks exactly like a real one.*

【活页】huóyè（名）不装订成册，可以随意分合的书页、纸张等 *loose-leaf*：～纸 ～ zhǐ *sheets for a loose-leaf folder* /～文选 ～ wénxuǎn *loose-leaf selections*

【活跃】huóyuè（形）行动活泼而积极 *brisk; active; dynamic*：由于大家意见分歧，讨论显得很～。Yóuyú dàjiā yìjiàn fēnqí, tǎolùn xiǎnde hěn ～. *Because everybody had differing opinions the discussion was very lively.* /货源充足，市场～。Huòyuán chōngzú, shìchǎng ～. *Sources of goods are plentiful and the market is brisk.* （动）使活跃 *be active; lively; enliven; make dynamic*：各班学生都组织了歌咏队～文化生活。Gè bān xuésheng dōu zǔzhīle gēyǒngduì ～ wénhuà shēnghuó. *The students of all classes formed choirs to enliven their cultural life.* /那个幽默的发言～了会议的气氛。Nàge yōumò de fāyán ～le huìyì de qìfēn. *That humorous speech livened up the atmosphere of the meeting.*

【活字】huózì（名）*piece of type; letter*

【活字印刷】huózì yìnshuā 采用活字排版的印刷 *movable type printing*

huǒ

火 huǒ（名）（1）*fire*：真冷，生个～吧。Zhēn lěng, shēng gè ～ ba. *It's really cold. Let's light a fire.* /玩～ wán ～ *play with fire* /放～ fàng ～ *set fire (arson)* （2）中医指火气 *internal heat (concept in Chinese medicine)*：这几天上～了，牙又疼起来了。Zhè jǐ tiān shàng ～ le, yá yòu téng qǐlai le. *These past few days his internal heat has flared up and his tooth has started hurting again.* /这种中药败～。Zhè zhǒng zhōngyào bài ～. *This type of Chinese medicine counteracts internal heat.* （3）怒气 *anger; wrath; temper*：听别人说他懒，他就～冒三丈。Tīng biéren shuō tā lǎn, tā jiù ～ mào sān zhàng. *When he heard somebody call him lazy he flew into a terrible rage.* /你今天哪儿来的这么大～？Nǐ jīntiān nǎr lái de zhème dà ～? *How come you are in such a temper today?* （动）〈口〉（～儿）暴躁，发怒 *fly into a rage; explode in anger*：他一听这话就～啦。Tā yì tīng zhè huà jiù ～ la. *When he heard that he flew into va rage.* /你有意见可以提，别～呀! Nǐ yǒu yìjiàn kěyǐ tí, bié ～ ya! *If you have something to say, say it. Don't blow your top.*

【火把】huǒbǎ（名）*torch*

【火并】huǒbìng（动）同伙决裂相互杀伤或并吞 *fight between factions*

【火柴】huǒchái（名）[根 gēn、盒 hé]*match*

【火车】huǒchē（名）[列 liè]*railroad train*

【火车头】huǒchētóu（名）*locomotive*

【火海】huǒhǎi（名）燃烧面积大、火势猛的大火蔓 *"sea of fire"*：大火蔓延，整片森林变成一片～。Dà huǒ mànyán, zhěng piàn sēnlín biànchéng yí piàn ～. *The fire spread and soon the whole forest became a sea of fire.*

【火海刀山】huǒ hǎi dāo shān 比喻极其危险困难的境地 *"sea of fire and mountain of swords"—situation of utmost difficulties and dangers*

【火红】huǒhóng（形）像火一样红 *red as fire*：～的太阳 ～

de tàiyáng *flaming sun*

【火候】huǒhou（名）(1) 烧火的火力大小和时间长短 *strength and duration of heat*（*applied in cooking, smelting, etc.*）：做菜要掌握～。Zuò cài yào zhǎngwò ～. *In cooking you must control the heat.* (2) 比喻紧要的时机 *point of crisis; crucial moment*：现在提这个问题还不到～。Xiànzài tí zhège wèntí hái bú dào ～. *Now is not the crucial moment to bring up this question.* /正在争执的～上，老王发表了意见，大家都没话说。Zhèngzài zhēngzhí de ～ shang, Lǎo Wáng fābiǎole yìjiàn, dàjiā dōu méi huà shuō. *Right at the crucial deadlock Lao Wang offered his opinion and silenced everybody.* (3) 比喻修养程度的深浅 *level of accomplishment*：他的画可是够～了，你的水平还差一些。Tā de huà kě shì gòu ～ le, nǐ de shuǐpíng hái chà yìxiē. *His painting is of a good enough standard, while yours is not quite up to it.*

【火花】huǒhuā（名）*spark*

【火化】huǒhuà（动）火葬 *cremation*

【火鸡】huǒjī（名）[只 zhī]*turkey*

【火箭】huǒjiàn（名）[枚 méi]*rocket*

【火箭部队】huǒjiàn bùduì *rocket battalion*

【火箭发射场】huǒjiàn fāshèchǎng *rocket launching pad (site)*

【火箭炮】huǒjiànpào（名）[门 mén]*rocket gun*

【火箭筒】huǒjiàntǒng（名）*bazooka*

【火警】huǒjǐng（名）[起 qǐ]失火的事件 *fire (as a property blaze)*：发生～ fāshēng ～ *a fire breaks out*/报～ bào ～ *report a fire*

【火炬】huǒjù（名）同"火把" huǒbǎ *same as "火把" huǒbǎ*

【火坑】huǒkēng（名）比喻极其悲惨的生活遭遇 *fiery pit; depths of agony*：那个女人当时嫁到一个封建大家庭，简直是被推进了～。Nàge nǚrén dāngshí jiàdào yí ge fēngjiàn dà jiātíng, jiǎnzhí shì bèi tuījìnle ～. *She was married off at that time into a feudal family, into a life of utter misery.* /她总想跳出～。Tā zǒng xiǎng tiàochū ～. *She was constantly longing to escape from that pit of torment.*

【火辣辣】huǒlālā（形）(1) 形容酷热 *burning; searing; scorching*：～的太阳照射着空旷的田野。～ de tàiyáng zhàoshèzhe kōngkuàng de tiányě. *The scorching sun beat down upon the empty plains.* (2) 形容某种疼痛的感觉 *feeling a searing pain*：手烫伤了，～地疼。Shǒu tàngshāng le, ～ de téng. *I scalded my hand. I can feel a searing pain.* (3) 形容焦急、害羞等激动的情绪 *burning with anxiety, etc.*：我急得心里～的，恨不得马上赶到医院。Wǒ jí de xīnlǐ ～ de, hènbude mǎshàng gǎndào yīyuàn. *I'm burning with anxiety. I feel like rushing straight off to the hospital.* /听到赞扬，小王脸上～的，很不好意思。Tīngdào zànyáng, Xiǎo Wáng liǎnshang ～ de, hěn bù hǎoyìsi. *Xiao Wang's cheeks burned when he heard the praise, and he felt most awkward.*

【火力】huǒlì（名）(1) 利用燃料得到的动力 *thermal power* (2) 战斗武器发射出来的杀伤力和破坏力 *(military) firepower*：这次战斗，双方～都很猛烈。Zhè cì zhàndòu, shuāngfāng ～ dōu hěn měngliè. *Both sides poured fierce firepower into this battle.*

【火力点】huǒlìdiǎn（名）*firing point*

【火力发电】huǒlì fā diàn *thermal power*

【火炉】huǒlú（名）*stove (for heating)*

【火苗】huǒmiáo（名）同"火焰" huǒyàn *same as "火焰" huǒyàn*

【火气】huǒqì（名）(1) 中医指发炎、红肿、烦躁等症状的病因 *"internal heat" — cause of inflamation, etc. according to traditional Chinese medical theory*：他～旺，爱生病。Tā ～ wàng, ài shēng bìng. *His internal heat is vigorous, so he easily gets sick.* (2) 怒气，暴躁的脾气 *temper; spleen*：你怎

么这么大的～? Nǐ zěnme zhème dà de ～? *Why are you in such a bad temper?*

【火热】huǒrè（形）像火那么热 *as hot as fire*：～的太阳 ～ de tàiyáng *flaming sun* /年轻人都有一颗～的心。Niánqīng rén dōu yǒu yì kē ～ de xīn. *Young people are all full of fiery enthusiasm.*

【火山】huǒshān（名）[座 zuò]*volcano*

【火上加油】huǒ shàng jiā yóu 同"火上浇油" huǒ shàng jiāo yóu *same as "火上浇油" huǒ shàng jiāo yóu*

【火上浇油】huǒ shàng jiāo yóu 比喻使人更加愤怒或使事态更加严重 *add fuel to the flames—aggravate an angry person or serious situation*：他正发火呢，你再说他几句，岂不是～? Tā zhèng fā huǒ ne, nǐ zài shuō tā jǐ jù, qǐ bú shì ～? *He is already angry. If you say anything to him you will only be adding fuel to the flames.* /这场风波刚要平息，又有人从中挑拨，～。Zhè cháng fēngbō gāng yào píngxī, yòu yǒu rén cóngzhōng tiǎobō, ～. *The row was just about to calm down when somebody butted in and added fuel to the flames.*

【火烧眉毛】huǒ shāo méimáo 比喻事到跟前，万分急迫 *"fire singes the eyebrows" — a desperate situation*：事不到～，他就不办，真急死人！Shì bú dào ～, tā jiù bù bàn, zhēn jísǐ rén! *He simply refuses to do anything before things get really desperate. It is enough to drive you mad.*

【火烧】huǒshao（名）烤熟的小面饼 *baked wheat pastry*

【火舌】huǒshé（名）较高的火苗 *tongues of fire*

【火石】huǒshí（名）燧石 *flint*：打火机里的～快用完了，该换块新的了。Dǎhuǒjī lǐ de ～ kuài yòngwán le, gāi huàn kuài xīn de le. *The flint in my lighter is just about worn out, I have to change it for a new one.*

【火势】huǒshì（名）(房屋等着火时)火燃烧的情况 *condition of a fire as in a house blaze*

【火速】huǒsù（副）〈书〉用最快的速度(做)，多修饰多音节动词或动词短语 *(do sth.) at once; posthaste (usu. modifies a polysyllabic verb or verval phrase)*：任务紧迫，～回厂。Rènwù jǐnpò, ～ huí chǎng. *There is an urgent task. Return to the factory posthaste.* /电线被风刮断，～派人抢修。Diànxiàn bèi fēng guāduàn, ～ pài rén qiǎngxiū. *The power line was snapped in two by the wind. Send someone posthaste to do a rush repair.* /今晚降温，～通知大家作好防冻准备。Jīn wǎn jiàng wēn, ～ tōngzhī dàjiā zuòhǎo fáng dòng zhǔnbèi. *The temperature will go down tonight. Notify everybody at once to take precautions against the cold.* /～把情况向上级反映。～ bǎ qíngkuàng xiàng shàngjí fǎnyìng. *Report the situation to the higher authorities at once.*

【火腿】huǒtuǐ（名）*ham*

【火网】huǒwǎng（名）[道 dào](战场上)弹道纵横交织的密集火力 *(military) network of fire*

【火线】huǒxiàn（名）(1) 作战双方火力达到的地带 *firing line; front line*：小王轻伤下不～，坚持战斗。Xiǎo Wáng qīng shāng bù xià ～, jiānchí zhàndòu. *Xiao Wang was slightly wounded but he didn't leave the front line. He kept on fighting.* (2)〈电〉*live wire*

【火星】huǒxīng（名）(1) 太阳系九大行星之一，为接近太阳的第四颗 *Mars* (2)(～儿)同"火花" huǒhuā *same as" 火花*：烧着的木柴迸出～。Shāozháo de mùchái bèngchū ～. *The blazing firewood emitted sparks.*

【火焰】huǒyàn（名）*flame*

【火药】huǒyào（名）*gunpowder*

【火灾】huǒzāi（名）因失火造成的灾害 *fire (as a disaster); conflagration; blaze*：近几个月本市没发生过一次～。Jìn jǐ ge yuè běn shì méi fāshēngguo yí cì ～. *Fire hasn't broken out in this town for the past few months.*

【火葬】huǒzàng（动）*cremate*：人死了，最好～。Rén sǐ le, zuì hǎo ～. Rén sǐ le,

zuìhǎo ～. *When a person dies the best method is to cremate him.*

【火中取栗】huǒ zhōng qǔ lì 比喻为别人所利用，干冒险的事，而自己上了当却得不到一点好处 *"pull somebody else's chestnuts out of the fire"*—*act as a cat's paw*：不要干为别人～的事。Búyào gàn wèi biéren ～ de shì. *Don't act a cat's paw for somebody else.*

【火种】huǒzhǒng（名）供引火用的火 *kindling material；tinder*：心中埋下仇恨的～。Xīn zhōng máixia chóuhèn de ～. *conceal seeds of revenge in his heart*

伙 huǒ
（名）(1)〔夥〕由同伴组成的集体 *band of associates*：因为亏损，办这个商店的五个人散～了。Yīnwei kuīsǔn, bàn zhège shāngdiàn de wǔ ge rén sàn ～ le. *Owing to losses, the five people who used to run this shop broke up their partnership.* /人们成群结～地到大街上去看热闹。Rénmen chéng qún jié ～ de dào dàjiē shang qù kàn rènao. *People went in swarms to see the hubbub in the street.* (2)集体膳食 *group meals；communal dining；messing*：职工食堂明天开～，欢迎教师入～。Zhígōng shítáng míngtiān kāi ～, huānyíng jiàoshī rù ～. *Tomorrow the staff canteen will start communal dining and teachers are welcome to join.* /旅行团的十五个人要在北京饭店包五天～。Lǚxíngtuán de shíwǔ ge rén yào zài Běijīng Fàndiàn bāo wǔ tiān ～. *The 15-person tour group is going to order communal meals at the Beijing Hotel for five days.* (量)〔夥〕群，只用于人 *crowd；group（only for people）*：一～人 yì rén *a group of people* /三个一群五个一～。Sān ge yì qún wǔ ge yì ～. *in small groups；in twos and threes*

【伙伴】huǒbàn（名）常常在一起活动的人 *partner；workmate；chum；comrade*

【伙房】huǒfáng（名）集体单位的厨房 *kitchen（of a work unit, school, etc.）*

【伙计】huǒji（名）旧时指店员或长工〔*in the old society*〕*sales clerk or farmhand*

【伙食】huǒshí（名）多指集体单位中所办的饭食 *meals provided in a work unit*：改善～ *gǎishàn ～ improve the catering* /他们工厂的～不错。Tāmen gōngchǎng de ～ búcuò. *The canteen food in their factory is not bad.*

【伙同】huǒtóng（介）跟别人一起〔做事〕*collude（cooperate）with others*：老李～他的两个亲戚开了一片荒地，种上了树苗。Lǎo Lǐ ～ tā de liǎng ge qīnqi kāile yí piàn huāngdì, zhòngshangle shùmiáo. *Lao Li got together with two of his relatives to develop a piece of waste land and planted saplings on it.*

或 huò
（连）〔书〕同"或者"huòzhě（连）；有时"或"后带"是"，意思不变 *same as "或者" huòzhě（连）（"或" is sometimes followed by "是", but the meaning doesn't change）* (1)同"或者"huòzhě(1) *same as "或者" huòzhě（1）*：衬衫买白的～淡蓝的都可以。Chènshān mǎi bái de ～ dànlán de dōu kěyǐ. *You can buy either a white or a light blue blouse.* /明天～是后天去都行。Míngtiān ～ shì hòutiān qù dōu xíng. *Go either tomorrow or the day after.* (2)同"或者"huòzhě（2）*same as "或者" huòzhě（2）*：每天晚饭后我们～去散步，～在家看电视，～各自看书。Měi tiān wǎnfàn hòu wǒmen ～ qù sàn bù, ～ zài jiā kàn diànshì, ～ gèzì kàn shū. *After supper every evening, we either go for a stroll, watch TV, or each reads his own book.* /要是往年这时候，我们早去香山～八达岭去春游了。Yàoshi wǎngnián zhè shíhòu, wǒmen zǎo qù Xiāng Shān ～ Bādá Lǐng qù

chūnyóu le. *If this were former years, we would have gone on a spring outing to either Xiangshan or Badaling by now.* (3)同"或者"huòzhě（3）*same as "或者" huòzhě（3）*：元音～母音，是指声带颤动，气流在口腔内不受阻碍而发出的声音。Yuányīn ～ mǔyīn, shì zhǐ shēngdài chàndòng, qìliú zài kǒuqiāng nèi bú shòu zǔ'ài ér fāchū de shēngyīn. *"元音"（vowel）or "母音"（vowel）refers to the sound made when the vocal chords vibrate and the breath passes unimpeded through the oral cavity.* /你这样说未免言过其实，～是不够实事求是吧！Nǐ zhèyàng shuō wèimiǎn yán guò qí shí, ～ shì bú gòu shí shì qiú shì ba! *Your putting it this way is either overstating it or not being practical and realistic enough.* (4)同"或者"huòzhě（4）*same as "或者" huòzhě（4）*：不管是地里的活儿，～是家务活儿，李大婶都干得很出色。Bùguǎn shì dì lǐ de huór, ～ shì jiāwù huór, Lǐ dàshěn dōu gàn de hěn chūsè. *Regardless of whether she's doing work in the fields or at home, Aunt Li always does a splendid job of it.* /不论是关节炎～是跌伤、扭伤，涂这种药都有效。Búlùn shì guānjiéyán ～ shì diēshāng, niǔshāng, tú zhè zhǒng yào dōu yǒuxiào. *No matter whether you have arthritis, fall and injure yourself or have a sprain, this ointment is efficacious for all.*

【或许】huòxǔ（副）同"也许"yěxǔ (1)，表示猜测，可放在句首 *same as "也许" yěxǔ（1）（indicates conjecture；can be placed at the beginning of a sentence）*：明年、～后年，我们的工作将会有较大的发展。Míngnián, ～ hòunián, wǒmen de gōngzuò jiāng huì yǒu jiào dà de fāzhǎn. *Our work will develop greatly next year, or perhaps the year after.* /她想像着，妈妈看了这信～会哭。Tā xiǎngxiàngzhe, māma kànle zhè xìn ～ huì kū. *She imagined that her mother would probably cry when she read this letter.* /他好像是个作家，～是个记者。Tā hǎoxiàng shì ge zuòjiā, ～ shì ge jìzhě. *I think he's a writer, or perhaps even a reporter.* /～她太想念家乡了，总想回去看看。～ tā tài xiǎngniàn jiāxiāng le, zǒng xiǎng huíqu kànkan. *Perhaps she misses her hometown too much. She always wants to go back there.* /～有人会说，这样做太冒险了。～ yǒu rén huì shuō, zhèyàng zuò tài mào xiǎn le. *Some people might say that this method is too dangerous.*

【或则】huòzé（连）〔书〕意思同"或者"huòzhě（1）(2) *same as "或者" huòzhě（1）（2）*：这些钱～买书，～订报，由你自己决定。Zhèxiē qián ～ mǎi shū, ～ dìng bào, yóu nǐ zìjǐ juédìng. *Decide for yourself whether to use this money to buy books or to subscribe to a newspaper.* /这块地～种玉米，～种麦子，都能获得好收成。Zhè kuài dì ～ zhòng yùmǐ, ～ zhòng màizi, dōu néng huòdé hǎo shōuchéng. *You can reap a good harvest from this land regardless of whether you grow corn or wheat.* /课外活动时间，孩子们～在操场踢球，～在室内练习唱歌。Kèwài huódòng shíjiān, háizimen ～ zài cāochǎng tī qiú, ～ zài shì nèi liànxí chàng gē. *The children either play football on the sportsground or practise singing inside during their extracurricular activities.*

【或者】huòzhě（副）同"也许"yěxǔ (1)表示猜测，可放在句首 *same as "也许" yěxǔ（1）（indicates conjecture；can be placed at the beginning of a sentence）*：你赶紧去，～还能上那趟越火车。Nǐ gǎnjǐn qù, ～ hái néng gǎnshang nà tàng huǒchē. *Hurry up and go. Maybe you can still catch that train.* /马上送医院，～还能抢救。Mǎshàng sòng yīyuàn, ～ hái néng qiǎngjiù. *Send him to the hospital right away. We may still be able to save him.* /～他会否认去过那里，那咱们怎么办？～ tā huì fǒurèn qùguo nàlǐ, nà zánmen zěnme bàn? *He may deny having ever gone there. Then what do we do?* /她很能干农活，～有人误认为她出身农村，其实她出身于大城市。Tā hěn néng gàn nónghuó, ～

yǒu rén wù rènwéi tā chūshēn nóngcūn, qíshí tā chūshēn yú dà chéngshì. *She's really good at farm work. Some may think that she was born in the countryside, but they're wrong. She was in fact born in a big city.* （连）可连接任何并列的句子成分；有时在两个成分之间用一个"或者"，有时在每个成分之前都加"或者"（*can link any juxtaposed elements in a sentence;" 或者" may sometimes be used between two elements and sometimes it may be used between every single element*)or; *either...or...* (1)表示在几个事物中选取一个（*indicates a choice of one among many things*）：他想到广州～深圳去工作。Tā xiǎng dào Guǎngzhōu ～ Shēnzhèn qù gōngzuò. *He wants to go either to Guangzhou or to Shenzhen to work.* / 今天～明天，我们要开文娱晚会。Jīntiān ～ míngtiān, wǒmen yào kāi wényú wǎnhuì. *Either today or tomorrow we will hold an evening of entertainment.* / 你去、他去，～老陈去，反正总得去个人。nǐ qù, ～ tā qù, ～ Lǎo Chén qù, fǎnzhèng zǒng děi qù gè rén. *Either you go, he goes, or Lao Chen goes. At any rate, someone has to go.* (2)用在动词短语前，表示几种情况交替出现，意思是"有时……有时……"、"有的……有的……"（*used before a verbal phrase to indicate that a few situations occur alternately; has the same meaning as " 有时...有时..." or "有的...有的..."*)：晚会上,～唱歌,～跳舞,～说相声,～变魔术……先后进行了三个多小时。Wǎnhuì shang, ～ chàng gē, ～ tiào wǔ, ～ shuō xiàngsheng, ～ biàn móshù ……xiānhòu jìnxíngle sān ge duō xiǎoshí. *People were either singing, dancing, or performing cross talks or magic tricks at the evening party. It lasted more than three hours from beginning to end.* /农民住房问题基本都解决了,～住瓦房,～住楼房,有的地方还住窑洞或者竹楼。Nóngmín zhù fáng wèntí jīběn dōu jiějuéle, ～ zhù wǎfáng, ～ zhù lóufáng, yǒude dìfang hái zhù yáodòng huòzhě zhúlóu. *The housing problem for peasants has basically been resolved. They live in either tile-roofed houses or in multistoried buildings. In some places, they even live in either cave dwellings or bamboo huts.* (3)表示等同（*indicates synonym*）：对语言的发展过程进行纵的历史研究的科学,叫做历时语言学,～历史语言学。Duì yǔyán de fāzhǎn guòchéng jìnxíng zòng de lìshǐ yánjiū de kēxué, jiàozuò lìshí yǔyán xué, ～ lìshǐ yǔyánxué. *The science of historical research on the developmental process of language is called diachronic linguistics, or historical linguistics.* / 马克思主义哲学～辩证唯物主义和历史唯物主义,是无产阶级的世界观和方法论。Mǎkèsīzhǔyì zhéxué ～ biànzhèng wéiwùzhǔyì hé lìshǐ wéiwùzhǔyì, shì wúchǎnjiējí de shìjièguān hé fāngfǎlùn. *Marxist philosophy, or dialectical materialism and historical materialism, represents the world outlook and methodology of the proletariat.* (4)用在"不管"、"不论"、"无论"后,表示包括所说的一切情况（*when used after " 不管", "不论", "无论", indicates that all that has been said is included*)：无论是汉族、～蒙古族、～藏族,以及其他一切兄弟民族,都是中华民族大家庭中平等的成员。Wúlùn shì Hànzú, ～ Měnggǔzú, ～ Zàngzú, yǐjí qítā yíqiè xiōngdì mínzú, dōu shì Zhōnghuá mínzú dà jiātíng zhōng píngděng de chéngyuán. *No matter whether it's the Han nationality, The Mongolian nationality or the Tibetan nationality, or any other fraternal nationality, they are all equal members of the family of Chinese nationalities.* /不论寒冬腊月,～酷暑盛夏,也不管是刮风～下雨,他都坚持不懈地进行体育锻炼。Búlùn hándōng làyuè, ～ kùshǔ shèngxià, yě bùguǎn shì guā fēng ～ xià yǔ, tā dōu jiānchí búxiè de jìnxíng tǐyù duànliàn. *No matter whether it's the dead of winter or the intense heat of summer, and regardless of whether it's windy or rainy, he perseveres unremittingly with his physical exercises.*

和 huò
（动）搅和；搅拌 *mix*；*blend*：把沙子跟水泥～在一起 bǎ shāzi gēn shuǐní ～ zài yìqǐ *mix the sand with the cement* 另见 hé；huó

【和稀泥】huò xīní 比喻无原则地调和矛盾或搞折中 *try to settle contradictions at the sacrifice of principles*：他们两个人之间的争论是原则问题,要弄清是非,可不能～。Tāmen liǎng gè rén zhī jiān de zhēnglùn shì yuánzé wèntí, yào nòngqīng shìfēi, kě bù néng ～. *The dispute between the two is a matter of principle. So right and wrong must be clearly distinguished, with no unprincipled compromise.*

货 〔貨〕huò
（名）◇ 货物；商品 *goods*；*commodities for sale*：商店送～上门,方便了群众。Shāngdiàn sòng ～ shàng mén, fāngbiànle qúnzhòng. *The store delivers goods to the customer's door and so makes things convenient for the people.* / 你想买的那种录音机,最近商店没～。Nǐ xiǎng mǎi de nà zhǒng lùyīnjī, zuìjìn shāngdiàn méi ～. *That type of tape recorder you want to buy has been out of stock recently.*

【货币】huòbì （名）*money*；*currency*
【货币单位】huòbì dānwèi *unit of currency*
【货舱】huòcāng （名）*cargo hold (bay)*
【货场】huòchǎng （名）*goods (freight)yard*
【货车】huòchē （名）*goods train*；*freight wagon*
【货船】huòchuán （名）运货的船 *freighter*；*cargo vessel*
【货架子】huòjiàzi （名）*shelf for goods*
【货款】huòkuǎn （名）[笔 bǐ、项 xiàng]买卖货物的款子 *payment for goods*
【货郎】huòláng （名）在城乡走街串巷流动贩卖商品的人 *pedlar*；*street vendor*
【货郎担】huòlángdàn （名）[副 fù]货郎挑的货担子 *pedlar's pack(carried on a shoulder pole)*
【货轮】huòlún （名）[艘 sōu、只 zhī]运载货物的轮船 *cargo boat*
【货色】huòsè （名）(1)货物（就品种和质量说）*goods*；*merchandise (stressing variety and quality)*：上等～ shàngděng ～ *first-class (quality) goods*/ ～ 齐全 ～ qíquán *have a complete range of goods* (2)（贬）指人或思想言论、作品等（*pejorative*）*stuff (referring to persons, ideas, works)*：那人不是什么好～。Nà rén bú shì shénme hǎo ～. *That guy is worthless.*
【货物】huòwù （名）*goods*；*commodities*；*merchandise*
【货源】huòyuán （名）货物的来源 *source of goods*：～充足 ～ chōngzú *ample supply of goods*
【货运】huòyùn （名）运输企业承受运送货物的业务 *freight haulage*
【货栈】huòzhàn （名）存放货物的房屋或场地 *warehouse*
【货真价实】huò zhēn jià shí 货物质量高,价格合理,喻指实实在在,一点不假,有贬义,多修饰贬义词 "*high quality goods at a fair price*"—*completely genuine*；*the "real McCoy"（often in a pejorative sense）*；*out-and-out*；*dyed-in-the-wood*：他的做法是一种～的官商作风。Tā de zuòfǎ shì yì zhǒng ～ de guānshāng zuòfēng. *His way of doing things is a type of out-and-out store counter bureaucracy.*
【货主】huòzhǔ （名）货物的主人 *owner of goods*

获 〔獲〕huò
（动）得到 *gain*；*attain*；*win*：～ 奖 ～ jiǎng *win prize*/ 一无所～ yì wú suǒ ～ *absolutely nothing gained*
【获得】huòdé （动）得到；取得 *gain*；*obtain*；*win*；*achieve*：好评 ～ hǎopíng *gain a high opinion*/ ～ 优异成绩 ～ yōuyì chéngjì *achieve outstanding success*/ ～ 有用的信息 ～ yǒuyòng de xìnxī *get hold of useful information*

【获救】huòjiù（动·不及物）〈书〉得到挽救 be rescued；be saved：轮船失事后，船上人员全部 ～。Lúnchuán shīshì hòu，chuán shang rényuán quánbù ～. After the boat accident all on board were rescued.

【获取】huòqǔ（动）〈书〉取得；夺取 seize；capture

【获胜】huò＝shèng〈书〉取得胜利 win victory：比赛结果甲队～。Bǐsài jiéguǒ jiǎduì ～. The result of the game was that the A team won.

【获悉】huòxī（动）〈书〉得到消息知道（某事）learn the news （of an event）：本报记者～；中国书法学会于三月十四日在北京成立。Běn bào jìzhě ～；Zhōngguó shūfǎ xuéhuì yú sān yuè shísì rì zài Běijīng chénglì. From our own correspondent：The Chinese Calligraphy Society was set up in Beijing on March 14.

【获准】huòzhǔn（动）〈书〉得到允许 obtain permission

祸〔禍〕huò

（名）不幸事故，跟"福"相对 misfortune（opposite of "福"）：大～临头 dà ～ lín tóu disaster hanging over one's head /～ 不单行 ～ bù dān xíng Troubles never come singly.（动）◇损害 harm；damage

【祸根】huògēn（名）祸事的根源（人或事物）root of the trouble（person or thing）：不遵守防火规定是造成这场火灾的～。Bù zūnshǒu fáng huǒ guīdìng shì zàochéng zhè chǎng huǒzāi de ～. The cause of the fire breaking out lay in disregard of the fire safety regulations.

【祸国殃民】huò guó yāng mín 使国家受损害，人民遭殃 bring disaster to the country and the people：旧时代的军阀们～，无恶不作，遭到人民的痛恨。Jiù shídài de jūnfámen ～，wú è bú zuò，zāodào rénmín de tònghèn. In the old society the warlords brought disaster to the country and people, perpetrating every kind of outrage and earning the hatred of the masses.

【祸害】huòhài（名）祸事，灾难，或引起灾难的人、事物 disaster；scourge；curse—person or thing which brings about calamities：世界上一些地方老鼠成了一大～。Shìjiè shang yìxiē dìfang lǎoshǔ chéngle yí dà ～. In some parts of the world rats are an absolute scourge. /曾经给沿岸人民带来不少～的淮河终于被驯服了。Céngjīng gěi yán'àn rénmín dàilái bù shǎo ～ de Huái Hé zhōngyú bèi xúnfú le. The Huai River，which used to bring calamities on the people along its shores，has finally been tamed.（动）损害 damage；destroy：蝗虫～农作物。Huángchóng ～ nóngzuòwù. Locusts ruin the crops.

【祸患】huòhuàn（名）灾祸 disaster；calamity

【祸事】huòshì（名）引起灾难的事情 something which brings about disaster

【祸首】huòshǒu（名）造成祸患的主要人物 chief perpetrator （culprit）：罪魁～ zuìkuí ～ arch-criminal；chief offender

霍 huò

【霍地】huòdì（副）〈书〉"忽然"的意思，多用于"站""跳""坐"等动作 suddenly（usu. used before actions such as "站"，"跳"，"坐"，etc.）：他～站起来，气冲冲地离开了会场。Tā～ zhàn qilai，qìchōngchōng de líkāile huìchǎng. He suddenly stood up and stormed out of the meeting room. /战士们～跃出壕沟，勇猛地向了上去。Zhànshimen ～ yuèchū háogōu，yǒngměng de chōngle shangqu. The soldiers leapt out of the trench and charged boldly forward. /听到雷雨声，老大爷～从床上跳下来，披上雨衣，往打麦场走去。Tīngdào léiyǔ shēng，lǎodàye ～ cóng chuáng shang tiào xialai，pīshang yǔyī，wǎng dǎ mài chǎng zǒuqu. When grandpa heard the sound of thunder and rain，he suddenly jumped out of bed，threw on some rain gear and walked towards the threshing field. /我～坐起来，心里扑通扑通直跳，原来是一场恶梦。Wǒ ～ zuò qilai，xīnli pūtōng pūtōng zhí tiào，yuánlái shì yì chǎng è mèng. I sat up suddenly and my heart was thumping wildly. It had just been a bad dream.

【霍乱】huòluàn（名）cholera

【霍然】huòrán（副）"忽然"的意思，用得较少 suddenly（seldom used）：出了峡谷，眼前～开阔起来了。Chūle xiágǔ，yǎn qián ～ kāikuò qilai le. When we exited the valley，the view suddenly opened up before our eyes. /只见远处山头火光～一亮，却又立刻消失在夜幕之中。Zhǐ jiàn yuǎn chù shāntóu huǒguāng ～ yí liàng，què yòu lìkè xiāoshī zài yèmù zhī zhōng. I just saw a flame suddenly flash on a hilltop in the distance，then it died out immediately in the gathering darkness. /电闸一合，会场上～灯火通明。Diànzhá yì hé，huìchǎng shang ～ dēnghuǒ tōngmíng. As soon as the switch was turned on，the conference hall was suddenly ablaze with light.

豁 huò

另见 huò

【豁达】huòdá（形）性格开朗，气量大 open-minded；broad-minded；magnanimous：性格 ～ xìnggé ～ open-minded character

【豁亮】huòliang（形）（1）宽敞，明亮 spacious；bright；airy；roomy：你屋子收拾得这么干净更显得～了。Nǐ wūzi shōushi de zhème gānjìng gèng xiǎnde ～ le. Now that you've tidied your room up it looks so spacious.（2）（思想）豁然开朗 see the light；enlightened：我原来想不通，经大家一解释我才感到～了。Wǒ yuánlái xiǎng bu tōng，jīng dàjiā yì jiěshì wǒ cái gǎndào ～ le. Originally I was perplexed but after you explained it I saw the light.

【豁免】huòmiǎn（动）免除（捐税）exempt；remit（taxes，etc.）

【豁免权】huòmiǎnquán（名）免除受检查、纳税等的权利 right to be exempt from inspection，taxes，etc.：外交～ wàijiāo ～ diplomatic immunity

【豁然】huòrán（副）开阔通达的意思 suddenly（see the light，etc.）：火车钻出山洞，前面～开朗，是一片广阔的田野。Huǒchē zuānchū shāndòng，qiánmiàn ～ kāilǎng，shì yí piàn guǎngkuò de tiányě. When the train passed through the tunnel，we suddenly saw the light. Up ahead was a vast expanse of farmland. /这道题经老师一点拨，他～贯通了。Zhè dào tí jīng lǎoshī yì diǎnbō，tā ～ guàntōng le. As soon as the teacher gave a hint for this question，he suddenly saw the whole thing in a clear light. /他这一提示，小孔心里～亮堂了，脸上露出了笑容。Tā zhè yì tíshì，Xiǎo Kǒng xīnli ～ liàngtang le，liǎnshang lùchūle xiàoróng. As soon as he pointed this out，Xiao Kong suddenly had a much better understanding and his face broke out in a smile.

【豁然开朗】huòrán kāilǎng（由昏暗、窄小）一下变为明亮宽敞 suddenly becomes light and spacious：我们从山洞走出来，顿时觉得～。Wǒmen cóng shāndòng zǒu chulai，dùnshí juéde ～. We emerged from the cave and suddenly everything was bright and spacious. 也比喻突然明白一个道理 become enlightened；see the light：经你这一解释我才～，明白了他的苦心。Jīng nǐ zhè yì jiěshì wǒ cái ～，míngbáile tā de kǔxīn. It was only after you explained it to me that it dawned on me how much trouble he was taking.

嚯 huò

（叹）同"嚄"huò same as "嚄"huō

J

jī

几 jī (名)◇小桌子，多用来放盆花、茶具等 *small table often used for placing bowls of flowers, tea services, etc.* on：他的屋子永远是窗明一净，一尘不染。Tā de wūzi yǒngyuǎn shì chuāng míng 〜 jìng, yì chén bù rǎn. *There is not a speck of dust in his room. The windows are always sparkling and the tables clean.* (副)〔幾〕〈书〉"几乎"的意思 *nearly; almost; practically*：那些年滥伐山林，这一带〜成荒山。Nàxiē nián lànfá shānlín, zhè yídài 〜 chéng huāngshān. *The forest was denuded during those years and now this area is practically barren.* / 这座古塔在地震中〜遭毁坏。Zhè zuò gǔ tǎ zài dìzhèn zhōng 〜 zāo huǐhuài. *This ancient pagoda was almost destroyed in the earthquake.* / 本县的史料在一场火灾中〜全部烧毁。Běn xiàn de shǐliào zài yì chǎng huǒzāi zhōng 〜 quánbù shāohuǐ. *This county's historical materials were practically all destroyed in a fire.* 另见 jǐ

【几乎】jīhū(副)(1)非常接近某一程度；用法同"差不多"，不如"差不多"口语化 *nearly; almost (usage is the same as "差不多", but is not as colloquial)*：刚才提到的那几件事，〜都与他有关。Gāngcái tídào de nà jǐ jiàn shì, 〜 dōu yǔ tā yǒuguān. *Almost all those matters you just raised have to do with him.* / 在这条荒僻的小路上，〜遇不见一个人。Zài zhè tiáo huāngpì de xiǎo lù shang, 〜 yù bu jiàn yí ge rén. *I met up with virtually nobody on this desolate and remote road.* / 村里的变化真大，〜每家都有电视机了。Cūn li de biànhuà zhēn dà, 〜 měi jiā dōu yǒu diànshìjī le. *The village has undergone tremendous changes. Nearly every home now has a TV.* / 出席这次会议的〜有三百人。Chūxí zhè cì huìyì de 〜 yǒu sānbǎi rén. *Almost three hundred people attended this conference.* / 两年不见，她的头发〜全白了。Liǎng nián bú jiàn, tā de tóufa 〜 quán bái le. *I haven't seen her for two years. Her hair is almost all white.* (2)同"差一点"，表示事情很接近于发生却未发生，或事情的成功是极为侥幸，险些未成，常有庆幸或惋惜心情；不如"差一点"口语化 *same as "差一点" chàyìdiǎnr; indicates that sth. almost occurs, but in the end does not; or that sth. nearly falls through but does not in the end; often indicates pity or relief; not as colloquial as "差一点"*①如果事情是说话人不希望发生的，不论"几乎"后边是肯定还是否定形式，都表示没有发生 *(if the matter is sth. that the speaker does not wish to occur, it does not occur, no matter whether "几乎" is followed by an affirmative or a negative form)*：我〜误了车。Wǒ qīwān le 〜 (méi) wùle chē. *I got up late and almost missed the train.* / 把他吓得〜(没)跳了起来。Bǎ tā xià de 〜 (méi) tiàole qilai. *You almost frightened him out of his wits.* / 他脚下一滑，〜(没)摔倒。Tā jiǎo xià yì huá, 〜 (méi) shuāidǎo. *He slipped and nearly fell.* / 那一次他〜(没)被汽车轧死。Nà yí cì tā 〜 (méi) bèi qìchē yàsǐ. *He was almost crushed to death by a bus that time.* ②如果事情是说话人希望发生的，如后边是肯定式时，表示没有发生，若后边是否定形式则表示已经发生 *(if the matter is sth. that the speaker wishes to occur, it does not occur if "几乎" is followed by an affirmative; if it is followed by a negative form, then the matter has already occurred)*：皮筏〜靠了岸，可又被浪头打了出去。Pífá 〜 kàole àn, kě yòu bèi làngtóu dǎle chuqu. *The skin raft almost touched shore but was pushed*

out again by the waves. / 那天他一直领先，〜跑了个第一，最后才被人超了过去。Nà tiān tā yìzhí lǐngxiān, 〜 pǎole ge dìyī, zuìhòu cái bèi rén chāole guòqu. *He was in the lead all along and almost got first place in the race, but was passed by someone else at the very end.* / 我〜没赶上车，一上车，火车就开动了。Wǒ 〜 méi gǎnshang chē, yí shàng chē, huǒchē jiù kāidòng le. *I almost didn't catch the train. No sooner had I got on than it started to go.* / 他〜没得第一名，第二名比他只差半步。Tā 〜 méi dé dìyī míng, dì'èr míng bǐ tā zhǐ chà bàn bù. *He almost didn't get first place. Second place was only a half step behind him.* / 这事我〜没想起来，幸亏你提醒了我。Zhè shì wǒ 〜 méi xiǎng qǐlái, xìngkuī nǐ tíxǐngle wǒ. *I almost forgot about this matter. Thank you for reminding me.*

讥 〔譏〕jī (动)◇ *ridicule; make fun of; mock; satirize*

【讥讽】jīfěng(动)〈书〉用不直接或说反话的方法或尖刻的语言，嘲笑或攻击别人 *hold up to ridicule; satirize (a person)*：有人出于妒忌，〜比他强的人。Yǒu rén chūyú dùjì, 〜 bǐ tā qiáng de rén. *Some people satirize those better than themselves out of jealousy.* / 这幅漫画是〜官僚主义的。Zhè fú mànhuà shì 〜 guānliáozhǔyì de. *This cartoon satirizes bureaucracy.*

【讥笑】jīxiào(动)用尖刻的话或嘲笑的态度，使人难堪 *ridicule; jeer; sneer at (a person)*：〜别人总不是正确的态度。〜 biéren zǒng bú shì zhèngquè de tàidu. *It is not correct behavior to sneer at others.*

击 〔擊〕jī (动)〈书〉(1)敲、打 *knock; beat; strike*：〜鼓 〜 gǔ *beat a drum* / 〜球有力 〜 qiú yǒu lì *hit a ball vigorously* (2)打击：〜中要害 〜zhòng yàohài *strike somebody in a vital spot*

【击败】jībài(动)*defeat*：〜对手 〜 duìshǒu *defeat one's opponent*

【击毙】jībì(动)〈书〉(用枪)打死。含贬义 *shoot somebody dead (contains a pejorative sense)*：企图逃跑的凶手〜 qìtú táopǎo de xiōngshǒu *shoot dead a fleeing assailant*

【击沉】jīchén(动)击中(船只、舰艇等)使沉没 *attack and sink (a ship)*

【击毁】jīhuǐ(动)〈书〉打中并摧毁 *smash; destroy*：〜敌人坦克三辆 〜 dírén tǎnkè sān liàng *destroy three enemy tanks*

【击剑】jījiàn(名)〈体〉*fencing*

【击溃】jīkuì(动)〈书〉打破并使逃散 *rout; put to flight*：〜敌军一个团 〜 dí jūn yí ge tuán *rout an enemy regiment*

【击落】jīluò(动)〈书〉击中并使坠落 *shoot down (an aircraft)*：〜敌机五架 〜 dí jī wǔ jià *shoot down five enemy planes*

【击破】jīpò(动)〈书〉打败，打垮 *defeat; smash; destroy*：〜敌军据点 〜 dí jūn jùdiǎn *destroy an enemy stronghold*

【击伤】jīshāng(动)〈书〉打伤 *inflict a wound; cause damage*：击毁敌人装甲车一辆，〜三辆。Jīhuǐ dírén zhuāngjiǎchē yì liàng, 〜 sān liàng. *We destroyed one enemy armored car and damaged three.* / 飞机被〜两架。Fēijī bèi 〜 liǎng jià. *Two airplanes were damaged.* / 拳手时他被对手〜。Quánjī shí tā bèi duìshǒu 〜. *He got injured in a boxing match.*

【击退】jītuì(动)〈书〉打退 *beat back (an attack); repel; repulse*：〜敌人的多次进攻 〜 dírén de duō cì jìngōng *beat back several enemy attacks*

饥 〔饑〕jī (形)◇ *be hungry; starve*：忍〜受冻 rěn 〜 shòu dòng

endure hunger and cold

【饥不择食】jī bù zé shí 比喻急需的时候顾不上挑选 *a hungry person is not fussy about food — "any port in a storm"*

【饥饿】jī'è（形）〈书〉饿 *hungry*；*starving*：他做实验入了迷，连～都忘了。Tā zuò shíyàn rùle mí，lián ～ dōu wàng le. *He was completely absorbed in the experiment and forgot that he was famished.* /灾区人民处于～状态。Zāiqū rénmín chǔyú ～ zhuàngtài. *The people of the disaster-stricken area were starving.*

【饥寒】jīhán（名）〈书〉饥饿和寒冷 *hunger and cold*：必须使人民生活富裕，不能以免于～为满足。Bìxū shǐ rénmín shēnghuó fùyù, bù néng yǐ miǎnyú ～ wéi mǎnzú. *We must make the people's lives prosperous. We can't be satisfied by merely relieving them of hunger and cold.*

【饥寒交迫】jīhán jiāo pò *suffer hunger and cold*；*be poverty-stricken*

【饥荒】jīhuāng（名）因庄稼没有收成或收成不好，大批人遭到的饥饿 *famine caused by crop failure*：以前这里常因干旱闹～。Yǐqián zhèli cháng yīn gānhàn nào ～. *This place used to suffer famine because of frequent droughts.*

【饥馑】jījǐn（名）〈书〉饥荒 *famine due to crop failure*

【饥民】jīmín（名）〈书〉饥饿的民众，多指饥荒中的灾民 *famine victim*

机〔機〕jī

（名）◇(1)机器 *machine* (2)机会 *chance*；*opportunity*：伺～行事 sì ～ xíng shì *await an opportunity to act* (3)飞机 *airplane*：运输～ yùnshū ～ *cargo airplane* / 民航～ mínháng ～ *civil aircraft*

【机舱】jīcāng（名）(1)轮船上装机器的地方 *engine room of a ship* (2)飞机内载乘客、装货物的地方 *passenger cabin or freight hold of an airplane*

【机场】jīchǎng（名）*airport*

【机车】jīchē（名）[辆 liàng] *locomotive*；*engine*

【机床】jīchuáng（名）[台 tái] *machine tool*

【机电】jīdiàn（名）机械和电力的总称 *mechanical and electrical machinery*：～设备 ～ shèbèi *mechanical and electrical equipment* /～产品 ～ chǎnpǐn *mechanical and electrical products* /～设施 ～ shèshī *mechanical and electrical facilities* /～工业部 ～ gōngyèbù *Ministry of the Machinery and Electrical Equipment Industry*

【机动】jīdòng（形）(1)用机器开动的(只作定语) *machine-driven*；*motorized*；*power-driven（only used as an attributive）*：各种汽车和摩托车都是～车。Gè zhǒng qìchē hé mótuōchē dōu shì ～ chē. *All types of motor cars and motorcycles are power-driven vehicles.* (2)灵活使用的(只作定语) *flexible use（only used as an attributive）*：～粮 ～ liáng *reserve of grain for special uses* /～资金 ～ zījīn *emergency fund* /～人员 ～ rényuán *reserve manpower* (3)能根据实际情况处理问题 *be able to handle a problem based on actual conditions*：到敌人后方去侦察，必须灵活～。Dào dírén hòufāng qù zhēnchá, bìxū línghuó ～. *When you go behind enemy lines to reconnoiter you must be very resourceful.*

【机动车】jīdòngchē（名）*motor vehicle*

【机帆船】jīfānchuán（名）*motorized boat*

【机房】jīfáng（名）*engine room*

【机耕】jīgēng（动）用机器耕种 *tractor-ploughing*：这片土地准备全部～。Zhè piàn tǔdì zhǔnbèi quánbù ～. *This piece of land is being prepared for complete tractor-ploughing.* / 只需十分钟，就可犁完一亩土地。Zhǐ xū shí fēn zhōng, jiù kě lí wán yì mǔ tǔdì. *It only takes ten minutes to tractor-plough one mu of land.*

【机构】jīgòu（名）(1)〈机〉*mechanism*：传动～ chuándòng ～ *transmission mechanism* (2)泛指机关、团体等工作单位 *organization*；*collective of work unit*；*setup*：这个～是新成立的。Zhège ～ shì xīn chénglì de. *This organization has*

been newly set up. (3)机关、团体内部的组织 *internal structure of an organization or body*：这个公司的～可以精简。Zhège gōngsī de ～ kěyǐ jīngjiǎn. *The organizational structure of this company can be simplified.*

【机关】jīguān（名）(1)办理事务的单位或机构 *mechanism*；*organ*；财政部、外交部等都是国家～。Cáizhèngbù, wàijiāobù děng dōu shì guójiā ～. *The Ministry of Finance, the Foreign Ministry, etc. are all state organs.* (2)◇周密而又巧妙的计谋(含贬义) *meticulous and cleverly thought-out scheme（with a pejorative sense）*：识破～ shípò ～ *see through a plot*

【机关报】jīguānbào（名）国家机关、政党或群众团体所办的代表本组织发言，宣传本组织政治主张的报刊 *publication featuring the aims and interests of a government organ, political party or other organization*

【机关枪】jīguānqiāng（名）[挺 tǐng] *machine gun*

【机会】jīhuì（名）*chance*；*opportunity*：～难得，不要错过。～ nándé, búyào cuòguò. *This is a rare opportunity. Don't miss it.* / 这是一次好～。Zhè shì yí cì hǎo ～. *This is a good opportunity.*

【机会主义】jīhuìzhǔyì（名）*opportunism*

【机件】jījiàn（名）组成机器的各个零件 *parts（components）of a mechanism*

【机井】jījǐng（名）[眼 yǎn] *motor-pumped well*

【机警】jījǐng（形）对周围情况的变化察觉快、反应快 *alert*；*quick-witted*：侦察兵必须～。Zhēnchábīng bìxū ～. *Reconnaissance troops must be alert.*

【机灵】jīling（形）聪明伶俐反应快 *clever*；*sharp*；*intelligent*：这孩子真够～的。Zhè háizi zhēn gòu ～ de. *This child is very sharp.*

【机密】jīmì（形）重要而又秘密 *secret*；*classified*；*confidential*：～文件 ～ wénjiàn *confidential documents* /～档案 ～ dàng'àn *classified files* (名)重要而秘密的事 *confidential matter*：保守～ bǎoshǒu ～ *guard a secret*；*keep something confidential*

【机敏】jīmǐn（形）〈书〉机智敏捷 *alert and resourceful*：～的战士 ～ de zhànshì *alert and resourceful soldier* / 他十分～。Tā shífēn ～. *He is extremely quick-witted.*

【机能】jīnéng（名）〈生〉*function*：止血～ zhǐ xiě ～ *function of halting bleeding* /肌肉有收缩的～。Jīròu yǒu shōusuō de ～. *Muscles have the function of contracting.*

【机器】jīqì（名）[台 tái, 架 jià] *machine*

【机器翻译】jīqì fānyì *machine translation*

【机器人】jīqìrén（名）*robot*

【机枪】jīqiāng（名）[挺 tǐng]"机关枪"的简称 *abbreviation of "机关枪"*

【机群】jīqún（名）*group of airplanes*

【机身】jīshēn（名）(1)飞机除机翼以外的部分，有时指除机翼、机头、机尾以外的部分 *fuselage* (2)较大的机器的主体部分 *chassis（of a machine）*

【机体】jītǐ（名）〈生〉*organism*

【机务人员】jīwù rényuán (1) *maintenance personnel* (2) *ground crew（of an airport）*

【机械】jīxiè（名）*machine*；*machinery*；*mechanism* (形)呆板、不会变通 *mechanical*；*unchanging*；*rigid*：他的工作方法太～了。Tā de gōngzuò fāngfǎ tài ～ le. *His work method is too inflexible.*

【机械工程】jīxiè gōngchéng *mechanical engineering*

【机械工业】jīxiè gōngyè *engineering industry*

【机械化】jīxièhuà（动·不及物）*mechanization*：实现农业～shíxiàn nóngyè ～ *achieve the mechanization of agriculture* /～生产线 ～ shēngchǎnxiàn *mechanical production line* / 这个农场的生产已经完全～了。Zhège nóngchǎng de shēngchǎn yǐjīng wánquán ～ le. *The production of this farm has been completely mechanized.*

【机械论】jīxièlùn（名）〈哲〉同"机械唯物主义"jīxiè wéiwùzhǔyì *same as "机械唯物主义" jīxiè wéiwùzhǔyì*

【机械能】jīxiènéng（名）〈物〉*mechanical energy*

【机械师】jīxièshī（名）*machinist*

【机械手】jīxièshǒu（名）*manipulator*

【机械唯物主义】jīxiè wéiwùzhǔyì〈哲〉*mechanical materialism*

【机械运动】jīxiè yùndòng〈物〉*mechanical movement*

【机要】jīyào（形·非谓）机密而又重要的 *confidential; secret*：～工作 ～ gōngzuò *confidential work*/ ～秘书 ～ mìshū *confidential secretary*

【机宜】jīyí（名）根据客观、具体情况处理事务的方针、办法等（用的面很窄）*principles of action; guidelines (with a very limited usage)*：面授～ miàn shòu ～ *give a confidential briefing as to how to act*

【机翼】jīyì（名）飞机的翼 *airplane wing*

【机油】jīyóu（名）*engine oil*

【机长】jīzhǎng（名）飞机机组人员的负责人 *commander of an aircraft*

【机制】jīzhì（动）用机器制造（区别于手工制造）*machine-made (as opposed to made by hand)*

【机智】jīzhì（形）头脑灵活，反应迅速，能随机应变 *quick-witted; able to react rapidly to a situation*：侦察员必须～勇敢。Zhēncháyuán bìxū ～ yǒnggǎn. *Reconnaissance troops must be sharp-witted and brave.*

【机组】jīzǔ（名）(1)在一架飞机上的全体工作人员 *flight crew* (2)几架不同的机器组成的一组机器 *group of machines*：发电～ fā diàn *electricity-generating unit*

肌 jī
（名）◇ *flesh; muscle*

【肌肉】jīròu（名）*muscle*

【肌体】jītǐ（名）*human body; organism*

鸡〔鷄〕jī
（名）[只 zhī] *chicken*

【鸡蛋】jīdàn（名）[个 gè] *hen's egg*

【鸡飞蛋打】jī fēi dàn dǎ 比喻两头儿落空，毫无所得 *"the hen has flown away and the eggs are broken"—all is lost*

【鸡冠子】jīguānzi（名）*cockscomb*

【鸡毛蒜皮】jīmáo suànpí 鸡的毛、大蒜的皮。比喻非常不重要的事情 *"chicken feathers and garlic skins"—trifles*：何必为一些～的小事闹矛盾呢! Hébì wèi yìxiē ～ de xiǎo shì nào máodùn ne! *What's the point of making a big fuss over such a trivial matter?* / 这些事情都是～，用不着小题大作。Zhèxiē shìqíng dōu shì ～, yòng bu zháo xiǎo tí dà zuò. *These matters are all trivial. There is no point making a mountain out of a molehill.*

【鸡毛信】jīmáoxìn（名）过去须要火速传递的紧急公文、信件，就插上鸡毛，叫鸡毛信 *In the old days a chicken feather was attached to an official letter as a sign of urgency.*

【鸡皮疙瘩】jīpígēda（名）*goose flesh*

【鸡犬不宁】jī quǎn bù níng 形容吵闹搅乱得厉害，连鸡和狗都不得安宁 *"even chickens and dogs are not left alone"—general chaos and turmoil*：为了一些家务事兄弟二人吵得～。Wèile yìxiē jiāwù shì xiōngdì èr rén chǎo de ～. *The two brothers caused an absolute uproar over household matters.*

【鸡尾酒】jīwěijiǔ（名）*cocktail*

【鸡瘟】jīwēn（名）*chicken pest*

【鸡胸】jīxiōng（名）〈医〉*pigeon breast*

【鸡眼】jīyǎn（名）〈医〉*corn; clavus*

奇 jī
另见 qí

【奇数】jīshù（名）〈数〉*odd number*

唧 jī
（动）用水喷射 *squirt; spurt*：我被他们～了一身水。Wǒ bèi tāmen ～le yì shēn shuǐ. *They squirted water all over me.*

【唧咕】jīgu（动）〈口〉小声说话（含否定意味）*whisper; mutter (has sinister connotaion)*：不知道他们在～什么。Bù zhīdào tāmen zài ～ shénme. *I don't know what they are whispering about.* / 他们俩到一块儿总是唧唧咕咕的。Tāmen liǎ dào yíkuàir zǒngshì jījigūgū de. *Whenever they get together, those two are always whispering to each other.*

【唧唧喳喳】jījizhāzhā（象声）形容杂乱细碎的声音 *chirp; twitter; chatter*：麻雀在树上～地叫。Máquè zài shù shang ～ de jiào. *The sparrows are chirping in the trees.* / 女孩子们聚在一起总是～的。Nǚ háizimen jù zài yìqǐ zǒngshì ～ de. *When girls get together they are always chattering.*

积〔積〕jī
（动）◇ *store up; accumulate*：～少成多 ～ shǎo chéng duō *"many a little makes a mickle"* / 小胜为大胜 ～ xiǎo shèng wéi dà shèng *An accumulation of small victories counts as a big victory.*（名）〈数〉*product (in mathematics)*：2 乘 3 的～是 6。Èr chéng sān de ～ shì liù. *6 is the product of 2 times 3.*

【积存】jīcún（动）积攒储存 *store up; stockpile*：这几年他～了不少钱。Zhè jǐ nián tā ～le bù shǎo qián. *He has put by a lot of money in the past few years.*

【积肥】jī＝féi 积攒肥料 *collect manure*：养猪能～ yǎng zhū néng ～ *You can collect a lot of manure by raising pigs.* / 积了不少肥 jīle bù shǎo féi *stored up a lot of manure*

【积极】jījí（形）和"消极"相对(1)好的，正面的 *positive (opposite of "消极")*：起～作用 qǐ ～ zuòyòng *play a positive role* / 每个人身上都有～因素，也有消极因素。Měi ge rén shēnshang dōu yǒu ～ yīnsù, yě yǒu xiāojí yīnsù. *Everybody has negative as well as positive factors in his makeup.* (2)热心的，努力的 *enthusiastic; vigorous*：态度～ tàidù ～ *enthusiastic attitude* /～工作 ～ gōngzuò *vigorous work* / 他对旅行参观特别～. Tā duì lǚxíng cānguān tèbié ～. *He is especially enthusiastic about touring.*

【积极分子】jījí fènzǐ (1)政治上要求进步，工作上认真负责的人 *activist (political and work)*：他是我们班的～. Tā shì wǒmen bān de ～. *He is the activist in our class.* (2)对某种活动热心参加的人 *person who is enthusiastic about taking part in some activity*：她是歌咏队的～. Tā shì gēyǒngduì de ～. *She is a keen choir member.*

【积极性】jījíxìng（名）努力向上的思想和表现 *enthusiasm; zeal; initiative*：调动群众办学的～ diàodòng qúnzhòng bàn xué de ～ *Activate the enthusiasm of the masses in running schools.* / 发挥他的～ fāhuī tā de ～ *make him display his zeal* / 农民的生产～现在十分高涨。Nóngmín de shēngchǎn ～ xiànzài shífēn gāozhǎng. *The initiative of the peasants for production is at a peak.*

【积聚】jījù（动）逐渐聚集 *accumulate gradually; build up; concentrate*：～资金 ～ zījīn *accumulate capital* / 那一时期正在～革命力量，还没有多少革命行动。Nà yì shíqī zhèngzài ～ gémìng lìliàng, hái méi yǒu duō shǎo gémìng xíngdòng. *That period was precisely one of building up our revolutionary force, and not much revolutionary action took place.*

【积累】jīlěi（动）（把知识、经验等）逐渐聚集起来 *accumulate; build up (knowledge, experience, etc.)*：学生的主要任务是～知识。Xuésheng de zhǔyào rènwu shì ～ zhīshi. *A student's most important duty is to accumulate knowledge.* / 在工作过程中要注意～经验。Zài gōngzuò

guòchéng zhōng yào zhùyì ～ jīngyàn. *In the course of your work you must concentrate on accumulating experience.* (名)国家或集体积累的资金 *capital accumulated by a nation or other body*：厂子里这笔多年的～要用来添置新设备。Chǎngzi li zhè bǐ duō nián de ～ yào yòng lái tiānzhì xīn shèbèi. *The funds accumulated by the factory over several years should be used to install more new equipment.*

【积木】jīmù (名)[块 kuài、盒 hé] *(toy) building blocks*：搭～ dā ～ *play with building blocks* / 用～摆成一辆汽车 yòng ～ bǎichéng yí liàng qìchē *make a toy motor car out of building blocks*

【积少成多】jī shǎo chéng duō 把少量的分散的事物聚集起来，时间长了数量就很可观 *small amounts accumulated over a period of time turn into a large amount*：孩子们把零花钱节省下来，～，就能买些玩具什么的。Háizimen bǎ línghuā qián jiéshěng xialai，～，jiù néng mǎi xiē wánjù shénmede. *If children save their pocket money it will mount up bit by bit until they have enough to buy toys and things.*

【积习】jīxí (名)〈书〉长期形成的（生活方面的）习惯 *ingrained habit；long-standing practise*：每天早上起来先喝茶，是他多年的～，很难改变。Měi tiān zǎoshang qǐlai xiān hē chá，shì tā duō nián de ～，hěn nán gǎibiàn. *For many years he has had the habit of drinking tea as soon as he gets up in the morning，so he will find it hard to change.*

【积蓄】jīxù (动) *save；accumulate savings*：～力量 ～ lìliang *build up strength* (名)〈个人〉积攒的钱 *a person's savings*：他每月都有点儿～。Tā měi yuè dōu yǒu diǎnr ～. *He puts aside a bit of money every month.*

【积雪】jīxuě (名)尚未融化的雪 *patch of unmelted snow*

【积压】jīyā (动)长期积存，未加使用或处理 *keep in store for a long time；overstock*：～物资是很不应该的。～ wùzī shì hěn bù yìnggāi de. *One must not keep goods and materials in stock too long.* /～在心中的怒火，顿时爆发出来。～ zài xīnzhōng de nùhuǒ，dùnshí bàofā chulai. *Pent-up wrath suddenly burst out.*

【积攒】jīzǎn (动)一点一点地逐渐聚集（财物）*collect bit by bit；save up*：把～起来的钱存入银行。Bǎ ～ qilai de qián cúnrù yínháng. *Put the money you have saved up in the bank.* / 她～了很多零碎的布，做成有趣的布娃娃。Tā ～le hěn duō língsuì de bù，zuòchéng yǒuqù de bù wáwa. *She saved up scraps of cloth and made some nice dolls out of them.*

【积重难返】jī zhòng nán fǎn 指长期形成的不良的风俗、习惯，难于改变，长期造成的问题不易解决 *bad old customs die hard*：机构庞大，办事效率低是急需解决的问题，不过～，一时又改不了。Jīgòu pángdà，bàn shì xiàolǜ dī shì jíxū jiějué de wèntí，bùguò ～，yìshí yòu gǎi bu liǎo. *The organization is too big and its efficiency is low. These problems are urgent but they have built up over a long time so we can't solve them all at once.*

基 jī

(名)(1)◇基础 *base；foundation* (2)〈化〉*radical；base；group*

【基本】jīběn (形)(1)根本的，主要的 *basic；fundamental；elementary*：一个工厂的～群众就是广大的职工。Yí ge gōngchǎng de ～ qúnzhòng jiù shì guǎngdà de zhígōng. *The basic strength of a factory is its work force.* / 只满足群众的～要求是不够的。Zhǐ mǎnzú qúnzhòng de ～ yāoqiú shì bú gòu de. *Simply satisfying the basic demands of the masses is not enough.* (2)大体上，大部分，多作状语 *in general；on the whole (usually as adverbial)*：农村～实行了生产责任制。Nóngcūn ～ shíxíngle shēngchǎn zérènzhì. *The villages are generally carrying out the job-responsibility system.* (副)大体、大致，同"基本上"jīběnshang(1) *same as*

"基本上"jīběnshang (1)；*basically*：水库大坝工程～完成。Shuǐkù dàbà gōngchéng ～ wánchéng. *The reservoir and dam project has basically been completed.* / 这两篇文章的内容～相同。Zhè liǎng piān wénzhāng de nèiróng ～ xiāngtóng. *The contents of these two articles are basically the same.* / 科学讨论会的准备工作～就绪。Kēxué tǎolùn huì de zhǔnbèi gōngzuò ～ jiùxù. *Preparations for the science symposium are basically completed.* / 服药后他的血压～稳定。Fú yào hòu tā de xuèyā ～ wěndìng. *His blood pressure was basically stabilized after he took the medicine.*

【基本词汇】jīběn cíhuì〈语〉*basic vocabulary*

【基本功】jīběngōng (名)从事某种工作所必需具备的基础知识和基本技能 *basic skill；basic training*：演奏一种乐器～扎实是非常重要的。Yǎnzòu yì zhǒng yuèqì ～ zhāshi shì fēicháng zhòngyào de. *If you want to play any musical instrument it is most important to have had solid basic training.*

【基本建设】jīběn jiànshè *capital construction*：这所学校今年不搞～。Zhè suǒ xuéxiào jīnnián bù gǎo ～. *This school will not carry out any capital construction this year.* / 增加～资金，再修建两座住宅楼。Zēngjiā ～ zījīn，zài xiūjiàn liǎng zuò zhùzhái lóu. *By increasing the funds for basic construction we can add two more residential buildings.* / ～的工程必须保证质量。～ de gōngchéng bìxū bǎozhèng zhìliang. *It is essential to guarantee quality in the course of capital construction.*

【基本粒子】jīběn lìzǐ〈物〉*elementary particle*

【基本矛盾】jīběn máodùn〈哲〉规定事物发展全过程的本质并对全过程起支配作用的矛盾 *basic contradiction*：抓住～ zhuāzhù ～ *grasp the basic contradiction* / 解决～ jiějué ～ *solve the basic contradiction*

【基本上】jīběnshang (副)(1)大体上，大致上，可修饰否定形式 *basically；on the whole (can modify a negative form)*：解放前北京城的布局～还是明代的。Jiěfàng qián Běijīng chéng de bùjú ～ hái shì Míngdài de. *Before Liberation，the layout of Beijing had basically remained as it was during the Ming Dynasty.* / 我～同意他的意见。Wǒ ～ tóngyì tā de yìjiàn. *On the whole，I agree with his view.* / 情况有了变化，任务～没按原计划执行。Qíngkuàng yǒule biànhuà，rènwù ～ méi àn yuán jìhuà zhíxíng. *There were some changes in the situation，so the task was for the most part not carried out according to the original plan.* (2)主要地 *essentially*：这项工作～靠他来完成。Zhè xiàng gōngzuò ～ kào tā lái wánchéng. *It is essentially up to him to finish this job.* / 我们这次～解决经费问题，人员问题只了解了情况，以后再说。Wǒmen zhè cì ～ jiějué jīngfèi wèntí，rényuán wèntí zhǐ liǎojiě qíngkuàng，yǐhòu zài shuō. *This time we essentially resolved the problem of funding. As for the question of personnel，we have just acquainted ourselves with it and will deal with it at a later date.* / 给学生写评语，～看平时表现。Gěi xuésheng xiě píngyǔ，～ kàn píngshí biǎoxiàn. *You must essentially look at how students usually perform in order to write evaluations of them.*

【基层】jīcéng (名)各种组织中最低的一层 *basic level；primary level；grass-roots*：～工会 ～ gōnghuì *basic-level trade union organization* / 这个工厂的厂长常常深入～，和工人一起劳动。Zhège gōngchǎng de chǎngzhǎng chángcháng shēnrù ～，hé gōngrén yìqǐ láodòng. *The factory director often goes right down to the grass-roots and labors alongside the workers.*

【基层政权】jīcéng zhèngquán 基层行使行政权力的机构，如区政府、乡政府等 *lowest level of political authority*

【基础】jīchǔ (名)(1)建筑物的根基 *foundations of a building*：这座楼的～没打好，得重来。Zhè zuò lóu de ～ méi dǎhǎo，děi chóng lái. *The foundations of this building have*

not been laid properly. The job will have to be done again. (2)事物发展的根本或起点 *basis or starting point of a thing's development*：～理论 ～ lǐlùn *basic theory* /～知识 ～ zhīshi *basic knowledge* / 国家兴旺,人民富裕的～是发展生产力。Guójiā xīngwàng, rénmín fùyù de ～ shì fāzhǎn shēngchǎnlì. *The basis of a country's prosperity and the people's well-being is the development of production power.* / 美满的婚姻是建立在爱情的～上的。Měimǎn de hūnyīn shì jiànlì zài àiqíng de ～ shang de. *A happy marriage is built on a foundation of love.*

【基础科学】jīchǔ kēxué *basic science*

【基础教育】jīchǔ jiàoyù *basic education*

【基础课】jīchǔ kè 高等学校为了教授某学科基础知识而设置的课程(区别于"专业课") *basic course*; *elementary course* (*as distinct from "specialized course"*)

【基地】jīdì (名)作为某种事业基础的地区 *base*; *center*：商品粮～ shāngpǐnliáng ～ *commodity grain base* / 山西省是中国煤炭～。Shānxī Shěng shì Zhōngguó méitàn ～. *Shanxi Province is China's coal center.* / 把这个城市建成一个工业～。Bǎ zhège chéngshì jiànchéng yí ge gōngyè ～. *Make this city into a center of industry.*

【基点】jīdiǎn (名)(1)中心,重点 *basic point*; *starting point*; *center*：以高等学校为～,开展科研工作。Yǐ gāoděng xuéxiào wéi ～, kāizhǎn kēyán gōngzuò. *Develop scientific research with colleges and universities as the base.* (2)根本,起点,同"基础"jīchǔ (2),但用得少得多 *origin*; *starting point* (*same as "基础"jīchǔ(2) but used less frequently*)：深入生活是文学创作的～。Shēnrù shēnghuó shì wénxué chuàngzuò de ～. *Penetrating deeply into life is the origin of literary creation.*

【基调】jīdiào (名)(乐)(1)keynote; tenor：这首歌的～是热情奔放的。Zhè shǒu gē de ～ shì rèqíng bēnfàng de. *The tenor of this song is ardent and free.* (2)主要精神和指导思想 *keynote*：这部小说的～是健康的,不过很多地方得修改。Zhè bù xiǎoshuō de ～ shì jiànkāng de, búguò hěn duō dìfang děi xiūgǎi. *This novel is sound as a whole but there are many places where it needs revising.* / 他这次讲话的～是什么? Tā zhè cì jiǎnghuà de ～ shì shénme? *What is the keynote of his talk?*

【基督教】Jīdūjiào (名) *Christianity*

【基干民兵】jīgàn mínbīng 民兵中的骨干部分(区别于"普通民兵")。由复员转业军人、受过基本军事训练的普通公民组成,年龄条件为十八至二十八岁 *core of a militia, made up of exservicemen and citizens with basic military training, aged 18-28*

【基建】jījiàn (名)基本建设的简称 *short for* 基本建设 (*capital construction*)

【基金】jījīn (名) *fund*：教育～ jiàoyù ～ *education fund* / 福利～ fúlì ～ *welfare fund*

【基石】jīshí (名)做建筑物基础的石头 *foundation stone*

【基数】jīshù (名)〈数〉*cardinal number*

【基因】jīyīn (名)〈生〉*gene*

【基于】jīyú (介)根据。用于概述采取某种行动或措施的理由 *because of*; *owing to*：～上述情况,我不能这样做。～ shàngshù qíngkuàng, wǒ bù néng zhèyàng zuò. *Owing to the above-mentioned conditions I am unable to do this.* /～这个理由,我不同意这个决定。～ zhège líyóu, wǒ bù tóngyì zhège juédìng. *This is the reason I do not agree with this decision.*

犄 jī

【犄角】jījiǎo (名)(～儿)〈口〉(1)物体两个或三个边沿相接的地方 (*convex*) *corner*：桌子～ zhuōzi ～ *corner of a table* / 墙～ qiáng ～ *angle of a wall* (2)角落 (*concave*) *corner*：

屋子～ wūzi ～ *corner of a room*

【犄角】jījiǎo (名)牛、羊、鹿等头上长出的坚硬简状物 *horn-shaped object*：牛～ niú ～ *cow's horn* / 长～ zhǎng ～ *grow horns*

缉 jī

(动)◇ *arrest*; *detain*; *apprehend*

【缉捕】jībǔ (动)同"缉拿"jīná *same as "缉拿"jīná*

【缉拿】jīná (动)搜查捕捉(犯罪的人) *arrest* (*a criminal*)

畸 jī

【畸形】jīxíng (名)(1)*deformity*; *malformation*：兔唇是先天的～。Tùchún shì xiāntiān de ～. *A harelip is a congenital deformity* (2)事物发展的不均衡状况 *uneven or lopsided development*：城市人口过多是一种～现象。Chéngshì rénkǒu guò duō shì yì zhǒng ～ xiànxiàng. *The overpopulation of cities is a type of imbalanced phenomenon.*

齑 〔齏〕jī

(形)〈书〉细、碎 *fine*; *powdery*

【齑粉】jīfěn (名)〈书〉很细的粉末 *fine powder*

激 jī

(动)(1)(水)受阻或振荡而向上飞溅 *swash*; *surge*：海水～起了一片浪花。Hǎishuǐ ～qile yí piàn lànghuā. *The waves raised a shower of spray.* (2)使感情冲动 *cause an emotional shock*：你要怕他不干,拿话～他,他就会干的。Nǐ yào pà tā bú gàn, ná huà ～ tā, tā jiù huì gàn de. *If you are afraid that he won't do it, prod him into doing it and then he will.* (3)(冷水)突然刺激(身体) *chill* (*the body with cold water*)：昨天虽然让大雨～了一下,他倒没生病。Zuótiān suīrán ràng dàyǔ ～ le yíxià, tā dào méi shēng bìng. *Although he was chilled by a downpour yesterday he didn't fall sick.*

【激昂】jī'áng (形)(情绪)激动高昂 *excited*; *roused*; *worked up*：～慷慨 ～ kāngkǎi *fervent*; *vehement* /～的语调 ～ de yǔdiào *fervent tone of voice* / 他讲了二十分钟的话,使群众的情绪～起来。Tā jiǎngle èrshí fēnzhōng de huà, shǐ qúnzhòng de qíngxù ～ qilai. *He spoke for twenty minutes and worked everybody up into a high state of excitement.*

【激荡】jīdàng (动)因受冲击而动荡,不平静 *agitate*; *surge*; *rage*：海浪～ hǎilàng ～ *The waves surged.* / 心潮～ xīncháo ～ *thoughts surging in one's mind*

【激动】jīdòng (动)(1)使感情冲动 *excite the emotions*：国家足球队夺得冠军的场面总是很～人心的。Guójiā zúqiúduì duódé guànjūn de chǎngmiàn zǒngshì hěn ～ rénxīn de. *The sight of the national soccer team winning the championship is always thrilling.* (2)(感情)受到刺激而冲动 *receive an emotional stimulus or shock*：多年不见面的好朋友见了面,两个人情绪都很～。Duō nián bú jiàn miàn de hǎo péngyou jiànle miàn, liǎng ge rén qíngxù dōu hěn ～. *When two good friends who have not seen each other for a long time meet they become very emotional.*

【激发】jīfā (动)刺激奋起 *arouse*; *stir up*; *stimulate*：～革命干劲 ～ gémìng gànjìn *spark revolutionary enthusiasm* / 这部电影～人的斗志。Zhè bù diànyǐng ～ rén de dòuzhì. *This film stirs people's fighting spirit.*

【激奋】jīfèn (形)激动振奋 *be roused to action*

【激愤】jīfèn (形)〈书〉激动而愤慨 *angry*; *indignant*; *furious*：看到别人受到不公正的待遇,他非常～。Kàndào biérén shòudào bù gōngzhèng de dàiyù, tā fēicháng ～. *When he sees others being treated unfairly he becomes full of fury.*

【激光】jīguāng (名)〈物〉*laser*

【激化】jīhuà（动）（矛盾）尖锐、激烈起来 sharpen；intensify（contradictions）：他们两个人意见越来越分歧，矛盾有点～。Tāmen liǎng ge rén yìjiàn yuèláiyuè fēnqí, máodùn yǒudiǎn ～. The two of them found their opinions kept on diverging until the contradiction became quite sharp. / 那里反对种族主义的斗争～了。Nàli fǎnduì zhǒngzúzhǔyì de dòuzhēng ～ le. The struggle against racialism there has intensified.

【激将法】jījiàngfǎ（名）利用人的争强好胜的心理，用反面的话刺激他，使他下决心干某事的手段 prod or goad somebody into taking action or making a decision

【激进】jījìn（形）政治上要求革命或积极主张改革（的人）radical（in the sense of advocating revolutionary change）：～分子 ～ fènzǐ radical /～派 ～pài radical faction

【激励】jīlì（动）激发鼓励 encourage；urge；egg on：这次战斗的胜利大大～了军队的士气。Zhè cì zhàndòu de shènglì dàdà ～le jūnduì de shìqì. This victory has greatly boosted the army's morale. / 革命先烈的遗志～着我们前进。Gémìng xiānliè de yízhì ～zhe wǒmen qiánjìn. The unfulfilled wish of the revolutionary martyrs goads on our advance.

【激烈】jīliè（形）intense；fierce；sharp：～的运动 ～ de yùndòng energetic sport / 争夺冠军的比赛很～。Zhēngduó guànjūn de bǐsài hěn ～. The championship match was a very fierce one. / 争论～起来了。Zhēnglùn ～ qilai le. The argument grew heated.

【激流】jīliú（名）流得很急的河水 rapid flow；fierce current：～滚滚 ～ gǔngǔn raging torrent / 因为这里山高谷深，平缓的河水变成了～。Yīnwèi zhèli shān gāo gǔ shēn, pínghuǎn de héshuǐ biànchéngle ～. Because of the rugged terrain here the placid river becomes a raging torrent.

【激怒】jīnù（动）刺激使发怒 enrage；infuriate：那种不负责的工作作风把他～了。Nà zhǒng bú fùzé de gōngzuò zuòfēng bǎ tā ～ le. That type of irresponsible work style exasperated him.

【激起】jīqǐ（动）由于某种原因而引起 arouse；stir up；provoke：他的无理要求～大家的义愤。Tā de wúlǐ yāoqiú～dàjiā de yìfèn. His unreasonable demands got everybody angry.

【激情】jīqíng（名）强烈的，具有爆发性，难于抑制的感情 intense emotion；fervor；passion：在多少次的失败之后，试验终于成功了，真使他～满怀，兴奋不已。Zài duōshǎo cì de shībài zhī hòu, shìyàn zhōngyú chénggōng le, zhēn shí tā ～ mǎnhuái, xīngfèn bùyǐ. When he finally succeeded in his experiment after several failures he was transported with excitement.

【激素】jīsù（名）〈生理〉hormone

【激扬】jīyáng（形）激动昂扬 excited and rousing：～的欢呼声、口号声接连不断。～ de huānhū shēng、kǒuhào shēng jiēlián bú duàn. Rousing cheers and slogans were continuously shouted. （动）激励，使振作精神，情绪 cheer up；boost：在战场上，他最善于～士气。Zài zhànchǎng shang, tā zuì shànyú ～ shìqì. He is the best at raising morale on the battlefield.

【激增】jīzēng（动）迅速增长 increase rapidly；soar：数量～ shùliàng ～ The amount increases rapidly. / 必须控制人口～。Bìxū kòngzhì rénkǒu ～. It is essential to curb the population explosion.

【激战】jīzhàn（名）激烈的战斗 fierce battle：一场～ yì cháng ～ a fierce fighting （动）剧烈战斗 fight fiercely：～了三个小时 ～le sān ge xiǎoshí They fought fiercely for three hours.

羁〔羈〕jī
（形）◇ 拘束 bridled；reined in；restrained：放荡不～

fàngdàng bù ～ headstrong；unrestrained；unbridled（动）◇ 停留、使停留 restrain；rein in；control

【羁绊】jībàn（名）〈书〉束缚 fetters；yoke：挣脱了封建思想的～ zhēngtuōle fēngjiàn sīxiǎng de ～ cast off the shackles of feudalism

jí

及 jí
（动）◇到，达到 reach：力所能～ lì suǒ néng ～ within one's power（连）〈书〉连接并列主语、宾语、定语；不能连接谓语的两部分或分句；如连接多项并列成分，须放在最后一项之前；连接的成分若有主次之分，把次要的放在"及"后（links juxtaposed subjects, objects, or attributives；cannot link the two parts of a predicate nor two clauses；if it links several juxtaposed elements, it must be placed before the last element；if one of the elements which it links is a primary one, the secondary elements are placed after "及"）and；as well as：工人、农民～知识分子都属于劳动人民。Gōngrén, nóngmín ～ zhīshi fènzǐ dōu shǔyú láodòng rénmín. Workers, peasants and intellectuals all belong to the class of working people. / 我们了解了那里的生产～人民生活的情况。Wǒmen liǎojiěle nàli de shēngchǎn ～ rénmín shēnghuó de qíngkuàng. We have acquainted ourselves with the production situation and the life of the people there. / 石油、煤炭、电力～其他能源工业都应当优先发展。Shíyóu, méitàn, diànlì ～ qítā néngyuán gōngyè dōu yīngdāng yōuxiān fāzhǎn. Petroleum, coal, electric power and other energy resources industries should all be given priority for development. / 他近年发表的小说、报告文学～散文，有近百篇。Tā jìn nián fābiǎo de xiǎoshuō, bàogào wénxué ～ sǎnwén, yǒu jìn bǎi piān. He has published close to one hundred novels, reportages and pieces of prose in the past few years. / 记者访问了这个厂的厂长、工会主席～一般工人。Jìzhě fǎngwènle zhège chǎng de chǎngzhǎng, gōnghuì zhǔxí ～ yìbān gōngrén. Reporters interviewed this factory's director, the president of its labour union, as well as common workers. "及其"的意思是"和他（他们）的""及其" means "and his（their）...": 欢迎贵国总统～其夫人来我国访问。Huānyíng guì guó zǒngtǒng ～ qí fūrén lái wǒ guó fǎngwèn. The president of your country and his spouse are welcome to visit our country.

【及格】jí＝gé（成绩）达到规定的最低标准 reach the minimum standard；pass a test：考试成绩～。Kǎoshì chéngjì ～. attain a pass mark in an exam / 刚刚～ gānggāng ～ only just come up to standard / 我这次考试可能及不了格。Wǒ zhè cì kǎoshì kěnéng jí bu liǎo gé. I probably won't pass the exam this time.

【及时】jíshí（形）（1）在适当的时候 at the proper time；timely：耕种要～ gēngzhòng yào ～ Ploughing and sowing must be done at the right times. / 这场雨下得很～。Zhè cháng yǔ xià de hěn ～. This is very timely rain. （2）马上，立刻，不拖延时间 immediately；straight away；without delay：发现问题～解决。Fāxiàn wèntí ～ jiějué. When you come across a problem solve it straight away. / 会议改期的事要～通知大家。Huìyì gǎi qī de shì yào ～ tōngzhī dàjiā. We had better tell all the comrades immediately that the time of the meeting has been changed.

【及物动词】jí wù dòngcí〈语〉transitive verb

【及早】jízǎo（副）趁时间还早，抓紧时机（做某事），常修饰多音节词语 as soon as possible；at an early date（usu. modifies a polysyllabic word）：发现了问题要～解决。Fāxiànle wèntí yào ～ jiějué. When a problem is detected, it should be resolved as soon as possible. / 雨季即将到来，防洪工作应～准备。Yǔjì jíjiāng dàolái, fánghóng gōngzuò yīng ～

zhǔnbèi. *The rainy season is almost here. Preparations for flood control should be made as soon as possible.* / 生了病要～治疗。Shēngle bìng yào ～ zhìliáo. *An illness should be treated at the earliest possible date.*

吉 jí

（形）◇吉利的，美好的 *lucky*；*fine*：凶多～少 xiōng duō ～ shǎo *more ill than good luck*；*fraught with dangers* / 大～大利 dà ～ dà lì *extremely favorable*；*very propitious* / 不～之兆 bù ～ zhī zhào *ill-omened*

【吉利】jílì（形）*lucky*：喜庆节日，人们都爱说些～话。Xǐqìng rìzi，rénmen dōu ài shuō xiē ～ huà. *On festive days people are used to uttering lucky words.* / 在中国，人们认为乌鸦是不～的鸟。Zài Zhōngguó，rénmen rènwéi wūyā shì bù ～ de niǎo. *In China the crow is regarded as a bird of ill-omen.*

【吉普车】jípǔchē（名）［辆 liàng］*jeep*

【吉庆】jíqìng（形）*auspicious*；*propitious*；*happy*：～的日子 ～ de rìzi *festival day*；*day of celebration*

【吉日】jírì（名）古人迷信，将日子分成宜于做事的日子和不宜于做事的日子。结婚、盖房、出外旅行等，都要选择吉日进行 *lucky day（according to ancient soothsayers）*

【吉他】jítā（名）〈乐〉*guitar*

【吉祥】jíxiáng（形）预示美好的、幸运的 *lucky*；*auspicious*；*propitious*：中国人过年的时候，都喜欢互相说一些～话。Zhōngguó rén guò nián de shíhou，dōu xǐhuan hùxiāng shuō yìxiē ～ huà. *At the New Year, Chinese people like to exchange auspicious greetings.*（名）美好的事物 *fine（favorable）thing*

岌 jí

【岌岌可危】jíjí kě wēi 形容非常危险，好像就要倾倒下来的样子 *tottering on the brink of collapse*；*in imminent danger*：反动政权～。Fǎndòng zhèngquán ～. *The reactionary government is on the verge of collapse.*

级 jí

（名）等级 *grade*；*rank*；*level*：二～工 èr ～ gōng *grade-2 worker* / 八～工资制 bā ～ gōngzizhì *eight-level salary scale*（量）用于台阶、楼梯、塔等 *level or storey in a building, pagoda, etc.*：你能一口气走完一百～台阶吗？Nǐ néng yìkǒuqì zǒuwán yìbǎi ～ táijiē ma? *Can you walk up 100 steps without stopping?*

【级别】jíbié（名）等级的区别 *difference in rank*；*grade*：工资～ gōngzī ～ *wage scale*

【级数】jíshù（名）〈数〉*progression*；*series*

极 〔極〕jí

（名）◇ *extremity*：登峰造～ dēng fēng zào ～ *reach the peak of perfection*；*reach the limit*（动）达到顶点 *attain the summit*：物～必反 wù ～ bì fǎn *When something reaches its limit it develops in the opposite direction.*（副）（1）表示达到最高程度，有书面语意味，修饰形容词、某些动词、助动词及短语（*indicates an extreme*；*has a literary flavour*；*modifies adjectives, certain verbs, auxiliary verbs and phrases*）*extremely*；*exceedingly*：这声音虽然～低，却很耳熟。Zhè shēngyīn suīrán ～ dī，què hěn ěrshú. *Although this voice is extremely low, it sounds very familiar.* / 我们都是～普通的劳动者。Wǒmen dōu shì ～ pǔtōng de láodòngzhě. *We are all very ordinary labourers.* / 这个例子～能说明问题。Zhège lìzi ～ néng shuōmíng wèntí. *This example can best illustrate the problem.* / 这种民族服装，～有特色。Zhè zhǒng mínzú fúzhuāng，～ yǒu tèsè. *This kind of national*

costume *is extremely distinctive.* / 吹牛拍马的做法～令人反感。Chuī niú pāi mǎ de zuòfǎ ～ lìng rén fǎngǎn. *Boasting and flattery is disgusting.* "极"可修饰表示不愉快性质或有特殊意思的否定形式，以三音节或更多音节的为多（"极" *can modify a negative form which indicates sth. of an unpleasant nature or which has a special meaning and which usu. has three or more syllables*）：他对学习～不认真。Tā duì xuéxí ～ bú rènzhēn. *He's not the least bit serious about his studies.* / 她写了一份～不像样的检查。Tā xiěle yí fèn ～ bú xiàngyàng de jiǎnchá. *She wrote a self-criticism that was totally unacceptable.* / 小马今天的表现～不寻常。Xiǎo Mǎ jīntiān de biǎoxiàn ～ bù xúncháng. *Xiao Ma's behaviour today is extremely unusual.* / 他被大家笑得～不好意思。Tā bèi dàjiā xiào de ～ bù hǎoyìsi. *He was utterly embarrassed by everybody's laughter.*（2）"极"可用在形容词、某些动词及短语后，表示程度最高，较作状语的"极"要口语化，后面多有"了"（"极" *can be used after adjectives and certain verbs and phrases to indicate the superlative degree*；*and is more colloquial than used as an adverbial. It is followed by "了"*）：他的身体好～了。Tā de shēntǐ hǎo ～ le. *His health is excellent.* / 戴上这副眼镜看书，清楚～了。Dàishang zhè fù yǎnjìng kàn shū，qīngchu ～ le. *I can read so clearly when I wear these glasses.* / 我想念孩子们，想念～了。Wǒ xiǎngniàn háizimen，xiǎngniàn ～ le. *I miss my children exceedingly.* / 搬起这块石头来费劲～了。Bān qǐ zhè kuài shítou lái fèi jìn ～ le. *Moving this rock was extremely strenuous.*（3）"好极""妙极"是一种较文的说法。如果是贬义或消极义双音节形容词，可在"极"前加"已"或"之"，后不能再加"了"（"好极" *or* "妙极" *is relatively more literary. If the adjective has a derogatory or negative meaning,*"极" *can be preceded by "已" or "之", but cannot be followed by "了"*）：那种说法荒谬已～。Nà zhǒng shuōfǎ huāngmiù yǐ ～. *That is an extremely absurd statement.* / 行军路上，一个战士疲惫已～，倒在雪地里就睡着了。Xíngjūn lùshang，yí ge zhànshì píbèi yǐ ～，dǎo zài xuědì lǐ jiù shuìzháo le. *One of the soldiers became totally exhausted while marching. He fell in the snowy ground and went to sleep at once.* / 损人利己的作法无耻之～！Sǔn rén lì jǐ de zuòfǎ wúchǐ zhī ～! *The practice of harming others to benefit oneself is utterly shameless!*

【极点】jídiǎn（名）顶点，最高的程度，不能再超越的界限 *farthest point*；*extremity*：兴奋到了～ xīngfèn dàole ～ *The excitement reached a crescendo.* / 悲痛到了～ bēitòng dàole ～ *His grief was extreme.*

【极度】jídù（副）表示程度极深，修饰双音节或更多音节词语，有书面语意味 *extremely*；*to the utmost（degree）（modifies disyllabic or polysyllabic words；has a literary flavour）*：会前的准备工作～紧张。Huì qián de zhǔnbèi gōngzuò ～ jǐnzhāng. *Preparations for the meeting are extremely hectic.* / 我～疲劳，我刚躺下就睡着了。Wǒ ～ píláo，wǒ gāng tǎngxia jiù shuìzháo le. *I fell asleep as soon as I lay down because I was exhausted.* / 剧本和演出都用～夸张的手法，渲染了主人公的美。Jùběn hé yǎnchū dōu yòng ～ kuāzhāng de shǒufǎ，xuànrǎnle zhǔréngōng de měi. *The script and performance made use of techniques of extreme exaggeration to heighten the beauty of the heroine.*

【极端】jíduān（名）事物按某方向发展到达的顶端，因之多指过头的行为 *extreme point（often used in an extreme action）*：他好走～。Tā hào zǒu ～. *He tends to go to extremes.*

【极力】jílì（副）想尽一切办法，用尽一切力量（修饰动词或助动词等）*do one's utmost（modifies a verb or auxiliary verb）*：我～抑制自己的感情。Wǒ ～ yìzhì zìjǐ de gǎnqíng. *I did my utmost to control my emotions.* / 他定了定神，～让自己平静下来。Tā dìngle dìng shén，～ ràng zìjǐ píngjìng

xialai. *He pulled himself together and did his utmost to calm himself.* / 我侧着耳朵，～想听到他们在谈论什么。Wǒ cèzhe ěrduo，～ xiǎng tīngdào tāmen zài tánlùn shénme. *I pricked up my ears and tried hard to hear what they were discussing.* 可修饰兼语句的"叫""让"的否定形式（*can modify the negative form of "叫" or "让" of a pivotal sentence*）：她～不让眼泪流出来。Tā ～ bú ràng yǎnlèi liú chulai. *She tried hard to keep the tears from falling.* / ～不叫别人发现我的秘密。～ bú jiào biéren fāxiàn wǒ de mìmì. *I did my utmost to keep others from discovering my secret.*

【极其】jíqí（副）基本同"极" jí（1），但只修饰多音节形容词及某些动词（*basically the same as "极" jí (1) but can only modify polysyllabic adjectives and a few verbs*）：这里的一切都安排得～周到。Zhèli de yíqiè dōu ānpái de ～ zhōudào. *Everything has been extremely well-arranged here.* / 领导上对这个问题～重视。Lǐngdǎoshang duì zhège wèntí ～ zhòngshì. *The leadership considers this problem to be of the utmost importance.* / 大家都～厌恶官僚主义。Dàjiā dōu ～ yànwù guānliáozhǔyì. *Everybody hates bureaucracy.* / 我怀着～兴奋的心情参加了运动会。Wǒ huáizhe ～ xīngfèn de xīnqíng cānjiāle yùndònghuì. *It was with great excitement that I took part in this sports meet.* / 把情况～简要地说了说。Bǎ qíngkuàng ～ jiǎnyào de shuōle shuō. *I very briefly outlined the situation.* / 这个人～不负责任。Zhège rén ～ bú fù zérèn. *This person is extremely irresponsible.*

【极为】jíwéi（副）同"极其" jíqí，有书面语意味 *same as "极其" jíqí (has a literary flavour)*：这席话使我～感动。Zhè xí huà shǐ wǒ ～ gǎndòng. *This talk deeply moved me.* / 他在生活上～艰苦朴素。Tā zài shēnghuó shang ～ jiānkǔ pǔsù. *He leads a life of extremely hard work and plain living.* / 双方在～友好的气氛中进行协商。Shuāngfāng zài ～ yǒuhǎo de qìfēn zhōng jìnxíng xiéshāng. *Both sides held talks amidst an extremely friendly atmosphere.* / 吃方便面～省事。Chī fāngbiànmiàn ～ shěng shì. *Eating instant noodles saves a lot of time and trouble.*

【极限】jíxiàn（名）最高的限度 *upper limit; the maximum*：人口密度的～ rénkǒu mìdù de ～ *maximum population density* / 卡车已到达载重量的～，不能再加货物了。Kǎchē yǐ dàodá zàizhòngliàng de ～，bù néng zài jiā huòwù le. *The truck has already been loaded to its maximum. We can't put any more on.*

【极刑】jíxíng（名）*capital punishment*：处以～ chǔ yǐ ～ *mete out the death sentence*

即 jí

（动）（1）◇靠近，接近 *approach; be near*：不～不离 bù ～ bù lí *neither too familiar nor too distant; keep (a person) at arm's length*（2）〈书〉就是 *exactly; precisely*：非此～彼 fēi cǐ ～ bǐ *If it is not this, then it must be that.* / 鲁迅～周树人。Lǔ Xùn ～ Zhōu Shùrén. *Lu Xun, namely, Zhou Shuren*（名）〈书〉目前，当时 *now; immediate future*：大桥完工在～。Dà qiáo wán gōng zài ～. *The big bridge will be completed soon.*（副）（1）"立刻"的意思 *promptly; at once*：见信后盼～复。Jiàn xìn hòu pàn ～ fù. *I await your immediate reply.* / 如有存书，请～寄一本给我。Rú yǒu cún shū，qǐng ～ jì yì běn gěi wǒ. *If you have books in store, please send me a copy at once.* / 此稿望～发排。Cǐ gǎo wàng ～ fāpái. *I hope this manuscript will be published promptly.* / 下班后～来经理办公室。Xià bān hòu ～ lái jīnglǐ bàngōngshì. *Come to the manager's office at once when you get off work.*（2）"就"的意思 *same as "就" jiù* ①表示某一行为紧接前一行为发生，常用"一……即……"（*indicates that one action immediately follows another; usu.*

used in the pattern "一...即..."）*as soon as*：只要略一思索～可明白。Zhǐyào lüè yì sīsuǒ ～ kě míngbai. *You'll understand as soon as you think it over a little more carefully.* / 我一下火车～发现这里的一切都变了。Wǒ yí xià huǒchē ～ fāxiàn zhèli de yíqiè dōu biàn le. *I noticed that everything had changed here as soon as I got off the train.* / 双方意见分歧不大，一说～合。Shuāngfāng yìjiàn fēnqí bú dà，yì shuō ～ hé. *The views of both parties don't differ greatly. Once they talk, they'll agree right away.* / 敌人一击～溃，四处逃散。Dírén yì jī ～ kuì，sì chù táosàn. *The moment we struck, the enemy scattered in all directions.* ②表示事情发生得早（*indicates that sth. occurs early*）*as early as*：刚来学校我～提出整顿校风的建议。Gāng lái xuéxiào wǒ ～ tíchū zhěngdùn xiàofēng de jiànyì. *I had just come to the school when I suggested that the school spirit be rectified.* / 早在三年前他～打了辞职报告。Zǎo zài sān nián qián tā ～ dǎle cí zhí bàogào. *He wrote a letter of resignation as early as three years ago.* ③表示在某种条件下就会有某种结果（*indicates that under certain circumstances there can be a certain result*）：这种食品用开水浸泡后～可食用。Zhè zhǒng shípǐn yòng kāishuǐ jìnpào hòu ～ kě shíyòng. *Once immersed in boiling water, this kind of food can be consumed.* / 水仙花只要有水～能生长。Shuǐxiānhuā zhǐyào yǒu shuǐ ～ néng shēngzhǎng. *As long as there is water, narcissi can grow.* ④指出眼前就是，不必到处去找（*indicates that sth. is right before one's eyes and that there's no need to look elsewhere*）：这未来并不遥远，～在眼前。Zhè wèilái bìng bù yáoyuǎn，～ zài yǎnqián. *This is not far into the future at all, but is in sight.* / 他一直不说实话，原因～在于此。Tā yìzhí bù shuō shíhuà，yuányīn ～ zài yú cǐ. *He never tells the truth and the reason lies right here.*（连）〈书〉意思同"即使" jíshǐ，用得很少（*same as "即使" jíshǐ, but seldom used*）：他的医术很平庸，不仅在国内无名，～在本省也鲜为人知。Tā de yīshù hěn píngyōng，bùjǐn zài guónèi wú míng，～ zài běn shěng yě xiǎn wéi rén zhī. *His medical skill is mediocre, so he's not only unknown around the country, but even in this province, few people know of him.* / 这种草药很难买到，～买到了，也未必能治这种病。Zhè zhǒng cǎoyào hěn nán mǎidào，～ mǎidào le，yě wèibì néng zhì zhè zhǒng bìng. *This kind of herbal medicine is hard to buy. Even if you can buy it, it may not necessarily cure this illness.*

【即便】jíbiàn（连）同"即使" jíshǐ，多用于书面 *same as "即使" jíshǐ (usu. used in the written language)*：～工作忙，也还会有打电话的时间吧！～ gōngzuò máng，yě hái huì yǒu dǎ diànhuà de shíjiān ba! *Even if you are busy with your work, you must still have time to call!* / ～失败了，还可以取得一些经验嘛！～ shībài le，hái kěyǐ qǔdé yìxiē jīngyàn ma! *Even though you may fail, you can still gain some experience from this.* / 这支笔很旧了，～勉强能用，也用不了多久了。Zhè zhī bǐ hěn jiù le，～ miǎnqiǎng néng yòng，yě yòng bu liǎo duō jiǔ le. *This pen is very old. Even if you can manage to use it, you can't use it for long.* / 如果自己不努力，～有再好的条件也学不好。Rúguǒ zìjǐ bù nǔlì，～ yǒu zài hǎo de tiáojiàn yě xué bu hǎo. *If one does not work hard, one won't learn well even under the best of conditions.* / ～把人都得罪了，我也不能放弃原则。～ bǎ rén dōu dézuì le，wǒ yě bù néng fàngqì yuánzé. *Even if I offended everyone, I still would not forsake my principles.*

【即或】jíhuò（连）〈书〉意思同"即使" jíshǐ，用得较少（*same as "即使" jíshǐ, but seldom used*）：那时这里还没有电视，～有，也很少。Nà shí zhèli hái méi yǒu diànshì，～ yǒu，yě hěn shǎo. *There were no televisions here at that time; or if there were, there were very few.* / 上个星期我基本没出门儿，～出门儿，也没到远处去。Shàng ge xīngqī wǒ jīběn méi

chū ménr，～ chū ménr，yě méi dào yuǎnchù qù. *I basically didn't go out last week；if I did go out, I didn't go very far.* /～批评得再尖锐，他也无动于衷。～ pīpíng de zài jiānruì，tā yě wú dòng yú zhōng. *Even if you criticized him more sharply, he would still remain indifferent.*

【即将】jíjiāng（副）表示最近的将来，多修饰双音节动词或动词短语 be about to（usu. modifies a disyllabic verb or verbal phrase）：全村的人都为～开始的工程作准备。Quán cūn de rén dōu wèi ～ kāishǐ de gōngchéng zuò zhǔnbèi. *The whole village is getting ready for the project that is about to start.* / 严冬已过，春天～来临。Yán dōng yǐ guò，chūntiān ～ láilín. *The severe winter has already passed by and it will soon be spring.* / 他的理想～变为现实。Tā de lǐxiǎng ～ biàn wéi xiànshí. *His ideal is about to become reality.* / 他们～从事一项伟大的事业。Tāmen ～ cóngshì yí xiàng wěidà de shìyè. *They are about to become involved in a great cause.*

【即景】jíjǐng（动）〈书〉就眼前的景物（作诗或画）*with the scene in front of one's eyes（used in the titles of artistic or literary works）*：他去新疆旅行回来写了一篇《天山～》。Tā qù Xīnjiāng lǚxíng huílai xiěle yì piān《Tiān Shān ～》. *When he returned from a trip to Xinjiang he wrote "Glimpses of the Tianshan Mountains".*

【即刻】jíkè（副）〈书〉意思同"立刻"líkè *same as "立刻" líkè*：到达目的地之后，～打电话和我联系。Dàodá mùdìdì zhī hòu，～ dǎ diànhuà hé wǒ liánxì. *When you reach your destination, phone me up at once.* / 我多么想～见到你。Wǒ duōme xiǎng ～ jiàndào nǐ. *How I would love to see you right now.* / 他发现我站在那里等他时，～跑了过来。Tā fāxiàn wǒ zhàn zài nàli děng tā shí，～ pǎole guolai. *As soon as he noticed me waiting for him, he ran over to me immediately.* / 如果有了消息，请～告诉我。Rúguǒ yǒule xiāoxi，qǐng ～ gàosu wǒ. *If you have any news, let me know at once.*

【即令】jílìng（连）〈书〉意思同"即使"jíshǐ，用得很少（*same as "即使" jíshǐ, but seldom used*）：天气太冷，～是穿上厚棉衣，也不够暖和。Tiānqì tài lěng，～ shì chuānshang hòu miányī，yě bú gòu nuǎnhuo. *It's so cold out that even thick cotton-padded clothes are not warm enough.* / 条件再差，总比战争年代强多了。～ tiáojiàn zài chà，zǒng bǐ zhànzhēng niándài qiáng duō le. *Even the worst of conditions are better than the war years.*

【即日】jírì（名）〈书〉(1)当天 *on the very day*：～到达 dàodá *arrive the same day* / 这条规定会上一通过，～生效。Zhè tiáo guīdìng huì shang yì tōngguò，～ shēng xiào. *This rule came into force as soon as it was passed.* (2)最近几天之内 *within the next few days*：这出新历史剧，～在首都剧场公演。Zhè chū xīn lìshǐjù，～ zài Shǒudū Jùchǎng gōngyǎn. *This new historical drama will be performed at the Capital Theater in the next few days.* / 衣服已经寄出，估计～能够收到。Yīfu yǐjīng jìchū，gūjì ～ nénggòu shōudào. *I have sent the clothing off, so he should receive it in the next few days.*

【即时】jíshí（副）立刻，即刻 *immediately*：事件发生后，领导人员～赶赴现场。Shìjiàn fāshēng hòu，lǐngdǎo rényuán ～ gǎn fù xiànchǎng. *Immediately after the incident the leaders hastened to the scene.*

【即使】jíshǐ（连）表示假设或让步，常与"还"、"也"等呼应；可用于主语之后 *even；even if；even though（often used with "还"，"也"，etc.；can be used after the subject）* (1)前后两件有关的事，前者用"即使"引出假设的情况，后面表示结果不受这一情况的影响（*the former of two related matters uses "即使" to make an assumption, and the latter indicates that the result is not affected by the former situation*）：～他原谅了你，你也应当作自我批评。～ tā yuánliàng le nǐ，

nǐ yě yīngdāng zuò zìwǒ pīpíng. *Even though he has forgiven you, you should still make a self-criticism.* / 只有他一个人，任务也会完成。～ zhǐ yǒu tā yí ge rén，rènwu yě huì wánchéng. *Even if he were alone, the task would still be completed.* (2)前后两部分指同一件事，后一部分表示退一步的估计（*the former and latter statements refer to the same matter, while the latter part indicates a lesser estimation*）：这里～冷，也比哈尔滨暖和。Zhèli ～ lěng，yě bǐ Hā'ěrbīn nuǎnhuo. *Even though it's cold here, it's still warmer than Harbin.* / 那里～没有招待所，也有旅馆。Nàli ～ méi yǒu zhāodàisuǒ，yě yǒu lǚguǎn. *Even if there's no hostel here, there is a hotel.* / 这次考试～不能得100分，也会在90分以上。Zhè cì kǎoshì ～ bù néng dé yìbǎi fēn，yě huì zài jiǔshí fēn yǐshàng. *Even though I couldn't get one hundred on this exam, my mark will still be over ninety.* (3)"即使"引出一种极端的情况（"即使" *denotes an extreme situation*）：大胆干吧，～天塌下来还有领导给你顶着呢。Dàdǎn gàn ba，～ tiān tā xialai hái yǒu lǐngdǎo gěi nǐ dǐngzhe ne. *Be bold. Even if the sky fell down, the leader would still hold it up for you.* / 为了实现共产主义理想，～牺牲生命也在所不辞。Wèile shíxiàn gòngchǎnzhǔyì lǐxiǎng，～ xīshēng shēngmìng yě zài suǒ bù cí. *I would not hesitate to even lay down my life so as to realize the communist ideal.* /～到了无路可走的地步，我也不会去请求他帮助。～ dàole wú lù kě zǒu de dìbù，wǒ yě bú huì qù qǐngqiú tā bāngzhù. *Even if I reached the point where I had no way out, I still wouldn't ask for his help.*

【即席】jíxí（副）〈书〉在宴席或集会上（临时讲话、创作）*impromptu；off-the-cuff*：～讲话 ～ jiǎng huà *make an impromptu speech* /～赋诗一首 ～ fù shī yì shǒu *make up a poem on the spot*

【即兴】jíxìng（形）对眼前事物、情景有所感触，临时发生兴致而创作的 *improvised；impromptu；extemporaneous*：～诗 ～ shī *extempore verse* / 这是我～之作，请大家批评指正。Zhè shì wǒ ～ zhī zuò，qǐng dàjiā pīpíng zhǐzhèng. *This is just something I made up on the spur of the moment. Please feel free to criticise it.*

亟 jí
（副）〈书〉急迫的意思，常跟"待""需"等连用 *urgently；earnestly（often used together with "待" or "需"）*：如何教好语法，是目前中学语文教学中～待解决的问题。Rúhé jiāohǎo yǔfǎ，shì mùqián zhōngxué yǔwén jiàoxué zhōng ～ dài jiějué de wèntí. *At present, how to teach grammar properly is a problem in the teaching of middle school language and literature which demands prompt resolution.* /这种落后状况～待改变。Zhè zhǒng luòhòu zhuàngkuàng ～ dài gǎibiàn. *This kind of backward situation demands immediate change.* / 园林古迹～需加强管理。Yuánlín gǔjì ～ xū jiāqiáng guǎnlǐ. *Historic relics and parks are in urgent need of better management.* / 不正之风～需纠正。Búzhèng zhī fēng ～ xū jiūzhèng. *Unhealthy tendencies urgently need to be checked.*

急 jí
（形）(1)急躁，着急 *impatient；anxious；agitated*：～脾气 ～ píqi *impatient disposition* / 心～如火 xīn ～ rú huǒ *burning with impatience* (2)猛烈，急促 *hasty；violent；rapid*：～刹车 ～ shā chē *put on the emergency brakes* / 汽车来了个～转弯。Qìchē láile ge ～ zhuǎn wān. *The car made a sharp turn.* (3)紧急，迫切 *urgent；pressing*：～事 ～ shì *urgent matter* /～件 ～ jiàn *urgent document* / 这篇文章要得很～。Zhè piān wénzhāng yào de hěn ～. *This piece of writing was ordered at a very short notice.* （动）

(1)◇赶快帮助 *be eager to help*：～人之难 ~ rén zhī nàn *be eager to help people in difficulty* /～广大群众之所急 ~ guǎngdà qúnzhòng zhī suǒ jí *be eager to assist the broad masses wherever they are in need.* (2)使(人)着急 *cause (a person) anxiety*：飞机还有五分钟就起飞了，他还没到，真～人。Fēijī hái yǒu wǔ fēnzhōng jiù qǐfēi le, tā hái méi dào, zhēn ~ rén. *The plane will take off in five minutes and he still hasn't arrived. It is really worrying.*

【急匆匆】jícōngcōng (形)十分匆忙的样子 *extremely rushed*：年末的街头，人们的脚步显得～的。Nián mò de jiētóu, rénmen de jiǎobù xiǎnde ~ de. *At the year's end the streets are bustling with rushing people.* / 他～地赶往机场。Tā ~ de gǎnwǎng jīchǎng. *He rushed off to the airport.*

【急促】jícù (形)(1)快而短促(重复的动作) *hurried; rapid (repeated action)*：呼吸～ hūxī ~ *rapid breathing* /～的敲门声 ~ de qiāo mén shēng *hurried rapping on the door* / 一阵～的脚步声 yí zhèn ~ de jiǎobù shēng *a clatter of hurried footsteps* (2)(时间)紧迫 *(of time) short; pressing*：时间～，快作决定吧! Shíjiān ~, kuài zuò juédìng ba! *We're running out of time, so come to a decision quickly.*

【急电】jídiàn (名) *urgent telegram*：这事我看得打一、一般电报不行。Zhè shì wǒ kàn děi dǎ ~, yìbān diànbào bù xíng. *I think we had better send an express telegram about this matter. An ordinary cable will not do.*

【急风暴雨】jí fēng bào yǔ 来势迅猛，声势浩大的风雨。多用来比喻激烈的革命运动 *violent storm; hurricane*：一场～，天气立刻凉快了。Yì chǎng ~, tiānqì lìkè liángkuài le. *The weather gets cooler immediately after a storm.* /～式的革命行动不适于解决思想问题。~ shì de gémíng xíngdòng bú shìyú jiějué sīxiǎng wèntí. *Violent revolutionary action is not the way to solve ideological problems.* / 经历了～的考验。Jīnglìle ~ de kǎoyàn. *having withstood storm and stress*

【急件】jíjiàn (名)需要很快送到的紧急文件 *urgent document*

【急救】jíjiù (动·不及物) *render first aid*：采取一措施 cǎiqǔ ~ cuòshī *adopt first-aid measures* / 把伤员送医院～ bǎ shāngyuán sòng yīyuàn ~ *send the wounded to hospital for first aid*

【急剧】jíjù (形)迅速剧烈，多作状语、定语，很少作谓语或补语 *rapid; sudden (used as adverbial or attributive, not as predicate or complement)*：气温～上升。Qìwēn ~ shàngshēng. *The temperature rose sharply.* / 感觉到心在～地跳动。Gǎnjué dào xīn zài ~ de tiàodòng. *feel one's heart beat rapidly* / 天气发生～变化。Tiānqì fāshēng ~ biànhuà. *There was a rapid change in the weather.*

【急流】jíliú (名)同"激流" jíliú same as "激流" jíliú

【急忙】jímáng (形)表示行动加快，多作状语 *hasty (used as adverbial)*：医生～赶来，给病人做了手术。Yīshēng ~ gǎnlai, gěi bìngrén zuòle shǒushù. *The doctor hurriedly came and performed an operation on the patient.* / 说着说着她哭了，我～安慰她。Shuōzhe shuōzhe tā kū le, wǒ ~ ānwèi tā. *She talked and talked and she started to cry. I hastened to comfort her.* / 他骑马从山口驰来，眼前是一条大河，他～勒住马。Tā qí mǎ cóng shānkǒu chí lái, yǎnqián shì yì tiáo dà hé, tā ~ lēizhù mǎ. *As he came galloping out of the mountain pass, there was a large river before him, so he hurriedly brought his horse to a halt.* 重叠加"的"可作谓语 *(when reduplicated and taking "的" can be used as predicate)*：他好像总是急急忙忙的，其实也没干什么要紧的事。Tā hǎoxiàng zǒngshì jíjímángmáng de, qíshí yě méi gàn shénme yàojǐn de shì. *He always seems to be in a hurry, but in fact he never does anything important.* /听说有个病人要抢救，李大夫披上衣服，急急忙忙向医院跑去。Tīng shuō yǒu ge bìngrén yào qiǎngjiù, Lǐ dàifu pēishang yīfu, jíjímángmáng xiàng yīyuàn pǎoqù. *As soon*

as he heard that there was a patient in need of rescue, Doctor Li threw on some clothes and hurried to the hospital.

【急迫】jípò (形)需要马上办理或对付 *urgent; pressing*；形势～ xíngshì ~ *urgent circumstances* / 我们国家各方面都比较落后，大家都应该有一感，加紧工作。Wǒmen guójiā gè fāngmiàn dōu bǐjiào luòhòu, dàjiā dōu yīnggāi yǒu ~ gǎn, jiājǐn gōngzuò. *Our nation is backward in all respects. We must all realize the urgency of the situation and intensify our work.* / 这是一项～的任务。Zhè shì yí xiàng ~ de rènwu. *This is an urgent task.*

【急起直追】jí qǐ zhí zhuī 振作起来，迅速赶上去 *put on a spurt; rouse oneself to catch up*：在比分落后的情况下，他～，反败为胜。Zài bǐfēn luòhòu de qíngkuàng xià, tā ~, fǎn bài wéi shèng. *He was behind in the scoring but he put on a spurt and came from behind to win.*

【急切】jíqiè (形)非常迫切(指心情) *eager; impatient*：中年知识分子要求更新知识的心情很～。Zhōngnián zhīshi fènzǐ yāoqiú gēngxīn zhīshi de xīnqíng hěn ~. *Middle-aged intellectuals are eager to renew their knowledge.* / 他～盼望接到家信。Tā ~ pànwàng jiēdào jiāxìn. *He is eagerly looking forward to receiving a letter from home.*

【急速】jísù (副)〈书〉很快，修饰多音节词语 *rapidly; very fast (modifies polysyllabic words)*：吉普车在高速公路上～奔驰。Jípǔchē zài gāosù gōnglù shang ~ bēnchí. *The jeep sped along on the expressway.* / 我军连夜～行军，抢占渡口。Wǒ jūn liányè ~ xíngjūn, qiǎngzhàn dùkǒu. *That very night our army marched rapidly and seized the ferry.* /当晚，他～赶到现场。Dàngwǎn, tā ~ gǎndào xiànchǎng. *That very night he hurried over to the scene of the incident.*

【急先锋】jíxiānfēng (名)冲在最前面的领头人(现常用于贬义) *somebody who pushes himself to the forefront of the action (often used in a derogatory sense)*：充当～ chōngdāng ~ *come to the front to be the ringleader* /他是这次政治运动的～。Tā shì zhè cì zhèngzhì yùndòng de ~. *He is the vanguard in this political campaign.*

【急行军】jíxíngjūn (名) *forced march; rapid march*

【急性】jíxìng (形)〈医〉 *acute*：～肠炎 ~ chángyán *acute gastroenteritis* /～肝炎 ~ gānyán *acute hepatitis* (名)(～儿)急性子 *impetuous*：他是个～儿，他爱人是个慢性儿。Tā shì ge ~r, tā àiren shì ge mànxìngr. *He is impetuous but his wife is easygoing.*

【急性病】jíxìngbìng (名)(1)〈医〉 *acute disease*：这种～比慢性病好治。Zhè zhǒng ~ bǐ mànxìngbìng hǎo zhì. *This kind of acute disease is easier to treat than a chronic disease.* (2)急于求成的毛病 *being impatient for results*：我们的一切工作都应该加速进行，但又不能犯～。Wǒmen de yíqiè gōngzuò dōu yīnggāi jiāsù jìnxíng, dàn bù néng fàn ~. *We must speed up the progress of our work, but we must not make the mistake of being too eager for results.*

【急性子】jíxìngzi (形)性情急躁 *impetuous* (名)性情急躁的人 *impatient (impetuous) person*：他是个～，你这么磨蹭，他可受不了。Tā shì ge ~, nǐ zhème móceng, tā kě shòu bu liǎo. *He is an impatient person. He could never put up with your dawdling.*

【急需】jíxū (动)迫切需要 *need (something) badly*：病人～这种药品。Bìngrén ~ zhè zhǒng yàopǐn. *The patient is in urgent need of this medicine.*

【急用】jíyòng (动)马上需要用 *need urgently*：他爱人住院做了大手术，现在～钱。Tā àiren zhù yuàn zuòle dà shǒushù, xiànzài ~ qián. *His wife is in hospital for a big operation and she urgently needs money.* / 她平时存了些钱，留作～. Tā píngshí cúnle xiē qián, liúzuò ~. *She has been saving money regularly in case of emergency.*

【急于】jíyú (动)想要马上(有所行动) *be eager (anxious) to do something*：别～下结论，先仔细研究一下。Bié ~ xià

jiélùn，xiān zǐxì yánjiū yíxià. *Don't be over anxious to come to a conclusion. Study the problem carefully first.* /～求成反而会把事情弄糟。～ qiú chéng fǎn'ér huì bǎ shìqing nòngzāo. *If you are too eager for success you can end up ruining everything.*

【急躁】jízào（形）(1)着急不安 *irritable；uneasy*：～情绪 ～ qíngxù *irascible temperament* (2)性情急，不耐心 *impetuous；impatient*：他其实是个好心人，只是性情～. *Tā qíshí shì ge hǎoxīn rén，zhǐshì xìngqíng ～. He is really a kind-hearted person，but he is a little impatient.*

【急诊】jízhěn（名）〈医〉*emergency treatment*：挂一个～ guà yí ge ～ *register for emergency treatment* / 赶快送他到医院看～. Gǎnkuài sòng tā dào yīyuàn kàn ～. *Send him to hospital immediately for emergency treatment.* / 今天～病人不多. Jīntiān ～ bìngrén bù duō. *There are not many emergency cases today.*

【急中生智】jí zhōng shēng zhì 在非常紧急的情况下，突然想出一个好办法 *show resourcefulness in an emergency*：他一纵身跳到河里，潜水而逃. Tā ～ zòngshēn tiàodào héli，qiánshuǐ ér táo. *He suddenly hit upon a way of escaping by jumping into the river and swimming away underwater.*

【急骤】jízhòu（形）〈书〉急速 *rapid；swift*：～的风雨 ～ de fēngyǔ *rushing wind and rain；blast of the storm*

【急转直下】jí zhuǎn zhí xià 情况突然发生大转变，并且顺着这个趋势迅速发展下去 *take a sudden turn and develop rapidly*：战争形势～，敌人很快就溃败了. Zhànzhēng xíngshì ～，dírén hěn kuài jiù kuìbài le. *The war situation took a sudden turn and in no time the enemy collapsed.* / 剧情～，出乎人们的意料. Jùqíng ～，chūhū rénmen de yìliào. *The story of the play took a sudden turn and developed in a way contrary to people's expectations.*

疾 jí

（名）◇病 *disease*（形）◇快 *swift*

【疾病】jíbìng（名）*disease*：注意卫生，减少～. Zhùyì wèishēng，jiǎnshǎo ～. *pay attention to hygiene so as to reduce disease* / 防止～流传 fángzhǐ ～ liúchuán *prevent spreading of disease*

【疾驰】jíchí（动）〈书〉(车辆等)迅速奔驰 *(vehicles，etc.) drive rapidly*：火车在辽阔的平原上～. Huǒchē zài liáokuò de píngyuán shàng ～. *The train was speeding across the vast plain.* / 一辆辆救火车～到现场，很快扑灭了大火. Yí liàngliàng jiùhuǒchē ～ dào xiànchǎng，hěn kuài pūmiè le dà huǒ. *One fire engine after another raced to the scene and quickly put out the fire.*

【疾恶如仇】jí è rú chóu 恨坏人坏事像痛恨仇敌一样 *hate evil like hating an enemy*：这个人～，很有正义感. Zhège rén ～，hěn yǒu zhèngyìgǎn. *He hates evil like an enemy. He really has a sense of justice.*

【疾风】jífēng（名）〈书〉猛烈的风 *strong wind；gale*：～迅雨 ～ xùnyǔ *strong wind and pelting rain* /～知劲草 ～ zhī jìng cǎo *"You can tell the strength of the grass by the force of the wind"—one is tested in a crisis.*

【疾风劲草】jí fēng jìng cǎo 在狂风中，只有坚韧的草不被刮倒，显出它的坚强。比喻在关键时刻才能看出一个人的坚定立场和顽强意志。也说"疾风知劲草"*"the raging wind tests the strength of the grass"—one's character is tested in a crisis*：在战场上，他经历了严酷的考验，现在又顽强地抵制不正之风，真是～. Zài zhànchǎng shang，tā jīnglìle yánkù de kǎoyàn，xiànzài yòu wánqiáng de dǐzhì búzhèng zhī fēng，zhēn shì ～. *He underwent severe trials on the battlefield and now he can stand up to any unhealthy tendency. It really is a case of "the raging wind testing the strength of the grass."*

【疾苦】jíkǔ（名）(人民生活中的)困难和痛苦 *sufferings (of*

the people)：关心群众的～，是领导起码的责任. Guānxīn qúnzhòng de ～，shì lǐngdǎo qǐmǎ de zérèn. *Concern for the people's sufferings is the primary duty of a leader.*

【疾驶】jíshǐ（动）〈书〉(汽车、火车等)很快地行驶 *travel rapidly (of vehicles)*

棘 jí

【棘皮动物】jípí dòngwù *echinoderm*

【棘手】jíshǒu（形）荆棘刺手，比喻事情不好办 *thorny；troublesome；knotty*：这个单位走后门的问题非常～. Zhège dānwèi zǒu hòumén de wèntí fēicháng ～. *The problem of this unit utilizing "back door" methods is a tricky one.* /再～的事情也得处理. Zài ～ de shìqing yě děi chǔlǐ. *Even the thorniest problems have to be taken care of.*

集 jí

（动）◇聚集，会合 *gather；collect*：你把大家提的意见在一起，看看究竟赞成的多还是反对的多. Nǐ bǎ dàjiā tí de yìjian ～ zài yìqǐ，kànkan jiūjìng zànchéng de duō háishi fǎnduì de duō. *Collect all the opinions and we will see whether the majority are in favor or against.* （名）(1)农村定期交易的场所 *agricultural fair；country fair；market held in the countryside at fixed times*：赶～ gǎn ～ *go to the fair* / 五天一个～ wǔ tiān yí ge ～ *fair held once every five days* / 昨天他在～上买了一头牛. Zuótiān tā zài ～ shang mǎile yì tóu niú. *He bought a cow at the market yesterday.* (2)～集子 *collection；collected works；anthology*：他最近出版了一本诗～. Tā zuìjìn chūbǎnle yì běn shī～. *He recently published an anthology of poetry.* (3)篇幅较多的书或电影中的一部分 *part of a series of books，films，etc.*：这部电影分上下两～. Zhè bù diànyǐng fēn shàng xià liǎng ～. *This film is divided into two parts.* / 他的文集刚出版了第一～，还有两～. Tā de wénjí gāng chūbǎnle dìyī ～，hái yǒu liǎng ～. *Part one of his collected works has just been published，and there are still two more parts to come.*

【集成电路】jíchéng diànlù *integrated circuit*

【集合】jíhé（动）聚集在一起或使集合 *gather（people or things）together；assemble；muster*：～队伍 ～ duìwu *assemble troops* / 我们已经说好不～了，每个人自己去. Wǒmen yǐjīng shuōhǎo bù ～ le，měi ge rén zìjǐ qù. *We have agreed not to assemble but to go separately.* / 资料室～了各种资料. Zīliàoshì ～le gè zhǒng zīliào. *The reference room has gathered all kinds of materials.*

【集会】jíhuì（动）集中在一起开会 *assemble for a gathering or rally*：我们曾经在这里～. Wǒmen céngjīng zài zhèlǐ ～. *We once held a rally here.* （名）集合了许多人的会 *assembly；rally；gathering*：今天下午，我要参加一个～. Jīntiān xiàwu，wǒ yào cānjiā yí ge ～. *I'm going to attend a rally this afternoon.* / 这是一次大规模的～. Zhè shì yí cì dàguīmó de ～. *This is a large-scale rally.*

【集结】jíjié（动）集合在一起，特指军队等集中在一个地方 *assemble；mass；concentrate (usually refers to troops)*：命令队伍～待命. Mìnglìng duìwu ～ dàimìng. *Tell the troops to assemble and await orders.* /～一部分兵力，分散另一部分兵力. ～ yí bùfen bīnglì，fēnsàn lìng yí bùfen bīnglì. *Muster part of the army and disperse the rest.*

【集锦】jíjǐn（名）编辑在一起的精彩的图画、摄影、诗文等，常用作标题 *collection of outstanding examples of works of art，etc. (as the title of a volume)*

【集聚】jíjù（动）集中，会合在一起，多指事物 *gather；collect；assemble（mainly objects）*：～力量 ～ lìliang *concentrate forces* ～人力物力 ～ rénlì wùlì *concentrate human and material forces*

【集权】jíquán *centralization of authority*

【集散地】jísàndì（名）本地区货物集中外运和外地货物由此分散到区内各地的地方 *center for collection and distribution*

【集市】jíshì（名）在农村或小城镇中，按规定时间、指定地点进行自由贸易的场所 *country fair*; *market*：～贸易搞活了农村经济。～ màoyì gǎohuóle nóngcūn jīngjì. *Trading at country fairs has enlivened the rural economy.* / 现在～上也有价格很高的商品。Xiànzài ～ shang yě yǒu jiàgé hěn gāo de shāngpǐn. *Nowadays there are high-priced goods on sale at country fairs.*

【集思广益】jí sī guǎng yì 集中群众的智慧，广泛听取群众的意见，在工作中能收到更显著的效果 *pool the collective wisdom of the masses*：干部要接近群众，～，才能把工作做得更好。Gànbù yào jiējìn qúnzhòng，～，cái néng bǎ gōngzuò zuò de gèng hǎo. *Cadres can only improve their work by keeping close contact with the masses and drawing on their collective wisdom.*

【集体】jítǐ（名）*collective*：我们教研室是一个温暖的～。Wǒmen jiàoyánshì shì yí ge wēnnuǎn de ～. *Our teaching and research section is a cosy collective.* / 参加～活动 cānjiā ～ huódòng *participate in collective activities* / 个人利益必须服从～利益。Gèrén lìyì bìxū fúcóng ～ lìyì. *The benefit of the individual must be in conformity with the benefit of the collective.*

【集体化】jítǐhuà（动）*collectivize*：手工业～ shǒugōngyè ～ *collectivization of handicraft industries* / 实现～ shíxiàn ～ *realize (achieve) collectivization*

【集体经济】jítǐ jīngjì *collective economy*：发展～ fāzhǎn ～ *develop a collective economy* / ～是社会主义经济的一种形式。～ shì shèhuìzhǔyì jīngjì de yì zhǒng xíngshì. *A collective economy is one form of socialist economy.*

【集体所有制】jítǐ suǒyǒuzhì *collective ownership*

【集体舞】jítǐwǔ（名）一种动作比较简单，形式比较自由，气氛比较活跃的很多人一起进行的舞蹈 *group dancing*

【集体主义】jítǐzhǔyì（名）*collectivism*：发扬～精神 fāyáng ～ jīngshén *develop collective spirit*

【集团】jítuán（名）为某一目的而组织起来的共同行动的团体（有时用于贬义）*group*; *circle*; *bloc*：两大经济～ liǎng dà jīngjì ～ *two large economic groupings* / 反革命～ fǎngémìng ～ *reactionary circles* / 流氓～ liúmáng ～ *gang of hoodlums*

【集训】jíxùn（动）集中到一个地方进行某种训练 *assemble for training*：运动员在出国参加比赛之前要～一个月。Yùndòngyuán zài chū guó cānjiā bǐsài zhī qián yào ～ yí ge yuè. *Before the athletes leave to compete overseas they have to train as a group for a month.* / 干部轮流～，学习新政策。Gànbù lúnliú ～，xuéxí xīn zhèngcè. *The cadres were assembled in turns to study the new policy.*

【集邮】jíyóu（动）收集和保存各种各样的邮票 *stamp collecting*; *philately*：我们这个单位有许多人～。Wǒmen zhège dānwèi yǒu xǔduō rén ～. *There are lots of stamp collectors in our unit.*

【集镇】jízhèn（名）以非农业人口为主的，比县城小一些的居民区 *township with a non-farming population as the majority, smaller than a 县城*

【集中】jízhōng（动）把分散的人或事物聚集起来 *concentrate*; *centralize*; *focus*：因为钱不多，更要～起来使用。Yīnwèi qián bù duō，gèng yào ～ qǐlai shǐyòng. *Because we haven't much money we must concentrate its use.* / 他很善于～大家的正确意见。Tā hěn shànyú ～ dàjiā de zhèngquè yìjiàn. *He is good at focusing the people's positive opinions.*（形）不分散，很统一 *not scattered, concentrated*; *centralized*：听课必须注意力～。Tīng kè bìxū zhùyìlì ～. *In class you must concentrate all your attention.* / 选举结果很～。

Xuǎnjǔ jiéguǒ hěn ～. *The election results were very concentrated.* / 这些意见～地反映了群众的要求。Zhèxiē yìjiàn ～ de fǎnyìng qúnzhòng de yāoqiú. *These opinions focused closely on the demands of the masses.*

【集中营】jízhōngyíng（名）*concentration camp*

【集装箱】jízhuāngxiāng（名）*container*

【集资】jízī（动·不及物）多方聚集资金 *raise funds*; *collect money*：这个企业是他们五个人～兴办的。Zhège qǐyè shì tāmen wǔ ge rén ～ xīngbàn de. *The five of them jointly raised the capital to set up this business.*

【集子】jízi（名）[本 běn] *collected works*; *anthology*：这本～一共有二十篇文章。Zhè běn ～ yígòng yǒu èrshí piān wénzhāng. *This anthology contains twenty works altogether.* / 把他的遗著汇编成一个～。Bǎ tā de yízhù huìbiān chéng yí ge ～. *Compile an anthology of his posthumous works.*

瘠 jí

（形）◇（1）（身体）瘦弱 *weak*; *feeble*（2）（土地）不肥沃 *infertile*; *barren*

【瘠薄】jíbó（形）〈书〉（土地）缺乏养料、水分，不肥沃 *barren*; *unproductive*

籍 jí

（名）◇（1）书 *book*（2）籍贯 *native place*; *place of origin*：他原～江苏。Tā yuán ～ Jiāngsū. *He is originally from Jiangsu Province.*（3）代表个人对国家、组织的隶属关系 *membership*：党～ dǎng～ *party membership* / 国～ guó～ *nationality* / 会～ huì～ *association membership*

【籍贯】jíguàn（名）祖居的或自己出生的地方 *place of origin*; *native place*：他的～是上海。Tā de ～ shì Shànghǎi. *He is a native of Shanghai.*

jǐ

几〔幾〕jǐ

（数）（1）询问数目多少（估计数量在十以内）*how many*（*used when asking any number under ten*）：你到中国一天了？Nǐ dào Zhōngguó ～ tiān le? *How many days have you been in China?* / 今天来了～个人？Jīntiān láile ～ ge rén? *How many people came today?* / 出去旅行得带一百块钱？Chūqu lǚxíng děi dài ～ bǎi kuài qián? *I suppose you will be taking a few hundred yuan on the journey?*（2）表示十以内的不定数目（*indicates on approximate number under ten*）：这些都是十～岁的孩子。Zhèxiē dōu shì shí ～ suì de háizi. *These children are all teenagers.* / 有好～千人参加游行。Yǒu hǎo ～ qiān rén cānjiā yóuxíng. *A few thousand people are taking part in the demonstration.* / 这个村子有～十家人家。Zhège cūnzi yǒu ～ shí jiā rénjiā. *This village consists of a few dozen families.* 另见 jī

【几何】jǐhé（名）〈数〉"几何学"的简称 *short for "几何学"*

【几何级数】jǐhé jíshù〈数〉*geometric progression*

【几何学】jǐhéxué（名）*geometry*

【几时】jǐshí（代）〈书〉什么时候 *when*：你是～来的？Nǐ shì ～ lái de? *When did you arrive?* / 看他横行到～! Kàn tā héngxíng dào ～! *Let's just wait and see how long he can play the tyrant!*

挤〔擠〕jǐ

（动）（1）*squeeze*; *press*：他～到人群中去了。Tā ～dào rénqún zhōng qu le. *He squeezed in among the mass of people.* / 他一侧身就从门缝里～了出来。Tā yí cè shēn jiù cóng ménfèng li ～ le chūlai. *He turned sideways and squeezed out through the slightly open door.*（2）*squeeze*：～牛奶 ～ niúnǎi *milk (a cow)* / ～牙膏 ～ yágāo *squeeze*

toothpaste (*out of a tube*) / 他很忙,可是每天总～点时间看书。Tā hěn máng, kěshì měi tiān zǒng ～ diǎnr shíjiān kàn shū. *He is very busy but he always manages to squeeze in some reading every day.* (形)人或物紧紧靠在一起 *people or things packed tightly next to each other*:柜台前人太～,没有办法买东西。Guìtái qián rén tài ～, méi yǒu bànfǎ mǎi dōngxi. *There are too many people packed in front of the counter. It is impossible to buy anything.* / 我怕去很～的店铺。Wǒ pà qù hěn ～ de diànpù. *I don't like going to crowded shops.*

给 〔給〕jǐ

(动)◇供给,供应 *supply；provide* 另见 gěi

【给养】jǐyǎng (名)军队中的伙食、燃料以及牲畜饲料等物资的统称 *provisions* (*for men and animals in an army*)

【给予】jǐyǔ (动)〈书〉给,后边多为双音节动词或形容词 *give；render* (*often followed by a disyllabic verb or adjective*):～帮助 ～ bāngzhù *render assistance* / ～方便 ～ fāngbiàn *make* (*something*) *convenient* /～适当的照顾 ～ shìdàng de zhàogù *make appropriate allowance for*

脊 jǐ

(名)◇ *spine；backbone*

【脊背】jǐbèi (名) *back* (*of a person or animal*)

【脊梁】jǐliang (名)脊背 *back* (*of a person or other vertebrate*)

【脊梁骨】jǐlianggǔ (名)脊柱 *spine；backbone*

【脊髓】jǐsuǐ (名)〈生理〉 *spinal cord*

【脊柱】jǐzhù (名)〈生理〉 *spine；backbone*

【脊椎】jǐzhuī (名)〈生理〉 *vertebra*

【脊椎动物】jǐzhuī dòngwù *vertebrate*

【脊椎骨】jǐzhuīgǔ (名) *vertebra；spine*

jì

计 〔計〕jì

(名)◇(1)主意,谋略 *idea；plan*:心生一～ xīn shēng yí ～ *conceive a trick* / 干着急,无～可施。Gān zháo jí, wú ～ kě shī. *I'm so flustered I'm at my wits' end.* /等敌人悟出是调虎离山～时,已经太晚了。Děng dírén wùchū shì diào hǔ lí shān ～ shí, yǐjīng tài wǎn le. *By the time the enemy had realized they had been lured away from their base it was too late.* (2)计划,打算 *plan；devise a scheme*:一年之～在于春。Yì nián zhī ～ zàiyú chūn. *The year's work plan depends on a good start in spring.* / 住在姐姐家,非长久之～,我要另找住处。Zhù zài jiějie jiā, fēi chángjiǔ zhī ～, wǒ yào lìng zhǎo zhùchu. *I don't intend to stay long at my sister's house. I want to find somewhere else to live.* (3)◇测量、计算度数、时间等的仪器 *meter；gauge* (动)◇计算 *count；calculate；compute*:今天参加追悼会的人数以千～。Jīntiān cānjiā zhuīdàohuì de rén shù yǐ qiān ～. *The people who attended today's memorial meeting were counted in the thousands.* /我们收到的读者来信共一二百六十五封。Wǒmen shōudào de dúzhě lái xìn gòng ～ èrbǎi liùshíwǔ fēng. *The number of letters we have received from readers amounts to 265.*

【计策】jìcè (名)计谋和策略 *plan；stratagem；scheme*

【计划】jìhuà (名)[个 gè]*plan；project*:第七个五年～ dìqī ge wǔ nián ～ *Seventh Five-Year Plan* / 纳入国家～ nàrù guójiā ～ *be included in the state plan* (动)作计划,打算,考虑 *plan；calculate；consider*:这一年都要做些什么,要一～ Zhè yì nián dōu yào zuò shénme, yào ～ yíxià. *We have to plan this year's activities.* / 事先～好下一步的工作。Shìxiān ～ hǎo xià yí bù de gōngzuò. *We must plan the next stage of our work properly in advance.*

【计划经济】jìhuà jīngjì *planned economy*

【计划生育】jìhuà shēngyù 有计划地生育子女 *birth control；family planning*:非实行～不可。Fēi shíxíng ～ bùkě. *It is essential to practise family planning.*

【计划性】jìhuàxìng (名) *methodical sense*:～很强 ～ hěn qiáng *very methodical* / 很有～ hěn yǒu ～ *very methodical*

【计较】jìjiào (动)(1)(由于关心自己的利益)注意、比较并计算自己和别人在某方面的得失大小,含贬义 *haggle over；be fussy about*:他胸怀宽广,从不～生活小事。Tā xiōnghuái kuānguǎng, cóng bú ～ shēnghuó xiǎo shì. *He is very broad-minded and doesn't make a fuss over trifles.* /他对物质利益还不太～,但在名誉地位上～得很。Tā duì wùzhì lìyì hái bú tài ～, dàn zài míngyù dìwèi shang ～ de hěn. *He doesn't give a fig for material profit, but he is very fussy when it comes to matters of honor and status.* (2)辨明是非(多用于否定句,用法比较有限) *argue* (*mostly in negative sentences and with restricted usage*):他在气头上说错了话,大家别和他～。Tā zài qìtóushang shuōcuòle huà, dàjiā bié hé tā ～. *He spoke out of turn in a fit of anger. Don't argue with him.* / 我现在不和你～,以后你自然会明白的。Wǒ xiànzài bù hé nǐ ～, yǐhòu nǐ zìrán huì míngbai de. *I'm not going to argue with you now. Later on you will naturally come to understand.*

【计量】jìliàng (动) *measure；calculate；estimate*:～这湖水的深度 ～ zhè húshuǐ de shēndù *to estimate the depth of this lake* /～单位 ～ dānwèi *unit of measurement* /～标准 ～ biāozhǔn *standard of measurement*

【计谋】jìmóu (名)计策,谋略 *scheme；stratagem*:这个人很有～。Zhège rén hěn yǒu ～. *This man is full of schemes.*

【计算】jìsuàn (动)(1) *count；calculate*:他把一年的收入～了一下,竟有5000元。Tā bǎ yì nián de shōurù ～ le yíxià, jìng yǒu wǔqiān yuán. *He made a quick calculation of his income for the year, and it came to as much as 5,000 yuan.* / 这个工厂的年总产值还没有～出来。Zhège gōngchǎng de nián zǒngchǎnzhí hái méiyou ～ chulai. *The total yearly output value of this factory has not yet been calculated.* (2)暗中策划损害他人 *secretly plot to harm another person*:他很会～人。Tā hěn huì ～ rén. *He is very good at scheming against other people.*

【计算尺】jìsuànchǐ (名)[把 bǎ、个 gè] *slide rule*

【计算机】jìsuànjī (名)[台 tái] *computer；calculator*

【计委】jìwěi (名)"国家计划委员会"的简称 *short for* "国家计划委员会" *State Planning Committee*

【计议】jìyì (动)〈书〉商议 *deliberate；confer；consult*

记 〔記〕jì

(动)(1) *remember*:听报告忘了带笔记本,只好用脑子～,恐怕内容～不全。Tīng bàogào wàngle dài bǐjìběn, zhǐhǎo yòng nǎozi ～, kǒngpà nèiróng ～ bu quán. *When I went to hear the report I forgot to take a note book with me so I had to try to memorize it, and I'm afraid I won't be able to remember all of it.* / 他老～着这件事。Tā lǎo zhe zhè jiàn shì. *This is constantly in his mind.* / 我～不清当时究竟是怎么说的了。Wǒ ～ bu qīng dāngshí jiūjìng shì zěnme shuō de le. *I can't remember clearly exactly how it was said at the time.* (2)写下来以防忘掉 *write down；record*:她每节课都详细地～笔记。Tā měi jié kè dōu xiángxì de ～ bǐjì. *She takes detailed notes at every lesson.* / 刚才我们说的要买的东西,你～下来没有? Gāngcái wǒmen shuō de yào mǎi de dōngxi, nǐ ～ xialai méiyou? *Did you note down the things we said just now we wanted to buy?* / 开会时间、地点,已经～在小本子上了。Kāi huì shíjiān, dìdiǎn yǐjīng ～ zài xiǎo běnzi shang le. *The time and venue of the meeting are noted down in the small jotter.*

【记得】jìde (动)留在脑子里,没有忘掉 *remember*:当时的情

况，他现在还～。Dāngshí de qíngkuàng, tā xiànzài hái ～. *Even now he still remembers the conditions at that time.* / 你～不～这个人，五年前他在我们单位工作过一个月。Nǐ bu ～ zhège rén, wǔ nián qián tā zài wǒmen dānwèi gōngzuòguo yí ge yuè. *Can you remember him? Five years ago he worked for a month at our unit.* / 我记不得我说过这个话。Wǒ jì bu de wǒ shuōguo zhège huà. *I can't recall having said this.*

【记分】jì=fēn 记录劳动、考试、比赛以及游戏中所得的分数 *record the score (of points for work, examination, competition, etc.)*：我们俩随便打打网球，并没有～。Wǒmen liǎ suíbiàn dǎda wǎngqiú, bìng méiyou ～. *The pair of us just played a casual game of tennis. We didn't keep scores or anything.* / 这次测验记不记分? Zhè cì cèyàn jì bu jì fēnr? *Shall we keep the scores for this test?*

【记工】jì=gōng 农业生产单位中记录工作时间或工作量 *record workpoints (of time spent or amount of work done by members of an agricultural production unit)*

【记功】jì=gōng 登记功绩，表示奖励 *cite (somebody) for achievement*：作为新战士，他这次表现出色，应该～。Zuòwéi xīn zhànshì, tā zhè cì biǎoxiàn chūsè, yīnggāi ～. *He has done remarkably well for a new recruit so we should give him a citation.* / 他参军两年，记过一次一等功。Tā cān jūn liǎng nián, jìguo yí cì yī děng gōng. *He has been in the army for two years and has already received a first-class citation for merit.*

【记过】jì=guò 登记过错，作为处分 *record a demerit*：单位给他记了一次大过，一次小过。Dānwèi gěi tā jìle yí cì dà guò, yí cì xiǎo guò. *His unit recorded one major and one minor demerit against him.* / 他在大学一年级的时候受到～处分。Tā zài dàxué yì niánjí de shíhou shòudao chǔfēn. *In the first year at university he was disciplined with a demerit.*

【记号】jìhao (名) *mark; sign*：有看不懂的地方，别忘了做个～，好问老师。Yǒu kàn bu dǒng de dìfang, bié wàngle zuò ge ～, hǎo wèn lǎoshī. *Don't forget to put a mark against the passages you don't understand so that you can ask the teacher afterwards.* / 她左耳边的黑痣是个天生的～。Tā zuǒ ěr biān de hēizhì shì ge tiānshēng de ～. *That black spot next to her left ear is a birthmark.*

【记恨】jìhèn (动) 把对别人的怨恨或仇恨记在心里 *harbor (bear) a grudge*：你不要总是～着他，这也是一时之错。Nǐ búyào zǒngshì ～zhe tā, tā yě shì yìshí zhī cuò. *Don't harbor a grudge against him. It was only a momentary slip on his part.* / 这个人最爱～人。Zhège rén zuì ài ～ rén. *He really is one for bearing grudges.*

【记录】jìlù (动) 把说的话或发生的事当场写下来(用于正式场合) *take notes; record*：那些发言我没有～，因为他们都录了音。Nàxiē fāyán wǒ méiyou ～, yīnwèi tāmen dōu lùle yīn. *I didn't take notes of those speeches because they all tape-recorded them.* (名)(1)开会时记下来的有关会议的材料 *minutes (of a meeting)*：读一下上次的会议～读一下。Xiān bǎ shàng cì de huìyì ～ dú yíxià. *Please read out the minutes of the last meeting.* (2)开会时做记录的人 *person who takes the minutes of a meeting (note-taker)* (3) *record*：你知道男子百米的全国一是几秒吗? Nǐ zhīdao nánzǐ bǎi mǐ de quán guó ～ shì jǐ miǎo ma? *Do you know how many seconds the national men's 100-meter record is?* / 他没有打破世界～。Tā méiyou dǎpò shìjiè ～. *He didn't break the world record.*

【记录片】jìlùpiàn (名) [部 bù] *documentary film*

【记取】jìqǔ (动) 记住(经验、教训)并从中得益 *remember; bear in mind (an experience or lesson)*：我们应该～这次失败的教训。Wǒmen yīnggāi ～ zhè cì shībài de jiàoxùn. *We must keep in mind the lesson of this defeat.*

【记事儿】jìshìr (动·不及物) 指小孩子已经有了记忆的能力，大约五六岁 *(of a child about five years old) begin to remember things*：1949年新中国成立那年，我刚一。Yījiǔsìjiǔ nián xīn Zhōngguó chénglì nà nián, wǒ gāng ～. *1949, the year New China was founded, was the year I first started to notice things.*

【记述】jìshù (动) 用文字叙述、记载 *write down; record*：这篇文章～了他前半生的遭遇。Zhè piān wénzhāng ～le tā qiánbànshēng de zāoyù. *This work records the tribulations of the first half of his life.*

【记性】jìxing (名) 〈口〉记忆能力 *memory*：他～好，很久以前的事都记得很清楚。Tā ～ hǎo, hěn jiǔ yǐqián de shì dōu jìde hěn qīngchu. *He has a good memory. He can remember clearly things that happened a long time ago.* / 你怎么这么没～，刚说的话就忘了! Nǐ zěnme zhème méi ～, gāng shuō de huà jiù wàng le! *How is it that you have such a poor memory? You have already forgotten what I just said.*

【记叙】jìxù (动) 描写和叙述(以往的事情) *narrate; tell of (past events)*：这本集子～了解放战争时期的五个革命故事。Zhè běn jízi ～ le jiěfàng zhànzhēng shíqī de wǔ ge gémìng gùshi. *This anthology contains five stories relating revolutionary deeds of the Liberation War period.* / 中学生得学会写一文。Zhōngxuéshēng děi xuéhuì xiě ～ wén. *Middle school students must master the art of writing narrative compositions.*

【记忆】jìyì (动) *remember; recall*：当年老师语重心长的讲话，我～得一清二楚。Dāngnián lǎoshī yǔ zhòng xīn cháng de jiǎnghuà, wǒ ～ de yì qīng èr chǔ. *I remember very clearly the way the teacher used to lecture to us sincerely and earnestly in those days.* (名)(1)对过去事物保持的印象 *impressions retained of things in the past*：难忘的～ *nán wàng de ～ indelible memories* (impressions) (2)记忆力 (faculty of) memory：他能凭一把小时候念的书整本背下来。Tā néng píng ～ bǎ xiǎo shíhou niàn de shū zhěng běn bèi xialai. *He can still recite from memory the books he read when he was young.* / 脑子受伤后，他失去了～。Nǎozi shòu shāng hòu, tā shīqule ～. *He lost his memory following a brain injury.*

【记忆力】jìyìlì (名) 同"记性"jìxing，不如"记性"口语化 *(same as "记性" jìxing but not as colloquial)*：他弟弟的～很强。Tā dìdi de ～ hěn qiáng. *His younger brother has a very good memory.*

【记忆犹新】jìyì yóu xīn 过去的事情，现在还记得非常清楚 *remain fresh in one's memory*：小时候的事大半都忘了，只有我第一天上小学的情景至今～。Xiǎo shíhou de shì dàbàn dōu wàng le, zhǐyǒu wǒ dìyī tiān shàng xiǎoxué de qíngjǐng zhìjīn ～. *I have forgotten most of my childhood experiences. The only thing that remains fresh in my memory is my first day at school.*

【记载】jìzǎi (动)(书籍上)记下来(比较久远的事) *record in writing*：《史记》～了大约三千年的中国历史。《Shǐjì》～ le dàyuē sānqiān nián de Zhōngguó lìshǐ. *The Shiji records about 3,000 years of Chinese history.* (名)记载事情的文字 *records; archives*：关于这个地区地震的情况，史书上有过～。Guānyú zhège dìqū dìzhèn de qíngkuàng, shǐshū shang yǒuguo ～. *There are records of earthquakes in this district in the history books.*

【记者】jìzhě (名) *journalist*

【记住】jì//zhù 把事物深刻地印在脑子里 *memorize; bear in mind; remember*：千万要～这件事。Qiānwàn yào ～ zhè jiàn shì. *You must keep this in mind at all costs.* / 这些英语词我已经查了好几遍词典了，总记不住。Zhèxiē Yīngwén cí wǒ yǐjīng chále hǎo jǐ biàn cídiǎn le, zǒng jì bu zhù. *I've looked up these English words several times in the dictionary but I still can't remember them.*

伎 jì

【伎俩】 jìliǎng（名）〈书〉卑劣的手段，花招 trick；intrigue；maneuver；stratagem：耍弄骗人的～ shuǎnòng piàn rén de ～ play a trick to fool somebody／瞒天过海的～ mán tiān guò hǎi de ～ deceptive maneuver

纪〔紀〕jì

（名）◇ 纪律 discipline：遵～守法 zūn ～ shǒu fǎ observe discipline and abide by the law

【纪律】 jìlǜ（名）discipline：解放军官兵都要遵守三大～八项注意。Jiěfàngjūn guān bīng dōu yào zūnshǒu sān dà ～ bā xiàng zhùyì. Officers and men of the PLA must observe the Three Main Rules of Discipline and the Eight Points for Attention. ／课堂～松弛 kètáng ～ sōngchí Classroom discipline is slack.

【纪律检查委员会】 jìlǜ jiǎnchá wěiyuánhuì discipline inspection committee

【纪律性】 jìlǜxìng（名）遵守纪律的能力 sense of discipline：加强～ jiāqiáng ～ heighten one's sense of discipline／军人的～比一般人强。Jūnrén de ～ bǐ yìbān rén qiáng. Soldiers' sense of discipline is stronger than that of ordinary people.

【纪年】 jìnián（动）记年代 number the years（according to different systems）

【纪年体】 jìniántǐ（名）史书体例之一，依照年月顺序排列历史事实 a type of Chinese historical writing recording historical events in chronological order；annals

【纪念】 jìniàn（动）commemorate：～革命先烈 ～ gémíng xiānliè commemorate the revolutionary martyrs／～五一国际劳动节 ～ Wǔ-Yī Guójì Láodòngjié commemorate International Labor Day on May 1（名）纪念的象征（只限于作宾语）souvenir（only used as the object）：咱们照个相做～吧。Zánmen zhào ge xiàng zuò ～ ba. Let's take a photograph as a souvenir. ／那张画是他送给我做～的。Nà zhāng huà shì tā sòng gěi wǒ zuò ～ de. He sent me that picture as a souvenir.

【纪念碑】 jìniànbēi（名）monument；memorial：人民英雄～ rénmín yīngxióng ～ Monument to the People's Heroes／树了一个～ shùle yí ge ～ set up a monument

【纪念册】 jìniàncè［本 běn］autograph album

【纪念品】 jìniànpǐn（名）［件 jiàn］souvenir；memento：他去游长城，买了许多～. Tā qù yóu Chángchéng, mǎile xǔduō ～. He went sightseeing on the Great Wall and bought lots of souvenirs.

【纪念日】 jìniànrì（名）commemoration day：三月十二日是孙中山先生逝世～. Sānyuè shí'èr rì shì Sūn Zhōngshān xiānsheng shìshì ～. March 12 is the day we commemorate the death of Sun Yat-sen.

【纪念邮票】 jìniàn yóupiào 为纪念某个有意义的事件或某个名人而发行的一种特种邮票 commemorative stamp

【纪念章】 jìniànzhāng（名）［枚 méi］作为纪念品的徽章 souvenir badge：送他一枚～. Sòng tā yì méi ～. Send him a souvenir badge.

【纪实】 jìshí（名）根据现场实际写出的文章或报导 on-the-spot record or report

【纪委】 jìwěi（名）"纪律检查委员会"的简称 short for "纪律检查委员会"

【纪行】 jìxíng（名）记载旅行见闻的文字或图画（多用于标题）travel notes；record of a journey（usually as a title）；新疆～ Xīnjiāng ～ Xinjiang Diary；Xinjiang Journal；Notes on a Trip to Xinjiang

【纪要】 jìyào（名）记录要点的文字 summary；digest of a report；minutes of a meeting：座谈～ zuòtán ～ summary of a discussion or meeting／工作～ gōngzuò ～ summary of

work accomplished

【纪元】 jìyuán（名）(1)历史上计算年代的开始的那一年 beginning of an era；epoch：公元是以耶稣诞生的那一年为～. Gōngyuán shì yǐ Yēsū dànshēng de nà yì nián wéi ～. The Christian era（A. D.）starts from the year of the birth of Jesus Christ. (2)"新纪元"有新时代的意思 new era：电子计算机的发明可以说开辟了现代科学的新纪元。Diànzǐ jìsuànjī de fāmíng kěyǐ shuō kāipìle xiàndài kēxué de xīn jìyuán. The invention of the electronic computer can be said to have opened up a new era in modern science.

【纪传体】 jìzhuàntǐ（名）中国史书的一种体裁，它以人物传记为中心，叙述当时的史实，区别于纪年体 type of Chinese historical writing, centred on a series of biographies（as distinguished from 纪年体）

技 jì

（名）◇技能，本领 skill；ability：只要有一～之长，就不会被埋没。Zhǐyào yǒu yí ～ zhī cháng, jiù bú huì bèi máimò. All you need is a real skill and then you will not be overlooked.

【技工】 jìgōng（名）"技术工人"的简称 short for "技术工人"

【技能】 jìnéng（名）skill；technical ability：罪犯在监狱里可以学到各种生产～. Zuìfàn zài jiānyù lǐ kěyǐ xuédào gè zhǒng shēngchǎn ～. Criminals can learn all kinds of production skills in prison.

【技巧】 jìqiǎo（名）(在写作、工艺、美术、体育等方面表现出的)熟练、巧妙的技艺 skill；technique：～运动 yùndòng acrobatic gymnastics／中国的雕刻、刺绣、编织各种～是很高明的。Zhōngguó de diāokè、cìxiù、biānzhī gè zhǒng ～ shì hěn gāomíng de. The various skills involved in China's sculpture, embroidery and weaving are of a high order.

【技师】 jìshī（名）技术人员的职称之一，相当于初级工程师或高级技术员 technician；master craftsman

【技术】 jìshù（名）(1)进行生产活动和其他活动的专长或技巧 skill；technique：他已经掌握了这台机器的操作～. Tā yǐjīng zhǎngwòle zhè tái jīqì de cāozuò ～. He has grasped the technique of operating this machine. (2) technology：科学～ kēxué ～ science and technology

【技术革新】 jìshù géxīn technical innovation：搞了三项～ gǎole sān xiàng ～ have achieved 3 technical innovations

【技术工人】 jìshù gōngrén skilled worker

【技术员】 jìshùyuán（名）technician

【技艺】 jìyì（名）技巧性的表演才能或手艺 skill；artistry：微雕是一种特殊的～. Wēidiāo shì yì zhǒng tèshū de ～. Miniature carving is a special skill.

系〔繫〕jì

（动）tie；fasten：～鞋带儿 xiédàir tie shoe laces／～上围裙做饭 ～shang wéiqún zuò fàn put on an apron to do the cooking／把袖子的扣子～上. Bǎ xiùzi de kòuzi shang. button up one's sleeves／不用～领带. Búyòng ～ lǐngdài. There is no need to wear a tie. 另见 xì

忌 jì

（动）(1)因为不适宜而避免 avoid；shun：～嘴 zuǐ avoid certain food；be on a diet／～油腻 ～ yóunì avoid greasy food (2)戒除 stop；quit；give up：～烟 ～ yān stop（quit）smoking／～酒 ～ jiǔ give up alcohol (3)忌妒 be jealous of；envy：～才 ～ cái be jealous of（other people's）talent

【忌妒】 jìdu（动）be jealous of；envy：他自己没考上大学，就～那些考上了的人。Tā zìjǐ méi kǎoshang dàxué, jiù ～ nàxiē kǎoshangle de rén. He never passed the university entrance exams, so he is jealous of those who did.

【忌讳】jìhuì（动）(1)（由于迷信思想、风俗习惯或个人理由等）不喜欢或避免某些言语或举动 *treat as a taboo; avoid as taboo*：从前很多人～"病"字和"死"字。Cóngqián hěn duō rén ～ "bìng" zì hé "sǐ" zì. *In the past people used to avoid the words "sickness" and "death" as taboo words.* / 她～别人问她的年龄。Tā ～ biéren wèn tā de niánlíng. *She has an aversion to people asking her her age.* (2)（某种人或某种行动对可能产生不良后果的事）力求避免 *avoid something considered to be harmful; eschew; abstain from*：气管炎患者～抽烟。Qìguǎnyán huànzhě ～ chōu yān. *Tracheitis patients abstain from smoking.* / 老年人最～跌交。Lǎonián rén zuì ～ diē jiāo. *Old people have to be very careful to avoid stumbling.*

季 jì（名）◇(1) *season (of the year)*：这块地一年四～都不闲着。Zhè kuài dì yì nián sì ～ dōu bù xiánzhe. *There is always something growing on this plot of land all year round.* / 北京的春～比较短,夏～来得早。Běijīng de chūn ～ bǐjiào duǎn, xià～ lái de zǎo. *Beijing has a short spring and the summer comes early.* (2)◇一段时期,季节 *season*：这个地区一年只有两～和旱～。Zhège dìqū yì nián zhǐ yǒu yǔ～ hé hàn～. *In this region there are only two seasons in the year—the rainy season and the dry season.* / 瓜果的旺～到了。Guā guǒ de wàng～ dào le. *The peak season for fruit has arrived.* (3)"换季"有按季节换冬服的意思（"换季" means changing of one's clothes according to the season）：其实还很冷呢,他已经换～了,穿上了短袖衬衫。Qíshí hái hěn lěng ne, tā yǐjīng huàn ～ le, chuānshangle duǎn xiù chènshān. *It's still fairly cold but he has already changed into short-sleeved shirts.*

【季度】jìdù（名）作为计时单位的一季（三个月）*quarter (of a year)*：他们没有完成第一～的生产任务。Tāmen méiyou wánchéng dìyī ～ de shēngchǎn rènwu. *They haven't completed their production task for the first quarter.*

【季风】jìfēng（名）*monsoon*

【季节】jìjié（名）一年之中有某一显著特征的时期 *period of time within a year with a particular characteristic*：多雨～ duō yǔ ～ *rainy season* / 农忙～ nóng máng ～ *busy farming season* / 收获～ shōuhuò ～ *harvest time*

【季刊】jìkān（名）一个季度出版一次的刊物 *quarterly publication*

剂〔劑〕jì（名）根据处方制成的药品 *pharmaceutical preparation*（量）用于中药,指几种草药合起来熬成的一种 *dose (of traditional Chinese medicine)*：吃了这个大夫开的两～药,病就好了。Chīle zhège dàifu kāi de liǎng ～ yào, bìng jiù hǎo le. *After having taken two doses of medicine prescribed by this doctor he got well.*

【剂量】jìliàng（名）（药品的）使用分量 *dosage (of medicine)*

迹 jì

【迹象】jìxiàng（名）不很明显的情况,能据以推断过去或将来 *sign; indication*：种种～表明,天快要下雨了。Zhǒngzhǒng ～ biǎomíng, tiān kuài yào xià yǔ le. *All the signs indicate that it will soon rain.* / 逃犯曾到过这一带的～,引起公安人员的注意。Táofàn céng dàoguo zhè yídài de ～, yǐnqǐ gōng'ān rényuán de zhùyì. *The police were alerted by signs that the escaped convict had entered this district.*

既 jì（副）"已经"的意思,常构成四字短语 *already (often used to form a four-character phrase)*：一旦～成事实,他也

就没有办法了。Yídàn ～ chéng shìshí, tā yě jiù méi yǒu bànfǎ le. *As soon as it had become fact, there was nothing he could do.* / 他也是～得利益者,相信不会反对。Tā yě shì ～ dé lìyì zhě, xiāngxìn bú huì fǎnduì. *I don't think he would oppose, as he has already been a recipient of benefits.* / 事情已经过去了,～往不咎,认识了就好。Shìqing yǐjīng guòqu le, ～ wǎng bú jiù, rènshile jiù hǎo. *What's done is done. Let bygones be bygones. He has already acknowledged his mistake, so let the matter rest.* （连）(1)意思同"既然" jìrán, 但不能用在主语前（*same as* "既然" *jìrán, but cannot be used before a subject*）：你～来了,就安心住几天吧。Nǐ ～ lái le, jiù ān xīn zhù jǐ tiān ba. *Now that you're here, you might as well stay for a few days.* / 咱们～接受了任务,就应当尽力干好。Zánmen ～ jiēshòule rènwu, jiù yīngdāng jìn lì gànhǎo. *Now that we've accepted the task, we should try our best to do it well.* (2)与"也"、"又"、"且"等搭配,表示并列关系（*used together with* "也"、"又"、"且"*, etc. to indicate juxtaposed relations*）①"既……也……"连接两个结构相同或相似的动词或形容词性词组,表示同时发生两个动作或同时存在两种情况,具有两种属性等（"既...也..." *links two similar structures, or two similar verbs, adjectives or adjectival word groups; indicates that two actions occur simultaneously, or two situations exist simultaneously, or have two different attributes, etc.*）：他～有优点,也有缺点。Tā ～ yǒu yōudiǎn, yě yǒu quēdiǎn. *He has both strong and weak points.* / 我们～要努力争取好的结果,也要作最坏的准备。Wǒmen ～ yào nǔ lì zhēngqǔ hǎo de jiéguǒ, yě yào zuò zuì huài de zhǔnbèi. *We must not only do our best to strive for good results but must also be prepared for the worst.* / 他～会英语,也会俄语。Tā ～ huì Yīngyǔ, yě huì Éyǔ. *He can speak both English and Russian.* / 我～没见到他,也没看见他家里人。Wǒ ～ méi kànjian tā, yě méi kànjian tā jiā lǐ rén. *I've seen neither him nor his family.* / 他的工作情况～不好,也不坏,很一般。Tā de gōngzuò qíngkuàng ～ bù hǎo, yě bú huài, hěn yìbān. *His work is neither good nor bad. It's average.* ②"既……又……"意义与"既……也……"基本相同,但它可以连接单词（一般为双音节的）,多连接两个形容词或描写性短语、动词性短语,表示具有两方面性质或情况（"既...又..." *is basically the same as* "既...也...", *but it can link individual (usu. disyllabic) words; usu. links two adjectives, descriptive phrases or verbal phrases; indicates that there are two aspects to the nature of sth. or to a situation*）：他～聪明又能干。Tā ～ cōngming yòu nénggàn. *He is both clever and competent.* / 这样做～省力又能提高产量。Zhèyàng zuò ～ shěng lì yòu néng tígāo chǎnliàng. *Doing it this way not only saves labour, but it can also increase output.* / ～短小精悍,又活泼生动的文章很吸引人。～ duǎnxiǎo jīnghàn, yòu huópo shēngdòng de wénzhāng hěn xīyǐn rén. *Articles that are both terse and forceful, as well as vivid, are fascinating.* / 放风筝～是一种艺术享受,又是一种健康有益的活动。Fàng fēngzheng, ～ shì yì zhǒng yìshù xiǎngshòu, yòu shì yì zhǒng jiànkāng yǒuyì de huódòng. *Flying a kite is both a type of artistic enjoyment and a kind of activity that is beneficial to one's health.* / 这幅画～保持了中国的传统技巧,又表现了时代精神。Zhè fú huà ～ bǎochíle Zhōngguó de chuántǒng jìqiǎo, yòu biǎoxiànle shídài jīngshén. *This painting preserves traditional Chinese craftsmanship as well as expresses the spirit of the times.* ③"既……且……"多见于书面,只连接少数单音节形容词,表示具有两方面性质,意思相当于"又……又……"（"既...且..." usu. *used in the written language; only links a few monosyllabic adjectives; indicates that there are two aspects to the nature of sth.; similar to* "又...又..."）：这里～脏且乱。Zhèli ～ zāng qiě luàn.

This place is filthy and messy. / 这座楼房～高且大,给人以雄伟之感。Zhè zuò lóufáng ～ gāo qiě dà, gěi rén yǐ xióngwěi zhī gǎn. *This building is both tall and huge. It gives one an imposing feeling.*

【既得利益】jì dé lìyì 由地位、传统等等历史事实保证的私人的优越条件 *vested interest*;保护～改革 *protect one's vested interests* /～者多半反对改革。～ zhě duōbàn fǎnduì gǎigé. *People with vested interests mostly oppose reform.*

【既定】jìdìng（形·非谓）*set*; *fixed*; *established*;～方针 fāngzhēn *fixed policy* /～政策 zhèngcè *established policy* /～原则 yuánzé *established principle*

【既然】jìrán（连）用于前一分句,表示承认某事实,后一分句则据此作出推断或结论,有时用反问形式加强肯定语气;“既然”可用在主语前或后,后面常有“就、也、还”与之呼应（*used in the first clause of a sentence to acknowledge a fact, the second clause then makes an inference or draws a conclusion from this; and sometimes uses the rhetorical form to emphasize the certainty of the fact;* “既然” *can be used either before or after a subject and is often followed by* "就", "也", "还", *etc.*）*since*; *as*; *now that*:你～有病,就应当抓紧治疗。Nǐ ～ yǒu bìng, jiù yīngdāng zhuājǐn zhìliáo. *Since you have an illness, you should attend to it at once.* /～你坚持要去,那我也就不反对了。～ nǐ jiānchí yào qù, nà wǒ yě jiù bù fǎnduì le. *As you insist on going, I don't have any objections.* / 这鞋～不能穿了,还要它干什么! Zhè xié ～ bù néng chuān le, hái yào tā gàn shénme! *Since you can't wear these shoes, why on earth are you keeping them?* /～到了北京,何不到长城去游览一下! ～ dàole Běijīng, hé bú dào Chángchéng qù yóulǎn yíxià! *Now that we're in Beijing, why don't we make a trip to the Great Wall?*

【既往不咎】jì wǎng bù jiù 对以往的错误不再责备 *let bygones be bygones*:过去的事~,今后决不能再这样。Guòqù de shì ～, jīnhòu jué bù néng zài zhèyàng. *We will let bygones be bygones, but we will never let such a situation arise again.*

觊〔覬〕jì

【觊觎】jìyú（动）〈书〉妄想得到 *covet*

继〔繼〕jì

（动）◇继续,接续 *continue*; *succeed*; *follow*:有些手工艺如不赶快培养新手,将会后～无人。Yǒuxiē shǒugōngyì rú bù gǎnkuài péiyǎng xīnshǒu, jiāng huì hòu ～ wú rén. *There are certain handicrafts, which, if new people are not trained in them quickly, will have nobody to carry on the tradition.*

【继承】jìchéng（动）(1) *inherit*; *carry on*; *succeed to*:～父母遗产 ～ fùmǔ yíchǎn *succeed to an inheritance from one's parents* (2)继续做（前人未完的事业）*carry on* (*a task left unfinished by one's predecessors*):～革命事业 ～ gémìng shìyè *carry on the revolutionary task* / 他～父亲的遗志,把父亲没写完的书写完。Tā ～ fùqin de yízhì, bǎ fùqin méi xiěwán de shū xiěwán. *He carried out the behest of his father to finish writing the book.*

【继承权】jìchéngquán（名）*right of succession*; *right of inheritance*

【继承人】jìchéngrén（名）*successor*; *heir*; *inheritor*

【继而】jì'ér（副）*then*; *afterwards*:突然电闪雷鸣,～下起滂沱大雨。Tūrán diàn shǎn léi míng, ～ xiàqǐ pāngtuó dàyǔ. *There was a flash of lightning and a crash of thunder, and then the rain poured down.*（连）表示一种情况紧跟另一情况之后发生或进行,前面常有“起初”、“首先”等词 *then*; *afterwards* (*often preceded by* "起初", "首先", *etc.*):我们先在武汉住了半个月,～又去长沙呆了十天。:Wǒmen xiān

zài Wǔhàn zhùle bàn ge yuè, ～ yòu qù Chángshā dāile shí tiān. *First we stayed in Wuhan for half a month, then we went to Changsha for ten days.* / 起初他说身上发痒,～浑身就肿起来了。Qǐchū tā shuō shēnshang fā yǎng, ～ húnshēn jiù zhǒng qilai le. *At first he said that he felt itchy all over, then his whole body started to swell.* / 听了他的所作所为,开始十分吃惊,～感到非常气愤。Tīngle tā de suǒ zuò suǒ wéi, kāishǐ shífēn chī jīng, ～ gǎndào fēicháng qìfèn. *When I heard what he had done, I was surprised at first, then afterwards I was indignant.*

【继父】jìfù（名）*stepfather*

【继母】jìmǔ（名）*stepmother*

【继任】jìrèn（动）接替前任的职务 *succeed* (*somebody*) *in a post*;副总统～总统职务。Fùzǒngtǒng ～ zǒngtǒng zhíwù. *The vice-president succeeded to the presidency.*

【继往开来】jì wǎng kāi lái 继承前人的事业,并为将来开拓新局面 *shoulder a task bequeathed by one's predecessors and forge ahead with it.*

【继续】jìxù（动）延续下去,不间断 *continue*; *go on*:～努力 ～ nǔlì *make efforts continuously* / 文艺节目还要～演下去。Wényì jiémù hái yào ～ yǎn xiaqu. *The theatrical performance will go on.*

【继……之后】jì……zhīhòu 意思是在某个行动以后。与嵌入的成分共同作时间状语,有时也可作定语 *following* (*a certain action*); *after* (*together with the element that's inserted between* "继" *and* 之后, *it serves as an adverbial denoting time; can sometimes also serve as an attributive*):继乒乓球之后,我国的女排和羽毛球也相继取得了世界大赛的好成绩。Jì pīngpāngqiú zhī hòu, wǒ guó de nǚ pái hé yǔmáoqiú yě xiàngjì qǔdéle shìjiè dà sài de hǎo chéngjì. *Following table tennis, the Chinese women's volleyball and badminton teams also got good results in world tournaments.* / 继南京长江大桥之后,枝江长江大桥又通车了。Jì Nánjīng Cháng Jiāng Dàqiáo zhīhòu, Zhījiāng Cháng Jiāng Dàqiáo yòu tōng chē le. *After traffic opened on the bridge over the Yangtze River in Nanjing, it opened on the bridge over the Yangtze River in Zhijiang.* / 继第六个五年计划之后的第七个五年计划,现在也已开始施行了。Jì dìliù gè wǔ nián jìhuà zhī hòu de dìqī gè wǔnián jìhuà, xiànzài yě yǐ kāishǐ shīxíng le. *Following the sixth Five-Year Plan, the seventh has already started being implemented.*

祭 jì

（动）*offer a sacrifice*:～祖先 ～ zǔxiān *offer sacrifice to the ancestors*

【祭奠】jìdiàn（动）举行仪式对死去的人表示悼念 *hold a memorial ceremony*

【祭礼】jìlǐ（名）(1)祭祀或祭奠的仪式 *sacrificial rites* (2)祭祀用的礼品 *sacrificial offerings*

【祭器】jìqì（名）祭祀时用的器具 *sacrificial paraphernalia*

【祭祀】jìsì（动）*offer sacrifices*

【祭坛】jìtán（名）*sacrificial altar*

【祭文】jìwén（名）祭祀或祭奠时对神或死者朗读的文章 *funeral oration*; *address at a memorial ceremony*

寄 jì

（动）(1) *send*; *dispatch*; *mail*:～信 ～ xìn *post a letter* /～两本书 ～ liǎng běn shū *send two books by mail* (2)存放,寄托 *deposit*; *entrust*:行李暂～你家。Xíngli zàn ～ nǐ jiā. *I'll leave my luggage at your house for a while.* /～希望于年青一代 ～ xīwàng yú niánqīng yí dài *place one's hope in the younger generation* (3)◇依附别人或依附某一地方 *depend on*; *attach oneself to* (*a person or place*):～食 ～ shí *live as a dependent in someone else's household* /～住 ～ zhù *lodge*

【寄存】jìcún（动）*deposit（an article temporarily）*：把自行车～在存车处。Bǎ zìxíngchē ～ zài cúnchēchù. *Leave your bicycle at the parking place.* / 火车站可以一～行李。Huǒchēzhàn kěyǐ ～ xíngli. *You can check your luggage at the station.*

【寄放】jìfàng（动）把东西暂时交给别人代为保管 *leave something with somebody for safekeeping*：我的书～在朋友家已经一年了。Wǒ de shū ～ zài péngyou jiā yǐjīng yì nián le. *It's been a year since I left my books at my friend's house.*

【寄居】jìjū（动）较长时间住在别人家里或他乡 *live away from home*：他～乡～tāxiāng *live far from one's native place* / 他从小～在舅舅家里。Tā cóng xiǎo ～ zài jiùjiù jiāli. *He has lived with his uncle's family since he was a child.*

【寄卖】jìmài（动）委托别人代为出卖物品或受别人委托代卖 *entrust somebody else to sell（on commission）*

【寄人篱下】jì rén lí xià 比喻依靠家里以外的人过活，含有此心情不愉快的意思 *live under another's roof*

【寄生】jìshēng（动）*act as a parasite（leech）*：～生活～shēnghuó *live a parasitic life* / 蛔虫～在动物的肠子里。Huíchóng ～ zài dòngwù de chángzi li. *Roundworms live as parasites in the intestines of animals.*

【寄生虫】jìshēngchóng（名）（1）*parasite*（2）比喻依靠剥削别人劳动为生的人 *a person who lives off the labor of others*：要靠自己的劳动来创造幸福，决不当一～。Yào kào zìjǐ de láodòng lái chuàngzào xìngfú, jué bù dāng ～. *One must rely on one's own efforts to achieve happiness and not sponge on others.*

【寄售】jìshòu（动）同"寄卖"jìmài *same as "寄卖" jìmài*

【寄宿】jìsù（动）（1）临时借住 *lodge；board*：他～在同学家里。Tā ～ zài tóngxué jiā li. *He lodges at a classmate's house.*（2）学生在学校里住宿（区别于"走读"）*live in "hall"（as opposed to "attend day school"）*：上中学的时候，我在学校～。Shàng zhōngxué de shíhou, wǒ zài xuéxiào ～. *When I was attending middle school I used to board at the school.*

【寄托】jìtuō（动）（1）托付 *entrust*：把孩子～在邻居家里。Bǎ háizi ～ zài línjū jiā li. *entrust one's child to a neighbor's family*（2）（把理想、希望等）放在（某人或某种事物上）*place one's hopes, aspirations, etc. on somebody or something*：父母把无限希望～在他身上。Fùmǔ bǎ wúxiàn xīwàng ～ zài tā shēnshang. *His parents placed their boundless hopes on him.* / 父母对他～了无限的希望。Fùmǔ duì tā ～le wúxiàn de xīwàng. *His parents placed their boundless hopes on him.*

【寄养】jìyǎng（动）把子女托付给别人抚养 *entrust the bringing up of one's child to somebody else*

【寄予】jìyǔ（动）〈书〉（1）（对……）怀有（理想、希望等）*place（one's hope, aspirations, etc.）in*：对青年一代～极大的希望。Duì qīngnián yí dài ～ jí dà de xīwàng. *place one's greatest hopes in the younger generation*（2）给予，给 *show*：～深切的关怀～shēnqiè de guānhuái *show the utmost care for*

寂 jì

【寂静】jìjìng（形）很安静，没有一点声音 *quiet；silent*：～的夜晚～de yèwǎn *silent night* / 这个住宅区白天非常～。Zhège zhùzháiqū báitiān fēicháng ～. *It's very quiet during the day in this residential area.*

【寂寞】jìmò（形）孤独，冷清 *lonely；solitary*：～的生活～de shēnghuó *lonely life* / 儿女都独立生活了，父母感到很～。Érnǚ dōu dúlì shēnghuó le, fùmǔ gǎndào hěn ～. *With the children living away from home the parents feel lonely.*

【寂然】jìrán（形）〈书〉没有声音，非常安静 *still；silent*

鲫〔鯽〕jì

【鲫鱼】jìyú（名）*crucian carp*

jiā

加 jiā

（动）（1）〈数〉*add*：一～一等于二。Yī ～ yī děngyú èr. *One plus one equals two.*（2）*add*：～一个句子～yí ge jùzi *add a sentence* /～注解～zhùjiě *attach explanatory notes* / 火上～油 huǒ shang ～ yóu *add fuel to the flames*（3）◇加以，给以 *give*：不～思索 bù ～ sīsuǒ *not give the matter any consideration* / 严～批评 yán ～ pīpíng *pour on severe criticism*

【加班】jiā=bān 在规定以外延长工作时间或增加班次 *work an overtime shift*：星期日～半天。Xīngqīrì ～ bàn tiān. *We worked a half day overtime on Sunday.* / 每月加两天班。Měi yuè jiā liǎng tiān bān. *Every month we work two days overtime.*

【加班费】jiābānfèi（名）正常工作时间以外加班的酬金 *overtime pay*

【加倍】jiābèi（动）*double；redouble*：载重量～zàizhòngliàng ～ *double the loading capacity* / 任务～ rènwu ～ *double one's responsibilities*（副）表示程度比原来深得多，有"特别"、"更加"的意思，有时也说"倍加" *double；redouble；especially（is sometimes said as "倍加"）*：胜利在望，要～努力！Shènglì zài wàng, yào ～ nǔ lì! *Victory is in sight. Let us redouble our efforts!* / 这是精密仪器，运送时要～小心。Zhè shì jīngmì yíqì, yùnsòng shí yào ～ xiǎoxin. *This is a precision instrument. Be extra careful when transporting it.* / 这里情况复杂，斗争尖锐，必须～警惕。Zhèli qíngkuàng fùzá, dòuzhēng jiānruì, bìxū ～ jǐngtì. *The situation here is complex, and the conflicts sharp. You must be especially on your guard.*

【加点】jiā=diǎn 在规定的工作时间之后继续工作一段时间 *work extra hours*

【加法】jiāfǎ（名）〈数〉*addition*

【加工】jiā=gōng（1）把原料或半成品制成成品 *process；manufacture*：来料～lái liào ～ *processing of supplied materials* / 服装～商店 fúzhuāng ～ shāngdiàn *made-to-measure tailor's shop* / 食品～车间 shípǐn ～ chējiān *food-processing workshop*（2）再做些工作（使成品更完美）*add the finishing touches to*：这篇文章还要加加工。Zhè piān wénzhāng hái yào jiājia gōng. *This piece of writing needs some polishing.*

【加固】jiāgù（动）*reinforce；consolidate*：～堤坝 ～ dībà *reinforce dykes* / ～楼房 ～ lóufáng *reinforce buildings*

【加号】jiāhàor（名）〈数〉*plus sign*

【加紧】jiājǐn（动）加快速度或加大强度 *intensify；speed up*：～训练 ～ xùnliàn *step up training* /～防治～ fángzhì *intensify prevention and cure measures*：开会日期提早了，准备工作要～做。Kāi huì rìqī tízǎo le, zhǔnbèi gōngzuò yào ～ zuò. *The date of the meeting has been brought forward, so we have to speed up the preparations.*

【加劲儿】jiā=jìnr（在做事时）再增加一些力量 *make greater efforts；put more energy into*：～干 ～ gàn *put one's back into one's work* / 你的工作还得加把劲儿，不然就落后了。Nǐ de gōngzuò hái děi jiā bǎ jìnr, bùrán jiù luòhòu le. *You must put more effort into your work, otherwise you will drop behind.*

【加剧】jiājù（动）使斗争更加激化，严重程度加深 *aggravate；intensify；exacerbate*：～他们之间的矛盾 ～ tāmen zhī jiān de máodùn *aggravate the contradiction（conflict）*

between them /～病情的发展 ～ bìngqíng de fāzhǎn *aggravate the course of an illness*

【加快】jiākuài（动）使速度或进度更快 *accelerate；quicken；speed up*：～步伐 ～ bùfá *quicken one's step* /工程进度 gōngchéng jìndù *speed up the work* / 汽车速度～了。Qìchē sùdù ～ le. *The car accelerated.*

【加料】jiā＝liào 把原料装进操作的容器之中 *feed in raw material*：从～到出炉一共用多少时间？Cóng ～ dào chū lú yígòng yòng duōshao shíjiān? *How long does the process take, from feeding in the raw material to extraction from the furnace?*

【加仑】jiālún（量）*gallon*

【加冕】jiā＝miǎn *crown；coronation*：～典礼 ～ diǎnlǐ *coronation ceremony*

【加强】jiāqiáng（动）使更坚强、雄厚或更有效 *strengthen；enhance；augment*：～团结 ～ tuánjié *enhance solidarity* / ～组织纪律性 ～ zǔzhī jìlùxìng *tighten organizational discipline* / 身体的抵抗力～了。Shēntǐ de dǐkàng lì ～ le. *The body's resistance has been strengthened.*

【加热】jiārè 使物体的温度升高 *heat*：利用太阳能～，节约燃料。Lìyòng tàiyángnéng ～, jiéyuē ránliào. *One can save fuel by using solar power for heating.*

【加入】jiārù（动）（1）添上，搀上 *add in；mix*（2）参加（成为某组织的成员）*join；become a member（of an organization）*：～作家协会 ～ zuòjiā xiéhuì *become a member of the writers association* / 我能～你们的旅行团吗？Wǒ néng ～ nǐmen de lǚxíngtuán ma? *May I join your tour group?*

【加塞儿】jiā＝sāir〈口〉不按次序排队，为了靠前而插进排好的队伍里 *jump the queue*

【加深】jiāshēn（动）*deepen*：～印象 ～ yìnxiàng *deepen an impression* / ～理解 ～ lǐjiě *deepen one's understanding* / 他们之间的友谊～了。Tāmen zhī jiān de yǒuyì ～ le. *The friendship between them deepened.*

【加数】jiāshù（名）〈数〉*addend*

【加速】jiāsù（动）加快……的速度 *accelerate；quicken；speed up*：～失败 ～ shībài *hasten defeat* / 不改革管理制度，只会～工厂的破产。Rúguǒ hái bù gǎigé guǎnlǐ zhìdù, zhǐ huì ～ gōngchǎng de pòchǎn. *If we don't reform the management system we will simply be hastening the factory's bankruptcy.* 可以作状语（*also used adverbially*）：～前进 ～ qiánjìn *advance at an accelerated pace* / ～追赶 ～ zhuīgǎn *step-up pursuit*

【加速度】jiāsùdù（名）〈物〉*acceleration*

【加速器】jiāsùqì（名）〈物〉*accelerator*

【加速运动】jiāsù yùndòng〈物〉*accelerated motion*

【加以】jiāyǐ（动）用于双音节动词前，表示如何对待或处理前面所提到的事物。多用于书面语（*used in front of disyllabic verbs to indicate how an aforementioned object is to be treated or disposed of；more often used in writing*）：对他们的做法要～肯定。Duì tāmen de zuòfǎ yào ～ kěndìng. *We must give approval to their way of doing things.* / 这些资料不～整理，就不便于使用。Zhèxiē zìliào bù ～ zhěnglǐ, jiù bú biànyú shǐyòng. *If we don't put these materials in order they won't be convenient to use.* / 这个问题应及时～解决。Zhège wèntí yīng jíshí ～ jiějué. *A timely solution has to be found for this problem.* "加以"的否定形式是"不加"（*one way of saying the negation of "加以" is "不加"*）（连）引出补充的原因 *in addition；moreover*：夜色昏暗，～路滑难行，四公里路走了近两个钟头。Yèsè hūn'àn, ～ lù huá nán xíng, sì gōnglǐ lù zǒule jìn liǎng ge zhōngtóu. *The night was dim, moreover, the road was slippery and difficult to walk on, so it took me almost two hours to walk a distance of four kilometers.* /那里土地肥沃，～气候温和，因此小麦产量比一般地区都高。Nàli tǔdì féiwò, ～ qìhòu

wēnhé, yīncǐ xiǎomài chǎnliàng bǐ yìbān dìqū dōu gāo. *The soil there is very fertile, what's more, the climate is also temperate, thus the output of wheat is higher than in the average regions.*

【加意】jiāyì（副）特别注意 *with special care；paying close attention*：～护理 ～ hùlǐ *nurse with special care* / ～爱护 ～ àihù *cherish closely*

【加油】jiā＝yóu 鼓励人进一步努力，常为观众用来鼓励比赛中的运动员 *make extra efforts（used to encourage a person in a race, etc.）*：我们必须～干。Wǒmen bìxū ～ gàn. *We'd better put more effort into our work.* / 中国队，～！Zhōngguóduì, ～! *Come on, China!*

【加重】jiāzhòng（动）增加份量或加深程度 *increase the amount or degree*：～负担 ～ fùdān *increase the burden* /～语气 ～ yǔqì *deepen one's tone of voice* / 病情～ bìngqíng ～ *His condition（illness）got worse.*

夹〔夾〕jiā

（动）（1）*press from both sides；pinch；squeeze*：用筷子～菜 yòng kuàizi ～ cài *use chopsticks to pick up food* / 用钳子～住螺母。Yòng qiánzi ～zhu luómǔ. *Use the pincers to hold the nut steady.* / 两山之间～着一条小河。Liǎng shān zhī jiān ～ zhe yì tiáo xiǎo hé. *There is a small river hemmed in by two mountains.* / 把信～在书里。Bǎ xìn ～ zài shūli. *Insert the letter between the pages of a book.* （2）在胳膊底下或手指等中间钳持 *clasp under the arm or between the fingers*：他～着书进了图书馆。Tā ～zhe shū jìnle túshūguǎn. *He entered the library with a book under his arm.* / 画家一手～着两支笔。Huàjiā yì shǒu ～zhe liǎng zhī bǐ. *The artist held two brushes with one hand.* （3）搀杂，混杂 *mix；mingle*：米里～着些小豆。Mǐ li ～ zhe xiē xiǎodòu. *There were red beans mixed in with the rice.* / 脚步声～着谈话声。Jiǎobù shēng ～zhe tán huà shēng. *The noise of footsteps mingled with the sound of chattering.* 另见 jiá

【夹板】jiābǎn（名）用来夹住物体的板子，多用木头或金属制成 *pressure boards（such as splints, etc.）*

【夹带】jiādài（动）〈藏在身上或用其他物品遮掩〉秘密携带（违禁品）*insert secretly；smuggle*：在这批货物中～着走私品。Zài zhè pī huòwù zhōng ～zhe zǒusīpǐn. *There is contraband in this consignment of goods.*

【夹道欢迎】jiā dào huānyíng 排列在道路两边迎接 *line both sides of a street in welcome*：～外宾 ～ wàibīn *line the streets to welcome a foreign guest* /～胜利归来的英雄 ～ shènglì guīlái de yīngxióng *line the streets to welcome the victorious heroes*

【夹攻】jiāgōng（动）从相对的两方面同时攻击 *launch a pincer attack*：两面～ liǎng miàn ～ *attack from both sides* / 内外～ nèi wài ～ *attack from within and without*

【夹角】jiājiǎo（名）〈数〉*included angle*

【夹生饭】jiāshēngfàn（名）没有熟透的米饭，比喻工作中有一部分没有做好 *half-cooked rice；a curate's egg（a job which is deficient in parts）*：这堂课没讲好，许多问题没说明白，是一顿～。Zhè táng kè méi shànghǎo, xǔduō wèntí méi shuō míngbai, shì yí dùn ～. *This lesson didn't go very well. There were many questions still unexplained, so it was a curate's egg.*

【夹杂】jiāzá（动）*be mixed up with；be intermingled*：他的普通话里～着许多方音。Tā de pǔtōnghuà li ～zhe xǔduō fāngyīn. *He speaks with a strong regional accent.* / 他对她的评价不够客观，～着个人成见。Tā duì tā de píngjià bú gòu kèguān, ～zhe gèrén chéngjiàn. *He is not objective enough in his evaluation of her. Personal prejudices keep creeping in.*

【夹子】jiāzi（名）夹东西用的器具 *clip；tongs*：讲义～ jiǎngyì

~ *teaching materials folder* / 衣服~ yīfu ~ *clothes-peg* / 用~夹两个馒头。Yòng ~ jiā liǎng ge mántou. *pick up two buns with tongs* / 装钱用的皮~ zhuāng qián yòng de pí ~ *wallet*

佳 jiā

（形）〈书〉good；fine；beautiful：身体欠~。Shēntǐ qiàn ~. *feel unwell* / 最~成绩 zuì ~ chéngjì *most superb result*

【佳话】jiāhuà（名）〈书〉流传一时，成为谈话资料的好事或趣事 *subject of widespread approval*；"*the talk of the town*"：运动会上流传他们夫妇各得一块金牌的~。Yùndònghuì shang liúchuán tāmen fūfù gè dé yí kuài jīnpái de ~. *The athletic meeting was abuzz with the news of the two gold medals won by a husband and wife.*

【佳节】jiājié（名）〈书〉欢乐愉快的节日 *joyous festival*：国庆~ guóqìng ~ *joyous National Day festival* / 中秋~ Zhōngqiū ~ *joyous Mid-Autumn Festival*

【佳偶】jiā'ǒu（名）〈书〉感情融洽、生活美满幸福的夫妻 *happily married couple*

【佳期】jiāqī（名）〈书〉一般指结婚的日子 *wedding day*

【佳人】jiārén（名）〈书〉旧指美丽的女子 *beautiful woman* (*archaic*)：这些旧小说都是些千篇一律的才子~的故事。Zhèxiē jiù xiǎoshuō dōu shì xiē qiān piān yílǜ de cáizǐ ~ de gùshi. *These old novels all carry the same stereotyped tales of talented scholars and beautiful ladies.*

【佳音】jiāyīn（名）〈书〉好消息，喜讯 *good news*；*joyful tidings*：传~ chuán ~ *spread the good news* / 等候~ děnghòu ~ *await good news*

【佳作】jiāzuò（名）优秀的文学或艺术作品 *fine piece of writing or art*

枷 jiā

（名）旧时套在犯人脖子上的木制刑具 *cangue*；*pillory*

【枷锁】jiāsuǒ（名）枷和锁是古代的两种刑具，比喻迫害和束缚 *yoke*；*shackles*；*fetters*：砸碎封建~ zásuì fēngjiàn ~ *burst the shackles of feudalism* / 高利贷是套在穷人身上的~。Gāolìdài shì tào zài qióngrén shēnshang de ~. *Usury is a yoke around the neck of the poor.*

痂 jiā

（名）*scab*

家 jiā

（名）(1)家庭 *family*；*household*：我~只有三口人。Wǒ ~ zhǐ yǒu sān kǒu rén. *There are only three persons in our family.* / 他的对门住着一家赵~。Tā de duìménr zhùzhe yì jiā Zhào ~. *Across the road from him lives a Zhao family.* (2)家庭的住所 *family address*：我~是27号，他~是29号，我们是邻居。Wǒ ~ shì èrshíqī hào，tā ~ shì èrshíjiǔ hào，wǒmen shì línjū. *Our families are neighbors. We live at No. 27 and they live at No. 29.* / 他回~了。Tā huí ~ le. *He was gone home.* (量)用于家庭或企业 *measure word for families or businesses*：这里有十来~人家。Zhèli yǒu shí lái ~ rénjiā. *There are about a dozen families here.* / 一~钟表店 yì ~ zhōngbiǎodiàn *one watchmaker's shop* / 两家大饭店 liǎng ~ dà fàndiàn *two large hotels* (尾)从事某种专门工作或掌握某种专门知识、技能的人（*as a suffix*）*indicates a specialist*：发明~ fāmíng ~ *inventor* / 科学~ kēxué ~ *scientist* / 画~ huà ~ *painter*；*artist* / 作~ zuò ~ *writer*

【家产】jiāchǎn（名）*family property*

【家常】jiācháng（名）家庭日常生活 *daily life of a family*：谈~ tán ~ *small talk*；*chitchat* / 家菜 ~ fàncài *homely food* / 琐事 ~ suǒshì *household affairs*；*petty trifles*

【家常便饭】jiācháng biànfàn 家庭平常吃的饭，也比喻平常易见的事情 *homely food* — "*common occurence*"；"*routine*"：你留下来吃晚饭吧，就是~，并不费事。Nǐ liú xiàlai chī wǎnfàn ba，jiù shì ~，bìng bú fèi shì. *Please stay for supper, even though it's only homely fare and I won't take a lot of trouble over it.* / 冬天洗冷水澡，对他来说已是~了。Dōngtiān xǐ lěngshuǐzǎo，duì tā lái shuō yǐ shì ~ le. *Taking cold baths in the winter is routine for him.*

【家丑】jiāchǒu（名）家庭内部的不体面、不光彩的事 *family scandal*；*skeleton in the closet*

【家畜】jiāchù（名）*domestic animals*；*livestock*

【家当】jiādang（名）家产 *family property*：做了五年运输专业户，他有了几万元的~了。Zuòle wǔ nián yùnshū zhuānyèhù，tā yǒule jǐ wàn yuán de ~ le. *After running a family transportation business for five years he accumulated a sizeable sum in family property.* / 把所有~都吃光了。Bǎ suǒyǒu ~ dōu chīguāng le. *He dissipated the entire family wealth.*

【家道】jiādào（名）〈书〉家庭的经济情况 *family financial situation*

【家底】jiādǐ（名）(1)家庭长期积累起来的财产 *family resources accumulated over a period of time*：~厚 ~ hòu *substantial family resources* / ~薄 ~ báo *flimsy family resources* (2)指一个单位的财产 *assets*：各单位都要把自己的~清一清。Gè dānwèi dōu yào bǎ zìjǐ de ~ qīng yi qīng. *Every unit ought to take stock of its assets.*

【家访】jiāfǎng（动）(因工作需要)到有关的人员的家里进行专门访问，特别是中小学教员访问学生的父母 *visit to parents* (*usually of school children*)

【家伙】jiāhuo（名）(1)工具或武器 *tool or weapon*：没有顺手的~就干不好活儿。Méi yǒu shùnshǒu de ~ jiù gàn bu hǎo huór. *Without the proper tools I can't do a good job.* (2)指动物或人（有亲切或憎恶意）*refers to an animal or person* (*in an affectionate or disparaging sense*)：有了这个小~(小猫)就不怕闹耗子了。Yǒule zhège xiǎo ~ (xiǎo māo) jiù bú pà nào hàozi le. *Now with this little chap (kitten) in the house, we won't have trouble with mice.* / 你这~真会说话。Nǐ zhè ~ zhēn huì shuō huà. *You certainly have a glib tongue, you rogue.* / 这帮~整天吃喝玩乐，游手好闲。Zhè bāng ~ zhěng tiān chī hē wánr lè，yóu shǒu hào xián. *This group of guys do nothing but loaf around and have a good time all day.*

【家家户户】jiājiā hùhù 每家~ *each* (*and every*) *household*：到了冬天，北京~都贮存大白菜。Dàole dōngtiān，Běijīng ~ dōu zhùcún dàbáicài. *When winter arrives every household in Beijing stores up cabbages.*

【家教】jiājiào（名）(1)家长对子女的有关道德品质、礼节等方面的教育 *family upbringing*；*family instruction* (2)家庭教师的简称 *short for* "家庭教师" (*private tutor*)

【家境】jiājìng（名）家庭的经济状况 *family financial circumstance*

【家具】jiājù（名）[套 tào、件 jiàn]*furniture*：买了一套~ mǎile yí tào ~ *bought a set of furniture*

【家眷】jiājuàn（名）旧时指妻子儿女，有时专指妻子 *old term for one's wife, children or just wife*：这是他的~。Zhè shì tā de ~. *This is his wife.* / 他先一个人来北京，~明年才能来。Tā xiān yí ge rén lái Běijīng，~ míngnián cái néng lái. *He has come to Beijing first alone. His wife and children can't come until next year.*

【家累】jiālěi（名）家庭中经济不能独立的人因而成为负担的 *a family member who is an economic burden on the rest*：他家六口人，都靠他一个~，~很重。Tā jiā liù kǒu rén，dōu kào tā yí ge ~，~ hěn zhòng. *The six members of the family all rely on him for support, so the burden on him is heavy.* / 别看他家人口不少，个个都有工作，他没什么~。Bié kàn tā jiā rénkǒu bù shǎo，gègè dōu yǒu gōngzuò，tā méi shénme

~. *He does have a large family, but they are all working so they are no burden on him.*

【家破人亡】jiā pò rén wáng 家庭遭到毁灭性的破坏，有人被迫害致死 *family ruined its members scattered or dead*：那场战争，使多少人～. Nà chǎng zhànzhēng, shǐ duōshǎo rén ~. *The war broke up a lot of families.*

【家谱】jiāpǔ（名）[本 běn]记载一个家庭世代系统的书，有时有本族重要人物事迹 *family tree; genealogical register*

【家禽】jiāqín（名）*domestic fowl; poultry*：饲养～是一条致富的门路。Sìyǎng ~ shì yì tiáo zhì fù de ménlù. *Raising poultry is one way of getting better-off.*

【家史】jiāshǐ（名）某个家庭发展变化的历史 *family history*

【家书】jiāshū（名）〈书〉同"家信"jiāxìn *same as "家信" jiāxìn*

【家属】jiāshǔ（名）户主或职工本人以外的家庭成员 *family members*：这个工厂的职工～足有五千人。Zhège gōngchǎng de zhígōng ~ zú yǒu wǔqiān rén. *The family members of the employees of this factory number as many as five thousand.* /那座楼是单身宿舍，这两座楼是～宿舍。Nà zuò lóu shì dānshēn sùshè, zhè liǎng zuò lóu shì ~ sùshè. *That building accommodates single people. These two house families.*

【家属宿舍】jiāshǔ sùshè 机关、单位中本系统职工及其家庭居住的宿舍（区别于单身宿舍）*living quarters for families*

【家属委员会】jiāshǔ wěiyuánhuì 机关、单位负责家属居住区工作的组织 *family quarters service center*

【家庭】jiātíng（名）*family; household*：和睦的～ hémù de ~ *harmonious household* /～成员 ~ chéngyuán *member of a household* /～教育 ~ jiàoyù *home training; home education*

【家庭妇女】jiātíng fùnǚ 结婚以后不参加工作的妇女 *housewife*

【家庭教师】jiātíng jiàoshī 应聘到一个家庭中教授该家成员文化、科学知识的人 *private tutor*

【家庭经济】jiātíng jīngjì 指以家庭为单位，从事经营的个体所有制经济 *economy based on the family as the unit of production*

【家庭作业】jiātíng zuòyè 给学生留的放学以后的作业 *homework*

【家务】jiāwù（名）家庭事务 *household duties*：～劳动 ~ láodòng *household chores* / 夫妇两个分担～是合理的。Fūfù liǎng ge fēndān ~ shì hélǐ de. *It is reasonable for a husband and wife to share the household chores.*

【家乡】jiāxiāng（名）家庭世代居住的地方 *hometown; native place*：回～ huí ~ *return to one's hometown* / 他从小就到北京来，已经不会说～话了 Tā cóng xiǎo jiù dào Běijīng lái, yǐjīng bú huì shuō ~ huà le. *He came to Beijing when he was a small boy, and now he can't speak his hometown dialect any more.*

【家信】jiāxìn（名）[封 fēng]家里人寄来的或寄给家里人的信 *letter to or from one's family*

【家燕】jiāyàn（名）[只 zhī] *house swallow; house martin*

【家用】jiāyòng（形）家庭生活中所用的 *household*：～设备 ~ shèbèi *household installations* /～电器 ~ diànqì *household electrical appliances*

【家喻户晓】jiā yù hù xiǎo 每家每户都知道 *widely known; known to every household*：一些出色的运动员都是～，人人皆知的。Yìxiē chūsè de yùndòngyuán dōu shì ~, rénrén jiē zhī de. *Some outstanding athletes are household names. Everyone knows them.*

【家园】jiāyuán（名）指家乡 *home; native place; homeland*：重建遭到破坏的～ Chóng jiàn zāodào pòhuài de ~ *rebuild one's ruined homeland*

【家长】jiāzhǎng（名）(1)掌握家庭的经济等大权，在家庭中居于绝对支配地位的人 *a head of a family; matriarch* (2)学生的父母或监护人 *parent or guardian of a student*：今天学校要开个～会。Jīntiān xuéxiào yào kāi ge

~ huì. *The school will hold a parents' meeting today*

【家长制】jiāzhǎngzhì（名）*patriarchal (matriarchal) system*

【家族】jiāzú（名）*clan*

袈 jiā

【袈裟】jiāshā（名）和尚披在外面的法衣，由许多长方形小块布片拼缀制成 *Buddhist monk's patchwork outer vestment; kassaya*

嘉 jiā

（形）◇美好 *good; happy; fine* （动）◇夸奖、赞许 *praise; glorify; commend*：精神可～ jīngshén kě ~ *commendable spirit; praiseworthy spirit*

【嘉奖】jiājiǎng（动）称赞并奖励 *commend; cite*：对立功将士进行～. Duì lì gōng jiàngshì jìnxíng ~. *cite meritorious officers and men*

【嘉勉】jiāmiǎn（动）〈书〉嘉奖和勉励 *praise and encourage*

【嘉许】jiāxǔ（动）〈书〉称赞，夸奖 *praise; commend; approve*

jiá

夹 〔夾〕jiá

（形）双层的（衣、裤、被等）*lined; double-layered (clothing, quilts, etc.)*：这件上衣是单的还是～的? Zhè jiàn shàngyī shì dān de háishi ~ de? *Is this jacket lined or not?* / 盖一床～被 gài yì chuáng ~ bèi *cover with an unpadded quilt* 另见 jiā

荚 〔莢〕jiá

（名）豆～ dòu~ *pea pod*

颊 〔頰〕jiá

（名）〈书〉◇脸的两侧从眼下到下颌的部分 *cheek*：两～通红 liǎng ~ tōnghóng *suffused with blushes*

jiǎ

甲 jiǎ

（名）(1)天干的第一位，常用来表示第一 *first of the 10 Heavenly Stems (often used to indicate the first in a series)*：～级 ~ jí *first rank; first rate* /～种 ~ zhǒng *first type* /～班 ~ bān *class A* (2)动物身上起保护作用的硬壳 *shell (carapace) of an animal* (3)围在人体或物体外面起保护作用的装备，多用金属或皮革制成 *body armor*：丢盔卸～ diū kuī xiè ~ *throw away one's helmet and body armor "flee pell-mell"* / 铁～ tiě~ *metal armor; chain mail*

【甲板】jiǎbǎn（名）*deck (of a ship)*

【甲虫】jiǎchóng（名）[只 zhī] *beetle*

【甲骨文】jiǎgǔwén（名）中国殷商时代刻在龟甲和兽骨上的文字，是目前发现的最早的成系统的汉字。现在的汉字是从甲骨文演变而来的 *oracle bone inscriptions (earliest-known form of Chinese characters, inscribed on bones and tortoise shells during the Shang dynasty (17th-11th century B.C.))*

【甲克】jiǎkè（名）[件 jiàn] *jacket*

【甲壳】jiǎqiào（名）*crust*

【甲鱼】jiǎyú（名）[只 zhī] *soft-shelled turtle*

【甲状腺】jiǎzhuàngxiàn（名）*thyroid gland*

钾 〔鉀〕jiǎ

（名）〈化〉*potassium*

【钾肥】jiǎféi（名）以钾元素为主的肥料 *potash fertilizer*

假 jiǎ

（形）(1)人造的，代用的 *artificial; substitute*：～牙 ~

yá *false tooth* /～腿　～ tuǐ *artificial leg* /～山　～ shān *rockery* （2）不真实的 *false*；*fake*；做了一个～动作 zuòle yí ge ～ dòngzuò *He made a false move*. （3）虚伪的 *sham*；*false*；*hypocritical*：说～话 shuō ～ huà *tell lies* /～积极 ～ jījí *with mock enthusiasm* 另见 jià

【假扮】jiǎbàn（动）为了使人认不出而装扮成跟本人相貌、装束、身分不同的另一个人或另一类人 *disguise oneself as*；*dress up as*：他～成大商人潜入敌区。Tā ～ chéng dà shāngrén qiánrù díqū. *He disguised himself as an important merchant to infiltrate the enemy area.*

【假充】jiǎchōng（动）装出某种样子 *pretend to be*；*pose as*：～好汉 ～ hǎohàn *pose as a hero* /～内行 ～ nèiháng *pose as an expert*

【假大空】jiǎdàkōng（名）假话、大话、空话的简称 *idle talk*；*empty words*

【假定】jiǎdìng（动）*assume*；*suppose*：你就～没有人帮忙，想想你自己能不能完成任务。Nǐ jiù ～ méi yǒu rén bāng máng, xiǎngxiang nǐ zìjǐ néng bu néng wánchéng rènwu. *Suppose you had nobody to help you. Do you think you could complete your task?*（名）指科学研究上对客观事物设想的说明 *hypothesis*；*postulate*

【假分数】jiǎfēnshù（名）（数）*improper fraction*

【假公济私】jiǎ gōng jì sī 假借公事的名义，获得个人的利益 *use public office for private gain*：他利用开会的机会去游山玩水，大搞～。Tā lìyòng kāi huì de jīhuì qù yóu shān wán shuǐ, dà gǎo ～. *He used the meeting as an excuse to go on a jaunt. That really was an abuse of his position.*

【假借】jiǎjiè（动）利用，借用 *make use of*：～权势 ～ quánshì *utilize one's power and influence* /～革命名义 ～ gémìng míngyì *in the name of the revolution*（名）"六书"之一，指借用已有的字来表示语言中某个同音而不同义的字 *phonetic loan character* (one of the six categories of Chinese characters)

【假冒】jiǎmào（动）冒充 *pass oneself off as*；*palm* (something) *off as*：一个骗子～他朋友的亲戚，骗了他很多钱。Yí ge piànzi ～ tā péngyou de qīnqi, piànle tā hěn duō qián. *A swindler, passing himself off as a relative of his friend, cheated him out of a lot of money.* / 认准商标, 谨防～。Rènzhǔn shāngbiāo, jǐn fáng ～. *Make sure of the trademark and beware of fakes.*

【假面具】jiǎmiànjù（名）(1) *mask* (2) 比喻虚伪的外表 *false front*：戴着正人君子的～ dàizhe zhèngrén jūnzǐ de ～ *posing as an upright gentleman*

【假如】jiǎrú（连）用在复句的前一分句，表示假设、虚拟的条件、类比和退一步说，意义与"如果"rúguǒ 相同，但多用于书面 (used in the first clause of a sentence with two or more clauses) *if*；*supposing* (similar to "如果" rúguǒ, but usu. used in the written language)：～你不去，就让小张去吧。nǐ bú qù, jiù ràng Xiǎo Zhāng qù ba. *If you don't go, then ask Xiao Zhang to go.* / 我们～完不成任务，又该怎么办呢？Wǒmen ～ wán bu chéng rènwù, yòu gāi zěnme bàn ne? *Supposing we couldn't complete this task, what should we do?* /～我是你, 我一定不放过这个机会。～ wǒ shì nǐ, wǒ yídìng bú fàngguò zhège jīhuì. *If I were you, I would not let slip this opportunity.* / 世界上～没有战争, 那该多好！Shìjiè shang ～ méi yǒu zhànzhēng, nà gāi duō hǎo! *What a wonderful world this would be if there were no wars!* /～秋季是一年之中的丰收季节，这位作家最后十年是他一生的丰收之秋。～ qiūjì shì yì nián zhī zhōng de fēngshōu jìjié, zhè wèi zuòjiā zuìhòu shí nián shì tā yìshēng de fēngshōu zhī qiū. *If autumn is the season for bumper harvests in a year, then the last ten years of this author's life were his autumn of bumper harvests.*

【假若】jiǎruò（连）同"假如"jiǎrú same as "假如" jiǎrú：～有困难，他会尽量帮助你。～ yǒu kùnnan, tā huì jǐnliàng bāngzhù nǐ. *He will do his best to help you if you have any*

difficulties. / 出了问题找谁负责？～ chūle wèntí zhǎo shuí fùzé? *Who is responsible should something go wrong?* / 我～没有猜错的话，你是小王的妹妹。Wǒ ～ méiyou cāicuò dehuà, nǐ shì Xiǎo Wáng de mèimei. *If I'm not mistaken, you're Xiao Wang's younger sister.* / 他当初～没考上大学，照样会自学成才的。Tā dāngchū ～ méi kǎoshang dàxué, zhàoyàng huì zìxué chéng cái de. *Had he not passed the university entrance exam at that time, he would still have gone on to make something of himself through self-study.*

【假嗓子】jiǎsǎngzi（名）*falsetto*

【假山】jiǎshān（名）园林中用石块堆砌而成的小山 *rockery*

【假设】jiǎshè（动）假定，姑且认定 *suppose*；*assume*；*presume*；*grant*：我们～他早上六点钟动身，那么，九点钟一定可以到这里。Wǒmen ～ tā zǎoshang liù diǎnzhōng dòng shēn, nàme, jiǔ diǎnzhōng yídìng kěyǐ dào zhèlǐ. *Assuming he started out at six o'clock this morning, he should be here by nine.*（名）*hypothesis*：这是一种科学。Zhè shì yì zhǒng kēxué. *This is a scientific hypothesis.*

【假使】jiǎshǐ（连）同"假如"jiǎrú same as "假如" jiǎrú：～当天能赶回来，就不要住旅店了。～ dàngtiān néng gǎn huilai, jiù búyào zhù lǚdiàn le. *If we could hurry back the same day, then we wouldn't have to stay in a hotel.* /～他不同意怎么办呢？～ tā bù tóngyì zěnme bàn ne? *Supposing he doesn't agree, what's to be done?* /～是你遇到这种情况, 你怎么对付？～ shì nǐ yùdào zhè zhǒng qíngkuàng, nǐ zěnme duìfu? *How would you cope with this kind of situation if you met up with it?*

【假说】jiǎshuō（名）*hypothesis*

【假想】jiǎxiǎng（名）假定的、想像的事物 *supposition*；*imagination*：～之敌 ～ zhī dí *imaginary enemy* / 这完全是一种～。Zhè wánquán shì yì zhǒng ～. *This is completely imaginary.*

【假想敌】jiǎxiǎngdí（名）军事演习时所设想的敌人 *supposed enemy* (in military maneuvers)

【假象】jiǎxiàng（名）*false appearance*；*false impression*：被～所迷惑。Bèi ～ suǒ míhuò. *be deceived by appearances* /你看到的只是一种～，真相隐藏在后面。Nǐ kàndào de zhǐ shì yì zhǒng ～, zhēnxiàng yǐncáng zài hòumian. *What you are seeing is just a false front. The reality is hidden behind it.*

【假惺惺】jiǎxīngxīng（形）装模作样假情假意的样子 *affected*；*feigned*；*simulated*：她～地说：您喜欢的东西我都喜欢。Tā ～ de shuō: Nín xǐhuan de dōngxi wǒ dōu xǐhuan. *Putting on an affected voice, she said, "I like everything you like."*

【假意】jiǎyì（名）虚假的表示 *insincerity*；*hypocricy*：这种出于～的关心, 一下就被人看穿了。Zhè zhǒng chūyú ～ de guānxīn, yíxià jiù bèi rén kànchuān le. *People can immediately see through this kind of insincere concern.* / 他～地问我："你生活上有什么困难吗？" Tā ～ de wèn wǒ: "Nǐ shēnghuó shang yǒu shénme kùnnan ma?" *He asked me with a show of concern: "Do you have any problems?"*

【假造】jiǎzào（动）*forge*；*counterfeit*：～证明 ～ zhèngmíng *fabricate evidence*；*forge proof* / 钞票 ～ chāopiào *forge a banknote* / 这个证件是～的。Zhège zhèngjiàn shì ～ de. *This certificate is forged.*

【假装】jiǎzhuāng（动）*pretend*；*feign*；*simulate*：～不知道 ～ bù zhīdào *pretend not to know* /～好人 ～ hǎorén *pretend to be a good person* /～糊涂 ～ hútu *pretend to be dense.*

jià

价〔價〕jià
（名）(1) 商品的价格 *price*：涨～ zhǎng ～ *prices rise* /

减～ jiǎn ~ *prices are cut* / 积压商品卖处理～. Jīyā shāngpǐn mài chǔlǐ ~ . *Overstocked goods sell at reduced prices.* (2)〈化〉*valence*
【价格】jiàgé（名）*price*：～合理 ~ hélǐ *reasonable price* / 降低～ jiàngdī ~ *cut prices* / 批发～ pīfā ~ *wholesale price*
【价格补贴】jiàgé bǔtiē 国家对因价格政策规定而造成的企业、商业的亏损或群众生活上所受的影响而实行的补贴 *price subsidy*
【价码】jiàmǎr（名）〈口〉同"价目" jiàmù *same as "*价目*"* jiàmù
【价目】jiàmù（名）*marked price*
【价钱】jiàqián（名）*price*
【价值】jiàzhí（名）(1)(*monetary*) *value*：创造～ chuàngzào ~ *create value* / 有实用～ yǒu shíyòng ~ *have practical value* (2) 指用途、作用和重要性 *use*；*function*；*importance*：创作更多有～的作品. Chuàngzuò gèng duō yǒu ~ de zuòpǐn. *create works of much more value* / 这些资料很有参考～. Zhèxiē zīliào hěn yǒu cānkǎo ~ . *These materials have great reference value.*
【价值规律】jiàzhí guīlǜ *law of value*

驾〔駕〕jià
（动）(1) 用牲口拉（车或农具）*drive (a draft animal pulling a cart or farm implement)*：～着牲口播种 ~ zhe shēngkou bōzhòng *drive an animal-drawn seed plough* (2)◇驾驶，开动 *drive (an automatic vehicle)*；*fly (an airplane)*：～机返航 ~ jī fǎn háng *fly an airplane back to base*
【驾驶】jiàshǐ（动）开动和操纵车辆、船只、飞机等 *drive (an automatic vehicle)*；*pilot (an airplane)*；*sail (a ship)*：～拖拉机 ~ tuōlājī *drive a tractor* /～舱 ~ cāng *control cabin*；*cockpit*
【驾驶员】jiàshǐyuán（名）*driver*；*pilot*：汽车～ qìchē ~ *automobile driver* / 飞机～ fēijī ~ *airplane pilot*
【驾驭】jiàyù（动）(1) 驱使牲口（拉车行进）*drive (a cart)*；*ride (a horse)*：生人～不了这匹马. Shēngrén ~ bu liǎo zhè pǐ mǎ. *A stranger will find it impossible to ride this horse.* (2) 控制，掌握，使服从自己的意志 *control*；*rein*；*master*；*bend to one's will*：～整个局势 ~ zhěnggè júshì *have the whole situation well in hand* / 人还～不了自然界. Rén hái ~ bu liǎo zìránjiè. *Man hasn't yet tamed the world of nature.*
【驾御】jiàyù（动）同"驾驭" jiàyù *same as "*驾驭*"* jiàyù

架 jià
（名）◇（～儿）*frame*；*rack*；*shelf*；*stand*：房～ fáng ~ *house frame* / 把箱子放到行李～上去. Bǎ xiāngzi fàngdào xínglǐ ~ shang qu. *Put the suitcase on the luggage rack.*
（动）(1) 支起，搭起 *erect*；*construct*：～桥 ~ qiáo *build a bridge* / 山村～起了电线. Shāncūn ~ qile diànxiàn. *The mountain village put up an electricity line.* (2) 搀着，扶着 *prop up*；*support*：～着拐走路 ~ zhe guǎi zǒu lù *walk on crutches* / 他腿受伤了，两个人把他～到医院. Tā tuǐ shòu shāng le, liǎng gè rén bǎ tā ~ dào yīyuàn. *He hurt his leg and was helped to the hospital by two men.* （量）用于机器、飞机等 *(for machines, aeroplanes, etc.)*：一～缝纫机 yí ~ féngrènjī *one sewing machine* / 两～飞机 liǎng ~ fēijī *two airplanes* / 一～葡萄 yí ~ pútao *one grapevine on a trellis*
【架不住】jià bu zhù〈口〉表示后一种情况改变了原来的情况 *(indicates that the latter situation has changed the original one) cannot stand up against*：他并不很聪明，可～真用功，所以成绩出色. Tā bìng bù hěn cōngming, kě ~ zhēn yòng gōng, suǒyǐ chéngjì chūsè. *He's not very clever at all, but he works incredibly hard, so he has met with remarkable success.* / 老村长虽是沉得住气，但～老婆整天价叨咕，所

以也为儿子的事儿着起急来了. Lǎo cūnzhǎng suīshuō chén de zhù qì, dàn ~ lǎopo zhěngtiānjià dáogu, suǒyǐ yě wèi érzi de shìr zháo qǐ jí lai le. *Although the old village head usually keeps calm, he couldn't stand up against his wife's chattering all day long and so he also started to worry about his son's matter.* / 老李脾气再急，也～老王温和耐心，两人共事多年，从没争吵过. Lǎo Lǐ píqi zài jí, yě ~ Lǎo Wáng wēnhé nàixīn, liǎng rén gòngshì duō nián, cóng méi zhēngchǎoguo. *Even if Lao Li were more impatient, he would still be no match for Lao Wang's gentleness and patience, so the two have never argued in all the years they've worked together.*
【架次】jiàcì（量）飞机出动或出现多次的架数的总和 *sortie*：今天飞机共出动了八～. Jīntiān fēijī gòng chūdòngle bā ~. *Today the planes made eight sorties.*
【架空】jiàkōng（动）(1) 比喻没有支撑而毫无结果 *"built on stilts"* — *built on a shaky foundation, hence, impractical*：光是一个设想，再好也是～的. Guāng shì yí gè shèxiǎng, zài hǎo yě shì ~ de. *If it is only a tentative idea, however good it may be it probably will come to nothing.* (2)（比喻表面推崇，暗地里排挤）使无实权 *treat somebody as a mere figurehead*：这位副主任独揽大权，把主任～了. Zhè wèi fùzhǔrèn dúlǎn dàquán, bǎ zhǔrèn ~ le. *The deputy director has arrogated all the power to himself and made the director a figurehead.*
【架设】jiàshè（动）支起并安装 *erect (on stilts or piles)*：～高压线 ~ gāoyāxiàn *put up a high-tension line* /～立交桥 ~ lìjiāoqiáo *erect an overpass* / 铁丝网～ tiěsīwǎng ~ *put up a wire fence*
【架式】jiàshì（名）同"架势" jiàshi *same as "*架势*"* jiàshi
【架势】jiàshi（名）姿势；姿态 *posture*；*stance*；*attitude*：摆出挑衅的～ bǎichū tiǎoxìn de ~ *assume a provocative attitude* / 看～他们早有准备. Kàn ~ tāmen zǎo yǒu zhǔnbèi. *It looks like they are well prepared.*
【架子】jiàzi（名）(1) 用木料等构成，用来支撑和放置器物的东西 *frame*；*rack*；*shelf*：木头～ mùtou ~ *wooden frame* / 货～ huò ~ *goods shelves* (2) 比喻文章等的组织和结构 *structure or outline of a piece of writing*：这篇论文刚搭了个～，离写完还早呢. Zhè piān lùnwén gāng dāle ge ~, lí xiěwán hái zǎo ne. *The framework of the thesis is just in place and it will be long before it's completed.* (3) 自高自大，目中无人的样子 *arrogant and conceited attitude*：摆出一副官～ bǎichū yí fù guān ~ *put on the airs of an official* / 新来的领导没有一点儿～. Xīn lái de lǐngdǎo méi yǒu yìdiǎnr ~. *The new leader is very approachable.*
【架子车】jiàzichē（名）[辆 liàng] 一种由人力推拉的两轮车 *pushcart*

假 jià
（名）*holiday*；*vacation*：每年有两星期的～. Měi nián yǒu liǎng xīngqī de ~. *Every year we have two weeks' vacation.* / 请一天～ qǐng yì tiān ~ *request a day off* / 国庆节放两天～. Guóqìngjié fàng liǎng tiān ~. *We get two days off for National Day.* 另见 jiǎ
【假期】jiàqī（名）放假期间 *vacation period*：～你想干什么? ~ nǐ xiǎng gàn shénme? *What do you intend to do during your vacation?* /～到南方去旅行. ~ dào nánfāng qù lǚxíng. *I'm going touring in the south during my vacation.* / 已满～ yǐ mǎn. *I've used up my vacation time.*
【假日】jiàrì（名）放假的日子 *holiday*；*day off*：～到公园去玩儿. ~ dào gōngyuán qù wánr. *go to the park on one's day off* / 愉快地度过～ yúkuài de dùguò ~ *spend a pleasant holiday*
【假条】jiàtiáo（名）写明请假理由和期限的条子 *application for leave*；*leave authorisation*；*doctor's note* (*for sick*

leave）：医生给他开了一张～，休息两天。Yīshēng gěi tā kāile yì zhāng ～，xiūxi liǎng tiān. *The doctor gave him a note for two days' sick leave.* / 家长叫孩子带给老师一张～，说明下午孩子要去检查牙齿。Jiāzhǎng jiào háizi dài gěi lǎoshī yì zhāng ～，shuōmíng xiàwǔ háizi yào qù jiǎnchá yáchǐ. *The child's father sent him with a note for the teacher explaining that he wanted the afternoon off for a dentist's appointment.*

嫁 jià

（动）(1)女子结婚 *marry (of a woman)*：她打算一辈子不～人。Tā dǎsuàn yíbèizi bú ～ rén. *She intends to stay single all her life.* / 女儿～出去了。Nǔ'ér ～ chuqu le. *He married off his daughter.* (2)◇转移(罪名、损失等) *transfer (blame, damage, etc.)*

【嫁祸于人】jià huò yú rén 把罪名、损失等推到别人身上 *put blame, loss, etc. onto somebody else*：他～，把事故责任推到他的助手身上。Tā ～，bǎ shìgù zérèn tuīdào tā de zhùshǒu shēnshang. *He shifted the blame for the accident onto his assistant.*

【嫁接】jiàjiē（动）*graft (onto plants)*：他～了几十株苹果树。Tā ～ le jǐ shí zhū píngguǒ shù. *He performed grafts on several dozen apple trees.*

【嫁妆】jiàzhuang（名）*dowry; trousseau*

jiān

尖 jiān

（名）(～儿) *point; tip*：笔～bǐ～ *tip of a pen*, nib /刀～dāo～ *point of a knife* /树～shù～ *top of a tree* (形)(1)末端细小、锋利 *pointed; sharp*：铅笔削得很。Qiānbǐ xiāo de hěn. *The pencil has been sharpened to a fine point.* (2)声音又尖又细 *shrill sound*：～叫～ jiào *scream*; *screech* /她的嗓子真～。Tā de sǎngzi zhēn ～. *She has a very shrill voice.* (3)感觉敏锐 *sharp*：她眼睛很～，一下子就发现了地上的那根针。Tā yǎnjing hěn ～，yíxiàzi jiù fāxiànle dì shang de nà gēn zhēn. *She has very sharp eyes. She spotted that needle on the ground straight away.* /耳朵真～，我们小声说话他都听见了。Ěrduo zhēn ～，wǒmen xiǎo shēng shuō huà tā dōu tīngjiàn le. *He has really sharp ears. Even though we were talking very quietly he caught every word.* /狗的鼻子特别～。Gǒu de bízi tèbié ～. *Dogs have particularly sharp noses.*

【尖兵】jiānbīng（名）(1)〈军〉行军时派出担任警戒的小分队 *vanguard* (2)比喻各行各业走在最前面开创道路的人 *pioneer; pathbreaker*：他们是农业现代化的～。Tāmen shì nóngyè xiàndàihuà de ～. *They are the pioneers of agricultural modernization.*

【尖刀】jiāndāo（名）[把 bǎ]尖而锋利的刀。常比喻作战时最先进入敌人阵地的个人或集体 *dagger*；*(metaphor) a person or unit which has thrust deep behind enemy lines in wartime*：这个小分队像把～，直插敌人指挥部。Zhège xiǎo fēnduì xiàng bǎ ～，zhí chā dírén zhǐhuībù. *The platoon penetrated straight to the enemy command post like a dagger.*

【尖刀班】jiāndāobān（名）作战时最先插入敌人阵地的一个班 *Dagger Squad*

【尖端】jiānduān（名）(1)尖锐物体的顶点 *pointed end of an object*：塔～安了个避雷针。Tǎ de ～ ānle bìléizhēn. *A lightning conductor is fixed on the point of the pagoda.* (2)最高水平(指科学技术等) *(of science, technology, etc.) highest standard of development*：～科学～ kēxué *advanced science* /～产品 ～ chǎnpǐn *sophisticated products*

【尖端放电】jiānduān fàng diàn〈物〉*point discharge*

【尖刻】jiānkè（形）(说话)尖酸刻薄 *acrimonious; caustic; bit-*

ing：语言～ yǔyán ～ *acrimonious (sarcastic) words* /～的讽刺是很伤人的感情的。～ de fěngcì shì hěn shāng rén de gǎnqíng de. *Biting satire can really hurt people's feelings.*

【尖利】jiānlì（形）(1)同"尖锐" jiānruì(1) *same as "尖锐" jiānruì(1)*：～的匕首 ～ de bǐshǒu *sharp dagger* (2)同"尖锐" jiānruì(2) *same as "尖锐" jiānruì(2)*：目光～ mùguāng ～ *sharp-eyed* (3)同"尖锐" jiānruì(4)声音高而刺耳 *same as "尖锐" jiānruì (4) shrill and piercing*：～的叫声 ～ de jiào shēng *piercing scream* / 哨声～ shào shēng ～ *piercing whistle*

【尖锐】jiānruì（形）(1)顶端锋利 *very sharp* (2)敏锐深刻 *sharp; penetrating*：看问题很～ kàn wèntí hěn ～ *He sees things with a very keen eye.* / 对他提出～的批评。Duì tā tíchū ～ de pīpíng. *level penetrating criticism at him* (3)激烈 *intense; at fever pitch*：～复杂的斗争 ～ fùzá de dòuzhēng *intense and confused battle* (4)声音刺耳 *piercing (noise)*：警车发出～的叫声。Jǐngchē fāchū ～ de jiào shēng. *The police car emitted a piercing wail.*

【尖酸】jiānsuān（形）(说话)带讽刺讥笑的意思 *acrid; acrimonious; tart*：他说话～刻薄，很容易伤人。Tā shuō huà ～ kèbó, hěn róngyì shāng rén. *He has such an acrid and harsh way of talking that he easily hurts people.*

【尖子】jiānzi（名）(1)物体锐利的末端或细小的头儿 *tip; pinnacle; acme* (2)在学习或任何业务上特别突出的人 *person who excels in study or any professional duty— "pick of the bunch"; "cream of the crop"*：他是这个单位的业务～。Tā shì zhège dānwèi de yèwù ～. *He is the pick of the bunch of this unit so far as professional duties are concerned.* / 你们班里的～是谁? Nǐmen bānlǐ de ～ shì shuí? *Who are the top students in your class?*

奸 jiān

（形）(1)阴险，狡诈 *sinister; wicked* (2)自私，取巧 *self-seeking; opportunistic*：在工作里他总是要～，能少干就少干。Zài gōngzuò lǐ tā zǒngshì shuǎ ～, néng shǎo gàn jiù shǎo gàn. *He is always trying to make things easy for himself and does as little work as he can get away with.* / 这个人真～。Zhège rén zhēn ～. *He is very sly.* (名)◇通敌卖国的人 *traitor*：为国除～，为民除害。Wèi guó chú ～, wèi mín chú hài. *Root out traitors to the nation and scourges which afflict the people.*

【奸计】jiānjì（名）虚伪狡猾的计谋 *wicked plot*

【奸商】jiānshāng（名）用投机倒把、囤积居奇等不法手段牟取暴利的商人 *dishonest trader; profiteer*

【奸污】jiānwū（动）*rape; seduce; violate*

【奸细】jiānxì（名）混入内部给敌人刺探情报的人 *enemy agent*：抓住一个～ zhuāzhu yí gè ～ *capture an enemy agent*

【奸险】jiānxiǎn（形）又奸诈又阴险 *wicked and treacherous*：～人物 ～ rénwù *wicked and treacherous person* / 这个人很～。Zhège rén hěn ～. *He is vindictive and treacherous.*

【奸笑】jiānxiào（动）阴险地笑 *sinister smile*

【奸邪】1jiānxié（形）〈书〉奸诈邪恶 *vicious; crafty and evil*

【奸淫】jiānyín（动）*rape; seduce; commit adultery*

【奸诈】jiānzhà（形）狡诈，虚伪，不讲信义 *fraudulent; treacherous*：～的商人 ～ de shāngrén *scheming merchant* / 他十分～，要小心。Tā shífēn ～, yào xiǎoxin. *He is very crafty, so you must be careful.*

歼 [歼]jiān

（动）消灭 *annihilate; wipe out; destroy*：～敌一个师 ～ dí yí ge shī *annihilate an enemy division* / 全～敌人 quán ～ dírén *wipe the enemy out completely*

【歼击机】jiānjījī（名）[架 jià] *fighter plane*

【歼灭】jiānmiè（动）消灭。指解除敌人的武装，剥夺他们的抵抗力 *wipe out; annihilate (an enemy)*：～敌人一个团。

dírén yī ge tuán *wipe out an enemy regiment* / 把残匪全部
~。Bǎ cán fěi quánbù ~. *completely annihilate the remnants of the bandits*

【歼灭战】jiānmièzhàn（名）[场 chǎng]以全歼或大部分歼灭
敌人为目的的作战方式 *war of annihilation*；这是一场大规
模的~。Zhè shì yì cháng dà guīmó de ~. *This is a large
scale war of annihilation.*

坚〔堅〕jiān

（形）◇（1）牢固，结实 *firm*；*solid*：~不可摧 ~ bù kě
cuī *indestructible*；*impregnable* /~甲利兵 ~ jiǎ lì bīng
strong armour and sharp weapons（2）坚定，不动摇 *steadfast*；*unshakable*：方向明，意志
~. *clear orientation and firm resolve*

【坚壁清野】jiān bì qīng yě 一种防御策略，加固防御工事，把
四周的居民和物资全部转移，清除附近的房屋、树木等，使
敌人既攻不可据点，也抢不到东西 *"strengthen the walls
and clear the fields" — tighten defenses, evacuate the noncombatants and hide provisions and livestock in preparation
against a siege*

【坚持】jiānchí（动）*firmly support*；*uphold*；*stick to*：原则必
须~，方法可以灵活。Yuánzé bìxū ~，fāngfǎ kěyǐ
línghuó. *Principles must be adhered to; methods can be
flexible.* /~参加体育锻炼 ~ cānjiā tǐyù duànliàn *persist
in taking part in physical training* /~我的意见 ~ wǒ de
yìjiàn *I stick to my point of view.*

【坚持不懈】jiānchí bù xiè 坚决保持，决不松懈 *unremitting*：
外语学习必须~。Wàiyǔ xuéxí bìxū ~. *When studying a
foreign language it is necessary to make unremitting efforts.* / ~地参加长跑运动 ~ de cānjiā chángpǎo yùndòng
persist in taking part in long-distance running

【坚定】jiāndìng（形）（立场、意志等）坚决，不可动摇 *firm*；
steadfast；*immovable*；*staunch*：意志~ yìzhì~ *firm determination* /~地站在人民一边 ~ de zhàn zài rénmín yìbiān
stand firmly on the side of the people（动）使坚定（*make*）
firm；*strengthen*：~必胜的信念 ~ bì shèng de xìnniàn
stiffen one's belief in a sure victory /~自己的立场 ~ zìjǐ
de lìchǎng *firm up one's stand*

【坚定不移】jiāndìng bù yí（立场、意志等）坚强，不动摇 *unshakable*；*immovable*；*unwavering*：没有~的意志就办不成
大事。Méi yǒu ~ de yìzhì jiù bàn bu chéng dàshì. *Unless
you have unflinching resolve you will never accomplish
great things.*

【坚固】jiāngù（形）牢固，结实 *firm*；*solid*；*sturdy*：这座楼房
非常~。Zhè zuò lóufáng fēicháng ~. *This building is extremely solid.* / 那把椅子~耐用。Nà bǎ yǐzi ~ nàiyòng.
That chair is very sturdy and durable.

【坚决】jiānjué（形）（态度、行动等）确定不移，毫不犹豫
firm；*resolute*；*determined*：态度~ tàidu ~ *determined attitude* /~服从工作分配 ~ fúcóng gōngzuò fēnpèi *resolutely follow one's job assignment*

【坚苦卓绝】jiānkǔ zhuójué 在艰难困苦中坚持奋斗，超乎寻
常 *displaying the utmost resolution in the face of difficulties*：~的斗争 ~ de dòuzhēng *extremely bitter struggle*

【坚强】jiānqiáng（形）强固有力，不可动摇 *strong*；*firm*；
staunch：性格~ xìnggé~ *strong character* /~的核心 ~
de héxīn *firm core*（动）使坚强 *firm up*：~我们
的领导班子 ~ wǒmen de lǐngdǎo bānzi *strengthen our
leadership group*

【坚忍不拔】jiānrěn bù bá 在艰苦的环境中坚定不移，意志毫
不动摇 *firm and unwavering in the face of difficulties* /~
地追求真理的精神 ~ de zhuīqiú zhēnlǐ de jīngshén *spirit
of an unwavering search for truth*

【坚韧】jiānrèn（形）坚固，不容易折断 *firm*；*tenacious*；
tough：这种木头质地~。Zhè zhǒng mùtou zhìdì ~. *This

kind of wood has a tough quality to it.*

【坚如磐石】jiān rú pánshí 像巨石一样坚固 *solid as a rock*

【坚实】jiānshí（形）坚固牢靠 *solid*；*firm*；*reliable*：没有~的
语言基础，怎么研究文学？Méi yǒu ~ de yǔyán jīchǔ,
zěnme yánjiū wénxué？*Without a solid basis in the language
how can you do literary research?*

【坚守】jiānshǒu（动）坚决守住，坚决信守 *stick to*；*hold fast
to*；*maintain a firm grip of*：~岗位 ~ gǎngwèi *stand firm
at one's post* /~阵地 ~ zhèndì *hold one's position*；*hold
one's ground* /~自己的诺言 ~ zìjǐ de nuòyán *keep one's
promise*；*stick to one's word*

【坚信】jiānxìn（动）坚决相信，决不动摇 *keep firm faith*；*be
unwavering*：~自己的理想一定能够实现。~ zìjǐ de
lǐxiǎng yídìng nénggòu shíxiàn. *have a firm faith that one's
ideals will be realized*

【坚毅】jiānyì（形）坚定、顽强、有毅力 *firm*；*unswerving*；*inflexible*：~的精神 ~ de jīngshén *spirit of determination* /
性格~的人才能冲破阻力奋斗到底。Xìnggé ~ de rén cái
néng chōngpò zǔlì fèndòu dào dǐ. *Only a person of indomitable will can smash all obstacles and fight to the end.*

【坚硬】jiānyìng（形）很硬，不容易破碎 *hard*；*solid*：~的石
块 ~ de shíkuàir *solid rock* / 用~的木料做家具 yòng ~
de mùliào zuò jiājù *use hard wood to make furniture*

【坚贞】jiānzhēn（形）情操高尚、坚定不移 *faithful*；*constant*：
他在地位高权力大的岗位上，仍然~如故。Tā zài dìwèi
gāo quánlì dà de gǎngwèi shang, réngrán ~ rú gù. *Even
though he is in a high and powerful position he is just as
true to his duty as before.*

【坚贞不屈】jiānzhēn bùqū 保持气节，决不屈服 *constant and
steadfast*：他至死~。Tā zhì sǐ ~. *He was faithful to the
last.*

间〔間〕jiān

（名）◇屋子，房间 *room*：洗澡~ xǐzǎo~ *bathroom* / 衣
帽~ yīmào~ *cloakroom*（量）用于房屋 *classifier for
rooms*：三~草房变成五~瓦房。Sān ~ cǎo fáng biànchéng
wǔ ~ wǎ fáng. *A three-room thatched cottage was turned
into a five-room tile-roofed house.* / 有两~卧室的房子
yǒu liǎng ~ wòshì de fángzi *two-bedroom house* 另见 jiàn

肩 jiān

（名）◇肩膀 *shoulder*：长发披~ cháng fà pī ~ *wear
shoulder-length hair*（动）〈书〉担任，担负 *take on a responsibility*；*shoulder a burden*：身~重任 shēn ~ zhòngrèn
shoulder heavy responsibilities

【肩膀】jiānbǎng（名）*shoulder*

【肩负】jiānfù（动）〈书〉*undertake*；*shoulder*；*take on*：~历史
使命 ~ lìshǐ shǐmìng *shoulder a historical mission* /~民族
希望 ~ mínzú xīwàng *carry the burden of the people's
hopes* / 丈夫死后，她一个人~起抚养两个孩子的责任。
Zhàngfu sǐ hòu, tā yí ge rén ~ qǐ fǔyǎng liǎng ge háizi de
zérèn. *After her husband died she shouldered the responsibility of raising two children.*

【肩章】jiānzhāng（名）*shoulder loop*；*epaulet*

艰〔艱〕jiān

（形）◇困难 *difficult*

【艰巨】jiānjù（形）困难而又繁重 *difficult and strenuous*；
onerous：中国目前的各种改革是极其~的。Zhōngguó
mùqián de gè zhǒng gǎigé shì jíqí ~ de. *The various reforms that China faces are onerous in the extreme.*

【艰苦】jiānkǔ（形）困难多、条件差 *difficult*；*hard*；*tough*；
strenuous：~的岁月 ~ de suìyuè *years of arduous struggle*
/~的生活条件 ~ de shēnghuó tiáojiàn *arduous conditions
of life* /~奋斗，勤俭建国。~ fèndòu, qínjiǎn jiàn guó.

build up the country through arduous struggle and hard work

【艰难】 jiānnán （形）困难 difficult：他有关节炎，走路很～。Tā yǒu guānjiéyán, zǒu lù hěn ～. He has arthritis, so he finds it difficult to walk. /～的生活 ～ de shēnghuó hard life

【艰难险阻】 jiānnán xiǎnzǔ 指前进路上的各种困难、风险和障碍 difficulties and obstacles (that lie in one's path)：克服～ kèfú ～ surmount difficulties /面对～无所畏惧 miàn duì ～ wú suǒ wèijù face difficulties dauntlessly

【艰深】 jiānshēn （形）(道理、语言等)深奥难懂 difficult to understand; hard to fathom：内容～ nèiróng ～ abstruse content /～的文字 ～ de wénzì difficult (written) language

【艰险】 jiānxiǎn （形）艰难和危险 difficulties and dangers：山高水深，路途～。Shān gāo shuǐ shēn, lùtú ～. The way is fraught with hardships and dangers.

【艰辛】 jiānxīn （形）艰难辛苦 hardships：她经历了三十年的～生活，晚年总算幸福。Tā jīnglìle sānshí nián de ～ shēnghuó, wǎnnián zǒngsuàn xìngfú. She led a hard life for 30 years but her later life could be considered happy.

监〔監〕jiān

（名）◇监狱 prison：关～ guān ～ put (somebody) in jail /探～ tàn ～ visit a prisoner /坐～ zuò ～ be in jail; be in custody （动）◇监视，察看 supervise; inspect

【监测】 jiāncè （动）monitor：地面监测站在～着人造卫星的运行情况。Dìmiàn jiāncèzhàn zài ～ zhe rénzào wèixing de yùnxíng qíngkuàng. An earth station monitors the movements of satellites.

【监察】 jiānchá （动）监督各级国家机关及其工作人员的工作并检举违法、失职的机关或工作人员 supervise; control; superintend

【监督】 jiāndū （动）察看并督促 supervise; control：各路口有警察～行人遵守交通规则。Gè lùkǒu yǒu jǐngchá ～ xíngrén zūnshǒu jiāotōng guīzé. At every street corner there is a policeman watching to make sure that pedestrians obey the traffic rules. / 领导要接受群众的～。Lǐngdǎo yào jiēshòu qúnzhòng de ～. Leaders must accept the supervision of the masses.

【监工】 jiāngōng （名）旧时在厂矿、工地监督工作的人（pre-Liberation term）foreman; overseer

【监工】 jiān=gōng （旧时在厂矿、工地)监督工作 supervise work; oversee

【监管】 jiānguǎn （动）(对犯人)监视和管制 guard (a prisoner)

【监护】 jiānhù （动）〈法〉对未成年人、精神病人等的人身、财产以及其他合法权益进行监督和保护 act as a guardian (of a minor or incompetent person)

【监护人】 jiānhùrén （名）〈法〉对未成年人、精神病人等的人身、财产以及其他一切合法权益，按照法律规定进行监督和保护的人 guardian

【监禁】 jiānjìn （动）把人关押起来，限制人身自由 restrict (a person's) freedom; take into custody; put in jail

【监牢】 jiānláo （名）同"监狱" jiānyù same as "监狱" jiānyù

【监视】 jiānshì （动）从旁察看，注视(以发现不利于自己方面的活动) keep a watch; keep a lookout; monitor：～敌人 dírén keep the enemy under surveillance /从前工厂用工头～工人。Cóngqián gōngchǎng yòng gōngtóu ～ gōngrén. Previously, factories used to have foremen keeping an eye on the workers.

【监狱】 jiānyù （名）prison; jail：蹲～ dūn ～ be imprisoned /从～里释放出来 cóng ～ li shìfàng chulai released from prison

【监制】 jiānzhì （动）监督制造 supervise manufacture：此药由北京第二制药厂生产，中医研究院～。Cǐ yào yóu Běijīng

Dì'èr Zhìyàochǎng shēngchǎn, Zhōngyī Yánjiūyuàn ～. This medicine is a product of the Beijing No. 2 Pharmaceuticals Factory, made under the supervision of the Chinese Medicine Research Institute.

兼 jiān

（动）同时涉及或具有不只一个方面的事物 simultaneously; concurrently：身～数职 shē ～ shù zhí hold several jobs at the same time /这些学生品学～优。Zhèxiē xuésheng pǐn xué ～ yōu. These students have both good grades and good characters. /两种情况～而有之。Liǎng zhǒng qíngkuàng ～ ér yǒu zhī. Both types of conditions are concurrent. /这个出版社社长～《文学杂志》总编辑。Zhège chūbǎn shè shèzhǎng ～《Wénxué Zázhì》zǒngbiānjí. The head of this publishing company is concurrently editor-in-chief of the "Literature" magazine.

【兼备】 jiānbèi （动）两个或几个方面同时具备 presence of two or more aspects at the same time：领导能力和科研能力～的人材很难得。Lǐngdǎo nénglì hé kēyán nénglì ～ de réncái hěn nándé. It is difficult to find qualified people who have both leadership ability and research ability.

【兼并】 jiānbìng （动）并吞(别国领土或别人财产) annex (territory, property, etc.)：～土地 ～ tǔdì take over (somebody else's) territory /～房产 ～ fángchǎn annex residential property

【兼顾】 jiāngù （动）同时照顾到几个方面 pay attention to (take into account) several things at the same time：～国家、集体和个人的利益 ～ guójiā, jítǐ hé gèrén de lìyì take into account the benefit of the country, the collective and the people

【兼课】 jiān=kè 兼任本职工作以外的教学工作 hold extra teaching jobs：他在三个大学～。Tā zài sān ge dàxué ～. He teaches at three different universities. / 中学校长最好也兼点小课。Zhōngxué xiàozhǎng zuìhǎo yě jiān diǎnr kè. It would be better for a middle school principal to teach some classes.

【兼任】 jiānrèn （动）(1)同时担任多种职务 hold two or more posts concurrently：医学院院长～附属医院内科主任。Yīxuéyuàn yuànzhǎng ～ fùshǔ yīyuàn nèikē zhǔrèn. The president of the medical college is concurrently its hospital's head physician. (2)并非专职的 part-time (occupation)：这个报纸编辑是那个大学政治学的～教授。Zhège bàozhǐ biānjí shì nàge dàxué zhèngzhìxué de ～ jiàoshòu. The editor of the magazine has a part-time job teaching political science at that university.

【兼收并蓄】 jiān shōu bìng xù 不管好坏，有用无用，全都吸收保存下来 pick up or take in (absorb) indiscriminately：对古代文化遗产，不能～，必须取其精华，弃其糟粕。Duì gǔdài wénhuà yíchǎn, bù néng ～, bìxū qǔ qí jīnghuá, qì qí zāopò. Our cultural legacy must not be adopted indiscriminately. We must pick out the cream and get rid of the dross.

【兼听则明，偏信则暗】 jiān tīng zé míng, piān xìn zé àn 听取各方面的意见，才能明辨是非；只听信一方面的话，就看不清事情的真相，容易产生片面性 If you listen to both sides the problem will become clear; if you listen to only one side it will remain obscure.：当领导的必须记住～。Dāng lǐngdǎo de bìxū jìzhù ～. As a leader you must remember that hearing both sides is the only way to understand a problem.

【兼语句】 jiānyǔjù （名）〈语〉pivotal sentence

【兼职】 jiānzhí （名）本职以外的其他职务 concurrent posts：他辞去所有的～，一心一意教书 Tā cíqù suǒyǒu de ～, yì xīn yí yì jiāo shū. He resigned all his other posts and has put his heart and soul into teaching.

【兼职】 jiān=zhí 在本职之外兼任其他职务 hold other posts

besides one's main post：他身兼数职。Tā shēn jiān shù zhí. He holds several posts concurrently.

缄〔緘〕jiān

（动）〈书〉封、闭（常用于信封上寄信人姓名之后）seal (a letter)（often used after the sender's name on an envelope）：北京李～。Běijīng Lǐ ～. From Li in Beijing

【缄默】jiānmò（动）〈书〉沉默不开口 keep silent；"keep one's lips sealed"

煎 jiān

（动）(1)把食物放在少量的油里加热 fry in shallow oil：～鸡蛋 ～ jīdàn fried eggs /～鱼 ～ yú fried fish (2)把东西放在水里用微火煮，现在只用于制中药 put something in water and let it simmer（nowadays only used to describe decocting traditional Chinese medicine）：一剂药要一个多小时。Yī jì yào yào ～ yí ge duō xiǎoshí. One dose of medicine has to be decocted for over an hour.

【煎熬】jiāo'áo（动）比喻（精神上和肉体上）折磨（physical or mental）torment；suffering：受～ shòu ～ undergo torment / 旧社会的穷苦人不知道是怎样～过来的。Jiù shèhuì de qióngkǔ rén bù zhīdào shì zěnyàng ～ guolai de. It is difficult to imagine the torments that the poor people had to undergo in the old society.

jiǎn

拣〔揀〕jiǎn

（动）(1)选择 choose；select：这些画，～你喜欢的拿去吧！Zhèxiē huà, ～ nǐ xǐhuan de náqu ba! Choose the pictures you like and take them with you. / 小李对工作从来不挑不～。Xiǎo Lǐ duì gōngzuò cónglái bù tiāo bù ～. Xiao Li has never been choosy about what work he does. (2)同 "捡" jiǎn same as "捡" jiǎn

茧〔繭〕jiǎn

（名）cocoon

俭〔儉〕jiǎn

（动）不浪费，爱惜东西 be thrifty；be frugal：省吃～用 shěng chī ～ yòng consume and spend sparingly

【俭朴】jiǎnpǔ（形）俭省朴素 thrifty and simple：生活～ shēnghuó ～ live a frugal and simple life；lead a spartan life

【俭省】jiǎnshěng（形）不浪费物力财力 economical；frugal；thrifty：该～的一、不该～的就不～。Gāi ～ de ～, bù gāi ～ de jiù bù ～. Be thrifty when you ought to be but don't be sparing when you ought not to be. / 现在她没必要像以前那样～了。Xiànzài tā méi bìyào xiàng yǐqián nàyàng ～ le. Nowadays she doesn't have to be as thrifty as before.

捡〔撿〕jiǎn

（动）(1)拾取 pick up；gather together；collect：～麦穗 ～ màisuì glean ears of wheat /把掉在地上的花生皮～得干干净净。Bǎ diào zài dì shang de huāshēng pí ～ de gānganjìngjìng. get all the peanut shells cleaned up off the floor / 意外发现而拿起 find something unexpectedly and pick it up：我昨天～到的手表已经找到失主了。Wǒ zuótiān ～dào de shǒubiǎo yǐjīng zhǎodào shīzhǔ le. The owner of that watch I found yesterday has been located.

检〔檢〕jiǎn

（动）◇(1)查看 inspect；examine；check：～疫 ～ yì quarantine (2)〈书〉约束 restrain；keep within bounds：他随便乱说，语言失～。Tā suíbiàn luàn shuō, yǔyán shī ～.

He was a reckless talker and talked improperly.

【检测】jiǎncè（动）检验测定 determine by testing；verify：这个数据经过～，是正确的。Zhège shùjù jīngguò ～, shì zhèngquè de. This data has been verified as correct. / 请一下水中这种污染物的含量。Qǐng ～ yíxià shuǐ zhōng zhè zhǒng wūrǎnwù de hánliàng. Please verify the pollution content of the water.

【检查】jiǎnchá（动）(1)为发现问题而细心查找 examine；inspect；check：～工作 ～ gōngzuò inspect work /～卫生 ～ wèishēng inspect hygiene / 定期～身体 dìngqī ～ shēntǐ have regular physical checkups (名)对自己思想和工作方面的缺点、错误作自我批评 engage in self-criticism：写～ xiě ～ write a self-criticism /他的～比较深刻。Tā de ～ bǐjiào shēnkè. His self-citicism is quite deep-reaching.

【检察】jiǎnchá（动）审查被检举的犯罪事实 investigate reported criminal activity (as a procurator)

【检察院】jiǎncháyuàn（名）procuratorate

【检点】jiǎndiǎn（动）(1)仔细核对 check carefully：～货物 ～ huòwù check goods；inspect merchandise /～人数 ～ rénshù check the number of people (to see if everyone is present) (2)约束自身的言行 keep a tight rein on one's words and actions；act and speak cautiously：生活上要多加～。Shēnghuó shang yào duō jiā ～. You should always be discreet in your words and actions.

【检举】jiǎnjǔ（动）向司法机关或组织上揭发坏人坏事 report (a criminal or an offense) to the judicial authorities：～不法分子 ～ bùfǎ fènzǐ inform against wrongdoers /～形迹可疑的人 ～ xíngjì kěyí de rén report a suspicious person

【检录】jiǎnlù（动）〈体〉运动会上运动员入场前点名 call out the names of athletes before they enter the stadium：运动员请到～处。Yùndòngyuán qǐng dào ～chù. Contestants please come to the assembly area for roll-call.

【检讨】jiǎntǎo（动）对本人或本单位思想工作生活等方面的缺点错误，以及犯错误的原因 self-criticism：让他～自己的错误。Ràng tā ～ zìjǐ de cuòwù. Get him to make a self-criticism of his mistakes. (名)对自己错误言行的口头或书面的检查 oral or written self-criticism：作了一个深刻的～ zuòle yí ge shēnkè de ～ He made a thorough self-criticism. /让他写 ～ Ràng tā xiě ～. Make him write a self-criticism.

【检修】jiǎnxiū（动）对机器和建筑物等进行检查和修理 examine and repair；overhaul：～高炉 ～ gāolú overhaul a blast furnace /～汽车 ～ qìchē overhaul an automobile /这座楼应该～一下了。Zhè zuò lóu yīnggāi ～ yíxià le. This building needs an overhaul.

【检验】jiǎnyàn（动）(按标准)检查验证 examine；inspect：必须严格～产品的质量。Bìxū yángé ～ chǎnpǐn de zhìliàng. We must strictly examine the quality of the products. /实践是～真理的标准。Shíjiàn shì ～ zhēnlǐ de biāozhǔn. Practice is the criterion of truth.

【检阅】jiǎnyuè（动）举行仪式视察、检验(军队或群众队伍) review (troops)；hold an inspection：～三军仪仗队 ～ sānjūn yízhàngduì inspect the honor guard of the three armed services /～游行队伍 ～ yóuxíng duìwu review the column of marchers

【检字法】jiǎnzìfǎ（名）中国辞书或其他工具书里文字排列次序的检查方法 method of indexing Chinese characters：部首～ bùshǒu ～ radical indexing / 笔画～ bǐhuà ～ stroke indexing

减 jiǎn

（动）(1)〈数〉subtract：三～二等于一。Sān ～ èr děngyú yī. Three minus two is one. (2)减少、衰退 reduce；weaken：～薪 ～ xīn reduce a salary /～租 ～ zū reduce rent / 天气暖和了，应该～点衣服。Tiānqì nuǎnhuo le, yīnggāi ～

diǎnr yīfu. *The weather has warmed up, so we ought to wear less clothes.* / 身处逆境，爱国热情不～。Shēn chǔ nìjìng, ài guó rèqíng bù ～. *In spite of the adverse circumstances his patriotic ardor never slackened.*

【减产】jiǎn=chǎn 产量降低 *reduce output*：粮食因旱灾～。Liángshi yīn hànzāi ～. *Grain output has slackened because of the drought.* / 因受雹灾，蔬菜减了产。shūcài jiǎnle chǎn. *Hail has caused a drop in vegetable production.*

【减低】jiǎndī (动) 降低 *reduce*；*cut*：～速度 ～ sùdù *slacken speed*；*reduce speed* /～ 成本 ～ chéngběn *cut costs*；购买力～了。Gòumǎilì ～ le. *Purchasing power has dropped.*

【减法】jiǎnfǎ (名)〈数〉*subtraction*

【减号】jiǎnhàor (名)〈数〉*minus sign*

【减价】jiǎn=jià 降低售价 *reduce prices*；*mark down*：这些商品～出售。Zhèxiē shāngpǐn ～ chūshòu. *These goods are selling at reduced prices.* / 西瓜大量上市，一定会～。Xīguā dàliàng shàng shì, yídìng huì ～. *There's a glut of melons on the market, so they'll have to be sold at reduced prices.*

【减慢】jiǎnmàn (动) 降低(速度) *slow down*；*reduce speed*：～前进步伐 ～ qiánjìn bùfá *slow one's pace*

【减免】jiǎnmiǎn (动) 减轻或免除 *reduce*；*remit*；*exempt*：税收～ shuìshōu *reduce taxes* /～刑罚 ～ xíngfá *reduce a punishment*

【减轻】jiǎnqīng (动) 减份量或程度 *lighten*；*ease*；*alleviate*：～ 负 担 ～ fùdān *lighten a burden* /～工 作 量 ～ gōngzuòliàng *lighten a workload* /病情有所～ Bìngqíng yǒu suǒ ～. *His illness has become less severe.*

【减弱】jiǎnruò (动) 由强逐渐变弱 *weaken*；*abate*：风力逐渐～。Fēnglì zhújiàn ～. *The force of the wind is slackening* / 视力～ shìlì ～ *one's eyesight is growing dim* / 兵力～了。Bīnglì ～ le. *Troop strength has been reduced.*

【减色】jiǎn=sè 降了事物原有的精彩部分 *fade*；*lose luster*：今晚两个主要演员没有出场，节目～不少。Jīn wǎn liǎng ge zhǔyào yǎnyuán méiyou chū chǎng, jiémù ～ bù shǎo. *Two leading actors haven't turned up tonight, so the program has lost some of its luster.*

【减少】jiǎnshǎo (动) *reduce*；*decrease*；*lessen*：～废品 ～ fèipǐn *reduce the amount of rejects* /～字数 ～ zìshù *reduce (prune) the number of words* / 工作人员～了。Gōngzuò rényuán ～ le. *The work force has been cut.* / 支出～了。Zhīchū ～ le. *Expenses have been reduces.*

【减数】jiǎnshù (名)〈数〉*subtrahend*

【减速】jiǎn=sù 放慢速度 *slacken speed*；*slow down*

【减速剂】jiǎnsùjì (名)〈物〉*moderator*

【减速运动】jiǎnsù yùndòng〈物〉速度不断减慢的运动，是变速运动的一种 *retarded motion*

【减缩】jiǎnsuō (动) 减少，压缩 *cut down*；*compress*；*reduce*：～开支 ～ kāizhī *reduce expenditure* /～办公费用 ～ bàn gōng fèiyòng *cut back on office expenses*

【减退】jiǎntuì (动) 降低，衰退 *fall*；*abate*；*weaken*：高温～了不少。Gāowēn ～ le bù shǎo. *The high temperature has fallen quite a bit.* / 智力～ zhìlì ～ *One's intellect is failing.* /年纪大了，记忆力～了。Niánjì dà le, jìyìlì ～ le. *With advanced age one's memory fails.*

【减刑】jiǎn=xíng (法院根据犯人在服刑期间的表现)把原来判处的刑罚减轻 *reduce a penalty*；*commute a sentence*

【减削】jiǎnxuē (动) 同"削减"xuējiǎn *same as* "削减"xuējiǎn：～开支 ～ kāizhī *cut expenditure*

【减压】jiǎn=yā 减低压力 *reduce pressure*

【减员】jiǎn=yuán 部队因战死、伤病、被俘等原因而人员减少 *depletion of numbers (of the armed forces)*

【减租减息】jiǎn zū jiǎn xī 中国共产党在抗日战争时期实行的由没收地主土地，改为减租减息的政策 "*reduce land rent and interest on loans*", *a land reform policy adopted by the Communist Party during the war of Resistance Against Japanese Aggression instead of the policy of confiscating land from the landlords*

剪 jiǎn

（动）*cut（with scissors）*；*clip*；*shear*：～羊毛 ～ yángmáo *shear a sheep* /～枝 ～ zhī *clip a branch*；*prune twigs* / 把头发～得太短了。Bǎ tóufa ～ de tài duǎn le. *He cut his hair too short.* / 把纸～成图案。Bǎ zhǐ ～ chéng tú'àn. *cut paper into patterns*

【剪裁】jiǎncái (动) (1) 做衣服时把衣料按尺寸剪断裁开 *cut out clothing material*；*tailor*：～衣服 ～ yīfu *tailor clothes* (2) 比喻写文章时对材料的取舍和安排 *arrange and edit a piece of writing*：把小说改写成电影剧本，是要加以～的。Bǎ xiǎoshuō gǎixiě chéng diànyǐng jùběn, shì yào jiāyǐ ～ de. *To turn a novel into a film script it is necessary to do some extra editing and rearranging.*

【剪彩】jiǎn=cǎi *cut the ribbon at an opening ceremony*：今天服装展销会～。Jīntiān fúzhuāng zhǎnxiāohuì ～. *The ribbon was cut today for clothing sales exhibition.* / 市长给儿童公园落成剪了彩。Shìzhǎng gěi értóng gōngyuán luòchéng jiǎnle cǎi. *The mayor cut the ribbon to open the cildren's park.*

【剪刀】jiǎndāo (名)[把 bǎ] *scissors*；*shears*

【剪刀差】jiǎndāochā (名) *scissors differential*；*price scissors*

【剪辑】jiǎnjí (名)〈电影〉*film editing* (动) 为了说明某一问题，把资料图片从书报上剪下来贴在纸上 *cut out material and paste up in a montage*：～图片 ～ túpiàn *cut out a montage of picture* /～资料 ～ zīliào *cut out materials for a montage*

【剪接】jiǎnjiē (动)〈电影〉*montage*；*film editing*

【剪票】jiǎn=piào *punch a ticket*：进火车站后，先～才能上车。Jìn huǒchēzhàn hòu, xiān ～ cái néng shàng chē. *After entering the station you must have your ticket punched before getting on the train.*

【剪贴】jiǎntiē (名) 儿童手工的一种，用彩色的纸剪成人或其他东西的形象，贴在白纸上 *cut out pictures, etc. and paste them in a scrapbook* (动) 把资料从书报上剪下来，贴在纸上 *clip and paste materials*：他把有关北京的史料都～起来了。Tā bǎ yǒuguān Běijīng de shǐliào dōu ～ qilai le. *He has clipped out and arranged all kinds of material related to Beijing's history.*

【剪影】jiǎnyǐng (名) (1) 依照人的脸或身体的轮廓剪纸成形，是一种民间艺术 *paper-cut silhouette* (2) 比喻对于事物的大致描写 *outline*；*sketch*

【剪纸】jiǎnzhǐ (名) 民间工艺的一种，通常用色纸剪成或刻成花、鸟、人物的形象或各种图案，作为装饰品 *paper-cut handicraft*

【剪子】jiǎnzi (名)[把 bǎ] 同"剪刀"jiǎndāo *same as* "剪刀"jiǎndāo

简〔簡〕jiǎn

（形）◇简单(跟"繁"相对) *simple*：结婚最好一切从～。Jié hūn zuìhǎo yíqiè cóng ～. *It is best to dispense with all unnecessary wedding expenses.*

【简报】jiǎnbào (名) 内容简要的情况报导 *brief report*；*bulletin*：新闻～ xīnwén ～ *news bulletin* /工作情况～ gōngzuò qíngkuàng ～ *brief report on the work situation*

【简编】jiǎnbiān (名) 内容比较简略的著作。也指同一内容而比较简略的本子，多用于书名 *condensed edition（of a book）*；*concise edition*：《中国通史～》《Zhōngguó Tōngshǐ ～》"*A Concise History of China*"

【简便】jiǎnbiàn （形）简单方便 *simple and convenient*；*handy*：手续～ shǒuxù ～ *simple and convenient formalities*

/～的方法 ～ de fāngfǎ *simple and convenient method*

【简称】jiǎnchēng（动）把复杂名称简化 *abbreviate a name*；*call (something) for short*：北京大学～北大。Běijīng Dàxué ～ Běidà. *Beijing University is called "Beida" for short.*（名）复杂名称的简化形式 *the abbreviated form of a name*：化肥是化学肥料的～. Huàféi shì huàxué féiliào de ～. *"Huafei" is the abbreviated form of "huaxue feiliao".*

【简单】jiǎndān（形）(1) 单纯、不复杂、容易理解或处理 *simple*；*uncomplicated*；*straightforward*：多劳不能多得，工人就没有积极性，这道理很～。Duō láo bù néng duō dé, gōngrén jiù méi yǒu jījíxìng, zhè dàolǐ hěn ～. *Without more pay for more work the wroker will not be motivated. This is quite obvious.* (2) 应该复杂而不复杂 *oversimplify*：～从事 ～ cóngshì *handle sth. in an oversimplified way* / 头脑～. Tóunǎo ～. *simple-minded* "不简单" 有时是很出色、优异的意思 ("不简单" *sometimes has the meaning of outstanding*)：一个中学生能做出这道数学难题，真不～! Yí ge zhōngxuéshēng néng zuòchū zhè dào shùxué nántí, zhēn bù ～! *For a middle-school student to be able to solve such a difficult mathematical problem is really extraordinary!*

【简单化】jiǎndānhuà（动·不及物）(把不应该简单的事)看成很简单 *simplify*；*oversimplify*：把问题～了。Bǎ wèntí le. *He oversimplified the problem.* / 思想工作不能～。Sīxiǎng gōngzuò bù néng ～. *Ideological work cannot be done in a crude way.*

【简单句】jiǎndānjù（名）〈语〉*simple sentence*

【简短】jiǎnduǎn（形）(文章、讲话等)内容简单，言词不长 *brief (words, writing, etc.)*：作文要～生动。Zuòwén yào ～ shēngdòng. *Composition should be brief and lively.* ～的几句话，就把道理说清楚了。～ de jǐ jù huà, jiù bǎ dàolǐ shuō qīngchu le. *He made his meaning clear in only a few brief sentences.*

【简分数】jiǎnfēnshù（名）〈数〉分子和分母都是整数的分数，如3/7,1/5 *simple fraction*

【简化】jiǎnhuà（动）把复杂的变成简单的 *simplify*：～手续 ～ shǒuxù *simplify procedures* / 汉字一定要～。Hànzì yídìng yào ～. *It is necessary to simplify Chinese characters.*

【简化汉字】jiǎnhuà Hànzì (1)把笔画多的汉字改为笔画少的，把有几种写法的确定为一种写法，并用同音代替的办法适当地归并一些同音字以精简字数 *simplify Chinese characters (by reducing the number of strokes, eliminating variants and condensing homonyms)* (2) 指简化后的汉字 *simplified characters*

【简洁】jiǎnjié（形）(文章、语言等)简要清楚，没有不必要的言词 *succinct*；*terse*；*pruned of superfluous words*；*pithy*：～的语言 ～ de yǔyán *pithy language* / 文章要～。Wénzhāng yào ～. *Writings should be concise.* / 他的话很～. Tā de huà hěn ～. *He uses very terse language.*

【简捷】jiǎnjié（形）(言语、行动)简单、爽快 *simple and forthright (words or actions)*：动作～ dòngzuò ～ *forthright actions*

【简介】jiǎnjiè（名）*brief introduction*；*synopsis*；*summary*

【简括】jiǎnkuò（形）(很少作谓语)简单而概括 *brief but comprehensive (rarely as predicate)*：～的说明 ～ de shuōmíng *brief but comprehensive explanation* /～地总结了一周的工作情况 ～ de zǒngjié yì zhōu de gōngzuò qíngkuàng *give a brief but comprehensive exposition of the week's work*

【简历】jiǎnlì（名）[份 fèn]简要的个人经历 *résumé of one's career*；*curriculum vitae*

【简练】jiǎnliàn（形）(文章)简要精练，没有多余或意思不明的词句 *succinct*；*pithy*；*terse*：文笔～ wénbǐ ～ *pithy style of writing* / 这篇总结写得很～. Zhè piān zǒngjié xiě de hěn ～. *This summary is very succinctly written.*

【简陋】jiǎnlòu（形）(房屋、设备)简单粗陋，不完备 *simple and crude (building or equipment)*：～的住房 ～ de zhùfáng *crude dwelling* / 设备陈旧～。Shèbèi chénjiù ～. *The equipment is old-fashioned and crude.*

【简略】jiǎnlüè（形）简要，不详细 (多指言语、文章等) *sketchy*；*undetailed (mainly referring to language or written work)*：讲得很～ jiǎng de hěn ～ *He talked in a very sketchy manner.* /～地汇报一下 ～ de huìbào yíxià *give a brief outline report*

【简明】jiǎnmíng（形）简单明了(liǎo) *brief and to the point*；*simple and concise*：～汉英词典 ～ Hàn Yīng cídiǎn *A Concise Chinese-English Dictionary* / 他的文章～有力。Tā de wénzhāng ～ yǒulì. *His writings are concise and forceful.* / 她的发言～扼要。Tā de fāyán ～ èyào. *Her speech was precise and to the point.*

【简明新闻】jiǎnmíng xīnwén *news in brief*

【简朴】jiǎnpǔ（形）(言语、文笔、生活作风等)简单朴素 *simple*；*plain*；*frugal (of words, writing or lifestyle)*：～的生活 ～ de shēnghuó *a frugal life*；*plain living* / 文字～、实在。Wénzì ～、shízài. *The wording is plain and precise*

【简谱】jiǎnpǔ（名）用阿拉伯数字1、2、3、4、5、6、7做七声音符的乐谱 *musical notation using Arabic numbers*

【简缩】jiǎnsuō（动）精简压缩 *reduce*；*simplify*：你这篇文章的篇幅还应该～。Nǐ zhè piān wénzhāng de piānfú hái yīnggāi ～. *This piece of writing of yours still needs condensation.* / 这五个行政机构将要～成三个。Zhè wǔ ge xíngzhèng jīgòu jiāngyào ～ chéng sān ge. *These five administrative organs are going to be reduced to three.*

【简体字】jiǎntǐzì（名）正式公布了的简化汉字，与繁体字相对 *simplified Chinese character*

【简写】jiǎnxiě（动）简体书写(汉字) *write in simplified Chinese characters*："國" 现在～成 "国"。"Guó" xiànzài ～ chéng "guó". *"國" is nowadays simplified to "国".*（名）汉字的简体写法 *simplified form of a Chinese character*："学" 是 "學" 的～。"Xué" shì "xué" de ～. *"学" is the simplified form of "學".*

【简写本】jiǎnxiěběn（名）*simplified edition of a book*

【简讯】jiǎnxùn（名）*news in brief*；*bulletin*：新华社～ Xīnhuáshè ～ *Xinhua News Agency bulletin*

【简要】jiǎnyào（形）简明扼要 *brief and to the point*：～地介绍一下 ～ de jièshào yíxià *give a potted introduction* /～的说明 ～ de shuōmíng *concise and to-the-point explanation* / 工作总结写得很～. Gōngzuò zǒngjié xiě de hěn ～. *The work summary is brief and pithy.*

【简易】jiǎnyì（形·非谓)简单容易的 *simple and easy*：～读物 ～ dúwù *simple and easy reading material* /～的方法 ～ de fāngfǎ *simple and easy method* /～住房 ～ zhùfáng *simply constructed living quarters*

【简章】jiǎnzhāng（名）[份 fèn] *general regulations*：招生～ zhāoshēng ～ *enrolment regulations*

【简直】jiǎnzhí（副）强调完全如此或差不多如此，带夸张语气，"简直……" 是用以表示某情况的程度高。在述谓性词语前，"简直" 后可加 "是"，不影响意思 *simply*；*at all (expresses exaggeration*；*used before the verb of a sentence, "简直" can be followed by "是" without the meaning being changed)*：你的声音太小了，我～(是)听不见。Nǐ de shēngyīn tài xiǎo le, wǒ ～ (shì) tīng bú jiàn. *Your voice is too low. I can't hear you at all.* / 他～(是)胡闹，怎么能拿老人开玩笑呢。Tā ～ (shì) húnào, zěnme néng ná lǎorén kāi wánxiào ne. *He's simply too outrageous. How could anybody play jokes on elderly people?* / 他画的老虎～(是)跟活的一样。Tā huà de lǎohǔ ～ (shì) gēn huó de yíyàng. *The tiger he painted simply looks real.* / 他对这里的情况熟悉得～(是)使人吃惊。Tā duì zhèlǐ de qíngkuàng shúxī de ～ (shì) shǐ rén chī jīng. *It's just so surprising how familiar he is with the situation here.* / 这个地方下起雨来到

处是水，～是个小湖。Zhège dìfang xià qǐ yǔ lai dàochù shì shuǐ，～ shì ge xiǎo hú. *When it rains here, there's water everywhere. This place simply becomes a small lake.* / 你～是疯子，随便骂人。Nǐ ～ shì fēngzi，suíbiàn mà rén. *You're simply mad, cursing at others at random.* / 有些事你～(是)想像不到的。Yǒuxiē shì nǐ ～ (shi) xiǎngxiàng bú dào de. *There are some things you just simply cannot imagine.* / 老妈妈～(是)把她当做亲生的女儿。Lǎo māma ～ (shì) bǎ tā dàngzuò qīnshēng de nǚ'ér. *The elderly woman simply regarded her as her own daughter.* / 他～(是)胡说，根本没有那么回事。Tā ～ (shì) húshuō，gēnběn méi yǒu nàme huí shì. *He's simply talking nonsense. It's not that way at all.*

【简装】jiǎnzhuāng（形）(商品)简单地包装(区别于"精装") *simple (basic) packaging (as distinct from "精装")*：～香烟 ～ xiāngyān *roughly packaged cigarettes* /～洗衣粉 xǐyīfěn *roughly packaged washing powder*

碱 jiǎn

（名)*alkali*

【碱地】jiǎndì（名)土壤中含有较多盐分的土地 *alkaline land*

【碱性】jiǎnxìng（名）*alkalinity；basicity*：这种土壤～较大。Zhè zhǒng tǔrǎng ～ jiào dà. *This kind of soil is quite alkaline.*

jiàn

见〔見〕jiàn

（动)(1)看见，遇见 *see；perceive*：我亲眼～的，还能错？Wǒ qīnyǎn ～ de，hái néng cuò? *I saw it with my own eyes. How can there be a mistake?* / 上次我来北京没～着他。Shàng cì wǒ lái Běijīng méi ～zháo tā. *I didn't see him the last time I came to Beijing.* (2)接触，遇上 *meet with；be exposed to*：胶卷怕～光。Jiāojuǎn pà ～ guāng. *Film must not be exposed to light.* / 有的植物可以终年不～阳光。Yǒude zhíwù kěyǐ zhōngnián bú ～ yángguāng. *Some plants need not get exposed to sunlight all the year round.* / 注意，这东西～热就化。Zhùyì，zhè dōngxi ～ rè jiù huà. *Be careful! If this is exposed to heat it will melt.* (3)◇显现出 *appear to be*：她太操心了，这两年很～老。Tā tài cāo xīn le，zhè liǎng nián hěn ～ lǎo. *She worries too much. Over the past two years she has obviously aged.* (4)指明文字的出处或可参看的地方 *see；vide；refer to (page numbers, etc.)*：～102页 ～ yībǎi líng èr yè *see page 102* /～第一章第二节 ～ dìyī zhāng dì'èr jié *see the second paragraph of the first chapter* (5)会见 *meet*：他要亲自～你。Tā yào qīnzì ～ nǐ. *He wants to see you in person.* (名)◇看法，见解 *opinion；view*：真知灼～ zhēnzhī zhuó ～ *profound knowledge and deep insight* / 依我之～，不妨试试。Yī wǒ zhī ～，bùfáng shìshì. *In my view there is no harm in giving it a try.* (助)〈书〉用在动词前面，表示承受对方所发出的动作 *(used before a verb to indicate passive)*：望您有了消息及时～告。Wàng nín yǒule xiāoxi jíshí ～ gào. *I hope to be informed immediately when you have news.* / 上述意见仅供参考，若有冒犯，尚请～谅。Shàngshù yìjiàn jǐn gōng cānkǎo，ruò yǒu màofàn，shàng qǐng ～ liàng. *The aforementioned view is for reference only. Should it be offensive to anyone, please forgive me.*

【见报】jiàn=bào 在报上刊登出来 *appear in the press*：他的文章已经～。Tā de wénzhāng yǐjīng ～. *His article has already been published.* / 这条消息过一两天可以～。Zhè tiáo xiāoxi guò yì-liǎng tiān kěyǐ ～. *This news will appear in the papers in a few days.*

【见不得】jiànbudé（动)(1)不能遇见(否则会发生问题或有不好的结果) *not suitable for exposure to；not fit for*：这种东西～阳光，一见阳光就变色。Zhè zhǒng dōngxi ～ yángguāng，yí jiàn yángguāng jiù biàn sè. *This type of article should not be exposed to sunlight, otherwise it will change color.* / 他身体太坏，～风。Tā shēntǐ tài huài，～ fēng. *He is in very poor health. He can't stand exposure to the wind.* (2)不敢见 *don't dare to look；shy*：我从小～生人，一见生人就脸红。Wǒ cóng xiǎo ～ shēngrén，yí jiàn shēngrén jiù liǎn hóng. *Since I was small I have been shy of strangers. As soon as I see a stranger I'll blush.* / 他一向畏畏缩缩，～大场面。Tā yíxiàng wèiwèisuōsuō，～ dà chǎngmiàn. *He has always been very timid and feels ill at ease at gathering.* (3)"见不得人"意思是不体面的，可耻的 ("见不得人" *means shameful, reprehensible, face-losing*)：考试作弊是～人的事。Kǎoshì zuò bì shì ～ rén de shì. *Cheating in exams is a shameful practice.*

【见长】jiàncháng（动)在某方面有特长 *be good at；have a flair for*：他画国画，尤其以山水画为～。Tā huà guóhuà，yóuqí yǐ shānshuǐhuà ～. *He does traditional Chinese paintings and has a flair for landscapes.* 另见 jiànzhǎng

【见地】jiàndì（名)见解 *judgment；insight；perception*：他对汉语动词研究多年，很有～。Tā duì Hànyǔ dòngcí yánjiū duō nián，hěn yǒu ～. *He has been studying Chinese verbs for many years and has original insight into the subject.* / 这篇文章没什么～，非常一般。Zhè piān wénzhāng méi shénme ～，fēicháng yìbān. *There is no particular insight in this piece of writing. It is very mediocre.*

【见风使舵】jiàn fēng shǐ duò 根据情势，随时改变态度和做法(含贬义) *trim one's sails*

【见缝插针】jiàn fèng chā zhēn 比喻把窄小的空间或短暂的时间充分利用起来 *"stick a needle into every seam"— make use of every second of time or every nook and cranny*：他充分利用田边地角，～种植蓖麻和向日葵。Tā chōngfèn lìyòng tiánbiān dìjiǎo，～ zhòngzhí bìmá hé xiàngrìkuí. *They utilise even the margins of the fields by filling them up with castor oil plants and sunflowers.* / 他学习英语时间抓得很紧，～记生词。Tā xuéxí Yīngyǔ shíjiān zhuā de hěn jǐn，～ jì shēngcí. *He arranges his English schedule very tightly, utilising every spare moment to memorise vocabulary.*

【见怪】jiànguài（动)责备，责怪 *take offence；object to；mind*：我说这话是无心的，没想到她会～。Wǒ shuō zhè huà shì wúxīn de，méi xiǎngdào tā huì ～. *I spoke without thinking, and I didn't expect her to take offence.* / 你走的时候，我不能去机场送你，请勿～。Nǐ zǒu de shíhou，wǒ bù néng qù jīchǎng sòng nǐ，qǐng wù ～. *I'm afraid I won't be able to see you off at the airport. I hope you won't mind.*

【见鬼】jiàn=guǐ (1)比喻事情让人不可理解 *"see a ghost"— fantastic；incredible；absurd*：真～，怎么一转眼我的刀子不见了？Zhēn ～，zěnme yì zhuǎnyǎn wǒ de dāozi bújiàn le? *Really incredible! As soon as I took my eyes off it my knife disappeared.* / 要学好外语，而总不开口不是～吗？Yào xuéhǎo wàiyǔ，ér zǒng bù kāi kǒu búshì ～ ma? *To wish to master a foreign language and yet never open one's mouth! Isn't that absurd?* (2)指死或毁灭 *death；extinction*：让封建制度～去吧！Ràng fēngjiàn zhìdù ～ qu ba! *To hell with the feudal system!*

【见好】jiànhǎo（动)(病势)显出好转 *get better；take a turn for the better (of an illness)*：他的病这几天～吗？——还是不能吃东西。Tā de bìng zhè jǐ tiān ～ ma? ——Bú ～，háishì bù néng chī dōngxi. *Has there been any improvement in his condition in the past few days? —— No improvement. He still can't eat anything.*

【见机行事】jiàn jī xíng shì 根据当时情况采取相应的行动 *act in accordance with the circumstances*

【见解】jiànjiě（名)对事物的理解和看法 *opinion；view；*

idea：有～ yǒu ～ *have original ideas* / 在座谈会上，他谈了自己在文艺理论方面的新～。Zài zuòtánhuì shang, tā tánle zìjǐ zài wényì lǐlùn fāngmiàn de xīn ～. *At the symposium he expounded his new ideas on the theory of literature and art.*

【见面】jiàn＝miàn *meet；see*：明天咱们几点钟～? Míngtiān zánmen jǐ diǎnzhōng ～? *What time shall we meet tomorrow?* / 我们这个方案，应该跟群众见见面。Wǒmen zhège fāng'àn, yīnggāi gēn qúnzhòng jiànjian miàn. *We ought to put our plan before the masses.* / 我和他只见过一次面，并不熟悉。Wǒ hé tā zhǐ jiànguo yí cì miàn, bìng bù shúxi. *I've only met him once so we don't know each other very well.*

【见面礼】jiànmiànlǐ (名) 初次见面时赠送的钱物（多指年长的对年幼的）*present given to someone at the first meeting (usually money and given by an older to a younger person)*

【见世面】jiàn shìmiàn 在外经历见识各种事情 *see the world；gain experience of the outside world*

【见识】jiànshi (名) 经验，知识 *experience；knowledge*：有～yǒu ～ *have knowledge and experience；be a "man of the world"* / 参观科技展览以后，长了许多～。Cānguān kējì zhǎnlǎn yǐhòu, zhǎngle xǔduō ～. *I widened my experience greatly by attending the science and technology exhibition.* (动·不及物) 接触人或事物，扩大眼界 *expand one's horizons by contact with people or things*：早就听说他精通书法，很想～～. Zǎo jiù tīng shuō tā jīngtōng shūfǎ, hěn xiǎng ～ ～. *I have long heard that he is a master of calligraphy so I want to meet and learn from him.*

【见外】jiànwài (动) 把对方当做外人 *regard somebody as an outsider*：到我这里就跟在自己家里一样，不要～。Dào wǒ zhèlǐ jiù gēn zài zìjǐ jiā lǐ yíyàng, búyào ～. *Make yourself at home. Don't act like a stranger (don't stand on ceremony).* / 你对我这样客气，就有点儿～了。Nǐ duì wǒ zhèyàng kèqi, jiù yǒudiǎnr ～ le. *You are so polite to me that I feel like a stranger.*

【见闻】jiànwén (名) 见到和听到的事情 *things seen and heard；information*：旅途～ lǚtú ～ *impressions gathered during a journey* /～很广 hěn guǎng *well-informed；knowledgeable* / 请他谈谈国外～。Qǐng tā tántan guówài ～. *Ask him to tell us about his overseas experiences.*

【见习】jiànxí (动) 初到工作岗位的人在独立工作以前到现场实习 *learn on the job；be in the initial stage of learning one's duties*：～教师 ～ jiàoshī *probationary teacher* /～军官 ～ jūnguān *probationary officer* / 他刚从医学院毕业，到医院～一年。Tā gāng cóng yīxuéyuàn bì yè, dào yīyuàn ～ yì nián. *He has just graduated from medical college and he is going to be an intern in a hospital for a year.*

【见笑】jiànxiào (动) (1) 使人笑话（多用于谦辞）*make oneself ridiculous (a laughing stock) (often used in self-depreciatory expressions)*：您的书法真好！～～。Nín de shūfǎ zhēn hǎo! ～ ～. *Your calligraphy is excellent! —— Oh, not at all. It's quite laughable.* (2) 笑话（我）*laugh at (me)*：我是孤陋寡闻，见解浅薄，说出来您别～。Wǒ shì gū lòu guǎ wén, jiànjiě qiǎnbó, shuō chulai nín bié ～. *I'm just an ill-informed bumpkin, so don't mock me when I give my opinion.*

【见效】jiàn＝xiào 产生效力 *produce an effect；become effective*：气功治神经衰弱真～。Qìgōng zhì shénjīng shuāiruò zhēn ～. *Qigong is really effective for treating nervous debility.* / 吃了这药以后见点儿效。Chīle zhè yào yǐhòu jiàn diǎnr xiào. *I felt some effect after taking this medicine.*

【见异思迁】jiàn yì sī qiān 看到别的事物就改变原来的主意。指意志不坚定，喜爱不专一 *change one's mind every time one sees something new；be inconstant；be fickle*：他总是～，几年来换了三个工作，结果一事无成。Tā zǒngshì ～, jǐ

nián lái huànle sān ge gōngzuò, jiéguǒ yí shì wú chéng. *He is very inconstant. He has had three different jobs in only a few years and has accomplished nothing.*

【见义勇为】jiàn yì yǒng wéi 看到正义的事情勇敢地去做 *be ready to fight for a just cause*

【见于】jiànyú (动) 指明文字出处或可参看的地方 *(indicates the source of an expression or reference location)*：这个字最早～《康熙字典》。Zhège zì zuì zǎo ～《Kāngxī Zìdiǎn》. *The earliest appearance of this character is in the Kangxi Dictionary.*

【见长】jiànzhǎng (形) 可以看出明显地在长高、长大 *grow perceptibly*：这棵树真～，刚栽几年就这么粗了。Zhè kē shù zhēn ～, gāng zāi jǐ nián jiù zhème cū le. *This tree has grown remarkably. It was only planted a few years ago and it is so sturdy already!*：玉米施肥以后很～。Yùmǐ shī féi yǐhòu hěn ～. *After fertilizer was applied the maize grew perceptibly.* / 小刚这孩子怎么不～?去年那么高，今年还是那么高。Xiǎo Gāng zhè háizi zěnme bú ～? Qùnián nàme gāo, jīnnián háishi nàme gāo. *How is it that Xiao Gang doesn't seem to be growing any more? He's no taller than he was last year.* 另见 jiànzhǎng

【见证】jiànzhèng (形) 亲眼看见可以作证的 *witness；testimony*：～人 ～ rén *eyewitness* / 当时他在场，可以作～。Dāngshí tā zài chǎng, kěyǐ zuò ～. *He was on the spot at that time so he can act as an eyewitness.* (名) 见证人，或可以作证据的物品 *person or object which can serve as evidence*：这把刀就是他行凶的～。Zhè bǎ dāo jiù shì tā xíng xiōng de ～. *This knife is witness to the fact that he committed the crime.*

件 jiàn

(量) 用于事情、衣服、家具等 *(for things, clothes, furniture, etc.)*：一～事情 yí ～ shìqing *a thing* / 两～衬衫 liǎng ～ chènshān *two shirts* / 买了两～家具 mǎile liǎng ～ jiājù *I bought two items of furniture.* (名)◇(1) 文件 manuscript, paper, document：处理来～ chǔlǐ lái ～ *handle the incoming paperwork* (2) (～儿) 可以一个个计算的事物 *things which can be counted separately*：工～ gōng ～ *work piece*

间〔間〕jiàn

(动)◇(1) 隔开 *separate*：黑白相～ hēi bái xiāng ～ *alternately black and white* / 晴～多云 qíng ～ duō yún *fine weather alternating with cloudy periods* (2) 拔出、锄去（多余的幼苗）*thin out；space out (young seedlings)*：这么密的苗，得～一～。Zhème mì de miáo, děi ～ yí ～. *The seedlings are too close together. They should be thinned out.* (名)◇空隙 *empty space；gap*：亲密无～ qīnmì wú ～ *be on intimate terms；very close in relationship* 另见 jiān

【间谍】jiàndié (名) *spy*

【间断】jiànduàn (动) 中间断开，不连续 *disconnect；interrupt*：他每天学一小时汉语，从不～。Tā měi tiān xué yì xiǎoshí Hànyǔ, cóng bù ～. *He studies Chinese for one hour every day without fail.* / 试验一刻也没有～过。Shìyàn yíkè yě méiyou ～ guo. *There wasn't a moment's break during the tests.*

【间隔】jiàngé (动) 事物（在空间或时间上）拉开距离 *with an interval (in time or space)*：～三年开一次全体会议 ～ sān nián kāi yí cì quántǐ huìyì *hold plenary sessions at three-year intervals* (名) 事物（在空间或时间上）的距离 *interval；space between (in time or space)*：每行之间的～相等。Měi háng zhī jiān de ～ xiāngděng. *There are equal spaces between the rows.*

【间隔号】jiàngéhào (名) 标点符号的一种，用"·"来表示时间或外国人名姓之间的分界。如："一二·九"运动、诺尔曼·白

求恩等 *punctuation mark in the form of a dot which separates numbers indicating days and months or the components of a foreign name*

【间或】jiànhuò（副）意思同"偶尔"ǒu'ěr，表示有较长的不规则的间隔，多用于书面语 *same as "偶尔" ǒu'ěr; occasionally; now and then (usu. used in the written language)*：我坐在湖边，湖面上～传来一阵阵悦耳的歌声。Wǒ zuò zài húbiān, húmiàn shang ～ chuánlái yī zhènzhèn yuè'ěr de gē shēng. *As I sat by the lakeside, sweet-sounding singing would ripple across the lake's surface every now and then.* / 夜静悄悄的，越发显得琴声悠扬，～听到一两声啧啧的赞叹。Yè jìng qiāoqiāo de, yuèfā xiǎndé qín shēng yōuyáng, ～ tīngdào yī liǎng shēng zēzē de zàntàn. *The night was very still, so the sound of the qin seemed all the more melodious, and an occasional word or two of praise could be heard every now and then.* / 在那个时期，她主要是编教材，～到系里去上上课。Zài nàge shíqī, tā zhǔyào shì biān jiàocái, ～ dào xì li qu shàngshang kè. *During that period, she mostly edited teaching materials and occasionally taught in the department.* / 大街上行人不多，～有一两辆卡车驶过。Dàjiēshang xíngrén bù duō, ～ yǒu yī liǎng liàng kǎchē shǐguò. *There were few pedestrians in the street and an occasional lorry passed by.*

【间接】jiànjiē（形·非谓）*indirect*：～关系 ～ guānxì *indirect relation* ～传染 ～ chuánrǎn *indirect contagion (infection)* /一个人的知识，不外直接经验的和～经验的两部分。Yī ge rén de zhīshì búwài zhíjiē jīngyàn de hé ～ jīngyàn de liǎng bùfen. *A person's knowledge can only be gained either from direct or indirect experience.*

【间接宾语】jiànjiē bīnyǔ〈语〉*indirect object*

【间苗】jiàn＝miáo 按照一定的株距，把多余的苗拔去或锄去 *thin out seedlings*：到玉米地去～。*go to the maize fields and thin out the seedlings*

【间隙】jiànxì（名）空隙 *gap; space; interval; separation*：利用劳动～搞文娱活动。Lìyòng láodòng ～ gǎo wényú huódòng. *utilise work breaks to indulge in cultural recreation*

【间歇】jiànxiē（名）动作变化等每隔一定时间，停止一会儿 *intermittence*：～热 ～ rè *intermittent fever*

【间作】jiànzuò（动）在一块耕地上隔株、隔行或隔畦种植两种以上作物 *intercrop*：玉米和大豆～。Yùmǐ hé dàdòu ～. *intercrop maize and soybeans*

饯〔餞〕jiàn
（动）◇*give a farewell dinner*

【饯别】jiànbié（动）〈书〉同"饯行"jiànxíng *same as "饯行" jiànxíng*

【饯行】jiànxíng（动）设酒席送行 *give a farewell banquet*：给朋友～ gěi péngyou ～ *give a farewell banquet for a friend*

建 jiàn
（动）（1）建筑 *build; construct; erect*：新～了一座立交桥。Xīn ～le yī zuò lìjiāoqiáo. *An overpass was erected recently.*（2）成立，创立 *form; create; found*：～党 ～ dǎng *found a (political) party* / 今年是我校～校十周年。Jīnnián shì wǒ xiào ～ xiào shí zhōunián. *This year is the tenth anniversary of the school's founding.*

【建材】jiàncái（名）"建筑材料"的简称 *short for "建筑材料"* jiànzhù cáiliào

【建都】jiàn＝dū 把首都设在（某地）*found a capital; make (a place) the capital*：～长安 ～ Cháng'ān *make Chang'an the capital* / 在洛阳～ zài Luòyáng ～ *set the capital up at Luoyang*

【建国】jiàn＝guó 建立国家或建设国家 *found a nation*：～十

周年纪念日 ～ shí zhōunián jìniànrì *tenth anniversary of the country's founding* / 勤俭～ qínjiǎn ～ *build the country through thrift and hard work*

【建交】jiàn＝jiāo（与某国）建立外交关系 *establish diplomatic relations (with another country)*：两国～ liǎngguó ～ *The two countries set up diplomatic relations.* /～一周年 ～ yī zhōunián *first anniversary of the establishment of diplomatic ties*

【建军】jiàn＝jūn 创立军队 *found an army*：着手～ zhuóshǒu ～ *set about building an army* /～四十周年 ～ sìshí zhōunián *40th anniversary of the founding of the army*

【建军节】jiànjūnjié（名）*Army Day (August 1)*

【建立】jiànlì（动）*set up; establish; found*：～友好关系 ～ yǒuhǎo guānxi *establish friendly relations* /～一个独立的完整的工业体系 ～ yī ge dúlì de wánzhěng de gōngyè tǐxì *set up an independent and comprehensive industrial system*

【建设】jiànshè（动）*build; construct*：～祖国 ～ zǔguó *build the fatherland* /～国防 ～ guófáng *build up national defense* /农田水利～ nóngtián shuǐlì ～ *agricultural water-conservation facilities* / 经济～ jīngjì ～ *economic installations*

【建设性】jiànshèxìng（形·非谓）*constructive*：我们欢迎批评，尤其欢迎～意见。Wǒmen huānyíng pīpíng, yóuqí huānyíng ～ yìjian. *We welcome criticism, especially constructive suggestions.* /～措施 ～ cuòshī *constructive measures*

【建设周期】jiànshè zhōuqī 一个工程从动工到投入使用所经历的整个时间 *construction period*

【建树】jiànshù（动）建立功勋，做出贡献 *make (a contribution); contribute*：～功绩 ～ gōngjì *make a contribution* / 他在古文字研究方面很有～。Tā zài gǔ wénzì yánjiū fāngmiàn hěn yǒu ～. *He has made great contributions to the study of ancient script.* / 他在教学法上有所～。Tā zài jiàoxuéfǎ shang yǒu suǒ ～. *He has made some contributions to the development of teaching methods.*

【建议】jiànyì（动）提出主张 *propose; suggest; recommend*：～休息一刻钟 ～ xiūxi yī kèzhōng *suggest a 15-minute break*（名）提出的具体主张 *proposal; suggestion; recommendation*：合理化～ hélǐhuà ～ *rationalization proposal* / 这种～很值得研究。Zhè zhǒng ～ hěn zhídé yánjiū. *Such a proposal is worth studying.*

【建造】jiànzào（动）修筑、修建 *construct; build*：～桥梁 ～ qiáoliáng *build a bridge* /～房屋 ～ fángwū *build a house*

【建制】jiànzhì（名）军队、机关的组织编制和行政区划制度的总称 *organizational system*：一个师的～ yī gè shī de ～ *organizational system of a division* / 这是个中学的～。Zhè shì ge zhōngxué de ～. *This is a middle school organizational system.*

【建筑】jiànzhù（名）（1）建筑物 *building; edifice; construction*：现代～ xiàndài ～ *modern construction* /古老的～ gǔlǎo de ～ *ancient building*（2）建筑学 *architecture*：他是学～的。Tā shì xué ～ de. *He is a student of architecture.*（动）*build; construct*：～铁路 ～ tiělù *construct a railroad* /～地下隧道 ～ dìxià suìdào *build an underground tunnel*

【建筑群】jiànzhùqún（名）聚在一起的建筑物 *group of structures*

【建筑师】jiànzhùshī（名）*architect*

【建筑物】jiànzhùwù（名）［座 zuò］修建起来的东西 *structure; building*

【建筑学】jiànzhùxué（名）*(the study of) architecture*

贱〔賤〕jiàn
（形）（1）价钱低（跟"贵"相对）*low-priced; cheap (opposite of "贵" guì)*：粮食太～，农民就不愿种粮食。Liángshi tài ～, nóngmín jiù bú yuàn zhòng liángshi. *If the price of*

grain is too low, the farmers will be unwilling to plant it. (2)地位卑下 having a low status：工作没有贵～之分. Gōngzuò méi yǒu guì ～ zhī fēn. When it comes to work there is no distinction between exalted and base tasks.

剑 〔劍〕jiàn

(名)[把 bǎ、口 kǒu] sword

【剑拔弩张】jiàn bá nǔ zhāng 形容形势紧张,战斗随时会爆发 "swords drawn and bows bent" — extremely tense (situation)：～之势 ～ zhī shì state of armed readiness / 两军对峙,～. Liǎng jūn duìzhì, ～. The two armies faced off in a state of armed readiness.

健 jiàn

(动)使强壮 strengthen：～身 ～ shēn strengthen the body；be good for the body /～胃 ～ wèi strengthen the stomach；be good for the stomach (形)◇ 强健 strong；healthy

【健步】jiànbù (名)轻快有力的脚步 vigorous strides：～走上讲台 ～ zǒushàng jiǎngtái stride vigorously up to the platform /～如飞 ～ rú fēi stride along as if borne on wings (副)表示脚步轻快有力(多指老年人),常形容走路的姿态 (walk) with vigorous strides (usu. used to describe the manner of walking of old people)：他～向前,精神抖擞,完全不像六十多岁的老人. Tā ～ xiàng qián, jīngshén dǒusǒu, wánquán bú xiàng liùshí duō suì de lǎorén. He walked forward with vigorous strides, full of energy. He didn't look the least bit like an old man in his sixties. / 当我们～跨入新的一年的时候,回顾过去,展望未来,是很自然的事. Dāng wǒmen ～ kuàrù xīn de yì nián de shíhou, huígù guòqù, zhǎnwàng wèilái, shì hěn zìrán de shì. When we stride vigorously into the new year, it is natural for us to review the past and look forward to the future. "健步"可以构成四字短语 ("健步" can be used to form a four-character phrase)：他们～如飞,不一会儿已经前进了二十多里. Tāmen ～ rú fēi, bù yīhuìr yǐjīng qiánjìnle èrshí duō lǐ. They walked as if they had wings and advanced more than twenty li in no time. / 他眼不花,耳不聋,走起路来～如风. Tā yǎn bù huā, ěr bù lóng, zǒu qǐ lù lai ～ rú fēng. He's neither hard of hearing nor dim-sighted. When he walks, he just breezes along.

【健儿】jiàn'ér (名)身体强健,动作敏捷的人(多为对运动员的美称) person with a strong body and nimble movements (usually used as a term of approbation for an athlete)：体操～ tǐcāo ～ skillful gymnast

【健将】jiànjiàng (名)运动员等级中最高一级的称号 the top rank in a hierarchy of athletes

【健康】jiànkāng (名)正常强壮的身体状况 health：忧虑会影响人的～. Yōulǜ huì yǐngxiǎng rén de ～. Worry can affect a person's health. (形)身体正常,没有疾病,也指事物正常 healthy；normal；free from disease：～地成长 ～ de chéngzhǎng grow up healthily /～的语言 ～ de yǔyán sound language / 身体～是一种幸福. Shēntǐ ～ shì yì zhǒng xìngfú. It is a blessing to have a healthy body.

【健美】jiànměi (形)健康而优美 strong and graceful：～操 ～ cāo callisthenics / 体型～ tǐxíng ～ healthy and graceful body

【健全】jiànquán (形)完善,强健而没有缺陷 sound；in perfect condition：～的体魄 ～ de tǐpò sound physique / 组织很～ zǔzhī hěn ～ The organization is sound. (动)使完善 make strong；perfect：～各种规章制度 ～ gè zhǒng guīzhāng zhìdù perfect the various kinds of rules and regulations /～机构 ～ jīgòu perfect an organization (mechanism)

【健身房】jiànshēnfáng (名)gymnasium

【健谈】jiàntán (形)善于长时间谈话,也会谈话 be a good talker；be a brilliant conversationalist：这个人很～. Zhège rén hěn ～. This man is a very good talker.

【健忘】jiànwàng (形)记忆力差,容易忘事 forgetful：我越来越～了. Wǒ yuèláiyuè ～ le. My memory is getting worse and worse. / 她是个～的人. Tā shì ge ～ de rén. She has a very short memory.

【健在】jiànzài (动·不及物)(老年人)健康地活着 be still alive and in good health (of an elderly person)：祖父～ zǔfù ～ My grandfather is still vigorous. / 双亲都～ shuāngqīn dōu ～ My parents are both in good health.

【健壮】jiànzhuàng (形)健康强壮 healthy；robust：身体～ shēntǐ ～ in robust health /～的杂技演员 ～ de zájì yǎnyuán robust acrobat

舰 〔艦〕jiàn

(名)◇[艘 sōu] warships；naval vessel

【舰队】jiànduì (名)[支 zhī] fleet of warships；naval fleet

【舰艇】jiàntǐng (名)[艘 sōu]军用船只的总称 warships；naval vessels

【舰长】jiànzhǎng (名)captain of a warship

【舰只】jiànzhī (名)军舰的总称 warships；naval vessels

渐 jiàn

(副)〈书〉基本同"渐渐" jiànjiàn,一般只修饰单音节词 (basically the same as "渐渐" jiànjiàn；usu. only modifies a monosyllabic word)：天色～暗,田里的人陆续收工回家. Tiānsè ～ àn, tián li de rén lùxù shōu gōng huí jiā. As the sky grew darker, the people in the fields stopped work for the day and went home, one after another. / 山路～高,他吃力地走着,喘着粗气. Shānlù ～ gāo, tā chīlì de zǒuzhe, chuǎnzhe cū qì. As the mountain path gradually got higher, he walked with more effort and gasped for air. / 他骑车～近市中心时,路上车多起来了. Tā qí chē ～ jìn shì zhōngxīn shí, lù shang chē duō qilai le. Traffic grew heavier as he got closer to the city center on his bicycle.

【渐变】jiànbiàn (名)逐渐的变化 gradual change：由～到突变 yóu ～ dào tūbiàn from gradual change to sudden change

【渐次】jiàncì (副)〈书〉渐渐 gradually；by degrees；little by little：他们从前过着贫困不堪的生活,解放以来,生活水平逐年提高,～成为令人羡慕之家了. Tāmen cóngqián guòzhe pínkùn bùkān de shēnghuó, jiěfàng yǐlái, shēnghuó shuǐpíng zhúnián tígāo, ～ chéngwéi lìng rén xiànmù de xìngfú zhī jiā le. In the past, they lived in unbearable poverty, but since Liberation, their standard of living has increased yearly and they have gradually become a happy family to be admired by all. / 入秋以后,身体～痊愈,相信不久就能恢复工作. Rù qiū yǐhòu, shēntǐ ～ quányù, xiāngxìn bùjiǔ jiù néng huīfù gōngzuò. I have been recovering little by little from my illness since the beginning of autumn and I believe I will be able to go back to work very soon.

【渐渐】jiànjiàn (副)表示变化过程连续而缓慢,修饰多音词语,可以带"地" gradually；by degrees；little by little (modifies a polysyllabic word；can take "地")：过了冬至以后,白天～长起来了. Guòle dōngzhì yǐhòu, báitiān ～ cháng qilai le. The days gradually get longer after the Winter Solstice. /经过邻居的劝解,她的气～地消了. Jīngguò línjū de quànjiě, tā de qì ～ de xiāo le. She gradually cooled down as her neighbour pacified her. /我对这种新的疗法～习惯了. Wǒ duì zhè zhǒng xīn de liáofǎ ～ xíguàn le. I am gradually becoming accustomed to this new kind of treatment. /太阳～西沉,我们的谈话也就告一段落了. Tàiyáng ～ xī chén, wǒmen de tán huà yě jiù gào yí duànluò le. Our discussion

came to an end as the sun sank little by little in the west. / 天气～暖和了，冰也化了。Tiānqì ～ nuǎnhuo le, bīng yě huà le. *As the weather got warmer, the ice melted.* "渐渐" 可以用在句子的开头，后多带"地"("渐渐" can be used at the beginning of a sentence; in this case, it takes "地")：～ 地，下棋的人散了，可是路灯还亮着。*The chess players gradually dispersed, but the street lights still shone.* / ～地，人 们了解了他的为人。～ de, rénmen liǎojiě tā de wéirén. *Little by little, people came to understand what kind of person he is.* / ～地，跟踪的敌人被我们远远地甩在了后面。～ de, gēnzōng de dírén bèi wǒmen yuǎnyuǎn de shuǎi zài le hòumian. *We gradually left the pursuing enemy far behind.*

【渐进】jiànjìn (动) 一步一步地前进，发展 *advance gradually*; *advance step by step*: 无论学习什么都要循序～。Wúlùn xuéxí shénme dōu yào xúnxù ～. *No matter what you study you should advance gradually through the proper stages.*

践〔踐〕jiàn
(动) ◇(1) 踩 *tread on*; *trample* (2) 履行 *carry out*; *perform*

【践踏】jiàntà (动) 〈书〉(1) 踩 *tread on*; *trample*: 爱护草地，请勿～。Àihù cǎodì, qǐng wù ～. *Keep off the grass!* (2) 比喻侵占和摧残 *"trample on"* (another nation's sovereignty or someone else's rights): ～别国领土 ～ bié guó lǐngtǔ *invade another nation's territory*

【践约】jiàn＝yuē〈书〉履行约定的事(一般指约会) *keep (a promise, appointment)*

溅〔濺〕jiàn
(动) *splash*; *splatter*: 汽车开过去，～了我一身水。Qìchē kāi guoqu, ～le wǒ yì shēn shuǐ. *A car drove past, splashing water all over me.* / 浪花四～。Lànghuā sì ～. *The spray flew in all directions.*

【溅落】jiànluò (动) *splash down (as a space vehicle into the ocean)*

鉴〔鑒〕jiàn
(动) ◇(1) 照 *reflect*; *mirror*: 河水清澈可～。Hé shuǐ qīngchè kě ～. *The water is so clear you can see your reflection in it.* (2) 细看，审察 *inspect carefully*; *scrutinize* (名) ◇可作为警戒或教训的事 *something which can serve as a warning or lesson*; *object lesson*: 过去失败的教训我们要引以为～。Guòqù shībài de jiàoxùn wǒmen yào yǐn yǐ wéi ～. *We should draw lessons from our past defeats.*

【鉴别】jiànbié (动) 分辨真假好坏 *distinguish (right from wrong, good from bad, etc.)*: ～古董 ～ gǔdǒng *appraise an antique* / 有比较才能～ yǒu bǐjiào cái néng ～ *It is only through comparison that one can distinguish good from bad.*

【鉴定】jiàndìng (动) 辨别并确定事物的某方面 *appraise*; *judge*: ～文物的年代 ～ wénwù de niándài *determine the date of a cultural relic* / 产品质量～ chǎnpǐn zhìliàng *judge the quality of a product* / 毕业～ bì yè ～ *graduation appraisal* (名) 对人或事物作出的书面评定 *a written assessment of a person or thing*: 他调工作时，领导给他写了工作～。Tā diào gōngzuò shí, lǐngdǎo gěi tā xiěle gōngzuò ～. *When he changed jobs his leaders wrote an assessment of his work.*

【鉴戒】jiànjiè (名) 使人警戒的事情 *warning*; *object lesson*: 我吃的亏可以作你的～。Wǒ chī de kuī kěyǐ zuò nǐ de ～. *Let my loss be a lesson to you.*

【鉴赏】jiànshǎng (动) 鉴别和欣赏 *appreciate*: ～古物 ～ gǔwù *appreciate antiques* / 他对音乐有很高的～力。Tā duì yīnyuè yǒu hěn gāo de ～lì. *He has a high appreciation of music.*

【鉴于】jiànyú (介) 〈书〉"觉察到""考虑到"的意思，宾语多是 体词或主谓结构；"鉴于……"一般只作插入语，表示原因、 条件；谓语阐明主语采取的行为或态度 *in view of*; *seeing that* (its object is usu. a nominal or subject-predicate structure; "鉴于..." is usu. only used as a parenthesis to indicate a reason or condition; the predicate clarifies the behaviour or attitude of the subject): ～问题的严重性，省委决 定立即派工作组前去调查解决。～ wèntí de yánzhòngxìng, shěngwěi juédìng lìjí pài gōngzuòzǔ qián qù diàochá jiějué. *In view of the severity of the problem, the provincial party committee has decided to send a task force immediately to investigate and resolve the problem.* / ～读 者对这部电视剧的内容感兴趣，我们特别要介绍一下剧本 的取材及创作过程。～ dúzhě duì zhè bù diànshìjù de nèiróng gǎn xìngqù, wǒmen tèbié yào jièshào yíxià jùběn de qǔcái jí chuàngzuò guòchéng. *Seeing that readers have shown such a great interest in the contents of this television play, we want to specially introduce the materials from which the script was drawn, as well as the process through which it was created.*

键〔鍵〕jiàn
(名) (1) 〈机〉 *key* (2) *key*: 琴～ qín～ *piano key*

【键盘】jiànpán (名) *keyboard*

箭 jiàn
(名) [枝 zhī] *arrow*: 射～ shè ～ *shoot an arrow* / 快如 离弦之～ kuài rú lí xián zhī ～ *as swift as an arrow from a bowstring*

【箭步】jiànbù (名) [个 gè] 飞快的脚步 *swift strides*: ～上前 ～ shàng qián *sudden stride forward* / 一个～蹿上去救起 险球。Yí ge ～ cuān shangqu jiùqǐ xiǎn qiú. *He made a sudden leap and saved the ball.*

【箭头】jiàntóu (名) (1) 箭的尖头 *arrow head* (2) 箭头形符 号，常用来指示方向 *stylized arrow design used as a direction marker*: 请按～所指方向行进。Qǐng àn ～ suǒ zhǐ fāngxiàng xíngjìn. *Please proceed in the direction of the arrow.*

【箭在弦上】jiàn zài xián shàng 事情到了不得不马上就做的 时候。常和"势在必发"或"不得不发"连用 *having reached a point at which there is no turning back (often coupled with "势在必发" or "不得不发")*

jiāng

江 jiāng
(名) [条 tiáo] 大的河流 *(big) river*

【江河日下】jiāng hé rì xià 情况一天一天地坏下去 (*a situaiton*) *goes from bad to worse*: 这个公司领导完全是官商作 风，所以营业状况～。Zhège gōngsī lǐngdǎo wánquán shì guānshāng zuòfēng, suǒyǐ yíngyè zhuàngkuàng ～. *The leadership of this corporation practises a completely indifferent style of work, and so the business is going downhill.*

【江湖】jiānghú (名) ◇旧指四方各地 *(an old term)* *corner of the country*: 闯～ chuǎng ～ *wander the country making a living (as an itinerant pedlar, etc.)* / 流落 ～ liúluò ～ *wander the country as a vagabond* / 解放前，他是 个说书的～艺人。Jiěfàng qián, tā shì ge shuō shū de ～ yìrén. *Before Liberation he was a wandering story teller.*

【江湖骗子】jiānghú piànzi 原指旧社会各地奔走、流浪，靠卖 假药等骗人谋生的人。现比喻假借各种名义到处进行诈骗 的人 *(originally) wandering peddler of fake medicines*; *quack*; *swindler*

【江轮】jiāng lún (名) [艘 sōu] 在江河中行驶的轮船 *river*

steamboat

【江米】jiāng mǐ (名) polished glutinous rice

【江南】jiāngnán (名) 指长江中下游以南的地区，即江苏、安徽南部和浙江北部 south of the Yangtze River's lower reaches; the area of the present-day Jiangsu Province, southern Anhui and northern Zhejiang：～是鱼米之乡。shì yú mǐ zhī xiāng. The Jiangnan area is a "land of milk and honey".

【江山】jiāngshān (名) 河流和山脉，也用来比喻国家和政权 rivers and mountains; nation; state power：～如画 ～ rú huà beautiful scenery / 铁打的～ tiě dǎ de ～ unshakable state power / 人民的～ rénmín de ～ the people's state power

将〔將〕jiāng

(动)(1)用言语刺激 incite to action with words：拿话～他一下，他就去了。Ná huà ～ tā yíxià, tā jiù qù le. He'll go if you prod him. (2)下象棋时攻击对方的主帅 (in chess) check：～军 ～ jūn checkmate /～他一军 ～ tā yì jūn checkmate him (副)(1)将要，快要，表示某情况或动作不久就会发生 be going to; will; shall; be about to：《中华大词典》不久～出版。《Zhōnghuá Dà Cídiǎn》bùjiǔ ～ chūbǎn. The "Chinese Dictionary" will soon be published. / 大会～于月底召开。Dàhuì ～ yú yuèdǐ zhàokāi. The general membership meeting will be convened at the end of the month. / 这些毕业生～在他们各自的岗位上发挥作用。Zhèxiē bìyèshēng ～ zài tāmen gèzì de gǎngwèi shang fāhuī zuòyòng. Each of these graduates is about to be given full play to his skill in his post. / 这样下去，他的病～更加严重。Zhèyàng xiàqu, tā de bìng ～ gèngjiā yánzhòng. At this rate, his illness will get worse. / 如果你有了孩子，你～怎样教育他呢? Rúguǒ nǐ yǒule háizi, nǐ ～ zěnyàng jiàoyù tā ne? How will you educate your child when you have one? (2)〈书〉表示接近某个时间(时段或时点)(indicates that a certain point in time or period of time is about to be reached) close to; almost：他出国已～五年。Tā chū guó yǐ ～ wǔ nián. He has been abroad for almost five years now. / ～五点时，大家纷纷准备下班。～ wǔ diǎn shí, dàjiā fēnfēn zhǔnbèi xià bān. As five o'clock approaches, everybody gets ready to get off work. (3)同"刚" gāng(3)，表示勉强达到一定数量或某种程度 same as "刚" gāng(3)；barely; only just：这筐梨～够我们五个人分的。Zhè kuāng lí ～ gòu wǒmen wǔ ge rén fēn de. This basket of pears is barely enough for five of us to share. / 这地方～能放下一张床。Zhè dìfang ～ néng fàngxia yì zhāng chuáng. This place is just big enough to hold a bed. (介)〈书〉(1)意思用法同介词"把" bǎ，应注意几点 (usage and meaning are the same as the preposition "把" bǎ; the following should be noted)：①"将……"后面的动词一般是及物的，"将"的宾语在意念上是这个动词的受事 (the verb that follows "将..." is usu. transitive and the object of "将" is the recipient of the action expressed by the verb)：他～文件带来了. Tā ～ wénjiàn dàilai le. He has brought the document over. / 我～图书整理了一下。Wǒ ～ túshū zhěnglǐle yíxià. I've straightened the books out a little. ②"将"的宾语多是专指的 (the object of "将" usu. refers to sth. specific)：学生～自己的练习本交给了老师。Xuéshēng ～ zìjǐ de liànxíběn jiāo gěi le lǎoshī. The students handed their exercise books in to the teacher. / 请～那双筷子递给我。Qǐng ～ nà shuāng kuàizi dì gěi wǒ. Please pass that pair of chopsticks over. ③"将"后面的动词不能独立存在，常有附加成分 (the verb after "将" cannot exist independently; there is often an added element)：请～房门关好。Qǐng ～ fángmén guānhǎo. Please shut the door tight. / 我已经～茶泡上了。Wǒ yǐjīng ～ chá pàoshang le. I've al-

ready made tea. ④如有否定副词或助动词，一般放在"将"前 (if a negative adverb or an auxiliary verb is used, it is usu. placed before "将")：因为多数人有事，只能～会议改期。Yīnwèi duōshù rén yǒu shì, zhǐ néng ～ huìyì gǎi qī. The date of the meeting has to be changed because most people are busy then. / 不～事情办好，我无法安心。Bù ～ shìqíng bànhǎo, wǒ wúfǎ ān xīn. I can't set my mind at rest if the matter is not dealt with properly. (2)拿，用，多见于熟语 with; by means of; by (usu. used in an idiom)：～功赎罪 ～ gōng shú zuì atone for a crime by good deeds / ～心比心 ～ xīn bǐ xīn compare one's mind with another 另见 jiàng

【将计就计】jiāng jì jiù jì 利用对方用的计策，向对方施计策 beat somebody at his own game；那个是敌人派来的间谍，我们～，泄露给他许多假情报。Nàge shì dírén pàilái de jiàndié, wǒmen ～, xièlòu gěi tā xǔduō jiǎ qíngbào. He was an enemy spy, so we turned their own trick against them and leaked lots of false information.

【将近】jiāngjìn (动) 将要接近，多指数量 close to; nearly; almost (mostly used with numbers)：～一个月 ～ yí ge yuè almost a month / 时间～中午 shíjiān ～ zhōngwǔ It's close to noon. / 游客～一万人。Yóukè ～ yíwàn rén. The number of tourists is close to ten thousand.

【将就】jiāngjiu (动) 勉强，凑合 make do with; put up with; make the best of：质量问题，不能～。Zhìliàng wèntí, bù néng ～. When it comes to quality we can't just make the best of what we've got. / 这件衣服稍长一点，可以～。Zhè jiàn yīfú shāo cháng yìdiǎnr, kěyǐ ～. This jacket is a bit long but you can make do. / 这词典太旧了，先～着用吧。Zhè cídiǎn tài jiù le, xiān ～zhe yòng ba. This dictionary is out of date but maybe you can make do with it.

【将军】jiāngjūn (名)〈军〉(military) general

【将来】jiānglái (名) future：这计划现在还不能实现，可是～一定会实现。Zhè jìhuà xiànzài hái bù néng shíxiàn, kěshì ～ yídìng huì shíxiàn. We can't put this plan into effect right now but we will defintely be able to put it into effect in the future. / 不久的事，我们一定能办到。Bùjiǔ de ～, wǒmen yídìng néng bàndào. We will definitely be able to get it done in the near future. /～一切都会好起来的。～ yíqiè dōu huì hǎo qǐlai de. Everything will work out all right in the future.

【将信将疑】jiāng xìn jiāng yí 有点儿相信，又有点怀疑 half believing and half doubting：我拿出证件给他看，他还是～。Wǒ náchū zhèngjiàn gěi tā kàn, tā háishi ～. Even when I showed him my credentials he still harbored doubts.

【将要】jiāngyào (副)(1)同"将" jiāng(副)(1)，比"将"口语化 (same as "将" jiāng(副)(1), but used more in the spoken language)：太阳～落山了。Tàiyáng ～ luò shān le. The sun is about to sink behind the mountains. / 火焰～熄灭。Huǒyàn ～ xīmiè. The flames will soon go out. / 采用新方法以后，产量～增加一倍。Cǎiyòng xīn fāngfǎ yǐhòu, chǎnliàng ～ zēngjiā yí bèi. Output shall be doubled once the new method is employed. (2)同"将" jiāng(副)(2)，表示接近某时段 (same as "将" jiāng(副)(2))；close to (a certain period of time); almost：我来北京～一年了。Wǒ lái Běijīng ～ yìnián le. I have been in Beijing for almost a year now.

姜〔薑〕jiāng

(名)[块 kuài] ginger

浆〔漿〕jiāng

(名)◇浓的液体 thick liquid；泥～ní ～ mud / 纸～zhǐ ～ pulp (动)用粉浆或米汤浸布或衣服使发硬发挺 starch：这种桌布洗完后～一下就好看了。Zhè zhǒng zhuōbù xǐwán hòu ～ yí xià jiù hǎokàn le. This sort of tablecloth

looks quite nice if it is starched after washing.
【浆果】jiāngguǒ（名）berry

僵 jiāng
（形）（1）stiff, numb；frozen：天真冷，鱼一出水就冻～了。Tiān zhēn lěng, yú yì chū shuǐ jiù dòng ～ le. The weather was really cold. As soon as a fish was out of the water it froze stiff.（2）相持不下，难于解决 deadlocked：他们俩闹～了。Tāmen liǎ nào～ le. The two of them ended up in a deadlock.

【僵持】jiāngchí（动）相持不下 be in a deadlocked position；(two parties) refuse to budge：双方意见相反，～了好长时间。Shuāngfāng yìjiàn xiāngfǎn, ～ le hǎo cháng shíjiān. The two parties held opposite views and for a long time neither side gave an inch to the other. / 两个人～着，谁也不肯让步。Liǎng ge rén ～zhe, shuí yě bù kěn ràng bù. The two of them are at loggerheads with neither willing to back down.

【僵化】jiānghuà（动·不及物）变得僵硬，不灵活，常比喻停滞不前 become rigid；become stiff；ossify：思想～，不能接受新事物。Sīxiǎng ～, bù néng jiēshòu xīn shìwù. The mind is ossified and unreceptive to new things. / 双方关系～The relations between the two sides have stagnated.

【僵局】jiāngjú（名）相持不下或进退两难的局面 deadlock；impasse；stalemate：谈判处于～ tánpàn chǔyú ～ The negotiations have reached a stalemate. / 讨论陷入～ tǎolùn xiànrù ～ The discussions got bogged down in an impasse. / 他的发言打破了～ Tā de fāyán dǎpòle ～. His speech broke the deadlock.

【僵尸】jiāngshī（名）僵硬的尸体，常用来比喻腐朽的东西 corpse (often used to indicate a rotten state of affairs)

【僵死】jiāngsǐ（动）僵硬、死亡，比喻失去生命力 dead；rigid；ossified；lifeless

【僵硬】jiāngyìng（形）（1）(肢体、关节)不能活动 stiff；rigid (of limbs, joints)：关节炎使他手指关节变得～。Guānjiéyán shǐ tā shǒuzhǐ guānjié biàn de ～. Arthritis caused his finger joints to become stiff.（2）不灵活，不变通 rigid；inflexible：协商的双方态度都很～。Xiéshāng de shuāngfāng tàidù dōu hěn ～. The attitudes of both parties to the negotiations were very rigid.

缰〔韁〕jiāng
（名）◇缰绳 reins；halter：脱～的马 tuō ～ de mǎ horse given its head；unbridled horse

【缰绳】jiāngsheng（名）[根 gēn、副 fù] set of reins；bridle；halter

疆 jiāng
（名）◇边界 border；boundary
【疆场】jiāngchǎng（名）〈书〉战场 battlefield
【疆界】jiāngjiè（名）[条 tiáo]国家和区域的界线 boundary；border：这是一条重新划定的～。Zhè shì yì tiáo chóngxīn huàdìng de ～. This is a redefined border.
【疆土】jiāngtǔ（名）territory (within a border)
【疆域】jiāngyù（名）国家的领土（着眼于面积大小）(nation's) territory

jiǎng

讲〔講〕jiǎng
（动）（1）说，谈 speak；say；tell：～故事 ～ gùshi tell a story / ～笑话 ～ xiàohua tell a joke（2）解释，说明 explain：摆事实，～道理。Bǎi shìshí, ～ dàoli. present the facts and argue the point / 这本书是～怎么种棉花的。Zhè

běn shū shì ～ zěnme zhòng miánhua de. This book explains how to plant cotton.（3）商量，商谈 discuss；negotiate：～条件～ tiáojiàn discuss terms / 他们正在～价钱。Tāmen zhèngzài ～ jiàqian. They are bargaining over the price right now.（4）讲求，注重 stress；pay attention to：出售食品要～卫生。Chūshòu shípǐn yào ～ wèishēng. When selling foodstuffs it is necessary to pay attention to hygiene. / 工程要～质量，～速度。Gōngchéng yào ～ zhìliàng, ～ sùdu. In engineering one must pay attention to quality as well as speed.（名）讲座或讲授课程的若干部分之一 part of a course of lessons or lectures：他讲的西洋哲学史共分十～。Tā jiǎng de Xīyáng zhéxuéshǐ gòng fēn shí ～. His course in the history of Western philosophy consists of 10 lectures.

【讲法】jiǎngfǎ（名）（1）讲授的方法 method of instruction：你的文学史课打算采取哪种～？Nǐ de wénxuéshǐ kè dǎsuàn cǎiqǔ nǎ zhǒng ～? What method of instruction are you considering adopting for your course in the history of literature?（2）说法 way of saying something：你这种～可不对呀！共产党员怎么能满足于仅仅不犯错误呢？Nǐ zhè zhǒng ～ kě bú duì ya! Gòngchǎndǎngyuán zěnme néng mǎnzú yú jǐnjǐn bú fàn cuòwu ne? I don't think you put it in the right way. How can a Communist be satisfied with merely avoiding mistakes?

【讲稿】jiǎnggǎo（名）[篇 piān]讲演或讲课前事先写好的稿子 draft of a speech or lecture

【讲和】jiǎng=hé 经过谈判或调解，结束双方的战争或纠纷，彼此和好 make peace；settle a dispute

【讲话】jiǎnghuà（名）（1）发言、讲演的话 speech；talk；address：他的～代表了我们的意见。Tā de ～ dàibiǎole wǒmen de yìjian. He represented our point of view in his speech.（2）一种普及性读物的体裁（常用于书名）guide；introduction (often used in book titles)：《现代汉语语法～》《Xiàndài Hànyǔ Yǔfǎ ～》"Handbook of Modern Chinese Grammar" /《修辞～》《Xiūcí ～》"Guide to Rhetoric"

【讲话】jiǎng=huà 说话，发言 speak；give a speech：他是个老干部，善于～。Tā shì ge lǎo gànbu, shànyú ～. He is an old cadre, and is good at giving speeches. / 在座的人都讲了话。Zàizuò de rén dōu jiǎngle huà. All the people at the symposium spoke. / 过去他讲过这句话。Guòqù tā jiǎngguo zhè jù huà. He once made these remarks.

【讲价】jiǎng=jià（～儿）bargain；haggle over a price：在农贸市场上买东西可以～。Zài nóngmào shìchǎng shang mǎi dōngxi kěyǐ ～. In the farmers' free markets it is all right to bargain. / 东西先别称，还没讲定价呢！Dōngxi xiān bié chēng, hái méi jiǎngdìng jiàr ne! Don't weigh the goods yet. We haven't agreed on the price.

【讲解】jiǎngjiě（动）解释，说明 explain；make clear：～课文～ kèwén explain the text of a lesson / 他详细～了拟定这项计划的经过。Tā xiángxì ～le nǐdìng zhè xiàng jìhuà de jīngguò. He explained in detail the process of drafting this plan.（名）解释、说明的话（words of）explanation：他的～深入浅出，生动活泼。Tā de ～ shēn rù qiǎn chū, shēngdòng huópo. His explanation is a lively one which makes difficult points clear in simple terms.

【讲究】jiǎngjiu（动）注重，讲求 be particular about；pay attention to；put stress on：养成～卫生的习惯 yǎngchéng ～ wèishēng de xíguàn cultivate the habit of being particular about hygiene / 我们～实事求是，反对弄虚作假。Wǒmen ～ shí shì qiú shì, fǎnduì nòng xū zuò jiǎ. We are sticklers for seeking truth from facts and opposing fraud. / 他家过于～排场。Tā jiā guòyú ～ páichang. His family is far too fussy about making a fine show.（形）精美 exquisite；elegant：室内的陈设十分～。Shì nèi de chénshè shífēn ～. The interior furnishings are extremely elegant.（名）（～儿）精心研究的有一定规律的做法 meticulous study：这封信虽

不长,但言词之中很有~呢! Zhè fēng xìn suī bù cháng, dàn yáncí zhī zhōng hěn yǒu ~ ne! *This letter isn't long but the words have been weighed carefully.*

【讲课】jiǎng=kè 讲授功课 teach; lecture:晚上他到夜校~。Wǎnshang tā dào yèxiào ~. *In the evenings he teaches in a night school.*

【讲理】jiǎng=lǐ (1)评论是非 reason; discuss; argue:选几个代表去跟他们~。Xuǎn jǐ ge dàibiǎo qù gēn tāmen ~. *choose representatives to go and reason with them* / 咱们坐下来平心静气地讲讲理。Zánmen zuò xialai píng xīn jìng qì de jiǎngjiang lǐ. *Let's sit down and reason the matter out coolly and calmly.* (2)按道理办事 act according to reason:你好好跟他说,他是个~的人。Nǐ hǎohao gēn tā shuō, tā shì ge ~ de rén. *Talk to him calmly. He is a reasonable person.* / 你讲不讲理? Nǐ jiǎng bu jiǎng lǐ? *Will you be reasonable?*

【讲排场】jiǎng páichang 在场面上追求形式,喜欢铺张奢侈 go in for extravagance and outward show:结婚不要~。Jié hūn búyào ~. *Lavish weddings are undesirable.*

【讲评】jiǎngpíng (动)讲述和评论 describe and comment on:今天写作课上,老师对学生写的文章进行~。Jīntiān xiězuò kè shang, lǎoshī duì xuéshēng xiě de wénzhāng jìnxíng ~. *In today's writing class the teacher held an appraisal of the students' work.* / 军事演习结束后,各连队~这次演习所展示的实力。Jūnshì yǎnxí jiéshù hòu, gè liánduì ~ zhè cì yǎnxí suǒ zhǎnshì de shílì. *After the maneuvers were over each company gave an appraisal of the strengths displayed.*

【讲情】jiǎng=qíng 替某人求情,请求宽恕 intercede; plead for:他被拘留以后,很多人为他~。Tā bèi jūliú yǐhòu, hěn duō rén wèi tā ~. *After he was arrested many people interceded on his behalf.* / 这个孩子每次被父母责骂,奶奶都替他~。Zhège háizi měi cì bèi fùmǔ zémà, nǎinai dōu tì tā ~. *Every time the child gets scolded by his parents granny intercedes for him.*

【讲求】jiǎngqiú (动)注重,追求 stress; pay attention to; be particular about:批评要~效果。Pīpíng yào ~ xiàoguǒ. *Make sure your criticism is effective.* / 订计划要~从实际出发。Dìng jìhuà yào ~ cóng shíjì chūfā. *When settling on a plan one should always start out from actual conditions.*

【讲师】jiǎngshī (名) lecturer

【讲授】jiǎngshòu (动)讲解和传授(知识) lecture; instruct; teach:~古代汉语 ~ gǔdài Hànyǔ lecture on Classical Chinese /~基础物理 ~ jīchǔ wùlǐ teach basic physics

【讲述】jiǎngshù (动)〈书〉叙述(事情的经过)或讲出(道理) narrate; expound; explain:~革命故事 ~ gémìng gùshi narrate stories of the revolution / 工程师给工人~这台机器的机械原理。Gōngchéngshī gěi gōngrén ~ zhè tái jīqì de jīxiè yuánlǐ. *The engineer explained the mechanical principles of this machine to the workers.*

【讲台】jiǎngtái (名) platform; dais; rostrum

【讲坛】jiǎngtán (名)讲台,泛指进行宣传的场所 (lecture or announcement) platform; forum:他们利用这次大会作为宣传和平的~。Tāmen lìyòng zhè cì dàhuì zuòwéi xuānchuán hépíng de ~. *They utilized this gathering as a forum to advocate peace.*

【讲习班】jiǎngxíbān (名)对学员讲授某种专门知识的组织 study group

【讲学】jiǎng=xué 公开阐明自己的学术观点 give lectures:他应邀回母校~。Tā yìngyāo huí mǔxiào ~. *He was invited to return to his alma mater to give lectures.* / 李教授曾在国外讲过学。Lǐ jiàoshòu céng zài guó wài jiǎngguo xué. *Professor Li once lectured abroad.*

【讲演】jiǎngyǎn (动) lecture; give a speech:会不会~,效果很不一样。Huì bu huì ~, xiàoguǒ hěn bù yíyàng. *The result depends on whether one knows how to give a speech or*

not. (名) lecture; speech:他的~非常生动,很受欢迎。Tā de ~ fēicháng shēngdòng, hěn shòu huānyíng. *His lectures are very lively and much appreciated.*

【讲义】jiǎngyì (名)教师为讲课所编写的教材 teaching materials:这本《中国文学史》是由他的文学史~修改而成的。Zhè běn 《Zhōngguó Wénxuéshǐ》 shì yóu tā de wénxuéshǐ ~ xiūgǎi ér chéng de. *This "History of Chinese Literature" was compiled based on his lecture notes on the subject.*

【讲桌】jiǎngzhuō (名)(~儿)[张 zhāng]上课时教师用的桌子 lectern

【讲座】jiǎngzuò (名)教学形式的一种,多采用报告会、广播或刊物连载等形式进行 course of lectures:最近我听了一次卫生常识~。Zuìjìn wǒ tīngle yí cì wèishēng chángshí ~. *I recently took a course in general hygiene.* / 这个中国绘画~共分五讲。Zhège Zhōngguó huìhuà ~ gòng fēn wǔ jiǎng. *This course in Chinese painting is divided into five lectures.*

奖 〔獎〕jiǎng

(名) encouragement; prize; award; reward:他在作文比赛中得了~。Tā zài zuòwén bǐsài zhōng déle ~. *He won a prize in the essay competition.* /领导同志给运动员发~。Lǐngdǎo tóngzhì gěi yùndòngyuán fā ~. *The leader meted out prizes to the athletes.* (动) 表扬,勉励 praise; encourage; reward:学校~给她一架录音机。Xuéxiào ~ gěi tā yí jià lùyīnjī. *The school gave her a tape recorder as a prize.*

【奖杯】jiǎngbēi (名)[只 zhī] cup (given as a prize)

【奖惩】jiǎngchéng (名)奖励和惩罚 rewards and penalties:~制度 ~ zhìdù system of rewards and punishments / 制定~条例 zhìdìng ~ tiáolì lay down the rules for rewards and punishments

【奖金】jiǎngjīn (名)奖励的钱 monetary reward; bonus; premium:得到一笔~ dédào yì bǐ ~ Win a sum of prize money / 诺贝尔文学~ Nuòbèi'ěr wénxué ~ Nobel Prize for literature / 工人除了工资外,按产品数量和质量得到数目不等的~。Gōngrén chúle gōngzī wài, àn chǎnpǐn shùliàng hé zhìliàng dédào shùmù bù děng de ~. *Apart from their wages, the workers earned different amounts of bonus depending on the quantity and quality of their products.*

【奖励】jiǎnglì (动)用荣誉或物质来表扬、鼓励 encourage with honors or material rewards:~先进工作者 ~ xiānjìn gōngzuòzhě give awards to advanced workers / 优胜者~一本书。Yōushèngzhě ~ yì běn shū. *The winner will get a book as a prize.* (名) prize; reward; award:超产者给予物质~。Chāochǎnzhě jǐyǔ wùzhì ~. *Those who exceed their quotas get material rewards.*

【奖品】jiǎngpǐn (名) 用于奖励的物品 prize; reward; award:颁发~ bānfā ~ award prizes / 领了一份~ lǐngle yí fèn ~ receive a prize

【奖勤罚懒】jiǎng qín fá lǎn 奖励勤劳的,惩罚懒惰的 reward the diligent and penalize the lazy

【奖赏】jiǎngshǎng (动)(对有功的或在竞赛中获胜的集体或个人)给予奖励 reward; give prizes; bestow awards (名) 物质或精神的奖励 material or honorary reward

【奖售】jiǎngshòu (动)(农民向国家超额出售某种统购农产品或短缺农产品,而国家)卖给(农民需要又很不容易买到的工业品) reward farmers with purchase privileges for needed and hard-to-buy industrial products (in return for their turning over to the state more than their quota of certain staples or agricultural products in short supply)

【奖学金】jiǎngxuéjīn (名) scholarship (fund)

【奖章】jiǎngzhāng (名)[枚 méi] medal:授予一枚金质~ shòuyǔ yì méi jīnzhì ~ award a gold medal

【奖状】jiǎngzhuàng (名)[张 zhāng] certificate of merit:发给他一些奖品和一张~。Fā gěi tā yìxiē jiǎngpǐn hé yì

zhāng ~. *issue him with prizes and a certificate of merit*

桨〔槳〕jiǎng
　(名)[枝 zhī] *oar*

jiàng

匠 jiàng
　(名)◇工匠 *craftsman*；*artisan*：能工巧 ~ néng gōng qiǎo ~ *skilled craftsman* / 补锅 ~ bǔguǒ~ *tinker* / 裱糊 ~ biǎohú~ *paperhanger*
【匠人】jiàngrén (名)旧指手艺工人(手工业工人) (*pre-Liberation term*) *craftsman*

降 jiàng
　(动)下落，使下落 *fall*；*lower*：气温急剧~下来了。Qìwēn jíjù ~ xialai le. *The temperature has fallen sharply.* / 手表不断~价。Shǒubiǎo búduàn ~ jià. *The price of watches is falling steadily.* / 他因失职~了一级工资。Tā yīn shī zhí ~le' yì jí gōngzī. *He had his pay reduced one grade for neglect of duty.* 另见 xiáng
【降半旗】jiàng bàn qí *have flags at half-staff*：全国~致哀。Quán guó ~ zhì āi. *Flags were at half-staff throughout the country as a sign of mourning.*
【降低】jiàngdī (动) *reduce*，*lower*；*cut down*：~标准 ~ biāozhǔn *lower the standard* /~成本 ~ chéngběn *lower the cost* /~价格 ~ jiàgé *lower the price* / 水平~了。Shuǐpíng ~ le. *The level has dropped.*
【降格】jiànggé (动) 降低标准、规格、身分等 *lower a standard，norm or status*：~以求 ~ yǐ qiú *make do with second-best*；*lower one's demands* /~接待 ~ jiēdài *afford second-rate reception*；*lower one's standard of hospitality*
【降级】jiàngjí 从较高的等级降到较低的等级 *demote*；*degrade*；*reduce to a lower rank*：这个裁判错判了好几个球，应该~。Zhège cáipàn cuò pànle hǎo jǐ ge qiú, yīnggāi ~. *This referee has given several faulty calls, so he ought to be demoted.* / 货物有一点儿毛病的都降~出售。Huòwù yǒu yìdiǎnr máobìng de dōu jiàng yì jí chūshòu. *All goods which have slight flaws in them are downgraded one stage before being sold.*
【降价】jiàng=jià 降低价格 *lower a price*：尼龙袜子又~了。Nílóng wàzi yòu ~ le. *The price of nylon stockings has dropped again.* / 等降了价以后再买。Děng jiàngle jià yǐhòu zài mǎi. *Wait until the price drops and then buy it.*
【降临】jiànglín (动)〈书〉来到 *arrive*；*come*；*befall*：暮色~暮~mùsè ~ *Dusk fell.* / 一场灾难~了。Yì cháng zāinàn ~ le. *A calamity came about.*
【降落】jiàngluò (动)〈书〉从空中落下 *descend*；*land*：气球从高空~下来。Qìqiú cóng gāokōng ~ xialai: *The balloon is descending from the sky.* / 物体从空中自由~时会产生加速度。Wùtǐ cóng kōngzhōng zìyóu ~ shí huì chǎnshēng jiāsùdù. *When an object falls freely in the air it accelerates.*
【降落伞】jiàngluòsǎn (名) *parachute*
【降旗】jiàng=qí 把旗子降下 *lower a flag*
【降生】jiàngshēng (动)〈书〉出生(多指伟大人物) *be born (of an exalted personage)*
【降水】jiàng=shuǐ〈气〉指从大气中落到地面的雨和雪 *precipitation*
【降水量】jiàngshuǐliàng (名)〈气〉(*amount of*) *precipitation*
【降温】jiàng=wēn (1)气温下降 *drop in temperature*：今天有七级西北风，晚上将~。Jīntiān yǒu qī jí xīběi fēng, wǎnshang jiāng ~. *Today there will be a force 7 wind from the northwest and a fall in temperature in the evening.* (2)用人工方法使温度降低 *use artificial means to lower the temperature*：这个车间有~设备。Zhège chējiān yǒu ~

shèbèi. *This workshop is air-conditioned (has equipment installed to lower the temperature).* / 今天最高气温是三十八度，各车间应该采取~措施。Jīntiān zuì gāo qìwēn shì sānshíbā dù, gè chējiān yīnggāi cǎiqǔ ~ cuòshī. *The temperature today will reach 38 degrees, so every workshop should take measures to cool off.*

将〔將〕jiàng
　(名)*general*：大~ dà ~ *senior general* / 名~ míng ~ *famous general* 另见 jiāng
【将官】jiàngguān (名) *general*；*high-ranking officer*
【将领】jiànglǐng (名) *high-ranking officer*；*general*：高级~会议 gāojí ~ huìyì *conference of high-ranking officers*
【将士】jiàngshì (名)〈书〉将领和士兵的统称 *officers and men*：我军~英勇奋战。Wǒ jūn ~ yīngyǒng fènzhàn. *Both the officers and men on our side fought bravely.*

酱〔醬〕jiàng
　(名)(1)用豆、麦等发酵后加盐制成的调味品 *condiment made out of fermented legumes or cereals and salt*：黄~huáng~ *soybean paste* (2)用花生、水果等制成的糊状食品 *jam or sauce made out of peanuts, fruit, etc.*：苹果~píngguǒ ~ *apple jam* / 花生~ huāshēng ~ *peanut butter* / 西红柿~ xīhóngshì ~ *tomato sauce* (动)用酱或酱油腌制(食物) *pickle or cook (foodstuffs) in soy sauce or soy paste*：把这块牛肉一~起来。Bǎ zhè kuài niúròu ~ qilai. *Cook this chunk of beef in soy sauce.* / 把这几根黄瓜一~。Bǎ zhè jǐ gēn huánggua ~ yí. *Please pickle these cucumbers.*
【酱菜】jiàngcài (名)用酱或酱油腌制的菜蔬 *vegetables pickled in soy sauce*
【酱油】jiàngyóu (名) *soy sauce*

糨〔糨〕jiàng
　(形) *thick*
【糨糊】jiànghu (名) *paste*

jiāo

交 jiāo
　(动)(1)(事物)从一方转到另一方 *transfer (an object) from one side to another*：~学费 ~ xuéfèi *hand over school fees*；*pay tuition fees* / 把任务~给我们吧！Bǎ rènwu ~ gěi wǒmen ba! *Hand the assignment over to us.* (2)线条等互相交叉(*lines, etc.*) *cross each other*：两条直线只能~于一点。Liǎng tiáo zhíxiàn zhǐ néng ~ yú yì diǎn. *Two straight lines can only cross at one point.* (3)互相往来交际 *associate with one another*：~朋友 ~ péngyou *make friends* / 两国建~ liǎng guó jiàn ~ *The two countries established diplomatic relations.* (4)到(某一时刻或节气) *reach*；*arrive at (a time or season of the year)*：就要~冬至了，白天非常短了。Jiù yào ~ dōngzhì le, báitiān fēicháng duǎn le. *It will soon be the Winter Solstice, and the day will be very short.* (5)(时间、地区)相连接 *meet*；*join (periods of time or places)*：春夏之~ chūn xià zhī ~ *when spring starts to turn into summer* (动)跌头 *fall*：摔了一~ shuāile yì ~ *had a tumble* / 这一~可跌得不轻。Zhè yì ~ kě diē de bù qīng. *He had a heavy fall.*
【交班】jiāo=bān 把任务转给下一班 *hand over to the next shift*：中班工人晚上十点钟~。Zhōngbān gōngrén wǎnshang shí diǎnzhōng ~. *The middle shift workers come off duty at 10 o'clock at night.* / 我交完班以后去找你。Wǒ jiāowán bān yǐhòu qù zhǎo nǐ. *I'll come and see you after I get off shift.*

【交叉】jiāochā（动）cross；intersect（1）不同方向的线条互相穿过 intersect：两条铁路在此处～。Liǎng tiáo tiělù zài cǐ chù ～. *The two railroad tracks intersect here.* / ～路口都有红绿灯。～ lùkǒu dōu yǒu hónglùdēng. *There are traffic lights at every crossroads.* （2）间隔穿插 alternately：两道工序～进行。Liǎng dào gōngxù ～ jìnxíng. *The two work processes go on alternately.* （3）（两个或更多的事物中）有相同的地方（of two or more things）overlap：这两种意见有～。Zhè liǎng zhǒng yìjiàn yǒu ～. *The two points of view overlap somewhat.* / 这三个词在意义上有～的地方。Zhè sān ge cí zài yìyì shang yǒu ～ de dìfang. *These three words overlap in meaning.*

【交差】jiāo＝chāi 向上级汇报完成任务的结果 report to one's superiors on the completion of a task：你给我写个收据，回去好～。Nǐ gěi wǒ xiě ge shōujù, huíqu hǎo ～. *Write a receipt for me so that I can take it back and report.* / 这项任务不完成，我回去交不了差。Zhè xiàng rènwu bù wánchéng, wǒ huíqu jiāo bu liǎo chāi. *If this task is not completed, I can't go back and give a report on it.*

【交错】jiāocuò（动·不及物）错综复杂地穿插在一起 interlock；crisscross：铁路、公路纵横～，交通非常发达。Tiělù, gōnglù zònghéng ～, jiāotōng fēicháng fādá. *Transportation has developed remarkably, with railroads and highways crisscrossing the land.*

【交代】jiāodài（动）（1）移交事务 hand over；transfer：向接替的人～工作任务。Xiàng jiētì de rén ～ gōngzuò rènwu. *hand over responsibility for a job to one's successor* （2）嘱咐，说明 give instructions (order)；explain；brief：他临走前～给我几件事。Tā lín zǒu qián ～ gěi wǒ jǐ jiàn shì. *Just before he departed he briefed me about several things.* / 作者在小说开头提到的三个青年，其中一个后面一直没有了。Zuòzhě zài xiǎoshuō kāitóu tídào de sān ge qīngnián, qízhōng yí ge hòumian yìzhí méiyou ～ liǎo. *At the start of the novel the writer introduces three young people, to one of whom there is no further reference.* / 向敌人～政策 xiàng fànrén ～ zhèngcè *expound the policy toward prisoners* （3）把错误或罪行坦白出来 confess：～自己的问题 ～ zìjǐ de wèntí *confess one's misdeed* / ～罪行 ～ zuìxíng *confess one's crime* （4）对自己应负的责任进行说明解释（多用于发生问题或可能发生问题时）give an account of the progress of one's work (especially when difficulties, or the prospect of difficulties, crop up)：你三天不上班，怎么向领导～？Nǐ sān tiān bú shàng bān, zěnme xiàng lǐngdǎo ～? *You haven't been to work for three days. How are you going to explain that to your superiors?* / 用这个理由解释为什么迟到，可不过去。Yòng zhège lǐyóu jiěshì wèi shénme chídào, kě bú guòqù. *This reason can never justify your arriving late.*

【交待】jiāodài（动）同 "交代" jiāodài *same as "交代" jiāodài*

【交底】jiāo＝dǐ 把事情的根源或内情告诉对方 reveal one's real intentions；"put one's cards on the table"；tell all：究竟是怎么回事，你向大家交个底吧！Jiūjìng shì zěnme huí shì, nǐ xiàng dàjiā jiāo ge dǐ ba! *What exactly is going on? You had better put everybody in the picture.* / 我把底全交给你了。Wǒ bǎ dǐ quán jiāo gěi nǐ le. *I have told you the whole story.*

【交点】jiāodiǎn（名）〈数〉*point of intersection*；*node*

【交电公司】jiāodiàn gōngsī 销售民用交通、电器产品及零配件的商业性企业 *commercial enterprise which sells communications and electrical products and spare parts to the public*

【交锋】jiāo＝fēng 指双方交战（用于战争、比赛、辩论等）clash；engage in battle；cross swords：敌我交了一次锋，可以看出双方势均力敌。Dí wǒ jiāole yí cì fēng, kěyǐ kànchū shuāngfāng shì jūn lì dí. *We clashed with the enemy once and it was clear that we were evenly matched.* / 这两支球劲旅今晚～。Zhè liǎng zhī páiqiú jìnglǚ jīn wǎn ～. *These two crack volleyball teams will clash this evening.*

【交感神经】jiāogǎn shénjīng〈生理〉*sympathetic nerve*

【交割】jiāogē（动）双方结清手续（多用于商业）complete a transaction (usually a business deal)：上月应该归还的那笔款子还没有～。Shàng yuè yīnggāi guīhuán de nà bǐ kuǎnzi hái méiyou ～. *The transaction has not been completed yet on that sum of money that should have been returned last month.*

【交工】jiāo＝gōng＝gōng（施工单位）交付（建设单位）建成的工程 hand over a completed (construction) project：这座大楼年底～。Zhè zuò dà lóu niándǐ ～. *This building will be completed and handed over by the end of the year.* / 如果材料不能按时供应，这项工程年底交不了工。Rúguǒ cáiliào bù néng ànshí gōngyìng, zhè xiàng gōngchéng niándǐ jiāo bu liǎo gōng. *Unless materials are delivered on time this project will not be ready for handing over by the end of the year.*

【交还】jiāohuán（动）归还 return；send back：资料用完要及时～资料室。Zīliào yòngwán yào jíshí ～ zīliàoshì. *When you have finished using the materials they should be returned to the reference room.* / 对方五名战俘 ～ duìfāng wǔ míng zhànfú *hand over five enemy prisoners of war*

【交换】jiāohuàn（动）彼此互换 exchange；barter；swap：～纪念品 ～ jìniànpǐn *exchange souvenirs* / ～意见 ～ yìjian *exchange opinions*

【交换机】jiāohuànjī（名）(telephone) switchboard

【交换价值】jiāohuàn jiàzhí〈经〉exchange value

【交换台】jiāohuàntái（名）telephone exchange

【交火】jiāohuǒ（动·不及物）交战，双方互相开火 exchange fire

【交货】jiāo＝huò 生产厂家向订货单位交出货物 delivery of goods

【交集】jiāojí（动·不及物）〈书〉（不同的感情、事物等）同时出现（前边为双音节）be mixed；be mingled (subject must be a disyllabic word)：惊喜～的感情 jīngxǐ ～ de gǎnqíng mixed emotions of pleasure and surprise / 百感～ bǎigǎn ～ welter of emotions

【交际】jiāojì（名）人与人之间的交往 social intercourse；communication：他的～很广。Tā de ～ hěn guǎng. *He has a large circle of acquaintances.* （动·不及物）来往接触 have social contacts：这个人善于～。Zhège rén shànyú ～. *He is a person who makes social contacts easily.* / 他能够跟各种各样的人～。Tā nénggòu gēn gè zhǒng gè yàng de rén ～. *He can get along socially with people from all walks of life.* / 语言是～的工具。Yǔyán shì ～ de gōngjù. *Language is a tool of communication.*

【交际花】jiāojìhuā（名）旧社会在社交场合活跃而有名的女子（含轻蔑意）social butterfly

【交际舞】jiāojìwǔ（名）social dancing；ballroom dancing

【交加】jiāojiā（动·不及物）〈书〉（两种事物）同时或错综出现（two things）occur simultaneously；accompany each other：雷电～ léidiàn ～ thunder accompanied by lightning / 悲喜～ bēixǐ ～ sorrow mixed with joy

【交接】jiāojiē（动）（1）连接 join；connect；succeed：春夏～的季节，常有困倦的感觉。Chūn xià ～ de jìjié, cháng yǒu kùnjuàn de gǎnjué. *In the period when summer is succeeding spring feelings of lethargy are common.* （2）移交和接替（工作）hand over and take over assignment：他们两个人在～工作。Tāmen liǎng ge rén zài ～ gōngzuò. *The two of them are in the process of a shift changeover.* （3）（跟人）来往建立朋友关系 form friendships：他～不少文艺界的朋友。Tā ～ bù shǎo wényìjiè de péngyou. *He has a wide range of friends in literary and artistic circles.*

【交界】jiāojiè（动·不及物）地界交接 border on：中国北部跟蒙古等国～。Zhōngguó běibù gēn Měnggǔ děng guó ～. To the north China borders on Mongolia, etc.

【交卷】·jiāo＝juàn（1）（参加考试的人）考完后交出试卷 hand in an examination paper：请～后马上离开考场。Qǐng ～ hòu mǎshàng líkāi kǎochǎng. Please leave the examination hall as soon as you have handed in your test papers.（2）比喻完成某项文字任务 complete a written assignment：这份总结要在三天内～。Zhè fèn zǒngjié yào zài sān tiān nèi ～. This written summary must be handed in within three days. / 调查报告还没写完，今晚交不了卷。Diàochá bàogào hái méi xiěwán，jīn wǎn jiāo bu liǎo juàn. I haven't finished writing the investigation report yet, so I won't be able to hand it in this evening.

【交困】jiāokùn（动·不及物）〈书〉各种困难同时出现（前边为双音节）cropping up of a series of difficulties (preceded by a disyllabic word)：内外～ nèiwài ～ internal and external difficulties / 贫病～ pín bìng ～ afflicted by both poverty and illness

【交流】jiāoliú（动）互相交往沟通 exchange；interflow；interchange：～经验 ～ jīngyàn share experiences；draw on each other's experience / ～思想 ～ sīxiǎng exchange ideas / 学术～对促进学术发展是必要的。Xuéshù ～ duì cùjìn xuéshù fāzhǎn shì bìyào de. Scholastic exchanges are necessary for the advancement of learning.

【交流电】jiāoliúdiàn（名）alternating current

【交纳】jiāonà（动）向政府或社会团体交付（规定数量的金额或实物）pay；hand over (dues, taxes, etc. to the state or other organization)：～农业税 ～ nóngyèshuì pay agricultural tax /～工会会费 ～ gōnghuì huìfèi pay union dues

【交配】jiāopèi（动·不及物）mate

【交迫】jiāopò（动·不及物）〈书〉同时逼迫（前边为双音节）multiple oppression (preceded by a disyllabic word)：饥寒～ jīhán ～ afflicted by hunger and cold

【交情】jiāoqing（名）（人和人）在互相交往中产生的感情 friendship：他俩有～。Tā liǎ yǒu ～. The two of them are good friends. / 不能只讲～，不讲原则。Bù néng zhǐ jiǎng ～，bù jiǎng yuánzé. One can't just take friendship into account and forget about principles. / 这两家～很深。Zhè liǎng jiā ～ hěn shēn. There is a deep friendship between the two families. / 我和他还不到不分彼此的～。Wǒ hé tā hái bú dào bù fēn bǐcǐ de ～. My friendship with him has not yet reached the point of real intimacy.

【交融】jiāoróng（动·不及物）融合在一起 blend；mingle：他们两个人相互了解已经到了水乳～的地步。Tāmen liǎng ge rén xiānghù liǎojiě yǐjīng dàole shuǐ rǔ ～ de dìbù. The two of them have reached a stage at which they understand each other perfectly (blend completely like water and milk). / 这首诗情、景～，很感人。Zhè shǒu shī qíng、jǐng ～，hěn gǎn rén. The description of scenery and the expression of emotion have reached perfect harmony in this poem which is very moving.

【交涉】jiāoshè（动）协商解决双方有关的问题 negotiate：已经～好了，这块地给我们盖大楼。Yǐjing ～ hǎo le，zhè kuài dì gěi wǒmen gài dà lóu. We have completed the negotiations. This plot of land is to be the site for our building. /～了半天，他一点儿也不让步。～le bàntiān，tā yìdiǎnr yě bú ràng bù. During lengthy negotiations he refused to budge an inch.

【交手】jiāo＝shǒu 双方搏斗 fight hand-to-hand；come to grips：刚一～，他就发现对方比自己高明。Gāng yì ～，tā jiù fāxiàn duìfāng bǐ zìjǐ gāomíng. As soon as they engaged in combat he found that his adversary was superior. / 男孩子最爱打～仗了。Nán háizi zuì ài dǎ ～ zhàng le. Young boys really like getting into fist fights.

【交售】jiāoshòu（动）向国家缴纳或出售（农、畜产品等）sell (agricultural, livestock produce, etc.)：～粮食 ～ liángshi sell grain to the state /～鸡蛋一百公斤 ～ jīdàn yìbǎi gōngjīn sell 100 kg. of eggs to the state

【交谈】jiāotán（动）在相互接触中随意谈话 converse；chat：他向每个人都点点头，跟谁也不～。Tā xiàng měi ge rén dōu diǎndian tóu，gēn shuí yě bù ～. He nods to everybody but never talks to anybody. / 我和他用法语～了几句，他的水平还可以。Wǒ hé tā yòng Fǎyǔ ～le jǐ jù，tā de shuǐpíng hái kěyǐ. We chatted for a while in French, and I found that his French was of a fairly high standard.

【交替】jiāotì（动·不及物）（1）（一个）接替（一个）replace；supersede：新老～ xīn lǎo ～ The new replaces the old.（2）轮流，替换着（做某事）alternate；take turns：两个机器～使用。Liǎng ge jīqì ～ shǐyòng. The two machines operate alternately. / 他手头上有三项工作，～进行。Tā shǒutóu shang yǒu sān xiàng gōngzuò，～ jìnxíng. He has three tasks on hand and alternates from one to the other.

【交通】jiāotōng（名）各种运输事业的总称 traffic；transport means；communications：陆地～ lùdì ～ land transport / ～发达 ～ fādá well-developed transportation / ～妨碍 ～ fáng'ài ～ hinder transport；interfere with traffic / 这个城市是个～枢纽。Zhège chéngshì shì ge ～ shūniǔ. This city is a hub of communications. / 住在～便利的地方有很多好处。Zhù zài ～ biànlì de dìfang yǒu hěn duō hǎochù. There are many advantages to living in a place where transportation is convenient.

【交通岛】jiāotōngdǎo（名）马路中间，警察指挥交通的地方，有的为一高台，有的用白线表示 traffic island

【交通线】jiāotōngxiàn（名）[条 tiáo]运输线，包括铁路线、公路线、水路线和航空线 lines of communication (including rail, road, air and water transportation)

【交通员】jiāotōngyuán（名）抗日战争、解放战争中革命队伍、地下组织之间的通信员 messenger who maintained contact with underground groups during the Anti-Japanese War and the War of Liberation

【交头接耳】jiāo tóu jiē ěr 彼此靠得很近，低声说话 whisper to each other：他们俩～，正在商量什么。Tāmen liǎ ～，zhèngzài shāngliang shénme. They are conducting negotiations about something in a whisper.

【交往】jiāowǎng（动·不及物）互相来往 association；contact；intercourse：友好～ yǒuhǎo ～ friendly contacts /～频繁 ～ pínfán frequent contacts / 他不大和人～。Tā búdà hé rén ～. He doesn't associate with other people much.

【交相辉映】jiāo xiāng huī yìng（各种光亮、色彩等）互相映照 interplay of different lights or colors：广场上，五颜六色的彩灯和空中五彩缤纷的焰火～。Guǎngchǎng shang，wǔ yán liù sè de cǎidēng hé kōngzhōng wǔcǎi bīnfēn de yànhuǒ ～. The colored lights in the square and the multi-colored firecrackers exploding in the air competed in brilliance.

【交响乐】jiāoxiǎngyuè（名）symphony

【交心】jiāo＝xīn 把内心深处的话全部说出来 open one's heart to；speak frankly about one's feelings：他们俩是好朋友，常常一起～。Tāmen liǎ shì hǎo péngyou，chángcháng yìqǐ ～. The two of them are very good friends and they often have heart-to-heart talks.

【交易】jiāoyì（名）买卖 business；trade：做了一笔大～ zuòle yì bǐ dà ～ He did a big business deal. / 别拿原则做～ bié ná yuánzé zuò ～ Don't barter away your principles.

【交易所】jiāoyìsuǒ（名）exchange (where business deals are transacted)

【交游】jiāoyóu（动）结交朋友 make friends：～广 ～ guǎng have a wide circle of friends /～四方 ～ sìfāng have friends everywhere

【交战】jiāozhàn（动·不及物）（双方）作战 (two antagonists)

wage war; fight a war

【交战国】jiāozhànguó（名）已经交战或彼此宣布处于战争状态的国家 belligerent countries

【交织】jiāozhī（动）〈书〉比喻（很多事物）错综复杂地组合在一起 mix up (a lot of things incoherently); jumble up; 无数的探照灯在天空～出一幅美丽的图案。Wúshù de tànzhàodēng zài tiānkōng ～ chū yì fú měilì de tú'àn. The tangled beams of innumerable searchlights made a beautiful pattern in the sky. / 远远近近的往事，涌上心头，～在一起。Yuǎnyuǎnjìnjìn de wǎngshì, yǒngshàng xīntóu, ～ zài yìqǐ. A welter of reminiscences of the near and distant past filled his mind.

郊 jiāo

（名）◇同"郊区"jiāoqū same as "郊区" jiāoqū: 北京大学在北京的西北。Běijīng Dàxué zài Běijīng de xīběi ～. Beijing University is in the northwest suburbs of Beijing.

【郊区】jiāoqū（名）城市周围属这个城市管辖的地区 suburbs; outskirts (of a city): 过了这条小河就是～了。Guòle zhè tiáo xiǎo hé jiù shì ～ le. On the other side of this small river we come to the city's outskirts. / ～主要生产蔬菜和水果。～ zhǔyào shēngchǎn shūcài hé shuǐguǒ. Vegetables and fruit are the main products of the suburbs.

【郊外】jiāowài（名）泛指城市外围的地方 outskirts (of a city): 星期日到～去钓鱼。Xīngqīrì dào ～ qù diào yú. On Sundays we go to the city's outskirts to fish. / 这个城市的～有一些风景区。Zhège chéngshì de ～ yǒu yìxiē fēngjǐngqū. There are some scenic spots on the outskirts of this city.

【郊游】jiāoyóu（动·不及物）到郊外去游览 outing; excursion: 每到假日我们都去～。Měi dào jiàrì wǒmen dōu qù ～. Every holiday we go on an outing.

浇 〔澆〕jiāo

（动）(1)让水或别的液体淋、洒在物体上 sprinkle (water or other liquid) on; water: 别忘了给花～水。Bié wàngle gěi huā ～ shuǐ. Don't forget to water the flowers. / 昨天下雨，他挨～了。Zuótiān xià yǔ, tā ái ～ le. Yesterday it rained and he got wet. (2)灌溉 irrigate: 这个村用水井～地。Zhège cūn yòng shuǐjǐng ～ dì. This village uses wells for irrigation.

【浇灌】jiāoguàn（动）(1)向模子里灌注 pour into a mold; 往沙模里～铁水。Wǎng shāmú li ～ tiěshuǐ. pour molten iron into a sand mold (2)灌溉 irrigate: ～稻田 ～ dàotián irrigate a paddy field / ～果园 ～ guǒyuán irrigate an orchard

【浇铸】jiāozhù（动）cast

【浇筑】jiāozhù（动）土木建筑工程中，把混凝土等材料灌注到模子里，使其凝结成一定形体 pour (cement) into construction forms

骄 〔驕〕jiāo

（形）◇骄傲 arrogant; conceited: 胜不～，败不馁。Shèng bù ～, bài bù něi. Don't let success go to your head and don't be disheartened by setbacks. / 兵必败 ～ bīng bì bài An over-confident army is bound to lose.

【骄傲】jiāo'ào（形）(1)自高自大 arrogant; conceited: 他很～。Tā hěn ～. He is extremely swell-headed. / ～必然失败。～ bìrán shībài. Pride comes before a fall. (2)自豪 proud: 能为祖国建设贡献一份力量而感到～。Néng wèi zǔguó jiànshè gòngxiàn yí fèn lìliang ér gǎndào ～. One can be proud of having contributed a little to national construction. （名）值得自豪的人或事物 person or thing worth being proud of: 灿烂的古代文化是我们的～。Cànlàn de gǔdài wénhuà shì wǒmen de ～. Our pride is our

brilliant traditional culture.

【骄横】jiāohèng（形）骄傲，不讲理 arrogant; overbearing: 这个人非常～。Zhège rén fēicháng ～. He is an overbearing person.

【骄气】jiāoqì（名）自高自大，看不起别人的作风 air of arrogance: ～十足 ～ shízú utter arrogance / 看他那股子～! Kàn tā nà gǔzi ～! Just look at his arrogance!

【骄阳】jiāoyáng（名）〈书〉强烈的阳光 blazing sunshine: ～似火 ～ sì huǒ scorching sunshine

【骄纵】jiāozòng（形）骄傲，不受约束 arrogant and wilful: 这个人作风～，目中无人。Zhège rén zuòfēng ～, mù zhōng wú rén. This person is very arrogant. Everybody is beneath his notice.

娇 〔嬌〕jiāo

（形）(1)◇美丽，可爱 tender; lovely; charming: 江山如此多～。Jiāngshān rúcǐ duō ～. How lovely the scenery is. (2)过分疼爱 pamper; spoil: 看，她把孩子～成什么样了。Kàn, tā bǎ háizi ～chéng shénme yàng le. Just look how she pampers that child! (3)娇气 fragile; delicate: 干一点儿活就说累，也太～了。Gàn yìdiǎnr huó jiù shuō lèi, yě tài ～ le. If you complain of tiredness as soon as you start to do a job, that shows you are too delicate.

【娇惯】jiāoguàn（动）（对孩子）宠爱纵容 pamper; coddle; spoil: 这孩子让父母～坏了，一点礼貌也不懂。Zhè háizi ràng fùmǔ ～ huài le, yìdiǎnr lǐmào yě bù dǒng. This child has been completely spoilt by his parents. He has no manners at all.

【娇嫩】jiāonèn（形）柔嫩，虚弱 tender; fragile; delicate: ～的花朵 ～ de huāduǒ delicate flower / 她常年不出门，身体太～，见风就感冒。Tā chángnián bù chū mén, shēntǐ tài ～, jiàn fēng jiù gǎnmào. She never goes out of the house all year round, so she has become so delicate that the first gust of wind will give her a cold.

【娇气】jiāoqì（名）意志脆弱，不能吃苦的作风 fragility; lack of willpower: 几年不见，她的～都没了。Jǐ nián bú jiàn, tā de ～ dōu méi le. I hadn't seen her for several years and, in the meantime, she had lost all her weakness and squeamishness. （形）怕苦怕累的样子 squeamish; delicate: 她～得很，一点儿苦也不能吃。Tā ～ de hěn, yìdiǎnr kǔ yě bù néng chī. She is so delicate that she can't stand even the slightest hardship.

【娇生惯养】jiāo shēng guàn yǎng（从小）受宠爱，被娇惯 pampered since childhood; 她～，什么事情都不会做，怎么能离家去上大学呢? Tā ～, shénme shìqing dōu bú huì zuò, zěnme néng lí jiā qù shàng dàxué ne? She has been spoilt since childhood and can't do anything, so how can she leave home and go to university?

【娇艳】jiāoyàn（形）delicate; charming; tender and beautiful: ～的花朵 ～ de huāduǒ beautiful flower

胶 〔膠〕jiāo

（名）glue; gum

【胶板】jiāobǎn（名）offset plate

【胶布】jiāobù（名）(1) rubberized fabric (2) adhesive plaster

【胶带】jiāodài（名）plastic tape

【胶合】jiāohé（动）用胶把东西粘在一起 glue together; veneer

【胶合板】jiāohébǎn（名）plywood; veneer board

【胶卷】jiāojuǎn（名）[卷 juǎn] film (roll of)

【胶轮】jiāolún（名）rubber tire

【胶囊】jiāonáng（名）capsule: ～带 ～ dài 带～的鱼肝油 dài ～ de yúgānyóu cod liver oil in capsule form

【胶皮】jiāopí（名）(vulcanised) rubber

【胶片】jiāopiàn（名）film

【胶水】jiāoshuǐ（名）glue；mucilage
【胶鞋】jiāoxié（名）[只 zhǐ、双 shuāng] rubber shoes
【胶印】jiāoyìn（动）offset printing
【胶着】jiāozhuó（形）〈书〉比喻双方坚持自己的意见，（问题）不能解决 deadlocked；stalemated（in argument or over a problem）：双方谁都不肯让步，谈判处于～状态。Shuāngfāng shuí dōu bù kěn ràng bù，tánpàn chǔyú ～ zhuàngtài. With neither side willing to budge，the negotiations reached a situation of deadlock.

教 jiāo
（动）传授（知识或技能等）teach；instruct：～唱歌 ～ chàng gē teach singing／～英语　Yīngyǔ teach English／他～什么课？Tā ～ shénme kè? What subject does he teach? 另见 jiào
【教书】jiāo＝shū teach（in a school）：他在中学～。Tā zài zhōngxué ～. He teaches in a middle school.／她教过两年书。Tā jiāoguo liǎng nián shū. She taught school for two years.／老师不但要～，而且要育人。Lǎoshī búdàn yào ～，érqiě yào yù rén. A teacher shouldn't just teach his subject，he should also educate his students morally.
【教学】jiāo＝xué teach；impart knowledge：他只教过两年学。Tā zhǐ jiāoguo liǎng nián xué. He has only taught for two years. 另见 jiàoxué

焦 jiāo
（形）burnt；scorched；charred：树被火烧～了。Shù bèi huǒ shāo ～ le. The trees have been charred by the fire.／面包烤～了。Miànbāo kǎo ～ le. The bread has been scorched.（名）焦炭 coke：炼～ liàn ～ make coke
【焦点】jiāodiǎn（名）(1)〈数、物〉focus；focal point (2) central issue；heart of a matter；焦点争执 zhēngzhí ～ point of contention／他们争论的～是什么？Tāmen zhēnglùn de ～ shì shénme? What is the point they are arguing over?
【焦耳】jiāo'ěr（量）〈物〉joule
【焦黄】jiāohuáng（形）黄而干枯 sallow and dried up：禾苗因为缺水，变得～了。Hémiáo yīnwèi quē shuǐ，biàn de ～ le. The seedlings are sallow and withered through lack of water.／听到这个好消息，她那～消瘦的脸上露出了笑容。Tīngdào zhège hǎo xiāoxi，tā nà ～ xiāoshòu de liǎnshang lùchūle xiàoróng. When she heard the good news a smile lit up her sallow，shrunken features.
【焦急】jiāojí（形）非常着急 extremely anxious
【焦距】jiāojù（名）focal length：因为～没调好，这张照片照得模糊不清。Yīnwèi ～ méi tiáohǎo，zhè zhāng zhàopiàn zhào de móhu bù qīng. Because the focal length was not adjusted properly，this photograph has come out all blurred.
【焦虑】jiāolǜ（形）〈书〉着急忧虑 be anxious；feel worried
【焦炭】jiāotàn（名）coke
【焦头烂额】jiāo tóu làn é 比喻处境十分狼狈窘迫 in a fix；in dire straits；badly mauled（battered）：各种杂事堆到一起，忙得他～。Gè zhǒng zá shì duīdào yìqǐ，máng de tā ～. Everything was jumbled up in a heap，so he was run ragged.
【焦土】jiāotǔ（名）被烈火烧焦了的土地。多用于形容战争或火灾所造成的严重毁坏景象 "scorched earth" — severe damage caused by war：战争把这个城市变成了一片～。Zhànzhēng bǎ zhège chéngshì biànchéngle yí piàn ～. The war has reduced this city to ashes.
【焦心】jiāoxīn（形）心中痛苦、难过 vexed；sick at heart；extremely worried：他一口东西都吃不下去，瘦成皮包骨了，真让人看着～。Tā yì kǒu dōngxi dōu chī bu xiàqù，shòuchéng pí bāo gǔ le，zhēn ràng rén kànzhe ～. He doesn't eat a thing and he's become just skin and bones. It's really vexing just to look at him.

【焦躁】jiāozào（形）着急而烦躁 impatient and anxious；restless：心情～ xīnqíng ～ be in an anxious mood
【焦灼】jiāozhuó（形）〈书〉非常着急 racked with anxiety：～的样子 ～ de yàngzi worried appearance／～不安 ～ bù'ān fretful and worried

礁 jiāo
（名）◇礁石 reef：轮船因触～而沉没。Lúnchuán yīn chù ～ ér chénmò. The steamer hit a reef and sank.
【礁石】jiāoshí（名）reef

jiáo

嚼 jiáo
（动）chew；masticate

jiǎo

角 jiǎo
（名）(1) horn：牛～ niú～ cow's horn／羊～ yáng～ sheep's horn (2)〈数〉angle (3)（～儿）corner：公园的一～ gōngyuán de yì ～ a corner of the park／东南～ dōngnán ～ southeast corner（量）中国货币单位 unit of Chinese currency — a jiao：一～钱 yì ～ qián 10 fen／一元等于十～。Yì yuán děngyú shí ～. One yuan is equal to 10 jiao. 另见 jué
【角度】jiǎodù（名）(1) angle：～不够大。～ bú gòu dà. The angle isn't big enough.／调整～ tiáozhěng ～ adjust the angle (2)分析事情的出发点 starting point of analysis：不能只从个人～考虑问题。Bù néng zhǐ cóng gèrén ～ kǎolǜ wèntí. One can't study a problem simply from the angle（point of view）of the individual.
【角楼】jiǎolóu（名）城墙四角供瞭望和防守用的楼 watchtower on a corner of a city wall
【角落】jiǎoluò（名）(1)墙或类似墙的东西交接处的凹角 corner；nook；recess：屋子里的每一个～都收拾得很整齐。Wūzi li de měi yí ge ～ dōu shōushi de hěn zhěngqí. Every corner of the room has been neatly tidied up.／把煤堆在院子的～里吧。Bǎ méi duī zài yuànzi de ～ li ba. Pile the coal in a corner of the yard. (2)很少有人到的地方 secluded spot：这个过去十分偏僻的～，现在开始繁华起来了。Zhège guòqù shífēn piānpì de ～，xiànzài kāishǐ fánhuá qilai le. This used to be considered a pretty out-of-the-way place but now it's getting busy.
【角门】jiǎomén（名）整个建筑物靠近角上的小门，泛指小的旁门 small door in a building；small side door
【角膜】jiǎomó（名）〈生理〉cornea
【角质】jiǎozhì（名）〈生理〉cutin
【角柱体】jiǎozhùtǐ（名）〈数、物〉prism
【角锥体】jiǎozhuītǐ（名）〈数〉pyramid

侥 [僥]jiǎo
【侥幸】jiǎoxìng（形）意外地获得成功或免于不幸 lucky；by luck：这次比赛我们队～取胜。Zhè cì bǐsài wǒmen duì ～ qǔshèng. Our side was lucky to win in this game.／考前复习一定要全面、扎实，不能存～心理。Kǎo qián fùxí yídìng yào quánmiàn、zhāshi，bù néng cún ～ xīnlǐ. Reviewing must be done in a solid，wholehearted way. You can't just trust to luck.

佼 jiǎo
（形）〈书〉美好 beautiful；handsome
【佼佼】jiǎojiǎo（形）〈书〉超过一般水平的 outstanding；above average：这几个学生在班里显然是～者。Zhè jǐ ge

xuésheng zài bān li xiǎnrán shì ～zhě. *These students are clearly the most outstanding ones in the class.*

狡 jiǎo

【狡辩】jiǎobiàn（动·不及物）狡猾地争辩 *quibble*; *nitpick*; *indulge in sophistry*：他一点道理也没有，还在～了。Tā yìdiǎnr dàoli yě méi yǒu, hái zài ～. *His argument is completely groundless, yet he continues to quibble.*

【狡猾】jiǎohuá（形）诡计多端，要花招 *cunning*; *sly*; *crafty*：狐狸是很～的动物。Húli shì hěn ～ de dòngwù. *The fox is a very crafty animal.*

【狡赖】jiǎolài（动）狡辩，不承认所犯错误事实 *deny with specious arguments*; *resort to bluster*：大家都看得很清楚，那明明是你的错，你别～啦！Dàjiā dōu kàn de hěn qīngchu, nà míngmíng shì nǐ de cuò, nǐ bié ～ la! *It is quite obvious to everybody that you are to blame, so there is no use denying it.*

【狡兔三窟】jiǎo tù sān kū 狡猾的兔子有三个窝，现比喻办事掩蔽、退身的地方多 *"a crafty rabbit has three burrows" — a crafty person has more than one hiding place*

【狡诈】jiǎozhà（形）不老实，奸诈 *deceitful*; *slippery*

饺〔餃〕jiǎo

（名）◇同"饺子" jiǎozi *same as* "饺子" jiǎozi：蒸～比煮～好吃。Zhēng ～ bǐ zhǔ ～ hǎochī. *Dumplings are better steamed than boiled.*

【饺子】jiǎozi（名）[个 gè] 一种半圆形包馅的面制食品 *stuffed dumpling*

绞〔絞〕jiǎo

（动）(1)（两股以上的条状物）扭在一起 *braid*; *twist*; *entangle (two or more strings, etc.)*：用四股麻线～成一根麻绳。Yòng sì gǔ máxiàn ～chéng yì gēn máshéng. *Twist four strands of hemp together and make a rope.* / 把两个问题～在一起了。Bǎ liǎng ge wèntí ～ zài yìqǐ le. *get two separate problems entangled* (2)（把水）拧（干）*wring (water) out*：洗完的床单还没～干。Xǐwán de chuángdān hái méi ～ gān. *The sheets have been washed but they haven't been wrung dry yet.* (3)〈刑法〉用绳子把人勒死 *hang (a person) by the neck as a punishment*：把罪犯～死了。Bǎ zuìfàn ～ sǐ le. *The criminal was hung.*

【绞架】jiǎojià（名）*gallows*

【绞尽脑汁】jiǎojìn nǎozhī 冥思苦想，费尽心机 *rack one's brains*：大家～也没想出个好办法来。Dàjiā ～ yě méi xiǎng chū ge hǎo bànfǎ lai. *They all racked their brains but couldn't come up with a good way out.* / 为解决这个问题，我绞尽了脑汁。Wèi jiějué zhège wèntí, wǒ jiǎojìnle nǎozhī. *I've racked my brains to find a solution to this problem.*

【绞盘】jiǎopán（名）*capstan*

【绞肉机】jiǎoròujī（名）*meat mincing machine*

【绞杀】jiǎoshā（动）*strangle (to death)*

【绞索】jiǎosuǒ（名）[条 tiáo]（hangman's）*noose*

【绞痛】jiǎotòng（动）〈医〉*angina*

【绞刑】jiǎoxíng（名）*death by hanging (as a punishment)*

矫〔矯〕jiǎo

（动）◇同"矫正" jiǎozhèng *same as* "矫正" jiǎozhèng

【矫健】jiǎojiàn（形）强壮而有力 *strong and vigorous*：～的步伐 ～ de bùfá *sturdy strides* / 我眼前常常出现他那～的身影。Wǒ yǎnqián chángcháng chūxiàn tā nà ～ de shēnyǐng. *I often envision his robust form.*

【矫捷】jiǎojié（形）健壮敏捷 *vigorous and nimble*; *brisk*：他的自由体操动作～而优美。Tā de zìyóu tǐcāo dòngzuò ～ ér yōuměi. *His floor gymnastics were brisk and graceful.*

【矫揉造作】jiǎo róu zàozuò 形容故意做出某种姿态或腔调，很不自然 *unnatural*; *artificial*; *affected*; *put on (airs, etc.)*：这个话剧演员有些～，使人看了很不舒服。Zhège huàjù yǎnyuán yǒuxiē ～, shǐ rén kànle hěn bù shūfu. *The actor's affected style didn't go down well with the audience.*

【矫枉过正】jiǎo wǎng guò zhèng 纠正错误或偏差超过了应有的限度 *overcorrect*; *go too far in correcting a mistake*：有人说他参加课外活动太多，影响了学习，他就一点活动也不参加了，真是～。Yǒu rén shuō tā cānjiā kèwài huódòng tài duō, yǐngxiǎngle xuéxí, tā jiù yìdiǎnr huódòng yě bù cānjiā le, zhēn shì ～. *People said that he took part in too many extracurricular activities and this was affecting his studies, so he stopped all such activities entirely. This was going a bit too far.*

【矫正】jiǎozhèng（动）*correct*; *put right*; *rectify*：～发音 fā yīn *correct (someone's) pronunciation* / ～姿势 zīshì *correct (someone's) posture* / 他的视力是0.5，～以后是1.5。Tā de shìlì shì líng diǎn wǔ, ～ yǐhòu shì yī diǎn wǔ. *His eyesight was 0.5, but after correction it became 1.5.*

皎 jiǎo

（形）〈书〉◇白而亮 *clear and bright*

【皎洁】jiǎojié（形）〈书〉明亮而洁白（多指月亮）*bright and clear (usually moonlight)*

脚 jiǎo

（名）[只 zhī] (1) *foot* (2) 物体的最下部 *lowest part of an object*：高～酒杯 gāo ～ jiǔbēi *long-stemmed wine glass*

【脚本】jiǎoběn（名）*script*; *scenario*

【脚步】jiǎobù（名）*step*; *pace*

【脚跟】jiǎogēn（名）(1) 脚的后部 *heel*：抬起～走路 táiqǐ ～ zǒu lù *walk properly, don't shuffle* (2)（metaphorical）*foothold*：要有巩固的根据地，革命队伍才能站稳～。Yào yǒu gǒnggù de gēnjùdì, gémìng duìwǔ cái néng zhànwěn ～. *Only with a solid base area can the revolutionary forces stand firm.*

【脚后跟】jiǎohòugēn（名）同"脚跟" jiǎogēn (1) *same as* "脚跟" jiǎogēn (1)

【脚尖】jiǎojiān（名）（～儿）*tips of the toes*, *tiptoe*

【脚镣】jiǎoliào（名）*fetters*; *shackles*

【脚门】jiǎomén（名）同"角门" jiǎomén *same as* "角门" jiǎomén

【脚气】jiǎoqì（名）(1)〈医〉*beriberi* (2)〈口〉同"脚癣" jiǎoxuǎn *same as* "脚癣" jiǎoxuǎn

【脚手架】jiǎoshǒujià（名）（builder's）*scaffold*

【脚踏两只船】jiǎo tà liǎng zhī chuán (1) 两边都占着，犹豫不决 *"have a foot in each camp"*; *be hesitant*：他想到这个单位来，又不愿放弃原来的工作，真是～。Tā xiǎng dào zhège dānwèi lái, yòu bú yuàn fàngqì yuánlái de gōngzuò, zhēn shì ～. *He wants to join this unit but he doesn't want to give up his old job, so it's a matter of having a foot in each camp.* (2) 投机取巧，骑墙 *"sit on the fence"*; *refuse to commit oneself*：这是大是大非问题，你要作出决断，可不能～。Zhè shì dà shì dà fēi wèntí, nǐ yào zuòchū juéduàn, kě bù néng ～. *This is an important issue of principle. You must decide one way or the other. You can't just sit on the fence.*

【脚踏实地】jiǎo tà shídì 比喻做事认真踏实 *"have one's feet on the ground"*; *sensible*; *down-to-earth*：计划拟订以后，就要～地干了。Jìhuà nǐdìng yǐhòu, jiù yào ～ de gàn le. *After the plan is drafted it must be implemented in a down-to-earth manner.*

【脚癣】jiǎoxuǎn（名）*ringworm of the foot*

【脚印】jiǎoyìn（名）*footprint*

【脚趾】jiǎozhǐ（名）[个 gè] *toe*

【脚指头】jiǎozhǐtou（名）[个 gè] 同“脚趾”jiǎozhǐ *same as "脚趾"jiǎozhǐ*
【脚注】jiǎozhù（名）*footnote*

搅〔攪〕jiǎo

（动）(1)搅拌 *stir；mix*：把面粉加上水～匀。Bǎ miànfěn jiāshang shuǐ ～ yún. *Add water to flour and stir to a smooth paste.* (2)扰乱 *disturb；annoy；cause trouble*：当心坏人把水～浑。Dāngxīn huàirén bǎ shuǐ ～hún. *Watch out for bad elements stirring up trouble.* / 他们大吵大闹，～得四邻不安。Tāmen dà chǎo dà nào, ～ de sì lín bù'ān. *Their uproar is disturbing everyone.* / 这几个人一进来，把晚会给～了。Zhè jǐ ge rén yí jìnlái, bǎ wǎnhuì gěi ～ le. *As soon as they came in they disturbed the party.*
【搅拌】jiǎobàn（动）*stir；mix；agitate*：～ 混凝土 ～ hùnníngtǔ *mix concrete*
【搅动】jiǎodòng（动）*mix；stir*：煮这种汤的时候要常常～。Zhǔ zhè zhǒng tāng de shíhou yào chángcháng ～. *When you make this kind of soup you have to keep stirring it.*
【搅和】jiǎohuo（动）(1)混合、搀杂，多指抽象事物 *mix up (usually with abstract objects)*：辛酸和庆幸的心情～在一起。Xīnsuān hé qìngxìng de xīnqíng ～ zài yìqǐ. *Bitter and joyous feelings are mingled.* (2)扰乱 *spoil；make a mess of*：双方即将达成协议，让第三者给～了。Shuāngfāng jíjiāng dáchéng xiéyì, ràng dìsānzhě gěi ～ le. *The two sides were just about to reach an agreement when it was spoiled by a third party.* / 孩子把棋局～乱了。Háizi bǎ qíjú ～luàn le. *The child upset the chess board.*
【搅乱】jiǎoluàn（动）(1)弄乱（计划、安排等）*cause confusion；throw into disorder*：弟弟忽然来了，把我的暑假计划～了。Dìdi hūrán lái le, bǎ wǒ de shǔjià jìhuà ～ le. *My younger brother suddenly arrived and disrupted my summer holiday plans.* / 你一说话，～了我的思路。Nǐ yì shuō huà, ～le wǒ de sīlù. *As soon as you opened your mouth you disturbed my trend of thought.* (2)捣乱 *create a disturbance (trouble, uproar)*：爸爸在工作，你们别在这儿～。Bàba zài gōngzuò, nǐmen bié zài zhèr ～. *Don't you go causing a disturbance around here while Daddy is at work.*
【搅扰】jiǎorǎo（动）（声音、动作等）影响别人 *disturb other people (by noise, action, etc.)*：她在练钢琴，别去～她了。Tā zài liàn gāngqín, bié qù ～ tā le. *Don't go and disturb her while she is practising the piano.*

剿 jiǎo

（动）*suppress；put down*：～匪 ～ fěi *put down bandits*
【剿灭】jiǎomiè（动）*exterminate；wipe out*

缴〔繳〕jiǎo

（动）(1) *pay；hand over*：～税 ～ shuì *pay taxes* /～房租 ～ fángzū *pay house rent* (2)迫使交出（武器）*force (an enemy) to hand over (weapons)*：～了敌人三门大炮 ～ le dírén sān mén dàpào *captured three artillery pieces from the enemy*
【缴获】jiǎohuò（动）*capture；seize*：～敌人大批武器 ～ dírén dàpī wǔqì *seize a large quantity of arms from the enemy*
【缴纳】jiǎonà（动）同“交纳”jiāonà *same as "交纳" jiāonà*
【缴械】jiǎo=xiè (1)收缴敌人的武器 *disarm (an enemy)*：缴了敌人的械 jiǎole dírén de xiè *confiscate the enemy's weapons* (2)（敌人）被迫交出武器 *be forced to surrender one's weapons*：敌人全部～投降。Dírén quánbù ～ tóuxiáng. *The enemy surrendered and were forced to hand over all their weapons.*

jiào

叫 jiào

（动）(1) *shout；cry out；call*：鸡～ jī ～ *A cock crows.* /～他一声叔叔。～ tā yì shēng shūshu. *Call him uncle.* (2) *name；call*：你～什么名字? Nǐ ～ shénme míngzi? *What's your name please?* / 这～铁。Zhè ～ tiě. *This is called iron.* / 我们都～她李奶奶。Wǒmen dōu ～ tā lǐ nǎinai. *We all call her Grandma Li.* (3)呼唤，招呼 *call；greet*：明天一早我来～你。Míngtiān yì zǎo wǒ lái ～ nǐ. *I'll call on you first thing tomorrow morning.* / 他让咱们走的时候～他一声,他也要去。Tā ràng zánmen zǒu de shíhou ～ tā yì shēng, tā yě yào qù. *He wants us to give him a call when we leave because he wants to go too.* (4)使、令,多用于兼语句 *cause；make (usually used in pivotal sentences)*：没法～河水倒流。Méi fǎ ～ héshuǐ dào liú. *You can't make a river flow backwards.* / 我已经～人找他去了。Wǒ yǐjīng ～ rén zhǎo tā qù le. *I've already sent somebody to look for him.* (5)雇（车辆）,订购 *hire (a vehicle)；order goods*：～了一辆出租汽车。～ le yí liàng chūzū qìchē. *I hired a taxi.* /～了三个菜一个汤。～ le sān ge cài yí ge tāng. *I ordered three dishes and a soup.* (介)〈口〉意思同介词“被”bèi,宾语多是体词,述语后常带附加成分 *same as the preposition "被" bèi (its object is usu. a nominal, and the verb is usu. followed by an additional component)*：他的手～狗咬了。Tā de shǒu ～ gǒu yǎo le. *His hand was bitten by a dog.* / 门口的杨树～大风吹倒了。Ménkǒu de yángshù ～ dà fēng chuīdǎo le. *The poplars by the gate were blown over by the wind.* (1)句中的动词常无宾语,如有宾语,则定是主语的一部分或属于主语 *(the verb often does not take an object；if it does, then it is either a part of the subject or sth. that belongs to the subject)*：她～家务事捆住了手脚,无法自由行动。Tā ～ jiāwù shì kǔnzhùle shǒujiǎo, wú fǎ zìyóu xíngdòng. *She is tied down by housework and has no freedom to move around.* / 我的钢笔～他弄断了笔尖。Wǒ de gāngbǐ ～ tā nòngduànle bǐjiān. *The nib of my pen was broken by him.* (2)“叫”的宾语有时可省略 *(the object of "叫" can sometimes be omitted)*：今年的洪水真大,河边的大柳树都～冲走了。Jīnnián de hóngshuǐ zhēn dà, hébiānr de dà liǔshù dōu ～ chōngzǒu le. *This year's flood was really heavy. All the willow trees by the riverside were washed away.* / 快关上窗户吧,桌子上的纸全～吹跑了。Kuài guānshang chuānghu ba, zhuōzi shang de zhǐ quán ～ chuīpǎo le. *Hurry, shut the window. All the papers on the desk have been blown off.*
【叫喊】jiàohǎn（动）大声叫 *shout；yell；holler*：外边有人～,发生了什么事? Wàibian yǒu rén ～, fāshēngle shénme shì? *There's somebody shouting outside. I wonder what happened?*
【叫好】jiào=hǎor（～儿）大声喊“好”,表示称赞 *shout "Well done!"；applaud*：大家为这场精彩的武术表演～。Dàjiā wèi zhè chǎng jīngcǎi de wǔshù biǎoyǎn ～. *Everybody applauded the fine martial arts display.*
【叫花子】jiàohuāzi（名）〈口〉乞丐 *beggar*
【叫唤】jiàohuan（动）〈口〉(1)叫喊 *cry；call*：疼得他不住地～。Téng de tā búzhù de ～. *He kept on crying out in pain.* (2)（动物）叫 *chirp；roar；bellow (of an animal)*：天刚亮,小鸟就在树上～。Tiān gāng liàng xiǎo niǎo jiù zài shù shang ～. *As soon as it grows light the birds start singing in the trees.* / 半夜里毛驴直～。Bànyèlǐ máolú zhí ～. *The donkey kept on braying far into the night.*
【叫苦】jiào=kǔ 诉说苦处 *complain*：工作又忙又累,可他从不～。Gōngzuò yòu máng yòu lèi, kě tā cóng bú ～. *He is worn out with work, but he never complains.* / 那里交通不

便，文化生活比较贫乏，他跟我叫了半天苦。Nàli jiāotōng búbiàn, wénhuà shēnghuó bǐjiào pínfá, tā gēn wǒ jiàole bàntiān kǔ. *He spent ages complaining to me about the inconvenient transport facilities and poor cultural life there.*

【叫苦连天】jiào kǔ lián tiān 不住地诉说苦处 *be always lamenting one's lot; be constantly complaining*

【叫卖】jiàomài（动）*cry one's wares; peddle; hawk (goods)*

【叫门】jiào=mén 在门外叫里边的人来开门；敲门 *call out for somebody to come and open the door; knock at a door*：听，有人～！Tīng, yǒu rén ～! *Listen, there's someone knocking at the door!*

【叫屈】jiào=qū 诉说受到委屈 *protest against an injustice*：这是他罪有应得，你不必替他～。Zhè shì tā zuì yǒu yīng dé, nǐ búbì tì tā ～. *He deserves the punishment. You have no need to protest on his behalf.*

【叫嚷】jiàorǎng（动）大声喊叫 *shout; raise a clamor; howl; create an uproar*

【叫嚣】jiàoxiāo（动）〈书〉高声叫嚷或狂妄宣称 *raise a clamor; raise a hue and cry*：制止侵略者的战争～ zhìzhǐ qīnlüèzhě de zhànzhēng ～ *We must stifle the invaders' clamor for a war.* / 敌人狂妄～，三个月消灭游击队。Dírén kuángwàng ～, sān ge yuè xiāomiè yóujīduì. *The enemy are raising a desperate hue and cry with the objective of exterminating the guerrillas in three months.*

【叫座】jiào=zuò（～儿）（戏剧或演员）能吸引观众，看的人多 *draw in the crowds; be a popular entertainer; appeal to the audience*：把最好的节目放在最后演。Bǎ zuì ～ de jiémù fàng zài zuìhòu yǎn. *Put the most popular program last on the bill.* / 这出戏叫不叫座儿? Zhè chū xì jiào bú jiào zuòr? *Will this play draw the crowds?*

【叫做】jiàozuò（动）*be called; be known as*：这种花~牡丹花。Zhè zhǒng huā ～ mǔdānhuā. *This flower is known as a peony.* / 中国商代刻在龟甲和兽骨上的文字~甲骨文。Zhōngguó Shāngdài kè zài guījiǎ hé shòugǔ shang de wénzì ～ jiǎgǔwén. *Inscriptions carved on tortoise shells and animal bones during China's Shang Dynasty are known as "甲骨文".*

觉〔覺〕jiào
（名）*sleep*：中午睡了一～，晚上就睡不着了。Zhōngwu shuìle yí ～, wǎnshang jiù shuì bu zháo ～ le. *I took a nap at noon, now I can't get to sleep at night.* / 一～醒来才两点多钟。Yí ～ xǐnglái cái liǎng diǎn duō zhōng. *I fell asleep and it was only a little after two o'clock when I woke up.* / 我都睡醒一～了，他还亮着灯。Wǒ dōu shuì xǐng yí ～ le, tā hái liàngzhe dēng. *I fell asleep and when I woke up I found his light still on.* 另见 jué

校 jiào
（动）同"校对" jiàoduì *same as "校对" jiàoduì*：这些稿子我都~过了。Zhèxiē gǎozi wǒ dōu ～ guò le. *I have proofread all these manuscripts.* 另见 xiào

【校订】jiàodìng（动）对照可靠的材料改正书籍文件中的错误 *check a text against an authoritative one and make corrections; proofread*

【校对】jiàoduì（动）*proofread; check (measurements, etc.); calibrate*（名）专门做校对工作的人 *a proofreader; checker*

【校勘】jiàokān（动）用同一书籍的不同版本和有关资料加以比较，考订文字的异同，目的在于确定原文的真相 *collate (texts)*

【校样】jiàoyàng（名）书刊报纸等印刷品印制前供校对用的一张张单页 *proof sheet; proof*

【校阅】jiàoyuè（动）审阅校订（书刊内容）*read and revise; check a text and make corrections*

【校正】jiàozhèng（动）校对改正 *proofread and correct*

轿〔轎〕jiào
（名）◇ *sedan chair; palanquin*

【轿车】jiàochē（名）[辆 liàng] *carriage; car*

【轿夫】jiàofū（名）旧时以抬轿为职业的人 *sedan chair bearer*

【轿子】jiàozi（名）[顶 dǐng] *sedan chair*

较 jiào
（副）意思同"比较" bǐjiào，表示有一定程度，多修饰单音节形容词，一般用于书面语 *same as "比较" bǐjiào; comparatively; relatively; fairly; quite (usu. modifies a monosyllabic adjective; usu. used in the written language)*：他语很正确，口译也~好。Tā yǔyīn hěn zhèngquè, kǒuyì yě ～ hǎo. *His pronunciation is very correct and his oral interpretation is also fairly good.* / 来北京以后，他有~多的时间和机会学普通话。Lái Běijīng yǐhòu, tā yǒu ～ duō de shíjiān hé jīhuì xué pǔtōnghuà. *Since he came to Beijing he has had quite a lot of time and opportunity to learn standard Chinese.* / 这种陶瓷工艺品造型~美。Zhè zhǒng táocí gōngyìpǐn zàoxíng ～ měi. *These pieces of pottery are quite beautiful.*（介）〈书〉"比"的意思，引出比较的对象，但不受否定副词修饰；"较"后有时可加"之"，意思不变 *same as "比" bǐ, introduces the object of a comparison, but cannot be modified by a negative adverb; "较" can sometimes be followed by "之" without changing the meaning*：今年的粮食产量~去年有所减少。Jīnnián de liángshi chǎnliàng ～ qùnián yǒu suǒ jiǎnshǎo. *This year's grain output is slightly lower than last year's.* / 今年的降水量~常年多。Jīnnián de jiàngshuǐliàng ～ chángnián duō. *This year's precipitation is higher than average.* / 青年学生~之工农大众更敏感。Qīngnián xuéshēng ～ zhī gōng nóng dàzhòng gèng mǐngǎn. *Young students are more sensitive than the broad masses of workers and peasants.*

【较量】jiàoliàng-（动）*measure one's strength against; hold a trial of strength*：进行反复~ jìnxíng fǎnfù ～ *hold repeated trials of strength* / 我们俩~了一番，他的劲儿比我大。Wǒmen liǎ ～le yì fān, tā de jìnr bǐ wǒ dà. *The two of us were pitted against each other, and he proved superior.*

【较为】jiàowéi（副）〈书〉意思同"比较" bǐjiào，表示有一定程度，大多修饰双音节形容词 *same as "比较" bǐjiào (usu. modifies a disyllabic adjective)*：经调查，情况掌握得~分明，可以动手订计划了。Jīng diàochá, qíngkuàng zhǎngwò de ～ fēnmíng, kěyǐ dòngshǒu dìng jìhuà le. *We've investigated and have a fairly clear grasp of the situation, so we can go ahead and draw up a plan.* / 他们的画展在~宽敞的大厅里举办。Tāmen de huàzhǎn zài ～ kuānchǎng de dàtīng lǐ jǔbàn. *Their painting exhibition is being held in a relatively spacious hall.* / 这里的情况是~复杂的，切不可掉以轻心。Zhèli de qíngkuàng shì ～ fùzá de, qiè bùkě diào yǐ qīng xīn. *The situation here is quite complex. One should not treat it lightly.*

教 jiào
（名）◇（1）教导，教育 *teach; instruct*：言传身~ yán chuán shēn ～ *teach by personal example as well as with words* / 因材施~ yīn cái shī ～ *teach students in accordance with their abilities*（2）宗教 *religion*：他信什么~? Tā xìn shénme ～? *What religion does he believe in?* 另见 jiāo

【教案】jiào'àn（名）教师在讲课前准备的教学方法、步骤、授课内容等 *teaching plan; lesson plan*

【教本】jiàoběnr（名）同"教科书" jiàokēshū *same as "教科书" jiàokēshū*

【教鞭】jiàobiān（名）[根 gēn]（teacher's）*pointer*

【教材】jiàocái（名）[本 běn、套 tào] *teaching materials*

【教程】jiàochéng（名）专门学科的课程，多用于书名 *course*

of study (*often used in book titles*)：逻辑学～ luójíxué ～ "*A Course in Logic*"／汉语史～ Hànyǔshǐ ～ "*A Course in the History of the Chinese Language*"

【教导】jiàodǎo（动）*teach；instruct*（名）*teaching；instruction*

【教导员】jiàodǎoyuán（名）政治教导员的简称。中国人民解放军中营一级的主要政治工作干部 *political instructor* (*in the PLA*)

【教改】jiàogǎi（名）"教学改革"的简称 *short for* "教学改革"

【教工】jiàogōng（名）对学校中教员、职员和工人的统称 *teachers，administrative personnel and workers*

【教官】jiàoguān（名）旧时军队、军事学校担任教练的军官 (*military*) *instructor；drillmaster*

【教规】jiàoguī（名）〈宗教〉宗教要求教徒所遵守的规则 *canon* (*of a religious order*)

【教皇】jiàohuáng（名）*pope*

【教会】jiàohuì（名）(*Christian*) *church*

【教诲】jiàohuì（动）〈书〉教育，教导 *teach；instruct*

【教具】jiàojù（名）*teaching aid*

【教科书】jiàokēshū（名）[本 běn，套 tào] *textbook*

【教练】jiàoliàn（名）*trainer；coach*：派他去当足球～ pài tā qù dāng zúqiú ～ *send him as a football coach*／她是女排～。Tā shì nǚ pái ～. *She is the women's volleyball coach.*

【教派】jiàopài（名）指某个宗教内部的派别 *religious sect；denomination*

【教师】jiàoshī（名）*teacher；schoolteacher*

【教士】jiàoshì（名）基督教的传教士 *priest；clergyman*

【教室】jiàoshì（名）*classroom*

【教授】jiàoshòu（名）*professor*（动）*teach；instruct*：心理学 ～ xīnlǐxué *lecture in psychology*／他在这所学校～生物学。Tā zài zhè suǒ xuéxiào ～ shēngwùxué. *He teaches biology at this school.*

【教唆】jiàosuō（动）鼓动别人去做（坏事）*instigate；abet；egg* (*somebody*) *on*：这个流氓头子专门～一些少年进行犯罪活动。Zhège liúmáng tóuzi zhuānmén ～ yīxiē shàonián jìnxíng fàn zuì huódòng. *This gang boss makes a specialty of instigating young people to indulge in criminal activities.*

【教唆犯】jiàosuōfàn（名）教唆别人干坏事的人 *instigator* (*of a crime*)

【教堂】jiàotáng（名）[座 zuò] *church*

【教条】jiàotiáo（名）(1)宗教上规定的教徒必须遵守的信条 *set of religious beliefs；doctrine；creed*（2）指被看作僵死的某种定义、公式；也指不加思考而盲目接受或引用的原则、原理 *ossified system of thought；dogma*

【教条主义】jiàotiáozhǔyì（名）理论脱离实际，生搬硬套现成的原则、概念来分析、处理问题 *dogmatism；doctrinairism*

【教徒】jiàotú（名）信奉某一种宗教的人 *follower* (*of a religion*)；*believer*

【教务】jiàowù（名）(*学校里*)跟教学活动有关的行政工作 *administration* (*of an educational institution*)

【教务处】jiàowùchù（名）*dean's office*

【教务长】jiàowùzhǎng（名）*dean of studies*

【教学】jiàoxué（名）指教师把知识、技能等传授给学生的过程 *teaching；education* 另见 jiāo=xué

【教学大纲】jiàoxué dàgāng *teaching program；syllabus*

【教学改革】jiàoxué gǎigé *educational reform*

【教学相长】jiào xué xiāng zhǎng 通过老师教，学生学，互相促进，不但学生得到进步，教师也得到提高 "*Teaching benefits both teacher and pupil.*"

【教训】jiàoxùn（动）*lecture* (*somebody for a misdeed*)；*chide；give* (*somebody*) *a talking-to*：别老～孩子！Bié lǎo ～ háizi! *Don't be always lecturing the child!*／你可以提出不同的意见，但是别～人。Nǐ kěyǐ tíchū bù tóng de yìjiàn，dànshì bié ～ rén. *It's all right to put forward a different opinion，but don't lecture people.* （名）从错误或失败中取

得的认识 *lesson or moral drawn from the experience of a mistake or defeat*：吸取这次经验～ xīqǔ zhè cì jīngyàn ～ *draw a moral from this experience*／总结一下失败的～ zǒngjié yīxià shībài de ～ *make a summing up of the lessons of this failure*

【教研室】jiàoyánshì（名）即教学研究室。一般指高等院校各系按专业或课程设置的教学和科研单位。主要是领导和组织教学、科研工作等 *teaching and research section of an institution of higher education*

【教养】jiàoyǎng（动）教育和培养 *educate and train；bring up；cultivate*：把孩子们～成人。Bǎ háizimen ～ chéng rén. *bring up children* /（名）指受过教育，在文化和品德方面的水平 *breeding；upbringing；cultural attainment*：很有～很有～ be well brought up／这个年轻人一点儿礼貌也不懂，真缺乏～。Zhège niánqīng rén yīdiǎnr lǐmào yě bù dǒng，zhēn quēfá ～. *This young person has no manners at all. His upbringing must have been neglected.*

【教养员】jiàoyǎngyuán（名）幼儿园中担负教育儿童的人员 *kindergarten teacher*

【教益】jiàoyì（名）受教导后所得到的益处，常用作客气话 *benefit gained from somebody else's instruction；enlightenment* (*often used as a term of politeness*)：他对文学创作现状的分析很深刻，使大家得到不少～。Tā duì wénxué chuàngzuò xiànzhuàng de fēnxī hěn shēnkè，shǐ dàjiā dédào bù shǎo ～. *Everybody found his deep analysis of the present state of literary creativity very enlightening.* ／您的意见非常中肯，我们都受到～。Nín de yìjiàn fēicháng zhōngkěn，wǒmen dōu shòudào ～. *Your ideas are very much to the point and we have all learned a lot from them.*

【教育】jiàoyù（动）*teach；educate*（名）*teaching；education*

【教育家】jiàoyùjiā（名）*educator；educationist*

【教育学】jiàoyùxué（名）*pedagogy；education* (*as a science*)

【教员】jiàoyuán（名）*teacher；instructor*

【教职员工】jiào-zhíyuán gōng 教员、职员、工人的简称 *teachers，administrative staff and workers of an institute*

【教主】jiàozhǔ（名）某一宗教的创始人 *founder of a religion*

酵 jiào

【酵母】jiàomǔ（名）*yeast*

jiē

阶〔階〕jiē

（名）◇ *steps；stairs；grade；rank*

【阶层】jiēcéng（名）(1)在同一阶级中因社会经济地位不同而分成的层次 (*social*) *stratum*：小资产阶级各～都有代表参加会议。Xiǎozīchǎnjiējí gè ～ dōu yǒu dàibiǎo cānjiā huìyì. *Representatives of all strata of the petit-bourgeoisie attended the meeting.* （2）不同阶级出身的人，由于有某些相同的特征而形成的社会集团 *social grouping formed of people from different class backgrounds but having some interests in common；circle*：他代表知识分子～。Tā dàibiǎo zhīshi fènzǐ ～. *He represents the intellectuals.*

【阶段】jiēduàn（名）在事物发展过程中，根据不同的特点划分出来的段落 *stage；phase*：这条公路的修建工程分三个～。Zhè tiáo gōnglù de xiūjiàn gōngchéng fēn sān ge ～. *The construction work on this highway is divided into three stages.*

【阶级】jiējí（名）(*social*) *class*

【阶级成分】jiējí chéngfèn 指个人或家庭在社会里所处的阶级地位。阶级成分以其在一定时间内主要生活来源的性质决定，有本人成分（个人成分）和家庭成分（家庭出身）之分 *class status*

【阶级敌人】jiējí dírén 指反对自己阶级利益的敌对力量 *class*

enemy

【阶级斗争】jiējí dòuzhēng 通常指被剥削阶级和剥削阶级、被统治阶级和统治阶级之间的斗争 *class warfare; class struggle*

【阶级分化】jiējí fēnhuà 指在社会经济、政治发展的一定条件下，某个阶级的一部分因其地位发生变化而转入其他阶级的社会现象 *class polarization*

【阶级分析】jiējí fēnxī 用阶级和阶级斗争的观点，观察和研究阶级社会中的社会现象和问题 *class analysis*

【阶级感情】jiējí gǎnqíng 无产阶级和一切劳动人民互相关心、互相爱护、互相帮助的情谊 *class sentiments*

【阶级观点】jiējí guāndiǎn (1)通常指马克思列宁主义关于阶级和阶级斗争的观点 *generally refers to the Marxist-Leninist viewpoint on class and class struggle* (2)指各阶级对待事物的根本看法和态度 *one's class standpoint; class point of view*

【阶级教育】jiējí jiàoyù 通常指无产阶级对本阶级成员进行宣传、教育，提高阶级觉悟的做法 *class education*

【阶级觉悟】jiējí juéwù 通常指无产阶级对本阶级的地位、责任、根本利益和历史使命的认识，也称"政治觉悟" *class consciousness*

【阶级烙印】jiējí làoyìn 反映在人们思想意识、政治态度、生活作风上的由本人的阶级出身和阶级成分所决定的一些表现 *stamp of one's class origin (as revealed in one's attitudes, etc.)*

【阶级立场】jiējí lìchǎng 指立足于一定阶级，反映这个阶级的利益和要求的根本态度 *class standpoint; class attitude*

【阶级路线】jiējí lùxiàn 无产阶级政党根据革命的性质和任务，分析社会各阶级的经济地位及其对革命的态度，区分敌、友、我，确定依靠谁、团结谁、打击谁的路线 *line of struggle adopted by a class leadership*

【阶级矛盾】jiējí máodùn 社会经济地位不同的阶级之间，因利益和要求不同而产生的矛盾 *class contradictions*

【阶级调和论】jiējí tiáohé lùn 掩盖阶级矛盾，否认阶级斗争，主张阶级合作的理论。反对用暴力手段推翻资产阶级政权，建立无产阶级专政 *theory of class harmony (opposite of the theory of class struggle)*

【阶级性】jiējíxìng (名)在有阶级的社会里，人的思想意识所必然具有的阶级特性。这种特性是由人的阶级地位决定的，反映着本阶级的特殊利益和要求 *class nature; class character*

【阶级兄弟】jiējí xiōngdì 同属于无产阶级或劳动阶级队伍中的人 *class brothers; people who belong to the ranks of the proletariat or working classes*

【阶级阵线】jiējí zhènxiàn 指敌对阶级在斗争中形成的阵营 *class alignment*

【阶梯】jiētī (名)台阶和梯子的合称。多比喻向上或前进的凭借或途径 *stairs; ladder; means of advance or ascent*：他非常想向上爬，可惜找不到～。Tā fēicháng xiǎng xiàng shàng pá, kěxǐ zhǎo bu dào ～. *He was eager for promotion but unfortunately could find no ladder of advancement.*

【阶梯教室】jiētī jiàoshì *lecture theater*

【阶下囚】jiēxiàqiú (名)〈书〉指在押的人或俘虏 *prisoner; captive*

皆 jiē
(副)〈书〉有"都"的意思，修饰单音节动词或形容词 *same as "都" dōu; all; every (modifies a monosyllabic verb or adjective)*：《牛郎织女》是尽人～知的民间故事。《Niúláng Zhīnǚ》shì jìn rén ～ zhī de mínjiān gùshì. *"The Cowherd and the Girl Weaver" is a folk tale known to all.* / 这种衣料颜色淡雅，老少～宜。Zhè zhǒng yīliào yánsè dànyǎ, lǎo shào ～ yí. *The colour of this kind of cloth is quietly elegant. It's suitable for both young and old.* / 房子

这样分配，解决了你家的问题，也解决了他家的问题，真可谓做到了一大欢喜。Fángzi zhèyàng fēnpèi, jiějuéle nǐ jiā de wèntí, yě jiějuéle tā jiā de wèntí, zhēn kěwèi zuòdàole一dà huānxǐ. *Assigning houses in this way solved your family's problems as well as his. One may well say that it was done to the satisfaction of all.*

结 〔結〕jiē
(动)长出 *bear (fruit)*：今年这棵梨树该一果了。Jīnnián zhè kē lí shù gāi ～ guǒ le. *This pear tree should bear fruit this year.* / 我种的苹果树，只开花，不～果。Wǒ zhòng de píngguǒ shù, zhǐ kāi huā, bù ～ guǒ. *The apple tree I planted has only flowered. It has not borne fruit.* 另见 jié

【结巴】jiēba (形) *stammer; stutter*：他一着急就～。Tā yì zháo jí jiù ～. *As soon as he gets flustered he starts to stammer.* / 他说话结结巴巴的。Tā shuō huà jiējiēbābā de. *He stammers when he speaks.* (名)口吃的人 *stammerer; stutterer*

【结实】jiēshi (形)〈口〉(1)坚固，不易损坏 *solid; sturdy*：地基得打一大劲。Dìjī děi dǎ ～. *Foundations must be solid.* / 做工作服要用一的布。Zuò gōngzuòfú yào yòng ～ de bù. *Sturdy cloth must be used to make work clothes.* (2)健壮 *strong; tough*：他的身体很～。Tā de shēntǐ hěn ～. *He has a robust constitution.*

接 jiē
(动)(1)连接，使连接 *connect; join*：一根绳子不够长，还得一上一根。Yì gēn shéngzi bú gòu cháng, hái děi ～shang yì gēn. *One piece of rope is not long enough. You must join another piece to it.* / 下面的这几句话是一上一页的。Xiàmian de zhè jǐ jù huà shì ～ shàng yí yè de. *These remarks are continued from the previous page.* (2)收，接受 *receive; catch; get hold of*：一电话 ～ diànhuà *answer the phone* / ～到朋友的信 ～dào péngyou de xìn *receive a letter from a friend* / 我没一住扔过来的球。Wǒ méi ～zhù rēng guolai de qiú. *I failed to catch the ball that was thrown to me.* (3)靠近，接触 *come close to; come into contact with*：交头一耳 jiāo tóu ～ ěr *whisper in each other's ear* (4)接替（工作等）*take over (a job, etc.)*：晚上我一他的班。Wǎnshang wǒ ～ tā de bān. *I take over from him on the evening shift.* / 放心走吧！你的工作有人～. Fàng xīn zǒu ba! nǐ de gōngzuò yǒu rén ～. *You can leave now. Don't worry. There's somebody to take over your work.* (5)迎接 *meet; greet*：我去车站一朋友。Wǒ qù chēzhàn ～ péngyou. *I'm going to the station to meet a friend.* / 明天早上八点，汽车来一你。Míngtiān zǎoshang bā diǎn, qìchē lái ～ nǐ. *A car will come to pick you up at 8 o'clock in the morning.*

【接班】jiē=bān 接替上一班的，或前一辈的工作 *take over from the previous shift; take one's turn on duty; carry on (a task)*：早班工人七点钟来一。Zǎobān gōngrén qī diǎn zhōng lái ～. *The morning shift comes on duty at seven o'clock.* / 父亲退休了，儿子来一. Fùqin tuì xiū le, érzi lái ～. *The father has retired and his son has taken over his position.*

【接班人】jiēbānrén (名)接替上一班工作的人。多用于接替上一班担任领导工作的人 *successor; person who takes over a task (usually used of leading personnel)*：今天的少年儿童都是未来建设祖国的～。Jīntiān de shàonián értóng dōu shì wèilái jiànshè zǔguó de ～. *The youth of today are those who will succeed to the task of building the fatherland in the future.*

【接茬儿】jiēchár (名)物体两部分接在一起的痕迹 *seam; join*：这不是一块整木做的，你看，这不是一吗？Zhè bú shì yí kuài zhěng mù zuò de, nǐ kàn, zhè búshì ～ ma? *This*

wasn't made out of a single piece of wood. Look, can you see the join here?

【接茬儿】jiē＝chár〈口〉(1)接着别人的话头儿(说下去) *continue somebody else's story; chime in*：以前他说相声还可以，现在反应慢了，接不上茬儿。Yǐqián tā shuō xiàngsheng hái kěyǐ, xiànzài fǎnyìng màn le, jiē bu shàng chár. *He used to be able to engage in comic patter very well, but now his reactions have slowed down and he can't chime in at the right time.* / 为了强调这事的重要，我谈完了，你再一说说。Wèile qiángdiào zhè shì de zhòngyào, wǒ tánwán le, nǐ zài ～ shuōshuo. *In order to emphasise the importance of this matter, as soon as I finish speaking, you chime in.* (2)接着自己或别人没做完的工作(干下去) *continue a job that oneself or somebody else has left incomplete*：大家先去吃午饭，下午再～干。Dàjiā xiān qù chī wǔfàn, xiàwu zài ～ gàn. *Let's all go and have lunch first. We can continue the work in the afternoon.* / 这个专题已经研究一半了，新去的人能接上茬儿吗？Zhège zhuāntí yǐjīng yánjiū yíbàn le, xīn qù de rén néng jiēshang chár ma? *Research on this special topic has been half completed. Can the newly dispatched personnel carry on with it?*

【接触】jiēchù (动)(1)挨着，碰着 *contact; get in touch*：这台收音机声音有时变小，大概是什么地方～不良。Zhè tái shōuyīnjī shēngyīn yǒushí biàn xiǎo, dàgài shì shénme dìfang ～ bùliáng. *The volume on this radio keeps fading. There must be a poor connection somewhere.* (2)接近，交往 *approach; associate with; have contact with*：我只跟他～过一两次，没深谈过。Wǒ zhǐ gēn tā ～guo yì-liǎng cì, méi shēn tángguo. *I've only been in touch with him a couple of times. We haven't really had a proper conversation.* / 医生每天都要～病人。Yīshēng měi tiān dōu yào ～ bìngrén. *A doctor must see his patients every day.* / 我从没～guo贸易方面的工作。Wǒ cóng méi ～ guo màoyì fāngmiàn de gōngzuò. *I have never had any contact with work concerning trade.* (3)发生武装冲突 *engage (in armed conflict)*：先头部队已和敌人～了。Xiāntóu bùduì yǐ hé dírén ～ le. *The advance guard has engaged the enemy.*

【接待】jiēdài (动)迎接招待 *receive; give a reception (for guests)*：～客人 ～ kèren *receive guests* / 热情～ rèqíng ～ *warmly welcome*

【接待室】jiēdàishì (名)(单位)招待客人的屋子 *reception room*

【接到】jiē // dào 收到 *receive; accept; obtain*：～上级的指示 ～ shàngjí de zhǐshì *receive orders from one's superiors* / 一封电报 yì fēng diànbào *receive a telegram* / 两天之内他接不到你的信。Liǎng tiān zhī nèi tā jiē bu dào nǐ de xìn de. *He won't be able to receive your letter within two days.*

【接二连三】jiē èr lián sān 连续不断地 *one after another; in unbroken succession*：这个路口最近～发生交通事故。Zhège lùkǒu zuìjìn ～ fāshēng jiāotōng shìgù. *There has recently been a string of accidents at this crossroads.* / 她～地打电报来催我去。Tā ～ de dǎ diànbào lái cuī wǒ qù. *She has sent telegrams one after the other urging me to go there.* / 喜讯～地传来。Xǐxùn ～ de chuánlai. *Pieces of good news keep flowing in.*

【接风】jiēfēng (动·不及物)请刚从远地来的人吃饭 *invite a visitor from afar to dine*：我们今晚为小李～。Wǒmen jīn wǎn wèi Xiǎo Lǐ ～. *We will give a welcoming dinner this evening for Xiao Li.*

【接骨】jiē＝gǔ 把折断的骨头接起来并使它逐渐复原 *set a (broken) bone*

【接管】jiēguǎn (动) *take control; take over*：胜利后，人民的军队～了那家兵工厂。Shènglì hòu, rénmín de jūnduì ～le nà jiā bīnggōngchǎng. *After winning the victory, the*

people's army took over that munitions factory.

【接合】jiēhé (动)〈机〉 *joint*

【接济】jiējì (动)物质或经济方面援助 *render material or financial assistance*：他哥哥经常～他。Tā gēge jīngcháng ～ tā. *His elder brother often helps him out.*

【接见】jiējiàn (动)跟来访的人见面(一般接见者的地位高于来访者) *receive (guests, etc.); grant an interview to*：校长～了学生代表。Xiàozhǎng ～ le xuésheng dàibiǎo. *The school principal received the students' representatives.*

【接交】jiējiāo (动)同"交接" jiāojiē(2)，移交和接受(工作) *same as "交接" jiāojiē(2); transfer; hand over and take over (a job)*

【接近】jiējìn (动) *be close to; near; approach*：～群众 ～ qúnzhòng *be close to the masses* / 这个月的任务已～完成。Zhège yuè de rènwu yǐ ～ wánchéng. *This month's tasks are near completion.* / 他们的看法很～。Tāmen de kànfǎ hěn ～. *Their points of view are very close.* / 这个人很不容易～。Zhège rén hěn bù róngyì ～. *He is not very approachable.*

【接境】jiējìng (动·不及物)交界 *have a common boundary; border*：跟中国北部～的国家有蒙古和朝鲜等。Gēn Zhōngguó běibù ～ de guójiā yǒu Měnggǔ hé Cháoxiǎn děng. *The countries which border China on the north are Mongolia, Korea, etc.*

【接力】jiēlì (名)〈体〉 *relay (race)*：～赛跑 ～ sàipǎo *relay race*

【接力棒】jiēlìbàng (名)〈体〉 *baton (in a relay race)*

【接力赛】jiēlìsài (名)〈体〉 *relay race*

【接连】jiēlián (副)表示一个接着一个，后面常有数量短语 *on end; in a row; in succession (followed by a numeral-measure word phrase)*：远处～出现了几个人影。Yuǎnchù ～ chūxiànle jǐ ge rényǐng. *One figure appeared after anotehr in the distance.* / 他为治好眼病～跑了三个医院。Tā wèi zhìhǎo yǎnbìng ～ pǎole sān ge yīyuàn. *He went to three hospitals in a row in order to get treatment for his eye disease.* / 他～不断地突击了两个星期，任务总算完成了。Tā ～ búduàn de tūjī le liǎng ge xīngqī, rènwù zǒngsuàn wánchéng le. *He worked for two weeks straight and finally completed this task.*

【接纳】jiēnà (动)接受(个人、团体参加某个组织) *admit (to an organization)*：大众文艺研究会又～一批新会员。Dàzhòng Wényì Yánjiūhuì yòu ～ yì pī xīn huìyuán. *The Masses Literary Research Society has admitted another batch of new members.*

【接洽】jiēqià (动) *consult; negotiate with; take up a matter with*：派人去～合作问题。Pài rén qù ～ hézuò wèntí. *send somebody to consult about the problem of cooperation*

【接壤】jiērǎng (动·不及物)〈书〉 *border; be adjacent to; be bounded by*：湖南省东部和江西省～。Húnán Shěng dōngbù hé Jiāngxī Shěng ～. *The eastern part of Hunan Province borders Jiangxi Province.* / 日本和哪个国家都不～。Rìběn hé nǎ ge guójiā dōu bù ～. *Japan doesn't share a border with any country.*

【接任】jiērèn (动)接替(某人)职务 *take over (a job); replace; succeed*：吴永新出国后，办公室主任由王守志～。Wú Yǒngxīn chū guó hòu, bàngōngshì zhǔrèn yóu Wáng Shǒuzhì ～. *After Wu Yongxin went abroad Wang Shouzhi took over as head of the office.* / 王守志～了吴永新办公室主任的职务。Wáng Shǒuzhì ～ le Wú Yǒngxīn bàngōngshì zhǔrèn de zhíwù. *Wang Shouzhi succeeded Wu Yongxin as head of the office.*

【接生】jiēshēng (动·不及物) *deliver a child (as a midwife)*

【接收】jiēshōu (动)(1)收 *receive; accept*：～三封来信 ～ sān fēng láixìn *receive three letters* / ～无线电信号 ～ wúxiàndiàn xìnhào *receive a radio message* (2)根据法令规

定把机构、财产等夺过来 confiscate; expropriate：～官僚资产阶级的企业～ guānliáo zīchǎnjiējí de qǐyè expropriate a bureaucrat-capitalist business (3)接纳 admit (into an organization)：足球队～两个新队员。Zúqiúduì ～ liǎng ge xīn duìyuán. The football team has signed up two new players.

【接手】jiēshǒu (动)接替 take over (a job)：他走后,办公室的工作由你～. Tā zǒu hòu, bàngōngshì de gōngzuò yóu nǐ ～. After he leaves, you take charge of the office work. / 他刚～这项工作,还不太熟悉. Tā gāng ～ zhè xiàng gōngzuò, hái bú tài shúxi. He has only just taken over this duty and he is not used to it yet.

【接受】jiēshòu (动)同意容纳某事物 accept：～任务 rènwu accept an assignment / ～批评 pīpíng accept criticism / ～教训 jiàoxùn learn a lesson / 有的礼物不能～. Yǒu de lǐwù bù néng ～. There are some presents I cannot accept.

【接替】jiētì (动)接过(别人的)工作,并继续干下去 take over (somebody else's work)；replace：你来～他的工作。Nǐ lái ～ tā de gōngzuò. Come and take over this task from him. / 小王离开排球队后,由小李～他. Xiǎo Wáng líkāi páiqiúduì hòu, yóu Xiǎo Lǐ ～ tā. When Xiao Wang left the volleyball team his replacement was Xiao Li.

【接头】jiē=tóu (1)使两个(条状物)连接起来 join (two long things) together：两条电缆已经接上头了。Liǎng tiáo diànlǎn yǐjīng jiēshang tóu le. The electric cables have been joined together. (2)联系 contact；get in touch with：我先去接个头,以后你们再去谈。Wǒ xiān qù jiē ge tóu, yǐhòu nǐmen zài qù tán. I'll get in touch with them first and you can go and talk to them later. (3)熟悉某个情况(多用于否定形式) be familiar with a situation (often used in the negative)：他刚调来一星期,工作还不～. Tā gāng diào lai yì xīngqī, gōngzuò hái bù ～. It has only been a week since he was transferred here, so he is not very familiar with the work.

【接吻】jiē=wěn kiss

【接线】jiēxiàn (名)〈电〉wiring

【接应】jiēyìng (动)(1)配合自己一方的战斗行动 coordinate battle deployments：你们先插进敌人前沿,二连随后～. Nǐmen xiān chājìn dírén qiányán, èrlián suíhòu ～. You penetrate the enemy's forward position, and the 2nd Company will back you up. (2)接济、供应 supply：交通受阻,弹药～不上。Jiāotōng shòu zǔ, dànyào ～ bu shàng. Communications are blocked, so the ammunition cannot get through.

【接着】jiēzhe (连)表示后一动作与前一动作在时间上连接得很紧 (indicates that one action follows immediately after another)：一阵风刮过,～就下起了雨。Yí zhèn fēng guāguò, ～ jiù xiàqǐle yǔ. A gust of wind blew by, then it started to rain. / 你出去以后,紧～他也出去了。Nǐ chūqu yǐhòu, jǐn ～ tā yě chūqu le. He went out right after you did. / 一号踢进了一个球,～,三号又进了一个。Yī hào tījìnle yí ge qiú, ～, sān hào yòu jìnle yí ge. No. 1 scored a goal and no. 3 then scored another right after that. / 一只猎狗跑了过来,～是一个背枪的青年,站到了我的面前。Yì zhī lièg ǒu pǎole guolai, ～ shì yí ge bēi qiāng de qīngnián, zhàn dàole wǒ de miànqián. A hunting dog came running up to me and was followed by a young man carrying a rifle on his back who came up and stood before me.

【接踵】jiēzhǒng (动·不及物)〈书〉形容人很多,接连不断 "treading on each other's heels" —— people streaming in one after another：摩肩～ mójiān ～ (crowd of people) jostling each other / 听到消息以后,人们～而来。Tīngdào xiāoxi yǐhòu, rénmen ～ ér lái. When they heard the news people came around crowding and jostling.

【接种】jiēzhòng (动)〈医〉inoculate; vaccinate

揭 jiē

(动)〈口〉(1)把粘或盖在物体上的东西取下或拿开 tear off; strip off; expose; uncover：～开饭锅 ～kāi fànguō lift the lid of the rice pot / ～开锅盖 ～kāi guōgàir lift the lid of a cooking pot / ～下伤口上的纱布～xià shāngkǒu shang de shābù remove the dressing from a wound (2)使隐蔽的、不愿告人的事显现出来 expose; uncover; bare (secrets, etc.)：不要老～人家的短处。Búyào lǎo ～ rénjia de duǎnchu. You shouldn't keep exposing other people's shortcomings. /～开事实的真相 ～kāi shìshí de zhēnxiàng make the real situation clear

【揭穿】jiēchuān (动)同"揭露"jiēlù same as "揭露" jiēlù：～阴谋诡计 ～ yīnmóu guǐjì expose a crafty plot / 他的谎言被～了. Tā de huǎngyán bèi ～ le. His lie was exposed.

【揭底】jiē=dǐ (～儿)揭露底细 reveal the inside story：他最爱揭人的底了. Tā zuì ài jiē rén de dǐ le. He really likes gossiping about people's private affairs.

【揭短】jiē=duǎn〈口〉揭露别人的短处 reveal another person's shortcomings：你怎么专揭我的短? Nǐ zěnme zhuān jiē wǒ de duǎn? Why do you specially pick on my shortcomings?

【揭发】jiēfā (动)(将别人隐瞒的错误、罪行等)公开 expose; unmask; bring to light：～罪行 ～ zuìxíng expose a crime / ～他的错误言行 ～ tā de cuòwù yánxíng expose his mistaken words and deeds

【揭盖子】jiē gàizi 指揭露事情内幕,使真实情况暴露出来 "lift the lid"; expose; reveal the true story：这个事件终于调查清楚了,该～了。Zhège shìjiàn zhōngyú diàochá qīngchu le, gāi ～ le. This incident has finally been investigated and the truth has come out. We must reveal the inside story.

【揭竿而起】jiē gān ér qǐ 指人民群众高举旗帜,进行反抗斗争 raise the standard of revolt; rise in rebellion

【揭露】jiēlù (动)使(隐蔽的事物)显露出来 expose; unmask：～矛盾 ～ máodùn expose a contradiction / ～工作中的问题 ～ gōngzuò zhōng de wèntí expose problems in the work

【揭幕】jiē=mù 在纪念碑、雕像等落成典礼的仪式下,把在上面的布揭开 unveil (a monument); inaugurate

【揭破】jiēpò (动)(把掩盖着的事实真相)揭露出来,使人识破 reveal (a hidden truth); open people's eyes (to a fact)

【揭示】jiēshì (动)〈书〉(把事物的本质)表示出来 announce; promulgate; reveal; bring to light：～物质不灭的真理 ～le wùzhì bú miè de zhēnlǐ bring to light the truth of the principle of the conservation of matter / 作者细致的描写～了人物的思想境界。Zuòzhě xìzhì de miáoxiě ～le rénwù de sīxiǎng jìngjiè. The author meticulously brings out the mental life of his characters.

【揭晓】jiēxiǎo (动·不及物)announce; make known; publish：数学竞赛结果～了。Shùxué jìngsài jiéguǒ ～ le. The results of the mathematics competition have been announced. / 候选人名单已经～. Hòuxuǎnrén míngdān yǐjīng ～. The list of candidates has been announced.

街 jiē

(名)[条 tiáo] street：他不在家,上～去了。Tā bú zài jiā, shàng ～ qu le. He is not at home. He has gone out.

【街道】jiēdào (名)(1)[条 tiáo] street：这是一条繁华的～. Zhè shì yì tiáo fánhuá de ～. This is a busy street. (2)关于街巷居民的(事务) pertaining to the neighborhood：她退休后做～工作。Tā tuì xiū hòu zuò ～ gōngzuò. After she retired she worked for the neighborhood.

【街道办事处】jiēdào bànshìchù 城市区以下的一个行政办事机构 neighborhood office

【街道服务站】jiēdào fúwùzhàn 街道办事处下属的为居民生活服务的组织。承担衣物拆洗缝补、分发牛奶、传送电话等

neighborhood service center

【街道工厂】jiēdào gōngchǎng 由街道办事处组织领导的，吸收本地段居民参加生产的集体所有制企业 neighborhood factory

【街道企业】jiēdào qǐyè 由街道办事处所办的企业 neighborhood enterprise

【街坊】jiēfang(名)〈口〉neighbor：我们两家是～，他家是五号，我家是六号。Wǒmen liǎng jiā shì ～，tā jiā shì wǔ hào，wǒ jiā shì liù hào. Our two families are neighbors. They live at No. 5 and we live at No. 6. / 他是我的～。Tā shì wǒ de ～. He is my neighbor.

【街垒】jiēlěi(名)在街道或建筑物间的空地上用砖石、车辆或沙袋等堆成的障碍物 street barricade

【街门】jiēmén(名)院子临街的大门 main door of a courtyard that opens onto the street

【街面上】jiēmiànshang(名)〈口〉(1)市场上（activities in the）marketplace：这种东西目前一买不到。Zhè zhǒng dōngxi mùqián ～ mǎi bu dào. At the moment you can't buy these things in the market. (2)街巷附近（activities in the）street：他一直在这儿做户籍警，～的人都认识他。Tā yìzhí zài zhèr zuò hùjíjǐng，～ de rén dōu rènshi tā. He has been the policeman in charge of household registration all along so everyone in the district knows him.

【街谈巷议】jiē tán xiàng yì 大街小巷里人们的议论，指人们所关注的事情 street gossip

【街头】jiētóu(名)街上，街口儿 street；street corner：流浪～ liúlàng ～ wander the streets /～有不少卖水果的摊子。～ yǒu bù shǎo mài shuǐguǒ de tānzi. There are a lot of fruit stalls on many of the street corners.

【街头巷尾】jiē tóu xiàng wěi 大街小巷 streets and lanes；highways and byways

jié

节〔節〕jié (名)(1)物体段与段之间相连接的地方 joint；node；knot：甘蔗和竹子上都有很多～。Gānzhe hé zhúzi shang dōu yǒu hěn duō ～. Both sugar cane and bamboo have lots of joints. (2)节日 festival day；red-letter day：这地区一年要过好几个～。Zhè dìqū yì nián yào guò hǎo jǐ ge ～. Every year they celebrate lots of festivals is this district. (动)◇economize，限制 save；economize；practise thrift：～水 ～ shuǐ economize on water /～电 ～ diàn save electricity (量)段，段落 section；length：一～课 yì ～ kè a lesson / 两～甘蔗 liǎng ～ gānzhe two sticks of sugar cane / 这列火车有多少～车厢? Zhè liè huǒchē yǒu duōshao ～ chēxiāng? How many carriages has this train got? / 第三章共分五～。Dìsān zhāng gòng fēn wǔ ～. Chapter three has five sections altogether.

【节操】jiécāo(名)〈书〉正直坚定、不屈服于外来压力或金钱等的利诱的意志 moral integrity；lofty principles

【节俭】jiéjiǎn(形)thrifty；frugal：这位老人收入不少，但生活很～。Zhè wèi lǎorén shōurù bù shǎo，dàn shēnghuó hěn ～. This old gentleman has a sizeable income but he lives very frugally.

【节节败退】jiéjié bài tuì 一次又一次地失败后退 be beaten back time and again

【节节胜利】jiéjié shènglì 一次又一次接连胜利 win victory after victory

【节令】jiélìng(名)某个节气的气候和它影响到的生物的自然现象 climate and other natural phenomena marking a stage of the year according to the traditional Chinese calendar

【节录】jiélù(动)摘取文章里的重要部分 extract；excerpt：把文章的内容～下来。Bǎ wénzhāng de nèiróng ～ xialai.

make extracts from a piece of writing / 我～了他报告中的一段话。Wǒ ～le tā bàogào zhōng de yí duàn huà. I took an excerpt from his report. (名)从文章里摘取下来的部分 extract；excerpt：这是那篇论文的几段～。Zhè shì nà piān lùnwén de jǐ duàn ～. Here are a few excerpts from that thesis.

【节目】jiémù(名)[个 gè] program

【节能】jiénéng(动·不及物)节约能源 save energy

【节气】jiéqì(名)中国农历把一年定成二十四个点，每一点叫一个节气，表明地球在运行轨道上的不同位置，从而说明气候变化对农业生产有重要意义 The traditional Chinese calendar divides the year into 24 stages, each marked by a day called a "节气". They indicate the different positions of the earth in its orbit and the importance of weather changes as regards agricultural production.

【节日】jiérì(名)[个 gè] festival day；holiday；red-letter day

【节省】jiéshěng(动)save；economize；cut down on：～人力物力 ～ rénlì wùlì use manpower and materials sparingly /～粮食 ～ liángshi economize on grain consumption /～开支 ～ kāizhī cut down on expenses / 用～下来的钱去旅行 yòng ～ xialai de qián qù lǚxíng use the money you have saved to travel

【节外生枝】jié wài shēng zhī〈贬〉比喻在主要问题之外故意提出新问题（因而引起困难）deliberately raise new difficulties or problems：他已经答应把房子卖给老李，两万元，忽然又一说，房子新修过，还要加一千元修理费。Tā yǐjīng dāyìng bǎ fángzi mài gěi Lǎo Lǐ，liǎngwàn yuán，hūrán yòu ～ shuō，fángzi xīn xiūguò，hái yào jiā yìqiān yuán xiūlǐfèi. He had already agreed to sell the house to Lao Li for 20,000 yuan when he suddenly raised the point that it had been newly repaired, and demanded another 1,000 yuan to cover the expense.

【节衣缩食】jié yī suō shí 省吃省穿，指生活简朴 economize on food and clothing；live frugally

【节余】jiéyú(动)因节约而省下 economize and reap a surplus：采用了新方法，～不少建筑材料。Cǎiyòngle xīn fāngfǎ，～ bù shǎo jiànzhù cáiliào. We used a new method of construction and had lots of materials left over. (名)指节省下来的钱和物 money or materials left over as a result of economizing：经费～ jīngfèi ～ leftover funds / 粮食～ ～ surplus grain

【节育】jié＝yù birth control

【节约】jiéyuē(动)economize；save；practise thrift：～资金 ～ zījīn economize on funds /～用水 ～ yòng shuǐ save water

【节肢动物】jiézhī dòngwù arthropod

【节制】jiézhì(动)control；check；be moderate in：～饮食 yǐnshí be moderate in eating and drinking /～生育 ～ shēngyù family planning

【节奏】jiézòu(名)(1) rhythm (2)比喻均匀，有规律的工作和生活进程 steady，balanced course of work or living：工作在有～地进行。Gōngzuò zài yǒu ～ de jìnxíng. The work is progressing steadily. / 他的生活～快，工作效率高。Tā shēnghuó ～ kuài，gōngzuò xiàolǜ gāo. He conducts his life at a fast pace and the efficiency rate of his work is high.

劫 jié (动)用武力夺取（人或财物）rob；take away by force：～狱 ～ yù snatch (a prisoner) from jail / 他的钱包被坏人～去了。Tā de qiánbāo bèi huàirén ～qu le. A scoundrel robbed him of his wallet. (名)◇灾难，厄运 tragedy；disaster；misfortune：那次地震真是一场大～。Nà cì dìzhèn zhēn shì yì cháng dà ～. That earthquake was really a great calamity.

【劫持】jiéchí（动）〈书〉用武力强迫对方（服从）use weapons to force compliance；hold under duress；kidnap；hijack：～飞机 ～ fēijī hijack an airplane

【劫夺】jiéduó（动）〈书〉用武力夺取 seize by force

【劫掠】jiélüè（动）〈书〉plunder；loot：敌人把整个村子～一空。Dírén bǎ zhěnggè cūnzi ～ yì kōng. The enemy plundered everything in the village.

【劫数】jiéshù（名）劫，原为梵文 kalpa 音译"劫波"的省略。数，运数的意思。劫数就是厄运的意思 doom；inescapable fate (Buddhist concept)

杰 jié
（名）◇才能高出众人的人 person of outstanding talent；hero：他们兄弟三个才能都很出众，人称三～。Tāmen xiōngdì sān ge cáinéng dōu hěn chūzhòng，rén chēng sān ～. The three brothers are all of outstanding talent，so people call them the "three prodigies". （形）◇杰出 outstanding；remarkable；prominent

【杰出】jiéchū（形）outstanding；remarkable；prominent：～的作品 ～ de zuòpǐn outstanding work (of art，literature，etc.) /~的人才 ～ de réncái outstanding talent

【杰作】jiézuò（名）高出一般水平的优秀作品 masterpiece：这幅奔马图是这位画家的～。Zhè fú bēnmǎtú shì zhè wèi huàjiā de ～. This picture of a galloping horse is the painter's masterpiece.

诘〔詰〕jié
（动）〈书〉责问，查问 interrogate；question closely

【诘问】jiéwèn（动）〈书〉interrogate

洁〔潔〕jié
（形）◇清洁，干净 clean

【洁白】jiébái（形）pure white；spotlessly white：～的花朵象征着死者～的灵魂。～ de huāduǒ xiàngzhēngzhe sǐzhě de línghún. Pure white flowers symbolize the deceased's spotlessly white soul.

【洁净】jiéjìng（形）〈书〉没有灰尘，杂质等 clean；spotless；pure；uncontaminated：这个小饭馆十分～。Zhège xiǎo fànguǎn shífēn ～. This small restaurant is extremely clean.

【洁身自好】jié shēn zì hào 保持自身纯洁，不跟着坏人一起做坏事。也指怕招惹是非，只顾自己好，不关心别人 keep oneself away from evil influences；mind one's own business

结〔結〕jié
（动）(1)◇系(jì)，打扣 connect；tie；knot together：～网 ～ wǎng weave a net (2)◇聚合，组织 get together；organize：成群～伙 chéng qún ～ huǒ form groups / 集会～社 jíhuì~ shè holding assemblies and forming associations (3)凝固 solidify：水汽在地面上～了霜。Shuǐqì zài dìmiàn shang ～le shuāng. The vapor formed frost on the ground. / 肉汤～成了冻儿。Ròu tāng ～ chéngle dòngr. The stew congealed. (4)了结，结算〈口〉settle up；settle accounts：这件事就算～了。Zhè jiàn shì jiù suàn ～ le. We can consider this matter settled. / 把今天的账一～。Bǎ jīntiān de zhàng ～ yì ～. Let's settle today's account. （名）[个 gè]用绳、或布条等打成的扣 knot：捆包裹的绳子要勾 Kǔn bāoguǒ de shéngzi yào dǎ ge huó ～. You should use a slip knot for tying parcels. / 辫子上系个粉红蝴蝶～。Biànzi shang jì ge fěnhóng húdié ～. A pink bow was tied to her braid. 另见 jiē

【结案】jié=àn 对案件最后判决或最后处理 pass final judgment；wind up a case

【结拜】jiébài（动）旧时因感情好或有共同目的而相约为兄弟或姐妹 become sworn brothers (blood brothers) or sisters：小

刘和小李～为兄弟。Xiǎo Liú hé Xiǎo Lǐ ～ wéi xiōngdì. Xiao Liu and Xiao Li became sworn brothers.

【结伴】jié=bàn 跟别人结成同伴儿，搭伴儿 form a group (for travel，etc.)；join somebody in a journey：我路不熟，你跟我结个伴儿走吧! Wǒ lù bù shú，nǐ gēn wǒ jié ge bànr zǒu ba! I am not familiar with the road，so why don't we go together? / 几个人～而行，一路上说说笑笑，一点也不觉得累。Jǐ ge rén ～ ér xíng，yílù shang shuōshuōxiàoxiào，yìdiǎnr yě bù juéde lèi. If a few people form a group to travel together they will spend the whole journey talking and laughing，and they won't feel a bit tired.

【结冰】jié = bīng freeze；ice over；form ice：河水～了。Héshuǐ ～ le. The river has frozen over.

【结肠】jiécháng（名）〈生理〉colon

【结成】jié // chéng form；turn into：～夫妻 ～ fūqī become man and wife / ～同盟 ～ tóngméng form an alliance

【结仇】jié=chóu 结下冤仇 start a feud；become enemies：这两家三十年前由于土地问题结了仇。Zhè liǎng jiā sānshí nián qián yóuyú tǔdì wèntí jiéle chóu. These two families have been feuding for 30 years over a land problem.

【结存】jiécún（动）结算时余下（款项、货物等）have surplus cash or inventory：本月伙食～三百元。Běn yuè huǒshí ～ sānbǎi yuán. This month we have 300 yuan left from our food allowance.

【结党营私】jié dǎng yíng sī 结成一定的派别或集团，以谋私利 form a clique to pursue selfish interests

【结发夫妻】jiéfà fūqī 旧时指初成年结的夫妻。也泛指第一次结婚的夫妻 (in very old days) a couple who got married as soon as they came of age；couple married for the first time

【结构】jiégòu（名）(1) structure；construction / 这座宫殿全部是木～的。Zhè zuò gōngdiàn quánbù shì mù ～ de. This palace is constructed entirely of wood. / 石～的拱桥很多。Shí ～ de gǒngqiáo hěn duō. Arched bridges made of stone are common. (2) setup；organization：经济～ jīngjì ～ economic structure / 句子的～ jùzi de ～ structure of a sentence / 文章～非常严密。Wénzhāng ～ fēicháng yánmì. The writing has a compact structure.

【结果】jiéguǒ（名）result；outcome：他的学术成就是刻苦钻研的～。Tā de xuéshù chéngjiù shì kèkǔ zuānyán de ～. His academic achievements are the result of painstaking study. / 访问的～增进了两国的友谊。Fǎngwèn de ～ zēngjìnle liǎng guó de yǒuyì. The outcome of the visit was promotion of the friendship between the two countries. （连）联接事物发展的过程与发展到最后的状态；后面可有停顿 finally；in the end (can be followed by a pause)：他们讨论计划，讨论了半天，～却没有一致的意见。Tāmen tǎolùn jìhuà，tǎolùnle bàntiān，～ què méi yǒu yízhì de yìjiàn. They spent a long time discussing a plan but，in the end，they still had not reached a unanimous agreement. / 他花了好多天整理材料，～又都弄乱了。Tā huāle hǎoduō tiān zhěnglǐ cáiliào，～ yòu dōu nòngluàn le. He spent many days sorting out the materials but they ended up in a mess again. / ～，他考上了研究生，她却没有考上。～，tā kǎoshangle yánjiūshēng，tā què méiyou kǎoshàng. In the end，he passed the entrance exam for post-graduate studies，but she didn't.

【结合】jiéhé（动）combine；integrate；link：劳逸～ láo yì ～ strike a proper balance between toil and leisure / 理论要与实践相～。Lǐlùn yào yǔ shíjiàn xiāng ～. Theory should be combined with practice. / 他们俩～成夫妻。Tāmen liǎ ～ chéng fūqī. The pair was joined in matrimony.

【结合能】jiéhénéng（名）〈物〉binding energy

【结核】jiéhé（名）〈医〉tuberculosis

【结核杆菌】jiéhé gǎnjūn〈医〉tubercle bacillus

【结婚】jié＝hūn marry：老张还没～呢！Lǎo Zhāng hái méi ～ne! Lao Zhang is still unmarried! / 他结过两次婚。Tā jiéguo liǎng cì hūn. He has been married twice. / 他们俩明天～。Tāmen liǎ míngtiān ～. They are getting married tomorrow.

【结集】jiéjí（动）同"集结"jíjié same as "集结" jíjié

【结交】jiéjiāo（动）make friends with；associate with：他～了各行各业的朋友。Tā ～le gè háng gè yè de péngyou. He has friends in all walks of life.

【结晶】jiéjīng（名）(1) crystallize (2) 晶体物质 crystal (3) 比喻成果（多为有价值的、有意义的）fruitful result：群众智慧的～ qúnzhòng zhìhuì de ～ crystallization of the wisdom of the masses / 这项科研成果是他长期劳动的～。Zhè xiàng kēyán chéngguǒ shì tā chángqī láodòng de ～. The results of his research are the fruit of his dogged efforts.

【结晶体】jiéjīngtǐ（名）同"晶体"jīngtǐ same as "晶体" jīngtǐ

【结局】jiéjú（名）事情最终的结果 outcome；final result：这场纠纷经过调解，～还算圆满。Zhè chǎng jiūfēn jīngguò tiáojié，～ hái suàn yuánmǎn. The dispute has been mediated and the outcome can be considered satisfactory. / 故事的～是很悲惨的。Gùshi de ～ shì hěn bēicǎn de. The story has a tragic ending.

【结论】jiélùn（名）conclusion；verdict：没有确切的证据，不能对此案过早地下～。Méi yǒu quèqiè de zhèngjù, bù néng duì cǐ àn guò zǎo de xià ～. We have no definite evidence, so we cannot bring in a hasty verdict. / 有了可靠的数据，才能对这次实验作出～。Yǒule kěkào de shùjù, cái néng duì zhè cì shíyàn zuòchū ～. Only when we have reliable data can we draw a conclusion from this experiment.

【结盟】jié＝méng form an alliance

【结膜】jiémó（名）〈生理〉conjunctiva

【结膜炎】jiémóyán（名）〈医〉conjunctivitis

【结亲】jié＝qīn（口）marry：他俩一年前结的亲。Tā liǎ yì nián qián jié de qīn. They got married a year ago. (2)（两家）因儿女结婚而成为亲戚关系（two families）become related by the marriage of their offsprings：王家和赵家～了。Wáng jia hé Zhào jia ～ le. The Wang and Zhao families have become relatives by marriage.

【结社】jié＝shè form an association

【结石】jiéshí（名）〈医〉(kidney) stone；stone；calculus

【结识】jiéshí（动）（跟人）认识并互相来往 get acquainted with：他～了许多外国朋友。Tā ～ le xǔduō wàiguó péngyou. He has many foreign friends.

【结束】jiéshù（动）end；conclude；wind up：代表团～了这次参观访问。Dàibiǎotuán ～le zhè cì cānguān fǎngwèn. The delegation has wound up its tour. / 文艺演出～了。Wényì yǎnchū ～ le. The performance is over. / 生命总有～的时候。Shēngmìng zǒng yǒu ～ de shíhou. All lives must come to an end.

【结束语】jiéshùyǔ（名）文章或正式讲话的最后带有总结性的一段话 concluding remarks；closing remarks

【结算】jiésuàn（动）settle accounts

【结尾】jiéwěi（名）结束的阶段 ending；winding-up stage；concluding part：这个电影的～有些突然。Zhège diànyǐng de ～ yǒuxiē tūrán. The film's ending was a bit abrupt. / 工程的～不能拖得太长。Gōngchéng de ～ bù néng tuō de tài cháng. The final stage of the project cannot be too long-drawn-out（动）（工程、文章等）完成最后阶段 complete the final stage；wind up：文章写到这儿该～了。Wénzhāng xiědào zhèr gāi ～ le. The article should be wound up at this stage.

【结业】jié＝yè（短期训练班）结束学业 complete a course of study：护士训练班已经～了。Hùshi xùnliànbān yǐjīng ～ le. The nursing training course has been completed.

【结余】jiéyú（名）同"结存"jiécún same as "结存" jiécún

【结扎】jiézā（动）〈医〉ligation

【结账】jié＝zhàng 结算账目 settle accounts；balance the books：他～去了。Tā ～ qu le. He has gone to settle the accounts. / 每月结一次账。Měi yuè jié yí cì zhàng. We balance the books once a month.

捷 jié

（形）◇快，灵敏 quick；nimble（动）◇win a victory；emerge triumphant：几战皆～ jǐ zhàn jié ～ emerge victorious from a series of battles

【捷报】jiébào（名）胜利的消息 news of victory：传～ chuán ～ transmit news of victory

【捷径】jiéjìng（名）近路，比喻可以较快到达目的地的简便、巧妙的方法 shortcut：搞科学研究是没有～可走的。Gǎo kēxué yánjiū shì méi yǒu ～ kě zǒu de. There is no shortcut to carrying out scientific research.

【捷足先登】jié zú xiān dēng 比喻行动迅速，首先达到目的 "The race is to the swiftest."

睫 jié

（名）◇睫毛 eyelash

【睫毛】jiémáo（名）[根 gēn] eyelash

截 jié

（动）(1) 切断 cut；sever：把这根钢管～掉半尺 bǎ zhè gēn gāngguǎn ～diào bàn chǐ cut five inches off this steel pipe (2) 阻拦 stop；check；stem：～住那匹马！zhù nà pǐ mǎ! Stop that horse! / 水流太急，～不住。Shuǐliú tài jí, ～ bu zhù. The current is too swift to stem. (量)（～儿）段 section；length；piece：一～绳子 yì ～ shéngzi a length of rope / 一根木棍断成了好几～。Yì gēn mùgùn duànchéngle hǎo jǐ ～. A piece of wood was broken into several lengths.

【截断】jié＝duàn cut off；block：～电源 ～ diànyuán cut off the electricity supply /～水源 ～ shuǐyuán cut off the water supply /～木头 ～ mùtou cut (trees into) logs /～敌人的退路 ～ dírén de tuìlù cut off the enemy's retreat

【截获】jiéhuò（动）在运行中途拦截到 intercept and capture（an enemy convoy, etc.）：海关人员～了走私船。Hǎiguān rényuán ～ le yì zhī zǒusī chuán. Customs officers intercepted and seized a smuggling vessel.

【截击】jiéjī（动）阻拦住并打击（敌人）intercept：～敌机 ～ díjī intercept an enemy plane

【截流】jié＝liú 截断江河的水流 stem (dam) the current of a river

【截门】jiémén（名）valve

【截面】jiémiàn（名）section：横～ héng ～ cross-section

【截取】jiéqǔ（动）从中取下（一段）take a piece out of（something）：他从这块木板上～一段，做桌面用。Tā cóng zhè kuài mùbǎn shang ～ yí duàn, zuò zhuōmiàn yòng. He cut a piece out of this plank to make a tabletop. /杂志上刊登的不是整本小说，只是～了这本小说的部分章节。Zázhì shang kāndēng de bú shì zhěng běn xiǎoshuō, zhǐ shì ～le zhè běn xiǎoshuō de bùfen zhāngjié. The magazine isn't carrying the whole novel, just extracts.

【截然】jiérán（副）表示界线分明，像割断的一样，常跟"不同""分开"和"相反"等连用 sharply；completely（often used together with "不同", "分开" or "相反"）：这两个词的意思～不同。Zhè liǎng ge cí de yìsi ～ bù tóng. These two words are completely different in meaning. / 教学和研究不能～分开。Jiàoxué hé yánjiū bù néng ～ fēnkāi. No hard and fast line can be drawn between teaching and research. / 他们两个人的看法～相反。Tāmen liǎng ge rén de kànfǎ ～ xiāngfǎn. The outlooks of those two are sharply opposed.

【截瘫】jiétān（名）〈医〉paraplegia

【截肢】jié＝zhī〈医〉amputation

【截止】jiézhǐ（动）(到一定期限内)停止 end; close (within a certain time limit)：预订参观券在本月底～。Yùdìng cānguānquàn zài běn yuèdǐ ～. Booking for entrance tickets closes at the end of the month. /明天就～旅行登记了。Míngtiān jiù ～ lǚxíng dēngjì le. Registration for the trip closes tomorrow.

【截至】jiézhì（动)截止到(某个时候) end; close：报考时间——本月二十号。Bàokǎo shíjiān — běn yuè èrshí hào. Entering one's name for the examination ends on the 20th of this month. /～昨天，捐献者已达一百二十人。～ zuótiān, juānxiànzhě yǐ dá yī bǎi èrshí rén. Up to yesterday, the contributors had amounted to 120. /申报时间一下午五点,过时不候。Shēnbào shíjiān — xiàwǔ wǔ diǎn, guò shí bú hòu. Time for application ends at 5 p.m.

竭 jié

（动)〈书〉尽,完 finish; exhaust; use up：取之不尽,用之不～。Qǔ zhī bú jìn, yòng zhī bù ～. inexhaustible

【竭尽】jiéjìn（动)〈书〉用尽(力量) use up; exhaust：全力～ quán lì exert every effort; do one's utmost /心力～ xīnlì exert body and mind to the utmost

【竭力】jiélì（副)〈书〉表示主观上尽力,可带"地" do one's utmost (can take "地")：我～回想这本书的作者,可怎么也想不起来了。Wǒ ～ huíxiǎng zhè běn shū de zuòzhě, kě zěnme yě xiǎng bu qǐlái le. Try as I might, I just can't recall the name of that book's author. / 她紧紧地咬着嘴唇,～不使眼泪流下来。Tā jǐnjǐn de yǎozhe zuǐchún, ～ bù shǐ yǎnlèi liú xialai. She bit her lip tightly and did her utmost to keep the tears from falling. / 他慢慢坐下,～使自己平静下来。Tā mànmàn zuòxia, ～ shǐ zìjǐ píngjìng xialai. He sat down very slowly and did his utmost to calm himself.

jiě

姐 jiě

（名)◇(1)同"姐姐"jiějie same as "姐姐" jiějie：大～ dà— eldest sister / 四～ sì— fourth sister (older than oneself) (2)亲戚中同辈而年龄比自己大的女子(嫂子除外) a woman relative of the same generation older than oneself (excluding sisters-in-law) (3)〈旧〉泛称年轻的女子 general term of address for a young woman

【姐夫】jiěfu（名)姐姐的丈夫 elder sister's husband

【姐姐】jiějie（名)(1)同父母或只同父、只同母而年龄比自己大的女子 elder sister; female sibling older than oneself (2)同族同辈而年龄比自己大的女子 woman older than oneself who belongs to the same clan and same generation

【姐妹】jiěmèi（名)(1)姐姐和妹妹 (older and younger) sisters：她没有～,只有一个弟弟。Tā méi yǒu ～, zhǐ yǒu yí ge dìdi. She has no sisters, only a younger brother. / 她们～俩都是大学生。Tāmen ～ liǎ dōu shì dàxuéshēng. The two sisters are both university students. (2)泛指女性同胞 sisters (not necessary relations) / 我们台湾的～们 wǒmen Táiwān de jiěmèimen our sisters in Taiwan

解 jiě

（动)(1)◇分开 separate：打得难分难解 — dǎ de nán fēn nán ～ locked in combat (2)把捆着或系着的东西打开 untie; unravel; undo：～扣儿～ kòur undo a button /～开领子～kāi lǐngzi undo one's collar (3)解除,消除 remove; get rid of：～渴 ～ kě quench one's thirst /～恨 ～ hèn vent one's hatred; vent one's spleen / ～愁 ～ chóu relieve anxiety; allay fears (4)讲明白 explain；～词 ～ cí explain a word (5)懂,明白 understand：令人不～ lìng rén bù ～ unclear; puzzling; incomprehensible (6)〈数〉演算 solve (a mathematical problem)：～方程 ～ fāngchéng solve an equa-

tion /～了两道题 ～le liǎng dào tí solve two problems (名)〈数〉代数方程中未知数的值 solution (to a mathematical problem)：求这个方程的 ～ qiú zhège fāngchéng de ～ seek the solution to the equation 另见 jiè

【解饱】jiě＝bǎo 吃下去可以较长时间不饿的 filling (meal)：梨解不了饱,不能当饭吃。Lí jiě bu liǎo bǎo, bù néng dàng fàn chī. Pears alone don't make a filling meal. / 烙饼很～。Làobǐng hěn ～. Pancakes are very filling.

【解嘲】jiěcháo（动)用语言或行动来掩盖或粉饰被别人嘲笑的事情 deflect others' ridicule with words or actions：聊以～ liáo yǐ ～ simply shrug off ridicule / 自我～ ziwǒ ～ find excuses to console oneself

【解除】jiěchú（动)消除,除去 remove; relieve; get rid of：～负担 ～ fùdān relieve of a burden /～痛苦 ～ tòngkǔ get rid of pain /～警报 ～ jǐngbào sound the "all clear" /～职务 ～ zhíwù relieve of duty

【解答】jiědá（动)answer：～问题 ～ wèntí answer a question

【解毒】jiě＝dú〈医〉detoxify

【解冻】jiě＝dòng (1)冰冻的江河、土地融化；也比喻僵持的关系开始缓和 thaw; unfreeze：两国关系有～的可能。Liǎng guó guānxì yǒu ～ de kěnéng. There is a possibility of a thaw in relations between the two countries. (2)解除对资金财物的冻结 unfreeze (funds)

【解饿】jiě＝è (饿)时候)能很快使人感到饱的 satisfy one's hunger：都下午两点了,还没吃午饭,吃一根香蕉可解不了饿。Dōu xiàwu liǎng diǎn le, hái méi chī wǔfàn, chī yì gēn xiāngjiāo kě jiě bu liǎo è. It's already two o'clock in the afternoon and I haven't had lunch yet. Eating a banana isn't going to satisfy my hunger. / 奶油蛋糕很～。Nǎiyóu dàngāo hěn ～. Cream cakes are very filling.

【解乏】jiě＝fá dispel fatigue：累了一天,洗个澡、喝点茶,解解乏。Lèile yì tiān, xǐ ge zǎo, hē diǎnr chá, jiějie fá. When you have had a tiring day, a bath and a cup of tea will dispel fatigue.

【解放】jiěfàng（动) liberate; emancipate：～生产力 ～ shēngchǎnlì liberate the productive forces / 劳动人民得～。Láodòng rénmín dé ～. The working people have achieved emancipation. （名) liberation; emancipation：个性～ gèxìng ～ emancipation of the individual / 民族的～ mínzú de ～ national emancipation

【解放军】jiěfàngjūn（名) Chinese People's Liberation Army

【解放区】jiěfàngqū（名)通常指推翻了反动统治、建立了人民政权的地区,特指中国共产党领导下的第二次国内革命战争时期(1927－1937)的革命根据地、抗日战争时期(1937－1945)的抗日民主根据地和第三次国内革命战争时期(1946－1949)共产党占领的地区 generally refers to areas where the rule of the reactionaries was overthrown and a people's government set up; specifically, the revolutionary bases established under the leadership of the Chinese Communist Party during the Second Revolutionary Civil War (1927－1937), the Anti-Japanese War (1937－1945) and the Third Revolutionary Civil War (1946－1949).

【解放思想】jiěfàng sīxiǎng 解除旧观念的束缚、顾虑和压力 emancipate the mind; free oneself of old ideas：应该～,把年轻有为的干部提到领导岗位上来。Yīnggāi ～, bǎ niánqīng yǒuwéi de gànbù tídào lǐngdǎo gǎngwèi shang lái. We must be open-minded and raise young and promising cadres to leading posts.

【解放战争】jiěfàng zhànzhēng 被压迫人民和民族为争取解放而进行的战争,特指中国第三次国内革命战争(1946－1949) war of liberation; (specifically) China's War of Liberation (1946－1949)

【解雇】jiěgù（动)停止雇用(工人) dismiss (an employee); discharge; fire：由于无故旷工,他被工厂～了。Yóuyú wúgù kuàng gōng, tā bèi gōngchǎng ～ le. He was dis-

missed *from the factory for missing work without reason.*

【解恨】jiě＝hèn〈口〉消除心中的愤恨 *vent one's anger; vent one's spleen*：他说的话太气人，我恨不得打他一顿才～。Tā shuō de huà tài qì rén, wǒ hèn bu de dǎ tā yí dùn cái ～. *What he said really makes a person angry. I wish I could give him a thrashing and vent my anger.* / 这是个血债累累的刽子手，枪毙他都不～。Zhè shì ge xuèzhài lěilěi de guìzishǒu, qiāngbì tā dōu bù ～. *He is a bloody-handed butcher. Even shooting him wouldn't be enough to appease our wrath.*

【解救】jiějiù（动）使摆脱危险和困难 *save (from danger); rescue*：这个工厂亏损太大，无法～了。Zhège gōngchǎng kuīsǔn tài dà, wúfǎ ～ le. *The factory has made too much of a loss. There is no way to save it.* / 直升飞机找到了他们，把他们从洪水中～出来。Zhíshēng fēijī zhǎodàole tāmen, bǎ tāmen cóng hóngshuǐ zhōng ～ chulai. *A helicopter found them and rescued them from the flood.*

【解决】jiějué（动）（1）solve; resolve; settle：～困难 kùnnan *overcome a difficulty* / 这个方法很～问题。Zhège fāngfǎ hěn ～ wèntí. *This method is very effective.* （2）消灭（敌人）*annihilate; finish off (the enemy)*：一个师的敌人全被～了。Yí ge shī de dírén quán bèi ～ le. *A division of the enemy was finished off.*

【解渴】jiě＝kě 消除渴的感觉 *quench one's thirst*：我觉得汽水不～，还是喝茶～。Wǒ juéde qìshuǐr bù ～, háishi hē chá ～. *I think tea is better than a soft drink for quenching one's thirst.*

【解闷】jiě＝mèn（～儿）消除烦闷 *stave off boredom; divert oneself*：老人在家无事可做，小外孙来了可以～。Lǎorén zài jiā wú shì kě zuò, xiǎo wàisūn láile kěyǐ ～. *When old people have nothing to do at home a visit from the grand children will cheer them up.* / 他退休后学会了打桥牌，至少能解解闷。Tā tuì xiū hòu xuéhuìle dǎ qiáopái, zhìshǎo néng jiějie mènr. *He has learnt to play bridge after he retired. At least it will stave off boredom.*

【解聘】jiě＝pìn 解除职务，不再聘用 *dismiss (an employee); terminate services*：最近他已经被学校～了。Zuìjìn tā yǐjīng bèi xuéxiào ～ le. *The school recently terminated his services.*

【解剖】jiěpōu（动）dissect

【解剖麻雀】jiěpōu máquè 通过一个具体单位、一个具体问题的调查研究，找出具有普遍性的经验或问题，作为指导全局性工作的依据 *"dissecting a sparrow" — standard procedure for analysing a typical case*

【解剖学】jiěpōuxué（名）anatomy

【解气】jiě＝qì〈口〉（1）消除存在心中的气愤 *vent one's anger*：这人总是打击别人，抬高自己，要想法教训教训他才～。Zhè rén zǒngshì dǎjī biéren, táigāo zìjǐ, yào xiǎng fǎ jiàoxun jiàoxun tā cái ～. *He is always attacking others to make himself look good. I'll have to find a way to work off my anger by teaching him a lesson.* （2）过瘾 *satisfying*：这种酒没劲儿，喝起来不～。Zhè zhǒng jiǔ méi jìnr, hē qilai bù ～. *This kind of wine is very weak. It's not satisfying at all.*

【解劝】jiěquàn（动）对因某事气愤的人用言语劝说 *soothe; pacify; mollify; comfort*：他们两口子吵架了，你去给～。Tāmen liǎngkǒuzi chǎojià le, nǐ qù gěi ～. *That couple is quarrelling. Go and calm them down.*

【解散】jiěsàn（动）（1）聚集在一起的人分散开 *dismiss; dissolve (a group); disperse*：游行队伍～了。Yóuxíng duìwu ～ le. *The marchers dispersed.* （2）取消（单位、组织、团体等）cancel; dissolve (a unit, group, etc.)：～议会 ～ yìhuì *dissolve parliament* / 临时小组早已～。Línshí xiǎozǔ zǎo yǐ ～. *The temporary group was disbanded long ago.* / 那所学校～了。Nàsuǒ xuéxiào ～ le. *That school has been*

wound *up.*

【解释】jiěshì（动）分析、说明（理由、原因、意义等）*explain; interpret*：他～了半天，我还是不明白这样做有什么好处。Tā ～ le bàntiān, wǒ háishi bù míngbai zhèyàng zuò yǒu shénme hǎochu. *He spent a lot of time explaining it to me, but I still don't understand the advantage of doing it this way.* / 有些自然现象，目前还无法～。Yǒuxiē zìrán xiànxiàng, mùqián hái wúfǎ ～. *There are some natural phenomena which are still impossible to explain.* / 迟到就是迟到，你还～什么? Chídào jiù shì chídào, nǐ hái ～ shénme? *If you're late, you're late. There's no point in making excuses.* （名）explanation; analysis：对这个成语的含义有两种，似乎都有道理。Duì zhège chéngyǔ de hányì yǒu liǎng zhǒng ～, sìhū dōu yǒu dàolǐ. *There are two explanations of this idiom, and both are reasonable.*

【解手】jiě＝shǒur〈口〉relieve oneself; go to the lavatory

【解说】jiěshuō（动）（口头上）进行讲解说明 *explain; comment; narrate*：他在历史博物馆负责～秦代历史和文物。Tā zài lìshǐ bówùguǎn fùzé ～ Qíndài lìshǐ hé wénwù. *In the History Museum he has the job of explaining Qing Dynasty history and relics.*

【解体】jiětǐ（动）分裂，瓦解 *disintegrate*：这个组织由于内部矛盾激化，趋于～。Zhège zǔzhī yóuyú nèibù máodùn jīhuà, qū yú ～. *Internal contradictions have intensified and will hasten the disintegration of this organization.*

【解脱】jiětuō（动）摆脱（困难、束缚等）*free oneself; extricate oneself*：～困难 ～ kùnjìng *extricate oneself from a difficult situation* / 无法～的危机 wúfǎ ～ de wēijī *inextricable crisis* / 这位物理学家总算从繁忙的社会活动中～出来了。Zhè wèi wùlǐxuéjiā zǒngsuàn cóng fánmáng de shèhuì huódòng zhōng ～ chulai le. *The physicist finally freed himself from his busy social activities.*

【解围】jiě＝wéi（1）解除敌人的包围 *raise a seige*（2）使摆脱为难、受窘的境况 *rescue sb. from a difficult situation*：大家非逼着我唱歌，幸亏他进来给我解了围。Dàjiā fēi bīzhe wǒ chàng gē, xìngkuī tā jìnlái gěi wǒ jiěle wéi. *Everybody was pressing me to sing, but fortunately he came and rescued me from that difficult situation.*

【解析几何】jiěxī jǐhé〈数〉analytic geometry

jiè

介 jiè （动）◇在两者中间 *be situated between; interpose*：她的学习成绩～于4分和5分之间。Tā de xuéxí chéngjì ～ yú sì fēn hé wǔ fēn zhī jiān. *Her study results lay between good and excellent.*

【介词】jiècí（名）〈语〉preposition

【介入】jièrù（动）插入两者之间进行干预 *intervene; interpose*：你一定不要～这场争论。Nǐ yídìng búyào ～ zhè chǎng zhēnglùn. *You must not intervene in this dispute.* / 本来是夫妇之间的矛盾，第三者一～就更复杂了。Běnlái shì fūfù zhī jiān de máodùn, dìsānzhě yí ～ jiù gèng fùzá le. *It is basically a problem between a married couple. If a third party intervenes it will just make it more complicated.*

【介绍】jièshào（动）（1）introduce：我来～一下，这位是李刚同志。Wǒ lái ～ yíxià, zhè wèi shì Lǐ Gāng tóngzhì. *Let me introduce Comrade Li Gang.* / 他本人作了自我～。Tā běnrén zuòle zìwǒ ～. *He introduced himself.* （2）give a briefing on; give an introduction to：～先进经验 ～ xiānjìn jīngyàn *pass on advanced experience* /～故事情节 ～ gùshi qíngjié *recount the plot of a story* （3）introduce：把先进的科学技术～到国内来。Bǎ xiānjìn de kēxué jìshù ～ dào guónèi lái. *introduce advanced science and technology into the country* （名）introduction：参观以前大家都看过对本厂

情况的～，所以现在就可以立刻到车间去。Cānguān yǐqián dàjiā dōu kànguo duì běn chǎng qíngkuàng de ～, suǒyǐ xiànzài jiù kěyǐ lìkè dào chējiān qu. *Everybody has read an introduction to this factory before starting the tour, so you can go straight to the workshops.*

【介意】jièyì（动·不及物）在意，记在心里（多用于否定形式）*mind; take offence (usually used in negative constructions)*：对于这些生活小事，他毫不～。Duìyú zhèxiē shēnghuó xiǎo shì, tā háobú ～. *He takes absolutely no heed of such trivial matters.* / 刚才说的那些话是开玩笑的，可别～呀！Gāngcái shuō de nàxiē huà shì kāi wánxiào de, kě bié ～ ya! *What I said just now was only a joke. You mustn't take offence.*

【介音】jièyīn（名）〈语〉汉语复合韵母中，主要元音前边的元音，普通话的"i, u, ü"都可以成为介音，如"jia"、"huan"、"lüe"中的"i"、"u"、"ü" *the vowel before the main vowel in Chinese syllables with compound vowels, such as "i", "u", "ü" in "jia", "huan", "lüe"*

【介质】jièzhì（名）〈物〉*medium*

【介子】jièzǐ（名）〈物〉*meson; mesotron*

戒
jiè（动）◇(1)警惕，防止 *be on guard against; prevent*：考试时要力～粗心。Kǎoshì shí yào lì ～ cūxīn. *During an examination you must strictly guard against carelessness.* (2)戒除（嗜好）*give up; renounce (bad habits, etc.)*：～酒 ～ jiǔ *give up drinking* / 他说～烟很容易，他已经～了好几次了。Tā shuō ～ yān hěn róngyì, tā yǐjīng ～le hǎo jǐ cì le. *He says it's easy to stop smoking and that he's done it lots of times.*

【戒备】jièbèi（动）*be on guard; take precautions; be on the alert*：～森严 ～ sēnyán *be heavily guarded* / 加强～jiāqiáng ～ *strengthen safety precautions*

【戒骄戒躁】jiè jiāo jiè zào 要警惕，不要骄傲和急躁 *guard against arrogance and impetuosity*：取得成绩后，要～，继续努力。Qǔdé chéngjì hòu, yào ～, jìxù nǔ lì. *After making an achievement it is important to guard against complacency and rashness while continuing to exert efforts.*

【戒心】jièxīn（名）*vigilance; wariness*：这人很不可靠，对他不能不存～。Zhè rén hěn bù kěkào, duì tā bù néng bù cún ～. *This man is not to be trusted. You have to be wary of him.* / 他很多疑，对谁都有～。Tā hěn duōyí, duì shuí dōu yǒu ～. *He has a very suspicious nature and is always on the defensive against everybody.*

【戒严】jiè=yán *enforce martial law; cordon off*

【戒指】jièzhi（名）［只 zhī］*(finger) ring*

届
jiè（量）用于定期的会议或毕业班级等 *classifier for meetings held at regular intervals and graduating classes*：第一～全国人民代表大会 dìyī ～ quán guó rénmín dàibiǎo dàhuì *First National People's Congress* / 第二十三～奥林匹克运动会 dì'èrshísān ～ Àolínpǐkè yùndònghuì *The 23rd Olympic Games* / 上～毕业生 shàng ～ bìyèshēng *last year's graduates*

【届时】jièshí（副）〈书〉有"到那个时候"的意思，只用于未然 *when the time comes; at that time (only used for the future)*：我校于十二月三十一日晚在大礼堂举行新年联欢会，～请踊跃参加。Wǒ xiào yú shí'èryuè sānshíyī rì wǎn zài dà lǐtáng jǔxíng xīnnián liánhuānhuì, ～ qǐng yǒngyuè cānjiā. *Our school will be holding a New Year's Eve get-together on the evening of December 31st in the main auditorium. Please join us then.* / 你需要订什么杂志先考虑好，～有人来收费。Nǐ xūyào dìng shénme zázhì xiān kǎolǜ hǎo, ～ yǒu rén lái shōu fèi. *Think about which magazines you*

want to subscribe to. Someone will come to collect the fees for it. / 灯会已筹备好了，～必然有一番盛况。Dēnghuì yǐ chóubèi hǎo le, ～ bìrán yǒu yì fān shèngkuàng. *Everything is ready for the Lantern Festival. It will most certainly be a grand occasion.*

界
jiè（名）(1) *boundary*：划一条～ huà yì tiáo ～ *draw a boundary* / 两省以这条河为～。Liǎng shěng yǐ zhè tiáo hé wéi ～. *This river forms the boundary between the two provinces.* (2) *bounds (of a sports field, etc.)*：这个球打在～内。Zhège qiú dǎ zài ～ nèi. *It is in bounds.* (3) *sphere of interest; circle*：文教～ wénjiào～ *cultural and educational circles* / 美术～ měishù～ *artistic circles* (4) *primary division; kingdom; world*：有机～ yǒujī～ *organic kingdom; organic world* / 无机～ wújī～ *inorganic kingdom; inorganic world*

【界碑】jièbēi（名）［块 kuài］*boundary marker*

【界尺】jièchǐ（名）画直线用的木条，没有刻度 *ungraduated ruler*

【界河】jièhé（名）两国或两个地区分界的河流 *boundary river*

【界石】jièshí（名）［块 kuài］标志地界的石碑或石块 *boundary stone; boundary marker*

【界限】jièxiàn（名）(1)区分事物性质的分界 *limits; bounds; demarcation line*：划清两种思想的～ huàqīng liǎng zhǒng sīxiǎng de ～ *draw a clear line of demarcation between two trends of thought* / 敌我双方～分明。Dí wǒ shuāngfāng ～ fēnmíng. *The dividing line between the enemy and ourselves is clear.* (2)限度 *limit*：学问是没有～的，活到老学到老。Xuéwèn shì méi yǒu ～ de, huódào lǎo xuédào lǎo. *There is no limit to learning. One can learn for as long as one lives.*

【界线】jièxiàn（名）(1)两个地区分界的线 *boundary line* (2)同"界限"jièxiàn(1) *same as "界限" jièxiàn(1)*

【界桩】jièzhuāng（名）作为两国或两个地区分界标志的桩子 *boundary marker; pillar marking the boundary between two countries or districts*

借
jiè（动）*borrow; lend*：我把钱～来了。Wǒ bǎ qián ～lai le. *I have borrowed the money.* / 我跟他～了点儿钱。Wǒ gēn tā ～le diǎnr qián. *I borrowed some money from him.* / 钱已经～来了。Qián yǐjīng ～lai le. *The money has already been borrowed.* / 他从我这里～走了一副羽毛球拍。Tā cóng wǒ zhèlǐ ～zǒule yí fù yǔmáoqiúpāi. *He borrowed a pair of badminton rackets.* / 我把球拍～(给)他了。Wǒ bǎ qiúpāi ～(gěi) tā le. *I lent him the racket.* / 我～给他一副球拍。Wǒ ～gěi tā yí fù qiúpāi. *I lent him a pair of rackets.* / 球拍～(给)她了。Qiúpāi ～(gěi) tā le. *The racket was lent to her.* / 照相机被他～去了。Zhàoxiàngjī bèi tā ～ qu le. *The camera was borrowed by him.* / 照相机被他～给他朋友了。Zhàoxiàngjī bèi tā ～ gěi tā péngyou le. *He lent the camera to his friend.* / 我～给他一本书。Wǒ ～gěi tā yì běn shū. *I lent him a book.* / 他～了图书馆一本书。Tā ～le túshūguǎn yì běn shū. *He borrowed a library book.*

【借贷】jièdài（动）*borrow or lend money*

【借刀杀人】jiè dāo shā rén 比喻自己不出面，利用别人去陷害人 *"kill somebody with a borrowed knife" — use another person to remove an opponent*

【借读】jièdú（动）因某种原因不能在取得正式学籍的学校学习，而到别的学校去学习 *study temporarily at a school other than the one where one is registered*

【借端】jièduān（副）〈书〉以某一件事为借口 *use as a pretext; find an excuse*：这几个人整天到处游荡，～生事。Zhè jǐ ge

rén zhěng tiān dàochù yóudàng, ～ shēng shì. *These people loaf around all day finding excuses to cause trouble.*

【借方】jièfāng（名）*debit*

【借风使船】jiè fēng shǐ chuán 比喻借用别人的力量以达到自己的目的 *"borrow the wind to sail the ship" — use somebody else's influence or power to attain one's object*

【借古讽今】jiè gǔ fěng jīn 假借评论古代某事的是非，而指责、批评现实 *use criticism of past events to excoriate present ones*

【借故】jiègù（副）表示拿某种原因作为借口，后面至少要两个音节 *find an excuse (must be followed by at least two syllables)*：今天的晚会，他～没来参加，到底是怎么回事? Jīntiān de wǎnhuì, tā ～ méi lái cānjiā, dàodǐ shì zěnme huí shì? *He made up some excuse to not attend this evening's party. What's wrong with him?* / 他～向组长请了假，回家去看孩子。Tā ～ xiàng zǔzhǎng qǐngle jià, huí jiā qù kàn háizi. *He found an excuse to get time off from the group leader, then went home to take care of his child.*

【借光】jièguāng（口）请人给自己让路或向人询问（事情）时的客套话 *Excuse me!（used when asking someone to step out of the way or for some other favor）*：～, 让我过去。～, ràng wǒ guòqu. *Excuse me, may I pass?* / ～, 5路电车站在哪儿? ～, wǔ lù diànchēzhàn zài nǎr? *Excuse me, where is the No. 5 bus stop?*

【借花献佛】jiè huā xiàn fó 比喻拿别人的东西作人情 *"present Buddha with borrowed flowers" — use somebody else's property to curry favor*：你别谢我，这些吃的都是老李买的，我是～。Nǐ bié xiè wǒ, zhèxiē chī de dōu shì Lǎo Lǐ mǎi de, wǒ shì ～. *Please don't thank me. Lao Li provided the food. I'm just "presenting Buddha with borrowed flowers".*

【借鉴】jièjiàn（动）拿别人的事来作对照，以便从中吸取经验教训 *draw lessons from others' experience; use for reference*：这个教训很值得～。Zhège jiàoxùn hěn zhídé ～. *This lesson is well worth learning.* / 在文艺创作上应该继承和～优秀的文学艺术遗产。Zài wényì chuàngzuò shang yīnggāi jìchéng he ～ yōuxiù de wénxué yìshù yíchǎn. *In artistic creativity it is necessary to take over and draw lessons from our heritage of excellent works of literature and art.*（名）使人能从中得出经验教训的事例 *something which one can draw a lesson from*：以后要拿这件事为～。Yǐhòu yào ná zhè jiàn shì wéi ～. *From now on we will take this as a lesson for us.*

【借据】jièjù（名）[张 zhāng] *receipt for a loan (IOU)*

【借口】jièkǒu（动）找假的理由（对某事）推托（后面常跟着主谓结构或动宾结构等）*use as an excuse (often followed by a subject-predicate or verb-object construction)*：～自己学习忙，不给朋友写信。～ zìjǐ xuéxí máng, bù gěi péngyou xiě xìn. *Using the excuse that he is too busy studying he neglects to write to his friends.* / 他～没有合适的衣服，不参加晚会。Tā ～ méi yǒu héshì de yīfu, bù cānjiā wǎnhuì. *On the pretext that he has no suitable clothes, he will not come to the party.* / 我开脱自己的假理由 *excuse; pretext*：我找了个～, 拒绝了他们的邀请。Wǒ zhǎole ge ～, jùjuéle tāmen de yāoqǐng. *I found an excuse to turn down their invitation.*

【借款】jièkuǎn（名）[笔 bǐ、项 xiàng] *loan*

【借款】jièkuǎn *borrow or lend money*：借了一大笔款 jièle yí dà bǐ kuǎn *I borrowed a large sum of money.*

【借尸还魂】jiè shī huán hún 比喻某种已经消灭或没落的思想、势力等假托别的名义或以其他面貌重新出现 *(of a soul) "find reincarnation in another's corpse" — an outworn ideology or force re-appears in another guise*

【借水行舟】jiè shuǐ xíng zhōu 同"借风使船"jiè fēng shǐ chuán *same as "借风使船" jiè fēng shǐ chuán*

【借宿】jiè=sù 借别人的地方住宿 *stay overnight at somebody else's house*：山里没有旅店，可在农民家里～。Shān li méi yǒu lǚdiàn, kě zài nóngmín jiā li ～. *There are no inns in the mountains, but you can stay the night in a peasant's house.*

【借题发挥】jiè tí fāhuī 以谈论某事为题，表示自己真正的意思 *seize on a topic of discussion to expound one's own ideas*

【借条】jiètiáo（名）[张 zhāng]同"借据"jièjù *same as "借据" jièjù*

【借以】jièyǐ（动）拿……作凭证，以便（达到某种目的），多以动宾结构为宾语 *in order to; so as to; by way of (often used with a verb-object construction as the object)*：展出这些烈士遗物，～教育后代。Zhǎnchū zhèxiē lièshì yíwù, ～ jiàoyù hòudài. *Put these martyrs' relics on display so as to educate future generations.* / 她走到书架旁边翻阅书报，～掩饰内心的慌乱与不安。Tā zǒudào shūjià pángbiān fānyuè shū bào, ～ yǎnshì nèixīn de huāngluàn yǔ bù'ān. *She walked to the bookshelves and browsed through the publications in order to cover up her perplexity and unease.*

【借用】jièyòng（动）(1)借别人的东西使用 *borrow somebody else's things and use them*：你有没有铅笔刀儿，我想～一下儿? Nǐ yǒu méi yǒu qiānbǐdāor, wǒ xiǎng ～ yíxiàr? *Do you have a pencil sharpener I can borrow for a minute?* / 他下午要～我的自行车。Tā xiàwǔ yào ～ wǒ de zìxíngchē. *He wants to borrow my bicycle this afternoon.*（2）把有某种用途或作用的事物用于另一种用途 *use something for a different purpose*：他一句名言来作文章的结束语。Tā ～ yí jù míngyán lái zuò wénzhāng de jiéshù yǔ. *He uses a famous saying as the concluding remarks of his article.*

【借阅】jièyuè（动）〈书〉（把书籍、杂志、报纸等）借出来阅读 *borrow (books, etc.) to read*：此书一期限为半个月。Cǐ shū ～ qīxiàn wéi bàn ge yuè. *You may take this book out for a maximum of two weeks.* / 下午六点，图书馆停止～。Xiàwǔ liù diǎn, túshūguǎn tíngzhǐ ～. *The library service finishes at 6 p.m.*

【借债】jiè=zhài *borrow money; raise a loan*：他借了许多债。Tā jièle xǔduō zhài. *He is very much in debt.* / 不能靠～过日子。Bù néng kào ～ guò rìzi. *You can't rely on loans to get by.*

【借支】jièzhī（动）提前借用（工资）*ask for an advance (on one's pay)*：这月我有急用，先～一百元。Zhè yuè wǒ yǒu jíyòng, xiān ～ yìbǎi yuán. *I have some urgent expenses this month, so I have to ask for a 100-yuan advance.*

【借重】jièzhòng（动）〈敬〉借用其他的（力量）*enlist somebody else's help*：以后难免有～大家的地方，请多帮忙。Yǐhòu nánmiǎn yǒu ～ dàjiā de dìfang, qǐng duō bāng máng. *Later, I will have to ask for your help, so please render every assistance.* / 这次事情办得如此顺利，全～于集体的力量。Zhè cì shìqing bàn de rúcǐ shùnlì, quán ～ yú jítǐ de lìliang. *The fact that this matter was handled so smoothly is due to our complete reliance on the strength of the collective.*

【借助】jièzhù（动）依靠别的人或事物的帮助，常与"于"连用 *have the aid of; draw support from*：他腿上的伤好多了，～拐杖可以走路了。Tā tuǐ shang de shāng hǎo duō le, ～ guǎizhàng kěyǐ zǒu lù le. *His leg injury has got a lot better. He can now walk with the aid of a stick.* / 他翻译这本英文小说，可以不～于词典。Tā fānyì zhè běn Yīngwén xiǎoshuō, kěyǐ bú ～ yú cídiǎn. *He can translate this English novel without the aid of a dictionary.*

解 jiè（动）同"解送"jièsòng *same as "解送" jièsòng* 另见 jiě

【解送】jièsòng（动）押送（犯人）*send under guard; escort (a prisoner)*

jīn

斤 jīn
（量）jīn (unit of weight ＝1/2kg)

【斤斤计较】jīnjīn jìjiào（对无关紧要的事）过分计较，含贬义 haggle over every ounce; be fussy; nitpick; be excessively calculating：～个人得失 ～ gèrén déshī be preoccupied with one's own gains and losses

今 jīn
（名）〈书〉(1) 现在，现代（与"古""昔"相对）now; modern (opposite of "古" and "昔")：他总觉得～不如昔，是个老保守！Tā zǒng juéde ～ bù rú xī, shì ge lǎo bǎoshǒu! He is an old conservative, always feeling that the present is not as good as the past. / 古为～用 gǔ wèi ～ yòng make the past serve the present (2) 当前的 present：～春 chūn the present spring ～夜将有暴风雨。～ yè jiāng yǒu bàofēngyǔ. There will be a storm tonight.

【今后】jīnhòu（名）从今以后 henceforth; from now on; in the future：～我再也不去打扰他了。～ wǒ zài yě bù qù dǎrǎo tā le. From now on I won't go and bother him any more. / 希望你～学习更刻苦些。Xīwàng nǐ ～ xuéxí gèng kèkǔ xiē. I hope that from now on you will study a bit harder.

【今年】jīnnián（名）this year

【今人】jīnrén（名）现代的人，当代的人 people nowadays; people today; the present generation

【今生】jīnshēng（名）〈书〉这一辈子 this life：我本想～不会再见到他了，不料又碰到一起了。Wǒ běn xiǎng ～ bú huì zài jiàndào tā le. búliào yòu pèngdào yìqǐ le. I thought I would never see him again as long as I lived but I unexpectedly bumped into him again.

【今世】jīnshì（名）〈书〉(1) 同"今生" jīnshēng same as "今生" jīnshēng (2) 当代 the present age

【今天】jīntiān（名）(1) today：他们～一早就出发了。Tāmen ～ yì zǎo jiù chūfā le. They set off first thing this morning. (2) 现在，目前 now; the present：～科学技术的发展速度是过去任何时代不可比拟的。～ kēxué jìshù de fāzhǎn sùdù shì guòqù rènhé shídài bù kě bǐnǐ de. The speed of development of science and technology today can't be compared to that of any previous era.

【今昔】jīnxī（名）现在和过去 present and past

【今译】jīnyì（名）（古代文章、书籍的）现代语译文 modern-language translation：《诗经》～《Shījīng》～ "The Book of Songs" in Modern Chinese

【今朝】jīnzhāo（名）〈书〉今天，现在 today; the present; now

金 jīn
（名）◇(1) gold (2) 钱 money：拾～不昧 shí ～ bú mèi not pocket the money one picks up (3) 古代用金属制成的一种打击乐器 type of ancient metal percussion instrument：鸣～收兵 míng ～ shōu bīng beat gongs to withdraw the troops

【金笔】jīnbǐ（名）[枝 zhī] fountain pen

【金碧辉煌】jīn bì huīhuáng 形容建筑物非常华丽，颜色鲜艳夺目 (of a building, etc.) splendid; magnificent

【金灿灿】jīncàncàn（形）形容金光耀眼 golden and sparkling：～的阳光 ～ de yángguāng sparkling golden sunlight / ～的玉米堆成小山。～ de yùmǐ duīchéng xiǎo shān. Sparkling golden corn heaped up high.

【金蝉脱壳】jīnchán tuō qiào 比喻用对方不能及时发觉的计谋逃脱 "the cicada sloughs its skin" — get out of an awkward predicament using cunning

【金额】jīn'é（名）〈书〉sum of money; amount

【金刚石】jīngāngshí（名）diamond

【金刚钻】jīngāngzuàn（名）同"金刚石" jīngāngshí same as "金刚石" jīngāngshí

【金晃晃】jīnhuānghuāng（形）形容像黄金一样发亮 bright golden

【金黄】jīnhuáng（形）像金子似的颜色 golden yellow：～的圆月 ～ de yuán yuè golden full moon / ～的玉米 ～ de yùmǐ golden corn

【金婚】jīnhūn（名）结婚五十周年 50th wedding anniversary; golden wedding

【金橘】jīnjú（名）(1) kumquat tree (2)（～儿）fruit of kumquat

【金科玉律】jīn kē yù lǜ 不可变更的条文、准则（贬义）"golden rule"; inviolable precept：一个工厂的规定，又不是什么～，不合理的就应该改。Yí ge gōngchǎng de guīdìng, yòu bú shì shénme ～, bù hélǐ de jiù yīnggāi gǎi. A factory's rules are not sacred. If they are irrational they must be changed.

【金库】jīnkù（名）treasury; exchequer

【金霉素】jīnméisù（名）〈药〉aureomycin

【金钱】jīnqián（名）泛指钱财 money：人不要做～的奴隶。Rén búyào zuò ～ de núlì. People should not be the slaves of money.

【金钱豹】jīnqiánbào（名）[只 zhī] leopard

【金融】jīnróng（名）finance; banking

【金融寡头】jīnróng guǎtóu financial oligarch; magnate

【金融资本】jīnróng zīběn financial capital

【金色】jīnsè（名）gold colour

【金属】jīnshǔ（名）metal

【金丝猴】jīnsīhóu（名）[只 zhī] golden-haired monkey; snub-nosed monkey

【金条】jīntiáo（名）[根 gēn] gold bar

【金文】jīnwén（名）指中国古代商周时代铸或刻在青铜器上的文字 inscriptions on the Shang and Zhou Dynasties (c. 1600 — 256 B.C.) bronzes

【金星】jīnxīng（名）(1) Venus (2)（～儿）头晕眼花时所感到眼前出现的金色小点 spots that appear in front of one's eyes when one is giddy：就地旋转几圈以后，我东倒西歪，眼前直冒。Jiùdì xuánzhuǎn jǐ quānr yǐhòu, wǒ dōng dǎo xī wāi, yǎn qián zhí mào. After spinning round on the spot several times I staggered and saw spots in front of my eyes.

【金鱼】jīnyú（名）[条 tiáo] goldfish

【金字塔】jīnzìtǎ（名）[座 zuò] pyramid

【金字招牌】jīnzì zhāopái [块 kuài] 指商店资金雄厚，信誉卓著，现常比喻向人夸耀名义或称号 signboard bearing gold letters; impressive-sounding title：这个药店有二百多年的历史了，驰名全国，这块～我们一定要保持住。Zhège yàodiàn yǒu èrbǎi duō nián de lìshǐ le, chímíng quán guó, zhè kuài ～ wǒmen yídìng yào bǎochí zhù. This pharmacy has a history of over 200 years and is famous throughout the country. We must maintain its distinguished name. / 你别总打出你爸爸这老革命的～，那是你爸爸的荣誉，不是你的。Nǐ bié zǒng dǎchū nǐ bàba zhè lǎo gémìng de ～, nà shì nǐ bàba de róngyù, bú shì nǐ de. You shouldn't be always harping on your father's reputation as an old revolutionary. That's his glory, not yours.

【金子】jīnzi（名）gold

津 jīn
（名）(1) ferry (2) saliva (3) sweat（形）moist

【津津有味】jīnjīn yǒu wèi 形容很有滋味，很有兴趣 with great pleasure; with gusto; with relish：他胃口好，吃什么都～。Tā wèikǒu hǎo, chī shénme dōu ～. He has a good appetite. He eats everything with relish. / 小明看小说看得～。Xiǎo Míng kàn xiǎoshuō kàn de ～. Xiao Ming devours novels.

【津贴】jīntiē（名）工资以外的补助费，也指供给制人员的生活零用钱 subsidy；allowance：出差还有一些伙食～．Chū chāi hái yǒu yìxiē huǒshí ～. *We get a food allowance for business trips.* （动）给予补贴 give（somebody）an allowance：上大学的时候，他哥哥～他一部分生活费。Shàng dàxué de shíhou, tā gēge ～ tā yí bùfen shēnghuófèi. *When he went to university his elder brother provided part of his living expenses.*

矜 jīn
【矜持】jīnchí（形）拘谨，拘束，不自然 restrained；reserved；unnatural：在人面前她总是很～．Zài rén miànqián tā zǒngshì hěn ～. *She is very reserved in company.*

筋 jīn
（名）(1)肌腱或骨头上的韧带 muscle；tendon (2)〈口〉可以看见的皮下的静脉管 vein：他瘦得胳臂上的青～都露出来了。Tā shòu de gēbei shang de qīng ～ dōu lù chulai le. *He is so thin the blue veins on his arms stand out.* (3)(～儿)像筋的东西 anything resembling a muscle or tendon：橡皮～ xiàngpí～ rubber band
【筋斗】jīndǒu（名）同"跟头" gēntou same as "跟头" gēntou
【筋骨】jīngǔ（名）肌腱和骨头，泛指体格 muscles and bones；physique

禁 jīn
（动）◇忍受，禁得起 endure；bear；stand：～穿 chuān hard-wearing；durable /～用 ～ yòng for long-term use（of clothing, etc.）/～冻 ～ dòng cold-resistant / 这么淡的颜色可不～晒，几天就成白的了。Zhème dàn de yánsè kě bù ～ shài, jǐ tiān jiù chéng bái de le. *Such a light color won't stand up to much exposure to the sun. It will fade within a few days.* 另见 jìn
【禁不起】jīn bu qǐ 受外力影响而损坏、改变或暴露弱点 be unable to stand（tests, etc.）：～考验 ～ kǎoyàn be unable to stand the test，这座小桥恐怕～大卡车的重量。Zhè zuò xiǎo qiáo kǒngpà ～ dà kǎchē de zhòngliàng. *It is unlikely that this small bridge will be able to stand the weight of large trucks.* / 这句话～推敲。Zhè jù huà ～ tuīqiāo. *These words don't stand close scrutiny.*
【禁不住】jīn bu zhù (1)同"禁不起" jīn bu qǐ same as "禁不起" jīn bu qǐ：这种玻璃～压。Zhè zhǒng bōli ～ yā. *This type of glass is unable to withstand pressure.* / 这么大的打击她可～．Zhème dà de dǎjī tā kě ～. *She can't withstand such a severe attack.* / 本来她是不肯去的，～大家反复劝说，还是去了。Běnlái tā shì bù kěn qù de, ～ dàjiā fǎnfù quànshuō, háishi qù le. *Originally she didn't want to go but she could't withstand the coaxing of the others, and finally went.* (2)(感情)抑制不住，不由自主地 be unable to restrain（a feeling or emotional reaction）；can't help：他说得很幽默，大家～大笑起来。Tā shuō de hěn yōumò, dàjiā ～ dàxiào qilai. *What he said was so amusing that they couldn't help laughing out loud.*
【禁得起】jīn de qǐ 能承受外力，不变，不暴露弱点 be able to stand（trials, hardships, etc.）：～推敲 ～ tuīqiāo be able to withstand scrutiny / 新种的小树～昨晚的暴风雨吗？Xīn zhòng de xiǎo shù ～ zuó wǎn de bàofēngyǔ ma? *Were the saplings able to withstand last night's storm?*
【禁得住】jīn de zhù 同"禁得起" jīn de qǐ same as "禁得起" jīn de qǐ：这把椅子～你这个大胖子坐吗？Zhè bǎ yǐzi ～ nǐ zhège dà pàngzi zuò ma? *Can this chair withstand a fatty like you sitting on it?* / 要～各种环境的磨练。Yào ～ gè zhǒng huánjìng de móliàn. *We have to be able to withstand all kinds of pressures from our surroundings.*

【禁受】jīnshòu（动）忍受，受 bear；withstand；endure：～锻炼 ～ duànliàn endure training / 不了考验 ～ bù liǎo kǎoyàn can't withstand a test / 必须能～舆论的压力。Bìxū néng ～ yúlùn de yālì. *must be able to withstand the pressure of public opinion*

襟 jīn
（名）◇衣服的胸前部分 front of a garment
【襟怀坦白】jīnhuái tǎnbái 形容做事光明磊落，不搞阴谋诡计 open and aboveboard；free and easy；frank and straightforward

jǐn

仅〔僅〕jǐn
（副）只，限制范围或数量 only；merely；barely（limits scope or quantity）：这是你～有的一点积蓄，还是留着吧。Zhè shì nǐ ～ yǒu de yìdiǎn jīxù, háishi liúzhe ba. *These are the only savings you have. You had best keep them.* / 她给我写了许多信，我～回过她一封。Tā gěi wǒ xiěle xǔduō xìn, wǒ ～ huíguo tā yì fēng. *She has written several letters to me, but I've only written back once.* / 这～是稿件的一部分，其余部分我会陆续寄来。Zhè ～ shi gǎojiàn de yí bùfen, qíyú bùfen wǒ huì lùxù jìlái. *This is merely one part of the manuscript. I will send the others one after another.* / 他这样说～是一种猜测，至于事实怎样，等将来再看。Tā zhèyàng shuō ～ shì yì zhǒng cāicè, zhìyú shìshí zěnyàng, děng jiānglái zài kàn. *What he says is merely conjecture. Wait and see.* / 现在我～就这本小说的艺术性谈谈我的看法。Xiànzài wǒ ～ jiù zhè běn xiǎoshuō de yìshùxìng tántán wǒ de kànfǎ. *I just want to discuss my view of the artistic quality of this novel.* / 书报费一项，就用去了不少钱。～ shūbàofèi yí xiàng, jiù yòngqule bù shǎo qián. *A lot of money was spent on just books and newspapers.*
【仅仅】jǐnjǐn（副）同"仅"jǐn，但口气更重（same as "仅" jǐn, but has a much stronger tone）：她离开家～一年的时间，那里就发生了那么大的变化。Tā líkāi jiā ～ yì nián de shíjiān, nàlǐ jiù fāshēngle nàme dà de biànhuà. *She had been away from home barely a year yet such tremendous changes had already taken place.* / 这～是开始，今后的日子长着呢。Zhè ～ shì kāishǐ, jīnhòu de rìzi chángzhe ne. *This has only just begun. From now on the days will be long.* / 他不～是我的朋友而且还是我的老师。Tā bù ～ shì wǒ de péngyou érqiě hái shì wǒ de lǎoshī. *He's not merely my friend, but is my teacher as well.* / 不能因为他～出了一点儿小错就没完没了地批评。Bù néng yīnwèi tā ～ chūle yìdiǎnr xiǎo cuò jiù méi wán méi liǎo de pīpíng. *You can't criticize him endlessly just because be made a small mistake.* / 你～了解一下是不够的，还得提出解决问题的方法。Nǐ ～ liǎojiě yíxià shì bú gòu de, hái děi tíchū jiějué wèntí de fāngfǎ. *Your barely acquainted yourself with the problem is not enough. You have to come up with a way to resolve it.* / 他家离我家～一站路。Tā jiā lí wǒ jiā ～ yí zhàn lù. *His home is barely a bus stop away from mine.*

尽〔盡〕jǐn
（动）(1)限制（在一定范围之内），常与"着"连用 limit；extent（often accompanied by "着"）：别太浪费了，一顿饭～着这十块钱吧！Bié tài làngfèi le, yí dùn fàn ～zhe zhè shí kuài qián ba! *Don't be extravagant! A meal should cost you ten yuan at the most.* / ～着一个星期把这些资料整理完。～ zhe yí ge xīngqī bǎ zhèxiē zīliào zhěnglǐ wán. *Let's get the materials in order within a week at the most.* (2)努力达到最大限度 exert oneself to the limit：我们将～可能把交工日期提前。Wǒmen jiāng ～ kěnéng bǎ jiāo gōng rìqī tíqián.

We'll try our best to hand over the completed project ahead of time. / 这事必须～快通知他。Zhè shì bìxū ～kuài tōngzhī tā. *He must be informed of this matter as quickly as possible.* (3)让(某人或物)占优先地位,常与"着"连用 *give priority to (often used with "着")*: 座位先～着老人和孩子坐。Zuòwèi xiān ～zhe lǎorén hé háizi zuò. *Old people and children have priority in using the seats.* / 这些苹果,你们～着大的吃,小的可以做苹果酱。Zhèxiē píngguǒ, nǐmen ～zhe dà de chī, xiǎo de kěyǐ zuò píngguǒ jiàng. *You can eat the big apples first and save the small ones for making apple jam.* (4)达到(某方位的顶点) *reach (the utmost part of)*: 村子的～南边有一座塔。Cūnzi de ～ nánbian yǒu yī zuò tǎ. *There is a pagoda on the southern edge of the village.* / 那家饭馆在这条街的～东头。Nà jiā fànguǎn zài zhè tiáo jiē de ～ dōngtóu. *The restaurant is at the very eastern end of this street.* 另见 jìn

【尽管】jǐnguǎn (副)(1)同"只管"zhǐguǎn(2),表示不必顾虑任何限制或条件,放心去做 *same as "只管" zhǐguǎn(2); feel free to; not hesitate to; by all means*: 你们～在这儿谈,这里现在没有人来。Nǐmen ～ zài zhèr tán, zhèlǐ xiànzài méi yǒu rén lái. *Feel free to talk here. Nobody is coming now.* / 有话～说,这里都是自己人。Yǒu huà ～ shuō, zhèlǐ dōu shì zìjǐrén. *Don't hesitate to say what's on your mind. You're among friends.* / 你们～放心,这事我全包下来了。Nǐmen ～ fàng xīn, zhè shì wǒ quán bāo xialai le. *Don't worry. I'll take care of this matter.* (2)有"老是""总是"的意思,用得较少 *always (doing sth.) (seldom used)*: 吃了饭就上班去,～坐在那儿聊天还行! Chīle fàn jiù shàng bān qu, ～ zuò zài nàr liáo tiān hái xíng! *Go straight to work when you finish eating. You can't just go on sitting there and chatting.* / 她～望着窗外发呆,一声也不吭。Tā ～ wàngzhe chuāng wài fā dāi, yì shēng yě bù kēng. *She kept on staring blankly out the window without saying a word.* (连)(1)意思相当于"虽然"suīrán,表示让步,姑且承认某事实,而结果情况仍没变或不会变;常与"可是"、"但是"、"然而"、"却"等相呼应 *though; even though; in spite of (same as "虽然" suīrán; often used together with "可是"、"但是"、"然而"、"却",etc.)*: 他～很用功,但成绩却一直不太好。Tā ～ hěn yònggōng, dàn chéngjì què yīzhí bú tài hǎo. *Although he's hardworking, his marks have never been very good.* /他不会唱歌,可还是参加了合唱团。～ tā bú huì chàng gē, kě háishì cānjiāle héchàngtuán. *Even though he can't sing, he has still joined the chorus.* / ～他嘴上不说,然而心里是很高兴的。～ tā zuǐshang bù shuō, rán'ér xīnlǐ shì hěn gāoxìng de. *Although he didn't say it, he was very pleased.* (2)"尽管"有时放在后一分句,作补充说明。这时没有"但是"等相呼应 ("尽管" is sometimes placed in the second clause of a sentence and serves to further illustrate the preceding clause; in this case, "但是", etc. is not used): 这话很有道理,～是个十几岁的孩子说的。Zhè huà ～ hěn yǒu dàolǐ, ～ shì ge shí jǐ suì de háizi shuō de. *These words made a lot of sense though they were spoken by a child of ten or so.* / 大家还是很有信心的,～任务完成起来不会那么顺利。Dàjiā háishi hěn yǒu xìnxīn de, ～ rènwù wánchéng qilai bú huì nàme shùnlì. *We all have confidence even though it won't be that easy to finish the task.*

【尽快】jǐnkuài (副)表示尽量加快速度 *as quickly (or soon, early) as possible*: 你们～把研究工作开展起来,也好早点拿出成果来。Nǐmen ～ bǎ yánjiū gōngzuò kāizhǎn qilai, yě hǎo zǎo diǎnr ná chū chéngguǒ lái. *Launch that research work as soon as possible and you will get some achievements sooner.* / 你～回信,我们等着你的答复呢。Nǐ ～ huí xìn, wǒmen děngzhe nǐ de dáfù ne. *Write back as quickly as you can. We're waiting for your reply.* / 他要了解上半年的工

作情况,我们得～写出总结来。Tā yào liǎojiě shàng bàn nián de gōngzuò qíngkuàng, wǒmen děi ～ xiě chū zǒngjié lai. *He wants to know about the work situation for the first half of the year, so we must write a summary as soon as possible.* "尽快"后面可以带"地" ("尽快" can take "地"): 你听完录音～地回宿舍,我们有事和你商量。Nǐ tīngwán lùyīn ～ de huí sùshè, wǒmen yǒu shì hé nǐ shāngliang. *Go back to the dormitory as quickly as possible when you finish listening to the tape. There's something we want to discuss with you.* / 让我们消除隔阂,～地团结起来吧! Ràng wǒmen xiāochú géhé, ～ de tuánjié qǐlái ba! *Let us clear up the misunderstanding and unite as quickly as possible.*

【尽量】jǐnliàng (副)表示尽力谋求在一定范围内达到最大限度,可以修饰否定形式 *to the best of one's ability; as far as possible (can modify a negative form)*: 你～忍着点,不要和小孩嚷嚷。Nǐ ～ rěnzhe diǎnr, búyào hé xiǎoháir rāngrang. *Try to be as patient as you can. Don't yell at the kids.* / 辅导的时候,老师总是～满足我们的要求。Fǔdǎo de shíhou, lǎoshī zǒngshì ～ mǎnzú wǒmen de yāoqiú. *The teacher always tries her best to meet our demands when tutoring us.* /做计划要～把工作想得细致一点。Zuò jìhuà yào ～ bǎ gōngzuò xiǎng de xìzhì yìdiǎnr. *Think through the work as carefully as possible before making up a plan.* "尽量"后边可以带"地" ("尽量" can take "地"): 他有困难,我们～地帮他出主意想办法。Tā yǒu kùnnan, wǒmen ～ de bāng tā chū zhǔyì xiǎng bànfǎ. *He's having difficulties, so let's do our best to help him find a way to deal with them.* / 你能不能～地把云和树照进去? Nǐ néng bu néng ～ de bǎ yún hé shù zhào jìnqu? *Can you try to get the clouds and trees in the photo too?*

【尽先】jǐnxiān (副)表示力求(时间比别的)早 *give first priority to*: 词典出版后,应～发给学生。Cídiǎn chūbǎn hòu, yīng ～ fā gěi xuésheng. *Once the dictionary is published, first priority should be given to having it issued to students.* / 有什么好吃的,她们总是～照顾幼儿园的娃娃们。Yǒu shénme hǎo chī de, tāmen zǒngshì ～ zhàogu yòu'éryuán de wáwamen. *Whenever they have something good to eat, they always give it to the kindergarten children first.* / 文章印出来了～给你们看一看。Wénzhāng yìn chūlaile ～ gěi nǐmen kàn yi kàn. *Once the article is printed, I'll give it to you to look at it first.*

【尽早】jǐnzǎo (副)力求在可能范围内最早 *as early (or soon) as possible*: 开会时间如有变化,请～通知我。Kāi huì shíjiān rú yǒu biànhuà, qǐng ～ tōngzhī wǒ. *Please notify me at the earliest possible time should the time of the meeting be changed.* / 这种病要～做手术。Zhè zhǒng bìng yào ～ zuò shǒushù. *This kind of disease should be operated on as soon as possible.* / 盖房子用的砖、水泥等都要～准备。Gài fángzi yòng de zhuān, shuǐní děng dōu yào ～ zhǔnbèi. *The bricks, cement, etc. used for building the house must be prepared as early as possible.*

紧〔緊〕jǐn (形)(1) *tight; taut; close*: 铁丝拉得很～。Tiěsī lā de hěn ～. *The wire is pulled very taut.* / 把鞋带系～。Bǎ xiédàir jì ～. *Tie your shoe laces tightly.* / 拉住不放～～ lāzhù bú fàng ～~ *pull tight and don't let go* / 这个瓶子塞得不～? Zhège píngzi sāi de ～ bu ～? *Is this bottle properly corked?* / 这顶帽子我戴着有点儿～。Zhè dǐng màozi wǒ dàizhe yǒudiǎnr ～. *This hat is a bit tight for me.* / 他们家～挨着铁路。Tāmen jiā ～ āizhe tiělù. *Their house is right next to the railway.* / 一件事～接着一件事。Yī jiàn shì ～ jiēzhe yí jiàn shì. *It's just one thing after another.* /今天的活动安排得非常～。Jīntiān de huódòng ānpái de fēicháng ～. *Today's schedule is a very tight one.*

(2)时间急迫 pressed for time；urgent：教材任务很～，下个月一定要完成。Jiàocái rènwu hěn ～, xià ge yuè yídìng yào wánchéng. The teaching materials are urgent. They have to be finished by next month. (3)严格 strict：对孩子管教不～。Duì háizi guǎnjiào bù ～. not be strict with the children (4)(经济)不宽裕 not well-off (economically)：他们家收入少，生活比较～。Tāmen jiā shōurù shǎo, shēnghuó bǐjiào ～. Their family income is small, so they are not very well-off. (动) tighten：～了—螺丝 ～ le — luósī He tightened the screw. /～～鞋带 ～ ～ xiédài tie one's shoe laces

【紧巴巴】jǐnbābā (形)(1)形容物体表面呈现紧的状态 be in a state of tightness：衣服瘦了，～地箍在身上不舒服。Yīfu shòu le, ～ de gū zài shēnshang bù shūfu. This dress is too small. It squeezes the body uncomfortably. (2)形容个人经济情况不佳 squeezed (economically)：他家这两年日子过得～的。Tā jiā zhè liǎng nián rìzi guò de ～ de. His family has been very hard up for the past two years.

【紧绷绷】jǐnbēngbēng (形)(1)形容物体捆扎得很紧 trussed up；tied up tightly：包裹捆得～的，不会散开。Bāoguǒ kǔn de ～ de, bú huì sānkāi. The parcel is tied up very tightly. It won't come apart. (2)表情不自然，不带一点笑容 stern；dour：今天他的脸～的，不知为什么生气。Jīntiān tā de liǎn ～ de, bù zhī wèi shénme shēng qì. He looks very stern today. I wonder what he's upset about.

【紧凑】jǐncòu (形)密切相连，没有空隙（褒义）compact；well-knit；terse；succinct：时间安排得很～。Shíjiān ānpái de hěn ～. arrange a tight schedule / 这出戏可以缩短，情节再～一点。Zhè chū xì kěyǐ suōduǎn, qíngjié gèng ～ yìdiǎnr. The play can be shortened and the plot more closely knit.

【紧急】jǐnjí (形) urgent；pressing：情况～。Qíngkuàng ～. The situation is urgent. /～集合 ～ jíhé emergency assembly /～刹车 ～ shā chē apply the emergency brake /～通知 ～ tōngzhī urgent message /～措施 ～ cuòshī emergency measures

【紧密】jǐnmì (形)(1)密不可分 inseparably close：交往～／教往～ contacts are intimate /～配合 ～ pèihé close coordination (2)多而连续不断 in rapid succession：～的锣鼓声—～ de luógǔ shēng rapid beating of gongs and drums /～的雨点打了下来。～ de yǔdiǎn dǎle xialai. There was a pattering of raindrops.

【紧迫】jǐnpò (形) pressing；urgent；imminent：形势～，必须立刻采取行动。Xíngshì ～, bìxū lìkè cǎiqǔ xíngdòng. The situation is urgent. We must take immediate action.

【紧迫感】jǐnpògǎn (名)必须加快行动的感觉 feeling of urgency：看到别人业务都提高得很快，他也有了一种～，觉得非努力不可。Kàndào biérén yèwù dōu tígāo de hěn kuài, tā yě yǒule yì zhǒng ～, juéde fēi nǔ lì bùkè. Seeing others getting ahead in their work, he got an urgent feeling that he had to make greater efforts.

【紧俏商品】jǐnqiào shāngpǐn 质量优良、销路好而供应紧张的商品 superior-quality goods in great demand yet in short supply

【紧缺】jǐnquē (动)货源不足，供不应求（一般不带宾语）be in short supply (of goods) (usually without an object)：这种名牌产品市场上十分～。Zhè zhǒng míngpái shìchǎng shang shífēn ～. This famous-brand product is in extremely short supply on the market.

【紧缩】jǐnsuō (动) reduce；tighten：～开支 ～ kāizhī cut back on expenses；reduce outlay / 机构还可以～。Jīgòu hái kěyǐ ～. The organization can be trimmed further.

【紧要】jǐnyào (形)紧急重要 critical；crucial；vital：～关头 ～ guāntóu critical juncture / 这些都是些无关～的小事，不忙着处理。Zhèxiē dōu shì xiē wúguān ～ de xiǎo shì, bù mángzhe chǔlǐ. These are not crucial matters. They don't

have to be dealt with in a hurry.

【紧张】jǐnzhāng (形)(1)(精神)不安，害怕 nervous；tense：每次参加考试，他都很～. Měi cì cānjiā kǎoshì, tā dōu hěn ～. Every time he takes an exam he gets all tensed up. / 过独木桥的时候不要～. Guò dúmùqiáo de shíhou búyào ～. There's no need to get nervous when crossing a single-plank bridge. (2)没有空闲，不能放松 tightly scheduled；without leeway：每天上四节课，还有很多作业，他学习十分～. Měi tiān shàng sì jié kè, hái yǒu hěn duō zuòyè, tā xuéxí shífēn ～. His study schedule is very tight, with four classes a day and a lot of homework. / 两个足球队实力相当，比赛一定～激烈。Liǎng ge zúqiúduì shílì xiāngdāng, bǐsài yídìng ～ jīliè. The two soccer teams are equally matched, so the game will be a close and fierce one. (3)(物资等)供应不足 insufficent supply (of goods, etc.)：物资供应～ wùzī gōngyìng ～ Materials are in short supply. / 电力～ diànlì ～ The electricity supply is strained. / 货源～ huòyuán ～ There is a shortage of sources of goods.

锦〔錦〕jǐn

(名)有彩色花纹的丝织品 brocade (形)◇(色彩)鲜明华丽 fresh and splendid；dazzling

【锦标】jǐnbiāo (名) prize；trophy；title

【锦标赛】jǐnbiāosài (名) championship contest

【锦标主义】jǐnbiāozhǔyì (名)(贬)在体育竞赛中，单纯追求优胜的思想和行为 mania for winning prizes

【锦缎】jǐnduàn (名) brocade

【锦纶】jǐnlún (名) polyamide fiber

【锦囊妙计】jǐnnáng miàojì 及时解决紧急问题的好办法 good instructions for dealing with an emergency

【锦旗】jǐnqí (名)[面 miàn]用彩色绸缎制成的，用来奖赏有功的或在竞赛中获胜的集体或个人的旗子 silk banner used as a reward or gift

【锦上添花】jǐn shàng tiān huā 在织锦上绣上花，比喻好上加好 "add flowers to brocade" — improve on perfection

【锦绣】jǐnxiù (名)精美艳丽的丝织品，比喻美丽、美好 beautiful；splendid：～前程 ～ qiánchéng glorious future

【锦绣河山】jǐnxiù héshān 同"锦绣山河" jǐnxiù shānhé same as "锦绣山河"

【锦绣山河】jǐnxiù shānhé 指美丽的国土 beautiful land

谨〔謹〕jǐn

(形)(书)小心，谨慎（多作状语）careful；cautious (often used as an adverbial modifier)：～守法规 ～ shǒu fǎguī strictly adhere to the laws /～防扒手 ～ fáng páshǒu Beware of pickpockets.

【谨慎】jǐnshèn (形) prudent；cautious：他办事认真～. Tā bàn shì rènzhēn ～. He works conscientiously and prudently. / 你这样未免有点过于～了。Nǐ zhèyàng wèimiǎn yǒudiǎnr guòyú ～ le. You have been a bit too cautious in this.

【谨小慎微】jǐn xiǎo shèn wēi 对一些小事情过分小心谨慎，做事怕这怕那，畏缩不前 overcautious

jìn

尽〔盡〕jìn

(动)(1)完（多作补语）finished；exhausted (usually as a complement)：费～工夫 fèi～ gōngfu exhaust all one's efforts / 绞～脑汁 jiǎo～ nǎozhī rack one's brains / 取之不～ qǔ zhī bú ～ inexhaustible (2)全力做到 use the whole of one's force：～自己的一份责任 ～ zìjǐ de yì fēn zérèn carry

out one's duty; *discharge one's responsibility* /～义务～ yìwù *do one's duty* (3)（全部）发挥出，用出 *bring into full play*／～力而为～ lì ér wéi *do one's best*; *do everything in one's power*／人～其才，物～其用. Rén ～ qí cái, wù ～ qí yòng. *make the best use of men and materials* (4)全，所有的 *all*; *entire*:借款～数归还 jièkuǎn ～ shù guīhuán *pay back a loan in full*（副）同"净" jìng（副）(1)指复数事物纯属一类，排除其它 *same as "净"* jìng（副）(1); *all*; *nothing but*; *without exception* (1)同"净"jìng，与"是"连用，主语是复数的，表示主语所指全部人，物都属一类 *same as "净"* jìng (*used together with "是"*; *the subject is plural*; *indicates that all the people*, *things*, *etc. to which the subject refers are of one kind*)：书架上的书～是小说. Shūjià shang de shū ～ shì xiǎoshuō. *All the books on the bookshelf are novels.*／今天来滑冰的～是中学生. Jīntiān lái huá bīng de ～ shì zhōngxuéshēng. *All those who have come skating today are middle school students.*／参加这个画展的作者，不～是专业美术工作者，也有业余美术爱好者. Cānjiā zhège huàzhǎn de zuòzhě, bú ～ shì zhuānyè měishù gōngzuòzhě, yě yǒu yèyú měishù àihàozhě. *Not all the artists joining this painting exhibition are professionals. Some are amateur artists.* 有时是一种夸张说法，表示数量多，程度深（*sometimes used as a method of exaggeration to indicate a large quantity or high degree*）:他脑子里装的～是钱、钱、钱…… Tā nǎozi li zhuāng de ～ shì qián, qián, qián…… *All he thinks about is money*, *money*, *money!*／刮了一夜大风，屋子里～是土. Guāle yí yè dà fēng, wūzi li ～ shì tǔ. *The wind blew all night and now the room is covered with dust.* (2)同"净"jìng（副）(2)，用于述语前，也是一种夸张说法，表示某一活动很频繁 *same as "净"* jìng（副）(2) (*used before the verb*; *is also a kind of exaggeration to indicate that a certain activity occurs frequently*)：这里春天～下雨. Zhèli chūntiān ～ xià yǔ. *It's always raining here in spring.*／你～瞎想，他根本没有责备你的意思. Nǐ ～ xiā xiǎng, tā gēnběn méi yǒu zébèi nǐ de yìsi. *You've got it all wrong. He was not blaming you in the least.*／小孩儿～在墙上瞎画，这可不行. Xiǎoháir ～ zài qiáng shang xiā huà, zhè kě bù xíng. *Kids are constantly drawing graffiti on walls. This just won't do.* (3)同"净"jìng（副）(3)，用于述语前，表示宾语所指全部人、物只属一类 *same as "净"* jìng（副）(3) (*used before the verb to indicate that all the people or things referred to by the object belong to a certain type*)：你～挑好的，坏的给谁呢？Nǐ ～ tiāo hǎo de, huài de gěi shuí ne? *You've chosen nothing but good ones. Who will get the bad ones?*／你不能～讲大道理. Nǐ bù néng ～ jiǎng dà dàolǐ. *You can't just talk about principles.*／别～忙你自己的事，也得关心关心别人哪！Bié ～ máng nǐ zìjǐ de shì, yě děi guānxīn guānxīn biéren na! *Don't just bother about your own business. You have to think about others.* 另见 jìn

【尽力】jìn=lì 用所有的力量 *use all one's strength*：～帮助 bāngzhù *do one's best to help*／～解决 *do one's best to bring about a solution*／～做到使双方都满意。～ zuòdào shǐ shuāngfāng dōu mǎnyì. *make every effort to satisfy both sides*／～克服前进中的困难. ～ kèfú qiánjìn zhōng de kùnnan. *make every effort to overcome the difficulties ahead*

【尽情】jìnqíng（副）不受任何拘束地尽量满足自己情感的要求 *to one's heart's content*：这大自然的美丽景色供人们～享受. Zhè dàzìrán de měilì jǐngsè gōng rénmen ～ xiǎngshòu. *This beautiful natural scenery is for the total enjoyment of all.*／她有很多心里话，但在这种场合不能～倾诉. Tā yǒu hěn duō xīnlihuà, dàn zài zhè zhǒng chǎnghé bù néng ～ qīngsù. *She has a lot on her mind, but can't pour out all her feelings on such an occasion.*／他们工作的时候拼命地干，休息的时候～地玩儿. Tāmen gōngzuò de shíhou pīnmìng

de gàn, xiūxi de shíhou ～ de wánr. *When they work, they go all out, and when they play, they play to their heart's content.*／在篝火边，青年们～地唱着、跳着. Zài gōuhuǒ biān, qīngniánmen ～ de chàngzhe, tiàozhe. *The youths sang and danced to their heart's content by the campfire.*

【尽人皆知】jìn rén jiē zhī 所有的人都知道 *be known to all*; *be common knowledge*：这事已经～了，还保什么密？Zhè shì yǐjīng ～ le, hái bǎo shénme mì? *The affair has become common knowledge, so why all the secrecy?*

【尽善尽美】jìn shàn jìn měi 形容事情达到最完善最美好（的程度）*the acme of perfection*; *perfect*：事情很少有～的，要求要实际一些. Shìqing hěn shǎo yǒu ～ de, yāoqiú yào shíjí yìxiē. *Few things are perfect. Restrict your demands to what is practicable.*

【尽头】jìntóu（名）终端，顶点 *far end*; *summit*：这条街的～有一家小客店. Zhè tiáo jiē de ～ yǒu yì jiā xiǎo kèdiàn. *At the end of this street there is a small inn.*／学问是没有～的. Xuéwèn shì méi yǒu ～ de. *There is no end to learning.*

【尽心】jìn=xīn 费尽心思（为别人办事等）*with all one's heart (do something for another)*：放心吧！我会～照顾老人. Fàng xīn ba! Wǒ huì ～ zhàogù lǎorén de. *Don't worry. I'll give the old man every care.*／为提高这个班学生的学习成绩，老师真是尽了心了. Wèi tígāo zhège bān xuésheng de xuéxí chéngjì, lǎoshī zhēn shì jìnle xīn le. *The teacher has really put his heart into raising the academic achievements of the students in this class.*

【尽兴】jìnxìng（动）尽量满足兴趣 *enjoy oneself to the full (to one's heart's content)*：大家聚在一起～地玩儿了一天. Dàjiā jù zài yìqǐ ～ de wánrle yì tiān. *They all got together and thoroughly enjoyed themselves the whole day.*／那天去游长城，～而归. Nà tiān qù yóu Chángchéng, ～ ér guī. *We had a really good time on that outing to the Great Wall.*

【尽职】jìn=zhí 完满地完成 *carry out one's duty*

【尽忠】jìn=zhōng (1)竭尽忠诚 *be absolutely loyal* (2)由于竭尽忠诚而献出生命 *dedicate one's life out of a sense of profound loyalty*

进（進）jìn（动）(1)从外面到里面（与"出"相对）*enter (opposite of "出")*：～城 ～ chéng *go to the city*; *go to town*／他从来不～电影院. Tā cónglái bù ～ diànyǐngyuàn. *He never goes to the movies.*／请～！Qǐng ～! *Please come in!* (2)向前移动（与"退"相对）*move forward (opposite of "退")*：又往前～了一步 yòu wǎng qián ～le yí bù *He moved another step forward.*／这种解释意思又～了一层. Zhè zhǒng jiěshì yìsi yòu ～le yì céng. *This explanation is a stage more advanced.* (3)买入，收入 *buy in*; *receive*：～了大批货 ～le dàpī huò *get in a large consignment of goods*／今天～了一万元现金. Jīntiān ～le yíwàn yuán xiànjīn. *Today we received 10,000 yuan in cash.* 放在动词后作补语，表示方向从外到里（后有宾语）*placed after a verb as a complement expressing direction from outside to inside*; *followed by an object*：跑～办公室 pǎo～ bàngōngshì *run into the office*／搬～新房子 bān～ xīn fángzi *move into a new house*／把这个人物形象写～了小说. Bǎ zhège rénwù xíngxiàng xiě～le xiǎoshuō. *He wrote this character into his novel.*

【进逼】jìnbī（动）（军队）向前逼近 *close in on*; *advance on*：敌军已～县城. Díjūn yǐ ～ xiànchéng. *The enemy has closed in on the town.*

【进兵】jìnbīng（动）军队执行战斗任务向目的地行进 *advance on a military target*：～中原 ～ Zhōngyuán *advance on the Central Plains*

【进步】jìnbù（形）*advanced*; *progressive*：思想～ sīxiǎng ～ *be ideologically progressive*／～势力 ～ shìlì *progressive forces*（动）*advance*; *progress*; *improve*：人类在不断～.

Rénlèi zài búduàn ～. *Mankind is making constant progress.* / 这一年他在业务方面～很快。Zhè yì nián tā zài yèwù fāngmiàn ～ hěn kuài. *This year he is making rapid progress in his work.* （名）*progress*：最近他有较大的～。Zuìjìn tā yǒu jiào dà de ～. *Recently he has made quite a bit of progress.*

【进程】jìnchéng（名）事物发展变化的过程 *course*；*process*；*progress*：历史的～ lìshǐ de ～ *course of history*

【进尺】jìnchǐ（名）*footage (drilled or excavated)*

【进出】jìnchū（动）进入和出去 *go in and out*：门太小，～非常不便。Mén tài xiǎo, ～ fēicháng bù fāngbiàn. *The door is too small, making it inconvenient to go in and out.*（名）收入和支出（business）*turnover*：他家没有别的收入，～就靠这个小铺子。Tā jiā méi yǒu biéde shōurù, ～ jiù kào zhège xiǎo pùzi. *His household doesn't have any other source of income apart from the turnover of this small shop.*

【进度】jìndù（名）工作、学习的速度 *rate of progress*：这项工作的～很快。Zhè xiàng gōngzuò de ～ hěn kuài. *The rate of progress in this work is very rapid.* / 这两个班数学课的～不一样，乙班比甲班慢一些。Zhè liǎng ge bān shùxué kè de ～ bù yíyàng, yǐ bān bǐ jiǎ bān màn yìxiē. *These two classes are not making the same progress in mathematics. Class B is a bit slower than Class A.*

【进而】jìn'ér（连）连接两个分句，表示在前面指出的情况的基础上更进一步，不能用在主语前 *proceeding to the next step*；*going a step further*（links two sentences or clauses；cannot be used before the subject）：新厂长用两周时间整顿厂纪，～制定出新的厂规。Xīn chǎngzhǎng yòng liǎng zhōu shíjiān zhěngdùn chǎngjì, ～ zhìdìng chū xīn de chǎngguī. *The new factory director used two weeks to strengthen factory discipline and then proceeded to lay down new rules.* / 首先把那些难民暂时安顿下来，～再想法解决他们今后的生活问题。Shǒuxiān bǎ nàxiē nànmín zànshí āndùn xialai, ～ zài xiǎng fǎ jiějué tāmen jīnhòu de shēnghuó wèntí. *First, get those refugees settled in for the time being, then proceed to figure out a way to resolve the issue of their livelihood.* / 他们努力提高产品质量，并～扩大出口数量。Tāmen nǔ lì tígāo chǎnpǐn zhìliàng, bìng ～ kuòdà chūkǒu shùliàng. *They worked hard at improving product quality and went a step further to expand the volume of export.*

【进发】jìnfā（动）〈书〉人群或较多的车船等出发前进 *leave*；*set out*；*depart*：队伍凌晨向目的地～。Duìwu língchén xiàng mùdìdì ～. *The troops set out for their objective before dawn.* / 汽车队正分路～。Qìchē duì zhèng fēn lù ～. *The truck convoy started out in different directions.*

【进犯】jìnfàn（动）〈书〉（敌军）侵犯（某地）*invade*；*intrude into*；*encroach upon*：敌人～了那个城市。Dírén ～ le nàge chéngshì. *The enemy invaded that city.*

【进攻】jìngōng（动）*attack*：今天凌晨，我军开始～敌军阵地。Jīntiān língchén, wǒ jūn kāishǐ ～ dí jūn zhèndì. *Our troops launched an attack on the enemy's position before dawn today.* / 下半场开始，甲队向乙队发起猛烈，～接连踢进两个球。Xiàbànchǎng kāishǐ, jiǎ duì xiàng yǐ duì fāqǐ měngliè ～, jiēlián tījìn liǎng ge qiú. *As the second half of the game began, Team A launched a fierce attack against Team B and scored two goals in succession.*

【进化】jìnhuà（动）*evolve*；*develop*

【进化论】jìnhuàlùn（名）*theory of evolution*

【进货】jìn=huò 商店购进货物 *lay in a stock of merchandise*：～不多，欲购从速！～ bù duō, yù gòu cóng sù! *Buy now while the stocks last!*

【进见】jìnjiàn（动）〈书〉去会见（上级）*have an audience with*；*call on one's superior*

【进军】jìnjūn（动）军队出发，奔向某地；也指向某个目标前进 *march*；*advance*：向西北～ xiàng xīběi ～ *march to the*

northwest / 向科学～ xiàng kēxué ～ *march along the road of science*

【进口】jìnkǒu（动）*import*

【进来】jìn//lái 从外面到里面（说话人在里面）*come in*；*enter*：请～坐坐。Qǐng ～ zuòzuo. *Please come in and sit down.* / 刚才～两个人。Gāngcái ～ liǎng ge rén. *Two people came in just now.* / 外边太冷，快进屋来吧！Wàibian tài lěng, kuài jìn wū lai ba! *It's too cold outside. Come into the house.* 用在动词后作补语，表示动作趋向从外到里（说话人在里面）（used as a verbal complement signifing movement from outside to inside toward the speaker）：有只马蜂从窗户飞～了。Yǒu zhī mǎfēng cóng chuānghu fēi ～ le. *A wasp flew in through the window.* / 急急忙忙从外边跑进两个人来。Jíjímángmáng cóng wàibian pǎo jìn liǎng ge rén lai. *Two people rushed in from outside.* / 请你把这两盆花搬进屋里来。Qǐng nǐ bǎ zhè liǎng pén huā bān jìn wū li lai. *Please bring these two pots of flowers into the house.*

【进取】jìnqǔ（动·不及物）积极努力，有所作为 *be enterprising*；*be hard-working*；*show initiative*：他积极～，工作很有成绩。Tā jījí ～, gōngzuò hěn yǒu chéngjì. *He works doggedly and is making achievements.* / 年轻人要有一心。Niánqīng rén yào yǒu ～ xīn. *Young people should have an enterprising spirit.*

【进去】jìn//qù 从外面到里面（说话人在外面）*go in*；*enter*（the speaker is outside）：你先～歇歇。Nǐ xiān ～ xiēxie. *Go in and have a rest first.* / 屋里人太多，进不去。Wūli rén tài duō, jìn bu qù. *There are too many people in the room, so I can't go in.* / 甲板上风太大，进舱里去吧。Jiǎbǎn shang fēng tài dà, jìn cāng li qù ba. *It is too windy on deck. Go into the cabin.* 放在动词后作补语，表示动作趋向从外到里（说话人在外面）（as a verbal complement signifing movement from outside to inside away from the speaker）：把仪器送进实验室去。Bǎ yíqì sòng jìn shíyànshì qu. *Send the apparatus into the laboratory.* / 少管那些闲事，别使自己陷～。Shǎo guǎn nàxiē xiánshì, bié shǐ zìjǐ xiàn ～. *Mind your own business or you'll get into trouble.* / 这墙太硬，钉子钉不～。Zhè qiáng tài yìng, dīngzi dìng bu ～. *This wall is too hard to hammer nails into.*

【进入】jìnrù（动）*enter*；*get into*：汽车不得～公园。Qìchē bùdé ～ gōngyuán. *Cars must not enter the park.* / 一个新的历史时期 ～ yí ge xīn de lìshǐ shíqī *enter a new historical period*

【进食】jìnshí（动）〈书〉吃饭 *eat*：她病了，三天未曾～。Tā bìng le, sān tiān wèicéng ～. *She is ill and hasn't eaten for three days.*

【进退两难】jìn tuì liǎng nán 前进和后退都陷于困难的境地 "*difficult to advance or retreat*"—*in a dilemma*

【进退维谷】jìn tuì wéi gǔ 同"进退两难" jìn tuì liǎng nán. "谷"比喻困难的境地 *same as* "进退两难" jìn tuì liǎng nán（"谷" being likened to a difficult spot）

【进位】jìnwèi（名）〈数〉*carried-over number*

【进项】jìnxiàng（名）同"收入" shōurù, 较旧 *same as* "收入" shōurù（*somewhat archaic*）

【进行】jìnxíng（动）(1)从事（某种持续性的和正式、严肃的活动）后面必须是双音节或多音节词语 *conduct*；*carry out*（must be followed by a disyllabic or polysyllabic word）：～试验 ～ shìyàn *carry out an experiment* / ～严肃处理 ～ yánsù chǔlǐ *handle a matter seriously* / 对他～了耐心的说服教育。Duì tā ～le nàixīn de shuōfú jiàoyù. *We used patient persuasion to educate him.* (2)持续、开展 *continue*；*carry on*；*carry out*：运动会的筹备工作正在～。Yùndònghuì de chóubèi gōngzuò zhèngzài ～. *The arrangements for the sports meeting are now under way.* 影片摄制工作～得很顺利。Yǐngpiàn shèzhì gōngzuò ～ de hěn shùnlì. *The*

shooting of the film is going ahead smoothly.

【进行曲】jìnxíngqǔ（名）march

【进修】jìnxiū（动）已经参加工作的人暂时脱离工作岗位进一步学习 take a refresher course; study to advance one's professional skill:～英语 ～ Yīngyǔ brush up one's English / 他在医学院～了两年。Tā zài yīxuéyuàn ～le liǎng nián. He took two years of advanced studies at the medical college.

【进一步】jìnyībù（形·非谓）(事情的进行和发展)在程度上比以前有提高,常作状语 advance a step further (usually used as an adverbial):～提高生活水平 ～ tígāo shēnghuó shuǐpíng raise one's standard of living a stage further / 普及中小学教育 ～ pǔjí zhōng-xiǎoxué jiàoyù advance universal primary and middle-school education a stage further / 形势有了～的发展。Xíngshì yǒule ～ de fāzhǎn. The situation has developed further.

【进展】jìnzhǎn（动）(工作、形势等)向前发展 make progress; make headway:～神速 ～ shénsù advance at a miraculous speed / 筹建旅馆的事最近没有什么～。Chóujiàn lǚguǎn de shì zuìjìn méi yǒu shénme ～. Recently there hasn't been any progress in the preparatory work for this hotel. / 工程 ～ 得很快。Gōngchéng ～ de hěn kuài. The project is speeding up.

【进占】jìnzhàn（动）通过武力进攻而占领 occupy by force of arms

【进驻】jìnzhù（动）(军队)进入某地住下来 enter and garrison (an area)

近 jìn

（形）(1) near:我家离天安门很～。Wǒ jiā lí Tiān'anmén hěn ～. My house is near Tian'anmen. / 那个地方可不～,坐汽车也得一个钟头。Nàge dìfang kě bú ～, zuò qìchē yě děi yí ge zhōngtóu. That place is quite far away. It takes one hour even by car. / 我带你走一条～路。Wǒ dài nǐ zǒu yì tiáo ～ lù. I will take you a shorter way. /～几年郊区发展很快。～ jǐ nián jiāoqū fāzhǎn hěn kuài. In the past few years the suburbs have developed rapidly. /离期末考试很～了。Lí qīmò kǎoshì hěn ～ le. It's getting close to the end-of-term exams. / 他们俩关系很～。Tāmen liǎ guānxì hěn ～. The two of them are very close. (3)接近,将近(后面常为数词) approaching; getting close to (followed by a number):每月收入～千元。Měi yuè shōurù ～ qiān yuán. His monthly income is close to 1,000 yuan. / 这个城市有～百万人口。Zhège chéngshì yǒu ～ bǎiwàn rénkǒu. This city has a population of nearly a million.

【近便】jìnbian（形）距离短,容易走到 close and convenient:去市中心,走那条小路～一些。Qù shì zhōngxīn, zǒu nà tiáo xiǎo lù ～ yìxiē. To get to the city center that road is shorter.

【近代】jìndài（名）(1)指过去距离现在较近的时代,也就是资本主义时代 modern times; the capitalist era (2)在中国历史上指自1840年鸦片战争到1919年五四运动这段时期 in Chinese history, the period from the Opium War of 1840 to the May Fourth Movement of 1919

【近东】Jìndōng（名）Near East

【近古】jìngǔ（名）古代史分期的最后一个阶段。在中国,多指宋元明清(960—1840) last stage of ancient history, in China, from the Song Dynasty to the latter part of the Qing Dynasty (960—1840)

【近海】jìnhǎi（名）靠近陆地的海域 coastal waters; inshore; offshore

【近乎】jìnhu（动）接近于 nearly; close to; little short of:她们俩的感情～亲姐妹。Tāmen liǎ de gǎnqíng ～ qīn jiěmèi. Their feelings for one another are almost like those of real

sisters. /这样处理问题太不合适了,简直～愚蠢。Zhèyàng chǔlǐ wèntí tài bù héshì le, jiǎnzhí ～ yúchǔn. This way of handling the problem is completely inappropriate. It almost amounts to foolishness.（形）〈口〉关系亲密 close; intimate:他们两家近两年来往得挺～。Tāmen liǎng jiā jìn liǎng nián láiwǎng de tǐng ～. The two families have had very close relations in the past two years. / 同学中间,我跟李立最～。Tóngxué zhōngjiān, wǒ gēn Lǐ Lì zuì ～. I am closest with Li Li among my classmates. "套近乎""拉近乎" 是指对不熟识的人拉拢关系,表示亲近,多含贬义 ("套近乎" and "拉近乎" mean to attempt to get on friendly terms with a person one does not know well; often pejorative)

【近郊】jìnjiāo（名）suburbs; outskirts of a city

【近况】jìnkuàng（名）最近一段时期的情况 recent developments; recent happenings:～如何? ～ rúhé? How are things with you? / 很想了解你的～。Hěn xiǎng liǎojiě nǐ de ～. I'd really like to know how things are going with you.

【近来】jìnlái（名）在过去不久到现在的一段时间内 recently:～天气变化无常。～ tiānqì biànhuà wúcháng. The weather has been unsteady recently. / ～他的心情不太好。～ tā de xīnqíng bú tài hǎo. His mood hasn't been very good recently.

【近旁】jìnpáng（名）〈书〉附近,旁边 near; nearby:房子的～有一块菜地。Fángzi de ～ yǒu yí kuài càidì. There is a vegetable plot near the house. / 有个黑乎乎的东西在动,走到一看,原来是一只刺猬。Yǒu ge hēihūhū de dōngxi zài dòng, zǒudào ～ yí kàn, yuánlái shì yì zhī cìwei. I saw something black moving, and when I walked up to it to take a look I saw it was a hedgehog.

【近亲】jìnqīn（名）close relation; close relative

【近日】jìnrì（名）〈书〉recently; in the past few days:～常有客人来访。～ cháng yǒu kèrén lái fǎng. We've had lots of visitors in the past few days.

【近视】jìnshì（名）myopia; nearsightedness

【近水楼台先得月】jìn shuǐ lóu tái xiān dé yuè 比喻接近某些人或事物,可以优先得到好处,或利用职务上的便利条件谋取个人私利.常简缩成"近水楼台" "a waterside pavilion gets the moonlight first" (indicates somebody or something in an advantageous position for personal gain)

【近似】jìnsì（动）很像 be similar; approximate:这两个村的自然条件～,为什么粮食产量却大不一样? Zhè liǎng ge cūn de zìrán tiáojiàn ～, wèi shénme liángshi chǎnliàng què dà bù yíyàng? The natural conditions of these two villages are similar, so why don't they produce the same amount of grain? / 他激动得～疯狂了。Tā jīdòng de ～ fēngkuáng le. He became almost mad with excitement.

【近似值】jìnsìzhí（名）〈数〉approximate value

【近体诗】jìntǐshī（名）唐代形成的律诗和绝句的通称(区别于"古体诗")"modern style" poetry — a Tang Dynasty (618-907) style of poetry, as distinguished from "古体诗"

【近卫军】jìnwèijūn（名）中世纪欧洲某些国家的君主的卫队。后为一些国家享有特权的精锐部队的名称。前苏联以此作为荣誉的称号授予有战功的精锐部队 The name of the monarch's bodyguards in some European countries during the Middle Ages. Later it was used to denote crack troops enjoying special privileges in some countries. In the former Soviet Union it is an honorific title for crack troops who have distinguished themselves in battle.

【近义词】jìnyìcí（语）两个或两个以上的一组词,它们的意义基本相同或相近,但在某些方面有细微的差别 two or more words with basically similar meanings but slight differences; synonyms

【近因】jìnyīn（名）直接导致事件发生的原因(区别于"远因")immediate cause

劲〔勁〕jìn

（名）〈口〉(1)力气 physical strength：他的手真有～（儿）。Tā de shǒu zhēn yǒu jìnr. *He has really strong hands.* (2)（～儿）精神，情绪 vigor；energy；spirit：这个年轻人有一股子冲～。Zhège niánqīng rén yǒu yìgǔzi chōng ～. *This youngster really has a dash of vigor about him.* / 观众给运动员们鼓～。Guānzhòng gěi yùndòngyuánmen gǔ ～. *The spectators gave the athletes hearty applause.* (3)"没劲"意思是没意思 ("没劲"means not interesting)：星期日呆在家里多没～，出去走走吧！Xīngqīrì dāi zài jiā li duō méi ～，chūqu zǒuzou ba！*It is so boring staying at home on a Sunday！let's go out for a walk.* / 这电影没～，不值得看。Zhè diànyǐng méi ～，bù zhíde kàn. *This movie is so boring it's not worth watching.* 另见 jìng

【劲头】jìntóu（名）（～儿）〈口〉(1)力气，力量 strength：他身体壮实，一大，一个人能顶俩。Tā shēntǐ zhuàngshi，～ dà，yí ge néng dǐng liǎ. *He has a robust body and the strength of two men.* (2)积极主动的情绪 enthusiasm；zeal：组织文娱活动，他～十足。Zǔzhī wényú huódòng，tā ～ shízú. *He is very enthusiastic about organizing recreational activities.* / 有了科学知识以后，工作起来可有～了。Yǒule kēxué zhīshi yǐhòu，gōngzuò qilai kě yǒu ～ le. *After acquiring scientific knowledge one becomes full of enthusiasm for work.* (3)◇（～儿）神情，态度（带赞美或不满的感情）spirit；attitude：瞧他那得意～！Qiáo tā nà déyì ～！*Just look at how cocky he is！* / 他怎么老是那种懒洋洋的～？Tā zěnme lǎo shì nà zhǒng lǎnyángyáng de ～? *How can he always have that indolent attitude?*

晋 jìn

【晋级】jìn＝jí〈书〉升到较高的等级 rise in rank；be promoted

【晋见】jìnjiàn（动）〈书〉同"进见"jìnjiàn same as "进见" jìnjiàn

【晋升】jìnshēng（动）〈书〉提高（职位）promote to a higher office：他现在已～为主任了。Tā xiànzài yǐ ～ wéi zhǔrèn le. *He has been promoted to the post of director.*

【晋谒】jìnyè（动）〈书〉同"晋见" jìnjiàn same as "晋见" jìnjiàn

浸 jìn

（动）(1)在液体里泡 soak；steep；immerse：把衣服放在温水里～一～。Bǎ yīfu fàng zài wēnshuǐ li ～ yi ～. *Soak the clothes in lukewarm water.* (2)（液体）渗入 permeate；seep into；saturate：汗水～湿了衣裳。Hànshuǐ ～ shīle yīshang. *Sweat has saturated the clothes.*

【浸泡】jìnpào（动）soak；immerse：～种子 ～ zhǒngzi *soak seeds* / 做这种菜用的猪肉，必须先在酱油里～一小时。Zuò zhè zhǒng cài yòng de zhūròu，bìxū xiān zài jiàngyóu li ～ yì xiǎoshí. *Pork for making this dish has to be first steeped in soy sauce for an hour.*

【浸润】jìnrùn（动）(1)（液体）慢慢渗入 soak into；infiltrate (2)〈医〉infiltrate

【浸透】jìntòu（动）soak；saturate；steep；infuse

【浸种】jìn＝zhǒng soaking seeds

禁 jìn

（动）〈书〉禁止 prohibit；forbid；ban：～赌 ～ dǔ *forbid gambling* / 严～烟火 yán ～ yānhuǒ *Smoking or lighting fires strictly prohibited！* / 严～捕鸟 yán ～ bǔ niǎo *Trapping birds prohibited！* 另见 jīn

【禁闭】jìnbì（名）对犯错误人的一种处罚。关在屋子里，让他检查自己的错误，总是说"关～"（多在军队实行）confinement as a form of punishment，whereby the culprit is locked in a room to meditate on his misdeeds（often practised in the armed forces）（always preceded by the verb "关"）

【禁地】jìndì（名）〈书〉禁止一般人去的地方 restricted area；out of bounds；off-limits

【禁锢】jìngù（动）〈书〉(1)（封建时代）禁止（某人）做官 debar from office（in feudal times）(2)监禁，关押 imprison；hold in custody：～罪犯 ～ zuìfàn *jail a criminal* (3)封锁，束缚（多指思想方面）seal；blockade；bind（often refers to ideology）：中国人民的头脑长时期受封建思想的～。Zhōngguó rénmín de tóunǎo cháng shíqī shòu fēngjiàn sīxiǎng de ～. *The minds of the Chinese people were long fettered by feudal ideology.*

【禁忌】jìnjì（名）（迷信的人认为）犯忌讳的话和行动 taboo：从前坐船的人说话有许多～，不能说翻或沉这类声音的字。Cóngqián zuò chuán de rén shuō huà yǒu xǔduō ～，bù néng shuō fān huò chén zhè lèi shēngyīn de zì. *Previously it was taboo for people travelling in boats to utter words which sounded like "capsize" or "sink".* （动）医药上指不能吃（某种食物）avoid；abstain from（certain foods，for medical reasons）：吃这种药，～吃辣的东西。Chī zhè zhǒng yào，～ chī là de dōngxi. *You must avoid spicy food when you take this medicine.*

【禁绝】jìnjué（动）totally prohibit：毁林开荒的行为必须～。Huǐ lín kāi huāng de xíngwéi bìxū ～. *Destroying forests to develop waste land must be totally banned.*

【禁令】jìnlìng（名）ban；prohibition

【禁区】jìnqū（名）(1)禁止一般人进入的地区 restricted area (2)在科学上有特殊价值，受到特殊保护的地区 location with special scientific value which receives special protection (3)医学上指因容易发生危险而禁止动手术或针灸的部位 part of the body where it is dangerous to perform a surgical operation or acupuncture treatment

【禁书】jìnshū（名）禁止发行或阅读的书籍 banned book

【禁欲】jìnyù（动·不及物）be ascetic

【禁运】jìnyùn（动）禁止运输 embargo

【禁止】jìnzhǐ（动）ban；forbid；prohibit：非本单位工作人员～入内。Fēi běn dānwèi gōngzuò rényuán ～ rù nèi. *Entry prohibited except to workers of unit.* /～ 吸烟 ～ xī yān *No smoking.*

jīng

茎〔莖〕jīng

（名）(plant) stem；stalk

京 jīng

（名）◇ capital (of a country)

【京城】jīngchéng（名）〈旧〉capital city

【京都】jīngdū（名）〈旧〉同"京城" jīngchéng same as "京城" jīngchéng

【京胡】jīnghú（名）[把 bǎ]胡琴的一种，形状跟二胡相似而较小，琴筒用竹子做成，发音较高，主要用于京剧伴奏 jinghu（a type of fiddle similar to the erhu but smaller，and with a bamboo body giving it a high register，used in Beijing opera）

【京剧】jīngjù（名）[出 chū] Beijing opera

【京腔】jīngqiāng（名）〈旧〉说话中的北京话的语音语调 Beijing accent

【京戏】jīngxì（名）〈口〉同"京剧" jīngjù same as "京剧" jīngjù

经〔經〕jīng

（名）(1) warp：～纱 ～ shā *warp* (2) longitude：东一一百二十度 dōng～ yìbǎi èrshí dù *120 degrees east longitude* (3) scripture：佛～ fó～ *Buddhist scripture* / 念～ niàn ～

recite scriptures (动)(1)经过 *pass through*；*undergo*：凡～我手办的事情都有记录可查。Fán ～ wǒ shǒu bàn de shìqing dōu yǒu jìlù kě chá. *There is a record of every item of business that passes through my hands, and it can be checked.* /～他一提醒，我才想起那件事来。～ tā yì tíxǐng, wǒ cái xiǎng qǐ nà jiàn shì lai. *It was only through him reminding me that I remembered it.* /他昨天走了，～广州去香港。Tā zuótiān zǒu le, ～ Guǎngzhōu qù Xiānggǎng. *He left yesterday for Hongkong via Guangzhou.* (2)◇经营，管理 *manage*；*engage in*；*deal in*（介）宾语多是表示人的行动的主谓结构，后面是这一行动导致的结果，主谓结构中的动词前有时带"一"，"经..."多作插入语（the object is usu. a subject-predicate structure which indicates a person's action and is followed by the result brought about by this action; the verb in the subject-predicate structure is sometimes preceded by "一"；"经..." usu. serves as a parenthesis）：～他介绍，我才认识了老黄。～ tā jièshào, wǒ cái rènshile Lǎo Huáng. *I didn't know Lao Huang until he introduced him to me.* / 这房子～他一收拾亮堂多了。Zhè fángzi ～ tā yì shōushi liàngtang duō le. *This room is much brighter now that he has tidied it up.* /～核对，账目毫无差错。～ héduì, zhàngmù háowú chācuò. *Examination showed that the accounts had no errors.* /～朋友介绍，他们相识了，而且最终结为夫妻。～ péngyou jièshào, tāmen xiāngshí le, érqiě zuì zhōng jiéwéi fūqī. *They got to know each other through a friend's introduction and in the end became man and wife.*

【经不起】jīng bu qǐ 同"禁不起" jìn bu qǐ *same as* "禁不起" jìn bu qǐ

【经常】jīngcháng（形）时常，表示行动的一贯性 *often*；*frequent*；*constant*：李老师～家访。Lǐ lǎoshī ～ jiāfǎng. *Our teacher, Mr. Li, often visits the homes of his pupils.* /采购员出差是～的事。Cǎigòuyuán chū chāi shì ～ de shì. *Purchasing agents are constantly making business trips.* / 她会游泳，但不～游。Tā huì yóuyǒng, dàn bù ～ yóu. *She can swim but she doesn't often go swimming.*

【经得起】jīng de qǐ 同"禁得起" jìn de qǐ *same as* "禁得起" jìn de qǐ

【经典】jīngdiǎn（名）[部 bù] *classical work (of literature)*：博览～ bólǎn ～ *be well read in the classics* /著作～ zhùzuò ～ *classical works*；*classics*

【经度】jīngdù（名）*longitude*

【经费】jīngfèi（名）[笔 bǐ]（机关、学校等）经常支出的费用 *outlay*；*regular expenditure (of an organization, school, etc.)*

【经风雨，见世面】jīng fēngyǔ, jiàn shìmiàn 比喻在阶级斗争、生产斗争和科学实验中经受各种锻炼和考验 *face up to trials and tribulations (in the class struggle, battle for production, scientific experimentation, etc.)*

【经管】jīngguǎn（动）经手管理 *be in charge of*：这事是他～的，你去问他。Zhè shì shì tā ～ de, nǐ qù wèn tā. *He is in charge of this matter, so go and ask him.*

【经过】jīngguò（动）*go through*；*undergo*；*pass*：我每天上班都要～这所小学。Wǒ měi tiān shàng bān dōu yào ～ zhè suǒ xiǎoxué. *Every day when I go to work I have to pass by this primary school.* / 产品出厂前都要～检查。Chǎnpǐn chū chǎng qián dōu yào ～ jiǎnchá. *The products all have to go through an inspection before leaving the factory.* /～双方讨论才达成了协议。～ shuāngfāng tǎolùn cái dáchéngle xiéyì. *Agreement was reached after discussion between both sides.* （名）(事情发生的)过程 *process*；*course*：把事情的一～详细地说一遍。Bǎ shìqing de ～ xiángxì de shuō yí biàn. *Explain the whole process in detail.*

【经互会】Jīnghùhuì（名）"经济互助委员会"的简称 *short for* "经济互助委员会"

【经纪】jīngjì（动）筹划并管理（企业），经营 *manage (a business)*（名）同"经纪人" jīngjìrén *same as* "经纪人" jīngjìrén

【经纪人】jīngjìrén（名）*broker*；*agent*；*middleman*

【经济】jīngjì（名）(1) *economy* (2) *economic*；*cash (crop)*：茶是～作物。Chá shì ～ zuòwù. *Tea is a cash crop.* /～昆虫 ～ kūnchóng *insect of economic value* (3)个人收入 *financial condition (of a household, etc.)*：他家～条件不错。Tā jiā ～ tiáojiàn búcuò. *His family is quite well off.* （形）用较少的人力、物力、时间等，做较多的事或取得较好的结果 *economical*；*thrifty*：这个小吃店物美价廉，～实惠。Zhège xiǎochīdiàn wù měi jià lián, ～ shíhuì. *This snack shop has good food at reasonable prices.* /这个方案很可取，无论在人力和时间上都很～。Zhège fāng'àn hěn kěqǔ, wúlùn zài rénlì hé shíjiān shang dōu hěn ～. *This proposal is recommendable, as it is economical in terms of manpower and time.*

【经济杠杆】jīngjì gànggǎnr 能够用来调节社会经济的经济手段。一般指价格、税收、信贷、利息、奖金等 *economic lever*

【经济核算】jīngjì hésuàn *economic accounting*；*business accounting*

【经济互助委员会】Jīngjì Hùzhù Wěiyuánhuì *Economic Mutual Aid Committee*

【经济基础】jīngjì jīchǔ *economic base*；*economic foundation*

【经济结构】jīngjì jiégòu *economic structure*

【经济联合体】jīngjì liánhétǐ 国家、地区、部门或企业之间，根据生产发展的需要，按照协议条件实行经济联合的组织形式 *combined economic unit*

【经济林】jīngjìlín（名）生产木材、油料、果品或其他林产品的树林 *economic forest (forest specially planted to yield timber, fruit or other resources)*

【经济实体】jīngjì shítǐ 单独实行经济核算、从事经济活动的单位 *economic entity*

【经济特区】jīngjì tèqū 中国境内，在经济上实行特殊政策和特殊管理，主要靠引进外资进行经济建设的区域，如深圳、珠海等地区 *special economic zone*

【经济体制】jīngjì tǐzhì 指国民经济的管理制度和管理方法。包括国民经济各部门的组织管理形式、管理权限划分、管理机构设置等 *economic setup*；*economic system*

【经济危机】jīngjì wēijī *economic crisis*

【经济效益】jīngjì xiàoyì *economic benefit*

【经济学】jīngjìxué（名）*(the study of) economics*

【经济一体化】jīngjì yītǐhuà 几个国家之间实行经济联合，采取共同的经济方针、政策和措施，使国民经济联成一体，形成区域性经济共同体，如西欧的"欧洲经济共同体" *economic integration (as in the European Economic Community)*

【经济责任制】jīngjì zérènzhì 社会主义经济生活中，国家、集体和个人三者相互之间承担义务和责任的制度，包括国家和企业之间、企业相互之间、企业内部各级组织、各个部门之间，都要承担一定的义务和责任 *economic responsibility system*

【经济主义】jīngjìzhǔyì（名）*economism*

【经济作物】jīngjì zuòwù *cash crop*

【经久】jīngjiǔ（副）持续很长时间的（多用于否定式前）*prolonged*；*lengthy*；*lasting*：～不息的掌声 ～ bù xī de zhǎngshēng *prolonged applause* /质量可靠，～耐用。Zhìliàng kěkào, ～ nàiyòng. *reliable in quality and durable*

【经理】jīnglǐ（名）我们公司的～是王立。Wǒmen gōngsī de ～ shì Wáng Lì. *The manager of our company is Wang Li.* （动）经营管理 *manage*；*handle*：能～好这么大的工厂足以说明他的才能。Néng ～ hǎo zhème dà de gōngchǎng zúyǐ shuōmíng tā de cáinéng. *The fact that he can manage such a large factory shows his ability.*

【经历】jīnglì（动）亲眼见过或亲身做过、遭受过 *undergo*；*experience*：他～过很多挫折。Tā ～guo hěn duō cuòzhé. *He has experienced many setbacks.* / 这座历史古城～过多

次战斗洗礼。Zhè zuò lìshǐ gǔ chéng ～guo duō cì zhàndòu xǐlǐ. *This historic ancient city has undergone many wars and tribulations.*（名）亲眼见过或亲身做过、遭受过的事 *personal experience or suffering*：斗争～ dòuzhēng ～ *experience of battle* / 求学～ qiúxué ～ *study experience* / 他一生的～很不平常。Tā yìshēng de ～ hěn bù píngcháng. *He has had a very unusual career.*

【经期】jīngqī（名）〈生理〉妇女行经的时间 *menstrual period*

【经纱】jīngshā（名）〈纺〉*warp*

【经商】jīng=shāng 经营商业 *engage in trade*：有些农民不再种地，经起商来了。Yǒu xiē nóngmín bú zài zhòng dì, jīng qǐ shāng lai le. *Some farmers no longer till the fields but have started to engage in trade.*

【经手】jīng//shǒu 经过亲手（处理）*handle; deal with*：这些图书是他～买进的。Zhèxiē túshū shì tā ～ mǎijìn de. *He is handling the purchase of these books.* / 买这些图书是他～的。Mǎi zhèxiē túshū shì tā ～ de. *The purchase of these books was being handled by him.* / 经他的手办的事都很稳妥。Jīng tā de shǒu bàn de shì dōu hěn wěntuǒ. *Matters that he handles always go smoothly.*

【经受】jīngshòu（动）*undergo; experience; withstand*：～严峻的考验～ yánjùn de kǎoyàn *undergo a severe test* /～艰苦的磨练～ jiānkǔ de móliàn *undergo an arduous testing*

【经售】jīngshòu（动）〈书〉商店等部门经手出售 *sell; deal in*：本店～各种日用百货 Běn diàn ～ gè zhǒng rìyòng bǎihuò. *This store deals in all kinds of daily-use articles.*

【经书】jīngshū（名）儒家的经典 *Confucian classics*

【经纬仪】jīngwěiyí（名）*theodolite; transit*

【经线】jīngxiàn（名）（1）〈纺〉同"经纱" jīngshā *same as "经纱"* jīngshā（2）〈地理〉*meridian*

【经销】jīngxiāo（动）同"经售" jīngshòu *same as "经售"* jīngshòu：那家商店专门～家用电器。Nà jiā shāngdiàn zhuānmén ～ jiāyòng diànqì. *That store specializes in household electrical appliances.*

【经心】jīngxīn（形）注意，留心 *careful; conscientious*：她做事太不～，常常丢三落四的。Tā zuò shì tài bù ～, chángcháng diū sān là sì de. *She is too careless about doing things. She often acts in a scatterbrained fashion.* / 抚养婴儿得～，马虎不得。Fǔyǎng yīng'ér děi ～, mǎhu bude. *You must bring up children conscientiously, not in a slapdash fashion.*

【经学】jīngxué（名）把儒家经典当做研究对象的学问 *study of the Confucian classics*

【经验】jīngyàn（名）*experience*

【经验主义】jīngyànzhǔyì（名）*empiricism*

【经意】jīngyì（动）〈书〉经心，留意 *careful*：看护婴儿可得格外～。Kānhù yīng'ér kě děi géwài ～. *Nursing infants requires special care.*

【经营】jīngyíng（动）*manage; run; engage in*：～手工业～ shǒugōngyè *manage a handicrafts business* / 苦心～ kǔxīn ～ *put a lot of effort into building up a business*/小本～ xiǎoběn～ *small-scale business*

【经营性亏损】jīngyíngxìng kuīsǔn 由于经营管理不善造成的亏损（与"政策性亏损"相对）*loss due to bad management（in contrast to loss incurred because of bad policy）*

【经营作风】jīngyíng zuòfēng 企业经营中反映出来的指导思想、工作表现和服务态度等 *style of management*

【经由】jīngyóu（动）〈书〉经过（某个地方到某处）*by way of; via*：本次列车～郑州开往西安。Běn cì lièchē ～ Zhèngzhōu kāiwǎng Xī'ān. *This train goes to Xi'an via Zhengzhou.*

荆 jīng
（名）*chaste tree; vitex*

【荆棘】jīngjí（名）*brambles; tangle of thorns*

惊〔驚〕jīng
（动）（1）◇〈突然的刺激〉使精神紧张，产生某种反应 *receive a fright; be startled; start*：小孩容易受～。Xiǎoháir róngyì shòu ～. *Young children are easily frightened.* / 突然一声雷响，他～得身子颤抖了一下。Tūrán yì shēng léi xiǎng, tā ～ de shēnzi chàndǒule yí xià. *Startled by a sudden clap of thunder, he trembled from head to foot.* / 小船划进芦苇荡，～起了一群群水鸟。Xiǎo chuán huájìn lúwěidàng, ～ qǐle yì qúnqún shuǐniǎo. *The small boat sailed into a clump of reeds and startled flocks of water fowl.*（2）骡马等受到突然刺激而狂跑，不受控制 *bolt; shy; stampede*：拉车的马～了。Lā chē de mǎ ～ le. *The cart horse bolted.*

【惊诧】jīngchà（形）〈书〉（觉得）惊讶奇怪 *surprised; amazed*

【惊动】jīngdòng（动）举动影响别人，使人受惊或受干扰 *alarm; alert; disturb*：小声点儿，小刘刚睡着，别～他。Xiǎo shēng diǎnr, Xiǎo Liú gāng shuìzháo, bié ～ tā. *Be quiet. Xiao Liu has just gone to sleep. Don't disturb him.* / 因这点小事～了大家，实在过意不去。Yīn zhè diǎnr xiǎo shì le dàjiā, shízài guòyì bú qù. *I am really sorry that I upset all over such a trifle.*

【惊愕】jīng'è（形）〈书〉吃惊发愣 *stunned; startled out of one's wits*

【惊弓之鸟】jīng gōng zhī niǎo 被弓箭吓怕了的鸟，比喻受过某种惊吓的人，遇到一点动静就非常害怕 *"bird frightened at the twang of a bow string" —someone who is badly scared*

【惊骇】jīnghài（形）〈书〉惊慌、害怕 *frightened; scared; panic-stricken*

【惊呼】jīnghū（动）〈书〉由于吃惊而喊出声 *give a startled cry; cry out in alarm*

【惊慌】jīnghuāng（形）*frightened; alarmed; scared*

【惊慌失措】jīnghuāng shīcuò 由于惊慌，一时不知怎么办才好 *panic-stricken; scared to death*

【惊惶】jīnghuáng（形）〈书〉害怕、慌张 *frightened; scared*

【惊恐】jīngkǒng（形）*alarmed; terrified*

【惊恐万状】jīngkǒng wànzhuàng 形容害怕到了极点 *seized with alarm; petrified with fear*

【惊奇】jīngqí（形）*be surprised; be amazed; be startled*：～的眼光～ de yǎnguāng *having a startled look in one's eyes; an expression of surprise*

【惊扰】jīngrǎo（动）〈书〉惊动、扰乱 *alarm; agitate*：夜深了，走路、说话轻一点儿，别～了邻居。Yè shēn le, zǒu lù, shuō huà qīng yìdiǎnr, bié ～le línjū. *It's late at night, so walk and talk quietly and don't disturb the neighbors.*

【惊人】jīngrén（形）使人吃惊的 *alarming; amazing*：那里的蚊子大得～。Nàli de wénzi dà de ～. *The mosquitoes there are amazingly large.* /～的速度～ de sùdù *alarming speed* / 取得了～的成绩 qǔdéle ～ de chéngjì *He achieved amazing results.*

【惊叹】jīngtàn（动）〈书〉*wonder at; marvel at*：在座的人无不～。Zàizuò de rén wú bù ～. *Everyone present couldn't help marveling at this.* / 观众～不已。Guānzhòng ～ bùyǐ. *The audience was overcome with amazement.*

【惊叹号】jīngtànhào（名）〈语〉*exclamation mark*

【惊涛骇浪】jīng tāo hài làng 汹涌而险恶的浪涛，比喻险恶的环境或遭遇 *stormy seas;（metaphorically）perilous situation*

【惊天动地】jīng tiān dòng dì 形容声势浩大或业绩伟大 *earthshaking; world-shattering*

【惊喜】jīngxǐ（形）*pleasantly surprised*

【惊吓】jīngxià（动）〈突然的刺激〉使害怕 *frighten; alarm; scare*

【惊险】jīngxiǎn（形）*thrilling; breathtaking*：～小说 xiǎoshuō *thriller* /～的情节 ～ de qíngjié *thrilling plot*

【惊心动魄】jīng xīn dòng pò 使人感受很深、震动很大的，或使人感到十分惊险、紧张的 stirring; rousing; profoundly affecting

【惊醒】jīngxǐng（动）wake with a start; startle (somebody) awake

【惊讶】jīngyà（形）因事情发生得突然而感到吃惊、奇怪 surprised; amazed; astonished

【惊疑】jīngyí（动·不及物）惊讶、疑惑 surprised and bewildered; flabbergasted：表示～ biǎoshì ～ show bewilderment / 感到～ gǎndào ～ feel flustered and uneasy / ～的神色 ～ de shénsè bewildered expression / 这件事使我们十分。Zhè jiàn shì shǐ wǒmen shífēn ～. This affair has got us completely flabbergasted.

【惊异】jīngyì（形）因无思想准备感到意外、吃惊 startled; astonished

旌 jīng
（名）古代的一种旗子 type of flag used in ancient times

【旌旗】jīngqí（名）〔书〕各种旗子 flags and banners

晶 jīng
（形）◇光亮 shining; glittering（名）◇晶体 crystal

【晶体】jīngtǐ（名）crystal

【晶体管】jīngtǐguǎn（名）〔支 zhī〕transistor

【晶莹】jīngyíng（形）光亮透明 sparkling and transparent：～的露珠 ～ de lùzhū sparkling dew

兢 jīng

【兢兢业业】jīngjīngyèyè（形）形容做事小心谨慎，认真负责 painstaking and conscientious

精 jīng
（形）(1)细的，经过提炼、挑选的 refined; choice; fine：～读 ～dú intensive reading / ～选 ～xuǎn carefully chosen; choice (2)完美 perfect; superior：兵要～，武器要好。Bīng yào ～, wǔqì yào hǎo. We need superior troops and excellent weapons. (3)机灵 clever; smart：他～得很，不会上当。Tā ～ de hěn, bú huì shàng dàng. He is too smart to be fooled.（名）(1)提炼出来的最好的部分 essence; extract：鱼肝油 ～ yúgānyóu ～ cod liver oil extract (2)◇妖精 evil spirit; demon (3)◇精子 sperm

【精兵简政】jīng bīng jiǎn zhèng 缩小机构，减少工作人员 better troops and simpler administration

【精采】jīngcǎi（形）(文章、表演)优美，高于一般的 brilliant; outstanding：联欢会上他作了～的表演。Liánhuānhuì shang tā zuòle ～ de biǎoyǎn. He gave an outstanding performance at the get-together. / 这段文章写得很～。Zhè duàn wénzhāng xiě de hěn ～. This paragraph is excellently written.

【精打细算】jīng dǎ xì suàn (指在使用人力物力等方面)精细地计算 careful calculation; keeping strict accounts

【精雕细刻】jīng diāo xì kè 精心细致地雕刻。比喻(对文艺作品等)进行认真细致的加工 work at something with minute precision (with the care of a sculptor)

【精读】jīngdú（动）read carefully and thoroughly：～和泛读都是必要的。～ hé fàndú dōu shì bìyào de. It is necessary to read both intensively and extensively.

【精度】jīngdù（名）同 "精密度"jīngmìdù same as "精密度" jīngmìdù

【精干】jīnggàn（形）同"精悍" jīnghàn(1) same as "精悍" jīnghàn(1)

【精耕细作】jīng gēng xì zuò (对农作物)细致地耕种，精心地管理 intensive cultivation; meticulous farming management

【精光】jīngguāng（形）一无所有；什么也没剩。常作补语

with nothing left (usually used as a complement)：几十斤梨一会儿卖得～。Jǐ shí jīn lí yíhuìr mài de ～. Dozens of jin of pears were completely sold out in no time. / 火把这片树林烧得～。huǒ bǎ zhè piàn shùlín shāo de ～. The fire wiped out this section of forest completely.

【精悍】jīnghàn（形）(1)(人)精明能干 astute and capable (2)(文笔)精练锐利 (of writing) pithy; refined

【精华】jīnghuá（名）(事物)最重要、最好的部分 essence; quintessence; cream

【精简】jīngjiǎn（动）保留必要的，取消不必要的 reduce to essentials; prune

【精简机构】jīngjiǎn jīgòu 取消或合并机关团体内部的部分组织 trim an organization; simplify administration

【精力】jīnglì（名）energy; vigor

【精练】jīngliàn（形）(文章或语言)简明扼要，没有多余的话 concise; succinct; terse

【精良】jīngliáng（形）精美优良，形容质量好 excellent; superior

【精美】jīngměi（形）(艺术品等)细腻美好 exquisite; elegant; fine：～的象牙雕刻 ～ de xiàngyá diāokè superb ivory carving

【精密】jīngmì（形）precise; accurate：～仪器 ～ yíqì precision instrument / 计算的数字十分。Jìsuàn de shùzì shífēn ～. The computed figures are extremely accurate.

【精密度】jīngmìdù（名）accuracy

【精明】jīngmíng（形）聪明机灵 shrewd; intelligent：他是～人，又很厚道。Tā shì ge ～ rén, yòu hěn hòudao. He is both intelligent and kind.

【精明强干】jīngmíng qiánggàn 聪明机灵，很会办事 intelligent and capable

【精疲力竭】jīng pí lì jié 形容非常疲乏，没有一点儿力气 exhausted; tired out

【精辟】jīngpì（形）(理论和见解)深刻透彻 penetrating; incisive

【精巧】jīngqiǎo（形）(器物工艺)精致巧妙 exquisite; ingenious

【精确】jīngquè（形）accurate; precise：～的数字 ～ de shùzì accurate figure

【精锐】jīngruì（形·非谓)指军队装备先进，战斗力强 crack; picked (troops)

【精神】jīngshén（名）(1)指人对客观世界的反映，与"物质"相对 mind; spirit (as opposed to matter)：舍己救人的～ shě jǐ jiù rén de ～ spirit of self-sacrifice / 干劲能反映出一个人的～面貌。Gànjìn néng fǎnyìng chū yí ge rén de ～ miànmào. A person's enthusiasm reveals his mental outlook. / ～压力 ～ yālì mental pressure (2)表现出来的活力 expression of vigor; spirits：～焕发 ～ huànfā brimming with vigor (enthusiasm) / 受了批评以后，他～萎靡不振。Shòule pīpíng yǐhòu, tā ～ wěimǐ bú zhèn. After being criticised his spirits drooped. / 他最近不舒服，～不太好。Tā zuìjìn bù shūfu, ～ bú tài hǎo. He has been unwell lately and he is in low spirits. (3)内容实质 spirit; essence; gist：领会这篇文章的主要～ Lǐnghuì zhè piàn wénzhāng de zhǔyào ～ Grasp the essence of this piece of writing. / 理解文件的～实质 lǐjiě wénjiàn de ～ shízhì understand the substance of an article

【精神病】jīngshénbìng（名）mental illness

【精神贵族】jīngshén guìzú 指那些以为自己有文化知识而看不起广大人民群众，自居于群众之上的人 intellectual aristocracy

【精神枷锁】jīngshén jiāsuǒ 人们在心理、思想上所受到的束缚和压迫 mental shackles

【精神面貌】jīngshén miànmào 指人的意识和思维活动所表现出来的活力 spiritual (mental) outlook

【精神食粮】jīngshén shíliáng 满足人们精神生活需要的书籍

刊物文娱活动等 *spiritual sustenance*

【精神文明】jīngshén wénmíng 指社会的文化教育及人们的政治思想、道德品质等方面的发展状态(与"物质文明"相对) *spiritual civilization (as opposed to material civilization)*

【精神】jīngshen (形)有生气,有活力 *spirited; lively; vigorous*:这小伙子穿上军装真～。Zhè xiǎohuǒzi chuānshang jūnzhuāng zhēn ～. *This lad looks very sprightly in his army uniform.*

【精髓】jīngsuǐ (名)同"精华" jīnghuá *same as* "精华" jīnghuá

【精通】jīngtōng (动)(对某种学问或技术)透彻地理解并熟练地掌握 *be proficient in; be master of; have a good command of*:他～针灸学。Tā ～ zhēnjiǔxué. *He is an expert in acupuncture and moxibustion.*

【精细】jīngxì (形)精密细致 *meticulous; fine; careful*:这只篮子编得十分～。Zhè zhī lánzi biān de shífēn ～. *This basket is very finely woven.* / 他考虑问题很～。Tā kǎolǜ wèntí hěn ～. *He considers problems in great detail.*

【精心】jīngxīn (形)做事特别细心、用力,多作状语 *painstaking; elaborate; meticulous*:～培养 ～ péiyǎng *meticulous training* /～策划 ～ cèhuà *elaborate plan* /～设计 ～ shèjì / ～ shī gōng. *meticulous design and careful construction* / 她护理病人十分～。Tā hùlǐ bìngrén shífēn ～. *She is extremely meticulous about looking after patients.*

【精选】jīngxuǎn (动)精心挑选 *very carefully chosen; choice*:这些种子都是～过的。Zhèxiē zhǒngzi dōu shì ～ guò de. *Those seeds have been very carefully selected.*

【精盐】jīngyán (名)*refined salt*

【精益求精】jīng yì qiú jīng 已经很好了,还要求更加完美 *constantly improve something that is already good*

【精湛】jīngzhàn (形)精细,造诣深 *exquisite; consummate; superb*:～的表演 ～ de biǎoyǎn *exquisite performance* / 技艺～ jìyì ～ *superbly skilled*

【精制】jīngzhì (动)精细地加工制造 *refine; make with extra care*

【精致】jīngzhì (形)精巧细致 *fine; exquisite; delicate*:～的艺术品 ～ de yìshùpǐn *fine art works* / 每盘菜量不多,但做得十分～。Měi pán cài liàng bù duō, dàn zuò de shífēn ～. *The dishes were not over-full but each one was exquisitely made.*

【精装】jīngzhuāng (名)(of books) *cloth bound; hardback; hardcover*

【精子】jīngzǐ (名)*sperm*

鯨 〔鲸〕jīng
(名)*whale*

【鲸吞】jīngtūn (动)(像鲸鱼吃东西那样)占领(别国大块土地)*swallow up; devour; annex (someone's territory)*

【鲸鱼】jīngyú (名)[条 tiáo] *whale*

jǐng

井 jǐng
(名)[眼 yǎn、口 kǒu] *well*

【井场】jǐngchǎng (名)有石油井的场地 *site of a well (in an oilfield)*

【井底之蛙】jǐng dǐ zhī wā 在井里的青蛙只能看见井口那么大的一块天,用来比喻见识非常有限的人 "*frog in a well*"—*person with limited outlook*

【井冈山】Jǐnggāngshān (名)在湖南江西交界处,地势险要。1927年10月毛泽东等同志在此建立第一个农村革命根据地 *the Jinggang Mountains on the border of Hunan and Jiangxi provinces, where Mao Zedong and other comrades set up the first peasant revolutionary base in October 1927*

【井灌】jǐngguàn (名)用井水灌溉(区别于"河灌""渠灌") *well irrigation*

【井架】jǐngjià (名)*derrick; headframe*

【井井有条】jǐngjǐng yǒu tiáo 形容条理、秩序非常清楚整齐 *in perfect order; shipshape*:他把图书整理得～。Tā bǎ túshū zhěnglǐ de ～. *He arranged the books in perfect order.* / 工作安排得～。Gōngzuò ānpái de ～. *The job has been set up in perfect order.*

【井喷】jǐngpēn (名)(oil well) *blowout*

【井然】jǐngrán (形)〈书〉形容整齐的样子 *in good order; neat and tidy*:人们依次进入会场,秩序～。Rénmen yīcì jìnrù huìchǎng, zhìxù ～. *The people entered the conference hall in their proper turn, keeping good order.*

【井水不犯河水】jǐngshuǐ bú fàn héshuǐ 比喻各人做各人的事,互不干扰 *Everybody should mind his own business and not interfere with that of other people.*

【井田制】jǐngtiánzhì (名)中国奴隶社会时期,奴隶主把土地划分成许多方块,像"井"字形,叫井田制。八家奴隶各种一块田,大家合种中间的那块公田 *The "well field" system practised in ancient China divided up land in the shape of the character "井". Serfs each cultivated one of the outer eight squares for themselves and cultivated together the center one for the feudal lord.*

【井盐】jǐngyán (名)*well salt*

頸 〔颈〕jǐng
(名)◇ *neck*

【颈项】jǐngxiàng (名)〈书〉*neck*

【颈椎】jǐngzhuī (名)〈生理〉*cervical vertebra*

景 jǐng
(名)◇ (1)风景,景致 *scenery; view*:雪～ xuě ～ *snowscape; snow scene* / 美～ měi ～ *beautiful scenery* (2)戏剧、电影的布景和摄影棚外的景物 *scene of a play or film; scenery; backdrop*:内～ nèi ～ *indoor setting; indoor scene* / 外～ wài ～ *outdoor setting; outdoor scene* (3) scene:第二幕第二～ dì'èr mù dì'èr ～ *Act 2, Scene 2*

【景观】jǐngguān (名)(1)指地表自然景色或某种类型的自然景色 *landscape*:自然～ zìrán ～ *natural landscape* / 森林～ sēnlín ～ *forest landscape* / 这个公园有十大～。Zhège gōngyuán yǒu shí dà ～. *This park has ten scenic spots.* (2)指特定区域:自然地理区 *landscaped area*

【景况】jǐngkuàng (名)〈书〉情况 *situation; circumstances*

【景气】jǐngqì (形)(经济)兴旺 *prosper; (economic) booming*:经济发展很～。Jīngjì fāzhǎn hěn ～. *The economy is booming.* / 近来市场不～。Jìnlái shìchǎng bù ～. *The market has been sluggish lately.*

【景色】jǐngsè (名)风景,风光 *scenery; view*

【景泰蓝】jǐngtàilán (名)北京著名的用铜做的工艺品,明代景泰年间在北京开始大量制作,彩釉多用蓝色,所以叫"景泰蓝" *cloisonné enamel*

【景物】jǐngwù (名)〈书〉风景 *scenery*

【景象】jǐngxiàng (名)状况,现象 *sight; scene; phenomenon*:丰收～ fēngshōu ～ *scene of bumper harvest* / 一派生气勃勃的～ yí pài shēngqì bóbó de ～ *scene of bustling activity*

【景仰】jǐngyǎng (动)〈书〉钦佩,尊敬 *respect and admire*:人们都～他的高尚品德。Rénmen dōu ～ tā de gāoshàng pǐndé. *Everyone holds him in great esteem for his lofty moral character.*

【景致】jǐngzhì (名)〈口〉风光,风景 *scenery; view*

警 jǐng
(名)◇(1)紧急、危险的情况 *condition of urgency and danger*:打电话报火～ dǎ diànhuà bào huǒ～ *phone in a fire report* / 匪～ fěi～ *bandit alert* (2)◇ 警察 *police*:交通～ jiāotōng～ *traffic police*

【警报】jǐngbào（名）*alarm*；*warning*；*alert*：空袭～ kōngxí ～ *air raid alarm*

【警备】jǐngbèi（动）〈军以〉警戒防备 *guard*；*garrison*

【警察】jǐngchá（名）*police*

【警车】jǐngchē（名）[辆 liàng] *police car*

【警笛】jǐngdí（名）*police whistle*；*siren*

【警告】jǐnggào（动）*warn*；*caution*

【警官】jǐngguān（名）*police officer*

【警戒】jǐngjiè（动）军队为防止敌人袭击或侦察而采取防守措施 *warn*；*guard against*

【警句】jǐngjù（名）作品中字数少、意义深刻新奇的句子 *aphorism*；*epigram*

【警觉】jǐngjué（名）对可能发生的情况变化或危险的敏锐感觉 *vigilance*；*alertness*

【警犬】jǐngquǎn（名）[条 tiáo] *police dog*

【警惕】jǐngtì（动）对可能发生的危险情况或错误倾向保持警觉 *be on guard against*；*be on the alert*：～有人从中捣乱 yǒu rén cóng zhōng dǎoluàn *Be alert for troublemakers!*（名）对可能发生的危险情况或错误倾向的警觉 *alertness*；*vigilance*：时间长了就容易对不正之风失去～。Shíjiān chángle jiù róngyì duì búzhèng zhī fēng shìqù ～. *As time goes on it is easy to lose one's vigilance against erroneous trends.*

【警亭】jǐngtíng（名）路口交通民警值勤的亭子 *traffic police box*

【警卫】jǐngwèi（动）用武装力量实行保卫 *guard*（名）指执行警卫任务的人 *guard*

【警卫员】jǐngwèiyuán（名）同"警卫"jǐngwèi（名）*same as* "警卫" jǐngwèi（名）

【警钟】jǐngzhōng（名）*alarm bell*：敲～ qiāo ～ *sound an alarm bell*

jìng

劲 〔勁〕jìng（形）◇坚强有力 *strong*；*powerful* 另见 jìn

【劲敌】jìngdí（名）〈书〉强有力的敌人或对手 *powerful enemy*；*formidable opponent*

【劲旅】jìnglǚ（名）〈书〉强有力的队伍 *strong contingent* (*of troops*)；*crack force*

【劲松】jìngsōng（名）*a sturdy pine*

径 〔徑〕jìng（名）〈书〉*path*；*track*（副）〈书〉（1）意思同"径直" jìngzhí（1），但多修饰单音节动词 *directly*；*straight* (*same as* "径直" jìngzhí（1），*but usu. modifies a monosyllabic verb*)：我们乘火车～达广州。Wǒmen chéng huǒchē ～ dá Guǎngzhōu. *We are taking a train straight to Guangzhou.* /听到呼救声，他不顾一切地～向出事地点跑去。Tīngdào hūjiùshēng, tā bú gù yíqiè de ～ xiàng chū shì dìdiǎn pǎoqù. *Upon hearing a cry for help, he ran directly to the scene of the incident without thought of anything else.* / 进了工厂大门，我们去车间，他们～去厂长办公室。Jìnle gōngchǎng dàmén, wǒmen qù chējiān, tāmen ～ qù chǎngzhǎng bàngōngshì. *When we entered the factory's main gate, we went to the workshop and they went directly to the factory director's office.*（2）直接进行某事，事前不费周折 *straightaway*：他听了这话，连家也没回，～找小李去评理了。Tā tīngle zhè huà, lián jiā yě méi huí, ～ zhǎo Xiǎo Lǐ qù píng lǐ le. *When he heard this, he didn't even go home, but went straightaway to find Xiao Li and have it out with him.* / 他走到门口，也不敲门，～推门而入。Tā zǒudào ménkǒu, yě bù qiāo mén, ～ tuī mén ér rù. *He walked up to the door and didn't even knock, but pushed it open and walked right in.*

【径直】jìngzhí（副）〈书〉（1）直接向某处前进，不绕道，不停顿。述语前常有表示趋向的介宾结构（go）*directly*；*straight* (*the verb is usu. preceded by a directional preposition-object structure*)：队伍～朝前方走去。Duìwǔ ～ cháo qiánfāng zǒuqù. *The troops marched straight ahead* / 他下了班，从机关～赶到了医院。Tā xiàle bān, cóng jīguān ～ gǎndàole yīyuàn. *When he got off work, he went straight to the hospital from his office.* / 小王跑出房门～奔向海边。Xiǎo Wáng pǎochū fángmén ～ bēn xiàng hǎibiān. *Xiao Wang ran out the door and walked straight to the seashore.*（2）直接进行某事，事前不费周折，或动作一直进行下去，不间断（*do sth.*）*directly*；*straightaway*：为了落实他的科研计划，他～找研究所所长去了。Wèile luòshí tā de kēyán jìhuà, tā ～ zhǎo yánjiūsuǒ suǒzhǎng qù le. *He went directly to the institute director so as to be able to implement his research plan.* / 县委书记到这个乡来，没通知乡，他去农民家了。Xiànwěi shūjì dào zhège xiāng lái, méi tōngzhī xiāngzhǎng, ～ de qù nóngmín jiā le. *When the secretary of the County Party Committee came to this town, he didn't notify the town leader but went directly to the homes of peasants.* / 你～读下去，大家对这篇文章很感兴趣。Nǐ ～ dú xiaqu, dàjiā duì zhè piān wénzhāng hěn gǎn xìngqù. *Just read on. We're all very interested in this article.* / 既然觉得这样干对，那就～干到底吧！Jìrán juéde zhèyàng gàn duì, nà jiù ～ gàn dào dǐ ba! *Since you feel that doing it this way is right, then you might as well just go on until you finish.*

【径自】jìngzì（副）〈书〉（某人或某方面）自作主张地单独行动 *on one's own*；*without leave*；*without consulting anyone*：那么多客人在那里，她这个主人却～离开了。Nàme duō kèrén zài nàli, tā zhège zhǔrén què ～ líkāi le. *There were so many guests there, yet the hostess left abruptly.* / 你怎么不请假，～去了一趟上海？Nǐ zěnme bù qǐng jià, ～ qùle yí tàng Shànghǎi? *How could you make a trip to Shanghai without leave?* / 他看见桌上有饭菜，连问也没问，～坐下吃了起来。Tā kànjiàn zhuō shàng yǒu fàn cài, lián wèn yě méi wèn, ～ zuòxia chīle qǐlai. *When he saw food on the table, he sat down and started eating without asking permission nor consulting anyone first.*

净 jìng（形）◇（1）清洁 *clean*：～水 ～ shuǐ *clean water* / 把衣服洗～。Bǎ yīfu xǐ～. *wash the clothes clean*（2）没有剩余，常用于动词后作补语 *without anything remaining* (*often used as a verbal complement*)：地里麦穗没捡～。Dì li màisuì méi jiǎn～. *The field hasn't been cleared completely of wheat ears.*（动）洗擦干净（不常用）*wash and scrub clean* (*rarely used*)（副）〈口〉（1）与"是"连用，主要是复数，表示主语所指的全部人、物都属一类（*used together with* "是"；*mainly used with a plural subject*；*indicates that all the people or things to which the subject refers are of one kind*）*completely*：菜市场上的黄瓜～是新摘下来的。Càishìchǎng shang de huánggua ～ shì xīn zhāi xiàlai de. *All the cucumbers at the food market are freshly picked.* / 他买来的～是些古书，一本现代书籍也没有。Tā mǎilai de ～ shì xiē gǔshū, yì běn xiàndài shūjí yě méi yǒu. *Every book he just bought is an ancient book. There isn't one single contemporary one.* 有时是一种夸张说法，表示数量多，程度深（*is sometimes used as a form of exaggeration to indicate a large quantity or a high degree*）：看，你手上～是墨，还不去洗洗。Kàn, nǐ shǒu shang ～ shì mò, hái bú qù xǐxi. *Look, your whole hand is covered in ink. Why don't you go wash it.* / 这米里怎么～是沙子呀！Zhè mǐ li zěnme ～ shì shāzi ya! *Why is this rice filled with sand?*（2）用于述语前，有夸张意味，表示某一活动很频繁（*used before the*

verb; has a tone of exaggeration; indicates that a certain kind of activity is frequent) nothing but：他～管别人的闲事。Tā ～ guǎn biérén de xiánshì. *He does nothing but poke his nose into other people's business.* / 由于他自由散漫，～挨批评。Yóuyú tā zìyóu sǎnmàn, ～ ái pīpíng. *He is constantly criticized for being slack.* / 别相信他的话，他～骗人。Bié xiāngxìn tā de huà, tā ～ piàn rén. *Don't believe what he says. He's nothing but a swindler.* （3）用于述语前，表示宾语所指全部人、物只属于一类（used before the verb to indicate that all the people or things referred to by the object are of one kind)：近来他～看些小说。Jìnlái tā ～ kàn xiē xiǎoshuō. *He has been reading nothing but novels lately.* / 你这人怎么～说玩笑话？Nǐ zhè rén zěnme ～ shuō wánxiào huà? *Why are you always saying nothing but jokes?* / 这么重的活儿可不能～安排一些女同志干。Zhème zhòng de huór kě bù néng ～ ānpái yìxiē nǚ tóngzhì gàn. *You can't assign only women comrades to do such a heavy job.*

【净化】jìnghuà（动）使(物体)纯净 purify：～空气 ～ kōngqì *purify the air* /～废水 ～ fèishuǐ *purify waste water*

【净利】jìnglì（名）*net profit*

【净余】jìngyú（动）除去各种消耗以后剩余 remainder; surplus：准备结婚用的一千元，～一百五十元。Zhǔnbèi jié hūn yòng de yìqiān yuán, ～ yìbǎi wǔshí yuán. *There is 150 yuan left over from the 1,000 yuan wedding expenses.*

【净重】jìngzhòng（名）*net weight*

痉〔痙〕jìng
（名）*convulsion; spasm*
【痉挛】jìngluán（动）*convulsion; spasm*

竞〔競〕jìng
（动）◇竞争 compete：百花～相开放。Bǎi huā ～ xiāng kāifàng. *All flowers are in full bloom.*
【竞技】jìngjì（名）*sports; athletics*
【竞技体操】jìngjì tǐcāo *competitive gymnastics*
【竞技状态】jìngjì zhuàngtài 在参加比赛时，运动员的身体、精神、技能各方面的状况 competitors' mental and physical "shape"; form：～不太好 ～ bú tài hǎo *be not in good form; off one's game*
【竞赛】jìngsài（动）compete; vie：～开始了。～ kāishǐ le. *The game has started.* /在学习上他们俩一直在～。Zài xuéxí shang tāmen liǎ yìzhí zài ～. *The two of them are always in competiton with each other to study harder.* （名）contest; competition：体育～ tǐyù ～ *athletic contest* /智力～ zhìlì ～ *contest of intelligence*
【竞选】jìngxuǎn（动）enter an election contest; run for office：～总统 ～ zǒngtǒng *run for the presidency*
【竞争】jìngzhēng（动）为了自己的利益和别人比赛 compete
【竞走】jìngzǒu（名）*walking race*（动）*hold a walking race*

竟 jìng
（副）〈书〉（1）同"居然" jūrán，表示没估计到 same as "居然" jūrán; unexpectedly：怎么，这么好的学习机会，他～错过了？Zěnme, zhème hǎo de xuéxí jīhuì, tā ～ cuòguò le? *What, he actually let slip such a good chance to study?* / 那么聪明的一个人～会干出这样的蠢事。Nàme cōngming de yí ge rén ～ huì gànchū zhèyàng de chǔnshì. *Who would have expected such a clever person to do such a stupid thing!* /他～在她最需要帮助的时候离开了她。Tā ～ zài tā zuì xūyào bāngzhù de shíhou líkāile tā. *He unexpectedly left her in greatest time of need.* / 没想到今天在公共汽车上～遇见了一位二十年不见的老同学。Méi xiǎngdào jīntiān zài gōnggòng qìchē shang ～ yùjiànle yí wèi èrshí nián bú jiàn de lǎo tóngxué. *I never would have expected to run into a*

classmate I hadn't seen for twenty years on the bus today. （2）有"以至于"的意思，表示程度加深，更进一步 go so far as to; go to the length of：开始时他觉得头晕，后来～昏迷过去了。Kāishǐ shí tā juéde tóu yūn, hòulái ～ hūnmí guoqu le. *At first he felt dizzy, then he even passed out.* / 她越说越伤心，～哭了起来。Tā yuè shuō yuè shāngxīn, ～ kūle qǐlai. *The more she spoke, the sadder she felt. Finally she ended up crying.* / 这个业余合唱队，开始时有十五个人参加，后来人越来越少，现在～没有人来了。Zhège yèyú héchàngduì, kāishǐ shí yǒu shíwǔ ge rén cānjiā, hòulái rén yuèláiyuè shǎo, xiànzài ～ méiyǒu rén lái le. *Fifteen people joined this amateur chorus at first. Then people got fewer as time went on. Now, nobody comes.*

【竟然】jìngrán（副）同"竟"jìng(1) same as "竟" jìng(1)；没想到晚会～开得这么生动、有趣。Méi xiǎngdào wǎnhuì ～ kāi de zhème shēngdòng, yǒuqù. *I never expected the party to be so lively and fun.* / 手术后才三天，他～可以下床走动了。Shǒushù hòu cái sān tiān, tā ～ kěyǐ xià chuáng zǒudòng le. *To our surprise, he could get out of bed and walk around only three days after the operation.* / 在她的精心照管下，那几棵将死的小树～都活了。Zài tā de jīngxīn zhàoguǎn xià, nà jǐ kē jiāng sǐ de xiǎo shù ～ dōu huó le. *Under her meticulous care, those dying saplings unexpectedly survived.* / 你～把老同学都忘了，真不像话。Nǐ ～ bǎ lǎo tóngxué dōu wàng le, zhēn bú xiànghuà. *To think that you forgot your old classmates! That's really the limit!*

【竟自】jìngzì（副）同"竟"jìng(1)，用得较少 same as "竟" jìng (1)（seldom used)：他只学了两个月吉他，～可以伴奏了。Tā zhǐ xuéle liǎng ge yuè jíta, ～ kěyǐ bànzòu le. *He has only been learning how to play the guitar for two months. Surprisingly, he can play accompaniments.* /一个中专毕业生，～设计出这样新颖实用的立交桥。Yí ge zhōngzhuān bìyèshēng, ～ shèjì chū zhèyàng xīnyǐng shíyòng de lìjiāoqiáo. *Who would have thought that a polytechnical school graduate could design such an original and practical overpass.*

敬 jìng
（形）〈书〉恭敬 respectful; polite（动）尊敬地有礼貌地送上(烟、酒) offer (cigarettes, wine, etc.) respectfully：～你一杯酒。～ nǐ yì bēi jiǔ. *May I offer you a glass of wine?* /～他一支烟。～ tā yì zhī yān. *Offer him a cigarette.*
【敬爱】jìng'ài（动）尊敬热爱 respect and love：学生～自己的老师。Xuéshēng ～ zìjǐ de lǎoshī. *The students respect and love their teacher.*
【敬辞】jìngcí（名）表示尊敬的用语 term of respect; polite expression："贵姓?"是～，意思是"你姓什么?" "Guì xìng?" shì ～, yìsi shì "Nǐ xìng shénme?" *"贵姓?" is a polite expression meaning "what is your name?"*
【敬而远之】jìng ér yuǎn zhī 尊敬，但不愿意接近 keep at a respectful distance from a person：如果学生对老师采取～的态度，这就值得老师深思。Rúguǒ xuéshēng duì lǎoshī cǎiqǔ ～ de tàidu, zhè jiù zhídé lǎoshī shēnsī. *If a student adopts an attitude of keeping at a respectful distance from the teacher, this should give the teacher food for thought.*
【敬老院】jìnglǎoyuàn（名）收养孤独老人的社会福利机构 old folks' home
【敬礼】jìnglǐ *salute*
【敬佩】jìngpèi（动）尊敬佩服 admire; esteem：他为人正直，大家都很～他。Tā wéi rén zhèngzhí, dàjiā dōu hěn ～ tā. *He is a person of integrity, so everyone holds him in great esteem.*
【敬畏】jìngwèi（动）又敬重又害怕 revere; venerate; stand in

awe of

【敬献】jìngxiàn（动）〈书〉恭敬地献上 offer respectfully：~花圈 ~ huāquān place a wreath

【敬仰】jìngyǎng（动）〈书〉尊敬仰慕 revere；venerate

【敬意】jìngyì（名）尊敬的心意 respects；tribute：表示~ biǎoshì ~ pay one's respects to

【敬重】jìngzhòng（动）恭敬尊重（人）respect；revere；honor：大家都很~这位长者。Dàjiā dōu hěn ~ zhè wèi zhǎngzhě. Everybody reveres this elder. / 他很受大家的~。Tā hěn shòu dàjiā de ~. He gets everybody's respect.

【敬祝】jìngzhù（动）〈书〉恭敬地祝愿 offer one's best wishes；respectfully congratulate：~身体健康 ~ shēntǐ jiànkāng Wish you the best of health！

静 jìng
（形）◇安静 quiet；peaceful；calm：夜深人~ yè shēn rén ~ in the still (dead) of night /~的夜晚 ~ ~ de yèwǎn silent night / 图书馆里~极了。Túshūguǎn li ~ jí le. It is really quiet in the library! /请~一~，我要说几句话。Qǐng ~ yí ~, wǒ yào shuō jǐ jù huà. Please be quiet. I wish to say a few words.

【静电】jìngdiàn（名）static electricity

【静电感应】jìngdiàn gǎnyìng electrostatic induction

【静电计】jìngdiànjì（名）〔物〕electrometer

【静寂】jìngjì（形）寂静 quiet；still；silent：~的山林 ~ de shānlín silent mountain forest /~的氛围 ~ de fēnwéi quiet atmosphere / 这里的清晨十分~。Zhèli de qīngchén shífēn ~. The early mornings here are very quiet.

【静脉】jìngmài（名）vein

【静脉曲张】jìngmài qūzhāng varix；varicosity

【静谧】jìngmì（形）〈书〉安静 quiet；tranquil

【静默】jìngmò（动·不及物）(1)人不出声 fall silent：他终日~不语。Tā zhōngrì ~ bù yǔ. He didn't say a word all day. (2)肃立不作声，表示哀悼 stand and observe a period of silence (as a sign of mourning)：向遗像~一分钟 xiàng yíxiàng ~ yì fēnzhōng observe one minute's silence facing a portrait of the deceased

【静穆】jìngmù（形）安静而庄严 silent and solemn

【静悄悄】jìngqiāoqiāo（形）形容非常安静 quiet；hushed：四周~的，只听见自己的脚步声。Sìzhōu ~ de, zhǐ tīngjiàn zìjǐ de jiǎobù shēng. It was silent all around and all that could be heard were one's own footfalls.

【静态】jìngtài（名）〔物〕static state

【静物画】jìngwùhuà（名）(~儿) still life

【静养】jìngyǎng（动）convalesce；recuperate：只要你安心~，一个月后就可出院。Zhǐyào nǐ ān xīn ~, yí ge yuè hòu jiù kě chū yuàn. All you have to do is recuperate quietly, then you'll be able to leave the hospital after one month.

【静止】jìngzhǐ（动）static；motionless

【静坐】jìngzuò（动）(1)排除思虑，闭目安坐，是气功疗法的一种方式 sit quietly and still (as a form of therapy) (2)为了达到某种要求或表示抗议，安静地坐在某个地方 sit immobile as a form of protest；stage a sit-down strike：~示威 ~ shìwēi sit-down demonstration；sit-in

境 jìng
（名）◇(1)边界 border；boundary：出~ chū ~ leave a country / 过~ guò ~ cross the border (2)地方 place：仙~ xiān~ fairyland / 如入无人之~ rú rù wú rén zhī ~ like entering an uninhabited land；meeting no resistance

【境地】jìngdì（名）处境 situation；plight：处于孤立的~ chǔyú gūlì de ~ put oneself in an isolated position / 陷入危险的~ xiànrù wēixiǎn de ~ fall into a position of danger

【境界】jìngjiè（名）(1)边界 border；boundary (2)事物所达到的程度或表现的状况 stage which a process has reached；

extent：达到理想的~ dádào lǐxiǎng de ~ attain an ideal state / 思想~不高。Sīxiǎng ~ bù gāo. His ideological level in not high.

【境况】jìngkuàng（名）〔经济〕状况（financial）conditions；circumstances：近年来他家的~好多了。Jìn nián lái tā jiā de ~ hǎo duō le. In recent years his family circumstances have greatly improved.

【境内】jìngnèi（名）within the borders：在中国~ zài Zhōngguó ~ inside Chinese territory / 在河北省~ zài Héběi Shěng ~ within the borders of Hebei Province

【境遇】jìngyù（名）境况和遭遇 circumstances；one's lot in life：他的前半生~不佳。Tā de qián bàn shēng ~ bù jiā. His lot in the first half of his life was a hard one.

镜 〔鏡〕jìng
（名）◇(1) mirror：水平如~ shuǐ píng rú ~ The surface of the water is like a mirror. (2) spectacles：墨~ mò~ dark glasses；sunglasses

【镜架】jìngjià（名）〔副 fù〕spectacle frame

【镜框】jìngkuàng（名）spectacle frame；picture frame

【镜片】jìngpiàn（名）lens

【镜头】jìngtóu（名）(1) camera lens：把~调整好 bǎ ~ tiáozhěng hǎo adjust the camera lens properly (2)照相摄取的一个画面 shot；scene；photograph：抢了一个好~ qiǎngle yi ge hǎo ~ get a good snap (3)电影摄影机每拍摄一次所摄取的一段连续画面 a single part of a cinema film made by one camera without interruption：特技~ tèjì ~ special effect shot；trick shot

【镜子】jìngzi（名）〔面 miàn〕mirror

jiǒng

迥 jiǒng
（形）〈书〉相差很远 widely different：十年前和现在的她~若两人。Shí nián qián hé xiànzài de tā ~ ruò liǎng rén. She is as different now from what she was ten years ago as two different people.

【迥然】jiǒngrán（副）〈书〉差得很远，"根本、完全(不一样)"的意思，常与"不同"连用 far apart；vastly different (often used together with "不同")：这两个公园的景色~不同，一个是人工美，一个是自然美。Zhè liǎng ge gōngyuán de jǐngsè ~ bù tóng, yí ge shì réngōng měi, yí ge shì zìrán měi. The landscape in each of these two gardens is vastly different. One has a man-made beauty while the other has a natural beauty. / 由于思想水平，艺术修养，个人志趣等方面的差异，人们对同一作品可能会有着~相异的评价。Yóuyú sīxiǎng shuǐpíng, yìshù xiūyǎng, gèrén zhìqù děng fāngmiàn de chāyì, rénmen duì tóngyī zuòpǐn kěnéng huì yǒuzhe ~ xiāng yì de píngjià. People can have opinions of the same work which differ greatly from each other because of the differences in the levels of thinking and artistic training, personal interest, etc. / 这个剧本的初稿与修改稿的艺术效果~不同，前者使人感到压抑，后者使人对未来充满信心。Zhège jùběn de chūgǎo yǔ xiūgǎi gǎo de yìshù xiàoguǒ ~ bù tóng, qiánzhě shǐ rén gǎndào yāyì, hòuzhě shǐ rén duì wèilái chōngmǎn xìnxīn. The artistic results of the first draft of this script and of the revised draft are not in the least alike. The former is depressing while the latter gives one confidence in the future. / 她与过去相比~是两个人了，原来又温柔，又安静，现在怎么那么急躁? Tā yǔ guòqù xiāng bǐ ~ shì liǎng ge rén le, yuánlái yòu wēnróu, yòu ānjìng, xiànzài zěnme nàme jízào? She is an utterly different person compared to the way she was in the past. She was so gentle and quiet before. Why is she so irritable now?

炯 jiǒng
【(名)】bright; gleaming
【炯炯】 jiǒngjiǒng (形)〈书〉形容明亮（多指目光）bright; shining (usually refers to eyes)：目光 ～ mùguāng ～ sparkling eyes

窘 jiǒng
【(形)】(1)穷困 poor; in straitened circumstances：生活很 ～。Shēnghuó hěn ～. He lives a very poverty-stricken life. / 手头有些 ～。Shǒutóu yǒuxiē ～. I'm a bit hard up. (2)觉得很不好意思 feel embarrassed：大家提出许多问题，他不能回答，～得很。Dàjiā tíchū xǔduō wèntí, tā bù néng huídá, ～ de hěn. He couldn't answer the questions they raised, so he felt very embarrassed.
【窘境】 jiǒngjìng (名)〈书〉窘迫的境地 awkward situation; plight
【窘迫】 jiǒngpò (形)〈书〉(1)生活穷困 poverty-stricken：过去他家经济 ～。Guòqù tā jiā jīngjì ～. In the past his family was in very straitened circumstances. (2)〈处境〉很为难 hard-pressed; embarrassed：处境 ～ chǔjìng ～ in an unfortunate situation; in a plight; in a predicament

jiū

纠〔糾〕 jiū
【(动)】◇纠正 correct; rectify：～偏 ～ piān correct a deviation; correct an error /～音 ～ yīn correct a mispronunciation
【纠察】 jiūchá (名) stewards (at a public gathering); pickets
【纠缠】 jiūchán (动)(1)搅在一起，理不出头绪 get entangled; be mixed up：到底应该谁负责，双方老是～不清。Dàodǐ yīnggāi shuí fùzé, shuāngfāng lǎo shì ～ bù qīng. The two sides are always mixed up about who should take responsibility. (2)搅扰，使人感到麻烦 annoy; pester：这事跟我无关，别老来～我。Zhè shì gēn wǒ wúguān, bié lǎo lái ～ wǒ. This has nothing to do with me, so stop always pestering me about it.
【纠纷】 jiūfēn (名)〈双方〉争执，互不相让的事情 dispute; point at issue：发生～ fāshēng ～ give rise to a dispute / 解决～的办法 jiějué ～ de bànfǎ way of settling a dispute
【纠葛】 jiūgé (名)〈书〉纠缠不清的事情 entanglement; dispute; wrangle
【纠合】 jiūhé (动)〈书〉集中，联合（常用于贬义）gather together; muster (usually derogatory)
【纠集】 jiūjí (动)勾结，集中（多用于贬义）gather together; gang up; assemble (usually derogatory)：～一伙坏人进行骚扰。～ yìhuǒ huàirén jìnxíng sāorǎo. muster a gang of rascals to create a disturbance
【纠正】 jiūzhèng (动)改正 rectify; redress：～缺点 quēdiǎn rectify a shortcoming /～语法错误 ～ yǔfǎ cuòwù rectify a grammatical error /～写字的姿势 ～ xiě zì de zīshì rectify one's posture while writing

究 jiū
【(动)】◇追查 study; probe; investigate：～其原因 ～ qí yuányīn investigate the cause of something / 不必深～ búbì shēn ～ There's no need to probe deeply into it. (副)〈书〉(1)同"究竟" jiūjìng (1)，语气较弱 (same as "究竟" jiūjìng (1), but has a relatively mild tone)：此项工作～由何人负责? Cǐ xiàng gōngzuò ～ yóu hé rén fùzé? Who is actually in charge of this job? / 事情发展至如此地步～为谁之过错? Shìqíng fāzhǎn zhì rúcǐ dìbù ～ wéi shuí zhī guòcuò? Who exactly is to blame for letting the matter go this far? / 他们～将何日返京，现仍不得而知。Tāmen ～ jiāng hé rì fǎn Jīng, xiàn réng bù dé ér zhī. When exactly are they returning to Beijing? I still don't know. (2)同"究竟" jiūjìng (2) same as "究竟" jiūjìng (2)：种种不幸—已成为过去，无须多想了。Zhǒngzhǒng búxìng ～ yǐ chéngwéi guòqù, wú xū duō xiǎng le. What is done is done. There's no need to dwell on it. / 他虽热情颇高,但—为新手,工作上还有些困难。Tā suī rèqíng pō gāo, dàn ～ wéi xīnshǒu, gōngzuò shang hái yǒu xiē kùnnan. Even though he's very enthusiastic, he is, after all, a new hand, so he still has some difficulties with work.
【究竟】 jiūjìng (名)原委，结果 outcome; result; upshot：这到底是怎么回事，我得去问个～。Zhè dàodǐ shì zěnme huí shì, wǒ děi qù wèn ge ～. I'd better go and get to the bottom of this. (副)(1)同"到底"dàodǐ，用于正反、用疑问词的疑问句，表示进一步追究，有加强语气的作用 same as "到底"dàodǐ (used in affirmative-negative or choice questions which use an interrogative pronoun; used as emphasis)：做这个工作，你～有信心没有? Zuò zhège gōngzuò, Nǐ ～ yǒu xìnxīn méi yǒu? Do you or don't you feel confident enough to do this work? / 你～去上海还是去西安? Nǐ ～ qù Shànghǎi háishi qù Xī'ān? Just exactly where are you going—Shanghai or Xi'an? / 刚才来的那个人～是谁? Gāngcái lái de nàge rén ～ shì shuí? Just exactly who was that person who just came here? (2)同"毕竟" bìjìng (2)，用于陈述句中，强调事情的根本原因和条件 same as "毕竟" bìjìng (2) (used in a declarative sentence to emphasize the basic cause and conditions for sth.) after all：不管她有多大错误，～是你妹妹，你应该帮助她。Bùguǎn tā yǒu duō dà cuòwù, ～ shì nǐ mèimei, nǐ yīnggāi bāngzhù tā. No matter how serious the mistake, she is, after all, your younger sister. You should help her. / 她～学过几年画,对画的鉴别和欣赏能力都比我们强。Tā ～ xuéguo jǐ nián huà, duì huà de jiànbié hé xīnshǎng nénglì dōu bǐ wǒmen qiáng. After all, she did study painting for several years, so her ability to discriminate and appreciate paintings is much better than ours. / 真丝做的衬衣～比人造丝的穿起来轻软、舒适。Zhēnsī zuò de chènyī ～ bǐ rénzàosī de chuān qilai qīngruǎn、shūshì. Blouses made of pure silk are, after all, softer and more comfortable than those made of man-made silk. / 她～年轻，办事没经验。Tā ～ niánqīng, bàn shì méi jīngyàn. After all, she is young and inexperienced in handling matters.

揪 jiū
【(动)】〈口〉抓住并用力地拉 seize; grab; tug：～耳朵 ěrduo tug one's ear / 扣子快掉了，～下来重钉。Kòuzi kuài diào le, ～ xialai chóng dìng. A button is about to fall off. Grab it and fasten it back on again. / 别老～住人家的一句错话不放。Bié lǎo ～zhù rénjia de yī jù cuò huà bú fàng. You shouldn't keep harping on a person's slip of the tongue.

啾 jiū
【啾啾】 jiūjiū (象声)〈书〉(1)形容小鸟一齐叫的声音 chirping (of birds)：树林中小鸟～。Shùlín zhōng xiǎo niǎo ～. The birds are chirping in the forest. (2)形容凄厉的鸣声 (descriptive of a lonesome cry)：猿声～。Yuán shēng ～. The ape's call is a mournful one.

jiǔ

九 jiǔ
【(数)】nine
【九牛二虎之力】 jiǔ niú èr hǔ zhī lì 比喻很大的力量,常用来形容花费很大的力气才完成一件事 "the strength of nine bulls and two tigers" —tremendous efforts

【九牛一毛】jiǔ niú yī máo 许多牛身上的一根毛,比喻在极大数量中微不足道的数量 "one hair out of nine ox hides" — a drop in the ocean：一千元对他说来真是～。Yìqiān yuán duì tā shuō lái zhēn shì ~. A thousand yuan is a drop in the ocean to him.

【九死一生】jiǔ sǐ yī shēng 形容经历多次危难而幸存下来 hairbreadth escape from death

【九霄云外】jiǔ xiāo yún wài 形容无限遥远的地方,常用在"到"或"在"的后面一起作补语 beyond the topmost clouds; unimaginably far away：他把同志们的嘱托早抛到～去了。Tā bǎ tóngzhìmen de zhǔtuō zǎo pāodào ~ qu le. He completely disregarded his comrades' trust.

【九一八事变】Jiǔ Yī Bā Shìbiàn 1931年9月18日,日本帝国主义大规模武装侵略中国东北的事件 September 18th Incident of 1931 in which the Japanese imperialists launched large-scale armed aggression against China's Northeast

【九月】jiǔyuè（名）(1) September (2) ninth month of the lunar calendar

久 jiǔ （形·非定）◇(1)时间很长 a long time：等了很～ děngle hěn jiǔ I waited for a long time. / 他们二人～未通信。Tāmen èr rén ~ wèi tōng xìn. The two of them have been out of touch with each other for a long time. (2)时间的长短(除问句外,多指长时间) length of time (usually meaning a long time, but not used in questions in this sense)：你来多～了。Nǐ lái duō ~ le? How long have you been here? / 他离开故乡有十年之～了。Tā líkāi gùxiāng yǒu shí nián zhī ~ le. He has been away from his hometown for ten years.

【久而久之】jiǔ ér jiǔ zhī 长久下去 in the course of time; as time passes：这种毛病如不赶快改正,～就会发展成罪行。Zhè zhǒng máobìng rú bù gǎnkuài gǎizhèng, ~ jiù huì fāzhǎn chéng zuìxíng. If this defect is not put right quickly, in the course of time it could turn into a crime.

【久经】jiǔjīng（动）〈书〉undergo; bear for a long time：～风霜 ~ fēngshuāng undergo storm and stress for a long time / ～磨练 ~ móliàn undergo long and severe testing; be tempered

【久久】jiǔjiǔ（副）很长时间 for a very long time：听到这个消息,我的心～不能平静。Tīngdào zhège xiāoxi, wǒ de xīn ~ bù néng píngjìng. I was agitated for ages after I heard this news.

【久留】jiǔliú（动）〈书〉长时间的停留 remain for a long time：此地虽好,但不可～。Cǐ dì suī hǎo, dàn bù kě ~. This place is fine, but I must not stay here for long.

【久已】jiǔyǐ（副）很早以前就 already for a long time：这位画家～不在人世了。Zhè wèi huàjiā ~ bú zài rénshì le. This painter has already been dead for a long time. / 他～不登台了。Tā ~ bù dēng tái le. It's been a long time since he went up on the stage.

【久远】jiǔyuǎn（形）〈书〉很久以前的(用途有限) long ago; in the remote past：这个瓷瓶制作的年代很～了。Zhège cípíng zhìzuò de niándài hěn ~ le. This porcelain vase dates from a very ancient period.

玖 jiǔ （数）"九"的大写 special form of "九" (used to prevent alteration of the numeral)

酒 jiǔ （名）alcoholic beverage

【酒吧间】jiǔbājiān（名）bar
【酒杯】jiǔbēi（名）[个 gè] wine glass; wine cup
【酒菜】jiǔcài（名）(1)酒和菜 drinks and food (2)喝酒时吃的菜 dishes to go with drinks

【酒馆】jiǔguǎnr（名）出售酒供人饮用的小店铺 wineshop; tavern; pub
【酒鬼】jiǔguǐ（名）喝酒成瘾的人(骂人的话) drunkard; boozer (term of abuse)
【酒会】jiǔhuì（名）cocktail party
【酒精】jiǔjīng（名）alcohol; methylated spirit
【酒量】jiǔliàng（名）一次能喝多少酒的限度 capacity for liquor; amount of drink one can hold：吃饱以后,～比空肚子时要大得多。Chībǎo yǐhòu, ~ bǐ kōng dùzi shí yào dà de duō. One's capacity for liquor is much greater after a meal than on an empty stomach. / 人和人～可以相差很远。Rén hé rén ~ kěyǐ xiāng chà hěn yuǎn. Capacity for liquor differs greatly from person to person.
【酒徒】jiǔtú（名）同"酒鬼"jiǔguǐ same as "酒鬼" jiǔguǐ
【酒窝】jiǔwō（名）(～儿)笑时颊上出现的小圆窝(多指年轻女性或孩子) dimple
【酒席】jiǔxí（名）[桌 zhuō] feast
【酒盅】jiǔzhōng（名）小酒杯 small wine cup

jiù

旧 〔舊〕jiù （形）(1)过去的,过时的(与"新"相对) old; in the past; bygone (opposite of "新")：这些是新家具,不过式样是～的。Zhèxiē shì xīn jiājù, búguò shìyàng shì ~ de. This is new furniture but the style is old. / 他年龄不大却有不少～思想。Tā niánlíng bú dà què yǒu bù shǎo ~ sīxiǎng. He is not very old but he has a lot of old-fashioned ideas. (2)由于时间长久而变色或变形的(与"新"相对) having changed color or shape with the passage of time (opposite of "新")：两本～书 liǎng běn ~ shū two worn-out old books / 这件大衣才买了一年,已经穿得很～了。Zhè jiàn dàyī cái mǎile yì nián, yǐjīng chuān de hěn ~ le. I only bought this overcoat a year ago but it is already worn out. / 他用东西不经心,～起来很快。Tā yòng dōngxi bù jīngxīn, ~ qǐlai hěn kuài. He uses things so carelessly that they soon get worn out.

【旧地重游】jiù dì chóng yóu 又来到以前来过的地方 revisit a place
【旧交】jiùjiāo（名）〈书〉老朋友 old friend
【旧居】jiùjū（名）从前曾经居住过的地方 former residence; old home
【旧历】jiùlì（名）即农历,也叫"阴历" traditional Chinese calendar (also called the "lunar calender")
【旧式】jiùshì（形）old-style; old-fashioned：～房屋 ~ fángwū old-fashioned house
【旧事】jiùshì（名）过去的事 things of the past
【旧社会】jiù shèhuì 指1949年新中国成立以前的中国社会 Chinese society up until the founding of New China in 1949; the "old society"
【旧址】jiùzhǐ（名）某个机构或建筑物过去的地址 site (of a former organization, building, etc.)

咎 jiù （名）◇过错,罪过 fault; transgression：～有应得 ~ yǒu yīng dé misdeeds must be atoned for (动)◇责备 reproach; blame：既往不～ jì wǎng bú ~ let bygones be bygones

【咎由自取】jiù yóu zì qǔ 所受的责难、处罚或祸事,都是自己造成的 having only oneself to blame

救 jiù （动）rescue; save：把落到水里的人全～出来了。Bǎ luòdào shuǐ li de rén quán ~ chulai le. They rescued all the people who had fallen into the water.

【救兵】jiùbīng（名）情况危急时来援助的军队 reinforcements

【救国】jiù=guó save the nation

【救护】jiùhù（动）医疗伤病员或援助有生命危险的人，常作定语 give treatment（first-aid）to an injured person or help a person whose life is in danger（often used as an attribute）：～车 ～chē ambulance /～站 ～zhàn first-aid station

【救荒】jiù=huāng 援助灾区人民度过灾荒 mount rescue efforts for disaster victims

【救活】jiù//huó（1）（通过药物或其他手段）使危险病人脱险 save a person's life：他几乎淹死，又被大夫～了。Tā jīhū yānsǐ, yòu bèi dàifu ～ le. He almost drowned but was revived by the doctor.（2）（通过行政能力或技术能力）使濒于失败的局面有了转机，有了活力 save（a situation）; relieve; rescue：起用了一个能人，～了一个工厂。Qǐyòngle yí ge néngrén, ～le yí ge gōngchǎng. They reinstated an able person and rescued a factory. / 他这一招把棋～了。Tā zhè yì zhāo bǎ qí ～ le. That adroit move saved the chess game for him.

【救火】jiù=huǒ fire fighting：～车 ～ chē fire engine / 群众正在奋力～. Qúnzhòng zhèngzài fènlì ～. The masses are right now going all out to fight the fire.

【救急】jiù=jí 别人发生突然性的伤病或其他急难时，给予帮助 help somebody in difficulties：他妻子生病，得花不少钱，我们应该帮助他，这是～的事儿。Tā qīzi shēng bìng, děi huā bù shǎo qián, wǒmen yīnggāi bāngzhù tā, zhè shì ～ de shìr. His wife has fallen ill and he is being put to a lot of expense, so we must help him out of this predicament.

【救济】jiùjì（动）provide relief：～灾民 ～ zāimín provide relief to disaster victims

【救命】jiù=mìng save a life：是老王救了我的命。Shì Lǎo Wáng jiùle wǒ de mìng. It was Lao Wang who saved my life.

【救生圈】jiùshēngquān（名）life buoy

【救生船】jiùshēngchuán（名）同“救生艇”jiùshēngtǐng same as "救生艇" jiùshēngtǐng

【救生艇】jiùshēngtǐng（名）lifeboat

【救生衣】jiùshēngyī（名）[件 jiàn、套 tào] life jacket

【救世主】jiùshìzhǔ（名）Saviour; Redeemer

【救死扶伤】jiù sǐ fú shāng 抢救生命垂危的，照料受伤的。现常用来表彰医务工作者全心全意为人民服务的崇高精神 "revive the dying and heal the injured"—lofty spirit of service of medical workers

【救亡】jiùwáng（动）拯救祖国的危亡 save the nation from extinction

【救星】jiùxīng（名）liberator

【救援】jiùyuán（动）同“援救”yuánjiù same as "援救" yuánjiù

【救灾】jiù=zāi 救济受灾的人民 provide relief for disaster victims

【救治】jiùzhì（动）〈书〉treat（patients）; cure（illness）：此病无法～. Cǐ bìng wúfǎ ～. This disease is incurable.

【救助】jiùzhù（动）援救、帮助 help somebody in difficulty or danger; succor：一家遭то不幸，大家都来～。Yì jiā zāodào búxìng, dàjiā dōu lái ～. When a family meets with misfortune everybody rallies round to help.

就 jiù（动）（1）凑近，靠近 approach; come near：～着灯看书 ～ zhe dēng kàn shū move close to the light to read a book（2）（吃饭或喝酒时）吃（菜）或（和饭酒一起）吃 have a dish to go with other food or drink：别光吃饭，多～点菜。Bié guāng chī fàn, duō ～ diǎnr cài. Don't eat rice by itself. Have some vegetables to go with it. / 这个菜太咸，只能～饭。Zhège cài tài xián, zhǐ néng ～ fàn. This dish is too salty. It can only go with rice. / 他喝酒不用～菜。Tā hē jiǔ búyòng ～ cài. When he drinks he doesn't eat anything to go with it. / 米饭必须～着菜吃。Mǐfàn bìxū ～ zhe cài chī. One needs dishes to go with rice.（副）（1）强调事情发生的时间早、快或历时短 ①用在表示时间的词语后，可用于已然，也可用于未然。“就”轻读，表示时间的词语重读（emphasizes that sth. occurs early, quickly or for a short period of time）（used after a word denoting time; can be used for sth. that has either already occurred or not yet occurred；"就" is not stressed but the word denoting time is stressed）：天刚亮他～起来了。Tiān gāng liàng tā ～ qǐlai le. He got up as soon as the sky was light. / 今天我们十一点半～吃午饭。Jīntiān wǒmen shíyī diǎn bàn ～ chī wǔfàn. We're having lunch as early as 11:30 today. / 她十三岁的时候～帮助妈妈照看弟弟了。Tā shísān suì de shíhou ～ bāngzhù māma zhàokàn dìdi le. She started to help her mother look after her younger brother when she was just thirteen years old. / 还是上大学的时候，我～觉得他骄傲。Háishi shàng dàxué de shíhou, wǒ ～ juéde tā jiāo'ào. As early as my university days I thought him very arrogant. / 代表团明天～到。Dàibiǎotuán míngtiān ～ dào. The delegation will arrive as early as tomorrow. / 路不远，十分钟～可以到那里。Lù bù yuǎn, shí fēnzhōng ～ kěyi dào nàli. It's not far. You can get there in just ten minutes. “就”前边有时没有表示时间的词语，但句子包含“马上”“立刻”的意思。“就”重读（sometimes "就" is not preceded by a word denoting time, the sentence contains the meaning of "马上" or "立刻"（immediately）; "就" is stressed）：他～来，请等一下。Tā ～ lái, qǐng děng yíxià. He's coming right now. Please wait a moment. / 晚饭～好了，吃了饭再走吧！Wǎnfàn ～ hǎo le, chīle fàn zài zǒu ba! Supper will be ready in a minute. Wait until you've eaten before leaving. / 我～去找他商量。Wǒ ～ qù zhǎo tā shāngliang. I'm on my way to discuss this with him. ②表示两件事或两个动作紧紧相连（indicates that two matters or two actions are closely linked together）：他作完报告～走了。Tā zuòwán bàogào ～ zǒu le. He left as soon as he finished giving the report. / 她看了信～哭了。Tā kànle xìn ～ kū le. She cried right after she read the letter. / 他回到家～坐下来看书。Tā huídào jiā ～ zuò xialai kàn shū. He sat down and read a book as soon as he got home. / 我们刚坐到餐桌旁，服务员～过来问我们吃什么。Wǒmen gāng zuòdào cānzhuō páng, fúwùyuán ～ guòlai wèn wǒmen chī shénme. We had just sat down at the table when the waiter came over to ask us what we wanted. 有时两个动作实际是一个，这种说法主要强调动作快（two actions are sometimes in fact one and the same; this way of speaking is used to emphasize the quickness of the action）：他不高兴了，抬腿～走。Tā bù gāoxing le, tái tuǐ ～ zǒu. He was displeased so he walked away. / 这种病说犯～犯。Zhè zhǒng bìng shuō fàn ～ fàn. This kind of illness recurs at the very mention of it. / 要干～干，别怕这怕那的。Yào gàn ～ gàn, bié pà zhè pà nà de. If you want to do it, just do it. Stop worrying about this or that.（2）强调数量的多或少（emphasizes how much or how little the quantity of sth. is）①用在数量短语后，表示说话人认为数量少，“就”轻读，数词重读（used after a numeral-measure word phrase to indicate that the speaker considers the amount to be small; "就" is unstressed, the numeral is stressed）：她一只手～把箱子提上楼了。Tā yì zhī shǒu ～ bǎ xiāngzi tíshàng lóu le. She carried the suitcase upstairs with just one hand. / 一杯红茶，放一勺糖～够了。Yì bēi hóngchá, fàng yì sháo táng ～ gòu le. One spoonful of sugar is enough for a cup of black tea. 有时“就”后面也有数量短语，“就”前的数量少，相比之下，含有后面的数量多的意思。前后数词都重读（"就" is also sometimes fol-

lowed by a numeral-measure word phrase; in this case, the quantity mentioned before "就" is small; the amount which follows "就" is a larger one in comparison; both of the numerals are stressed): 他一个人~住三间屋子。 Tā yí ge rén ~ zhù sān jiān wūzi. *He has a three-room apartment all to himself.* / 这两个村~有七八百户人家。 Zhè liǎng ge cūn ~ yǒu qī-bābǎi hù rénjiā. *There are as many as seven or eight hundred households in these two villages alone.* 有时 "就" 前没有数词，主语重读，表示说话人认为数量多("就" *is sometimes not preceded by a numeral; in this case, the subject is stressed to indicate that the speaker considers the amount to be large*): 他收藏了不少画，山水画~有六十多幅。 Tā shōucángle bù shǎo huà, shānshuǐhuà ~ yǒu liùshí duō fú. *He has collected a fair amount of paintings and has as many as sixty some odd landscape paintings alone.* ②"就"用在数量短语之前，说话人认为数量少，有"只"的意思，"就"或后面的数词要重读(*when "就" is used before a numeral-measure word phrase, it indicates that the speaker considers the amount to be small; has the same meaning as "只"; either "就" or the following numeral is stressed*): 这本词典~收了一万五千词条。 Zhè běn cídiǎn ~ shōule yíwàn wǔqiān cítiáo. *This dictionary only contains 15,000 entries.* / 一张电影票，给谁呢？ ~ yì zhāng diànyǐng piào, gěi shuí ne? *There's only one movie ticket. Whom is it for?* / 我们班~十五个学生。 Wǒmen bān ~ shíwǔ ge xuésheng. *There are only fifteen students in our class.* ③动词前加"一"，"就"后有数量短语，表示数量多，"就"轻读(*when "一" is added before the verb, "就"is followed by a numeral-measure word phrase to indicate a large amount; "就" is not stressed*): 他一出去~一下午，天快黑了才回来。 Tā yì chūqu ~ yí xiàwǔ, tiān kuài hēi le cái huílai. *He went out for a whole afternoon and didn't come back until it was almost dark.* / 一下雨～十天，庄稼要涝了。 Yí xià yǔ ~ shí lái tiān, zhuāngjia yào lào le. *It has been raining for a full ten days. The crops will be waterlogged.* (3)限定范围 (*restricts the scope of sth.*) ①用在动词或动宾结构前，限定动作，或表示动作只适用于宾语所指的人、物。"就"或宾语重读 (*when used before a verb or a verb-object structure, it restricts the action or indicates that the action is only suited for the person or thing to which the object refers; either "就" or the object is stressed*): 他~学习，不工作。 Tā ~ xuéxí, bù gōngzuò. *He is only studying, not working.* / 我~怕迟到，老师会批评的。 Wǒ ~ pà chídào, lǎoshī huì pīpíng de. *I'm afraid of being late and being criticized by the teacher for it.* / 他~关心自己，别人的事连问都不问。 Tā ~ guānxīn zìjǐ, biérén de shì lián wèn dōu bú wèn. *He only cares about himself. He doesn't even ask about others.* ②用在主谓结构前，表示排除主语所指以外的事物，"就"或结构中的主语或数词重读 (*when used before a subject-predicate structure, it indicates that everything to which the subject does not refer is excluded; the stress is either on "就", the subject of the structure, or the numeral*): ~小王没交作业了。 ~ Xiǎo Wáng méi jiāo zuòyè le. *Only Xiao Wang did not hand in homework.* / 我们班~他们两个是北京人。 Wǒmen bān ~ tāmen liǎng ge shì Běijīng rén. *Only those two are from Beijing in our class.* / 他们家~他父亲懂法语。 Tāmen jiā ~ tā fùqīn dǒng Fǎyǔ. *His father is the only one who understands French in their family.* ③用在介宾结构前，表示动作只限于宾语所指的人、物，宾语重读 (*when used before a preposition-object structure, it indicates that the action is restricted to the person or thing to which the object refers; the object is stressed*): ~凭他的水平，完成这项任务不成问题。 ~ píng tā de shuǐpíng, wánchéng zhè xiàng rènwù bù chéng wèntí. *Just in terms of his level, it won't be a problem to get this task finished.* / 我~在附近

走走，不会走远的。 Wǒ ~ zài fùjìn zǒuzou, bú huì zǒuyuǎn de. *I'm just taking a walk nearby. I won't go far.* / 咱们今天~把屋里打扫干净，院子明天再说。 Zánmen jīntiān ~ bǎ wūli dǎsǎo gānjìng, yuànzi míngtiān zài shuō. *Let's just clean up the room today. We can take care of the courtyard tomorrow.* ④用在主语后，述语前，表示主语所指的人、物或人、物的行为、状态等足以达到说明述语所表示的目的或情况 (*when used after the subject and before the main verb, it indicates that the person or thing, or the behaviour, state, etc. to which the subject refers sufficiently reaches or illustrates the goal or situation expressed by the main verb*): 这件小事～让他忙了一整天。 Zhè jiàn xiǎo shì ~ ràng tā mángle yì zhěng tiān. *This trifling matter alone kept him busy for an entire day.* / 他不来参加会，～表示他对这个会不感兴趣。 Tā bù lái cānjiā huì, ~ biǎoshì tā duì zhège huì bù gǎn xìngqù. *His not attending the meeting shows that he's not intersted in it.* / 这种草冬天也不枯，～说明它耐寒。 Zhè zhǒng cǎo dōngtiān yě bù kū, ~ shuōmíng tā nài hán. *The fact that this type of weed doesn't wither in winter shows that it's cold-resistant.* (4)表示说话人认为（时间的或空间的）距离近 (*indicates that the speaker considers the interval (of time or space) to be a short one*): 菜店～在路口。 Càidiàn ~ zài lùkǒu. *The food store is right on the corner.* / 老王～住在你家左边的那条胡同里。 Lǎo Wáng ~ zhù zài nǐ jiā zuǒbian de nà tiáo hútòngr li. *Lao Wang lives right beside you in the alley on the left.* / ~在两天前，我买到了这本书。 ~ zài liǎng tiān qián, wǒ mǎidàole zhè běn shū. *I managed to buy this book just two days ago.* (5)表示进一步确认和肯定 (*indicates further confirmation or affirmation*): 这～是妇产医院。 Zhè ~ shì fùchǎn yīyuàn. *This is the hospital for gynaecology and obstetrics.* / 她～是我常说的王老师。 Tā ~ shì wǒ cháng shuō de Wáng lǎoshī. *This is the Teacher Wang of whom I often speak.* (6)表示态度坚定、执拗。"就"重读 (*indicates firmness or stubbornness; "就" is stressed*): 我～不回去。 Wǒ ~ bù huíqu. *I am simply not going back.* / 产品质量不合格，～得返工。 Chǎnpǐn zhìliàng bù hégé, ~ děi fǎngōng. *The product quality is not up to standard. The work will just have to be done all over again.* / 不合理的事我～要管。 Bù hélǐ de shì wǒ ~ yào guǎn. *I insist on bothering about unreasonable matters.* (7)放在相同的词之间，表示容忍、让步 (*placed between two identical words to indicate that one is making a concession*): 忙点儿～忙点儿吧，过了这个星期就好了。 Máng diǎnr ~ máng diǎnr ba, guòle zhège xīngqī jiù hǎo le. *If we're a little busier, we're a little busier. Things will be fine after this week.* / 走～走吧！反正他在这儿也帮不了忙。 Zǒu ~ zǒu ba! fǎnzhèng tā zài zhèr yě bāng bu liǎo máng. *If he wants to go, let him go. At any rate, he can't help with anything here.* (8)用在复句的第二个分句中，表示前一分句是假设、条件、原因、目的等 (*when used in the second clause of a sentence with two or more clauses, it indicates that the first is the premise of the second*): 要是下雨的话，运动会～改期。 Yàoshi xià yǔ dehuà, yùndònghuì ~ gǎi qī. *If it rains, the sports meet will be postponed.* / 没有信心和毅力，～干不成大事。 Méi yǒu xìnxīn hé yìlì, ~ gàn bu chéng dà shì. *If one has no confidence or will, one cannot accomplish important matters.* / 因为他爱听音乐，我～把票给他了。 Yīnwei tā ài tīng yīnyuè, wǒ ~ bǎ piào gěile tā. *I gave him the ticket because he likes to listen to music so much.* / 他排行第三，小名～叫小三儿。 Tā páiháng dìsān, xiǎomíng ~ jiào Xiǎo Sānr. *He's the third child of the family, so his pet name is "Little Third One".* / 学外语要想说得流利～得多练。 Xué wàiyǔ yào xiǎng shuō de liúlì ~ děi duō liàn. *If you want to learn to speak a foreign language fluently, you have to practise*

more. (9)对比两个事物，表示后者与前者不同（contrasts two things to indicate that the latter is not the same as the former）：这张书桌做得真细，书柜的手工～比较差。Zhè zhāng shūzhuō zuò de zhēn xì, shūguì de shǒugōng ~ bǐjiào chà. This writing desk was meticulously made. The handwork on the bookcase, on the other hand, is relatively inferior. / 姐姐比较安静，妹妹的性格～活泼多了。Jiějie bǐjiào ānjìng, mèimei de xìnggé ~ huópo duō le. The elder sister is relatively quiet. The younger sister's character, on the other hand, is much livelier. （介）(1)引出分析、研究、讨论、处理等的范围或对象 with regard to; concerning; on：我现在～文化工作谈点个人的看法。Wǒ xiànzài ~ wénhuà gōngzuò tán diǎn gèrén de kànfǎ. I will now talk about my own views on cultural work. / 双方～贸易问题充分交换了意见。Shuāngfāng ~ màoyì wèntí chōngfèn jiāohuànle yìjiàn. The two sides have fully exchanged views on the subject of trade. (2)表示挨近、靠近、趁着，后面是单音节词时，常构成固定词语；后面是多音节词时，"就"后常带"着" get near to; move towards; while (when followed by a monosyllabic word, this usu. forms a set phrase; when followed by a polysyllabic word," 着" is usu. placed right after "就"）：～地取材 ~ dì qǔ cái draw on local resources / 请您～手把门关上。Qǐng nín ~ shǒu bǎ mén guānshang. Please close the door behind you. /～着灯光看书 ~ zhe dēngguāng kàn shū read a book by the light of a lamp /～着班车进城一趟 ~ zhe bānchē jìn chéng yí tàng make a trip downtown by the school bus (3)"就……而论"就……来说（看、说来）"作插入语，表示在某一范围内；常可连起来构成正反的比较（when "就...而论", or "就...来说（看、说来）" is used as a parenthesis, it indicates within a certain scope or limit; such a phrase can be used twice in succession to make a comparison）：～我来说，从不去计较这些生活小事。~ wǒ láishuō, cóng bú qù jìjiào zhèxiē shēnghuó xiǎo shì. As for me, I never fuss about such trifling matters in life. /～自然条件而论，沿海一带比内地好；但～矿藏来说，内地的藏量比沿海地区还要丰富。~ zìrán tiáojiàn ér lùn, yánhǎi yídài bǐ nèidì hǎo; dàn ~ kuàngcáng láishuō, nèidì de cángliàng bǐ yánhǎi dìqū hái yào fēngfù. In terms of natural conditions, the area along the coast is better than inland; but in terms of mineral resources, reserves are much more abundant inland than along the coast. /～局部来看，你说的当然有理；但～全局说来，却未必如此。~ júbù láikàn, nǐ shuō de dāngrán yǒu lǐ; dàn ~ quánjú shuōlái, què wèibì rúcǐ. Of course what you say makes sense in terms of the part; but in terms of the whole, it may not necessarily be so. （连）(1)同"就是"jiùshì（连）(1)(2)(3) same as "就是" jiùshì（连）(1)(2)(3)：你刚参加工作，～写了申请报告，也不会分给你房子。Nǐ gāng cānjiā gōngzuò, ~ xiěle shēnqǐng bàogào, yě bú huì fēn gěi nǐ fángzi. You have just started work, so even if you did submit an application, you still wouldn't be assigned a house. / 这么简单的道理，～连小孩子都明白。Zhème jiǎndān de dàolǐ, ~ lián xiǎoháizi dōu míngbai. Even a small child can understand such simple reasoning. / 湖水浅，也能淹死不会游泳的。Húshuǐ ~ qiǎn, yě néng yānsǐ bú huì yóuyǒng de. Even though the lake is shallow, those who can't swim can still be drowned. / 钱～多也不能随便花。Qián ~ duō yě bù néng suíbiàn huā. Even if I had a lot of money I still wouldn't spend it at random. / 我一～只手也能打过你，信不信?Wǒ ~ yì zhī shǒu yě néng dǎ guò nǐ, xìn bu xìn? I can beat you even with one hand. Do you believe me? (2)同"就是"jiùshì（连）(4) same as "就是" jiùshì（连）(4)：市场上蔬菜种类是挺全的，～价钱有点贵。Shìchǎng shang shūcài zhǒnglèi shì tǐng quán, ~ jiàqián yǒudiǎnr guì. There is quite a wide variety of vegetables on

the market. It's just that they're a bit expensive. / 这孩子学习倒不错，～脾气太急。Zhè háizi xuéxí dào búcuò, ~ píqi tài jí. This child does well in his studies, but is just a bit too impatient. / 玫瑰，花是很香，～刺儿太多了。Méigui, huār shì hěn xiāng, ~ cìr tài duō le. Roses are indeed fragrant. It's just that they have too many thorns.

【就伴儿】jiù=bànr〈口〉做伴 accompany; travel together：你上街吗，我跟你～去。Nǐ shàng jiē ma, wǒ gēn nǐ ~ qù. Are you going out? I'll go with you. / 没人跟我～，一个人去没意思。Méi rén gēn wǒ ~, yí ge rén qù méi yìsi. I have nobody to go with me, and it's no fun going alone.

【就便】jiùbiàn（副）(～儿)同"顺便"shùnbiàn，表示趁完成或进行某事的方便条件，完成或进行另一件事 same as " 顺便" shùnbiàn; at sb.'s convenience; while you're at it; thus：我去取信的时候，～把你的报纸也拿来了。Wǒ qù qǔ xìn de shíhou, ~ bǎ nǐ de bàozhǐ yě nálai le. I picked up your newspaper while I was getting the mail. / 电工来修理电灯，我请他～把电风扇的开关也修好了。Diàngōng lái xiūlǐ diàndēng, wǒ qǐng tā ~ bǎ diànfēngshàn de kāiguān yě xiūhǎo le. I asked the electrician to fix the switch on the electric fan while he was here fixing the lights.

【就餐】jiùcān（动）〈书〉take a seat at the dinner table

【就此】jiùcǐ（副）在某过程中的某一阶段 at this point; here and now; thus：他还没决定这个专题是继续搞下去呢，还是～罢手。Tā hái méi juédìng zhège zhuāntí shì jìxù gǎo xiaqu ne, háishi ~ bàshǒu. He still hasn't decided whether to continue with this special topic or to give it up at this point. / 你要紧紧抓住这个时机，～将工作局面打开。Nǐ yào jǐnjǐn zhuāzhù zhège shíjī, ~ jiāng gōngzuò júmiàn dǎkāi. You must seize this opportunity and thus make a breakthrough in your work.

【就地】jiùdì（副）就在原处，就在此地 on the spot：这里盛产羊毛，～加工织成毛衣、毛毯，运往外地。Zhèli shèngchǎn yángmáo, ~ jiāgōng zhīchéng máoyī、máotǎn, yùn wǎng wàidì. This place abounds in wool which is processed on the spot and knit into sweaters and rugs, then shipped to other places. / 大家走得累了，到了目的地，～一坐，都不愿意起来。Dàjiā zǒu de lèi le, dàole mùdì dì, ~ yí zuò, dōu bú yuànyì qǐlai le. We walked until we were exhausted. When we reached our destination, we all sat down on the spot and none wanted to get up again. / 在现场会上，有不少问题～解决了。Zài xiànchǎnghuì shang, yǒu bù shǎo wèntí ~ jiějué le. Many problems were resolved on the spot at the meeting.

【就地取材】jiùdì qǔ cái 在当地选取材料 gather materials on the spot：在那里盖石头房子最好，可以～。Zài nàli gài shítou fángzi zuì hǎo, kěyǐ ~. It is best to build stone houses there because materials can be gathered on the spot.

【就范】jiùfàn（动）〈书〉听从支配和控制 submit; surrender; give in

【就近】jiùjìn（副）表示利用在近处的方便条件（do or get sth.）nearby; without having to go far：这里的小学生都是～入学。Zhèli de xiǎoxuéshēng dōu shì ~ rù xué. The elementary school students here go to whichever school nearest to their homes. / 他搬到城里来，上班方便，还可以～照顾父母。Tā bāndào chéng lǐ lái, shàng bān fāngbiàn, hái kěyǐ ~ zhàogu fùmǔ. Now that he has moved to the city, it's convenient for him to go to work and he doesn't have to go far to take care of his parents either. / 我家旁边有个小商店，平时买菜、买肉都能～解决。Wǒ jiā pángbiān yǒu ge xiǎo shāngdiàn, píngshí mǎi cài、mǎi ròu dōu néng ~ jiějué. There's a small shop beside our home, so we don't usually have to go far to buy meat and vegetables.

【就寝】jiùqǐn（动）〈书〉上床睡觉 go to bed

【就任】jiùrèn（动）到工作岗位担任（较高的职务）take of-

fice; take up one's post: ~部长 ~ bùzhǎng take up a ministerial post / ~总理 ~ zǒnglǐ take office as prime minister

【就势】 jiùshì (副)(1)就着动作上便利的形势(紧接着做另一个动作) making use of the momentum (of one action to perform another): 他见他倒了,~ 又踢了一脚。Tā jiàn tā dǎo le, ~ yòu tīle yì jiǎo. When he saw him falling, he made use of his momentum to kick him down. /我只轻轻地推了他一下,谁知他竟一坐在地上不肯起来了。Wǒ zhǐ qīngqīng de tuīle tā yí xià, shuí zhī tā jìng ~ zuò zài dì shang bù kěn qǐlai le. I just gave him a slight push. Who would have thought he would make use of the momentum to sit down on the ground and refuse to get up. (2)就着前一件事的顺利形势(紧接着做另一件事) taking the opportunity (to do sth. else): 她看父亲的情绪好了,便 ~ 说:"您跟我们一起出去走走吧!" Tā kàn fùqin de qíngxù hǎo le, biàn ~ shuō: "Nín gēn wǒmen yìqǐ chūqu zǒuzou ba!" When she saw that her father was in a better mood, she seized the opportunity to say: "Come out with us for a stroll." /她答应给小王补习英语,我一问她能不能翻译一篇文章。Tā dāying gěi Xiǎo Wáng bǔxí Yīngyǔ, wǒ ~ wèn tā néng bu néng fānyì yì piān wénzhāng. When she agreed to help Xiao Wang with his English, I took the opportunity to ask her if she would translate an article.

【就事论事】 jiù shì lùn shì 按照事情本身的情况来评论是非得失(不牵扯别的) consider sth. in isolation; judge something as it stands (without taking anything else into consideration)

【就是】 jiùshì (副)(1)有"只是"的意思,表示只限于某种行动或某种情况,不限制数量 same as "只是" zhǐshì (indicates that sth. is limited to one kind of action or situation; does not limit quantity): 这个地方没什么好的,~草地多。Zhège dìfang méi shénme hǎo de, ~ cǎodì duō. There's nothing good about this place other than there are a lot of meadows. / 我们都喜欢那块花绸子,~她喜欢那块白颜色的。Wǒmen dōu xǐhuan nà kuài huā chóuzi, ~ tā xǐhuan nà kuài bái yánsè de. We all like that piece of flowered silk fabric. Only she likes the white one. / 我没什么大病,~有点儿头疼。Wǒ méi shénme dà bìng, ~ yǒudiǎnr tóu téng. I'm not seriously ill. I just have a bit of a headache. (2)同"就"jiù (副)(6),表示态度坚决,不肯改变 "就是"重读 same as "就" jiù (副)(6)("就是" is stressed): 不去,我~不去。Bú qù, wǒ ~ bú qù. I am just not going. / 不管大家怎么劝他,他~坚持己见。Bùguǎn dàjiā zěnme quàn tā, tā ~ jiānchí jǐ jiàn. No matter how we press him, he just sticks to his own views. (3)肯定某种性质或状态 (affirms a certain kind of nature or attitude): 人家李平~比你强,干事又认真,又踏实。Rénjia Lǐ Píng ~ bǐ nǐ qiáng, gàn shì yòu rènzhēn, yòu tāshi. That Li Ping is indeed better than you. When he does something, he is very conscientious and dependable. / 名歌手嘛,唱得~好。Míng gēshǒu ma, chàng de ~ hǎo. He is a famous singer, of course he sings well. / 她是研究儿童心理的,教育学生~有办法。Tā shì yánjiū értóng xīnlǐ de, jiàoyù xuésheng ~ yǒu bànfǎ. She studies child psychology, so she really knows how to educate students. (4)同"就"jiù (副)(2)③,与"一+动词"呼应,后面有数量短语,表示说话人认为数量大。"就是"轻读 same as "就" jiù (副)(2)③ (used together with "一+verb" and followed by a numeral-measure word compound to indicate that the speaker feels the quantity to be great; "就是" is not stressed): 他一走~两年,家里的老人、孩子都是妻子照料。Tā yì zǒu ~ liǎng nián, jiā li de lǎorén, háizi dōu shì qīzi zhàoliào. He has been gone for two whole years. His wife takes care of his parents and children. / 他一忙起来~几天,日夜不离开实验大楼。Tā yì máng qilai ~ jǐ tiān, rìyè bù líkāi shíyàn dàlóu. When he gets busy, he'll go with-

out ever leaving the experimental building for days at a time. /她一买水果~五公斤。Tā yì mǎi shuǐguǒ ~ wǔ gōngjīn. Whenever she buys fruit, she buys a full 5 kilos. (5)在"数词+动量词(常为借用量词)"之前,表示动作迅速、果断。"就是"轻读 (when placed before the pattern "numeral+verbal measure word", it indicates a swift and decisive action, "就是"is not stressed): 他发起脾气来对准玻璃窗一拳,玻璃被打碎。Tā fā qǐ píqi lai duìzhǔn bōli chuāng ~ yì quán, bōli bèi dǎsuì. When he got angry, he put his fist through the window and smashed the glass. /听说孩子跟人打架了,他不问青红皂白,过去~两巴掌。Tīng shuō háizi gēn rén dǎ jià le, tā bú wèn qīng hóng zào bái, guòqu ~ liǎng bāzhang. When he heard that his child got into a fight, he didn't bother to find out who was right and who was wrong but went right up to his child and beat him. (6)表示同意对方的意见或说法,单独成句 (used on its own as a phrase to express agreement with what is said): 他听了点头说:"~,~。" Tā tīngle diǎn tóu shuō: "~, ~." When he heard that, he nodded and said: "Quite right, quite right." /~嘛,不休息好,怎么能做好工作? ~ ma, bù xiūxi hǎo, zěnme néng zuòhǎo gōngzuò? Precisely. You can't work well if you don't rest properly. /哪有没学会走就学跑的?—!学什么都要一步步来。Nǎ yǒu méi xuéhuì zǒu jiù xué pǎo de? —! xué shénme dōu yào yí bù bù lái. You can't learn how to run without learning how to walk first. —— Precisely! One must learn one step at a time. (连)(1)同"即使"jíshǐ(1) same as "即使" jíshǐ(1): 他有他的主意,你~说一千道一万也不会听的。Tā yǒu tā de zhǔyi, nǐ ~ shuō yìqiān dào yìwàn tā yě bú huì tīng de. He has his own views, so even if you said a lot to him, he still wouldn't listen. / 你~工作再忙,也应该过问一下孩子的学习。Nǐ ~ gōngzuò zài máng, yě yīnggāi guòwèn yíxià háizi de xuéxí. Even if you were at your busiest at work, you should still show some interest in child's studies. / 想到人民的利益,~再大的困难他也要克服。Xiǎngdào rénmín de lìyì, ~ zài dà de kùnnan tā yě yào kèfú. When it comes to the interests of the people, he would overcome even the greatest of difficulties. (2)同"即使"jíshǐ(2) same as "即使" jíshǐ(2): 他~不复习,也能考及格。Tā ~ bú fùxí, yě néng kǎo jí gé. Even if he didn't review he would still be able to pass the exam. / 这房子~小,也比我家里宽敞。Zhè fángzi ~ xiǎo, yě bǐ wǒ jiā lǐ kuānchang. Even though this house is small, it is still more spacious than my home. (3)同"即使"jíshǐ(3) same as "即使" jíshǐ(3): 为保卫祖国,~牺牲了也是光荣的。Wèi bǎowèi zǔguó, ~ xīshēngle yě shì guāngróng de. It is a glorious thing even to sacrifice oneself for the defence of one's country. / 今年蔬菜、水果贮存了不少,~大雪封山也不怕了。Jīnnián shūcài, shuǐguǒ zhùcúnle bù shǎo, ~ dà xuě fēng shān yě bú pà le. A large amount of vegetables and fruit has been stored up this year, so even if heavy snow sealed the mountain passes, it wouldn't matter. (4)同"只是"zhǐshì,多用于第二分句前,表示轻微的转折,对前一分句加以补充或修正 same as "只是" zhǐshì (usu. used before the second clause in a sentence; indicates a slight turn in the situation mentioned in the first clause by supplementing or correcting it): 这姑娘庄稼活儿样样行,可~不会做针线。Zhè gūniang zhuāngjia huór yàngyàng xíng, kě ~ bú huì zuò zhēnxiàn. This girl can do every kind of farm work. It's just that she can't do needlework. / 这西瓜个儿不小,~不怎么甜。Zhè xīguā gèr shì bù xiǎo, ~ bù zěnme tián. This watermelon is a fair size. It's just not very sweet. / 做个军人的妻子是光荣的,~夫妻两地生活太苦了。Zuò ge jūnrén de qīzi shì guāngróng de, ~ fūqī liǎng dì shēnghuó tài kǔ le. It is a glorious thing to be a soldier's wife. It's just that it's very

hard on the couple having to live separately.

【就是了】jiù shì le 用在陈述句末尾,表示很肯定的语气;有时也作"就是"(*used at the end of a declarative sentence to indicate a clear tone of certainty; sometimes also said as "就是"*)(1)表示完全可以,对方不必怀疑、犹豫或顾虑(*indicates that sth. is certainly permitted, no doubt about it*):放心吧,我去对他说~. Fàng xīn ba, wǒ qù duì tā shuō ~. *Don't worry. I'll go tell him.* / 有话和我当面谈~,何必找人转达! Yǒu huà hé wǒ dāngmiàn tán ~, hébì zhǎo rén zhuǎndá! *If you have something to say, talk to me directly. There's no need to ask others to pass it on to me.* (2)表示不过如此而已,有"罢了"bàle 的意思(*means that's all; has the same meaning as "罢了"bàle*):人们对他很有意见,只是不说~. Rénmen duì tā hěn yǒu yìjiàn, zhǐshì bù shuō ~. *People take strong exception to him. It's just that they don't say it.* / 他能干什么,不过嘴巧点~. Tā néng gàn shénme, búguò zuǐ qiǎo diǎnr ~. *What can he do other than say a few clever things.* (3)表示勉强同意做某事(*indicates that one accepts with difficulty to do sth.*):好了,不用再讲大道理了,我按你说的做~. Hǎo le, búyòng zài jiǎng dà dàolǐ le, wǒ àn nǐ shuō de zuò ~. *Fine. There's no need to keep explaining great reasons. I'll do as you say.* / 可以,我以后不再提这事~. Kěyǐ, wǒ yǐhòu bú zài tí zhè shì ~. *Okay, I won't mention this matter again.* (4)表示要求不高,这样就足以解决问题(*indicates that one is not asking very much*):屋子不是很干净吗,把东西整理整理~. Wūzi bú shì hěn gānjìng ma, bǎ dōngxi zhěnglǐ zhěnglǐ ~. *The room is very clean. Just straighten things and that'll do.* / 他很聪明能干,你只要告诉他他的任务~,不用帮他做. Tā hěn cōngming nénggàn, nǐ zhǐyào gàosu tā tā de rènwu ~, búyòng bāng tā zuò. *He is very clever and able. All you have to do is tell him what his task is. There is no need to help him with it.*

【就是说】jiù shì shuō (1)用在前后两部分之间,表示后一部分解释或补充说明前一 部分 *in other words; that is to say* (*used between the first and second parts of a sentence to indicate that the latter part explains or adds to that which is described in the first part*):所谓"老牛破车",~,不但车是由牛拉的,而且牛又老,车又破,简直慢得不能再慢。Suǒwèi "lǎo niú pò chē", ~, búdàn chē shì yóu niú lā de, érqiě niú yòu lǎo, chē yòu pò, jiǎnzhí màn de bù néng zài màn. *The so-called "old ox pulling a rickety cart" means, in other words, that the cart is not only pulled by the ox, but that ox is old and the cart is rickety, so things simply couldn't be slower.* / 我到北京已经五年了,也~,我离开江南也整五年了。Wǒ dào Běijīng yǐjīng wǔ nián le, yě ~, wǒ líkāi Jiāngnán yě zhěng wǔ nián le. *I've been in Beijing for five years now. That is to say, it has been five years since I left the South.* (2)表示前一情况必然导致后一情况(*indicates that the first situation must necessarily lead to the following one*):夏天到了,这~,又要整天汗流浃背了。Xiàtiān dào le, zhè ~, yòu yào zhěngtiān hàn liú jiā bèi le. *Summer has arrived. This means that we'll be streaming with sweat again.* / 他今年入团了,~,他将作为一个进步青年在成长中严格要求自己。Tā jīnnián rù tuán le, ~, tā jiāng zuòwéi yí ge jìnbù qīngnián zài chéngzhǎng zhōng yángé yāoqiú zìjǐ. *He joined the Chinese Communist Youth League this year which means that as he is growing up he must make strict demands on himself in order to be an advanced youth.*

【就手】jiùshǒu (副)〈口〉有"顺便"shùnbiàn 的意思。表示在做某件事时趁方便(完成另一件事)*same as "顺便"shùnbiàn (do sth. else) while you're at it*:你出去的时候,~看看信箱里有没有我的信。Nǐ chūqu de shíhou, ~ kànkan xìnxiāng li yǒu méi yǒu wǒ de xìn. *Check to see*

whether or not I have any mail in the mailbox when you go out. / 你别去了,我买菜的时候~给你带回来一些吧! Nǐ bié qù le, wǒ mǎi cài de shíhou ~ gěi nǐ dài huílai yìxiē ba! *Don't go. I'll bring you a few back when I go to buy vegetables.* / 给他写信的时候,你~附上一笔,说我问他好。Gěi tā xiě xìn de shíhou, nǐ ~ fùshang yì bǐ, shuō wǒ wèn tā hǎo. *Add a note to tell him I said hello when you write to him.*

【就位】jiùwèi (动·不及物)〈书〉*take one's place*

【就绪】jiùxù (动·不及物)(事情)安排好 *be ready; be prepared, be in order*:已经准备~ yǐjīng zhǔnbèi ~ *The preparations are all complete.* / 工作大致~。Gōngzuò dàzhì ~. *The job is more or less complete.*

【就业】jiù=yè obtain employment; get a job:安排知识青年~ ānpái zhīshi qīngnián ~ *arrange employment for educated youth*

【就医】jiùyī (动·不及物)〈书〉病人到医生那里请他诊治 *consult a physician*:1936年,鲁迅先生生病,曾打算去日本~。Yījiǔsānliù nián, Lǔ Xùn xiānsheng shēng bìng, céng dǎsuàn qù Rìběn ~. *In 1936 the writer Lu Xun fell ill and considered going to Japan to seek medical advice.*

【就义】jiùyì (动·不及物)*die a martyr; die a hero's death*

【就职】jiù=zhí *take office*:宣布~ xuānbù ~ *announce one's assumption of office* / ~演说 ~ yǎnshuō *inaugural speech*

舅 jiù

【舅】(名)◇母亲的兄弟 *mother's brother*

【舅父】jiùfù (名)母亲的兄弟,面称和他称都可以 *uncle (mother's brother)*

【舅舅】jiùjiu (名)舅父,母亲的兄弟 *mother's brother*

【舅母】jiùmǔ (名)舅父的妻子。口语叫"舅妈" *wife of mother's brother (colloquially, "舅妈")*

jū

拘 jū

【拘捕】jūbǔ (动)逮捕 *arrest*

【拘谨】jūjǐn (形)(行动、言语)过分小心谨慎 *too cautious; overcautious; reserved; diffident*

【拘禁】jūjìn (动)把被捕的人暂时关押起来 *take into custody*

【拘留】jūliú (动)(1)公安机关把需要受侦查的人暂时押起来 *put under arrest; hold in custody* (2)对违反治安的人的一种行政处罚 *detention*

【拘泥】jūnì (形)应该灵活时不灵活,不会随情况改变而改变 *be punctilious; be a stickler for*:不能~于老办法,要自己动脑筋。Bù néng ~ yú lǎo bànfǎ, yào zìjǐ dòng nǎojīn. *You mustn't be a stickler for the old methods. You must use your initiative.*

【拘束】jūshù (形·非定)过分约束自己,举止、言谈不自然 *restrained; tongue-tied*:在生人面前,她有点~。Zài shēngrén miànqián, tā yǒudiǎn ~. *In front of strangers she is a little ill at ease.* / 随便一点吧,不要~。Suíbiàn yìdiǎn ba, búyào ~. *Make yourself at home. Don't be shy.*

【拘押】jūyā (动)同"拘禁"jūjìn *same as "拘禁"jūjìn*

狙 jū

【狙击】jūjī (动)埋伏在隐蔽处伺机袭击 *snipe at*

居 jū

【居】(动)◇〈书〉(1)处在(某种地位)*occupy (a position)*:那里石油储藏量~世界第一。Nàli shíyóu chǔcángliàng ~ shìjiè dìyī. *That place is first in the world for oil deposits.* (2)当,任 *act as; hold a position*:身~要职 shēn ~ yàozhí

hold an important post / 以领导自～ yǐ lǐngdǎo zì ～ call oneself a leader (3)住 live in；reside；因工作关系，夫妻分～两地。Yīn gōngzuò guānxì, fūqī fēn ～ liǎng dì. Because of their work, husband and wife had to reside in separate locations. / 三代同～ sān dài tóng ～ three generations under the same roof (名)◇住所 residence；dwelling：迁入新～ qiānrù xīn ～ move to a new house

【居安思危】jū ān sī wēi 处在平安环境的时候，要想到可能出现的困难或危险 be prepared for danger in times of peace

【居多】jūduō (动·不及物)占多数 be in the majority：在北京当保姆的，安徽人～。Zài Běijīng dāng bǎomǔ de, Ānhuī rén ～. Among people working as housekeepers in Beijing those from Anhui Province are in the majority.

【居高临下】jū gāo lín xià 在高处，俯视低处。形容处于有利的位置 occupy a commanding position (height)

【居功】jūgōng (动·不及物)认为自己有功劳 claim all the credit

【居留】jūliú (动)停留居住 reside：侨民都要～证。Qiáomín dōu yào ～ zhèng. All foreign nationals need a residence permit. /我们在此地不会～太长时间。Wǒmen zài cǐ dì bú huì ～ tài cháng shíjiān. We won't be living here for a very long time.

【居留权】jūliúquán (名)一国政府根据本国法律规定给与外国人在本国居留的权利 right of residence

【居民】jūmín (名)固定住在某一地方的人 resident

【居民大院】jūmín dàyuàn (-儿)城市里有许多居民住在一起的大院子 residents' courtyard (large courtyard shared by people who live in the rooms around the courtyard)

【居民点】jūmíndiǎn (名)居民集中居住的地方 residential area

【居民委员会】jūmín wěiyuánhuì 城镇居民按居住地区成立的基层群众性自治组织 neighborhood committee

【居然】jūrán (副)表示超出估计，认为不可能或不应该发生的事发生了 (modifies a phrase or structure；can also modify a negative form) unexpectedly；他刚走了几个月，～把老朋友都忘了。Tā gāng zǒule jǐ ge yuè, ～ bǎ lǎo péngyou dōu wàng le. He just left a few months ago. Who would have thought he would forget his old friends? / 这么多错字，你～没看出来！Zhème duō cuò zì, nǐ ～ méi kàn chūlái! There are so many wrong characters, yet you failed to spot them. / 那么艰苦的日子，她～坚持下来了。Nàme jiānkǔ de rìzi, tā ～ jiānchí xiàlai le. Who would have thought she could carry on through such hard times? / 事情明摆在那里，他～不相信。Shìqing míng bǎi zài nàlǐ, tā ～ bù xiāngxìn. The matter is presented so clearly there but he still doesn't believe it. 助动词多放在"居然"之后 (if there is an auxiliary verb, it is usu. placed after "居然")：他～能从敌占区逃出来，多不容易呀！Tā ～ néng cóng dízhànqū táo chūlai, duō bù róngyì ya! Who would have thought he could escape from enemy-occupied territory? That was no easy task! / 我做梦也没想到～会过上这样的好日子。Wǒ zuò mèng yě méi xiǎngdào ～ huì guòshang zhèyàng de hǎo rìzi. Not even in my wildest dreams did I ever expect to lead such a good life! "居然"有时不一定直接在所修饰的短语之前 ("居然" may not necessarily be placed directly before the phrase it modifies)：他下棋上了瘾，～拉他都拉不回来。Tā xià qí shàngle yǐn, ～ lā tā dōu lā bu huílái. He has addicted to playing chess. Try as you might, you couldn't even drag him away. "居然"修饰"拉不回来"，可说"拉他～都拉不回来"(in the above sentence, "居然" modifies "拉不回来", so "拉他～都拉不回来" can also be said)

【居委会】jūwěihuì (名)"居民委员会"的简称 abbreviation for "居民委员会" jūmín wěiyuánhuì

【居心】jū＝xīn 〈贬〉存心，用心(多用于少数固定词组) hold in one's heart；harbor (pejorative；used in a few fixed phrases)：～不良 bùliáng harbor evil intentions /～险恶 xiǎn'è harbor sinister intentions /～何在? ～ hé zài? What are you up to?

【居心叵测】jū xīn pǒcè 怀有危害别人的企图，很难猜测 harbor murky motives

【居住】jūzhù (动)〈书〉(较长时间)住(在一个地方) reside (for a long period of time in a place)：我家祖祖辈辈～在北京。Wǒ jiā zǔzǔbèibèi ～ zài Běijīng. My family has lived in Beijing for generations.

驹〔驹〕jū

(1)少壮的马 young horse；colt；foal (2)(～儿)同"驹子"jūzi same as "驹子" jūzi

【驹子】jūzi (名)刚出生的或不满一岁的马、骡、驴 horse, mule or donkey less than one year old

鞠 jū

【鞠躬】jū＝gōng make a bow：鞠了三个躬 jūle sān ge gōng make three bows

【鞠躬尽瘁，死而后已】jū gōng jìn cuì, sǐ ér hòu yǐ 小心谨慎，不辞劳苦，贡献出全部力量 devote oneself wholeheartedly to one's duties；carry out one's task to the end；spare no effort

jú

局 jú

(名)office；bureau：铁路～ tiělù ～ Railway Bureau / 邮电～ yóudiàn ～ Posts and Telecommunications Bureau (量)球类或棋类等比赛一次叫一局 game，round or innings in a ball game or chess competition：这场乒乓球赛打满了五～。Zhè chǎng pīngpāngqiú sài dǎmǎnle wǔ ～. Five full sets of the table-tennis competition have been played. / 第一～比赛刚开始。Dìyī ～ bǐsài gāng kāishǐ. The first game of the competition has just started.

【局部】júbù (名)part：～烧伤 ～ shāoshāng partly burnt；localised burns /～麻醉 ～ mázuì local anesthesia /～地区有小雪。～ dìqū yǒu xiǎo xuě. some snow in local areas

【局促】júcù (形)(1)狭小 narrow；cramped：房间～，坐不下这么多人。Fángjiān ～, zuò bu xià zhème duō rén. The room is too cramped to seat so many people. (2)(态度)拘谨，不自然 constrained；ill at ease；feeling awkward：～不安 ～ bù'ān ill at ease

【局面】júmiàn (名)aspect；phase；situation：年轻厂长不久就打开了新～. Niánqīng chǎngzhǎng bùjiǔ jiù dǎkāile xīn ～. It wasn't long before the young director ushered in new phase in the factory's work. / 教育改革造成这所大学生气勃勃的～。Jiàoyù gǎigé zàochéng zhè suǒ dàxué shēngqì bóbó de ～. Educational reform has given this university an aspect of vigor.

【局势】júshì (名)(政治、军事等)在一个时期中的发展情况 situation (political, military, etc.)：～发生了变化。～ fāshēngle biànhuà. A change has been brought about in the situation. /～紧张 ～ jǐnzhāng The situation is tense. /～稳定 ～ wěndìng The situation is stable.

【局外】júwài (名)与某事无关 extraneous situation：～人 ～ rén outsider / 处在～，有时候可以更为客观。Chǔ zài ～, yǒu shíhou kěyǐ gèng wéi kèguān. As an outsider, there are times when one can be more objective.

【局限】júxiàn (动)limit：受旧思想的～ shòu jiù sīxiǎng de

～ limited by the old way of thinking / 他写的报导只～于文化生活方面。Tā xiě de bàodào zhǐ ～ yú wénhuà shēnghuó fāngmiàn. *His report is merely limited to the aspect of cultural life.* / 考虑问题不能～在个人的得失。Kǎolǜ wèntí bù néng ～ zài gèrén de déshī. *In considering a problem one should not limit oneself to personal considerations.*

【局限性】júxiànxìng（名）指人的实践、认识受到的主观或客观条件的限制 limitations；这位作家生活范围狭小，使他的作品有一定的～。Zhè wèi zuòjiā shēnghuó fànwéi xiáxiǎo, shǐ tā de zuòpǐn yǒu yídìng de ～. *The writer's circumscribed life style gives rise to definite limitations in his work.*

菊 jú
（名）◇ chrysanthemum；公园里举办了～展。Gōngyuán li jǔbànle ～ zhǎn. *They held a chrysanthemum show in the park.*

【菊花】júhuā（名）[棵 kē、朵 duǒ]（1）chrysanthemum（plant）（2）flower of this plant

橘 jú
（名）◇（1）tangerine（plant）（2）fruit of this plant

【橘红】júhóng（形）像红色橘子的皮一样的颜色 tangerine（color）

【橘黄】júhuáng（形）比黄色略深，像橘皮一样的颜色 orange（color）

【橘子】júzi（名）[棵 kē、个 gè]（1）tangerine（plant）（2）fruit of this plant

jǔ

咀 jǔ
（动）〈书〉嚼 chew

【咀嚼】jǔjué（动）〈书〉同"嚼"jiáo same as "嚼" jiáo

沮 jǔ
【沮丧】jǔsàng（形）灰心失望 depressed；dispirited

矩 jǔ
（名）（1）曲尺 carpenter's square（2）◇法度，规则 rules；regulations

【矩形】jǔxíng（名）rectangle

举〔舉〕jǔ
（动）（1）lift；raise；hold up：～手 ～ shǒu raise one's hand /～起锄头 ～ qǐ chútou lift a hoe /～着旗子 ～ zhe qízi raise a flag（2）提出 put forward；propose；cite：～了两个例子 ～le liǎng ge lìzi cite two examples /这个词的意思不～几个例子很难说清楚。Zhège cí de yìsi bù ～ jǐ ge lìzi hěn nán shuō qīngchu. *The meaning of this word is difficult to explain without citing a few examples.*（3）elect（4）start（名）act；deed（形）whole；entire

【举办】jǔbàn（动）conduct；hold；run：～学术讨论会 ～ xuéshù tǎolùnhuì hold an academic conference ～书法展览 ～ shūfǎ zhǎnlǎn hold a calligraphy exhibition ～语法讲座 ～ yǔfǎ jiǎngzuò conduct a course of lectures on grammar

【举报】jǔbào（动）检举、揭发（违法的人或事）report（an offence）

【举步】jǔbù（动）〈书〉迈步 stride；step out

【举措】jǔcuò（名）measure

【举动】jǔdòng（名）（表示人性格、动作目的等的）动作、行动，或着重指动作的样子 movement；activity；act：这人～文雅。Zhè rén ～ wényǎ. *His movements are refined.* / 随

便动手打人是粗野的～。Suíbiàn dòng shǒu dǎ rén shì cūyě de ～. *To strike a person randomly is a coarse act.* / 她的很多～非常像她母亲。Tā de hěn duō ～ fēicháng xiàng tā mǔqin. *Many of her movements resemble those of her mother.*

【举国】jǔguó（名）〈书〉全国 the whole country：～欢呼 ～ huānhū *The whole nation cheered.*

【举荐】jǔjiàn（动）〈书〉推荐（人）recommend（a person）

【举例】jǔ＝lì give an example：请～说明。Qǐng ～ shuōmíng. *Please explain with examples.*

【举目】jǔmù（名）〈书〉抬起眼睛（看）raise one's eyes；take a look：～远望 ～ yuǎn wàng look into the distance /～无亲 ～ wú qīn have no one to turn to；be alone in strange land

【举棋不定】jǔ qí bù dìng 拿着棋子不知该怎么走。比喻做事犹豫不决 be unable to decide on how to act；dither；hesitate

【举世】jǔshì（名）〈书〉全世界 throughout the world；universally

【举世闻名】jǔshì wénmíng 全世界有名 world-famous

【举行】jǔxíng（动）hold（a meeting, etc.）：～开学典礼 ～ kāi xué diǎnlǐ hold a school commencement ceremony / 正式会谈～了三次。Zhèngshì huìtán ～le sān cì. *Three rounds of formal talks have held.* /～个人画展 ～ gèrén huàzhǎn hold a one-man painting exhibition

【举一反三】jǔ yī fǎn sān 从一件事情的道理中类推出其他许多事情的道理 make deductions about other cases from one set of evidence

【举止】jǔzhǐ（名）姿态，风度 manner；bearing：～文雅 ～ wényǎ refined manner

【举重】jǔzhòng（名）〈体〉weightlifting

【举足轻重】jǔ zú qīng zhòng 形容所处地位重要，每一举动都会影响全局 have a decisive influence；hold the balance

jù

巨 jù
（形）大 very big；huge：～石 ～ shí large rock ～浪滚滚 ～ làng gǔngǔn towering waves

【巨变】jùbiàn（名）〈书〉非常大的变化 great changes

【巨大】jùdà（形）非常大 huge；gigantic：成绩～ chéngjì ～ tremendous achievements /～的数字 ～ de shùzì large number；huge figure /～的规模 ～ de guīmó huge scale

【巨额】jù'é（形·非谓）很大数量的（钱财）very large sum（of money, etc.）：～存款 ～ cúnkuǎn large bank account

【巨幅】jùfú（形·非谓）宽度和长度大的 huge expanse：～画像 ～ huàxiàng large-size portrait /～标语 ～ biāoyǔ large poster；billboard

【巨匠】jùjiàng（名）〈书〉称在科学或文学艺术上有巨大成就的人 expert craftsman；master of a trade

【巨人】jùrén（名）（1）发育不正常身材特别高大的人 giant（2）神话中指比一般人高大有神力的人 giant in a fairy story（3）比喻伟大人物 person of renown；person of great ability

【巨头】jùtóu（名）政治、经济界有较大势力和影响的人物 magnate；tycoon；political or economic kingpin

【巨星】jùxīng（名）（1）〈天〉光度大、体积大、密度小的恒星 giant star（2）比喻伟大的人物 outstanding personality

【巨型】jùxíng（形·非谓）large scale

【巨著】jùzhù（名）篇幅长而内容深刻，有影响的著作 monumental work；magnum opus

句 jù
（名）◇ sentence：用词造～ yòng cí zào ～ make sentences with words（量）（for sentence）line：一～话 yí ～ huà one sentence / 四～诗 sì ～ shī four lines of poetry

【句法】jùfǎ（名）〈语〉sentence structure；syntax

【句号】jùhào（名）*full stop*；*period*

【句式】jùshì（名）〈语〉句子各种成分的安排格式 *type of sentence*

【句型】jùxíng（名）〈语〉*sentence pattern*

【句子】jùzi（名）[个 gè] *sentence*

【句子成分】jùzi chéngfèn 句子的各个组成部分。主语、谓语、宾语、定语、状语、补语习惯上称为六种句子成分 *component of a sentence*；*sentence element*；*the six components of a sentence are*：*subject*，*predicate*，*object*，*attributive*，*adverbial and complement*

拒 jù
（动）◇（1）抵抗 *resist*；*repel*：～敌于门外 ～ dí yú mén wài *keep the enemy at bay* （2）拒绝 *refuse*：～不接待 ～ bù jiēdài *refuse to receive (a guest)* / 来者不～ láizhě bú ～ *welcome all comers*

【拒绝】jùjué（动）*refuse*：～接受礼物 ～ jiēshòu lǐwù *refuse to accept a present* /～谈判 ～ tánpàn *refuse to negotiate* / 他～了我的邀请。Tā ～le wǒ de yāoqǐng. *He turned down my invitation.*

具 jù
（量）（*for corpse*）：一～尸体 yí ～ shītǐ *a corpse*

【具备】jùbèi（动）齐备，拥有。宾语通常是抽象名词 *have*；*possess*；*be equipped with*：他的年龄、文化程度和身体情况等方面都合格，～了当兵的条件。Tā de niánlíng、wénhuà chéngdù hé shēntǐ qíngkuàng děng fāngmiàn dōu hégé，～le dāng bīng de tiáojiàn. *In age, education, health, etc., he has all the makings of a soldier.* / 作一个领导干部，除了思想品德好以外，还应～较高的组织能力和业务水平。Zuò yí ge lǐngdǎo gànbù，chúle sīxiǎng pǐndé hǎo yǐwài，hái yīng ～ jiào gāo de zǔzhī nénglì hé yèwù shuǐpíng. *To be a leading cadre one must not only be equipped with ideological rectitude, one must also have a high standard of organizational and working ability.*

【具体】jùtǐ（形）（1）明确的，不抽象的，不笼统的，或指特定的（事物）*concrete*；*specific*；*actual*：我只听说他很忙，不知道～情况。Wǒ zhǐ tīng shuō tā hěn máng，bù zhīdào ～ qíngkuàng. *I have only heard that he is busy. I don't know the actual situation.* /～地谈谈你的想法 ～ de tántan nǐ de xiǎngfǎ *Tell me all about this idea of yours.* / 对整个工作的安排，他考虑得很～。Duì zhěnggè gōngzuò de ānpái，tā kǎolǜ de hěn ～. *He gives a lot of down-to-earth consideration to the working arrangements.* / 光说搞科研不行，得说什么～项目。Guāng shuō gǎo kēyán bù xíng，děi shuō shénme ～ xiàngmù. *Simply talking about doing scientific research isn't good enough. It is necessary to tell what specific programs.* / 从总的工作安排，～到每个人的分工，都计划得非常细致、周到。Cóng zǒng de gōngzuò ānpái，～ dào měi ge rén de fēngōng，dōu jìhuà de fēicháng xìzhì、zhōudào. *Everything from the general work arrangements down to the specific task of everyone is planned meticulously and completely.* （2）哲学范畴，与"抽象"相对，指客观存在着的事物的整体 *concrete (as opposed to "abstract")*

【具有】jùyǒu（动）带有，存在着。宾语多是抽象事物 *possess*；*have*；*exist (object is often an abstract thing)*：重大的历史意义 ～ zhòngdà de lìshǐ yìyì *have great historical significance* /～强烈的感情色彩 ～ qiángliè de gǎnqíng sècǎi *have an intensely emotional flavor* /～强大的感染力 ～ qiángdà de gǎnrǎnlì *be extremely infectious* /～大学文化程度 ～ dàxué wénhuà chéngdù *have a university-level education*

俱 jù
（副）〈书〉有"全""都"的意思，常用于四字短语 *has the same meaning as "全" quán or "都" dōu*；*complete*；*all* (*usu. used in a four-character phrase*)：人赃～在，你还有什么可说的? Rén zāng ～ zài，nǐ hái yǒu shénme kě shuō de? *Witnesses and stolen goods are all there. What do you have to say to that?* / 她讲到伤心处，声泪～下，令人心酸。Tā jiǎngdào shāng xīn chù，shēng lèi ～ xià，lìng rén xīnsuān. *She was heart-broken and shed tears while speaking. It was really saddening.* / 这房子租金不贵，水电家具～全。Zhè fángzi zūjīn bú guì，shuǐ diàn jiājù ～ quán. *The rent for this house isn't high. Water, electricity and furniture are all included.*

【俱乐部】jùlèbù（名）*club*

剧〔劇〕jù
（名）戏剧（*theatrical*）*play*；*opera*；*drama*：地方～ dìfāng ～ *local opera* / 多幕～ duōmù ～ *play in several acts* （形）猛烈〈书〉*severe*；*intense*；*drastic*：～痛 ～ tòng *severe pain* / 病情加～ bìngqíng jiā ～ *illness takes a turn for the worse* / 形势～变 xíngshì ～ biàn *drastic change in the situation*

【剧本】jùběn（名）*play*；*drama*；*script*

【剧场】jùchǎng（名）*theater*

【剧毒】jùdú（名）猛烈的毒性 *virulent toxicity*：～农药 ～ nóngyào *highly toxic farm chemical* /～品 ～ pǐn *highly toxic substance*

【剧烈】jùliè（形）猛烈 *violent*；*severe*；*fierce*：～的战斗 ～ de zhàndòu *fierce battle* /～的运动 ～ de yùndòng *strenuous exercise* /～的疼痛 ～ de téngtòng *severe pain*

【剧目】jùmù（名）戏剧的名目 *list of titles of plays or operas*：这个戏是国庆新上演～之一。Zhège xì shì guóqìng xīn shàngyǎn ～ zhī yī. *This opera is one of the new ones on the list to be performed on National Day.*

【剧评】jùpíng（名）对戏剧的评论（文章）*review of a play or opera*

【剧情】jùqíng（名）（某）戏剧的故事情节 *drama plot*

【剧团】jùtuán（名）*theatrical company*；*opera troupe*

【剧务】jùwù（名）（1）剧团里有关排练、演出等方面的事务 *stage management* （2）管剧务的人 *stage manager*

【剧院】jùyuàn（名）同"剧场"jùchǎng *same as "剧场" jùchǎng*

【剧照】jùzhào（名）戏剧中某个场面或电影中某个镜头的照片（有人物的）*stage photo*；*still*

【剧种】jùzhǒng（名）戏剧艺术的种类 *type of drama*：～很多 ～ hěn duō *There are many types of drama genres.* / 有五十多个～ yǒu wǔshí duō ge ～ *There are over fifty types of drama.*

据〔據〕jù
（动）◇（1）占据 *occupy*；*seize*：不许把公物～为己有。Bù xǔ bǎ gōngwù ～ wéi jǐ yǒu. *Seizing public property for one's personal use is prohibited.* （2）依据 *according to*：一定要～理力争 yídìng yào ～ lǐ lìzhēng *One must argue strongly on just grounds.* （名）凭据 *evidence*；*proof*：真凭实～ zhēn píng shí ～ *have watertight evidence* （介）（1）说明动作根据，宾语多为体词，"据……"多作状语 *according to*；*on the grounds of (the object is usu. a nominal, "据..." serves as an adverbial)*：工作中的成绩、问题，应～实向上级汇报。Gōngzuò zhōng de chéngjì、wèntí，yīng ～ shí xiàng shàngjí huìbào. *Achievements and problems in work should be reported to the higher levels according to fact.* / 作者～这位演员的真实经历写成这本小说。Zuòzhě ～ zhè wèi yǎnyuán de zhēnshí jīnglì xiěchéng zhè běn xiǎoshuō. *The author based the novel on the true experiences of this actor.* （2）"据……"作插入语，引出论断或叙述的依据，"据"的宾语多为体词、双音节词语、主谓结构，常放在句前，"据……"后有语音停顿（"据...", *as a parenthesis, introduces the*

grounds on which an inference or statement is made; the object of "据" is usu. a nominal, disyllabic verb or subject-predicate structure)：～我的经验，干这点活儿用不了两个人。～ wǒ de jīngyàn, gàn zhè diǎnr huór yòng bu liǎo liǎng ge rén. According to my experience, such a menial job does not require two people. / 反映，他最近常和一些不三不四的人来往。～ fǎnyìng, tā zuìjìn cháng hé yìxiē bù sān bú sì de rén láiwǎng. According to reports, he has had frequent contacts with a few shady characters recently. / 一查，此人解放前确曾当过土匪。～ chá, cǐ rén jiěfàng qián què céng dāngguo tǔfěi. Investigation has revealed that this person really was a bandit before Liberation. / 我估计，老陈现在已到重庆去了。～ wǒ gūjì, Lǎo Chén xiànzài yǐ dào Chóngqìng qù le. I would say that Lao Chen has already gone to Chongqing by now. (3)"据……看来(看)"指出某种看法或观点，"据"后为某种看法或观点的来源("据... 看来(看)" indicates a certain outlook or point of view; the source of the outlook or point of view is placed after "据")：～我看来，青年人犯点儿错误并不可怕。～ wǒ kànlái, qīngnián rén fàn diǎnr cuòwù bìng bù kěpà. As I see it, it's not all that terrible when young people make some minor mistakes. / 现有材料看，还不足以定他的罪。～ xiàn yǒu cáiliào kàn, hái bù zúyǐ dìng tā de zuì. As far as the information that is available goes, it's still not enough to convict him. / 史料看，这种观点可以成立。～ shǐliào kàn, zhè zhǒng guāndiǎn kěyǐ chénglì. As far as historical data are concerned, this viewpoint is tenable.

【据点】jùdiǎn (名) strong point; stronghold
【据说】jùshuō (副)根据别人说，表示下面说的事情是传说，在句中多作插入语，"据说"本身不能有主语 it is said; allegedly (often used within a sentence as a parenthesis; "据说" cannot take a subject)：这只花瓶～是她曾祖母留下来的。Zhè zhī huāpíng ～ shì tā zēngzǔmǔ liú xialai de. This flower vase was allegedly passed down to her by her great grandmother. / 这座庙～已有五百年的历史了。Zhè zuò miào ～ yǐ yǒu wǔbǎi nián de lìshǐ le. It is said that this temple has a history of more than five hundred years. / 他每年夏天～都要到山上去。Tā měi nián xiàtiān ～ dōu yào dào shān shang qu. It is said that he goes up to the top of the mountain every summer. / 那里的气温比北京低很多。～ nàli de qìwēn bǐ Běijīng dī hěn duō. The temperature there is supposedly much lower than in Beijing. / 他们班的足球队力量比较强。～, tāmen bān de zúqiúduì liliàng bǐjiào qiáng. Their class football team is said to be quite strong.

惧〔懼〕jù
(动)◇〈书〉害怕：毫无所～ háo wú suǒ ～ have nothing to fear; be not in the least afraid
【惧怕】jùpà (动)〈书〉害怕 fear
【惧色】jùsè (名)〈书〉害怕的神色 look of fear; terrified expression

距 jù
(介) (1)表示时间的间隔 (indicates an interval of time)：现在～春节还不到半个月了。Xiànzài ～ Chūnjié hái bú dào bàn ge yuè le. It is now less than half a month away from the Spring Festival. / 西汉～今已两千年了。Xīhàn ～ jīn yǐ liǎngqiān nián le. The Western Han Dynasty was two thousand years ago. (2)表示空间的间隔，宾语多为表示处所的词语，也可为一般体词 (indicates an interval of space; the object is usu. a word denoting place, or can be a common nominal)：天津～北京有二百多里。Tiānjīn ～ Běijīng yǒu èrbǎi duō lǐ. Tianjin is more than two hundred li away from Beijing. / 礼堂～饭厅不足二十米。Lǐtáng

～ fàntīng bùzú èrshí mǐ. The auditorium and the dining hall are less than twenty metres apart. / 我站的地方～她只有四五步。Wǒ zhàn de dìfang ～ tā zhǐ yǒu sì-wǔ bù. I'm standing just four or five paces away from her. / 书桌～屋门远，～窗户近。Shūzhuō ～ wū mén yuǎn, ～ chuānghu jìn. The writing desk is far from the door and near the window. (3)表示抽象意义的差距 (indicates an abstract difference)：真理～谬误只有一步之差。Zhēnlǐ ～ miùwù zhǐ yǒu yí bù zhī chā. The truth is but a step away from falsehood. / 我们的工业水平～先进标准还有相当大的差距。Wǒmen de gōngyè shuǐpíng ～ xiānjìn biāozhǔn hái yǒu xiāngdāng dà de chājù. There is still a great difference between our industrial level and the standard for advanced industry.

【距离】jùlí (名) distance：两地的～很远。Liǎng dì de ～ hěn yuǎn. The two places are far apart. / 缩短两个人思想上～。Suōduǎn liǎng ge rén sīxiǎng shang de ～. reduce the ideological gap between the two people / 这孩子跟继母在感情上还有些～。Zhè háizi gēn jìmǔ zài gǎnqíng shang hái yǒu xiē ～. There is a bit of emotional estrangement between the child and his stepmother. (介)同"距"jù，但比"距"口语化 (same as "距" jù, but more colloquial) (1)同"距"jù(1)：现在～二十一世纪还有十多年呢。Xiànzài ～ èrshíyī shìjì hái yǒu shí duō nián ne. There are over ten years left before the 21st century. / 从今天算起，开学还有十二天。Cóng jīntiān suàn qǐ, ～ kāi xué hái yǒu shí'èr tiān. There are twelve days left before school starts, including today. (2)同"距"jù(2) same as "距" jù(2)：他站在～我只有五米远的地方。Tā zhàn zài ～ wǒ zhǐ yǒu wǔ mǐ yuǎn de dìfang. He's standing only five metres away from me. / 我家～火车站不远。Wǒ jiā ～ huǒchēzhàn bù yuǎn. My home is not far from the train station. (3)同"距"jù(3) same as "距" jù(3)：农业即使达到机械化，～现代化还有一定的差距。Nóngyè jíshǐ dádào jīxièhuà, ～ xiàndàihuà hái yǒu yídìng de chājù. Even though agriculture has achieved mechanization, it still falls short of modernization. / 我们的研究有了一些突破，但是～成功还早着呢！Wǒmen de yánjiū yǒule yixiē tūpò, dànshì ～ chénggōng hái zǎo zhene! Some breakthroughs have been made in our research, but we're still a far cry from success.

飓〔颶〕jù
【飓风】jùfēng (名) hurricane; tornado

锯〔鋸〕jù
(名)[把 bǎ] saw; hand saw (动) saw：～木头 ～ mùtou saw up wood / 把木材～成板。Bǎ mùcái ～chéng bǎn. saw timber into planks
【锯齿】jùchǐ (名) sawtooth
【锯床】jùchuáng (名)[台 tái] flatbed saw
【锯末】jùmò (名) sawdust
【锯条】jùtiáo (名) saw blade

聚 jù
(动)集合在一起 assemble; gather：年轻人～在一起，玩得可热闹了。Niánqīng rén ～ zài yìqǐ, wánr de kě rènao le. When young people get together they make a great commotion. / 咱们几个人找个时间～一～。Zánmen jǐ ge rén zhǎo ge shíjiān ～ yī ～. Let's get together sometime. / 天上的云飘来飘去，忽～忽散。Tiānshang de yún piāo lái piāo qù, hū ～ hū sàn. The clouds in the sky float hither and thither, now grouping together, now drifting apart.
【聚宝盆】jùbǎopén (名)传说中装满金银珠宝，取之不尽的盆子。比喻资源极其丰富的地方 treasure box; cornucopia—

place plentifully endowed with natural resources

【聚苯乙烯】jùběnyǐxī〈名〉〈化〉polystyrene

【聚变】jùbiàn（动）〈物〉fusion

【聚光灯】jùguāngdēng〈名〉spotlight

【聚光镜】jùguāngjìng〈名〉condensing lens

【聚合】jùhé（动）(1)聚集到一起 come together (2)〈化〉polymerize

【聚合反应】jùhé fǎnyìng〈化〉polymerization

【聚合物】jùhéwù〈名〉〈化〉polymer

【聚会】jùhuì（动）会合 get together；hold a reunion：今天是我们校友～的日子。Jīntiān shì wǒmen xiàoyǒu ～ de rìzi. Today is the day of our alumni reunion.

【聚积】jùjī（动）一点一滴地凑集 accumulate；build up bit by bit：不要看不起零钱，～起来就可以办大事。Búyào kàn bu qǐ língqián, ～ qilai jiù kěyǐ bàn dà shì. Don't disregard small change. Once you collect enough of it, it can be put in good use.

【聚集】jùjí（动）gather；assemble；collect：～资金 ～ zījīn accumulate capital /～人材 ～ réncái gather qualified personnel /～力量 ～ lìliang gather strength

【聚歼】jùjiān（动）(把敌人)包围起来彻底消灭 annihilate (the enemy) en masse

【聚精会神】jù jīng huì shén 形容精神集中 concentrate one's whole attention

【聚居】jùjū（动）集中地居住在某一地区 live in a region as a compact group；be concentrated in：这个县里姓赵的～在赵家村。Zhège xiàn li xìng Zhào de ～ zài Zhàojiācūn. In this county people with the surname Zhao are concentrated in Zhao-jia Village.

【聚拢】jùlǒng（动）聚合到一起 gather in one spot：请大家往一起～～，我要说点儿事。Qǐng dàjiā wǎng yìqǐ ～～, wǒ yào shuō diǎnr shì. Everybody please gather together. I have something to say.

【聚氯乙烯】jùlùyǐxī〈名〉〈化〉polyvinyl chloride

【聚齐】jù∥qí (在约定地点)集合 get together in a pre-arranged spot：明天参观工艺美术展览，九点在展览馆门前～。Míngtiān cānguān gōngyì měishù zhǎnlǎn, jiǔ diǎn zài zhǎnlǎnguǎn mén qián ～. Tomorrow we are going to view the industrial art exhibition, so let's meet at 9 o'clock outside the door of the exhibition hall.

【聚首】jùshǒu（动）〈书〉聚会 meet；gather；get together：各界名流～一堂，为国家的富强献策。Gè jiè míngliú ～ yì táng, wèi guójiā de fùqiáng xiàn cè. Celebrities of different circles got together and offered suggestions for the prosperity of the country.

juān

捐 juān（动）献出 yield；relinquish；contribute；donate：～钱 ～ qián contribute money /～书 ～ shū contribute books（名)一种税的名称 type of tax：这汽车已经上了～。Zhè qìchē yǐjīng shàngle ～. The tax on this car has already been paid.

【捐款】juānkuǎn〈名〉contribution (of money)；donation

【捐款】juān＝kuǎn contribute money；make a donation

【捐弃】juānqì（动)〈书〉抛弃 abandon；relinquish；discard

【捐躯】juānqū（动)〈书〉(为正义事业)献出生命 sacrifice one's life：为国～ wèi guó ～ lay down one's life for one's country

【捐税】juānshuì〈名〉各种税的总称 taxes；levies；duties

【捐献】juānxiàn（动)(把财物)献给(国家或集体)contribute (money, etc., to an organization)：老画家把珍藏的古画全部～给国家。Lǎo huàjiā bǎ zhēncáng de gǔhuà quánbù ～ gěi guójiā. The old painter donated all his collection of an-

cient paintings to the nation.

【捐赠】juānzèng（动)把财物赠送给(国家或集体)contribute；donate；present：建这个实验室的钱，有一半是校友们～的。Jiàn zhège shíyànshì de qián, yǒu yíbàn shì xiàoyǒumen ～ de. Half of the money needed to build this laboratory was donated by alumni of the school.

【捐助】juānzhù（动)拿出钱物来帮助 give financial assistance：大家拿出钱和衣物～灾区人民。Dàjiā náchū qián hé yīwù ～ zāiqū rénmín. Everybody contributed money and clothing to help the people of the disaster area.

涓 juān

【涓涓】juānjuān（形)〈书〉形容水流得很细很慢 trickling slowly；tricklingly：～细流 ～ xì liú sluggish trickle

娟 juān

娟（形)〈书〉美丽 beautiful；fine

【娟秀】juānxiù（形)〈书〉清秀好看 beautiful；fine；graceful：～的字体 ～ de zìtǐ fine handwriting /面貌～ miànmào ～ beautiful features

圈 juān

圈（动)(1)把家禽关在笼子里,把家畜关入圈(juàn)中 shut (animals) in a pen：把猪～到圈里去 bǎ zhū ～dào juàn li qu. shut pigs in a pigsty (2)〈口〉拘禁(犯人)imprison；jail；lock up：他最近被～起来了。Tā zuìjìn bèi ～ qilai le. He was jailed recently. 另见 juàn；quān

镌 juān

〔鎸〕juān（动)◇雕刻 engrave

【镌刻】juānkè（动)〈书〉雕刻 engrave；carve：碑上～着烈士的名字。Bēi shang ～ zhe lièshì de míngzi. On the monument are carved the names of martyrs.

juǎn

卷 〔捲〕juǎn（动)(1)roll up：～起袖子 ～ qǐ xiùzi roll up one's sleeves /把这张古画～好收起来吧。Bǎ zhè zhāng gǔhuà ～ hǎo shōu qilai ba. Roll this old painting up properly and put it away. (2)sweep past：海上～起大浪。Hǎi shang ～ qǐ dà làng. Large waves roll along the sea. /这场纠纷把他也～进去了。Zhè cháng jiūfēn bǎ tā yě ～ jinqu le. He too was caught up in the controversy. (名)(～儿)roll；spool；reel：铺盖～ pūgài～ bedroll (量)用于成卷儿的东西 (measure word for cylindrical objects)：一～书稿 yì ～ shūgǎo a roll of manuscript /一～纸 yì ～ zhǐ one roll of paper 另见 juàn

【卷尺】juǎnchǐ〈名〉tape measure

【卷曲】juǎnqū（动)〈书〉弯转成曲形(常指动植物)crimp；curl up：小猫～着身子,卧在墙角。Xiǎo māo ～zhe shēnzi, wò zài qiángjiǎo. The kitten curled up in the corner. /叶子在剧烈的阳光下开始～。Yèzi zài jùliè de yángguāng xià kāishǐ ～. The leaves began to curl up in the fierce sunshine.

【卷入】juǎnrù（动)be drawn into；be involved in：～旋涡 xuánwō be sucked into a whirlpool /～政治斗争 ～ zhèngzhì dòuzhēng be drawn into a political controversy

【卷舌元音】juǎnshé yuányīn〈语〉retroflex vowel

【卷逃】juǎntáo（动·不及物)从内部偷了所有值钱的东西而逃走 flee with valuables；abscond taking valuables

【卷土重来】juǎn tǔ chóng lái 比喻失败之后重新聚集力量,恢复势力,准备再来。多用于贬义 stage a comeback (often pejorative)

【卷烟】juǎnyān（名）cigarette
【卷扬机】juǎnyángjī（名）hoist

juàn

卷 juàn
（名）(1)（～儿）同"卷子"juànzi same as "卷子" juànzi：限五十分钟交～。Xiàn wǔshí fēnzhōng jiāo ～. Examination papers must be handed in within 50 minutes. (2)◇书本 book；volume：手不释～ shǒu bú shì ～ be a bookworm；always have one's nose in a book（量）volume：家藏万～书 jiā cáng wàn ～ shū The collection comprises 10,000 volumes. / 这部书分九～。Zhè bù shū fēn jiǔ ～. The work is in nine volumes. 另见 juǎn

【卷子】juànzi（名）考试时写答案的纸 examination paper

倦 juàn
◇(1)疲乏 be tired；～容 ～róng appear tired (2) 厌倦 be tired of；be weary of：诲人不～ huì rén bú ～ be tireless in instructing

【倦怠】juàndài（动·不及物）〈书〉疲乏困倦 tired and weary；slack and indolent：神色～ shénsè ～ have an indolent appearance / 面容～ miànróng ～ have a weary air about one

绢 〔絹〕juàn
（名）silk

圈 juàn
（名）(animal) pen；sty：羊～ yáng～ sheep pen；sheepfold / 猪～ zhū～ pigsty 另见 quān；juān

眷 juàn
（名）◇亲属 kin；relative；family member（动）〈书〉关心，怀念 have an attachment to；have tender feelings for

【眷恋】juànliàn（动）〈书〉深深地怀念、留恋（自己喜爱的人或地方）have a deep attachment for（a person or place）
【眷属】juànshǔ（名）family dependant

juē

撅 juē
（动）〈口〉(1) stick out；stick up：～嘴 ～ zuǐ pout / 小狗～着短尾巴。Xiǎo gǒu ～ zhe duǎn wěiba. The little dog stuck up its short tail. (2)〈口〉折 break；snap：一根树枝～ yì gēn shùzhī snap off a twig / 把一根黄瓜～成两半。Bǎ yì gēnr huánggua ～chéng liǎng bànr. split a cucumber in half

【撅嘴】juē＝zuǐ 翘起嘴，常形容不高兴的样子 pout：那孩子没抢到球，撅起嘴不高兴了。Nà háizi méi qiǎngdào qiú，juēqǐ zuǐ bù gāoxìng le. The boy missed the ball and pouted in displeasure. / 不要一挨批评就～。Búyào yì ái pīpíng jiù ～. You must not pout upon being criticised.

噘 juē
（动）同"撅" juē(1)，但只用于"噘嘴" same as "撅" juē(1)（only used in "噘嘴" juē zuǐ）：这孩子一不高兴就～嘴。Zhè háizi yí bù gāoxìng jiù ～ zuǐ. This child always pouts whenever he is displeased. / 他怎么了?把嘴～得这么高。Tā zěnme le? Bǎ zuǐ ～ de zhème gāo. What's the matter with him? He's got such a long face on him!

jué

决 jué
（动）(1) break；burst：大堤～了口。Dà dī ～le kǒu. The big dyke was breached. (2)◇决定〈书〉decide；come to a decision：犹豫不～ yóuyù bù ～ waver；be unable to make a decision / 一死战 ～ yì sǐzhàn fight to the death (3)◇执行死刑 execute；put to death：枪～ qiāng ～ execute by shooting（副）与"不""非""无""没"等否定词连用，表示坚决的否定。与"绝"jué(2)通用（when used together with negative words such as "不"，"非"，"无"，"没"，etc.，it indicates an absolute negation；interchangeable with "绝" jué(2)）definitely；certainly；under any circumstances：你这样做既幼稚又鲁莽，～不是勇敢。Nǐ zhèyàng zuò jì yòuzhì yòu lǔmǎng，～ bú shì yǒnggǎn. Your doing this is childish and rash. It is definitely not courageous. / 只能前进,～不能后退。～ bù néng qiánjìn，～ bù néng hòutuì. You can only move ahead and must absolutely not retreat. / 我提些意见完全出于好心,～无恶意。Wǒ tí xiē yìjiàn wánquán chū yú hǎoxīn，～ wú èyì. It was with good intentions that I offered a bit of advice. I had absolutely no evil intentions. / 实际情况～非像你想的那么简单。Shíjì qíngkuàng ～ fēi xiàng nǐ xiǎng de nàme jiǎndān. The actual situation is certainly not as simple as you thought. / 我所说的都是事实,～没有半句假话。Wǒ suǒ shuō de dōu shì shìshí，～ méi yǒu bàn jù jiǎ huà. What I have said is fact. There is not one false word in it.

【决策】juécè（动）〈书〉决定策略 decide on a policy；formulate a policy：由领导小组去～ yóu lǐngdǎo xiǎozǔ qù ～ Let the leading group make policy decisions.（名）决定下来的策略 policy decision；strategic decision：英明的战略～ yīngmíng de zhànlüè ～ wise strategic decision；brilliant strategy / 等待最后的～ děngdài zuìhòu de ～ wait for the final policy decision

【决定】juédìng（动）(1) decide；resolve：～下星期去旅游～ xià xīngqī qù lǚyóu decide to make a trip next week / 奖励办法已经～下来了。Jiǎnglì bànfǎ yǐjīng ～ xiàlai le. The incentive method has already been decided upon. (2)（某事物对另一事物）构成先决条件,起主导作用 determine（the function of something else）：存在～意识 cúnzài ～ yìshí Existence determines consciousness. / 这次考试将～他的前途。Zhè cì kǎoshì jiāng ～ tā de qiántú. This exam will determine his future career.（名）决定下来的事项 decision：这项～是大家通过的。Zhè xiàng ～ shì dàjiā tōngguò de. This decision was a unanimous one.

【决定性】juédìngxìng（名）有决定力量的。多作定语 decisiveness（mostly used as an attribute）：在讨论中,专家的意见往往起～作用。Zài tǎolùn zhōng，zhuānjiā de yìjiàn wǎngwǎng qǐ ～ zuòyòng. In the course of debate the opinion of an expert is often decisive. / 取得～胜利 qǔdé ～ shènglì win a decisive victory

【决斗】juédòu（动）wage a decisive battle；fight a duel to the death

【决断】juéduàn（动）make a decision；resolve：这事由领导去～。Zhè shì yóu lǐngdǎo qù ～. This is a decision for the leaders to make. / 这么大的事我一个人不能～。Zhème dà de shì wǒ yí ge rén bù néng ～. I can't make a decision alone on such an important matter. / 这是正确的～。Zhè shì zhèngquè de ～. This is a correct decision.

【决计】juéjì（副）(1)表示主意已定 already decided upon：他～逃跑。Tā ～ táopǎo. He has made up his mind to run away. (2)表示肯定的判断 definitely；certainly：我这样说,～没有错儿。Wǒ zhèyàng shuō，～ méi yǒu cuòr. If I say it this way it will definitely be correct. / 从这些举动可以知道,他～不是个好人。Cóng zhèxiē jǔdòng kěyǐ zhīdào，tā ～ bú shì hǎorén. Judging from his actions I can tell he is not a good person.

【决绝】juéjué（动·不及物）断绝关系 break off relations

【决口】jué＝kǒu（of a dyke or embankment）be breached；

burst

【决裂】juéliè（动·不及物）（关系、感情、观念等）破裂 break off；break with；rupture：与旧思想～ yǔ jiù sīxiǎng ～ break away from the old ideology／两个国家～了。Liǎng ge guójiā ～ le. The two countries broke off relations with each other.／他们俩～了。Tāmen liǎ ～ le. The two of them have become estranged.

【决然】juérán（副）〈书〉（1）表示态度坚决，毫不犹豫，确定不移，后面常带"地"resolutely（often takes "地"）：他经过慎重考虑，～与她分手了。Tā jīngguò shènzhòng kǎolǜ, ～ yǔ tā fēn shǒu le. After careful consideration, he resolved to part with her.／大学毕业后，为了参加山区建设，他～地返回家乡。Dàxué bì yè hòu, wèile cānjiā shānqū jiànshè, tā ～ de fǎnhuí jiāxiāng. After graduating from university, he resolved to return to his home village so as to take part in the construction of mountain areas.／由于对家庭不满，她～离去。Yóuyú duì jiātíng bùmǎn, tā ～ líqù. She resolved to leave because she wasn't happy with her family. (2)有"必然""一定"的意思 definitely；undoubtedly：弄虚作假，谎报成绩的人，～不会有好下场的。Nòng xū zuò jiǎ, huǎng bào chéngjì de rén, ～ bú huì yǒu hǎo xiàchang de. Those who resort to deception and lie about their successes are bound to come to no good end.／违背客观规律，只凭主观意志办事，～会失败。Wéibèi kèguān guīlǜ, zhǐ píng zhǔguān yìzhì bàn shì, ～ huì shībài. Going against objective law and depending solely on one's subjective will to handle matters is bound to lead to failure.

【决赛】juésài（动）hold finals（名）final game；finals；deciding round

【决胜】juéshèng（动）〈书〉决定最后胜负（常用于战争或比赛）decide the issue；hold a deciding round（of a battle or game）

【决死】juésǐ（形·非谓）（敌我双方）你死我活的（斗争）life-and-death；last-ditch：～的斗争 ～ de dòuzhēng last-ditch struggle

【决算】juésuàn（动）hold final accounting（名）final accounting

【决心】juéxīn（名）determination：我老下不了一 Wǒ lǎo xià bu liǎo ～ I can never make up my mind.（副）表示意志坚定 with determination：他～到大西北去参加建设。Tā ～ dào Dà Xīběi qù cānjiā jiànshè. He was determined to go to the Great Northwest to take part in construction.／大家～帮助他度过难关。Dàjiā ～ bāngzhù tā dùguò nánguān. We were all determined to help him get through his crisis.／看他那冷冰冰的样子，我～不再去求他了。Kàn tā nà lěngbīngbīng de yàngzi, wǒ ～ bú zài qù qiú tā le. When I saw how cold he was, I was determined to never ask him for help again.

【决心书】juéxīnshū（名）written pledge

【决议】juéyì（名）resolution

【决意】juéyì（副）拿定主意 be determined；be resolved：他～投笔从戎，去参加保卫祖国的战斗。Tā ～ tóu bǐ cóng róng, qù cānjiā bǎowèi zǔguó de zhàndòu. He became determined to cast aside the pen for the sword and join the fight to defend the homeland.／我～离开这个地方。Wǒ ～ líkāi zhège dìfang. I'm resolved to leave this place.

【决战】juézhàn（动）wage a decisive battle（名）decisive battle

诀〔訣〕jué
（名）（1）◇根据事物主要内容编成的押韵的顺口的容易记的词句 formula in rhyme；mnemonic（2）◇（～儿）诀窍 tricks of the trade；secret of success（动）◇分别 part（from one another）；永～ yǒng～ say farewell for ever；part for ever

【诀别】juébié（动）〈书〉分别（多指不再见面的分别）part；bid farewell（usually implying permanence）

【诀窍】juéqiào（名）（～儿）关键性的好方法 tricks of the trade；secret of success；knack：你记英文单词记得这么快，有什么～？Nǐ jì Yīngwén dāncí jì de zhème kuài, yǒu shénme ～？What is the secret behind your memorizing English vocabulary so quickly?

抉jué

【抉择】juézé（动·不及物）〈书〉选择 choose；pick out：两条出路由他自己～。Liǎng tiáo chūlù yóu tā zìjǐ ～. He has to make his own choice between the two solutions.

角jué
（名）（～儿）（1）角色 role；part（in an opera, etc.）：他在这出戏里演什么～？Tā zài zhè chū xì li yǎn shénme ～？What role does he play in this drama?（2）◇演员 actor（actress）；stage performer：名～ míng～ famous actor（actress）／旦～ dàn～ female role 另见 jiǎo

【角色】juésè（名）戏剧或电影中演员扮演的剧中人物 role；part（in a play or film）：主要～ zhǔyào ～ leading role／反面～ fǎnmiàn ～ villain's role／这是个难演的～。Zhè shì ge nán yǎn de ～. This is a difficult role to play.

【角逐】juézhú（动）〈书〉武力竞争 content

觉〔覺〕jué
（动）◇感觉，常与"着"或"出"连用 feel；sense（often followed by "着" or "出"）：我～着有点难受。Wǒ ～ zhe yǒudiǎnr nánshòu. I feel somewhat unwell.／大家都～他变了。Dàjiā dōu ～chū tā biàn le. Everybody sensed that he had changed. 另见 jiào

【觉察】juéchá（动）发觉，看出来 detect；perceive；become aware of：他的神色不正常，你难道没有～？Tā de shénsè bú zhèngcháng, nǐ nándào méiyou ～？Surely you noticed that he was not his normal self?／他～到问题的严重性。Tā ～ dào wèntí de yánzhòngxìng. He realized the seriousness of the problem.／我～出其中有些问题。Wǒ ～ chū qízhōng yǒu xiē wèntí. I became aware of the existence of some problems.

【觉得】juéde（动）〈口〉（1）feel：住这房子～很舒适。Zhù zhè fángzi ～ hěn shūshì. Living in this house gives me a cosy feeling.／我一点儿也不～冷。Wǒ yìdiǎnr yě bù ～ lěng. I don't feel a bit cold.（2）认为 think；consider；opine：我～这样比较妥当。Wǒ ～ zhèyàng bǐjiào tuǒdang. I think that this way is more appropriate.／他们都～这样做是两全其美。Tāmen dōu ～ zhèyàng zuò shì liǎng quán qí měi. They all consider that this way of doing it is satisfactory to both sides.

【觉悟】juéwù（动）从迷惑中醒悟过来 become aware；be conscious（of the truth）；gain understanding：他已经～过来了，就别再批评他了。Tā yǐjīng ～ guolai le, jiù bié zài pīping tā le. He has seen the error of his ways, so don't criticise him any more.（名）对某种政治理论或社会理想的认识程度及为实现这种理想而奋斗的精神（political or social）consciousness；awareness：政治～ zhèngzhì ～ political consciousness／他的～不断提高。Tā de ～ búduàn tígāo. The level of his political consciousness keeps rising.

【觉醒】juéxǐng（动）觉悟 become awake（to the truth）；realize

绝〔絕〕jué
（动）◇断绝 cut off；sever：～了后路 ～ le hòulù cut off the retreat（形）（1）尽，穷尽，不留余地。常作补语 exhausted；finished；used up（often as a complement）：弹尽粮

~ dàn jìn liáng ~ *out of ammunition and supplies* / 办法都想~了。Bànfǎ dōu xiǎng~ le. *All possibilities have been exhausted.* / 怎样才能使老鼠死~了呢? Zěnyàng cái néng shǐ lǎoshǔ sǐ~ le ne? *What can we do to exterminate the rats?* / 不能把话说~了。Bù néng bǎ huà shuō~ le. *You shouldn't talk yourself into a corner.* (2)独一无二,没有人能相比的 *unique*; *matchless*; *incomparable*:这个杂技演员的演技真是~了。Zhège zájì yǎnyuán de yǎnjì zhēn shì ~ le. *This acrobat's performance was really superb.* (副)(1)有"极""最"的意思,表示程度极高。能被它修饰的只有"早""好"等形容词,以及"大部分""大多数"等 *same as* "极" jí *or* "最" zuì; *extremely*; *most* (*can only modify* "大多数" *and* "大部分" *or adjectives such as* "早"," 好", *etc.*):这是一首~好的诗,我一定要背下来。Zhè shì yì shǒu ~ hǎo de shī, wǒ yídìng yào bèi xialai. *This is an excellent poem. I must memorize it.* / 他~早起床,到外边去跑步。Tā ~ zǎo qǐ chuáng, dào wàibian qù pǎo bù. *He gets up extremely early to go jogging outside.* / 我想~大多数人是会赞成这个提议的。Wǒ xiǎng ~ dàduōshù rén shì huì zànchéng zhège tíyì de. *I think that an overwhelming majority will support this proposal.* / 这些书~大部分我都读过。Zhèxiē shū ~ dà bùfen wǒ dōu dúguo. *I have already read most of these books.* (2)有"绝对"的意思,表示坚定的信念和不可改变的意志。用在否定形式前。可以说成"绝对",也可以写成"决" *absolutely*; *in the least* (*used before a negative form*; *can be said as* "绝对" juéduì *and can also be written as* "决"):他决定了的事是~不会改变的。Tā juédìngle de shì shì ~ bú huì gǎibiàn de. *He will absolutely not change his mind once it's made up.* / 他的话~没有讽刺的意味。Tā de huà ~ méi yǒu fěngcì de yìwèi. *There was not the least bit of sarcasm in what he said.* / 我~没想到他会干出这种不光彩的事。Wǒ ~ méi xiǎngdào tā huì gànchū zhè zhǒng bù guāngcǎi de shì. *I had absolutely no idea he could do such a dishonourable thing.*

【绝版】jué＝bǎn 书籍毁了版,不能再印行 *out of print*

【绝笔】juébǐ (名)死者最后所写的文字或所作的字画 *last work of an author or painter before his death*

【绝壁】juébì (名)非常陡的不能攀登的山崖 *unscalable cliff*; *precipice*

【绝唱】juéchàng (名)是对造诣很高的诗文或歌、曲的赞美说法 *masterpiece of poetry or music*

【绝大多数】jué dàduōshù *absolute majority*

【绝代】juédài (形)〈书〉当代独一无二的 *outstanding in one's generation*; *peerless*

【绝顶】juédǐng (形)极端,非常 *extremely*; "*the height of*":~聪明 ~ cōngming *extremely intelligent*

【绝对】juéduì (形·非谓)(1)完全,十分 *absolute*; *complete*:有一的把握 yǒu ~ de bǎwò *with absolute confidence* / 占~优势 zhàn ~ yōushì *occupy a position of absolute dominance* /~正确 ~ zhèngquè *absolutely correct* (2)没有任何条件的 *without any conditions*; *absolute*:~领导 ~ lǐngdǎo *complete command* /~服从 ~ fúcóng *unconditional obedience* (3)不和任何事物相联的,与"相对"相对 *absolute* (*opposite of "relative"*):~数字 ~ shùzì *absolute number* / 比起去年来增产的百分比很高,但去年产量低,所以~产量并不高。Bǐ qǐ qùnián lai zēngchǎn de bǎifēnbǐ hěn gāo, dàn qùnián chǎnliàng dī, suǒyǐ ~ chǎnliàng bìng bù gāo. *Compared with last year the production increase percentage of this year was high, but last year it was low, so the absolute output was really not high.*

【绝对高度】juéduì gāodù 〈测〉*absolute altitude*

【绝对化】juéduìhuà (动·不及物)走极端,不留余地 *take something to the extreme*:他说话喜欢~,什么都十分肯定,毫无疑问。Tā shuō huà xǐhuan ~, shénme dōu shífēn kěndìng, háowú yíwèn. *He likes to talk in extreme terms,*

completely positive and with no room for doubt.

【绝对零度】juéduì língdù 〈物〉*absolute zero*

【绝对权威】juéduì quánwēi *absolute authority*

【绝对湿度】juéduì shīdù 〈物〉*absolute humidity*

【绝对温度】juéduì wēndù *absolute temperature*

【绝对真理】juéduì zhēnlǐ *absolute truth*

【绝对值】juéduìzhí (名)〈数〉*absolute value*

【绝后】jué＝hòu (1)今后不会再有 *never to occur again*; *unique*:此事不仅是空前的,也是~的。Cǐ shì bùjìn shì kōngqián de, yě shì ~ de. *This is not only unprecedented but will never occur again.* (2)没有后代 *without offspring* (*descendants*, *issue*):中国人认为,~是最大的不幸。Zhōngguó rén rènwéi, ~ shì zuì dà de búxìng. *The Chinese consider that to be without offspring is the greatest calamity.*

【绝户】juéhu (名)指没有后代的家庭或人。旧时专指没有儿子的家庭或人 *household without a younger generation*; *childless person or couple*

【绝迹】jué＝jì 踪迹断绝,完全看不见 *disappear*; *lose sight of*; *lose trace of*:匪盗~féidào ~ *The bandits disappeared without a trace.* / 恐龙在地球上已经~了。Kǒnglóng zài dìqiú shang yǐjīng ~ le. *Dinosaurs have vanished from the earth.* / 这种鸟在我国几乎绝了迹。Zhè zhǒng niǎo zài wǒ guó jīhū juéle jì. *This type of bird is almost extinct in our country.*

【绝技】juéjì (名)别人不易学到的高超的技艺 *consummate skill*

【绝交】jué＝jiāo (朋友或国家间)不再交往 *break off relations* (*between friends or countries*):他们俩~了。Tāmen liǎ ~ le. *The two of them have broken off their relationship.*

【绝境】juéjìng (名)没有出路的境地 *impasse*; *blind alley*; *impossible situation*

【绝句】juéjù (名)一种旧诗,四句。每句五个字的叫五言绝句;每句七个字的叫七言绝句 *type of old verse form of four lines, with five or seven characters to the line*

【绝口】jué＝kǒu (动)(1)住口 *cease talking*:赞不~ zàn bù ~ *praise endlessly*; *praise to the skies* (2)回避而不开口 *avoid mention of*:他~不谈那件事。Tā ~ bù tán nà jiàn shì. *He never talks about it (keeps "mum" about it).*

【绝路】juélù (名)不通的路;死路 *blind alley*; *cul-de-sacs*

【绝伦】juélún (形·非定)〈书〉没有可以与之相比的 *without equal*; *peerless*; 美妙~ měimiào ~ *exquisitely beautiful*

【绝密】juémì (形)绝对机密的 *top-secret*; *confidential*:~文件 ~ wénjiàn *confidential document*

【绝妙】juémiào (形)极为美妙;极为巧妙 *ingenious*; *exquisite*:~的回答 ~ de huídá *ingenious reply* /~的比喻 ~ de bǐyù *clever metaphor*

【绝色】juésè (形)〈书〉非常好看(指女子) *very beautiful* (*used of women*)

【绝食】jué＝shí 不吃不喝(要自杀或表示抗议) *fast*; *go on a hunger strike*

【绝望】jué＝wàng 毫无希望 *despair*; *give up hope*

【绝无仅有】jué wú jǐn yǒu 形容非常少,只有这一个 *unique*; *only one of its kind*:像天坛这种圆形建筑,恐怕是世界上~的。Xiàng Tiāntán zhè zhǒng yuánxíng jiànzhù, kǒngpà shì shìjiè shang ~ de. *The Temple of Heaven is, I think, the only round structure of its type in the world.*

【绝育】jué＝yù *sterilization* (*of the reproductive function*)

【绝缘】juéyuán (动)(1)〈电〉*insulate* (2)与外界或某事完全不发生联系 *cut off from the outside world*; *sever connection with*

【绝缘体】juéyuántǐ (名)〈物〉*insulator*

【绝早】juézǎo (形)极早 *earliest possible*:他~起来,但结果还是误了火车。Tā ~ qǐlai, dàn jiéguǒ háishi wùle huǒchē.

He got up at the crack of dawn but he still ended up missing the train.

【绝招】 juézhāo (名)同"绝技" juéjì same as "绝技" juéjì

【绝症】 juézhèng (名)无法治好的疾病 incurable illness

【绝种】 jué=zhǒng die out; become extinct: 这种花早就～了。Zhè zhǒng huā zǎo jiù ～ le. This species of flower became extinct long ago.

倔 jué
另见 juè

【倔强】 juéjiàng (形)(性情)强硬不屈 stubborn; unyielding

掘 jué
(动)dig

【掘进】 juéjìn (动)〈矿〉tunnel; drive a drift

【掘墓人】 juémùrén (名)grave digger

【掘土机】 juétǔjī (名)〈机〉excavation machine; earth mover

崛 jué

【崛起】 juéqǐ (动)〈书〉(1)(山峰等)突起 (mountain peaks, etc.) rise abruptly: 一峰～，yì fēng ～ A peak loomed up. (2)兴起 stage a rising; arise (as a political force): 几支起义军同时～。Jǐ zhī qǐyìjūn tóngshí ～. Several insurrectionary armies rose at the same time.

爵 jué
(名)◇noble rank

【爵士】 juéshì (名)knight

【爵士乐】 juéshìyuè (名)〈音乐〉jazz

【爵位】 juéwèi (名)noble rank

攫 jué
(动)◇抓 seize; grab

【攫取】 juéqǔ (动)〈书〉掠夺 seize; grab

juè

倔 juè
(形)性子直爽，说话粗，态度生硬 surly; gruff; blunt: 他挺～的，但是十分可靠. Tā tǐng ～ de, dànshì shífēn kěkào. He's bit of a rough diamond but he is completely reliable. / 那是个有名的～老头儿. Nà shì ge yǒu míng de ～ lǎotóur. He's a notorious old curmudgeon. 另见 jué

jūn

军 〔軍〕jūn
(名)(1)◇军队 army: 我～ wǒ ～ our army /～方代表 ～fāng dàibiǎo delegate from the military; army representative (2)军队编制的一个等级 corps: 第二～ dì'èr ～ second corps / 共有五个～兵力 gòng yǒu wǔ ge ～ bīnglì In total there is the military strength of five corps. (量)军队的编制单位 corps: 动用了两.～兵力 dòngyòngle liǎng ～ bīnglì mobilize two corps of troops

【军备】 jūnbèi (名)军事编制装备 armaments; arms

【军兵种】 jūnbīngzhǒng (名)军种和兵种的统称 all services and arms

【军队】 jūnduì (名)[支 zhī]army; armed forces

【军阀】 jūnfá (名)指旧时拥有武装部队，霸占一个地区，并能控制政权的军人或军人集团 warlord

【军法】 jūnfǎ (名)军事方面的刑法 martial law

【军费】 jūnfèi (名)用于军事方面的经费 military expenditure

【军服】 jūnfú (名)军人穿的制服 military uniform

【军港】 jūngǎng (名)专门供军用舰船使用的港口 port specially used for military purpose

【军工】 jūngōng (名)军事工业或军事工程的简称 war industry; defense project

【军官】 jūnguān (名)officer

【军国主义】 jūnguózhǔyì (名)为了进行侵略，疯狂扩军备战，使国家的政治、经济、文化等完全置于军事控制之下，为侵略战争服务的反动思想、政策和制度 militarism

【军徽】 jūnhuī (名)军队的标志 military insignia

【军火】 jūnhuǒ (名)武器、弹药的总称 arms and ammunition

【军火商】 jūnhuǒshāng (名)arms dealer

【军机】 jūnjī (名)(1)军事上根据客观形势所制定的处理事务的方针、办法等 military plans (2)军事方面的机密 military secrets

【军籍】 jūnjí (名)military status

【军纪】 jūnjì (名)军队的纪律 military discipline

【军舰】 jūnjiàn (名)[艘 sōu]warship; naval vessel

【军阶】 jūnjiē (名)军衔的等级 military rank

【军垦】 jūnkěn (名)部队驻扎某地，开荒搞生产 land reclamation done by an army unit

【军垦农场】 jūnkěn nóngchǎng 由垦荒部队建立起来的农场 farm developed from wasteland by an army unit

【军礼】 jūnlǐ (名)salute

【军粮】 jūnliáng (名)供应军队食用的粮食 military provisions; grain for the army

【军龄】 jūnlíng (名)在军队中服役的年数 length of military service

【军令】 jūnlìng (名)军事命令 military order

【军令状】 jūnlìngzhuàng (名)接受军令后写的保证书，表示如不能完成任务，甘愿依军法受惩处。现在也用于一般口语，喻指在接受任务前作出的坚决的保证 written pledge to carry out orders: 立下～ lìxià ～ deliver a written pledge to carry out orders

【军民】 jūn mín 军队和人民 soldiers and civilians

【军旗】 jūnqí (名)[面 miàn] 军队的旗帜 military banner; "colors"

【军情】 jūnqíng (名)军事情况 military situation

【军区】 jūnqū (名)根据战略需要划分的军事区域 military region; area command

【军权】 jūnquán (名)指挥和调动军队的权力 military authority

【军人】 jūnrén (名)soldier

【军容】 jūnróng (名)军队和军人的纪律、穿戴、装束等显示出来的样子 military bearing

【军师】 jūnshī (名)旧时小说、戏曲中所说在军中专门出主意、制定计谋策略的人 military strategist (character in old novels and traditional operas)

【军士】 jūnshì (名)noncommissioned officer (NCO)

【军事】 jūnshì (名)military affairs

【军事法庭】 jūnshì fǎtíng court-martial

【军事管制】 jūnshì guǎnzhì military control

【军事基地】 jūnshì jīdì military base

【军事家】 jūnshìjiā (名)strategist

【军事科学】 jūnshì kēxué military science

【军事民主】 jūnshì mínzhǔ military democracy

【军事体育】 jūnshì tǐyù military sports

【军事委员会】 jūnshì wěiyuánhuì military committee

【军属】 jūnshǔ (名)现役军人的家属 dependants of a serviceman

【军团】 jūntuán (名)army group

【军委】 jūnwěi (名)"军事委员会"的简称 abbreviation of "军事委员会"

【军务】 jūnwù (名)军队的事务；军事任务 military affairs; military duties

【军衔】 jūnxián (名)military rank

【军饷】 jūnxiǎng (名)pay and provisions for soldiers

【军校】jūnxiào（名）*military academy*

【军械】jūnxiè（名）*ordnance；armaments*

【军心】jūnxīn（名）军队的战斗意志 *military morale；fighting spirit*

【军需】jūnxū（名）*military supplies*

【军训】jūnxùn（名）军事训练 *military training*

【军衣】jūnyī（名）军人穿的制服 *(military) uniform*

【军医】jūnyī（名）*medical officer；military surgeon*

【军营】jūnyíng（名）*barracks；billets；military camp*

【军用】jūnyòng（形·非谓）军事上使用的 *for military use；*～物资 ～ wùzī *military supplies /*～飞机 ～ fēijī *military aircraft*

【军邮】jūnyóu（名）*military postal service*

【军乐】jūnyuè（名）*martial music*

【军乐队】jūnyuèduì（名）*military band*

【军长】jūnzhǎng（名）*army commander*

【军政】jūnzhèng（名）(1)军事和政治 *military and civil affairs* (2)军队中的政治工作或行政工作 *political or administrative work among the armed forces* (3)军队和政府 *the military and the government*

【军政训练】jūnzhèng xùnliàn 军事和政治的训练 *military and political training*

【军种】jūnzhǒng（名）军队的类别 *armed services*

【军装】jūnzhuāng（名）[套 tào]军服 *military uniform*

均 jūn
（形）◇均匀 *equal；balanced；even*：分赃不～ fēn zāng bù ～ *The booty is not shared out equally. /*厚薄不～ hòu bó bù ～ *The thickness is uneven.*（副）〈书〉有"都"的意思，修饰单音节动词的情况较多 *has the same meaning as "都" dōu；without exception；all（often modifies a monosyllabic verb）*：这条街上新建的楼房～为十二层。Zhè tiáo jiēshang xīn jiàn de lóufáng ～ wéi shí'èr céng. *All the newly-built tall buildings on this street have twelve stories. /*乙队运动员～穿白运动衣。Yǐ duì yùndòngyuán ～ chuān bái yùndòngyī. *All the players of Team B are wearing white. /*我们几个人这次去外地～无具体任务，只是为了游览、休息。Wǒmen jǐ ge rén zhè cì qù wàidì ～ wú jùtǐ rènwù, zhǐshì wèile yóulǎn, xiūxi. *None of us has any concrete task on this trip. We're just going to tour around and relax. /*我去看望两个朋友，可惜一未见到。Wǒ qù kànwàng liǎng ge péngyou, kěxī ～ wèi jiàndào. *I went to visit two friends. Unfortunately, I saw neither one.*

【均等】jūnděng（动）〈书〉*to be equal；to be balanced*：机会～jīhuì ～ *equal opportunity*

【均衡】jūnhéng（形）*balanced*：发展～ fāzhǎn ～ *balanced development /*～地分布 ～ de fēnbù *balanced distribution*

【均势】jūnshì（名）*balance of power；equilibrium；parity*：双方保持～ shuāngfāng bǎochí ～ *Both sides maintain a balance of power. /*打破～ dǎpò ～ *shatter an equilibrium；disturb a balance of forces*

【均匀】jūnyún（形）*even；well distributed；homogenized*：呼吸～ hūxī ～ *Breathing is even. /*种子撒得很～。Zhǒngzi sǎ de hěn ～. *The seeds are sown evenly.*

龟〔龜〕jūn
另见 jǐ guī

【龟裂】jūnliè（动）(1)〈书〉同"皲裂"jūnliè *same as "*皲裂" jūnliè (2)物体表面裂开许多纵横交错的缝子 *chap or cracks on the surface of an object*

君 jūn
（代）〈书〉对人的尊称 *mode of honorific address；gentleman*：诸～ zhū ～ *Gentlemen*！/ 某～ mǒu ～ *a certain person；Mr So-and-So*（名）◇君主 *monarch；sovereign*

【君权】jūnquán（名）*sovereign power；monarch's authority*

【君主】jūnzhǔ（名）*monarch；sovereign*

【君主国】jūnzhǔguó（名）*monarchy；monarchical state*

【君子】jūnzǐ（名）指人格高尚的人 *superior person；gentleman；person of lofty character*

【君子协定】jūnzǐ xiédìng 指国际间不经过书面上共同签字，只以口头上承诺或交换函件而订立的协定 *gentlemen's agreement*

菌 jūn
（名）*fungus；bacterium*

【菌苗】jūnmiáo（名）〈医〉*vaccine*

皲 jūn

【皲裂】jūnliè（动）〈书〉皮肤因寒冷干燥而破裂 *chap（skin condition caused by cold and dryness）*

jùn

俊 jùn
（形）相貌好看 *handsome；good-looking；cute*：这女孩儿挺～的。Zhè nǚ háir tǐng ～ de. *This little girl is very pretty.*

【俊杰】jùnjié（名）〈书〉智慧、才能超过众人的人 *person of outstanding talent*

【俊美】jùnměi（形）指人的容貌很漂亮 *good-looking；pretty*

【俊俏】jùnqiào（形）（容貌）好看 *pretty and smart*

【俊秀】jùnxiù（形）（容貌）清秀美丽 *delicately pretty*

郡 jùn
（名）中国古代的行政区划，秦（公元前221—公元前206）以前比县小，秦以后比县大 *prefectural administration division in ancient China—— before the Qin dynasty（221－206 B.C.）smaller than a "*县*", but afterwards larger than a "*县*"*

峻 jùn
（形）◇（山）高大 *(of mountains) high；lofty*

【峻岭】jùnlǐng（名）〈书〉高大的山 *ridge of high mountains*

【峻峭】jùnqiào（形）〈书〉（山）高而陡 *precipitous；steep*

骏〔駿〕jùn
（名）◇ 好马 *fine horse；worthy steed*

【骏马】jùnmǎ（名）[匹 pǐ]*fine horse* 跑得快的马，好马 *fine horse；courser*

竣 jùn
（动）〈书〉完 *finish；complete*：～事 ～ shì *finish a task*

【竣工】jùn＝gōng 工程结束 *wind up a（construction）project*：教学大楼～了。Jiàoxué dàlóu ～ le. *Construction of the classroom building has been completed. /*图书馆也提前竣了工。Túshūguǎn yě tíqián jùnle gōng. *Construction of the library also has been completed ahead of schedule.*

K

kā

咖 kā 另见 gā
【咖啡】kāfēi(名) coffee

喀 kā (象声)呕吐、咳嗽的声音 the noise made while vomiting or coughing
【喀吧】kābā(象声)东西折断的响声 the sound of something rigid breaking,(snap,crack):只听~一声,木棍断成两截。Zhǐ tīng ~ yì shēng, mùgùn duànchéng liǎng jié. The wooden stick gave a snap, and broke in two.
【喀嚓】kāchā(象声)东西断裂的声音 the sound of something splitting; cracking:汽车一撞,~一声,电线杆子断了。Qìchē yí zhuàng, ~ yì shēng, diànxiàn gānzi duàn le. When the car crashed, the telegraph pole broke with a crack.
【喀哒】kādā(象声)东西撞击的声音 the sound of two things striking each other:他把房门~一声锁上了。Tā bǎ fángmén ~ yì shēng suǒshang le. He locked the door with a click.

咔 kā
【咔哒】kādā (象声)同"喀哒"kādā same as "喀哒" kādā

kǎ

卡 kǎ (动)(1)手的大拇指和其余四个手指分开,用力按或掐 to strangle with the hands;~脖子~ bózi to strangle (2)(对人员的变动,财物使用等)加以控制,阻挡 to block; check; to put a strangle hold on:那个单位对于提升的人数~得很严。Nàge dānwèi duìyú tíshēng de rénshù ~ de hěn yán. That administrative unit severely checked the number of people being promoted. /凡是报名参军的学生学校都批准了,一个也没~。Fánshì bào míng cān jūn de xuésheng xuéxiào dōu pīzhǔn le, yí ge yě méi ~. The school approved all the students who enlisted into the army, not one was prevented. /今年的开支要~紧点,避免超支。Jīnnián de kāizhī yào ~ jǐn diǎnr, bìmiǎn chāozhī. We must cut back on expenses a little this year to avoid overspending. /今天晚会的节目太多,不~掉几个恐怕演不完。Jīntiān wǎnhuì de jiémù tài duō, bù ~ diào jǐ ge kǒngpà yǎn bu wán. The programme for this evening has too many items. If you don't cut out a few, I'm afraid they'll never finish in time. /三连~住了敌人的退路。Sānlián ~ zhùle dírén de tuìlù. Company 3 blocked off the enemy's retreat. (量)卡路里的简称 short form for "卡路里" kǎlùlǐ 另见 qiǎ
【卡宾枪】kǎbīnqiāng(名)[枝 zhī] carbine
【卡车】kǎchē(名)[辆 liàng] lorry; truck
【卡介苗】kǎjièmiáo(名) BCG vaccine (Bacille Calmette Guérin):接种~ jiēzhòng ~ to be inoculated with BCG vaccine
【卡路里】kǎlùlǐ(量) calorie
【卡片】kǎpiàn(名)[张 zhāng] card
【卡钳】kǎqián(名) calipers
【卡通】kǎtōng(名) cartoon

kǎ

咔 kǎ
【咔叽】kǎjī(名)(纺) khaki

喀 kǎ (动)用力咳,使喉管中的东西吐出来 to cough; to cough up something:~痰 ~ tán to cough up phlegm /鱼刺卡在嗓子里,~了半天也~不出来。Yúcì kǎ zài sǎngzili, ~ le bàntiān yě ~ bu chūlái. A fish bone is stuck in his throat. He's tried to cough it up for ages, but it won't come out.
【喀血】kǎ=xiě〈医〉to cough up blood; to spit blood

kāi

开 〔開〕kāi (动)(1)open:老林来了,快去给他~门。Lǎo Lín lái le, kuài qù gěi tā ~ mén. Lao Lin has arrived. Quick, go and open the door for him. /窗户~着呢。Chuānghu ~ zhe ne. The window is open. / 开箱子 ~kāi xiāngzi Open the suitcase. (2)舒张开 unfold:梅花~了。Méihuā ~ le. The plum trees are blossoming. /~ 花结果 ~ huā jiē guǒ to blossom and bear fruit (an idea blossoms and bears fruit) (3)打通,开辟 to open up; open:~ 运河 ~ yùnhé to open up a canal /~出一条路来 ~ chū yì tiáo lù lai to open a road /~了几亩稻田 ~le jǐ mǔ dàotián to open up several mu of rice paddies (4)驾驶,操纵,开动 to drive; operate; set in motion:~ 汽车 ~ qìchē drive a car /汽船 ~ qìchuán ~ guoqu le. A steamship sailed past. /他会~机器。Tā huì ~ jīqì. He can operate the machine. /向敌人~炮 xiàng dírén ~ pào to fire canon at the enemy /~电视 diànshì to turn on the television /把灯~开 bǎ dēng ~ kai to turn on the light(5)举行(会议等)to hold (a meeting):联欢会~了两小时。Liánhuānhuì ~ le liǎng xiǎoshí. The get-together lasted for two hours. /~ 过几次座谈会 ~guo jǐ cì zuòtánhuì They held an informal discussion several times. /正在 ~ 运动会 zhèngzài ~ yùndònghuì They are holding a sports meeting right now. (6)写出(单据等)to write out (documents, etc.):~ 药方 ~ yàofāng to write a prescription /~名单 ~ míngdān to write a name list /~介绍信 jièshàoxìn to write a letter of introduction /~一张收据 yì zhāng shōujù to write a receipt(7)沸腾 to boil:水 ~ 了。Shuǐ ~ le. The water's boiling. /汤~了。Tāng ~ le. The soup's boiling. /一锅了 ~ guō le The pot's boiling. (8)〈口〉创立,开办(尤其指以营利为主的商店等)to found; set up; start(especially profit seeking enterprises, etc.):~ 铺子 ~ pùzi to open a shop /~茶馆 ~ cháguǎn to open a tea house /过去老医生从前~过医院。Nà wèi lǎo yīshēng cóngqián ~ guo yīyuàn. That elderly doctor once set up a hospital. 在动词后作补语(used after the verb as a complement of result)(1)分开 to separate:开 ~ 窗户 kāi ~ chuānghu Open the window. /推~门 tuī ~ mén push the door open /打~书,翻到第 15 页。Dǎ ~ shū, fāndào dì shíwǔ yè open the book and turn to page 15(2)扩散,分散 to spread; disperse:消息传 ~ 了。Xiāoxi chuán ~ le. The news spread around. /队伍散~了。Duìwu sàn ~ le. The troops dispersed. (3)脱离原来的位置 away from original position:吃饭了,把桌子上的东西拿~。Chī fàn le, bǎ zhuōzi shang de dōngxi ná ~. We are going to eat. Let's clear the things off the table. /汽车来了,咱们躲~吧。Qìchē láile, zánmen duǒ ~ ba. There's a car coming. Let's

get out of the way. (4)能平列容纳 to hold；have the capacity of：这间屋子坐不～五十人。Zhè jiān wūzi zuò bu ～ wǔshí rén. This room is not big enough to seat 50 people. /那个大厅很宽敞，三十张桌子能摆～。Nàge dàtīng hěn kuānchang, sānshí zhāng zhuōzi néng bǎi～. That hall is spacious enough to hold 30 tables. (5)开始并继续 to start and continue doing：他一唱，大家都跟着唱～了。Tā yí chàng, dàjiā dōu gēnzhe chàng～le. When he started singing, everyone followed suit.

【开拔】kāibá（动）(部队从驻地或休息处)出发 (the army) to set out：十月下旬，队伍就～了。Shíyuè xiàxún, duìwu jiù ～ le. The army set out at the end of October.

【开办】kāibàn（动）创设经营、管理(某些企业事业单位)set up and run (an enterprise or administrative unit)：～工厂 ～ gōngchǎng set up a factory /～ 学校 ～ xuéxiào open a school /～ 医院 ～ yīyuàn open a hospital /～ 商店 ～ shāngdiàn open a shop

【开本】kāiběn（名）format, size：三十二 ～ sānshí'èr ～ format 32 /这本画册是十六～的。Zhè běn huàcè shì shíliù ～ de. This picture album is format 16.

【开采】kāicǎi（动）挖掘(矿藏) to mine；excavate；unearth (mineral resources)：～ 铁矿石 ～ tiěkuàngshí to mine iron ore

【开场】kāi=chǎng（戏剧等文艺演出)开始 (drama, theatrical performance, etc.) start：戏要～了。Xì yào ～ le. The play is about to start.

【开场白】kāichǎngbái（名)(1)戏剧开场时引入正题的道白 the prologue of a drama：《茶馆》开幕时，他先说了一段～。《Cháguǎn》kāi mù shí, tā xiān shuōle yí duàn ～. When the curtain rose to begin "The Tea House" he first said a few introductory words. (2)比喻文章讲话等开始的部分 (a metaphor for the beginning part of an essay or speech)：会议开始时，主席先发了言，算是 ～ 。Huìyì kāishǐ shí, zhǔxí xiān fāle yán, suàn shì ～ When the conference started, the chairman first spoke a few words, which served as the prologue.

【开诚布公】kāi chéng bù gōng（在交换或发表意见时)诚恳无私，直截了当 be frank and sincere：我想～地和你谈一谈。Wǒ xiǎng ～ de hé nǐ tán yi tán. I want to speak frankly and sincerely with you. /有意见～地谈出来，别拐弯抹角。Yǒu yìjiàn ～ de tán chulai, bié guǎi wānr mò jiǎor. If you have any complaints speak out frankly. Don't beat about the bush.

【开除】kāichú（动)把集体中的成员除名，使他退出(是一种惩罚)to expel (from a group)：这个党员犯了严重错误，被～党籍了。Zhège dǎngyuán fànle yánzhòng cuòwu, bèi ～ dǎngjí le. This party member made a serious mistake and was expelled from the party. /我们的学校尽量不～学生。Wǒmen de xuéxiào jǐnliàng bù ～ xuésheng. As far as it's possible, our school doesn't expel pupils.

【开创】kāichuàng（动)开始建立，宾语多半是抽象事物 to start：(object being mostly something abstract)：～历史的新纪元 ～ lìshǐ de xīn jìyuán usher in a new era of history /～教育工作的新局面 ～ jiàoyù gōngzuò de xīn júmiàn initiate a new phase in education /～革命根据地 ～ gémìng gēnjùdì initiate a revolutionary base

【开刀】kāi=dāo (1)动手术 to perform an operation：他这种病需要～。Tā zhè zhǒng bìng xūyào ～. His kind of illness needed an operation. /她接连开过两次刀，身体很弱。Tā jiēlián kāiguo liǎng cì dāo, shēntǐ hěn ruò. She's very weak as she had two operations one after the other. (2)旧社会执行砍头的刑罚，现在用于比喻，表示先从某人某事或某关键环节开始处治 decapitation (now used metaphorically to mean to make an example of someone)：别拿他～ bié ná tā ～ Don't make an example of him. /这类违法的事很多，必

须处治，就从这个案子～吧. Zhè lèi wéi fǎ de shì hěn duō, bìxū chǔzhì, jiù cóng zhège ànzi ～ ba. There are too many of these illegal things happening. They need to be dealt with, so let's start with this law case.

【开导】kāidǎo（动)用道理启发劝导 straighten out；help sb. listen to reason：她总觉得受了委屈，心情不舒畅，我们去～她吧. Tā zǒng juéde shòule wěiqu, xīnqíng bù shūchàng, wǒmen qù ～ tā ba. She's unhappy, because she feels wronged. Let's go and straighten her out.

【开倒车】kāi dàochē 比喻违反历史发展的方向，向后倒退 turn the clock back：想～的人必定要失败。Xiǎng ～ de rén bìdìng yào shībài. People who want to turn the clock back are bound to fail.

【开动】kāidòng（动)开行，发动 start, set in motion：～机器 ～ jīqì start the machine /车～了。Chē ～ le. The car has started. /咱们必须～脑筋想办法。Zánmen bìxū ～ nǎojīn xiǎng bànfǎ. We must use our brain and find a solution.

【开端】kāiduān（名)〈书〉(事情)的开头 the beginning (of sth.)

【开发】kāifā（动)对各种资源加以利用，因而进行必要的建设 develop；exploit：～油田 ～ yóutián open up oil fields /～荒山 ～ huāngshān develop barren mountains /这项科研成果，还可以进一步～。Zhè xiàng kēyán chéngguǒ, hái kěyǐ jìn yí bù ～. The result of this scientific research can be further exploited. /把矿藏～出来。Bǎ kuàngcáng ～ chulai. exploit mineral resources

【开饭】kāi=fàn 公共食堂或集体单位把饭菜摆好准备吃，或指开始供应饭菜(一般不用于小家庭) serve the meal (in a canteen)：十二点了，食堂该～了。Shí'èr diǎn le, shítáng gāi ～ le. It's 12 o'clock. The canteen should start serving food.

【开方】kāi=fāng (1)(～儿)开药方，也说开方子 write out a prescription：大夫给他看完了病又开了个方儿。Dàifu gěi tā kànwánle bìng yòu kāile ge fāngr. The doctor finished examining him, then wrote out a prescription. (2)求一个数的方根的运算，也就是乘方的逆运算，如 $\sqrt{9} = \pm 3$ extraction of a root：9 开平方等于 ± 3。Jiǔ kāi píngfāng děngyú zhèng fù sān. The square root of 9 is ± 3.

【开放】kāifàng（动) (1)〈书〉(花)开 open；come into bloom：正是鲜花～的季节。Zhèng shì xiānhuā ～ de jìjié. It is just the season when flowers come into bloom. (2)允许出入、观看、通行 come into open；lift the ban，机场～给航～ The airport has been opened. /～港口～ gǎngkǒu open a port to traffic /节日公园免费～。Jiérì gōngyuán miǎn fèi ～. On public holidays parks are open free of charge. /北京各博物馆星期一都不～。Běijīng gè bówùguǎn xīngqīyī dōu bù ～. On Mondays all museums in Beijing are closed.

【开放电路】kāifàng diànlù open circuit

【开放政策】kāifàng zhèngcè 指中国共产党十一届三中全会以来，在对内实行搞活经济政策的同时，实行对外开放政策。即在独立自主、自立更生的基础上，本着平等互利的原则，积极引进外资和先进科学技术，加强对外经济合作，充分利用国际有利因素为四化建设服务 open policy

【开赴】kāifù（动)〈书〉(集体或部队)开往，前往 set out for；leave for：～工地 ～ gōngdì set out for the construction site /～边疆 ～ biānjiāng be bound for the frontier /～前线 ～ qiánxiàn march to the front

【开工】kāi=gōng（工厂)开始生产或(土木工程)开始修建 go into operation (of a factory)；start (of construction work)：这家新建好的工厂已经～。Zhè jiā xīn jiànhǎo de gōngchǎng yǐjīng ～. This newly constructed factory has already gone into operation. /那家旅馆的修建工程现在还开不了工。Nà jiā lǚguǎn de xiūjiàn gōngchéng xiànzài hái kāi bu liǎo gōng. The construction work of that hotel can't start yet.

【开关】kāiguān（名）switch

【开锅】kāi=guō〈口〉锅内液体煮沸（of a pot）boil：等开了锅再把饺子放进去。Děng kāile guō zài bǎ jiǎozi fàng jìnqu. Wait till the pot's boiling, then put in the dumplings.

【开国】kāi=guó 建立新的国家（一般不作谓语）found a state（not used as a predicate）：～大典 ～ dàdiǎn foundation ceremony of a state /～以来 ～ yǐlái since the foundation of the state /～元勋 ～ yuánxūn founder of a state

【开航】kāiháng（动）(1)新开辟的河道或航线开始有船或飞机航行：(of air route) open up；（of air route）open up：新挖的那条运河已经～了。Xīn wā de nà tiáo yùnhé yǐjīng ～ le. The newly excavated canal is now open for navigation. /从上海到内蒙的飞机航线什么时候～? Cóng Shànghǎi dào Nèiměng de fēijī hángxiàn shénme shíhou ～? When does the air route from Shanghai to Inner Mongolia open up? (2)（船只）开始 开行 set sail：中山号客轮今早从广州～了。Zhōngshānhào kèlún jīn zǎo cóng Guǎngzhōu ～ le. The passenger boat Zhongshan sailed from Guangzhou this morning.

【开河】kāi=hé (1)指河流解冻 (of a river) thaw：今年春天来得早，现在就～了。Jīnnián chūntiān lái de zǎo, xiànzài jiù ～ le. Spring came early this year. The rivers are now beginning to thaw. /等开了河，我们坐船去吧。Děng kāile hé, wǒmen zuò chuán qù ba. Wait until the river is thawed, then we'll go by boat. (2)开辟河道 construct a canal：政府决定在这里～引水。Zhèngfǔ juédìng zài zhèli ～ yǐn shuǐ. The government decided to construct a canal here to channel in water.

【开后门】kāi hòumén 满足用不正当手段谋私利者的要求 open the back door — satisfy requests of people seeking personal gain by using illegal measures：他的儿子调换了工作，还不是有人为他～! Tā de érzi diàohuànle gōngzuò, hái bú shì yǒu rén wèi tā ～! Wasn't it because some one opened the back door for him that his son could change jobs? /真正的共产党人是不会为以权谋利的人～的。Zhēnzhèng de gòngchǎndǎng rén shì bú huì wèi yǐ quán móu lì de rén ～ de. True communists would never open the back door for people who use their power to seek personal gain.

【开户】kāi=hù 指（机关或个人）在银行存款建立帐户 open an account：你手中的现款可以拿到储蓄所开个户存起来。Nǐ shǒu zhōng de xiànkuǎn kěyǐ nádào chǔxùsuǒ kāi ge hù cún qǐlai. You can take your cash to the savings bank, open an account and deposit it.

【开花】kāi=huā bloom：一般果树都是春天～。Yībān guǒshù dōu shì chūntiān ～. Generally all fruit trees blossom in the spring. /手榴弹在敌群中开了花。Shǒuliúdàn zài díqún zhōng kāile huā. The hand grenades exploded in the midst of the enemies. /心里乐开了花。Xīnli lèkāile huā. His heart burst with joy. /这个省小水电站全面～。Zhège shěng xiǎo shuǐdiànzhàn quánmiàn ～. Hydroelectric power stations blossomed all over this province.

【开化】kāihuà（动）从原始状态进化到有文化状态 become civilized

【开荒】kāi=huāng 开垦没有耕种过的田地 reclaim wasteland：他在山坡上开了几亩荒，种上了白薯。Tā zài shānpō shang kāile jǐ mǔ huāng, zhòngshangle báishǔ. On the hillside several mu of wasteland were reclaimed, and sweet potatoes were planted.

【开会】kāi=huì hold meeting：我们一连开了三天会。Wǒmen yìlián kāile sān tiān huì. We held meetings for 3 days successively.

【开火】kāi=huǒ 开始打仗 open fire：向敌人～xiàng dírén ～ open fire on the enemy /双方开了火。Shuāngfāng kāile huǒ. The two sides began to open fire on each other.

【开讲】kāijiǎng（动）开始讲课或开始说书 begin a series of lectures；begin story-telling：古代汉语课下星期一～。Gǔdài Hànyǔkè xià xīngqīyī ～. The course of classical Chinese begins next Monday. /请同志们坐好，《三国演义》马上要～了。Qǐng tóngzhìmen zuòhǎo,《Sān Guó Yǎnyì》mǎshàng yào ～ le. Comrades, please take your seats. "The Romance of the Three Kingdoms" will soon begin.

【开禁】kāi=jìn 解除了禁令 to lift a ban

【开卷考试】kāi juàn kǎoshì 题目公开，由学生研究、看书或结合社会调查去回答问题 examination where textbooks can be used

【开课】kāi=kè (1)学校开学上课 school begins：中、小学九月一日～。Zhōng-xiǎoxué jiǔyuè yī rì ～. School begins for middle and primary school students on September 1st. (2)（教师，主要指高等学校教师）担任某种课程的教学 give a course：下学期张教授开现代文学史课。Xià xuéqī Zhāng jiàoshòu kāi xiàndài wénxuéshǐ kè. Professor Zhang will give lectures on the History of Modern Literature next term. /教师～之前一定要有一段准备时间。Jiàoshī ～ zhī qián yídìng yào yǒu yí duàn zhǔnbèi shíjiān. Before the teacher starts the course he will need a certain length of time for preparation.

【开垦】kāikěn（动）把荒地变成可种植的田地 reclaim wasteland：这里还有不少荒地可以～。Zhèli hái yǒu bù shǎo huāngdì kěyǐ ～. There is still a great deal of wasteland that can be reclaimed here.

【开口】kāi=kǒu (1)说话（用于否定句多于肯定句）open one's mouth；talk（used more in negative sentences）：大家都谈过了，你怎么不～? Dàjiā dōu tánguo le, nǐ zěnme bù ～? Everyone else has had his say, how come you haven't opened your mouth? /求人的事，他不爱～。Qiú rén de shìr, tā bú ài ～. He never likes to bring the subject up when he must ask a favour of someone. (2)刀、斧等使用前先磨快 put the first edge on a knife：新刀得先～才能用。Xīn dāo děi xiān ～ cái néng yòng. You have to sharpen a new knife first before using it. /新剪子也需要～吗? Xīn jiǎnzi yě xūyào ～ ma? Do new scissors also need to be sharpened?

【开口子】kāi kǒuzi 指堤岸让河水冲破（of a dyke, dam）break；burst

【开快车】kāi kuàichē (1)超速开车 step on the gas；exceed the speed limit：在市区不能～zài shìqū bù néng ～ You can't exceed the speed limit within the city limits. /～容易出危险～ róngyì chū wēixiǎn Exceeding speed limit easily causes accidents. (2)比喻工作进度加快 hurry up（one's work）：这本词典年底一定得编完初稿，现在就～了。Zhè běn cídiǎn niándǐ yídìng děi biānwán chūgǎo, xiànzài jiù děi ～ le. This dictionary must have the first draft completed by the end of the year, so we'd better hurry up. /～可不能影响质量啊!～ kě bù néng yǐngxiǎng zhìliàng a! Hurrying through the job must not affect its quality!

【开矿】kāi=kuàng 开采矿藏 open up a mine

【开阔】kāikuò（形）(1)（空间范围）宽广，没有遮拦 open；wide：一片～的原野 yí piàn ～ de yuányě a vast stretch of open country/ 高楼林立，天空都不那么～了。Gāo lóu línlì, tiānkōng dōu bú nàme ～ le. With all those tall buildings, even the sky is not as open as it ought to be. (2)（思想、心胸）豁达、开朗（mind, thought）broad, tolerant：思想～sīxiǎng ～ broad outlook /～的胸怀 ～ de xiōnghuái open minded（动）使宽广 broaden；widen：出国走走可以～一下眼界。Chū guó zǒuzou kěyǐ ～ yíxià yǎnjiè. Travelling abroad can broaden one's outlook.

【开朗】kāilǎng（形）(1)宽阔，明亮 open and clear：从狭窄的过道走进大厅，立刻觉得豁然～。Cóng xiázhǎi de guòdào zǒujìn dàtīng, lìkè juéde huòrán ～. Coming into a hall from a narrow corridor is like suddenly being enlightened. (2)（心胸、思想等）坦率，舒展，乐观 optimistic；sanguine：

性格～ xìnggé ～ cheerful disposition /思想～ sīxiǎng ～ optimistic mentality /心胸～ xinxiōng ～ sanguine temperament

【开例】kāi＝lì 做出不符合规定或还没有明确规定的事情（给别人做类似的事提供依据）create a precedent：这种事一～，往后可就收不住了。Zhè zhǒng shì yī ～, wǎng hòu kě jiù shōu bu zhù le. Once you set a precedent in this matter, similar cases can't be stopped any more. /这样做是违反规定的，我们不能开这个例。Zhèyàng zuò shì wéifǎn guīdìng de, wǒmen bù néng kāi zhège lì. We can't create precedent by doing it like that. It's against the regulation.

【开镰】kāi＝lián 指庄稼到了成熟期，开始用镰刀收割 start harvesting：六月二十号左右，小麦～。Liùyuè èrshí hào zuǒyòu, xiǎomài ～. On about 20th June we start harvesting the wheat.

【开列】kāiliè（动）一项一项分别写出来 draw up a list：～书目 ～ shūmù draw up a list of the bibliography /～名单 ～ míngdān make out a name list

【开路】kāi＝lù（1）开辟道路 open a way：从荒山上开出一条路来。Cóng huāngshān shang kāichū yī tiáo lù lai. /cut a trail across barren hillsides（2）在前面带路 lead the way：他们是～的先锋。Tāmen shì ～ de xiānfēng. They are pioneers (trail blazers).（3）电路中的开关呈开启状态或去掉一个负载，使电流不能构成回路的电路 open circuit

【开绿灯】kāi lùdēng 比喻对做某种事情提供条件或方便，使其进行顺利 give the green light

【开门】kāi＝mén（1）打开门 open the door（2）开始营业 open for business：这里的商店几点钟～？Zhèli de shāngdiàn jī diǎnzhōng ～? What time do shops here open?（3）比喻请外人参加某集团的某种活动，含有状语 open-door, doing sth. with the help of outsiders：这次是～整党。Zhè cì shì ～ zhěng dǎng. This time is an open-door consolidation of the Party.

【开门红】kāi mén hóng 比喻在一年的开始或者工作一开始就获得显著的成绩 make a good beginning：咱们厂争取在明年元月夺得～。Zánmen chǎng zhēngqǔ zài míngnián yuányuè duódé ～. Our factory will make an effort to achieve a good start during the first month of next year.

【开门见山】kāi mén jiàn shān 比喻说话或写文章直截了当，不绕圈子 come straight to the point：文章一开始就～地提出了中心问题。Wénzhāng yì kāishǐ jiù ～ de tíchūle zhōngxin wèntí. From the very first the article goes straight to the point and brings up the crucial issue. /有什么要求就～地说吧！Yǒu shénme yāoqiú jiù ～ de shuō ba! If you want anything come straight out and ask.

【开明】kāimíng（形）（指人，特别是旧社会上层人物）思想比较开通、进步；不顽固、守旧 enlightened；liberal-minded：～人士 ～ rénshì enlightened persons /～ 士绅 ～ shìshēn the enlightened gentry /他父亲很～，六十年前就主张婚姻自由。Tā fùqin hěn ～, liùshí nián qián jiù zhǔzhāng hūnyīn zìyóu. His father's really liberal minded. 60 years ago he was already advocating freedom of choice in marriage.

【开幕】kāi＝mù（1）演出节目或话剧等开始拉开舞台前的幕 the curtain rises：戏已经～了，你怎么才来？Xì yǐjīng ～ le, nǐ zěnme cái lái? The play has already started. How is it that you've come so late?（2）（会议等）开始举行 open；inaugurate：政协会议今天～。Zhèngxié huìyì jīntiān ～. The Chinese People's Political Consultative Conference opens today. /～词 ～cí opening speech /～ 典礼 ～ diǎnlǐ opening ceremony

【开炮】kāi＝pào（1）打炮，发射炮弹 open fire with artillery）：向敌人的碉堡～。Xiàng dírén de diàobǎo ～. Open fire on the enemy bunker.（2）比喻提出严厉批评的语言 fire criticism at：在会上他先开了一炮，会场上立刻活跃起来。Zài huì shang tā xiān kāile yí pào, huìchǎng shang lìkè huóyuè

qilai. At the meeting he first fired off some criticism, immediately enlivening the meeting.

【开辟】kāipì（动）（1）开发，经过一定的劳动使原来不能利用的变成可以利用，可以发展的地方 open up；start：～荒原 ～ huāngyuán open up wasteland /～边疆 ～ biānjiāng open up the border area（2）打通（道路）open：～航线 ～ hángxiàn open an air route (or sea route) /～一条新的道路 ～ yì tiáo xīn de dàolù open up a new road（3）开创 initiate：那里的工作正等你去～。Nàli de gōngzuò zhèng děng nǐ qù ～. The work there is just waiting for you to go and start it off. /农民掌握了科学，在耕种中就会～出新境界。Nóngmín zhǎngwòle kēxué, zài gēngzhòng zhōng jiù huì ～ chū xīn jìngjiè. Once the farmers have mastered science, they can attain a new plane in the art of cultivation.

【开票】kāi＝piào（1）开锁打开投票箱，统计候选人各得多少票 open the ballots box and count the ballots（2）开单据或开发货票 make out an invoice：先～后交钱 xiān ～ hòu jiāo qián First write the invoice and then hand over the money. /请你开个票，我好去报销。Qǐng nǐ kāi ge piào, wǒ hǎo qù bàoxiāo. Please can you give me a receipt so that I can submit it for expenses.

【开启】kāiqǐ（动）〈书〉打开（容器或机器等）start up (a machine, etc.)；自动～ zìdòng ～ start automatically；open automatically /～瓶盖 ～ pínggài open a bottle /喷雾器坏了，已经不能～ Pēnwùqì huài le, yǐjīng bù néng ～. The sprayer's broken. It won't start up.

【开腔】kāi＝qiāng〈口〉说话 begin to speak：你们怎么都不～?那我就先说说我的意见。Nimen zěnme dōu bù ～? Nà wǒ jiù xiān shuōshuo wǒ de yìjiàn. Why on earth don't you open your mouths? Well then, I'll first give my opinion.

【开窍】kāi＝qiào〈口〉（1）想通 have one's thinking straightened out：思想开了窍，方法就多起来了。Sīxiǎng kāile qiào, fāngfǎ jiù duō qilai le. Once your thinking was straightened out, solutions popped up left, right and centre.（2）变得懂事 show good sense：女孩子比男孩子～得得早。Nǚ háizi bǐ nán háizi ～ kāi de zǎo. Girls begin to show good sense earlier than boys.

【开山】kāi＝shān（1）把山挖开或炸开 cut into a mountain：这里交通不便，需要～修铁路。Zhèli jiāotōng bú biàn, xūyào ～ xiū tiělù. Here they have very poor transport facilities. They should cut into the mountain and build a railroad.（2）开放已封的山地 open up the closed hillsides：开了山，可以去放羊了。Kāile shān, kěyǐ qù fàng yáng le. The closed hillsides are open again, and you can put your sheep to pasture.

【开设】kāishè（动）（1）建立（工厂、商店等）set up, open：～一家酒店 ～ yì jiā jiǔdiàn open a wine shop /～了新型的工厂～le xīnxíng de gōngchǎng open a new type of factory（2）设置（课程）offer (course)：～两门课程 ～ liǎng mén kèchéng offer two courses

【开始】kāishǐ（动）（1）开头，从某一点起 be the first；begin：新学年～了。Xīn xuénián ～ le. A new academic year has begun. /我们从来没有做过这项工作，一切从零～。Wǒmen cónglái méiyou zuòguo zhè xiàng gōngzuò, yíqiè cóng líng ～. We've never done this kind of work before. We'll have to start every thing from scratch.（2）从头进行 begin (doing sth.)：今天～收割小麦。Jīntiān ～ shōugē xiǎomài. Today we start harvesting the wheat. /他刚考上大学，明天～大学生的生活。Tā gāng kǎoshang dàxué, míngtiān ～ dàxuéshēng de shēnghuó. He's just passed the university entrance exam, so tomorrow he will begin his life as a university student.（名）表示最初的时候 beginning：～他不赞成，后来变得很热心了。～ tā bú zànchéng, hòulái biàn de hěn rèxin le. At first he didn't approve of it, then he changed and became very enthusiastic.

【开市】kāi＝shì (1)商店或作坊开始营业 *(of a shop) start business*：这家鞋帽店九月五日～。Zhè jiā xiémàodiàn jiǔyuè wǔ rì ～. *This hat and shoe shop will open on September 5th.* /那家新开的书店什么时候～? Nà jiā xīn kāi de shūdiàn shénme shíhou ～? *When will that new book shop start business?* (2)商店里每日的第一次成交 *first transaction of a day's business*：今天～大吉，这种羽绒服一下就卖了二十件。Jīntiān ～ dàjí, zhè zhǒng yǔróngfú yíxià jiù màile èrshí jiàn. *Today's business started well. We sold 20 of those down padded jackets in a very short time.*

【开水】kāishuǐ (名) 煮开的水 *boiling water; boiled water*：沏茶要用～。Qī chá yào yòng ～. *You need to use boiling water to make tea.*

【开司米】kāisīmǐ (名) 〈纺〉 *cashmere*

【开天辟地】kāi tiān pì dì 有史以来 *beginning of history*：中国工农红军的二万五千里长征，是一～最长的行军。Zhōngguó Gòng Nóng Hóngjūn de èrwàn wǔqiān lǐ chángzhēng, shì yī zuì cháng de xíngjūn. *The 25000 li Long March made by China's Workers and Peasants Red Army was the longest march since the beginning of history.*

【开庭】kāi＝tíng 指法院审判庭对案件进行审理、判决 *open a court session*

【开通】kāitong (形) 不保守，能接受新思想 *liberal-minded*：思想～ sīxiǎng ～ *open minded; liberal* /她婆婆可～啦，跟她的关系像母女似的。Tā pópo kě ～ la, gēn tā de guānxi xiàng mǔ nǚ shìde. *Her mother-in-law is really open minded. The relationship between the two of them is more like mother and daughter.*

【开头】kāitóu (名) 开始的时候或开始的阶段 *beginning*：万事～难。Wàn shì ～ nán. *The first step is always the most difficult.* /故事刚讲了个～。Gùshi gāng jiǎngle ge ～. *I've just started relating the beginning of the story.*

【开头】kāi＝tóu (事情、行动、现象等)开始发生 *start*：影片一～就把观众吸引住了。Yǐngpiàn yī ～ jiù bǎ guānzhòng xīyǐn zhù le. *The film fascinated the audience from the very beginning.* /工作刚刚了个头，怎么就停下来了? Gōngzuò gāng kāile ge tóu, zěnme jiù tíng xialai le? *Work has only just begun. How come you've stopped already?*

【开脱】kāituō (动) 解除(罪名或对过失的责任) *absolve*：这次事故的责任在他身上，你替他～也没用。Zhè cì shìgù de zérèn xiǎnrán zài tā shēnshang, nǐ tì tā ～ yě méi yòng. *He's obviously to blame for this accident. It's no good absolving him from blame.* /我丝毫没有为自己～责任的意思。Wǒ sīháo méi yǒu wèi zìjǐ ～ zérèn de yìsi. *I don't have the slightest desire to shift the blame from myself.*

【开拓】kāituò (动) 开发或扩展 *open up*：把荒原～成良田。Bǎ huāngyuán ～chéng liángtián. *open up wasteland and turn it into good farmland* /他的作品在小说创作中～了新的领域。Tā de zuòpǐn zài xiǎoshuō chuàngzuò zhōng ～ le xīn de lǐngyù. *His works opend up new territories in the field of novels.*

【开外】kāiwài (助) 超过某个数字(多用于中老年人的年龄) *over (referring to age of an elderly person)*：他已经五十～了，你看得出来吗? Tā yǐjīng wǔshí ～ le, nǐ kàn de chūlái ma? *He's already over 50. Can you tell?*

【开玩笑】kāi wánxiào 用语言或行动逗着玩 *crack a joke*：别跟他～。Bié gēn tā ～. *Don't play jokes on him.* /这个人最爱～。Zhège rén zuì ài ～. *This person really loves to play jokes.* /他是开两句玩笑，你不必认真。Tā shì kāi liǎng jù wánxiào, nǐ búbì rènzhēn. *You shouldn't take it to heart. He was only playing a joke.*

【开胃】kāiwèi (动·不及物) 增进食欲 *to whet the appetite*

【开销】kāixiāo (动·不及物) 支付(一般生活上的费用) *pay expenses*：要是没有计划，收入再多也不够～。Yàoshi méi yǒu jìhuà, shōurù zài duō yě bú gòu ～. *If there's no plan-*

ning, even with a high income, it won't be enough to cover expenses. (名)生活费用(常以大或小表示多少) *expenses (used with "大" or "小")*：住在这里～不大。Zhù zài zhèli ～ bú dà. *Living is cheap here.*

【开小差】kāi xiǎo chāir (1)脱离队伍逃跑 *desert*：那时候虽然生活紧张而艰苦，却没有一个人～。Nà shíhou suīrán shēnghuó jǐnzhāng ér jiānkǔ, què méi yǒu yí ge rén ～. *In those days, even though life was hard and arduous, yet not a single person deserted.* (2)"思想开小差"，比喻思想不集中"思想开小差"means absent-minded：工作的时候思想不能～。Gōngzuò de shíhou sīxiǎng bù néng ～. *One shouldn't be absent-minded when working.*

【开心】kāixīn (形) 愉快舒畅 *happy*：你听听孩子们玩儿得多～! Nǐ tīngting háizimen wánr de duō ～! *Listen, how happily children are playing!* /这出喜剧看了让人～。Zhè chū xǐjù kànle ràng rén ～. *This comedy makes people feel happy.* (动)"拿……开心"意思是跟……取笑"拿...开心"*means make fun of sb.*：别拿我～了，我哪儿会演戏呀! Bié ná wǒ ～ le, wǒ nǎr huì yǎn xì ya! *Don't amuse yourself at my expense. What I act in a play!*

【开学】kāi＝xué 学期开始 *school begins*：他们学校九月一日～。Tāmen xuéxiào jiǔyuè yī rì ～. *Their school begins the term on 1st September.* /开了学，他就搬到学校去住了。Kāi-le xué, tā jiù bāndào xuéxiào qù zhù le. *When the term begins he will move into the school to live.*

【开眼】kāi＝yǎn 看到了未曾见过的或新奇的事物，增长了见识 *widen one's view*：我是第一次游三峡，真～哪! Wǒ shì dìyī cì yóu Sānxiá, zhēn ～ na! *It was the first time I travelled through the Yangtze Gorges. It's a real eye opener.* /没去过长城的人，还是应该去看一看，开开眼。Méi qùguo Chángchéng de rén, háishi yīnggāi qù kàn yi kàn, kāikai yǎn. *Those who haven't yet been to the Great Wall really should go and broaden their mind.* /这个摄影展览，使我很～，学了不少知识。Zhège shèyǐng zhǎnlǎn, shǐ wǒ hěn ～, xuéle bù shǎo zhīshi. *That photographic exhibition really opened my eyes. I learned a lot from it.*

【开演】kāiyǎn (动) 开始演出 *(of a play, movie) begin*：电影几点～? Diànyǐng jǐ diǎn ～? *What time does the film begin?* /他去的时候杂技已经～了。Tā qù de shíhou zájì yǐjīng ～ le. *The acrobatics had already started when he arrived.*

【开业】kāi＝yè 各类商店、企业或律师、私人诊所等开始进行业务活动 *(of a shop) start business; (of a doctor, lawyer etc.) open a private practice*：那些新商店都已经～了。Nàxiē xīn shāngdiàn dōu yǐjīng ～ le. *Those new shops have already started business.* /王大夫的牙科诊所一～病人就很多。Wáng dàifu de yákē zhěnsuǒ yì ～ bìngrén jiù hěn duō. *As soon as Doctor Wang opened his dental surgery, he had lots of patients.* /这家街道办的小厂从～以来一直很兴旺。Zhè jiā jiēdào bàn de xiǎo chǎng cóng ～ yǐlái yìzhí hěn xīngwàng. *This small factory run by the neighbourhood has been flourishing since it started production.*

【开夜车】kāi yèchē 为了赶时间，赶任务，夜间学习或者工作 *work in the night*：你太累了，别再～。Nǐ tài lèi le, bié zài ～ le. *You're too tired. Don't work late into the night again.* /开了两个夜车，这个剧本总算修改完了。Kāile liǎng ge yèchē, zhège jùběn zǒngsuàn xiūgǎi wán le. *After working twice late into the night, the drama was finally revised.*

【开源节流】kāi yuán jié liú 增加收入，节约开支 *increase income and reduce expenditure*：为了办好企业，我们必须～。Wèile bànhǎo qǐyè, wǒmen bìxū ～. *In order to run the business well, we must increase our income and reduce expenditure.*

【开凿】kāizáo (动) 挖掘 *cut (a canal)*：～运河 ～ yùnhé *cut a canal* /～隧道 ～ suìdào *cut a tunnel*

【开斋】kāi=zhāi（1）指吃素的人又恢复了吃荤 resume a meat diet（2）伊斯兰教徒结束封斋（of Moslims）come to the end of Ramadan

【开斋节】kāizhāijié（名）Festival of Fast-breaking

【开展】kāizhǎn（动）让(工作、运动等)开始进行并发展 develop；launch：～增产节约的宣传 ～ zēng chǎn jiéyuē de xuānchuán launch the propaganda for increasing production and practising economy /～社会主义劳动竞赛 ～ shèhuìzhǔyì láodòng jìngsài launch the socialist labour emulation drive（形）开朗、豁达 open-minded：他思想不够～，常为一点小事烦恼。Tā sīxiǎng bú gòu ～，cháng wèi yìdiǎr xiǎo shì fánnǎo. He's not open-minded enough, and often gets vexed over small things.

【开战】kāi=zhàn 开始作战。也比喻对自然界的开发 make war：自一以来，两国经济都遭到了巨大的破坏。Zì ～ yǐlái，liǎng guó jīngjì dōu zāodàole jùdà de pòhuài. Since opening hostilities, the economy of both countries have suffered great damage. /向科学进军，向大自然～！Xiàng kēxué jìnjūn，xiàng dàzìrán ～！March towards science, in order to battle against nature!

【开绽】kāizhàn（动）(原来缝好的地方)开线、裂开（of a place originally well sewn）come unsewn；split：这双鞋刚穿一个星期，前面就～了。Zhè shuāng xié gāng chuān yí ge xīngqī，qiánmiàn jiù ～ le. I've only worn these shoes for one week and they've split at the toe.

【开张】kāi=zhāng（1）(商店建好后)开始营业（of a shop）start business：几个青年集体经营的百货商店今天～。Jǐ ge qīngnián jítǐ jīngyíng de bǎihuò shāngdiàn jīntiān ～. Today the department store run collectively by several young people started business. （2）商店当天的第一次交易 a shop's first transaction of the day：我们商店刚开门，还没～呢！Wǒmen shāngdiàn gāng kāi mén，hái méi ～ ne! Our shop's just opened, but we haven't made the first sale yet.

【开支】kāizhī（个人生活上的经常性的）支出、付出 pay（a person's usual living expenses）：他家这个月～一百二十元。Tā jiā zhège yuè ～ yìbǎi èrshí yuán. This month his family has paid living expenses of 120 yuan. /他毫无计划，随便～，月底总是不够。Tā háowú jìhuà，suíbiàn ～，yuèdǐ zǒngshì bú gòu. He doesn't plan in the least, just spends here and there, so he never has enough at the end of the month. （名）开支的钱 expenses，expenditure：住一个小一点的房子，可以节省～。Zhù yí ge xiǎo yìdiǎr de fángzi，kěyǐ jiéshěng ～. If you live in a smaller house, you can save on expenses. /他们家人口少，～不大。Tāmen jiā rénkǒu shǎo，～ bú dà. They're not a big family, so their expenditure is not too much.

【开宗明义】kāi zōng míng yì 开宗：阐述宗旨。明义：说明意义。指说话、写文章一开始就指明主要意思 make clear the purpose and main theme from the very beginning

【开罪】kāizuì（动）同"得罪"dézuì。冒犯别人或惹人不愉快甚至怀恨 same as "得罪" dézuì；offend（sb.）

kǎi

凯〔凱〕kǎi（形）◇胜利的 victorious

【凯歌】kǎigē（名）胜利的乐曲 song of triumph：高奏～ gāozòu ～ play a song of triumph

【凯旋】kǎixuán（动）〈书〉胜利归来 return in triumph：欢迎战士们～。Huānyíng zhànshìmen ～. Welcome the triumphant soldiers.

慨 kǎi

【慨叹】kǎitàn（动）〈书〉sigh with regret

楷 kǎi

【楷模】kǎimó（名）〈书〉榜样，模范 model，pattern

【楷书】kǎishū（名）汉字字体的一种，也就是现在通行的手写正体字 regular script（Chinese calligraphy）：他写～写得很不错。Tā xiě ～ xiě de hěn búcuò. He writes regular script quite well.

【楷体】kǎitǐ（名）（1）楷书 regular script（2）指拼音字母的印刷体 block letter

kān

刊 kān（动）◇（1）排印出版 print；publish：创～ chuàng ～ start publication /被迫停～ bèi pò tíng ～ be compelled to stop publication（2）修改 correct：～误 ～ wù correct printing errors（名）◇杂志或者报纸定期登载的有专门内容的一版 page of a newspaper for a special topic：画～ huà～ pictorial page（of newspaper，magazine）/诗～ shī～ poetry section

【刊登】kāndēng（动）(在报纸、杂志等上面)登载 publish（on a newspaper or periodical）：～一首新诗 ～ yì shǒu xīn shī publish a poem of the new style/ 这篇文章在报上～过。Zhè piān wénzhāng zài bào shang ～guo. This article has been published on some newspaper.

【刊头】kāntóu（名）指报纸、板报或刊物上标明名称、期数等项目的地方 head（of a newspaper page）

【刊物】kānwù（名）杂志、画报等出版物的通称，包括定期和不定期的 publications：图书馆订了很多种～。Túshūguǎn dìngle hěn duō zhǒng ～. The library has ordered many kinds of publications.

【刊印】kānyìn（动）印刷。多用于书面语 print：我们现在大量～古书。Wǒmen xiànzài dàliàng ～ gǔshū. At the moment we are printing a large number of ancient books.

【刊载】kānzǎi（动）〈书〉(在报纸杂志上)发表 publish（on newspapers or periodicals）：报纸上～了许多反映新风气的文章。Bàozhǐ shang ～le xǔduō fǎnyìng xīn fēngqì de wénzhāng. The newspaper carried many articles reflecting new practices.

看 kān（动）（1）照管，守护 look after：～门 ～ mén guard the door /老太太给她女儿～孩子。Lǎotàitai gěi tā nǚ'ér ～ háizi. The old lady baby-sat for her daughter. /这抽水机得有个人～着。Zhè chōushuǐjī děi yǒu ge rén ～zhe. This water pump needs to have someone taking care of it. （2）监视，看押，常说"看起来"keep under surveillance（often occurs as "看起来"）：嫌疑犯已经一起来了。Xiányífàn yǐjīng ～ qilai le. The suspect is already under surveillance. 另见 kàn

【看管】kānguǎn（动）（1）监视和管理 guard；watch：～罪犯 ～ zuìfàn keep a watch on the culprit（2）照管 take care of：种树用的工具都送来了，得有个人～。Zhòng shù yòng de gōngjù dōu sònglai le，děi yǒu ge rén ～. All the tools needed for planting trees have been sent here, so there should be someone to be in charge of them.

【看护】kānhù（动）照顾，护理(伤病员)nurse（名）旧指护士 nurse

【看守】kānshǒu（动）（1）守卫，照料 watch；guard：大门由两个卫兵～。Dàmén yóu liǎng ge wèibīng ～. Two soldiers guarded the main gate. （2）监视、管理(犯人)guard：～囚犯 ～ qiúfàn guard convicts（名）看守犯人的人 warder：他曾做过监狱的～。Tā céng zuòguo jiānyù de ～. He used to be a jail warder.

【看守所】kānshǒusuǒ（名）拘留看押还没经法院判决定罪的

犯人的地方 lockup for wrongdoers awaiting trial
【看押】 kānyā（动）临时拘留扣押 take into custody；detain：
～罪犯 ～ zuìfàn take the criminal into custody /～俘虏 ～
fúlǔ detain a prisoner of war

勘 kān
（动）◇（1）核对，校订 read and correct the text of（2）探
测，实地查看 survey
【勘测】 kāncè（动）survey：地质队到对面山上去～去了。
Dìzhìduì dào duìmiàn shān shang qù ～ qu le. The geologi-
cal team has gone surveying on the opposite mountain.
【勘察】 kānchá（动）对地形、地质构造、地下资源蕴藏情况
等进行实地调查 prospect
【勘探】 kāntàn（动）调查矿藏分布情况，测量地质构造等
prospect：进行石油～ jìnxíng shíyóu ～ prospect for oil /他
们到深山里去～铁矿。Tāmen dào shēnshān lǐ qù ～
tiěkuàng. They've gone far into the mountain prospecting
for iron ore.
【勘误】 kānwù（动）多用于书面语，编者或作者改正书刊上
的文字错误。多作定语 correct errors in printing：书里夹着
一张～表。Shūli jiāzhe yì zhāng ～biǎo. There is a corri-
genda in the book.

堪 kān
（助动）〈书〉可以，能够 may；can：日内瓦每年要举行三
万次会议，～称世界会场。Rìnèiwǎ měi nián yào jǔxíng
sān-wàn cì huìyì，～ chēng shìjiè huìchǎng. Every year
Geneva holds 30,000 conferences, and may well be rated as
the world's conference hall. / 他为人稳重，经验丰富，～当
此重任。Tā wéirén wěnzhòng，jīngyàn fēngfù，～ dāng cǐ
zhòngrèn. As a person he is steady，with wide experience，
and so is capable of shouldering this important task.（动）
〈书〉能忍受，能支持，用于否定形式，见"不堪" bù kān be
able to stand；bear；endure（usually used in the negative，
see "不堪" bùkān）

kǎn
坎
（名）（～儿）田野里稍高起的地方 ridge：走路小心，这
里有个～。Zǒu lù xiǎoxīn，zhèli yǒu ge ～. Be careful
when walking. There's a ridge here.
【坎肩】 kǎnjiān（名）（～儿）没有衣袖的上衣（多是毛线织的、
夹的、棉的，一般穿在外面）sleeveless jacket；waistcoat
【坎坷】 kǎnkě（形）〈书〉（1）（道路）高低不平 rough：道路～，
简直不能骑车。Dàolù ～，jiǎnzhí bù néng qí chē. The
road's too bumpy. You simply can't cycle.（2）比喻生活不
顺利 frustrated；full of frustrations：他半生～，现在总算
安定下来。Tā bànshēng ～，xiànzài zǒngsuàn āndìng xi-
alai. Almost half his life has been full of frustrations，but
now things have finally settled down.

侃 kǎn
【侃侃】 kǎnkǎn（形）〈书〉形容说话理直气壮，从容不迫的样
子（speak）with fervour and assurance：～而谈 ～ ér tán
speak with fervour and confidence

砍 kǎn
（动）用斧子或刀猛力去劈 cut；chop（with an axe）：～柴
～ chái to cut firewood /～树枝 ～ shùzhī to chop off the
branch of a tree /～断铁锁链 ～ duàn tiěsuǒliàn to cut an
iron chain in half
【砍刀】 kǎndāo（名）砍柴用的刀 chopper
【砍伐】 kǎnfá（动）fell：～树木 ～ shùmù fell trees

kàn

看 kàn
（动）（1）see；watch：～篮球比赛 ～ lánqiú bǐsài watch a
basketball game /～ 电影 ～ diànyǐng see a film /～戏 ～
xì see a play（2）阅读 read：～书 ～ shū read a book /～报
～bào read a newspaper（3）观察并加以判断 look at；con-
sider；regard：他～问题比较片面。Tā ～ wèntí bǐjiào
piànmiàn. He looks at things rather one-sidedly. / 人家说
他的话是骗人的，我～不像。Rénjia shuō tā de huà shì piàn
rén de，wǒ ～ bú xiàng. It's said that he told a lie but I
think otherwise. / 我们无法事先决定，到时候～情况再说
吧！Wǒmen wúfǎ shìxiān juédìng，dào shíhou ～
qíngkuàng zài shuō ba！We have no way of being able to de-
cide in advance. Let's look at the situation when the time
comes and decide then.（4）取决于 depend on：这件事办得
怎样，要～办事人的能力。Zhè jiàn shì bàn de zěnyàng，yào
～ bàn shì rén de nénglì. How well this matter will be dealt
with depends on the capabilities of the person undertaking.
/ 下星期去不去长城，就～有没有汽车了。Xià xīngqī qù bú
qù Chángchéng，jiù ～ yǒu méi yǒu qìchē le. Whether we
go to the Great Wall or not next week depends on whether
we can get a bus.（5）对待，看待（常带补语）regard；
treat：别把这件事～得那么严重。Bié bǎ zhè jiàn shì ～ de
nàme yánzhòng. Don't view the problem so seriously. / 我
从来都把他～成可以信赖的朋友。Wǒ cónglái dōu bǎ tā ～
chéng kěyǐ xìnlài de péngyou. I've always regarded him as
a friend you can count on.（6）访问，探望 visit；see：～朋友
～ péngyou see（visit）a friend /～病人 ～ bìngrén see a pa-
tient（7）诊治 treat（a patient or illness）：我的病一直是林大
夫～的。Wǒ de bìng yìzhí shì Lín dàifu ～ de. My illness
has always been treated by Doctor Lin. / 这种病得赶快～。
Zhè zhǒng bìng děi gǎnkuài ～. You should go and have this
disease treated straight away.（8）找医生治病 consult（a
doctor）：你发烧了，赶快去～医生吧！Nǐ fā shāo le，
gǎnkuài qù ～ yīshēng ba！You have a temperature. Go and
see a doctor quickly. /你的病不轻，怎么不去～呢？Nǐ de
bìng bù qīng，zěnme bú qù ～ ne？/ Your illness is quite se-
rious. Why on earth don't you go and see a doctor？（9）放在
句首，带有关心、赞美、不满意等感情色彩 look（used at the
beginning of a sentence to give an emotional colour）：～把你
累得！快歇会儿吧！～ bǎ nǐ lèi de！Kuài xiē huìr ba！
Look，you must be tired. Go and rest a while. / ～这些瓷
器多精致啊！～ zhèxiē cíqì duō jīngzhì a！Just look how
delicate this porcelain is！/ ～这小家伙，多顽皮！～ zhè
xiǎo jiāhuo，duō wánpí！Just look at this little fellow. He's
so playful！（10）用在重叠动词或动词结构后，表示试探
（used after a reduplicated verb or verbal phrase to mean tri-
al）：这车你骑骑～。Zhè chē nǐ qíqí ～. Ride this bike and
try it out（see how it is）. / 让我想想～，他那天究竟怎么说
的。Ràng wǒ xiǎngxiang ～，tā nà tiān jiūjìng zěnme shuō
de. Let me think how he expressed himself that day. / 你走
几步～，腿还疼不疼。Nǐ zǒu jǐ bù ～，tuǐ hái téng bu téng.
Take a few steps and see if your leg is still hurting. 另见
kān
【看病】 kàn＝bìng（1）（医生）给人治病（doctor）see a pa-
tient：王大夫正在～。Wáng dàifu zhèngzài ～. Doctor
Wang is seeing patients at the moment.（2）（病人）找医生
病（patient）consult a doctor：老王上医院～去了。Lǎo
Wáng shàng yīyuàn ～ qu le. Lao Wang went to the hospi-
tal to see a doctor.
【看不起】 kàn bu qǐ〈口〉（1）轻视 look down on：你别～这本
小词典，用处可大了。Nǐ bié ～ zhè běn xiǎo cídiǎn，
yòngchu kě dà le. Don't look down on this small dictionary.

It's very useful. / ～别人的人往往是自己无知。～ biéren de rén wǎngwǎng shì zìjǐ wúzhī. *People who look down on other people are often ignorant themselves.* (2)(由于经济原因)不能去看 *can't afford*：戏票太贵，这我看～。Xìpiào tài guì, zhè xì wǒ ～. *I can't afford to go to this play. The tickets are too expensive.* / 从前医院收费很高，穷人～病。Cóngqián yīyuàn shōu fèi hěn gāo, qióngrén ～ bìng. *In the past hospital fees were extremely high. The poor people couldn't afford to go to the doctor.*

【看穿】kàn//chuān 识破(诡计、用意等) *see through*：他那套骗人的花招是很容易被～的。Tā nà tào piàn rén de huāzhāo shì hěn róngyì bèi ～ de. *Those deceiving tricks of his are very easy to see through.*

【看待】kàndài (动) (以某种态度)看(人或事)，有时并有相应的行动 *treat*; *regard*：王大娘把那个孤儿当自己的孙子～。Wáng dàniáng bǎ nàge gū'ér dàng zìjǐ de sūnzi ～. *Aunt Wang looks upon that orphan as her own grandson.* / 对于她，他总是另眼～。Duìyú tā, tā zǒngshì lìng yǎn ～. *Towards her, he always regards her with special favour.*

【看得起】kàn de qǐ 〈口〉(1)看重，重视 *look up to*：他很骄傲，～的人不多。Tā hěn jiào'ào, ～ de rén bù duō. *He's too proud. There's hardly anyone he looks up to.* (2)(在经济上有足够的力量)能看 *can afford to see*：票价不贵，我还～。Piào jià bú guì, wǒ hái ～. *The tickets are not expensive. I can still afford to go.* / 旧社会穷人哪儿～病啊。Jiù shèhuì qióngrén nǎr ～ bìng a. *In the old society how could the poor people afford to see a doctor!*

【看法】kànfa (名)对人和事物的见解 *view*; *opinion*：他对任何事情都有自己的～. Tā duì rènhé shìqing dōu yǒu zìjǐ de ～. *He always has his own opinion on anything.* / 你的～是正确的。Nǐ de ～ shì zhèngquè de. *Your opinion is correct.*

看风使舵 kàn fēng shǐ duò 〈贬〉比喻看形势行事，或看别人眼色行事 *trim one's sails*：人们看不起～的人。Rénmen kàn bu qǐ ～ de rén. *People look down on those who trim their sails.* / ～不是好作风。～ bú shì hǎo zuòfēng. *Trimming one's sails is not a good style of work.*

【看见】kàn//jiàn *see*：会场上我没～他。Huìchǎng shang wǒ méi ～ tā. *I didn't see him at the conference.* / 布告离得太远，字又小，我看不见。Bùgào lí de tài yuǎn, zì yòu xiǎo, wǒ kàn bu jiàn. *The bulletin is too far away, and the print is too small. I can't read it.*

【看来】kànlái (副) 作插入语 (*used as a parenthesis*) (1)根据外表样子看 *it looks as if*：他的举止、言谈都很文雅，～是个很有文化修养的人。Tā de jǔzhǐ, yántán dōu hěn wényǎ, ～ shì ge hěn yǒu wénhuà xiūyǎng de rén. *His manner and speech are very refined. It looks as if he has had a cultured background.* / 他～没有三十岁。Tā ～ méi yǒu sānshí suì. *He doesn't look thirty.* / ～这种手工艺品做起来很费事。～ zhè zhǒng shǒu gōngyìpǐn zuò qilai hěn fèi shì. *It looks as if this kind of handicraft is troublesome to make.* (2)表示说话人根据情况的估计 *it seems* (or *appears*) *as if* (*indicates that the speaker is making an estimate*)：～这个问题非得领导来解决不可了。～ zhège wèntí fēi děi lǐngdǎo lái jiějué bùkě le. *It looks like the leader will have to come and resolve this problem.* / 他～是一定要走了。Tā ～ shì yídìng yào zǒu le. *It appears that he will go.* "在……看来"，是"根据……的看法" "在…看来" means "根据…的看法"：在我～，你们做事过分小心了。Zài wǒ ～, nǐmen zuò shì guòfèn xiǎoxīn le. *In my opinion, you are too cautious in handling matters.* / 在某些人～，忘我工作的人都是傻瓜。Zài mǒu xiē rén ～, wàng wǒ gōngzuò de rén dōu shì shǎguā. *In the opinion*

of some people, those who work selflessly are fools.

【看破】kàn//pò 彻底认识(社会的缺点、问题等，因而对一切采取消极态度) *be disillusioned*；～红尘 ～ hóngchén *be disillusioned with the mortal world*/ 有些年轻人遇到几次挫折就～一切，灰心丧气。Yǒu xiē niánqīng rén yùdào jǐ cì cuòzhé jiù ～ yíqiè, huī xīn sàng qì. *There are some young people who, on meeting with a few setbacks, immediately feel utterly dejected and become disillusioned with the world.*

【看齐】kànqí (动) (1)(排队时，指定一人为标准，其余的人)排整齐，站在一条线上 *dress*；向右～! Xiàng yòu ～! *Dress right!* (2)(把某人当做榜样来)学习 *keep up with*; *emulate*：向先进生产者～. Xiàng xiānjìn shēngchǎnzhě ～. *emulate the advanced workers*

【看起来】kàn qǐlái 根据情况推测，作插入语 *it seems*; *it looks as if* (*serves as a parenthesis*)；这两个足球队的阵容都很强，～要有一番激烈的争夺。Zhè liǎng ge zúqiúduì de zhènróng dōu hěn qiáng, ～ yào yǒu yì fān jīliè de zhēngduó. *These two football teams both have strong line-up. It looks as if there's going to be a fierce match.* / 天阴得黑沉沉的，～马上就要下雨了。Tiān yīn de hēichénchén de, ～ mǎshàng jiù yào xià yǔ le. *The sky is very dark. It looks like it will rain at any moment.* / 已经这么晚了，～他不会来了。Yǐjing zhème wǎn le, ～ tā bú huì lái le. *It's already very late. It looks as if he's not coming.*

【看轻】kànqīng (动) 认为(某事物)不重要 *slight*：他显然很～这项任务，你得跟他谈谈。Tā xiǎnrán hěn ～ zhè xiàng rènwu, nǐ děi gēn tā tántan. *He clearly regards this task too lightly. You should have a word with him.*

【看台】kàntái (名) *stand*; *bleachers*

【看透】kàn//tòu (1)透彻地了解对手的(用意、计策等) *understand thoroughly*：这个人我看不透，不知道他到底是个什么人。Zhège rén wǒ kàn bu tòu, bù zhīdào tā dàodǐ shì ge shénme rén. *I can't read this guy at all. I don't know what sort of person he is.* (2)彻底认识(对方的缺点、问题，或事物没有价值，没有意义) *see through*：我算～了，他也就是这么点儿水平。Wǒ suàn ～ le, tā yě jiù shì zhème diǎnr shuǐpíng. *I see through him at last. That's about all he knows.*

【看头】kàntou (名) 有可看、可欣赏的内容等 *something worth looking at or reading*：这本书很有～。Zhè běn shū hěn yǒu ～. *This book is well worth reading.* / 那出戏枯燥乏味，一点儿～也没有。Nà chū xì kūzào fáwèi, yìdiǎnr ～ yě méi yǒu. *That play is extremely dull. It's not worth seeing at all.*

【看望】kànwàng (动) 访问，拜访，探看 *call on*; *visit*：～老朋友 ～ lǎo péngyou *call on an old friend* /春节回家乡～老母亲。Chūnjié huí jiāxiāng ～ lǎo mǔqin. *I returned to my home village at Spring Festival to visit my aged mother.*

【看样子】kàn yàngzi 同 "看起来" kàn qǐlái *same as "看起来"* kàn qǐlái：～你们都是老朋友吧？～ nǐmen dōu shì lǎo péngyou ba? *Evidently you are all old friends, right?* / 他穿得笔挺笔挺的，～是要去会客。Tā chuān de bǐtǐng bǐtǐng de, ～ shì yào qù huì kè. *He's dressed very trimly. It looks as if he's going to receive a guest.*

【看中】kàn//zhòng (动) 经过观察，认为合乎心意 *take a fancy to*：他～了这种式样的皮鞋。Tā ～ le zhè zhǒng shìyàng de píxié. *He fancies this style of leather shoes.* / 这些家具，她大半都看不中。Zhèxiē jiājù, tā dàbàn dōu kàn bu zhòng. *She doesn't fancy most of these pieces of furniture.*

【看重】kànzhòng (动) 对人或某种事物看得很重，尤其对人，有尊重的意思，用于同等人物之间或上级对下级 *set store by*; *value*：主任很～这项工作。Zhǔrèn hěn ～ zhè xiàng gōngzuò. *The director sets great store by this work.* / 小李勤奋好学，领导非常～他。Xiǎo Lǐ qínfèn hào xué,

lǐngdǎo fēicháng ～ tā. *Xiǎo Lǐ studies very diligently so his chief values him tremendously.*

【看做】kànzuò（动）当成，认为是 *look upon as；regard as*：我一向把你～我的朋友。Wǒ yíxiàng bǎ nǐ ～ wǒ de péngyou. *I've always regarded you as my friend.* / 小李把王先生～老师。Xiǎo Lǐ bǎ Wáng xiānsheng ～ lǎoshī. *Xiao Li looks upon Mr. Wang as his teacher.*

kāng

康 ^{kāng}

【康拜因】kāngbàiyīn（名）[台 tái] *combine (harvester)*

【康复】kāngfù（动）〈书〉恢复健康 *recover；restore to health*

【康健】kāngjiàn（形）同"健康" jiànkāng *same as "健康" jiànkāng*：老人的身体还十分～。Lǎorén de shēntǐ hái shífēn ～. *The old man is still in remarkably good health.*

【康庄大道】kāngzhuāng dàdào 宽阔平坦的道路。现多用于比喻义 *broad road*：走在社会主义～上 zǒu zài shèhuìzhǔyì ～ shàng *walk on the broad road of socialism*

慷 ^{kāng}

【慷慨】kāngkǎi（形）(1)（在财物方面）大方，不吝惜 *generous*：～无私的援助 ～ wúsī de yuánzhù *generous selfless support* /他为人非常～。Tā wéirén fēicháng ～. *He is extremely generous to others.* (2)形容正气洋溢，情绪激昂 *fervent；impassioned；vehement*：～就义 ～ jiùyì *die a martyr's death；go nobly to one's death* /～陈词 chéncí *make an impassioned speech*

【慷慨激昂】kāngkǎi jī'áng 充满正气，情绪、语调振奋、激动、高昂 *impassioned；vehement*：国际歌声～. Guójìgē shēng ～. *The strains of the Internationale were lofty and impassioned.* / 战士们的发言～，大家争着要上前线杀敌。Zhànshìmen de fāyán ～, dàjiā zhēngzhe yào shàng qiánxiàn shā dí. *The soldiers spoke in impassioned tones，vying to be the first to be sent to the front line to slaughter the enemy.*

糠 ^{kāng}

（名）稻麦、谷子等子粒上脱下来的壳 *chaff；bran；husks (of grains)*（形）形容萝卜等失掉水分，里面发空，质地变得松而不实 *spongy and deteriorated (used of such vegetables as radishes)*：～萝卜没人买。～ luóbo méi rén mǎi. *Nobody will buy a spongy radish.*

káng

扛 ^{káng}

（动）用肩膀承担 *carry on the shoulder*：把枪～起来。Bǎ qiāng ～ qǐlai. *shoulder one's rifle* /～着滑雪板 ～zhe huáxuěbǎn *carrying skis on one's shoulder* /这口袋粮食太重，他～得动吗？Zhè kǒudài liángshi tài zhòng, tā ～ de dòng ma? *This bag of grain is very heavy. Do you think he can carry it (on his shoulder)?*

【扛活】káng＝huó 指（旧社会给地主、富农）当雇工 *work as farm laborer (for a landlord in the old society)*：从前我祖父给地主扛了半辈子活。Cóngqián wǒ zǔfù gěi dìzhǔ kángle bànbèizi huó. *In the old days my grandfather worked half his life in the landlord's fields.*

kàng

抗 ^{kàng}

（动）◇ (1)抵抗，抵御 *resist；stand up to*：～灾 ～ zāi

combat disaster /～涝 ～ lào *combat the waterlogging of fields* /～敌 ～ dí *resist the enemy* (2)拒不接受或不照办 *refuse to accept or comply*：～命 ～ mìng *refuse an order；defy an order* /～捐～税 ～ juān ～ shuì ～ *refuse to pay levies or taxes*

【抗暴】kàng＝bào 抵抗和反击反动暴力的迫害，一般只作定语 *resist the violent acts of the reactionaries (generally used as an attribute)*：～斗争 ～ dòuzhēng *struggle to resist the violent acts of the reactionaries* /～组织 ～ zǔzhī *group formed to oppose the violent acts of the reactionaries*

【抗毒素】kàngdúsù（名）〈医〉*antitoxin*

【抗旱】kàng＝hàn 天旱时采取各种措施，使农作物不受或少受损失 *combat drought*

【抗衡】kànghéng（动）〈书〉对峙，彼此力量差不多 *match one's strength against；contend with*：他们的武装力量足以同邻国～. Tāmen de wǔzhuāng lìliàng zúyǐ tóng línguó ～. *Their armed strength is sufficient for them to contend with their neighboring state.*

【抗洪】kàng＝hóng *fight flood*

【抗击】kàngjī（动）对敌人的侵犯进行抵抗、反击 *resist；counterattack；beat back (an enemy attack)*：～入侵之敌 ～ rù qīn zhī dí *resist the invaders*

【抗拒】kàngjù（动）抵制，拒绝接受 *resist；refuse；defy*：有些天灾现在还是不能～的。Yǒu xiē tiānzāi xiànzài hái shì bù néng ～ de. *There are some natural disasters that we still can't put up resistance against.* / 那是一支不可～的力量。Nà shì yì zhī bùkě ～ de lìliàng. *That is an irresistible force.*

【抗菌素】kàngjūnsù（名）*antibiotic*

【抗美援朝战争】Kàng Měi Yuán Cháo Zhànzhēng 1950年—1953年中国人民志愿援助朝鲜民主主义人民共和国抗击美帝国主义侵略的正义战争 *War to Resist the U. S. and Aid Korea (1950-1953)；Korean War*

【抗日救亡运动】Kàng Rì Jiù Wáng Yùndòng 1931年"九一八"事变后，中国人民在中国共产党号召和推动下开展的反对日本帝国主义侵略，反对国民党卖国政策的群众运动 *Movement to Oppose Japan and Save the Nation—mass movement instigated by the Chinese Communist Party to oppose the Japanese aggressors and the Kuomintang's sell-out policy following the September 18 Incident of 1931*

【抗日军政大学】Kàng Rì Jūn Zhèng Dàxué 全名为"中国人民抗日军事政治大学"。1937年初由"中国抗日红军大学"改称，是中国共产党培养抗日军事干部的学校，校址在延安。简称"抗大" *Anti-Japan Military and Political College—set up by the Chinese Communist Party at the beginning of 1937 in Yan'an on the basis of the old Anti-Japanese Red Army College to train cadres in the struggle against Japanese aggression，abbriviated to "抗大"*

【抗日战争】Kàng Rì Zhànzhēng 1937年—1945年，在中国共产党领导下中国人民进行的抗击日本帝国主义侵略的民族解放战争 *War of Resistance Against Japan (1937-1945)*

【抗生素】kàngshēngsù（名）〈医〉同"抗菌素" *same as "抗菌素" kàngjūnsù*

【抗属】kàngshǔ（名）指抗日战争时期，在抗日根据地坚持抗日的军政人员的家属 *family members of fighters in the liberated areas during the War of Resistance Against Japan*

【抗体】kàngtǐ（名）〈医〉*antibody*

【抗药性】kàngyàoxìng（名）〈医〉生物对药物的抵抗性 *resistance to a drug*

【抗议】kàngyì（动）（对于某人、某组织、某国家的言论、行动、措施等通过口头或书面）正式提出反对意见 *protest*：强烈～侵略者的暴行 qiángliè ～ qīnlüèzhě de bàoxíng *protest heatedly against the savagery of the invaders* （名）（对某人、某组织、某国家的言论、行动、措施等通过口头或书面）正式提出的反对意见 *formal protest*；提出最强烈的～

tíchū zuì qiángliè de ~ *lodge an extremely strong protest* / 表示~ biǎoshì ~ *express a protest*

【抗战】 kàngzhàn（名）(1)一个国家或一个民族抵抗外国侵略的战争 *war of resistance* (2)"抗日战争"的简称 *short for "抗日战争"*

【抗震】 kàngzhèn（动）(1)(建筑物、机器、仪表等)具有承受震动的性能 *anti-seismic* (2)对破坏性地震采取各种防御措施,尽量减少损失 *take measures to minimize earthquake damage*

【抗争】 kàngzhēng（动）〈书〉进行反抗,斗争 *fight against; resist*:被压迫民族纷纷组织起来进行~。Bèi yāpò mínzú fēnfēn zǔzhī qǐlái jìnxíng ~. *The oppressed nationalities flocked to form organizations and rise in resistance.*

炕 kàng
（名)中国北方农村用土坯或砖砌成的具有床的高度,为睡觉用的长方台。可以坐在上面干活儿、吃饭,下面留有孔道,一边连着灶,冬天可以烧火使炕变热取暖 *heated brick platform used as a bed in northern China*

kǎo

考 kǎo
（动)考试 *examine; test*:今天~数学,明天~物理。Jīntiān ~ shùxué, míngtiān ~ wùlǐ. *Today we will have an examination on mathematics, tomorrow on physics.* / 让我出个题来~~你。Ràng wǒ chū gè tí lái ~~ nǐ. *Let me think up a question to test you.* / 他正在准备~大学。Tā zhèng zài zhǔnbèi ~ dàxué. *He is right now preparing for university entrance exams.* / 那个孩子没~上高中。Nàge háizi méi ~shàng gāozhōng. *That boy didn't get admitted into senior middle school.*

【考查】 kǎochá（动)以一定的标准对学生的学习成绩、人的行为、活动等进行检查衡量 *examine; check*:我们得先~~他的为人,再决定是否让他参加我们这项工作。Wǒmen děi xiān ~~ tā de wéirén, zài juédìng shì fǒu ràng tā cānjiā wǒmen zhè xiàng gōngzuò. *We must first find out what kind of a person he is before deciding whether or not to let him take part in this work.*

【考察】 kǎochá（动)(1)实地察看调查 *inspect*:对地质结构进行科学~。Duì dìzhì jiégòu jìnxíng kēxué ~. *hold a scientific inspection of the geological structure* / 他们~了这一带小水电站的修建情况,写出了~报告。Tāmen ~le zhè yídài xiǎo shuǐdiànzhàn de xiūjiàn qíngkuàng, xiěchūle ~ bàogào. *They inspected the construction of the small hydropower stations in this area and issued a report.* (2)细致深入地观察研究 *investigate*:经过多年~,他的确是个德才兼备的好干部。Jīngguò duō nián ~, tā díquè shì gè dé cái jiān bèi de hǎo gànbù. *After several years of investigation we found him to be a cadre of both first-class ability and moral integrity.*

【考场】 kǎochǎng（名)为参加考试的各类考生所设置的场所 *examination hall*

【考古】 kǎogǔ（动)根据古代的遗迹、遗物、文献等研究古代历史的各个方面 *engage in archeological research; study archeology*（名)同"考古学" *same as "考古学"* kǎogǔxué

【考古学】 kǎogǔxué（名)*archeology*

【考核】 kǎohé（动)考查审核 *examine; make a check*:这个单位每年~一次干部。Zhège dānwèi měi nián ~ yí cì gànbù. *This unit runs a check on its cadres once a year.*

【考究】 kǎojiu（动)研究 *study in detail*:怎样把孩子教育好,很值得~。Zěnyàng bǎ háizi jiàoyù hǎo, hěn zhíde ~. *It is well worth studying closely the question of how to educate children properly.*（形)精美 *exquisite; sumptuous*:摆设~ bǎishè ~ *The furnishings are sumptu-*

ous. / 舞剧的服装很~。Wǔjù de fúzhuāng hěn ~. *The ballet costumes are exquisite.*

【考据】 kǎojù（动)*do textual criticism*

【考卷】 kǎojuàn（名)[张 zhāng]考试的卷子 *examination paper*

【考虑】 kǎolǜ（动)仔细周密地想,或进行斟酌 *think over; consider*:报考哪个专业我还没有~好。Bàokǎo nǎge zhuānyè wǒ hái méiyǒu ~ hǎo. *I haven't yet thought over properly which speciality to take an examination in.* / 你先~~再作决定。Nǐ xiān ~~ zài zuò juédìng. *Think it over first before making a decision.* / 他替别人~得很周到,从来不~自己的得失。Tā tì biérén ~ de hěn zhōudào, cónglái bù ~ zìjǐ de déshī. *He always considers other people most carefully, and never thinks of his own gain or loss.*

【考评】 kǎopíng（动)考查评定。指在对工作人员鉴定时采取业务知识考试、实际工作审核与群众评议相结合的办法 *evaluate after careful appraisal*:对干部进行~。Duì gànbù jìnxíng ~. *make an evaluation of a cadre*

【考勤】 kǎoqín（动)考查记录出勤情况 *check work attendance*:你们单位难道不~吗? Nǐmen dānwèi nándào bù ~ ma? *Do you mean to say that your unit doesn't check your work attendance?*

【考取】 kǎo // qǔ 参加考试而被录取 *pass an entrance examination*:他~了北京大学。Tā ~ le Běijīng Dàxué. *He passed the entrance examination for Beijīng University.*

【考生】 kǎoshēng（名)参加入学考试的学生 *examination candidate*

【考试】 kǎoshì（动·不及物)检查知识或技能的水平,一般通过笔试、口试或现场作业等方式 *examine; test*:二年级各班今天~。Èr niánjí gè bān jīntiān ~. *The second year classes are being examined today.* / 考查知识或技能水平的方法。形式有笔试、口试、现场作业等 *examination; test*:举行毕业~ jǔxíng bì yè ~ *hold a graduation exam; hold finals* /参加入学~ cānjiā rùxué ~ *sit for entrance exam*/ 希望学年~取得好成绩。Xīwàng xuénián ~ qǔdé hǎo chéngjì. *I hope you do well in your year-end examination.*

【考题】 kǎotí（名)[道 dào]考试的题目 *examination questions*:这次各科~都很难。Zhè cì gè kē ~ dōu hěn nán. *All the examination questions this time are difficult.* / 由马老师出~。Yóu Mǎ lǎoshī chū ~. *Examination questions will be set by Mr. Ma.*

【考问】 kǎowèn（动)考查询问 *examine orally; question; interview*:我~了半天,也没弄清他的水平。~le bàntiān, yě méi nòngqīng tā de shuǐpíng. *I questioned him for a long time but still couldn't get a clear idea of his level.* / 明天考试你准备得怎么样了?我先~~你。Míngtiān kǎoshì nǐ zhǔnbèi de zěnmeyàng le? Wǒ xiān ~~ nǐ. *How are your preparations for tomorrow's exam coming along? I'll give you a test first.*

【考验】 kǎoyàn（动)通过实践或在困难、不顺利的环境中考察人的立场、观点、思想方法等是否坚定、正确。(多用于抽象事物) *test; put through rigorous testing (often used in the abstract indicating testing of a person's ideological standpoint, etc.)*:条件越艰苦,越能~人。Tiáojiàn yuè jiānkǔ, yuè néng ~ rén. *The harder the conditions the better the testing of a person.* / 我们的友谊是经得起~的。Wǒmen de yǒuyì shì jīng de qǐ ~ de. *Our friendship has withstood the test.*（名) *testing*:他经受了一场严峻的~。Tā jīngshòule yì cháng yánjùn de ~. *He has undergone a severe testing.*

【考证】 kǎozhèng（动)同"考据" kǎojù *same as "考据"* kǎojù

拷 kǎo
（动)◇拷打 *beat; flog*

【拷贝】 kǎobèi（名)*copy*

【拷打】kǎodǎ（动）打（用刑）*beat*；*flog*；*torture*：严刑～ yánxíng ~ *torture severely*

【拷问】kǎowèn（动）拷打审问 *interrogate using torture*

烤 kǎo
（动）(1)靠近火取暖 *warm oneself at a fire*：她坐在炉旁～火。Tā zuò zài lú páng ~ huǒ. *She sat beside the fire warming herself.* (2)让物体挨近火，使变干 *dry something by a fire*：把湿衣服～干，注意别～煳了。Bǎ shī yīfu ~ gān, zhùyì bié ~hú le. *When you dry wet clothes by the fire be careful you don't scorch them.* (3)使生的东西挨近火变成熟的可食的东西 *bake*；*roast*；*toast*：～肉 ~ ròu *roast meat* /～白薯 ~ báishǔ *baked sweet potatoes*

【烤电】kǎo=diàn〈医〉*diathermy*：他的腰扭伤了，烤一下电就会好的。Tā de yāo niǔshāng le, kǎo yíxià diàn jiù huì hǎo de. *Diathermy treatment could cure that sprained back of his.*

【烤鸭】kǎoyā（名）[只 zhī] *roast duck*

【烤烟】kǎoyān（名）*flue-cured tobacco*

kào

靠 kào
（动）(1)让身体的一部分重量由别人或物体支持 *lean against*：孩子坐在沙发上，头～在妈妈肩膀上睡着了。Háizi zuò zài shāfā shang, tóu ~ zài māma jiānbǎng shang shuìzháo le. *The child was sitting on the sofa asleep, with his head resting on his mother's shoulder.* / 他～着椅子背沉思。Tā ~zhe yǐzi bèi chénsī. *He was leaning on the back of the chair lost in thought.* (2)借其他东西支撑站立或竖起来 *lean (something against something else)*；*prop against*：他把铁锹～在墙上。Tā bǎ tiěqiāo ~ zài qiáng shang. *He leant the spade against the wall.* / 梯子～在树上。Tīzi ~ zài shù shang. *The ladder is propped against a tree.* (3)靠近 *be near*；*be close to*：这个村子～山近水。Zhège cūnzi ~ shān jìn shuǐ. *This village is close to a mountain and a river.* /～窗户种了几棵月季。~ chuānghu zhòngle jǐ kē yuèjì. *He planted a few Chinese roses near the window.* (4)依靠 *rely on*；*depend on*：～大家的智慧 ~ dàjiā de zhìhuì *I rely on your wisdom, gentlemen.* / 晚会的筹备工作全～你了。Wǎnhuì de chóubèi gōngzuò quán ~ nǐ le. *The preparations for the party are all on your shoulders.* /干工作不能只～热情。Gàn gōngzuò bù néng zhǐ ~ rèqíng. *We can't just rely on enthusiasm to get the work done.*

【靠岸】kào=àn 接近或达到岸边 *pull into shore*；*approach a river bank*；*dock*：小船靠了岸。Xiǎo chuán kàole àn. *The small boat pulled into shore.* / 河边水浅，大船无法～。Hé biān shuǐ qiǎn, dà chuán wúfǎ ~. *The water is shallow near the river bank, so there is no way for a big boat to dock.*

【靠背】kàobèi（名）*back of a chair*

【靠边】kào=biān（～儿）靠近旁边 *keep to one side*：这张桌子可以～放。Zhè zhāng zhuōzi kěyǐ ~ fàng. *You can move this table to one side.* / 请～点儿，汽车过来了。Qǐng diǎnr, qìchē guòlai le. *Please stand to one side. A car is coming.* / 我的座位太～了，只能看到演员的侧面。Wǒ de zuòwèi tài ~ le, zhǐ néng kàndào yǎnyuán de cèmiàn. *My seat is located too far off to the side, so I can only see the actor's profile.*

【靠不住】kào bu zhù 不能相信，不可靠 *unreliable*；*untrustworthy*：这个消息～。Zhège xiāoxi ~. *This news report is unreliable.* / 把工作交给他，～吧！Bǎ gōngzuò jiāo gěi tā, ~ ba! *I don't think he is up to taking over that job.*

【靠得住】kào de zhù 可以信任，可靠 *reliable*；*trustworthy*：这材料是经过调查研究写出来的，是完全～的。Zhè cáiliào

shì jīngguò diàochá yánjiū xiě chūlai de, shì wánquán ~ de. *This report was written on the basis of an investgation and is completely reliable.* / 这个人～，你只管把信交给他。Zhège rén ~, nǐ zhǐguǎn bǎ xìn jiāo gěi tā. *He is reliable, so you can certainly hand over the letter to him.*

【靠垫】kàodiàn（名）*cushion (for propping oneself upon)*

【靠近】kàojìn（动）(1)向某一目标移动，逐渐缩短彼此之间的距离 *approach*；*near*；*draw close to*：轮船～码头。Lúnchuán ~ mǎtou. *The steamer is drawing in to the dock.* / 解放前他一直～进步组织。Jiěfàng qián tā yìzhí ~ jìnbù zǔzhī. *Before Liberation he was always connected with progressive organizations.* (2)挨近 *be close to*：～窗户有一张书桌。~ chuānghu yǒu yì zhāng shūzhuō. *There is a desk near the window.*

【靠拢】kào=lǒng（动）向某一目标集中 *draw near to*；*close up*：大家向前边～一下儿。Dàjiā xiàng qiánbian ~ yíxiàr. *Everybody, come closer to the front.* / 左右两翼向主力部队～. Zuǒ yòu liǎng yì xiàng zhǔlì bùduì ~. *The left and right flanks drew in closer to the main body of troops.*

【靠山】kàoshān（名）比喻可以依靠的有力量的人或者某种势力 *backer*；*patron*：社会主义祖国是爱国华侨的～。Shèhuìzhǔyì zǔguó shì ài guó huáqiáo de ~. *The socialist motherland stands firmly behind patriotic overseas Chinese.* / 他可找到～了。Tā kě zhǎodào ~ le. *He has definitely found a patron.*

kē

苛 kē
（形）(1)过于严厉 *severe*；*exacting*：条件太～。Tiáojiàn tài ~. *The conditions are too severe.* / 他对人要求很～。Tā duì rén yāoqiú hěn ~. *He is very exacting in his demands on people.* (2)◇繁重，残酷 *harsh*；*cruel*：～税 shuì *crippling taxation* /～政 ~ zhèng *tyranny*

【苛捐杂税】kē juān zá shuì 苛刻而繁重的捐税 *exorbitant taxes and levies*

【苛刻】kēkè（形）要求过严或条件过高 *harsh*：你对儿子未免太～了，怎么能要求他每门功课都考满分呢？Nǐ duì érzi wèimiǎn tài ~ le, zěnme néng yāoqiú tā měi mén gōngkè dōu kǎo mǎn fēn ne? *You are too hard on your son. How can you expect him to get full-mark in every exam subject?*

【苛求】kēqiú（动）过分严厉不合理地要求 *make excessive demands*：要求严格不等于～。Yāoqiú yángé bù děngyú ~. *To make strict demands doesn't mean to make excessive demands.* / 他总是～别人，而对自己要求却不严格。Tā zǒngshì ~ biérén, ér duì zìjǐ yāoqiú què bù yángé. *He is always making unreasonable demands on others, but he is not strict in his demands on himself.*

科 kē
（名）(1)学术或业务的类别 *branch of learning or professional skill*：理～ lǐ ~ *natural sciences* /医～ yī ~ *medicine* (2)行政机关按工作性质分工办事的单位 *administrative sub-division*；*unit*；*section*：总务～ zǒngwù ~ *general affairs section* /检验～ jiǎnyàn ~ *inspection division* (3)生物学上的分类 *branch of biology*；*family*：菊～ jú ~ *composite family (chrysanthemums)* /猫～动物 māo ~ dòngwù *cat family*

【科幻小说】kēhuàn xiǎoshuō 科学幻想小说 *science fiction*

【科技】kējì（名）科学技术的简称 *science and technology*：～现代化 ~ xiàndàihuà *modernization of science and technology* / 他是搞～的。Tā shì gǎo ~ de. *He is engaged in the science and technology field.* / 提高～水平 tígāo ~ shuǐpíng *raise the level of science and technology*

【科教片】kējiàopiàn（名）[部 bù] 科学教育影片的简称

popular science film；scientific documentary：他喜欢看故事片，也喜欢看~。Tā xǐhuan kàn gùshipiàn, yě xǐhuan kàn ~. He likes feature films，and he also likes popular science films.

【科盲】kēmáng（名）对科学知识完全不懂的人 person who has no understanding of science

【科目】kēmù（名）（学术或账目等）按照性质划分的类别 study subject；account book headings

【科普】kēpǔ（形）科学普及 spread scientific knowledge：~文选 ~ wénxuǎn Popular Science Selections/ ~协会 ~ xiéhuì association for the spread of science /办~刊物 bàn ~ kānwù run a popular science publication

【科室】kēshì（名）机关或企业中管理部门的各科、室的总称 administrative or technical offices：~干部 ~ gànbù administrative or technical cadres；office personnel / ~人员太多反而影响工作效率。~ rényuán tài duō fǎn'ér yǐngxiǎng gōngzuò xiàolǜ. Too many office personnel have an adverse effect on the work efficiency.

【科协】kēxié（名）"科学技术协会"的简称 abbreviation for "科学技术协会"

【科学】kēxué（名）（形）合乎科学的 scientific：这种管理方法很~。Zhè zhǒng guǎnlǐ fāngfǎ hěn ~. This is a scientific management method.

【科学技术协会】kēxué jìshù xiéhuì Science and Technology Association

【科学家】kēxuéjiā（名）scientist

【科学试验】kēxué shìyàn scientific experiment

【科学性】kēxuéxìng（名）指符合客观规律的特性 scientific spirit；characteristic of being in conformity with objective laws：这部词典的~很强。Zhè bù cídiǎn de ~ hěn qiáng. This dictionary has a sound scientific approach.

【科学院】kēxuéyuàn（名）academy of sciences

【科学种田】kēxué zhòng tián 根据农业生产的客观规律耕田，包括开展科学试验，采用先进技术等 scientific farming（including experimentation and application of advanced technology）

【科研】kēyán（名）"科学研究"的简称 short for "科学研究"：他是搞~的。Tā shì gǎo ~ de. He is engaged in scientific research. / 教学工作和~工作应该结合起来。Jiàoxué gōngzuò hé ~ gōngzuò yīnggāi jiéhé qilai. Teaching work and scientific research work should be combined.

棵 kē
（量）用于植物 classifier for plants：两~大树 liǎng ~ dà shù two large trees /一~玫瑰 yì ~ méigui one rose /几~小草 jǐ ~ xiǎo cǎo several clumps of grass

颗 〔顆〕kē
（量）用于颗粒状的东西 classifier for pellet-like objects：几~珍珠 jǐ ~ zhēnzhū a few pearls /一~种子 yì ~ zhǒngzi one seed

【颗粒】kēlì（名）（1）小而圆的东西 small and round object；pellet：这种玉米比那种~饱满。Zhè zhǒng yùmǐ bǐ nà zhǒng ~ bǎomǎn. The ears of this type of corn are plumper than those of that type.（2）（粮食的）每一颗每一粒 grain（of a crop）：收稻子时保证~归仓。Shōu dàozi shí bǎozhèng ~ guī cāng. At harvest time every grain must be stored in the granary.

【颗粒物质】kēlì wùzhì particulate matter

【颗粒肥料】kēlì féiliào granulated fertilizer

磕 kē
（动）（1）碰或撞在硬物上 knock against；collide with：杯子~坏了。Bēizi ~huài le. The cup was smashed. / 这孩子头上~了一个大包。Zhè háizi tóushang ~le yí ge dà bāo.

A big lump arose where the boy banged his head.（2）磕打 knock（something out of or off something else）：把烟斗里的烟灰~掉。Bǎ yāndǒu li de yānhuī ~diào. knock the ashes out of a pipe

【磕打】kēda（动）把东西（主要指东西的器物）向地上或硬物上碰撞，使附着物掉落 knock（something out of or off something else）：箱子里尘土太多了，快拿出去 ~~. Xiāngzi li chéntǔ tài duō le, kuài ná chuqu ~~. Take this box outside and knock all this dust out of it. /鞋底上沾了很多泥，费了半天劲儿才~掉。Xiédǐ shang zhānle hěn duō ní, fèile bàntiān jìnr cái ~ diào. There was so much mud stuck to the bottom of my shoes that it took ages to knock it all off.

【磕磕绊绊】kēkēbànbàn（形）形容道路不好走或脚有毛病走路费劲儿（of roads, etc.）bumpy；rough；rocky；（of movements）jerky；limping：那条小路~的，实在难走。Nà tiáo xiǎo lù ~ de, shízài nán zǒu. That path is a rough one. / 他有关节炎，走路~的。Tā yǒu guānjiéyán, zǒu lù ~ de. He has arthritis, so he walks jerkily.

【磕磕撞撞】kēkēzhuàngzhuàng（形）形容走路东倒西歪的样子 stumble along；stagger along：他怎么了？走路~的，是不是醉了？Tā zěnme le？Zǒu lù ~ de, shì bu shì zuì le？What's the matter with him？He's staggering along as if he is drunk.

【磕碰】kēpèng（动·不及物）（1）东西互相撞击 collide with；knock against；bump into：这么好的瓷盘怎么都~坏了？Zhème hǎo de cípán zěnme dōu ~ huài le？How did all these fine porcelain dishes come to be smashed？/ 洗碗时一定注意，别磕磕碰碰的。Xǐ wǎn shí yídìng zhùyì, bié kēkēpèngpèng de. You must be careful when you are washing the dishes to make sure you don't smash any.（2）比喻矛盾冲突（figuratively）clash of contradictions：邻居之间难免有个磕磕碰碰的，应当互相谅解。Línjū zhī jiān nánmiǎn yǒu ge kēkēpèngpèng de, yīngdāng hùxiāng liàngjiě. It is difficult to avoid clashes between neighbors. So there has to be give and take on both sides.

【磕头】kē=tóu kowtow

瞌 kē
【瞌睡】kēshuì（形）想睡，困倦 sleepy；drowsy：他们跳了一夜舞，可谁也不~。Tāmen tiàole yí yè wǔ, kě shuí yě bù ~. They danced the whole night long but none of them is sleepy.

蝌 kē
【蝌蚪】kēdǒu（名）[只 zhī]tadpole

壳 〔殼〕ké
（名）（~儿）〈口〉硬的外皮 shell：花生~ huāshēng ~ peanut shell /鸡蛋~ jīdàn ~ eggshell / 子弹~ zǐdàn ~ spent cartridge 另见 qiào

咳 ké
（动）咳嗽 cough：他感冒了，~得很厉害。Tā gǎnmào le, ~ de hěn lìhai. That cold of his has given him a terrible cough. 另见 hāi

可 kě
（助动）与"可以"（助词）相同，多用于书面 interchange-

able with "可以" (usually literary)：这文件非常重要，你要准时送到，千万不～大意！ Zhè wénjiàn fēicháng zhòngyào, nǐ yào zhǔnshí sòngdào, qiānwàn bù～dàyì! This document is very important. You must submit it punctually and on no account be slack about it. /我跟他合不来，在一起无话～谈。 Wǒ gēn tā hé bu lái, zài yìqǐ wú huà～tán. I don't get along with him at all and we have absolutely nothing to say to each other. /这个阅览室～看的报刊不少。 Zhège yuèlǎnshì～kàn de bàokān bù shǎo. There are lots of publications worth reading in this reading room. /这种袜子弹性强，～大～小。 Zhè zhǒng wàzi tánxìng qiáng, ～dà～xiǎo. This type of sock has good elasticity and can fit any size of foot. (连)意思同"可是"kěshì，但后面不能有停顿 same as "可是" kěshì, but cannot be followed by a pause：在大学时，她是个很一般的学生，～现在人家是企业家了。 Zài dàxué shí, tā shì ge hěn yìbān de xuésheng, ～xiànzài rénjia shì qǐyèjiā le. She was just an average student at university, but now she's an entrepreneur. /家属楼又建成了一座，～离实际需要还差不少呢！ Jiāshǔlóu yòu jiànchéngle yí zuò, ～lí shíjì xūyào hái chà bù shǎo ne! Another apartment building has been built, but the number of them is still a far cry from the actual need. /道理讲了那么多，～他偏听不进去。 Dàolǐ jiǎngle nàme duō, ～tā piān tīng bu jìnqù. I explained so many reasons to him, yet he still wouldn't listen. (副)〈口〉(1)表示强调，"可"重读，后边常有语气词"了""呢""啦"等，是一种感叹语气①表示很高程度 (used for emphasis; "可" is stressed and is often followed by modal particle such as "了", "呢", "啦", etc.; is a kind of exclamation) ①(indicates a high degree)：她的脾气～好了。 Tā de píqi～hǎo le. She has such a good disposition. /他～会演戏啦！ Tā～huì yǎn xì la! How well he performs! /这孩子心眼儿～多呢！ Zhè háizi xīnyǎnr～duō ne! This child is so oversensitive! 可用于表示不愉快性质或有特殊意义的否定形式前 (can be used before a negative form which indicates sth. of an unpleasant nature or which has a special meaning)：这汽水～不好喝了。 Zhè qìshuǐr～bù hǎo hē le. This soft drink tastes really bad. /唉！你～真不懂事啊！ Ài! Nǐ～zhēn bù dǒng shì a! Oh! You're so thoughtless! /他～不简单哪！ Tā～bù jiǎndān na! He's certainly remarkable! ②有"总算""终于"的意思，表示盼望的事好不容易实现了 (sometimes has the same meaning as "总算" and "终于"; indicates that the thing to which one has looked forward was finally attained)：哎！到了山顶了！ Ài! ～dàole shān dǐng le! Whew! We've finally reached the summit! / 我～找着你啦！ Wǒ～zhǎozháo nǐ la! Finally, I've found you! /这首诗我念了十几遍了，～背下来了。 Zhè shǒu shī wǒ niànle shíjǐ biàn le, ～bèi xiàlai le. I've read this poem aloud more than a dozen times and have finally memorized it. /她～考上音乐学院啦！我真为她高兴。 Tā～kǎoshang yīnyuè xuéyuàn le! Wǒ zhēn wèi tā gāoxìng. She has finally passed the entrance exam for music college. I'm so happy for her! (2)用在祈使句中，有"一定""无论如何""千万"的意思，"可"可以不重读 (used in an imperative sentence to mean "一定" (definitely), "无论如何" (no matter what), or "千万" (be sure to)；"可" does not necessarily have to be stressed here)：你～别忘了你的诺言！ Nǐ～bié wàngle nǐ de nuòyán! You must not forget your promise! /雨大，路滑，你～千万要小心呀！ Yǔ dà, lù huá, nǐ～qiānwàn yào xiǎoxīn ya! It's raining hard and the road is slippery. Be careful! /你咳嗽得这么厉害，～别再抽烟了。 Nǐ késou de zhème lìhai, ～bié zài chōu yān le. You're coughing so much. You had better not smoke anymore. (3)用在陈述句中，有"确实""真的"的意思，"可"轻读 (used in a declarative sentence to mean "确实" or "真的" (really); "可" is not stressed)：老奶奶这

辈子～没少受苦。 Lǎo nǎinai zhè bèizi～méi shǎo shòu kǔ. Grandma has suffered no small amount in her life. / 她汉字写得～不怎么样。 Tā hànzì xiě de～bù zěnmeyàng. She writes Chinese characters rather badly. /我～真没想到会到北京来上大学。 Wǒ～zhēn méi xiǎngdào huì dào Běijīng lái shàng dàxué. I never dreamed I would come to Beijing to attend university. / 今天我～得休息一下了。 Jīntiān wǒ～děi xiūxi yíxià le. I have to rest a bit today. (4)用在反问句中，加强否定语气，"可"后边常有"怎么""那么"等 (used in a rhetorical question to emphasize the negative tone; "可" is often followed by "怎么" "那么", etc.)：这么多事堆在一起，一下子～怎么处理得完哪！ Zhème duō shì duī zài yìqǐ, yíxiàzi～zěnme chǔlǐ de wán na! So many things all piled up—how am I supposed to handle them all? /这种事～哪能不管哪！ Zhè zhǒng shì～nǎ néng bù guǎn na! How could I not take care of this kind of matter? /那么小的一个戒指，丢在稻田里～怎么找哇！ Nàme xiǎo de yí ge jièzhi, diū zài dàotián li～zěnme zhǎo wa! Such a small ring lost in a rice field — how could one possibly find it! (5)用在表示询问的句子中，用得较少 (used in an interrogative sentence; relatively seldom used in this case)：他去南京后～曾来过信？ Tā qù Nánjīng hòu～céng láiguo xìn? Did he ever write after he went to Nanjing? /现在他犯了错误，你们批评他，以前你们～提醒过他？ Xiànzài tā fànle cuòwù, nǐmen pīpíng tā, yǐqián nǐmen～tíxǐngguo tā? He made a mistake and now we're criticizing him. Did you ever warn him beforehand? /他～会说汉语？ Tā～huì shuō Hànyǔ? Can he speak Chinese? (介)〈口〉"尽(jǐn)""尽着"的意思，表示就某一个范围的全部；常作"可着" within the limits of (as "尽" or "尽着"; often said as "可着")：鸡狗鹅鸭、一院子乱跑。 Jī gǒu é yā, ～yuànzi luàn pǎo. There are chickens, dogs, geese and ducks running around all over the courtyard. /今天请客，你就～着这五十块钱用吧。 Jīntiān qǐng kè, nǐ jiù～zhe zhè wǔshí kuài qián yòng ba. You're entertaining guests today, but don't spend more than this fifty yuan. /他～着嗓门大嚷大叫。 Tā～zhe sǎngménr dà hǎn dà jiào. He yelled and screamed at the top of his voice.

【可爱】 kě'ài (形)惹人喜欢 lovable：～的孩子～de háizi a cute child /～的家乡～de jiāxiāng beloved hometown

【可悲】 kěbēi (形)令人悲伤 sad; tragic; lamentable：～的事～de shì lamentable occurence /结局十分～。 Jiéjú shífēn～. The outcome was truly tragic.

【可比产品】 kě bǐ chǎnpǐn constant production

【可比价格】 kě bǐ jiàgé〈经〉constant price

【可比能耗】 kě bǐ nénghào constant expenditure

【可鄙】 kěbǐ (形)contemptible; despicable

【可变电容器】 kěbiàn diànróngqì〈电〉variable capacitor

【可变资本】 kěbiàn zīběn〈经〉variable capital

【可不是】 kěbushì (动)〈口〉在对方发表对人、物评论性意见时，表示同意对方的意见，有"正是"的意思 Certainly! Of course! Exactly!：今天真热！——你看我衬衣都湿透了。 Jīntiān zhēn rè! ——nǐ kàn wǒ chènyī dōu shītòu le. It's really hot today. —— It certainly is! Look, my shirt is wringing wet. /这个问题解决得好，双方都满意。——～，我原来还真有点担心呢！ Zhège wèntí jiějué de hǎo, shuāngfāng dōu mǎnyì. ——～, wǒ yuánlái hái zhēn yǒudiǎr dān xīn ne! The problem has been solved to both sides' satisfaction. —— It certainly has, although I was worried at first. "可不是"也可以说成"可不"。"可不是"also appears in the form "可不".

【可乘之机】 kě chéng zhī jī. 可以钻空子的机会 opportunity one can take advantage of; golden opportunity：像你这样，出去不锁门，真是给小偷以～。 Xiàng nǐ zhèyàng, chūqu yě bù suǒ mén, zhēn shi gěi xiǎotōu yǐ～. If you go out like that without locking the door you're really giving a

thief a golden opportunity.

【可耻】kěchǐ〈形〉应当感到羞耻 *shameful*;*disgraceful*:~的叛徒 ~ de pàntú *despicable traitor* /~的行径 ~ de xíngjìng *shameful act*/浪费~ làngfèi ~ *Waste is disgraceful.*

【可的松】kědìsōng〈名〉〈药〉 *cortisone*

【可歌可泣】kě gē kě qì（悲壮的事迹）值得歌颂赞美,使人感动得流泪 *moving*;*inspiring*:抗日战争中出现了许多~的英雄事迹。Kàng Rì Zhànzhēng zhōng chūxiànle xǔduō ~ de yīngxióng shìjì. *In the War of Resistance Against Japan many inspiring deeds of heroism took place.*

【可观】kěguān〈形〉(1)值得看 *worth seeing*:这部电影大有~。Zhè bù diànyǐng dà yǒu ~. *This film is worth seeing.* (2)（数目、规模等）达到比较高的程度 *considerable*;*sizeable (of numbers, scale, etc.*):这项企业投资是一笔很大的数目。Zhè xiàng qǐyè tóuzī shì yì bǐ hěn ~ de shùmù. *There is a considerable amount of investment in this business.* /建筑规模相当~。Jiànzhù guīmó xiāngdāng ~. *The architectural scale is quite impressive.*

【可贵】kěguì〈形〉值得宝贵的 *valuable*;*commendable*;*praiseworthy*:~的友情 ~ de yǒuqíng *valuable friendship* /~的时光 ~ de shíguāng *precious time* /她这种勇于自我牺牲的精神是十分~的。Tā zhè zhǒng yǒngyú zìwǒ xīshēng de jīngshén shì shífēn ~ de. *Her spirit of brave self-sacrifice is very commendable.*

【可恨】kěhèn〈形〉让人憎恨 *hateful*;*detestable*:这小偷真~。Zhè xiǎotōu zhēn ~. *He is a hateful thief.* /这鬼天气~极了,一会儿冷,一会儿热的。Zhè guǐ tiānqì ~ jí le, yíhuìr lěng, yíhuìr rè de. *This damned weather is really wretched. One minute it's cold, the next it's hot.*

【可见】kějiàn〈连〉多连接分句或句子,承接上文,多用在句首,表示根据上文所述的事实或现象作出判断或结论 *it is thus clear (or obvious) that*;*so you can see that*:很多人都请阎师傅理发,~他的技术多么高明。Hěn duō rén dōu qǐng Yán shīfu lǐ fà, ~ tā de jìshù duōme gāomíng. *Many people have asked Master Yan to give them haircuts, so it's obvious that his technique is brilliant.* /农村姑娘穿得也很讲究了,~农村的生活水平提高了。Nóngcūn de gūniang chuān de yě hěn jiǎngjiu le, ~ nóngcūn de shēnghuó shuǐpíng tígāo le. *Young girls in the countryside also dress very tastefully, so you can see that the living standard there has also improved.* /他克服了许多困难,终于自学成才,~他的意志是多么坚强。Tā kèfúle xǔduō kùnnan, zhōngyú zìxué chéng cái, ~ tā de yìzhì shì duōme jiānqiáng. *He overcame many difficulties and finally made something of himself. It is thus clear that he has a very strong will.* "可见"后可有停顿 (*"可见" can be followed by a pause*):他身为国家干部竟倒卖汽车,~,他目无党纪国法到了何种程度。Tā shēn wéi guójiā gànbù jìng dǎomài qìchē, ~, tā mù wú dǎngjì guófǎ dàole hé zhǒng chéngdù. *As a state cadre, he resold a car at a profit, so you can see to what extent he disregards Party discipline and the law of the land.*

【可见度】kějiàndù〈名〉〈物〉 *visibility*

【可见光】kějiànguāng〈名〉〈物〉 *visible light*

【可卡因】kěkǎyīn〈名〉〈药〉 *cocaine*

【可靠】kěkào〈形〉(1)可以信赖依靠的 *reliable*;*trustworthy*:~的人 ~ de rén *trustworthy person* /这个朋友十分~。Zhège péngyou shífēn ~. *This friend of mine here is very reliable.* (2)真实可信 *can be relied on as true*:~的消息 ~ de xiāoxi *reliable news* /这数据很~。Zhè shùjù hěn ~. *This data is reliable.*

【可可】kěkě〈名〉 *cocoa*

【可控硅】kěkòngguī〈名〉 *silicon-controlled rectifier (SCR)*;*thyristor*

【可口】kěkǒu〈形〉好吃或好喝,或喝起来冷热适合要求 *suit-able to the palate*;*tasty*;*palatable*:菜不要太多,但是要~。Cài bú yào tài duō, dànshì yào ~. *It's not the number of dishes that counts but whether they are tasty or not.* /这茶不凉也不太热,正~。Zhè chá bù liáng yě bú tài rè, zhèng ~. *This tea is not cold but not too hot. It's just right.*

【可口可乐】kěkǒukělè〈名〉 *Coca-Cola*

【可怜】kělián〈形〉(1)值得怜悯 *pitiful*:~的孩子,才两岁就死了母亲。~ de háizi, cái liǎng suì jiù sǐle mǔqin. *Poor child, his mother died when he was only two years old.* (2)前面有"得"常作"少"、"穷"、"矮"、"瘦"一类词的补语,表示程度深 (*used after " 得" as a complement to intensify a foregoing adjective*):这地区水少得~。Zhè dìqū shuǐ shǎo de ~. *Water is extremely scarce in this region.* /她的知识贫乏得~。Tā de zhīshi pínfá de ~. *She is lamentably lacking in knowledge.* 〈动〉怜悯 *pity*;*take pity on*:绝不能~蛇一样的恶人。Jué bù néng ~ shé yíyàng de èrén. *We must have absolutely no pity for people who are as evil as snakes.*

【可怜虫】kěliánchóng〈名〉比喻可怜的人（含鄙视意）*pitiful wretch*

【可能】kěnéng〈形〉可以实现的 *possible*:在北方养热带鱼是完全~的。Zài běifāng yǎng rèdài yú shì wánquán ~ de. *It is perfectly possible to raise tropical fish in the North.* 〈名〉可能性 *possibility*:这种病如动手术有痊愈的~。Zhè zhǒng bìng rú dòng shǒushù yǒu quányù de ~. *There is a possibility that an operation could cure this illness.* 〈助动〉(1)有"也许"、"或许"的意思 *perhaps*;*maybe*:他~到学校去了。Tā ~ dào xuéxiào qu le. *He may have gone to school.* (2)能够 *can*;*be able to*:只要努力,是~达到目标的。Zhǐyào nǔ lì, shì ~ dádào mùbiāo de. *All you have to do is work hard and you may achieve your goal.*

【可能性】kěnéngxìng〈名〉 *possibility*:在近期解决这个问题的~不大。Zài jìnqī jiějué zhège wèntí de ~ bú dà. *The possibility of solving this problem in the near future is not great.*

【可怕】kěpà〈形〉令人害怕的 *fearful*;*frightful*;*frightening*:~的狂风暴雨 ~ de kuángfēng bàoyǔ. *frightful storm* /他其实是个纸老虎,所以并不~。Tā qíshí shì ge zhǐ lǎohǔ, suǒyǐ bìng bù ~. *He is actually just a paper tiger so he is not frightening at all.*

【可巧】kěqiǎo〈副〉表示事情的发生正是所要的或正是所不要的 *as luck would have it*;*by a happy coincidence*:~这两天我身体也不好,所以没去看你。~ zhè liǎng tiān wǒ shēntǐ yě bù hǎo, suǒyǐ méi qù kàn nǐ. *As luck would have it, I've been ill too these past few days so I've been unable to visit you.* / 箱子太重,我提起来非常吃力,~他过来帮了我。Xiāngzi tài zhòng, wǒ tí qǐlái fēicháng chīlì, ~ tā guòlai bāngle wǒ. *The suitcase was too heavy for me to lift. By a happy coincidence, he happened to come along and helped me.* / 刚才我打电话给他,~他不在家。Gāngcái wǒ dǎ diànhuà gěi tā, ~ tā bú zài jiā. *I just called him, but as luck would have it, he wasn't home.* 有时"可巧"也不直接放在所修饰的词语前 (*"可巧" is sometimes not placed directly before the word(s) it modifies*):~上了大学以后,他们又是同班。~ shàngle dàxué yǐhòu, tāmen yòu shì tóng bān. *By a happy coincidence, they became classmates once again when they went to university.* "可巧"修饰的是"他们又是同班" (*here, "可巧" modifies "他们又是同班"*)

【可取】kěqǔ〈形〉值得采纳的 *desirable*:这几条建议都很~。Zhè jǐ tiáo jiànyì dōu hěn ~. *These proposals are worth recommending.* / 这个方案有些~之处,但也有别的地方不~。Zhège fāng'àn yǒu xiē ~ zhī chù, dàn yě yǒude dìfang bù ~. *This plan has some desirable and some not-so-desirable aspects.*

【可燃性】kěránxìng〈名〉 *flammability*

【可溶性】kěróngxìng (名) solubility

【可身】kěshēn (形)(～儿)正合体 a good fit (as clothes, etc.)：我穿这几件上衣都很～。Wǒ chuān zhè jǐ jiàn shàngyī dōu hěn ～. I find that these jackets are all a good fit. / 这套衣服怎么样? 穿着～不～? Zhè tào yīfu zěnmeyàng? Chuānzhe ～ bù ～? How's this suit? Does it fit you or not?

【可是】kěshì (连) 同"但是" dànshì，但更口语化。所引出的语句意思和上文相对或限制、补充上文。所引出的分句如另有主语，"可是"可放在主语前也可放在主语后；如在主语前，"可是"后可有停顿 same as "但是" dànshì，but more colloquial (the sentence which it introduces negates, restricts or supplements the aforementioned; if the sentence it introduces has other subject，"可是" can be placed either before or after this subject；if it is placed before the subject, it may be followed by a pause)：我很想去探望父亲，～手头工作又离不开。Wǒ hěn xiǎng qù tànwàng fùqin，～ shǒutóu gōngzuò yòu lí bu kāi. I would really like to go visit my father，but I've got my hands full at work and can't leave. / 他得了食道癌，～发现得早，手术做得很成功。Tā déle shídào'ái，～ fāxiàn de zǎo，shǒushù zuò de hěn chénggōng. He developed cancer of the esophagus，but it was discovered early, so he was successfully operated on. / 利用假期旅游当然是美事，～那得需要一笔钱哪! Lìyòng jiàqī lǚyóu dāngrán shì měi shìr，～ nà děi xūyào yì bǐ qián na! Of course travelling during one's holidays is wonderful thing. However，one needs a lot of money for this! / 雨是停了，～，天还是没有晴。Yǔ shì tíng le，～，tiān háishi méiyou qíng. It has stopped raining yet the sky still hasn't cleared up.

【可塑性】kěsùxìng (名)(1)物质在外力或高温等条件下，发生形变而不破裂的性质 plasticity：这种胶泥～很强。Zhè zhǒng jiāoní ～ hěn qiáng. This type of clay has a high plasticity. (2)生物体的某些性质，在不同的生活环境影响下，能发生变化，逐渐形成新的类型，这种特性叫可塑性 ability of living creatures to adapt and change under environmental influences：小孩子像一张白纸，～很大. Xiǎo háizi xiàng yì zhāng bái zhǐ，～ hěn dà. A child is like a blank sheet of paper. He is very malleable

【可体】kětǐ (形) 同"可身"kěshēn，衣服的尺寸正符合身体的高矮、胖瘦 same as "可身" kěshēn：这套西服你穿着真～，就买这套吧! Zhè tào xīfú nǐ chuānzhe zhēn ～，jiù mǎi zhè tào ba! This suit really fits you well! You'd better buy it! / 这是你爸爸的衣服吧，你穿着太不～了。Zhè shì nǐ bàba de yīfu ba，nǐ chuānzhe tài bu ～ le. These are your father's clothes，aren't they? They won't fit you at all.

【可望而不可即】kě wàng ér bù kě jí 同"可望而不可即" kě wàng ér bù kě jí same as "可望而不可即" kě wàng ér bù kě jí

【可望而不可即】kě wàng ér bù kě jí 可以看到，但不能达到 within sight but beyond reach；inaccessible：科学高峰并不是～的。Kēxué gāofēng bìng bú shì ～ de. The summits of science are by no means inaccessible.

【可恶】kěwù (形) 让人厌恶，恼恨 hateful；detestable：那条狗非常～，见人就咬。Nà tiáo gǒu fēicháng ～，jiàn rén jiù yǎo. That dog is a horrible one! It bites.

【可惜】kěxī (形) 值得惋惜 pitiful；pitiable；be a shame；be a pity：这些衣服还可以穿，扔掉太～了。Zhèxiē yīfu hái kěyǐ chuān，rēngdiào tài ～ le. These clothes can still be worn. It's a pity to throw them away. / 听说昨晚的篮球赛很精彩，～我没买到票。Tīngshuō zuó wǎn de lánqiú sài hěn jīngcǎi，～ wǒ méi mǎidào piào. They say that last night's basketball game was superb. It was a pity I couldn't get a ticket. / 文章中那些多余的话都要删去，毫不～。Wénzhāng zhōng nàxiē duōyú de huà dōu yào shānqu，háobù ～.

Don't be shy about excising those superfluous words from the article. / 这件毛衣真好看，～太小了。Zhè jiàn máoyī zhēn hǎokàn，～ tài xiǎo le. This cardigan is fine. It's a shame it's too small.

【可喜】kěxǐ (形) 让人高兴 pleasing；gratifying；heartening：～的事 ～ de shì gratifying event / ～的消息 ～ de xiāoxi heartening news /他终于找到了一个称心的妻子，真是～可贺。Tā zhōngyú zhǎodàole yí ge chènxīn de qīzi，zhēn shì ～ kě hè. It's really gratifying that he found a suitable wife at last.

【可笑】kěxiào (形) 让人发笑 funny；laughable；amusing：有什么～的事让你们笑成这个样子? Yǒu shénme ～ de shì ràng nǐmen xiàochéng zhège yàngzi? What's so funny that you are laughing like this?/他竟然把衣服穿反了，你说～不～? Tā jìngrán bǎ yīfu chuānfǎn le，nǐ shuō ～ bu ～? He actually put his clothes on inside out! Isn't that funny?

【可心】kěxīn (形) 称心如意 suitable；to one's satisfaction；congenial：他今年～的事很多，大学毕业，工作称心，又交了个女朋友。Tā jīnnián ～ de shì hěn duō，dàxué bì yè，gōngzuò chènxīn，yòu jiāole ge nǚ péngyou. This year all sorts of congenial things happened to him. He graduated from university，found a suitale job and got a girl friend. /家具都买了，但是并不十分～。Jiājù dōu mǎi le，dànshì bìng bù shífen ～. All the furniture's been bought，but it's not exactly to my liking.

【可行】kěxíng (形) 行得通，可以实行 practicable；feasible：采纳积极～的办法 cǎinà jījí ～ de bànfǎ select a positive and practicable method/ 请大家讨论一下儿，这个计划是否～? Qǐng dàjiā tǎolùn yíxiàr，zhège jìhuà shì fǒu ～? Let's talk over whether this plan is feasible.

【可行性】kěxíngxìng (名) feasibility：我看这个方案～不大。Wǒ kàn zhège fāng'àn ～ bú dà. In my view the feasibility of this program is not high.

【可疑】kěyí (形) 让人怀疑 suspicious；dubious：在侦查这个盗窃案中发现了几个～的人。Zài zhēnchá zhège dàoqiè àn zhōng fāxiàn jǐ ge ～ de rén. Several suspects turned up during the course of investigating this larceny case.

【可以】kěyǐ (助动)(1)可能，能够 may；can；be able to：这几件事，我一个人完全～应付，你不用帮忙。Zhè jǐ jiàn shì，wǒ yí ge rén wánquán ～ yìngfu，nǐ búyòng bāng máng. I can handle these few affairs entirely by myself. I don't need your help. /许多野生植物，～做药材。Xǔduō yěshēng zhíwù，～ zuò yàocái. One can make medicinal ingredients from many wild plants. /这里水不深，我们～蹚过去。Zhèli shuǐ bù shēn，wǒmen ～ tāng guoqu. The water isn't deep here. We can wade across. (注意：这个意思的否定式是"不能"不是"不可以") (Note：the negative of "可以" in this meaning is "不能" not "不可以") (2)准许，行 be allowed；have permission to：教室里～吸烟吗?——不～。Jiàoshì li ～ xī yān mā? —— bù ～. Is it all right to smoke in the classroom? —— No, it isn't. /把旅行的时间推迟几天好吗?——～。Bǎ lǚxíng de shíjiān tuīchí jǐ tiān hǎo ma? ——～. May I postpone my trip for a few days? —— Yes, you may. /这种邮票很好看，买几张～不～? Zhè zhǒng yóupiào hěn hǎokàn，mǎi jǐ zhāng ～ bu ～? These stamps are very pretty. May I buy a few? (3)(形)不很好；但也不坏，常和"还"连用，(没有否定形式) passable；all right；not bad；will do (often used with "还"；no negative form)：他的汉语水平怎么样?——还～。Tā de Hànyǔ shuǐpíng zěnmeyàng? —— hái ～. How's his Chinese? —— Not bad.

【可意】kěyì (形) 称心如意 satisfactory；suitable；gratifying：人的一生中不可能事事都～。Rén de yìshēng zhōng bù kěnéng shìshì dōu ～. A person can't expect to find everything in his life gratifying.

【可憎】kězēng（形）〈书〉*hateful*；*detestable*：面目～ miànmù ～ *His features are loathsome.*

【可着】kězhe（动）〈口〉尽(jǐn)着，在可能的范围内尽量做 *make do with*；*manage as best one can*：这条裙子的长短，就～这块布裁吧。Zhè tiáo qúnzi de chángduǎn, jiù ～ zhè kuài bù cái ba. *You'll just have to make do with this piece of cloth for that skirt.* / 面条不太多，先～他们吃，我们可以吃别的。Miàntiáo bú tài duō, xiān ～ tāmen chī, wǒmen kěyǐ chī biéde. *There aren't too many noodles. Let them eat what they can and we can eat something else.* / 你身体不好，干活时不要一劲儿地干。Nǐ shēntǐ bù hǎo, gàn huó shí búyào ～ jìnr de gàn. *You are not too well, so don't push yourself too hard at work.*

渴 ᵏᵉ

（形）*thirsty*：你这里有水吗?我～得很。Nǐ zhèli yǒu shuǐ ma? Wǒ ～ de hěn. *Do you have any water? I'm very thirsty.* / 一口气走了七八里，又～又饿。Yìkǒuqì zǒule qī bā lǐ, yòu ～ yòu è. *I've walked seven or eight miles nonstop, and I'm both hungry and thirsty.*

【渴望】kěwàng（动）十分迫切地希望 *thirst for*；*long for*；*yearn after*：～和平 ～ *hoping long for peace* /～幸福生活 ～ xìngfú shēnghuó *yearn after a happy life*/ ～着见到亲人 ～zhe jiàndào qīnrén *longing to see one's kinsfolk*

kè

克 ᵏᵉ

（动）(1)◇克制 *restrain*；*constrain*：以柔～刚 yǐ róu～gāng *use softness to restrain hardness* (2)◇攻下，占领(据点等)攻克 *overcome*；*subdue*；*capture*：战必胜，攻必～。Zhàn bì shèng, gōng bì ～. *ever victorious and invincible* (量)公制重量单位 *gram*：那个初生的婴儿重两千九百～。Nàge chū shēng de yīng'ér zhòng liǎngqiān jiǔbǎi ～. *That newborn child weighs 2.9 kg.*

【克当量】kèdāngliàng（名）〈化〉*gram equivalent*

【克敌制胜】kè dí zhì shèng 制服敌人，取得胜利 *conquer an enemy*；*vanquish the foe*

【克分子量】kèfēnzǐliàng（量）*gram molecular weight*

【克服】kèfú（动）战胜(不用于人) *conquer*；*overcome*（*cannot have a person as object*）：～困难 ～ kùnnan *overcome a difficulty* /～缺点 ～ quēdiǎn *overcome a deficiency* /～个人主义 ～ gèrénzhǔyì *overcome individualism*

【克复】kèfù（动）通过战斗夺回被敌人占领的地方 *retake*；*recapture*（*territory, etc. previously captured by an enemy*）

【克己】kèjǐ（动）〈书〉严格要求自己，克制私心 *exercise self-control*

【克己奉公】kè jǐ fèng gōng 严格要求自己，一心为公 *contribute selflessly to the public interest*：～是他一贯的工作作风。～ shì tā yíguàn de gōngzuò zuòfēng. *His style of work is characterized by complete selflessness and devotion to duty.*

【克扣】kèkòu（动）私自扣留或减少应该发给别人的财物，据为己有 *misappropriate part of issued money or goods*

【克拉】kèlā（量）*carat*

【克郎球】kèlángqiú（名）一种游戏 *catoms*（*billiards-type game*）

【克朗】kèlǎng（名）瑞典、挪威、丹麦、冰岛等国的货币单位。有的译作克郎(kèláng) *crown*（*unit of currency in the Scandinavian countries*）

【克勤克俭】kè qín kè jiǎn 能勤劳，又能节俭 *be hardworking and thrifty*：他一向艰苦朴素，～，但帮助别人却很大方。Tā yíxiàng jiānkǔ pǔsù, ～, dàn bāngzhù biéren què hěn dàfang. *He is consistently austere, hardworking and thrifty, but he is generous when it comes to helping others.*

【克山病】kèshānbìng（名）〈医〉*Keshan disease*

【克制】kèzhì（动）抑制(感情、欲望等)：他不能～自己的感情。Tā bù néng ～ zìjǐ de gǎnqíng. *He can't control his emotions.* /他的～忍让不等于软弱可欺。Tā de ～ rěnràng bù děngyú ruǎnruò kěqī. *His self-control and forbearance shouldn't be mistaken for weakness.*

刻 ᵏᵉ

（动）*carve*；*cut*：～图章 ～ túzhāng *cut a seal* /在象牙上～字 zài xiàngyá shang ～ zì *carve characters on ivory* / ～在碑上的文字叫碑文。～ zài bēi shang de wénzì jiào bēiwén. *The words carved on a tablet are called an inscription.* （量)时间单位 *quarter of an hour*：两点三～ liǎng diǎn sān ～ *2:45* /骑车到那里得一一～钟。Qí chē dào nàli děi yí ～ zhōng. *It takes a quarter of an hour by bicycle to get there.*

【刻板】kèbǎn（名）印刷用的底板 *printing blocks*（形)呆板，无变化 *stiff*；*unbending*；*inflexible*：他态度比较严肃，作风倒不～。Tā tàidu bǐjiào yánsù, zuòfēng dào bú ～. *His attitude is quite stern but his way of doing things is not inflexible.* / 学习理论要能联系实际，不能～地学。Xuéxí lǐlùn yào néng liánxì shíjì, bù néng ～ de xué. *When studying theory one must be able to combine it with practice and avoid an inflexible approach.*

【刻本】kèběn（名）用木刻版印成的书籍 *block-printed edition of a book*

【刻薄】kèbó（形）对人苛求，无情 *unkind*；*mean*：待人～ dài rén ～ *treat a person harshly* /说话～ shuō huà ～ *make caustic remarks* /语言尖酸～。Yǔyán jiānsuān ～. *His words were biting and harsh.*

【刻不容缓】kè bù róng huǎn 形容形势紧迫，一会儿也不能拖延 *be of urgency*；*brook no delay*：为灾区人民运送粮食，～。Wèi zāiqū rénmín yùnsòng liángshi, ～. *We must transport food to the people of the disaster area without delay.*

【刻毒】kèdú（形)刻薄狠毒 *venomous*；*vicious*；*spiteful*

【刻度】kèdù（名）*graduation*；*graded marks on an instrument or vessel*

【刻骨】kègǔ（形）比喻(仇恨)很深，难以忘记 *ingrained*；*deep-seated*：～的仇恨 ～ de chóuhèn *inveterate hatred*

【刻骨镂心】kè gǔ lòu xīn 同"刻骨铭心" kè gǔ míng xīn *same as "刻骨铭心"* kè gǔ míng xīn

【刻骨铭心】kè gǔ míng xīn 牢牢铭记心上，永不忘记(多用于对别人的感激之情)"engraved on one's heart"（*usually indicating undying gratitude, etc.*）

【刻画】kèhuà（动)用艺术手法塑造(人物形象、性格等)*depict*；*portray*：～人物是文学创作中的重要方面。～ rénwù shì wénxué chuàngzuò zhōng de zhòngyào fāngmiàn. *The portrayal of individuals is an important aspect of literary creation.*

【刻苦】kèkǔ（形)(1)很能吃苦 *painstaking*；*having ability to shoulder burdens*：他学习很～。Tā xuéxí hěn ～. *He studies doggedly.* (2)指俭朴 *simple*；*frugal*；*spartan*：他生活非常～。Tā shēnghuó fēicháng ～. *He lives a very frugal life.*

【刻意】kèyì（副)用尽心思 *painstakingly*；*single-mindedly*：～经营 ～ jīngyíng *practise meticulous management* /他～安排了小王和小李的这次会面。Tā ～ ānpáile Xiǎo Wáng hé Xiǎo Lǐ de zhè cì huì miàn. *He painstakingly arranged this meeting between Xiao Wang and Xiao Li.*

客 ᵏᵉ

（名)(1)客人，来宾 *guest*；*visitor*：有～ yǒu ～ *We have a visitor!* / 来～了! Lái ～ le! *We have a guest!* (2)◇居住

在外地的人 *person who lives in a strange place；stranger*：他乡作～ tāxiāng zuò／ *live in a strange land*／～居苏州～ jū Sūzhōu *sojourn in Suzhou* (3)◇观众 *spectator；viewer；audience*：今日～满 jīnrì ～ mǎn *full house；(tickets，etc.) sold out today*

【客车】kèchē（名）[列 liè]指专门运载旅客的列车 *passenger train；tour bus*

【客串】kèchuàn（动）戏曲术语。"串"：表演。非职业演员或非本文艺团体演员参加演出（*technical term in traditional opera*）*make a guest appearance；give a guest performance*

【客店】kèdiàn（名）规模较小设备较差的旅馆 *small hotel；inn*：住～比住旅馆便宜。Zhù ～ bǐ zhù lǚguǎn piányi. *Staying at an inn is cheaper than staying at a hotel.*

【客队】kèduì（名）〈体〉*visiting team*

【客饭】kèfàn（名）(1)机关、团体等的食堂里临时给来客开的饭 *special menu for guests at an institution's canteen* (2)饭馆、火车、轮船等按份儿卖的饭菜 *packed lunch available at a hotel，railway dining car，passenger ship，etc.*

【客房】kèfáng（名）(1)机关、团体、部队等为接待临时来客住宿的房间 *guest room set aside for visitors to an institution* (2)旅店中旅客住的房间 *guest room in a hotel*

【客观】kèguān（名）～事物～ shìwù *objective things；reality*／～规律～ guīlǜ *objective law*（形）按照客观事物的实际认识对待事物而不加主观偏见 *objective（way of looking at things）*：～地分析情况～ de fēnxī qíngkuàng *analyse the situation objectively*／他看问题很～。Tā kàn wèntí hěn ～. *He looks at problems objectively.*

【客观唯心主义】kèguān wéixīnzhǔyì *objective idealism*

【客观主义】kèguānzhǔyì（名）*objectivism*

【客机】kèjī（名）[架 jià]载运旅客的飞机 *passenger plane*

【客籍】kèjí（名）(1)寄居的籍贯（区别于"原籍"）*an area a settler moves into（distinguished from "原籍"）*(2)寄居在本地的外地人 *a settler from another place*

【客轮】kèlún（名）[艘 sōu]运载旅客的轮船 *passenger ship*

【客气】kèqi（形）(1)在社交场合有礼貌 *polite；courteous*：我和他刚认识，彼此都很～。Wǒ hé tā gāng rènshi，bǐcǐ dōu hěn ～. *We have just become acquainted，so we are very polite to each other.*／您就在这儿吃饭吧，别～。Nín jiù zài zhèr chī fàn ba，bié ～. *You must eat with us. Don't stand on ceremony.*(2)谦虚 *modest*：她说中文说得这样好，还说只会一点，太～了。Tā shuō Zhōngwén shuō de zhèyàng hǎo，hái shuō zhǐ huì yìdiǎnr，tài ～ le. *She speaks Chinese so well，and yet she modestly claims only to speak a little.*（动）表示客气 *be polite；show politeness*：他～了半天才收下礼物。Tā ～le bàntiān cái shōuxia lǐwù. *It was only after he had demurred for a long time that he finally accepted the present.*

【客人】kèren（名）(1)被邀请的人或来访者 *guest；visitor*：他家来了两位～。Tā jiā láile liǎng wèi ～. *Two visitors arrived at his house.*(2)旅客 *guest（in a hotel）；passenger*：春节期间旅馆的～不多。Chūnjié qījiān lǚguǎn de ～ bù duō. *The hotel has very few guests during the Spring Festival period.*

【客商】kèshāng（名）来往各地运货贩卖的商人 *travelling businessman*

【客死】kèsǐ（动）〈书〉死在异国或异地他乡 *die in strange land or region*

【客套】kètào（名）表示客气的套语 *polite forms of words；courtesies；civilities*：我们又不是初次见面，不必讲～。Wǒmen yòu bú shì chū cì jiàn miàn，búbì jiǎng ～. *This isn't the first time we've met，so let's dispense with the civilities.*（动）说客气话 *utter polite formulas*：相见以后，他们～了几句。Xiāng jiàn yǐhòu，tāmen ～ le jǐ jù. *They met and exchanged greetings.*

【客体】kètǐ（名）〈哲〉*object*

【客厅】kètīng（名）*drawing room；parlor*

【客运】kèyùn（名）运输企业载运旅客的业务 *passenger transport*

【客栈】kèzhàn（名）设备较为简陋，价钱较为便宜的旅馆。旧时有的兼供客商堆货并代办转运 *inexpensive inn with basic facilities in the old days catering to travelling merchants*

课〔課〕kè

（名）(1)指计划安排好的分阶段、场合较为固定的教学 *class；lesson*：有～ yǒu ～ *have a class* (2)教学的科目 *course of lessons*：我们这学期有四门～。Wǒmen zhè xuéqī yǒu sì mén ～. *We are taking four courses this semester.* (3)教学的时间单位 *lesson；class*：上午有三节～。Shàngwǔ yǒu sān jié ～. *There are three classes in the morning.*（量）教材的单位 *unit of teaching material*：这个读本有三十二～。Zhège dúběn yǒu sānshí'èr ～. *This reader contains 32 lessons.*／这～书比那～书有意思。Zhè ～ shū bǐ nà ～ shū yǒu yìsi. *This lesson is more interesting than that one.*

【课本】kèběn（名）[本 běn]教科书 *textbook*

【课表】kèbiǎo（名）学校的授课时间表 *timetable of lessons*

【课程】kèchéng（名）学校教学的科目和进程 *course of lessons；curriculum*

【课程表】kèchéngbiǎo（名）同"课表"kèbiǎo *same as "课表"* kèbiǎo

【课间操】kèjiāncāo（名）学校里课间休息时所作的体操 *physical exercises performed during class recess*

【课时】kèshí（名）学时 *class hour；class*：我担任基础汉语课，每周十～。Wǒ dānrèn jīchǔ Hànyǔ kè，měi zhōu shí ～. *I conduct basic Chinese classes for 10 hours a week.*

【课堂】kètáng（名）学校进行教学活动的房间 *classroom*：～教学～ jiàoxué *classroom instruction*／～讨论～ tǎolùn *classroom discussion*

【课题】kètí（名）研究、探讨的主要问题，也指亟待解决的重大事项 *subject for study；problem to be solved*：这是一个新～。Zhè shì yí ge xīn ～. *This is a new problem that has cropped up.*

【课外】kèwài（形）上课时间以外的（多作定语）*extra-curricular*：～读物～ dúwù *extra-curricular reading matter*／～辅导～ fǔdǎo *after-class instruction*／～活动～ huódòng *extra-curricular activities*

【课余】kèyú（形）正常上课时间以外的（多作定语）*after school；after class（often used as an attribute）*：～文体活动～ wéntǐ huódòng *recreational and sport activities*／大学生们的～生活是丰富多彩的。Dàxuéshēngmen de ～ shēnghuó shì fēngfù duō cǎi de. *After-class activities at university are rich and varied.*

kēi

剋 kēi

（动）〈口，方〉打、骂，申斥 *scold；beat*：～人～ rén *scold a person*／挨～ ái ～ *receive a scolding*／挨了一顿～ áile yí dùn ～ *get a scolding*

kěn

肯 kěn

（助动）表示主观上乐意接受要求并实际去做 *be in agreement with；be willing to（actually do）*：我想请他介绍经验，不知他～不～。Wǒ xiǎng qǐng tā jièshào jīngyàn，bù zhī tā ～ bu ～. *I want to ask him to tell us about his experience，but I don't know whether he'll be willing to or not.*／在学习上他是～下功夫的。Zài xuéxí shang tā shì ～ xià gōngfu de. *He is eager to put lots of effort into his studies.*

【肯定】kěndìng（动）(1)对于事物的存在或真实性予以承认

（与"否定"相对）*confirm*；*affirm*；*approve*（*opposite of "否定"*）：～成绩 ～ *chéngjì confirm an achievement* / 对于他的优点要加以～。Duìyú tā de yōudiǎn yào jiāyǐ ～. *We must acknowledge his merits.* （2）确定 *define*；*fix*；*determine*：暑假去不去旅行我还不能～。Shǔjià qù bú qù lǚxíng wǒ hái bù néng ～. *I can't be sure yet whether I'll be going on a trip during the summer holidays.* （形）（1）明确，无疑 *positive*；*definite*：～的态度 ～ de tàidu *positive attitude* / 回答非常～。Huídá fēicháng ～. *His answer was a very definite one.* （2）正面的，表示承认的（与"否定"相对）*affirmative*；*giving assent*（*opposite of "否定"*）：～的答复 ～ de dáfù *affirmative response* /语气非常～ yǔqì fēicháng ～ *His tone was a very positive one.*

【肯干】kěngàn （形）*hard-working*

垦 〔墾〕kěn
（动）翻（荒地）*reclaim（waste land）*
【垦荒】kěn＝huāng 开垦荒地 *bring waste land under cultivation*：今年农场～多少亩？Jīnnián nóngchǎng ～ duōshao mǔ? *How many mu of waste land has the farm reclaimed this year?*
【垦区】kěnqū （名）为开垦荒地、从事生产而划分的区域 *land reclamation area*
【垦殖】kěnzhí （动）开垦荒地进行生产 *reclaim and cultivate（waste land）*

恳 〔懇〕kěn
（形）◇真诚 *sincere*；*earnest* （动）◇请求 *request*
【恳切】kěnqiè （形）真诚而恳切 *sincere*；*earnest*：～的话语 ～ de huàyǔ *sincere words* / 态度～ tàidù ～ *His attitude is a sincere one.* / 我们～地希望你参加。Wǒmen ～ de xīwàng nǐ cānjiā. *We earnestly hope you will participate.*
【恳求】kěnqiú （动）诚恳地请求 *earnestly request*；*implore*：他～同学们帮助他。Tā ～ tóngxuémen bāngzhu tā. *He implored his classmates to help him.*

啃 kěn
（动）（1）一点一点地往下咬 *gnaw*；*nibble*：～骨头 ～ gǔtou *gnaw on a bone* （2）〈口〉刻苦学习 *study assiduously*：～书本 ～ shūběn *"devour" books* /这两年他在～《资本论》。Zhè liǎng nián tā zài ～《Zīběn Lùn》. *For the past couple of years he has been struggling with "Capital".*

kēng

坑 kēng
（名）洼下去的地方 *hole*；*pit*：你刨个～，把花栽上。Nǐ páo ge ～, bǎ huā zāishang. *Dig a hole and plant the flowers in it.* / ～里积了雨水。～ li jīle yǔshuǐ. *Rainwater accumulated in the hollow.* （动）〈口〉害 *harm*；*cheat*：这样做就～了他了。Zhèyàng zuò jiù ～le tā le. *If you do this you'll harm him.*
【坑道】kēngdào （名）（1）用于开矿的地下通道（*mine*）*gallery*；*tunnel* （2）地下工事，用以进行战斗或隐敝人和物 *underground fortifications*
【坑害】kēnghài （动）（用阴险毒辣的手段）使人受损害 *lead into a trap*：旧社会当官的净～老百姓。Jiù shèhuì dāng guān de jìng ～ lǎobǎixing. *In the old society officials were continually ensnaring the ordinary people.*
【坑坑洼洼】kēngkengwāwā （形）〈口〉形容地面或器物表面不平，高一块低一块 *bumpy*；*full of bumps*；*uneven*：球场被雨水冲得～的，得用土填平才能打球。Qiúchǎng bèi yǔshuǐ chōng de ～ de, děi yòng tǔ tiánpíng cái néng dǎ qiú. *The pitch has been made all bumpy by the rain. We'll have to even it out before we can play the game.*

吭 kēng
（动）〈口〉从口内发出（声音）*make a noise with the mouth*；*utter*：一声不～ yì shēng bù ～ *not uttering a sound*
【吭气】kēng＝qì （～儿）〈口〉出声 *utter a sound*：父亲正在生气，谁也不敢～。Fùqin zhèngzài shēng qì, shuí yě bù gǎn ～. *Father is angry and nobody dares to utter a word.* /你到底买不买，快～呀！Nǐ dàodǐ mǎi bu mǎi, kuài ～ ya! *Well, are you going to buy it or not? Open your mouth!*
【吭声】kēng＝shēng 〈口〉出声（多用于否定形式）*utter a sound（mostly used in the negative）*：别人都在热烈争论，他却不～。Biéren dōu zài rèliè zhēnglùn, tā què bù ～. *When everybody else is locked in a heated argument he clams up.*

铿 〔鏗〕kēng
【铿锵】kēngqiāng （形）〈书〉形容声音起伏响亮而有节奏 *sonorous*

kōng

空 kōng
（形）*empty*：～房间 ～ fángjiān *empty room* /～位子～ wèizi *vacant seat* /～箱子 ～ xiāngzi *empty box* /这篇文章比较～，需要充实。Zhè piān wénzhāng bǐjiào ～, xūyào chōngshí. *This piece of writing is somewhat insubstantial. It needs more solid content.* （名）◇天空，空中 *sky*；*air*：地对～导弹 dì duì ～ dǎodàn *ground-to-air missile* （副）表示动作、行为没有达到预期的目的或说不能实现的话 *for nothing*；*in vain*：你～长这么大的个儿，一点儿力气也没有。Nǐ ～ zhǎng zhème dà de gèr, yìdiǎnr lìqi yě méi yǒu. *You grew this tall for nothing. You haven't got any strength!* /这个暑假不组织去旅行了，大家～高兴了一场。Zhège shǔjià bù zǔzhī qù lǚxíng le, dàjiā ～ gāoxìngle yì cháng. *Everybody got happy for nothing. There won't be a planned trip this summer.* /他～许愿，根本实现不了。Tā ～ xǔ yuàn, gēnběn shíxiàn bù liǎo. *He makes promises in vain. There is no way they will be realized.* 另见 kòng
【空城计】kōngchéngjì （名）中国古典名著《三国演义》中的故事.魏将司马懿（Sīmǎ Yì）率兵直逼西城,诸葛亮（Zhūgé Liàng）无兵迎敌,但故意大开城门,自己坐在城楼上弹琴。司马懿怀疑设有埋伏,引兵退去.后来泛指掩饰力量空虚,骗过对方的策略 *"stratagem of the Empty City"*；*bluffing the enemy（from an episode in the Chinese classic "San Guo Yanyi" in which the strategist Zhuge Liang opened the gates of his weakly-defended city and sat atop the gate tower nonchalantly plucking a lute, thus, causing his adversary, Sima Yi, to withdraw in caution）*
【空荡荡】kōngdàngdàng （形）空旷而冷清 *deserted*；*forlorn*；*lonely*：这么一大套房子只住着父女两个人,显得～的。Zhème yí dà tào fángzi zhǐ zhùzhe fùnǚ liǎng ge rén, xiǎnde ～ de. *This large suite of rooms looks deserted with only the father and daughter living there.* / 丈夫去世后,她总觉得心里～的。Zhàngfu qùshì hòu, tā zǒng juéde xīnli ～ de. *She felt most forlorn after her husband died.*
【空洞】kōngdòng （形）无内容,或内容不切实际 *empty*；*devoid of content*：文章～无物,不吸引人。Wénzhāng ～ wú wù, bù xīyǐn rén. *The piece of writing is utterly devoid of content and arouses no interest.* / 那篇讲稿空空洞洞的,要重新写。Nà piān jiǎnggǎo kōngkōngdòngdòng de, yào chóngxīn xiě. *That draft is lack of substance. It needs a complete rewrite.* （名）（物体内的）窟窿 *hole*；*cavity*：肺部有～。Fèi bù yǒu ～. *He has a pulmonary cavity.* /铸件上有～。Zhùjiàn shang yǒu ～. *There is a hole in the casting.*
【空对地导弹】kōng duì dì dǎodàn *air-to-surface guided mis-*

sile

【空对空导弹】kōng duì kōng dǎodàn *air-to-air guided missile*

【空泛】kōngfàn（形）空洞无物，贫乏浮泛，不着边际 *vague; general; not specific*：没有人爱听这种～的议论。Méi yǒu rén ài tīng zhè zhǒng ～ de yìlùn. *Nobody likes to listen to this kind of vague talk.*

【空话】kōnghuà（名）内容空泛，不能实现的话 *empty words; idle talk*：少讲～，多干实事。Shǎo jiǎng ～，duō gàn shí shì. *Less empty talk, more positive action!*

【空间】kōngjiān（名）*space*

【空间技术】kōngjiān jìshù *space technology*

【空间科学】kōngjiān kēxué *space science*

【空降】kōngjiàng（动）*drop from the air*

【空降兵】kōngjiàngbīng（名）*parachute troops*

【空军】kōngjūn（名）在空中作战的军队 *air force*

【空空如也】kōng kōng rú yě 空空的什么都没有 *completely empty*：打开柜子，～。Dǎkāi guìzi，～. *I opened the cupboard and found absolutely nothing there.*

【空口无凭】kōng kǒu wú píng 只是嘴上说，毫无真凭实据，无法置信 *words alone are no guarantee*：～，请拿出证据来，人们才能相信。～，qǐng ná chū zhèngjù lai，rénmen cái néng xiāngxìn. *As words alone are no guarantees, please produce evidence so that people will believe you.*

【空旷】kōngkuàng（形）地方很广阔，没有树木、建筑物等 *open (country without trees, buildings, etc.)*：～的大地 de dàdì *open country; open tract of land* / 那一带很～。Nà yídài hěn ～. *That is a very open stretch of land.*

【空阔】kōngkuò（形）空旷辽阔 *open; spacious*：白雪覆盖着～的原野。Báixuě fùgàizhe ～ de yuányě. *Open plain covered with snow.* /他们向～的海滩走去。Tāmen xiàng ～ de hǎitān zǒuqù. *They are walking toward an open stretch of beach.*

【空论】kōnglùn（名）空洞的言论 *empty talk; hot air*：你们辩论了半天，无非是些～，根本解决不了任何问题。Nǐmen biànlùnle bàntiān，wúfēi shì xiē ～，gēnběn jiějué bu liǎo rènhé wèntí. *You can argue all day but it's nothing but hot air. You'll never solve anything.*

【空气】kōngqì（名）(1) *air*：呼吸新鲜～ hūxī xīnxiān ～ *breathe fresh air* / ～混浊 ～ hùnzhuó *The air is stale.* (2) 气氛 *atmosphere*：学术～很浓。Xuéshù ～ hěn nóng. *highly academic atmosphere* / 会场上～很紧张。Huìchǎng shang ～ hěn jǐnzhāng. *The atmosphere in the conference room was tense.*

【空前】kōngqián（形）以前没有过的 *unprecedented*：～的速度 ～ de sùdù *unprecedented speed* /今天的大会盛况～。Jīntiān de dàhuì shèngkuàng ～. *Today's rally was unprecedentedly splendid.* / 近几年我们的事业～兴旺。Jìn jǐ nián wǒmen de shìyè ～ xīngwàng. *In the past few years our enterprise has been thriving as never before.*

【空前绝后】kōngqián juéhòu 以前没有过，以后也不会再有 *never before and never again; unique*：这位艺术大师的演技真是～！Zhè wèi yìshù dàshī de yǎnjì zhēn shì ～! *The acting of this master performer was unique.*

【空前未有】kōngqián wèi yǒu 从来没有过 *never before*：他遇上了～的困难。Tā yùshangle ～ de kùnnan. *He stumbled into a difficulty that he'd never encountered before.*

【空谈】kōngtán（动）只说不干 *indulge in idle talk*：与其坐在这里～，不如干点实际的事情。Yǔqí zuò zài zhèlǐ ～，bùrú gàn diǎnr shíjì de shìqíng. *Rather than sitting here chatting idly it would be better to take some practical action.* （名）不切合实际的言论 *empty talk*：他自命为理论家，常常发表一纸～。Tā zìmìng wéi lǐlùnjiā，chángcháng fābiǎo yì zhǐ ～. *He calls himself a theoretician and often publishes articles full of verbiage.*

【空调】kōngtiáo（名）*air-conditioning*

【空调机】kōngtiáojī（名）*air-conditioner*

【空头】kōngtóu（形）比喻有名无实（多作定语）*fake; empty; without substance (usually an attribute)*：～政治 ～ zhèngzhì *"armchair" politics* /～文学家 ～ wénxuéjiā *sham literary figure*

【空头支票】kōngtóu zhīpiào (1) 票面金额超过存款余额或透支限额而不能生效的支票 *bad check; "rubber" check* (2) 比喻不能实现的诺言 *empty promise; lip service*：他总是开～，大家都不相信他。Tā zǒngshì kāi ～，dàjiā dōu bù xiāngxìn tā. *He's always making empty promises, so nobody believes him.*

【空投】kōngtóu（动）从飞机上向下投 *drop from an airplane; air-drop; parachute*：～物资 ～ wùzī *air-drop supplies* / 你们这架飞机的任务是给灾区人民～粮食。Nǐmen zhè jià fēijī de rènwù shì gěi zāiqū rénmín ～ liángshi. *Your airplane's task is to drop food to the people in the disaster area.*

【空袭】kōngxí（动）*air raid*

【空想】kōngxiǎng（动）脱离实际地想 *fantasize; daydream*：别再～了，还是回到现实中来吧！Bié zài ～ le，háishi huídào xiànshí zhōng lái ba! *Stop daydreaming and come back to reality.* （名）脱离实际的想法 *daydream; fantasy*：这种愿望固然很好，但目前做不到，只能是～。Zhè zhǒng yuànwàng gùrán hěn hǎo，dàn mùqián zuò bu dào，zhǐ néng shì ～. *It's a fine aspiration but at present it's unattainable. It will just have to remain a fantasy.*

【空心】kōng =xīn 树或菜等心中不实或没有东西 *hollow (tree, etc.)*：～白菜 ～ báicài *hollow cabbage* / ～砖 ～ zhuān *hollow brick* / 这棵老树已经～了。Zhè kē lǎo shù yǐjīng ～ le. *This old tree has had its trunk eaten away.*

【空虚】kōngxū（形）没有实在的东西，不充实 *hollow; empty; void; meaningless*：敌后～ díhòu ～ *The enemy's rear is vulnerable.* / 思想～ sīxiǎng ～ *empty-headed* /觉得生活很～，没有意思。Juéde shēnghuó hěn ～，méi yǒu yìsi. *feel that life is empty and meaningless*

【空运】kōngyùn（动）*transport by air*

【空战】kōngzhàn（名）*air battle; aerial combat*

【空中】kōngzhōng（名）天空 *sky*

【空中楼阁】kōngzhōng lóugé 空想或脱离实际的理论、计划等 *castles in the air; daydreams; fantasies*：这么庞大的计划，不过是～，哪能实现！Zhème pángdà de jìhuà，búguò shì ～，nǎ néng shíxiàn! *This grandiose plan is no more than an impracticable daydream.*

【空竹】kōngzhú（名）一种玩具 *diabolo (a kind of spinning toy on a string)*

kǒng

孔 kǒng（名）洞，窟窿 *hole; aperture*：这座桥有十七个～，所以叫十七～桥。Zhè zuò qiáo yǒu shíqī gè ～，suǒyǐ jiào shíqī ～ qiáo. *This bridge has 17 arches, and so is called the Seventeen-Arch Bridge.* / 他用钻头在岩石上钻了两个～。Tā yòng zuàntóu zài yánshí shang zuànle liǎng gè ～. *He used a drill bit to bore two holes in the rock.*

【孔庙】Kǒngmiào（名）*Confucian temple*

【孔雀】kǒngquè（名）[只 zhī] *peacock*

【孔隙】kǒngxì（名）小缝，小窟窿 *small hole; seam; fissure*

【孔穴】kǒngxué（名）*hole; cavity*

恐 kǒng（动）◇ 害怕 *fear; be afraid* （副）〈书〉恐怕 *probably; perhaps*：暑假他不去旅行，～另有安排。Shǔjià tā bú qù lǚxíng，～ lìng yǒu ānpái. *He isn't going away this summer*

vacation. He probably has made other arrangements. 意思同"恐怕"kǒngpà(2)表示估计和猜测，用于书面语 same as "恐怕" kǒngpà (2)(used in the written language)：这消息 ～不可靠。Zhè xiāoxi ～ bù kěkào. *I'm afraid this information is not reliable.* / 他的病～难治愈。Tā de bìng ～ nán zhìyù. *I'm afraid his illness is incurable.* / 他迟迟不给你答复，～有为难之处。Tā chíchí bù gěi nǐ dáfù，～ yǒu wéinán zhī chù. *His stalling and refusing to give you an answer, I'm afraid, means he is in anawkward situation.*

【恐怖】kǒngbù（形）(1)使人感到害怕 terrifying；fearful：～的气氛 ～ de qìfēn *terrifying atmosphere* / ～影片 yǐngpiàn *frightening movie* (2)害怕 scared；frightened：万分～ wànfēn ～ *extremely frightened* / 感到～ gǎndào ～ *feel frightened*

【恐吓】kǒnghè（动）吓唬；以言语和手段威胁，使人害怕 threaten；intimidate；blackmail：～信 ～xìn *threatening letter；blackmail letter* / 你说这些话是想～我吗？Nǐ shuō zhèxiē huà shì xiǎng ～ wǒ ma? *Are these words meant as a threat to me？*

【恐慌】kǒnghuāng（形）(1)害怕而慌张 panic：在确凿的证据面前，他～万状。Zài quèzuò de zhèngjù miànqián，tā ～ wànzhuàng. *In the face of irrefutable evidence he panicked.* (2)由于物资等缺乏，发生危机 crisis caused by a shortage of materials，etc.：经济～ jīngjì ～ *economic crisis* /这里连年旱灾，粮食发生～。Zhèlǐ liánnián hànzāi，liángshi fāshēng ～. *There has been a continuous drought here for several years，resulting in a food crisis.*

【恐惧】kǒngjù（动）〈书〉害怕 fear：在严酷的考验中，他毫不～。Zài yánkù de kǎoyàn zhōng，tā háobù～. *In the midst of severe trials he had not the slightest fear.*

【恐怕】kǒngpà（副）(1)基本同"也许"yěxǔ (1)，只表示估计 basically the same as "也许" yěxǔ (1)(only indicates conjecture)：走这条路～比那条近一些。Zǒu zhè tiáo lù ～ bǐ nà tiáo jìn yìxiē. *I think this route is a little closer than that one.* / 天突然暗下来了，～要有一场大雨。Tiān tūrán àn xiàlai le，～ yào yǒu yì chǎng dà yǔ. *The sky has suddenly darkened. It looks like it's going to rain hard.* / 这几个人里，他说汉语～说得最好了。Zhè jǐ ge rén lǐ，tā shuō Hànyǔ ～ shuō de zuì hǎo le. *Of these people, he speaks perhaps the best Chinese.* / 这三个成绩最好的学生～能考上大学。Zhè sān ge chéngjì zuì hǎo de xuéshēng ～ néng kǎoshang dàxué. *These three students who have the highest marks can pass the university entrance exam，I think.* (2)表示估计，带有担心成分 I'm afraid (indicates conjecture plus worry)：这次离开故乡，～很难再回来了。Zhè cì líkāi gùxiāng，～ hěn nán zài huílai le. *I'm afraid it won't be easy for me to come back again once I've left my hometown this time.* / 你这么晚不回家，～家里人会着急的。Nǐ zhème wǎn bù huí jiā，～ jiālǐ rén huì zháo jí de. *I'm afraid your family will be worried because you haven't gone home yet and it's so late.* / 两个人的工作让他一个人干，他～吃不消。Liǎng ge rén de gōngzuò ràng tā yí ge rén gàn，tā ～ chī bu xiāo. *I'm afraid it's too much for him to do the work of two by himself.* (3)表示批评的意见时，使语气委婉，句尾常有"吧"(renders the tone more tactful when one criticizes sb. ; the sentence usu. takes "吧" at the end)：这个总结～不太全面吧! Zhège zǒngjié ～bú tài quánmiàn ba! *I'm afraid this summary is not comprehensive enough.* / 这样批评她～有些过分吧! Zhèyàng pīpíng tā ～ yǒuxiē guòfèn ba! *Perhaps you were a bit too harsh with your criticism of her.*

倥 kōng

【倥偬】kǒngzǒng（形）〈书〉急迫匆忙 urgent；pressing

kòng

空 kòng

（动）留出来，腾出来 empty；clear out；leave room：我们宿舍～出一间屋子，准备给新来的同志住。Wǒmen sùshè ～ chū yì jiān wūzi，zhǔnbèi gěi xīn lái de tóngzhì zhù. *A room has been vacated in our dormitory, ready for newcomers.* /例句下面～了一行，请你写拼音。Lìjù xiàmian ～le yì háng，qǐng nǐ xiě pīnyīn. *Please write the example sentence in pinyin in the space beneath it.* （形）没有被利用或者指某地东西不多，空间较大 vacant；unoccupied；empty：房子后边有一片～地。Fángzi hòubian yǒu yí piàn ～ dì. *Behind the house there is a vacant lot.* /这个车间比较～，还可以加一台机器。Zhège chējiān bǐjiào ～，hái kěyǐ jiā yì tái jīqì. *There is plenty of space in this workshop to fit another machine.* （名）(～儿)空的地方或闲暇的时间 empty space or free time：这里有个～，可以坐一个人。Zhèlǐ yǒu ge ～，kěyǐ zuò yí ge rén. *There is room here for one person to sit down.* /希望有～常来串门儿。Xīwàng yǒu ～ cháng lái chuàn ménr. *I hope you will often have time to come and visit us.* 另见 kōng

【空白】kòngbái（名）没有填充或没被利用的地方 gap；blank space：他在这幅画～的地方题了一首诗。Tā zài zhè fú huà～ de dìfang tíle yì shǒu shī. *He has inscribed a poem in the blank space on the painting.* /一进考场，我的脑子里是一片～，好像什么都忘了。Yí jìn kǎochǎng，wǒ de nǎozi lǐ shì yípiàn ～，hǎoxiàng shénme dōu wàng le. *As soon as I entered the examination room my mind went blank and it seemed I had forgotten everything.* /如果这项试验取得成功，将填补机床制造业的一项～。Rúguǒ zhè xiàng shìyàn qǔdé chénggōng，jiāng tiánbǔ jīchuáng zhìzàoyè de yí xiàng ～. *If this experiment proves successful it will fill a gap in the machine tool industry.*

【空白点】kòngbáidiǎn（名）作用没有达到的方面或部分 blank space；gap：每家每户都放了灭鼠药，没有留下～。Měi jiā měi hù dōu tóufangle miè shǔ yào，méiyou liúxià ～. *Every household has put down rat poison. No place has been left out.*

【空当】kòngdāng（名）〈口〉空隙 gap；breach；empty space：我要利用工间休息的～打个电话。Wǒ yào lìyòng gōngjiān xiūxi de ～ dǎ ge diànhuà. *I want to use a work break to make a telephone call.*

【空额】kòng'é（名）空着的名额 vacancy (on a staff, enrolment, etc.)：今年这个工厂招工人数已满，没有～了。Jīnnián zhège gōngchǎng zhāo gōng rénshù yǐ mǎn，méi yǒu ～ le. *The factory has filled its personnel quota for this year，and there are no vacancies.*

【空缺】kòngquē（名）无人任职的空职位，缺额 vacant position；vacancy：至今这个厂还有个副厂长的～。Zhìjīn zhège chǎng hái yǒu ge fùchǎngzhǎng de ～. *At the moment，the factory has a vacancy for a deputy manager.*

【空隙】kòngxì（名）空着的地方，未安排利用的时间 space；gap；interval；spare time：作物密植也要留出一定的～，以便通风。Zuòwù mìzhí yě yào liúchū yídìng de ～，yǐbiàn tōng fēng. *Even when crops are close-planted you still have to leave fixed intervals between them for ventilation.* /他利用业余～自学外语。Tā lìyòng yèyú ～ zìxué wàiyǔ. *He used his free time to study foreign languages by himself.*

【空闲】kòngxián（动）从事的活动停下来，有了闲暇时间 idle；free：等我～下来，帮你修整小花园。Děng wǒ ～ xialai，bāng nǐ xiūzhěng xiǎo huāyuán. *As soon as I'm free I'll help you trim the garden.* （名）闲暇的时间 spare time：他一有～就拉小提琴。Tā yì yǒu ～ jiù lā xiǎotíqín. *Whenever he gets some free time he plays the violin.*

【空心】kòngxīn（形）（～儿）空着肚子，没吃东西 *on an empty stomach*：喝～酒容易醉。Hē ～ jiǔ róngyì zuì. *You'll soon get drunk if you drink on an empty stomach.* / 这种药得早上～服。Zhè zhǒng yào děi zǎoshang ～ fú. *This medicine should be taken in the morning on an empty stomach.*

【空余】kòngyú（形）空着的、工余的（时间）*spare*；*free (time)*：会议日程安排得很紧，没有一点儿～时间。Huìyì rìchéng ānpái de hěn jǐn, méi yǒu yìdiǎnr ～ shíjiān. *The meeting schedule has been tightly arranged, and there is no slack time at all.* / 如果你有～时间，请看看这篇文章。Rúguǒ nǐ yǒu ～ shíjiān, qǐng kànkan zhè piān wénzhāng. *If you have any spare time please read this piece of writing.*

【空子】kòngzi（名）（1）未占用的地方或时间 *gap*；*opening (space or time)*：他从人群里找了个～就挤出去了。Tā cóng rénqún li zhǎole ge ～ jiù jǐ chuqu le. *He found an opening in the crowd through which he squeezed out.* / 你抽个～去看看他。Nǐ chōu ge ～ qù kànkan tā. *Find a spare moment to go and see him.* （2）机会（大多指做坏事的）*opportunity*；*chance*：他心肠太软，让坏人钻了～。Tā xīncháng tài ruǎn, ràng huàirén zuānle ～. *He is so soft-hearted that he lets villains take advantage.*

控 kòng

（动）◇（1）控告 *accuse*；*lodge a complaint* （2）控制 *control*；*dominate*

【控告】kònggào（动）向司法机关或政府机关告发 *lodge a complaint (with the judiciaries or with the authorities)*：他犯了罪，为什么不能～他？Tā fànle zuì, wèi shénme bù néng ～ tā? *He has committed a crime. Why can't I file a charge against him?*

【控诉】kòngsù（动）向有关部门或公众诉说受害经过，请求听者对害人者作出法律或舆论的制裁 *accuse*；*denounce*；*condemn*：～旧社会的罪恶 ～ jiù shèhuì de zuì'è *denounce the evils of the old society* / 开一个～大会 kāi yí ge ～ dàhuì *set up a meeting to denounce sb.*

【控制】kòngzhì（动）掌握制止（使不得任意活动或超出某范围）*control*；*dominate*：～入场人数 ～ rù chǎng rénshù *control the number of people entering* / ～自己的感情 ～ zìjǐ de gǎnqíng *control one's emotions* / 我～不住，流下了眼泪。Wǒ ～ bú zhù, liúxiàle yǎnlèi. *I couldn't quite control myself and started to weep.* / 我军已把375高地～在自己手里。Wǒ jūn yǐ bǎ sānqīwǔ gāodì ～ zài zìjǐ shǒu lǐ. *Our forces have already gained control of Hill 375.*

抠〔摳〕kōu

（动）（1）〈口〉用手指头或细小的东西挖 *dig*；*scratch out (with a finger or pointed stick)*：脸上起了小疙瘩，不要用手指去～。Liǎnshang qǐle xiǎo gēda, búyào yòng shǒuzhǐ qù ～. *You shouldn't pick at pimples on your face.* / 他把掉在砖缝里的硬币～出来了。Tā bǎ diào zài zhuānfèng li de yìngbì ～ chulai le. *He dug out that coin which had fallen in the crack between the bricks.* （2）雕刻（花纹）*carve*：柜门上～着精致的花纹。Guì mén shang ～ zhe jīngzhì de huāwén. *On the wardrobe door were carved exquisite patterns.* （3）〈口〉（在较窄的方面）不必要的深究 *be over-meticulous in studying something*；*delve into needlessly*：～字眼儿 ～ zìyǎnr *be too fussy over the meaning of words* / 死～书本儿 sǐ ～ shūběnr *delve mechanically into books*

眍〔瞘〕kōu

（动）眼珠子深陷在眼眶里 *be hollow-eyed*；*sink in (of eyes)*：最近他瘦了不少，眼睛都～进去了。Zuìjìn tā shòule

bù shǎo, yǎnjing dōu ～ jìnqu le. *Recently he has lost a lot of weight and his eyes have become sunken.*

kǒu

口 kǒu

（名）（1）嘴 *mouth*：病从～入 bìng cóng ～ rù *Disease enters through the mouth.* （2）◇器物或地方的通口 *aperture*：碗～ wǎn～ *rim of a bowl* / 路～ lù～ *crossroads* / 瓶子～ píngzi ～ *mouth of a bottle* （3）◇刃 *edge*：刀～ dāo～ *The scissors have been edged.* （4）（～儿）破裂的地方 *crack*；*chip*；*(broken) hole*；*cut*：报纸撕了个～。Bàozhǐ sīle ge ～. *There is tear in the paper.* / 手上拉了个～。Shǒu shang lále ge ～. *There is a cut on his hand.* （5）◇系统，部门 *section*；*department*：文教～ wénjiào ～ *cultural and educational department* / 财贸～ cáimào ～ *finance and trade sector* （量）用于家庭的人口、猪，或有口、有刃的器物（*for family member, pig or thing with a mouth or edge*）：三～小猪 sān ～ xiǎo zhū *three head of piglets* / 一～井 yì ～ jǐng *one well* / 两～大缸 liǎng ～ dà gāng *two large jars* / 他家有两～人。Tā jiā yǒu liǎng ～ rén. *There are two people in his family.*

【口岸】kǒu'àn（名）港口 *port*：沿海一带有很多通商～。Yánhǎi yídài yǒu hěn duō tōng shāng ～. *There are many trading ports along the coast.*

【口才】kǒucái（名）说话的才能 *eloquence*：他～好，讲话非常生动。Tā ～ hǎo, jiǎng huà fēicháng shēngdòng. *He is a very eloquent and vivid speaker.*

【口吃】kǒuchī（形）*stuttering*；*stammering*：这孩子～，想个什么法子矫正矫正。Zhè háizi ～, xiǎng ge shénme fǎzi jiǎozhèng jiǎozhèng. *We'll have to think of a way to correct this child's stammer.*

【口齿】kǒuchǐ（名）说话的能力 *speaking ability*：～清楚 ～ qīngchu *clear enunciation* / 她～伶俐。Tā ～ línglì. *She has a glib tongue.*

【口传】kǒuchuán（动）口头传授 *instruct orally*：这些歌谣都是～下来的。Zhèxiē gēyáo dōu shì ～ xialai de. *These ballads have all been transmitted orally.* / 民间艺人多数是以～的方法教徒弟。Mínjiān yìrén duōshù shì yǐ ～ de fāngfǎ jiāo túdì. *Most folk artists use oral methods to teach their pupils.*

【口袋】kǒudài（名）（1）（～儿）衣服兜 *pocket*：从～里掏出了工作证。Cóng ～ li tāochūle gōngzuòzhèng. *He took his workcard from his pocket.* （2）装东西的用具 *bag*：纸～ zhǐ ～ *paper bag* / 塑料～ sùliào～ *plastic bag* / 装了一～米 zhuāngle yì ～ mǐ *He filled a bag full of rice.*

【口风】kǒufēng（名）从说话中透露出来的意思 *meaning discerned in one's way of speaking*：听她母亲的～，好像不赞成这桩婚事。Tīng tā mǔqin de ～, hǎoxiàng bú zànchéng zhè zhuāng hūnshì. *From the way her mother talks about it, she doesn't seem to approve of the marriage.* / 你先探探他的～，看他持什么态度。Nǐ xiān tàntan tā de ～, kàn tā chí shénme tàidu. *You sound him out first and see what attitude he is taking.*

【口服】kǒufú（动）（1）口头上表示信服 *say that one is convinced*；*profess to be convinced*：一番道理讲得他心服～。Yì fān dàolǐ jiǎng de tā xīnfú ～. *He was sincerely convinced after I explained it.* （2）吃（药）*take (medicine)*：这种药是～的，那种药是外用的。Zhè zhǒng yào shì ～ de, nà zhǒng yào shì wài yòng de. *This type of medicine is to be taken orally. That type is for external application.*

【口福】kǒufú（名）能吃到好东西的机会或运气（含诙谐意）*luck or opportunity to get something good to eat (jocular)*：算你有～，今天来得正巧，和我们一起吃海蟹吧。Suàn nǐ

yǒu ～, jīntiān lái de zhèng qiǎo, hé wǒmen yìqǐ chī hǎixiè ba. *Consider yourself lucky. You came just in time to join us for a meal of crabs.* / 你可真是～不浅,一连三天都有朋友请客。Nǐ kě zhēn shì ～ bù qiǎn, yìlián sān tiān dōu yǒu péngyou qǐng kè. *You really have good luck when it comes to feasting. Three days in a row friends have invited you to dine.*

【口供】kǒugòng (名) 刑事被告人就其被控告的犯罪过程或事实所作的口头供认和陈述 *statement made by the accused in a court of law*: 他的～和犯罪事实相符。Tā de ～ hé fàn zuì shìshí xiāngfú. *His statement to the court tallies with the facts of his crime.* /没有～不能定案。Méi yǒu ～ bù néng dìng àn. *Without a statement by the accused there can be no verdict handed down.*

【口号】kǒuhào (名) 内容带有纲领性的,起宣传鼓动作用的短句 *slogan*: 革命～ gémìng ～ *revolutionary slogan*/ 呼～ hū ～ *shout slogans*

【口红】kǒuhóng (名) *lipstick*

【口技】kǒujì (名) 杂技的一种,运用口部发音的技巧模仿各种声音 *art of mimicry using the vocal organs*

【口径】kǒujìng (名) 圆口的直径 *caliber*; *bore* (*of a firearm*); *diameter*: 小～步枪 xiǎo ～ bùqiāng *small-bore rifle* /螺钉和螺母不合,拧不结实。Luódīng hé luómǔ bù hé, nǐng bu jiēshi. *If the diameters of the screw and the nut are not the same they will not screw together properly.*

【口诀】kǒujué (名) 为便于记忆而编的内容扼要读起来顺口的语句 *mnemonic*: 珠算除法的～记熟了吗？——没有,我只记熟了加法。Zhūsuàn chúfǎ de ～ jìshúle ma? —— Méiyou, wǒ zhī jìshúle jiāfǎ. *Have you memorised the abacus formula for division? —— No. I've only memorised the one for addition.*

【口角】kǒujué (动) 争吵 *quarrel*: 两个人各不相让,～起来。Liǎng ge rén gè bù xiāng ràng, ～ qǐlai. *The two of them started to wrangle stubbornly.* /这个大院的居民之间非常和睦,从来没有发生过～。Zhège dà yuàn de jūmín zhī jiān fēicháng hémù, cónglái méiyou fāshēngguo ～. *The people who live in this compound get on very well together. A quarrel has never broken out.*

【口口声声】kǒu kǒu shēng shēng 形容反复陈说(有时含心口不一的意思) *say something over and over again* (*often implying an action to the contrary*): 他～要去,我怎么能不让他参加？Tā ～ shuō yào qù, wǒ zěnme néng bú ràng tā cānjiā? *He kept on saying that he wanted to go, so how could I stop him joining us?* /这些人～讲节约,可是用起钱来却大手大脚。Zhèxiē rén ～ jiǎng jiéyuē, kěshì yòng qǐ qián lai què dà shǒu dà jiǎo. *They are contiually talking about saving, but when it comes to spending money they are most extravagant.*

【口粮】kǒuliáng (名) 个人生活中需要的粮食 *grain ration*

【口令】kǒulìng (名) (1) 用简短的术语下达口头命令 *simple command*; *word of command*: 第一排的战士,听连长的～! Dìyī pái de zhànshì, xiànzài tīng liánzhǎng de ～! *First-rank troops, hear the company commander's order!* (2) 在可见度不良的情况下辨别敌我的暗号,一般用单词或数字表示 *password*: 今天夜里的～是"二五八"。Jīntiān yèlǐ de ～ shì "èrwǔbā". *Tonight's password is "258".*

【口蜜腹剑】kǒu mì fù jiàn 嘴上说得蜜一样甜,肚子里却怀着害人的坏主意 *honey on one's lips and a dagger in one's breast*; *treacherous*: 要警惕那种～的假朋友。Yào jǐngtì nà zhǒng ～ de jiǎ péngyou. *You have to be on your guard against that kind of treacherous "friend".*

【口气】kǒuqì (名) (1) 说话时的气势和感情 *tone of voice*: ～很硬 ～ hěn yìng *in an unyielding tone* /～很大 ～ hěn dà *in a high-sounding tone* /严肃的～ yánsù de ～ *serious tone* / 开玩笑的～ kāi wánxiào de ～ *bantering* (*jocular*) *tone*

(2) 语言中流露出的倾向 *implication* (*detected in one's tone*): 听他的～,要在这里住一段时间。Tīng tā de ～, yào zài zhèli zhù yí duàn shíjiān. *Judging by his tone, he seems to want to stay here for a while.* /他想探听一下老王的～。Tā xiǎng tàntīng yíxià Lǎo Wáng de ～. *He wants to sound out Lao Wang's intentions.*

【口腔】kǒuqiāng (名) *mouth*; *oral cavity*

【口琴】kǒuqín (名) [只 zhī、个 gè] *mouth organ*; *harmonica*

【口轻】kǒuqīng (形) (1) 汤或菜味道不很咸 *bland*; *not salty*: 我喜欢吃～的,请你做汤时少加盐。Wǒ xǐhuan chī ～ de, qǐng nǐ zuò tāng shí shǎo jiā yán. *I prefer mild-tasting food, so when you make the soup please don't put too much salt in it.* /这盘菜炒得太～了,再加点酱油吧! Zhè pán cài chǎo de tài ～ le, zài jiā diǎnr jiàngyóu ba! *This dish of sautéed vegetables has been prepared too bland. Put some more soy sauce in it.* (2) 指人喜欢吃淡的味道 *averse to salty food*: 今天的几位客人都～,千万别把菜做咸了。Jīntiān de jǐ wèi kèren dōu ～, qiānwàn bié bǎ cài zuòxián le. *All the guests today don't like salty food. So whatever you do don't make the food salty.*

【口若悬河】kǒu ruò xuán hé 形容能言善辩,说起话来滔滔不绝 *speak eloquently*; *let loose a flood of eloquence*: 这个人口才非常好,说起话来～。Zhège rén kǒucái fēicháng hǎo, shuō qǐ huà lai ～. *He really has the gift of the gab. As soon as he opens his mouth he lets loose a flood of eloquence.*

【口哨儿】kǒushàor (名) whistling *sound made with the mouth*: 他来来去去总是吹着～,显得那么轻松愉快。Tā láiláiqùqù zǒngshì chuīzhe ～, xiǎndé nàme qīngsōng yúkuài. *He must be feeling relaxed and cheerful, as he walks around whistling all the time.*

【口舌】kǒushé (名) 指劝说、争辩、交涉时说的话 *quarrel*; *talking*; *words*: 大家费了不少～,也说不服他。Dàjiā fèile bù shǎo ～, yě shuō bu fú tā. *We wasted a lot of time arguing with him but he still wasn't convinced.* /别白费～了,他主意早已拿定了。Bié bái fèi ～ le, tā zhǔyi zǎo yǐ nádìng le. *Don't waste time arguing with him. His mind's already made up.*

【口实】kǒushí (名) 〈书〉借口,借托的理由 *excuse*; *pretext*: 说话要谨慎,防止授人以～。Shuō huà yào jǐnshèn, fángzhǐ shòu rén yǐ ～. *Use caution when you speak lest you give your hearer something to use against you.*

【口试】kǒushì (名) 口头回答的考试方式 *oral examination*: 我们班期末考英语有笔试也有～。Wǒmen bān qīmò kǎo Yīngyǔ yǒu bǐshì yě yǒu ～. *At the end of term we have both written and oral exams in English.* (动) (考试时) 用口头回答 *have an oral exam*: 今天有五个学生要～。Jīntiān yǒu wǔ ge xuéshēng yào ～. *Today there are five students who will have an oral exam.* /我们明天～。Wǒmen míngtiān ～. *Tomorrow we have an oral exam.*

【口是心非】kǒu shì xīn fēi 嘴上说得好听,心里想的却是另一套 *say one thing but mean another*: 他～,表面上赞成这个方案,实际上是反对的。Tā ～, biǎomiànshang zànchéng zhège fāng'àn, shíjìshang shì fǎnduì de. *He says one thing but means another. On the surface he approves this program but in reality he opposes it.*

【口授】kǒushòu (动) (1) 亲口传授(尚无文字记录的教材) *oral instruction*; *dictation*: 那些地方戏曲是由民间艺人世代～流传下来的。Nàxiē dìfāng xìqǔ shì yóu mínjiān yìrén shìdài ～ liúchuán xialai de. *Those regional operas have been handed down among folk artists from generation to generation orally.* (2) 由于某种原因(因病或失明等)不能亲自动笔,口述而由他人代笔写(文章或书信) *dictate*: 本传记是作者～,他女儿执笔写成的。Běn zhuànjì shì zuòzhě ～, tā nǚ'ér zhíbǐ xiěchéng de. *This biography was dictated by the author to his daughter, who wrote it down.*

【口述】kǒushù（动）口头叙述 *oral account*：记者根据老画家的～整理出这篇文章。Jìzhě gēnjù lǎo huàjiā de ～ zhěnglǐ chū zhè piàn wénzhāng. *A journalist put together this article based on the old artist's oral account.*

【口水】kǒushuǐ（名）*saliva*

【口算】kǒusuàn（动）一面心算一面口头说出运算方法及结果 *do mental arithmetic and tell the process and result aloud*：～练习 ～ liànxí mental arithmetic drill ／教师要训练孩子们的～能力。Jiàoshī yào xùnliàn háizimen de ～ nénglì. *The teacher must drill the children in mental arithmetic.*

【口头】kǒutóu（形）用讲话的方式进行的 *oral* (1)与"书面"相对 *opposite of "书面"*：～传达 ～ chuándá *transmit orally* ／～汇报 ～ huìbào *give an oral report* (2)只是嘴上说的（没有行动）*in words (not deeds)*：不能做～革命派。Bù néng zuò ～ gémìngpài. *We can't just be revolutionaries in words.* ／不踏踏实实地干，你的理想只能停留在～上。Bù tātāshíshí de gàn, nǐ de lǐxiǎng zhǐ néng tíngliú zài ～ shang. *Without constant practical application your ideals will remain mere words.*

【口头禅】kǒutóuchán（名）同"口头语" kǒutóuyǔ *same as* "口头语" kǒutóuyǔ

【口头语】kǒutóuyǔ（名）（～儿）说话时经常不知不觉常说出来的词语 *pet phrase*："依我看"这三个字是老李的～了。"Yī wǒ kàn" zhè sān ge zì shì Lǎo Lǐ de ～ le. *Lao Li has a habit of trotting out "As I see it".*

【口味】kǒuwèi（名）（～儿）各人对味道的爱好 *individual taste*：四川菜很合他的～。Sìchuān cài hěn hé tā de ～. *Sichuan food is very much to his taste.* ／一部作品要想合乎各种人的～是很难的。Yí bù zuòpǐn yào xiǎng héhū gè zhǒng rén de ～ shì hěn nán de. *It is not easy for a work of art to suit everyone's taste.*

【口吻】kǒuwěn（名）口气，说话时表现出来的说话人的意图、感情等 *tone of voice*：严肃的～ yánsù de ～ *severe tone* ／开玩笑的～ kāi wánxiào de ～ *jocular tone* ／教训人的～ jiàoxùn rén de ～ *lecturing tone*

【口香糖】kǒuxiāngtáng（名）[块 kuài] *chewing gum*

【口信】kǒuxìn（名）（～儿）口头上传达的消息 *oral message*：她给大家带来了～，说所需资料都买到了。Tā gěi dàjiā dàilaile ～, shuō suǒ xū zīliào dōu mǎidào le. *She brought the message passed on that all the needed materials have been bought.* ／因为一时没找到纸笔，就捎了个～来。Yīnwèi yìshí méi zhǎodào zhǐ bǐ, jiù shāole ge ～ lai. *I couldn't get hold of a pen and paper at the time so I had an oral message passed on.*

【口形】kǒuxíng（名）（人）口部的形状，语音学上特指发某个音时双唇的形状 *shape of the lips when making sounds*

【口译】kǒuyì（名）口头的翻译 *oral interpretation*：我认为比笔译难，可是他正相反。Wǒ rènwéi ～ bǐ bǐyì nán, kěshì tā zhèng xiāngfǎn. *I think oral interpretation is more difficult than written translation, but he thinks the opposite.* （动）口头翻译 *translate orally*：今天陪外宾参观，由我来～。Jīntiān péi wàibīn cānguān, yóu wǒ lái ～. *When we take the foreign visitors round I'll do the interpreting.*

【口音】kǒuyīn（名）说话时所带的方言色彩 *accent*：听他的～是河南人。Tīng tā de ～ shì Hénán rén. *From his accent I think he is from Henan.* ／他的普通话里广东～很重。Tā de pǔtōnghuà li Guǎngdōng ～ hěn zhòng. *He speaks putonghua with a strong Guangdong accent.* ／他虽然是上海人，可是一点儿～也没有。Tā suīrán shì Shànghǎi rén, kěshì yìdiǎnr ～ yě méi yǒu. *Although he is a Shanghainese he hasn't a trace of an accent.* ／你有～，不过我不知道是哪儿的。Nǐ yǒu ～, búguò wǒ bù zhīdào shì nǎr de. *You have an accent but I'm not sure where from.*

【口语】kǒuyǔ（名）谈话中使用的语言 *spoken language*：他

汉语～比较好，写起来有困难。Tā Hànyǔ ～ bǐjiào hǎo, xiě qilai yǒu kùnnan. *His spoken Chinese is fairly good but when he tries writing he has difficulty.*

【口罩】kǒuzhào（名）（～儿）[个 gè] 用纱布等制成的罩在嘴和鼻子上防止灰尘和病菌侵入的长方形的东西 *gauze face mask*：有人冬天戴～是为了暖和。Yǒu rén dōngtiān dài ～ shì wèile nuǎnhuo. *Some people wear face masks in winter to keep warm.*

【口重】kǒuzhòng（形）(1)汤或菜的味道咸 *salty tasting*：你喜欢吃口轻的还是～的? Nǐ xǐhuan chī kǒuqīng de háishi ～ de? *Do you like bland or salty food?* (2)指人喜欢吃咸一点的味道 *be fond of salty food*：他～, 炒菜时多搁点酱油。Tā ～, chǎo cài shí duō gē diǎn jiàngyóu. *He is partial to salty food, so let's put more soy sauce in the dishes.*

【口诛笔伐】kǒu zhū bǐ fá 用语言文字进行无情的揭露、声讨和批判 *expose or condemn in both speech and writing*

【口子】kǒuzi（名）(1)（堤、渠等的）缺口 *opening; breach*：小河边开了个～, 赶快去堵。Xiǎo hé biān kāile ge ～, gǎnkuài qù dǔ. *A breach has appeared in the bank of the stream. Hurry up and dam it!* (2)破裂的地方 *split; tear; cut*：他把裤子撕了个～。Tā bǎ kùzi sīle ge ～. *He has ripped his trousers.* ／脚上裂了个～。Jiǎoshang lièle ge ～. *His foot has chapped.*

kòu

叩 kòu（动）〈书〉(1)敲，打 *knock; rap*：有人～门。Yǒu rén ～ mén. *There is someone knocking at the door.* ／他～了半天门，也没人开。Tā ～ le bàntiān mén, yě méi rén kāi. *He knocked on the door for ages but nobody opened it.* (2)旧时的礼节，磕头 *make an old-fashioned obeisance; kowtow*：谢～ xiè ～ *bow in gratitude* ／三拜九～ sān bài jiǔ ～ *three prostrations and nine kowtows*

【叩头】kòu = tóu 同"磕头" kē tóu *same as* "磕头" kē tóu

扣 kòu（动）(1)系，结，使不脱开 *link; fasten together; knot*：～扣子 ～ kòuzi *fasten buttons; button up* ／把领子～好。Bǎ lǐngzi ～ hǎo. *button up your collar* (2)口心的器物口朝下放 *put a bowl-like utensil upside down*：茶杯～在碟子里。Chábēi ～ zài diézi li. *The cup is upside down on the saucer.* ／用碗把菜一～, 免得凉了。Yòng wǎn bǎ cài ～ shang, miǎnde liáng le. *Put a bowl upside down over the food to keep it warm.* (3)扣押 *hold in custody*：把违法者～起来。Bǎ wéifǎzhě ～ qilai. *hold a lawbreaker in custody* (4)扣除 *deduct*：每月从工资中～房租和水电费。Měi yuè cóng gōngzī zhōng ～ fángzū hé shuǐ diàn fèi. *Every month, rent and water and electricity fees are deducted from my salary.* （名）（～儿）扣子 *knot; button*

【扣除】kòuchú（动）从总额中减掉 *deduct*：他的房租每月从工资中～。Tā de fángzū měi yuè cóng gōngzī zhōng ～. *His rent is deducted from his salary every month.*

【扣留】kòuliú（动）用强制手段把人或东西留住不放 *detain*：那个人违犯交通规则，他的自行车被～了。Nàge rén wéifàn jiāotōng guīzé, tā de zìxíngchē bèi ～ le. *His bicycle was put in custody because he violated the traffic rules.*

【扣帽子】kòu màozi 把不适当的不好的名目轻率地加在某人头上 *label (a person as something unjustly)*：他对集体活动不很积极，可是给他扣"落后分子"的帽子，也不能叫人服气。Tā duì jítǐ huódòng bù hěn jījí, yě bù néng gěi tā kòu "luòhòu fènzǐ" de màozi. *He doesn't have a very positive attitude to collective activities, yet you can't label him a "backward element".*

【扣人心弦】kòu rén xīnxián 形容诗文、表演、讲演等生动感

人，激动人心 *exciting*；*enthralling*；*thrilling*：高尔基的散文诗《海燕》，真是～，感人至深。Gāo'ěrjī de sǎnwénshī《Hǎiyàn》，zhēn shì ～，gǎn rén zhì shēn. *Gorky's prose poem "The Petrel" is really thrilling and deeply moving.*

【扣押】kòuyā（动）扣留，拘禁 *detain*；*restrain*；*hold（prisoner）*：～犯人 fànrén *hold a criminal in custody* /一箱走私货被～了。Yì xiāng zǒu sī huò bèi ～ le. *A box of smuggled goods was held（by the customs）.*

【扣子】kòuzi（名）[个 gè] *knot*；*button*：解～ jiě ～ *unfasten a button*；*untie a knot* / 系～ jì ～ *button up*；*tie a knot* / 钉～ dìng ～ *sew a button on*

寇 kòu
（名）〈书〉强盗，外来入侵者，敌人 *bandit*；*robber*；*invader*；*enemy*：海～ hǎi ～ *pirate* / 外～ wài ～ *invader*

kū

枯 kū
（形）（1）（植物）失去水分 *(of a plant)withered*；*dried up*：～树不能发芽。A withered tree cannot sprout buds. （2）（井、河等）没有水了 *(of a well, river, etc.)dry up*：一口～井 yì kǒu ～ jǐng *a dried-up well*

【枯槁】kūgǎo（形）〈书〉（1）（草木）枯干，枯死 *(of plants)withered*；*dead*；*shrivelled* （2）（面容）憔悴 *(of features)emaciated*；*wan*：形容～ xíngróng ～ *look haggard*

【枯黄】kūhuáng（形）干枯而且色黄 *sallow and sickly*：～的树叶 ～ de shùyè *yellow, withered leaves*

【枯竭】kūjié（动）（水源）干涸，不再流出，断绝 *(of sources)dry up*；*run dry*：资源～ zīyuán ～ *The resources have dried up.* / 精力～ *drained of energy*

【枯木逢春】kū mù féng chūn 枯了的树木到了春天又重新发芽生长，比喻获得新生 *"spring brings new life to a withered tree"—new lease of life*

【枯涩】kūsè（形）枯燥乏味而又呆板 *dull*；*pedantic*：这段歌词文字～。Zhè duàn gēcí wénzì ～. *The words of this song are dull and heavy.*

【枯瘦】kūshòu（形）〈书〉干瘪消瘦 *emaciated*：他的两条腿～如柴。Tā de liǎng tiáo tuǐ ～ rú chái. *Both his legs are wasted away to matchsticks.*

【枯萎】kūwěi（动）枯干萎缩 *withered*；*dried up*；*shrivelled*：一场严霜过后，这些小花都～了。Yì cháng yán shuāng guò hòu, zhèxiē xiǎo huār dōu ～ le. *After a severe frost these small flowers all withered.*

【枯燥】kūzào（形）干巴巴，没意思 *dull*；*uninteresting*；*dry*：讲话作文应该注意生动，如果一无味就不能吸引听众和读者。Jiǎng huà zuò wén yīnggāi zhùyì shēngdòng, rúguǒ yì wú wèi jiù bù néng xīyǐn tīngzhòng hé dúzhě. *When speaking or writing make sure the content is lively. If it is dull and insipid you won't be able to hold the attention of the audience or the readers.* / 这种简单劳动太～。Zhè zhǒng jiǎndān láodòng tài ～. *This kind of simple work is too tedious.*

哭 kū
（动）*weep*；*cry*：她听到那个不幸消息就一起来了。Tā tīngdào nàge búxìng xiāoxi jiù ～ qilai le. *When she heard the sad news she started to cry.* / 她～她刚病死的孩子。Tā ～ tā gāng bìngsǐ de háizi. *She wept over the loss of her child who had died of illness.*

【哭鼻子】kū bízi（口）哭（含诙谐意）*snivel*：这孩子就爱～。Zhè háizi jiù ài ～. *This child is always snivelling.* / 别～，好好想想办法吧！Bié ～, hǎohāor xiǎngxiang bànfǎ ba! *Stop snivelling and think of a way out!*

【哭哭啼啼】kūkūtítí（形）哭起来没完 *weeping endlessly*；

weeping and wailing：今天老大娘为什么～的？Jīntiān lǎodàniáng wèi shénme ～ de? *Why is the old lady weeping and wailing today?*

【哭泣】kūqì（动）〈书〉小声哭 *weep quietly*；*sob*

【哭丧着脸】kūsangzhe liǎn 脸上表现出丧气不高兴的样子 *put on a mournful look*；*wear a long face*：他准是又挨批评了，～，一句话也不说。Tā zhǔn shì yòu ái pīpíng le, ～, yí jù huà yě bù shuō. *He must have been criticised again. He's got a long face and he isn't saying a word.* / 他老是～，不知为什么。Tā lǎo shi ～, bù zhī wèi shénme? *I wonder why he's always got that long face on him?*

窟 kū
（名）◇（1）洞穴 *cave* （2）坏人聚集做坏事的场所 *den（of thieves, etc.）*

【窟窿】kūlong（名）（1）洞 *hole*：小伙子们把掉进冰～里的孩子救出来了。Xiǎohuǒzimen bǎ diàojìn bīng ～ li de háizi jiù chulai le. *These youngsters rescued the boy who fell through the hole in the ice.* / 这只手套上有个大～。Zhè zhī shǒutào shang yǒu gè dà ～. *This glove has a big hole in it.* （2）比喻财务上的亏空 *deficit*；*debt*：平时用钱不注意，到年终出现了～怎么办？Píngshí yòng qián bú zhùyì, dào niánzhōng chūxiànle ～ zěnme bàn? *If you are careless about how you spend your money what will you do if you find you're in debt at the end of the year?* / 这个～我们大家帮他补吧！Zhège ～ wǒmen dàjiā bāng tā bǔ ba! *Let's all help him to make up this deficit.*

骷 kū
【骷髅】kūlóu（名）*human skeleton*；*human skull*

kǔ

苦 kǔ
（形）（1）*bitter*：我喝咖啡要放糖，不然太～。Wǒ hē kāfēi yào fàng táng, bùrán tài ～. *I always put sugar in my coffee, otherwise I find it's too bitter.* （2）痛苦，艰苦 *hard*；*toilsome*；*weary*：她从前生活很～，现在好多了。Tā cóngqián shēnghuó hěn ～, xiànzài hǎo duō le. *She used to lead a hard life but she's a lot better off now.* / 她不会忘记过去的～日子。Tā bú huì wàngjì guòqù de ～ rìzi. *She can't forget the bad old days.* （名）痛苦，艰苦 *hardship*；*suffering*：吃了不少～ chīle bù shǎo ～ *He has suffered much hardship.* （动）使（人）受苦，使（人）难受 *cause（somebody）suffering*；*bring trouble（on somebody）*：一下子病了两个孩子，可～了妈妈了。Yíxiàzi bìngle liǎng ge háizi, kě ～le māma le. *The two children coming down with an illness at the same time have caused the mother much trouble.* （副）艰苦地，辛勤地，有耐心地 *painstakingly（only modifies a small number of monosyllabic verbs）*：她～熬了十几年，总算把孩子拉扯大了。Tā ～ áole shí jǐ nián, zǒngsuàn bǎ háizi lāche dà le. *She finally brought up the child after enduring more than ten painstaking years.* / 要想把武功学到手，必须～学～练。Yào xiǎng bǎ wǔgōng xuédào shǒu, bìxū ～ xué ～ liàn. *If you want to master martial arts, you must study and train hard.* / 咱们～干三天，加夜班，提前完成任务，然后多休息几天，好不好？Zánmen ～ gàn sān tiān, jiā yèbān, tíqián wánchéng rènwù, ránhòu duō xiūxi jǐ tiān, hǎo bu hǎo? *Let's work hard for the next three days and work extra night shifts so that we can complete the task ahead of time and then rest for a few days, okay?* / 我～劝了她半天，她最后想通了。Wǒ ～ quànle tā bàntiān, tā zuìhòu xiǎngtōng le. *I urged her*

earnestly for a long time and she finally came round.

【苦楚】kǔchǔ (名)〈书〉痛苦 (多指生活上的磨难) suffering; misery; distress：年轻人不能理解老辈人在旧社会的～。Niánqīng rén bù néng lǐjiě lǎobèi rén zài jiù shèhuì de ～. Young people are unable to understand the sufferings of the older generation in the old society.

【苦处】kǔchu (名) 遭受的痛苦 suffering; hardship; trouble：大家应该原谅她，她有她的～。Dàjiā yīnggāi yuánliàng tā, tā yǒu tā de ～. You should forgive her. She has her troubles. / 他的～不是一两句话能说清楚的。Tā de ～ bú shì yì liǎng jù huà néng shuō qīngchu de. His problems are not to be described in a few words.

【苦大仇深】kǔ dà chóu shēn 苦难极大，仇恨极深。多指劳动人民在旧社会的痛苦遭遇 nurse a deep and bitter grievance

【苦工】kǔgōng (名)(1)被迫从事的辛苦繁重的体力劳动 hard labor (2)旧社会被迫做苦工的体力劳动者 person forced to do hard labor in the old society

【苦功】kǔgōng (名) 刻苦的功夫 painstaking efforts：怪不得她的演技这样纯熟，原来她从小下过～。Guài bu de tā de yǎnjì zhèyàng chúnshú, yuánlái tā cóngxiǎo xiàguo ～. No wonder she acts so skilfully since she has been applying herself to her craft from childhood. / 要写好汉字，非下一番～不可。Yào xiěhǎo Hànzì, fēi xià yì fān ～ bùkě. If you want to write Chinese characters properly you must make painstaking efforts.

【苦海】kǔhǎi (名) 原为佛教用语，现比喻艰难困苦的环境 "sea of troubles" — hell on earth (originally a Buddhist term)

【苦口婆心】kǔ kǒu pó xīn 怀着善意，不辞辛苦地反复劝说 advice in earnest words and with good intention：老朋友～地劝他不要干预女儿的婚事。Lǎo péngyou ～ de quàn tā búyào gānyù nǚ'ér de hūnshì. An old friend kept advising him not to interfere in the matter of his daughter's marriage.

【苦力】kǔlì (名) 帝国主义者把殖民地半殖民地为他们做苦工的工人叫苦力 coolie

【苦闷】kǔmèn (形) 苦恼烦闷，心情不舒畅 depressed; dejected; cast down：有些青年觉得父母不理解他们，难免心情～。Yǒu xiē qīngnián juéde fùmǔ bù lǐjiě tāmen, nánmiǎn xīnqíng ～. Some young people fall prey to depression when they feel their parents don't understand them. / 有什么心事跟别人谈谈，也就不会感到～了。Yǒu shénme xīnshì gēn biéren tántan, yě jiù bú huì gǎndào ～ le. So long as you can talk things over with someone you don't feel depressed.

【苦难】kǔnàn (名) 痛苦和灾难 suffering; misery：～的岁月～ de suìyuè time of suffering; period of misery / 从～中解脱出来。Cóng ～ zhōng jiětuō chulai. free oneself from hardship / 她不爱谈那～的过去。Tā bú ài tán nà ～ de guòqù. She doesn't like to talk about the bad old days. / 你年轻，没有经受过什么～。Nǐ niánqīng, méiyou jīngshòuguo shénme～. You are too young to have suffered any hard times.

【苦恼】kǔnǎo (形) 痛苦烦恼 worried; troubled; vexed：不要为一时的挫折～吧！Búyào wèi yìshí de cuòzhé ～ ba! Don't get upset over one little setback. / 她跟婆婆处不好，很～。Tā gēn pópo chǔ bu hǎo, hěn ～. She is depressed because she doesn't get along with her mother-in-law.

【苦肉计】kǔròujì (名) 故意伤害自己，以蒙蔽敌方，骗取信任，达到某种目的 inflict an injury on oneself to fool the enemy

【苦涩】kǔsè (形)(1)又苦又涩的味道 bitter astringent taste (2)内心痛苦 (不常用) agonized; anguished (rarely used)

【苦水】kǔshuǐ (名)(1)苦味的水 bitter-tasting water：这口井里是～，不能喝。Zhè kǒu jǐng li shì ～, bù néng hē. The water in this well is bitter. It's undrinkable. (2)因病而从口中吐出的苦液 bitter fluid erupting in the mouth (3)比喻埋藏在内心的痛苦 anguish buried deep in the heart：老李跟大家吐了一晚上的～。Lǎo Lǐ gēn dàjiā tǔle yì wǎnshang de ～. Lao Li spent the whole evening pouring out his anguish to everybody.

【苦痛】kǔtòng (名) 同"痛苦" tòngkǔ same as "痛苦" tòngkǔ

【苦头】kǔtou (名) 苦处 suffering; hardship：我们吃过不少贫穷的～。Wǒmen chīguo bù shǎo pínqióng de ～. We have suffered a great deal from poverty. / 他太轻信，吃了好几次～。Tā tài qīngxìn, chīle hǎo jǐ cì ～. He has suffered several times because he is credulous.

【苦笑】kǔxiào (动) 心里并不愉快却勉强装出笑脸 bitter smile; wry grin

【苦心】kǔxīn (名) 艰辛地用于某些事情上的精力，心思 painstaking effort; pains：花费了一番～ huāfèile yì fān ～ He took a lot of trouble over it. / 如果不好好儿学习，就辜负了父母对我的一片～。Rúguǒ bù hǎohāor xuéxí, jiù gūfùle fùmǔ duì wǒ de yípiàn ～. If I don't study hard I will prove unworthy of the sacrifices my parents made for me. / ～经营 jīngyíng take pains to build up (a business, enterprise, etc.) / ～钻研 ～ zuānyán study meticulously; do painstaking research

【苦心孤诣】kǔ xīn gū yì 刻苦钻研达到别人不能达到的境地 study assiduously to the point of surpassing others：他～用搞了大半年才写出了这篇文章。Tā ～ de gǎole dà bàn nián cái xiěchūle zhè piān wénzhāng. It took him half a year of extraordinary effort to finally write this work.

【苦战】kǔzhàn (动) 艰苦奋战 struggle hard; wage an arduous struggle：我军了了三天三夜，最后攻下了五号高地。Wǒ jūn ～ le sān tiān sān yè, zuìhòu gōngxiàle wǔ hào gāodì. It took our forces three days and three nights of bitter fighting to capture Hill No. 5.

【苦衷】kǔzhōng (名) 痛苦为难的心情 afflictions difficult or embarrassing to mention；难言的～ nán yán de ～ private griefs / 我们要谅解他，他有他的～。Wǒmen yào liàngjiě tā, tā yǒu tā de ～. We should bear with him. He has his own private griefs.

kù

库〔庫〕kù (名)◇ warehouse; storehouse：粮食已经入～。Liángshi yǐjīng rù ～. The grain has already been moved into the storehouse. / 军火～特别要注意防火。Jūnhuǒ ～ tèbié yào zhùyì fáng huǒ. Special precautions must be taken against fire in an ammunition warehouse.

【库存】kùcún (名) 仓库里现存的物资 stock; stockpile; reserve (动) 仓库里存着 store up; stockpile：我们～了大量粮食。Wǒmen ～ le dàliàng liángshi. We stockpiled a large amount of grain.

【库房】kùfáng (名) 储存财物的房屋 room for storing things; storeroom

【库仑】kùlún (量) 电量的实用单位 coulomb

裤〔褲〕kù (名)◇ trousers

【裤衩】kùchǎ (名)[条 tiáo](～儿)贴身穿的短裤 underpants; undershorts

【裤兜】kùdōu (名)[个 gè] trouser pocket

【裤脚】kùjiǎo (名) trouser cuff

【裤腿】kùtuǐ (名)[条 tiáo](～儿) trouser leg

【裤线】kùxiàn (名) trouser crease：笔直的～ bǐzhí de ～ perfectly straight trouser crease; "knife-edge" crease

【裤腰】kùyāo (名) trouser waist

【裤子】kùzi（名）[条 tiáo] *trousers*; *pants*

酷 kù
（形）◇（1）残酷 *cruel*; *bestial*（2）程度很深的 *extremely*

【酷爱】kù'ài（动）非常喜欢 *love ardently*; *be excessively fond of*：她～拉小提琴,常常拉到深夜。Tā ～ lā xiǎotíqín, chángcháng lādào shēnyè. *She is crazy about the violin and often plays late into the night.*

【酷热】kùrè（形）〈书〉（天气）非常热 *extremely hot* (*weather*)：～的夏天已经来临。~ de xiàtiān yǐjīng láilín. *The sweltering summer weather has arrived.*

【酷暑】kùshǔ（名）极热的夏天,夏天的高度的热 *hottest part of the summer*; *"dog days"*; *intense heat of summer*

【酷刑】kùxíng（名）残暴的刑罚 *savage torture*

kuā

夸〔誇〕kuā
（动）（1）把事实向大的方面、程度深的方面说 *exaggerate*; *blow out of all proportion*：一点小事向他嘴里就～得了不得了。Yìdiǎnr xiǎo shì dào tā zuǐ li jiù ～ de liǎobude le. *Small matters get blown out of all proportion when we hear about them from him.* （2）夸奖 *praise*; *commend*：大家都～她学习好、工作好。Dàjiā dōu ～ tā xuéxí hǎo, gōngzuò hǎo. *Everyone commends her for working and studying well.* / 人们都～他是个好丈夫。Rénmen dōu ～ tā shì ge hǎo zhàngfu. *People all praise him for being a good husband.*

【夸大】kuādà（动）把事情说得超过原有的情况和程度 *exaggerate*; *overstate*：～事实 *shìshí exaggerate the facts* / 不要～人家的缺点。Búyào ～ rénjia de quēdiǎn. *One mustn't exaggerate the shortcomings of others.*

【夸奖】kuājiǎng（动）称赞 *praise*：大家都～这个姑娘心灵手巧。Dàjiā dōu ～ zhège gūniang xīn líng shǒu qiǎo. *Everybody praises this girl for her cleverness and deftness.*

【夸口】kuā=kǒu 说大话 *boast*; *brag*：别～了,两个小时你根本爬不到山顶。Bié ～ le, liǎng ge xiǎoshí nǐ gēnběn pá bu dào shān dǐng. *Don't brag. You could never climb to the summit in two hours.* / 我已经在妈妈面前夸下海口,这件衣服从剪裁到缝制,我一个人包了。Wǒ yǐjing zài māma miànqián kuāxia hǎikǒu, zhè jiàn yīfu cóng jiǎncái dào féngzhì, wǒ yí ge rén bāo le. *I bragged to my mother that I would tailor this dress all by myself.*

【夸夸其谈】kuākuā qí tán 说大话、空话,不切实际 *exaggerate wildly*

【夸耀】kuāyào（动）显示,炫耀 *show off*; *flaunt*：他从来不在人前～自己。Tā cónglái bú zài rén qián ～ zìjǐ. *He never shows off in front of others.*

【夸张】kuāzhāng（形）夸大 *exaggerate*：她说话喜欢～。Tā shuō huà xǐhuan ～. *She is fond of exaggerating.* / 那段描写用的是～手法。Nà duàn miáoxiě yòng de shì ～ shǒufǎ. *That descriptive passage uses a hyperbolic technique.*

【夸嘴】kuā=zuǐ 同"夸口"kuā=kǒu *same as* "夸口" kuā=kǒu

kuǎ

垮 kuǎ
（动）（1）倒塌 *collapse*：洪水冲～了堤坝。Hóngshuǐ chōng～le dībà. *The flood caused the dyke to collapse.* （2）比喻变坏、溃败等 *deteriorate*; *defeat*：工作中要注意劳逸结合,别把身体搞～。Gōngzuò zhōng yào zhùyì láo yì jiéhé, bié bǎ shēntǐ gǎo～. *You must strike a proper balance between work and rest, lest your health deteriorate.*

【垮台】kuǎ=tái 溃败瓦解 *collapse*：压迫人民的人早晚是要～的。Yāpò rénmín de rén zǎowǎn shì yào ～ de. *Those who oppress the people will sooner or later be overthrown.*

kuà

挎 kuà
（动）胳膊弯起来挂着或钩着东西,把东西挂在肩上、腰间 *carry on the arm*, *shoulder or at the waist*：胳膊上～着个篮子。Gēbo shang ～zhe ge lánzi. *carrying a basket on the arm* / 肩上～着背包。Jiān shang ～zhe bēibāo. *with a satchel slung over one's shoulder* / 腰里～着刀。yāoli ～zhe dāo *with a sword strapped to the waist*

【挎包】kuàbāo（名）[个 gè] 带子较长可以挎在肩上的包 *satchel*; *shoulder bag*

胯 kuà
（名）*hip*

【胯骨】kuàgǔ（名）*hip bone*

跨 kuà
（动）（1）（大步向前）迈 *take big strides*：他一步～进了大门。Tā yí bù ～jìnle dàmén. *He strode across the threshold.* （2）跨越 *stride across*; *leap across*：～过万水千山 ～ guò wàn shuǐ qiān shān *accomplish an arduous journey* （3）骑坐 *straddle*：～上战马 ～ shàng zhànmǎ *mount one's charger* / 大桥横～黄河。Dà qiáo héng ～ Huáng Hé. *A great bridge spans the Yellow River.* （4）超越时间或空间界限 *bestride the limits of space or time*：～年度 ～ niándù *go beyond the fiscal year* / ～地区 ～ dìqū *transregional* / ～行业 ～ hángyè *multi-trade* (*company*)

【跨度】kuàdù（名）〈建〉*span*

【跨国公司】kuà guó gōngsī *transnational company*

【跨越】kuàyuè（动）越过地域或时间的界限 *cut across the limits of space or time*：～欧亚两洲 ～ Ōu-Yà liǎng zhōu *bestrides the continents of Europe and Asia*

kuài

会〔會〕kuài
另见 *huì*

【会计】kuàijì（名）（1）*accounting*（2）担任会计工作的人员 *accountant*; *bookkeeper*

【会计师】kuàijìshī（名）*chartered accountant*

块〔塊〕kuài
（名）（～儿）*piece*; *lump*：土～ tǔ ～ *clod of earth* / 石～ shí ～ *chunk of stone* / 把白薯切成～。Bǎ báishǔ qiēchéng ～. *cut sweet potatoes into chunks*（量）（1）用于成块的东西 *measure word for things that can be divided into lumps*：五～巧克力 wǔ ～ qiǎokèlì *five chocolate bars* / 两～蛋糕 liǎng ～ dàngāo *two pieces of cake* / 那～地种西瓜。Nà ～ dì zhòng xīguā. *Melons are planted on that plot of land.*（2）〈口〉用于人民币 *"kuai"* (*yuan*)

快 kuài
（形）（1）速度高 *fast*; *rapid*：跑得～ pǎo de ～ *run quickly* / 电子工业发展很～。Diànzǐ gōngyè fāzhǎn hěn ～. *The electronics industry is developing rapidly.*（2）反应灵敏 *quick-witted*; *nimble-witted*; *"quick on the uptake"*：他脑子～。Tā nǎozi ～. *He has a nimble brain.*（3）锋利 *sharp*：这把斧子很～。Zhè bǎ fǔzi hěn ～. *This axe is very sharp.*（4）◇痛快 *happy*：人心大～ rénxīn dà ～ *to the immense satisfaction of the public* / 心里有点不～。Xīnli yǒudiǎnr bú ～. *Deep down I'm somewhat unhappy.*（副）〈口〉（1）表

示某一动作或现象在很短时间内将会发生或出现。后面多有语气助词 "了"（usu. followed by the modal particle "了"）about to; almost：太阳～出来了。Tàiyang ～ chūlai le. The sun is about to rise. / 大桥～建好了。Dà qiáo ～ jiànhǎo le. The bridge is almost finished being built. / 信纸～没了,我要去买。Xìnzhǐ ～ méi le, wǒ yào qù mǎi. I'm almost out of writing paper so I'm going to buy more. / 马上就放假了,学生们～不去学校了。Mǎshàng jiù fàng jià le, xuéshengmen ～ bú qù xuéxiào le. The holidays are coming and soon the students won't be going to school. / 七月了,天当然要热了。Of course it's getting hot. It's almost July. / ～天亮的时候,我才把稿子写完。～ tiān liàng de shíhou, wǒ cái bǎ gǎozi xiěwán. I didn't finish writing the rough draft until it was almost daylight. （2）用在数量短语前表示接近（used before a numeral-measure word phrase to indicate closeness）：我来中国～两年了。Wǒ lái Zhōngguó ～ liǎng nián le. I've been in China nearly two years. / 报名参加学习武术的～八十个人了。Bào míng cānjiā xuéxí wǔshù de ～ bāshi ge rén le. Close to eighty people signed up for the martial arts classes. （3）用在祈使句中,表示催促（used in an imperative sentence to indicate urgency）：～走! 要迟到了。～ zǒu! Yào chídào le. Hurry up! You'll be late. / ～别上去,塔太老了,可能出危险。～ bié shàngqu, tǎ tài lǎo le, kěnéng chū wēixiǎn. Don't go up. The tower is too old. Something might happen. / ～拿茶来,我渴死了。～ ná chá lái, wǒ kěsǐ le. Hurry up and bring me some tea. I'm dying of thirst.

【快班】kuàibān（名）教学进行速度比较快的班级 A-stream（for bright students in the class）

【快板儿】kuàibǎnr（名）曲艺的一种,词是押韵的,说的时候用竹板儿敲打着拍子,节奏较快 monologue（usually comic）to the accompaniment of bamboo clappers

【快报】kuàibào（名）某些单位自办的小型报纸或墙报,一般用于及时反映必要的情况 bulletin; wall-bulletin

【快餐】kuàicān（名）fast food; snack

【快车】kuàichē（名）行车时间较短,中途停车站较少的客运火车或汽车 express train; express bus

【快感】kuàigǎn（名）（身体上的）愉快或者痛快的感觉 pleasant sensation; feeling of excitement：离开人群到森林里散步给人以～。Líkāi rénqún dào sēnlín li sàn bù gěi rén yǐ ～. It gives one a pleasant feeling to get away from the crowds and go for a walk in the woods.

【快活】kuàihuó（形）高兴 happy; pleased：任务都完成得很好,他感到很～。Rènwù dōu wánchéng de hěn hǎo, tā gǎndào hěn ～. He is feeling very pleased now that his task has been successfully accomplished. / 跟孩子们在一起唱呀,跳呀,她～极了。Gēn háizimen zài yìqǐ chàng ya, tiào ya, tā ～ jí le. She really enjoys singing and dancing with the children.

【快乐】kuàilè（形）快活 happy; pleased：～的新年 ～ de xīnnián happy New Year/ 祝你生日～。Zhù nǐ shēngri ～. I wish you a happy birthday.

【快马加鞭】kuài mǎ jiā biān 在本来跑得很快的马上再加上一鞭子,使它跑得更快。比喻争时间,抢速度,快上加快 "spurring a galloping horse" —— at top speed; put on a spurt：我们想～,在年底以前把这条公路修完。Wǒmen xiǎng ～, zài niándǐ yǐqián bǎ zhè tiáo gōnglù xiūwán. We think that if we put on a spurt we can finish the highway construction before the end of the year.

【快慢】kuàimàn（名）速度 speed：工作的好坏比～更重要。Gōngzuò de hǎohuài bǐ ～ gèng zhòngyào. The quality of the work is more important than the speed at which it is done.

【快门】kuàimén（名）（camera）shutter

【快事】kuàishì（名）〈书〉令人愉快的事 happy event；看坏人受惩罚真是～! Kàn huàirén shòu chéngfá zhēn shì ～! It is a pleasure to see evil doers punished.

【快手】kuàishǒu（名）（～儿）干活做事很敏捷的人 quick worker; nimble hand：两个钟头就缝好了一件上衣,你可真是个～! Liǎng ge zhōngtóu jiù fénghǎole yí jiàn shàngyī, nǐ kě zhēn shì ge ～! You really are a quick worker to sew a jacket in only two hours!

【快速】kuàisù（形）速度快的 fast; rapid：～前进 ～ qiánjìn speedy advance /～炼钢法 ～liàngāngfǎ quick steel-making technique

【快艇】kuàitǐng（名）［艘 sōu、只 zhī］speedboat; motor boat

【快慰】kuàiwèi（形）快乐而感到安慰 pleased and comforted; happily reassured：看到她的学生成绩出色,她感到十分～。Kàndào tā de xuésheng chéngjì chūsè, tā gǎndào shífēn ～. She was very heartened when she saw that her students' marks were outstanding.

【快相】kuàixiàng（名）express service photograph：照一张～ zhào yì zhāng ～ have an express photograph taken

【快要】kuàiyào（副）基本同 "快" kuài（副）basically the same as "快" kuài（副）：列车～开进北京了,我心情十分激动。Lièchē ～ kāijìn Běijīng le, wǒ xīnqíng shífēn jīdòng. The train was about to enter Beijing. I was very excited. / 他～走到家门口时遇见了老张。Tā ～ zǒudào jiā ménkǒu shí yùjiànle Lǎo Zhāng. Just as he was about to walk up to the door, he met up with Lao Zhang. / 饭～没了,只好吃馒头了。Fàn ～ méi le, zhǐhǎo chī mántou le. We're almost out of rice so we have to eat mantous. /～元旦了,你们准备怎么过? ～ yuándàn le, nǐmen zhǔnbèi zěnme guò? It's almost New Year. How are you planning to celebrate it? / 汽车就～来了,咱们赶快下楼去吧! Qìchē jiù ～ lái le, zánmen gǎnkuài xià lóu qu ba! The bus will be right here. Let's hurry downstairs. / 你的住房问题恐怕～解决了。Nǐ de zhùfáng wèntí kǒngpà ～ jiějué le. I think your housing problem is about to be resolved.

【快意】kuàiyì（形）〈书〉心情舒畅爽快 pleased and satisfied; content

【快中子】kuàizhōngzǐ（名）〈物〉high-speed neutron

【快嘴】kuàizuǐ（名）（～儿）心里有话不加思索马上就说或好传闲话的人 one who readily voices his thoughts

脍〔膾〕kuài

【脍炙人口】kuài zhì rén kǒu 脍和炙都是可口的食物,比喻好的诗文或事物为人们赞美和传诵 widely popular（work of art or literature）; well-loved（classic）：像这种～的好诗背起来也容易。Xiàng zhè zhǒng ～ de hǎo shī bèi qilai yě róngyì. A well-loved poem like this is easy to memorise.

筷 kuài

（名）筷子 chopstick：竹～ zhú ～ bamboo chopstick

【筷子】kuàizi（名）［根 gēn、双 shuāng］chopstick

kuān

宽〔寬〕kuān

（形）（1）横向的距离大 wide; broad：这座桥很～。Zhè zuò qiáo hěn ～. This bridge is a broad one. / 这条河越往下游越～。Zhè tiáo hé yuè wǎng xiàyóu yuè ～. This river gets broader as you go downstream. （2）宽大不严厉 broad-minded; magnanimous：他有悔改的表现,可以从～处理。Tā yǒu huǐgǎi de biǎoxiàn, kěyǐ cóng ～ chǔlǐ. Since he is showing signs of repentance we can afford to be magnanimous in handling this matter. （名）宽度 width：这块布长三米,～一米。Zhè kuài bù cháng sān mǐ, ～ yì mǐ. This

piece of cloth is three meters long and the width is one meter.

【宽敞】kuānchang（形）宽阔而没有遮拦 *spacious；roomy*：的院子 ~ de yuànzi *spacious courtyard*/ 屋里很 ~。Wū lǐ hěn ~. *The room is very spacious.*

【宽绰】kuānchuo（形）（1）宽阔 *spacious；commodious*：这套房子你们一家住很 ~。Zhè tào fángzi nǐmen yì jiā zhù hěn ~. *There is plenty of room in this suite for your family.*（2）（经济）富余 *well-off；prosperous*：小儿子工作以后，他家日子更 ~ 了。Xiǎo érzi gōngzuò yǐhòu, tā jiā rìzi gèng ~ le. *After the youngest son started to work the family became much better-off.*

【宽打窄用】kuān dǎ zhǎi yòng（对于将要使用的物资或钱财）计划打得宽裕一些，实际使用时节约一些 *make up a lavish budget but spend sparingly*：我们花钱得~，可不能超支。Wǒmen huā qián děi ~, kě bù néng chāozhī. *We're on a tight budget, so we can't overspend.*

【宽大】kuāndà（形）面积或容量很大 *spacious；roomy；commodious*：~的机房 ~ de jīfáng *spacious engine room* /她喜欢穿~一点儿的衣服。Tā xǐhuan chuān ~ yìdiǎnr de yīfu. *She likes to wear loose clothing.*（动）对犯错误或犯罪的人从宽处理 *be lenient；be forebearing；be magnanimous*：因为认罪态度好，他被~了。Yīnwèi rèn zuì tàidu hǎo, tā bèi ~ le. *Because he showed proper repentance he was let off lightly.*

【宽度】kuāndù（名）宽窄的程度或横向的距离 *width；breadth*：这座桥的~不过九米。Zhè zuò qiáo de ~ bú guò jiǔ mǐ. *This bridge is only nine meters wide.*

【宽广】kuānguǎng（形）面积和范围大 *broad；vast*：~的土地 ~ de tǔdì *vast stretch of land* /~的道路 ~ de dàolù *broad highway*

【宽宏大量】kuānhóng dàliàng 对人抱着宽大的胸怀 *broadminded；magnanimous*：这些小事他不会在意，他从来都是~的。Zhèxiē xiǎo shì tā bú huì zàiyì, tā cónglái dōu shì ~ de. *He won't take any notice of such a minor matter. He is always broad-minded about such things.*

【宽厚】kuānhòu（形）（对人）宽大，厚道 *generous*：他为人~。Tā wéirén ~. *He is generous toward people.*

【宽阔】kuānkuò（形）横的空间大，范围广阔 *wide；broad*：~的马路 ~ de mǎlù *wide highway*/ 汽车从~的桥面上驶过。Qìchē cóng ~ de qiáo miàn shang shǐguò. *The car drove across the broad surface of the bridge.*

【宽容】kuānróng（动）（对人）宽大，不追究、计较（某些错误）*be tolerant；be lenient*：他真不是有意这样做的，请你一次吧。Tā zhēn bú shì yǒuyì zhèyàng zuò de, qǐng nǐ ~ yí cì ba. *He really didn't do this on purpose. Please be lenient with him just this once.*

【宽恕】kuānshù（动）宽容原谅（别人的过失）*forgive*：他的错误是不能~的。Tā de cuòwù shì bù néng ~ de. *His error is unforgivable.* / 他已表示悔改，你就~了他吧。Tā yǐ biǎoshì huǐgǎi, nǐ jiù ~ le tā ba. *He has already shown repentance, so you should forgive him.*

【宽松】kuānsōng（形）（1）宽大松快 *roomy；spacious；loose*：我喜欢穿~些的衣服。Wǒ xǐhuan chuān ~ xiē de yīfu. *I like to wear loose clothing.*（2）（经济上）富裕（economically）*well-off；prosperous*：近来我手头比较~。Jìnlái wǒ shǒutóu bǐjiào ~. *I have been quite well-off recently.*

【宽慰】kuānwèi（形）（紧张的心绪）宽解安慰 *comforted；consoled；soothed*：听说孩子已经脱离了危险，妈妈的心情才~一些了。Tīng shuō háizi yǐjī tuōlí le wēixiǎn, māma de xīnqíng cái ~ yìxiē le. *The child's mother was greatly consoled to hear that he was out of danger.*

【宽限】kuānxiàn（动）期限放宽 *extend a time limit；set a flexible time limit*：这批稿子需再校对一下，请你叫出版社

再~几天。Zhè pī gǎozi xū zài jiàoduì yíxià, qǐng nǐ jiào chūbǎnshè zài ~ jǐ tiān. *This manuscript needs proofreading again. Please ask the publisher to extend the deadline by a few days.* / 工程月底一定要完成，一天也不能~。Gōngchéng yuèdǐ yídìng yào wánchéng, yì tiān yě bù néng ~. *The job has to be finished by the end of the month. We can't extend the deadline by even one day.*

【宽心】kuān = xīn 解除心中的忧虑或烦恼 *feel relieved；have a load off one's mind*：你不要老想那些烦恼的事，到外边走走，宽心去吧。Nǐ búyào lǎo xiǎng nàxiē fánnǎo de shì, dào wàibian zǒuzou, kuānkuān xīn qu ba. *You shouldn't keep on thinking about those worrisome things. Take a walk outside and calm yourself down.*

【宽银幕电影】kuānyínmù diànyǐng *wide-screen film*

【宽裕】kuānyù（形）富余 *well-off；well-to-do*：~的生活 ~ de shēnghuó *comfortable life；well-off circumstances* /不要着急，时间很~。Búyào zháo jí, shíjiān hěn ~. *Don't get worried. You've got plenty of time.*

【宽窄】kuānzhǎi（名）宽度 *width；breadth*

kuǎn

款 kuǎn
（名）（1）[笔 bǐ]钱 *sum of money；fund*：这笔~是拨给你们单位的。Zhè bǐ ~ shì bō gěi nǐmen dānwèi de. *This sum of money has been allocated to your unit.* /我要到银行去存笔~。Wǒ yào dào yínháng qù cún bǐ ~. *I am going to the bank to deposit a sum of money.*（2）条款 *section；paragraph；clause*：第二条第三~ dì'èr tiáo dìsān ~ *Article Two, Clause Three*（3）写在书法或绘画上的人名字 *inscription of dedication on a piece of calligraphy or painting*：上~ shàng ~ *name of the person to whom a work is dedicated* /下~ xià ~ *name of the person dedicating a work*

【款待】kuǎndài（动）热情而优厚地招待（客人）*entertain；treat hospitably*：你们这样盛情~，我们真过意不去。Nǐmen zhèyàng shèngqíng ~, wǒmen zhēn guòyì bu qù. *We are at a loss how to thank you for your generous hospitality.* /来访者受到主人的~。Láifǎngzhě shòudào zhǔrén de ~. *Callers received the host's hospitality.*

【款留】kuǎnliú（动）〈书〉非常诚恳地挽留（客人）*effusively urge（a guest）to stay longer*

【款式】kuǎnshì（名）式样，格式 *style；design*：~新颖 ~ xīnyǐng *The design is novel.* / ~大方 ~ dàfang *The style is in good taste.* / 这套家具~不错。Zhè tào jiājù ~ búcuò. *This suite of furniture has a nice design.*

【款项】kuǎnxiàng（名）[笔 bǐ]钱（多指机关、团体为某种用途而储存或支出的数目较大的钱）*fund；sum of money；foundation*

【款子】kuǎnzi（名）[笔 bǐ]〈口〉款项 *same as "款项"*

kuāng

诓〔誆〕kuāng
（动）骗 *deceive；fool*：~人 ~ rén *deceive sb.* / 你怎么~我呢？Nǐ zěnme ~ wǒ ne? *What do you mean by deceiving me?*

框 kuāng
（名）框框 *frame* 另见 kuàng

【框框】kuāngkuang（名）（1）周围的圈 *circular framework*：这几个字的四周画了个~，不知道是什么意思。Zhè jǐ ge zì de sìzhōu huàle ge ~, bù zhīdào shì shénme yìsi. *I don't know what the circle drawn round these characters means.*（2）约束的范围（多指束缚人手脚的旧思想，限制人自由的

老规矩) restrictions; conventions：突破旧～，大胆创新。Tūpò jiù ～,dàdǎn chuàngxīn. *break away from the old conventions and blaze new trails*

kuāng

筐（名）[个 gè]用竹篾、柳条或荆条等编的容器 *basket*

【筐子】kuāngzi（名）[个 gè]多指比较小的筐 *small basket*

kuáng

狂（形）(1)疯，精神病态 *mad; insane* (2)纵情地，疯狂地 *violent; frenzied*：～舞 ～wǔ *frenzied dance* (3)猛烈 *wild; fierce*：～奔 ～ bēn *run wildly* (4)狂妄 *wildly arrogant*：那个人太～，难怪别人都不喜欢他呢。Nàge rén tài ～, nánguài biérén dōu bù xǐhuan tā ne. *He is so preposterously arrogant. It is no wonder everybody dislikes him.*

【狂暴】kuángbào（形）强烈而凶暴 *violent; wild*

【狂吠】kuángfèi（动）(狗)疯狂地叫 *bark savagely*

【狂风】kuángfēng（名）猛烈的风 *violent wind; fierce gust*：一阵～掀起了巨大的海浪。Yí zhèn ～ xiānqǐle jùdà de hǎilàng. *A violent wind raised large waves on the sea.*

【狂欢】kuánghuān（动）纵情地欢乐 *revel*：节日的夜晚我们在天安门广场～。Jiérì de yèwǎn wǒmen zài Tiān'ānmén guǎngchǎng ～. *On the evening of the festival day we revelled in Tian'anmen Square.*

【狂澜】kuánglán（名）〈书〉巨大的波浪,常用来比喻动荡不安的局势,或某种猛烈的思潮 *raging waves*

【狂乱】kuángluàn（形）非常纷乱 *wild; violent*：～的心情 ～ de xīnqíng *violent mood* / 心绪～xīnxù ～ being in a wildly upset state of mind / 那个人失去了理智,言行～。Nàge rén shīqùle lǐzhì, yánxíng ～. *He has lost his reason, and his words and actions are wildly disordered.*

【狂气】kuángqì（形）狂妄的样子和语气 *arrogant; overbearing*

【狂热】kuángrè（名）极其热烈的感情 *fanaticism; enthusiasm*：处理问题不能凭着一时的～。Chǔlǐ wèntí bù néng píngzhe yìshíde ～. *To handle problems you can't rely on a burst of enthusiasm.*

【狂人】kuángrén（名）发疯的人,也比喻狂妄自大的人 *madman; lunatic; maniac*：战争～ zhànzhēng ～ *war maniac*

【狂妄】kuángwàng（形）极端自大 *outrageously conceited*：～的人往往会跌跟头。～ de rén wǎngwǎng huì diē gēntou. *Pride comes before a fall.*

【狂妄自大】kuángwàng zìdà 极端自高自大 *puffed up with arrogance*

【狂喜】kuángxǐ（动）〈书〉极端高兴 *wild with joy*

【狂想曲】kuángxiǎngqǔ（名）*rhapsody*

【狂笑】kuángxiào（动）纵情大笑 *laugh uproariously; laugh wildly*

【狂言】kuángyán（名）〈书〉极端自高自大不着边际的话 *ravings*：口出～ kǒu chū ～ *rant and rave*

诳〔誑〕kuáng

【诳语】kuángyǔ（名）〈书〉骗人的话 *lies*

kuàng

旷〔曠〕kuàng（动）耽误,荒废 *neglect*：～了三节课 ～le sān jié kè *He missed three lessons.* （形）(1)空阔宽广 *spacious; vast*：地～人稀 dì ～ rén xī *vast territory with a sparse population* /这个院子没有围墙,显得很～。Zhège yuànzi méi yǒu wéiqiáng, xiǎnde hěn ～. *This courtyard doesn't have a surrounding wall, so it looks very spacious.* (2)〇心情开阔 *carefree; fancyfree*

【旷达】kuàngdá（形）〈书〉心胸宽阔,凡事想得开 *broad-minded; open-minded*：无私的人总是心地～的。Wúsī de rén zǒngshì xīndì ～ de. *Selfless people are always open-minded.*

【旷工】kuàng＝gōng（职工等）不请假而不上工 *be absent（from work）without permission*

【旷课】kuàng＝kè（学生）不请假而不上课 *be absent（from class）without permission*

【旷日持久】kuàng rì chíjiǔ 浪费时间,拖延很久 *long-drawn-out; time wasting; lengthy*：～的战争 ～ de zhànzhēng *protracted war* /不能让这项任务～地拖延下去。Bù néng ràng zhè xiàng rènwù ～ de tuōyán xiàqu. *We can't keep on dragging out this task.*

【旷野】kuàngyě（名）空阔的原野 *wilderness*

况kuàng（名）〇情形 *situation; condition*

【况且】kuàngqiě（连）同"何况"hékuàng(2),多用于书面语,表示进一步申述理由或追加理由,"况且"后可有停顿 *same as "何况" hékuàng(2)（usu. used in the written language; may be followed by a pause）*：张大夫是心血管专家,～临床经验非常丰富,做这个手术不成问题。Zhāng dàifu shì xīnxuè-guǎn zhuānjiā, ～ línchuáng jīngyàn fēicháng fēngfù, zuò zhège shǒushù bù chéng wèntí. *Doctor Zhang is a cardiovascular specialist; moreover, he has a rich clinical experience; so it won't be a problem for him to perform this operation.* / 这么一间小屋,来了三个客人哪住得下?～又不是三天两天,还是去旅馆吧。Zhème yì jiān xiǎo wū, láile sān ge kèrén nǎ zhù de xià? ～ yòu bú shì sān tiān liǎng tiān, háishi qù lǚguǎn ba. *We have such a small room. How can the three guests who have come possibly stay here? Besides, they won't be staying for just a couple of days, so they should go to a hotel.* / 这支歌我从未听过,～我也不懂音乐,怎么能评价它的好坏呢? Zhè zhī gē wǒ cóng wèi tīngguo, ～ wǒ yě bù dǒng yīnyuè, zěnme néng píngjià tā de hǎohuài ne? *I've never heard this song before; moreover, I don't even understand music, so how can I evaluate it?*

矿〔礦〕kuàng（名）(1)*mineral deposit*：开～ kāi ～ *dig out ore* /地质队出外找～。Dìzhìduì chūwài zhǎo ～. *The prospecting team has gone to look for an ore body.* (2)开矿的场所 *mine*：他在～上工作。Tā zài ～shang gōngzuò. *He works at the mine.* (3)矿石 *ore*：黄铁～ huángtiě～ *pyrites*

【矿藏】kuàngcáng（名）埋藏在地下的各种矿物的总称 *mineral reserves; mineral resources*

【矿层】kuàngcéng（名）*ore bed; seam*

【矿产】kuàngchǎn（名）地壳中有开采价值的矿物 *mineral products*

【矿床】kuàngchuáng（名）*mineral deposit*

【矿灯】kuàngdēng（名）*miner's lamp*

【矿工】kuànggōng（名）*miner*

【矿井】kuàngjǐng（名）为了采矿在地下修建的通到矿床的井筒和巷道等 *mine; pit; shaft*

【矿泉】kuàngquán（名）含有大量矿物质的泉 *mineral spring*

【矿泉水】kuàngquánshuǐ（名）*mineral water*

【矿山】kuàngshān（名）开矿的地方 *mining district*

【矿石】kuàngshí（名）(1)含有有用矿物的岩石 *mineral ore* (2)在无线电收音机上,能做检波器的方铅矿、黄铁矿等 *（radio）crystal*

【矿务局】kuàngwùjú（名）一个地区的矿山管理部门 *Bureau of Minerals*

【矿物】kuàngwù（名）mineral
【矿业】kuàngyè（名）开采地下矿物的事业 mining industry

框 kuàng
（名）(1)嵌在墙间作为安装门窗用的架子 frame；casing（2)(～儿)镶在物品周围起约束巩固作用的东西 rim (of spectacles)：这面镜子四周是木头～。Zhè miàn jìngzi sìzhōu shì mùtou ～. A wooden frame surrounds the mirror. 另见 kuāng
【框子】kuàngzi（名）frame：眼镜～ yǎnjìng ～ spectacle frame

kuī

亏 〔虧〕kuī
（动）◇(1)受损失 suffer loss：～本的买卖不能做。～běnr de mǎimai bù néng zuò. We can't conduct a losing business. / 昨天他请了好多客，我生病没去，太～了。Zuótiān tā qǐng le hǎoduō kè, wǒ shēng bìng méi qù, tài ～ le. Yesterday he invited a lot of guests, but I was sick and couldn't go. It was too bad! (2)缺少 lack；be short of：他知道自己～理，也就不再说什么了。Tā zhīdao zìjǐ ～ lǐ, yě jiù bú zài shuō shénme le. He knew he was in the wrong, so he kept his mouth shut. （连)(1)同"幸亏"xìngkuī same as "幸亏"：～他来得早，要不我进不去引。～ tā lái de zǎo, yàobù wǒ jìn bu qù mén. Fortunately he came early, otherwise I wouldn't have been able to get in. /～你提醒我，不然又忘了。～ nǐ tíxǐng wǒ, bùrán yòu wàng le. Luckily you reminded me. I would have forgotten otherwise. (2)反说，表示讥讽（used as a sarcastic remark)：这个办法，～你想得出来。Zhège bànfǎ, ～ nǐ xiǎng de chūlái. What a way! How could you think of it! / 这点知识都没有，～你是个中学毕业生。Zhè diǎnr zhīshi dōu méi yǒu, ～ nǐ shì ge zhōngxué bì yè shēng. You don't even know this, and call yourself a highschool graduate!
【亏待】kuīdài（名）不公平的待人或不尽心 treat (someone) unfairly：他的继母从来没～过他。Tā de jìmǔ cónglái méi ～guo tā. His stepmother has never treated him unfairly. / 他决不会～别人的孩子。Tā jué bú huì ～ biérén de háizi. He definitely wouldn't mistreat somebody else's child.
【亏得】kuīde（连）同"亏"kuī（连)(1) same as "亏" kuī（连)(1)：～你拉我一把，不然我就掉下去了。～ nǐ lā wǒ yì bǎ, bùrán wǒ jiù diào xiaqu le. It's sheer luck that you gripped me, or I would have fallen off.
【亏空】kuīkong（名）欠的钱 debt：拉～ lā ～ get into debt / 由于父亲生病住院，家里才有了～。Yóuyú fùqin shēng bìng zhù yuàn, jiālǐ cái yǒu le ～. The family got into debt when the father fell ill and had to go into hospital. （动)欠 be in debt：今年老张又～了二百元。Jīnnián Lǎo Zhāng yòu ～le èrbǎi yuán. Lao Zhang is in debt again this year, to the tune of 200 yuan.
【亏欠】kuīqiàn（动）同"亏空"kuīkong（动）same as "亏空" kuīkong（动）
【亏损】kuīsǔn（动)(1)受损失 suffer a loss：这个月你们商店～了多少？Zhège yuè nǐmen shāngdiàn ～ le duōshao? How much did your shop lose this month?/ 由于贮藏得不好，苹果～了二百多斤。Yóuyú zhùcáng de bù hǎo, píngguǒ ～ le èrbǎi duō jīn. Because they weren't stored properly 200 jin of apples were lost. (2)缺乏营养或受损伤（身体虚弱）suffer bodily weakness；be feeble：大病之后身体～得厉害，可得好好补一补。Dà bìng zhī hòu shēntǐ ～ de lìhai, kě děi hǎohāor bǔ yī bǔ. His health was really run down following his serious illness. He'll have to build himself up properly. （名）损失的财物 financial loss；deficit：账算完了，我们这个小店没有什么～。Zhàng suànwán le,

wǒmen zhège xiǎo diàn méi yǒu shénme ～. When we had finished the accounts we found that our small shop hadn't suffered any deficit.
【亏心】kuīxin（形）感到自己的言行对不起人 having a guilty conscience：他对你多关心啊，你还抱怨，不觉得～吗？Tā duì nǐ duō guānxīn a, nǐ hái bàoyuàn, bù juéde ～ ma? He is so thoughtful toward you, but you still complain about him. Don't you have a guilty conscience about this? /他一辈子没做过～事。Tā yíbèizi méi zuòguo ～ shì. He never did anything in his life that could give him a guilty conscience.

岿 〔巋〕kuī
【岿然】kuīrán（副）〈书〉高大而挺立的样子 towering；lofty：经过几百年的风风雨雨，那座木塔仍～屹立在那里。Jīngguò jǐ bǎi nián de fēngfēngyǔyǔ, nà zuò mùtǎ réng ～ yìlì zài nàli. After centuries of wind and rain, that wooden pagoda still stands there towering like a giant.

盔 kuī
（名）helmet
【盔甲】kuījiǎ（名）[副 fù] armor

窥 〔窺〕kuī
（动）◇偷偷察看 spy on；peep at
【窥测】kuīcè（动）暗中观察推测 spy out：躲在暗中一方向多在暗中～方向 lurk in the shadows and spy out the land
【窥伺】kuīsì（动）〈贬〉偷偷观察等待（时机）lie in wait for (an opportunity)：～时机 ～ shíjī be on watch for a chance
【窥探】kuītàn（动）偷偷察看（多含贬义）spy upon；pry into：有个人鬼头鬼脑地在窗前～。Yǒu ge rén guǐ tóu guǐ nǎo de zài chuāng qián ～. There is somebody lurking in front of the window spying in.

kuí

奎 kuí
【奎宁】kuíníng（名）〈药〉quinine

葵 kuí
【葵花】kuíhuā（名）[朵 duǒ] sunflower
【葵花子】kuíhuāzǐ（名）(～儿)sunflower seed

魁 kuí
（名）◇为首的、带头的（人）chief；head；ringleader：在羽毛球比赛中，他两次夺～。Zài yǔmáoqiú bǐsài zhōng, tā liǎng cì duó ～. He twice grabbed the top spot in the badminton tournament.
【魁伟】kuíwěi（形）(指人身体)高大强壮 big and strong：他长得很～。Tā zhǎng de hěn ～. He is a strapping fellow.
【魁梧】kuíwú（形）同"魁伟"kuíwěi same as "魁伟" kuíwěi

kuǐ

傀 kuǐ
【傀儡】kuǐlěi（名）木偶戏里的木头人，比喻受操纵的人和组织 puppet：～政府 ～ zhèngfǔ puppet regime/ 他不掌握实权，只不过是个～。Tā bù zhǎngwò shí quán, zhǐ búguò shì ge ～. He has no real power. He's simply a puppet.
【傀儡戏】kuǐlěixì（名）puppet show；puppet play

kuì

匮 〔匱〕kuì
(动)〈书〉缺乏 lacking；deficient
【匮乏】kuìfá (动)〈书〉(物资)缺乏 be short of；be deficient in：资金～ zījīn ～ be short of funds

喟 kuì
(动)〈书〉叹气 sigh
【喟然】kuìrán (形) 叹气的样子 sighing；with a sigh：～长叹 ～ chángtàn heave a deep sigh
【喟叹】kuìtàn (动)〈书〉因感慨而叹气 give a heartfelt sigh

馈 〔饋〕kuì
(动)〈书〉赠送 present
【馈送】kuìsòng (动)〈书〉present；offer as a gift
【馈赠】kuìzèng (动)〈书〉同"馈送" kuìsòng same as "馈送" kuìsòng

溃 〔潰〕kuì
(动)(1)(水)冲破(堤坝)(of a dam)burst；collapse：～堤 ～ dī burst a dike (2)◇比喻(军队)被打垮，失败 (of an army)be defeated；be crushed；collapse：～不成军 ～ bù chéng jūn be utterly defeated
【溃败】kuìbài (动)(军队)被打败 be defeated；be routed
【溃烂】kuìlàn (动)指伤口等由于病菌感染而化脓 fester；ulcerate：这种药一天上两次，防止伤口～. Zhè zhǒng yào yì tiān shàng liǎng cì，fángzhǐ shāngkǒu ～. Apply this ointment twice a day to stop the wound festering.
【溃散】kuìsàn (动)(军队)被打败而逃散 be defeated；be put to flight
【溃退】kuìtuì (动·不及物)(武装集团)被打垮而后退 beat a retreat；be routed：狼狈～ lángbèi ～beat an ignominious retreat／大～ dà ～ full-scale rout
【溃疡】kuìyáng (名) ulcer

愧 kuì
(形)◇ 惭愧 ashamed；having something on one's conscience
【愧根】kuìhèn (动)〈书〉惭愧悔恨 remorseful
【愧色】kuìsè (名) 自己觉得不对而羞惭的脸色 look of remorse；hangdog look

kūn

昆 kūn
【昆虫】kūnchóng (名)insect

kǔn

捆 kǔn
(动)用绳子等物把东西系好打上结 bind；tie up：把箱子用绳子～上运走。Bǎ xiāngzi yòng shéngzi ～ shang yùnzǒu. Tie the box up with a rope and send it off. ／他正在～行李，准备出发。Tā zhèngzài ～ xíngli，zhǔnbèi chūfā. He is just bundling up his luggage, ready for departure. (量)用于捆上的东西 bundle；bunch：一～甘蔗 yì ～ gānzhe a bundle of sugarcane ／两～油菜 liǎng ～ yóucài two bundles of rape

kùn

困 kùn
(动)(1)◇陷在艰难困苦之中 be in a tough spot；be stranded：手里没钱，被～在他乡。Shǒu li méi qián，bèi ～ zài tāxiāng. be stranded in a strange land with no money

(2)围困 besiege；bottle up；pin down：把敌人～在据点里。Bǎ dírén ～ zài jùdiǎn li. bottle up the enemy in their stronghold (形)〔困〕疲劳，想睡觉 weary；sleepy：昨天熬了夜，今天特别～. Zuótiān áole yè，jīntiān tèbié ～. I stayed up all night last night，so I'm particularly weary today.
【困乏】kùnfá (形)〈书〉tired；fatigued
【困惑】kùnhuò (形)感到不清楚，不明白，不知道怎么办 puzzled；perplexed：他这种做法让人～不解。Tā zhè zhǒng zuòfǎ ràng rén ～ bù jiě. His way of doing things has got people completely perplexed.
【困境】kùnjìng (名)困难的境地 predicament；tough spot；difficult situation：陷于～ xiànyú ～ fall into a dire straits ／必须摆脱～ bìxū bǎituō ～ We must free ourselves from this predicament.
【困倦】kùnjuàn (形)〈书〉疲乏想睡觉 sleepy：他非常～，难以支持。Tā fēicháng ～，nányǐ zhīchí. He is very weary and finds it difficult to keep going.
【困苦】kùnkǔ (形)艰难痛苦(一般用于生活)(of living conditions) in privation；in difficult circumstances：生活再～他也能忍受，只要能让他上大学。Shēnghuó zài ～ tā yě néng rěnshòu，zhǐyào néng ràng tā shàng dàxué. He can put up with difficult living conditions just so long as he can enter university.
【困难】kùnnan (形)有阻碍，不易解决：(生活)穷困 difficult；hard：～条件 ～ tiáojiàn difficult conditions ／～境地 ～ jìngdì harsh circumstances；sorry plight ／生活～ shēnghuó ～ life of hardship ／～多 ～ duō difficulty：克服～ kèfú ～ overcome difficulties ／他不把这点～放在眼里。Tā bù bǎ zhè diǎnr ～ fàng zài yǎn li. He doesn't take this difficulty into account.
【困扰】kùnrǎo (动)被困难所烦恼或搅扰 perplex；puzzle：这个难题一直～着我。Zhège nántí yìzhí ～zhe wǒ. This difficult problem has been bothering me all the time. ／尽管有各种外部的～，他仍能坚持他的试验。Jǐnguǎn yǒu gè zhǒng wàibù de ～，tā réng néng jiānchí tā de shìyàn. Despite all kinds of outside distractions，he manages to keep on with his experiments.
【困守】kùnshǒu (动)在被围困的形势下坚守 withstand a siege：他们～孤城等待援军。Tāmen ～ gūchéng děngdài yuánjūn. They defended the beleaguered city waiting for the reinforcements.
【困兽犹斗】kùn shòu yóu dòu 比喻陷入绝境的人作垂死挣扎 a cornered animal will fight to the death：～，对失败了的敌人也不要放松警惕。～，duì shībàile de dírén yě búyào fàng-sōng jǐngtì. A cornered animal will fight to the death，so you must never slacken your vigilance against a defeated enemy.

kuò

扩 〔擴〕kuò
(动)◇ 扩大，扩充 expand；spread out
【扩充】kuòchōng (动)扩大、充实 expand；replenish；augment：～力量 ～ lìliang augment one's strength ／～队伍 duìwǔ reinforce troops ／设备还要～. Shèbèi hái yào ～. The equipment needs augmenting.
【扩大】kuòdà (动)使范围广大 expand；enlarge：～事态 shìtài "add fuel to the flames" ／～招生范围 ～ zhāoshēng fànwéi expand the scope of enrolment of students ／～了耕地面积 ～le gēngdì miànjī The cultivated area has been expanded. ／影响不断～ yǐngxiǎng búduàn ～ The influence is continually spreading.
【扩大化】kuòdàhuà (动)把原来的范围或数量扩大起来 make the scope of something wider；magnify：谁是谁非一定要分清，别把打击面～了。Shuí shì shuí fēi yídìng yào

fēnqīng, bié bǎ dǎjimiàn ～ le. *We must be clear about who is right and who is wrong and not make the target too wide.*

【扩大会议】kuòdà huìyì *enlarged session*

【扩大再生产】kuòdà zàishēngchǎn *expanded reproduction*

【扩建】kuòjiàn〈动〉扩大建筑范围 *extend (a building, project, etc.)*:～校舍 ～ xiàoshè *extend school buildings* /～厂房 ～ chǎngfáng *extend a factory building*

【扩军】kuò＝jūn 扩充军备 *military expansion*

【扩军备战】kuò jūn bèi zhàn 扩充军备,准备打仗 *military expansion and preparations for war*

【扩散】kuòsàn〈动〉扩大散发开去 *spread; diffuse*:～影响 ～ yīngxiǎng *spread an influence* /病毒 ～ bìngdú ～ *The virus is spreading.* / 癌细胞～ ái xìbāo ～ *Cancer cells are proliferating.*

【扩胸器】kuòxiōngqì〈名〉*chest expander*

【扩音器】kuòyīnqì〈名〉*megaphone*

【扩展】kuòzhǎn〈动〉扩大向外伸展 *expand; extend; develop*:植树面积～了三千亩. Zhí shù miànjī ～le sānqiān mǔ. *The afforested area has been extended by 3,000 mu.* / 你能把这个短语～成句子吗? Nǐ néng bǎ zhège duǎnyǔ ～chéng jùzi ma? *Can you expand this phrase into a sentence?*

【扩张】kuòzhāng〈动〉扩大 *enlarge; expand*:～势力范围 shìlì fànwéi *enlarge one's sphere of influence* / 血管～ xuèguǎn *cause a blood vessel to dilate*

【扩张主义】kuòzhāngzhǔyì〈名〉*expansionism*

【扩种】kuòzhòng〈动〉扩大播种面积 *enlarge a sown area*:～ 牧草 ～ mùcǎo *enlarge the area sown to forage grass* /经济作物 ～ jīngjì zuòwù *enlarge the area sown to cash crops*

括 kuò

〈动〉(1)把(字词等)放在括号里 *enclose (in brackets)*:

文章中这段说明性的文字,应该用括号～起来。Wénzhāng zhōng zhè duàn shuōmíngxìng de wénzì, yīnggāi yòng kuòhào ～ qilai. *The explanatory material in this piece of writing should be enclosed in brackets*

【括号】kuòhào〈名〉*brackets*

【括弧】kuòhú〈名〉同"括号" kuòhào *same as "*括号*" kuòhào*

阔 〔闊〕kuò

〈形〉(1)(面积)宽,广阔 *wide; broad* (2)有钱,阔气. *wealthy*:～太太 ～ tàitai *wealthy woman* /他们家挺～的。Tāmen jiā tǐng ～ de. *They are a well-off family.* / 摆～ bǎi ～ *flaunt one's wealth*

【阔别】kuòbié〈动〉〈书〉长时间分别 *be separated for a long time*:～十年的兄弟又见面了。～ shí nián de xiōngdì yòu jiàn miàn le. *The brothers who had been separated for ten years met again.*

【阔步】kuòbù〈副〉迈着大步 *take big strides*:战士们排着整齐的队伍,～前进。Zhànshìmen páizhe zhěngqí de duìwu, ～ qiánjìn. *The soldiers lined up in straight lines and advanced with giant strides.* /几个农村姑娘,在新修好的马路上～向前走着。Jǐ ge nóngcūn gūniang, zài xīn xiūhǎo de mǎlù shang ～ xiàng qián zǒuzhe. *A few country girls walked with big strides on the newly-built road.*

【阔绰】kuòchuò〈形〉〈书〉讲排场,生活奢侈 *ostentatious; extravagant*:～的住宅 ～ de zhùzhái *lavish dwelling* /这家相当～。Zhè jiā xiāngdāng ～. *This household is quite extravagant.*

【阔气】kuòqì〈形〉奢侈豪华 *luxurious; lavish*:大厅的摆设十分～。Dàtīng de bǎishè shífēn ～. *The hall is lavishly decorated.* / 摆什么～! Bǎi shénme ～! *What do you mean by this extravagant display?*

L

lā

拉 lā（动）(1)用力使（物体）朝自己的方向或跟着自己移动 pull; drag; tug; draw：他把孩子～过来，问他为什么哭。Tā bǎ háizi ～ guolai, wèn tā wèi shénme kū. He took the child aside and asked him why he was crying. /"大车"是用马或骡子～的运东西的车。"Dàche" shì yòng mǎ huò luózi ～ de yùn dōngxi de chē. A "dache" is a cart which is pulled by a horse or mule and is used to transport things. (2)用车辆运载 transport (by vehicle)：这些煤用卡车一趟就可以～完。Zhèxiē méi yòng kǎchē yí tàng jiù kěyǐ ～ wán. We can haul this coal away in the truck in one trip. (3)牵动乐器的一部分，使它发出声音 play (some kinds of musical instruments)：我是～小提琴的，他是～手风琴的。Wǒ shì ～ xiǎotíqín de, tā shì ～ shǒufēngqín de. I play the violin and he plays the accordion. (4)帮助 help：他有困难，我们要～他一把。Tā yǒu kùnnan, wǒmen yào ～ tā yì bǎ. If he gets in a jam, we'll help him out. /他犯了错误，自己还没认识到，我们应尽力把他～过来。Tā fànle cuòwù, zìjǐ hái méi rènshi dào, wǒmen yīng jìnlì bǎ tā ～ guolai. He has made a mistake and is not yet aware of it, so we should try our best to help him. (5)拉拢，联络 draw in; win over canvass for votes：～选票 ～ xuǎnpiào canvass for votes /～上老王，咱们三个人一起干。～shang Lǎo Wáng, zánmen sān ge rén yìqǐ gàn. Let's get Lao Wang and the three of us can do it together. (6)拖长 prolong; drag out：～长声音大喊 ～cháng shēngyīn dà hǎn give a long drawn out cry /开距离 ～kāi jùlí leave a long distance between (7)带领（军队）走 lead：把部队～到山上演习。Bǎ bùduì ～dào shān shang yǎnxí. Take the troops off to the mountains and practise manoeuvres. (8)牵累,牵扯,后边常带补语"上" involve; implicate (often followed by "上")：小王犯了错误,把小李也～上了。Xiǎo Wáng fànle cuòwù, bǎ Xiǎo Lǐ yě ～ shàng le. Xiao Wang dragged Xiao Li into his wrongdoing. /你们俩有矛盾是你们之间的事,～上我干吗？Nǐmen liǎ yǒu máodùn shì nǐmen zhī jiān de shì, ～ shang wǒ gànmá? If you two have a misunderstanding, then it is a matter between the two of you and there's no need to drag me into it. /这是两个不同性质的问题,～到一块儿谈就不合适了。Zhè shì liǎng ge bù tóng xìngzhi de wèntí, ～dào yíkuàir tán jiù bù héshì le. These two problems are different in nature and it is not appropriate to link them together for discussion. (9)排泄（大便）defecate：～屎 ～ shǐ have a bowel movement 另见 lá

【拉帮结派】lā bāng jié pài〈贬〉一个组织或集体中的一部分人为了个人利益,互相拉扯,互相利用,结成帮派,分裂组织或集体 form cliques

【拉扯】lāche（动）〈口〉(1)同"拉"lā (1)用得较少（same as "拉" lā (1) but used less frequently）(2)拉拢,勾结 implicate; drag in：你可要有主见,别被那些人～过去。Nǐ kě yào yǒu zhǔjiàn, bié bèi nàxiē rén ～ guòqu. You should have your own views and not let others influence you. /这伙人互相～,干了不少见不得人的事。Zhè huǒ rén hùxiāng ～, gànle bù shǎo jiàn bu de rén de shì. These guys talked each other into carrying out quite a few scandalous acts. (3)牵涉,同"拉"lā(8) involve; implicate：我做的事我自己负责,绝不～别人。Wǒ zuò de shì wǒ zìjǐ fùzé, jué bù ～ biéren. I'll be responsible for what I do and in no way will I implicate others. (4)辛勤抚养（孩子）raise a child：他父母长期

在国外工作,是奶奶把他～大的。Tā fùmǔ chángqī zài guó wài gōngzuò, shì nǎinai bǎ tā ～ dà de. His parents are employed overseas on a long term basis, so it is his grandmother who has raised him. (5)聊天,闲谈 chat：老太太们在一起总是～起没完。Lǎotàitaimen zài yìqǐ zǒngshi ～ qǐ méi wán. When old women get together they can never stop talking.

【拉丁美洲】Lādīngměizhōu（名）Latin America

【拉丁字母】Lādīng zìmǔ Roman alphabet

【拉肚子】lā dùzi have diarrhoea

【拉关系】lā guānxi〈贬〉跟原来关系比较疏远的人或单位,用某种手段拉拢、联络使关系密切,对自己有利 establish a close relationship with somebody for the purpose of gaining personal advantage

【拉后腿】lā hòutuǐ 也说"扯后腿"chě hòutuǐ。比喻利用亲密的关系和感情,使其不采取正确的行动 be a drag on sb.：老张工作特别忙,很少在家,他爱人总是全力支持,从不拉他的后腿。Lǎo Zhāng gōngzuò tèbié máng, hěn shǎo zài jiā, tā àiren zǒngshi quánlì zhīchí, cóng bù lā tā de hòutuǐ. Lao Zhong is so busy that he's scarcely at home, but his wife is always fully supportive and never tries to hold him back from doing his work.

【拉簧】lāhuáng（名）extension spring

【拉家带口】lā jiā dài kǒu 带着家里大人和孩子,或担负着一家大小的生活责任,常指受家里人多的拖累 be tied down because of heavy family resposibilities

【拉架】lā＝jià〈口〉拉开打架的双方,从中进行调解 try to stop two people from fighting each other

【拉交情】lā jiāoqing〈贬〉同"拉关系"lā guānxi same as "拉关系" lā guānxi

【拉锯】lā＝jù 两个人一来一往地拉着大锯锯东西。比喻双方来回往复 work a two-handed saw; (used metaphorically to describe two sides in a war, etc.) going back and forth：交战双方在这里曾经展开过长时间的一战。Jiāozhàn shuāngfāng zài zhèlǐ céngjīng zhǎnkāiguo cháng shíjiān de ～ zhàn. The two sides have launched a long seesaw war against each other here once.

【拉扯扯】lā chě chě（用手）拉住或扯着别人,常用来比喻拉拢关系（含贬义）paw; exchange flattery and favors：看你们俩在大庭广众之中～,多不雅观。Kàn nǐmen liǎ zài dà tíng guǎng zhòng zhī zhōng ～, duō bù yǎguān. To see you two pawing each other around in public is quite unseemly. /这人行真不正派,总是～,惹人讨厌。Zhè rén zuòfeng zhēn bú zhèngpài, zǒng hào ～, rě rén tǎoyàn. This person is really dishonest and is always trying to suck up to others. It makes one feel disgusted.

【拉拉队】lāláduì（名）体育运动比赛时,在旁边给运动员呐喊助威的一些人 cheerleaders

【拉力】lālì（名）〈物〉拉拽的力量 pulling force：～器 ～ qì chest expander /～测验 ～ cèyàn tension test/ 这根绳子能经受住多大的～? Zhè gēn shéngzi néng jīngshòu zhù duō dà de ～? How many pounds pull does this rope have?

【拉链儿】lāliànr（名）zipper

【拉拢】lālong（动）(用某种手段)使别人倾向于自己(含贬义) make a friendship with a self-serving motive：别受坏人～。Bié shòu huàirén ～. Don't be roped in by bad people. /～一些人,排挤另一些人,这是宗派主义者的惯用手法。～ yìxiē rén, páijǐ lìng yìxiē rén, zhè shì zōngpàizhǔyìzhě de guànyòng shǒufǎ. The customary tactics of factionalists is to rope one group in to oust another.

【拉纤】lā＝qiàn 人在岸上用绳子拉船前进 tow a boat

【拉手】lāshou（名）*handle*（*of a door，window，drawer，etc.*）

【拉锁】lāsuǒ（名）同"拉链儿"lāliànr *same as "拉链儿"* lāliànr

【拉下脸】lāxià liǎn〈口〉(1)不顾情面，不怕丢脸 *have no consideration for sb.'s feelings；not afraid of losing face*：对谁他都敢~来批评。Duì shuí tā dōu gǎn ~ lai pīping. *He criticizes others with no regard whatsoever for their feelings.* /我可拉不下脸来向人借钱。Wǒ kě lā bu xià liǎn lai xiàng rén jiè qián. *I really hate to ask others to lend me money for fear of losing face.* (2)不高兴时的表情 *look displeased*：他听了我的话脸马上就拉下来了。Tā tīngle wǒ de huà liǎn mǎshàng jiù lā xialai le. *As soon as he heard what I said his face dropped.*

【拉下水】lāxià shuǐ 比喻引人做坏事 *corrupt sb.*：这个干部被不法商人~了。Zhège gànbù bèi bùfǎ shāngrén ~ le. *The cadre was corrupted by unscrupulous businessmen.*

【拉杂】lāzá（形）(说话或写文章)杂乱，没有条理 *(of writing or speech) rambling；disorganized*：他的文章写得很~，叫人抓不住中心意思。Tā de wénzhāng xiě de hěn ~，jiào rén zhuā bu zhù zhōngxīn yìsi. *His paper is written in such a disorganized way that nobody can grasp his main point.* /我拉拉杂杂说了半天，不知大家听清楚了没有。Wǒ lālazázá shuōle bàntiān，bù zhī dàjiā tīng qīngchule méiyou. *I rambled on for quite a while and had no idea whether everybody knew what I was talking about.*

垃 lā

【垃圾】lājī（名）*garbage；refuse*

lá

拉 lá

（动）将有刃的东西放在物体上移动，使物体破裂或断开 *cut；gash* 我的手让玻璃~了个口子。Wǒ de shǒu ràng bōli ~ le ge kǒuzi. *I cut my hand on a piece of glass.* /这个皮包叫谁用刀子~破了？Zhège píbāo jiào shuí yòng dāozi ~ pò le. *Somebody slashed up this purse.* 另见 lā

lǎ

喇 lǎ

【喇叭】lǎba（名）(1)一种管乐器 *woodwind instrument*：吹~ chuī ~ *blow a trumpet* (2)喇叭筒状有扩音作用的东西 *something having the shape of a trumpet which amplifies sound*；汽车~ qìchē ~ *automobile horn* /高音~ gāoyīn ~ *tweeter*

【喇叭裤】lǎbakù（名）[条 tiáo] *bell bottoms；flared pants*

【喇嘛】lǎma（名）喇嘛教的僧人 *lama*

【喇嘛教】Lǎmajiào（名）*Lamaism*

là

落 là

（动）(1)遗漏 *miss；leave out*：这段话~了两个字。Zhè duàn huà ~le liǎng ge zì. *Two words are missing from this paragraph.* /该通知的都通知到了，一个人也没~。Gāi tōngzhī de dōu tōngzhī dào le，yí ge rén yě méi ~. *Everyone that ought to be notified has been notified. Nobody has been left out.* (2)忘记拿走(自己的东西) *leave something behind*：我把外衣~在公共汽车上了。Wǒ bǎ wàiyī ~ zài gōnggòng qìchē shang le. *I left my coat on the bus.* (3)因跟不上而被丢在后面 *be left behind*：他们走得太快了，我被

下了。Tāmen zǒu de tài kuài le，wǒ bèi ~ xia le. *They walk too fast and I've been left behind.* /割稻子的时候，大家你追我赶，谁也不肯~在后边。Gē dàozi de shíhou，dàjiā nǐ zhuī wǒ gǎn，shuí yě bù kěn ~ zài hòubian. *Everybody engaged in friendly competition when harvesting rice and nobody wanted to be left behind.* 另见 lào；luò

腊〔臘〕là

（动）把鱼肉等用盐腌后再熏制 *cured（fish or meat）*：~鱼~ yú *cured fish* /~肉~ ròu *cured meat；bacon* /~味~wèir *cured meat，fish，etc.*

【腊肠】làcháng（名）*sausage*

【腊月】làyuè（名）农历十二月 *the 12th lunar month*

蜡〔蠟〕là

（名）(1)*wax* (2)*candle*：把~点上。Bǎ ~ diǎnshang. *light the candle*

【蜡版】làbǎn（名）用蜡纸打字或刻写成的供油印用的底版 *mimeograph stencil*

【蜡笔】làbǐ（名）[枝 zhī]蜡与颜料混合加热制成的绘画用的一种笔 *wax crayon*

【蜡黄】làhuáng（形）形容颜色黄得像蜡一样 *sallow*：他吓得脸色~。Tā xià de liǎnsè ~. *He turned pale with fright.*

【蜡疗】làliáo（名）〈医〉*paraffin wax therapy*

【蜡染】làrǎn（名）*batik*

【蜡台】làtái（名）*candlestick*

【蜡纸】làzhǐ（名）[张 zhāng] (1)表面涂蜡的纸，用来包裹东西，可以防潮 *wax paper* (2)用蜡浸过的纸，经刻写或打字后，用来做油印的底版 *stencil paper；stencil*

【蜡烛】làzhú（名）[枝 zhī] *candle*

辣 là

（形）像姜、蒜、辣椒等那种有刺激性的味道 *hot；peppery*：这种又尖又红的小辣椒~极了。Zhè zhǒng yòu jiān yòu hóng de xiǎo làjiāo ~ jí le. *These little pointed red peppers are really hot.* /四川人最爱吃~的。Sìchuān rén zuì ài chī ~ de. *People from Sichuan especially like to eat spicy food.* (2)(手段、用心等)狠毒 *cruel*：心狠手~ xīn hěn shǒu ~ *vicious and ruthless* /口甜心~ kǒu tián xīn ~ *conceal one's evil intentions by sweet words* (动)(*of smell or taste*) *burn；bite；sting*：这孩子让大蒜~得直流眼泪。Zhè háizi ràng dàsuàn ~ de zhí liú yǎnlèi. *The garlic stung the child's eyes so much that it made him cry.*

【辣乎乎】làhūhū（形）形容不太强烈的辣的感觉 *sort of hot；not terribly hot*

【辣椒】làjiāo（名）*red pepper*

【辣手】làshǒu（形）(事情)难办 *troublesome；hard to do*：这事真~。Zhè shì zhēn ~. *This is a real problem.*

la

啦 la

（助）是时态助词"了"或语气助词"了"(le)和"啊"(a)的合音，通常用于句尾，"啦"后必有停顿，不能用在宾语和补语前，可以用"了"代替。(1)时态助词，表示完成，不表示将来，假设或祈使句中的完成 *(is the combined pronunciation of the aspect particle or the modal particle "了" and of "啊"；used at the end of a sentence；"啦" must be followed by a pause；cannot be used before the object or complement，can be replaced by "了") (1) (an aspect particle；indicates the completion of an action；does not indicate the future completion of an action in a conjecture，or an imperative sentence)*：他们都准时来~! Tāmen dōu zhǔnshí lái ~! *Why, they've all arrived on time!* / 旅行的日程已经安排好~! Lǚxíng de rìchéng yǐjīng ānpái hǎo ~! *Why, the daily travel schedule*

has already been arranged. / 凡是应该做的, 我都做～。 Fánshì yīnggāi zuò de, wǒ dōu zuò ～. *Well, I've finished everything I was supposed to do.* (2)语气助词 modal particle ① 表示情况的变化或新情况的产生 (*indicates a change in a situation or the emergence of a new situation*): 下雨～! Xià yǔ ～! *Look! It's raining!* /小树发芽～。 Xiǎo shù fā yá ～. *Look! The saplings have sprouted!* /小李当了解放军。 Xiǎo Lǐ dāngle jiěfàngjūn ～. *Why, Xiao Li has become a PLA soldier.* /那棵梨树都这么高～! Nà kē líshù dōu zhème gāo ～! *That pear tree is already this high!* /年纪大～, 手脚不灵～。 Niánjì dà ～, shǒu jiǎo bù líng ～. *I'm old and not so agile anymore.* ②表示不合标准, 或超过限度, 有"太"的意思, 多放在形容词后 (*indicates that sth. is not up to standard or has surpassed the limit; has the same meaning as "太" tài; usu. used after an adjective*): 这件衣服做短～。 Zhè jiàn yīfu zuòduǎn ～. *This jacket was made too short.* /咱们来早～, 会议室里一个人也没有呢! Zánmen láizǎo ～, huìyìshì li yí ge rén yě méi yǒu ne! *We've come too early. There isn't a single person in the meeting room.* /你们的生产指标高～, 完成不了。 Nǐmen de shēngchǎn zhǐbiāo gāo ～, wánchéng bu liǎo. *Your production target is too high. You won't fulfil it.* ③表示时间长或数量大 (*indicates a long period of time or a large quantity*): 考上了北京大学, 他至少得在北京呆四年～。 Kǎoshangle Běijīng Dàxué, tā zhìshǎo děi zài Běijīng dāi sì nián ～. *He has passed the entrance exam for Beijing University and will have to live in Beijing for at least a full four years.* /我等了一上午～。 Wǒ děngle nǐ yí shàngwǔ ～. *I waited a whole morning for you.* /啤酒还不够吗? 拿来三十瓶～。 Píjiǔ hái bú gòu ma? Nálai sānshí píng ～. *Is there still not enough beer? You've already taken thirty bottles!* ④表示已经发生的某一件事 (*indicates that sth. has already occurred*): 我把自行车借给同学～。 Wǒ bǎ zìxíngchē jiè gěi tóngxué ～. *I've lent my bicycle to a classmate.* /昨天她又来我家～。 Zuótiān tā yòu lái wǒ jiā ～. *She came to my house again yesterday.* /他喝醉～。 Tā hēzuì ～. *He's drunk.* ⑤表示要求中止某一行动。用于否定的祈使句尾 (*indicates a request to discontinue a certain action; used at the end of an imperative sentence which is in the negative form*): 请你以后别找我～。 Qǐng nǐ yǐhòu bié zhǎo wǒ ～. *Please don't bother me anymore.* /你别生气～! Bié shēng qì ～! *Don't be angry any more.* /你不要骗我～! Nǐ búyào piàn wǒ ～! *Don't you fool me!* /别再责备他～! Bié zài zébèi tā ～! *Don't blame him anymore!* ⑥ 与"要""快"等呼应, 表示情况将要发生变化, 或新情况将要发生 (*used together with "要" or "快" to indicate that a situation is about to change or that a new situation is about to emerge*): 牡丹花要开～。 Mǔdānhuā yào kāi ～. *The peonies are about to bloom.* /他累得快站不住～。 Tā lèi de kuài zhàn bu zhù ～. *He's so tired he's going to drop.* /她难过得要哭～。 Tā nánguò de yào kū ～. *She's so sad she's on the verge of tears.* /天要冷～, 我去买件毛衣。 Tiān yào lěng ～, wǒ qù mǎi jiàn máoyī. *It will be cold soon, so I'm going to buy a sweater.* ⑦表示动作即将发生, 用于祈使句及第一人称句尾 (*indicates that an action is about to occur; used at the end of an imperative sentence and of a sentence in the first person*): 开会～, 请大家安静。 Kāi huì ～, qǐng dàjiā ānjìng. *There's a meeting in progress. Will everybody please quiet down.* /你们玩儿吧, 我先走～。 Nǐmen wánr ba, wǒ xiān zǒu ～. *You can stay and have fun. I'll go ahead and leave first.* ⑧表示肯定语气 (*indicates a tone of certainty*): 你把书弄乱了, 我又得去收拾～。 Nǐ bǎ shū nòngluàn le, wǒ yòu děi qu shōushi ～. *You've messed up the books. Now I have to go and straighten them out again.* /她来北京, 只能住在她姐姐家～。 Tā lái Běijīng, zhǐ néng

zhù zài tā jiějie jiā ～. *She can only stay with her older sister when she comes to Beijing.* ⑨与表示极高程度的副词连用或呼应, 多是感叹句 (*used together with an adverb which indicates an extreme; is usu. used in an exclamatory sentence*): 那里山青水秀, 美极～。 Nàli shān qīng shuǐ xiù, měi jí le. *The scenery is simply beautiful there!* /她回到家乡, 别提多高兴～。 Tā huídào jiāxiāng, bié tí duō gāoxìng ～. *She had returned to her native place and was indescribably happy!* /了不得～, 他们动起手来了。 Liǎobude ～, tāmen dòng qǐ shǒu lai le. *Good God! They've started hitting each other!* /对他的处罚太重～! Duì tā de chǔfá tài zhòng ～! *His punishment is much too severe!* ⑩表示疑问语气, 用于疑问句 (*indicates a tone of query; used in an interrogative sentence*): 你去哪儿～? Nǐ qù nǎr ～? *Where did you go?* /你们都能休假, 我就不能休假～? Nǐmen dōu néng xiūjià, wǒ jiù bù néng xiūjià ～? *You can all have holidays, so why can't I?* /怎么, 她病～? Zěnme, tā bìng ～? *What? She's ill?* ⑪用于列举中每一项之后, 表示停顿 (*used after every item in a series of examples to indicate a pause*): 桌子上书～、本子～、墨水瓶～, 摆得满满的。 Zhuōzi shang shū ～、běnzi ～、mòshuǐpíng ～, bǎi de mǎnmǎn de. *The desktop is filled with books and notebooks and ink bottles.* /他的手真巧, 什么编筐～、剪花～、理发～、做衣服～、样样都会。 Tā de shǒu zhēn qiǎo, shénme biān kuāng ～、jiǎn huā ～、lǐ fà ～、zuò yīfu ～、yàngyàng dōu huì. *He's very skilled with his hands: weave baskets, do papercuts, cut hair, make clothes and everything.* ⑫以"了"结尾的特殊简短用语, 可用"啦"代替 ("啦" can replace "了" in special simplified expressions which end with "了了"): 算～! 这事不要再提了。 Suàn ～! zhè shì búyào zài tí le. *Enough! Don't bring this up again.* /错～! 这道题得数应该是20。 Cuò ～! zhè dào tí déshù yīnggāi shì èrshí. *That's wrong! The answer to this problem should be twenty.* /得～, 你别在这儿瞎吹了。 Dé ～, nǐ bié zài zhèr xiā chuī le. *That's enough. Don't boast around here any more.* /怎么～? 我说的不对吗? Zěnme ～? Wǒ shuō de bú duì ma? *What? Did I say something wrong?*

lái

来 〔來〕lái

（动）(1)到说话人所在的地方（与"去"相对）come: 你什么时候～, 请事先来个电话。 Nǐ shénme shíhou ～, qǐng shìxiān lái ge diànhuà. *Please call before you come.* /得便给我～封信。 Débiàn gěi wǒ ～ fēng xìn. *Drop me a line when you have time.* /客人还没～齐, 再等等。 Kèrén hái méi ～qí, zài děngdeng. *Not everyone is here yet. We'll wait a little longer.* (2)(问题、事情等)出现 arise; appear: 你的老毛病又～了。 Nǐ de lǎo máobing yòu ～ le. *You are picking up your bad habits again.* /暴风雨就要～了。 Bàofēngyǔ jiù yào ～ le. *A storm is coming.* /新任务～了, 我们要尽快完成。 Xīn rènwù ～ le, wǒmen yào jǐnkuài wánchéng. *We have a new job to do so let's try and finish it as soon as possible.* (3)做某个动作（代替意义具体的动词）(*replaces another verb*): 你抄了半天了, 歇会儿, 让我～吧。 Nǐ chāole bàntiān le, xiē huìr, ràng wǒ ～ ba. *You've been copying for quite a while now. Why don't you take a break and let me do it.* /我唱完了, 该你～一个了。 Wǒ chàngwán le, gāi nǐ ～ yí ge le. *After I've finished singing, it's your turn to have a go.* /他们在打扑克, 咱俩～一盘棋。 Tāmen zài dǎ pūkè, zán liǎ ～ yì pán qí. *They're playing poker, so why don't we have a game of chess?* (4)在动词前, 表示要做某事 (*used before a verb to show that an action is to be done*): 你做米饭, 我～炒菜。 Nǐ zuò mǐfàn, wǒ ～ chǎo cài. *You make the rice and I'll cook the dishes.* /大家都～想办

法，就可以快一点儿。Dàjiā dōu ～ xiǎng bànfǎ, jiù kěyǐ kuàiyìdiǎnr. *If everybody tries to think of a way of doing it, it'll be quicker.* (5)用在另一动词或动词词组后，表示到说话地点的目的（*preceded by a verb or verbal construction to indicate the purpose of coming to a place*）：你干吗～了?——我看病～了。Nǐ gànmá ～ le?——Wǒ kàn bìng ～ le. *What have you come here for? —— I've come to see the doctor.* /他开会～了。Tā kāi huì ～ le. *He has come for a meeting.* /我是专门看电影～的。Wǒ shì zhuānmén kàn diànyǐng ～ de. *I've come especially to see a movie.* (6)用在动词词组（或介词词组）与动词（或动词词组）之间，"来"前边的成分表示方式、方法或施事者，"来"后边的成分表示目的或行动（这种"来"可以省去）（*inserted between a verbal construction or prepositional construction and a verb or a verbal construction to indicate that what goes before is the way, means or agent and what follows is the purpose or action*）：我看得打口井～解决灌溉问题。Wǒ kàn děi dǎ kǒu jǐng ～ jiějué guàngài wèntí. *I think we should dig a well in order to solve the irrigation problem.* /现在由我～介绍情况。Xiànzài yóu wǒ ～ jièshào qíngkuàng. *Now I'll explain the situation.* (7)用在动词后作补语，表示动作朝着说话的人所在的地点（*used after a verb as a complement to indicate that the direction of the action is toward the speaker*）：你明天把词典带～。Nǐ míngtiān bǎ cídiǎn dài～. *Bring the dictionary tomorrow.* /今晚我把你要的录音机给你送～。Jīn wǎn wǒ bǎ nǐ yào de lùyīnjī gěi nǐ sòng～. *I'll deliver the tape recorder you want this evening.* /我借～了两本书。Wǒ jiè～le liǎng běn shū. *I borrowed two books.* /冬天这湖上飞～了几千只野鸭。Dōngtiān zhè hú shang fēi ～le jǐ qiān zhī yěyā. *Several thousand wild ducks flew to this lake in the winter.* 动词和"来"之间可以加"得"或"不"表示可能或不可能（"得" or "不" *can be added between a verb and* "来" *to express possibility or impossibility*）：他今天或许回得～、或许回不～。Tā jīntiān huòxǔ huí de ～、huòxǔ huí bu ～. *He may come back today or he may not.* /这个楼梯很陡，你上得～、上不～? Zhège lóutī hěn dǒu, nǐ shàng de ～、shàng bu ～? *These stairs are really steep. Can you make it up okay?* (助)用在整数后，表示概数，一般指略多或略少于前面的整数（*used after an integer to indicate an approximate number, usu. slightly higher or slightly lower than the indicated integer*）：about；around (1)在"十"、"百"、"千"、"万"等后，"来"须在量词前（*when placed after the numerals* "十"、"百"、"千"、"万"，*etc.，* "来" *must be placed before the measure word*）：我家离县城有二十～里地。Wǒ jiā lí xiànchéng yǒu èrshí ～ lǐ dì. *My home is about twenty li away from the county town.* /这辆摩托车价值八百～元。Zhè liàng mótuōchē jiàzhí bābǎi ～ yuán. *This motorcycle is worth about eight hundred yuan.* /参加会议的有三千～人。Cānjiā huìyì de yǒu sānqiān～ rén. *Around three thousand people attended the conference.* /这个工厂有五万～名工人。Zhège gōngchǎng yǒu wǔwàn ～ míng gōngrén. *There are around fifty thousand workers in this factory.* (2)在个位数后，"来"用在量词后（*when used after any whole number from 1—9，* "来" *is placed after the measure word*）：他家离学校有二里～地。Tā jiā lí xuéxiào yǒu èr lǐ ～ dì. *His home is about two li away from the school.* /这条鱼有三斤～重。Zhè tiáo yú yǒu sān jīn ～ zhòng. *This fish weighs about three jin.* /那根竹竿有五米～长。Nà gēn zhúgān yǒu wǔ mǐ ～ cháng. *That bamboo pole is around five metres long.*

【来宾】láibīn (名)（为参观和参加某个集会或典礼）来的客人 *visitor；guest（paying a formal call on an institution, organization, etc.*）：咱们本校的人请把前三排位子让出来，留给～。Zánmen běn xiào de rén qǐng bǎ qián sān pái wèizi ràng chulai, liú gěi ～. *Please leave the front three rows free for visitors.*

【来不及】lái bu jí 时间紧无法赶上或顾及 *there is not enough time（to do sth.*）：今天上午十二点才下课，我～去看他了。Jīntiān shàngwǔ shí'èr diǎn cái xià kè, wǒ ～ qù kàn tā le. *I didn't get out of class this morning until 12 o'clock, so I didn't have time to see him.* /这事要慎重，一旦错了，后悔就～了。Zhè shì yào shènzhòng, yídàn cuò le, hòuhuǐ jiù ～ le. *Doing this requires care. Once you make a mistake, it'll be too late.* /看见有人落水，他连衣服也～脱就跳下河去救了。Kànjian yǒu rén luò shuǐ, tā lián yīfu yě ～ tuō jiù tiào xià hé qu jiù le. *When he saw the man fall in the water he didn't even have time to take his clothes off before jumping in to save him.*

【来得】láide (动·不及物)〈口〉(1)能胜任 *competent*：音乐、绘画他样样～。Yīnyuè、huìhuà tā yàngyàng ～. *He is competent in both music and painting.* (2)（相比较）显得 *emerge（from a comparison）as；come out as*：坐船比坐车～舒服。Zuò chuán bǐ zuò chē ～ shūfu. *Going by boat is more comfortable than by train.*

【来得及】lái de jí 有时间，能够赶上或顾到 *there is still time（to do sth.）；be able to do sth. in time*：别着急，现在走，赶八点的火车还～。Bié zháo jí, xiànzài zǒu, gǎn bā diǎn de huǒchē hái ～. *Don't worry. If we leave now we can still catch the 8 o'clock train.* /我想看电影以前去买点东西，不知～来不及。Wǒ xiǎng kàn diànyǐng yǐqián qù mǎi diǎnr dōngxi, bù zhī ～ lái bu jí. *I want to do a bit of shopping before the movie, but I don't know if I have time.* /这件事我还没～跟你说说呢! Zhè jiàn shì wǒ hái méi ～ gēn nǐ shuō ne! *I really haven't had a chance to talk this over with you.*

【来函】láihán (名)〈书〉寄来或送来的信 *incoming letter*

【来亨鸡】láihēngjī (名)[只 zhī] *Leghorn*

【来回】láihuí (名) *to and back；round trip*：从这里到那里有五十里。Cóng zhèlǐ dào nàlǐ ～ yǒu wǔshí lǐ. *It's 50 miles from here to there and back.* /我在游泳池里能游三个～。Wǒ zài yóuyǒngchí li néng yóu sān ge ～. *I can swim three laps of the pool.* /从北京到上海坐火车～需要两天。Cóng Běijīng dào Shànghǎi zuò huǒchē ～ xūyào liǎng tiān. *It takes two days from Beijing to Shanghai and back by train.* (副)往返多次或重复多次。可重叠为"来来回回" *back and forth；to and fro（can be reduplicated as* "来来回回"）：他在院子里～走着，像是思考什么。Tā zài yuànzi li ～ zǒuzhe, xiàng shì sīkǎo shénme. *He's pacing back and forth in the courtyard. It looks like he's thinking something over.* /我骑着自行车在街上～转了两三趟，也没找到你说的那个商店。Wǒ qízhe zìxíngchē zài jiēshang ～ zhuànle liǎng-sān tàng, yě méi zhǎodào nǐ shuō de nàge shāngdiàn. *I rode my bike back and forth two or three times on the street but still couldn't find the store you had mentioned.* /他整天～地给大家送报、送信，也够辛苦的。Tā zhěng tiān ～ de gěi dàjiā sòng bào、sòng xìn, yě gòu xīnkǔ de. *He goes back and forth all day, delivering papers and mail. He certainly works hard enough!* /她来来回回地老是那几句话，我都听腻了。Tā láiláihuíhuí de lǎoshi nà jǐ jù huà, wǒ dōu tīngnì le. *She goes on and on with that same statement. I'm fed up with listening to her!*

【来件】láijiàn (名)〈书〉寄来或送来的物件或文件 *communication or parcel received*

【来劲】lái=jìn〈口〉(1)(～儿)有劲头儿 *full of enthusiasm；in high spirits*：他越说越～，一直说了两个钟头。Tā yuè shuō yuè ～, yìzhí shuōle liǎng ge zhōngtóu. *The more he spoke the more enthusiastic he became, with the result that he didn't stop for two hours.* (2)使人振奋 *exhilarating；exciting；thrilling*：再办几个大型联合企业，那多～! Zài bàn jǐ ge dàxíng liánhé qǐyè, nà duō ～! *It would be really exciting to run several more joint enterprises.*

【来客】láikè（名）来访的客人 *guest；visitor*

【来历】láilì（名）（人或物的）由来和经历 *source；origin；past history*：此人～不明。Cǐ rén ～ bù míng. *This person is of dubious background.* / 请查明这个古花瓶的～。Qǐng chámíng zhège gǔ huāpíng de ～. *Please trace the history of this old vase.*

【来临】láilín（动）来到 *come；arrive*：寒假～，我将回老家过春节。Hánjià ～，wǒ jiāng huí lǎojiā guò Chūnjié. *The winter vacation will soon be here and I'll be going back home for Spring Festival.*

【来龙去脉】lái lóng qù mài 事情的前因后果 *origin and subsequent development（of a matter）*：通过调查才把这件事的～搞清楚了。Tōngguò diàochá cái bǎ zhè jiàn shì de ～ gǎo qīngchu le. *Only after conducting an investigation were we able to learn the whole story.*

【来路】láilù（名）（1）（到这里）来的道路 *incoming road；approach*：我们在～上迎你们。Wǒmen zài ～ shang yíng nǐmen. *We'll meet you on the road.*（2）来源 *source*：生活没有～。Shēnghuó méi yǒu ～. *He has no source of income.* /原料有没有～？Yuánliào yǒu méi yǒu ～? *Is there a source of supply for the materials?*

【来路】láilu（名）来历 *origin；source；antecedents*：～不明的钱决不能收下。～ bù míng de qián jué bù néng shōuxià. *You should never accept money from dubious sources.* /你了解这个人的～吗？Nǐ liǎojiě zhège rén de ～ ma? *Do you know this man's background?*

【来料加工】lái liào jiā gōng 由客方提供原材料，利用主方的设备和劳力按客方提出的规格要求进行加工制作，收取加工费 *to supply the necessary labor and equipment to do a job according to certain specifications with the raw materials supplied by the customer*

【来年】láinián（名）明年 *next year；the coming year*：等～春暖花开的时候，我们一起去杭州西湖玩玩。Děng ～ chūn nuǎn huā kāi de shíhou, wǒmen yìqǐ qù Hángzhōu Xīhú wánrwanr. *Wait until next spring when the weather is warm and the flowers are out and we'll take a trip to the West Lake in Hangzhou together.*

【……来……去】……lái……qù（1）分别嵌入同一动词或近义动词，表示动作的多次重复（*used before a reduplicated verb or before two verbs that are synonyms to indicate the repetition of an action*）*back and forth；over and over again*：小鸟在笼子里飞来飞去。Xiǎoniǎo zài lóngzi lǐ fēi lái fēi qù. *The little bird flew back and forth in its cage.* /我想来想去也想不出一个好主意。Wǒ xiǎng lái xiǎng qù yě xiǎng bu chū yí gè hǎo zhǔyì. *I've thought about it over and over again but can't come up with a good idea.* /他颠来倒去地怎么也说不清楚。Tā diān lái dǎo qù de zěnme yě shuō bu qīngchu. *He explained it over and over but just couldn't make himself clear.* /你翻来覆去地半夜也没睡着，是怎么一回事儿呀？Nǐ fān lái fù qù de bànyè yě méi shuìzháo, shì zěnme yì huí shìr ya? *You've been tossing and turning and you're still not asleep —— it's the middle of the night! What's wrong?*（2）有些以"……来……去"构成的固定词语，都有多次重复之意（*some set phrases are formed with "...来...去"；all mean repetition of some sort*）①"一来二去"表示多次接触（"一来二去" *indicates frequent contact*）；他们一来二去，也就熟悉了。Tāmen yì lái èr qù, yě jiù shúxi le. *They have come to know each other through frequent contact.*②"怎么来怎么去"表示一件事情复杂的来龙去脉（"怎么来怎么去" *indicates the origin and development of a matter*）：他把这件事怎么来怎么去地详细说了一遍。Tā bǎ zhè jiàn shì zěnme lái zěnme qù de xiángxì shuōle yí biàn. *He explained this matter in detail from beginning to end.*③"风里来雨里去"表示常年在野外奔波（"风里来雨里去" *means "to be away all year long, rushing about"*）：海员们风里来雨里

去，常年奔波在大海上。Hǎiyuánmen fēng li lái yǔ li qù, chángnián bēnbō zài dàhǎi shang. *Sailors come in the wind and go in the rain. They rush about at sea all year long.*④"直来直去"表示直截了当，与重复无关（"直来直去" *means "to be straightforward"——it doesn't meaning repetition*）：咱们彼此都很熟悉，我就直来直去地跟你说吧。Zánmen bǐcǐ dōu hěn shúxi, wǒ jiù zhí lái zhí qù de gēn nǐ shuō ba. *We know each other very well, so let me be frank with you.*

【来人】láirén（名）临时被派来取送东西或联系事情的人 *bearer；messenger*

【来日】láirì（名）〈书〉将来 *future*：他已年近九十，～无多。Tā yǐ nián jìn jiǔshí, ～ wú duō. *He's already close to ninety, so he doesn't have much longer.*

【来日方长】láirì fāng cháng 未来的日子还很长，表示事情还有可为或将来还有机会 *there will be time for that；there is ample time（for doing sth.）*：不必为这次失败灰心，～，只要努力，一定会成功。Búbì wèi zhè cì shībài huīxīn, ～, zhǐyào nǔ lì, yídìng huì chénggōng. *Don't be too disappointed because you failed this time. You just need to work hard and there will be plenty of chances for you to succeed in the future.*

【来世】láishì（名）下辈子 *next life*

【来势】láishì（名）动作或事物到达的气势 *the force with which sth. breaks out；on coming force*：大风～很猛。Dà fēng ～ hěn měng. *The gale is very strong.* /看他～汹汹好像要大吵一场。Kàn tā ～ xiōngxiōng, hǎoxiàng yào dà chǎo yì cháng. *From his appearance it would seem that he's looking for a fight.*

【来苏】láisū（名）〈药〉*lysol*

【来头】láitóu（名）（1）到来的势头、气势 *the force with which sth. breaks out*：这场洪水～很大，要提高警惕。Zhè cháng hóngshuǐ ～ hěn dà, yào tígāo jǐngtì. *The flood is really strong, so we'll have to watch it even more closely.*（2）（人的）经历、地位、背景等 *background；connection*：此人～不小。Cǐ rén ～ bù xiǎo. *This person has powerful connections.*（3）背景、由来（指说某些话，发表某些意见）（*of a speech or piece of writing*）*motive behind*：今天报上这篇文章肯定有～。Jīntiān bào shang zhè piān wénzhāng kěndìng yǒu ～. *The article in the paper today must have had a motive behind it.* / 他的话是有～的，是针对老王那天说的话的。Tā de huà shì yǒu ～ de, shì zhēnduì Lǎo Wáng nà tiān shuō de huà de. *His words have a motive behind them. They were said in order to counter what Lao Wang said the other day.*（4）做某种活动的兴趣 *interest；fun*：我们要打篮球，你来不来？——那玩艺儿没～，还不如散散步呢。Wǒmen yào dǎ lánqiú, nǐ lái bu lái? —— Nà wányìr méi ～, hái bùrú sànsan bù ne. *We're going to play basketball. Are you coming? —— That's no fun, even walking is better than that!*

【来往】láiwǎng（动）（1）来和去 *come and go*：大街上～的人很多。Dàjiēshang ～ de rén hěn duō. *There are a lot of people walking around on the streets.*（2）交往 *mix socially*：我们俩常～。Wǒmen liǎ cháng ～. *We often mix socially.* /这两家虽是亲戚，但不大～。Zhè liǎng jiā suī shì qīnqi, dàn bú dà ～. *Although the two families are related, they don't get together very much.* / 我跟他没有什么～。Wǒ gēn tā méi yǒu shénme ～. *I don't have much to do with him.*

【来文】láiwén（名）寄来或送来的公文 *document received*

【来信】láixìn（名）寄来或送来的信件 *letter received*：你的～收到了。Nǐ de ～ shōudào le. *I got your letter.*

【来意】láiyì（名）来的意图 *one's purpose in coming*：～明确。～ míngquè. *have a clear purpose for coming* /他的～你不清楚吗？Tā de ～ nǐ qīngchu ma? *Do you know why he came?*

【来由】láiyóu（名）（事情的）来历和根由 *cause；reason*：这件

事情的～要追溯到三年以前。Zhè jiàn shìqing de ～ yào zhuīsù dào sān nián yǐqián. *The current state of affairs has its source in something that happened three years ago.*

【来源】láiyuán〈名〉〈事物〉所出的地方 *source; cause*：经济～ jīngjì ～ *source of income* /他要开木器厂，木材有～吗？Tā yào kāi mùqì chǎng, mùcái yǒu ～ ma? *If he starts a furniture factory, where will he get the lumber from?* 〈动〉来自(后面带"于") *have one's source in; originate from*：认识～于实践。Rènshi ～ yú shíjiàn. *Knowledge has its source in practice.* /文艺～于生活。Wényì ～ yú shēnghuó. *Literature and art have their source in everyday life.*

【来着】láizhe〈助〉〈口〉(1)用在陈述句及用疑问代词的疑问句尾表示不久前的过去,动词不能带"了""过"及多数补语(*used at the end of a declarative sentence or an interrogative sentence which uses an interrogative pronoun to indicate the immediate past; the verb cannot take " 了 " " 过 ", nor most complements*)：刚才我还看见他～,现在不知去哪儿了。Gāngcái wǒ hái kànjian tā ～, xiànzài bù zhī qù nǎr le. *I just saw him, but don't know to where he has gone now.* /上星期我看见老李了,他打听你～。Shàng xīngqī wǒ kànjian Lǎo Lǐ le, tā dǎtīng nǐ ～. *I saw Lao Li last week and he was asking about you.* /昨天你都干什么～? Zuótiān nǐ dōu gàn shénme ～? *What were you doing yesterday?* /都谁在会上发言～? Dōu shuí zài huì shang fā yán ～? *Who spoke at the meeting?* (2)带"来着"的疑问句常用来要求对方重复已说过的话或提醒自己忘记的信息(*an interrogative sentence which takes " 来着 " is often used to ask sb. to repeat what he or she has just said or to remind oneself of sth. one has forgotten*)：我们去杭州玩儿,那是哪年～? Wǒmen qù Hángzhōu wánr, nà shì nǎ nián ～? *What year was it when we went to Hangzhou?* /你说这花叫什么～? Nǐ shuō zhè huār jiào shénme ～? *What did you say this flower was called?* /他叫我买几瓶啤酒～? Tā jiào wǒ mǎi jǐ píng píjiǔ ～? *How many bottles of beer did he ask me to buy?* /那个人姓什么～? 姓王还是黄? Nàge rén xìng shénme ～? Xìng Wáng háishí Huáng? *What is that person's last name? Is it Wang or Huang?* (3)"我说什么来着"常用来表示自己有预见性("我说什么来着" *is often used to indicate that one had foresight*)：我说什么～,他不肯去吧! Wǒ shuō shénme ～, tā bù kěn qù ba! *What did I say! He wouldn't go, would he?* /我说什么～,音乐会的票卖完了吧! Wǒ shuō shénme ～, yīnyuèhuì de piào màiwán le ba! *I told you so. The concert tickets are all sold out!*

【来自】láizì〈动〉从～……来 *come from (a place)*：这些学生～世界各地。Zhèxiē xuéshēng ～ shìjiè gè dì. *These students are from all over the world.* /～农村的代表都是劳动致富的榜样。～ nóngcūn de dàibiǎo dōu shì láodòng zhìfù de bǎngyàng. *The representatives from the countryside are all models in becoming wealthy through hard work.*

lài

赖〔賴〕lài.
〈动〉(1)故意不承认(自己的错误或责任等),抵赖 *deny (one's error, etc.)*：～账～ zhàng *refuse to acknowledge a debt* /这个罪责你是～不掉的。Zhège zuìzé nǐ shì ～ bu diào de. *You have no choice but to accept responsibility for the offense.* (2)把自己的错误硬推到别人身上,诬赖 *falsely incriminate*：是我的责任我就承担,决不会～在你身上。Shì wǒ de zérèn wǒ jiù chéngdān, jué bú huì ～ zài nǐ tóushang. *If it's my fault I'll take responsibility and I won't involve you in any way whatsoever.* (3)责怪 *blame*：

是你们自己来晚了,～不着我。Shì nǐmen zìjǐ láiwǎn le, ～ bu zháo wǒ. *It's you guys who came late, so don't blame me.* /别～他不努力,这事的确不好办。Bié ～ tā bù nǔlì, zhè shì díquè bù hǎo bàn. *Don't blame him for not working hard. It's not an easy job to handle.* (4)应该离开却不肯离开 *stay on in a place and refuse to leave when you should*：这孩子整天～在妈妈的怀里。Zhè háizi zhěng tiān ～ zài māma de huái li. *The child clings to his mother all day.* 〈形〉不好,坏 *not good; bad*：那堆苹果有好有～,自己挑吧! Nà duī píngguǒ yǒu hǎo yǒu ～, zìjǐ tiāo ba! *There are both good and bad apples in the pile, so why don't you pick out your own.* /那间小屋经她一布置还真不～。Nà jiān xiǎo wū jīng tā yí bùzhì hái zhēn bú ～. *She has done a pretty good job of decorating that small room.*

【赖皮】làipí〈名〉无赖的作风和行为 *shameless behavior*：要～ shuǎ ～ *act shamelessly*

【赖以】làiyǐ〈动〉〈书〉依靠(它) *rely on; depend on*：经常更新产品是每一个工厂～生存的重要手段。Jīngcháng gēngxīn chǎnpǐn shì měi yí ge gōngchǎng ～ shēngcún de zhòngyào shǒuduàn. *Factories depend on the constant revamping of their products as an important means of survival.* /这件羊皮袄是他祖父～御寒之物。Zhè jiàn yáng pí'ǎo shì tā zǔfù ～ yù hán zhī wù. *This sheepskin jacket is what his grandfather relied on to keep out the cold.*

癞〔癩〕lài
〈形〉 *leprosy*
【癞蛤蟆】làiháma〈名〉〔只 zhī〕 *toad*

lán

兰〔蘭〕lán
〈名〉(1)兰花 *orchid* (2)兰草 *fragrant thoroughwort*

拦〔攔〕lán
〈动〉阻挡,不让通过 *stop; block*：这条坝把河水～住。Zhè tiáo bà bǎ héshuǐ ～zhù. *The function of this dam is to hold back the water from the river.* /我刚出门就被他～回来了。Wǒ gāng chū mén jiù bèi tā ～ huilai le. *I was just leaving when he stopped me.* /你要去就去吧,我决不～你。Nǐ yào qù jiù qù ba, wǒ jué bù ～ nǐ. *If you want to go, go ahead. I won't stop you.*

【拦挡】lándǎng〈动〉阻挡,不使通过 *block; obstruct*：～卡车的去路。～ kǎchē de qùlù. *The way is blocked, so the truck is unable to get out.*

【拦洪坝】lánhóngbà〈名〉拦截河水使其不致泛滥成灾的建筑物 *regulating dam*

【拦截】lánjié〈动〉(中途)阻拦,使其不得通过 *intercept*：马跑得飞快,我怎么～得住呢? Mǎ pǎo de fēikuài, wǒ zěnme ～ de zhù ne? *If a horse is galloping at full speed like that, do you think there's some way that I can stop it?*

【拦路】lánㄌù 拦住去路 *block the way*：这是一批～抢劫的土匪。Zhè shì yì pī ～ qiāngjié de tǔfěi. *This is a gang of highwaymen.*

【拦路虎】lánlùhǔ〈名〉过去指拦路抢劫的土匪,现指前进道上的障碍和困难 *obstacle; stumbling block*：不要让汉字成为学习汉语的～。Búyào ràng Hànzì chéngwéi xuéxí Hànyǔ de ～. *We shouldn't let Chinese characters become an obstacle to learning Chinese.*

【拦阻】lánzǔ〈动〉拦截阻挡 *block; obstruct; hinder*：他实在要去,我们也不必～。Tā shízài yào qù, wǒmen yě búbì ～. *If he really wants to go, then we shouldn't stop him.*

栏〔欄〕lán
〈名〉(1)遮拦物 *fence; railing*：木～ mù ～ *wooden*

fence /石～ shí ～ stone fence /跨～而过。kuà ～ ér guò. hop over a fence (2)牲口圈 pen; shed：牛～ niú～ corral (3)报刊上角线条或空白隔开的部分,也指登同类性质新闻的版面 column：新闻～ xīnwén ～ news column /广告～ guǎnggào ～ classified ads /书评～ shūpíng ～ book review column (4)表格中区分项目的大格子 space on a form；备注～ bèizhù ～ space for additional information or comments (on a form) /请把这一仔细填写清楚。Qǐng bǎ zhè ~ zǐxì tiánxiě qīngchu. Please fill in this space in detail.

【栏杆】lángān (名) banisters; railing; balustrade

阑 〔闌〕lán
(形)〈书〉将尽 near the end; late：夜～人静。Yè ～ rén jìng. in the stillness of the night

【阑尾炎】lánwěiyán (名) appendicitis

蓝 〔藍〕lán
(形)blue

【蓝宝石】lánbǎoshí (名)〔块 kuài〕sapphire
【蓝本】lánběn (名) 著作所依据的底本 piece of writing upon which later work is based
【蓝色】lánsè (名) blue color
【蓝图】lántú (名)(1) blueprint (2)比喻建设规划 plan for construction：故乡的建设～有待我们去实现。Gùxiāng de jiànshè ～ yǒudài wǒmen qù shíxiàn. The plan for our hometown is awaiting our implementation.

谰 〔讕〕lán
(动)〈书〉诬陷,抵赖 calumniate; slander

【谰言】lányán (名) 诬赖的话,毫无根据的话 slander：不要听他那一套。Búyào tīng tā nà yí tào ～. Don't listen to his slanderous lies.

澜 〔瀾〕lán
(名)大波浪 billows：狂～ kuáng ～ raging waves

褴 〔襤〕lán

【褴褛】lánlǚ (形)〈书〉(衣服)破烂 ragged：衣衫～ yīshān ～ be dressed in rags

篮 〔籃〕lán
(名)(1)(～儿)篮子 basket：她提着小～去买菜。Tā tízhe xiǎo ～ qù mǎi cài. She went off to buy food carrying a small basket. (2)篮球架上供投球用的铁圈和网子 (of basketball) basket：投～ tóu ～ shoot a basket
【篮球】lánqiú (名)〈体〉basketball
【篮子】lánzi (名) basket

lǎn

揽 〔攬〕lǎn
(动)(1)用胳膊拽住 pull sb. into one's arms; take into one's arms：把孩子紧紧地一在怀里。Bǎ háizi jǐnjǐn de ～ zài huái li. tightly clutch a child in one's arms (2)(用绳子等把松散的东西)聚拢在一起 fasten with a rope：用绳子把这一堆树苗～一～. Yòng shéngzi bǎ zhè yì duī shùmiáo ～ yi ～. Tie these saplings up together with a rope. (3)掌握,把持 grasp; monopolize：他一个人独～大权。Tā yí gè rén dú ～ dàquán. All the power is in his hands alone. (4)(把生意、工作)拉到自己方面来 take on; take upon oneself：～生意 ～ shēngyì canvass for business / 她在家闲着没事,想～点儿针线活儿做去。Tā zài jiā xiánzhe méi shì, xiǎng ～ diǎnr zhēnxiàn huór zuòzuo. She

has nothing to do at home, so she's thinking of taking on a bit of needlework to pass the time,

缆 〔纜〕lǎn
(名)(1)拴船用的铁索或粗绳 hawser; mooring rope; cable (2)像缆的东西 cable：钢～ gāng ～ steel cable (动)用缆拴(船) secure a ship or boat with a mooring rope or cable：船没～住,被大风吹到河中心去了。Chuán méi ～ zhù, bèi dà fēng chuīdào hé zhōngxin qu le. The boat was not securely moored and was blown into the middle of the river by a strong wind.
【缆车】lǎnchē (名) cable car
【缆绳】lǎnshéng (名)〔条 tiáo〕cable

懒 〔懶〕lǎn
(形)(1)懒惰,不勤快 lazy; indolent：好吃～做 hào chī ～ zuò like to eat but not to work /你可真～,屋子也不打扫打扫。Nǐ kě zhēn ～, wūzi yě bù dǎsao dǎsao. You're really lazy. You haven't even cleaned your room. (2)没力气 sluggish; languid：浑身发～ húnshēn fā ～ feel sluggish
【懒虫】lǎnchóng (名)〈口〉懒惰的人 lazybones
【懒得】lǎnde (副)〈因某种原因〉不愿意(做某事) not be in the mood (to do sth.); not feel like doing sth.; be disinclined (to do sth.)：下雨路滑,我真～出门。Xià yǔ lù huá, wǒ zhēn ～ chū ménr. When it's raining and the road is slippery, I don't feel like going out. /他头晕得厉害,躺在那里连眼睛都～睁。Tā tóu yūn de lìhai, tǎng zài nàli lián yǎnjing dōu ～ zhēng. He felt really dizzy and didn't even want to open his eyes as he lay there. /这些天我情绪不好,～写信。Zhèxiē tiān wǒ qíngxù bù hǎo, ～ xiě xìn. I've been in a bad mood lately and haven't felt like writing letters.
【懒惰】lǎnduò (形)不爱劳动和工作 lazy：这人很～,连自己的衣服也不洗。Zhè rén hěn ～, lián zìjǐ de yīfu yě bù xǐ. He's so lazy that he won't even wash his own clothes.
【懒汉】lǎnhàn (名) 懒惰的人 lazybones; idler
【懒散】lǎnsǎn (形) 形容人松懈散漫,精神不振作 slack; lazy; careless：我这人～惯了,不习惯军队生活。Wǒ zhè rén ～ guàn le, bù xíguàn jūnduì shēnghuó. I've gotten used to being lazy, so army life doesn't agree with me. /懒懒散散的不可能做好工作。Lǎnlǎnsǎnsǎn de bù kěnéng zuòhǎo gōngzuò. It's impossible for people who are slack to do good work.
【懒洋洋】lǎnyāngyāng (形) 情绪不好,精神不振作的样子 languid; listless：春天的太阳把人晒得一的。Chūntiān de tàiyáng bǎ rén shài de ～ de. People feel listless under the spring sun. /他整天～的,是不是身体不好? Tā zhěng tiān ～ de, shì bu shì shēntǐ bù hǎo? He's been listless all day. Is there something wrong with his health?

làn

烂 〔爛〕làn
(动)腐烂 become rotten; go bad：天暖和了,蔬菜和水果很容易～。Tiān nuǎnhuo le, shūcài hé shuǐguǒ hěn róngyì ～. Now that the weather's warm, it's easy for fruit and vegetables to go bad. (形)(1)因水分过多或煮得过熟而变松软 soft; tender：一滩～泥 yì tān ～ní a mud puddle /肉没有煮～。Ròu méiyou zhǔ ～. The meat's not done yet. (2)破碎,破烂 worn out; scrap：碎砖～瓦 suì zhuān ～ wǎ rubble /破衣～衫 pò yī ～ shān worn-out clothes (3)(头绪)混乱 messy：一本～账 yì běn ～ zhàng poorly kept accounts
【烂漫】lànmàn (形)(1)〈书〉色彩鲜艳美丽 bright-colored：山花～ shānhuā ～ bright mountain flowers in full bloom (2)坦率自然,不做作 natural：幼儿园里那些天真～的孩子

实在可爱。Yòu'éryuán li nàxiē tiānzhēn ~ de háizi shízài kě'ài. *The young and innocent children in the kindergarten are really cute.*

【烂熟】lànshú（形）〔口〕(1)（肉、菜等）煮得很熟 *thoroughly cooked*：把老母鸡炖得~。Bǎ lǎo mǔjī dùn de ~. *Stew the old hen until she's well and properly done.* (2)十分熟练（learn）*thoroughly*：他把课文背得~。Tā bǎ kèwén bèi de ~. *He learned the lesson by heart.*

【烂摊子】làntānzi（名）〔个 gè〕指头绪混乱，难于整顿的单位、部门等 *a shambles*；*an awful mess*

滥〔濫〕 làn

（形）不加选择和节制 *lavish*；*excessive*：宁缺勿~ nìng quē wù ~ *rather go without than have something shoddy* / ~施淫威 ~ shī yínwēi *indiscriminate abuse of power* /这个词用得很~。Zhège cí yòng de hěn ~. *This word is used excessively.*

【滥调】làndiào（名）被人重复使用过多的言词或论调 *cliché*

【滥用】lànyòng（动）胡乱地使用 *abuse*；*misuse*：~职权 zhíquán *abuse one's power* /~人力 ~ rénlì *misuse manpower resources* /有限的资金不可~。Yǒuxiàn de zījīn bù kě ~. *Limited funds should not be squandered.*

【滥竽充数】làn yú chōng shù 竽是中国古时一种管乐器。古代有个南郭先生不会吹竽，却混在乐队里凑数。比喻没本领的人冒充有本领的占据一定位置；或拿不好的东西混在好的里面凑数 *refers to a Chinese story about a man who was unable to play the "竽" (an ancient musical instrument), but got into an orchestra anyway to make up the required number of players; (fig.) be unable to do sth. but be there to make up the required number of people*

láng

狼 láng

（名）〔只 zhǐ〕*wolf*

【狼狈】lángbèi（形）传说狈和狼是同类野兽，狈前腿极短，一定要趴在狼身上才能走路。故用"狼狈"形容困窘的样子 *according to legend, the "狈" was an animal belonging to the same family as the wolf, because its front legs were too short, it could only move by lying prone on the back of the wolf; thus the meaning: in an awkward predicament; in a difficult situation*：~逃窜 ~ táocuàn *be badly beaten and flee panic-stricken* /他爱人出差了，孩子又生病，他一个人弄得十分~。Tā àiren chū chāi le, háizi yòu shēng bìng, tā yí ge rén nòng de shífēn ~. *His wife was away on business, so he was in a real fix when their child fell ill and only he was at home.*

【狼狈为奸】lángbèi wéi jiān 比喻互相勾结做坏事 *collude in doing evil*；*be in cahoots with each other*：这些家伙~，干尽了坏事。Zhèxiē jiāhuo ~, gànjìnle huàishì. *These guys were in cahoots with each other and managed to commit all kinds of imaginable crimes.*

【狼藉】lángjí（形）〈书〉也作狼籍(1)乱七八糟，杂乱不堪 *a mess*：杯盘~ bēi pán ~ *wine glasses and plates around in a mess (after a feast)* (2)（名誉）极坏 *notorious*：声名~ shēng míng ~ *notorious reputation*

【狼籍】lángjí（形）〈书〉同"狼藉" lángjí *same as "狼藉" lángjí*

狼吞虎咽 láng tūn hǔ yàn 形容吃东西又急又猛 *wolf down*；*devour ravenously*

【狼心狗肺】láng xīn gǒu fèi 比喻心肠狠毒或忘恩负义 *cruel and unscrupulous*；*ungrateful*

【狼子野心】lángzǐ yěxīn 比喻狠毒的人妄想得到不应该得的名利和地位等的企图 *a person who will stop at nothing to satisfy his wild ambitions*

琅 láng

【琅琅】lángláng（象声）金石相击之声，也形容响亮的读书声 *the sound of metal or stone hitting together, also used figuratively to refer to the sound of reading aloud*

廊 láng

（名）屋檐下的过道或建筑物之间有顶的过道 *porch*；*corridor*；*veranda*

【廊檐】lángyán（名）*the eaves of a veranda*

【廊子】lángzi（名）*veranda*；*corridor*

榔 láng

【榔头】lángtou（名）〔把 bǎ〕*hammer*

lǎng

朗 lǎng

（形）(1)光线充足，明亮 *light*；*bright*：天~气清 tiān ~ qì qīng *the sky is clear and bright* (2)声音清晰响亮 *loud and clear*

【朗读】lǎngdú（动）清晰响亮地念 *read aloud*：这段课文请你~一下。Zhè duàn kèwén qǐng nǐ ~ yíxià. *Please read this passage out aloud.*

【朗朗】lǎnglǎng（象声）读书的声音 *the sound of reading aloud*：书声~ shū shēng ~ *The sound of reading aloud is clearly heard.*

【朗诵】lǎngsòng（动）大声念(文学作品)把其中的情感表达出来(常用于当众表演) *recite*：~诗 ~ shī *recite poetry*

làng

浪 làng

（名）(1)波浪 *wave*：长江后~赶前~。Cháng Jiāng hòu ~ gǎn qián ~. *The waves on the Yangtze River caught up with each other.* /风急~大。Fēng jí ~ dà. *Waves whipped up by the wind rolled turbulently.* (2)像波浪的东西 *something resembling a wave*：麦~滚滚 mài ~ gǔngǔn *Wheat rippling in the wind.*

【浪潮】làngcháo（名）(1)*tide*；*wave* (2)比喻群众运动的浩大声势 *movement by the masses having a great impetus*：革命~ gémìng ~ *tide of revolution* /罢工~波及全国。Bà gōng ~ bōjí quán guó. *wave of nation-wide strikes*

【浪荡】làngdàng（动）〈贬〉(1)不好好工作，到处游逛 *loiter about*；*loaf about*：他每天没事干，在大街上~。Tā měi tiān méi shì gàn, zài dàjiē shang ~. *He has nothing to do everyday, so he just hangs out on the drag.* (2)行为不羁，放纵 *dissolute*；*dissipated*

【浪费】làngfèi（动）*waste*：~人力 ~ rénlì *waste manpower* /~时间 ~ shíjiān *waste time*

【浪花】lànghuā（名）(1)*spray*：~飞溅 ~ fēijiàn *The waves splash.* (2)比喻生活中的特殊的比较新奇的或愉快的片断（fig.）*an unusual or happy event in one's life*：那年他到内蒙去过了一个月的游牧生活，这是他生活中涌起的一朵难忘的~。Nà nián tā dào Nèiměng qù guòle yí ge yuè de yóumù shēnghuó, zhè shì tā shēnghuó zhōng yǒngqǐ de yì duǒ nánwàng de ~. *The year that he spent a month in Inner Mongolia as a nomad was one of the unforgettable moments in his life.*

【浪漫】làngmàn（形）(1)富有诗意，充满幻想，不实际 *romantic* (2)行为轻浮，不拘小节 *frivolous behavior*；*not bother about small matters*

【浪漫主义】làngmànzhǔyì（名）*romanticism*

【浪头】làngtou（名）(1)〈口〉波浪 *wave*：~把小船打翻了

~ bǎ xiǎo chuán dǎfān le. *The boat was capsized by the waves.* 比喻时兴的潮流 *trend*：赶 ~ gǎn ~ *follow the trend or fashion*

【浪子】 làngzǐ （名）*bum；loafer；prodigal* 不务正业、整天游游逛逛的年轻人：~ 回头 ~ huí tóu *repentance of the prodigal son*

lāo

捞〔撈〕lāo （动）(1) 从液体里取东西 *scoop up（from water or other liquid）*：从汤里 ~ 出几根骨头。Cóng tāng li ~ chū jǐ gēn gútou. *Scoop up several bones from the soup.* (2) 用不正当手段取得 *get by improper means*：~ 政治资本 ~ zhèngzhì zīběn *accumulate one's political capital* (3) 〈口〉与 "着" (zháo) 连用，指得到机会做某事从而得到好处，有时有开玩笑的意味 *(used with "着" zháo) have the chance to do sth. which is to one's advantage*：晋升三级，这回他可 ~ 着了！Jìnshēng sān jí, zhè huí tā kě ~ zháo le. *He really hit the jackpot this time. He got promoted three grades.* / 昨天的音乐会我没 ~ 着听。Zuótiān de yīnyuèhuì wǒ méi ~ zháo tīng. *I didn't get a chance to go to the concert yesterday.*

【捞本】 lāo=běn 捞回输掉的本钱，泛指想把损失了的补回来 *recover lost capital；recoup one's losses*

【捞稻草】 lāo dàocǎo 快要淹死的人连根稻草也要抓住。比喻在失败中进行自以为得救、实际上是徒劳的挣扎 *grasp at a straw*：谁想在这个问题上～，那是枉费心机。Shuí xiǎng zài zhège wèntí shang ~, nà shì wǎngfèi xīnjī. *Anybody who expects to use this as a last resort is wasting his time and energy.*

【捞取】 lāoqǔ （动）〈书〉同 "捞" lāo(1)《捞》(1)(2) 同 "捞" lāo(2) *same as "捞" lāo(2)*：他想在混乱中～好处。Tā xiǎng zài hùnluàn zhōng ~ hǎochu. *He wanted to fish in troubled waters.*

【捞一把】 lāo yī bǎ （利用某个机会）得到好处（多用不正当的手段）*rake in profits*：趁机 ~ chèn jī ~ *take advantage of an opportunity to make a profit*

láo

劳〔勞〕láo （动）(1) 劳动 *work；labor*：不 ~ 而获 bù ~ ér huò *get something for nothing* (2) 慰劳 *bring gifts to sb. in recognition of services rendered*：~ 军 ~ jūn *bring greetings and gifts to army units* （形）劳苦，疲劳 *fatigue；toil*：积 ~ 成疾 jī ~ chéng jí *break down from constant overwork* （名）功劳 *meritorious service*：汗马之 ~ hànmǎ zhī ~ *honorable distinctions won in battle*

【劳保】 láobǎo （名）(1) "劳动保险" 的简称 *abbreviation for "劳动保险"* (2) "劳动保护" 的简称 *abbreviation for "劳动保护"*

【劳动】 láodòng （动）(1) 工作，为生产而活动 *work；labor* (2) 进行体力劳动 *do physical labor；do manual labor*：到工厂 ~ dào gōngchǎng ~ *go off to a factory to do manual labor* / 下乡 ~ 锻炼 xià xiāng ~ duànliàn *go to the countryside and strengthen one's character through manual labor* （名）*labor；work*：体力 ~ tǐlì ~ *physical labor* / 脑力 ~ nǎolì ~ *mental work*

【劳动保护】 láodòng bǎohù *labor protection*

【劳动保险】 láodòng bǎoxiǎn *labor insurance*

【劳动定额】 láodòng dìng'é *production quota*

【劳动对象】 láodòng duìxiàng 指在劳动中被采掘和加工的东西 *subject of labor*

【劳动法】 láodòngfǎ （名）*labor law*

【劳动服务公司】 láodòng fúwù gōngsī 中国解决城镇青年就业和满足社会劳动要求的组织。对待业青年进行登记、管理，就业训练和介绍工作，和帮助他们从事集体或个体经营等 *employment office*

【劳动改造】 láodòng gǎizào （政法机关）强制罪犯从事劳动生产，在劳动过程中对他们进行思想教育，促使其成为新人 *reform of criminals through hard labor*

【劳动观点】 láodòng guāndiǎn 通常指对体力劳动的看法。也指对待体力劳动的正确态度 *attitude to labor*

【劳动合同制】 láodòng hétóngzhì 在生产劳动中实行订立合同的制度。合同确定双方的权利和义务，双方必须共同遵守。劳动合同制可实行于企业与企业之间，也可实行于企业与职工之间 *The system which sets out the rights and responsibilities of each side in a labor contract*

【劳动教养】 láodòng jiàoyǎng 对有一定罪行但还可以不逮捕判刑的人，实行强制性劳动，并进行政治思想教育，使其成为遵纪守法、自食其力的劳动者 *rehabilitation through education and labor*

【劳动节】 Láodòngjié （名）*May Day；Labor Day*

【劳动竞赛】 láodòng jìngsài *labor emulation；emulation drive*

【劳动力】 láodònglì （名）[个 gè] (1)〈经〉即人的劳动能力。指人用来生产物质资料的体力和脑力的总和 *labor force* (2) 相当于一个成年人所具有的劳动的能力，有时指参加劳动的人 *capacity for work；able-bodied person*：他年龄大了，已经丧失了 ~ 了。Tā niánlíng dà le, yǐjīng sàngshīle ~ le. *He's old and is no longer able to work.* / 他们家有三个全 ~、一个半 ~。Tāmen jiā yǒu sān ge quán ~, yí ge bàn ~. *There are three able-bodied and one semi-able-bodied workers in their family.*

【劳动模范】 láodòng mófàn 对在工作中有显著成就和重大贡献的人授予的光荣称号 *model-worker*

【劳动强度】 láodòng qiángdù 劳动力消耗的程度 *labor intensity*：所谓重体力劳动，就是～很大的劳动，如炼钢 *Suǒwèi zhòng tǐlì láodòng, jiù shì ~ hěn dà de láodòng, rú liàn gāng. Heavy labor, such as steel-smelting, is labor of high intensity.*

【劳动权】 láodòngquán （名）*right to work*

【劳动日】 láodòngrì （名）(1) 中国农村集体经济组织计算社员劳动消耗量和劳动报酬的单位。通常一个劳动日报酬等于十个工分 *a unit used to calculate labor expenditure and remuneration for members of rural economic collectives* (2) 指工作日 *workday*

【劳动生产率】 láodòng shēngchǎnlǜ *labor productivity；productivity*

【劳动手段】 láodòng shǒuduàn *means (or instruments) of labor*

【劳动英雄】 láodòng yīngxióng 国家授予的在生产中有特殊成绩的人的光荣称号 *labor hero*

【劳动者】 láodòngzhě （名）参加劳动，并以自己的劳动收入为生活资料主要来源的人，有时专指参加体力劳动的人 *worker；laborer*

【劳动资料】 láodòng zīliào 同 "劳动手段" láodòng shǒuduàn *same as "劳动手段" láodòng shǒuduàn*

【劳顿】 láodùn （形）〈书〉劳累 *fatigued；wearied*

【劳方】 láofāng （名）指私营工商业中的职工一方。和 "资方" 相对 *labor (as opposed to "capital")*

【劳改】 láogǎi （动）"劳动改造" 的简称 *abbreviation for "劳动改造"*

【劳工】 láogōng （名）过去称工人为劳工 *laborer (a term used in the old society)*

【劳驾】 láo=jià 〈口〉请别人帮忙的客气话 *May I trouble you...? Would you mind...?*：~，请让让路。~, qǐng ràngrang lù. *Excuse me, would you mind letting me pass?* / ~，请替我买一张车票。~, qǐng tì wǒ mǎi yì zhāng chē piào. *Excuse me, would you mind buying a ticket for me?* / 劳您驾，帮我拿一下这个箱子。Láo nín jià, bāng wǒ ná

yíxià zhège xiāngzi. *Would you mind helping me carry this case?* /～，您知道邮局在哪儿吗？，nín zhīdao yóujú zài nǎr ma? *Excuse me, do you know where the post office is?*

【劳教】láojiào（动）"劳动教养"的简称 *abbreviation for "劳动教养"*

【劳苦】láokǔ（形）〈书〉劳累辛苦 *toil-worn*

【劳累】láolèi（形）因劳动过度而感到疲乏 *tired; exhausted; fatigued*

【劳力】láolì（名）（1）体力劳动时所用的气力 *labor force*（2）有劳动能力的人，同"劳动力"láodònglì *same as "劳动力"* láodònglì：他可是个好～。Tā kě shì ge hǎo ～. *He's really a good worker.*

【劳碌】láolù（动）〈书〉辛苦忙碌 *filled with toil*：近来终日～，疲惫不堪。Jìnlái zhōngrì ～, píbèi bù kān. *Recently I've been working so hard every day that I find I'm utterly exhausted.* /他～一生，最近才退休。Tā ～ yìshēng, zuìjìn cái tuì xiū. *He has worked hard all his life and has only recently retired.*

【劳民伤财】láo mín shāng cái 既使人劳苦，又损耗财物 *waste manpower and material resources*：结婚时大摆酒席，真是～，毫无意义。Jié hūn shí dà bǎi jiǔxí, zhēn shì ～, háo wú yìyì. *Putting on a big feast when getting married is really a terrible meaningless waste of manpower and material resources.*

【劳模】láomó（名）"劳动模范"的简称 *abbreviation for "劳动模范"*

【劳神】láo=shén 耗费精神 *exert oneself*：您有病，应该好好休息，别多～。Nín yǒu bìng, yīnggāi hǎohǎo xiūxi, bié duō ～. *You're sick, so you'd better rest and take it easy.*

【劳务】láowù（名）〈经〉指不以实物或金钱而以劳动的形式满足他人的某种特殊需要，为服务性行业的工作人员的劳动称为劳务 *(import or export) labor*

【劳务出口】láowù chūkǒu 非物质的出口。主要包括劳动力、科技知识、文化艺术、海空运输服务等 *export of labor*

【劳务合作】láowù hézuò 通过商务关系，有组织有计划地承包~出国外收费工程项目或为外国承包商提供劳务 *labor cooperation*

【劳燕分飞】láo yàn fēn fēi "东飞伯劳西飞燕"是一句古诗，伯劳是一种鸟，伯劳向东飞，燕子向西飞，比喻人和人离别 *be like birds flying in different directions; part; separate*

【劳役】láoyì（名）指强迫的劳动 *forced labor; penal servitude*

【劳逸结合】láo yì jiéhé 劳动和休息两方面安排得当 *alternate work with rest and recreation*

【劳资】láozī（名）资本主义企业中的工人和资本家 *labor and capital*：～关系 ～ guānxi *relations between labor and capital* / ～双方 ～ shuāngfāng *the two parties, labor and capital* / ～纠纷 ～ jiūfēn *dispute between labor and capital*

牢 láo
（名）监狱 *prison; jail*（形）牢固 *firm; secure; fast*：这个扣子没钉～，再钉两针。Zhège kòuzi méi dìng ～, zài dìng liǎng zhēn. *This button isn't sewn on properly. You'd better add a couple of more stitches.* /他～～地拉住绳子向上爬。Tā ～～ de lāzhu shéngzi xiàng shàng pá. *He climbed up pulling the rope tightly.*

【牢不可破】láo bù kě pò 非常坚固，不可摧毁 *indissoluble; indestructible*：这座城堡是～的。Zhè zuò chéngbǎo shì ～ de. *This castle is indestructible.* /我们的友谊是～的。Wǒmen de yǒuyì shì ～ de. *Our friendship is indestructible.*

【牢房】láofáng（名）监狱里关犯人的房间 *prison cell*

【牢记】láojì（动）牢牢地记住 *remember well; keep firmly in mind*：～历史教训 ～ lìshǐ jiàoxùn *keep in mind the lessons taught by history*

【牢固】láogù（形）结实，坚固 *firm; strong*：房基很～。Fángjī hěn ～. *The foundation of the building is very sturdy.*

【牢靠】láokào（形）（1）结实，坚固，因而是可靠的 *solid; firm*：脚手架搭得很～。Jiǎoshǒujià dā de hěn ～. *The scaffolding is firmly in place.* （2）（办事）稳妥，可以信任 *reliable; dependable*：他办事十分～。Tā bàn shì shífēn ～. *He is really dependable when it comes to handling things.*

【牢骚】láosāo（名）委屈不满的情绪 *complaint*：发～ fā ～ *grumble* / 他有一肚子的～。Tā yǒu yí dùzi de ～. *He is full of complaints.*

唠 〔嘮〕láo

【唠叨】láodao（动）〈口〉没完没了地说 *chatter*：算了，别～了。Suàn le, bié ～ le. *Okay, that's enough of your chattering.* /一点儿小事，她一起没完。Yìdiǎnr xiǎo shì, tā yì qǐ méi wán. *She's always going on and on incessantly about some small thing.* （形）说起话来没完没了，使人厌烦 *garrulous; loquacious*：你这人真～。Nǐ zhè rén zhēn ～. *You really do talk a lot.* /她唠唠叨叨说了半天，也不知说了些什么。Tā láolaodāodāo shuōle bàntiān, yě bù zhī shuōle xiē shénme. *She rambled on for ages and I still don't know what she was talking about.*

lǎo

老 lǎo
（形）（1）年岁大的（与"少"、"幼"相对）*old; aged*：～同志 ～ tóngzhì *old comrade* / ～教授 ～ jiàoshòu *old professor* / 人～了，行动就不那么灵便。Rén ～ le, xíngdòng jiù bú nàme língbiàn. *When people get old they're no longer nimble anymore.* （2）经历久，有经验的 *experienced; veteran*：～干部 ～ gànbù *a veteran cadre* / 他才三十岁，却是个一工人了。Tā cái sānshí suì, què shì ge ～ gōngren le. *Although he's only thirty years old he's already an experienced worker.* （3）以前的，原来的 *former; original*：他还是～样子。Tā hái shì ～ yàngzi. *He still looks the same.* /这是我的～地址，现在已经搬家了。Zhè shì wǒ de ～ dìzhǐ, xiànzài yǐjīng bān jiā le. *This is my old address. I've moved now.* （4）陈旧 *old; outdated*：～式家具 ～ shì jiājù *old-fashioned furniture* / 这些机器太～了。Zhèxiē jīqì tài ～ le. *The machinery is too outdated.* （5）从很久以前就存在的 *having been in existence for a long time*：～朋友 ～ péngyou *old friend* / ～习惯 ～ xíguàn *old habit* / 我们是～邻居。Wǒmen shì ～ línjū le. *We are old neighbors.* （6）与"嫩"相对（*of food*）*tough; hard (as opposed to "嫩")*：芹菜～了，不好吃。Qíncài ～ le, bù hǎochī. *The celery is stringy and not very tasty.* /这牛肉太～，嚼不动。Zhè niúròu tài ～, jiáo bu dòng. *The beef is too tough. I can't chew it.* （7）〈口〉排行在最后的 *youngest*：～儿子 ～ érzi *youngest son*（头）用于称人、排行次序和一些动植物名称（*used as a term of address to indicate seniority among brothers and sisters, and in the names of some plants and animals*）：～大 ～ dà *eldest son* / ～二 ～ èr *second child* / ～张 ～ Zhāng *Lao Zhang* / ～王 ～ Wáng *Lao Wang* / ～玉米 ～ yùmǐ *corn*（名）老年人（多用于尊称）*old people*：林～ Lín ～ *term of respect for an old man named Lin* / 王～ Wáng ～ *term of respect for an old man named Wang* / 尊～爱幼 zūn ～ ài yòu *respect the elderly and love the young*（副）（1）表示某一动作一再重复，或某一状态持续不变 *constantly; always (doing sth.)*：这个人走路怎么～低着头？Zhège rén zǒu lù zěnme ～ dīzhe tóu? *Why does this person always lower his head when he's walking?* / 他怎么～逛商店？没工作吗？Tā zěnme ～ guàng shāngdiàn? Méi

gōngzuò ma? *Why is he always browsing around in shops? Doesn't he work?* /我们俩一前一后走着，～保持一定的距离。Wǒmen liǎ yì qián yí hòu zǒuzhe，～ bǎochí yídìng de jùlí. *We walk one behind the other and always keep our distance.* /他～要学游泳，可是总没机会。Tā ～ yào xué yóuyǒng，kěshì zǒng méi jīhuì. *He has always wanted to learn how to swim but never gets the chance.* / 他干事儿～不慌不忙的。Tā gàn shìr ～ bù huāng bù máng de. *He never rushes when doing something.* /我～想搞科研，可是教学任务太重。Wǒ ～ xiǎng gǎo kēyán，kěshì jiàoxué rènwù tài zhòng. *I have always wanted to do scientific research but I have to do too much teaching.* "老"后面如是否定述语，强调这状态持续时间久 (*if "老" is followed by a negative verb, "老" emphasizes that a situation is maintained for a long time*)：我和弟弟～没见面了。Wǒ hé dìdi ～ méi jiàn miàn le. *My younger brother and I haven't seen each other for a long time.* /你怎么～不到我家来? Nǐ zěnme ～ bú dào wǒ jiā lái? *Why haven't you come to my home for such a long time?* 有时"没""不"或助动词放在"老"前或"老"后，意思不同 (*sometimes the meaning of the sentence changes when "没" or "不" or an auxiliary verb is placed before "老" and after "老"*)：我～不在这儿住，屋里有不少灰尘。Wǒ ～ bú zài zhèr zhù，wū li yǒu bù shǎo huīchén. *I haven't stayed here for a long time. The room is full of dust.* /我不～在这儿住，每星期三、六、日回家。Wǒ bù ～ zài zhèr zhù，měi xīngqīsān、liù、rì huí jiā. *I don't always stay here. I go home on Wednesdays, Saturdays, and Sundays.* /他～想在海边住下来写小说，可是总实现不了。Tā ～ xiǎng zài hǎibiān zhù xialai xiě xiǎoshuō，kěshì zǒng shíxiàn bu liǎo. *He has always wanted to live by the sea and write novels, but has never been able to do so.* / 他想～在海边住，不知道行不行。Tā xiǎng ～ zài hǎibiān zhù，bù zhīdào xíng bu xíng. *He wants to live forever by sea, but doesn't know whether he can do it or not.* /我们工作太重～，不能休息。Wǒmen gōngzuò tài zhòng ～ bù néng xiūxi. *Our workload is too heavy. We haven't rested for a long time.* /我们得工作了，不能～休息。Wǒmen děi gōngzuò le，bù néng ～ xiūxi. *We must work. We can't always be resting.* (2)有"很"的意思，表示程度高。所修饰的只限于少数单音节形容词 (*has the same meaning as "很" 很; indicates a high degree; only modifies a few monosyllabic adjectives*)：今天他～早就起来了。Jīntiān tā ～ zǎo jiù qǐlái le. *He got up very early today.* /他～大年纪了，别给他添麻烦了。Tā ～ dà niánjì le，bié gěi tā tiān máfan le. *He's very old. Don't make trouble for him.* /他留着～长的胡子。Tā liúzhe ～ cháng de húzi. *He has a very long beard.* /他走了～远了，你赶不上了。Tā zǒule ～ yuǎn le，nǐ gǎn bu shàng le. *He left a long time ago. You won't catch up to him.* /天都～晚了，他才回来。Tiān dōu ～ wǎn le，tā cái huílái. *He didn't come back until very late.*

【老百姓】lǎobǎixìng（名）〈口〉人民，居民（区别于军人和政府工作人员）*common people*

【老板】lǎobǎn（名）*proprietor; boss*

【老板娘】lǎobǎnniáng（名）老板的妻子 *proprietress*

【老伴儿】lǎobànr（名）〈口〉老年夫妇的一方（of an old couple）*husband or wife*

【老辈】lǎobèi（名）年长或辈分较高的人 *one's elders; old folks*

【老本】lǎoběn（名）（～儿）(1)做买卖时最初的本钱 *founding capital for a business*：把～都赔光了。Bǎ ～ dōu péiguāng le. *lose all one's capital* (2)指过去的功绩、资历、条件等 *past experience, glory, merit, etc.*：不要吃～，要立新功。Búyào chī ～，yào lì xīn gōng. *One should make new contributions and not just live off one's laurels.*

【老巢】lǎocháo（名）鸟的老窝，比喻匪徒盘踞、聚集的地方 *nest; den; lair*

【老成】lǎochéng（形）经历多，办事稳妥 *experienced; reliable*：少年～ shàonián ～ *young but steady* /～持重 ～ chízhòng *experienced and cautious*

【老粗】lǎocū（名）指没有文化的人,常用于自谦 *uneducated person*

【老搭档】lǎodādàng（名）多年合作从事某种活动的人（非正式的说法）*old partner; old workmate*

【老大难】lǎodànán（名）长期存在的很难解决的重大问题 *problem of long-standing difficulty*：官僚主义算是～问题了。Guānliáozhǔyì suàn shì ～ wèntí le. *Bureaucracy is an age-old problem.*

【老大娘】lǎodàniáng（名）〈口〉对年老的妇女的尊称（用于无亲属关系而又不太熟悉的）*respectful form of address for an old woman*

【老大爷】lǎodàye（名）〈口〉对年老的男子的尊称（用于无亲属关系而又不太熟悉的）*respectful form of address for an old man*

【老旦】lǎodàn（名）戏曲中扮演老年妇女的角色 *role of old woman in Chinese opera*

【老当益壮】lǎo dāng yì zhuàng 虽然老了而志气和干劲更大 *old but full of vigour*：吴老每天工作八小时，晚上还常常接待来访者，真是精力充沛。Wú lǎo měi tiān gōngzuò bā xiǎoshí，wǎnshang hái chángcháng jiēdài láifǎngzhě，zhēn shì jīnglì chōngpèi. *Wu works eight hours every day and often finds time to receive visitors in the evening. He certainly has a lot of energy for somebody that age.*

【老底】lǎodǐ（名）（～儿）个人的内部情况、底细（多指坏事）*exact details of sb.'s unsavory background*：揭～ jiē ～ *reveal the skeleton in sb.'s closet* / 把他的～全揭出来了。Bǎ tā de ～ quán jiē chulai le. *All the details of his unsavory background were revealed.*

【老调】lǎodiào（名）说过很多次使人厌烦的言论 *the same old story*：～重谈 ～ chóng tán *harp on the same old theme*

【老掉牙】lǎo diào yá〈口〉形容事物、言论等非常陈旧价值不大的 *very old; out of date; obsolete*：～的机器 ～ de jīqì *an obsolete machine* / 这辆汽车～了，没法修理。Zhè liàng qìchē ～ le，méi fǎ xiūlǐ. *This car is too old. There's no way it can be repaired.* / 我就会唱几个～的歌。Wǒ jiù huì chàng jǐ ge ～ de gēr. *I only know how to sing a few old songs.*

【老古董】lǎogǔdǒng（名）指古旧的器物，比喻思想陈腐守旧的人 *antique; old fogey*：他们家生活虽然有困难，但这几件～始终舍不得卖。Tāmen jiā shēnghuó suīrán yǒu kùnnan，dàn zhè jǐ jiàn ～ shǐzhōng shě bu de mài. *Although their family has financial problems, they are reluctant to part with these antiques.* /他是个～，很难接受新思想。Tā shì ge ～，hěn nán jiēshòu xīn sīxiǎng. *It's really difficult for this old fogey to accept any new ideas.*

【老好人】lǎohǎorén（名）〈口〉待人厚道、随和，原则性不强，不得罪人的人 *a person who tries never to offend others and is indifferent to matters of principle*

【老汉】lǎohàn（名）（只用于某些地区）(1)年老的男子 *old man* (2)年老男子的自称（*used to refer to oneself*）*an old fellow like me*

【老狐狸】lǎohúli（名）比喻非常狡猾的人（多指年纪较大的）*crafty old fellow*

【老虎】lǎohǔ（名）[只 zhī] *tiger*

【老虎钳】lǎohǔqián（名）[把 bǎ] *vice; pincer pliers*

【老花眼】lǎohuāyǎn（名）*presbyopia*

【老化】lǎohuà（动）（化）(*of rubber or plastic*) *perish; age*：这块塑料板已经～了。Zhè kuài sùliào bǎn yǐjīng ～ le. *This sheet of plastic has hardened.*

【老话】lǎohuà（名）(1)流传已久，经常引用的话 *old saying; adage*：～说"一朝遭蛇咬，十年怕井绳"。～ shuō "yì zhāo

zāo shé yǎo, shí nián pà jǐng shéng.*" There's an old saying which goes: "Once bitten, twice shy."* (2)(～儿)谈论过去事情的话 *remarks about the old days*：老人在一起总爱说些～。Lǎorén zài yīqǐ zǒng ài shuō xiē ～. *Old people like to talk about the old days when they get together.*

【老黄牛】lǎohuángniú（名）比喻勤勤恳恳尽力工作的人 *a hard-working person*

【老骥伏枥】lǎo jì fú lì 骥：好马，枥：马槽，养马的地方。老了的好马，虽然伏在马房中，仍想着出去驰骋。比喻人虽然年纪大了，但仍有雄心壮志 *old people may still cherish high aspirations*

【老家】lǎojiā（名）(1)指原来的籍贯 *native place*；*place of birth*：我生长在北京，～是上海。Wǒ shēngzhǎng zài Běijīng, ～ shì Shànghǎi. *I grew up in Beijing, but I was born in Shanghai.* (2)在外面定居的人称故乡的家庭 *home in native place*：在～他还有父母和弟弟。Zài ～ tā hái yǒu fùmǔ hé dìdi. *He still has his parents and younger brother back home.*

【老奸巨猾】lǎo jiān jù huá 形容世故深而十分奸诈狡猾的人 *a crafty old scoundrel*

【老茧】lǎojiǎn（名）*callous*

【老酒】lǎojiǔ（名）酒，特指绍兴酒 *wine (especially Shaoxing wine)*

【老辣】lǎolà（形）〈贬〉办事老练，手段狠毒 *ruthless (said of a person who will stop at nothing to achieve his own ends)*

【老练】lǎoliàn（形）阅历深，经验多，办事熟练稳妥 *experienced*

【老龄化】lǎolínghuà（动）指老年人占总人口的比例大。也指在领导班子中老年人占的比例过高 *ageification process; a large proportion of people in a population is old*

【老路】lǎolù（名）[条 tiáo]（1)过去走过的旧路 *old road* (2)指工作中的旧方法 *old way of doing things*

【老马识途】lǎo mǎ shí tú 老马能认识道路。比喻有经验的人对事情比较熟悉，能带领新手工作 *an old horse knows the way*；*(fig.) an experienced person knows the ropes*

【老迈】lǎomài（形）〈书〉年老，身体衰弱 *aged*；*senile*

【老谋深算】lǎo móu shēn suàn 周密的谋划，深远的打算。形容办事老练精明 *make every move only after mature deliberation*

【老奶奶】lǎonǎinai（名）(1)曾祖母 *(paternal) great-grandmother* (2)小孩子对年老老妇女的尊称 *a respectful term used by children in addressing old ladies*

【老年】lǎonián（名）六七十岁以上的年纪 *old age*：他今年六十八岁，早就进入～了。Tā jīnnián liùshíbā suì, zǎo jiù jìnrù ～ le. *He's sixty-eight this year, so he's already getting on in years.* / 青年人应当尊敬～。Qīngnián rén yīngdāng zūnjìng ～ rén. *The young should respect the elderly.*

【老年间】lǎoniánjiān（名）〈口〉从前(老年人叙旧时常用的) *in the old days*

【老牛破车】lǎo niú pò chē 比喻做事慢慢腾腾，像老牛拉破车一样 *an old ox pulling a broken-down cart——make slow progress*

【老农】lǎonóng（名）年老而有生产经验的农民 *old farmer*；*experienced peasant*

【老牌】lǎopái（形）(～儿)老商标(代表创制多年，质量好，被人信任的产品) *old brand*：飞鸽自行车可是～货。Fēigē zìxíngchē kě shì ～ huò. *"Feige" is an old and respected name among cyclists in China.*

【老婆子】lǎopózi（名）(1)年老的妇女(有厌恶意) *old biddy* (2)丈夫称妻子(用于老年人) *my old lady*

【老婆】lǎopo（名）〈口〉妻子 *wife*

【老气横秋】lǎo qì héng qiū (1)形容人摆老资格，自以为了不起的样子 *arrogant on account of one's seniority* (2)形容人暮气沉沉没有朝气的样子 *old and lifeless*；*lacking youthful vigour*

【老气】lǎoqi（形）(1)老成的样子 *like an old man*：他年纪不大，可是说话办事都很～。Tā niánjì bú dà, kěshì shuō huà bàn shì dōu hěn ～. *He's not very old, but he speaks and acts like an old man.* (2)服装等颜色暗，样式旧 *(of clothes, etc.) dark and old-fashioned*：这件蓝上衣太～了，你穿不合适。Zhè jiàn lán shàngyī tài ～ le, nǐ chuān bù héshì. *The color and style of that blue jacket don't suit you at all. It's too dark and old-fashioned.* /这衣柜的样子有些～。Zhè yīguì de yàngzi yǒuxiē ～. *This closet is kind of old-fashioned looking.*

【老前辈】lǎoqiánbèi（名）对同行里年纪较大、资格较老、经验较丰富的人的尊称 *senior*：在医学界他可算是我们的～了。Zài yīxuéjiè tā kě suàn shì wǒmen de ～ le. *He is certainly considered our senior in the field of medicine.*

【老区】lǎoqū（名）即老解放区。指1949年10月中国全国解放以前已经解放并建立革命政权的地区 *old liberated area*

【老人家】lǎorénjia（名）〈口〉对老年人的尊称 *a respectful form of address for old people*：您～今年多大年纪? Nín ～ jīnnián duō dà niánjì? *Sir, may I ask your age?* / 那位～在世时可精明了。Nà wèi ～ zài shì shí kě jīngmíng le. *He was really clever when he was alive.*

【老弱残兵】lǎo ruò cánbīng 原形容没有战斗力的军队，现多比喻因年老或体弱而工作能力较差的人，常用于非正式场合 *a remaining handful of troops who are too old or too weak to fight*；*old and weak persons*

【老少】lǎoshào（名）◇ 老年人和少年人 *the old and the young*：男女～齐努力。Nánnǚ ～ qí nǔ lì. *Men, women, the old, and the young are all working together.* / 我们全家～都欢迎您来玩儿。Wǒmen quán jiā ～ dōu huānyíng nín lái wánr. *Our whole family welcomes you to come and visit.*

【老生】lǎoshēng（名）戏曲中扮演中年以上男子的角色 *middle-aged and old man role in Chinese opera*

【老生常谈】lǎo shēng cháng tán 原指老书生的平凡议论，今人们听惯了的平淡无奇的话 *platitude*；*truism*

【老师】lǎoshī（名）(1)教师。也泛指学识上值得效法的人 *teacher* (2)学生对教师的称呼 *term of address for a teacher*：李～，我明天要请假陪母亲去看病。Lǐ ～, wǒ míngtiān yào qǐng jià péi mǔqīn qù kàn bìng. *Sir, I can't come to school tomorrow because I have to take my mother to the doctor's.*

【老式】lǎoshì（形）旧的式样 *old-fashioned*

【老实】lǎoshi（形）(1)(说话、做事、为人等)真诚，不虚假 *simple and honest*：当～人，说～话，做～事。Dāng ～ rén, shuō ～ huà, zuò ～ shì. *Be an honest person, speak the truth and behave honestly.* /他为人忠厚。Tā wéirén zhōnghòu. *He is honest and tolerant in his dealings with others.* (2)守规矩的，不做惹人讨厌的事 *behave oneself*：这孩子真～，从不打架骂人。Zhè háizi zhēn ～, cóng bù dǎ jià mà rén. *This child is really well-behaved and never fights or swears at people.* /女孩子比男孩子～多了。Nǚ háizi bǐ nán háizi ～ duō le. *Girls are much better behaved than boys.*

【老实说】lǎoshi shuō 表示个人的真实意见、态度或看法；常居句首，也可在句中作插入语 *to be frank*；*to tell you the truth (usu. placed at the beginning of a sentence, but may also be used within a sentence to serve as a parenthesis)*：～，对他的这种作法我是不赞成的。～, duì tā de zhè zhǒng zuòfǎ wǒ shì bú zànchéng de. *To be frank, I don't agree with this way of his.* /这种人你根本没法跟他合作。～, zhè zhǒng rén nǐ gēnběn méi fǎ gēn tā hézuò. *Honestly, there's just no way you can cooperate with this kind of person.* /对于王教授的才干，～，我是打心眼里佩服的。Duìyú Wáng jiàoshòu de cáigàn, ～, wǒ shì dǎ xīnyǎnlǐ pèifu de.

To tell you the truth, I have the utmost admiration for Professor Wang. 有时,也说"老实讲",意思与"老实说"一样 ("老实讲" is sometimes also said; the meaning is the same as "老实说");老实讲,他的那点水平承担不了领导工作。Lǎoshí jiǎng, tā de nà diǎnr shuǐpíng chéngdān bu liǎo lǐngdǎo gōngzuò. Honestly, he can't take on the responsibility of leadership with that low level of his. 参看"说实在的" see "说实在的"

【老是】lǎoshì (副) 同"老" lǎo (1) same as "老" lǎo(1):这孩子见了人不爱说话,～笑。Zhè háizi jiànle rén bú ài shuō huà,～xiào. This child doesn't say much when he meets people. He just smiles. /她脸色～那么苍白,是不是有病? Tā liǎnsè ～ nàme cāngbái, shì bu shì yǒu bìng? Her face is always so pale. Is she ill or what? /你怎么～戒不了烟哪! Nǐ zěnme ～ jiè bu liǎo yān na! Haven't you been able to quit smoking yet? /他的屋子里～没人,不知他去哪儿了。Tā de wūzi li ～ méi rén, bù zhī tā qù nǎr le. There is never anyone in his room. I don't know where he went. /他～不来上课,什么也不会。Tā ～ bù lái shàng kè, shénme yě bú huì. He never comes to class, so he can't do anything. 注意:否定副词"不""没"与"老是"一起用时,只表示某一状态的不变,如上边两例,没有表示时间长久的意思,因此,有些句子"老是"不能代替"老"(Note: when the negative adverbs "不" or "没" is used together with "老是", this merely indicates that there has been no change in a situation as in the above two examples, it does not indicate a long period of time; therefore, "老是" cannot replace "老" in some sentences):"我老没见他了。"(指很长时间)"I haven't seen him for a long time." 不能说"我老是没见他了。"/"你怎么老不来了?"(指很长时间)"Why haven't you come here for so long?" 不能说"你怎么老是不来了了?"

【老手】lǎoshǒu (名) 对做某事富有经验的人 old hand; veteran; experienced person:他是种庄稼的～。Tā shì zhòng zhuāngjia de ～. He is an old hand at growing crops. /老陈是修汽车的～。Lǎo Chén shì xiū qìchē de ～. Lao Chen is experienced in repairing automobiles.

【老鼠】lǎoshǔ (名) [只 zhī] mouse; rat

【老鼠过街,人人喊打】lǎoshǔ guò jiē, rénrén hǎn dǎ 比喻对坏人坏事,人人都痛恨反对 a rat running across the street with everyone yelling "kill it"; (fig.) sb. or sth. hated and attacked by everybody

【老死不相往来】lǎo sǐ bù xiāng wǎng lái 形容彼此之间从来没有来往 not visit each other all their lives; never be in contact with each other

【老太婆】lǎotàipó (名) 老年妇女(不太尊敬) old woman (not respectful)

【老太太】lǎotàitai (名) (1)对老年妇女的尊称 form of address or term denoting respect for an old woman (2)尊称别人的母亲(也对人称自己的母亲或婆婆) term denoting respect for another person's mother (also used to refer to one's own mother or mother-in-law):我听我们～说要和你们一块儿去买东西。Wǒ tīng wǒmen ～ shuō yào hé nǐmen yíkuàir qù mǎi dōngxi. I heard my mother say that she was going to go shopping with your mother.

【老太爷】lǎotàiyé (名) 旧社会对有地位人家的老年男子的尊称 form of address denoting respect for an elderly man holding a high position in the old society

【老天爷】lǎotiānyé (名)〈口〉迷信的人对天上的神的尊称。常用来指天或大自然 God; Heavens:有了井,修好渠,不怕～不下雨。Yǒule jǐng, xiūhǎo qú, bú pà ～ bú xià yǔ. Once we have a well and build a canal, we won't need to worry about whether it rains or not.

【老头儿】lǎotóur (名) 老年男子,有亲切感,不用来作称呼 an old man; old chap:这几个～每天早上都到这儿来打太极拳。Zhè jǐ ge ～ měi tiān zǎoshang dōu dào zhèr lái dǎ

tàijíquán. These old guys always come here every morning to practise taiji quan.

【老头子】lǎotóuzi (名) (1)老年男子(含厌恶意) old fogey; old codger (2)老年人中妻子称丈夫 my old man (used by wife)

【老顽固】lǎowángù (名) 思想守旧,不接受新事物的人 old stick-in-the-mud; old diehard

【老翁】lǎowēng (名)〈书〉旧时称老年男子 old man

【老乡】lǎoxiāng (名) (1)同乡 fellow-townsman; fellow villager:小王是我的～,都是湖南人。Xiǎo Wáng shì wǒ de ～, dōu shì Húnán rén. Xiao Wang and I are from the same town. We are both from Hunan. (2)对不知姓名的农民的称呼 a term of address applied to a peasant whose name one doesn't know:～!请问去东村怎么走? ～! Qǐngwèn qù Dōng Cūn zěnme zǒu? Hey, mate! Can you tell me how to get to Dongcun village?

【老相】lǎoxiàng (形、非定) 相貌显得比实际年龄大 look older than one's age:这个人长得～,说是三十五岁,我看像四十五岁。Zhège rén zhǎng de ～, shuō shì sānshíwǔ suì, wǒ kàn xiàng sìshíwǔ suì. This guy says he's only thirty five, but he looks more like forty five to me. /年纪轻轻,头发花白了,显得～。Niánjì qīngqīng, tóufa huābái le, xiǎnde ～. The young man looks old for his age. His hair is already turning grey.

【老小】lǎoxiǎo (名) 老人和小孩,泛指家属 grown-ups and children (in a family):他带着一家～去海边休假了。Tā dàizhe yì jiā ～ qù hǎibiānr xiū jià le. He took the whole family off to the beach for a vacation.

【老羞成怒】lǎo xiū chéng nù 因羞愧到极点而发怒(含贬义) becomes very angry because one is ashamed or embarrassed

【老朽】lǎoxiǔ (形) (1)年龄大、思想陈腐 decrepit and behind the times (2)旧时老年人自称 old term of self address for an old man

【老爷爷】lǎoyéye (名) (1)曾祖父 great grandfather (2)小孩子对老年男子的尊称 grandpa (often used by children)

【老爷】lǎoye (名) (1)旧时对有权势的男人的称呼。现用来讽刺脱离群众、高高在上的人 a respectful form of address used in the past for a man from the upper classes, especially an official; now used ironically of those who keep aloof from the masses:～作风 ～ zuòfēng bureaucratic style of work /我们的干部是人民的公仆,而不是骑在人民头上的～。Wǒmen de gànbù shì rénmín de gōngpú, ér bú shì qí zài rénmín tóu shang de ～. Cadres are public servants, not overlords sitting on the backs of the people. (2)〈口〉外祖父 (maternal) grandfather; grandpa

【老一辈】lǎoyíbèi (名) 年老的一辈人 older generation:革命～ gémìng ～ older generation of revolutionaries / ～工人 ～ gōngrén veteran workers / ～学者 ～ xuézhě older generation of scholars

【老一套】lǎoyítào (名) 陈旧的一套,多指没有改变的旧习俗或工作方法,含贬义 (of habits, working methods) the same old way (derog.):时代在不断地发展,～行不通了。Shídài zài búduàn de fāzhǎn, ～ xíng bù tōng le. Using the same old methods just won't do in these times of continuous growth.

【老鹰】lǎoyīng (名) [只 zhī] hawk; eagle

【老油条】lǎoyóutiáo (名) 同"老油子"lǎoyóuzi same as "老油子" lǎoyóuzi

【老油子】lǎoyóuzi (名) 处世经验丰富、办事油滑的人 cunning old fox

【老玉米】lǎoyùmi (名) corn; maize

【老丈】lǎozhàng (名)〈书〉尊称年老的男子 respectful term of address for elderly man

【老账】lǎozhàng (名) [笔 bǐ] 旧的账目、过去的事情 old debts; long-standing debts:还欠着一笔～ hái qiànzhe yì bǐ

~ He still has a long-standing debt. /这件事情已经过去了,不要算~。Zhè jiàn shìqing yǐjīng guòqu le, búyào suàn ~. This matter is dead. It's best to bury it.

【老者】lǎozhě（名）〈书〉年老的男子 old man

【老子】lǎozi（名）〈口〉(1)父亲 father:这孩子长得真像他~。Zhè háizi zhǎng de zhēn xiàng tā ~. This child really looks like his father. (2)傲慢自大、鄙视对方或开玩笑时的自称（referring to oneself, shows arrogance or disdain; also may be said when joking):~才不听他那一套呢! ~ cái bù tīng tā nà yí tào ne! I'll be damned if I'll listen to his nonsense. /~ 今天要好好教训教训你。~ jīntiān yào hǎohāo jiàoxùn jiàoxun nǐ. Today I'm going to teach you a lesson you won't forget in a hurry.

【老总】lǎozǒng（名）(1)人民群众或下级对军事首长的亲切称呼 an affectionate form of address to a general or high-ranking commander of the PLA (2)旧时普通群众对官兵或警察的称呼 a form of address to a soldier in old days

姥 lǎo

【姥姥】lǎolao（名）〈口〉外祖母（maternal）grandmother; grandma

lào

涝〔澇〕lào

（动）雨水过多,淹了庄稼 be waterlogged:庄稼都~了。Zhuāngjia dōu ~ le. The crops have all become waterlogged. /地~了。Dì ~ le. The fields are waterlogged. (名)积在田地里过多的水 excessive water in the fields:防~fáng ~ prevent waterlogging /排~ pái ~ drain waterlogged fields

烙 lào

（动）(1)iron:用熨斗把衣服~一~。Yòng yùndǒu bǎ yīfu ~ yi ~. Iron the clothes. (2)把面食放在烧热的锅上使熟 cook in a pan:我刚~了一张饼,一起吃吧。Wǒ gāng ~le yì zhāng bǐng, yìqǐ chī ba. I've just made a laobing. Let's eat it together. (3)在牲畜身上或器物上烫上(火印) brand on cattle, or mark made on utensils:这个牧场的马都~上了记号。Zhège mùchǎng de mǎ dōu ~shangle jihao. All the horses in the pasture have been branded.

【烙饼】làobǐng（名）[张 zhāng] a kind of pancake made of unleavened dough

【烙铁】làotiě（名）(1)iron (for pressing clothes) (2)soldering iron

【烙印】làoyìn（名）在牲畜或器物上烫的记号,也比喻思想上不易磨灭的影响 brand or mark burned on cattle or utensils;（fig.）a lasting impression on one's mind:这匹马的身上有个~。Zhè pǐ mǎ de shēnshang yǒu yí ~. The horse has a brand on it. /封建意识在他的思想上留下了深刻的~。Fēngjiàn yìshí zài tā de sīxiǎng shang liúxià shēnkè de ~. Feudal consciousness has left a deep impression on his mind.

落 lào

（动）〈口〉(1)掉 fall; drop:花都~了。Huā dōu ~ le. The flowers have all dropped. (2)下降 go down; descend:鸟~在树上了。Niǎo ~ zài shù shang le. The bird landed in the tree. /手表~价了。Shǒubiǎo ~ jià le. Watches have fallen in price. /把帘子~下来 pull down:把帘子~下来 Bǎ liánzi ~ xialai. Pull the blind down. (3)留下,停留 stay:找个~脚的地方 zhǎo ge ~ jiǎo de dìfang find a place to stay /伤好以后,腿上~了一块疤。Shāng hǎo yǐhòu, tuǐshang ~le yí kuài bā. There was a scar left on his leg after the wound had healed. (5)受到,得到 get:他出了那

么大的力,最后还~了一顿埋怨。Tā chūle nàme dà de lì, zuìhòu hái ~le yí dùn mányuàn. He spent such a lot of energy but all he got in return was a pile of complaints. /他不能适应那里的气候,~了一身病。Tā bù néng shìyìng nàli de qìhòu, ~le yì shēn bìng. He couldn't adjust to the climate there and ended up getting sick. /在经营服装出口的几年中,他~下了不少钱。Zài jīngyíng fúzhuāng chūkǒu de jǐ nián zhōng, tā ~xiàle bù shǎo qián. He has made quite a lot of money from being in the clothing export business for several years. 另见 là; luò

【落色】lào=shǎi 布匹、衣服等退色 discolor; fade

lè

仂 lè

【仂语】lèyǔ（名）〈语〉词组 phrase

乐〔樂〕lè

（动）(1)高兴,欢喜 be happy; be delighted:别看他不笑,我知道他心里挺~的。Bié kàn tā bú xiào, wǒ zhīdao tā xīnli tǐng ~ de. You may not think so, but I know for a fact that he's really happy. (2)笑 laugh:~得合不上嘴 de hé bu shàng zuǐ grin from ear to ear /他一句话把大家都逗~了。Tā yí jù huà bǎ dàjiā dōu dòu~ le. His words made everyone laugh. 另见 yuè

【乐观】lèguān（形）optimistic; hopeful

【乐观主义】lèguānzhǔyì（名）optimism

【乐呵呵】lèhēhē（形）形容高兴的样子 extremely cheerful:她整天~的。Tā zhěng tiān ~ de. She's cheerful all day.

【乐极生悲】lè jí shēng bēi 快乐到极点的时候发生悲痛的事情 extreme joy gives rise to sorrow

【乐趣】lèqù（名）使人感到快乐的意味 delight; pleasure; joy:她认为在幼儿园工作有无穷的~。Tā rènwéi zài yòu'éryuán gōngzuò yǒu wúqióng de ~. She feels that she derives endless pleasure from working in the kindergarten.

【乐土】lètǔ（名）安乐的地方(佛教用语) paradise (Buddhist term)

【乐意】lèyì（助动）诚心愿意 be willing to; be ready to:我很~帮助您。Wǒ hěn ~ bāngzhù nín. I'd love to help you. /您若让他去,他准~。Nín ruò ràng tā qù, tā zhǔn ~. If you ask him to go, he'll do so willingly. /谁也不~去干这种事。Shuí yě bú ~ qù gàn zhè zhǒng shì. Nobody wants to do it. "不乐意"有时是不高兴的意思（"不乐意" sometimes means "displeased"）:你不去看他,他一定会不~的。Nǐ bú qù kàn tā, tā yídìng huì bú ~ de. If you don't go to visit him, he's sure to be displeased.

【乐于】lèyú（动）（对做某事）感到快乐 be glad to; be happy to:他很~到您家做客。Tā hěn ~ dào nín jiā zuò kè. He'd be glad to accept your invitation. /我非常~接受这项任务。Wǒ fēicháng ~ jiēshòu zhè xiàng rènwu. I'd be happy to accept the job.

【乐园】lèyuán（名）〈书〉快乐的园地(多用于名称) paradise（used as a title）:儿童~ értóng ~ children's paradise

【乐滋滋】lèzīzī（形）因满意而流露出喜悦的样子 contented; pleased

勒 lè

（动）〈书〉◇ 强制,强迫 force 另见 lēi

【勒令】lèlìng（动）用命令的方式强制人做某事 order sb. to do one's bidding

【勒索】lèsuǒ（动）〈书〉用威胁、强迫等手段向人要财物 extort:敲诈~ qiāozhà ~ practise blackmail and extortion/ 钱财~ qiáncái ~ extort money

le

了 **le** (助)(1)时态助词，用在动词后，表示完成。两个动词可共用一个"了"；动词后带宾语，"了"用在宾语前；动词若带结果补语，"了"用在补语后。否定形式是动词前加"没"或"没有"，"了"取消 (*an aspect particle used after a verb to indicate completion; one "了" can be used for two verbs; when a verb takes an object, "了" is placed before the object; if the verb takes a complement of result, "了" is placed after the complement; the negative is made with "没" or "没有" before the verb, "了" is then left out*) ①到说话时为止已完成 (*indicates completion of an action at the time of speaking*)：家里来～客。Jiā li lái～ kè. *We have a guest at home.* /客人都到齐了。Kèren dōu dàoqí～. *The guests have all arrived.* /门前有～马路。Mén qián yǒu～ mǎlù. *There is a road before the gate now.* /饭吃完～没有?—— 没吃完。Fàn chīwán～ méiyou? —— Méi chīwán. *Have you finished eating yet?* —— *Not yet.* /会上讨论并通过～这个方案。Huì shang tǎolùn bìng tōngguò～ zhège fāng'àn. *This plan was discussed and passed at the meeting.* /他病～三天。Tā bìng～ sān tiān. *He was ill for three days.* ②表示将来完成 (*indicates completion in the future*)：晚上吃～饭我去找你。Wǎnshang chī～ fàn wǒ qù zhǎo nǐ. *I'll call on you after supper this evening.* /等他来～，咱们再走。Děng tā lái～，zánmen zài zǒu. *Let's wait until he has arrived before going.* ③表示假设完成 (*indicates an assumed completion*)：找到～对象可别对我保密啊。Zhǎodào～ duìxiàng kě bié duì wǒ bǎo mì a. *Don't keep it secret from me when you've found a girl friend.* /要是做完～你就可以走了，要是没做完你还可以做半小时。Yàoshi zuòwán～ nǐ jiù kěyǐ zǒu le, yàoshi méi zuòwán nǐ hái kěyǐ zuò bàn xiǎoshí. *If you've finished, you can go; but if you haven't finished yet, you can keep working for another half hour.* ④祈使句中某些单音动词后的表示完成的"了"，相当于动词的补语，否定形式是动词前加"别"或"不要"，"了"仍保留，动词要重读，"别""不要"轻读 (*the "了" indicating completion which follows some monosyllabic verbs in an imperative sentence serves as the verb's complement; the negative form before the verb is "别" or "不要", "了" is kept; the verb is stressed and "别" or "不要" is not*)：喝～这杯酒。Hē～ zhè bēi jiǔ. *Drink this glass of wine.* /扔～它。Rēng～ tā. *Throw it away.* /别扔～，还有用。Bié rēng～, hái yǒu yòng. *Don't throw it away. It's still useful.* /你趁早死～这条心吧。Nǐ chèn zǎo sǐ～ zhè tiáo xīn ba. *You had better give up the idea altogether.* ⑤一些非动词性的动词如"是、姓、认为、属于、好像、希望、需要、觉得、作为、企图、拥护、爱戴、包括、反对、关心"等，因为无所谓完成，所以不能加时态助词"了" (*certain non-action verbs such as "是, 姓, 认为, 属于, 好像, 希望, 需要, 觉得, 作为, 企图, 拥护, 爱戴, 包括, 反对, 关心", etc. cannot take the particle "了" which expresses completion because these actions cannot be completed*) (2)"了"作为语气助词，用在句尾，表示肯定语气，着重说明情况的变化。动词若带宾语，"了"用在宾语后。宾语可以是名词、代词、动词或小句 (*as a modal particle it is placed at the end of the sentence to express an affirmative tone of a change in a situation; if the verb takes an object, "了" is placed after the object; the object can be a noun, pronoun, verb or a clause*) ①表示情况变化 (*expresses a change in a situation*)：下雨～。Xià yǔ～. *It's raining.* /他现在也很关心儿子的学习成绩～。Tā xiànzài yě hěn guānxīn érzi de xuéxí chéngjì～. *He is now also showing concern for his son's school marks.* /听了你的解释我不反对这个计划～。Tīngle nǐ de jiěshì wǒ bù fǎnduì

zhège jìhuà～. *Now that I've heard your explanation, I'm not opposed to this plan any more.* /他没事干～。Tā méi shì gàn～. *He has nothing to do now.* /他出国～。Tā chū guó～. *He went abroad.* ②表示情况将要变化或新情况将要发生，前面常有副词"快"或"要""该"等助动词 (*indicates that a situation is about to change or a new situation is about to occur; often preceded by the adverb "快", or auxiliary verbs such as "要", "该", etc.*)：快下班～。Kuài xià bān～. *It's almost quitting time.* /该休息～。Gāi xiūxi～. *We ought to have a rest.* /要刮大风～。Yào guā dà fēng～. *It's going to be windy.* ③表示超过标准、限度，多用于形容词后，有"太"的意思 (*indicates that a standard or limit has been surpassed; usu. used after an adjective; has the same meaning as "太"*)：盐放多～，菜太咸。Yán fàngduō～, cài tài xián. *I added too much salt, so the dish is too salty.* /这件棉衣做厚～。Zhè jiàn miányī zuòhòu～. *This cotton-padded jacket was padded too thickly.* ④表示时间长或数量大而且情况还未结束 (*indicates that a situation has not yet ended despite a long passage of time or a large amount of sth.*)：他病了一星期～。Tā bìngle yì xīngqī～. *He has been ill for a week now.* /半年～他一封信也没写。Bàn nián～ tā yì fēng xìn yě méi xiě. *He hasn't written us a letter in six months.* /为买那些书，我花了四十多块钱～，还有几本不想买了。Wèi mǎi nàxiē shū, wǒ huāle sìshí duō kuài qián～, hái yǒu jǐ běn bù xiǎng mǎi le. *I spent forty yuan on those few books, but I don't think I'll buy them.* ⑤用于表示时点的名词后，有时间晚的意思 (*used after a noun denoting a point of time to indicate that it is late*)：星期六～，他该回来了吧。Xīngqīliù～, tā gāi huílai le ba. *It's already Saturday. He should have been back.* /春节～，我真想回家。Chūnjié～, wǒ zhēn xiǎng huí jiā. *It's the Spring Festival. I would really like to go home.* ⑥用于否定的祈使句尾，表示要求中止某一行动，句中"别""不要"重读，动词轻读 (*used at the end of a negative imperative sentence to indicate advice to discontinue an action; the "别" or "不要" in a sentence is stressed, the verb is not*)：不要谈～。Búyào tán～. *Stop talking about it.* /别喝酒～。Bié hē jiǔ～. *Stop drinking.* /别看～，快走吧! Bié kàn～, kuài zǒu ba! *Stop reading and go!* ⑦表示已经发生的某一件事 (*indicates that a matter has already occurred*)：我去找他，可是他上课去～。Wǒ qù zhǎo tā, kěshì tā shàng kè qu～. *I went to look for him, but he had already gone to class.* /昨天我把衣服都洗～。Zuótiān wǒ bǎ yīfu dōu xǐ～. *I washed all my clothes yesterday.* /组长来征求意见～，你们都不在。Zǔzhǎng lái zhēngqiú yìjiàn～, nǐmen dōu bú zài. *The group leader came to seek advice but you were all gone.* ⑧表示动作即将发生，用于祈使句及第一人称句尾 (*indicates that an action is about to occur; used at the end of an imperative sentence or a sentence in the first person*)：开演～，演员准备上场。Kāiyǎn～, yǎnyuán zhǔnbèi shàng chǎng. *The play is about to begin and the actors are getting ready to go on stage.* /吃饭～! Chī fàn～! *Dinner time!* /我走～，咱们明天见。Wǒ zǒu～, zánmen míngtiān jiàn. *I'm leaving now. See you tomorrow.* ⑨表示有把握的肯定语气 (*indicates an affirmative tone expressing certainty*)：这下你可达到目的～。Zhè xià nǐ kě dádào mùdì～. *You really reached your goal this time.* /王大夫用这种方法治好的病人不止一个～。Wáng dàifu yòng zhè zhǒng fāngfǎ zhìhǎo de bìngrén bùzhǐ yí gè～. *Doctor Wang has used this method to cure more than one patient. That's for sure.* /这谜语让你猜对～。Zhè míyǔ ràng nǐ cāiduì～. *You guessed this riddle right.* ⑩"了"在句尾，与表示极高程度的副词相呼应，多是感叹句 (*when "了" is placed at the end of a sentence and is used together with a superlative adverb, it usu. indicates an*

exclamatory sentence）：那幅画太生动～。Nà fú huà tài shēngdòng ～. *That painting is so vivid!* /你讲得太好～。Nǐ jiǎng de tài hǎo ～. *You spoke so well!* /这病使他痛苦极～。Zhè bìng shǐ tā tòngkǔ jí ～. *This illness made him go through sheer agony.* ⑪某些特殊简短用语是以"了"结尾的（*certain brief expressions end with "了"*）：算～，不要勉强他了。Suàn ～, búyào miǎnqiáng tā le. *That's enough!* /好～，就这样吧。Hǎo ～, jiù zhèyàng ba. *Okay, so be it.* /对～，我想起来了，那个人姓刘。Duì ～, wǒ xiǎng qǐlai le, nàge rén xìng Liú. *Right! I just remembered —— that person's surname is Liu.* /怎么～，你不舒服吗？Zěnme ～, nǐ bù shūfu ma? *What's the matter? Are you ill?* 另见 liao

lēi

勒 ˡēi（动）〈口〉用绳子等捆住或套住，再拉紧 *strap tight; rein in; strangle*：把捆背包的绳子～紧，要不就散开了。Bǎ kǔn bēibāo de shéngzi ～ jǐn, yàobù jiù sānkāi le. *Tie the rope that's holding the knapsack tightly, or it will come loose.* /领子太小了，～得难受。Lǐngzi tài xiǎo le, ～ de nánshòu. *The collar is too small. It's strangling me.* 另见 lè

擂 ˡēi（动）打 *hit; beat*：一拳把他～倒在地。Yì quán bǎ tā ～ dǎo zài dì. *He punched him to the ground.*

léi

累 〔纍〕léi 另见 lěi; lèi
【累累】léiléi（形）〈书〉连接成串 *in clusters; innumerable*：果实～guǒshí ～ *heavily laden with fruit* 另见 lěilěi
【累赘】léizhui（形）(1)（事情）麻烦、多余；（文字）不简练 *burdensome; cumbersome*：出差带那么多东西很～。Chū chāi dài nàme duō dōngxi hěn ～. *It's a real nuisance to take so many things when you go away on business.* /这段文字多余，文章显得～。Zhè duàn wénzì duōyú, wénzhāng xiǎnde ～. *This paragraph is superfluous, so that the whole article seems wordy.* (2)使人感到麻烦或负担重 *encumbering*：孩子太小，～得很。Háizi tài xiǎo, ～ de hěn. *When children are small they are a real nuisance.* （名）使人感到麻烦或负担重的事物 *nuisance*：孩子多是个～。Háizi duō shì ge ～. *Having a lot of children is a nuisance.* /长途旅行，这个箱子真是个～。Chángtú lǚxíng, zhège xiāngzi zhēn shì ge ～. *It's a real nuisance having this luggage when making a long trip.*

雷 léi（名）(1)*thunder* (2)（*mil.*）*mine*：扫～ sǎo ～ *sweep mines*
【雷暴】léibào（名）〈气〉*thunderstorm*：今天下午将有～。Jīntiān xiàwǔ jiāng yǒu ～. *There will be a thunderstorm this afternoon.*
【雷达】léidá（名）*radar*
【雷电】léidiàn（名）*thunder and lightning*
【雷动】léidòng（形）〈书〉形容声音像打雷一样 *thunderous*：欢声～ huānshēng ～ *thunderous cheers* /掌声～ zhǎngshēng ～ *thunderous applause*
【雷管】léiguǎn（名）［只 zhī］*detonator; detonating cap; blasting cap*
【雷厉风行】léi lì fēng xíng 像打雷一样猛烈，像刮风一样迅速，比喻办事严格而行动快 *act speedily and vigorously*：～的作风 ～ de zuòfēng *quick and effective working style*

【雷鸣】léimíng *thunderous; thundery*：电闪～ diànshǎn ～ *thunder and lightning* /一般的掌声～ ～ bān de zhǎngshēng *thunderous applause*
【雷声大，雨点小】léishēng dà, yǔdiǎnr xiǎo 比喻话说得很有气势或计划定得很宏伟，但实际行动很少或成效小 *all talk and no action*
【雷霆万钧】léitíng wàn jūn 形容威力极大 *as powerful as a thunderbolt*：没有～之力，难以推翻旧的社会制度。Méi yǒu ～ zhī lì, nányǐ tuīfān jiù de shèhuì zhìdù. *It would have been difficult to get rid of the old social system without a tremendous amount of force.*
【雷同】léitóng（形）打雷时引起共鸣，使许多东西产生回响。多指文字或语言与别人的相同（*of writing or speech*）*similar; the same*：这两篇文章在内容和结构上有许多～之处。Zhè liǎng piān wénzhāng zài nèiróng hé jiégòu shang yǒu xǔduō ～ zhī chù. *The content and structure of these two articles are similar in several respects.*
【雷雨】léiyǔ（名）*thunderstorm*
【雷阵雨】léizhènyǔ（名）*thunder shower*

镭 〔鐳〕léi（名）〈化〉*radium*

羸 léi（形）〈书〉瘦 *thin; skinny*
【羸弱】léiruò（形）〈书〉（身体）瘦弱 *thin and weak; frail*

lěi

垒 〔壘〕lěi（动）用砖、石等砌或筑 *build out of bricks, stones, etc.*：～墙 ～ qiáng *build a wall* /～猪圈 ～ zhūjuàn *build a pigsty*（名）◇战时防守的建筑物 *bastion; rampart*：两军对～ liǎng jūn duì ～ *two opposing armies encamped face to face* /深沟高～ shēn gōu gāo ～ *deep ditches and high bastions*
【垒球】lěiqiú（名）(1)一项体育运动 *baseball game* (2)［个 gè］*baseball*

累 〔纍〕lěi（动）重叠、堆积 *pile up; accumulate*：成年～月 chéngnián ～ yuè *for years on end*（副）屡次、连续 *repeatedly; continuously*：一～～建战功 ～ jiàn zhàngōng *have successive victories in battle* 另见 léi; lèi
【累积】lěijī（动）一点点增加，积聚 *accumulate*：别看每次开支不多，但一～起来就是个不小的数目。Bié kàn měi cì kāizhī bù duō, dàn yī ～ qǐlai jiù shì ge bù xiǎo de shùmù. *Though the expenses don't amount to much each time, they add up to quite a lot together.*
【累及】lěijí（动）〈书〉连累到 *implicate; involve; drag in*：犯错误是他个人的问题，不应～他的亲属。Fàn cuòwù shì tā gèrén de wèntí, bù yīng ～ tā de qīnshǔ. *His mistakes are his own problem and should have nothing to do with his relatives.*
【累计】lěijì（动）*add up*
【累进】lěijìn（动）〈数〉*progress; increase by arithmetic or geometric progression*：～税 ～ shuì *progressive tax* /～率 ～ lǜ *graduated rates*
【累累】lěilěi（形）〈书〉形容积累得多 *again and again; countless*：罪行～ zuìxíng ～ *commit countless crimes* /血债～ xuèzhài ～ *a long list of blood debts* 另见 léiléi

磊 lěi
【磊落】lěiluò（形）*open and forthright*：～的胸怀 ～ de

xiōnghuái *open and above-board*

蕾 lěi （名）◇ 花蕾 *flower bud*；棉～ mián ～ *cotton boll*

lèi

肋 lèi （名） *rib*
【肋骨】lèigǔ（名）[根 gēn、条 tiáo]*rib*
【肋膜炎】lèimóyán（名）〈医〉*pleurisy*

泪 lèi （名）*tears*
【泪痕】lèihén（名）眼泪流过后留下的痕迹 *tear stains*
【泪花】lèihuā（名）（～儿）含在眼里要流还没流下来的泪珠 *tears in one's eyes*
【泪水】lèishuǐ（名）〈书〉同"泪" lèi *same as* "泪" lèi
【泪汪汪】lèiwāngwāng（形）眼里充满了眼泪的样子 (*eyes*) *brimming with tears*
【泪珠】lèizhū（名）（～儿）一滴一滴的眼泪 *teardrop*

类 〔類〕lèi （名）种类 *kind*；*class*；*category*；*sort*：分门别～ fēn mén bié ～ *put into different categories*；*classify* / 在植物学上，这些植物是一～的，都是蕨～植物。Zài zhíwùxué shang, zhèxiē zhíwù shì yí ～ de, dōu shì jué ～ zhíwù. *In botany, these plants all belong to the same class. They are all pteridophytes.* / 两～矛盾的性质不同。Liǎng ～ máodùn de xìngzhì bù tóng. *The nature of the two classes of contradictions is different.* /这几～树种都是稀有的。Zhè jǐ ～ shùzhǒng dōu shì xīyǒu de. *These kinds of trees are rare.*
【类比】lèibǐ（动）根据两种事物在某些属性上的相同，推出它们在别的属性上也可能相同的推理 *analogy*
【类别】lèibié（名）不同的种类 *classification*；*category*：商品～ shāngpǐn ～ *commodity classification*
【类人猿】lèirényuán（名）样子和举动都像人的猿类 *anthropoid (ape)*
【类似】lèisì（形）大体相像 *similar*；*analogous*：～的现象很多。～ de xiànxiàng hěn duō. *There are many similar phenomena.* /两个地区的地理环境相～。Liǎng ge dìqū de dìlǐ huánjìng xiāng ～. *The two areas have a similar geographical environment.* /这篇文章和你写的那篇很～。Zhè piān wénzhāng hé nǐ xiě de nà piān hěn ～. *The paper you wrote is very similar to this one.*
【类推】lèituī（动）比照某一事物的道理或做法推出同类事物的道理和做法 *reason by analogy*；*draw an analogy*：货物的一级是最高级，二级要差一点，以此～，他想八级工人一定比七级工人低一级，其实正相反。Huòwù de yī jí shì zuì gāo jí, èr jí yào chà yìdiǎnr, yǐ cǐ ～, tā xiǎng bā jí gōngrén yídìng bǐ qī jí gōngrén dī yī jí, qíshí zhèng xiāngfǎn. *First class goods are the highest in quality, whereas second class goods are slightly inferior. He reasoned by analogy that an eighth class worker would be lower than a seventh class worker. In fact, the opposite is true.*
【类型】lèixíng（名）具有共同的性质、特点的事物所形成的类别 *type*；*class*：这种～的机器零件很难买到。Zhè zhǒng ～ de jīqì língjiàn hěn nán mǎidào. *Machine parts like this are hard to get.* /她俩是两种～的人。Tā liǎ shì liǎng zhǒng ～ de rén. *The two of them are different types of people.*

累 lèi （形）疲劳 *be tired*：我～极了。Wǒ ～ jí le. *I'm extremely tired.* （动）(1)使疲劳，劳累 *tire*；*fatigue*：你身体不好，

注意别～着。Nǐ shēntǐ bù hǎo, zhùyì bié ～ zhao. *Your health is not very good, so be careful not to tire yourself.* / 昨天他们一直爬到山顶，可把他～着了。Zuótiān tāmen yìzhí pádào shāndǐng, kě bǎ tā ～zháo le. *Their climb right up to the top of the mountain yesterday really tired him out.* (2)操劳 *work hard*；*exhaust*：～了一天，歇会儿吧。～ le yì tiān, xiē huìr ba. *You've been working hard all day, so you'd better take a rest.* 另见 lěi, léi

lei

嘞 lei （助）〈口〉是语气助词，多用在比较随便的场合，表示提醒注意，或用于应答、叫卖等，语气较轻快活泼 (*modal particle, used in an informal situation to indicate a reminder, or used in an answer or in a peddler's cry; has a brisk tone*)：下雨～，快收衣服吧! Xià yǔ ～, kuài shōu yīfu ba! *It's raining! Hurry, bring in the clothes!* / 大家坐好～，马上就要开会了。Dàjiā zuòhǎo ～, mǎshàng jiù yào kāi huì le. *Everybody, please be seated. The meeting will start in just a moment.* /卖苹果～，便宜～，一斤七毛～! Mài píngguǒ ～, piányí ～, yì jīn qī máo ～! *Apples for sale, real cheap! Seven jiao per jin!* /掌柜的，来碗热汤面。——好～，马上就得。Zhǎngguìde, lái wǎn rètāngmiàn. —— Hǎo ～, mǎshàng jiù dé. *Waiter, a bowl of hot noodles in soup! —— Right! coming up!* /您可别忘了多帮忙啊!——行～，您就放心吧。Nín gè bié wàngle duō bāng máng a! —— Xíng ～, nín jiù fàng xīn ba. *Don't forget to help me, please. —— Fine. You can rest assured.* 所有的"嘞"都可代以"了" (*in every case,* "嘞" *can be replaced by* "了")

léng

棱 léng （名）（～儿）(1)物体上不同方向的两个平面相连接的部分 *arris*；*edge*：桌子～都磨没了。Zhuōzi ～ dōu mómei le. *The edges of the table have all been worn down.* (2)物体上一条条凸起来的部分 *ridge*；*corrugation*：瓦～上长出了小草。Wǎ ～ shang zhǎngchūle xiǎo cǎo. *Grass is growing on the ridges of the tiled roof.*
【棱角】léngjiǎo（名）(1)棱和角 *edges and corners* (2)比喻人显出的锋芒或鲜明的观点 *sharp and outspoken*：这人敢做敢为，很有～。Zhè rén gǎn zuò gǎn wéi, hěn yǒu ～. *This guy is extremely sharp and outspoken and is afraid of nothing.*
【棱镜】léngjìng（名）*prism*
【棱柱体】léngzhùtǐ（名）〈数〉*pyramid*

lěng

冷 lěng （形）(1)温度低，感觉温度低（与"热"相对）*cold*：天气很～。Tiānqì hěn ～. *The weather is very cold.* /衣服穿少了，我觉得有点儿～。Yīfu chuānshǎo le, wǒ juéde yǒudiǎnr ～. *I feel a little cold with so little on.* (2)不热情的样子 (*of manner*) *cold*：他一～地点头一下头。Tā ～ de diǎn le yíxià tóu. *He nodded coldly.* /别对人～言～语的。Bié duì rén ～ yán ～ yǔ de. *Don't act so aloof towards others.*
【冷冰冰】lěngbīngbīng（形）(1)形容物体很冷 *cold*；*icy*：这块铁～的，拿在手里冰得慌。Zhè kuài tiě ～ de, ná zài shǒu li bīng de huang. *This piece of iron is too cold to handle.* (2)待人不热情、不温和的样子 (*of manner*) *cold*；*unenthusiastic*：一副～的面孔 yí fù ～ de miànkǒng *a poker face*/ 有些售货员对顾客～的。Yǒu xiē shòuhuòyuán duì

gùkè ~ de. *Some store clerks are cold towards their customers.*

【冷不防】lěngbufáng（副）表示事先没料到，出乎意外，突然。可用于主语前，有语音停顿 *unexpectedly；suddenly；by surprise（can be used before the subject；followed by a pause in speech）*：这孩子只顾低头跑，～，跌进路边的一个坑里了。Zhè háizi zhǐ gù dī tóu pǎo，~，diējìn lùbiān de yí ge kēng li le. *This child was absorbed in running with his head down when，suddenly，he fell into a roadside pit.* /我们走在林间小路上，～，一只野兔从眼前窜过去了。Wǒmen zǒu zài línjiān xiǎolù shang，~，yì zhī yětù cóng yǎnqián cuān guoqu le. *We were walking along a path in the woods when suddenly，before our eyes，a hare scurried across.* /他～踩在一块西瓜皮上滑倒了。Tā ~ cǎi zài yí kuài xīgua pí shang huádǎo le. *He suddenly stepped on a watermelon peel，and slipped and fell.* 有时，"冷不防"也作"猛不防"，可带"地(的)"（"冷不防" may sometimes also be said as "猛不防"；may take "地(的)"）：警察趁暴徒低头拾刀子时，猛不防地扑上去抓住了他。Jǐngchá chèn bàotú dī tóu shí dāozi shí，měngbùfáng de pū shangqu zhuāzhùle tā. *The police took advantage on the moment when the thug bent over to pick up the knife to catch him by surprise and seize him.*

【冷藏】lěngcáng（动）*keep in cold storage；refrigerate*

【冷场】lěng=chǎng（1）文艺演出中，演员迟到或忘记台词时造成的尴尬局面 *awkward silence on the stage when an actor enters late or forgets his lines*：今天彩排，出现了两次～。Jīntiān cǎipái，chūxiànle liǎng cì ~. *There were two embarassing pauses during the dress rehearsal today.*（2）开会时没人发言时的局面（*of meetings*）*awkward silence；embarassing pause*：大家发言很热烈，会上没～。Dàjiā fā yán hěn rèliè，huì shang méi ~. *Everybody spoke enthusiastically at the meeting. There were no awkward silences.*

【冷嘲热讽】lěng cháo rè fěng 尖刻辛辣的嘲笑和讽刺 *biting satire；cutting remarks*：他的发言，对同志不是友善的态度。Tā de fāyán，~，duì tóngzhì bú shì yǒushàn de tàidu. *His speech was full of sarcastic and cutting remarks and showed an unfriendly attitude.*

【冷淡】lěngdàn（形）（1）不热闹，不兴盛 *cheerless；desolate*：生意～shēngyì ~ *business is off*（2）不热情，不关心 *cold；indifferent*：他待人很～。Tā dài rén hěn ~. *He treats people very coldly.* /小王最近对集体的事情很～。Xiǎo Wáng zuìjìn duì jítǐ de shìqíng hěn ~. *Lately，Xiao Wang has been indifferent to the affairs of the collective.*（动）使受到冷遇 *be indifferent to；be apathetic to*：别～了客人。Bié ~ le kèrén. *Don't treat guests with indifference.*

【冷冻】lěngdòng（动）*freeze (food)*

【冷敷】lěngfū（动）〈医〉*cold compress*

【冷宫】lěnggōng（名）旧指君主安置失宠后妃的地方，现比喻存放不用的东西的地方 *limbo*

【冷汗】lěnghàn（名）*cold sweat*

【冷荤】lěnghūn（名）荤的凉菜 *cold meat dish；cold buffet*

【冷货】lěnghuò（名）不容易卖出去的货物 *goods not much in demand*

【冷加工】lěngjiāgōng（动）〈机〉*cold working*

【冷箭】lěngjiàn（名）乘人不备暗中射出的箭。比喻暗地害人的手段 *an arrow shot from an ambush；a stab in the back*：警惕坏人放～伤人。Jǐngtì huàirén fàng ~ shāng rén. *Watch out for those who attack from behind.*

【冷静】lěngjìng（形）沉着，稳重，不被一时的感情冲动所驱使 *calm；sober*：遇事要保持～。Yù shì yào bǎochí ~. *One should keep calm when problems crop up.* /情况越紧急，头脑越要～。Qíngkuàng yuè jǐnjí，tóunǎo yuè yào ~. *The more critical the situation，the more you must keep a level head.* /你～地想想，刚才那样说对吗？Nǐ ~ de xiǎngxiang，gāngcái nàyàng shuō duì ma? *Think about it*

sensibly. *Was it right to speak in that way?*

【冷库】lěngkù（名）*cold-storage*

【冷酷】lěngkù（形）（待人）苛刻，缺乏同情心 *grim；hardhearted；unfeeling*：小孩犯了错误，要耐心教育，不能～无情地打骂。Xiǎoháir fànle cuòwù，yào nàixin jiàoyù，bù néng ~ wúqíng de dǎ mà. *A child should not be mercilessly punished when he does something wrong，but should be taught patiently.*

【冷落】lěngluò（形）（1）僻静，不热闹 *desolate；deserted*：过去十分～的小镇，现在繁华起来了。Guòqù shífēn ~ de xiǎo zhèn，xiànzài fánhuá qilai le. *The small town which used to be deserted is now beginning to prosper.*（动）treat sb. coldly；slight sb.：他不停地跟大家寒暄、倒茶，唯恐～了谁。Tā bù tíng de gēn dàjiā hánxuān，dào chá，wéikǒng ~ le shuí. *He's been paying people compliments and pouring them tea，for fear that he might leave anyone out in the cold.*

【冷门】lěngmén（名）（～儿）比喻很少有人注意和研究的学科或工作等 *profession，trade or branch of learning that receives little attention*：他研究的课题是个～。Tā yánjiū de kètí shì ge ~. *He's studying a problem that has attracted little attention until now.*

【冷漠】lěngmò（形）（对人或事物）冷淡，不关心 *cold and detached；unconcerned；indifferent*

【冷暖】lěngnuǎn（名）指生活起居情况 *changes in one's living conditions*：关心群众的～ guānxīn qúnzhòng de ~ *Be concerned with the living conditions of the people.*

【冷盘】lěngpán（名）（～儿）盛在盘子里的凉菜 *cold dish；hors d'oeuvres*

【冷僻】lěngpì（形）（1）冷落偏僻 *deserted；out-of-the-way*：～的小巷 ~ de xiǎoxiàng *a back alley*（2）不常见的（字、词等）*rare；unfamiliar*：他的文章里总是用用一些～的词。Tā de wénzhāng li zǒng ài yòng yìxiē ~ de cí. *He always likes to use rarely used words in his writings.*

【冷气】lěngqì（名）*air conditioning*

【冷枪】lěngqiāng（名）冷不防从暗处射出的枪弹 *sniper's shot*

【冷清】lěngqīng（形）冷落、清静，寂寞，凄凉 *quiet and desolate；cheerless and cold*：月色笼罩下的原野显得格外～。Yuèsè lǒngzhào xià de yuányě xiǎnde géwài ~. *When the open country is flooded in moonlight it looks extraordinarily cold and cheerless.* /那么大的一套房子，只有两个人住，总觉得冷冷清清的。Nàme dà de yí tào fángzi，zhǐ yǒu liǎng ge rén zhù，zǒng juéde lěnglěngqīngqīng de. *With just two people living in such a large apartment，it always feels empty and cheerless.*

【冷却】lěngquè（动）(cause) to become cold；cooling

【冷若冰霜】lěng ruò bīngshuāng 形容人的态度冷淡、不温和，或态度严肃，使人难以接近 *as cold as ice (of sb.'s manner)*

【冷食】lěngshí（名）*cold drinks；ice-cream，etc.*

【冷水】lěngshuǐ（名）（1）*unboiled water*（2）见"泼冷水" pō lěngshuǐ *see "泼冷水" pō lěngshuǐ*

【冷飕飕】lěngsōusōu（形）形容风很冷 *chilly*：北风吹在身上～的。Běifēng chuī zài shēnshang ~ de. *It feels chilly when the north wind blows.*

【冷烫】lěngtàng（动）用药水烫发 *cold perm*

【冷笑】lěngxiào（动）*sneer；laugh scornfully*

【冷血动物】lěngxuè dòngwù（1）*cold-blooded animal；poikilothermal animal*（2）比喻没有感情的人 *an unfeeling person；a cold-hearted person*

【冷言冷语】lěng yán lěng yǔ 含有讽刺意思冷冰冰的挖苦别人的话 *sarcastic comments；ironical remarks*

【冷眼】lěngyǎn（名）（1）冷静客观的态度 *cool and objective attitude*：～观察周围的事物 ~ guānchá zhōuwéi de shìwù.

observe the surrounding in a cool and objective manner (2) 冷淡的态度 *cold and indifferent*：我去看他，他却～相待。Wǒ qù kàn tā, tā què ～ xiāng dài. *I went to see him, but he treated me coolly.* /我真不愿去看姨妈的～。Wǒ zhēn bú yuàn qù kàn yímā de ～. *I really don't feel like putting up with auntie's coolness and indifference.*

【冷眼旁观】lěngyǎn pángguān 用冷静或冷淡的态度在一旁观看 *look on coldly*：由于意见不一致，他一直～，而不参加进去一起干。Yóuyú yìjiàn bù yízhì, tā yìzhí ～, ér bù cānjiā jìnqu yìqǐ gàn. *Because our opinions differ, he just looks on coldly and doesn't work together.*

【冷饮】lěngyǐn（名）*cold drinks*

【冷遇】lěngyù（名）〈书〉冷淡的待遇 *cold shoulder*：我去帮助他，反而遭到他的～。Wǒ qù bāngzhù tā, fǎn'ér zāodào tā de ～. *I went to help him, but instead he gave me the cold shoulder.*

【冷战】lěngzhàn（名）*the cold war*

【冷战】lěngzhan（名）〈口〉因寒冷或害怕身子突然发抖 *shiver*（*from fear or cold*）：冻得我直打～。Dòng de wǒ zhí dǎ ～. *I was so cold I was shivering.*

lèng

愣 lèng

（动）注意力不集中，(因惊异)发呆 *distracted; stunned*：别～着，快来帮忙! Bié ～ zhe, kuài lái bāng máng! *Don't just stand there. Pitch in and give us a hand!* /他精神上受了刺激，两眼发～。Tā jīngshén shàng shòule cìjī, liǎng yǎn fā ～. *He went into a state of shock and just stood there staring blankly.* /突然接到母亲去世的电报，她～住了。Tūrán jiēdào mǔqin qùshì de diànbào, tā ～ zhu le. *When she unexpectedly received the telegram notifying her of her mother's death, she went into shock.*（形）说话做事不考虑后果，鲁莽 *rash; foolhardy; reckless*：你这人真～，修电灯怎么不切断电源? Nǐ zhè rén zhēn ～, xiū diàndēng zěnme bù qiēduàn diànyuán? *You really are an idiot, repairing the lamp like that without turning off the power.*

【愣头愣脑】lèng tóu lèng nǎo 形容说话做事不考虑后果，鲁莽地硬来 *foolhardy*：这个小伙子～的，说话不知轻重。Zhège xiǎohuǒzi ～ de, shuō huà bù zhī qīngzhòng. *This guy doesn't stop to think before he opens his mouth.*

lí

厘 lí

（量）(1)度量单位，一尺的千分之一，一两的千分之一，一亩的百分之一 *one thousandth of a "尺 chi"; one thousandth of a "两 liang"; one hundredth of a "亩 mǔ"*（2)利率单位 *a unit of interest rate*

【厘米】límǐ（量）*centimeter*

狸 lí

（名）◇ *racoon dog*

【狸猫】límāo（名）[只 zhī] *leopard cat*

离 [離] lí

（动）(1)离开 *leave; part from; be away from*：他明天～家去上海。Tā míngtiān ～ jiā qù Shànghǎi. *He's leaving for Shanghai tomorrow.* /他刻苦自学，一回到家就书不～手。Tā kèkǔ zìxué, yì huídào jiā jiù shū bù ～ shǒu. *He studies on his own and works hard at it, so that once he gets home a book never leaves his hand.*（2)缺少（多用于条件句或否定式）*without*（*usu. in a conditional clause or in the negative*）：王大爷～了拐杖行动十分困难。Wáng dàye ～le guǎizhàng xíngdòng shífen kùnnan. *It is really hard for*

Uncle Wang to get around without a walking stick. /他每顿饭都～不了辣椒。Tā měi dùn fàn dōu ～ bu liǎo làjiāo. *He can't do without hot pepper in his food.*（介）〈口〉意思、用法同"距" jù（*usage and meaning are the same as "距" jù*）(1)同"距" jù (1)，表示时间的差距 *same as "距" jù (1)*（*indicates an interval of time*）：现在～夏收还有一个月左右。Xiànzài ～ xiàshōu hái yǒu yí ge yuè zuǒyòu. *The summer harvest is about a month away from now.* /他现在才二十四岁，～他参军的时间不到五年。Tā xiànzài cái èrshísì suì, ～ tā cān jūn de shíjiān bú dào wǔ nián. *He's only twenty four now, so it hasn't yet been five years since he joined the army.* /班机～起飞只有二十分钟了。Bānjī ～ qǐfēi zhǐ yǒu èrshí fēnzhōng le. *There are only twenty minutes left before the flight's departure.* /这座楼～完工时间还早着呢。Zhè zuò lóu ～ wán gōng shíjiān hái zǎozhe ne. *The completion of the construction of this building is still a long way off.*（2）同"距" jù(2)，表示空间的差距 *same as "距" jù (2)*（*indicates an interval of space*）：我家～首都机场二十五公里。Wǒ jiā ～ Shǒudū Jīchǎng èrshíwǔ gōnglǐ. *My home is twenty-five kilometres from the capital airport.* /中国～日本很近，～意大利很远。Zhōngguó ～ Rìběn hěn jìn, ～ Yìdàlì hěn yuǎn. *China is close to Japan and far from Italy.* /侦察排长爬到与敌人碉堡只～十来米的地方甩出了手榴弹。Zhēnchá páizhǎng pádào yǔ dírén diāobǎo zhǐ ～ shí lái mǐ de dìfang shuǎichūle shǒuliúdàn. *The leader of the reconnaissance team crawled to a spot that was only about ten metres away from the enemy's blockhouse and threw a hand grenade.* /轮船行驶到～港口十四海里的海面上。Lúnchuán xíngshǐ dào ～ gǎngkǒu shísì hǎilǐ de hǎimiàn shang. *The ship sailed fourteen nautical miles out from the port onto the open sea.*（3）同"距" jù(3)，表示抽象的差距 *same as "距" jù (3)*（*indicates an abstract difference*）：他感到自己～一个真正的共产党员的标准还差得很远。Tā gǎndào zìjǐ ～ yí ge zhēnzhèng de gòngchǎndǎngyuán de biāozhǔn hái chà de hěn yuǎn. *He feels that he is still far from meeting the standards of a genuine Communist Party member.* /我们工作虽然有了成绩，但～祖国的要求还很远。Wǒmen gōngzuò suīrán yǒule xiē chéngjì, dàn ～ zǔguó de yāoqiú hái hěn yuǎn. *Although our work has had some results, it is still a long way from meeting the requirements of the motherland.* /他的业务能力～实际要求还有一定距离。Tā de yèwù nénglì ～ shíjì yāoqiú hái yǒu yídìng jùlí. *His professional skill still falls short of actual requirements.*

【离别】líbié（动）〈书〉与熟悉的人或地方长期分离 *part; leave*

【离合器】líhéqì（名）*clutch*

【离婚】lí＝hūn *get a divorce*

【离间】líjiàn（动）从中挑拨，使不团结 *sow discord between; drive a wedge between; alienate*（*persons*）*from each other*：挑拨～ tiǎobō ～ *incite one against the other*/他们兄弟两个感情很深，互相了解，企图～他们是办不到的。Tāmen xiōngdì liǎng ge gǎnqíng hěn shēn, hùxiāng liǎojiě, qǐtú ～ tāmen shì bàn bu dào de. *Those two brothers have strong feelings for each other and it is impossible for anyone to hurt their relationship.*

【离境】lí＝jìng 离开(某国)国境 *leave a country*

【离开】lí＝kāi 跟人或物分开，缺少 *leave; depart from; do without*：他昨天晚上乘火车～了北京。Tā zuótiān wǎnshang chéng huǒchē ～le Běijīng. *Last night he took the train out of Beijing.* /他十五岁就～父母，住进学生宿舍了。Tā shíwǔ suì jiù ～ fùmǔ, zhùjìn xuésheng sùshè le. *He left home when he was only fifteen and moved into a student dormitory.* /搞翻译工作离不开工具书。Gǎo fānyì gōngzuò lí bu kāi gōngjùshū. *When doing translations, you*

can't do without reference books.

【离奇】líqí（形）〈书〉（事件情节）不平常，少见而新奇 fantastic；odd；strange；extraordinary

【离散】lísàn（动·不及物）（因战乱等造成亲人之间）分散不能团聚 be separated from one another；be scattered（by war，natural disaster，etc.）：战争使多少个家庭亲人～。Zhànzhēng shǐ duōshǎo ge jiātíng qīnrén ～. A lot of family members are separated from one another because of war.

【离乡背井】lí xiāng bèi jǐng 多指（不得已）离开家乡，去外地生活 leave one's native place（often against one's will）

【离心离德】lí xīn lí dé 集体中的人不是一条心，思想、信念不一致，与"同心同德"、"一心一德"相对 discord；disunity（as opposed to "同心同德" or "一心一德"）

【离心力】líxīnlì（名）〈物〉centrifugal force

【离休】líxiū（动）离职休养的简称。是对新中国成立前参加革命的老干部的一项新的退休制度。干部离休后，基本政治待遇不变，生活待遇从优，和一般退休待遇不完全一样 a retirement plan for revolutionaries and old cadres（abbrev. of "离职休养"；different from ordinary retirement）

【离职】lí=zhí（1）暂时离开工作岗位 take leave from one's job：他～学习一年。Tā ～ xuéxí yì nián. He took a year's study leave.（2）离开工作岗位，不再回来 leave one's job：三个月无故不来上班，按～处理。Sān ge yuè wúgù bù lái shàng bān，àn ～ chǔlǐ. If one hasn't come to work without asking for leave for three months，he will be considered as having left for good.

【离子】lízǐ（名）〈物〉ion

梨 lí
（名）（1）pear（2）pear tree

犁 lí
（名）[张 zhāng] plow（动）用犁耕地 plow：～地 ～ dì till the soil

黎 lí

【黎黑】líhēi（形）同"黧黑" líhēi same as "黧黑" líhēi

【黎民】límín（名）〈书〉老百姓 the common people；the multitude

【黎明】límíng（名）天快亮或刚亮的时候 dawn；daybreak

篱 [籬] lí
（名）◇ 篱笆 fence；hedge：竹～茅舍 zhú ～ máoshè thatched cottage with a bamboo fence

【篱笆】líba（名）fence；hedge

黧 lí

【黧黑】líhēi（形）（脸色）黑（of complexion）dark

lǐ

礼 [禮] lǐ
（名）◇（1）由于风俗习惯形成的大家遵守的仪式 rite；ceremony：婚～ hūn ～ wedding；marriage ceremony／丧～ sāng ～ funeral（2）表示尊敬的动作 salute：学生给老师行个～。Xuésheng gěi lǎoshī xíng ge ～. The students gave the teacher a salute.（3）礼貌 courtesy：这样做有点失～。Zhèyàng zuò yǒudiǎnr shī ～. It is rather impolite to do that.（4）礼物 gift；present：送～ sòng ～ give a present；send a gift／不收～ bù shōu ～ refuse a present

【礼拜】lǐbài（名）（1）宗教徒的敬神活动（religious）service；church service：做～ zuò ～ attend a service；go to church（2）星期 week：寒假放三个～。Hánjià fàng sān ge ～. We

get three weeks off for the winter vacation.／上个～有二十节课，下～少两节。Shàng ge ～ yǒu èrshí jié kè，xià ～ shǎo liǎng jié. I had twenty classes last week，but next week I'll have two less.（3）跟"天（日）"、"一"、"二"、"三"、"四"、"五"、"六"连用，表示一星期中的某一天 one of the days of the week（used with "天" or "日"，and "一"，"二"，"三"，"四"，"五"，"六"）：今天～六，明天～天。Jīntiān ～ liù，míngtiān ～ tiān. Today is Saturday and tomorrow is Sunday.（4）礼拜天的简称 short for "礼拜天"：明天～，可以休息。Míngtiān ～，kěyǐ xiūxi. Tomorrow is Sunday，so we can take a rest.

【礼拜堂】lǐbàitáng（名）church

【礼宾司】lǐbīnsī（名）the Department of Protocol

【礼服】lǐfú（名）[套 tào] formal dress；full dress

【礼花】lǐhuā（名）在盛大节日的晚上为表示庆祝放的焰火 fireworks display at a celebration：放～ fàng ～ set off fireworks

【礼教】lǐjiào（名）中国封建社会统治阶级为维护封建等级制度，根据儒家思想制定的多种礼法条规和道德标准 feudal code of ethics；反对吃人的封建～。Fǎnduì chī rén de fēngjiàn ～. oppose the life-destroying feudal code of ethics

【礼节】lǐjié（名）表示尊敬、祝贺、哀悼等的各种惯用形式，如握手、献花、鸣笛、送挽联等 etiquette；formality；courtesy；protocol

【礼帽】lǐmào（名）[顶 dǐng] 跟礼服相配的帽子 a hat that goes with formal dress

【礼貌】lǐmào（名）言语动作谦虚恭敬的表现 politeness；manners；courtesy：讲文明，懂～。Jiǎng wénmíng，dǒng ～. pay attention to one's behavior toward others and act courteously／待人要有～。Dài rén yào yǒu ～. One should be courteous to others.

【礼炮】lǐpào（名）表示敬礼或举行庆祝典礼时放的炮 gun salute；salvo

【礼品】lǐpǐn（名）礼物 present；gift

【礼让】lǐràng（动）表示有礼貌的谦让 give precedence to sb. out of courtesy or thoughtfulness

【礼尚往来】lǐ shàng wǎng lái 在礼节上讲究有来有往。现指你怎样对待我，我就怎样对待你 courtesy demands reciprocity；treat sb. in the same way as he treats you

【礼堂】lǐtáng（名）auditorium；assembly hall

【礼物】lǐwù（名）present；gift

【礼仪】lǐyí（名）礼节和仪式 etiquette；rite；protocol

【礼遇】lǐyù（名）〈书〉有礼貌的待遇 polite reception；courteous reception：受到很高的～ shòudào hěn gāo de ～ be received with great courtesy

里 [裏] lǐ
（名·方）同"里面"límiàn（与"外"相对）same as "里面" límiàn（opposite of "外"）：俱乐部～都是些青年人。Jùlèbù ～ dōu shì xiē qīngnián rén. There are only young people in the club. 书本～写的不一定都正确。Shūběn ～ xiě de bù yídìng dōu zhèngquè. Everything written in books is not necessarily correct.／这个月～我没有请过假。Zhège yuè ～ wǒ méiyou qǐngguo jià. I didn't take any time off this month.／在政治、经济领域～都有些不正之风，需要认真加以纠正。Zài zhèngzhì、jīngjì lǐngyù ～ dōu yǒu xiē búzhèng zhī fēng，xūyào rènzhēn jiāyǐ jiūzhèng. There are some unhealthy tendencies in both the areas of politics and economics which should be checked.（名）（1）衣物等不露在外面的那一层 lining：我要做件大衣，面儿已经有了，还得买个～儿。Wǒ yào zuò jiàn dàyī，miànr yǐjīng yǒu le，hái děi mǎi ge ～r. I am going to make a coat. I already have the material for the outside，so all I need now is the lining.（2）纺织品的反面（和"面"相对）back；wrong side（as opposed to "面"）：这种布两面一样，无所谓～儿面儿。Zhè zhǒng bù

liǎng miàn yíyàng，wúsuǒwèi ～r miànr. *Both sides of this material are the same, so there is no right side or wrong side.* (量) a Chinese unit of length (=1/2km)：从这儿到颐和园约十～. Cóng zhèr dào Yíhéyuán yuē shí ～. *It's about five km. from here to the Summer Palace.*

【里边】lǐbiān (名·方) 在一定的时间、空间或某个范围之内 inside；in；within：假期～我看了几本小说。Jiàqī ～ wǒ kànle jǐ běn xiǎoshuō. *I read several novels during the vacation.* / 屋子～没有人。Wūzi ～ méi yǒu rén. *There is no body in the room.* /在日常生活～常遇到一些不愉快的事情。Zài rìcháng shēnghuó ～ cháng yùdào yìxiē bù yúkuài de shìqing. *In everyday life one often comes across unpleasant things.* /工作～出点问题也不足为怪 Gōngzuò ～ chū diǎnr wèntí yě bù zú wéi guài. *It is not at all surprising to meet problems in one's work.*

【里程】lǐchéng (名) (1)路程 mileage (2)(事物)发展的过程 course of development：革命的～ gémìng de ～ *the course of the revolution*

【里程碑】lǐchéngbēi (名) (1)设在道路旁边记载里数的标志 milestone (2)比喻历史发展过程中可以作为重要标志的大事(fig.) milestone：第一本小说的出版可以算这个作家创作生活的～. Dìyī běn xiǎoshuō de chūbǎn kěyǐ suàn zhège zuòjiā chuàngzuò shēnghuó de ～. *The publication of his first novel can be considered a milestone in this author's career.*

【里脊】lǐji (名) 牛羊猪脊椎骨内侧的条状嫩肉 tenderloin

【里间】lǐjiān (名) (～儿) [间 jiān] 相连接的几间屋子里，不直接通到房子外边的屋子 inner room

【里拉】lǐlā (名) lira

【里面】lǐmiàn (名·方) 同"里边"lǐbiān same as "里边" lǐbiān

【里手】lǐshǒu (名) (1)车或器械的左边 the left-hand side (of a running vehicle or machine) (2)内行 expert；old hand

【里通外国】lǐ tōng wàiguó 暗中勾结外国的反动势力或集团，进行危害、敌视自己国家的犯罪行为 have treasonous relations with a foreign country

【里头】lǐtou (名·方) 〈口〉同"里边"lǐbiān same as "里边" lǐbiān

【里屋】lǐwū (名) [间 jiān] 同"里间儿"lǐjiānr same as "里间儿" lǐjiānr

【里亚尔】lǐyà'ěr (名) rial (currency)

【里应外合】lǐ yìng wài hé (为夺取政权或攻下某一城镇等) 外面的人进攻，里面的人配合接应 in attacking from the outside, coordinate with forces on the inside

【里子】lǐzi (名) 同"里"lǐ (名)(1) same as "里" lǐ (名)(1)

俚 lǐ
(形) 〈书〉粗俗不雅 vulgar

【俚语】lǐyǔ (名) 〈书〉粗俗的或通行面很窄的方言词语 slang

理 lǐ
(名)◇ (1)物质组织的条纹 texture；grain (of wood, etc.)；木～清晰。mù ～ qīngxī clear grain (2)道理 reason；～应如此 ～ yīng rúcǐ ought to be so /有～走遍天下，无～寸步难行。Yǒu ～ zǒubiàn tiānxià，wú ～ cùn bù nán xíng. *With justice on your side, you can go anywhere; without it you can go nowhere.* (3)自然科学，有时指物理学 natural science；physics：～科 ～ kē natural sciences /数～化 shù ～ huà mathematics, physics and chemistry (动) (1)整理 put in order；tidy up：她用手一～头发 tā yòng shǒu yì ～ tóufa. *She smoothed her hair with her hand.* /把书报～得很整齐 Bǎ shūbào ～ de hěn zhěngqí. *The books and newspapers have been neatly tidied.* (2)对别人的言语行动有所反应 (多用于否定) pay attention to；take notice of (often used in the negative)：叫了你半天，你怎么不～我？Jiàole nǐ bàntiān, nǐ zěnme bù ～ wǒ? *I called you for ages. How come you didn't answer?* / 别～他，他喝醉了，在胡说。Bié ～ tā, tā hēzuì le, zài húshuō. *Don't take any notice of him. He's drunk and talking nonsense.* (3)管理，办理 manage；run：她善于～家。Tā shànyú ～ jiā. *She is good at housekeeping.* /他不会～事。Tā bú huì ～ shì. *He doesn't know how to handle things.*

【理睬】lǐcǎi (动) 同"理"lǐ (动)(2) same as "理" lǐ (动)(2)

【理发】lǐ=fà have a haircut：你这个发理得又好又快。Nǐ zhège fà lǐ de yòu hǎo yòu kuài. *They did a good job on your hair, and did it quickly.*

【理发馆】lǐfàguǎn (名) barbar shop；hairdresser's

【理发员】lǐfàyuán (名) barber；hairdresser

【理化】lǐhuà (名) 物理和化学的合称 physics and chemistry

【理会】lǐhuì (动) (1)注意 (多用于否定句) pay attention to (usu. in the negative)：这事他曾说起过，可当时我没～，现在记不清了。Zhè shì tā céng shuōqǐguo, kě dāngshí wǒ méi ～, xiànzài jì bu qīng le. *He mentioned this before, but at the time I didn't pay any attention to it. Now I don't remember it clearly.* (2)懂，了解 understand；comprehend：我完全～你的意思。Wǒ wánquán ～ nǐ de yìsi. *I understand exactly what you mean.* (3)理睬 (多用于否定句) take notice of；pay attention to (usu. in the negative)：她上午来吵了半天，但大家都没～她。Tā shàngwǔ lái chǎole bàntiān, dàn dàjiā dōu méi ～ tā. *She came and kicked up a fuss this morning, but nobody took any notice of her.*

【理解】lǐjiě (动) (对疑难问题或别人的处境、感情、意图等) 了解，领会 understand；apprehend；comprehend：这一段话我不大～。Zhè yí duàn huà wǒ búdà ～. *I don't quite get this paragraph.* /我很～你的苦衷。Wǒ hěn ～ nǐ de kǔzhōng. *I can understand your difficulties.* /你这样做的用意我至今也不～。Nǐ zhèyàng zuò de yòngyì wǒ zhìjīn yě bù ～. *I still don't understand why you did it that way.* /八岁的孩子～不了爸爸的心情。Bā suì de háizi ～ bu liǎo bàba de xīnqíng. *An eight-year-old child cannot understand the way his father is feeling.*

【理解力】lǐjiělì (名) faculty of understanding；understanding；comprehension：～很强 ～ hěn qiáng have very good understanding /～较差 ～ jiào chà have rather poor understanding

【理科】lǐkē (名) 教学上对数学、物理、化学、生物等学科的统称 natural sciences (as school subjects)

【理亏】lǐkuī (形) 理由不充足或言行不合道理 unjustifiable；in the wrong：感到～ gǎndào ～ feel that one is in the wrong /～气不壮 ～ qì bú zhuàng feel unconfident because one is in the wrong

【理疗】lǐliáo (名) 〈医〉物理疗法的简称 physiotherapy (abbrev. of "物理疗法")

【理路】lǐlù (名) 指文章或道理的条理 line of reasoning：文章～清楚。Wénzhāng ～ qīngchu. *The article's main points are clear.*

【理论】lǐlùn (名) theory

【理论家】lǐlùnjiā (名) theorist：他是个经济～. Tā shì ge jīngjì ～. *He's an economic theorist.*

【理屈词穷】lǐ qū cí qióng (争论中) 理由站不住脚被驳得无话可说 be unable to advance any more arguments in one's defense because one is in the wrong

【理事】lǐshì (名) member of a council；director：他是作家协会的～. Tā shì zuòjiā xiéhuì de ～. *He is on the council of the writers' association.*

【理顺】lǐshùn 把杂乱的东西或文字弄整齐或按顺序排列好 put sth. in order

【理所当然】lǐ suǒ dāngrán 按道理应当如此 only right and

natural; a matter of course:多劳多得,少劳少得,不劳不得,~。Duō láo duō dé, shǎo láo shǎo dé, bù láo bù dé, ~. It is only right and natural that one should get paid more for more work, less for less work, and nothing for no work at all.

【理想】lǐxiǎng（名）对未来的设想和希望(指有根据的,可以实现的,区别于空想、幻想) ideal; aspiration:他的~是当飞行员。Tā de ~ shì dāng fēixíngyuán. His dream is to be a pilot.（形)使人满意,符合希望的 ideal:你不可能找到比这更~的工作了。Nǐ bù kěnéng zhǎodào bǐ zhè gèng ~ de gōngzuò le. You can't find a more ideal job than this. /这件事情处理得很不~。Zhè jiàn shìqing chǔlǐ de hěn bù ~. This matter has not been handled satisfactorily.

【理性】lǐxìng（名）〈哲〉与"感性"相对,指人的思维活动处于判断、推理阶段 rational (as opp. to "感性"):~认识 ~ rènshi rational knowledge

【理由】lǐyóu（名）reason; ground; argument:你能谈谈这样做的~吗? Nǐ néng tántan zhèyàng zuò de ~ ma? Can you give your reasons for acting as you did? /他的要求毫无~。Tā de yāoqiú háowú ~. His demands are completely unreasonable. /他的~很充分。Tā de ~ hěn chōngfèn. His reasons are sufficient.

【理直气壮】lǐ zhí qì zhuàng 理由充分、正确,说话就有气势 be bold and self-confident because one feels justified:他的话说得~。Tā de huà shuō de ~. He speaks with great confidence. /我~地拒绝了他们的无理要求。Wǒ ~ de jùjuéle tāmen de wúlǐ yāoqiú. I boldly rejected their unreasonable demands.

【理智】lǐzhì（名）辨别是非、利害关系以及控制自己感情、行为的能力 sense; reason; intellect:丧失~ sàngshī ~ lose one's senses /缺乏~ quēfá ~ lack sense（形)合乎理智的 reasonable:这样做太不~了。Zhèyàng zuò tài bù ~ le. It is unreasonable to do it this way. /别感情用事,要~一点。Bié gǎnqíng yòng shì, yào ~ yìdiǎn. Keep your head and don't get carried away by your feelings.

锂〔鋰〕lǐ（名）〈化〉lithium

鲤〔鯉〕lǐ（名）◇鲤鱼 carp
【鲤鱼】lǐyú（名）[条 tiáo] carp

lì

力lì（名）(1)〈物〉（phys.）force (2)◇力量,能力,体力 power; strength; ability:论据无~ lùnjù wú ~ a weak argument /~不胜任 bú shèngrèn be unequal to one's task /高山上气候多变,可他适应~很强。Gāo shān shang qìhòu duō biàn, kě tā shìyìng ~ hěn qiáng. The climate is apt to change in the mountains, but he is extremely adaptable. /我感冒了,全身无~。Wǒ gǎnmào le, quán shēn wú ~. I've caught a cold and feel weak all over. /他干活儿不肯出~。Tā gàn huór bù kěn chū ~. He doesn't put any effort into his work.

【力不从心】lì bù cóng xīn 心里想做,但能力有限,做不到 one's abilities fall short of one's desires

【力场】lìchǎng（名）〈物〉field of force

【力点】lìdiǎn（名）〈物〉power (of a lever)

【力度】lìdù（名）音乐表演时音响的强度 dynamics

【力竭声嘶】lì jié shēng sī 力气用尽了,嗓子也喊哑了 shout oneself hoarse; shout oneself blue in the face

【力戒】lìjiè（动）极力防止或警惕(宾语多为形容词或动宾词组) strictly avoid; do everything possible to avoid; guard against (its object is usually an adjective or V-O phrase):~自满 ~ zìmǎn guard against arrogance /~急躁 ~ jízào guard against impetuosity /做工作~取巧,要小聪明。Zuò gōngzuò ~ tóujī qǔqiǎo, shuǎ xiǎocōngming. In one's work one should guard against opportunism and petty tricks.

【力量】lìliang（名）(1)力气 physical strength:他的拳头很有~,能把砖头砸碎。Tā de quántóu hěn yǒu ~, néng bǎ zhuāntóu zásuì. His fists are very strong. He can punch a brick into pieces. (2)能力 mental ability:我们将尽一切~来完成任务。Wǒmen jiāng jìn yíqiè ~ lái wánchéng rènwù. We will do everything we can to complete the task. (3)作用,效力 effect:这种驱虫药~很大。Zhè zhǒng qū chóng yào ~ hěn dà. This medicine is very effective in getting rid of parasites.

【力气】lìqi（名）人或动物筋肉的效能 strength; effort:他的~很大,能举起三百斤重的东西。Tā de ~ hěn dà, néng jǔ-qǐ sānbǎi jīn zhòng de dōngxi. He is very strong. He can lift a hundred and fifty kilos. /这匹老马没有多少~,连个人也驮不动。Zhè pǐ lǎo mǎ méi yǒu duōshǎo ~, lián ge rén yě tuó bu dòng. This old horse doesn't have much strength and can't even carry a person.

【力气活】lìqihuó（名）（~儿）需要花力气的体力劳动 heavy work; strenuous work

【力求】lìqiú（动）尽力要求得(宾语为双音节词或词组) do one's best; make every effort; strive (object is usu. disyllabic):用词要~准确。Yòng cí yào ~ zhǔnquè. One should try to be precise in one's use of words. /我们~所有产品合格。Wǒmen ~ suǒyǒu chǎnpǐn dōu hégé. We should do our best to see that all our products are up to standard.

【力所能及】lì suǒ néng jí 自己的能力所能做到的 in one's power:参加~的劳动 Cānjiā ~ de láodòng do the kind of work which is within one's power

【力图】lìtú（动）努力设法取得,极力打算(达到某种目的) try hard; strive:~挽回不利的局面 ~ wǎnhuí búlì de júmiàn try hard to change an unfavorable situation to one's advantage /~驳倒他们提出的理由 ~ bódǎo tāmen tíchū de lǐyóu try hard to demolish their argument

【力挽狂澜】lì wǎn kuáng lán 比喻尽力控制险恶的局势,使转危为安 spare no efforts to turn the tide

【力学】lìxué（名）mechanics

【力争】lìzhēng（动）(1)极力争取 struggle hard:~主动~ zhǔdòng do all one can to gain the initiative /~汛期到来之时把大坝建成。~ xùnqī dàolái zhī shí bǎ dàbà jiànchéng. work hard to finish building the dam by the time the flood season arrives (2)极力争辩 argue heatedly:据理~ jù lǐ ~ argue strongly on just grounds

【力争上游】lìzhēng shàngyóu 比喻极力争取先进 strive to be among the most advanced

历〔歷〕lì（动）◇经历,经过 go through; undergo; experience:~尽千辛万苦 ~ jìn qiān xīn wàn kǔ go through all kinds of hardships and suffering（名)〔曆〕◇历法 calendar

【历程】lìchéng（名）〈书〉经历的过程 course; progress:艰难的~ jiānnán de ~ a difficult course

【历次】lìcì（名）过去各次 various occasions, events, etc. in the past:~政治运动 ~ zhèngzhì yùndòng past political movements /两队在~比赛中各有胜负。Liǎng duì zài ~ bǐsài zhōng gè yǒu shèngfù. In past contests, each side has had its victories and defeats.

【历代】lìdài（名）过去的各个朝代 past dynasties; eras:~名人 ~ míngrén famous people through the ages

【历法】lìfǎ（名）用年、月、日计算时间的方法 calendar

【历届】lìjiè（名）过去各次（指定期的会议或毕业的班级等）*all previous sessions（of meetings）or past graduating classes*：～政治协商会议 zhèngzhì xiéshāng huìyì *all previous sessions of political consultative conferences* /～毕业班都照过集体合影。～ bìyèbān dōu zhàoguo jítǐ héyǐng. *All past graduating classes had group photographs taken.*

【历来】lìlái（名·时）从过去到现在 *from the past down to the present*：～的观点 ～ de guāndiǎn *a consistent point of view* /～的方针 ～ de fāngzhēn *a consistent policy* /人民群众～是历史的主人。Rénmín qúnzhòng ～ shì lìshǐ de zhǔrén. *The masses have always been the masters of history.* /我们～注意培养学生独立思考的能力。Wǒmen ～ zhùyì péiyǎng xuésheng dúlì sīkǎo de nénglì. *We have always paid attention to the development of independent thinking in our students.*

【历历】lìlì（形）〈书〉（事物或景象）一个一个非常清楚 *distinctly；clearly*：往事像电影一般～在目。Wǎngshì xiàng diànyǐng yìbān ～ zài mù. *Past events leap before the eyes just like a movie.* /细菌在显微镜下～可数。Xìjūn zài xiǎnwēijìng xià ～ kě shǔ. *Bacteria can be seen so clearly under a microscope that they can be counted.*

【历历在目】lìlì zài mù（物体、景象）一个个清楚地呈现在眼前 *appear vividly before one's eyes；flash clearly into one's mind*：幼年的遭遇，至今～。Yòunián de zāoyù, zhìjīn ～. *The bitter experiences of my childhood are still vivid in my memory.* /昨晚的那场电影真精彩，许多镜头还～。Zuówǎn de nà chǎng diànyǐng zhēn jīngcǎi, xǔduō jìngtóu hái ～. *That was a wonderful film I saw last night! Many of the shots are still vivid in my memory.*

【历年】lìnián（名）过去多少年 *over the years；in past years*：这份研究成果凝聚着他～的心血。Zhè fèn yánjiū chéngguǒ níngjùzhe tā ～ de xīnxuè. *Years of painstaking work is embodied in the results of this research.* /这是他～积累的资料。Zhè shì tā ～ jīlěi de zīliào. *This represents all the data that he has accumulated throughout his life.*

【历时】lìshí（动）〈书〉经历的时间 *last（a period of time）*：这座古塔的修复工作～两年。Zhè zuò gǔ tǎ de xiūfù gōngzuò ～ liǎng nián. *The restoration of this old pagoda took two years.*

【历史】lìshǐ（名）(1) *history*：中国有着悠久的～。Zhōngguó yǒuzhe yōujiǔ de ～. *China has a long history.* /他的～十分简单。Tā de ～ shífēn jiǎndān. *He has an extremely simple background.* /他从事出版工作已经有十年的～了。Tā cóngshì chūbǎn gōngzuò yǐjīng yǒu shí nián de ～ le. *He has already had ten years experience in the publishing field.* /这些不愉快的事已经是～了，不要再提了。Zhèxiē bù yúkuài de shì yǐjīng shì ～ le, búyào zài tí le. *These unfortunate events are already history, and should not be mentioned again.* (2) 以历史为内容的书 *history（book）*：我想借一本美国～看看。Wǒ xiǎng jiè yì běn Měiguó ～ kànkan. *I'm planning to borrow a book on American history and take a look at it.* (3) 历史学科 *history（discipline）*：他是个～教员。Tā shì gè ～ jiàoyuán. *He teaches history.*

【历史剧】lìshǐjù（名）*historical drama*

【历史唯物主义】lìshǐ wéiwùzhǔyì *historical materialism*

【历史唯心主义】lìshǐ wéixīnzhǔyì *historical idealism*

【历史学】lìshǐxué（名）(study of) *history*

【历书】lìshū（名）记录年、月、日和节气的书 *almanac*

厉〔厲〕lì

（形）严格，严肃，猛烈 *strict；rigorous*：声色俱～ shēngsè jù ～ *stern in both voice and countenance* /正言～色 zhèng yán ～ sè *severe in speech and countenance* /天寒风～ tiān hán fēng ～ *It is freezing and there's a strong wind.*

【厉害】lìhai（形）同"利害" lìhai（形）*same as "利害"* lìhai

（形）

【厉行】lìxíng（动）严格实行 *strictly carry out*：～国际公法 ～ guójì gōngfǎ *strictly enforce international law* /～安全措施 ～ ānquán cuòshī *strictly carry out safety measures*

【厉声】lìshēng（副）〈书〉（说话）声音或态度严厉 *stern tones；strict voice*：排球教练～说："照第一套方案打！" Páiqiú jiàoliàn ～ shuō: "Zhào dìyī tào fāng'àn dǎ!" *The volleyball coach ordered sternly: "Play to the first plan."*

立 lì

（动）◇ (1) 站 *stand*：他的腰痛，坐～都很难受。Tā de yāo tòng, zuò ～ dōu hěn nánshòu. *His back hurts, so he can't sit or stand.* (2) 使竖，使物体上端向上 *erect；set upright*：把倒了的瓶子～起来。Bǎ dǎole de píngzi ～ qilai. *Stand the bottles up that have fallen over.* /梯子靠墙～着。Tīzi kào qiáng ～ zhe. *The ladder is set against the wall.* /路口～了个牌子："前方施工，请绕行。" Lùkǒu ～ le ge páizi: "Qiánfāng shī gōng, qǐng rào xíng." *There is a sign on the road, which says "Detour, road work ahead."* (3) 建立，制定 *found；set up；establish*：他又～了一大功。Tā yòu ～ le yí dà gōng. *He has made another great contribution.* /树雄心、～大志 shù xióngxīn、～ dà zhì *foster lofty ideals and set high goals.* /过去～的法，不适应新形势，要加以修改。Guòqù ～ de fǎ, bú shìyìng xīn xíngshì, yào jiāyǐ xiūgǎi. *The old legislation does not fit the new situation and needs further modification.* （副）立刻 *immediately*：～见成效 ～ jiàn chéngxiào *produce immediate results*

【立案】lì'àn (1) 到主管机关登记，备案 *register；put on record* (2) 建立专案 *place a case on file for investigation and prosecution*

【立场】lìchǎng（名）观察和处理问题时所处的地位和所抱的态度 *position；stand；standpoint*

【立春】lìchūn（名）二十四节气之始，通常在2月3日、4日或5日。在中国以立春为春季的开始 *the Beginning of Spring (1st solar term)*

【立党为公】lì dǎng wèi gōng 为公众的利益而建立党派 *build a party to serve the interests of the majority*

【立等】lìděng（动）立刻等着（做）*wait for sth. to be done immediately*：～回音 ～ huíyīn *wait for an immediate reply* /这里可以剪裁衣服，～可取。Zhèlǐ kěyǐ jiǎncái yīfu, ～ kě qǔ. *You can get clothes cut out here while you wait.*

【立定】lìdìng（动）〈军〉〈体〉*Halt!*

【立冬】lìdōng（名）二十四节气之一，通常在11月7日或8日。在中国以立冬为冬季的开始 *the Beginning of Winter (19th solar term)*

【立法】lìfǎ 国家权力机关，通过一定的程序制定或修改法律 *legislate；legislation；legislative*

【立方】lìfāng（名）〈数〉(math.) *cube*

【立方根】lìfānggēn（名）〈数〉(math.) *cube root*

【立方米】lìfāngmǐ（量）*cubic meter*

【立方】lìfāng（名）〈数〉(math.) *cube*

【立竿见影】lì gān jiàn yǐng 比喻立刻就会产生效果 *set up a pole and see its shadow instantly；(fig.) get instant results*

【立功】lì=gōng 建立功绩 *perform deeds of merit；render meritorious service*

【立功赎罪】lì gōng shú zuì 建立功劳以抵偿过去犯下的罪过 *perform meritorious service to atone for one's misdeeds*

【立即】lìjí（副）基本同"立刻"likè，多用于书面语 *basically the same as "立刻" likè（usu. used in the written language）*：接到命令，队伍～出发。Jiēdào mìnglìng, duìwǔ ～ chūfā. *When the troops received their orders they set out immediately.* /客人一进门，～被请到客厅。Kèren yí jìn mén, ～ bèi qǐngdào kètīng. *As soon as the guests entered, they were ushered into the living room.* /话一出口，我～意识到说得不太合适。Huà yì chū kǒu, wǒ ～ yìshi dào shuō

de bú tài héshì. *As soon as the words were out of my mouth*, *I realized at once that I had spoken inappropriately.*

【立交工程】lìjiāo gōngchéng "立体交叉工程"的简称 *abbrev. for "立体交叉工程"*

【立交桥】lìjiāoqiáo（名）"多层立体交叉桥"的简称 *abbrev. for "多层立体交叉桥"*

【立脚点】lìjiǎodiǎn（名）(1) 观察和处理问题时所采取的立场 *standpoint; stand*：文艺工作者的～应该是人民大众方面。Wényì gōngzuòzhě de ～ yīnggāi shì rénmín dàzhòng fāngmiàn. *Writers and artists should reflect the viewpoint of the masses.* (2) 赖以生存和发展的地方 *foothold*：要想在那里搞一番事业，先得找个～。Yào xiǎng zài nàli gǎo yī fān shìyè, xiān děi zhǎo ge ～. *If you are thinking of setting up a business there, you first have to gain a foothold.*

【立刻】lìkè（副）(动作、行为) 在说话当时 (产生)，或一动作刚结束,另一动作紧接着 (发生),强调没有时间间隔 *immediately; at once; right away*：我～就走,还有急事。Wǒ ～ jiù zǒu, hái yǒu jí shì. *I'm leaving right away. I have something urgent to attend to.* /你等一会儿吧!他～就回来。Nǐ děng yīhuìr ba! tā ～ jiù huílai. *Wait a moment. He'll be right back.* /他那副奇形怪状的打扮,～引起大家的注意。Tā nà fù qí xíng guài zhuàng de dǎban, ～ yǐnqǐ dàjiā de zhùyì. *That grotesque outfit of his immediately drew everybody's attention.* / 老师一进教室,学生们～不说话了。Lǎoshī yí jìn jiàoshì, xuéshengmen ～ bù shuō huà le. *The moment the teacher walked into the classroom, the students stopped talking.* / 他的建议提出来以后,～被采纳了。Tā de jiànyì tí chūlai yǐhòu, ～ bèi cǎinà le. *As soon as he made his suggestion, it was accepted.*

【立论】lìlùn（动）对某个问题提出自己的见解 *present one's argument*；*set forth one's views*

【立秋】lìqiū（名）二十四节气之一,通常在8月7日、8日或9日。在中国以立秋为秋季的开始 *the Beginning of Autumn (13th solar term)*

【立时】lìshí（副）同"立刻"lìkè,用得较少 *same as "立刻" lìkè (seldom used)*：一听到这个坏消息,她脸色～变得苍白。Yì tīngdào zhège huài xiāoxi, tā liǎnsè ～ biàn de cāngbái. *Her face turned pale at once when she heard the bad news.* /请等一下,这把雨伞～可以修好。Qǐng děng yíxià, zhè bǎ yǔsǎn ～ kěyǐ xiūhǎo. *Please wait a moment. This umbrella can be fixed right away.* /吃了药以后,我的胃～不疼了。Chīle yào yǐhòu, wǒ de wèi ～ bù téng le. *As soon as I took the medicine, my stomach stopped aching.*

【立体】lìtǐ（名）〈数〉3-D; *stereo; solid*：～电影 ～ diànyǐng *3-D movie* /～声收录机 ～ shēng shōulùjī *stereo tape recorder and radio*

【立体几何】lìtǐ jǐhé〈数〉*solid geometry*

【立体交叉工程】lìtǐ jiāochā gōngchéng *grade separation engineering*

【立体声】lìtǐshēng（名）*stereo*

【立夏】lìxià（名）二十四节气之一,通常在5月5日、6日或7日,在中国以立夏为夏季的开始 *the Beginning of Summer (7th solar term)*

【立宪】lìxiàn（动）君主国家制定宪法,实行议会制 *constitutionalism*

【立正】lìzhèng（动）〈军〉〈体〉*stand at attention*

【立志】lì = zhì 确立志愿 *set one's heart on sth. (an ambition)*：我～学医。Wǒ ～ xué yī. *I have my heart set on studying medicine.*

【立锥之地】lì zhuī zhī dì 只有锥子尖那么大的一块地方,比喻极小的地方 *a place just big enough to stick an awl (usu. used in the negative)*：那些贫苦农民穷到无～。Nàxiē pínkǔ nóngmín qióngdào wú ～. *Those poverty-stricken peasants are so poor that they scarcely have enough land to stand on.*

【立足】lìzú（动）(1) 站住脚,能住下去或生存下去 *gain a foothold*：你要～于商界,头脑要精明,信息要灵通。Nǐ yào ～ yú shāngjiè, tóunǎo yào jīngmíng, xìnxī yào língtōng. *If you want to gain a foothold in the business world, you have to be smart and well-informed.* (2) 处于某种立场 *base oneself upon*：这个农业机器工厂～国内,面向广大农村。Zhège nóngyè jīqì gōngchǎng ～ guó nèi, miànxiàng guǎngdà nóngcūn. *This farm machinery factory is based in China and is interested in serving the needs of farming communities in the countryside.*

【立足点】lìzúdiǎn（名）同"立脚点"lìjiǎodiǎn *same as "立脚点" lìjiǎodiǎn*

丽〔麗〕lì

（形）〈书〉◇ 好看,美丽 *beautiful*：景色奇～ jǐngsè qí ～ *a uniquely beautiful sight* /风和日～ fēng hé rì ～ *a lovely sunny day with a warm breeze*

利 lì

（名）(1) 利益 (与"弊"相对) *advantage (as opposed to "弊")*：这样做～多弊少。Zhèyàng zuò ～ duō bì shǎo. *There are more advantages than disadvantages doing it this way.* (2) 利息,利润 *interest; profit*：连本带～共三千二百元。Lián běn dài ～ gòng sānqiān èrbǎi yuán. *Principal and interest come to a total of three thousand two hundred yuan.* /这个小商店半年获～六千元。Zhège xiǎo shāngdiàn bàn nián huò ～ liùqiān yuán. *This little store made six thousand yuan profit in six months.* (形) 锋利 *sharp*：～剑 ～ jiàn *a sharp sword* /～齿 ～ chǐ *sharp teeth* (动) ◇ 使有利 *benefit*：这种～人又～己的事为什么不干呢! Zhè zhǒng ～ rén yòu ～ jǐ de shì wèi shénme bú gàn ne! *Why don't you do something that benefits other people as well as yourself?*

【利弊】lìbì（名）好处和坏处 *pros and cons*

【利害】lìhài（名）利益和害处 *advantages and disadvantages; gains and losses*

【利害】lìhai（形）严厉,剧烈,凶猛 *fierce; severe; terrible; formidable*：这是一种很～的手段。Zhè shì yì zhǒng hěn ～ de shǒuduàn. *This is a formidable move.* /李老师对学生并不～,可是他的话学生都听。Lǐ lǎoshī duì xuéshēng bìng bú ～, kěshì tā de huà xuéshēng dōu tīng. *Mr. Li is not a strict teacher, but all the students listen to him.* /这种药很～,千万不能吃过量。Zhè zhǒng yào hěn ～, qiānwàn bù néng chī guò liàng. *This medicine is really strong, so don't take more than the required dosage.* /这种狗可～了,狼都斗不过它。Zhè zhǒng gǒu kě ～ le, láng dōu dòu bu guò tā. *Dogs like this are really fierce and can even fight off a wolf.* 与"得"构成程度补语,表示程度高,多用于不如意事 *(used with "得" to form a complement of degree indicating very high degree, often used on undesirable qualities)*：她病得～。She got really sick. /太阳晒得～,得戴草帽。Tàiyáng shài de ～, děi dài cǎomào. *The sun is really strong, we should wear our straw hats.* /我晕船晕得～。Wǒ yùn chuán yùn de ～. *I got really seasick.*

【利己主义】lìjǐzhǔyì（名）只顾自己的利益而不顾他人和集体利益的思想 *egoism*

【利令智昏】lì lìng zhì hūn 因贪图私利而头脑发昏,失去理智 *be blinded by avarice; be obsessed with the desire for gain*

【利落】lìluo（形）(1)（动作或言语）灵活敏捷 *nimble; agile; deft*：说话～ shuō huà ～ *speak with facility* /这小伙子干活儿很～。Zhè xiǎohuǒzi gàn huór hěn ～. *This young guy does things very deftly.* (2) 整洁有条理 *tidy; orderly*：她的屋子总是那么干净～。Tā de wūzi zǒngshì nàme gānjìng ～. *Her room is always so clean and tidy.* (3)〈口〉完毕,作补语 *finished; settled (as a complement)*：她的病好～了吗? Tā de bìng hǎo ～ le ma? *Has she completely recovered from*

her illness? /手续都办～了。Shǒuxù dōu bàn ～ le. *All the formalities have been completed.*

【利率】lìlǜ（名）*interest rate*

【利民活动】lì mín huódòng 对人民群众有益的活动 *activity that is beneficial to the people*

【利器】lìqì（名）(1)锋利的兵器 *sharp weapon* (2)顺手好用的工具 *good tool; efficient instrument*

【利钱】lìqián（名）*interest*

【利润】lìrùn（名）*profit*

【利索】lìsuo（形）同"利落" lìluo *same as "利落" lìluo*

【利息】lìxi（名）*interest*

【利益】lìyì（名）*interest; benefit; gain; profit*

【利用】lìyòng（动）(1)使事物或人发挥作用 *use; make use of; utilize*：他～这些废纸条编了个花篮。Tā ～ zhèxiē fèi zhǐtiáo biānle ge huālán. *He used pieces of scrap paper and wove them into a flower basket.* /这本小说是他～业余时间创作的。Zhè běn xiǎoshuō shì tā ～ yèyú shíjiān chuàngzuò de. *He wrote this novel in his spare time.* (2)用手段使事物或人为自己服务,常含贬义 *take advantage of; exploit*：反对～职权谋取私利。Fǎnduì ～ zhíquán móuqǔ sīlì. *oppose the practice of using one's position for personal gain* /他被坏人～了。Tā bèi huàirén ～ le. *He was exploited by some crooks.* /他们之间没有什么真正的友谊,只是互相～罢了。Tāmen zhī jiān méi yǒu shénme zhēnzhèng de yǒuyì, zhǐ shì hùxiāng ～ bàle. *They don't really have any true feelings of friendship for each other. They just use each other.*

【利诱】lìyòu（动）用名誉、地位和物质利益等引诱 *lure by the promises of gain*

【利欲熏心】lì yù xūn xīn 贪财图利的欲望使认识胡涂、迷惑 *be blinded by avarice; be obsessed with the desire for gain*

沥〔瀝〕lì

【沥青】lìqīng（名）*pitch; asphalt*

例 lì

（名）(1)例子 *example; instance*：举～说明 jǔ ～ shuōmíng *give an example to explain sth.* (2)从前有过,后人可以仿效或依据的事情 *precedent*：下不为～ xià bù wéi ～ *not to be taken as a precedent* (3)调查或统计时指合于某种条件的事例 *case*：这种情况过去发生过十余～。Zhè zhǒng qíngkuàng guòqù fāshēngguo shí yú ～. *More than ten cases like this have happened before.*

【例会】lìhuì（名）照常例定期召开的会议 *regular meeting*

【例假】lìjià（名）(1)依照规定放的假 *official holiday* (2)〈婉〉指月经期 *menstrual period*

【例句】lìjù（名）（语言教学或有关语言学的文章中）用来作为例子的句子 *sentence used as an example; model sentence*

【例如】lìrú（连）引出要举的例子 *for instance; for example; such as*：打击乐器是指通过敲乐器本身而发声的乐器,～锣、鼓等。Dǎjī yuèqì shì zhǐ tōngguò qiāodǎ yuèqì běnshēn ér fā shēng de yuèqì, ～ luó、gǔ děng. *Percussion instruments refer to instruments which are beaten, such as gongs and drums, etc.* /有些气体是有害的,～,一氧化碳,可以使人中毒死亡。Yǒu xiē qìtǐ shì yǒu hài de, ～, yīyǎnghuàtàn, kěyǐ shǐ rén zhòng dú sǐwáng. *Some gases are toxic, for example, carbon monoxide can cause death by poisoning.* /新区的马路都很宽,路两旁绿化得也好,～,我新搬去的那一带就是这样。Xīn qū de mǎlù dōu hěn kuān, lù liǎng páng lǜhuà de yě hǎo, ～, wǒ xīn bānqu de nà yídài jiù shì zhèyàng. *New districts have wide roads and both sides of the roads have many trees and flowers. The area to which I just moved, for instance, is such a place.* /有些蔬菜～西红柿、黄瓜等,是可以代替水果的。Yǒu xiē shūcài ～ xīhóngshì、huángguā děng, shì kěyǐ dàitì

shuǐguǒ de. *Some vegetables, such as tomatoes and cucumbers, can also be classified as fruit.*

【例题】lìtí（名）[道 dào]说明某一定理或定律时用作例子的问题（*of math., chem. etc.*）*example*

【例外】lìwài（动）在一般规律或规定之外 *be an exception*：全体公民都要遵守国家法律,谁也不能～。Quántǐ gōngmín dōu yào zūnshǒu guójiā fǎlǜ, shuí yě bù néng ～. *All citizens with no exception must abide by the nation's laws.*（名）在一般的规律、规定之外的情况 *exception*：我每天都去操场锻炼,今天是～。Wǒ měi tiān dōu qù cāochǎng duànliàn, jīntiān shì ～. *I go and do exercises in the sports field everyday, but today is an exception.* /入境旅客毫无～地要经过海关检查。Rù jìng lǚkè háo wú ～ de yào jīngguò hǎiguān jiǎnchá. *Incoming passengers without the least exception must all go through a customs check.*

【例行公式】lìxíng gōngshì 按照一贯的作法处理的事物,现多指形式主义的工作 *routine; routine business*

【例证】lìzhèng（名）用来证明某个事实或理论的例子 *illustration; example to prove sth.*

【例子】lìzi [个 ge]用来说明某种情况或证明某观点的事例 *example; instance*：请你用具体～来说明一下有哪些不正之风。Qǐng nǐ yòng jùtǐ ～ lái shuōmíng yíxià yǒu nǎxiē búzhèng zhī fēng. *Please use a concrete example to show which are unhealthy tendencies.* /能证明地心有吸力的～很多。Néng zhèngmíng dìxīn yǒu xīlì de ～ hěn duō. *There are plenty of examples which can illustrate the force of gravity.*

隶〔隸〕lì

【隶书】lìshū（名）中国汉代通行的一种字体,是汉字进化的一种样式,由篆书演变而成 *one of the ancient styles of Chinese calligraphy prevalent in the Han dynasty*

【隶属】lìshǔ（动）（区域、机构等）受管辖（*of district, institution, etc.*）*be under the administration of; be subordinate to*：这所大学直接～教育部。Zhè suǒ dàxué zhíjiē ～ jiàoyùbù. *This university is directly administered by the Ministry of Education.* /昌平县～北京市管辖。Chāngpíng Xiàn ～ Běijīng Shì guǎnxiá. *Changping County comes within the jurisdiction of Beijing city.*

荔 lì

【荔枝】lìzhī（名）(1)[个 ge] *lichee (fruit)* (2)[棵 kē] *lichee tree*

栗 lì

（名）◇ *chestnut*

【栗子】lìzi（名）(1)[个 ge] *chestnut* (2)[棵 kē] *chestnut tree*

粒 lì

（量）（*for pearls, rice, etc.*）：一～米 yí ～ mǐ *a grain of rice*

【粒子】lìzǐ（名）〈物〉（*phys.*）*particle*

痢 lì

（名）◇ 痢疾 *dysentery*：拉～ lā ～ *suffer from dysentery*

【痢疾】lìji（名）〈医〉*dysentery*

lī

哩 lī

（助）同用于非疑问句尾的"呢",具有方言色彩（*same as*

"呢" *at the end of a non-interrogative sentence; possesses a local colouring*）（1）表示夸张、强调、不满、醒悟、揣测等语气（*indicates hyperbole, emphasis, dissatisfaction, realization, conjecture, etc.*）：那姑娘长得可漂亮～！Nà gūniang zhǎngde kě piàoliang ～! *That girl certainly is pretty!* /荷花要到夏天才开～！Héhuā yào dào xiàtiān cái kāi ～! *Lotus flowers don't bloom until summer.* /你说他不行，他还要耍点威风给你看看～！Nǐ shuō tā bù xíng, tā hái yào shuǎ diǎnr wēifēng gěi nǐ kànkan ～! *You said that he was no good, so now he's throwing his weight around a bit to show you!* /这么不文明，还算是大学生～！Zhème bù wénmíng, hái suàn shì dàxuéshēng ～! *So uncivilized! And he's a university student yet!* /怪不得到处找不到你，原来躲在这里睡大觉～。Guài bu de dàochù zhǎo bu dào nǐ, yuánlái duǒ zài zhèli shuì dà jiào ～. *No wonder I couldn't find you anywhere. You've been hiding away in here sleeping.* /说不定他早得比你还早～。Shuō bu dìng tā dào de bǐ nǐ hái zǎo ～. *Maybe he'll get there before you.* （2）表示动作或状态在持续（*indicates the continuation of an action or state*）：他在屋里画画～。Tā zài wū li huà huàr ～. *He's in the room painting a picture.* /白玉兰花正开～。Bái yùlánhuā zhèng kāi ～. *The white magnolia is blooming.* /客人还没到～。Kèren hái méi dào ～. *The guests haven't arrived yet.*

liǎ

俩〔俩〕liǎ

（数）〈口〉"两个"的合音 *equivalent to* "两个"（1）两个（后面不能有量词）two（*cannot take a measure word*）：～苹果 ～ píngguǒ *two apples* /～人民代表 ～ rénmín dàibiǎo *two people's representatives* /姐妹～长得一点儿也不像。Jiěmèi ～ zhǎng de yìdiǎnr yě bú xiàng. *The two sisters don't look at all alike.* /他们～是好朋友。Tāmen ～ shì hǎo péngyou. *The two of them are good friends.* （2）与"这么"、"那么"合用，表示不多几个（*used with "这么"and "那么"to show a small indefinite number*）：你怎么写了一个钟头才写了这么～字儿? Nǐ zěnme xiěle yí ge zhōngtóu cái xiěle zhème ～ zìr? *Did it take you a whole hour just to write those few characters?* /这么～人怎么开会? Zhème ～ rén zěnme kāi huì? *How can we have a meeting with just these few people?*/ 就那么～钱，花不了几天。Jiù nàme ～ qián, huā bu liǎo jǐ tiān. *Such a small amount of money won't last more than a few days.*

lián

连〔連〕lián

（名）军队编制单位 *company*：他是二～连长。Tā shì èr ～ liánzhǎng. *He is commander of the second company.* （动）连接 *connect; join*：山水相～。Shān shuǐ xiāng ～. *be linked by common mountains and rivers* /兰新铁路把新疆和内地～在一起。Lán-Xīn tiělù bǎ Xīnjiāng hé nèidì ～ zài yìqǐ. *The Lan-Xin railroad joins up Xinjiang with the interior.* （量）*company*：两～兵力 liǎng ～ bīnglì *two companies strong*（副）表示同一动作连续重复，同一情况连续出现，修饰单音节动词，后面常有数量短语（*indicates that the same action is repeated or that the same situation reoccurs; modifies a monosyllabic verb and is usu. followed by a numeral-measure word compound*）*repeatedly; in succession*：～下了三天雨，到处都很潮湿。～ xiàle sān tiān yǔ, dàochù dōu hěn cháoshī. *It rained for three days in a row and everywhere was soaked.* /我给他～打了几次电话，都没找着他。Wǒ gěi tā ～ dǎle jǐ cì diànhuà, dōu méi zhǎozháo tā. *I phoned several times in a row but couldn't*

get hold of him. /他～说了几声"对不起,对不起……"。Tā ～ shuōle jǐ shēng "duì bu qǐ, duì bu qǐ……". *He repeated several times: "I'm sorry, I'm sorry..."* /甲队～进两个球,很有可能取胜。Jiǎ duì ～ jìn liǎng ge qiú, hěn yǒu kěnéng qǔ shèng. *Team A scored two goals in a row. They just might win.*（介）有"包括""连同"的意思,表示全部算在内,宾语多是名词、代词,否定词,助动词放在"连"前 *including; together (or along) with (the object is usu. a noun or pronoun; negative words and auxiliary verbs are placed before "连")*（1）"连"的宾语是前面所提事物的关联部分,"连……"说明动作的方式（*the object of "连" is closely connected with the thing or person before "连"; "连..." expresses the way in which the action is performed*）：台风袭来,把那些树木～根儿拔起。Táifēng xílái, bǎ nàxiē shùmù ～ gēnr báqǐ. *The typhoon started its assault and pulled out all those trees, including their roots.* /这种水果不能～皮吃,皮是苦的。Zhè zhǒng shuǐguǒ bù néng ～ pí chī, pí shì kǔ de. *You can't eat this kind of fruit together with the peel because the peel is very bitter.* /这盆茉莉花～花盆一起送给你了。Zhè pén mòlihuā ～ huāpénr yìqǐ sòng gěi nǐ le. *I'm giving you this pot of jasmine flowers, with the pot included.* /这些饺子你～盘子一起端走吧。Zhèxiē jiǎozi nǐ ～ pánzi yìqǐ duānzǒu ba. *Carry away these dumplings along with the plate.* （2）"连"的宾语是前面所提或暗含人或事物的组成部分,用于计总数;常有"一共""一起""算上"等与之呼应（*the object of "连" is a component part of the thing or person mentioned or understood before "连"; the phrase is used to calculate a total; often followed by "一共", "一起", "算上", etc.*）：我～复习旧课在内,今天晚上一共学了三个小时。Wǒ ～ fùxí jiù kè zài nèi, jīntiān wǎnshang yígòng xuéle sān ge xiǎoshí. *I studied for three hours this evening, including the time I spent reviewing old lessons.* /～这次算上,他已经来中国五次了。～ zhè cì suànshang, tā yǐjīng lái Zhōngguó wǔ cì le. *He has come to China five times already, including this time.* /他从城里买这套家具,～运费一起,花了一千五百二十元。Tā cóng chéng li mǎi zhè tào jiājù, ～ yùnfèi yìqǐ, huāle yìqiān wǔbǎi èrshí yuán. *He bought this set of furniture in the city and spent 1,520 yuan on it altogether, including transportation expenses.*

【连乘】liánchéng（动）〈数〉*successive multiplication*
【连除】liánchú（动）〈数〉*successive division*
【连词】liáncí（名）*conjunction*
【连带】liándài（动）相互联系,捎带 *go along with; be related to*：她的软弱性格与家里的娇生惯养有～关系。Tā de ruǎnruò xìnggé yǔ jiā li de jiāo shēng guàn yǎng yǒu ～ guānxi. *Her weak personality is related to her being always pampered at home.* /他批评我的时候,把小赵也～上了。Tā pīping wǒ de shíhou, bǎ Xiǎo Zhào yě ～ shang le. *When he criticized me, he criticized Xiao Zhao as well.* /我洗衣服的时候～着把桌布也洗了。Wǒ xǐ yīfu de shíhou ～ zhe bǎ zhuōbù yě xǐ le. *When I washed the clothes, I also washed the tablecloth as well.*

【连……带……】lián……dài……（1）嵌入两个动词,表示两种动作同时发生（*placed before two verbs to indicate that two actions occur simultaneously*）*and; while*：这人说起话,连说带比划,非常生动。Zhè rén shuō qǐ huà lai, lián shuō dài bǐhua, fēicháng shēngdòng. *When this person starts talking, he gesticulates while speaking. He's very lively.* /让我连批评带训斥把他好好教训了一顿。Ràng wǒ lián pīping dài xùnchì bǎ tā hǎohāo jiàoxùnle yí dùn. *I criticized and reprimanded him to teach him a good lesson.* （2）嵌入其他成分,表示前后两项都包括在内（*placed before two different components to indicate that both are included*）*and; as well as*：他连房子带家具,一共也没卖多少

钱。Tā lián fángzi dài jiājù, yígòng yě méi mài duōshao qián. *He didn't sell his house and furniture for very much.* /连买东西带看电影，总共用了两小时。Lián mǎi dōngxi dài kàn diànyǐng, zǒnggòng yòngle liǎng xiǎoshí. *Altogether I spent two hours shopping and watching a movie.* /我一共只有五本小说，连新带旧，统统让他借走了。Wǒ yígòng zhǐ yǒu wǔ běn xiǎoshuō, lián xin dài jiù, tǒngtǒng ràng tā jièzǒu le. *I only have a total of five novels. He borrowed all of them — the old as well as the new.*

【连……都……】lián……dōu…… 引出一个最不应当如此的事例，而竟如此，用来表示强调 (introduces an example of the last thing sth. ought to be, but it is so, "连...都..." adds emphasis) (1)引出施事者 (introduces the doer of the action)：这个字连小学生都会写，你怎么竟不会呢？Zhège zì lián xiǎoxuéshēng dōu huì xiě, nǐ zěnme jìng bú huì ne? *Even primary school students can write this character. Why can't you?* /连我这本地人都不知道，你这外地人就更不用说了。Lián wǒ zhè běndì rén dōu bù zhīdào, nǐ zhè wàidì rén jiù gèng búyòng shuō le. *Even I, who am from here, don't know, let alone you who are from away.* (2)引出受事者 (introduces the object of the action)：你连我都不认识吗？Nǐ lián wǒ dōu bú rènshi ma? *Don't you even know me?* /我连说话的权力都被你剥夺了。Wǒ lián shuō huà de quánlì dōu bèi nǐ bōduó le. *I have even been stripped of my right to talk by you.* /那时候连窝窝头都没得吃。Nà shíhou lián wōwōtóu dōu méi de chī. *I didn't even have cornmeal bread to eat then.* (3)"连……都……"之间嵌入某动词，"都"是该动词的否定形式，表示很高程度的否定 (when "连...都..." is placed before a certain verb, the verb which follows "都" is in the negative form; this pattern indicates an emphatic negation)：这事儿他连知道都不知道。Zhè shìr tā lián zhīdào dōu bù zhīdào. *He doesn't even know about this matter.* /我的手麻了，连动都不会动了。Wǒ de shǒu má le, lián dòng dōu bú huì dòng le. *My hand is asleep. I can't even move it.* /两个人见面，连招呼都不打一个。Liǎng ge rén jiàn miàn, lián zhāohu dōu bu dǎ yí ge. *Those two don't even greet each other when they meet.*

【连队】liánduì (名)〈军〉(mil.) company

【连动句】liándòngjù (名) 一个主语带有两个或更多的动词谓语，读起来中间不需要停顿的句子 sentence with verbal expressions in series

【连亘】liángèn (动) (山脉等)接连不断 continuous (hills, mountains)

【连贯】liánguàn (动) 连接贯通 link up; connect：大连港把中国东北地区的海陆交通～起来了。Dàlián Gǎng bǎ Zhōngguó Dōngběi dìqū de hǎi lù jiāotōng ～ qilai le. *The port of Dalian links up the land and sea communication lines of northeast China.* / 这篇文章句子不通顺，有的地方意思也不～，得重写。Zhè piān wénzhāng jùzi bù tōngshùn, yǒude dìfang yìsi yě bù ～, děi chóng xiě. *This article doesn't read smoothly. Some parts are incoherent and it needs rewriting.*

【连环】liánhuán (名) a few large connected links, sometimes used as a toy

【连环画】liánhuánhuà (名) book for children with a story told in serial pictures

【连脚裤】liánjiǎokù (名) [条 tiáo] 婴儿穿的，裤脚不开口，包住脚底的裤子 infants pants with stockings attached

【连接】liánjiē (动) link; join：京沪铁路把北京和上海两大城市～起来了。Jīng-Hù tiělù bǎ Běijīng hé Shànghǎi liǎng dà chéngshì ～ qilai le. *The Jing-Hu Railroad links up the two large cities of Beijing and Shanghai.* /所谓"地平线"就是向远处望去天和地～的那条线。Suǒwèi "dìpíngxiàn" jiù shì xiàng yuǎnchù wàngqù tiān hé dì ～ de nà tiáo xiàn. *What we call the horizon is the line that joins the sky and the land in the far off distance.*

【连接号】liánjiēhào (名) hyphen

【连襟】liánjīn (名) 姐姐的丈夫和妹妹的丈夫之间的亲戚关系 husbands of sisters：他们两个是兄弟又是～。Tāmen liǎng ge shì xiōngdì yòu shì ～. *They are both brothers and brothers-in-law.*

【连累】liánlěi (动) (因倒霉的事)牵连(别人)并使(别人)受损害 implicate; involve：儿子犯罪，父亲也受到～。Érzi fàn zuì, fùqin yě shòudào ～. *The son committed a crime and the father was also implicated.* /他不愿意～别人，所以这事一个人承担了。Tā bú yuàn ～ biéren, suǒyǐ zhè shì yí ge rén chéngdān le. *He doesn't want to implicate anyone else, so he alone took responsibility.*

【连连】liánlián (副) 同一动作连续重复，后面不能带数量短语 repeatedly (cannot be followed by a numeral-measure word compound)：他觉得这话很有道理，一点头。Tā juéde zhè huà hěn yǒu dàolǐ, ～ diǎn tóu. *He thought that the comment made a lot of sense, so he nodded again and again.* /看了他的作文，老师～称赞。Kànle tā de zuòwén, lǎoshī ～ chēngzàn. *The teacher praised him repeatedly after she had read his composition.* /在比赛场上～失利，足球队员们情绪都不太好。Zài bǐsài chǎng shang ～ shìlì, zúqiú duìyuánmen qíngxù dōu bú tài hǎo. *After suffering repeated setbacks during the competition, the football players were not in a very good mood.*

【连忙】liánmáng (副) 基本同"赶忙"gǎnmáng，表示加快行动。不能用于祈使句或其他表示未然的句子 basically the same as "赶忙" gǎnmáng (cannot be used in an imperative sentence nor in other sentences which express that which has not yet become established fact) promptly; make haste：听见门外有人喊他，他～跑去开门。Tīngjiàn mén wài yǒu rén hǎn tā, tā ～ pǎo qù kāi mén. *When he heard someone outside calling him, he hastened to open the door.* /开会的地点改了，他～去通知其他同学。Kāi huì de dìdiǎn gǎi le, tā ～ qù tōngzhī qítā tóngxué. *When the meeting place was changed, he promptly notified his classmates.* /看见老人行动不便，我～走过去搀扶。Kànjian lǎorén xíngdòng búbiàn, wǒ ～ zǒu guoqu chānfú. *When I saw that the old man had difficulty walking, I promptly walked over to offer him my hand for support.*

【连绵】liánmián (动)〈书〉(山脉、雨雪等)接连不断 (of mountain range, river, rain, snow, etc.) continue; go on uninterrupted：山峦～起伏。Shānluán ～ qǐfú. *The mountain ranges are undulating.* /这几天阴雨～。Zhè jǐ tiān yīnyǔ ～. *It has been cloudy and drizzly for days on end.*

【连年】liánnián (副) 接连多年 for years on end：～取得好收成。～ qǔdé hǎo shōuchéng. *We have had good harvests year after year.* /工厂～超产。Gōngchǎng ～ chāo chǎn. *The factory has exceeded its production quota year after year.* /这里～旱灾。Zhèlǐ ～ hànzāi. *They have had successive years of drought here.*

【连篇】liánpiān (形) 很多篇，充满整个篇幅 throughout a piece of writing; page after page：错字～ cuòzì ～ a piece of writing full of errors /废话～ fèihuà ～ pages and pages of nonsense

【连篇累牍】lián piān lěi dú 表示用过多的篇幅叙述 at great length; go on writing for pages and pages (derog.)：关于这个问题，报纸上～不知写了多少篇文章了。Guānyú zhège wèntí, bàozhǐ shang ～ bù zhī xiěle duōshao piān wénzhāng le. *The newspaper went on about this issue for pages and pages. I don't know how many articles there were on it altogether.*

【连任】liánrèn (动) 连续担任某一职务 be reappointed or re-elected consecutively; renew one's term in office：～总统 ～

zǒngtǒng be reelected president /连选～ lián xuǎn ～ be reelected

【连日】liánrì（副）for days on end; day after day：～赶路，劳累得很。～ gǎn lù, láolèi de hěn. Being on the road for days on end makes one exhausted. /～忙于别的事，把你的事给忘了。～ mángyú biéde shì, bǎ nǐ de shì gěi wàng le. I've been busy for days doing something else and clean forgot about your stuff. /～来，参观展览的人络绎不绝。～ lái, cānguān zhǎnlǎn de rén luòyì bù jué. For days on end an endless team of visitors came to the exhibition. /上个星期，～晴天。Shàng ge xīngqī, ～ qíngtiān. Last week we had day after day of nice weather. /～不见他的影子，不知去哪儿了。～ bú jiàn tā de yǐngzi, bù zhī qù nǎr le. I haven't seen any trace of him for days. I don't know where he went.

【连声】liánshēng（副）一声接着一声 keep on repeating：～喝采 ～ hècǎi keep on cheering /～叫苦 ～ jiào kǔ cry out one's bitterness without ceasing

【连锁反应】liánsuǒ fǎnyìng 一连串互相关联的事物，一个发生变化，其它的也跟着发生变化 chain reaction：市场上物价最容易发生～. Shìchǎng shang wùjià zuì róngyì fāshēng ～. It's easy for prices to produce a chain reaction on the market.

【连同】liántóng（连）有"和……一起"的意思，多连接"把"的并列宾语；常用于书面语 togther with; along with（has the same meaning as "和...一起"; usu. links the juxtaposed objects of "把"; often used in the written language）：她把那些花～花盆，送给了邻居。Tā bǎ nàxiē huā ～ huāpénr, sòng gěile línjū. She gave her neighbour those flowers, together with the flower pots. / 电唱机～两个音箱可以放在这个柜子上。Diànchàngjī ～ liǎng ge yīnxiāng kěyǐ fàng zài zhège guìzi shang. The record player, together with the two speakers, can be placed on this cabinet. 另见后面有"一起""一道"等与"连同"呼应（sometimes used together with "一起", "一道", etc.）：请你把这两份证明～我的信一起交给他。Qǐng nǐ bǎ zhè liǎng fèn zhèngmíng ～ wǒ de xìn yìqǐ jiāo gěi tā. Please hand over these two pieces of ID along with my letter to him. /那位老人～他的女儿、女婿一道迁到上海去了。Nà wèi lǎorén ～ tā de nǚ'ér、nǚxu yídào qiāndào Shànghǎi qù le. That elderly person moved to Shanghai along with his daughter and son-in-law.

【连写】liánxiě（动）指汉字用拼音字母注音时，把每个多音词的几个音节连起来写，以区分出音节（of a polysyllabic word）write in the Chinese phonetic alphabet without a gap between syllables

【连续】liánxù（动）表示一个接一个，连接不断，后面多有数量短语，常作状语 in a row; successive（often followed by a numeral-measure word compound; usu. serves as an adverbial）：鞭炮声～了两个多小时。Biānpào shēng ～le liǎng ge duō xiǎoshí, Firecrackers sounded for more than two hours straight. /各色各样货摊，～摆了三里多路。Gè sè gè yàng huòtān, ～ bǎile sān lǐ duō lù. Stalls of all colours and styles lined the streets for more than three li. /几天来～演出，大家都很疲乏。Jǐ tiān lái ～ de yǎnchū, dàjiā dōu hěn pífá. We have been performing for several days running, so we are all exhausted. /我～几个月没见到他了。Wǒ ～ jǐ ge yuè méi jiàndào tā le. I haven't seen him for several months now. /他期中考试～三门课不及格。Tā qīzhōng kǎoshì ～ sān mén bù jí gé. He failed three successive courses during his mid-term exams. /他～提出了五个问题。Tā ～ tíchūle wǔ ge wèntí. He asked five questions in a row.

【连续片】liánxùpiān（名）（～儿）serial film

【连……也……】lián ……yě ……　同"连……都……" lián ……dōu …… （same as "连...都..." lián... dōu...）

even：连他自己也不知道要到哪里去。Lián tā zìjǐ yě bù zhīdào yào dào nǎli qù. Even he himself doesn't know where he wants to go. /他忙得连饭也顾不上吃。Tā máng de lián fàn yě gù bu shàng chī. He was so busy that he didn't even bother to eat. /我的腿疼得连站也站不住。Wǒ de tuǐ téng de lián zhàn yě zhàn bu zhù. My leg is so sore that I can't even stand up. /这事儿我连想也不去想它。Zhè shìr wǒ lián xiǎng yě bú qù xiǎng tā. I don't even think about this matter.

【连夜】liányè（副）当天夜里，表示对时间抓得很紧 that very night：小孩儿得了急性肺炎，母亲一把他送到医院。Xiǎoháir déle jíxìng fèiyán, mǔqin ～ bǎ tā sòngdào yīyuàn. That child developed acute pneumonia and his mother took him to the hospital that very night. /稿子傍晚才写好，编辑～审阅修改。Gǎozi bàngwǎn cái xiěhǎo, biānjí ～ shěnyuè xiūgǎi. The manuscript was not finished until nightfall. The editor went over it and revised it that very night.

【连衣裙】liányīqún（名）[件 jiàn]上衣和裙子连在一起的女装 dress; gown

【连阴天】liányīntiān（名）（～儿）接连多日阴雨的天气 cloudy or rainy weather for several days running

【连用】liányòng（动）（词语）连起来使用 use consecutively; use together：这个句子～两个动词。Zhège jùzi ～ liǎng ge dòngcí. There are two successive verbs in this sentence. /"俩"和"个"两个字不能～。"Liǎ" hé "gè" liǎng ge zì bù néng ～. "俩" and "个" cannot be used together.

【连载】liánzǎi（动）publish in serial form：这部长篇小说《人民文学》杂志分三期～。Zhè bù chángpiān xiǎoshuō《Rénmín Wénxué》zázhì fēn sān qī ～. This novel is to be published in serial form in three issues of the "Renmin Wenxue" magazine. /《北京晚报》从下周开始～这位作家的一篇新作。《Běijīng Wǎnbào》cóng xià zhōu kāishǐ ～ zhè wèi zuòjiā de yì piān xin zuò. This author's latest work is to be published in serial form in "Beijing Wanbao", starting next week.

【连长】liánzhǎng（名）company commander

【连着】liánzhe（副）连续地 in a row; in succession：这个月～下了三场雨。Zhège yuè ～ xiàle sān cháng yǔ. There were three downpours in a row this month. /我～两天没看报了。Wǒ ～ liǎng tiān méi kàn bào le. I haven't read the newspaper for two days straight.

【连轴转】liánzhóuzhuàn（动）〈口〉比喻夜以继日繁忙地工作或劳动 be busy working day and night：月底为了赶任务，大家都～了好几天。Yuèdǐ wèile gǎn rènwù, dàjiā dōu ～le hǎo jǐ tiān. At the end of the month everybody works day and night for several days on end so that they can catch up with their work. /三个人的工作让他一个人做，～也忙不过来。Sān ge rén de gōngzuò ràng tā yí ge rén zuò, ～ máng bu guòlái. If you make him do the work of three people, he'll never catch up even if he works day and night.

怜〔憐〕lián
（动）〈书〉怜悯 sympathize with; pity

【怜爱】lián'ài（动）疼爱 love tenderly; love compassionately：祖母非常～这个外孙女。Zǔmǔ fēicháng ～ zhège wàisūnnü. The grandmother has a tender affection for her granddaughter.

【怜悯】liánmǐn（动）〈书〉对遭到不幸的人表示同情 pity; have mercy on

【怜惜】liánxī（动）〈书〉同情爱护 sympathize with and have a tender feeling for：～失去父母的幼儿 ～ shīqù fùmǔ de yòu'ér sympathize with a child who has lost his parents

帘〔簾〕lián
（名）（～儿）同"帘子" liánzi same as "帘子" liánzi：窗～

儿 chuāng~r *window curtain*

【帘子】liánzi（名）*curtain*：门上没挂~。Mén shang méi guà ~. *There is no curtain hanging in the doorway.*

莲 〔蓮〕 lián
（名）*lotus*
【莲花】liánhuā（名）［朵 duǒ］*lotus flower*
【莲蓬】liánpeng（名）*seedpod of the lotus*
【莲子】liánzǐ（名）*lotus seed*

涟 〔漣〕 lián
（名）〈书〉风吹水面所起的波纹 *ripples*
【涟漪】liányī（名）〈书〉细小的波纹 *ripples*

联 〔聯〕 lián
（动）◇ 联合 *unite*；*join*；*ally oneself with*（名）◇ 对联 couplet：门~ mén~ *scrolls pasted on either side of the door forming a couplet*
【联邦】liánbāng（名）*federation*；*union*；*commonwealth*
【联播】liánbō（名）几个广播电台或电视台，同时转播（中心台播放的节目）(*of several broadcasting stations*) *broadcast the same program simultaneously*
【联产承包】lián chǎn chéngbāo 即"联产承包责任制"。生产队用联产产量计算报酬的方法，把土地或生产任务包给农民个人或小组，承包者收获后除上缴生产队的部分，余下归自己 *the contracted responsibility system with remuneration linked to output*
【联产到户】lián chǎn dào hù 农业生产责任制形式之一。即把生产任务直接包给每个农户 *the production responsibility is directly given to a peasant household*
【联产计酬】lián chǎn jì chóu 在生产分配中，联系产量，计算报酬。即以产量或产值作为计算报酬的依据 *pay remuneration according to output*
【联大】Liándà（名）"联合国大会"的简称 *abbrev. for* "联合国大会"
【联防】liánfáng（动）(1)两支以上的武装组织联合起来防止敌人 *joint defense* (2)篮球比赛中的联合防守 *defense (in basketball)*
【联合】liánhé（动）联系在一起，不分散，结合 *unite*；*ally oneself with*；全世界无产者~起来。Quán shìjiè wúchǎnzhě ~ qilai. *Workers of all countries, unite!* /几个画家~举办了一个画展。Jǐ ge huàjiā ~ jǔbànle yí ge huàzhǎn. *Several artists got together and held an art exhibition.* /几个专业户~起来办了一个养鸡场。Jǐ ge zhuānyèhù ~ qilai bànle yí ge yǎngjīchǎng. *Several specialized households got together and set up a chicken farm.*
【联合公报】liánhé gōngbào *joint communiqué*
【联合国】Liánhéguó（名）*the United Nations*
【联合国大会】liánhéguó dàhuì *the United Nations General Assembly*
【联合会】liánhéhuì（名）*federation*；*union*
【联合声明】liánhé shēngmíng *joint statement*
【联合收割机】liánhé shōugējī *combine harvester*
【联合王国】liánhé wángguó *the United Kingdom*
【联合政府】liánhé zhèngfǔ 两个或两个以上党派联合组成的政府 *coalition government*
【联欢】liánhuān（动·不及物）(*of an institution*) *hold a party*；师生~ shī shēng ~ *a get-together for teachers and students*
【联结】liánjié（动）结合（在一起）*tie*；*bind*；*join*：结婚以后，他们两个人的命运就~在一起了。Jié hūn yǐhòu, tāmen liǎng ge rén de mìngyùn jiù ~ zài yìqǐ le. *After they are married, their destinies will be joined together.*
【联络】liánluò（动）(1)双方接洽（事物），接上关系 *establish contact*；*establish liaison*：为拍这部电视剧，他们俩经常~。

Wèi pāi zhè bù diànshìjù, tāmen liǎ jīngcháng ~. *They're making a TV play, so they regularly get in touch with each other.* /这是过去地下党的~地点。Zhè shì guòqù dìxià dǎng de ~ dìdiǎn. *This is where the contact place for the underground Party used to be.* (2)彼此交流（思想，感情）*get in touch with*；*come into contact with*；常开联欢会，同学之间可以~感情。Cháng kāi liánhuānhuì, tóngxué zhī jiān kěyǐ ~ gǎnqíng. *If we have frequent get-togethers, the students will be able to get to know each other.*
【联盟】liánméng（名）*alliance*；*coalition*；*league*
【联绵】liánmián（动）同"连绵"liánmián *same as* "连绵"liánmián
【联名】lián＝míng 由几个人或几个团体共同签名（做某事）*sign jointly*
【联翩】liánpiān（形）〈书〉形容连续不断 *in close succession*；*together*：浮想~ fúxiǎng ~ *many thoughts flash through one's mind*
【联赛】liánsài（动）〈体〉(在篮球、排球、足球等比赛中)三个以上同等级的球队之间的比赛 *league matches*
【联席会议】liánxí huìyì 不同的单位、团体，为了解决彼此有关的问题而联合举行的会议 *joint conference*
【联系】liánxì（动）彼此有关系 *contact*；*get in touch with*；*have ties with*；理论~实际。Lǐlùn ~ shíjì. *integrate theory with practice* /我们早就不~了。Wǒmen zǎo jiù bù ~ le. *We haven't been in touch for a long time.* /通过书信~。Tōngguò shūxìn ~. *contact in writing* /共同的理想把他们~在一起。Gòngtóng de lǐxiǎng bǎ tāmen ~ zài yìqǐ. *Common aspirations brought them together.*（名）(1)有来往的关系 *contact*；*tie*；*connection*：十几年来我们俩一直有~。Shí jǐ nián lái wǒmen liǎ yìzhí yǒu ~. *We have kept in touch with each other for more than ten years.* (2)指事物或现象之间相互依赖、制约、转化的关系 *relation*；*link*：这件事和那件事有必然的~吗？Zhè jiàn shì hé nà jiàn shì yǒu bìrán de ~ ma? *Are these two things necessarily related?*
【联想】liánxiǎng（动）由某事物想到（另外有关的事物）*associate sth. with*；*connect in the mind*：一看到马群，不由得~到大草原。Yí kàndào mǎqún, bùyóude ~ dào dà cǎoyuán. *As soon as one sees a herd of horses, one can't help thinking of the prairies.* /白帆使我~起大海。Báifān shǐ wǒ ~ qi dà hǎi. *Sails make me think of the sea.*（名）由某事物想到的有关的事物 *association of ideas*：在高山看日出，引起我很多的~。Zài gāo shān kàn rì chū, yǐnqǐ wǒ hěn duō de ~. *Watching the sun rise in the mountains always starts me thinking about a lot of different things.*
【联营】liányíng（动）联合经营 *operate a jointly run business*
【联运】liányùn（动）不同的交通部门或交通路线之间建立联系，连续运输，旅客只要买一次票或办一次手续 *through transport*；*through traffic*：水陆~ shuǐ lù ~ *transport sth. by land and water* /早上七点到八点45路公共汽车与32路公共汽车~。Zǎoshang qī diǎn dào bā diǎn sìshíwǔ lù gōnggòng qìchē yǔ sānshí'èr lù gōnggòng qìchē ~. *One can transfer between Buses 45 and 32 from 7–8 a.m.*

廉 lián
（形）(1)同"廉洁"liánjié *same as* "廉洁"liánjié (2)（物价）低 *cheap*：价~物美 jià ~ wù měi *low-priced and good quality goods*
【廉耻】liánchǐ（名）廉洁的品德和羞耻之心 *sense of honor*；*sense of shame*：没有~ méi yǒu ~ *have no sense of honor* /不知~ bù zhī ~ *have no sense of shame*
【廉价】liánjià（名）(多作定语或状语)(1)比一般低的价钱 *cheap*；*low-priced*；*inexpensive*：今天在市场上买了些~货。Jīntiān zài shìchǎng shang mǎile xiē ~ huò. *Some things were being bought at a low price in the market today.* /这些衣服式样陈旧了，现在~出售。Zhèxiē yīfu shìyàng

chénjiù le，xiànzài ～ chūshòu. *These clothes are out of fashion and are on sale.* (2)并非真实的，表面的 *superficial；vulger；false；cheap*：～的同情 ～ de tóngqíng *false sympathy*

【廉洁】liánjié（形）不贪污，不损公利己 *honest；not morally corrupt*

【廉洁奉公】liánjié fènggōng 不贪污腐化，一心为公 *be honest in performing one's official duties*

【廉正】liánzhèng（形）廉洁正直 *honest and upright*

镰〔鐮〕lián
（名）同"镰刀" liándāo *same as "镰刀" liándāo*

【镰刀】liándāo（名）[把 bǎ]*sickle*

liǎn

敛〔斂〕liǎn
（动）(1)〈书〉收起，收住 *stop；put an end to*：～起笑容 ～ qǐ xiàoróng *wipe the smile off one's face* (2)收集（钱）*collect；gather（taxes，etc.）*：～钱 ～ qián *collect money*

脸〔臉〕liǎn
（名）(1)脸 *face* (2)面子 *face（credit；reputation；dignity；etc.）*：放心吧，我不会丢你的～的。Fàngxīn ba，wǒ bú huì diū nǐ de ～ de. *Don't worry. I won't make you lose face.* /儿子当了英雄，父母～上也光彩。Érzi dāngle yīngxióng，fùmǔ ～shang yě guāngcǎi. *Now that their son is a hero，the parents feel proud.* (3)脸上的表情 *countenance；expression；look*：笑～相迎 xiào ～ xiàng yíng *greet with a smiling face* /一听这个消息，他的～就变了。Yì tīng zhège xiāoxi，tā de ～ jiù biàn le. *When he heard the news，his expression changed at once.*

【脸面】liǎnmiàn（名）面子，情面 *face；self-respect；sb.'s feelings*：你既然给他说情，那我们就看你的～原谅他这一次。Nǐ jìrán gěi tā shuō qíng，nà wǒmen jiù kàn nǐ de ～ yuánliàng tā zhè yí cì. *Since you've spoken up for him，we'll forgive him this time for your sake.* /他姑姑是一所技术学校的校长，他靠她的～在那个学校旁听。Tā gūgu shì yì suǒ jìshù xuéxiào de xiàozhǎng，tā kào tā de ～ zài nàge xuéxiào pángtīng. *His aunt is the principal of a technical school and he uses her name as a way of being an auditor there.*

【脸盘儿】liǎnpánr（名）脸的轮廓 *outline of one's face*：他胖得～都圆了。Tā pàng de ～ dōu yuán le. *He is so fat that the outline of his face is round.*

【脸盆】liǎnpén（名）[个 gè]洗脸用的盆 *wash basin*

【脸皮】liǎnpí（名）(1)私人之间门的情分和面子 *face；face-saving*：他来找我走后门，让我拉下～批评了一顿。Tā lái zhǎo wǒ zǒu hòuménr，ràng wǒ lāxià ～ pīpingle yí dùn. *I made no bones about his feelings when he came to ask me to use my pull to help him out and I severely criticized him.* /他总是撕不破～，不敢提意见。Tā zǒngshì sī bu pò ～，bù gǎn tí yìjiàn. *He is always worried about hurting other people's feelings and will never give his opinion.* "～薄"：容易害羞 *be self-effacing；shy；hesitate to trouble others* "～厚"：不容易害羞 *be thick-skinned*

【脸谱】liǎnpǔ（名）传统戏曲中在某些角色脸上勾画彩色图案，用来表现人物的不同性格 *types of facial make-up in operas*

【脸色】liǎnsè（名）(1)脸上表现出的健康状况 *complexion*：你的～不太好，是因为昨天睡得太晚了吧？Nǐ de ～ bú tài hǎo，shì yīnwèi zuótiān shuì de tài wǎn le ba？*You don't look very good. Is it because you went to bed too late last night？* /休养了三个月，她的～好多了。Xiūyǎngle sān ge yuè，tā de ～ hǎo duō le. *She has been recuperating for*

three months，and looks a lot better. (2)脸上的表情 *expression；look*：该怎么办就怎么办，我不会看人的～办事 Gāi zěnme bàn jiù zěnme bàn，wǒ bú huì kàn rén de ～ bàn shì. *If something has to be done then it has to be done，I won't do anything just to please you.* /看他的～就知道问题很严重。Kàn tā de ～ jiù zhīdào wèntí hěn yánzhòng. *If you look at his face you'll know the problem is very serious.*

liàn

练〔練〕liàn
（动）*practise；train；drill*：～字 ～ zì *practise calligraphy* /～枪法 ～ qiāngfǎ *practise marksmanship* /他每天晨～武术。Tā měi tiān zǎochen ～ wǔshù. *He practises martial arts every morning.*

【练兵】liàn＝bīng 训练军队。也泛指训练从事某项工作的人员 *train troops；troop training*

【练操】liàn＝cāo (1)练习体操 *(of troops，etc.) drill* (2)做体操 *do exercises*

【练达】liàndá（形）〈书〉经验见识多，通晓人情事故 *experienced and worldly-wise*

【练队】liàn＝duì 练习参加游行或检阅时的队形和步伐 *drill in formation；drill for a parade*

【练功】liàn＝gōng 练习武功或技艺 *do exercises in martial arts，etc.*：舞蹈演员每天坚持～。Wǔdǎo yǎnyuán měi tiān jiānchí ～. *Dancers have to practice everyday.*

【练球】liàn＝qiú 练习球类 *practise a ball game*

【练习】liànxí（动）～唱歌 ～ chàng gē *practise singing* /～说普通话 ～ shuō pǔtōnghuà *practise speaking putonghua* /从去年开始～毛笔字。Cóng qùnián kāishǐ ～ máobǐ zì. *I have been practising writing characters with a brush since last year.* （名）作业 *exercise*：现在让我们来做～。Xiànzài ràng wǒmen lái zuò ～. *Let's do some exercises now.* /请大家把～交来。Qǐng dàjiā bǎ ～ jiāolai. *Everybody，please hand in your exercises.*

【练习本】liànxíběn（名）[本 běn]*exercise book*

炼〔煉〕liàn
（动）*smelt；refine*

【炼钢】liàn＝gāng *make steel*

【炼焦】liàn＝jiāo *coking*

【炼乳】liànrǔ（名）*condensed milk*

【炼铁】liàn＝tiě *smelt iron*

【炼油】liàn＝yóu *oil refining；extract oil by heat*

恋〔戀〕liàn
◇（动）留恋，思念，不忍分离 *long for；be attached to*：～家 ～ jiā *reluctant to be away from home* / 老人～着故土。Lǎorén ～zhe gùtǔ. *Old people are reluctant to leave their native land.* （名）同"恋爱 liàn'ài（名）" *same as "恋爱" liàn'ài（名）*：初～ chū～ *first love* / 失～ shī～ *be disappointed in a love affair* /不正常的同性～ bú zhèngcháng de tóngxìng～ *an abnormal homosexual love affair*

【恋爱】liàn'ài（动·不及物）*be in love* （名）见"谈恋爱" tán liàn'ài *see "谈恋爱" tán liàn'ài*

【恋恋不舍】liàn liàn bù shě（很喜欢在某地或与某人在一起）舍不得离开 *be reluctant to part*：马上要毕业了，大家对同学、对母校真是～。Mǎshàng yào bì yè le，dàjiā duì tóngxué，duì mǔxiào zhēn shì ～. *Everybody is graduating and can't bear to leave their classmates and their school.*

链〔鏈〕liàn
（名）(～儿)*chain*：表～ biǎo ～ *watch chain*

【链霉素】liànméisù（名）〈药〉*streptomycin*

【链球菌】liànqiújūn（名）〈医〉*streptococcus*

【链条】liàntiáo (名) chain
【链子】liànzi (名)〔条 tiáo〕chain：脖子上挂着一条很细的金～ Bózi shang guàzhe yì tiáo liàn xì de jīn ～ A very thin gold chain is hanging around her neck. (2)〈口〉自行车、摩托车的链条 (bicycle；motorbike，etc.) chain：半路上自行车～掉下来了。Bànlù shang zìxíngchē ～ diào xialai le. The chain came off my bike on the way.

liáng

良 liáng (形)〈书〉好，善良 good：治冠心病的～药 zhì guānxīnbìng de ～yào a good medicine for coronary heart disease /存心不～ cúnxīn bù～ cherish evil intentions
【良辰美景】liángchén měijǐng 美好的时光，优美的风景 beautiful scene on a bright day
【良导体】liángdǎotǐ (名) good conductor
【良好】liánghǎo (形)〈书〉好，使人满意 (used with abstract nouns) good；fine：～的作风 ～ de zuòfēng a fine style /～的习惯 ～ de xíguàn a good habit /效果～ xiàoguǒ ～ good results /机器运转情况～。Jīqì yùnzhuǎn qíngkuàng ～. The machine is running well.
【良机】liángjī (名)〈书〉好机会，好时机 good opportunity：要抓紧学习可别坐失～。Yào zhuājǐn xuéxí kě bié zuò shī ～. Study hard and mind you don't let this golden opportunity slip by.
【良久】liángjiǔ (形)〈书〉(时间)很久，很长 a good while；a long time
【良田】liángtián (名) fertile farmland
【良心】liángxīn (名) conscience
【良性】liángxìng (形)〈医〉只作定语 (attributive only) benign
【良药苦口】liáng yào kǔ kǒu 治病的好药味苦难吃。常用来比喻听起来刺耳但是有益的话 good medicine is bitter — good advice jars the ear
【良莠不齐】liángyǒu bù qí 比喻好人坏人搀杂在一起 (莠：狗尾草，比喻坏人) the good and the bad are intermingled
【良种】liángzhǒng (名) (家畜或作物中)优良的经济价值高的品种 improved variety；fine breed

凉 liáng (形)(1)温度低 cool；cold：怎么现在才八月，天就这么～? Zěnme xiànzài cái bāyuè, tiān jiù zhème ～? How come it's so cold and it's only August? /饭菜都～了，我给你热一下吧。Fàn cài dōu ～ le, wǒ gěi nǐ rè yíxià ba. The food's got cold, so I'll heat it up for you. (2)比喻灰心、失望 disappointed；discouraged：听他这么一说，我的心就～了。Tīng tā zhème yì shuō, wǒ de xīn jiù ～ le. My heart sank when I heard what he said. / 做了半天也没做好，他～了半截。Zuòle bàntiān yě méi zuòhǎo, tā ～le bànjié. He felt dicouraged after doing it for so long without success. 另见 liàng
【凉菜】liángcài (名) 凉着吃的菜 cold dish
【凉快】liángkuai (形)(天气)清凉爽快 nice and cool：这所房子墙厚，冬天暖和，夏天～。Zhè suǒ fángzi qiáng hòu, dōngtiān nuǎnhuo, xiàtiān ～. The walls of this house are thick, so it's warm in the winter and nice and cool in the summer. (动)感到凉快 cool off：快到树阴下～～吧! Kuài dào shùyīn xià ～ ～ ba! Hurry up and come and cool off in the shade.
【凉棚】liángpéng (名) 夏天用来遮太阳的棚子 awning
【凉爽】liángshuǎng (形) 同"凉快"liángkuai (形)多用于书面语 same as "凉快" liángkuai (形) (mostly used in the written language)
【凉水】liángshuǐ (名)(1)温度低的水 cold water (2)未煮过的水 unboiled water

【凉丝丝】liángsīsī (形) 凉到有点儿冷的感觉 coolish；rather cool：秋天了，风吹在脸上～的。Qiūtiān le, fēng chuī zài liǎnshang ～ de. It's fall and the wind feels a little coolish on the face.
【凉飕飕】liángsōusōu (形) (风)很凉 (of wind) chilly；chill
【凉台】liángtái (名) balcony；veranda
【凉亭】liángtíng (名) 供休息或避雨的亭子 wayside pavillion；summer house；kiosk
【凉席】liángxí (名)〔张 zhāng〕夏天铺在床上或椅子上的席子。用竹篾或草编成 summer sleeping mat (of woven split bamboo，etc.)
【凉鞋】liángxié (名)〔只 zhī、双 shuāng〕sandals

梁 liáng (名)〔根 gēn〕beam；cross-beam

量 liáng (动)找出事物的长短、大小、体积、度数等 measure：身高～ shēn gāo measure one's height /～血压 ～ xuèyā have one's blood-pressure taken /～～这块布有几尺。～～ zhè kuài bù yǒu jǐ chǐ. Measure this piece of cloth and see how many feet it is. /这间屋子我～过，十五平方米。Zhè jiān wūzi wǒ ～guo, shíwǔ píngfāng mǐ I've measured the room. It's 15 sq. m. 另见 liàng
【量杯】liángbēi (名) 量液体体积的器具 measuring cup
【量度】liángdù (名) measurement
【量角器】liángjiǎoqì (名) protractor
【量具】liángjù (名) 计量用的工具 measuring tool

粮 〔糧〕liáng (名)◇ 粮食 grain；staples：～、棉、油价格平稳。～、mián、yóu jiàgé píngwěn. Prices for grain，cotton and oil are stable.
【粮仓】liángcāng (名) granary；barn
【粮草】liángcǎo (名)〈口〉军用的粮食和草料 food and provision (for an army)
【粮票】liángpiào (名) 中国粮食部门印制的计划供应粮食的票证 coupon for purchasing some staples
【粮食】liángshi (名) grain；cereal
【粮食作物】liángshi zuòwù 稻、小麦和杂粮作物的统称 grain crops
【粮站】liángzhàn (名) 调拨、管理粮食的机关(有些地方还包括收购和销售) grain distribution center

liǎng

两 〔兩〕liǎng (数)(1)two ①"2"在量词或不需要量词的名词前必须用"两"(when "two" comes before a measure word or a noun which does not need a measure word it must be expressed by "两")：～个人 ～ gè rén two people /～辆汽车 ～ liàng qìchē two cars /～张桌子 ～ zhāng zhuōzi two tables /～天 ～ tiān two days /～年 ～ nián two years 但在量词"位"前可用"两"也可用"二"(before the measure word "位" wèi, both "两" and "二" may be used)：这两位先生(这二位先生) Zhè ～ wèi xiānsheng (Zhè èr wèi xiānsheng) these two gentlemen ②作为数目字读时和在数学运用中只能用"二"，如：一、二、三、四、五，二加二等于四 (when reading numbers or in math, only "二" èr may be used, e.g." 一、二、三、四、五，二加二等于四 " one, two, three, four, five，two and two are four) ③序数、小数、分数只能用"二"(with ordinal numbers, decimals and fractions, only "二" èr may be used)：第二 dì'èr second /二姐 èrjiě second sister /二月 èryuè February /零点二 líng diǎn èr zero point two /

十八点二 shíbā diǎn èr *eighteen point two* /二分之一 èr fēn zhī yì *one half* /五分之二 wǔ fēn zhī èr *two fifths* ④多位数中的个位数用"二"(*in multi-digit numbers* "二" èr *is used for units*)：十二(12) shí'èr *twelve* /四十二(42) sìshí'èr *forty two* /三百零二(302) sānbǎi líng èr *three hundred and two* /四千三百三十二(4332) sìqiān sānbǎi sānshí'èr *four thousand three hundred and thirty two* ⑤"十"前只能用"二","百"前一般也用"二"(*before* "十" shí *only* "二" èr *may be used*; "二" èr *is also generally used before* "百" bǎi)：二十个 èrshí ge *twenty* /二百二十二元 èrbǎi èrshí'èr yuán *two hundred and twenty two yuan* ⑥千、万、亿作为整数前用"两"(*when* 千,万,亿 *are whole numbers,* "两" liǎng *is used*)：~千元 ~ qiān yuán *two thousand yuan* /~万元 ~ wàn yuán *twenty thousand yuan* /~亿人 ~ yì rén *two hundred million people* ⑦在多位数中首位以后的"百""千""万"前都用"二"不用"两"(*in a multi-digit number,* "二" *not* "两", *must be used before* "百" bǎi, "千" qiān, "万" *when they occur other than in the first position*)：五亿二万三千人 wǔyì èrwàn sānqiān rén *five hundred million twenty three thousand people* /四万二千二百人 sìwàn èrqiān èrbǎi rén *forty two thousand two hundred people* ⑧在度量衡单位前可用"两"也可用"二"(*before units of measurement either* "二" *or* "两" *can be used*)：两米(二米) liǎng mǐ(èr mǐ) *two meters* /两公斤(二公斤) liǎng gōngjīn(èr gōngjīn) *two kilos* (2)表示双方 *both parties*：~便 ~ biàn *Each will do as he pleases.* (3)表示概数(相当于"几") *a few; several; some*：这~天我身体不太好。Zhè ~ tiān wǒ shēntǐ bú tài hǎo. *My health has not been very good lately.* /你来说~句吧！Nǐ lái shuō ~ jù ba! *How about saying a few words!* (量)中国的重量单位,等于0.05公斤 *Chinese traditional unit of weight equivalent to 0.05 kilo*：买了二~茶叶 mǎile èr ~ cháyè *I bought two liang of tea.* /这个苹果有四~重。Zhège píngguǒ yǒu sì ~ zhòng. *This apple weighs four liang.*

【两败俱伤】liǎng bài jù shāng 双方争斗,都受到损伤,谁也没得到好处 *Neither of the two gains anything, and both suffer losses.*

【两重性】liǎngchóngxìng (名)〈哲〉*dual nature*

【两点论】liǎngdiǎnlùn (名)唯物辩证的思想方法。用一分为二的观点看问题,既要看到事物的正面,又要看到事物的反面,既要看到事物的本质、主流,又要看到事物的非本质非主流方面 *the theory of two aspects, dialectical materialist doctrine that everything has two contradictory aspects*

【两分法】liǎngfēnfǎ (名)即"两点论" *viz.* "两点论"

【两极】liǎngjí (名)(1)〈地〉地球的南极和北极 *the two poles of the earth* (2)〈物〉电极 (*phys.*) *the two poles of a magnet or an electric battery*

【两极分化】liǎngjí fēnhuà *polarization*

【两可】liǎng kě 既可以这样,也可以那样 *both will do; either will do*：模棱~ móléng ~ *ambiguous* /我对京剧兴趣不大,看不看~。Wǒ duì jīngjù xìngqù bú dà, kàn bu kàn ~. *I'm not terribly interested in Beijing opera and it's all the same whether I watch it or not.*

【两口子】liǎngkǒuzi (名)〈口〉指夫妻俩 *husband and wife; couple*

【两面派】liǎngmiànpài (名)*double-dealer*

【两面三刀】liǎng miàn sān dāo 比喻耍两面派手法,在这些人面前一套,在那些人面前又一套,或当面一套,背后一套 *double-dealing; double-faced*

【两难】liǎng nán 这样做有困难,那样做也有困难 *be in a dilemma*：这样不合适,那样也不合适,真是~。Zhèyàng bù héshì, nàyàng yě bù héshì, zhēn shì ~. *It can't be done either way. We're certainly in a dilemma.* /照顾老人就不能照顾孩子,照顾孩子就无法照顾老人,他感到~。Zhàogù lǎorén jiù bù néng zhàogù háizi, zhàogù háizi jiù wúfǎ

zhàogù lǎorén, tā gǎndào ~. *If he looked after his aged parents he couldn't attend to the children, and if he looked after the children he couldn't attend to his parents, so he felt trapped between the two options.*

【两栖】liǎngqī (动)*amphibious*：水陆~ shuǐlù ~ *amphibious*

【两栖动物】liǎngqī dòngwù *amphibian*

【两全】liǎng quán 双方都照顾到 *be satisfactory to both parties*：想出~的办法 xiǎngchū ge ~ de bànfǎ *think of a method which is satisfactory to both sides*

【两全其美】liǎng quán qí měi 两方面都满意 *to the satisfaction of both parties*：到那个湖去玩儿,爱游泳的可以游泳,不游泳的可以划船,不是~吗? Dào nàge hú qù wánr, ài yóuyǒng de kěyǐ yóuyǒng, bù yóuyǒng de kěyǐ huá chuán, búshì ~ ma? *If we take a trip to the lake, those who want to go swimming can go swimming and those who want to go rowing can go rowing. Won't that keep everybody happy?*

【两条腿走路】liǎng tiáo tuǐ zǒu lù 指中国在发展国民经济中制定的一系列兼顾两个方面的政策,如工业与农业、轻工业与重工业、大型企业和中小型企业同时并举,相互促进 *walk on two legs (referring to a series of policies for balancing the relationships between big and small enterprises, central and local industries, etc.)*

【两头】liǎngtóu (名)(~儿)(1)事物相对的两端 *both ends; either end*：扁担是中间粗~细。Biǎndan shì zhōngjiān cū xì. *A shoulder pole is thick in the middle and thin at each end.* (2)两边,双方 *both parties; both sides*：又要学习又要照顾孩子,弄得~顾不上。Yòu yào xuéxí, yòu yào zhàogù háizi, nòng de ~ gù bu shàng. *Studying and looking after children at the same time makes one unable to attend to either task properly.* /买者、卖者~都满意。Mǎizhě màizhě ~ dōu mǎnyì. *Both sides, the buyer and the seller, are satisfied.*

【两下】liǎngxià (名)两头,双方,也可说"两下里" *both parties; both sides* ("两下里" *is also used*)

【两下子】liǎngxiàzi (名)指某项本领或技能,有时"有两下子"特指具有较高的办事能力 *knack; "tricks of the trade"*：论英语口译,他那~还不行。Lùn Yīngyǔ kǒuyì, tā nà ~ hái bù xíng. *When it comes to oral translation in English, his few "tricks of the trade" are not up to it.* /她跳舞有~。Tā tiào wǔ yǒu ~. *She really has the knack of dancing.*

【两相情愿】liǎng xiāng qíngyuàn 双方都愿意 *both parties are willing*

【两性】liǎngxìng (名)(1)雄性和雌性,男性和女性 *both sexes* (2)〈化〉(*sci.*) *amphoteric*

【两性人】liǎngxìngrén (名)*bisexual person*

【两样】liǎngyàng (形)不一样 *different*：~货色 ~ huòsè *two different goods* /~心肠 ~ xīncháng *two different intentions* /我们俩都是教员,为什么我和他的待遇~? Wǒmen liǎ dōu shì jiàoyuán, wèi shénme wǒ hé tā de dàiyù ~? *We are both teachers, so why are we treated differently?* /我看你们两个人的意见没有什么~。Wǒ kàn nǐmen liǎng ge rén de yìjiàn méi yǒu shénme ~. *It seems that there is not much difference between your ideas.*

【两翼】liǎngyì (名)(1)鸟和飞机的两个翅膀 *both wings of a bird or a plane* (2)军队作战时,正面部队两侧的部队 *the two flanks of an army*

【两用】liǎngyòng (动)有两种用途 *dual purpose*：(红蓝)~笔 (hóng lán) ~ bǐ *a pen that can write in blue or red* /这种伞可以晴雨~。Zhè zhǒng sǎn kěyǐ qíng yǔ ~. *These can be used both as umbrellas and as parasols.*

liàng

亮 liàng (形)(1)明亮 *bright; shiny*：屋里很~。Wū li hěn ~.

It's very bright in the room. /皮鞋擦得真～。Píxié cā de zhēn ～. *The shoes have been polished until they shine.* (2) ◇（胸怀、思想等）明朗，清楚 *clear*; *enlightened*：心明眼～ xīn míng yǎn liàng *to see and think clearly* /经他一解释，我心里觉得～多了。Jīng tā yì jiěshì, wǒ xīnli juédé ～ duō le. *After he explained it, I feel a lot clearer about the whole matter.* （动）（1）发光 *light*；天～了。Tiān ～ le. *Day is breaking.* /路灯～了。Lùdēng ～ le. *The streetlights are on.* /屋子～着灯，一定有人。Wūzi ～zhe dēng, yídìng yǒu rén. *The light is on inside, so there must be somebody at home.* (2)明摆出来 *reveal*; *declare*：摘下大围巾，～出了他的本来面目。Zhāixià dà wéijīn, ～ chūle tā de běnlái miànmù. *His taking off the big scarf revealed his true features.* /我们都把自己的观点～出来。Wǒmen dōu bǎ zìjǐ de guāndiǎn ～ chulai. *We all gave our opinion.*

【亮度】liàngdù（名）*brightness*; *brilliance*

【亮光】liàngguāng（名）*light*

【亮晶晶】liàngjīngjīng（形）*sparkling*; *glistening*：萤火虫～地闪着光。Yínghuǒchóng ～ de shǎnzhe guāng. *Fireflies glitter and sparkle.* /在灯光下，雪花～的。Zài dēngguāng xià, xuěhuā ～ de. *The snowflakes glisten under the lamplight.*

【亮堂】liàngtang（形）(1)敞亮，明朗 *bright*; *light*：这间屋子有两扇大玻璃窗，真～。Zhè jiān wūzi yǒu liǎng shàn dà bōli chuāng, zhēn ～. *This room is really light with the two large windows.* (2)（胸怀、思想等）开朗，清楚 *(of mental state) clear*; *enlightened*：听你这么一说，我心里就～了。Tīng nǐ zhème yì shuō, wǒ xīnli jiù ～ le. *After hearing you explain it that way, I felt a lot clearer.*

【亮相】liàng＝xiàng (1)戏剧演员上下场时或表演舞蹈时，做一个短暂静止的姿态，以突出角色的形象 *(of Beijing opera) strike a pose* (2)比喻公开表明自己的态度和观点 *declare one's views*

凉 liàng
（动）*cool off*：把茶～一下再喝。Bǎ chá ～ yíxià zài hē. *Let the tea cool off before you drink it.* 另见 liáng

谅〔諒〕liàng
（动）〈书〉(1) ◇ 原谅 *forgive*：回信太迟，敬请见～。Huí xìn tài chí, jìng qǐng jiàn ～. *Please forgive me for taking so long to reply.* (2)料想 *expect*; *presume*; *suppose*：雨下得太大，～他不会来了。Yǔ xià de tài dà, ～ tā bú huì lái le. *It's raining too heavily, so I don't suppose he will come.* /我不懂这里的规矩，有不对的地方～你不会见怪。Wǒ bù dǒng zhèli de guīju, yǒu bú duì de dìfang ～ nǐ bú huì jiànguài. *I don't understand the rules around here, so if I am in the wrong I would assume that you wouldn't get offended.*

【谅解】liàngjiě（动）了解对方的情况后加以原谅 *understand*; *make allowance for*：同志们在工作中彼此～，相互支持。Tóngzhimen zài gōngzuò zhōng bǐcǐ ～, xiānghù zhīchí. *Workers should show understanding and support each other in their work.* /得到您的～，我很高兴。Dédào nín de ～, wǒ hěn gāoxìng. *I'm happy that you understand my views.*

辆〔輛〕liàng
（量）用于车 *for vehicles*

量 liàng
（名）数量 *quantity*：产品的质和～都很重要。Chǎnpǐn de zhì hé ～ dōu hěn zhòngyào. *The quality and quantity of products are both important.* （动）〈书〉估计，衡量 *estimate* 另见 liáng

【量变】liàngbiàn（名）〈哲〉事物在数量上程度上的变化。是逐步的不显著的变化，它为质变做准备 *quantitative change*

【量才录用】liàng cái lù yòng 考虑一个人的才能来决定要不要他 *assign jobs to people according to their abilities*

【量词】liàngcí（名）〈语〉表示人、事物或动作单位的词。如"个、支、件、尺、寸、斤、两、次、回"等。量词常与数词连用 *measure word*

【量力】liànglì（动）正确估计自己的力量 *estimate one's own ability or strength*：～而行 ～ ér xíng *act in accordance with one's ability* /他以为这件事他一个人就能办，真是不自～。Tā yǐwéi zhè jiàn shì tā yí ge rén jiù néng bàn, zhēn shì bú zì ～. *If he thinks that he can do it all by himself, he's really over-rating his capabilities.*

【量入为出】liàng rù wéi chū 以收入的多少作为支出的限度 *live within one's means*

【量体裁衣】liàng tǐ cái yī 按照身材剪裁衣服。比喻根据具体情况办事 *cut the garment to fit the figure — act according to actual circumstances*

【量刑】liàngxíng（动）法院根据犯罪者所犯罪行的性质、对社会的危害程度等，考虑应该判什么样的刑罚 *measurement of penalty*：适当 ～ shìdàng *an appropriate punishment*

【量子】liàngzǐ（名）〈物〉*quantum*

【量子力学】liàngzǐ lìxué〈物〉*quantum mechanics*

晾 liàng
（动）把东西摊开，使干燥 *dry in the air*：尼龙衣服不要晒，要～在阴凉的地方。Nílóng yīfu búyào shài, yào ～ zài yīnliáng de dìfang. *Clothes made of nylon shouldn't be exposed to the sun, but instead they should be hung in the shade to dry.* /把切好的萝卜片～到半干再腌制。Bǎ qiēhǎo de luóbo piàn ～ dào bàn gān zài yānzhì. *Partly dry the slices of Chinese radish, and then pickle them.* /今天太阳这么好，把这些草～一～。Jīntiān tàiyang zhème hǎo, bǎ zhèxiē cǎo ～ yi ～. *The sun is shining brightly today, so we'll dry out the hay.*

跟 liàng
【踉跄】liàngqiàng（形）〈书〉走路不稳的样子 *stagger*

liāo

撩 liāo
（动）(1)（把东西垂下的部分）掀上去 *raise*; *draw aside (sth. drooping or hanging)*：把窗帘～起来，看看外边下雨没有。Bǎ chuānglián ～ qilai, kànkan wàibian xià yǔ méiyou. *Draw aside the curtain and see if it's raining outside.* (2)用手舀（水由下往上甩出去）*sprinkle (water)*：这孩子真淘气，～了我一身水。Zhè háizi zhēn táoqì, ～ le wǒ yì shēn shuǐ. *He's really a mischievous child. He sprayed water all over me.*

liáo

辽〔遼〕liáo

【辽阔】liáokuò（形）宽广，空旷 *vast*; *boundless*：～的大草原 ～ de dà cǎoyuán *boundless grasslands* /土地～，人口众多。Tǔdì ～, rénkǒu zhòngduō. *The land is vast and the population large.*

【辽远】liáoyuǎn（形）〈书〉遥远 *far away*; *remote*：我的家乡在～的松花江畔。Wǒ de jiāxiāng zài ～ de Sōnghuā Jiāng pàn. *My home is far away by the side of the Songhua River.*

疗〔療〕liáo
（动）〈书〉医治 treat；cure：电～ diàn～ electrotherapy／理～ lǐ～ physiotherapy
【疗程】liáochéng（名）［个 gè］period of treatment
【疗法】liáofǎ（名）治病的方法 therapy；medical treatment
【疗效】liáoxiào（名）治疗效果 healing effect
【疗养】liáoyǎng（动）recuperate；convalesce
【疗养院】liáoyǎngyuàn（名）sanatorium

聊liáo
（动）〈口〉随便谈 chat；have an idle conversation：我想跟你～～。Wǒ xiǎng gēn nǐ ～～. I'd like to have a chat with you.／我没时间跟你～这些事儿。Wǒ méi shíjiān gēn nǐ ～ zhèxiē shìr. I don't have time to talk to you about these.
【聊天】liáo=tiān（～儿）〈口〉chat：售货员不能在工作的时候～。Shòuhuòyuán bù néng zài gōngzuò de shíhou ～. Sales clerks mustn't chat while they are working.／有空儿咱们聊聊天。Yǒu kòngr zánmen liáoliao tiānr. Let's have a chat when you are free.

僚liáo
【僚机】liáojī（名）［架 jià］wing plane

寥liáo
（形）〈书〉稀少 few；scanty：～若晨星 ～ ruò chénxīng as sparse as the morning stars／～～可数 ～ ～ kě shǔ so few that one can count them
【寥廓】liáokuò（形）〈书〉高远空旷 high；vast and unending（e.g. sky）：天水相连，～无际。Tiān shuǐ xiānglián，～ wújì. The sky merges into the sea and forms a boundless expanse.
【寥寥无几】liáoliáo wújǐ 只有很少的几个（人或东西）very few；scanty：夜深了，路上的行人～。Yè shēn le，lùshang de xíngrén ～. It's getting late into the night and there are very few people on the streets.

嘹liáo
【嘹亮】liáoliàng（形）（声音）清晰响亮 resonant and clear：歌声～ gēshēng ～ resounding singing／～的军号声 ～ de jūnhào shēng a clear bugle call

缭〔繚〕liáo
（动）用针斜着缝的一种缝纫方法 sew with slanting stitches：～边儿 ～ biānr stitch a hem
【缭乱】liáoluàn（形）〈书〉纷乱 confused：思绪～ sīxù ～ confused train of thought
【缭绕】liáorào（动）〈书〉linger and drift in the air：山顶上云雾～。Shān dǐng shang yúnwù ～. Cloud and mist linger and drift around the top of the mountain.／歌声～ gēshēng ～ The song lingered in the air.

燎liáo
（动）◇烧 blaze up；set fire to
【燎原】liáo=yuán（火）烧着了原野 start a prairie fire：星星之火，可以～。Xīngxīng zhī huǒ，kěyi ～. A spark can start a prairie fire.

liǎo

了liǎo
（动）（1）完毕 end；solve：儿女成了家，母亲的心事都～了。Érnǚ chéngle jiā，mǔqin de xīnshì dōu ～ le. Once her

children have got married and started their own families, mother has no more worries.／她絮絮叨叨，说个没完没～。Tā xùxùdāodāo，shuō ge méi wán méi ～. She just kept on and on talking non-stop.（2）放在动词后，与"得"、"不"连用作补语，表示"可能"或"完"（used after a verb as a complement with "得" or "不" to indicate possibility or finality）：下大雨了，不知飞机飞得～飞不～。Xià dàyǔ le，bù zhī fēijī fēi de ～ fēi bu ～. It's raining hard. I don't know if the plane will be able to fly or not.／这些饭三个人也吃不～。Zhèxiē fàn sān ge rén yě chī bu ～. Even three people will never be able to eat all this rice.／天太热了，真受不～。Tiān tài rè le，zhēn shòu bu ～. It's too hot. I can't stand it. 另见 le
【了不得】liǎobude（形）（1）不寻常，很突出。同"了不起"liǎobuqǐ，但用得较少 unusual；outstanding；exceptional（not often used）：这是一件大的大事。Zhè shì yí jiàn ～ de dà shì. This is a matter of the utmost importance.（2）表示情况严重 terrible；awful：孩子爬到楼顶上去了，摔下来可～。Háizi pádào lóu dǐng shang qù le，shuāi xialai kě ～. The child has climbed onto the roof，and it would be most awful if he fell off.（3）作"得"后面的补语，表示极高程度（used after "得" to form a complement showing very high degree）：他气得～。Tā qì de ～. He is really exasperated.／大家高兴得～。Dàjiā gāoxìng de ～. Everybody is extremely delighted.
【了不起】liǎobuqǐ（形）同"了不得"liǎobude（1），比"了不得"更常用 same as "了不得" liǎobude（1）（but more frequently used）：他自以为～，其实业务水平并不高。Tā zì yǐwéi ～，qíshí yèwù shuǐpíng bìng bù gāo. He thinks he's really hot，but in fact his professional skill is not so great.
【了得】liǎode（助）用在惊讶、反诘或责备等语气的句子末尾，表示情况严重，不好收拾：" 了得 "前常有"还"（hái）（expression of shock，outrage，etc.）usually preceded by "还"）：一下雨房子就漏，这还～！Yí xià yǔ fángzi jiù lòu，zhè hái ～！As soon as it starts to rain it seeps into the house. What a nuisance!／一个八岁的孩子，带着几百块钱，这还～！Yí ge bā suì de háizi，dàizhe jǐ bǎi kuài qián，zhè hái ～！An eight-year-old child carrying around several hundred dollars! Outrageous!
【了结】liǎojié（动）结束，解决 finish；settle；wind up；bring to an end：～了一桩心事 ～ le yì zhuāng xīnshì a load is taken off one's mind／他俩的纠纷还没～。Tā liǎ de jiūfēn hái méi ～. The dispute between them still hasn't been resolved.
【了解】liǎojiě（动）（1）知道得很清楚 know；understand：你不～情况，不要随便表态。Nǐ bù ～ qíngkuàng，búyào suíbiàn biǎo tài. Don't give your views if you don't understand the situation.／我很～他的底细。Wǒ hěn ～ tā de dǐxì. I know all about him.（2）调查，打听 enquire；probe：你去～一下，这到底是怎么一回事。Nǐ qù ～ yíxià，zhè dàodǐ shì zěnme yì huí shì. Look into this and find out what's going on.／我想向您～一件事，您现在有时间吗？Wǒ xiǎng xiàng nín ～ yí jiàn shì，nín xiànzài yǒu shíjiān ma? I'd like to ask you something，if you have a moment.
【了了】liǎoliǎo（动）〈书〉明白，懂 know clearly：心中～ xīnzhōng ～ have a good idea of sth.／不甚～ bú shèn ～ be not too clear about sth.
【了却】liǎoquè（动）同"了结"liǎojié same as "了结" liǎojié
【了如指掌】liǎo rú zhǐ zhǎng 对事物的情况了解得非常透彻，就像指着手掌一样，能清楚地指点给人看 know sth. like the back of one's hand：周老师对班里每个学生的情况～。Zhōu lǎoshī duì bān li měi ge xuésheng de qíngkuàng ～. Teacher Zhou knows the students in his class like his own family.
【了事】liǎo=shì 使事情得到平息或结束（多指不彻底或不

得已）*make an end of*；*settle*；*conclude a matter* (*usu. used in cases where things are done perfunctorily*) 敷衍 ~ fūyǎn ~ *wind up in a perfunctory manner* /草草 ~ cǎocǎo ~ *finish up in a slip-shod way* /这事就这样了了吗?太便宜他了。Zhè shì jiù zhèyàng liǎole ma? Tài piányi tā le. *Are we to leave it like that? It means that we've let him off too lightly.*

潦 liǎo

【潦草】liǎocǎo（形）(1)（字写得）不工整 (*of handwriting*) *careless and illegible*：你写的字太 ~，我看不明白。Nǐ xiě de zì tài ~, wǒ kàn bu míngbai. *Your handwriting is not very good. I can't read it.* (2)（做事）不仔细，不认真 *sloppy*；*careless (in doing things)*：这活儿干得真 ~。Zhè huór gàn de zhēn ~. *This is really a sloppy piece of work.*

【潦倒】liǎodǎo（形）〈书〉（由于生活、工作等方面不得志）情绪低落，精神不振 *be frustrated*；*leading a wretched life*

liào

料 liào

（动）预料，估计 *predict*；*expect*；*guess*；*conjecture*：果然不出所 ~。Guǒrán bù chū suǒ ~. *Results were just as expected.* /我 ~ 定他会提出反对意见。Wǒ ~ dìng tā huì tíchū fǎnduì yìjiàn. *I expect he will raise an objection.* /没 ~ 到他也能来。Méi ~ dào tā yě néng lái. *I didn't expect he would come too.* /真 ~ 不到他取得冠军。Zhēn ~ bu dào tā qǔdé guànjūn. *I really didn't expect him to win the championship.*（名）(1)材料，原料 *material*；*raw material*：盖房子用的 ~ 已备齐了。Gài fángzi yòng de ~ yǐ bèiqí le. *All the materials for building the house are ready.* (2)喂牲口用的谷物 *grain (for animals)*：给牲口加点儿 ~，光喂草不行。Gěi shēngkou jiā diǎnr ~, guāng wèi cǎo bù xíng. *Give the livestock a bit more grain. Just feeding them hay is not good enough.*

【料及】liàojí（动）〈书〉料想到 *expect*，*foresee*；*predict*：早已 ~ 那辆破汽车半路上会出故障。Zǎo yǐ ~ nà liàng pò qìchē bànlù shang huì chū gùzhàng. *I predicted that the darned car would break down on the way.*

【料酒】liàojiǔ（名）烹调时当作料用的黄酒 *cooking wine*

【料理】liàolǐ（动）办理，处理 *look after*；*arrange*：~ 家务 ~ jiāwù *do housework* /~ 后事 ~ hòushì *make arrangements for a funeral* /把事情 ~ 完了我就走。Bǎ shìqing ~ wánle wǒ jiù zǒu. *I'll go as soon as I've finished everything.*

【料器】liàoqì（名）用玻璃原料加上颜色制成的手工艺品 *glassware*

【料峭】liàoqiào（形）〈书〉（春天）微微有些寒冷 *chilly*

【料想】liàoxiǎng（动）〈书〉猜测，预料 *expect*；*think*；*predict*：我 ~ 他会来的。Wǒ ~ tā huì lái de. *I expect he will come.* /没 ~ 到你跑得这么快。Méi ~ dào nǐ pǎo de zhème kuài. *I didn't think you'd be able to run so fast.* /真 ~ 不到他有这么大的力气。Zhēn ~ bu dào tā yǒu zhème dà de lìqì. *I really didn't expect him to be so strong.*

【料子】liàozi（名）衣料，也特指毛料 *material for making clothes, especially woollen fabric*

撂 liào

（动）〈口〉(1)放 *put down*：孩子 ~ 下书包就出去玩儿了。Háizi ~ xia shūbāo jiù chūqu wánr le. *The child put his satchel down and went off to play.* /他把工作 ~ 下不管了。Tā bǎ gōngzuò ~ xia bù guǎn le. *He put the work aside and left it.* (2)打倒，摔倒 *knock down*；*throw down*：一枪 ~ 倒一个。Yī qiāng ~ dǎo yí ge. *Make every shot count.* /刚一交手就被他 ~ 倒在地。Gāng yī jiāo shǒu jiù bèi tā ~

倒在地。They had no sooner started to fight, when he was knocked down on the ground.

【撂挑子】liào tiāozi 比喻扔下应该担负的工作不干 *throw up one's job*

瞭 liào

（动）〈书〉瞭望 *watch from a height or distance*

【瞭望】liàowàng（动）（站在高处）往远处看 *watch (from a height or distance)*：登上长城 ~ 远方。Dēngshàng Chángchéng ~ yuǎnfāng. *climb up to the Great Wall and look at the view in the distance* /海防战士 ~ 着海面。Hǎifáng zhànshì ~ zhe hǎi miàn. *The coast guard keeps a watch over the ocean.*

镣 〔镣〕liào

（名）*shackles*

【镣铐】liàokào（名）*shackles*；*leg irons and handcuffs*

liě

咧 liě

（动）嘴微开，嘴角向两边伸展 *grin*：~ 着嘴笑 ~ zhe zuǐ xiào *broaden one's face in a grin* /他炫耀自己，别人听了直 ~ 嘴。Tā xuànyào zìjǐ, biéren tīngle zhí ~ zuǐ. *Other people grinned at his showy behavior.*

liè

列 liè

（动）(1)排列 *line up*：把要买的东西 ~ 成一个单子。Bǎ yào mǎi de dōngxi ~ chéng yí ge dānzi. *Make a list of the things you want to buy.* (2)安排到某类事物之中 *arrange or put sth. in the category of*：这件事已 ~ 入计划。Zhè jiàn shì yǐ ~ rù jìhuà. *This has already been included in the plan.*（代）◇(1)类 *kind*；*sort*；*category*：他们不在今晚邀请之 ~。Tāmen bú zài jīn wǎn yāoqǐng zhī ~. *They are not among those invited this evening.* (2)各，众 *various*：今天请 ~ 位乡亲来聚一聚。Jīntiān qǐng ~ wèi xiāngqin lái jù yí jù. *Today we are inviting you folks over for a get-together.*（量）*rank*：一 ~ 火车 yí ~ huǒchē *a train*

【列兵】lièbīng（名）*private*

【列车】lièchē（名）[列 liè] *train*

【列车员】lièchēyuán（名）*attendant (on a train)*

【列车长】lièchēzhǎng（名）*head of a train crew*

【列岛】lièdǎo（名）*archipelago*；*a chain of islands*

【列队】liè=duì *line up*

【列国】lièguó（名）某一时期内并存的几个国家 *different states (that coexisted in a certain historical period)*

【列举】lièjǔ（动）一个一个地举出来 *list*；*enumerate*：~ 事实加以说明 ~ shìshí jiāyǐ shuōmíng *enumerate facts one by one to illustrate sth.* /~ 了各项具体措施 ~ le gè xiàng jùtǐ cuòshī *enumerate various concrete measures*

【列宁主义】Lièníngzhǔyì（名）*Leninism*

【列强】lièqiáng（名）旧指同一时期内世界上各资本主义强国 *big imperialist powers (at the beginning of the 20th century)*

【列席】lièxí（动）参加会议，有发言权而无表决权 *be a non-voting delegate (at a conference)*：请你 ~ 我们的会议。Qǐng nǐ ~ wǒmen de huìyì. *Please attend our conference as a non-voting delegate.*

【列传】lièzhuàn（名）*biographies (in ancient Chinese history books)*

劣 liè

（形）◇ 与"优"相对 *bad*；*inferior (as opposed to "优")*

【劣等】lièděng（形）*inferior*

【劣根性】liègēnxìng（名）长期养成的,根深蒂固的不良习性 *deeply-rooted evil nature or bad characteristic（of a nationality or a class of people）*

【劣迹】lièjì（名）〈书〉*misdeed；evil doing*

【劣势】lièshì（名）与"优势"相对,指情况和条件比较差的形势 *inferior in strength or position；unfavorable situation（as opposed to "优势"）*

烈 liè

（形）强烈,猛烈 *fierce；furious；raging*：～酒 ～ jiǔ *a strong drink*

【烈度】lièdù（名）*intensity；earthquake intensity*

【烈火】lièhuǒ（名）猛烈的火 *raging flames*

【烈日】lièrì（名）炎热的太阳 *scorching sun*

【烈士】lièshì（名）*martyr；one who died for a just cause*

【烈属】lièshǔ（名）烈士家里的人 *family member of one who died for a just cause；family of a martyr*

【烈性】lièxìng（名）(1)性格刚强 *of strong character*：她是个～女人。Tā shì ge ～ nǚrén. *She's a woman of strong character.*（2)性质猛烈 *strong；potent*：～毒药 ～ dúyào *strong poison* /～酒 ～ jiǔ *a strong drink；hard liquor；spirits*

猎〔獵〕liè

（动）打猎,捕捉(禽兽),宾语多为单音节词 *hunt（object is usu. monosyllabic）*：不许～象 bù xǔ ～ xiàng *It is not permitted to hunt elephants.*

【猎狗】liègǒu（名）[只 zhǐ]*hunting dog*

【猎户】lièhù（名）以打猎为业的人家,有时也指打猎的人 *hunter；huntsman*

【猎奇】lièqí（动）〈书〉(凭兴趣)搜寻奇异的事物 *seek novelty（usually derog.）*：我到这个山村,是为了体验生活,绝不是为了～。Wǒ dào zhège shāncūn, shì wèile tǐyàn shēnghuó, jué bú shì wèile ～. *The reason I came to this mountain village was to experience life and certainly not to seek novelty.*

【猎枪】lièqiāng（名）[枝 zhī]打猎用的枪 *shotgun；hunting rifle*

【猎取】lièqǔ（动）〈书〉(1)通过打猎取得 *hunt*：他今天没有～什么东西。Tā jīntiān méiyou ～ dào shénme dōngxi. *He didn't get anything when he went hunting today.*（2)夺取(名和利) *pursue；hunt for*：他的业务能力是用来～名声地位的。Tā de yèwù nénglì shì yòng lái ～ míngshēng dìwèi de. *He uses his professional ability to pursue fame and position.*

【猎犬】lièquǎn（名）[只 zhǐ]同"猎狗"liègǒu *same as "猎狗" liègǒu*

【猎人】lièrén（名）以打猎为业的人 *hunter*

【猎手】lièshǒu（名）猎人 *hunter*

【猎物】lièwù（名）打猎取的或作为打猎对象的鸟兽,比喻为人所控制或利用的人 *prey；game；objects of the chase；（metaphorically）people to be exploited*：猎手们扛着～回来了。Lièshǒumen kángzhe ～ huílai le. *The hunters returned carrying their prey.* /她已成为坏人手中的～。Tā yǐ chéngwéi huàirén shǒu zhōng de ～. *She fell like prey into the hands of evil doers.*

【猎装】lièzhuāng（名）打猎时穿的服装,现在成为一种服装的式样 *hunting suit*

裂 liè

（动）*crack；break；split*：木板～了一道缝。Mùbǎn ～le yí dào fèng. *The plank split.* /地干得都～了。Dì gān de dōu ～ le. *The earth was so dry that it cracked.*

【裂变】lièbiàn（名）〈物〉*fission*

【裂缝】lièfèng（名）(～儿)*fissure；cleft*

【裂痕】lièhén（名）*slight crack；rift*：这只碗有个大～。Zhè zhī wǎn yǒu ge dà ～. *There is a large crack in this bowl.* /自那次争吵以后,这对夫妻感情上产生了～。Zì nà cì zhēngchǎo yǐhòu, zhè duì fūqī gǎnqíng shang chǎnshēngle ～. *There has been an emotional rift between that couple ever since the quarrel they had.*

【裂口】lièkǒu（名）(～儿)*cleft；breach*

【裂纹】lièwén（名）(1)器物将要裂开时,所呈现的细纹路 *slight crack*（2)烧制瓷器时,有意做出的像裂纹似的花纹 *crackle（on pottery or porcelain）*

lín

邻〔鄰〕lín

（名）◇ 邻居,邻国 *neighbor*：左～右舍 zuǒ ～ yòu shè *next door neighbors* /东～是张家,西～是李家。Dōng ～ shì Zhāng jia, xī ～ shì Lǐ jia. *Our neighbors to the east are the Zhangs, and to the west are the Lis.* /中国北部与蒙古等为～。Zhōngguó běibù yǔ Měnggǔ děng wéi ～. *China's neighbor to the north is Mongolia etc..*（形）邻近的 *neighboring；near；adjacent*：～国 ～ guó *a neighboring country* /～村 ～ cūn *a neighboring village* /昌平与延庆是～县。Chāngpíng yú Yánqìng shì ～ xiàn. *Changping and Yanqing are neighboring counties.*

【邻邦】línbāng（名）*neighboring country*

【邻国】línguó（名）同"邻邦"línbāng *same as "邻邦" línbāng*

【邻近】línjìn（名）附近 *vicinity*：学校～有条河,大家常去游泳。Xuéxiào ～ yǒu tiáo hé, dàjiā cháng qù yóuyǒng. *There is a river near the school where everybody often goes swimming.*（动）靠近 *be near；be close to*：我们家乡～大海,海产很丰富。Wǒmen jiāxiāng ～ dà hǎi, hǎichǎn hěn fēngfù. *Our home is near the sea, so it is rich in marine products.*

【邻居】línjū（名）*neighbor*

【邻里】línlǐ（名）几条互相靠近的街道上的住户 *neighborhood*

林 lín

（名）◇ (1)成片的树木或竹子 *wood；forest；grove*：松～ sōng ～ *pine forest* /竹～ zhú ～ *bamboo grove* /杨树～ yángshù ～ *grove of poplar trees* /当年我们种的小树苗现在已经成～。Dàngnián wǒmen zhòng de xiǎo shùmiáo xiànzài yǐjīng chéng ～ le. *The saplings that we planted before have now grown into a wood.*（2)林业 *forestry*：农、牧副渔,各业齐发展。Nóng ～ mù fù yú, gè yè qí fāzhǎn. *Farming, forestry, stockbreeding, sideline production and fishing are all developing simultaneously.*

【林场】línchǎng（名）(1)培育森林或采伐林木的地方 *tree farm*（2)从事培育、管理森林、采伐林木工作的单位 *forestry management center*

【林带】líndài（名）*forest belt*

【林海】línhǎi（名）像大海一样广阔无边的森林 *immense forest*

【林立】línlì（动）像树林一样密集的竖立着,形容很多 *stand in great numbers like trees in a forest*：厂房～ chǎngfáng ～ *a forest of factories* /烟囱～ yāncōng ～ *a forest of chimneys*

【林木】línmù（名）(1)指树林 *forest；woods*（2)生长在树林中的树木 *forest tree*

【林区】línqū（名）(1)森林区域 *forest*（2)以生产木材为主的地区 *forest zone*

【林网】línwǎng（名）由许多林片和林带纵横交错连接起来组成的树林整体 *forestation network*

【林业】línyè（名）*forestry*

【林阴道】línyīndào（名）[条 tiáo]两边有茂密树木的道路

boulevard

【林子】línzi（名）〈口〉树林 woods；grove；forest

临〔臨〕lín

（动）◇ (1)来到 arrive；befall：双喜～门 shuāng xǐ ～ mén Two happy occasions occurred in the family. /亲～现场，进行指导。Qīn ～ xiànchǎng, jìnxíng zhǐdǎo. He came in person to the scene to give guidance. (2)靠近，对着（常指高对低）look out on；overlook：这个窗户～街。Zhège chuānghu ～ jiē. This window overlooks the street. /这座房子背山～水，风景很好。Zhè zuò fángzi bèi shān ～ shuǐ, fēngjǐng hěn hǎo. This house has mountains behind and a river in front. The scenery is really nice. (3)将要（与另一动词或动词短语连用，多作时间状语）on the point of（always used with another verb or verbal phrase and together they function as an attributive or adverbial adjunct)：他～上车时给了我一封信。Tā ～ shàng chē shí gěile wǒ yì fēng xìn. He gave me a letter as he was about to get on the bus. /他～死前还惦记着这件事。Tā ～ sǐ qián hái diànjìzhe zhè jiàn shì. He was concerned about it just before he died. /～终遗言 ～ zhōng yíyán last words (4)临摹 copy (as a way of practising painting or calligraphy)：他在敦煌～了好几年的画了。Tā zài Dūnhuáng ～le hǎo jǐ nián de huà le. He copied paintings at Dunhuang for several years. /这位老先生至今还～帖练毛笔字。Zhè wèi lǎo xiānsheng zhìjīn hái ～ tiè liàn máobǐ zì. This old gentleman still copies calligraphy models every day.

【临别】línbié（形·非谓）将要分别 at parting；just before parting：～赠言 ～ zèngyán words of advice at parting /我和他～时约好了，明年春天见面。Wǒ hé tā ～ shí yuēhǎo le, míngnián chūntiān jiàn miàn. Just before we parted, we made arrangements to meet the next spring.

【临产】línchǎn（动）（孕妇）快要生小孩儿 about to give birth

【临床】línchuáng（形·非谓）〈医〉clinical（e.g. experience)：这位大夫～经验十分丰富。Zhè wèi dàifu ～ jīngyàn shífēn fēngfù. This doctor has had a lot of clinical experience.

【临到】líndào（动）(1)接近（某事发生的时候）just before；on the point of：～开车，他才赶到。～ kāi chē, tā cái gǎndào. He got there just as the train was about to leave. (2)事情落到（某人身上）befall；happen to：要是这事～我头上，我一点办法也没有。Yàoshì zhè shì ～ wǒ tóushang, wǒ yìdiǎnr bànfǎ yě méi yǒu. If this happened to me, there's nothing I would be able to do about it. /这种不幸的事很有可能～他身上。Zhè zhǒng búxìng de shì hěn yǒu kěnéng ～ tā shēnshang. It is possible that such an unfortunate thing will happen to him.

【临风】línfēng（副）迎风 facing the wind：你怎么～站在那里，要着凉的。Nǐ zěnme ～ zhàn zài nàli, yào zháo liáng de. How come you're standing in the wind. You'll catch a cold. /枯黄的小草～抖动。Kūhuáng de xiǎocǎo ～ dǒudòng. The yellow, withered grass waves in the wind.

【临界】línjiè（形）〈物〉critical

【临近】línjìn（动）（时间、位置）接近，靠近 get near；approach：～节日，总要打扫卫生。～ jiérì, zǒng yào dǎsǎo wèishēng. When it gets near the festivals, we always have to clean the house. /行期已经～，他忙着收拾行装。Xíngqī yǐjīng ～, tā mángzhe shōushi xíngzhuāng. The date of departure is approaching and he's busy packing. /他的房子～湖边。Tā de fángzi ～ húbiān. His home is near the lake.

【临渴掘井】lín kě jué jǐng 渴的时候才去挖井，比喻平时没有准备，到需要时才想办法已经太晚了 begin to dig a well when feeling thirsty；(fig.) do sth. at the last minute and too late

【临摹】línmó（动）照着字画写或画 copy (a model of callig-

raphy or painting)

【临时】línshí（形）(1)在事情将要发生的时候 shortly before sth. happens：现在开个～会议，布置抗洪任务。Xiànzài kāi ge ～ huìyì, bùzhì kàng hóng rènwù. We're having a meeting in advance so as to assign flood prevention duties. /事前应当做好准备，免得～难以应付。Shìqián yīngdāng zuòhǎo zhǔnbèi, miǎnde ～ nányí yìngfù. One should prepare well ahead of time, so as not to create problems at the last minute. (2)暂时，短期，非正式的 temporary；provisional；makeshift：～的工作 ～ de gōngzuò temporary work /～政府 ～ zhèngfǔ provisional government /～工 ～ gōng casual laborer /这个机构是～的，任务一完成就撤消 Zhège jīgòu shì ～ de, rènwù yí wánchéng jiù chèxiāo. This organization is ad interim and will be disbanded as soon as its task has been completed. /领导让他～负责这个车间的生产。Lǐngdǎo ràng tā ～ fùzé zhège chējiān de shēngchǎn. The leader made him temporarily responsible for production in this workshop. /我借你的课本～用一下，下午就还你。Wǒ jiè nǐ de kèběn ～ yòng yíxià, xiàwǔ jiù huán nǐ. I'd like to borrow your textbook temporarily and return it this afternoon.

【临时代办】línshí dàibàn chargé d'affaires ad interim

【临危不惧】lín wēi bú jù 面对生命危险不害怕 be undaunted in the face of peril

【临阵磨枪】lín zhèn mó qiāng 快要上阵打仗时才去磨刀枪，比喻事到临头，才仓促做准备 start sharpening one's spear just before going into battle；(fig.) begin to prepare only at the last minute

【临阵脱逃】lín zhèn tuō táo（军人）临到作战时逃跑。也比喻事情落到自己身上时退缩或逃避 desert on the eve of a battle；sneak away at a critical juncture

淋 lín

（动）水从上面洒下来 get wet (in the rain)：忘了带雨伞，一路上只好挨雨。Wàngle dài yǔsǎn, yílùshang zhǐhǎo ái yǔ ～ le. I forgot to bring my umbrella and so I'll have to get wet in the rain on the way. /衣服都～湿了。Yīfu dōu ～shī le. His clothes are soaked through.

【淋巴】línbā（名）〈生理〉lymph

【淋漓】línlí（形）（往往构成四字短语）(1)形容（液体不断地）往下滴 dripping：他浑身上下汗水～。Tā húnshēn shàngxià hànshuǐ ～. His whole body was dripping with sweat. /他的伤不轻，鲜血～，挺可怕的。Tā de shāng bù qīng, xiānxuè ～, tǐng kěpà de. He was badly wounded and dripping with blood. It was terrible. (2)〈语言〉中肯透彻，让人听了感到畅快 uninhibited：这番议论真是痛快～。Zhè fān yìlùn zhēn shì tòngkuai ～. His comments were really uninhibited and very thorough.

【淋漓尽致】línlí jìn zhì 形容文章或谈话详尽透彻或对事物刻画、揭露得深刻（writing or speech）incisive and thorough：这部小说把封建社会官场的黑暗、丑恶揭露得～。Zhè bù xiǎoshuō bǎ fēngjiàn shèhuì guānchǎng de hēi'àn, chǒu'è jiēlù de ～. This novel thoroughly and incisively exposes the decadence and evil-doings of the officialdom of the feudalist society.

【淋浴】línyù（名）shower (bath)

琳 lín

（名）〈书〉美玉 beautiful jade

【琳琅满目】línláng mǎn mù 比喻很多美好的东西展现在眼前 a collection of fine and exquisite things which is a feast to the eyes：展览大厅里的各种古代艺术珍品，真是～。Zhǎnlǎn dàtīng li de gè zhǒng gǔdài yìshù zhēnpǐn, zhēn shì ～. The valuable pieces of ancient art in the exhibition hall is really a display of splendors. /春季服装展销会上，各式

服装 ～。Chūnjì fúzhuāng zhǎnxiāohuì shang, gè shì fúzhuāng ～. *The different styles of clothing at the spring clothes exhibition were really a feast to the eyes.*

粼 lín
【粼粼】línlín（形）〈书〉形容水石等干净清澈（*of water; stone, etc.*）*clear*；*crystalline*：水波～ shuǐbō ～ *clear ripples*

嶙 lín
【嶙峋】línxún（形）〈书〉(1)山石重叠不平的样子（*of mountain rocks, cliffs, etc.*）*jagged*；*rugged*；*craggy*：～的怪石 ～ de guàishí *jagged rocks of grotesque shapes* (2)（人）瘦削（*of a person*）*bony*；*thin*：瘦骨～ shòu gǔ ～ *as lean as a rake*

辚〔轔〕lín
【辚辚】línlín（象声）〈书〉车轮滚动的声音 *rattle (of cart, etc.)*

磷 lín
（名）*phosphorus*
【磷肥】línféi（名）含有磷质的肥料 *phosphate fertilizer*
【磷光】línguāng（名）*phosphorescence*
【磷火】línhuǒ（名）*will-o'-the wisp*；*phosporescent light*

鳞〔鱗〕lín
（名）[片 piàn]*scale (of fish, etc.)*
【鳞次栉比】lín cì zhì bǐ 像鱼鳞和梳子齿那样整齐而紧密地排列在一起。多用来形容排列很密的房屋等（*of houses, etc.*）*row upon row of*
【鳞片】línpiàn（名）*scale (of fish, etc.)*

lǐn

凛 lǐn
（形）〈书〉(1)寒冷 *biting cold*；*bitter cold* (2)严肃，严厉 *strict*；*stern*；*severe*：～若冰霜 ～ ruò bīngshuāng *icy cold looks* (3)害怕 *afraid*
【凛冽】lǐnliè（形）〈书〉冷得刺骨 *piercingly cold*：寒风～ hán fēng ～ *a bitterly cold wind*
【凛凛】lǐnlǐn（形）〈书〉(1)寒冷 *biting cold*：北风～ běi fēng ～ *a bitterly cold northerly wind* (2)严肃可敬畏的样子 *awe-inspiring*：威风～ wēifēng ～ *majestic looking*
【凛然】lǐnrán（形）〈书〉严肃，可敬畏的样子 *awe-inspiring*：正气～ zhèngqì ～ *awe-inspiring righteousness* /～不可侵犯 ～ bù kě qīnfàn *awe-inspiring and inviolable*

檩 lǐn
（名）[根 gēn]*purlin*
【檩条】lǐntiáo（名）[根 gēn]同"檩" lǐn *same as "*檩*" lǐn*

lìn

吝 lìn
（形）〈书〉吝啬 *stingy*；*mean*：敬请不～指教。（书信用语）Jìng qǐng bú ～ zhǐjiào.（shūxìn yòngyǔ）*Please feel free to give your comments.*（*epistolary phraseology*）
【吝啬】lìnsè（形）*miserly*；*stingy*：他十分～. Tā shífēn ～. *He is very stingy.*
【吝惜】lìnxī（动）非常爱惜，舍不得拿出（东西、力量、时间等）*spare*；*stint*：他很～时间，从不闲聊 Tā hěn ～

shíjiān, cóng bù xiánliáo. *He's very careful with his time and never wastes it chatting with others.*

赁 lìn
（动）租借 *rent*；*hire*：～了几间房 ～le jǐ jiān fáng *Several rooms have been rented.*

líng

伶 líng
（名）旧时指戏曲演员 *actor or actress (in olden times)*
【伶仃】língdīng（形）◇ 也作"零丁"，孤独无靠 *left alone without help*；*lonely*：～一人 ～ yì rén *left alone to fend for oneself*
【伶俐】línglì（形）聪明，灵活 *clever*；*smart*：聪明～ cōngming ～ *intelligent and clever* /口齿～ kǒuchǐ ～ *speak sensibly and well*

灵〔靈〕líng
（形）(1)灵活 *agile*；*nimble*：年纪大了，手脚不太～了。Niánjì dà le, shǒujiǎo bú tài ～ le. *When people get old, they are no longer as agile as before.* (2)灵敏 *sensitive*：狗的鼻子特别～. Gǒu de bízi tèbié ～. *The nose of the dog is especially sensitive.* /盲人的耳朵比常人～得多。Mángrén de ěrduo bǐ chángrén ～ de duō. *The ears of blind people are much more sensitive than normal people.* (3)有效验（"不灵"是失效）*efficacious*；*effective*（"不灵" *means cease to be effective*）：这药治头疼很～. Zhè yào zhì tóu téng hěn ～. *This medicine is very effective for headaches.* /这辆车闸不～了。Zhè liàng chē zhá bù ～ le. *The brakes on this car don't work any more.*（名）灵柩 *coffin with the corpse*；*remains (ashes) of a deceased person*：守～ shǒu ～ *stand guard beside the remains* /大家去～前致哀。Dàjiā qù ～ qián zhì āi. *Everybody paid their last respects in front of the coffin.*
【灵便】língbiàn（形）灵巧，方便 *nimble*；*easy to handle*：年轻人腿脚～，替我跑一趟吧！Niánqīng rén tuǐjiǎo ～, tì wǒ pǎo yí tàng ba! *Young people can get around easier, so why don't you do me a favor and run the errand for me?* /这种自行车骑起来十分～. Zhè zhǒng zìxíngchē qí qǐlai shífēn ～. *This bike is extremely easy to handle.*
【灵感】línggǎn（名）*inspiration*
【灵魂】línghún（名）(1)*soul* (2)指人的精神、思想、品格等 *soul*；*spirit*；*thought*：作家是人类～的工程师。Zuòjiā shì rénlèi ～ de gōngchéngshī. *Writers are the engineers of the soul of mankind.* /这是个投敌叛国出卖～的家伙。Zhè shì ge tóu dí pàn guó chūmài ～ de jiāhuo. *This is a traitorous person who sold his soul to the enemy.* (3)比喻起指导和决定作用的因素 *vital core (of sth.)*：在战争中，指挥部是军队的一～. Zài zhànzhēng zhōng, zhǐhuībù shì jūnduì de ～. *In war, the headquarters is the vital core of the army.*
【灵活】línghuó（形）敏捷，反应快，善于随着时机或情况的变化采取相应的方法 *flexible*；*agile*：身子～ shēnzi ～ *an agile body* /头脑～ tóunǎo ～ *quick-witted* /方法～ fāngfǎ ～ *a flexible way of doing things* /～机动的战略战术 ～ jīdòng de zhànlüè zhànshù *flexible strategy and tactics* /不但了解这个词的意思，还能～运用。Búdàn liǎojiě zhège cí de yìsi, hái néng ～ yùnyòng. *not only know the meanings of this word, but also be able to use it readily*
【灵活性】línghuóxìng（名）*flexibility*
【灵机一动】língjī yí dòng 事先没有准备，临时运用了敏捷的思维能力，很快想出主意 *have a sudden inspiration*；*hit upon a bright idea*：他～，想出了一个巧妙的办法，把事情的真相遮掩过去了。Tā ～, xiǎngchūle yí ge qiǎomiào de bànfǎ, bǎ shìqing de zhēnxiàng zhēyǎn guòqu le. *He hit*

upon a bright idea and came up with an ingenious way of covering up the truth. /遇到大事要深思熟虑，不要～就干起来。Yùdào dà shì yào shēnsī shúlǜ, búyào ～ jiù gàn qi-lai. When you meet a serious problem, you should consider it carefully and not act on the spur of the moment.

【灵柩】língjiù（名）装上死人的棺材 coffin containing a corpse

【灵敏】língmǐn（名）反应迅速 keen; sensitive：听觉非常～。Tīngjué fēicháng ～. His sense of hearing is extremely keen. /猎犬有一种的嗅觉。Lièquǎn yǒu ～ de xiùjué. Hunting dogs have a keen sense of smell. /那台仪器不够～。Nà tái yíqì bú gòu ～. That instrument is not sensitive enough.

【灵敏度】língmǐndù（名）sensitivity

【灵巧】língqiǎo 灵活而巧妙 dexterous; nimble：这姑娘有一双～的手,绣出的花真好看。Zhè gūniang yǒu yì shuāng ～ de shǒu, xiùchū de huār zhēn hǎokàn. This girl has a pair of dexterous hands and can do beautiful embroidery. /小松鼠的身子非常～。Xiǎo sōngshǔ de shēnzi fēicháng ～. A squirrel has a nimble body.

【灵堂】língtáng（名）mourning hall

【灵通】língtōng（形）(消息)来得快 have quick and easy access to (information)：他交际广,消息～。Tā jiāojì guǎng, xiāoxi ～. He has a large circle of acquaintances and is well-informed.

【灵位】língwèi（名）旧时人死之后暂时设的供奉牌位 a temporary shrine erected in olden time

【灵验】língyàn（形）(1)(办法,药物等)有特效 efficacious; effective：用针灸治神经痛十分～。Yòng zhēnjiǔ zhì shénjīngtòng shífēn ～. Acupuncture is very effective in the cure of neuralgia. (2)(预言)能应验 (of a prediction, etc.) accurate; right：天气预报很～,说今天有雨,果然下雨了。Tiānqì yùbào hěn ～, shuō jīntiān yǒu yǔ, guǒrán xià yǔ le. The weather report was very accurate. They said it was going to rain today and it did. /我的腿一疼,就要变天,可～了。Wǒ de tuǐ yì téng, jiù yào biàn tiān, kě ～ le. As soon as my leg starts to hurt, I know for a fact that the weather is going to change.

【灵芝】língzhī（名）菌类植物,菌盖肾脏形,赤褐色或暗紫色,有环纹,有光泽,可入药 glossy ganoderma

玲 líng

【玲珑】línglóng（形）(1)(东西)精巧细致 (of things) small and exquisite：这个花瓶小巧～,十分可爱。Zhège huāpíng xiǎoqiǎo ～, shífēn kě'ài. This vase is really delicate and fragile. It's such a lovely thing! (2)(妇女或孩子)灵活敏捷 (of woman or child) clever and smooth：娇小～ jiāoxiǎo ～ petite and dainty /～活泼 ～ huópo clever and lively

【玲珑剔透】línglóng tītòu（镂空的手工艺品等)精巧,细致,结构新奇 exquisitely carved; beautifully wrought：王师傅雕的象牙球～,在展览会上吸引了不少观众。Wáng shifu diāo de xiàngyá qiú ～, zài zhǎnlǎnhuì shang xīyǐnle bù shǎo guānzhòng. Wang, the carver's ivory sphere was exquisitely done and attracted quite an audience at the exhibition.

铃〔鈴〕líng

（名）bell：上课～响了。Shàng kè ～ xiǎng le. There's the bell for class. /自行车～坏了。Zìxíngchē ～ huài le. The bell on the bike is broken.

【铃铛】língdang（名）指摇晃而发声的铃 small bell

凌 líng

（动）〈书〉(1)侵犯,欺侮 insult (2)升高 rise high

【凌晨】língchén（名）天快亮的时候 time just before dawn

【凌驾】língjià（动）压倒(别的事物),高出(别人) override：不能把个人利益～于集体利益之上。Bù néng bǎ gèrén lìyì ～ yú jítǐ lìyì zhī shàng. One cannot place one's personal interests above those of the group.

【凌空】língkōng（动）在高空中或升到高空 soar; fly high：铁塔～耸立。Tiětǎ ～ sǒnglì. The tower rises high in the sky. /苍鹰～飞行。Cāngyīng ～ fēixíng. The hawk soared high in the sky. /客机～飞过。Kèjī ～ fēiguò. The plane streaked across the sky.

【凌厉】línglì（形）气势迅猛 quick and forceful：球场上一方攻势～,另一方严密防守。Qiúchǎng shang yì fāng gōngshì ～, lìng yì fāng yánmì fángshǒu. On the football field, one side made a swift and fierce attack, while the other side set up a tight defense.

【凌乱】língluàn（形）不整齐,没有秩序 untidy; disorderly; messy：屋子里～得很。Wūzi li ～ de hěn. The room is very messy. /队伍～不堪。Duìwu ～ bùkān. The troops were in a state of utter confusion. /窗外传来～的脚步声。Chuāng wài chuánlái ～ de jiǎobù shēng. There was the sound of footsteps going in all directions from outside the window.

【凌辱】língrǔ（动）〈书〉欺侮,侮辱 humiliate

【凌汛】língxùn（名）由于上游冰雪融化,下游河道尚未解冻而造成的洪水 ice run

【凌云】língyún（动）〈书〉直上云霄,也比喻志向高远 soaring into the skies：壮志～ zhuàngzhì ～ soaring aspirations / 机群～而过。Jīqún ～ ér guò. A group of planes soared by overhead.

陵 líng

（名）◇陵墓 tomb：清明时节,少先队员到烈士～前种树。Qīngmíng shíjié, shàoxiānduìyuán dào lièshì ～ qián zhòng shù. During "Tombsweeping Festival", the Young Pioneers go to the martyrs' tombs and plant trees.

【陵墓】língmù（名）人民领袖或烈士的坟墓,帝王的坟墓 mausoleum; tomb

【陵园】língyuán（名）以陵墓为主的园林 cemetery

菱 líng

（名）◇同"菱角"língjiao same as "菱角" língjiao

【菱角】língjiao（名）water chestnut

【菱形】língxíng（名）〈数〉rhombus

聆 líng

（动）〈书〉听 listen; hear

【聆听】língtīng（动）〈书〉听 listen; hear：～教导 ～ jiàodǎo listen to your instruction

翎 líng

（名）◇鸟类翅膀或尾巴上的硬而长的羽毛 plume; tail feather; quill：雁～ yàn ～ wild goose quill /鹅～扇 é ～ shàn fan made of the tail feathers of a goose

【翎毛】língmáo（名）(1)羽毛 plume (2)指以鸟类为题材的中国画 a type of Chinese classical painting featuring birds

绫〔綾〕líng

（名）一种丝织品 a type of silk fabric

【绫子】língzi 同"绫"líng same as "绫" líng

羚 líng

（名）(1)羚羊 antelope (2)羚羊角 antelope's horn

【羚羊】língyáng（名）[只 zhī] antelope; gazelle

零 líng

（数）(1)在数码中写作"0" zero：305读作"三百零五"或"三零五"。305 is read "三百零五" or "三零五". /3005读作

"三千零五"或"三零零五". 3005 *is read* "三千零五" *or* "三零零五". /1800读作"一千八百"或"一八零零". 1800 *is read* "一千八百" *or* "一八零零". /5.08元读作"五元零八分"或"五点零八元". 5.08 *is read* "五元零八分" *or* "五点零八元". /1980年读作"一九八零年". 1980 *is read* "一九八零年". (2)表示较大的量之下所附的较少的量（*indicates that a larger and a smaller unit are being used together*）两点一三分 liǎng diǎn 一 sān fēn *three minutes past two* /五个月一四天 wǔ ge yuè 一 sì tiān *five months and four days* /三年一一个月 sān nián 一 yí ge yuè *three years and one month*（形）零星的，与"整"相对 *opp. to* "整"：化整为一 huà zhěng wéi 一 *break up the whole into parts* /一存整取 一 cún zhěng qǔ（*of banking*）*deposit in small sums and withdraw the whole amount* /这个商店的货物，可一买也可批发. Zhège shāngdiàn de huòwù, kě 一 mǎi yě kě pīfā. *This store sells retail and also wholesale.*

【零打碎敲】líng dǎ suì qiāo 同"零敲碎打" líng qiāo suì dǎ *same as* "零敲碎打" líng qiāo suì dǎ

【零点】língdiǎn（名）*zero point*

【零度】língdù（名）*zero degree*

【零工】línggōng（名）(1)短工 *odd job* (2)做短工的人 *casual laborer*

【零花】línghuā（名）〈口〉零用的钱 *pocket money*（动）*spend*（*pocket money*）：这几块钱你留着一吧. Zhè jǐ kuài qián nǐ liúzhe 一 ba. *Keep these few yuan for your pocket money.*

【零活儿】línghuór（名）零碎的工作或杂务 *odd jobs; chores*

【零件】língjiàn（名）(~儿) *spare parts*：汽车一 qìchē 一 *car parts* /收音机一 shōuyīnjī 一 *radio parts*

【零乱】língluàn（形）同"凌乱" língluàn *same as* "凌乱" língluàn

【零落】língluò（动）(花叶)脱落 *fall; wither*：花木一，已到深秋了. Huāmù 一, yǐ dào shēnqiū le. *It's already well into fall and the flowers have withered and the trees are bare.* （形）(1)(事物)不兴盛 *decayed; barren*：冬天园内景象一、凄凉. Dōngtiān yuán nèi jǐngxiàng 一、qīliáng. *In winter the parks are desolate and bare.* (2)稀疏，不集中，不多 *scattered*；枪声一 qiāng shēng 一 *sporadic shooting* /到会的人零零落落的. Dào huì de rén línglíngluòluò de. *There was sporadic attendance at the meeting.*

【零卖】língmài（动）(1)零售 *retail* (2)成套的东西分开来卖 *sell by the piece or in small quantities*：这套茶具不一. Zhè tào chájù bù 一. *This teaset cannot be sold separately.* /这套教科书能一. Zhè tào jiàokēshū néng 一. *This set of textbooks can be sold separately.*

【零七八碎】língqībāsuì（形）零碎而纷乱的(东西或事情) *disorderly; odds and ends*：屋子里堆满了一的东西. Wūzi li duīmǎnle 一 de dōngxi. *The room is littered up with junk lying around everywhere.* /我老是干这些一的事儿. Wǒ lǎoshi gàn zhèxiē 一 de shìr. *I always do the odd jobs.*（名）(~儿)零碎而纷乱的东西或事情 *messy odds and ends*：把床上那些一儿整理一下. Bǎ chuáng shang nàxiē 一 zhěnglǐ yíxià. *Clear up the junk on the bed.* /我整天净忙些一. Wǒ zhěng tiān jìng máng xiē 一. *I have done nothing but odds and ends all day.*

【零钱】língqián（名）(1)货币较小的钱，如角、分 (*of money*) *small change*：我现在没一找你. Wǒ xiànzài méi 一 zhǎo nǐ. *I don't have any change to give you right now.* (2)零花的钱 *pocket-money; allowance*：他父母每星期给他一次. Tā fùmǔ měi xīngqī gěi tā yí cì 一. *His parents give him an allowance once a week.*

【零敲碎打】líng qiāo suì dǎ 形容零零碎碎，断断续续地(做事) *do sth. bit by bit*：我希望集中时间把一件事干完. 如果一，时间浪费，工作效率也不高. Wǒ xīwàng jízhōng shíjiān bǎ yí jiàn shì gànwán, rúguǒ 一, shíjiān làngfèi, gōngzuò xiàolǜ yě bù gāo. *I'd like to get it done in one fell swoop. If we do things in a piecemeal fashion, our time will be wasted and our work will not be very efficient.*

【零散】língsǎn（形）分散，不集中 *scattered*：他们专门收集各家各户的一的古旧书籍. Tāmen zhuānmén shōují gè jiā gè hù 一 de gǔ jiù shūjí. *They are collecting scattered old books from various families and households.* /报纸、杂志一地堆在桌子上，书架上. Bàozhǐ, zázhì 一 de duī zài zhuōzi shang, shūjià shang. *Piles of newspapers and magazines are lying around on the desk and bookcases.*

【零食】língshí（名）正常饭食以外的零星小吃 *snack*

【零售】língshòu（动）*retail*

【零碎】língsuì（形）细碎，琐碎 *odds and ends*：做衣服剩下许多一布头. Zuò yīfu shèngxia xǔduō 一 bùtóu. *There are several odds and ends of material left over from making clothes.* /把这些零零碎碎的东西处理掉. Bǎ zhèxiē línglíngsuìsuì de dōngxi chǔlǐ diào. *Get rid of these odds and ends.*（名）(~儿)零碎的东西 *scraps; bits and pieces*：大件都搬到新房子去了，只剩下一些一了. Dà jiàn dōu bāndào xīn fángzi qù le, zhǐ shèngxia yìxiē 一 le. *All of the big items have been moved in. The only things left are bits and pieces.*

【零头】língtóu（名）(~儿)(1)不够某一计算单位的零碎数量 *odd; extra*：就给一块钱吧，二分一不要了. Jiù gěi yí kuài qián ba, èr fēn 一 bú yào le. *Just give me one yuan and forget about the odd two fen.* (2)材料使用后剩下的零碎部分 *remnant* (*of cloth*)：这块布裁一身衣服后还剩一点儿一. Zhè kuài bù cái yì shēn yīfu hòu hái shèng yìdiǎnr 一. *There are some remnants left over from cutting this suit.*

【零星】língxīng（形·非谓）细小零碎的、少量的，散乱的 *sporadic; odd; fragmentary*：外面下着一小雨. Wàimiàn xiàzhe 一 xiǎoyǔ. *It's drizzling outside.* /野地里开着一些零零星星的小白花. Yědì li kāizhe yìxiē línglíngxīngxīng de xiǎo bái huār. *There are small white flowers in bloom scattered throughout the wilderness.*

【零用】língyòng（名）同"零花"línghuā（名）*same as* "零花" línghuā（动）零碎地用 *spend on minor purchases*：二十块钱全都一掉了. Èrshí kuài qián quán dōu 一 diào le. *All of the twenty yuan was spent on odds and ends.*

líng

领〔领〕líng

（动）(1)同"领取"língqǔ *same as* "领取" língqǔ：一奖 jiǎng *receive an award* /一文具 一 wénjù *go to get stationery* /一工资 一 gōngzī *draw one's wages* (2)带，引 *lead; take*：老师一着学生去参观. Lǎoshī 一 zhe xuésheng qù cānguān. *The teacher took the students to see an exhibition.* /请你一客人去餐厅. Qǐng nǐ 一 kèren qù cāntīng. *Please take the guests into the dining room.*（名）◇同"领子"lǐngzi *same as* "领子" lǐngzi：这个大衣一是狐皮的. Zhège dàyī 一 shì húpí de. *The collar of this coat is made of fox skin.* /那是件圆一衬衫. Nà shì jiàn yuán 一 chènshān. *That is a round-collared shirt.*

【领班】lǐngbān（动·不及物）厂矿企业里领导一班人工作 *supervise; be in charge of*：我们组老王一. Wǒmen zǔ Lǎo Wáng 一. *Lao Wang is in charge of our group.*（名）领班的人 *foreman; headwaiter*：他在北京饭店当一. Tā zài Běijīng Fàndiàn dāng 一. *He is a headwaiter at the Beijing Hotel.*

【领唱】lǐngchàng（动）*lead a chorus*

【领带】lǐngdài（名）[条 tiáo] *necktie*

【领导】lǐngdǎo（动）率领，引导 *lead*（名）领导者 *leader* 他是我们单位的一. Tā shì wǒmen dānwèi de 一. *He is the*

leader of our unit. /～要深入群众，不能浮在上面。～ yào shēnrù qúnzhòng，bù néng fú zài shàngmian. *A leader should associate with the masses and not remain aloof.*

【领导班子】lǐngdǎo bānzi 由领导成员组成的集体 *leading group*；*leading body*

【领导核心】lǐngdǎo héxīn 指领导班子中的主要成员 *leading nucleus*

【领导权】lǐngdǎoquán（名）*leadership*；*authority*

【领地】lǐngdì（名）*territory*；*manor*

【领队】lǐngduì（动·不及物）带领队伍 *lead a group*：这个旅游团由李先生～。Zhège lǚyóutuán yóu Lǐ xiānsheng ～. *This tour group of ours is led by Mr. Li.*（名）带领队伍的人 *leader of a group*：你们单位谁是这次游行的～?Nǐmen dānwèi shuí shì zhè cì yóuxíng de ～? *Who is the leader of this parade in your unit?*

【领港】lǐnggǎng（动·不及物）引导船舶进出港口 *pilot a ship into or out of a harbor*（名）做领港工作的人（*harbor*）*pilot*

【领海】lǐnghǎi（名）*territorial waters*

【领航】lǐngháng（动·不及物）引导船舶或飞机航行 *pilot*；*navigate*（名）做领航工作的人 *pilot*；*navigator*

【领航员】lǐnghángyuán（名）同"领航"lǐngháng（名）*same as "领航" lǐngháng（名）*

【领会】lǐnghuì（动）通过思考了解得比较深 *understand*；*comprehend*；*grasp*：你们要仔细～这个词的意思。Nǐmen yào zǐxì ～ zhège cí de yìsi. *You need to have a detailed understanding of the meaning of this word.* /对这个政策我还～得不够。Duì zhège zhèngcè wǒ hái ～ de bú gòu. *I'm still not familiar enough with this policy.*

【领教】lǐngjiào（动）客气话，表示接受别人的教益或欣赏别人的技艺表演 *polite way of asking for advice or showing appreciation of sb.'s performance*：明天登门向您～。Míngtiān dēng mén xiàng nín ～. *I'd like to stop by tomorrow and get your advice on a matter.* /言之有理，～! Yán zhī yǒu lǐ，～! *That sounds reasonable. Thanks for your advice.* /耳闻不如目睹，刚才～了您的精彩表演，实在佩服。Ěrwén bùrú mùdǔ，gāngcái ～ le nín de jīngcǎi biǎoyǎn，shízài pèifu. *Seeing for oneself is better than hearing from others. Your brilliant performance just now was most admirable.* 有时表示不服气的反话，带讽刺口吻（*shows that the speaker is unconvinced and is speaking sarcastically*）：他那点本事我早就～过了。Tā nà diǎn běnshi wǒ zǎo jiù ～guo le. *We know all about his skills all right.*

【领结】lǐngjié（名）[个 gè]*bow tie*

【领空】lǐngkōng（名）*territorial air space*

【领路】lǐng＝lù *lead the way*：进山以后，有一位老猎人给我们～。Jìn shān yǐhòu，yǒu yí wèi lǎo lièrén gěi wǒmen ～. *After we went into the mountains，an old hunter led the way.* /这个孩子给地质队领过路。Zhège háizi gěi dìzhìduì lǐngguo lù. *This child once led the way for the geological team.* /老吴是我参加革命的～人。Lǎo Wú shì wǒ cānjiā gémìng de ～ rén. *Lao Wu led the way for me when I took part in the revolution.*

【领略】lǐnglüè（动）了解，进而认识或辨别事物的意义或滋味 *taste（the delights of）*；*realize*；*appreciate*：～了北京小吃的风味。～ le Běijīng xiǎochī de fēngwèi. *I've got a taste for Beijing snacks.* /～这里秋天的美景 ～ zhèlǐ qiūtiān de měijǐng *appreciate the autumn scenery round here* /～那部著作的真谛 ～ nà bù zhùzuò de zhēndì *appreciate the true meaning of that book*

【领情】lǐng＝qíng 接受礼物或好意而心里感激 *feel grateful to sb.*；*appreciate a kindness*：同志们对我一片真心，我非常～。Tóngzhìmen dài wǒ yípiàn zhēnxīn，wǒ fēicháng ～. *I am extremely grateful for the kind way in which you have treated me.* /他送礼是有目的的，我才不领他那份情呢。

Tā sòng lǐ shì yǒu yòngyì de，wǒ cái bù lǐng tā nà fèn qíng ne. *He had an ulterior motive in giving that present. I really don't feel grateful at all.*

【领取】lǐngqǔ（动）取（上级或集团发给的东西）*draw*；*receive（sth. from an institution）*：～救灾物资 ～ jiù zāi wùzī *receive disaster relief* /～奖金 ～ jiǎngjīn *receive an award* /到银行去～贷款 dào yínháng qù ～ dàikuǎn *get a loan from a bank*

【领事】lǐngshì（名）*consul*

【领事馆】lǐngshìguǎn（名）*consulate*

【领属】lǐngshǔ（形·非谓）一方领有或具有，而另一方是从属或隶属 *administer and be administered*；*possess and be possessed*：那个公司和我们厂是～关系。Nàge gōngsī hé wǒmen chǎng shì ～ guānxi. *Our factory is under the administration of that company.*

【领水】lǐngshuǐ（名）*territorial waters*；*inland waters*

【领头】lǐng＝tóu（口）（～儿）带头 *take the lead*；*be the first to do sth.*：每次组织郊游都是小赵～。Měi cì zǔzhī jiāoyóu dōu shì Xiǎo Zhào ～. *Xiao Zhao is the one who always takes the lead in organizing outings.* /只要有体力活儿，他总是～干。Zhǐyào yǒu tǐlì huór，tā zǒngshì ～ gàn. *As soon as there's a job involving physical strength，he's always the first to do it.* /既然没人发言，我就领个头吧! Jìrán méi rén fā yán，wǒ jiù lǐng ge tóu ba! *Since nobody is giving a speech，why don't I go ahead and take the lead.*

【领土】lǐngtǔ（名）*territory*

【领悟】lǐngwù（动）〈书〉领会 *comprehend*

【领先】lǐngxiān（动）共同前进时，走在最前面的。常用于体育比赛进程中占优势者 *take the lead*；*be in the lead（usu. in sports）*：排球赛正在进行，甲队一两分换场地。Páiqiú sài zhèngzài jìnxíng，jiǎduì 一 liǎng fēn huàn chǎngdì. *The volleyball game is in progress and Team A is in the lead by 2 points，so now，they have to change sides.*

【领衔】lǐngxián（动）（在共同署名的文件上）署名在最前面 *head the list of signers（of a document）*

【领袖】lǐngxiù（名）*leader*

【领养】lǐngyǎng（动）（把别人的孩子）领来抚养（当做自己的孩子）*adopt（a child）*

【领有】lǐngyǒu（动）〈书〉（国家）有所有权（*nation*）*possess*；*own*

【领域】lǐngyù（名）（1）一个国家行使主权的区域（*a nation's*）*territory*（2）学术思想或社会活动的范围 *sphere*；*realm*；*field*：政治～ zhèngzhì ～ *field of politics* /经济～ jīngjì ～ *field of economics* /他是文化～里的名人。Tā shì wénhuà ～ lǐ de míngrén. *He's famous in the realm of culture.*

【领章】lǐngzhāng（名）*collar flash*；*collar badge*

【领主】lǐngzhǔ（名）*feudal lord*；*suzerain*

【领子】lǐngzi（名）*collar*

lìng

另 lìng
（形）在数词"一"或单音节动词前，可代替"另外"（*used before the numeral "一" or a monosyllabic verb to stand for "另外"*）：另一个朋友 ～ yí ge péngyou *another friend* /那是～一回事。Nà shì ～ yì huí shì. *That's another matter.* /这个办法不行，得～想办法。Zhège bànfǎ bù xíng，děi ～ xiǎng bànfǎ. *This way won't do. We have to think of another way.* /请你接替他的工作，他～有任务。Qǐng nǐ jiētì tā de gōngzuò，tā ～ yǒu rènwù. *Please take over his job. He has something else to do.*（副）（1）与副词"另外"lìngwài（1）基本相同，但只修饰单音节动词。如有"又、还、再、不"等副词要放在"另"前（*basically the same as the adverb "另外" lìngwài（1），but only modifies monosyllabic verbs*；*if adverbs such as "又、还、再、不"，etc. are used，they must be*

placed before "另"）：除了钢笔我还～有圆珠笔和铅笔。Chúle gāngbǐ wǒ hái ～ yǒu yuánzhūbǐ hé qiānbǐ. *In addition to a fountain pen, I have a ballpoint pen and a pencil as well.* /这里有香肠和牛肉，他又～买了一只鸡。Zhèlǐ yǒu xiāngcháng hé niúròu, tā yòu ～ mǎile yì zhī jī. *There are already sausages and beef. In addition to these, he also bought a chicken.* /这都是原来的家具，我没～买什么。Zhè dōu shì yuánlái de jiājù, wǒ méi ～ mǎi shénme. *This is all the original furniture. I haven't bought anything else.* (2) 与副词"另外"lìngwài(2)基本相同（*basically the same as the adverb "另外" lìngwài (2)*）：这样做不妥，咱们再～商量。Zhèyàng zuò bù tuǒ, zánmen zài ～ shāngliang. *Doing it this way is not appropriate. Let's discuss another way.* /这里太吵了，我得～找个地方。Zhèli tài chǎo le, wǒ děi ～ zhǎo ge dìfang. *It's too noisy here. I have to look for another place.* /数据不准是计算上的毛病，要重新算，实验不要～做。Shùjù bù zhǔn shì jìsuàn shang de máobing, yào chóngxīn suàn, shíyàn búyào ～ zuò. *If the data are not correct, it is because of an error in the calculation. You have to calculate again, not do another experiment.* (3)基本同副词"另外"lìngwài(3)，修饰单音节词（*basically the same as the adverb "另外" lìngwài (3); modifies monosyllabic words*）：小陈那里我不～写信了，请代问他好。Xiǎo Chén nàli wǒ bú ～ xiě xìn le, qǐng dài wèn tā hǎo. *I won't write a separate letter to Xiao Chen. Please give him my regards.* /不常看的书、报要～搁一个地方。Bù cháng kàn de shū, bào yào ～ gē yí ge dìfang. *You must put the books and newspapers you don't often read in a separate place.* /学校要为这些学习困难的学生～开一个班。Xuéxiào yào wèi zhèxiē xuéxí kùnnan de xuésheng ～ kāi yí ge bān. *The school is going to set up a separate class for those students with learning difficulties.*

【另起炉灶】lìng qǐ lúzào 比喻重新做起 *set up a separate kitchen; (fig.) make a fresh start*

【另外】lìngwài（形）除了指出来以外的 *other; another*：除了小红还有～两个学生，都考了满分。Chúle Xiǎo Hóng hái yǒu ～ liǎng ge xuésheng, dōu kǎole mǎn fēn. *Apart from Xiao Hong, there are two other students who got full marks in the exam.* /我还有～一个问题要问您。Wǒ hái yǒu ～ yí ge wèntí yào wèn nín. *I have one other question I'd like to ask.* （副）(1)表示除前面说的以外；常与副词"又、还、再"等连用，或前或后都可以，否定词必须在"另外"后面（*often used together with adverbs such as "又、还、再", etc. which can be placed either before or after "另外"; negative word must be placed after "另外"; besides; in addition*）：除了三头驴，～还有两匹马。Chúle sān tóu lǘ, ～ hái yǒu liǎng pǐ mǎ. *Besides three donkeys, I also have two horses.* /这里有不少老朋友，他又～交了一些新朋友。Zhèli yǒu bù shǎo lǎo péngyou, tā yòu ～ jiāole yìxiē xīn péngyou. *There were many old friends here. He also made a few new ones.* /练习材料太少，我再～补充一些。Liànxí cáiliào tài shǎo, wǒ zài ～ bǔchōng yìxiē. *There aren't enough practice materials. I'll add a few more.* /我就这个问题不懂，～没有不懂的了。Wǒ jiù zhège wèntí bù dǒng, ～ méi yǒu bù dǒng de le. *This is the only question I don't understand. Other than this, there isn't anything else I don't understand.* (2)表示前面的不行，换别的；否定词要放在"另外"前面（*indicates that the aforementioned won't do and that a replacement must be found; negative words must be placed before "另外") other; another*：这条路不通，我～想办法。Zhè tiáo lù bù tōng, wǒ ～ xiǎng bànfǎ. *This road is not open. I'll think of another way.* /衣服不合适，我再～给你做一件。Yīfu bù héshì, wǒ zài ～ gěi nǐ zuò yí jiàn. *Your jacket doesn't fit. I'll make you another one.* /凑合用一下吧，不必～换新的了。Còuhe yòng yíxià ba, búbì ～ huàn

xīn de le. *Make do with it for a while. There's no need to replace it with a new one.* （连）有"除此之外"的意思，表示后面对前面所说的加以补充；连接句子，也可连接分句，"另外"后常有停顿 *in addition; moreover; besides (has the same meaning as "除此以外"); links either sentences or clauses and is often followed by a pause*：他随身带回两只箱子，～还海运两大箱书。Tā suíshēn dàihuí liǎng zhī xiāngzi, ～ hái hǎiyùn liǎng dà xiāng shū. *Besides bringing two suitcases back with him, he also shipped two large cases of books.* /我给父亲寄去一百元，～又写去了一封信。Wǒ gěi fùqīn jìqu yìbǎi yuán, ～ yòu xiěqule yì fēng xìn. *In addition to sending my father one hundred yuan, I also wrote him a letter.* /老赵主要是编写词典，～她还在编写一本《汉语简易读物》。Lǎo Zhào zhǔyào shì biānxiě cídiǎn, ～ tā hái zài biānxiě yì běn《Hànyǔ Jiǎnyì Dúwù》. *Besides mainly compiling a dictionary, Lao Zhao is also compiling a "Chinese Easy Reader".* /你把打字机拿到城里修一下，～，顺便买回五盒打字蜡纸来。Nǐ bǎ dǎzìjī nádào chéng lǐ xiū yíxià, ～, shùnbiàn mǎi huí wǔ hé dǎzì làzhǐ lai. *When you take the typewriter downtown for repairs, pick up five boxes of stencil paper while you're at it.*

【另眼相看】lìng yǎn xiāng kàn 用另一种眼光看待(一个人)，和看待别人不一样 *regard sb. with special respect*

令 lìng

（动）(1)使 *make; cause*：～人尊敬 ～ rén zūnjìng *cause one to feel respect* /～人啼笑皆非 ～ rén tí xiào jiē fēi *make one feel that they don't know whether to laugh or cry* (2)命令，上级指示下级 *order*：～各有关单位认真贯彻执行这项指示。～ gè yǒuguān dānwèi rènzhēn guànchè zhíxíng zhè xiàng zhǐshì. *It is hereby ordered that each unit shall conscientiously implement and carry out this instruction.* （名）◇命令，上级对下级的指令 *order*：有～即行，有禁必止。Yǒu ～ jí xíng, yǒu jìn bì zhǐ. *If there is an order it should be carried out promptly, and if something is prohibited it should be stopped.*

【令箭】lìngjiàn（名）中国古代军队中发布命令时用来作为凭证的箭状物 *an arrow-shaped token of authority used in the army in ancient China*

【令人发指】lìng rén fàzhǐ 发指：头发直竖。形容使人极度气愤 *make one's hackles rise*

【令人作呕】lìng rén zuò'ǒu 形容(言行)使人特别反感、厌恶 *nauseating; make one feel sick*

【令行禁止】lìng xíng jìn zhǐ (上级)命令行动，就立刻行动，(上级)命令停止，就立刻停止，形容执行命令迅速坚决 *strict enforcement of orders and prohibitions*

liū

溜 liū

（动)(1)(往前或往下)滑动 *slide*：从山坡上～下来了。Cóng shānpō shang ～ xialai le. *He slid down the hill.* (2)偷偷走开〈口〉*slip away*：没开完会，他就～了。Méi kāiwán huì, tā jiù ～ le. *He slipped away before the meeting was finished.* /他连招呼也没打，悄悄一走了。Tā lián zhāohu yě méi dǎ, qiāoqiāo ～ zǒu le. *He quietly slipped away without even saying goodbye.*

【溜冰】liū=bīng 滑冰 *skate; ice-skating*

【溜达】liūda（动）〈口〉散步，闲走 *go for a walk; stroll*：晚饭后他去湖边～了一会儿。Wǎnfàn hòu tā qù hú biān ～le yíhuìr. *After supper he went for a short stroll by the side of the lake.*

熘 liū

（动）烹饪方法之一，将油烧热后把食物放在锅里快速翻

动,使熟。作料中加淀粉,使滑嫩 *sauté with thick gravy; quick-fry*

liú

刘 〔劉〕liú

【刘海儿】liúhǎir（名）妇女或儿童垂在前额的短发 *bang; fringe*

浏 〔瀏〕liú

【浏览】liúlǎn（动）粗略地看(书报等) *glance over; skim; browse*:那么多报纸,怎么能细看,只能～一下。Nàme duō bàozhǐ, zěnme néng xì kàn, zhǐ néng ～ yíxià. *With so many newspapers, how can one read them in detail? All one can do is skim through them.*

留 liú

（动）(1)停留,使停留 *stay; remain; keep sb.*:别人都到操场锻炼去了,就他一个人～在教室里。Biérén dōu dào cāochǎng duànliàn qù le, jiù tā yí ge rén ～ zài jiàoshì li. *Everyone else went off to the playground to do exercises. Only he stayed in the classroom.* / 昨晚他被朋友～下了,没有回家。Zuó wǎn tā bèi péngyou ～xia le, méiyou huí jiā. *Last night he stayed with his friends and didn't go home.* / 他把客人～下来吃午饭。Tā bǎ kèren ～ xialai chī wǔfàn. *He asked the guest to stay for lunch.* / 今天没什么好吃的,不～你吃饭了。Jīntiān méi shénme hǎochī de, bù ～ nǐ chī fàn le. *There isn't anything good to eat today, so we won't ask you to stay to eat with us.* (2)保留,遗留 *keep (sth.) for; leave (sth.) for*:～个底稿 ～ ge dǐgǎo *keep a draft* / 这本书你～下,那三本我带走。Zhè běn shū nǐ ～xia, nà sān běn wǒ dàizǒu. *You keep this book and I'll take these three.* / 这张照片～给你作纪念吧! Zhè zhāng zhàopiàn ～ gěi nǐ zuò jìniàn ba! *I'll leave you this photograph as a souvenir.* / 这个花瓶是他祖父～下来的。Zhège huāpíng shì tā zǔfù ～ xialai de. *This vase was left to him by his grandfather.* / 老师给学生～了不少作业。Lǎoshī gěi xuésheng ～ le bù shǎo zuòyè. *The teacher left quite a bit of homework for the students.*

【留后路】liú hòulù 办事时为了预防万一办不成而留的退路 *leave a way out; keep a way open for retreat*

【留级】liú=jí 学生成绩不及格,不能升级,留在原来的年级重新学习 *remain in the same grade (because of poor academic performance)*

【留连忘返】liúlián wàng fǎn 同"流连忘返" liúlián wàng fǎn *same as "流连忘返" liúlián wàng fǎn*

【留恋】liúliàn（动）不忍离去或舍弃 *be reluctant to part with; be nostalgic about*:大家都很～自己的母校。Dàjiā dōu hěn ～ zìjǐ de mǔxiào. *Everybody is nostalgic about his alma mater.* / 那段生活很值得～。Nà duàn shēnghuó hěn zhídé ～. *That period of our life is worth being nostalgic about.*

【留难】liúnàn（动）〈书〉无理阻挠,故意刁难 *make things difficult for sb.; put obstacles in sb.'s way*

【留念】liúniàn（动·不及物）(临别赠物)留作纪念(多用来写在留作纪念的礼物或相片上) *keep (this) as a momento (inscription on a photograph or other souvenir)*:李老师～。Lǐ lǎoshī ～. *Presented to Mr. Li.*

【留情】liú=qíng 为照顾情面而宽恕,原谅 *show consideration or mercy*:手下～ shǒuxià ～ *have mercy on those who are in your power* /法律面前人人平等,无论对什么人,执法者都应毫不～。Fǎlǜ miànqián rénrén píngděng, wúlùn duì shénme rén, zhífǎzhě dōu yīng háobù ～. *Everyone is e-qual in the eyes of the law, and those who enforce the law must show not the least bit of mercy regardless of whom they are dealing with.*

【留神】liú=shén〈口〉集中精神,注意,小心(不要发生问题或出错) *take care; be careful*:车床开动后要特别～。Chēchuáng kāidòng hòu yào tèbié ～. *One has to be especially careful with a lathe, once it has been turned on.* /街上人来车往的,骑自行车要多留点儿神。Jiēshang rén lái chē wǎng de, qí zìxíngchē yào duō liú diǎnr shén. *There are a lot of people and traffic on the streets so one has to be really careful when riding a bike.*

【留声机】liúshēngjī（名）[架 jià] *record player*

【留守】liúshǒu（动）(部队、机关、团体等离开原地时)留下少数人担任守卫、联系工作 *stay behind to take care of things for an institution, army, group, etc.*

【留宿】liúsù（动）〈书〉(1)留客住宿 *put sb. up for the night*:这个宿舍里不能～外人。Zhège sùshè li bù néng ～ wàirén. *Outsiders are not permitted to stay overnight in this dormitory.* (2)停留下来住宿 *stay overnight*:昨夜在友人家～。Zuó yè zài yǒurén jiā ～. *I stayed at a friend's place last night.*

【留心】liú=xīn (1)集中心思,注意 *pay attention; be attentive*:要作研究,平时就要～收集资料。Yào zuò yánjiū, píngshí jiù yào ～ shōují zīliào. *When doing research, it is necessay to pay attention ordinarily to material collection.* (2)同"留神" liúshén *same as "留神"* liúshén:你抄写的时候多留点儿心,别弄错了。Nǐ chāoxiě de shíhou duō liú diǎnr xīn, bié nòngcuò le. *When you're copying something you have to be especially careful not to make mistakes.*

【留学】liúxué（动）到外国去学习 *study abroad*

【留学生】liúxuéshēng（名）到国外留学的学生 *student studying abroad*

【留言】liúyán（动·不及物）用书面形式留下要说的话 *leave one's comments*:来客请～。Láikè qǐng ～. *Visitors are invited to leave their comments.*（名）用书面形式留下的话 *comments*:这是他的临别～。Zhè shì tā de línbié ～. *These were his parting comments.*

【留言簿】liúyánbù（名）[本 běn] 为留言用的本子 *visitors' book*

【留一手】liú yì shǒu（～儿）不把本领全部拿出来 *hold back a trick or two (in teaching a trade or skill)*:我一定把全部医术教给学生,绝不会～。Wǒ yídìng bǎ quánbù yīshù jiào gěi xuésheng, jué bú huì ～. *I'll be sure to teach my students everything about medicine and not keep any trade secrets from them.*

【留意】liú=yì 留心,注意 *keep one's eyes open; be attentive*:对这件事,我平时没～,所以说不出个究竟。Duì zhè jiàn shì, wǒ píngshí méi ～, suǒyǐ shuō bu chū ge jiūjìng. *I don't ordinarily pay much attention to such things, so I can't tell you much about it.* /你去邮局时请留点意,要有纪念邮票替我买几张来。Nǐ qù yóujú shí qǐng liú diǎnr yì, yào yǒu jìniàn yóupiào tì wǒ mǎi jǐ zhāng lai. *When you go to the post office can you see if they have any commemorative stamps? If they do, would you mind buying me a few?*

【留影】liú=yǐng〈书〉照相留作纪念 *take a picture as a momento; have a picture taken as a souvenir*:人们到北京来,总要在天安门前留个影。Rénmen dào Běijīng lái, zǒng yào zài Tiān'ānmén qián liú ge yǐng. *When people come to Beijing, they always have their picture taken in front of Tian'anmen.*

【留有余地】liú yǒu yúdì (说话、办事)留下可供回旋的空间(不要说得过分肯定或算计得过紧) *leave some leeway*:订生产计划要～。Dìng shēngchǎn jìhuà yào ～. *When making production plans, one should leave some leeway.* /话不要说得太死,要留有商量的余地。Huà búyào shuō de tài

sǐ，yào liú yǒu shāngliang de yúdì. *Don't lock yourself into an agreement. Leave room for discussion.*

流 liú

（动）(1) *flow*；河里的水～得很快。Hé li de shuǐ ～ de hěn kuài. *The river is flowing rapidly.* /汗不停地～。Hàn bù tíng de ～. *The sweat flowed in an endless stream.* (2)（人）涌进（*of people*）*moving from place to place*；*drifting*；*wandering*：大批灾民～入城市。Dàpī zāimín ～ rù chéngshì. *Large numbers of disaster victims are drifting into the city.* /这个城市人才外～。Zhège chéngshì réncái wài ～. *Skilled personnel are flowing out from this city.* (3)向坏的方面转变，后边常带"于" *change for the worse*；*degenerate (often followed by "于")*：政治学习要注意实效，不能～于形式。Zhèngzhì xuéxí yào zhùyì shíxiào，bù néng ～ yú xíngshì. *One should not let the study of politics degenerate into a mere formality, but should pay attention to practical results.* /整个影片～于概念，人物形象不突出。Zhěnggè yìngpiàn ～ yú gàiniàn，rénwù xíngxiàng bù tūchū. *The movie was very abstract and did not allow the characters to stand out.*

【流弊】liúbì（名）在处理问题中损害公益或个人利益的很通行的坏事 *bad or unjust practice that has become prevalent under a certain system*

【流产】liú=chǎn（1）〔医〕*miscarriage*；*abortion*（2）比喻事情在酝酿或进行中遭到挫折而未能实现 *fall through*；*miscarry*

【流畅】liúchàng（形）〔文章〕读起来流利顺畅 *fluent*；～的文笔 ～ de wénbì *flowing writing-style* /字句通顺。Zìjù tōngshùn ～. *The sentences read smoothly.*

【流程】liúchéng（名）生产产品从原料到制成品的各项生产过程 *technological process*

【流传】liúchuán（动）〔事迹、作品等〕传下来或传播开去 *spread*；*get about*；*hand down*：《全唐诗》收集唐朝一下来的诗近五万首。《Quán Táng Shī》shōují Tángcháo ~ xiàlai de shī jìn wǔwàn shǒu. *There are almost fifty thousand poems handed down from the Tang Dynasty collected in the "Quan Tang Shi".* 这首歌曲～得很广泛。Zhè shǒu gēqǔ ～ de hěn guǎngfàn. *This song has been spread far and wide.* /社会上～的话不一定都可信。Shèhuì shang ～ de huà bù yídìng dōu kě xìn. *It is not necessarily the case that everything that is circulated publicly is believable.*

【流窜】liúcuàn（动）〔土匪、盗贼或失败的敌人等〕到处乱逃 *flee in confusion*；*flee in disorder*：这几个不法分子～到各地继续作案。Zhè jǐ ge bùfǎ fènzǐ ～ dào gè dì jìxù zuò àn. *These few unlawful elements fled to different places and continued their criminal activities.* /残敌连日来向国境线～。Cán dí liánrì lái xiàng guójìngxiàn ～. *Remnants of the enemy forces have been fleeing to the border over the past few days.*

【流弹】liúdàn（名）［颗 kē］乱飞的或意外飞来的枪弹、炮弹 *stray bullet*

【流动】liúdòng（动）（气体或液体）移动 *flow*；*circulate*：冷空气向沿海一带～。Lěng kōngqì xiàng yánhǎi yídài ～. *Cold air is moving toward the coastal region.* /渠里的水在不停地～。Qú li de shuǐ zài bù tíng de ～. *The water in the canal flows ceaselessly.* （形）经常变换位置 *fluid*；*mobile*：～资金 ～ zijīn *circulating capital* /这个剧团大部分人都有固定岗位，有少数～人员。Zhège jùtuán dà bùfèn rén dōu yǒu gùdìng gǎngwèi，yǒu shǎoshù ～ rényuán. *Most of the people in the opera troupe have permanent jobs, but a small number are itinerant workers.* /建筑工人总是～的。Jiànzhù gōngrén zǒng shì ～ de. *Those who work in construction are always on the move.*

【流动人口】liúdòng rénkǒu *floating population*

【流动服务】liúdòng fúwù 不固定服务地点的服务，如推车到居民点去卖菜 *mobile service supplied by salespeople sent out by a store*

【流动红旗】liúdòng hóngqí 根据成绩的变化而奖给不同单位的奖旗 *mobile red banner*

【流动售货】liúdòng shòu huò 售货员用车子等工具把货物送到居民区巡回售货 *sell goods by traveling to different areas by car or other vehicle*

【流动性】liúdòngxìng（名）*mobility*；*fluidity*

【流毒】liúdú（动）流传开毒害人（用毒很少）*exert a harmful influence*：封建迷信思想仍～民间，危害群众。Fēngjiàn míxìn sīxiǎng réng ～ mínjiān，wēihài qúnzhòng. *Feudalistic and superstitious ideas exert a harmful influence on the common people and thus hurt the masses.*（名）遗留下来的毒害 *harmful influence*：必须肃清读书无用论的～。Bìxū sùqīng dú shū wú yòng lùn de ～. *We must eliminate the harmful influence of the idea that studying has no value.*

【流放】liúfàng（动）（1）把犯人驱逐到边远的地方去 *banish*；*exile*（2）（把伐下的木头）放在江河里运输 *float (logs downstream)*

【流感】liúgǎn（名）〔医〕流行性感冒的简称 *flu (abbrev. for "流行性感冒")*

【流寇】liúkòu（名）（旧）流动不定没有固定据点的土匪 *roving bandits*

【流寇主义】liúkòuzhǔyì（名）指革命队伍中，不愿建立革命根据地，只想进行流动战争的思想 *the view that one should not establish revolutionary bases, but should simply engage in roving attacks*

【流浪】liúlàng（动）生活没有着落，到处流动，随地谋生 *roam*；*wander*：～街头 ～ jiētóu *roam the streets* /到处～ dàochù ～ *wander far and wide*

【流离】liúlí（动）〔书〕（由于战争、灾害等被迫）离开家乡到处流浪 *become homeless and wander about (because of some disaster)*

【流离失所】liúlí shī suǒ （由于战争、灾害等不得已）离开家乡流落别处，失去安身的地方 *become destitute and homeless*

【流利】liúlì（形）（说话、写文章、写字等）灵活顺畅 *fluid*；*smooth*；*fluent*：文笔～ wénbì ～ *write in an easy and fluent style* /他的普通话说得很～，只是有点口音。Tā de pǔtōnghuà shuō de hěn ～，zhǐ shì yǒudiǎnr kǒuyīn. *He speaks Putonghua fluently, although he does have a little bit of an accent.* /这种笔写起字来十分～。Zhè zhǒng bǐ xiě qǐ zì lai shífēn ～. *This pen writes very smoothly.*

【流连忘返】liúlián wàng fǎn 因留恋而忘记了回去 *enjoy oneself so much that one forgets to go home*

【流量】liúliàng（名）*rate of flow*；*flow*；*discharge*

【流露】liúlù（动）（思想、感情）不由自主地表现出来 *reveal*；*show (feelings；sentiments，etc.)*：他的话里～出对故土的依恋之情。Tā de huà li ～ chū duì gùtǔ de yīliàn zhī qíng. *His words revealed a feeling of reluctance to leave his home.* /他面部～出忧郁的神情。Tā miànbù ～ chū yōuyù de shénqíng. *He looked depressed.*

【流落】liúluò（动）（由于不得已）在外地流浪 *become destitute and wonder*：他年轻时～海外，晚年才返回故乡。Tā niánqīng shí ～ hǎiwài，wǎnnián cái fǎnhuí gùxiāng. *He became destitute and wandered off overseas when he was young. It wasn't until his later years that he came back home.* /在动乱的年代里这孩子～街头，无依无靠。Zài dòngluàn de niándài li zhè háizi ～ jiētóu，wú yī wú kào. *In the years of upheaval, this child became destitute and wandered the streets alone and helpless.*

【流氓】liúmáng（名）*hoodlum*；*rogue*；*gangster*

【流氓无产者】liúmáng wúchǎnzhě 旧社会没有固定职业的一部分人或集团，大多是破产的农民和手工业者 *lumpen-proletariat*

【流年】liúnián（名）〈书〉指光阴 fleeting time：似水～ sìshuǐ ～ time passing swiftly like flowing water

【流派】liúpài（名）学术或文艺等方面的派别 school（of thought, e.g. in philosophy, the arts, or sciences）

【流沙】liúshā（名）shifting sand

【流失】liúshī（动）有用的东西，如矿石、油脂、水土等散失或被水流、风力等带走（soil or minerals, etc.）be washed away or shifted by wind or water：防止水土～ fángzhǐ shuǐtǔ ～ prevent loss of water and erosion of soil

【流食】liúshí（名）液体食物 liquid food

【流逝】liúshì（动）〈书〉像流水一样很快消逝（of time）pass；elapse：时间～ shíjiān ～ time passes

【流水】liúshuǐ（名）流动的水 running water

【流水不腐，户枢不蠹】liúshuǐ bù fǔ, hùshū bù dù 流动的水不会腐烂，经常转动的门轴不会被虫蛀。比喻经常运动的物质不易受侵蚀 running water is always fresh, and a door hinge is never worm-eaten；（fig.）moving things are unlikely to go bad

【流水线】liúshuǐxiàn（名）[条 tiáo] assembly line

【流水作业】liúshuǐ zuòyè assembly-line method of production

【流速】liúsù（名）velocity of flow

【流淌】liútǎng（动）液体流动（liquid）flow

【流体】liútǐ（名）〈物〉fluid

【流体力学】liútǐ lìxué〈物〉hydromechanics；fluid mechanics

【流通】liútōng（动）circulate：打开门窗让空气～。Dǎkāi mén chuāng ràng kōngqì ～ yíxià. Open the doors and windows to ventilate the room. /商品～ shāngpǐn ～ commodity circulation /这种货币在三十年前曾经～过。Zhè zhǒng huòbì zài sānshí nián qián céngjīng ～guo. This kind of currency was in circulation thirty years ago.

【流通领域】liútōng lǐngyù 以货币为媒介交换商品的区域 circulation sphere

【流亡】liúwáng（动）（由于政治上的原因或因战乱、灾害不得已）离开家乡或祖国 exile；live in exile abroad

【流线型】liúxiànxíng（名）streamlining：～汽车 ～ qìchē streamlined car

【流星】liúxīng（名）[颗 kē] meteor

【流行】liúxíng（动）广泛传播 be prevalent；be popular：轻音乐最近在青年中一起来。Qīngyīnyuè zuìjìn zài qīngnián zhōng ～ qǐlai. Light music has recently become popular among young people. /必须防止感冒～。Bìxū fángzhǐ gǎnmào ～. We must prevent cold epidemics.（形）盛行 popular：这种长裙今年很～。Zhè zhǒng chángqún jīnnián hěn ～. This kind of long skirt is popular this year. /这是今年最～的歌。Zhè shì jīnnián zuì ～ de gē. This is this year's most popular song.

【流行病】liúxíngbìng（名）〈医〉epidemic

【流行性感冒】liúxíngxìng gǎnmào〈医〉flu

【流血】liúxuè（动）特指牺牲生命或受伤 shed blood

【流言蜚语】liúyán fēiyǔ 在一些人中流传的没有根据的话（多指诽谤、挑拨性的话）rumors and gossips

【流域】liúyù（名）valley；river basin；drainage area：长江～土地肥沃。Cháng Jiāng ～ tǔdì féiwò. The soil in the Yangtze River basin is fertile.

【流质】liúzhì（名）液体食物 liquid diet

硫 liú（名）sulphur

【硫化】liúhuà（动）〈化〉vulcanization

【硫磺】liúhuáng（名）〈化〉sulphur

【硫酸】liúsuān（名）〈化〉sulphuric acid

【硫酸铵】liúsuān'ǎn（名）〈化〉ammonium sulphate

【硫酸盐】liúsuānyán（名）〈化〉sulphate

榴 liú

【榴弹炮】liúdànpào（名）〈军〉howitzer

镏〔鎦〕liú

【镏金】liújīn（名）gold-plating

瘤 liú（名）◇ [个 gè] 瘤子 tumor

【瘤子】liúzi（名）[个 gè] tumor

liǔ

柳 liǔ（名）◇ 柳树 willow

【柳树】liǔshù（名）[棵 kē] willow

【柳条】liǔtiáo（名）wicker

【柳絮】liǔxù（名）catkin

绺〔綹〕liǔ（量）（～儿）tuft；lock；skein：一～头发 yì ～ tóufa a lock of hair

liù

六 liù（数）six

【六畜】liùchù（名）指猪、牛、羊、马、狗、鸡 the six domestic animals；pig, ox, goat, horse, fowl, and dog

【六分仪】liùfēnyí（名）sextant

【六六六】liùliùliù（名）〈化〉BHC（benzene hexachloride）

【六亲不认】liùqīn bú rèn（贬）六亲指父、母、兄、弟、妻、子，也泛指亲属。连自己的亲属都不承认，形容人无情无义 refuse to have anything to do with one's relatives

【六神无主】liù shén wú zhǔ 形容由于惊慌或着急而没有主意，不知怎么办好 in a state of utter stupefaction

【六书】liùshū（名）〈语〉中国古代分析汉字而归纳出的六种造字方法 the six categories of Chinese characters

【六弦琴】liùxiánqín（名）guitar

【六一国际儿童节】Liù-Yī Guójì Értóngjié International Children's Day（June 1）

【六月】liùyuè（名）June

陆〔陸〕liù（数）"六"的大写 complex form of "六" 另见 lù

lo

咯 lo（助）用在句尾或句中停顿处，同"了"，但语气较重（used at the end of a sentence or where there is a pause in a sentence；same as "了", but the tone is relatively heavy）：你们认识吗？——当然～，老同学嘛。Nǐmen rènshi ma? —— Dāngrán ～, lǎo tóngxué ma. You two know each other? —— Of course! We're old classmates! /我该走～，晚了会误车的。Wǒ gāi zǒu ～, wǎnle huì wù chē de. I really should go, or I'll miss the bus.

lóng

龙〔龍〕lóng（名）[条 tiáo] dragon

【龙船】lóngchuán（名）装饰成龙形的船，有的地区端午节用来举行划船比赛 dragon boat

【龙灯】lóngdēng（名）庆祝活动时的民间舞蹈用具，用布或纸做成像龙的灯，由许多人举着舞动 *dragon lantern*

【龙飞凤舞】lóng fēi fèng wǔ 形容书法笔势活泼有力（*of calligraphy*）*lively and vigorous*

【龙睛鱼】lóngjīngyú（名）金鱼的一种，眼球大而突出，腹大，尾鳍特别大 *dragon-eyes* (*a species of goldfish with prominent eyes and a large tail*)

【龙井茶】lóngjǐngchá（名）*Longjing tea*

【龙卷风】lóngjuǎnfēng（名）*tornado*

【龙门刨】lóngménbào（名）*double housing planer*

【龙脑】lóngnǎo*（名）〈化〉*borneo camphor*

【龙蟠虎踞】lóng pán hǔ jù "蟠"也写作"盘"。像龙盘着，像虎蹲着。形容地势险要 *like a coiling dragon and crouching tiger—a forbidding strategic point*

【龙山文化】Lóngshān wénhuà 中国新石器时代晚期的一种文化，最早发现于山东济南附近龙山镇，故得名。遗物中常有黑陶器，又名黑陶文化 *the Longshan Culture* (*of the Chalcolithic Period 4,000 years ago with relics unearthed in Longshan in Shandong Province*)

【龙潭虎穴】lóng tán hǔ xué 指龙虎栖息的地方，形容极其险恶的地方 *dragon's pool and tiger's den — dangerous spot*

【龙腾虎跃】lóng téng hǔ yuè 像龙虎跳跃，形容威武雄壮非常活跃的战斗姿态 *dragons rise and tigers leap*；（*fig.*）*a scene of bustling activity*

【龙头】lóngtóu（名）*tap*；*faucet*

【龙王】lóngwáng（名）神话传说中，住在水里统领水族的王，掌管兴云降雨 *the Dragon King* (*the God of Rain in Chinese mythology*)

【龙虾】lóngxiā（名）［只 zhī］*lobster*

【龙眼】lóngyǎn（名）〈植〉（*kind of fruit*）*longan*

【龙舟】lóngzhōu（名）同"龙船"lóngchuán *same as "龙船"* lóngchuán

聋〔聾〕lóng
（形）*deaf*

【聋哑】lóngyǎ（形）*deaf and dumb*；～人 ～ rén *deaf and dumb*；*deaf mute* /～学校 ～ xuéxiào *school for the deaf and dumb*

【聋子】lóngzi（名）*deaf person*

笼〔籠〕lóng
（名）◇ 笼子 *cage*；*coop*；*food steamer*：鸟～ niǎo ～ *bird cage* 另见 lǒng

【笼头】lóngtou（名）套在骡马等头上的东西，用来系缰绳 *headstall*

【笼子】lóngzi（名）*cage*；*coop*

隆 lóng

【隆冬】lóngdōng（名）〈书〉*midwinter*；*the depth of winter*

【隆隆】lónglóng（象声）形容剧烈震动的声音 *rumbling*；*booming*：雷声～ léishēng ～ *the rumble of thunder* / 坦克～开过。Tǎnkè ～ kāiguò. *A tank rumbled past.*

【隆起】lóngqǐ（动）凸起 *swell*；*bulge*

【隆重】lóngzhòng（形）盛大庄重 *solemn*；*grand*；*ceremonious*：代表大会开得很～。Dàibiǎo dàhuì kāi de hěn ～. *The congress was conducted in a solemn manner.* /今天～举行了开工典礼。Jīntiān ～ jǔxíng kāi gōng diǎnlǐ. *Today a ground-breaking ceremony was solemnly held to celebrate the beginning of the construction project.*

lǒng

拢〔攏〕lǒng
（动）（1）合上 *held together*：他笑得合不～嘴。Tā xiào

de hé bu ～ zuǐ. *He grinned from ear to ear.* /这扇门关不～。Zhè shàn mén guān bu ～. *This door won't stay closed.* （2）收拢，不松散 *gather together*：用绳子把稻草～上。Yòng shéngzi bǎ dàocǎo ～shang. *Tie the rice straw together with string.* /这个礼堂不～音。Zhège lǐtáng bù ～ yīn. *The acoustics in this auditorium are not very good.* （3）梳 *comb*：～～头发 ～ ～ tóufa *comb one's hair* （4）总合 *add up*：把食堂的账——～。Bǎ shítáng de zhàng ～ yi ～. *Add up the accounts for the cafeteria.* （5）靠 *approach*：船～岸了。Chuán ～ àn le. *The boat is approaching the shore.*

【拢共】lǒnggòng（副）〈口〉总共 *altogether*：这个村～五百多亩水田。Zhège cūn ～ wǔbǎi duō mǔ shuǐtián. *Altogether this village has more than five hundred mu of paddy fields.* /这个月的收入～不过几百元。Zhège yuè de shōurù ～ búguò jǐ bǎi yuán. *This month's income adds up to no more than a few hundred yuan.*

垄〔壟〕lǒng
（名）〈农〉（1）在耕地上培起的一行一行的土埂（在上面种作物）*a ridge along a furrow* （2）田间的高起的小路 *raised path between two fields*

【垄断】lǒngduàn（动）*monopolize*

【垄断资本】lǒngduàn zīběn *monopoly capital*

【垄断资产阶级】lǒngduàn zīchǎn jiējí *monopoly capitalist class*

【垄沟】lǒnggōu（名）［条 tiáo］垄和垄之间的沟（用来灌溉、排水、施肥等）*field ditch*

笼〔籠〕lǒng
（动）笼罩 *cover*：晨雾～住了小山村。Chénwù ～zhù xiǎo shāncūn. *The small mountain village was enshrouded by the morning fog.* 另见 lóng

【笼络】lǒngluò（动）用手段拉拢人 *use any means to win people over*：他很会～人。Tā hěn huì ～ rén. *He really knows how to win people over.*

【笼统】lǒngtǒng（形）含混，不具体，不明确 *vague*；*in general terms*：你说得太～，我没听明白。Nǐ shuō de tài ～, wǒ méi tīng míngbai. *You are speaking too generally. I didn't get your point.* /他笼笼统统地把大概情况说了一下。Tā lǒnglongtǒngtǒng de bǎ dàgài qíngkuàng shuōle yíxià. *He gave a general outline of the situation.*

【笼罩】lǒngzhào（动）罩住，覆盖在上面 *envelop*；*blanket*：暮色～着大地。Mùsè ～ zhe dàdì. *Dusk enveloped the vast land.* /烟雾～着整个房间。Yānwù ～ zhe zhěnggè fángjiān. *The whole room was filled with smoke.*

lōu

搂〔摟〕lōu
（动）（1）用手或工具把零散东西聚集到自己眼前 *gather up*；*rake together*：～树叶 ～ shùyè *rake up leaves* （2）非法得到（财物）*obtain* (*money, etc.*) *by illegal means*：他做投机买卖～了不少钱。Tā zuò tóujī mǎimai ～ le bù shǎo qián. *He earned quite a bit of money from his speculation.* 另见 lǒu

lóu

娄〔婁〕lóu
（形）〈口〉（1）（身体）虚弱 *weak*：她的身体真～。Tā shēntǐ zhēn ～. *Her health is really poor.* （2）（西瓜）过熟而变质（*watermelon*）*be overripe and go bad*：这个西瓜～了。Zhège xīguā ～ le. *This watermelon has gone bad.*

【娄子】lóuzi（名）〈口〉乱子，祸事 *trouble*；*blunder*：捅～ tǒng ～ *cause trouble* /出～ chū ～ *a disaster happens*

喽〔嘍〕lóu

【喽罗】lóuluo（名）旧时指强盗的部下，现多比喻反动派的仆从 underling；lackey

楼〔樓〕lóu

（名）[座 zuò]（1）两层或两层以上的房子 building with more than one storey：一座高～ yí zuò gāo ～ a tall building （2）楼的一层 floor；storey：你到三～去找他。Nǐ dào sān ～ qù zhǎo tā. You can find him on the third floor.
【楼板】lóubǎn（名）floor
【楼道】lóudào（名）corridor
【楼房】lóufáng（名）[座 zuò]同"楼" lóu（1）same as "楼" lóu（1）
【楼上】lóushàng（名）upstairs
【楼梯】lóutī（名）stairs
【楼下】lóuxià（名）downstairs

lǒu

搂〔摟〕lǒu

（动）embrace；hug：孩子～着妈妈的脖子在她耳朵边小声说话。Háizi ～zhe māma de bózi zài tā ěrduo biān xiǎo shēng shuō huà. The child hugged his mother's neck and whispered something in her ear. 另见 lōu
【搂抱】lǒubào（动）embrace；hug

篓〔簍〕lǒu

（名）（～儿）同"篓子" lǒuzi same as "篓子" lǒuzi：纸～ zhǐ ～ waste paper basket
【篓子】lǒuzi（名）[个 gè]用竹子、荆条等编成的盛东西的器具，比较深，口比较小，和篮子不一样 round deep basket with a small opening at the top

lòu

陋〔陋〕lòu

（形）〈书〉（1）不好的，不好看的，丑的 ugly （2）（地方）狭小，简陋（place）simple；humble：～室 ～ shì a humble room
【陋规】lòuguī（名）不合理的，不好的习惯做法 objectionable practices
【陋俗】lòusú（名）不好的风俗 undesirable customs
【陋习】lòuxí（名）不好的习惯 vulgar habit

镂〔鏤〕lòu

（动）engrave；carve
【镂空】lòukōng（动）hollow out

漏〔漏〕lòu

（动）（1）东西从孔或缝中透出、掉出 leak：雨从房顶上～进来了。Yǔ cóng fáng dǐng shang ～ jinlai le. Rain is leaking in from the roof. /布袋破了，～出来好多米。Bù dài pò le，～ chulai hǎoduō mǐ. The bag has ripped and quite a bit of rice has been lost. （2）物体有孔或缝，能让东西通过 leak：水壶～了。Shuǐhú ～ le. The kettle leaks. /这房子～雨。Zhe fángzi ～ yǔ. The roof leaks. （3）遗漏 leave out：这段～了几个字。Zhè duàn ～ le jǐ ge zì. Several words are missing from this paragraph. /上次统计参观人数把我～了。Shàng cì tǒngjì cānguān rénshù bǎ wǒ ～ le. The last time they calculated the number of people who were going to visit, they left me out. （4）泄露 divulge：～了风儿 ～le fēngr The news has been leaked. /那个秘密被他说～了。Nàge mìmì bèi tā shuō～ le. He let the secret out unintentionally.

【漏洞】lòudòng（名）（1）易使东西漏掉的不应有的窟窿 leak （2）比喻说话、办事、办法等不周密的地方 inconsistency；loophole；hole：这篇文章论证不严密，有许多～。Zhè piān wénzhāng lùnzhèng bù yánmì，yǒu xǔduō ～. The argument in this article is weak and full of holes. /制定政策应力求全面，不能有～。Zhìdìng zhèngcè yīng lìqiú quánmiàn，bù néng yǒu ～. When making policies, one should strive for comprehensiveness and not leave any loophole. /堵塞工作中的～。Dǔsè gōngzuò zhōng de ～. fix up the weak spots in the work
【漏洞百出】lòudòng bǎichū 比喻说话、办事写文章中不周密的地方很多（of speech，writing and actions）flawed；full of flaws
【漏斗】lòudǒu（名）funnel
【漏光】lòu=guāng light leak
【漏勺】lòusháo（名）[把 bǎ]strainer；colander
【漏税】lòu=shuì tax evasion
【漏网】lòu=wǎng 鱼从网里漏掉，比喻罪犯、敌人等没有被逮捕或歼灭 escape the net：～之鱼 ～ zhī yú the one that got away /决不让违法分子～ jué bú ràng wéi fǎ fènzǐ ～ never allow offenders to get away
【漏子】lòuzi（名）同"漏斗" lòudǒu same as "漏斗" lòudǒu

露〔露〕lòu

（动）〈口〉同"露" lù（动）same as "露" lù 另见 lù
【露马脚】lòu mǎjiǎo 比喻暴露出事实真相 give oneself away；show one's true colors：他本来想骗你，不小心露出了马脚。Tā běnlái xiǎng piàn nǐ，bù xiǎoxīn lòuchūle mǎjiǎo. He intended to cheat you, but carelessly gave himself away.
【露面】lòu=miàn（～儿）显露面目（多指人出来进行社会交际）gain social prominence；make oneself known；appear in public：老张躲在家里搞写作，半年没～。Lǎo Zhāng duǒ zài jiā li gǎo xiězuò，bàn nián méi ～. Lao Zhang shut himself up at home writing, and for half a year lived as a recluse. /昨天她在舞会上～了。Zuótiān tā zài wǔhuì shang ～ le. She made an appearance at the dance yesterday. /该国的总理最近没有公开～。Gāi guó de zǒnglǐ zuìjìn méiyou gōngkāi ～. The prime minister of that country hasn't made a public appearance recently.
【露头】lòu=tóu（～儿）露出头部 emerge；appear：老鼠从洞口刚～就被猫捉住了。Lǎoshǔ cóng dòngkǒu gāng ～ jiù bèi māo zhuōzhù le. The rat had no sooner appeared from his hole, when he was caught by a cat. /太阳还没～人们就去赶集。Tàiyáng hái méi ～ rénmen jiù qù gǎn jí. The sun had not yet appeared when people started to go off to market.
【露馅儿】lòu=xiànr 把不想让人知道的事暴露出来了 let the cat out of the bag；spill the beans

喽〔嘍〕lou

（助）是语气助词和时态助词，"喽"有方言色彩，任何"喽"都可代以"了"（modal particle and aspect particle；"喽" has a local colouring and may be replaced by "了" in any case）（1）语气助词（modal particle）：他当然满意～！Tā dāngrán mǎnyì ～! Of course he's satisfied! /小王要是懂西班牙语就好～！Xiǎo Wáng yàoshi dǒng Xībānyáyǔ jiù hǎo ～! It would be great if Xiao Wang could understand Spanish! /你这种旧观念现在可行不通～！Nǐ zhè zhǒng jiù guānniàn xiànzài kě xíng bu tōng ～! This outmoded view of yours will get you absolutely nowhere! /这孩子可把她妈妈气坏～！Zhè háizi kě bǎ tā māma qìhuài ～! This child made her mother furious! /当然～，什么事情也都有个例外。Dāngrán ～，shénme shìqing yě dōu yǒu ge lìwài. Of course there's an exception to everything. （2）时态助词，

必在句尾，或后有停顿（aspect particle; must be at the end of a sentence or must be followed by a pause）：这件事你要是办砸～，我可不管。Zhè jiàn shì nǐ yàoshi bànzá ～, wǒ kě bù guǎn. *If you bungle this job, I won't have anything to do with it.* ／这是公共场所，请你把烟掐～！Zhè shì gōnggòng chǎngsuǒ, qǐng nǐ bǎ yān qiā ～! *This is a public place, please stub out your cigarette.* ／谁是你的朋友？请你别弄错～！Shuí shì nǐ de péngyou? Qǐng nǐ biè nòngcuò ～! *Who did you say was your friend? Don't you be mistaken!*

lú

卢〔盧〕lú
【卢比】lúbǐ（名）*rupee (currency)*
【卢布】lúbù（名）*rouble (currency)*

芦〔蘆〕lú
（名）◇ 芦苇 *reed*；～花 ～huā *reed catkins*
【芦沟桥事变】Lúgōu Qiáo Shìbiàn 也叫"七七事变"。1937年7月7日，日军借口一个士兵失踪，炮轰芦沟桥，是日本帝国主义向中国发动大规模侵略战争的开始 *the Lugou Qiao Incident, the incident staged at Lugou Qiao near Beijing on July 7, 1937 by the Japanese imperialists*
【芦苇】lúwěi（名）*reed*
【芦席】lúxí（名）[张 zhǎng] *reed mat*

庐〔廬〕lú
（名）◇ 简陋的房屋 *hut; cottage*
【庐山真面目】Lú Shān zhēn miànmù 比喻事情的真相 *what Lushan really looks like*;（fig.）*the truth about a person or matter*

炉〔爐〕lú
（名）*stove; furnace*
【炉灰】lúhuī（名）*ash*
【炉火】lúhuǒ（名）炉子里燃料燃的火 *flames of a stove; blast of a furnace*
【炉火纯青】lú huǒ chún qīng 比喻学问、技术、艺术等达到了纯熟完美的地步 *high degree of proficiency; complete mastery*：他的绘画技巧达到了～的境界。Tā de huìhuà jìqiǎo dádàole ～ de jìngjiè. *His painting has reached perfection.*
【炉龄】lúlíng（名）*furnace life*
【炉灶】lúzào（名）[个 gè] *kitchen stove*
【炉渣】lúzhā（名）*slag; cinder*
【炉子】lúzi（名）[个 gè] *stove*

颅〔顱〕lú
（名）〈生理〉头的上部 *cranium; skull*
【颅骨】lúgǔ（名）〈生理〉*skull*

lǔ

卤〔鹵、滷〕lǔ
（名）(1)盐卤 *bittern* (2)卤素 *halogen* (3)用肉类、鸡蛋等做汤加淀粉而成的浓汁 *thick sauce made from meat, eggs, etc. served with noodles*（动）用盐水或酱油以及其他作料煮（整个的鸡、鸭或大块肉等）*stew whole chickens, ducks, or large pieces of meat in soya sauce*
【卤莽】lǔmǎng（形）同"鲁莽" lǔmǎng *same as* "鲁莽" lǔmǎng
【卤水】lǔshuǐ（名）(1)同"卤" lǔ(1) *same as* "卤" lǔ (1) (2) *brine*
【卤素】lǔsù（名）〈化〉*halogen*

虏〔虜〕lǔ
（名）◇ *prisoner*（动）*take prisoner*
【虏获】lǔhuò（动）捉住敌人，缴获武器 *capture*

掳〔擄〕lǔ
（动）◇ 把人抢走 *carry off; capture*
【掳掠】lǔlüè（动）〈书〉抢劫人和财物 *pillage; loot*

鲁〔魯〕lǔ
（形）*stupid; dull*
【鲁莽】lǔmǎng（形）说话做事不经考虑，轻率，冒失 *reckless; rash; hot-headed*

橹〔櫓〕lǔ
（名）*scull; sweep*

lù

陆〔陸〕lù
（名）◇ 陆地 *land* 另见 liù
【陆地】lùdì（名）*land*
【陆军】lùjūn（名）*army; land force*
【陆陆续续】lùlùxùxù（副）同"陆续" lùxù *same as* "陆续" lùxù：人们从工棚里一个一个走出来。Rénmen cóng gōngpéng li ～ zǒu chulai. *People came out of the work shed one after another.* ／这几年来，我～写了十几篇文章。Zhè jǐ nián lái, wǒ ～ xiěle shí jǐ piān wénzhāng. *I've written more than ten articles in succession during the past few years.*
【陆路】lùlù（名）陆地上的道路（与"水路"相对）*land route*;（as opposed to "water route"）
【陆续】lùxù（副）表示动作、行为先先后后，时断时续地进行。"陆续"涉及的必是多数的人或物，"陆续"有时指的是复数的主语，有时是指复数的宾语，或几个宾语，后面可带"地" *one after another; in succession (that to which "陆续" relates must be of people or things a lot more than one; "陆续" sometimes refers to a plural subject, sometimes to a plural object or to several objects; can take "地")*：开会的人～到齐了。kāihuì de rén ～ dàoqí le. *Those attending the meeting arrived one after another.* ／全书十卷，准备～出版。Quán shū shí juàn, zhǔnbèi ～ chūbǎn. *The entire book has ten volumes which are about to be published in succession.* ／几年来～接到他十几封来信。Jǐ nián lái ～ jiēdào tā shí jǐ fēng láixìn. *I've received a dozen or so letters from him over the past few years.* ／我～了解了她的家庭情况、个人经历，还有她的苦闷等。Wǒ ～ liǎojiěle tā de jiātíng qíngkuàng, gèrén jīnglì, hái yǒu tā de kǔmèn děng. *I got to know her family's situation, her own personal history and her depression successively.*
【陆战队】lùzhànduì（名）〈军〉担任登陆作战任务的海军兵种，即"海军陆战队" *marine corps; marines*

录〔録〕lù
（动）◇ (1)用文字记下说的话 *record in written form*：有闻必～ yǒu wèn bì ～ *He writes down everything he hears.* (2)用录音机记录下来 *record with tape recorder*：我把他的口供～下来了。Wǒ bǎ tā de kǒugòng ～ xialai le. *I have recorded his confession.* (3)用录像机记录下来 *record with VCR*；我们把这个电影～下来吧！Wǒmen bǎ zhège diànyǐng ～ xialai ba! *Let's make a VCR recording of the movie.* (2)记载人的言行或事物的书籍、文章 *record*：回忆～ huíyì ～ *memoirs* /名人～ míngrén ～ *book containing information about famous people*
【录取】lùqǔ（动）（经测试合格而）选定 *enroll; recruit; admit*：他被旅游局～，当导游了。Tā bèi lǚyóujú ～, dāng dǎoyóu le. *He has been accepted to work as a guide by the*

tourism bureau.

【录像】lù=xiàng record with VCR

【录像带】lùxiàngdài（名）［盘 pán］VCR tape

【录像机】lùxiàngjī（名）［台 tái］VCR；videocorder

【录音】lù=yīn sound-recording

【录音带】lùyīndài（名）［盘 pán］tape

【录音机】lùyīnjī（名）［台 tái］tape recorder

【录音室】lùyīnshì（名）recording studio

【录用】lùyòng（动）录取后任用 employ；take sb. on as an employee：择优～ zé yōu ～ hire the best /考查合格，已被公司～。Kǎochá hégé, yǐ bèi gōngsī ～. He passed the exam and the company has already hired him.

鹿 lù
（名）［只 zhī］deer

【鹿茸】lùróng（名）pilose antler

【鹿砦】lùzhài（名）〈军〉把树木的枝干等交叉放置，用来阻止敌人前进的设施 abatis

碌 lù
【碌碌】lùlù（形）〈书〉(1)没有大的能力，无所作为 devoid of ability；mediocre (2)繁忙 busy

【碌碌无为】lùlù wúwéi 平平庸庸，无所作为 (said of a person who) hasn't achieved anything

路 lù
（名）(1)［条 tiáo］道路 road；highway：这条～很直。Zhè tiáo ～ hěn zhí. This road is very straight. (2)路程 journey；distance：今天走了一百二十里。Jīntiān zǒule yībǎi èrshí lǐ . Today we've traveled 120 li. (3)路线 route；line：分三～进军 fēn sān ～ jìnjūn (The army) marched by three different routes. /有好几～公共汽车直达火车站。Yǒu hǎo jǐ ～ gōnggòng qìchē zhídá huǒchēzhàn. Several routes of buses go directly to the station. (4)种类，等次 sort；kind；grade：两～货 liǎng ～ huò two kinds of merchandise/ 他可不是见利忘义的那一～人。Tā kě bú shì jiàn lì wàng yì de nà ～ rén. He really is not the kind of person who will do anything for money. /三～货的质量靠不住。Sān ～ huò de zhìliàng kào bu zhù. Third grade goods are not dependable. (5)途径 way；means：求生之～ qiú shēng zhī ～ means of livelihood

【路标】lùbiāo（名）指示路线和道路情况的标志 road sign

【路不拾遗】lù bù shí yí 东西掉在路上没有人捡走，形容社会风气极好 no one picks up and pockets anything lost on the road——descriptive of a high moral standard in society

【路程】lùchéng（名）道路的远近 journey；distance travelled：从这里到我的家乡不过二百里～。Cóng zhèli dào wǒ de jiāxiāng búguò èrbǎi lǐ ～. It's no more than 200 li to my home from here.

【路灯】lùdēng（名）［盏 zhǎn］street lamp

【路费】lùfèi（名）旅途中交通、住宿、伙食等方面的费用 travel expenses

【路过】lùguò（动）途中经过（某地）pass by：从北京去上海要～南京。Cóng Běijīng qù Shànghǎi yào ～ Nánjīng. You have to pass by Nanjing if you go to Shanghai from Beijing. /我每天都从他家门口～。Wǒ měi tiān dōu cóng tā jiā ménkǒu ～. I pass by his door every day.

【路基】lùjī（名）roadbed

【路径】lùjìng（名）(用得很少)（达到目的的)方法 route；way：他正在寻找收集这种草药的～。Tā zhèngzài xúnzhǎo shōují zhè zhǒng cǎoyào de ～. He is thinking of ways of collecting this kind of medicinal herbs.

【路口】lùkǒu（名）(～儿)一条路和另一条路连接成交叉的地方 the intersection of streets or roads；corner：～有个小商

店。～ yǒu ge xiǎo shāngdiàn. There's a small shop on the corner. /三岔～ sān chà ～ a fork in a road

【路面】lùmiàn（名）道路的表面 road surface；pavement：～平坦 ～ píngtǎn smooth road surface /柏油 ～ bǎiyóu ～ asphalt road surface

【路牌】lùpái（名）［块 kuài］标明街道名称的牌子 street sign

【路人】lùrén（名）〈书〉走路的人，比喻没任何关系的人 passerby；stranger：他对待他的弟弟如同～。Tā duìdài tā de dìdi rútóng ～. He treats his brother like a stranger.

【路上】lùshang（名）(1)道路上面 on the road：～人来车往，十分热闹。～ rén lái chē wǎng, shífēn rènao. It's very busy on the street with cars and people coming and going. (2)在路途中 on the way：～小心点儿，车别开得太快。～ xiǎoxīn diǎnr, chē bié kāi de tài kuài. Be careful on the way. Don't drive too fast.

【路途】lùtú（名）〈书〉(1)道路 road；way：这一带的～我十分陌生。Zhè yídài de ～ wǒ shífēn mòshēng. I don't know the streets around here at all. (2)路程 distance traveled；journey：～遥远 ～ yáoyuǎn a long way to go

【路线】lùxiàn（名）(1)从一地到另一地所经过的道路(多指规定或选定的) route；itinerary：马拉松赛跑的～已经确定。Mǎlāsōng sàipǎo de ～ yǐjīng quèdìng. The route for the marathon has already been settled. (2)思想、政治等方面所遵循的基本原则 (ideological, political) line：政治～ zhèngzhì ～ political line /群众～ qúnzhòng ～ mass line

【路线斗争】lùxiàn dòuzhēng (政党、团体、国家等)在思想、政治等的基本原则上所进行的斗争 struggle between two (political) lines

【路遥知马力】lù yáo zhī mǎ lì 走过遥远的路途才能知道马的力气大小，比喻时间久了才能考验出一个人的品质和能力如何 a long journey tests a horse's strength：～，日久见人心。～, rì jiǔ jiàn rén xīn. As a long journey tests a horse's strength, so time shows a person's heart.

【路障】lùzhàng（名）roadblock：设置～ shèzhì ～ set up roadblocks

【路子】lùzi（名）同"门路"ménlù same as "门路" ménlù

露 lù
（名）(1)露水 dew (2)用花、叶或果子蒸馏成的饮料 syrup：玫瑰～ méigui ～ rose syrup/ 果子～ guǒzi ～ fruit syrup（动）显露 show；reveal：脸上～出了会心的微笑。Liǎnshang ～chūle huìxīn de wēixiào. A knowing smile appeared on his face. 另见 lòu

【露骨】lùgǔ（形）用意十分明显，毫无掩饰（多为贬义）barefaced；undisguised：你这样说太～了，伤了不少人的感情。Nǐ zhèyàng shuō tài ～ le, shāngle bù shǎo rén de gǎnqíng. You were too outspoken and hurt a lot of people's feelings by speaking that way. /他说得这么～，你还听不出来他的意思吗？Tā shuō de zhème ～, nǐ hái tīng bu chūlái tā de yìsi ma? You mean you still don't see what he's getting at when he says it in such an undisguised manner?

【露酒】lùjiǔ（名）含有果汁或花香的酒 alcoholic drink mixed with fruit juice

【露水】lùshuǐ（名）dew

【露宿】lùsù（动）在室外住宿 pass the night in the open

【露天】lùtiān（形·非谓）在房屋外的，上面没有遮盖物的 open-air：～剧场 ～ jùchǎng open-air theater /那是一个～煤矿。Nà shì yí ge ～ méikuàng. That's an open-pit coal mine.

【露营】lùyíng（动·不及物）(1)（军队）在房屋外住宿（mil.）make camp (2)（集体)有组织地在野外住宿，并进行夜间行军等活动 camp：少先队在山上～。Shàoxiānduì zài shān shang ～. The Young Pioneers are camping in the mountains.

鹭〔鷺〕lù
（名）◇ egret；heron
【鹭鸶】lùsī（名）[只 zhī] egret

lú

驴〔驢〕lú
（名）[头 tóu] donkey
【驴唇不对马嘴】lǘ chún bú duì mǎ zuǐ 比喻答非所问或事物两方面不相符合 donkeys' lips don't match horses' jaws (fig.) incongruous；irrelevant：人家问他新疆的气候，他谈了半天那里的风俗习惯，简直是～. Rénjia wèn tā Xīnjiāng de qìhòu, tā tánle bàntiān nàli de fēngsú xíguàn, jiǎnzhí shì ～. They asked him about the climate in Xinjiang and he went on for ages about the local customs there. It was simply irrelevant！

lǔ

捋lǔ
（动）用手指理顺 stroke；smooth：～胡子 ～ húzi stroke one's beard /把麻绳～好. Bǎ máshéng ～ hǎo. straighten out the ropes 另见 luō

旅lǔ
（名）brigade
【旅程】lǔchéng（名）旅行的路程 journey
【旅店】lǔdiàn（名）(较小的) 旅馆 inn
【旅费】lǔfèi（名）同 "路费" lùfèi same as "路费" lùfèi
【旅馆】lǔguǎn（名）hotel
【旅居】lǔjū（动）在外地居住 live (at a place other than one's native town, esp. abroad)：～国外 ～ guó wài live abroad /他多年～广州. Tā duō nián ～ Guǎngzhōu. He lived in Guangzhou for many years.
【旅客】lǔkè（名）traveler；hotel guest；passenger
【旅舍】lǔshè（名）〈书〉旅馆 hotel
【旅途】lǔtú（名）旅行途中 journey；while traveling：～见闻 ～ jiànwén traveler's notes
【旅行】lǔxíng（动·不及物）travel；make a trip 暑假我们准备出去～. Shǔjià wǒmen zhǔnbèi chūqu ～. We're going traveling during the summer holidays. （名）travel；trip：短途～ duǎntú ～ a short trip
【旅行袋】lǔxíngdài（名）[个 gè] travel bag
【旅行社】lǔxíngshè（名）专门办理各种旅行业务的机构 travel agency
【旅游】lǔyóu（动·不及物）旅行游览 make a tour
【旅游图】lǔyóutú（名）[张 zhāng 、本 běn] tourist's map
【旅长】lǔzhǎng（名）brigadier

铝〔鋁〕lǔ
（名）aluminum

屡lǔ
（副）〈书〉基本同 "屡次" lǔcì，只修饰单音节动词 basically the same as "屡次" lǔcì (only modifies a monosyllabic verb)：这类事情～有所闻. Zhè lèi shìqing ～ yǒu suǒ wén. One hears about this sort of thing all the time. /这里交通事故～有发生. Zhèli jiāotōng shìgù ～ yǒu fāshēng. Traffic accidents occur time and again here. /他一生坎坷，～遭挫折，但始终不悔. Tā yìshēng kǎnkě, ～ zāo cuòzhé, dàn shǐzhōng bù huǐ. He has had a lifetime of frustrations and repeated setbacks but has never felt regret.
【屡次】lǔcì（副）表示一次又一次的意思，强调次数多，用于已然 time and again；repeatedly (used for that which has become fact)：我～问她，她都不说. Wǒ ～ wèn tā, tā dōu bù shuō. I asked her time and again, but she wouldn't tell me. /～批评他，可他总是不改. ～ pīping tā, kě tā zǒngshì bù gǎi. I criticized him repeatedly, but he still won't change. /虽然我们～相见，但始终没说过话. Suīrán wǒmen ～ xiāng jiàn, dàn shǐzhōng méi shuōguo huà. Although we have seen each other time and again, we have never talked to each other.
【屡次三番】lǔcì sān fān 形容次数很多 again and again；time and time again：临走时，他～地叮嘱我给他写信. Lín zǒu shí, tā ～ de dīngzhǔ wǒ gěi tā xiě xìn. As he was about to leave, he urged me over and over again to write him. /他～地要求到边疆去工作. Tā ～ de yāoqiú dào biānjiāng qù gōngzuò. He requested many times to go and work in the border region.
【屡见不鲜】lǔ jiàn bù xiān 经常见到，不觉得新奇 a thing loses its novelty when it takes place again and again：这种事早已～了. Zhè zhǒng shì zǎo yǐ ～ le. This is nothing new now.
【屡教不改】lǔ jiào bù gǎi 多次教育仍不改悔 refuse to mend one's ways despite repeated exhortations
【屡屡】lǔlǔ（副）〈书〉意同 "屡次" lǔcì：由于～受挫，士气一蹶不振. Yóuyú ～ shòu cuò, shìqì yì jué bú zhèn. Their morale can never be recovered because they've suffered too many setbacks, time and again. /母亲～说我胆大，但我并不觉得胆大有什么坏处. Mǔqin ～ shuō wǒ dǎndà, dàn wǒ bìng bù juéde dǎndà yǒu shénme huàichù. My mother has said time and time again that I'm bold, but I don't think there's anything wrong with being bold.

缕〔縷〕lǔ
（名）◇ 线 thread（量）用于细的长的东西 strand；wisp；lock：一～丝线 yì ～ sīxiàn a strand of silk thread/一～头发 yì ～ tóufa a lock of hair
【缕缕】lǔlǔ（形）形容一条一条地连绵不断 continuously；one wisp after another：～炊烟 ～ chuīyān continuous wisps of cooking smoke

履lǔ
（名）〈书〉鞋 shoe：西装革～ xīzhuāng gé～ completely dressed up in western style（动）(1)〈书〉踩，走 tread on；walk on：如~薄冰 rú ～ báo bīng like treading on thin ice/他走山路如～平地. Tā zǒu shānlù rú ～ píngdì. He walks on mountain roads as if they were flat. (2)履行 carry out；fulfil；honor：～约 ～ yuē honor an agreement；keep an appointment
【履带】lǔdài（名）caterpillar tread；track
【履历】lǔlì（名）个人的经历 curriculum vitae；c. v.：请写一下你的～. Qǐng xiě yíxià nǐ de ～. Please write out your c. v.
【履行】lǔxíng（动）实行（自己答应做的或应当做的）carry out；perform；fulfil：～诺言 ～ nuòyán keep a promise/ ～应尽的义务 ～ yīng jìn de yìwu fulfil one's bounden duty/ ～入会手续 ～ rù huì shǒuxù go through the procedures for joining the association
【履约】lǔyuē（动）〈书〉实践约定的事 honor an agreement；keep a promise

lù

律lù
（名）◇(1)法则，规章 law；statute；rule (2)律诗的简称 abbrev. for "律诗" lǜshī, a poem of eight lines：五～ wǔ~ 5 character lüshi/七～ qī~ 7 character lushi（动）约束 re-

strain; keep under control; 严以～己, 宽以待人。Yán yǐ ～ jǐ, kuān yǐ dài rén. *be strict with oneself and lenient with others*

【律师】lǜshī（名）*lawyer*

【律诗】lǜshī（名）［首 shǒu］中国一种旧诗, 共八句, 每句五个字的叫五言律诗或五律, 每句七个字的叫七言律诗或七律 *a classical poem of eight lines containing 5 or 7 characters to a line and having a strict tonal pattern and rhyme scheme*

率 lǜ
（名）◇ *rate; proportion; ratio*: 出生～ chūshēng ～ *birth rate*/ 死亡～ sǐwáng ～ *death rate*/ 利用～ lìyòng ～ *utilization ratio*/ 出勤～ chūqín ～ *attendance rate* 另见 shuài

绿〔綠〕lǜ
（形）*green*

【绿宝石】lǜbǎoshí（名）*emerald*

【绿茶】lǜchá（名）*green tea*

【绿灯】lǜdēng（名）(1)安装在交叉路口, 指示车辆、行人可以通行的绿色信号灯 *green light* (2)"开绿灯"指为某件事提供方便或让路 "开绿灯" *give the go-ahead; give the green light*

【绿地】lǜdì（名）长满草的土地 *green space*

【绿豆】lǜdòu（名）*mung bean*

【绿肥】lǜféi（名）*green manure*

【绿化】lǜhuà（动）栽种树木花草等绿色植物, 使环境优美, 防止水土流失 *make a place green by planting trees and flowers, etc.; afforest*: 种树种草, ～荒山。Zhòng shù zhòng cǎo, ～ huāngshān. *plant trees and grass and make the bare mountains green*

【绿茸茸】lǜrōngrōng（形）碧绿而又短又密 *green and downy*: ～的草地 de cǎodì *a lawn of soft and thick grass*

【绿色】lǜsè（名）*green color*

【绿油油】lǜyōuyōu（形）形容深绿有光泽 *dark green and lustrous*: ～的麦田 ～ de màitián *verdant fields of wheat*

【绿洲】lǜzhōu（名）沙漠中有水有草的地方 *oasis*

氯 lǜ
（名）〈化〉*chlorine (Cl)*

【氯化钠】lǜhuànà（名）〈化〉*sodium chloride*

滤〔濾〕lǜ
（动）*strain; filter*: ～去杂质 ～qu zázhì *strain off the impurities*

【滤器】lǜqì（名）*filter*

【滤色镜】lǜsèjìng（名）*(color) filter*

luán

孪〔孿〕luán
【孪生】luánshēng（形·非谓）*twin*: ～兄弟 ～ xiōngdì *twin brothers*

luǎn

卵 luǎn
（名）〈生理〉*egg; ovum; spawn*

【卵生】luǎnshēng（形·非谓）〈动〉*oviparity*

【卵石】luǎnshí（名）［块 kuài］*cobble; pebble*

【卵翼】luǎnyì（动）〈书〉鸟用翼护卵, 孵出小鸟, 比喻养育或庇护（贬义, 用法很窄）*be under the protection of the wings of a nesting bird; be under the protection of (derog.)*: 在

……之下 zài…… ～ zhī xià *be shielded by (sb.)*

【卵子】luǎnzǐ（名）〈生〉同"卵" luǎn *same as "卵" luǎn*

luàn

乱〔亂〕luàn
（形）(1)没秩序, 混乱没条理, 是非不分 *disordered; untidy*: 你别把我的抽屉翻～了。Nǐ bié bǎ wǒ de chōutì fān ～ le. *Don't mess up my drawer.*/ 那里人多秩序～, 很难找到他。Nàli rén duō zhìxù ～, hěn nán zhǎodào tā. *There are a lot of people there and things are rather chaotic, so it'll be hard to find him.*/ 这几天事情太多, 我心里一极了。Zhè jǐ tiān shìqing tài duō, wǒ xīnli ～ jí le. *The last few days of things have happened and I have been extremely worried.*/ 这篇文章写得很～, 条理不清。Zhè piān wénzhāng xiě de hěn ～, tiáolǐ bù qīng. *This paper is too messy and poorly organized.*/ 天下大～。Tiānxià dà ～. *The world is in turmoil.*/把人们的思想都搞～了。Bǎ rénmen de sīxiǎng dōu gǎo ～ le. *Everybody's thinking has been screwed up.* (2)任意, 随便（多作状语）*at will; random*: 不是自己的东西, 不要～动。Bú shì zìjǐ de dōngxi, búyào ～ dòng. *Don't touch things that don't belong to you.* / 他从来不～花钱, 但是该花的一定花。Tā cónglái bú ～ huā qián, dànshì gāi huā de yídìng huā. *He has never been one to spend money frivolously, but he never spares the money that ought to be spent.* / 禁止在墙上～画。Jìnzhǐ zài qiáng shang ～ huà. *It is forbidden to mark up the walls.* （动）使混乱, 混淆（用法较窄）*confuse*: ～了套了 ～le tào le *The whole thing has gone topsyturvy.* / ～了章法 ～le zhāngfǎ *the procedure was not done properly*/ 以假～真 yǐ jiǎ ～ zhēn *pass off a fake as genuine*

【乱窜】luàncuàn（动）（忙乱中）无目的地四处乱跑（用于匪徒、敌人或禽兽等）*run helter-skelter*

【乱纷纷】luànfēnfēn（形）人很多而杂乱, 混乱 *disorderly; confused; chaotic*: 集市上～的。Jíshì shang ～ de. *a tumultuous market*

【乱哄哄】luànhōnghōng（形）形容声音嘈杂没有秩序的样子 *noisy; tumultuous*

【乱七八糟】luànqībāzāo（形）形容事物杂乱 *in a mess*: 桌子上摆得～。Zhuōzi shang bǎi de ～. *The table is in a mess.* /这几天～的杂事特别多。Zhè jǐ tiān ～ de zá shì tèbié duō. *A lot of crazy things have happened in the last couple of days.*

【乱弹琴】luàn tán qín 胡说, 胡闹 *act or talk like a fool; talk nonsense*

【乱糟糟】luànzāozāo（形）事物杂乱或心情烦乱 *chaotic; in a mess*: 屋子里的东西～的。Wūzi li de dōngxi ～ de. *The things in the room are in a mess.* / 外边那么多人～的, 出了什么事? Wàibian nàme duō rén ～ de, chūle shénme shì? *How come there's such a lot of people outside making a commotion? What's happened?*/ 工作头绪太多, 心里一的。Gōngzuò tóuxù tài duō, xīnli ～ de. *There's too much to do at work so I'm feeling uptight.*

【乱子】luànzi（名）祸事, 纠纷 *disturbance; trouble*: 他们家最近出了个～, 男孩子把邻居小孩儿的头打破了。Tāmen jiā zuìjìn chūle ge ～, nán háizi bǎ línjū xiǎohair de tóu dǎpò le. *They had a bit of trouble in their family recently. Their son hit the neighbor's kid in the head.* / 他常乱说话, 难免惹～。Tā cháng luàn shuō huà, nánmiǎn rě ～. *He often shoots off his mouth, so it's hard to avoid making trouble.*

lüè

掠 lüè
（动）〈书〉(1)抢夺 *plunder*: 土匪～去了老汉的黄牛。

Tǔfěi ～qule lǎohàn de huángniú. *The bandits made off with the old man's cow.* / ～人之美，据为己有。～ rén zhī měi，jù wéi jǐ yǒu. *claim credit for oneself which belongs to others* (2)轻轻拂过或擦过 *flit; skim*; 微风～过田野，掀起一阵阵麦浪。A breeze swept over the fields and caused the wheat to ripple. / 飞机～过晴空，消失在遥远的天际。Fēijī ～guò qíngkōng，xiāoshī zài yáoyuǎn de tiānjì. *The plane streaked across the sky and disappeared into the blue.*

【掠夺】lüèduó（动）抢夺 *plunder; rob*
【掠取】lüèqǔ（动）掠夺 *seize; grab; plunder*

略 lüè

（名）◇ 计谋 *strategy; tactics*（动）(1)省去，简化 *omit; leave out*：～而不提 ～ ér bù tí *leave sth. out (on purpose)* / ～去枝节，抓住主要内容说一说。～ qù zhījié，zhuāzhù zhǔyào nèiróng shuō yi shuō. *leave out the minor details and talk about the major points* (2)◇ 夺取 *seize; capture*：攻城～地 gōng chéng ～ dì *attack and occupy cities and territory* (形)简单扼要 *sketchy; slightly; a little*：详～得宜 xiáng ～ déyí *neither too sketchy nor too detailed* / ～述如下 ～ shù rú xià *I'll state briefly as follows.* /《～论农业现代化》《～ lùn nóngyè xiàndàihuà》"*A Brief Introduction to Agricultural Modernization*" / 事情发展过程不能写得太～。Shìqing fāzhǎn guòchéng bù néng xiě de tài ～. *An account of the development of this should not be too sketchy.* (副)(1)表示程度不深或时间短暂，被修饰的动词、形容词后常有"一些"、"一点儿"等，又常与其他字构成四字短语，多用于书面语 *slightly (in degree); briefly (in time) (the modified verb or adjective is often followed by，"一些"，"一点儿"，etc.；often used together with other words to form a four-character phrase; usu. used in the written language)*：这人十分忠厚，不过思想～旧一点。Zhè rén shífēn zhōnghòu，búguò sixiǎng ～ jiù yìdiǎnr. *This person is extremely honest and kind，but her thinking is a touch outdated.* / ～ 等一会儿他就能赶到。～ děng yihuìr tā jiù néng gǎndào. *Wait just one moment. He'll be right here.* / 她病情～有好转。Tā bìngqíng ～ yǒu hǎozhuǎn. *Her condition has taken a slight turn for the better.* / 这里环境幽美，是疗养的好地方，只是一人在此地～感寂寞。zhèli huánjìng yōuměi，shì liáoyǎng de hǎo dìfang，zhǐshì yì rén zài cǐ dì ～ gǎn jìmò. *The surroundings here are tranquil and beautiful. This is a good place to convalesce; it's just that one can feel slightly lonely being here by oneself.* (2)表示简略 *briefly (in content)*：他把事情的原由～说了一遍，就走了。Tā bǎ shìqing de yuányóu ～ shuōle yi biàn，jiù zǒu le. *He briefly explained the cause of the matter，then left.* / 这位英雄大家都熟悉，你只要～介绍几句就可以。Zhè wèi yīngxióng dàjiā dōu shúxī，nǐ zhǐyào ～ jièshào jǐ jù jiù kěyǐ. *Everybody is familiar with this hero，so you just have to say a few brief words of introduction and that will be enough.*
【略略】lüèlüè（副）同"略" lüè，但因是双音节，用起来较自由（*same as "略" lüè，but because it is disyllabic，it can be used relatively freely*）(1)表示程度轻微，时间短暂 *slightly (in degree); briefly (in time)*：他喝了杯茶，心里～安定了一些。Tā hēle bēi chá，xīnli ～ āndìngle yìxiē. *He settled down slightly after drinking a cup of tea.* / 他们遇见时，只～点一点头，并未交谈。Tāmen yùjiàn shí，zhǐ ～ diǎn yi diǎn tóu，bìng wèi jiāotán. *They just nodded their heads slightly when they met and didn't say a word to each other.* / 我把这本书～一翻，感到很有意思。Wǒ bǎ zhè běn shū ～ yì fān，gǎndào hěn yǒu yìsi. *I just briefly flipped through this book and thought it was very interesting.* (2)表示简略 *simply; briefly (in content)*：我们在车站～谈了几

句话就又分别了。Wǒmen zài chēzhàn ～ tánle jǐ jù huà jiù yòu fēnbié le. *We briefly exchanged a few words at the bus stop before parting again.* / 这问题很简单，～阐述一下就够了。Zhè wèntí hěn jiǎndān，～ chǎnshù yíxià jiù gòu le. *This question is very simple. It will be enough to just explain it briefly.*
【略微】lüèwēi（副）（口）同"略略" lüèlüè *same as "略略" lüèlüè* (1)表示程度轻微，时间短暂 *briefly (in time); slightly (in degree)*：他的个子比你～高一点。Tā de gèzi bǐ nǐ ～ gāo yìdiǎn. *He's slightly taller than you.* / 今天天气～冷一些。Jīntiān tiānqì ～ lěng yìxiē. *It's slightly colder today.* / 请你～等一会儿，我马上就来。Qǐng nǐ ～ děng yihuìr，wǒ mǎshàng jiù lái. *Please wait one moment. I'll be right there.* (2)表示简略 *briefly; sketchily*：关于这个问题，让我～解释几句。Guānyú zhège wèntí，ràng wǒ ～ jiěshì jǐ jù. *Let me briefly explain this question.* "略微"也写作"略为"（"*略微*" *can also be written as* "*略为*"）
【略语】lüèyǔ（名）由词组紧缩而成的合成词，也说"缩略语"，如"职工""扫盲" *abbreviation*

lūn

抡〔掄〕lūn

（动）用力挥动 *wield*：～铁锤 ～ tiěchuí *swing a sledgehammer* / ～起斧子砍树 ～qǐ fǔzi kǎn shù *swing an ax and chop down a tree* / ～动拳头吓唬人 ～ dòng quántou xiàhu rén *threaten sb. with one's fist*

lún

伦〔倫〕lún

（名）◇ 人伦 *human relations*：享天～之乐 xiǎng tiān～ zhī lè *enjoy family happiness*（形）同等的，同类的 *similar*：不～不类 bù ～ bú lèi *neither fish nor fowl* / 精美绝～ jīngměi jué～ *exquisite beyond compare*
【伦理】lúnlǐ（名）指人与人相处的各种道德标准 *ethics*
【伦理学】lúnlǐxué（名）*ethics*

沦〔淪〕lún

（动）◇ (1)沉没 *sink* (2)没落，陷入（不利境地）*fall; be reduced to*：在旧社会，他由一个少爷～为乞丐。Zài jiù shèhuì，tā yóu yí ge shàoye ～wéi qǐgài. *In the old society he was the son of a rich family and was reduced to begging* / 由于帝国主义的侵略，旧中国～为半殖民地半封建国家。Yóuyú dìguózhǔyì de qīnlüè，jiù Zhōngguó ～ wéi bàn zhímíndì bàn fēngjiàn guójiā. *Because of imperialist invasion Old China was reduced to a semi-colonial and semi-feudal country.*
【沦落】lúnluò（动）穷困潦倒，流落外地 *fall low; come down in the world; be reduced to poverty*：～他乡 ～ tāxiāng *be reduced to poverty away from home* / ～街头 ～ jiētóu *be driven onto the streets because of poverty*
【沦亡】lúnwáng（动·不及物）（书）（国家）灭亡 *(of country) be subjugated*
【沦陷】lúnxiàn（动·不及物）（国土）被侵略者占领，失陷 *(of territory) fall into the enemy's hands*

轮〔輪〕lún

（名）◇ (1)同"轮子" lúnzi *same as "轮子" lúnzi*：独～车 dú～chē *wheel-barrow* / 三～车 sān～chē *tricycle* (2)轮船 *steamboat*：江～ jiāng～ *riverboat*（动）依次接替 *take turns*：今天我值班，明天～到你。Jīntiān wǒ zhí bān，míngtiān ～dào nǐ. *Today I'm on duty，and tomorrow it's your turn.*（量）(1)多用于日、月等（*for sun，moon*）：一～朝阳从东方升起。Yì ～ zhāoyáng cóng dōngfāng shēngqǐ. *The morn-*

ing sun rises from the east. 一～明月当空高挂。Yì ～ míngyuè dāngkōng gāo guà. *There is a bright full moon high in the sky.* (2)(～儿)用于循环的事物或动作 *round (for something rotating)*; 第二～比赛开始了。Dì'èr ～ bǐsài kāishǐ le. *The second round of the tournament has started.*

【轮班】lún=bān 分班轮流 *(work) in shift*; ～值日 ～ zhírì *be on duty in shifts*/ ～站岗 ～ zhàn gǎng *be on guard duty in shifts*/ 他们一共有六个人、两个人一班。Tāmen yígòng yǒu liù ge rén ～, liǎng ge rén yì bān. *Altogether they have six people doing shift work, two on each shift.*

【轮唱】lúnchàng (名)〈乐〉*round*

【轮船】lúnchuán (名) [艘 sōu] *ship; steamer; steamship*

【轮渡】lúndù (名) 载运行人、汽车、火车等横渡江河、湖海的机动船 *ferry*

【轮番】lúnfān (副) 轮流(作) *take turns*; ～进攻 ～ jìngōng *attack in waves*/ ～审讯 ～ shěnxùn *take turns at interrogation*/ ～进行说服工作 ～ jìnxíng shuōfú gōngzuò *take turns trying to persuade sb.*

【轮换】lúnhuàn (动) 轮流替换 *take turns; rotate*: 两人～着做饭。Liǎng rén ～zhe zuò fàn. *The two of them take turns at cooking.*

【轮机】lúnjī (名)〈机〉*turbine; engine*

【轮机室】lúnjīshì (名) *engine room*

【轮廓】lúnkuò (名) *contour*; *outline*: 天太暗了，我只看见一个人的，认不出是谁。Tiān tài àn le, wǒ zhǐ kànjian yí ge rén de ～, rèn bu chū shì shuí. *It's too dark, so I can only see the outline of a person and cannot make out who it is.* / 他给我讲了讲他们的长远规划的～。Tā gěi wǒ jiǎng le jiǎng tāmen de chángyuǎn guīhuà de ～. *He gave me an outline of their long-range plans.*

【轮流】lúnliú (动) 挨次接替 *take turns*: ～值班 ～ zhí bān *be on duty in turns* / 干部～参加劳动。Gànbù ～ cānjiā láodòng. *The cadres take turns at participating in manual labor.*

【轮胎】lúntāi (名) *tire*

【轮系】lúnxì (名)〈机〉*rotary system*

【轮休】lúnxiū (动) (1)轮流休息 *stagger holidays* (2)〈农〉让一块一块土地轮流空着不种东西，以便恢复地力 *(of land) lie fallow in rotation*

【轮训】lúnxùn (动) 轮流训练 *receive training in rotation*: 企业管理干部都需要～。Qǐyè guǎnlǐ gànbù dōu xūyào ～. *Business management cadres all have to take turns at receiving training.*

【轮椅】lúnyǐ (名) (供行走困难的人使用的)装有轮子的椅子 *wheelchair*

【轮值】lúnzhí (动) 轮流值班(很少用) *take turns at going on duty (rarely used)*

【轮种】lúnzhòng (动) 同"轮作"lúnzuò *same as "轮作" lúnzuò*

【轮轴】lúnzhóu (名) *wheel and axle*

【轮转】lúnzhuàn (动) 旋转(很少用) *rotate (rarely used)*

【轮子】lúnzi (名) [个 gè] *wheel*

【轮作】lúnzuò (动) 在一块土地上依次轮流换种几种作物 *crop rotation*

lùn

论[論] lùn (动)(1)分析和说明事理 *discuss*: 就事～事 jiù shì ～ shì *deal with a matter on its merits only* (2)评定 *decide on*: 按质～价 àn zhì ～ jià *determine the price according to the quality*/ 超假按违犯纪律～。Chāo jià àn wéifàn jìlù ～. *Overstaying one's leave will be punished as breach of discipline.* (3)看待 *treat; regard*: 不能一概而～。Bù néng

yígài ér ～. *They cannot be treated as the same.* (4)按照某方面或单位说 *by; in terms of*: ～年龄，是我大，～经验，还是他多。～ niánlíng, shì wǒ dà, ～ jīngyàn, háishi tā duō. *In terms of age, I'm older but he's more experienced than me.* / 呢子～米卖。Nízi ～ mǐ mài. *Woollen cloth is sold by the meter.* (名)分析、说明事理的言论文章或理论 *treatise; theoretical work*; *view*: 此～不妥 cǐ ～ bù tuǒ *This view is inappropriate.* / 历史唯物～ lìshǐ wéiwù～ *theory of historical materialism*

【论处】lùnchǔ (动・不及物) 判定并给予处分 *judge; decide (punishment)*: 按违反交通规则则～ àn wéifǎn jiāotōng guīzé ～ *judge an offense as a violation of traffic regulations and punish accordingly*/ 滥伐树木依违犯《森林法》～。Lànfá shùmù yī wéifàn《Sēnlínfǎ》～. *Indiscriminate lumbering is an offense according to forestry regulations.*

【论点】lùndiǎn (名) 议论中的确定意见及其理由 *thesis; argument*

【论调】lùndiào (名) 议论中的倾向、意见(多含贬义) *view; argument (usu. derog.)*: 悲观主义～是没有根据的。Bēiguānzhǔyì ～ shì méi yǒu gēnjù de. *Pessimistic views have no basis.* / 这种～是错误的。Zhè zhǒng ～ shì cuòwù de. *Views such as these are mistaken.*

【论断】lùnduàn (名) *judgement; inference*

【论据】lùnjù (名) *basis of an argument*: ～充足 ～ chōngzú *sufficient grounds*

【论述】lùnshù (动) 叙述和分析 *expound; elaborate*

【论说】lùnshuō (动) 议论(多指书面的) *talk about*: ～文 ～ wén *argumentation*

【论坛】lùntán (名) 对公众发表议论的地方,指报刊、会议等 *forum; tribune*

【论文】lùnwén (名) [篇 piān] *dissertation; thesis*

【论战】lùnzhàn (动・不及物) 在政治或学术问题上因意见不同而展开争论 *argue; debate*: 这两派～了两年多。Zhè liǎng pài ～ le liǎng nián duō. *The two schools have been debating for more than two years.* / 两人长期写文章进行～。Liǎng rén chángqī xiě wénzhāng jìnxíng ～. *These two have been arguing back and forth in their writings for a long time.* (名)在政治、学术等问题上展开的争论 *polemic*: 这是一场激烈的～。Zhè shì yì cháng jīliè de ～. *This is a heated debate.*

【论争】lùnzhēng (动) 同"论战"lùnzhàn (动) *same as "论战" lùnzhàn* (动) (名)同"论战"lùnzhàn (名) *same as "论战" lùnzhàn* (名)

【论证】lùnzhèng (动) 引用论据证明论题 *expound and prove* (名)立论的根据 *demonstration; proof*

【论著】lùnzhù (名) 研究某个问题的理论著作 *written research report; treatise*

【论资排辈】lùn zī pái bèi (～儿) (指在晋升干部、安排职务时)以资历、辈数为标准,不考虑人的能力 *to give top priority only to seniority in the selection of cadres*

luō

捋 luō (动)用手握着条状物,向一端移动 *rub one's hand over or along sth.*: ～树叶 ～ shùyè *strip off tree leaves (by running one's hand along a branch)*/ ～起衣袖 ～ qǐ yīxiù *roll up one's sleeves* 另见 lǚ

啰[囉]luo

【啰嗦】luōsuo (口)(形)(1)(语言)多而复杂 *(of speech) verbose; wordy*: 他的话很～。Tā de huà hěn ～. *He's very long-winded.* / 这篇文章写得太～。Zhè piān wénzhāng xiě de tài ～. *This article is too wordy.* (2)(事务)琐碎麻烦

(of matters) troublesome/ 这真是件～事儿！Zhè zhēn shì jiàn ～ shìr！*This really is a hassle.* （动）一遍一遍重复地说 *be verbose；be long-winded*：他～了半天，也没说明白。Tā ～le bàntiān, yě méi shuō míngbai. *He rambled on for ages but still didn't make his point.*

【啰唆】luōsuo（形）同"啰嗦" luōsuo（形）*same as "啰嗦"* luōsuo（形）（动）同"啰嗦" luōsuo（动）*same as "啰嗦"* luōsuo（动）

luó

罗〔羅〕luó
（名）⑴捕鸟的网 *net* ⑵网状器具（筛细粉末或过滤流质用）*fine sieve* ⑶质地稀疏的丝织品 *gauze*（动）用罗筛（东西）*sift*：把面粉～一遍。Bǎ miànfěn ～ yí biàn. *Give the flour a sifting.*
【罗汉】luóhàn（名）〈宗〉*arhat*
【罗口】luókǒu（名）针织衣物的袖口、袜口、裤角等能够伸缩的部分 *rib cuff or rib collar；rib top (of socks)*
【罗列】luóliè（动）列举 *enumerate*：～事实加以证明 ～ shìshí jiāyǐ zhèngmíng *enumerate the facts to provide evidence*/ 只是～现象不行，还要加以分析、说明。Zhǐshì ～ xiànxiàng bù xíng, hái yào jiāyǐ fēnxī、shuōmíng. *It's not enough just to enumerate the phenomena. You have to analyze and explain them too.*
【罗曼蒂克】luómàndìkè（形）*romantic*
【罗曼司】luómànsī（名）*romance*
【罗盘】luópán（名）*compass*
【罗圈腿】luóquāntuǐ（名）向外弯曲的两条腿 *bowlegged*
【罗网】luówǎng（名）〈书〉*net snare；trap*
【罗纹】luówén（名）同"螺纹" luówén *same as "螺纹"* luówén
【罗织】luózhī（动）〈书〉编造（罪状）*frame up*：～ 罪名 ～ zuìmíng *trump up charges*
【罗致】luózhì（动）〈书〉搜罗（人才）*enlist the services of；secure sb. in one's employment*：～人才 ～ réncái *hire qualified personnel* / ～贤能 ～ xiánnéng *hire people of merit*

萝〔蘿〕luó
（名）◇ 通常指某些能爬蔓的植物 *trailing plants*
【萝卜】luóbu（名）*radish*

逻〔邏〕luó
【逻辑】luóji（名）（1）思维的规律 *logic*：你的话不合～。Nǐ de huà bù hé ～. *What you're saying is not logical.* （2）客观的规律性 *scientific logic*：某些人认为不结婚不合乎生活的～。Mǒu xiē rén rènwéi bù jié hūn bù héhū shēnghuó de ～. *Some people believe that not getting married is unnatural.*
【逻辑学】luójíxué（名）*logic (discipline)*

锣〔鑼〕luó
（名）[面 miàn] *gong*
【锣鼓】luógǔ（名）*drums and gongs*
【锣鼓喧天】luógǔ xuān tiān 敲锣打鼓的声音很响 *deafening beating of drums and gongs (in celebration)*

箩〔籮〕luó
（名）[个 gè] 用竹子编制的器具，大多方底圆口，常用作盛粮食等 *bamboo basket*
【箩筐】luókuāng（名）[个 gè] 用竹子或柳条等编制而成的器具，或圆或方，多用来盛粮食和蔬菜等 *large bamboo or wicker basket*

骡〔騾〕luó
（名）◇ 骡子 *mule*
【骡子】luózi（名）[头 tóu] *mule*

螺luó
（名）◇ 螺蛳 *snail*
【螺钉】luódīng（名）[颗 kē] *screw*
【螺母】luómǔ（名）*(screw) nut*
【螺丝】luósī（名）*screw*
【螺丝钉】luósīdīng（名）[颗 kē] *screw*
【螺蛳】luósi（名）*snail*
【螺纹】luówén（名）（1）手指、脚趾上的纹理 *whorl (in fingerprint)* （2）机件的外表面或内孔表面上制成的螺旋线形的凸棱 *thread (of a screw)*
【螺旋】luóxuán（名）*spiral*
【螺旋桨】luóxuánjiǎng（名）*propeller*

luǒ

裸luǒ
（动）*bare*
【裸露】luǒlù（动）*lay bare；be exposed*：煤层～在地面。Méicéng ～ zài dìmiàn. *exposed coal seam*
【裸体】luǒtǐ（名）*nude；naked*

luò

骆〔駱〕luò
【骆驼】luòtuo（名）[峰 fēng] *camel*

络〔絡〕luò
（名）（1）网状物 *sth. resembling a net*：橘～ jú～ *tangerine pith*（动）用网状物兜住 *hold sth. in place with a net*：头发用发网～住。Tóufa yòng fàwǎng ～zhu. *Her hair is held in place with a hairnet.*
【络腮胡子】luòsāi húzi 连着鬓角的胡子 *full beard*
【络绎不绝】luòyì bù jué〈书〉络绎：连续。形容来往的行人或车马船只等连续不断 *(of people, vehicles, etc.) in an endless stream*：马路上各种车辆～。Mǎlù shang gè zhǒng chēliàng ～. *There is an endless flow of traffic on the street.*

落luò
（动）（1）下降 *go down；set*：太阳～了。Tàiyáng ～ le. *The sun has set.* /潮水～了。Cháoshuǐ ～ le. *The tidewater has subsided.* （2）掉下来 *drop；fall*：～泪 ～ lèi *shed tears*/ 树叶～了。Shùyè ～ le. *The leaves have fallen.* /花瓣纷纷～下来。Huābànr fēnfēn ～ xialai. *The petals fell one after another.* （3）使下降 *lower*：把幕～下来。Bǎ mù ～ xialai. *Pull the curtain down.* /～下帘子来。～ xià liánzi lai. *Lower the blinds.* （4）停留，留下来 *stay；stop over*：老鹰～在山崖上。Lǎoyīng ～ zài shānyá shang. *The eagle perched on the cliff.* /这个历史任务～在青年人的身上。Zhège lìshǐ rènwù ～ zài qīngnián rén de shēnshang. *This task of historical significance has been left on the shoulders of the youth.* 另见 là；lào
【落笔】luòbǐ（动）开始写或画 *start to write；put pen to paper*：这个剧本，他经过多日构思才～。Zhège jùběn, tā jīngguò duō rì gòusī cái ～. *It took him several days before he made a start on writing out the play.*
【落差】luòchā（名）同一股水的高水位和低水位的差数 *drop*
【落潮】luò=cháo *ebb tide*
【落成】luòchéng（动）（较大建筑物）完工（很少带宾语）*complete a building*：纪念馆已建成，今天举行～典礼。

Jìniànguǎn yǐ jiànchéng, jīntiān jǔxíng ～ diǎnlǐ. *The memorial hall has been completed and the inauguration ceremony is being held today.* /化工厂上月～，现已开始生产。 Huàgōngchǎng shàng yuè ～, xiàn yǐ kāishǐ shēngchǎn. *The chemical factory was completed last month and now has already started production.*

【落地窗】 luòdìchuāng （名） *French window*

【落地灯】 luòdìdēng （名） *floor lamp*

【落后】 luòhòu （动·不及物） 在行进中落在同行者的后面 *fall behind; lag behind*：别人都走了，你～了半小时。 Biérén dōu zǒu le, nǐ ～le bàn xiǎoshí. *Everybody has left. You're half an hour behind.* /人的思想往往～于形势。 Rén de sīxiǎng wǎngwǎng ～ yú xíngshì. *People's thinking often lags behind current situation.* /在学习上他从来不肯～。 Zài xuéxí shang tā cónglái bù kěn ～. *He has never allowed himself to fall behind in his studies.* （形）进展迟缓，落在客观形势后面的 *backward; outdated*：他的一些看法比较～。 Tā de yīxiē kànfǎ bǐjiào ～. *Some of his ideas are quite behind the times.* / 这种式样的家具太～了。 Zhè zhǒng shìyàng de jiājù tài ～ le. *This style of furniture is too outdated.* /～的生产方式必须改变。 ～ de shēngchǎn fāngshì bìxū gǎibiàn. *Outmoded production methods must be changed.*

【落户】 luò＝hù （离开家乡，到别的地方）长期住下来 *settle down in a place*：他原是广东人，他祖父到四川落了户。 Tā yuán shì Guǎngdōng rén, tā zǔfù dào Sìchuān luòle hù. *His family was originally from Canton, but his grandfather settled in Sichuan.*

【落花流水】 luò huā liú shuǐ 原形容春天景色衰败，现比喻被打得惨败 *like fallen flowers carried away by the stream; utterly routed*

【落脚】 luò＝jiǎo 临时停留或暂住 *stay or stop temporarily*：我到上海去，中途要在济南落落脚 Wǒ dào Shànghǎi qù, zhōngtú yào zài Jǐnán luòluo jiǎo. *I'm going to Shanghai and will be stopping off in Jinan on the way.* / 他四十年前到海外谋生，曾在这个朋友家～。 Tā sìshí nián qián dào hǎiwài móushēng, céng zài zhège péngyou jiā ～. *He went abroad forty years ago to make a living and once stayed temporarily with this friend of his.*

【落井下石】 luò jǐng xià shí 对掉进陷阱里的人，不仅不救，反而往井里扔石头。比喻乘人危急的时候，进行迫害。 *drop stones on sb. who has fallen into a well; (fig.) hit a person when he's down*

【落空】 luò＝kōng 没达到目的，没有着落 *come to nothing; end up with nothing*：这场病使我升大学的希望落了空。 Zhè cháng bìng shǐ wǒ shēng dàxué de xīwàng luòle kōng. *My hopes of going to university have been dashed because of this illness.* /没有得力的措施，再好的计划也会～。 Méi

yǒu délì de cuòshī, zài hǎo de jìhuà yě huì ～. *Without adequate measures even the best plan would still have come to nothing.*

【落款】 luòkuǎn （名） 书画家在所作书画上写的赠送对象的姓名和他自己的姓名，也泛指书信、文章上的署名 *signature of the artist on a painting or a piece of calligraphy and the name of the person presented to; signature on a letter*

【落款】 luò＝kuǎn 在书画、书信、文章上写上赠送对象和作者的姓名 *(of an artist) sign a painting or a piece of calligraphy*

【落落大方】 luòluò dàfāng 落落：心胸坦荡。形容人的举止从容自然 *(of demeanor, manner) natural and self-confident; natural and graceful*

【落腮胡子】 luòsāi húzi 同"络腮胡子" luòsāi húzi *same as "络腮胡子" luòsāi húzi*

【落实】 luòshí （动） 使（政策、计划、措施等）付诸实施 *carry out to the full; implement*：要采取有力措施～党的知识分子政策。 Yào cǎiqǔ yǒulì cuòshī ～ dǎng de zhīshi fènzǐ zhèngcè. *The party's policy with regard to intellectuals must be adopted and fully implemented.* / 这个计划订得比较空洞，很难～。 Zhège jìhuà dìng de bǐjiào kōngdòng, hěn nán ～. *This plan is lacking in content and so it is hard to implement.* /不能光嘴上说得好听，重要的是～在行动上。 Bù néng guāng zuǐshang shuō de hǎotīng, zhòngyào de shì ～ zài xíngdòng shang. *Actions are more important than fine sounding words.*

【落水狗】 luòshuǐgǒu （名） 掉在水里的狗，比喻失去势力的坏人 *drowning dog; (fig.) bad person who has lost favor or power*

【落汤鸡】 luòtāngjī （名） 形容浑身湿透，像掉在热水里的鸡一样 *like a drowned rat; wet through; drenched*

【落体】 luòtǐ （名）〈物〉受重力的作用，从空中落下的物体 *(phys.) falling body*

【落网】 luò＝wǎng 指犯人被捕 *(of criminal) be caught*

【落伍】 luò＝wǔ 掉队，落后，比喻跟不上时代的发展 *fall behind the ranks; straggle; drop behind*

【落选】 luò＝xuǎn 没有被选上 *fail to be elected*

【落叶树】 luòyèshù （名）〈植〉到冬天树叶枯落的树 *deciduous tree*

【落音】 luò＝yīn （～儿）（说话、唱歌的声音）刚停止 *(talking, singing) stop*：我的话还没～，他们就笑起来。 Wǒ de huà hái méi ～, tāmen jiù xiào qilai. *I hadn't finished speaking when they started to laugh.*

【落座】 luò＝zuò 入座，坐到座位上 *be seated*：会议马上就要开始了，请诸位～。 Huìyì mǎshàng jiù yào kāishǐ le, qǐng zhūwèi ～. *Would everybody please be seated. The meeting is about to begin.*

M

ḿ

呣 ḿ（叹）表示疑问（*indicates surprise*）：～，刚才你说让我帮你做什么来着？～，Gāngcái nǐ shuō ràng wǒ bāng nǐ zuò shénme láizhe? *Pardon? What did you just ask me to help you with?* /～，你不想去上海了？～，nǐ bù xiǎng qù Shànghǎi le? *Really? You don't want to go to Shanghai anymore?* /～，你说什么？我没听清楚。～，nǐ shuō shénme? Wǒ méi tīng qīngchu. *Pardon? What did you say? I didn't hear you.* 另见 m̀

m̀

呣 m̀（叹）表示应诺或同意（*indicates agreement*）：～！你说的有道理，那就照你说的办吧。～! Nǐ shuō de yǒu dàolǐ, nà jiù zhào nǐ shuō de bàn ba. *Uh-huh, what you say makes sense. So then, we'll do as you say.* /～，我可以替你打个电话通知你丈夫回来。～, wǒ kěyǐ tì nǐ dǎ ge diànhuà tōngzhī nǐ zhàngfu huílai. *Yes, I can call your husband for you and tell him to come back.* /～，好吧，我陪你去！～, hǎo ba, wǒ péi nǐ qù! *Okay. I'll go with you.* 另见 ḿ

mā

妈〔媽〕mā（名）*mother；mum*

【妈妈】māma（名）同"妈"mā *same as "妈" mā*

抹 mā（动）〈口〉(1)擦 *wipe*：～桌子 ～ zhuōzi *wipe the table* (2)把手平放在上面并向下移动 *slip off*：把镯子～下来。Bǎ zhuózi ～ xialai. *slip the bracelet off* (3)免去(官职) *be fired*：他的主任早让上级给～了。Tā de zhǔrèn zǎo ràng shàngjí gěi ～ le. *He was relieved of his duties as a chairman by his superiors.* 另见 mǒ；mò

【抹布】mābù（名）[块 kuài]*cloth（for wiping the table, etc.）*

má

麻 má（名）(1)大麻、亚麻、苎麻、黄麻、剑麻、蕉麻等植物的统称 *a general term for flax, hemp, jute, etc.* (2)指麻类植物的皮纤维 *hemp；flax；jute fibers*：他在集市上买了两斤～。Tā zài jíshì shang mǎile liǎng jīn ～. *He bought two jin of flax at the market.* （形）(1)表面不光滑 *coarse*：剧场的墙壁是～的，可以吸音。Jùchǎng de qiángbì shì ～ de, kěyǐ xī yīn. *The theater has rough walls and so they are sound-absorbing.* /这布光的一面是反面，～的一面才是正面呢！Zhè bù guāng de yí miàn shì fǎnmiàn, ～ de yí miàn cái shì zhèngmiàn ne！*It's the smooth side of this material that's the back and the coarse side is the right side.* (2)麻木 *become numb；have pins and needles；tingle*：腿压～了。Tuǐ yā～ le. *My leg has pins and needles from the pressure.* /他老了，手脚经常发～。Tā lǎo le, shǒujiǎo jīngcháng fā ～. *He's gotten old and he often feels numb in his hands and feet.* (3)因出天花脸上落下的斑痕 *pocked；pockmarked；pitted；spotty*：她脸有点儿～. Tā liǎn yǒu diǎnr ～. *Her face is slightly pockmarked.*

【麻包】mábāo（名）同"麻袋"mádài *same as "麻袋" mádài*

【麻痹】mábì（动）(1)神经系统的病变引起的身体某一部分知觉能力的丧失和运动机能的障碍 *paralysis*：面部神经～ miànbù shénjīng ～ *facial paralysis* /全身性～ quánshēnxìng ～ *general paralysis* (2)使失去(警惕性) *lull*：和平环境很容易～人的警觉性。Hépíng huánjìng hěn róngyì ～ rén de jǐngjuéxìng. *It's easy for one to be caught off guard in a peaceful environment.* （形）失去警惕性 *lacking in vigilance*：你太～了，怎么把机密文件随便给人看。Nǐ tài ～ le, zěnme bǎ jīmì wénjiàn suíbiàn gěi rén kàn. *You're too careless! How could you let just anybody look at confidential documents?*

【麻痹大意】mábì dàyì 疏忽，不加小心 *be caught off guard；lack of vigilance*

【麻布】mábù（名）用麻织成的布 *linen；burlap*

【麻袋】mádài（名）用粗麻布做的口袋 *gunnysack；hempen sack*

【麻烦】máfan（形）费事，烦琐 *troublesome；inconvenient*：怕～ pà ～ *be unwilling to take the trouble to do sth.* /这菜很好吃，可是做起来太～了。Zhè cài hěn hǎochī, kěshì zuò qǐlai tài ～ le. *This dish is really tasty but it's a lot of trouble to prepare.* /现在嫌自己做衣服～，都买现成的。Xiànzài xián zìjǐ zuò yīfu ～, dōu mǎi xiànchéng de. *Nobody wants to take the trouble to make their own clothes nowadays, so everybody buys them ready-made.* （动）(1)使人费事或增加负担 *bother sb. to do sth.*：这事如果我自己能做，就不去～老李了。Zhè shì rúguǒ wǒ zìjǐ néng zuò, jiù bú qù ～ Lǎo Lǐ le. *If I can do it myself I won't need to bother Lao Li.* /～您，把这本书带给他。～ nín, bǎ zhè běn shū dài gěi tā. *Would you mind giving him this book for me?* （名）费心的事，负担 *trouble；a hassle*：孩子住在您家，给您添了很多～。Háizi zhù zài nín jiā, gěi nín tiānle hěn duō ～. *It really put you out having the kid stay with you.*

【麻纺】máfǎng（名）用麻的纤维纺成纱 *hempen spinning*

【麻黄素】máhuángsù（名）〈药〉*ephedrine*

【麻将】májiàng（名）[副 fù]*mahjong*

【麻利】máli（形）动作敏捷，做事快 *quick and neat；dexterous；deft*：他手脚特别～。Tā shǒujiǎo tèbié ～. *He is extremely quick and neat.* /他做事很～，一到手就完。Tā zuò shì hěn ～, dào shǒu jiù wán. *He is really speedy. No sooner has he got it in his hands than he finishes it.* /你可要麻麻利利的，别拖泥带水呀！Nǐ kě yào mámálìlìr de, bié tuō ní dài shuǐ ya！*You must be quick and neat and don't do a sloppy job.*

【麻脸】máliǎn（名）有麻子的脸 *a pockmarked face*

【麻木】mámù（形）*numb*：手脚～ shǒujiǎo ～ *hands and feet feel numb*

【麻木不仁】mámù bùrén 四肢、身体失去知觉。比喻思想不敏锐，对外界事物反应迟钝或漠不关心 *apathetic；insensitive*

【麻雀】máquè（名）[只 zhī]*sparrow*

【麻纱】máshā（名）(1)用麻的细纤维纺成的纱 *yarn made of flax, etc.* (2)用细棉纱或棉麻混合织成的很薄的布 *muslin*

【麻绳】máshéng（名）[条 tiáo]麻做的绳子 *hempen cord；rope made of hemp, flax, etc.*

【麻酥酥】másūsū（形）形容轻微的麻木 *slightly numb*

【麻药】máyào（名）*anaesthetic*

【麻疹】mázhěn（名）〈医〉*measles*

【麻织品】mázhīpǐn（名）*linen or hemp products*

【麻子】mázi（名）(1)人出天花后脸上留下的疤痕 *pockmarks*

（2）脸上有麻子的人 *a person with pockmarks*：现在很少看到～了。Xiànzài hěn shǎo kàndào ～ le. *One doesn't often see people with pockmarks these days.*

【麻醉】mázuì（动）〈医〉（1）用药物或针刺等方法使整个有机体或有机体的某一部分暂时失去知觉 *anaesthetize*：药物～ yàowù ～ *chemical anaesthesia* /针刺～ zhēncì ～ *acupuncture anaesthesia* /局部～ júbù ～ *local anaesthesia* /全身～ quán shēn ～ *general anaesthesia* （2）比喻用某种手段使人认识模糊，意志消沉 *drug*：这些迷信说法，对人民起～作用。Zhèxiē míxìn shuōfǎ, duì rénmín qǐ ～ zuòyòng. *These superstitions serve as the opiates of the people.*

【麻醉剂】mázuìjì（名）*anaesthetic; narcotic*

mǎ

马〔馬〕mǎ
（名）[匹 pǐ] *horse*

【马鞍】mǎ'ān（名）[副 fù] 同"马鞍子" mǎ'ānzi *same as "马鞍子"* mǎ'ānzi

【马鞍子】mǎ'ānzi（名）[副 fù] *saddle*

【马帮】mǎbāng（名）驮运货物的马队 *a train of horses carrying goods; caravan*

【马表】mǎbiǎo（名）*stopwatch*

【马车】mǎchē（名）[辆 liàng]（1）马拉的载人的车 *carriage* （2）马拉的大车 *cart*

【马达】mǎdá（名）*motor*

【马大哈】mǎdàhā（形）（人）粗心大意，不细心 *careless; forgetful*：你也太～了，怎么上课连书都忘了带。Nǐ yě tài ～ le, zěnme shàng kè lián shū dōu wàngle dài. *You really are forgetful, coming to class like this and not even bringing your books.* （名）粗心大意的人 *careless person; scatterbrain*：他是个～，总是丢三落四的。Tā shì ge ～, zǒngshì diū sān là sì de. *He's really a scatterbrain. He'd lose his head if it wasn't screwed on!*

【马刀】mǎdāo（名）[把 bǎ] *sabre*

【马到成功】mǎ dào chénggōng 形容做一件事迅速地取得胜利或成功 *win success immediately on arrival; gain an immediate victory*

【马灯】mǎdēng（名）[盏 zhǎn] *hurricane lantern*

【马丁炉】mǎdīnglú（名）〈冶〉*open-hearth furnace*

【马队】mǎduì（名）（1）成队的马，多用于运输货物 *caravan* （2）骑兵队伍 *cavalry*

【马尔萨斯主义】Mǎ'ěrsàsīzhǔyì（名）*Malthusianism*

【马粪纸】mǎfènzhǐ（名）*strawboard*

【马蜂】mǎfēng（名）[只 zhī] *hornet; wasp*

【马蜂窝】mǎfēngwō（名）[个 gè] 比喻棘手的人或事 *(fig.) hornet's nest*：这个～非捅不可。Zhège ～ fēi tǒng bùkě. *We just have to stir up this hornet's nest.*

【马夫】mǎfū（名）旧时称为主人饲养马的人 *groom*

【马竿】mǎgān（名）（～儿）盲人探路用的竿儿 *white cane for blind people*

【马革裹尸】mǎ gé guǒ shī 用马皮把尸体包裹起来，指军人死于战场 *be wrapped in a horse's hide after death — to die on the battlefield*

【马赫主义】Mǎhèzhǔyì（名）〈哲〉*Machism*

【马后炮】mǎhòupào（名）象棋用语。比喻事情过后才提出对该事的解决办法，无济于事的意思 *belated effort; action taken after the event*：事情已经结束了，你还提什么建议，这不是～吗！Shìqing yǐjīng jiéshù le, nǐ hái tí shénme jiànyì, zhè búshì ～ ma! *It's all over and done with, so why bother making further suggestions. That's a little like closing the barn door after the horse has run away, isn't it?*

【马虎】mǎhu（形）做事草率，疏忽不细心 *careless; sloppy; casual*：他做事很～。Tā zuò shì hěn ～. *He's very careless in what he does.* "马马虎虎"有时用来表示程度不高，还凑合（"马马虎虎" *is sometimes used to mean that sth. is not very good or only passable*）：你近来身体怎么样？——马马虎虎。Nǐ jìnlái shēntǐ zěnmeyàng ? —— mǎmahūhū. *How've you been lately? — Oh, so-so.* /我的英语好什么呀！马马虎虎。Wǒ de Yīngyǔ hǎo shénme ya! mǎmahūhū. *You don't really think my English is so great, do you? It's actually only just passable.* /马马虎虎过去得了，何必那么认真？ Mǎmahūhū guòqu dé le, hébì nàme rènzhēn? *Just do it any old way and get it over with. Why do you need to take it so seriously anyway?* （动·不及物）敷衍，搪塞 *do sth. sloppily and haphazardly*：这件事情可～不得，必须认真完成。Zhè jiàn shìqing kě ～ bude, bìxū rènzhēn wánchéng. *We can't be haphazard about this. It has to be completed in a proper manner.*

【马脚】mǎjiǎo（名）破绽 *sth. that gives the game away*：露出～ lùchū ～ *give oneself away*

【马厩】mǎjiù（名）饲养马的房子 *stable*

【马驹】mǎjū（名）（～儿）小马 *colt or foal*

【马驹子】mǎjūzi（名）〈口〉小马 *colt; foal; pony*

【马克】mǎkè（量）〈经〉*mark (currency)*

【马克思主义】Mǎkèsīzhǔyì（名）*Marxism*

【马口铁】mǎkǒutiě（名）*tinplate; galvanized iron*

【马裤】mǎkù（名）*riding breeches; jodhpurs*

【马拉松】mǎlāsōng（名）〈体〉*marathon*

【马力】mǎlì（量）*horse power*

【马列主义】Mǎ-Lièzhǔyì（名）*Marxism-Leninism*

【马铃薯】mǎlíngshǔ（名）*potato*

【马路】mǎlù（名）[条 tiáo]（1）城市或近郊供车马、行人来往的宽阔平坦的道路 *street; avenue* （2）市区以外的可供汽车等行驶的宽阔平坦道路 *road*

【马匹】mǎpǐ（名）马的总称 *horses*

【马前卒】mǎqiánzú（名）旧指在行车前奔走供役使的人。现指走在前边为人效力的人（多用于贬义）*pawn; cat's paw*：这个小国总是在侵略战争中充当～，为帝国主义大国效力。Zhège xiǎo guó zǒngshì zài qīnlüè zhànzhēng zhōng chōngdāng ～, wèi dìguózhǔyì dà guó xiào lì. *This small country always acts as a pawn for imperialists in wars of aggression.*

【马上】mǎshàng（副）（1）表示没有时间间隔，同"立刻" *like immediately; at once; same as "立刻"* like：我出去一下，～就回来。Wǒ chūqu yíxià, ～ jiù huílai. *I'm going out and will be right back.* /你一去把这事儿告诉他。Nǐ ～ qù bǎ zhè shì gàosu tā. *Go tell him about this matter at once.* （2）表示在最近的将来 *(indicates in the near future)* soon：天暖了，柳树～要发芽了。Tiān nuǎn le, liǔshù ～ yào fā yá le. *The weather is warm and the willows will soon sprout buds.* /学校～开学了。Xuéxiào ～ kāi xué le. *School will soon start.*

【马术】mǎshù（名）骑马的技术 *horsemanship*

【马蹄】mǎtí（名）*horse's hoof*

【马蹄表】mǎtíbiǎo（名）圆形或马蹄形的小钟，多为闹钟 *round or hoof-shaped desk clock; alarm clock*

【马蹄铁】mǎtítiě（名）（1）马、驴、骡子蹄子下钉的 U 字形铁掌 *horseshoe* （2）U 字形的磁铁 *U-shaped magnet; horseshoe magnet*

【马蹄形】mǎtíxíng（名）U 字形 *U-shaped*

【马桶】mǎtǒng（名）[个 gè] *nightstool*

【马头琴】mǎtóuqín（名）蒙古族的一种弦乐器，有两根弦，琴身呈梯形，琴柄顶端刻有装饰的马头作装饰 *a bowed stringed instrument with a scroll carved like a horse's head used by the Mongol nationality*

【马戏】mǎxì（名）*circus*

【马靴】mǎxuē（名）[双 shuāng] *riding boot*

【马扎】mǎzhá（名）（～儿）*campstool; folding stool*

【马桩】mǎzhuāng（名）[根 gēn] 拴马的木桩 *hitching post*

【马鬃】mǎzōng（名）horse's mane

吗〔嗎〕mǎ
另见 ma
【吗啡】mǎfēi（名）〈药〉morphine

玛〔瑪〕mǎ
【玛瑙】mǎnǎo（名）agate

码〔碼〕mǎ
（动）〈口〉叠 pile up；stack：把木柴～得整整齐齐。Bǎ mùchái ～ de zhěngzhěngqíqí. Stack the firewood tidily. / 房前～了好多砖。Fáng qián ～le hǎo duō zhuān. There are a lot of bricks piled in front of the house. （量）"件"或"类"，只和"一"或"两"结合，专指"事"（used with "一" or "两", applied to "事" only）：这些根本不是一～事，不能一起解决。Zhèxiē gēnběn bú shì yì ～ shì, bù néng yìqǐ jiějué. These are just not the same sort of things and cannot be solved together. /你们俩说的是两～事，他说的是这个词的意思，你说的是用法。Nǐmen liǎ shuō de shì liǎng ～ shì, tā shuō de shì zhège cí de yìsi, nǐ shuō de shì yòngfǎ. You two are not talking about the same thing. He's talking about the meaning of the word and you're talking about its use.
【码头】mǎtou（名）[个 gè] dock；wharf

蚂〔螞〕mǎ
【蚂蜂】mǎfēng（名）[只 zhī] 同"马蜂"mǎfēng same as "马蜂" mǎfēng
【蚂蟥】mǎhuáng（名）leech
【蚂蚁】mǎyǐ（名）[只 zhī] ant
【蚂蚁啃骨头】mǎyǐ kěn gǔtou 指在缺乏大型设备的情况下，用小工具一点一点地完成一项大的任务 ants gnawing on a bone；（fig.）a concentration of small machines on a big job

mà

骂〔罵〕mà
（动）swear；curse；scold；call names
【骂街】mà＝jiē 不指明对象，当众漫骂。也说"骂大街"mà dàjiē call people names in public

ma

么 ma
（助）是语气助词 modal particle （1）同"吗"ma（1）same as "吗" ma（1）：请问，民航大楼是在美术馆附近～? Qǐngwèn, Mínháng Dàlóu shì zài Měishùguǎn fùjìn ～? Excuse me, is the Civil Aviation Building near the Art Gallery? /昨天晚上你看足球比赛了～? Zuótiān wǎnshang nǐ kàn zúqiú bǐsài le ～? Did you watch the football match last night? /海运的集装箱还没有运到～? Hǎiyùn de jízhuāngxiāng hái méiyou yùndào ～? Have the ocean shipping containers not arrived yet? （2）同"吗"ma（2）same as "吗" ma（2）：你不是知道他下星期回国～? Nǐ búshì zhīdao tā xià xīngqī huí guó ～? Don't you know that he's going back to his country next week? /这难道是我的错～? Zhè nándào shì wǒ de cuò ～? How am I to blame for this? /教员打学生难道不违法～? Jiàoyuán dǎ xuésheng nándào bù wéi fǎ ～? Isn't it illegal for a teacher to strike a student? （3）同"吗"ma（3）same as "吗" ma（3）：依我看，这次～，纯粹怪你。Yī wǒ kàn, zhè cì ～, chúncuì guài nǐ. In my opinion, it was purely your fault this time. /关于分房子的问题～，领导正在讨论方案。Guānyú fēn fángzi de

wèntí ～, lǐngdǎo zhèngzài tǎolùn fāng'àn. About the allocation of housing—the leaders are now discussing a plan. / 过去的事～，还提它干嘛! Guòqù de shì ～, hái tí tā gàn má! Why on earth are you bringing up past events? （4）同"嘛"ma（1）（2）same as "嘛" ma（1）（2）：有话就说～，哭有什么用! Yǒu huà jiù shuō ～, kū yǒu shénme yòng! If you have something to say, say it. What's the use of crying? /这点小事基层领导就可以处理～! Zhè diǎnr xiǎo shì jīcéng lǐngdǎo jiù kěyǐ chǔlǐ ～! Even leaders at the grassroots level can handle such a trifling matter! /嗳，你别急～，听我慢慢说～. Āi, nǐ bié jí ～, tīng wǒ mànmānr shuō ～. Come on, don't get anxious. Listen while I explain slowly.

吗 ma
（助）是语气助词 modal particle （1）把陈述句变为是非疑问句，"吗"在句尾（"吗" is used at the end of a sentence to turn a declarative sentence into a yes-or-no interrogative sentence）：你喜欢游泳～? Nǐ xǐhuan yóuyǒng ～? Do you like swimming? /可以坐火车去长城～? Kěyǐ zuò huǒchē qù Chángchéng ～? Can one get to the Great Wall by train? / 她是和她丈夫一起去加拿大～? Tā shì hé tā zhàngfu yìqǐ qù Jiānádà ～? Is she going to Canada with her husband? / 这路汽车是开往香山的～? Zhè lù qìchē shì kāi wǎng Xiāng Shān de ～? Does this bus go to Xiangshan? （2）用于反问句末尾，强调肯定或否定，常与"难道""不是""还"等词语呼应（when used at the end of a rhetorical sentence, it emphasizes the affirmative or negative；often used with words such as "难道", "不是", "还", etc.）否定的形式强调肯定（the negative form emphasizes the affirmative）：难道你还不了解我～? Nándào nǐ hái bù liǎojiě wǒ ～? Don't you know me yet? /这不是明摆着的道理～? Zhè búshì míngbǎizhe de dàolǐ ～? Isn't this reasoning obvious? /你经手办的事～难道"，你清楚～? Nǐ jīng shǒu bàn de shì, nǐ hái bù qīngchu ～? Aren't you clear about the matters you handle yet? 肯定的形式强调否定（the affirmative form emphasizes the negative）：你这样做对得起你的父母～? Nǐ zhèyàng zuò duì de qǐ nǐ de fùmǔ ～? How can you be worthy of your parents by doing such a thing? /你难道还想赖账～? Nǐ nándào hái xiǎng lài zhàng ～? Are you still thinking of going back on your word? /这些人脑袋里有丝毫的法制观念～? Zhèxiē rén nǎodai li yǒu sīháo de fǎzhì guānniàn ～? Do these people have the slightest concept of the law in their heads? （3）用于句中，表示停顿，提起对方注意（used within a sentence to indicate a pause which arouses the other party's attention）：你的这个意见～，我可以替你转达的。Nǐ de zhège yìjiàn ～, wǒ kěyǐ tì nǐ zhuǎndá de. I can pass on this idea of yours for you. /你说的那件事～，我还没有认真考虑过。Nǐ shuō de nà jiàn shì ～, wǒ hái méiyou rènzhēn kǎolùguo. I have never carefully considered that matter you mentioned. 这种用法，"吗"应该代以"嘛"（in this usage, "吗" should be replaced by "嘛"）另见 mǎ

嘛 ma
（助）是语气助词 modal particle （1）用于陈述句末尾，加强肯定的语气，表示道理或理由是显而易见的（used at the end of a declarative sentence to emphasize the affirmative tone；indicates that a reasoning or excuse is obvious）：深圳的建设速度就是快～. Shēnzhèn de jiànshè sùdù jiù shì kuài ～. Shenzhen really is growing at a fast pace! /你道了歉人家就会原谅你～. Nǐ dàole qiàn rénjia jiù huì yuánliàng nǐ ～. He would indeed forgive you if you apologized. /小道理当然服从大道理～. Xiǎo dàolǐ dāngrán fúcóng dà dàolǐ ～. Of course minor principles are subordi-

nated to major ones. /实行开放政策有利于四化建设～。 Shíxíng kāifàng zhèngcè yǒulì yú sìhuà jiànshè ~. Carrying out the "open policy" certainly is beneficial to the construction of the four modernizations. (2)表示请求、劝阻、催促的语气 (indicates a pleading, dissuasive, or pressing tone)：你消消气～，这问题好解决。 Nǐ xiāoxiao qì ~, zhè wèntí hǎo jiějué. Cool down. This problem is easy to resolve. /你别发火～，让人家把话说完～。 Nǐ bié fā huǒ ~, ràng rénjia bǎ huà shuōwán ~. Don't get angry. Let me finish speaking. /孩子做错事要耐心说服教育～。 Háizi zuòcuò shì yào nàixīn shuōfú jiàoyù ~. When a child does something wrong, you must talk to him patiently to bring him round. 参看"么" see "么" (3)用于"不是……嘛"的反问句，加强肯定的语气 (emphasizes an affirmative tone when used in the rhetorical sentence "不是…嘛")：慕田峪长城不是也很好看～。 Mùtiányù Chángchéng búshì yě hěn hǎokàn ~. Isn't the Mutian Valley Great Wall beautiful too! /马先生不是去加拿大留学了～。 Mǎ xiānsheng búshì qù Jiānádà liúxué le ~. Didn't Mr. Ma go to Canada to study? /坐 375 路公共汽车去颐和园不是很方便～。 Zuò sānqīwǔ lù gōnggòng qìchē qù Yíhéyuán búshì hěn fāngbiàn ~. Isn't it very convenient to take Bus No. 375 to the Summer Palace? (4)用于句中，表示停顿，并引起对方注意下文 (used within a sentence to indicate a pause and to call the following to the listener's attention)：我～,已经在北京工作了二十多年了。 Wǒ ~, yǐjīng zài Běijīng gōngzuòle èrshí duō nián le. As for me, I've been working in Beijing for over twenty years now. /干部～,处处事事应该作群众的表率。 Gànbù ~, chùchù shìshì yīnggāi zuò qúnzhòng de biǎoshuài. As for cadres, they should set an example everywhere and in everything to the masses. /青年人～,他们有他们的志趣和爱好。 Qīngnián rén ~, tāmen yǒu tāmen de zhìqù hé àihào. As for young people, they have their own aspirations and interests. /你说的那部电影～,我一年前就看过了。 Nǐ shuō de nà bù diànyǐng ~, wǒ yì nián qián jiù kànguo le. About that movie you mentioned — I saw it a year ago.

mái

埋 ^{mái} （动）bury 另见 mán
【埋藏】máicáng （动）〈书〉(1)藏在土中 lie hidden in the earth; bury：这里～着丰富的煤和铁。 Zhèlǐ ~zhe fēngfù de méi hé tiě. There are rich deposits of coal and iron hidden in the earth around here. /老乡们把粮食～了起来,敌人没搜到。 Lǎoxiāngmen bǎ liángshi ~le qilai, dírén méi sōudào. The peasants buried their food, so the enemy never found it. (2)隐藏 hide away：她把自己的苦～在心里,跟谁也不说。 Tā bǎ zìjǐ de kǔ ~ zài xīnli, gēn shuí yě bù shuō. She keeps her pain hidden away inside her and never tells anybody.
【埋伏】máifu （动）(1)在估计敌人要经过的地方秘密布置兵力,伺机出击 ambush：他们在各个路口都～了兵力。 Tāmen zài gège lùkǒu dōu ~le bīnglì. They have troops waiting in ambush at every crossing. (2)潜伏 hide; lie low：敌人撤退时叫他～下来做特务。 Dírén chètuì shí jiào tā ~ xialai zuò tèwu. When the enemy withdrew they told him to stay in hiding and work as a spy. (名)秘密布置的兵力 ambush：中～ zhòng ~ fall into an ambush /打～ dǎ ~ lie in ambush
【埋没】máimò （动）使人的才能显不出来,使不能发挥作用 fail to bring out; stifle：当领导的不能～人才。 Dāng lǐngdǎo de bù néng ~ réncái. As a leader, one shouldn't stifle people's talents. /他有出众的才华,可是被～了好几

年。 Tā yǒu chūzhòng de cáihuá, kěshì bèi ~le hǎo jǐ nián. He has outstanding creative talents but they have been neglected for several years.
【埋头】mái=tóu 专心（做一种事情）immerse (oneself) in; be engrossed in：～学习 ~ xuéxí bury oneself in one's books /～工作 ~ gōngzuò be engrossed in one's work /～苦干 ~ kǔgàn quietly immerse oneself in hard work /他～于甲骨文研究达十年之久。 Tā ~ yú jiǎgǔwén yánjiū dá shí nián zhī jiǔ. He spent ten years engrossed in the study of oracle bone inscriptions.
【埋葬】máizàng （动）〈书〉将死者尸体埋入土中 bury

mǎi

买 〔買〕mǎi
（动）buy; purchase
【买办】mǎibàn （名）comprador
【买办资产阶级】mǎibàn zīchǎn jiējí comprador bourgeoisie
【买方】mǎifāng （名）buyer
【买方市场】mǎifāng shìchǎng 就是对买主有利的市场。比如：生产大于需求,价格不断下跌时的市场 a buyer's market
【买空卖空】mǎi kōng mài kōng speculate (in stocks, etc.)
【买卖】mǎimai （名）trade; business：这个小商店的～不错。 Zhège xiǎo shāngdiàn de ~ búcuò. This small store's business is good. /他很会做～。 Tā hěn huì zuò ~. He really knows how to do business.
【买账】mǎi=zhàng 承认对方的能力或地位而从心中佩服或服从（多用于否定式）acknowledge the superiority or seniority of; show respect for (usu. used in the negative)：他觉得自己的本事很大,可别人不买他的账。 Tā juéde zìjǐ de běnshi hěn dà, kě biéren bù mǎi tā de zhàng. He thinks he's something else but others just don't buy it. /你越摆架子,群众越不买你的账。 Nǐ yuè bǎi jiàzi, qúnzhòng yuè bù mǎi nǐ de zhàng. The more you show off the more the public remain unimpressed.
【买主】mǎizhǔ （名）货物或房产等的购买者（与"卖主"相对）buyer; customer

mài

迈 〔邁〕mài
（动）step forward; stride：向前～一步 xiàng qián ~ yí bù take a step forward /～过门坎去 ~ guò ménkǎn qu step over the threshold /现在又～入了新的一年。 Xiànzài yòu ~ rùle xīn de yì nián. We're now entering a new year.
【迈步】mài=bù take a step
【迈进】màijìn （动）大步前进 move forward with large strides：向希望之路～。 Xiàng xīwàng zhī lù ~. march forward on the road of hope

麦 〔麥〕mài
（名）小麦、大麦、黑麦、燕麦等农作物及其种子的通称 general term for wheat, barley, oats, etc.
【麦秸】màijiē （名）麦子脱粒后剩下的茎 wheat straw
【麦克风】màikèfēng （名）microphone; mike
【麦浪】màilàng （名）田地里大片麦子在风中起伏像波浪的样子 rippling wheat; billowing wheat fields
【麦苗】màimiáo （名）wheat seedling
【麦片】màipiàn （名）oatmeal
【麦秋】màiqiū （名）收割麦子的时节（一般在夏天）wheat harvest season
【麦乳精】màirǔjīng （名）extract of malt and milk; ovaltine
【麦收】màishōu （动·不及物）(1)收割麦子 harvest the wheat：现在该～了。 Xiànzài gāi ~ le. It's time to harvest the wheat. (2)收割麦子的时候 harvest season：他每年～都

回家。Tā měi nián ～ dōu huí jiā. *He goes home every year at harvest time.* /他准备在～结婚。Tā zhǔnbèi zài ～ jié hūn. *He is planning to get married at harvest time.*

【麦芽】màiyá（名）*malt*

【麦芽糖】màiyátáng（名）*malt sugar*

【麦种】màizhǒng（名）*wheat seed*

【麦子】màizi（名）[粒 lì] *wheat*

卖 〔賣〕mài

（动）(1) *sell*：～东西 ～ dōngxi *sell things* /这个景泰蓝花瓶～多少钱？Zhège jǐngtàilán huāpíng ～ duōshao qián? *How much does this cloisonné vase go for?* (2) 出卖（祖国、亲友的利益）*betray*：在这件事情上，他把我～了。Zài zhè jiàn shìqing shang，tā bǎ wǒ ～ le. *He betrayed me over that.*

【卖唱】mài = chàng 在街头或公共场所歌唱挣钱 *roam the streets singing for a living* (in the past)

【卖大号】mài dàhào 零售商店将某种货物大宗卖给一个人 *sell in bulk*

【卖方】màifāng（名）*seller*

【卖方市场】màifāng shìchǎng 对卖方有利的市场，供大于求的时候 *a seller's market*

【卖国】mài = guó *betray one's country*；*sell out one's country*

【卖国贼】màiguózéi（名）*traitor*

【卖国主义】màiguózhǔyì（名）以出卖本国利益为条件的对外方针、政策 *policies which lead to national betrayal*

【卖劲】mài = jìn（口）(～儿) 尽量使出自己的力气 *do one's utmost*；*spare no effort*：他干活儿真～. Tā gàn huór zhēn ～. *He put everything into his work.* /为了联系旅游的事，他可卖了不少劲儿。Wèi le liánxì lǚyóu de shì，tā kě màile bù shǎo jìnr. *He really went to a lot of trouble to get in touch with somebody about the tour.*

【卖力】mài = lì 同"卖劲" mài = jìn *same as* "卖劲" mài = jìn

【卖力气】mài lìqi (1) 尽量使出自己的力量或智慧 *exert all one's energy*：这个化验员工作起来很～。Zhège huàyànyuán gōngzuò qǐlai hěn ～. *When this laboratory technician started work he exerted himself to the utmost.* /他虽然聪明，可是干什么都不～。Tā suīrán cōngming，kěshì gàn shénme dōu bú ～. *He is intelligent but he never exerts himself fully no matter what he's doing.* (2) 旧指靠出卖劳动力（主要是体力劳动）来维持生活 *sell one's labor*；*live by the sweat of one's brow*

【卖命】mài = mìng（为某人某集团所利用，或为了生活）拼命工作（含贬义或不得已意）*work oneself to death* (for sb. against one's will or for an ignoble cause)：他想起从前～干还养不活一家，现在生活这么好，干起活来十分卖劲儿。Tā xiǎngqǐ cóngqián ～ gàn hái yǎng bu huó yì jiā，xiànzài shēnghuó zhème hǎo，gàn qǐ huó lai shífēn mài jìnr. *He remembered that before it was impossible to raise a family by working oneself to the bone. Now life is so good and he puts everything into his work.* /可别去为贩毒分子～. Kě bié qù wèi fàn dú fènzǐ ～. *Don't end up working yourself to death for dope dealers.*

【卖弄】màinong（动）故意显示、炫耀（自己有本事）*show off*：他会几句外语，总喜欢在人前～. Tā huì jǐ jù wàiyǔ，zǒng xǐhuan zài rén qián ～. *He knows a few sentences of some foreign language and likes to show off in front of people.*

【卖身】mài = shēn (1) 旧社会中把自己或妻子儿女等卖给别人 *a term used in old society referring to the selling of one's wife or daughters* (2)（口）卖淫 *prostitution*

【卖身契】màishēnqì（名）[张 zhāng] *bond of indenture by which one is sold as a slave*

【卖身投靠】mài shēn tóukào 丧失人格，做别人的工具 *sell one's soul for personal gain*

【卖艺】mài = yì 旧时在街头或娱乐场所表演杂技、武术等挣钱 *wander from town to town performing acrobatics, etc. to make a living* (in the past)

【卖淫】mài = yín *prostitution*

【卖主】màizhǔ（名）货物或房产等的出售者 *seller* (as opposed to "买主")

【卖座】mài = zuò 指戏院、电影院、饭馆、茶馆等顾客多 *draw a large audience* (to a play, etc.)；*attract a lot of customers* (to a restaurant)：这家四川饭馆特别～. Zhè jiā Sìchuān fànguǎnr tèbié ～. *This Sichuan restaurant is specially popular.* /因为有了电视，电影院不如以前～了。Yīnwei yǒule diànshì，diànyǐngyuàn bùrú yǐqián ～ le. *Because of TV, movie theaters no longer draw large audiences as before.* /演这出戏，准～. Yǎn zhè chū xì，zhǔn ～. *If this play is put on, it will surely be a box-office success.*

脉 mài

（名）脉搏 *pulse*：诊～ zhěn ～ *feel sb.'s pulse* /～跳得太快 ～ tiào de tài kuài *Your pulse is too fast.*

【脉搏】màibó（名）*pulse*

【脉络】màiluò（名）(1)〈医〉中医对动脉和静脉的统称 *general term for veins and arteries used in traditional Chinese medicine* (2) 比喻事物的条理或头绪 *one's train of thought*；*sequence of ideas*：全书各章的安排～很清楚。Quán shū gè zhāng de ānpái ～ hěn qīngchu. *Each chapter in the book is arranged in a logical manner.*

mán

埋 mán
另见 mái

【埋怨】mányuàn（动）对与事有关系的人不满 *grumble*；*complain*；*blame* (sb. for sth.)：他～我通知他太晚了。Tā ～ wǒ tōngzhī tā tài wǎn le. *He complained that I had told him too late.* /不要总是～别人，也应该检查检查自己。Búyào zǒngshì ～ biéren，yě yīnggāi jiǎnchá jiǎnchá zìjǐ. *Don't always blame others. You should also take a look at yourself.* /爱管闲事，就得不怕落～。Ài guǎn xiánshì，jiù děi bú pà lào ～. *If you poke your nose into other people's business, you shouldn't be afraid of being blamed.*

蛮 〔蠻〕mán

（形）粗野，不通情理（用法很窄）*rough*；*fierce*：这个人～得很，不要惹他。Zhège rén ～ de hěn，búyào rě tā. *This guy is real mean, so don't bug him.*

【蛮不讲理】mán bù jiǎng lǐ 态度粗暴、蛮横，说话或做事不通情理 *refuse to listen to reason*；*unreasonable*

【蛮干】mángàn（动）不顾客观规律或实际情况硬干 *act forcibly*；*be foolhardy*：你可不能～，得多动动脑筋。Nǐ kě bù néng ～，děi duō dòngdong nǎojīn. *Don't use brute force. You need to use your head.*

【蛮横】mánhèng（形）(态度) 粗暴不讲道理 *arrogant and unreasonable*：说话十分～ shuō huà shífēn ～ *He is arrogant and unreasonable when he speaks.*

馒 〔饅〕mán

【馒头】mántou（名）[个 gè] *steamed bread*；*steamed bun*

瞒 〔瞞〕mán

（动）隐藏真实情况不让人知道 *hide the truth from*：我干什么事都光明正大，从不～人。Wǒ gàn shénme shì dōu guāngmíng zhèngdà，cóng bù ～ rén. *I have always been open in everything I've done and have never hidden anything from anyone.* /他好像有什么事～着我们。Tā

hǎoxiàng yǒu shénme shì ~zhe wǒmen. *It seems that he is hiding something from us.* /想～住这件事很难。Xiǎng ~ zhù zhe jiàn shì hěn nán. *It's difficult to hide this.* /他出车祸的事得告诉他母亲，～也～不住。Tā chū chēhuò de shì děi gàosu tā mǔqin, ~ yě ~ bu zhù. *We'll have to tell his mother that he was in an auto accident. We'd never be able to hide the truth.*

【瞒哄】mánhǒng (动) 把真实情况隐藏起来欺骗(人) *pull the wool over sb.'s eyes*

【瞒上欺下】mán shàng qī xià 瞒哄上级，欺压下级 *deceive those above and bully those below*

【瞒天过海】mán tiān guò hǎi 用欺骗的手段应付对方，暗中行动 *practise an audacious piece of deception*

鳗 〔鰻〕mán

【鳗鱼】mányú (名) *eel*

mǎn

满 〔滿〕mǎn

(形)(1)达到了容量的极限 *full*：缸里的水很～，不能再加了。Gāng li de shuǐ hěn ~, bù néng zài jiā le. *The crock is full of water so you can't add any more.* /～～的一壶酒，快让他喝完了。 ~ ~ de yì hú jiǔ, kuài ràng tā hēwán le. *He quickly downed the full jug of wine.* /瓶子里装～了油。Píngzi li zhuāng ~ le yóu. *The bottle was filled with oil.* (2)全(作定语)，"～＋名词"构成主谓结构,常作谓语、补语 *complete (as an attributive) (often used with a noun in which case the two together function as a subject of a S-P construction which is used as the predicate or complement)*：他洒一地是水。Tā sǎ de ~ dì shì shuǐ. *He sprinkled the whole ground with water.* /夜晚，～天都是星星。Yèwǎn, ~ tiān dōu shì xīngxing. *In the evening the whole sky is covered with stars.* /他才五十岁已经一头白发。Tā cái wǔshí suì yǐjīng ~ tóu bái fà. *He is only 50 and his hair is completely white.* (动)达到一定期限或数量 *expire; reach a certain limit*：租期已～ zūqī yǐ ~ *The rental period is up.* /她的女儿刚～周岁。Tā de nǚ'ér gāng ~ zhōusuì. *Her daughter has just turned one.* /这个小组不～五人。Zhège xiǎozǔ bù ~ wǔ rén. *There are fewer than five people in this group.* /学习～三年才能毕业。Xuéxí ~ sān nián cái néng bì yè. *You can only graduate after you've completed three years of study.* (副)表示程度深,意思相当于"很"或"完全",多修饰褒义词语 *(same as "很" hěn or "完全" wánquán; usu. modifies a commendatory term) completely; very; entirely*：这个炊事员～合格。Zhège chuīshìyuán ~ hé gé. *This cook is perfectly qualified.* /我对这件事儿～有把握。Wǒ duì zhè jiàn shìr ~ yǒu bǎwò. *I am completely in control of this matter.* /桌子放在窗户下边～好嘛，干吗挪地方？Zhuōzi fàng zài chuānghu xiàbiān ~ hǎo ma, gàn má nuó dìfang? *The desk was perfectly fine beneath the window. Why on earth did you move it?* /宋老大～不在乎地摇摇头。Sòng Lǎodà ~ bú zàihu de yáoyáo tóu. *Old Song didn't seem to care in the least as he shook his head.*

【满城风雨】mǎn chéng fēng yǔ 比喻事情传播很广,到处议论纷纷(常指坏事) *(some event has) become the gossip of the town; scandalous*

【满处】mǎnchù (副)表示动作或状态的全部范围,意思是到处、各处,多用于口语 *everywhere; all over the place (usu. used in the spoken language)*：集市上～都是人。Jíshì shang ~ dōu shì rén. *There are people everywhere at the market.* /看你把水弄得～都是。Kàn nǐ bǎ shuǐ nòng de ~ dōu shì. *Look, you've got water all over the place.* /你别

～乱走！Nǐ bié ~ luàn zǒu！*Don't run around all over the place.* /他闲着没事～逛。Tā xiánzhe méi shì ~ guàng. *He's just strolling idly around.*

【满登登】mǎndēngdēng (形)〈口〉(东西)很满的样子 *be full to the top*：箱子里塞得～的。Xiāngzi li sāi de ~ de. *The box is just crammed full.* /～的一口袋子栗子 ~ de yì kǒudai lìzi *a full bag of chestnuts*

【满额】mǎn＝é 名额已满 *fulfil a quota*：我们单位已经～了,不能再加人了。Wǒmen dānwèi yǐjīng ~ le, bù néng zài jiā rén le. *Our unit already has all the people it needs and we can't add anymore.*

【满怀】mǎnhuái (动)心中充满 *have one's heart filled with; be full of*：～信心 ~ xìnxīn *filled with confidence* /～着希望 ~ zhe xiwàng *filled with hope* (名)◇指整个前胸部分 *bosom; chest*：姑娘朝外跑，小伙子朝里跑，两个人正好撞了个～。Gūniang cháo wài pǎo, xiǎohuǒzi cháo lǐ pǎo, liǎng ge rén zhènghǎo zhuàngle ge ~. *The girl was just running out as the young guy was coming in and they bumped into each other.*

【满满当当】mǎnmǎndāngdāng (形)〈口〉(人或东西)很满 *full to the brim*：房间里家具摆得～的。Fángjiān li jiājù bǎi de ~ de. *The room is stuffed with furniture.* /火车里～的,一点儿空都没有。Huǒchē li ~ de, yìdiǎnr kòng dōu méi yǒu. *The train is packed. There's not a bit of space anywhere.* /～的一大碗汤,不好端。~ de yí dà wǎn tāng, bù hǎo duān. *The bowl is filled to the brim with soup and is hard to carry.*

【满面】mǎn miàn *have one's face covered with*：红光～ hóngguāng ~ *one's face glowing with health* /～愁容 ~ chóuróng *look worried*

【满面春风】mǎn miàn chūnfēng 形容愉快喜悦的面容 *beam with satisfaction; be all smiles*：看你～,有什么高兴事？Kàn nǐ ~, yǒu shénme gāoxìng shì? *How come you're looking so happy?*

【满目】mǎn mù 〈书〉看上去各处都是 *meet the eye on every side*：～凄凉 ~ qīliáng *desolation all around*

【满腔】mǎn qiāng 心中充满 *have one's bosom filled with*：～仇恨 ~ chóuhèn *be filled with hate* /～悲愤 ~ bēifèn *be filled with grief and indignation* /～热情 ~ rèqíng *be filled with enthusiasm* /～热血 ~ rèxuè *be filled with patriotic fervor* /～怒火 ~ nùhuǒ *be filled with rage*

【满堂红】mǎn táng hóng 所有成员都达到了规定的标准;事事成功,兴旺 *all-round victory; success in all fields*：这次打靶,我们班取得了优秀成绩,实现了全班～。Zhè cì dǎ bǎ, wǒmen bān qǔdele yōuxiù chéngjì, shíxiànle quán bān ~. *In this round of target practice, everyone in our class got excellent record and thus obtained an all round victory.*

【满眼】mǎn yǎn (1)充满眼睛 *have one's eyes filled with*：～是泪 ~ shì lèi *have one's eyes filled with tears* (2)充满视野 *meet the eye on every side*：～金黄的菜花 ~ jīnhuáng de càihuā *Golden rape flowers are seen everywhere.*

【满意】mǎnyì (动)符合心意 *satisfied; content*：他的答复,你听了～吗？Tā de dáfù, nǐ tīngle ~ ma? *Are you satisfied with his answer?* /我很不～他的做法。Wǒ hěn bù ~ tā de zuòfǎ. *I'm really not happy with the way he did it.* /父母对我们的婚事很～。Fùmǔ duì wǒmen de hūnshì hěn ~. *Our parents are extremely happy with our marriage.* /什么事都很难让人人都～。Shénme shì dōu hěn nán ràng rénrén dōu ~. *It's impossible to please everybody about everything.*

【满员】mǎnyuán (动)(1)〈军〉已经达到名额 *(mil.) keep at full strength* (2)火车等准许的乘客数目已达到 *be filled to capacity (of passengers on a train, etc.)*：这趟火车已经～,不再售票。Zhè tàng huǒchē yǐjīng ~, bú zài shòu piào. *This train is already full up and no more tickets are being*

sold.

【满月】mǎnyuè（名）〈天〉full moon

【满月】mǎn=yuè（婴儿）出生后满一个月 a baby's completion of its first month of life：她的孩子昨天刚～。Tā de háizi zuótiān gāng ～. Her baby was one month old yesterday.

【满载】mǎnzài（动）车、船、飞机等装满东西 be loaded to capacity：一辆辆卡车～着新鲜蔬菜运往城里。Yí liàngliàng kǎchē ～ zhe xīnxiān shūcài yùn wǎng chéng lǐ. Trucks loaded with fresh vegetables are heading toward the city.

【满载而归】mǎnzài ér guī 运输工具装满了东西回来，比喻收获极丰富 return from a rewarding journey；come back with fruitful results：他从外地购买了大量建筑材料，真是～。Tā cóng wàidì gòumǎile dàliàng jiànzhù cáiliào, zhēn shì ～. He came back with a large quantity of contruction materials that he had purchased elsewhere. It had really been a fruitful trip. /希望学习结束后，你能～。Xīwàng xuéxí jiéshù hòu, nǐ néng ～. I hope that your studies will prove to be rewarding.

【满足】mǎnzú（动）(1)感到已经足够了 feel content；feel satisfied：不能～于已有的成绩，还要继续努力。Bù néng ～ yú yǐ yǒu de chéngjì, hái yào jìxù nǔ lì. One shouldn't just be content with past accomplishments but should continue to work hard. (2)使满足 satisfy；meet (a demand)：～学生提出的要求～ xuésheng tíchū de yāoqiú meet the students' demands /～人民生活的需要 ～ rénmín shēnghuó de xūyào meet the daily needs of the people /～了他的愿望 ～le tā de yuànwàng His desires have been satisfied.

【满座】mǎnzuò（动）(剧场、影院、体育场等)座位坐满或按座位售的票已卖完 have a capacity audience；have a full house：这位歌唱家的独唱音乐会场场～。Zhè wèi gēchàngjiā de dúchàng yīnyuèhuì chǎngchǎng ～. That singer's solo performances are always a complete sell-out.

màn

漫〔漫〕màn
（形）◇没有礼貌，轻蔑 disrespectful；rude

【谩骂】mànmà（动）〈书〉用轻蔑、嘲讽的态度骂(人) abuse；vilify

蔓 màn
另见 wàn

【蔓延】mànyán（动）(不好的事物)不断向周围扩散 draw out；spread；extend：防止火势继续～。Fángzhì huǒshì jìxù ～. stop the fire from spreading /这种传染病已经了十几个村庄。Zhè zhǒng chuánrǎnbìng yǐjīng ～le shí jǐ ge cūnzhuāng. This infectious disease has already spread to quite a few villages.

慢 màn
（形）(1)速度低，费的时间长(跟"快"相对) slow：他走路非常～。Tā zǒu lù fēicháng ～. He walks extremely slowly. /～跑对身体很有好处。～ pǎo duì shēntǐ hěn yǒu hǎochu. Jogging is good for the health. (2)(钟、表)比正确时间晚 slow (clocks, watches)：这个钟～两分钟。Zhège zhōng ～ liǎng fēnzhōng. This clock is two minutes slow. /我的表老～，一星期～五分钟。Wǒ de biǎo lǎo ～, yì xīngqī ～ wǔ fēnzhōng. My watch is always slow and loses five minutes a week. (3)推迟(行动的时间) postpone；defer：别着急，～点儿告诉他。Bié zháo jí, ～ diǎnr gàosu tā. There is no hurry. Wait until later to tell him. /～着，不能马上动手～zhe, bù néng mǎshàng dòng shǒu. Hang on. Don't start working right away.

【慢班】mànbān（名）与"快班" kuàibān 相对，学校中教学进度较慢的班级 B-stream (for less bright students of a class)

【慢车】mànchē（名）slow train；train which stops frequently

【慢腾腾】mànmantēngtēng（形)形容动作很慢 at a snail's pace；sluggish：汽车马上就开了，你怎么还～的。Qìchē mǎshàng jiù kāi le, nǐ zěnme hái ～ de. The bus is about to leave, so how come you're dawdling！

【慢说】mànshuō（连)同"别说" biéshuō 但用得较少，意思是因 情况不言自明，就不必说了，常与"就是""连"等呼应 (same as "别说" biéshuō, but seldom used)；often used together with "就是"，"连"，etc.) let alone；to say nothing of：这个小山村～火车，连汽车也不通。Zhège xiǎo shāncūn ～ huǒchē, lián qìchē yě bù tōng. Even cars don't have access to that small mountain village, let alone trains. /他的照相机谁都借不来，～你跟他又不熟了。Tā de zhàoxiàngjī shuí dōu jiè bu lái, ～ nǐ gēn tā yòu bù shú le. He will lend his camera to nobody, to say nothing of the fact that you don't know him well. /这辆大轿车～三十人，就是四十人也坐得下。Zhè liàng dà jiàochē ～ sānshí rén, jiùshì sìshí rén yě zuò de xià. This coach can seat as many as forty people, to say nothing of thirty. /～我不了解那件事，就是了解我也不会告诉你。～ wǒ bù liǎojiě nà jiàn shì, jiùshì liǎojiě wǒ yě bú huì gàosu nǐ. I wouldn't tell you about this matter even if I were familiar with it, let alone my not being familiar with it.

【慢条斯理】màn tiáo sī lǐ 不慌不忙 unhurried and unperturbed：他说话、做事都是～的，从不着急。Tā shuō huà, zuò shì dōu shì ～ de, cóng bù zháo jí. He speaks and acts unhurriedly and never gets flustered.

【慢吞吞】màntūntūn（形）缓慢(多形容说话等) slow and hesitant：他说话～的。Tā shuō huà ～ de. His speech is slow and hesitant. /她～的欲言又止，好像有什么难言之隐。Tā ～ de yù yán yòu zhǐ, hǎoxiàng yǒu shénme nán yán zhī yǐn. She stuttered hesitatingly, as if she had something on her mind difficult to express.

【慢性】mànxìng（形·非谓)〈医〉chronic：～痢疾 ～ lìji chronic dysentery /～肝炎 ～ gānyán chronic hepatitis /～中毒 ～ zhòng dú chronic poisoning（名）(～儿)遇事不着急的脾性 (of persons) of phlegmatic temperament；slow to respond：他是～，干什么事也不着急。Tā shì ～, gàn shénme shì yě bù zháo jí. He's really a slowpoke and never hurries in doing anything.

【慢性病】mànxìngbìng（名）〈医〉chronic disease

【慢悠悠】mànyōuyōu（形）缓慢，不慌不忙的 unhurried：同学们都在等他，可他～地走来，一点也不着急。Tóngxuémen dōu zài děng tā, kě tā ～ de zǒulái, yìdiǎn yě bù zháo jí. The students are all waiting for him, but he is ambling along without a care in the world.

漫 màn
（动）(1)液体在容器中因过满而外流 overflow；brim over：缸里的水～出来了。Gāng li de shuǐ ～ chulai le. The water in the vat has overflowed. (2)淹没 flood：河水已经～过了桥面。Hé shuǐ yǐjīng ～guòle qiáo miàn. The river has flooded the bridge. (3)到处都是 all over the place；everywhere：这里～山都是果树。Zhèli ～ shān dōu shì guǒshù. The mountains around here are covered with fruit trees.

【漫笔】mànbǐ（名）随手写来，没有一定形式的文章(多用文章题目) a short piece of casual writing on any subject；sketch：《旅欧～》《Lǔ Ōu ～》" A Traveler's Notes on Europe"

【漫不经心】màn bù jīngxīn 随随便便，不放在心上 careless；casual；negligent：他把那封信～地扔在桌子上。Tā bǎ nà fēng xìn ～ de rēng zài zhuōzi shang. He carelessly threw the letter on the table. /这是关系到一个人前途的事，你怎么能～呢？Zhè shì guānxì dào yí ge rén qiántú de shì, nǐ

zěnme néng ～ ne? *This is related to a person's future. How can you treat the matter so lightly?*

【漫步】mànbù（动）〈书〉没有目的悠闲地走 *stroll；ramble；roam*：我～在林荫道上，饱吸着雨后的新鲜空气。Wǒ ～ zài línyìndào shang, bǎo xizhe yǔ hòu de xīnxiān kōngqì. *I strolled along the boulevard and filled my lungs with the air that had been freshened by the rain.* /我每天看见他一个人在湖边～，似乎在考虑着什么。Wǒ měi tiān kànjian tā yí ge rén zài hú biān ～, sìhū zài kǎolùzhe shénme. *I saw him strolling by the lake everyday, seemingly lost in thought.*

【漫长】màncháng（形）长得难于到尽头的（时间、道路等）*very long；endless*：～的历史 ～ de lìshǐ *long history* /～的岁月 ～ de suìyuè *long years* /他走过了～的人生道路。Tā zǒuguòle ～ de rénshēng dàolù. *He has walked the long road of life.*

【漫画】mànhuà（名）[幅 fú、张 zhāng]用简单而夸张的手法来描绘生活、时事或人物的图画，具有幽默或讽刺效果 *cartoon*

【漫漫】mànmàn（形）〈书〉（时间、地方）无边无际 *(of time) endless；(of space) boundless*：～长夜 ～ cháng yè *long nights* /～雪原 ～ xuěyuán *boundless snow-covered plains*

【漫山遍野】màn shān biàn yě 遍布山野，形容很多 *over hill and dale；all over the mountains and plains*：杜鹃花～，好看极了 Dùjuānhuā ～, hǎokàn jí le. *The mountains and plains are covered with azaleas. They are really beautiful.*

【漫谈】màntán（动）采取开会形式但不拘形式地就某个问题随便发表意见 *informal discussion*：小组～ xiǎozǔ ～ *casual group discussion* /我们～了一个钟头就散会了。Wǒmen ～le yí ge zhōngtóu jiù sàn huì le. *We had an informal discussion for an hour and then broke up the meeting.* /目前的改革问题～ mùqián de gǎigé wèntí *have an informal discussion about the problem of current reforms*

【漫天】màntiān（形）(1)布满天空 *filling the whole sky*：飘着～大雪 piāozhe ～ dà xuě *The whole sky is filled with whirling snow.* (2)形容超出正常范围，没限度 *boundless；limitless*：～大谎 ～ dà huǎng *a monstrous lie* /春节，黄瓜八块钱一斤，真是～要价儿。Chūnjié, huángguā bā kuài qián yì jīn, zhēn shì ～ yào jiàr. *The price of cucumbers during the Spring Festival was 8 kuai a jin. That kind of price is just exhorbitant.*

【漫无边际】màn wú biānjì 形容一眼望不到尽头。也比喻说话写文章抓不住中心，离题很远 *boundless；stray off the topic*：～的大草原 ～ de dà cǎoyuán *boundless grasslands* /这样～地谈下去，什么时候才能得出结论？Zhèyàng ～ de tán xiaqu, shénme shíhou cái néng déchū jiélùn? *How can we ever reach a conclusion if we wander off the topic like that!*

【漫游】mànyóu（动）随意游玩 *travel leisurely with no definite purpose；roam*：～西湖 ～ Xīhú *roam around the West Lake* /～古都 ～ gǔdū *roam around the ancient capital*

máng

忙 máng（形）*busy*：他一直很～。Tā yìzhí hěn ～. *He is always very busy.*（动）(1)直接以名词性短语为宾语 *be occupied (with a noun phrase as object)*：你最近～些什么？——～些不相干的杂事。Nǐ zuìjìn ～ xiē shénme? —— ～ xiē bù xiānggān de zá shì. *What have you been up to lately? —— All sorts of odd jobs.* /她下了班还得～家务。Tā xiàle bān hái děi ～ jiāwù. *She still has to do the housework after she gets off work.* (2)以动词性短语为宾语，"忙"后边一般要加"着"*(with a verbal phrase as object)；"忙" is usually followed by "着"*：他～着筹备大会。Tā ～ zhe chóubèi dàhuì. *He's busy preparing for the conference.*

【忙碌】mánglù（形）〈书〉多用重叠形式"忙忙碌碌" *busily occupied (usually reduplicated as "忙忙碌碌")*：他是个热心人，整天忙忙碌碌，一半是为别人。Tā shì ge rèxīn rén, zhěng tiān mángmánglùlù, yíbàn shì wèi biéren. *He's an enthusiastic person who mostly spends his time doing things for other people.*

【忙乱】mángluàn（形）事情多、忙，没有条理 *be in a rush with everything；in a mess*：他计划性不强，工作总是十分～。Tā jìhuàxìng bù qiáng, gōngzuò zǒng shì shífēn ～. *He's not very good at planning things and he's always in a hither and thither at work.*

盲 máng（形）◇(1)看不见东西 *blind* (2)缺乏某方面的知识 *lack understanding*：法～ fǎ～ *not understand law* /我是个计算机～。Wǒ shì ge jìsuànjī～. *I'm a computer illiterate.*

【盲从】mángcóng（动）不问是非地随意附和或跟从别人（很少带宾语）*follow blindly*：我认为，你的行动是～，自己一点主见也没有。Wǒ rènwéi, nǐ de xíngdòng shì ～, zìjǐ yìdiǎn zhǔjiàn yě méi yǒu. *In my opinion, you are just following blindly with no definite views of your own.* /凡事要动脑筋想一想，不要～。Fán shì yào dòng nǎojin xiǎng yì xiǎng, búyào ～. *Doing anything requires thinking for oneself, and not blindly following others.*

【盲动】mángdòng（动·不及物）没有经过周密考虑、研究，轻率地采取行动 *act blindly*：为什么不请示领导就做，你们这是～行为。Wèi shénme bù qǐngshì lǐngdǎo jiù zuò, nǐmen zhè shì ～ xíngwéi. *Why don't you ask your leader instead of acting blindly like that?*

【盲动主义】mángdòngzhǔyì（名）又叫"左"倾冒险主义。在条件不成熟，群众觉悟程度不够的时候采取冒险革命行动，硬干硬拼 *putschism*

【盲目】mángmù（形）比喻认识不清或没有主见 *blind；without clear understanding*：～服从 ～ fúcóng *blindly obey* /～行动 ～ xíngdòng *blindly act* /～发展 ～ fāzhǎn *blindly develop*

【盲目性】mángmùxìng（名）行动中认识模糊、目的不明确的成分 *blindness (in action)*：克服～，增强自觉性。Kèfú ～, zēngqiáng zìjuéxìng. *overcome blindness and strengthen self-awareness* /做事应该避免～。Zuò shì yīnggāi bìmiǎn ～. *One should avoid acting blindly.*

【盲人】mángrén（名）*blind person*

【盲文】mángwén（名）*braille*

茫 máng（形）◇辽阔、无边际，看不清楚 *boundless and indistinct*

【茫茫】mángmáng（形）(1)看不到边际，因辽阔而看不清 *boundless and blurred；vast*：～大海 ～ dà hǎi *vast sea* /～雪原 ～ xuěyuán *vast snow-covered plains* /一片白雾～ yí piàn báiwù ～ *a boundless sheet of fog* (2)（前途）暗淡 *(of future) vague；uncertain*：前途～ qiántú ～ *bleak prospects*

【茫然】mángrán（形）完全不知道，不明白 *ignorant；in the dark；at sea*：他的态度不断改变，使我感到～。Tā de tàidu búduàn gǎibiàn, shǐ wǒ gǎndào ～. *His attitude is always changing, so I feel left in the dark.*

【茫无头绪】máng wú tóuxù 一点儿头绪也没有 *confused and without a clue；not know where to begin*：这个案子到现在还～。Zhège ànzi dào xiànzài hái ～. *Up to now, we don't know where to begin with this case.*

mǎng

莽 mǎng（名）〈书〉密生的草 *rank grass*（形）◇鲁莽 *rash*

【莽莽】mǎngmǎng（形）〈书〉(1)草木茂盛 *luxuriant* (2)广阔

无边 *vast*；*boundless*

【莽原】mǎngyuán（名）〈书〉草木丛生的原野 *wilderness overgrown with grass*

【莽撞】mǎngzhuàng（形）（行为、动作）鲁莽冒失 *reckless*；*impetuous*；*rash*

蟒
mǎng
（名）[条 tiáo] *boa constrictor*；*python*

māo

猫
māo
（名）[只 zhī] *cat*

【猫头鹰】māotóuyīng（名）[只 zhī] *owl*

máo

毛
máo
（名）（1）hair；feather；down：羊～ yáng～ wool /兔～ tù～ rabbit hair /鸟～ niǎo～ feathers /叶片上有～。Yèpiàn shang yǒu ～. The leaves have hairs on them. （2）东西上长的霉 mildew：馒头长 ～ 了，不能吃了。Mántou zhǎng ～ le, bù néng chī le. The steamed buns have gone moldy and can't be eaten. （形）〈口〉惊慌 panicky；scared；flurried：我一听这个信儿就～了，不知道怎么办才好。Wǒ yì tīng zhège xìnr jiù ～ le, bù zhīdào zěnme bàn cái hǎo. I panicked as soon as I heard the news and didn't know which way to turn. （量）〈口〉人民币一元的十分之一，同"角"jiǎo one tenth of a yuan：一斤土豆两～钱。Yì jīn tǔdòu liǎng ～ qián. A jin of potatoes costs two mao.

【毛笔】máobǐ（名）[枝 zhī] writing brush

【毛哔叽】máobìjī（名）serge

【毛病】máobing（名）（1）器物的伤损，或不完美的地方，或发生的故障 trouble；breakdown：这个杯子一点儿～也没有。Zhège bēizi yìdiǎnr ～ yě méi yǒu. There's nothing at all wrong with this cup. /汽车在路上出～了，不能按时回来。Qìchē zài lùshang chū ～ le, bù néng ànshí huílai. The bus broke down on the road and was unable to make it back on time. /电冰箱有点～，噪音大。Diànbīngxiāng yǒu diǎnr ～, zàoyīn dà. There's something wrong with the fridge. It's making a lot of noise. （2）缺点，弊病 defect；shortcoming；flaw：谁没有一点儿～?本质好就行。Shuí méi yǒu yìdiǎnr ～? Běnzhì hǎo jiù xing. Doesn't everybody have their faults? It doesn't matter as long as one's character is good. /我们工作中的～还不少，欢迎大家批评、帮助。Wǒmen gōngzuò zhōng de ～ hái bù shǎo, huānyíng dàjiā pīpíng、bāngzhù. There are a lot of errors in our work, so we'd appreciate any comments and suggestions. （3）疾病 illness：八十多岁的人了，什么～也没有，真难得！Bāshí duō suì de rén le, shénme ～ yě méi yǒu, zhēn nándé! He's over eighty and in perfect health. He's really a wonder！/他的左腿有～，走路有点瘸。Tā de zuǒ tuǐ yǒu ～, zǒu lù yǒudiǎnr qué. He has something wrong with his left leg and walks with a slight limp.

【毛玻璃】máobōli（名）frosted glass

【毛糙】máocao（形）（做事）粗糙，不细致，潦草 coarse；careless；(of workmanship) crude：他办事太～，让人不放心。Tā bàn shì tài ～, ràng rén bú fàng xin. He is too careless in attending to matters and makes everybody uneasy. /这只竹篮编得太～了。Zhè zhī zhúlán biān de tài ～ le. This bamboo basket is too crudely made. /他毛毛糙糙地把表填完了，我发现有不少错误。Tā máomaocāocāo de bǎ biǎo tiánwán le, wǒ fāxiàn yǒu bù shǎo cuòwù. He filled in the form carelessly and I found that he had made quite a few mistakes.

【毛虫】máochóng（名）[条 tiáo] caterpillar

【毛发】máofà（名）人身体上的毛和头发 hair (on the human body and head)：这种病会导致人的～脱落。Zhè zhǒng bìng huì dǎozhì rén de ～ tuōluò. This type of disease will make one's hair fall out.

【毛纺】máofǎng（名）wool spinning

【毛骨悚然】máo gǔ sǒngrán 形容（人听到或遇到阴森、凄惨的情景时）害怕的样子 one's hair stands on end and one's spine tingles；absolutely horrified

【毛烘烘】máohōnghōng（形）毛很多的 furry：这只小狗～的，真好玩儿！Zhè zhī xiǎo gǒu ～ de, zhēn hǎo wánr! This furry little puppy is real cute.

【毛巾】máojīn（名）[条 tiáo] towel

【毛巾被】máojīnbèi（名）[床 chuáng] towelling coverlet

【毛孔】máokǒng（名）[个 gè] pore

【毛裤】máokù（名）[条 tiáo] knitted pants of wool

【毛利】máolì（名）企业总收入中除去成本而没有除去其他费用时的利润 gross profit

【毛料】máoliào（名）woolen fabric

【毛驴】máolǘ（名）[头 tóu] donkey

【毛毛雨】máomaoyǔ（名）drizzle

【毛坯】máopī（名）初步成形，还需进一步加工的工件 semifinished product

【毛皮】máopí（名）fur；pelt

【毛茸茸】máoróngróng（形）形容植物细毛丛生的样子 hairy；downy：～的小鸭子可爱极了。～ de xiǎo yāzi kě'ài jí le. These downy ducklings are lovable.

【毛手毛脚】máo shǒu máo jiǎo 做事粗心，不细致 careless (in handling things)

【毛遂自荐】Máo Suì zì jiàn 毛遂是战国时代人，他推荐自己去完成一项外交使命。后即用"毛遂自荐"比喻自己推荐自己 put oneself forward as Mao Sui (of the Warring States Period) did；volunteer one's services：他～当这个厂的厂长。Tā ～ dāng zhège chǎng de chǎngzhǎng. He volunteered to be the factory director.

【毛细管】máoxìguǎn（名）〈生理〉capillary

【毛线】máoxiàn（名）wool for knitting

【毛衣】máoyī（名）[件 jiàn]woolen jacket；woolen sweater

【毛躁】máozào（形）（1）（性情）急躁 irritable：～脾气～ píqi～ short-tempered （2）（做事）不仔细，马虎 careless：虽然他办事有点～，待人却非常热情。Suīrán tā bàn shì yǒudiǎnr ～, dài rén què fēicháng rèqíng. Although he's a little rash and careless in handling things, he treats people very warmly.

【毛泽东思想】Máozédōngsīxiǎng（名）马克思列宁主义和中国革命具体实践相结合形成的思想体系，是以毛泽东为代表的中国共产党领导中国人民在革命和建设中实践经验的结晶 Mao Zedong Thought

【毛织品】máozhīpǐn（名）wool fabric

【毛重】máozhòng（名）指货物本身和包装材料或牲畜家禽等连同皮毛一起的重量（区别于"净重"）gross weight

【毛猪】máozhū（名）[头 tóu] 活猪（商业用语）live pig (commercial term)

【毛竹】máozhú（名）[根 gēn] mao bamboo

矛
máo
（名）spear

【矛盾】máodùn（名）（1）辩证法上指客观事物和人类思维内部各个对立面之间的互相依赖又互相排斥的关系 contradiction：世界上任何事物都充满～。Shìjièshang rènhé shìwù dōu chōngmǎn ～. Everything in the world is full of contradictions. /只有不断分析～、解决～，才能前进。Zhǐyǒu búduàn fēnxī ～, jiějué ～, cái néng qiánjìn. Only by the continuous analysis and solution of contradictions can we advance. （2）（由于意见不一致而产生的）隔阂 disunity：

他们俩有～。Tāmen liǎ yǒu ～. *There is a rift between the two of them.* （动）互相对立，互相排斥 *contradict*：他提的两种意见互相～。Tā tí de liǎng zhǒng yìjiàn hùxiāng ～. *The two views that he gave are contradictory.* /你的说法前后～。Nǐ de shuōfǎ qián hòu ～. *The first part of your argument is contradicted by the last part.* （形）因有两个相反事物在心中斗争，感到为难 *hesitating* (*between doing and not doing sth.*)：他又想上大学，又想工作，心里很～。Tā yòu xiǎng shàng dàxué, yòu xiǎng gōngzuò, xīnli hěn ～. *He can't make up his mind whether to go to university or get a job.*

【矛头】máotóu（名）矛的尖端（多用于比喻）*spearhead*：不要把～对准人民群众。Búyào bǎ ～ duìzhǔn rénmín qúnzhòng. *Don't aim the spearhead at the masses.* /把批评的～指向官僚主义。Bǎ pīpíng de ～ zhǐ xiàng guānliáozhǔyì. *Point the spearhead of criticism at bureaucracy.*

茅 máo
（名）*cogongrass*
【茅草】máocǎo（名）*cogongrass*
【茅塞顿开】máo sè dùn kāi 被茅草堵塞的心忽然打开了。形容忽然理解、领会 *suddenly see the light*
【茅台酒】máotáijiǔ（名）*Maotai spirit*
【茅屋】máowū（名）[间 jiān]屋顶用茅草、芦苇等做的房子 *thatched cottage*

牦 máo
【牦牛】máoniú（名）*yak*

锚〔錨〕máo
（名）*anchor*
【锚地】máodì（名）*anchorage*

蟊 máo
（名）◇一种吃植物苗根的害虫 *an insect destructive of the roots of seedlings*
【蟊贼】máozéi（名）〈书〉危害国家和人民的人 *a person harmful to the country and people*

mǎo

铆〔鉚〕mǎo
（动）*rivet*：～钢板 ～ gāngbǎn *rivet steel sheets*
【铆钉】mǎodīng（名）[根 gēn、颗 kē]*rivet*

mào

茂 mào
（形）◇(1)茂盛 *luxuriant; lush*：枝繁叶～ zhī fán yè ～ *crowded branches and lush foliage* (2)丰富精美 *rich and splendid*：这本杂志图文并～. Zhè běn zázhì tú wén bìng ～. *The pictures and their accompanying essays in this magazine are both excellent.*
【茂密】màomì（形）(草木)茂盛、繁密 *luxuriant and thick*：～的树林 ～ de shùlín *a luxuriant and thick wood*
【茂盛】màoshèng（形）(植物)多而壮 *(of vegetation) luxuriant; thriving*：枝叶～ zhī yè ～ *thriving branches and leaves* /花儿开得真～. Huār kāi de zhēn ～. *The blossoms are really luxuriant.*

冒 mào
（动）(1)向外透，往上升 *send* (*up, forth*)；*give off; emit*：～烟 ～ yān *be smoking* /浑身～汗。Húnshēn ～ hàn

sweat all over /开水～着热气。Kāishuǐ ～zhe rèqì. *The boiling water is giving off steam.* /电线出了毛病，直～火星。Diànxiàn chūle máobìng, zhí ～ huǒxīng. *There's something wrong with the electric wire. It's giving off sparks.* /他的抱怨情绪又～了出来。Tā de bàoyuàn qíngxù yòu ～le chūlai. *There he goes, complaining again.* (2)不顾(危险、恶劣环境等)*risk; brave*：～着生命危险下水救人。～ zhe shēngmìng wēixiǎn xià shuǐ jiù rén. *He risked his life and jumped into the water to save somebody.* /～雨行军 ～ yǔ xíng jūn *brave the rain and march on* (3)◇冒充，以假充真 *falsely* (*claim*)：谨防假 ～ jǐn fáng jiǎ ~ *Be care of imitations.* /你丢的表被别人～领去了。Nǐ diū de biǎo bèi biéren ~ lǐngqu le. *The watch that you lost was claimed by someone else.*

【冒充】màochōng（动）用假的、坏的充当真的、好的 *pretend to be; pass oneself off as*：这家伙～警察，很快就被识破了。Zhè jiāhuo ~ jǐngchá, hěn kuài jiù bèi shípò le. *This guy passed himself off as a policeman and was quickly found out.* /不应该用次品～正品。Bù yìnggāi yòng cìpǐn ~ zhèngpǐn. *One shouldn't pass off inferior products as ones of high quality.*

【冒犯】màofàn（动）(言语或行为)没有礼貌，冲撞了对方 *give offense; affront*：谁又～了他，发这么大火儿? Shuí yòu ~le tā, fā zhème dà huǒr? *Who offended him to make him that mad?*

【冒号】màohào（名）*colon*

【冒火】mào=huǒ（～儿)生气，发脾气 *be enraged; flare up; get angry*：他遇事不冷静，常常～. Tā yù shì bù lěngjìng, chángcháng ~. *He tends to flare up when he meets a problem, rather than handling it in a cool and calm manner.* /有意见可以心平气和地提，冒什么火呀! Yǒu yìjiàn kěyǐ xīn píng qì hé de tí, mào shénme huǒ ya! *If you have something to say, it can be discussed calmly. You don't need to get angry about it.*

【冒尖】mào=jiān（～儿)(1)装满而且稍高出容器 *piled high above the brim; too full*：这口袋粮食装得～了，没法捆。Zhè kǒudài liángshi zhuāng de ~ le, méi fǎ kǔn. *This sack of grain is too full and cannot be tied.* (2)稍稍超出一定的数量 *a little over*：他一个月的工钱二百块～. Tā yí ge yuè de gōngqián èrbǎi kuài ~. *He makes a little over $200 a month.* (3)突出 *stand out; be conspicuous*：他今年的收入可是全村～的。Tā jīnnián de shōurù kě shì quán cūn ~ de. *His income this year really stands out in the whole village.* (4)露出苗头 *begin to crop up*：错误思想刚冒点儿尖，就得提醒他。Cuòwù sīxiǎng gāng mào diǎnr jiān, jiù děi tíxǐng tā. *He should be warned that erroreous thinking has cropped up.*

【冒进】màojìn（动·不及物)超越具体条件和实际情况的可能，采取过早或过快的行动 *premature advance; advance rashly*

【冒昧】màomèi（形）不顾地位、能力、场合是否适宜(轻率地说或行动)(多作谦词)*venture; take the liberty of* (*used in self-depreciatory expressions*)：我～地给你写信，给你添麻烦了。Wǒ ~ de gěi nǐ xiě xìn, gěi nǐ tiān máfan le. *I am taking the liberty of writing you, sorry to trouble you.* /我这样提出自己的看法，实在太～了。Wǒ zhèyàng tíchū zìjǐ de kànfǎ, shízài tài ~ le. *If I may be so bold as to venture an opinion.*

【冒名】mào=míng 假充别人的名义 *assume another's name*：～顶替 ~ dǐngtì *masquerade under a false name*

【冒牌】mào=pái 冒充名牌 *counterfeit of a well-known trade mark; imitation; fake*：你上当了，这是～货。Nǐ shàng dàng le, zhè shì ~ huò. *You got ripped off. This is a fake.*

【冒失】màoshi（形）说话、做事不稳重，不先想想就行动

rash；*abrupt*：派他去不合适,他太～。Pài tā qù bù héshì, tā tài ～. *It's not a good idea to send him. He's too reckless.* /他整天冒冒失失的,什么也做不了。Tā zhěng tiān màomàoshīshi de, shénme yě zuò bu liǎo. *He'll never get anything done all day, acting rashly like that.* /你可真是个～鬼,这事怎么能告诉他? Nǐ kě zhēn shì ge ～ guǐ, zhè shì zěnme néng gàosu tā? *You are a real hot head. How could you tell him that?*

【冒天下之大不韪】mào tiānxià zhī dà bù wěi 公然不顾全国或全世界人民的反对,去干最大的坏事 *risk universal condemnation*

【冒险】mào=xiǎn 不顾危险(进行某种活动) *run a risk*；*lay oneself open to danger*：～家／jiā *adventurer* /～行为～ xíngwéi *risky behavior* /没必要去冒这个险。Méi biyào qù mào zhège xiǎn. *There's no need to take the risk.* /要想改革总是要冒点儿险的。Yào xiǎng gǎigé zǒng shì yào mào diǎnr xiǎn de. *It's always necessary to run a few risks if you want to change things.* /～不是勇敢。～ bú shì yǒnggǎn. *It is not brave to lay oneself open to danger.*

【冒险主义】màoxiǎnzhǔyì (名)同"盲动主义" mángdòngzhǔyì *same as "盲动主义" mángdòngzhǔyì*

贸〔貿〕mào

【贸然】màorán (副)轻率地、不加考虑地,有时也写作"冒然"或"贸贸然" *rashly*；*without careful consideration*；*hastily (sometimes also written as "冒然" or "贸贸然")*：这么大的事,我不敢～决定。Zhème dà de shì, wǒ bù gǎn ～ juédìng. *I don't dare decide on such a major issue without careful consideration first.* /你这样～行事有什么好处? Nǐ zhèyàng ～ xíngshì yǒu shénme hǎochù? *What's the advantage of your acting so rashly?* /素不相识,今天～登门打扰,实在对不起。Sù bù xiāngshí, jīntiān ～ dēng mén dǎrǎo, shízài duì bu qǐ. *I don't know you at all. I'm really sorry to come knocking at your door so rashly today.* /我不想～去找他,还是先打个电话吧。Wǒ bù xiǎng ～ qù zhǎo tā, háishi xiān dǎ ge diànhuà ba. *I don't want to rush over to his place without calling him first.*

【贸易】màoyì (名) *trade*

帽 mào

(名)◇帽子 *cap*；*hat*；*headgear*：衣～整洁 yī ～ zhěngjié *be neatly dressed*

【帽徽】màohuī (名)[枚 méi] *insignia on a cap*
【帽檐】màoyán (名)(～儿) *brim of a hat*
【帽子】màozi (名)[顶 dǐng] (1) *headgear*；*hat*；*cap* (2)比喻罪名或坏名义 (*fig.*) *label*；*tag*；*brand*：戴反革命～ dài fǎngémìng ～ *be labeled a counter-revolutionary* /不许乱扣～。Bù xǔ luàn kòu ～. *The irresponsible labeling of people is not permissible.*

貌 mào

(名)◇(1)相貌 *looks* (2)外表的样子 *appearance*：古城新～ gǔ chéng xīn ～ *The old city has a new look.*

【貌合神离】mào hé shén lí 双方表面上关系很好,实际上是两条心 (*of two people*) *seemingly in agreement, but actually at odds*

【貌似】màosì (动)〈书〉外表上像,表面上像 *appear to be*；*seem*：敌人～强大,实际很虚弱。Dírén ～ qiángdà, qíshí hěn xūruò. *The enemy appear to be strong but in fact they are weak.* /这种论调～有理,实际上是错误的。Zhè zhǒng lùndiào ～ yǒulǐ, shíjìshang shì cuòwù de. *This argument sounds reasonable, but actually it's incorrect.*

me

嘪 me

(助)用法同"嘛" ma (*used in the same way as "嘛" ma*)

méi

没 méi

(副)基本同"没有" méiyou (副),但不能放在句尾,不能单独回答问题,有时可用在"敢"、"肯"、"能"等少数几个助动词前 (*basically the same as "没有" méiyou (副), but cannot be placed at the end of a sentence and cannot answer a question by itself; can sometimes be placed before a few auxiliary verbs, such as "敢","肯","能", etc.*)：我～到南方去过。Wǒ ～ dào nánfāng qùguo. *I have never been to the South.* /杏儿还～熟,太酸。Xìngr hái ～ shóu, tài suān. *The apricots are not ready yet. They're too sour.* /昨晚有事,～能去看电影。Zuó wǎn yǒu shì, ～ néng qù kàn diànyǐng. *I was busy last night so I couldn't go to the movie.* /他在大连住了半年却～敢下海游泳。Tā zài Dàlián zhùle bàn nián què ～ gǎn xià hǎi yóu yǒng. *He lived in Dalian for six months but didn't dare swim in the sea.* 另见 mò

【没错儿】méi cuòr 表示对方说的完全对 *You're quite right*：去邮局就是往西走吧? ——～,一直走到了。Qù yóujú jiù shì wǎng xī zǒu ba? ——～, yìzhí zǒu jiù dào le. *The post office is west of here, right? —— Sure is, just keep going and you'll see it.* /听说他最近提升厂长了。——～,全厂一致通过的。Tīng shuō tā zuìjìn tíshēng chǎngzhǎng le. ——～, quán chǎng yízhì tōngguò de. *I heard that he was recently promoted to factory manager. ——That's right, the whole factory unanimously agreed.*

【没关系】méi guānxi 不要紧,不用顾虑 *does not matter*；*it's nothing*；*that's all right*；*never mind*：对不起! ——～. Duì bu qǐ! ——～. *Sorry! —— No problem.* /该说的你尽管说,～,大家不会不高兴。Gāi shuō de nǐ jǐnguǎn shuō, ～, dàjiā bú huì bù gāoxìng. *Please say what ought to be said and don't worry, nobody will be offended.* /这样会影响你吧? ——～,你们干你们的。Zhèyàng huì yǐngxiǎng nǐ ba? ——～, nǐmen gàn nǐmen de. *Does this bother you? —— No problem. Go ahead.*

【没好气】méi hǎo qì 由于心情不愉快,对人态度不好(没有肯定形式) *be of a cantankerous disposition*：他在外边输了钱,回到家里就～. Tā zài wàibian shūle qián, huídào jiālǐ jiù ～. *He went out and lost money in gambling, so when he came back home he was in a surly mood.* /他对家里人～地说:"别吵我,今天我要早点休息。" Tā duì jiāli rén ～ de shuō: "Bié chǎo wǒ, jīntiān wǒ yào zǎo dianr xiūxi." *He said to his family petulantly: "Don't disturb me, I'm going to bed a bit earlier today."*

【没精打采】méi jīng dǎ cǎi 情绪低,精神不振作 *listless*；*in low spirits*：不知为什么,他这些天总是～的。Bù zhī wèi shénme, tā zhèxiē tiān zǒngshì ～ de. *I don't know why, but he has been moping around the last few days.* /怪不得他这几天～的,原来是和女朋友吵架了。Guài bu de tā zhè jǐ tiān ～ de, yuánlái shì hé nǚ péngyou chǎo jià le. *No wonder he has been so down for the past few days, he had a fight with his girl friend.*

【没……没……】méi……méi…… (1)分别用在两个意义相关的名词前,表示两个都没有 (*each used before a noun that is related in meaning to the other to mean neither … nor …*)：他从小没爹没娘,非常不幸。Tā cóng xiǎo méi diē méi niáng, fēicháng búxìng. *He has had neither a father nor a mother since he was a child. It's very sad.* /没了没儿

没女，相当寂寞。Lǎole méi ér méi nǔ, xiāngdāng jìmò. *Having neither a son nor a daughter when one is old can be very lonely.* （2）分别嵌入两个意义相关的名词、动词等，形成固定短语（*each used before a noun, verb, etc. that is relatedＩin meaning to the other to form a set phrase*）：他就是这种没心没肺的人。Tā jiù shì zhè zhǒng méi xīn méi fèi de rén. *He is precisely that kind of simple and honest person.* /他这人说话从来都是没遮没拦的。Tā zhè rén shuō huà cónglái dōu shì méi zhē méi lán de. *He never holds anything back when he talks.* /你没完没了的啰嗦什么呀? Nǐ méi wán méi liǎo de luōsuo shénme ya? *What are you mumbling endlessly about?* （3）分别用在两个反义的形容词前，表示应区别而未区别，多形成固定短语；有不以为然或不该如此的意思（*each used before an adjective that is an antonym of the other to indicate a failure to distinguish things; usu. forms a set phrase; expresses an objection to sth.*）：我说话没轻没重，如有冒犯，请多包涵。Wǒ shuō huà méi qīng méi zhòng, rú yǒu màofàn, qǐng duō bāohan. *My words are tactless. If I've offended anyone, please forgive me.* /别这么没大没小地不讲礼貌。Bié zhème méi dà méi xiǎo de bù jiǎng lǐmào. *Don't be so impertinent and impolite.*

【没趣】méiqù（形）没有面子，难堪 *feel rejected; feel snubbed*：你这是自讨~。Nǐ zhè shì zì tǎo ~. *You're asking to get snubbed, acting like that.* /他感到十分~，就悄悄走开了。Tā gǎndào shífēn ~, jiù qiāoqiāo zǒukāi le. *He felt very much snubbed, so he left quietly.* /大家谁也不理他，给了他个~。Dàjiā shuí yě bù lǐ tā, gěile tā ge ~. *Everybody ignored him, so he felt rejected.*

【没什么】méi shénme 无关紧要，没关系 *nothing serious; never mind; that's all right*：这本词典我用了这么久才还你，真对不起。——~。Zhè běn cídiǎn wǒ yòngle zhème jiǔ cái huán nǐ, zhēn duì bu qǐ. —— ~. *I'm really sorry for not giving back the dictionary I borrowed earlier.* —— *Never mind.* /你的病要紧不要紧?——~，就是有点儿不消化。Nǐ de bìng yàojǐn bú yàojǐn? —— ~, jiù shì yǒudiǎnr bù xiāohuà. *Is your sickness serious?* —— *No, nothing much, just a little indigestion.* /他说你要是不能去开会也~。Tā shuō nǐ yàoshi bù néng qù kāi huì yě ~. *He said that it doesn't matter if you can't make it to the meeting.*

【没说的】méi shuō de〈口〉（1）指没有可以指责的，表示赞许 *unimpeachable; really good*：小王既肯干又肯学，真是~。Xiǎo Wáng jì kěn gàn yòu kěn xué, zhēn shì ~. *Xiao Wang studies hard and works hard. His behavior leaves nothing to be desired.* （2）不成问题 *it goes without saying*：我弟弟一直找不着对象，你能不能帮帮忙?——~，我包了。Wǒ dìdi yìzhí zhǎo bu zháo duìxiàng, nǐ néng bu néng bāngbang máng? —— ~, wǒ bāo le. *My younger brother still can't find a girl friend. Can you help him out?* —— *Naturally I'll look after it okay.*

【没羞】méixiū（形）〈口〉不害羞 *unabashed*：你可别干那种~的事。Nǐ kě bié gàn nà zhǒng ~ de shì. *You really shouldn't do such disgraceful things.* /做错了事还说谎，真~! Zuòcuòle shì hái shuō huǎng, zhēn ~! *Doing something wrong and then lying about it. How disgraceful!*

【没有】méiyǒu（副）（1）表示否定性的既成事实；可以修饰动词、形容词和某些副词、助动词，对应的肯定形式是在动词后边加"了"，用"没有"，则不用"了"（*indicates a negative fait accompli; can modify a verb, an adjective and certain adverbs and auxiliary verbs; the corresponding affirmative form takes "了" after the verb; when "没有" is used, "了" is not*）*not; not have; there is not*：我最近~收到他的信。Wǒ zuìjìn ~ shōudào tā de xìn. *I haven't received any letters from him lately.* /衣服还~干。Yīfu hái ~ gān. *The clothes aren't dry yet.* /老赵一马上回答。Lǎo Zhào ~ mǎshàng huídá. *Lao Zhao did not answer immediately.* /

这次我~能见到他。Zhè cì wǒ ~ néng jiàndào tā. *I wasn't able to see him this time.* （2）表示对过去经验的否定，肯定形式是动词后加"过"，用"没有"时，"过"仍保留（*indicates the negation of a past experience; the corresponding affirmative·form takes "过" after the verb; when "没有" is used, "过" is kept*）*never; not*：半年多，我~生过病。Bàn nián duō, wǒ ~ shēngguo bìng. *I have not been ill in over six months.* /我从来~被他邀请过。Wǒ cónglái ~ bèi tā yāoqǐngguo. *I have never been invited over by him.* /这种茶我~喝过。Zhè zhǒng chá wǒ ~ hēguo. *I have never drunk this kind of tea before.* （3）用在正反疑问句中，"没有"后面的动词经常省略（*used in an affirmative-negative question; the verb which follows "没有" is often omitted*）*... or not*：这个名字你听见过~? Zhège míngzì nǐ tīngjiànguo ~? *Have you ever heard this name before or not?* /这个问题你们讨论了~? Zhège wèntí nǐmen tǎolùnle ~? *Did you discuss this question or not?* /面包烤好了~? Miànbāo kǎohǎole ~? *Is the bread baked or not?* （4）表示对正在进行的动作的否定，肯定形式是动词或动宾后加"呢"或动词前加"正""在"等，否定形式不要"呢"或"正"（*indicates the negation of an action in progress; the corresponding affirmative form either takes "呢" after the verb or verb-object structure, or "正"，"在", etc. before the verb; the negative form does not take "呢"，"正" etc.*）*not*：他们上课呢吗?——上课。Tāmen shàng kè ne ma? —— shàng kè. *Are they attending class?* —— *No, they aren't.* /我~学习，休息呢。Wǒ ~ xuéxí, xiūxi ne. *I'm not studying. I'm resting.* /他~听音乐，看书呢。Tā ~ tīng yīnyuè, kàn shū ne. *He's not listening to music. He's reading.* /"没有"又可以单独回答问题（*"没有" can answer a question by itself*）*no*：你到过黄山~? Nǐ dàoguo Huáng Shān ~? *Have you ever gone to Mount Huang?* —— *No.* /到六点钟了吗?——~. Dào liù diǎnzhōng le ma? —— ~. *Is it six o'clock yet?* —— *No.*

【没治】méizhì（形·非定）〈口〉（1）情况坏极了，无法挽救 *hopeless*：大家怎么劝他都不听，真~了。Dàjiā zěnme quàn tā dōu bù tīng, zhēn ~ le. *He doesn't listen to a word of other people's advice. There's nothing that can be done.* /他屋子里乱得~了。Tā wūzili luàn de ~. *His room is in a hopeless mess.* （2）非常好 *extremely good*：这种水果好吃得~了。Zhè zhǒng shuǐguǒ hǎochī de ~ le. *This fruit is just terrific.* /那位演员的表演技术简直~了。Nàwèi yǎnyuán de biǎoyǎn jìshù jiǎnzhí ~ le. *That actor's performance was simply marvelous.*

玫 méi

【玫瑰】méigui（名）*rose*

枚 méi

（量）多用于形体小的东西（*for small objects*）：一~金币 yì ~ jīnbì *a gold coin* /两~奖章 liǎng ~ jiǎngzhāng *two medals*

眉 méi

（名）◇*eyebrow*：~清目秀 ~ qīng mù xiù *beautiful eyes and brows* /你为什么愁~不展的? Nǐ wèi shénme chóu ~ bù zhǎn de? *Why are you frowning?*

【眉飞色舞】méi fēi sè wǔ 高兴或得意时的神态（常用以形容人说话）*animated; lively (usu. of person speaking); beam with joy*：他讲的滑雪见闻，真是~，滔滔不绝。Tā jiǎng de huá xuě jiànwén, zhēn shì ~, tāotāo bù jué. *His face lights up when he talks about skiing and his words flow out in an endless stream.*

【眉开眼笑】méi kāi yǎn xiào 形容高兴的样子 *beam with joy;*

be all smiles: 李老汉～地说:"新制度就是好"。Lǐ lǎohàn ～ de shuō; "Xīn zhìdù jiù shì hǎo." *Old Mr. Li beamed with joy and said, "The new system really is good." /* 孙子一进门, 王大娘乐得～。Sūnzi yī jìn mén, Wáng dàniáng lè de ～. *As soon as her grandson came in, Mrs. Wang's face broke into a wreath of smiles.*

【眉毛】méimao（名）*eyebrow*

【眉目】méimù（名）(1) 眉毛和眼睛, 泛指容貌 *features*; *looks*: ～清秀 ～ qīngxiù *have delicate features* (2)（文章、文字的）纲要、脉络 *(of writing) logic*; *sequence of ideas*: 此文～不清。Cǐ wén ～ bù qīng. *This essay is neither clear nor logical.*

【眉目】méimu（名）事情成功的可能性 *prospect for a solution*; *sign of a positive outcome*: 你调动工作的事联系得有点～了没有? Nǐ diàodòng gōngzuò de shì liánxì de yǒu diǎnr ～ le méi yǒu? *Did you get any word on your transfer yet?* /别着急, 事情有点～我马上告诉你。Bié zháo jí, shìqing yǒu diǎnr ～ wǒ mǎshàng gàosu nǐ. *Don't worry. I'll let you know as soon as I have any news.*

【眉批】méipī（名）在书页上或文稿上方空白处所写的批注 *notes and commentary at the top of a page*

【眉梢】méishāo（名）眉毛的末尾部分 *the tip of the brow*: 乐在心里, 喜上～。Lè zài xīnlǐ, xǐ shàng ～. *When one is happy inside, it shows on one's face.*

【眉头】méitóu（名）两眉附近的地方 *brow*: 一看爱人病又重了, 他～就皱起来。Yí kàn àirén bìng yòu zhòng le, tā jiù zhòu qǐlai. *Seeing his wife's illness was worse, he knitted his brow.*

【眉心】méixīn（名）两眉之间的地方 *between the eyebrows*

【眉宇】méiyǔ（名）〈书〉两眉上面的地方 *forehead*

莓 méi（名）*certain kinds of berries*

梅 méi（名）◇(1) 树的一种 *plum tree* (2) 梅树的花 *plum blossom* (3) 梅树所结的果 *plum*

【梅毒】méidú（名）*syphilis*

【梅花】méihuā（名）[朵 duǒ] *plum blossom*

【梅花鹿】méihuālù（名）[只 zhī] *sika (deer)*

【梅子】méizi（名）(1) 梅树 *plum tree* (2) 梅树的果实 *plum*

媒 méi（名）◇(1) 媒人 *matchmaker* (2) 媒介 *medium*

【媒介】méijiè（名）*medium*: 蚊子是传染疟疾的～。Wénzi shì chuánrǎn nüèjí de ～. *Malaria is transmitted by mosquitoes. /* 语～语 *medium (language)* /空气是传播声音的～。Kōngqì shì chuánbō shēngyīn de ～. *Air is a medium of sound.*

【媒人】méiren（名）*matchmaker*

【媒质】méizhì（名）〈物〉*medium*

煤 méi（名）*coal*

【煤层】méicéng（名）*coal seam*; *coal bed*

【煤焦油】méijiāoyóu（名）*coal tar*

【煤矿】méikuàng（名）*coal mine*

【煤气】méiqì（名）(1) *coal gas*; *gas* (2) *carbon monoxide from burning coal*

【煤气罐】méiqìguàn（名）*gas cylinder*

【煤球】méiqiú（名）(～儿) 煤末加水和黄土制成的小圆球, 用作燃料（*egg-shaped*）*briquet*

【煤炭】méitàn（名）*coal*

【煤田】méitián（名）*coalfield*

【煤油】méiyóu（名）*kerosene*

【煤渣】méizhā（名）*cinder*

【煤砖】méizhuān（名）煤末加水和黄土制成的砖形燃料 *briquet*

酶 méi（名）〈生理〉*enzyme*; *ferment*

霉〔黴〕méi（名）*mold*; *mildew*: 面包上长了～。Miànbāo shang zhǎngle ～. *The bread has gone moldy.*

【霉菌】méijūn（名）*mold*

【霉烂】méilàn（动）*become mildewed and decay*

měi

每 měi（代）*every*; *each*: ～张桌子坐八个人。～ zhāng zhuōzi zuò bā ge rén. *Each table can seat eight people. /* 一本书五块钱。～ běn shū wǔ kuài qián. *Each book is five yuan. /* 他～两周上一次课。Tā ～ liǎng zhōu shàng yí cì kè. *He lectures once every other week. /* 天工作八小时。～ tiān gōngzuò bā xiǎoshí. *He works eight hours a day. /* 星期开两次会。～ xīngqī kāi liǎng cì huì. *There is a meeting twice a week.* "每"常常和"都"呼应（"每" *is often used with* "都"）: 他～天都听新闻广播。Tā ～ tiān dōu tīng xīnwén guǎngbō. *He listens to the news everyday. /* 尽管他们～个人的性格不同, 但都有乐于助人的好品质。Jǐnguǎn tāmen ～ ge rén de xìnggé bù tóng, dàn dōu yǒu lèyú zhù rén de hǎo pǐnzhì. *Although they have different personalities, they all like to help others. /* （副）表示相同的动作和情况有规律地反复出现。和动词或动词短语结合后, 不能成为句子的谓语, 一般作状语, 后边常有"就""便""都""总"等与之呼应（*when combined with a verb or verbal phrase, it cannot serve as the sentence's predicate; usu. serves as an adverbial and is often followed by* "就","便","都","总", *etc.*）*every*; *each*: 这些花～隔三天浇一次水。Zhèxiē huā ～ gé sān tiān jiāo yí cì shuǐ. *Water these flowers once every three days. /* ～当六点的钟声响过, 他就起床。～ dāng liù diǎn de zhōngshēng xiǎngguò, tā jiù qǐ chuáng. *He gets up when the six o'clock bell rings. /* ～做一件事之前, 他都要反复考虑。～ zuò yí jiàn shì zhī qián, tā dōu yào fǎnfù kǎolù. *Whatever he does, he always considers over and over again beforehand.*

【每当】měi dāng (1) 每次到（……的时候）*whenever*; *every time*: ～春节, 他们都要去亲戚家走走。～ Chūnjié, tāmen dōu yào qù qīnqi jiā zǒuzou. *Every Spring Festival they go to visit their relatives. /* ～夜深人静的时候, 他就会想起千里之外的女儿。～ yè shēn rén jìng de shíhou, tā jiù huì xiǎngqǐ qiān lǐ zhī wài de nǚ'ér. *Every night when everybody is asleep, he thinks about his daughter who is far away.* (2) 每当到达（某个地点）*wherever*; *every place*: 他～一个新地方, 都要首先了解那里的风土人情。Tā ～ yí ge xīn dìfang, dōu yào shòuxiān liǎojiě nàli de fēngtǔ rénqíng. *Every time he goes to a new place, the first thing he does is to get acquainted with the local conditions and customs.*

【每逢】měi féng 每次到（……的时候）, 每次遇到 *on every occasion*: ～寒假, 他都要到乡下去一趟。～ hánjià, tā dōu yào dào xiāngxia qù yí tàng. *He always goes to the countryside during the winter vacation. /* ～暴雨, 院子里就会积水。～ bàoyǔ, yuànzi li jiù huì jī shuǐ. *Every time there's a storm, the yard gets flooded. /* 这个报纸～星期日都增加版面。Zhège bàozhǐ ～ xīngqīrì dōu zēngjiā bǎnmiàn. *The Sunday edition of this paper carries many extra sections. /* ～她到外地出差, 王奶奶就替她照管小孩儿。～ tā dào wàidì chūchāi, Wáng nǎinai jiù tì tā zhàoguǎn xiǎoháir.

Whenever she goes away on business, she gets old Mrs Wang to look after the kids.

【每况愈下】měi kuàng yù xià 情况越来越不好 go from bad to worse；steadily deteriorate：他已经六十多岁，又有病，近日来他颇有～之感。Tā yǐjīng liùshí duō suì，yòu yǒu bìng，jìnrì lái tā pō yǒu ～ zhī gǎn. *He's already sixty and is sick. Recently he feels that his health has been steadily deteriorating.* 本作"每下愈况" měi xià yù kuàng *originally* "每下愈况" měi xià yù kuàng

【每每】měiměi（副）同"往往" wǎngwǎng，表示在某种条件下，大多数情况如此，不如"往往"口语化 often（same as " 往往" wǎngwǎng，*but not as frequently used in the spoken language*)：当我遇到困难的时候，～得到他的帮助。Dāng wǒ yùdào kùnnan de shíhòu，～ dédào tā de bāngzhù. *He more often than not helps me whenever I run into difficulty.* /晚饭后，他～在湖边散步。Wǎnfàn hòu，tā ～ zài húbiān sàn bù. *He often takes a stroll by the lakeside after supper.*

【每日每时】měi rì měi shí *daily and hourly*

美 měi
（形）(1)好看 pretty；beautiful：这姑娘长得真～。Zhè gūniang zhǎng de zhēn ～. *This girl is really pretty.* /秋天，西山的红叶一极了。Qiūtiān，Xī Shān de hóngyè ～ jí le. *In the fall, the red leaves in the Western Hills are extremely beautiful.* (2)◇好，使人满意 good：物～价廉 wù ～ jià lián（of commodities）good and inexpensive /～酒佳肴 ～ jiǔ jiā yáo excellent wine and delicious food

【美不胜收】měi bù shèng shōu 好东西太多，一时看不过来 so many fine things that one cannot simply take them all in：那些用竹子编成的各种小动物，形形色色，栩栩如生，真是～。Nàxiē yòng zhúzi biānchéng de gè zhǒng xiǎo dòngwù，xíngxíngsèsè，xǔxǔ rú shēng，zhēn shì ～. *Those little lifelike animals woven out of bamboo are of every description. They're just too much!*

【美称】měichēng（名）赞美的称呼 laudatory title；good name：杭州有"花园城市"的～。Hángzhōu yǒu "huāyuán chéngshì"de ～. *Hangzhou enjoys the reputation of being a city of parks.* /煤的～是乌金。Méi de ～ shì wūjīn. *Coal is known as "black gold"*

【美德】měidé（名）美好的品德 virtue

【美感】měigǎn（名）人的视觉或听觉接触事物产生的美的感觉 aesthetic feeling：使人产生～. Shǐ rén chǎnshēng ～. *It gives people a feeling of beauty.* /引起人的～. Yǐnqǐ rén de ～. *It arouses one's aesthetic feeling.* /这种衣服太怪了，不能给人以～。Zhè zhǒng yīfu tài guài le，bù néng gěi rén yǐ ～. *These clothes are really strange and one doesn't find them beautiful at all.* /你怎么把粮食囤比作坟墓，太没有～了。Nǐ zěnme bǎ liángshi dùn bǐzuò fénmù，tài méi yǒu ～ le. *How come you compared the grain bins with graves? There is no aesthetic feeling at all.*

【美工】měigōng（名）(1)电影、戏剧等的美术工作，如布景设计、道具、服装设计等 art designing (2)做电影、戏剧等美术工作的人 art designer

【美观】měiguān（形）好看（多指具体东西的外表）(of man-made things) pleasing to the eye：这种电视机不但性能可靠，而且外形～。Zhè zhǒng diànshìjī búdàn xìngnéng kěkào，érqiě wàixíng ～. *Not only does this TV set work well, but it is also well-designed.* /房子附近堆了乱七八糟的东西，真不～。Fángzi fùjìn duīle luànqībāzāo de dōngxi，zhēn bù ～. *There is a lot of junk piled near the house. It's really an eyesore.*

【美好】měihǎo（形）好（用于形容抽象的事物）(of abstract things) happy；fine：～的生活 ～ de shēnghuó happy life /～的理想 ～ de lǐxiǎng fine ideals /～的愿望 ～ de yuànwàng fine aspirations /我们的前途无限～。Wǒmen de qiántú wúxiàn ～. *Our future is extremely bright.*

【美化】měihuà（动）(对事物)加以装饰、点缀使好看 beautify；prettify：～生活 ～ shēnghuó beautify (one's) life /～环境 ～ huánjìng beautify the environment /不要用谎言去～丑恶的东西。Búyào yòng huǎngyán qù ～ chǒu'è de dōngxi. *Don't use lies to embellish something ugly.*

【美金】měijīn（名）同"美元" měiyuán same as " 美元" měiyuán

【美丽】měilì（形）好看，漂亮，给人以美感（多用于书面语）beautiful：～的花朵 ～ de huāduǒ beautiful flowers /～的传说 ～ de chuánshuō a beautiful legend /庄严的天安门 zhuāngyán ～ de Tiān'ānmén the dignified and beautiful Tian'anmen

【美满】měimǎn（形）美好、幸福，使人满意的 happy；perfectly satisfactory：～的家庭 ～ de jiātíng a happy family /生活很～. Shēnghuó hěn ～. *a perfectly satisfactory life*

【美貌】měimào（名）美好的容貌 beautiful looks

【美妙】měimiào（形）非常美好，新奇、不一般的 wonderful；excellent；beautiful；splendid：～的歌声 ～ de gēshēng beautiful singing /～的青春 ～ de qīngchūn wonderful youth /这篇文章语言非常～。Zhè piān wénzhāng yǔyán fēicháng ～. *The language of this article is just splendid.*

【美名】měimíng（名）美好的名誉或名称 good name；good reputation

【美人】měirén（名）(～儿)非常美丽的女子 beautiful woman；beauty

【美容】měiróng（动）使容貌美丽 improve a woman's looks：～师 ～shī beautician

【美术】měishù（名）fine arts

【美术片】měishùpiàn（名）cartoons；puppet films, etc.

【美术字】měishùzì（名）有图案意味或装饰意味的字体，多用于横幅、标语、报刊题头等 characters (e.g. on a sign) written in an artistic way

【美谈】měitán（名）(书)令人称颂的故事 a story passed on with approval：那位名演员让自己的学生演主角，自己演配角的事已传为～。Nà wèi míng yǎnyuán ràng zìjǐ de xuésheng yǎn zhǔjué，zìjǐ yǎn pèijué de shì yǐ chuánwéi ～. *The story about the famous actor who let his student take the main part and kept the secondary role for himself has been passed from mouth to mouth with general approval.*

【美味】měiwèi（名）味道鲜美的食品 delicious or tasty food；delicacy

【美学】měixué（名）aesthetics

【美言】měiyán（动）代人说好话 put in a good word for sb.：请你多～几句。Qǐng nǐ duō ～ jǐ jù. *Please put in a word or two for me.*

【美意】měiyì（名）好心意 good intention：您的～我领受了。Nín de ～ wǒ lǐngshòu le. *I appreciate your kindness.*

【美育】měiyù（名）培养人的审美观点和欣赏能力以及对美的爱好和创造能力的教育 art education

【美元】měiyuán（名）US dollar

【美展】měizhǎn（名）"美术展览"的简称 abbrev. for " 美术展览"

【美中不足】měi zhōng bù zú 在比较好(的事物)当中还有缺欠的地方 a blemish in an otherwise perfect thing：昨晚的宴会开得很好，～的是吕先生没能参加。Zuó wǎn de yànhuì kāi de hěn hǎo，～ de shì Lǚ xiānsheng méi néng cānjiā. *Last night's banquet was really good. The only thing wrong with it was that Mr. Lü wasn't able to come.*

镁 〔鎂〕měi
（名）magnesium

【镁光】měiguāng（名）magnesium light

mèi

妹 mèi
（名）◇妹妹 younger sister
【妹夫】mèifu（名）妹妹的丈夫 brother-in-law（younger sister's husband）
【妹妹】mèimei（名）(1)同父母（或只同父、只同母）年纪比自己小的女子 younger sister (2)同族同辈中年纪比自己小的女子 girl cousin younger than oneself
【妹婿】mèixù（名）〈书〉同"妹夫" mèifu same as "妹夫" mèifu

昧 mèi
（形）◇糊涂，不明白 have hazy notions about；be ignorant of（动）隐藏，隐瞒 hide；conceal：他把人家的钱都给～起来了。Tā bǎ rénjia de qián dōu gěi ～ qilai le. He pocketed another person's money. /你千万别～着良心陷害好人。Nǐ qiānwàn bié ～ zhe liángxīn xiànhài hǎorén. Be sure not to do something against your conscience and frame an innocent person.
【昧心】mèixīn（形）违背良心（做坏事）(do evil) against one's conscience：为了个人的利益，他居然～作假证。Wèile gèrén de lìyì, tā jūrán ～ zuò jiǎ zhèng. He went so far as to go against his conscience and give false evidence just for his own personal ends.

媚 mèi
（动）◇(1)故意讨人喜欢 fawn；toady；suck up to (2)美好，可爱 charming；fascinating；enchanting
【媚外】mèiwài（动）对外国奉承、讨好 suck up to foreigners or foreign countries

魅 mèi
（名）◇鬼怪 evil spirit；demon
【魅力】mèilì（名）吸引人的力量 charm；attractiveness：音乐对他有无穷的～。Yīnyuè duì tā yǒu wúqióng de ～. Music has an endless fascination for him.

mēn

闷 [悶] mēn
（形）(气压低或空气不流通而使人)不舒畅 stuffy；close：今天特别～，可能要下雨。Jīntiān tèbié ～, kěnéng yào xià yǔ. It's really muggy. It's probably going to rain today. /窗子都关得严严的，多～得慌啊! Chuāngzi dōu guān de yányán de, duō ～ de huang a! The windows are all closed tightly. It's unbearably stuffy in here. (动)(1)使不透气 cover tightly：茶沏上了，～一会儿再喝。Chá qìshang le, ～ yíhuìr zài hē. The tea has been made. Just let it steep for a while before you drink it. /酒上灭蚊药以后，把门窗关上～二十分钟，才会发生效力。Sǎshang miè wén yào yǐhòu, bǎ mén chuāng guānshang ～ èrshí fēnzhōng, cái huì fāshēng xiàolì. After you've sprayed for mosquitoes, close all the doors and windows and let it sit for 20 minutes so that it can take effect. (2)呆在屋子里不出去 shut oneself or sb. indoors：假日应该出去逛逛，别老～在屋子里看书。Jiàrì yīnggāi chūqu guàngguang, bié lǎo ～ zài wūzi li kàn shū. You should get out and about during the holidays and not just shut yourself in the house reading all the time. 另见 mèn
【闷热】mēnrè（形）天气热、湿度大、没有风 hot and stuffy
【闷头儿】mēn＝tóur 专心致志地、不声不响地。只作状语 quiet and absorbed (in work) (used as adverbial only)：他只顾～看书，周围的事不闻不问。Tā zhǐgù ～ kàn shū, zhōuwéi de shì bù wén bú wèn. He is absorbed in study and is un-

aware of anything else around him. /我去找他的时候，他正～装收音机。Wǒ qù zhǎo tā de shíhou, tā zhèng ～ zhuāng shōuyīnjī. When I went to see him, he was in the middle of assembling a radio.

mén

门 [門] mén
（名）[扇 shàn] (1) door；gate (2)◇住处 house；home：送货上～ sòng huò shàng ～ have sth. delivered to one's home /登～拜访 dēng ～ bàifǎng call on sb. in person (3)◇（～儿）着手某件工作或解决某个具体问题的门径 method of solving a problem or doing sth.：我工作调动的事有～儿了。Wǒ gōngzuò diàodòng de shì yǒu ～r le. My transfer is looking hopeful. （量）(1)用于"炮"（for cannon)：一～大炮 yì ～ dàpào one cannon (2)用于学校科目等（for subjects in school)：他有几～功课不及格？Tā yǒu jǐ ～ gōngkè bù jí gé? How many courses did he flunk? /在现代的社会，不掌握一～技术不行。Zài xiàndài de shèhuì, bù zhǎngwò yì ～ jìshù bù xíng. In modern society, one must master at least one kind of skill.
【门板】ménbǎn（名）[块 kuài、扇 shàn] door plank；shutter
【门齿】ménchǐ（名）〈生理〉front tooth；incisor
【门当户对】mén dāng hù duì 指男女双方家庭的社会地位、经济状况、文化程度相当（适合结亲）be well-matched in social and economic status (for marriage)
【门第】méndì（名）封建时代指整个家庭的社会地位 family status
【门洞儿】méndòngr（名）大门里的有顶的，约相当一间屋子长度的空间或城门里城楼下面相当城墙厚度的空间 roofed gateway
【门阀】ménfá（名）封建时代，在社会上有权有势的家庭 a family of power and influence (in feudal China)
【门岗】méngǎng（名）设在大门口的岗哨 gate sentry
【门户】ménhù（名）(1)门（总称）door；gate：～大开 ～ dà kāi with all the doors and gates widely open /小心～ xiǎoxīn ～ Be careful to keep the door closed. (2)比喻出入必经的要地 gateway；passageway：广州是中国南方的重要～。Guǎngzhōu shì Zhōngguó nánfāng de zhòngyào ～. Guangzhou is an important gateway to South China. (3)学术上的派别 faction；sect：做学问不能有～之见。Zuò xuéwèn bù néng yǒu ～ zhī jiàn. A scholar cannot have a sectarian bias.
【门警】ménjǐng（名）守门的警察 police guard at an entrance
【门径】ménjìng（名）门路 access；key；way：他虚心学习，刻苦钻研，终于摸到了科研的～。Tā xūxīn xuéxí, kèkǔ zuānyán, zhōngyú mōdàole kēyán de ～. After studying in an open-minded and assiduous manner, he finally found the way to scientific research.
【门镜】ménjìng（名）peephole
【门坎】ménkǎn（名）（～儿）threshold
【门槛】ménkǎn（名）（～儿）同"门坎" ménkǎn same as "门坎" ménkǎn
【门口】ménkǒu（名）门跟前 doorway
【门框】ménkuàng（名）doorframe
【门类】ménlèi（名）根据事物的特性把相同的集中在一起而分成的类别 class；kind；category
【门帘】ménlián（名）door curtain
【门路】ménlu（名）解决问题的途径和方法 method of solving a problem：你应该自找～，不能只等着领导解决。Nǐ yīnggāi zì zhǎo ～, bù néng zhǐ děngzhe lǐngdǎo jiějué. You should try and find a way of solving the problem yourself, rather than wait for the leader to do it. /你有没有可以找到原料的～? Nǐ yǒu méi yǒu kěyǐ zhǎodào yuánliào de ～? Do you know a way of getting hold of some materials?

【门面】ménmiàn（名）商店沿街有正门的部分 facade of a shop；shop front：几家商店的～都不错，是最近新修的。Jǐ jiā shāngdiàn de ～ dōu búcuò, shì zuìjìn xīn xiū de. The facades on these stores look real nice. They've just recently been fixed up. (2)比喻外表 appearance；facade：他就会装璜～，做给人看。Tā jiù huì zhuānghuáng ～, zuò gěi rén kàn. He likes to put up a facade for everybody to see. /他说的都是～话，根本不解决问题。Tā shuō de dōu shì ～ huà, gēnběn bù jiějué wèntí. He is just paying lip service and is offering no solution at all.

【门牌】ménpái（名）house number；number plate（on a house）：我只知道他住的街名，忘了～是几号了。Wǒ zhǐ zhīdao tā zhù de jiēmíng, wàngle ～ shì jǐ hào le. I know which street he lives on, but I've forgotten the number.

【门票】ménpiào（名）[张 zhāng] 公园、博物馆、展览会等（不包括戏院、电影院）进门的票 entrance ticket；admission ticket

【门市】ménshì（名）商店零售货物或某些服务性行业的业务 retail commodity or service sales：节日期间，这些商店～很好。Jiérì qījiān, zhèxiē shāngdiàn ～ hěn hǎo. These shops do a good retail trade during holiday periods.

【门市部】ménshìbù（名）商店零售货物或某些服务性行业对外经营的部分 sales department

【门庭若市】mén tíng ruò shì 形容某住所来往的客人很多 the courtyard is as crowded as a market；(fig.) swarming with visitors：主人好客，一到周末他家就～。Zhǔrén hàokè, yí dào zhōumò tā jiā jiù ～. The host likes to entertain, so every weekend his house is full of guests. /这间阅览室报刊杂志多，整天～。Zhè jiān yuèlǎnshì bàokān zázhì duō, zhěng tiān ～. There are a lot of magazines and papers in the reading room, so it is always full of people there all day.

【门徒】méntú（名）disciple；follower

【门外汉】ménwàihàn（名）外行人 layman：谈音乐、舞蹈、美术等艺术，我可是个～。Tán yīnyuè, wǔdǎo, měishù děng yìshù, wǒ kě shì ge ～. I'm really a layman when it comes to music, dance and the fine arts.

【门卫】ménwèi（名）守卫在门口的人 entrance guard

【门牙】ményá（名）[颗 kē] 同"门齿" ménchǐ same as "门齿" ménchǐ

【门诊】ménzhěn（动·不及物）outpatient service

扪
〔捫〕mén
（动）〈书〉按，摸 lay one's hand on
【扪心自问】mén xīn zì wèn 摸着自己胸口想想（自己的言行）。表示反省 examine one's conscience：我～总算尽了自己的力量。Wǒ ～ zǒngsuàn jìnle zìjǐ de liliang. I examined my conscience and found I had put all my effort into it.

mèn

闷
〔悶〕mèn
（形）(由于有烦事、愁事)心情不舒畅或寂寞 depressed；bored；in low spirits；lonely：这几天，我心里～得慌，总想找人聊聊。Zhè jǐ tiān, wǒ xīnli ～ de huāng, zǒng xiǎng zhǎo rén liáoliao. The last few days I have been incredibly lonesome and have felt like talking to somebody. 另见 mēn

【闷雷】mènléi（名）声音低沉的雷 muffled thunder

【闷闷不乐】mènmèn bú lè 有烦事、愁事而心情不愉快 be depressed；in low spirits

【闷气】mènqì（名）郁结在心里没有发泄出来的怨气或怒气 suppressed indignation or anger；the sulks：她整天生～。Tā zhěng tiān shēng ～. She has been sulking all day long.

焖
〔燜〕mèn
（动）盖紧锅盖，用微火把食物煮熟 braise

men

们
〔們〕men
（尾）用在人称代词或指人的名词后面，表示复数（used after a personal pronoun or a noun which indicates a person to show plural number）：我～ wǒ～ we /你～ nǐ～ you /他～ tā～ they /同志～ tóngzhì～ comrades /朋友～ péngyou～ friends /语言工作者～ yǔyán gōngzuòzhě～ linguists and language teachers 注意：复数人称代词，"们"不可少。名词前有数量词或表示复数的词语时，后面不加"们"，不能说"三个同志们"、"很多朋友们"。其他情况，"们"可有可无，如：下课铃一响，学生(们)都涌出教室。工人已经走了。(可能是一个工人，也可能比一个多) note："们" is necessary for pronouns in the plural number. If there is a numeral or any other word in front of the noun which indicates that the noun is in the plural,"们" must not be added，e. g. it is ungrammatical to say "三个同志们" or "很多朋友们"，etc. If the context makes it clear that the noun is in the plural，"们" is optional，e. g.：下课铃一响，学生(们)都涌出教室。When the bell rang，the students all rushed out of the classroom. 工人已经走了。The worker(s) has/have gone.

mēng

蒙 mēng
（动）〈口〉(1)〔矇〕欺骗 deceive；cheat：这个人就爱～人，别信他的话。Zhège rén jiù ài ～ rén, bié xìn tā de huà. This guy likes to cheat people. Don't believe him. (2)〔矇〕胡乱猜测 make a wild guess：这孩子碰上不会答的题就瞎～。Zhè háizi pèngshang bú huì dá de tí jiù xiā ～. When this child meets a question he can't answer, he just makes a wild guess. /那些谜语让我～对了几个。Nàxiē míyǔ ràng wǒ ～-duìle jǐ ge. I guessed several of the riddles correctly. (3)迷惑，惊呆，头昏胀 confused：一看见门前荷枪实弹的卫兵，他就吓～了。Yí kànjiàn mén qián hè qiāng shí dàn de wèibīng, tā jiù xià～ le. When he saw the guards at the door with loaded guns, he panicked. /一进考场，我的头就发～。Yí jìn kǎochǎng, wǒ de tóu jiù fā ～. As soon as I entered the examination hall, I felt stunned. 另见 méng；měng

【蒙蒙亮】mēngmēngliàng（形）早晨天刚有些亮 at break of dawn

【蒙骗】mēngpiàn（动）欺骗 deceive

méng

萌 méng
（动）◇(植物)发芽 sprout；shoot forth；bud；germinate：树枝～出新芽。Shùzhī ～ chū xīn yá. The branches are shooting forth new buds.

【萌发】méngfā（动）〈书〉种子或孢子发芽，也比喻产生一种想法、念头 sprout；germinate；shoot；bud；(of an idea, feeling, etc.) develop

【萌芽】méngyá（动·不及物）植物生芽。比喻事物刚发生 sprout；germinate；shoot；bud：～状态 ～ zhuàngtài an embryonic stage（名）指新生而未长成的事物 rudiment；shoot：共产主义的～ gòngchǎnzhǔyì de ～ the rudiments of communism

蒙 méng
（动）(1)〈口〉遮盖 cover：新娘头上～着纱。Xīnniáng tóu shang ～ zhe shā. The bride's head was covered with a veil. /睡觉时别把被子～在头上。Shuì jiào shí bié bǎ bèizi ～ zài tóu shang. Don't cover your head with the quilt when

you sleep. (2)〈书〉受 receive：在京时，～您多方照顾,非常感谢. Zài Jīng shí, ～ nín duō fāng zhàogu, fēicháng gǎnxiè. Thank you for looking after me in so many ways when I was in Beijing. 另见 méng；měng

【蒙蔽】méngbì (动)隐瞒真相,使人上当 hoodwink；deceive；pull the wool over sb.'s eyes：不能怪他,他也是受～的. Bù néng guài tā, tā yě shì shòu ～ de. You can't blame him. He was also taken in. /他的花言巧语～了不少人. Tā de huā yán qiǎo yǔ ～le bù shǎo rén. A lot of people were deceived by his clever words.

【蒙混】ménghùn (动·不及物)用欺骗的手段遮掩过去 deceive people into believing in one's innocence：～过关 ～ guò guān get by under false pretences /这件事情他～不过去. Zhè jiàn shìqing tā ～ bu guòqù. He can't get away with this by telling lies.

【蒙眬】ménglóng (形)〈书〉(看东西)模糊不清 drowsy；half asleep：睡眼～ shuì yǎn ～ with eyes still heavy with sleep

【蒙昧】méngmèi (形)〈书〉(1)没有文化 barbaric；uncivilized；uncultured：人类一时代 rénlèi ～ shídài an age of barbarism (2)不懂事理,缺乏科学知识 ignorant：～无知 ～ wúzhī childishly ignorant

【蒙蒙】méngméng (形)形容雨点细小 drizzly；misty：～细雨 ～ xìyǔ fine drizzle

【蒙难】méngnàn =nàn〈书〉(领袖、革命者或有影响的人)遭到人为的灾祸 (of leaders, revolutionaries or influential people) be confronted by danger；fall into the clutches of the enemy：由于飞机失事,有六位学者不幸～. Yóuyú fēijī shī shì, yǒu liù wèi xuézhě búxìng ～. Because of the plane crash, six scholars were unfortunately killed.

【蒙受】méngshòu (动)〈书〉受到 suffer；sustain：～损失 ～ sǔnshī sustain a loss /～耻辱 ～ chǐrǔ suffer humiliation /～不白之冤 ～ bù bái zhī yuān suffer an unredressed injustice /～恩惠 ～ ēnhuì be favored with a special kindness

【蒙太奇】méngtàiqí (名)〈电影〉montage

盟 méng
(名)(1)◇阶级和阶级或国家和国家结成的联合关系 alliance (2)内蒙古自治区的行政区域单位,包括若干旗、县、市 an administrative division (corresponding to a prefecture) in the Inner Mongolia Autonomous Region

【盟邦】méngbāng (名)同"盟国" méngguó same as "盟国" méngguó

【盟国】méngguó (名)结成同盟的国家 ally (country)

【盟友】méngyǒu (名)(1)结成同盟的朋友 ally (2)盟国 ally (country)

【盟约】méngyuē (名)国家之间结成同盟时所订立的条约 treaty of alliance

朦 méng
【朦胧】ménglóng (形)不清楚,模糊 dim；hazy：月色～ yuèsè ～ dim moonlight /～的夜空 ～ de yèkōng hazy evening sky /烟雾弥漫,景物～. Yānwù mímàn, jǐngwù ～. It is enveloped in mist and the view is hazy.

曚 méng
【曚昽】ménglóng (形)同"蒙眬" ménglóng same as "蒙眬" ménglóng

měng

猛 měng
(形)(1)猛烈 fierce；violent：火势很～ huǒshì hěn ～ fierce fire /用力过～,把绳子拉断了. Yòng lì guò ～, bǎ

shéngzi lāduàn le. He pulled too hard and broke the rope. (2)突然 suddenly；abruptly：～一转身 ～ yì zhuǎn shēn turn one's body suddenly /汽车～地向左拐去. Qìchē ～ de xiàng zuǒ guǎiqù. The car suddenly turned left. (副)表示动作突然、迅速,多带"地(的)"或与"一"(一下)连用 suddenly；abruptly (usu. takes "地(的)" or used together with "一"(一下))：他刚要开口,～地又停住了. Tā gāng yào kāi kǒu, ～ de yòu tíngzhù le. He was about to say something, then abruptly changed his mind. /这小伙子留起了胡子,～一看像三四十岁的人. Zhè xiǎohuǒzi liúqǐle húzi, ～ yí kàn xiàng sān-sìshí suì de rén. This young fellow has grown a beard and at first look is like a thirty-or-forty-year-old. /他从路旁一下蹿出来,把我吓了一跳. Tā cóng lù páng ～ yíxià cuān chūlai, bǎ wǒ xiàle yí tiào. He suddenly rushed out from the side of the road and gave me a start.

【猛不防】měngbufáng (副)很快,来不及防备 by surprise；unexpectedly；unawares：他～冲过来把球踢出界外. Tā ～ chōng guolai bǎ qiú tīchū jiè wài. He unexpectedly rushed forward and kicked the ball out of bounds.

【猛将】měngjiàng (名)英勇的将领.比喻不怕艰险勇往直前的人 valiant general；(fig.) a fearless and brave person：他是文艺战线上的一员～. Tā shì wényì zhànxiàn shang de yì yuán ～. He is a valiant general on the front line of literature and art. /这个排球队有两员～. Zhège páiqiúduì yǒu liǎng yuán ～. There are two strong offensive players in the volleyball team.

【猛力】měnglì (副)vigorously；with sudden force：大家～一推,把土墙推倒了. Dàjiā ～ yì tuī, bǎ tǔqiáng tuīdǎo le. Everybody pushed with all their might and pushed the mud wall over.

【猛烈】měngliè (形)气势、力量强大 fierce；furious；violent：～进攻 ～ jìngōng a fierce attack /暴风雪十分～. Bàofēngxuě shífēn ～. an extremely violent snow storm

【猛禽】měngqín (名)bird of prey

【猛然】měngrán (副)意思同"猛" měng,表示动作突然、迅速,也说"猛然间" měngránjiān.可用于句首,后面可有语音停顿 (same as "猛" měng；can also be said as "猛然间" měngránjiān；can be used at the beginning of a sentence and be followed by a pause) suddenly；abruptly：海浪排山倒海而来,～砸向山岩,飞起漫天的水花. Hǎilàng pái shān dǎo hǎi ér lái, ～ zá xiàng shānyán, fēiqǐ màntiān de shuǐ huā. The waves came rolling in, smashing abruptly against the cliffs and filling the air with spray. /他一间从车上跳下来,飞跑而去. Tā ～ jiān cóng chē shang tiào xialai, fēi pǎo ér qù. He suddenly jumped out of the car and dashed away. /车子在小路上缓缓前进,～,我望见路边树丛里有个人影. Chēzi zài xiǎo lù shang huǎnhuǎn qiánjìn, ～, wǒ wàngjiàn lù biān shùcóng li yǒu ge rényǐng. My bike was slowly advancing along the path when, suddenly, I caught a glimpse of somebody in the bush.

【猛士】měngshì (名)〈书〉勇敢而有力量的人 brave warrior

【猛兽】měngshòu (名)beast of prey

【猛醒】měngxǐng (动)忽然明白过来 realize suddenly

蒙 méng
另见 méng；méng

【蒙古包】měnggǔbāo (名)蒙古族居住的用毡子做的圆顶帐篷 yurt

锰〔錳〕měng
(名)manganese

【锰钢】měnggāng (名)manganese steel

mèng

孟 mèng

【孟什维克】Mèngshíwéikè（名）Menshevik

梦〔夢〕mèng

（名）（1）dream：做了一个～ zuòle yí ge ～ had a dream（2）比喻幻想 illusion；fantasy：你别做～了，他们录取的人得会两门外语。Nǐ bié zuò ～ le, tāmen lùqǔ de rén děi huì liǎng mén wàiyǔ. Stop dreaming, the people they're accepting have to know two foreign languages.

【梦话】mènghuà（名）梦中说的话 words spoken in one's sleep：说～ shuō ～ talk in one's sleep；speak nonsense

【梦幻】mènghuàn（名）〈书〉梦里的情景，多用于比喻 illusion；dream；reverie

【梦见】mèng // jiàn 在梦里出现 dream：昨晚他～有人追他，他怎么也跑不快。Zuó wǎn tā ～ yǒu rén zhuī tā, tā zěnme yě pǎo bu kuài. Last night he dreamt that somebody was chasing him and he was unable to run fast. /小孩子做梦时常常～自己会飞。Xiǎoháizi zuò mèng shí chángcháng ～ zìjǐ huì fēi. Children often dream that they can fly. /我昨晚～你了。Wǒ zuó wǎn ～ nǐ le. I dreamt of you last night.

【梦境】mèngjìng（名）梦里经历的情景，多用来比喻美妙的境界 the land of one's dreams

【梦寐以求】mèngmèi yǐ qiú 睡梦中都在追求着，比喻希望的迫切 crave sth. even in one's dreams；long for sth. day and night；dream of sth.：老赵一家终于搬进了～的新居。Lǎo Zhào yì jiā zhōngyú bānjìnle ～ de xīnjū. Lao Zhao's family finally moved into their long craved home.

【梦乡】mèngxiāng（名）熟睡 sound sleep：我回来时，小王已经进入了～。Wǒ huílái shí, Xiǎo Wáng yǐjīng jìnrùle ～. When I got back, Xiao Wang was already sound asleep.

【梦想】mèngxiǎng（动）幻想 hope in vain；dream：年轻人爱～，～做这个，～做那个。Niánqīngrén ài ～, ～ zuò zhège, ～ zuò nàge. Young people like to dream. They dream of doing this and doing that.（名）daydream：科学把许多～变成了现实。Kēxué bǎ xǔduō ～ biànchéngle xiànshí. Science has turned many dreams into reality.

【梦呓】mèngyì（名）〈书〉梦话 words spoken in one's sleep

mī

咪 mī

【咪咪】mīmī（象声）形容猫叫的声音 mew；miaow

眯 mī

（动）narrow（one's eyes）：～起眼睛 ～qǐ yǎnjing narrow one's eyes

【眯缝】mīfeng（动）眼皮合拢但不完全闭上 narrow（one's eyes）：～着眼睛想问题 ～zhe yǎnjing xiǎng wèntí think about a problem with half-closed eyes

mí

弥〔彌〕mí

（动）◇（1）满，遍 fill；overflow（2）填补 cover；fill up

【弥补】míbǔ（动）补救（缺陷或损失等）remedy；make good：～这个缺陷 ～zhège quēxiàn remedy this defect /～不足 ～bùzú make up for a deficiency /造成的损失是无法～的。Zàochéng de sǔnshī shì wúfǎ ～ de. There is no way of making up for the loss.

【弥留】míliú（动）〈书〉病重已到死亡的边缘（用法很窄）be dying：～之际 ～ zhī jì on one's deathbed

【弥漫】mímàn（动）充满，布满（烟、尘、雾气等）fill（the air）with：战场上硝烟～。Zhànchǎng shang xiāoyān ～. The air of the battlefield was filled with the fumes of gunpowder. /早晨，大雾～。Zǎochén, dà wù ～. In the morning it was very foggy.

【弥撒】mísa（名）Mass

【弥天大谎】mí tiān dà huǎng 极大的谎话 a big lie；an outrageous lie

mí

迷 mí

（动）（1）分辨不清，失去判断能力 be confused；be lost：～了方向 ～le fāngxiàng lose one's bearings（2）使迷惑，使陶醉 be fascinated by：他被那本小说～住了。Tā bèi nà běn xiǎoshuō ～zhù le. He can't tear himself away from that novel.（3）沉醉于某种事物（常作"入"rù"着"zháo 的宾语）be absorbed in（often used as the object of "入" rù or "着" zháo）：他听音乐听得入～了。Tā tīng yīnyuè tīng de rù ～ le. He is completely immersed in music. /这两个人，下棋简直着～了。Zhè liǎng ge rén, xià qí jiǎnzhí zháole ～. These two are simply absorbed in their chess game.（名）沉醉于某种事物的人 fan；freak：球～ qiú～ ball game fan /戏～ xì～ theater fan

【迷宫】mígōng（名）比喻错综复杂的结构或布局 labyrinth；maze

【迷航】mí＝háng（飞机、轮船等）航行中迷失方向（of plane or ship）stray from one's course

【迷糊】míhu（形）（神志或眼睛）模糊不清 muddle-headed；（of vision）dim：这几天我眼睛～，得去医院看看。Zhè jǐ tiān wǒ yǎnjing ～, děi qù yīyuàn kànkan. My eyes haven't been very good the last few days. I'll have to go to the doctor's and get them checked. /近来他迷迷糊糊的，总是忘事。Jìnlái tā mímíhūhū de, zǒng shì wàng shì. Lately he's been muddle-headed and has been forgetting things a lot.

【迷惑】míhuò（动）（1）辨不清是非，摸不着头脑 be puzzled；be perplexed：对此事我～不解。Duì cǐ shì wǒ ～ bù jiě. I feel puzzled over this.（2）使别人糊涂，受蒙蔽 puzzle；confuse；bewilder：他的话很能～一部分人。Tā de huà hěn néng ～ yí bùfen rén. His words delude quite a few people.

【迷离】mílí（形）〈书〉模糊而难以分辨清楚 blurred；misted

【迷恋】míliàn（动）对某一事物过分喜爱而难以舍弃。多含贬义 be enamoured with；indulge in；be addicted to；be infatuated with：～舒适的生活 ～ shūshì de shēnghuó be addicted to a comfortable lifestyle

【迷路】mí＝lù lose one's way：在森林里～是很危险的。Zài sēnlín li ～ shì hěn wēixiǎn de. It's very dangerous to lose one's way in the forest.

【迷漫】mímàn（形）漫天遍野，茫茫一片，使人看不清楚 misty；hazy：云雾～ yúnwù ～ misty with cloud and fog /大雪～ dà xuě ～ heavy and fast falling snow

【迷茫】mímáng（形）（1）广阔而看不清的 vast and hazy：大雪铺天盖地，原野一片～。Dà xuě pū tiān gài dì, yuányě yí piàn ～. The snow is blocking the sky and covering the ground. The plains are obscured by the falling flakes of snow.（2）（神情）迷离，恍惚，思想不集中 confused；perplexed；dazed：她好像受了刺激，神色～。Tā hǎoxiàng shòule cìjī, shénsè ～. It seems that she has had a shock as she looks dazed.

【迷梦】mímèng（名）使人陶醉 fond dream

【迷人】mírén（形）使人陶醉 enrapture；intoxicate：～的景色 ～ de jǐngsè an enchanting scenery /这歌很～，许多人爱唱。Zhè gē hěn ～, xǔduō rén ài chàng. This song is really catchy and many people like to sing it.

【迷失】míshī（动）辨别不清（方向、道路等）lose（one's bear-

ings, etc.）：～道路 ～ dàolù lose one's way / ～方向的青年要及早回头。～ fāngxiàng de qīngnián yào jízǎo huí tóu. Those young people who have lost their way should repent as soon as possible.

【迷途】mítú（名）〈书〉错误的道路 wrong path：他曾经误入～。Tā céngjīng wù rù ～. He once went astray.

【迷惘】míwǎng（形）〈书〉分辨不清，不知该怎么办 be perplexed；be at a loss：一个农村青年进入大城市，突然的变化使他感到～。Yí ge nóngcūn qīngnián jìnrù dà chéngshì, tūrán de biànhuà shǐ tā gǎndào ～. A young country boy went to the big city and was perplexed by the sudden changes.

【迷雾】míwù（名）〈书〉(1)浓雾 dense fog：漫天～ màntiān ～ heavy mist (2)比喻使人迷失方向的事物 things which mislead people：他的眼前充满了～，没有一点儿光明。Tā de yǎn qián chōngmǎnle ～, méi yǒu yìdiǎnr guāngmíng. He is confronted with all sorts of perplexities and can't see any way out.

【迷信】míxìn（动）(1)相信神仙鬼怪等不存在的事物 have a superstitious belief in：～鬼神是因为无知。～ guǐ shén shì yīnwèi wúzhī. Belief in ghosts and spirits stems from ignorance. (2)过分相信，崇拜某人某物 have blind faith in；blindly worship：你不要～他，他比我们强不了多少。Nǐ búyào ～ tā, tā bǐ wǒmen qiáng bu liǎo duōshao. Don't put all your faith in him. He's no better than we are. / ～权威是这些人的通病。～ quánwēi shì zhèxiē rén de tōngbìng. The common failing of these people is their blind faith in authority.（名）指盲目的信仰、崇拜 superstition：解放以前，这里的封建～活动盛行。Jiěfàng yǐqián, zhèlǐ de fēngjiàn ～ huódòng shèngxíng. Before Liberation, there were a lot of feudalistic superstitions around here. /破除～，解放思想。Pòchú ～, jiěfàng sīxiǎng. Do away with superstitions and emancipate the mind.

谜

〔谜〕mí（名）(1) riddle：猜～ cāi ～ guess a riddle (2)还没弄清的或难以理解的事物 puzzle；enigma：他这个人对我还是个～。Tā zhège rén duì wǒ hái shì ge ～. He's still a puzzle to me.

【谜底】mídǐ（名）(1)谜语的答案 answer to a riddle (2)事情的真相 truth

【谜面】mímiàn（名）构成谜语的那些具体的话 the words which make up a riddle

【谜语】míyǔ（名）[个 gè] riddle

糜

mí

【糜烂】mílàn（形）(1)〈医〉erosion (2) rotten to the core；debauched：～的生活 ～ de shēnghuó a life of debauchery

麋

mí（名）◇ elk

【麋鹿】mílù（名）[只 zhī] mi lu；David's deer

mǐ

米

mǐ（名）[粒 lì] rice（量）meter

【米饭】mǐfàn（名）(cooked) rice

【米黄】mǐhuáng（形）cream-colored

【米酒】mǐjiǔ（名）用糯米、黄米等酿成的酒 rice wine

【米糠】mǐkāng（名）rice bran

【米粒】mǐlì（名）grain of rice：这种米的～很大。Zhè zhǒng mǐ de ～ hěn dà. This kind of rice has very big grains.

【米粮川】mǐliángchuān（名）盛产粮食的大片田地 rich rice-producing area

【米色】mǐsè（名）cream-colored

【米汤】mǐtāng（名）煮过米的水 water in which rice was boiled

【米制】mǐzhì（名）metric system

靡

mí

【靡靡之音】mǐmǐ zhī yīn 低级趣味的音乐 decadent music

mì

觅

〔覓〕mì（动）〈书〉寻找 look for；hunt for；seek：～食 ～ shí look for food / ～路 ～ lù look for the road

泌

mì（动）◇分泌 secrete

【泌尿科】mìniàokē（名）〈医〉urology department

秘

mì（形）◇秘密的 secret：～事 ～ shì a secret（动）◇保守秘密 keep sth. secret

【秘而不宣】mì ér bù xuān ◇住秘密，不肯宣布 keep the news of sth. from getting out

【秘方】mìfāng（名）不公开的有显著医疗效果的药方 secret recipe

【秘诀】mìjué（名）不公开的能解决问题的好方法 key to success：你减肥有什么～? Nǐ jiǎn féi yǒu shénme ～? What's your secret for losing weight?

【秘密】mìmì（形）有所隐蔽，不让外人知道的（跟"公开"相对）secret；confidential：他～活动于几个大城市之间。Tā ～ huódòng yú jǐ ge dà chéngshì zhī jiān. His clandestine activities are between several large cities. /他给敌人～送情报。Tā gěi dírén ～ sòng qíngbào. He secretly gave the enemy information.（名）不公开的事情 secret：你要为我保守～。Nǐ yào wèi wǒ bǎoshǒu ～. Keep the secret for me. /我没有什么～要保守。Wǒ méi yǒu shénme ～ yào bǎoshǒu. I don't have any secrets to keep.

【秘书】mìshū（名）secretary

【秘书长】mìshūzhǎng（名）secretary-general

密

mì（形）(1)距离短，空隙小（与"稀""疏"相对）dense；thick；close：～不透风 ～ bú tòu fēng airtight / 咱们的地不肥，苗太～长不好。Zánmen de dì bù féi, miáo tài ～ zhǎng bu hǎo. Our field isn't very fertile and if the sprouts are too thick they won't be very strong. (2)◇关系亲近，感情intimate；close：两人交往甚～。Liǎng rén jiāowǎng shèn ～. They two are on very intimate terms. (3)◇秘密 secret：～电码 diànmǎ cipher code /注意保～ Zhùyì bǎo ～ take care to keep a secret

【密闭】mìbì（动）严密封闭 airtight；hermetic

【密布】mìbù（动）布满 densely covered：乌云～，就要下雨了。Wūyún ～, jiù yào xià yǔ le. Dark clouds are gathering. It's going to rain.

【密电】mìdiàn（名）telegram in code；cipher telegram

【密度】mìdù（名）(1)稀疏程度 density；thickness：人口～ rénkǒu ～ population density (2)〈物〉density：水的～ shuǐ de ～ water density

【密封】mìfēng（动）严密地封闭 seal up；seal airtight：瓶口用蜡～起来。Píngkǒu yòng là ～ qǐlai. The bottle is sealed up with wax.

【密封舱】mìfēngcāng（名）airtight cabin

【密集】mìjí（形）〈书〉数量很多地聚集在一处 dense；thick；

concentrated：东南沿海人口～。Dōngnán yánhǎi rénkǒu ～. The population is concentrated in the southeastern coastal region. /附近响起了～的枪声。Fùjìn xiǎngqǐle ～ de qiāngshēng. There was the sound of heavy gunfire nearby.

【密件】mìjiàn（名）需要保密的文件、信件等 confidential paper

【密令】mìlìng（名）秘密的命令 secret order

【密码】mìmǎ（名）特别编定的秘密电码 secret code

【密密层层】mìmìcéngcéng（形）形容很密很多 dense；thick；packed closely；layer upon layer：山坡上的树木～,多是松柏。Shānpō shang de shùmù ～, duō shì sōng bǎi. The trees are dense on the mountain. They are mostly pines and cypresses. /人围得～的。Rén wéi de ～ de. The people are crowding around.

【密密丛丛】mìmìcóngcóng（形）形容草木茂密 thick vegetation：山上是～的树林。Shān shang shì ～ de shùlín. There are dense forests in the mountains.

【密密麻麻】mìmìmámá（形）又多又密（多指小的东西）thickly dotted；close together and in great numbers：纸上写着～的小字儿。Zhǐ shang xiězhe ～ de xiǎo zìr. The paper was covered with small, closely-written characters. /孩子出了～的一身疹子。Háizi chūle ～ de yì shēn zhěnzi. The child's body was dotted all over with measles.

【密谋】mìmóu（动）暗中策划 conspire（名）暗中策划出的计划 plot；scheme

【密切】mìqiè（形）（1）紧密,亲密 close；intimate：关系～guānxì ～ close relationship /来往～ láiwǎng ～ frequent contact /～配合 ～ pèihé act in close coordination（2）仔细关注 closely；intently：～注意 ～ zhùyì pay close attention to（动）使关系紧密 establish closer（links with）：～两国之间的关系 ～ liǎng guó zhījiān de guānxì establish closer relations between the two countries

【密实】mìshi（形）细密 tightly woven：这种布太稀,那种倒挺～的。Zhè zhǒng bù tài xī, nà zhǒng dào tǐng ～ de. This cloth is of a loose texture, but that one is quite tightly woven. /她的针线活儿很细,针脚可～了。Tā de zhēnxiàn huór hěn xì, zhēnjiao kě ～ le. Her needlework is very fine and the stitches are tightly sewn.

【密谈】mìtán（动）秘密商谈 secret talk

【密探】mìtàn（名）secret agent；spy

【密友】mìyǒu（名）感情特别深厚的朋友 close friend

【密约】mìyuē（名）秘密约定的事,秘密订立的条文 secret agreement

【密植】mìzhí（动）plant closely together

幂 mì（名）〈数〉（maths.）power

蜜 mì（名）honey：酿～ niàng ～ make honey

【蜜蜂】mìfēng（名）[只 zhī] honey bee

【蜜饯】mìjiàn（名）用蜜或糖浆浸制的果品 candied fruit

【蜜色】mìsè（名）像蜂蜜那样的颜色 honey-colored

【蜜源】mìyuán（名）nectar source

【蜜月】mìyuè（名）新婚的第一个月 honeymoon

【蜜枣】mìzǎo（名）candied date or jujube

mián

绵〔綿〕mián（名）〈书〉丝绵 silk floss（形）〈书〉柔软,（力量）薄弱 soft

【绵薄】miánbó（形）〈书〉（自己的能力）薄弱（my）meagre（strength）；humble（effort）：愿为祖国的建设献尽～之力。Yuàn wèi zǔguó de jiànshè xiàn jìn ～ zhī lì. I'll do what

little I can to help build my motherland.

【绵绸】miánchóu（名）一种没有光泽的绸子 cloth made from odds and ends of silk

【绵亘】miángèn（动）〈书〉（山脉等）连接不断（of mountains, etc.）stretch in an unbroken chain：一座大山～在两国的国界线上。Yí zuò dà shān ～ zài liǎng guó de guójiè xiàn shang. A large mountain chain stretches along the border between the two countries.

【绵里藏针】mián lǐ cáng zhēn（1）柔中有刚 sth. hard inside of sth. soft：这位领导同志～,既能关心群众,又能坚持原则。Zhè wèi lǐngdǎo tóngzhì ～, jì néng guānxīn qúnzhòng, yòu néng jiānchí yuánzé. This leader is both soft and tough at the same time. He shows great concern for the people and yet sticks to principles.（2）比喻外表很柔和而内心狠毒（fig.）a ruthless character behind a gentle appearance

【绵绵】miánmián（形）连续不断 continuous；unbroken：秋雨～ qiū yǔ ～ A fine autumn rain falls unceasingly. /情意～ qíngyì ～ inseverable love relationship

【绵软】miánruǎn（形）柔软（多用于毛发、衣被、纸张等）soft：～的羊毛衫 ～ de yángmáoshān a soft woollen sweater

【绵延】miányán（动·不及物）（山）延续不断 continue or extend in a meandering way over some distance（e.g. a mountain range）：这条山脉～千里。Zhè tiáo shānmài ～ qiān lǐ. This mountain range meanders for a thousand miles.

【绵羊】miányáng（名）[只 zhī] sheep

棉 mián（名）cotton

【棉袄】mián'ǎo（名）[件 jiàn] cotton-padded jacket

【棉被】miánbèi（名）[床 chuáng、条 tiáo] cotton-padded quilt

【棉布】miánbù（名）cotton cloth

【棉纺】miánfǎng（名）cotton spinning

【棉猴儿】miánhóur（名）〈口〉[件 jiàn] 风帽连着衣领的棉大衣 parka；hooded cotton-padded coat

【棉花】miánhua（名）cotton

【棉裤】miánkù（名）[条 tiáo] cotton-padded pants

【棉毛裤】miánmáokù（名）[条 tiáo] 一种比较厚的棉针织的衬裤 long underwear of knitted cotton

【棉毛衫】miánmáoshān（名）[件 jiàn] 一种比较厚的棉针织的内衣 knitted cotton undershirt

【棉纱】miánshā（名）cotton yarn

【棉桃】miántáo（名）cotton boll

【棉线】miánxiàn（名）cotton thread

【棉絮】miánxù（名）cotton wadding

【棉衣】miányī（名）[件 jiàn、套 tào] 絮了棉花的衣裤 cotton-padded clothes

【棉织品】miánzhīpǐn（名）cotton goods；cotton textiles

miǎn

免 miǎn（动）（1）去掉,除去 free sb. from sth.；dispense with：～冠照片 ～ guān zhàopiān bare-headed photograph /～去他的处长职务 ～qù tā de chùzhǎng zhíwù remove him from his position as section head /这些礼节可以～掉。Zhèxiē lǐjié kěyǐ ～diào. These formalities can be dispensed with.（2）避免(多用于动宾结构前,构成四字短语) avoid；avert；escape：～受其害 ～ shòu qí hài avoid being harmed /～遭毒手 ～ zāo dúshǒu avoid being the victim of a murder plot（3）◇不要,不可 not allowed；prohibited：闲人～进 xiánrén ～ jìn no admittance except on business

【免不得】miǎn bu de 不可避免(多作状语) be unavoidable；be bound to（usu. used as an adverbial）：在一起的日子长了,～发生些口角。Zài yìqǐ de rìzi cháng le, ～ fāshēng xiē kǒujué. There are bound to be quarrels when people spend a

lot of time together.

【免不了】miǎn bu liǎo 不可避免，难免（以动词性短语为宾语）be unavoidable; be bound to (with verbal phrase as object)：小孩学走路，～跌交。Xiǎohái xué zǒu lù, ～ diē jiāo. *Children are bound to fall down when they are learning to walk.* /他刚来，一切都生疏，困难是～的。Tā gāng lái, yíqiè dōu shēngshū, kùnnan shì ～ de. *He has just arrived and everything is strange, so problems are unavoidable.* /需要什么到我家来拿。—— ～麻烦您！Xūyào shénme dào wǒ jiā lái ná. —— ～ máfan nín! *If you need anything, come to my house and get it.* —— *But that's too much trouble for you!*

【免除】miǎnchú（动）免去，免掉 avoid; be freed from; be excused from：～捐税 juānshuì *tax free* /～灾害 zāihài *prevent disasters* /他刚做了手术，一个月内～体育课。Tā gāng zuòle shǒushù, yí gè yuè nèi ～ tǐyù kè. *He has just had an operation, so he is excused from physical education for a month.*

【免得】miǎnde（连）表示前面所说的行动的目的，是使后面的情况避免发生 so as not to; so as to avoid：把窗户关好，～雨淋进来。Bǎ chuānghu guānhǎo, ～ yǔ shào jinlai. *Shut the window tight to keep the rain from coming in.* /生吃瓜果一定要洗净，～传染疾病。Shēng chī guāguǒ yídìng yào xǐjìng, ～ chuánrǎn jíbìng. *To avoid contagious diseases, one must wash fruit and melons before eating them raw.* /睡前把闹钟上好，～早上起不来，迟到。Shuì qián bǎ nàozhōng shànghǎo, ～ zǎoshang qǐ bu lái, chídào. *Set the alarm before you go to bed so as to avoid sleeping in and arriving late.*

【免费】miǎn=fèi 不收费 free of charge; free; gratis：可以～治疗 kěyǐ ～ zhìliáo *enjoy free medical treatment* /准许他～入学。Zhǔnxǔ tā ～ rù xué. *He has a tuition waiver.* /学生可以～参观，别的人不行。Xuésheng kěyǐ ～ cānguān, bié de rén bù xíng. *Students can go free of charge, but others have to pay.* /参加学习班，吃住都～。Cānjiā xuéxí bān, chī zhù dōu ～. *If you take the training course, you'll get free food and lodging.*

【免票】miǎnpiào（名）不收费的票 free pass; free ticket：他有一张火车～。Tā yǒu yì zhāng huǒchē ～. *He has a free railway pass.*

【免票】miǎn=piào 不要票 free of charge：国庆节那天各大公园～开放。Guóqìngjié nà tiān gè dà gōngyuán ～ kāifàng. *On National Day entrance to all the large parks is free of charge.*

【免税】miǎn=shuì 免去应缴的税款 duty free; tax free：带书入境，～吧? Dài shū rù jìng, ～ ba? *Are books duty-free?* /可以带一个～的手表。Kěyǐ dài yí ge ～ de shǒubiǎo. *One watch can be brought in duty-free.*

【免刑】miǎn=xíng 免予刑事处分 exempt from punishment

【免验】miǎnyàn（动）exempt from customs inspection：外交官入境时所带物品可以～。Wàijiāo guān rù jìng shí suǒ dài wùpǐn kěyǐ ～. *Diplomatic baggage is exempt from customs inspection.*

【免疫】miǎnyì（动・不及物）由于具有抵抗力而不患某种传染病 be immune (from disease)：～功能 ～ gōngnéng *immunity function*

【免疫力】miǎnyìlì（名）immunity (from disease)

【免职】miǎn=zhí 解除职务 remove sb. from office; relieve sb. of his post：我认为应该免他的职。Wǒ rènwéi yīnggāi miǎn tā de zhí. *I think he should be relieved of his duties.*

勉 miǎn（动）◇(1)努力 strive (2)勉励 encourage：二人互助互～。Èr rén hù zhù hù ～. *The two people encourage and help each other.*

【勉励】miǎnlì（动）(用言语)鼓励人继续努力（常指上对下）encourage; urge：他～学生在绘画上不断创新，取得更好的成绩。Tā ～ xuésheng zài huìhuà shang búduàn chuàngxin, qǔdé gèng hǎo de chéngjì. *He encouraged his students to constantly bring forth new ideas in painting and to obtain even better results.*

【勉强】miǎnqiǎng（形）(1)在某方面刚刚能满足要求，没有多余，甚至还有些欠缺 do with difficulty; manage with an effort：就能力说，他承担这么重的工作，十分～。Jiù nénglì shuō, tā chéngdān zhème zhòng de gōngzuò, shífēn ～. *As far as ability is concerned, it's quite an effort for him to take on such a heavy job.* /你的理由很～，不能说服人。Nǐ de lǐyóu hěn ～, bù néng shuōfú rén. *The reason you gave was far-fetched and not at all convincing.* /这个词用在这儿有些～。Zhège cí yòng zài zhèr yǒuxiē ～. *This word is a bit out of place in this context.* /这块布做一件衬衣～够。Zhè kuài bù zuò yí jiàn chènyī ～ gòu. *This piece of cloth is barely enough to make a shirt.* /他的收入～能维持生活。Tā de shōurù ～ néng wéichí shēnghuó. *His income is barely enough for him to live.* (2)不情愿的 unwillingly; reluctantly; grudgingly：～承认了错误 ～ chéngrènle cuòwù *He reluctantly admitted his mistake.* /他同意了，不过很～。Tā tóngyì le, búguò hěn ～. *He agreed, although very reluctantly.* (动)使人做（或自己做）不愿意做或力所不及的事 force sb. (or oneself) to do sth.：别～他了，他从来不听音乐。Bié ～ tā le, tā cónglái bù tīng yīnyuè. *Don't force him. He never listens to music.* /你要量力而行，真做不到就不要～(自己)。Nǐ yào liàng lì ér xíng, zhēn zuò bu dào jiù búyào ～ (zìjǐ). *You should act according to your ability and, if you really can't do it, don't force yourself.* /他很不舒服，～坐了一会儿又躺下了。Tā hěn bù shūfu, ～ zuòle yíhuìr yòu tǎngxia le. *He's not feeling very good. He tried to sit for a while and then lay down.*

【勉为其难】miǎn wéi qí nán 勉强做能力所不及的事 manage to do what seemed beyond one's power：我实在不知道怎么写这篇文章，既是非写不可，只能～了。Wǒ shízài bù zhīdào zěnme xiě zhè piān wénzhāng, jì shì fēi xiě bùkě, zhǐ néng ～ le. *I really had no idea how to write this paper, but I had no choice except to do what seemed impossible.*

缅〔緬〕miǎn（形）◇遥远 remote; far back

【缅怀】miǎnhuái（动）〈书〉追想（已往的事）cherish a fond memory of; recall

腼 miǎn

【腼腆】miǎntian（形）拘谨，害羞 shy; bashful：这姑娘很～，见生人一说话就脸红。Zhè gūniang hěn ～, jiàn shēngrén yì shuō huà jiù liǎn hóng. *This girl is really shy. She turns red as soon as she speaks to a stranger.*

miàn

面 miàn（名）(1)◇脸 face：～带笑容 ～ dài xiàoróng *have a smile on one's face* /她～朝里躺着。Tā ～ cháo lǐ tǎngzhe. *She was lying there with her back to us.* /两个人～对～谈话。Liǎng ge rén ～ duì ～ tán huà. *The two of them were talking face to face.* (2)◇当面（作状语）personally; directly：～议 ～ yì *discuss sth. personally* /～交 ～ jiāo *personally hand sth. to sb.* /～告 ～ gào *tell sb. sth. in person* (3)(～儿)物体的表面 surface; top; face：水～ shuǐ ～ *the surface of the water* /路～ lù ～ *road surface* /桥～ qiáo ～

bridge-floor /桌子～ zhuōzi ～ *table-top* (4)(～儿)棉、夹衣物的外边一层 *cover*; *outside*; 棉袄～ mián'ǎo ～ *the outside of a cotton-padded jacket* /被～ bèi～ *the top covering of a quilt* (5)(～儿)纺织品的正面 *right side*; 你怎么把布弄反了，花纹凸出的是～，凹的是里儿。Nǐ zěnme bǎ bù nòng fǎn le, huāwén tūchū de shì ～, āo de shì lǐr. *How come you've got the material inside out. The raised pattern is the right side and the other side is the back.* (6)〔麵〕面粉 *flour*; 一袋～ yí dài ～ *a bag of* (*wheat*) *flour* /玉米～ yùmǐ ～ *corn flour* (7)(～儿)粉末 *powder*; 胡椒～ hújiāo ～ *powdered pepper* /药片受潮后都成～了。Yàopiàn shòu cháo hòu dōu chéng ～ le. *The tablets got soft when they were damp.* (8)〔麵〕面条 *noodles*; 今天中午吃～。Jīntiān zhōngwǔ chī ～. *We're eating noodles for lunch.* (9)几何学上称线移动所形成的形迹 (*geom.*) *surface* (10)指全面(和"点"相对) *an entire area*; *the whole*; ～上的工作一定要做好。～ shang de gōngzuò yídìng yào zuòhǎo. *The work of the entire area needs to be well done.* (11)方面 *aspect*; 签订一个合同必须两～的利益都照顾到。Qiāndìng yí ge hétong bìxū liǎng ～ de lìyì dōu zhàogu dào. *Signing a contract requires that the interests of both parties be taken into consideration.* /工作中好的一～要充分肯定。Gōngzuò zhōng hǎo de yí ～ yào chōngfèn kěndìng. *The positive aspect of a piece of work must be fully acknowledged.* (量) 多用于扁平的东西 (*for flat objects*); 一～红旗 yí ～ hóngqí *a red flag* /两～镜子 liǎng ～ jìngzi *two mirrors*

【面包】miànbāo（名）[个 gè] *bread*

【面包车】miànbāochē（名）[辆 liàng] 旅行车的俗称 *van*

【面额】miàn'é（名）(货币等)票面的数额 *denomination*; 这些人民币～全是十元的。Zhèxiē rénmínbì ～ quán shì shí yuán de. *These Renminbi are all in 10 yuan bills.*

【面粉】miànfěn（名）*wheat flour*; *flour*

【面红耳赤】miàn hóng ěr chì 感情冲动、发怒、害羞时脸上发红的样子 *be red in the face*; 争论得～ zhēnglùn de ～ *argue until everyone is red in the face* /羞得～ xiū de ～ *blush with embarassment*

【面黄肌瘦】miàn huáng jī shòu 脸色发黄不健康，身体很瘦弱 *sallow and emaciated*; *lean and haggard*

【面积】miànjī（名）*area*

【面巾纸】miànjīnzhǐ（名）*facial tissues*; *kleenex*

【面具】miànjù（名）*mask*

【面孔】miànkǒng（名）〈书〉[副 fù]（*a person's*）*face*

【面临】miànlín（动）*be faced with*; *be up against*; ～一项光荣而又艰巨的任务 ～ yí xiàng guāngróng ér yòu jiānjù de rènwu *We are confronted with a difficult and glorious task.* /～着严峻的考验 ～zhe yánjùn de kǎoyàn *A severe test lies ahead of us.* /这种珍稀树木～绝种的危险。Zhè zhǒng zhēnxī shùmù ～ juézhǒng de wēixiǎn. *This rare species of tree is faced with the danger of extinction.*

【面貌】miànmào（名）(1)脸的样子，长相 *face* (2)比喻事物所呈现的景象、状态 (*of things*) *look*; *appearance*; *aspect*; *state*; 社会～ shèhuì ～ *the face of society* /精神～ jīngshén ～ *mental outlook* /改变落后～ gǎibiàn luòhuò ～ *change the backward state of things* /山村出现新～。Shāncūn chūxiàn xīn ～. *The mountain village has taken on a new look.*

【面面俱到】miàn miàn jù dào 形容在各方面都安排照顾得很周到。有时也指重点不突出，一般化 *attend to all aspects of a matter*; 他做工作总是～，从来没有什么漏洞。Tā zuò gōngzuò zǒngshì ～, cónglái méi yǒu shénme lòudòng. *His work is always well-thought out and never contains any inconsistencies.* /作这个报告不要～，要突出重点。Zuò zhège bàogào búyào ～, yào tūchū zhòngdiǎn. *When you make this report you don't need to cover everything, just highlight the main points.*

【面面相觑】miàn miàn xiāng qù 形容大家因惊惧或无可奈何而互相望着，都不说话 *look at each other in blank dismay*; *look at each other helplessly*

【面目】miànmù（名）〈书〉(1)脸的样子（贬义）*face*; *features*; 一可憎 ～ kězēng *repulsive appearance* /狰狞～ zhēngníng ～ *vicious appearance* (2)指人的某种身份 *appearance*; *look*; *aspect*; 政治～ zhèngzhì ～ *political background* /掩盖其本来～ yǎngài qí běnlái ～ *cover up the true colors of sth.*

【面目全非】miànmù quán fēi 样子完全不是原来那样，形容改变很大 *changed beyond recognition*; 经过几个人的辗转相传，我原来的意思～了。Jīngguò jǐ ge rén de zhǎnzhuǎn xiāngchuán, wǒ yuánlái de yìsi ～ le. *My original meaning has been distorted beyond recognition after being passed around by so many different people.* /这篇文章已经被改得～了。Zhè piān wénzhāng yǐjing bèi gǎi de ～le. *This article has been revised beyond recognition.* /这条街在多年变迁之后，现在～。Zhè tiáo jiē zài duō nián biànqiān zhī hòu, xiànzài ～. *This street after the changes of many years is entirely different now.*

【面目一新】miànmù yī xīn 样子完全更新 *take on an entirely new look*; *assume a completely new appearance*; 经过整修这座园林～。Jīngguò zhěngxiū zhè zuò yuánlín ～. *This park has taken on a completely new look after renovations.* /这个企业整顿得～。Zhège qǐyè zhěngdùn de ～. *This business has taken on an entirely new look after undergoing reorganization.*

【面庞】miànpáng（名）脸的轮廓 *contours of the face*; *face*; 圆圆的～ yuányuán de ～ *a round face*

【面洽】miànqià（动）〈书〉当面接洽商量 *discuss with sb. face to face*; *take up a matter with sb. personally*; 这所房屋出租，愿租者请来～。Zhè suǒ fángwū chūzū, yuànzūzhě qǐng lái ～. *Those who are interested in renting this house should apply in person.*

【面前】miànqián（名）面对着的地方 *in front of*; *in the face of*; *before*; 她把饭菜送到了顾客～。Tā bǎ fàn cài sòngdàole gùkè ～. *She placed the food in front of the customers.* /摆在我们～的任务是艰巨的。Bǎi zài wǒmen ～ de rènwu shì jiānjù de. *The tasks before us are arduous.* /荣誉～不伸手，胜利～不骄傲。Róngyù ～ bù shēn shǒu, shènglì ～ bù jiāo'ào. *One should be modest in the face of glory and not arrogant in the face of victory.*

【面人儿】miànrénr（名）用带颜色的糯米面捏成人像 *dough figurine*

【面容】miànróng（名）相貌 *facial features*; *face*

【面色】miànsè（名）脸上的气色 *complexion*; 近来他～不错。Jìnlái tā ～ búcuò. *His complexion has been looking pretty good lately.*

【面纱】miànshā（名）[块 kuài] *veil*

【面商】miànshāng（动）当面商议 *discuss with sb. face to face*; *consult personally*

【面生】miànshēng（形）对某人面孔感到生疏 *look unfamiliar*; 有几个人很～，肯定不是咱们单位的。Yǒu jǐ ge rén hěn ～, kěndìng bú shì zánmen dānwèi de. *There are several people who look unfamiliar. They can't be from our unit.*

【面食】miànshí（名）用面粉制作的食品的统称 *cooked wheaten food*; 北方人喜欢吃～，南方人喜欢吃米饭。Běifāng rén xǐhuan chī ～, nánfāng rén xǐhuan chī mǐfàn. *Northerners like to eat noodle and dumplings, whereas southerners like to eat rice.*

【面熟】miànshú（形）对某人的面孔熟悉或有印象 *look familiar*; 这个人很～，好像在哪儿见过。Zhège rén hěn ～, hǎoxiàng zài nǎr jiànguo. *He looks familiar. It seems I've seen him somewhere before.*

【面谈】miàntán（动）当面谈叙 *speak to sb. face to face*；*take up a matter with sb. personally*

【面汤】miàntāng（名）煮过面条的水 *water in which noodles have been boiled*

【面条】miàntiáo（名）（～儿）*noodles*

【面向】miànxiàng（动）（1）对着，朝着 *turn one's face to*；*turn in the direction of*；*face*：～东方 ～ dōngfāng *face the east*（2）着眼于，着重于 *be geared to the needs of*；*cater to*：教育工作要～现代化，～世界，～未来。Jiàoyù gōngzuò yào ～ xiàndàihuà，～ shìjiè，～ wèilái. *Education should be geared to the needs of modernization, the world and the future.*

【面谢】miànxiè（动）当面致谢 *thank sb. in person*

【面罩】miànzhào（名）戴在面部起保护作用的东西 *face mask*：养蜂人工作的时候得戴～。Yǎng fēng rén gōngzuò de shíhou děi dài ～. *Beekeepers have to wear face masks.*

【面子】miànzi（名）（1）同"面" miàn（4）*same as "面"* miàn（4）*outer part*；*outside*：这件大衣的～是什么材料？Zhè jiàn dàyī de ～ shì shénme cáiliào? *What is the outside of this coat made of?*（2）体面 *face*；*self-respect*：爱～ ài ～ *be keen on face-saving*／丢～ diū ～ *lose face*／他这个人从来不给人留～。Tā zhège rén cónglái bù gěi rén liú ～. *He never shows respect for others' face.*（3）情面 *consideration for sb.'s feelings*：坚持原则，不讲～。Jiānchí yuánzé，bù jiǎng ～. *Stick to your principles and don't spare anybody's sensibilities.*

miāo

喵 ^miāo（象声）形容猫叫的声音 *mew*；*miaow*

miáo

苗 ^miáo（名）[棵 kē]*sprout*；*seedling*

【苗床】miáochuáng（名）〈农〉*seedbed*

【苗木】miáomù（名）培植的树木的幼株 *nursery stock*

【苗圃】miáopǔ（名）*nursery* (*for plants or trees*)

【苗情】miáoqíng（名）*growing condition of sprouts*

【苗条】miáotiao（形）(*of figure*) *slender*；*slim*：身材～ shēncái ～ *a slender figure*

【苗头】miáotou（名）略微显露出来的发展趋势和迹象 *symptom of a trend*；*indication of a new development*：那个贪玩的孩子最近喜欢看书了，这是好～。Nàge tān wánr de háizi zuìjìn xǐhuan kàn shū le，zhè shì hǎo ～. *That boy is usually so fond of playing but recently he has started to become interested in reading. That's a good sign.*／最近她经常不回家，我看～不对，是不是和她丈夫吵架了？Zuìjìn tā jīngcháng bù huí jiā，wǒ kàn ～ búduì，shì bu shì tā zhàngfu chǎo jià le? *Recently she hasn't been going home regularly. That's strange. I wonder if she had a fight with her husband.*

描 ^miáo（动）（1）照着底样画 *trace*；*copy*：～花 ～ huā *trace a flower pattern*／～图样 ～ túyàng *trace a design*（2）在原来颜色淡或需要改正的地方重复地涂抹 *touch up*；*retouch*：～眉 ～ méi *pencil one's eyebrows*／写好的字不要～了。Xiěhǎo de zì búyào ～ le. *Never retouch a written character.*／线条太细，你再～～。Xiàntiáo tài xì，nǐ zài ～～. *The lines are too fine. They need to be retouched.*

【描画】miáohuà（动）〈书〉画（多用于比喻）*draw*；*paint*；*describe*；*depict*：他正在为家乡～着治山治水的蓝图。Tā zhèngzài wèi jiāxiāng ～zhe zhì shān zhì shuǐ de lántú. *He is in the middle of drawing a blueprint for his hometown of a project to harness the rivers and tame the mountains.*

【描绘】miáohuì（动）〈书〉同"描画" miáohuà *same as "描画"* miáohuà：这些作品生动地～了江南水乡的风貌。Zhèxiē zuòpǐn shēngdòng de ～ le jiāngnán shuǐxiāng de fēngmào. *These literary works vividly depict the scenes of the river regions in south China.*

【描金】miáojīn（动·不及物）用金色粉在器物或建筑物的图案上钩勒描画，作装饰 *trace a design in gold*：这套黑漆～的家具你喜欢吗？Zhè tào hēiqī ～ de jiājù nǐ xǐhuan ma? *Do you like the black lacquered furniture with the gold design?*

【描摹】miáomó（动）〈书〉用语言文字表现人或事物形象、情状、特性等 *depict*；*portray*；*delineate*

【描述】miáoshù（动）清楚地叙述（一定的情景）*describe*：请你～一下那里的情景。Qǐng nǐ ～ yíxià nàlǐ de qíngjǐng. *Please describe the scene there.*／那部作品生动地～了老北京市民的生活。Nà bù zuòpǐn shēngdòng de ～ le lǎo Běijīng shìmín de shēnghuó. *That work vividly describes the lives of the people of old Beijing.*

【描图】miáo＝tú *tracing*

【描写】miáoxiě（动）用语言文字把事物的本来样式表现出来 *describe*；*portray*；*depict*：这部作品～了一个老知识分子的典型。Zhè bù zuòpǐn ～ le yí ge lǎo zhīshi fènzǐ de diǎnxíng. *This work depicts a typical old intellectual.*／他善于～儿童心理。Tā shànyú ～ értóng xīnlǐ. *He is good at describing the inner feelings of children.*／游记里风景～很重要。Yóujì lǐ fēngjǐng ～ hěn zhòngyào. *The description of scenery is very important in travel notes.*

miáo

瞄 ^miáo（动）把视力集中在一点上；注意看 *aim*：打靶的时候，他～了半天也没打着。Dǎ bǎ de shíhou，tā ～ le bàntiān yě méi dǎzháo. *At target practice, he aimed at the target for ages but still didn't hit it.*

【瞄准】miáozhǔn（动）*take aim*，*train on*：把高射炮口～敌机。Bǎ gāoshèpàokǒu ～ dí jī. *Train the anti-aircraft guns on the enemy planes.*

miǎo

秒 ^miǎo（量）*second*

【秒表】miǎobiǎo（名）*stopwatch*

【秒针】miǎozhēn（名）(*of clock or watch*) *second hand*

渺 ^miǎo（形）〈书〉（1）遥远而模糊不清 *distant and indistinct*：一片荒地～无人迹。Yí piàn huāngdì ～ wú rén jì. *A stretch of wild land that is remote and uninhabited.*（2）微小 *tiny*；*insignificant*

【渺茫】miǎománg（形）（1）因遥远而模糊不清 *remote and indistinct*：音信～ yīnxìn ～ *nothing has been heard* (*from sb.*)／云雾～ yúnwù ～ *an expanse of fog and clouds*（2）因没有把握而难以预料 *uncertain*：前途～ qiántú ～ *have an uncertain future*／希望不能说没有，但很～。Xīwàng bù néng shuō méi yǒu，dàn hěn ～. *We can't say there is no hope, but it is very uncertain.*

【渺小】miǎoxiǎo（形）〈书〉*negligible*；*paltry*

貌 ^miǎo（形）◇（1）小 *small*；*petty*（2）轻视 *despise*

【貌视】miǎoshì（动）轻视 *despise*；*look down upon*；*belittle*：～困难 ～ kùnnan *make light of difficulties*／～一切敌人 ～ yíqiè dírén *despise all enemies*／他总是～别人，自以为了

不起。Tā zǒngshì ~ biéren, zì yǐwéi liǎobuqǐ. *He always looks down on others, and thinks highly of himself.*
【藐小】miǎoxiǎo（形）微小 *tiny; negligible; paltry; insignificant*：一个人的力量是~的。Yí ge rén de lìliang shì ~ de. *The strength of one man is insignificant.*

miào

妙 miào（形）好，美妙（含有巧妙的意思），神奇 *wonderful; excellent*：你的主意~极了。Nǐ de zhǔyì ~ jí le. *Your idea is excellent.* /~不可言 ~ bù kě yán *too wonderful for words* "不妙"不是"妙"的否定，意思是"不好"，多指情况使人忧虑（"不妙" is not the negative of "妙", but means "不好"）：这两天情况有点儿不妙。Zhè liǎng tiān qíngkuàng yǒudiǎnr búmiào. *The situation has been far from good recently.*
【妙趣横生】miào qù héng shēng 洋溢着美妙的情趣，很幽默。多指语言、文章或美术作品 *full of wit and humor; very witty*
【妙手回春】miào shǒu huí chūn 称赞医术高明，能使病情严重的人恢复健康（of a doctor）*effect a miraculous cure and bring the dying back to life*

庙〔廟〕miào（名）[座 zuò] *temple*
【庙会】miàohuì（名）设在寺庙里边或附近的临时集市，在节日或规定的日子举行 *temple fair*
【庙宇】miàoyǔ（名）〈书〉庙 *temple*

miē

乜 miē
【乜斜】miēxie（动）(1)眼睛略眯而斜着看（表示看不起或不满意）*squint* (2)眼睛因困倦眯成一条缝（of eyes）*half-closed*

咩 miē（象声）形容羊叫的声音 *baa; bleat*

miè

灭〔滅〕miè（动）(1)熄灭（of fire, light, etc.）*put out; go out*：~火 ~ huǒ *put out a fire* /把炉子~了吧。Bǎ lúzi ~ le ba. *Turn off the stove.* /电灯忽然~了。Diàndēng hūrán ~ le. *The lights suddenly went out.* (2)消灭 *destroy; exterminate; wipe out*：~蚊蝇 ~ wén yíng *kill mosquitoes and flies* /~鼠 ~ shǔ *kill rats*
【灭顶之灾】miè dǐng zhī zāi 淹死在水里，比喻毁灭性的灾难 *be drowned; complete annihilation*：现在，敌人正面临~。Xiànzài, dírén zhèng miànlín ~. *At present the enemy is faced with the threat of complete annihilation.*
【灭火器】mièhuǒqì（名）*fire extinguisher*
【灭迹】miè=jì 消灭（坏事）的痕迹 *obliterate traces*
【灭绝】mièjué（动）(1)完全消灭，消失 *become extinct*：恐龙在地球上早已~了。Kǒnglóng zài dìqiú shang zǎo yǐ ~ le. *The dinosaur became extinct long ago.* (2)完全丧失 *lose completely*：~人性的暴行 ~ rénxìng de bàoxíng *inhuman atrocities*
【灭口】miè=kǒu 为防止泄漏秘密杀死知道内部情况的人 *silence a witness*（e.g. of a crime）：杀人~ shā rén ~ *do away with a witness*
【灭亡】mièwáng（动）（国家、种族等）不再存在或使其不存在（of nation, race, etc.）*subjugate; exterminate*

蔑〔衊〕miè
【蔑视】mièshì（动）轻视 *show contempt for; despise; scorn*

mín

民 mín（名）◇人民，老百姓 *people*：国富~强 guó fù ~ qiáng *The country is well-off and the people are strong.* /利国利~ lì guó lì ~ *to benefit the nation and the people*
【民办】mín bàn 由群众个人集资兴办（区别于"公办"）*run by the local people*：~小学 ~ xiǎoxué *a primary school run by the local people* /~托儿所 ~ tuō'érsuǒ *a nursery run by the local people*
【民办教师】mín bàn jiàoshī 在农村民办学校或公办学校工作而不享受公办教师待遇的老师 *a teacher in a school run by the local people; any teacher of such a status*
【民兵】mínbīng（名）*militia*
【民不聊生】mín bù liáo shēng 老百姓非常穷，没有办法生活 *The people are deprived of their means of survival.*
【民法】mínfǎ（名）〈法〉*civil law*
【民房】mínfáng（名）属于私人的住房 *a house owned by a citizen*
【民愤】mínfèn（名）人民对坏人的愤恨 *the indignation of the people*：有~的人一定要惩罚。Yǒu ~ de rén yídìng yào chéngfá. *A person who is hated by everybody must be punished.* /~极大 ~ jí dà *very much hated by everybody*
【民歌】míngē（名）[首 shǒu] *folk song*
【民工】míngōng（名）在政府动员、组织下，临时参加修路、建堤坝或帮助军队运输等等的人民（多为农民）*a peasant who takes part as a temporary worker in a public project*
【民国】Mínguó（名）指中华民国。中国近代史上从1912到1949年 *the Republic of China*（1912—1949）
【民航】mínháng（名）人民航空 *civil aviation*
【民间】mínjiān（名）(1)劳动人民中 *popular; folk*：~故事 ~ gùshì *folk story* /这件宝物流失于~。Zhè jiàn bǎowù liúshī yú ~. *This treasure has been lost among the people.* (2)人民之间 *non-governmental; people-to-people*：两国建交之前先发展~贸易。Liǎng guó jiàn jiāo zhī qián xiān fāzhǎn ~ màoyì. *Before the two countries established relation they first developed non-governmental trade relations.* /~往来 ~ wǎnglái *people-to-people exchange* /~组织 ~ zǔzhī *non-governmental organization*
【民间文学】mínjiān wénxué *folk literature*
【民间艺术】mínjiān yìshù *folk arts*
【民警】mínjǐng（名）人民警察的简称 *short for "人民警察"*
【民力】mínlì（名）人民的经济力量 *financial resources of the people*
【民情】mínqíng（名）(1)人民的生产活动，风俗习惯等情况 *condition of the people* (2)指人民的心情、愿望等 *public feeling*：作为市长，他能够体察~，急人民之所急。Zuòwéi shìzhǎng, tā nénggòu tǐchá ~, jí rénmín zhī suǒ jí. *As a mayor he is able to understand the public feeling and to meet the needs of the people.*
【民权】mínquán（名）旧时指人民在政治上的民主权利 *civil rights*
【民生】mínshēng（名）人民维持生活的办法 *the people's livelihood*：国计~ guójì ~ *the national economy and the people's livelihood*
【民事】mínshì（名）〈法〉和民法有关的 *matters relating to civil law*：~诉讼 ~ sùsòng *civil lawsuit*
【民俗】mínsú（名）人民群众的风俗习惯 *traditions and customs of the people; folk custom*
【民俗学】mínsúxué（名）*folklore*

【民谣】mínyáo（名）[首 shǒu] *folk song*；*folk rhyme*

【民意】mínyì（名）人民共同的意见和愿望 *popular will*，*public opinion*

【民用】mín yòng *for civil use*：～飞机 ～ fēijī *airplane for civil use* /～建筑 ～ jiànzhù *civil building* /～工业 ～ gōngyè *industry for civil* (*non-military*) *use* /军用转～ jūn yòng zhuǎn ～ *transformation from military to civil use*

【民乐】mínyuè（名）特指中国民族音乐（区别于"西乐"）*Chinese traditional music*

【民政】mínzhèng（名）国内行政事务的一部分。在中国，包括选举、行政区划、有关土地的利用和征用、国籍、民工动员、婚姻登记、社团登记、对烈军属、残废军人的优待和抚恤、救济等 *civil administration*

【民众】mínzhòng（名）人民大众 *the masses* (*of the people*)

【民主】mínzhǔ（名）*democracy*（形）*democratic*：作风很～ zuòfēng hěn ～ *democratic style of work* /～的气氛 ～ de qìfēn *democratic atmosphere*

【民主党派】mínzhǔ dǎngpài 指在长期革命斗争中，同情和支持中国共产党领导的革命斗争，在新中国成立后，拥护社会主义制度，接受中国共产党的领导，积极参加社会主义建设的其他政党 *democratic parties which accept the leadership of the Chinese Communist Party*

【民主改革】mínzhǔ gǎigé 1949年新中国成立以后，所进行的废除封建制度，建立民主制度的各项社会改革 *democratic reforms* (*referring to those after the establishment of the People's Republic of China*)

【民主集中制】mínzhǔ jízhōngzhì 以"在民主基础上的集中和在集中指导下的民主"为原则的民主制度 *democratic centralism*

【民主人士】mínzhǔ rénshì 解放前同情和支持中国共产党的主张，新中国成立后，接受中国共产党领导，拥护社会主义，没有参加任何党派的，有一定社会地位和影响的人 *democratic personages who were sympathetic or supported the communist movement before Liberation and supported the leadership of the Chinese Communist Party after 1949*

【民族】mínzú（名）*nationality*；*nation*

【民族解放运动】mínzú jiěfàng yùndòng 被压迫民族为反对帝国主义、殖民主义，争取民族解放和人民民主而进行的革命斗争 *national liberation movement*

【民族区域自治】mínzú qūyù zìzhì 在少数民族聚居的地区设立自治机关，直接由中央人民政府领导，可以依照法律规定的权限行使自治权 *regional autonomy of minority nationality*

【民族统一战线】mínzú tǒngyī zhànxiàn 国内各民族、各阶级、阶层、各民主党派、各人民团体结成的统一力量和统一组织 *national united front*

【民族形式】mínzú xíngshì 一个民族所独有，为本民族所习惯所喜爱的表现形式 *national style*

【民族学院】mínzú xuéyuàn *college of the minority nationalities*

【民族英雄】mínzú yīngxióng *national hero*

【民族主义】mínzú zhǔyì（名）*nationalism*

【民族资产阶级】mínzú zīchǎn jiējí 殖民地、半殖民地和某些新独立国家里的中等资产阶级 *national bourgeoisie*

【民族自决】mínzú zìjué *national self-determination*

【民族自治】mínzú zìzhì *autonomy of ethnic nationalities*

mǐn

抿 mǐn（动）(1)合拢，收敛 *close*：～着嘴笑 ～zhe zuǐ xiào *smile with lips closed* (2)用嘴唇轻轻地吸一点 *sip*：～了一点酒 ～le yìdiǎnr jiǔ *sip a little wine* (3)刷，抹 *brush* (*hair*) *with a small wet brush*：～一一头发 ～ yì ～ tóufa *brush the hair*

泯 mǐn（动）◇〈书〉消灭，丧失 *lose*；*vanish*：童心未～ tóngxin wèi ～ *not have lost the innocence of a child*

【泯灭】mǐnmiè（动）〈书〉（形迹、印象等）消灭 *vanish* (*referring to images*，*impressions*，*etc.*)：这部影片给人留下了不可～的印象。Zhè bù yǐngpiàn gěi rén liúxiale bù kě ～ de yìnxiàng. *This movie leaves an unforgettable impression to the audience.*

敏 mǐn（形）◇灵敏，敏捷 *alert*；*agile*

【敏感】mǐngǎn（形）（生理上或心理上）对外界事物反应很快 *sensitive* (*to happenings*)：有关节炎的人，对气候的变化非常～。Yǒu guānjiéyán de rén, duì qìhou de biànhuà fēicháng ～. *People suffering from arthritis are very sensitive to the change of climate.* /他是搞语言学的，对语言现象很～。Tā shì gǎo yǔyánxué de, duì yǔyán xiànxiàng hěn ～. *He studies linguistics, so he is very sensitive to linguistic phenomena.* /她相当胖，在这方面特别～，你说话要小心。Tā xiāngdāng pàng, zài zhè fāngmiàn tèbié ～, nǐ shuōhuà yào xiǎoxin. *She is a little plump and very sensitive to it, so be careful when you speak.*

【敏捷】mǐnjié（形）（动作）快而灵敏 *agile*：动作～ dòngzuò ～ *agile in movement*；*quick in action* /思维～ sīwéi ～ *quick in mind*；*sharp* /文思～ wénsī ～ *quick in composing*；*have a ready pen*

【敏锐】mǐnruì（形）（感觉）灵敏，（眼光）尖锐 *alert*；*sharp*：狗的嗅觉比人～多了。Gǒu de xiùjué bǐ rén ～ duō le. *Dogs have sharper sense of smell than human beings.* /他对新事物反应很不～。Tā duì xīn shìwù fǎnyìng hěn bù ～. *His reactions to new things are very slow.* /看问题十分～。Kàn wèntí shífēn ～. *Very keen* (*or penetrating*) *in viewing things.*

míng

名 míng（名）◇(1)名字 *name*：书～ shū～ *name of a book* /街～ jiē～ *name of a street* /给小孩儿起个～儿。Gěi xiǎoháir qǐ ge ～. *Give a name to the child.* (2)名义 *in name*：以援助为～，进行文化渗透。Yǐ yuánzhù wéi ～, jìnxíng wénhuà shèntòu. *conduct cultural infiltration under the name of aid* (3)名声，名誉 *name*；*reputation*：不为～，不为利，一心想的是事业。Bú wèi ～, bú wèi lì, yìxīn xiǎng de shì shìyè. *Not for name, nor for profit, he is all out for the cause.* (形·非谓)◇有名的 *famous*；*well known*：～画家 ～ huàjiā *well known painter* /～医 ～ yī *famous physician* /～山大川 ～ shān dà chuān *famous mountains and great rivers*（动）◇（名字）叫做 *named*：他姓王～小平。Tā xìng Wáng ～ Xiǎo-píng. *His last name is Wang. His given name is Xiaoping.*（量）(*for human beings*)：两～宇航员 liǎng ～ yǔhángyuán *two astronauts* /我们系有二十多～教师。Wǒmen xì yǒu èrshí duō ～ jiàoshī. *Our department has more than twenty teachers.* /在跳高比赛中他得了第一～。Zài tiàogāo bǐsài zhōng tā déle dìyī ～. *In the high-jump contest he won first place.*

【名不符实】míng bù fú shí 同"名不副实" míng bù fù shí *same as* "名不副实" míng bù fù shí

【名不副实】míng bù fù shí 空有虚名，与实际不相符；有名无实 *the name falls short of the reality*；(*reality*) *be not worthy of the name*

【名不虚传】míng bù xū chuán 实在很好，不是空有虚名 *true to one's name or reputation*：早就听说中国的龙井茶很好，现在喝了才知道真是～啊！Zǎo jiù tīngshuō Zhōngguó de lóngjǐngchá hěn hǎo, xiànzài hēle cái zhīdao zhēn shì ～ a!

I've heard of Chinese Longjing tea for so long, now that I've tasted it, it sure lives up to its name!

【名册】míngcè（名）booklet with registered names；register

【名产】míngchǎn（名）著名的产品 well-known product

【名称】míngchēng（名）name (of an object, etc.)

【名词】míngcí（名）〈语〉noun；term

【名次】míngcì（名）position in a name list

【名存实亡】míng cún shí wáng 只有空名，实际上已经不存在了 exist in name only

【名单】míngdān（名）[张 zhāng] name list

【名额】míng'é（名）quota of people

【名符其实】míng fú qí shí 同"名副其实" míng fù qí shí same as "名副其实" míng fù qí shí

【名副其实】míng fù qí shí 名称或名声与实际相符合 be worthy of the name；reality is worthy of the name：他是~的球迷。Tā shì ～ de qiúmí. He is a downright ball fan.

【名贵】míngguì（形）著名而珍贵 well-known and precious：~的珠宝 ~ de zhūbǎo precious jewelry /象牙是很~的东西。Xiàngyá shì hěn ～ de dōngxi. Ivory is something very precious.

【名家】míngjiā（名）在某种学术或技能方面有名望的人物 a person distinguished in art, literature or other academic knowledge：他是个金融界的~。Tā shì ge jīnróngjiè de ～. He is a man of distinction in the financial circle.

【名句】míngjù（名）有名的语句 famous line (of poetry or prose)；well-known quotation

【名利】mínglì（名）(个人的)名誉地位和利益 fame and wealth：不求~ bù qiú ～ not seeking wealth and fame /一心追逐~ yìxīn zhuīzhú ～ all out after money and fame

【名列前茅】míng liè qiánmáo 名次列在前面 be one of the best (in a contest or examination)：这次考试，他~。Zhè cì kǎoshì, tā ～. In this examination, he was one of the best.

【名流】míngliú（名）在社会上有名望的人物(多指政治界、学术界、文化界等) well-known personages

【名目】míngmù（名）(1)事物的名称、借口、理由等 names of things：税的~繁多。Shuì de ～ fánduō. taxes of every description /各种~的表格，填起来真麻烦。Gè zhǒng ～ de biǎogé, tián qilai zhēn máfan. All types of forms to be filled out, what a big nuisance. /为了组织游艺晚会，他想出了不少~。Wèile zǔzhī yóuyì wǎnhuì, tā xiǎngchūle bù shǎo ～. In organizing the social evening party, he thought up a lot of entertaining items.

【名牌】míngpái（名）famous brand

【名片】míngpiàn（名）[张 zhāng] name card

【名气】míngqì（名）fame：这位老中医在这一带很有~。Zhè wèi lǎo zhōngyī zài zhè yídài hěn yǒu ～. This old traditional Chinese physician is quite well-known in this district. /他在全国已小有~。Tā zài quán guó yǐ xiǎo yǒu ～. He is quite famous in this country. /他的~不小。Tā de ～ bù xiǎo. He has quite a name for himself.

【名人】míngrén（名）famous person；V.I.P.

【名声】míngshēng（名）一个人在集体里或社会上流传的评价 reputation：好~ hǎo ～ good reputation /~很坏 ～ hěn huài very bad reputation /~在外 ～ zài wài reputation known by many /~很大 ～ hěn dà of great repute

【名胜】míngshèng（名）有古迹或风景优美的地方 scenic spot

【名手】míngshǒu（名）因文笔、技艺等高超而有名的人 famous artisan, artist, painter, etc.：这张山水画出自~。Zhè zhāng shānshuǐ huà chū zì ～. The landscape painting was done by a famous artist.

【名堂】míngtang（名）(非正式用语)(1)花样、名目等 item；trick：鬼~ guǐ ～ villianous scheme；mischief /你搞的什么~? Nǐ gǎo de shénme ～? What mischief are you up to? /人家都有事儿干了，咱们俩也得想个~。Rénjia dōu yǒu shìr gàn le, zánmen liǎ yě děi xiǎng ge ～. Everybody has

found something to do. We two have to think up something too. (2)结果，成就 result；achievement：跟那样的老师学，学不出什么~来! Gēn nàyàng de lǎoshī xué, xué bu chū shénme ～ lai! If you try to learn something from a teacher like that, you won't learn anything. (3)内容，道理 content；reason：看来事情很简单，其实还有不少~呢! Kànlái shìqing hěn jiǎndān, qíshí hái yǒu bù shǎo ～ ne! The thing looks pretty simple but actually there is a lot of know-how behind it.

【名望】míngwàng（名）好的名声 good reputation, prestige：有~的学者 yǒu ～ de xuézhě a scholar with prestige

【名位】míngwèi（名）名誉、地位 fame and position

【名下】míngxià（名）(某人)名义之下，指属于某人或跟某人有关 under the name of：这件事是大家做的，不能记在他一个人的~。Zhè jiàn shì shì dàjiā zuò de, bù néng jì zài tā yī ge rén de ～. This thing was accomplished by many people. You can't put all the credit under his name. /这事的责任应该归在谁的~? Zhè shì de zérèn yīnggāi guī zài shuí de ～? Under whose name should this responsibility lie?

【名言】míngyán（名）famous saying

【名义】míngyì（名）(1)做某事时所依据的身份、资格 name；capacity：你可以个人的~参加这个会。Nǐ kěyǐ yǐ gèrén de ～ cānjiā zhège huì. You can participate in this conference in your own name. /昨天他以校长的~发了一封慰问电。Zuótiān tā yǐ xiàozhǎng de ～ fāle yì fēng wèiwèn diàn. He sent out a cable of condolence in the capacity of university president. (2)表面上，形式上(后面多带"上") in name；nominal：他~上是院长，实际上什么事也不管。Tā ～ shang shì yuànzhǎng, shíjìshang shénme shì yě bù guǎn. He is president in name but actually he doesn't tend to anything.

【名誉】míngyù（名）(1)个人或集团的名声 fame；reputation：珍惜~ zhēnxī ～ treasure one's reputation /恢复~ huīfù ～ rehabilitation of one's reputation (2)名义上的 honorary：~主席 zhǔxí honorary president /~会长 ～ huìzhǎng honorary chairman

【名正言顺】míng zhèng yán shùn 做事名义正当，道理讲得通 be absolutely justified：作为中学的语文教员他做语言学会的会长不是~吗? Zuòwéi zhōngxué de yǔwén jiàoyuán tā zuò yǔyán xuéhuì de huìzhǎng búshì ～ ma? Being a teacher of Chinese language in high school, isn't he absolutely justified to be the chairman of the Linguistic Society?

【名著】míngzhù（名）famous literary work

【名字】míngzi（名）name

明 míng

（形）◇(1)明亮 bright：～月当空 ～ yuè dāng kōng a bright moon in the sky /灯火通～ dēnghuǒ tōng～ all lamps brightly lit (2)明白，清楚 clear；understandable：讲～道理 jiǎng～ dàolǐ explain the hows and whys /下落不～ xiàluò bù ～ whereabouts unclear /情况不～ qíngkuàng bù ～ situation unclear (3)公开，显露在外的 exposed；obvious：～枪易躲，暗箭难防。～ qiāng yì duǒ, àn jiàn nán fáng. It is easy to duck a spear thrown in the open, but not if thrown from hiding. /有意见就～说吧! Yǒu yìjiàn jiù ～ shuō ba! If you have some complaint, be frank and speak up. (4)眼力好 good eyesight：耳聪目～ ěr cōng mù ～ Good ears and sharp eyes. (动) comprehend；understand：不～其中道理 bù ～ qízhōng dàolǐ not comprehend the whys and hows behind it (副)意思与"明明" míngmíng 基本相同：只修饰"知"、"知道"、"摆着"等有限的几个动词 same as "明明" míngmíng (only modifies a few verbs, such as "知"、"知道" or "摆着")：你~知他不肯来，干吗又去叫他呢? Nǐ ～ zhī tā bù kěn lái, gàn má yòu qù jiào tā ne? You know very well that he won't come, so why on earth are you calling him? /

他～知道自己唱不好，却还是唱了一支歌。Tā ～ zhīdào zìjǐ chàng bu hǎo, què háishi chàngle yì zhī gē. *He knew very well that he couldn't sing, yet he sang a song anyway.*

【明摆着】 míng bǎizhe〈口〉非常明显地摆在眼前，不容置疑 *obviously; evidently*：你这样做～不行，看，碰钉子了吧！Nǐ zhèyàng zuò ～ bù xíng, kàn, pèng dīngzi le ba! *What you did obviously would not work, no wonder you met with a rebuff!* /这个买卖～赚不了钱，做它干吗? Zhège mǎimai ～ zhuàn bu liǎo qián, zuò tā gànmá? *It is obvious that this business won't make money, so why do you want to do it?* /多劳不能多得，积极性就不高，这是～的道理。Duō láo bù néng duō dé, jījíxìng jiù bù gāo, zhè shì ～ de dàolǐ. *If one does not get more pay for more work, he naturally won't have any incentive. This is a self-evident truth.*

【明白】 míngbai（形）(1)懂事理 *sensible*：他是一个～人，不会干那种傻事的。Tā shì yí ge ～ rén, bú huì gàn nà zhǒng shǎ shì de. *He is a sensible person. He won't do a stupid thing like that.* (2)清楚，容易懂 *lucid; easy to understand*：他讲语法讲得很～。Tā jiǎng yǔfǎ jiǎng de hěn ～. *His lecture on grammar is very lucid.* (动)知道，了解，懂得 *know; understand*：我还不～，请你再讲一遍。Wǒ hái bù ～, qǐng nǐ zài jiǎng yí biàn. *I still don't understand. Will you please repeat it?* /我一看大家的表情就～了，事情办得并不顺利。Wǒ yí kàn dàjiā de biǎoqíng jiù ～ le, shìqing bàn de bìng bú shùnlì. *I understood immediately after I saw the expressions on everybody's face, the business was not carried out smoothly.*

【明辨是非】 míng biàn shìfēi 分清对和错 *distinguish between right and wrong*：好多事处于中间状态，不容易～。Hǎoduō shì chǔyú zhōngjiān zhuàngtài, bù róngyì ～. *Many things are in an intermediate state and it is not easy to make a distinction between what is right and what is wrong.*

【明察秋毫】 míng chá qiū háo 比喻任何细小的问题都能看得很清楚 *able to perceive the minutest detail*

【明澈】 míngchè（形）〈书〉明亮清澈 *limpid and bright*：池水～见底。Chí shuǐ ～ jiàn dǐ. *The pool was so limpid that one could see its bottom.* /她有一双～的眼睛。Tā yǒu yì shuāng ～ de yǎnjing. *She has bright and limpid eyes.*

【明处】 míngchù（名）(1)明亮的地方，有亮光的地方 *place which is bright*：从黑暗中刚走到～，几乎什么都看不清。Cóng hēi'àn zhōng gāng zǒudào ～, jīhū shénme dōu kàn bu qīng. *When one walks from the dark to a bright place, he can hardly see anything.* (2)公开场合 *in the open*：你这些话能摆到～吗? Nǐ zhèxiē huà néng bǎidào ～ ma? *Can you place what you have just said on the table?*

【明灯】 míngdēng（名）明亮的灯。比喻指引大众朝光明、正确方向前进的人或事物 *beacon*

【明沟】 mínggōu（名）露在地面的下水道 *open drain*

【明晃晃】 mínghuānghuāng（形）*gleaming*：～的刺刀 ～ de cìdāo *gleaming bayonet*

【明火执仗】 míng huǒ zhí zhàng 点着火，拿着武器，原指公开抢劫，现多比喻公开干坏事，搞破坏活动 *carrying weapons and torches; conduct evil activities openly*

【明净】 míngjìng（形）明朗而洁净 *clean and bright*：～的天空 ～ de tiānkōng *clear, bright sky* /湖水～。húshuǐ ～ *The lake water is bright and clean.*

【明快】 míngkuài（形）(1)明白通畅，不晦涩，不呆板 *sprightly*：语言～ yǔyán ～ *clear and sprightly language* /曲调～ qǔdiào ～ *a light and quick-stepped tune* /～的节奏 ～ de jiézòu *sprightly rhythm* (2)性格明朗爽直，言事果断 *straightforward character; quick and decisive*：她是一个～人。Tā shì yí ge ～ rén. *She is a lady with a straightforward character.*

【明朗】 mínglǎng（形）(1)明亮，晴朗 *clear and bright*：～的天空 ～ de tiānkōng *clear sky* /～的月色 ～ de yuèsè *bright*

moonlight (2)明显，清楚 *evident; clear*：他对这件事的态度很～。Tā duì zhè jiàn shì de tàidu hěn ～. *His attitude toward this matter is very clear.* /现在，双方的矛盾更加～了。Xiànzài, shuāngfāng de máodùn gèngjiā ～ le. *Now, the contradiction between the two parties is clearer than ever.* (3)直率，爽快 *frank; forthright*：性格～ xìnggé ～ *frank and forthright character* /他的作品，风格～，独树一帜。Tā de zuòpǐn, fēnggé ～, dú shù yí zhì. *His works, with a frank and forthright style, have a uniqueness all his own.*

【明亮】 míngliàng（形）(1)光线充足 *bright*：～的教室 ～ de jiàoshì *well-lit classroom* /～的灯光 ～ de dēngguāng *bright lights* /月光～ yuèguāng ～ *bright moonlight* (2)发亮的 *bright; emitting light*：这个小姑娘有一双～的眼睛。Zhège xiǎo gūniang yǒu yì shuāng ～ de yǎnjing. *The young girl has shining eyes.* (3)明白 *clear*：经过你的开导，我心里～多了。Jīngguò nǐ de kāidǎo, wǒ xīnli ～ duō le. *After you straightened me out, I can see it much clearly now.*

【明了】 míngliǎo（动）清楚地知道或懂得 *clearly know or understand*：这个道理我～。Zhège dàolǐ wǒ ～. *I understand the matter clearly.* /做领导工作的应该～实际情况。Zuò lǐngdǎo gōngzuò de yīnggāi ～ shíjì qíngkuàng. *Those who hold a leading position should know clearly the actual situation.* (形)清晰，明白 *clear*：他的发言简单～。Tā de fāyán jiǎndān ～. *His talk was clear and to the point.*

【明媚】 míngmèi（形）(1)鲜明可爱 *radiant and fresh*：春光～ chūnguāng ～ *The spring was radiant and bright.* /～的阳光 ～ de yángguāng *the radiant sun* (2)(眼睛)明亮动人 *radiant and enchanting*：她长着一对～的眼睛。Tā zhǎngzhe yí duì ～ de yǎnjing. *Her eyes are radiant and enchanting.*

【明明】 míngmíng（副）(1)表示很显然，强调某事实的真实性：上下文常有表示意思转折的小句指出与真实性相对立的情况；可用在主语前，不能修饰单音节动词 *(emphasizes the authenticity of a fact; the preceding or following passage indicates a situation opposite to the fact; can be used before the subject; cannot modify a monosyllabic verb) clearly; obviously; plainly*：他～没睡着，却装着睡着了。Tā ～ méi shuìzháo, què zhuāngzhe shuìzháo le. *He obviously hasn't fallen asleep and is pretending that he has.* /你～知道上午开会，为什么不参加? Nǐ ～ zhīdào shàngwǔ kāi huì, wèi shénme bù cānjiā? *You knew very well that there was a meeting this morning. Why didn't you attend it?* /～他参与了这件事，却不承认。 ～ tā cānyù le zhè jiàn shì, què bù gǎn chéngrèn. *Clearly he had a hand in the matter, but he won't dare admit it.* (2)用在反问句中，加强确认的语气，表示虽然表面不这样，或虽然有人怀疑其真实性 *(used in a rhetorical question to emphasize the affirmative tone; implying "although it does not appear to be so...", or "although some may not believe this to be true...")*：这不～是跟我作对吗? Zhè bú ～ shì gēn wǒ zuò duì ma? *Doesn't this clearly oppose me?* /他不是～告诉你，他不赞成这样做吗! Tā bú shì ～ gàosu nǐ, tā bú zànchéng zhèyàng zuò ma! *Didn't he clearly tell you that he didn't agree with this method?* /你怎么还问，这不～是让我为难吗? Nǐ zěnme hái wèn, zhè bú ～ shì ràng wǒ wéinán ma? *Why are you still asking, aren't you clearly doing this to embarrass me?*

【明目张胆】 míng mù zhāng dǎn 公开地毫无顾忌地(做坏事) *brazen and impudent (in doing evil)*

【明年】 míngnián（名）*next year*

【明枪暗箭】 míng qiāng àn jiàn 比喻种种公开的和暗地的攻击 *all sorts of open attacks and attacks from hiding*

【明确】 míngquè（形）清晰明白而肯定 *definite, explicit*：观点～ guāndiǎn ～ *definite and explicit point of view* /～提

出 ～ tíchū clearly put forward /～地谈了自己的论点 ～ de tánle zìjǐ de lùndiǎn express one's argument very clearly (动)使明白,确定 make definite; clarify：～前进的目标 ～ qiánjìn de mùbiāo make the goal of advance very definite / ～每个人的职责 ～ měi ge rén de zhízé clarify the duty of each person

【明日】míngrì (名)〈书〉同"明天" míngtiān same as "明天" míngtiān

【明天】míngtiān (名) tomorrow

【明晰】míngxī (形)清楚,明白 clear：这件事给我留下了～的印象。Zhè jiàn shì gěi wǒ liúxiàle ～ de yìnxiàng. That thing left a distinct impression on me.

【明显】míngxiǎn (形) evident；obvious：～的变化 ～ de biànhuà evident change /很～,管理水平的高低与企业的发展有直接关系。Hěn ～, guǎnlǐ shuǐpíng de gāodī yǔ qǐyè de fāzhǎn yǒu zhíjiē guānxi. It is very evident that there is a direct connection between the administrative ability and the development of an enterprise.

【明信片】míngxìnpiàn (名)[张 zhāng] postcard

【明星】míngxīng (名)有名的电影或电视演员 (movie or TV) star：电影～ diànyǐng ～ movie star

【明眼人】míngyǎnrén (名)对事物观察得很清楚的人 person with sharp eyes and good sense

【明哲保身】míng zhé bǎo shēn 原指明智的人善于保全自己,不参与可能给自己带来危险的事。现指怕有损自己,回避原则性问题的个人主义的处世态度 be worldly wise and play safe

【明争暗斗】míng zhēng àn dòu 明里暗里都在进行争斗。形容内部勾心斗角,互相争斗的情况(含贬义) struggle openly and also on the sly

【明证】míngzhèng (名)明显的证据 obvious proof

【明知故犯】míng zhī gù fàn 明明知道有关规定,却还有意违反 to violate (some rule or law) on purpose

【明智】míngzhì (形)考虑问题周到,有远见 wise and far-sighted；sensible

鸣 〔鳴〕míng
(动)◇〈书〉(1)(鸟兽、昆虫)叫 chirp；cry；crow：鸡～ jī ～ the crow of a rooster /蝉～ chán ～ noise made by a cicada /鸟～ niǎo ～ chirp of a bird (2)使(器物)发声或(器物)发声 ring (a bell)；fire (a gun)：～枪为号 ～ qiāng wéi hào fire a gun as a signal /～礼炮 ～ lǐpào fire a salvo (as a salute) /汽笛长～ qìdí cháng ～ sound of the siren (3)表达出来 express：～不平 ～ bùpíng cry out against injustice /～冤叫屈 ～ yuān jiào qū voice grievance and complaint

【鸣锣开道】míng luó kāi dào 现比喻为某事物的出现制造舆论,开辟道路(多用于贬义) strike the gong to clear the way；prepare the public for a coming event

冥 míng
(形)◇〈书〉(1)昏暗 dark；obscure (2)深奥 profound

【冥思苦想】míng sī kǔ xiǎng 深入地、费尽心思地思考 think hard and profoundly：搞设计要深入现场实际,不能光靠在大楼里。Gǎo shèjì yào shēnrù xiànchǎng shíjì, bù néng guāng kào zài dà lóu li ～. To make a design one has to go to the site and see the actual surroundings. One can't just stay in one's office and think hard.

【冥想】míngxiǎng (动)〈书〉深而广地思考和想像 think deeply；meditate

铭 〔銘〕míng
(名)〈书〉在器物上刻或铸上的记述事实、功德等的文字 inscription：墓志～ mùzhì ～ inscription on a tomb stone (动)◇在器物上刻字表示纪念,比喻永远记住 engrave：～

功 ～ gōng engrave a meritorious deed /～心 ～xīn engrave deeply in one's heart；remember forever

【铭记】míngjì (动)〈书〉深刻地记在心里 remember always：～不忘 ～ bú wàng remember always and never forget /时刻～先辈的教导 shíkè ～ xiānbèi de jiàodǎo always remember the instructions of our elders

【铭刻】míngkè (动)铭记 engrave：～在心里 ～ zài xīnli engrave in one's heart (名)在器物上铸刻的纪念文字 inscription

【铭文】míngwén (名)铭刻在器物上的文字 inscription：铜器～ tóngqì ～ inscription on a bronze ware

【铭心刻骨】míng xīn kè gǔ 比喻牢牢记住(对别人的感激),像铭刻在心中、骨头上一样 firmly embedded in the mind：这位老友对我的帮助,使我～,一辈子也忘不了。Zhè wèi lǎo yǒu duì wǒ de bāngzhù, shǐ wǒ ～, yíbèizi yě wàng bu liǎo. The help that this old friend extended to me is firmly engraved in my memory. I'll never forget it as long as I live.

瞑 míng
【瞑目】míngmù (动)死时闭上眼睛(表示死者心中无牵挂) close one's eyes in death (die with no regrets of any kind)：如果不能完成这项事业,他一定死不～。Rúguǒ bù néng wánchéng zhè xiàng shìyè, tā yídìng sǐ bù ～. If that undertaking is not accomplished, he will die with everlasting regret.

mǐng

酩 mǐng
【酩酊大醉】mǐngdǐng dà zuì 形容大醉 be dead drunk

mìng

命 mìng
(名)(1)生命,性命 life：我救过他的～。Wǒ jiùguo tā de ～. I once saved his life. (2)〈书〉◇命令,指示 order；command：奉上级之～,此学校于六月三十日停办。Fèng shàngjí zhī ～, cǐ xuéxiào yú liùyuè sānshí rì tíng bàn. By order of higher authorities, this school will be closed down on June 30. (3)◇命运 fate：～苦 ～ kǔ hapless fate /听天由～ tīng tiān yóu ～ leave everything to fate /飞机出了事,他居然没死,真是～大!Fēijī chūle shì, tā jūrán méi sǐ, zhēn shì ～ dà! The plane had an accident, but he didn't die. He was just lucky! (动)〈书〉◇命令,派遣 order；command：～你部就地待命。～ nǐ bù jiùdì dàimìng. Your unit must stand by for further orders.

【命案】mìng'àn (名)杀人的案件 homicide case

【命根子】mìnggēnzi (名)在某人的心目中占据最重要位置的人(多为晚辈)或物 lifeblood：这部书稿是他的～。Zhè bù shūgǎo shì tā de ～. This manuscript is his dearest treasure.

【命令】mìnglìng (动) order：团长～二营一连立即撤出战斗。Tuánzhǎng ～ èryíng yīlián lìjí chèchū zhàndòu. The regiment commander ordered the first company of the second battalion to withdraw from action immediately. (名) order；command：下了一道～ xiàle yí dào ～ give an order / 发布～ fābù ～ issue an order /执行～ zhíxíng ～ carry out an order /服从～ fúcóng ～ obey an order

【命令句】mìnglìngjù (名)〈语〉imperative sentence

【命令主义】mìnglìngzhǔyì (名)不顾客观实际,不管群众接受程度,只凭强迫命令的办法来推动工作的领导作风 commandism

【命脉】mìngmài (名)比喻关系重大的事物 life line；life

blood：掌握国家的经济～。Zhǎngwò guójiā de jīngjì ～. control the economic life line of the state /能源是工业的～。Néngyuán shì gōngyè de ～. Energy is the life line of industry.

【命名】mìng=míng 给以名称 name：中山公园是以孙中山～的公园。Zhōngshān Gōngyuán shì yǐ Sūn Zhōngshān ～ de gōngyuán. Zhongshan Park was named after Sun Yat-sen.

【命题】mìngtí（名）〈逻辑〉proposition

【命题】mìng=tí 出题目 assign a subject；set a question：这次考试由谁～? Zhè cì kǎoshì yóu shuí ～? In this exam who is to set the questions? /这次作文比赛自由～。Zhè cì zuòwén bǐsài zìyóu ～. In this composition contest the competitors are to write on any subject they like. /这是学生们的～作文。Zhè shì xuéshengmen de ～ zuòwén. These are the students' compositions on an assigned subject.

【命运】mìngyùn（名）fate；destiny：他从来不相信～。Tā cónglái bù xiāngxìn ～. He never believes in fate. /中国人民已经完全掌握了自己的～。Zhōngguó rénmín yǐjīng wánquán zhǎngwòle zìjǐ de ～. The Chinese people have complete control over their own fate.

【命中】mìngzhòng（动）射中或打中（目标）hit the target：一枪一人。Yì qiāng ～ yì rén. He hit a man with each shot.

miù

谬〔謬〕miù
（形）〈书〉非常错误的 wrong；mistaken

【谬论】miùlùn（名）极端错误的、荒谬的言论 fallacy；falsehood

【谬误】miùwù（名）错误 mistake；error

【谬种流传】miùzhǒng liúchuán 荒谬错误的思想言论、学术流派传播下来 dissemination of falsehood

mō

摸mō
（动）(1)用手接触或接触后手轻轻移动 touch；feel：我一～他的身上，热极了，准是发烧了。Wǒ yī ～ tā de shēnshang, rè jí le, zhǔn shì fā shāo le. When I touched his body, it was burning hot. He must be running a fever. (2)用手摸取，寻找 feel for；grope for：到水里去～鱼 dào shuǐlǐ qù ～ yú try to catch a fish with one's hand /他从口袋里～出来两个硬币。Tā cóng kǒudài li ～ chūlai liǎng ge yìngbì. He fished out two coins from his pocket. (3)试探，试着了解 probe；try to find out：～情况 ～ qíngkuàng try to find out the situation /我们～到了这种小动物生活的规律。Wǒmen yǐ ～dàole zhè zhǒng xiǎo dòngwu shēnghuó de guīlǜ. We probed and have discovered the life pattern of that little animal. (4)黑暗中行进 feel in darkness：～黑儿走 ～ hēir zǒu grope one's way in the dark /半夜，他～到了一个人家，才得救了。Bànyè, tā ～dàole yí ge rénjiā, cái déjiù le. By midnight, he felt his way to a household and thus got saved.

【摸底】mō=dǐ 了解实情、底细 know the real situation：这个工厂生产上遇到的问题，他全～. Zhège gōngchǎng shēngchǎn shang yùdào de wèntí, tā quán ～. He knows all the production problems of the plant. /我对他一点儿也不～。Wǒ duì tā yìdiǎnr yě bù ～. I don't know anything about him. /先下去摸摸底再说。Xiān xiàqu mōmo dǐ zài shuō. Try to find out the real situation first of all.

【摸索】mōsuo（动）(1)试探着（进行）grope：天黑路又不平，大家～着往前走。Tiān hēi lù yòu bù píng, dàjiā ～zhe wǎng qián zǒu. The night was dark and the road was bumpy, so we could only grope our way along. (2)寻找（方向、方法、经验等）search for（direction, method, experi-

ence, etc.)：在工作中，他已初步～出一些经验。Zài gōngzuò zhōng, tā yǐ chūbù ～ chū yìxiē jīngyàn. In his work he has just got some initial experience.

mó

模mó
（动）◇模仿 imitate（名）◇(1)模范 model (2)法式，标准 pattern；standard 另见 mú

【模范】mófàn（名）model；good example

【模仿】mófǎng（动）imitate；mimic：小孩儿总～大人的动作。Xiǎoháir zǒng ～ dàrén de dòngzuò. Children always like to imitate the grown ups. /他善于～。Tā shànyú ～. He is very good at mimicking. /～得不像～ de bú xiàng (his) mimicking is rather poor

【模糊】móhu（形）不分明，不清楚 blurred；not clear；fuzzy：眼睛～ yǎnjing ～ blurred eyes /神志～ shénzhì ～ unclear mind /字迹～ zìjì ～ illegible hand writing /认识～ rènshi ～ fuzzy understanding（动）使模糊 confuse；mix up：～了正确与错误的界限 ～le zhèngquè yǔ cuòwu de jièxiàn blur the distinction between right and wrong

【模棱两可】móléng liǎngkě 既不肯定，也不否定，态度含糊，不明确 ambiguous；equivocal

【模拟】mónǐ（动）〈书〉模仿 simulate；imitate

【模式】móshì（名）某种事物的标准形式或使人可以依照的标准形式 model（for imitation）；pattern

【模特儿】mótèr（名）model（for photographer or painter）：他这篇小说里的那个老教授是以他的一位老师为～的。Tā zhè piān xiǎoshuō li de nàge lǎo jiàoshòu shì yǐ tā de yí wèi lǎoshī wéi ～ de. He used one of his teachers as a model for the old professor in his novel.

【模型】móxíng（名）model：这个展览会展出了许多古建筑的～。Zhège zhǎnlǎnhuì zhǎnchūle xǔduō gǔ jiànzhù de ～. Plenty of models of ancient architecture are displayed in the exhibition.

膜mó
（名）(1)membrane：细胞～ xìbāo ～ cell membrane (2)film；thin coating：塑料薄～ sùliào bó ～ plastic film

【膜拜】móbài（动）跪在地上举起两手虔诚地行礼（很少带宾语）pay homage by lying prostrate；向神像～ xiàng shénxiàng ～ lie prostrate to pay homage to idol

摩mó
（动）◇摩擦，接触 rub；touch

【摩擦】mócā（名）(1)〈物〉friction (2)指因彼此利害矛盾而引起的冲突 friction（between two persons）；clash：他们俩经常有些小～。Tāmen liǎ jīngcháng yǒu xiē xiǎo ～. The two of them often have little frictions between them. /两派停止～，一致对付外来侵略者。Liǎng pài tíngzhǐ ～, yízhì duìfu wàilái qīnlüèzhě. The two parties stopped all clashes and deal with the foreign aggressors together. （动）rub：走路时把脚抬高一点，不要让鞋底总在地上～。Zǒu lù shí bǎ jiǎo táigāo yìdiǎnr, búyào ràng xiédǐ zǒng zài dì shang ～. When you walk, lift up your feet a little higher and try not to let your shoe soles rub against the ground.

【摩擦力】mócālì（名）〈物〉frictional force

【摩拳擦掌】mó quán cā zhǎng 形容战斗、劳动或参加某项工作之前精神振奋、急切地想试一试的样子 rub one's fists and wipe one's hands（be eager for a fight, etc.）

【摩天楼】mótiānlóu（名）[座 zuò] skyscraper

【摩托】mótuō（名）motor

【摩托车】mótuōchē（名）[辆 liàng] motorcycle

【摩托化部队】mótuōhuà bùduì motorized troops

磨 mó

（动）(1) 摩擦 *rub*；*sharpen*：鞋太硬，脚上～了个泡。Xiétài yìng, jiǎo shang ～ le ge pào. *These shoes are too stiff. I have a blister on my foot from the rubbing.* (2) grind；sharpen；polish：～刀 ～ dāo *sharpen the knife* /～剪子 ～ jiǎnzi *sharpen the scissors* /把石板～得又平又光。Bǎ shíbǎn ～ de yòu píng yòu guāng. *The slate was rubbed until it has a smooth and polished surface.* (3) 拖延(时间) *dawdle*；*stall*：～时间 ～ shíjiān *stall for time* (4) 折磨 *torment*；*wear down*：这种慢性病把他～得不成样子了。Zhè zhǒng mànxìngbìng bǎ tā ～ de bù chéng yàngzi. *The chronic illness has worn him down to a very badshape.* (5) 纠缠 *nag*；*pester*：这小孩真～人。Zhè xiǎoháir zhēn ～ rén. *This is sure a pestering child.* /孩子总是～他爸爸，要求买一架照相机。Háizi zǒngshì ～ tā bàba, yāoqiú mǎi yí jià zhàoxiàngjī. *That kid is always nagging his father, asking him to buy a camera.* 另见 mò

【磨蹭】móceng（动）〈口〉很缓慢地往前走，缓慢地做某事，拖延时间 *dawdle*：他腿有毛病，好容易才～到汽车站。Tā tuǐ yǒu máobing, hǎoróngyi cái ～ dào qìchēzhàn. *There is something wrong with his leg and it took quite a while before he dawdled to the bus station.* /快了，别～了！Kuài gàn, bié ～ le! *Step on the gas. Stop dawdling!* /这么点儿活儿，他～了好几天。Zhème diǎnr huór, tā ～ le hǎo jǐ tiān. *Just that little bit of work and he has been dawdling on it for many days.* (形) 形容动作迟缓 *slow in movement*：你可真～，这么半天还没换完衣服。Nǐ kě zhēn ～, zhème bàntiān hái méi huànwán yīfu. *You sure are a slow-coach, after so long and you still haven't changed your clothes.* /他总是磨磨蹭蹭的，真急人。Tā zǒngshì mómocèngcèng de, zhēn jí rén. *He always goes on dawdling. It really gets on my nerve.*

【磨床】móchuáng（名）[台 tái] *grinder*；*grinding machine*

【磨练】móliàn（动）(在艰苦的环境中)锻炼 *temper*：～意志 ～ yìzhì *temper one'e will* /他经受过艰苦生活的～。Tā jīngshòuguo jiānkǔ shēnghuó de ～. *He was tempered through a life of hardship.*

【磨灭】mómiè（动）经过相当长的时间逐渐消失，多用于痕迹、印象等 *rub out*；*wear down*；*obliterate*：不可～的功绩 bùkě ～ de gōngjì *meritorious deeds never to be obliterated* /他的音容笑貌给人们留下了难以～的印象。Tā de yīnróng xiàomào gěi rénmen liúxiale nányǐ ～ de yìnxiàng. *His smiling face and ringing laughter left an impression on us not easy to be obliterated.*

【磨难】mónàn（名）在困苦的境遇中遭受的折磨 *sufferings*；*hardships*；*trials*：这位老人前半生历尽～，晚年才过上安乐的生活。Zhè wèi lǎorén qiánbànshēng lìjìn ～, wǎnnián cái guòshang ānlè de shēnghuó. *This old man underwent all kinds of hardships in the first half of his life and only in his old age was he able to live a happy life.*

【磨损】mósǔn（动·不及物）(物体)因摩擦或使用而损耗 *wear out*：这架缝纫机用了十几年，～得真厉害。Zhè jià féngrènjī yòngle shí jǐ nián, ～ de hěn lìhai. *This sewing machine has been in use for more than ten years. The wear and tear is pretty bad.*

【磨洋工】mó yánggōng〈口〉工作时故意拖延时间，也泛指工作懒散、拖沓 *loaf during work time*：过去工人用～来反抗资本家的剥削。Guòqù gōngrén yòng ～ lái fǎnkàng zīběnjiā de bōxuē. *In the past the workers used to loaf around during working hours as a protest against the exploitation of the capitalists.*

【磨制】mózhì（动）用磨料打磨制成 *grind into*；*polish* (*into a shape*)：～砚石 ～ yànshí *ground out an inkstone* /～玉雕工艺品 ～ yùdiāo gōngyìpǐn *polish jade into the shape of articles*

蘑 mó

（名）◇蘑菇 *mushroom*：鲜～ xiān ～ *fresh mushrooms*

【蘑菇】mógu（名）*mushroom*（动）〈口〉(1) 故意纠缠不放 *pester*：你别跟我～，我做不了主。Nǐ bié gēn wǒ ～, wǒ zuò bu liǎo zhǔ. *Stop pestering me. I can't make the decision.* (2) 行动迟缓，拖延时间 *slow in movement*；*dawdle away the time*：他干活儿太～。Tā gàn huór tài ～. *He is a very slow worker.* /出发时间到了，你还～什么？Chūfā shíjiān dào le, nǐ hái ～ shénme? *It's time to go. Why are you still dillydallying?*

【蘑菇云】móguyún（名）*mushroom cloud*

魔 mó

（名）◇魔鬼 *devil*（形）◇神秘的，不平常的 *mysterious*；*mystic*

【魔方】mófāng（名）*magic square*

【魔鬼】móguǐ（名）*devil*；*demon*

【魔棍】mógùn（名）*magic rod*

【魔力】mólì（名）*magic power*

【魔术】móshù（名）*magic*

【魔王】mówáng（名）(1) 害人的恶鬼 *prince of thd Devils* (2) 比喻非常凶恶残忍的恶人 *fiend*；*despot*

【魔掌】mózhǎng（名）比喻坏人或凶恶势力的控制 *evil hands*；*evil clutches of villians*：陷入～ xiànrù ～ *fall into the clutches of evil men*

【魔爪】mózhǎo（名）同"魔掌" mózhǎng *same as* "魔掌" mózhǎng

mǒ

抹 mǒ

（动）(1) 涂抹 *rub on*；*wipe*：～口红 ～ kǒuhóng *put on some lipstick* /在伤口上～点儿药。Zài shāngkǒu shang ～ diǎnr yào. *apply some medicine to the wound* /面包上～点儿黄油。Miànbāo shang ～ diǎnr huángyóu. *Spread some butter on the bread.* (2) 擦(掉)，除去 *rub off*；*wipe off*：油漆还没干，有人不小心～去一小块。Yóuqī hái méi gān, yǒu rén bù xiǎoxin ～ qù yì xiǎo kuài. *The paint was not dry and somebody carelessly rubbed off a little bit.* /上次录的音已经～掉了。Shàng cì lù de yīn yǐjīng ～diào le. *The recording we made last time has already been erased.* /请把我的名字～了，我不参加这个会。Qǐng bǎ wǒ de míngzi ～ le, wǒ bù cānjiā zhège huì. *Please wipe off my name. I'm not going to that meeting.* 另见 mā；mò

【抹杀】mǒshā（动）完全否认，一笔勾销(实际存在的事物) *deny*；*blot out*：抹杀别人的成绩。～别人的成绩。Búyào ～ biéren de chéngjì. *Don't obliterate the achievements of others.* /事实是～不了的。Shìshí shì ～ bu liǎo de. *Facts can not be blotted out.*

【抹子】mǒzi（名）[把 bǎ] *trowel*

mò

末 mò

（名）(1) 末梢，尖端 *tip*；*end* (2) 不是根本的、重要的事物(跟"本"相对) *matters that are not basic or important*：不能舍本逐～。Bù néng shě běn zhú ～. *Don't ignore the basic and attend to the nonessentials.* (3) 末尾，最后 *last*；*final*：周～ zhōu～ *weekend* /这回赛跑我是～一名。Zhè huí sàipǎo wǒ shì ～ yì míng. *In this race I came out last.* (4)（～儿）细碎之物 *powder*；*dust*：肉～ ròu～ *minced meat* /手上好些粉笔～。Shǒu shang hǎoxiē fěnbǐ ～. *There is a lot of chalk powder on the hand.*

【末班车】mòbānchē（名）最后一班车 *last train or bus*

【末代】mòdài（名）最后一代 last reign：他是清朝的～皇帝。Tā shì Qīngcháo de ～ huángdì. He was the last emperor of the Qing Dynasty.

【末了】mòliǎo（名）〈口〉（～儿）最后 last；final；end：他的名字排在～。Tā de míngzi pái zài ～. His name is at the end of the list. /～那个句子我翻译不出来。～ nàge jùzi wǒ fānyì bu chūlái. I do not know how to translate the last sentence. /一直到～，他们也没得出结论。Yìzhí dào ～, tāmen yě méi déchū jiélùn. Up to the very end they still could not come to a conclusion.

【末路】mòlù（名）路的终点，比喻没落衰亡的境地 end of the road；dead end；impasse：走上流亡国外的～。Zǒushàng liúwáng guówài de ～. go into exile abroad

【末年】mònián（名）一个朝代或一个君王统治的最后一段年代 last years of a reign or dynasty：明朝～ Míng cháo ～ last years of the Ming Dynasty /光绪～ Guāngxù ～ last years of Emperor Guangxu

【末期】mòqī（名）final phase；final period

【末日】mòrì（名）泛指死亡或灭亡的日子（用于所恨的人或事）last day；end；doomsday

【末梢】mòshāo（名）末尾 tip；end：五月～，我们下了一次乡。Wǔyuè ～, wǒmen xiàle yí cì xiāng. At the end of May, we went to the countryside. /她的辫子很长，～垂在腰部。Tā de biànzi hěn cháng, ～ chuí zài yāobù. Her braids are very long, with the tips dangling near the waist.

【末世】mòshì（名）last phase

【末尾】mòwěi（名）最后的部分 end；ending：小说的～完全出乎读者的意料之外。Xiǎoshuō de ～ wánquán chūhū dúzhě de yìliào zhī wài. The ending of the book was completely unexpected.

【末叶】mòyè（名）一个世纪或一个王朝的最后一段时期 last years of a century or dynasty：现在已经是二十世纪～了。Xiànzài yǐjīng shì èrshí shìjì ～ le. We are now in the last years of the 20th century.

没
（动）（1）沉到（水里）sink into water：～入河底～ rù hé dǐ sink to the bottom of the river（2）漫过或高过（人或物）overflow：大水～了桥了。Dàshuǐ ～ le qiáo le. The flood overflowed the bridge. 另见 méi

【没落】mòluò（动）走向衰亡 decline；wane：所有的封建王朝都要～的。Suǒyǒu de fēngjiàn wángcháo dōu yào ～ de. All the feudal dynasties would go into a decline.

【没收】mòshōu（动）confiscate

抹
（动）把和好的灰、泥涂在物体表面用抹子弄平 plaster：～墙～ qiáng plaster the wall /水泥地面～得很光。Shuǐní dìmiàn ～ de hěn guāng. The cement floor was plastered to a very smooth surface. 另见 mā；mǒ

茉
【茉莉】mòli（名）jasmine

沫
（名）（～儿）foam：啤酒～ píjiǔ ～ foam of beer

陌
（名）〈书〉田里东西方向的道路，田间的道路 path between fields running in east-westerly direction；path between fields

【陌生】mòshēng（形）不熟悉的，生疏的 unfamiliar：在～人面前，她不愿多说话。Zài ～ rén miànqián, tā bú yuàn duō shuō huà. She doesn't like to talk a lot in front of strangers. /这条道路我感到十分～。Zhè tiáo dàolù wǒ gǎndào shífēn ～. I am very unfamiliar with this road.

莫
（副）用于祈使句，表示劝阻或禁止，相当于"不要"（used in an imperative sentence；same as "不要"）don't：你要注意，～上了别人的当。Nǐ yào zhùyì, ～ shàngle biérén de dàng. Be careful. Don't be duped by others. /小孩子不懂事，请您～见怪。Xiǎoháizi bù dǒng shì, qǐng nín ～ jiànguài. The child doesn't know any better. Please don't take offence.

【莫不是】mòbúshì（副）同"莫非" mòfēi same as "莫非" mòfēi：～走错街了，怎么找不到那所房子了呢？～ zǒucuò jiē le, zěnme zhǎo bu dào nà suǒ fángzi le? Could it be that we are on the wrong street. How come we can't find that house?

【莫测高深】mò cè gāoshēn 没法推测高深到什么程度 enigmatic, unfathomable：他不大说话，使大家～。Tā búdà shuō huà, shǐ dàjiā ～. He does not speak much and everybody finds him quite unfathomable.

【莫大】mòdà（形·非谓）极大的 greatest：～的荣誉 ～ de róngyù greatest honor /～的耻辱 ～ de chǐrǔ greatest shame /～的支持 ～ de zhīchí utmost support

【莫非】mòfēi（副）（1）用来构成疑问句，表示猜测，相当于"是不是"（used to form an interrogative sentence which indicates conjecture；same as "是不是"）：叫了几声他都没应，～他没听见，还是故意不答应。Jiàole jǐ shēng tā dōu méi yìng, ～ tā méi tīngjiàn, háishi gùyì bù dāyìng. I've called him several times but he hasn't answered. Can it be that he didn't hear, or is he deliberately ignoring me? /眼前这间小屋，～就是你当年住过的那间房子？Yǎnqián zhè jiàn xiǎo wū, ～ jiù shì nǐ dāngnián zhùguò de nà jiàn fángzi? Could this small room right here before our eyes possibly be the one you lived in then?（2）表示反问，相当于"难道"（indicates a rhetorical question, as with "难道"）do you mean to say that ...；could it possibly be ...：除了你，～就没别人肯帮忙了吗？Chúle nǐ, ～ jiù méi biérén kěn bāng máng le ma? Do you mean to say that nobody but you is willing to help? /损坏了公物又不肯赔偿，～要叫公家白受损失？Sǔnhuàile gōngwù yòu bù kěn péicháng, ～ yào jiào gōngjia bái shòu sǔnshī? You've damaged public property but won't compensate for it. Do you mean to say that you're going to let the public suffer the losses? /他怎么还不来?～他忘了今天的约会？Tā zěnme hái bù lái? ～ tā wàngle jīntiān de yuēhuì? Why hasn't he come yet? Could he possibly have forgotten today's appointment?

【莫过于】mòguòyú（动）没有比……更……nothing is more ... than...：～对她最了解的～老李了。Duì tā zuì liǎojiě de ～ Lǎo Lǐ le. Nobody knows her better than Lao Li.

【莫名其妙】mò míng qí miào 没有人能说出它的奥妙，表示事情很奇怪，说不出道理。含有不满意的意味 inexplicable；odd；not be able to make head or tail of：大家讨论得正热烈，他站起来走了，让人～。Dàjiā tǎolùn de zhèng rèliè, tā zhàn qǐlái zǒu le, ràng rén ～. Everybody was enthusiastically discussing the problem, but he suddenly stood up and walked out. That was most baffling. /他丢了钱怨我们，真～! Tā diūle qián yuàn wǒmen, zhēn ～! He lost his money and then put the blame on us. How incredible!

【莫明其妙】mò míng qí miào 同"莫名其妙" mò míng qí miào same as "莫名其妙" mò míng qí miào

【莫逆】mònì（形）〈书〉彼此情投意合，关系非常密切 intimate（used to modify friendship）：～之交 ～ zhī jiāo intimate friendship

【莫若】mòruò（连）同"不如" bùrú（连），引出说话人认为比较好的一方面，前面有时有"与其"跟它搭配 same as "不

如"bùrú（连）(*introduces what the speaker considers to be a better choice; sometimes collocates with "与其"*)：既然来了，～进去参观一下。Jìrán lái le，～ jìnqu cānguān yíxià. *Since you've come, you'd better go in and have a look.* /已经买了票，～看完了再走吧。Yǐjīng mǎile piào，～ kànwánle zài zǒu ba. *Since we've bought the tickets, we'd better see the show before we leave.* /休息的时候，与其坐在家里，～到外面玩儿玩儿。Xiūxi de shíhour，yǔqí zuò zài jiā li，～ dào wàimian wánrwánr. *When you are resting, it would be better for you to go out than to sit at home.* /他既然有决心，～让他去试试。Tā jìrán yǒu juéxīn，～ ràng tā qù shìshi. *As he is determined to do so, you'd better let him try.*

【莫如】mòrú（连）同"莫若"mòruò *same as* "莫若" mòruò：你既然没有学好音乐的条件，～改变专业。Nǐ jìrán méi yǒu xuéhǎo yīnyuè de tiáojiàn，～ gǎibiàn zhuānyè. *Since you don't have a gift for music, you'd better change your speciality.* /你与其吃药，～打针，也许病会好得快一些。Nǐ yǔqí chī yào，～ dǎ zhēn，yěxǔ bìng huì hǎo de kuài yìxiē. *You'd better have an injection rather than take any medicine to get a quicker recovery.*

【莫须有】mòxūyǒu（形）毫无根据凭空捏造的 *groundless; unwarranted*：～的罪名 ～ de zuìmíng *a groundless accusation*

【莫衷一是】mò zhōng yī shì 意见分歧，不能得出一致的结论 *unable to agree or decide which is right*

蓦〔蓦〕mò
suddenly

【蓦地】mòdì（副）（书）表示行为、动作突然发生，相当于"猛然"měngrán "突然间"tūránjiān *suddenly; unexpectedly* (*same as* "猛然" měngrán *or* "突然间" tūránjiān)：我刚走出门口，～想起未带笔记本。Wǒ gāng zǒuchū ménkǒu，～ xiǎngqǐ wèi dài bǐjìběn. *I had just stepped out the door when I suddenly realized that I had forgotten to bring my notebook.* /全家正吃饭的时候，电灯～灭了。Quán jiā zhèng chī fàn de shíhou，diàndēng ～ miè le. *The lights suddenly went out while we were eating.*

【蓦然】mòrán（副）（书）同"蓦地"mòdì *same as* "蓦地" mòdì：他正在呆呆地想着，～听到有人喊他。Tā zhèngzài dāidāi de xiǎngzhe，～ tīngdào yǒu rén hǎn tā. *He was lost in thought when, all of a sudden, he heard somebody calling him.* /江水流出山口，～向东一转，水流也宽阔多了。Jiāngshuǐ liúchū shānkǒu，～ xiàng dōng yì zhuǎn，shuǐliú yě kuānkuò duō le. *The river flows out of the mountain pass and takes a sharp turn eastward where it becomes much wider.*

漠 mò
（名）◇沙漠 *desert* （形）◇冷淡 *indifferent*

【漠不关心】mò bù guānxīn 态度冷淡而不关心 *be cold and indifferent*：对群众的疾苦不能～。Duì qúnzhòng de jíkǔ bù néng ～. *One should not be cold and indifferent to the sufferings of the masses.*

【漠漠】mòmò（形）（1）云烟密布的样子 *misty*：水面烟雾～。Shuǐmiàn yānwù ～. *It was misty over the water surface.* （2）广漠 *wide and open*：～荒原 ～ huāngyuán *wide and open wilderness*

【漠然】mòrán（形）（书）不关心，不在意 *indifferent; unconcerned*：～置之 ～ zhì zhī *regard with unconcern* /处之～ chǔ zhī ～ *remain indifferent*

【漠视】mòshì（动）冷淡地对待，不关心不注意 *look on or treat with apathy*：～群众利益 ～ qúnzhòng lìyì *be apathetic to the benefits of the masses*

墨 mò
（名）（1）写字绘画的用品，是用煤烟或松烟等制成的黑色条状物。也指用这种东西和水研出来的汁 *ink stick; Chinese ink*：一块～ yí kuài ～ *an ink stick* /你替我写一副对联，我替你磨。Nǐ tì wǒ xiě yí fù duìliánr，wǒ tì nǐ mó ～. *Please write a couplet for me. I'll rub ink for you.* /太淡了。～ tài dàn le. *The ink is not dark enough.* （形）◇（1）极深的颜色的 *very dark color; blackish*：～菊 ～ jú *dark purple chrysanthemum* （2）用墨画的 *drawn in Chinese ink*：一幅～竹 yì fú ～ zhú *a painting of bamboo drawn in Chinese ink*

【墨盒】mòhé（名）[个 gè] 文具，用铜或胶木制成，为圆形或方形，内放丝棉，灌上墨汁，供写字时用 *ink box (usually of bronze)*

【墨迹】mòjì（名）（1）墨的痕迹 *ink marks* （2）亲笔写的字或画的画儿 *sb.'s calligraphy or painting*：这位书法家的～现在很难得了。Zhè wèi shūfǎjiā de ～ xiànzài hěn nándé le. *This calligrapher's samples of writing are now very hard to come by.*

【墨迹未干】mòjì wèi gān 常常比喻刚作出协定或声明又反悔、违反或破坏 *before the ink is dry (often implying breaking a treaty soon after signing)*

【墨镜】mòjìng（名）[副 fù] *dark glasses; sunglasses*

【墨绿】mòlù（形）*dark green*

【墨守陈规】mò shǒu chénguī 同"墨守成规" Mò shǒu chénguī *same as* "墨守成规" Mò shǒu chénguī

【墨守成规】Mò shǒu chénguī 指按老的规则、方法办事，不肯改变 *follow the stereotypes; stick to conventions*：如果～，就永远不能创新。Rúguǒ ～，jiù yǒngyuǎn bù néng chuàngxīn. *If one sticks to conventions, he can never blaze new trails.*

【墨水】mòshuǐ（名）（～儿）*ink*：一瓶～ yì píng ～ *a bottle of ink* /红～ hóng ～ *red ink* /蓝～ lán ～ *blue ink*

【墨鱼】mòyú（名）[条 tiáo] *cuttlefish*

【墨汁】mòzhī（名）（～儿）用墨和水研成的汁，也指用墨色颜料加水和少量胶质制成的液体（为写毛笔字用的）*prepared Chinese ink*

默 mò

【默哀】mò'āi（动）*pay silent tribute*

【默不作声】mò bù zuò shēng 沉默，不说话 *silent*

【默读】mòdú（动）*read silently*

【默默】mòmò（形）不说话，不出声 *silent*：～无语 ～ wú yǔ *taciturn; without uttering a word* /他一直在学术园地里～地耕耘，不计名利。Tā yìzhí zài xuéshù yuándì li ～ de gēngyún，bú jì míng lì. *All along he has been toiling quietly in the academic vineyard, without a thought for fame or fortune.* /他在心中～地念叨着。Tā zài xīnzhōng ～ de niàndaozhe. *He is silently mulling the matter over in his mind.*

【默默无闻】mòmò wú wén 没人知道，不出名 *little known; not famous*：他一生～，为群众干了不少好事。Tā yìshēng ～，wèi qúnzhòng gànle bù shǎo hǎoshì. *All his life he was little known but he did a lot of good things for the people.*

【默契】mòqì（形）双方没有说出来，但彼此互相了解 *tacit understanding (between persons or parties)*：配合～ pèihé ～ *cooperate with tacit understanding* （名）秘密的约定 *secret agreement*：双方早有～。Shuāngfāng zǎo yǒu ～. *The two parties have long since had a secret agreement.*

【默然】mòrán（形）默默的，不说话 *silently; speechless*：两个人～对视。Liǎng ge rén ～ duì shì. *The two persons looked at each other in silence.*

【默认】mòrèn（动）心里承认 *tacitly approve; acquiesce*：他口头上虽说，实际上女儿的这桩婚事он早～了。Tā kǒutóu

shang méi shuō, shíjìshang nǚ'ér de zhè zhuāng hūnshì tā zǎo ～ le. *He did not say in so many words, but actually he has long since given tacit consent to his daugher's marriage.*

【默写】mòxiě（动）*write from memory*

【默许】mòxǔ（动）*tacitly approve*

磨

mò（名）[盘 pán] *millstones；mill：*推～ tuī ～ *turn a millstone*（动）*grind；mill：*～面 ～ miàn *mill flour* /～豆腐 ～ dòufu *grind soya beans to make bean curd* 另见 mó

【磨房】mòfáng（名）*mill*

【磨盘】mòpán（名）*nether millstone*

móu

牟

móu（动）〈书〉牟取 *try to gain*

【牟利】móu=lì 想法取得私利 *try to gain profit*

【牟取】móuqǔ（动）〈书〉设法取得（个人名利）*seek to obtain (wealth or fame)*

谋

〔謀〕móu（动）◇(1)寻求 *seek：*～出路 ～ chūlù *seek a way out* /为人民～幸福 wèi rénmín ～ xìngfú *work for the well-being of the people* /～财害命～ cái hài mìng *murder somebody for his money* (2)商量 *consult；discuss：*各不相～ gè bù xiāng ～ *not consulting with each other*（名）◇主意，计谋 *scheme；strategem：*多～善断 duō ～ shàn duàn *resourceful and decisive*

【谋害】móuhài（动）计划杀死（某人）或陷害（某人）*plot to murder*

【谋划】móuhuà（动）*plan；scheme*

【谋略】móulüè（名）能想出聪明办法解决问题的能力 *strategy；astuteness and resourcefulness*

【谋求】móuqiú（动）想法寻找 *seek；attempt to find*

【谋取】móuqǔ（动）设法取得 *try to get；seek：*～利益 ～ lìyì *try to gain benefit*

【谋杀】móushā（动）*murder*

【谋生】móushēng（动）想法寻求生活的门路 *make a living；seek a livelihood*

【谋事】móu=shì (1)旧时指想办法找个工作 *look for a job* (2)计划（用得很少）*plan matters*

眸

móu（名）◇同"眸子"móuzi *same as "眸子" móuzi*

【眸子】móuzi（名）〈书〉眼睛 *pupil of the eye；eye*

mǒu

某

mǒu（代）代替不需明确指出的人、事物、地方或时间等 *certain（person，thing，etc.）：*～人 ～ rén *a certain man* /～同志 ～ ～ tóngzhì *a certain comrade* /王～ Wáng ～ *a certain person named Wang* /～事 ～ shì *a certain thing* /～种情况 ～ zhǒng qíngkuàng *certain conditions* /～地 ～ dì *a certain place；some place* /～机关 ～ jīguān *a certain institution；some institution* /～年～月～日 ～ nián ～ yuè ～ rì *a certain date*

mú

模

mú（名）◇另见 mó

【模具】mújù（名）*pattern；mould*

【模压】múyà（动）*mould pressing*

【模样】múyàng（名）〈口〉(1)人生的样子或装束打扮的样子 *appearance：*他们哥儿俩～长得很像。Tāmen gēr liǎ ~zhǎng de hěn xiàng. *The two brothers look very much alike.* /他故意打扮成农民～。Tā gùyì dǎbàn chéng nóngmín ～. *He intentionally dressed up as a farmer.* (2)表示约略的数目（只用于年岁、时间）*approximately；about：*大概下午两点钟～ dàgài xiàwǔ liǎng diǎnzhōng ～ *roughly around two o'clock p. m.*

【模子】múzi（名）*pattern；mould*

mǔ

母

mǔ（名）(1)◇母亲 *mother* (2)（禽兽）雌性的 *of female sex；female (animals)：*～牛 ～ niú *cow* /～鸡 ～ jī *hen*

【母爱】mǔ'ài（名）*maternal love；mother love*

【母亲】mǔqin（名）*mother*

【母体】mǔtǐ（名）〈生理〉*the mother's body*

【母系】mǔxì（名）*matriarchal；mother's side：*～社会 ～ shèhuì *matriarchal society*

【母校】mǔxiào（名）*Alma Mater*

【母音】mǔyīn（名）〈语〉同"元音"yuányīn *same as "元音" yuányīn*

【母语】mǔyǔ（名）*mother tongue*

牡

mǔ（形）◇雄性的（指鸟兽）*male (animal)：*～牛 ～ niú *bull*

【牡丹】mǔdan（名）*tree peony*

亩

〔畝〕mǔ（量）地积单位，合 0. 0667公亩 *unit of area（= 0. 0667 hectares or = 0. 165 acre）*

【亩产】mǔchǎn（动）每亩生产 *yield per mǔ：*这片地很肥，～稻子一千斤。Zhè piàn dì hěn féi, ～ dàozi yìqiān jīn. *This tract of land is very fertile. It can yield 1000 catties of rice per mu.*

拇

mǔ

【拇指】mǔzhǐ（名）手和脚的第一个指头，也叫"大拇指"dàmǔzhǐ (1) *thumb, also called "大拇指" dàmǔzhǐ* (2) *big toe*

mù

木

mù（名）◇(1)树木 *wood；tree：*单丝不成线，独～不成林。Dān sī bù chéng xiàn, dú ～ bù chéng lín. *A single strand of silk can not make a thread；a solitary tree can not form a forest.* (2)木料 *timber；wood：*檀香～ tánxiāng ～ *sandlewood* /～床 ～ chuáng *wooden bed*（形）麻木 *be numb；dead：*腿压～了。Tuǐ yā ～ le. *This leg was pressed for so long that it felt dead.* /胳膊发～。Gēbo fā ～. *Arms feel numb.* /两只脚冻～了。Liǎng zhī jiǎo dòng ～ le. *Both feet were numbed with cold.*

【木板】mùbǎn（名）[块 kuài] *wooden plank*

【木本植物】mùběn zhíwù（名）*woody plant*

【木材】mùcái（名）*timber；lumber*

【木雕泥塑】mù diāo ní sù 用木头雕刻或泥土塑造的偶像，形容人呆板或静止不动 *idol carved in wood or moulded in clay (used to describe a person very wooden)*

【木耳】mù'ěr（名）*an edible fungus*

【木筏】mùfá（名）*raft*

【木工】mùgōng（名）(1) *carpenter* (2) *carpentry*

【木匠】mùjiang（名）同"木工" mùgōng（1）（现在用得较少）*same as "木工" mùgōng（1）*

【木刻】mùkè（名）*wood engraving；woodcut*

【木料】mùliào（名）*timber；lumber*

【木马】mùmǎ（名）*vaulting horse；rocking horse*

【木棉】mùmián（名）*kapok*

【木乃伊】mùnǎiyī（名）*mummy*

【木偶】mù'ǒu（名）*puppet；wooden image*

【木偶戏】mù'ǒuxì（名）*puppet show*

【木排】mùpái（名）*a number of tree trunks or logs fastened together to be sent floating down the river*

【木器】mùqì（名）用木材制造的家具 *furniture or implement made of wood*

【木然】mùrán（形）*stupefied*：表情～ biǎoqíng ～ *stupefied expression*

【木炭】mùtàn（名）[块 kuài]*charcoal*

【木头】mùtou（名）*wood；timber；log*

【木星】mùxīng（名）[颗 kē]*Jupiter*

【木已成舟】mù yǐ chéng zhōu 比喻事情已成定局,不可挽回 *the wood is already made into a boat — what is done cannot be undone*

目 mù

（名）◇（1）眼睛 *eye*（2）大项中再分出的小项 *item*

【目标】mùbiāo（名）*target*：别暴露～ bié bàolù ～ *don't expose the target*／奋斗～ fèndòu ～ *objective of a struggle*

【目不暇给】mù bù xiá jǐ 同"目不暇接"mù bù xiá jiē *same as "目不暇接"*mù bù xiá jiē

【目不暇接】mù bù xiá jiē 东西太多,眼睛看不过来 *the eye cannot take in everything*

【目不转睛】mù bù zhuǎn jīng 不转眼珠地(看),形容看时精力高度集中 *watch with fixed eyes；watch with great concentration*：雷达兵～地注视着荧光屏。Léidábīng ～ de zhùshìzhe yíngguāngpíng. *The radar operator watched the screen intently.*

【目测】mùcè（动）用眼睛测量 *range estimation*：我～这两所房子的距离约三十米左右。Wǒ ～ zhè liǎng suǒ fángzi de jùlí yuē sānshí mǐ zuǒyòu. *I estimate the distance between the two houses to be around 30 meters.*

【目次】mùcì（名）*table of contents*

【目瞪口呆】mù dèng kǒu dāi 形容受惊吓或吃惊时而发愣的样子 *dumbfounded；stupefied*

【目的】mùdì（名）*motive；aim；goal*：～明确 ～ míngquè *definite aim*／达到～ dádào ～ *attain the goal*

【目睹】mùdǔ（动）〈书〉亲眼看到 *see with one's eyes*

【目光】mùguāng（名）*vision；sight*：～炯炯 ～ jiǒngjiǒng *bright and flashing eyes*／～短浅 ～ duǎnqiǎn *shortsighted*（*figurative*）

【目光如豆】mùguāng rú dòu 眼光像豆子那样小,形容见识短浅 *narrow vision；shortsighted*

【目光如炬】mùguāng rú jù 眼光像火炬那样亮,形容见识远 *eyes as bright as torches；farsighted*

【目击】mùjī（动）〈书〉亲眼看到 *see with one's own eyes；witness*：他是这场车祸的～者。Tā shì zhè cháng chēhuò de ～zhě. *He is the eye-witness of the car accident.*

【目空一切】mù kōng yīqiè 形容骄傲自满,不把任何人放在眼里 *be very conceited；look down upon everybody and everything*

【目录】mùlù（名）*table of contents；catalogue*

【目录学】mùlùxué（名）*bibliography*

【目前】mùqián（名）*at present；at the present moment*：～形势 ～ xíngshì *the present situation*／到～为止 dào ～ wéizhǐ *up until now*／～工程进入紧张阶段。～ gōngchéng jìnrù jǐnzhāng jiēduàn. *At the present moment, the construction work is in full swing.*

【目送】mùsòng（动）〈书〉眼睛注视着离去的人或载人的车、船等 *follow someone with one's eyes*

【目无法纪】mù wú fǎjì 形容狂妄、骄横,毫无顾忌,根本不把法律、纪律放在眼里 *disregard law and discipline*

【目中无人】mù zhōng wú rén 看不起任何人。形容非常骄傲自大 *look down upon everybody；be supercilious*

沐 mù

（动）◇〈书〉洗头发 *wash one's hair*

【沐浴】mùyù（动）〈书〉（1）洗澡 *take a bath*（2）比喻受滋润 *bathe*：鲜艳的花朵～在阳光下。Xiānyàn de huāduǒ ～ zài yángguāng xià. *The beautiful flowers are bathed in a flood of sunshine.*（3）沉浸在某种环境、气氛里 *be immersed*；人们～在欢乐中。Rénmen ～ zài huānlè zhōng. *People are immersed in happiness.*

苜 mù

【苜蓿】mùxu（名）多年生草本植物。是一种重要的牧草和绿肥作物 *alfalfa；lucerne*

牧 mù

（动）◇放牧 *tend（sheep，cow，etc）；look after （cattles）*：～羊 ～ yáng *tend sheep*

【牧草】mùcǎo（名）*graze；pasturage for grazing*

【牧场】mùchǎng（名）*pastureland；ranch*

【牧歌】mùgē（名）[首 shǒu]指以农村生活为题材的诗歌、乐曲 *pastoral song*

【牧民】mùmín（名）*herdsman*

【牧区】mùqū（名）*pastoral area*

【牧师】mùshī（名）*pastor；clergyman*

【牧童】mùtóng（名）*shepherd boy*

【牧畜】mùxù（动）饲养大批的牲畜和家禽 *livestock breeding*

【牧业】mùyè（名）*stock raising；animal husbandry*

【牧主】mùzhǔ（名）牧区中占有牧场、牲畜,雇别人放牧的人 *herd owner*

募 mù

（动）募集 *raise；collect*

【募集】mùjí（动）广泛征集 *raise；collect*

【募捐】mù=juān *gather contributions and donations*

墓 mù

（名）[座 zuò]坟 *grave*

【墓碑】mùbēi（名）立在墓前的石碑 *tombstone*

【墓地】mùdì（名）埋葬死人的地方 *graveyard*

【墓志铭】mùzhìmíng（名）记载死者生平事迹的文字(刻在石头上,埋在坟墓里)*inscription on the memorial tablet*

幕 mù

（名）*screen；curtain*（量）*act（of a play）*：这个话剧共四～六场。Zhège huàjù gòng sì ～ liù chǎng. *This play has four acts and six scenes.*／三十年前的事情在他头脑中一～～闪现。Sānshí nián qián de shìqíng zài tā tóunǎo zhōng yí ～～ shǎnxiàn. *What happened thirty years ago flashed across his mind one scene after another.*

【幕后】mùhòu（名）*behind the scene*：在～指挥 zài ～ zhǐhuī *direct behind the scene*／他是～策划人。Tā shì ～ cèhuà rén. *He is the manipulator behind the scene.*／进行～操纵 jìnxíng ～ cāozòng *manipulate behind the scene；pull the wires backstage*

睦 mù

（形）◇*harmonious*

【睦邻】mù lín 和邻国保持友好 *good neighborliness；be on*

good terms with a neighboring country

暮 mù
（名）◇〈书〉傍晚 dusk（形）晚，（时间）将尽 late；close to
the end：岁～ suì～ end of the year /～春 ～chūn end of
spring
【暮年】mùnián（名）晚年 declining years；old age
【暮气】mùqì（名）不振作的精神和松懈不求进取的作风
lethargy：～沉沉 ～ chénchén apathetic；lacking in vitality
/青年人应该充满朝气，不要有～。Qīngnián rén yīnggāi
chōngmǎn zhāoqì，búyào yǒu ～. A young person should be
full of vitality and not be apathetic and spiritless.
【暮色】mùsè（名）傍晚昏暗的天色 dusk；twilight：～苍茫
～ cāngmáng deepening shades of twilight /～笼罩着田野
～ lǒngzhàozhe tiányě The dusk envelopes the open country.

穆 mù
（形）◇恭敬 reverent and respectful
【穆斯林】mùsīlín（名）〈宗〉Moslem

N

ná

拿 ná

（动）take，pick up，hold（1）用手取，握 pick up（with hands）；grasp：东西他都～走了。Dōngxi tā dòu ～zǒu le. *He took all the things away.* /把筷子～起来。Bǎ kuàizi ～ qilai. *Pick up the chopsticks.* /花不要老～在手里，找个瓶子插起来吧。Huā búyào lǎo ～ zài shǒu li，zhǎo ge píngzi chā qilai ba. *Don't keep holding the flowers in your hand，fetch a vase and put them in it.* /手里～着一枝铅笔。Shǒu li ～zhe yì zhī qiānbǐ.（He）*holds a pencil in his hand.* /他手扭伤了，～不住东西。Tā shǒu niǔshāng le，～ bu zhù dōngxi. *He sprained his hand and can't hold anything.*（2）掌握，决定 grasp；decide；master：别犹豫了，快一个主意吧！Bié yóuyù le，kuài ～ ge zhǔyi ba! *Don't hesitate anymore，make a decision quickly.* /我们家爸爸不～事，有事得找我妈妈。Wǒmen jiā bàba bù ～ shì，yǒu shì děi zhǎo wǒ māma. *In our family，my father can't decide on anything，you have to ask my mother.* /这件事能不能办成，我也～不准。Zhè jiàn shì néng bu néng bànchéng，wǒ yě ～ bu zhǔn. *Whether this thing can be accomplished or not，I really can't say.*（3）夺取，攻克，完成（经常和"下"连用）capture；seize；accomplish（often used with "下"）：～下了七号高地。Jīntiān zǎoshang zhànshìmen ～xiale qī hào gāodì. *This morning，the soldiers captured Height 7.* /只要我们决心干，大桥工程今年一定能～下来。Zhǐyào wǒmen juéxīn gàn，dà qiáo gōngchéng jīnnián yídìng néng ～ xialai. *If we have the determination to do it，we shall surely accomplish the bridge construction job this year.*（4）故意刁难（人）to make things difficult（for others）deliberately：他看别人都不会英语，只有他能翻译这个材料，就想～一手。Tā kàn biéren dōu bú huì Yīngyǔ，zhǐ yǒu tā néng fānyì zhège cáiliào，jiù xiǎng ～ yì shǒu. *Seeing nobody else knows English，and he is the only one who can translate this material，he deliberately wants to make things difficult.* /你能干就去干吧，不要总想～人家一把。Nǐ néng gàn jiù qù gàn ba，búyào zǒng xiǎng ～ rénjia yì bǎ. *If you can do it then go ahead，don't try to make things difficult for others deliberately.*（介）（1）"用"的意思，引进工具、方法等 with（introduces the tools，method，etc. used to do sth.）：这位农民～自己的钱办了一个农村文化室。Zhè wèi nóngmín ～ zìjǐ de qián bànle yí ge nóngcūn wénhuà shì. *This peasant set up a rural cultural room with his own money.* /警察一边追赶一边～眼睛紧盯着前边的逃犯。Jǐngchá yìbiān zhuīgǎn yìbiān ～ yǎnjing jǐn dīngzhe qiánbiān de táofàn. *The police pursued the escaped convict with their eyes firmly fixed on him.* /没有铁锨，让大家～什么挖树坑？Méi yǒu tiěxiān，ràng dàjiā ～ shénme wā shù kēng? *There aren't any shovels，so with what are we supposed to dig the holes for the trees?* /要～事实跟人家讲道理才能说服人家。Yào ～ shìshí gēn rénjia jiǎng dàolǐ cái néng shuōfú rénjia. *You can only convince others if you reason with facts.* /这种恩情不是～金钱能换来的。Zhè zhǒng ēnqíng bú shì ～ jīnqián néng huànlai de. *This sort of kindness can't be bought with money.*（2）"把"的意思，引进所处置的对象，动词常是"当""当作"等（introduces the object that is dealt with by verbs such as "当"，"当作"，etc.）：我懂你的意思，甭～我当傻瓜看。Wǒ dǒng nǐ de yìsi，béng ～ wǒ dàng shǎguā kàn. *I understand your meaning. There's no need to take me for a fool.* /老夫妻俩～儿媳当作女儿，关心倍至。Lǎo fūqī liǎ

～ érxí dàngzuò nǚ'ér，guānxin bèi zhì. *The old man and wife treat their daughter-in-law as their own daughter and show the greatest care for her.* /这种长沙发是可以～它当床用的。Zhè zhǒng chángshāfā shì kěyǐ ～ tā dàng chuáng yòng de. *This kind of couch can be used as a bed.* /她是游泳健将，不能～她跟小刘比。Tā shì yóuyǒng jiànjiàng，bù néng ～ tā gēn xiǎo Liú bǐ. *She's a top-notch swimmer so you can't compare her with Xiao Liu.*（3）引进某些述语的对象，述语多是"开心"、"开玩笑"、"撒气"、"怎么办"、"没办法"等（introduces the objective of the verb or verbal phrase such as "开心"，"开玩笑"，"撒气"，"怎么办"，"没办法" etc.）：他一不高兴就～孩子撒气。Tā yí bù gāoxìng jiù ～ háizi sā qì. *Whenever he's displeased，he vents his anger on the children.* /你想～我开心吗？Nǐ xiǎng ～ wǒ kāixin ma? *Are you trying to make fun of me?* /这事你得认真对待，可不能～自己的前途开玩笑。Zhè shì nǐ děi rènzhēn duìdài，kě bù néng ～ zìjǐ de qiántú kāi wánxiào. *You must treat this matter with earnest. You can't take your own future lightly.* /她没钱交医疗费，医院能～她怎么办？Tā méi qián jiāo yīliáo fèi，yīyuàn néng ～ tā zěnme bàn? *She doesn't have any money to pay for her medical expenses. What can the hospital do to her?* /她父母也～她没办法。Tā fùmǔ yě ～ tā méi bànfǎ. *Her parents can't do anything with her.*（4）"拿……"常跟"来说（来讲）"配合，用来举例，"拿"之前常有"就"，"来说""来讲"后常有"吧"，后面有例子的说明（"拿..." is often accompanied by "来说（来讲）" to give an example；"拿" is usu. preceded by "就"，and "来说"，"来讲"are usu. followed by "吧"；the last part of the sentence illustrates the example）：就～这里的蔬菜来说吧，价格之贵在各大城市中名列前茅。Jiù ～ zhèlǐ de shūcài láishuō ba，jiàgé zhī guì zài gè dà chéngshì zhōng míng liè qiánmáo. *Take the vegetables here for example，they are among the most expensive of any large city.* /这个工厂，～设备来讲，都是一流的。Zhège gōngchǎng，～ shèbèi láijiǎng，dōu shì yī liú de. *So far as the equipment in this factory is concerned，it is first-rate.* /单～服务态度来说，这个商店最差。Dàn ～ fúwù tàidù láishuō，zhège shāngdiàn zuì chà. *So far as the service in this store is concerned，it's the worst.*

【拿获】 náhuò（动）抓住（罪犯）catch（a prisoner）

【拿手】 náshǒu（形）擅长（某种技术）be good at（some technique）：～好戏 ～ hǎo xì *some skill one is good at* /他画油画很～。Tā huà yóuhuà hěn ～. *He is very good at oil painting.* /这个饭馆的师傅有什么～好菜？Zhège fànguǎn de shīfu yǒu shénme ～ hǎo cài? *What is the speciality of the chef of this restaurant that he is really good at?*

【拿主意】 ná zhǔyi 确定解决问题的方法或对策 determine the solution of a problem or the way to deal with a situation：你看这两件衣服买哪件好，帮我拿个主意。Nǐ kàn zhè liǎng jiàn yīfu mǎi nǎ jiàn hǎo，bāng wǒ ná ge zhǔyi. *Tell me which of the two dresses should I buy，will you help me decide?* /这事别人不好说，大主意还得你自己拿。Zhè shì biéren bù hǎoshuō，dà zhǔyi hái děi nǐ zìjǐ ná. *As to this matter，others can't help you，you have to decide for yourself.* /唉，他越想越拿不定主意。Ài，tā yuè xiǎng yuè ná bu dìng zhǔyi. *Oh，the more he thinks about it，the harder it is for him to decide.*

nǎ

哪 nǎ

（代）（1）表示疑问，一般用在量词或数词加量词前边

(*shows interrogation, usually used in front of a measure word or a numeral plus measure word*)：你借～本词典? Nǐ jiè ～ běn cídiǎn? *Which dictionary do you want to borrow?* /你是～年到北京来的? Nǐ shì ～ nián dào Běijīng lái de? *In what year did you come to Beijing?* /这些演员～几位是你以前见过的? Zhèxiē yǎnyuán ～ jǐ wèi shì nǐ yǐqián jiànguo de? *Of these actors and actresses, who are the ones that you have seen before?* (2) 表示"任何",后面常用"都"或"也" (*a way to express the word "any", usually followed by "都" or "也"*)：最近我不太忙,你～天来找我都可以。Zuìjìn wǒ bú tài máng, nǐ ～ tiān lái zhǎo wǒ dōu kěyǐ. *Lately I am not busy, you can come to see me any day you wish.* (3) 表示不确定的某一或某些 (*expresses something or somebody, indefinite*)：咱们～天再去一次长城吧。Zánmen ～ tiān zài qù yí cì Chángchéng ba. *Let us go to the Great Wall again some day.* /这几个人里有没有～个你比较喜欢的? Zhè jǐ ge rén li yǒu méi yǒu ～ ge nǐ bǐjiào xǐhuan de? *Among these people is there someone who you particularly like?* (4)"哪……哪……"前后呼应,前者表示条件 (*two 哪s used together, one after the other with some phrase in between, the former expresses the condition*)：这几件大衣价钱都差不多,你喜欢～件就买～件。Zhè jǐ jiàn dàyī jiàqián dōu chà bu duō, nǐ xǐhuan ～ jiàn jiù mǎi ～ jiàn. *The price of these coats is about the same, buy the one you like best.* /你要人帮忙只管告诉我,你～天需要,我～天来。Nǐ yào rén bāng máng zhǐguǎn gàosu wǒ, nǐ ～ tiān xūyào, wǒ ～ tiān lái. *If you need some help please tell me, I'll come on any day you want me to.* 另见 na

【哪个】nǎge (代) 同"谁"shuí (用得较少) *same as* "谁" shuí：～告诉你的? ～ gàosu nǐ de? *Who told you?* /你让～来,我们都欢迎。Nǐ ràng ～ lái, wǒmen dōu huānyíng. *No matter whom you asked to come, we shall welcome him.* /～会日语就请～当翻译。～ huì Rìyǔ jiù qǐng ～ dāng fānyì. *The one who knows Japanese will be asked to be the interpreter.*

【哪会儿】nǎhuìr (代) 什么时候 *what time* (1) 问时间 (过去或将来) (*asking about time (past or future)*)：你是～从南京来的? Nǐ shì ～ cóng Nánjīng lái de? *When did you come from Nanjing?* /这部词典～才能出版? Zhè bù cídiǎn ～ cái néng chūbǎn? *When will this dictionary publish?* /小刘～去邮局订报? Xiǎo Liú ～ qù yóujú dìng bào? *When will Xiao Liu go to the post office to subscribe for the newspaper?* (2) 指某一不定的时间 (*denotes an undetermined time*)：路这么滑,汽车说不定～才到呢! Lù zhème huá, qìchē shuō bu dìng ～ cái dào ne! *The road is so slippery, you can't say when the car will come.* /你无论～来,我都欢迎。Nǐ wúlùn ～ lái, wǒ dōu huānyíng. *No matter when you come, I'll always welcome you.* (3)两个"哪会儿"连用 (*two "哪会儿s" used together*)：叫他～有时间就～去找我。Jiào tā ～ yǒu shíjiān jiù ～ qù zhǎo wǒ. *Tell him to come to me anytime when he is free.*

【哪里】nǎli (代) 什么地方 *where*, *what place* (1) 询问处所 (*asking for a place*)：你现在住在～? Nǐ xiànzài zhù zài ～? *Where are you living now?* /你在～工作? Nǐ zài ～ gōngzuò? *Where are you working?* /～有卖这种线装书的? ～ yǒu mài zhè zhǒng xiànzhuāng shū de? *Where do they sell these thread-bound books?* (2) 表示"任何地方",后面常有"都"或"也" (*expresses "any place" usually followed by "都" or "也"*)：他到～都不觉得陌生。Tā dào ～ dōu bù juéde mòshēng. *No matter where he goes, he doesn't feel like a stranger.* /～也找不到他。～ yě zhǎo bu dào tā. *(You) can't find him anywhere.* (3) 连用两个"哪里"前后呼应,同指一个地方 (*using two "哪里's" successively, one echoing the other, denoting the same place*)：～人多,他就在～发表演说。～ rén duō, tā jiù zài ～ fābiǎo yǎnshuō.

Where there is a lot of people, there he will deliver a speech. /祖国需要我们到～,我们就到～。Zǔguó xūyào wǒmen dào ～, wǒmen jiù dào ～. *Wherever our motherland needs us, there we shall go.* (4) 用在动词、助动词、形容词前构成反问或表示不同意 (*used in front of a verb, auxiliary verb or adjective to make a rhetorical question or show disagreement*)：你的地址他～会不知道! Nǐ de dìzhǐ tā ～ huì bù zhīdào! *Your address, how come he doesn't know?* /她～是 1962 年来北京的,是 1965 年来的。Tā ～ shì yījiǔliù'èr nián lái Běijīng de, shì yījiǔliùwǔ nián lái de. *How could it be 1962 that she came to Beijing, it was 1965 that she came.* /这大衣～长啊! 你穿着正合适。Zhè dàyī ～ cháng a! nǐ chuānzhe zhèng héshì. *How can this coat be too long, it fits you very well.* (5) 用于答话中,表示否定 (*used in answering a question, to express negation*)：那本书你已经看完了吧? ——～,才看了一半。Nà běn shū nǐ yǐjīng kànwánle ba? ——～, cái kànle yíbàn. *You have finished reading that book, haven't you? No, no, I'm only half way through.* /这些人都是你的朋友啊! ——我一个都不认识。Zhèxiē rén dōu shì nǐ de péngyou a! ——～, wǒ yí gè dōu bú rènshi. *Are all these people your friends? Oh no, I don't know any of them.* 听到别人的赞美,表示客气 (*expresses courtesy, after hearing a complimentary remark*)：您汉语说得真流利! ——～～,我只会说几句。Nín Hànyǔ shuō de zhēn liúlì! ——～～, wǒ zhǐ huì shuō jǐ jù. *Your Chinese is really very fluent. Oh no, I just can say a few words.* (6)"哪里知道"有时有"没想到"的意思 (*"哪里知道" sometimes means "did not expect it" or "did not imagine it"*)：出发时天气还晴着,～知道忽然下起雨来了。Chūfā shí tiānqì hái qíngzhe, ～ zhīdào hūrán xià qǐ yǔ lai le. *When we set out the weather was clear, nobody suspected that it would rain.* /我以为他还在睡觉,～知道他早就动身了。Wǒ yǐwéi tā hái zài shuìjiào, ～ zhīdào tā zǎo jiù dòngshēn le. *I thought he was still sleeping, who would suspect that he had left a long time ago.*

【哪怕】nǎpà (连) 表示假设让步,作用在于强调主句所肯定的意思。后边多用"都、也、还"等与之呼应 (*used before the surprising part of a statement to add to its strength, "哪怕" usually collocates with "都" or "也" or "还"*)：～刮风、下雨,我们也要去。～ guā fēng、xià yǔ, wǒmen yě yào qù. *Even if it rained or were windy, we would have gone just the same.* /他看稿子非常认真,～一个标点符号都不放过。Tā kàn gǎozi fēicháng rènzhēn, ～ yí gè biāodiǎn fúhào dōu bú fàngguò. *He is very conscientious in reading manuscripts, and never overlooks even a punctuation mark.* 有时为了突出主句的意思,由"哪怕"引起的表示让步的副句,也可以放在主句之后 (*to give prominence to the main clause, the subordinate clause headed by "哪怕" is sometimes placed afterward*)：他每天都要抽出点时间学习,～出差外地。Tā měi tiān dōu yào chōuchu diǎnr shíjiān xuéxí, ～ chū chāi wàidì. *He manages to find time to do some study every day, even when he goes somewhere on business.*

【哪儿】nǎr (代) 同"哪里"nǎli,但更口语化 *same as* "哪里" nǎli, *but even more colloquial*.

【哪些】nǎxiē (代) "哪" nǎ (代) 的复数 *plural form of* "哪" nǎ (1) 用在名词前表示疑问 (*used in front of a noun to change the sentence into a question*)：你要订～杂志,请登记一下。Nǐ yào dìng ～ zázhì, qǐng dēngjì yíxià. *What magazines do you want to subscribe, will you please write them down?* /你这次旅行准备去～地方? Nǐ zhè cì lǚxíng zhǔnbèi qù ～ dìfang? *This trip of yours, what places do you want to go?* (2)表示"任何",后面常有"都""也" (*when used to mean "any", usually followed by "都" and "也"*)：你们先解决～问题都可以。Nǐmen xiān jiějué ～ wèntí dōu kěyǐ. *You can work out solutions of these problems in any*

order you like. /书都是图书馆的，～也不是资料室的。Shū dōu shì túshūguǎn de, ～ yě bú shì zīliàoshì de. *All the books belong to the library, none to the reference room.* (3) 前后两个"哪些"指代相同事物 (*the two successive "哪些's" refer to identical things*)：你看，这里的东西～需要处理，就处理～。Nǐ kàn, zhèlǐ de dōngxi ～ xūyào chǔlǐ, jiù chǔlǐ ～. *Look here, tend to the matters that need to be tended to.* /这里有一百多道数学题，你会做就做，不会的等以后再说。Zhèlǐ yǒu yìbǎi duō dào shùxué tí, nǐ huì zuò ～ jiù zuò ～, bú huì de děng yǐhòu zài shuō. *Here are more than one hundred mathematics problems, solve those you know how to solve, those you don't know, leave them till later.*

【哪样】nǎyàng (代) 什么样 *what kind* (1) 询问性质、状态等 (*asking about the nature or condition of something*)：你觉得这些钱包～的好？Nǐ juéde zhèxiē qiánbāo ～ de hǎo? *Of these wallets, what kind do you think is the best?* /这儿的苹果有酸的有甜的，你要～的? Zhèr de píngguǒ yǒu suān de yǒu tián de, nǐ yào ～ de? *Some apples here are sour, some are sweet, what kind do you want?* (2) 表示"任何"样，后面常有"都""也" (*when used to express "any kind", it is usually followed by "都" or "也"*)：只要是牡丹花，她就喜欢，至于～颜色的都无所谓。Zhǐyào shì mǔdanhuā, tā jiù xǐhuan, zhìyú ～ yánsè de dōu wúsuǒwèi. *She will like them so long as they are peonies, she doesn't care about the color.* (3) 两个"哪样"分别用于前后分句，同指某事物的性质状态 (*when there are two "哪样's" used in consecutive clauses, they usually denote the nature or condition of the same matter*)：～点心好吃，你就吃～，别客气。～ diǎnxin hǎochī, nǐ jiù chī ～, bié kèqi. *Make yourself at home. Help yourself to the pastries you like best.*

nà

那^nà (代)(1) 指较远的事物，与"这"相对 (*denotes something that is farther away, as compare with "这"*)：～个人 ～ gè rén *that person* /～间房子 ～ jiān fángzi *that room* /～时候 ～ shíhòu *that time* /～只猴子 ～ zhī hóuzi *that monkey* /你能给我剪剪头发吗？—— 不难，现在就剪吧？Nǐ néng gěi wǒ jiǎnjian tóufa ma? —— bù nán, xiànzài jiù jiǎn ～ba? *Can you trim my hair for me? —— That's not difficult, shall I trim it now?* /这件毛衣是你母亲织的吗？——～没错。Zhè jiàn máoyī shì nǐ mǔqin zhī de ma? ——～méi cuò. *Did your mother knit this sweater for you? —— You bet!* (2) 和"这"并用，表示各种事物 (*used with "这", to denote all kinds of matter*)：他做做这，干干～，忙忙碌碌过了个星期天。Tā zuòzuo zhè, gàngan～, mángmanglùlù guòle ge xīngqītiān. *He did a little of this and a little of that and spent the whole Sunday in this busy manner.* /他看看这，看看～，不知不觉已是黄昏的时候了。Tā kànkan zhè, kànkan ～, bù zhī bù jué yǐ shì huánghūn de shíhou le. *He read a little of this and a little of that and before he knew it, dusk has already crawled into it.* (连) 同"那么"nàme *same as "那么"*：你把收音机的声音调么这么大，～孩子还能学习吗？Nǐ bǎ shōuyīnjī de shēngyin tiáo nàme dà, ～ háizi hái néng xuéxí ma? *Since you turn the volume of the radio up so high, how do you expect the child to study?* /屋顶的瓦都坏了，～雨天还不漏水吗？Wūdǐng de wǎ dōu huài le, ～ yǔtiān hái bù lòu shuǐ ma? *If the tiles on the roof are all broken, then won't it leak on a rainy day?* /明天你没事吗？你跟我们一块儿去长城吧。Míngtiān nǐ méi shì ma? ～ gēn wǒmen yíkuàir qù Chángchéng ba. *Since you don't have anything on tomorrow, come with us to the Great Wall.* /婚姻大事处理不好，～他不得后悔一辈子! Hūnyīn dà shì chǔlǐ bù hǎo, ～ tā bù děi hòuhuǐ yíbèizi! *If he* doesn't handle the question of his marriage properly, he may regret it for the rest of his life.

【那个】nàge (代)(1) 那一个 *that one*：这个学生比～学得好。Zhège xuésheng bǐ ～ xué de gèng hǎo. *This student is even better than that one.* (2) 那种事物 *that kind of matter (thing)*：有计算机了，谁还用～。Yǒu jìsuànjī le, shuí hái yòng ～. *(We) have the computer now, who still wants to use that.* /问题早解决了，别再为～担心了。Wèntí zǎo jiějué le, bié zài wèi ～ dānxīn le. *The problem has long been solved, don't worry about that anymore.* (3)〈口〉用在动词或形容词前，表示夸张 (*precedes a verb or adjective to express exaggeration*)：她哭得～伤心啊! Tā kū de ～ shāng xīn a! *How bitterly she cries!* (4) 与"这个"对举，表示很多事物(不确指某人或某事物) (*used together with "这个" to denote a lot of things indiscriminately*)：这个进来，～出去，人来人往总是不得安宁。Zhège jìnlai, ～ chūqu, rén lái rén wǎng zǒngshì bùdé ānníng. *This person came in and that person went out, in and out they went, there wasn't any peace.* (5)〈口〉代替不便直接说出的话 (*substitutes for something that is unsuitable to be expressed directly*)：他这种作法也太～了，怎么能这么没礼貌! Tā zhè zhǒng zuòfǎ yě tài ～ le, zěnme néng zhème méi lǐmào! *The way he handled that matter was really too-you-know-what-I-mean, how could he have such bad manners!* /你刚才说的话有点儿～，难怪他不高兴。Nǐ gāngcái shuō de huà yǒudiǎnr ～, nánguài tā bù gāoxìng. *What you have just said was a little you-know-what, no wonder he was unhappy.*

【那会儿】nàhuìr (代)〈口〉指示过去或将来某一时点 (*denotes a certain point of time in the past or future*)：我刚认识你，你才十几岁。Wǒ gāng rènshi nǐ, nǐ cái shí jǐ suì. *When I first knew you, you were still in your teens.* /要是到～再表明态度可就晚了。Yàoshi dào ～ zài biǎomíng tàidu kě jiù wǎn le. *If (you) clarify your attitude then, it would be a little too late.* /刚参加工作～，他什么经验也没有。Gāng cānjiā gōngzuò ～, tā shénme jīngyàn yě méiyǒu. *When he just started to work, he didn't have experience of any sort.* /他们明天到北京，你～就知道到底有几个人了。Tāmen míngtiān dào Běijīng, nǐ ～ jiù zhīdao dàodǐ yǒu jǐ gè rén le. *When they arrive in Beijing tomorrow, you will then know how many people there are.*

【那里】nàlǐ (代) 指较远的处所(和"这里"相对) (*denotes a place which is farther away (as compared with "这里")*)：～椰子、咖啡都很多。～ yēzi, kāfēi dōu hěn duō. *There, coconuts and coffee are both plentiful.* /～有不少名胜古迹。～ yǒu bù shǎo míngshèng gǔjì. *Down there there are a lot of scenic spots and historical relics.* "那里"直接放在名词或人称代词后，使非处所词成为表示处所的词语 (*"那里" placed after a noun or personal pronoun to make it a place word*)：我要到老张～去。Wǒ yào dào Lǎo Zhāng ～ qù. *I want to go to Lao Zhang's place.* /王老师～有不少录音带。Wáng lǎoshī ～ yǒu bù shǎo lùyīndài. *Professor Wang has a lot of cassettes.* /今天你就上我～去睡一夜吧。Jīntiān nǐ jiù shàng wǒ ～ qù shuì yí yè ba. *You go to my place and spend the night.*

【那么】nàme (代)(1)用于远指，在句中作状语，表示程度、方式等 *that way* (*used in a sentence as an adverbial, to express degree or manner*)：～坐着不舒服。～ zuòzhe bù shūfu. *Sitting that way is not comfortable.* /你就按照他说的～做吧。Nǐ jiù ànzhào tā shuō de ～ zuò ba. *You just do it according to the way he told you.* /他已经有他哥哥～高了。Tā yǐjīng yǒu tā gēge ～ gāo le. *He is now as tall as his elder brother.* /他说话声音～大，不影响别人吗？Tā shuō huà shēngyīn ～ dà, bù yǐngxiǎng biérén ma? *He speaks with such a big voice, doesn't it bother the others?* /今天没昨天～热。Jīntiān méi zuótiān ～ rè. *Today is not as hot as*

yesterday. /他的病不像你说的～严重。Tā de bìng bú xiàng nǐ shuō de ～ yánzhòng. *His illness is not as serious as you said.* /像他一大年纪的老人里，他身体最好了。Xiàng tā ～ dà niánjì de lǎorén li, tā shēntǐ zuì hǎo le. *Among the old people of his age, physically he is the most fit.* (2) 用在概数前，加强不确定的语气 (*used before an approximate number to enhance uncertainty*)：他们出发已经有～十几天了。Tāmen chūfā yǐjīng yǒu ～ shí jǐ tiān le. *They have set out, oh, I would say, for more than ten days.* /我看见那些人了，大概有一二三十人吧。Wǒ kànjiàn nàxiē rén le, dàgài yǒu ～ èr-sānshí rén ba. *I saw those people, approximately twenty to thirty of them, I would say.* (3) 表示一种说不出的性质，用于"一"和量词前 (*expresses a quality that is not easily describable, usually preceding a "一" and a measure word*)：他无论干什么总有一股冲劲儿。Tā wúlùn gàn shénme zǒng yǒu ～ yì gǔ chòng jìnr. *No matter what he does, he always has that certain kind of vim and vigour.* /他们几个人怎么都是一一副无精打采的样子。Tāmen jǐ ge rén zěnme dōu shì ～ yí fù wú jīng dǎ cǎi de yàngzi? *How come all these men have that same listless look?* (连) 顺接上文，表示根据前面的事实或假设，引出后面的判断或结果，常与"如果""要是"等呼应，后面可有停顿 (*used after an aforementioned fact or supposition to introduce a conclusion or result; often used togther with "如果", "要是", etc. and may be followed by a pause*) *then; in that case*: 你们需要个打字员吗？～你们先打个报告吧。Nǐmen xūyào ge dǎzìyuán ma? ～ nǐmen xiān dǎ ge bàogào ba. *Do you need a typist? well then, make a petition.* /你既然不同意上述观点，～，依你之见呢？Nǐ jìrán bù tóngyì shàngshù guāndiǎn, ～, yī nǐ zhī jiàn ne? *Since you don't agree with the aforesaid view, then what would you suggest?* /干部要是能处处以身作则，～自然会得到群众的拥护。Gànbù yàoshi néng chùchù yǐ shēn zuò zé, ～ zìrán huì dédào qúnzhòng de yōnghù. *If cadres could set an example in all respects, then they would naturally enjoy the support of the masses.* /如果名牌产品不保证质量，～，很快也就失去信誉。Rúguǒ míngpáir chǎnpǐn bù bǎozhèng zhìliàng, ～, hěn kuài yě jiù shīqù xìnyù. *If a famous-brand product didn't guarantee quality, then it would quickly lose its prestige.*

【那么点儿】nàmediǎnr （代）（口）指示数量小 (*denotes a small quantity*)：就一东西，还拿不动？Jiù ～ dōngxi, hái ná bu dòng? *Just such a little amount, and it's still too heavy to carry?* /出门得多带钱，你带一哪儿够用啊！Chū mén děi duō dài qián, nǐ dài ～ nǎr gòu yòng a! *When you go out, take along enough money, the little amount you're carrying, is it enough?*

【那么些】nàmexiē （代）（口）指示数量大 (*denotes a large quantity*)：一东西一次拿不了。～ dōngxi yí cì ná bu liǎo. *There are so many things, you can't take them on one trip.* /屋子里一人，咱们在外边找个地方坐吧。Wūzi li ～ rén, zánmen zài wàibian zhǎo ge dìfang zuò ba. *There are so many people in the room, let's find a place to sit somewhere outside.*

【那么着】nàmezhe （代）指代行动，可作谓语 (*denotes action, used as a predicate*)：我看这么着比一好。Wǒ kàn zhèmezhe bǐ ～ hǎo. *I think this way is better than that way.* /你再一我可要走了。Nǐ zài ～ wǒ kě yào zǒu le. *If you still act that way I will leave.*

【那末】nàme （代）同"那么"nàme （代）(连)同"那么"nàme (连) *same as* "那么"nàme (连)

【那儿】nàr （代）同"那里"nàli *same as* "那里"nàli

【那些】nàxiē （代）指示较多的量，与"这些"相对 *those* (*as opposed to* "这些")：～书是上月买的，这些是刚买的。～ shū shì shàng yuè mǎi de, zhèxiē shì gāng mǎi de. *Those books*

were bought last month, these were just bought.* /一日子他常常到我们这里来。～ rìzi tā chángcháng dào wǒmen zhèlǐ lái. *During those days, he used to come quite often to our home.* /他刚到香港的一时候感到寂寞，后来朋友就多了。Tā gāng dào Xiānggǎng de ～ shíhou gǎndào jìmò, hòulái péngyou jiù duō le. *During those days when he first arrived in Hong Kong, he was quite lonesome, afterwards he made a lot of friends.* /别怪他没来告别，走得太匆匆，他哪里顾得上～。Bié guài tā méi lái gàobié, zǒu de tài cōngmáng, tā nǎlǐ gù de shàng ～. *Don't blame him for not coming to say goodbye, he left so hurriedly, how could he had time to tend to those things.* /坐在那儿的一孩子都是孤儿。Zuò zài nàr de ～ háizi dōu shì gū'ér. *All those children sitting there are orphans.*

【那样】nàyàng （代）（～儿）(1) 同"那么" nàme *same as* "那么" nàme：她做事不像她姐姐一细致。Tā zuò shì bú xiàng tā jiějie ～ xìzhì. *She is not as meticulous as her elder sister in doing her work.* (2) 那种样子（作定语）*that type* (*used as an attributive*)：我很喜欢～的雨伞。Wǒ hěn xǐhuan ～ de yǔsǎn. *I like very much that type of umbrella.* /～的圆珠笔没有了，你喜欢这样的吗？～ de yuánzhūbǐ méi yǒu le, nǐ xǐhuan zhèyàng de ma? *(We) don't have that kind of ball pen anymore, do you like this kind?* (3) 表示很高程度（作补语）(*expresses a very high degree, used as a complement*)：他怎么困得一？昨天晚上没睡觉吗？Tā zěnme kùn de ～? Zuótiān wǎnshang méi shuì jiào ma? *How come he is so sleepy, didn't he sleep last night?* /小李本来找你帮忙，我看你忙得一，我就去帮他了。Xiǎo Lǐ běnlái zhǎo nǐ bāng máng, wǒ kàn nǐ máng de ～, wǒ jiù qù bāng tā le. *Originally Xiao Li wanted you to help him, but I saw you were so busy so I went to help him.* (4) 同"那么着" nàmezhe *same as* "那么着" nàmezhe：他总不按时完成任务，再一～，我们就不原谅他了。Tā zǒng bú ànshí wánchéng rènwù, zài ～, wǒmen jiù bù yuánliàng tā le. *He never finished his work on time, if this continues, we'll not excuse him again.*

呐 nà

【呐喊】nàhǎn （动）（书）大声叫喊 *to shout with a loud voice*：他为被迫害者～。Tā wèi bèi pòhàizhě ～. *He cries for the persecuted.*

纳 〔納〕nà

（动）(1) ◇收进，接受 *to receive, to accept*：闭门不一 bì mén bú ～ *Close the door and reject* (him). /吐故一新 tǔ gù ～ xīn *Throw away the old and accept the new.* (2) ◇缴付 *to pay*：～捐 ～ juān *to pay tax* /～粮 ～ liáng *using grain to pay tax* (3) 密密地缝 *sew with close stitches*：～鞋底 ～ xié dǐ *stitch a cloth shoe sole*

【纳粹】nàcuì （名）*Nazi*

【纳闷儿】nà=mènr （口）因疑惑不解而发闷 *be puzzled*：他说来为什么没来呢？这让我很～。Tā shuō lái wèi shénme méi lái ne? Zhè ràng wǒ hěn ～. *He said he was coming but didn't, that makes me very puzzled.* /他明明说过这话，为什么又不承认？真叫人～。Tā míngmíng shuōguo zhè huà, wèi shénme yòu bù chéngrèn? Zhēn jiào rén ～. *He obviously said that, why doesn't he admit it? This really gets one puzzled.*

【纳入】nàrù （动）收进，归入 *to bring in, to include*：～正轨 ～ zhèngguǐ *to channel* (something) *on a correct course* /～计划 ～ jìhuà *to include into the plan* /～轨道 ～ guǐdào *to put* (something) *on its course*

【纳税】nà=shuì 交纳税款 *pay the tax*

捺 ^{nà}（名）（～儿）汉字笔画之一，即"丶" one of the strokes of the Chinese character：" 丶"。（动）抑制，压下 restrain, constrain：～不住激动的心情 ～ bu zhù jīdòng de xīnqíng (He) could not constrain his stirred-up feelings.

na

哪 ^{na}（助）是语气助词，同"啊"，如"啊"前一字的尾音是"n"或"ng"，这尾音往往与"啊"合并成"哪" same as "啊" (if the final sound of the character which precedes "啊" is "n" or "ng", it usu. merges with "啊" to become "哪")：游泳池的水真深～! Yóuyǒngchí de shuǐ zhēn shēn ～! The water in the swimming pool is really deep! /这座楼房得建几年～? Zhè zuò lóufáng děi jiàn jǐ nián ～? How many years will it take to construct this building? /小明快来呀，你们看那大蜈蚣风筝多好看～! Xiǎo Míng kuài lái ya, nǐmen kàn nà dà wúgōng fēngzhēng duō hǎokàn ～! Quick, come here Xiao Ming! Look at how pretty that large centipede kite is! /这么重的大书柜一个人怎么能搬得动～? Zhème zhòng de dà shūguì yí ge rén zěnme néng bān de dòng ～? How can one person possibly move such a heavy bookcase? /同志们加油干～，争取提前交工啊! Tóngzhìmen jiā yóu gàn ～, zhēngqǔ tíqián jiāo gōng a! Comrades, come on! Strive to hand over the completed project ahead of time! 另见 nǎ

nǎi

乃 ^{nǎi}（动）〈书〉是 be：实践～检验理论之尺度。Shíjiàn ～ jiǎnyàn lǐlùn zhī chǐdù. Practice is the yardstick of the truth of a theory.（副）〈书〉(1)表示有了所说的条件或原因，然后发生某事；相当于"才" only then (similar in meaning to "才")：众人齐心协力，～有成功之日。Zhòngrén qíxīn xiélì, ～ yǒu chénggōng zhī rì. It is only when everybody works as one that the day of success will come. /经友人多方帮助，此书～得以出版。Jīng yǒurén duōfāng bāngzhù, cǐ shū ～ déyǐ chūbǎn. It was only with the help of friends that the publication of this book was made possible. (2)表示前后事情紧接着，或事实正如此；相当于"就"so；then；same as "就" jiù：两人正说得起劲，见有生人来，～匆匆分手。Liǎng rén zhèng shuō de qǐjìn, jiàn yǒu shēngrén lái, ～ cōngcōng fēn shǒu. Those two were talking animatedly when they saw a stranger come, then they quickly parted. /此人～是远近有名的"才子"。Cǐ rén ～ shì yuǎn jìn yǒu míng de "cáizǐ". This person is known far and wide as a gifted scholar.

【乃至】nǎizhì（连）〈书〉连接并列的各种句子成分或分句（内容为性质相同或相近的事物或行为），放在被连接的最后一项之前，表示事情所达到的最大范围或极限，有"甚至"的意思（links all types of juxtaposed clauses or component parts in a sentence (of which the objects or behaviours are identical or similar in nature) and placed between the last two parts which it links to indicate that the greatest scope or extent is reached；has the same meaning as "甚至") and even：共青团组织应该从思想、生活、工作～婚姻、家庭各方面来关心青年。Gòngqīngtuán zǔzhī yīnggāi cóng sīxiǎng、shēnghuó、gōngzuò ～ hūnyīn、jiātíng gè fāngmiàn lái guānxīn qīngnián. The Communist Youth League should show concern for youth with respect to their ideology, lives, work and even marriage and family. /老年、青年、中小学学生～幼儿园的孩子，都喜欢看电视台播放的《动物世界》节目。Lǎonián、qīngnián、zhōng-xiǎoxué xuésheng ～ yòu'éryuán de háizi, dōu xǐhuan kàn diànshìtái bōfàng de 《Dòngwù

Shìjiè》jiémù. Old people, youth, middle and primary school students and even kindergarten pupils like to watch the program "Animal World" broadcast by the TV station. /他们产品的质量、造型～装潢都是第一流的。Tāmen chǎnpǐn de zhìliàng、zàoxíng ～ zhuānghuáng dōu shì dìyī liú de. The quality, models, and even packaging of their products are all first-rate. "乃至"也可以说成"乃至于"，意思不变（"乃至"may also be said as "乃至于"；the meaning doesn't change）：出版一本书，从交稿到编辑、付印～校对，是要花费很大力量的。Chūbǎn yì běn shū, cóng jiāo gǎo dào biānjí、fùyìn, shì yào huāfèi hěn dà lìliang de. It takes a lot of energy to publish a book, from the handing in of the manuscript to the editing, printing and even proofreading.

奶 ^{nǎi}（名）(1)乳房 breast (2)乳汁 milk

【奶粉】nǎifěn（名）powdered milk

【奶酪】nǎilào（名）用动物的奶汁做成的半凝固食品 junket

【奶妈】nǎimā（名）受雇给人家孩子喂奶的妇女 wet nurse

【奶奶】nǎinai（名）(1)〈口〉祖母（paternal）grandmother (2)〈口〉对祖母辈分相同或者年纪相仿的妇女的称呼 used to address a lady of the same generation as the grandmother, or a lady of similar age of the grandmother

【奶牛】nǎiniú（名）[头 tóu] milk cow

【奶皮】nǎipí（名）（～儿）skin on boiled milk

【奶瓶】nǎipíng（名）(1)给小孩喂奶用的装奶的瓶子，瓶口上装有奶嘴儿 feeding bottle (2)装牛奶的瓶子 bottle for holding milk

【奶糖】nǎitáng（名）candy using milk as ingredient

【奶头】nǎitóu（名）（～儿）nipple

【奶羊】nǎiyáng（名）[只 zhī] milk goat

【奶油】nǎiyóu（名）cream (of milk)

【奶嘴】nǎizuǐ（名）（～儿）nipple (of a feeding bottle)

nài

奈 ^{nài}

【奈何】nài＝hé〈书〉(1)以反问的形式表示没有办法，近似"怎么办"(used to make a rhetorical question to express "nothing can be done")：他坚持己见，谁也～不得。Tā jiānchí jǐ jiàn, shuí yě ～ bu dé. He persists in his own idea, nobody can do anything about it. (2)中间加代词，表示"拿……怎么办"(adds a pronoun in between, to denote "what can you do with ...")：女儿不同意这桩婚事，你又奈她何! Nǚ'ér bù tóngyì zhè zhuāng hūnshì, nǐ yòu nài tā hé! The daughter does not consent to this marriage, so what can you do with her?

耐 ^{nài}（动）◇禁得起，受得住 bearable, endurable：～人寻味 ～ rén xúnwèi afford food for thought /～酸 ～ suān acid-resisting

【耐烦】nàifán（形）不急躁，不厌烦（常用于否定式）patient (often used in the negative)：不知有什么事使他这样不～。Bù zhī yǒu shénme shì shǐ tā zhèyàng bú ～. Don't know what's troubling him to make him so impatient. /她不～地"唉"了一声。Tā bú ～ de "ài" le yì shēng. She sighed impatiently.

【耐寒】nài＝hán cold-resisting：～植物 ～ zhíwù cold-resisting plants

【耐旱】nài＝hàn drought-enduring：这种小麦～。Zhè zhǒng xiǎomài ～. This type of wheat is drought-enduring.

【耐火材料】nàihuǒ cáiliào 加热以后不熔化、不变形、不变质

的材料 *refractory material*

【耐火砖】nàihuǒzhuān（名）［块 kuài］用耐火黏土等烧制而成的耐火材料，也叫火砖 *refractory brick*

【耐久】nàijiǔ（形）能够经过很长时间不变、不坏 *durable*：这种铝锅用起来恐怕不～。Zhè zhǒng lǚ guō yòng qilai kǒngpà bú ～. *I'm afraid that this type of aluminum pot are not durable.*

【耐劳】nài=láo 禁得起劳累 *be able to endure fatigue*：他工作学习都能刻苦～。Tā gōngzuò xuéxí dōu néng kèkǔ ～. *Whether he is working or studying, he is always very assiduous and hardworking.*

【耐力】nàilì（名）*stamina；endurance*

【耐热】nài=rè *heat-enduring*

【耐心】nàixīn（形）(遇上麻烦事) 不烦躁；不着急 *patient*：李老师对孩子们～极了。Lǐ lǎoshī duì háizimen ～ jíle. *Teacher Li is extremely patient with the children.* /她～地等待了很多年。Tā ～ de děngdàile hěn duō nián. *She patiently waited for very many years.* /对犯错误的青年要～帮助。Duì fàn cuòwu de qīngnián yào ～ bāngzhù. *To those youths who had committed a mistake, we should assist them with patience.*（名）不急躁、不着急的性情 *patience*：搞学前教育没有～可不行。Gǎo xuéqián jiàoyù méi yǒu ～ kě bù xíng. *To work in the field of preschool education, one must have patience.* /由于她缺乏～，结果把事弄糟了。Yóuyú tā quēfá ～, jiéguǒ bǎ shì nòngzāo le. *Because of her lack of patience, she messed up the job.*

【耐性】nàixìng（名）同"耐心" nàixīn（名）*same as "耐心" nàixīn（名）*

【耐用】nàiyòng（形）可以长时间使用而不坏 *can be used a long time without damage*：这种不锈钢锅经久～。Zhè zhǒng búxiùgāng guō jīngjiǔ ～. *This type of stainless steel pot is very durable.*

nán

男 nán
（名）◇(1) 男性(可与指人的名词结合，或在"的"前，在某些习惯组合中也可以单独使用) *male（can be followed by a noun denoting a person or "的"；in some cases can be used alone）*：～大夫 ～ dàifu *a male doctor* /～学生 ～ xuésheng *boy student* /他有两个孩子，一个～的，一个女的。Tā yǒu liǎng ge háizi, yí ge ～ de, yí ge nǚ de. *He has two children, one boy and one girl.* /刚才有人给你打电话。——～的女的? Gāngcái yǒu rén gěi nǐ dǎ diànhuà. ——～ de nǚ de? *Just then somebody gave you a phone call. —— A man or a woman?* /～女 女 ～ ～ nánnǚ men and women /一～一女 yì ～ yì nǚ *one man and one woman* /～女青年 ～ nǚ qīngnián *young men and women* /～女平等 ～ nǚ píngděng *equality of men and women* (2)〈书〉儿子 *son*：长～ zhǎng ～ *eldest son* /次～ cì ～ *second son*

【男低音】nándīyīn（名）(1)声乐中男声部分类之一 *bass* (2)唱男低音的人 *a bass singer；bass*

【男方】nánfāng（名）男的一方面(用于有关婚事的场合) *male side, or the groom (used in situations concerning marriage)*：～想快一点结婚，可是女方说最早也要一年后她大学毕业。～ xiǎng kuài yìdiǎnr jié hūn, kěshì nǚfāng shuō zuì zǎo yě yào yì nián hòu tā dàxué bì yè. *The groom wishes the wedding to take place earlier while the bride insists that the earliest date will be one year later, after she graduates from college.* /女方要求离婚，～不肯。Nǚfāng yāoqiú lí hūn, ～ bù kěn. *The wife demands a divorce, the husband refuses.*

【男高音】nángāoyīn（名）(1) 声乐中男声部分类之一 *tenor* (2) 唱男高音的人 *tenor；tenor singer*

【男孩】nánhái（名）(～儿) *boy*

【男人】nánrén（名）*man*

【男人】nánrén（名）〈口〉丈夫 *husband*

【男生】nánshēng（名）男学生 *male student*

【男声】nánshēng（名）声乐中的男子声部 *male voice*

【男性】nánxìng（名）*male*

【男中音】nánzhōngyīn（名）(1)声乐中男声部分类之一 *baritone* (2)唱男中音的人 *a baritone*

【男子】nánzǐ（名）(1) 男人(常用于体育项目) *man*：～篮球队 ～ lánqiúduì *men's basketball team* /八百米赛跑 ～ bābǎi mǐ sàipǎo *men's 800-meter run* /乒乓球～单打冠军 pīngpāngqiú ～ dān dǎ guànjūn *men's singles table tennis champion*

【男子汉】nánzǐhàn（名）成年男性，强调男性体魄健壮，刚强有力 *adult male who is manly and physically strong*

南 nán
（名）*south*：广州在中国～部。Guǎngzhōu zài Zhōngguó ～ bù. *Guangzhou is in the southern part of China.* /沿着这条～北的马路一直往～走，就会看见邮局在马路西边。Yánzhe zhè tiáo ～ běi de mǎlù yìzhí wǎng ～ zǒu, jiù huì kànjiàn yóujú zài mǎlù xībiān. *Walk towards the south along this north-south-direction street, and you will see the post office on the west side of the street.*

【南半球】nánbànqiú（名）*Southern Hemisphere*

【南边】nánbiān（名）(1)(～儿) *south side*：他家在小河的～。Tā jiā zài xiǎo hé de ～. *His home is on the south side of the river.* (2)〈口〉南部地方(用得较少) *a place in the south (not used often)*：她不是本地人，是从～来的。Tā bú shì běndì rén, shì cóng ～ lái de. *She's not a native of this place, she's from the south.*

【南磁极】náncíjí（名）*south magnetic pole*

【南昌起义】Nánchāng Qǐyì 中国共产党为了挽救第一次国内革命战争的失败，于1927年8月1日在江西南昌举行的武装起义 *in order to retrieve the defeat of the First National Revolutionary War, the Chinese Communist Party staged a military uprising at Nanchang of Jiangxi on Aug. 1st, 1927*

【南方】nánfāng（名）(1)南 *south*：看，一颗明亮的星出现在～。Kàn, yì kē míngliàng de xīng chūxiàn zài ～. *Look, a bright star appears in the south.* (2) 南部地方(在中国长江流域及其以南地区) *any place in the south (around or further south of the Yangtze River)*：中国～的气候和北方不同。Zhōngguó ～ de qìhòu hé běifāng bù tóng. *The climate in the south of China is different from that in the north.* /他从前在～住过。Tā cóngqián zài ～ zhùguo. *He used to live in the south.*

【南瓜】nánguā（名）［个 gè］*pumpkin*

【南国】nánguó（名）〈书〉指中国的南部 *the southern part of China*

【南寒带】nánhándài（名）*south frigid zone*

【南回归线】nánhuíguīxiàn（名）*Tropic of Capricorn*

【南货】nánhuò（名）中国南方所产的食品 *edibles produced in South China*：笋干、米粉都是～。Sǔngān, mǐfěn dōu shì ～. *Dried bamboo shoot and rice noodles are products of South China*

【南极】nánjí（名）(1) *South Pole* (2)*south magnetic pole*

【南极洲】Nánjízhōu（名）〈地〉*Antarctic Continent*

【南柯一梦】Nánkē yī mèng 指一场梦或比喻一场空欢喜 *dream or a great expectation that did not come true*

【南美洲】Nánměizhōu（名）〈地〉*South America*

【南面】nánmiàn（名）(～儿) 同"南边"nánbiān (1) *same as "南边" nánbiān (1)*：学校的～是马路。Xuéxiào de ～ shì mǎlù. *On the south side of the school is a road.*

【南南合作】nán-nán hézuò 即发展中国家之间的经济合作 *the economic cooperation between developing countries*

【南欧】Nán'ōu（名）〈地〉South Europe

【南腔北调】nán qiāng běi diào 形容口音不纯（speak with）a mixed accent：他生在广州，在杭州上学，又到北京工作，所以说话～的。Tā shēng zài Guǎngzhōu, zài Hángzhōu shàng xué, yòu dào Běijīng gōngzuò, suǒyǐ shuō huà ～ de. He was born in Guangzhou, went to school in Hangzhou, and then came to work in Beijing, so he speaks in an indescribable dialect.

【南式】nánshì（形）北京一带称某些手工业品、食品的南方样式或制法 the way some people in Beijing speak of some handicraft or food made in the southern style：～糕点 ～ gāodiǎn cookies of southern style /～饭菜 ～ fàncài dishes of southern style /～盆景 ～ pénjǐng potted landscape of southern style

【南纬】nánwěi（名）southern latitude

【南味】nánwèi（名）（～儿）中国南方风味的食品，多做定语 Chinese food cooked in the southern style（usually used as an attributive）：他喜欢吃～的饭菜。Tā xǐhuan chī ～ de fàncài. He likes Chinese food cooked in the southern style. /这家食品店专卖～点心。Zhè jiā shípǐn diàn zhuān mài ～ diǎnxin. This food store sells pastries of southern style only.

【南温带】nánwēndài（名）south temperate zone

【南亚】Nányà（名）South Asia

【南洋】Nányáng（名）南洋群岛的简称 the abbreviation for the group of islands in Southeast Asia

【南辕北辙】nán yuán běi zhé 辕向南而辙向北，比喻行动与目的相反，背道而驰 try to go south by driving the chariot north—act in a way that defeats one's purpose：你想快点学会说汉语，却整天关在屋子里看书，这可是～。Nǐ xiǎng kuài diǎn xuéhuì shuō Hànyǔ, què zhěng tiān guān zài wūzi li kàn shū, zhè kě shì ～. You wish to learn to speak Chinese quickly yet you lock yourself up in the room and read all day. What you are actually doing does not comply at all with what you wish to accomplish.

【南征北战】nán zhēng běi zhàn 形容转战各地 fighting on many fronts：解放战争中，那位女战士跟随部队～，多次立功。Jiěfàng zhànzhēng zhōng, nà wèi nǚ zhànshì gēnsuí bùduì ～, duō cì lì gōng. During the War of Liberation, that woman soldier was fighting all over the place and achieved several deeds of merit.

难 〔難〕nán

（形）（1）difficult：这次考试题目很～。Zhè cì kǎoshì tímù hěn ～. This examination was really very hard. /这件事～办。Zhè jiàn shì ～ bàn. This matter is really very difficult to tackle. /路上到处泥泞，～走极了。Lùshang dàochù nínìng, ～ zǒu jí le. The road is full of mud, it's very hard to walk on it. (2)"很难"作状语的意思是不大可能 "很难" as an adverbial means "not very likely"：刚开始学汉语很～不出错。Gāng kāishǐ xué Hànyǔ hěn ～ bù chū cuò. When you just start to learn Chinese, it is unlikely not to make any mistakes. /使……感到困难 make somebody feel difficult：这点事儿～不倒他。Zhè diǎn shìr ～ bu dǎo tā. This trivial matter won't baffle him. /那道数学题把他～住了。Nà dào shùxué tí bǎ tā ～ zhù le. That math problem really got him stuck. 另见 nàn

【难产】nánchǎn（动）（1）〈医〉difficult labor（when giving birth to a child）（2）比喻计划不易实现，著作不易完成等（of a plan, literary work, etc.）be slow in coming; be difficult of fulfilment

【难吃】nánchī（形）taste bad

【难处】nánchǔ（形）不容易相处 not easy to get along with：姐姐脾气不好，有些～，妹妹性情随和，很好处。Jiějie píqi bù hǎo, yǒuxiē ～, mèimei xìngqíng suíhe, hěn hǎochǔ. The elder sister has a bad temper and is not easy to get along with; the younger sister is very easy-going and very easy to get along.

【难处】nánchu（名）使人为难的事情 difficulty：他有他的～，问题没解决不能完全怪他。Tā yǒu tā de ～, wèntí méi jiějué bù néng wánquán guài tā. He had his difficulties, if he didn't do his job well, you cannot place all the blame on him.

【难道】nándào（副）用在反问句，加强反问语气；可用在句首，句尾可有"吗"或"不成"（used in a rhetorical question for emphasis; can be used at the beginning of the sentence and the end of the sentence can take "吗" or "不成"）：你说这是他的责任，～你就没有过失了吗？Nǐ shuō zhè shì tā de zérèn, ～ nǐ jiù méi yǒu guòshì le ma? You say that this is his fault. Do you mean to say that you have nothing to do with it at all? /他是个老实人，～能做出这种事？Tā shì ge lǎoshi rén, ～ néng zuòchū zhè zhǒng shì? He's an honest person. How could he possibly have done such a thing? /你～不知道他病了？Nǐ ～ bù zhīdào tā bìng le? Didn't you know that he was sick? /敌人如此欺侮我们，～我们就这样忍着不成？Dírén rúcǐ qīwǔ wǒmen, ～ wǒmen jiù zhèyàng rěnzhe bùchéng? How can we tolerate the enemy bullying us like this? /～说，事情就这样完了吗？～ shuō, shìqing jiù zhèyàng wánle ma? Do you mean to say that that's the end of the matter?

【难得】nándé（形）（1）可贵，不容易得到 rare; hard to come by：人才～ réncái ～ a talent hard to come by /机会～ jīhuì ～ an opportunity that does not come very often /～的演员 ～ de yǎnyuán an actor of exceptional talent (2)很少（作状语）rarely（as adverbial）：近来几乎天天下雨，～晴天。Jìnlái jīhū tiāntiān xià yǔ, ～ qíngtiān. Recently it has been raining almost every day, hardly ever was there sunshine. /你平时～来，多坐一会儿吧。Nǐ píngshí ～ lái, duō zuò yíhuìr ba. You rarely come, sit around a little longer. /他～看一次电影。Tā ～ kàn yí cì diànyǐng. He rarely sees a movie.

【难点】nándiǎn（名）问题最不易解决之处 difficult point; difficulty：突破～ tūpò ～ surmount or break through some difficulty /要抓住～，集中力量去解决。Yào zhuāzhù ～, jízhōng lìliang qù jiějué. Get hold of the crucial point and do everything you can to solve it. /请大家分析一下，工作中的～究竟在哪儿？Qǐng dàjiā fēnxi yíxià, gōngzuò zhōng de ～ jiūjìng zài nǎr? Now everybody think hard, what is the difficult point in our work?

【难度】nándù（名）困难的程度（多指技艺方面的）degree of difficulty（of technique in sports or acrobatic performances）：她表演的顶碗，～比较大。Tā biǎoyǎn de dǐng wǎn, ～ bǐjiào dà. Her performance of balancing the bowls on her head is really very difficult. /他的自由体操有几个～很大的动作。Tā de zìyóu tǐcāo yǒu jǐ ge ～ hěn dà de dòngzuò. His free exercise performance has a few motions which are very hard to do. /这次的试题～不如上次。Zhè cì de shìtí ～ bùrú shàng cì. The exam this time is not as difficult as the last one.

【难分难解】nán fēn nán jiě 同"难解难分"same as "难解难分" nán jiě nán fēn

【难怪】nánguài（动）不值得奇怪或不该责怪 should not be surprised or should not blame：他刚学英文，念得不准也～。Tā gāng xué Yīngwén, niàn de bù zhǔn yě ～. He has just started to learn English, you can't blame him if his pronunciation is not correct. /你的话太过分了，～他生气。Nǐ de huà tài guòfèn le, ～ tā shēng qì. You went too far in what you said, no wonder he got mad. （连）表示说话人了解到事情的原因或真相，而因而觉得后面的情况是自然的，不足为怪，说明原因或真相的分句或句子可以在前，也可以在后 no wonder（indicates that the speaker discovers the reason for sth. or the real situation and thus feels that the situation

is perfectly natural after all; the clause which introduces the reason or situation can be placed either before or after the other clause): 今年的雨水太大了，～西瓜不甜呢。Jīnnián de yǔshuǐ tài dà le, ～ xīguā bù tián ne. The rainfall was too great this year. No wonder the watermelons aren't sweet. /～今天他的情绪不好，家里在闹矛盾。～ jīntiān tā de qíngxù bù hǎo, jiālǐ zài nào máodùn. No wonder he's in a bad mood today; his family is quarrelling. /他性格太直，好提意见，～有的领导不喜欢他。Tā xìnggé tài zhí, hào tí yìjiàn, ～ yǒude lǐngdǎo bù xǐhuan tā. He's too frank and makes criticisms too easily. No wonder some leaders don't like him. /原来他调到广州去了，～这么长时间没见到他。Yuánlái tā diàodào Guǎngzhōu qù le, ～ zhème cháng shíjiān méi jiàndào tā. So he has been transferred to Guangzhou! No wonder I haven't seen him for such a long time.

【难关】nánguān（名）比喻不易克服的困难 difficulty not easily overcome：度过～dùguò ～ tide over a difficulty /攻克～gōngkè ～ overcome some difficulty

【难过】nánguò（动）不易度过 hard up：日子～ rìzi ～ The days are very hard. （形）(1)不痛快，悲伤 be sad; unhappy; grieved：听到好友去世的消息，她～极了。Tīngdào hǎo yǒu qùshì de xiāoxi, tā ～ jí le. After hearing that her dear friend passed away, she felt very sad. (2)（身体）不舒服 feel ill; feel unwell：他觉得胃里～。Tā juéde wèili ～. He doesn't feel good in the stomach.

【难解难分】nán jiě nán fēn 形容双方相持不下，难以结束。也指关系非常亲密，难以分离 (1)be inextricably involved; be locked (in a struggle) (2)be affectionately attached to each other：两位棋手技艺相当，杀得～。Liǎng wèi qíshǒu jìyì xiāngdāng, shā de ～. The two chess players are well-matched and are locked in a close contest. /欢送会上大家依依话别。Huānsònghuì shang dàjiā yīyī huàbié ～. During the farewell party everybody was reluctantly bidding good-bye with each other.

【难堪】nánkān（形）(1)难以忍受 unbearable：～的苦闷～de kǔmèn unbearable frustration /酷暑～kùshǔ ～ unbearable heat (2)窘，为难 embarrassed; at a loss what to do：一句话说得他面红耳赤，非常～。Yí jù huà shuō de tā miàn hóng ěr chì, fēicháng ～. He was so embarrassed by that remark that he blushed to his ears. /他说了句笑话，打破了屋子里～的僵局。Tā shuōle jù xiàohua, dǎpòle wūzi li ～ de jiāngjú. He cracked a joke and broke the ice in the room.

【难看】nánkàn（形）(1) 丑，不好看（与"美""好看"相对）ugly, not pretty (opposite to "美", "好看")：长得～ zhǎng de ～ look very ugly /这种动物样子十分～。Zhè zhǒng dòngwù yàngzi shífēn ～. The animal looks very ugly. /这件衣服还不～，就买下来吧。Zhè jiàn yīfu hái bù ～, jiù mǎi xiàlai ba. This dress doesn't look so bad, buy it. (2)（因生病或心情坏）气色不好 (because of illness or bad mood) not look well：你脸色很～，是不是不舒服了? Nǐ liǎnsè hěn ～, shì bú shì bù shūfu le? You don't look well, are you sick? /听了我的话，他脸色变得十分～。Tīngle wǒ de huà, tā liǎnsè biàn de shífēn ～. After hearing what I said, he really looked terrible. (3)不光彩，不体面 be ashamed or embarrassed：这次没考好，他觉得～，不愿出门。Zhè cì méi kǎohǎo, tā juéde ～, bú yuàn chū mén. He didn't do well in his exams and was ashamed of himself, so he stayed in.

【难免】nánmiǎn（形）难以避免的 inevitable：初次登台，～有些紧张。Chū cì dēng tái, ～ yǒuxiē jǐnzhāng. On stage for the first time, (she) was inevitably a little nervous. /整天在一起工作，同事之间有些矛盾也是～的。Zhěng tiān zài yìqǐ gōngzuò, tóngshì zhī jiān yǒu xiē máodùn yě shì ～ de. Working together all the time, it is inevitable that there are

differences of opinion among the colleagues.

【难能可贵】nán néng kě guì 不易做到的事居然做到了，是很可贵的 do something which is hard to accomplish; commendable; worthy of esteem：她的脚受了伤，还在球场坚持训练，这种精神真是～。Tā de jiǎo shòule shāng, hái zài qiúchǎng jiānchí xùnliàn, zhè zhǒng jīngshén zhēn shì ～. She hurt her foot, but persisted in her training. Her spirit is really commendable.

【难色】nánsè（名）为难的样子 look of reluctance or embarrassment：我见他面有～，就没坚持让他办这事。Wǒ jiàn tā miàn yǒu ～, jiù méi jiānchí ràng tā bàn zhè shì. He looked sort of reluctant, so I did not insist that he do the job.

【难受】nánshòu（形）(1)身体不舒服 not feel good; feel ill：看你脸色苍白，你觉得哪儿～? Kàn nǐ liǎnsè cāngbái, nǐ juéde nǎr ～? You are very pale, where do you feel uncomfortable? /衣服太小，穿在身上真～。Yīfu tài xiǎo, chuān zài shēnshang zhēn ～. The dress is too tight, and I feel extremely uncomfortable. (2)心情不愉快，悲伤 unhappy, sad：他听到她离去的消息以后，～了好几天。Tā tīngdào tā líqù de xiāoxi yǐhòu, ～le hǎo jǐ tiān. After he heard that she had left he was unhappy for many days.

【难说】nánshuō（动）不易作出判断，不容易说 not easy to pass judgment on, hard to say：论工作能力，他俩各有所长，很～哪个更强一些。Lùn gōngzuò nénglì, tā liǎ gè yǒu suǒ cháng, hěn ～ nǎge gèng qiáng yìxiē. As to their capability, either has his good qualities, it is hard to say who is superior. /这项工程什么时候完成，现在还很～。Zhè xiàng gōngchéng shénme shíhou wánchéng, xiànzài hái hěn ～. It is hard to say when this engineering project will be finished.

【难题】nántí（名）不好解决的问题 difficult problem：这道～得去问老师。Zhè dào ～ děi qù wèn lǎoshī. You have to ask the teacher to solve this hard problem. /在工作中他总给人出～。Zài gōngzuò zhōng tā zǒng gěi rén chū ～. He always like to hand out these hard nuts for people to crack.

【难听】nántīng（形）(1)声音听起来不悦耳（与"好听"相对）unpleasant to hear：你快别唱了，太～了。Nǐ kuài bié chàng le, tài ～ le. Please stop singing, you sound terrible. (2)（言语）粗俗刺耳 coarse; offensive (language)：他变得文明了，不说～的话了。Tā biàn de wénmíng le, bù shuō ～ de huà le. Now he has become a gentleman and doesn't use coarse language anymore. (3)不体面，会被耻笑的 scandalous, be laughed or jeered at：这种事传出去多～! Zhè zhǒng shì chuán chuqu duō ～! If this thing spreads out, it sure will be scandalous.

【难忘】nánwàng（动）不容易忘却 unforgettable：你对我的关怀永远～。Nǐ duì wǒ de guānhuái yǒngyuǎn ～. I shall never forget how good you were to me. /我们在大学时结下的友谊真是令人～啊。Wǒmen zài dàxué shídài jiéxià de yǒuyì zhēn shì lìng rén ～ a. The seed of friendship sowed during our college days is really unforgettable.

【难为】nánwei（动）(1)让人为难 embarrass, make things difficult (for somebody)：既然她不会唱歌，就别～她。Jìrán tā bú huì chàng gē, jiù bié ～ tā. Since she doesn't know how to sing, why press her and make things difficult? (2)亏得（多指做了不易做的事）thanks to (sb. for accomplishing something difficult)：真～她，一个人带了这么多行李。Zhēn ～ tā, yí gè rén dàile zhème duō xíngli. Good that she, to bring so many pieces of luggage all by herself. (3)套语（用于感谢别人代替自己做事）polite formula (thank somebody for doing something for you)：特地替我取来了信，～你了。Tèdì tì wǒ qǔlaile xìn, ～ nǐ le. You went out of your way to bring me this letter, thanks very much.

【难为情】nánwéiqíng（形）(1)羞耻 ashamed of：你应该为自己说谎感到～。Nǐ yīnggāi wèi zìjǐ shuō huǎng gǎndào ～.

You should be ashamed of yourself lying like that. /别人都考及格了，只有我不及格，真～！Biérén dōu kǎo jí gé le, zhǐ yǒu wǒ bù jí gé, zhēn ～! Everybody else passed their exams, I was the only one who flunked, how very shameful! (2) 害羞（多与"怕"合用）be shy or bashful (usually used with "怕")：你太不敢说话了，讨论会要多发言，别怕～. Nǐ tài bù gǎn shuō huà le, tǎolùnhuì yào duō fā yán, bié pà ～. You don't dare to speak up, you should speak more during the discussions, don't be shy. /开口跟人借钱，实在是～的事. Kāi kǒu gēn rén jiè qián, shízài shì ～ de shì. To borrow money from somebody is something very embarrassing.

【难闻】nánwén（形）臭（与"好闻"相对）stinky, smelly (opposite to "好闻")：你闻过烧橡皮的味儿吗？那可真～！Nǐ wénguo shāo xiàngpí de wèir ma? Nà kě zhēn ～! Have you ever smelled burnt rubber? It really smells terrible.

【难言之隐】nán yán zhī yǐn 藏在内心深处，难于说出口的心事或秘密 something hidden in the bottom of the heart that couldn't be talked about openly; painful topic

【难以】nányǐ（副）很难……，不容易……；常修饰双音节动词或动补结构，多用于书面语 very difficult (usually used before a disyllabic verb or V-C construction)：这样做的后果是～想像的. Zhèyàng zuò de hòuguǒ shì ～ xiǎngxiàng de. The result of doing it this way will be unimaginable. /此时此刻的心情是～用言语形容的. Cǐ shí cǐ kè de xīnqíng shì ～ yòng yányǔ xíngróng de. The feeling of this moment is indescribable. /他的话是什么意思？我觉得～理解. Tā de huà shì shénme yìsi? Wǒ juéde ～ lǐjiě. What does he mean? It's hard to understand. /此项任务一周之内～完成. Cǐ xiàng rènwu yì zhōu zhī nèi ～ wánchéng. It is very hard to finish the job in a week.

【难于】nányú（副）同"难以" nányǐ same as "难以" nányǐ

哺 nán

【喃喃】nánnán（象声）连续地小声说话的声音 mutter; murmur

nǎn

赧 nǎn（形）◇羞愧脸红 blushing
【赧然】nǎnrán（形）〈书〉难为情的样子 blushing; embarrassed

nàn

难〔難〕nàn（名）◇灾难 disaster：遭～ zāo ～ be met with disaster /遇～ yù ～ die in an accident; be murdered /大～临头 dà ～ lín tóu an imminent disaster 另见 nán

【难民】nànmín（名）因自然灾害或战争等而流离失所、生活困难的人 refugee

【难兄难弟】nàn xiōng nàn dì 彼此曾经共过患难的人或彼此同处于相似的困难境地的人 fellow sufferers

【难友】nànyǒu（名）一同遭受人为灾祸的人 fellow sufferer

náng

囊 náng（名）〈书〉口袋 pocket
【囊空如洗】náng kōng rú xǐ 口袋里空空的，像洗过了一样，形容一个钱也没有 with empty pockets; penniless
【囊括】nángkuò（动）〈书〉全部包罗在内 include; embrace：那个田径队～了这次比赛的各项冠军。Nàge tiánjìngduì

～le zhè cì bǐsài de gè xiàng guànjūn. This track-and-field team won all the champions in this competition.

【囊肿】nángzhǒng（名）〈医〉cyst

náo

挠〔撓〕náo（动）轻轻地抓 scratch：～痒 ～ yǎng to scratch an itch
【挠头】náotóu（形）事情复杂，让人难以处理 scratch one's head (because of a headaching matter)：这件事真～. Zhè jiàn shì zhēn ～. This (matter) is really a headache. /我从来没有碰到过这么～的事. Wǒ cónglái méiyou pèngdàoguo zhème ～ de shì. I have never met a matter that is as headaching as this.

蛲〔蟯〕náo

【蛲虫】náochóng（名）[条 tiáo] pinworm

nǎo

恼〔惱〕nǎo（动）生气，不高兴 be peeved, be irritated：他不了解情况，说得不对你别～. Tā bù liǎojiě qíngkuàng, shuō de bú duì nǐ kě bié ～. He is not familiar with this business, if he says something wrong, don't get angry. /我知道你会～我，可是我有意见还得提. Wǒ zhīdao nǐ huì ～ wǒ, kěshì wǒ yǒu yìjian hái děi tí. I knew you would get sore at me, but if I have something to say, I still have to say it. /是谁把他惹～了？Shì shuí bǎ tā rě ～ le? Who got him so sore?

【恼恨】nǎohèn（动）生气和怨恨 to hate, to detest：有缺点人家指出来是很好的事，怎么能～人家！Yǒu quēdiǎn rénjia zhǐ chūlai shì hěn hǎo de shì, zěnme néng ～ rénjia! If somebody points out your shortcoming, that should be a good thing, you can't hate him for that.

【恼火】nǎohuǒ（形）生气，发火 to be angry：他迟到了二十分钟，我非常～. Tā chídàole èrshí fēnzhōng, wǒ fēicháng ～. He was late for twenty minutes, I was really very angry.

【恼怒】nǎonù（形）生气；发怒 angry：好几个学生没完成作业，使他十分～. Hǎo jǐ ge xuésheng méi wánchéng zuòyè, shǐ tā shífēn ～. Quite a few students did not do their assignments which made him very angry.

【恼人】nǎorén（形）使人感到烦恼 irritating：这一系列不如意的事，实在～. Zhè yíxiliè bù rúyì de shì, shízài ～. The series of events which did not turn out as he had wished is really very irritating.

【恼羞成怒】nǎo xiū chéng nù 由于羞愧和恼恨而发脾气 lose temper because of shame：那个家伙被问得无话可说，～大声吼叫起来. Nàge jiāhuo bèi wèn de wú huà kě shuō, ～ dà shēng hǒujiào qilai. That fellow was questioned until he had nothing to say, and he flew into a rage.

脑〔腦〕nǎo（名）〈生理〉(1) the brain (2) 指思考、记忆的能力 ability to think and remember：只动手，不动～，干不好事情. Zhǐ dòng shǒu, bú dòng ～, gàn bu hǎo shìqing. If you just use your hands and don't use your brains, you can't do anything well.

【脑袋】nǎodai（名）〈口〉头 head
【脑电波】nǎodiànbō（名）brain wave
【脑海】nǎohǎi（名）〈书〉脑子（指思想、记忆）brain; mind; memory：以往的事重新浮现在～里. Yǐwǎng de shì chóngxīn fúxiàn zài ～ li. Many things of the past reappeared in his memory.

【脑际】nǎojì（名）意思同"脑海" nǎohǎi same as "脑海"

nǎohǎi

【脑浆】nǎojiāng（名）brains（physiologically speaking）

【脑筋】nǎojīn（名）(1) 指思考记忆的能力 the ability to think and remember：他肯于开动～. Tā kěnyú kāidòng ～. He likes to use his brains. /这个人～好. Zhège rén ～ hǎo. This fellow is brainy. (2) 思想意识 ideology：他还是旧～,对新事物不习惯. Tā hái shì jiù ～, duì xīn shìwù bù xíguàn. He is still very old and conservative in his thinking and is not accustomed to the new things.

【脑壳】nǎoké（名）〈口〉头 skull

【脑力】nǎolì（名）人的记忆、理解、想像等的能力 ability to remember, to understand and to imagine：人老了,～不如以前了. Rén lǎo le, ～ bùrú yǐqián le. When a man gets old, his brains does not function as well as before.

【脑力劳动】nǎolì láodòng 以消耗脑力为主的劳动 mental labor, mental work

【脑满肠肥】nǎo mǎn cháng féi 形容不劳而食的人吃得很饱,养得很胖 heavy-jowled and potbellied

【脑门】nǎomén（名）（～儿）〈口〉前额 forehead

【脑膜】nǎomó（名）〈生理〉meninx

【脑膜炎】nǎomóyán（名）〈医〉meningitis

【脑神经】nǎoshénjīng（名）〈生理〉cranial nerve

【脑炎】nǎoyán（名）〈医〉流行性乙型脑炎的通称 encephalitis

【脑溢血】nǎoyìxuè（名）〈医〉cerebral hemorrhage

【脑震荡】nǎozhèndàng（名）〈医〉cerebral concussion

【脑子】nǎozi（名）(1) 同"脑筋"nǎojīn same as "脑筋" nǎojīn：他～好,几十年的事他还没忘. Tā ～ hǎo, jǐ shí nián de shì tā hái méi wàng. He has a good memory, he hasn't forgotten the things that happened decades ago. /多动动～,会想出好主意来的. Duō dòngdong ～, huì xiǎng chū hǎo zhǔyi lai de. Use your brains more, then you will think up something.

nào

闹〔鬧〕nào

（动）(1) 吵闹,扰乱 fuss, be a nuisance；make trouble：孩子又哭又～,一定是病了. Háizi yòu kū yòu ～, yídìng shì bìng le. The kid is crying and fussing, he must be sick. /他俩一翻了. Tā liǎ ~fān le. These two fell out with each other. /他们一进来就把办公室～得乱哄哄的. Tāmen yí jìnlai jiù bǎ bàngōngshì ～ de luàn hōnghōng de. Once they came into the office, they raised hell in the room. (2) 通过调查、研究、思考而了解 comprehend after much investigation, study, and pondering：今年工作计划的要点你～清楚了吗? Jīnnián gōngzuò jìhuà de yàodiǎn nǐ ～ qīngchule ma? Are you all clear about the essentials of this year's working plan? /我考虑了半天,才把这个原理～懂了. Wǒ kǎolùle bàntiān, cái bǎ zhège yuánlǐ ～dǒng le. After much thinking, I finally got this theory straighten out. (3) 进行（宾语多指大的活动）conduct or carry out（object is usually big scale activity）：～风潮 ～ fēngcháo carry on agitation /～罢工 ～ bà gōng stage a strike /～革命 ～ gémìng rise in revolt, carry out a revolution (4) 发生（宾语多指灾害或不好的事）occur, happen（calamity, disaster）：～水灾 ～ shuǐzāi occurrence of a flood /～饥荒 ～ jīhuāng occurrence of a famine /他有点儿聋,常～笑话. Tā yǒudiǎnr lóng, cháng ～ xiàohuà. He is a little deaf and often makes a fool of himself. /～病 ～ bìng get sick (5) 发作 show effect：～脾气 ～ píqi lose temper /～情绪 ～ qíngxù be in low spirits (6) 为battle, to contend for：～名誉 ～ míngyù fight for a name /～地位 ～ dìwèi fight for a position（形）不安静,喧闹 noisy, unpeaceful：房子临街～得很. Fángzi lín jiē ～ de hěn. The house is beside a street and is very noisy.

【闹别扭】nào bièniu 人与人之间彼此有意见而不和 be at odds with sb.：他们老两口～了. Tāmen lǎo liǎngkǒu ～ le. The old couple had a quarrel with each other. /你们都要注意团结,别～. Nǐmen dōu yào zhùyì tuánjié, bié ～. All of you should unite and be friendly, and not quarrel with each other.

【闹病】nào＝bìng be ill

【闹肚子】nào dùzi〈口〉腹泻 have diarrhoea：他这几天～,人都瘦了. Tā zhè jǐ tiān ～, rén dōu shòu le. He is suffering from diarrhoea, look how thin he's got.

【闹鬼】nào＝guǐ (1) 发生鬼怪捣乱的事（迷信）be haunted：那所空房子有人说～,后来才知道是蝙蝠. Nà suǒ kòng fángzi yǒu rén shuō ～, hòulái cái zhīdao shì biānfú. It was said that the empty house was haunted, then they found out it was only the bats. (2) 指背地里做坏事 do malicious things behind sb.'s back

【闹哄哄】nàohōnghōng（形）形容声音杂乱,后面常有"的" clamorous（usu. followed by "的"）：这里～的,不好谈话. Zhèlǐ ～ de, bù hǎo tán huà. It's too noisy here, and we can't talk.

【闹剧】nàojù（名）(1) 喜剧的一种 farce (2) 比喻滑稽可笑的事 comical thing

【闹乱子】nào luànzi 制造麻烦（多指参加人数较多,规模较大、影响面较广的）cause trouble（usually on a large scale with a great effect）

【闹嚷嚷】nàorāngrāng（形）形容人声杂乱,后面常有"的" noisy（usu. followed by "的"）：外边～的,出了什么事? Wàibiān ～ de, chúle shénme shì? It's so clamorous outside. What happened? /他们从～的人群中穿过. Tāmen cóng ～ de rénqún zhōng chuānguò. They walked through the clamorous crowd.

【闹市】nàoshì（名）〈书〉繁华喧闹的街市 street thronged with people

【闹事】nào＝shì（贬）很多人聚集在一起捣乱,破坏社会秩序 create a disturbance, disrupting the public order

【闹腾】nàoteng（动）〈口〉(1) 吵闹 be noisy；make a row：别再～了,已经上课了. Bié zài ～ le, yǐjīng shàng kè le. Please be quiet. It's time for class. (2) 说说笑笑,闹着玩 talk and joke around, make fun with each other playfully：小剧团的排练还没开始,几个年轻小伙子先在那～起来. Xiǎo jùtuán de páiliàn hái méi kāishǐ, jǐ ge niánqīng xiǎohuǒzi xiān zài nà ～ qilai. The little troupe hasn't begun the rehearsal and the young men have started to talk and joke around with each other.

【闹意见】nào yìjiàn〈口〉彼此有意见互相不满 to be peeved because of difference of opinion with sb.：他们两个人常～. Tāmen liǎng ge rén cháng ～. Those two are often peeved with each other.

【闹着玩儿】nàozhe wánr (1) 用话语或行动和人善意开玩笑 play a joke（with someone）unmaliciously：他跟你～呢,你可别认真啊. Tā gēn nǐ ～ ne, nǐ kě bié rènzhēn a. He's just joking, don't take it seriously. (2) 轻率地对待人和事 treat as a joking matter：你头晕就别爬山了,那可不是～的. Nǐ tóu yūn jiù bié pá shān le, nà kě bú shì ～ de. If you feel dizzy, don't go climbing. This is no joke.

【闹钟】nàozhōng（名）alarm clock

ne

呢 ne（助）是语气助词 (1) 用在本来就是疑问句的句尾,使语气舒缓（modal particle）（used at the end of an interrogative sentence to indicate a leisurely tone）① 用疑问代词的疑问句（in an interrogative sentence which uses an interrogative pronoun）：照片上的这个人是谁～? Zhàopiàn shang

de zhège rén shì shuí ~? *Who's this in the photo?* /你打算什么时候动身~? Nǐ dǎsuàn shénme shíhou dòng shēn ~? *When are you planning to leave?* /这孩子怎么还没回来~? Zhè háizi zěnme hái méi huílai ~? *Why hasn't that child come back yet?* /开门的钥匙在哪儿~? Kāi mén de yàoshi zài nǎr ~? *Where's the key to the door?* ② 选择疑问句, 可以是两个"呢", 也可以是一个 (*in an interrogative sentence which indicates a choice, either one or two " 呢 " may be used*): 你到底是去~, 还是不去~? Nǐ dàodǐ shì qù ~, háishi bú qù ~? *Are you going after all or not?* /暑假你打算去哪儿?是去青岛~, 还是去北戴河? Shǔjià nǐ dǎsuàn qù nǎr? Shì qù Qīngdǎo ~, háishi qù Běidàihé? *Where do you plan on going during the summer vacation? Are you going to Qingdao or to Beidaihe?* /这种毛料做西服好, 还是做夹大衣好~? Zhè zhǒng máoliào zuò xīfú hǎo, háishi zuò jiá dàyī hǎo ~? *Is this type of woollen cloth best for making a suit or a lined overcoat?* ③ 用在正反疑问句的末尾 (*used at the end of an affirmative-negative interrogative sentence*): 明天会不会下雨~? Míngtiān huì bu huì xià yǔ ~? *Will it rain tomorrow or not?* /那些稿子校对完了没有~? Nàxiē gǎozi jiàoduì wánle méiyou ~? *Have you finished proofreading those manuscripts or not?* /他是不是去机场了~? Tā shì bu shì qù jīchǎng le ~? *Did he go to the airport or not?* (2) 用于反问句, 使语气舒缓 (*used in a rhetorical question to indicate a leisurely tone*): 王先生又回到了离别三十多年的故乡, 心情怎么能不激动~? Wáng xiānsheng yòu huídàole líbié sānshí duō nián de gùxiāng, xīnqíng zěnme néng bù jīdòng ~? *How could Mr. Wang not be excited about going back to the hometown he left over thirty years ago?* /青年人谁能不求上进~? Qīngnián rén shuí néng bù qiú shàngjìn ~? *How could young people not strive to make progress?* /我怎么会不为他的成功而高兴~? Wǒ zěnme huì bú wèi tā de chénggōng ér gāoxìng ~? *How could I not be happy about his success?* /答应人家的事情哪能不兑现~? Dāying rénjia de shìqing nǎ néng bú duìxiàn ~? *I've made a promise, how could I not live up to it?* (3) 表示疑问, 用于名词、代词、数量词等短语后 (*indicates a question; placed after a noun, pronoun, numeral-measure word compound, etc.*) ①发现人、物不在应在的处所, 询问在什么地方 (*used to inquire the whereabouts of sth. or sb.) that is not where it should be*): 总经理~?开会去了吗? Zǒngjīnglǐ ~? Kāi huì qù le ma? *Where is the general manager? Has he gone to a meeting?* /我的白衬衫~? 洗了吗? Wǒ de bái chènshān ~? Xǐle ma? *Where is my white blouse? Is it in the wash?* /这孩子怎么穿一只鞋? 那只~? Zhè háizi zěnme chuān yì zhī xié? Nà zhī ~? *Why is this child only wearing one shoe? Where's the other one?* ② 意思是"怎么样", 具体内容由上下文定 (*same as " 怎么样 " in meaning; specific details are given within the context*): 就我一个人去青岛, 那你们~? Jiù wǒ yí ge rén qù Qīngdǎo, nà nǐmen ~? *Am I going to Qingdao alone? What about you?* /光擦下边的玻璃怎么行, 上边~? Guāng cā xiàbian de bōli zěnme xíng, shàngbian ~? *How can you just wipe the glass underneath? What about the glass on top?* /这两辆汽车放进车库去, 那两辆~? Zhè liǎng liàng qìchē fàng jìn chēkù qu, nà liǎng liàng ~? *These two cars can go in the garage. What about those two?* /午饭吃馒头, 晚饭~? Wǔfàn chī mántou, wǎnfàn ~? *We're having mantou for lunch. What about supper?* (4) 用在叙述句末, 加强赞叹、嫌恶、夸耀等语气; 常有"可、还、才"等与之呼应 (*used at the end of a declarative sentence to emphasize a tone of admiration, hatred, bragging, etc.; often used with " 可、还、才", etc.*): 首钢的厂区绿化搞得才好~。 Shǒugāng de chǎngqū lǜhuà gǎo de cái hǎo ~. *The planting of trees and flowers to make the Capital Steel and Iron Co.'s administra-

tive district green was so well done!* /这孩子怎么这样讨厌~! Zhè háizi zěnme zhèyàng tǎoyàn ~! *Why is this child such a pest!* /他还真有点本事~! Tā hái zhēn yǒu diǎnr běnshi ~! *He really is rather skilled!* /你爱去不去, 我才不管~! Nǐ ài qù bú qù, wǒ cái bù guǎn ~! *I really don't care whether you go or not!* (5) 用在叙述句末, 表示动作、行为正在进行, 动词前的"正"或"正在"可有可无, 也可表示否定的情况仍在持续, 前面可有"还" (*used at the end of a declarative sentence to indicate a behaviour or action in progress; " 正 " or " 正在 " may or may not be used before the verb; may also indicate the continuation of a negative situation, in which case " 还 " may be used before the negative form*): 外面(正)下雨~。 Wàimian (zhèng) xià yǔ ~. *It's raining.* /他们开会~。 Tāmen kāi huì ~. *They're having a meeting.* /出版的事正在跟商务印书馆联系~。 Chūbǎn de shì zhèngzài gēn Shāngwù Yìnshūguǎn liánxì ~. *As for the matter of publishing, we're still discussing it with the Commercial Press.* /大楼还没建成~。 Dà lóu hái méi jiànchéng ~. *The building is still under construction.* /比赛还没完~, 你别走啊! Bǐsài hái méi wán ~, nǐ bié zǒu a! *The competition isn't over yet. Don't go!* /主任(正)找你~, 快去吧。 Zhǔrèn (zhèng) zhǎo nǐ ~, kuài qù ba. *The director is looking for you. Hurry over there.* (6) 用在句中, 表示停顿 (*used within a sentence to indicate a pause*) ① 用在主语后, 有"至于"的意思; 多用于对举或列举 (*when used after the subject, it has the same meaning as " 至于 "; often used for comparison or enumeration*): 工作是做了, 效果~, 并不十分好。 Gōngzuò shì zuò le, xiàoguǒ ~, bìng bù shífèn hǎo. *The work is done; as for the result, however, it's not all that good.* /你们的问题都解决了, 我~, 谁来解决我的问题? Nǐmen de wèntí dōu jiějué le, wǒ ~, shuí lái jiějué wǒ de wèntí? *Your problems are all resolved, but what about mine? Who's going to resolve my problem?* /决心不小, 可行动~, 一点看不到。 Juéxīn bù xiǎo, kě xíngdòng ~, yìdiǎnr kàn bu dào. *His determination is not small; but as for his actions, I don't see him doing anything.* /床放好了, 书架~, 写字台、大柜~, 往哪儿摆? Chuáng fànghǎo le, shūjià ~, xiězìtái、dàguì ~, wǎng nǎr bǎi? *The bed has been placed; as for the bookshelf, the writing desk and the wardrobe—where are we going to put them?* /他们有明确的分工, 书记~, 抓思想工作, 厂长~, 抓生产, 副厂长~, 抓生活。 Tāmen yǒu míngquè de fēngōng, shūjì ~, zhuā sīxiǎng gōngzuò, chǎngzhǎng ~, zhuā shēngchǎn, fùchǎngzhǎng ~, zhuā shēnghuó. *They have a clear-cut division of labour. The secretary, for one, is in charge of mental work; the factory director, for another, is in charge of production, and the factory's vice-director manages the things concerned with the lives of the personnel.* ② 用在表示假设或条件的成分后 (*used after a clause which expresses supposition or condition*): 侦察的结果, 简单的说, 就是这些。 Zhēnchá de jiéguǒ, jiǎndān de shuō ~, jiù shì zhèxiē. *To put it simply, these are the results of the investigation.* /你有时间~, 咱们现在就谈谈, 太忙~, 就改天谈。 Nǐ yǒu shíjiān ~, zánmen xiànzài jiù tántan, tài máng ~, jiù gǎitiān tán. *If you have time, let's talk right now; but if you're busy, we can talk another day.* /论技术~, 小王可没有小刘水平高。 Lùn jìshù ~, Xiǎo Wáng kě méi yǒu Xiǎo Liú shuǐpíng gāo. *When it comes to technique Xiao Wang's level is not as high as Xiao Liu's.* 另见 ní

nèi

内 nèi (名)◇里边(跟"外"相对) *inside* (*as compared with*

"外"）：西山绿化工作三年～完成．Xī Shān lǜhuà gōngzuò sān nián ～ wánchéng. *The afforesting of the Western Hills will be finished within three years.* /参加这次会议的除了校～的同志还有外单位的．Cānjiā zhè cì huìyì de chúle xiào ～ de tóngzhì hái yǒu wài dānwèi de. *The people participating in the conference will include not only the comrades within the school but also people from other institutions.* /这家航空公司只飞国～航线．Zhè jiā hángkōng gōngsī zhǐ fēi guó ～ hángxiàn. *This airline will only fly domestic flights.*

【内部】nèibù（名）一定范围之内 *within a certain scope*：人民～ ～ rénmín ～ *within the scope of the people* /～消息 ～ xiāoxi *news not to be openly printed* /他的工作将在我们机关～调动一下．Tā de gōngzuò jiāng zài wǒmen jīguān ～ diàodòng yíxiàr. *His work will be transferred within our own institution.*

【内地】nèidì（名）离边疆和沿海比较远的地区 *the interior* (*i. e. far away from the coast and national border*)：他一直在～工作，不适应岛上的生活．Tā yìzhí zài ～ gōngzuò, bú shìyìng dǎo shang de shēnghuó. *He had always worked in the interior, and is very unaccustomed to the life on the island.* /我国～的气候是大陆性气候．Wǒ guó ～ de qìhòu shì dàlùxìng qìhòu. *The climate of the interior of China is of the continental type.*

【内弟】nèidì（名）妻子的弟弟 *brother-in-law* (*wife's younger brother*)

【内定】nèidìng（动）内部决定（多指人事调配）*be decided at a higher level prior to official announcement* (*referring to personnel appointments, tranfers, etc.*)：经理人选已经～为小王，适当时候将公布．Jīnglǐ rénxuǎn yǐjing ～ wéi Xiǎo Wáng, shìdàng shíhou jiāng gōngbù. *Xiao Wang has been decided to be the manager, it will be announced at an appropriate time.*

【内分泌】nèifēnmì（名）〈生理〉*internal secretion*

【内服】nèifú（动）〈医〉（把药）吃下去（*medicine*）*be taken orally*：这些药片～，这瓶药水涂于患处．Zhèxiē yàopiàn ～, zhè píng yàoshuǐ tú yú huànchù. *These pills should be swallowed, while this liquid medicine should be applied at the affected part.* /这不是～药，千万别入口．Zhè bú shì ～ yào, qiānwàn bié rù kǒu. *This is not a medicine taken orally.*

【内阁】nèigé（名）*cabinet* (*of a government*)

【内海】nèihǎi（名）*inland sea*

【内涵】nèihán（名）〈逻〉*connotation, intension*

【内行】nèiháng（形）对某项工作或技术有丰富的知识和经验（和"外行"相对）*expert in*：买衣料让她陪你去，她～．Mǎi yīliào ràng tā péi nǐ qù, tā ～. *Ask her to go with you to buy dress material, she knows a lot about it.* /她对养鸡非常～．Tā duì yǎng jī fēicháng ～. *She's an expert when it comes to raising chickens.*（名）内行的人 *expert*：唱片上的这点小毛病，只有一才听得出来．Chàngpiàn shang de zhè diǎnr xiǎo máobìng, zhǐyǒu ～ cái tīng de chūlái. *That little flaw in the gramophone record, only an expert can detect it.*

【内河】nèihé（名）*inland river*

【内讧】nèihòng（名）社会集团内部由于争权夺利发生的矛盾冲突或战争 *internal dissension* (*between leaders of a ruling group*)

【内哄】nèihòng（名）同"内讧"nèihòng *same as "内讧"* nèihòng

【内奸】nèijiān（名）隐藏在内部搞破坏活动的敌对分子 *hidden traitor*

【内角】nèijiǎo（名）〈数〉*interior angle*

【内景】nèijǐng（名）戏剧方面指舞台上的室内布景；电影方面指摄影棚内的布景 *indoor setting; indoor scene*

【内疚】nèijiù（形）心里感到惭愧不安 *having a guilty conscience*：由于我的影响，他放弃了学音乐的打算，我到现在还很～．Yóuyú wǒ de yǐngxiǎng, tā fàngqìle xué yīnyuè de dǎsuàn, wǒ dào xiànzài hái hěn ～. *Because of my influence, he forsook the study of music, up to now I still regret it.* /由于家务繁重，妻子病倒了，他感到～．Yóuyú jiāwù fánzhòng, qīzi bìngdǎo le, tā gǎndào ～. *Because of the tiring housework, his wife fell ill. He has a guilty conscience about it.*

【内科】nèikē（名）〈医〉*internal medicine*

【内陆】nèilù（名）*inland*

【内陆国】nèilùguó（名）*landlocked country*

【内陆河】nèilùhé（名）不流入海洋的河流，河水中途消失或流入内陆湖 *inland river*

【内陆湖】nèilùhú（名）大陆内部干燥地区，湖水不能经过河道流入海洋的湖 *inland lake*

【内乱】nèiluàn（名）国家内部发生的叛乱或统治集团内部的战争 *internal disorder*

【内幕】nèimù（名）（集团）内部的秘密情况（多指不好的）*secretive inside story*：了解～ liǎojiě ～ *know the inside story* /揭穿～ jiēchuān ～ *expose the inside story* /这个小集团的～很少有人知道．Zhège xiǎo jítuán de ～ hěn shǎo yǒu rén zhīdào. *Very few people know what goes on behind the scene in that clique.*

【内切圆】nèiqiēyuán（名）〈数〉*inscribed circle*

【内勤】nèiqín（名）（1）部队、企业、机关等在本单位内部进行和处理的工作（和"外勤"相对）*internal office work* (*of an enterprise, an institution, etc.*)：～工作 ～ gōngzuò *internal office work* /他们只搞～．Tāmen zhǐ gǎo ～. *They only handle the office work.*（2）从事内勤工作的人 *office staff*

【内情】nèiqíng（名）〈书〉内部情况 *inside information; inside dope*

【内燃机】nèiránjī（名）*internal-combustion engine*

【内燃机车】nèiránjīchē（名）*diesel locomotive*

【内容】nèiróng（名）*content* (*of a novel etc.*)：他这次讲话，说了半天，都是空的，没什么～．Tā zhè cì jiǎng huà, shuōle bàntiān, dōu shì kōng de, méi shénme ～. *He spent so long giving that speech, but it's all empty, there's nothing substantial in it.* /这本杂志～丰富，知识性强．Zhè běn zázhì ～ fēngfù, zhīshixìng qiáng. *The content of that magazine is substantial, you really can learn a lot of knowledge from it.*

【内伤】nèishāng（名）〈医〉*internal injury*

【内外交困】nèi wài jiāo kùn 国内的政治经济等方面和对外关系方面都处于十分困难的状况 *beset with difficulties both at home and abroad*

【内务】nèiwù（名）（1）指国内事务（多指民政）*internal affairs*（2）〈军〉连队宿舍的日常事务，如床铺的整理、衣物的放置、环境卫生等 *daily routine work to keep the barracks clean and tidy*

【内线】nèixiàn（名）（1）安插在对方内部秘密探听并传递消息的人，也指这种工作 *planted agent; work of such an agent*（2）处在敌人包围形势下的作战线 *interior lines*（3）一个单位内的电话总机所控制的只供内部使用的线路 *inside* (*telephone*) *connections*

【内详】nèi xiáng 在信封上写"内详"或"名内详"，代替发信人的姓名住址 *name and address of sender enclosed*

【内项】nèixiàng（名）〈数〉*inner term*

【内销】nèixiāo（动）本国或本地区生产的商品在国内或本地区销售（与"外销"相对）*sold on the domestic market*

【内心】nèixīn（名）心里边，思想之中 *in one's heart; in one's thought*：～世界 ～ shìjiè *inner world* /～深处 ～ shēnchù *in the bottom of one's heart* /发自～的呼吁 fā zì ～ de hūyù *a call from the depth of one's heart*

【内兄】nèixiōng（名）妻子的哥哥 brother-in-law（wife's elder brother）

【内衣】nèiyī（名）[件 jiàn] underwear

【内因】nèiyīn（名）〈哲〉事物发展变化的内在原因（与"外因"相对）internal cause：外因通过～起作用。Wàiyīn tōngguò ～ qǐ zuòyòng. The external causes become operative through the internal causes.

【内应】nèiyìng（名）隐藏在对方内部进行策动接应工作的人 planted agent

【内忧外患】nèi yōu wài huàn 国家内部的动乱、不安定和外来的侵略 domestic troubles and foreign invasion

【内在】nèizài（形·非谓）事物本身所固有的（和"外在""相对"）inherent：～因素 ～ yīnsù inherent factor /语法就是一种语言的～规律。Yǔfǎ jiù shì yī zhǒng yǔyán de ～ guīlǜ. Grammar is the inherent law of a language. /这两件事有什么～联系吗? Zhè liǎng jiàn shì yǒu shénme liánxì ma? Is there any inherent relation between the two matters?

【内脏】nèizàng（名）internal organ

【内债】nèizhài（名）[笔 bǐ] internal debt

【内战】nèizhàn（名）civil war

【内政】nèizhèng（名）国家内部的政治事务 domestic affairs

【内侄】nèizhí（名）妻子的哥哥或弟弟的儿子 son of wife's brother

【内侄女】nèizhínǚ（名）妻子的哥哥或弟弟的女儿 daughter of wife's brother

【内中】nèizhōng（名）〈书〉里头（多指抽象）inside（abstract usually）：～必有隐情 ～ bì yǒu yǐnqíng There must be something in there which one wishes to hide. /他并不了解这～的情形。Tā bìng bù liǎojiě zhè ～ de qíngxing. He doesn't know what's going on in there.

nèn

嫩 nèn（形）(1) 初生而柔弱 young and tender：春天来了,小草发了～芽。Chūntiān lái le, xiǎo cǎo fāle ～ yá. Spring has come, the grasses have just sprouted. /小孩皮肤～。Xiǎoháir pífū ～. The skin of a child is very tender. /这些菠菜很～。Zhèxiē bōcài hěn ～. The spinach is very tender. /小鸡的肉～,很快就可以炖好。Xiǎo jī de ròu ～, hěn kuài jiù kěyǐ dùnhǎo. The chicken is very tender, you can get it cooked in no time. (2) 烹调时间短,容易咀嚼 not overcooked and so tender：炒肉片一定要～才好吃。Chǎo ròupiàn yīdìng yào ～ cái hǎochī. Sauted meat slices must be tender. /鸡蛋煮一点儿好。Jīdàn zhǔ ～ diǎnr hǎo. A soft-boiled egg tastes better. (3)（某些颜色）浅 light (color)：请你替我买件毛衣,颜色不要太～。Qǐng nǐ tì wǒ mǎi jiàn máoyī, yánsè búyào tài ～ de. Please buy me a sweater. The color should not be too light.

【嫩黄】nènhuáng（形）light yellow

【嫩绿】nènlǜ（形）light green

néng

能 néng（名）(1)◇本领,才干 ability, capability：一专多～ yī zhuān duō ～ be expert in one and good at many things (2)〈物〉物质做功的能力 energy：太阳～ tàiyáng ～ solar energy /热～ rè ～ heat energy（形）〈口〉(1) 能干,会办事 capable：她可真～,半天儿就把房间布置好了。Tā kě zhēn ～, bàn tiānr jiù bǎ fángjiān bùzhì hǎo le. She's really capable. She got the room fixed up in half a day. /小李～着呢,跟外单位打交道,他准行。Xiǎo Lǐ ～ zhe ne, gēn wài dānwèi dǎ jiāodào, tā zhǔn xíng. Xiao Li is very capable.

If you ask him to deal with other institutions, he sure can do it. (2) 有能力的 capable；able：～者多劳～ zhě duō láo A capable person should do more work.（助动）有能力或有条件（做某事）can；be able to：他～准时到吗? Tā ～ zhǔnshí dào ma? Can he come on time? /老人的腿已经好了,～走路了。Lǎorén de tuǐ yǐjīng hǎo le, ～ zǒu lù le. The old man's leg has recovered and is able to walk. /商店货物还没陈列好,不～接待顾客。Shāngdiàn huòwù hái méi chénliè hǎo, bù ～ jiēdài gùkè. The store hasn't put the goods on the shelves yet and can't receive customers. /很遗憾,我没～参加你的独唱音乐会。Hěn yíhàn, wǒ méi ～ cānjiā nǐ de dúchàng yīnyuèhuì. I'm sorry I wasn't able to go to your solo concert.

【能动】néngdòng（形）自觉地积极努力活动的 active；dynamic：～性 ～ xìng initiative /发挥主观～性 fāhuī zhǔguān ～ xìng bring into full play one's subjective initiative /～地提高工作效率 ～ de tígāo gōngzuò xiàolǜ play a dynamic role in improving efficiency

【能干】nénggàn（形）很有办事能力的 capable：他年轻,又很～。Tā niánqīng, yòu hěn ～. He is young and capable. /你可真～,自己盖了个暖房。Nǐ kě zhēn ～, zìjǐ gàile ge nuǎnfáng. You sure are capable, building a greenhouse all by yourself.

【能工巧匠】néng gōng qiǎo jiàng 工艺技术水平很高明的人 expert craftsman：这长廊上的彩绘都出自～之手。Zhè chángláng shang de cǎihuì dōu chūzì ～ zhī shǒu. The colored drawings along the Long Corridor were all drawn by expert craftsmen.

【能够】nénggòu（助动）同"能" néng（助动）same as "能" néng（助动）

【能官能民】néng guān néng mín 既能当领导,又能当群众。表示能上能下 be able to be a leader or one of the common people

【能见度】néngjiàndù（名）visibility：大雾迷漫,～极差,开汽车一定要格外当心。Dà wù mímàn, ～ jí chà, kāi qìchē yīdìng yào géwài dāngxīn. It is very foggy, with very low visibility. You should be especially careful when driving.

【能力】nénglì（名）(做事的)本领 ability, capability：她工作～很强。Tā gōngzuò ～ hěn qiáng. She is very capable. /他的业务水平不高,没有竞争～。Tā de yèwù shuǐpíng bù gāo, méi yǒu jìngzhēng ～. His professional skill is mediocre and has not the ability to compete. /我们有～改变现实。Wǒmen yǒu ～ gǎibiàn xiànshí. We have the ability to change the present condition.

【能量】néngliàng（名）〈物〉energy

【能耐】néngnai（名）〈口〉能力 ability

【能人】néngrén（名）在某个方面非常有本事有能力的人 capable person：小王可是个～,工作干得好,家里也管得井井有条。Xiǎo Wáng kě shì ge ～, gōngzuò gàn de hǎo, jiāli yě guǎn de jǐngjǐng yǒu tiáo. Xiao Wang is exceptionally capable. He does his work very well and keeps his home in perfect order. /你们那里～真多呀。Nǐmen nàli ～ zhēn duō ya. You sure have a lot of capable people.

【能上能下】néng shàng néng xià 担任高的或低的职务都能胜任愉快 be able to work both at the top and as a rank-and-file member

【能手】néngshǒu（名）具有某种技能或对某项工作非常熟练的人（多与定语合用）person skilled in certain type of work；dab；expert：技术革新～ jìshù géxīn ～ a dab at technical innovation /毛衣编织～ máoyī biānzhī ～ a skilled knitter

【能文能武】néng wén néng wǔ 指政治文化工作和军事工作都能干,现多指既能从事脑力劳动,又能从事体力劳动 be capable of doing military or political work；can do both mental work and manual work：他～,既掌握生产技术,又

会写文章。Tā ~, jì zhǎngwò shēngchǎn jìshù, yòu huì xiě wénzhāng. *He is very versatile, he is a good technical man and at the same time very good with his pen.*
【能源】néngyuán（名）*energy resources*

ńg

嗯 ńg（叹）表示追问，用在疑问句后（*indicates further questioning; used after a question*）：你说的是实话吗？～? Nǐ shuō de shì shíhuà ma?～? *Are you telling the truth? Are you?* /我给你这杯咖啡里加点糖吧，～? Wǒ gěi nǐ zhè bēi kāfēi lǐ jiā diǎnr táng ba,～? *I'll add a little sugar in your coffee for you, okay?* /我的自行车钥匙呢？～? Wǒ de zìxíngchē yàoshi ne?～? *Where's my bicycle key? Well, where is it?* /那本词典你借给谁了？～? Nà běn cídiǎn nǐ jiègěi shuí le?～? *To whom did you lend that dictionary? Well?* 另见 ňg; ǹg

ňg

嗯 ňg（叹）表示出乎意外或不以为然（*indicates disapproval or sth. unexpected*）：～，这手表怎么又不走了？～, zhè shǒubiǎo zěnme yòu bù zǒu le? *What! Why did this watch stop running again?*/ ～，他倒怪起我来啦！～, tā dào guài qǐ wǒ lái la! *What? He's blaming me!* /～，这是谁干的事？～, zhè shì shuí gàn de shì? *Hey! Who did this?* 另见 ńg; ǹg

ǹg

唔 ǹg（叹）同"嗯" ǹg（1）*same as* "嗯" ǹg（1）：～，这本书是我翻译的。～, zhè běn shū shì wǒ fānyì de. *Yes, I did translate this book.* /～，明天下午我可以参加你们的讨论。～, míngtiān xiàwǔ wǒ kěyǐ cānjiā nǐmen de tǎolùn. *Yes, I can attend your discussion tomorrow afternoon.* /你对这事是不是有些想不通？——～，是想不通。Nǐ duì zhè shì shì bu shì yǒuxiē xiǎng bu tōng? —— ～, shì xiǎng bu tōng. *"You're not yet convinced about this matter, are you?"* *"No, I am not."*

嗯 ǹg（叹）（1）表示同意对方的话（*indicates agreement with what is being said*）：～，你这么一说我就明白了。～, nǐ zhème yì shuō wǒ jiù míngbai le. *Uh-huh, when you put it this way, I can understand.* /喂，你是秦经理吗？——～，我就是。Wèi, nǐ shì Qín jīnglǐ ma? —— ～, wǒ jiù shì. *"Hey! Are you Manager Qin?"——"Yes, I am."* /"老王已经去广州了吧？"——"～。"小刘回答。"Lǎo Wáng yǐjing qù Guǎngzhōu le ba?" —— "～." Xiǎo Liú huídá. *"Has Lao Wang already gone to Guangzhou?" "Uh-huh", answered Xiao Liu.* （2）表示赞许，或肯定自己的想法（*indicates praise or affirmation for one's own viewpoint*）：～，这种毛料不错。～, zhè zhǒng máoliào búcuò. *Hmm! This kind of woollen cloth is pretty good.* /～，我就知道你准来找我。～, wǒ jiù zhīdào nǐ zhǔn lái zhǎo wǒ. *Uh-huh. I knew for sure you would come to me.* /～，你可真够得上贤妻良母。～, nǐ kě zhēn gòu de shàng xiánqī liángmǔ. *Hmm! You really are a worthy and fine wife and mother.* 另见 ńg; ňg

ní

尼 ní（名）◇尼姑 *nun*
【尼姑】nígū（名）*nun*
【尼古丁】nígǔdīng（名）*nicotine*
【尼龙】nílóng（名）*nylon*

呢 ní（名）◇同"呢子" nízi *same as* "呢子" nízi 另见 ne
【呢喃】nínán（象声）燕子的叫声 *chirping of a swallow*
【呢绒】níróng（名）*woolen fabric; woolen goods*
【呢子】nízi（名）*woolen cloth*

泥 ní（名）*mud*
【泥巴】níba（名）〈口〉同"泥" ní *same as* "泥" ní
【泥浆】níjiāng（名）*mud; slurry*
【泥坑】níkēng（名）（1）*mud pit*（2）比喻严重的错误或罪恶的境地 *state of grave mistake or crime*：陷入了个人主义的～ xiànrùle gèrénzhǔyì de ～ *bog down into a pit of individualism* /滑进罪恶的～ huájìn zuì'è de ～ *slip into a quagmire of crime*
【泥泞】níníng（名）淤积的烂泥 *mud*：车轮陷入～。Chēlún xiànrù ～. *The car wheels bogged down into the mud.* （形）（路上）有烂泥的 *muddy*：～的道路 ～ de dàolù *muddy road*
【泥牛入海】níniú rù hǎi 用泥做的牛进入海里就化了。比喻一去不再回来 *a clay ox goes into the sea, meaning "gone forever"*：他走之后，如～，音信皆无。Tā zǒu zhī hòu, rú ～, yīnxìn jiē wú. *After he left, it was like a clay ox going into the sea, we never heard of him again.*
【泥鳅】níqiu（名）[条 tiáo] *loach*
【泥人】nírén（名）（～儿）*human figure molded with clay*
【泥沙】níshā（名）*silt*
【泥沙俱下】ní shā jù xià 泥和沙一起流下来，比喻好的和坏的混在一起 *mud and sand carried down together by the stream, meaning the good and bad are mingled together*
【泥石流】níshíliú（名）*mud-rock flow*
【泥塑】nísù（名）*clay sculpture*
【泥潭】nítán（名）同"泥坑" níkēng *same as* "泥坑" níkēng
【泥塘】nítáng（名）*mire*
【泥土】nítǔ（名）*soil*
【泥瓦匠】níwǎjiàng（名）*bricklayer*
【泥沼】nízhǎo（名）〈书〉*swamp*
【泥足巨人】ní zú jùrén 比喻貌似强大，实际虚弱的社会势力或事物 *clay-footed giant*

霓 ní
【霓虹灯】níhóngdēng（名）*neon light*

nǐ

拟 [擬] nǐ（动）（1）起草 *draft*：～稿儿 ～ gǎor *make a draft* /我～了个发言提纲，你看可以吗？Wǒ ～le ge fā yán tígāng, nǐ kàn kěyǐ ma? *I drafted an outline of the speech, please see if it is all right.* （2）〈书〉打算 *plan*：～总结会～于月初召开。Zǒngjiéhuì ～ yú yuèchū zhàokāi. *It is planned that the summing-up meeting will be held at the beginning of the month.*
【拟订】nǐdìng（动）初步制定 *draw up*：～计划 ～ jìhuà *tentatively draw up a plan* /～方案 ～ fāng'àn *draw up a scheme*
【拟定】nǐdìng（动）同"拟订" nǐdìng *same as* "拟订" nǐdìng
【拟古】nǐgǔ（动）仿效古代的风格、艺术形式 *model the style*

on that of ancient times：这幅山水画是～之作。Zhè fú shānshuǐhuà shì ～ zhī zuò. *This landscape painting is modelled after the ancients.*
【拟人】nǐrén（名）〈语〉一种修辞方式,把事物人格化 *personification*

你 nǐ

（代）(1)单数第二人称；在单音节集体名词前等于"你们",这种用法多为书面语 *you（singular）；when followed by a monosyllabic collective noun," 你" means " 你们"（in written language）*：～最好不要一个人去。～ zuìhǎo búyào yí ge rén qù. *You'd better not go alone.* /～校 ～ xiào *your school* /～院 ～ yuàn *your college* /～所 ～ suǒ *your institute* (2)泛指任何人（有时也包括自己）*generally refers to anybody（sometimes including oneself）*：～真不能不佩服他的洞察力。～ zhēn bù néng bú pèifú tā de dòngchálì. *You really cannot help admiring his insight.*
【你们】nǐmen（代）*you（plural form）*
【你死我活】nǐ sǐ wǒ. huó 形容斗争非常激烈（*a matter of*）*life-and-death*：贸易竞争非常激烈,简直是～。Màoyì jìngzhēng fēicháng jiliè, jiǎnzhí shì～. *The trade competition was so intense that it was a matter of life-and-death.*

nì

逆 nì

（动）◇ 方向相反（跟"顺"相对）*be in opposite direction；counter*：～历史潮流 ～ lìshǐ cháoliú *be against the historical trend*
【逆差】nìchā（名）〈贸易〉对外贸易上输入超过输出的差额（跟"顺差"相对）*trade deficit（in foreign trade）*
【逆定理】nìdìnglǐ（名）〈数〉*converse theorem*
【逆耳】nì'ěr（形）〈话〉听起来使人感到不舒服（*something*）*unpleasant to hear*：忠言～ zhōngyán ～ *Good advices are sometimes unpleasant to the ear.* /听听～的话有好处。Tīngting ～ de huà yǒu hǎochù. *It is sometimes beneficial to listen to something which is not very pleasing to hear.*
【逆风】nìfēng（名）*headwind*
【逆风】nì=fēng 面对着风 *against the wind*：～骑车真费劲。～ qí chē zhēn fèi jìnr. *It is pretty tough to ride against the wind on a bicycle.*
【逆光】nìguāng（名）*against the light，backlight（in taking a snapshot）*
【逆境】nìjìng（名）不顺利的境况 *adverse circumstances*：身处～ shēn chǔ ～ *be in a position of adverse circumstances* /他是在～中自学成材的。Tā shì zài ～ zhōng zìxué chéng cái de. *He studied by himself and became somebody under adverse circumstances.*
【逆来顺受】nì lái shùn. shòu 对外面来的压迫或不合理的待遇采取顺从、忍受的态度 *accept maltreatment with humility*
【逆流】nìliú（名）跟主流方向相反的水流。常比喻反动潮流 *countercurrent*：一股～ yì gǔ ～ *a rush of countercurrent* /击退反动～ jītuì fǎndòng ～ *repulse the reactionary countercurrent*
【逆流】nì=liú 逆着水流方向 *be against the direction of the flow*：～而上 ～ ér shàng *advance disregarding all obstacles*
【逆时针方向】nì shízhēn fāngxiàng *counterclockwise*
【逆水行舟】nì shuǐ xíng zhōu 逆着水流方向行船 *sail against the current*：有句谚语说:"～,不进则退。"Yǒu jù yànyǔ shuō:"～, bú jìn zé tuì." *There's a saying:"Sailing upstream against the current，the boat will be driven back unless it tenaciously forges ahead."*

【逆行】nìxíng（动）（车辆等）反着规定方向行进（与"顺行"相对）*(vehicles) advance in opposite direction as regulated*：各种车辆不得～。Gè zhǒng chēliàng bù dé ～. *All vehicles must not go in the wrong direction.* /小船在江中顶着风浪～。Xiǎo chuán zài jiāng zhōng dǐngzhe fēnglàng ～. *The little boat in the river is plodding ahead against the wind and the current.*
【逆转】nìzhuǎn（动）（势态、局势、形势）向不利的方面转化 *take a turn for the worse*

匿 nì

（动）◇〈书〉隐藏 *hide or be hidden*
【匿名信】nìmíngxìn（名）不写姓名或不写真实姓名的信 *anonymous letter*

腻 〔腻〕nì

（形）(1)（食物）油过多,使人不想吃 *greasy（food）*：这种点心太～了。Zhè zhǒng diǎnxin tài ～ le. *This kind of pastry is really too rich.* (2)（由于过度重复而）厌烦 *be bored because of too much repetition*：你又来说了,我都听～了。Nǐ yòu lái shuō le, wǒ dōu tīng～ le. *Here you come again，I'm really sick and tired of hearing what you want to say.* /这类电影内容都差不多,真看～了。Zhè lèi diànyǐng nèiróng dōu chà bu duō, zhēn kàn～ le. *All these movies are alike，I'm really fed up.* /自从腿受伤以后,我整天躺在床上,～死了。Zìcóng tuǐ shòu shāng yǐhòu, wǒ zhěng tiān tǎng zài chuáng shang, ～ sǐ le. *After I hurt my leg，I've been lying in bed for days. It was really boring.*
【腻烦】nìfan（形）〈口〉（因为次数过多而）感到厌烦 *feel bored or annoyed（because of repetition）*：你叮嘱他一两次就行了,说多了会让他感到～。Nǐ dīngzhǔ tā yì liǎng cì jiù xíng le, shuōduōle huì ràng tā gǎndào ～. *Reminding him once or twice is enough, he will feel annoyed if you overdo it.* /武打片子都看得～了。Wǔdǎ piānzi dōu kàn de ～ le. *I've seen so many of these fighting-and-killing pictures that they really make me sick.* (动)厌恶 *detest*：她总唠叨个没完,我真～她。Tā zǒng láodao ge méi wán, wǒ zhēn ～ tā. *She nags and nags. I can't bear her.*
【腻味】nìwei（形）同"腻烦" nìfan *same as "腻烦" nìfan*

溺 nì

（动）◇〈书〉淹没 *to drown, to inundate, to flood*：～死 ～ sǐ *be drowned（referring to a person or animal）*
【溺爱】nì'ài（动）过分宠爱（孩子）*pamper（a child）*
【溺婴】nìyīng（动）把刚生下来的婴儿淹死 *drown an infant*

niān

拈 niān

（动）用两三个手指夹;捏 *pick up with fingers*：～阄儿 ～ jiūr *draw lot* /从小罐里～出两块奶糖。Cóng xiǎo guàn li ～ chū liǎng kuài nǎitáng. *Pick up some candy from a small jar.*
【拈轻怕重】niān qīng pà zhòng（干工作时）挑轻的、容易的,害怕繁重的 *pick the easier（work）and shirk the harder*：要勇敢挑重担,～是不对的。Yào yǒng tiāo zhòng dàn, ～ shì bú duì de. *Be brave enough to pick the hard work, it is not right to pick the easier and shirk the harder.* /～的人怎么能和别人合作? ～ de rén zěnme néng hé biérén hézuò? *How can a person get along with other people if he always shirks from the harder jobs and does the easy ones?*

蔫 niān

（形）(1)（花木、水果等因失去水分）萎缩 *whither*：这盆花叶子～了,快浇水吧! Zhè pén huā yèzi ～ le, kuài jiāo

shuǐ ba! *The leaves are whithering, pour some water in the pot.* /苹果放了一个月了，都～了。Píngguǒ fàngle yí ge yuè le, dōu ～ le. *The apple is there for a month, it has lost all its freshness.* (2) 精神不振作 *to be out of spirits*；这孩子怎么有点儿～，是不是病了？Zhè háizi zěnme yǒudiǎnr ～, shì bú shì bìng le? *The child looks so out of spirits, is he sick?* /最近他总是～～的，好像有什么心事。Zuìjìn tā zǒngshì ～ ～ de, hǎoxiàng yǒu shénme xīnshì. *Lately he has been so listless, is there something on his mind?*

【蔫乎乎】niānhūhū（形）形容人不爱说话，不爱活动，做事慢性子 *a slowcoach with very few words*

nián

年 nián（名）(1) *year*：十～以后 shí ～ yǐhòu *after ten years* /工作了三十～ gōngzuòle sānshí ～ *worked for thirty years* (2)◇时期，时代 *period, years*：清朝末～ Qīngcháo mò～ *the last years of the Qing Dynasty* /近～ jìn ～ *recent years* (3)◇春节，新年 *the Spring Festival, New Year*：孩子们都喜欢过～。Háizimen dōu xǐhuan guò ～. *All the children like the New Year.* /～前我去看你。～ qián wǒ qù kàn nǐ. *I'll go to see you before the New Year.* (4) ◇岁数，年龄 *age (of a person)*：有志不在～高 yǒu zhì bú zài ～ gāo *You needn't be old to have high aspirations.* /满十八岁的公民 ～ mǎn shíbā suì de gōngmín *all citizens over 18* /～过七十 ～ guò qīshí *over 70 years old*

【年表】niánbiǎo（名）*chronological table*：历史～ lìshǐ ～ *a chronological table of historical events*

【年菜】niáncài（名）中国过春节时做的菜 *dishes for the Spring Festival*

【年成】niáncheng（名）一年的收成 *the year's harvest*：今年～比去年好。Jīnnián ～ bǐ qùnián hǎo. *This year's harvest is better than last year's.* /～好，大伙儿都高兴。～ hǎo, dàhuǒr dōu gāoxìng. *We have a bumper harvest and everybody's happy.*

【年初】niánchū（名）一年开头的几天 *first few days of the year*

【年代】niándài（名）(1)历史上的某个时期 *a certain period in history*：战争～ zhànzhēng ～ *the war years* /～久远～ jiǔyuǎn *long, long ago* (2) *a decade of a century*：现在是二十世纪八十～。Xiànzài shì èrshí shìjì bāshí ～. *Now we are in the 80's of the twentieth century.*

【年底】niándǐ（名）一年的最后几天 *end of the year*

【年度】niándù（名）*fiscal year*

【年饭】niánfàn（名）中国春节除夕全家人团聚在一起吃的饭 *New Year dinner*

【年份】niánfèn（名）(1)某一年 *a certain year*：这两个历史事件是在同一～发生的。Zhè liǎng ge lìshǐ shìjiàn shì zài tóng yī ～ fāshēng de. *The two historical events happened in the same year.* (2) 以年为期的时间（长短）*time (as reckoned by year)*：这张古画比那张～更久。Zhè zhāng gǔhuà bǐ nà zhāng ～ gèng jiǔ. *This old painting is much older than the other one.*

【年富力强】nián fù lì qiáng 年纪轻，精力充沛、旺盛 *in the prime of life and with the vigor of youth*

【年高德劭】nián gāo dé shào 年纪大，品德好 *of venerable age and impeccable virtue*

【年糕】niángāo（名）[块 kuài] 用黏米或黏米粉蒸成的糕，往往是在过春节的时候吃的 *glutinous-rice flour cakes eaten during the Spring Festival*

【年关】niánguān（名）指旧历年底。旧时在春节前夕结账，地主逼租要债，欠租欠债的人如同过关一样，所以叫年关 *New Year's Eve (for one who has to pay all his debts then. It's as difficult to pass through as a 关——a strategic pass)*

【年号】niánhào（名）中国封建时代帝王纪年用的名称 *a titular name used to denote the reign of an emperor, e. g.* 康熙三十五年 *the 35th year of Kangxi (the reign of the fifth emperor of the Qing Dynasty)*

【年华】niánhuá（名）〈书〉(人的) 岁月，时光 *time, life*：不要虚度～。Búyào xūdù ～. *Do not waste your life in idleness.* /要珍惜青春大好～。Yào zhēnxī qīngchūn dàhǎo ～. *Treasure the beautiful years of youth.*

【年画】niánhuà（名）[张 zhāng] 中国独特的民间绘画形式，大多用鲜艳的色彩反映欢乐吉庆的内容，春节时贴在屋里 *picture to be posted at home during the Spring Festival*

【年会】niánhuì（名）(社会团体等)一年举行一次的集会 *annual meeting*

【年货】niánhuò（名）过春节需要的东西，如各种吃的，年画，小孩儿玩具，送人的礼物等等 *food and other purchases for the Spring Festival*

【年级】niánjí（名）*grade (in school)*

【年纪】niánjì（名）年龄 *age*：上～了 shàng ～ le *getting old* /您多大～了？Nín duō dà ～ le? *How old are you? (asking the age of an elderly person)* /别看他小小～，懂的事可多呢。Bié kàn tā xiǎoxiǎo ～, dǒng de shì kě duō ne. *Don't be fooled by his youthfulness, he really knows a lot.*

【年间】niánjiān（名）指比较久远的某个时期，某个年代里 *a certain time or period of the past*：明朝万历～ Míngcháo Wànlì ～ *during the reign of Wanli of the Ming Dynasty* /老～(指几十年前) lǎo ～ (zhǐ jǐ shí nián qián) *in the old days*

【年鉴】niánjiàn（名）*almanac; yearbook*

【年景】niánjǐng（名）同"年成" niáncheng *same as "年成" niáncheng*

【年历】niánlì（名）*calendar (that has the whole year on one sheet)*

【年利】niánlì（名）按年计算的利息 *yearly interest*

【年龄】niánlíng（名）*age*

【年轮】niánlún（名）[植] *annual ring (of a tree)*

【年迈】niánmài（形）〈书〉年老（六十以上）*aged; old*：母亲已经～。Mǔqin yǐjīng ～. *Mother is old.*

【年谱】niánpǔ（名）按年代记载某人生平事迹的书 *biographical chronicle of a person*

【年轻】niánqīng（形）十七八岁至二十多岁的 *young*

【年轻化】niánqīnghuà（动·不及物）*let more younger people replace older people (on different posts)*：干部队伍要～。Gànbù duìwǔ yào ～. *We must make more younger cadres replace older ones.*

【年事已高】niánshì yǐ gāo 岁数已经很大 *advanced in age*

【年岁】niánsuì（名）(1) 同"年纪" niánjì *same as "年纪" niánjì* (2)年代 (不常用) *years (rarely used)*

【年头】niántóu（名）(～儿)(1)年(但与数词之间要有量词"个") *year (if preceded by a numeral, the measure word "个" should be inserted in between)*：他当演员已经整整二十个～了。Tā dāng yǎnyuán yǐjīng zhěngzhěng èrshí ge ～ le. *He has been an actor for exactly twenty years.* /我参加工作快五个～了。Wǒ cānjiā gōngzuò kuài wǔ ge ～ le. *I have now worked for almost five years.* (2)同"年份" niánfèn (2) *same as "年份" niánfèn (2)*：经过的～一多，好多事情就忘了。Jīngguò de ～ yì duō, hǎoduō shìqing jiù wàng le. *As many years have gone by, lots of things are forgotten.* /分别的～久了，对他的印象就淡了。Fēnbié de ～ jiǔ le, duì tā de yìnxiàng jiù dàn le. *We have been separated for many, many years and my impression of him is getting hazy.* (3)"有年头儿"意思是很多年，时间久"有年头儿" *means very many years, a long time*：他用的这支钢笔可有～了。Tā yòng de zhè zhī gāngbǐ kě yǒu ～ le. *He has used that pen for many, many years.* /他家在北京落户有～了，大概是在他曾祖父的时候。Tā jiā zài Běijīng luò

hù yǒu ～ le, dàgài shì zài tā zēngzǔfù de shíhou. *His family has settled down in Beijing for many, many years, perhaps it was during the time of his great grandfather.* （4）同 "年成" niánchéng *same as "年成" niánchéng*：今年～不错，夏粮、秋粮都丰收。Jīnnián～búcuò, xiàliáng, qiūliáng dōu fēngshōu. *We had a good harvest this year, both the summer and autumn grain crops were excellent.* （5）〈口〉时代 *time; period*：这～谁还自己做鞋穿呀! Zhè ～ shuí hái zìjǐ zuò xié chuān ya! *Who is still making shoes at home nowadays?* /如今的年轻人可赶上好～了。Rújīn de niánqīng rén kě gǎnshang hǎo ～ le. *The youths of today certainly have run into good times.*

【年息】niánxī（名）同"年利" niánlì *same as "年利" niánlì*

【年限】niánxiàn（名）规定或者预计的年数 *fixed or expected number of years*：这台机器已经超过了使用。Zhè tái jīqì yǐjing chāoguòle shǐyòng ～. *This machine has already been used for more than its service life.* /这所房子还不到翻盖的 ～. Zhè suǒ fángzi hái bú dào fāngài de ～. *This house has not yet reached the time for it to be renovated.*

【年夜】niányè（名）春节除夕 *New Year's Eve*

【年月】niányuè（名）（1）〈口〉时代 *a period of time; era*：童年的事不易忘记，那～还花银元呢! Tóngnián de shì bú yì wàngjì, nà ～ hái huā yínyuán ne! *Things happened during childhood are not easy to forget. In those days silver coins were still used.* （2）日子，岁月，时间 *days; years; time*：不知经过了多少～，沧海变成了桑田。Bù zhī jīngguòle duōshǎo ～, cānghǎi biànchéngle sāngtián. *(We) don't know how many years have passed that the deep blue sea has turned into fertile land.*

【年终】niánzhōng（名）一年的最后几天 *end of the year, year end*

粘 nián
（形）同"黏" nián *same as "黏" nián* 另见 zhān

黏 nián
（形）*sticky*：江米做饭很～。Jiāngmǐ zuò fàn hěn ～. *Cooked glutinous rice is very sticky.* /这瓶浆糊干了，已经不 ～了。Zhè píng jiànghú gān le, yǐjing bù ～ le. *The paste has all dried up, it is not sticky anymore.*

【黏度】niándù（名）*viscosity*
【黏附】niánfù（动）*adhere to*
【黏合剂】niánhéjì（名）*adhesive, glue, binder*
【黏膜】niánmó（名）*mucous membrane*
【黏土】niántǔ（名）*clay*
【黏液】niányè（名）〈生〉*mucus*
【黏着】niánzhuó（动）*stick together*
【黏着力】niánzhuólì（名）*bonding force, adhesive force*
【黏着语】niánzhuóyǔ（名）〈语〉*agglutinative language*

nián

捻 niǎn
（动）用手指搓 *twist with fingers*：把两股线～成绳子。Bǎ liǎng gǔ xiàn ～chéng shéngzi. *Twist these two threads into a string.* /～死一只蚂蚁还不容易吗? ～sǐ yì zhī mǎyǐ hái bù róngyì ma? *Isn't it easy to crush an ant with your two fingers?* （名）（～儿）*something twisted*

【捻子】niǎnzi（名）搓成或织成的线条状的东西 *a twisted or woven wick*：灯～ dēng ～ *lamp wick*

撵〔攆〕niǎn
（动）〈口〉（1）驱逐、赶 *oust, drive out*：她被～出了家门。Tā bèi ～chūle jiāmén. *She was ousted from the family.* /你再没完没了地唠叨，我可要～你了。Nǐ zài méi wán

méi liǎo de láodao, wǒ kě yào ～ nǐ le. *If you don't stop jabbering on and on, I'll throw you out.* （2）追赶 *chase*：他跑得真快,我怎么也～不上他。Tā pǎo de zhēn kuài, wǒ zěnme yě ～ bu shàng tā. *He ran so fast, I just couldn't catch up with him.*

碾 niǎn
（名）◇碾子 *roller（for grain, etc.）*（动）用碾子（把东西）压碎、压平或使谷物去皮、破碎 *grind, pulverize, husk*：～米 ～ mǐ *husk rice* /把石块～碎。Bǎ shíkuài ～ suì. *pulverize stones* /被历史车轮～得粉碎。Bèi lìshǐ chēlún ～ de fěnsuì. *ground to powder by the wheel of history*

【碾房】niǎnfáng（名）*grain mill*
【碾子】niǎnzi（名）*roller*

niàn

念 niàn
（动）（1）〈书〉想念 *to miss or long to see（somebody）*：近况如何?～甚。Jìnkuàng rúhé? ～ shèn. *How is everything? Been thinking of you.* （2）出声地读 *to read out loud*：把信～给奶奶听听。Bǎ xìn ～ gěi nǎinai tīngting. *Read the letter out loud to your grandmother.* （3）（在学校）学习 *to study（in school）*：他在～大学。Tā zài ～ dàxué. *He is studying in college.* /他连中学都没～过,完全靠自学学的技术。Tā lián zhōngxué dōu méi ～guo, wánquán kào zìxué xué de jìshù. *He didn't even go to high school, he learned his trade by studying on his own.* （4）学习（某一门学科）*study（a certain branch of knowledge）*：他是～法律的。Tā shì ～ fǎlǜ de. *He studies law.* /～医比～别的要多好几年。～ yī bǐ ～ biéde yào duō hǎo jǐ nián. *It takes quite a few years longer to study medicine than the other majors.* （名）◇想法 *thought*：私心杂～ sī xīn zá ～ *selfish and distracting thoughts* /我一～之差,订了这份杂志,真没意思，很后悔。Wǒ yì ～ zhī chā, dìngle zhè fèn zázhì, zhēn méi yìsi, hěn hòuhuǐ. *Struck by a whim I subscribed to this magazine. Much to my regret I find it very boring.*

【念叨】niàndao（动）〈口〉（1）说,谈论 *talk repeatedly about something or somebody*：刚才大家还～这件事呢! Gāngcái dàjiā hái ～ zhè jiàn shì ne! *Just a while ago, everybody was still talking about that matter.* （2）（由于心里总想着而）谈起 *talk about something that is always on one's mind*：母亲总是～要给姐姐买件大衣。Mǔqin zǒngshì ～ yào gěi jiějie mǎi jiàn dàyī. *Mother was always talking about buying a coat for my elder sister.* /老李虽然不在我们单位了，可是大家还时常～他。Lǎo Lǐ suīrán bú zài wǒmen dānwèi le, kěshì dàjiā hái shícháng ～ tā. *Even though Lao Li is not in our institution anymore, everybody is still thinking and talking about him very often.*

【念佛】niànfó（动）*pray to Buddha*
【念经】niàn～ *jìng recite Buddhist（or Taoist）scripture, sometimes in a chanting way*
【念旧】niànjiù（动）〈书〉念念不忘过去的交情 *remember and treasure old friendships*：他很～,和一些小学同学还保持联系。Tā hěn ～, hé yīxiē xiǎoxué tóngxué hái bǎochí liánxì. *He treasures his old friendships and still keeps in contact with his primary school friends.* /他退休了,空闲时来更加～,常常找老朋友聊天。Tā tuì xiū le, kòngxián xialai gèngjiā ～, chángcháng zhǎo lǎo péngyou liáo tiānr. *He has retired and has more leisure. He thinks of his friends even more and has likes to drop in on them for a chat very often.*

【念念不忘】niànniàn bú wàng 老是想念着,不能忘记 *always thinking of*：从他的谈话里可以听出,他～那次桂林之游。Cóng tā de tánhuà li kěyǐ tīngchū, tā ～ nà cì Guìlín zhī

yóu. *From his conversation, you can tell that he is always thinking of that trip to Guilin.*

【念书】niàn=shū (1) 学习 *study, to go to school*: 他还不到二十岁，应该去～，不忙着工作。Tā hái bú dào èrshí suì, yīnggāi qù ～, bù mángzhe gōngzuò. *He is not yet 20, he should go to school, there's no hurry to get a job.* /多念点书总有好处。Duō niàn diǎnr shū zǒng yǒu hǎochù. *It is always good to do a little bit more of studying.* (2)出声地读书 *read out loud*: 好像是～的声音，他念什么呢? —— 念英文呢! Hǎoxiàng shì ～ de shēngyin, tā niàn shénme ne? —— Niàn Yīngwén ne! *It seems as if he is reading something out loud. What is he reading?—English!*

【念头】niàntou (名) 打算; 想法 *idea; plan; notion*: 他心中产生了一个～，想学木工。Tā xīnzhōng chǎnshēngle yí ge ～, xiǎng xué mùgōng. *A notion came to his mind—to learn carpentry.* /有个不实际的～，你 ge bù shíjì de ～ *have an impractical plan.* /他打消了去上海的～。Tā dǎxiāole qù Shànghǎi de ～. *He gave up the idea of going to Shanghai.*

埝 niàn
(名)农田中用来挡水的小土埂 *elevated earthen banks between fields to retain water*

niáng

娘 niáng
(名)有的地方对母亲的称呼 *form of address for mother at certain places*

【娘家】niángjia (名)出了嫁的妇女的自己父母的家 *home of a married woman's parents*: 她回～了。Tā huí ～ le. *She went to visit her parents.* /我是她～人，是她的姑姑。Wǒ shì tā ～ rén, shì tā de gūgu. *I am a relative on her parents' side. I'm her aunt.*

【娘子军】niángzǐjūn (名)由妇女组成的队伍。也指由妇女组成的集体 *a detachment of women, also any group composed of women*: 今天参加植树的全是～。Jīntiān cānjiā zhí shù de quán shì ～. *Those who participated in today's tree planting are all women.*

niàng

酿 〔釀〕niàng
(动)(1)酿造(酒) *make wine*: 他学会了～酒的技术。Tā xuéhuìle ～ jiǔ de jìshù. *He has learned now to make wine.* (2) 做(蜜) *make (honey)*: 蜜蜂～蜜。Mìfēng ～ mì. *The bees make honey.* (3)逐渐形成(宾语多指不幸的事) *lead to gradually (usually some misfortune)*: 多次提醒，他都不听，终于～成一场灾祸。Duō cì tíxǐng, tā dōu bù tīng, zhōngyú ～chéng yì cháng zāihuò. *We had kept on warning him, but he just wouldn't listen, and in the end the whole thing led to this catastrophe.* (名)◇〈书〉酒 *wine*: 佳～ jiā ～ *an excellent or famous wine*

【酿造】niàngzào (动) *make (wine or vinegar)*: 这种醋是用糯米～的。Zhè zhǒng cù shì yòng nuòmǐ ～ de. *This type of vinegar is made from glutinous rice.*

niǎo

鸟 〔鳥〕niǎo
(名)〔只 zhī〕 *bird*

【鸟害】niǎohài (名) 农作物受到鸟群的啄食而造成的损害 *harm done to the crop by birds*

【鸟瞰】niǎokàn (动)〈书〉从高处往下看 *get a bird's-eye view*: 从飞机上～雪山 cóng fēijī shang ～ xuěshān *get a bird's-eye view of the snowy mountain from the plane* (名)概括的观察、描写 *general survey or description*: 十年世界形势～ shí nián shìjiè xíngshì ～ *a general survey of the world situation in the last ten years* /西湖～ Xī Hú ～ *a bird's-eye view of the West Lake*

【鸟枪】niǎoqiāng (名)〔枝 zhī〕 *fowling piece; airgun*

袅 〔裊〕niǎo
(形) ◇ *slender and graceful*

【袅袅】niǎoniǎo (形)〈书〉(1)形容烟或气慢慢上升的样子 *curling up slowly*: ～炊烟 ～ chuīyān *kitchen smoke curling up* (2)形容声音连续不绝 *lingering sound*: 余音～ ～ *The sound (of music or singing) lingers on.* (3)细长而柔软的东西随风摆动 (*something soft and slender*) *waving in the wind*: 柳枝～ liǔ zhī ～ *The weeping willow waves gracefully in the breeze.*

【袅娜】niǎonuó (形)〈书〉(1)形容草木柔软细长 *soft and slender (referring to plants or grass)*: 柳丝～，随风摇动。Liǔ sī ～, suí fēng yáodòng. *The willow, soft and slender, waves in the wind.* (2)形容女子姿态优美 *beautiful and graceful (poise of a woman)*: 这位女演员舞姿～。Zhè wèi nǚ yǎnyuán wǔzī ～. *The dance of the young actress was very graceful.* /那姑娘～的身影给我留下了深刻的印象。Nà gūniang ～ de shēnyǐng gěi wǒ liúxiàle shēnkè de yìnxiàng. *The graceful and slender figure of that young girl left a deep impression on me.*

niào

尿 niào
(名)*urine* (动) *to urinate*

【尿布】niàobù (名)〔块 kuài〕 *diaper*

【尿床】niào=chuáng *wet the bed*

【尿道】niàodào (名)〈生理〉 *urethra*

【尿毒症】niàodúzhèng (名)〈医〉 *uraemia*

【尿素】niàosù (名)〈化〉 *urea; carbamide*

niē

捏 niē
(动)(1)用拇指和别的手指夹 *hold with thumb and another finger*: 手里～了几枝粉笔 shǒu li ～ le jǐ zhī fěnbǐ *hold a few pieces of chalk with his fingers* /她～着一根针，在绣花。Tā ～zhe yì gēn zhēn zài xiù huā. *She holds a needle doing embroidery.* (2)用手指把面、泥等东西搞成一定形状 *mould with dough or clay*: ～面人儿 ～ miàn rénr *mould dough figurines* /～饺子 ～ jiǎozi *make dumplings*

【捏合】niēhé (动) 使凑合到一块儿 *act as go-between*: 他们俩的婚姻并不美满，是双方父母硬给～的。Tāmen liǎ de hūnyīn bìng bù měimǎn, shì shuāngfāng fùmǔ yìng gěi ～ de. *Their marriage was unhappy, it was forcibly made up by the parents of the two parties.* /请你不要把这两件没关系的事～到一块儿。Qǐng nǐ búyào bǎ zhè liǎng jiàn méi guānxi de shì ～ dào yíkuàir. *The two things have nothing to do with each other, so please don't mixed them up together.*

【捏一把汗】niē yì bǎ hàn 因为担心而手心出汗，形容心情非常紧张 *sweat because of anxiety*: 这条山路又陡又弯，开车时真是～。Zhè tiáo shānlù yòu dǒu yòu wān, kāi chē shí zhēn shì ～. *The road was steep and winding. I couldn't help sweating with fright when driving.*

【捏造】niēzào (动) *fabricate or make up*: ～事实 ～ shìshí *make up a story*

niè

涅 nie
【涅槃】nièpán（名）nirvana

啮〔嚙〕nie
（动）〈书〉(老鼠、兔子等)咬（rodents）gnaw
【啮齿动物】nièchǐ dòngwù rodent
【啮合】nièhé（动）上牙下牙咬得很紧；两件东西接合得很紧 clench (the teeth); to be engaged with each other；两个零件～在一起。Liǎng ge língjiàn ～ zài yìqǐ. The two parts are engaged with each other.

嗫〔囁〕nie
【嗫嚅】nièrú（形）〈书〉嘴在动，想说话而又不敢说出来的样子 speak hesitantly

镊〔鑷〕nie
（名）◇ 镊子 tweezers（动）（用镊子）夹 pick up with tweezers：你看她把眉毛～得那么细！Nǐ kàn tā bǎ méimao ～ de nàme xì! Look how fine she has made her eyebrows by plucking them!
【镊子】nièzi（名）[把 bǎ] tweezers

镍〔鎳〕nie
（名）nickel

蹑〔躡〕nie
（动）(1)〈书〉踩 step on：～足其间(参加进去) ～ zú qí jiān (cānjiā jìnqù) join；take part in (2)〈书〉追随 follow：～迹 ～ jì follow the footsteps of (3)放轻(脚步) step lightly；tiptoe：～着脚走进去 ～zhe jiǎo zǒu jìnqù (He) walked in on tiptoe.
【蹑手蹑脚】nie shǒu nie jiǎo 形容走路时脚步非常轻 walk lightly：他迟到了，～地走进会场。Tā chídào le, ～ de zǒujìn huìchǎng. He was late, so he tiptoed into the meeting hall.

孽 nie
（名）罪恶 evil，sin：这些坏蛋到处造～。Zhèxiē huàidàn dàochù zào ～. These hoodlums have been doing evils everywhere.

nín

您 nin
（代）(含敬意的)你 (courteous) you

níng

宁〔寧〕níng
（形）◇ 安静，平安 peaceful；tranquil：他喝醉了，闹得家里鸡犬不～。Tā hēzuì le, nào de jiā li jī quǎn bù ～. He got drunk and his home had no peace. 另见 nìng
【宁静】níngjìng（形）〈书〉(环境、心情)安静 peaceful；tranquil (environment or mind)：～的夜晚 ～ de yèwǎn a peaceful night /她最近心情很不～。Tā zuìjìn xīnqíng hěn bù ～. Lately she has been in a restless mood.

拧〔擰〕níng
（动）(1)用两只手握住物体的两头，分别向相反的方向用力 twist；wring：把毛巾～干 bǎ máojīn ～gān wring the water out of the towel /全班～成一股绳，力量就大了。Quán bān ～ chéng yì gǔ shéng, lìliang jiù dà le. If the whole class unite as one, then we will be very strong. (2)用手指捏紧(皮肉)扭动 pinch and twist：～耳朵 ～ ěrduo twist (somebody's) ear /～了他一把 ～le tā yì bǎ pinched him 另见 nǐng

狞〔獰〕níng
（形）◇(面目)凶恶 sinister (look)
【狞笑】níngxiào（动）凶恶地笑 laugh wickedly；laugh hideously

柠〔檸〕níng
【柠檬】níngméng（名）lemon

凝 níng
（动）freeze；coagulate：汤冷了，面上～了一层油。Tāng lěng le, miàn shang ～le yì céng yóu. The soup got cold and a thin layer of grease formed on the top.
【凝成】níng // chéng 因凝结而成为 condense into：水蒸气～了小水滴。Shuǐzhēngqì ～le xiǎo shuǐdī. The vapor condensed into water drops. /肉汤很快就～冻儿了。Ròutāng hěn kuài jiù ～ dòngr le. The broth turned into jelly very quickly.
【凝固】nínggù（动·不及物）由液体转变为固体 solidify：水遇冷就会～，成了冰。Shuǐ yù lěng jiù huì ～, chéngle bīng. Water freezes when it gets cold and turns into ice.
【凝固点】nínggùdiǎn（名）〈物〉solidifying point
【凝集】níngjí（动）(液体或气体)凝在一起 agglutinate
【凝结】níngjié（动）气体变为液体，液体变为固体 condense，coagulate：湖面上～了一层薄冰。Hú miàn shang ～le yì céng báo bīng. A thin layer of ice formed on the surface of the lake. /鲜血～成的友谊是牢不可破的。Xiānxuè ～ chéng de yǒuyì shì láo bù kě pò de. The friendship sealed by blood is unbreakable.
【凝聚】níngjù（动）气体由稀变浓 或者从气态转化成液态 condense：水蒸气～成水。Shuǐzhēngqì ～ chéng shuǐ. Steam condensed into water. /这部著作中～着他多少心血呀！Zhè bù zhùzuò zhōng ～ zhe tā duōshao xīnxuè ya! What a lot of his sweat and labor is embodied in this book!
【凝聚力】níngjùlì（名）〈物〉adhesive force
【凝神】níngshén（形）〈书〉集中精神 (常作状语) with deep concentration (often used as adverbial)：～思考 ～ sīkǎo think with deep concentration /～远望 ～ yuǎn wàng gaze afar with great attention
【凝视】níngshì（动）〈书〉集中精神地看 stare；gaze：她坐在那里～窗外。Tā zuò zài nàli ～ chuāng wài. She sat there and gazed out of the window. /他对她～了一会儿，才开始说话。Tā duì tā ～le yíhuìr, cái kāishǐ shuō huà. He stared at her for a while, then started to talk.
【凝思】níngsī（动）〈书〉集中精神地想 think with great attention；ponder：她～了很久。Tā ～le hěn jiǔ. She thought and thought for a long time. /他陷入了～。Tā xiànrùle ～. He lapsed into deep thought.
【凝望】níngwàng（动）眼睛一动不动地看 stare fixedly：她坐在那里向窗外～。Tā zuò zài nàli xiàng chuāng wài ～. She sat there gazing fixedly out of the window.
【凝滞】níngzhì（动）〈书〉不灵活，不转动 sluggish，stagnate：目光～ mùguāng ～ The eyes were dull and stagnate.

nǐng

拧〔擰〕nǐng
（动）twist，turn；screw：～螺丝钉 ～ luósīdīng tighten

(or loosen) a screw /把瓶盖～紧。Bǎ píng gàir ～jǐn. tighten (by turning) the bottle cap (形)〈口〉相反;相抵触 contrary; opposite: 他把事半功倍说成事倍功半了,意思满。Tā bǎ shì bàn gōng bèi shuōchéng shì bèi gōng bàn le, yìsi mǎn ～. He wanted to say: get twice the result with half the effort, instead, he said: get half the result with twice the effort, which meant just the opposite. /你把他的话搞~了,他不是说不去,而是说现在去不合适。Nǐ bǎ tā de huà gǎo~ le, tā búshì shuō bú qù, érshì shuō xiànzài qù bù héshì. You misunderstood him, he didn't say he was not going, he just said it was not appropriate to go now. /他的想法老跟别人~着。Tā de xiǎngfǎ lǎo gēn biérén ~zhe. His way of thinking is always contrary to how the others think. /两个人谈得不投机,越说越～。Liǎng ge rén tán de bù tóujī, yuè shuō yuè ～. The two of them talked at cross purposes and the more they talked the worse they got. 另见 níng

nìng

宁〔寧〕nìng
（连）同"宁可" nìngkě same as "宁可" nìngkě: 她～让自己受累,也不肯求人帮忙。Tā ～ ràng zìjǐ shòu lèi, yě bù kěn qiú rén bāng máng. She would rather tire herself out than beg others for help. /～吃鲜桃一口,不吃烂杏一筐。~ chī xiān táo yì kǒu, bù chī làn xìng yì kuāng. I would rather have one bite of a fresh peach than eat a basketful of rotten apricots. /一切会议要从实际出发,在数量上要～少勿多,在时间上要～短勿长,在规模上要～小勿大。Yíqiè huìyì yào cóng shíjì chūfā, zài shùliàng shàng yào ～ shǎo wù duō, zài shíjiān shàng yào ～ duǎn wù cháng, zài guīmó shàng yào ～ xiǎo wù dà. We must be realistic about all meetings. In terms of amount, it is better to have too few than too many; in terms of time, it is better for them to be too short than too long; and in terms of scale, it is better for them to be too small than too large. /要做一个正直的人,坚持真理,～折不弯。Yào zuò yí ge zhèngzhí de rén, jiānchí zhēnlǐ, ～ shé bù wān. One must be honest, uphold the truth and rather die in glory than live in dishonour. 另见 níng

【宁可】nìngkě（连）表示比较两方面的得失之后选择其一,尽管这一方面也并不理想;后一分句则说明被舍弃的另一选择。多用于主语后 (indicates a choice of one thing after weighing the pros and cons of two choices, even though the choice may not be ideal; the second clause introduces the abandoned choice; usu. used after the subject) would rather; better: 这些蔬菜商店～让鲜菜烂掉,也不肯事先削价出售。Zhèxiē shūcài shāngdiàn ～ ràng xiān cài làndiào, yě bù kěn shìxiān xuē jià chūshòu. These grocery stores would rather let fresh vegetables rot than sell them at a reduced price before they rot. /我～多花点钱,也要买质量好的收音机,绝不买这种处理品。Wǒ ～ duō huā diǎnr qián, yě yào mǎi zhìliàng hǎo de shōuyīnjī, jué bù mǎi zhè zhǒng chǔlǐpǐn. I would rather spend a little more money to buy a radio of good quality than to buy this kind of substandard product. /小秦～牺牲自己的休息时间来帮邻居搬家。Xiǎo Qín ～ xīshēng zìjǐ de xiūxi shíjiān lái bāng línjū bān jiā. Xiao Qin would rather give up his spare time to help the neighbours move. 有时被舍弃的选择在前面出现 (sometimes the abandoned choice appears in the first clause): 这孩子说什么也不喝牛奶,～饿肚子。Zhè háizi shuō shénme yě bù hē niúnǎi, ～ è dùzi. No matter what you say, this child won't drink milk. He would rather go hungry. /他不愿去挤公共汽车,～步行。Tā bú yuàn qù jǐ gōnggòng qìchē, ～ bùxíng. He's not willing to crowd onto a public bus. He would rather walk. 如果上下文意思清楚,不言而喻,舍弃

的一方面可不明说 (if the meaning within context is clear and the abandoned choice is self-evident, then it may not be voiced): 老张是个热心肠的人,比老王爱帮忙,我有事～去找老张。Lǎo Zhāng shì ge rèxīncháng de rén, bǐ Lǎo Wáng ài bāng máng, wǒ yǒu shì ～ qù zhǎo Lǎo Zhāng. Lao Zhang is a warmhearted person and is more willing to help than Lao Wang. If something cropped up, I would rather go to Lao Zhang.

【宁肯】nìngkěn（连）同"宁可" nìngkě, 表示意愿的意味更浓 same as "宁可" nìngkě (but expresses an even deeper wish): 她一辈子不结婚,也不肯嫁给一个她不喜欢的人。Tā yíbèizi bù jié hūn, yě bù kěn jià gěi yí ge tā bù xǐhuan de rén. She would rather never marry than marry someone whom she doesn't like. /他们夫妇俩～自己受苦受累,也要供孩子念书。Tāmen fūfù liǎ ～ zìjǐ shòu kǔ shòu lèi, yě yào gōng háizi niàn shū. That husband and wife would rather suffer hardships and inconvenience so as to provide for their child's education. /他是不愿寄人篱下的,～自己在外边流浪。Tā shì bú yuàn jì rén lí xià de, ～ zìjǐ zài wàibiānr liúlàng. He's not willing to depend on others for a living but would rather lead a vagrant life on the streets. /我～不买东西,也不去看售货员的冰冷面孔。Wǒ ～ bù mǎi dōngxi, yě bú qù kàn shòuhuòyuán de bīnglěng miànkǒng. I would rather not buy anything than face the salesclerk's frozen expression.

【宁缺毋滥】nìng quē wú làn 宁可少些,不要质量不高的,也不要不合要求的 rather do without than have something cheap

【宁死不屈】nìng sǐ bù qū 宁可死去也不屈服 rather die than surrender

【宁愿】nìngyuàn（连）同"宁肯" nìngkěn same as "宁肯" nìngkěn: 这个小商贩～自己吃点亏,也不坑骗顾客。Zhège xiǎoshāngfàn ～ zìjǐ chī diǎnr kuī, yě bù kēngpiàn gùkè. This pedlar would rather suffer a few losses than cheat a customer. /我～不吃,也不买那些烂苹果。Wǒ ～ bù chī, yě bù mǎi nàxiē làn píngguǒ. I would rather not eat than buy those rotten apples. /为了祖国的建设事业,我～献出自己的一切。Wèile zǔguó de jiànshè shìyè, wǒ ～ xiànchū zìjǐ de yíqiè. I would rather give my all to the cause of construction of the motherland.

niū

妞 niū（名）(～儿)女孩子(限于某些地区) girl (in some dialects)

niú

牛 niú（名）[头 tóu] cow, bull, ox

【牛痘】niúdòu（名）vaccination

【牛犊】niúdú（名）[头 tóu] 小牛 calf

【牛鬼蛇神】niúguǐ shéshén 各种各样的坏人 villainous people of all sorts; monsters and demons

【牛黄】niúhuáng（名）bezoar (Chinese medicine)

【牛角】niújiǎo（名）horn of a bull

【牛角尖】niújiǎojiān（名）(～儿) 不必要的或没有价值的小问题 (和"钻" zuān 连用) worthless yet insolvable problem; 遇事他总爱钻,越想越不通。Yù shì tā zǒng ài zuān ～, yuè xiǎng yuè bù tōng. He always likes to dig into those insignificant yet insolvable problems, and finally gets into blind alleys. /深入研究问题时要避免钻～。Shēnrù yánjiū wèntí shí yào bìmiǎn zuān ～. When doing research, one must try to avoid hair-splitting.

【牛劲】niújìn (名)〈口〉[股 gǔ](1) 大力气 great strength：把这个大花盆搬进屋，可费了～了。Bǎ zhège dà huāpén bānjìn wū kě fèile ～ le. What a hell of a lot of strength we spent to move that big flower pot into the room. (2)(～儿)固执的脾气 stubbornness；obstinacy：他那～又上来了，谁也说服不了他。Tā nà ～ yòu shànglai le, shuí yě shuōfú bu liǎo tā. He is in his stubborn mood again. Nobody can persuade him to change his mind.

【牛毛雨】niúmáoyǔ (名) 细而密的小雨 drizzle

【牛奶】niúnǎi (名) cow's milk

【牛排】niúpái (名) beefsteak

【牛皮】niúpí (名)(1) cowhide (2)〈口〉大话 boast：吹～ chuī ～ boast /～大王说的话不可全信。～ dàwáng shuō de huà bù kě quán xìn. You can't believe all the things the braggart said.

【牛脾气】niúpíqì (名) 同"牛劲"niújìn (2) same as "牛劲" niújìn (2)

【牛皮纸】niúpízhǐ (名)[张 zhāng] kraft paper；manila

【牛仔裤】niúzǎikù (名)[条 tiáo] jeans

niǔ

扭 niǔ (动)(1) 转动(物体的一部分) turn：～过脸来 ～ guò liǎn lai turn the face around /～头一看，路旁停着一辆汽车。～ tóu yí kàn, lù páng tíngzhe yí liàng qìchē. He turned his head and saw a car parked beside the street. (2) 拧 twist：把铁丝～断了。Bǎ tiěsī ～ duàn le. twisted and broke the wire (3)(转动时不小心使筋骨)受伤 sprain：～了腰 ～ le yāo sprain one's back (4) 身体摆动 twist and sway the body：～秧歌 ～ yāngge do the "yangko" dance /她在舞台上～来～去。Tā zài wǔtái shang ～lái ～qù. She was twisting and turning on the stage. (5) 揪住 grapple, seize：他们～在一起，谁也不放手。Tāmen ～ zài yìqǐ, shuí yě bú fàng shǒu. They grappled with each other and neither would let go. /警察把那个小流氓～送公安局。Jǐngchá bǎ nàge xiǎo liúmáng ～ sòng gōng'ānjú. The police took the hoodlum to the police station.

【扭动】niǔdòng (动) twist；wrench

【扭亏为盈】niǔ kuī wéi yíng 扭转亏损的局面，使(企业)变为盈利的状况 make up deficits and make profits：新厂长刚上任一个月就使这个厂～了。Xīn chǎngzhǎng gāng shàng rèn yí gè yuè jiù shǐ zhège chǎng ～ le. The new manager had come for barely one month before he made up the losses and started to make money.

【扭捏】niǔnie (形) 言谈举止拘谨而不大方 affectedly bashful：～作态 ～ zuò tài behave coyly /让你唱你就唱吧!扭扭捏捏的多不好! Ràng nǐ chàng nǐ jiù chàng ba! Niǔniuniēniē de duō bù hǎo! If they ask you to sing, then sing, don't be so bashful.

【扭曲】niǔqū (动)(因受某种刺激或打击)改变了正常的样子 twist out of shape：他的脸由于过分气愤而～了。Tā de liǎn yóuyú guòfèn qìfèn ér ～ le. His face was contorted with rage. /突然的打击，使他的精神～了。Tūrán de dǎjī, shǐ tā de jīngshén ～ le. The sudden attack threw him into confusion.

【扭转】niǔzhuǎn (动)(1) 掉转 turn around：～身躯 ～ shēnqū turn round one's body (2) 改变或纠正(某种不好的现象或局面) reverse：～混乱的局面 ～ hùnluàn de júmiàn terminate the state of confusion /～那种错误倾向 ～ nà zhǒng cuòwù qīngxiàng reverse that erroneous tendency

忸 niǔ

【忸怩】niǔní (形) 不好意思，不大方(用得较少) bashful：她

见到生人，有些～。Tā jiàndào shēngrén, yǒuxiē ～. She always feels shy when she meets strangers.

纽 〔紐〕niǔ (名)◇handle；knob；button

【纽带】niǔdài (名) 起联系作用的人或事物 link；bond：互相谅解是团结的～。Hùxiāng liàngjiě shì tuánjié de ～. Mutual understanding can act as a bond for unity. /工会是党联系群众的～。Gōnghuì shì dǎng liánxì qúnzhòng de ～. The trade union acts as a tie between the Party and the masses.

【纽扣】niǔkòu (名)[个 gè] button

【纽襻】niǔpàn (名)(～儿) button loop

niù

拗 niù (动) 坚持相反的意见(用得较少) be of converse opinion：他的看法总跟大家～着。Tā de kànfǎ zǒng gēn dàjiā ～zhe. He always holds an opinion converse to other people's. /我～了半天也没～过他，还是陪他去看电影了。Wǒ ～ le bàntiān yě méi ～ guò tā, háishi péi tā qù kàn diànyǐng le. I argued and argued but could not talk him out of it. Finally I had to go to the movie with him. (形) 固执，不随和 stubborn；obstinate：他的脾气～得很，很难改变主张。Tā de píqi ～ de hěn, hěn nán gǎibiàn zhǔzhāng. He's very stubborn, it's hard to change his mind. 另见 ào

【拗不过】niù bu guò 不能改变(别人坚持的主张或作法) fail to change somebody's mind：你是～他的，还是按他说的做吧。Nǐ shì ～ tā de, háishi àn tā shuō de zuò ba. You can't change his mind and so you might as well do what he says.

nóng

农 〔農〕nóng (名)◇(1) 农业 agriculture：他弃～经商了。Tā qì～ jīng shāng le. He stopped being a farmer and went into business. (2) 农民 farmer, peasant：工、～、兵 gōng、～、bīng workers, peasants and soldiers

【农产品】nóngchǎnpǐn (名) farm produce

【农场】nóngchǎng (名) 进行大规模农业生产的企业单位 farm

【农村】nóngcūn (名) village

【农副产品】nóng fù chǎnpǐn 指农村里农业产品和副业产品。如粮食、棉花、油料、生猪、家禽、鲜蛋、羊毛等，工业产品除外 farm produce and farm by-products

【农户】nónghù (名) 从事农业生产的人家 peasant household：这个村子有一百三十五个～。Zhège cūnzi yǒu yìbǎi sānshíwǔ ge ～. There are 135 households in this village.

【农会】nónghuì (名) 农民协会的简称 short for "农民协会"

【农活】nónghuó (名) 农业生产中的工作 farm work

【农机】nóngjī (名) "农业机械"的简称 short for "农业机械" (agricultural machinery)：发展～生产，满足农民的需要。Fāzhǎn ～ shēngchǎn, mǎnzú nóngmín de xūyào. Develop the production of agricultural machinery to satisfy the needs of the peasants.

【农具】nóngjù (名) farm implements

【农垦】nóngkěn (名) 农业垦荒 wasteland or virgin soil cultivation

【农历】nónglì (名)(1) 中国的一种历法，根据月球绕地球运行的周期制定的，每月十五日月圆。平年十二个月，大月三十天，小月二十九天，闰年十三个月 lunar calendar (system) (2) 农业上使用的历书 almanac of the lunar calendar

【农林】nónglín（名）农业和林业的简称 agriculture and forestry

【农忙】nóng máng 指农活繁忙的时节,常作定语 busy season on the farm：～的时候,我来帮忙。～ de shíhou, wǒ lái bāng máng. During the busy season, I'll come and help. / 有一部分人一季节务农,平时在工厂劳动。Yǒu yí bùfen rén ～ jìjié wù nóng, píngshí zài gōngchǎng láodòng. A part of the people work on the farm during the busy season and work in factories the rest of the time.

【农民】nóngmín（名）peasant

【农民起义】nóngmín qǐyì peasant revolution；peasant uprising

【农民协会】nóngmín xiéhuì 民主革命时期,中国共产党领导的农民群众组织,以贫雇农为核心。简称"农会"或"农协" peasant association

【农奴】nóngnú（名）serf

【农奴主】nóngnúzhǔ（名）serf owner

【农轻重】nóng qīng zhòng 农业、轻工业和重工业的简称 short for 农业,轻工业 and 重工业

【农时】nóngshí（名）种植或收获农作物的最有利的时间 farming season：小雨过后马上插秧,不误～。Xiǎo yǔ guò hòu mǎshàng chā yāng, bú wù ～. Transplant the rice seedlings right after a rainfall and don't miss the farming season.

【农事】nóngshì（名）农业生产中的各项事情 farming (refers to all types of farm work)：商议一 shāngyì ～ discuss any type of farm work /～繁忙 fánmáng very busy doing farm work

【农田】nóngtián（名）耕种的田地 cultivated land

【农田基本建设】nóngtián jīběn jiànshè 指兴修水利,改良土壤,改良肥料,改良种子等项措施 basic preparatory work of farming (such as water conservancy project, soil amelioration, preparation of fertilizer, seed improvement, etc.)

【农田水利】nóngtián shuǐlì 农业生产灌溉、排水等各种工程 agricultural irrigation, drainage, etc.

【农闲】nóng xián 指农活不多的时候 slack season in farming

【农协】nóngxié（名）农民协会的简称 short for "农民协会"

【农学】nóngxué（名）研究农业生产的科学 agronomy；agriculture

【农谚】nóngyàn（名）关于农业生产的谚语,是农民在长期实践中经验的总结,对农业生产有指导作用 farmer's proverb

【农药】nóngyào（名）防治农作物病虫害的药物 farm chemical, pesticide

【农业】nóngyè（名）agriculture；farming

【农业国】nóngyèguó（名）工业不发达,国民经济收入中以农业收入为主的国家 agricultural country

【农业合作化】nóngyè hézuòhuà agricultural coorperative

【农业税】nóngyèshuì（名）国家对从事农业生产、有农业收入的单位或个人征收的税金 agricultural tax

【农艺】nóngyì（名）种植农作物的技术 agronomy

【农艺师】nóngyìshī（名）agronomist

【农作物】nóngzuòwù（名）crops of all kinds

浓〔濃〕nóng
（形）(1)气体或液体中所含的某种成分多 concentrated；dense；thick：～云 ～ yún thick clouds /～茶 ～ chá strong tea /我不喜欢喝～咖啡。Wǒ bù xǐhuan hē ～ kāfēi. I don't like strong coffee. (2) 程度深 pronounced；of a high degree；strong：年画的生活气息很～。Niánhuà de shēnghuó qìxī hěn ～. The New Year pictures have a pronounced flavor of life. /学术空气很～。Xuéshù kōngqì hěn ～. The scholastic atmosphere was strong and pronounced. /他对文学有很～的兴趣。Tā duì wénxué yǒu hěn ～ de xìngqu. He has a very great interest in literature.

【浓度】nóngdù（名）consistency；concentration

【浓厚】nónghòu（形）(1)(形容烟雾、云层等)很浓 thick：～的黑烟遮住了太阳。～ de hēiyān zhēzhùle tàiyang. Thick black smoke obstructed the sun. (2)(形容气氛、色彩、意识等)很浓 strong；pronounced (atmosphere, coloring, will etc.)：～的乡土气息 ～ de xiāngtǔ qìxī strong rural taste /～的民族色彩 ～ de mínzú sècǎi pronounced national color /～的小资产阶级意识 ～ de xiǎo zīchǎn jiējí yìshí strong petty bourgeoisie mentality /他对油画产生了～的兴趣。Tā duì yóuhuà chǎnshēngle ～ de xìngqu. He has developed a great interest in oil painting.

【浓眉】nóngméi（名）黑而密的眉毛 thick brows

【浓密】nóngmì（形）浓重稠密 dense；thick：～的秀发披在肩上。～ de xiù fà pī zài jiān shang. Her thick and shining tresses draped over her shoulders. /那棵大树的枝叶一极了。Nà kē dà shù de zhī yè ～ jí le. The foliage of that big tree is very dense.

【浓缩】nóngsuō（动）concentrate

【浓艳】nóngyàn（形）(色彩)很浓重而且鲜艳美丽 rich and beautiful (coloring)：这一大片牡丹～的色彩,让人喜爱。Zhè yí dà piàn mǔdan ～ de sècǎi, ràng rén xǐ'ài. That big tract of bright colors of the peonies is really lovable. /～往往不如淡雅更能引起人的美感。～ wǎngwǎng bùrú dànyǎ gèng néng yǐnqǐ rén de měigǎn. Gaudy and bright colors sometimes can not arouse the sense of beauty as those that are quiet and elegant.

【浓郁】nóngyù（形）〈书〉(花草等的香味)浓重 strong and thick (fragrance)：花园里散发着一的茉莉花香。Huāyuán li sànfāzhe ～ de mòlìhuā xiāng. The jasmines in the garden send forth a strong and rich fragrance.

【浓重】nóngzhòng（形）〈书〉(烟雾、香味、色彩等)又浓又重 thick；dense；strong：～的暮霭在山间弥漫。～ de mù'ǎi zài shān jiān mímàn. A thick evening mist enveloped the hills. /～的色彩使人眼花缭乱。～ de sècǎi shǐ rén yǎnhuā liáoluàn. People were dazzled by the rich coloring. /这种花的香气过于～了。Zhè zhǒng huā de xiāngqì guòyú ～ le. The fragrance of this kind of flower is a little too strong. /他说话带有～的广东口音。Tā shuō huà dài yǒu ～ de Guǎngdōng kǒuyīn. He speaks with a very strong Cantonese accent.

脓〔膿〕nóng
（名）pus

【脓包】nóngbāo（名）pustule

【脓肿】nóngzhǒng（名）〈医〉abscess

nòng

弄 nòng
（动）(1) 做、办、干、修等 (多为用手的动作) do；manage (usually with hands)：你的收音机开关我给～好了。Nǐ de shōuyīnjī kāiguān wǒ gěi ～hǎo le. I fixed the switch of your radio. /他老～他的书包带子,一会儿放长,一会儿缩短。Tā lǎo ～ tā de shūbāo dàizi, yíhuìr fàngcháng, yíhuìr suōduǎn. He kept on fooling with the strap of his bag, lengthening it and then shortening it. /这辆自行车闸坏了,我怎么也～不好它。Zhè liàng zìxíngchē zhá huài le, wǒ zěnme yě ～ bù hǎo tā. The brake of the bike is busted, I just can't fix it. /这么多事要处理,他一个人～不过来。Zhème duō shì yào chǔlǐ, tā yí ge rén ～ bu guòlái. There are so many things to attend to, he cannot manage it alone. (2)代替一些不易讲得具体或没有必要讲得具体的动作,主要在于说明动作的结果或影响 substitute for some action not easy or not necessary to be explained clearly, with the stress on the result or effect of that action：别把衣服～脏了! Bié bǎ yīfu ～zāng le! Don't go and get your clothes

dirty! /这些古汉语的词不容易～懂。Zhèxiē gǔ Hànyǔ de cíbù róngyì ～dǒng. *These words of classical Chinese, it is not easy to get their meanings clear.* /放鞭炮要小心,～不好会受伤的。Fàng biānpào yào xiǎoxīn,～ bu hǎo huì shòu shāng de. *Be careful when you play with firecrackers, you will get injured if you don't handle them properly.* /你～清楚没有,他究竟想干什么? Nǐ ～ qīngchu méiyou, tā jiūjìng xiǎng gàn shénme? *Have you found out what he is actually thinking of doing?* (3)设法取得 *attempt to obtain something*:那部电影好极了,可惜～不到票。Nà bù diànyǐng hǎo jí le, kěxī ～ bú dào piào. *That movie is excellent, too bad I can't get a ticket.* /你快去～点煤来。Nǐ kuài qù ～ diǎnr méi lai. *Try to get some coal please.* /医院千方百计～来了血浆,抢救烧伤病人。Yīyuàn qiān fāng bǎi jì ～láile xuèjiāng, qiǎngjiù shāoshāng bìngrén. *The hospital used every possible means to get some plasma to rescue the burnt patients.*

【弄假成真】nòng jiǎ chéng zhēn 原来是假装的,结果变成真事 *What was pretended became true.*

【弄巧成拙】nòng qiǎo chéng zhuō 本想要弄聪明,结果却做了蠢事 *try to be clever but result in some blunder*

【弄虚作假】nòng xū zuò jiǎ 制造虚假的现象,欺骗人 *resort to deception; practise fraud*

nú

奴 nú (名) ◇*slave*

【奴婢】núbì (名) 男女奴仆,特别指做家务劳动的 *male and female bondservants, especially those doing housework*

【奴才】núcai (名) (1)(明代、清代的)家奴 *bondservants (of Ming and Qing dynasties)* (2)甘愿受人驱使,帮人做坏事的人 *lackey*

【奴化】núhuà (动) (侵略者及其帮凶)用政治、经济、文化教育等各种手段,企图使被侵略的民族心甘情愿受奴役 *enslave*

【奴隶】núlì (名) *slave*

【奴隶社会】núlì shèhuì *slave society*

【奴隶主】núlìzhǔ (名) *slave owner*

【奴隶主义】núlìzhǔyì (名) 遇事不问是非,不加分析,盲目地听从别人支配 *slavish mentality (blindly following orders)*

【奴仆】núpú (名) 旧社会在主人家里从事各种杂役的人的总称 *servants*

【奴颜婢膝】nú yán bì xī 卑贱地谄媚奉承、讨好别人 *humble and subservient*

【奴颜媚骨】nú yán mèi gǔ 卑下地巴结奉承、讨好别人 *flatter subserviently; fawn on*

【奴役】núyì (动) 像对待奴隶一样地驱使 *enslave*:殖民主义者总想～别的民族。Zhímínzhǔyìzhě zǒng xiǎng ～ bié de mínzú. *The colonialists always attempt to enslave the people of other nationalities.* /人民要独立要自由,决不再受～。Rénmín yào dúlì yào zìyóu, jué bú zài shòu ～. *The people want independence and liberty, and never again will they endure enslavement.*

nǔ

努 nǔ (动) (1)使出(力气),用法很窄 *to exert (strength)*:你再～一把劲儿,就可以赶上大家了。Nǐ zài ～ yì bǎ jìnr, jiù kěyǐ gǎnshàng dàjiā le. *Exert some more effort, then you will catch up with everybody else.* (2) 凸出 *stick out*: 他直冲我～嘴,意思让我进屋去。Tā zhí chòng wǒ ～ zuǐ, yìsi ràng wǒ jìn wū qu. *He kept on pouting his lips at me, hinting to me to walk into the room.* (3)用力过猛(身体受伤)

overexert oneself: 抬箱子的时候,～了一下,肋骨直疼。Tái xiāngzi de shíhou, ～le yíxià, lèigǔ zhí téng. *When lifting that trunk, I overexert myself a little, now I have a pain in my ribs.*

【努力】nǔ=lì *work hard*:小杨学习很～。Xiǎo Yáng xuéxí hěn ～. *Xiao Yang studies very hard.* /我一定～把工作做好。Wǒ yídìng ～ bǎ gōngzuò zuòhǎo. *I shall try hard to do the work well.* /你再努力一定能赶上他。Nǐ zài nǔlì yídìng néng gǎnshang tā. *Just work a little harder, you will surely catch up with him.* /你再努一把力就能达到预定的目标了。Nǐ zài nǔ yì bǎ lì jiù néng dádào yùdìng de mùbiāo le. *Work just a little harder, you will surely reach the predetermined goal.*

nù

怒 nù (形)〈书〉愤怒,生气 *angry, outraged*: 大～ dà ～ *be very angry*/请息～。Qǐng xī ～. *Please don't get angry.*

【怒不可遏】nù bù kě è 非常愤怒,不可抑制 *be beside oneself with anger*

【怒潮】nùcháo (名) (1)汹涌的浪潮 *raging tide*: 狂风激起～。Kuángfēng jīqǐ ～. *The gale blew up the raging tide.* (2)比喻声势极大的反抗运动 *great impetus of a movement of resistance*

【怒冲冲】nùchōngchōng (形) 非常生气的样子 *furious*:他怒气冲冲地走出会场。Tā ～ de zǒuchū huìchǎng. *He walked out of the meeting hall furiously.*

【怒发冲冠】nù fà chōng guān 由于生气,头发竖起来,把帽子都顶起来了。形容非常愤怒 *bristle with rage*

【怒放】nùfàng (动) be in full bloom:山茶～ shānchá ～ *The camellias are in full bloom.*

【怒号】nùháo (动) 大声叫(多形容大风) *roar (gale)*:北风～ běifēng ～ *The north wind was roaring.*

【怒吼】nùhǒu (动) 野兽发威吼叫,比喻发出洪大、雄壮的声响 *roar (wild beast)*:猛虎在林中～。Měng hǔ zài lín zhōng ～. *The tiger is roaring in the forest.* /隆冬季节狂风～。Lóngdōng jìjié kuángfēng ～. *In the depth of winter, a fierce wind is roaring.* /暴风雨来了,大海在～。Bàofēngyǔ lái le, dàhǎi zài ～. *The storm is here, the sea is roaring.*

【怒火】nùhuǒ (名) 极其愤怒的情绪 *fury; flames of anger*:满腔～ mǎnqiāng ～ *burning with rage* /～万丈 ～ wàn zhàng *uncontrollabe fury* /在胸中燃烧 ～ zài xiōng zhōng ránshāo *A great rage was aflame in his chest.*

【怒目而视】nù mù ér shì 瞪着发怒的眼睛 *stare angrily*

【怒气】nùqì (名) *anger, fury*: 发泄～ fāxiè ～ *give vent to one's anger*

【怒容】nùróng (名) (脸上)愤怒的表情 *angry look*: 她看见父亲满脸～,就没敢再说下去。Tā kànjiàn fùqin mǎn liǎn ～, jiù méi gǎn zài shuō xiaqu. *She saw that her father was very angry and didn't dare to go on talking.*

【怒视】nùshì (动)〈书〉愤怒地注视 *stare angrily; glare at*

【怒涛】nùtāo (名) 汹涌的波涛 *raging waves*:滚滚～ gǔngǔn ～ *the rolling billows*

nǚ

女 nǚ (名) ◇(1)女性(与指人的名词结合,或放在"的"前,在某些习惯组合中也可以单用) *the female sex (used with a noun denoting a person, or to be followed by "的", sometimes used by itself in a structure)*:～教师 ～ jiàoshī *a woman teacher* /～服加工部 ～ fú jiāgōngbù *dress-making shop for woman clothing* /～厕 ～cè *women's lavatory* /昨

天来找你的人是个～的。Zuótiān lái zhǎo nǐ de rén shì ge ～de. *The person who came to see you yesterday was a woman.* /男～双方同意离婚。Nán ～ shuāngfāng tóngyì lí hūn. *Both the husband and the wife agree to the divorce.* (2)〈书〉女儿 *daughter*：次～娟娟还没上学。Cì ～ Juānjuan hái méi shàng xué. *The second daughter, Juanjuan, has not yet gone to school.*

【女低音】nǚdīyīn（名）(1)声乐中女声部分类之一 *alto* (2)唱女低音的人 *woman who sings alto*

【女儿】nǚ'ér（名）*daughter*

【女方】nǚfāng（名）女的方面(多用于与婚事有关的场合)*wife's side, bride's side*：他们婚事新办，～不收彩礼。Tāmen hūn shì xīn bàn, ～ bù shōu cǎilǐ. *They are preparing for the wedding in the new way, the bride's side will not accept any bethrothal gifts.* /人家一不同意，那就不能离婚。Rénjia ～ bù tóngyì, nà jiù bù néng lí hūn. *The wife refuses to consent and so there can be no divorce.* /新婚夫妇都姓李，我认识的小李是～。Xīn hūn fūfù dōu xìng Lǐ, wǒ rènshi de Xiǎo Lǐ shì ～. *The newlyweds are both named Li, the Xiao Li I know is the bride.*

【女高音】nǚgāoyīn（名）(1)声乐中女声部分类之一 *soprano* (2)唱女高音的人 *woman who sings soprano*

【女工】nǚgōng（名）*woman worker*

【女孩】nǚhái（名）（～儿）*girl*

【女皇】nǚhuáng（名）*empress (not the emperor's wife)*

【女将】nǚjiàng（名）*woman general*

【女眷】nǚjuàn（名）指女性眷属 *womenfolk of a family*

【女郎】nǚláng（名）旧时称年轻的女子 *young lady*

【女流】nǚliú（名）妇女（含轻蔑意）*women (implying contempt)*：～之辈 ～ zhī bèi *merely women*

【女权】nǚquán（名）妇女在社会上应该享有的权利 *women's rights*

【女人】nǚrén（名）(1)成年女性的通称 *woman*：在旧时，往往不能主宰自己的命运。Zài jiùshí, ～ wǎngwǎng bù néng zhǔzǎi zìjǐ de mìngyùn. *In old days, women usually could not be the mistresses of their own fate.* (2) 指某一女性(含蔑视或厌恶之意)*woman (with disdain)*：总是到处议论人家长短，这样的～实在讨厌。Zǒngshì dàochù yìlùn rénjia chángduǎn, zhèyàng de ～ shízài tǎoyàn. *That kind of women are very disgusting, they always go around gossiping about others.*

【女人】nǚren（名）〈口〉妻子(不很尊重)*wife (not respectful)*

【女神】nǚshén（名）*goddess*

【女生】nǚshēng（名）*girl student*

【女声】nǚshēng（名）声乐中的女子声部 *female voice*

【女士】nǚshì（名）对女人的尊称，已婚未婚都可以 *respectful address for a woman (married or unmarried)*

【女王】nǚwáng（名）女性国王 *queen (a female sovereign, not the king's wife)*

【女巫】nǚwū（名）*witch*

【女性】nǚxìng（名）(1)*female* (2)妇女的通称 *general term for women*：八十年代的～ bāshí niándài de ～ *the women of the eighties*

【女婿】nǚxu（名）女儿的丈夫 *son-in-law*

【女中音】nǚzhōngyīn（名）(1)声乐中女声部分类之一 *mezzo-soprano* (2)唱女中音的人 *woman who sings mezzo-soprano*

【女主人】nǚzhǔrén（名）客人对家庭主妇的尊称 *hostess*

【女子】nǚzǐ（名）(1)妇女 *woman*：她是个具有新思想的～。Tā shì ge jùyǒu xīn sīxiǎng de ～. *She is a woman with new thinking.* /她们批判了"～无才便是德"的封建意识。Tāmen pīpànle "～ wú cái biàn shì dé" de fēngjiàn yìshi. *They criticized the old feudal ideology：A woman with no talent is virtuous.* (2)女性(常用于体育比赛项目)*women*

(used in sports)：～四百米赛跑 ～ sìbǎi mǐ sàipǎo *women's 400-meter race* /～篮球比赛 ～ lánqiú bǐsài *women's basketball match*

nuǎn

暖 nuǎn（形）暖和 *warm*：天气转～。Tiānqì zhuǎn ～. *The weather is getting warmer.* (动)使温暖 *heat, warm*：喝杯热茶～～身子。Hē bēi rè chá ～～ shēnzi. *Drink a cup of hot tea and warm yourself.* /他的一番话，真是～人心。Tā de yì fān huà, zhēn shì ～ rénxīn. *What he said really warmed my heart.*

【暖房】nuǎnfáng（名）*greenhouse*

【暖烘烘】nuǎnhōnghōng（形）温暖得使人感到舒适 *comfortably warm*：～的太阳 ～ de tàiyang *the nice and warm sun*

【暖壶】nuǎnhú（名）[个 gè] 同"暖瓶" nuǎnpíng *same as "暖瓶" nuǎnpíng*

【暖和】nuǎnhuo（形）不冷也不太热 *comfortably warm*：春天来了，天～了。Chūntiān lái le, tiān ～ le. *Spring is here, the weather is getting warm.* /屋子里很～。Wūzi li hěn ～. *It's very nice and warm in the room.*

【暖流】nuǎnliú（名）*warm current*

【暖瓶】nuǎnpíng（名）[个 gè] *thermos bottle*

【暖气】nuǎnqì（名）*central heating*

【暖色】nuǎnsè（名）〈美〉*warm color*

【暖水瓶】nuǎnshuǐpíng（名）[个 gè] 同"暖瓶" nuǎnpíng *same as "暖瓶" nuǎnpíng*

nüè

疟〔瘧〕nüè

【疟疾】nüèji（名）〈医〉*malaria*

虐 nüè（形）残暴、狠毒 *cruel*：～政 ～zhèng *tyranny*

【虐待】nüèdài（动）用残暴凶狠的手段待人 *treat cruelly；maltreat*

【虐杀】nüèshā（动）〈书〉虐待人而致死 *kill with maltreatment*

nuó

挪 nuó（动）转移，移动(距离小的) *shift；move*：你帮我把箱子～一下儿。Nǐ bāng wǒ bǎ xiāngzi ～ yíxiàr. *Will you please help me move the trunk a little?* /把这张桌子从里屋～到外屋去吧。Bǎ zhè zhāng zhuōzi cóng lǐwū ～ dào wàiwū qu ba. *Let's move this table from the inner room to the outer room.*

【挪动】nuódòng（动）移动位置(距离小的) *shift；move*：我桌子上的东西好像有人～过了。Wǒ zhuōzi shang de dōngxi hǎoxiàng yǒu rén ～guo le. *It seems that the things on my table were moved by somebody.* /请把床～一下位置。Qǐng bǎ chuáng ～ yíxià wèizhi. *Please move the bed to another position.*

【挪借】nuójiè（动）暂时借别人的(钱) *to borrow*：我买这套家具时钱不够，跟小王～了二百元。Wǒ mǎi zhè tào jiājù shí qián bú gòu, gēn Xiǎo Wáng ～le èrbǎi yuán. *I did not have enough money to buy this set of furniture and I borrowed 200 yuan from Xiao Wang.*

【挪用】nuóyòng（动）(1)(把原定用于某方面的钱)用到别的方面 *divert (funds)*：专款专用，不准～。Zhuānkuǎn zhuān yòng, bù zhǔn ～. *Funds earmarked for specified purposes*

are not to be diverted to other uses. （2）私自用（公款）*embezzle*：～公款要受处分的。～ gōngkuǎn yào shòu chǔfèn de. *Those who embezzle public money will be punished.*

nuò

诺 〔諾〕nuò
（动）◇ 答应、允许 *promise*
【诺言】nuòyán（名）〈书〉答应别人的话 *promise*：实现自己的～ shíxiàn zìjǐ de ～ *fulfill one's promise*

喏 nuò
（叹）表示这就是所说的事物或人 *(indicates that this is exactly the person or thing mentioned) there*：～，这座大楼就是燕京饭店。～, zhè zuò dà lóu jiù shì Yānjīng Fàndiàn. *There! That tall building right there is the Yanjing Hotel.*
/～，他就是我们的车间主任。～, tā jiù shì wǒmen de chējiān zhǔrèn. *There! He is the director of our workshop.* /～，这不是人都到齐了吗，请分配任务吧。～, zhè búshì rén dōu dàoqí le ma, qǐng fēnpèi rènwù ba. *There! Everybody is here. Please assign the different tasks.* /～，你要的书都在这里。～, nǐ yào de shū dōu zài zhèli. *There! All the books you wanted are right here.*

懦 nuò
（形）◇软弱、胆小 *weak, cowardly*
【懦夫】nuòfū（名）〈书〉软弱无能的人 *coward*
【懦弱】nuòruò（形）胆小而软弱无能 *weak and cowardly*

糯 nuò
（名）◇稻的一种 *glutinous rice*
【糯米】nuòmǐ（名）*glutinous rice*

O

ō

喔ō（叹）表示了解或明白，同"噢" ō Oh (expresses understanding)，same as "噢" ō：～，闹了半天是这么回事呀！～, nàole bàntiān shì zhème huí shì ya! Oh, after all the fuss, so that's what it is! /～，我懂了！～, wǒ dǒng le! Oh, I understand. /～，敢情是你呀！～, gǎnqing shì nǐ ya! Oh, so it's you!

【喔唷】ōyō（叹）表示惊讶 Oh (expresses surprise)：～，这么大的雪！～, zhème dà de xuě! Oh, what a heavy snowfall! /～，这本词典这么贵呀！～, zhè běn cídiǎn zhème guì ya! Oh my golly, this dictionary is sure expensive! /～，这孩子头这么热，发烧了吧！～, zhè háizi tóu zhème rè, fā shāo le ba? Oh my gosh, this kid's forehead is so hot, he must have a fever.

噢ō（叹）表示了解、明白了，或恍然大悟 (indicates a sudden realization, understanding, etc.) Oh：～，怪不得好多天没见到他，原来他去南京了。～, guài bu de hǎoduō tiān méi jiàndào tā, yuánlái tā qù Nánjīng le. Oh, no wonder I have't seen him for many days. He went to Nanjing. /～，李苗甘就是大文学家巴金哪！～, Lǐ Fúgān jiù shì dà wénxuéjiā Bā Jīn na! Oh, so Li Fugan is the great author Ba Jin. /～，她已经搬回上海去了。～, tā yǐjīng bān huí Shànghǎi qu le. Oh, so she has already moved back to Shanghai. /～，是小刘啊，电话里听不出你的声音。～, shì Xiǎo Liú a, diànhuà li tīng bu chū nǐ de shēngyīn. Oh, so you are Xiao Liu. I didn't recognize your voice on the phone.

ó

哦ó（叹）表示半信半疑 (indicates doubt)：～，你认识他？～, nǐ rènshi tā? Really? You know him? /那对耳环不是在抽屉里吗？～，你什么时候见过？Nà duì ěrhuán búshì zài chōuti li ma? ——～, nǐ shénme shíhou jiànguo? "Isn't that pair of earrings in the drawer?" ——"Oh? When did you see them?" /～，怎么，我这样做又不对了？～, zěnme, wǒ zhèyàng zuò yòu bú duì le? What! Am I still wrong doing this? 另见 ò

ò

哦ò（叹）表示醒悟或回忆起来了 Oh (indicates realization or remembrance)：～，我明白你的意思了。～, wǒ míngbai nǐ de yìsi le. Oh, now I understand your meaning. /～，原来他是你的老同学呀！～, yuánlái tā shì nǐ de lǎo tóngxué ya! Oh, so he's your old classmate! /～，我想起来了，是有那么一回事。～, wǒ xiǎng qilai le, shì yǒu nàme yì huí shì. Oh, Now I remember it. There was such an event. 另见 ó

ōu

讴〔謳〕ōu（动）〈书〉歌唱 sing
【讴歌】ōugē（动）〈书〉歌颂 sing a praise

欧〔歐〕ōu
【欧安会】Ōu'ānhuì（名）"欧洲安全与合作会议"的简称 short for "欧洲安全与合作会议"
【欧化】ōuhuà（动·不及物）模仿欧洲的风俗习惯语言文字等 Europeanize：“她有着大而亮的眼睛”是～的句子，汉语的正常说法是“她眼睛很大很亮”。"Tā yǒuzhe dà ér liàng de yǎnjing" shì ～ de jùzi, Hànyǔ de zhèngcháng shuōfǎ shì "Tā yǎnjing hěn dà hěn liàng". "她有着大而亮的眼睛" is a Europeanized sentence. Normally, the Chinese way to say it is: "她眼睛很大很亮". /这些人的打扮已经～了。Zhèxiē rén de dǎban yǐjīng ～ le. The way these people dress is already very Europeanized.
【欧姆】ōumǔ（量）ohm
【欧亚大陆】Ōu-Yà Dàlù Eurasia
【欧洲】Ōuzhōu（名）Europe
【欧洲安全与合作会议】Ōuzhōu Ānquán Yǔ Hézuò Huìyì European Security Conference
【欧洲经济共同体】Ōuzhōu Jīngjì Gòngtóngtǐ European Economic Community

殴〔毆〕ōu（动）〈书〉打(人) beat (people)
【殴打】ōudǎ（动）〈书〉打(人) to beat up：无故～售票员 wúgù ～ shòupiàoyuán beat the conductor up for no reason

鸥〔鷗〕ōu（名）gull

ǒu

呕〔嘔〕ǒu（动）〈书〉吐 vomit, to throw up：～血 ～ xuè spit blood
【呕吐】ǒutù（动）to vomit, to throw up
【呕心沥血】ǒu xīn lì xuè（为工作、事业等）费尽心血 take infinite pains：为了办好这个厂，他真是～。Wèile bànhǎo zhège chǎng, tā zhēn shì ～. He worked his heart out trying to put this factory in shape.

偶ǒu（名）(1) 双数 even number (2) 配偶 spouse：择～ zé ～ select a spouse（副）〈书〉用于单音节动词或介词前，意思是"偶尔"ǒu'ěr 或"偶然"ǒurán occasionally；same as "偶尔" ǒu'ěr and "偶然" ǒurán (used before a monosyllabic verb or preposition)：读书时，～有所得便记在本子上。Dú shū shí, ～ yǒu suǒ dé biàn jì zài běnzi shang. When I'm reading, I jot down some good points in a notebook every once in a while. /昨日上街，～遇同乡旧友孔立明。Zuórì shàng jiē, ～ yù tóngxiāng jiù yǒu Kǒng Lìmíng. I unexpectedly ran into my old friend and fellow villager Kong Liming while shopping yesterday.
【偶尔】ǒu'ěr（副）表示动作、行为很少发生，或某现象很少出现，有"间或"、"有时候"的意思，后边谓语多带后附成分 once in a while; occasionally (the following verb usu. takes an additional component)：他平时不回家，只～回来看看。Tā píngshí bù huí jiā, zhǐ ～ huílai kànkan. He doesn't usually come home, he just visits once in a while. /我们这地区平时不断电，～出现一次，也很快就恢复了。Wǒmen zhè dìqū píngshí bú duàn diàn, ～ chūxiàn yí cì, yě hěn kuài jiù huīfù le. The electricity doesn't usually go off in this

area. *It does go off occasionally, but then it comes back on right away.* /他很少去看电影,～去看一次,也总是在星期天。Tā hěn shǎo qù kàn diànyǐng,～qù kàn yí cì, yě zǒngshì zài xīngqītiān. *He only goes to the cinema once in a while and it's always on a Sunday.* /这地方街上静得很,只～有一两辆汽车驶过。Zhè dìfang jiēshang jìng de hěn, zhǐ～yǒu yì-liǎng liàng qìchē shǐguò. *The streets are extremely quiet here, with cars passing by only once in a while.*

【偶发】ǒufā（形）偶然发生的 *happen accidentally*

【偶合】ǒuhé（动）无意的巧合 *coincidental*：他俩的意见相同,这完全是～,事先并没商量。Tā liǎ de yìjiàn xiāngtóng, zhè wánquán shì～, shìxiān bìng méi shāngliang. *They have the same opinion, that was strictly coincidental, they did not discuss it beforehand.*

【偶然】ǒurán（形）不是经常的,不是必然的 *by chance; accidental*：～现象 ～ xiànxiàng *accidental phenomenon* /～事件 ～ shìjiàn *chance incident* /事出～ shì chū ～ *This incident happened by chance.* /问题的发生绝不是～的。Wèntí de fāshēng jué bú shì ～ de. *The occurrence of that matter could not possibly be just by chance.*

【偶然性】ǒuránxìng（名）〈哲〉*contingency, chance*

【偶人】ǒurén（名）*puppet*

【偶数】ǒushù（名）〈数〉*even number*

【偶像】ǒuxiàng（名）*idol*

藕 ǒu
（名）*lotus root*

【藕断丝连】ǒu duàn sī lián 比喻表面上已经断绝了关系,实际上仍然有联系或有牵挂(多指爱情方面) *when the lotus root snaps, the fibres remain joined; apparently severed but actually still connected, usually referring to love affairs*

【藕粉】ǒufěn（名）*lotus root starch*

【藕合】ǒuhé（形）浅紫而微红的颜色 *reddish violet color*：～色的毛衣 ～ sè de máoyī *a sweater of reddish violet color*

【藕荷】ǒuhé（形）同"藕合" ǒuhé *same as "藕合" ǒuhé*

òu

怄 〔慪〕òu
（动）故意惹人恼怒或不愉快 *tease maliciously*：他本来不痛快,你就别～他了。Tā běnlái bú tòngkuai, nǐ jiù bié ～ tā le. *He is already very unhappy, so don't you annoy him still further.*

【怄气】òu=qì 闹别扭、生闷气 *be sulky*：别故意～了。Bié gùyì ～ le. *Don't be sulky.* /为那点小事怄了一肚子气,不值得。Wèi nàdiǎnr xiǎo shì òule yí dùzi qì, bù zhíde. *Are you so grieved just because of that little matter? It's not worth it.* /你跟谁～? 有意见说嘛! Nǐ gēn shuí ～? yǒu yìjian shuō ma! *Who are you sulky with? If you have any complaint, speak up.*

沤 〔漚〕òu
（动）长时间浸泡 *to steep or soak for a long time*

【沤肥】òuféi（动）*making of organic fertilizer by soaking manure and other wastes*

P

pā

趴 pā (动)(1)胸腹朝下卧倒 *lie on one's stomach*：小孩儿～在地上玩儿。Xiǎoháir ～ zài dì shang wánr. *The child is lying on his stomach on the ground playing.* (2)身体向前靠在物体上 *lean forward against an object*：他正～在桌子上绘图。Tā zhèng ～ zài zhuōzi shang huì tú. *He is bending over the table drawing a map.*

啪 pā (象声)*bang*；*crash*：～一声，碗掉在地上摔碎了。～ yì shēng,wǎn diào zài dì shang shuāisuì le. *With a crash, the bowl fell on the ground and shattered.* /～的一声,打了他一个耳光。～ de yì shēng, dǎle tā yí ge ěrguāng. *He gave him a resounding box on the ear.*

【啪嚓】pāchā(象声)形容比较硬的东西落地、撞击或器物摔碎的声音 *the sound of a hard object smashing*：～一声,玻璃杯摔得粉碎。～ yì shēng,bōlibēi shuāi de fěnsuì. *The glass shattered into fragments with a resounding crash.*

【啪嗒】pādā(象声)形容东西落地、撞击的声音 *clatter*；*patter*：只听见～～打字的响声。Zhǐ tīngjiàn ～ ～ dǎ zì de xiǎngshēng. *All that could be heard was the clatter of typewriter keys.* /雨点打在窗上～～响。Yǔdiǎnr dǎ zài chuāng shang ～ ～ xiǎng. *The raindrops pattered against the window.*

【啪啦】pālā(象声)形容物体有了裂痕的不清脆的声音 *dull sound emitted by a cracked object*：买碗的时候敲一敲,声音～～的就是有毛病的。Mǎi wǎn de shíhou qiāo yi qiāo, shēngyīn ～ ～ de jiù shì yǒu máobìng de. *When you buy a bowl, give it a tap. If it sounds dull then there's a flaw in it.*

pá

扒 pá (动)(1)用手或耙子等工具使东西聚拢或散开 *gather (together)*；*sweep (together)*；*spread apart*：把碎草～在一起。Bǎ suì cǎo ～ zài yìqǐ. *Rake bits of grass together.* /把这堆粮食～开晒一晒。Bǎ zhè duī liángshi ～ kāi shài yi shài. *Rake apart this pile of grain and let it dry in the sun.* (2)一种烹调方法。将鸡、鸭、肉等煮到半熟,放到油里炸,再用小火煮烂 *stew*；*braise*：～鸡 ～jī *braised chicken* /～羊肉 ～ yángròu *braised mutton* 另见 bā

【扒窃】páqiè (动) 从别人身上偷窃财物 *steal (something that a person is carrying on him)*

【扒手】páshǒu (名) 从别人身上偷窃财物的小偷 *pickpocket*

爬 pá (动)(1) *crawl*；*creep*：这孩子刚会～。Zhè háizi gāng huì ～. *This child has just learned how to crawl.* (2)攀登 *climb*：～山 ～ shān *climb a mountain* /这棵树你能～上去吗? Zhè kē shù nǐ néng ～ shangqu ma? *Can you climb this tree?*

【爬虫】páchóng (名) 爬行动物 *reptile*

【爬行】páxíng (动)(1)爬 *crawl*；*creep* (2)比喻工作中按老办法慢慢干 *doing something in the old, slow way*：要勇于开拓、创新,赶上时代前进的步伐,～是绝对不行的。Yào yǒngyú kāituò, chuàngxīn, gǎnshang shídài qiánjìn de bùfá, ～ shì juéduì bù xíng de. *We must be bold in development*

and blazing new trails, and catch up with the advanced tempo of the times. By no means is it permissible to drag along at a snail's pace.

【爬行动物】páxíng dòngwù *reptile*

【爬行主义】páxíngzhǔyì (名) 指科学技术等工作中走别人走过的老路,缓慢地进行,就像爬行动物前进一样 *merely following trails that others have pioneered in science and technology*

耙 pá (名)◇耙子 *rake*：竹～ zhú～ *bamboo rake* /五齿～ wǔchǐ～ *five-pronged rake* (动)用耙子平土或聚拢谷物、柴草等 *use a rake to level soil, or gather grain, grass, etc.* 另见 bà

【耙子】pázi (名)[把 bǎ] *rake*

pà

怕 pà (动)(1)害怕 *fear*：他最～他爸爸。Tā zuì ～ tā bàba. *He is really afraid of his father.* /不～困难 bú ～ kùnnan *be not afraid of difficulties* (2)担心,估计 *worry*；*for fear that*；*be afraid*：～下雨,带了一把伞。～ xià yǔ, dàile yì bǎ sǎn. *I carried an umbrella in case of rain.* /他～你冷,把大衣给你送来了。Tā ～ nǐ lěng, bǎ dàyi gěi nǐ sònglai le. *He sent you an overcoat for fear that you might be cold.* /我～他没接到通知,又打了个电话。Wǒ ～ tā méi jiēdào tōngzhī, yòu dǎle ge diànhuà. *I was concerned that he might not have received the information so I made another phone call.* /她～胖,不敢多吃。Tā ～ pàng, bù gǎn duō chī. *She dare not eat too much for fear of getting fat.* (3)禁受不住,觉得……自己难受 *avoid*；*dislike*：这种花儿就～太阳晒。Zhè zhǒng huār jiù ～ tàiyáng shài. *This kind of plant is averse to sunlight.* /塑料布都～烫。Sùliàobù dōu ～ tàng. *Keep hot things away from plastic sheet.* /这种病～受刺激。Zhè zhǒng bìng ～ shòu cìjī. *This type of illness is susceptible to stimulation.* /我～冷,不～热。Wǒ ～ lěng, bú ～ rè. *I can't bear the cold but I don't mind the heat.* (副)表示揣测、估计,有时带有疑虑担心之意 *(expresses conjecture, estimation; sometimes may also express doubt) I suppose*；*perhaps*；*I'm afraid*：那事至今～有十多年了。Nà shì zhìjīn ～ yǒu shí duō nián le. *That matter happened over ten years ago, I should think.* /这么热闹的场面～是你还没见过的吧。Zhè me rènao de chǎngmiàn ～ shì nǐ hái méi jiànguo de ba. *I don't suppose you've ever seen such a lively scene, have you?* /下这么大的雨,他～来不了了。Xià zhème dà de yǔ,tā ～ lái bu liǎo le. *With such heavy rain, perhaps he won't be able to come.* /这么晚去打扰他,～是不太合适吧。Zhème wǎn qù dǎrǎo tā, ～ shi bú tài héshì ba. *I'm afraid it wouldn't be very proper to disturb him so late.* /他遇事不冷静,～会惹麻烦。Tā yù shì bù lěngjìng, ～ huì rě máfan. *He doesn't remain calm when he runs into trouble. I'm afraid this will cause problems.*

【怕人】pàrén (形) 使人害怕 *frightening*：天黑得～。Tiān hēi de ～. *The sky is ominously dark.* /这种动物的样子怪～的。Zhè zhǒng dòngwù de yàngzi guài ～ de. *This type of animal has a frighteningly strange appearance.*

【怕生】pà ＝ shēng (小孩儿)怕见生人,认生 *be shy of strangers*

【怕事】pà ＝ shì 过分害怕惹起是非 *be excessively afraid of causing trouble*；*timid*：他的缺点是胆小～,不敢负责任。

Tā de quēdiǎn shì dǎn xiǎo ～，bù gǎn fù zérèn. *His weak point is his timidity; he dare not take responsibility.*

【怕羞】pà＝xiū *shy；coy；bashful*：现在的姑娘可不像过去那样～了，有些找男朋友十分主动。Xiànzài de gūniang kě bú xiàng guòqù nàyàng ～ le，yǒuxiē zhǎo nán péngyou shífēn zhǔdòng. *Today's girls aren't as shy as they used to be. Some of them are very forward when it comes to looking for boyfriends.* /学外语得胆大敢说，不～。Xué wàiyǔ děi dǎn dà gǎn shuō，bú ～. *When you study foreign languages you have to speak out boldly. Don't be bashful.*

pāi

拍 ^{pāi}（动）(1)用手掌轻打 *strike lightly with the hand；pat*：～球～ qiú *pat a ball* /他轻轻～了孩子的头。Tā qīngqīng ～ le háizi de tóu. *He patted the child lightly on the head.* (2)拍摄（照片、电影等）*take (a picture)；shoot (a film)*：在雪地里～了几张照片。Zài xuědì li ～ le jǐ zhāng zhàopiàn. *I took a few photographs in the snow.* /这部电影快～好了。Zhè bù diànyǐng kuài ～ hǎo le. *We'll soon finish shooting this film.* (3)发（电报）*send (a telegram)*：今天给家里～了个电报。Jīntiān gěi jiā li ～ le ge diànbào. *I sent a telegram to my family today.* (4)吹捧 *flatter；toady*：他对领导就会吹吹～，叫人讨厌。Tā duì lǐngdǎo jiù huì chuīchuī ～，jiào rén tǎoyàn. *He really knows how to flatter the leaders. It makes you sick!* （名）(1)乐曲的节拍（musical）*time*：你唱的不合～。Nǐ chàng de bù hé ～. *You are not singing in time.* /这句歌词共占八～。Zhè jù gēcí gòng zhàn bā ～. *This line has eight beats.* (2)拍子 *bat；racket*：苍蝇～ cāngying ～ *fly swatter* /球～ qiú ～ *racket (for tennis，badminton，etc.)*

【拍板】pāi＝bǎn (1)给唱的人打板 *beat musical time with clappers*：你唱，我给你～。Nǐ chàng，wǒ gěi nǐ ～. *You sing and I'll keep time.* (2)拍卖行拍卖货物时，为表示成交而拍打木板。比喻做出最后决定 *auctioneer's gavel – figuratively，make a final decision* /成交 ～ chéng jiāo clinch a deal /这件事领导已经～了。Zhè jiàn shì lǐngdǎo yǐjīng ～ le. *The leadership has already made the final decision on this matter.* /这个计划牵涉面很广，一时拍不了板。Zhège jìhuà qiānshè miàn hěn guǎng，yìshí pāi bu liǎo bǎn. *This plan covers a broad range of aspects, so it can't be decided on all at once.*

【拍打】pāida（动）轻轻地打 *pat*：把身上的土好好～～。Bǎ shēnshang de tǔ hǎohǎo ～ ～. *carefully pat the dirt off you* /落在身上的雪花，一～就掉了。Luò zài shēnshang de xuěhuā，yì ～ jiù diào le. *With one pat I dusted the snowflakes from myself.*

【拍发】pāifā（动）发出（电报）*send (a telegram)*

【拍马屁】pāi mǎpì〈口〉(对上级或认为对自己有利的人)讨好、奉承 *flatter；toady to*

【拍卖】pāimài（动）(1) *auction*：～古画 ～ gǔhuà *auction ancient paintings* (2)减价销售（货物）*sell at a reduced price*：～积压物资 ～ jīyā wùzī *sell off surplus stock at reduced prices*

【拍摄】pāishè（动）〈书〉*take (a picture)；shoot (a film)*：～自然景物 ～ zìrán jǐngwù *shoot natural scenery* /～电影 ～ diànyǐng *shoot a movie*

【拍手】pāi＝shǒu *clap hands；applaud*

【拍手称快】pāi shǒu chēng kuài 拍着手喊痛快。形容公愤消除，正义得到伸张时人们高兴的样子 *clap and cheer with joy and satisfaction*

【拍照】pāi＝zhào 照相 *take a photograph*：到天安门广场拍个照。Dào Tiān'ānmén guǎngchǎng pāi ge zhào. *Go to Tian'anmen Square and take a photograph.*

【拍子】pāizi（名）(1)[个 gè、副 fù] *bat or racket*：羽毛球～ yǔmáoqiú ～ *badminton racquet* /乒乓球～ pīngpāngqiú ～ *table tennis paddle* /打苍蝇的～ dǎ cāngying de ～ *fly swatter* (2)计算音乐节奏长短的单位 *unit of measurement of musical time*：人们一边唱，一边用手打～。Rénmen yìbiānr chàng，yìbiānr yòng shǒu dǎ ～. *People are singing and beating time with their hands.*

pái

排 ^{pái}（动）(1)按一定次序摆成行列 *arrange；put in a definite order*：～好队 ～ hǎo duì *form a proper line；queue up* /教室里桌椅～得整整齐齐。Jiàoshì li zhuō yǐ ～ de zhěngzhěngqíqí. *In the classroom the desks and chairs were neatly arranged.* (2)放，除去 *exclude；reject；get rid of*：把污水～掉。Bǎ wūshuǐ ～diào. *drain away polluted water* /排气扇将屋内的油烟～出去。Páiqìshàn jiāng wū nèi de yóuyān ～ chuqu. *An exhaust fan gets rid of the sooty smoke from the room.* (3)演练 *rehearse*：～个新节目 ～ ge xīn jiémù *rehearse a new program* /他们要～一个独幕剧。Tāmen yào ～ yí ge dúmùjù. *They are going to rehearse a one-act play.* (4)安排 *arrange*：下周的工作日程～得满满的。Xià zhōu de gōngzuò rìchéng ～ de mǎnmǎn de. *The work schedule for next week has been packed full.* /本学期的课程已经～好了。Běn xuéqī de kèchéng yǐjīng ～ hǎo le. *This term's class schedule has been made up.* （名）(1)军队编制的单位 *platoon*：一个连有三个～，一个～有三个班。Yí ge lián yǒu sān ge ～，yí ge ～ yǒu sān ge bān. *There are three platoons to a company and three squads to a platoon.* (2)排成的行列 *rank；row*：来宾坐在前～。Láibīn zuò zài qián ～. *The guests are seated in the front row.* /分左右两～站好。Fēn zuǒ yòu liǎng ～ zhànhǎo. *Form two lines on the left and the right.* (3)把竹子或木头排起来扎在一起的东西，可顺流而下，送到别处去 *raft*：～ fàng ～ *rafting；send by raft* (量)用于成行列的东西 *row of；line of*：靠墙放了一～椅子。Kào qiáng fàngle yì ～ yǐzi. *A row of chairs stood against the wall.* /河边种了一～～白杨。Hé biānr zhòngle yì ～～ báiyáng. *White poplars line the river bank.*

【排班】pái＝bān *arrange the shift*：组长已经排好了班，我是早班，你是晚班。Zǔzhǎng yǐjīng páihǎole bān，wǒ shì zǎobān，nǐ shì wǎnbān. *The boss has arranged that I come on the morning shift and you come on the evening shift.*

【排版】pái＝bǎn *set type*

【排比】páibǐ（名）修辞的一种方式。用一连串结构相同或相似的句子成分、分句或句子，来加强语势或表示意思的层层深入，如：我们应该做到，必须做到，而且也必然会做到以理服人，而不是以力服人 *parallelism*

【排笔】páibǐ（名）由平列的一排羊毛或几枝笔连成一排做的笔。油漆、粉刷等或画画儿染色时用 *broad brush or group of brushes fastened together and used to apply paint，whitewash，etc.*

【排场】páichang（名）铺张奢侈的形式或场面 *show of extravagance and luxury*：他们的婚礼非常简单，一点不讲～。Tāmen de hūnlǐ fēicháng jiǎndān，yìdiǎnr bù jiǎng ～. *Their wedding was a very simple one，with no ostentation at all.* （形）铺张而奢侈 *luxurious；ostentatious*：这大楼盖得真～。Zhè dà lóu gài de zhēn ～. *This building is a de luxe one.*

【排斥】páichì（动）因不相容而使离开自己这一方 *repel；reject*：这里地方观念太重，～外地人。Zhèlǐ dìfang guānniàn tài zhòng，～ wàidì rén. *People here have a very provincial mentality. They exclude outsiders.* /文艺必须有民族特色，但这并不～向外国文艺学习。Wényì bìxū yǒu mínzú tèsè，dàn zhè bìng bù ～ xiàng wàiguó wényì xuéxí. *Art must*

have a national character, but that does not exclude the study of foreign art.

【排除】páichú（动）除掉 get rid of; eliminate; ～地雷 ～ dìléi remove land mines /～障碍 ～ zhàng'ài eliminate obstacles /～干扰 ～ gānrǎo get rid of disturbances /经过化验，癌的可能性已被～了。Jīngguò huàyàn, ái de kěnéngxìng yǐ bèi ～ le. The possibility of cancer has been eliminated through laboratory tests.

【排挡】páidǎng（名）〈机〉gear (in a vehicle, etc.)

【排队】pái=duì（1）依次排列成行 line up; ～上车 ～ shàng chē line up to get on a bus; queue up for a bus /～买票 ～ mǎi piào line up to buy tickets（2）把要做的事或需要解决的问题等，按轻重缓急排列好 draw up a list of priorities; 下星期都有哪些事要做，现在就要排排队，免得临时忙乱。Xià xīngqī dōu yǒu nǎxiē shì yào zuò, xiànzài jiù yào páipai duì, miǎnde línshí mángluàn. It's best to arrange what we want to do next week in order of priority now so as to avoid any last-minute confusion. /有哪些困难先排一下队，以便逐个解决。Yǒu nǎxiē kùnnan xiān pái yíxià duì, yǐbiàn zhúgè jiějué. If you have any difficulties it's best to put them in order of priority first so that you can solve them one by one.

【排骨】páigǔ（名）spareribs

【排灌】páiguàn（动）irrigation and drainage

【排灌站】páiguànzhàn（名）指有排灌设备的地方或为排灌而设立的机构 irrigation and drainage station

【排行】páiháng（动）〈兄弟姐妹〉按长幼排列次序 order of seniority among brothers and sisters; 小明～第三,上面一个哥哥一个姐姐。Xiǎomíng ～ dìsān, shàngmiàn yí ge gēge yí ge jiějie. Xiao Ming is the third-eldest child. He has an older brother and sister.

【排挤】páijǐ（动）利用势力、手段,使不利于自己的人失去地位或利益 push aside; squeeze out; 他到这个单位不足一年,就被～走了。Tā dào zhège dānwèi bùzú yì nián, jiù bèi ～ zǒu le. He hadn't been with this unit a year before he was squeezed out. /他们那个公司风气很不正,有真本事的遭到～,当权的都是光说不干的人。Tāmen nàge gōngsī fēngqì hěn bú zhèng, yǒu zhēn běnshi de zāodào ～, dāng quán de dōu shì guāng shuō bú gàn de rén. The atmosphere at their company is not right somehow. Some people with real ability have been pushed aside, and those in charge are useless.

【排解】páijiě（动）（1）调解（纠纷）mediate; reconcile; ～家庭纠纷 ～ jiātíng jiūfēn mediate a family dispute /老王和小李产生了矛盾,你去～一下吧!Lǎo Wáng hé Xiǎo Lǐ chǎnshēngle máodùn, nǐ qù ～ yíxià ba! Lao Wang and Xiao Li are at loggerheads. Go and reconcile them! （2）消除（寂寞和烦闷）clear away; eliminate; dissipate (gloom, boredom, etc.); ～忧愁 ～ yōuchóu get rid of depression /小张失恋了,心情郁闷,难以～。Xiǎo Zhāng shīliàn le, xīnqíng yùmèn, nányǐ ～. Xiao Zhang has been crossed in love and he finds it hard to shake off his depression.

【排涝】pái=lào 排除农田里过多的积水,使农作物免受涝灾 drain (flooded fields)

【排雷】pái=léi 排除地雷或水雷 sweep (remove) mines

【排练】páiliàn（动）（戏剧、音乐、曲艺等）在演出前进行练习、试演 rehearse (plays, music, etc.)

【排列】páiliè（动）arrange; line up; put in order; 生词表按音序。Shēngcí biǎo àn yīnxù. The list of new words is drawn up in alphabetical order.

【排难解纷】pái nàn jiě fēn 调解双方的纠纷 mediate a dispute; reconcile disputants

【排偶】pái'ǒu（名）排比和对偶 parallelism and antithesis; 写文章不要用太多的～。Xiě wénzhāng búyào yòng tài duō de ～. In one's writing one should not overdo parallelism and antithesis.

【排遣】páiqiǎn（动）〈书〉借某种事解除（寂寞、忧愁或烦闷）divert oneself (from loneliness, boredom, etc.); ～烦恼 ～ fánnǎo take one's mind off one's troubles /～寂寞 ～ jìmò relieve the tedium

【排球】páiqiú（名）（1）[个 gè] volleyball（2）[场 chǎng] game of volleyball

【排山倒海】pái shān dǎo hǎi 把高山推开,把大海倒过来,形容力量强,声势浩大,不可阻挡 irresistible (force); 人类正以～之势来改造大自然。Rénlèi zhèng yǐ ～ zhī shì lái gǎizào dàzìrán. It is with an irresistible force that mankind is transforming Nature.

【排水量】páishuǐliàng（名）displacement

【排他性】páitāxìng（名）exclusiveness

【排头】páitóu（名）站在队伍最前面的人 person at the head of a file; leader of a procession

【排外】pái=wài 排斥外国、外地或本党派、本单位、本集团以外的人 exclusive; clannish; cliquish; 那个大学的化学系有点～,喜欢留本校的毕业生做教员。Nàge dàxué de huàxué xì yǒudiǎnr ～, xǐhuan liú běnxiào de bìyèshēng zuò jiàoyuán. The chemistry department in that university is a bit exclusive. They like to keep their own graduates on the teaching staff.

【排尾】páiwěi（名）排在队伍最末尾的人 last person in a row

【排戏】pái=xì 排演戏剧 rehearse a play; 演员们正在～。Yǎnyuánmen zhèngzài ～. The actors are now doing a rehearsal. /排一场戏需要两小时。Pái yì chǎng xì xūyào liǎng xiǎoshí. It takes two hours to rehearse one scene.

【排泄】páixiè（动）（1）drain（2）excrete

【排演】páiyǎn（动）同"排练" páiliàn same as "排练" páiliàn

【排印】páiyìn-（动）typeset and print; 这本词典就要～了。Zhè běn cídiǎn jiù yào ～ le. This dictionary is about to be typeset and printed.

【排长】páizhǎng（名）〈军〉platoon leader

【排字】pái=zì set type

徘 pái

【徘徊】páihuái（动）（1）在一个地方来回慢慢走动 pace back and forth; 他一个人在湖边～。Tā yí ge rén zài hú biānr ～. Alone, he paced back and forth on the lake shore.（2）比喻犹豫不决 hesitate; waver; 快下决心吧,不能再～了。Kuài xià juéxīn ba, bù néng zài ～ le. Hurry up and make up your mind! You can't waver any longer.（3）比喻产量等上下波动,不能发展 (of production) fluctuate; 钢铁产量多年在二千万吨左右～。Gāngtiě chǎnliàng duōnián zài èrqiān wàn dūn zuǒyòu ～. For several years steel production has been hovering around twenty million tons.

牌 pái

（名）（1）（～儿）（用木板等做的）有文字的标志 signboard; inscribed tablet; 路口有个～,写着胡同的名字。Lùkǒu yǒu ge ～r, xiězhe hútòng de míngzi. At the end of the street is a nameplate with the name of the alley on it. /这位老中医自今天起挂一看～病。Zhè wèi lǎo zhōngyī zì jīntiān qǐ guà ～ kàn bìng. This veteran doctor of Chinese medicine today has his shingle hung out.（2）（～儿）（企业单位为产品起的）专用名称,商标 brand; 这是什么～的香烟?——牡丹～。Zhè shì shénme ～r de xiāngyān? —— Peony brand. /飞鸽～自行车很有名。Fēigē ～r zìxíngchē hěn yǒu míng. The Flying Pigeon brand of bicycle is a famous one.（3）一种娱乐用品（如麻将、扑克等）playing cards; mahjong pieces; dominoes; 打～ ～ dǎ play cards; dominoes, etc. /你发～。Nǐ fā ～. It's your turn to deal the cards.（4）词曲的调子 tune; 曲～ qǔ ～ name of the tune to

which qu ballads are set

【牌匾】páibiǎn（名）挂在门楣上或墙上，题着字的横木板 *horizontal inscribed board affixed to a lintel or wall*：李大夫的诊室里有几块病人送的～。Lǐ dàifu de zhěnshì li yǒu jǐ kuài bìngrén sòng de ～. *In Dr Li's surgery there are several testimonial plaques from patients.*

【牌赌】páidǔ（名）*gambling（with cards, dominoes, etc.）; gaming*

【牌坊】páifang（名）一种像牌楼一样的建筑物，封建社会为有"功"、"德"的人物建造的 *memorial archway（in old society）*

【牌号】páihào（名）（～儿）（1）商标 *trade mark; brand; make*：商店里有各种不同的～的冰箱。Shāngdiàn li yǒu gè zhǒng bù tóng ～ de bīngxiāng. *In the store there are refrigerators of all kinds of different makes.*（2）商店的名称 *shop sign*

【牌价】páijià（名）规定的价格（多用牌子公布）*listed price; market quotation*：各类商品上都标有～。Gè lèi shāngpǐn shang dōu biāo yǒu ～. *Every kind of product bears a price tag.*

【牌楼】páilou（名）一种有柱子像门形的建筑物，多建于路口、要道或名胜地，作为装饰用。现在大的庆祝活动中，也有用竹、木等搭成的临时牌楼 *ceremonial archway（for decoration）*

【牌位】páiwèi（名）指神主、灵位或其他写着名字作为祭祀对象的木牌 *memorial tablet*

【牌照】páizhào（名）政府发的行车凭证 *vehicle license plate*：汽车～已经领了。Qìchē ～ yǐjīng lǐng le. *I've already got my car license plate.*

【牌子】páizi（名）（1）写有文字的片状标志 *nameplate; signboard*：路边有个～，写着"停车站"。Lù biān yǒu ge ～, xiězhe "tíngchēzhàn". *By the side of the road was a sign saying "Bus stop".*／校门口挂着一个写着校名的～，所以很好找。Xiào ménkǒu guàzhe yí ge xiězhe xiàomíng de ～, suǒyǐ hěn hǎo zhǎo. *There is a signboard on the school gate with the name of the school on it, so it is easy to find.*（2）商标 *trade mark; brand*：本厂产品都用熊猫这个～。Běn chǎng chǎnpǐn dōu yòng xióngmāo zhège ～. *The products of this factory all use a panda trade mark.*／这种～的自行车很畅销。Zhè zhǒng ～ de zìxíngchē hěn chàngxiāo. *This brand of bicycle is in great demand.*

pǎi

迫 pǎi
另见 pò
【迫击炮】pǎijīpào（名）[门 mén] *mortar*

pài

派 pài
（动）分配；委派 *dispatch; assign*：领导～我到上海出差。Lǐngdǎo ～ wǒ dào Shànghǎi chū chāi. *The boss has sent me to Shanghai on a business trip.*（名）派别 *group; faction; school（of thought, etc.）*：在这个学术领域里有许多～，观点各不相同。Zài zhège xuéshù lǐngyù li yǒu xǔduō ～, guāndiǎn gè bù xiāngtóng. *In this sphere of learning. there are several schools of thought, all with different points of view.*（量）（1）用于派别 *school*：在这个问题上有三～意见。Zài zhège wèntí shang yǒu sān ～ yìjiàn. *On this question there are three schools of opinion.*（2）用于景色、形象、形势等，前面只能用"一" *applied to scenery, atmosphere, situation, etc. — only "一" can appear in front*：一～大好春光 yí ～ dàhǎo chūnguāng *a fine spring scene*／一～兴旺景象 yí ～ xīngwàng jǐngxiàng *a flourishing*

prospect /一～胡言 yi ～ húyán *a load of nonsense*

【派别】pàibié（名）学术、宗教、政党等内部因主张不同而形成的派系、集团 *group; faction; school*

【派出机构】pàichū jīgòu 为了工作方便，某些行政部门在一定的地区设立的代表机构。如省政府可在几个县范围内设立行政办公署作为自己的派出机构（*administrative*）*agency*

【派出所】pàichūsuǒ（名）中国公安部门的基层机构，管理户口和基层治安等 *police station*

【派饭】pàifàn（名）临时去农村工作的干部被安排在农民家里吃的饭。吃饭的人应按规定付给农民一定的粮票和现金 *meals provided in peasant homes for visitors there on official business*：他们这次去农村是吃～。Tāmen zhè cì qù nóngcūn shì chī ～. *When they go to the village this time they will arrange to have their meals in peasants' homes.*

【派力司】pàilìsī（名）一种较薄的毛织衣料 *type of thin woolen material*

【派遣】pàiqiǎn（动）*send; dispatch*：～代表团 ～ dàibiǎotuán *send a delegation* /他受国家～，出国留学。Tā shòu guójiā ～, chū guó liúxué. *He was sent by his government to study abroad.*

【派生】pàishēng（动）*derive*

【派生词】pàishēngcí（名）〈语〉合成词的一种，由词根加上前缀或后缀构成的词，如房子、木头、老乡等 *derivative*

【派头】pàitóu（名）（～儿）（人）显露出来表示自己地位高，了不起的态度、作风等 *style; manner*：别看他职位不高，～倒不小。Bié kàn tā zhíwèi bù gāo, ～ dào bù xiǎo. *Despite his ordinary status he puts on a lot of airs.*

【派系】pàixì（名）指某些政党或集团内部的派别 *faction; grouping*

【派性】pàixìng（名）*factionalism*

【派驻】pàizhù（动）（政府、机关、部队、团体等）派遣人员在某地驻守，执行任务 *accredit*

pān

攀 pān
（动）（1）抓住东西往上爬 *climb*：～上喜马拉雅山 ～ shàng Xǐmǎlāyǎ Shān *climb the Himalayas* /他～着墙爬上屋顶。Tā ～ zhe qiáng páshàng wū dǐng. *He got onto the roof by scaling the wall.*（2）跟地位高的人拉关系或结亲戚 *form connections or relationships with people in exalted positions; indulge in social climbing*：～亲戚 ～ qīnqi *become connected with a family above one's station* /不敢高～ bù gǎn gāo ～ *be wary of getting above one's station*

【攀比】pānbǐ（动）（在物质方面）跟高的比较，想跟高的一样甚至超过 *try to keep up with or outdo others in material possessions*：一些青年在婚礼的排场上互相～，欠了债，婚后生活造成困难。Yìxiē qīngnián zài hūnlǐ de páichang shang hùxiāng ～, qiànle zhài, wèi hūn hòu shēnghuó zàochéng kùnnan. *Some young people try to outdo each other in extravagance when it comes to weddings, run into debt and store up trouble for afterwards.* /咱们不跟人家～，根据自己的经济能力办家具。Zánmen bù gēn rénjia ～, gēnjù zìjǐ de jīngjì nénglì zhìbàn jiājù. *We don't try to "keep up with the Joneses", but buy our furniture according to our means.*

【攀登】pāndēng（动）〈书〉*climb*：～高山 ～ gāo shān *climb mountains* /～科学的顶峰 ～ kēxué de dǐngfēng *scale scientific heights*

【攀附】pānfù（动）（1）附着东西往上爬 *climb up clutching something*：架豆～在竹竿搭成的架子上。Jiàdòu ～ zài zhúgānr dāchéng de jiàzi shang. *Runner beans grow on a frame made of bamboo sticks.*（2）比喻投靠有权势的人，求得升官发财 *seek position and wealth relying on the patronage of a powerful person*

【攀亲】pān=qīn 拉亲戚关系 claim kinship：一个人有了地位，就会有人来找他。Yí ge rén yǒule dìwèi, jiù huì yǒu rén lái zhǎo tā。 When a person attains a position there are sure to be people coming to him claiming kinship.

【攀谈】pāntán（动）〈书〉闲聊 chatter idly；indulge in small talk：他俩一见面就一起来。Tā liǎ yí jiàn miàn jiù ~ qǐlai. As soon as those two meet they start chattering.

【攀援】pānyuán（动）同"攀缘"pānyuán same as " 攀缘" pānyuán

【攀缘】pānyuán（动）〈书〉(1)抓着东西往上爬 climb by pulling oneself up；—而上 ~ ér shàng clamber up（onto something）(2)比喻巴结、投靠有钱有势的人往上爬 climb socially using someone else's influence

【攀折】pānzhé（动）〈书〉snap off；break off（flowers，branches，etc.）：禁止～花木。Jìnzhǐ ~ huāmù. Don't Damage the Plants.

pán

盘〔盤〕pán
（名）◇盘子 tray；dish；plate：你把桌子上的杯一碗碟收拾一下。Nǐ bǎ zhuōzi shang de bēi ~ wǎn dié shōushi yíxià. Tidy the cups, plates, bowls and dishes on the table.（动）(1)回旋，缠绕 turn；coil；wind：汽车一山而上。Qìchē ~ shān ér shàng. The car ascended winding round the mountain. /把辫子在头上盘 ~ zài tóushang. coil one's pigtail on top of one's head (2)垒砌(用于炕、灶) lay bricks in layers（as in building a cooking range, etc.）：～炕 ~ kàng build a kang /一个灶 ~ ge zào build a kitchen range (3)◇清点 check；make an inventory：每月月底要一次库。Měi yuè yuè dǐ yào ~ yí cì kù. You must check the storehouse at the end of every month.（量)用于成盘形的东西 used for round things or coils：一磨 yì ~ mò a millstone /下了两～棋 xiàle liǎng ~ qí I played two games of chess. /买了五～磁带 mǎile wǔ ~ cídài I bought five cassette tapes.

【盘剥】pánbō（动）指通过借贷银钱，进行剥削 lend money at extortionate rates；practise usury：放高利贷是剥削阶级～劳动人民的一种形式。Fàng gāolìdài shì bōxuē jiējí ~ láodòng rénmín de yì zhǒng xíngshì. Usury is one of the ways by which the exploiting class squeezes the workers.

【盘查】pánchá（动）仔细询问和检查 interrogate closely

【盘缠】pánchan（名）〈口〉路费 travelling expenses

【盘秤】pánchèng（名）[杆 gǎn]秤杆较粗的一端系有一个秤盘的一种杆秤。称东西时，把东西放在盘内 steelyard weighing device with a pan

【盘点】pándiǎn（动）清点(存货) check；take inventory：商店今天一货物。Shāngdiàn jīntiān ~ huòwù. The store is stocktaking today.

【盘费】pánfèi（名）〈口〉同"盘缠"pánchan same as " 盘缠" pánchan

【盘根错节】pán gēn cuò jié 树根木节盘绕交错，不容易砍伐。比喻事情繁难复杂，不易处理；也比喻旧势力根深蒂固，不易消除 entwined and twisted—difficult to eradicate or hopelessly complicated：墓地有几棵一的古柏。Mùdì yǒu jǐ kē ~ de gǔ bǎi. There are some old cypresses with their roots entwined around the grave site. /两个案子纠缠在一起，～，令人伤脑筋。Liǎng ge ànzi jiūchán zài yìqǐ, ~, lìng rén shāng nǎojīn. The two cases are so hopelessly entangled that it gives one a headache trying to sort them out. /这些人多年来结成的一网络，他们的关系不易弄清。Zhèxiē rén duōnián lái jiéchéng ~ de wǎngluò, tāmen de guānxi bú yì nòngqīng. These people have formed such a complicated network of relationships over so many years that it is not easy to figure out the connections between them.

【盘亘】pángèn（动）〈书〉(山)相互连结 form a connection；be linked，be connected：这里有一交错的山岭。Zhèlǐ yǒu ~ jiāocuò de shānlíng. There is a series of interlocking mountain ridges.

【盘古】Pángǔ（名)中国神话中的开天辟地的人物 mythical creator of the universe in Chinese mythology

【盘桓】pánhuán（动）〈书〉徘徊，逗留 remain；linger：我在大连一一周，领略了海边风光。Wǒ zài Dàlián ~ yì zhōu, lǐnglüèle hǎi biān fēngguāng. I lingered for a week in Dalian enjoying the coastal scenery.

【盘货】pán=huò（商店)清点和检查存货 take stock；take inventory：今天一，不营业。Jīntiān ~, bù yíngyè. We're closed for stocktaking today.

【盘诘】pánjié（动）〈书〉详细地追问(可疑的人) interrogate；cross-examine

【盘据】pánjù（动）同"盘踞"pánjù same as " 盘踞" pánjù

【盘踞】pánjù（动）非法占据(地方) illegally occupy：一群匪徒～在山里，长期危害百姓。Yì qún fěitú ~ zài shān li, chángqī wēihài bǎixìng. A gang of bandits was entrenched in the mountains and harassed the local people for a long time.

【盘儿菜】pánrcài（名）切好并适当搭配，放在盘子里出售的生菜 a dish of ready-to-cook food

【盘绕】pánrào（动）在别的东西上面缠绕着 coil on top of something；twine around：牵牛花的藤蔓一在小树上。Qiānniúhuā de téngmàn ~ zài xiǎo shù shang. Morning glory tendrils coiled around the small tree.

【盘石】pánshí（名）同"磐石"pánshí same as " 磐石" pánshí

【盘算】pánsuàn（动）〈口〉仔细算计或筹划 calculate；figure out：王大爷一着明年盖幢新房子。Wáng dàye ~ zhe míngnián gài zhuàng xīn fángzi. Old man Wang is reckoning on building a new house next year. /这件事让我再一。Zhè jiàn shì ràng wǒ zài ~. Let me go over on this matter again.

【盘腿】pán=tuǐ（～儿)坐时两腿弯曲交叉地平放着（sit) cross-legged：老奶奶～坐在炕上做活。Lǎo nǎinai ~ zuò zài kàng shang zuò huó. Granny was sitting cross-legged on the kang doing needlework. /我们不习惯盘着腿坐着。Wǒmen bù xíguàn pánzhe tuǐr zuòzhe. We are not used to sitting cross-legged. .

【盘问】pánwèn（动）仔细查问 interrogate；cross-examine：你干嘛一我？我跟这事毫无关系。Nǐ gànmá ~ wǒ? Wǒ gēn zhè shì háo wú guānxi. Why are you cross-examining me? I have absolutely nothing to do with this.

【盘旋】pánxuán（动）(1)转着圈走或飞 spiral；circle；wheel：顺着山路一而上。Shùnzhe shānlù ~ ér shàng. follow the winding road up the mountain /老鹰在空中一。Lǎoyīng zài kōngzhōng ~. The eagle is wheeling in the air. (2)〈书〉徘徊，逗留 linger；hang around：他在河边一了一会儿就回家了。Tā zài hé biān ~le yíhuìr jiù huí jiā le. He loitered on the river bank for a while and then went home. /我们将在杭州一几天。Wǒmen jiāng zài Hángzhōu ~ jǐ tiān. We're going to linger in Hangzhou for a few days.

【盘账】pán=zhàng 清查核对账目 check accounts；do an audit

【盘子】pánzi（名）[个 gè] tray；plate；dish

磐 pán
（名）◇磐石 boulder
【磐石】pánshí（名)很大的石头，常用来比喻坚硬、沉重、不易破碎的事物 large rock：如一样坚固 rú ~ yíyàng jiāngù solid as a rock /这个问题像一般压在我的身上。Zhège wèntí xiàng ~ yìbān yā zài wǒ de shēnshang. This problem is weighing on me like a boulder. /～般地团结在一起。~ bān de tuánjié zài yìqǐ. band together in a solid group

蹒〔蹒〕pán

【蹒跚】pánshān（形）走路摇晃不稳，步子缓慢的样子 *stagger；limp；hobble*

pàn

判 pàn

（动）（1）◇分辨，断定 *distinguish；discriminate*（2）评定 *evaluate；mark（test paper）*：我们班的考卷老师还没～完呢。*Wǒmen bān de kǎojuàn lǎoshī hái méi ~ wán ne. The teacher hasn't yet finished marking our class's examination papers.*（3）司法机关对案件的判决 *judge（a court case）*：～案子 ~ ànzi *decide a case* /～了五年徒刑 ~le wǔ nián túxíng *hand down a sentence of five years' imprisonment*（形）◇显然的（不同）*obviously；clearly（distinguished）*：二者～若天渊。*Èrzhě ~ ruò tiānyuān. The two of them are as different as chalk and cheese.* /他昨天还兴致勃勃的，今天突然情绪低沉，简直～若两人。*Tā zuótiān hái xìngzhì bóbó de, jīntiān tūrán qíngxù dīchén, jiǎnzhí ~ ruò liǎng rén. Yesterday he was overjoyed but today he is suddenly in low spirits. It's as if he were two different people.*

【判别】pànbié（动）辨别（不同之处）*differentiate；distinguish*：这两个人的字体有什么不同，你能～出来吗?Zhè liǎng ge rén de zìtǐ yǒu shénme bù tóng, nǐ néng ~ chulai ma? *There is some difference between the handwriting of these two people. Can you distinguish between them?* /这张仿制的古画和真画太像了，简直不能～真假。Zhè zhāng fǎngzhì de gǔ huà hé zhēn huà tài xiàng le, jiǎnzhí bù néng ~ zhēnjiǎ. *The copy of this old painting and the real one are so much alike that it is simply impossible to tell which is genuine and which is fake.*

【判处】pànchǔ（动）*sentence；condemn*：～两年徒刑 ~ liǎng nián túxíng *sentence to two years in prison*

【判定】pàndìng（动）分辨断定 *hand down judgment；make a decision*：由于缺乏具体材料，无法～这个理论是否正确。Yóuyú quēfá jùtǐ cáiliào, wúfǎ ~ zhège lǐlùn shì fǒu zhèngquè. *Because we lack specific materials there is no way to make a judgment on whether the argument is correct or not.*

【判断】pànduàn（动）断定 *decide；judge*：～真伪 ~ zhēnwěi *judge which is genuine and which is fake* /谁是谁非由你自己来～吧!Shuí shì shuí fēi yóu nǐ zìjǐ lái ~ ba! *It is up to you to decide who is right and who is wrong.*（名）〈逻〉*judgment（logic）*

【判决】pànjué（动）法院对审理结束的案件做出决定 *pronounce（sb. guilty or not）*

【判决书】pànjuéshū（名）法院根据判决内容写成的文书 *written verdict*

【判明】pànmíng（动）弄明白，分辨清楚 *distinguish；make clear*：～真伪 ~ zhēnwěi *distinguish between truth and falsehood* /～是非 ~ shìfēi *distinguish between right and wrong* /～真相 ~ zhēnxiàng *ascertain the facts*

【判刑】pàn=xíng *hand down a court sentence*：他因犯有贪污罪，被判了三年刑。Tā yīn fàn yǒu tānwū zuì, bèi pànle sān nián xíng. *He received a three-year sentence for corruption.*

【判罪】pàn=zuì *convict；find guilty*：依法～ yī fǎ ~ *find guilty according to the law*

盼 pàn

（动）盼望 *long for；hope for；expect*：～你早日归来。~ nǐ zǎorì guīlái. *I look forward to your early return.* /我～了好久，才～来了他的信。Wǒ ~le hǎojiǔ, cái ~láile tā de xìn. *I was on tenterhooks for ages, and finally his long-awaited letter arrived.*

【盼头】pàntou（名）实现良好的愿望的可能性 *hopeful*

prospects；great expectations：改进了管理制度，增加了技术力量，我们的工厂有～了。Gǎijìnle guǎnlǐ zhìdù, zēngjiāle jìshù lìliang, wǒmen de gōngchǎng yǒu ~ le. *With the improvement in the management system and increase in technological level, our factory has bright prospects.*

【盼望】pànwàng（动）殷切地希望 *long for；look forward to*：中国人民日夜～祖国统一。Zhōngguó rénmín rìyè ~ zǔguó tǒngyī. *The Chinese people are constantly looking forward to the unification of the motherland.* /大家～着假期早日到来。Dàjiā ~ zhe jiàqī zǎorì dàolái. *We all can't wait for the holidays to arrive.*

叛 pàn

（动）◇ *betray；turn traitor*

【叛变】pànbiàn（动）*turn traitor；sell out（one's party）；country, etc.*

【叛匪】pànfěi（名）武装叛乱的匪徒 *armed rebel*

【叛国】pàn=guó *betray one's country；commit treason*

【叛军】pànjūn（名）*rebel army*

【叛离】pànlí（动）*desert；betray*

【叛乱】pànluàn（动·不及物）武装叛变 *raise an armed revolt*

【叛卖】pànmài（动）背叛并出卖（祖国、人民、革命等）*sell out；betray*

【叛逆】pànnì（名）〈书〉有背叛行为的人 *rebel*：鲁迅是封建社会的～。Lǔ Xùn shì fēngjiàn shèhuì de ~. *Lu Xun was a rebel against feudal society.*（动）背叛 *revolt*；反

【叛徒】pàntú（名）背叛祖国，背叛革命，投降敌人的人 *traitor；turncoat*

畔 pàn

（名）〈书〉（1）（江、河、湖、道路等）旁边，附近 *side；bank（of a river, etc.）*：扬子江～ Yángzǐ Jiāng ~ *bank of the Yangtze* /田间小路～ tiánjiān xiǎo lù ~ *by the small path bordering a field*（2）◇田地的边界 *surrounding edge of a field*：农民在田～休息。Nóngmín zài tián ~ xiūxi. *The peasants are resting on the borders of the field.*

襻 pàn

（名）（～儿）*button loop*

pāng

乒 pāng

（象声）形容枪声、关门声、东西砸坏声等 *bang；crack*：只听远处～～两声枪响。Zhǐ tīng yuǎnchù ~～ liǎng shēng qiāng xiǎng. *I just heard far away the bang-bang of two rifle shots.* /他～的一声把门关上了。Tā ~ de yì shēng bǎ mén guānshang le. *He shut the door with a bang.* /灯泡掉在地上，～的一声碎了。Dēngpào diào zài dì shang, ~de yì shēng suì le. *The light bulb fell to the ground with a bang and shattered.*

滂 pāng

（形）〈书〉◇形容水涌出 *(of water) rushing and roaring*

【滂湃】pāngpài（形）〈书〉水势浩大 *rolling in torrents*

【滂沱】pāngtuó（形）〈书〉（1）（雨）下得很大 *torrential（rain, etc.）*：～大雨 ~ dàyǔ *torrential rain*（2）比喻眼泪流得很多 *flood of tears*：涕泗～ tì sì ~ *tears cascaded*

膀 pāng

（动·不及物）浮肿 *swell*：他的脸～了，有什么病吗?Tā de liǎn ~ le, yǒu shénme bìng ma? *His face is all swollen. Is he ill or something?* /坐得太久，腿就会发～。Zuò de tài jiǔ, tuǐ jiù huì fā ~. *If I sit for too long my legs get swollen.* 另见 bǎng；páng

páng

彷 páng

【彷徨】pánghuáng（动）〈书〉犹豫不决，不知往哪里去好 hesitate; dither; pace up and down undecidedly：～不定～bú dìng be in a state of indecision /～于十字路口～yú shízi lùkǒu hesitate at the crossroads

庞〔龐〕páng

（形）◇(1)大 big (2)多而杂乱 numerous and jumbled up
【庞大】pángdà（形）（形体、组织或数量等）很大 huge; enormous：鲸鱼有个～的身躯。Jīngyú yǒu ge ～ de shēnqū. The whale has an enormous body. /～的军费开支～de jūnfèi kāizhī enormous military expenses /机构不能过于～. Jīgòu bù néng guòyú ～. An organization mustn't become too gigantic.
【庞然大物】pángrán dàwù 体积大而笨重的东西 something huge and unwieldy; colossus; behemoth：大象是个～. Dà xiàng shì ge ～. The elephant is a lumbering beast. /有些反动派看起来是个～，实际上并没有什么了不起的力量。Yǒu xiē fǎndòngpài kàn qilai shì ge ～, shíjì shang bìng méi yǒu shénme liǎobuqǐ de lìliang. Some reactionaries seem to be goliaths but in reality they are a negligible force.
【庞杂】pángzá（形）多而杂乱 numerous and in disorder：街面上行人～，干什么的都有。Jiēmiàn shang xíngrén ～, gàn shénme de dōu yǒu. In the street there is a jumbled crowd of passers-by engaged in all manner of activities. /这本书的内容很～. Zhè běn shū de nèiróng hěn ～. This book's contents are in a complete muddle.

旁 páng

（名）◇side：马路两～种上了槐树。Mǎlù liǎng ～ zhòngshangle huáishù. Chinese scholartrees are planted on both sides of the main road. /先在一～站会儿，等车过去再走. Xiān zài yì ～ zhàn huìr, děng chē guòqu zài zǒu. Stand to one side for a minute until the car goes past, then you can go. /屋～有眼水井. Wū ～ yǒu yǎn shuǐjǐng. To one side of the house there is a well.
【旁白】pángbái（名）aside (stage direction)
【旁边】pángbiān（名）side：池塘～有座小平房. Chítáng ～ yǒu zuò xiǎo píngfáng. By the side of the pond there stands a small cottage. /你坐到我～来吧! Nǐ zuòdào wǒ ～ lái ba. Come and sit down beside me.
【旁的】pángde（代）除去某个或某些以外的（人或事物）other (people or things)：这次你别去了，让一～人去吧. Zhè cì nǐ bié qù le, ràng ～ rén qù ba. Don't you go this time. Let someone else go. /今晚我有事，找～时间谈吧! Jīn wǎn wǒ yǒu shì, zhǎo ～ shíjiān tán ba! I'm busy this evening, let's find some other time to talk. /这个问题先解决，～以后再说. Zhège wèntí xiān jiějué, ～ yǐhòu zài shuō. Let's solve this problem first and leave the others until later.
【旁观】pángguān（动）自己不参加进去，在旁边观察 observe; look on：他很谨慎，投资办企业以前先～一个时期. Tā hěn jǐnshèn, tóu zī bàn qǐyè yǐqián xiān ～ yí ge shíqī. He is very cautious. Before investing in a business he looks on for some time first. /别人都参加辩论，他却一直～. Biérén dōu cānjiā biànlùn, tā què yìzhí ～. The others all took part in the debate but he just looked on.
【旁观者清】pángguānzhě qīng 旁观的人（比当事者）看得清楚 the spectator has the best view of the game
【旁及】pángjí（动）牵连涉及到 involve additionally：那件事不光牵扯到老李，还～其他人. Nà jiàn shì bùguāng qiānchě dào Lǎo Lǐ, hái ～ qítā rén. That affair doesn't only involve Lao Li. It drags in other people, too.
【旁门】pángmén（名）（～儿）正门旁边的或建筑物侧面的门 side door
【旁敲侧击】páng qiāo cè jī（不从正面，而是）从侧面敲打。比喻说话或写文章不从正面直接说明，而从侧面曲折表达 attack obliquely; make innuendoes
【旁人】pángrén（代）其他的人 other people：只有我在场，没有～. Zhǐ yǒu wǒ zài chǎng, méi yǒu ～. I was the only one present. There was no one else.
【旁若无人】páng ruò wú rén 好像旁边没有人。形容神情镇定、自然或态度傲慢 acting as if no one else were present; self-assured; supercilious; arrogant
【旁听】pángtīng（动）(1)列席（会议、法庭等）听别人讲话（没有发言权和表决权）be a visitor at a meeting, court, etc. (2)非正式地到课堂听老师讲课 sit in on a class
【旁征博引】páng zhēng bó yǐn（写文章、说话）为了表示论证充足而引用了大量的材料作为依据 quote extensively from many sources
【旁证】pángzhèng（名）主要证据以外的证据 circumstantial evidence
【旁支】pángzhī（名）家族、集团等系统中不属于嫡系的支派 collateral branch

膀 páng

另见 bǎng；pāng
【膀胱】pángguāng（名）〈生理〉bladder

磅 páng

另见 bàng
【磅礴】pángbó（形）〈书〉（气势）盛大 boundless; magnificent（动）〈书〉（气势）扩展、充满 expand; fill up

螃 páng

【螃蟹】pángxiè（名）[只 zhī]crab

pàng

胖 pàng

（形）fat; plump：她最近有发～的趋势. Tā zuìjìn yǒu fā ～ de qūshì. She's shown a tendency to put on weight recently. /～人不一定吃得多. ～ rén bù yídìng chī de duō. Fat people do not necessarily eat a lot.
【胖墩墩】pàngdūndūn（形）形容人的身材矮胖而结实 stout; stocky
【胖墩儿】pàngdūnr（名）〈口〉身材矮而胖的人（多指儿童）chubby person (usually used of children)：瞧这个小～，真可爱. Qiáo zhège xiǎo ～, zhēn kě'ài. Look at this little chubby chap. How sweet!
【胖乎乎】pànghūhū（形）人长得胖（多指儿童）plumb; chubby：这孩子有一张～的小脸. Zhè háizi yǒu yì zhāng ～ de xiǎo liǎnr. This child has a chubby little face.
【胖子】pàngzi（名）肥胖的人 fat person; "fatty"

pāo

抛 pāo

（动）(1)扔，投掷 throw：小孩把球～到屋顶上去了. Xiǎoháir bǎ qiú ～ dào wū dǐng shang qu le. The child threw the ball onto the roof. /我～出的砖头正好打在他脚上. Wǒ ～ chū de zhuāntóu zhènghǎo dǎ zài tā jiǎo shang. I threw a piece of brick and it hit him right on the foot. (2)放下，丢下 leave behind; put aside：他～下手里的活儿，跑出去玩儿了. Tā ～ xia shǒu li de huór, pǎo chuqu wánr le. He put down the work he was doing and ran outside to play. /

他走得真快，一会儿就把我～在后边了。Tā zǒu de zhēn kuài，yíhuìr jiù bǎ wǒ ～ zài hòubiān le. *He walked so fast that in no time at all he had left me behind.* (3)〈压低价格〉大量销售商品，抛售 *sell off*（*in large quantities at low prices*）：把仓库里的存货都～出去。Bǎ cāngkù li de cúnhuò dōu ～ chuqu. *Sell off all the goods in the storehouse.*

【抛光】pāoguāng（动）〈机〉*polish；buff*

【抛锚】pāo＝máo（1）把锚抛到水底，使船停在固定的位置 *drop anchor*（2）借指汽车等中途发生故障而停止行驶（*of vehicles*）*break down on the way*：这辆车真够呛，跑了二百里路，抛了三次锚。Zhè liàng chē zhēn gòuqiàng，pǎole èrbǎi lǐ lù，pāole sān cì máo. *This car is really exasperating. It broke down three times in 200 li.*

【抛弃】pāoqì（动）〈书〉*abandon；forsake*：这家伙～了妻子儿女，不知跑到哪里去了。Zhè jiāhuo ～ le qīzi érnǚ，bù zhī pǎodào nǎli qù le. *This fellow abandoned his wife and children and ran off somewhere.*／这孩子一生下来就被父母～了。Zhè háizi yì shēng xialai jiù bèi fùmǔ ～ le. *This child was abandoned by his parents at birth.*

【抛售】pāoshòu（动）压低价格大量销售商品 *sell off*（*in large quantities at low prices*）

【抛头露面】pāo tóu lù miàn 旧指妇女在大庭广众之中出现（封建道德认为是丢脸的事）；现指某人在某种场合公开出现（多含贬义）*show one's face in public*（*a shocking thing for a woman in feudal society to do*）；*appear in public*（*usually pejorative*）

【抛物线】pāowùxiàn（名）〈数〉*parabola*

【抛掷】pāozhì（动）〈书〉*扔 throw*

【抛砖引玉】pāo zhuān yǐn yù 抛出砖头引出玉石。谦词。比喻（自己）先发表粗浅的意见，以引出别人的高明的见解 *"throw a brick to attract jade"—make a few conventional remarks to elicit others' valued opinions*：为了～，我先说几句吧！Wèile ～，wǒ xiān shuō jǐ jù ba! *Let me make a few introductory remarks.*／我说些不成熟的意见，意在～。Wǒ shuō xiē bù chéngshú de yìjiàn，yì zài ～. *I'm just throwing out a few half-baked ideas to elicit others' valued opinions.*

páo

刨 páo（动）（1）（用镐等）挖掘 *dig；excavate；unearth*：用镢头～地刨 juétou ～ dì *dig the ground with a pickaxe*／今天～花生。Jīntiān ～ huāshēng. *Today we'll dig up the peanuts.*（2）〈口〉（从原有事物中）扣除；减去 *exclude；subtract*：～去请假的，我们还有二十五个人。～ qu qǐng jià de，wǒmen hái yǒu èrshíwǔ ge rén. *We have 25 people, excluding those who are on leave.*／他开的小饭馆，这个月～了税款，还挣一千五百元。Tā kāi de xiǎo fànguǎnr，zhège yuè ～-le shuìkuǎn，hái zhèng yìqiān wǔbǎi yuán. *The little restaurant he opened made 1,500 yuan this month, after tax.* 另见 bào

【刨根儿问底儿】páo gēnr wèn dǐr〈口〉比喻追究底细 *get to the bottom of things*：这孩子就爱～。Zhè háizi jiù ài ～. *This child really likes to root into things.*／你别再～了，我就是不想告诉你。Nǐ bié zài ～ le，wǒ jiùshì bù xiǎng gàosu nǐ. *Don't keep prying. I'm simply not going to tell you.*

咆 páo

【咆哮】páoxiào（动）〈书〉（野兽）怒吼。比喻人暴怒喊叫或浪涛奔腾轰鸣等 *roar*：在动物园常听到狮、虎、豹的一声～。Zài dòngwùyuán cháng tīngdào shī、hǔ、bào de yì shēng ～. *In the zoo one can often hear the roaring of lions and tigers.*／他一听这话，就大发脾气，～如雷。Tā yì tīng zhè huà，jiù dà fā píqi，～ rú léi. *When he heard this he was furious and let*

out a roar like thunder.／风在吼，马在叫，黄河在～。Fēng zài hǒu，mǎ zài jiào，Huáng Hé zài ～. *The wind howls. The horses neigh. The Yellow River roars.*

狍 páo（名）◇狍子 *roe deer*

【狍子】páozi（名）［只 zhǐ］*roe deer*

炮 páo（动）◇把生（中）药放在热锅里炒，使它焦黄爆裂 *roast*（*Chinese medicinal ingredients in a pot*）另见 bāo；pào

【炮制】páozhì（动）（1）〈医〉把中药原料制成药物的过程 *process of preparing Chinese medicine*（2）〈贬〉编造 *cook up；concoct*：这份所谓的调查报告，是他一手～的，欺骗领导，诬陷好人。Zhè fèn suǒwèi de diàochá bàogào，shì tā yìshǒu ～ de，qīpiàn lǐngdǎo，wūxiàn hǎorén. *This so-called investigation report is something he cooked up himself to fool the leadership and frame innocent people.*

袍 páo（名）（～儿）同"袍子"páozi *same as* "袍子" páozi：长～ cháng ～ *long gown；robe*／做一件皮～ zuò yí jiàn pí～ *have a fur-lined robe made to order*

【袍子】páozi（名）中式的长衣服 *long Chinese style robe*

pǎo

跑 pǎo（动）（1）*run*：鸵鸟不会飞，但一得很快。Tuóniǎo bú huì fēi，dàn ～ de hěn kuài. *The ostrich cannot fly, but it runs very quickly.*／自行车终究～不过汽车。Zìxíngchē zhōngjiū ～ bu guò qìchē. *A bicycle cannot after all travel faster than a car.*／春季马拉松赛跑，他～了第一名。Chūnjì mǎlāsōng sàipǎo，tā ～le dìyī míng. *He came in first in the spring marathon.*（2）逃 *flee；run away*：这个押犯人～过三次。Zhège zàiyā fànrén ～guo sān cì. *This convict has tried to escape from custody three times.*／快抓住那只老鼠，别让它～。Kuài zhuāzhù nà zhī lǎoshǔ，bié ràng tā ～ le. *Quick, grab that rat! Don't let it get away!*（3）为某事奔走 *be busy at；run around doing something*：～买卖 ～ mǎimai *on the go doing business*／建筑材料～ jiànzhù cáiliào *run around after building materials*／印刷厂联系排印～ yìnshuāchǎng liánxì páiyìn *run around printing shops getting typesetting and printing fixed up*（4）走（路）*walk*：他～了两天的路，才来到这种药材。Tā ～le liǎng tiān de lù，cái cǎidào zhè zhǒng yàocái. *He walked for two days to get hold of this type of medicinal herb.*（5）漏 *leak；seep*：车胎～气 chētāi ～ qì *Air is leaking from the tyre.*／水管～水 shuǐguǎn ～ shuǐ *Water is leaking from the pipe.*／电池的电～光了。Diànchí de diàn ～guāng le. *The battery is completely dead.*（6）液体挥发损耗 *evaporate*：一瓶汽油～了半瓶。Yì píng qìyóu ～ le bàn píng. *Half the petrol in the bottle has evaporated.*（7）离开原有的位置（常作动词的补语）*leave one's original position*（*often used as a verbal complement*）：报纸叫风刮～了。Bàozhǐ jiào fēng guā ～ le. *The newspaper was blown away by the wind.*／把麻雀吓～了。Bǎ máquè xià ～ le. *scared the sparrows away*

【跑表】pǎobiǎo（名）［块 kuài］*stopwatch*

【跑步】pǎo＝bù *run*

【跑车】pǎochē（名）［辆 liàng］*racing bicycle*

【跑单帮】pǎo dānbāng 指不以经商为职业的个人往来各地贩卖货物，牟取利润 *engage in itinerant trading*

【跑道】pǎodào（名）［条 tiáo］（1）供飞机起飞和降落时用的路（*aircraft*）*runway*（2）运动场中作赛跑用的路 *athletic track*

【跑电】pǎo＝diàn 电源漏出电线或电器的外部 *electrical leak*

【跑江湖】pǎo jiānghú 指旧时以卖艺、算卦、相面等为职业，来往各地谋生 *earn one's living as an itinerant juggler, fortune teller, etc.*

【跑龙套】pǎo lóngtào 在传统戏曲中扮演随从或兵卒，比喻在别人手下做杂事 *play a bit part in a play or opera; do odd jobs for somebody else*

【跑马场】pǎomǎchǎng（名）赛马时用的专门场地 *racecourse*

【跑跑颠颠】pǎopǎodiāndiān（形）（～儿）奔走忙碌 *rush around; bustle about*：她为大家的事～的，也够辛苦了 Tā wèi dàjiā de shì ～ de, yě gòu xīnkǔ le. *She is really having a hard time bustling about trying to take care of everyone.* /你整天～的，都忙些什么呀?Nǐ zhěng tiān ～ de, dōu máng xiē shénme ya? *What are you so busy about, rushing around all day?*

【跑腿儿】pǎo=tuǐr〈口〉为人奔走做杂事儿 *run errands*

【跑外】pǎowài（动）（商店或作坊等的工作人员）专门负责对外联系业务、收账、办货等 *have special responsibility for a business' external liaison*

【跑鞋】pǎoxié（名）〈体〉[双 shuāng] *running shoes*

pào

泡 pào（动）(1)把物品长时间浸在液体里 *steep; soak*：～茶 ～ chá *make tea* /种子长时间～在水里会烂掉。Zhǒngzi cháng shíjiān ～ zài shuǐ li huì làndiào. *Seeds may rot if they are soaked in water for a long time.* (2)〈口〉故意消磨（时间）*idle away (time)*：他～了半天，根本没干活儿。Tā ～ le bàntiān, gēnběn méi gàn huór. *He just dawdled for ages and didn't do any real work.* /放了假，别整天～在家里，出去活动活动吧!Fàngle jià, bié zhěng tiān ～ zài jiā li, chūqu huódong huódong ba! *While you are on vacation don't just hang around the house.*（名）(1)（～儿）气体在液体中鼓起的球状或半球状体 *bubble*：肥皂～ féizào ～ *soap bubble* /开水在冒～。Kāishuǐ zài mào ～. *The boiling water is bubbling.* (2)像泡一样的东西 *a thing shaped like a bubble*：手上磨起一个～。Shǒu shang móqǐ yí ge ～. *I've raised a blister on my hand.*

【泡病号】pào bìnghào（～儿）指借故装病逃避工作或小病大养 *feign illness to avoid work; malinger*：自从搞承包以后，这个食堂的工作人员没有人再～了。Zìcóng gǎo chéngbāo yǐhòu, zhège shítáng de gōngzuò rényuán méi yǒu rén zài ～ le. *Ever since this restaurant instituted the contract system none of the workers has malingered.* /以前小赵经常不上班，在家～。Yǐqián Xiǎo Zhào jīngcháng bú shàng bān, zài jiā ～. *Xiao Zhao often used to miss work and stayed at home feigning illness.*

【泡菜】pàocài（名）把白菜、黄瓜、萝卜等放在加了盐、酒、花椒等的凉开水里泡制成的一种带有酸味的菜 *pickled vegetables*

【泡蘑菇】pào mógu〈口〉故意纠缠不休，拖延时间 *pester; stall for time*：医生认为他这点小病不需要休息，可是他在那里～，非要假养不可 Yīshēng rènwéi tā zhè diǎnr xiǎo bìng bù xūyào xiūxi, kěshì tā zài nàli ～, fēi yào jiàtiáo bùkě. *The doctor thought that such a minor ailment didn't require rest but the patient kept on pestering him for a sick note.*

【泡沫】pàomò（名）*foam; froth*

【泡沫剂】pàomòjì（名）*foaming agent*

【泡沫灭火器】pàomò mièhuǒqì *foam-type fire extinguisher*

【泡沫塑料】pàomò sùliào *foam plastic; styrofoam*

【泡影】pàoyǐng（名）水泡和影子。比喻虚幻落空的事情或希望 *shadow and bubble-fantasy; visionary hope*：他的希望已经成了～。Tā de xīwàng yǐjīng chéngle ～. *His hopes have come to nothing.*

炮 pào（名）[座 zuò、尊 zūn]*cannon* 另见 bāo; páo

【炮兵】pàobīng（名）*artillery man*

【炮弹】pàodàn（名）[发 fā、颗 kē]*artillery shell*

【炮灰】pàohuī（名）比喻被迫参加非正义战争去送死的士兵 *cannon fodder*

【炮火】pàohuǒ（名）*artillery fire*

【炮击】pàojī（动）*shell; bombard*

【炮舰】pàojiàn（名）〈军〉[艘 sōu]*gunboat*

【炮楼】pàolóu（名）[座 zuò]*blockhouse*

【炮手】pàoshǒu（名）*artillery man; gunner*

【炮塔】pàotǎ（名）*gun turret*

【炮台】pàotái（名）*battery; fort*

【炮艇】pàotǐng（名）〈军〉[艘 sōu]*gunboat*

【炮位】pàowèi（名）*emplacement*

【炮眼】pàoyǎn（名）*blast hole; embrasure*

【炮衣】pàoyī（名）罩在炮身外面的套子 *gun cover*

【炮座】pàozuò（名）*artillery platform; battery*

疱 pào（名）〈医〉*blister*

【疱疹】pàozhěn（名）〈医〉*herpes*

pēi

呸 pēi（叹）表示斥责和唾弃 *pah; bah; pooh (indicates a rebuke or scorn)*：～，你让我们丢尽了脸! ～, nǐ ràng wǒmen diūjìnle liǎn! *Pah! You've disgraced us completely!* /～，那种人也值得我们学习! ～, nà zhǒng rén yě zhíde wǒmen xuéxí! *Bah! And that kind of person is worth our learning from?* /～，他凭什么当处长，不就靠吹拍嘛。～, tā píng shénme dāng chùzhǎng, bú jiù kào chuī pāi ma. *Bah! He doesn't rely on anything but boot-licking for his post as department head.*

胚 pēi（名）◇〈生〉*embryo*

【胚胎】pēitāi（名）*embryo*

【胚芽】pēiyá（名）*plumule*

péi

陪 péi（动）*accompany*：～客人吃饭 ～ kèrén chī fàn *take a guest to dinner* /我～他玩儿了一天。Wǒ ～ tā wánrle yì tiān. *I took him on a day's outing.*

【陪伴】péibàn（动）〈书〉陪 *accompany*

【陪衬】péichèn（动）衬托 *set off; form a contrast to*：红花还需绿叶来～。Hóng huā hái xū lǜ yè lái ～. *Red flowers still need green leaves to set them off.*（名）陪衬的事物 *foil; something that sets something else off*：今天的座谈会是你唱主角，我不过是个～而已。Jīntiān de zuòtánhuì shì nǐ chàng zhǔjué, wǒ búguò shì ge ～ éryǐ. *You will play the leading part in today's discussion. I will be merely a foil for you.*

【陪嫁】péijià（名）嫁妆，女子出嫁时，从娘家带到丈夫家去的衣物、家具等 *dowry*

【陪客】péikè（名）被主人特地约来陪伴客人的人 *guest invited to help entertain the principal guests*：老张今天晚上请老林吃饭，还请了两个～。Lǎo Zhāng jīntiān wǎnshang qǐng Lǎo Lín chī fàn, hái qǐngle liǎng ge ～. *Lao Zhang has invited Lao Lin to dinner tonight. He has also invited two others to make the party livelier.*

【陪审】péishěn（动）〈法〉*serve as a juryman; act as an asses-*

sor in a law case

【陪审员】péishěnyuán（名）〈法〉juror；assessor

【陪审制】péishěnzhì（名）公民参与法院审判案件的制度 jury system

【陪同】péitóng（动）陪伴着一同（进行某一活动）accompany：上海来的朋友要去故宫，我也～前往。Shànghǎi lái de péngyou yào qù Gùgōng, wǒ yě ～ qiánwǎng. My friend from Shanghai wants to go to the Forbidden City, so I'm going with him. /他们～客人去长城游览。Tāmen ～ kèrén qù Chángchéng yóulǎn. They are accompanying a guest on a tour of the Great Wall.

【陪葬】péizàng（动）(1)古代逼迫死者的妻妾、奴隶等随死者一起埋葬。也指用俑或财物、器具等随同死者埋葬 bury objects, and sometimes slaves and concubines, along with the deceased in ancient times (2)古代指臣子或妻妾的灵柩葬在皇帝或丈夫的坟墓旁 inter the coffin of a minister or concubine beside the tomb of an emperor or husband

培 péi（动）（为保护植物或墙、堤等）在根基部分堆上土 pile up earth；bank up：种大葱要勤～土。Zhòng dàcōng yào qín ～ tǔ. When you plant onions you have to bank the soil up carefully around them. /墙基需要～实。Qiángjī xūyào ～shí. Earth must be banked up solidly at the base of a wall.

【培训】péixùn（动）培养和训练（技术工人、专业干部等）train（technicians，specialists，etc.）：～业务骨干 ～ yèwù gǔgàn train a professional backbone force/ 抓紧～专业技术人才 zhuājǐn ～ zhuānyè jìshù réncái We must make sure that we train specialised technical personnel.

【培养】péiyǎng（动）(1)（根据一定的要求）长期教育或训练 foster；train；develop：～建设人才 ～ jiànshè réncái train personnel for construction /他们都是这位老专家一手一起来的。Tāmen dōu shì zhè wèi lǎo zhuānjiā yìshǒu ～ qilai de. They were all trained by this old expert. (2)〈生〉使繁殖 cultivate；breed：～细菌 ～ xìjūn breed bacteria /他们～了许多食用菌。Tāmen ～le xǔduō shíyòngjūn. They cultivated a lot of edible fungus.

【培养基】péiyǎngjī（名）culture medium

【培育】péiyù（动）培养幼小生物，使其发育成长 cultivate；foster：～幼苗 ～ yòumiáo cultivate seedlings /～良种～ liángzhǒng cultivate improved varieties of seeds /幼儿园老师的职责是为祖国～下一代。Yòu'éryuán lǎoshi de zhízé shì wèi zǔguó ～ xià yí dài. The duty of kindergarten teachers is to foster the next generation.

【培植】péizhí（动）(1)〈植〉栽培管理 cultivate；foster；train：一定要大量～中草药。Yídìng yào dàliàng ～ zhōngcǎoyào. We must definitely cultivate large amounts of Chinese medicinal herbs. /～花木需要有专门的技术。～ huāmù xūyào yǒu zhuānmén de jìshù. It takes special skill to cultivate flowers and trees. (2)培养扶持（多含贬义）build up support（often pejorative）：～亲信 ～ qīnxìn build up one's retinue（of followers）/～个人势力 ～ gèrén shìlì build up one's personal influence

赔 〔賠〕péi（动）(1)赔偿 compensate：损坏公物要～。Sǔnhuài gōngwù yào ～. One must compensate for damage to public property. /碗是我打破的，我～。Wǎn shì wǒ dǎpò de, wǒ ～. I was the one who broke the bowl, so I'll pay for it. (2)（做买卖）亏损 suffer a（business）loss：～钱 ～ qián suffer a financial deficit /把家底都～光了 Bǎ jiādǐ dōu ～ guāng le. lose all one's family property

【赔本】péi＝běn run（a business）at a loss

【赔不是】péi bùshì 向人道歉，承认错误 apologize：向老师～

xiàng lǎoshī ～ apologize to the teacher /你这样做不对，应该给人家赔个不是。Nǐ zhèyàng zuò bú duì, yīnggāi gěi rénjia péi ge búshi. You have acted wrongly in this matter, and you must apologize. /我误解了你的好意，我来～，请原谅我。Wǒ wùjiěle nǐ de hǎoyì, wǒ lái ～, qǐng yuánliàng wǒ. I misunderstood your good intentions, so I have come to apologize. Please forgive me.

【赔偿】péicháng（动）compensate for：～损失 ～ sǔnshī compensate for loss

【赔垫】péidiàn（动）因垫付而损失了自己的钱财 lose money by paying somebody else's expenses；be out of pocket：这么大一笔款项，我哪里～得起呀！Zhème dà yì bǐ kuǎnxiàng, wǒ nǎli ～ de qǐ ya! I can't possibly risk being out of pocket for such a large sum. /为了朋友，老王的一千多块钱也～进去了。Wèile péngyou, Lǎo Wáng de yìqiān duō kuài qián yě ～ jìnqu le. Through helping his friend Lao Wang was out of pocket to the tune of over 1,000 yuan.

【赔款】péikuǎn（名）reparations；indemnity

【赔款】péi＝kuǎn pay an indemnity；pay reparations

【赔礼】péi＝lǐ 向人施礼承认自己错了 tender an apology：我错怪了你，特来一道歉。Wǒ cuòguàile nǐ, tè lái ～ dào qiàn. I blamed you mistakenly, so I have come specially to apologize and ask for your forgiveness. /这点事儿他不会计较，向他赔个礼就得了 Zhè diǎnr shìr tā bú huì jìjiào, xiàng tā péi ge lǐ jiù dé le. He's not going to make a fuss over a little thing like this. Just apologize to him and it will be all right.

【赔小心】péi xiǎoxīn 以谨慎、迁就的态度对待别人，以换取人的好感或平息恼怒 be conciliatory；be ingratiating

【赔笑】péi＝xiào 用笑脸待人，使人高兴或使人平息怒气 smile obsequiously or apologetically

【赔罪】péi＝zuì 得罪了人，向人道歉 apologize for one's misdeeds

pèi

佩 pèi（动）(1)挂在身上，佩带 wear（on one's breast，at one's waist，etc.）：警卫员腰里～着手枪。Jǐngwèiyuán yāoli ～ zhe shǒuqiāng. The guard wore a pistol at his waist. (2)◇佩服 admire

【佩带】pèidài（动）（把徽章、符号、手枪等）挂在胸前、臂上、肩上或腰间 wear；sport（a badge）

【佩服】pèifu（动）感到可敬而心服 admire：他的刻苦钻研精神实在令人～。Tā de kèkǔ zuānyán jīngshén shízài lìng rén ～. His painstaking attitude toward research really calls forth admiration. / 我很～他的口才。Wǒ hěn ～ tā de kǒucái. I admire his eloquence.

配 pèi（动）(1)两性结合 mate (2)按适当的标准或比例加以调和 blend：把这种红色加上蓝色，就能～出紫色。Bǎ zhè zhǒng hóngsè jiāshang lánsè, jiù néng ～ chū zǐsè. If you blend red with blue you get purple. (3)使几方面或几种东西和谐、搭配 match：他穿了一身灰西装，～了条紫红的领带。Tā chuānle yì shēn huī xīzhuāng, ～ le tiáo zǐhóng de lǐngdài. He wore a grey suit with a purple tie to match. /我跑了许多药店，也～不齐这付药。Wǒ pǎole xǔduō yàodiàn, yě ～ bù qí zhè fù yào. I went to lots of herbalists' but I couldn't get this prescription made up. /给这首词～上曲子 gěi zhè shǒu cí ～ shàng qǔzi Set this poem to music. (4)使……完全符合一定标准 make something according to a model：～一把钥匙 ～ yì bǎ yàoshi have a key copied /毛线不够了，但～不着相同颜色的。Máoxiàn bú gòu le, dàn ～ bu zháo xiāngtóng yánsè de. I've run out of wool and

can't find any of the same color. （5）够得上，和…相称（宾语多是动宾结构）*deserve*；*be worthy of*；*fit*：你的对象真不错，完全～得上你。Nǐ de duìxiàng zhēn búcuò，wánquán ～ de shàng nǐ. *Your girl friend is fine — the perfect match for you.* /如果自己不能以身作则就不～指责别人。Rúguǒ zìjǐ bù néng yǐ shēn zuò zé jiù bú ～ zhǐzé biéren. *If you can't set an example yourself you have no business blaming others.* /他那样出色地完成战斗任务才～称为英雄。Tā nàyàng chūsè de wánchéng zhàndòu rènwu cái ～ chēngwéi yīngxióng. *Only those who can carry out combat duties outstandingly like him can be called heroes.*

【配备】pèibèi（动）根据需要分配（人力、物力、兵力等）*allocate*；*provide*：我们组还需要～一个技术员。Wǒmen zǔ hái xūyào ～ yí ge jìshùyuán. *Our group needs another technician allocated to it.* /我们连最近～了两挺新机枪。Wǒmen lián zuìjìn ～le liǎng tǐng xīn jiqiāng. *Our company recently had two machine guns allocated to it.* （名）装备 *equipment*：现代化的～ xiàndàihuà de ～ *modern equipment*

【配餐】pèi=cān 根据营养学的要求，按各种营养的比例配制食物 *provide balanced meals*：为运动员～ wèi yùndòngyuán ～ *provide balanced diet for athletes*

【配搭】pèidā（动）与主要事物放在一起做陪衬 *supplement*；*match*；*accompany*：这出戏的主角和配角～得很不错。Zhè chū xì de zhǔjué hé pèijué ～ de hěn búcuò. *The lead and backup roles in this play complement each other well.* /这菜店真怪，买西红柿要～白菜。Zhè càidiàn zhēn guài，mǎi xīhóngshì yào ～ báicài. *This is a strange greengrocer's. When you buy tomatoes they make you buy cabbage as well.*

【配电】pèi=diàn *electric power distribution*

【配电盘】pèidiànpán（名）*distributor*

【配殿】pèidiàn（名）宫殿或庙宇中正殿两旁的殿 *annex in a palace or temple*

【配对】pèi=duì（～儿）配合成双 *pair*：这只手套和那只手套可以～。Zhè zhī shǒutào hé nà zhī shǒutào kěyǐ ～. *This glove and that glove make a pair.* /再买一个这样的杯子，好配成对儿。Zài mǎi yí ge zhèyàng de bēizi，hǎo pèichéng duìr. *If I buy another of these cups they'll make a fine pair.*

【配方】pèifāng（名）（medical）*prescription*；*formula*

【配方】pèi=fāng 根据处方配制药品 *make up a prescription*

【配合】pèihé（动）（各方面分工合作）共同做一件事 *coordinate*；*cooperate*：这师徒二人～得很不错。Zhè shī tú èr rén ～ de hěn búcuò. *This master and his apprentice cooperate well.* /在施工中，各部门要密切～。Zài shī gōng zhōng，gè bùmén yào mìqiè ～. *In construction every department must be closely coordinated.* /病人积极～医生进行治疗 Bìngrén jíjí ～ yīshēng jìnxíng zhìliáo. *The positive cooperation of the patient enabled the doctor to effect treatment.*

【配给】pèijǐ（动）某些产品，特别是生活必需品在不能充分供应的情况下，按照政府规定的数量和价格卖给消费者 *ration*

【配件】pèijiàn（名）装配机器的零件或部件。也指损坏后重新安装上的零件 *components*；*fittings*；*parts*

【配角】pèijué（名）（～儿）*supporting role*；*costar*

【配料】pèi=liào 在生产过程中，把某些原料、成分按一定要求和比例混合起来 *burden*

【配偶】pèi'ǒu（名）指丈夫或妻子（用于法令文件）*spouse (used in legal documents)*

【配色】pèisè（动）*match colors*

【配售】pèishòu（动）同"配给"pèijǐ *same as* 配给 pèijǐ

【配套】pèi=tào 把若干相关的事物组合成一整套 *make up a complete set*：建设工程要～。Jiànshè gōngchéng yào ～. *The construction units must make up a complete set.* /水利设施不～，就发挥不了作用。Shuǐlì shèshī bú ～，jiù fāhuī bu liǎo zuòyòng. *If the irrigation facilities are not complete,*

they can't perform their function properly. /已经有了语法、口语和听力教材，再编一本阅读教材就可以配成一套了。Yǐjing yǒule yǔfǎ、kǒuyǔ hé tīnglì jiàocái，zài biān yì běn yuèdú jiàocái jiù kěyǐ pèichéng yí tào le. *We already have teaching materials for grammar，conversation and comprehension. All we need to do is compile a reader and we can make a complete set.*

【配音】pèi=yīn（电影）*dub (a film, etc.)*

【配乐】pèi=yuè 话剧、口语朗诵等按情节的需要配上音乐，以加强艺术效果 *dub in background music*：～诗朗诵 ～ shī lǎngsòng *poetry reciting to music* /～艺术体操 ～ yìshù tǐcāo *gymnastic performance set to music* /冰上舞蹈 ～ bīng shàng wǔdǎo *ice dancing to music*

【配制】pèizhì（动）配合制造（颜料、药剂等）*compound*；*make up*：这种丸药是由多种草药～成的。Zhè zhǒng wányào shì yóu duō zhǒng cǎoyào ～ chéng de. *This type of pill is compounded of several herbs.*

【配置】pèizhì（动）配备布置 *deploy (troops, etc.)*：～兵力 ～ bīnglì *deploy armed forces* /前沿阵地又～一个加强连。Qiányán zhèndì yòu ～ yí ge jiāqiánglián. *Another company of reinforcements is deployed in a forward position.* /学校应该～一套较完整的电教设备。Xuéxiào yīnggāi ～ yí tào jiào wánzhěng de diànjiào shèbèi. *The school should set up a fairly complete set of audio-visual equipment.*

【配种】pèi=zhǒng *breeding*

辔 〔轡〕pèi
（名）*bridle*

【辔头】pèitóu（名）*bridle*

pēn

喷 pēn
（动）（1）（液体、气体等受压力）射出并分散 *gush*；*spurt*：泉水从泉眼中～出。Quánshuǐ cóng quányǎn zhōng ～ chū. *The water gushes out of the mouth of the spring.* （2）使……射出并分散开 *sprinkle*；*spray*：这花叶子上要～些水。Zhè huā yèzi shang yào ～ xiē shuǐ. *The plant needs spraying on the leaves.* /他吸了一口烟，慢慢地～了出来。Tā xīle yì kǒu yān，mànmān de ～ le chulai. *He took a mouthful of smoke and slowly blew it out.*

【喷薄】pēnbó（形）〈书〉气势壮盛，涌起、上升的样子 *spurt*；*gush*：地下泉水～而出。Dìxià quánshuǐ ～ ér chū. *Water spurts out from an underground spring.* /东方红日～欲出。Dōngfāng hóngrì ～ yù chū. *The rising sun spreads its rays.*

【喷发】pēnfā（动）（液体、气体、粉末等）在强大压力下向外喷射 *gush out (under pressure)*：火山口～出大量岩浆。Huǒshān kǒu ～ chū dàliàng yánjiāng. *A large amount of lava gushed out from the mouth of the volcano.* /蒸笼里～着热气。Zhēnglóng li ～ zhe rèqì. *Steam is gushing out of the food steamer.*

【喷灌】pēnguàn（动）*sprinkling irrigation*

【喷壶】pēnhú（名）[把 bǎ] *watering can*

【喷火器】pēnhuǒqì（名）*flamethrower*

【喷溅】pēnjiàn（动）（汁液等）受到压力向四处喷射飞溅 *spray (liquids, etc.) under pressure*

【喷漆】pēn=qī *spray paint*

【喷气发动机】pēnqì fādòngjī [台 tái] *jet engine*

【喷气式飞机】pēnqìshì fēijī [架 jià] *jet airplane*

【喷泉】pēnquán（名）喷水的泉 *fountain*

【喷洒】pēnsǎ（动）*spray*；*sprinkle*：～药粉 ～ yàofěn *sprinkle medicinal powder*

【喷射】pēnshè（动）*spray*；*spurt*

【喷水池】pēnshuǐchí（名）装有人造喷泉的水池 *fountain*

【喷嚏】pēntì（名）*sneeze*：打～ dǎ ～ *sneeze*
【喷头】pēntóu（名）*nozzle*
【喷雾器】pēnwùqì（名）*atomizer*；*sprayer*
【喷嘴】pēnzuǐ（名）（～儿）*spray nozzle*
【喷子】pēnzi（名）*sprayer*

pén

盆 （名）*basin*；*pot*
【盆地】péndì（名）〈地〉被山脉和高地围绕着的平地 *basin*（*area of land surrounded by higher ground*）
【盆景】pénjǐng（名）（～儿）一种陈设品。各种形状的盆中栽上小巧的花草，并配上小树和小山等，像真的风景一样 *miniature landscape*：去北海公园看～展览。Qù Běihǎi Gōngyuán kàn ～ zhǎnlǎn. *view the miniature landscape exhibition in Beihai Park*
【盆子】pénzi（名）同"盆"pén *same as* "盆" pén

pēng

抨 pēng
【抨击】pēngjī（动）〈书〉用言语或文章攻击（某人或某种言论、行动等）*attack（in speech or writing）*

怦 pēng
（象声）形容心跳 *sound of a heart thumping*；*pit-a-pat*：她激动得心～～直跳。Tā jīdòng de xīn ～～ zhí tiào. *She was so agitated that her heart went pit-a-pat.*

砰 pēng
（象声）形容撞击或重物落地的声音 *bang*；*crash*：～的一声，椅子被撞倒了。～ de yì shēng, yǐzi bèi zhuàngdǎo le. *A chair was knocked over and fell with a crash.*

烹 pēng
（动）*boil*；*cook*
【烹饪】pēngrèn（动）〈书〉做饭做菜 *cooking*；*cuisine*
【烹调】pēngtiáo（动）〈书〉烹炒调制（菜蔬）*cook*：他的～技术很高。Tā de ～ jìshù hěn gāo. *His cooking is excellent.*

澎 pēng
（动）（液体）溅起（细珠）*splash*：～了他一身水 ～le tā yì shēn shuǐ *He was splashed all over with water.*：别叫锅里的油～到脸上。Bié jiào guō li de yóu ～dào liǎnshang. *Don't let the oil in the pot splash into your face.*
【澎湃】pēngpài（形）〈书〉(1)形容波浪互相撞击 *surge（like waves）*：海涛 ～ hǎitāo ～ *The billows surge.* ／心潮 ～ xīncháo ～ *A wave of emotion surges up.* ／革命浪潮汹涌 ～。Gémìng làngcháo xiōngyǒng ～. *The waves of revolution surge up tempestuously.* (2)比喻声势浩大，气势雄伟 *rising to a crescendo*：会场上，欢呼声、口号声不绝于耳，群众热情 ～。Huìchǎng shang, huānhū shēng、kǒuhào shēng bù jué yú ěr, qúnzhòng rèqíng ～. *At the meeting the masses erupted into waves of heated applause and slogan chanting.*

péng

朋 péng
（名）◇朋友 *friend*：亲～好友 qīn ～ hǎoyǒu *dear friends and relatives* ／宾～满座 bīn ～ mǎn zuò *The house is full of guests and friends.*
【朋友】péngyou（名）*friend*

棚 péng
（名）*canopy*；*awning*；*shed*：自行车～ zìxíngchē ～ *bicycle shed* ／在院子里搭个小～，可以放点零碎东西。Zài yuànzi li dā ge xiǎo ～, kěyǐ fàng diǎnr língsuì dōngxi. *We have put up a small shed in the yard where you can put odds and ends.*
【棚子】péngzi（名）*shed*

蓬 péng
（名）飞蓬 *bitter fleabane*（形）松散，杂乱 *dishevelled*；*unkempt*：她刚刚起床，头发～着，还穿着睡衣。Tā gānggāng qǐ chuáng, tóufa ～zhe, hái chuānzhe shuìyī. *She has just got out of bed. Her hair is all untidy and she is still wearing pyjamas.*
【蓬勃】péngbó（形）〈书〉繁荣；旺盛 *flourishing*；*vigorous*；*luxuriant*：～发展 ～fāzhǎn *vigorous development* ／祝你们的事业～向上。Zhù nǐmen de shìyè ～ xiàng shàng. *I wish you every success in your undertaking.* ／到处是一片蓬勃勃的景象。Dàochù shì yí piàn péngpéngbóbó de jǐngxiàng. *Everywhere there was a scene of flourishing abundance.*
【蓬乱】péngluàn（形）草、头发蓬松散乱 *tangled*；*dishevelled*
【蓬松】péngsōng（形）形容草、叶、头发等松散开 *fluffy*：用这种洗发水洗头，头发乌黑、～。Yòng zhè zhǒng xǐfàshuǐ xǐ tóu, tóufa wūhēi、～. *If you use this kind of shampoo your hair will be black and fluffy.* ／这件毛衣柔软、～，穿着挺舒服。Zhè jiàn máoyī róuruǎn、～, chuānzhe tǐng shūfu. *This sweater is soft and fluffy, so it is very comfortable.*
【蓬头垢面】péng tóu gòu miàn 形容头发很乱，脸上很脏的样子 *dishevelled*；*unkempt*

硼 péng
【硼砂】péngshā（名）*borax*
【硼酸】péngsuān（名）*boric acid*

鹏 〔鵬〕péng
（名）◇ 传说中最大的鸟 *roc*
【鹏程万里】péng chéng wàn lǐ 传说鹏是一种最大的鸟，能飞万里。比喻人的前程远大 *soar like a roc——have a brilliant future ahead of one*

篷 péng
（名）(1) *awning* (2)船帆 *ship's sail*
【篷布】péngbù（名）车、船上用来遮光、挡风雨的帆布 *covering*；*awning*
【篷车】péngchē（名）(1)火车或汽车上有车顶的货车 *boxcar*；*covered truck* (2)旧时带篷的马车 *covered wagon*

膨 péng
（动）胀 *expand*
【膨化食品】pénghuà shípǐn *puff pastry*
【膨体纱】péngtǐshā（名）*bulk yarn*
【膨胀】péngzhàng（动）(1)〈物〉扩大 *expand*；*dilate* (2)（某些事物）扩大或增长 *swell*；*inflate*：通货～ tōnghuò ～ *currency inflation*
【膨胀系数】péngzhàng xìshù〈物〉*coefficient of expansion*

pěng

捧 pěng
（动）(1)用双手托 *hold in both hands*：他～着碗在喝汤。Tā ～zhe wǎn zài hē tāng. *He is drinking the soup holding the bowl in both hands.* ／小孩儿～着糖果送给客人吃。Xiǎoháir ～zhe tángguǒ sòng gěi kèrén chī. *The child holds out both hands to offer candies to the guest.* (2)〈贬〉奉承人

或替人吹嘘 flatter；sing somebody's praises insincerely：这人当上领导，是凭一些人～起来的。Zhè rén dāngshang lǐngdǎo，shì píng yìxiē rén ～ qilai de. He only got to be a leader on the strength of other people singing his praises. /对演员的评价要恰如其分，～得太高，对他本人没有好处。Duì yǎnyuán de píngjià yào qià rú qí fèn，～ de tài gāo，duì tā běnrén méi yǒu hǎochù. When appraising a performer one must do it in an appropriate way and not exaggerate. Praising him to the skies won't do him any good. （量）用于能用两手捧起的东西 amount that can be held in both hands：一～米 yì ～ mǐ a double handful of rice /两～花生 liǎng ～ huāshēng two double handfuls of peanuts

【捧场】pěng=chǎng 原指特意到剧场去赞赏戏曲演员表演，今泛指故意替别人的某种活动或局面吹嘘 support a favorite actor by one's attendance at his performances；give fulsome praise：对一个年轻演员适当地捧场是有益的鼓励。Duì yí ge niánqīng yǎnyuán shìdàng de pěngpěng chǎng shì yǒuyì de gǔlì. It is useful encouragement for a young actor to join the audience at his performances. /剧团负责人说：今天全靠大家～，我们的演出胜利结束了。Jùtuán fùzérén shuō：Jīntiān quánkào dàjiā ～，wǒmen de yǎnchū shènglì jiéshù le. The troupe leader said："The success of our performance was due to generous praise from everybody today." /多亏大家～，晚会开得不错。Duōkuī dàjiā ～，wǎnhuì kāi de búcuò. Thanks to everybody's kind presence the party went very well. /要警惕别有用心的人的～。Yào jǐngtì bié yǒu yòng xīn de rén de ～. You must beware of fulsome praise from people with ulterior motives.

【捧腹大笑】pěngfù dàxiào 捧着肚子尽情地笑。形容大笑的样子 roar with laughter；split one's sides with laughter

pèng

碰 pèng （动）(1)物体相互撞击 bump into；collide with：别～了这盆花。Bié ～le zhè pén huār. Don't bump into this pot of flowers. /他～了我一下，我手里一杯酒洒了一半。Tā ～le wǒ yí xià，wǒ shǒu li yì bēi jiǔ sǎle yíbànr. He bumped into me and spilled half the glass of wine I was holding. (2)遇到 meet；encounter：今天在街上～到一个老同学。Jīntiān zài jiēshang ～dào yí ge lǎo tóngxué. I bumped into an old schoolmate on the street today. /又～上难题了。Yòu ～shang nántí le. I have run into another tough problem. (3)试探 probe；feel out；have a go (at something)：让我去～运气吧，也许问题能解决。Ràng wǒ qù ～ ～ yùnqi ba，yěxǔ wèntí néng jiějué. Let me take a chance and maybe I can solve this problem. /你最好去～～看，说不定小王那里有这本书。Nǐ zuìhǎo qù ～ ～ kàn，shuōbudìng Xiǎo Wáng nàli yǒu zhè běn shū. You had better go and have a look. Maybe Xiao Wang has a copy of this book. (4)◇交换(情况)meet to discuss：今晚咱们把各组讨论的情况～一～. Jīn wǎn zánmen bǎ gè zǔ tǎolùn de qíngkuàng ～ yi ～. This evening let's hear how each group's discussion went.

【碰杯】pèng=bēi 饮酒前举杯相碰，表示祝贺或祝愿 clink glasses

【碰壁】pèng=bì 碰钉子 "run up against a stone wall"—be rebuffed：要开展一项新工作真难，到处～. Yào kāizhǎn yí xiàng xīn gōngzuò zhēn nán，dàochù ～. It is difficult to get a new project going. One runs into stone walls everywhere. /今天找他联系事情，又碰了一次壁。Jīntiān zhǎo tā liánxì shìqing，yòu pèngle yí cì bì. I went to try to make contact with him today，but I was rebuffed again.

【碰钉子】pèng dīngzi 〈口〉比喻遭到拒绝 meet with a rebuff；meet with a refusal：不切实际的计划执行起来非～不可。Bú qiè shíjì de jìhuà zhíxíng qilai fēi ～ bùkě. If you try to

carry out unrealistic plans it is inevitable that you will meet with rebuffs. /我说不要去请他，他不会来的，你不信，现在果然碰了个钉子吧！Wǒ shuō búyào qù qǐng tā，tā bú huì lái de，nǐ bú xìn，xiànzài guǒrán pèngle ge dīngzi ba！I told you it was no use inviting him；I knew he wouldn't come. You didn't believe me and so you got a rebuff just now. /他给了我一个钉子碰。Tā gěile wǒ yí ge dīngzi pèng. He cold-shouldered me.

【碰见】pèng // jiàn 事先没有约会而见到 meet by chance；run into：虽然我们住在一条街上，但是轻易碰不见。Suīrán wǒmen zhù zài yì tiáo jiē shang，dànshì qīngyì pèng bu jiàn. Although we live on the same street we seldom bump into each other.

【碰巧】pèngqiǎo （副）恰巧 by chance；by coincidence；as luck would have it：我要看足球赛，～他有一张票，就给了我。Wǒ yào kàn zúqiú sài，～ tā yǒu yì zhāng piào，jiù gěile wǒ. I wanted to watch a football match，and just by chance he had a ticket，so he gave it to me.

【碰头】pèng=tóu （～儿）(1)会面 have a meeting with；get together：他俩天天～. Tā liǎ tiāntiān ～. The two of them get together every day. /我们一星期碰一次头。Wǒmen yì xīngqī pèng yí cì tóur. We get together once a week. (2)(用很短的时间)交换情况 short meeting for exchange of information：咱们碰个头，研究一下明天的工作。Zánmen pèng ge tóur，yánjiū yíxià míngtiān de gōngzuò. Let's get together and figure out tomorrow's work.

【碰头会】pèngtóuhuì （名）以交换情况为主要目的的小型会议，不拘形式，无固定程序，时间较短 hold a quick meeting for informal exchange of information：请通知老王，下午两点开个～. Qǐng tōngzhī Lǎo Wáng，xiàwǔ liǎng diǎn kāi ge ～. Please let Lao Wang know that we'll have a quick meeting at two o'clock this afternoon.

【碰一鼻子灰】pèng yī bízi huī 事没办成，反遭拒绝、冷遇或斥责，讨了个没趣儿 meet with a rebuff；be snubbed：你去求他呀，准得一～. Nǐ qù qiú tā ya，zhǔn děi ～. If you go asking him for help you're sure to get a rebuff. /本以为老周会支持我们，没想到在他那里碰了一鼻子灰。Běn yǐwéi Lǎo Zhōu huì zhīchí wǒmen，méi xiǎngdào zài tā nàli pèngle yì bízi huī. I had expected Lao Zhou to support us. I never thought that he would turn us down.

pī

批 pī （动）(1)对文件表示意见或对文章给以批评(多写在原件上) express opinions；criticise (as marginal notes)：～文件 ～ wénjiàn write instructions on documents /工作计划～下来了。Gōngzuò jìhuà ～ xialai le. Our work plan has been approved. /他在文章后面～了几句话。Tā zài wénzhāng hòumiàn ～le jǐ jù huà. He wrote his comments on the back of the manuscript. (2)批判 criticise；repudiate：他的观点过去常挨～. Tā de guāndiǎn guòqù cháng ái ～. His viewpoint has often been criticised. （量）用于大宗货物或许多人 batch；group (of things or people)：店里刚进了一～货。Diàn li gāng jìnle yì ～ huò. The shop has just received a new batch of stock. /第三～旅游者已经到了。Dìsān ～ lǚyóuzhě yǐjīng dào le. The third group of tourists has already arrived.

【批驳】pībó （动）(1)(书面或口头)批评和驳斥(别人的错误意见或观点) veto；rebuke；criticise：～别人的论点，应当摆事实讲道理，令人心服。～ biérén de lùndiǎn，yīngdāng bǎi shìshí jiǎng dàolǐ，lìng rén xīnfú. When one criticises another's argument，one should be convincing by basing oneself on facts. / 他的意见遭到权威人士的～. Tā de yìjian zāodào quánwēi rénshì de ～. His idea came up

against a veto by persons in authority. (2)书面否定下级的意见或要求 written veto of a suggestion or request from a subordinate level：上级～了他们的试验方案。Shàngjí ～le tāmen de shìyàn fāng'àn. Their experimental plan was turned down by their superiors.

【批发】pīfā（动）成批地出售（商品）sell wholesale：这里的商品只～，不零售。Zhèli de shāngpǐn zhǐ ～, bù língshòu. The goods here are only sold wholesale, not retail.

【批复】pīfù（动）（上级）对下级的书面报告等批写意见答复（superiors）give a written reply or opinion (to a report from a subordinate)

【批改】pīgǎi（动）修改（文章、作业等）并加批语 correct (compositions, exercises etc.)：学生的作文，老师～得很细。Xuésheng de zuòwén, lǎoshī ～ de hěn xì. The teacher meticulously corrected the students' essays.

【批量】pīliàng（名）指一次投入或出产的一批相同产品的数量 batch (of products)：这种新药已经开始～生产了。Zhè zhǒng xīn yào yǐjīng kāishǐ ～ shēngchǎn le. This new type of medicine has already begun to be produced in batch lots. ／这种新药生产的～不大。Zhè zhǒng xīn yào shēngchǎn de ～ bú dà. This new type of medicine is produced in small batches.

【批判】pīpàn（动）用摆事实讲道理的方法，对错误的思想、言论或行为加以分析，进行否定、驳斥 criticise：～错误思想～ cuòwù sīxiǎng criticise erroneous thinking ／遭到严厉的～ zāodào yánlì de ～ encounter stern criticism ／对损人利己和损公肥私的行为应当进行～。Duì sǔn rén lì jǐ hé sǔn gōng féi sī de xíngwéi yīngdāng jìnxíng ～. We must level criticism at actions which are selfish and harmful to the community.

【批判现实主义】pīpàn xiànshízhǔyì 十九世纪后期盛行于欧洲的一种资产阶级文艺思潮和创作方法 critical realism

【批评】pīpíng（动）(1)对缺点、错误提出意见 criticise；point out faults：他上课经常迟到，老师～了他。Tā shàng kè jīngcháng chídào, lǎoshī ～le tā. The teacher criticised him for frequently being late for class. ／～和自我～是解决人民内部矛盾的正确方法。文学～ literary criticism ～ hé zìwǒ ～ shì jiějué rénmín nèibù máodùn de zhèngquè fāngfǎ. Criticism and self-criticism are the correct way to solve the contradictions among the people. ／你的～很中肯。Nǐ de ～ hěn zhòngkěn. Your critique is very much to the point.

【批示】pīshì（动）（上级对下级的公文）通过书面形式表示意见 write comments on a report by a subordinate：我们的报告领导已经～了。Wǒmen de bàogào lǐngdǎo yǐjīng ～ le. The leadership has already written its comments on our report.（名）批示的内容 written comments：上级的～已经向全体人员传达了。Shàngjí de ～ yǐjīng xiàng quántǐ rényuán chuándá le. The leadership's written comments have already been circulated among the staff.

【批语】pīyǔ（名）(1)对文章的评语 comments on a piece of writing (2)批示公文的话 written comments on an official document

【批阅】pīyuè（动）〈书〉阅读并加以批示或批改 read over and make comments on or correct：～文件 ～ wénjiàn read and amend documents ／～学生的作文 ～ xuésheng de zuòwén read and correct students' essays

【批注】pīzhù（动）加批语和注解 annotate（名）批语或注解文字 annotations；marginalia

【批准】pīzhǔn（动）上级对下级的意见、建议或请求予以同意 ratify；approve：校长～图书馆购买一万元新书。Xiàozhǎng ～ túshūguǎn gòumǎi yíwàn yuán xīn shū. The school principal approved the library's purchase of 10,000 yuan-worth of new books.

坯 pī

（名）(1) semifinished product；base；basic material：砖～ zhuān ～ unburnt brick (2)特指土坯 sun-dried brick；adobe：脱～ tuō ～ mold adobe bricks

披 pī

（动）(1)搭在肩背上或覆盖（在某物上）drape over (the shoulders)：外边冷，他～上了大衣。Wàibiānr lěng, tā ～shangle dàyī. It was cold outside, so he threw an overcoat over his shoulders. ／春风给田野～上了绿色的衣裳。Chūnfēng gěi tiányě ～shangle lǜsè de yīshang. The spring breeze cast a coverlet of green over the fields. (2)（竹木等）裂开 split (bamboo, etc.)：竹竿～了。Zhúgān ～ le. The bamboo pole has split.

【披风】pīfēng（名）[件 jiàn] cloak

【披肝沥胆】pī gān lì dǎn 比喻真心相见，说心里话。也形容非常忠诚 speak frankly；be open and sincere

【披红】pīhóng（动·不及物）把红绸子斜披在人的身上，表示喜庆或光荣 drape red silk round a person as a token of rejoicing or honor：给新选出的劳动模范～戴花。Gěi xīn xuǎnchū de láodòng mófàn ～ dài huā. They draped the new model workers with red silk and pinned rosettes to them.

【披肩】pījiān（名）cape；shawl（动·不及物）（头发）垂到肩上 (of hair) hang down to the shoulders：长发～ chángfà ～ hair hanging down to the shoulders

【披荆斩棘】pī jīng zhǎn jí 在荆棘丛中开辟道路，比喻在前进路上和创业过程中清除障碍，克服重重困难 "smash one's way through brambles and thorns" — fight through all kinds of difficulties

【披露】pīlù（动）〈书〉(1)发表，公布 publish；make known；announce：前天报上～了这个消息。Qiántiān bào shang ～ le zhège xiāoxi. This news was announced in the paper the day before yesterday. (2)表露 reveal；disclose：这件事，部长在谈话中已有～。Zhè jiàn shì, bùzhǎng zài tán huà zhōng yǐ yǒu ～. This matter has already been brought up by the section head in his talk.

【披散】pīsan（动）（头发等）散着下垂 (of hair, etc.) hang down loosely：～着头发 ～zhe tóufa with hair hanging loose

【披头散发】pī tóu sàn fà 形容头发又长又乱 shaggy-haired

【披星戴月】pī xīng dài yuè 身披星星，头顶月亮,形容早出晚归，工作非常辛苦或昼夜赶路,旅途十分疲劳 "with the stars for a cloak and the moon for a hat" — work or travel night and day

砒 pī

【砒霜】pīshuāng（名）arsenic

劈 pī

（动）(1)用刀斧等从纵面破开 chop；split (with a knife, axe, etc.)：～木柴 ～ mùchái chop firewood ／～山开路 ～ shān kāi lù drive a road through mountains (2)雷电毁坏或击毙 (of lightning) strike；shoot dead：雷把那棵大树～了。Léi bǎ nà kē dà shù ～ le. Lightning struck that large tree. 另见 pǐ

【劈里啪啦】pīlipālā（象声）形容连续爆裂、拍打的声音 crackling sound：～放鞭炮 ～ fàng biānpào set off a crackle of fireworks ／大家～鼓起掌来。Dàjiā ～ gǔ qǐ zhǎng lai. Everyone began to applaud loudly.

【劈脸】pīliǎn（副）正对着人脸 right in the face：冰雹～打来,使人无法躲闪。Bīngbáo ～ dǎlái, shǐ rén wúfǎ duǒshǎn. Hailstones met me full in the face, giving me no chance to dodge them.

【劈面】pīmiàn（副）同"劈脸"pīliǎn same as "劈脸" pīliǎn

【劈山】pī = shān *level off hilltops*：～修路 ～ xiū lù *level hills to make roads*

【劈手】pīshǒu（副）表示手的动作特别快，使人来不及防备 *make a grab at something*：～就抢 ～ jiù qiǎng *make a grab and snatch something away* /他～夺过马鞭，上马飞驰而去。Tā ～ duóguò mǎbiān，shàng mǎ fēichí ér qù. *He snatched the whip away，leapt on the horse and galloped off.*

【劈头】pītóu（副）正冲着头，迎头 *right on the head；right in the face*：他见了小张～就问："昨天你为什么没来?"Tā jiànle Xiǎo Zhāng ～ jiù wèn："Zuótiān nǐ wèi shénme méi lái?" *When he saw Xiao Zhang he asked him directly to his face："Why didn't you come yesterday?"* /刚一开门，一阵大风，把他的帽子刮掉了。Gāng yì kāi mén，～ yí zhèn dà fēng，bǎ tā de màozi guādiào le. *He had just opened the door when a gust of wind hit him right in the face and blew his hat off.*

【劈头盖脸】pī tóu gài liǎn 正对着头和脸(盖下来)，形容来势凶猛 *right at one；head-on (usually something unpleasant)*：狂风暴雨～地向他扑来。Kuángfēng bàoyǔ ～ de xiàng tā pūlái. *A raging storm hit him head-on.*

霹 pī

【霹雷】pīléi（名）〈口〉霹雳 *thunderbolt*

【霹雳】pīlì（名）响声巨大的雷，常用来比喻突然发生的惊人事件 *thunderclap*：一个～打下来，击死了一头牛。Yí ge ～ dǎ xialai，jīsǐle yì tóu niú. *A thunderbolt killed one of the cows.* /这个消息好比晴天～，人们听了都惊呆了。Zhège xiāoxi hǎobǐ qíngtiān ～，rénmen tīngle dōu jīngdāi le. *The news came like a bolt from the blue and caused a sensation.*

pí

皮 pí（名）(1)人或生物体表面的一层组织 *skin；hide*：手上碰破了块～。Shǒushang pèngpòle kuài ～. *He has torn a strip of skin from his hand.* /猪～ zhū ～ *pigskin* /树～ shù ～ *tree bark* /橘子～ júzi ～ *orange peel* (2)(～儿)包在外面的一层东西 *outer wrapper；cover*：给书包个～ gěi shū bāo ge ～ *put a cover on one's book* /馄饨～ húntun ～ *wonton wrapper* (形)〈口〉(1)酥脆的东西因受潮而变软 *soggy*：天太潮，饼干全～了。Tiān tài cháo，bǐnggān quán ～ le. *The weather is so humid that the biscuits have gone soggy.* (2)淘气、调皮 *naughty*：这孩子真～，简直管不住。Zhè háizi zhēn ～，jiǎnzhí guǎn bu zhù. *This is a really naughty child. He is too much of a handful for me.* (3)因受批评或责罚次数太多，已经习惯而不在乎了 *become hardened to；case-hardened*：别老骂孩子，骂～了，更不好教育了。Bié lǎo mà háizi，mà～ le，gèng bù hǎo jiàoyù le. *Don't keep scolding the child. Once he gets hardened to it, it will be even more difficult to train him.*

【皮袄】pí'ǎo（名）[件 jiàn] *fur-lined jacket*

【皮包】píbāo（名）[个 gè] 用皮革制成的手提包 *leather handbag；briefcase*

【皮包骨】pí bāo gǔ 形容人极端消瘦 *skinny；all skin and bone*：瞧你都瘦成～了。Qiáo nǐ dōu shòuchéng ～ le. *Goodness! You've become all skin and bone.* /我一见那孩子病成～的样子，心里难过极了。Wǒ yí jiàn nà háizi bìngchéng ～ de yàngzi，xīnli nánguò jí le. *I was most distressed to see that child wasted away with illness.*

【皮层】pícéng（名）〈生物〉*cortex*

【皮尺】píchǐ（名）*tape measure*

【皮带】pídài（名）[条 tiáo](1)传动带的通称 *belt；transmission belt* (2)用皮革制成的带子，特指用皮革制的腰带 *leather belt*

【皮肤】pífū（名）〈生理〉*skin*

【皮肤病】pífūbìng（名）〈医〉*skin disease*

【皮革】pígé（名）*leather；hide*

【皮猴】píhóur（名）带风帽的各式长短皮大衣 *fur coat with a hood*

【皮货】píhuò（名）毛皮货物的总称 *fur goods；furs；pelts*

【皮匠】píjiang（名）(1)旧时称制鞋工人或修补旧鞋的手工劳动者 *shoemaker；cobbler (archaic)* (2)制造皮革的小手工业者 *leather worker*

【皮科】píkē（名）〈医〉*dermatology*

【皮毛】pímáo（名）(1)带毛兽皮的总称 *fur*：狐皮是珍贵的～。Húpí shì zhēnguì de ～. *Fox fur is a very valuable pelt.* (2)比喻表面的知识 *superficial knowledge；smattering*：我对这门学问只知道点～，根本谈不上精通。Wǒ duì zhè mén xuéwèn zhī zhīdao diǎn ～，gēnběn tán bu shàng jīngtōng. *I only have a superficial knowledge of this field of study. I really am not conversant with the subject.*

【皮棉】pímián（名）*ginned cotton*

【皮球】píqiú（名）[个 gè] *leather ball；rubber ball；ball*

【皮下组织】píxià zǔzhī〈生理〉*subcutaneous tissue*

【皮鞋】píxié（名）[只 zhǐ，双 shuāng] *leather shoe*

【皮影戏】píyǐngxì（名）用灯光把兽皮或纸板等做成的人物剪影照射在白色的幕上，表演故事。表演者在幕后一边操纵剪影，一边演唱，并配以音乐。也叫影戏、灯影戏、驴皮影 *shadow play*

【皮疹】pízhěn（名）〈医〉*rash*

【皮之不存，毛将焉附】pí zhī bù cún，máo jiāng yān fù 皮都没有了，毛还长在哪儿呢?比喻事物失去了借以生存的基础，就不能存在 *"without skin the hair will fall off" — a thing cannot exist without its basis*

【皮重】pízhòng（名）*tare*

【皮子】pízi（名）(1) *leather；hide* (2) *fur*

枇 pí

【枇杷】pípá（名）*loquat*

毗 pí

【毗连】pílián（动）〈书〉(地方)连接 *adjoin；border on*：河南和河北两省～。Hénán hé Héběi liǎng shěng ～. *The provinces of Henan and Hebei adjoin each other.*

【毗邻】pílín（动）同"毗连"pílián *same as "毗连" pílián*

蚍 pí

【蚍蜉】pífú（名）〈书〉大蚂蚁 *ant*

【蚍蜉撼大树】pífú hàn dà shù 蚂蚁想摇动大树。比喻力量很小，却妄想动摇强大的事物，不自量力 *"an ant trying to push over a huge tree"*：～，可笑不自量。～，kěxiào bú zìliàng. *"An ant trying to push over a huge tree" is a ludicrous miscalculation of one's strength.*

疲 pí

疲 pí（形）◇疲乏 *tired；fatigued*

【疲惫】píbèi（形）〈书〉非常疲乏 *exhausted；extremely tired*：～不堪 ～ bùkān *be completely tired out* (动)使非常疲乏 *exhaust；tire out*：想方设法～敌军 xiǎng fāng shèfǎ ～ díjūn *think of a way to exhaust the enemy*

【疲乏】pífá（形）*tired；weary*：上山植树，一连干了五个小时，感到有些～。Shàng shān zhí shù，yìlián gànle wǔ ge xiǎoshí，gǎndào yǒuxiē ～. *I feel somewhat weary after spending five hours at a stretch planting trees on the mountain.*

【疲倦】píjuàn（形）疲乏困倦，想睡觉 *tired；weary；fa-*

tigued］连着讲了四节课,有点～。Liánzhe jiǎngle sì jié kè, yǒudiǎnr ～. *I'm a bit tired after teaching four consecutive lessons.* /他干劲十足,开了两个夜车也不觉得～。Tā gànjìnr shízú,kāile liǎng ge yèchē yě bù juéde ～. *He's got boundless energy. He's been burning the midnight oil for two nights running and he doesn't feel tired.*

【疲劳】píláo（形）(1)因体力和脑力消耗过多需要休息 tired; weary; fatigued：连续工作了二十个小时,实在～。Liánxù gōngzuòle èrshí ge xiǎoshí,shízài ～. *I'm tired out after working 20 straight hours.* /～过度,就会生病。～ guòdù, jiù huì shēng bìng. *If you overtire yourself you can fall ill.* (2)因运动过度或刺激过强,细胞组织或器官的机能减弱 fatigue of the structure or organs：听觉～ tīngjué ～ auditory fatigue /神经～ shénjīng ～ nervous debility (3)〈物〉因外力过强或作用时间过长,不能继续起正常反应 fatigue：弹性～ tánxìng ～ elastic fatigue /磁性～ cíxìng ～ magnetic fatigue.

【疲沓】píta（形）同"疲塌"píta same as "疲塌" píta

【疲塌】píta（形）指情绪松懈,作事拖拉 lax; slack; negligent：克服～作风,争取尽早完成任务。Kèfú ～ zuòfēng, zhēngqǔ jìnzǎo wánchéng rènwù. *Overcome lax work habits and strive to complete your tasks as soon as possible!* /这人精神不振作,干什么事都疲疲塌塌的。Zhè rén jīngshén bú zhènzuò,gàn shénme shì dōu pípítātā de. *He's a lazy-spirited person. Whatever he does is done in a slipshod way.*

【疲于奔命】pí yú bēn mìng 原指为完成长官的命令,不得不四处奔走,极度疲劳,后来也指事情繁多,用尽精力忙不过来 be kept constantly on the go; be weighed down by one's duties：游击队的灵活战术,搞得敌人日夜不安,～。Yóujīduì de línghuó zhànshù,gǎo de dírén rìyè bù'ān,～. *The guerrillas' nimble tactics kept the enemy constantly harrassed day and night.* /我一天到晚～,哪顾得上打扮呀! Wǒ yì tiān dào wǎn ～, nǎr gù de shàng dǎban ya! *I'm on the go from morning till night. When do I get the chance to think about getting dressed up?*

啤 pí
【啤酒】píjiǔ（名）beer

琵 pí
【琵琶】pípa（名）[把 bǎ] 一种有四根弦的乐器 pipa — plucked four-stringed instrument

脾 pí
（名）〈生理〉spleen
【脾气】píqi（名）(1)性情 temperament; disposition：急～ jí ～ hasty disposition /他本来～很坏,近来好多了。Tā běnlái ～ hěn huài,jìnlái hǎo duō le. *He used to have a nasty disposition, but it has improved a lot recently.* (2)容易动怒的性情；急躁的情绪(多和"有""大""发"连用) irritable, impetuous nature：这人说话总是很温和的,从来没有什么～。Zhè rén shuō huà zǒngshi hěn.wēnhé de,cónglái méi yǒu shénme ～. *Whenever he speaks he always does so calmly; he never flies off the handle.* /老王近来～很大,一不顺心就跟人吵。Lǎo Wáng jìnlái ～ hěn dà,yí bú shùnxīn jiù gēn rén chǎo. *Recently Lao Wang's been getting very irritable, as soon as something's not to his liking he starts an argument.* /你干吗老对我发～?Nǐ gàn má lǎo duì wǒ fā ～? *Why are you always snapping at me?*

pǐ

匹 pǐ
（量）(1)用于骡、马等 measure word for horse, etc.：一～骡子 yì ～ luózi one mule /两～马 liǎng ～ mǎ two horses (2)用于整卷的绸或布等 measure word for rolls of silk, bolts of cloth, etc.：两～绸子 liǎng ～ chóuzi two bolts of silk /三～布 sān ～ bù three bolts of cloth (动)〈书〉比得上 be equal to; be a match for：难与为～ nán yǔ wéi ～ difficult to match
【匹敌】pǐdí（动·不及物）〈书〉力量相当,不相上下 be well matched：老王摔跤技术很高,唯有你尚可与他～。Lǎo Wáng shuāi jiāo jìshù hěn gāo,wéi yǒu nǐ shàng kě yǔ tā ～. *Lao Wang is a very accomplished wrestler. Only you can match him.*

否 pǐ
（形）◇坏 bad; wicked; evil 另见 fǒu
【否极泰来】pǐ jí tài lái 否：指失利；泰：指顺利。意思是坏情况到了顶点,好情况就会到来 "From the depths of misfortune joy emerges." — "It is always darkest just before the dawn."

痞 pǐ
（名）(1)〈医〉一种疾病 lump in the abdomen (2)◇恶棍,流氓 ruffian; riffraff
【痞子】pǐzi（名）坏人,流氓 ruffian

劈 pī
（动）(1)使(绞在一起的绳、线等)分开 split into various pieces, strands, etc.：把绳子～成两股。Bǎ shéngzi ～chéng liǎng gǔ. *Split the rope into two strands.* (2)使(枝叶等)离开л体 break off; strip (leaves, etc.)：～树枝 ～ shùzhī strip a tree of its branches /～菜叶 ～ càiyè strip cabbage leaves (3)(腿和手指等)过分叉开,使筋骨受伤 injure one's legs or fingers by spreading them too wide：他不小心,把腿～了。Tā bù xiǎoxīn,bǎ tuǐ ～ le. *He carelessly did the splits and hurt himself.* 另见 pǐ
【劈柴】pīchái（名）firewood

癖 pǐ
（名）◇长时间养成的特殊习惯、爱好 addiction; fondness for; weakness for：饮酒成～ yǐn jiǔ chéng ～ be addicted to drinking
【癖好】pǐhào（名）〈书〉对某种事物的特别爱好 favorite pastime; hobby：钓鱼是他的～。Diào yú shì tā de ～. *He is crazy about fishing.*
【癖性】pǐxìng（名）个人所特有的癖好、习性 inclination; fondness for; proclivity; weakness for：爱干净已经成了她的～。Ài gānjìng yǐjīng chéngle tā de ～. *Cleanliness has become an obsession with her.*

屁 pì
（名）flatulence
【屁股】pìgu（名）buttocks

辟 pì
［闢］pì（动）(1)开辟 open up; develop：他的绘画不受传统画法的约束,自～一途径,取得了特殊成就。Tā de huìhuà bú shòu chuántǒng huàfǎ de yuēshù,zì ～ tújìng,qǔdéle tèshū chéngjiù. *His painting is not restrained within traditional methods, and he has achieved special success since he started blazing new trails.* /这个报纸～了个诗歌专栏。Zhège bàozhǐ ～le ge shīgē zhuānlán. *This newspaper has started a poetry column.* (2)◇驳斥或排除(错误言论) refute; repudiate (erroneous arguments, etc.)：大～谬论 dà ～ miùlùn roundly condemn a fallacy

【辟谣】pì＝yáo 说明真实情况，驳斥谣言 scotch a rumor

媲 pì

（动）◇匹敌 be on a par with

【媲美】pìměi（动·不及物）在美好的程度上差不多 compare favorably with：泰山可与华山 ~。Tài Shān kě yǔ Huà Shān ~. Taishan is as grand as Huashan.／这两种牌子的电视机可以相互 ~。Zhè liǎng zhǒng páizi de diànshìjī kěyǐ xiānghù ~. These two makes of television sets are of similar quality.

僻 pì

（形）◇不常见的（多指文字）rare；unusual；out-of-the-way：~字 ~ zì rare character

【僻静】pìjìng（形）（远离闹市）人少而安静的（地方）secluded；sequestered：疗养院应建在 ~ 的地方。Liáoyǎngyuàn yīng jiàn zài ~ de dìfang. Sanatoriums ought to be located in secluded places.

【僻陋】pìlòu（形）（地区）偏僻而又荒凉 remote and desolate：~的小镇 ~ de xiǎo zhèn out-of-the-way little town

譬 pì

（名）◇比喻，比方 example；analogy；metaphor

【譬如】pìrú（连）同"比如"bǐrú，引出所举的例子或比喻 for example；for instance；such as；same as "比如"bǐrú：油都是易燃的，~ 汽油。Yóu dōu shì yì rán de，~ qìyóu. All oils are inflammable；for example，gasoline is.／他喜欢收集小工艺品，~ 小泥人、景泰蓝小花瓶、竹编花篮什么的。Tā xǐhuan shōují xiǎo gōngyìpǐn，~ xiǎo nírén、jǐngtàilán xiǎo huāpíng、zhúbiān huālán shénmede. He likes to collect small handicraft articles，such as clay figurines，small cloisonné vases，bamboo-woven baskets，and so on.／天赋对人来说也是重要的，~ 一个歌唱家，他的歌喉便是一种天赋。Tiānfù duì rén lái shuō yě shì zhòngyào de，~ yí ge gēchàngjiā，tā de gēhóu biàn shì yì zhǒng tiānfù. Natural gifts are also very important. For example，a singer's voice is one kind of natural gift.

【譬喻】pìyù（名）同"比喻"bǐyù same as "比喻"bǐyù

piān

片 piān

另见 piàn

【片子】piānzi（名）(1)电影胶片，泛指影片 film；movie (2)留声机的唱片 gramophone record

扁 piān

另见 biǎn

【扁舟】piānzhōu（名）〈书〉很小的小船 small boat：一叶 ~ yí yè ~ one small boat

偏 piān

（形）不正 slanting；not straight；to one side：球投 ~ 了一点，没有投进篮里。Qiú tóu ~ le yìdiǎnr，méiyou tóu jìn lán li. The ball was thrown off course and missed the basket.／这张画儿挂 ~ 了，应该往左边挪一挪。Zhè zhāng huàr guà ~ le，yīnggāi wǎng zuǒbiānr nuó yi nuó. The picture is not in the middle of the wall. It should be shifted to the left a bit.（动）(1)偏向（某一方），不公正；单独注重一方面 partial；prejudiced：他总是 ~ 着小王，对小王的错误无原则地宽容。Tā zǒngshì ~ zhe Xiǎo Wáng，duì Xiǎo Wáng de cuòwù wú yuánzé de kuānróng. He's always favoring Xiao Wang and is outrageously lenient with his faults.／这次的考题 ~ 难。Zhè cì de kǎotí ~ nán. The examination questions this time are all on the difficult side.／学习技术不应

~ 理论轻实践。Xuéxí jìshù bù yīng ~ lǐlùn qīng shíjiàn. When learning a skill one should not favor theory at the expense of practise. (2)（不及物）向侧面移动 turn sth. to one side：请把脸往右面 ~ 一 ~。Qǐng bǎ liǎn wǎng yòumiàn ~ yi ~. Please turn your face a little to the right.／把桌子往左 ~ 一点就正了。Bǎ zhuōzi wǎng zuǒ ~ yìdiǎnr jiù zhèng le. Turn the table a bit to the left to straighten it up.（副）(1)表示故意和人作对（indicates deliberate opposition to sb.）：我说现在大家都睡了，别唱歌，他 ~ 唱。Wǒ shuō xiànzài dàjiā dōu shuì le，bié chàng gē，tā ~ chàng. I said that everybody had gone to bed now and that nobody was to sing，yet he went ahead and sang.／医生嘱咐他不能喝酒，他 ~ 喝。Yīshēng zhǔfù tā bù néng hē jiǔ，tā ~ hē. The doctor told him not to drink alcohol，but he did anyway.／谁说这个会非参加不可?我 ~ 不参加!Shuí shuō zhège huì fēi cānjiā bùkě? Wǒ ~ bù cānjiā! Who said we must attend this meeting? I'm certainly not going to! (2)表示故意或似乎意违反要求或现实情况（indicates deliberate or seemingly deliberate opposition to a request or to the actual situation）：你为什么 ~ 在我最忙的时候来找我?Nǐ wèi shénme ~ zài wǒ zuì máng de shíhou lái zhǎo wǒ? Why do you have to come and bother me when I'm at my busiest?／说好每人只能带一件行李，他 ~ 带两个大箱子。Shuōhǎo měi rén zhǐ néng dài yí jiàn xíngli，tā ~ dài liǎng ge dà xiāngzi. It was stipulated that there was to be one suitcase only per person，yet he brought two large ones.／他 ~ 选个刮风天去划船。Tā ~ xuǎn ge guā fēng tiān qù huá chuán. He would have to choose a windy day to go boating. (3)表示客观现实正和主观愿望相反（indicates that objective reality is the direct opposite of subjective desire）：毛衣颜色很多，~ 没有我想要的绿色的。Máoyī yánsè hěn duō，~ méi yǒu wǒ xiǎng yào de lǜsè de. There are many colours of sweaters but there isn't the green that I want.／只有星期日大家才有空出去玩儿，~ 又下起雨来。Zhǐyǒu xīngqīrì dàjiā cái yǒu kòngr chūqu wánr，~ yòu xià qǐ yǔ lái. We only have Sunday free to all go out together. It would have to rain!／本来时间就紧，~ 又雇不到出租车。Běnlái shíjiān jiù jǐn，~ yòu gù bu dào chūzūchē. Time was short to begin with；even worse，we couldn't get a taxi.／电视 ~ 在星期六晚上没好节目。Diànshì ~ zài xīngqīliù wǎnshang méi hǎo jiémù. Just our luck — there aren't any good programs on TV Saturday night. (4)相当于"只有""独独"，指出某一独特人、物不同于一般，含有不可理解之意（similar to "只有"，"独独"；points out a distinctive person or thing，different from the norm；implying it is incomprehensible）：附近几个村子都涝了，~ 我们村大丰收。Fùjìn jǐ ge cūnzi dōu lào le，~ wǒmen cūn dà fēngshōu. All the nearby villages are waterlogged，yet our village has a bumper crop.／大家吃的都一样，怎么 ~ 他泻肚?Dàjiā chī de dōu yíyàng，zěnme ~ tā xiè dù? We all ate the same thing. Why is it that he has diarrhoea?

【偏爱】piān'ài（动）在几个人或几件事物中，格外喜爱其中的一个或一件 favor；show partiality toward：老奶奶特别 ~ 小孙女。Lǎo nǎinai tèbié ~ xiǎo sūnnǚ. Granny is particularly fond of her youngest granddaughter.／祖国的每一寸土地都是可爱的，但人们往往更 ~ 自己的故乡。Zǔguó de měi yí cùn tǔdì dōu shì kě'ài de，dàn rénmen wǎngwǎng gèng ~ zìjǐ de gùxiāng. Every inch of the soil of our native land is dear，but people often give preference to their hometowns.

【偏差】piānchā（名）(1)〈物〉运动的物体离开确定方向的角度 mistake；error；deviation (2)（工作中产生的）偏离规定的标准或政策、方针的缺点、错误 deviation from a plan or standard：工作中出 ~ 是难免的，要注意纠正。Gōngzuò zhōng chū ~ shì nánmiǎn de，yào zhùyì jiūzhèng. It is difficult to avoid committing errors in one's work and one

should be careful to put them right.

【偏方】piānfāng（名）〈医〉民间流传的中药方 *traditional folk remedy*

【偏废】piānfèi（动）（对应当兼顾的事情）忽视了其中一方面或几方面 *neglect (one or more aspects)*：学校教育，在德、智、体三方面要兼顾，不可～其中任何一方面。Xuéxiào jiàoyù, zài dé, zhì, tǐ sān fāngmiàn yào jiāngù, bù kě ~ qízhōng rènhé yì fāngmiàn. *Schools must pay attention to education in the three aspects of morality, knowledge and physical training equally and not favor any one at the expense of the others.* /理论和实践都应重视，二者不可～。Lǐlùn hé shíjiàn dōu yīng zhòngshì, èr zhě bù kě ~. *Theory and practice should receive equal emphasis. One shouldn't be stressed at the expense of the other.*

【偏激】piānjī（形）思想极端，行为过火 *extreme*；*extremist*：～情绪～qíngxù *extreme sentiments* /你的主张太～。Nǐ de zhǔzhāng tài ~. *Your view is too extreme.* /这种观点有点～。Zhè zhǒng guāndiǎn yǒudiǎnr ~. *This point of view is a bit extreme.*

【偏见】piānjiàn（名）对人或事物的固定不变的不正确的看法 *prejudice*；*bias*：谁说农村的孩子成不了歌唱家?这完全是一种～。Shuí shuō nóngcūn de háizi chéng bu liǎo gēchàngjiā? Zhè wánquán shì yì zhǒng ~. *Who says village children can never become singers? This is simply prejudice.* /因为你对他有～，所以总觉得他努力工作是为了表现自己。Yīnwèi nǐ duì tā yǒu ~, suǒyǐ zǒng juéde tā nǔlì gōngzuò shì wèile biǎoxiàn zìjǐ. *It's because you're prejudiced against him that you always feel that his hard work is just a matter of showing off.*

【偏离】piānlí（动）离开了正路，方向偏了 *deviate*；*diverge*；*go off course*：火车～了轨道。Huǒchē ~ le guǐdào. *The train was derailed.* /轮船不能～航向。Lúnchuán bù néng ~ hángxiàng. *A ship must not go off course.* /～了正确的路线，就会犯错误。～le zhèngquè de lùxiàn, jiù huì fàn cuòwù. *You will make mistakes if you stray from the proper path.*

【偏旁】piānpáng（名）汉字形体中某些经常出现的组成部分，如"湖"中的"氵"、"胡"，"位"中的"亻"、"立" *components of a Chinese character, e.g.* "氵" *and* "胡" *in* "湖", "亻" *and* "立" *in* "位"

【偏僻】piānpì（形）*remote*；*sequestered*；*out-of-the-way*：他住的地方十分～。Tā zhù de dìfang shífēn ~. *He lives in an out-of-the-way place.*

【偏偏】piānpiān（副）同"偏"（副）piān（2）（3）（4）*same as* "偏" piān（2）（3）（4）

【偏颇】piānpō（形）〈书〉偏于一方面，不公平 *biased*；*partial*：他的观点失之～。Tā de guāndiǎn shī zhī ~. *His viewpoint has the defect of being biased.*

【偏巧】piānqiǎo（副）（1）恰巧 *it happens that*；*it just so happened that*；*as luck would have it*：我去找他，～他不在家。Wǒ qù zhǎo tā, ~ tā bú zài jiā. *I went to see him, but as luck would have it he wasn't at home.*（2）同"偏偏"piānpiān *same as* "偏偏" piānpiān：他刚刚熟习了这里的业务，～又调走了。Tā gānggāng shúxíle zhèlǐ de yèwù, ~ yòu diào tā zǒu le. *He had just mastered this job when they had to go and transfer him.*

【偏食】piānshí（名）日偏食或月偏食的统称 *partial eclipse*（形）只喜欢吃某几种食物，不吃某些食物 *be fastidious about food*：她从小就太～，所以身体不十分好。Tā cóng xiǎo jiù tài ~, suǒyǐ shēntǐ bù shífēn hǎo. *She has been fastidious about what she eats since she was a child and her health is not too good.* /一定要注意不要让小孩儿养成～的习惯。Yīdìng yào zhùyì búyào ràng xiǎoháir yǎngchéng ~ de xíguàn. *We must be careful not to allow children to develop the habit of being fussy about food.*

【偏祖】piāntǎn（动）不公正地袒护一方 *show favoritism*；*side with*：你们谁不对我就批评谁，对哪一个我也不～。Nǐmen shuí bú duì wǒ jiù pīpíng shuí, duì nǎ yí ge wǒ yě bù ~. *I will criticise whichever of you is in the wrong and not show any favoritism.*

【偏疼】piānténg（动）〈口〉特别偏重地疼爱（晚辈中的某个或某些人）*be especially fond of*；*dote on*：外祖父非常～小外孙子。Wàizǔfù fēicháng ~ xiǎo wàisūnzi. *Granddad dotes on his little grandson.* /父母多半是～最小的孩子。Fùmǔ duōbànr shì ~ zuì xiǎo de háizi. *Parents generally dote on their smallest child.* /～偏爱，对孩子没什么好处。～piān'ài, duì háizi méi shénme hǎochù. *It is not good for children when their parents play favorites.*

【偏题】piāntí（名）不常见的比较冷僻的考题 *tricky question*；"*catch*" *question*

【偏听偏信】piān tīng piān xìn 不做全面的调查了解，只片面地听信某一方面的意见 *listen to only one side of a problem*；*be biased*

【偏向】piānxiàng（动）同"偏祖"piāntǎn，但更口语化 *same as* "偏祖" piāntǎn *but more colloquial*：他不服气，觉得奶奶总是～他弟弟。Tā bù fúqì, juéde nǎinai zǒngshì ~ tā dìdi. *He is resentful, because he feels that his granny is biased in favor of his younger brother.*（名）不正确或不全面的倾向（多指执行政策）*lean to one side*；*deviate (from a policy)*：工作中要注意克服右的～，也要注意克服左的～。Gōngzuò zhōng yào zhùyì kèfú yòu de ~, yě yào zhùyì kèfú zuǒ de ~. *In the course of our work we must overcome both rightist and leftist deviations.*

【偏心】piānxīn（形）不公正，偏向一方 *partiality*；*bias*：老师对全班同学应一视同仁，对谁也不能～。Lǎoshī duì quán bān tóngxué yīng yí shì tóng rén, duì shuí yě bù néng ~. *A teacher must treat all the pupils in a class equally. He must not show partiality toward any of them.* /封建思想使许多父母非常～，重男轻女。Fēngjiàn sīxiǎng shǐ xǔduō fùmǔ fēicháng ~, zhòng nán qīng nǚ. *Feudal thinking has caused many parents to be biased in favor of male children and against female children.*

【偏远】piānyuǎn（形）偏僻而遥远 *remote*；*distant*：～地区 dìqū *remote region* /他们工作的地方太～了。Tāmen gōngzuò de dìfang tài ~ le. *They work in a very remote area.*

【偏重】piānzhòng（动）只着重某一方面 *stress one aspect*：他研究中国古代文学，～唐代的。Tā yánjiū Zhōngguó gǔdài wénxué, ~ Tángdài de. *He is researching classical Chinese literature, focussing on the Tang dynasty.*

篇 piān

（名）首尾完整的文章；一部分可以分的大段落 *piece of writing*；*section (of a book)*：这部书分三部分，每一部分都可独立成～。Zhè bù shū fēn sān bùfen, měi yí bùfen dōu kě dúlì chéng ~. *This book is in three parts and each part can stand as an independent piece of writing.*（量）用于纸张、书页、文章等 *for sheets of paper, pages, articles etc.*：今天老师发了几～讲义。Jīntiān lǎoshī fāle jǐ ~ jiǎngyì. *Today the teacher gave out several sheets of teaching materials.* /谁把这本杂志撕去一～儿?Shuí bǎ zhè běn zázhì sīqù yì ~r? *Who tore a page out of this magazine?* /今天报上有三～比较有意思的文章。Jīntiān bào shang yǒu sān ~ bǐjiào yǒu yìsi de wénzhāng. *There are three quite interesting articles in today's paper.*

【篇幅】piānfu（名）（1）文章的长短 *length of a piece of writing*：这篇论文～不长。Zhè piān lùnwén ~ bù cháng. *This treatise is not very long.*（2）书籍、报刊等篇页的数量 *length (of a piece of writing)*；*space*：这本书～不小，共五百多页。Zhè běn shū ~ bù xiǎo, gòng wǔbǎi duō yè. *This is a lengthy book. It has over 500 pages.* /这个报纸的～已

经从四版扩充到八版。Zhège bàozhǐ de ～ yǐjing cóng sì bǎn kuòchōng dào bā bǎn. *This newspaper has expanded from four pages to eight.* /这本小说有不少～是写景的。Zhè běn xiǎoshuō yǒu bù shǎo ～ shì xiě jǐng de. *This novel contains many passages of scenic description.* /报上都用大量～报导这次会议情况。Bào shang dōu yòng dàliàng ～ bàodǎo zhè cì huìyì qíngkuàng. *All the newspapers give lengthy coverage to the meeting.*

【篇目】piānmù（名）*table of contents*

【篇章】piānzhāng（名）一部书中的篇和章，泛指文章 *chapter*; *section of a book*; ～ 段落 ～ duànluò *chapters and paragaphs* /历史的新～ lìshǐ de xīn ～ *a new chapter in history* /光辉的～ guānghuī de ～ *a brilliant chapter*

翩 piān

【翩翩】piānpiān（形）(1)形容轻快地跳舞，也形容鸟类、蝴蝶等飞舞 *lightly (flutter; dance; step, etc.)*; 在音乐的伴随下，姑娘们一起舞。Zài yīnyuè de bànsuí xià, gūniangmen ～ qǐwǔ. *The girls are dancing lightly to the accompaniment of music.* /蝴蝶在花丛中一飞舞。Húdié zài huācóng zhōng ～ fēiwǔ. *The butterflies are fluttering among the bunches of flowers.* (2)〈书〉形容举止大方，姿态优美(多用于青年男子) *fetching*; *handsome*; *elegant (usually used of young men)*; ～少年 ～ shàonián *beau*; *young buck*; *elegant youth* /风度～ fēngdù ～ *fetching manner*

pián

便 pián
另见 biàn

【便宜】piányi（形）〈口〉价钱低廉 *cheap*; *inexpensive*: 这种鞋很～。Zhè zhǒng xié hěn ～. *This type of shoe is cheap.* (名)不应得的利益 *petty gains*: 不要去占别人的～。Búyào qù zhàn biérén de ～. *You shouldn't take advantage of others.* /这个人总爱贪小～。Zhège rén zǒng ài tān xiǎo ～. *He is always trying to take petty advantage.* (动)使得到不应得的好处或使免于处罚 *be lenient with somebody*; *let off lightly*: 错字不多，不用重抄了，这回算～了你。Cuòzì bù duō, búyòng chóng chāo le, zhè huí suàn ～le nǐ. *You haven't made many mistakes, so there's no need to copy it out again. I'll let you off lightly this time.* /他旷工好几次都没扣工资，这次不能再～他了。Tā kuàng gōng hǎo jǐ cì dōu méi kòu gōngzī, zhè cì bù néng zài ～ tā le. *He has been absent from work several times and we haven't docked his wages. We can't let him off so lightly this time.*

骈 〔駢〕pián

【骈体】piántǐ（名）中国古代的一种文体，始于汉、魏，盛行于六朝。这种文体偏重形式，要求词句整齐对偶，重视声韵的和谐和词藻的华丽 *rhythmical prose style marked by parallelism*

【骈体文】piántǐwén（名）用骈体写的文章，也叫骈文 *rhythmical prose*

piàn

片 piàn
（名)(1)(～儿)平而薄的东西 *thin and flat piece*; *slice*; *flake*: 炒肉～ chǎo ròu ～ *stir-fried slices of meat* /把碎纸～拾起来。Bǎ suì zhǐ ～ shí qilai. *pick up torn-up pieces of paper* /怎么这么多玻璃～？Zěnme zhème duō bōli ～? *How did all these shards of glass get here?* (2)大地区划分出来的小地区 *a division of territory*: 这一地区的绿化工

作，各单位分～负责。Zhè yí dìqū de lǜhuà gōngzuò, gè dānwèi fēn ～ fùzé. *Each unit takes charge of a division of territory for its greening.* （动)用刀平平着削 *slice up*; *cut into flat slices*: 把肉皮～下来。Bǎ ròupí ～ xialai. *Slice off the pork skin.* /把肉～成片儿。Bǎ ròu ～ chéng piànr. *Cut the meat into slices.* （量)(1)用于成片的东西 *(for flat pieces)*: 这药每次吃两～。Zhè yào měi cì chī liǎng ～. *Take two tablets at a time.* /早上就吃了一～面包。Zǎoshang jiù chīle yí ～ miànbāo. *I ate only one slice of bread in the morning.* (2)用于景象、气象、心意等，数词限于"一" *(used to classify scenes, feelings, etc.)*: 一～欢乐景象 yí ～ huānlè jǐngxiàng *a joyous scene* /一～大好春光 yí ～ dàhǎo chūnguāng *a splendid spring scene* /一～好心 yí ～ hǎoxīn *with good intentions* 另见 piān

【片段】piànduàn（名）整体中的一段(多指文章、小说、戏剧、生活、经历等) *episode*; *extract*; *passage*: 文章展示了大学生一些生活～。Wénzhāng zhǎnshìle dàxuéshēng yìxiē shēnghuó ～. *The work reveals some slices of university student life.* /本书辑录了一些长篇小说的～。Běn shū jílùle yìxiē chángpiān xiǎoshuō de ～. *This book is a compilation of extracts from several full-length novels.*

【片断】piànduàn（名）同"片段"piànduàn *same as "片段"* piànduàn（形·非谓)不完整，零碎 *piecemeal*; *fragmental*: ～的记忆 ～ de jìyì *fragments of remembrance* /～的经验 ～ de jīngyàn *slices of experience* /只记得他的一～谈话。Zhǐ jìde tā de ～ tánhuà. *I only remember snatches of his conversation.*

【片刻】piànkè（名）〈书〉极短的时间 *moment*; *instant*: 休息～ xiūxi ～ *rest for a moment* /即到 ～ jí dào will be here presently /稍候～ shāo hòu ～ *wait a moment*

【片面】piànmiàn（形）(1)单方面的 *one-sided*; *unilateral*: ～之词 zhī cí *one-sided account*; *one party's version* /～撕毁合同 ～ sīhuǐ hétong *unilaterally scrap an agreement* (2)不全面的 *incomplete*: 思想方法～。Sīxiǎng fāngfǎ ～. *lopsided way of thinking* /这种观点很～。Zhè zhǒng guāndiǎn hěn ～. *This is a very one-sided point of view.*

【片面性】piànmiànxìng（名）*one-sidedness*

【片瓦无存】piàn wǎ wú cún 一块完整的瓦也没有了，形容房屋彻底毁灭 *"not a single tile remaining" － razed to the ground*: 大地震使这一带的房屋～。Dà dìzhèn shǐ zhè yídài de fángwū ～. *A massive earthquake levelled all the houses in this region.*

【片言只字】piàn yán zhī zì 指零碎的文字材料或简短的几句话 *a few words*; *a scrap of writing*: 根据～是不能判断一个人的观点的。Gēnjù ～ shì bù néng pànduàn yí ge rén de guāndiǎn de. *One can't judge a person's viewpoint from just a few words.* /他离开前，连～也未留下。Tā líkāi qián, lián ～ yě wèi liúxià. *He left without saying a word.*

【片纸只字】piàn zhǐ zhī zì 同"片言只字"piàn yán zhī zì *same as "片言只字"* piàn yán zhī zì

骗 〔騙〕piàn
（动)(1)用谎言或诡计使人上当 *deceive*; *fool*: 真的吗？你可别～我啊！Zhēn de ma? Nǐ kě bié ～ wǒ a! *Is that true? You mustn't deceive me!* /你这套把戏～不了人。Nǐ zhè tào bǎxì ～ bù liǎo rén. *Your cheap trick won't fool anybody.* /他受～上当了。Tā shòu ～ shàng dàng le. *He was deceived.* (2)用欺骗手段取得 *use trickery to get an advantage*: 他～了很多人的钱，最后被逮捕了。Tā ～ le hěn duō rén de qián, zuìhòu bèi dàibǔ le. *He cheated a lot of people out of their money but in the end he was arrested.* /他这块手表是～来的。Tā zhè kuài shǒubiǎo shì ～lai de. *He got this watch by cheating somebody else out of it.*

【骗局】piànjú（名）骗人的手段、计策 *fraud*; *hoax*; *swindle*

【骗取】piànqǔ（动）〈书〉*defraud*; *gain by cheating*: ～财物

~ cáiwù *cheat somebody out of property* /假装积极、~荣誉。Jiǎzhuāng jījí, ~ róngyù. *feign enthusiasm and gain honor through deception* /冒充好人、~信任。Màochōng hǎorén, ~ xìnrèn. *worm one's way into people's confidence* /空头许愿、~群众的支持。Kōngtóu xǔyuàn, ~ qúnzhòng de zhīchí. *inveigle the masses into supporting one with false promises*

【骗子】piànzi （名）*swindler; cheat*

piāo

剽

【剽悍】piāohàn （形）敏捷而勇猛 *agile and courageous*：草原上的牧民，个个都很~。Cǎoyuán shang de mùmín, gègè dōu hěn ~. *All the herders on the grasslands are agile and brave.*

【剽窃】piāoqiè （动）抄袭、窃取（别人的著作）*plagiarize*：~他人的成果是可耻的。~ tārén de chéngguǒ shì kěchǐ de. *It is disgraceful to plagiarize another's achievement.* /他的这篇小说是~来的。Tā de zhè piān xiǎoshuō shì ~ lái de. *This novel of his is a plagiary.*

漂

【漂】piāo （动）浮在液体表面上或随之移动 *float*：许多花瓣~在水面上。Xǔduō huābànr ~ zài shuǐ miàn shang. *A lot of flower petals are floating on the water.* /湖上~着一层浮萍。Hú shang ~zhe yì céng fúpíng. *A layer of duckweed is floating on the lake.* /小船随着河水~走了。Xiǎo chuán suízhe hé shuǐ ~ zǒu le. *The skiff floated along with the current of the river.* 另见 piāo; piǎo

【漂泊】piāobó （动）随水漂流或停泊，比喻生活不安定，到处奔走 *lead a vagabond life; drift aimlessly*：~他乡 tāxiāng *wander in a strange land* /从东北~到江南。Cóng Dōngběi ~ dào Jiāngnán. *wander from the Northeast to south of the Yangtze*

【漂浮】piāofú （动）(1)同"漂"piāo *same as* "漂" piāo：水面上~着落叶。Shuǐ miàn shang ~zhe luòyè. *Fallen leaves are floating on the water.* /几只小船在江面上~。Jǐ zhī xiǎo chuán zài jiāng miàn shang ~. *A few small boats were drifting on the river.* (2)比喻某些影象朦胧地出现在脑子里 *used figuratively of dim images that appear in the mind*：事情虽已过去多年，但当时的景象还时常~在我的脑海里。Shìqing suī yǐ guòqu duō nián, dàn dāngshí de jǐngxiàng hái shícháng ~ zài wǒ de nǎohǎi li. *Although it was many years ago images of that time still often float in my mind.* (形)比喻工作不踏实、不深入，只顾表面 *work done just for show or superficially*：他的工作作风~得很。Tā de gōngzuò zuòfēng ~ de hěn. *His style of work is a very superficial one.*

【漂流】piāoliú （动）〈书〉(1)浮在水面随水流浮动 *drift with the tide; flow with the current*：山上的木材随水~到下游。Shān shang de mùcái suí shuǐ ~ dào xiàyóu. *Logs float down the mountain streams to the lower reaches of the river.* /长江漂流队从长江源头开始~。Cháng Jiāng piāoliúduì cóng Cháng Jiāng yuántóu kāishǐ ~. *The Yangtze rafting expedition began to float downstream from the headwaters.* (2)同"漂泊"piāobó *same as* "漂泊" piāobó：~四方 sìfāng *go wherever the current takes one* /他在海外~了半生，如今已回到故乡。Tā zài hǎiwài ~le bànshēng, rújīn yǐ huídào gùxiāng. *He spent half his life wandering in strange lands but now he has returned to his native place.*

【漂移】piāoyí （动）(1)漂流移动 *drift* (2)〈电子〉*drift*：频率~ pínlǜ ~ *(radio) frequency drift*

缥 〔縹〕piāo

【缥缈】piāomiǎo （形）隐隐约约，若有若无 *vaguely discernible; misty*：山腰上云雾~。Shānyāo shang yúnwù ~. *The mountain slopes are cloaked in mist.* /他总想些虚无~的事情。Tā zǒng xiǎng xiē xūwú ~ de shìqing. *He is always thinking up visionary schemes.*

飘 〔飄〕piāo

【飘】piāo （动）随风摆动或飞扬 *flutter; wave in the breeze*：窗外~着雪花。Chuāng wài ~ zhe xuěhuā. *Snowflakes were fluttering outside the window.* /红旗~在空中。Hóngqí ~ zài kōngzhōng. *The red flag was waving in the air.* /远处~来悠扬的歌声。Yuǎnchù ~ lái yōuyáng de gēshēng. *The melody of a song floated in from afar.* /从楼下~来饭菜的香味儿。Cóng lóu xià ~ lái fàn cài de xiāngwèir. *The delicious smell of cooking floated up from downstairs.*

【飘泊】piāobó （动）〈书〉同"漂泊"piāobó *same as* "漂泊" piāobó

【飘带】piāodài （名）*ribbon; streamer*

【飘荡】piāodàng （动）在空中随风摆动或在水面上随波浮动 *wave; flutter; bob up and down*：柳丝在春风中~。Liǔsī zài chūnfēng zhōng ~. *Willow twigs waved in the spring breeze.* /小船在水流中~。Xiǎo chuán zài shuǐliú zhōng ~. *The small boat is drifting with the current.*

【飘拂】piāofú （动）随风摆动 *flap in the wind*：细嫩的柳条在春风中~。Xìnèn de liǔtiáo zài chūnfēng zhōng ~. *The slender willow twigs swayed in the spring breeze.*

【飘浮】piāofú （动）同"漂浮"piāofú *same as* "漂浮" piāofú

【飘零】piāolíng （动）〈书〉(1)（花叶等）凋谢坠落 *(flowers, leaves, etc.) wither and drop*：落叶~。Luòyè ~. *The leaves have withered and fallen.* (2)比喻遭受不幸，无依无靠，生活不安定 *benighted; cast adrift*：他孤身一人，在外~。Tā gūshēn yì rén, zài wài ~. *He is alone and forsaken.*

【飘流】piāoliú （动）同"漂流"piāoliú *same as* "漂流" piāoliú

【飘渺】piāomiǎo （形）同"缥缈"piāomiǎo *same as* "缥缈" piāomiǎo

【飘飘然】piāopiāorán （形）轻飘飘的，像是浮在空中。形容非常得意，缺乏自知之明（含贬义）*smug; self-satisfied; complacent*：你别一听到表扬就~。Nǐ bié yì tīngdào biǎoyáng jiù ~. *You shouldn't get complacent as soon as you hear a word of praise.* /他刚取得一点儿成绩，就~了。Tā gāng qǔdé yìdiǎnr chéngjì, jiù ~ le. *He has just made a bit of an achievement and now he is feeling very pleased with himself.*

【飘然】piāorán （形）*floating in the air*：天上的白云~而过。Tiānshang de báiyún ~ ér guò. *White clouds are floating past.*

【飘洒】piāosǎ （动）飘扬洒落 *float; drift*：雪花~。Xuěhuā ~. *Snowflakes are drifting.* /花花绿绿的纸屑~在新娘、新郎的头上、身上。Huāhuālùlù de zhǐxiè ~ zài xīnniáng, xīnláng de tóushang, shēnshang. *Colored bits of confetti whirl around the bride and groom.*

【飘散】piāosàn （动）飘动散开 *flutter and disperse; dissolve*：炊烟~在空中。Chuīyān ~ zài kōngzhōng. *The smoke dispersed into the air.*

【飘舞】piāowǔ （动·不及物）随风摆动 *be tossed (whirled) by the wind*：垂柳的枝条随风~。Chuíliǔ de zhītiáo suí fēng ~. *The branches of the weeping willow were tossed by the wind.* /五颜六色的彩旗迎风~。Wǔ yán liù sè de cǎiqí yíng fēng ~. *Multi-colored flags danced in the breeze.*

【飘扬】piāoyáng （动）随风摆动 *wave; flutter*：广场上彩旗~。Guǎngchǎng shang cǎiqí ~. *Colored flags fluttered in the square.*

【飘摇】piāoyáo （动·不及物）随风摇动 *sway; shake; totter*：

一长串气球带着一幅标语在空中～。Yì cháng chuàn qìqiú dàizhe yì fú biāoyǔ zài kōngzhōng ～. *A long string of balloons carrying a slogan waved in the air.* /袅袅炊烟～而上。Niǎoniǎo chuīyān ～ ér shàng. *Wisps of smoke from kitchen fires wave their way into the air.* /风筝飘飘摇摇地升上了高空。Fēngzheng piāopiāoyáoyáo de shēngshàngle gāokōng. *The kite fluttered up into the sky.*

【飘溢】piāoyì（动）飘散洋溢 be full to overflowing：花园里～着茉莉的芳香。Huāyuán li ～zhe mòli de fāngxiāng. *The garden was filled with the sweet odor of jasmine.*

piáo

嫖 piáo（动）旧社会男人到妓院玩弄妓女 visit prostitutes：～妓～ jì visit prostitutes /那个恶棍,吃、喝、～、赌,无所不为。Nàge ègùn, chī, hē, ～, dǔ, wú suǒ bù wéi. *There's nothing that scoundrel won't do—eat, drink, go whoring, gamble.*

瓢 piáo（名）舀水或其它东西的用具,多由对半剖开的葫芦做成 *ladle or dipper usually made out of half a gourd*

【瓢泼大雨】piáopō dàyǔ 形容雨大得像用瓢泼的一样 *pouring rain; torrential rain*

piǎo

漂 piǎo（动）（1）同"漂白"piǎobái same as "漂白" piǎobái（2）用水冲去杂质 rinse; pour water over：～丝～ sī rinse silk threads /～麻～ má rinse hemp /把洗过的衣服用清水～干净。Bǎ xǐguo de yīfu yòng qīng shuǐ ～ gānjìng. *Use clean water to rinse the laundered clothes clean.* 另见 piāo; piào

【漂白】piǎobái（动）使纺织品、纸浆等变白 bleach

【漂白粉】piǎobáifěn（名）bleaching powder; bleach

瞟 piǎo（动）斜着眼睛看 glance sideways at：～了他一眼～le tā yì yǎn gave him a sidelong glance /他一边说话,一边向门口～。Tā yìbiān shuō huà, yìbiān xiàng ménkǒu ～. *While he was talking he looked sidelong at the door.*

piào

票 piào（名）[张 zhāng] ticket

【票额】piào'é（名）票面数额 denomination; face value：一张拾元～的人民币 yì zhāng shí yuán ～ de rénmínbì *a 10-yuan renminbi note*

【票房】piàofáng（名）〈口〉影剧院、火车站、轮船码头等处的售票处 box office; ticket window

【票房价值】piàofáng jiàzhí 指售票的收入。在一定程度上说明观众对上演艺术作品和演员的态度 box-office value

【票根】piàogēn（名）票据的存根 counterfoil; stub：报销车票得有～才行。Bàoxiāo chēpiào děi yǒu ～ cái xíng. *If you want to apply for reimbursement for train tickets you must have the stubs.*

【票据】piàojù（名）receipt; voucher

【票面】piàomiàn（名）钞票和某些票据上所标明的金额 face value

【票箱】piàoxiāng（名）ballot box

【票证】piàozhèng（名）某些商品实行计划供应时所使用的各种凭证 ration coupons

【票子】piàozi（名）钞票 banknote

漂 piào 另见 piāo；piǎo

【漂亮】piàoliang（形）（1）外表美观 pretty; handsome：这姑娘长得很～。Zhè gūniang zhǎng de hěn ～. *This is a very pretty girl.* /报幕员穿一套～的服装。Bàomùyuán chuān yí tào ～ de fúzhuāng. *The master of ceremonies was wearing a very smart costume.* /他写一手～字。Tā xiě yìshǒu ～ zì. *He writes a fine hand.*（2）出色 outstanding; splendid：这球踢得真～。Zhè qiú tī de zhēn ～. *deliver a splendid kick (at a ball)* /打了一个～仗 dǎle yí ge ～ zhàng *fight a fine battle* /他能说一口～的普通话。Tā néng shuō yì kǒu ～ de pǔtōnghuà. *He speaks beautiful Mandarin.* /这事办得挺～。Zhè shì bàn de tǐng ～. *This matter was handled splendidly.*

【漂亮话】piàolianghuà（名）好听而不兑现的话 fine words; high-sounding words：光说～有什么用？Guāng shuō ～ yǒu shénme yòng? *What's the point of simply spouting high-sounding words?* /少说点～,多做点实实在在的事吧！Shǎo shuō diǎnr ～, duō zuò diǎnr shíshízàizài de shì ba. *Less fancy talk and more practical action!*

piē

撇 piē（动）（1）丢开,抛弃 discard; throw away; abandon：～掉老一套,开创新路子。～diào lǎo yí tào, kāichuàng xīn lùzi. *get rid of the old ways and blaze a new trail* /她工作忙得把家务事都～在一边了。Tā gōngzuò mángde bǎ jiāwùshì dōu ～ zài yìbiānr le. *She was so busy with her work that she neglected her household duties.*（2）从液体表面舀 skim off from the surface of a liquid：～油 ～ yóu skim off floating grease /把汤面儿上的沫子～出去。Bǎ tāngmiànr shang de mòzi ～ chuqu. *skim froth off the soup* 另见 piě

【撇开】piē=kāi 放弃,避开 leave aside; bypass; skirt round：咱们～私事,谈点公事吧！Zánmen ～ sīshì, tán diǎnr gōngshì ba! *Let's leave aside private matters and discuss public affairs.* /个人关系不说,为了工作,我们俩也应当密切配合。～ gèrén guānxi bù shuō, wèile gōngzuò, wǒmen liǎ yě yīngdāng mìqiè pèihé. *We would have to coordinate closely in this work, even if we weren't the best of friends.*

【撇弃】piēqì（动）〈书〉抛弃,丢开 throw away; abandon

瞥 piē（动）迅速地看了一眼 dart a quick glance at：一～而过 yì ～ ér guò glance at something in passing /北京街头一～ Běijīng jiētóu yì ～ vignette of Beijing street life /爸爸～了他一眼,他就不再开口了。Bàba ～le tā yì yǎn, tā jiù bú zài kāikǒu le. *His father darted a glance at him and he shut up.*

【瞥见】piē//jiàn 一眼瞧见 catch sight of; get a glimpse of：在人群中,我无意中～了小李和他的女朋友。Zài rénqún zhōng, wǒ wúyì zhōng ～le Xiǎo Lǐ hé tā de nǚ péngyou. *Quite by chance I caught a glimpse of Xiao Li and his girlfriend in the crowd.* /我一进会场就～了他,但他没有发现我。Wǒ yí jìn huìchǎng jiù ～le tā, dàn tā méiyou fāxiàn wǒ. *As soon as I entered the meeting hall I caught sight of him, but he didn't see me.*

piě

撇 piě（动）平着扔出去,比喻把想的事情丢开不想 skim; throw; put out of one's mind：～石子儿 ～ shízǐr skim pebbles /我早把那件事～到脑后去了。Wǒ zǎo bǎ nà jiàn shì ～ dào nǎo hòu qu le. *I long ago put that matter out of my*

mind. (名)(~儿)汉字笔画,向左斜下,"丿" *left-falling stroke of Chinese character orthography* (丿)(量)用于像撇儿的东西 *measure word for things resembling "pier"*, *such as eyebrows*：两~胡子 liǎng ~ húzi *pair of moustaches* /两~眉毛 liǎng ~ méimao *pair of eyebrows* 另见 piē

【撇嘴】piē＝zuǐ 下唇向前伸,嘴角向下咧,是表示看不起、不相信或不高兴的一种动作 *curl one's lip* (*in contempt, disappointment, etc.*)：一看见他那种献媚的样子,大家都~。Yí kànjian tā nà zhǒng xiànmèi de yàngzi, dàjiā dōu ~. *Everybody curled his lip in scorn at the sight of him trying to ingratiate himself.* /妈妈一说,这孩子就~哭起来了。Māma yì shuō, zhè háizi jiù ~ kū qilai le. *As soon as his mother spoke to him the child twitched his lips and started to cry.* /你撇什么嘴,他说的全是真的。Nǐ piē shénme zuǐ, tā shuō de quán shì zhēn de. *There's no need to grimace. What he said was quite true.*

pīn

拼 pīn (动)(1)合在一起 *put together; spell*：D 和 A~在一起,读 da。D hé A ~ zài yìqǐ, dú da. *Spell D and A together and you get the sound, "DA".* /这张桌面是三块板子~起来的。Zhè zhāng zhuōmiàn shì sān kuài bǎnzi ~ qilai de. *This tabletop is made up of three planks put together.* (2)豁出去,不顾一切地 *face; brave; go all out*：~刺刀 ~ cìdāo *charge with bayonets* /为这件事他准备跟我们~到底。Wèi zhè jiàn shì tā zhǔnbèi gēn wǒmen ~ dào dǐ. *For this cause he is ready to fight us to the bitter end.*

【拼搏】pīnbó (动)拼命搏斗 *fight with all one's might*：奋勇~ fènyǒng ~ *battle with the utmost bravery* /发扬~精神 fāyáng ~ jīngshén *display the utmost fighting spirit*

【拼刺】pīncì (动)(军)(1)军事训练时,两人用木枪对刺 *do bayonet drill* (2)步兵打仗时用刺刀与敌人格斗 *fight with bayonets*

【拼凑】pīncòu (动)把零碎的东西凑合在一起 *piece together; cobble together*：这块桌布是用三块布~起来的。Zhè kuài zhuōbù shì yòng sān kuài bù ~ qilai de. *This tablecloth is made of three pieces of cloth pieced together.* /这帮土匪是临时~在一起的,不堪一击。Zhè bāng tǔfěi shì línshí ~ zài yìqǐ de, bùkān yì jī. *This gang of bandits is only a loose temporary coalition. They will scatter at the first assault.*

【拼命】pīn＝mìng 把性命豁出去,比喻用最大的力量 *risk one's life; dare to the utmost; use all one's might*：发扬~精神 fāyáng ~ jīngshén *display death-defying spirit* /拼着命也要把工作做好。Pīnzhe mìng yě yào bǎ gōngzuò zuòhǎo. *We must strive with might and main to finish the work.* /你要是把他心爱的吉他弄坏了,他还不得跟你~! Nǐ yàoshi bǎ tā xīn'ài de jítā nònghuài le, tā hái bù děi gēn nǐ ~! *If you damage his beloved guitar, he will murder you!*

【拼盘儿】pīnpánr (名)两种以上的凉菜装在一个盘子里成为一个菜 *dish of assorted cold snacks, hors d'oeuvres*

【拼死】pīnsǐ (副) *risk one's life; go all out*：~斗争 ~ dòuzhēng *wage a desperate struggle* /~挣扎 ~ zhēngzhá *allout battle*

【拼写】pīnxiě (动)用拼音字母按照拼音规则书写 *spell; transliterate*：课本里面的例句都用汉语拼音~好了。Kèběn lǐmiàn de lìjù dōu yòng Hànyǔ pīnyīn ~ hǎo le. *The sample sentences in the textbook are all in Chinese characters with their pinyin equivalents.*

【拼音】pīnyīn (动·名及物)把两个或几个音素拼在一起,成为一个复合音 *combine two or more sounds into a compound*

【拼音文字】pīnyīn wénzì *alphabetic system of writing*

【拼音字母】pīnyīn zìmǔ (1)拼音文字所用的字母 *letters of a phonetic alphabet* (2)特指汉语拼音方案采用的为汉字注音

的二十六个拉丁字母 *the 26 letters of the Roman alphabet used to spell Chinese phonetically*

姘 pīn (动) *have illicit sexual relations with*

【姘头】pīntou (名) *paramour*

pín

贫 〔貧〕pín (形)(1)◇穷 *poor*：家~无隔夜粮。Jiā ~ wú gé yè liáng. *poor household living from hand to mouth* (2)◇缺少,不多 *poor in; lacking in; short of*：~油国 ~ yóu guó *oil-poor country* (3)〈口〉话说得多而重复,使人厌烦 *garrulous; talkative*：这人嘴真~,总说些没完没了的废话。Zhè rén zuǐ zhēn ~, zǒng shuō xiē méi wán méi liǎo de fèihuà. *He's so garrulous! He jabbers on endlessly about trifles.*

【贫乏】pínfá (形) 缺少,不丰富 *poor in; short of; lacking in*：知识~ zhīshi ~ *lacking in knowledge* /物资~ wùzī ~ *lacking in goods and resources* /生活经验~ shēnghuó jīngyàn ~ *lacking in experience of life*

【贫寒】pínhán (形)〈书〉贫穷 *poor; impoverished*：家境~ jiājìng ~ *straitened family circumstances*

【贫瘠】pínjí (形)〈书〉(土地)不肥沃 (*of soil*) *barren; infertile*

【贫苦】pínkǔ (形) 贫穷困苦,生活资料缺乏 *poor; poverty-stricken*：~农民 ~ nóngmín *poor peasants* /家中~,连件新衣服也做不起。Jiā zhōng ~, lián jiàn xīn yīfu yě zuò bu qǐ. *The family is so poor that even one new garment is out of its reach.*

【贫矿】pínkuàng (名) *lean ore*

【贫困】pínkùn (形) 生活困难,贫穷 *poor; impoverished*

【贫民】pínmín (名) *poor people; paupers*

【贫民窟】pínmínkū (名) *slum*

【贫农】pínnóng (名)旧中国农村中的半无产阶级。没有或只有极少的土地、农具,靠租种土地或出卖劳动力生活 *poor peasant*

【贫气】pínqi (形)(1)同"贫"pín(3) *same as* "贫" pín(3)：就不喜欢他那个一劲儿。Wǒ jiù bù xǐhuan tā nàge ~ jìnr. *Well, I don't like the way he harps on things.* /一件事说了八百遍,你也不觉得~。Yí jiàn shì shuōle bābǎi biàn, nǐ yě bù juéde ~. *Don't you get fed up with harping on about this?* (2)(行动、态度、样式等)不大方 (*of an action, attitude, shape, etc.*) *not tasteful; vulgar*：我不喜欢这块头巾,花儿太小,又是红、绿相配,太~。Wǒ bù xǐhuan zhè kuài tóujīn, huār tài xiǎo, yòu shì hóng、lǜ xiāng pèi, tài ~. *I don't like this kerchief. Its flower pattern is too small and the red and green clash.*

【贫穷】pínqióng (形)〈书〉 *poor; impoverished*

【贫下中农】pín-xiàzhōngnóng *poor and lower-middle peasants*

【贫下中农协会】pín-xiàzhōngnóng xiéhuì *poor and lower-middle peasants' association*

【贫协】pínxié (名)"贫下中农协会"的简称 *abbreviation for* "贫下中农协会"

【贫血】pínxuè (名)〈医〉 *anemia*

频 〔頻〕pín (副)◇屡次,连续几次 *frequent; repeatedly*：捷报~传 jiébào ~ chuán *News of victory keeps pouring in.* /~~点头致意 ~ ~ diǎn tóu zhìyì *keep nodding one's head in greeting*

【频道】píndào (名) *frequency channel*

【频繁】pínfán (形)(次数)多 *frequently; often*：书信往来~。Shūxìn láiwǎng ~. *frequent exchanges of correspondence* /

外事活动很～。Wàishì huódòng hěn ～. *International activities are frequently held.*

【频率】pínlǜ（名）〈物〉*frequency*

【频仍】pínréng（形）〈书〉连续不断(多用于坏事) *frequent; repeated*：战事～ zhànshì ～ *frequent outbreak of hostilities*

pǐn

品 pǐn
（名）◇物品 *article; product; commodity*：上等～ shàngděng ～ *high-class product*（动）通过亲身体验或尝试辨别好坏、优劣 *savor; sample; taste*：～茶 ～ chá *taste tea* / 这酒怎么样? 你～～看。Zhè jiǔ zěnmeyàng, nǐ ～ kàn. *How's the wine? Taste it and see.* / 他的为人如何，你慢慢会～出来的。Tā de wéirén rúhé, nǐ mànmàn huì ～ chūlai de. *You'll have a chance to find out before long what kind of a person he is.*

【品尝】pǐncháng（动）细细地辨别尝试(滋味) *taste; sample; savor*：今天请你～我的两个拿手菜。Jīntiān qǐng nǐ ～ wǒ de liǎng ge náshǒu cài. *Today I want you to taste two of my special dishes.*

【品德】pǐndé（名）人的品质道德 *moral character*

【品格】pǐngé（名）(1)人的品行、品质 *one's character and ethics*：助人为乐的高尚～ zhù rén wéi lè de gāoshàng ～ *lofty philanthropic character* /不畏权贵，敢于坚持真理的优秀～ bú wèi quánguì, gǎnyú jiānchí zhēnlǐ de yōuxiù ～ *excellent character trait of bending the knee to neither power nor wealth but of steadfastly upholding truth* (2)性质、特征；也指文艺作品的质量和风格 *charater and style of a work of art*：文学作品可以虚构，并要求塑造典型，而文章并不具备这种～。Wénxué zuòpǐn kěyǐ xūgòu, bìng yàoqiú sùzào diǎnxíng, ér wénzhāng bìng bú jùbèi zhè zhǒng ～. *Literary works include fiction and characterization but expository writing doesn't.* /这部作品的～并不高。Zhè bù zuòpǐn de ～ bìng bù gāo. *This work is really not of high quality.*

【品级】pǐnjí（名）(1)古代官吏的等级 *(archaic) official rank* (2)各种产品、商品的等级 *grade (of goods)*

【品貌】pǐnmào（名）(1)相貌 *looks; appearance*：～俊美～ jùnměi *handsome appearance* (2)人品和相貌 *character and appearance*：～出众～ chūzhòng *of outstanding character and appearance* /～兼优～ jiānyōu *of excellent character and appearance*

【品名】pǐnmíng（名）物品的名称 *name of a commodity*：有的展品～很新颖。Yǒude zhǎnpǐn ～ hěn xīnyíng. *Some of the articles on display have novel names.*

【品评】pǐnpíng（动）评论优劣高低 *judge; appraise*：这种新产品质量如何，请专家们～。Zhè zhǒng xīn chǎnpǐn zhìliàng rúhé, qǐng zhuānjiāmen ～. *I invite the experts to appraise the quality of this new product.*

【品头论足】pǐn tóu lùn zú 指对妇女相貌的随便评论，也比喻对人对事的随便挑剔 *make offhand remarks about a woman's appearance — be over-critical; nitpick; find fault*

【品行】pǐnxíng（名）有关道德的行为 *conduct; behavior*

【品性】pǐnxìng（名）品质和性格 *moral character*

【品质】pǐnzhì（名）(1)人的思想意识和品德行为的本质 *(person's) moral character*：舍己为人的优秀～ shě jǐ wèi rén de yōuxiù ～ *excellent spirit of self-sacrifice* /培养共产主义道德～ péiyǎng gòngchǎnzhǔyì dàodé ～ *cultivate a spirit of communist morality* (2)物品的质量 *quality (of commodities, etc.)*：这种绸子～不错。Zhè zhǒng chóuzi ～ búcuò. *The quality of this type of silk fabric is fairly good.*

【品种】pǐnzhǒng（名）(1)〈生物〉经过人工选择和培育，在生态和形态上具有共同遗传特点的一群生物体(通常指植物、

家禽、牲畜等) *breed; variety; assortment (of plants, animals, etc.)* (2)泛指产品种类 *(of products) variety; assortment*：绸缎的花色～繁多。Chóuduàn de huāsè ～ fánduō. *There are various types of patterned silks and satins.*

pìn

聘 pìn
（动）(1)聘请 *engage; employ; take on*：～位老师傅来给指导一下。～ wèi lǎo shīfu lái gěi zhǐdǎo yíxià. *engage an old craftsman to give instructions* (2)〈口〉出嫁 *marry off (a girl)*：张家今天～姑娘。Zhāng jiā jīntiān ～ gūniang. *The Zhang family married off their daughter today.*

【聘请】pìnqǐng（动）请人担任职务 *engage; hire*：～专家指导～ zhuānjiā zhǐdǎo *engage the services of an expert* /～一位老运动员担任教练。～ yí wèi lǎo yùndòngyuán dānrèn jiàoliàn. *engage a retired athlete as a coach*

【聘书】pìnshū（名）*letter of appointment*

pīng

乒 pīng
（象声）*bang*：～的一声门关上了。～ de yì shēng mén guānshang le. *The door closed with a bang.* （名）◇指乒乓球 *ping-pong; table tennis*：亚～赛(亚洲乒乓球比赛)Yà ～ Sài (Yàzhōu pīngpāngqiú bǐsài) *Asian table tennis championships*

【乒乓】pīngpāng（象声）*clatter; rattle*：你轻点，别把碗碟碰得～乱响。Nǐ qīng diǎnr, bié bǎ wǎn dié pèng de ～ luàn xiǎng. *Be more gentle. Don't rattle the crockery so loudly.* （名）◇乒乓球 *table-tennis*：许多中小学都开展了～运动，并经常进行～比赛。Xǔduō zhōng-xiǎoxué dōu kāizhǎnle ～ yùndòng, bìng jīngcháng jìnxíng ～ bǐsài. *Many primary and middle schools have promoted table-tennis and often hold competitions.* /刚才去打～，不小心跌了一跤。Gāngcái qù dǎ ～, bù xiǎoxīn diēle yì jiāo. *I took a tumble playing table-tennis just now.*

【乒乓球】pīngpāngqiú（名）(1)[个 gè]乒乓球运动用的球 *table-tennis ball* (2)球类运动项目之一 *table-tennis*

【乒坛】pīngtán（名）乒乓球界 *table-tennis circles*

píng

平 píng
（形）(1) *flat; even; smooth*：地板铺得很～。Dìbǎn pū de hěn ～. *The floor is laid smoothly.* /洗过的衣服都烫～了。Xǐguo de yīfu dōu tàng ～ le. *The laundered clothes were ironed smooth.* (2)◇(两种或几种事物)不相上下 *be even*：全场～足球队踢～了。Liǎng ge zúqiú duì tī ～ le. *The two soccer teams played to a draw.* (3)◇安静、安定 *calm; peaceful*（动）(1)使平 *flatten out; smooth*：把路一～。Bǎ lù ～ yi ～. *smooth the road* (2)用武力镇压(叛乱) *suppress; put down (rebellions)*：～叛 ～ pàn *put down a rebellion* /～乱 ～ luàn *suppress disorders* (3)消除(怒气) *calm down; assuage (anger, etc.)*：～民愤 ～ mínfèn *assuage the people's anger* /等他把气～一～再说吧! Děng tā bǎ qì ～ yi ～ zài shuō ba! *Wait until he calms down and then talk to him.*

【平安】píng'ān（形）*safe and sound; alive and well*：一路～ yílù ～ *Bon voyage!* /～返校 ～ fǎn xiào *A safe journey back to school!*

【平白无故】píngbái wúgù 无缘无故，没理由的 *for no reason; without rhyme or reason*：你～发什么火? Nǐ ～ fā shénme

huǒ? *Why are you getting angry for no reason at all?*

【平板车】píngbǎnchē (名)(1)运货的三轮车,装货的部分是平板。也叫平板三轮 *flatbed tricycle* (2)没有车帮的大型运货卡车 *flatbed truck*

【平辈】píngbèi (名)(～儿)相同的辈分 *person of the same generation*:我和堂兄是～人。Wǒ hé tángxiōng shì ～ rén. *My cousin and I are of the same generation.*

【平步青云】píng bù qīngyún 青云:高空,比喻高职位。意思是不费气力,一下子就被提到很高的职位 *rise rapidly and easily in the world*

【平产】píngchǎn (名)非丰非歉的一般年景产量 *general level of output*:今年这两个地区因受些天灾,所以粮食只达到～。Jīnnián zhè liǎng ge dìqū yīn shòu xiē tiānzāi, suǒyǐ liángshi zhǐ dádào ～. *This year these two areas were subject to several disasters. Therefore, their grain output only reached the usual level.*

【平常】píngcháng (形)普通,不突出 *ordinary; common*:这是不～的一天。Zhè shì bù ～ de yì tiān. *This is a most unusual day.* /这孩子的学习成绩很～。Zhè háizi de xuéxí chéngjì hěn ～. *This child's school record is merely average.* /我们厂长是个平平常常的人,从来不摆架子。Wǒmen chǎngzhǎng shì ge píngpíngchángcháng de rén, cónglái bù bǎi jiàzi. *The head of our factory is a very ordinary man. He never puts on airs.* (名)*ordinary times; usually*:他～不多说话,但喝了酒以后,话就多了。Tā ～ bù duō shuō huà, dàn hēle jiǔ yǐhòu, huà jiù duō le. *He normally doesn't say much, but he gets quite talkative after a few drinks.*

【平淡】píngdàn (形)(事物)平常,无特色 *dull; insipid*:这部电影的故事情节很～。Zhè bù diànyǐng de gùshi qíngjié hěn ～. *The plot of this film is a very dull one.* /每天过着～的生活。Měi tiān guòzhe ～ de shēnghuó. *leading a humdrum existence*

【平等】píngděng (形)*equal*:～待人 *dài rén treat people as equals* /国家无论大小,应该一律～。Guójiā wúlùn dàxiǎo, yīnggāi yílǜ ～. *Countries large and small should all treat each other as equals.* (名)*equality*:中国人民为争取～、自由,进行了长期斗争。Zhōngguó rénmín wèi zhēngqǔ ～、zìyóu, jìnxíng le chángqī dòuzhēng. *The Chinese people waged a long struggle to gain freedom and equality.*

【平等互利】píngděng hùlì "和平共处五项原则"的内容之一,也是中国政府与世界各国交往所坚持的原则之一 *equality and mutual benefit — one of the Five Principles of Peaceful Coexistence*

【平地】píngdì (名)平坦的土地 *level ground; flat ground*

【平定】píngdìng (动)平息安定(个人的情绪、社会上的动乱等) *calm down; pacify*:～叛乱 *～ pànluàn suppress a rebellion* /等你情绪一下来,咱们再谈吧!Děng nǐ qíngxù ～ xialai, zánmen zài tán ba! *We'll talk about it when you've calmed down a bit.*

【平凡】píngfán (形)普通,不希奇 *ordinary; common*:一个～的人也能作出不～的成绩。Yí ge ～ de rén yě néng zuòchū bù ～ de chéngjì. *Even an ordinary person can make extraordinary achievements.*

【平反】píng=fǎn 把错判的案件改正过来,或给政治陷害的人恢复名誉 *redress (an injustice); rehabilitate (a person in political limbo)*:这个案子已经～了。Zhège ànzi yǐjīng ～ le. *This case has already been redressed.* /上级党委宣布给他～。Shàngjí dǎngwěi xuānbù gěi tā ～. *The higher party committee has ordered that his case be redressed.* /老张的问题早就平了反。Lǎo Zhāng de wèntí zǎo jiù píngle fǎn. *Lao Zhang's problem was redressed a long time ago.*

【平方】píngfāng (名)〈数〉*square*

【平方根】píngfānggēn (名)〈数〉*square root*

【平方公里】píngfānggōnglǐ (量)*square kilometer*

【平方米】píngfāngmǐ (量)*square meter*

【平房】píngfáng (名)[所 suǒ、间 jiān]只有一层的房子(与"楼房"相区别) *single-story house*

【平分】píngfēn (动)平均分配 *share out equally; divide equally*:一千元由四人～,每人可得二百五十元。Yìqiān yuán yóu sì rén ～, měi rén kě dé èrbǎi wǔshí yuán. *If one thousand yuan is divided equally between four people each will get 250 yuan.*

【平分秋色】píngfēn qiūsè 比喻双方各占一半 *have an equal share (of the pickings, honors, etc.)*:这次比赛,两个强队～,各得五枚金牌。Zhè cì bǐsài, liǎng ge qiáng duì ～, gè dé wǔ méi jīnpái. *In this contest both teams had an equal share of the honors, with five gold medals each.*

【平复】píngfù (动)(1)恢复平静状态 *calm down; subside*:海浪渐渐地～了。Hǎi làng jiànjiàn de ～ le. *Gradually the waves subsided.* /事态已经～了。Shìtài yǐjīng ～ le. *The situation has already calmed down.* /一场风潮终于～下去了。Yì cháng fēngcháo zhōngyú ～ xiaqu le. *A state of agitation finally subsided.* (2)(疾病或创伤)痊愈、康复 *(of illnesses, wounds, etc.) heal*:伤口～ shāngkǒu ～ *The wound healed.* /经过一个月的治疗,他的病逐渐～了。Jīngguò yí ge yuè de zhìliáo, tā de bìng zhújiàn ～ le. *After a month's treatment his illness gradually got better.*

【平光】píngguāng (名)*plain glass (spectacles)*

【平和】pínghé (形)〈书〉(1)(性情、言行)温和 *gentle; mild*:言词～ yáncí ～ *mild words* (2)(药物)作用温和,不剧烈 *(effect of medicine) mild*:这种药,药性～,不会有副作用。Zhè zhǒng yào, yàoxìng ～, bú huì yǒu fù zuòyòng. *This is a mild type of medicine with no side-effects.*

【平衡】pínghéng (形)(1)〈物〉*balanced* (2)*balance; equilibrium*:收支～ shōuzhī ～ *The income and expenditure are balanced.* /进出口～ jìn-chūkǒu ～ *Imports and exports are balanced.* /发展是相对的,有条件的,不～是绝对的,无条件的。～ shì xiāngduì de, yǒu tiáojiàn de, bù ～ shì juéduì de, wú tiáojiàn de. *Even development is relative and conditional, whereas uneven development is absolute and unconditional.* (动)使平衡 *balance; maintain equilibrium*:把两个组的力量～一下。Bǎ liǎng ge zǔ de lìliang ～ yíxià. *Try to balance the strengths of the two organizations.*

【平衡木】pínghéngmù (名)(1)*balance beam* (2)*balance beam exercises*

【平滑】pínghuá (形)平而光滑 *level and smooth*:～的石板 ～ de shíbǎn *smooth slab of stone; smooth flagstone*

【平话】pínghuà (名)中国民间流行的口头文学形式。有说有唱,或只说不唱,内容多为历史故事及小说 *type of storytelling sometimes including chanting and usually dealing with historical themes*

【平价】píngjià (名)(1)普通的价格,公平合理的价格 *normal price; fixed price*:～大米 ～ dàmǐ *fixed-price rice* (2)指两种货币之间按各自纯金的数量规定的兑换比率,又称法定汇率 *par; parity*

【平角】píngjiǎo (名)〈数〉*straight angle*

【平静】píngjìng (形)(心情、环境等)安定 *calm; quiet; peaceful*:我的心情十分～。Wǒ de xīnqíng shífēn ～. *I'm in a perfectly tranquil mood.* /大风过后,湖面～下来了。Dà fēng guò hòu, hú miàn ～ xialai le. *After the strong winds passed, the surface of the lake became tranquil again.*

【平局】píngjú (名)(打球、下棋等)不分胜负的局面 *draw; tie*

【平均】píngjūn (动)*balance; equalize; average*:把两个数～一下。Bǎ liǎng ge shù ～ yíxià. *Even out the two numbers.* /～亩产一千二百斤 ～ mǔchǎn yìqiān èrbǎi jīn *produce an average of 1,200 jin per mu* /A 队队员平均年龄二十一岁。A duì duìyuán ～ niánlíng èrshíyī suì. *The average age of the members of the A team is 21.* (形)*equal; average*:你分配得很～。Nǐ fēnpèi de hěn ～. *You have distributed them evenly.* /～分配劳动力 ～ fēnpèi láodònglì *equal distribu-*

tion of manpower /～使用力量 ～ shǐyòng lìliang *equal application of force*

【平均数】píngjūnshù（名）*average；mean（number）*

【平均主义】píngjūnzhǔyì（名）也叫绝对平均主义。一种个体小生产者的思想。主张人们在工作条件、生活条件、劳动报酬等方面，享受完全一样的待遇，大家绝对平均 *egalitarianism*

【平列】píngliè（动）平着排列；平等列举 *place side by with；rank equally with*：把这些人的名字～出来，让大家投票选举。Bǎ zhèxiē rén de míngzi ～ chulai, ràng dàjiā tóu piào xuǎnjǔ. *List these people's names in equal order and let everyone make his choice by voting.* /不能把这两种情况～起来分析。Bù néng bǎ zhè liǎng zhǒng qíngkuàng ～ qilai fēnxi. *We cannot put these two sets of circumstances on a par when we come to analyse them.*

【平炉】pínglú（名）*open-hearth furnace*

【平面】píngmiàn（名）〈数〉*plane*

【平面几何】píngmiàn jǐhé（数）*plane geometry*

【平面图】píngmiàntú（名）*plane figure*

【平民】píngmín（名）*the common people；the public*

【平平】píngpíng（形）一般，不好也不坏，很平常 *average；mediocre*：工作成绩～。Gōngzuò chéngjì ～. *The work achievements are average.* /两人的关系～。Liǎng rén de guānxi ～. *The relations between the two are quite ordinary.*

【平铺直叙】píng pū zhí xù（说话或写文章）不加修饰，只把意思平淡地叙述出来，内容不生动 *relate in plain words；use a plain, flat style*：～的文章不容易吸引读者。～ de wénzhāng bù róngyì xīyǐn dúzhě. *Works written in a plain style don't attract many readers.*

【平起平坐】píng qǐ píng zuò 比喻地位或权力平等 *be on an equal footing*

【平日】píngrì（名）一般的日子 *ordinary day；ordinary times*：～他们很少看电影，假期看的比较多。～ tāmen hěn shǎo kàn diànyǐng, jiàqī kàn de bǐjiào duō. *On ordinary days they see very few movies, but on holidays they see quite a lot.*

【平生】píngshēng（名）终身；一生 *one's whole life*：他～没犯过大错误，但也没有大作为。Tā ～ méi fànguo dà cuòwù, dàn yě méi yǒu dà zuòwéi. *He has never made a major mistake in his life, but he's never achieved a major accomplishment either.* /老李～喜欢交际，朋友特别多。Lǎo Lǐ ～ xǐhuan jiāojì, péngyou tèbié duō. *Lao Li has liked to make friends all his life, and now he has lots of them.*

【平声】píngshēng（名）〈语〉古汉语四声之一。古汉语里的平声字在普通话里分为阴平和阳平两类 *level tone — one of the four tones of classical Chinese which has become the first and the second tones in putonghua*

【平时】píngshí（名）（1）一般的，通常的（时候）*ordinary times*：～他都是六点半起床，今天起得早了些。～ tā dōu shì liù diǎn bàn qǐ chuáng, jīntiān qǐ de zǎole xiē. *Ordinarily he gets up at six thirty, but today he got up a bit earlier.* /～努力，考试的时候就不那么紧张了。～ nǔ lì, kǎoshì de shíhou jiù bú nàme jǐnzhāng le. *If one works hard in normal times, when exam time comes around there'll be no need to be anxious.*（2）指平常时期（区别于战时、戒严时等）*peacetime*

【平视】píngshì（动）两眼平着向前看 *eye levelly*

【平素】píngsù（名）平时，向来 *usually；all along*：他～不爱说话，但在重要时刻也能仗义执言。Tā ～ bú ài shuō huà, dàn zài zhòngyào shíkè yě néng zhàng yì zhí yán. *He is usually taciturn, but at important moments he can speak forthrightly.* /老郑～很注意勤俭节约，但为人并不吝啬。Lǎo Zhèng ～ hěn zhùyì qínjiǎn jiéyuē, dàn wéirén bìng bú lìnsè. *Lao Zheng is usually very hard-working and thrifty, but he is not miserly when he is dealing with people.*

【平台】píngtái（名）（1）楼房的晒台 *terrace；platform；veranda*（2）生产、施工过程中，为进行某种操作而设置的工作台，有的能移动和升降 *staging*

【平坦】píngtǎn（形）*level；smooth*：宽阔～的马路 kuānkuò ～ de mǎlù *broad, smooth highway* /人的一生所走过的道路不可能完全～。Rén de yìshēng suǒ zǒuguò de dàolù bù kěnéng wánquán ～. *Life's highway is never a completely broad and smooth one.*

【平头】píngtóu（名）*close-cropped hair；crew cut*

【平稳】píngwěn（形）*smooth and stable*：汽车开得很～。Qìchē kāi de hěn ～. *The car runs smoothly.* /长江下游地势平坦，水面～。Cháng Jiāng xiàyóu dìshì píngtǎn, shuǐmiàn ～. *On the lower reaches of the Yangtze River the topography is gentle and the water surface is smooth.* /国民经济～地向前发展。Guómín jīngjì ～ de xiàng qián fāzhǎn. *The national economy is progressing smoothly.*

【平息】píngxī（动）（1）（纷乱等）平静或静止 *calm down；subside*：一场风波逐渐～下去了。Yì cháng fēngbō zhújiàn ～ xiaqu le. *The storm gradually subsided.* /这场争吵终于～了。Zhè cháng zhēngchǎo zhōngyú ～ le. *This quarrel finally blew over.*（2）（叛乱）被平定 *put down（rebellions, etc.）；suppress；pacify*：叛乱～后，国家恢复了安宁。Pànluàn ～ hòu, guójiā huīfùle ānníng. *After the rebellion was put down tranquillity returned to the country.*

【平心静气】píng xīn jìng qì 心情平静，态度和气 *calm；cool and collected；dispassionate*：咱们～地谈谈。Zánmen ～ de tántan. *Let's discuss this calmly.*

【平信】píngxìn（名）[封 fēng] *surface mail；ordinary mail*

【平行】píngxíng（形）（1）等级相同，没有隶属关系的 *of equal rank；on an equal footing*：教务处和总务处是～单位。Jiàowùchù hé zǒngwùchù shì ～ dānwèi. *The Dean's office and the general affairs office are of equal rank.*（2）同时进行的 *simultaneous；parallel*：～作业 ～ zuòyè *parallel tasks*（3）〈数〉*parallel*

【平行四边形】píngxíng sìbiānxíng〈数〉*parallelogram*

【平行线】píngxíngxiàn（名）[条 tiáo]〈数〉*parallel lines*

【平易近人】píngyì jìnrén 态度和蔼，使人容易接近 *amiable；approachable*

【平庸】píngyōng（形）平常的，一般的，不突出 *ordinary；mediocre；commonplace*：～无奇 ～ wúqí *nothing out of the ordinary；commonplace* /他这个人就是那么～，没有大作为。Tā zhège rén jiùshì nàme ～, méi yǒu dà zuòwéi. *He's such a mediocre character that he'll never accomplish anything great.*

【平原】píngyuán（名）〈地〉*plain；flatlands*

【平仄】píngzè（名）平声和仄声，泛指由平仄构成的诗文的韵律 *level and oblique tones；tone patterns in classical Chinese poetry*

【平整】píngzhěng（动）*level；flatten*：～土地 ～ tǔdì *level ground* /把场地～一下。Bǎ chǎngdì ～ yíxià. *Level the ground.*（形）*smooth；level*：菜畦弄得平平整整的。Càiqí nòng de píngpíngzhěngzhěng de. *The vegetable patches were made very smooth.*

【平正】píngzheng（形）*flat and even*：她把衣服和床单洗干净了，叠得很～。Tā bǎ yīfu hé chuángdānr xǐ gānjìng le, dié de hěn ～. *She washed the clothes and the sheets, and folded them neatly.*

【平装】píngzhuāng（名）*paperback（book）*

评

〔評〕píng
（动）评判；评论 *comment on；criticise；judge*：～分数 ～ fēnshù *assign marks；give points* /他被～为先进工作者。Tā bèi ～wéi xiānjìn gōngzuòzhě. *He was appraised as a model worker.* /谁是谁非请大家来～一～。Shuí shì shuí fēi qǐng dàjiā lái ～ yi ～. *I want you all to judge who is*

right and who is wrong.

【评比】píngbǐ（动）通过比较，评定高低(一般采取会议形式) *appraise through comparison*：年终 ～ niánzhōng ～ *year-end appraisal* /～服务质量 ～ fúwù zhìliàng *compare and appraise the quality of service*

【评定】píngdìng（动）经过评判或审核来决定 *evaluate*；*assess*：～考试成绩 ～ kǎoshì chéngjì *assess exam results* /～名次先后 ～ míngcì xiānhòu *draw up a list of names in order of place in a competition*

【评断】píngduàn（动）评说判断 *judge*；*arbitrate*：～是非 ～ shìfēi *judge between right and wrong*

【评分】píng＝fēn *give marks*；*give points*

【评工记分】píng gōng jì fēn 二十世纪六十年代至七十年代，中国农村人民公社实行集体劳动，平日社员劳动要通过评定工分来计算劳动成绩，年终凭工分领取劳动报酬。这种评定工分计算劳动成绩的方法和过程，称为评工记分 *assign workpoints on the basis of work done*

【评功】píng＝gōng 评定功绩 *appraise（someone's）accomplishments*

【评话】pínghuà（名）同"平话"pínghuà *same as "平话"* pínghuà

【评级】píng＝jí 评定干部、职工在工资、待遇等方面的等级 *grade（cadres, workers, etc.）*；*assign to a rank*

【评价】píngjià（动）*appraise*；*evaluate*：～历史人物 ～ lìshǐ rénwù *evaluate historical figures* /～文学作品 ～ wénxué zuòpǐn *evaluate a work of literature*（名）*evaluation*：他的研究成果获得学术界高度的～。Tā de yánjiū chéngguǒ huòdé xuéshùjiè gāodù de ～. *His research findings were evaluated highly in scholastic circles.*

【评奖】píng＝jiǎng 通过评比对优胜者给以奖励 *decide on a prize-winner*：我们厂的产品也参加～。Wǒmen chǎng de chǎnpǐn yě cānjiā ～. *Our factory's products have also been entered for appraisal prizes.* /在一大会上，我们厂有两种产品获奖。Zài ～ dàhuì shang, wǒmen chǎng yǒu liǎng zhǒng chǎnpǐn huò jiǎng. *Two of our factory's products won prizes at the grand awards ceremony.* /～已结束，获奖名单即将公布。～ yǐ jiéshù, huò jiǎng míngdān jíjiāng gōngbù. *The prize-winners have been decided upon and a list of names will soon be publicised.*

【评介】píngjiè（动）评论介绍 *review*：小说～ xiǎoshuō ～ *review of a novel*

【评剧】píngjù（名）地方戏曲的一种，流行于华北、东北等地 *pingju—type of opera popular in north and northeast China*

【评理】píng＝lǐ 评判是非道理 *judge between right and wrong*：我不想跟你吵，可以请人来评评理。Wǒ bù xiǎng gēn nǐ chǎo, kěyǐ qǐng rén lái píngping lǐ. *I don't want to argue with you, so let's get someone to judge who is right and who is wrong.*

【评论】pínglùn（动）*comment on*；*discuss*（名）*comment*

【评论家】pínglùnjiā（名）*reviewer*；*critic*

【评论员】pínglùnyuán（名）*commentator*

【评判】píngpàn（动）通过评议，判定是非或优劣 *judge*；*pass judgement on*：～十分公平 ～ shífēn gōngpíng *The judgement is very fair.*

【评书】píngshū（名）曲艺的一种，演员以生动的语言、动作讲长篇故事 *story telling（as a folk art）*：孩子、大人都喜欢听～。Háizi, dàrén dōu xǐhuan tīng ～. *Both children and adults like to hear pingshu stories.*

【评说】píngshuō（书）评论；评价 *comment on*；*discuss*：是非功过后人自有～。Shì fēi gōng guò hòurén zì yǒu ～. *Future generations will debate the rights and wrongs, the merits and demerits.*

【评弹】píngtán（名）曲艺的一种，流行于江苏、浙江一带，有说有唱，由评话和弹词结合而成 *a folk entertainment popular around Suzhou and Zhejiang province, comprised of a mixture of story telling and singing*

【评头品足】píng tóu pǐn zú 同"品头论足"pǐn tóu lùn zú *same as* "品头论足" pǐn tóu lùn zú

【评选】píngxuǎn（动）通过评比推选出 *choose through a system of appraisal*：～先进工作者 ～ xiānjìn gōngzuòzhě *Advanced workers are chosen through a system of appraisal.* /～积极分子 ～ jījí fènzǐ *pick out activists*

【评议】píngyì（动）批评议论 *appraise through discussion*：根据顾客～，这种式样的服装并不受欢迎。Gēnjù gùkè ～, zhè zhǒng shìyàng de fúzhuāng bìng bú shòu huānyíng. *Customers have discussed this clothing style and decided that it is really not popular.* /经过群众～，他被推为候选人。Jīngguò qúnzhòng ～, tā bèi tuīwéi hòuxuǎnrén. *After appraisal by the masses he was put forward as a candidate.*

【评语】píngyǔ（名）*comment*；*remark*

【评注】píngzhù（动）评论并注解 *make comments and notes*；*annotate*：他花了三年时间来～这部古书。Tā huāle sān nián shíjiān lái ～ zhè bù gǔ shū. *He spent three years annotating this classic.*（名）写成的评注 *notes*；*commentary*：这是王教授写的～。Zhè shì Wáng jiàoshòu xiě de ～. *The notes and commentary are the work of Professor Wang.*

【评传】píngzhuàn（名）*critical biography*

苹〔蘋〕píng

【苹果】píngguǒ（名）(1) *apple* (2) *apple tree*

【苹果绿】píngguǒlǜ（形）浅绿 *apple-green*；*light green*

坪 píng
（名）平地 *level ground*

凭〔憑〕píng
（名）◇*guarantee*；*evidence*：空口无～ kōng kǒu wú ～ *Mere verbal statement is no guarantee.* /说话要有真～实据。Shuō huà yào yǒu zhēn ～ shí jù. *You must have solid evidence for your statement.*（动）*lean on*；*rely on*：～票入场 ～ piào rù chǎng *Admission by ticket.* /你～什么诬赖我？Nǐ ～ shénme wūlài wǒ? *What do you base your charges against me on?* /工作光～热情是不够的。Gōngzuò guāng ～ rèqíng shì bú gòu de. *It is not enough to tackle a job with enthusiasm alone.*（连）"任凭""无论""不管"的意思，表示在任何情况下（结果或结论一样），后边必须有表示任指的疑问代词与之呼应，"凭"多放在主语前 *no matter（what, how, etc.）*（*has the same meaning as* "任凭", "无论" *and* "不管"；*must be accompanied by an interrogative pronoun*；"凭" *is usu. placed before the subject*）：～你怎么说，他干脆不理睬。～ nǐ zěnme shuō, tā gāncuì bù lǐcǎi. *No matter what you say, he simply doesn't pay any heed to it.* /～你是什么人，都应当遵纪守法。～ nǐ shì shénme rén, dōu yīngdāng zūn jì shǒu fǎ. *No matter who you are, you must observe the law and discipline.* /渔民们～海上的风浪有多么大，也照常出海捕鱼。Yúmínmen ～ hǎi shang de fēnglàng yǒu duōme dà, yě zhàocháng chū hǎi bǔ yú. *No matter how high the stormy waves, fishermen go fishing on the sea as usual.*

【凭单】píngdān（名）*voucher*；*chit*

【凭吊】píngdiào（动）对着遗迹、坟墓、石碑等怀念（古人或旧事）*reflect on the past at a historical site, monument, etc.*：～古战场 ～ gǔ zhànchǎng *muse on the past at the site of an ancient battle* /～烈士墓 ～ lièshì mù *stand in a reverie at a martyr's tomb*

【凭借】píngjiè（动）依靠 *rely on*；*depend on*：～绳子他才攀到山顶。～ shéngzi tā cái pāndào shān dǐng. *He clambered up to the peak by means of a rope.* /他能读完大学，完全～姑母的资助。Tā néng dúwán dàxué, wánquán ～ gūmǔ de

zizhù. *It was only by relying on his aunt's financial assistance that he managed to complete university.*

【凭据】píngjù（名）*evidence；proof*

【凭空】píngkōng（副）毫无根据地 *without foundation；groundless；*～捏造～niēzào *sheer fabrication*/～诬陷～wūxiàn *groundlessly frame a case against sb.*/说话要有根据，不要～想像。Shuō huà yào yǒu gēnjù，búyào～xiǎngxiàng. *You must have good grounds for making assertions. Don't just make things up out of thin air.*

【凭眺】píngtiào（动）从高处向远处看（风景）*have a commanding view of；survey from a height*

【凭信】píngxìn（动）*trust；believe：*一面之词不可～。Yí miàn zhī cí bù kě～. *You can't believe only one side of the case.*/不能～他的口供，要多做调查研究。Bù néng～tā de kǒugòng，yào duō zuò diàochá yánjiū. *We can't put faith in his testimony. We must do some more investigation.*

【凭仗】píngzhàng（动）倚仗 *rely on；depend on：*～着老经验处理新问题是不行的。～zhe lǎo jīngyàn chǔlǐ xīn wèntí shì bù xíng de. *You can't rely on old experience to handle new problems.*

【凭照】píngzhào（名）证件或执照 *certificate；license*

【凭证】píngzhèng（名）*proof；evidence*

屏 píng

（名）（～儿）[扇 shàn]*screen；one of the leaves (of a folding screen)：*一个屏风通常有四扇。Yí ge píngfēng tōngcháng yǒu sì shàn～. *A folding screen usually has four leaves.*

【屏风】píngfēng（名）[扇 shàn]*folding screen*

【屏幕】píngmù（名）*(cinema) screen*

【屏障】píngzhàng（名）*protective screen*

瓶 píng

（名）◇*bottle；flask；vase：*玻璃～bōli～ *glass bottle*

【瓶胆】píngdǎn（名）*glass liner (of a thermos flask)*

【瓶子】píngzi（名）[个 gè]*bottle*

萍 píng

（名）*duckweed*

【萍水相逢】píng shuǐ xiāng féng 萍：浮萍。浮萍随水飘泊，聚散不定。比喻向来不相识的人偶然相遇 *strangers meet by chance (like patches of drifting duckweed)*

pō

坡 pō

（名）（～儿）*slope；hillside：*他家的房子建在高～上。Tā jiā de fángzi jiàn zài gāo～shang. *His home is built high on a hillside.*（形）倾斜 *sloping；slanting：*这条路中间高，两边向下～。Zhè tiáo lù zhōngjiān gāo，liǎng biānr xiàng xià～. *This road is high in the middle and slopes down at both sides.*

【坡地】pōdì（名）*sloping fields；hillside fields*

【坡度】pōdù（名）*gradient；slope*

泼 〔潑〕pō

（动）*splash；sprinkle：*把这盆脏水～掉。Bǎ zhè pén zāng shuǐ～diào. *Throw out this basinful of dirty water.*

【泼妇】pōfù（名）凶悍不讲道理的妇女 *shrewish woman；fishwife；"vixen"*

【泼辣】pōlà（形）(1)有魄力，不怕困难 *bold and forceful：*这姑娘干活儿很～。Zhè gūniang gàn huór hěn～. *This girl works in a no-nonsense fashion.*/老王工作大胆～，无所顾忌。Lǎo Wáng gōngzuò dàdǎn～，wú suǒ gùjì. *When Lao Wang takes on a job there is nothing left undone.* (2)凶悍、不讲道理（多指妇女）*shrewish (usually applied to women)*

【泼冷水】pō lěngshuǐ 比喻用冷言冷语或说泄气的话，来打击别人的热情和积极性 "*pour cold water on*" — *dampen enthusiasm，be a* "*wet blanket*"：对小孩的求知欲望要多鼓励，不应～。Duì xiǎoháir de qiú zhī yùwàng yào duō gǔlì，bù yīng～. *One should encourage a child's enthusiasm for knowledge and not throw cold water on it.*/对革新创造中出现的缺点、错误，要正确对待，别～。Duì géxīn chuàngzào zhōng chūxiàn de quēdiǎn、cuòwù，yào zhèngquè duìdài，bié～. *We should tackle correctly shortcomings and mistakes that crop up in the course of innovation and creativity, and not take a negative attitude.*

颇 〔頗〕pō

（副）〈书〉"很"的意思，但不受否定副词"不"修饰；有时跟"有（一）些"、"有（一）点"连用，含委婉语气 *quite；rather；very（same as* "很" *hěn，but cannot be modified by the negative adverb* "不"*；sometimes used together with* "有（一）些" *or* "有（一）点"*；has a mild tone*）：这山远远望去～像一座城堡。Zhè shān yuǎnyuǎn wàngqù～xiàng yí zuò chéngbǎo. *When this mountain is seen from afar，it looks rather like a castle.*/这位县长在群众中～有些威信。Zhè wèi xiànzhǎng zài qúnzhòng zhōng～yǒu xiē wēixìn. *This county magistrate enjoys quite a bit of prestige among the masses.*/他对这种处理方法～不以为然。Tā duì zhè zhǒng chǔlǐ fāngfǎ～bù yǐ wéi rán. *He highly disapproves of this method of handling matters.*/这个地区电子工业发展得～快。Zhège dìqū diànzǐ gōngyè fāzhǎn de～kuài. *The electronics industry in this area has developed very rapidly.*

【颇为】pōwéi（副）〈书〉意思同"颇"pō，修饰双音节动词、形容词或四字短语 *same as* "颇" *pō（modifies a disyllabic verb or adjective，or a four-character phrase）：*这房间布置得～雅致。Zhè fángjiān bùzhì de～yǎzhì. *This room is decorated quite tastefully.*/他对此～气愤。Tā duì cǐ～qìfèn. *He's quite furious about this.*/做了这事以后，他还～心安理得。Zuòle zhè shì yǐhòu，tā hái～xīn ān lǐ dé. *He still felt quite at ease and justified after doing this.*

pó

婆 pó

（名）◇(1)年老的妇女 *old woman* (2)丈夫的母亲 *mother-in-law（husband's mother）*

【婆家】pójia（名）丈夫的家 *husband's family*

【婆婆】pópo（名）(1)丈夫的母亲 *husband's mother* (2)指老年妇女 "*granny*"

【婆婆妈妈】pópomāmā（形）形容人语言罗嗦，办事考虑多，行动慢 *fussy；garrulous：*你这么～的，哪像个男子汉？Nǐ zhème～de，nǎ xiàng ge nánzǐhàn? *You're too fussy for a man!*

【婆娑】pósuō（形）〈书〉盘旋（多指舞蹈）*whirling；spiralling；dancing：*～起舞～qǐ wǔ *throw oneself into a dance*/树影～shù yǐng～ *The shadows of the trees are dancing.*

pǒ

笸 pǒ

【笸箩】pǒluo（名）用柳条或篾条编制的器物，帮较浅，有圆形的，长方形的 *shallow woven basket*

pò

迫 pò

（动）◇(1)硬逼，强制 *force；compel：*被～屈服 bèi～qūfú *be forced to yield* (2)◇急促 *urgent；pressing* 另见 pǎi

【迫不得已】pò bù dé yǐ 被逼迫追无奈,不得不那样（做）be forced to; have no alternative：他是由于～才出面干涉那件事的。Tā shì yóuyú ～ cái chū miàn gānshè nà jiàn shì de. He has no alternative but to intervene personally in this matter.

【迫不及待】pò bù jí dài 急得不能再等待(指人的心情) be unable to wait any longer; be unable to hold oneself back：一听说母亲生病,他～地赶回家去。Yì tīng shuō mǔqin shēng bìng, tā ～ de gǎn huí jiā qu. On hearing of his mother's illness, he rushed straight back home. /快点给他答复吧!他已经～了。Kuài diǎn gěi tā dáfu ba! Tā yǐjīng ～ le. Give him an answer quickly! He's burning with impatience.

【迫害】pòhài（动）用压迫手段使（人）受害(多指政治性的) persecute：遭政治～ zāoshòu zhèngzhì ～ suffer political persecution /在"文化大革命"中,那些阴谋家～老干部。Zài "Wénhuà dà gémìng"zhōng, nàxiē yīnmóujiā ～ lǎo gànbù. During the Great Cultural Revolution those conspirators persecuted veteran cadres.

【迫降】pòjiàng（动）make an emergency landing; make a forced landing

【迫近】pòjìn（动）〈书〉approach; draw near：～年关 niánguān get close to the end of the year /婚期～ hūnqī The wedding day is approaching. /完工的日期已经～。Wán gōng de rìqī yǐjīng ～. The deadline for finishing the work is pressing upon us.

【迫切】pòqiè（形）十分急切(希望满足要求或需要) urgent; pressing：小王要求进步很～。Xiǎo Wáng yāoqiú jìnbù hěn ～. Xiao Wang is eager to be progressive. /努力满足广大群众的～要求。Nǔ lì mǎnzú guǎngdà qúnzhòng de ～ yāoqiú. We must make efforts to satisfy the urgent demands of the broad masses. /农民～需要科学文化。Nóngmín ～ xūyào kēxué wénhuà. The farmers are in dire need of science and culture.

【迫使】pòshǐ（动）〈书〉用强力或压力使（做某事）force; compel：我军强大的攻势～敌军撤退。Wǒ jūn qiángdà de gōngshì ～ díjūn chètuì. Our side's fierce attack forced the enemy to retreat. /统治者的残酷压榨,～人民起来反抗。Tǒngzhìzhě de cánkù yāzhà,～ rénmín qǐlái fǎnkàng. The rulers' ruthless oppression compelled the people to rise in revolt.

【迫在眉睫】pò zài méi jié 比喻事情已近在眼前,非常紧迫 immediate; urgent; imminent：连日暴雨,抗洪排涝已～。Liánrì bàoyǔ, kàng hóng pái lào yǐ ～. We've had heavy rain for several days, so anti-flood and drainage work is our most immediate task.

破 pò

（动）(1)损伤或损坏 break; damage：手～了。Shǒu ～ le. I cut my hand. /衣服～了。Yīfu ～ le. The garment tore. /本子撕～了。Běnzi sī ～ le. The notebook got ripped. (2)使分裂,劈开 split; cleave：把西瓜～开。Bǎ xīguā ～ kāi. Split the melon open. /把苇子杆～成细条,可以编席子。Bǎ wěizigānr ～ chéng xì tiáo, kěyǐ biān xízi. If you split reeds into thin strips you can weave mats out of them. (3)突破,破除(成规,习惯,旧思想等) destroy; get rid of (outdated customs, ideas, etc.)：～记录 ～ jìlù break a record /～旧习,立新规 ～ jiù xí, lì xīn guī Destroy the old and establish the new. (4)打败,打下 defeat; vanquish：大～敌军 dà ～ díjūn inflict a crushing defeat on the enemy /～城而入 ～ chéng ér rù conquer and occupy a city (5)整的(钱)换成零的 change money into smaller denominations：把五角的票子～成五张一角的。Bǎ wǔ jiǎo de piàozi ～ chéng wǔ zhāng yì jiǎo de. change a five-jiao note into five one-jiao notes /我没零钱,这张十元的票子～不开。Wǒ méi língqián, zhè zhāng shí yuán de piàozi ～ bu kāi. I haven't got any small change as I can't break this 10-yuan note. (6)使真相

显露 reveal the truth; lay bare：一语道～ yì yǔ dào ～ get to the heart of the matter in a few words /要～这个案子,还需费些周折。Yào ～ zhège ànzi, hái xū fèi xiē zhōuzhé. If we want to get to the bottom of this case we will have to undergo a lot more trouble. (形)碎的,不完整的 broken; faulty：～锅 ～ guō broken pot /～衣服 ～ yīfu threadbare clothes (2)〈口〉质量次,水平低 poor quality; second-rate：我这～嗓子,唱不了京戏。Wǒ zhè ～ sǎngzi, chàng bu liǎo jīngxì. I can't sing Beijing opera with this poor voice of mine. /那种～电影,我才不看呢。Nà zhǒng ～ diànyǐng, wǒ cái bú kàn ne. You won't catch me watching a lousy film like that!

【破案】pò=àn 查出刑事案件的真实情况 solve a case

【破败】pòbài（形）ruined; dilapidated：这座古塔年久失修,已经～不堪。Zhè zuò gǔ tǎ nián jiǔ shī xiū, yǐjīng ～ bùkān. This ancient pagoda has been neglected for many years and now it is dilapidated beyond repair.

【破冰船】pòbīngchuán（名）[艘 sōu] icebreaker

【破产】pò=chǎn go bankrupt

【破除】pòchú（动）去掉,废除(原来受人尊重或信仰的不好的事物) eradicate; do away with：～迷信 ～ míxìn get rid of superstition /～旧习俗 ～ jiù xísú do away with old customs /～不合理的规章制度 ～ bù hélǐ de guīzhāng zhìdù abolish unreasonable rules and regulations

【破费】pòfèi（动）花费(金钱)(多是对别人为自己花钱而说的客气话) spend lots of money; go to some expense：让您～了,我感到很不安。Ràng nín ～ le, wǒ gǎndào hěn bù'ān. I really feel embarrassed at putting you to all this expense. /您不要太～了,简简单单吃点便饭就行了。Nín búyào tài ～ le, jiǎnjiǎndāndān chī diǎn biànfàn jiù xíng le. You don't have to go to great expense; a simple snack will do. /他送一次礼,就～了二百块钱。Tā sòng yí cì lǐ, jiù ～ le èrbǎi kuài qián. He spent as much as 200 yuan on one present!

【破釜沉舟】pò fǔ chén zhōu 釜:锅;舟:船。古时候项羽率兵与秦兵打仗,过河后就打破锅,凿沉船,表示若不胜利决不回来。后来比喻下定决心,不顾一切地干到底,非达到目的不可 "smash the cooking pots and sink the boats" — burn one's bridges; cast the die; cross the Rubicon

【破格】pò=gé 打破既定规格的约束 break a rule; make an exception (to a rule)：～提拔 ～ tíbá irregular promotion /～使用 ～ shǐyòng make use of somebody in defiance of the rules /用这么高的礼遇接待一位外国来访的使者,真是～了。Yòng zhème gāo de lǐyù jiēdài yí wèi wàiguó láifǎng de shǐzhě, zhēn shì ～ le. It is really a breach of protocol to give such a lavish reception for an overseas envoy.

【破罐破摔】pò guàn pò shuāi 比喻人有了缺点、错误,不但不改,反而消极自弃,甚至往更坏的方向发展 write oneself off as hopeless and act recklessly; make no attempt to mend one's ways

【破坏】pòhuài（动）使原有的或既定的受到损坏 destroy; damage：一座美丽的城市被战火～了。Yí zuò měilì de chéngshì bèi zhànhuǒ ～ le. A beautiful town was destroyed in the flames of war. /不准～公共财物! Bù zhǔn ～ gōnggòng cáiwù! Damage to Public Property is Forbidden. /制造谣言……他人名誉的行为是可耻的。Zhìzào yáoyán……tārén míngyù de xíngwéi shì kěchǐ de. It is shameful to invent rumors which defame others. /机器的轰鸣声～了山村的宁静。Jīqì de hōngmíng shēng ～ le shāncūn de níngjìng. The roar of machines shattered the peace of the village.

【破获】pòhuò（动）uncover; unearth：～了一起重大盗窃案。～le yì qǐ zhòngdà dàoqiè àn. A serious case of robbery was uncovered.

【破镜重圆】pò jìng chóng yuán 比喻夫妻失散或决裂后又重新团聚 "broken mirror rejoined" — reunion of husband and

wife after a rupture

【破旧】pòjiù（形）又破又旧的（东西）*worn out*；*outdated*：～衣服 ～ yīfu *worn-out clothes* /～家具 ～ jiājù *broken-down furniture* /这些老房子太～了。Zhèxiē lǎo fángzi tài ～ le. *These old houses are too dilapidated.*

【破旧立新】pò jiù lì xīn 破除旧的（规章制度、风俗习惯等），建立新的 *destroy the old, establish the new*

【破口大骂】pò kǒu dà mà 用肮脏恶毒的语言大声叫骂 *hurl abuse*；*abuse roundly*

【破烂】pòlàn（形）*dilapidated*；*worn-out*：～的衣物 ～ de yīwù *worn-out clothing* /那只皮箱太～了。Nà zhǐ píxiāng tài ～ le. *That suitcase is completely worn out.*（名）（～儿）破烂的东西 *something worn out and useless*；*rubbish*；*trash*：一堆～ yì duī ～ *mound of rubbish* /卖～ mài ～ *sell junk* /收购～ shōugòu ～ *buy scrap*

【破例】pò=lì 打破一贯的做法 *waive a rule*；*make an exception*：财务制度是严格的,对谁也不能～。Cáiwù zhìdù shì yángé de, duì shuí yě bù néng ～. *The financial system is very strict. No exceptions can be made for anyone.* /这书是不外借的,但由于你们科研急需,只好破一次例,借给你们用三天。Zhè shū shì bú wàijiè de, yóuyú nǐmen kēyán jíxū, zhǐhǎo pò yí cì lì, jiè nǐmen yòng sān tiān. *This book is not for outside loan, but since you urgently need it for research we will make an exception in this case and let you use it for three days.*

【破裂】pòliè（动·不及物）(1)（完整的东西）出现裂缝 *burst*；*split*：由于风吹日晒,桌面～。Yóuyú fēng chuī rì shài, zhuōmiàn ～. *The table top has split due to the action of the wind and sun.* (2)（感情或关系等）破坏,分裂（*emotional, marital, etc.*）*breakdown*；*crackup*：这对夫妻的感情～了。Zhè duì fūqī de gǎnqíng ～ le. *There has been a rupture in this couple's feelings.* /双方的谈判～了。Shuāngfāng de tánpàn ～ le. *The negotiations between the two sides have broken down.* /他们的联盟可能～。Tāmen de liánméng kěnéng ～. *There is a possibility that there will be a split in their alliance.*

【破落】pòluò（动）（原来有钱有地位的家庭）衰落下去 *decline (in wealth or power)*；*come down in the world*：家道～ jiādào ～ *The family has come down in the world.* /～地主 ～ dìzhǔ *impoverished landlord*

【破落户】pòluòhù（名）原来有钱有地位后来败落的人家 *family in reduced circumstances*；*shabby-genteel family*

【破门而入】pò mén ér rù 砸开门闯入 *burst open a door and rush inside*

【破灭】pòmiè（动·不及物）（幻想或希望等）落空,消失 *shattered*；*disintegrate*：幻想～ huànxiǎng ～ *illusions evaporate* /理想～了。Lǐxiǎng ～ le. *ideals disintegrate*

【破伤风】pòshāngfēng（名）〈医〉*tetanus*

【破碎】pòsuì（动）*smash*；*break into pieces*；*tear into shreds*：这些煤块太大,要～成小块,才能放进炉子里。Zhèxiē méikuài tài dà, yào ～ chéng xiǎo kuàir, cái néng fàngjìn lúzi li. *These lumps of coal are too big. You'd better break them into small pieces so that you can put them in the stove.* /那面镜子早就～了。Nà miàn jìngzi zǎo jiù ～ le. *That mirror was shattered a long time ago.* /山河～ shānhé ～ *The country is devastated.*

【破损】pòsǔn（形）残缺坏损 *damaged*：房屋～ fángwū ～ *The house is dilapidated.* /～的农具 ～ de nóngjù *broken farm equipment* /由于野蛮装卸,机器包装多数～。Yóuyú yěmán zhuāngxiè, jīqì bāozhuāng duōshù ～. *Due to rough handling, the casing of the machine was substantially damaged.*

【破天荒】pòtiānhuāng（形）比喻从来没有过的事情第一次出现 *occur for the first time*；*be unprecedented*：这个高原上通火车,还是～第一次呢! Zhège gāoyuán shang tōng huǒchē, háishi ～ dìyī cì ne! *The operation of this railway on the plateau is absolutely unprecedented!*

【破土】pòtǔ（动·不及物）(1)指建筑开始时挖土动工 *break ground (for construction)*：新火车站八月十号～。Xīn huǒchēzhàn bāyuè shí hào ～. *Ground will be broken on August 10 for the new railway station.* /教学大楼何时～动工?Jiàoxué dàlóu hé shí ～ dònggōng? *When are they going to break the ground and start work on the classroom building?* (2)指春天时翻松土地,开始耕种 *start spring ploughing*：～翻地 ～ fān dì *start ploughing the soil*

【破相】pò=xiàng 脸部由于受伤或其它原因而毁坏了原来的相貌 *disfigured (of facial features)*：严重的烧伤使他～了。Yánzhòng de shāoshāng shǐ tā ～ le. *His face was disfigured by a serious burn.* /死者被凶手破了相,难以辨认。Sǐzhě bèi xiōngshǒu pòle xiàng, nányǐ biànrèn. *The corpse's face had been so mutilated by the murderer that it was difficult to identify.*

【破晓】pòxiǎo（动·不及物）〈书〉天刚亮 *daybreak*：天色～ tiānsè ～ *Daylight is dawning.* /东方～ dōngfāng ～ *Dawn is breaking in the east.*

【破鞋】pòxié（名）指乱搞男女关系的女人 *wanton*；*loose woman*

【破绽】pòzhàn（名）衣服上的裂口,比喻说话做事时露出的漏洞 *broken seam*；*weak point (in an argument, etc.)*：～百出 ～ bǎichū *full of flaws* /他的话有许多～。Tā de huà yǒu xǔduō ～. *There are lots of holes in his argument.* /他掩饰得很巧妙,使人找不到～。Tā yǎnshì de hěn qiǎomiào, shǐ rén zhǎo bu chū ～. *His cover is so well done that no one can find a flaw in it.*

【破折号】pòzhéhào（名）标点符号(——)表示意思的转折,或表示底下是解释、说明部分 *dash (in punctuation)*

魄 pò

（名）◇(1)迷信的人指依附人的形体而存在的精神 *soul* (2)气魄,精力 *spirit*；*vigor*

【魄力】pòlì（名）有胆识、敢做敢为,处事果断的素养 *daring*；*boldness*：老张工作很有～。Lǎo Zhāng gōngzuò hěn yǒu ～. *Lao Zhang works with great resolution.* /他的～不够。Tā de ～ bú gòu. *He hasn't got enough guts.*

pōu

剖 pōu

（动）◇破开 *cut open*：～腹 ～ fù *cut open the stomach (as in harakiri)*

【剖白】pōubái（动）分辩表白 *vindicate oneself*；*justify oneself*：他想尽办法～自己。Tā xiǎngjìn bànfǎ ～ zìjǐ. *He is racking his brains to think of a way to vindicate himself.*

【剖面】pōumiàn（名）*section*：横～ héng ～ *cross section* /纵～ zòng ～ *longitudinal section*

【剖面图】pōumiàntú（名）*sectional diagram*；*cross-section drawing*

【剖视图】pōushìtú（名）*cutaway view*

【剖析】pōuxī（动）分析 *dissect*；*analyse*：～问题 ～ wèntí *analyse a problem* /～思想 ～ sīxiǎng *analyse one's thought* /～原因 ～ yuányīn *get to the bottom of*；*analyse the root cause of*

pū

扑〔撲〕pū

（动）(1)拍打 *beat*；*flap*；*flutter*：海鸥～着翅膀落在海面上。Hǎi'ōu ～ zhe chìbǎng luò zài hǎimiàn shang. *Flapping its wings, the seagull landed on the sea.* /这孩子粉白的小脸,像～了一层粉。Zhè háizi fěnbái de xiǎo liǎnr, xiàng

~le yì céng fěn. *The child's face was so fair and fresh it looked as if it had been powdered.* (2)身体向前伸，突然伏在物体上 leap at; pounce on; spring at: 老虎~食。Lǎohǔ ~ shí. *The tiger sprang at the food.* /孩子~到妈妈怀里。Háizi ~dào māma huái li. *The child threw itself into its mother's arms.* (3)扑打，进攻 attack; assault: ~蚂蚱 a catch grasshopper /直~敌人据点 zhí ~ dírén jùdiǎn make a direct attack on the enemy stronghold (4)(风、气味等)冲向，冲进 rush against; blow against: 海风~面，显得格外清凉。Hǎi fēng ~ miàn, xiǎnde géwài qīngliáng. *An exceptionally fresh sea breeze blew in my face.* /桂花的香气~鼻而来。Guìhuā de xiāngqì ~ bí ér lái. *The fragrance of osmanthus pervaded my nostrils.*

【扑哧】pūchī (象声)形容笑声或水、气挤出的声音 sound of bubbling; fizzing, giggling, etc.: ~一声笑了出来。~ shēng xiàole chulai. *He uttered a gurgling laugh.* /只听~一声，皮球撒了气。Zhǐ tīng ~ yì shēng, píqiú sāle qì. *With a hissing sound, the ball deflated.*

【扑打】pūdǎ (动)(1)用扁平的东西向下猛打(多是会飞的昆虫鸟雀等) swat; beat: ~苍蝇~ cāngying swat flies /山雀~shānquè swat blue tits (2)轻轻地拍 pat: ~大衣上的土 ~ dàyī shang de chéntǔ pat dust off an overcoat

【扑粉】pūfěn (名) face powder

【扑救】pūjiù (动)扑灭火灾，抢救人和财物 put out a fire and avoid damage

【扑克牌】pūkèpái (名)[副 fù] playing cards

【扑空】pū=kōng 没有在目的地找到所要找的(人) fail to find someone at the place where he ought to be: 你去看他，要事前打个电话，免得~。Nǐ qù kàn tā, yào shìqián dǎ ge diànhuà, miǎnde ~. *If you want to go and see him you should telephone first to save you making a fruitless trip.* /昨晚我去找他，又扑了个空。Zuó wǎn wǒ qù zhǎo tā, yòu pūle ge kōng. *I went to see him last night but he wasn't in again.*

【扑棱】pūlēng (象声)形容鸟类翅膀上下抖动的声音 sound of beating wings; flapping sound: ~一声，鸟飞了。~ yì shēng, niǎo fēi le. *The bird flew off with a beating of wings.*

【扑棱】pūleng (动)抖动或张开 wave; flap; beat: 这只鸡没杀死，翅膀还直~呢! Zhè zhī jī méi shāsǐ, chìbǎng hái zhí ~ ne! *The chicken isn't dead yet. It's wings are still flapping.* /韭菜花一开，像一把小伞。Jiǔcài huā ~ kāi, xiàng yì bǎ xiǎo sǎn. *The chive flower opened up like a small umbrella.*

【扑灭】pūmiè (动)extinguish; put out; stamp out: ~蚊蝇wényíng exterminate mosquitoes and flies /大火被~了。Dà huǒ bèi ~ le. *The blaze was extinguished.*

【扑闪】pūshan (动)眨，闪动(多指眼睛) wink; blink: ~着两只大眼 ~zhe liǎng zhi dà yǎn winking his pair of large eyes

【扑朔迷离】pūshuò mílí 事物错综复杂，难以辨别 complicated; mixed up; confusing: 这本侦探小说，故事情节~。Zhè běn zhēntàn xiǎoshuō, gùshi qíngjié ~, rénwù zhī jiān de guānxi yě shífēn fùzá. *This detective novel has a very confusing plot and the relationships between the characters are very complicated.*

【扑簌簌】pūsūsū (形)形容眼泪往下流的样子 trickling (with tears)

【扑腾】pūtēng (象声)形容重的东西落地的声音 thud; thump; crash: 这孩子~一声摔倒了。Zhè háizi ~ yì shēng shuāidǎo le. *The child fell down with a thud.* /他走路脚步太重，~~的响。Tā zǒu lù jiǎobù tài zhòng, ~ ~ de xiǎng. *His heavy footfalls thudded along the street.*

【扑腾】pūteng (动)(1)游泳时用脚打水。也说"打扑腾" splash: 他不太会游泳，只是瞎~. Tā bú tài huì yóuyǒng, zhǐ shì xiā ~. *He can't swim very well. He just splashes*

around. (2)跳动 leap; throb; palpitate: 吓得我心里乱~。Xià de wǒ xīnli luàn ~. *My heart raced with fright.* /大鲤鱼在水里直~。Dà lǐyú zài shuǐ li zhí ~. *The large carp kept leaping about in the water.*

【扑通】pūtōng (象声)形容重东西落地或落水的声音 thump; splash: ~一声跌了一交。~ yì shēng diēle yì jiāo. *He slipped and fell with a thump.* /~一下跳进水里。~ yí xià tiàojìn shuǐ li. *He leapt into the water with a splash.*

铺 [鋪]pū

(动)把东西展开或摊平 spread; unfold: 床上~着白床单。Chuáng shang ~zhe bái chuángdān. *A white sheet was spread on the bed.* /~平前进的道路 ~ ping qiánjìn de dàolù smooth the road ahead; pave the way 另见 pù

【铺床】pū=chuáng make a bed

【铺盖】pūgai (名)被、褥、枕头等卧具 bedding; bed clothes

【铺轨】pū=guǐ 铺设铁轨 lay rails; lay track

【铺路机】pūlùjī (名) paving machine

【铺设】pūshè (动) lay down (a path, etc.): ~输油管 ~ shūyóuguǎn lay an oil pipeline /~铁轨 ~ tiěguǐ lay railroad track /~电缆 ~ diànlǎn lay an electricity cable

【铺天盖地】pū tiān gài dì 到处都有，形容来势很盛 "cover the heavens and the earth" — be all over the place: 北国的冬天，白雪皑皑，~。Běiguó de dōngtiān, bái xuě ái'ái, ~. *In winter in the north country everything is covered in dazzling white snow.* /狂风一吹，卷起了~的黄沙。Kuángfēng yì chuī, juǎnqǐ ~ de huángshā. *As soon as the fierce wind began to blow, yellow sand whirled everywhere.*

【铺张】pūzhāng (形)过分地讲究排场 extravagant: 反对浪费~ fǎnduì ~ làngfèi *Guard against wasteful expense.*

噗 pū

(象声)puff: ~的一声，把蜡烛吹灭了。~ de yì shēng, bǎ làzhú chuīmiè le. *With a puff, he extinguished the candle.*

【噗嗤】pūchī (象声)同"扑哧"pūchī same as "扑哧" pūchī

【噗噜噜】pūlūlū (象声)形容泪珠等一连串往下掉 evocative of tears, etc., dripping down in a constant stream

pú

仆 [僕]pú

(名)◇servant

【仆从】púcóng (名) follower; retainer; lackey

【仆人】púrén (名) servant

匍 pú

【匍匐】púfú (动)〈书〉(1)爬行 crawl; creep: ~前进 ~ qiánjìn crawl forward (2)趴 creep: 瓜藤在地面上~生长。Guāténg zài dìmiàn shang ~ shēngzhǎng. *The melon vines crept along the ground.*

菩 pú

【菩萨】púsa (名) Bodhisattva

【菩提树】pútíshù (名)[棵 kē] bodhi tree; pipal

葡 pú

【葡萄】pútao (1)grape (vine) (2) grape (fruit)

【葡萄干】pútaogān (名)(~儿) raisin

【葡萄灰】pútaohuī (形)浅灰而微红的颜色 light reddish-grey: 买一件~的女风衣 mǎi yí jiàn ~ de nǚ fēngyī *I want*

to buy a woman's jacket in "grape grey".

【葡萄酒】pútaojiǔ（名）*wine*

【葡萄胎】pútaotāi（名）〈医〉*hydatidiform mole；vesicular mole*

【葡萄糖】pútaotáng（名）*glucose*

蒲 pú
（名）◇ *cattail*

【蒲草】púcǎo（名）*cattail leaf*

【蒲公英】púgōngying（名）*dandelion*

【蒲绒】púróng（名）*cattail wool*

pǔ

朴〔樸〕pǔ
（形）◇原指未经加工的木材，比喻不加修饰 *plain；simple；unadorned*

【朴实】pǔshí（形）朴素，实在，不浮夸 *simple；plain*：为人～，
为人～ *be a sincere and honest person* /作风～ zuòfēng～ *plain style of work* /～的文笔～ de wénbǐ *straightforward style of writing*

【朴素】pǔsù（形）（1）（颜色、式样等）不华丽 *simple；plain*：穿着～ chuānzhuó～ *dress simply* /他的作品，文字～，通俗易懂。Tā de zuòpǐn,wénzì～,tōngsú yì dǒng。*He has a simple style of writing that is easy to understand.* （2）（生活）节约 *frugal；thrifty*：他过着～的生活。Tā guòzhe ～ de shēnghuó。*He lives a very frugal life.*

【朴质】pǔzhì（形）纯真而没有经过修饰的 *simple；plain；natural*

普 pǔ
（形）◇普遍，全面 *general；universal*

【普遍】pǔbiàn（形）广泛存在而具有共同性 *widespread；universal*：～规律 ～ guīlù *general rule* /这种现象十分～。Zhè zhǒng xiànxiàng shífēn ～。*This is a very common phenomenon.* /人民生活水平～提高。Rénmín shēnghuó shuǐpíng ～ tígāo。*In general, the people's living standard has been raised.*

【普遍性】pǔbiànxìng（名）*universality*

【普测】pǔcè（动）（1）普遍测验，考查学习成绩、技术水平的高低 *general test* （2）用仪器或其它方法进行普遍测量或检验 *take a general measurement or survey*

【普查】pǔchá（动）普遍调查、检查 *make an overall survey*：～人口 ～ rénkǒu *make a general population survey* /地质～ dìzhì ～ *general geological survey* /水源～ shuǐyuán ～ *general survey of water sources* /防癌～ fáng ái ～ *anti-cancer survey*

【普及】pǔjí（动）（1）普遍传布 *propagate；disseminate；spread*：篮球运动已～城乡各个角落。Lánqiú yùndòng yǐ ～ chéng xiāng gè gè jiǎoluò。*Basketball has been spread to every corner of the country.* （2）普遍推广，使大众化 *popularise；make universal*：～中等教育 ～ zhōngděng jiàoyù *make secondary education universal* /～卫生常识 ～ wèishēng chángshí *popularise basic hygiene knowledge*（形）*popular*：这种收录机在我们那儿很～。Zhè zhǒng shōulùjī zài wǒmen nàr hěn ～。*This type of tape-recorder is very popular with us.*

【普及本】pǔjíběn（名）大量销售的书籍。指在原有版本外发行的用纸较次、开本较小、装订简单、定价较低的版本 *popular edition (of a book, etc.)*

【普天同庆】pǔ tiān tóng qìng 普：全面，普遍。天：天下，指全国或全世界。全天下共同庆祝 *universal rejoicing*

【普通】pǔtōng（形）一般的，没有特殊性 *ordinary；common*：～人 ～ rén *common people*；"*man in the street*" /她穿着一件普普通通的蓝上衣。Tā chuānzhe yí jiàn pǔpǔtōngtōng de lán shàngyī。*She was wearing an ordinary blue jacket.*

【普通话】pǔtōnghuà（名）现代汉语的标准语。以北京语音为标准音，以北方话为基础方言，以典范的现代白话文著作作为语法规范 *standard Chinese language*

【普选】pǔxuǎn（动）有选举权的公民普遍参加国家权力机关代表的选举 *elect through universal suffrage*：县人民代表由公民～产生。Xiàn rénmín dàibiǎo yóu gōngmín ～ chǎnshēng。*The people's representatives at the county level are the products of grass-roots general elections.* （名）*general election*

【普照】pǔzhào（动）普遍地照耀 *illuminate every corner；shine on everything*：阳光～人间。Yángguāng ～ rénjiān。*The sun shines on all mankind.*

谱〔譜〕pǔ
（动）给歌词配曲 *set to music*：这首歌是老王作词,我～的曲子。Zhè shǒu gē shì Lǎo Wáng zuò cí,wǒ ～ de qǔzi。*Lao Wang wrote the words to this song and I set it to music.* （名）（1）曲谱 *musical score*：先唱～后唱词。Xiān chàng ～ hòu chàng cí。*First sing the melody and then the words.* （2）（～儿）大致的标准,把握 *something to count on；something to hold on to*：做事前,心里要有个～。Zuò shì qián,xīnli yào yǒu ge ～。*Before doing anything you should have a definite object in mind.* /他这人说话、做事都没～。Tā zhè rén shuō huà、zuò shì dōu méi ～。*He has no firm grasp of anything he says or does.*

【谱写】pǔxiě（动）〈书〉写（乐曲）*compose music*：～一首曲子 ～ yì shǒu qǔzi *compose a tune* /战士们用自己的行动～了无数爱国主义的诗篇。Zhànshimen yòng zìjǐ de xíngdòng ～ le wúshù àiguózhǔyì de shīpiān。*Through their actions the soldiers composed innumerable patriotic epics.*

【谱子】pǔzi（名）*musical score*

蹼 pǔ
（名）*webbing (on the feet of ducks, frogs, etc.)*

pù

铺〔鋪〕pù
（名）（1）铺子,商店 *shop；store*：杂货～ záhuò～ *grocery store* /饭～ fàn～ *restaurant* （2）用木板搭的床 *plank bed*：我喜欢睡～,不喜欢睡炕。Wǒ xǐhuan shuì ～,bù xǐhuan shuì kàng。*I prefer to sleep on a plank bed rather than a kang.* 另见 pū

【铺面】pùmiàn（名）商店的门面 *shop front*：～很显眼。～ hěn xiǎnyǎn。*The shop front is very eye-catching.*

【铺位】pùwèi（名）（轮船、火车、旅馆等为旅客安排的）设有床铺的位置 *bunk；berth (on a train, ship, etc.)*

【铺子】pùzi（名）*shop；store*

瀑 pù
（名）◇ *watefall*

【瀑布】pùbù（名）*waterfall*

曝 pù
（动）〈书〉晒 *expose to sunlight*

【曝光】pù＝guāng *exposure (to light)*

【曝光表】pùguāngbiǎo（名）*exposure meter*

【曝露】pùlù（动）〈书〉露在外面 *out in the open；exposed to the open air*：冬季草都枯萎了,黄土地～在阳光之中。Dōngjì cǎo dōu kūwěi le,huángtǔdì ～ zài yángguāng zhī zhōng。*In winter the grass has all withered and the yellow earth is exposed to the sun.*

Q

qī

七 qī
（数）seven

【七……八……】qī……bā……中间嵌入名词或动词（包括词素），表示多或多而杂 flurry；in confusion；topsy-turvey：七扭八歪 qī niǔ bā wāi crooked；uneven/七拼八凑 qī pīn bā còu piece together；cobble together/七嘴八舌 qī zuǐ bā shé lively discussion；hubbub of voices/风把牡丹花刮得七零八落，十分可惜。Fēng bǎ mǔdanhuā guā de qī líng bā luò，shífēn kěxī. It's such a pity that the wind has blown the peonies all over the place. /他心里七上八下的，非常不安。Tā xīnli qī shàng bā xià de，fēicháng bù'ān. His mind is in complete turmoil and he is very agitated. / 大伙儿七手八脚地一会儿就帮他搬完了家。Dàhuǒr qī shǒu bā jiǎo de yíhuìr jiù bāng tā bānwánle jiā. Everyone pitched in to help, and in no time at all he had finished moving house.

【七古】qīgǔ（名）中国旧诗体裁之一，七言古诗的简称。每首句数不限，每句七个字 short for "七言古诗"，genre of classical Chinese poetry, with seven characters to the line

【七绝】qījué（名）中国旧诗体裁之一，七言绝句的简称。每首四句，每句七个字 short for "七言绝句"，four-line poem with seven characters to the line

【七律】qīlǜ（名）中国旧诗体裁之一，七言律诗的简称。每首八句，每句七个字 short for "七言律诗"，eight-line poem with seven characters to the line

【七七事变】Qī-Qī Shìbiàn 1937 年 7 月 7 日，日本帝国主义在芦沟桥发动对中国的全面侵略战争。也称"芦沟桥事变" "Lugou (Marco Polo) Bridge" Incident of July 7, 1937, marking the start of the War of Resistance Against Japan

【七言诗】qīyánshī（名）每句七个字的旧诗 poem with seven characters to a line

【七一】Qī-Yī 中国共产党成立纪念日。1921 年 7 月 1 日，中国共产党正式成立 July 1, anniversary of the founding of the Comunist Party of China in 1921

【七月】qīyuè（名）(1)July (2) the seventh month of the lunar calendar

沏 qī
（动）冲、泡 infuse；pour hot water over：～茶 ～ chá make tea /～一杯糖水 ～ yì bēi tángshuǐ prepare hot sugar water

妻 qī
（名）◇ wife

【妻离子散】qī lí zǐ sàn 一家人被迫分离四散 scattered family：战争年代，很多人家～。Zhànzhēng niándài，hěn duō rénjiā ～. In wartime many people become separated from their families.

【妻子】qī zi 妻子和儿女 wife and children

【妻子】qīzi（名）wife

柒 qī
（数）"七"的大写 character representing the numeral seven，used in documents to avoid alteration

栖 〔楼〕qī
（动）〈书〉鸟停落在树上，泛指居住或停留（of birds）perch；live；remain：这动物水陆两～。Zhè zhǒng dòngwù shuǐ lù liǎng ～. This type of animal is amphibious.

【栖身】qīshēn（动）〈书〉〈暂时〉居住 stay temporarily；sojourn：无处～ wú chù ～ be homeless；have nowhere to stay/他在国外难以～. Tā zài guó wài nányǐ ～. He finds it hard to live abroad.

【栖息】qīxī（动）〈书〉（鸟类）停留（在树上或巢中）休息（of birds）rest：～枝头 ～ zhītóu perch on a branch/山上的那片森林，是鸟群经常～的地方。Shān shàng de nà piàn sēnlín，shì niǎoqún jīngcháng ～ de dìfang. Flocks of birds often nest in that patch of forest on the mountain.

凄 qī
（形）◇(1)寒冷 cold：风雨～～ fēng yǔ ～～ chilly wind and rain(2)冷落、萧条 bleak；desolate(3)悲伤 sorrowful；mournful

【凄惨】qīcǎn（形）凄凉悲惨 wretched；miserable：地震后的～景象是很难想像的。Dìzhèn hòu de ～ jǐngxiàng shì hěn nán xiǎngxiàng de. The tragic scene following the earthquake is difficult to imagine.

【凄楚】qīchǔ（形）〈书〉悲伤痛苦 miserable

【凄风苦雨】qīfēng kǔyǔ 形容天气恶劣，比喻悲惨凄凉的境遇 miserable circumstances

【凄厉】qīlì（形）（声音）凄惨尖厉 mournful（sound）；sad and shrill：～的风声 ～ de fēng shēng moaning of the wind /～的呼救声 ～ de hū jiù shēng wailing cry for help

【凄凉】qīliáng（形）形容环境冷落、景物凄惨 dreary；desolate：～的景象 ～ de jǐngxiàng desolate scene /她孤身一人，生活～。Tā gūshēn yì rén，shēnghuó ～. She lives a dreary life on her own. /深秋的景象，常常给人以～的感觉。Shēn qiū de jǐngxiàng，chángcháng gěi rén yǐ ～ de gǎnjué. The landscape well into autumn often gives people a feeling of dreariness.

【凄然】qīrán（形）〈书〉形容悲伤 sad；dreary；mournful：只见人去楼空，他不禁～泪下。Zhǐ jiàn rén qù lóu kōng，tā bùjīn ～ lèi xià. On finding the house empty with his beloved gone he couldn't help shedding tears.

期 qī
（名）(1)预定的日期 fixed time：按～到达 àn ～ dàodá arrive on time/如～前往 rú ～ qián wǎng leave on schedule/这本书借～已到。Zhè běn shū jiè ～ yǐ dào. This book is due today. / 他的签证已经过了。Tā de qiānzhèng yǐjīng guò le. His visa is overdue. (2)一段时间 period of time；stage：他的病正处在恢复～。Tā de bìng zhèng chǔ zài huīfù ～. His illness is in the recuperation stage. / 这种病潜伏～较长。Zhè zhǒng bìng qiánfú ～ jiào cháng. This type of illness has a comparatively long incubation period. （动）约定 make an appointment：不～而遇 bù ～ ér yù meet unexpectedly（量）用于分期可数的事物，如刊物等 issue (of a publication, etc.)；session：第二～《语言教学与研究》已经出版了。Dì'èr ～《Yǔyán Jiàoxué Yǔ Yánjiū》yǐjīng chūbǎn le. The second issue of "Language Teaching and Research" is out. /我们一共办了三～外语短训班。Wǒmen yígòng bànle sān ～ wàiyǔ duǎnxùnbān. We have already held three short-term foreign language training courses.

【期待】qīdài（动）〈书〉希望、等待 expect；look forward to：～成功 ～ chénggōng expect success /他～得到满意的答复。Tā ～ dédào mǎnyì de dáfù. He expects to receive a satisfactory reply. /我们～着胜利的消息。Wǒmen ～zhe shènglì de xiāoxi. We are awaiting news of victory.

【期间】qījiān（名）〈书〉指在某一段时间里 time；period：

course：考试 ~ kǎoshì ~ *during the examination period* / 寒假 ~ hánjià ~ *during the winter vacation* /在这～，我要回一趟老家。Zài zhè ～，wǒ yào huí yí tàng lǎojiā. *During this period I want to make a trip back to my hometown.*

【期刊】qīkān（名）定期出版的刊物 *periodical*

【期考】qīkǎo（名）每学期结束前举行的考试 *end-of-term examination*

【期求】qīqiú（动）〈书〉希望得到 *hope to achieve (something)*：~帮助 ~ bāngzhù *hope to receive help*/ 支持 ~ zhīchí *hope to receive support* /玛丽～父母同意她去威尼斯旅行。Mǎlì ~ fùmǔ tóngyì tā qù Wēinísī lǚxíng. *Mary hopes her parents will agree to her trip to Venice.*

【期望】qīwàng（动）〈书〉(对人对事物)希望和等待 *hope for and expect*；*aspire*；*yearn for*：~和平 ~ hépíng *yearn for peace*/~成功 ~ chénggōng *aspire to succeed*/ 人们一看到更多更好的文艺作品。Rénmen ~ kàndào gèng duō gèng hǎo de wényì zuòpǐn. *People are longing to see more and better literary works.* / 学好汉语是我所~的。Xuéhǎo Hànyǔ shì wǒ suǒ ~ de. *I aspire to master the Chinese language.* (名) *hope*；*expectation*；*aspiration*：到中国去旅行是我的最大～。Dào Zhōngguó qù lǚxíng shì wǒ de zuì dà ~. *My greatest aspiration is to travel in China.* /办好这次书展，是大家的殷切～。Bànhǎo zhè cì shūzhǎn, shì dàjiā de yīnqiè ~. *It's everybody's ardent desire to make the book show a success.*

【期限】qīxiàn（名）限定的一段时间；限定时间的最后界线 *time limit*；*deadline*：在一定～内交工。Zài yídìng ~ nèi jiāo gōng. *Hand over the completed project within a fixed time limit.* / 借阅~已到，这本书应该还了。Jièyuè ~ yǐ dào, zhè běn shū yīnggāi huán le. *This book is overdue. You'd better take it back.* /超过~就要受罚。Chāoguò ~ jiù yào shòu fá. *If you exceed the time limit you'll be fined.* /规定完成任务的～是十天。Guīdìng wánchéng rènwù de ~ shì shí tiān. *Ten days has been fixed as the time limit for completing this task.*

欺 qī

（动）◇ (1)欺骗 *deceive*：这是一种自～～人的作法。Zhè shì yì zhǒng zì ~ ~ rén de zuòfǎ. *This is a way to deceive oneself as well as others.* (2)欺负 *bully*：~人太甚 ~ rén tài shèn *That's going too far.* /不能仗势~人。Bù néng zhàng shì ~ rén. *You can't bully others by relying on someone else's power.*

【欺负】qīfu（动）*bully*：高年级同学不要~低年级同学。Gāo niánjí tóngxué búyào ~ dī niánjí tóngxué. *Pupils in higher grades shouldn't bully those in lower grades.* /他不~别人，也不能被别人~。Tā bù ~ biérén, yě bù néng bèi biérén ~. *He doesn't bully other people, nor can other people bully him.*

【欺凌】qīlíng（动）〈书〉*browbeat*；*bully*：任人~ rènrén ~ *allow others to walk all over one*/ 受尽~ shòujìn ~ *suffer all kinds of oppression and humiliation*

【欺瞒】qīmán（动）〈书〉欺骗而且很多事都不告诉(某人) *hoodwink*；*fool*；*dupe*

【欺蒙】qīmēng（动）〈书〉隐瞒事物真相来骗人 *pull the wool over someone's eyes*

【欺人太甚】qī rén tài shèn 欺负人到了使人无法忍受的程度 *bully someone outrageously*：这样作，简直是~。Zhèyàng zuò, jiǎnzhí ~. *This is pushing him too far.* / ~，会遭到报复。~, huì zāodào bàofu. *If you push somebody too far it will rebound upon you.*

【欺人之谈】qī rén zhī tán 欺骗人的一些说教 *hectoring speech*；*browbeating words*：口口声声说撤军，其实是~。Kǒukoushēngshēng shuō chè jūn, qíshí shì ~. *They keep jabbering about pulling out the troops, but they are simply*

trying to browbeat us. / 不要相信他，他的说法是~。Búyào xiāngxìn tā, tā de shuōfǎ shì ~. *You mustn't believe him. He has a habit of hectoring people.*

【欺软怕硬】qī ruǎn pà yìng 欺负软弱的，害怕强硬的 *bully the weak and fear the strong*

【欺上瞒下】qī shàng mán xià 欺骗上级、蒙蔽群众 *deceive one's superiors and fool one's subordinates*

【欺生】qīshēng（动·不及物）(1)欺负新来的生人 *bully a stranger*：这里的孩子~，新来的小孩总挨欺负。Zhèli de háizi ~, xīn lái de xiǎoháir zǒng ái qīfu. *The children round here bully strangers, so new children have to put up with bullying.* (2)驴马等对不常使用它的人不驯服 *(of horses)be unmanageable by strangers*：你注意一点，这匹马~。Nǐ zhùyì yìdiǎnr, zhè pǐ mǎ ~. *You must keep in mind that this horse won't submit to strangers.*

【欺侮】qīwǔ（动）〈书〉欺负，侮辱 *bully*；*browbeat*：这个经常~别人的学生，受到了老师的批评。Zhège jīngcháng ~ biérén de xuésheng, shòudàole lǎoshī de pīpíng. *The pupil who was always bullying the others ended up getting criticised by the teacher.* / 从此以后，他再也不敢~人了。Cóngcǐ yǐhòu, tā zài yě bù gǎn ~ rén le. *From now on, he won't dare to bully people any more.*

【欺压】qīyā（动）欺负压迫 *bully and oppress*；*push around*；*ride roughshod over*

【欺诈】qīzhà（动）用奸诈的手段骗人 *cheat*；*swindle*

喊 qī

【喊喊喳喳】qīqīchāchā（象声）形容细碎的说话声 *chatter*；*jabber*：你们两个~地说些什么？Nǐmen liǎng ge ~ de shuō xiē shénme? *What are you two chattering about?*

漆 qī

（名）*paint*；*lacquer*（动）*apply paint*；*apply lacquer*：我想把这张书桌~成棕色的。Wǒ xiǎng bǎ zhè zhāng shūzhuō ~ chéng zōngsè de. *I'm thinking of painting this desk brown.*

【漆布】qībù（名）*varnished cloth*

【漆雕】qīdiāo（名）(1)一种特种工艺。在铜胎或木胎上涂上很多层漆，阴干后雕上各种花纹 *type of handicraft whereby a copper or wooden base is given several coats of lacquer, and after drying is engraved with patterns* (2)这种漆雕的器物 *lacquer-pattern ware*

【漆工】qīgōng（名）(1)油漆门窗、器物的工作 *paint (windows and doors)* (2)做以上工作的人 *painter*

【漆黑】qīhēi（形）*pitch-black*：~的夜晚 ~ de yèwǎn *pitch-dark night* /眼前一片~。Yǎnqián yípiàn ~. *be "unable to see a hand in front of one's face"*

【漆黑一团】qīhēi yì tuán (1)形容非常黑暗，没有一点光明 *pitch-black*；*total darkness*：在反动势力统治下，到处~。Zài fǎndòng shìlì tǒngzhì xià, dàochù ~. *All was darkness under the regime of the reactionaries.* / 虽然工作中有不少缺点，但不能说是~。Suīrán gōngzuò zhōng yǒu bù shǎo quēdiǎn, dàn bù néng shuō shì ~. *Although there are many shortcomings in our work, we can't say that the picture is an entirely gloomy one.* (2)形容(对事情)一无所知 *completely ignorant*；*"in the dark"*：不进行深入调查，对情况就~。Bú jìnxíng shēnrù diàochá, duì qíngkuàng jiù ~. *Unless we mount a thoroughgoing investigation we will be completely in the dark about this situation.*

【漆匠】qījiang（名）制作油漆器物的小手工业者 *lacquer-ware worker*；*lacquerer*；*painter*

【漆器】qīqì（名）中国传统的手工艺品之一，用漆漆在木胎上制成的各种器物或家具 *lacquerware*

蹊 qī

【蹊蹺】qīqiāo （形）〈书〉奇怪 strange；odd；queer：此事很是 ～。Cǐ shì hěn shì ～. This is a very odd matter.

qí

齐 〔齊〕qí

（形）(1)整齐 neat；tidy：他的牙齿长得特别～。Tā de yáchǐ zhǎng de tèbié ～. His teeth are very even. / 他们站成～～的一排。Tāmen zhànchéng ～～ de yì pái. They have formed a very orderly queue. / 书架上的书摆得很～。Shūjià shang de shū bǎi de hěn ～. The books are stacked very neatly in the bookshelves. (2)一致 uniform；consistent：人心～，泰山移。Rénxīn ～, Tài Shān yí. When people act in harmony they can move Mt. Tai. (3)同时，一块儿 together；simultaneously：大家～动手。Dàjiā ～ dòng shǒu. Everybody act in unison! /灯火一明灯火～明 The lights all went on at the same time. (4)完备；全 complete：人都到～了，该开会了。Rén dōu dào～ le, gāi kāi huì le. Everybody is here. We should start the meeting. / 这套书一共四卷，还没出～，第四卷明年出。Zhè tào shū yígòng sì juàn, hái méi chū～, dìsì juàn míngnián chū. There are four volumes in this set of books, but they aren't all out yet. The fourth volume will appear next year. （动）〈口〉(1)达到与……同样的高度或深度 reaching to the same height or depth：一腰深的水 ～ yāo shēn de shuǐ waist-deep water / 小树～肩高了。Xiǎo shù ～ jiān gāo le. The small trees reach to shoulder height. / 蓖麻都～了房檐了。Bìmá dōu le fángyán le. The castor oil plants reach to the eaves. (2)跟某一高度或某一直线取齐 even with a certain point or line：她留着～耳的短发。Tā liúzhe ～ ěr de duǎn fà. She wears her hair cut short round the ears. / ～着这条线把纸裁好。～zhe zhè tiáo xiàn bǎ zhǐ cáihǎo. Cut the paper along this line. / ～着眉毛的头发叫刘海儿。～ zhe méimao de tóufa jiào liúhǎir. Hair cut even with the eyebrows is called a fringe.

【齐备】qíbèi （动·不及物）指物品准备齐全 all ready：建筑材料已经～。Jiànzhù cáiliào yǐjing ～. The construction materials are all ready.

【齐步走】qíbù zǒu 军事口令，令军队保持整齐的行列，以整齐的步伐前进 march in step

【齐唱】qíchàng （动）两个以上的人按同旋律同时歌唱 sing in chorus

·【齐集】qíjí （动）（几路人马）一齐集合起来 assemble；come together；collect：各队队长～指挥部，听候布置任务。Gè duì duìzhǎng ～ zhǐhuībù, tīnghòu bùzhì rènwu. All the team leaders must assemble at headquarters and await deployment orders. / 工农商学兵各行各业的先进人物～人民大会堂，参加大会。Gōng nóng shāng xué bīng gè háng gè yè de xiānjìn rénwù ～ Rénmín Dàhuìtáng, cānjiā dàhuì. Leading personages of all walks of life are assembling at the Great Hall of the People for a meeting.

【齐名】qímíng （动）有同样的声望 enjoy equal prestige；share a reputation：这两位当代作家～。Zhè liǎng wèi dāngdài zuòjiā ～. These two enjoy equal prestige as contemporary writers.

【齐全】qíquán （形）指物品应有尽有 be complete：物品～ wùpǐn ～ having a complete stock of goods/ 种类～ zhǒnglèi ～ complete range/ 这家商店的商品很～。Zhè jiā shāngdiàn de shāngpǐn hěn ～. This store has a complete range of goods.

【齐声】qíshēng （副）（许多人）一齐（说或唱）in chorus：～歌唱 ～ gēchàng sing in chorus/ ～欢呼 ～ huānhū cheer in unison/～赞扬 ～ zànyáng give a chorus of praise

【齐心】qíxīn （形）认识和行动都一致 of one mind；of one heart：只要大家～，没有克服不了的困难。Zhǐyào dàjiā ～, méi yǒu kèfu bu liǎo de kùnnan. So long as everybody is of one mind there is no difficulty that cannot be overcome.

【齐心协力】qíxīn xiélì 思想认识一致，共同出力（作某事）make concerted efforts；work in harmony

【齐整】qízhěng （形）〈书〉同“整齐”zhěngqí same as "整齐" zhěngqí

【齐奏】qízòu （动）两个以上的演奏者，同时演奏一个曲调 play (a tune, instruments, etc.) in unison

其 qí

（代）〈书〉(1)代替他（她、它）；他（她、它）们 third-person pronoun (singular or plural)：既然订了合同，就促～早日实现。Jìrán dìngle hétong, jiù cù ～ zǎorì shíxiàn. Now that we have drawn up the contract we should be able to accomplish the job at an early date. / 要抓纪律，任～自流是不对的。Yào zhuā jìlù, rèn ～ zìliú shì bú duì de. We must maintain tight discipline and not let things slide. (2)代替他（她、它）的；他（她、它）们的 third-person possessive pronoun (singular or plural)：各显～能 gè xiǎn ～ néng let everyone show his abilities /物尽～用 wù jìn ～ yòng let everything serve its purpose /他的建议很好，～目的是为了简化手续。Tā de jiànyì hěn hǎo, ～ mùdì shì wèile jiǎnhuà shǒuxù. His suggestion for simplifying the procedures is a good one. (3)代替那、那个、那样 that；that one；thus：确有～事。què yǒu ～ shì. It is really so. / 要不厌～烦地把这件事讲清楚。Yào bú yàn ～ fán de bǎ zhè jiàn shì jiǎng qīngchu. You must explain this matter very clearly even if you have to keep going over it. / 以～人之道，还治～人之身。Yǐ ～ rén zhī dào, huán zhì ～ rén zhī shēn. treat someone to a taste of his own medicine.

【其次】qícì （名）(1)用于列举，第二 next；secondly：他首先发言，～是我。Tā shǒuxiān fā yán, ～ shì wǒ. He'll make the first speech, then it's my turn. / 我不去的原因：第一，太忙；～是身体不太好。Wǒ bú qù de yuányīn：dìyī, tài máng；～ shì shēntǐ bú tài hǎo. The reasons I didn't go are that, first, I was too busy and, second, I didn't feel well. (2)次要的 secondary (in importance)：内容是主要的，形式还在～。Nèiróng shì zhǔyào de, xíngshì hái zài ～. The content is the most important thing, the form is secondary. / 事故的责任者首先是他，～是我。Shìgù de zérèn zhě shǒuxiān shì tā, ～ shì wǒ. He was the one primarily responsible for the accident, and I take secondary responsibility.

【其间】qíjiān （名）其中；中间；或指某一段时间 between；among；during：我们班有十位同学，～有五位法国人，五位比利时人。Wǒmen bān yǒu shí wèi tóngxué, ～ yǒu wǔ wèi Fǎguó rén, wǔ wèi Bǐlìshí rén. There are ten people in our class. Five are French and five are Belgian. / 他来中国已经两年了，这～，他去过两次上海。Tā lái Zhōngguó yǐjing liǎng nián le, zhè ～, tā qùguo liǎng cì Shànghǎi. He has been in China for two years, and in this period he has been to Shanghai twice.

【其实】qíshí （副）用在谓语或主语前，表示所说的情况属实 actually；in fact；as a matter of fact (used before the verb or subject in a sentence) (1)表示前面说的情况不真实，“其实”后面说的才是真实的 (indicates that the situation which precedes is not true and what follows it is)：有人说老王厉害，～并不然。Yǒu rén shuō Lǎo Wáng lìhài, ～ bìng bùrán. Some say that Lao Wang is very strict, but in fact that's not so. / 这房子看来很旧了，～它还不到三十年的历史。Zhè fángzi kàn qǐlái hěn jiù le, ～ tā hái bú dào sānshí nián de lìshǐ. This house looks old, but as a matter of fact, it's not even thirty years old yet. /别看他买了那么多唱片，～他根本不懂音乐。Bié kàn tā mǎile nàme duō

chàngpiàn，～ tā gēnběn bù dǒng yīnyuè. *In spite of the fact that he bought so many records, he doesn't actually know any thing about music.* （2）表示以实际情况对上文加以说明或补充（*introduces an actuality to explain or supplement the foregoing text*）：所谓的大丽花～就是英语的 dahlia. *Suǒwèi de dàlìhuā ～ jiùshì Yīngyǔ de dahlia. What is called dali flower is in fact dahlia in English.* /她说这是为你，～也是为她自己. *Tā shuō zhè shì wèi nǐ，～ yě shì wèi tā zìjǐ. She said that this was for you, but it's actually for herself too.*

【其他】qítā（代）*other*：我们去西安旅行,～同学去哪儿? *Wǒmen qù Xī'ān lǚxíng，～ tóngxué qù nǎr? We are going on a trip to Xi'an. Where are the other students going ?* / 他很懒,除了买菜之外,～家务事什么也不管. *Tā hěn lǎn, chúle mǎi cài zhī wài，～ jiāwù shì shénme yě bù guǎn. He is very lazy. He does the shopping but neglects the rest of the housework.*

【其它】qítā（代）意思同"其他"qítā，但用于事物 *same as "其他" qítā, but only referring to objects*

【其余】qíyú（代）*the others; the rest; the remainder*：除了这几本中文书,～都是外文书. *Chúle zhè jǐ běn Zhōngwén shū,～ dōu shì wàiwén shū. These few books are in Chinese. All the rest are in foreign languages.* / 事情发生的经过,我只知道刚才谈的那些,～得问老李. *Shìqing fāshēng de jīngguò, wǒ zhǐ zhīdào gāngcái tán de nàxiē,～ děi wèn Lǎo Lǐ. About the way it happened, I only know what we talked about just now. You'll have to ask Lao Li about the rest.*

【其中】qízhōng（名）在总体里的一部分；那里面 *among (them，which，etc.)；in (it，them，etc.)*：会上他一言不发,～自有道理. *Huì shang tā yì yán bù fā，～ zì yǒu dàolǐ. He didn't say a word at the meeting, and he must have had a reason for that.* / 北京有很多有名的公园,北海公园是～之一。*Běijīng yǒu hěn duō yǒu míng de gōngyuán，Běihǎi Gōngyuán shì ～ zhī yī. Beijing has many famous parks and Beihai Park is one of them.*

qí

奇 qí（形）（1）罕见的；非常的 *strange；queer；unusual*：～景～jǐng *extraordinary view* /～事～shì *strange phenomenon；unusual event* （2）出人意料的 *unexpected；out of the blue；out of nowhere*：～兵～bīng *an army appearing out of nowhere* /～计～jì *uncommon stratagem* 另见 jī

【奇耻大辱】qí chǐ dà rǔ 极大的耻辱 *deep disgrace；profound humiliation*

【奇怪】qíguài（形）（1）不同于平常 *unusual；odd*：～的现象～de xiànxiàng *unusual phenomenon*/ 这个人很～,每天早上四点钟就起来跑步. *Zhège rén hěn ～，měi tiān zǎoshang sì diǎn zhōng jiù qǐlái pǎo bù. He's a very unusual man. He gets up at 4 a.m. every day to go running.* / 这块山石的形状十分～. *Zhè kuài shān shí de xíngzhuàng shífēn ～. The shape of the rock is extremely unusual.* （2）出乎意料,难以理解 *puzzling；strange*：真～,为什么他没来? *Zhēn ～，wèi shénme tā méi lái? It's very strange. Why hasn't he come?* / 说来～,我的自行车一转眼就不见了. *Shuō lái ～，wǒ de zìxíngchē yì zhuǎn yǎn jiù bújiàn le. It's very strange to tell. My bicycle was gone in the twinkling of an eye.*

【奇观】qíguān（名）〈书〉指雄伟、壮观的景物和非常少见的事情 *marvellous spectacle；wonderful sight*：沙漠地带出现的海市蜃楼可算～. *Shāmò dìdài chūxiàn de hǎi shì shèn lóu kě suàn ～. Mirages in the desert are counted marvellous spectacles.*

【奇货可居】qí huò kě jū 指商人把少有的货物囤积起来,等待高价卖出去。也指将某些知识或技能垄断起来作为获取名利的资本 *hoard as a rare commodity （awaiting high price）*

【奇迹】qíjì（名）*miracle*：创造～ chuàngzào ～ *work miracles*/ 惊人的～ jīngrén de ～ *amazing miracle*/ 中国长城是历史上的～. *Zhōngguó Chángchéng shì lìshǐ shang de ～. China's Great Wall is a miracle of history.*

【奇妙】qímiào（形）希奇巧妙 *marvellous；wonderful*：～的表演～de biǎoyǎn *wonderful performance*/ 天坛的回音壁太～了. *Tiāntán de Huíyīnbì tài ～ le. The Echoing Wall at the Temple of Heaven is amazing!*

【奇谈】qítán（名）令人感到荒谬,不合常理的言论、见解 *far-fetched tale；strange story*：一百年前若说人能登上月球,可以认为是海外～. *Yìbǎi nián qián ruò shuō rén néng dēng shang yuèqiú，kěyǐ rènwéi shì hǎiwài ～. If you had talked about the possibility of men landing on the moon a hundred years ago it would have been regarded as some kind of fairy tale.*

【奇谈怪论】qítán guàilùn 荒谬不合事理的言论、见解等 *absurd, fantastic argument*

【奇特】qítè（形）跟平常不一样的；特别的 *peculiar；unusual；singular*：穿着～ chuānzhuó ～ *dressed in a fantastic style* /中国有两条一清一浊的河流,汇合后仍然保持一半清一半浊的～现象. *Zhōngguó yǒu liǎng tiáo yì qīng yì zhuó de héliú，huìhé hòu réngrán bǎochí yíbàn qīng yíbàn zhuó de ～ xiànxiàng. In China there are two currents, one clear and one muddy. Even after they converge there is the strange phenomenon that half the current is still clear and the other half still muddy.* / 这种服装设计得有点儿～. *Zhè zhǒng fúzhuāng shèjì de yǒudiǎnr ～. The design of these clothes is somewhat unusual.*

【奇文共欣赏】qíwén gòng xīnshǎng 原指对好的、新奇的文章大家共同欣赏。现多指对不好的文章及言论大家共同评论 *A remarkable piece of writing should be appreciated by all.*

【奇闻】qíwén（名）指特别的令人感到惊奇的新闻或事情 *fantastic tale*

【奇袭】qíxí（动）出其不意的出击 *surprise attack；raid*：～敌人指挥部～dírén zhǐhuībù *raid the enemy command post* / 小分队～了敌人的哨所. *Xiǎo fēnduì ～ le dírén de shàosuǒ. A squad raided the enemy outpost.*

【奇形怪状】qí xíng guài zhuàng *fantastic shape；grotesque appearance*：～的山石～de shānshí *rocks of fantastic shape*/ 养鱼池里有很多～的金鱼. *Yǎngyúchí li yǒu hěn duō ～ de jīnyú. The fishpond is full of goldfish of all kinds of fantastic appearance.*

【奇异】qíyì（形）〈书〉*strange；bizarre*：～的花草～de huācǎo *strange plants*/ ～的海底世界～de hǎidǐ shìjiè *bizarre world of the seabed*/ 构思～ gòusī ～ *bizarre plot （of a novel，etc.）* / 不知为什么他有那么多～的想法. *Bù zhī wèi shénme tā yǒu nàme duō ～ de xiǎngfǎ. I don't know why he has so many peculiar ideas.* （2）惊异的 *surprised*：人们用～的目光打量着这位不速之客. *Rénmen yòng ～ de mùguāng dǎliangzhe zhè wèi bú sù zhī kè. Everyone looked up and down at the uninvited guest with startled eyes.*

【奇遇】qíyù（名）偶然意外的相遇,或遇到的不多见的事 *unexpected meeting；chance encounter*：他讲述他俩在戈壁滩上的～. *Tā jiǎngshù tā liǎ zài gēbì tān shang de ～. He recounted how the two of them had a chance meeting in the Gobi Desert.* /二十年前在某山区我曾有过一次～. *Èrshí nián qián zài mǒu shānqū wǒ céng yǒuguo yí cì ～. Twenty years ago in a mountainous region I once had a rare encounter.*

【奇装异服】qí zhuāng yì fú（贬）指样式古怪、特别,并不美

的服装 *outlandish clothing；bizarre dress*

歧 qí
（形）◇ 岔（路）*fork（in a road）*

【歧路】qílù（名）岔道，比喻错误的道路 *branch road；forked road；wrong road*

【歧视】qíshì（动）对人对事不平等看待 *discriminate against*：～妇女 ～ fùnǚ *discriminate against women* /种族～ zhǒngzú ～ *racial discrimination*/任何～少数民族的做法都是错误的。Rènhé ～ shǎoshù mínzú de zuòfǎ dōu shì cuòwu de. *Any practices of discrimination against the minority nationalities is wrong.*

【歧途】qítú（名）〈书〉比喻错误的道路 *wrong road——aberration*：误入～ wùrù ～ *go astray；be misled*/ 走上～ zǒushàng ～ *follow an incorrect course*/要耐心教育误入～的青少年。Yào nàixīn jiàoyù wùrù ～ de qīng-shàonián. *One must exercise patience when educating delinquent youths.*

【歧义】qíyì（名）（语言文字）有两种或几种含义、解释，容易使人误解 *ambiguity；something open to different interpretations*；产生～ chǎnshēng ～ *give rise to ambiguity* /"去年生的小孩儿"是有～的短语，可以指母亲，也可以指小孩儿。"Qùnián shēng de xiǎoháir" shì yǒu ～ de duǎnyǔ, kěyǐ zhǐ mǔqin, yě kěyǐ zhǐ xiǎoháir. *"去年生的小孩儿"is a phrase that gives rise to ambiguity. It can refer to the mother who gave birth last year or to the child who was born last year.*

【歧异】qíyì（形·非谓）〈书〉分歧，差异，不同 *different；dissimilar*：在讨论中发现对这一现象大家有好几种～的解释。Zài tǎolùn zhōng fāxiàn duì zhè yí xiànxiàng dàjiā yǒu hǎo jǐ zhǒng ～ de jiěshì. *Many different interpretations of this phenomenon came up in the course of discussion.*

祈 qí
（动）◇（1）祈祷 *pray*（2）〈书〉请求；希望 *request；hope for*：～请多多指教 ～ qǐng duōduō zhǐjiào *I entreat your guidance.*

【祈祷】qídǎo（动）*say prayers*：他每天临睡前～. Tā měi tiān lín shuì qián ～. *He says his prayers every night before he goes to bed.* / ～上帝给自己勇气。～ shàngdì gěi zìjǐ yǒngqì. *He prays to God to give him courage.*

【祈求】qíqiú（动）〈书〉恳切地请求 *earnestly request；entreat*：～原谅 ～ yuánliàng *beg forgiveness*/ ～援助 ～ yuánzhù *implore assistance*

【祈使句】qíshǐjù（名）〈语〉要求或者希望别人做什么事或者不做什么事时用的句子 *imperative sentence*

颀〔頎〕qí
（形）◇〈书〉身体高大的样子 *tall stature；large physique*

【颀长】qícháng（形）〈书〉（身量）高 *tall（in physique）*

畦 qí
（名）用土埂围起的一块块的长方形的田地 *rectangular plot of land separated by ridges*：菜～ cài ～ *vegetable plot*

崎 qí

【崎岖】qíqū（形）（山路）不平 *rugged；precipitous（of a mountain path）*：道路～ dàolù ～ *The path was rugged.* / 他沿着～的小路一直往前走。Tā yánzhe ～ de xiǎolù yìzhí wǎng qián zǒu. *He pressed straight ahead along a rugged path.*

骑〔騎〕qí
（动）*ride（sitting astride）*：～马 ～ mǎ *ride a horse* /～

摩托车 ～ mótuōchē *ride a motorcycle* /我学会了～车。Wǒ xuéhuìle ～ chē. *I have learnt to ride a bicycle.*

【骑兵】qíbīng（名）*cavalry*

【骑虎难下】qí hǔ nán xià 骑着老虎很难下来，比喻事情做到中途，进退两难，不好收场 *"He who rides a tiger finds it difficult to dismount"——bite off more than one can chew；be in a tight corner.*

【骑墙】qí＝qiáng 比喻观点不明确，站在中间观望 *"sit on the fence"*

【骑士】qíshì（名）*knight*

棋 qí
（名）[副 fù 、盘 pán] *chess*：他天天晚上下～. Tā tiāntiān wǎnshang xià ～. *He plays chess every evening.* / 你会下什么～？象～、围～还是国际象～? Nǐ huì xià shénme ～? Xiàng ～、wéi ～、háishi guójì xiàng ～? *What kind of board game can you play? Chinese chess, go or ordinary chess?*

【棋逢对手】qí féng duìshǒu 比喻比赛双方本领不相上下 *meet one's match in a contest*：这场排球真是～，非常精彩。Zhè chǎng páiqiú zhēn shì ～, fēicháng jīngcǎi. *The sides are well matched in this volleyball game. It's a splendid tournament.*

【棋盘】qípán（名）*chess board*

【棋子】qízǐ（名）（～儿）[个 gè] *chessman；chess piece*

旗 qí
（名）[面 miàn] *flag；banner*

【旗杆】qígān（名）[根 gēn] *flagpole*

【旗鼓相当】qí gǔ xiāngdāng 比喻比赛双方力量不相上下 *be well matched*：两个足球队～，不分胜负。Liǎng ge zúqiúduì ～, bù fēn shèngfù. *The two soccer teams are well matched and it's hard to tell which one will win.*

【旗号】qíhào（名）旧指标明军队名称或将领姓氏的旗子，现用来比喻某种名义 *flag；banner——metaphorically used to mean pretext, disguise*：打着参观学习的～出去旅游。Dǎzhe cānguān xuéxí de ～ chūqu lǚyóu. *They go off on trips on the pretext of on-the-spot study.*

【旗开得胜】qí kāi dé shèng *win victory in the first battle；win speedy success*

【旗袍】qípáo（名）（～儿）中国妇女穿的一种长袍，原为满族妇女所穿 *Chinese-style woman's dress；cheongsam*

【旗手】qíshǒu（名）比喻在前面领头的人 *standard bearer*：鲁迅先生是中国新文化运动的伟大～. Lǔ Xùn xiānsheng shì Zhōngguó xīnwénhuà yùndòng de wěidà ～. *Lu Xun was the great standard bearer of the Chinese New Culture Movement.*

【旗语】qíyǔ（名）*semaphore*：打～ dǎ ～ *transmit semaphore signals*

【旗帜】qízhì（名）〈书〉（1）旗子 *flag；banner*（2）榜样，模范 *example*（3）比喻有代表性或有号召力的思想、学说或政治力量 *one's political or ideological stand*

【旗帜鲜明】qízhì xiānmíng 比喻立场、观点、态度明朗 *one's stand, attitude, viewpoint, etc., is clear-cut*：这些青年～，是完全主张改革的。Zhèxiē qīngnián ～, shì wánquán zhǔzhāng gǎigé de. *The stand of these young people is clear-cut；they are all in favor of the reform.*

【旗子】qízi（名）[面 miàn] *flag；banner；pennant*

鳍〔鰭〕qí
（名）〈动〉*fin（of a fish）*

麒 qí

【麒麟】qílín（名）古代传说中的一种动物，形状像鹿，头上有

角,全身有鳞甲,有尾。古人以为它象征吉祥,简称麟 *mythical animal of good fortune, unicorn*

qǐ

乞 qǐ 〈动〉〈书〉 *beg*

【乞丐】qǐgài〈名〉*beggar*

【乞怜】qǐlián〈动〉〈书〉显出可怜的样子,乞求别人同情 *present a piteous aspect; beg for mercy*

【乞灵】qǐlíng〈动〉〈书〉求助于神灵,比喻乞求实际不能解决问题的帮助 *seek help from; resort to*:民主、自由要靠人民自己争取,不能～于恩赐。Mínzhǔ、zìyóu yào kào rénmín zìjǐ zhēngqǔ, bù néng ～ yú ēncì. *The people themselves must fight for democracy and freedom; they can't expect them to be bestowed upon them.*

【乞求】qǐqiú〈动〉〈书〉请求得到(多含贬义) *implore; beg for*:民族解放只能通过斗争的方法,不能～。Mínzú jiěfàng zhǐ néng tōngguò dòuzhēng de fāngfǎ, bù néng ～. *National liberation can only be attained through the method of struggle, not by begging for it.*

【乞讨】qǐtǎo〈动〉向人要钱、要饭 *beg*:沿街～ yán jiē ～ *beg in the streets*

【乞援】qǐyuán〈动·不及物〉〈书〉请求援助 *request assistance*

岂〔豈〕qǐ 〈副〉〈书〉只用于反问句,以加强肯定或否定的语气 *(only used in a rhetorical question to emphasize a negative or affirmative tone)* (1)用于否定形式的反问句中,加强肯定的语气;"岂"经常放在"非""不是"等之前 *(used in a rhetorical question that is in the negative form to emphasize the affirmative tone; 岂 is often placed before "非", "不是" etc.)*:这样闯进生人家里,～非太冒失? Zhèyàng chuǎngjìn shēngrén jiā li, ～ fēi tài màoshi? *Aren't you being rather rash by rushing into a stranger's home like this?*/ 照你这样说,～不是贪污、浪费都有道理了吗? Zhào nǐ zhèyàng shuō, ～ bùshì tānwū、làngfèi dōu yǒu dàoli le ma? *According to what you say, isn't there always justification for corruption and waste?*/ 你每天都睡那么晚,～不会把身体搞坏吗?Nǐ měi tiān dōu shuì nàme wǎn, ～ bú huì bǎ shēntǐ gǎohuài ma? *Aren't you harming your health by going to bed so late every night?* (2)用于肯定形式的反问句中,加强否定语气,"岂"常与"有、能、敢、肯"等连用,句尾不能带"吗" *(used in a rhetorical question that is in the affirmative form to emphasize the negative tone; "岂"is often used together with "有", "能", "敢", "肯" etc., and the end of the sentence can not take "吗")*:他吃了亏,～肯善罢甘休! Tā chile kuī, ～ kěn shàn bà gān xiū! *He got the worst of it, and how could he let it go at that!*/ 既然已经开始干了,～能半途而废! Jìrán yǐjīng kāishǐ gàn le, ～ néng bàn tú ér fèi! *Now that you've already started, how could you leave it unfinished?*

【岂但】qǐdàn〈连〉〈书〉"不但"的意思,但有反问语气,用在复句的第一分句里,第二分句有"而且"或"也"与之呼应,表示意思更进一层 *not only (has the same meaning as "不但", but has a rhetorical tone; used in the first clause of a sentence with two or more clauses; the second clause uses "而且" or "也" to indicate that the meaning is taken one step further)*:京剧～青年人听不懂,就是四十岁左右的中年人也不都能欣赏得了。Jīngjù ～ qīngnián rén tīng bu dǒng, jiùshì sìshí suì zuǒyòu de zhōngnián rén yě bù dōu néng xīnshǎng de liǎo. *Not only do young people not understand Beijing opera, even middle-aged people around forty are not all able to appreciate it.*/ 住房问题解决不了,而且其它许多问题都解决不了。～ zhùfáng wèntí jiějué bu liǎo,

érqiě qítā xǔduō wèntí dōu jiějué bu liǎo. *Not noly can we not resolve the housing problem, but there are many other problems we can't resolve either.*/ 这些外国留学生～能听懂相声,而且还会说相声呢! Zhèxiē wàiguó liúxuéshēng ～ néng tīngdǒng xiàngsheng, érqiě hái huì shuō xiàngsheng ne! *Not only can these foreign students understand cross talk, but they can perform it as well!* 有时进一层的意思是不言自明的,就略去不说 *(sometimes the meaning that is taken one step further is implied, not voiced)*:对这件事有看法的,～我一个人。Duì zhè jiàn shì yǒu kànfǎ de, ～ wǒ yí ge rén. *I'm not the only one who has views on this matter.*/ 家用电器的销售量是很大的,～城里人购买。Jiāyòng diànqì de xiāoshòu liàng shì hěn dà de, ～ chéng li rén gòumǎi. *The sales volume of household electrical appliances is indeed huge and it's not only city people who buy the appliances.*

【岂有此理】qǐ yǒu cǐ lǐ 哪有这个道理(对不合情理的事情表示气愤) *outrageous; preposterous*:竟单方面撕毁合同,太～! Jìng dān fāngmiàn sīhuǐ hétong, tài ～! *They have torn up the agreement unilaterally. This is outrageous!*/明明是他自己错了,还指责别人,真～! Míngmíng shì tā zìjǐ cuò le, hái zhǐzé biéren, zhēn ～! *It was clearly his fault but he put the blame on others. This is really outrageous!*

【岂有他哉】qǐ yǒu tā zāi (只有这样)哪里还有别的 *that's all*:他对我们的帮助仅限于原则性指导,～! Tā duì wǒmen de bāngzhù jǐn xiànyú yuánzéxìng zhǐdǎo, ～! *His help to us was limited to guidance in principles, that's all.*

企 qǐ 〈动〉◇ 盼望 *look forward to*

【企求】qǐqiú〈动〉同"期求" qīqiú *same as "期求"* qīqiú

【企图】qǐtú〈动〉〈书〉打算(宾语为未做或未曾实现的事) *attempt; seek to*:我～通过事实说服他,可是没有成功。Wǒ ～ tōngguò shìshí shuōfú tā, kěshì méiyou chénggōng. *I sought to convince him with facts, but did not succeed.*/ 他这样做,～省事,实际上更费工了。Tā zhèyàng zuò, ～ shěng shì, shíjì shang gèng fèi gōng le. *He attempted to simplify matters this way, but in fact ended up causing more work.*/ 敌人～后退,我们要想办法截住他们。Díren ～ hòutuì, wǒmen yào xiǎng bànfǎ jiézhù tāmen. *The enemy attempts to retreat and we must think of a way to cut him off.* (名) *attempt; endeavor; plan*:他的～被人揭穿了。Tā de ～ bèi rén jiēchuān le. *His plan was laid bare.*

【企业】qǐyè〈名〉(1)工厂、矿山、铁路、贸易等能获得利润的经济部门。与"事业"相对,后者指学校、机关等没有生产收入的,由国家供经费的部门 *profit-making enterprise, as opposed to "事业", which is non-profit and financed by the government* (2) *enterprise*

【企业化】qǐyèhuà〈动·不及物〉(1)国营的工、商、运输等行业,按照经济核算的原则,独立计算盈亏 *turn a government-run enterprise into a separate accounting unit* (2)使事业单位由有正常收入,不需要国家开支经费,并能自行进行经济核算 *turn a non-profit enterprise into an accounting one with regular income*

杞 qǐ

【杞人忧天】Qǐ rén yōu tiān 传说古代杞国有个人怕天塌下来,吃饭、睡觉都感到不安,比喻怀有不必要的忧虑 *"the man of Qi who thought the sky would fall" —— groundless fears*:你怎么担心他考试会不及格呢?真是～! Nǐ zěnme dān xīn tā kǎoshì huì bù jí gé ne? zhēn shì ～! *Why are you worried about him not passing the exam? Your fears are groundless!*

启 〔啓〕qǐ (动)〈书〉(1)打开 open：～封 ～ fēng open an envelope；break a seal/ 王大明先生～。(信封上用语，表示由某人拆信) Wáng Dàmíng xiānsheng ～. To Mr. Wang Daming (as the addressee of a missive)(2)陈述 declare；state：陈中～。(写在信末署名后) Chén Zhōng ～. From Chen Zhong (following the name of sender of a missive)

【启程】qǐchéng (动·不及物)同"起程" qǐchéng same as "起程" qǐchéng

【启齿】qǐchǐ (动)〈书〉开口说话(用于对别人有所请求) open one's mouth；start to talk (used when one has a request to make)：向人家借钱，真有些难以～。Xiàng rénjia jiè qián, zhēn yǒuxiē nányǐ ～. I find it very difficult to broach the subject of a loan.

【启迪】qǐdí (动)〈书〉开导；启发 enlighten；inspire；guide：这个故事～我们作人要公正。Zhège gùshi ～ wǒmen zuò rén yào gōngzhèng. This story inspires us to practise fairness.

【启动】qǐdòng (动)(机器、仪表、电器设备等)开始工作 start (a machine, etc.)；switch on：～发电机 ～ fādiànjī start a generator/柴油机修好了，可以～了。Cháiyóujī xiūhǎo le, kěyǐ ～ le. The diesel engine is fixed. You can start it now.

【启发】qǐfā (动) 说明事理，引起对方联想，然后有所认识 enlighten；inspire；arouse：～自觉 ～ zìjué inspire conscientiousness/ 他不仅这样做，还～别人这样做。Tā bùjǐn zhèyàng zuò, hái ～ biérén zhèyàng zuò. He not only does it this way himself but he inspires others to do the same. (名) inspiration；enlightenment：受到很大的 ～ shòudào hěn dà de ～ receive great inspiration/ 他的发言对我很有～。Tā de fāyán duì wǒ hěn yǒu ～. His speech was a great inspiration to me.

【启发式】qǐfāshì (名)(教学方面)引导对方思考的方式方法 elicitation method (of teaching)；heuristic method

【启航】qǐháng (动·不及物)(轮船等)开始航行 set sail

【启蒙】qǐméng (动·不及物)使初学的人从入门知识或使人得到一些基本道理(多作定语) introduce to the basics；initiate；induct：进行～教育 jìnxíng ～ jiàoyù conduct elementary education/ ～阶段 ～ jiēduàn initial phase；opening stage；elementary stage

【启示】qǐshì (动)启发指示，使人有所认识和领会 enlighten；inspire：他的话～了我们，使我们重新考虑一些问题。Tā de huà ～le wǒmen, shǐ wǒmen chóngxin kǎolǜ yìxiē wèntí. His words inspired us to reconsider certain problems. (名)enlightenment；inspiration；revelation：受到～ shòudào ～ receive enlightenment/ 农村经济的发展，使我们得到了很多～。Nóngcūn jīngjì de fāzhǎn, shǐ wǒmen dédàole hěn duō ～. The economic development of the countryside has been a great inspiration to us.

【启事】qǐshì (名)为公开说明某事而作的文字说明 notice；announcement：报上登了一个寻人～。Bàoshang dēngle yí ge xún rén ～. There is a missing person ad in the newspaper.

起 qǐ (动)(1)起床 get out of bed；rise：早睡早～身体好。Zǎo shuì zǎo ～ shēntǐ hǎo. Early to bed and early to rise is a healthy habit. / 都九点了，他怎么还没～呢？Dōu jiǔ diǎn le, tā zěnme hái méi ～ ne? It's nine o'clock already. Why isn't he up yet? (2)◇开始 begin；commence：你什么时候去夜校学习？～Nǐ shénme shíhou qù yèxiào xuéxí? —— 从下星期～。Cóng xià xīngqī ～—— Starting next week. /他是从什么时候～在我们这里工作的？Tā shì cóng shénme shíhou ～ zài wǒmen zhèli gōngzuò de? When did he start working

here? (3)发生 appear；spring up：～风了！～ fēng le！A wind has sprung up！/ ～火了！～ huǒ le！A fire has broken out！/汤开了，～了一层沫。Tāng kāi le, ～le yì céng mò. A layer of froth has formed, the soup is boiling. (4)撬或挖 pry out；dig out；remove：～钉子 ～ dīngzi pry out a nail/ 这棵松树苗是昨天～走的。Zhè kē sōngshù miáo shì zuótiān ～ zǒu de. This young pine was dug out yesterday. (5)◇(人身上)长出 emerge (on the body)：头上～了个大包。Tóushang ～le ge dà bāo. A large lump appeared on his head. /脸上～了好多疙瘩。Liǎnshang ～le hǎoduō gēda. A rash of pimples appeared on his face. (6)拟定 draft：～了一份公文稿。～le yí fèn gōngwén gǎo. I drafted an official document. 放在动词后作补语 used as a complement to a verb (1)表示向上 upwards：提～ tí～ lift up /拿～ ná～ take up /举～ jǔ～ hold up(2)表示集中或合拢 gather up；get together；组织～队伍 zǔzhī～ duìwu organize a troop of soldiers/ 关～门写文章 guān～ mén xiě wénzhāng close the door and get down to writing /天黑了，家家都开了灯，拉～窗帘。Tiān hēi le, jiājiā dōu kāile dēng, lā～ chuānglián. When it got dark the lamps were lit and shutters closed in all the houses. (3)表示隐蔽 put away：收～碗碟 shōu～ wǎndié gather up all the dishes and put them away/ 藏～一些钱 cáng～ yìxiē qián hoard some money (4)表示出现 appear：想～往事 xiǎng～ wǎngshì think of the past/ 提～他，谁都知道。Tí～ tā, shuí dōu zhīdào. Once you mention him everybody knows him. ((1)(2)(3)(4)和"起来"作补语意义相同，但必须有宾语 (1)(2)(3)(4)same as "起来" as a complement, but an object is necessary (5)跟"得"、"不"连用，表示力量够得上够不上 used with "得" or "不" to mean can afford or not：买得～ mǎi de ～ be able to buy；can afford /买不～ mǎi bu ～ be unable to buy；can't afford /那里太远，去一趟得三四个小时，真花不～这么多时间。Nàli tài yuǎn, qù yí tàng děi sān-sì ge xiǎoshí, zhēn huā bu ～ zhème duō shíjiān. It's too far. It takes three or four hours to get there and I can't afford the time. (量)(1)件 case；instance：出了几～事故 chūle jǐ ～ shìgù Several accidents occurred. (2)群 batch；group：今天来过好几～人参观。Jīntiān láiguo hǎo jǐ ～ rén cānguān. Several groups of people came sightseeing today.

【起岸】qǐ'àn (动·不及物)(货物)从船上搬到岸上 land (cargo from a ship)：这批货已在昨天～了。Zhè pī huò yǐ zài zuótiān ～ le. This consignment of goods was landed yesterday.

【起笔】qǐbǐ (名)(1)书法上指每一笔的开始 beginning of a stroke (when practising calligraphy)：这个字～不太有力。Zhège zì ～ bú tài yǒulì. The start of the first stroke of this character is not forceful enough. (2)检字法上指一个字的第一笔 first stroke of a Chinese character in the traditional stroke order：" 个"的～是"丿"。"Gè" de ～ shì "piě". The first stroke of "个" is "丿".

【起步】qǐbù (动·不及物)开始走，开始跑 begin to walk (run)：赛跑的时候，他～慢了点，但最后还得了第一名。Sàipǎo de shíhou, tā ～ mànle diǎnr, dàn zuìhòu hái déle dìyī míng. He got off to a slow start in the race but finally came in first. /他们单位的改革～虽然比较晚,但效果特别显著。Tāmen dānwèi de gǎigé ～ suīrán bǐjiào wǎn, dàn xiàoguǒ tèbié xiǎnzhù. The reform in their unit was a bit late getting started but has had marked results.

【起草】qǐcǎo (动) draw up；draft：～文件 ～ wénjiàn draft a document/ 这篇文章由你～，然后大家讨论定稿。Zhè piān wénzhāng yóu nǐ ～, ránhòu dàjiā tǎolùn dìng gǎo. You make the first draft of this piece of writing and later we will all discuss the final version.

【起程】qǐchéng (动)〈书〉start out；set out (on a journey)：他

们明天早上六点～。Tāmen míngtiān zǎoshang liù diǎn ～. They will set out tomorrow morning at six.

【起初】qǐchū（名）最初 originally；at first；very first：～，事情很简单，后来才复杂起来。～，shìqing hěn jiǎndān, hòulái cái fùzá qilai. It was very simple at first; it was only later that it began to get complicated. / 这是～的设计方案。*Zhè shì ～ de shèjì fāng'àn. This is the original design plan.

【起床】.qǐ=chuáng get out of bed；rise；get up：我去找他的时候, 他刚～。Wǒ qù zhǎo tā de shíhou, tā gāng ～. When I went to see him he had just got up.

【起点】qǐdiǎn（名）(1)开始的地方或时间 starting point（in space or time）：他从明天开始就要参加工作了, 这是他人生旅途中的新～。Tā cóng míngtiān kāishǐ jiù yào cānjiā gōngzuò le, zhè shì tā rénshēng lǚtú zhōng de xīn ～. He starts working tomorrow——a new point of departure on his life's journey. /他们俩都要学英语, 小李比小张的～低, 不能在一个班上课。Tāmen liǎ dōu yào xué Yīngyǔ, Xiǎo Lǐ bǐ Xiǎo Zhāng de ～ dī, bù néng zài yí ge bān shàng kè. Both of them want to study English, but Xiao Li is starting from a lower level than Xiao Zhang so we can't put them in the same class. (2)竞赛时起跑的地点 starting line（in a race）；starting point：从～跑到终点, 他共用了三分二十秒。Cóng ～ pǎodào zhōngdiǎn, tā gòng yòngle sān fēn èrshí miǎo. It took him three minutes and 20 seconds to cover the distance from the start to the finish.

【起吊】qǐdiào（动）用起重机把重的东西吊起来 suspend something from a crane

【起飞】qǐfēi（动·不及物）(飞机)开始飞行 take off（of aircraft）

【起伏】qǐfú（动·不及物）连续起落, 有起有落 rise and fall；undulate：麦浪～ The waves of wheat are undulating. / 山峦～ shānluán ～ The range of mountains rises and falls. / 心潮～ xīncháo ～ Surges of emotion came and went. (名)挫折 setback；reverse：这件事情还会有。Zhè jiàn shìqing hái huì yǒu ～. There could yet be a setback in this affair. /这种～是难免的。Zhè zhǒng ～ shì nánmiǎn de. This kind of reverse is difficult to avoid.

【起航】qǐháng（动·不及物）(船)开始航行 set sail；begin a voyage

【起哄】qǐhòng（动）许多人在一起开玩笑、胡闹（of a crowd of people）jeer：请不要～, 这是一件很严肃的事。Qǐng búyào ～, zhè shì yí jiàn hěn yánsù de shì. Please don't make it a laughing matter. This is something very serious. / 他唱歌比赛得了第一名, 大家～, 非让他请客不可。Tā chàng gē bǐsài déle dìyī míng, dàjiā ～, fēi ràng tā qǐng kè bùkě. When he won first place in the singing contest everyone made such a commotion that he had to invite them all. / 你们起什么哄, 看他摔了还不赶快扶他起来。Nǐmen qǐ shénme hòng, kàn tā shuāile hái bù gǎnkuài fú tā qǐlái. What's all the commotion? How come you saw him fall down yet you don't rush to help him up?

【起家】qǐ=jiā 旧指兴家立业, 现比喻创立事业 found a family fortune；start an enterprise：白手～ báishǒu ～ build up from nothing；start from scratch/ 这家纺织厂是靠一架织林机～的。Zhè jiā fǎngzhīchǎng shì kào yí jià zhīwàjī ～ de. This textile factory started with only one sock-knitting machine.

【起劲儿】qǐjìnr（形）情绪高, 劲头大 vigorous；energetic：你看, 他们学得多～! Nǐ kàn, tāmen xué de duō ～! See how enthusiastically they study! /同志们干得可～! Tóngzhìmen gàn de kě ～! They're putting lots of effort into their work! /人们～地唱着, 跳着, 一直到深夜。Rénmen ～ de chàngzhe, tiàozhe, yìzhí dào shēnyè. They sang and danced zestfully until late into the night.

【起居】qǐjū（名）指日常生活、作息 daily life：她负责照顾两个老人的～。Tā fùzé zhàogù liǎng ge lǎo rén de ～. She shouldered the burden of looking after her aged parents' daily needs.

【起居室】qǐjūshì（名）living room

【起来】qǐ // lái 起床或者由躺到坐, 或由躺、坐到站 get up（out of bed, or from a recumbent to a sitting, or from a sitting to a standing position）：我去找他的时候, 他刚～。Wǒ qù zhǎo tā de shíhou, tā gāng ～. When I went to see him he had just got up. / 他看见老师走过来, 连忙～让座。Tā kànjiàn lǎoshī zǒu guòlai, liánmáng ～ ràng zuò. When he saw the teacher coming toward him he quickly got to his feet and let him sit down. 放在动词后作补语（used as a complement to a verb）(1)表示向上 upward：前排的人站～, 后边的人就看不见舞台了。Qián pái de rén zhàn ～, hòubian de rén jiù kàn bu jiàn wǔtái le. When the people in the front row stood up those behind them couldn't see the stage. /他头晕, 坐不～, 只能躺着。Tā tóu yūn, zuò bu ～, zhǐ néng tǎngzhe. He was so dizzy that he couldn't sit up. All he could do was lie there. / 他拿起书包来, 走出教室。Tā ná qǐ shūbāo lai, zǒuchū jiàoshì. He picked up his satchel and walked out of the classroom. (2)表示达成集中或合拢 gather together：把报纸捆～。Bǎ bàozhǐ kǔn ～. Bundle up the newspapers. / 团结～力量大。Tuánjié ～ lìliàng dà. When people get united their strength increases. / 风太大, 把窗户关～吧! Fēng tài dà, bǎ chuānghu guān ～ ba! Close the window against that strong wind. (3)表示达到隐蔽 put away：把文件锁～。Bǎ wénjiàn suǒ ～. Lock up the documents. / 衣服都收～了吗? Yīfu dōu shōu ～ le ma? Have you put away all the clothes? /他把妹妹的书藏～了。Tā bǎ mèimei de shū cáng ～ le. He hid his sister's books. (4)表示出现（多指抽象事物）appear（referring to abstract things）：这个字怎么念, 我想了半天也没想～。Zhè ge zì zěnme niàn, wǒ xiǎngle bàntiān yě méi xiǎng ～. I racked my brains for ages but couldn't remember how this character was pronounced. / 这些麻烦全是你惹～。Zhèxiē máfan quán shì nǐ rě ～ de. You are the one who stirred up all this trouble. ((1)(2)(3)(4)和"起"作补语意义相同, 但宾语可有可无。)((1)(2)(3)(4)same as "起" as a complement, but an object is optional) 放在动词或形容词后作补语（used as a complement to a verb or adjective）(5)表示开始并继续 begin and keep on：他俩一见面就谈～了。Tā liǎ yí jiàn miàn jiù tán ～ le. As soon as the two of them saw each other they started talking. / 人们随着音乐跳起舞来。Rénmen suízhe yīnyuè tiào qǐ wǔ lai. They started dancing to the music. /雨大～了。Yǔ dà ～ le. It's pouring. (6)表示实际去做或某情况实际出现的时候（"……起来"多用在复合句的分句中或作状语）actually（takes place）：这工作真干～还很费劲呢! Zhè gōngzuò zhēn gàn ～ hái hěn fèi jìnr ne! It takes a great deal of effort to actually do this. / 别看箱子小, 提～挺重。Bié kàn xiāngzi xiǎo, tí ～ tǐng zhòng. Even though the box looks small it's heavy when you pick it up. /这辆车骑～觉得非常轻。Zhè liàng chē qí ～ juéde fēicháng qīng. This bicycle feels very light when you ride it.

【起立】qǐlì（动·不及物）站起来 stand up：全体～ quántǐ ～ Everybody stand up!

【起落】qǐluò（动·不及物）rise and fall；undulate：物价几经～, 终于稳定下来了。Wùjià jǐ jīng ～, zhōngyú wěndìng xiàlai le. Prices fluctuated a bit before stabilising.

【起码】qǐmǎ（形）最低限度的。可受程度副词"最"等修饰 minimum（can be modified by adverbs such as "最"）：遵守交通规则, 是对每个公民～的要求。Zūnshǒu jiāotōng guīzé, shì duì měi ge gōngmín ～ de yāoqiú. Abiding by the traffic regulations is a minimum requirement for every citi-

zen. /穿衣、吃饭,这是生活最～的需要。Chuān yī, chī fàn, zhè shì shēnghuó zuì ～ de xūyào. *Clothing and food are the minimum necessities of life.* (副)最低限度：至少。可受程度副词"最"等的修饰,后面常用"也"与之呼应 *at least* (*can be modified by adverbs of degree such as "最", usually collocates with "也"*)：这场足球比赛～要两个小时。Zhè chǎng zúqiú bǐsài ～ yào liǎng ge xiǎoshí. *This football match will last at least 2 hours.* / 这箱书最～50公斤。Zhè xiāng shū zuì ～ wǔshí gōngjīn. *This box of books weighs at least 50kg.* "起码"也可用在主语前 ("起码" can also be placed in front of the subject)：你听见没听见我不知道,～我没听见。Nǐ tīngjian méi tīngjian wǒ bù zhīdào, ～ wǒ méi tīngjian. *Whether you've heard it or not I don't know. At least I haven't heard it.*

【起锚】qǐ=máo *set sail；weigh anchor*

【起名儿】qǐ=míngr *give a name to；name*：你想给孩子起个什么名儿? Nǐ xiǎng gěi háizi qǐ ge shénme míngr?*What are you thinking of calling the child?*

【起跑】qǐpǎo (动)〈体〉赛跑时在起点做好预备姿势后开始跑 *start running (a race)*

【起色】qǐsè (名)(工作、学习、健康状况等)开始好转的样子 *improvement (in work, studies, etc.)*：我们的工作开始有～了。Wǒmen de gōngzuò kāishǐ yǒu ～ le. *Our work has started to improve.* / 他的学习很有～。Tā de xuéxí hěn yǒu ～. *There is a great improvement in his studies.* / 他的病最近大有～。Tā de bìng zuìjìn dà yǒu ～. *Recently his illness has taken a great turn for the better.*

【起身】qǐshēn (动·不及物)(1)动身 *set off；set out*：我们早上八点、十点多就到天津了。Wǒmen zǎoshang bā diǎn ～, shí diǎn duō jiù dào Tiānjīn le. *We set off at 8 o'clock in the morning and reached Tianjin just after 10.* / 他们明天将～去广州。Tāmen míngtiān jiāng ～ qù Guǎngzhōu. *They are going to leave for Guangzhou tomorrow.* (2)起床 *get out of bed；get up*：我每天早上～以后,就去外边做操。Wǒ měi tiān zǎoshang ～ yǐhòu, jiù qù wàibian zuò cāo. *As soon as I get up every morning I go outside and do exercises.*

【起事】qǐshì (动·不及物) 发动武装的政治斗争 *start an armed political struggle*

【起誓】qǐ=shì 发誓 *swear an oath*

【起死回生】qǐ sǐ huí shēng 把将死的人救活,多形容医术高明 *save a dying patient；snatch a sick person from the jaws of death*

【起诉】qǐsù (动)〈法〉*sue；bring a lawsuit against*

【起诉书】qǐsùshū (名)〈法〉*indictment*

【起跳】qǐtiào (动·不及物)〈体〉跳高、跳远开始跳前的动作 *take off (as in high jump, long jump etc.)*

【起头】qǐtóu (名)(～儿)(1)开始的时候 *beginning；at first；in the first place*：她很不习惯,住了一段时间就适应了。～ tā hěn bù xíguàn, zhùle yí duàn shíjiān jiù shìyìng le. *At first she wasn't used to it but after she had lived there a while she became accustomed to it.* (2)开始的部分 *beginning*：这故事～我记不全了,结尾记得很清楚。Zhè gùshì de ～ wǒ jì bu quán le, jiéwěi wǒ jì de hěn qīngchu. *I don't remember the beginning of the story too well but I remember the ending very clearly.*

【起头】qǐ=tóu (～儿)开始 *start；begin*：我刚学织毛衣,还不会～呢! Wǒ gāng xué zhī máoyī, hái bú huì ～ ne! *I've just started learning to knit and I don't know how to put the stitches onto the knitting needles yet.* /我先起个头,大家跟我一起唱。Wǒ xiān qǐ ge tóu, dàjiā gēn wǒ yìqǐ chàng. *I'll start singing and I want you all to join in.*

【起先】qǐxiān (名)同"起初"qǐchū *same as "起初" qǐchū*：我也不愿意做服务性的工作,现在觉得这工作很有意义。～ wǒ yě bú yuànyì zuò fúwùxìng de gōngzuò, xiànzài juéde

zhè gōngzuò hěn yǒu yìyì. *At first I was loath to do service work but now I realize how meaningful this type of work is.* / 他～学哲学,后来又学社会学了。Tā ～ xué zhéxué, hòulái yòu xué shèhuìxué le. *He started off studying philosophy and later studied sociology.*

【起疑】qǐyí (动·不及物)产生怀疑 *become suspicious*：他的行动鬼鬼祟祟,让人～。Tā de xíngdòng guǐguisuìsuì, ràng rén ～. *His furtive actions arouse suspicion.*

【起义】qǐyì (动·不及物) *start an insurrection；rise in revolt* (名) *uprising*

【起因】qǐyīn (名)(事件等)发生的原因 *cause；origin*：事故的～ shìgù de ～ *cause of an accident* / 这种病的～有待研究。Zhè zhǒng bìng de ～ yǒudài yánjiū. *The cause of the disease awaits investigation.*

【起用】qǐyòng (动)重新任用(离职或免职的人员)或任用(原来不在职的人员) *reinstate (a person in an official post)；appoint (somebody to a position)*：～能人 ～ néngrén *appoint able people*/ ～新干部 ～ xīn gànbù *appoint new cadres*

【起源】qǐyuán (动)开始发生 *originate；stem from*：人类最早的语言～于劳动。Rénlèi zuì zǎo de yǔyán ～ yú láodòng. *Mankind's earliest speech originated in labor.* (名)事物发生的根源 *origin；spring*：人类的～ rénlèi de ～ *origin of mankind*/ 文字的～ wénzì de ～ *origin of writing*

【起运】qǐyùn (动) (货物)开始运(到外地去) *dispatch (goods)；start shipment*

【起重机】qǐzhòngjī (名)[台 tái] *crane；hoist*

【起子】qǐzi (量)(1)*bottle opener* (2)*baking powder* (量)同"起"qǐ (量) *same as "起" qǐ* (量)：一～客人 yì ～ kèren *a group of guests*

【起……作用】qǐ …… zuòyòng 起：发生；在某方面发生作用或影响 *have effect；function*：起决定性作用 qǐ juédìngxìng zuòyòng *having a decisive effect*/ 汉语拼音方案对教外国人学汉语起了很大作用。Hànyǔ Pīnyīn Fāng'àn duì jiāo wàiguó rén xué Hànyǔ qǐle hěn dà zuòyòng. *Pinyin has had a great effect on the teaching of Chinese to foreigners.*

绮 qǐ (形)◇ 美丽 *beautiful*

【绮丽】qǐlì (形)(风景)鲜艳美丽 *beautiful；enchanting (of scenery)*：～的景色 ～ de jǐngsè *beautiful view*/ 风光～ fēngguāng ～ *The scenery is gorgeous.*

qì

气 〔氣〕qì (名)(1)气体；空气 *gas；air*：塑料不透～. Sùliào bú tòu ～. *Plastic is impermeable to air.* / 自行车胎漏～. Zìxíngchē tāi lòu ～. *The bicycle tire is leaking air.* / 给轮胎打～. Gěi lúntāi dǎ ～. *Pump the tire up.* (2)气息；breath：天闷得人喘不过～来。Tiān mēn de rén chuǎn bu guò ～ lai. *The weather is so stuffy that people can't get their breath.* /跑得上～不接下～. Pǎo de shàng ～ bù jiē xià ～. *He ran until he was breathless.* / 停下来喘口～. Tíng xialai chuǎn kǒu ～. *Let's stop a while and catch our breath.* (3)气味 *smell；odor*：一股香～ yì gǔ xiāng ～ *a whiff of fragrance*/ 臭～熏天 chòu ～ xūn tiān *There was a pervasive stench.* (4)"受气"意思是受压迫 *"受气" means "be bullied or be browbeaten"*：这位老奶奶年轻的时候受婆婆的～。Zhè wèi lǎo nǎinai niánqīng de shíhou shòu pópo de ～. *In her youth this old woman was browbeaten by her mother-in-law.* (动)(1)发怒 *get angry；become enraged*：他～得不说话 Tā ～ de shuō bu chū huà lai. *He was speechless with anger.* 我～极了,恨不得把他赶出去。Wǒ ～ jí le, hènbude bǎ tā gǎn chūqu. *I'm furious! I really*

want to throw him out. （2）使生气 make（somebody）angry；enrage：他说这话是故意～你，你别认真。Tā shuō zhè huà shì gùyì ～ nǐ, nǐ bié rènzhēn. He said that just to annoy you. You mustn't take it seriously.

【气昂昂】qì'áng'áng（形）形容人精神振作，有朝气 full of spirit；mettlesome：雄赳赳，～ xióngjiūjiū, ～ gallantly and with panache

【气冲冲】qìchōngchōng（形）形容非常生气的样子 furious；livid with rage：他～地跟人吵起来。Tā ～ de gēn rén chǎo qilai. He started to quarrel furiously with someone. / 有道理就讲，何必～地乱嚷。Yǒu dàolǐ jiù jiǎng, hébì ～ de luàn rǎng. If you're right, then say so. There's no need to yell furiously.

【气冲霄汉】qì chōng xiāohàn 气，指大无畏的精神、勇气。冲，向上飞腾。霄汉，指高空。形容有大无畏的魄力和勇气 fearless；dauntless；indomitable

【气喘】qìchuǎn（动）〈医〉asthma

【气垫船】qìdiànchuán（名）[只 zhī] hovercraft

【气度】qìdù（名）（人的）做事的魄力和度量 breadth of vision and magnanimity：～ 不凡 ～ bùfán extraordinary magnanimity/ 这个人很有～。Zhège rén hěn yǒu ～. He is a really magnanimous person.

【气短】qìduǎn（形）（1）（因空气稀薄、疲劳等）呼吸短促 panting；gasping；short of breath：到了山顶，他有些～。Dàole shāndǐng, tā yǒuxiē ～. By the time he got to the summit he was a little out of breath. （2）情绪低落、灰心失望 discouraged；downhearted：在困难面前可不能～。Zài kùnnan miànqián kě bù néng ～. You shouldn't be discouraged in the face of difficulties.

【气氛】qìfēn（名）在某种特定环境下，使人感受的情调、气息 atmosphere：～ 紧张 ～ jǐnzhāng The atmosphere is tense. / 我们学校里学术～很浓。Wǒmen xuéxiào lǐ xuéshù ～ hěn nóng. There is a very pronounced academic atmosphere in our school. / 会场上充满热烈友好的～。Huìchǎng shang chōngmǎn rèliè yǒuhǎo de ～. A cordial and friendly atmosphere pervaded the meeting hall.

【气愤】qìfèn（形）生气，愤慨 outraged；indignant；furious：令人～ lìng rén ～ make one furious：人们对破坏公物的行为都表示～。Rénmen duì pòhuài gōngwù de xíngwéi dōu biǎoshì ～. Everyone expresses indignation at destruction of public property.

【气概】qìgài（名）对重大问题所表示的正义态度、举动等 lofty spirit；mettle：英雄～ yīngxióng ～ heroic spirit/ 革命～ gémìng ～ revolutionary spirit/ 百折不挠的～ bǎi zhé bù náo de ～ indomitable spirit

【气功】qìgōng（名）中国的一种健身术 traditional Chinese system of therapeutic exercises involving deep breathing

【气管】qìguǎn（名）〈生理〉windpipe；trachea

【气管炎】qìguǎnyán（名）〈医〉tracheitis

【气贯长虹】qì guàn cháng hóng 形容气势盛，好像天上的虹一样横贯天空，用来形容英雄人物的伟大人格 full of noble aspirations and verve

【气焊】qìhàn（动）gas welding

【气候】qìhòu（名）climate

【气候学】qìhòuxué（名）climatology

【气呼呼】qìhūhū（形）特别生气时呼吸急促的样子 huffing；panting in anger

【气急败坏】qì jí bàihuài 十分恐慌和恼怒 enraged and flustered

【气节】qìjié（名）坚持正义，不向敌人屈服的品质 integrity：革命～ gémìng ～ revolutionary integrity/ 在任何情况下都要保持民族～。Zài rènhé qíngkuàng xià dōu yào bǎochí mínzú ～. One must preserve national integrity in all circumstances whatsoever.

【气井】qìjǐng（名）[口 kǒu] gas well

【气孔】qìkǒng（名）（1）〈植〉stoma （2）〈动〉spiracle （3）〈金〉blow hole （4）〈建〉air hole

【气力】qìlì（名）力气 effort；energy：用尽～ yòngjìn ～ apply the utmost effort/ 他的～很大。Tā de ～ hěn dà. He is a person of great strength. / 为收集这些谚语，他花了不少～。Wèi shōují zhèxiē yànyǔ, tā huāle bù shǎo ～. He put a lot of effort into collecting these proverbs.

【气量】qìliàng（名）能容忍不同意见的度量 tolerance；broad-mindedness：他是个很有～的人，你批评得不对，他也不会介意。Tā shì ge hěn yǒu ～ de rén, nǐ pīping de bú duì, tā yě bú huì jièyì. He's very broad-minded. Even if you criticise him unjustly he won't take offence. / 你～应该大点儿，别总计较一些小事。Nǐ ～ yīnggāi dà diǎnr, bié zǒng jìjiào yìxiē xiǎo shì. You should be a bit more broad-minded, and not always haggling over trifles.

【气流】qìliú（名）（1）〈物〉air current （2）〈语〉breath

【气门】qìmén（名）tire valve；air valve

【气门心】qìménxīn（名）inside of a valve

【气闷】qìmèn（形）（1）呼吸不通畅 stifling：近来他感到胸部～，怕心脏不好。Jìnlái tā gǎndào xiōngbù ～, pà xīnzàng bù hǎo. Recently he has been feeling constriction in his chest, and fears he may have a heart problem. （2）怨恨或愤怒郁结在心里没有发泄出来 feeling of pent-up anger or frustration：工作很不顺心，他十分～。Gōngzuò hěn bú shùnxīn, tā shífēn ～. Things aren't going well at work, and he's feeling extremely frustrated.

【气恼】qìnǎo（形）〈书〉become angry；take offense

【气馁】qìněi（形）失去勇气和信心 be discouraged；lose heart：遇到困难不要～。Yùdào kùnnan búyào ～. One shouldn't lose heart on encountering difficulties. / 在前进道路上，～是软弱的表现。Zài qiánjìn dàolù shang, ～ shì ruǎnruò de biǎoxiàn. Becoming discouraged in the course of making progress is an expression of weakness.

【气派】qìpài（名）（1）指人的态度作风或某些事物表现的气势 style；manner：这个人举止作风～不凡。Zhège rén jǔzhǐ zuòfēng ～ bùfán. His manner and style of work are exceptional. / 这个建筑设计得十分小气，没什么～。Zhège jiànzhù shèjì de shífēn xiǎoqì, méi shénme ～. This building has a very unprepossessing design. It has no style at all. （形）人的态度作风或某事物很有气势 having style；having flair：看他眼镜一戴，西装一穿还挺～。Kàn tā yǎnjìng yí dài, xīzhuāng yì chuān hái tǐng ～. His glasses and western-style suit give him a lot of flair. / 那座大楼富丽堂皇，～得很。Nà zuò dà lóu fùlì tánghuáng, ～ de hěn. That building is magnificent! It really has style.

【气泡】qìpào（名）air bubble

【气魄】qìpò（名）（1）魄力 boldness；daring：伟大～ wěidà ～ great daring/ 革命～ gémìng ～ revolutionary boldness （2）气势 spiritual momentum：雄伟的～ xióngwěi de ～ grand spiritual momentum/ 改革造就了一大批有胆识、有～的人才。Gǎigé zàojiùle yí dà pī yǒu dǎnshí, yǒu ～ de réncái. The reform has brought up a large contingent of talented people with daring and spiritual momentum.

【气枪】qìqiāng（名）[枝 zhī] air gun

【气球】qìqiú（名）[个 gè] balloon

【气色】qìsè（名）人的精神和面色 complexion；color：～不错 ～ búcuò have good color（look healthy）/～很坏 ～ hěn huài look off-color（look unhealthy）

【气势】qìshì（名）表示人或事物的气派和声势 momentum；imposing aspect：～雄伟 ～ xióngwěi The aspect is a grand one. / ～逼人 ～ bī rén The force of circumstances spurs us on. / 在辩论会上，他表现出压倒一切的～。Zài biànlùnhuì shang, tā biǎoxiàn chū yādǎo yíqiè de ～. At the debate he expressed the overriding tendency.

【气势磅礴】qìshì pángbó 表示人或物的气派很大，力量无穷 of

tremendous force; *powerful*; *of great momentum*：中国长城绵延万里，～。Zhōngguó Chángchéng miányán wàn lǐ，～. *China's Great Wall,stretching for 10,000 li,is an overpowering sight.* / 重峦叠嶂，～。Chóng luán dié zhàng，～. *A vista of towering peaks,one upon another,is overwhelming.*

【气势汹汹】qìshì xiōngxiōng 形容人生气时很凶的样子 *fierce*; *overbearing*; *intimidating*

【气态】qìtài（名）〈物〉*gaseous state*

【气体】qìtǐ（名）*gas*

【气田】qìtián（名）*gas field*

【气筒】qìtǒng（名）*tire pump*; *inflator*

【气头上】qìtóu shang（正在）发怒的时候 *in a fit of anger*：他正在～，别去惹他。Tā zhèngzài ～，bié qù rě tā. *He's seething with anger,so don't go and provoke him.*

【气吞山河】qì tūn shānhé 气势可以吞没山河，形容气魄很大 *"having a spirit that can conquer mountains and rivers"* — *full of daring*

【气味】qìwèi（名）(1) *smell*; *odor*; *flavor*：～芬芳 ～ fēnfāng *The odor is fragrant.* / ～难闻。～ nán wén. *The smell is a bad one.* (2) 比喻情调或志趣（多含贬义）*flavor*; *tang*（metaphorical and pejorative）：他处处表现出庸俗的～。Tā chùchù biǎoxiàn chū yōngsú de ～. *In every respect there is a vulgar flavor about him.*

【气味相投】qìwèi xiāng tóu（贬）不好的思想和情调一致 *two of a kind*; *tarred with the same brush*; *birds of a feather*

【气温】qìwēn（名）*air temperature*：～高 ～ gāo *The air temperature is high.* / ～下降 ～ xiàjiàng *The air temperature is falling.*

【气息】qìxī（名）(1) 呼吸时出的气 *breath*; *breathing*：～微弱 ～ wēiruò *His breathing is faint.* (2) 气味（多用于抽象事物,指感情,情趣）*flavor*; *smell*：他的作品生活～浓。Tā de zuòpǐn shēnghuó ～ nóng. *His works have a strong flavor of life.* / 这个节目富有时代～。Zhège jiémù fùyóu shídài ～. *This program is rich in flavor of the times.*

【气息奄奄】qìxī yānyān 气息微弱，快要停止呼吸的样子 *at one's last gasp*; *on the point of expiring*

【气象】qìxiàng（名）(1) 气象现象 *meteorological phenomena*; *weather*：～预报 ～ yùbào *weather forecast* (2) 情景,景象 *atmosphere*; *scene*：新～ xīn ～ *new atmosphere*; *new scene* / 经过改革,学校出现了新～。Jīngguò gǎigé，xuéxiào chūxiànle xīn ～. *There is a new atmosphere about the school since it undertook reform.*

【气象台】qìxiàngtái（名）*meteorological observatory*

【气象万千】qìxiàng wànqiān 形容事物或景象发展变化多种多样,壮观美丽 *spectacular*; *majestic*：伟大祖国山河壮丽，～。Wěidà zǔguó shānhé zhuànglì，～. *The majestic scenery of our mighty fatherland is spectacular.* / 登山远望，～。Dēng shān yuǎn wàng，～. *The view from the mountain top is spectacular.*

【气象学】qìxiàngxué（名）*meteorology*

【气象站】qìxiàngzhàn（名）*weather station*

【气吁吁】qìxūxū（形）形容大声喘气的样子 *panting*; *gasping for breath*：他满头大汗，～地跑进屋来。Tā mǎn tóu dà hàn，～ de pǎo jìn wū lái. *He ran into the room covered in sweat and gasping for breath.*

【气压】qìyā（名）*atmospheric pressure*

【气压表】qìyābiǎo（名）*barometer*

【气焰】qìyàn（名）比喻人的威风气势（多含贬义）*arrogance*; *bluster*：反动～十分嚣张 fǎndòng ～ shífēn xiāozhāng *The reactionaries are setting up an arrogant clamor.*

【气质】qìzhì（名）(1)〈心〉人的个性特点 *temperament*; *disposition*：他的～比较浮躁。Tā de ～ bǐjiào fúzào. *He has an impetuous disposition.* (2) 人的风格、气度 *qualities*; *makeup*：艺术家和科学家的～不大一样。Yìshùjiā hé

kēxuéjiā de ～ búdà yíyàng. *Artists and scientists have different qualities.*

【气壮如牛】qì zhuàng rú niú 表面上显得气势汹汹的样子 *having a boisterous nature*

【气壮山河】qì zhuàng shānhé 比喻气势雄伟、气派大,使山河更为壮丽 *powerful and magnificent*：这是一部～的史诗。Zhè shì yí bù ～ de shǐshī. *This is a magnificent epic.*

迄

（动）〈书〉到 *reach*（副）〈书〉一直,终究（与"未""无"连用）*up to*; *until*; *so far*（usually followed by " 未" or "无"）：～未成功 ～ wèi chénggōng *until now success has not been achieved* / ～无结果 ～ wú jiéguǒ *no result so far*

【迄今】qì=jīn〈书〉到现在 *to date*; *up to now*：社会主义制度是人类社会～为止最进步的社会制度。Shèhuìzhǔyì zhìdù shì rénlèi shèhuì ～ wéizhǐ zuì jìnbù de shèhuì zhìdù. *The socialist system is mankind's most advanced social system so far.* / 这个案子～没有下落。Zhège ànzi ～ méi yǒu xiàluò. *A ruling hasn't been handed down on this case.*

弃

（动）◇〈书〉放弃,扔掉 *throw away*; *discard*; *abandon*：～农经商 ～ nóng jīng shāng *abandon agriculture for commerce* / 食之无味，～之可惜。Shí zhī wú wèi，～ zhī kěxī. *It is tasteless,but it is a pity to throw it away.* / 这部机器不应～而不用。Zhè bù jīqì bù yīng ～ zhī bú yòng. *This machine must not be left to lie idle.*

【弃暗投明】qì àn tóu míng 离开黑暗,投向光明 *"abandon the darkness and seek the light"* —— *come over to the side of the righteous*

【弃权】qì=quán 放弃权利 *waive the right*：这次篮球赛甲队～。Zhè cì lánqiú sài jiǎ duì ～. *Team A has bowed out of this basketball game.* / 在投票选举代表时,有十二人～。Zài tóu piào xuǎnjǔ dàibiǎo shí，yǒu shí'èr rén ～. *Twelve people have abstained from voting.*

【弃置】qìzhì（动）〈书〉扔在一旁 *throw away*; *discard*

汽

（名）*vapor*; *steam*; *gas*

【汽车】qìchē（名）[辆 liàng] *automobile*

【汽船】qìchuán（名）[艘 sōu] *steamboat*

【汽灯】qìdēng（名）[盏 zhǎn] *gas lamp*

【汽笛】qìdí（名）*steam whistle*

【汽缸】qìgāng（名）〈机〉*(gas) cylinder*

【汽化】qìhuà（动）*vaporise*

【汽酒】qìjiǔ（名）*sparkling wine*

【汽轮机】qìlúnjī（名）〈机〉*steam turbine*

【汽水】qìshuǐ（名）(～儿) *soda water*; *soft drink*

【汽艇】qìtǐng（名）[艘 sōu] *motorboat*

【汽油】qìyóu（名）*gasoline*; *petrol*

泣

（动）◇ 小声哭 *weep softly*; *sob*

【泣不成声】qì bù chéng shēng 不出声地哭得很厉害,连话都没法说 *weep silently*; *choke with sobs*：她诉说着不幸的过去,简直～。Tā sùshuōzhe búxìng de guòqù，jiǎnzhí ～. *She choked with sobs recounting her unfortunate past.*

契

（名）[张 zhāng] 同"契约"qìyuē *same as "契约"* qìyuē

【契文】qìwén（名）契约的条文 *text of a contract*

【契约】qìyuē（名）[张 zhāng] *contract*; *deed*; *charter*

砌

（动）*build by laying (bricks, etc.)*：～一堵墙 ～ yì dǔ

qiáng *build a wall* / 用砖～一个花坛 yòng zhuān ～ yí ge huātán *build a flowerbed of bricks*

器 qì
（名）◇ *utensil*；*implement*；*ware*
【器材】qìcái（名）器具和材料 *material*；*equipment*：照相～ zhào xiàng ～ *photographic equipment* /有用～ yǒuyòng ～ *useful materials* / 这种型号的无线电～特别难买。Zhè zhǒng xínghào de wúxiàndiàn ～ tèbié nán mǎi. *This type of wireless equipment is particularly difficult to buy.*
【器官】qìguān（名）〈生理〉*organ*
【器件】qìjiàn（名）仪器、机械上的主要零件 *component*
【器具】qìjù（名）用具 *utensil*；*implemint*；*appliance*
【器量】qìliàng（名）同"气量"qìliàng *same as* "气量" qìliàng
【器皿】qìmǐn（名）〈书〉盛东西的一般用具，如缸、盆、碗、碟等 *household utensils*
【器物】qìwù（名）各种用具的统称 *utensils*；*implements*
【器械】qìxiè（名）(1) *instrument*；*appliance*；医疗～ yīliáo ～ *medical instruments* / 体育～ tǐyù ～ *sports equipment* (2)指武器 *weapon*
【器械体操】qìxiè tǐcāo *gymnastics on apparatus*
【器乐】qìyuè（名）*instrumental music*：～合奏 ～ hézòu *performance of an instrumental ensemble*
【器重】qìzhòng（动）看重，重视（多指长辈对晚辈，上级对下级）*think highly of*：～人才 ～ réncái *have a great regard for talented people* / 受到～ shòudào ～ *be thought highly of* / 在工作中，要～那些年富力强的干部。Zài gōngzuò zhōng, yào ～ nàxiē nián fù lì qiáng de gànbu. *In one's work one should pay due regard to cadres in the prime of life.*

掐 qiā
（动）(1)用手指甲紧卡住，或用手指用力捏或截断 *pinch*；*nip*；*pluck*：这孩子真厉害，把小朋友的胳臂都～红了。Zhè háizi zhēn lìhai, bǎ xiǎopéngyou de gēbei dōu ～ hóng le. *This is a terrible little boy. He pinched his friend's arm till it was black and blue.* / 她从树上～了一朵花。Tā cóng shù shang ～ le yì duǒ huā. *She plucked a blossom from the tree.* / 把菠菜根～掉。Bǎ bōcài gēn ～ diào. *Snap off the spinach roots.* (2)用手的虎口紧卡住 *grasp tightly*；*clutch*：～住了敌人的脖子 ～ zhùle dírén de bózi *He grasped his enemy by the throat.*
【掐算】qiāsuàn（动）用拇指指着别的指头计算 *count on the fingers*

卡 qiǎ
（动）〈口〉夹在中间 *fix between*；*wedge*；*insert*：鱼刺在嗓子里。Yúcì ～ zài sǎngzi li. *A fishbone stuck in his throat.* / 柜门被什么东西～住了，关不上。Guìmén bèi shénme dōngxi ～zhù le, guān bu shàng. *Something is wedged in the cupboard door, and I can't close it.* （名）◇ (1)同"卡子"qiǎzi(1) *same as* "卡子" qiǎzi (1)：发～ fà ～ *hairclip* (2)同卡子 qiǎzi (2) *same as* "卡子" qiǎzi (2)：在边境设～ zài biānjìng shè ～ *set up a boundary post* 另见 kǎ
【卡壳】qiǎ=ké (1)枪膛、炮膛里的弹壳退不出来 *jamming of a bullet, shell, etc.*：子弹～了。Zǐdàn ～ le. *The cartridge jammed in the breech.* (2)比喻办事情不顺利, 遇到困难暂时停止进行 *get stuck*；*be held up*：他调动工作的事又卡了壳, 不知道能不能进行下去。Tā diàodòng gōngzuò de shì yòu qiǎle ké, bù zhīdao néng bu néng jìnxíng xiàqu. *He is trying to get a transfer but something has gone wrong*

and he doesn't know if he can continue.
【卡子】qiǎzi（名）(1)夹东西的器具 *clip*；*fastener*：头上别了一个很好看的～。Tóu shang biéle yí ge hěn hǎokàn de ～. *She was wearing a lovely hairclip.* (2)为收税或警备在边境或交通要道设置的检查所或岗哨 *checkpoint*：过～的时候要检查证件。Guò ～ de shíhou yào jiǎnchá zhèngjiàn. *When you pass the checkpoint you have to have your papers inspected.*

qià

恰 qià
（副）〈书〉(1)意思同"恰好"qiàhǎo (1) 但只修饰单音节词 *same as* "恰好" qiàhǎo (1), *but modifies a monosyllabic word*：他刚要出门，～遇刘老师来找他。Tā gāng yào chū mén, ～ yù Liú lǎoshī lái zhǎo tā. *Just as he was about to go out, he happened to run into Teacher Liu who had come looking for him.* / 阳春三月，～是春游的好时节。Yángchūn sānyuè, ～ shì chūnyóu de hǎo shíjié. *March, the sunny spring, is the right time for spring outings.* (2)意思同"恰好"qiàhǎo (2) *same as* "恰好" qiàhǎo (2)：这袋粮食～有五十公斤，正是你们需要的数。Zhè dài liángshi ～ yǒu wǔshí gōngjīn, zhèng shì nǐmen xūyào de shù. *This sack of grain weighs exactly fifty kilograms which is precisely how much you want.* / 他们二人的意见～是完全对立的。Tāmen èr rén de yìjiàn ～shì wánquán duìlì de. *Their views are exactly the opposite of each other.*
【恰当】qiàdàng（形）合适, 妥当, 合情理 *proper*；*suitable*；*fitting*：这个词用得不～。Zhège cí yòng de bú ～. *To use this word here is not appropriate.* / ～的作法应该是这样。～ de zuòfǎ yīnggāi shì zhèyàng. *This is the proper way to do it.* / 这个问题已经作了～的处理。Zhège wèntí yǐjīng zuòle ～ de chǔlǐ. *This problem has already been handled in a fitting manner.*
【恰好】qiàhǎo（副）(1)表示时机、条件等的巧合, 可能正符合要求或希望, 也可能正与要求和希望相违 *as luck would have it*；*happen to*：我去湖边钓鱼, ～他也在。Wǒ qù húbiān diào yú, ～ tā yě zài. *When I went to the lake to fish, he happened to be there too.* / 那天, 我们去爬山, ～碰上了大雨。Nà tiān, wǒmen qù pá shān, ～ pèngshàngle dàyǔ. *As luck would have it, we met up with heavy rain on the day we went mountain climbing.* / 下午, 我们～没课, 可以和你一起去。Xiàwǔ, wǒmen ～ méi kè, kěyǐ hé nǐ yìqǐ qù. *As luck would have it, we don't have any classes this afternoon so we can go with you.* (2)正好, 不早不晚, 不前不后, 不多不少 *just right*；*exactly*：他的体重～一百斤。Tā de tǐzhòng ～ yǒu yìbǎi jīn. *He weighs exactly one hundred jin.* / 今天是五月十五日, 我来中国～一年。Jīntiān shì wǔyuè shíwǔ rì, wǒ lái Zhōngguó ～ yì nián. *Today is May 15th. I came to China exactly one year ago.* / 你们两人说的～相反。Nǐmen liǎng rén shuō de ～ xiāngfǎn. *You two are saying exactly the reverse.* / "无理取闹"的不是别人, ～是你自己。"Wú lǐ qǔ nào" de bú shì biérén, ～ shì nǐ zìjǐ. *The one who is being deliberately provocative is none other than you.*
【恰恰】qiàqià（副）(1)意思同"恰好"qiàhǎo (1), 但多用于书面 *same as* "恰好" qiàhǎo (1), *but usu. used in the written language*：你早不来晚不来, ～在我出门时你来了。Nǐ zǎo bù lái wǎn bù lái, ～ zài wǒ chū mén shí nǐ lái le. *You came neither too early nor too late, but just as I was out.* / 我们去长城那天～赶上他们也去了。Wǒmen qù Chángchéng nà tiān ～ gǎnshang tāmen yě qù le. *As luck would have it, we ran into them on their way to the Great Wall the same day we went there.* / 这条狗躺在门口, ～挡住了出路。Zhè tiáo gǒu tǎng zài ménkǒu, ～ dǎngzhùle chūlù. *This dog*

lying in the doorway happens to be blocking the exit. （2）意思同"恰好" qiàhǎo （2） *same as* "恰好" qiàhǎo（2）：你们两人的性格～相反。Nǐmen liǎng rén de xìnggé ～ xiāngfǎn. *You two characters are exactly the opposite of each other.* / 这礼堂～能坐一千二百人。Zhè lǐtáng ～ néng zuò yìqiān èrbǎi rén. *This auditorium can seat exactly 1200 people.* （3）用在正反对比的句子里，加强肯定语气 (*used in a sentence which indicates a contrast to emphasize a tone of certainty*)：掩盖缺点并不能提高领导者的威信，～会降低威信。Yǎngài quēdiǎn bìng bù néng tígāo lǐngdǎozhě de wēixìn, ～ huì jiàngdī wēixìn. *Concealing weaknesses cannot improve a leader's prestige; in fact, it can lower this kind of prestige.* / 你这样做不但不能满足他的欲望，～激起他更进一步的要求。Nǐ zhèyàng zuò búdàn bù néng mǎnzú tā de yùwàng, ～ jīqǐ tā gèng jìn yí bù de yāoqiú. *Your doing this not only cannot satisfy his desire, it will in fact evoke stronger demands from him.*

【恰巧】qiàqiǎo （副）同"恰好"qiàhǎo（1），指时间、机会、条件等十分凑巧 *same as* "恰好" qiàhǎo（1）：我刚要去找你，～你就来了。Wǒ gāng yào qù zhǎo nǐ, ～ nǐ jiù lái le. *I was just about to go to look for you. You came just in the nick of time.* /你要借的书～被我借走了。Nǐ yào jiè de shū ～ bèi wǒ jièlái le. *As luck would have it, I've just borrowed the book you wanted to borrow.* / 我们要去划船，～遇上了大风。Wǒmen yào qù huá chuán, ～ yùshangle dà fēng. *There just happened to be a strong wind when we wanted to go boating.*

【恰如其分】qià rú qí fèn 办事、说话合乎分寸 *apt; just right; appropriate*：作出～的结论 zuòchū ～ de jiélùn *come up with an apt conclusion*/ ～地评价一个人并不容易。～ de píngjià yí ge rén bìng bù róngyì. *It is by no means easy to make an appropriate appraisal of a person.*

洽 qià

【洽购】qiàgòu （动）接洽购买 *negotiate purchases*
【洽商】qiàshāng （动）〈书〉双方接洽商量 *hold negotiations*：～订货购买 ～ dìng huò wèntí *negotiate purchases*
【洽谈】qiàtán （动）对具体问题进行协商 *hold talks; hold discussions*：他这次从香港来广州是为了～生意。Tā zhè cì cóng Xiānggǎng lái Guǎngzhōu shì wèile ～ shēngyì. *His trip from Hong Kong to Guangzhou this time is for the purpose of business negotiations.*

qiān

千 qiān
（数）*thousand*

【千百万】qiān bǎi wàn〈数〉形容很多，数字很大 *numberless*
【千变万化】qiān biàn wàn huà 形容事物变化非常多 *constantly in flux; ever changing*：情况～，必须随机应变。Qíngkuàng ～, bìxū suí jī yìng biàn. *The situation is in a constant state of flux. One must adapt to changing circumstances.* / 山峦起伏，～景色迷人。Shānluán qǐfú, ～ jǐngsè mírén. *The undulating hills present a bewitching panorama of constantly changing scenery.*
【千差万别】qiān chā wàn bié 形容种类非常多，都不一样 *immense variety*：在奇妙的动物世界里，动物的种类非常繁多，～。Zài qímiào de dòngwù shìjiè li, dòngwù de zhǒnglèi fēnduō ～. *In the wonderful animal kingdom there is a rich variety of all kinds of creatures.*
【千疮百孔】qiān chuāng bǎi kǒng 同"百孔千疮"bǎi kǒng qiān chuāng 非常破烂或毛病极多 *same as* "百孔千疮" bǎi kǒng qiān chuāng——*riddled with ailments*
【千锤百炼】qiān chuí bǎi liàn （1）指长期斗争和艰苦磨炼

thoroughly tempered in arduous struggle：经过战争年代的～，他的意志更坚强了。Jīngguò zhànzhēng niándài de ～, tā de yìzhì gèng jiānqiáng le. *The tempering he received in wartime steeled his will.* （2）指对文艺创作进行多次精心修改 (*of literary and artistic works*) *revised and polished over and over*：鲁迅对他的作品总是～，一丝不苟。Lǔ Xùn duì tā de zuòpǐn zǒng shì ～, yì sī bù gǒu. *Lu Xun used to revise his works in a most meticulous manner.* / 这些流传下来的古诗都是经过～的。Zhèxiē liúchuán xialai de gǔshī dōu shì jīngguò ～ de. *These old poems that have been handed down to us have all been thoroughly revised.*
【千方百计】qiān fāng bǎi jì 想尽或用尽一切办法 *by every possible means; by hook or by crook*：我们应当一地完成任务。Wǒmen yīngdāng ～ de wánchéng rènwù. *We must accompish our task by hook or by crook.* / 商业部门～地搞好供应工作。Shāngyè bùmén ～ de gǎohǎo gōngyìng gōngzuò. *The commercial department uses every means in its power to ensure proper supplies.*
【千伏】qiānfú （量）*kilovolt*
【千斤顶】qiānjīndǐng （名）*hoisting jack*
【千军万马】qiān jūn wàn mǎ 原指兵马很多，后形容队伍雄壮，声势浩大 *imposing army; mighty force*：为了绿化北京，要动员～，上山植树。Wèile lùhuà Běijīng, yào dòngyuán ～, shàng shān zhí shù. *In order to make Beijing green we must mobilise a mighty force of people to go into the hills and plant trees.* /河水以～之势向东奔流。Hé shuǐ yǐ ～ zhī shì xiàng dōng bēnliú. *The river waters rushed eastward with the force of a mighty host.*
【千钧一发】qiān jūn yī fà 中国古时候三十斤为一钧。千钧重量吊在一根头发丝上，比喻情况万分危急 *"a huge weight hanging by a hair" —— moment of crisis; fate hanging in the balance*：在～之际，援军赶到了。Zài ～ zhī jì, yuánjūn gǎndào le. *Reinforcements arrived in the nick of time, just as we were only a hair's breadth from disaster.*
【千卡】qiānkǎ （量）*kilocalorie*
【千克】qiānkè （量）*kilogram*
【千里马】qiānlǐmǎ （名）指好马，高速度的象征，或有才干的人 *"thousand-li-a-day horse"*
【千里送鹅毛】qiān lǐ sòng é máo 俗语"千里送鹅毛，礼轻情意重"，比喻礼物虽然很轻，但情谊却十分深厚 *"a goose feather sent from a distance of 1,000 li" —— a paltry but meaningful gift*
【千里迢迢】qiān lǐ tiáotiáo 形容路程很远 (*to or from*) *the ends of the earth*：为了建设边疆，北京知识青年～来到西藏。Wèile jiànshè biānjiāng, Běijīng zhīshi qīngnián ～ láidào Xīzàng. *In order to build up the frontier region, Beijing's educated youth went all the way to far-off Tibet.* / 有了飞机，～就不算回事了。Yǒule fēijī, ～ jiù bú suàn huí shì le. *With the advent of the airplane, travel to the ends of the earth became a matter of no consequence.*
【千难万险】qiān nán wàn xiǎn 形容困难、危险非常多 *fraught with difficulties and dangers*
【千篇一律】qiān piān yī lǜ 形容文章公式化，指事物只有一种形式，没变化 *stereotyped*：这些文章都～，没有特色。Zhèxiē wénzhāng dōu ～, méi yǒu tèsè. *These writings are all stereotyped and have no individuality.* / 穿衣服不要～，要多样化。Chuān yīfu búyào ～, yào duōyànghuà. *Your clothes shouldn't be all of the same pattern. You need some variety.*
【千奇百怪】qiān qí bǎi guài 指各种各样奇怪的事物（略含贬义）*all kinds of strange sights and happenings*：～的现象 ～ de xiànxiàng *succession of weird phenomena*/ ～的形状 ～ de xíngzhuàng *all kinds of fantastic shapes*/ 那个工厂搞得很混乱，～的事太多了。Nàge gōngchǎng gǎo de hěn hùnluàn, ～ de shì tài duō le. *That factory is in chaos.*

There are all kinds of strange goings-on.

【千秋万代】qiān qiū wàn dài 世世代代，永远 *from generation to generation*; *down through the ages*

【千山万水】qiān shān wàn shuǐ 形容道路险阻而遥远 *difficult and perilous road*；历尽～，*lì jìn ～ traverse a dangerous road*/ 经过～，才到达目的地。*Jīngguò ～, cái dàodá mùdìdì. reach one's goal after travelling along a road full of perils.*

【千丝万缕】qiān sī wàn lǚ 形容事物之间联系复杂，难以理清 *innumerable connections*; *a thousand and one ties*；这两所大学有着～的联系。*Zhè liǎng suǒ dàxué yǒuzhe ～ de liánxì. These two universities are connected in countless ways.*

【千头万绪】qiān tóu wàn xù 形容事情头绪繁多、复杂 *plethora of things to tackle*; *multitude of loose ends*；事情～，真不知从哪儿下手。*Shìqing ～, zhēn bù zhī cóng nǎr xià shǒu. So many things have cropped up that I simply don't know where to start.*

【千瓦】qiānwǎ（量）*kilowatt*

【千万】qiānwàn（副）*ten million*（1）用于祈使句，表示"务必"，常与"要"、"别"、"不能"等词语连用，"千万"前可以用"可"加强语气 *must*; *be sure to*（used in an imperative sentence; usu. used together with words such as "要","别","不能" etc.; "可" can be used before "千万" to emphasize the tone）；下雪路滑，一路上～要小心！*Xià xuě lù huá, yīlùshang ～ yào xiǎoxīn. The road is slippery when it snows. Do be careful when you're on the road.* / 我刚才说的话可能有些过头，你～别放在心上。*Wǒ gāngcái shuō de huà kěnéng yǒuxiē guò tóu, nǐ ～ bié fàng zài xīnshang. Perhaps I went a bit too far with what I just said. You mustn't take it to heart.* / 这事可～不能向别人说！*Zhè shì kě ～ bù néng xiàng biéren shuō！You must not tell others about this matter！*（2）表示说话人的热切希望（expresses the ardent wish of the speaker）；他心里想：这次可～不能再喝醉了。*Tā xīnli xiǎng: zhè cì kě ～ bù néng zài hēzuì le. He thought to himself: you must not get drunk again this time.* / ～让我找到他吧！别再白跑一趟了。～ *ràng wǒ zhǎodào tā ba！bié zài bái pǎo yī tàng le. Oh, let me find him！I don't want to make another trip for nothing.*

【千……万……】qiān……wàn…… 嵌入名词、动词，或形容词等，构成固定短语，表示很多或程度很高（inserted in between nouns, verbs, or adjectives to form a set phrase; indicates large quantity or high degree）；临别前，母亲对儿子千叮咛万嘱咐。*Lín bié qián, mǔqin duì érzi qiān dīngníng wàn zhǔfù. His mother exhorted him repeatedly, before he left.* / 这事儿非办不可，千难万难也得办。*Zhè shìr fēi bàn bùkě, qiān nán wàn nán yě děi bàn. This matter must be dealt with, however difficult it may be.* / 我买了几斤鸡蛋，一路上千小心万小心，还是碰破了两个。*Wǒ mǎile jǐ jīn jīdàn, yīlùshang qiān xiǎoxin wàn xiǎoxin, háishi pèngpòle liǎng ge. I bought a few jin of eggs and was extremely careful all the way, but still managed to crack two of them.* / 这个消息一会儿工夫就传到了千家万户。*Zhège xiāoxi yíhuìr gōngfu jiù chuándàole qiān jiā wàn hù. This piece of news was spread all over the places in just a little while.*

【千辛万苦】qiān xīn wàn kǔ 各种各样的艰难困苦 *untold hardships*; *innumerable troubles*；抗日战争时期，白求恩大夫不辞～来到中国。*Kàng Rì Zhànzhēng shíqī, Báiqiú'ēn dàifu bù cí ～ láidào Zhōngguó. During the War of Resistance Against Japan Dr. Bethune braved untold hardships to come to China.* / 他的巨大成绩是经过～取得的。*Tā de jùdà chéngjì shì jīngguò ～ qǔdé de. His colossal achievement came only after untold hardships.*

【千言万语】qiān yán wàn yǔ 形容有说不尽的话 *endless stream of words*；你纵有～，也改变不了他的一定之规。*Nǐ zòng yǒu ～, yě gǎibiàn bu liǎo tā de yídìng zhī guī. You'll never budge him from his fixed plan even if you argue till doomsday.* / ～也表达不尽我对你的感激之情。*～ yě biǎodá bú jìn wǒ duì nǐ de gǎnjī zhī qíng. Words can never express my gratitude to you.*

【千载难逢】qiān zǎi nán féng 一千年也难碰到一次，形容机会非常难得 *occuring once in a lifetime*; *a rare opportunity*；～的好机会 *de hǎo jīhuì once-in-a-lifetime opportunity* / 这种奇迹般的发现，真是～。*Zhè zhǒng qíjì bān de fāxiàn, zhēn shì ～. This miraculous discovery is a once-in-a-lifetime achievement.*

【千真万确】qiān zhēn wàn què 形容非常确实，不容争辩 *absolutely irrefutable*；～的事实 *～ de shìshí indisputable fact* / ～的道理 *～ de dàolǐ irrefutable truth* / 他讲的情况～。*Tā jiǎng de qíngkuàng ～. What he is saying is exactly the case.*

【千周】qiānzhōu（量）*kilocycle*

仟 qiān
（数）"千"qiān 的大写 *thousand—used in documents to preclude forgery*

阡 qiān
（名）〈书〉田地间南北方向的小路 *north-south path between fields*

【阡陌】qiānmò（名）〈书〉田地间纵横交错的小路 *crisscrossing paths between fields*

迁〔遷〕qiān
（动）机关或个人住所换到另一个地点 *move (to another place)*；～都～ *dū relocate the capital* / 他～到新楼去了。*Tā ～ dào xīn lóu qu le. He moved to the new building.* / 因为调动了工作，他南～有两三年了。*Yīnwèi diàodòngle gōngzuò, tā nán ～ yǒu liǎng-sān nián le. It has been a couple of years since he moved south because of a job transfer.*

【迁就】qiānjiù（动）对人对事无原则地将就，让步 *yield to*; *accommodate oneself to*；你怎么总是～他的错误？*Nǐ zěnme zǒngshì ～ tā de cuòwù？Why are you always putting up with his mistakes？* / 在原则问题上不能～。*Zài yuánzé wèntí shang bù néng ～. We can't back down on matters of principle.*

【迁居】qiānjū（动）〈书〉搬家 *change residence*；去年他从北京～广州。*Qùnián tā cóng Běijīng ～ Guǎngzhōu. Last year he moved from Beijing to Guangzhou.*

【迁怒】qiānnù（动·不及物）受了甲的气拿乙出气，或自己不如意时跟别人生气 *vent one's spleen*; *take out one's anger (on someone else)*；不应～于人 *bù yìng ～ yú rén One shouldn't take out one's anger on another person.* / 你真不该自己心情不好却～于孩子。*Nǐ zhēn bù gāi zìjǐ xīnqíng bù hǎo què ～ yú háizi. You really shouldn't take out your anger on the child just because you are in a bad mood.*

【迁徙】qiānxǐ（动）〈书〉迁移（多不带宾语）*move one's residence*; *migrate*；人口～ *rénkǒu ～ population migration* / 民族大～ *mínzú dà ～ great national migration*

【迁移】qiānyí（动）〈书〉*move to another location*; *migrate*；～户口～ *hùkǒu move one's residence* / 那家书店，三年前～到深圳去了。*Nà jiā shūdiàn, sān nián qián ～ dào Shēnzhèn qù le. That book shop moved to Shenzhen three years ago.* / 候鸟的～反映出季节的变化。*Hòuniǎo de ～ fǎnyìng chū jìjié de biànhuà. Bird migrations signal a change of season.*

牵〔牽〕qiān
（动）（1）*lead (by the hand)*; *pull*; *drag*：手～手往前

走。Shǒu ～ shǒu wǎng qián zǒu. *Advance hand in hand.* / 把马～过去。Bǎ mǎ ～ guòqu. *lead the horse across* (2)牵连 *involve (in trouble)；implicate*：他们俩有矛盾，怎么把我也～上了？Tāmen liǎ yǒu máodùn, zěnme bǎ wǒ yě shang le? *Those two are the ones with the problem—why do you want to get me involved?*/这事跟今天讨论无关，如果～进去，问题就复杂了。Zhè shì gēn jīntiān tǎolùn wúguān, rúguǒ ～ jìnqu, wèntí jiù fùzá le. *This has nothing to do with today's discussion. If we drag it in the problem will only become more complicated.*

【牵肠挂肚】qiān cháng guà dù 非常挂念，不放心 *be deeply anxious*：女儿到外地念书，母亲总是～的，放心不下。Nǚ'ér dào wàidì niàn shū, mǔqīn zǒngshì ～ de, fàng xīn bú xià. *Since she went away to study her mother has been wracked with anxiety.*

【牵扯】qiānchě (动) 牵连，涉及 *involve (in trouble)；implicate*：不要～与此事无关的人和事。Búyào ～ yǔ cǐ shì wúguān de rén hé shì. *Don't implicate people or things which have nothing to do with this matter.* / 这件事太～人的精力。Zhè jiàn shì tài ～ rén de jīnglì. *This affair involves too much human effort.*

【牵掣】qiānchè (动) ①受到人或事物的影响，妨碍 *hinder；impede*：这个难点不解决，其他工作都被它～住了。Zhège nándiǎn bù jiějué, qítā gōngzuò dōu bèi tā ～ zhu le. *If we don't solve this difficulty it will hold up the rest of the work.* / 我肩膀疼—得脖子和头都不舒服。Wǒ jiānbǎng téng ～ de bózi hé tóu dōu bù shūfu. *The pain in my shoulder makes it uncomfortable for me to move my neck and head.* (2)同"牵制" qiānzhì *same as "牵制" qiānzhì*

【牵动】qiāndòng (动) (一部分变动)引起其它部分跟着变动 *affect；influence*：托儿所办得好坏～着职工的心。Tuō'érsuǒ bàn de hǎohuài ～zhe zhígōng de xīn. *Whether the nursery school of the factory is run well or badly has an effect on the morale of the staff.*

【牵挂】qiānguà (动) 惦记 *worry；care*：她一切都好，家里不用～。Tā yíqiè dōu hǎo, jiāli búyòng ～. *She is fine, so there's no need for her family to worry.*

【牵累】qiānlěi (动) (1)因有牵连而使别人受到损害 *implicate；cause trouble for；involve*：他做地下工作时用了个化名，免得～家里。Tā zuò dìxià gōngzuò shí yòngle ge huàmíng, miǎndé ～ jiāli. *When he was doing underground work he used an assumed name so as not to implicate his family.* / 别因为我犯了错误而～了你们。Bié yīnwei wǒ fànle cuòwù ér ～le nǐmen. *You shouldn't be dragged in just because I made a mistake.* (2)影响 *affect；bring about*：家务～得她不能工作。Jiāwù ～ de tā bù néng gōngzuò. *It is family duties that prevent her from working.* / 因为孩子～，她不能上夜大学。Yīnwei háizi ～, tā bù néng shàng yè dàxué. *She can't attend night classes on account of her child.*

【牵连】qiānlián (动) 因某人某事的影响而使别人不利 *implicate；involve (in trouble)*：这个案件～了一些人。Zhège ànjiàn ～le yìxiē rén. *Several people are implicated in this case.* /我是不愿～他才离开他的。Wǒ shì bú yuàn ～ tā cái líkāi tā de. *I left him because I just didn't want to get him involved.*

【牵牛花】qiānniúhuā (名) *morning glory*

【牵强】qiānqiǎng (形) 勉强把两件没有关系或关系不大的事物拉在一起 *farfetched；forced；twisted (explanation, etc.)*：用这个理由解释他的失职太～了。Yòng zhège lǐyóu jiěshì tā de shī zhí tài ～ le. *To cite this reason for his neglect of duty is too farfetched.*

【牵强附会】qiānqiǎng fùhuì 为了找理由，把关系不大的事物勉强拉在一起 *draw a farfetched analogy；give a strained explanation*：把纯粹抒发个人感情的诗解释为爱国忠君的诗，实在～。Bǎ chúncuì shūfā gèrén gǎnqíng de shī jiěshì wéi ài guó zhōng jūn de shī, shízài ～. *To interpret a poem that is a pure expression of individual emotion as one written out of patriotic loyalty is really farfetched.*

【牵涉】qiānshè (动) 某事关联到其他人或事 *involve；implicate；drag in*：如果～到技术问题，去找生产科。Rúguǒ ～ dào jìshù wèntí, qù zhǎo shēngchǎnkē. *For anything that involves technical problems, you should go to the production section.* / 总公司的计划～到下面很多单位，不要轻易变动。Zǒnggōngsī de jìhuà ～ dào xiàmian hěn duō dānwèi, búyào qīngyì biàndòng. *The head office's plans involve many subordinate units. They can't be changed without good reason.*

【牵头】qiān～tóu (～儿)领头儿 *take the lead*：我们三个人写一本书，由你来～吧！Wǒmen sān ge rén xiě yì běn shū, yóu nǐ lái ～ ba! *Let the three of us write a book, and you take charge!*

【牵线】qiān～xiàn (～儿)(1)玩木偶牵引提线，比喻在背后操纵 *pull strings (as a puppeteer)；manipulate from behind the scenes*：这两个人，一个在前台表演，一个在背后～。Zhè liǎng ge rén, yí ge zài qiántái biǎoyǎn, yí gè zài bèihòu ～. *One of them was at the front of the stage performing while the other was supporting him in the background.* (2)引荐联系(使相互结识)*introduce (people to each other)；bring together*：他们俩恋爱结婚是我牵的线。Tāmen liǎ liàn'ài jié hūn shì wǒ qiān de xiàn. *I was the one who brought the two of them together so that they fell in love and got married.*

【牵一发而动全身】qiān yī fà ér dòng quán shēn 一个很小部分的变动影响到全局 *A slight touch in one part affects the whole thing.*

【牵引】qiānyǐn (动) 〈书〉*tow；draw；drag*

【牵引力】qiānyǐnlì (名) 〈物〉*traction*

【牵制】qiānzhì (动) 拖住对方，使行动受到限制(多用于军事) *check；pin down*：～力量 ～ lìliang *checking force*/～一连～了敌人的主力。Yīlián ～le dírén de zhǔlì. *The first company checked the main force of the enemy.* /设备不齐了工厂的生产进度。Shèbèi bù qí ～ le gōngchǎng de shēngchǎn jìndù. *Because the equipment was not complete the factory's production was held back.*

铅 〔鉛〕qiān

(名)*lead*

【铅版】qiānbǎn (名) [块 kuài] *stereotype*

【铅笔】qiānbǐ (名) [枝 zhī] *pencil*

【铅球】qiānqiú (名) 〈体〉[个 gè] (1) *shot* (2) *shot put*

【铅丝】qiānsī (名) (～儿) *galvanized wire*

【铅印】qiānyìn (动) *stereotype；letterpress printing*：这些原来是油印的讲义，现在已经～成教科书了。Zhèxiē yuánlái shì yóuyìn de jiǎngyì, xiànzài yǐjīng ～ chéng jiàokēshū le. *We originally had mimeographed teaching materials which have been printed as textbooks now.*

【铅字】qiānzì (名) [个 gè] *type；letter*

谦 〔謙〕qiān

(形)◇ 谦虚 *modest*

【谦卑】qiānbēi (形) 〈书〉过分谦虚，认为自己比别人差 *modest；self-effacing*：不要自高自大，也不要太～。Búyào zì gāo zì dà, yě búyào tài ～. *One shouldn't be conceited but one shouldn't be too modest.*

【谦辞】qiāncí (名) 表示谦虚的言词 *self-effacing expression*

【谦恭】qiāngōng (形) 〈书〉谦虚有礼貌 *polite；modest*：态度～ tàidù ～ *a modest attitude*

【谦让】qiānràng (动) 谦虚退让，不肯占先 *modestly decline*：别～了，您坐在前排吧！Bié ～ le, nín zuò zài qián pái ba! *Don't be modest. Please sit in the front row.*

【谦虚】qiānxū (形) 虚心，肯接受批评、意见 *modest；self-ef-*

facing：他说了一番～的话。Tā shuōle yì fān ～ de huà. *He spoke a few modest words.* /他为人十分～。Tā wéirén shífēn ～. *He is very modest toward other people.*（动）说谦虚的话 *speak modestly*：他～了半天，才开始介绍自己的经验。Tā ～le bàntiān, cái kāishǐ jièshào zìjǐ de jīngyàn. *It was only after a lot of modest declining that he began to tell of his experiences.*

【谦逊】qiānxùn（形）〈书〉谦虚谨慎 *modest；unassuming*

签〔簽〕qiān

（动）(1)（在文件、单据上）写上自己的姓名或画上记号 *sign；autograph*：收条上请一上您的名字。Shōutiáo shang qǐng ～ shang nín de míngzi. *Please sign the receipt.* (2)简要写出自己的意见 *write brief comments*：对这个报告，局长已经～了意见了。Duì zhège bàogào, júzhǎng yǐjīng ～le yìjiàn le. *The bureau chief has already written his comments on this report.*（名）◇（～儿)(1)用竹子或木头削成的有尖儿的小棍儿 *pointed bamboo or wooden stick*：竹～ zhú～ *sliver of bamboo*/ 牙～ yá～ *toothpick* (2)作标志用的小条儿 *label；ticket* (3)用于占卜、赌博或比赛的细长的小竹片或小细棍 *bamboo slips used in fortune-telling or drawing lots*：抽～ chōu ～ *draw lots*

【签到】qiān=dào 签上名字表示出席 *sign (to show one's arrival)*：参加大会的代表在入口处～。Cānjiā dàhuì de dàibiǎo zài rùkǒuchù ～. *Those attending the meeting register at the entrance.*

【签订】qiāndìng（动）订立条约或协定等，并在上面签字 *sign (a treaty, etc.)*：～条约 ～ tiáoyuē *sign a treaty*/ ～合同 ～ hétong *sign a contract* /中日两国～了文化协定。Zhōng Rì liǎng guó ～le wénhuà xiédìng. *China and Japan signed a cultural agreement.*

【签发】qiānfā（动）主管人同意后签上名字正式发出(公文、证件等) *sign and issue*：～护照 ～ hùzhào *sign and issue a passport* /～文件 ～ wénjiàn *sign and issue a document*

【签名】qiānmíng（名）*signature；autograph*：书的封面上有作者的～。Shū de fēngmiàn shang yǒu zuòzhě de ～. *The writer's autograph is on the front cover of the book.*

【签名】qiān=míng *sign one's name*

【签收】qiānshōu（动）收到公文信件等后，在送信人指定的单据上签字，表示已收到 *sign for；sign a receipt*：我代他～了一封挂号信。Wǒ dài tā ～ le yì fēng guàhàoxìn. *I signed for a registered letter for him.*

【签署】qiānshǔ（动）在重要文件上正式签字 *sign (documents, etc.)*：今早双方～了两项合同。Jīn zǎo shuāngfāng ～le liǎng xiàng hétong. *This morning the two sides signed two contracts.*

【签约】qiān=yuē 签订条约 *sign a treaty*

【签证】qiānzhèng（名）签署证件。一国主管机关在本国或外国公民的护照或其他证件上签注、盖章，表示准许其出入本国国境 *visa*

【签字】qiānzì（名）*signature*：这个计划是上级批准的，你看，有领导的～。Zhège jìhuà shì shàngjí pīzhǔn de, nǐ kàn, yǒu lǐngdǎo de ～. *This plan has been approved by the higher level. Look, the leader affixed his signature there!*

【签字】qiān=zì 在正式文件上写上自己的名字，表示负责 *sign one's name*

qián

前 qián

（名)(1)◇ 前面 *front*：台～放了一排花篮。Tái ～ fàngle yì pái huālán. *In front of the platform was placed a row of baskets of flowers.* /中国人的姓名是姓在～，名在后。Zhōngguó rén de xìngmíng shì xìng zài ～, míng zài hòu. *Chinese names have the surnames first and the given*

names after. /请靠～坐，不然听不清楚。Qǐng kào ～ zuò, bùrán tīng bu qīngchu. *Please come and sit nearer the front, otherwise you won't be able to hear clearly.* (2)*before；ago*：三年～，他在这里学过中文。Sān nián ～, tā zài zhèli xuéguo Zhōngwén. *Three years ago he studied Chinese here.* / 这本书晚饭～就可以还给你。Zhè běn shū wǎnfàn ～ jiù kěyǐ huán gěi nǐ. *I can return this book to you before supper.* (3)◇ *forward；ahead*：向～看，不要向钱看。Xiàng ～ kàn, búyào xiàng qián kàn. *One must look ahead (qian), not to money (qian).*（形)(1)次序靠前面的 *preceding；former；first*：～五名 ～ wǔ míng *the first five names*/ ～排票价两元，后排一元。～ pái piàojià liǎng yuán, hòu pái yì yuán. *Front row tickets are two yuan, and back row tickets are one yuan.* (2)过去的 *previous；ex-*：～总统 ～ zǒngtǒng *ex-president*/ ～院长 ～ yuànzhǎng *ex-director*/ 这是～任所长的意见。Zhè shì ～ rèn suǒzhǎng de yìjiàn. *This is the opinion of the previous head of the institute.*

【前半天】qiánbàntiān（名）（～儿)上午 *morning；a. m.*

【前半夜】qiánbànyè（名）从天黑到十二点的一段时间 *evening (from the onset of darkness to midnight)*

【前辈】qiánbèi（名）年长或资历深的人 *elder；senior*

【前边】qiánbiān（名)(1)*in front；ahead*：眼睛不太好的坐在～。Yǎnjing bú tài hǎo de zuò zài ～. *People who can't see very well sit at the front.* / 排队买票的时候，我～只有五个人。Pái duì mǎi piào de shíhou, wǒ ～ zhǐ yǒu wǔ ge rén. *There were only five people ahead of me in the line to buy tickets.* / 楼～有一个喷水池。Lóu ～ yǒu yí ge pēnshuǐchí. *There is a fountain in front of the building.* (2)次序靠前；在文章或讲话中先于现在叙述的部分 *above；preceding (referring to text, etc.)*：我只看了～的三个节目，后边的没看。Wǒ zhǐ kànle ～ de sān ge jiémù, hòubian de méi kàn. *I only saw the first three programs, not the following ones.* / 序言在正文之～。Xùyán zài zhèngwén de ～. *The preface precedes the text.* / 我已经说过了，不想再重复。～ wǒ yǐjīng shuōguo le, bù xiǎng zài chóngfù. *I've told you once, I'm not going to repeat myself.*

【前车之鉴】qián chē zhī jiàn 比喻前人的失败可作为后人的教训 *learning from others' mistakes*

【前程】qiánchéng（名）前面的道路，比喻未来的事业发展情况 *prospect ahead；future*：～远大 ～ yuǎndà *prospects are broad (bright)*/ 锦绣～ jǐnxiù ～ *glorious prospects；brilliant future*/ 各奔～ gè bèn ～ *Each is carving out his own future.* / 父母要为自己孩子的～着想。Fùmǔ yào wèi zìjǐ háizi de ～ zhuóxiǎng. *Parents should take thought to their children's future.*

【前导】qiándǎo（名）在前面引路的人或物 *one who leads the way；guide*：～部队 ～ bùduì *advance column*/ 五四运动是中国新民主主义革命的～。Wǔ-Sì Yùndòng shì Zhōngguó xīnmínzhǔzhǔyì gémìng de ～. *The "May 4th" Movement was the forerunner to the Chinese democratic revolution.*

【前额】qián'é（名）*forehead*

【前方】qiánfāng（名）同"前边"qiánbiān (1)，但日常生活中不常用 *same as "前边" qiánbiān (1), but not as colloquial* (2)接近战线的地区(与"后方"相对)(*battle*) *front (as opposed to "the rear")*

【前锋】qiánfēng（名)(1)〈军〉*vanguard* (2)〈体〉*forward*

【前夫】qiánfū（名）死去的或离了婚的丈夫 *ex-husband；late husband*

【前赴后继】qián fù hòu jì 前面的人冲上去，后面的人紧跟上 *advance in waves*

【前功尽弃】qián gōng jìn qì 以前的努力或成绩全部废弃掉 *see all one's achievements come to naught*：我们应该继续把这些词条修改好，不要使这本词典～。Wǒmen yīnggāi jìxù bǎ zhèxiē cítiáo xiūgǎi hǎo, búyào shǐ zhè běn cídiǎn ～.

We should amend these entries properly, otherwise we'll see all our hard work on the dictionary come to naught. 无论什么工作，不坚持到底，就会～。Wúlùn shénme gōngzuò, bù jiānchí dào dǐ, jiù huì ～. *In every kind of work, if you don't persist to the end it may all come to naught.*

【前后】 qiánhòu（名）(1)比某一特定时间稍早或稍晚的一段时间 *about; around (a certain time)*：他每年都在春节～回家。Tā měi nián dōu zài Chūnjié ～ huí jiā. *Every year around the Spring Festival he goes back to his hometown.* / 每天我晚饭～写汉字。Měi tiān wǒ wǎnfàn ～ xiě Hànzì. *Every day around supper time I practise character writing.* (2)(时间)从开始到结束 *from beginning to end; altogether*：这篇文章，～写了一年时间。Zhè piān wénzhāng, ～ xiěle yì nián shíjiān. *This article took altogether a year to write.* / 他～在法国教了三年书。Tā ～ zài Fǎguó jiāole sān nián shū. *He taught in France for three years altogether.* (3)在某物的前面或后面 *at the front and the back*：楼房～种满了花草。Lóufáng ～ zhòngmǎnle huācǎo. *Flowers and plants are planted both in front and behind the building.* (助)用在表示时点的词语之后，表示行为或动作发生的大概时间，可重叠为"前前后后"(*used after a word denoting a point in time to indicate the approximate time an action occurs; can be reduplicated as* 前前后后)：他将在八月二十日～动身去埃及。Tā jiāng zài bāyuè èrshí rì ～ dòngshēn qù Āijí. *He's leaving for Egypt around the 20th of August.* / 老林是一九三八年～参加工作的。Lǎo Lín shì yījiǔsānbā nián ～ cānjiā gōngzuò de. *Lao Lin started working some time around 1938.* / 小王打算春节～回北京探亲。Xiǎo Wáng dǎsuàn Chūnjié ～ huí Běijīng tàn qīn. *Xiao Wang is planning to visit his family in Beijing around the Spring Festival.* / 主任把他去区里开会的前前后后的情况向同志们作了详细介绍。Zhǔrèn bǎ tā qù qū lǐ kāi huì de qiánqiánhòuhòu de qíngkuàng xiàng tóngzhìmen zuòle xiángxì jièshào. *The director explained in detail all the ins and outs before and after his meeting in the district to his comrades.*

【前……后……】 qián …… hòu ……(1)嵌入名词、动词、形容词，或名词语素、动词语素、形容词语素，乃至个别短语等，构成固定短语，表示空间或时间上的前后 (*inserted in between nouns, verbs, adjectives, or nominal, verbal or adjectival elements, and even individual phrases to form a set phrase which indicates around, before and after (a certain time, place, etc.*)：镇上前街后巷都是赶集的人。Zhènshang qián jiē hòu xiàng dōu shì gǎn jí de rén. *All the streets and lanes in the small town were filled with people going to the country fair.* / 他把事情的前因后果详细地说了一遍。Tā bǎ shìqing de qián yīn hòu guǒ xiángxì de shuōle yí biàn. *He related the whole matter, from cause to effect, in detail.* / 经过前思后想以后，我觉得还是你说得对。Jīngguò qián sī hòu xiǎng yǐhòu, wǒ juéde háishi nǐ shuō de duì. *After thinking it over again and again, I feel that what you said is right after all.* / 这工作安排得有点前紧后松。Zhè gōngzuò ānpái de yǒudiǎnr qián jǐn hòu sōng. *This work was arranged a little tensely at the beginning and slack towards the end.* / 他工作起来前怕狼后怕虎，不够大胆泼辣。Tā gōngzuò qǐlai qián pà láng hòu pà hǔ, bú gòu dàdǎn pōlà. *When he sets to work, he's full of fears and not bold and vigorous enough.* (2)嵌入单音节动词，表示动作的向前向后 (*inserted in between monosyllabic verbs to indicate an action moving forwards and backwards*)：大家前仰后合地大笑起来。Dàjiā qián yǎng hòu hé de dà xiào qǐlai. *Everybody started to rock with laughter.* / 小船在海浪里前俯后仰地前进着。Xiǎo chuán zài hǎilàng li qián fǔ hòu yǎng de qiánjìnzhe. *The small boat advanced, rocking back and forth on the waves.*

【前进】 qiánjìn（动）向前行动或发展 *advance*：游行队伍正向天安门～。Yóuxíng duìwǔ zhèng xiàng Tiān'ānmén ～. *The marchers advanced directly on Tian'anmen.* / 我们的事业正在顺利～。Wǒmen de shìyè zhèngzài shùnlì ～. *Our cause is advancing smoothly.*

【前景】 qiánjǐng（名）将要出现的景象；未来 *foreground; prospect; vista*：～乐观 ～ lèguān *The prospect is hopeful.* / ～不妙 ～ bú miào *The prospect is not too bright.* / 国家四个现代化的～使人振奋。Guójiā sì ge xiàndàihuà de ～ shǐ rén zhènfèn. *The outlook for the country's Four Modernizations rouses the people's enthusiasm.*

【前例】 qiánlì（名）过去发生的可以引用或参考的事例 *precedent*：这样做无～可循。Zhèyàng zuò wú ～ kě xún. *In this case there is no precedent to follow.*

【前列】 qiánliè（名）站在最前面或处于带头人的位置 *front row*：少先队员走在队伍～。Shàoxiānduìyuán zǒu zài duìwǔ ～. *The Young Pioneers march in the front rank.* / 他们大学水平居高等院校～。Tāmen dàxué shuǐpíng jū gāoděng yuànxiào ～. *The academic level of their university puts it in the front rank of higher-learning institutions.*

【前面】 qiánmian（名）同"前边" qiánbiān *same as* "前边" qiánbiān

【前脑】 qiánnǎo（名）〈生理〉*forebrain*

【前年】 qiánnián（名）*the year before last*

【前怕狼，后怕虎】 qián pà láng, hòu pà hǔ 形容顾虑重重，畏缩不前 "*fear wolves ahead and tigers behind*" —— be beset with fears：放心干吧，不要～的！Fàng xīn gàn ba, búyào ～ de! *Just go ahead and put your mind at ease. Don't be plagued with worries.* / 无论做什么事，总～的，就将一事无成。Wúlùn zuò shénme shì, zǒng ～ de, jiù jiāng yí shì wú chéng. *No matter what the task, if you are beset with worries you'll never accomplish anything.*

【前怕龙，后怕虎】 qián pà lóng, hòu pà hǔ 同"前怕狼，后怕虎" qián pà láng, hòu pà hǔ *same as* "前怕狼，后怕虎" qián pà láng, hòu pà hǔ

【前仆后继】 qián pū hòu jì 前面的人倒下去，后面的紧跟上 "*as soon as one falls another takes his place*"

【前妻】 qiánqī（名）死去的或离了婚的妻子 *first wife; former wife; late wife*

【前期】 qiánqī（名）一段时间的前一阶段 *former period; early stage*：抗日战争～，我们丧失不少领土。Kàng Rì Zhànzhēng ～, wǒmen sàngshī bù shǎo lǐngtǔ. *In the early stages of the Anti-Japanese Resistance War we lost a great deal of territory.*

【前驱】 qiánqū（名）在前面起引导作用的人或事物 *forerunner; pioneer*：革命～ gémìng ～ *revolutionary forerunner*

【前人】 qiánrén（名）古人或以前的人 *predecessors; forefathers*：～种树，后人乘凉。～ zhòng shù, hòurén chéng liáng. *The previous generation plants the trees and their successors enjoy the shade.* / 我们要完成～未完成的事业。Wǒmen yào wánchéng ～ wèi wánchéng de shìyè. *We must complete the tasks our forefathers left unfinished.*

【前任】 qiánrèn（名）以前担任现在职务的人 *predecessor (in a post)*：钱局长的～是王局长。Qián júzhǎng de ～ shì Wáng júzhǎng. *Bureau Chief Qian's predecessor was a man named Wang.*

【前日】 qiánrì（名）〈书〉前天 *the day before yesterday*

【前哨】 qiánshào（名）*outpost; advance guard*

【前身】 qiánshēn（名）(1)指事物演变中原来的组织形式名称等 *predecessor; forerunner*：这所大学的～是女子师范学院。Zhè suǒ dàxué de ～ shì nǚzǐ shīfàn xuéyuàn. *The predecessor of this university was the Women Teachers' College.* (2)(～儿)衣服的前面部分 *front part of a garment*：这件上衣～肥了点儿，后身合适。Zhè jiàn shàngyī ～ féile

diǎnr，hòushēn héshì．*The front part of this jacket is a bit baggy but the back is a good fit.*

【前生】qiánshēng（名）*previous life；previous existence*

【前世】qiánshì（名）同"前生"qiánshēng *same as " 前生"* qiánshēng

【前所未有】qián suǒ wèi yǒu 以前从来没有过的人或事 *unprecedented*

【前台】qiántái（名）（1）剧场中舞台前的部分，包括有关演出的事务工作 *on the stage；center stage；up front*（2）舞台上演员表演的地方 *part of the stage where the actors perform（as opposed to behind the scenes）*（3）比喻公开的地方（含贬义）*openly（pejorative）*：这批坏分子，除了在～表演的几个人以外，还有在幕后操纵的。Zhè pī huàifènzǐ，chúle zài ～ biǎoyǎn de jǐ ge rén yǐwài，hái yǒu zài mùhòu cāozòng de．*Apart from the bad elements who operate openly there are others in the gang who manipulate things from behind the scenes.*

【前提】qiántí（名）（1）〈逻〉*premise*（2）事物发生或发展的先决条件 *prerequisite*：我同意多开展些文娱活动，但是应以不影响正常工作为～。Wǒ tóngyì duō kāizhǎn xiē wényú huódòng，dànshì yīng yǐ bù yǐngxiǎng zhèngcháng gōngzuò wéi ～．*I agree that we should get some more recreational activities going，on condition that they don't interfere with our regular work.* /我经济能力允许的～下，才可以考虑家具更新问题。Zài wǒ jīngjì nénglì yǔnxǔ de ～ xià，cái kěyǐ kǎolù jiājù gēngxīn wèntí．*I will consider getting some new furniture only on condition that my economic situation allows it.* /一个人做好任何工作的～是自信。Yí ge rén zuòhǎo rènhé gōngzuò de ～ shì zìxìn．*Having confidence in oneself is the precondition for succeeding at any task.*

【前天】qiántiān（名）*the day before yesterday*

【前头】qiántou（名）同"前边"qiánbiān *same as " 前边"* qiánbiān

【前途】qiántú（名）原指前面的道路，现指事物发展的前景 *future；prospect*：～ 光明 ～ guāngmíng *The future is bright.* / 这是一个很有～的青年。Zhè shì yí ge hěn yǒu ～ de qīngnián．*This is a young person of great prospects.* /第三产业是一个有～的事业。Dìsān chǎnyè shì yí ge yǒu ～ de shìyè．*There are great prospects for tertiary industry.* / 这女孩越长越胖，学芭蕾舞没什么～。Zhè nǚ háir yuè zhǎng yuè pàng，xué bālěiwǔ méi shénme ～．*This girl is getting fatter all the time. There is no future for her in ballet.*

【前往】qiánwǎng（动）〈书〉去一定的方向 *leave for；proceed to*：我们一同～欧洲留学。Wǒmen yìtóng ～ Ōuzhōu liúxué．*We headed for Europe together to study.* / ～机场迎接贵宾。jīchǎng yíngjiē guìbīn．*go out to the airport to meet a VIP.*

【前卫】qiánwèi（名）（1）〈军〉*vanguard*（2）〈体〉*halfback*

【前无古人】qián wú gǔ rén 指以前从未有人这样作过，空前 *unprecedented*：两万五千里长征，是～的伟大创举。Liǎngwàn wǔqiān lǐ chángzhēng，shì ～ de wěidà chuàngjǔ．*The 25，000 li Long March was an original undertaking unprecedented in history.*

【前夕】qiánxī（名）前一天晚上。常比喻事情即将发生的时刻 *previous night；eve*：春节～叫除夕。Chūnjié ～ jiào chúxī．*The eve of the Spring Festival is called chuxi.* /他是在革命胜利～牺牲的。Tā shì zài gémìng shènglì ～ xīshēng de．*He sacrificed his life on the eve of the revolutionary victory.*

【前言】qiányán（名）写在著作正文之前的文章 *preface；foreword*

【前沿】qiányán（名）〈军〉*forward position*

【前仰后合】qián yǎng hòu hé 形容身体前后大幅度晃动（多用于大笑时）*shake（with laughter）*：什么好笑的事让你笑得～？Shénme hǎoxiào de shì ràng nǐ xiào de ～？*What is*

so funny that you are shaking with mirth?

【前夜】qiányè（名）同"前夕"qiánxī，用得较少 *same as " 前夕"* qiánxī

【前因后果】qián yīn hòu guǒ 事情发生前的原因和以后的结果 *the entire matter；from start to finish；cause and effect*：请你把事件的～说清楚。Qǐng nǐ bǎ shìjiàn de ～ shuō qīngchu．*Please give me an account of the whole matter from start to finish.*

【前兆】qiánzhào（名）事情出现以前所呈现的征兆 *omen；premonition*：月晕被认为是天气变化的～。Yuèyùn bèi rènwéi shì tiānqì biànhuà de ～．*A lunar halo is a portent of a change in the weather.*

【前者】qiánzhě（代）*the former*：这本汉语教科书分语音、语法两部分，～篇幅很小，只占全书的五分之一。Zhè běn Hànyǔ jiàokēshū fēn yǔyīn、yǔfǎ liǎng bùfen，～ piānfú hěn xiǎo，zhǐ zhàn quán shū de wǔ fēn zhī yī．*This Chinese-language textbook is divided into two parts—pronunciation and grammar. The former section is small，only taking up one fifth of the book.*

【前缀】qiánzhuì（名）〈语〉加在词根前面的表示附加意义的词素，如"老虎"、"老鼠"中的"老" *prefix*

【前奏】qiánzòu（名）同"前奏曲"qiánzòuqǔ *same as "前奏曲"* qiánzòuqǔ

【前奏曲】qiánzòuqǔ（名）〈乐〉*prelude*

虔 qián

【虔诚】qiánchéng（形）恭敬而有诚意（多指宗教信仰）*pious；devout*：他是一个～的佛教徒。Tā shì yí ge ～ de fójiàotú．*He is a devout Buddhist.*

钱〔錢〕qián

（名）*money*（量）*a unit of weight*（＝5 grams）

【钱包】qiánbāo（名）[个 gè]*purse；wallet*

【钱币】qiánbì（名）*coin*

【钱财】qiáncái（名）表示富有的很多钱，钱的抽象化说法 *money；wealth*：～有时会带来烦恼。～ yǒushí huì dàilai fánnǎo．*There are times when wealth can bring worries.*

钳〔鉗〕qián

（名）*tongs；pliers*

【钳工】qiángōng（名）（1）*benchwork*（2）*fitter*

【钳制】qiánzhì（动）用强力控制某人行动 *suppress*：～敌人 ～ dírén *suppress the enemy*

【钳子】qiánzi（名）[把 bǎ]*pliers；tongs；forceps*

捎 qián

（动）*carry on the shoulder*

【捎客】qiánkè（名）替人介绍买卖，从中赚取佣金的人 *broker*

乾 qián

【乾坤】qiánkūn（名）指天地之间 *the universe；cosmos* / 扭转 ～ niǔzhuǎn ～ *reverse the course of events；cause a momentous change*

潜 qián

（动）（1）隐藏在水里 *submerge*：入水底 ～ rù shuǐ dǐ *submerge in water*（2）◇ 隐藏 *latent；hidden*

【潜藏】qiáncáng（动）〈书〉隐藏 *go into hiding；lie low*

【潜伏】qiánfú（动）隐藏；隐蔽 *latent hide；conceal（oneself）*：～下来的特务 ～ xiàlai de tèwù *concealed secret agent* /～在敌人内部 ～ zài dírén nèibù *worm one's way into the enemy ranks* /病毒在人体内～一定的时间才发病。Bìngdú zài réntǐ nèi ～ yīdìng de shíjiān cái fā bìng．*A virus has to lie dormant*

for a certain period of time in the human body before producing a disease

【潜伏期】qiánfúqī（名）〈医〉incubation period：这种病～大约一两个月。Zhè zhǒng bìng ～ dàyuē yì-liǎng ge yuè. The incubation period for this type of disease is about a couple of months.

【潜力】qiánlì（名）潜在的尚未发挥出来的力量 potential：如能挖掘～，任务可以提前完成。Rú néng wājué ～, rènwu kěyǐ tíqián wánchéng. If you can tap your potential the task can be completed ahead of time/ 同学们学习～很大,应该给他们机会充分发挥出来。Tóngxuémen xuéxí ～ hěn dà, yīnggāi gěi tāmen jīhuì chōngfèn fāhuī chulai. The students have great potential for progress in their studies, if only you give them sufficient opportunity to display it.

【潜入】qiánrù（动）(1)偷偷地进入 infiltrate；sneak into：～敌后 ～ díhòu infiltrate behind the enemy lines (2)钻入（水中）dive into（water）；submerge：～海底 ～ hǎidǐ dive to the seabed

【潜水】qián=shuǐ dive；go underwater

【潜水艇】qiánshuǐtǐng（名）［艘 sōu］submarine

【潜水衣】qiánshuǐyī（名）diving suit

【潜水员】qiánshuǐyuán（名）deep-sea diver；frogman

【潜台词】qiántáicí（名）(1)台词的言外之意 unspoken words in a play left to the understanding of the audience (2)比喻不明说的言外之意 hidden meaning

【潜逃】qiántáo（动）(指犯人)偷偷地逃跑 abscond：～在外 ～ zài wài abscond/ ～不归 ～ bù guī be at large/ ～到国外 ～ dào guó wài flee the country

【潜心】qiánxīn（副）用心专而深 with great concentration

【潜移默化】qiányí mò huà 指人的思想、性格在不知不觉中受到感染影响后发生变化 exert a subtle influence on（somebody's thinking, character, etc.）/家长对孩子的一作用是非常大的。Jiāzhǎng duì háizi de ～ zuòyòng shì fēicháng dà de. A parent's unseen influence on his children is great.

【潜泳】qiányǒng（名）underwater swimming

【潜在】qiánzài（形·非谓)存在于事物内部不易发现的 latent；potential：～力量 ～ liliang latent power/ ～意识 ～ yìshi subconscious

黔
qián（名）◇贵州省的简称 traditional name for Guizhou Province

【黔驴技穷】Qián lú jì qióng 黔这个地方没有驴,有人从外地带来一头,放在山里。驴虎看见了一条大驴,很害怕。后来逐渐靠近,驴踢了一下,老虎看见驴的本领不过如此,就把它吃了。"技穷"本事用完了。比喻有的人像贵州的驴一样,有限的一点本领已用完,没有别的办法了 cheap trick；dearth of talent：我劝他半天,他不听,我已经～,你去试试吧。Wǒ quàn tā bàntiān, tā bù tīng, wǒ yǐjīng ～, nǐ qù shìshi ba. I tried to get him to do it for ages, but he wouldn't. Now I am at my wits' end, so you go and try.

qiǎn
浅
〔淺〕qiǎn（形）(1)shallow：天太旱,水库的水都～得很。Tiān tài hàn, shuǐkù de shuǐ dōu ～ de hěn. The reservoir water has fallen tremendously because of the severe drought. (2)(程度)不高 easy；not of a high standard：资历～ zìlì ～ of meager qualifications：这篇教材不算～。Zhè piān jiàocái bú suàn ～. This teaching material cannot be considered elementary. /考题稍多一点,而且由～入深,可以考出学生不同的水平。Kǎotí shāo duō yìdiǎn, érqiě yóu ～ rù shēn, kěyǐ kǎochū xuésheng bùtóng de shuǐpíng. The examination

problems should cover a full range from easy to complicated, so as to ascertain the different levels of the students. (3)(颜色)淡（of colors）pale；light：～颜色 ～ yánsè pale color/ 这种蓝色太～了。Zhè zhǒng lánsè tài ～ le. This kind of blue is too light. (4)浅薄 shallow superficial：见识～ jiànshi/ one's knowledge is superficial/ 他待人处事眼光～。Tā dài rén chǔ shì yǎnguāng ～. He has a shallow approach to men and affairs.

【浅薄】qiǎnbó（形)形容缺乏知识或见解不深 shallow；meagre：～的见解 ～ de jiànjiě shallow opinions；meagre understanding/ 他是一个不明事理而又知识～的人。Tā shì yí ge bù míng shìlǐ ér yòu zhīshi ～ de rén. He is a person of little understanding and superficial knowledge.

【浅见】qiǎnjiàn（名）肤浅的见解 superficial understanding

【浅近】qiǎnjìn（形)文字、内容简明易懂 simple；unadorned；easy to understand：这是一篇文字～的文章。Zhè shì yì piān wénzì ～ de wénzhāng. This piece of literature is written in plain language. / 注释～,内容通俗,是这本读物的特点。Zhùshì ～, nèiróng tōngsú, shì zhè běn dúwù de tèdiǎn. The characteristics of this reading matter are the notes in plain language and the popular style of the content.

【浅陋】qiǎnlòu（形）(见识)贫乏 meagre；vulgar：学识～ xuéshí ～ ill-educated/ ～的见解 ～ de jiànjiě low level of understanding

【浅说】qiǎnshuō（名)浅而易懂的解说(常用于书名或文章题目) elementary introduction

【浅滩】qiǎntān（名）江、河、湖、海中水浅的地方 shallows；shoals

【浅显】qiǎnxiǎn（形）(文字、内容)简明易懂 written in plain language；easy to understand：文字～易懂 Wénzì ～ yì dǒng. It is written in a plain style that is easy to understand. /这篇童话,内容过于～,没什么意思。Zhè piān tónghuà, nèiróng guòyú ～, méi shénme yìsi. The content of this children's story is too straightforward to be interesting.

【浅易】qiǎnyì（形）(文字、内容)浅显易懂 simple（text, content, etc.）：文字～ wénzì ～ straightforward writing；plain writing/ 这些～读物适合小学生阅读。Zhèxiē ～ dúwù shìhé xiǎoxuéshēng yuèdú. This type of simple reading material is suitable for elementary school pupils.

遣
qiǎn（动）〈书〉派 send；dispatch

【遣返】qiǎnfǎn（动）〈书〉(按照规定)把人员送回原来的地方 repatriate：～战俘 ～ zhànfú repatriate prisoners of war

【遣俘】qiǎn=fú 把俘虏送回对方 repatriate prisoners of war

【遣散】qiǎnsàn（动）(1)解散并遣送被俘的敌方军队、机关人员 release and repatriate（enemy prisoners）(2)旧时机关军队等解散时解雇(人员)dismiss；disband

【遣送】qiǎnsòng（动)有关部门把人员送回 send back（personnel）；dismiss（employees）

谴
〔譴〕qiǎn

【谴责】qiǎnzé（动）〈书〉严厉地批评和斥责 condemn；denounce：背信弃义的行为应该受到～。Bèi xìn qì yì de xíngwéi yīnggāi shòudào ～. Treacherous, unprincipled actions should receive condemnation. / ～侵略者的罪行 ～ qīnlüèzhě de zuìxíng denounce the crimes of the invaders

qiàn
欠
qiàn（动）(1)owe；be in debt：～债 ～ zhài owe a debt/ ～账 ～ zhàng run into debt/ ～人情 ～ rénqíng owe a debt of

gratitude /～他的钱 ～ tā de qián *owe somebody money* (2) 缺乏,不够 *lack; be deficient*/～考虑 ～ kǎolǜ *lack consideration* /～斟酌 ～ zhēnzhuó *lack discretion*/ 这件事考虑不周,办得 ～ 妥。Zhè jiàn shì kǎolǜ bùzhōu, bàn de ～ tuǒ. *This affair was not properly thought out and was handled poorly.* (3)身体一部分稍微向上移动 *raise the body, or part of it, slightly*:他没站起来,只～了～身。Tā méi zhàn qilai, zhǐ ～ le ～ shēn. *He didn't stand up. he just raised his body slightly.* / 他把脚～了一下,我把他脚下的报纸拣起来了。Tā bǎ jiǎo ～le yí xià, wǒ bǎ tā jiǎo xià de bàozhǐ jiǎn qilai le. *He raised his foot slightly and I slipped out the newspaper from underneath it.*

【欠缺】 qiànquē(动)不够(一般不带宾语)*lack; be deficient in*:经验～ jīngyàn ～ *lack experience* /原材料～,无法开工。Yuáncáiliào ～, wúfǎ kāi gōng. *We can't go into operation since we lack raw materials.* (名)不够的地方 *deficiency; shortcoming*:我们工作中还有什么 ～,请提意见。Wǒmen gōngzuò zhōng hái yǒu shénme ～, qing tí yìjian. *There are still some shortcomings in our work, so we invite your suggestions.*

【欠资】 qiàn=zī 寄邮件时未付足邮资 *postage due*

纤
[纖]qiàn
(名)拉船用的绳子 *tow rope* 另见 xiān
【纤夫】 qiànfū(名)〈旧〉拉纤的工人 *barge tracker*

堑
[塹]qiàn
(名)隔断交通的沟 *gorge; chasm*
【堑壕】 qiànháo(名) *trench*

嵌
(动)*inlay; embed*:戒指上～着一颗红宝石。Jièzhi shang ～zhe yì kē hóng bǎoshí. *A ruby was set in the ring.*

歉
qiàn
(形)◇ *apology*
【歉收】 qiànshōu(动)收成不好,没达到应达到的指标 *suffer a crop failure*:去年丰收,而今年～。Qùnián fēngshōu, ér jīnnián ～. *We had a bumper crop last year but a poor harvest this year.*
【歉意】 qiànyì(名)对某人某事表示抱歉 *apology; regret*:表示～ biǎoshì ～ *tender an apology* /感到～ gǎndào ～ *feel apologetic* /我们的工作没做好,谨向您表示～。Wǒmen de gōngzuò méi zuòhǎo, jǐn xiàng nín biǎoshì ～. *We haven't done our work well; please accept our apologies.*

qiāng

枪
[槍] qiāng
(名)[枝 zhī] *gun; firearm*
【枪毙】 qiāngbì(动)(为了执行死刑)用枪打死 *execute by shooting*
【枪法】 qiāngfǎ (名)*marksmanship*:～ 很 准 ～ hěn zhǔn (one's)*shooting is accurate* /他～好。Tā ～ hǎo. *He is a crack shot.*
【枪杆】 qiānggǎn (名)(～儿)枪身,泛指武器 *gun barrel; weapon*
【枪决】 qiāngjué(动)同"枪毙" qiāngbì *same as "枪毙" qiāngbì*
【枪口】 qiāngkǒu (名) *muzzle of a gun*
【枪林弹雨】 qiāng lín dàn yǔ 枪如林,弹如雨。形容战场上炮火密集,战斗非常激烈 *hail of bullets; curtain of fire*:战士们冒着～冲上高地。Zhànshimen màozhe ～ chōngshàng gāodì. *The troops braved a hail of gunfire to storm the height.* /他决心在～中经受考验。Tā juéxīn zài ～ zhōng

jīngshòu kǎoyàn. *He determined to withstand all trials in battles.*
【枪杀】 qiāngshā (动)用枪打死 *shoot dead*
【枪支】 qiāngzhī〈名〉枪的总称 *firearms*

戕
qiāng
(名)〈书〉杀 *kill*
【戕害】 qiānghài(动)〈书〉伤害 *injure; harm*

腔
qiāng
(名)(1)人或动物身体内部空的部分 *cavity*:胸～ xiōng ～ *thoracic cavity*/ 腹～ fù ～ *abdominal cavity* /～热血为祖国 yì ～ rèxuě wèi zǔguó *be ready to shed one's blood for one's country* (2)(～儿)说话的腔调 *accent*:他一口山东～。Tā yì kǒu Shāndōng ～. *He has a thick Shandong accent.* / 他的普通话有一点湖南～。Tā de pǔtōnghuà yǒu yìdiǎnr Húnán ～. *His mandarin has a trace of a Hunan accent.* (3)(～儿)乐曲的调子 *tune; pitch*:这一段唱～特别难唱。Zhè yí duàn chàng ～ tèbié nán chàng. *This song has a difficult tune to sing.*
【腔肠动物】 qiāngcháng dòngwù〈生〉 *coelenterate*
【腔调】 qiāngdiào (名)(1)戏曲中成系统的曲调,如西皮、二簧等 *tune*:戏曲～ xìqǔ ～ *local opera tune* /西皮是京剧～的一种。Xīpí shì jīngjù ～ de yì zhǒng. *Xipi is one kind of Beijing opera tune.* (2)说话的声调语气 *accent; intonation*:一听他说话的～,就知道是四川人。Yì tīng tā shuō huà de ～, jiù zhīdao shì Sìchuān rén. *As soon as I heard his accent I knew he was from Sichuan.* / 有的领导干部说话有一种领导的～,引起人们的反感。Yǒude lǐngdǎo gànbù shuō huà yǒu yì zhǒng lǐngdǎo de ～, yǐnqǐ rénmen de fǎngǎn. *Some leading cadres have a bossy tone of voice which rubs people up the wrong way.*

qiáng

强
qiáng
(形)(1)健壮(与"弱"相对)*strong; sturdy*:身～力壮 shēn ～ lì zhuàng *robust; sturdy*/ 他是一个～劳动力。Tā shì yí gè ～ láodònglì. *He is a sturdy worker.* (2)表示程度高 *of a high degree*:阳光很～。Yángguāng hěn ～. *The sunlight is very strong.* / 纪律性～ jìlùxìng ～ *have a strong sense of discipline* /理解力～ lǐjiělì ～ *have a keen understanding*/ 他有很～的责任心。Tā yǒu hěn ～ de zérènxīn. *He has a strong sense of responsibility.* (3)优越,好(用于比较)*better*:农民的生活一年比一年～。Nóngmín de shēnghuó yì nián bǐ yì nián ～. *The farmers' life is getting better every year.* /～中自有～中手。～ zhōng zì yǒu ～ zhōng shǒu. *However strong you are, there is always someone stronger.* (4)〈数〉在分数与小数后面,表示略多于此数 *a little more than (a number)*:*plus*:三分之一～ sān fēn zhī yī ～ *a little more than one third* 另见 qiǎng
【强暴】 qiángbào(形·非谓)*violent; brutal*:～行为 ～xingwéi *violent behavior* /他那～的作法引起了人们的不满。Tā nà ～ de zuòfǎ yǐnqǐle rénmen de bùmǎn. *His violent way of doing things rubs people up the wrong way.* (名)强暴的势力 *violent attitude; brute force*:不畏～ bú wèi ～ *be unafraid of violence* /面前不能示弱。Zài ～ miànqián bù néng shìruò. *One must not show weakness in the face of violence.*
【强大】 qiángdà (形) *powerful; formidable*:～的攻势 ～ de gōngshì *powerful assault*/ 力量～ lìliang ～ *have formidable strength*
【强盗】 qiángdào (名) *robber; bandit*
【强调】 qiángdiào(动)特别着重指出(或提出)*stress; emphasise*:～困难 ～ kùnnan *emphasise the difficulty* /～客观 ～

kèguān *stress objectivity* /他～指出了以下几点。Tā ～ zhǐchūle yīxià jǐ diǎn. *He put special stress on the following points.*

【强度】qiángdù（名）*intensity; strength*

【强渡】qiángdù（动）军队强行渡过敌人防守的江河等 *force one's way across a river (against enemy resistance)*

【强攻】qiánggōng（动）用强力攻击 *attack fiercely; storm*

【强固】qiánggù（形）坚固 *strong; firm; solid*：～的堡垒 ～ de bǎolěi *strong fortress* /基础～ jīchǔ ～ *The foundation is solid.*

【强国】qiángguó（名）*powerful nation*

【强悍】qiánghàn（形）勇猛无所顾忌 *valiant; intrepid*：～的民族 ～ de mínzú *valiant race*

【强横】qiánghèng（形）（态度）强硬、凶恶，不讲道理 *tyrannical; overbearing*

【强化】qiánghuà（动）使某物坚强巩固 *strengthen; intensify*：～记忆 ～ jiyì *improve one's memory* / ～国家的防卫能力 ～ guójiā de fángwèi nénglì *strengthen a country's defense capability*

【强化食品】qiánghuà shípǐn 体积缩小而营养成分增多的食品 *concentrated foodstuffs*

【强加】qiángjiā（动）强迫别人接受（某种作法或意见）*impose; force*：～罪名 ～ zuìmíng *bring an unjust accusation against someone* /这个意见是～给我的，我不能接受。Zhège yìjian shì ～ gěi wǒ de, wǒ bù néng jiēshòu. *This proposal has been forced on me. I can't accept it.*

【强加于人】qiángjiā yú rén 强制别人接受某种观点和看法 *impose (one's views) on others*

【强奸】qiángjiān（动）*rape; violate*

【强健】qiángjiàn（形）〈书〉（身体）强壮 *robust; strong and healthy*

【强劲】qiángjìng（形·非谓）强有力的 *powerful; forceful*：～的东风 ～ de dōngfēng *strong east wind* /～的气流 ～ de qìliú *strong air current* /～冲击力 ～ chōngjīlì *powerful assault*

【强劳】qiángláo（动）"强制劳动"的简称 *abbreviation for "强制劳动"*

【强烈】qiángliè（形）极强的；力量极大的或程度高的（多修饰抽象的事物）*strong; intense; violent*：～的愿望 ～ yuànwàng *ardent desire* /～的要求 ～ de yāoqiú *strong demand* /对此事，他表示～的不满。Duì cǐ shì, tā biǎoshì ～ de bùmǎn. *He expressed intense dissatisfaction over this.* /～的阳光 ～ de yángguāng *intense sunlight* /～的对比 ～ de duìbǐ *powerful contrast* / 进取心很～ Jìnqǔxīn hěn ～. *His spirit of enterprise is a powerful one.*

【强权】qiángquán（名）对别国进行欺侮、侵略所凭借的军事、政治、经济等的优势地位 *power; might*：～政治 ～ zhèngzhì *power politics* /反对超级大国的～政策。Fǎnduì chāojí dà guó de ～ zhèngcè. *Oppose the policies of force of the superpowers!* / 正义最终将胜利～。Zhèngyì zuì zhōng jiāng zhànshèng ～. *Justice will finally triumph over force.*

【强人】qiángrén（名）原指强盗，现指坚强能干，勇于开创事业的人 *person of initiative; activist; go-getter*：在改革中各行各业都涌现了不少女～。Zài gǎigé zhōng gè háng gè yè dōu yǒngxiànle bù shǎo nǚ ～. *During the course of reform lots of female activists have sprung up in every sphere of endeavor.*

【强盛】qiángshèng（形）（国家、民族）力量强大、昌盛 *(of a country, people, etc.) strong and prosperous*：～的国家 ～ de guójiā *strong and prosperous nation* / 要使我们国家逐步～起来。Yào shǐ wǒmen guójiā zhúbù ～ qǐlai. *We must make our country strong and prosperous step by step.* / 我们要为祖国的～而奋斗。Wǒmen yào wèi zǔguó de ～ ér fèndòu. *We must struggle to make our native land strong and prosperous.*

【强手】qiángshǒu（名）（某方面的）能手或强有力的人 *expert; dab*：他是技术科的一把～。Tā shì jìshùkē de yì bǎ ～. *He is an outstanding dab in the technical section* /在领导班子里有好几个～。Zài lǐngdǎo bānzi li yǒu hǎo jǐ ge ～. *There are several experts in the ranks of the leaders.*

【强心剂】qiángxīnjì（名）〈药〉*heart stimulant; cardiotonic*

【强行】qiángxíng（动）〈书〉（在不能做或不容易做的情况下）用强制方式或用强力进行某事（宾语多是动词性词组）*force*：～通过某项决定 ～ tōngguò mǒu xiàng juédìng *force a decision through* /～检查私人住宅是犯法的。～ jiǎnchá sīrén zhùzhái shì fàn fǎ de. *Forcefully searching private homes is against the law.* / ～冲出火力网 ～ chōngchū huǒlìwǎng *break out of a network of fire* /～攻占125高地 ～ gōngzhàn yāo'èrwǔ gāodì *take Hill 125 by force*

【强行军】qiángxíngjūn（名）〈军〉军队执行紧急任务时所进行的加快速度的行军 *forced march*

【强硬】qiángyìng（形）强有力的（坚持某种立场和做法）不肯退让的 *strong; tough; unyielding*：～政策 ～ zhèngcè *policy of toughness* /～手段 ～ shǒuduàn *strong methods* /在谈判中，双方的态度都很～。Zài tánpàn zhōng, shuāngfāng de tàidù dōu hěn ～. *Both sides in the negotiations showed unyielding attitudes.*

【强有力】qiángyǒulì（形）坚强有力量的 *strong; vigorous; forceful*：～的领导 ～ de lǐngdǎo *forceful leader* /他的论证是～的，无法驳倒。Tā de lùnzhèng shì ～ de, wúfǎ bódǎo. *His argument was a forceful and irrefutable one.*

【强占】qiángzhàn（动）用暴力侵占、攻占 *occupy by force; seize*：把～的房屋退给学校 bǎ ～ de fángwū tuì gěi xuéxiào *hand back the commandeered building to the school* /决不能让敌人～一寸土地。Jué bù néng ràng dírén ～ yí cùn tǔdì. *We can never allow the enemy to seize even one inch of our land.*

【强直】qiángzhí（形）〈医〉*rigidity*

【强制】qiángzhì（动）用政治或经济手段强迫（实行）*force; compel; coerce*：～执行 ～ zhíxíng *implement forcibly* / 在意识形态领域里，～的办法是行不通的。Zài yìshí xíngtài lǐngyù li, ～ de bànfǎ shì xíng bu tōng de. *In the sphere of ideology forcible methods are impractical.*

【强制劳动】qiángzhì láodòng *forced labor*

【强壮】qiángzhuàng（形）（身体）结实、有力气 *strong; sturdy*

墙

【墙】〔牆〕qiáng（名）[堵 dǔ] *wall*

【墙报】qiángbào（名）[期 qī]壁报 *wall bulletin; wall newspaper*

【墙壁】qiángbì（名）〈书〉墙 *wall*

【墙根】qiánggēn（名）（～儿）墙的下段跟地面接近的部分 *foot of a wall*

【墙角】qiángjiǎo（名）两堵墙相接处形成的角 *corner of a wall*

【墙脚】qiángjiǎo（名）同"墙根"qiánggēn，常比喻基础 *same as "墙根" qiánggēn — often used metaphorically for "foundation"*：在吸收人才时，不要挖别的单位的～。Zài xīshōu réncái shí, búyào wā biéde dānwèi de ～. *When recruiting talent one must not undermine another unit.*

【墙头】qiángtóu（名）（～儿）（1）墙的上部或顶端 *top of a wall*（2）矮而短的围墙 *low surrounding wall*

蔷

【蔷】〔蔷〕qiáng

【蔷薇】qiángwēi（名）〈植〉*rose*

qiǎng

【抢】〔搶〕qiǎng（动）（1）夺 *seize; grab*：～球 ～ qiú *scramble for the ball*

/他把话筒～过去说了几句话。Tā bǎ huàtǒng ～ guoqu shuōle jǐ jù huà. *He grabbed the microphone and said a few words.* / 小明把玩具从弟弟手里～走了。Xiǎo Míng bǎ wánjù cóng dìdi shǒu li ～zǒu le. *Xiao Ming snatched the toy from his younger brother and ran away with it.* (2) 争先 *vie for honors*；*win glory for*：～名次 ～ míngcì *scramble for a place (on a list)* /～着发言 ～ zhe fā yán *compete for a hearing* /什么事情他都～着做。Shénmen shìqing tā dōu ～zhe zuò. *Whatever the job is, he always scrambles to do it.* (3)抓紧、赶(做某事) *work in earnest*：收割要～在雨季之前。Shōugē yào ～ zài yǔjì zhī qián. *We must work hard to get the harvest in before the rainy season.* /～时间，争速度。～ shíjiān，zhēng sùdù. *race against time* (4) 刮掉或擦掉物体表面的一层 *scrape*；*pare*：刀上锈太多，得～一～。Dāo shang xiù tài duō，děi ～ yi ～. *We'll have to scrape all that rust off the knife.* /他摔了一交，胳臂上～去点儿皮。Tā shuāile yì jiāo，gēbei shang ～qù diǎnr pí. *He took a tumble and scraped some skin off his arm.*

【抢白】qiǎngbái（动）(对人)当面责备或讽刺 *scold or mock a person to his face*：我实在气不过，就～了他几句。Wǒ shízài qì bu guò，jiù ～le tā jǐ jù. *I was really incensed and gave him a piece of my mind.*

【抢渡】qiǎngdù（动）抢时间渡过(江河)*speed across a river*

【抢夺】qiǎngduó（动）〈书〉抢(宾语为多音节词语)*snatch*；*wrest*；*seize*

【抢购】qiǎnggòu（动）大量买(某商品，多因怕商品脱销或涨价)*rush to buy*：不要听信谣言去～商品，促使商品脱销。Búyào tīngxìn yáoyán qù ～ shāngpǐn，cùshǐ shāngpǐn tuōxiāo. *You shouldn't believe rumors and rush out to buy things，otherwise goods will soon be out of stock.*

【抢劫】qiǎngjié（动）用暴力非法抢夺别人的财物 *rob*；*loot*；*plunder*

【抢救】qiǎngjiù（动）在危险情况下抢时间救护 *rescue*；*save*：～病人 ～ bìngrén *save the life of a patient* /～遇难同志 ～ yù nàn tóngzhì *rescue a comrade in danger* /～国家财产 ～ guójiā cáichǎn *save state property*

【抢掠】qiǎnglüè（动）〈书〉用暴力夺取(财物)*loot*；*sack*；*plunder*

【抢收】qiǎngshōu（动）在收获季节抢时间收割 *rush in a harvest*：雨季要到了，得抓紧～小麦。Yǔjì yào dào le，děi zhuājǐn ～ xiǎomài. *The rainy season will soon be upon us，so we'll have to rush and get the wheat harvest in.*

【抢手】qiǎngshǒu（形）受欢迎，人们抢着买 *be in great demand*：这种冰箱十分～，一来就卖光。Zhè zhǒng bīngxiāng shífen ～，yì lái jiù mǎiguāng. *This type of refrigerator is in great demand. As soon as they arrive they are snapped up.* / 一些前两年的～货，今年有滞销的危险。Yìxiē qián liǎng nián de ～ huò，jīnnián yòu zhìxiāo de wēixiǎn. *There's a danger that goods which were in great demand a couple of years ago will be a drug on the market this year.*

【抢先】qiǎng＝xiān 争先，抢在别人前面 *rush to be first*；*forestall*：每次开会，他都～发表意见。Měi cì kāi huì，tā dōu ～ fābiǎo yìjiàn. *Every time a meeting is held he rushes to be the first to express his opinion.* /这次植树，我们组本来要第一个报名的，可被小王那个组抢了先。Zhè cì zhí shù，wǒmen zǔ běnlái yào dìyī ge bào míng de，kě bèi Xiǎo Wáng nàge zǔ qiǎngle xiān. *Our group originally wanted to be the first to sign up for this tree-planting program，but Xiao Wang's group beat us to it.*

【抢险】qiǎngxiǎn（动·不及物)在危险情况下采取紧急措施进行抢救 *rush to deal with a disaster*；*hasten to the rescue*：这次森林大火，无数解放军参加～救灾。Zhè cì sēnlín dà huǒ，wúshù jiěfàngjūn cānjiā ～ jiù zāi. *The army rushed large numbers of men to join the forest fire fighting efforts.* / 洪水泛滥，人们都到堤上去～。Hóngshuǐ fànlàn，

rénmen dōu dào dī shang qù ～. *Everybody hurried to the dykes to save them from being overwhelmed by the flood.*

【抢修】qiǎngxiū（动）抓紧时间修理(建筑物、道路、机器等) *make hasty repairs*；*do a rush repair job*：电话线出了问题，得派人～。Diànhuà xiàn chūle wèntí，děi pài rén ～. *There is something wrong with the telephone line，so we'll have to send someone to do a quick repair job.* / 铁路工人在～被水冲坏的路基。Tiělù gōngrén zài ～ bèi hóngshuǐ chōnghuài de lùjī. *The railway workers are doing a rush repair job on the flood-damaged roadbed.*

【抢占】qiǎngzhàn（动）(1)抢先占领 *vie to control (a strongpoint)*：～有利地形 ～ yǒulì dìxíng *grab advantageous terrain* (2)非法占有 *occupy illegally*：～公家的房子 ～ gōngjiā de fángzi *illegally occupy public housing*

【抢种】qiǎngzhòng（动）抓紧时机播种 *rush-planting*

强 qiǎng

（形）勉强 *strive*；*force*；*make an effort*：～不知以为知 ～ bù zhī yǐwéi zhī *pretend to know something* 另见 qiáng

【强辩】qiǎngbiàn（动）没有理硬说有理 *bluster*；*blind (sb.) with science*；*defend oneself with sophistry*

【强词夺理】qiǎng cí duó lǐ 本来没理，硬说成有理 *resort to sophistry*；*put forward specious arguments*

【强迫】qiǎngpò（动）用压力使人服从 *force*；*compel*；*coerce*：～劳动 ～ láodòng *force (others) to labor* /～命令的办法 ～ mìnglìng de bànfǎ *coercive method* /大家执行他的指示 ～ dàjiā zhíxíng tā de zhǐshì *force everybody to carry out his instructions* / 他交出赃款 ～ tā jiāochū zāngkuǎn *force him to hand over the loot*

【强求】qiǎngqiú（动）用压力要求(某人做事) *insist on*；*impose*：他～别人做，而自己不做。Tā ～ biéren zuò，ér zìjǐ bú zuò. *He insists on other people doing it，but he doesn't do it himself.* / 这件事要跟他商量着办，不能～。Zhè jiàn shì yào gēn tā shāngliangzhe bàn，bù néng ～. *We must do this in consultation with him. We mustn't try to simply force him to do it.*

【强人所难】qiǎng rén suǒ nán 勉强别人做为难的事 *try to compel somebody to do something which he can't do*：要我给你们的杂志写诗，真是～了。Yào wǒ gěi nǐmen de zázhì xiě shī，zhēn shì ～ le. *You want me to write poems for your magazine，but I am really not up to it.*

襁 qiǎng

【襁褓】qiǎngbǎo（名）〈书〉包裹婴儿的布或被 *swaddling clothes*：他在～中就失去了父母。Tā zài ～ zhōng jiù shīqùle fùmǔ. *He lost his parents while he was still a baby.*

qiàng

呛 〔嗆〕qiàng

（形）有刺激性的气体进入呼吸器官而感觉难受 *pungent (of odors)*；*irritating or stinging to the respiratory organs*：烟味真～得慌。Yān wèir zhēn ～ de huang. *The smell of smoke is choking me.* （动）有刺激性的气体进入呼吸器官 *irritate (the respiratory organs)*：硫酸味真～人。Liúsuān wèir zhēn ～ rén. *The fumes of sulfuric acid can really choke you.* / 臭味直～鼻子。Chòuwèir zhí ～ bízi. *That foul smell is really irritating my nostrils.*

炝 〔熗〕qiàng

（动）(1)一种烹饪方法，把菜放在沸水中涮一下，取出后再拌上酱油、醋等作料 *method of cooking involving boiling in water and then dressing with soy sauce，vinegar，etc.* (2)一种烹饪方法，先把少量葱、姜、蒜等在热油中炒一下，

再放肉或菜一起炒 method of cooking involving frying o-nion, ginger etc. in hot oil and then adding meat or vegeta-bles before stir-frying

qiāo

悄 qiāo
【悄悄】qiāoqiāo（副）(1)用在"说""问""告诉"之类动词前，表示低声地，使人不易觉察地 quietly; on the quiet (used be-fore such verbs as "说","问","告诉", etc.)：他～地说："咱们走吧！" Tā ～ de shuō: "Zánmen zǒu ba!" He said quiet-ly: "Let's go." / 他～问我："出什么事了?"Tā ～ wèn wǒ: "chū shénme shì le?" He asked me on the quiet: "What hap-pened?" (2)用在"站""坐""望""走"等表示不出声的动词前,意思是无声地、静默地 quietly; on the quiet (used before such verbs as "站", "坐", "望", "走" etc.)：他～地坐了一会儿就走了。Tā ～ de zuòle yíhuìr jiù zǒu le. He sat quietly for a while, then left. /大家都～望着他,听他讲下去。Dàjiā dōu ～ wàngzhe tā, tīng tā jiǎng xiaqu. Everybody looked quietly at him and listened to him speak. / 她～地站在那里,望着远方。Tā ～ de zhàn zài nàli, wàngzhe yuǎnfāng. She stood there quietly looking into the distance.
【悄然】qiāorán(形)(1)寂静无声的样子 quietly: 室内～无声,是不是人都走了。Shì nèi ～ wú shēng, shì bu shì rén dōu zǒu le? There's not a sound from the room. Everyone must have gone home. (2)忧愁的样子 sad; worried: 母亲久病不愈,女儿近日神色～。Mǔqin jiǔ bìng bú yù, nǚ'ér jìn rì shénsè ～. As her mother's illness shows no sign of getting better, she has recently been looking very worried.

跷 〔蹺〕qiāo
（动）(1)抬起(腿)，竖起(指头)lift a leg or a finger: 他坐在那里,～着一条腿,来回晃动。Tā zuò zài nàli, ～zhe yì tiáo tuǐ, láihuí huàngdòng. He sat there with one leg crossed the other and swinging back and forth. / 他～着大拇指,连说："真棒！真棒！"Tā ～ zhe dàmǔzhǐ, lián shuō:" Zhēn bàng! Zhēn bàng!" He stuck up his thumb and said over and over again, "Excellent, excellent." (2)脚后跟抬起,脚尖着地 stand on tiptoe: 我～起脚来才够得着书架的最上层。Wǒ ～ qǐ jiǎo lai cái gòu de zháo shūjià de zuì shàng céng. It was only when I stood on tiptoe that I could reach the top shelf of the bookcase.
【跷跷板】qiāoqiāobǎn（名）seesaw

锹 〔鍬〕qiāo
（名）[把 bǎ] spade

敲 qiāo
（动）(1) knock; strike: ～门 ～ mén knock on a door /～锣打鼓 ～ luó dǎ gǔ beat gongs and drums /他的这番话给我～起了警钟。Tā de zhè fān huà gěi wǒ ～qǐle jǐngzhōng. What he said put me on my guard. (2)敲诈(钱物) black-mail: 他～了我一笔钱。Tā ～ le wǒ yì bǐ qián. He extorted some money from me.
【敲边鼓】qiāo biāngǔ 比喻在一旁帮(别人)说话,支持别人 speak up on someone's behalf; chime in with words of sup-port: 他对工作安排不满意,你一～,他的意见就更大了。Tā duì gōngzuò ānpái bù mǎnyì, nǐ yì ～, tā de yìjiàn jiù gèng dà le. He is not satisfied with the work arrangement, and as soon as you back him up his complaints grow louder.
【敲打】qiāodǎ（动）〈书〉敲(锣、鼓等) beat; rap; tap
【敲骨吸髓】qiāo gǔ xī suǐ 砸碎骨头,吸取骨髓,比喻极残酷地压迫和剥削 "break the bones and suck the marrow", cruel exploitation

【敲门砖】qiāoménzhuān（名）比喻为达到某种(求名利的)目的而采用的手段 brick picked up and used to knock on a door—— stepping-stone to success: 投上级所好,往往是某些人步步高升的～。Tóu shàngjí suǒ hào, wǎngwǎng shì mǒu xiē rén bùbù gāo shēng de ～. Pleasing one's superiors is often the means some people use to get promoted.
【敲诈】qiāozhà（动）靠欺骗、威胁的手段骗取财物 extort; use blackmail; racketeer
【敲诈勒索】qiāozhà lèsuǒ 用威胁和欺骗手段索取钱财 blackmail
【敲竹杠】qiāo zhúgàng 利用别人的弱点或借某种口实抬高价格或索取财物 take advantage of a person's weak position to extort money, goods, etc.: 自由市场的商贩一到春节就大敲顾客的竹杠。Zìyóu shìchǎng de shāngfàn yí dào Chūnjié jiù dà qiāo gùkè de zhúgàng. Pedlars in the free markets tend to fleece the customers at Spring Festival time. / 我昨天得了一笔稿费,被小李他们几个人敲了竹杠,请他们吃了一顿。Wǒ zuótiān déle yì bǐ gāofèi, bèi Xiǎo Lǐ tāmen jǐ ge rén qiāole zhúgàng, qǐng tāmen chīle yí dùn. When I got the contribution fee yesterday Xiao Li and the others pestered me into taking them for a meal.

橇 qiāo
（名)在冰雪上滑行的交通工具 sledge; sled

qiáo

乔 〔喬〕qiáo
（形）◇ 高 high; tall
【乔木】qiáomù（名)〈植〉tall tree
【乔装打扮】qiáozhuāng dǎbàn 改换服装,以隐瞒自己的身份 disguise oneself; put on a disguise

侨 〔僑〕qiáo
（名)◇ overseas resident
【侨胞】qiáobāo（名)侨居国外的同胞 countrymen residing abroad
【侨汇】qiáohuì（名)侨民汇回国内的钱 overseas remittance
【侨居】qiáojū（动)(侨民)在国外居住 live abroad
【侨眷】qiáojuàn（名)侨居国外的人的家属 relatives of over-seas residents
【侨民】qiáomín（名)住在外国而保留本国国籍的居民 for-eign resident
【侨委】qiáowěi（名)"华侨事务委员会"的简称 short for "华侨事务委员会"
【侨务】qiáowù（名)有关侨民的事务 affairs concerning citi-zens residing abroad
【侨乡】qiáoxiāng（名)居民亲属侨居国外特别多的地区 lo-cation with many of its natives having relatives living abroad
【侨资】qiáozī(名)侨居国外的人对国内的投资 investment from overseas residents

荞 〔蕎〕qiáo
【荞麦】qiáomài（名)buckwheat

桥 〔橋〕qiáo
（名)[座 zuò] bridge
【桥洞】qiáodòng（名)〈口〉同"桥孔" qiáokǒng same as "桥孔" qiáokǒng
【桥墩】qiáodūn（名)[座 zuò] pier of a bridge
【桥拱】qiáogǒng（名)arch of a bridge
【桥孔】qiáokǒng（名)桥下面的孔 opening; space between piers of a bridge

【桥梁】qiáoliáng（名）〈书〉[座 zuò] bridge

【桥牌】qiáopái（名）[副 fù]（game of）bridge：打～ dǎ ～ play bridge /玩了一个小时～ wánrle yí ge xiǎoshí ～ I played bridge for an hour.

【桥头】qiáotóu（名）桥梁两头与岸接连的地方 ends of a bridge

【桥头堡】qiáotóubǎo（名）（1）〈军〉为守卫、控制重要桥梁、渡口，在桥头或渡口设立的碉堡 bridgehead（2）〈建〉设在大桥桥头的装饰建筑物 ornamental tower built at the end of a bridge

憔 qiáo

【憔悴】qiáocuì（形）形容人瘦弱，脸色不好 sallow；pallid；withered：面色～ miànsè ～ sallow face /她那一副～的样子使人难过.Tā nà yí fù ～ de yàngzi shǐ rén nánguò. Her haggard appearance is most distressing.

瞧 qiáo

（动）〈口〉同"看" kàn same as "看" kàn

【瞧不起】qiáo bu qǐ〈口〉同"看不起" kàn bu qǐ same as "看不起" kàn bu qǐ

【瞧得起】qiáo de qǐ〈口〉同"看得起" kàn de qǐ same as "看得起" kàn de qǐ

【瞧见】qiáo//jiàn〈口〉同"看见" kàn//jiàn same as "看见" kàn//jiàn

qiǎo

巧 qiǎo

（形）（1）（手、口）灵巧 skillful；dexterous；clever：手～ shǒu ～ dexterous；clever with one's hands/ 他嘴～，一定能说服老林. Tā zuǐ ～, yídìng néng shuōfú Lǎo Lín. He's got the gift of the gab. He'll surely be able to persuade Lao Lin.（2）心灵手巧，技艺高明 highly skilled；adept：能工巧匠 néng gōng ～ jiàng skilled craftsman；master craftsman/ ～媳妇难为无米之炊. ～ xífu nán wéi wú mǐ zhī chuī. Even a clever daughter-in-law can't make a meal without rice——"You can't make bricks without straw".《苦干加～ 干. Kǔ gàn jiā ～ gàn. work hard and use one's brains (3) 恰好 opportunely；coincidentally；just in time：～极了，我一到车站，车就来了. ～ jíle, wǒ yí dào chēzhàn, chē jiù lái le. Luckily, just as I got to the bus stop the bus arrived. / 真不～,我来的时候,他刚走. Zhēn bù ～, wǒ lái de shíhou, tā gāng zǒu. Unfortunately, when I arrived he had just left.

【巧夺天工】qiǎo duó tiān gōng 精巧的人工胜过了天然的.形容技术高超 superb workmanship

【巧合】qiǎohé（名）coincidence：他和他爱人同年同月同日生,真是～. Tā hé tā àiren tóng nián tóng yuè tóng rì shēng, zhēn shì ～. Both he and his wife were born on the same day, in the same month and in the same year — quite a coincidence!

【巧计】qiǎojì（名）巧妙的计策 clever scheme

【巧克力】qiǎokèlì（名）chocolate

【巧立名目】qiǎo lì míngmù（找各种理由）定出一些名目(以达到某种不正当的目的) think up all sorts of pretexts：这个厂～滥发奖金,受到批评. Zhège chǎng ～ làn fā jiǎngjin, shòudào pīping. This factory has come under criticism for recklessly issuing bonuses under all kinds of pretexts.

【巧妙】qiǎomiào（形）特别灵巧和高明 ingenious；clever：～ 的办法 ～ de bànfǎ ingenious method /～的艺术手法 ～ de yìshù shǒufǎ masterful artistic technique /他伪装得很～. Tā wěizhuāng de hěn ～. He is cleverly disguised.

【巧取豪夺】qiǎo qǔ háo duó 用欺骗或用高压手段夺取 wrest

by force or trickery

【巧遇】qiǎoyù（名）意外遇到的有趣的或符合自己愿望的事 chance encounter

qiào

壳 〔殼〕qiào
（名）shell 另见 ké

俏 qiào
（形）相貌清秀好看；动作灵巧、活泼（指妇女）pretty；smart；neat；nifty：这姑娘模样俏很～. Zhè gūniang múyang hěn ～. The girl has a smart appearance. /这件大衣挺～ 的. Zhè jiàn dàyī tǐng ～ de. This is a very smart overcoat.

【俏丽】qiàolì（形）〈书〉（妇女）相貌清秀美丽 handsome；pretty and smart

【俏皮】piàopi（形）（1）（谈吐）有风趣 witty；humorous：这个人说话很～. Zhège rén shuō huà hěn ～. He has a very witty way of talking. （2）相貌惹人喜欢或装饰清新不俗 pleasing in appearance；smart：这姑娘不是很美,可是很～. Zhè gūniang bú shì hěn měi, kěshi hěn ～. She isn't particularly beautiful but she is very smart. /小伙子这身打扮真～. Xiǎohuǒzi zhè shēn dǎban zhēn ～. The young fellow is dressed up in a very smart manner.

【俏皮话】qiàopihuà（名）善意的讽刺或开玩笑的话 witty remark；witticism：小李爱说～. Xiǎo Lǐ ài shuō ～. Xiao Li loves making witty remarks. /这句～说的不是时候. Zhè jù ～ shuō de bú shì shíhou. This isn't the time for a witty remark.

峭 qiào
（形）山势又高又陡 steep；precipitous（of a mountain）

【峭壁】qiàobì（名）〈书〉像墙一样陡立的山崖 precipice

窍 〔竅〕qiào
（名）（1）窟窿 hole；aperture（2）比喻事情的关键（metaphorical）key；knack

【窍门】qiàomén（名）（～儿）解决难题的巧妙办法 key to solving a problem：找～ zhǎo ～ seek the key to a problem/ 学习要踏踏实实,总找～可不行. Xuéxí yào tātashíshí, zǒng zhǎo ～ kě bù xíng. In studying one must be thoroughgoing. It's no good always looking for a magic key.

翘 〔翹〕qiào
（动）stick up；be prominent：他的头发又硬又短,常常～ 起来. Tā de tóufa yòu yìng yòu duǎn, chángcháng ～ qilai. His hair is stiff and short, and it often sticks up. / 这块木板放不平,当中低,两头～. Zhè kuài mùbǎn fàng bu píng, dāngzhōng dī, liǎng tóu ～. This piece of wood won't lie flat. It sags in the middle and the ends stick up.

【翘尾巴】qiào wěiba 比喻自以为了不起 stick up one's tail—be cocky, arrogant, stuck-up：即使有很大成绩,也不要～. Jíshǐ yǒu hěn dà chéngjì, yě búyào ～. One shouldn't be stuck-up even if one has accomplished a lot. /他刚考取大学,就～了. Tā gāng kǎoqǔ dàxué, jiù ～ le. He's very cocky now that he has passed the university entrance examination.

撬 qiào
（动）把棍棒或刀、锥等的一头插入缝中或孔中,用力扳（或压）另一头 pry（open）；pry（loose）：用改锥把门～开. Yòng gǎizhuī bǎ mén ～kāi. Use a screwdriver to pry open the door. /用杠子把石头～起来. Yòng gàngzi bǎ shítou ～ qilai. Lift a rock with a crowbar.

鞘 qiào （名）装刀剑的套 sheath（for a knife, sword, etc.）

qiē

切 qiē （动）(1)cut; slice：～菜 ～ cài slice vegetables/ ～开西瓜 ～kāi xīguā cut up a melon/ 电源被～断。Diànyuán bèi ～duàn. The electric power has been cut off. (2)〈数〉tangency：～线 ～ xiàn tangent/ 两圆相～ liǎng yuán xiāng ～ Two circles meet at a tangent. 另见 qiè

【切除】qiēchú （动）〈医〉excision：胃～四分之三。Wèi ～ sì fēn zhī sān. Three-quarters of the stomach have been removed.

【切磋】qiēcuō （动）同"切磋琢磨"qiēcuō zhuómó same as "切磋琢磨"qiēcuō zhuómó：经过我们多次～，制定了这个方案。Jīngguò wǒmen duō cì ～, zhìdìngle zhège fāng'àn. After comparing views several times we decided on the plan. /这个论点我拿不准，得和同志们～～。Zhège lùndiǎn wǒ ná bu zhǔn, děi hé tóngzhìmen ～～. I am not sure of this argument unless I hear everybody else's views first.

【切磋琢磨】qiēcuō zhuómó 原指象牙、玉器等器物的精细加工过程，比喻反复学习、研究，取长补短 turn something over and over in one's mind; weigh the pros and cons：经过和同志们～，这个难题总算解决了。Jīngguò hé tóngzhìmen ～, zhège nántí zǒngsuàn jiějué le. After going over this matter painstakingly with everybody we finally solved this hard problem. / 写文章要反复～，精益求精 Xiě wénzhāng yào fǎnfù ～, jīng yì qiú jīng. A piece of writing should be repeatedly revised and polished.

【切点】qiēdiǎn （名）〈数〉point of tangency

【切断】qiē//duàn （多用于比喻义）sever; cut off：～交通 ～jiāotōng sever communications/ 切不断他们之间的联系 qiē bu duàn tāmen zhī jiān de liánxì The relationship between them cannot be severed. / 电路被～了。Diànlù bèi ～ le. The circuit has been broken.

【切割】qiēgē （动）〈机〉cut; sever

【切面】qiēmiàn （名）(1)切成的面条 machine-cut noodles (2)剖面 plane; section (3)〈数〉tangent plane

【切片】qiēpiàn （名）〈医〉section

【切线】qiēxiàn （名）〈数〉tangent

【切削】qiēxiāo （动）〈机〉cutting

qié

茄 qié

【茄子】qiézi（名）[个 gè] eggplant; aubergine

qiě

且 qiě （副）(1)表示在目前短时间里暂且先做某事，而不管别的；或暂且先不做某事，而做别的 just; for the time being; for the moment：别人的情况先不管，你～说说自己当时是怎么想的。Biéren de qíngkuàng xiān bù guǎn, nǐ ～ shuōshuo zìjǐ dāngshí shì zěnme xiǎng de. Don't worry about other people right now. You just tell us what you were thinking at the time. / 不要着急，我们～耐心等他一会儿。Búyào zháo jí, wǒmen ～ nàixīn děng tā yíhuìr. Don't get anxious. Let's just patiently wait for him for a little while. / 他~不回答我的问题，只顾自己说下去。Tā ～ bù huídá wǒ de wèntí, zhǐgù zìjǐ shuō xiaqu. He wouldn't answer my question for the time being but simply kept on talking. (2)表示经历时间长，述语后多带"呢"，不用于"已然"

for a long time (the predicate usu. takes "呢"; cannot be used for that which has already become fact)：这双鞋结实得很，～穿不破呢。Zhè shuāng xié jiēshí de hěn, ～ chuān bu pò ne. These shoes are very sturdy. They can be worn for a long time without wearing out. / 他出国去了，～回不来呢! Tā chū guó qu le, ～ huí bu lái ne! He has gone abroad and won't be back for a long time. /这种花，花期很长，～开呢! Zhè zhǒng huā, huāqī hěn cháng, ～ kāi ne! This kind of flower remains in its flowering state for a long time. （连）〈书〉(1)连接描写性词语或结构，表示并列关系（links descriptive words or structures to indicate the simultaneous existence of things）：新区高楼林立，～马路宽阔。Xīnqū gāolóu línlì, ～ mǎlù kuānkuò. Tall buildings in the new district stand in great numbers and the roads are wide. / 银行的工作人员工作细心～认真。Yínháng de gōngzuò rényuán gōngzuò xìxīn ～ rènzhēn. Bank employees are attentive and conscientious in their work. / 昆明是旅游胜地，那里风光秀丽，～气候温和，四季如春。Kūnmíng shì lǚyóu shèngdì, nàlǐ fēngguāng xiùlì, ～ qìhòu wēnhé, sì jì rú chūn. Kunming is a famous tourist spot. The scenery there is beautiful and it has a temperate climate. It's like spring all year round there. 有时前面有"既"与之呼应（can sometimes be preceded by "既" to mean "both … and …"）：这孩子既聪明～伶俐，大家都喜欢他。Zhè háizi jì cōngming ～ línglì, dàjiā dōu xǐhuan tā. This child is both clever and sharp. He is liked by all. /这套家具颜色、式样好，既古朴～典雅。Zhè tào jiājù yánsè、shìyàng hǎo, jì gǔpǔ ～ diǎnyǎ. The colour and style of this furniture set are nice. They're simple as well as elegant. (2)连接分句或句子，表示递进，是"而且"的意思（links two clauses or sentences）moreover; and also; in addition：产品质量的低劣不仅使厂家失去信誉，～直接影响到消费者的利益。Chǎnpǐn zhìliàng de dīliè bùjǐn shǐ chǎngjiā shīqù xìnyù, ～ zhíjiē yǐngxiǎng dào xiāofèizhě de lìyì. Not only does the inferior quality of a product make a factory lose its prestige, but it also directly affects the interests of consumers. / 老年纪大了，～体弱多病，不适合做长途旅行。Lǎorén niánjì dà le, ～ tǐ ruò duō bìng, bú shìhé zuò chángtú lǚxíng. The old man is getting on in years; moreover, he's weak and ill, so he's not fit for long-distance travel. /老妈妈扶养了四个烈士的子女，一个个都把他们培养成材。Lǎomāma fúyǎngle sì ge lièshì de zǐnǚ, ～ yí gègè dōu bǎ tāmen péiyǎng chéng cái. The elderly woman brought up the children of four martyrs; moreover, she taught them one by one to make something of themselves.

【且……且……】qiě … qiě … 嵌入两个意义相关的动词，表示两个动作同时交替进行。有"一边……一边……"的意思（inserted in between two verbs to indicate that the actions occur simultaneously or alternately; has the same meaning as "一边…一边…"）while; as：一路上两人且走且交谈。Yīlùshang liǎng rén qiě zǒu qiě jiāotán. All the way they talked as they walked. / 宴席上，大家且吃、且喝、且谈笑，不觉三个钟头过去了。Yànxí shang, dàjiā qiě chī、qiě hē、qiě tánxiào, bù-jué sān ge zhōngtóu guòqu le. At the banquet, we all talked and laughed as we ate and drank, and three hours went by without notice.

qiè

切 qiè （动）◇ 符合 tally; accord with：他的计划不～实际。Tā de jìhuà bú ～ shíjì. His plan does not conform to reality. （形）〈书〉急切 anxious; eager：求知心～ qiú zhī xīn ～ eager craving for knowledge/ 救人心～ jiù rén xīn ～ eager to help people/ 他回家心～，没顾得请假就走了。Tā

huí jiā xīn ~，méi gù de qǐng jià jiù zǒu le. *He was so anxious to return home that he didn't even ask for leave but just went.* (副)〈书〉用于表示命令、劝阻、叮嘱等句中，修饰"不可"、"勿"、"莫"等否定词语和"记"、"忌"等单音节动词，有"千万""一定"之意 *be sure to* (*used in a sentence which expresses an order, advice, exhortation, etc.; modifies negative words such as "不可" "勿" "莫" etc. and monosyllabic verbs such as "记" "忌" etc.*)：不懂就虚心学习，~不可不懂装懂. Bù dǒng jiù xūxīn xuéxí，~ bù kě bù dǒng zhuāng dǒng. *If you don't understand, then keep an open mind and learn. You should never pretend to understand when you don't.* /办完事早点回来～勿在路上耽搁. Bànwán shì zǎo diǎnr huílai ~ wù zài lùshang dānge. *Come back as soon as you are done. Be sure to not delay on your way back.* / 患了心脏病，~记不要过量喝酒. Huànle xīnzàngbìng，~ jì búyào guò liàng hē jiǔ. *If you suffer from heart disease, be sure to remember not to drink excessively.* /写文章要尽量生动一些，~忌那些死板的套话. Xiě wénzhāng yào jǐnliàng shēngdòng yìxiē，~ jì nàxiē sǐbǎn de tàohuà. *When writing an article, you must do your best to be lively, you must guard against using clichés.* 另见 jì

【切齿】qièchǐ（形）〈书〉咬紧牙齿，形容非常愤恨 *with gnashing teeth*：咬牙~.yǎo yá ~ *grinding and gnashing one's teeth* /使人~ shǐ rén ~ *cause someone to gnash his teeth with rage*

【切肤之痛】qiè fū zhī tòng 亲身受到的痛苦，比喻对痛苦感受深刻 *excruciating pain*

【切骨之恨】qiè gǔ zhī hèn 形容仇恨非常深 *deep-seated grievance*

【切合实际】qièhé shíjì 符合实际，实实在在 *suited to the circumstances; conforming to reality*：他的想法～. Tā de xiǎngfǎ ~. *His opinions are very appropriate under the circumstances.* / 这是一个～的工作计划. Zhè shì yí ge ~ de gōngzuò jìhuà. *This work plan is very apposite.*

【切近】qièjìn（动）贴近，靠近（用于抽象事物）*close to; in the vicinity of* (*refering to abstract things*)：实现远大理想要从～处做起. Shíxiàn yuǎndà lǐxiǎng yào cóng ~ chù zuòqǐ. *To realize lofty ideals, one must start with the matters in hand.* （动）接近（用于抽象事物）*approach; get near to* (*referring to abstract things*)：我认为你的解释比我的解释更～作者的意思. Wǒ rènwéi nǐ de jiěshì bǐ tā de jiěshì gèng ~ zuòzhě de yìsi. *I think your interpretation is closer to the author's meaning than his.*

【切切】qièqiè（副）千万；务必。含告诫义 *be sure to*：～不可大意 ~ bù kě dàyì *Be absolutely sure not to be careless*/ ～此布 ~ cǐ bù *This proclamation is hereby issued in all sincerity and earnestness.*

【切身】qièshēn（形·非谓）(1)跟自己有利害关系的 *closely concerning one's own interests*：～利益 ~ lìyì *one's immediate interests*/ 这事与他有～的利害关系，他忘不了. Zhè shì yǔ tā yǒu ~ de lìhài guānxi, tā wàng bu liǎo. *This concerns his vital interests, so he can't forget it.* (2)亲身 *personal*：～体验 ~ tǐyàn *personal experience*/ ～感受 ~ gǎnshòu *personal impression*

【切实】qièshí（形）切合实际，踏实认真 *feasible; practical; realistic*：这是一种～可行的办法. Zhè shì yì zhǒng ~ kě xíng de bànfǎ. *This is a suitable and practical method.* / 切切实实的计划 qièqièshíshí de jìhuà *thoroughly practical plan*/ ～的工作 ~ de gōngzuò *practical work* /这种治疗方法～有效. Zhè zhǒng zhìliáo fāngfǎ ~ yǒuxiào. *This type of treatment is practical and effective.*

【切题】qiè=tí（文章）切合题目，没有离题的话 *keep to the theme; be relevant to the subject*：他写文章往往有不～的毛病. Tā xiě wénzhāng wǎngwǎng yǒu bú ~ de máobìng. *In his writings he often falls into the error of straying from the point.*

【切中要害】qièzhòng yàohài 正好击中关键的地方 *hit the nail on the head; cut (somebody) to the quick*：他提的几点意见都～. Tā tí de jǐ diǎn yìjiàn dōu ~. *The points he brought up all hit home.* / 他对这篇文章的批评，有理有据，～. Tā duì zhè piān wénzhāng de pīpíng, yǒu lǐ yǒu jù, ~. *His criticism of this piece of writing is sound and hits the nail on the head.*

怯 qiè（形）◇ 胆小，害怕 *afraid; timid*

【怯场】qiè=chǎng 在人多的场面讲话、表演等，因紧张害怕、胆小而神态举动不自然 *suffer from stage fright*：这报幕的小女孩口齿清楚，从容大方，一点也不～. Zhè bào mù de xiǎo nǚhái kǒuchǐ qīngchu, cóngróng dàfang, yìdiǎnr yě bú ~. *The little girl who announced the programs had clear enunciation and confident deportment. She was not a bit nervous.*

【怯懦】qiènuò（形）〈书〉胆小怕事 *timid and nervous*：在困难面前，他毫不～. Zài kùnnan miànqián, tā háo bú ~. *He doesn't flinch in the face of difficulties.* /他不能坚持原则，是～的表现. Tā bù néng jiānchí yuánzé, shì ~ de biǎoxiàn. *The fact that he can't stick to his principles shows that he is timid and nervous.*

【怯弱】qièruò（形）〈书〉胆小软弱 *timid and weak-willed*

【怯生生】qièshēngshēng（形）形容胆怯的样子 *having a shy and timid appearance*：她犹豫半天才走进会场，～地坐在一个角落里. Tā yóuyù bàntiān cái zǒujìn huìchǎng, ~ de zuò zài yí ge jiǎoluò li. *Only after hesitating for a long time did she enter the meeting hall and timidly sit down in a corner.*

窃〔竊〕qiè（动）◇ 偷 *steal*：百货公司有五台收录机被～走. Bǎihuò gōngsī yǒu wǔ tái shōulùjī bèi ~zǒu. *Five tape-recorders were stolen from the department store.* （副）偷偷地，暗中 *secretly; furtively*：～笑 ~ xiào *laugh up one's sleeve*

【窃据】qièjù（动）〈书〉非法占据（土地、职位等）*usurp* (*land, position, etc.*)

【窃窃私语】qièqiè sī yǔ 偷偷地低声说话 *mutter secret comments*

【窃取】qièqǔ（动）〈书〉偷盗或暗中非法获得 *get illegal possession of*：～财物 ~ cáiwù *obtain wealth illegally*/ ～要职 ~ yàozhí *usurp an important post* ～别人的科技成果，是不光彩的. ~ biérén de kējì chéngguǒ, shì bù guāngcǎi de. *It is despicable to steal the fruits of another person's scientific and technological achievements.*

【窃听】qiètīng（动）偷听 *eavesdrop*：～别人谈话 ~ biérén tán huà *eavesdrop on another's conversation*

【窃听器】qiètīngqì（名）*bugging device; wiretapping device*

【窃贼】qièzéi（名）小偷 *thief*

惬〔愜〕qiè

【惬意】qièyì（形）〈书〉非常满意，称心，舒服 *satisfied*

锲〔鍥〕qiè（动）〈书〉雕刻 *carve; engrave*

【锲而不舍】qiè ér bù shě 雕刻东西时一直刻下去不放手，比喻有恒心，有毅力 "*carve away*" *work unflaggingly*：钻研学问，要有～的精神. Zuānyán xuéwèn, yào yǒu ~ de jīngshén. *To do research one must have a spirit of dogged hard work.*

qīn

侵 qīn

【侵夺】qīnduó（动）凭借势力夺取别人（财产）seize；wrest；～别人的土地～biéren de tǔdì seize another's territory /仗势～他人的房产 zhàng shì ～ tārén de fángchǎn take away another's house property on the strength of one's position

【侵犯】qīnfàn（动）非法干涉、损害别人权利 encroach upon；infringe：～主权～zhǔquán encroach upon（another's sovereignty）/～人权～rénquán infringe human rights /～他人自由～tārén zìyóu encroach on someone else's freedom/ 祖国的神圣领土不容～。Zǔguó de shénshèng lǐngtǔ bù róng ～. There must be no encroachment on our fatherland's sacred territory.

【侵害】qīnhài（动）侵入，损害 invade；ravage：～他人利益～tārén lìyì encroach on some one else's interests/蝗虫～农作物。Huángchóng ～ nóngzuòwù. Locusts ravage the crops. / 他的肝脏受到病毒的～。Tā de gānzàng shòudào bìngdú de ～. Virus ravaged his liver.

【侵略】qīnlüè（动）invade

【侵略者】qīnlüèzhě（名）invader

【侵扰】qīnrǎo（动）侵犯扰乱 harass：一小股匪徒～了这个村子。Yì xiǎo gǔ fěitú ～le zhège cūnzi. A small gang of bandits harassed the village.

【侵入】qīnrù（动）侵犯，进入 invade；intrude into；make incursions：敌人～我国的边境。Dírén ～ wǒ guó de biānjìng. The enemy intruded into our country's border area. /这种细菌～了人们的肌体，人就会发烧、头痛。Zhè zhǒng xìjūn ～le rénmen de jītǐ, rén jiù huì fā shāo、tóu tòng. When this kind of germ penetrates the system it causes fever and headaches.

【侵蚀】qīnshí（动）〈书〉逐渐侵害使变坏 corrode；erode：由于风雨的～，机床都生锈了。Yóuyú fēng yǔ de ～, jīchuáng dōu shēng xiù le. Because of corrosion from the wind and rain all the lathes rusted. / 防止不正之风的～。Fángzhǐ búzhèng zhī fēng de ～. Do not allow unhealthy tendency to corrode you.

【侵吞】qīntūn（动）(1)暗中非法占有（别人的东西或公共的财物、土地等）embezzle；misappropriate：～公款～gōngkuǎn embezzle public funds /大家捐的救济物资被他给～了。Dàjiā juān de jiùjì wùzī bèi tā gěi ～ le. He embezzled the relief funds all had pooled together. (2)用武力吞并（别国或占据其部分领土）annex forcibly；swallow up：～别国领土～bié guó lǐngtǔ incorporate some other country's territory into one's own forcibly

【侵袭】qīnxí（动）〈书〉侵入而袭击 invade；make inroads into：边防军加强了巡逻，时刻防备敌人的～。Biānfángjūn jiāqiángle xúnluó, shíkè fángbèi dírén de ～. The border guards beefed up their patrols and were constantly prepared to ward off the enemy's incursions. / 经过一场暴风雨，今年的收成减少了～，jīnnián de shōuchéng jiǎnshǎo le. This year's harvest has been reduced as a result of the encroachment of storms.

【侵占】qīnzhàn（动）〈书〉非法占有别人的财物或用侵略手段占领别国领土或财物 occupy；seize：～领土～lǐngtǔ seize territory /～民房～mínfáng seize a private house /我们不愿～老师的工作时间。Wǒmen bú yuàn ～ lǎoshī de gōngzuò shíjiān. We don't want to intrude on the teacher's working time.

钦〔欽〕qīn

【钦差大臣】qīnchāi dàchén 过去指皇帝派出的代表皇帝办理重大事件的官员，现用来讽刺从上级机关到下面去的不了解情况就发号施令的人 imperial envoy

【钦佩】qīnpèi（动）（对人）敬重，佩服 admire；respect；esteem：大家都～他的为人。Dàjiā dōu ～ tā de wéirén. Everyone admires his personality. /他艰苦朴素的工作作风受到人们的～。Tā jiānkǔ pǔsù de gōngzuò zuòfēng shòudào rénmen de ～. His diligent and unpretentious style of work is the object of everyone's admiration.

亲〔親〕qīn

（形）◇(1)同一血统的 related by blood；kin：我和她是～姐妹。Wǒ hé tā shì ～ jiěmèi. We are full sisters. / ～姑姑～gūgu aunt（father's sister）/ ～舅舅～jiùjiu uncle（mother's brother）/她是我父亲的堂姐，所以不是～姑姑。Tā shì wǒ fùqin de tángjiě, suǒyǐ bú shì ～ gūgu. She is actually my father's paternal cousin, so she isn't my real aunt. (2)亲密，感情好 close；intimate：～如一家～rú yì jiā as close as a family /相～相爱 xiāng ～ xiāng ài intimate and loving（名）◇有血统或婚姻关系的 related by blood or marriage：表～biǎo ～ cousin/ 沾～带故 zhān ～ dài gù have ties of kinship；have a close relationship（动）kiss：妈妈～了孩子一下。Māma ～le háizi yí xià. The mother gave the child a kiss.（副）〈书〉意思同"亲自"qīnzì，只修饰单音节动词 same as "亲自" qīnzì（only modifies a monosyllabic verb）：领导～临现场视察。Lǐngdǎo ～ lín xiànchǎng shìchá. The boss went to inspect the site himself. / 指挥员～赴前线指挥战斗。Zhǐhuīyuán ～ fù qiánxiàn zhǐhuī zhàndòu. The commander went personally to the front line to command the battle. / 这事可由别人去办，您不必～去料理。Zhè shì kě yóu biéren qù bàn, nín búbì ～ qù liàolǐ. This matter can be handled by someone else. You don't have to take care of it yourself. 另见 qìng

【亲爱】qīn'ài（形·非谓）dear；beloved

【亲笔】qīnbǐ（名）亲手写的字 one's own handwriting：你来看看这几行字是不是他父亲的～。Nǐ lái kànkan zhè jǐ háng zì shì bú shì tā fùqin de ～. See if these lines of words are in his father's handwriting or not.（副）亲自动笔（写）只修饰"写""题"等几个动词 in one's own handwriting（can only modify a few verbs such as "写"，"题" etc.）：这是他～写的信。Zhè shì tā ～ xiě de xìn. This letter is in his own hand. /他～题了几个字。Tā ～ tíle jǐ ge zì. He autographed this with a few words.

【亲耳】qīn'ěr（副）用自己的耳朵（听）（hear sth.）personally：我～听你说这些话。Wǒ ～ tīng nǐ shuōguo zhèxiē huà. I've heard you say that myself. /能～听到这位音乐大师的演奏，实在令人高兴。Néng ～ tīngdào zhè wèi yīnyuè dàshī de yǎnzòu, shízài lìng rén gāoxìng. It is really a pleasure to be able to hear for oneself this great master of music perform.

【亲近】qīnjìn（形）亲密，关系密切 be close to；be intimate：他是我最～的人。Tā shì wǒ zuì ～ de rén. He is the person closest to me.（动）亲密地接近 become close to；get on close terms with：他群众关系好，大家都愿～他。Tā qúnzhòng guānxì hǎo, dàjiā dōu yuàn ～ tā. He has a good relationship with ordinary people, and everybody wants to get on close terms with him. / 多年不见了，父子俩应该～～。Duō nián bú jiàn le, fù zǐ liǎ yīnggāi ～. After not having seen each other for many years father and son ought to spend more time together.

【亲口】qīnkǒu（副）出于本人之口，只修饰与"口"（嘴）有关的动词（say sth.）personally（can only modify verbs which describe actions performed with the mouth）：我把这事一告诉了他。Wǒ bǎ zhè shì ～ gàosùle tā. I told him about this matter myself. /这话是他～说的。Zhè huà shì tā ～ shuō de. He himself said this. / 你～尝尝我做的菜怎么样。Nǐ

~ chángchang wǒ zuò de cài zěnmeyàng. *How about tasting my cooking for yourself.*

【亲密】qīnmì (形) 感情好，关系密切 close；intimate：~无间 ~ wújiàn *be on intimate terms*/ 关系~ guānxì ~ *The relationship is an intimate one.* / ~战友，互相帮助。~ zhànyǒu, hùxiāng bāngzhù. *Close comrades-in-arms help each other.*

【亲昵】qīnnì (形) 亲密无间，感情深 intimate and affectionate：母女间十分~。Mǔnǚ jiān shifēn ~. *The mother and daughter are very affectionate.* /儿子大了，同父母的关系显得不那么~了。Érzi dà le, tóng fùmǔ de guānxi xiǎnde bú nàme ~ le. *When a son grows up his relationship with his parents becomes markedly less affectionate.*

【亲戚】qīnqi (名) 有血缘或婚姻关系，但不是同一个家庭的人 relative；kin：她是我的~，她父亲是我表哥。Tā shì wǒ de ~, tā fùqin shì wǒ biǎogē. *She is related to me because her father is my maternal cousin.* /表姐是~，堂姐是一家人。Biǎojiě shì ~, tángjiě shì yì jiā rén. *(In China) girl cousins on the distaff side are regarded as relatives but paternal girl cousins are regarded as of the same family.* / 张、李两家是~，张家的女儿嫁给了李家的儿子。Zhāng、Lǐ liǎng jiā shì ~, Zhāng jiā de nǚ'ér jià gěile Lǐ jiā de érzi. *The Zhang and Li families are related because Miss Zhang married Master Li.*

【亲切】qīnqiè (形) 亲近，密切 kind；cordial：~的谈话 ~ de tánhuà *cordial conversation* /他待人很~。Tā dài rén hěn ~. *He treats people very nicely.* / 大家的关心使我感到十分~。Dàjiā de guānxin shǐ wǒ gǎndào shífēn ~. *The kindness shown by everybody really touches me.*

【亲热】qīnrè (形) 亲密，热情 affectionate；warmhearted：朋友们聚在一起，特别~。Péngyoumen jù zài yìqǐ, tèbié ~. *When friends get together they become full of affection.* / 看那一劲儿，他们的关系不平常。Kàn nà ~ jìnr, tāmen de guānxi bù píngcháng. *Seeing how affectionate they are, they must have a special relationship.*

【亲人】qīnrén (名) 直系亲属或配偶 family member：他在国内~很多。Tā zài guónèi ~ hěn duō. *He has many family members inside the country.* /他从小就死了父母，没有什么~。Tā cóng xiǎo jiù sǐle fùmǔ, méi yǒu shénme ~. *Since his parents died when he was very young he has no family members.* /见了多年不见的老乡，就像见了~一样。Jiànle duō nián bú jiàn de lǎoxiāng, jiù xiàng jiànle ~ yíyàng. *Seeing a native of my hometown after all these years is like seeing a member of the family.*

【亲身】qīnshēn (形) 自己直接参加或受到的，不是间接的 personal；firsthand：~体验 ~ tǐyàn *firsthand experience* / ~的感受 ~ de gǎnshòu *personal impression* / 他~参加了南极考察。Tā ~ cānjiāle Nánjí kǎochá. *He personally took part in a survey of the South Pole.*

【亲生】qīnshēng (形·非谓) 生育自己的或自己生育的 one's offspring or one's parents：~父亲 ~ fùqin *one's natural father* /~女儿 ~ nǚ'ér *one's natural daughter*/ 他照顾这两位无依无靠的老人，就像照顾自己的~父母一样。Tā zhàogu zhè liǎng wèi wú yī wú kào de lǎorén, jiù xiàng zhàogu zìjǐ de ~ fùmǔ yíyàng. *He looks after these destitute old people as if he were looking after his own parents.*

【亲事】qīnshì (名) 婚事 marriage

【亲手】qīnshǒu (副) 用自己的手(做)，只修饰与手的动作有关的动词 with one's own hands；oneself；personally (can only modify verbs which describe actions that are performed with the hands)：请你把这封信~交给他。Qǐng nǐ bǎ zhè fēng xìn ~ jiāo gěi tā. *Please hand this letter over to him personally.* /我自己~种了二百棵树。Wǒ zìjǐ ~ zhòngle èrbǎi kē shù. *I planted two hundred trees with my own hands.* /他是高师傅~带出来的徒弟。Tā shì Gāo shīfu ~

dài chūlai de túdì. *He is an apprentice of Master Gao himself.*

【亲属】qīnshǔ (名) 跟自己有较近血缘关系或婚姻关系的人 relatives；kin：父母儿女是直系~。Fùmǔ érnǚ shì zhíxì ~. *Parents and children are direct relatives.* / 兄弟姐妹是旁系~。Xiōngdì jiěmèi shì pángxì ~. *Brothers and sisters are collateral relatives.*

【亲痛仇快】qīn tòng chóu kuài 自己的亲人感到痛心而自己的敌人感到高兴 grieve one's own people and cheer up the enemy；切不可做~的事。Qiè bù kě zuò ~ de shì. *One must never do things which grieve one's own people while heartening the enemy.*

【亲王】qīnwáng (名) 皇帝封给他的亲属(兄弟或皇太子以外的儿子)的最高爵位 prince

【亲吻】qīnwěn (动) 〈书〉 kiss

【亲信】qīnxìn (名) 亲近而信任的人(含贬义) trusted follower

【亲眼】qīnyǎn (副) 用自己的眼睛(看)，只修饰"看"、"见"这类动词 with one's own eyes；personally (can only modify verbs such as "看"，"见"etc.)：我~看见他把椅子搬走了。Wǒ ~ kànjian tā bǎ yǐzi bānzǒu le. *I saw him with my own eyes take the chair away.* /这事不是我~看到的，只是听说的。Zhè shì bú shì wǒ ~ kàndào de, zhǐshì tīng shuō de. *I just heard about this matter. I didn't see it with my own eyes.*

【亲友】qīnyǒu (名) 亲戚朋友 relatives and friends

【亲者痛，仇者快】qīnzhě tòng, chóuzhě kuài 同"亲痛仇快" qīn tòng chóu kuài *same as "亲痛仇快"* qīn tòng chóu kuài

【亲自】qīnzì (副) 强调(由于重视某事)不依靠他人，而由自己直接(去做)(do sth.) personally；oneself (because of the importance one attaches to it)：县长~去找他，听取他对工作的意见。Xiànzhǎng ~ zhǎo tā, tīngqǔ tā duì gōngzuò de yìjiàn. *The county magistrate went to see him personally in order to listen to his views about work.* /今天早上我~把门锁好才离开，你怎么说没锁门？Jīntiān zǎoshang wǒ ~ bǎ mén suǒhǎo cái líkāi, nǐ zěnme shuō méi suǒ mén? *I locked the door myself before leaving this morning, so how could you say that it wasn't locked.* / 这本书是作者~送给我的。Zhè běn shū shì zuòzhě ~ sòng gěi wǒ de. *This book was given to me by the author himself.*

qín

芹 qín (名) ◇ 芹菜 celery

【芹菜】qíncài (名) celery

琴 qín (名) 某些乐器的统称，多为弦乐器 general name for certain types of musical instruments, generally plucked

【琴键】qínjiàn (名) key (on a musical instrument)

【琴师】qínshī (名) 戏曲乐队中拉胡琴伴奏的人 player of a huqin in a traditional opera orchestra

禽 qín (名) 〈书〉 bird

【禽兽】qínshòu (名) 鸟兽，比喻行为卑劣的人 birds and beasts：衣冠~ yīguān ~ *beast in human form* /干出这种事，简直是~不如！Gànchū zhè zhǒng shì, jiǎnzhí shì ~ bùrú! *Whoever would do such a thing is worse than a beast.*

勤 qín (形·非定) ◇(1)尽力多做或不断地做(与"懒"相对) diligent；industrious (opposite of "懒")：人要~，心要纯。Rén shǒu yào ~, xīn yào chún. *A person should have*

industrious hands and a pure heart. / 你得腿～点，常去看看他。Nǐ děi tuǐ ～ diǎnr, cháng qù kànkan tā. *You should go and see him often.* / 一定要奖～罚懒。Yídìng yào jiǎng ～ fá lǎn. *Diligence should be rewarded and laziness punished.* (2)经常，次数多 *frequently*; *regularly*: 衣服要～洗，被褥要～晒。Yīfu yào ～ xǐ, bèirù yào ～ shài. *Clothes should be regularly washed and bedding regularly aired.* / 最近他俩来往很～。Zuìjìn tā liǎ láiwǎng hěn ～. *Recently the two of them have done a lot of coming and going.* /今年雨下得～。Jīnnián yǔ xiàde ～. *It has rained regularly this year.*

【勤奋】qínfèn (形)(学习或工作)努力，精神振作 *diligent; industrious*

【勤工俭学】qín gōng jiǎn xué (1)利用学习以外的时间参加劳动，把劳动所得作为学习生活费用 *work part-time to pay for one's studies* (2)一些学校采用的一种办学方式，学生在学习期间参加一定的劳动，用劳动得来的收入解决办学的资金 *scheme introduced in schools to get pupils to engage in labor*

【勤俭】qínjiǎn (形)勤劳节俭 *hardworking and thrifty*: ～持家 ～ chí jiā *manage a household with hard work and thrift*/ ～办一切事业 ～ bàn yíqiè shìyè *tackle all one's tasks with diligence and thrift* / ～的人，一定懂得劳动果实的可贵。～ de rén, yídìng dǒngdé láodòng guǒshí de kěguì. *Hardworking and thrifty people are the ones who understand how precious the fruits of labor are.*

【勤谨】qínjǐn (形)〈口〉努力工作，不怕辛苦 *hardworking; diligent*: 他是个～人，整天闲不住。Tā shì ge ～ rén, zhěngtiān xián bu zhù. *He is a hardworking person. He's on the go all day.* /你可真～，这么早起来干活儿。Nǐ kě zhēn ～, zhème zǎo qǐlai gàn huór. *You really are an eager beaver, getting up so early to work!*

【勤恳】qínkěn (形)(做事)勤劳而踏实 *diligent and conscientious*: 他是个～的教师。Tā shì ge ～ de jiàoshī. *He is a diligent and conscientious teacher.* /他工作勤勤恳恳，认真负责。Tā gōngzuò qínqínkěnkěn, rènzhēn fùzé. *He works hard and conscientiously, with a great sense of responsibility.*

【勤快】qínkuài (形)〈口〉勤劳，而且干活儿时动作敏捷 *diligent; hardworking*: 他既～又活泼，大家都喜欢他。Tā jì ～ yòu huópo, dàjiā dōu xǐhuan tā. *He is very diligent and lively as well, so everyone likes him.* /他是个～人，这么多事儿，一会儿就干完了。Tā shì ge ～ rén, zhème duō shìr, yíhuìr jiù gànwán le. *He's a very industrious person; it didn't take him long to finish all that work.*

【勤劳】qínláo (形)〈书〉努力劳动，不怕辛苦 *diligent; industrious*: ～勇敢 ～ yǒnggǎn *industrious and courageous* 鼓励～致富 gǔlì ～ zhìfù *encourage (someone) to get rich through hard work*

【勤勉】qínmiǎn (形)〈书〉(工作或学习)努力不懈 *diligent; hardworking*

【勤务员】qínwùyuán (名)在军队和机关等部门担任杂务工作的人员。现多用于引申义 *person who carries out miscellaneous duties in an army unit or other organization; odd-job man*: 革命干部不论职位高低，都是人民的～。Gémìng gànbu búlùn zhíwèi gāodī, dōu shì rénmín de ～. *Revolutionary cadres, whether their ranks be high or low, are all servants of the people.*

【勤学苦练】qín xué kǔ liàn 一方面努力学，一方面加紧练 *study diligently and practise hard*

【勤杂工】qínzágōng (名) *odd-job man; handyman*

擒 qín
(动)捉拿 *capture; seize*

噙 qín
(动)(嘴里或眼里)含 *hold in the mouth or eyes*: 嘴里～着一块糖。Zuǐ li ～zhe yí kuài táng. *with a candy in the mouth* / 眼里～着眼泪。Yǎn li ～zhe yǎnlèi. *with one's eyes brimming with tears*

qǐn

〔寝〕qǐn
(名)〈书〉睡觉的房间 *bedroom* (动)睡觉 *sleep*
【寝室】qǐnshì (名)〈书〉睡觉的房间 *bedroom*

qìn

沁 qìn
(动)(香气、液体等)渗入或透出 *ooze; seep; extrude*: 额上～出汗珠。É shang ～chū hànzhū. *Beads of sweat are oozing from his forehead.*
【沁人心脾】qìn rén xīn pí (新鲜空气或芳香的气味)使人感到舒服。常用来比喻美好的诗文、乐曲等，给人以清新爽快的感觉 *refreshing*

qīng

青 qīng
(形)(1)蓝色或绿色 *green; blue*: ～天 ～ tiān *bule sky*/ ～山绿水 ～ shān lǜ shuǐ *blue mountains and green waters* (2)◇ 黑色 *black*: ～布 ～ bù *black cloth*/ ～丝变白发 ～ sī biàn bái fà *black hair turns grey*
【青菜】qīngcài (名)(1)蔬菜的统称 *green vegetables* (2)一种菜，也叫小白菜 *Chinese cabbage, also called 小白菜*
【青出于蓝】qīng chū yú lán 靛青是从蓼蓝中提炼出来的，但颜色比蓼蓝更深。比喻学生胜过老师，后人胜过前人。也可说"青出于蓝而胜于蓝" *"indigo comes from the indigo plant" (but is bluer than the plant) ——the pupil surpasses the master*: 一代新人正在成长，真是～。Yí dài xīnrén zhèngzài chéngzhǎng, zhēn shì ～. *A new generation is growing up, truly indigo is coming from the indigo plant.*
【青春】qīngchūn (名) *youth*
【青翠】qīngcuì (形) 鲜绿 *fresh and green in color; verdant*
【青豆】qīngdòu (名) *green soya bean*
【青工】qīnggōng (名)"青年工人"的简称 *short for "青年工人"*
【青光眼】qīngguāngyǎn (名)〈医〉 *glaucoma*
【青红皂白】qīng hóng zào bái 皂：黑色。青和红、黑和白，两对截然相反的颜色。比喻是非、曲直。(常与"不分"连用) *right and wrong*: 他～不分，把两个人都批评一顿。Tā bù fēn ～, bǎ liǎng ge rén dōu pīpíng yí dùn. *He made no distinction between right and wrong when he criticised both parties.*
【青黄不接】qīng huáng bù jiē 指陈粮已吃完，新粮食还未收下，常用来比喻暂时的欠缺或困难 *period when the old crop has been consumed and the new one has not yet been harvested——temporary shortage*
【青稞】qīngkē (名) *highland barley*
【青霉素】qīngméisù (名)〈医〉 *penicillin*
【青面獠牙】qīng miàn liáo yá 青面：蓝色的脸，獠牙：露在嘴外的牙，形容面貌极其凶恶、可怕 *"green-faced and baring fangs"——having a terrifying appearance*
【青苗】qīngmiáo (名)没有成熟的庄稼(多指粮食作物)*green shoots of crops; young crops*
【青年】qīngnián (名)(1)十五六岁到三十岁左右的这一段时间 *youth (from the mid-teens to about 30 years of age)*: ～时代 ～ shídài *one's youth* (2)指十五六岁到三十岁左右的人 *young person*: 男女～ nánnǚ ～ *young men and women*

【青年节】Qīngniánjié（名）中国青年的节日。为纪念1919年爆发的五四运动,发扬中国青年在这个运动中显示的伟大革命精神和力量,新中国规定五月四日为青年节 *Youth Day（May 4th）——commemorates the role of young people in the May 4th Movement of 1919*

【青色】qīngsè（名）黑色 *black colour*

【青纱帐】qīngshāzhàng（名）指夏秋间长得高而茂密的大面积的高粱、玉米等,好像青纱制成的帐幕,游击队员常用作掩护 *green curtain of ripe crops（often used by guerrillas during ambushes）*

【青史】qīngshǐ（名）史书。古代把历史刻在竹片上,竹片是绿的 *annals of history*

【青饲料】qīngsìliào（名）*green feed；green fodder*

【青苔】qīngtái（名）*moss*

【青天】qīngtiān（名）(1)蓝色的天空 *blue sky*（2)旧时比喻清官 *honest magistrate*

【青天霹雳】qīngtiān pīlì 同"晴天霹雳"qíngtiān pīlì *same as* "晴天霹雳" qíngtiān pīlì

【青铜】qīngtóng（名）*bronze*

【青铜器时代】qīngtóngqì shídài 铜器时代（在中国是公元前二千年左右）*Bronze Age*

【青蛙】qīngwā（名）[只 zhī]*frog*

【青衣】qīngyī（名）戏曲中旦角的一种,扮演庄重的青年或中年妇女 *young or middle-aged female role in traditional opera*

轻 [輕]qīng

（形）(1)重量小（与"重"相对）*light in weight*（*opposite to "重"*）:羽绒服又～又暖。Yǔróngfú yòu ～ yòu nuǎn. *Down clothes are both light and warm.* / 铝锅比铁锅～。Lǚguō bǐ tiěguō ～. *Aluminum pans are lighter than iron pans.* / 责任不～。zérèn bù ～ *The responsibility is not a light one.* (2)◇程度浅 *of a low degree of intensity*:他的病不～。Tā de bìng bù ～. *His illness is not a mild one.* / 处分太～了。Chǔfèn tài ～ le. *The punishment is not severe enough.* / 年纪～,办事却很老练。Niánjì ～ bàn shì què hěn lǎoliàn. *He is lacking in years but an old hand at getting things done.* (3)用力小 *gentle；not forceful*:包扎伤口时手～点儿。Bāozā shāngkǒu shí shǒu ～ diǎnr. *You should use a gentle touch when binding up a wound.* /这些玻璃器皿要～拿～放,以免碰碎。Zhèxiē bōli qìmǐn yào ～ ná ～ fàng, yǐmiǎn pèngsuì. *You must be gentle when picking up and putting down these glass utensils, otherwise they might break.* / 做两三个人的饭是～活儿。Zuò liǎng-sān ge rén de fàn shì ～ huór. *Cooking for two or three people isn't hard work.* (4)(声音)低 *soft；low（of a sound）*:声音～点儿。Shēngyīn ～ diǎnr. *Talk more quietly.* /他说得很～,可是谁都听见了。Tā shuō de hěn ～, kěshì shuí dōu tīngjiàn le. *He talked very softly but everyone heard him.* (5)◇不重视 *unimportant*:他一向把钱看得很～。Tā yíxiàng bǎ qián kàn de hěn ～. *He has always regarded money lightly.* (动)◇轻视 *belittle；make light of*:重男轻女 zhòng nán ～ nǚ *exalt males and belittle females* /重智育,～体育。Zhòng zhìyù, ～ tǐyù. *emphasize intellectual education but make light of physical education*

【轻便】qīngbiàn（形）重量小,结构简单,使用方便 *light；portable*:自行车～ zìxíngchē *lightweight bicycle* /这种手提包携带～。Zhè zhǒng shǒutíbāo xiédài ～. *This handbag is very convenient to carry around.* /我只带点儿～的行李。Wǒ zhǐ dài diǎnr ～ de xíngli. *I'm only carrying lightweight luggage.*

【轻薄】qīngbó（形）言语举动不庄重（多指女性）*frivolous；flighty（often used of women）*:态度～ tàidu ～（*her*）*attitude is frivolous；*举止～ jǔzhǐ ～（*her*）*movements are frivolous*

【轻车熟路】qīng chē shú lù 车子轻快,道路又熟悉。比喻工作不重,又有经验,容易完成 *light carriage on a familiar road——work that one can accomplish easily because one has experience and the work is routine*

【轻敌】qīng=dí 轻视敌人,不加防备 *underestimate the enemy*:我们这场球之所以输了,就输在～上。Wǒmen zhè chǎng qiú zhī suǒyǐ shū le, jiù shū zài ～ shang. *The reason we lost the game was that we underestimated our opponents.*

【轻而易举】qīng ér yì jǔ（事情）很容易做到 *easily accomplished*

【轻纺】qīngfǎng（名）轻工业和纺织工业的简称 *short for "轻工业" and "纺织工业"*

【轻浮】qīngfú（形）言语行为随便,不严肃,缺乏自尊 *frivolous；flighty*

【轻歌曼舞】qīng gē màn wǔ 轻松愉快地歌唱,柔和优美的舞蹈 *sing and dance in a carefree way*

【轻工业】qīnggōngyè（名）*light industry*

【轻举妄动】qīng jǔ wàng dòng 没经过周密考虑,就盲目行动 *act in a rash manner*:计划要周密,行动要稳妥,切切不可～。Jìhuà yào zhōumì, xíngdòng yào wěntuǒ, qièqiè bù kě ～. *Plans must be drawn up exactly and actions taken with care. One must never act rashly.* / ～,十个有十个要失败。～, shí ge yǒu shí ge yào shībài. *If you act rashly you'll lose every time.*

【轻快】qīngkuài（形）(1)(动作)不费力 *brisk；lively；spry*:手脚～ shǒujiǎo ～ *be nimble；be agile* /～的动作～ de dòngzuò *nimble movements* (2)轻松愉快 *lighthearted*:～的曲调～ de qǔdiào *lighthearted tune* / 度过一个～的周末。Dùguò yí ge ～ de zhōumò. *spend a lighthearted weekend*

【轻慢】qīngmàn（形）〈书〉对人不敬重,态度傲慢 *treat someone slightingly*:你待他不应那么～。Nǐ dài tā bù yīng nàme ～. *You shouldn't treat him in such an offhand manner.*

【轻描淡写】qīng miáo dàn xiě 说话或写文章时,把某个问题（某件事）轻轻带过 *touch on lightly；mention in passing*:他不辞而别,跟你有很大关系。你甭想～地说几句,就能搪塞过去。Tā bù cí ér bié, gēn nǐ yǒu hěn dà guānxi. Nǐ béng xiǎng ～ de shuō jǐ jù, jiù néng tángsè guòqu. *You must have been the cause of his going away in a huff. You can't just shrug it off.* /他的小说里有的人物虽然只是～几句,也很传神。Tā de xiǎoshuō li yǒude rénwù suīrán zhǐ shì ～ jǐ jù, yě hěn chuánshén. *Some of the characters in his novels are touched on only lightly but are very much lively just the same.*

【轻蔑】qīngmiè（形）看不起,不放在眼里 *scornful；contemptuous；disdainful*:敌人从她嘴里得不到任何情况,只是看到了一种仇恨、～的眼神。Dírén cóng tā zuǐli dé bu dào rènhé qíngkuàng, zhǐshì kàndàole yì zhǒng chóuhèn、～ de yǎnshén. *The enemy couldn't get her to admit anything. They saw nothing but hatred and scorn in her eyes.* / 他自高自大,自以为是,对别人的批评总是采取～的态度。Tā zì gāo zì dà, zì yǐwéi shì, duì biéren de pīpíng zǒngshì cǎiqǔ ～ de tàidu. *He is arrogant and conceited, and always adopts a disdainful attitude towards criticisms from others.*

【轻飘飘】qīngpiāopiāo（形）(1)形容没有分量而轻浮的样子,有时引申为没有力量不起作用 *light；buoyant*:一阵微风,窗上的纱帘～地摆动起来。Yí zhèn wēi fēng, chuāngshang de shālián ～ de bǎidòng qǐlai. *The slightest breeze makes the gauze curtains at the window flutter lightly.* /你的批评～的,怎么能引起他的注意? Nǐ de pīpíng ～ de, zěnme néng yǐnqǐ tā de zhùyì? *Your criticism is too light. How can you get him to take you seriously?* (2)(动作)轻快、灵活（心情)轻松、自在 *light；relaxed；nimble*:他心里美滋滋的,像喝了一杯香醇的美酒,走起路来也一了。Tā xīnli měizīzī de, xiàng hēle yì bēi xiāngchún de měi jiǔ, zǒu qǐ lù lai yě ～ de le. *He felt a warm glow in his heart, as if he had drunk a mellow wine. And there was a*

spring in his step as he walked along.

【轻骑】qīngqí (名)(1)轻装的骑兵 light cavalry (2)指轻摩托车 light motorcycle

【轻骑兵】qīngqíbīng (名)轻装的骑兵，又指编制精练、活动方便的文艺宣传组织 light cavalry:文艺～ wényì ～ small theatrical troupe

【轻巧】qīngqiǎo (形)(1)分量轻而灵巧 light and handy:这种电子表带有多功能的计算器，戴在手上又～又实用。Zhè zhǒng diànzǐbiǎo dài yǒu duō gōngnéng de jìsuànqì, dài zài shǒu shang yòu ～ yòu shíyòng. *This electronic watch includes a multi-function computer——very handy and practical for wearing on the wrist.* (2)轻松，灵巧 relaxed; lively; nimble:人们都为他的～娴熟的表演热烈鼓掌。Rénmen dōu wèi tā de ～ xiánshú de biǎoyǎn rèliè gǔ zhǎng. *They warmly applauded him for his nimble and accomplished performance.* (3)简单容易(多用于反问或反义) simple; easy:你说得倒～，你来做一个试试! Nǐ shuō de dào ～, nǐ lái zuò yí ge shìshi! *You speak lightly enough of it, but you should try it.* /谁说这活儿～，谁就来干。Shuí shuō zhè huór ～, shuí jiù lái gàn. *Whoever speaks lightly of this job should come and do it.*

【轻柔】qīngróu (形)轻而柔和 soft and gentle:～的春风 de chūnfēng *gentle spring breeze*/ 垂柳的枝条～地随风摆动。Chuíliǔ de zhītiáo ～ de suí fēng bǎidòng. *The weeping willow's branches swayed gently in the breeze.*

【轻生】qīngshēng (动)不爱惜自己的生命(多指自杀) commit suicide

【轻声】qīngshēng (名)说话时有的音节发音很轻很短，失去原来声调，如"了"le、"着"zhe、"的"de 等，也叫轻音 neutral tone; unstressed syllable

【轻视】qīngshì (动)看不起，不重视或不认真对待 despise; look down on; underestimate:有的人～服务性行业的工作，这是很错误的。Yǒude rén ～ fúwùxìng hángyè de gōngzuò, zhè shì hěn cuòwù de. *Some people look down on service work. This is a mistake.* /现在～妇女的现象，虽时有发生，但毕竟少多了。Xiànzài ～ fùnǚ de xiànxiàng, suī shí yǒu fāshēng, dàn bìjìng shǎo duō le. *These days, the phenomenon of looking down on women, although it sometimes occurs, has actually become very rare.* / 对这种不负责任的工作作风不能～，一定要认真处理。Duì zhè zhǒng bú fù zérèn de gōngzuò zuòfēng bù néng ～, yídìng yào rènzhēn chǔlǐ. *We can't underestimate this irresponsible style of work. We definitely have to deal with it resolutely.*

【轻手轻脚】qīng shǒu qīng jiǎo 手脚动作很轻，尽可能少出响声 (of movements) gently; softly

【轻率】qīngshuài (形)说话做事不慎重，随随便便 rash; hasty:事情还没了解清楚，就下结论，太～了。Shìqíng hái méi liǎojiě qīngchu, jiù xià jiélùn, tài ～ le. *To come to a conclusion before a matter is clearly understood is too hasty.*

【轻松】qīngsōng (形)不感到有负担，压力，不紧张 light; relaxed:我们到海滨度过了一个～愉快的周末。Wǒmen dào hǎibīn dùguòle yí ge ～ yúkuài de zhōumò. *We spent a relaxed and happy weekend at the seaside.*

【轻佻】qīngtiāo (形)言语举动不庄重，不严肃，失去自尊 frivolous; giddy:这姑娘活泼过了头儿，显得有些～。Zhè gūniang huópo guò tóu le, xiǎnde yǒuxiē ～. *This girl is lively to the point of frivolity.* / 这人很活泼，但不～。Zhè rén hěn huópo, dàn bù ～. *He is lively but not frivolous.*

【轻微】qīngwēi (形)数量少，强度低，难度小的 light; slight; trifling:你身体不好，就参加点～的劳动吧! Nǐ shēntǐ bù hǎo, jiù cānjiā diǎn ～ de láodòng ba! *You are not in good health, so you should do light work.* /吃了这种药，胃里会感到～的不适。Chīle zhè zhǒng yào, wèi li huì gǎndào ～ de búshì. *This medicine may cause a slight stomach upset.*

【轻武器】qīngwǔqì (名)射程较近，容易携带的武器，如步枪、机关枪等 light armaments

【轻信】qīngxìn (动)不调查、研究、分析，轻易地相信 be credulous; be ready to believe:我～了他的话，几乎犯了大错误。Wǒ ～le tā de huà, jīhū fànle dà cuòwu. *I believed him too readily and almost made a big mistake.* /不要～甜言蜜语! Búyào ～ tián yán mì yǔ! *You mustn't fall for sweet talk.*

【轻易】qīngyì (副)(1)简单容易 easily:我们的幸福生活不是～得来的，是经过几代人的奋斗啊! Wǒmen de xìngfú shēnghuó bú shì ～ délái de, shì jīngguò jǐ dài rén de fèndòu a! *Our happy life was not easily won, it took generations of struggle.* (2)随便(多用于否定式或反问)lightly; rashly:他这个人一下了决心，是不～改变的。Tā zhège rén yí xiàle juéxīn, shì bù ～ gǎibiàn de. *Once he has made up his mind he doesn't change it lightly.* / 你怎么能～答应他的要求呢! Nǐ zěnme néng ～ dāyìng tā de yāoqiú ne! *How can you accede to his request so rashly?* 否定词"不"在"轻易"后，表示(某种情况)很少(发生)(when the negative word "不" is placed after "轻易", it indicates that a situation seldom occurs):老王手脚不灵便，～不出远门。Lǎo Wáng shǒujiǎo bù língbiàn, ～ bù chū yuǎn mén. *Lao Wang can't get around very well anymore, so he doesn't often stray far from home.* / 他头脑冷静，善于思考，～不会上当受骗。Tā tóunǎo lěngjìng, shànyú sīkǎo, ～ bú huì shàng dàng shòu piàn. *He is sober-minded and is good at thinking things out, so he's not easily duped.*

【轻音乐】qīngyīnyuè (名)light music

【轻盈】qīngyíng (形)形容体态苗条，动作轻快 slim; lithe; graceful:舞步～ wǔbù ～ graceful dance steps/ 体态～ tǐtài ～ graceful posture /笑语～ xiàoyǔ ～ lighthearted words /仙鹤～地舞动着双翅。Xiānhè ～ de wǔdòngzhe shuāng chì. *The red-crowned crane lightly fluttered its wings.*

【轻重】qīngzhòng (名)(1)重量 weight:您给估量估量这筐梨的～。Nín gěi gūliàng gūliàng zhè kuāng lí de ～. *Have a guess at the weight of this basket of pears.* (2)程度的深浅，事情的主次 seriousness; relative importance:大夫是根据患者病情的～，决定处方的。Dàifu shì gēnjù huànzhě bìngqíng de ～, juédìng chǔfāng de. *The doctor will write a prescription based on the seriousness of the patient's illness.* (3)(说话做事的)适当限度 degree of propriety:你别介意，他说话就是没～! Nǐ bié jièyì, tā shuō huà jiùshi méi ～! *Don't take offense, he is not very careful in selection of words.*

【轻重缓急】qīng zhòng huǎn jí 指(事情)有重要的，不重要的，需急办的和缓办的(区别) order of importance and urgency:工作要分～，不能同时解决所有的问题。Gōngzuò yào fēn ～, bù néng tóngshí jiějué suǒyǒu de wèntí. *One must follow an order of priorities in one's work. Don't try to tackle everything at the same time.*

【轻装】qīngzhuāng (名)轻便的行装或装备。也比喻解除了思想负担，精神上轻松愉快 lightly equipped:今晚行军队伍一律～。Jīn wǎn xíngjūn duìwǔ yílǜ ～. *The troops will be lightly equipped for this evening's march.* /你的思想包袱不丢掉，怎么能～前进呢! Nǐ de sīxiǎng bāofu bù diūdào, zěnme néng ～ qiánjìn ne! *If you don't get rid of the weight on your mind how can you stride ahead unencumbered?*

氢

〔氫〕qīng
(名) hydrogen

【氢弹】qīngdàn (名)［枚 méi］hydrogen bomb

倾

〔傾〕qīng
(动)〔书〕(1)歪，斜 lean; incline; bend:头稍向左～，闭目沉思。Tóu shāo xiàng zuǒ ～, bì mù chénsī. *His head*

inclined to the left and his eyes were closed deep in thought. (2) 歪斜器物或使器物反转，把里边的东西都倒出来 *pour out*；*empty*：～箱倒箧 ～ xiāng dào qiè *empty one's baggage*；*ransack one's luggage* /～囊相助 ～ náng xiāng zhù *"empty one's purse" — give generous financial support*

【倾覆】 qīngfù (动) *overturn*；*topple*；*collapse*：大厦～ dàshà ～ *The building toppled over.* /敌人的防御体系即刻～。Dírén de fángyù tǐxì jíkè ～. *The enemy's defense system collapsed in an instant.* / 人民起义使反动政府～。Rénmín qǐyì shǐ fǎndòng zhèngfǔ ～. *The people's uprising caused the collapse of the reactionary government.*

【倾家荡产】 qīng jiā dàng chǎn 全部家产都失掉了 *lose the entire family fortune*：赌博可以使人～。Dǔbó kěyǐ shǐ rén ～. *Gambling can cause a person to lose his entire family fortune.*

【倾盆大雨】 qīngpén dàyǔ 雨水像从盆里泼出来一样，形容雨大势急 *torrential rain*；*"raining cats and dogs"*：转眼之间～下起了。Zhuǎn yǎn zhī jiān xiàqǐ ～. *Before I knew it, it was raining cats and dogs.*

【倾诉】 qīngsù (动) 〈书〉尽情地(把心里话)说出来 *pour out one's heart*；*reveal one's innermost feelings*：～内心的哀怨 ～ nèixīn de āiyuàn *pour out one's sorrows* / 她有很多话要向亲人～。Tā yǒu hěn duō huà yào xiàng qīnrén ～. *She has a lot of things to unburden herself of to a confidant.*

【倾听】 qīngtīng (动) 认真细心地听取(多用于上对下) *listen attentively*：～群众的呼声 ～ qúnzhòng de hūshēng *listen closely to the voice of the masses* /～下边的反映和意见 ～ xiàbianr de fǎnyìng hé yìjiàn *pay close attention to the reports and opinions of one's subordinates*

【倾吐】 qīngtǔ (动) 同"倾诉" qīngsù *same as* "倾诉" qīngsù

【倾向】 qīngxiàng (动) 偏于赞成(对立事物中的一方) *tend*；*incline*；*prefer*：我于尽量增加学校的经费 Wǒ ～ yú jìnliàng zēngjiā xuéxiào de jīngfèi. *I'm inclined to raise the school outlay as much as possible.* (名) 发展的趋向 *tendency*；*inclination*：我们要纠正左的～ Wǒmen yào jiūzhèng zuǒ de ～. *We should correct leftist tendencies.*

【倾向性】 qīngxiàngxìng (名) 泛指对某方面的爱憎倾向 *tendentiousness*：他的说法表面上对两方面一视同仁，其实是有～的。Tā de shuōfǎ biǎomiànshang duì liǎng fāngmiàn yí shì tóng rén, qíshí shì yǒu ～ de. *On the surface, his argument seems to treat both sides impartially but in fact it contains a certain tendentiousness.*

【倾销】 qīngxiāo (动) *dump*

【倾斜】 qīngxié (形) *tilting*；*sloping*；*inclined*：房子年久失修，一面墙已经～了。Fángzi nián jiǔ shī xiū, yí miàn qiáng yǐjīng ～ le. *The house is old and dilapidated, and one wall is already leaning.*

【倾泻】 qīngxiè (动) 〈书〉(大量的水或其它液体)从高处急速流下 *pour down in torrents*：这水库容量极大，不怕～下来的山洪。Zhè shuǐkù róngliàng jí dà, bú pà ～ xiàlai de shānhóng. *The capacity of this reservoir is very large. It can handle even torrents of mountain flood water.*

【倾轧】 qīngyà (动) 指同一组织中，不同派系的人为争权夺利而互相排挤打击 *engage in internal feuding*；*jostle against each other*

【倾注】 qīngzhù (动) 〈书〉(1) 由上而下地灌入 *pour into*：这潭水是由几股清泉～而成的。Zhè tán shuǐ shì yóu jǐ gǔ qīngquán ～ ér chéng de. *This pool is fed by several clear springs.* (2) 比喻把力量和精神集中到一个目标上 *concentrate (all one's energy,)*：他把全部心血都～在教育事业上。Tā bǎ quánbù xīnxuè dōu ～ zài jiàoyù shìyè shang. *He throws all his energy into the task of education.*

清 qīng

(形) (1) 洁净无杂质，与"浊"相对 *clear*；*clean*：水～见

底。Shuǐ ～ jiàn dǐ. *The water is so clear you can see to the bottom.* (2) 清楚明白 *clear*；*distinct*；*easy to understand*：认～目标 rèn～ mùbiāo *have a clear understanding of the objective* /这件事永远也说不～。Zhè jiàn shì yǒngyuǎn yě shuō bu ～. *This matter will never be clearly explained.* (3) 尽、完；一点不留 *completely*；*thoroughly*：算～账目 suàn～ zhàngmù *settle an account* /我走前要把借图书馆的书都还～了。Wǒ zǒu qián yào bǎ jiè túshūguǎn de shū dōu huán～ le. *Before I leave I have to return all the books I borrowed to the library.* (4) 单纯 *pure and simple*：京剧～唱 jīngjù ～ chàng *sing Chinese opera arias without costumes or props* /一杯～茶 yì bēi ～ chá *a cup of green tea without snacks* (动) ◇ (1) (账目)还清，结清 *clear up*；*make distinct*：～账 ～ zhàng *clear an account* (2) 点验使清楚 *clarify item by item*：～仓 ～ cāng *make a warehouse inventory* (3) 清理：清除不纯的成分或多余的废物 *clear up*；*tidy up*：～一～场地，把木材堆放整齐。～ yi ～ chǎngdì, bǎ mùcái duìfàng zhěngqí. *Tidy up the construction site and put the timber in neat piles.* /她～了～嗓子，就唱起一首民歌。Tā ～le ～ sǎngzi, jiù chàngqǐ yì shǒu míngē. *She cleared her throat and sang a folk song.*

【清白】 qīngbái (形) 纯洁，没有污点 *pure*；*clean*；*spotless*：历史～ lìshǐ ～ *have a clean personal record* /他一生～。Tā yìshēng ～. *He lived a blameless life.*

【清查】 qīngchá (动) 进行彻底检查 *make a thorough investigation*：～户口 ～ hùkǒu *check residence cards* /～仓库 ～ cāngkù *take stock*

【清偿】 qīngcháng (动) 全部偿还(债务) *pay off*；*clear*：～所欠债务 ～ suǒ qiàn zhàiwù *pay off one's debts*

【清澈】 qīngchè (形) *clear*；*limpid*：～的湖水 ～ de húshuǐ *clear lake water*

【清晨】 qīngchén (名) 〈书〉指日出前后的一段时间 *early morning*

【清除】 qīngchú (动) 扫除干净，彻底去掉 *clear away*；*eliminate*：～垃圾 ～ lājī *clear away rubbish* /～异己 ～ yìjǐ *get rid of dissidents*

【清楚】 qīngchu (形) (1) 容易让人了解、辨认 *clear*；*easy to understand*：字写得很～。Zì xiě de hěn ～. *The writing is very clear.* / 他的观点非常～。Tā de guāndiǎn fēicháng ～. *His viewpoint is very clear.* / 一定要把问题讲～。Yídìng yào bǎ wèntí jiǎng ～. *We must make the problem clear.* (2) 对事物了解得很透彻；不糊涂 *be clear about things*；*be sharp-wittted*：他头脑～，工作能力也强。Tā tóunǎo ～, gōngzuò nénglì yě qiáng. *He is very clear-headed, and very capable, too.* (动) 了解；知道 *understand*：他最～这事的前因后果。Tā zuì ～ zhè shì de qián yīn hòu guǒ. *He has a thorough understanding of the whole matter.* / 你～不～他的为人？Nǐ ～ bu ～ tā de wéirén? *Do you understand what kind of a person he is?*

【清脆】 qīngcuì (形) 声音响亮、清楚好听 *clear and melodious*

【清单】 qīngdān (名) 详细登记有关项目的单子 *detailed list*；*inventory*

【清淡】 qīngdàn (形) (1) (颜色、气味)不浓；单纯 *light*；*weak*；*delicate*：一杯～的绿茶 yì bēi ～ de lǜchá *a cup of weak green tea* / 迎面飘来一丝～的花香。Yíng miàn piāolái yì sī ～ de huā xiāng. *A delicate fragrance of flowers floated toward us.* (2) (食物)含油脂少 *(of food) not greasy*；*lightly flavored*：我喜欢吃～的菜。Wǒ xǐhuan chī ～ de cài. *I prefer lightly flavored dishes with little grease.*

【清点】 qīngdiǎn (动) 清理查点 *check*；*make an inventory*

【清风】 qīngfēng (名) 凉爽的风 *refreshing breeze*

【清高】 qīnggāo (形) 旧指品德高尚，不同流合污。现在有时指自命不凡，高傲，看不起人 *above wordly considerations*；*aloof from mundane cares*：这个人对什么都看不惯，自以为

～。Zhège rén duì shénme dōu kàn bu guàn, zì yǐwéi ～. *He frowns upon all sorts of things and professes to be above worldly considerations.* /我宁可一点儿，也不走后门，拉关系。Wǒ nìngkě ～ diǎnr, yě bù zǒu hòumén, lā guānxì. *I prefer not to stoop to practices such as "going through the back door" and "pulling strings".*

【清官】qīngguān（名）旧指廉洁公正的官吏 *upright official*

【清规戒律】qīngguī jièlǜ 比喻束缚人的不合理的规章制度等 *rigid rules and strict taboos（originally for Buddhists and Taoists）*

【清剿】qīngjiǎo（动）*clear out（a nest of thieves, etc.）*:～土匪 ～ tǔfěi *eliminate bandits*

【清洁】qīngjié（形）〈书〉*clean*:这个食堂～卫生。Zhège shítáng ～ wèishēng. *This restaurant is clean and hygienic.*

【清洁工】qīngjiégōng（名）*sanitation worker*

【清净】qīngjìng（形）没有事物打搅；*tranquil*:家里人都出去了，我一个人工作，十分～。Jiāli rén dōu chūqu le, wǒ yí ge rén gōngzuò, shífēn ～. *It's very peaceful when I'm working alone after everybody has left the house.*

【清静】qīngjìng（形）（环境）安静；不嘈杂 *quiet; peaceful*:这条街上，行人、车辆都不多，极了。Zhè tiáo jiēshang, xíngrén, chēliàng dōu bù duō, ～ jí le. *On this street there are few passers-by and vehicles, so it is very quiet.*

【清苦】qīngkǔ（形）（生活）贫苦（旧时多形容读书人）*poverty-stricken; living in straitened circumstances*:日子过得很～。Rìzi guò de hěn ～. *He lives in straitened circumstances.*

【清冷】qīnglěng（形）（1）凉爽而带寒意 *cold; chilly*:大雨之后，暑气全消，甚至有些～。Dàyǔ zhī hòu, shǔqì quán xiāo, shènzhì yǒuxiē ～. *After the heavy rain heat dissipates and it even gets chilly.*（2）冷清 *desolate; deserted*:深夜的菜场很～。Shēnyè de càichǎng hěn ～. *The food market is a desolate place late at night.*

【清理】qīnglǐ（动）彻底整理或处理 *put in order; sort out*:把这两年的报刊杂志一下。Bǎ zhè liǎng nián de bàokān zázhì ～ yíxià. *Put these two years' issues of periodicals and magzines in order.*

【清凉】qīngliáng（形）（使人感到）凉而爽快 *cool and refreshing*:您来块薄荷糖吧，～可口。Nín lái kuài bòhe táng ba, ～ kěkǒu. *Have a mint. They're refreshing and tasty.* / 到处可以买到各种～饮料。Dàochù kěyǐ mǎidào gè zhǒng ～ yǐnliào. *You can buy all kinds of refreshing drinks everywhere.*

【清凉油】qīngliángyóu（名）用薄荷油、樟脑、桂皮油、桉叶油等加石腊制成的膏状药物。对头痛、轻微烫伤等有一定疗效 *cooling ointment*

【清亮】qīngliang（形）〈口〉（水）清而透明 *(of water) clear; translucent*:这条河的水十分～。Zhè tiáo hé de shuǐ shífēn ～. *The water in this river is extremely clear.*

【清明（节）】qīngmíng(jié)（名）中国历法中的二十四个节气之一，在公历四月五日前后。民间习惯在这天扫墓 *Pure Brightness Festival（celebrated around April 5）, the day to pay respects to a dead person at his tomb*

【清扫】qīngsǎo（动）彻底扫除 *sweep clean*:把院子好好儿一下。Bǎ yuànzi hǎohāor ～ yíxià. *Give the courtyard a good sweep up.*

【清瘦】qīngshòu（形）（脸）瘦 *(of faces) thin; emaciated*:～的面庞 ～ de miànpáng *emaciated face*

【清爽】qīngshuǎng（形）（1）清洁凉爽 *cool and refreshing*:雨后空气格外～。Yǔ hòu kōngqì géwài ～. *After rain the air becomes exceptionally cool and refreshing.*（2）轻松爽快 *relaxed; relieved*:他想赶快退休，过几天～日子。Tā xiǎng gǎnkuài tuì xiū, guò jǐ tiān ～ rìzi. *He wants to retire very soon and spend a few days relaxing.*

【清算】qīngsuàn（动）（1）彻底核算 *settle up; square ac-

counts*:合同就要到期了，各种账目都要～一下。Hétong jiù yào dào qī le, gè zhǒng zhàngmù dōu yào ～ yíxià. *The agreement will soon expire, so the accounts should be settled up.*（2）彻底查究罪恶或错误并给予相应的处理 *expose and punish wrongdoing*:要～这些走私、贩毒犯子的罪行。Yào ～ zhèxiē zǒu sī, fàn dú fànzǐ de zuìxíng. *We must expose and punish the activities of smugglers and drug traffickers.*

【清淡】qīngdàn（名）泛指一般不切实际的议论 *empty talk; chatter*

【清晰】qīngxī（形）*clear; distinct*:字迹～ zìjì ～ *The handwriting is clear.* / 当老师的说话一定要～。Dāng lǎoshī de shuō huà yídìng yào ～. *A teacher should speak clearly.*

【清洗】qīngxǐ（动）（1）洗（干净）*wash clean; rinse out*:服务员把用过的茶具都～干净了。Fúwùyuán bǎ yòngguo de chájù dōu ～ gānjìng le. *The attendant rinsed out the used tea things.*（2）彻底除掉（不能容留的人）*clear out; purge (undesirable political elements, etc.)*:多指政党、集团等内部的分子

【清闲】qīngxián（形）*at leisure; idle*:他喜欢工作，过不惯～的日子。Tā xǐhuan gōngzuò, guò bu guàn ～ de rìzi. *He likes to work. He can't get used to being idle.*

【清香】qīngxiāng（形）*delicate scent; fragrance*:我就喜欢喝～的绿茶。Wǒ jiù xǐhuan hē ～ de lùchá. *What I like is scented green tea.* /他屋里总有一股淡淡的～。Tā wū li zǒng yǒu yì gǔ dàndàn de ～. *There is always a faint fragrance in his room.*

【清新】qīngxīn（形）清爽而新鲜。也指新颖不落俗套 *pure and fresh*:空气～ kōngqì ～ *The air is fresh.* / 文笔～ wénbǐ ～ *The writing style is fresh and pleasing.*

【清醒】qīngxǐng（形）（头脑）清楚，明白 *clear-headed; cool; sober*:别人都是早晨头脑一～，他是越到晚上越精神。Biéren dōu shì zǎochen tóunǎo ～, tā shì yuè dào wǎnshang yuè jingshen. *While other people are clear-headed in the morning, he gets livelier as the day wears on.* /情况复杂，我们必须保持～的认识。Qíngkuàng fùzá, wǒmen bìxū bǎochí ～ de rènshi. *In muddled situations we must make sure we keep cool heads.*（动）神志脱离了昏迷状态 *regain consciousness*:经过医生的抢救，他终于～过来了。Jīngguò yīshēng de qiǎngjiù, tā zhōngyú ～ guòlai le. *After the doctor administered first aid he recovered consciousness.*

【清秀】qīngxiù（形）美丽而不俗气 *delicate and pretty*

【清样】qīngyàng（名）*final proof*

【清一色】qīngyīsè（形·非谓）全部由一种成分构成或全部一个样子 *all of the same color; all of the same kind; uniform*:这片果树林是～的苹果树。Zhè piàn guǒshù lín shì ～ de píngguǒ shù. *This stretch of orchard is composed solely of apple trees.* / 今天宴会用的餐具是～的白底蓝花瓷。Jīntiān yànhuì yòng de cānjù shì ～ de bái dǐr lán huā cí. *All the crockery used at today's banquet is uniformly porcelain of blue patterns on white background.*

【清音】qīngyīn（名）（1）〈语〉发音时声带不振动的音 *unvoiced sound*（2）中国曲艺中的一种，用琵琶、二胡等伴奏 *name of a type of ballad singing*

【清早】qīngzǎo（名）很早的早晨，前面常有"一" *early morning; daybreak*:他们一～就钓鱼去了。Tāmen yì ～ jiù diào yú qu le. *They went fishing as soon as it was light.*

【清真】qīngzhēn(形)伊斯兰教的 *Moslem*:～点心 ～ diǎnxin *Moslem pastry*/ ～食堂 ～ shítáng *Moslem restaurant*

【清真寺】qīngzhēnsì（名）[座 zuò] *mosque*

蜻 qīng

【蜻蜓】qīngtíng（名）[只 zhī] *dragonfly*

【蜻蜓点水】qīngtíng diǎn shuǐ 比喻做事肤浅不深入 *"a dragonfly skims the water" —— touch lightly (superfi-*

cially) *on something*：～的调查研究，比不调查研究更坏。～ de diàochá yánjiū, bǐ bú diàochá yánjiū gèng huài. *It's better not to investigate something at all than simply to scratch the surface of it.*

qíng

情（名）◇（1）感情 *feelings*; *sentiments* （2）情况 *circumstances*; *situation*

【情报】qíngbào（名）泛指一切最新情况的消息和报道 *information*; *intelligence*：科学技术～ kēxué jìshù ～ *scientific and technological information* /搜集～ sōují ～ *gather information*

【情不自禁】qíng·bù zì jìn 抑制不了自己的激动感情 *cannot help* (*doing something*); *cannot refrain from*：救援的飞机来了，灾民～地欢呼起来。Jiùyuán de fēijī lái le, zāimín ～ de huānhū qǐlai. *When the relief plane arrived the disaster victims couldn't help cheering.*

【情操】qíngcāo（名）由思想和感情综合起来的比较稳定的心理状态（多指好的）*sentiments*：高尚的共产主义～ gāoshàng de gòngchǎnzhǔyì ～ *lofty communist sentiments* /舍己为人的崇高～ shě jǐ wèi rén de chónggāo ～ *noble spirit of self-sacrifice*

【情敌】qíngdí（名）因追求同一异性而彼此发生矛盾的人 *rival in love*

【情调】qíngdiào（名）基于一定的思想意识而表现出来的感情色彩或事物所具有的能引起人的各种不同感情的性质 *sentiment*; *emotion*：表现不健康的感伤～的诗歌 biǎoxiàn bú jiànkāng de gǎnshāng ～ de shīgē *poems and songs which display unhealthy emotions and sentiments* / 在他眼里，这个古老的中国小镇充满了异国～。Zài tā yǎn li, zhège gǔlǎo de Zhōngguó xiǎo zhèn chōngmǎnle yìguó ～. *In his eyes this ancient Chinese township is filled with the atmosphere of a foreign country.*

【情分】qíngfèn（名）人与人相处的情感 *mutual affection*：看在朋友的～上，他会帮你的忙的。Kàn zài péngyou de ～ shang, tā huì bāng nǐ de máng de. *As you seem to be on very friendly terms I think he'll help you.* /小陈和他哥哥的～不如他和小郭的～深。Xiǎo Chén hé tā gēge de ～ bùrú tā hé Xiǎo Guō de ～ shēn. *The mutual affection between Xiao Chen and his brother is not as deep as that between him and Xiao Guo.*

【情夫】qíngfū（名）男女两人的一方或双方已有配偶，他们之间发生性爱的违法行为，男方是女方的情夫（*male*）*lover*

【情妇】qíngfù（名）男女两人的一方或双方已有配偶，他们之间发生性爱的违法行为，女方是男方的情妇（*female*）*lover*; *mistress*

【情感】qínggǎn（名）对外界刺激肯定或否定的心理反应，如喜、怒、哀、乐、悲、惊等 *emotion*

【情歌】qínggē（名）表示男女爱情的歌曲 *love song*

【情话】qínghuà（名）男女间表示爱情的话 *love talk*; "*sweet nothings*"

【情怀】qínghuái（名）含有某种情感的心境 *feelings*

【情节】qíngjié（名）（1）事情的变化和经过（常用于故事内容）*plot*：故事～曲折生动。Gùshì ～ qūzhé shēngdòng. *The story's plot is tortuous and lively.* （2）错误和罪行的具体情况 *circumstances* (*of a crime or mistake*)：根据各人～轻重分别处理。Gēnjù gè rén ～ qīngzhòng fēnbié chǔlǐ. *Each person will be dealt with separately according to the seriousness of his case.*

【情景】qíngjǐng（名）（某个场合的具体）情况、景象 *scene*; *actual circumstances*; *sight*：亲人重逢，～十分感人。Qīnrén chóngféng, ～ shífēn gǎn rén. *It is a very moving sight when kinfolk are reunited.* / 我总忘不了当年送小王参军的

～。Wǒ zǒng wàng bu liǎo dāngnián sòng Xiǎo Wáng cān jūn de～. *I will never forget the scene that year when we sent Xiao Wang off to join the army.*

【情况】qíngkuàng（名）（1）（事情的）情形，状况 *circumstances*; *situation*; *state*：工作～ gōngzuò ～ *working conditions* / 要随时了解年轻人的思想～。Yào suíshí liǎojiě niánqīng rén de sīxiǎng ～. *We must at all times have an understanding of the young people's ideological state.* /近来他的身体～不太好。Jìnlái tā de shēntǐ ～ bú tài hǎo. *Recently, his state of health has not been very good.* （2）军事上的变化 *military situation*：前沿阵地一直没出现新的～。Qiányán zhèndì yìzhí méi chūxiàn xīn de ～. *There has been no change at all in the situation at the front line.*

【情理】qínglǐ（名）指人的通常心理和事情的一般道理 *reason*; *sense*：朋友要走了，去看望一下，完全合乎～。Péngyou yào zǒu le, qù kànwàng yíxià, wánquán héhū ～. *When a friend is about to go on a journey it is quite reasonable to go and call on him.* / 你这话太不近～了，这不是强迫人家表态吗？Nǐ zhè huà tài bú jìn ～ le, zhè bú shì qiǎngpò rénjia biǎo tài ma? *What you say is too unreasonable. Isn't this forcing people to take a stand?*

【情侣】qínglǚ（名）相恋的男女或其中的一方 *one of a pair of lovers*; *a pair of lovers*

【情面】qíngmiàn（名）私人间的情分和面子 *feelings*; *sensibilities*：他办事公正，不讲～。Tā bàn shì gōngzhèng, bù jiǎng ～. *The way he does things is impartial, not taking into account sensibilities.* / 要坚持原则，不能碍于～做有损国家利益的事。Yào jiānchí yuánzé, bù néng ài yú ～ zuò yǒu sǔn guójiā lìyì de shì. *You must stick by principle and not be hindered by considerations of sensibilities so that you do something that harms the nation.*

【情趣】qíngqù（名）（1）性情志趣 *temperament and interests*：兄弟两个～相投。Xiōngdì liǎng ge ～ xiāngtóu. *The two brothers are compatible in temperament and interests.* （2）情调趣味（常和"有"连用）*interest*; *appeal*：这个戏的情节很简单，但却很有～。Zhège xì de qíngjié hěn jiǎndān, dàn què hěn yǒu ～. *The plot of this play is simple but it has a lot of appeal.*

【情人】qíngrén（名）相爱中的男女被称为一对情人，其中的一方也被称为另一方的情人 *sweetheart*

【情势】qíngshì（名）事物发展的状况和趋势 *situation*; *trend of events*

【情书】qíngshū（名）男女间表示爱情的信 *love letter*

【情投意合】qíng tóu yì hé 形容双方意见一致，思想感情融洽，彼此合得来（多指男女之间）*find each other compatible*; "*hit it off*"

【情形】qíngxing（名）事物呈现出来的样子。意思同"情况"（1）*circumstances*; *condition*; *situation*：他已脱离危险了，回想当时的～真是可怕极了。Tā yǐ tuōlí wēixiǎn le, huíxiǎng dāngshí de ～ zhēn shì kěpà jí le. *He is out of danger now, and to think back on the situation then, it was really terrifying.* /你到了那里，看～再决定怎么办。Nǐ dàole nàli, kàn ～ zài juédìng zěnme bàn. *Decide what to do after you arrive there and see the situation.* /这里和那里～不一样，适合那里的办法，在这里不一定行得通。Zhèli hé nàli ～ bù yíyàng, shìhé nàli de bànfǎ, zài zhèli bù yídìng xíng de tōng. *The two situations are different. What works there won't necessarily work here.*

【情绪】qíngxù（名）（1）心情，心境。指进行某种活动所产生的心理状况 *sentiment*; *mood*; *feelings*：听说要到外地搞语言实习，大家～高涨。Tīng shuō yào dào wàidì gǎo yǔyán shíxí, dàjiā ～ gāozhǎng. *When we heard that we were going to another part of the country for language practice we were in high spirits.* / 做人的思想转化工作，一定要防止急躁。Zuò rén de sīxiǎng zhuǎnhuà gōngzuò, yídìng yào

fángzhǐ jízào ~. *In the work of changing people's thinking it is necessary to guard against impatience.* /他这两天~不好。Tā zhè liǎng tiān ~ bù hǎo. *He has been in a bad mood these past few days.* (2)特指不安心,不愉快的情感,常与"闹"连用 *moodiness; sulkiness*:这场演出因为没让他上场,他闹了两天~。Zhè chǎng yǎnchū yīnwèi méi ràng tā shàng chǎng, tā nàole liǎng tiān ~. *He has been sulking for a couple of days because he wasn't allowed to join the perfomance.*

【情义】qíngyì(名)同志、朋友、亲属相互间应有的感情和互相帮助的道义责任 *ties of friendship*:他这个人很冷漠,对谁都没有什么~。Tā zhège rén hěn lěngmò, duì shuí dōu méi yǒu shénme ~. *He's a very aloof sort of person, with no friends at all.*

【情谊】qíngyì(名)〈书〉互相间的感情和友谊 *friendly feelings*

【情意】qíngyì(名)〈书〉对人的感情 *affection; goodwill*

【情由】qíngyóu(名)〈书〉事情的内容和原因 *circumstances; whys and wherefores*

【情愿】qíngyuàn(助动)(1)真心愿意 *be willing*:甘心~gānxīn ~ *be ready and willing* /他们对换住房,是两相~。Tāmen duì huàn zhùfáng, shì liǎng xiāng ~. *They exchanged lodgings by mutual consent.* (2)宁愿,宁可(常和"也"呼应)*prefer*:我~绕点儿远,也不愿走那条小路。Wǒ ~ rào diǎnr yuǎn, yě bú yuàn zǒu nà tiáo xiǎo lù. *I would rather make a bit of a detour than walk on that narrow path.* /他~被杀头,也不向法西斯透露一点儿情况。Tā bèi shā tóu, yě bú xiàng fǎxīsī tòulù yìdiǎn qíngkuàng. *He would rather be beheaded than reveal anything to the fascists.*

晴 qíng

(形)*fine; clear*:天~了。Tiān ~ le. *The sky has cleared.* / 刚才还是~天,一会儿就阴成这样。Gāngcái hái shì ~ tiān, yíhuìr jiù yīnchéng zhèyàng. *It was a fine day just now but it's suddenly gone gloomy like this!*

【晴空万里】qíngkōng wàn lǐ 整个天空非常晴朗,没有一丝云雾 *clear and cloudless sky*

【晴朗】qínglǎng(形)(天空)阳光充足,没有云雾 *fine and sunny*:~的天空 ~ de tiānkōng *sunny sky*

【晴纶】qínglún(名)*acrylic*

【晴天霹雳】qíngtiān pīlì 比喻突然发生的意外的令人震惊的事件 *bolt from the blue*

【晴雨表】qíngyǔbiǎo(名)*barometer*

擎 qíng

(动)〈书〉举 *hold up; lift up*:高~火炬 gāo ~ huǒjù *Hold high the torch.* /仪仗队~着彩旗进入运动场。Yízhàngduì ~zhe cǎiqí jìnrù yùndòngchǎng. *The guard of honor entered the stadium holding colored banners aloft.*

qǐng

顷 〔頃〕qǐng

(量)中国使用的市制地积单位。一顷等于一百亩 *qing (unit of area equal to 6.6667 ha.)*

【顷刻】qǐngkè(名)〈书〉非常短的时间(发生某种变化)*in an instant; in a twinkling*:~化为灰烬 ~ huàwéi huījìn *reduced to ashes in a flash* /刚才天还好好的,~间下起瓢泼大雨。Gāngcái tiān hái hǎohāo de, ~ jiān xiàqǐ piáopō dàyǔ. *The weather was fine just now, but all of a sudden it has started pelting with rain!* / 市场上秩序~之间就恢复正常了。Shìchǎng shang zhìxù ~ zhī jiān jiù huīfù zhèngcháng le. *Market conditions returned to normal in the twinkling of an eye.*

请 〔請〕qǐng

(动)(1)请求,要求 *ask; request*:我~我姐姐给我织一件毛衣。Wǒ ~ wǒ jiějie gěi wǒ zhī yí jiàn máoyī. *I asked my sister to knit me a sweater.* /你能~人替我刻个图章吗? Nǐ néng ~ rén tì wǒ kè ge túzhāng ma? *Could you ask somebody to carve a seal for me?* (2)邀请,聘请 *invite; recruit; send for*:老师~我们到他家作客。Lǎoshī ~ wǒmen dào tā jiā zuò kè. *The teacher invited us to his home.* /今天有人~我吃晚饭。Jīntiān yǒu rén ~ wǒ chī wǎnfàn. *I have been invited out to dinner tonight.* /我们学校今年新~了两位体育老师。Wǒmen xuéxiào jīnnián xīn ~ le liǎng wèi tǐyù lǎoshī. *Our school has recruited two new physical education teachers this year.* /他病了,赶快打电话~医生。Tā bìng le, gǎnkuài dǎ diànhuà ~ yīshēng. *He is ill. Quick, phone the doctor and ask him to come.* (3)敬辞(希望对方做某事)*please*:~进。~ jìn. *Please come in.* / ~坐。~ zuò. *Please sit down.* / ~喝茶。~ hē chá. *Would you like a cup of tea?* /您需要什么尽管说,~别客气。Nín xūyào shénme jǐnguǎn shuō, ~ bié kèqì. *If you need anything, feel free to ask. Please don't stand on ceremony.*

【请便】qǐngbiàn(动)请对方随自己的方便(做某事)*Do as you please; Please yourself*:暑假没有什么集体活动,诸位要做什么~。Shǔjià méi yǒu shénme jítǐ huódòng, zhūwèi yào zuò shénme ~. *There are no group activities this summer. You may do anything you please.* / 我不能去,你们谁想去就~吧。Wǒ bù néng qù, nǐmen shuí xiǎng qù jiù ~ ba. *I can't go, but if any of you wish to go then please feel free to do so.*

【请假】qǐngjià *ask for leave of absence*:他今天没上班,也没~。Tā jīntiān méi shàng bān, yě méi ~. *He didn't come to work today, and he didn't ask for leave of absence either.* / 这半年我没请过一天假。Zhè bàn nián wǒ méi qǐngguo yì tiān jià. *I haven't asked for a single day's leave of absence in the past six months.* /学生因有事不能上课,要向老师请事假。Xuésheng yīn yǒu shì bù néng shàng kè, yào xiàng lǎoshī qǐng shìjià. *If a student has something to attend to and can't come to class he must ask the teacher for leave of absence.*

【请柬】qǐngjiǎn(名)〔张 zhāng〕*invitation card*

【请教】qǐngjiào(动)请求……指教 *ask for advice; consult*:我想~您一个问题。Wǒ xiǎng ~ nín yí ge wèntí. *I wish to ask you about something.* / 这个问题我们讨论了半天还弄不清楚,只好去~老师。Zhège wèntí wǒmen tǎolùnle bàntiān hái nòng bù qīngchu, zhǐhǎo qù ~ lǎoshī. *We've been discussing this problem for ages and can't work it out, so we had to go and consult the teacher.*

【请客】qǐngkè=kè 请别人吃饭,看节目等 *invite guests (to dinner, etc.) stand a treat*:下了课,咱们去看电影,我~。Xiàle kè, zánmen qù kàn diànyǐng, wǒ ~. *I'd like to invite you see a movie after school.* /你敢打赌吗?我输了我请你的客,你输了你请我的客。Nǐ gǎn dǎ dǔ ma? Wǒ shū le wǒ qǐng nǐ de kè, nǐ shū le nǐ qǐng wǒ de kè. *How about having a bet with me? If I lose I'll stand a treat, and if you lose you stand a treat.* /他星期日在家~吃饭。Tā xīngqīrì zài jiā ~ chī fàn. *He is inviting guests to dinner on Sunday.*

【请求】qǐngqiú(动)说明要求,希望得到满足(比较严肃正式)*ask for; request*:我~调换一个工作。Wǒ ~ diàohuàn yí ge gōngzuò. *I request a job transfer.* / 这一带居民~市政府改善这里的交通。Zhè yídài jūmín ~ shì zhèngfǔ gǎishàn zhèlǐ de jiāotōng. *The people of this district request that the municipal government improve the local traffic conditions.* (名)所提出的要求 *request*:你的~领导没有批准。Nǐ de ~ lǐngdǎo méiyou pīzhǔn. *The leadership has not authorised your request.*

【请示】qǐngshì（动）〈向上级〉请求指示 ask for；request：你们的要求，我得~了上级才能答复。Nǐmen de yāoqiú, wǒ děi ~le shàngjí cái néng dáfù. *I will have to refer your request to the higher authorities before I can grant it.* /这件事你最好还是~一下，不要擅自决定。Zhè jiàn shì nǐ zuìhǎo háishi ~ yīxià, búyào shànzì juédìng. *You must put in a request about this matter, and not simply go ahead on your own authority.*

【请帖】qǐngtiě（名）同"请柬" qǐngjiǎn *same as "请柬"* qǐngjiǎn

【请问】qǐngwèn（动）敬辞，用于请求对方解答问题 "May I ask?"；"Excuse me"：~，这本书多少钱？~, zhè běn shū duōshao qián? *Excuse me, how much is this book?* /~，图书馆在哪儿？~, túshūguǎn zài nǎr? *Excuse me, where is the library?* /~，你对这个问题是什么看法？~, nǐ duì zhège wèntí shì shénme kànfǎ? *May I ask you your opinion of this problem?*

【请缨】qǐngyīng（动·不及物）〈书〉请求杀敌。缨：（绑敌人的）带子 "ask for a rope" (from the emperor to bind the enemy)；volunteer for battle

【请愿】qǐngyuàn＝yuàn 群众采取集体行动，要求政府或主管部门满足所提出的要求或改变某种政策措施。是群众斗争的一种形式 present a petition

【请战】qǐngzhàn（动·不及物）〈书〉请求参加战斗 ask for a battle assignment

【请罪】qǐngzuì＝zuì 犯了错误，主动请求处分，或向人道歉 admit one's error；apologize

qìng

庆〔慶〕qìng（动）◇ celebrate；congratulate：~丰收 ~ fēngshōu *celebrate a bumper harvest* /今天开会为几位战士~功。Jīntiān kāi huì wèi jǐ wèi zhànshì ~ gōng. *Today's meeting has been called to congratulate certain comrades on their victory.*

【庆典】qìngdiǎn（名）隆重的庆祝典礼 celebration ceremony

【庆贺】qìnghè（动）庆祝，或向有喜事的人道贺祝贺 congratulate；celebrate：我们的出版社终于成立了，真是值得~！Wǒmen de chūbǎnshè zhōngyú chénglì le, zhēn shì zhídé ~! *Our publishing company has been set up at last. This is really worthy of a celebration.*

【庆幸】qìngxìng（动）由于意外地躲过或防止了坏事的发生，得到较好的结局而感到高兴 rejoice (over some unexpected luck)：这场大火中，财产受到了损失，但人员都逃出来了，这还是值得~的。Zài zhè chǎng dà huǒ zhōng, cáichǎn shòudàole sǔnshī, dàn rényuán dōu táo chūlai le, zhè hái shì zhídé ~ de. *Property was destroyed in the fire but we can rejoice in the fact that everybody escaped.*

【庆祝】qìngzhù（动）为着共同的喜事而展开活动，表示快乐或纪念等 celebrate：~元旦 ~ Yuándàn *celebrate the New Year* /~五一国际劳动节 ~ Wǔ-Yī Guójì Láodòngjié *celebrate International Labor Day on May 1*

亲〔親〕qìng
另见 qīn

【亲家】qìngjia（名）（1）两家儿女结婚后，两家之间的亲戚关系 in-law relationship between two families：我们两家是~。Wǒmen liǎng jiā shì ~. *Our two families are related by marriage.* （2）夫妻双方的父母彼此的关系或称呼 relationship between husband's and wife's parents：他们俩本来是同事，现在又成了~。Tāmen liǎ běnlái shì tóngshì, xiànzài yòu chéngle ~. *They were originally colleagues and now they have become in-laws.*

磬 qìng（名）中国古代的一种打击乐器，用玉、石或铜制成 stone or jade chime

罄 qìng（动）〈书〉尽 exhaust；use up：~其所有 ~ qí suǒ yǒu *use up all one has；offer all one's possessions*

【罄竹难书】qìng zhú nán shū 罄：尽的意思；竹：竹简，古人将字写在竹简上。把竹子都用完了也写不完，比喻罪恶极多（of wrongs, crimes, etc.）too numerous to record：法西斯强盗所犯下的罪行，真是~。Fǎxīsī qiángdào suǒ fànxia de zuìxíng, zhēn shì ~. *The crimes committed by the Fascist bandits are too numerous to record.*

qióng

穷〔窮〕qióng（形）（1）poor：这村子很~。Zhè cūnzi hěn ~. *This village is very poor.* （2）◇ 尽 use up；exhaust：理屈词~ lǐ qū cí ~ *run out of arguments；be bested in argument* /无~无尽 wú ~ wú jìn *inexhaustible* （副）〈口〉（1）不停地，多次重复地，有嫌恶轻蔑含义 endlessly；on and on（has a derogatory meaning）：你不住嘴地~叨叨什么呀！Nǐ bú zhù zuǐ de ~ dāodao shénme ya! *What are you rambling on and on about?* /我们这里没有那么多的~讲究！Wǒmen zhèli méi yǒu nàme duō de ~ jiǎngjiu! *We're not that picky here.* （2）无拘束地，尽情地 to one's heart's content；without restraint：我累得不能动了，你还有力气跳舞，~开心！Wǒ lèi de bù néng dòng le, nǐ hái yǒu lìqi tiào wǔ, ~ kāi xīn! *I'm so tired I can't move, yet you still have the energy to dance and amuse yourself to your heart's content.* /老朋友相会，~聊了一晚上。Lǎo péngyou xiānghuì, ~ liáole yì wǎnshang. *When the old friends met, they spent all night talking to their heart's content.*

【穷棒子精神】qióngbàngzi jīngshén 穷棒子，旧指贫苦的农民，现在用来指贫穷而有志气的人。穷棒子精神就是指那些敢于战天斗地，一心要改变贫穷落后面貌的精神 "spirit of the poor" — spirit of hard struggle against all odds to pull oneself out of backwardness

【穷兵黩武】qióng bīng dú wǔ 用尽全部兵力，任意发动侵略战争。形容十分好战 indulge in all-out aggression

【穷光蛋】qióngguāngdàn（名）〈口〉穷苦的人（含轻蔑或自嘲之意）pauper；miserable wretch

【穷尽】qióngjìn（动）到尽头 reach the limit；come to an end：这里森林资源几乎~。Zhèli sēnlín zīyuán jīhū ~. *Forestry resources here are almost exhausted.* / 人民的力量是没有~的。Rénmín de lìliàng shì méi yǒu ~ de. *The strength of the people knows no limit.*

【穷苦】qióngkǔ（形）贫穷困苦 impoverished

【穷困】qióngkùn（形）生活贫穷，经济困难 poverty-stricken；destitute

【穷山恶水】qióng shān è shuǐ 自然条件很差，物产贫乏的地方 "barren mountains and savage rivers" —— inhospitable country

【穷奢极欲】qióng shē jí yù 形容生活极端腐化、奢侈，尽情享受 wallow in luxury and extravagance

【穷酸】qióngsuān（形）旧时有一些知识分子生活很困难，没有什么学问，却又装出很有学问的样子，拘泥于陈规陋习 (used of sham scholars in the olden days) shabby-genteel

【穷途末路】qióngtú mòlù 绝路。形容到了无路可走的地步 dead end；cul de sac：极左的政策使农村经济走上~，非改革不可。Jí zuǒ de zhèngcè shǐ nóngcūn jīngjì zǒushang ~, fēi gǎigé bùkě. *Extreme leftist policies drove the village economy into a dead end, and reform is vital.*

【穷乡僻壤】qióngxiāng pìrǎng 偏僻荒凉而贫穷的地方 re-

mote and backward place
【穷凶极恶】qióng xiōng jí è 极端残暴凶恶 *vicious*；*brutal*；*diabolical*
【穷则思变】qióng zé sī biàn 因生活穷困艰难，就要想办法来寻找出路，改变现状 *poverty spurs a desire for change*；我们的改革是逼出来的，俗话说～嘛！ Wǒmen de gǎigé shì bī chulai de，súhuà shuō ～ ma！ *We have a pressing need for reform. As the saying goes*：*poverty spurs a desire for change.*

qiū

丘 qiū（名）〈书〉 *mound*；*hill*
【丘陵】qiūlíng（名）*hills*

秋 qiū（名）◇（1）秋季 *autumn*；*fall*；～去冬来 ～ qù dōng lái *autumn departs and winter arrives* /事情发生在一九四七年～。Shìqing fāshēng zài yījiǔsìqī nián ～. *It happened in the autumn of 1947.*（2）指一年的时间 *year*：千～万代 qiān ～ wàn dài *for thousands of years*/ 一日不见，如隔三～。Yí rì bú jiàn，rú gé sān ～. *If I don't see you for a day it seems like three years.*（3）指某个时期（多指不好的）：多事之～ duō shì zhī ～ *time of troubles*；*eventful period*
【秋播】qiūbō 秋季播种（能越冬的作物，如冬小麦、豌豆等）*autumn sowing*
【秋风扫落叶】qiūfēng sǎo luòyè 比喻强大的力量扫荡腐朽衰败的势力 *"the autumn wind clears away the fallen leaves"* — *a strong force clears away decay and corruption*
【秋耕】qiūgēng（动）秋季播种之前，用犁翻松土地 *autumn ploughing*
【秋海棠】qiūhǎitáng（名）*begonia*
【秋毫】qiūháo（名）鸟兽在秋天新长的细毛，比喻极微小的事物 *new down on an animal or bird grown in autumn*；*something extremely fine*
【秋毫无犯】qiūháo wú fàn 形容军队纪律严明，丝毫不侵犯人民利益 *tightly disciplined (troops, etc.)*：这支军队纪律严明，对老百姓从来是～。Zhè zhī jūnduì jìlǜ yánmíng，duì lǎobǎixing cónglái shì ～. *These troops observe strict discipline and have always acted perfectly properly toward the people.*
【秋后蚂蚱】qiūhòu màzha 蚂蚱到了秋后就要被冻死，比喻临近失败或死亡 *"like a grasshopper at the end of autumn"* — *be on one's last legs*
【秋季】qiūjì（名）〈书〉 *autumn season*
【秋老虎】qiūlǎohǔ（名）指立秋后仍十分炎热的天气 *warm spell of weather in autumn*
【秋凉】qiūliáng（名）指秋季凉爽的时候 *cool autumn days*：现在应该是～了，却遇到了秋老虎。Xiànzài yīnggāi shì ～le，què yùdàole qiūlǎohǔ. *It ought to be in the cool autumn days now but we have been hit by an autumn warm spell.*
【秋千】qiūqiān（名）*swing*：孩子们都喜欢打～。Háizimen dōu xǐhuan dǎ ～. *Children all love to play on swings.*
【秋色】qiūsè（名）秋天的景色 *autumn scenery*：森林里的～是丰富多采的。Sēnlín li de ～ shì fēngfù duō cǎi de. *The scenery of the autumn forests is rich and colorful.*
【秋收】qiūshōu（动）秋季收获农作物 *autumn harvest*
【秋收起义】Qiūshōu Qǐyì 1927年9月9日毛泽东同志在湘赣边界发动和领导的具有历史意义的工农武装起义 *Autumn Harvest Uprising (led by Mao Zedong in 1927)*
【秋天】qiūtiān（名）同"秋季" qiūjì *same as "秋季" qiūjì*
【秋汛】qiūxùn（名）秋天河水暴涨 *surge of river water in autumn*
【秋种】qiūzhòng（动）同"秋播" qiūbō *same as "秋播" qiūbō*

蚯 qiū
【蚯蚓】qiūyǐn（名）［条 tiáo］ *earthworm*

qiú

囚 qiú（动）囚禁 *imprison*（名）◇ 囚犯 *prisoner*；*convict*
【囚车】qiúchē（名）解送犯人用的车 *prison van*
【囚犯】qiúfàn（名）关在监狱里的犯人 *prisoner*；*convict*
【囚禁】qiújìn（动）〈书〉把人关在监狱里 *imprison*
【囚徒】qiútú（名）囚犯 *prisoner*；*convict*

求 qiú（动）（1）（很谦卑地）请求 *ask for*；*request*；*beseech*：～您帮我个忙。～ nín bāng wǒ ge máng. *May I request a favor?*/这件事很难办，你去～～他吧，他可能有办法。Zhè jiàn shì hěn nán bàn，nǐ qù ～～ tā ba，tā kěnéng yǒu bànfǎ. *This is not an easy task. You had better go and ask him if he can help you.*（2）追求，设法得到 *strive for*；*try to obtain*；*seek*：他很爱帮助别人，可是对别人并无所～。Tā hěn ài bāngzhù biéren，kěshì duì biéren bìng wú suǒ ～. *He likes to help other people, but he never asks any favors of other people.* / 被压迫人民～解放。Bèi yāpò rénmín ～ jiěfàng. *The oppressed people are looking for deliverance.* / ～（出）未知数 ～（chū）wèizhīshù *find out the unknown number*（3）◇ 需要，需求（econ.）*demand*：供大于～，商品就要积压。Gōng dà yú ～，shāngpǐn jiù yào jīyā. *When supply exceeds demand goods become stockpiled.*
【求得】qiúdé（动）请求得到 *seek*：必须认识自己的错误，才能～别人的谅解。Bìxū rènshi zìjǐ de cuòwu，cái néng ～ biéren de liàngjiě. *Only when one recognises one's own mistakes can one seek others' understanding.*
【求和】qiú=hé（1）战败的一方向对方请求停战，恢复和平 *sue for peace*（2）（打球或下棋）竞赛不利的一方估计不能取胜，设法作成平局 *call a draw (in a sporting or chess game)*
【求婚】qiú=hūn 男女的一方请求对方跟自己结婚 *propose marriage*：他向她～了。Tā xiàng tā ～ le. *He asked her to marry him.*
【求教】qiújiào（动）请教，比请教更客气 *seek advice*
【求救】qiújiù（动）*call for help*；*send an SOS*：从无线电波里收到了～的信号。Cóng wúxiàn diànbō li shōudàole ～ de xìnhào. *An SOS signal was received over the air waves.* / 那条船触礁，向别的船～。Nà tiáo chuán chù jiāo，xiàng biéde chuán ～. *That boat hit a reef and sent an SOS to another boat.*
【求亲】qiú=qīn 男女一方的家庭向对方的家庭请求结亲 *seek a marriage alliance*
【求情】qiú=qíng 请求对方宽恕、通融或答应自己的要求，可以替别人提出这种请求 *plead*；*intercede*；*beg for leniency*
【求全】qiúquán（动·不及物）要求完美无缺 *demand perfection*：金无足赤，人无完人，不要有～思想。Jīn wú zú chì，rén wú wánrén，búyào yǒu ～ sīxiǎng. *There's no such thing as unalloyed gold and there's no such thing as a perfect person, so don't be too fussy.* /工作要尽量做好，但也不能过分。Gōngzuò yào jǐnliàng zuòhǎo，dàn yě bù néng guòfèn. *Work must be done to the best of one's ability, but one mustn't try to be a perfectionist.*
【求全责备】qiúquán zébèi 对别人要求十全十美，一点缺点也没有 *demand perfection (of others)*
【求饶】qiú=ráo 非常谦卑地请求不要惩罚 *beg for mercy*；*ask pardon*：向敌人～，太可耻了。Xiàng dírén ～，tài kěchǐ le. *It is utterly disgraceful to beg the enemy for mercy.*

【求实精神】qiúshí jīngshén 讲求实事求是的精神 *realistic attitude；down-to-earth appproach*

【求同存异】qiú tóng cún yì 谋求基本原则上的一致，也就是找出共同点，对次要的非原则问题，可保留不同的意见 *seek common ground while reserving differences*：我们双方要~，反对共同的敌人。Wǒmen shuāngfāng yào ~，fǎnduì gòngtóng de dírén. *We must seek common ground while reserving differences in order to oppose the enemy.*

【求学】qiúxué（动·不及物）*go to school；pursue one's studies*

【求援】qiúyuán（动·不及物）*ask for help*

【求证】qiúzhèng（动）〈数〉*prove*

【求之不得】qiú zhī bù dé 想得到，可是不容易得到的，非常难得的 *one's heart's desire；all one can wish for*：有您来指导我们的工作，真是~。Yǒu nín lái zhǐdǎo wǒmen de gōngzuò，zhēn shì ~ de. *Now that you have come to guide our work we can ask for nothing more.* /这是~的机会，千万不能错过呀。Zhè shì ~ de jīhuì，qiānwàn bù néng cuòguò ya. *This is a heaven-sent opportunity，so we mustn't make any slip-ups.*

【求知】qiúzhī（动·不及物）探求知识 *seek knowledge*：欲~ yù thirst（craving）for knowledge /我被他强烈的~精神所感动。Wǒ bèi tā qiángliè de ~ jīngshén suǒ gǎndòng. *I was moved by the way he displayed a craving for knowledge.*

泗 qiú
（动）〈书〉*swim*

【泗水】qiú=shuǐ *swim*

酋 qiú
（名）◇（1）酋长 *chief of a tribe；sheik；headman*（2）（盗匪、侵略者的）首领 *ringleader（of a gang of robbers，etc.）*：匪~ fěi ~ *bandit chief*

【酋长】qiúzhǎng（名）*chief of a tribe*

【酋长国】qiúzhǎngguó（名）*sheikdom；emirate*

球 qiú
（名）[个 gè]（1）*ball*（2）指球类运动 *ball game*：看了一场冰~赛。Kànle yì chǎng bīng ~ sài. *I saw an ice-hockey game.* /每天下午都要打一场~。Měi tiān xiàwǔ dōu yào dǎ yì chǎng ~. *I like to play ball every afternoon.*（3）（~儿）球形或接近球形的东西 *ball-shaped object*：煤~ méi ~ small briquet /棉花~ miánhua ~ cotton swab（4）〈数〉圆形的立体 *globe；sphere*

【球场】qiúchǎng（名）*ball park；pitch for ball games*

【球队】qiúduì（名）*team（for a ball game）*

【球门】qiúmén（名）〈体〉*goal*

【球迷】qiúmí（名）（ball game）fan

【球面】qiúmiàn（名）〈数〉*spherical surface*

【球拍】qiúpāi（名）[个 gè，副 fù] *racket*

【球赛】qiúsài（名）[场 chǎng] *ball game*

【球体】qiútǐ（名）〈数〉*spheroid*

【球网】qiúwǎng（名）*net for ball games*

【球鞋】qiúxié（名）[只 zhī、双 shuāng] *gym shoes；tennis shoes*

【球形】qiúxíng（名）*spherical；globular*

【球艺】qiúyì（名）*ball skills*

道 qiú
（形）〈书〉强健有力 *powerful；vigorous*

【遒劲】qiújìng（形）〈书〉雄健有力 *powerful；forceful*：文笔~ wénbǐ ~ vigorous style of writing /笔法~有力 bǐfǎ ~ yǒulì·His handwriting is vigorous and forceful. /苍老~的古柏 cānglǎo ~ de gǔ bǎi sturdy old cypress tree

裘 qiú
（名）〈书〉用毛皮做的衣服 *fur coat*

qū

区 〔區〕qū
（名）（1）地域，区域 *area；district；region*：教学~ jiàoxué ~ area of classroom buildings /风景~ fēngjǐng ~ scenic area/ 敌占~ dí zhàn ~ zone of enemy occupation（2）行政区划单位 *administrative unit；region；district*：自治~ zìzhì ~ autonomous region/ 这个城市分四个~。Zhège chéngshì fēn sì ge ~. *This city is divided into four regions.*

【区别】qūbié（动）分别；把两个以上的对象进行比较，分出它们的不同点 *distinguish between；differentiate*：你能~出这两块衣料的好坏吗？Nǐ néng ~ chū zhè liǎng kuài yīliào de hǎo huài ma? *Can you sort out which of these two garment materials is good and which one no good?*/ 他们俩错误的性质不同，应该~对待。Tāmen liǎ cuòwu de xìngzhì bù tóng，yīnggāi ~ duìdài. *The mistakes made by these two people are different in nature，so they must be handled in different ways.*（名）彼此不同的地方 *difference*：我觉得这件复制品和原作几乎没有~。Wǒ juéde zhè jiàn fùzhìpǐn hé yuánzuò jīhū méi yǒu ~. *I think that it is almost impossible to tell this reproduction from the original work.* /这两个词意义上没有什么~，你知道不知道它们用法上的~？Zhè liǎng ge cí yìyì shang méi yǒu shénme ~，nǐ zhīdào bù zhīdào tāmen yòngfǎ shang de ~? *There is no difference in the meaning of these two words. Do you know of any difference in usage?*

【区分】qūfēn（动）同"区别"qūbié（动），但用得较少，不能作状语 *same as "区别" qūbié（动）but not as frequent and cannot be used as an adverbial*

【区划】qūhuà（名）地区的划分 *division into districts*：行政~ xíngzhèng ~ administrative division

【区间】qūjiān（名）铁路上为管理行车而分段划定的线路，城市里的公共汽车或电车根据管理需要所划分的一段线路也叫区间 *stretch of railway track or bus journey so designated for administrative purposes*

【区间车】qūjiānchē（名）只在一定区间线路上行驶的车辆 *public transport vehicle which only plies a certain stretch of a route*

【区区】qūqū（形）（数量）少，（人或事）不重要 *small，insignificant；trivial*：只有一百元？~小数，不能解决他们的困难。Zhǐ yǒu yìbǎi yuán? ~ xiǎo shù，bù néng jiějué tāmen de kùnnan. *Only one hundred yuan? Such a trifling amount cannot solve their problem.* / ~小事，不值得计较。~ xiǎo shì，bù zhíde jìjiào. *It's not worth haggling over such a trifle.*

【区委】qūwěi（名）"区"指市以下设的行政单位。"区委"是中国共产党或中国共产主义青年团区委员会的简称 *abbreviation for district committee of the Chinese Communist Party or Chinese Communist Youth League*

【区域】qūyù（名）*region；area；district*：这是一个~性的会议。Zhè shì yí ge ~ xìng de huìyì. *This is a local conference.*

【区域自治】qūyù zìzhì 又称民族区域自治。指在少数民族聚居的地区，设立自治机关，行使自治权 *regional autonomy*

曲 qū
（名）[颗] *yeast*（形）◇弯曲 *bent；curved* 另见 qǔ

【曲棍球】qūgùnqiú（名）（1）*field hockey*（2）*field hockey ball*

【曲解】qūjiě（动）错误地解释或理解客观事物或别人的原意（多指故意地）*distort；twist（a meaning）*：你别~我的意思，我说我完成这项任务比较吃力，并不是不愿承担。Nǐ

bié ～ wǒ de yìsi, wǒ shuō wǒ wánchéng zhè xiàng rènwù bǐjiào chīlì, bìng bú shì bú yuàn chéngdān. *Don't twist my words. I said that this task would be a difficult one to fulfill; I didn't say I was unwilling to shoulder the burden.*

【曲曲弯弯】qūqūwānwān〈形〉形容很弯曲 *winding; twisting; meandering*：一条～的小溪从山上流下来。Yì tiáo ～ de xiǎoxī cóng shān shang liú xialai. *A winding stream flowed down the mountain.*

【曲线】qūxiàn（名）*curve*

【曲线运动】qūxiàn yùndòng〈物〉*curvilinear motion*

【曲折】qūzhé（形）(1)弯曲 *winding; tortuous*：～的河道 ～ de hédào *winding river course* (2)不顺利、复杂的（情节）*complicated; tortuous (plot, etc.)*：他的一生经历非常～。Tā de yìshēng jīnglì fēicháng ～. *The course of his lifetime career was a tortuous one.* / 这个故事的～情节很吸引人。Zhège gùshì de ～ qíngjié hěn xīyǐn rén. *The complicated plot of this story is fascinating.* (名)意想不到的变化 *unexpected complications*：工作中谁也免不了遇到～。Gōngzuò zhōng shuí yě miǎn bu liǎo yùdào ～. *In the course of one's work one inevitably bumps into unexpected complications.*

【曲直】qūzhí（名）"曲"是无理，"直"是有理,有理无理 *right and wrong*：分清是非～ fēnqīng shìfēi ～ *distinguish between right and wrong, true and false* / 他是个不分～,不辨真伪的糊涂人。Tā shì ge bù fēn ～, bú biàn zhēn wěi de hútu rén. *He is the sort of muddled person who doesn't distinguish between right and wrong, and genuine and sham.*

驱〔驅〕qū

（动）〈书〉(1)赶（牲口）*drive (a vehicle, animal), etc.*：～车前往 ～ chē qiánwǎng *drive (in a vehicle) somewhere* / ～马向前 ～ mǎ xiàng qián *drive a horse forward* (2)赶走 *drive out; drive away*：把敌人～出国境。Bǎ dírén ～chū guójìng. *Drive the enemy out of the country.*

【驱除】qūchú（动）〈书〉赶走，除掉 *drive out; get rid of*：古人迷信放鞭竹可以～鬼怪。Gǔrén míxìn fàng bàozhú kěyǐ ～ guǐguài. *The ancients believed that setting off firecrackers would drive away demons.* / ～敌寇,保卫国家。～ díkòu, bǎowèi guójiā. *Expel the enemy and safeguard the nation!*

【驱使】qūshǐ（动）〈书〉(1)迫使别人采取某种行动 *domineer; order around*：他这样做是受人～的。Tā zhèyàng zuò shì shòu rén ～ de. *He did this at somebody else's behest.* / 反动派～无辜老百姓充当炮灰。Fǎndòngpài ～ wúgū lǎobǎixìng chōngdāng pàohuī. *The reactionaries made the innocent masses serve as cannon fodder.* (2)推动 *promote; give impetus to*：越来越大的欲望～他走上了犯罪的道路。Yuèláiyuè dà de yùwàng ～ tā zǒushangle fàn zuì de dàolù. *His insatiable greed spurred him on to take the road of crime.*

【驱逐】qūzhú（动）赶走 *drive out; expel*：把特务分子～出境。Bǎ tèwù fènzǐ ～ chū jìng. *Expel enemy agents from the country!*

【驱逐机】qūzhújī（名）〈军〉［架 jià］*pursuit plane*

【驱逐舰】qūzhújiàn（名）〈艘 sōu〉*destroyer*

屈 qū

（动）◇ (1)弯曲,使弯曲 *bend*：～着身子干活儿很不得劲。～ zhe shēnzi gàn huór hěn bù dé jìnr. *Working with one's body bent over is very uncomfortable.* / 他一指一算,再过两个月就放假了。Tā 一 zhǐ yí suàn, zài guò liǎng ge yuè jiù fàng jià le. *He calculated on his fingers that there were two more months to go before the holidays.* (2)妥协, 屈服 *submit; yield; compromise*：威武不能～ wēiwǔ bù néng ～ *not to be subdued by force* (名)冤枉 *grievance; injus-*

tice：受～ shòu ～ *suffer a wrong* / 鸣冤叫～ míng yuān jiào ～ *air a grievance*

【屈从】qūcóng（动）违背本意,勉强服从（强加的压力）*submit; yield; surrender*：决不～于外国的侵略势力！Jué bù ～ yú wàiguó de qīnlüè shìlì! *Never surrender to the foreign aggressor forces!*

【屈服】qūfú（动·不及物）（在外来的压力下）妥协让步 *submit; surrender; yield*：父母可以勉强儿女～,但这不是心服。Fùmǔ kěyǐ miǎnqiǎng érnǚ ～, dàn zhè bú shì xīn fú. *Parents can force compliance on their children but it is not sincere obedience.*

【屈辱】qūrǔ（名）〈书〉*humiliation; mortification*：受尽了～ shòujìnle ～ *suffer all sorts of humiliation*

【屈膝】qūxī（动·不及物）下跪。比喻屈服 *go down on one's knees*

【屈指可数】qū zhǐ kě shǔ 形容数目很少 *"can be counted on one's fingers"; a handful of; very few*：解放前,北京只有～的几所高等学校。Jiěfàng qián, Běijīng zhǐ yǒu ～ de jǐ suǒ gāoděng xuéxiào. *Before Liberation, Beijing only had a tiny number of higher educational establishments.*

祛 qū

（动）〈书〉祛除 *drive away; dispel; remove*：～暑 shǔ *dispel the summer heat* / ～斑 ～ bān *remove a blemish*

【祛除】qūchú（动）〈书〉除去（疾病、疑惧等）*drive out; get rid of*

蛆 qū

（名）*maggot*

躯〔軀〕qū

（名）〈书〉身体 *human body*：为国捐～ wèi guó juān ～ *sacrifice oneself for one's country*

【躯干】qūgàn（名）〈生理〉*trunk; torso*

【躯壳】qūqiào（名）肉体（对"精神"而言）*the flesh; the body (as opposed to the soul)*

【躯体】qūtǐ（名）〈书〉身体 *human body*

趋〔趨〕qū

（动）〈书〉(1)快走 *hasten; hurry* (2)趋向 *tend toward*：经过讨论,意见～于一致。Jīngguò tǎolùn, yìjiàn ～ yú yízhì. *After discussion there was a tendency toward consensus.* / 服务业日～繁荣。Fúwùyè rì ～ fánróng. *The service industries are getting better every day.*

【趋附】qūfù（动）〈书〉迎合依附 *ingratiate oneself with; curry favor with*：～于权势 ～ yú quánshì *ingratiate oneself with the powerful*

【趋势】qūshì（名）事物发展的倾向 *trend; tendency*：石油价格有下降的～。Shíyóu jiàgé yǒu xiàjiàng de ～. *The price of oil shows a downward trend.* / 中国农村发展的～是发展小城镇。Zhōngguó nóngcūn fāzhǎn de ～ shì fāzhǎn xiǎo chéngzhèn. *The trend of development in the Chinese countryside is toward the development of townships.* / 经济改革必然引起政治改革,这～是改变不了的。Jīngjì gǎigé bìrán yǐnqǐ zhèngzhì gǎigé, zhè ～ shì gǎibiàn bu liǎo de. *Economic reform inevitably brings about political reform; this is an inevitable trend.*

【趋向】qūxiàng（动）（事物朝着某个方面）发展 *tend to; incline to*：比赛进入尾声,胜负～明朗化。Bǐsài jìnrù wěishēng, shèngfù ～ mínglǎnghuà. *As the game draws to a close it is becoming clear who will win.* / 国际局势～缓和。Guójì júshì ～ huǎnhé. *There is a tendency toward relaxation in the international situation.* (名)同"趋势" qūshì *same as "趋势" qūshì*：总的～是发展生产,提高人民生活水平。Zǒng de ～ shì fāzhǎn shēngchǎn, tígāo rénmín

shēnghuó shuǐpíng. *The general trend is toward developing production and raising living standards.*

【趋炎附势】qū yán fù shì 巴结、奉承、依附有权势的人 *toady to the powerful*；*curry favor with influential people*

蛐 qū

【蛐蛐儿】qūqūr（名）〈口〉*cricket*

駿 qū

（形）◇ 黑 *black*；*dark*

【駿黑】qūhēi（形）很黑；光线很暗 *pitch-black*：~的柏油 de bǎiyóu *black tar* / 屋里~，怎么不开灯？Wū li ~, zěnme bù kāi dēng? *It's pitch-dark in the room. Why don't you switch on the light?*

qú

渠 qú

（名）[条 tiáo] 同"渠道" qúdào (1) *same as "渠道" qú dào*(1)

【渠道】qúdào（名）[条 tiáo]（1）人工开凿的水道，主要用于排水灌溉 *ditch*；*canal*：农田里打了很多机井，挖了无数~，现在旱涝都不怕了。Nóngtián li dǎle hěn duō jījǐng, wāle wúshù ~, xiànzài hàn lào dōu bú pà le. *The fields have plenty of motor-pump wells and innumerable irrigation channels, so there's no fear of drought or flood these days.*（2）比喻（为了达到某种目的必需经过的）途径或门路（*metaphorical*）*channel*；*medium*：民间往来也是加强各国人民友谊的~之一。Mínjiān wǎnglái yě shì jiāqiáng gè guó rénmín yǒuyì de ~ zhī yī. *Non-governmental personal contact is another channel of friendship between the people of various countries.* / 已经打通，以后我们两个学校可以常常进行学术交流。~ yǐjīng dǎtōng, yǐhòu wǒmen liǎng ge xuéxiào kěyǐ chángcháng jìnxíng xuéshù jiāoliú. *The channel is now open for our two schools to have frequent scholarly exchanges.*

qǔ

曲 qǔ

（名）（1）歌谱 *tune*：他作词，我谱~。Tā zuò cí, wǒ pǔ ~. *He composed the words and I composed the tune.*（2）[首 shǒu] 歌曲；乐曲 *music*：进行~ jìnxíng ~ *march*（量）（只能与数词"一"合用）*measure word*：一~悲壮的战歌 yì ~ bēizhuàng de zhàngē *a stirring martial air* 另见 qū

【曲调】qǔdiào（名）戏曲或歌曲的调子 *tune*；*melody*

【曲高和寡】qǔ gāo hè guǎ 原意是曲调高深，能跟着唱的人就少。比喻言论或作品不通俗，不能为广大群众所了解或欣赏 *"few people sing highbrow songs" —— too highbrow to be popular*

【曲艺】qǔyì（名）在中国流行于人民群众之中的，具有浓厚的地方色彩和民族风格的各种说唱艺术，如相声、大鼓、弹词、评书和快板儿等 *various forms of folk art*

【曲子】qǔzi（名）[支 zhī] 同"曲" qǔ(2)*same as "曲" qǔ (2)*

取 qǔ

（动）（1）从某处拿到身边 *bring*；*fetch*；*collect*：得到银行~点儿钱。Děi dào yínháng ~ diǎnr qián. *I have to go to the bank to get some money.* / 他到邮局去~包裹。Tā dào yóujú qù ~ bāoguǒ. *He is going to the post office to fetch a parcel.*（2）采取，选取 *choose*；*pick*：~慎重态度 ~ shènzhòng tàidu *adopt a cautious attitude*/ ~子粒饱满的谷穗作种子 ~ zǐlì bǎomǎn de gǔsuì zuò zhǒngzi *pick the ears with full grains for use as seeds*（3）◇ 得到；招致 *get*；

bring about：~信于人 ~ xìn yú rén *win sb.'s trust*/ 自~灭亡 zì ~ mièwáng *bring disaster on oneself*

【取材】qǔcái（动·不及物）挑选材料 *draw materials*；*pick materials*：就地~，造一所石头房子。Jiùdì ~, zào yí suǒ shítou fángzi. *Use materials on the spot to build a stone house.* / 这个剧本~于当前的农村生活。Zhège jùběn ~ yú dāngqián de nóngcūn shēnghuó. *This script draws on present-day village life for its material.*

【取长补短】qǔ cháng bǔ duǎn 吸取别人的长处，弥补自己的短处 *learn from other's strong points to make up for one's own shortcomings*：老师希望同学们能互帮互学，~。Lǎoshī xīwàng tóngxuémen néng hù bāng hù xué, ~. *The teacher hopes that the pupils will help each other in their studies so that they can learn others' strong points and make up for their own deficiencies.*

【取代】qǔdài（动）〈书〉推翻别人或排除同类事物而代替其位置 *replace*；*supersede*；*substitute for*：反动政权已为人民政权所~。Fǎndòng zhèngquán yǐ wéi rénmín zhèngquán suǒ ~. *The reactionary government has been superseded by the people's government.* / 过去市场上畅销的手表、自行车已被冰箱、洗衣机所~。Guòqù shìchǎng shang chàngxiāo de shǒubiǎo, zìxíngchē yǐ bèi bīngxiāng, xǐyījī suǒ ~ le. *Watches and bicycles, which used to be hot sellers on the market, have been superseded by refrigerators and washing machines.*

【取道】qǔdào（动）〈书〉指为到某地而选择的所经过的道路 *by way of*；*via*：他准备~上海前往香港。Tā zhǔnbèi ~ Shànghǎi qiánwǎng Xiānggǎng. *He is scheduled to go to Hong Kong via Shanghai.*

【取得】qǔdé（动）得到 *get*；*obtain*：~胜利 ~ shènglì *win a victory* / ~一些进展 ~ yìxiē jìnzhǎn *make some progress* / ~信任 ~ xìnrèn *win trust*；*win confidence*：要好好利用~的经验。Yào hǎohāo lìyòng suǒ ~ de jīngyàn. *One must make good use of the experience one has gained.*

【取缔】qǔdì（动）明令禁止或取消 *ban*；*outlaw*；*abolish*

【取经】qǔ jīng 本指佛教徒到印度求取佛经。今引申为向先进人物、单位或地区学习，吸取经验（*originally*）"*travel to India in search of the Buddhist scriptures" —— learn from superior experience*：那个工厂改革成绩显著，咱们派人去取经吧。Nàge gōngchǎng gǎigé chéngjì xiǎnzhù, zánmen pài rén qù qǔqǔ jīng ba. *That factory has made outstanding achievements in reform. Let's send somone there to learn from them.*

【取景】qǔjǐng（动·不及物）摄影或写生时选取景物作对象 *select a scene (to photograph or paint)*：这张风景照片儿~很别致。Zhè zhāng fēngjǐng zhàopiàn ~ hěn biézhì. *The scenery depicted in this photograph is unique.* / 照照片会不会~是个关键。Zhào zhàopiànr huì bu huì ~ shì ge guānjiàn. *The key to good photography is capturing a scene.*

【取决】qǔjué（动）由某种条件来决定（后面多跟"于"）*depend on*；*hinge on*：这场比赛能否夺冠，~于队员临场发得好坏。Zhè chǎng bǐsài néng fǒu duó guàn, ~ yú duìyuán línchǎng fāhuī de hǎo huài. *The key to victory in this match depends on the individual performance of the players.* / 他能不能得到这个工作，完全~于他的汉语水平。Tā néng bù néng dédào zhège gōngzuò, wánquán ~ yú tā de Hànyǔ shuǐpíng. *Whether he can get this job or not depends entirely on the level of his Chinese.*

【取乐】qǔlè（动·不及物）（~儿）寻求快乐 *seek pleasure*；*crave amusement*：他们在逗蛐蛐儿~。Tāmen zài dòu qūqur ~. *They are getting pleasure out of cricket fighting.* /不应拿别人的生理缺陷~。Bù yīng ná biéren de shēnglǐ quēxiàn ~. *One shouldn't take pleasure in other people's physical defects.*

【取暖】qǔnuǎn（动·不及物）利用热能使身体暖和 *warm one-self*：广州的住房都没有～设备。Guǎngzhōu de zhùfáng dōu méi yǒu ～ shèbèi. *None of the housing in Guangzhou has heating facilities.* /中国北方农村，冬天多是靠烧火墙或火炕～。Zhōngguó běifāng nóngcūn，dōngtiān duō shì kào shāo huǒqiáng huò huǒkàng ～. *People in many of China's northern villages rely on wall flues or heated brick beds to keep warm in winter.*

【取齐】qǔqí（动·不及物）使数量、长度或高度相等 *make even；even up*：这两张画儿挂的高矮应当～。Zhè liǎng zhāng huàr guà de gāo'ǎi yīngdāng ～. *One of these two paintings is higher than the other. They need to be evened up.* /我想新做的书架要跟这个书柜～。Wǒ xiǎng xīn zuò de shūjià yào gēn zhègèshūguì ～. *I think the new book shelf should be on a level with this bookcase.*

【取其精华，去其糟粕】qǔ qí jīnghuá，qù qí zāopò 吸取好的、精粹的、有用的东西，去掉不好的、陈腐的、没用的东西 *se-lect the best and discard the inferior*：继承文化遗产的时候，要～。Jìchéng wénhuà yíchǎn de shíhour，yào ～. *To be a worthy successor to a cultural heritage one must select the best and discard the inferior.*

【取巧】qǔqiǎo（动·不及物）用某种手段谋取不正当的利益，或是逃避困难 *resort to underhand methods to further one's interests；be opportunistic*：有些人投机～，谋取非法利益。Yǒu xiē rén tóujī ～，móuqǔ fēifǎ lìyì. *Some people will re-sort to all kinds of tricks to get unlawful benefits.* /咱们是国家的主人，干活儿不能～。Zánmen shì guójiā de zhǔrén，gàn huór bù néng ～. *We are the masters of the country and must not resort to any opportunism in our work.* /～和巧干完全不同。～ hé qiǎo gàn wánquán bù tóng. *There is a dif-ference between trickery and knowing the " tricks of the trade".*

【取舍】qǔshě（动·不及物）〈书〉（经过选择，决定）要和不要 *know which to choose；accept or reject*：有关这方面的资料很多，你要用，还得经过一番～。Yǒuguān zhè fāngmiàn de zīliào hěn duō，nǐ yào yòng，hái děi jīngguò yīfān ～. *You will have to go through a process of elimination of all the applicable materials.* /让古代文化遗产为我们服务，就必须有批判地加以～。Ràng gǔdài wénhuà yíchǎn wèi wǒmen fúwù，jiù bìxū yǒu pīpàn de jiāyǐ ～. *To make the cultural legacy of the past serve us，a critical selection is necessary.*

【取胜】qǔshèng（动·不及物）获得胜利 *win victory*：这场决赛要想～，必须做好充分的准备。Zhè chǎng juésài yào xiǎng ～，bìxū zuòhǎo chōngfèn de zhǔnbèi. *Thoroughgo-ing preparations are necessary if we wish to win in the fi-nals.* /能否～，在此一仗了。Néng fǒu ～，zài cǐ yí zhàng le. *This is the deciding round.*

【取消】qǔxiāo（动）使（原有的规定、制度、计划等）无效 *can-cel*：～禁令 ～ jìnlìng *lift a ban*/ ～原订计划 ～ yuán dìng jìhuà *cancel a previously arranged plan*/ ～代表资格 ～ dàibiǎo zīgé *disqualify a representative*

【取消主义】qǔxiāozhǔyì（名）一种无政府主义思潮。主张废除一切旧有的制度、规章或权力等 *liquidationism*

【取笑】qǔxiào（动）嘲笑；恶意开玩笑 *ridicule；poke fun at；mock*：～学习有困难的人是可耻的。～ xuéxí yǒu kùnnan de rén shì kěchǐ de. *It is disgraceful to mock someone who is having problems with his studies.* / 你怎么总拿人～？Nǐ zěnme zǒng ná rén ～？*Why are you always making fun of people?*

【取信于民】qǔ xìn yú mín 取得人民的信任 *win the people's trust*

【取之不尽，用之不竭】qǔ zhī bú jìn，yòng zhī bù jié 拿不完、用不完。形容非常丰富 *inexhaustible*：人民生活是文学艺术～的唯一源泉。Rénmín shēnghuó shì wénxué yìshù ～ de wéiyī yuánquán. *The life of the people is the only inex-*

haustible source of literature and art. / 群众的智慧是～的。Qúnzhòng de zhìhuì shì ～ de. *The wisdom of the people is inexhaustible.*

娶 qǔ
（动）男子结婚。与"嫁"相对 *marry (a woman)*

【娶亲】qǔ＝qīn 男女结婚，也指男子到女家迎亲 *(man) get married*

qù

去 qù
（动）（1）"往"或"使……往"（与"来"相对）*go*：我～商店。Wǒ ～ shāngdiàn. *I am going to the store.* / 他～地里劳动。Tā ～ dìli láodòng. *He is going to work on the land.* / 你给他～信了吗？Nǐ gěi tā ～ xìn le ma？*Did you send him a letter?* /已经～了一辆面包车接他们。Yǐjing ～ le yí liàng miànbāochē jiē tāmen. *A minibus has already gone to meet them.*（2）除掉 *remove；get rid of*：我吃苹果从来不～皮。Wǒ chī píngguǒ cónglái bú ～ pí. *When I eat an apple I never peel it.* / 做鱼的时候，他把鱼头～了。Zuò yú de shíhou，tā bǎ yútóu ～ le. *When he prepares fish he gets rid of the head first.* /这段文字很精采，不能～，要～就～最后一段。Zhè duàn wénzì hěn jīngcǎi，bù néng ～，yào ～ jiù ～ zuìhòu yí duàn. *This passage is too exquisite to cut. If you have to，then cut the last passage.*（3）用在另一个动词前，表示将要做某件事（离开说话的地点，有时含有说话人或对方不参加的意思）*(used before another verb to indi-cate going away to do something)*：咱们～看看他。Zánmen ～ kànkan tā. *Let's go and see him.* / 我～打听打听消息，再来告诉你。Wǒ ～ dǎting dǎting xiāoxi，zài lái gàosu nǐ. *I'll go and find out the news，and then come back and tell you.* / 这事跟我没关系，你们自己～商量一下儿吧。Zhè shìr gēn wǒ méi guānxi，nǐmen zìjǐ ～ shāngliang yíxiàr ba. *This has nothing to do with me. You go and discuss it a-mong yourselves.*（4）用在另一个动词或动词短语后面，表示前面的动词或动词短语是离开说话地点的目的或原因 *(used after a verb or verbal phrase to indicate that what the verb or phrase refers to is the aim or cause for being away)*：昨天下午我不在，是看电影～了。Zuótiān xiàwǔ wǒ bú zài，shì kàn diànyǐng ～ le. *I wasn't at home yesterday after-noon. I'd gone to see a movie.* / 他们都游泳～了。Tāmen dōu yóuyǒng ～ le. *They have all gone swimming.* / 你前天干吗～了？我找了你一整天。Nǐ qiántiān gàn má ～ le? Wǒ zhǎole nǐ yì zhěng tiān. *Where did you go the day before yesterday? I was looking for you all day.* / 你睡觉～吧。Nǐ shuì jiào ～ ba. *Go to bed!*（5）用在动词结构（或介词结构）与动词（或动词结构）之间，表示前者是方式方法，或施事者，后者是目的或行动，"去"是可用可不用的 *(used be-tween a verbal (or prepositional) phrase and a verb or ver-bal phrase to indicate that the former is the means or way or the agent，and the latter is the aim or action，"去" is option-al)*：拍电影一定要从观众的角度～考虑效果。Pāi diànyǐng yídìng yào cóng guānzhòng de jiǎodù ～ kǎolù xiàoguǒ. *When one shoots a film one must start off by considering the point of view of the audience.* / 用以身作则的方法～教育孩子。Yòng yǐ shēn zuò zé de fāngfǎ ～ jiàoyù háizi. *Edu-cate the children by way of setting an example oneself.* /这事由他～想办法，你不用管了。Zhè shìr yóu tā ～ xiǎng bànfǎ，nǐ búyòng guǎn le. *It's up to him to deal with this matter. You don't have to worry about it.*（6）用在动词后面作补语，表示人或物随着动作离开说话人所在地点 *(used after a verb as a complement to indicate that the person or things gets away with the action)*：他已经把钱拿～了。Tā yǐjīng bǎ qián ná～ le. *He has already taken away the mon-*

ey. / 刚才三辆救火车往西开～了。Gāngcái sān liàng jiùhuǒchē wǎng xī kāi～ le. *Three fire engines have just driven off to the west.* / 她每天早上先把孩子送到幼儿园～,再去上班。Tā měi tiān zǎoshang xiān bǎ háizi sòngdào yòu'éryuán ～, zài qù shàng bān. *Every morning she first sends her child to the kindergarten then goes to work.* / 信是星期一寄～的。Xìn shì xīngqīyī jì～ de. *The letter was posted on Monday.* / 树枝太密了,得砍～一些。Shùzhī tài mì le, děi kǎn～ yìxiē. *The branches are too thick. They need thinning out.* / 战争夺～许多人的生命。Zhànzhēng duó～ xǔduō rén de shēngmìng. *Many people lost their lives in the war.* (7)用在"花""用"等少数动词后作补语,表示消耗、失去的意思 (*used after the few verbs such as "花", "用" as the complement to indicate consumption or loss*):已经用了～了两千元,病还没好。Yǐjīng yòng ～le liǎngqiān yuán, bìng hái méi hǎo. *I've already spent 2,000 yuan and I'm still not cured!* / 家务占～她不少时间。Jiāwù zhàn～ tā bù shǎo shíjiān. *Housework takes up a lot of her time.*

【去处】qùchù (名)(1)去的地方 *place where a person has gone to; whereabouts*:他昨天不辞而别,没有人知道他的～。Tā zuótiān bù cí ér bié, méi yǒu rén zhīdao tā de ～. *He left abruptly yesterday and nobody knows where he went.* (2)(适合某种具体活动的)场所 *place (suitable for some kind of concrete activity); place to go*:黄山是疗养的好～。Huáng Shān shì liáoyǎng de hǎo ～. *Huangshan is a good place for convalescence.* / 这里原来非常安静,是个学习的理想～,现在人多起来,不行了。Zhèlǐ yuánlái fēicháng ānjìng, shì ge xuéxí de lǐxiǎng ～, xiànzài rén duō qǐlai, bù xíng le. *It used to be very quiet here and an ideal place for study. But nowadays it has been spoiled by too many people.*

【去粗取精】qù cū qǔ jīng 同"取其精华,去其糟粕" qǔ qí jīnghuá, qù qí zāopò *same as "取其精华,去其糟粕" qǔ qí jīnghuá, qù qí zāopò*

【去掉】qù// diào *drop; leave out; discard*:～几个字,句子意思未变。～ jǐ ge zì, jùzi yìsi wèi biàn. *Even if you leave out a few words the meaning of the sentence won't be changed.* / 他脸上的一块疤痕去不掉了。Tā liǎnshang de yí kuài bāhén qù bu diào le. *He can't get rid of the scar on his face.*

【去路】qùlù (名)前进的道路或去某处的道路 *way ahead; outlet*:一条大河挡住了～。Yì tiáo dà hé dǎngzhùle ～. *A large river blocked the way ahead.* / 我们切断了敌人回城的～。Wǒmen qiēduànle dírén huí chéng de ～. *We cut off the enemy's line of retreat to the city.*

【去年】qùnián (名) *last year*

【去声】qùshēng (名)汉语声调的一种,普通话中的第四声,符号是"ˋ" *falling tone (in Chinese phonetics)*

【去世】qùshì (动·不及物)(成年人)死去 *(adult) die*

【去伪存真】qù wěi cún zhēn 去掉虚假的、表面的,保存真实的,本质的 *"get rid of the false and retain the true"*:这些都是表面现象,要好好研究,费一番～的功夫,才能发现真实情况。Zhèxiē dōu shì biǎomiàn xiànxiàng, yào hǎohǎo yánjiū, fèi yì fān ～ de gōngfu, cái néng fāxiàn zhēnshí qíngkuàng. *These are all surface phenomena. You must study them hard and sift the false from the true before you can discover their true nature.*

【去向】qùxiàng (名)〈书〉所去的地方(人或事物) *direction in which somebody or something has gone*:～不明 ～ bù míng *The whereabouts are unclear.* /不知自行车的～ bù zhī zìxíngchē de ～ *I don't know where my bicycle has got to.*

趣 qù
　(名)◇ 趣味 *interest*
【趣味】qùwèi (名)使人愉快、使人感到有意思、有吸引力的

特性 *interest; delight*:玩儿魔方～无穷。Wánr mófāng ～ wúqióng. *Rubiks cube is an endless source of fun.* / 这本教材缺乏～。Zhè běn jiàocái quēfá ～. *This textbook is dull.*

quān

圈 quān
　(名)(～儿)环形,环状物 *ring; circle*:铁～ tiě ～ *iron hoop* /同意谁当代表就在谁的名字前画个～。Tóngyì shuí dāng dàibiǎo jiù zài shuí de míngzi qián huà ge ～. *Draw a circle in front of the names of those you agree on as representatives.* /我每天早上在操场跑几～儿。Wǒ měi tiān zǎoshang zài cāochǎng pǎo jǐ ～r. *Every morning I run a few laps around the sports ground.* (动)(1)围住 *surround; enclose*:工地用木板～了起来。Gōngdi yòng mùbǎn ～le qilai. *The worksite is enclosed by wooden boards.* (2)画圈作记号 *mark with a circle*:把文章中重要的部分用红笔～起来,提醒别人注意。Bǎ wénzhāng zhōng zhòngyào de bùfen yòng hóngbǐ ～ qilai, tíxǐng biérén zhùyì. *Mark the important passages with red circles to draw people's attention.* /我把最后两个字～掉了。Wǒ bǎ zuìhòu liǎng ge zì ～diào le. *I drew red circles to delete the last two characters.*

【圈点】quāndiǎn (动)中国古书没有标点,读者自己在书或文稿上加圆圈或点儿,作为标点或用来标出认为值得注意的语句 *draw circles as punctuation marks in old Chinese texts or as marks of emphasis*

【圈套】quāntào (名)比喻引人上当受害的诡计 *snare; trap*:识破了敌人的～。shìpòle dírén de ～ *see through an enemy's ruse* /这是坏人设下的～。Zhè shì huàirén shèxià de ～. *An evil person has laid this trap.* /不要上了他的～。Búyào shàngle tā de ～. *Don't fall into his trap.*

【圈阅】quānyuè (动)领导人审阅文件后,在自己的名字处画圈儿,表示已经看过 *circle one's name on a document to show that one has read it*:他整天坐在办公室～文件,也不下去看看具体的工作情况。Tā zhěng tiān zuò zài bàngōngshì ～ wénjiàn, yě bú xiàqu kànkan jùtǐ de gōngzuò qíngkuàng. *He spends all day in the office initialling documents, and never goes down to see the work situation at first hand.*

【圈子】quānzi (名)(1)同"圈" quān (名),但用得少 *same as "圈" quān (名)* (2)集体的范围或活动的范围 *circle (of acquaintances, activities, etc.)*:这三个人总在一起,形成一个小～,很少联系别人。Zhè sān ge rén zǒng zài yìqǐ, xíngchéng yí ge xiǎo ～, hěn shǎo liánxì biérén. *The three of them are always together. They have formed a little clique and seldom have contact with others.* / 不要结党营私搞小～。Búyào jié dǎng yíng sī gǎo xiǎo ～. *You must not form cliques or small circles to pursue selfish interests.* /你要跳出家庭的小～,生活就更有意义了。Nǐ yào tiàochū jiātíng de xiǎo ～, shēnghuó jiù gèng yǒu yìyi le. *Life becomes more significant when one shakes oneself free of the family circle.*

quán

权〔權〕quán
　(名)(1)同"权力" quánlì (名) *same as "权力" quánlì* (名):大～旁落 dà ～ páng luò *Power has fallen into the hands of others.* / 有职有～,才能作出成绩。Yǒu zhí yǒu ～, cái néng zuòchū chéngjì. *Only when one has a position and authority can one make achievements.* (2)同"权利" quánlì *same as "权利" quánlì*:年满十八周岁的公民都有选举～。Nián mǎn shíbā zhōusuì de gōngmín dōu yǒu xuǎnjǔ ～. *All citizens who reach the age of 18 have the franchise.* / 你有什么权利剥夺我的发言～?Nǐ yǒu shénme quánlì bōduó wǒ de fāyán ～? *What authority do you have*

to deprive me of freedom of speech? (3)有利的形势 *advantageous position*：掌握主动 〜 zhǎngwò zhúdòng 〜 *seize the initiative* (副)〈书〉意思同"权且" quánqiě，但修饰单音节动词 *same as " 权且 "* quánqiě, *but modifies monosyllabic verbs*：他把茶缸〜当锅用，熬起粥来。Tā bǎ chágāng 〜 dàng guō yòng，áo qǐ zhōu lai. *He's using his mug as a makeshift pot to cook some gruel.* / 我拉过一条凳子〜作讲台，跳上去讲起来了。Wǒ lāguò yì tiáo dèngzi 〜 zuò jiǎngtái，tiào shangqu jiǎng qǐlái le. *I pulled a bench over to use it temporarily as a platform，jumped onto it and started to speak.*

【权衡】quánhéng (动)比较、考虑、斟酌 *weigh up* ；*put in the balance*：〜得失 〜 déshī *weigh the pros and cons；calculate the advantages and disadvantages*/ 〜利弊〜 lìbì *calculate the merits and demerits*/ 〜轻重 〜 qīngzhòng *weigh*/ 〜再三，决定立刻采取行动。〜 zàisān，juédíng lìkè cǎiqǔ xíngdòng. *mull over a matter thoroughly and then take decisive action*

【权力】quánlì (名) *right*；*authority*；*power*：最高〜机关 zuì gāo 〜 jīguān *the highest organ of power*/ 行使自己的〜 xíngshǐ zìjǐ de 〜 *exercise one's authority*

【权利】quánlì (名) *right*：人民享有充分的自由、民主。Rénmín xiǎngyǒu chōngfèn de zìyóu、mínzhǔ. *The people enjoy ample freedom and democratic rights.* / 他们在为民族生存的〜而斗争。Tāmen zài wèi mínzú shēngcún de 〜 ér dòuzhēng. *They are battling for national survival.*

【权且】quánqiě (副)〈书〉姑且，只好暂时地 *for the time being*；*temporarily*：这些家具咱们〜将就着用吧，将来条件好了再买新的。Zhèxiē jiājù zánmen 〜 jiāngjiuzhe yòng ba，jiānglái tiáojiàn hǎo le zài mǎi xīn de. *Let's make do with this furniture for the time being. When things get better in future，we can buy a new set.* / 把木箱〜当桌子用。Bǎ mùxiāng 〜 dàng zhuōzi yòng. *Use the wooden box as a desk for now.*

【权势】quánshì (名)权力和势力，也指有权有势的人 *power and influence；the powerful and the influential people*：不畏，主持公道。Bú wèi ，zhūchí gōngdào. *uphold justice without fear of the mighty*

【权术】quánshù (名)〈贬〉依仗权势要计谋，玩手段 *political machinations；political trickery*：这个人善搞〜，不可不防。Zhège rén shàn gǎo 〜，bù kě bù fáng. *Watch out for him. He's a master of political maneuvers.* / 玩弄〜的人，可得逞于一时，但总要垮台的。Wánnòng 〜 de rén，kě déchěng yú yìshí，dàn zǒng yào kuǎ tái de. *Those who indulge in political intrigue may succeed for a time but they always come to grief in the end.*

【权威】quánwēi (名)(1)使人信服的力量和威望 *authority*：他在生物学界是很有〜的。Tā zài shēngwùxué jiè shì hěn yǒu 〜 de. *He is an authority in the field of biology.* / 这部《中国近代史》是〜著作。Zhè bù 《Zhōngguó Jìndàishǐ》shì 〜 zhùzuò. *This "Modern Chinese History" is an authoritative work on the subject.* (2)在某个范围内最有影响的人或事物 *authority*：他是对外汉语教学的〜。Tā shì duì wài Hànyǔ jiàoxué de 〜. *He is an authority on teaching Chinese to foreigners.* / 这部词典可算是现代汉语工具书中的〜。Zhè bù cídiǎn kě suàn shì xiàndài Hànyǔ gōngjùshū zhōng de 〜 le. *This dictionary can be considered the authority among Chinese-language learning tools.*

【权限】quánxiàn (名)职权范围 *limits of authority；jurisdiction*：凡在我〜之内的事，我就得管。Fán zài wǒ 〜 zhī nèi de shì，wǒ jiù děi guǎn. *I have to look after everything within my jurisdiction.*

【权宜之计】quányí zhī jì 为了应付某种情况而暂时采取的变通办法 *expedient measure；makeshift step*：经济体制改革绝不是〜，这是全中国人民必须长期努力共同进行的伟大事业。Jīngjì tǐzhì gǎigé jué bú shì 〜，zhè shì quán Zhōngguó rénmín bìxū chángqī nǔ lì gòngtóng jìnxíng de wěidà shìyè. *The reform of the economic system is by no means an expedient measure，but a great task requiring the common efforts of all the Chinese people over a long period of time.*

【权益】quányì (名)应该享有的不容侵犯的权利 *rights and interests*：受教育是人民的〜。Shòu jiàoyù shì rénmín de 〜. *The people have a right to receive education.*

全 quán

(形)(1)应该有的都有 *complete*：学校图书馆有关汉语语法的书刊很〜。Xuéxiào túshūguǎn yǒuguān Hànyǔ yǔfǎ de shūkān hěn 〜. *The school library has a complete set of publications on the Chinese grammar.* / 他收集了比较〜的中国邮票。Tā shōujíle bǐjiào 〜 de Zhōngguó yóupiào. *He has collected a fairly complete set of Chinese stamps.* / 你的这套杂志〜不〜?Nǐ de zhè tào zázhì 〜 bu 〜? *Is this set of magazines of yours complete?* (2)用在名词或某些量词前，表示由各个部分组成的事物的整体 *whole；all of*：明天我们〜班去参观工厂。Míngtiān wǒmen 〜 bān qù cānguān gōngchǎng. *Tomorrow our whole class is going to visit a factory.* / 工厂的〜套设备都是上海制造的。Gōngchǎng de 〜 tào shèbèi dōu shì Shànghǎi zhìzào de. *All the factory's equipment is completely Shanghai made.* / 这个会议是〜国规模的。Zhège huìyì shì 〜 guó guīmó de. *This conference is national in scope.* / 〜世界各国人民都拥护和平。〜 shìjiè gè guó rénmín dōu yōnghù hépíng. *The people of all the countries in the world endorse peace.* (副)(1)同"都" dōu (1)，总括全部，或指其中的每一个，可与"都"连用，说成"全都" *same as " 都" dōu (1) (can be used together with " 都" to be said as "全都")*：这些书〜是刚买的。Zhèxiē shū 〜 shì gāng mǎi de. *These books have all just been bought.* / 大树把阳光〜都遮住了。Dà shù bǎ yángguāng 〜 dōu zhēzhu le. *The big tree blocked all the sunlight.* / 我们几个〜都没学过英语。Wǒmen jǐ ge 〜 dōu méi xuéguo Yīngyǔ. *None of us has ever studied English.* (2)完全地，百分之百地，表示(动作、状态)达到很高的程度 *completely；entirely*：天〜黑了。Tiān 〜 hēi le. *The sky is completely dark.* / 这套机器是〜新的。Zhè tào jīqì shì 〜 xīn de. *This set of machinery is entirely new.* / 你讲的我不〜明白。(只明白一部分) Nǐ jiǎng de wǒ bù 〜 míngbai. *I understand but not all that you've said. (I only understand part of it)*/ 那些书不〜是中文的，有一部分是外文的。Nàxiē shū bù 〜 shì Zhōngwén de，yǒu yí bùfen shì wàiwén de. *Those books are not all in Chinese；some are in foreign languages.* 这些事儿我〜不知道。(一点儿也不知道) Zhèxiē shìr wǒ 〜 bù zhīdào. *I know nothing about any of these matters.* / 为了抢救国家财产，他〜不顾个人安危。Wèile qiǎngjiù guójiā cáichǎn，tā 〜 búgù gèrén ānwēi. *He didn't give a single thought to his own personal safety while saving state property.* / 他的病还没〜好，但是已经可以出院了。Tā de bìng hái méi 〜 hǎo，dànshì yǐjīng kěyǐ chū yuàn le. *He has not yet completely recovered，but he can leave the hospital.* (3)同"都" dōu (3)，有"甚至"的意思，"全"要轻读 *same as " 都" dōu (3) ("全" is not stressed)*：她看见什么了?吓得话〜说不出来了。Tā kànjian shénme le ? Xià de huà 〜 shuō bu chūlái le. *What did she see ? She has been scared even speechless.* / 你看，为了帮助我，把你〜累病了。Nǐ kàn，wèile bāngzhù wǒ，bǎ nǐ 〜 lèibìng le. *See，you've even exhausted yourself sick just to help me.* / 热得我头〜晕了，今天不能再出去了。Rè de wǒ tóu 〜 yūn le，jīntiān bù néng zài chūqu le. *It's so hot that I even feel dizzy. I can't go out again today.*

【全部】quánbù (名)各个部分的总和(用于抽象事物，常作定语) *whole；entirety*：工程的每一部分的质量都影响到工程

的～。Gōngchéng de měi yí bùfen de zhìliàng dōu yīngxiǎng dào gōngchéng de ～. *The quality of each part of the project affects the whole project.* /这次试验,投入了车间的～力量。Zhècì shìyàn, tóurùle chējiān de ～ lìliang. *We have poured all the resources of the workshop into this experiment.* /他的～时间都用于学习。Tā de ～ shíjiān dōu yòng yú xuéxí. *He devotes all his time to studying.* /这套生产工艺,他已经～掌握了。Zhè tào shēngchǎn gōngyì, tā yǐjīng ～ zhǎngwò le. *He has mastered this production technique in its entirety.*

【全才】quáncái (名)在一定范围内各方面都擅长的人才 *all-round master (of a skill)*; *all-round expert*;在球类运动方面,他可算是个～。Zài qiúlèi yùndòng fāngmiàn, tā kě suàn shì ge ～. *He can be considered an all-round ball player.* /他研究能力强,又善于管理,是难得的～。Tā yánjiū nénglì qiáng, yòu shànyú guǎnlǐ, shì nándé de ～. *He's a rare master of both research and management skills.*

【全程】quánchéng (名)全部路程 *whole course*; *whole way*;从这儿到古长城,～是七十公里。Cóng zhèr dào gǔ Chángchéng, ～ shì qīshí gōnglǐ. *From here to the old part of the Great Wall is a total of 70 km.*

【全份】quán fèn (～儿)完整的一份儿 *complete set*;你要的～资料都在这里了。Nǐ yào de ～ zīliào dōu zài zhèli le. *The complete set of materials that you want is here.* /这种杂志我们定了四份,不过只有一个～的,其余都不全了。Zhè zhǒng zázhì wǒmen dìngle sì fèn, búguò zhǐ yǒu yí ge ～ de, qíyú dōu bù quán le. *We ordered four sets of this magazine, but there is only one complete set; the rest are incomplete.* /这一份饭太多了,我不要～,只要半份。Zhè yí fènr fàn tài duō le, wǒ bú yào ～, zhǐ yào bàn fènr. *This table d'hôte meal is too much. I don't want a complete meal, just half.*

【全副】quánfù (形)整套;全部(多用于精神、力量或成套的物件) *complete*; *full*;他把～精力都用在本公司的发展上了。Tā bǎ ～ jīnglì dōu yòng zài běn gōngsī de fāzhǎn shang le. *He puts all the energy he has into the development of this company.* /一队～武装的士兵开过去了。Yí duì ～ wǔzhuāng de shìbīng kāi guoqu le. *A troop of fully armed soldiers marched past.*

【全国一盘棋】quán guó yī pán qí 比喻整个国家工作步骤计划等高度统一、一致 *coordinate the activities of the whole country like the pieces in a chess game*

【全会】quánhuì (名)"全体会议"的简称 *plenary session* (*short for "全体会议"*)

【全集】quánjí (名) *complete works*;《鲁迅～》《Lǔ Xùn ～》 *"The Complete Works of Lu Xun"*

【全局】quánjú (名)指事物的整个局面 *overall situation*; *the whole*;考虑问题要从～出发。Kǎolǜ wèntí yào cóng ～ chūfā. *One must take the whole situation into account when deliberating a problem.* /局部利益要服从～的利益。Júbù lìyì yào fúcóng ～ de lìyì. *The interests of the parts must be subordinated to the interests of the whole.* /要处理好～与局部的关系。Yào chǔlǐ hǎo ～ yǔ júbù de guānxì. *We must do a good job of coordinating the parts and the whole.*

【全劳力】quánláolì (名)[个 gè]指体力强,能从事较重体力劳动的人(多指农业劳动的),也叫全劳动力 *able-bodied worker*

【全力】quánlì (名)全部力量或精力 *all one's strength*; *going all out*;集中～提高产品的质量 jízhōng ～ tígāo chǎnpǐn de zhìliang *muster all forces to raise the quality of products* /为了挽救他的生命,医生们已经用尽～了。Wèile wǎnjiù tā de shēngmìng, yīshēngmen yǐjīng yòngjìn ～ le. *The doctors went all out to save him.* /我们要～支持被压迫民族的斗争。Wǒmen yào ～ zhīchí bèi yāpò mínzú de dòuzhēng. *We must use all our strength to support the struggle of the oppressed peoples.* /大家～投入抗洪救灾的工作。Dàjiā ～ tóurù kàng hóng jiù zāi de gōngzuò. *Everybody poured in every ounce of energy to rescue the flood victims.*

【全力以赴】quánlì yǐ fù 把全部力量或精力都用上去 *go all out*; *spare no effort*;我们一定要～把植树造林工作做好。Wǒmen yídìng yào ～ bǎ zhí shù zào lín gōngzuò zuòhǎo. *We should spare no effort to make a good job of afforestation.* /只有三个月了,他必须～地写论文了。Zhǐ yǒu sān ge yuè le, tā bìxū ～ de xiě lùnwén le. *He's only got three months left, so he must spare no effort to get his thesis written.*

【全貌】quánmào (名)事物的整个面貌,全部情况 *complete picture*; *full aspect*

【全面】quánmiàn (形)各个方面的总和(跟"片面"相对) *overall*; *comprehensive (opposite of "片面")*;他考虑问题,考虑得很～。Tā kǎolǜ wèntí, kǎolǜ de hěn ～. *When he mulls over a problem he does so in a comprehensive way.* /必须～了解～情况。Bìxū liǎojiě ～ qíngkuàng. *It is necessary to understand the whole situation.* /学生要德、智、体、美～发展。Xuéshēng yào dé、zhì、tǐ、měi ～ fāzhǎn. *Students should develop in an all-round manner — morally, intellectually, physically and aesthetically.* /你把问题～地调查一下儿。Nǐ bǎ wèntí ～ de diàochá yíxiàr. *Investigate the problem from every aspect.*

【全民】quánmín (名)一个国家内的全体人民 *the whole people*;～皆兵 ～ jiē bīng *every citizen under arms*;国营企业是属于～的。Guóyíng qǐyè shì shǔyú ～ de. *State enterprises belong to the entire people.*

【全民所有制】quánmín suǒyǒuzhì 生产资料和产品归全体人民所有的制度,是社会主义所有制的高级形式 *ownership by the whole people*

【全能】quánnéng (名)〈体〉 *all-round*;他参加了十项～比赛。Tā cānjiāle shí xiàng ～ bǐsài. *He took part in the decathlon.* /她获得女子体操～冠军。Tā huòdé nǚzǐ tǐcāo ～ guànjūn. *She won the all-round women's athletics championship.*

【全能运动】quánnéng yùndòng 〈体〉 *all-round sports*

【全盘】quánpán (形·非谓)全部;全面(多用于抽象事物) *overall*; *comprehensive*;他的～计划都落空了。Tā de ～ jìhuà dōu luòkōng le. *His comprehensive plan came to nothing.* /你不能～否定他的工作。Nǐ bù néng ～ fǒudìng tā de gōngzuò. *You cannot just completely repudiate his work.* /我们～接受了他的意见。Wǒmen ～ jiēshòule tā de yìjiàn. *We accepted his opinion without any reservation.*

【全勤】quánqín (动·不及物)在规定的时间内都准时到班劳动,没有缺勤 *have a perfect work record*;我这个月～,没有迟到、早退和旷工,也没有请假。Wǒ zhège yuè ～, méiyou chídào、zǎotuì hé kuàng gōng, yě méiyou qǐng jià. *I've had a perfect work record this month — never arriving late or leaving early, and no absenteeism or asking for time off.* /王师傅几年来都是～。Wáng shīfu jǐ nián lái dōu shì ～. *Master Wang has had a perfect work record for the past few years.*

【全球】quánqiú (名)全世界 *the whole world*;誉满～ yù mǎn ～ *famed the world over* /～气候都不正常。～ qìhòu dōu bú zhèngcháng. *The weather is abnormal all over the world.*

【全权】quánquán (形·非谓)(握有处理问题的)全部权力 *having full authority*; *endowed with plenary powers*;～代表 ～ dàibiǎo *plenipotentiary* /特命～大使 tè mìng ～ dàshǐ *ambassador plenipotentiary and extraordinary* /这事你可以～处理。Zhè shì nǐ kěyǐ ～ chǔlǐ. *You have full authority to handle this matter.*

【全然】quánrán (副)〈书〉意思同"全"quán (2)完全地,多修饰否定的多音节短语 *same as "全" quán (2)* (*usu. modi-*

fies a negative polysyllabic phrase)：他的看法与我们～不同。Tā de kànfǎ yǔ wǒmen ～ bù tóng. _His view is entirely different from ours._ / 这人只顾他自己合适，～不顾他人死活。Zhè rén zhǐ gù tā zìjǐ héshì，～ bú gù tārén sǐ huó. _This person only worries about what suits him and is completely indifferent to whether others live or die._ / 他专心致志地看书，有人进来他～不知。Tā zhuānxīn zhìzhì de kàn shū，yǒu rén jìnlai tā ～ bù zhī. _He was wholly absorbed in reading a book and was completely ignorant of the fact that somebody had walked in._

【全日制】quánrìzhì（名）全天工作或学习的制度，区别于半日制（work，schooling，etc.）：小学本应该是～，半日制是不得已。Xiǎoxué běn yīnggāi shì ～，bànrìzhì shì bùdéyǐ. _Primary schooling ordinarily should be full-time. If it is half day, it is because it can't be helped._

【全身】quánshēn（名）_whole body；full-length_：你的照片儿是～的还是半身的？Nǐ de zhàopiànr shì ～ de háishi bànshēn de？_Is that photograph of you full-length or only half?_ / 这种手术需要～麻醉，局部麻醉不行。Zhè zhǒng shǒushù xūyào ～ mázuì，júbù mázuì bù xíng. _This operation requires a general anesthetic；a local anesthetic won't do._ / 这些话好像一股暖暖流传遍了他的～。Zhèxiē huà hǎoxiàng yì gǔ nuǎnliú chuánbiànle tā de ～. _These words seem to have given him a warm glow all over._ / 他～是伤。Tā ～ shì shāng. _He is covered with wounds._ / 我～都被雨淋湿了。Wǒ ～ dōu bèi yǔ línshī le. _The rain has soaked me to the skin._

【全神贯注】quánshén guànzhù　全副精神高度集中　_be absorbed in；be preoccupied with；give all one's attention to_：外科医生做手术必须～。Wàikē yīshēng zuò shǒushù bìxū ～. _A surgeon must concentrate one hundred percent while performing an operation._

【全盛】quánshèng（形·非谓）极其兴盛或强盛（多指时期）_in full bloom；flourishing；in one's prime_：～时期 ～ shíqī _prime；heyday_ /天宝年间，唐帝国由～逐渐转向衰弱。Tiānbǎo nián jiān，Táng dìguó yóu ～ zhújiàn zhuǎnxiàng shuāiruò. _From its heyday in the reign of Tianbao, the Tang empire gradually went into a decline._

【全速】quánsù（副）尽最高的速度 _full speed_：～前进 ～ qiánjìn _go full speed ahead_/ 汽车～行驶。Qìchē ～ xíngshǐ. _The car is travelling at full speed._

【全体】quántǐ（名）各部分的总和或各个个体的总和（指人）_the whole；the entirety_：这十个人代表～学生到医院慰问伤员。Zhè shí ge rén dàibiǎo ～ xuésheng dào yīyuàn wèiwèn shāngyuán. _These ten people，representing the whole student body，are going to the hospital to comfort the injured person._ / 留学生都出席了招待会。～ liúxuéshēng dōu chūxíle zhāodàihuì. _All the returned students attended the reception._ / 我们～赞成这个提议。Wǒmen ～ zànchéng zhège tíyì. _We all endorsed this suggestion._

【全天候】quántiānhòu（名）_all-weather_：～公路 ～ gōnglù _all-weather highway_ /～飞机 ～ fēijī _all-weather aircraft_

【全托】quántuō（名）幼儿园、托儿所收托婴幼儿的一种制度。由家长交付一定费用，孩子住在幼儿园或托儿所，通常是每星期一早上将孩子送入，星期五下午接回。与“日托”相对 _put a child in a boarding nursery_

【全心全意】quán xīn quányì _whole hearted_：～为人民服务 ～wèi rénmín fúwù _serve the people wholeheartedly_ /他是个～干四化的人。Tā shì ge ～ gàn sìhuà de rén. _He works heart and soul for Four Modernizations._

【全优】quányōu（形）（成绩）全部优秀；（生产中）各种指标都达到优秀水平 _all-round percent excellent；everything up to the mark_：这个学生的成绩～。Zhège xuésheng de chéngjì ～. _This student got excellent marks in all his school subjects._ / 施工中，工人们争创～。Shīgōng zhōng，

gōngrénmen zhēng chuàng ～. _In construction，the workers strive for all-round excellence._ / 这是一项～工程。Zhè shì yí xiàng ～ gōngchéng. _This engineering project is satisfactory in all respects._

泉 quán
（名）_spring；fountain_

【泉水】quánshuǐ（名）[股 gǔ] _spring water；spring_

【泉眼】quányǎn（名）[个 gè] _mouth of a spring_

【泉源】quányuán（名）（1）水源 _fountainhead；wellspring_（2）比喻力量、知识、感情等的来源或产生原因 _source_：生活是文艺创作的～。Shēnghuó shì wényì chuàngzuò de ～. _Life is the wellspring of art and literature._ / 坚定的信念，是力量的～。Jiāndìng de xìnniàn，shì lìliàng de ～. _Firm conviction is the source of strength._

拳 quán
（名）（1）同“拳头” quántou _same as "拳头"_ quántou：把～握紧 bǎ ～ wòjǐn _clench one's fist_（2）拳术（Chinese）_boxing_：课间他练了一会儿～。Kè jiān tā liànle yíhuìr ～. _During a break from class he practised Chinese boxing._ / 他会打～。Tā huì dǎ ～. _He is accomplished at Chinese boxing._

【拳击】quánjī（名）〈体〉_boxing_

【拳头】quántou（名）[个 gè] _fist_：他总想用～解决问题。Tā zǒng xiǎng yòng ～ jiějué wèntí. _He always wants to use his fists to settle problems._

痊 quán
（动）◇ 痊愈 _recover from an illness_

【痊愈】quányù（动）〈书〉（病）好了 _get better；recover from an illness_：他的伤已经～。Tā de shāng yǐjīng ～. _He has fully recovered from his injury._

蜷 quán
（动）_curl up；huddle up_：把腿一起来。Bǎ tuǐ ～ qilai. _curl one's legs under one_/ 他～着身子躺在床上。Tā ～zhe shēnzi tǎng zài chuáng shang. _He lay curled up on the bed._

【蜷伏】quánfú（动）〈书〉_curl up；huddle up_

【蜷曲】quánqū（动）〈书〉_蜷 curl up；coil up_

【蜷缩】quánsuō（动）〈书〉_curl up；roll up_：刺猬遇到危险就～成一团。Cìwei yùdào wēixiǎn jiù ～ chéng yì tuán. _When a hedgehog meets danger，it curls itself up into a ball._

quǎn

犬 quǎn
（名）〈书〉_dog_：警～ jǐng ～ _police dog_

【犬牙交错】quǎnyá jiāocuò　像狗牙那样上下交错，参差不齐。形容交界线曲折，也比喻形势错综复杂 _interlocking；jigsaw-patterned_：敌军占领区和我军占领区成～形势。Díjūn zhànlǐngqū hé wǒjūn zhànlǐngqū chéng ～ xíngshì. _The enemy position and ours interlocked._

quàn

劝 [勸]quàn
（动）讲道理，使人听从 _advise；urge；persuade；encourage to_：他没考上大学，心情不好，你～～他。Tā méi kǎoshàng dàxué，xīnqíng bù hǎo，nǐ ～～ tā. _He is downhearted because he didn't pass the university entrance exam. Why don't you have a talk with him?_/ 你好好儿～他别跟那些不三不四的人来往。Nǐ hǎohǎor ～ tā bié gēn nàxiē bù sān bú sì de rén láiwǎng. _You should really have a talk with him about going around with those shady characters._

【劝导】quàndǎo（动）〈书〉规劝、开导 advise；try to persuade；urge：要不是大夫一再～，他是不会同意给妻子做手术的。Yàobúshì dàifu yízài ～，tā shì bú huì tóngyì gěi qīzi zuò shǒushù de. If it hadn't been for the doctor's repeated urging he would never have agreed to his wife's having the operation.

【劝告】quàngào（动）〈书〉用道理劝人，使人接受意见或改正错误 advise；urge；exhort：大家这样～你，你还不听，可要犯大错误的。Dàjiā zhèyàng ～ nǐ，nǐ hái bù tīng，kě yào fàn dà cuòwu de. If you disregard everybody's advice you will be making a big mistake. / 妻子一再～他别再吸烟了，他才戒了。Qīzi yízài ～ tā bié zài xī yān le，tā cái jiè le. It was only after his wife had urged him time and again to stop smoking that he finally gave it up.（名）希望人改正错误接受意见而说的话 advise：他听了老师的～，认真读书了。Tā tīngle lǎoshī de ～，rènzhēn dú shū le. In obedience to his teacher's exhortations, he studied diligently.

【劝架】quàn＝jià 劝人停止争吵或打架 try to stop a quarrel；mediate：他非常热心，常常给人～或调解纠纷。Tā fēicháng rèxīn，chángcháng gěi rén ～ huò tiáojiě jiūfēn. He was always ready to mediate in other people's quarrels.

【劝解】quànjiě（动）〈书〉(1) 劝导解释 conciliate；mediate：经过人们反复～，她的火气才消了点儿。Jīngguò rénmen fǎnfù ～，tā de huǒqì cái xiāole diǎnr. Her anger abated somewhat after people had repeatedly tried to calm her down. (2) 调解 mediate；pacify：他们又吵起来了，你快去～一下儿吧！Tāmen yòu chǎo qilai le，nǐ kuài qù ～ yíxiàr ba! They've started quarrelling again. Quick, go and try to calm them down.

【劝勉】quànmiǎn（动）〈书〉劝导并勉励 advise and encourage

【劝说】quànshuō（动）〈书〉劝 persuade；advise

【劝慰】quànwèi（动）〈书〉劝解安慰 console；soothe

【劝止】quànzhǐ（动）〈书〉劝说阻止 advise against；dissuade

【劝阻】quànzǔ（动）劝人不要做某种事情或参加某项活动 advise against；dissuade：他不听别人～，不等中学毕业就去做买卖。Tā bù tīng biérén ～，bù děng zhōngxué bì yè jiù qù zuò mǎimai. He ignored advise to the contrary and went into business before he had graduated from middle school.

券 quàn（名）◇ 票据或作凭证的纸片 ticket；certificate：入场券 rùchǎng ～ admission ticket；公债～ gōngzhài ～ government bond

quē

缺 quē（动）(1) 缺乏；缺少 lack；be deficient in：你来打桥牌吧，我们现在是三～一。Nǐ lái dǎ qiáopái ba，wǒmen xiànzài shì sān ～ yī. Come and join us in this bridge game. We are one person short. / 你～什么，只管说，千万别见外。Nǐ ～ shénme，zhǐguǎn shuō，qiānwàn bié jiànwài. If you need anything, just say so. Don't stand on ceremony. / 这盆花～肥。Zhè pén huār ～ féi. This pot of flowers is short of fertilizer. (2) 残破不全 incomplete；flawed：这本书～了两页。Zhè běn shū ～le liǎng yè. There are two pages missing from this book. / 这台机器～了不少零件。Zhè tái jīqì ～le bù shǎo língjiànr. There are quite a few parts missing from this machine. (3)（应到的）未到 miss；fail to arrive：这星期他因病～了两天课。Zhè xīngqī tā yīn bìng ～ le liǎng tiān kè. He missed two days of school this week because of illness. / 全班同学都来了，就～小王了。Quán bān tóngxué dōu lái le，jiù ～ Xiǎo Wáng le. The whole class is here except for Xiao Wang.（形）短少；缺乏（一般作谓语）lacking（usu. as the predicate）：你要的这种产品，目前市场上比较～。Nǐ yào de zhè zhǒng chǎnpǐn，mùqián shìchǎng shang bǐjiào ～. The product you want is fairly scarce on the market nowadays. / 农村技术人才很～。Nóngcūn jìshù réncái hěn ～. There is a shortage of agrotechnicians.

【缺编】quēbiān（动）按规定的编制尚缺少（员额），与"超编"相对 be under strength：那个连～一个班。Nàge lián ～ yí ge bān. That company is a squad under strength. / 我们单位～四五个人。Wǒmen dānwèi ～ sì-wǔ gè rén. Our unit is short of four or five people.

【缺德】quē＝dé（口）缺乏好的品德（多为骂人的话）wicked；depraved：你可别干一些损人利己的一事。Nǐ kě bié gàn zhè zhǒng sǔn rén lì jǐ de ～ shì. You mustn't do such a mean thing which harms others and benefits yourself. / 谁把垃圾堆在马路边？太～了。Shuí bǎ lājī duī zài mǎlù biān? Tài ～ le. Who left that rubbish by the roadside? That's really disgraceful!

【缺点】quēdiǎn（名）shortcoming；defect；weakness：人人都有优点有缺点，没有什么完美无缺的人。Rénrén dōu yǒu yōudiǎn yǒu ～，méi yǒu shénme wán měi wúquē de rén. Nobody is perfect. Everyone has his strong and weak points. / 这个方法可以保证质量，一是太慢。Zhège fāngfǎ kěyǐ bǎozhèng zhìliàng，～ shì tài màn. This method can guarantee quality. The only drawback is that it is too slow. / 新盖的房子有个共同的～，屋子都太小。Xīn gài de fángzi yǒu ge gòngtóng de ～，wūzi dōu tài xiǎo. The newly built houses all have the same defect, that is, the rooms are too small.

【缺额】quē'é（名）现有人员比规定的名额少的那些空额 vacancy；shortfall：我们单位按编制应有五十人，现在只有三十八人，有十二个～。Wǒmen dānwèi àn biānzhì yīng yǒu wǔshí rén，xiànzài zhǐ yǒu sānshíbā rén，yǒu shí'èr ge ～. Our unit is supposed to have fifty people according to the stipulations, but we only have thirty-eight, so we are twelve short.

【缺乏】quēfá（动）缺少（应有的、必需的或需要的事物），宾语多是抽象名词，有时虽是具体名词，但不能带数量词 be short of；lack：～经验 ～ jīngyàn lack experience/ ～信心 ～ xìnxin lack confidence；lack faith/ ～勇气 ～ yǒngqì lack courage/～运输工具 ～ yùnshū gōngjù lack means of transportation（形）没有或不够（一般作谓语）lacking（usu. as a predicate）：～人力 ～ rénlì There is a shortage of manpower. / 一些急需的药品，在这儿十分～。Yìxiē jíxū de yàopǐn，zài zhèr shífēn ～. There is a severe shortage of badly-needed medicines here.

【缺斤少两】quē jīn shǎo liǎng 指出售商品分量不足 short in weight

【缺口】quēkǒu（名）(1) chip（in a piece of crockery, etc.）：谁把茶杯碰了个～? Shuí bǎ chábēi pèngle ge ～? Who chipped the cup? (2) 突破口 breach：我们要在敌人的包围圈上打开一个～冲出去。Wǒmen yào zài dírén de bāowéiquān shang dǎkāi yí ge ～ chōng chuqu. We must open a breach in the enemy's encirclement and break out.

【缺门】quēmén（名）空白的门类 gap；empty spot；lacuna：他所作的研究填补了我们化学工业中的～。Tā suǒ zuò de yánjiū tiánbǔle wǒmen huàxué gōngyè zhōng de ～. His research has filled a gap in our chemical industry.

【缺欠】quēqiàn（名）缺点（多指事物中的）deficiency；defect：方案中有什么～，请提出来。Fāng'àn zhōng yǒu shénme ～，qǐng tí chūlai. If there are any defects in the plan, please point them out.

【缺勤】quē＝qín 在规定的工作时间内没有上班工作 absence from duty：他工作以来，没有缺过勤。Tā gōngzuò yǐlái，méiyou quēguo qín. He has never been absent ever since he

started work. / 今天两个人～。Jīntiān liǎng ge rén ～. There are two people absent from work today. / 昨天～三人。Zuótiān ～ sān rén. Three people were absent from work yesterday.

【缺少】quēshǎo（动）缺乏（多指人或物数量不够）lack；be short of：我们村当前最突出的矛盾是～劳动力。Wǒmen cūn dāngqián zuì tūchū de máodùn shì ～ láodònglì. The most pressing problem in our village is a shortage of labor. /工厂因～原料，不得不停工。Gōngchǎng yīn ～ yuánliào, bùdébù tíng gōng. The factory is short of materials, so it has no choice but to halt operations. / 我们只～一天的时间。Wǒmen zhǐ ～ yì tiān de shíjiān. We only need one more day.

【缺席】quēxí（动）（开会或上课）应到而没到 absent（from a meeting, class, etc.）：今天开会，小王因病～。Jīntiān kāi huì, Xiǎo Wáng yīn bìng ～. Xiao Wang is ill and missed today's meeting.

【缺陷】quēxiàn（名）残损、欠缺或不完备的地方 defect；blemish：他生理上有～. Tā shēnglǐ shang yǒu ～. He has a physiological defect. / 这个设计方案的最大～是不实用。Zhège shèjì fāng'àn de zuì dà ～ shì bù shíyòng. The biggest flaw in this draft plan is that it is not practicable.

qué

瘸 qué
（动）limp；be lame；be crippled：你怎么～了？Nǐ zěnme ～ le? How did you become lame? /他的左腿有点～. Tā de zuǒ tuǐ yǒudiǎnr ～. His left leg is somewhat lame.

【瘸子】quézi（名）腿脚有毛病的人 cripple

què

却 què
（副）表示某一动作或行为与前面所提的动作或行为相反，或出乎意外，超乎常情，多用于第二分句，表示转折；可以与表示转折的连词连用，以加强语气 but；yet；however（usu. used in the second clause of a sentence to indicate a turning；can be used together with a conjunction that indicates a turning as an intensifier）：风停了，雪～越下越大。Fēng tíng le, xuě ～ yuè xià yuè dà. The wind has died down, but the snow is getting heavier and heavier. /天这么热，他～穿着棉袄。Tiān zhème rè, tā ～ chuānzhe mián'ǎo. It's so hot, yet he's wearing a cotton-padded jacket. / 别人都很忙，但他～闲得没事干。Biérén dōu hěn máng, dàn tā ～ xiándé méi shì gàn. Others are all very busy, yet he just stands idle. /小学生都会写的字，而你～不会。Xiǎo xuéshéng dōu huì xiě de zì, ér nǐ ～ bú huì. These are characters which primary school pupils know how to write yet you don't. / 路虽不远，然而走起来～很吃力。Lù suī bù yuǎn, rán'ér zǒu qilai ～ hěn chīlì. Although the distance is not great, walking down this road is still a strain.

【却步】quèbù（动）〈书〉因畏惧或厌恶而向后退 step back（in fear, disgust, etc.）；shrink；flinch：这座山太陡了，令人望而～。Zhè zuò shān tài dǒu le, lìng rén wàng ér ～. This mountain is so precipitous that people take one look and shrink back. /在困难面前，我们就会一事无成。Zài kùnnan miànqián, wǒmen jiù huì yí shì wú chéng. We will never accomplish anything if we flinch in the face of difficulty.

雀 què
（名）◇ sparrow

【雀斑】quèbān（名）freckle

【雀跃】quèyuè（动）〈书〉高兴得像雀儿一样跳跃 jump for joy

确 〔確〕què
（形）同"确实"quèshí（形）same as "确实" quèshí（形）：消息不～. Xiāoxi bú ～. The news is not reliable（副）同"确实"quèshí（副）same as "确实" quèshí（副）：～ 有其人 ～ yǒu qí rén There really is such a person.

【确保】quèbǎo（动）有把握地保持或保证 guarantee；ensure：～人身安全 ～ rénshēn ānquán ensure physical safety/ 落实承包责任制～了粮食稳产高产。Luòshí chéngbāo zérènzhì ～ le liángshi wěn chǎn gāo chǎn. Carrying out the contract responsibility system will ensure steady, high yields of food grains.

【确定】quèdìng（形）明确而肯定的 definite；fixed：请你给我一个～的答复。Qǐng nǐ gěi wǒ yí ge ～ de dáfù. Please give me a definite answer. / 这是～的事实。Zhè shì ～ de shìshí. This is an established fact.（动）使确实 fix；determine：候选人名单，到现在还没有～。Hòuxuǎnrén míngdān, dào xiànzài hái méiyou ～. The list of candidates still hasn't been determined. / 只要任务一～，我们就要全力以赴地干。Zhǐyào rènwu yí ～, wǒmen jiù yào quán lì yǐ fù de gàn. Once we've decided on the task we shall go all out to get the job done.

【确立】quèlì（动）稳固地建立或树立 establist；set up：～一套行之有效的管理方法是不容易的。～ yí tào xíng zhī yǒuxiào de guǎnlǐ fāngfǎ shì bù róngyì de. Establishing a set of effective management methods is not easy. /经过探索、实践，逐步～起自己的世界观。Jīngguò tànsuǒ, shíjiàn, zhúbù ～ qǐ zìjǐ de shìjièguān. It is by a process of exploration and practice that we estabish our own view of the world.

【确切】quèqiè（形）（1）准确、恰当 definite；exact；precise：～的数字 ～ de shùzì exact number；definite figure /这个词～的含义是什么？Zhège cí ～ de hányì shì shénme? What is the exact meaning of this term?（2）确实、可靠的 definite；reliable：～的保证 ～ de bǎozhèng sure guarantee

【确认】quèrèn（动）十分肯定地加以承认（事实、原则等）affirm；acknowledge：大家都～这报告完全符合事实。Dàjiā dōu ～ zhè bàogào wánquán fúhé shìshí. Everyone acknowledges that this report conforms completely with the facts.

【确实】quèshí（形）真实可靠，符合事实 true；reliable：这个消息非常～. Zhège xiāoxi fēicháng ～. This news is very reliable. / 他已提升为总经理是～的。Tā yǐ tíshēng wéi zǒngjīnglǐ shì ～ de. It is definite that he has been promoted to general manager. （副）对情况的真实性表示肯定 indeed；really：他干得～不错。Tā gàn de ～ búcuò. He works really well. / 我～老了，精力不行了。Wǒ ～ lǎo le, jīnglì bù xíng le. I really must be getting old, because I've no energy these days.

【确信】quèxìn（动）确实地相信；坚信不疑 be sure；be convinced：我们～他能够管理好这个工厂。Wǒmen ～ nénggòu guǎnlǐ hǎo zhège gōngchǎng. We are convinced he can run this factory well. / 你真的～他不是坏人？Nǐ zhēn de ～ tā bú shì huàirén? Are you really sure he is not a bad person?

【确诊】quèzhěn（动）肯定诊断是确实的 diagnose definitely：他的病还没有～. Tā de bìng hái méiyou ～. His ailment hasn't been definitely diagnosed yet. / 经过著名大夫会诊后，他的病～是癌。Jīngguò zhùmíng dàifu huìzhěn hòu, tā de bìng ～ shì ái. After he was examined by a panel of leading physicians his disease was diagnosed as cancer.

【确凿】quèzuò（形）非常确实 conclusive；irrefutable；definite：在～的事实面前，他承认了错误。Zài ～ de shìshí

miànqián, tā chéngrènle cuòwu. *Faced with irrefutable facts, he admitted his mistake.* / 证据～，他的罪行是抵赖不了的。Zhèngjù ～, tā de zuìxíng shì dǐlài bu liǎo de. *The evidence is irrefutable; his guilt cannot be denied.*

qún

裙 qún
（名）◇ 裙子 *skirt*

【裙带关系】qúndài guānxi 利用妻女姊妹和人结成的关系，扩大个人势力，以达到升官发财的目的 *influence of one's female relatives*

【裙子】qúnzi（名）[条 tiáo] *skirt*

群 qún
（名）聚集在一起的人或物 *crowd; group*：人～ rén ～ *crowd* /建筑～ jiànzhù ～ *building complex* /马～ mǎ ～ *herd of horses* /～情激愤 ～ qíng jīfèn *popular indignation*（量）用于成群的人或东西 *group; herd; flock*：一～孩子 yì ～ háizi *a group of children*/ 一～羊 yì ～ yáng *a flock of sheep*

【群策群力】qún cè qún lì 大家一起出主意，一起出力 *pool everyone's wisdom and strength*：经过～，终于把新产品试制成功了。Jīngguò ～, zhōngyú bǎ xīn chǎnpǐn shìzhì chénggōng le. *By drawing on everyone's wisdom and strength, trial production of the new product was successful.*

【群岛】qúndǎo（名）*archipelago*

【群落】qúnluò（名）*community*

【群氓】qúméng（名）对普通人民的蔑称 *the common herd; hoi polloi*

【群魔乱舞】qún mó luàn wǔ 形容一群坏人聚在一起猖狂活动 *all kinds of villains running wild*

【群起而攻之】qún qǐ ér gōng zhī 大家一同起来反对他(它) *general rising up in opposition*

【群体】qúntǐ（名）〈生〉*colony*

【群像】qúnxiàng（名）文学艺术作品中塑造的一群人物的形象 *group of images (in literary creation)*：英雄～ yīngxióng ～ *group of heroic images*

【群言堂】qúnyántáng（名）指领导人发扬民主，广泛听取意见、建议、批评等的工作作风。与"一言堂"相对 *general consensus*

【群英会】qúnyīnghuì（名）现指英雄模范人物的集会 *gathering of outstanding personages*

【群众】qúnzhòng（名）泛指人民大众。有时特指没有参加共产党或共青团的人 *the masses; the general public*

【群众关系】qúnzhòng guānxi 个人和他周围的人们相处的情况 *ties with the masses*：他的～非常好。Tā de ～ fēicháng hǎo. *He has very good ties with the masses.* / ～不好，是很难做好工作的。～ bù hǎo, shì hěn nán zuòhǎo gōngzuò de. *It is very hard to get one's work done if one's ties with the masses are not good.*

【群众观点】qúnzhòng guāndiǎn 全心全意为人民服务，相信群众，尊重群众的首创精神，向人民群众学习，甘当群众的小学生的态度 *mass viewpoint*：你在实际工作中要培养～和劳动观点。Nǐ zài shíjì gōngzuò zhōng yào péiyǎng ～ hé láodòng guāndiǎn. *In practical work you must cultivate a viewpoint based on the masses and on labor.*

【群众路线】qúnzhòng lùxiàn 密切联系群众，遇事同群众商量，把群众的意见集中起来，又到群众中去作宣传解释，变为群众的意见，坚持下去，见之于行动 *mass line*：一个领导干部时刻不能忘记走～。Yí ge lǐngdǎo gànbu shíkè bù néng wàngjìzǒu ～. *A leading cadre cannot for a single moment forget to adhere to the mass line.* /～是我们党的生命线。～ shì wǒmen dǎng de shēngmìngxiàn. *The mass line is the lifeline of our party.*

【群众性】qúnzhòngxìng（名）有广泛人民大众参加的(活动) *having a mass character*

【群众运动】qúnzhòng yùndòng 有广大人民参加的政治运动或社会运动 *mass movement*

【群众组织】qúnzhòng zǔzhī 不是国家政权性质的群众团体，如工会、妇联等 *mass organization (such as trade unions, women's federations, etc.)*

R

rán

然 rán （形）〈书〉对的，不错 *right*；*correct*：不以为～ bù yǐwéi ～ *object to*；*not approve* （代）〈书〉这样 *so*；*like that*；知其～，不知其所以～. Zhī qí ～, bù zhī qí suǒ yǐ ～. *knows the hows but not the whys* （连）〈书〉意思同"然而"rán'ér *same as* "然而" rán'ér：这件事虽不算大，～万万不可忽视. Zhè jiàn shì suī bú suàn dà, ～ wànwàn bù kě hūshì. *This matter, though not very important, must absolutely not be overlooked.* /许多华侨虽多年生活在国外～总不忘自己是中国人. Xǔduō huáqiáo suī duō nián shēnghuó zài guó wài ～ zǒng bú wàng zìjǐ shì Zhōngguó rén. *Although they live abroad for many years, many overseas Chinese nevertheless don't forget their Chinese origin.* /承包以后，他们的工作量加大了，～每个人的收入也增加了. Chéngbāo yǐhòu, tāmen de gōngzuòliàng jiādà le, ～ měi gè rén de shōurù yě zēngjiā le. *After getting a contract, their workload increased, but every person's income also increased.*

【然而】rán'ér （连）同"但是"dànshì，但有书面语意味。"然而"后可以有停顿，要表达的重点在"然而"之后 *but*；*nevertheless*；*however*；*same as* "但是" dànshì, *but has a literary flavour* （"然而" *may be followed by a pause and the main point to be expressed in the sentence is placed after* "然而"）（1）同"但是"dànshì（2），所引出的语句意思和前面的相对 *same as* "但是" dànshì（2）（*the meaning of the clause which it introduces is opposite to that which percedes it*）：他是个有才能的人，～知道他的人不多. Tā shì ge yǒu cáinéng de rén, ～ zhīdào tā de rén bù duō. *He is a talented person, but few know of him.* /我虽然已经失败了三次，～我并不气馁. Wǒ suīrán yǐjīng shībàile sān cì, ～ wǒ bìng bú qìněi. *Although I've failed three times, I am nevertheless not disheartened.* /他们都是唐山地震后的孤儿，～他们并不孤，政府妥善地安排了他们的生活和学习. Tāmen dōu shì Tángshān dìzhèn hòu de gū'ér, ～ tāmen bìng bù gū, zhèngfǔ tuǒshàn de ānpáile tāmen de shēnghuó hé xuéxí. *They are the Tangshan earthquake orphans; they are not alone, however, because the government has made proper arrangements for their living and studies.* （2）同"但是" dànshì（1），"然而"前后意思不是相对的，后面是前面的补充或限制 *same as* "但是" dànshì（1）（*the meanings of the clauses before and after* "然而" *are not opposed, but that which follows* "然而" *either complements or restricts that which precedes it*）：他会三种外语，～水平都不太高. Tā huì sān zhǒng wàiyǔ, ～ shuǐpíng dōu bú tài gāo. *He knows three foreign languages, but does not excel in any one.* /她的两个女儿长得都很漂亮，～二女儿更显得秀气些. Tā de liǎng ge nǚ'ér zhǎng de dōu hěn piàoliang, ～ èr nǚ'ér gèng xiǎnde xiùqì xiē. *Her two daughters are both very beautiful, but her second daughter seems to be a little more delicate.* /他报考了北京大学和师范大学，～考上师范大学的可能性要大些. Tā bàokǎole Běijīng Dàxué hé Shīfàn Dàxué, ～ kǎoshàng Shīfàn Dàxué de kěnéngxìng yào dà xiē. *He signed up for the entrance exams for Beijing University and the Normal University, but the possibility of his passing is a bit better at the Normal University.*

【然后】ránhòu（连）表示时间上在后，可用于句首；有时与"首先"、"先"等前后呼应 *then*；*after that*；*afterwards* （*may sometimes be used together with* "首先","先",*etc.*）：先去操场锻炼身体，～回来洗澡. Xiān qù cāochǎng duànliàn

shēntǐ, ～ huílái xǐ zǎo. *First, go exercise at the sports ground, and then come back and take a shower.* /你先把米饭蒸上，～再洗菜，可以节约时间. Nǐ xiān bǎ mǐfàn zhēngshang, ～ zài xǐ cài, kěyǐ jiéyuē shíjiān. *First put the rice on to steam; after that, wash the vegetables. You can save time this way.* /在商店买了衣服，～他又去书店看了半天. Zài shāngdiàn mǎile yīfu, ～ tā yòu qù shūdiàn kànle bàntiān. *He went to the store and bought clothes; afterwards, he went to the bookstore and spent a long time there reading.*

燃 rán （动）〈书〉*burn*；*ignite*；*light*；篝火熊熊～起. Gōuhuǒ xióngxióng ～qǐ. *The bonfire ignited with a blaze.* /点～了蜡烛 diǎn ～ le làzhú *lit a candle* /胸中～起怒火. Xiōngzhōng ～qǐ nùhuǒ. *He was burning with fury.*

【燃点】rándiǎn （名）〈物〉*ignition* (*or burning, kindling*) *point*

【燃放】ránfàng （动）〈书〉点着（鞭炮等，使爆发）*set off* (*firecrackers, etc.*)：～烟火 ～ yānhuǒ *set off fireworks* /～爆竹 ～ bàozhú *set off firecrackers*

【燃料】ránliào （名）*fuel*

【燃眉之急】rán méi zhī jí 像火烧眉毛那样的紧急，比喻非常紧迫的需要或问题 *as pressing as fire singeing one's eyebrows*；*a matter of extreme urgency*；*a pressing need*：赶快编一本词典解决外国学生学汉语的～. Gǎnkuài biān yì běn cídiǎn jiějué wàiguó xuéshēng xué Hànyǔ de ～. *Hurry up and compile a dictionary to meet the pressing needs of foreign students who study Chinese.*

【燃烧】ránshāo(动)〈书〉*burn*；*kindle*

【燃烧弹】ránshāodàn (名)[颗 kē] *incendiary bomb*

rǎn

冉 rǎn

【冉冉】rǎnrǎn （副）〈书〉慢慢地 *slowly*；*gradually*：红日从东方～升起. Hóngrì cóng dōngfāng ～ shēngqǐ. *A red sun slowly rose in the east.*

染 rǎn （动）(1)用染料上颜色 *dye*：～毛线 ～ máoxiàn *dye knitting wool* /～头发 ～ tóufa *dye one's hair* /她把黄头发～成黑色了. Tā bǎ huáng tóufa ～chéng hēisè le. *She dyed her blond hair black.* /晚霞～红了天空. Wǎnxiá ～hóngle tiānkōng. *The sunset glow dyed the sky red.* (2)感染、沾染（疾病、坏习惯、不良嗜好等）*infect*；*contaminate*；*catch* (*a disease*)；*acquire* (*a bad habit, etc.*)：两年来，他一直～病在床. Liǎng nián lái, tā yìzhí ～ bìng zài chuáng. *He has been in bed with illnesses for the past two years.* /不要～上吸烟的嗜好. Búyào ～shang xī yān de shìhào. *Don't acquire the bad habit of smoking.*

【染坊】rǎnfang （名）染绸、布、衣服等的作坊 *dyehouse*；*dyeworks*

【染缸】rǎngāng （名）染东西用的大缸，比喻对人的思想产生坏影响的环境 *dye vat*；*dye jigger—used as a metaphor for an environment that creates a bad influence on people's thinking*

【染料】rǎnliào （名）*dyestuff*；*dye*

【染色】rǎnsè （动·不及物）*dyeing*；*colouring*

【染色体】rǎnsètǐ （名）〈生〉*chromosome*

【染指】rǎnzhǐ（动）〈书〉比喻沾取不应得的利益 *take a share of sth. one is not entitled to；encroach；have a finger in every pie*

rāng

嚷 rāng
另见 rǎng

【嚷嚷】rāngrang（动）〈口〉(1)大声喊叫、说话 *shout；yell；create an uproar*：你们别乱～，安静点！Nǐmen bié luàn ～, ānjìng diǎn! *Don't yell. Quiet down a little!* /他在这儿～了半天了,谁也没理他。Tā zài zhèr ～ le bàntiān le, shuí yě méi lǐ tā. *He was shouting in here for quite some time, but everybody ignored him.* (2)声张,把消息、事情等传出去 *make widely known*：这事让他一～得谁都知道了。Zhè shì ràng tā ~ de shuí dōu zhīdao le. *He told everybody about this.* /这件不体面的事可别～出去。Zhè jiàn bù tǐmiàn de shì kě bié ～ chuqu. *Don't breathe a word about this disgraceful matter.*

ráng

瓤 ráng
（名）（～儿）*pulp；flesh；pith*：丝瓜～ sīguā ～ *the pulp of a towel gourd* /这西瓜是黄～的。Zhè xīguā shì huáng ～ de. *This watermelon has a yellow pulp.*

rǎng

嚷 rǎng
（动）〈口〉喊叫 *shout；yell；create an uproar*：你别～,咱们心平气和地谈谈。Nǐ bié ～, zánmen xīn píng qì hé de tántan. *Stop yelling. Let's discuss this calmly.* /他一个人在屋里大～大叫,谁都不理他。Tā yí ge rén zài wū li dà ～ dà jiào, shuí dōu bù lǐ tā. *He was the only one in the room yelling. Everybody ignored him.* 另见 rāng

ràng

让 〔讓〕ràng
（动）(1)不争,把好处或方便给别人 *yield；give in；give up*：把座位～给老年人。Bǎ zuòwèi ～ gěi lǎonián rén. *Give up (or offer) your seat to the elderly.* /你俩别吵了,做哥哥的一～着弟弟点儿。Nǐ liǎ bié chǎo le, zuò gēge de ～zhe dìdi diǎnr. *Stop fighting, you two. You ought to humour your younger brother a little.* /这次提工资,名额少,老张主动～了。Zhè cì tí gōngzi, míng'é shǎo, Lǎo Zhāng zhǔdòng ～ le. *The quota of people whose salaries were to be raised this time was low, so Lao Zhang gave in of his own accord.* (2)请人接受招待 *invite；offer*：把客人～到客厅里。Bǎ kèrén ～dào kètīng li. *Invite the guests into the drawing room.* /主人不断地给客人递烟～茶。Zhǔrén búduàn de gěi kèrén dì yān ～ chá. *The host kept handing the guests cigarettes and offering them tea.* (3)索取一定代价把财物等所有权转给别人 *let sb. have sth. at a fair price*：如果你喜欢这辆自行车,我可以～给你。Rúguǒ nǐ xǐhuan zhè liàng zìxíngchē, wǒ kěyǐ ～ gěi nǐ. *If you like this bicycle, I can let you have it at a fair price.* (4)容许、听任、致使 *let；allow；make*：我～他来听课。Wǒ ～ tā lái tīng kè. *I let him sit in on the class.* /这件事妈妈不～我告诉别人。Zhè jiàn shì māma bú ～ wǒ gàosu biéren. *Mom won't allow me to tell others about this.* /老张～我把这本书带给你。Lǎo Zhāng ～ wǒ bǎ zhè běn shū dài gěi nǐ. *Lao Zhang told me to bring this book to you.* (5)离开原来所在的地方 *give way；give ground*：请一～一～,我把箱子搬过去。Qǐng ～ yi ～, wǒ

bǎ xiāngzi bān guoqu. *Please step aside (or Excuse me). I want to move this box over.* (介)〈口〉同介词“被”bèi, 表示被动,但不能省略宾语；动词前可加助词“给”,不影响意思 *same as the preposition " 被" bèi, but the object cannot be omitted, as with " 被" (indicates the passive form；the auxiliary verb " 给" may be added before the verb without changing the meaning)*：我的自行车～张先生借去了。Wǒ de zìxíngchē ～ Zhāng xiānsheng jièqu le. *My bicycle was borrowed by Mr. Zhang.* /孩子们～他逗得哈哈大笑起来。Háizimen ～ tā dòu de hāhā dà xiào qilai. *The children were made to roar with laughter by his teasing.* /太阳～云层给遮住了。Tàiyáng ～ yúncéng gěi zhēzhu le. *The sun was covered by a layer of clouds.* /我那本英文词典不知～谁拿走了。Wǒ nà běn Yīngwén cídiǎn bù zhī ～ shuí názǒu le. *I don't know by whom my English dictionary was carried off.* /那个抢劫犯～两个青年工人给抓住了。Nàge qiǎngjiéfàn ～ liǎng ge qīngnián gōngrén gěi zhuāzhu le. *That robber was captured by two young workers.*

【让步】ràng=bù 在争执、冲突中部分或全部放弃自己的意见和要求 *make a concession；give in；give way；yield*：在谈判中,只有互相谅解、互相～,才能达成协议。Zài tánpàn zhōng, zhǐyǒu hùxiāng liàngjiě、hùxiāng ～, cái néng dáchéng xiéyì. *During negotiations, it is only through mutual understanding and concessions made by both parties that an agreement can be reached.* /这个意见我们必须坚持,不能～. Zhège yìjian wǒmen bìxū jiānchí, bù néng ～. *We must uphold this view and cannot give in.*

【让路】ràng=lù 让开道路 *make way for sb. or sth.；give way；give sb. the right of way*：劳驾! 请您靠边儿站,给让让路。Láo jià! qǐng nín kào biānr zhàn, gěi rànglang lù. *Excuse me! Please step aside and make way.* /一般工程要给重点工程～. Yìbān gōngchéng yào gěi zhòngdiǎn gōngchéng ～. *Regular projects will have to make way for the main project.*

【让位】ràng=wèi 把统治地位或官职让给别人 *resign sovereign authority；abdicate*：发动政变,逼皇帝～. Fādòng zhèngbiàn, bī huángdì ～. *A coup d'état was staged, forcing the emperor to abdicate.* /主任年纪太大了,该～了。Zhǔrèn niánjì tài dà le, gāi ～ le. *The chairman is too old. He should resign.*

【让座】ràng=zuò (1)把座位让给别人 *offer (or give up) one's seat to sb.*：公共汽车上常常有人为老年人～. Gōnggòng qìchē shang chángcháng yǒu rén wèi lǎonián rén ～. *People often give up their seats to the elderly on public buses.* (2)请客人坐在座位上 *invite guests to be seated*：王老师来了,他连忙～. Wáng lǎoshi lái le, tā liánmáng ～. *Teacher Wang came and was promptly invited to be seated.*

ráo

饶 〔饒〕ráo
（动）〈口〉(1)（对本应处罚的）宽恕、原谅 *have mercy on；let sb. off；forgive*：他这是初犯,就～了他吧! Tā zhè shì chū fàn, jiù ～le tā ba! *This is his first offence, so let him off.* /对这种屡教不改的人,决不能轻～. Duì zhè zhǒng lǚ jiào bù gǎi de rén, jué bù néng qīng ～. *This type of person who refuses to mend his ways despite repeated admonition must not be let off easily.* (2)无代价地额外加添（商品）*give sth. extra；let sb. have sth. into the bargain*：您如果买十个,就～您一个。Nín rúguǒ mǎi shí ge, jiù ～ nín yí ge. *If you buy ten, I'll throw another one into the bargain.*

【饶命】ráo=mìng 免予处死 *spare sb.'s life*

【饶恕】ráoshù（动）〈书〉宽恕、原谅 *forgive；pardon*：他的罪恶太大,决不能～. Tā de zuì'è tài dà, jué bù néng ～.

His crime is too great. He must not be pardoned.

桡 〔橈〕ráo

（名）〈书〉划船的桨 *oar*

【桡骨】ráogǔ（名）〈生理〉*radius*

ráo

扰 〔擾〕rǎo

（动）（1）扰乱 *harass；trouble；disturb*：别～了他的午觉。Bié ～le tā de wǔjiào. *Don't disturb his afternoon nap.* （2）受人款待表示客气时用的套语 *trespass on sb.'s hospitality（polite formula）*：昨天～了他一顿饭 Zuótiān ～le tā yí dùn fàn. *He kindly entertained me to dinner yesterday.* / 今天不吃饭了，以后～你的时候还多着呢！Jīntiān bù chī fàn le，yǐhòu yào ～ nǐ de shíhou hái duō zhene! *Thank you, but I can't make it for dinner today. I'm sure I'll have many opportunities to take you up on your offer later.*

【扰乱】rǎoluàn（动）搅扰，使混乱或不安 *harass；disturb；create confusion*：～秩序 ～ zhìxù *disturb order（or create disorder）* /～治安 ～ zhì'ān *disturb public order* /～睡眠 ～ shuìmián *disturb one's sleep* /坏人造谣，～人心。Huàirén zào yáo，～ rénxīn. *Evil people start rumours and disturb the public.*

rào

绕 〔繞〕rào

（动）（1）缠绕（成球状或环状）*wind；coil*：把毛线～成团。Bǎ máoxiàn ～chéng tuánr. *Wind the wool into a ball.* / 围巾～在脖子上。Wéijīn ～zài bózi shang. *The scarf is wound around his neck.* （2）围着转 *move round；circle；revolve*：～着操场跑步～zhe cāochǎng pǎo bù *Run around the sports ground.* /麻雀～着大树飞。Máquè ～zhe dà shù fēi. *The sparrows flew around the big tree.* （3）从侧面或后面迂回过去 *make a detour；bypass；go round*：此路禁止通行，车辆～行。Cǐ lù jìnzhǐ tōngxíng，chēliàng ～ xíng. *Detour. Road closed to traffic.* /这儿正修路，咱们从那边～着走。Zhèr zhèng xiū lù，zánmen cóng nàbiānr ～zhe zǒu. *This road is under repair. Let's walk around that way.* /小南～到老李的身后坐下来。Xiǎo Nán ～dào Lǎo Lǐ de shēn hòu zuò xialai. *Xiao Nan made a detour round Lao li and sat down behind him.*

【绕道】rào＝dào（～儿）不走最直接的路而走较远的路 *make a detour；go by a roundabout route*：咱们这么走，绕了道了。Zánmen zhème zǒu，ràole dào le. *Since we walk this way, we'll make a detour.* /为了拖延时间，小明成心～走。Wèile tuōyán shíjiān，Xiǎo Míng chéngxīn ～ zǒu. *Xiao Ming intentionally made a detour so as to stall for time.*

【绕口令】ràokǒulìng（名）（～儿）*tongue twister*

【绕圈子】rào quānzi 走曲折迂回的路，也比喻说话不直截了当 *take a circuitous route；make a detour；（metaphorically）beat around the bush*：我在天津迷路了，绕了半天圈子才找到南开大学。Wǒ zài Tiānjīn mí lù le，ràole bàntiān quānzi cái zhǎodào Nánkāi Dàxué. *I lost my way in Tianjin and it was only after I made a long detour that I finally found Nankai University.* /你有话就直说，别～。Nǐ yǒu huà jiù zhí shuō，bié ～. *If you have something to say, say it. Don't beat around the bush.*

【绕弯子】rào wānzi 同"绕圈子"rào quānzi *same as "绕圈子" rào quānzi*：我们绕了许多弯子，最后才到达山顶。Wǒmen ràole xǔduō wānzi，cái dàodá shāndǐng. *We took many detours before we finally reached the hilltop.* /绕了这么多的弯子，你到底想说什么，我仍然不明白。Ràole zhème duō de wānzi，nǐ dàodǐ xiǎng shuō shénme，wǒ

réngrán bù míngbai. *You talk in such a roundabout way. I still don't understand what on earth you're trying to say.*

【绕远儿】rào＝yuǎnr〈口〉走迂回的远路 *go the long way*：这条路好走，可就是绕点远儿。Zhè tiáo lù hǎo zǒu，kě jiùshì rào diǎnr yuǎnr. *This road is clear, but it takes us the long way round.* /我宁可～，也不愿意走泥路。Wǒ nìngkě ～，yě bú yuànyì zǒu ní lù. *I would rather go the long way round than walk down a muddy path.*

【绕嘴】ràozuǐ（形）说起来不顺口 *be difficult to articulate*：徐企钧这个名字，叫起来有点～. Xú Qǐjūn zhège míngzi，jiào qilai yǒudiǎnr ～. *The name Xu Qijun is a tongue twister.*

rě

惹 rě

（动）〈口〉（1）招引起（不好的事）*invite or ask for（sth. undesirable）*：～麻烦 ～ máfan *invite trouble；ask for trouble* /背后议论人，最容易～起是非。Bèihòu yìlùn rén，zuì róngyì ～qǐ shìfēi. *Talking about people behind their backs is the easiest way to invite trouble.* /他的这种做法，～出许多议论。Tā de zhè zhǒng zuòfǎ，～chū xǔduō yìlùn. *His doing it this way caused a lot of controversy.* （2）使人产生某种情感 *attract；cause*：她说话啰唆，～人讨厌。Tā shuō huà luōsuo，～ rén tǎoyàn. *She's long-winded and makes a nuisance of herself.* /青蛙不停地叫，～人心烦。Qīngwā bùtíng de jiào，～ rén xīnfán. *The frogs croaked continuously, which vexed people.* /不要提这些事，免得～她伤心。Búyào tí zhèxiē shì，miǎnde ～ tā shāng xīn. *Please don't bring up these matters so as to avoid causing her grief.* /～得大家笑起来 ～ de dàjiā xiào qilai *made everybody laugh* （3）触犯、挑逗 *offend；provoke；tease*：这人脾气坏，～不得。Zhè rén píqi huài，kě ～ bu de. *This person has a bad temper and just can't handle teasing.* /一句话就把老陈～火了。Yí jù huà jiù bǎ Lǎo Chén ～huǒr le. *It took just one word to provoke Lao Chen to anger.* /没想到把他～翻了。Méi xiǎngdào bǎ tā ～fān le. *I never thought he would be so offended.*

【惹不起】rě bù qǐ 得罪不得（得罪了对自己不利）*cannot afford to offend*：他，我可～，你还是让别人跟他说吧！Tā，wǒ kě ～，nǐ háishi ràng biérén gēn tā shuō ba. *I can't afford to offend him, so ask someone else to talk to him.*

【惹得起】rě de qǐ 常用于反问句，表示否定的意思，即"惹不起" *can afford to offend（used in a rhetorical question to indicate the opposite meaning, namely "惹不起"（cannot afford to offend）)*：这人你～吗？Zhè rén nǐ ～ ma? *Can you afford to offend this person?* /谁～他呀！Shuí ～ tā ya! *Who can afford to offend him!*

【惹祸】rě＝huò 引起祸事 *court disaster；stir up trouble*：你老老实实工作，别～!Nǐ lǎolǎoshíshí gōngzuò，bié ～! *Work conscientiously and don't stir up trouble!* /没想到一句话惹出一场大祸。Méi xiǎngdào yí jù huà rěchū yì chǎng dà huò. *I never thought one word would stir up so much trouble.*

【惹气】rě＝qì 引起恼怒 *get angry*：为这点小事～，真不值得。Wèi zhè diǎnr xiǎo shìr ～，zhēn bù zhíde. *It's really not worth getting angry over such a small matter.* /为他的事，我惹了一肚子气。Wèi tā de shì，wǒ rěle yí dùzi qì. *The matter concerning him sent me into a fit of anger.*

【惹事】rě＝shì 惹出麻烦或祸事 *stir up trouble*：大娘，你家小军又～了。Dàniáng，nǐ jiā Xiǎo Jūn yòu ～ le. *Aunt, your Xiao Jun has stirred up trouble again.* /七八岁的男孩子最爱～。Qī-bā suì de nán háizi zuì ài ～. *Seven- and eight-year-old boys tend to stir up trouble.*

【惹是生非】rě shì shēng fēi 招惹是非，引起争端或口角 *provoke a dispute；pick a quarrel*：他家小红喜欢议论人，整天

~．Tā jiā Xiǎo Hóng xǐhuan yìlùn rén，zhěng tiān ~． *His Xiao Hong likes to talk about others and spends all day picking quarrels.*

rè

热〔熱〕rè

（形）（1）温度高 *hot*：~水 ~ shuǐ *hot water* /天太~了。Tiān tài ~ le. *The weather is too hot.* （2）头脑不冷静 *hotheaded*：他这种意见是一时头脑发~，才提出来的。Tā zhè zhǒng yìjiàn shì yìshí tóunǎo fā ~, cái tí chulai de. *It was in a moment of hot-headedness that he came out with this idea.* /我看小张考了第一名,脑子有点发~了。Wǒ kàn Xiǎo Zhāng kǎole dìyī míng, nǎozi yǒudiǎnr fā ~ le. *I think that since Xiao Zhang placed first in the exams he has been a little hotheaded.* （名）（1）非常流行的喜好 *craze; fad*：现在是流行歌曲~。Xiànzài shì liúxíng gēqǔ ~. *Popular songs are now the craze.* /首饰~ *shǒushì ~ jewelry craze* （2）〈物〉热能 *heat（or thermal）energy*：燃烧产生~. Ránshāo chǎnshēng ~. *Combustion produces thermal energy.* （3）高的体温 *fever; temperature*：吃了药,~就退了。Chīle yào, ~ jiù tuì le. *His fever went down after he took some medicine.* （动）加热 *heat up; warm up; warm*：把饭~一下。Bǎ fàn ~ yíxià. *Warm up the rice.*

【热爱】rè'ài（动）〈书〉*ardently love; have deep love（or affection）for*：~工作 ~ gōngzuò *love work* /~生活 ~ shēnghuó *love life* /~儿童 ~ értóng *love children* /受到群众的~ shòudào qúnzhòng de ~ *be loved by the masses*

【热潮】rècháo（名）有很多人参加的活动或蓬勃发展的形势 *great mass fervour; upsurge*：掀起学习外语的~ Xiānqǐ xuéxí wàiyǔ de ~ *start a mass movement to study foreign languages* /改革的~已经到来。Gǎigé de ~ yǐjīng láilín. *The time for mass reform has already come.*

【热忱】rèchén（名）〈书〉热情 *zeal; warmheartedness; enthusiasm and devotion*：满腔~地帮助别人 mǎnqiāng ~ de bāngzhu biérén *be filled with enthusiasm and devotion when helping others* （形）热情,热忱 *enthusiastic; ardent; earnest; warmhearted*：他对朋友极其~. Tā duì péngyou jíqí ~. *He is exceedingly warmhearted towards friends.*

【热处理】rèchǔlǐ（名）*heat（or thermal）treatment*：~钢 ~ gāng *heat-treated steel*

【热带】rèdài（名）〈地〉*the tropics; the torrid zone*

【热电厂】rèdiànchǎng（名）*heat and power plant*

【热度】rèdù（名）（1）热的程度 *degree of heat; heat*：沥青到一定~就会融化。Lìqīng dào yídìng ~ jiù huì rónghuà. *Asphalt melts at a certain temperature.* /他这人干什么事都只有三分钟的~。Tā zhè rén gàn shénme shìqíng dōu zhǐ yǒu sān fēnzhōng de ~. *Whatever he does, he only gives his all for about three minutes.* （2）〈口〉高于正常体温的温度 *fever; temperature*：她昨天晚上发烧,今天早上~还没退。Tā zuótiān wǎnshang fā shāo, jīntiān zǎoshang ~ hái méi tuì. *She was running a fever last night and her temperature was still not down this morning.*

【热敷】rèfū（动）〈医〉*apply a hot compress*

【热辐射】rèfúshè（名）〈物〉*heat（or thermal）radiation*

【热狗】règǒu（名）*hot dog*

【热核反应】rèhé fǎnyìng *thermonuclear reaction*

【热烘烘】rèhōnghōng（形）形容很热 *very warm*：今天天气真热,屋里屋外都是~的。Jīntiān tiānqì zhēn rè, wū lǐ wū wài dōu shì ~ de. *It is hot today, so both inside and outside the room are very warm.*

【热乎乎】rèhūhū（形）（1）形容令人舒适的热 *cosy; nice and warm*：天冷,吃一碗~的面条,真舒服。Tiān lěng, chī yì wǎn ~ de miàntiáo, zhēn shūfu. *When the weather is cold, a nice warm bowl of noodles is really comforting.* /被窝里~的,真懒得起床。Bèiwō li ~ de, zhēn lǎnde qǐ chuáng. *It's so cosy under the covers. I really hate to get up.* （2）形容亲热 *affectionate; warmhearted; warm and friendly*：他待人很热情,一见面就给你一种~的感觉。Tā dài rén hěn rèqíng, yí jiàn miàn jiù gěi nǐ yì zhǒng ~ de gǎnjué. *He treats people with great affection. As soon as you meet him, you get a very warm feeling.* /我们大家相处得很好,呆在一起总觉得~的。Wǒmen dàjiā xiāngchǔ de hěn hǎo, dāi zài yìqǐ zǒng juéde ~ de. *We all get along well with each other and when we spend time together, we always feel warmth and affection.*

【热火朝天】rè huǒ cháo tiān 就像烈火熊熊燃烧一样,比喻群众性运动或生产、工作达到热烈、高涨的境界 *raging flames burning—bustling with activity; in full swing*：实行承包制以后,工地上~地干了起来。Shíxíng chéngbāozhì yǐhòu, gōngdì shang ~ de gànle qǐlái. *Once the contract system was put into practice, the construction site was bustling with activity.*

【热火】rèhuo（形）〈口〉（1）使人满意的 *hot or warm enough（to satisfy sb.）*：饭菜不~,味道差远了。Fàncài bú ~, wèidào chàyuǎn le. *If a meal is not hot enough, it doesn't taste as good as it ought to.* （2）热烈 *showing tremendous enthusiasm; exciting*：欢迎会开得挺~。Huānyínghuì kāi de tǐng ~. *The welcome party was very exciting.* （3）亲热 *affectionate; intimate; warmhearted*：我住在他家,他妈妈待我挺~。Wǒ zhù zài tā jiā, tā māma dài wǒ tǐng ~. *I'm staying at his place and his mother treats me with great affection.*

【热辣辣】rèlàlà（形）形容被像火炭烫着一样 *burning hot; scorching*：烈日当空,晒得人~的难受。Lièrì dāng kōng, shài de rén ~ de nánshòu. *As the sun is directly overhead, it's unbearably scorching hot.* /听到这句讽刺话,她脸上~的。Tīngdào zhè jù fěngcì huà, tā liǎnshang ~ de. *When she heard that sarcastic remark, she felt her cheeks burning.*

【热浪】rèlàng（名）（1）猛烈的热气 *heat wave* （2）指热的辐射 *hot wave in radiation*

【热泪盈眶】rè lèi yíng kuàng 盈：充满。眼眶里充满了热泪,形容非常感动（盈：*be full of*）*one's brimming with tears; be moved to tears*：大家对他表示深切的同情,他感动得~。Dàjiā duì tā biǎoshì shēnqiè de tóngqíng, tā gǎndòng de ~. *Everybody showed deep sympathy for him and this moved him to tears.*

【热力】rèlì（名）〈物〉*heating power*

【热量】rèliàng（名）〈物〉*quantity of heat*

【热烈】rèliè（形）感情激昂 *warm; enthusiastic; ardent*：~的掌声 ~ de zhǎngshēng *the sound of enthusiastic applause* /~表示的欢迎 biǎoshì ~ de huānyíng *give a warm welcome* /大会发言~。Dàhuì fā yán ~. *There was a lively discussion at the mass meeting.*

【热门】rèmén（名）（~儿）吸引很多人的事物 *in great demand; popular*：~货 ~ huò *goods in great demand* /这几年管理学科成了~。Zhè jǐ nián guǎnlǐ xuékē chéngle ~. *Business administration has become a very popular subject in recent years.*

【热闹】rènao（形）（景象或场面）喧闹活跃,不宁静（*of a scene, etc.*）*lively; bustling with noise and excitement*：春节期间,大街上~得很。Chūnjié qījiān, dàjiē shang ~ de hěn. *The streets are bustling with noise and excitement during the Spring Festival.* /晚会上有各种游艺活动,可~了。Wǎnhuì shang yǒu gè zhǒng yóuyì huódòng, kě ~ le. *There's every form of entertainment on this evening. How lively!* （动）玩(搞文娱活动或宴请) *liven up; have a jolly time*：新年到了,大家在一起~~。Xīnnián dào le, dàjiā zài yìqǐ ~ ~. *The new year has arrived. Let's get together to*

have a jolly time. （名）（～儿）热闹的情景 a scene of bustle and excitement; a thrilling sight; fun:我们几个人今天晚上在他家聚会,你也来凑个～吧! Wǒmen jǐ ge rén jīntiān wǎnshang zài tā jiā jùhuì,nǐ yě lái còu ge ～ ba. A few of us are having a get-together at his house this evening. Come and join in the fun. /那家办喜事,邻居孩子都去看～。Nà jiā bàn xǐshì,línjū háizi dōu qù kàn ～. That family is having a wedding. The neighbouring children all went to watch the excitement. /人家吵架,你别光看～,也劝劝。Rénjia chǎo jià,nǐ bié guāng kàn ～, yě quànquan. Don't just stand there and watch them argue. You can also try to persuade them to stop.

【热能】rènéng (名)〈物〉heat (or thermal) energy

【热气】rèqì (名)(1)热的空气 steam; heat:中午沙地上～蒸人。Zhōngwǔ shādì shang ～ zhēng rén. Deserts are steaming hot at noon time. (2)比喻热烈的情绪或气氛 enthusiastic mood; lively atmosphere:大家越讨论～越高。Dàjiā yuè tǎolùn ～ yuè gāo. The more we discuss, the livelier the atmosphere gets. /比赛场上～腾腾。Bǐsài chǎng shang ～ téngténg. The competition field is seething with activity.

【热腾腾】rètēngtēng (形)（～的）热气蒸发的样子 steaming hot:刚出锅的馒头,～的。Gāng chū guō de mántou,～ de. The buns have just been taken out of the pot, so steaming hot they are. /她端出一碗～的汤面。Tā duānchū yì wǎn ～ de tāngmiàn. She brought a bowl of steaming hot noodles in soup.

【热切】rèqiè (形)热烈恳切 fervent; earnest:～地盼望能买到一套住房。～ de pànwàng néng mǎidào yí tào zhùfáng. I earnestly look forward to being able to buy a home. /他的愿望就是和小周结婚。Tā de ～ yuànwàng zhǐ shì hé Xiǎo Zhōu jié hūn. His most fervent wish is to marry Xiao Zhou.

【热情】rèqíng (名)热烈的感情 enthusiasm; zeal; warmth:充满爱国～ chōngmǎn ài guó ～ full of patriotic zeal /他对自己的事业满怀～。Tā duì zìjǐ de shìyè mǎnhuái ～. He pursues his own cause with great enthusiasm. /他～洋溢地谈论大家如何齐心协力办好学校。Tā ～ yángyì de tánlùn dàjiā rúhé qíxīn xiélì bànhǎo xuéxiào. He was brimming with enthusiasm as he talked how everybody could work as one to run school well. (形)充满热烈的感情 warm; fervent; enthusiastic; warmhearted:～的讲话 ～ de jiǎnghuà a warm speech /～招待 ～ zhāodài give sb. a warm reception /对人非常～ duì rén fēicháng ～ treat people with great warmth

【热水袋】rèshuǐdài (名)[个 gè] hot water bottle

【热水瓶】rèshuǐpíng (名)[个 gè] thermos bottle (or flask); thermos

【热望】rèwàng (动)〈书〉热烈盼望 fervently hope; ardently wish:～您来指教。～ nín lái zhǐjiào. I sincerely hope you will offer your advice. /～得到诸位的支持。～ dédào zhūwèi de zhīchí. I fervently hope I have your support.

【热心】rèxīn (形)有热情,肯尽力 enthusiastic; ardent; earnest;warmhearted:她是个～人。Tā shì ge ～ rén. She's a warmhearted person. /老张一向～为集体办事。Lǎo Zhāng yíxiàng ～ wèi jítǐ bàn shì. Lao Zhang has always been enthusiastic about doing things for the collective. /他对教育事业很～。Tā duì jiàoyù shìyè hěn ～. He promotes the cause for education with enthusiasm.

【热心肠】rèxīncháng (名)待人热情,乐于助人的性格 warm-heartedness:王老师肯帮助人,是个～的好人。Wáng lǎoshī kěn bāngzhù rén,shì ge ～ de hǎorén. Teacher Wang is always willing to help others. He's a good, warmhearted person. /他见义勇为,有一副～。Tā jiàn yì yǒng wéi,yǒu yí fù ～. He's ready to take up the cudgels for a just cause and is filled with warmheartedness.

【热血】rèxuè (名)比喻为正义事业不怕牺牲的精神 warm blood—righteous ardour; spirit of devotion to a righteous cause:敌人入侵时～青年都奋起抗敌。Dírén rùqīn shí ～ qīngnián dōu fènqǐ kàng dí. When the enemy invaded, the ardent youth all rose against them. /广大民众～沸腾,纷纷参军。Guǎngdà mínzhòng ～ fèiténg,fēnfēn cān jūn. The broad masses, burning with righteous indignation, joined the army, one person after the other. /愿为祖国洒尽一腔～。Yuàn wèi zǔguó sǎjìn yì qiāng ～. They are willing to shed their blood for the motherland.

【热源】rèyuán (名)〈物〉heat source

【热中】rèzhōng (动)〈书〉(1)急切盼望得到(个人的地位或利益),含贬义 hanker after; crave (a position or sth. of personal benefit):～于名誉地位 ～ yú míngyù dìwèi crave fame and position /～于当官 ～ yú dāng guān crave to become a government official /～于出国观光 ～ yú chū guó guānguāng crave to go sightseeing abroad (2)十分爱好(某种活动、工作等) be fond of; be keen on:～于体育 ～ yú tǐyù be fond of sports /～于幼儿教育 ～ yú yòu'ér jiàoyù be keen on preschool education

rén

人 rén (名)(1)human being; man; person; people:语言是～与～之间的交际工具。Yǔyán shì ～ yǔ ～ zhī jiān de jiāojì gōngjù. Language is the means by which people communicate with each other. (2)指某种人 a person engaged in a particular activity:领导～ lǐngdǎo ～ leader /庄稼～ zhuāngjia ～ peasant; farmer /负责～ fùzé ～ person in charge; leading cadre /文化～ wénhuà ～ cultural worker; intellectual (3)〈别人 other people; people:先～后己 xiān ～ hòu jǐ put other people's interests ahead of one's own /为什么要做这种损～不利己的事? Wèi shénme yào zuò zhè zhǒng sǔn ～ bú lì jǐ de shì? Why would one want to harm others and not even benefit oneself? /己所不欲,勿施于～。Jǐ suǒ bú yù, wù shī yú ～. Do not do unto others what you would not have others do unto you. (4)◇每人 everybody; each; all:～各有志 ～ gè yǒu zhì To each his own. /～手一册 ～ shǒu yí cè. Everyone has a copy. (5)人的品质 personality; character:他～可不怎么样,就是会说。Tā ～ kě bù zěnmeyàng, jiùshì huì shuō. He doesn't have much of a personality,but he's a smooth talker. /一个人,～好是最重要的,能力还在其次。Yí ge rén,～ hǎo shì zuì zhòngyào de, nénglì hái zài qícì. What is most important in a person is that he has a good personality. Ability comes second. (6)人的健康情况 state of one's health; how one feels:怎么～都不行了才送医院? Zěnme ～ dōu bùxíngle cái sòng yīyuàn? Why did you wait until he was already half dead before you sent him to the hospital? /他一直到死,～都十分清醒。Tā yìzhí dào sǐ, ～ dōu shífēn qīngxǐng. He was very clear-headed, right up until he died. (7)人手 manpower; hand:我们组～不够,快来帮帮忙吧! Wǒmen zǔ ～ bú gòu, kuài lái bāngbang máng ba! Our group doesn't have enough hands. Hurry, come and help. /要看工程规模才能确定多少～. Yào kàn gōngchéng guīmó cái néng quèdìng duōshao ～. One must look at the scale of the project before one can decide how much manpower will be needed.

【人才】réncái (名)品德好有才能的人:能力很强或有某种特长的人 a person of ability; a talented person; talent; qualified personnel:他～出众,能担此重任。Tā ～ chūzhòng, néng dān cǐ zhòngrèn. He's a person of exceptional ability, so he can take on this important task. /这是一个不可多得的～。Zhè shì yí gè bù kě duō dé de ～. This is a person of rare talent. /国家建设需要各种～。Guójiā jiànshè xūyào gè zhǒng～. Every type of talent is needed to build the coun-

try.

【人才辈出】réncái bèichū 人才一批接一批地出现 people of talent coming forth in large numbers

【人才流动】réncái liúdòng 具有专长的人能变换工作单位，做到人尽其才。人才流动有选调、借用、招聘、引进、兼职等形式 qualified personnel moving from place to place so as to make the best possible use of their abilities. There are several methods through which personnel are recruited，e. g. selection and transfer，temporary transfer (loan)，inviting applications for a job，recommendation，holding more than one post，etc.

【人才学】réncáixué（名）研究如何培养使用人才的科学 the science of researching how to develop and make use of talent

【人材】réncái（名）同"人才"réncái same as "人才" réncái

【人称】rénchēng（名）〈语〉person

【人称代词】rénchēngdàicí（名）〈语〉personal pronoun

【人次】réncì（量）是复合量词，表示若干次人数的总和 person-time；total number of persons：观看时装表演的有八百～。Guānkàn shízhuāng biǎoyǎn de yǒu bābǎi ～. The number of persons who came to view the fashion show totalled eight hundred.

【人大】réndà（名）(1)"全国人民代表大会"的简称 abbrev. for "全国人民代表大会" (2)"中国人民大学"的简称 abbrev. for "中国人民大学"

【人道】réndào（名）humanity；humane

【人道主义】réndàozhǔyì（名）humanitarianism

【人地生疏】rén dì shēngshū 对当地的情况和人都不熟悉 be unfamiliar with the place and the people；be a total stranger：他来了一年了，但不常和人来往，仍然～。Tā láile yì nián le，dàn bù cháng hé rén láiwǎng，réngrán ～. It has been a year since he first came here，but he doesn't often have contact with anyone，so he's still unfamiliar with the place and the people.

【人定胜天】rén dìng shèng tiān 人的智慧和力量一定能够战胜自然 mankind will triumph over nature；human intellect and power can conquer nature：大家抱着～的决心投入抗旱。Dàjiā bàozhe ～ de juéxīn tóurù kàng hàn. Everybody harbours the determination to conquer nature and throw himself onto fighting the drought.

【人贩子】rénfànzi（名）贩卖人口的人 trader in human beings

【人防】rénfáng（名）"人民防空"的简称 abbrev. for "人民防空"：～工程 ～ gōngchéng civil air defence engineering

【人浮于事】rén fú yú shì 形容人多事少 have more hands than needed；be overstaffed：我们那里～，早就该精简了。Wǒmen nàli ～，zǎo jiù gāi jīngjiǎn le. We have more hands than we need and should have cut down on staff long ago.

【人格】réngé（名）(1)个人的道德品质 personality；character，moral quality：高尚的～ gāoshàng de ～ a noble character；moral integrity (2)作为人的资格 human dignity：不能污辱我的～。Bù néng wūrǔ wǒ de ～. You cannot defile my dignity.

【人格化】réngéhuà（动·不及物）（童话、寓言中）赋予动物植物以人的特征 personify

【人工】réngōng（形·非谓）(1)人为的（区别于自然的）；靠人力的（区别于机械的）man-made (as opposed to mechanically-produced)；artificial (as opposed to natural)：～湖 ～ hú man-made lake /～免疫 ～ miǎnyì artificial immunity (from disease) /～降雨 ～ jiàngyǔ artificial rainfall (量)工作量的计算单位，指一个人做工一天 manpower；manday：修礼堂要多少～? Xiū lǐtáng yào duōshao ～? How many man-days will it take to repair the auditorium?

【人工流产】réngōng liúchǎn induced abortion

【人工智能】réngōng zhìnéng artificial intelligence

【人公里】réngōnglǐ（量）运输企业计算客运工作量的单位，把一个旅客运送一公里算作一人公里 passenger-kilometre

【人海】rénhǎi（名）像汪洋大海一样的人群 a sea of faces；a huge crowd of people：他很快就消失在广场上的～中了。Tā hěn kuài jiù xiāoshī zài guǎngchǎng shang de ～ zhōng le. He quickly disappeared into the sea of faces in the public square.

【人海战术】rénhǎi zhànshù 不注重科学技术，单靠集中许多人力去完成某项任务的方法 crowd tactics—rely on a large concentration of manpower to complete a task rather than attach importance to science and technology

【人祸】rénhuò（名）人为的祸害 man-made disaster：有的说是天灾，其实是～。Yǒude shuō shì tiānzāi，qíshí shì ～. Some people say it was a natural disaster，but it was actually a man-made one.

【人迹】rénjì（名）人的足迹 human footprints；vestiges of human presence：～罕到的地方 ～ hǎn dào de dìfang a place seldom traversed by humans /沙漠里～稀少。Shāmò lǐ ～ xīshǎo. The desert is almost devoid of human presence.

【人家】rénjiā（名）(～儿)(1)住户 household；family：这座楼住了多少户～? Zhè zuò lóu zhùle duōshao hù ～? How many families are there living in this building? (2)家庭 family：我是穷～的女儿。Wǒ shì qióng ～ de nǚ'ér. I come from a poor family. /这几个学生都是买卖～的子女。Zhè jǐ ge xuésheng dōu shì mǎimai ～ de zǐnǚ. These students all come from families whose parents are in business. 另见 rénjia

【人家】rénjia（代）(1)泛指"别人"other people：～能学会的，我就能学会。～ néng xuéhuì de，wǒ jiù néng xuéhuì. If other people can learn，then so can I. /～不怕，我也不怕。～ bú pà，wǒ yě bú pà. If other people are not afraid，neither am I. /要创新，不要老是照搬～的。Yào chuàngxīn，búyào lǎoshì zhào bān ～ de. One must bring forth new ideas and not always follow others. (2)代替"他""他们"used to refer to "他"(he；him) or "他们"(they；them)①带有尊重的感情色彩（used with respect）：过去帮过咱们，现在～有了困难，咱们不能看着不管。guòqù bāngguo zánmen，xiànzài ～ yǒule kùnnan，zánmen bù néng kànzhe bù guǎn. They have helped us in the past and now that they are faced with difficulty，we can't just stand by and watch. /～是劳动模范，你要好好向～学习。～ shì láodòng mófàn，nǐ yào hǎohāor xiàng ～ xuéxí. He is a model worker. You must learn from him. ②带有不满或故意疏远的感情色彩，多用于讽刺（used to criticize or indicate dissatisfaction）：～是大学生了，看不上你了。～ shì dàxuéshēng le，kàn bu shàng nǐ le. He's a university student now. He's too good for you. /你能跟～比? ——是主任! Nǐ néng gēn ～ bǐ? ——shì zhǔrèn! Can you compete with him? He's the director! (3)"人家"后面可以带指人的名词同位语，"人家"仍有(2)的各种感情色彩（used with an appositive to refer to a certain person or people；has the same function as (2)）：～老林工作踏实，说话实在，我最佩服。～ Lǎo Lín gōngzuò tāshi，shuō huà shízai，wǒ zuì pèifu. Lao Lin is a dependable worker and his words are trustworthy. I admire him greatly. /～老李多有办法，又走后门买了一辆自行车。～ Lǎo Lǐ duō yǒu bànfǎ，yòu zǒu hòuménr mǎile yí liàng zìxíngchē. Lao Li certainly has his ways. He bought another bicycle by going through "the back door". (4)代替"我"，有抱怨或表示亲热的感情色彩，用于熟识人之间（used to refer to the speaker himself to indicate complaint or affection when speaking to acquaintances）：～不想写，你偏要～写。～ bù xiǎng xiě，nǐ piān yào ～ xiě. I don't want to write，but you're determined that I do. /你说要看电影，把票买来了，你又不去了。Nǐ shuō yào kàn diànyǐng，bǎ piào mǎilai le，nǐ yòu bú qù le. You said you wanted to see a movie，so I bought tickets and now you don't want to go. /你这一叫，差点没把～吓死! Nǐ zhè yí jiào，chàdiǎnr méi

bǎ ~ xiàsi! *Your scream almost scared me to death!* 另见 rénjiā

【人间】rénjiān（名）人类社会，世界 *the world of mankind；the world*：～悲剧 ~ bēijù *a human tragedy* /~奇迹 ~ qíjì *a miracle*

【人均】rénjūn（动）按人口平均 *average per capita*：这个村子每年～收入七百元。Zhège cūnzi měi nián ~ shōurù qībǎi yuán. *The average annual income per capita in this village is seven hundred yuan.* /全村三百口人，产粮三十万斤，～一千斤。Quán cūn sānbǎi kǒu rén, chǎn liáng sānshí wàn jīn, ~ yìqiān jīn. *The entire village has a population of three hundred and a grain output of 300,000 jin, which makes an average of 1,000 jin per capita.*

【人口】rénkǒu（名）(1)一定地区内居住的人的总数 *population*：这个城市有二百多万～。Zhège chéngshì yǒu èrbǎi duō wàn ~. *This city has a population of over two million.* (2)一个家庭的人的总数 *number of people in a family*：我家～不多，就三口人。Wǒ jiā ~ bù duō, jiù sān kǒu rén. *There aren't many people in my family—only three.*

【人类】rénlèi（名）*mankind；humanity*

【人类工程学】rénlèi gōngchéngxué *genetic engineering*

【人类学】rénlèixué（名）*anthropology*

【人力】rénlì（名）人的劳动力 *manpower；labour power*：为了修建办公楼，动用了过多的～。Wèile xiūjiàn bàngōnglóu, dòngyòngle guò duō de ~. *An excessive amount of manpower was employed in order to build the office building.* /用拖拉机代替～耕地。Yòng tuōlājī dàitì ~ gēng dì. *Replace manpower with a tractor to till the land.* /咱们～有限，订工作计划要考虑到这一点。Zánmen ~ yǒuxiàn, dìng gōngzuò jìhuà yào kǎolǜ dào zhè yì diǎn. *Our manpower is limited, so we must take this into consideration when drawing up a work plan.*

【人力车】rénlìchē（名）[辆 liàng] *a two-wheeled vehicle drawn by a person；rickshaw*

【人流】rénliú（名）像流水一样连续不断的人群 *stream of people*：清晨上班时间，大街上～不断。Qīngchén shàng bān shíjiān, dàjiē shang ~ bú duàn. *A stream of people come and go in the streets during the early morning rush hour.*

【人马】rénmǎ（名）(1)指军队 *forces；troops*：全部～到达指定地点。Quánbù ~ dàodá zhǐdìng dìdiǎn. *All troops have reached the designated areas.* (2)指属某一单位的人员 *staff*：他们单位～不多，可是兵强马壮。Tāmen dānwèi ~ bù duō, kěshì bīng qiáng mǎ zhuàng. *They don't have much staff in their unit, but those they do have are well-trained and powerful.*

【人们】rénmen（名）泛称许多人 *people；the public*：支援边疆建设的～ zhīyuán biānjiāng jiànshè de ~ *people who support the construction of the border areas* /~排着队等候报名。~ páizhe duì děnghòu bào míng. *people waiting in line to sign up* /对社会上的不正之风～十分不满。Duì shèhuì shang de búzhèng zhī fēng ~ shífēn bùmǎn. *People are extremely resentful towards unhealthy tendencies in society.*

【人面兽心】rén miàn shòu xīn 外貌是人，心肠如兽，形容（人）心肠很坏 *have the face of a man but the heart of a beast—a person with an evil heart*

【人民】rénmín（名）*the people*

【人民币】rénmínbì（名）中华人民共和国的货币名称 Renminbi (RMB)—*currency of the People's Republic of China*

【人民代表大会】rénmín dàibiǎo dàhuì 中华人民共和国人民行使国家权力的机关。全国人民代表大会和地方各级人民代表大会代表由人民协商选举产生 *the People's Congress of the People's Republic of China*

【人民防空】rénmín fángkōng *people's air defence；civil air defence*

【人民公社】rénmín gōngshè *people's commune*

【人民民主专政】rénmín mínzhǔ zhuānzhèng 工人阶级（通过共产党）领导的、以工农联盟为基础的，对人民实行民主和对反动派实行专政的人民民主政权 *people's democratic dictatorship (under the leadership of the Communist Party)*

【人民内部矛盾】rénmín nèibù máodùn 在人民利益根本一致的基础上产生的矛盾，是非对抗性的，是与"敌我矛盾"相对而言的 *contradictions among the people (as opposed to "contradictions between ourselves and the enemy")*

【人民陪审员】rénmín péishěnyuán 由人民群众选举参加法院审判案件的人员 *people's assessor*

【人民团体】rénmín tuántǐ 民间群众性组织，如红十字会等 *mass organization；people's organization, e. g. the Red Cross Society, etc.*

【人民性】rénmínxìng（名）文艺作品对人民大众的生活、思想、感情、愿望的反映 *(of literary and artistic works) affinity to the people*

【人民战争】rénmín zhànzhēng 无产阶级领导的以人民军队为主力、有广大人民群众参加的反抗阶级压迫或民族压迫的革命战争 *people's war—revolutionary war in which the leaders of the proletariat use the people's army as their main source of strength and in which the masses resist class oppression or national oppression*

【人民政府】rénmín zhèngfǔ 中华人民共和国各级国家行政机关的通称 *the People's Government (includes administrative organizations at all levels in the People's Republic of China)*

【人命】rénmìng（名）人的生命（多用于受到伤害时）*human life (often used when harm has been done)*：～官司 ~ guānsi *a lawsuit against homicide or manslaughter* /~案 ~ àn *a case of homicide or manslaughter* /为了争夺财产，他害了两条～。Wèile zhēngduó cáichǎn, tā hàile liǎng tiáo ~. *He took two human lives to fight for property.*

【人品】rénpǐn（名）(1)人的品质、品格 *moral character；moral standing*：小伙子长得一般，但是～好。Xiǎohuǒzi zhǎng de yìbān, dànshì ~ hǎo. *The lad is average in looks, but he is a person of good moral character.* (2)〈口〉人的外貌 *looks；bearing*：～出众 ~ chūzhòng *outstanding looks*

【人情】rénqíng（名）(1)作人的一般的情理 *reason；sense*：对自己的女儿那样冷酷，实在不近～。Duì zìjǐ de nǚ'ér nàyàng lěngkù, shízài bú jìn ~. *He's so callous towards his own daughter. He's really unreasonable.* (2)情面 *human feelings；sensibilities*：如果考试成绩不好，托～也不能录取。Rúguǒ kǎoshì chéngjì bù hǎo, tuō ~ yě bù néng lùqǔ. *If your exam results are poor, even seeking the good offices of somebody will not get you admitted.* /可别怪我不讲～，你们这是违法行为。Kě bié guài wǒ bù jiǎng ~, nǐmen zhè shì wéi fǎ xíngwéi. *Don't tell me I don't have any feelings. You're engaging in illegal activities.* (3)◇情谊、礼物 *favour；gift*：拿公家东西送～ ná gōngjiā dōngxi sòng ~ *make a gift of public property*

【人权】rénquán（名）*human rights*

【人群】rénqún（名）成群的人 *crowd；throng；multitude*

【人山人海】rén shān rén hǎi 形容聚集的人极多 *huge crowds of people；a sea of people*：国庆之夜，天安门广场～。Guóqìng zhī yè, Tiān'ānmén Guǎngchǎng ~. *Tian'anmen Square was a sea of people on the evening of National Day.*

【人身】rénshēn（名）指个人的生命、健康、行动、名誉等（着眼于保护或损害）*human body；person (refers to human life, one's health, actions, reputation, etc.)*：～自由 ~ zìyóu *personal freedom* /~保险 ~ bǎoxiǎn *life insurance* /~事故 ~ shìgù *personal injury caused by an accident* /~攻击 ~ gōngjī *personal attack*

【人参】rénshēn（名）*ginseng*

【人生】rénshēng（名）人的生活和生存，人的一生 *life*：坎坷

的 ～ kǎnkě de ～ *a frustrating life* /～不过短短几十年,要努力,要奋斗。～ búguò duǎnduǎn jǐ shí nián, yào nǔ lì, yào fèndòu. *Life is no longer than a few short decades, so one must make great efforts and strive.* / ～的道路要靠自己选择。～ de dàolù yào kào zìjǐ xuǎnzé. *One must rely on one's own choices on the road of life.*

【人生观】rénshēngguān (名) *outlook on life*

【人士】rénshì (名)有声望、有一定社会影响的人 *personage; public figure*：民主～ mínzhǔ ～ *democratic personages* / 爱国～ ài guó ～ *patriotic personages* /知名～ zhīmíng ～ *celebrities* /各界～ gè jiè ～ *personalities from all walks of life*

【人世】rénshì (名)人间 *this world; the world*：我们的父母早已不在～了。Wǒmen de fùmǔ zǎo yǐ bú zài ～ le. *Our parents left this world long ago.*

【人世间】rénshìjiān (名)同"人世" rénshì *same as "人世" rénshì*

【人事】rénshì (名)(1)人的离合、境遇、存亡等 *human affairs; occurrences in human life; life-and-death matters, etc.*：～变迁～ biànqiān *changes in life* /他回到故乡,发现这几年那里～变化很大。Tā huídào gùxiāng, fāxiàn zhè jǐ nián nàlǐ ～ biànhuà hěn dà. *When he returned to his hometown, he noticed that life had greatly changed there in recent years.* (2)有关工作人员的录用、培养、调配、考核等工作 *personnel matters*：～科～ kē *personnel department* /～安排 ānpái *arrangement of personnel* /～调整～ tiáozhěng *readjustment of personnel* (3)人的意识的对象 (用途很窄) *consciousness of the outside world* (*limited use*)：他昏迷了,不省～。Tā hūnmí le, bù xǐng ～. *He lost consciousness and went into a coma.* (4)人情事理(用途很窄) *ways of the world* (*limited use*)：他太小,不懂～。Tā tài xiǎo, bù dǒng ～. *He's too young to understand the ways of the world.*

【人手】rénshǒu (名)做事的人 *manpower; hand*：～不够～ bú gòu *lack manpower* /我们没有多少事,用不了这么多～。Wǒmen méi yǒu duōshǎo shì, yòng bu liǎo zhème duō ～. *We don't have much to do, so we don't need so many hands.*

【人寿年丰】rén shòu nián fēng 形容人身体健康,地里收成好 *the land yields good harvests and the people enjoy good health*

【人所共知】rén suǒ gòng zhī 大家都知道的 *known by everyone; well-known*：他在这方面的贡献是～的。Tā zài zhè fāngmiàn de gòngxiàn shì ～ de. *His contribution in this respect is well-known.*

【人梯】réntī (名)比喻肯牺牲自己培养别人的人 *sb. who is willing to sacrifice himself for the fostering of others*：老朱费心费力,甘为～,培养出许多出色的研究生。Lǎo Zhū fèi xīn fèi lì, gān wéi ～, péiyǎng chū xǔduō chūsè de yánjiūshēng. *Lao Zhu has given a lot of care and energy and has devoted his life to fostering many outstanding graduate students.*

【人体】réntǐ (名)人的身体 *human body*：～模型～ móxíng *mannikin* /～解剖图～ jiěpōutú *dissection chart of a human body*

【人头】réntóu (名)(1)指人数 *the number of people; head count*：～不齐～ bù qí (*of a head count*) *not all present* /按～多少分配工作 àn ～ duōshǎo fēnpèi gōngzuò *assign work according to the number of people there are* (2)(～儿)指人的品质 *moral quality; character*：这个人～怎么样? Zhège rén ～ zěnmeyàng? *What's this person's character like?* /他～最次了。Tā ～ zuì cì le. *He has the worst character.* (3)(～儿)跟人的关系 *relations with people*：他在那儿～熟,托他去问问吧! Tā zài nàr ～ shú, tuō tā qù wènwen ba! *He knows a lot of people there. Get him to go and ask for you!*

【人为】rénwéi (形·非谓)人造成的(用于不愉快的事物) *artificial; man-made*：～的矛盾～ de máodùn *man-made contradictions* /～的困难～ de kùnnán *man-made difficulties* /这股阻力是～的,人事问题解决了,阻力就没了。Zhè gǔ zǔlì shì ～ de, rénshì wèntí jiějué le, zǔlì jiù méi le. *This resistance is man-made. Once the problem involving people is resolved, the resistance will go away.*

【人文科学】rénwén kēxué 社会科学 *the humanities*

【人物】rénwù (名)(1)有某种代表性或有突出特点的人 *figure; personage*：模范～ mófàn ～ *an exemplary figure* /大～ dà ～ *a big shot* /保守派～ bǎoshǒupài ～ *conservative figure* /风云～ fēngyún ～ *man of the hour* (2)文学艺术作品中所描写的人 *person in literature; literary character*：～形象～ xíngxiàng *literary figure* /塑造了众多的形象鲜明的～。Sùzàole zhòngduō de xíngxiàng xiānmíng de ～. *Numerous distinctive characters were portrayed.*

【人物画】rénwùhuà (名)以虚构人物为题材的中国画 *figure painting* (*a form of Chinese painting in which fictitious characters are used as subject matter*)

【人像】rénxiàng (名)刻画人体或相貌的绘画、雕塑等艺术品 *portrait; image; figure; sculpture of a person*

【人心】rénxīn (名)(1)指大多数人的感情、愿望等 *popular feeling; public feeling; the will of the people*：～惶惶～ huánghuáng *general feeling of anxiety among the people* /这个政策深得～。Zhège zhèngcè shēn dé ～. *This policy enjoys immense popular support.* (2)良心 *conscience*：这人真没～。Zhè rén zhēn méi ～. *This person has absolutely no conscience.*

【人心所向】rénxīn suǒ xiàng 大多数人所一致拥护的。向：归向,向往(向：*incline towards*)*in accordance with the will of the people*：国家统一是～,大势所趋。Guójiā tǒngyī shì ～, dàshì suǒ qū. *National unification accords with the will of the people and the general trend of events.*

【人心向背】rénxīn xiàngbèi 大多数人的拥护或反对 *whether the people are for or against; the will of the people*：～是决定新政策能否成功的关键。～ shì juédìng xīn zhèngcè néng fǒu chénggōng de guānjiàn. *The key to whether or not the new policy will be successful is whether the people are for or against it.*

【人行道】rénxíngdào (名)[条 tiáo]*sidewalk; pavement*

【人性】rénxìng (名)*human nature; humanity*：灭绝～的野蛮行为 miè jué ～ de yěmán xíngwéi *utterly inhuman and savage behaviour*

【人性论】rénxìnglùn (名)*a theory of human nature*

【人选】rénxuǎn (名)挑选出来的符合某种要求的人 *person elected; choice of persons*：物色合适～,接替老王的工作。Wùsè héshì ～, jiētì Lǎo Wáng de gōngzuò. *Try to find a suitable person to take over Lao Wang's work.* /校长的～已经定了。Xiàozhǎng de ～ yǐjīng dìng le. *Someone has already been chosen as school principal.*

【人烟】rényān (名)人家,住户 *residents; inhabitants*：深山里～稀少。Shēnshān li ～ xīshǎo. *There are very few inhabitants living deep in the mountains.* /～稠密的市区～ chóumì de shìqū *a densely populated urban district* /沙漠地带荒无～。Shāmò dìdài huāng wú ～. *The desert region is desolate and uninhabited.*

【人仰马翻】rén yǎng mǎ fān 人、马都被打得仰翻在地。形容混乱或忙乱得不可收拾 *men and horses thrown to the ground—utterly routed*

【人影儿】rényǐngr (名)(1)人的影子 *the shadow of a human figure*：窗户上映出两个～。Chuānghu shang yìngchū liǎng ge ～. *Two shadows were reflected in the window.* (2)人的形象、踪迹 *the trace of a person's presence; figure*：好像有个～,一晃就过去了。Hǎoxiàng yǒu ge ～, yí huàng jiù

guòqu le. *It seems as though a figure flashed past.* /哪儿有人?连个～也看不见。Nǎr yǒu rén? lián ge ～ yě kàn bu jiàn. *Who said that there is someone? Not a trace of anyone is to be seen.* /哪里也找不到他的～。Nǎli yě zhǎo bu dào tā de ～. *Not a trace of him can be found anywhere.*

【人员】rényuán（名）担任某种职务的人 *personnel*; *staff*: 工作～ gōngzuò ～ *working personnel* /公安～ gōng'ān ～ *public security officers* /值班～ zhí bān ～ *person on duty* /～调动 ～ diàodòng *personnel transfer* /～调整 ～ tiáozhěng *personnel adjustment*

【人云亦云】rén yún yì yún 人家怎么说自己也跟着怎么说，形容没有主见或创见 *echo the views of others*; *parrot*: 老张这人毫无主见，总是～。Lǎo Zhāng zhè rén háo wú zhǔjiàn, zǒngshi ～. *Lao Zhang doesn't have any views of his own. He always just echoes what others say.* /他懂什么?不过是～罢了。Tā dǒng shénme? búguò shì ～ bàle. *What does he know? He's nothing more than a parrot!*

【人造】rénzào（形·非谓）*man-made*; *artificial*; *imitation*: ～纤维 ～ xiānwéi *man-made fibre* /～卫星 ～ wèixīng *man-made satellite*

【人造革】rénzàogé（名）*imitation leather*; *leatherette*

【人造毛】rénzàomáo（名）*imitation wool*

【人造棉】rénzàomián（名）*staple rayon*

【人造丝】rénzàosī（名）*artificial silk*; *rayon*

【人证】rénzhèng（名）对与案件有关的事实提出证明的人，与"物证"相对而言 *testimony of a witness (as opposed to "物证" material evidence)*

【人质】rénzhì（名）*hostage*

【人种】rénzhǒng（名）*ethnic group*; *race*

【人字呢】rénzìní（名）*herringbone*

仁 rén

（形）◇仁爱 *benevolent*; *kindhearted*: ～人志士 ～rén zhìshì *people with lofty ideals*（名）（～儿）*kernel*: 花生～ huāshēng～. *shelled peanuts* /核桃～ hétáo～ *walnut meat* /杏～ xìng～ *almond* /虾～ xiā～ *shelled shrimp*

【仁爱】rén'ài（形）〈书〉（对别人）同情、爱护，乐于帮助的 *benevolent*; *kindhearted*; *humane*

【仁慈】réncí（形）〈书〉（上对下）宽容，爱护 *benevolent*; *merciful*; *kind (towards sb. lower than oneself)*

【仁者见仁,智者见智】rén zhě jiàn rén, zhì zhě jiàn zhì（由于观察的角度不同）对同一个问题，不同的人有不同的看法 *the benevolent see benevolence and the wise see wisdom—different people have different views (of the same thing)*

【仁政】rénzhèng（名）〈旧〉指于人民有利的政治措施 *policy of benevolence*

【仁至义尽】rén zhì yì jìn 至：极，最。尽：全部用完，到底。形容对有错误的人的善意和帮助已经到了最大限度（至：*utmost*; 尽：*to the end*）*do what is humanly possible to help (sb. who has made mistakes)*; *show extreme forbearance*

rěn

忍 rěn

（动）(1)控制(自己)，不受影响 *endure*; *tolerate*; *put up with*: ～着眼泪 ～zhe yǎnlèi *hold back one's tears* /～着疼，自己包扎伤口 ～ zhe téng, zìjǐ bāozā shāngkǒu *endure pain while dressing one's own wound* (2)忍受（常不带宾语）*bear*; *endure*; *stand (often used without an object)*: 居住条件不好，你～～吧，这是暂时的。Jūzhù tiáojiàn bù hǎo, nǐ ～～ ba, zhè shì zànshí de. *Although your living conditions are no good, tolerate them for a while. This is only temporary.* /什么样的待遇都得～着。Shénme yàng de dàiyù dōu děi ～zhe. *All manners of treatment must be endured.* (3)◇同"忍心"rěnxīn，一般为否定形式 *same as "忍心" rěnxīn*

（*usu. used in the negative*）：抛下他不管，于心不～。Pāoxià tā bù guǎn, yú xīn bù ～. *I don't have the heart to cast him aside and leave him alone.*

【忍不住】rěn bu zhù 抑制不住(自己的感情) *unable to bear (or endure)*; *cannot help (doing sth.)*: 小花听了母亲语重心长的劝告，～哭了。Xiǎo Huā tīngle mǔqin yǔ zhòng xīn cháng de quàngào, ～ kū le. *Upon hearing her mother's earnest advice, Xiao Hua couldn't help crying.* /看见他那副怪样子，大家都～哈哈大笑起来。Kànjian tā nà fù guài yàngzi, dàjiā dōu ～ hāhā dàxiào qilai. *Everybody couldn't help roaring with laughter upon seeing his strange behaviour.*

【忍得住】rěn de zhù 能抑制住 *bear*; *endure*; *face*: 疼得这么厉害，谁能～? Téng de zhème lìhai, shuí néng ～? *Who could endure such extreme pain?*

【忍耐】rěnnài（动）抑制住痛苦或某种情绪不使它表现出来，多不带宾语 *exercise patience*; *exercise restraint*; *restrain oneself (often used without an object)*: 虽然生活极端困苦，但也没有办法，只能～。Suīrán shēnghuó jíduān kùnkǔ, dàn yě méi yǒu bànfǎ, zhǐ néng ～. *Although life is extremely difficult, one can only grin and bear it.* /你再～一些日子吧，两个月以后就可以分到房子了。Nǐ zài ～ yīxiē rìzi ba, liǎng gè yuè yǐhòu jiù kěyǐ fēndào fángzi le. *Be patient for a little while longer. You'll be assigned a place to live in two months' time.*

【忍气吞声】rěn qì tūn shēng 忍气：忍受欺侮。吞声：不敢出声。受了气不敢发作，勉强忍住 *swallow an insult*; *submit to humiliation*; *endure humiliation in silence*

【忍让】rěnràng（动）控制自己，退让，一般不带宾语 *be forbearing and conciliatory (usu. used without an object)*: 大家互相～一点，不要争吵了。Dàjiā hùxiāng ～ yìdiǎnr, búyào zhēngchǎo le. *Will everybody please exercise a little patience and not squabble.* /对这种以势压人的举动，怎么能～? Duì zhè zhǒng yǐ shì yā rén de jǔdòng, zěnme néng ～? *How can one be forbearing and conciliatory towards someone who intimidates people on the strength of his powerful connections?*

【忍辱负重】rěn rǔ fù zhòng（为了完成艰巨的任务）忍受屈辱，担负重任 *endure humiliation in order to carry out an important task*: 那时他是地下党员，在沦陷区～工作了六七年。Nà shí tā shì dìxià dǎngyuán, zài lúnxiànqū ～ gōngzuòle liù-qī nián. *He was an underground Party memeber at that time and worked in an enemy-occupied area for six or seven years, enduring much humiliation.*

【忍受】rěnshòu（动）勉强承受(外来的痛苦、困难或不幸) *bear*; *endure*; *stand*: 天又潮又热，很难～。Tiān yòu cháo yòu rè, hěn nán ～. *So unbearably hot and muggy.* /我～不了这种噪音。Wǒ ～ bu liǎo zhè zhǒng zàoyīn. *I can't stand this kind of noise.* /无法改变现状，只能～。Wúfǎ gǎibiàn xiànzhuàng, zhǐ néng ～. *There's no way to change the present situation. One can only endure it.*

【忍痛】rěntòng（副）忍受疼痛或痛苦 *endure (pain or suffering)*: ～打了一针 ～ dǎle yì zhēn *endure an injection* /～割爱 ～ gē'ài *part reluctantly with what one treasures*

【忍无可忍】rěn wú kě rěn 忍受到了再也无法忍受的地步 *come to the end of one's patience*; *be driven beyond the limits of one's patience*

【忍心】rěnxīn（形）硬着心肠(做不愿做的事)常作状语 *have the heart to (do sth. one is unwilling to do)*; *be hardhearted enough to (often used as an adverbial)*: 别人遇到危难，你能～坐视不救吗? Biérén yùdào wēinàn, nǐ néng ～ zuòshì bú jiù ma? *Would you have the heart to sit back and watch somebody suffer a calamity without going to the rescue?* /他不～把孩子送到乡下去，但又没有别的办法。Tā bù ～ bǎ háizi sòngdào xiāngxià qu, dàn yòu méi yǒu bié de bànfǎ.

He didn't have the heart to send his child to the countryside, but he had no other alternative.

rèn

刃 rèn

（名）（～儿）刀剪等锋利的部分，刀口 the edge of a knife, sword, etc.; blade: 这把剪子卷～了。Zhè bǎ jiǎnzi juǎn ~ le. *The blade on these scissors is bent.* /手碰到刀～上，立刻出血了。Shǒu pèngdào dāo~ shang, lìkè chū xiě le. *As soon as his hand touched the knife blade, it started to bleed.*

【刃具】rènjù（名）cutting tool

认 〔認〕rèn

（动）(1)分辨，识别 recognize; know; make out; identify: ~字 ~ zì learn how to read /~清前途～qīng qiántú get a clear understanding of one's prospects /我没～出是你。Wǒ méi ~chū shì nǐ. *I didn't recognize you.* /他立刻～出小赵的笔迹。Tā lìkè ~chū Xiǎo Zhào de bǐjì. *He immediately recognized Xiao Zhao's handwriting.* /照片儿不清楚，～不出是谁。Zhàopiànr bù qīngchu, ~ bu chū shì shuí. *The photo isn't clear, so I can't make out who it is.* (2)承认 admit; recognize; own up to: ~罪 ~ zuì admit one's guilt; plead guilty /~赔 ~ péi admit that one must pay compensation. /我~票不~人，谁没票也不能入场。Wǒ ~ piào bú ~ rén, shuí méi piào yě bù néng rù chǎng. *I only acknowledge tickets, not people. Those without tickets cannot enter.*

【认得】rènde（动）同"认识"rènshi（动）(1)(2) same as "认识" rènshi（动）(1)(2): 我~他。Wǒ ~ tā. *I know him.* /他~路，不会走错。Tā ~ lù, bú huì zǒucuò. *He knows the way so he can't get lost.* /我不~这是什么树。Wǒ bú ~ zhè shì shénme shù. *I don't recognize this kind of tree.* /我知道他住在我们楼下，姓林，可是我不~他。Wǒ zhīdao tā zhù zài wǒmen lóu xià, xìng Lín, kěshì wǒ bú ~ tā. *I know he lives downstairs in our building, and that his surname is Lin, but I don't know him.*

【认定】rèndìng（动）确认无疑 firmly believe; maintain; hold: 她～这个人就是凶手。Tā ~ zhège rén jiù shì xiōngshǒu. *She maintains that this person is the murderer.* /我们都～实践是检验真理的唯一标准。Wǒmen dōu ~ shíjiàn shì jiǎnyàn zhēnlǐ de wéiyī biāozhǔn. *We all firmly believe that practice is the only criterion of truth.*

【认可】rènkě（动）〈不及物〉(口)许可，同意 approve; permit: 这件事他已经～了。Zhè jiàn shì tā yǐjīng ~ le. *He has already approved this matter.* /他不～，这事就不好办。Tā bú ~, zhè shì jiù bù hǎo bàn. *If he doesn't approve, this will be difficult to do.*

【认领】rènlǐng（动）〈书〉辨认并领取 claim: 请来～失物。Qǐng lái ~ shīwù. *Please come and claim lost property.* /这支钢笔无人～。Zhè zhī gāngbǐ wú rén ~. *Nobody has claimed this fountain pen.*

【认命】rèn=mìng 承认不幸的遭遇是命里注定的 resign oneself to fate: 我这次如果再考不上大学，只能了，不再考了。Wǒ zhè cì rúguǒ zài kǎo bu shàng dàxué, zhǐ néng ～le, bú zài kǎo le. *If I don't pass the college entrance exam this time I'll just accept my fate and won't bother trying again.*

【认生】rènshēng（形）(小孩子)怕见生人 (of a child) be shy with strangers: 他很少看见生人，所以～。Tā hěn shǎo kànjiàn shēngrén, suǒyǐ ~. *He very seldom sees strangers, so he's shy around them.*

【认识】rènshi（动）(1)能分辨确定是某人或某物，而不是别的 know; recognize; understand: 照片儿上这个人我～，是年轻时的邓小平。Zhàopiànr shang zhège rén wǒ ~, shì niánqīng shí de Dèng Xiǎopíng. *I recognize this person in the photograph. It's Deng Xiaoping when he was young.* /我不～这个字。Wǒ bú ~ zhège zì. *I don't recognize this character.* /他～去我家的路，让他带你去。Tā ~ qù wǒ jiā de lù, ràng tā dài nǐ qù. *He knows the way to my home. Ask him to take you there.* (2)知道(某人姓名等)并和他有过交往 know sb. (as a friend or acquaintance): 我们俩早就～了。Wǒmen liǎ zǎo jiù ~ le. *We've known each other for a long time.* /我知道谁是我们的校长，可是我不～他。Wǒ zhīdào shuí shì wǒmen de xiàozhǎng, kěshì wǒ bú ~ tā. *I know who our school principal is, but I don't know him personally.* （名）客观现实在人的思想意识中的反映 understanding; knowledge; cognition: 理性～ lǐxìng ~ rational knowledge /感性～ gǎnxìng ~ perceptual knowledge /人对客观世界的～ rén duì kèguān shìjiè de ~ people's understanding of the objective world

【认识论】rènshilùn（名）〈哲〉关于认识的来源、发展过程以及认识与实践的关系的学说 theory of knowledge; epistemology

【认输】rèn=shū 承认失败 admit defeat; give up; throw in the towel: 我的棋艺就是不如你，我～。Wǒ de qíyì jiùshì bùrú nǐ, wǒ ~. *My skill in chess is not as good as yours. I admit defeat.*

【认同】rèntóng（动）承认和同意 accept (someone's opinion); agree: 对这件事，各人有各人的看法，要大家相互～对方的意见，自然是不可能的。Duì zhè jiàn shì, gè rén yǒu gè rén de kànfǎ, yào dàjiā xiānghù ~ duìfāng de yìjiàn, zìrán shì bù kěnéng de. *Everyone has his own opinion about this matter, and we can't expect each one to accept the opposing point of view.*

【认为】rènwéi（动）对人或对事确定某种看法，做出某种判断。必须带宾语，宾语一般多是主谓结构 think; consider; hold; deem (must have an object which is usually a S-P construction): 我～他一定能完成这项任务。Wǒ ~ tā yídìng néng wánchéng zhè xiàng rènwù. *I think he can carry out this task.* /大家都～老杨工作表现突出。Dàjiā dōu ~ Lǎo Yáng gōngzuò biǎoxiàn tūchū. *Everybody considers Lao Yang to be an outstanding worker.*

【认贼作父】rèn zéi zuò fù 把仇敌当作父亲，比喻卖身投靠敌人、坏人 take the foe for one's father—regard the enemy as kith and kin

【认账】rèn=zhàng 承认所欠的账，比喻承认自己说过的话或做过的事(多用于否定或反问) acknowledge a debt—admit what one has said or done (often used in the negative or in a rhetorical question): 既然是他干的，不～也不行。Jìrán shì tā gàn de, bú ~ yě bù xíng. *Since he's the one who did it, not to admit is out of the question.* /这话是谁说的，怎么没人～呢?Zhè huà shì shuí shuō de, zěnme méi rén ~ ne? *Who said that? Why won't anyone admit it?*

【认真】rènzhēn（形）严肃(对待)，不马虎 conscientious; earnest; serious: 他工作很～。Tā gōngzuò hěn ~. *He works conscientiously.* /这件事可得～对待，不能掉以轻心。Zhè jiàn shì kě děi ~ duìdài, bù néng diào yǐ qīng xīn. *This matter must be approached seriously and cannot be treated lightly.* /对有的事情他很～，对另一些事又很马虎。Duì yǒude shìqing tā hěn ~, duì lìng yìxiē shì yòu hěn mǎhu. *He's serious towards some things and casual towards others.*

【认真】rèn=zhēn 信以为真 take seriously; take to heart: 我只是随便说说，他倒认了真了。Wǒ zhǐshì suíbiàn shuōshuo, tā dào rènle zhēn le. *I just made a casual remark, but he took it to heart.* /他是跟你闹着玩儿呢，你怎么就认起真来了?Tā shì gēn nǐ nàozhe wánr ne, nǐ zěnme jiù rèn qǐ zhēn lái le? *He was only joking with you. Why do you take him seriously?*

【认罪】rèn=zuì admit one's guilt; plead guilty

任

rèn
（动）◇（1）委派，任用 appoint; assign sb. to a post: 他被～为教育局局长。Tā bèi ～ wéi jiàoyùjú júzhǎng. *He was appointed director of the Department of Education.* （2）担任 assume a post; take up a job: 他在这个中学已经～教三年了。Tā zài zhège zhōngxué yǐjīng ～ jiāo sān nián le. *It has already been three years since he took up a teaching position at this middle school.* /这次选举，他又连～研究所所长。Zhè cì xuǎnjǔ, tā yòu lián ～ yánjiūsuǒ suǒzhǎng. *He was reelected consecutively director of the research institute in this election.* （副）《书》"任意"的意思，只修饰"选、择、挑、作、取"等少数几个单音节动词 wantonly; wilfully (same as "任意"; only modifies a few monosyllabic verbs, such as "选，择，挑，作，取", etc): 这几个比赛项目你可～选一项。Zhè jǐ ge bǐsài xiàngmù nǐ kě ～ xuǎn yí xiàng. *You can choose any one of these events you like.* /每人可～取一件物品留作纪念。Měi rén kě ～ qǔ yí jiàn wùpǐn liú zuò jìniàn. *Everybody can have one article he or she likes to keep as a souvenir.* /这十道数学题，可～作八道。Zhè shí dào shùxué tí, kě ～ zuò bā dào. *You can choose to do any eight out of these ten math problems.* （连）（1）有"无论""不论""不管"的意思，后边有表示任指的疑问代词，常有"都""也""总"等副词与其呼应，表示在任何情况下结论或结果都不变 no matter (how, what, etc.) (has the same meaning as "无论"， "不管"，"不论"; followed by an interrogative pronoun and often used together with adverbs such as "都"，"也"，"总"， etc.; indicates that under no circumstances would the result or conclusion change): 这里是前方哨所，～谁也不准从这里随便通过。Zhèlǐ shì qiánfāng shàosuǒ, ～ shuí yě bù zhǔn cóng zhèlǐ suíbiàn tōngguò. *This is the front post. No one is to pass through here without permission, no matter who he is.* /他是个坚强的人，～什么困难都难不倒他。Tā shì ge jiānqiáng de rén, ～ shénme kùnnan dōu nán bu dǎo tā. *He's a very strong person. No difficulty can daunt him, no matter what it is.* /这里的堤坝十分坚固，～多大的洪水也不会冲垮的。Zhèlǐ de dībà shífēn jiāngù, ～ duō dà de hóngshuǐ yě bù huì chōngkuǎ de. *The dam here is very sturdy. No matter how heavy the flood, it cannot burst it.* /～你怎么挽留他，也留不住。～ nǐ zěnme wǎnliú tā, yě liú bu zhù. *No matter how much you press him to stay, he won't.* （2）"任"后也可并列两个表示选择关系的词语或结构，表示二者的情况、结果等一样（"任"can be followed by two consecutive words or structures which express a choice to indicate that the result would be the same no matter which choice）：～你路远路近，大家一律骑自行车去。～ nǐ lù yuǎn lù jìn, dàjiā yílǜ qí zìxíngchē qù. *No matter whether your way is near or far, you will all go by bicycle, no exceptions.* /他是公费生还是自费生，反正得遵守校规。～ tā shì gōngfèishēng háishi zìfèishēng, fǎnzhèng děi zūnshǒu xiàoguī. *No matter whether he's a student supported by the state or a self-supporting student, he must observe school regulations.* （3）"任"后可有表示极端情况的词语，说明即使在这种条件下，结论也不变（"任"can be followed by a word expressing an extreme situation to illustrate that even under such conditions, the result wouldn't change）：孩子们都穿戴得十分暖和，～风雪再大也不怕。Háizimen dōu chuāndài de shífēn nuǎnhuo, ～ fēng xuě zài dà yě bú pà. *The children are all bundled up very warmly, so it wouldn't matter even if the snowstorm were worse.*

【任何】rènhé （代）不论什么，常作定语 any; whichever; whatever：～时候都欢迎你来。～ shíhou dōu huānyíng nǐ lái. *You're welcome any time.* /～情况下，信心都不动摇。Zài ～ qíngkuàng xià, xìnxīn dōu bú dòngyáo. *Under no circumstances does his confidence ever waver.* /～困难也吓不倒我们。～ kùnnan yě xià bu dǎo wǒmen. *We are not afraid of any difficulty.* /除了你，他不相信～人。Chúle nǐ, tā bù xiāngxìn ～ rén. *He doesn't believe anyone other than you.*

【任劳任怨】rèn láo rèn yuàn 不辞劳苦，不怕埋怨 work hard and not be upset by criticism; work hard regardless of unfair criticism or unjustified complaints：为了办好学校，他几十年来～，真是难得。Wèile bànhǎo xuéxiào, tā jǐ shí nián ～, zhēn shi nándé. *He has worked hard for decades despite unfair criticism in order to run the school well. Such a person is rare indeed.*

【任免】rènmiǎn （动）任命和免职 appoint and remove (or dismiss)：～了一批干部～le yì pī gànbù appoint and dismiss a group of cadres /～名单 ～ míngdān name list of people to be appointed and dismissed

【任命】rènmìng （动）appoint：～他为驻法国大使 ～ tā wéi zhù Fǎguó dàshǐ appoint him ambassador to France

【任凭】rènpíng （动）听任，不干预（常作兼语式的第一个动词）at one's convenience; at one's discretion (often used as the first verb in a pivotal sentence)：愿意不愿意去、～你自己决定，我不参加意见。Yuànyi bú yuànyi qù, ～ nǐ zìjǐ juédìng, wǒ bù cānjiā yìjian. *Whether you wish to go or not, I'll leave it entirely to your discretion to decide and won't offer my view.* /去西安还是去上海，～他们选择吧！Qù Xī'ān háishi qù Shànghǎi, ～ tāmen xuǎnzé ba! *Leave it up to them to choose whether they go to Xi'an or to Shanghai!* （连）（1）同"任"rèn（连）（1）same as "任" rèn（连）（1）：～路途多么遥远，我也一定要去。～ lùtú duōme yáoyuǎn, wǒ yě yídìng yào qù. *No matter how long the journey is, I must still go.* /～那些人风刺打击，他的决心不变。～ nàxiē rén fēngcì dǎjī, tā de juéxīn bú biàn. *No matter how much those people mock and attack him, he remains determined.* /他太固执，～大家怎么劝说，也改变不了他的主意。Tā tài gùzhí, ～ dàjiā zěnme quànshuō, yě gǎibiàn bù liǎo tā de zhǔyi. *He's too stubborn. No matter how much we plead with him, he won't change his mind.* /～你有多高的地位我也不羡慕。～ nǐ yǒu duō gāo de dìwèi wǒ yě bú xiànmù. *I wouldn't envy you, no matter how high your position.* （2）同"任"rèn（连）（2）same as "任" rèn（连）（2）：～你工作好或坏，报酬都一样，这太不合理了。～ nǐ gōngzuò hǎo huò huài, bàochou dōu yíyàng, zhè tài bù hélǐ le. *No matter whether you work well or not, you still get the same pay. This is so unreasonable.* /～是国营企业还是私人企业，赚不到钱总是不行的。～ shì guóyíng qǐyè háishi sīrén qǐyè, zhuàn bu dào qián zǒngshì bù xíng de. *No matter whether it's a state enterprise or a private one, it won't do not to make money.* （3）同"任"rèn（连）（3）same as "任" rèn（连）（3）：～寒风刺骨，工人们还坚持在工地上劳动。～ hánfēng cì gǔ, gōngrénmen hái jiānchí zài gōngdì shang láodòng. *Regardless of the wind chilling them to the bone, the workers continued labouring on the construction site.* /～敌人严刑拷打，他都没有屈服。～ dírén yánxíng kǎodǎ, tā dōu méiyou qūfú. *Regardless of the enemy's cruel torture, he still wouldn't knuckle under.* /～你说得天花乱坠，我也不会动心。～ nǐ shuō de tiān huā luàn zhuì, wǒ yě bú huì dòng xīn. *Even if you gave the most extravagant account, I would still not be interested.*

【任期】rènqī （名）担任职务的期限 term of office; tenure of office：他当选为会长，～三年。Tā dāngxuǎn wéi huìzhǎng, ～ sān nián. *He was elected president of the association for a term of three years.*

【任人摆布】rèn rén bǎibù 听凭别人任意操纵、支配 allow oneself to be ordered about; be at the mercy of others

【任人唯亲】rèn rén wéi qīn 任:任用，唯:只，任用人只是选择那些和自己关系亲近的，而不问德才如何（任:appoint 唯:only）appoint people by favouritism (rather than ac-

cording to ability)

【任人唯贤】rèn rén wéi xián 按照德才兼优的标准用人。与"任人唯亲"相对 appoint people on their merits (antonym of "任人唯亲" appoint people by favouritism)

【任务】rènwu（名）指定担任的工作或指定承担的责任 assignment; mission; task; job: 我一定按时完成～。Wǒ yídìng ànshí wánchéng ～. I will definitely complete this mission on time. /今年的生产～很重。Jīnnián de shēngchǎn ～ hěn zhòng. This year's production assignment is very heavy.

【任性】rènxìng（形）wilful; self-willed; wayward; headstrong: 独生子女往往很。Dúshēng zǐnǚ wǎngwǎng hěn ～. Only sons and daughters are more often than not very headstrong.

【任意】rènyì（形）没有约束，不加限制，没有任何条件 wanton; arbitrary; wilful; ～三角形 ～ sānjiǎoxíng scalene triangle /罚～球 fá ～qiú free penalty shot; free penalty kick /汽水有的是，大家可以～去取。Qìshuǐ yǒudeshì, dàjiā kěyǐ ～ qù qǔ. There are plenty of soft drinks to which everybody can help himself.

【任用】rènyòng（动）委派人员使担任职务 appoint; assign sb. to a post: ～有才能的人 ～ yǒu cáinéng de rén appoint talented people /厂长最近～了一大批技术人员。Chǎngzhǎng zuìjìn ～le yí dàpī jìshù rényuán. The factory director recently assigned positions to a large group of technical personnel.

【任职】rèn=zhí 担任职务 hold a post; be in office: 他在外交部。Tā zài wàijiāobù. He works in the Ministry of Foreign Affairs.

【任重道远】rèn zhòng dào yuǎn 责任重，路途远。比喻责任重大又需较长期奋斗 (任:责任，负担。道:路途 (任:responsibility; 道:road) the burden is heavy and the road is long—shoulder heavy responsibilities: 去南极考察可真是～。Qù nánjí kǎochá kě zhēnshì ～. To go to the South Pole for observation and study is a heavy responsibility indeed. /你去边疆工作，千万保重。Nǐ qù biānjiāng gōngzuò ～, qiānwàn bǎozhòng. Going to the frontier to work presents a heavy responsibility. Be sure to take care of yourself.

韧〔靭〕rèn

（形）◇柔软而结实，不易折断（跟"脆"相对）pliable but strong; tenacious (antonym of "脆" fragile; brittle)

【韧性】rènxìng（名）柔软而结实，不易折断的性质 toughness; tenacity: 皮革有～。Pígé yǒu ～. Leather has a toughness to it. /～战斗 ～ zhàndòu a tough battle

妊 rèn

【妊娠】rènshēn（动）〈医〉gestation; be pregnant

rēng

扔 rēng
（动）throw; toss; cast: 练习～手榴弹 liànxí ～ shǒuliúdàn practise throwing hand grenades /把球～出去 bǎ qiú ～ chuqu le. tossed the ball /不要随地乱～果皮。Búyào suídì luàn ～ guǒpí. Do not throw peelings on the ground. /我的话，他早～到脖子后边去了。Wǒ de huà, tā zǎo ～dào bózi hòubiān qu le. He completely forgot what I said.

【扔掉】rēng//diào 丢弃不要 throw away; cast aside: 这些没用的破烂就应该～。Zhèxiē méi yòng de pòlànr jiù yīnggāi ～. These useless scraps should be thrown away. /不能～好的传统作风。Bù néng ～ hǎo de chuántǒng zuòfēng. Good traditional work styles should not be cast aside.

réng

仍 réng
（副）（书）（1）意思同"仍然"réngrán（1）same as "仍然" réngrán（1）: 他一夜没休息，～不觉得累。Tā yí yè méi xiūxi, ～ bù juéde lèi. He hasn't rested all night, but still doesn't feel tired. /有了成绩～需努力。Yǒule chéngjì ～ xū nǔ lì. One still needs to work hard even when one meets with success. （2）意思同"仍然"réngrán（2）same as "仍然" réngrán（2）: 看完了报，～放在原处。Kànwánle bào, ～ fàng zài yuánchù. After you finish reading the newspaper, please put it back where it belongs. /工程结束后，他～回技术科工作。Gōngchéng jiéshù hòu, tā ～ huí jìshùkē gōngzuò. When the project is finished he will go back to the technical section to work.

【仍旧】réngjiù（副）（1）同"仍然"réngrán（1）same as "仍然" réngrán（1）: 吃了许多药，病～不见好转。Chīle xǔduō yào, bìng ～ bú jiàn hǎozhuǎn. After taking a lot of medicine, his illness still hadn't taken a turn for the better. /那棵海棠～在开花。Nà kē hǎitáng ～ zài kāi huā. That Chinese flowering crabapple tree is still blooming. （2）同"仍然" réngrán（2）same as "仍然" réngrán（2）: 他讲完了话～坐回原位。Tā jiǎngwánle huà ～ zuòhuí yuánwèi. When he finished speaking, he went back to his own seat. /门修好后～漆成白色。Mén xiūhǎo hòu ～ qīchéng báisè. After the door iss repaired, paint it white once again.

【仍然】réngrán（副）（1）保持原样未变 still; as before: 他吃了冰淇淋～觉得渴。Tā chīle bīngqílín ～ juéde kě. He still felt thirsty after he ate the ice cream. / 我说了半天，可～没人肯听。Wǒ shuōle bàntiān, kě ～ méi rén kěn tīng. I talked for a long time, but still, nobody would listen. /会场气氛～很紧张。Huìchǎng qìfēn ～ hěn jǐnzhāng. The atmosphere at the meeting is still tense. 他～很乐观、开朗。Tā ～ hěn lèguān、kāiláng. He is as cheerful and optimistic as ever. （2）经过变动又恢复原状 once again: 擦完玻璃窗后，花盆儿～放回窗台。Cāwán bōlichuāng hòu, huāpénr ～ fànghuí chuāngtáir. I put the flower pot back on the windowsill after I wiped the window. /吃过饭，～下地干活。Chīguò fàn, ～ xià dì gàn huó. They went back to work in the fields after they ate.

rì

日 rì
（名）（1）◇太阳 sun: 看～出 kàn ～ chū watch the sunrise /～落西山 ～ luò xīshān The sun has set beyond the western hills. （2）◇白天 daytime; day: ～场 ～chǎng daytime performance; matinée /一～一夜 yí ～ yí yè a day and a night （3）◇一昼夜 day: 多～不见 duō ～ bú jiàn haven't seen you for a long time （4）◇每天 daily; every day; with each passing day; ～渐寒冷 ～ jiàn hánlěng gradually getting colder every day （5）特指一个月里的某一天 day (indicates the particular day of a month): 三月三～ sānyuè sān ～ March 3rd .

【日班】rìbān（名）day shift

【日报】rìbào（名）daily paper; daily

【日薄西山】rì bó xī shān 薄: 迫近。太阳迫近西山，比喻人将死或事物接近衰亡 (薄: draw near) the sun is setting beyond the western hill—declining rapidly; nearing one's end

【日常】rìcháng（形·非谓）平时的 day-to-day; everyday; daily: ～工作 ～ gōngzuò routine duties /～用品 ～ yòngpǐn daily necessities /～生活 ～ shēnghuó everyday life

【日程】rìchéng（名）按日排定的办事程序 daily programme; schedule: 议事～ yì shì ～ agenda /工作～ gōngzuò ～

work schedule /比赛～已经排定。Bǐsài ～ yǐjīng páidìng. *The match schedule has already been arranged.*

【日光】rìguāng (名) *sunlight；sunbeam*

【日光灯】rìguāngdēng (名)[盏 zhǎn] *fluorescent lamp；daylight lamp*

【日光浴】rìguāngyù (名) *sunbath*

【日后】rìhòu (名)〈书〉*the future；days to come*：～望多联系 ～ wàng duō liánxì *I hope we'll keep in contact often.* /～发生类似情况,将严肃处理。～ fāshēng lèisì qíngkuàng, jiāng yánsù chǔlǐ. *Should the same type of situation occur in future, it should be dealt with severely.*

【日积月累】rì jī yuè lěi 一天天、一月月不断积累,形容越来越多 *accumulate daily or monthly—accumulate over a long period*：这些资料,逐渐完备了。Zhèxiē zīliào ～, zhújiàn wánbèi le. *After a long period of accumulation, these materials are now complete.* /他收入不多,但平日很节省,～,也存了不少钱。Tā shōurù bù duō, dàn píngrì hěn jiéshěng, ～, yě cúnle bù shǎo qián. *His salary is low, but he usually economizes, accumulating a little every month, and has now saved up quite a bit of money.*

【日记】rìjì (名)[篇 piān, 本 běn] *diary*

【日间】rìjiān (名)*白天 in the daytime；during the day*

【日见】rìjiàn (副)一天一天地显示出来 *with each passing day；day by day*：病情～好转。Bìngqíng ～ hǎozhuǎn. *His illness improves with each passing day.* /天气～寒冷。Tiānqì ～ hánlěng. *The weather is getting colder everyday.* /产量～增加 Chǎnliàng ～ zēngjiā. *Output is increasing day by day；*

【日历】rìlì (名) *calendar*

【日暮途穷】rì mù tú qióng 暮：傍晚。穷：尽。天色已晚,路也走到尽头,比喻陷于困境(暮：*at nightfall；*穷：*end*) *the day is waning and the road is ending—approaching the end of one's days；fall into dire straits*

【日内】rìnèi (名)〈书〉最近几天里 *in a few days；in a day or two；in a couple of days*：大楼～即将竣工。Dà lóu ～ jíjiāng jùngōng. *The building will be completed in a couple of days.* /～就要发邀请信。～ jiù yào fā yāoqǐng xìn. *The invitations will be sent out in a day or two.*

【日期】rìqī (名)发生某事的确定日子或时期 *date*：你还记得上次大会的确切～吗?Nǐ hái jìde shàng cì dàhuì de quèqiè ～ ma? *Do you still remember the exact date of the last general meeting?*

【日趋】rìqū (副)〈书〉一天一天地走向…… *with each passing day；gradually；day by day*：经济～繁荣 jīngjì ～ fánróng *the economy is becoming brisker day by day* /力量～衰弱 lìliang ～ shuāiruò *getting weaker every day*

【日食】rìshí (名) *solar eclipse*

【日托】rìtuō (名)幼儿园或托儿所只在白天收托孩子的一种制度。通常是每天早上去幼儿园或托儿所,晚上回家。区别于"全托",*day care (as opposed to "全托"boarding nursery)*

【日文】Rìwén (名)*Japanese language*

【日新月异】rì xīn yuè yì 每天都在更新,每月都有变化。形容发展、进步很快,不断出现新事物、新气象。新：更新。异：不同(新：*renew；*异：*different*) *change with each passing day；rapidly developing and changing endlessly*：城市面貌～。Chéngshì miànmào ～. *The city's features change with each passing day.* /实行改革以后,这里出现了～的变化。Shíxíng gǎigé yǐhòu, zhèlǐ chūxiànle ～ de biànhuà. *Ever since reform was implemented, this place has undergone changes day after day.*

【日夜】rìyè (名)*白天黑夜 day and night；night and day；round the clock*：工人轮班,机器一不停。Gōngrén lúnbānr, jiqì ～ bù tíng. *Workers rotate shifts to keep the machinery going round the clock.*

【日以继夜】rì yǐ jì yè 同"夜以继日"yè yǐ jì rì *same as "夜以*

继日"yè yǐ jì rì：他～地加紧复习,准备考试。Tā ～ de jiājǐn fùxí, zhǔnbèi kǎoshì. *He's cramming day and night to review for the exam.*

【日益】rìyì (副)〈书〉程度一天比一天(加深或提高) *day by day；increasingly*：人民生活～提高。Rénmín shēnghuó ～ tígāo. *Life for the people is improving day by day.* /产量～增加。Chǎnliàng ～ zēngjiā. *Production output is increasing daily.* /病情～加重。Bìngqíng ～ jiāzhòng. *The patient's condition is getting increasingly critical.*

【日用】rìyòng (形·非谓) *of everyday use*：～百货 ～ bǎihuò *articles of daily use* /～瓷器 ～ cíqì *chinaware for everyday use*

【日用品】rìyòngpǐn (名)日常应用的东西,如：毛巾、肥皂、牙刷之类 *articles of everyday use, e. g., towel, soap, toothbrush, etc.*

【日语】Rìyǔ (名) *Japanese language*

【日元】rìyuán (名) *(Japanese) yen*

【日照】rìzhào (名)〈气象〉*sunshine*：北京～时间比较长,应该利用太阳能。Běijīng ～ shíjiān bǐjiào cháng, yīnggāi lìyòng tàiyángnéng. *Beijing's sunshine time is relatively long so the city should take advantage of this and use solar energy.*

【日志】rìzhì (名)每日工作、活动、事件等的记载(多指非个人的) *daily record；journal (usu. refers to the journal of a unit, etc., as opposed to a private journal)*：班级～ bānjí ～ *daily record of a class* /勘探队～ kāntànduì ～ *a prospecting team's journal* /教学～ jiàoxué ～ *teaching journal*

【日子】rìzi (名)(1)特殊的一天 *special day or date*：今天是什么～?你干嘛请客?Jīntiān shì shénme ～? nǐ gànmá qǐng kè? *What's the occasion today?Why on earth are you having guests over?* /这个～我永远不会忘记,因为是我步入社会的第一天,由大学生变为教师了。Zhège ～ wǒ yǒngyuǎn bú huì wàngjì, yīnwei shì wǒ bùrù shèhuì de dìyī tiān, yóu dàxuéshēng biànwéi jiàoshī le. *I will never forget this day. It is the first day I enter society and go from being a student to being a teacher.* (2)日期 *date；day*：开运动会的～定了吗?Kāi yùndònghuì de ～ dìngle ma? *Has the date of the sports meet been set yet?* /成立大会什么时候开,还没～呢! Chénglì dàhuì shénme shíhou kāi, hái méi ～ ne! *A date hasn't been fixed yet for the inaugural meeting.* (3)以天为单位的时间 *time*：这些～你到哪儿去了?Zhèxiē ～ nǐ dào nǎr qù le? *Where have you been recently?* /他走了不少～,该回来了。Tā zǒule bù shǎo ～ le, gāi huílai le. *He's been away for quite some time and should come back.* (4)生活 *life；livelihood*：她家的～越过越富裕。Tā jiā de ～ guò guò fùyù. *Life is getting more and more prosperous for her family.* /一家三代一起过～ Yī jiā sān dài yìqǐ guò ～. *Three generations of the same family live together.*

róng

荣〔榮〕róng

(形)◇光荣 *honourable；glorious*：以艰苦朴素为～ yǐ jiānkǔ pǔsù wéi ～. *take pride in living under difficult and simple conditions.* /～获歌咏比赛第一名 ～ huò géyǒng bǐsài dìyī míng *win the honour of first place in a singing contest* /～立一等功 ～ lì yī děng gōng *be cited for 1st class meritorious service.*

【荣幸】róngxìng (形)光荣而幸运,常用于客气话 *be honoured (used in polite speech)*：您来我厂参观,我们很～。Nín lái wǒ chǎng cānguān, wǒmen hěn ～. *We feel greatly honoured by your visit to our factory.* /我们受到您的接见,感到十分～。Wǒmen shòudào nín de jiējiàn, gǎndào shífēn ～. *We feel greatly honoured to be granted an interview.*

【荣耀】róngyào（形）同"光荣"guāngróng，但用得较少 same as "光荣" guāngróng (but seldom used)

【荣誉】róngyù（名）光荣的名誉；honour；credit；glory：～感 ～gǎn sense of honour /～称号 ～ chēnghào title of honour /爱护集体的～ àihù jítǐ de ～ cherish the good name of the collective

【荣誉军人】róngyù jūnrén 对残废军人的尊称 disabled soldier (respectful form of address)

绒 〔絨〕róng
（名）(1)柔软细小的毛 fine hair；down：鸭～ yā～eiderdown /羽～ yǔ～ down feathers (2)上面有一层细毛的纺织品 cloth with a soft nap or pile on one or either side：丝～ sī～ velvet / 平～ píng～ velveteen / 长毛～ chángmáo ～ plush

【绒布】róngbù（名）flannelette；cotton flannel

【绒裤】róngkù（名）[条 tiáo] 比较厚的棉的针织裤子，有一面有绒毛 sweat pants

【绒毛】róngmáo（名）(1)人或动物身体表面和某些器官内壁长的短而软的毛 fine hair；down；villus (2)织物上连成一片的纤细而柔软的短毛 nap；pile

【绒衣】róngyī（名）[件 jiàn]比较厚的棉的针织上衣，一面有绒毛 sweat shirt

茸 róng
（名）◇ 指鹿茸 young pilose antler （形）◇草初生纤细柔软的样子 (of grass, etc.) fine and soft；downy

【茸茸】róngróng（形）(草、毛发等)又短又软又密 (of grass, hair, etc.) short, soft and thick；downy：绿草～ lǜ cǎo ～ a carpet of green grass /这个婴儿满头～的黑发。Zhège yīng'ér mǎn tóu ～ de hēi fà. This infant has a headful of soft thick black hair.

容 róng
（动）(1)同"容纳"róngnà same as "容纳"róngnà；这个教室只能～三十人。Zhège jiàoshì zhǐ néng ～ sānshí rén. This classroom can only hold thirty people. (2)宽容 tolerate：他心胸狭窄，不能～人。Tā xīnxiōng xiázhǎi, bù néng ～ rén. He's narrow-minded and cannot tolerate people. (3)让，允许 permit；allow：请～我把话说完，你再发表意见。Qǐng nǐ ～ wǒ bǎ huà shuōwán, nǐ zài fābiǎo yìjian. Please allow me to finish what I'm saying first, and then you can express your opinion. /祖国边疆不～侵犯。Zǔguó biānjiāng bù ～ qīnfàn. It is not permitted to encroach on national border areas. (名)◇相貌，样子 appearance；looks：怒～满面 nù～ mǎn miàn a face contorted with anger /军～整齐 jūn～zhěngqí soldiers neat and tidy in appearance

【容电器】róngdiànqì（名）同"电容器"diànróngqì same as "电容器" diànróngqì

【容光焕发】róngguāng huànfā 脸上放射出健康的光彩 (one's face) glowing with health；have a radiant face：登山队队员精神振奋，～. Dēngshān duìyuán jīngshén zhènfèn, ～. The members of the mountain-climbing expedition were full of vigorous energy and their faces were glowing with health.

【容积】róngjī（名）volume：你知道这个木箱的～是多少吗？Nǐ zhidao zhège mùxiāng de ～ shì duōshao ma? Do you know how much volume this wooden box can hold?

【容量】róngliàng（名）capacity：这个瓶子的～是500CC。Zhège píngzi de ～ shì 500 CC. This bottle holds a capacity of 500cc.

【容貌】róngmào（名）〈书〉appearance；looks：选择对象，主要应看人品，不能只看～. Xuǎnzé duìxiàng, zhǔyào yīng kàn rénpǐn, bù néng zhǐ kàn ～. When choosing a partner in marriage, one must not only look at a person's appearance,

but most importantly should look at the person's character.

【容纳】róngnà（动）hold；have a capacity of；accommodate：这个礼堂可以～一千多人。Zhège lǐtáng kěyǐ ～ yìqiān duō rén. This auditorium has a seating capacity of over one thousand. /实验室太小，～不了这么多仪器。Shíyànshì tài xiǎo, ～ bù liǎo zhème duō yíqì. The laboratory is too small to hold so many instruments.

【容器】róngqì（名）装东西的器具，如：盆、桶、瓶子之类 vessel；containers such as a basin；barrel；bottle, etc.

【容忍】róngrěn（动）宽容忍耐 tolerate；put up with；condone：真叫人不能～! Zhēn jiào rén bù néng ～! It's absolutely intolerable! /对这种现象难道你能～吗？Duì zhè zhǒng xiànxiàng nándào nǐ néng ～ ma? How can you possibly tolerate such a phenomenon? /过去对你的一些粗暴行为我都～了，但一是有限度的。Guòqù duì nǐ de yìxiē cūbào xíngwéi wǒ dōu ～ le, dàn ～ shì yǒu xiàndù de. I've put up with your crude behaviour in the past, but my tolerance does have its limits.

【容身】róngshēn=shēn 安身 shelter oneself；无处～ wú chù ～ have no place to shelter oneself /这里只能暂且～，不能久居。zhèlǐ zhǐ néng zànjiě ～, bù néng jiǔ jū. This is only a place for temporary shelter. One cannot live here long.

【容许】róngxǔ（动）许可 tolerate；permit；allow：这种做法是不能～的。Zhè zhǒng zuòfǎ shì bù néng ～ de. This course of action is not permitted. /是谁～你到这儿来的？Shì shuí ～ nǐ dào zhèr lái de? Who gave you permission to come here? /要一人犯错误，更要一人改正错误。Yào ～ rén fàn cuòwu, gèng yào ～ rén gǎizhèng cuòwu. One ought to be tolerated when a mistake is made, and even more so when trying to correct it.

【容易】róngyì（形）(1)做起来不费事 easy：学语言对他来说比较～。Xué yǔyán duì tā láishuō bǐjiào ～. He finds it relatively easy to learn languages. /这种乐器很～学。Zhè zhǒng yuèqì hěn ～ xué. It's easy to learn how to play this musical instrument. /你别想得那么～，这事可不好办。Nǐ bié xiǎng de nàme ～, zhè shì kě bù hǎo bàn. Don't think it's so easy. This matter is quite difficult to handle. (2)发生某种变化的可能性大 easily；likely；liable；apt：我冬天很～感冒。Wǒ dōngtiān hěn ～ gǎnmào. I catch the flu easily in winter time. /矮秆稻子不～倒伏。Ǎi gǎnr dàozi bù ～ dǎofú. Shortstalked rice is not apt to lodging. /空气潮湿，洗的衣服不～干。Kōngqì cháoshī, xǐ de yīfu bù ～ gān. When the air is damp, washed clothes don't dry easily.

溶 róng
（动）同"溶化"rónghuà same as "溶化" rónghuà：～于水～ yú shuǐ dissolve in water /速～咖啡 sù ～ kāfēi instant coffee

【溶洞】róngdòng（名）cave with stalactite and stalagmite

【溶化】rónghuà（动）(1)固体在液体中化开 dissolve：糖一放进开水里就～了。Táng yí fàngjìn kāishuǐ li jiù ～ le. As soon as sugar is added to boiling water, it dissolves. (2)同"融化"rónghuà same as "融化" rónghuà：天还不太冷，雪一下到地上就～了。Tiān hái bú tài lěng, xuě yí xiàdào dì shang jiù ～ le. The weather is not very cold yet, so the snow melts as soon as it hits the ground.

【溶剂】róngjì（名）solvent

【溶解】róngjiě（动）同"溶化"rónghuà same as "溶化" rónghuà：盐能～于水。Yán néng ～ yú shuǐ. Salt dissolves in water.

【溶液】róngyè（名）solution

榕 róng

【榕树】róngshù（名）banyan tree

熔 róng（动）同"熔化"rónghuà same as "熔化" rónghuà；把废铁~成铁水。Bǎ fèi tiě ~chéng tiěshuǐ. Melt the scrap iron down into molten iron.
【熔点】róngdiǎn（名）〈物〉melting (or fusing, fusion) point
【熔化】rónghuà（动）固体加热到一定温度变成液体 melt；fuse；smelt：锡一加热就~了。Xī yī jiā rè jiù ~ le. Tin melts when heated.
【熔剂】róngjì（名）flux
【熔炉】rónglú（名）(1)熔炼金属的炉子 smelting furnace (2)比喻锻炼思想品质的环境 crucible；melting pot；furnace (metaphorically used for an environment in which one can temper one's ideology and moral character)：革命军队是锻炼青年的~。Gémìng jūnduì shì duànliàn qīngnián de ~. The revolutionary army is a melting pot for young people.

融 róng（动）融化 melt；thaw
【融合】rónghé（动）几种不同的事物合在一起成为一体 mix together；fuse；merge (different things)：民族~ mínzú ~ the merging of nationalities
【融化】rónghuà（动）(冰雪等)变成水 (of ice, snow, etc.) melt；thaw：在温暖的阳光下，积雪都~了。Zài wēnnuǎn de yángguāng xià, jī xuě dōu ~ le. The accumulated snow melted completely in the warm sunshine.
【融会贯通】rónghuì guàntōng 把各方面道理之间的关系弄清楚,贯穿起来而得到完全透彻的理解 gain thorough understanding through a comprehensive study of the subject：经过反复学习、思考,他对这一章的内容真正做到了~。Jīngguò fǎnfù xuéxí, sīkǎo, tā duì zhè yī zhāng de nèiróng zhēnzhèng zuòdàole ~. He gained a true and thorough understanding of the contents of this chapter through repeated study and deep reflection.
【融解】róngjiě（动）同"融化" rónghuà same as "融化" rónghuà
【融洽】róngqià（形）彼此的感情好,关系好 harmonious；on friendly terms：我们几个人相处得很~。Wǒmen jǐ ge rén xiāngchǔ de hěn ~. The few of us all get along extremely well with each other. /他俩的关系十分~。Tā liǎ de guānxi shífēn ~. Those two are on friendly terms with each other. /会场上洋溢着~的气氛。Huìchǎng shang yángyìzhe ~ de qìfēn. The conference hall was permeated with an atmosphere of harmony.

rǒng

冗 rǒng（形）〈书〉(1)多余的 superfluous；redundant：~词~ci superfluous words (2)烦琐的 full of trivial details（名）〈书〉繁忙的事 business：您能拨~前来,十分感谢。Nín néng bō ~ qián lái, shífēn gǎnxiè. Thank you very much for finding time in the midst of your work to come here.
【冗长】rǒngcháng（形）〈书〉(文章或讲话)不必要地长 (of an essay or speech) tediously long；lengthy；long-winded；prolix：文字~ wénzì ~ a lengthy piece of writing /~的报告 ~ de bàogào a tediously long report
【冗杂】rǒngzá（形）〈书〉(事务)繁杂 (of affairs) miscellaneous

róu

柔 róu（形）◇(1)软 soft；flexible；supple：~枝嫩叶 ~ zhī nèn yè supple twigs and tender leaves (2)柔和(与"刚"相

对) soft；gentle；mild (antonym of "刚" firm；strong；indomitable)：刚~并济 gāng ~ bìng jì use both gentle and firm ways /~情密意 ~ qíng mì yì soft and tender feelings
【柔道】róudào（名）judo
【柔和】róuhé（形）soft；gentle；mild：~的音乐 ~ de yīnyuè soft music /~的灯光 ~ de dēngguāng soft light /性情~ a gentle (or mild) disposition /声音~ shēngyīn ~ a mild (or gentle) voice
【柔嫩】róunèn（形）软而嫩 soft and tender；delicate：~的柳枝 ~ de liǔ zhī delicate willow branches /婴儿的皮肤十分~。Yīng'ér de pífū shífēn ~. Babies' skin is extremely soft and tender. /小苗还很~,要好好儿保护。Xiǎomiáo hái hěn ~, yào hǎohāor bǎohù. The seedlings are still very delicate and must be well protected.
【柔韧】róurèn（形）软而韧 pliable and tough：这条鞭子是用~的皮子做的。Zhè tiáo biānzi shì yòng ~ de pízi zuò de. This whip is made of pliable and tough leather.
【柔软】róuruǎn（形）软和,不坚硬 soft；lithe：~的小手 de xiǎo shǒu small soft hands /这种衣料质地~。Zhè zhǒng yīliào zhìdì ~. This type of material is very soft.
【柔弱】róuruò（形）软弱细弱 weak；delicate：她说话的声音十分~。Tā shuō huà de shēngyīn shífēn ~. She speaks in a very delicate voice. /这姑娘看样子很~,性格却很刚烈。Zhè gūniang kàn yàngzi hěn ~, xìnggé què hěn gānglie. This girl looks frail, but she has an indomitable personality.
【柔顺】róushùn（形）温柔和顺 gentle and agreeable；meek：性情~ xìngqíng ~ a meek character

揉 róu（动）用手来回搓擦或团弄 rub；knead：~面做馒头 ~ miàn zuò mántou knead dough to make mantou /把肉末~成小丸子。Bǎ ròumò ~ chéng xiǎo wánzi. Knead the ground meat into small balls /我肩膀疼,你给我~~。Wǒ jiān bǎng téng, nǐ gěi wǒ ~~. My shoulders are sore. Give me a rub.

蹂 róu
【蹂躏】róulìn（动）〈书〉用脚践踏,比喻用暴力欺压,侮辱 trample on —ravage；make havoc of；devastate：不能让侵略军~我们的国土。Bù néng ràng qīnlüèjūn ~ wǒmen de guótǔ. We cannot let the invading army trample on our territory.

ròu

肉 ròu（名）(1) meat；flesh：牛~ niú ~ beef /瘦~ shòu ~ lean meat (2)某些瓜果里面可以吃的部分 pulp；flesh (of fruit)：桂圆~ guìyuán ~ dried longan pulp
【肉搏】ròubó（动）〈书〉空着手或用短兵器搏斗 fight hand-to-hand；~战 ~ zhàn hand-to-hand combat；用刺刀与敌人~ yòng cìdāo yǔ dírén ~ to fight the enemy hand-to-hand with bayonets
【肉鸡】ròujī（名）poultry chicken
【肉麻】ròumá（形）轻佻或虚伪的言行引起人的不舒服的感觉 nauseating；sickening；disgusting：她那些吹捧的言词真~。Tā nàxiē chuīpěng de yáncí zhēn ~. Her words of flattery are really nauseating.
【肉色】ròusè（名）浅黄而带红的颜色 yellowish pink
【肉食】ròushí（名）用肉做的食品 meat products：这家商店专卖~。Zhè jiā shāngdiàn zhuān mài ~. This store specializes selling meat products.（形·非谓）以肉为食物的 carnivorous：狮子是~动物。Shīzi shì ~ dòngwù. The lion is a carnivorous animal.

【肉松】 ròusōng（名）用猪肉或鸡、鱼等加工制成的一种食品 dried meat floss

【肉体】 ròutǐ（名）人的身体，与"精神"相对 the human body; flesh（antonym of "精神" spirit）

【肉眼】 ròuyǎn（名）人的眼睛（表示不靠仪器的帮助）the naked eye：细菌是人们～看不见的。Xìjūn shì rénmen ～ kàn bu jiàn de. Bacteria cannot be seen with the naked eye.

rú

如 ^{rú}（动）〈书〉（1）◇ 符合，依照 in compliance with; according to：这下妈妈可～了愿了。Zhè xià māma kě ～le yuàn le. This time mom had her wish fulfilled.（2）◇像……一样 like; as; as if：爱厂～家 ài chǎng ～ jiā love a factory as one's own home /临大敌～临 lín dà dí as if faced with a formidable enemy /他工作勤勤恳恳，三十年一日。Tā gōngzuò qínqínkěnkěn, sānshí nián ～ yí rì. In thirty years he has always worked diligently and conscientiously.（3）举例 for instance; such as; as：这批书中有不少古典小说，～《红楼梦》《三国演义》《水浒传》等。Zhè pī shū zhōng yǒu bù shǎo gǔdiǎn xiǎoshuō, ～《Hónglóumèng》《Sānguó Yǎnyì》《Shuǐhǔzhuàn》děng. There are many classical novels in this lot of books, such as A Dream of Red Mansions, The Romance of the Three Kingdoms, Water Margin, etc.（连）〈书〉表示假设或条件，意思同"如果"rúguǒ，但"如"后一般不带"的话"（expresses a supposition or condition; same as "如果"rúguǒ, but "如" usu. cannot be followed by "...的话"）：～有不便，请及早提出。～ yǒu búbiàn, qǐng jízǎo tíchū. If there is any inconvenience, please say it as soon as possible. /这个问题当初一能细心研究，恐不会出此漏洞。Zhège wèntí dāngchū ～ néng xìxīn yánjiū, kǒng bù huì chū cǐ lòudòng. I'm afraid that had this problem been carefully thought over in the first place, this loophole wouldn't have appeared. /这次失败～有一点积极意义，那就是使我们认识自满的害处。Zhè cì shībài ～ yǒu yìdiǎnr jījí yìyì, nà jiùshì shǐ wǒmen rènshi zìmǎn de hàichu. If there were anything positive to gain from this failure, it would be that we now recognize the harm in being self-complacent.

【如常】 rúcháng（动·不及物）跟平常一样 as usual：大雨之后，交通仍通畅～。Dàyǔ zhīhòu, jiāotōng réng tōngchàng ～. Traffic remained unobstructed as usual after the heavy rainfall. /星期日门诊时间～。Xīngqīrì ménzhěn shíjiān ～. Sunday's consulting hours are as usual.

【如出一辙】 rú chū yī zhé 辙：车轮碾轧的痕迹。好像出自同一车辙。比喻两种言行或情况完全一样（辙: the track of a wheel）as if from the same track—be exactly the same as; be no different from; be cut from the same cloth：他俩的话～，事先一定商量过了。Tā liǎ de huà ～, shìxiān yídìng shāngliangguo le. They are saying exactly the same thing. They must have discussed the matter beforehand.

【如此】 rúcǐ（代）〈书〉（1）这样，常用作状语或谓语 so; such; in this way（often used as an adverbial or predicate）：没想到这个新战士一勇敢。Méi xiǎngdào zhège xīn zhànshì ～ yǒnggǎn. I never thought this new soldier would be so brave. /你写得一详细，我还能不明白？Nǐ xiě de ～ xiángxì, wǒ hái néng bù míngbai? You wrote in such detail. How could I not understand?（2）像这样，所谓（用于讽刺、指责）like this; such; so-called（used as a form of sarcasm or criticism）：～"模范工作者"！ ～"mófàn gōngzuòzhě"! He's a so-called "model worker"! /～"亲如兄弟"？Is this what you call as close as brothers?

【如此而已】 rúcǐ éryǐ〈书〉就是这样罢了（表示没有什么别的）that's what it all adds up to

【如法炮制】 rú fǎ páozhì〈贬〉炮制：用烘炒等方法将药材制成中药。本指依照老办法炮制中药。现指照已有的样子或常用的方法去做（炮制: the process of preparing Chinese medicine, as by roasting, baking, etc.）prepare Chinese herbal medicine by the prescribed method—follow a set pattern; follow suit

【如故】 rúgù（动）〈书〉跟原来一样 as before：他的态度依然～。Tā de tàidù yīrán ～. His attitude is still the same as before. /离家十年，回来一看，一切～。Lí jiā shí nián, huílái yí kàn, yíqiè ～. It has been ten years since I left home. When I came back, everything was the same as before.

【如果】 rúguǒ（连）（1）表示条件，用在主从复句的从句里，主句里常有"就""还""则"等同它呼应（indicates condition; used in the subordinate clause of a sentence with a principal and subordinate clause; used together with "就"，"还"，"则", etc. which are placed in the principal clause）：你～有问题，就来问老师。Nǐ ～ yǒu wèntí, jiù lái wèn lǎoshī. If you have any questions, come and ask the teacher. /您不太忙，我想请教您几个问题。～ nín bú tài máng, wǒ xiǎng qǐngjiào nín jǐ ge wèntí. If you're not too busy, I'd like to ask for your advice on a few problems. /明天下雨的话，咱们的春游就改期。～ míngtiān xià yǔ dehuà, zánmen de chūnyóu jiù gǎi qī. If it rains tomorrow, let's postpone our spring outing.（2）"如果"在从句里提出了某种和事实相反的假设（the subordinate clause using "如果" raises a condition that contradicts reality）：父亲还在，他也会同意这门婚事的。～ fùqin hái zài, tā yě huì tóngyì zhè mén hūnshì de. If father were still alive, he would agree to this marriage. /～不是你帮助我的话，我是不会成功的。～ bú shì nǐ bāngzhù wǒ dehuà, wǒ shì bú huì chénggōng de. I wouldn't have succeeded had you not helped me.（3）表示类比，假定某一现象成立，那么和它类似的另一现象也成立（indicates an analogy which assumes that if a certain phenomenon were tenable, then other similar phenomena would be too）：～说青年是早上八九点钟的太阳，那么老年就是满天霞光的夕照。～ shuō qīngnián shì zǎoshang bā-jiǔ diǎnzhōng de tàiyang, nàme lǎonián jiù shì mǎn tiān xiáguāng de xīzhào. If it could be said that youth was the eight-o'clock morning sun, then old age would be the glow of the setting sun. /～缀在夜幕上的星星都是闪闪发光的宝石，那么月亮就是最大最亮的宝石。～ zhuì zài yèmù shang de xīngxing dōu shì shǎnshǎn fā guāng de bǎoshí, nàme yuèliang jiù shì zuì dà zuì liàng de bǎoshí. If the stars adorning the curtain of night were all glittering diamonds, then the moon would be the largest diamond of all.（4）表示让步，后句对前句是加以限制的（indicates a concession; the following clause adds a restriction on the first one）：～真能把这件古物修复，那也没有原来的好哇。～ zhēn néng bǎ zhè jiàn gǔwù xiūfù, nà yě méi you yuánlái de hǎo wa. If this ancient object really could be restored, then it still wouldn't be as good as the original. /他俩终于结合了，恐怕只是出于互相的同情。～ tā liǎ zhōngyú jiéhé le, kǒngpà zhǐshì chūyú hùxiāng de tóngqíng. If those two finally did get married, I'm afraid it would only be out of compassion for each other.

【如何】 rúhé（代）〈书〉怎么，怎么样 how; what：你看这样做～? Nǐ kàn zhèyàng zuò ～? What do you think of this method? /您以为～? Nín yǐwéi ～? What do you think? /此事～办理，请提出意见。Cǐ shì ～ bànlǐ, qǐng tíchū yìjiàn. How are we to handle this matter? Please offer some ideas.

【如虎生翼】 rú hǔ shēng yì 同"如虎添翼" rú hǔ tiān yì same as "如虎添翼"

【如虎添翼】 rú hǔ tiān yì 好像老虎添上了翅膀。比喻力量强的人或某种势力又增添了新的力量 like a tiger that has grown wings—with renewed strength; with might redoubled; be further strengthened：这项桥梁设计工作，王总工

程师参加以后，真是～，技术力量更强了。Zhè xiàng qiáoliáng shèjì gōngzuò, Wáng zǒnggōngchéngshī cānjiā yǐhòu, zhēn shì ～, jìshù lìliàng gèng qiáng le. *Once Chief Engineer Wang started to take part in the design of this bridge, it was as if our might redoubled and our technical force was much stronger.*

【如火如荼】rú huǒ rú tú 像火那样红，像荼(一种开白花的茅草)那样白。原形容军容齐整、盛大，现比喻气势蓬勃或气氛热烈 *like a raging fire, as white as the white flower of seeds — originally described the appearance and bearing of an army as being uniform and magnificent; now used metaphorically to describe a lively atmosphere or sth. of powerful momentum, sth. spreading like wildfire*

【如获至宝】rú huò zhì bǎo 至宝：最珍贵的宝物。好像得到了最珍贵的宝物。形容对于所得到的东西非常珍视喜爱（至宝：most valuable treasure）as if one had found a treasure; value or treasure sth. one has received*

【如饥似渴】rú jī sì kě 好像饿了想吃东西，渴了想喝水那样迫切要求 *as if thirsting or hungering for sth.; eagerly*

【如今】rújīn (名)现在（指较长的一段时间，往往和过去相比较而言）*nowadays; now (often used to compare or relate past and present)*：过去的流浪儿～成了大学生。Guòqù de liúlàng'ér ～ chéngle dàxuéshēng. *The street urchin of yesterday has now become a university student.* /昔日的小镇，～是高楼林立的经济特区。Xīrì de xiǎozhèn, ～ shì gāo lóu línlì de jīngjì tèqū. *The tall buildings of the special economic zone now stand like trees in a forest where there once was a small town.*

【如期】rúqī (副)按照规定期限 *as scheduled; by the scheduled time; on schedule*：工程如果不能～完成，将要罚款。Gōngchéng rúguǒ bù néng ～ wánchéng, jiāngyào fá kuǎn. *If the project is not completed on schedule, we will be fined.* /代表们已～到达。Dàibiǎomen yǐ ～ dàodá. *The delegates have already arrived as scheduled.*

【如若】rúruò (连)〈书〉意思同"如果"rúguǒ，用得较少 *same as "如果" rúguǒ, but seldom used*：～没有你的大力帮助，我是无论如何也度不过那个难关。～ méi yǒu nǐ de dàlì bāngzhù, wǒ shì wúlùn rúhé yě dù bu guò nàge nánguān. *If it hadn't been for your tremendous help, I would never have been able to get through that difficulty.* /～不信，请他到此看看事实。～ bú xìn, qǐng tā dào cǐ kànkan shìshí. *If he doesn't believe it, please ask him to come here and see the facts.* /～他真能答应的话，大概也很勉强。～ tā zhēn néng dāying dehuà, dàgài yě hěn miǎnqiǎng. *If he really did agree, it would probably be reluctant.*

【如丧考妣】rú sàng kǎo bǐ 〈贬〉丧：死去。考：旧称已死的父亲。妣：旧称已死的母亲。像死了父母那样悲痛（丧：lose; 考：one's deceased father; 妣：one's deceased mother）look as if one had lost one's parents — look utterly wretched*

【如上】rú shàng 就像上面（所叙述或列举的）*as (mentioned or shown) above*：～所述，……～ suǒ shù, *... as stated above...* /～所说，……～ suǒ shuō, *... as mentioned above...* /调查结果～。Diàochá jiéguǒ ～. *The above are the results of the investigation.*

【如实】rúshí (副)按照实际情况 *as things really are; strictly according to the facts*：～反映情况 ～ fǎnyìng qíngkuàng *report the situation accurately; reflect things as they really are* /把事故发生的原因～上报。Bǎ shìgù fāshēng de yuányīn ～ shàngbào. *Report the reason for the accident strictly according to the facts.*

【如释重负】rú shì zhòng fù 释：放下；重负：重担。好像放下重担一样地轻松（释：let go；重负：heavy burden）as if relieved of a heavy burden*：走失的孩子找到了，大家都～，非常高兴。Zǒushī de háizi zhǎodào le, dàjiā dōu ～, fēicháng gāoxìng. *Everybody is so happy that the missing child has*

been found. It's as if a heavy burden had been lifted.*

【如数】rúshù (副)按照原来的或规定的数目 *exactly the number or amount*：借你的钱下月将～还清。Jiè nǐ de qián xià yuè jiāng ～ huánqīng. *I'll pay back the money I borrowed from you in full next month.* /税款已～上缴。Shuìkuǎn yǐ ～ shàngjiǎo. *The exact amount of taxation has already been turned over to the higher authorities.*

【如同】rútóng (动)〈书〉好像（表示两个完全不同的事物有同样性质）like; as (used to draw a similar comparison between two unlike things)：一时阴云密布，～黑夜。Yīshí yīnyún mìbù, ～ hēiyè. *The sky was overcast for a while and it was as if it were night time.* 在口语中常和"一样"或"似的"呼应 (often used with "一样" or "似的" in the spoken language)：你就～我亲哥哥一样。Nǐ jiù ～ wǒ qīn gēge yíyàng. *You're like a brother to me.* /他喝啤酒就～喝水似的。Tā hē píjiǔ jiù ～ hē shuǐ shìde. *He drinks beer as if it were water.* /今天的天气～春天一样。Jīntiān de tiānqì ～ chūntiān yíyàng. *Today's weather is like spring.*

【如下】rú xià 如同下面（所叙述或列举的）*as follows*：我的意见～。Wǒ de yìjiàn ～. *My view is as follows.* /大家提出的几个问题列举～。Dàjiā tíchū de jǐ ge wèntí lièjǔ ～. *Everybody's questions are cited as follows.*

【如意】rú/yì (形)符合心意 *as one wishes*：一切都称心～。Yíqiè dōu chèn xīn ～. *Everything is to my heart's desire.* /他打了半天～算盘，结果全落了空。Tā dǎle bàntiān ～ suànpan, jiéguǒ quán luòle kōng. *He indulged in wishful thinking for a long time, but in the end came up with nothing.* /他的境况很不～。Tā de jìngkuàng hěn bù ～. *His circumstances are not at all as he wishes them to be.* /这样一来，倒如他的意了。Zhèyàng yì lái, dào rú tā de yì le. *With such a turn of events, his wish was fulfilled.*

【如鱼得水】rú yú dé shuǐ 像鱼得到水一样，比喻有所依托或得到极为投合自己心意的人或对自己非常合适的环境 *feel just like fish in water — be in one's element*：游击队在群众中活动，～，处处得到支持。Yóujīduì zài qúnzhòng zhōng huódòng, ～, chùchù dédào zhīchí. *The guerrilla forces are in their element, moving about among the masses and gaining support everywhere.*

【如愿以偿】rú yuàn yǐ cháng 像所希望的那样得到满足，指愿望得以实现。偿：满足（偿：fulfil）have one's wish fulfilled; achieve what one wishes*：我弟弟一直想上清华大学，今天总算～了。Wǒ dìdi yìzhí xiǎng shàng Qīnghuá Dàxué, jīntiān zǒngsuàn ～ le. *My younger brother has always wanted to go to Qinghua University and today his wish was fulfilled.*

【如坐针毡】rú zuò zhēn zhān 如同坐在插了针的毡子上一样，形容心神不安 *feel as if sitting on a bed of nails — be on pins and needles; be on tenderhooks*：他妻子没按时回来，他～，担心出了什么事。Tā qīzi méi ànshí huílai, tā ～, dānxīn chūle shénme shì. *His wife didn't come back on time. He was on pins and needles, worrying that something might have happened.*

茹 rú

【茹苦含辛】rú kǔ hán xīn 同"含辛茹苦" hán xīn rú kǔ *same as "含辛茹苦" hán xīn rú kǔ*

【茹毛饮血】rú máo yǐn xuè 茹：吃。描写原始人不会用火，连毛带血地生吃禽兽（茹：eat）(of primitive man) eat birds and animals raw (for lack of knowledge on how to use fire)*

儒 rú

(名)(1)儒家 *Confucianist; Confucianism* (2)旧时指读书人 *scholar; learned man (in ancient times)*

【儒家】Rújiā（名）以孔子为创始人的一种学派.提倡以"仁"为中心的礼、义、忠、恕、孝、悌、中庸等道德观念,主张德治、仁政,重视君臣、父子间的伦常关系 *the Confucianists—a school of thought which advocates "仁" (benevolence) as the centre of moral concepts such as "礼" (ceremony; etiquette), "义" (justice), "忠" (loyalty), "恕" (forbearance), "孝" (filial piety), "悌" (love and respect for one's elder brother), "中庸" (the golden mean), etc., as well as advocates benevolent and virtuous rule, attaching importance to the feudal order of seniority in the relationships between the monarch and his sudjects and father and son*

蠕 rú（动）◇ 蠕动 *wriggle; squirm*
【蠕动】rúdòng（动）〈书〉像蚯蚓爬行似地动 *wriggle; squirm*

rǔ

乳 rǔ（名）(1)乳房 *breast* (2)奶汁 *milk*
【乳白】rǔbái（形）*milky white; cream colour*
【乳房】rǔfáng（名）*breast (of a cow, goat, etc.); udder*
【乳牛】rǔniú（名）[头 tóu]*dairy cattle; milk cow*
【乳汁】rǔzhī（名）〈书〉*milk*
【乳制品】rǔzhìpǐn（名）*dairy products*

辱 rǔ（动）◇(1)使受耻辱,侮辱 *bring disgrace (or humiliation) to; insult*：有～家门 yǒu ～ jiāmén *bring disgrace to the family* /人格受～ réngé shòu ～ *insult a person's dignity* (名)◇耻辱 *disgrace; dishonour*
【辱骂】rǔmà（动）*abuse; call sb. names; hurl insults*

rù

入 rù（动）(1)◇ 进 *enter*：～夏以来 ～ xià yǐlái *since the beginning of summer* /病从口～ bìng cóng kǒu ～ *illness finds its way in through the mouth* /运动员排队～场。Yùndòngyuán pái duì ～ chǎng. *The athletes lined up and entered the stadium.* (2)参加(组织)join; be admitted into; become a member of：～党 ～ dǎng *join or be admitted into the (Chinese Communist) Party* /你～没～工会? Nǐ ～ méi ～ gōnghuì?*Have you joined the trade union or not?*
【入不敷出】rù bù fū chū 敷：足够。收入不够支出（敷：be sufficient）unable to make ends meet; income falling short of expenditure
【入场券】rùchǎngquàn（名）[张 zhāng] admission ticket
【入超】rùchāo（动）unfavourable balance of trade
【入耳】rù'ěr（形）〈话〉听了令人满意,心里觉得舒服 pleasing to the ear：不堪～ bùkān ～ (of language) offensive to the ear; obscene; vulgar /他听赞扬的话很～,听批评的话就觉得刺耳。Tā tīng zànyáng de huà hěn ～,tīng pīpíng de huà jiù juéde cì'ěr. He finds praise very pleasing to the ear and criticism very grating to the ear.
【入伙】rù=huǒ (1)加入某集体或集团 join a gang; join in a partnership (2)加入集体伙食 join a mess：这个食堂饭菜不错,我想～。Zhège shítáng fàncài búcuò, wǒ xiǎng ～. The food in this cafeteria is not bad. I'm thinking of joining the mess.
【入境】rù=jìng enter a country
【入口】rùkǒu（名）entrance：这个体育场有四个～。Zhège tǐyùchǎng yǒu sì ge～. This sports stadium has four entrances.
【入殓】rù=liàn 把死人放进棺材 put a corpse in a coffin

【入门】rùmén（名）指出门径的初级读物(多用做书名)elementary course; ABC (often used in textbook titles)：《汉语～》《Hànyǔ ～》Elementary Chinese /《摄影～》《Shèyǐng ～》The ABC of Photography
【入门】rù＝mén（～儿）初步学会,得到门径 learn the rudiments of a subject：他学日语刚刚开始,还没～呢!Tā xué Rìyǔ gānggāng kāishǐ,hái méi ～ne! He has just started to learn Japanese and hasn't yet grasped the rudiments of the language.
【入迷】rù＝mí 喜欢某种事物到了沉迷的程度,迷恋 be fascinated; be enchanted：这位老太太养花都～了。Zhè wèi lǎotàitai yǎng huā dōu ～ le. This old woman is fascinated with growing flowers. /他下棋已经入了迷了。Tā xià qí yǐjīng rùle mí le. He is already engrossed in playing chess.
【入侵】rùqīn（动）invade; intrude; make an incursion; make inroads
【入神】rù＝shén (1)因发生浓厚兴趣而注意力高度集中 be entranced; be enthralled：小妹听广播故事都听得～了。Xiǎomèi tīng guǎngbō gùshi dōu tīng de ～ le. My little sister is spellbound by the radio story to which she is listening. /他看电视看得入了神。Tā kàn diànshì kàn de rùle shén. He is entranced by the television. (2)达到精妙的境地(多用于绘画、雕塑等) (of paintings, sculptures, etc.) superb; marvellous：这幅人像画得真～!Zhè fú rénxiàng huà de zhēn ～! This portrait is superb!
【入声】rùshēng（名）〈语〉古汉语四声之一。现代汉语普通话无入声,入声字分别读成阴平、阳平、上声、去声。有些方言有入声,发音短促,有时带辅音韵尾 entering tone, one of the four tones in classical Chinese pronunciation (no longer used in modern Standard Chinese pronunciation but still retained in certain dialects)
【入时】rùshí（形）合乎时兴的风尚(多指装束)(of clothes, etc.) fashionable; stylish：他的穿着打扮十分～。Tā chuānzhuó dǎban shífēn ～. The way he's dressed up is extremely stylish.
【入手】rùshǒu（动·不及物）着手,开始作 start with; begin with; proceed from; set about：学习语言总是从发音～。Xuéxí yǔyán zǒngshi cóng fā yīn ～. To study a language, one always starts with pronunciation. /培养体操运动员要从儿童～。Péiyǎng tǐcāo yùndòngyuán yào cóng értóng ～. One must start training gymnasts from childhood.
【入睡】rùshuì（动·不及物）go to sleep; fall asleep：他躺了一个钟头了,还不能～。Tā tǎngle yí ge zhōngtóu le, hái bù néng ～. He has been lying down for an hour but still can't fall asleep.
【入托】rùtuō（动）小孩被送入托儿所或幼儿园 start going to a nursery：她的孩子昨天才办好～手续。Tā de háizi zuótiān cái bànhǎo ～ shǒuxù. Her child was just enrolled in a nursery yesterday.
【入伍】rù＝wǔ 参加部队 enlist in (or join) the armed forces
【入席】rù＝xí take one's seat at a banquet, ceremony, etc.
【入选】rùxuǎn（动）选择时被选中 be chosen; be selected：他原来是北京排球队队员,后来国家队选队员,他～了。Tā yuánlái shì Běijīng páiqiúduì duìyuán, hòulái guójiāduì xuǎn duìyuán, tā ～ le. He was originally a member of the Beijing volleyball team. When the national team was recruiting new members, he was selected.
【入学】rù＝xué(1)开始上小学学习 start (primary) school：小明七岁了,已经到了～年龄。Xiǎo Míng qī suì le, yǐjīng dàole ～ niánlíng. Xiao Ming is seven years old and has already reached the proper age to start school. (2)开始进某个学校学习：明天新生～。Míngtiān xīnshēng ～. The new students will enter school tomorrow.
【入眼】rùyǎn（形）看起来觉得舒服、满意(一般不作定语、状语）pleasing to the eye (not usu. as an attributive or adver-

bial）：这几种衣服我认为都不～。Zhè jǐ zhǒng yīfu wǒ rènwéi dōu bú ～. *I don't find any of these clothes very pleasing to the eye.* /那张书桌我倒觉得挺～的。Nà zhāng shūzhuō wǒ dào juéde tǐng ～ de. *I find that writing desk quite to my liking.*

【入夜】rùyè（副）〈书〉到了夜里 at nightfall：工地上～才安静下来。Gōngdì shang ～ cái ānjìng xialai. *It wasn't until nightfall that all was quiet at the construction site.*

【入账】rùzhàng（动）记到账簿里 enter an item in an account；enter into the account book：这笔款子已经～了。Zhè bǐ kuǎnzi yìjīng ～ le. *This sum of money has already been entered into the account book.*

【入赘】rùzhuì（动）男子到女家结婚并成为女家的成员 marry into and live with one's wife's family

溽 rù
（形）〈书〉湿润 humid；damp
【溽暑】rùshǔ（名）〈书〉夏天潮湿闷热的气候 sweltering, muggy summer weather

褥 rù
（名）◇褥子 mattress
【褥疮】rùchuāng（名）〈医〉bedsore
【褥单】rùdān（名）（～儿）bed sheet
【褥子】rùzi（名）[条 tiáo] mattress

ruǎn

软〔輭〕ruǎn
（形）(1) soft；flexible；supple；pliable：面包很～。miànbāo hěn ～. *The bread is very soft.* /这毛衣又～又暖和。Zhè máoyī yòu ～ yòu nuǎnhuo. *This sweater is both soft and warm.* (2)虚弱,懦弱 weak；feeble：欺～怕硬 qī ～ pà yìng *bully the weak and fear the strong* /你的态度不能太～。Nǐ de tàidu bù néng tài ～. *You can't take on such a feeble attitude.* (3)容易被感动,动摇,不坚定 easily moved or influenced：她的心太～,一看悲剧就掉泪。Tā de xīn tài ～, yí kàn bēijù jiù diào lèi. *She's too easily moved. As soon as she watches a tragedy, she cries.* /老王耳朵～,别人一说他就改变主意。Lǎo Wáng ěrduo ～, biérén yì shuō tā jiù gǎibiàn zhǔyi. *Lao Wang is easily influenced. As soon as someone says something different he changes his mind.*
【软刀子】ruǎndāozi(名)比喻使人在不知不觉中受到折磨或腐蚀的手段 soft knife—a way of harming people imperceptibly：黄色小说是杀人不见血的～。Huángsè xiǎoshuō shì shā rén bú jiàn xiě de ～. *Pornography is a way of killing without spilling blood.*
【软腭】ruǎn'è(名)〈生理〉soft palate
【软膏】ruǎngāo(名)ointment；paste
【软骨】ruǎngǔ(名)〈生理〉cartilage
【软骨病】ruǎngǔbìng(名)〈医〉osteomalacia
【软骨头】ruǎngǔtou(名)比喻没有志气的人 a spineless person；a coward
【软化】ruǎnhuà(动·不及物)(1)物质由硬变软 soften：糖块遇热易～。Tángkuàir yù rè jiù ～. *Candy softens with heat.* (2)比喻思想或态度由坚定变成动摇 win over by soft tactics：他的态度有所～了。Tā de tàidu yǒu suǒ ～. *His attitude has become compliant* / 他被敌人～了。Tā bèi dírén ～ le. *He was won over by the enemy's soft tactics.*
【软和】ruǎnhuo(形)〈口〉松软柔和 soft：你的手真～。Nǐ de shǒu zhēn ～. *Your hands are really soft.* /这件棉袄～极了。Zhè jiàn mián'ǎo ～ jí le. *This cotton-padded jacket is extremely soft.*
【软件】ruǎnjiàn(名)(of computers) software
【软禁】ruǎnjìn(动)未关进监狱,但不许自由活动 place sb. under house arrest

【软科学】ruǎnkēxué(名)是一门新兴的高度综合的科学,涉及自然科学、社会科学和工程技术等很多领域。它运用电子计算机等现代科学手段和系统论、社会工程等现代科学方法,为各层次的决策和管理(大至国家发展战略、规划、政策等问题的宏观决策,小至一个企业、一个工程项目的评价)提供科学依据和优化方案 soft science—a new and developing high level synthetical branch of science involving natural science, social science, engineering techniques, as well as several other fields. It employs computers and other modern scientific means, system theory, social engineering as well as other modern scientific methods so as to provide a scientific basis and an optimization plan for policy decisions at every administrative and management level (ranging from the larger issues such as a strategy, program and policy for national development, to lesser issues, such as the appraisal of a business or an engineering project)
【软绵绵】ruǎnmiánmián(形)(1)柔软 soft：～的被褥 ～ bèirù soft bedding /绿色的草地～的。Lùsè de cǎodì ～ de. The green grass is very soft. (2)柔弱无力 weak：我这几天身上～的,可能是感冒了。Wǒ zhè jǐ tiān shēnshang ～ de, kěnéng shì gǎnmào le. I've felt weak these past few days. Perhaps I've got the flu. /这几句～的话感动了他。Zhè jǐ jù ～ de huà gǎndòngle tā. He was moved by these soft words. /我不喜欢～的歌曲。Wǒ bù xǐhuan ～ de gēqǔ. I don't like sentimental songs.
【软任务】ruǎnrènwu(名)指不是急需和必须按时完成的工作,与"硬任务"相对 a task that need not be urgently completed (antonym of "硬任务" (an urgent task that must be completed on time))：有人把教育工作当成～而不予重视,这是完全错误的。Yǒu rén bǎ jiàoyù gōngzuò dàngchéng ～ ér bù yǔ zhòngshì, zhè shì wánquán cuòwù de. Some people regard education as a secondary task and don't see it as being very important. This is wrong.
【软弱】ruǎnruò(形)(1)虚弱 weak；feeble：四肢～无力。Sìzhī ～ wúlì. His arms and legs are weak and have no strength. /病后身子～。Bìng hòu shēnzi ～. The illness has left him weak. (2)坚定性、斗争性差 meek：～的性格 ～ de xìnggé a meek personality /他太～,所以老受欺负了吧,suǒyǐ lǎo shòu qīfu. He's too meek, so he's often bullied.
【软弱性】ruǎnruòxìng(名)指斗争性、坚定性差的性格、特性 meekness；a feeble character or will
【软食】ruǎnshí(名)容易咀嚼和消化的食物(多指主食) soft diet；soft food；pap
【软体动物】ruǎntǐ dòngwù mollusc
【软卧】ruǎnwò(名)火车上的软席卧铺 soft sleeper (on a train)
【软席】ruǎnxí(名)火车上比较舒适的软的座位或铺位 soft seat or berth (on a train)
【软硬兼施】ruǎn yìng jiān shī〈贬〉兼施：同时施用、施展,软的和硬的手段一起使用(兼施) use at the same time) use both hard and soft tactics；couple threats with promises：妈妈～,想方设法阻止女儿去边疆工作。Māma ～, xiǎngjìn bànfǎ zǔzhǐ nǚ'ér qù biānjiāng gōngzuò. Her mother used both hard and soft tactics and tried her best to prevent her daughter from going to work at the frontier.
【软指标】ruǎnzhǐbiāo(名)指不规定完成期限、要求不严格的指标。与"硬指标"相对 a target without a deadline or strict demands (antonym of "硬指标" (a target with both a deadline and strict demands))
【软座】ruǎnzuò(名)比较舒适的柔软的座位,特指火车上的软席座位 soft seat (usu. refers to a soft seat on a train)

ruì

锐〔锐〕ruì 〈形〉◇(1)锐利 *sharp*；*keen*；*acute* (2)迅速而猛烈（多作状语）*vigorous* (*often used as an adverbial*)：产量～增长 chǎnliàng ～ zēng *a vigorous increase in production output* 〈名〉◇ 锐气 *vigour*；*fighting spirit*；*drive*

【锐角】ruìjiǎo〈名〉〈数〉*acute angle*

【锐利】ruìlì〈形〉〈书〉锋利，尖而快 *sharp*；*keen*：～的宝剑 ～ de bǎojiàn *a sharp double-edged sword* /刀锋～ dāofēng ～ *The edge of the knife is sharp.* /目光～ mùguāng ～ *sharp-sighted*

【锐敏】ruìmǐn〈形〉同 "敏锐" mǐnruì *same as* "敏锐" mǐnruì

【锐气】ruìqì〈名〉勇往直前的气势 *dash*；*drive*：青年人～十足。Qīngnián rén ～ shízú. *Young people have sheer drive.* /别挫伤了他的～。Bié cuòshāngle tā de ～. *Don't dampen his fighting spirit.*

【锐意】ruìyì〈副〉〈书〉意志坚决，勇往直前 *be determined and dauntless*：～改革 ～ gǎigé *be very keen on and determined to reform* /青年们要树立～向上，勇攀高峰的思想。Qīngniánmen yào shùlì ～ xiàng shàng, yǒng pān gāofēng de sīxiǎng. *Young people must develop the mentality of making determined and dauntless progress and bravely scaling scientific heights.*

瑞ruì〈形〉◇吉祥 *auspicious*；*lucky*

【瑞雪】ruìxuě〈名〉对农作物生长有利的雪 *timely snow*；*auspicious snow*：～兆丰年。～ zhào fēngnián. *A timely snow promises a good harvest.* /普降～ pǔ jiàng ～ *a timely snow blanketed the area*

rùn

闰〔閏〕rùn〈名〉◇*intercalary*

【闰年】rùnnián〈名〉阳历有闰日（即二月有二十九天）的年，农历有闰月（即一年有十三个月）的年 *leap* (*intercalary*) *year* (*in the solar calendar, there are 29 days in February; in the lunar calendar, there are 13 months in a year*)

【闰月】rùnyuè〈名〉农历每逢闰年所加的一个月叫闰月 *intercalary* (*or leap*) *month in the lunar calendar*

润〔潤〕rùn〈动〉加油或水使不干枯 *moisten*；*lubricate*：喝点水～～嗓子。Hē diǎnr shuǐ ～～ sǎngzi. *Drink a little water to moisten your throat.* /擦点香脂把手～一～。Cā diǎnr xiāngzhi bǎ shǒu ～ yi ～. *Rub some cream on your hands to soften them.* 〈形〉湿润、光滑 *moist*；*smooth*；*sleek*：墨色很～。Mò sè hěn ～. *The ink is very glossy.* / 她脸色又红又～。Tā liǎnsè yòu hóng yòu ～. *She has a red and smooth complexion.*

【润滑】rùnhuá〈形〉*lubricated*

【润滑油】rùnhuáyóu〈名〉*lubricating oil*

【润色】rùnsè〈动〉修饰文字 *polish or touch up* (*a piece of writing, etc.*)：这篇评论写得太粗，你再把它～一下。Zhè piān pínglùn xiě de tài cū, nǐ zài bǎ tā ～ yíxià. *This review is rough. Polish it up a bit.*

【润饰】rùnshì〈动〉同 "润色" rùnsè，用得较少 *same as* "润色" rùnsè：这篇散文内容不错，富有新意，但文字上还需～一下。Zhè piān sǎnwén nèiróng búcuò, fùyǒu xīnyì, dàn wénzì shang hái xū ～ yíxià. *The contents of this piece of prose are not bad and there are some new ideas, but the writing still needs some polishing.*

ruò

若ruò〈连〉〈书〉意思同 "如果" rúguǒ *same as* 如果 rúguǒ：他～不按规章办事，我们就要给予批评。Tā ～ bú àn guīzhāng bàn shì, wǒmen jiù yào jǐyǔ pīpíng. *If he doesn't act according to the rules, we will criticize him.* /今年我们剧团～能为残疾人演出几场戏岂不是好事。Jīnnián wǒmen jùtuán ～ néng wèi cánjírén yǎnchū jǐ chǎng xì qǐ búshì hǎoshì. *Wouldn't it be great if our theatrical company could perform a few times for the handicapped this year.* /颐和园～逢雪天，则另是 一种景象。Yíhéyuán ～ féng xuětiān, zé lìng shì yì zhǒng jǐngxiàng. *If you could meet up with a snowy day at the Summer Palace, then it would present an altogether different scene.*

【若非】ruòfēi〈连〉〈书〉"如果不是" 或 "要不是" 的意思 *if not*；*were it not for* (*same as* "如果不是" *or* "要不是")：～亲耳听到，岂能相信。～ qīn'ěr tīngdào, qǐ néng xiāngxìn. *Had I not heard it myself, how could I believe it?* / ～解放军相救，他早已不在人世了。～ jiěfàngjūn xiāngjiù, tā zǎo yǐ bú zài rénshì le. *Were it not for the PLA rescuing him, he would have died long ago.* /～早有准备，怎能遇事不慌？～ zǎo yǒu zhǔnbèi, zěn néng yù shì bù huāng? *Had I not been prepared, how could I have remained unruffled?* 与 "便是" 或 "则为" 呼应，相当于 "不是……就是……"，表示二者必居其一 (*when used together with* "便是" *or* "则为", *it means* " 不是... 就是..."；*indicates that there is either one or the other of two situations*)：他已发来电报，～今日抵京，则于明日到达。Tā yǐ fālái diànbào, ～ jīnrì dǐ Jīng, zé yú míngrì dàodá. *He sent a telegram saying that if he didn't arrive in Beijing today, he would arrive tomorrow.* / 这个地质勘察队～北京来的，则是省里派来的。Zhège dìzhì kāncháduì ～ Běijīng lái de, zé shì shěng lǐ pàilái de. *If this geological prospecting team doesn't come from Beijing, then it is sent by the capital of the province.*

【若干】ruògān〈数〉〈书〉意思和 "多少" 差不多 *how many*；*how much*；*a certain amount or number*：图书馆最近购进了～册新书。Túshūguǎn zuìjìn gòujìnle ～ cè xīn shū. *The library has recently bought a number of new books.* /两个月的产量相差～？Liǎng ge yuè de chǎnliàng xiāng chà ～? *What's the total difference in output for two months?* /这是～年前的事了，亏你还记得这么清楚。Zhè shì ～ nián qián de shì le, kuī nǐ hái jì de zhème qīngchu. *This matter happened a number of years ago. It's amazing that you remember it so clearly.*

【若即若离】ruò jí ruò lí〈成〉靠近。好像靠近，又好像分开。形容对人态度不冷不热，不远不近，保持一定分寸和距离（即：*approach*）*seemingly near and yet so far—be neither friendly nor aloof*；*keep sb. at arm's length*；*maintain a lukewarm relationship*：这两个人的关系始终是～的。Zhè liǎng ge rén de guānxi shǐzhōng shì ～ de. *The relationship between those two has neither been friendly nor aloof all along.*

【若……若……】ruò……ruò…… 嵌入两个意思相反的单音节动词、形容词或动词语素、形容词语素，构成固定短语和 "又像……又像……" 的意思 (*inserted in between two monosyllabic verbs, adjectives, or verbal or adjectival elements which are opposite in meaning to form a set phrase*；*has the same meaning as* " 又像... 又像...")：月色朦胧中，一个人影若隐若现。Yuèsè ménglóng zhōng, yí ge rényǐng ruò yǐn ruò xiàn. *In the dim moonlight, a figure appeared indistinctly.* /情况若明若暗，使人难下判断。Qíngkuàng ruò míng ruò àn, shǐ rén nán xià pànduàn. *I only have a hazy notion about the situation, so it's difficult to make a judg-*

ment.

【若是】ruòshì(连)同"如果"rúguǒ 多用于书面语 *same as "如果" rúguǒ* (*usu. used in the written language*)：在科技水平突飞猛进的时代，～不能及时吸收新的东西，很快就会落后。Zài kējì shuǐpíng tū fēi měng jìn de shídài，～ bù néng jíshí xīshōu xīn de dōngxi，hěn kuài jiù huì luòhòu. *If we cannot assimilate new things in this age when science and technology advance by leaps and bounds, then we will quickly fall behind.* /你～能对他加以劝导，他可能会听从的。Nǐ ～ néng duì tā jiāyǐ quàndǎo，tā kěnéng huì tīngcóng de. *If you could try to talk him round, perhaps he would listen.* /这种菜～火候掌握不好，味道就差很多。Zhè zhǒng cài ～ huǒhòu zhǎngwò bù hǎo，wèidào jiù chà hěn duō. *If the temperature is not properly controlled when cooking this dish, then it will be much less tasteful.*

【若无其事】ruò wú qí shì 好像没有那么回事似的。形容不动声色或漠不关心 *as if nothing had happened；calmly；casually*：他心里虽然十分着急，但装出～的样子。Tā xīnli suīrán shífēn zháo jí，dàn zhuāngchū ～ de yàngzi. *Although he was extremely worried, he pretended to be very casual.* /孩子病得这么厉害，你怎么还～地坐在那里写信？Háizi bìng de zhème lìhai，nǐ zěnme hái ～ de zuò zài nàli xiě xìn？ *How can you sit there and calmly write letters when the child is so seriously ill?*

弱 ruò

(形)(1)力气小，势力差 *weak；feeble*：～不禁风～ bù jìn fēng *too weak to withstand the wind* /年老体～ nián lǎo tǐ ～ *old and feeble* /这个球队力量不～。Zhège qiúduì lìliàng bú ～. *This ball team is definitely not weak.* /我大病刚好，身体很 ～。Wǒ dà bìng gāng hǎo，shēntǐ hěn ～. *I've just recovered from a serious illness, so I'm very weak.* (2)用在数字后，表示不够或差一点儿 (*used after a numeral*) *a little less than*：三分之一 ～ sān fēn zhī yī ～ *a little less than one-third*

【弱点】ruòdiǎn (名)*weakness；weak point；failing*：他在学校一般成绩不错，只有数学是他的～。Tā zài xuéxiào yìbān chéngjì búcuò，zhǐ yǒu shùxué shì tā de ～. *His school marks are usually not bad. Mathematics is his only weakness.*

【弱国】ruòguó (名)*weak country*

【弱肉强食】ruò ròu qiáng shí 原指动物中弱者被强者吞食，后用来比喻力量弱小的被力量强大的欺凌吞并 *the law of the jungle whereby the weak animals are eaten by the strong—the weak are the prey of the strong*：我们反对～的侵略政策。Wǒmen fǎnduì ～ de qīnlüè zhèngcè. *We are opposed to an aggressive policy whereby the weak becomes the prey of the strong.*

【弱小】ruòxiǎo (形)*small and weak*：～ 的孩子 ～ de háizi *a small and weak child* /～民族 ～ mínzú *small and weak nation*

【弱者】ruòzhě (名)*the weak*：她认为自己一直是个～，决心要把女儿培养成为强者。Tā rènwéi zìjǐ yìzhí shì ge ～，juéxīn yào bǎ nǚ'ér péiyǎng chéngwéi qiángzhě. *She has always considered herself to be one of the weak and is determined to teach her daughter to become one of the strong.*

【弱智儿童】ruòzhì értóng 智力较差的儿童 *children with inferior intelligence；dimwitted children*

S

sā

仨 sā (数量) 三个 (后边不能再加量词 "个") three (not followed by the classifier "个"): 我们～需要三间屋子。 Wǒmen ～ xūyào sān jiān wūzi. *The three of us need three rooms.* /树上只剩下～苹果了。 Shùshang zhǐ shèngxia ～ píngguǒ le. *There are only three apples left on the tree.*

撒 sā (动)〈口〉(1) 使物体脱离控制；放开；松开 let out; cast: ～把(骑车)～把(qí chē) *let go of the handlebars (while riding a bicycle)* /～网 ～ wǎng cast a net /～腿就跑 ～ tuǐ jiù pǎo *make off at once; scamper* /把孩子～开,让他自己练走路。Bǎ háizi ～kāi, ràng tā zìjǐ liàn zǒu lù. *Let go of the child and let him walk by himself.* /◇ 任意,放肆地表现出来(含贬义) wilfully and wantonly display or manifest: ～酒疯 ～ jiǔfēng be roaring drunk; be drunk and act crazy (3) 自内向外排出 leak: 车胎～气了。Chētāi ～ qì le. *The tire has a leak.* (or: *The tire is flat.*) 另见 sǎ

【撒谎】sā=huǎng〈口〉 tell a lie; lie: 当面～ dāngmiàn～ tell a barefaced lie; lie through one's teeth /爱～ ài ～ be in the habit of lying /怕挨骂,撒了一个谎。Pà ái mà, sāle yí ge huǎng. *To avoid being scolded he told a lie.*

【撒娇】sā=jiāo〈口〉act like a spoiled child: 女儿最爱跟爸爸～。Nǚ'ér zuì ài gēn bàba ～. *Girls like to act like spoiled children around their fathers.*

【撒赖】sā=lài 蛮横不讲道理地胡闹 make a scene; act shamelessly

【撒泼】sā=pō 不讲道理,大哭大闹 be unreasonable and make a scene: 这孩子娇生惯养,一不顺心就～。Zhè háizi jiāo shēng guàn yǎng, yí bú shùnxīn jiù ～. *That child has been pampered since childhood. As soon as things don't go his way, he makes a scene.* /这小姑娘撒起泼来谁也劝不住。Zhè xiǎo gūniang sā qǐ pō lai shuí yě quàn bu zhù. *Once this little girl starts to make a scene, nobody can get her to stop.*

【撒手】sā=shǒu (1) 放手,松开手 let go; let go of one's hold: 抓住绳子,别～! Zhuāzhù shéngzi, bié ～! *Grab the rope and don't let it go!* /你拿好,我要～了。Nǐ náhǎo, wǒ yào ～ le. *Hold on tight, I'm going to let go.* (2) 比喻放弃职责 wash one's hands of the business: 这是你份内的事,不能～不管。Zhè shì nǐ fèn nèi de shì, bù néng ～ bù guǎn. *This is your share of the work. You can't just leave it.* /老师们大～,孩子们还不胡闹? Lǎoshīmen dà ～, háizimen hái bù húnào? *If teachers weren't in charge, students would get into mischief.*

【撒野】sā=yě 不讲道理,言语、行为粗野,放肆 act wildly; behave atrociously: 大家都在安静地学习,不能让他在这里～。Dàjiā dōu zài ānjìng de xuéxí, bù néng ràng tā zài zhèlǐ ～. *Everybody is studying quietly. You can't let him go on behaving so atrociously.*

sǎ

洒〔灑〕sǎ (动) (1) 使水等液体分散地落下 sprinkle; spray: 在衣服上～点儿香水 zài yīfu shang ～ diǎnr xiāngshuǐr *spray a little perfume on one's clothes* /应该给花～点水。Yīnggāi gěi huār ～ diǎnr shuǐ. *You should sprinkle a little water on the flowers.* (2) 物体分散地落下 spill; shed: 粮食～了一

地。Liángshi ～le yí dì. *The grain spilled out onto the ground.* /院子里～满了阳光。Yuànzi li ～mǎnle yángguāng. *The sun shed light all over the courtyard.* /细雨飘飘～～。Xìyǔ piāopiāo ～～. *There is a fine drizzle.*

【洒落】sǎluò (动) 分散地落下 spill; drop: 雪花纷纷扬扬～下来。Xuěhuār fēnfēnyángyáng ～ xialai. *The snowflakes came swirling down.*

【洒脱】sǎtuō (形)〈书〉(言谈、举止、风格) 自然,不拘束 free and easy

撒 sǎ (动) (1) 使粉末、颗粒物分散落下 sow; sprinkle; scatter: ～种 ～ zhǒng sow seeds /给菜～点儿盐 gěi cài ～ diǎnr yán sprinkle a little salt on the food /把骨灰～在大海里。Bǎ gǔhuī ～ zài dàhǎi li. *Scatter his ashes into the sea.* (2) 同 "洒" sǎ (2) same as "洒" sǎ (2): 一不小心把汤～了好些。Yì bù xiǎoxīn bǎ tāng ～le hǎoxiē. *The moment he wasn't paying attention, the soup spilled.* /注意,不要让米～得到处都是。Zhùyì, búyào ràng mǐ ～ de dàochù dōu shì. *Be careful. Don't spill the rice all over the place.* 另见 sā

sà

卅 sà (数) 三十 thirty: 五～运动发生在 1925 年 5 月 30 日。Wǔ-～ yùndòng fāshēng zài yījiǔ'èrwǔ nián wǔyuè sānshí rì. *The May 30th Movement broke out on May 30th, 1925.*

飒〔颯〕sà

【飒飒】sàsà (象声) 形容风、雨声 rustle; low murmuring sound as of wind in trees or pitter-patter of rain; sough: 雨声～ yǔ shēng ～ *the pitter-patter of rain* /～秋风 ～ qiūfēng *the soughing autumn wind* /风卷着落叶发出～的声响。Fēng juǎnzhe luòyè fāchū ～ de shēngxiǎng. *The falling leaves rustled in the wind.* /细雨～地下个不停。Xìyǔ ～ de xià ge bù tíng. *A fine rain is falling endlessly.*

【飒爽】sàshuǎng (形)〈书〉豪迈而矫健 of martial bearing; valiant: 英姿～ yīngzī ～ valiant and heroic bearing /运动员们～阔步地走过主席台。Yùndòngyuánmen ～ kuòbù de zǒuguò zhǔxítái. *The athletes marched proudly across the platform.*

sāi

腮 sāi (名) cheek

塞 sāi (动) fill; stuff; plug: 把糖～在孩子手里。Bǎ táng ～ zài háizi shǒu li. *He stuffed the child's hand with candy.* /他接过钱顺手～进衣袋里。Tā jiēguò qián shùnshǒu ～ jìn yīdài li. *After accepting the money, he swiftly stuffed it into his coat pocket.* /他把一本小说～在枕头底下。Tā bǎ yì běn xiǎoshuō ～ zài zhěntou dǐxia. *He stuffed a novel under the pillow.* /你鼻子流血了,快～上块药棉。Nǐ bízi liú xiě le, kuài ～shang kuài yàomián. *Your nose is bleeding. Hurry up and plug it with some absorbent cotton.* /把老鼠洞～住。Bǎ lǎoshǔ dòng ～zhù. *Fill in the mousehole.* /我没来得及吃午饭,只～了几口馒头。Wǒ méi lái de jí chī

wǔfàn, zhǐ ～le jǐ kǒu mántou. *I didn't have time to eat lunch. I just stuffed down a couple of bites of mantou.*（名）（～儿）*cork; stopper*；耳～ ěr～ *earplug* /瓶～ píng～ *bottle cork* 另见 sài；sè

【塞子】sāizi（名）［个 gè］*stopper; cork; plug; spigot*

鳃〔鰓〕sāi

（名）*gill; branchia*

sài

塞 sài

（名）可做屏障的险要地方 *a place of strategic importance* 另见 sāi；sè

【塞外】Sàiwài（名）中国古代指长城以北的地区 *in ancient China, this referred to beyond (or north of) the Great Wall*

【塞翁失马】sài wēng shī mǎ 边塞上一个老人丢了一匹马,人都来安慰他,他说:"怎么知道这不是福呢?"几个月以后,这匹马竟带着一匹好马回来了。比喻虽然暂时受到损失,但可能因此而得到好处。坏事可以变成好事 *When an old man on the frontier lost his mare, people came to console him. He said: "Maybe it's a blessing in disguise." A few months later, the mare returned and was accompanied by a fine stallion. A metaphor meaning a loss may turn out to be a gain, or something good may come out of something bad.*

赛〔賽〕sài

（动）（1）比赛 *hold a match; compete*：在河上～龙舟 zài hé shang ～ lóngzhōu *The dragon boats compete on the river.* /我们两个班～过一次排球 Wǒmen liǎng ge bān ～ guo yí cì páiqiú. *Our two classes competed once in volleyball.* （2）胜过 *surpass; overtake; be comparable to*：萝卜～梨。Luóbo ～ lí. *These turnips taste better than pears.* /他的精力～过年轻人。Tā de jīnglì ～guo niánqīng rén. *His vigour far surpasses that of young people.*

【赛车】sàichē（名）［辆 liàng］*racing bicycle; racing car*

【赛车】sài＝chē *car race*

【赛马】sài＝mǎ *horse race*

【赛跑】sài＝pǎo *race*

【赛球】sài＝qiú *a ball game*

sān

三 sān

（数）*three*

【三八国际劳动妇女节】Sān-Bā Guójì Láodòng Fùnǚjié 国际妇女斗争纪念日。1909 年 3 月 8 日,美国芝加哥女工举行示威,要求男女权利平等。次年 8 月,在丹麦哥本哈根召开国际第二次社会主义者妇女大会,决定每年的 3 月 8 日为妇女节,也叫国际妇女节 *International Working Women's Day (March 8) (International holiday commemorating the struggle for wommen's rights. On March 8, 1909, women workers in Chicago (U.S.A.) held a demonstration to demand equal rights with men. The following year, the Second International Socialist Women's Conference convened in Copenhagen, Denmark. It was decided at the conference that March 8 of every year would be designated as International Working Women's Day.)*

【三八红旗手】Sān-Bā hóngqíshǒu 授予工作中取得优异成绩的妇女的一种荣誉称号。多由群众评议,本单位授予 *March 8 Red-Flag Bearer, title awarded to outstanding women workers by their work units in China*

【三作风】sān bā zuòfēng 抗日战争初期,毛泽东为"抗日军政大学"题写了三句话八个字,即"坚定正确的政治方向,艰

苦朴素的工作作风,灵活机动的战略战术"及"团结、紧张、严肃、活泼"作为校训,后被简称为"三八作风" *the Three-Line Eight-Character Style (At the beginning of the War of Resistance Against Japan (1937－1945) Mao Zedong wrote the following three-line paragraph, as well as eight characters as guidelines for conduct for the Anti-Japanese Military and Political College: "A firm and correct political orientation; a lifestyle of hard work and plain living; flexible strategy and tactics." "Be united, alert, earnest and lively." These lines were adopted as the school motto and were abbreviated to " the Three-Line Eight-Character Style".)*

【三包】sānbāo（名）工厂对出售的产品实行"包修、包退、包换"的办法,简称"三包" *a factory's three guarantees when selling its products; a guarantee to either repair, refund or exchange faulty products*

【三叉戟】sānchājǐ（名）*trident*

【三岔路口】sān chà lùkǒu 三条去向不同的道路相交之处 *a junction of three roads*

【三长两短】sān cháng liǎng duǎn〈口〉指意外的灾病,尤指人的不幸死亡(委婉说法,用于假设,多跟在"有个"之后) *unexpected misfortune; sth. unfortunate, especially death (often used after "有个" (should there be))*：大家帮助你是应该的,谁都可能有个～。Dàjiā bāngzhù nǐ shì yīnggāi de, shuí dōu kěnéng yǒu ge ～. *Anybody may suffer misfortune, so it is only right that we all help you.* /他要有个～,两个孩子可怎么办? Tā yào yǒu ge ～, liǎng ge háizi kě zěnme bàn? *If anything untoward should happen to him, what would his two children do?*

【三重唱】sānchóngchàng（名）*(vocal) trio*

【三重奏】sānchóngzòu（名）*(instrumental) trio*

【三次方程】sān cì fāngchéng（数）*cubic equation*

【三大差别】sān dà chābié 指工人农民之间、城市农村之间、脑力劳动与体力劳动之间的差别 *the three major distinctions (between workers and peasants, town and country, physical and mental labour)*

【三大革命运动】sān dà gémìng yùndòng 指阶级斗争、生产斗争、科学实验三项革命运动 *the three great revolutionary movements (of class struggle, the struggle for production and scientific experiment)*

【三大法宝】sān dà fǎbǎo 指中国共产党在中国革命中取得胜利的三条宝贵经验。一个按照马克思列宁主义的革命理论和革命风格建立起来的共产党,一个由这样的党领导的军队,一个由这样的党领导的各革命阶级、各革命派别组成的统一战线 *the three magic weapons of the Chinese Communist Party for defeating the enemy in the new-democratic revolution, namely, a Party under the guidance of Marxist-Leninist Thought, as well as an army and a united front both led by this Party.*

【三大纪律、八项注意】sān dà jìlǜ, bā xiàng zhùyì 毛泽东为中国共产党领导的军队制定的纪律。三大纪律:(一)一切行动听指挥;(二)不拿群众一针一线;(三)一切缴获要归公。八项注意:(一)说话和气;(二)买卖公平;(三)借东西要还;(四)损坏东西要赔;(五)不打人骂人;(六)不损坏庄稼;(七)不调戏妇女;(八)不虐待俘虏 *the Three Main Rules of Discipline and the Eight Points for Attention of the Chinese People's Liberation Army. The Three Main Rules are: 1. Obey orders in all your actions. 2. Don't take a single needle or piece of thread from the masses. 3. Turn in everything captured. The Eight Points for Attention are: 1. Speak politely. 2. Pay fairly for what you buy. 3. Return everything you borrow. 4. Pay for anything you damage. 5. Don't hit or swear at people. 6. Don't damage crops. 7. Don't take liberties with women. 8. Don't mistreat captives.*

【三大民主】sān dà mínzhǔ 指在中国人民解放军中实行政

治、经济和军事上的民主 *democracy in the three main fields, i.e., political, economic and military, in the People's Liberation Army*

【三番五次】sān fān wǔ cì 一次又一次,屡次(多作状语) *again and again; time and again; over and over again; repeatedly (often used as an adverbial)*:他～来请,我怎么好不去呢。Tā ～ lái qǐng, wǒ zěnme hǎo bú qù ne. *He has already invited me several times. I can hardly refuse.* /朋友们～地劝他戒烟。Péngyǒumen ～ de quàn tā jiè yān. *Friends pleaded with him time and again to quit smoking.* /～地跟他们讲明原因,他们还是不谅解。～ de gēn tāmen jiǎngmíng yuányīn, tāmen hái shì bù liàngjiě. *The reason was explained to them over and over again, but they still didn't understand.*

【三废】sānfèi(名)工业生产中产生的废气、废水、废渣的总称 *the three wastes: waste gas, waste water and industrial residue*

【三伏】sānfú(名)(1)中国农历把一年中天气最热的一段时间(约30天,或40天),分为初伏、中伏、末伏,简称"三伏" *the three ten-day periods of the hot season, according to the Chinese lunar calendar the three ten-day periods are known as*:1. 初伏 chūfú (*the first period*); 2. 中伏 zhōngfú (*the second period*); 3. 末伏 mòfú (*the last period*) (2)特指末伏 *the last of the three ten-day periods of the hot season*

【三副】sānfù(名)(*naval term*) *third mate; third officer*

【三好学生】sān hǎo xuésheng 指身体、学习和工作三方面都比较好的学生的一种荣誉称号。多由学生集体评议,班级或学校授予 *an honorific title awarded to a student who is good in the following three aspects, work, study and health*

【三合板】sānhébǎn(名)*three-ply board; plywood*

【三级跳远】sānjí tiàoyuǎn〈体〉*hop, step and jump; triple jump*

【三极管】sānjíguǎn(名)*triode*

【三角】sānjiǎo(名)(1)〈数〉"三角学" sānjiǎoxué 的简称 *short for "三角学"* sānjiǎoxué (2)"三角形" sānjiǎoxíng 的简称 *short for "三角形"* sānjiǎoxíng (3)形状像三角形的东西 *triangle*

【三角板】sānjiǎobǎn(名)*set square*

【三角函数】sānjiǎo hánshù〈数〉*trigonometric function*

【三角形】sānjiǎoxíng(名)*triangle*

【三角学】sānjiǎoxué(名)*trigonometry*

【三角洲】sānjiǎozhōu(名)〈地〉*delta*

【三脚架】sānjiǎojià(名)*tripod*

【三九】sānjiǔ(名)中国农历规定,从冬至起,每九天为一个"九",一共九个"九","三九"即指第三个"九",是一年中最冷的时候 *according to the Chinese lunar calendar, winter is divided into nine nine-day periods, beginning with the winter solstice. "三九" refers to the third nine-day period after the winter solstice—the coldest days of winter*

【三军】sānjūn(名)(1)指陆军、海军、空军 *the three armed services (army or ground force, navy and air force)* (2)军队的统称 *the army*

【三老四严】sān lǎo sì yán 中国大庆石油职工倡导和坚持的优良作风。三老指当老实人,说老实话,办老实事;四严指严格的要求,严密的组织,严肃的态度,严明的纪律 *the "three honests and four stricts", a workstyle proposed by the Daqing oilfield workers. The "three honests" are: be honest in thought, word and deed. The "four stricts" are: strict standards for work, good organization, serious attitude and strict observance of discipline.*

【三棱镜】sānléngjìng(名)(*triangular*) *prism*

【三令五申】sān lìng wǔ shēn 多次命令和告诫(多作谓语) *repeated injunctions*:政府～要保护鸟类。Zhèngfǔ ～ yào bǎohù niǎolèi. *The government has passed repeated injunctions to protect birds.* /虽然有关部门～,但仍有人不遵守

交通规则。Suīrán yǒuguān bùmén ～, dàn réng yǒu rén bù zūnshǒu jiāotōng guīzé. *Although the department concerned has passed repeated injunctions, there are still many people who do not abide by traffic laws.* /不应把学校的～当成儿戏。Bù yīng bǎ xuéxiào de ～ dàngchéng érxì. *You shouldn't regard the school's repeated injunctions as a trifling matter.*

【三轮车】sānlúnchē(名)[辆 liàng](1)装有三个轮子,用来载人载货的脚踏车 *pedicab* (2)小孩儿骑的三个轮子的自行车 *tricycle*

【三面红旗】sān miàn hóngqí 指中国共产党在1958年制定的社会主义总路线,以及在这条路线指导下出现的工农业的大跃进和农村人民公社 *the Three Red Banners (1958): the General Line for Socialist Construction, the Great Leap Forward and the People's Communes*

【三民主义】sānmínzhǔyì 孙中山提出的政治纲领,即"民族、民权、民生"三个主义。1924年,孙中山重新解释了三民主义,成为以联俄、联共、扶助农工三大政策为实质的新三民主义。(1924年前的三民主义被称为旧三民主义) *the Three People's Principles put forward by Dr. Sun Yat-sen, namely, Nationalism, Democracy and the People's Livelihood. In 1924, he proposed New Three People's Principles which called for alliance with Russia, alliance with the communists and support for workers and peasants. (The pre-1924 principles became known as the "Old Three People's Principles".)*

【三秋】sānqiū(名)(1)农业上的秋收、秋耕、秋种的统称 *the three autumn jobs (of harvesting, ploughing and sowing)*:～大忙 ～ dàmáng *very busy harvesting and sowing* /～时节 ～ shíjié *the three autumn jobs season* (2)◇指三个秋季时间 *a time span of three autumns*:一日不见,如隔～。Yí rì bú jiàn, rú gé ～. *It has been a day since I last saw you, but it seems more like three years.*

【三三两两】sānsān liǎngliǎng 有的三个人一起,有的两个人一起,形容人分散、不集中(多作状语) *in twos and threes (often used as an adverbial)*:人们～来到海滩上散步。Rénmen ～ láidào hǎitān shang sàn bù. *People were coming in twos and threes for a stroll on the beach.* /学生～地练习会话。Xuésheng ～ de liànxí huìhuà. *Students practised conversation in twos and threes.* /代表们～进入会场。Dàibiǎomen ～ jìnrù huìchǎng. *Delegates entered the conference hall in twos and threes.*

【三天打鱼,两天晒网】sān tiān dǎ yú, liǎng tiān shài wǎng〈贬〉比喻学习或做事常常间断,不能长期坚持 *go fishing for three days and dry the nets for two — work by fits and starts; lack perseverance*:他常常不来上课,～。Tā chángcháng bù lái shàng kè, ～. *He lacks the perseverance to attend class regularly.* /学弹琴不能～。Xué tán qín kě bù néng ～. *In order to learn to play the piano, one must not lack perseverance.*

【三天两头儿】sān tiān liǎng tóur〈口〉(一种情况)经常、频繁地(出现或发生)(多是不受人欢迎的情况,一般作状语) *every other day; almost every day (often used to a negative situation; usu. used as an adverbial)*:一到雨季就～下雨。Yí dào yùjì jiù ～ xià yǔ. *As soon as the rainy season begins, it rains every other day.* /他～闹病。Tā ～ nào bìng. *He gets sick every other day.* /夫妻俩脾气不合,～吵架。Fūqī liǎ píqi bù hé, ～ chǎo jià. *That couple don't get along very well. They argue almost every day.*

【三通】sāntōng(名)(1)〈电〉一种电器插座,安在电线上可以插三个插销,使三根电线通电 *three-way outlet (or socket)* (2)中国中央政府向台湾地方政府提出的"通邮、通航、通商"的建议,简称"三通" *the Chinese Central Government's proposed three channels for communication with Taiwan's local government, namely, postal, air and*

shipping , and trade

【三夏】sānxià（名）农业上夏收（收麦子）、夏种、夏管（农作物管理）的统称 *the three summer jobs (of planting , harvesting and field management)*

【三心二意】sān xīn èr yì〈贬〉形容做事意志不坚定、犹豫、动摇 *be of two minds；waver*：干一行就要爱一行，不能～。Gàn yì háng jiù yào ài yì háng，bù néng ～. *Concentrate on your work and not think about other things.* /他对合资办企业一直是～的。Tā duì hézī bàn qǐyè yìzhí shì ～ de. *When it comes to joint-venture business , he's always of two minds.* /快拿主意吧，别～了。Kuài ná zhǔyi ba，bié ～ le. *Stop wavering and make up your mind.* /她还～的呢。Yǐjīng dìng hūn le，tā hái ～ de ne. *Although she's already engaged to be married , she's still wavering.*

【三言两语】sān yán liǎng yǔ 话不多，只有简单的几句 *in a few words；in one or two words*：他～就把问题解释清楚了！Tā ～ jiù bǎ wèntí jiěshì qīngchu le. *In just a few words he explained the problem clearly.* /你给大家讲讲吧，～也行。Nǐ gěi dàjiā jiǎngjiang ba，～ yě xíng. *Please explain to us even if only briefly.* /事情很复杂，～哪能说得明白。Shìqing hěn fùzá，～ nǎ néng shuō de míngbai. *The matter is very complex. It can't be explained in one or two words.*

【三月】sānyuè（名）*March；the third month of the lunar year*

【三座大山】sān zuò dà shān 比喻在新民主主义革命时期压迫中国人民的三个主要敌人，即帝国主义、封建主义和官僚资本主义 *the three big mountains (imperialism , feudalism and bureaucrat-capitalism weighed on the backs of the Chinese people before Liberation)*

叁 sān
（数）"三"的大写 *used for the numeral "三" on cheques , etc. to avoid mistakes or alterations*

sǎn

伞〔傘〕sǎn
（名）[把 bǎ] *umbrella；parasol；sth. shaped like an umbrella*

【伞兵】sǎnbīng（名）*paratrooper；parachuter*

散 sǎn
（动·不及物）由约束下的集中到分散，松开 *come loose；fall apart；not hold together；scatter*：一大把花全～了。Yí dà bǎ huār quán ～ le. *A big bouquet of flowers fell completely apart.* /绳子断了，麦捆～了。Shéngzi duàn le，màikǔn ～ le. *The bundle of wheat fell apart because the rope broke.* /保持队形，队伍别～了！Bǎochí duìxíng，duìwu bié ～ le! *Keep in formation. Don't lose rank!* /火柴～了一地。Huǒchái ～ le yí dì. *The matches scattered all over the floor.* /分散的、不集中的：～居全国各地 ～ jū quán guó gè dì *scattered in every part of the country* /大家要座谈，椅子别摆得太～了。Dàjiā yào zuòtán，yǐzi bié bǎi de tài ～ le. *This is an informal discussion , so don't put the chairs too far apart from one another.* /把～见各处的资料收集起来。Bǎ ～ jiàn gè chù de zīliào shōují qilai. *Gather up all the scattered material you see.* 另见 sàn

【散光】sǎnguāng（名）〈医〉*astigmatism*

【散漫】sǎnmàn（形）〈贬〉不守纪律，不受约束，随随便便 *undisciplined；careless and sloppy；unorganized；scattered*：自由～ zìyóu ～ *undisciplined and sloppy* /～的作风 ～ de zuòfēng *careless manner* /这个人太～了。Zhège rén tài ～ le. *That person is too sloppy.* /到了部队里，就不能散散漫漫地生活了。Dàole bùduì li，jiù bù néng sǎnsanmànmàn de

shēnghuó le. Once you join the armed forces , you cannot lead an undisciplined life.

【散文】sǎnwén（名）[篇 piān]（1）指没有韵律的文章（区别于韵文）*prose*（2）指除诗歌、戏剧、小说以外的文学作品，包括杂文、随笔、特写等 *literary writings in prose*

【散文诗】sǎnwénshī（名）兼有散文和诗的特点的一种文学形式，不押韵，但注重语言的节奏，内容富有诗意 *prose poem*

【散装】sǎnzhuāng（形·非谓）把整包整桶的商品零星出售，不加包装 *bulk；in bulk*：～奶粉 ～ nǎifěn *powdered milk in bulk* /～橘子汁 ～ júzizhī *orange juice in bulk*

sàn

散 sàn
（动）（1）由聚集到分散 *break up；disperse*：～戏了。～ xì le. *The play is over.* /烟消云～ yān xiāo yún ～ *vanish like mist and smoke；completely vanish* /父子俩走～了。Fùzǐ liǎ zǒu～ le. *Father and son were separated.*（2）发出并散开，散发 *distribute；disseminate；give out*：～传单 ～ chuándān *give out handbills；distribute leaflets* /一盆茉莉使屋里～满清香。Yì pén mòli shǐ wū li ～ mǎn qīngxiāng. *The bowl of jasmine filled the room with a sweet fragrance.* /烤肉～着香味。Kǎoròu ～ zhe xiāngwèir. *The roasting meat gave out a wonderful aroma.*（3）◇排解 *dispel；let out*：～心 ～ xīn *drive away one's cares；relieve boredom* /喝碗姜汤～～寒。Hē wǎn jiāngtāng ～～ hán. *Drink a bowl of ginger broth to dispel the cold.* 另见 sǎn

【散布】sànbù（动）（1）谈论传播〈贬〉*spread；disseminate*：～谣言 ～ yáoyán *spread rumours* /～流言蜚语 ～ liúyán fēiyǔ *spread slanderous rumours* /～失败情绪 ～ shībài qíngxù *spread a morale of defeat* /广为～ guǎng wéi ～ *spread around (rumours , etc.)* /别到处～人家的缺点。Bié dàochù ～ rénjia de quēdiǎn. *Don't talk about other people's shortcomings.*（2）零散地分布 *scatter；diffuse*：十个皇帝的陵墓就～在这一带山脚下。Shí ge huángdì de língmù jiù ～ zài zhè yídài shānjiǎo xià. *The tombs of ten emperors are scattered throughout the area at the foot of this mountain.* /草原上～着蒙古包。Cǎoyuán shang ～ zhe měnggǔbāo. *Mongolian yurts are scattered all over the grasslands.*

【散步】sàn=bù *take a walk；go for a stroll*：饭后～ fàn hòu ～ *after-dinner stroll* /～也是一种运动 ～ yě shì yì zhǒng yùndòng *Taking a walk is also one form of exercise.* /老年人早上喜欢散散步。Lǎonián rén zǎoshang xǐhuan sànsan bù. *Elderly people like to take an early morning walk.* /一到傍晚，来这儿～的人很多。Yí dào bàngwǎn，lái zhèr ～ de rén hěn duō. *Many people come here to take a stroll at dusk.*

【散场】sàn=chǎng 表演、比赛等结束，观众离开场地 *(of a theatre , cinema , stadium , etc.) empty after the show*：电影～了。Diànyǐng ～ le. *The cinema emptied after the movie.* /足球比赛一～他就回来。Zúqiú bǐsài yī ～ tā jiù huílai. *He'll be back as soon as the football match is over.*

【散发】sànfā（动）（1）发出并散开〈多指气味〉*send out；send forth；diffuse；emit (usu. refers to a smell , fragrance , etc.)*：茉莉花～出清香。Mòlihuā ～ chū qīngxiāng. *The jasmine flowers sent forth a delicate fragrance.* /这本小说～着浓郁的乡土气息。Zhè běn xiǎoshuō ～ zhe nóngyù de xiāngtǔ qìxi. *This novel has a strong native flavour.*（2）分散地发出去，分发〈多指文字材料〉*distribute；issue；give out*：～传单 ～ chuándān *distribute leaflets* /～小册子 ～ xiǎocèzi *distribute pamphlets , booklets or brochures* /在会场上～产品介绍 zài huìchǎng shang ～ chǎnpǐn jièshào *Leaflets introducing various products were distributed at the conference hall.* /这些材料是他们～的。Zhèxiē cáiliào shì

tāmen ~ de. *They gave out these materials.*

【散会】sàn＝huì 会议结束，参加会的人离开会场（*of a meeting*）*be over*；*break up*：现在～。Xiànzài ~. *The meeting is now over.* /主持人宣布～。Zhǔchírén xuānbù ~. *The chairman declared the meeting over.* /现在还散不了会。Xiànzài hái sàn bu liǎo huì. *The meeting is not yet over.*

【散伙】sàn＝huǒ（团体、组织等）解散（*of a group, body or organization*）*dissolve*；*disband*

【散热器】sànrèqì（名）*radiator*

【散失】sànshī（动）(1)分散丢失 *scatter and disappear*；*be lost*：作者逝世后，他的遗著都～了。Zuòzhě shìshì hòu, tā de yízhù dōu ~ le. *After the author died, his posthumous works were all lost.* /在动乱中，财产几乎～尽了。Zài dòngluàn zhōng, cáichǎn jīhū ~ jìn le. *In the turmoil, the property was almost completely lost.* (2)（热量、水分等）消散损失（*of moisture, etc.*）*be lost*；*vaporize*；*dissipate*：热量白白～。Rèliàng báibái ~. *The heat is being lost for nothing.* /土松水分就不容易～吗？Tǔ sōng shuǐfèn jiù bù róngyì ~ ma? *With the earth so loose, the moisture won't escape so quickly, right?*

【散心】sàn＝xin 在散步、游玩或改换环境等活动中排解郁闷，使心神愉快 *drive away one's cares*；*relieve boredom*：出门～ chū mén ~ *go out and enjoy oneself* /我哪有时间～。Wǒ nǎ yǒu shíjiān ~. *I don't have time to go out and relax.* /在大城市住久了，到农村来散散心吧！Zài dà chéngshì zhùjiǔ le, dào nóngcūn lái sànsan xīn ba! *You've been in the city for a long time now. Come to the countryside and drive away your cares!*

sāng

丧 〔喪〕sāng
（名）◇ *funeral*；*mourning* 另见 sàng

【丧服】sāngfú（名）为哀悼死者而穿的服装 *mourning apparel*

【丧礼】sānglǐ（名）有关丧事的礼仪 *obsequies*；*funeral*

【丧事】sāngshì（名）*funeral arrangements*

【丧钟】sāngzhōng（名）*funeral bell*；*death knell*；*knell*

桑 sāng
（名）◇ *white mulberry*；*mulberry*

【桑树】sāngshù（名）[棵 kē]*white mulberry tree*；*mulberry tree*

sǎng

嗓 sǎng
（名）◇(1)喉咙 *throat*；*larynx* (2)（～儿）嗓音 *voice*：哑～ yǎ ~ *husky voice*

【嗓门儿】sǎngménr（名）〈口〉指声音的大小 *voice*（*refers to volume*）：大～ dà ~ *have a loud voice* /人不大，～不小。Rén bú dà, ~ bù xiǎo. *Such a small person with such a loud voice!* /可着～嚷 kězhe ~ rǎng *yell at the top of one's lungs* /谁的～也没他高。Shuí de ~ yě méi tā gāo. *No one's voice is as high as his.*

【嗓音】sǎngyīn（名）*voice*：你听得出来听不出来是谁的～？Nǐ tīng de chūlái tīng bu chūlái shì shuí de ~? *Do you recognize the voice?* /这个～像是男中音。Zhège ~ xiàng shì nán zhōngyīn. *That sounds like a baritone.*

【嗓子】sǎngzi（名）(1)喉咙 *throat*；*larynx*：～发炎 ~ fā yán *an inflammation of the throat* /～有毛病。~ yǒu máobìng. *There's something wrong with his throat.* /～肿了，～肿了 zhǒng le. *a swollen throat* (2)嗓音 [副 fù] *voice*：洋～ yáng ~ *a voice trained in the Western style of singing* /～哑了，～yǎ le. *lose one's voice* /要当歌剧演员得有一副好～。

Yào dāng gējù yǎnyuán děi yǒu yí fù hǎo ~. *In order to be an opera singer, one must have a good voice.* /他没放开～唱。Tā méi fàngkāi ~ chàng. *He didn't sing heartily.*

sàng

丧 〔喪〕sàng
（动）◇失去、丢掉 *lose*：～生 ~ shēng *lose one's life* /人心～尽 rénxīn ~ jìn *lose (or forfeit) all popular sympathy* /使敌人～胆 shǐ dírén ~ dǎn *terrorize the enemy* /中年～妻是人生的一大不幸。Zhōngnián ~ qī shì rénshēng de yí dà búxìng. *To lose one's wife in middle age is one of life's great misfortunes.* 另见 sāng

【丧家之犬】sàng jiā zhī quǎn〈贬〉失去了主人的狗。比喻因失掉所依附的势力而感到惶恐不安的人 *stray cur*；*a dog which has lost its master*；*refers to someone who has lost that on which he greatly depends and, as a result, feels frightened and lost*

【丧命】sàng＝mìng〈贬〉*meet one's death*；*get killed*

【丧偶】sàng'ǒu（动）〈书〉死了配偶（丈夫或妻子）*bereft of one's spouse*

【丧气】sàng＝qì 因事情不顺利而情绪低落 *feel disheartened*；*lose heart*；*become crestfallen*

【丧气】sàngqi（形）〈口〉（感到）不吉利、晦气 *be unlucky*；*be out of luck*；*have bad luck*：镜子打破了，真～。Jìngzi dǎpò le, zhēn ~. *What bad luck! The mirror is broken.* /他觉得在自己结婚的日子里赶上邻居办丧事，太～。Tā juéde zài zìjǐ jié hūn de rìzi li gǎnshang línjū bàn sāngshì, tài ~. *He feels it is bad luck that his wedding day should happen to fall on the same day his neighbour is holding a funeral.*

【丧权辱国】sàng quán rǔ guó 丧失国家主权，使民族蒙受耻辱 *humiliate the nation and forfeit its sovereignty*；*surrender a country's sovereign rights under humiliating conditions*

【丧失】sàngshī（动）*lose*；*forfeit*：～机会 ~ jīhuì *miss an opportunity* /～自信 ~ zìxìn *lose one's self-confidence* /大病之后，他～了视力。Dà bìng zhī hòu, tā ~ le shìlì. *He lost his sight after a serious illness.* /竞争失败，使他～了全部资本。Jìngzhēng shībài, shǐ tā ~ le quánbù zīběn. *After losing the competition, he forfeited all his capital.*

【丧心病狂】sàng xīn bìng kuáng 失去理智，言行荒唐，像发疯了一样。形容人说话、做事昏乱荒谬或残忍可恶到了极点 *frenzied*；*unscrupulous*；*perverse*

sāo

搔 sāo
（动）*scratch*：～痒 ~ yǎng *scratch an itch*

骚 〔騷〕sāo
（名）(1)指屈原的《离骚》*short for*《离骚》（*Encountering Sorrow*）*, a poem by the 4th century B.C. poet and statesman Qu Yuan* (2)〈书〉泛指诗文 *literary writings* （形）举止轻佻，作风下流 *coquettish*

【骚动】sāodòng（动·不及物）动乱、不安宁 *disturb*；*upset*：人群～ rénqún ~ *The crowd is in a tumult.* /火车突然刹车，车厢里立刻～起来。Huǒchē túrán shā chē, chēxiāng li lìkè ~ qǐlái. *The train suddenly came to a halt, creating a commotion inside the railway cars.* /学费上涨的消息，在学生中引起～。Xuéfèi shàngzhǎng de xiāoxi, zài xuéshēng zhōng yǐnqǐ ~. *The news of rising tuition fees created a commotion among the students.* /这次～的原因是厂方要大批裁减工人。Zhè cì ~ de yuányīn shì chǎngfāng yào dàpī cáijiǎn gōngrén. *The reason for the disturbance this time is that the factory will reduce the number of its workers by a*

large amount.

【骚乱】sāoluàn（动）混乱、不安定 *disturb*；*riot*：一场～引 chǎng ～ *a riot* /平息～ píngxī ～ *suppress a riot* /～持续了两周 ～ chíxùle liǎng zhōu *The disturbance carried on for two weeks.* /会场上立刻一起来了。Huìchǎng shang lìkè ～ qilai le. *The conference hall was immediately in an uproar.* /暗杀事件引起了社会～。Ànshā shìjiàn yǐnqǐle shèhuì ～. *The assassination caused an uproar in society.*

【骚扰】sāorǎo（动）扰乱，使不安定 *disturb*；*harass*：建筑工地的噪音～居民。Jiànzhù gōngdì de zàoyīn ～ jūmín. *The noise from the construction site is disturbing the residents.* /用小股兵力～敌人 yòng xiǎo gǔ bīnglì ～ dírén *sent out a small detachment of soldiers to harass the enemy* /夜间常有狼来～。Yèjiān cháng yǒu láng lái ～. *Wolves often come to harass during the night.* /这一带沿海村镇受过海盗的～。Zhè yīdài yánhǎi cūnzhèn shòuguo hǎidào de ～. *The villages and towns in this coastal region have been harassed by pirates.*

臊 ^sāo
（形）*the smell of urine*；*foul smell* 另见 sào

sāo

扫 〔掃〕sāo
（动）(1)*pass quickly along or over*；*sweep*：～院子～ yuànzi *sweep the courtyard* /把身上的尘土～一～。Bǎ shēnshang de chéntǔ ～ yi ～. *Brush the dust off your clothes.* /秋风～落叶 qiūfēng ～ luòyè *The autumn wind sweeps away fallen leaves.* (2)*sweep*；*clear away*：～清障碍 ～qīng zhàng'ài *clear away obstacles* /沉闷的空气一～而光。Chénmèn de kōngqì yì ～ ér guāng. *The oppressive air cleared off.* (3)*sweep over*：～视 ～ shì *look around*；*sweep one's eyes over* /车前的灯光～过路边的草地。Chē qián de dēngguāng ～guò lùbiān de cǎodì. *The car's headlight has swept over the roadside meadow.* /机关枪朝树丛中乱～。Jīguānqiāng cháo shùcóng zhōng luàn ～. *The machine gunfire swept across the thicket.* 另见 sào

【扫除】sǎochú（动）(1)*clean up*：室内外要经常～。Shì nèi wài yào jīngcháng ～. *You often have to clean up both inside and outside the room.* /下午做～ xiàwǔ zuò ～ *clean up in the afternoon* /大～ dà ～ *general cleaning* (2)*clear away*；*remove*；*wipe out*：～障碍 ～ zhàng'ài *remove (or clear away) obstacles* /～文盲 ～ wénmáng *eliminate (or wipe out) illiteracy* /把封建残余思想从头脑中～干净。Bǎ fēngjiàn cányú sīxiǎng cóng tóunǎo zhōng ～ gānjìng. *Feudalist thought must be wiped out.*

【扫荡】sǎodàng（动）在一个地区内采取清除敌对势力的军事行动 *mop up*；*destroy the enemy's military operations in an area*

【扫地】sǎo=dì(1)用笤帚、扫帚清除地面上的脏物 *sweep the floor*：我擦玻璃，你～。Wǒ cā bōli, nǐ ～. *I'll wash windows while you sweep the floor.* (2)比喻（名誉、威信、威风等）跌落并丧失（作谓语）*(of honour, credibility, etc.) reach rock bottom*；*reach an all-time low*；*be dragged in the dust*：名声～ míngshēng ～ *have one's reputation dragged in the dust* /让他威风～ ràng tā wēifēng ～ *make him lose his prestige* /因刊登了一条假新闻，这家报纸威信～。Yīn kāndēngle yì tiáo jiǎ xīnwén, zhè jiā bàozhǐ wēixìn ～. *After publishing false information, that newspaper was shorn of its prestige.*

【扫雷】sǎo=léi *mine sweeping*

【扫盲】sǎo=máng *eliminate (or wipe out) illiteracy*

【扫描】sǎomiáo（动）〈电子〉*electron scanning*

【扫墓】sǎo=mù *sweep a grave — pay respects to a dead per-*

son at his grave

【扫射】sǎoshè（动）*strafe*

【扫视】sǎoshì（动）很快地向左右看 *glance around*：他站在台上向台下～了一下。Tā zhàn zài tái shàng xiàng tái xià ～le yíxià. *He stood on the platform and his gaze swept the area below him.*

【扫尾】sǎo=wěi 完成结尾部分的工作 *wind up*；*round off*：～工作 ～ gōngzuò *rounding-off work* /你们走吧，我们来～。Nǐmen zǒu ba, wǒmen lái ～. *You can leave. We'll stay and wind up the rest.* /下周再扫尾，全部工作就结束了。Xià zhōu zài sǎosao wěi, quánbù gōngzuò jiù jiéshù le. *We just have some winding-up to do next week and the work will be finished.* /工程正处在～阶段。Gōngchéng zhèng chǔ zài ～ jiēduàn. *The project is in the final stage of wind-up.*

【扫兴】sǎo=xìng 正当高兴时遇到不愉快的事，使兴奋心情受到损伤 *have one's spirits dampened*；*feel disappointed*：难得出去玩一趟，刚出门就下起了雨，真～。Nándé chūqu wánr yí tàng, gāng chū mén jiù xiàqǐle yǔ, zhēn ～. *Just when I finally decide to go out and enjoy myself, it rains! How disappointing!* /高兴而去，～而回。Gāoxìng ér qù, ～ ér huí. *To leave in good spirits and return disappointed.* /他要去，就让他去吧，别扫他的兴。Tā yào qù, jiù ràng tā qù ba, bié sǎo tā de xìng. *If he wants to go, then let him go. Don't dampen his spirits.*

嫂 ^sǎo
（名）(1)哥哥的妻子 *elder brother's wife*；*sister-in-law*：二～ èr ～ *second eldest brother's wife* (2)泛称和自己年龄相仿的已婚妇女 *a form of address for a married woman about one's age*：大～，跟您打听一下路……。Dà ～, gēn nín dǎtīng yíxià lù ……. *Excuse me madam, do you know the way to …?*

【嫂子】sǎozi（名）哥哥的妻子 *elder brother's wife*；*sister-in-law*

sào

扫 〔掃〕sào
另见 sǎo

【扫帚】sàozhou（名）[把 bǎ] *broom*

臊 ^sào
（形）〈口〉不好意思；羞 *shy*；*bashful*：～死人 ～ sǐ rén *extremely ashamed* /红了脸 ～hóngle liǎn *blush (out of shyness)* 另见 sāo

sè

色 ^sè
（名）◇(1) 颜色 *colour*：白～ bái～ *white colour* /肤～ fū ～ *colour of skin* (2)脸上表现出来的神情、样子 *look*；*countenance*；*expression*：失～ shī ～ *turn pale* /不动声～ bú dòng shēng～ *maintain one's composure*；*stay calm and collected* /眉飞～舞 méi fēi ～ wǔ *with dancing eyebrows and radiant face — exultant*；*enraptured* /谈虎～变 tán hǔ ～ biàn *turn pale at the mention of a tiger*；*turn pale at the mere mention of something terrible* (3)物品等的种类 *kind*；*description*：各～各样 gè ～ gè yàng *of every kind and description* /花～品种 huā ～ pīnzhǒng *colours and designs* (4)景象、景色 *scene*；*scenery*：秋～ qiū ～ *autumn scenery* /暮～ mù ～ *dusk*；*twilight*；*gloaming* /绘声绘～ huì shēng huì ～ *vivid*；*lively* /有声有～ yǒu shēng yǒu ～ *full of sound and colour*；*vivid and dramatic*

【色彩】sècǎi（名）[种 zhǒng](1)颜色的特点（不能用于具体

颜色)hue; tint; shade; colour: ~柔和 ~ róuhé soft colours /~明快 ~ míngkuài lively colours /鲜艳的 ~ xiānyàn de ~ bright colours; gay colours /这幅画 ~ 暗淡。Zhè fú huà ~ àndàn. This painting has dismal colours. (2)事物中使人感到具有某方面特点的东西 (of objects, places, etc.) colouring; flavour: 感情 ~ gǎnqíng ~ emotional colouring /迷信 ~ míxìn ~ superstitious tones /封建主义思想 ~ fēngjiànzhǔyì sīxiǎng ~ the colouring of feudalist thinking /这部作品描写的山川、风土人情具有浓厚的地方 ~ 。Zhè bù zuòpǐn miáoxiě de shānchuān、fēngtǔ rénqíng jùyǒu nónghòu de dìfāng ~. The landscape and local conditions and customs portrayed in this literary work have a strong local flavour.

【色调】sèdiào (名)(1)指画面上表现思想、感情所使用的各种颜色，如红黄是暖色调，表示兴奋快乐 (of a picture, painting, etc.) tone; hue: 这幅画的 ~ 很明朗。Zhè fú huà de ~ hěn mínglǎng. This picture is painted in bright, warm colours. (2)比喻文艺作品中思想感情的色彩 (of literary and aristic works) colour; tone: 那个剧本 ~ 欢快，很适合在农村演出。Nàge jùběn ~ huānkuài, hěn shìhé zài nóngcūn yǎnchū. The tone of that play is cheerful and light-hearted, very suitable for a village performance.

【色觉】sèjué (名)各种有色光线映入视网膜所产生的感觉 sense of colour

【色厉内荏】sè lì nèi rěn 〈贬〉表面上看起来很强硬，其实内心很虚弱 fierce of mien but faint of heart

【色盲】sèmáng (名) achromatopsia; colour blindness

【色情】sèqíng (名) pornography

【色素】sèsù (名) pigment

【色泽】sèzé (名)颜色和颜色的亮度 colour and lustre: ~暗淡 ~ àndàn dull and dismal colour /明快的 ~ míngkuài de ~ bright and lustrous /衣料的 ~ 很好。Yīliào de ~ hěn hǎo. The cloth has a very nice colour and sheen.

涩〔澀〕sè

(形)(1)食物使口、舌感到干燥、不滑腻 astringent; taste puckery: 海水又苦又 ~ 。Hǎi shuǐ yòu kǔ yòu ~. Sea water tastes both bitter and puckery. /柿子不熟，太 ~ 。Shìzi bù shóu, tài ~. When persimmons aren't ripe, they are puckery. (2)机械摩擦部分不滑快 unsmooth; hard-going: 方向盘发 ~ 。Fāngxiàngpán fā ~. The steering-wheel doesn't turn smoothly. /车轴起来很 ~ 。Chē qí qilai hěn ~. This bicycle doesn't ride smoothly. /轴缺油就 ~ 。Zhóu quē yóu jiù ~. If the axle is not well-oiled, it doesn't turn smoothly. (3)◇〈文章〉不流畅，读起来吃力 (of literature) obscure; difficult

瑟 sè

(名)中国古代一种弦乐器 a twenty-five stringed plucked instrument in ancient China

【瑟瑟】sèsè (象声)(1)形容轻微的声音 a slight sound: 秋风 ~ qiūfēng ~ the rustle of the autumn wind (2)形容颤抖 shivering: 冷得他 ~ 发抖。Lěng de tā ~ fādǒu. He shivered in the cold.

【瑟缩】sèsuō (动)〈书〉身体因寒冷、受惊等而蜷缩或兼抖动 curl up with cold; cower

塞 sè

另见 sāi; sài

【塞擦音】sècāyīn (名)〈语〉affricate

【塞音】sèyīn (名)〈语〉plosive

【塞责】sèzé (动·不及物)〈书〉对自己应该负的责任不认真对待，敷衍了事 not do one's job conscientiously; perform one's duty perfunctorily

sēn

森 sēn

【森林】sēnlín (名) forest

【森林学】sēnlínxué (名) forestry

【森严】sēnyán (形)(1)(多指防卫)严整而密集，难以越过 stern; strict; forbidding: 门禁 ~ ménjìn ~ with the entrance carefully guarded /戒备 ~ jièbèi ~ heavily guarded /~的官府 ~ de guānfǔ strict local authorities /等级 ~ děngjí ~ be rigidly stratified; form a strict hierarchy (2)严厉而可怕 severe (or strict) and frightful: 法律 ~ fǎlǜ ~ strict and frightful laws /~的家规 ~ de jiāguī strict family rules

sēng

僧 sēng

(名)◇和尚 Buddhist monk; monk

【僧侣】sēnglǚ (名) monks and priests

shā

杀〔殺〕shā

(动)(1) kill; slaughter: ~鸡 ~ jī slaughter chicken /犯~人罪 fàn ~ rén zuì commit murder (2)(与敌人)搏斗 fight; go into battle: 冲~ chōng ~ charge; rush ahead /出一条路来 ~ chū yì tiáo lù lai fight one's way out (3)减弱，消除 weaken; abate; reduce: 风~了。Fēng ~ le. The wind abated. /用盐一~，菜里的水分就出来了。Yòng yán yì ~, cài li de shuǐfèn jiù chūlai le. Salt will draw out some of the moisture from vegetables. /住不良风气~住 bùliáng fēngqì get rid of a harmful practice /打赢这场球，~~对方的威风! Dǎyíng zhè chǎng qiú, ~~ duìfāng de wēifēng! Let's win this match and deflate the opponent's arrogance!

【杀虫药】shāchóngyào (名) pesticide; insecticide

【杀风景】shā fēngjǐng 好的景色受到损坏，或在高兴的场合中，使人扫兴 spoil the fun; be a wet blanket; spoil the landscape: 在古迹上乱写乱画是不文明的，不能干这种~的事。Zài gǔjì shang luàn xiě luàn huà shì bù wénmíng de, bù néng gàn zhè zhǒng ~ de shì. Writing graffiti on the walls of historical sites is uncivilized. One must not do such things. /挺漂亮的大厅，陈设这么俗气的家具，真是~。Tǐng piàoliang de dàtīng, chénshè zhème súqì de jiājù, zhēn shì ~. Putting such vulgar furniture in this hall really spoils the beauty of it. /圣诞节的晚上突然停电，大~。Shèngdànjié de wǎnshang tūrán tíng diàn, dà ~. A power failure on Christmas Eve really spoils the fun. /他在宴会上撒酒疯，实在~。Tā zài yànhuì shang sā jiǔfēng, shízài ~. He was roaring drunk at the dinner party and thoroughly spoiled the fun.

【杀害】shāhài (动)为了不正当的目的杀人 murder; kill: ~无辜 ~ wúgū murder the innocent /志士被~。Zhìshì bèi ~. That person of ideals and integrity was murdered. /入侵者~了成千上万的平民。Rùqīnzhě ~ le chéng qiān shàng wàn de píngmín. The invaders massacred tens of thousands of people.

【杀鸡取卵】shā jī qǔ luǎn 〈贬〉为了得到鸡蛋，不惜把鸡杀死。比喻只顾眼前的一点好处，而损害了长远的利益 kill the hen to get the eggs; kill the goose that lays the golden egg; to seek immediate profit at the expense of long-term benefits

【杀菌】shā=jūn disinfect; sterilize

【杀戮】shālù（动）杀害（多指大量地）massacre；slaughter：惨遭～ cǎn zāo ～ be massacred in cold blood /～无辜百姓 ～ wúgū bǎixìng slaughter the innocent masses /残暴的～没有把人民吓倒。Cánbào de ～ méiyou bǎ rénmín xiàdǎo. The brutal massacre did not intimidate the people.

【杀气】shāqì（名）凶恶的气势 murderous look：～腾腾 tēngtēng with a murderous look on one's face；be out to kill（动·不及物）出气；发泄心里不愉快的情绪 vent one's ill feelings：无论受多大委屈也不能拿孩子。Wúlùn shòu duō dà wěiqū yě bù néng ná háizi ～. Regardless of how much you've been wronged，you can't take it out on a child.

【杀人不见血】shā rén bù jiàn xiě 杀了人还不易被人察觉，形容害人手段的阴险、隐蔽 kill without spilling blood；kill by subtle means

【杀人不眨眼】shā rén bù zhǎ yǎn 认为杀人是很平常的事。形容极端凶狠、残忍 kill without batting an eyelid；kill without blinking an eye；describes someone who is extremely fierce and ruthless

【杀伤】shāshāng（动）打死打伤 kill and wound；inflict casualties on：～力 ～lì antipersonnel force /～敌人 ～ dírén inflict casualties on enemy troops /成群的野生动物被～。Chéng qún de yěshēng dòngwù bèi ～. Many groups of wildlife are being wiped out.

【杀一儆百】shā yī jǐng bǎi 杀掉一个人来警戒其他的人。"儆"也作"警" execute one as a warning to a hundred. "儆" may be replaced by "警"

杉 shā
（名）China fir 另见 shān

【杉篙】shāgāo（名）fir pole
【杉木】shāmù（名）China fir

沙 shā
（名）sand

【沙包】shābāo（名）(1)像小山一样的大沙堆 a hill-sized sand dune (2)沙袋 sandbag
【沙场】shāchǎng（名）广阔的沙地，古时多指战场 battlefield；battleground
【沙尘】shāchén（名）飞扬着的细沙土 fine sand flying up in the air：～漫天 ～ màntiān Fine sand filled the whole sky.
【沙袋】shādài（名）装着沙的袋子 sandbag
【沙丁鱼】shādīngyú（名）sardine
【沙发】shāfā（名）sofa；settee
【沙锅】shāguō（名）earthenware pot；casserole
【沙荒】shāhuāng（名）由大风或洪水带来的大量沙土而形成的不能耕种的沙地 sandy wasteland；sand waste
【沙拉】shālā（名）salad
【沙砾】shālì（名）沙和碎石块 grit
【沙漠】shāmò（名）desert
【沙丘】shāqiū（名）沙漠、河岸等地由风吹而堆起的沙堆 sand dune
【沙沙】shāshā（象声）形容踩着沙子，风吹草木等声音 rustle：风吹着白杨树叶～地响。Fēng chuīzhe báiyángshù yè ～ de xiǎng. The leaves of the poplar trees rustled in the wind. /草堆中～作响，原来是只老母鸡在刨食。Cǎo duī zhōng ～ zuò xiǎng，yuánlái shì zhī lǎo mǔjī zài páo shí. There was a rustling noise in the haystack. As it turned out，it was just a hen pecking for food.
【沙滩】shātān（名）sandy beach
【沙土】shātǔ（名）有很多沙的土 sandy soil
【沙文主义】Shāwénzhǔyì（名）chauvinism
【沙哑】shāyǎ（形）hoarse；husky；raucous：嗓音～ sǎngyīn ～ have a husky voice
【沙眼】shāyǎn（名）〈医〉trachoma
【沙洲】shāzhōu（名）shoal；sandbar；sandbank
【沙子】shāzi（名）[粒 lì] sand；grit
【沙嘴】shāzuǐ（名）江河中下游由于泥沙沉淀形成的与陆地相连的沙滩 sandspit

纱〔紗〕shā
（名）(1)yarn：棉～ mián～ cotton yarn /纺～厂 fǎng～ chǎng cotton mill (2)gauze：sheer；麻～，muslin；～巾 jīn gauze kerchief /泡泡～ pàopao～ seersucker (3)gauze；screen；sheer：窗～ chuāng～ window screen；gauze for screening windows /铁～ tiě～ wire gauze；wire cloth

【纱布】shābù（名）gauze
【纱窗】shāchuāng（名）screen window
【纱灯】shādēng（名）用薄纱糊成的灯笼 gauze lantern
【纱锭】shādìng（名）spindle
【纱罩】shāzhào（名）(1)罩食物的器具，用竹木等制成架子，蒙上铁纱或冷布，防止苍蝇落在食物上 gauze or screen covering（over food）(2)纱做的灯罩 mantle（of a lamp）

刹 shā
（动）停住（车、机器）put on the brakes；stop；check：快把车～住。Kuài bǎ chē ～zhù. Quick! Stop the car! 另见 chà

【刹车】shāchē（名）brake
【刹车】shā＝chē stop a vehicle by applying the brakes；stop a machine by cutting off the power

砂 shā
（名）sand；grit

【砂布】shābù（名）emery cloth；abrasive cloth
【砂轮】shālún（名）emery wheel；grinding wheel；abrasive wheel
【砂糖】shātáng（名）granulated sugar
【砂眼】shāyǎn（名）〈机〉sand holes；blowholes
【砂纸】shāzhǐ（名）abrasive paper；sandpaper

煞 shā
（动）(1)stop；halt；check；bring to a close：文章不要写得太长，～住吧。Wénzhāng búyào xiě de tài cháng，～zhu ba. Don't write too long an article. End it here. (2)tighten：～紧腰带 ～ jǐn yāodài tighten one's belt /把包装绳一～。Bǎ bāozhuāng shéng ～ yì ～. Tighten the string around the package. 另见 shà

【煞笔】shābǐ（名）文章最后的结束语 concluding lines of an article；ending of a piece of writing
【煞车】shāchē（名）同"刹车"shāchē same as "刹车" shāchē
【煞车】shā＝chē 同"刹车"shā＝chē same as "刹车" shā＝chē
【煞尾】shā＝wěi finish off；round off；wind up

鲨〔鯊〕shā
（名）shark
【鲨鱼】shāyú（名）[条 tiáo] shark

shá

啥 shá
（代）〈方〉what：他～时候到？Tā ～ shíhou dào? What time does he arrive? /有～吃～，不要另做饭 Yǒu ～ chī ～，búyào lìng zuò fàn. I'll eat whatever you have. Don't go out of your way to make something extra.

shǎ

傻 shǎ
（形）(1)stupid；muddleheaded：～相 ～ xiàng have a stupid look on one's face /装～ zhuāng ～ act dumb；pre-

tend not to know /乱吃药吃~了。Luàn chī yào chī ~ le. *He ended up a simpleton as a result of drug abuse.* /他生下来就~。Tā shēng xialai jiù ~. *He was born stupid.* (2) 头脑不灵活，一味地做一件事(多作状语)*think or act mechanically (often used as an adverbial)*：干活儿要巧，不能~卖力气。Gàn huór yào qiǎo, bù néng ~ mài lìqi. *Just slogging away won't do. One must also work skilfully.* /客人快来了，你别～坐着! Kèrén kuài lái le, nǐ bié ~ zuòzhe! *Don't just sit there! The guests will be arriving soon!* /他什么事也不考虑，成天～吃～睡。Tā shénme shì yě bù kǎolǜ, chéngtiān ~ chī ~ shuì. *He doesn't think about anything, just eats and sleeps all day long.*

【傻瓜】shǎguā（名）*fool; blockhead; simpleton*

【傻呵呵】shǎhēhē（形）糊涂不懂事或老实的样子 *simpleminded; not very clever*：他这人～的，从不知什么叫忧愁。Tā zhè rén ~ de, cóng bù zhī shénme jiào yōuchóu. *He's just a simple-minded fool. He doesn't know the meaning of worry.*

【傻劲儿】shǎjìnr（名）(1)认为靠力气或拼命干就行的想法 *sheer enthusiasm; doggedness*：他那股～又来了，能不吃饭不睡觉地干下去。Tā nà gǔ ~ yòu lái le, néng bù chī fàn bú shuì jiào de gàn xiaqu. *He's at it again, working doggedly away without eating or sleeping.* (2)傻的样子 *stupidity; foolishness*：你看他那个～，眼睛瞪得那么大! Nǐ kàn tā nàge ~, yǎnjing dèng de nàme dà! *What a fool! Just look at him staring blankly!*

【傻气】shǎqì（名）愚蠢糊涂的样子 *have a stupid look on one's face; stupid manner*

【傻笑】shǎxiào（动）*laugh foolishly; giggle*

【傻子】shǎzi（名）*fool; blockhead; simpleton*

shà

煞 shà（副）极，很 *very*：～是好看 ~ shì hǎokàn *very good-looking* 另见 shā

【煞白】shàbái（形）(脸色由于恐怖、生气、痛苦等)非常白 *ghastly pale; deathly pale; pallid*

【煞费苦心】shà fèi kǔxīn 煞：很、极。形容为某事用尽了心思、费尽了脑子 *cudgel one's brains; take great pains*：为发展企业，经理真是～。Wèi fāzhǎn qìyè, jīnglǐ zhēn shì ~. *Management is taking great pains to develop business.* /他～编造了这套谎言。Tāmen ~ biānzàole zhè tào huǎngyán. *They took great pains to fabricate these lies.* /为了使孩子能上好学校，夫妻俩煞费了一番苦心。Wèile shǐ háizi néng shàng hǎo xuéxiào, fūqī liǎ shà fèile yì fān kǔxīn. *That couple cudgelled their brains to find a way to send their child to a good school.*

【煞有介事】shà yǒu jiè shì 装模作样，采取虚假或自以为了不起的态度(多作状语)*make a great show of being earnest; pretend to be serious (about doing sth.)*：他明知失火是他自己吸烟引起的，却～地说，一定要追查肇事者。Tā míngzhī shì huǒ shì tā zìjǐ xī yān yǐnqǐ de, què ~ de shuō, yídìng yào zhuīchá zhàoshìzhě. *He knows very well that the fire was started by his cigarette smoking, but he insists on making a fuss about finding out who the troublemakers are.* /别人只是让他谈谈看法，他竟～地摆出专家架势大讲起来。Biérén zhǐshì ràng tā tántan kànfǎ, tā jìng ~ de bǎichū zhuānjiā jiàshì dà jiǎng qilai. *He was simply asked to express his point of view; however, he started lecturing to us as though he were an expert.*

霎 shà（名）◇短时间；一会儿 *a very short time; moment; instant*

【霎时间】shàshíjiān 表示在极短时间内，作状语；也作"刹(chà)时间"、"刹那间"、"霎时" *in a moment; in a twinkling; in a split second (serves as an adverbial; can also be said as "刹(chà)时间"、"刹那间"、"霎时")*：只听一声轰响，～，敌人的碉堡炸毁了。Zhǐ tīng yì shēng hōngxiǎng, ~, dírén de diāobǎo zhàhuǐ le. *There was only the sound of a boom, then a split second later, the enemy's blockhouse blew up.* /狂风骤起，乌云滚滚，刹那间雷雨大作。Kuángfēng zhòu qǐ, wūyún gǔngǔn, chànàjiān léiyǔ dà zuò. *A sudden gale struck, dark clouds rolled in and, in a twinkling, thunderstorm broke out.* /救护车开得飞快，霎时就把急诊病人送到了医院。Jiùhùchē kāi de fēikuài, shàshí jiù bǎ jízhěn bìngrén sòngdàole yīyuàn. *The ambulance sped along and had the emergency patient at the hospital in a twinkling.* /发电厂出了事故，刹那间小镇陷入了一片黑暗。Fādiànchǎng chūle shìgù, chànàjiān xiǎozhèn xiànrùle yípiàn hēi'àn. *There was an accident at the power plant, and within a split second the small town fell under a blanket of darkness.*

shāi

筛〔篩〕shāi（动）*sieve; sift; screen; riddle*（名）◇*sieve; sifter; screen*

【筛选法】shāixuǎnfǎ（名）逐步把不合格的剔出去，最后选择出最优的方法 *screening method by which unsuitable elements are systematically removed*

【筛子】shāizi（名）[个 gè] *sieve; sifter; screen*

shài

晒〔曬〕shài（动）(1)(不及物)太阳以强烈的光、热照射(*of the sun*) *shine upon*：太阳一下午都～在西墙上，屋子里很热。Tàiyang yí xiàwǔ dōu ~ zài xī qiáng shang, wūzi li hěn rè. *The sun has been shining all afternoon on the wall facing west. Now the room is very hot inside.* /这里～死了，坐在树阴下吧。Zhèli ~ sǐ le, zuò zài shùyīn xià ba. *There's too much sun here. Let's sit in the shade under a tree.* /这种花要种在太阳～不着的地方。Zhè zhǒng huā yào zhòng zài tàiyang ~ bu zháo de dìfang. *This type of flower must be planted in a place where it won't be exposed to the sun.* (2)置于日光下接受太阳的光、热 *dry in the sun; bask*：沙滩上有许多人～太阳。Shātān shang yǒu xǔduō rén ~ tàiyang. *The beach is full of people basking in the sun.* /～粮食 ~ liángshi *dry grain in the sun* /把被子～～把被子～～ bǎ bèizi ~ ~ *air a quilt* /他在海边住了两星期，～得很黑。Tā zài hǎi biānr zhùle liǎng xīngqī, ~ de hěn hēi. *He spent two weeks by the sea and got a dark tan.* / 蓝窗帘都～白了。Lán chuāngliánr dōu ~ bái le. *The blue curtains were bleached by the sun.*

【晒台】shàitái（名）在楼房屋顶设置的露天小平台，供晒衣物用 *flat roof (for drying clothes, etc.)*

【晒图】shàitú（动·不及物）*make a blueprint; blueprint*

shān

山 shān（名）[座 zuò] *hill; mountain*

【山坳】shān'ào（名）山与山之间的小块平地 *col*

【山崩】shānbēng（名）*landslide; landslip*

【山茶】shānchá（名）*camellia*

【山城】shānchéng（名）*mountain city*

【山地】shāndì（名）(1)地面上多山 *mountainous region*；

hilly area；*hilly country*：东部是～，西部是平原。Dōngbù shì ～，xībù shì píngyuán. *The eastern part is a mountainous region and in the western part are flat lands.* /～修路，困难就多了。～ xiū lù, kùnnan jiù duō le. *Building roads in a mountainous region is very difficult.* (2)山地的耕地 *fields on a hill*：一般～的土壤都比较贫瘠。Yìbān ～ de tǔrǎng dōu bǐjiào pínjí. *The fields on a hill usually have relatively poor soil.* /～宜种果树。～ yí zhòng guǒshù. *The fields on a hill are suitable for growing fruit trees.*

【山顶洞人】Shāndǐngdòngrén（名）古代人类的一种，生活在旧石器时代晚期，距今约一万八千年。其化石发现于北京周口店龙骨山山顶洞中 *Upper Cave Man, a type of primitive man who lived approximately eighteen thousand years ago and whose fossil remains were found at Zhoukoudian near Beijing*

【山峰】shānfēng（名）［座 zuò］*mountain peak*

【山冈】shāngāng（名）*low hill*；*hillock*

【山歌】shāngē（名）［支 zhī］*folk song（sung in the fields during or after work）*

【山沟】shāngōu（名）*gully*；*ravine*；*(mountain) valley*

【山谷】shāngǔ（名）*mountain valley*

【山国】shānguó（名）指多山的国家或多山的地方 *mountainous country*；*mountainous region*

【山河】shānhé（名）指国家或国家的土地 *mountains and rivers*；*the land of a country*：～壮丽 *zhuànglì a majestic land* /锦绣～ *jǐnxiù ～ a beautiful land* /大好～遭战火破坏。Dàhǎo ～ zāo zhànhuǒ pòhuài. *Our beloved motherland has been ravaged by the fires of war.* /侵略者入侵，使～破碎。Qīnlüèzhě rùqīn, shǐ ～ pòsuì. *The invaders made a devastating incursion on the land.*

【山洪】shānhóng（名）因暴雨或积雪融化，从山上流下来的大水 *mountain torrents*

【山货】shānhuò（名）(1)山区出产的干果。如：栗子、胡桃等 *mountain products（such as chestnuts, walnuts, etc.）*(2)指用竹子、木头、麻、粗陶瓷等制成的日用器物。如：扫帚、麻绳、沙锅等 *household utensils made of bamboo, wood, flax, clay, etc.（such as brooms, rope, earthenware pots, etc.）*

【山涧】shānjiàn（名）山间的水沟 *mountain stream*

【山脚】shānjiǎo（名）*the foot of a hill or mountain*

【山口】shānkǒu（名）*mountain pass*

【山里红】shānlihóng（名）〈植〉*large-fruited Chinese hawthorn*

【山梁】shānliáng（名）*ridge of a mountain（or hill）*

【山岭】shānlǐng（名）连绵不断的高山 *mountain ridge*

【山麓】shānlù（名）〈书〉同"山脚"shānjiǎo *same as "山脚" shānjiǎo*

【山峦】shānluán（名）连绵的山 *mountain chain*：～重叠 chóngdié *overlapping chain of mountains* /起伏的～ qǐfú de ～ *undulating hills* /这一带～纵横。Zhè yídài ～ zònghéng. *In this area the mountains criss-cross.*

【山脉】shānmài（名）［条 tiáo］像血管一样连绵不断，又自成系统的群山 *mountain range*：阴山～ Yīn Shān ～ *the Yin-shan mountain range* /比利牛斯～ Bǐlìniúsī ～ *Pyrenees*

【山明水秀】shān míng shuǐ xiù 形容风景优美、秀丽 *having picturesque scenery*：桂林是公认的～的好地方。Guìlín shì gōngrèn de ～ de hǎo dìfang. *Guilin is generally acknowledged as a picturesque place.* /那里～，气候宜人。Nàli ～, qìhòu yírén. *There the scenery is picturesque and the weather is pleasant.* /地方～，人也长得俏丽。Dìfang ～, rén yě zhǎng de qiàolì. *The place is scenic and the people are also handsome.*

【山南海北】shān nán hǎi běi (1)形容地区广大 *extensive regions, far and wide, all over the land*：地质工作者们走遍了～。Dìzhì gōngzuòzhěmen zǒubiànle ～. *The seismologists travelled over vast areas.* /我们公司～哪儿来的人都有。

Wǒmen gōngsī ～ nǎr lái de rén dōu yǒu. *Our company has people who have come from far and wide.* /～到处都留下了旅行家的足迹。～ dàochù dōu liúxiàle lǚxíngjiā de zújì. *Tourists have left footprints all over the land.* (2)比喻谈话内容广泛（多作状语）*moving over a wide range of topics when speaking（often used adverbially）*：他俩到一块就～地聊 Tā liǎ dào yíkuàir jiù ～ de liáo. *When they get together they talk about everything under the sun.* /他一开口，就～地说起来没完。Tā yì kāi kǒu, jiù ～ de shuō qilai méi wán. *Upon opening his mouth, he rambles on without end.*

【山坡】shānpō（名）*hillside*；*mountain slope*

【山清水秀】shān qīng shuǐ xiù 同"山明水秀"shān míng shuǐ xiù *same as "山明水秀" shān míng shuǐ xiù*

【山穷水尽】shān qióng shuǐ jìn 山和水都到了尽头。比喻人无路可走，身陷绝境 *the mountains and the rivers both end — at the end of one's rope; stuck in a hopeless situation*：～的地步 ～ de dìbù *hopeless plight* /最有名的大夫，最名贵的药品都治不好这种病，真是～了。Zuì yǒumíng de dàifu, zuì míngguì de yàopǐn dōu zhì bu hǎo zhè zhǒng bìng, zhēn shì ～ le. *The most famous doctors and the rarest medicines weren't able to cure this kind of disease. There's truly nothing else that can be done.*

【山区】shānqū（名）多山的地区 *mountainous area*

【山水】shānshuǐ（名）(1)从山上流下来的水 *water flowing down off a mountain*：清澈的～ qīngchè de ～ *clear mountain water* /靠～浇灌田地 kào ～ jiāoguàn tiándì *dependent on the mountain water to irrigate the fields* (2)指有山有水的风景 *scenery with hills and water*：～画 ～ huà *landscape painting* /桂林～ Guìlín ～ *Guilin's hills and waters*；*Guilin's scenery* /～和古迹使这儿成为著名的游览胜地。～ hé gǔjì shǐ zhèr chéngwéi zhùmíng de yóulǎn shèngdì. *Scenery and the historic sites turn this place into a famous sightseeing spot.* /这儿的～吸引了大批游客。Zhèr de ～ xīyǐnle dàpī yóukè. *Scenery here attracts large numbers of tourists.*

【山头】shāntóu（名）(1)山的顶端 *hilltop*；*mountain top*：攻占～ gōngzhàn ～ *attack and occupy the hilltop* /把旗子插上～。Bǎ qízi chāshàng ～. *Plant the flag on the hilltop.* /在～上设立气象站。Zài ～ shang shèlì qìxiàngzhàn. *A weather station was set up on the mountain top.* (2)古代以武力称霸一方，多在山头上设营寨，因此山头是一种势力的标志。现用来比喻宗派势力 *a military stronghold in olden times, typically a mountain top encampment; today, therefore, the mountain top is a symbol of a faction*：拉～ lā ～ *form a faction* /～主义 ～zhǔyì *mountain stronghold mentality* /另立～ lìng lì ～ *start a separate faction* /要维护团结，不要搞～。Yào wéihù tuánjié, búyào gǎo ～. *We must safeguard unity, and not break up into cliques.*

【山坞】shānwù（名）山间平地；山坳 *col*

【山系】shānxì（名）*mountain system*

【山乡】shānxiāng（名）*mountain area*

【山响】shānxiǎng（形）响声极大 *very loud or thunderous noise*：王老汉的赶马鞭子甩得～。Wáng lǎohàn de gǎn mǎ biānzi shuǎi de ～. *Old man Wang's horsewhip cracked like thunder.*

【山崖】shānyá（名）*cliff*

【山羊】shānyáng（名）［只 zhī］*goat*；*buck*

【山腰】shānyāo（名）*half way up the mountain*

【山雨欲来风满楼】shān yǔ yù lái fēng mǎn lóu 山间大雨将要到来之前城楼上一片风声。现用来比喻重大事变发生之前的某些迹象或紧张气氛 *a wind blowing through the tower tells of a rising storm in the mountains; there's always something in the air before a momentous thing happens*

【山岳】shānyuè（名）*lofty mountains*

【山楂】shānzhā（名）*(Chinese) hawthorn*

【山寨】shānzhài（名）(1)在山林中设有防守栅栏的地方 *mountain fastness* (2)有寨子的山区村庄 *fortified mountain village*

【山珍海味】shān zhēn hǎi wèi 山间和海洋里能供食用的珍贵生物。泛指名贵的美味菜肴 *delicacies provided by the mountains and seas; generally refers to rare, delicious foods*

【山庄】shānzhuāng（名）山区的村庄，也用来称山上的别墅 *mountain village or villa*

【山嘴】shānzuǐ（名）(～儿)突出的山脚的尖端 *spur of a mountain*

杉 shān
（名）*China fir* 另见 shā

删 shān
（动）*delete; leave out*：这篇文章有很多废话，可以～去不少。Zhè piān wénzhāng yǒu hěn duō fèihuà, kěyǐ ～qù bù shǎo. *This essay has a lot of rubbish. A good bit can be deleted.* /建议～掉最后一段。Jiànyì ～diào zuì hòu yí duàn. *(I)suggest that the last paragraph be deleted.* /五千字的报告～成三千字了。Wǔqiān zì de bàogào ～chéng sānqiān zì le. *The five thousand word report was cut down to three thousand words.*

【删除】shānchú（动）*delete; strike out*：～不必要的细节 bú bìyào de xìjié *delete the unnecessary details*

【删繁就简】shān fán jiù jiǎn 删去繁杂的内容，使(文字材料)简明、精炼 *delete miscellaneous content in order to simplify or clarify (such as worded materials)*：条例过于繁琐，应该～。Tiáolì guòyú fánsuǒ, yīnggāi ～. *The rules are loaded down with a lot of trivial details. They ought to be simplified.* /课时减少了，教材也得相应～。Kèshí jiǎnshǎo le, jiàocái yě děi xiāngyìng ～. *The number of class hours has been cut down, (so) the materials (we use) ought to be likewise reduced.*

【删改】shāngǎi（动）删去和修改 *delete and revise*：～文章 wénzhāng *revise an essay* /文字经过～大不一样了。Wénzì jīngguò ～ dà bù yíyàng le. *After being revised, the stuff (he wrote) sounded very different.*

【删节】shānjié（动）删去(作品或书中)不符合需要的部分 *abridge; abbreviate*：版面有限，文章刊登时必须～。Bǎnmiàn yǒuxiàn, wénzhāng kāndēng shí bìxū ～. *The layout of a page is limited. So, when an article is carried, it should be abridged.* /原剧本共有五幕，编入课本时～了一幕。Yuán jùběn gòng yǒu wǔ mù, biān rù kèběn shí ～le yí mù. *The original play has five acts altogether. When edited into a textbook, it is abridged down to four.* /这首诗本刊转载时作了～。Zhè shǒu shī běn kān zhuǎnzǎi shí zuòle ～. *When this poem was reprinted in this periodical, it was condensed.*

【删节号】shānjiéhào（名）同"省略号" shěnglüèhào *same as "省略号" shěnglüèhào*

衫 shān
（名）单衣 *(unlined) shirt; singlet*：布～ bù ～ *shirt made of cotton cloth* /短袖～ duǎn xiù ～ *short-sleeved shirt*

姗 shān
【姗姗】shānshān（形）形容走路缓慢从容的姿态 *moseying, walking slowly or with a leisurely air*：～而来 ～ ér lái *come sauntering* /～来迟 ～lái chí *be slow in coming; be late*

珊 shān

【珊瑚】shānhú（名）*coral*

舢 shān
【舢板】shānbǎn（名）[只 zhī]*sampan*
【舢舨】shānbǎn（名）[只 zhī]同"舢板" shānbǎn *same as "舢板" shānbǎn*

扇 shān
（动）*fan*：～扇子 ～ shànzi *wave a fan* /火不旺，～一～！Huǒ bú wàng, ～ yì ～! *The fire's not roaring, (so) fan it some!* /别在病人旁边～风！Bié zài bìngrén pángbiānr ～ fēng! *Don't create a draft near the patient's bedside!* /你把我的卡片都～跑了。Nǐ bǎ wǒ de kǎpiàn dōu ～pǎo le. *You fanned all my cards away.* 另见 shàn

【扇动】shāndòng（动）(1)*fan; flap*：小鸟～着双翅飞走了。Xiǎoniǎo ～zhe shuāng chì fēizǒu le. *Flapping its wings, the little bird flew away.* /只见他喘着粗气，鼻翼儿～着。Zhǐ jiàn tā chuǎnzhe cū qì, bí chìr ～zhe. *Just look at him gasping so heavily with his nostrils flaring.* (2)鼓动、怂恿(别人做不正当的事)〈贬〉同"煽动" shāndòng *incite or instigate someone to do something inappropriate; same as "煽动" shāndòng*

【扇风点火】shān fēng diǎn huǒ 同"煽风点火" shān fēng diǎn huǒ *same as "煽风点火" shān fēng diǎn huǒ*

煽 shān
【煽动】shāndòng（动）鼓动(别人做坏事) *agitate; arouse; incite*：～学生闹事 ～ xuésheng nào shì *incite students to make trouble* /借机～ jiè jī ～ *use an opportunity to incite* /～派性 ～ pàixìng *arouse factionalism*

【煽风点火】shān fēng diǎn huǒ 比喻制造散布舆论，鼓动别人做坏事 *cause public sentiment to be aroused; incite others to do something wrong*

膻 shān
（形）像羊肉的气味 *smelling like mutton*：煮羊肉放点酒，就不怎么～了。Zhǔ yángròu fàng diǎnr jiǔ, jiù bù zěnme ～ le. *If you put in a little wine when boiling lamb, it doesn't smell so much like mutton.* /北方人多半不怕～味儿。Běifāng rén duōbàn bú pà ～ wèir. *Northerners aren't averse to the smell of mutton.*

shǎn

闪〔閃〕shǎn
（名）*lightning*：打了一个～ dǎle yí ge ～ *lightning flashed* /先有～，后有雷。Xiān yǒu ～, hòu yǒu léi. *First there's lightning, then there's thunder.* （动）(1)(身体)很快地避开 *dodge; get out of the way quickly*：躲～躲～ duǒ ～ *dodge; evade* /一开～kāi *get out of the way* /人们～出一条路来。Rénmen ～ chū yì tiáo lù lai. *The people stepped aside to make way.* (2)◇因用力过猛，使身体某部分受损伤 *sprain or twist due to excessive force*：腰～了。Yāo ～ le. *sprain one's back* /～了肩膀 ～le jiānbǎng *sprain one's shoulder* (3)很快地出现并消失 *flash; appear and disappear quickly*：人影一～，不见了。Rén yǐngr yì ～, bú jiàn le. *A figure appeared but was gone at once.* /列车一～而过。Lièchē yì ～ ér guò. *The train streaked past.* /脑子里忽然～过一个想法。Nǎozi li hūrán ～guò yí ge xiǎngfǎ. *An idea suddenly flashed through my mind.*

【闪电】shǎndiàn（名）*lightning*

【闪电战】shǎndiànzhàn（名）很快结束的战争 *lightning war; blitzkrieg*

【闪动】shǎndòng（动）glisten：微风吹过，阳光在水面上不停地～。Wēi fēng chuīguò, yángguāng zài shuǐ miàn shang bù tíng de ～. *A gentle breeze blew, and the sunlight on the water surface kept glistening.*

【闪光】shǎnguāng（名）*flash of light*：天上出现一道～，大概是流星。Tiānshang chūxiàn yí dào ～, dàgài shì liúxīng. *A flash of light appeared in the sky. It was probably a shooting star.* /～灯 ～dēng *flash lamp*

【闪闪】shǎnshǎn（形）*sparkling；glistening；glittering*：灯光～ dēngguāng ～ *many lights glittered* /银餐具～发光。Yín cānjù ～ fā guāng. *The silverware sparkled with light.*

【闪烁】shǎnshuò（动）（1）（光亮）忽明忽灭，闪闪不定 *suddenly brilliant and suddenly gone；twinkle*：星光～ xīngguāng ～ *twinkling starlight* /远处～的灯火就是水电站工地。Yuǎnchù ～ de dēnghuǒ jiù shì shuǐdiànzhàn gōngdì. *Those faraway glimmers of light are (from) the hydroelectric station construction site.* /两只黑亮的眼睛～着智慧的光。Liǎng zhī hēiliàng de yǎnjing ～zhe zhìhuì de guāng.（His）*shiny pair of dark eyes glistened with the light of wisdom.*（2）比喻说话吞吞吐吐，不肯讲明白 *speak around an issue；speak evasively or vaguely*：一～其词 yí cí ～ *speak evasively；hedge* /他闪闪烁烁，不愿说清责任在谁。Tā shǎnshǎnshuòshuò, bú yuàn shuōqīng zérèn zài shuí. *He talked evasively, not wanting to clarify whose fault it was.*

【闪现】shǎnxiàn（动）突然地短暂地出现 *flash into view*：一道亮光～在天际，很快又消失了。Yí dào liàng guāng ～ zài tiānjì, hěn kuài yòu xiāoshī le. *There was a flash of light on the horizon, which quickly vanished.* /老人的音容笑貌时刻在我的眼前。Lǎorén de yīnróng xiàomào shíkè zài wǒ de yǎnqián. *A vision of the deceased old man's smiling face flashed before my eyes very often.*

【闪耀】shǎnyào（动）一闪一闪地放射出光采 *radiate light；sparkle*：～的红星 ～ de hóngxīng *shining red star* /宝塔的塔顶在阳光下～。Bǎotǎ de tǎ dǐng zài yángguāng xià ～. *The pagoda's rooftop sparkled under the sunlight.* /宝石～着蓝光。Bǎoshí ～zhe lán guāng. *The gem radiated a blue light.* /作品中人物的思想～着爱国主义的光辉。Zuòpǐn zhōng rénwù de sīxiǎng ～zhe àiguózhǔyì de guānghuī. *The character's thinking in this work radiated a patriotic brilliance.*

shàn

苫 shàn （动）用席子、雨布等遮盖（成堆的物品）*use a mat or a waterproof cloth to cover*：这几十袋水泥一定要～起来。Zhè jǐ shí dài shuǐní yídìng yào ～ qilai. *These fifty some odd bags of cement need to be covered with a tarp.*

【苫布】shànbù（名）［块 kuài］*tarpaulin*

扇 shàn （名）◇扇子 *fan*：折～ zhé ～ *folding fan* /芭蕉～ bājiāo～ *palm-leaf fan* /换气～ huànqì～ *ventilator*（量）用于门、窗等片状物（for a door, window or things of similar shape）：两～窗户 liǎng ～ chuānghu *two windows* /一～大门 yí ～ dàmén *one front door* /四～屏风 sì ～ píngfēng *a screen of four panels* 另见 shān

【扇面儿】shànmiànr（名）折扇或团扇的面儿，用纸、绢等做成 *covering of a fan, made of paper or silk*

【扇形】shànxíng（名）像打开的折扇那样的形状 *fan-shaped*

【扇子】shànzi（名）［把 bǎ］*fan*

善 shàn （形）〈书〉（1）好 *good*：改恶从～ gǎi è cóng ～ *give up*

evil and return to good /高质量的中学教员多多益～。Gāo zhìliàng de zhōngxué jiàoyuán duōduō yì ～. *The more top flight high school teachers (we have), the better.* /尽～尽美地完成这项工程 jìn ～ jìn měi de wánchéng zhè xiàng gōngchéng *complete this project as best one can* /与人为～ yǔ rén wéi ～ *be good to people*（2）友好，和睦 *kind；friendly*：友～ yǒu～ *friendly；amicable* /与邻国亲～ yǔ línguó qīn～ *goodwill between countries*（3）容易、易于（发生某种变化）*easy or apt to*（for example, change in some way）：～变 ～ biàn *apt to change* /多愁～感 duō chóu gǎn ～ *be sentimental* /～忘 ～ wàng *forgetful；have a short memory*（4）（在做某件事上）能力强，善于 *be good at；adept at*：～钻研 ～ zuānyán *good at studying* /能说～辩 néng shuō ～ biàn *can speak skillfully in debate* /不～逢迎 bú ～ féngyíng *not good at flattery*（动）使……办好 *cause something to turn out well；make a success of*：独～其身 dú ～ qí shēn *pay attention to one's own moral uplift only* /工欲～其事，必先利其器。Gōng yù ～ qí shì, bì xiān lì qí qì. *A worker must sharpen his tools if he is to work well.*（名）普遍地关怀人、爱人，特别是表示对不幸人同情的行为 *charitable toward other people and especially the unfortunate*：行～ xíng ～ *do charitable deeds* /乐～好施 lè ～ hào shì *be happy to be generous*

【善本】shànběn（名）古代书籍在学术和艺术价值上比一般本子优异的刻本或写本 *block-printed or handwritten books of ancient literature, the artistic and academic value of which is more outstanding than ordinary books*

【善后】shànhòu（名）处理、解决好事件发生后的遗留事务 *deal with remaining problems*：～工作 ～ gōngzuò *clean-up work* /处理～ chǔlǐ ～ *take care of the remaining work* /这次旅馆大火后，有许多～问题亟待解决。Zhè cì lǚguǎn dà huǒ hòu, yǒu xǔduō ～ wèntí jí dài jiějué. *After the hotel fire, there remained many matters which demanded prompt solutions.*

【善良】shànliáng（形）人心肠好，对别人不怀恶意 *good-hearted；having no evil intentions toward anybody*：～的愿望 ～ de yuànwàng *the best of intentions*

【善始善终】shàn shǐ shàn zhōng 从开始到结局都很好。比喻事情做得很完满 *good from start to finish；something done very successfully*

【善心】shànxīn（名）好的心肠 *good-heartedness；benevolence*：发～ fā ～ *do something charitable*

【善意】shànyì（名）好的、善良的心意 *good intentions；goodwill*：～的批评 ～ de pīpíng *well-meaning criticism* /这不是怜悯，这是～的帮助。Zhè bú shì liánmǐn, zhè shì ～ de bāngzhù. *This isn't pity, it's well-intentioned help.*

【善于】shànyú（动）（某方面的事）很会做，而且做得出色或突出（后多跟双音节动词或动词词组）*very adept at；able to do something extremely well*（often used with a disyllabic word or a verb phrase）：～交际 ～ jiāojì *good at mingling* /～经营 ～ jīngyíng *good at management* /～拉关系 ～ lā guānxi *adept at making friends* /～弄虚作假 ～ nòng xū zuò jiǎ *expert in deception* /他很～模仿，所以英语说得很地道。Tā hěn ～ mófǎng, suǒyǐ Yīngyǔ shuō de hěn dìdao. *He's very good at imitating people, so his English sounds really genuine.*

缮 ［繕］shàn （动）〈书〉（1）修补 *repair；patch up*（2）抄写 *copy；write out*

【缮写】shànxiě（动）抄写 *write out；copy*

膳 shàn （名）〈书〉饭食 *meals*：用～ yòng ～ *have meals*

【膳费】shànfèi（名）*board expenses*

【膳食】shànshí（名）平日吃的饭菜 *daily meals*

【膳宿】shànsù（名）吃饭和住宿 *board and lodging*：参加学习班，学校供～。Cānjiā xuéxíbān, xuéxiào gōng ～. *If you take part in the study class, the school will provide board and lodging.*

擅 shàn
（动）〈书〉善于 *be good at*; *be expert in*：～画山水 ～ huà shānshuǐ *expert in painting landscapes*（副）〈书〉意思同"擅自"shànzì，但只修饰单音节动词 *same as* "擅自" shànzì（*but only modifies monosyllabic verbs*）：～提物价，是违反政策的。～ tí wùjià, shì wéifǎn zhèngcè de. *Arbitrarily raising prices runs counter to policy.* /国家正式职工、干部不允许～离原职去搞其它职业。Guójiā zhèngshì zhígōng, gànbù bù yǔnxǔ ～ lí yuánzhí qù gǎo qítā zhíyè. *The state's regular staff members, workers, and cadres are not permitted to leave their original posts to take up other professions without authorization.*

【擅长】shàncháng（动）具有某方面的专长（宾语为双音节词或动词词组）*have a special skill or knowledge*（*the object is a disyllabic word or a verb phrase*）：～体育运动 ～ tǐyù yùndòng *skilled in athletics* /他～口译。Tā ～ kǒuyì. *He's skilled in oral interpretation.* /～画人物画 ～ huà rénwù huà *good at painting portraits*

【擅自】shànzì（副）表示超越职权、自作主张 *do sth. without authorization*：任何人不得～动用公款。Rènhé rén bùdé ～ dòngyòng gōngkuǎn. *Nobody may use public funds without authorization.* /～砍伐山林是违反森林法的。～ kǎnfá shānlín shì wéifǎn Sēnlínfǎ de. *Felling trees without permission violates forestry laws.* /这么重大的事情竟经过领导批准怎么能～决定呢? Zhème zhòngdà de shìqing méi jīngguò lǐngdǎo pīzhǔn zěnme néng ～ juédìng ne? *How could you make a decision on such an important matter on your own authority without obtaining approval from the leadership first?* /他没向任何人请假就～不来上班。Tā méi xiàng rènhé rén qǐng jià jiù ～ bù lái shàng bān. *He just decided on his own to miss work without leave.* /教练批评了他几句他就～离队走了。Jiàoliàn pīpíngle tā jǐ jù tā jiù ～ lí duì zǒu le. *When the coach gave him some criticism, he just walked away from the team without permission.*

赡〔贍〕shàn
（动）◇赡养 *support*; *provide for*

【赡养】shànyǎng（动）供给生活所需 *provide for one's needs*：～费 ～ fèi *alimony* /～老人 ～ lǎorén *support one's parents* /有义务～子女 yǒu yìwù ～ zǐnǚ *have the duty of supporting children* /有祖父母需要他～。Yǒu zǔfùmǔ xūyào tā ～. *He has grandparents that need his support.* /离婚后，女儿归父亲～。Lí hūn hòu, nǚ'ér guī fùqin ～. *After getting a divorce, the daughter went to her father's care.*

shāng

伤〔傷〕shāng
（名）*wound*; *injury*：外～ wài～（*surface*）*injury* /枪伤 qiāng ～ *gun wound* /这个苹果只是有点碰～。Zhège píngguǒ zhǐ shì yǒu diǎnr pèng ～. *This apple just has a little bruise.* /他的手腕受过～。Tā de shǒuwàn shòuguo ～. *His wrist was injured once.*（动）（1）*injure*; *hurt*：～胃 ～ wèi *injure*（*one's*）*stomach* /把腿摔～了。Bǎ tuǐ shuāi～ le.（*He*）*fell and hurt his leg.* /不要～人的感情。Búyào ～ rén de gǎnqíng. *Don't hurt other people's feelings.* /～了他的自尊心 ～le tā de zìzūnxin *wound his pride* /劳民～财 láo mín ～ cái *waste money and manpower*（2）因过度而对某物品（多为饮食）产生反感 *get sick of something because of having too much of it*（*mostly used in reference to food*）：吃肉过多吃～了。Chī ròu guò duō chī～ le.（*He*）*got sick of meat from eating too much of it.*

【伤疤】shāngbā（名）*scar*

【伤兵】shāngbīng（名）受伤的兵 *wounded soldier*

【伤风】shāngfēng（动·不及物）*catch cold*（名）*cold*

【伤风败俗】shāng fēng bài sú 败坏风俗，多用来谴责道德败坏 *corrupt public morals*; *mostly used when condemning such corruption*

【伤感】shānggǎn（动·不及物）因有感触而伤心 *sick at heart*; *heartbroken*; *sentimental*：看到丈夫的遗物，她又～起来。Kàndào zhàngfu de yíwù, tā yòu ～ qilai. *Seeing the things left behind by her dead husband, she got sentimental again.* /听了老朋友的不幸遭遇，我～不已。Tīngle lǎo péngyou de búxìng zāoyù, wǒ ～ bùyǐ. *Hearing about my old friend's misfortune, I was distressed to no end.* /过分～对身体不利。Guòfèn ～ duì shēntǐ búlì. *Too much heartache is harmful to the health.*

【伤害】shānghài（动）使身体、感情等受到损害 *harm or hurt*（*the body, emotions, etc.*）：运动过多会～身体。Yùndòng guò duō huì ～ shēntǐ. *Too much athletics can harm one's health.* /不要～益虫。Búyào ～ yìchóng. *Don't hurt a beneficial insect.* /因脾气不好，～了一些人。Yīn píqi bù hǎo, ～le yìxiē rén. *Because he has a bad disposition, he hurt a few people.* /讽刺会～孩子的心灵。Fěngcì huì ～ háizi de xīnlíng. *Mockery can break a child's spirit.*

【伤寒】shānghán（名）〈医〉*typhoid fever*; *typhoid*

【伤号】shānghào（名）受伤的人（多用于军队中）*wounded person*（*mostly used when speaking of the army*）

【伤耗】shānghao（动）损耗 *damage*

【伤痕】shānghén（名）*bruise*; *scar*

【伤痕文学】shānghén wénxué 指粉碎"四人帮"以后出现的大量反映"文化大革命"在精神上给人们创伤的文学作品，以短篇小说《伤痕》为代表 *literary works which appeared after the downfall of the Gang of Four and which depicted the traumatic effects of the Cultural Revolution on the spirit of the people*; *the representative work is the short story "Scars"*

【伤口】shāngkǒu（名）*wound*; *cut*

【伤脑筋】shāng nǎojīn 因事情、问题难以解决，而费思索并感到苦恼 *vexing*; *knotty*; *frustrating*（*such as a problem which is so difficult that it demands great thought*）：他事事采取不合作态度，真让人～。Tā shìshì cǎiqǔ bù hézuò tàidu, zhēn ràng rén ～. *He takes an uncooperative attitude in everything. It really vexes people.* /解决家庭纠纷是件～的事。Jiějué jiātíng jiūfēn shì jiàn ～ de shì. *Solving family disputes is frustuating business.* /老人为儿子不务正业伤透了脑筋。Lǎorén wèi érzi bú wù zhèngyè shāngtòule nǎojīn. *The old man has big headaches because his son doesn't do honest work.*

【伤神】shāng＝shén 过度耗费精神 *be nerve-racking*; *cause burn-out*：总开夜车会～，要注意休息。Zǒng kāi yèchē huì ～, yào zhùyì xiūxi. *Always working late into the night can be nerve-racking. One should remember to take a break.*

【伤势】shāngshì（名）*the condition of an injury*：这个战士的～很重，需要抢救。Zhège zhànshi de ～ hěn zhòng, xūyào qiǎngjiù. *The condition of the soldier's injury is very serious. He needs emergency treatment.*

【伤天害理】shāng tiān hài lǐ 指做事残忍，灭绝人性 *ruthless*; *savage*; *inhuman*

【伤亡】shāngwáng（动）受伤和死亡 *cause injuries and death*：～上百人 ～ shàng bǎi rén *caused up to 100 casualties* /这次车祸～了几十人。Zhè cì chēhuò ～le jǐ shí rén. *This traffic accident had dozens of casualties.*（名）受伤和

死亡的人数 *injuries and deaths*; *casualties*: ～惨重 ～ cǎnzhòng *heavy casualties* /在这次事故中无一～. *There wasn't a single casualty in this accident.*

【伤心】shāng＝xīn 因遭受不幸或遇到辜负自己心意的事而感到内心痛苦 *feel brokenhearted*: 丈夫变心使她～极了. Zhàngfu biàn xīn shǐ tā ～ jí le. *Her husband's unfaithfulness broke her heart.* /好心没得好报, 他又气愤又～. Hǎoxīn méi dé hǎo bào, tā yòu qìfèn yòu ～. *His good intentions weren't rewarded, so he was both furious and heartbroken.* /她听说亲人在战争中牺牲, ～的眼泪立刻涌了出来. Tā tīng shuō qīnrén zài zhànzhēng zhōng xīshēng, ～ de yǎnlèi lìkè yǒngle chūlai. *(When) she heard her loved one had given up his life in the war, tears of sadness immediately welled up.*

【伤员】shāngyuán （名）*wounded personnel*; *the wounded*

商 shāng
（名）◇(1)商人 *merchant*; *businessman*: 盐～ yán ～ *salt dealer* /绸布～ chóubù ～ *draper* (2)朝代 *the Shang Dynasty* (3)除法得数 *quotient (in mathematical division)* （动）◇(1)商量 *consult*; *discuss*; *talk over*: 面～ miàn ～ *talk face to face*; *consult personally* /请你来有事相～. Qǐng nǐ lái yǒu shì xiāng ～. *We asked you to come because we have business to talk over with you.* (2)数学除法运算时用某数作商数 *use a certain number for the quotient when doing mathematical division*: 十被二除～五. Shí bèi èr chú ～ wǔ. *Ten divided by two yields five.*

【商标】shāngbiāo （名）*trade mark*

【商场】shāngchǎng （名）(1)聚集在一个或相连的几个建筑物内的各种商店所组成的市场 *mall* (2)面积较大、商品较齐全的综合商店 *a comprehensive store*

【商船】shāngchuán （名）*merchant ship*; *merchantman*

【商店】shāngdiàn （名）*shop*; *store*

【商定】shāngdìng （动）〈书〉商讨决定 *decide through consultation*: 会议地点另行～. Huìyì dìdiǎn lìng xíng ～. *The site of the meeting will be agreed upon separately.* /两国～, 年内互派大使. Liǎng guó ～, nián nèi hù pài dàshǐ. *The two countries decided to send one another ambassadors within a year.*

【商队】shāngduì （名）结队贩运商品的人 *company of travelling merchants*

【商贩】shāngfàn （名）*small retailer*; *pedlar*

【商会】shānghuì （名）商人为维护自己利益组织的团体 *chamber of commerce*

【商量】shāngliang （动）*consult*; *discuss*; *talk over*: ～事情 ～ shìqing *discuss a matter* /跟别人～ gēn biéren ～ *consult with other people* /遇事多～ yù shì duō ～ *talk at length when something crops up* /买什么礼物祝贺他结婚, 咱们～～. Mǎi shénme lǐwù zhùhè tā jié hūn, zánmen ～～. *Let's talk about what wedding gift to buy him.*

【商品】shāngpǐn （名）*commodities*; *goods*; *merchandise*

【商品化】shāngpǐnhuà （动）*be on the market as a commodity*: 农产品和副业产品都要～. Nóngchǎnpǐn hé fùyè chǎnpǐn dōu yào ～. *Agricultural products and by-products should be put on the market as a commodity.*

【商品经济】shāngpǐn jīngjì *commodity economy*

【商品粮】shāngpǐnliáng （名）指作为商品出售的粮食 *commodity grain*; *marketable grain*

【商洽】shāngqià （动）〈书〉双方接触商谈彼此有关的事项 (多用于正式场合) *for two parties to come together and discuss a certain matter*; *mostly used for formal occasions*: 共同～ gòngtóng ～ *discuss a matter jointly* /关于合办企业一事, 希望贵公司派代表来～. Guānyú hé bàn qǐyè yí shì, xīwàng guì gōngsī pài dàibiǎo lái ～. *(We) hope your com-*

pany sends a representative to confer (with us) on this matter of running a cooperative enterprise. /就此书的出版问题, 与出版社～. Jiù cǐ shū de chūbǎn wèntí, yǔ chūbǎnshè ～. *We are to talk over questions concerning the publication of this book with the publishing house.*

【商情】shāngqíng （名）指市场上的商品价格和供销情况 *market conditions*

【商榷】shāngquè （动·不及物）〈书〉(在理论观点、学术见解等方面)争论、探讨 *deliberate*; *debate*; *discuss (such as theoretical viewpoints or academic opinions)*: 值得～ zhíde ～ *merits discussion* /就这些观点与作者～. Jiù zhèxiē guāndiǎn yǔ zuòzhě ～. *Deliberate these viewpoints together with the writer.* /文章中提出的新问题, 有待～. Wénzhāng zhōng tíchū de xīn wèntí, yǒu dài ～. *The new questions raised in the essay remain to be discussed.*

【商人】shāngrén （名）*businessman*; *merchant*; *trader*

【商谈】shāngtán （动）〈书〉用会谈方式商量 (多用于正式场合) *negotiate*; *confer (mostly used for official occasions)*: 两家厂商正在～贸易. Liǎng jiā chǎngshāng zhèngzài ～ màoyì. *The two firms are at the moment negotiating trade.* /出访日期将通过外交途径～. Chū fǎng rìqī jiāng tōngguò wàijiāo tújìng ～. *The visitation dates will be decided through diplomatic channel.* /就交换留学生问题, 双方进行了～. Jiù jiāohuàn liúxuéshēng wèntí, shuāngfāng jìnxíng le ～. *The two sides took up a discussion of exchanging students.*

【商讨】shāngtǎo （动）就重大问题进行商量、讨论 *discuss*; *deliberate over serious questions*: ～国事 ～ guóshì *discuss national affairs* /～对策 ～ duìcè *deliberate over a countermove* /专家们正在～一城市的远景规划. Zhuānjiāmen zhèngzài ～ chéngshì de yuǎnjǐng guīhuà. *Experts are right now deliberating over the city's long-range plans.* /政府对救灾问题进行了～. Zhèngfǔ duì jiù zāi wèntí jìnxíng le ～. *The government discussed questions about providing relief to disaster victims.*

【商务】shāngwù （名）*commercial or business affairs*

【商业】shāngyè （名）*commerce*; *trade*; *business*

【商议】shāngyì （动）为取得一致意见而进行议论和商量 *confer or discuss*: ～论文的评分标准 ～ lùnwén de píng fēn biāozhǔn *discuss the criterion for grading the thesis* /政府做出重大决策之前, 总要请各方面人士来～. Zhèngfǔ zuòchū zhòngdà juécè zhī qián, zǒng yào qǐng gè fāngmiàn rénshì lái ～. *Before the government makes an important policy decision, it always invites various public figures to confer (on the matter).* /春节期间举办哪些活动, 咱们一起来～. Chūnjié qījiān jǔbàn nǎxiē huódòng, zánmen yìqǐ lái ～. *Together let's talk about what activities are to be held for the Spring Festival.*

【商酌】shāngzhuó （动）〈书〉商量, 斟酌 *discuss*; *consider*

墒 shāng
（名）*moisture in the soil*

【墒情】shāngqíng （名）*soil moisture content*

shǎng

晌 shǎng
（名）指白天的一段时间 *part of the day*: 前半～ qiánbàn～ *morning* /晚半～ wǎnbàn～ *dusk*

【晌午】shǎngwu （名）〈口〉*midday*; *noon*

赏 〔賞〕shǎng
（动）(1)奖赏; 赏赐 *grant*; *bestow*; *award*: 重～ zhòng ～ *handsome reward* /以重金～ yǐ zhòng jīn ～ *bestow a valuable award* /有～有罚 yǒu ～ yǒu fá *duly mete out re-*

wards and punishments（2）◇欣赏 admire; enjoy; ～菊～ jú admire chrysanthemums /农历八月十五, 中国人有～月 的风俗。Nónglì bāyuè shíwǔ, Zhōngguó rén yǒu ～ yuè de fēngsú. During the Mid-Autumn Festival the Chinese have a tradition of admiring the full moon.

【赏赐】shǎngcì（动）(旧时地位高的人或长辈把财物)送给 (地位低的人或晚辈) bestow; grant; award（名）赏赐的财 物 awarded property or other articles

【赏罚分明】shǎng fá fēnmíng 有功的就奖励, 有过的就惩罚, 态度鲜明、公正 reward merit and punish mistakes; have a strict and impartial attitude

【赏识】shǎngshí（动）看到别人的才能并表示赞赏(一般用于 上级对下级) recognize the worth of; appreciate (one's inferior); 系主任很～他。Xì zhǔrèn hěn ～ tā. The department head really thinks highly of him. /他的作品受到名家 的～。Tā de zuòpǐn shòudào míngjiā de ～. His works enjoy the appreciation of famous experts. /虽然他的能力很 强, 但是不被～。Suīrán tā de nénglì hěn qiáng, dànshì bú bèi ～. Although he has great talent, he's not appreciated.

【赏玩】shǎngwán（动）〈书〉欣赏玩味(景物、艺术品等) enjoy the beauty of something (e. g., scenery, art works, etc.)

shàng

上 shàng（名）与"下"相对 (opposite to "下")（1）◇位置、级别等 高的 a high place, position, or level; 脸朝～ liǎn cháo ～ face upwards /～告～ gào appeal to higher authorities /～ 行下效 ～ xíng xià xiào those in subordinate positions will follow the examples set by their superiors /欺～瞒下 qī ～ mán xià deceive one's superiors and delude one's subordinates（2）用在其他名词后("上"读轻声) (used after other nouns; in neutral tone) ①表示位置在高处 (expresses a high place or spot); 天～ tiān ～ the sky (above) /山～ shān ～ (on) top of the mountain /楼顶～ lóudǐng ～ on top of a building /树～ shù ～ on the tree ②表示在人或物体表面 on (an object or a person); 身～ shēn ～ on one's body /脸～ liǎn～ on one's face /门～ mén ～ on the door /衣服～ yīfu ～ on one's clothing /地～ dì ～ on the ground ③表示在载 人的交通工具里边 in (a vehicle of transportation); 车～ chē ～ in the car /船～ chuán ～ on board /飞机～ fēijī ～ on the plane ④表示在某个范围内 within the scope or limits of something; 书～ shū ～ in a book /会～ huì ～ in a meeting /报纸～ bàozhǐ ～ in the newspaper /文件～ wénjiàn ～ in a document /课堂～ kètáng ～ in the classroom ⑤表 示在某个方面 in a certain area, field, or aspect; 理论～ lǐlùn ～ theoretically; in terms of theory; on the theoretical plane /学习～ xuéxí ～ in studies /他在生活～要求不高。 Tā zài shēnghuó ～ yāoqiú bù gāo. His requirements for living are not great. /生产～有问题, 可以找他解决。 Shēngchǎn ～ yǒu wèntí, kěyǐ zhǎo tā jiějué. If there is a problem in production, you can get him to solve it. （3）用在 某些名词或量词前, 表示顺序或时间在前 (used before a noun or a measure word to express what came earlier in some sequence); ～册～ cè Volume I /～次～ cì last time /～星 期～ xīngqī last week /～个月～ ge yuè last month /～个 世纪～ ge shìjì the last century（动）（1）由低处到高处 go upwards; ascend; ～楼～ lóu go upstairs /～山～ shān go up a mountain（2）到, 去, attend; ～街～ jiē go into the street; go shopping /～学校～ xuéxiào go to school /～朋 友家～ péngyou jiā go to a friend's house（3）进入交通工 具 enter a vehicle of transportation; ～车～ chē get into a car /～飞机～ fēijī get on a plane /～船～ chuán board a ship（4）进入比赛场地或登台表演 enter a sports field; go

up on stage to act; 这次比赛, 主力队员都没～。Zhè cì bǐsài, zhǔlì duìyuán dōu méi ～. In this game none of the main players stepped on the field. /演完这个节目, 就该你 ～了。Yǎnwán zhège jiémù, jiù gāi nǐ ～ le. After this number is performed, it's your turn to go up on stage. （5） 添加、补充 increase; add; supplement; 给锅炉～水 gěi guōlú ～ shuǐ add water to the boiler /店里该～货了。Diàn li gāi ～ huò le. The store ought to replenish its goods. /给 花～点儿肥 gěi huār ～ diǎnr féi add a little fertilizer to the flowers（6）涂、揉 spread; apply; smear; ～色儿～ shàir put some color in /～漆～ qī spread paint on /～药～ yào apply medicine /给机器～点儿油 gěi jīqì ～ diǎnr yóu apply a little oil to the machine（7）拧紧 twist; wind; screw; ～表～ biǎo wind a watch /～螺丝～ luósī screw a screw（8）到规定的地点去开始某种活动 begin a certain activity; 晚上六点～夜班 wǎnshang liù diǎn ～ yèbān. The nightshift begins at 6;00. /早上七点～早操 Zǎoshang qī diǎn ～ zǎocāo. Morning exercises begin at 7;00. /～数学 课～ shùxué kè teach a math class; attend a math class（9） 刊登, 公开出现 publish in a paper; appear publicly; 他的 文章～人民日报了。Tā de wénzhāng ～ Rénmín Rìbào le. His essay was published in the Renmin Ribao. /小李～电视 了。Xiǎo Lǐ ～ diànshì le. Xiao Li appeared on television. （10）安装 install; erect; fix; mount; ～胶卷～ jiāojuǎnr insert a film /窗户上还没～玻璃。Chuānghu shang hái méi ～ bōli. Glass hasn't yet been put in the window. /房子正 在～房顶。Fángzi zhèngzài ～ fáng dǐng. A roof is just now being put on the house. （11）达到、够(常用在百、千、万 前, 表示概数) reach; amount to (often used before 百, 千, 万 to express an approximate number); ～百人～ bǎi rén up to 100 people /～万元～ wàn yuán as much as 10,000 yuan（12）放在其他动词后作补语 (used after another verb as a complement) ①表示由低到高(和"上来"或"上去"作补 语(1)义同, 方向除外, 但必须带宾语) (expresses ascent or motion upwards; same as "上来" or "上去" as a complement (1), no direction is indicated, an object is necessary); 把书 搬～楼。Bǎ shū bān ～ lóu. Take the book upstairs. /青蛙爬 ～岸。Qīngwā pá ～ àn. The frog crept up on the bank. /月 亮升～了天空。Yuèliang shēng ～ le tiānkōng. The moon rose up in the sky. /游人走～台阶。Yóurén zǒu ～ táijiē. The tourists walked up the steps. ②表示达到不易达到的目 的 reach a difficult goal; 赶～先进水平 gǎn ～ xiānjìn shuǐpíng catch up with the advanced level /过～了幸福生 活 guò ～ le xìngfú shēnghuó enjoy a happy life /考～了大 学 kǎo ～ le dàxué pass an entrance exam and enter a university /使用～最新设备 shǐyòng ～ zuì xīn shèbèi use the newest equipment ③事物到达一定的位置 for an object to reach a certain position; 穿～衣服 chuān ～ yīfu put on clothes /填～姓名 tián ～ xìngmíng write in your name /带 ～雨具 dài ～ yǔjù bring rain gear /楼前种～了树。Lóu qián zhòng ～ le shù. Trees were planted in front of the building. /白衬衣染～了蓝墨水。Bái chènyī rǎn ～ le lán mòshuǐr. The white shirt was stained with blue ink. ④表示 开始并继续 begin and continue; 爱～了她 ài ～ le tā fell in love with her /干～了这一行 gàn ～ le zhè yì háng took up this profession ⑤表示完成 complete; accomplish; 沏～一杯 茶 qī ～ yì bēi chá make a cup of tea /西瓜已经冰～了。 Xīguā yǐjīng bīng ～ le. The watermelon has already been iced. /点～一支烟 diǎn ～ yì zhī yān light up a cigarette / 馒头蒸～了。Mántou zhēng ～ le. The buns are being steamed. ⑥集中或合拢 together; hold together; close; 把门 关～。Bǎ mén guān ～. Close the door. /扣～扣子 kòu ～ kòuzi button a button /把信封～了。Bǎ xìn fēng ～ le. The letter was sealed.

【上班】shàng=bān go to work; start work

【上半天】shàngbàntiān (名)(～儿) morning；before noon

【上半夜】shàngbànyè (名) before midnight

【上边】shàngbiān (名) 同"上面" shàngmian (1) (2) (3) (4) (5) same as "上面" shàngmian (1) (2) (3) (4) (5)

【上策】shàngcè (名) the best plan；best way out

【上层】shàngcéng (名)(1) upper level；upper section：书架上这两层是杂志，～是中文的，下层是英文的。Shūjià shang zhè liǎng céng shì zázhì，～ shì Zhōngwén de，xiàcéng shì Yīngwén de. On this bookcase these two shelves are all magazines. The upper shelf are Chinese magazines，the lower shelf are English ones. /我们兄弟俩睡一个双层床，我睡～。Wǒmen xiōngdì liǎ shuì yí ge shuāng céng chuáng，wǒ shuì ～. My brother and I sleep on bunk beds. I sleep on the top bunk. (2) upper strata；upper levels：～社会 ～ shèhuì upper-class society

【上层建筑】shàngcéng jiànzhù superstructure

【上场】shàng=chǎng (演员或运动员)出场 come on stage；enter an arena

【上乘】shàngchéng (名)(又读 shàngshèng) 本为佛教用语，即"大乘"，多借指文学艺术作品的高妙境界或上品 a Buddhist term，the Great Vehicle；mostly used to refer to masterful artistic or literary works：～之作 ～ zhī zuò a great work /在目前，这本书在小说中可列为～。Zài mùqián，zhè běn shū zài xiǎoshuō zhōng kě lièwéi ～. Presently this book is counted as a masterpiece among novels.

【上窜下跳】shàng cuàn xià tiào (贬) 形容人干不正当的事时，到处奔走、活动 run about everywhere doing bad things

【上当】shàng=dàng be fooled；be duped：～受骗 ～ shòu piàn be fooled and suckered in /小心，别上他的当！Xiǎoxin，bié shàng tā de dàng! Be careful，don't be fooled by him. /买东西只贪便宜，结果上了大当。Mǎi dōngxi zhǐ tān piányi，jiéguǒ shàngle dà dàng. When buying things (he) would only go after what was cheap. As a result，he really got ripped off. /我上过一次当了，这次你可骗不了我了。Wǒ shàngguo yí cì dàng le，zhè cì nǐ kě piàn bu liǎo wǒ le. I've been fooled once. This time you can't trick me.

【上等】shàngděng (形·非谓) first-class；first-rate；superior：～品 ～ pǐn first-rate product /衣料 ～ yīliào superior clothing material

【上帝】shàngdì (名) God

【上吊】shàng=diào hang oneself

【上冻】shàng = dòng freeze：工程一定要在～前完工。Gōngchéng yídìng yào zài ～ qián wán gōng. The project certainly has to be completed before the ground freezes up.

【上颚】shàng'è (名)(生理) maxilla；the upper jaw

【上房】shàngfáng (名) 一所房子里最好的几间屋子，多半指四合院房子中朝南的比较大的三间或五间屋子 main rooms of a house；usually three or five relatively large rooms which face south in a home surrounding a courtyard

【上访】shàng=fǎng (动·不及物) 人民群众到上级机关反映问题并要求解决 for common people to make known their problems to higher authorities and appeal for help

【上风】shàngfēng (名)(1) 风来的那一方 windward；upwind：你要是怕烟味儿，就坐在～。Nǐ yàoshi pà yān wèir，jiù zuò zài ～. If you're afraid of cigarette smell，sit upwind of it. (2) 有利地位 advantageous position；upper hand：比赛一开始，我们队就占～。Bǐsài yì kāishǐ，wǒmen duì jiù zhàn ～. As soon as the game began our team got the upper hand.

【上钩】shàng=gōu swallow the bait；get hooked：注意，鱼～了。Zhùyì，yú ～ le. Check it out，the fish is hooked. /人家设下圈套，他果然上了钩。Rénjia shèxià quāntào，tā guǒrán shàngle gōu. Someone set a trap，and sure enough he was snared.

【上古】shànggǔ (名) ancient times；remote ages

【上轨道】shàng guǐdào 比喻事情开始正常而有秩序地进行 get on the right track

【上好】shànghǎo (形) 最好(多指用品质量) first-class；tip-top；the best (mostly refers to the quality of a product)：～的瓷器 ～ de cíqì top-shelf porcelain /～的人参 ～ de rénshēn top-grade ginseng

【上火】shàng=huǒ 中医把大便干燥、喉咙痛、眼红、腮肿等病因，称为"上火" in traditional Chinese medicine，"上火" means to suffer constipation，inflammation of the throat，conjunctivitis，or other such symptoms：不吃蔬菜就要～。Bù chī shūcài jiù ài ～. If you don't eat vegetables，you're apt to suffer from constipation.

【上级】shàngjí (名) higher level；higher authorities：～机关 ～ jīguān higher authorities /他是我的～。Tā shì wǒ de ～. He's my superior.

【上将】shàngjiàng (名) general

【上缴】shàngjiǎo (动)(根据规定或义务)把钱财、物品等交给上级或国家 turn over wealth or goods to higher authorities or the country，according to law or duty：～利润 ～ lìrùn turn over profits /～剩余物资 ～ shèngyú wùzī turn over surplus materials /农民把公粮～给国家。Nóngmín bǎ gōngliáng ～ gěi guójiā. The peasants turn over public grain to the country. /节余的行政费用应该～。Jiéyú de xíngzhèng fèiyòng yīnggāi ～. Surplus administrative costs ought to be turned over to the country.

【上进】shàngjìn (动·不及物) 求进步 strive to make progress：～心强 ～ xīn qiáng a strong desire to make progress / 要求～ yāoqiú ～ have an urge for improvement /不知～ bù zhī ～ don't feel the need for improvement /青年人更要～。Qīngnián rén gèng yào ～. Young people should strive even more for progress.

【上课】shàng=kè (1) 学生听教师讲课 (for students) attend class：学生们去教室～。Xuéshengmen qù jiàoshì ～. The students go to a classroom to attend class. (2) 教师给学生讲课 (for the teacher) conduct a class：老师病了，今天上不了课了。Lǎoshī bìng le，jīntiān shàng bu liǎo kè le. The teacher is sick，(so) today he can't teach class.

【上空】shàngkōng (名) in the sky；overhead

【上口】shàng=kǒu (1) 诗文、外语等朗读得非常熟练，能张口而出 be able to read aloud very fluently (e. g.，poetry，a foreign language，etc.)：琅琅～ lánglǎng ～ read out loud and clear /学外语达到～的程度，才能当口语翻译。Xué wàiyǔ dádào ～ de chéngdù，cái néng dāng kǒuyǔ fānyì. When you've studied a foreign language to the point where you can read it fluently，then you can act as an interpreter. (2) 诗、文等写得流畅或口语化，读起来顺口 poems，compositions，etc. which are written such that they can be read aloud smoothly and easily：剧本的台词一定要～。Jùběn de táicí yídìng yào ～. An actor's lines in a play have to be suitable for reading aloud. /这篇文章读起来不～。Zhè piān wénzhāng dú qǐlai bú ～. This essay isn't easily read aloud.

【上款】shàngkuǎn (名) 送人的书法绘画礼物等上面写的收件人的名字 the name of the recipient as inscribed on paintings or calligraphy presented as a gift

【上来】shàng//lái (1) 从低处到高处(朝说话人方向) come up from a lower place (towards the speaker)：刚从楼下～ gāng cóng lóu xià ～ (He) just came up from downstairs. /火车就要开了，你快上车来。Huǒchē jiù yào kāi le，nǐ kuài shàng chē lai. The train is about to leave. Board it quickly. /河水太凉，快上岸来! Héshuǐ tài liáng，kuài shàng àn lai! The river's too cold. Quick，get up on shore. (2) 用在动词后作补语 (used after a verb as a complement) ①表示由低到高(和"上"作补语①义同，但朝说话人方向，宾语可有可无) to go up from a lower place (same as "上" as a complement

①, *towards the speaker*, *but an object is optional*）：从井里提上一桶水来 cóng jǐng li tí shàng yì tǒng shuǐ lai *draw up a bucket of water from the well* /汽车开上山来。Qìchē kāi shàng shān lai. *The bus is driving up the mountain.* /他从地下室走～。Tā cóng dìxiàshì zǒu ～. *He came up from the cellar.* ②由远而近接近某处（朝说话人方向）*approach a certain place from far (towards the speaker)*：黑云涌～. Hēi yún yǒng ～. *Dark clouds rose up.* /服务员走～，接过我手里的箱子。Fúwùyuán zǒu ～, jiēguò wǒ shǒuli de xiāngzi. *A porter came up and took hold of my suitcase.* /等后边的人赶～再走。Děng hòubian de rén gǎn ～ zài zǒu. *When those behind us catch up, then we'll go.* ③能完满地说出、答出、唱出或背诵出与要求一致的文字答案等 *be able to speak, answer, or sing forth satisfactorily from memory a required answer*：小时候学的歌你还唱得～吗? Can you still sing the songs you learned as a child? /老师问的几个问题, 他都答～了。Lǎoshī wèn de jǐ ge wèntí, tā dōu dá ～ le. *He answered successfully all of the questions that the teacher asked him.* /那首诗我背不～了。Nà shǒu shī wǒ bèi bu ～ le. *I can't recite that poem any more.*

【上联】shànglián（名）（～儿）对联的先出现的那句 *the first line of an antithetical couplet*

【上列】shàngliè（形·非谓）*the above-listed*; *the above*

【上流】shàngliú（名）①上游 *upper reaches of a river*：这条河的～水很清。Zhè tiáo hé de ～ shuǐ hěn qīng. *The water in the upper reaches of this river is very clear.* "上流社会"指旧社会中社会地位高的阶层 "上流社会" *refers to the upper class in the old society*

【上路】shànglù=lù 动身, 走上旅程 *set out on a journey*

【上马】shàng=mǎ（1）跨上马背 *mount a horse*（2）比喻开始进行一项规模较大的工作或工程 *take up work or a project which is relatively large in scope*：新建铁路工程年内～。Xīn jiàn tiělù gōngchéng nián nèi ～. *The new railway project will be started within the year.* /你们的词典什么时候～? Nǐmen de cídiǎn shénme shíhou ～? *When will you get started compiling your dictionary?* /工作一～就遇到了难题。Gōngzuò yí ～ jiù yùdàole nántí. *(Just) when work got started, we ran into a difficult problem.*

【上门】shàng=mén（1）到别人家里去 *go to another person's house*; *drop in on somebody*：～求教 ～ qiújiào *go to somebody for advice* /送货 ～ sòng huò ～ *deliver goods to the doorstep of a customer*（2）关门, 上门闩 *close a door*; *bolt the door*：晚上过了营业时间, 商店都～了。Wǎnshang guòle yíngyè shíjiān, shāngdiàn dōu ～ le. *Business hours are over for the night. The stores have all closed.*

【上面】shàngmian（名）（1）位置高的 *a high place or position*：他家门边有一棵大树, ～有个鸟窝。Tā jiā mén biānr yǒu yì kē dà shù, ～ yǒu ge niǎo wō. *There's a large tree near the door of his house. At the top there's a bird's nest.* /那座山很陡, ～树丛中的庙, 这里看不见。Nà zuò shān hěn dǒu, ～ shùcóng zhōng de miào, zhèli kàn bu jiàn. *That mountain is very steep. The temple in the grove at the top can't be seen from here.* /村子～笼罩着一层烟雾。Cūnzi ～ lǒngzhàozhe yì céng yānwù. *A layer of smoke hung over the village.* /他爬到房顶～去了。Tā pádào fáng dǐng ～ qu le. *He climbed to the top of the roof.*（2）顺序在前的（多用于讲话或文章）*the previous*; *aforesaid*; *above-mentioned (used in speaking and writing)*：这个问题, ～的几位同志都谈过了。Zhège wèntí, ～ de jǐ wèi tóngzhì dōu tánguò le. *This question has already been discussed by the preceeding colleagues.* /～只罗列了一些现象。～ zhǐ luólièle yixiē xiànxiàng. *The aforesaid only enumerates a few phenomena.*（3）物体的表面 *surface of an object*：墙～挂着一张地图。Qiáng ～ guàzhe yì zhāng dìtú. *There's a map hanging*

on the wall. /月亮～没有生物。Yuèliang ～ méi yǒu shēngwù. *There are no living things on the moon.* /请你把桌子擦干净, ～的东西整理一下。Qǐng nǐ bǎ zhuōzi cā gānjing, ～ de dōngxi zhěnglǐ yíxià. *Please wipe the table clean and straighten out the things on it.*（4）指上级机关或领导 *higher authorities*; *higher offices*：他是～派来的。Tā shì ～ pàilai de. *He was sent by the higher authorities.* /～不同意我们的方案。～ bù tóngyì wǒmen de fāng'àn. *The higher-ups don't agree with our plan.*（5）方面 *aspect*; *field*; *respect*：他在这项理论研究～取得了新的进展。Tā zài zhè xiàng lǐlùn yánjiū ～ qǔdéle xīn de jìnzhǎn. *He made new progress in this field of theoretical research.* /做父母的一定要注意对子女的教育, 在这一～下点功夫。Zuò fùmǔ de yídìng yào zhùyì duì zǐnǚ de jiàoyù, zài zhè ～ xià diǎn gōngfu. *Parents certainly have to look after their children's education and spend some effort on it.*

【上年纪】shàng niánji 变老 *get old*; *be getting on in years*：他上了点儿年纪, 受了伤不容易好。Tā shàngle diǎnr niánji, shòule shāng bù róngyì hǎo. *He's getting on in years, (so) injuries don't heal easily.*

【上品】shàngpǐn（名）上等 *highest grade*; *top grade*：在茶叶里 "龙井" 属于～。Zài cháyè li "Lóngjǐng" shǔyú ～. *"Longjing" is one of the best kinds of tea.*

【上去】shàng//qù（1）从低处到高处（朝说话人相反的方向）*go up to a high place (in the opposite direction of the speaker)*：屋顶坏了, 需要～修理。Wū dǐng huài le, xūyào ～ xiūlǐ. *The roof is damaged. (We) need to go up there and fix it.* /这个学期他的学习成绩～了。Zhège xuéqī tā de xuéxí chéngjì ～ le. *This semester his grades shot up.*（2）放在动词后作补语（used after a verb as a complement）①表示由低处到高处（和 "上" 作补语①义同, 但朝和说话人的方向, 宾语可有可无）*go up to a high place (same as "上" as a complement ①, but away from the speaker and an object is optional)*：山不高, 半小时就能爬～。Shān bù gāo, bàn xiǎoshí jiù néng pá ～. *The hill isn't high. You can climb up there in a half hour.* /你上楼的时候, 把箱子带～。Nǐ shàng lóu de shíhou, bǎ xiāngzi dài ～. *When you go upstairs, carry the suitcase up with you.* /鸽子飞上天空去了。Gēzi fēi shàng tiānkōng qu le. *A pigeon flew up to the sky.* /用火箭发射上一个卫星去。Yòng huǒjiàn fāshè shàng yí ge wèixīng qu. *Use a rocket to launch the satellite.* ②由远而近接近某处（与说话人方向相反）*approach some place from far (in the opposite direction of the speaker)*：客人没留地址, 快追～问问! Kèrén méi liú dìzhǐ, kuài zhuī ～ wènwen! *(Our) guest forgot to leave his address. Quick, run after him and get it.* /他走～和来宾握手。Tā zǒu ～ hé láibīn wò shǒu. *He walked up and shook hands with the visitor.* ③ "看上去" 用来表示从外表的估计 *"看上去" is used when appraising something by its outward appearance*：这母女俩看上去像是姐妹。Zhè mǔnǚ liǎ kàn shàngqù xiàng shì jiěmèi. *This mother and her daughter look like sisters.* /看上去这所房子还没住人。Kàn shàngqù zhè suǒ fángzi hái méi zhù rén. *It looks like this house is still vacant.*

【上任】shàng=rèn 指官吏就职（for an official）*assume office*：他是新～的总统。Tā shì xīn ～ de zǒngtǒng. *He is the president who just assumed office.* /那位部长去年才上的任。Nà wèi bùzhǎng qùnián cái shàng de rèn. *That department head took office last year.*

【上山下乡】shàng shān xià xiāng 知识青年到农村去进行劳动锻炼 *for the educated youth to go to the countryside and work*

【上上】shàngshàng（形·非谓）（1）最好 *the very best*：金刚石在宝石里是～品。Jīngāngshí zài bǎoshí li shì ～ pǐn. *Diamonds are the very best precious stones.*（2）比前一时期再往

前的（一个时期）*before last* (*in reference to a period of time*)：他是～个礼拜动身的。Tā shì ～ ge lǐbài dòng shēn de. *He set out the week before last.* /～个月他就走了。～ ge yuè tā jiù zǒu le. *He left the month before last.*

【上身】shàngshēn（名）(1)身体的上半部 *the upper part of the body*：光着～ guāngzhe ～ *naked down to the waist* /～只穿一件背心 ～ zhǐ chuān yí jiàn bèixīn (*He's*) *only wearing a vest above the waist.* (2)(～儿)〈口〉上衣 *jacket*：西服～ xīfú ～ *suit jacket* /买一件～ mǎi yí jiàn ～ *buy a jacket* /做件～需要两天。Zuò jiàn ～ xūyào liǎng tiān. *It takes two days to have a jacket made.*

【上升】shàngshēng（动）由低处向高处移动 *move or shift to a high place*：水位～ shuǐwèi ～ *the water level rose* /体温～ tǐwēn ～ (*his*) *temperature shot up* /烟雾缓缓～ yānwù huǎnhuǎn ～. *The smoke slowly drifted upwards.* /生产直线～。Shēngchǎn zhíxiàn ～. *Production rose sharply.* /那个国家的人口有～的趋势。Nàge guójiā de rénkǒu yǒu ～ de qūshì. *That country has a rising trend in population.*

【上声】shàngshēng（名）(又读 shǎngshēng)(1)古汉语四声（平、上、去、入）的第二声 *the second of the four tones in classical Chinese* (2)普通话四声（阴平、阳平、上声、去声）的第三声 *the third of the four tones in modern standard Chinese pronunciation; the falling and rising tone*

【上士】shàngshì（名）军衔的一个级别，是军士的最高一级 *sergeant first class*

【上市】shàng＝shì（季节性强的商品）运到市场上出卖 *appear on the market* (*refers to seasonal products*)：十月是橘子大量～的季节。Shíyuè shì júzi dàliàng ～ de jìjié. *October is the season when a great quantity of oranges hit the market.* /中秋节前后河蟹～。Zhōngqiūjié qiánhòu héxiè ～. *River crabs come on the market around the Mid-Autumn Festival.* /草莓～的时间非常短。Cǎoméi ～ de shíjiān fēicháng duǎn. *Strawberries appear on the market for a very short time.*

【上书】shàng＝shū（旧）(1)旧指私塾先生给儿童讲授新课 *formerly, for teachers in the old-style private schools to teach the children a new lesson* (2)给地位高的人写信（多指陈述政见）*write a letter to the higher authorities* (*mostly to voice political views*)

【上述】shàngshù（名）〈书〉*above-mentioned; aforesaid*：由于～原因，会议推迟到下月举行。Yóuyú ～ yuányīn, huìyì tuīchí dào xià yuè jǔxíng. *Because of the aforesaid reasons, the meeting will be postponed until next month.* /～意见不一定妥当，仅供参考。～ yìjiàn bù yídìng tuǒdang, jǐn gōng cānkǎo. *The aforesaid opinion wasn't necessarily proper. It was for your reference only.* /为了保护孩子们的视力，采取了～措施。Wèile bǎohù háizimen de shìlì, cǎiqǔle ～ cuòshī. *In order to protect the children's eyesight, the aforementioned steps have been taken.*

【上水道】shàngshuǐdào（名）*water-supply line*

【上税】shàng＝shuì *pay taxes*：进口这种奢侈品要上百分之百的税。Jìnkǒu zhè zhǒng shēchǐpǐn yào shàng bǎi fēn zhī bǎi de shuì. *To import this kind of luxury product, you have to pay a tax of 100%.*

【上司】shàngsi（名）上级 *one's superior*：顶头～ dǐngtóu ～ *one's immediate superior*

【上诉】shàngsù（动）*appeal* (*to a higher court*)：被告人不服，可以～。Bèigàorén bù fú, kěyǐ ～. *If the defendant refuses to comply with his sentence, he can appeal to a higher court.*

【上溯】shàngsù（动）*trace back*：这种风俗可以～到一千年前。Zhè zhǒng fēngsú kěyǐ ～ dào yìqiān nián qián. *This custom can be traced back a thousand years.*

【上算】shàngsuàn（形）付出的少，得到的多 *paying; worthwhile; economical*：买衣服比自己做衣服～。Mǎi yīfu bǐ zìjǐ

zuò yīfu ～. *It's more economical to buy clothes than to make them yourself.* /这种钢笔质量次，别看价钱便宜，其实不～。Zhè zhǒng gāngbǐ zhìliàng cì, bié kàn jiàqian piányi, qíshí bú ～. *The quality of this kind of fountain pen is second rate. Forget about the cheap price, in fact it's not economical.*

【上岁数】shàng suìshu 同"上年纪" shàng niánji *same as* "上年纪" shàng niánjí

【上台】shàng＝tái (1)上舞台或讲台 *appear on stage; go up to the platform*：当了几年演员还没上过台。Dāngle jǐ nián yǎnyuán hái méi shàngguo tái. *This would-be actor still hasn't hit the big stage.* /我一～讲话就紧张。Wǒ yī ～ jiǎng huà jiù jǐnzhāng. *Upon going up to the platform to speak, I always get nervous.* (2)比喻旧社会出任官职或掌握政权（多含贬义）*in the old society, fill an official position or assume power* (*usually with a bad connotation*)：下次竞选还不知道哪个党～. *It's still unknown which party will assume power in the next election.* /总统一～是要发表就职演说的。Zǒngtǒng yī ～ shì yào fābiǎo jiù zhí yǎnshuō de. *It is necessary to deliver the inaugural speech when a president takes office.*

【上头】shàngtou（名）同"上面" shàngmian (1)(3)(4)(5) *same as* "上面" shàngmian (1)(3)(4)(5)

【上尉】shàngwèi（名）军衔中尉官的一个级别，高于中尉 *lieutenant; captain*

【上文】shàngwén（名）书中、文章中某一段或某一句以前的部分 *preceding sections, paragraphs, or chapters in a book or essay*：～引自《鲁迅小说集》第五页。～ yǐn zì《Lǔ Xùn Xiǎoshuō Jí》dìwǔ yè. *The preceding paragraphs quote from the fifth page of An Anthology of Lu Xun's Novels.* /这里的观点与～相矛盾。Zhèlǐ de guāndiǎn yǔ ～ xiāng máodùn. *The point of view here is contradictory to the foregoing chapters.*

【上午】shàngwǔ（名）*forenoon; morning*

【上下】shàngxià（名）(1)在某个范围内（包括职位、辈分离的和低的）所有的人 *all people within a certain range* (*including official positions, seniority within a family, etc.*)：举国～ jǔguó ～ *the whole nation* /除夕，全家一起吃团圆饭。Chúxì, quán jiā ～ yíqǐ chī tuányuánfàn. *On New Year's Eve the entire family, young and old alike, eat a family reunion dinner.* /工厂里上上下下都很尊敬他。Gōngchǎng li shàngshangxiàxià dōu hěn zūnjìng tā. *In this factory everyone, from the bosses down to the janitors, respects him.* (2)从上到下，从上游到下游 *from top to bottom; from the upper reaches* (*of a river*) *to the lower*：全身～ quán shēn ～ *the whole body from head to toe* /大河～ dà hé ～ *from the upper reaches of the great river to the lower* /塔身～全部木质结构,但没有一根铁钉。Tǎshēn ～ quánbù mùzhì jiégòu, dàn méi yǒu yì gēn tiěding. *The entire pagoda, from top to bottom, is made of wood. But it doesn't have any nails.* /台阶～站满了人。Táijiē ～ zhànmǎnle rén. *The stairs are full of people from top to bottom.* (3)好和坏、强和弱等（用于比较）*level*：他俩的汉语水平不相～。Tā liǎ de Hànyǔ shuǐpíng bù xiāng ～. *Those two are about the same in their level of Chinese.* /两个球队的实力难分～。Liǎng ge qiúduì de shílì nán fēn ～. *It's hard to distinguish who's the stronger of the two teams.* (4)用在数词或数量短语之后，表示约数（但不表示时间的约数）*used after a numeral or numeral-measure word phrase to indicate an approximate number* (*does not indicate an approximate time*)：局长是一个五十～年纪的人。Júzhǎng shì yí ge wǔshí ～ niánjì de rén. *The head of the office is about fifty years old.* /从这儿到机场有三十公里～。Cóng zhèr dào jīchǎng yǒu sānshí gōnglǐ ～. *It is about thirty kilometers*

from here to the airport. /买一架钢琴需两千五百元～。Mǎi yí jià gāngqín xū liǎngqiān wǔbǎi yuán ～. *A piano costs about 2,500 yuan.* /一辆大轿车也就能坐四十人～。Yì liàng dà jiàochē yě jiù néng zuò sìshí rén ～. *A coach seats about forty people.*

【上校】shàngxiào（名）军衔中校官的一个级别，高于中校 *the military rank of captain, colonel, or group captain*

【上学】shàng=xué（1）开始到小学学习 *begin school at the elementary level*：我七岁开始～。Wǒ qī suì kāishǐ ～. *I started school when I was seven years old.*（2）到学校学习 *go to school；attend school*：他每天骑车～。Tā měi tiān qí chē ～. *He goes to school every day by bike.*

【上旬】shàngxún（名）每月的第一个十天 *the first ten days of the month*

【上演】shàngyǎn（动）（戏剧、电影等）公开演出或放映 *be performed or shown in public (e.g., a play, movie, etc.)*：～预告 ＝ yùgào *advance notice on coming attractions* /新电影什么时候～? Xīn diànyǐng shénme shíhou ～? *When will the new movie open?* /下月将～两个新剧目。Xià yuè jiāng ～ liǎng ge xīn jùmù. *Two new plays will be performed next month.*

【上衣】shàngyī（名）[件 jiàn] *jacket*

【上映】shàngyìng（动）（电影院）公开放映 *show a film*：～新片 ＝ xīn piànr *show a new film* /明天将有一部外国影片～。Míngtiān jiāng yǒu yí bù wàiguó yǐngpiānr ～. *A foreign film will be shown tomorrow.*

【上游】shàngyóu（名）（1）河流接近发源地的部分 *upper reaches (of a river)*（2）比喻先进 *advanced*：力争～ lìzhēng ～ *aim high；strive for the best* /保持～ bǎochí ～ *maintain a high standing*

【上涨】shàngzhǎng（动）（水位、商品价格等）上升 *rise；go up；ascend (e.g., water level, the price of goods, etc.)*：物价～ wùjià ～ *prices rise* /河水又～了半米。Hé shuǐ yòu ～le bàn mǐ. *The river level has risen a half meter.*

【上肢】shàngzhī（名）*upper limbs*

【上中农】shàngzhōngnóng（名）占有较多的生产资料，生活较富裕；主要靠自己劳动，但有轻微剥削的中农 *a middle-class peasant who had a bit of capital, lived a relatively prosperous life, was mainly dependent on his own work, but also exploited others to a small extent*

【上座儿】shàng=zuòr（戏院、饭馆等处）有顾客到来 *having customers (e.g., a theatre, restaurant)*：这部电影不怎么样，不～。Zhè bù diànyǐng bù zěnmeyàng, bú ～. *This isn't much of a movie. It has very little box-office value.*

尚 shàng

（副）〈书〉意思相当于"还"hái *similar in meaning to "还" hái*（1）表示动作、行为或状态继续存在不变；可以修饰否定形式 *(indicates that an action, behaviour or situation remains the same；can modify a negative form) still；yet*：目前，这一要案的调查工作～在进行中。Mùqián, zhè yí yào'àn de diàochá gōngzuò ～ zài jìnxíng zhōng. *At present this important case is still undergoing investigation.* /这种新式农机具在中国农村～未普及。Zhè zhǒng xīnshì nóngjījù zài Zhōngguó nóngcūn ～ wèi pǔjí. *This new kind of farm machinery and implements has not yet been popularized in the Chinese countryside.* /新任驻法大使～未到达巴黎。Xīn rèn zhù Fǎ dàshǐ ～ wèi dàodá Bālí. *The newly appointed ambassador to France has not arrived in Paris yet.* /眼下，公司里还有很多事情～待处理。Yǎnxià, gōngsī lǐ hái yǒu hěn duō shìqing ～ dài chǔlǐ. *At the moment, there are many things still waiting to be dealt with in the company.*（2）表示有所补充 *(indicates further information)*：商店里除了服务态度应该改进以外，～有服务质量应该提高。Shāngdiàn li chúle fúwù tàidu yīnggāi gǎijìn

---

以外，～有服务质量应该提高。yǐwài, ～ yǒu fúwù zhìliàng yīnggāi tígāo. *In addition to the attitude of the store's salesclerk's needing change, the quality of service should also be improved.* /我想去游览的地方，除了八达岭长城外，～有慕田峪长城。Wǒ xiǎng qù yóulǎn de dìfang, chúle Bādá Lǐng Chángchéng yǐwài, ～ yǒu Mùtián Yù Chángchéng. *Of the tourist spots I want to visit, there is the Great Wall at Mutian Yu in addition to the Great Wall at Badaling.*（3）表示程度上勉强过得去，一般修饰表示积极意思的形容词 *(indicates a bare minimum of acceptability；usu. modifies an adjective of a positive nature)*：他病情依然在恶化，但情绪～稳定。Tā bìngqíng yīrán zài èhuà, dàn qíngxù ～ wěndìng. *His condition is still getting worse, but he's remaining emotionally stable.* /这里虽是小小的山区，然而风景～佳。Zhèli suī shì xiǎoxiǎo de shānqū, rán'ér fēngjǐng ～ jiā. *Even though this is but a tiny mountain area, the scenery here is still quite beautiful.* /他们两人的工资～能维持一家人的生活。Tāmen liǎng rén de gōngzī ～ néng wéichí yì jiā rén de shēnghuó. *Those two people's salaries are just enough to support the whole family.*

【尚且】shàngqiě（副）〈书〉只用于前一分句中，先提出一个明显的事例作比较，后一分句对有程度上差别的同类事例做出当然的结论，后一分句多为反问句 *(only used in the first clause of a sentence；introduces an obvious example as a comparison；the following clause, which is usu. a rhetorical sentence, introduces a more extreme case which draws an obvious conclusion) even*：这个问题连他自己～没有想通，怎么能说服别人? Zhège wèntí lián tā zìjǐ ～ méiyou xiǎngtōng, zěnme néng shuōfú biéren? *He hasn't even thought this question out thoroughly himself, so how could he possibly convince others?* /我的英语水平不高，阅读～有困难，翻译那就更谈不上了。Wǒ de Yīngyǔ shuǐpíng bù gāo, yuèdú ～ yǒu kùnnan, fānyì nà jiù gèng tán bu shàng le. *My English is not good. I even have trouble reading, so nothing of translating.* /这个问题市教育局～解决不了，何况咱们学校呢! Zhège wèntí shì jiàoyùjú ～ jiějué bu liǎo, hékuàng zánmen xuéxiào ne! *Even the Municipal Department of Education can't solve this problem, let alone our school!* /有些地区温饱问题～没有解决，要马上达到小康水平怎么可能呢! Yǒuxiē dìqū wēnbǎo wèntí ～ méiyou jiějué, yào mǎshàng dádào xiǎokāng shuǐpíng zěnme kěnéng ne! *Some districts haven't even resolved the food and clothing problem, so how could they possibly reach a level of relative comfort right away?*

【尚未】shàngwèi（副）〈书〉*not yet；still not*：大会～结束。Dàhuì ～ jiéshù. *The conference has not yet concluded.* /问题～解决。Wèntí ～ jiějué. *The problem is still not resolved.*

绱〔緔〕shàng

（动）*stitch (the sole to the upper part of the shoe)*

【绱鞋】shàng=xié 把鞋帮和鞋底缝在一起 *stitch together the sole and the upper part of the shoe*

shāo

捎 shāo

（动）顺路带 *take along*：～封信 ＝ fēng xìn *take along a letter* /～个话儿 ＝ ge huàr *take a message* /给你～去几本书 gěi nǐ ～qu jǐ běn shū *(ask somebody to) take a few books to you* /我要去广州，你～东西不～? Wǒ yào qù Guǎngzhōu, nǐ ～ dōngxi bù ～? *I'm going to Guangzhou. Do you want me to get anything for you?*

【捎带】shāodài（动）在做主要事情的过程中顺便做另一事（多作状语）*do something in passing, or while going about*

something else：你去寄包裹～买份晚报来。Nǐ qù jì bāoguǒ ～ mǎi fèn wǎnbào lai. *When you go to mail that package, buy an evening paper while you're at it.* /电工来修电线了，请他～把台灯修一修。Diàngōng lái xiū diànxiàn le, qǐng tā ～ bǎ táidēng xiū yi xiū. *The electrician has come to fix the wire. Ask him to fix the table lamp while he's at it.*

梢 shāo

（名）（～儿）条状物较细的一头 the thin tip of a long-shaped object：树～儿 shù ～r *the tip of a tree* /辫～儿 biàn ～r *the end of a plait*

烧〔燒〕shāo

（动）（1）使东西着火 burn（2）给物体加热，使发生预想的变化；或某些化学反应生热使物体受到损伤 heat up；～点儿水 ～ diǎnr shuǐ *heat up some water* /～砖 ～ zhuān *bake bricks* /～瓷器 ～ cíqì *fire porcelain* /硫酸把衣服～了一个洞。Liúsuān bǎ yīfu ～le yí ge dòng. *Sulphuric acid burned a hole in the jacket* (3)一种烹调方法，先用油炸、再用小火煮 a cooking method in which food is first cooked in oil and then boiled with a small fire；braise：～鱼 ～ yú *braised fish* /红～丸子 hóng ～ wánzi *braised meat ball* /～一个菜 ～ yí ge cài *braise a dish* (4)因病体温升高 run a fever；have a temperature：病人～到39℃。Bìngrén ～dào sānshíjiǔ dù. *The patient is running a fever of 39℃.* /上午体温正常，下午又～了起来。Shàngwǔ tǐwēn zhèngcháng, xiàwǔ yòu ～le qǐlai. *This morning (his) temperature was normal,（but）in the afternoon it rose again.* /～退了。～ tuì le. *His fever is gone.*

【烧杯】shāobēi（名）[个 gè] beaker

【烧荒】shāo＝huāng 开垦前烧掉荒地上的野草 burn the weeds on a wasteland before cultivating it

【烧毁】shāohuǐ（动）焚烧毁灭 destroy by fire：那座寺庙在大火中～了。Nà zuò sìmiào zài dà huǒ zhōng ～ le. *That temple was destroyed by a large fire.* /他把罪证～了。Tā bǎ zuìzhèng ～ le. *He burned the evidence.* /大火～了大片森林。Dà huǒ ～le dà piàn sēnlín. *A big fire destroyed a large forest.*

【烧火】shāo＝huǒ（为了做饭）使煤或柴燃烧 make a fire (in order to cook food)

【烧碱】shāojiǎn（名）caustic soda

【烧酒】shāojiǔ（名）即白酒，含酒精量高的烈性酒 white spirit

【烧瓶】shāopíng（名）flask

【烧伤】shāoshāng（名）a burn：这种药专治～。Zhè zhǒng yào zhuān zhì ～. *This kind of medicine is used especially for burns.*

【烧伤】shāo//shāng burn, hurt by fire or heat：把手指～了。Bǎ shǒuzhǐ ～ le.（I）burned a finger.

【烧香】shāo＝xiāng（信仰佛教、道教或迷信的人拜神佛时）把香点着插在香炉中表示对神的敬意（according to Buddhist, Daoist, or superstitious belief）burn joss sticks in an incense burner in order to homage a deity

稍 shāo

（副）表示数量不多，程度不深，时间不长，多修饰动词、形容词或方位词，被修饰的词或重叠或带表示少量的后置成分（usu. modifies a verb, adjective or noun of locality；the modified word is either reduplicated or is followed by an additional component indicating a small quantity）slightly（1）修饰动词（modifies a verb）：我喝咖啡喜欢～加一点儿糖。Wǒ hē kāfēi xǐhuan ～ jiā yìdiǎnr táng. *I like to add a little sugar in my coffee.* /这是南方菜，你可以～买一点儿尝尝。Zhè shì nánfāng cài, nǐ kěyǐ ～ mǎi yìdiǎnr chángchang. *This is a southern dish. You can buy a little to*

taste. /请～等一等，我马上就来。Qǐng ～ děng yi děng, wǒ mǎshàng jiù lái. *Please wait a moment. I'll be right there.* /我们在宾馆～歇片刻就登上了泰山。Wǒmen zài bīnguǎn ～ xiē piànkè jiù dēngshangle Tài Shān. *We rested for a short while at the hotel and then climbed Mount Tai.* (2)修饰形容词（多为单音节的）（modifies an adjective (usu. a monosyllabic one)）：天～晴，积雪就全融化了。Tiān ～ qíng, jīxuě jiù quán rónghuà le. *The accumulated snow melted completely once the sky turned slightly light.* /请你们～静一下，里边正在做手术。Qǐng nǐmen ～ jìng yíxià, lǐbian zhèngzài zuò shǒushù. *Please be a little more quiet. There is an operation going on inside.* /生活～好一些，也得注意节俭哪！Shēnghuó ～ hǎo yìxiē, yě děi zhùyì jiéjiǎn na! *Even when life gets slightly better, you must still be frugal.* /这个球踢得～偏了一点儿，结果没踢进球门。Zhège qiú tī de ～ piānle yìdiǎnr, jiéguǒ méi tījìn qiúmén. *This ball was kicked slightly off the mark so it didn't go in the goal.* (3)修饰方位词（modifies a noun of locality）：学校大门～南一点是个邮局。Xuéxiào dà mén ～ nán yìdiǎn shì ge yóujú. *Slightly to the south of the school's main gate is a post office.* (4)"稍"或"稍一"修饰双音节形容词、动词，或其否定式，多表示不利条件，不能用作句子主要谓语（when "稍" or "稍一" modifies a disyllabic adjective, verb, or negative form, it usu. indicates a disadvantage; in this case, it cannot be used to serve as the sentence's main predicate）：雪天路滑，～不留神就会摔倒。Xuětiān lù huá, ～ bù liúshén jiù huì shuāidǎo. *The road is slippery when it snows. If you're just a little bit careless, you can fall.* /处理这么重大的事情，～不慎重就会造成大错儿。Chǔlǐ zhème zhòngdà de shìqing, ～ bú shènzhòng jiù huì zàochéng dà cuòr. *If you're even slightly imprudent when handling such an important matter, you can make a serious mistake.* /这个人～一不高兴就不上班。Zhège rén ～ yí bù gāoxìng jiù bú shàng bān. *When this person is the slightest bit unhappy, he doesn't go to work.* /校对时一定要细心，～一疏忽就有遗漏。Jiàoduì shí yídìng yào xìxīn, ～ yì shūhū jiù yǒu yílòu. *You must be very careful when proofreading. The slightest negligence can leave an omission.* 另见 shào

【稍稍】shāoshāo（副）意思同"稍"shāo（1）（2），多修饰双音节动词、形容词或短语，有时带"地"same as "稍" shāo（1）（2）（usu. modifies a disyllabic verb, adjective or phrase, sometimes takes "地"）：大儿子参加工作以后，他家里的负担～减轻了一点儿。Dà érzi cānjiā gōngzuò yǐhòu, tā jiāli de fùdān ～ jiǎnqīngle yìdiǎnr. *Once the eldest son started work, the family burden was slightly lessened.* /经过同志们的再三劝解，她的心情才～平静了一些。Jīngguò tóngzhìmen de zàisān quànjiě, tā de xīnqíng cái ～ píngjìngle yìxiē. *It was only after her comrades had made several attempts to pacify her did she finally calm down a little.* /小王～地思考了一下说："我可以完成任务。"Xiǎo Wáng ～ de sīkǎole yíxià shuō: "Wǒ kěyǐ wánchéng rènwù." *Xiao Wang thought it over for a minute then said, "I can complete the task."* /我～有些累，需要休息一下。Wǒ ～ yǒuxiē lèi, xūyào xiūxi yíxià. *I'm a little tired. I need to rest for a bit.* /这种苹果吃起来～有点酸。Zhè zhǒng píngguǒ chī qǐlai ～ yǒudiǎn suān. *This kind of apple tastes slightly sour.*

【稍微】shāowēi（副）意思同"稍"shāo（1）（2），但更口语化 same as "稍" shāo（1）（2）（but is more colloquial）：请老师说话～慢一点儿，我听不懂。Qǐng lǎoshī shuō huà ～ màn yìdiǎnr, wǒ tīng bu dǒng. *Teacher, please speak a touch more slowly. I didn't understand.* /老李的病情～有所好转。Lǎo Lǐ de bìngqíng ～ yǒu suǒ hǎozhuǎn. *Lao Li's condition has taken a slight turn for the better.* /现在天气～暖

和一些了。Xiànzài tiānqì ~ nuǎnhuo yìxiē le. *The weather has gotten slightly warmer.* /同志们~往里挪动挪动,让车下的几个人都上来。Tóngzhìmen ~ wǎng lǐ nuódòng nuódòng, ràng chē xià de jǐ ge rén dōu shànglai. *Comrades, please move in a little and let those standing outside get on the bus.*

【稍许】shāoxǔ(副)意思同"稍"shāo(1)(2)但用得较少 *same as "稍" shāo (1)(2)(but seldom used)*:他吃了药胃痛~减轻了一些。Tā chīle yào wèi tòng ~ jiǎnqīngle yìxiē. *His stomach trouble was slightly alleviated after he took the medicine.* /当家长的再忙也应该~抽出点时间检查一下孩子的作业。Dāng jiāzhǎng de zài máng yě yīnggāi ~ chōuchū diǎn shíjiān jiǎnchá yíxià háizi de zuòyè. *Even the busiest of parents should take a little time to check their children's homework.* /经过领导的耐心教育,他对错误的认识~有了点提高。Jīngguò lǐngdǎo de nàixīn jiàoyù, tā duì cuòwù de rènshi ~ yǒule diǎn tígāo. *His ability to see his own mistakes improved slightly after the boss patiently taught him.*

sháo

勺 sháo (名)◇ *spoon; ladle*

【勺子】sháozi(名)[把 bǎ] *ladle; scoop; spoon*

芍 sháo

【芍药】sháoyao(名)*Chinese herbaceous peony*

韶 sháo

【韶光】sháoguāng(名)〈书〉(1)美好的春天景致 *splendid springtime scenery* (2)比喻美好的青年时代 *glorious youth*
【韶华】sháohuá(名)〈书〉同"韶光" sháoguāng *same as "韶光" sháoguāng*

shǎo

少 shǎo (形)(1)数量不多(跟"多"相对)*a small amount (opposite of "多")*:池大鱼~ chí dà yú ~ *the pond is big, but the fish are few* /凶多吉~ xiōng duō jí ~ *prepare for the worst; the chances of success are thin* /~花钱,多办事 ~ huā qián, duō bàn shì *get more done on less money* (2)与"很"连用,表示"不经常"(多作状语)*used together with "很" to mean "rarely"*:我们很~见面。Wǒmen hěn ~ jiàn miàn. *We don't meet very often.* /退休后他很~出门。Tuì xiū hòu tā hěn ~ chū mén. *After retiring he seldom went out.* (3)〈书〉一会儿 稍微 *a little while; a moment*:~安毋躁。~ ān wú zào. *Don't be impatient, wait a while.* /请~候,我马上回来。Qǐng ~ hòu, wǒ mǎshàng huílai. *Wait a moment, I'll come back in a second.* (动)(1)没有达到应有的或应有的数量,或(原有的)没有了;缺 *lack; be short*:今年夏天~雨。Jīnnián xiàtiān ~ yǔ. *This summer was short on rainfall.* /我觉得墙上~了点什么,原来是取下了一张画。Wǒ juéde qiáng shang ~ le diǎnr shénme, yuánlái shì qùxiàle yì zhāng huàr. *I thought the wall was lacking something. As it turns out, someone had taken down a painting.* /钱数完全对,一分不~。Qiánshù wánquán duì, yì fēn bù ~. *The money is all accounted for, down to the last cent.* /办公室还~一名打字员。Bàngōngshì hái ~ yì míng dǎzìyuán. *The office is still short a typist.* /原来是十本书,怎么~了一本? Yuánlái shì shí běn shū, zěnme ~le yì běn? *Originally there were ten books. How can one book be*

missing? /回校后一点名,~了一个学生。Huí xiào hòu yì diǎn míng, ~le yí ge xuésheng. *After returning to school the roll was called. (However) we were short one student.* 另见 shào

【少不了】shǎo bu liǎo 同"短不了" duǎn bu liǎo *same as "短不了" duǎn bu liǎo* (1)不会没有 *can't do without*:哪次舞会都~她。Nǎ cì wǔhuì dōu ~ tā. *No dance is complete without her.* /出力干重活从来~我。Chū lì gàn zhònghuór cónglái ~ wǒ. *Heavy work can never be done without me.* /宴会上~酒。Yànhuì shang ~ jiǔ. *A dinner party can't go without wine.* (2)免不了,难免(多作状语)*be bound to; hard to avoid*:以后~麻烦你。Yǐhòu ~ máfan nǐ. *I'm bound to bother you later.* /妇女们一见面~谈些家常。Fùnǚmen jiàn miàn ~ tán xiē jiācháng. *When women get together, it's inevitable they'll talk about domestic trivia.* /初学外语的人~犯语法错误。Chū xué wàiyǔ de rén ~ fàn yǔfǎ cuòwu. *Those beginning to study a foreign language are bound to make grammatical errors.* /刚开始工作,~出差错。Gāng kāishǐ gōngzuò, ~ chū chācuò. *Having just begun work, there's bound to be mistakes.*

【少而精】shǎo ér jīng(指教材内容)简要、精炼 *fewer but better (e. g., teaching materials)*
【少见多怪】shǎo jiàn duō guài 因见识少,奇怪和疑惑的地方就多 *one is greatly surprised due to naivety*:你是~,现在男人留长发的多得很。Nǐ shì ~, xiànzài nánrén liú cháng fà de duō de hěn. *You're so naive. Nowadays guys let their hair grow very long.* /民族不同生活习惯也不同,吃生鱼是有的,你别~。Mínzú bù tóng shēnghuó xíguàn yě bù tóng, chī shēng yú shì yǒu de, nǐ bié ~. *Different nationalities have different customs. Eating raw fish is a case in point, so don't be surprised.*
【少量】shǎoliàng(形·非谓)较少的数量或分量 *a scarce amount; a little; a few (not as a predicate)*:这是新产品,目前只有~出售。Zhè shì xīn chǎnpǐn, mùqián zhǐ yǒu ~ chūshòu. *This is a new product. At present there are only a few for sale.* /夏天饮水最好加~的盐。Xiàtian yǐn shuǐ zuìhǎo jiā ~ de yán. *When drinking water in the summer, it's best to add a little salt.*
【少陪】shǎo péi 客气话,对人表示因事不能相陪 *a polite form of speech; to express a reason for departing company*:您坐着,我还有点事,~了。Nín zuòzhe, wǒ hái yǒu diǎnr shìr, ~ le. *You stay sitting. I have some business (to take care of). So if you'll excuse me ...*
【少时】shǎoshí(副)〈书〉不一会儿 *after a while; a moment later*:~暴风雨过去了,一切都恢复了平静。~ bàofēngyǔ guòqu le, yíqiè dōu huīfùle píngjìng. *After a while the storm passed, and everything became peaceful again.*
【少数】shǎoshù(名)*minority*
【少数民族】shǎoshù mínzú *minority nationality; national minority*
【少许】shǎoxǔ(形)〈书〉少量;一点儿 *a little; a few*:我们只谈了~时间。Wǒmen zhǐ tánle ~ shíjiān. *We only talked a little while.* /只需花~钱,就能吃上一顿可口的午餐。Zhǐ xū huā ~ qián, jiù néng chīshang yí dùn kěkǒu de wǔcān. *You only have to pay a little bit of money, and you can have a nice lunch.* /喝咖啡加上~白兰地,味道更好。Hē kāfēi jiāshang ~ báilándì, wèidao gèng hǎo. *Add a little brandy to your coffee, and the taste will be even better.*

shào

少 shào (形)◇年纪轻 *young*:年~无知 nián ~ wú zhī *being young and ignorant* 另见 shǎo
【少妇】shàofù(名)〈旧〉年轻的已婚女子 *young married*

woman

【少管所】shàoguǎnsuǒ（名）对犯罪少年进行管教的地方 *reform school；correctional institution*

【少将】shàojiàng（名）军衔中将官的一个级别，低于中将，高于准将 *a military rank below lieutenant general and higher than brigadier general；major general*

【少奶奶】shàonǎinai（名）(1)旧社会里官僚、地主和资产阶级家庭里仆人称少爷的妻子，泛指这种家庭里的年轻已婚妇女 *in the households of bureaucrats，landlords，and capitalists in the old society，servants used this term to refer to the young mistress of the house* (2)旧时尊称别人的儿媳妇 *formerly，what one would call another person's daughter-in-law out of politeness*

【少年】shàonián（名）*early youth；a boy or girl of that age（from around ten to sixteen）*

【少年宫】shàoniángōng（名）少年儿童在校外接受教育、进行文化娱乐活动的固定场所 *a set place outside the school where children could receive an education，as well as enjoy cultural amusements*

【少年老成】shàonián lǎochéng 原指人虽年轻却很老练，不轻易行动。现在常指年轻人缺乏朝气 *originally，a youth with an old person's wisdom，but who was not very active；now，a young person who lacks vitality or drive*

【少年先锋队】Shàonián Xiānfēngduì 少年儿童的群众性组织 *Young Pioneers*

【少女】shàonǚ（名）*young girl*

【少尉】shàowèi（名）军衔中尉官的一个级别，低于中尉，高于准尉 *a junior officer's rank，lower than first lieutenant and higher than warrant officer；second lieutenant*

【少先队】Shàoxiānduì（名）"少年先锋队"的简称 *short for "少年先锋队"*

【少校】shàoxiào（名）军衔中校官的一个级别，高于上尉，低于中校 *a field officer's rank，higher than captain and lower than lieutenant colonel；major*

【少爷】shàoye（名）(1)泛指官僚、地主、资本家庭出身的男性青少年 *the young master of the house（typically used in the families of bureaucrats，landlords，and capitalists）* (2)旧时尊称别人的儿子 *formerly，what one would call another person's son out of politeness*

【少壮】shàozhuàng（形·非谓）年轻力壮 *young，strong，and vigorous*；~派 ~ pài *a strong，young group*；*a strong，young school* / ~ 时期更应当奋发有为。~ shíqī gèng yīngdāng fènfā yǒuwéi. *When you are young and strong you should exert yourself even more in your work.*

哨 shào
（名）(1)*sentry；post；*瞭望 ~ liàowàng ~ *observation post* (2)（~ 儿）哨子 *whistle*；~ 声 ~ shēng *tweet of a whistle；whistling sound* /吹 ~ chuī ~ *blow a whistle*

【哨兵】shàobīng（名）*sentry；guard*

【哨所】shàosuǒ（名）*sentry post；post*

【哨子】shàozi（名）*whistle*

稍 shào
另见 shāo

【稍息】shàoxī（动）〈口令〉*stand at ease（command）*

shē

奢 shē
（形）◇(1)奢侈 *luxurious；extravagant* (2)过分的 *excessive*；~求 ~ qiú *excessive demand*

【奢侈】shēchǐ（形）为了享乐过分地消费金钱 *being spendthrift in the pursuit of pleasure*；生活 ~ shēnghuó ~ *live in luxury* / 极为 ~ jí wéi ~ *be profligate；be prodical /*

即使钱多了，也不能 ~。Jíshǐ qián duō le，yě bù néng ~. *Even though you have a lot of money，you mustn't be extravagant.* /豪华小汽车是 ~ 品，应该禁止进口。Háo huá xiǎo qìchē shì ~ pǐn，yīnggāi jìnzhǐ jìnkǒu. *A sumptuous car is a luxury item，we ought to ban its import.*

【奢华】shēhuá（名）花费大量金钱追求讲究豪华 *luxurious；sumptuous；extravagant*；~的住宅 ~ de zhùzhái *luxurious residence* /室内陈设 ~ 得很。Shì nèi chénshè ~ de hěn. *The room's furnishings are very luxurious.*

【奢望】shēwàng（名）*extravagant hopes；wild wishes*：你想在一个上午的时间里办完这么多事，简直是～！Nǐ xiǎng zài yí ge shàngwǔ de shíjiān li bànwán zhème duō shì，jiǎnzhí shì ～！*In one morning you're planning to do so many things. This is simply wishful thinking.*

赊 〔賒〕shē
（动）*buy or sell on credit*：现在没有人能在任何商店～东西。Xiànzài méi yǒu rén néng zài rènhé shāngdiàn ~ dōngxi. *Nowadays no one is able to buy on credit in any store.*

【赊购】shēgòu（动）*buy on credit*：你可以在这个商店～电视机，货款在两年内还清。Nǐ kěyǐ zài zhège shāngdiàn ~ diànshìjī，huòkuǎn zài liǎng nián nèi huánqīng. *You can buy a television on credit in this store and pay it off in two years.*

【赊欠】shēqiàn（动）*buy or sell on credit；give or get credit*：商店一般都不～。Shāngdiàn yìbān dōu bù ~. *Stores normally don't give credit.*

【赊账】shē=zhàng *buy or sell on credit*

猞 shē

【猞猁】shēlì（名）*lynx*

shé

舌 shé
（名）◇(1)*tongue*：口干～燥 kǒu gān ~ zào *thirsty and dry-tongued* /张口结～ zhāng kǒu jié ~ *tongue-tied；at a loss for words* (2)像舌一样的东西 *something resembling a tongue*：鞋～ xié~ *shoe tongue* /火～ huǒ~ *tongues of fire*

【舌根音】shégēnyīn（名）〈语〉*velar*

【舌尖音】shéjiānyīn（名）〈语〉*apical*

【舌面后音】shémiànhòuyīn（名）〈语〉*velar*

【舌面前音】shémiànqiányīn（名）〈语〉*dorsal*

【舌头】shétou（名）(1)*tongue* (2)为了解敌情而活捉来的敌方人员 *an enemy soldier captured for the purpose of extracting information*：捉来一个～ zhuōlái yí ge ~ *capture a soldier who knows valuable information*

【舌战】shézhàn（名）激烈的辩论 *bitter argument；heated debate*：刚才我同他进行了一场～。Gāngcái wǒ tóng tā jìnxíng yì cháng ~. *I just had a big argument with him.*（动）*to argue heatedly；to debate bitterly*

折 shé
（动）(1)断（多用于长条状的东西）*break；snap（often used for long-shaped objects）* (2)亏损 *to run a deficit，experience losses*：做生意～了本儿。Zuò shēngyi ~ le běnr. *run a failing business* 另见 zhē，zhé

蛇 shé
（名）[条 tiáo] *snake；serpent*

【蛇蝎】shéxiē（名）比喻狠毒的人（*a metaphor*）*vicious people*：毒如～ dú rú ~ *as vicious as a viper* /如此狠毒，真是～心肠。Rúcǐ hěndú，zhēn shì ~ xīncháng. *Be vicious*

like that is really cold-blooded.

【蛇行】shéxíng（动）全身伏在地上，爬着前进 *crawl with one's entire body on the ground*

shě

舍〔捨〕shě

（动）give up；abandon：～命争夺 ～ mìng zhēngduó *risk one's life in a fight* /难分难 ～ nán fēn nán ～ *cannot bear to part with each other* /～ 车马保将帅 ～ jū mǎ bǎo jiàngshuài *in Chinese chess, give up a rook to save the king；make minor sacrifices in order to safeguard major interests* / 考虑好了再决定取 ～. Kǎolǜ hǎo le zài juédìng qǔ ～. *Think it over well before making a choice.*

【舍本逐末】shě běn zhú mò 丢掉主要的，追求次要的。形容做事颠倒了主与次、轻与重 *neglect what is important and attend to the trivial；getting important things and unimportant things backwards：～ 的作法 ～ de zuòfǎ a way of working which attends to trifles rather than the essentials* /工厂领导不管生产，只注意开展文化娱乐活动，这是～. Gōngchǎng lǐngdǎo bù guǎn shēngchǎn, zhǐ zhùyì kāizhǎn wénhuà yúlè huódòng, zhè shì ～. *The leaders of a factory don't bother about production, rather they only care about developing cultural amusements. This is all backwards.* /学校首先要把教学搞好，不能～. Xuéxiào shóuxiān yào bǎ jiàoxué gǎohǎo, bù néng ～. *A school first ought to do a good job in education. It can't get its priorities mixed up.*

【舍不得】shě bu de 因爱惜（人或物）而不愿离开、丢掉、使用等 *hate to part with or use，because the person or thing in question is cherished：母亲～女儿离开自己. Mǔqin ～ nǚ'ér líkāi zìjǐ. The mother hates to part with her daughter.* / 在这儿偷快地工作了十年，真～走. Zài zhèr yúkuài de gōngzuòle shí nián, zhēn ～ zǒu. *He worked here happily for ten years. He really hated to leave.* / 治病不能～花钱. Zhì bìng bù néng ～ huā qián. *You can't be unwilling to spend money when being treated for a sickness.* /他不去旅行的原因是～时间. Tā bú qù lǚxíng de yuányīn shì ～ shíjiān. *The reason he doesn't do any travelling is that he can't spare the time.* /这枝笔为我服务了多年，扔掉它，真有点儿～. Zhè zhī bǐ wèi wǒ fúwùle duō nián, rēngdiào tā, zhēn yǒudiǎnr ～. *This pen has served me well for many years. (The thought of) throwing it out is a bit unbearable.*

【舍得】shěde（动）不吝惜，肯舍弃 *not to grudge or stint：把你的玩具送给小朋友，你～不～? Bǎ nǐ de wánjù sòng gěi xiǎopéngyǒu, nǐ ～ bù ～? Are you willing to part with your toy and give it to another child, or not?* /他可不～离开家乡. Tā kě bù ～ líkāi jiāxiāng. *He's very reluctant to leave his hometown.* /为了帮助人，他什么都～. Wèile bāngzhu rén, tā shénme dōu ～. *He'll give up anything to help people.* /在买书上他～花钱. Zài mǎi shū shang tā ～ huā qián. *He doesn't begrudge spending money when it comes to buying books.*

【舍己为公】shě jǐ wèi gōng 为了国家和人民而放弃自己的利益 *abandon one's own interests for the sake of the country or people：～ 的品德 ～ de pǐndé moral character marked by self-sacrifice* /提倡～的精神 tíchàng ～ de jīngshén *encourage a spirit of self-surrender* /他处处～. Tā chùchù ～. *He's self-sacrificing in every respect.*

【舍己为人】shě jǐ wèi rén 为了他人而舍掉自己的利益 *abandon one's own interests for the sake of others：～ 的行为 ～ de xíngwéi self-sacrificing conduct* /是他的美德. shì tā de měidé. *Self-sacrifice is one of his virtues.* /报纸上介绍了他们～的事迹. Bàozhǐ shang jièshàole tāmen ～ de shìjì. *The newspaper made known their deeds of self-sacrifice.*

【舍近求远】shě jìn qiú yuǎn（1）有近路不走，却走远路 *taking the long way instead of a shortcut：走小路直接可以到达，走大路要用很多时间，何必～呢! Zǒu xiǎo lù zhíjiē kěyǐ dàodá, zǒu dà lù yào yòng hěn duō shíjiān, hébì ～ ne! Using the shortcut you can get there immediately，whereas the long route takes a long time. So why go out of your way needlessly?* /附近可以买到的东西不必～到大商店去买. Fùjìn kěyǐ mǎidào de dōngxi búbì ～ dào dà shāngdiàn qù mǎi. *You needn't travel out of your way to go to big stores for goods that can be bought nearby.*（2）比喻做事走弯路 *(a metaphor) doing something the hard way：本单位有人材不用，却到处招聘，这不是～吗! Běn dānwèi yǒu réncái bú yòng, què dàochù zhāopìn, zhè bú shì ～ ma! Not using one's own personnel，but rather inviting applicants from all over the place is doing things the hard way.* /做数学题，求证要简捷，避免～. Zuò shùxué tí, qiúzhèng yào jiǎnjié, bìmiǎn ～. *A mathematical proof calls for simplicity. Avoid doing it the long way.*

【舍弃】shěqì（动）抛开，不要（多用于爱惜的东西或有感情的人）*toss aside；give up；abandon：不忍～ bù rěn ～ cannot bear to give up* /决心～ juéxīn *resolve to give up* /这些旧家具干脆～吧，到了新的地方再添置嘛. Zhèxiē jiù jiājù gāncuì ～ ba, dàole xīn de dìfang zài tiānzhì ma. *Just abandon these old pieces of furniture. When we get to the new place, we'll get some more.* /他怎能～妻子，一个人远去呢! Tā zěn néng ～ qīzi, yí gè rén yuǎn qù ne! *How can he abandon his wife and go far away all by himself?*

【舍身】shěshēn（副）原指佛教徒牺牲肉体表示虔诚，后泛指为祖国或他人牺牲自己 *originally referred to Buddhists who would sacrifice themselves to express piety；later it came to refer to those who sacrificed themselves on behalf of the motherland or other people：张自忠将军～赴国难，深得众人敬仰. Zhāng Zìzhōng jiāngjūn ～ fù guónàn, shēn dé zhòngrén jìngyǎng. General Zhang Zizhong sacrificed himself to help save the country from danger. He was deeply revered by all the people.* /罗盛教烈士～为中朝友谊谱写了光辉的一章. Luó Shèngjiào lièshì ～ wèi Zhōng-Cháo yǒuyì pǔxiěle guānghuī de yì zhāng. *The martyr Luo Shengjiao sacrificed himself to save a young Korean who was drowning. He thereby added a glorious chapter to the story of the friendship between China and Korea.*

【舍死忘生】shě sǐ wàng shēng 形容不惜牺牲生命 *risk one's life：消防人员～，奋力灭火. Xiāofáng rényuán ～, fènlì miè huǒ. Firemen risk their lives in doing all they can to stop a fire.* /探险家们都具有～的精神. Tànxiǎnjiāmen dōu jùyǒu ～ de jīngshén. *All explorers have a risk-it-all attitude.*

shè

设〔設〕shè

（动）设立，布置 *to establish；set up；arrange：～计谋 ～ jìmóu make a plan；concoct a scheme* /因人～事 yīn rén ～ shì *create a job to accomodate a person* /协会～主席一人，副主席二人. Xiéhuì ～ zhǔxí yì rén, fùzhǔxí èr rén. *The association established one person as chairperson and two people as assistant chairpersons.* /会议室～在二楼. Huìyìshì ～ zài èr lóu. *The meeting room was set up on the second floor.*

【设备】shèbèi（名）equipment；installation；devices：成套～ chéng tào ～ *complete set of equipment* /取暖～ qǔ nuǎn *heating installation* /～齐全 ～ qíquán *well-equipped；well-appointed* /增加一套实验～ zēngjiā yí tào shíyàn ～ *add another set of experimental equipment*

【设法】shèfǎ（动）想办法或措施（多作状语）*think of a way*；*try to do what one can*；～解决＝jiějué *think of a way to solve* (*something*) /～营救受灾群众 ～ yíngjiù shòu zāi qúnzhòng *think of a way to rescue people who are hit by adversity* /～改变落后状态 ～ gǎibiàn luòhòu zhuàngtài *do what one can to correct backward conditions*

【设防】shè＝fáng 为了防卫而设置防御工事和武装人员 *to set up fortifications or call up armed forces for the sake of defending something*：在江边～ zài jiāngbiān ～ *set up defenses by the river* /不～的国境线 bú ～ de guójìngxiàn *undefended border* /国家的要害部门需要～。Guójiā de yàohài bùmén xūyào ～. *The country's key departments need to be defended.*

【设计】shèjì（动）事先为某事或某工程制定实施方案、图样等 *formulate and implement a plan or scheme*：～图纸 túzhǐ *blue-print of design* /～服装 ～ fúzhuāng *design clothing* /精心～ jīngxīn ～ *meticulous in design* /这张邮票是他～的。Zhè zhāng yóupiào shì tā ～ de. *This stamp was designed by him.* /～院 ～ yuàn *designing institute* （名）指制定出来的方案、图样等 *plan*；*scheme*；*design*：精巧的～ jīngqiǎo de ～ *an ingenious plan* /这项～不符合要求。Zhè xiàng ～ bù fúhé yāoqiú. *This plan doesn't meet the requirements.*

【设计】shè＝jì 想出并布置计谋 *think up and arrange a scheme or stratagem*：～陷害 ～ xiànhài *plan a frame-up* /设妙计 shè miào jì *come up with an ingenious plan* /这是他们设计的一条计，你不要上当！Zhè shì tāmen shè de yì tiáo jì, nǐ búyào shàng dàng! *This is a little trick of theirs. Don't be taken in.*

【设立】shèlì（动）*establish*；*set up*；*found*：～学校 ～ xuéxiào *found a school* /医院～了老年人门诊。Yīyuàn le lǎonián rén ménzhěn. *The hospital established an outpatient service for elderly people.* /为儿童～电影制片厂 wèi értóng ～ diànyǐng zhìpiànchǎng *set up a movie studio for children* /国家～广播电视部。Guójiā ～ guǎngbō diànshìbù. *The country established a department of radio and television.*

【设若】shèruò（连）〈书〉表示假设、条件、对比、让步等，意思同"如果"rúguǒ *if* (*same as "如果" rúguǒ*；*indicates a supposition, condition, contrast, concession, etc.*)：～他是个懂事的孩子，则不会出现这种失礼的事。～ tā shì ge dǒng shì de háizi, zé bú huì chūxiàn zhè zhǒng shīlǐ de shì. *If this child had known how to behave, then this kind of rude thing wouldn't have happened.* /～他真想当演员，那为什么他不报考戏剧学院呢？～ tā zhēn xiǎng dāng yǎnyuán, nà wèi shénme tā bú bàokǎo xìjù xuéyuàn? *If he really wants to become an actor, then why doesn't he sign up for the entrance exam for drama school?* /～他在国内，恐怕也不会去参加这次会议。～ tā zài guónèi, kǒngpà yě bú huì qù cānjiā zhè cì huìyì. *Were he in the country, I'm afraid he wouldn't attend this meeting.*

【设身处地】shè shēn chǔ dì 设想把自己放在别人的某种处境中（多作状语）*put yourself in somebody else's shoes* (*mostly used adverbially*)：～地考虑问题 ～ de kǎolǜ wèntí *think over a problem from somebody else's standpoint* /你～地想一想，如果你是受虐待的孩子，你会怎样呢? Nǐ ～ de xiǎng yi xiǎng, rúguǒ nǐ shì shòu nüèdài de háizi, nǐ huì zěnyàng ne? *Put yourself in the child's position and think about it — what could you do if you were abused?* /不～为他想，就不能理解他为什么发这样大的火。Bú ～ wèi tā xiǎng, jiù bù néng lǐjiě tā wèi shénme fā zhèyàng dà de huǒ. *If you don't see things from his point of view, you won't be able to understand why he lost his temper.*

【设施】shèshī（名）为进行某种工作，或为满足某种需要而设置的机构、系统、设备、建筑物等 *installations*, *facilities*, *and mechanisms which are set up in order to carry out some work or satisfy some needs*：教育～ jiàoyù ～ *educational facilities* /安全～ ānquán ～ *safety equipment* /完善的～ wánshàn de ～ *excellent·facilities* /要建立机场，就要有通讯联络、气象观测、场地跑道等等一整套。Yào jiànlì jīchǎng, jiù yào yǒu tōngxùn liánluò, qìxiàng guāncè, chǎngdì pǎodào děngděng yì zhěng tào. *To build an airport you need a complete set of facilities, such as a communications tower, a meteorological observatory, a runway site, etc.*

【设想】shèxiǎng（动）*imagine*；*envisage*；*conceive*：不堪～ bùkān ～ *can't bear to imagine* /我们可以～，物质生产越发展，人们的精神生活也越丰富。Wǒmen kěyǐ ～, wùzhì shēngchǎn yuè fāzhǎn, rénmen de jīngshén shēnghuó yě yuè fēngfù. *We can* (*just*) *imagine, when the production of materials becomes more developed, the cultural life of the people will be more fully enriched.* /不能～电脑代替人的全部脑力劳动。Bù néng ～ diànnǎo dàitì rén de quánbù nǎolì láodòng. *It's unimaginable that computers will replace all of man's mental work.* （名）*tentative plan*；*tentative idea*：这是一个好的～。Zhè shì yí ge hǎo de ～. *This is a good tentative idea.* /把你的～跟大家谈一谈。Bǎ nǐ de ～ gēn dàjiā tán yi tán. *Talk over your plan with us.* /他有一个关于研究所今后发展的～。Tā yǒu yí ge guānyú yánjiūsuǒ jīnhòu fāzhǎn de ～. *He has a tentative plan for the future development of the research institute.*

【设宴】shè＝yàn 设置宴席 *throw a banquet*；*feast*：～招待～ zhāodài *give a banquet to honor somebody*

【设置】shèzhì（动）（1）设立、安排 *establish*；*set up*；*arrange*：～专业课程 ～ zhuānyè kèchéng *set up special courses* /小学～外语课。Xiǎoxué ～ wàiyǔ kè. *The elementary school set up a foreign language course.* /快餐部是为工作忙的人～的。Kuàicānbù shì wèi gōngzuò máng de rén ～ de. *The fast food shop was set up for people who get busy in their work.* （2）装置 *install*；*fit*：学校门口～了邮筒。Xuéxiào ménkǒu ～ le yóutǒng. *A mailbox was installed at the school entrance.* /为游人～了长椅 wèi yóurén ～ le chángyǐ *Reclining chairs were installed for the sightseers.* /不应给谈判～障碍。Bù yīng gěi tánpàn ～ zhàng'ài. (*We*) *shouldn't put up obstacles to the negotiations.*

社 shè

（名）◇◆（1）共同工作或生活的一种集体组织 *organized body*；*society*；*agency*：剧～ jù ～ *thespian society* /出版～ chūbǎn ～ *publishing house* /通讯～ tōngxùn ～ *news agency* /杂志～ zázhì ～ *magazine office* （2）农业合作社和人民公社的简称 *short for "农业合作社" and "人民公社"*：入～（合作社）rù ～ (hézuòshè) *enter a cooperative* /初级～（合作社）chūjí ～ (hézuòshè) *elementary agriculture cooperative* /～（公社）办企业 ～ (gōngshè) *bàn qǐyè* *commune-run enterprise*

【社会】shèhuì（名）*society*

【社会存在】shèhuì cúnzài *social being*

【社会党】shèhuìdǎng（名）*the Socialist Party*

【社会分工】shèhuì fēngōng *division of labor in society*

【社会工作】shèhuì gōngzuò /除专业学习以外，没有报酬的为群众服务的工作 *unpaid public service which is performed in addition to one's regular job*：学生做学生会的工作属于～。Xuésheng zuò xuéshēnghuì de gōngzuò shǔyú ～. *Student Union work done by students should be part of voluntary public service.* /除专业学习以外，他还有些～。Chú zhuānyè xuéxí yǐwài, tā hái yǒu xiē ～. *Besides his courses, he also does a little volunteer work.* /退休后可以做些～。Tuì xiū hòu kěyǐ zuò xiē ～. *After retiring, one can do some public service.* /街道上的～他总是主动承担。Jiēdào shang

de ～ tā zǒng shì zhǔdòng chéngdān. *She always takes the initiative in neighborhood volunteer work.*

【社会关系】shèhuì guānxì (1) 指与个人往来密切的亲属、朋友关系 *one's social connections, such as with friends and family*: 他认识人多, ～复杂. Tā rènshi rén duō, ～ fùzá. *He knows many people. His social connections are complex.* /请在表上填上你的～. Qǐng zài biǎo shang tiánshang nǐ de ～. *Please write down on the list your social ties.* /我没有什么亲戚, ～很简单. Wǒ méi yǒu shénme qīnqi, ～ hěn jiǎndān. *I don't have any relatives, so my social connections are very simple.* (2) 指人们在共同的社会活动中结成的关系 *relations formed between people engaged in various social activities*: 生产关系、阶级关系是～的主要内容. Shēngchǎn guānxi, jiējí guānxi shì ～ de zhǔyào nèiróng. *Relations of production as well as class relations make up the substantial part of social relations.*

【社会活动】shèhuì huódòng 本职工作以外的集体活动 *collective activities outside of one's job*

【社会集团】shèhuì jítuán 社会中为一定目的而组织起来的团体, 也指经济上作为一个核算单位而存在的企事业或其他组织 *a group in society organized for some purpose; in economics, an existing enterprise or organization which functions as an accounting unit*

【社会科学】shèhuì kēxué *social sciences*

【社会青年】shèhuì qīngnián 指既不上学也未就业的青年 *a youth who is not in school and who has not found a job*

【社会学】shèhuìxué (名) *sociology*

【社会意识】shèhuì yìshí *social consciousness*

【社会语言学】shèhuì yǔyánxué *sociolinguistics*

【社会渣滓】shèhuì zhāzǐ 指破坏社会秩序和社会治安的坏分子或团伙, 如流氓、盗贼、诈骗者等 *the dregs of society; those who harm the social order, such as hoodlums, thieves, swindlers, etc.*

【社会主义】shèhuìzhǔyì (名) *socialism*

【社会主义改造】shèhuìzhǔyì gǎizào 在无产阶级专政条件下, 按社会主义的原则改造非社会主义经济成分 *the transformation of non-socialist economical elements, according to the principles of socialism under proletariat dictatorship*

【社会主义革命】shèhuìzhǔyì gémìng 在无产阶级政党——共产党的领导下, 以推翻资本主义制度、建立社会主义制度和实现共产主义为目的的革命 *the revolution guided by the proletariat political party, i.e. the communist party, which has as its goal the overthrow of the capitalist system, the establishment of the socialist system, and the realization of communism*

【社会主义建设总路线】shèhuìzhǔyì jiànshè zǒnglùxiàn 1958年5月中国共产党第八次全国代表大会第二次会议上通过的指导社会主义建设的总方针, 内容即: "鼓足干劲, 力争上游, 多快好省地建设社会主义." *the guiding principle for socialist construction as laid down in the second meeting of the Communist Party's Eighth National Congress in May of 1958, namely: "Go all out, aim high and achieve greater, faster, better, and more economical results in building socialism"*

【社会主义教育运动】shèhuìzhǔyì jiàoyù yùndòng 1963年至1966年在全中国城乡先后开展的以清政治、清经济、清组织、清思想等为内容的"四清"运动 *the Socialist Education Movement —— the "四清" movement which took place in cities and towns throughout China between 1963 and 1966 and which was launched in order to clean up things in the fields of politics, the economy, organization, and ideology*

【社会主义现实主义】shèhuìzhǔyì xiànshízhǔyì *socialist realism*

【社稷】shèjì (名) 〈书〉 指国家 *the country; the nation*

【社交】shèjiāo (名) 社会上人与人的交际往来 *social inter-course; social communication*

【社教】shèjiào (名) "社会主义教育运动"的简称 *short for "社会主义教育运动"*

【社论】shèlùn (名) [篇 piān] *editorial; leading article*

【社员】shèyuán (名) (1) 农村人民公社社员 *member of an agricultural commune* (2) 某些以"社"命名的组织中的成员 *a member of an organization which is called a "society"*

射 shè

(动) (1) shoot; fire: 箭～中了靶子. Jiàn ～ zhòngle bǎzi. *The arrow hit the target.* /子弹从枪膛～出. Zǐdàn cóng qiāngtáng ～chū. *Bullets shoot out from the bore of the gun.* /5号差脚一进一球. Wǔ hào qǐ jiǎo ～ jìn yì qiú. *Number 5 kicked in a goal.* (2) send out (light, heat, etc.): 太阳～出耀眼的光. Tàiyáng ～ chū yàoyǎn de guāng. *The sun radiates dazzling light.* /探照灯光芒四～. Tànzhàodēng guāngmáng sì ～. *The searchlight shed rays in all directions.*

【射程】shèchéng (名) *range (of fire)*

【射击】shèjī (动) shoot; fire: 准确地～ zhǔnquè de ～ *shoot accurately* /朝敌人～ cháo dírén ～ *shoot towards the enemy* /～目标 ～ mùbiāo *shoot at a target* /～运动 ～ yùndòng *the sport of shooting* /获～比赛第一名 huò ～ bǐsài dìyī míng *capture first place in the shooting competition*

【射箭】shè=jiàn *shoot an arrow*

【射猎】shèliè (动) 〈书〉 *hunting with bow and arrow or firearms*

【射流】shèliú (名) *efflux*

【射门】shè=mén *shoot (at the goal)*

【射手】shèshǒu (名) *shooter; marksman*

【射线】shèxiàn (名) *ray*

涉 shè

(动) 〈书〉 (1) 从水上经过: 徒步过水 wade; ford: ～水过河 ～ shuǐ guò hé *ford a stream; wade across a river* /远～重洋 yuǎn ～ chóngyáng *travel all the way from across the oceans* (2) 经历 experience; go through: 他很年轻, ～世不深. Tā hěn niánqīng, ～ shì bù shēn. *He's very young. He hasn't seen much of the world.* (3) 牵涉 involve; drag in: ～嫌 ～ xián *be suspected of being involved; be a suspect*

【涉及】shèjí (动) 牵扯到, 关联到 involve; implicate; be related to: ～面 ～ miàn *the aspect involved* /谈商品的价格, 要～许多经济理论问题. Tán shāngpǐn de jiàgé, yào ～ xǔduō jīngjì lǐlùn wèntí. *To talk about the price of goods, one has to touch upon many theoretical economic questions.* /这个案件～的人很多. Zhège ànjiàn ～ de rén hěn duō. *This law case involves many people.* /一～到子女赡养老人的义务, 他就避开. Yī ～ dào zǐnǚ shànyǎng lǎorén de yìwù, tā jiù bìkāi. *On the subject of giving support to (his) parents, he was tight-lipped.*

【涉猎】shèliè (动) 粗略地阅读 read cursorily: 广泛～ guǎngfàn ～ *do extensive cursory reading* /为演好这个历史人物, 演员～了大量的有关资料. Wèi yǎnhǎo zhège lìshǐ rénwù, yǎnyuán ～le dàliàng de yǒuguān zīliào. *In order to portray this historical figure, the actor glanced over a great amount of related materials.* /不能满足于～, 有的书需要反复地读. Bù néng mǎnzú yú ～, yǒude shū xūyào fǎnfù de dú. *You can't be satisfied (just) with cursory reading. Some books need to be read over and over again.*

【涉外单位】shèwài dānwèi 指与外事工作有关的单位 *a division concerned with foreign affairs*

【涉足】shèzú (动) 〈书〉 进入某种环境或生活范围 *enter certain types of surroundings; set foot in*: 深山老林, 一般人很少～. Shēn shān lǎo lín, yìbān rén jí shǎo ～. *Ordinary people very seldom set foot upon remote forested mountains.*

/他从七岁起即~京剧界。Tā cóng qī suì qǐ jí ~ jīngjùjiè. *At the age of seven he entered into the Beijing opera circles.*

赦 shè
（动）◇*pardon*；*remit (a punishment)*：~你无罪 ~ nǐ wú zuì *I pardon you from this crime.*

【赦免】shèmiǎn（动）*remit (a punishment)*；*pardon*

摄 〔攝〕shè
（动）拍摄 *take a picture*；*shoot*：~下了这个难忘的场面 ~xiàle zhège nán wàng de chǎngmiàn (He) *photographed this unforgettable scene.*

【摄取】shèqǔ（动）〈书〉(1)吸收(营养等)*absorb* (e.g., *nutrition, nourishment*)：人从食物中~营养。Rén cóng shíwù zhōng ~ yíngyǎng. *People take in nutrition from food.* /植物的根在土壤里~养分。Zhíwù de gēn zài tǔrǎng li ~ yǎngfèn. *The root of a plant absorbs nutrients from the soil.* /这种鱼~食物的本领很强。Zhè zhǒng yú ~ shíwù de běnlíng hěn qiáng. *This kind of fish has a great ability to absorb food.* (2)拍摄(照片或电影镜头)*take a picture*；*shoot* (e.g., *a photograph or a movie shot*)：~景物 ~ jǐngwù *photograph scenery* /可~的镜头很多。Kě ~ de jìngtóu hěn duō. *There are many photogenic (movie) shots.*

【摄氏温度计】shèshì wēndùjì *centigrade thermometer*

【摄像机】shèxiàngjī（名）[架 jià] *pickup camera*

【摄影】shè=yǐng *take a photograph*；*shoot a film*

【摄影机】shèyǐngjī（名）[架 jià] *camera*

【摄影记者】shèyǐng jìzhě *press photographer*

【摄政】shèzhèng（动·不及物）代君主处理政务 *handle government affairs in the sovereign's place*；*act as regent*

【摄制】shèzhì（动）*produce (a movie)*

慑 〔懾〕shè
（动）〈书〉害怕，使害怕 *fear*；*inspire fear*；*be awed*

【慑服】shèfú（动）〈书〉(1)因害怕而顺从 *to submit out of fear*：~于强大的威力之下 ~ yú qiángdà de wēilì zhī xià *knuckle under to a formidable power* (2)使害怕而屈服 *cause someone to surrender or yield out of fear*：要严惩、以~违法犯罪分子。Yào yánchéng, yǐ ~ wéifǎ fàn zuì fēnzǐ. *Severe punishment is needed in order to cow criminals into submission.*

【慑于】shèyú（动）〈书〉对……害怕、恐惧(多指来自人的威力)*feel fear or dread towards something*；*mostly used in reference to an individual's power*：~父亲的严厉，他在家里很规矩。~ fùqin de yánlì, tā zài jiāli hěn guīju. *He's afraid of his father's severity, (so) he's very well-behaved at home.* /歹徒~众人的威势，才放下凶器。Dǎitú ~ zhòngrén de wēishì, cái fàngxia xiōngqì. *The thug laid down his weapon when he was intimidated by the power of the people.*

麝 shè
（名）*musk deer*；*musk*

【麝香】shèxiāng（名）*musk*

shēn

申 shēn
（动）◇说明，申述 *explain*；*state*：重~自己的主张 chóng ~ zìjǐ de zhǔzhāng *explain one's position once more*

【申报】shēnbào（动）用书面向上级或有关单位报告(多用于法令文件) *report in writing to a higher body*；*mostly used for legal documents and papers*

【申辩】shēnbiàn（动）申述理由进行辩解 *give reasons in defense of oneself*；*explain oneself*

【申斥】shēnchì（动）(一般对下级等)进行斥责 *reprimand*；*rebuke* (*usually one's subordinates*)：父亲~了他几句。Fùqin ~le tā jǐ jù. *His father reprimanded him.*

【申明】shēnmíng（动）郑重说明 *explain with seriousness*；*avow*；*declare*：~观点 ~ guāndiǎn *state one's viewpoint* /~误期原因 ~ wùqī yuányīn *explain the reason for delay* /在国际会议上~立场 zài guójì huìyì shang ~ lìchǎng *declare one's position at an international meeting* /向保险公司~损失金额 xiàng bǎoxiǎn gōngsī ~ sǔnshī jīn'é *declare the cost of the damage to an insurance company*

【申请】shēnqǐng（动）向上级或有关主管部门说明理由、提出请求 *put forward one's requests to a higher body or to those in charge*：~入会 ~ rù huì *apply to enter an association* /~开业 ~ kāi yè *apply to start a business* /~加入某国国籍 ~ jiārù mǒu guó guójí *apply for citizenship* （名）说明理由、提出请求的口头或书面形式 *an application given orally or in written form*：这是本人的~。Zhè shì běnrén de ~. *This is my application.* /你需要写一份~。Nǐ xūyào xiě yí fèn ~. *You need to write out an application.* /向政府提出~ xiàng zhèngfǔ tíchū ~ *make an application to the government*

【申请书】shēnqǐngshū（名）[份 fèn] 说明理由并提出请求的书面形式 *written application*

【申述】shēnshù（动）向有关人员或部门作详细说明 *make a detailed explanation to those concerned*：~理由 ~ lǐyóu *explain the cause* /~事实 ~ shìshí *state the facts* /向法院~受害经过 xiàng fǎyuàn ~ shòu hài jīngguò *explain to the court how one was victimized* /跟朋友们~了自己的困难 gēn péngyoumen ~le zìjǐ de kùnnan *explain one's difficulties to friends*

【申诉】shēnsù（动）*appeal*

【申冤】shēn=yuān (1)改正不公正的待遇或判决 *redress unfair treatment*；*correct an unjust court decision*：五年之后，法院终于给他申了冤。Wǔ nián zhī hòu, fǎyuàn zhōngyú gěi tā shēnle yuān. *After five years the court finally corrected its decision in his case.* (2)要求改正不公正的待遇或判决 *appeal for or demand redress for a wrong*：这个判决是错误的，你可以向上级法院~。Zhège pànjué shì cuòwu de, nǐ kěyǐ xiàng shàngjí fǎyuàn ~. *This court decision is mistaken. You can (however) make an appeal to a higher court.*

伸 shēn
（动）(肢体或物体的一端)向前移动或延长展开 *stretch out*；*extend forth (one's limbs or the tip of an object)*：~胳膊 ~ gēbo *stretch one's arms* /~舌头 ~ shétou *stick out one's tongue* /别把头~出车窗。Bié bǎ tóu ~ chū chēchuāng. *Don't stick your head out the car window.* /铁路~向远方。Tiělù ~ xiàng yuǎnfāng. *The railway stretches to distant areas.* /树枝~过邻院的墙头。Shùzhī ~ guò lín yuàn de qiángtóu. *The branches extend over the wall next door.*

【伸懒腰】shēnlǎnyāo 人疲劳时伸展腰或胳膊 *stretch one's back or arms when one is tired*：在客人面前~，多不礼貌！Zài kèren miànqián ~, duō bù lǐmào! *Stretching like that in front of guests is very impolite.* /他伸了一个懒腰，然后点上一支烟。Tā shēnle yí gè lǎnyāo, ránhòu diǎnshang yì zhī yān. *He took a stretch and then lit up a cigarette.*

【伸手】shēn=shǒu (1)把手伸出 *stretch forth one's hand*：一~就够着了。Yì ~ jiù gòuzháo le. *can reach something by stretching out one's hand* /你~拉我一把！Nǐ ~ lā wǒ yì bǎ! *Lend me a hand!* (2)(共同做一件事时)动手干 *pitch in*：大家在栽树，他站在一旁不~。Dàjiā zài zāi shù, tā zhàn zài yìpáng bù ~. *Everybody was (at work) planting trees,*

but he stood off to the side and did not pitch in. / 别人这么忙，你也伸伸手。Biérén zhème máng, nǐ yě shēnshen shǒu. The others are so busy. You should get to work too. / 大伙伸把手，把书架抬进来。Dàhuǒr shēn bǎ shǒu, bǎ shūjià tái jìnlai. Let's all pitch in and carry in the bookshelf. (3)比喻向别人或组织要（钱、物、荣誉、地位等）ask other people for money, things, etc.：借钱总有点不好意思。～ jiè qián zǒng yǒudiǎnr bù hǎoyìsi. To ask someone to lend you money is always a little embarrassing. / 即使生活遇到困难，他也从不向人～。Jíshǐ shēnghuó yùdào kùnnan, tā yě cóng bú xiàng rén ～. Even if he came across some difficulties, he still never asked people for help. / 即使工作有了成绩，也不应向领导～。Jíshǐ gōngzuò yǒule chéngjì, yě bù yīng xiàng lǐngdǎo ～. Even if you are successful in your work, you still shouldn't make demands upon your boss.

【伸手派】shēnshǒupài（名）不愿自己努力解决问题而总要求上级帮助 someone who doesn't rely on his own efforts to solve a problem, but rather always asks the higher-ups for help.

【伸缩】shēnsuō（动）(1)伸长和缩短 stretch out and draw back; lengthen and shorten：可～的照相机镜头 kě ～ de zhàoxiàngjī jìngtóu a camera lens which can be pulled back and forth / 电视机天线能～。Diànshìjī tiānxiàn néng ～. The TV antenna can be lengthened and shortened. (2)比喻做事情在数量规模上允许有可多可少的变化 adjustable; flexible; permitting modifications：自学的时间可以～，有时间就多学一点，工作忙时也可以不学。Zìxué de shíjiān kěyǐ ～, yǒu shíjiān jiù duō xué yìdiǎnr, gōngzuò máng shí yě kěyǐ bù xué. Personal study time can be flexible. If you have some free time, you can study a bit more. If you're busy working, you don't have to do any study. / 露天作业受天气影响较大，订计划要留有～的余地。Lùtiān zuòyè shòu tiānqì yǐngxiǎng jiào dà, dìng jìhuà yào liú yǒu ～ de yúdì. Outdoor work is greatly affected by the weather. In making plans one should leave some leeway for changes. / 这些规定很死，没有～性。Zhèxiē guīdìng hěn sǐ, méi yǒu ～ xìng. These regulations are very rigid. They have no flexibility.

【伸展】shēnzhǎn（动）向一定方向延伸、扩展 extend; stretch; expand：～四肢 ～ sìzhī stretch out one's arms and legs /～动作 ～ dòngzuò stretching movements /陆地向海洋～。Lùdì xiàng hǎiyáng ～. The dry land extends to the ocean. /牧场一直～到山脚下。Mùchǎng yìzhí ～ dào shānjiǎo xià. The pastureland extends straight to the foot of the hill. /浇过水后，花儿～开了。Jiāoguò shuǐ hòu, huār ～ kāi le. After sprinkling the flowers with water, they stretched open their petals.

【伸张】shēnzhāng（动）传扬、扩大（正义、正气等）spread; uphold; promote (justice, healthy trends, etc.)：～正义 ～ zhèngyì uphold justice /正气得到～。Zhèngqì dédào ～. Healthy trends were promoted.

身 shēn

（名）◇(1)身体 the body：转～ zhuǎn ～ turn around; face about /～高体胖 ～ gāo tǐ pàng tall and stout / 翻了一个～ fānle yí ge ～ turn over (e.g., in bed) (2)指生命 life：以～殉职 yǐ ～ xùn zhí die a martyr at one's post /为国献～ wèi guó xiàn ～ dedicate one's life to one's country (3)物体的主体部分 main part of a structure; body：树～ shù ～ trunk of a tree /车～ chē ～ body of a car /炮～ pào ～ hull of a cannon (4)自己，本身 oneself; personally：兼数职 ～ jiān shù zhí hold several posts simultaneously /～为教师，应该以～作则。～ wéi jiàoshī, yīnggāi yǐ ～ zuò zé. Being a teacher, one should set an example by one's own conduct. (量)(～儿)用于衣服 suit：一～中山装 yì ～

zhōngshānzhuāng one Chinese tunic suit /做了两～新衣服 zuòle liǎng ～ xīn yīfu have two new suits made

【身败名裂】shēn bài míng liè 威信和名誉彻底丧失 completely lose one's prestige and reputation

【身边】shēnbiān（名）(1)身体附近 close by one's side：词典就在你～。Cídiǎn jiù zài nǐ ～. The dictionary is right next to you. /年纪大了，～没人不行。Niánjì dà le, ～ méi rén bù xíng. He's up in years, so it's not good that he should be alone. /他～需要个秘书 Tā ～ xūyào ge mìshū. He needs a secretary at his side. (2)同"身上"shēnshang (3) same as "身上" shēnshang (3); on one; on one's body; with one：～没带钱 ～ méi dài qián didn't bring any money on me /他出门～老有本书。Tā chū mén ～ lǎo yǒu běn shū. He always has a book on him when he goes out. /老人喜欢音乐，～一只袖珍收音机总带在～。Lǎorén xǐhuan tīng yīnyuè, yì zhī xiùzhēn shōuyīnjī zǒng dài zài ～. That old man enjoys listening to music. He always carries a pocket-size radio on him.

【身材】shēncái（名）stature; figure

【身长】shēncháng（名）(1) height (of a person) (2) length (of a garment from shoulder to hemline)

【身段】shēnduàn（名）(1)女子身体的姿态 (a woman's) figure：～很美 ～ hěn měi She has a beautiful figure. (2)戏曲演员在舞台上表演的各种舞蹈化动作 (a dancer or actor's) posture on stage

【身分】shēnfen（名）在社会上或法律上的地位 social or legal status; identity; capacity：记者～ jìzhě ～ reporter's status; reporter's identity /～不高 ～ bù gāo low status /通报了自己的～ tōngbàole zìjǐ de ～ make known one's own identity /以观察员～出席会议 yǐ guāncháyuán ～ chūxí huìyì attend a meeting with observer's status

【身高】shēngāo（名）height (of a person)

【身价】shēnjià（名）指一个人的社会地位和被人重视的程度 social status; level of importance attached to someone by others：～高 ～ gāo high social status /他千方百计地抬高自己的～。Tā qiān fāng bǎi jì de táigāo zìjǐ de ～. He (tries to) raise his social status by every possible means. /一个人的～高低在于对社会贡献的大小。Yí ge rén ～ de gāodī zàiyú duì shèhuì gòngxiàn de dàxiǎo. Whether a person's social status is high or not depends on whether his contribution to society is great or small.

【身经百战】shēn jīng bǎi zhàn 亲身经历过许多次战斗。也比喻经历过多次竞争、比赛等 having lived through many battles; seasoned veteran：～的将军 ～ de jiāngjūn a battle-tested general /他当年～，为保卫祖国立下了功勋。Tā dāngnián ～, wèi bǎowèi zǔguó lìxiàle gōngxūn. In those years he fought in countless battles and gave meritorious service in defense of the country. /这是一支～的球队。Zhè shì yì zhī ～ de qiúduì. This is a team of veterans.

【身量】shēnliang（名）〈口〉(人的)身材、个子 height; stature

【身临其境】shēn lín qí jìng 亲自到了那个环境里 be on the scene personally：他讲得有声有色，使人产生～之感。Tā jiǎng de yǒu shēng yǒu sè, shǐ rén chǎnshēng ～ zhī gǎn. He spoke very vividly, making people feel as though they were on the scene. /作者写得生动极了，人们读了就像一～一样。Zuòzhě xiě de shēngdòng jí le, rénmen dúle jiù xiàng ～ yíyàng. The author wrote with great vividness. Upon reading his material it seemed to the readers that they were right there.

【身躯】shēnqū（名）〈书〉body; stature

【身上】shēnshang（名）(1)身体或穿的衣服表面 (on) one's body; the body surface：～穿着裙子。～ chuānzhe qúnzi. She's wearing a skirt. /把背包背在～也被扈到不～ ～ bēi zài ～ wear a knapsack on one's back /他～有股药味儿。Tā ～ yǒu gǔ yào wèir. He has a mediciney smell. /他～总是干

干净净的。Tā ~ zǒng shì gānganjìngjìng de. *He is always clean and fresh.* (2)指具体的人 *referring to a specific person*：他~有不少缺点。Tā ~ yǒu bù shǎo quēdiǎn. *He has many defects.* /不能把责任都推在我一个人~。Bù néng bǎ zérèn dōu tuī zài wǒ yí ge rén ~. *You can't push all these responsibilities off on my shoulders.* /希望寄托在青年人~。Xīwàng jìtuō zài qīngnián rén ~. *Hope is placed on the youth.* (3)随身(携带) *(carry) on one's person*; *(take) with one*：~没带笔 ~ méi dài bǐ *didn't bring a pen with me* /他有心脏病，~总带着药 Tā yǒu xīnzàngbìng, ~ zǒng dàizhe yào. *He has a heart condition, (so) he always carries medicine with him.* /你~有没有零钱？Nǐ ~ yǒu méi yǒu língqián? *Do you have any change on you?*

【身世】shēnshì (名)人的长期的经历和遭遇(多指不幸的) *one's life experiences and encounters (often unfortunate)*：老太太的悲惨~令人同情。Lǎotàitai de bēicǎn ~ lìng rén tóngqíng. *That old woman's tragic life story has made people very sympathetic.*

【身受】shēnshòu (动)亲身受到 *experience personally*：~其害 ~ qí hài *experience its harm* /~战乱之害的中国人民，倍加珍惜和平。~ zhànluàn zhī hài de Zhōngguó rénmín, bèijiā zhēnxī hépíng. *The Chinese people, having been harmed by the experience of wartime chaos, (now) value peace twice as much.*

【身体】shēntǐ (名)(1)头、躯干、四肢 *the body (head, torso, limbs, and all)* (2)健康 *health*：你近来~怎么样？Nǐ jìnlái ~ zěnmeyàng? *How's your health been lately?* /有个好~是一种幸福。Yǒu ge hǎo ~ shì yì zhǒng xìngfú. *Good health is a form of good fortune.*

【身体力行】shēn tǐ lì xíng 在实践中亲自体验并努力实行 *practice what you preach*：领导不能只是发号施令，要~。Lǐngdǎo bù néng zhǐ shì fā hào shī lìng, yào ~. *A leader cannot simply issue orders, he must (also) practice what he preaches.* /这位教练从来是~，因此得到运动员的敬佩。Zhè wèi jiàoliànyuán cónglái shì ~, yīncǐ dédào yùndòngyuán de jìngpèi. *This coach practices what he preaches. Therefore he gets the respect of his players.*

【身心】shēnxīn (名)身体和思想，精神 *body and mind*; *body and soul*：~健康 ~ jiànkāng *sound in mind and body*

【身影】shēnyǐng (名)身体的影像 *a body's form*; *figure*：刚才有个~从窗前掠过，但不知是谁。Gāngcái yǒu ge ~ cóng chuāng qián lüèguò, dàn bù zhī shì shuí. *A figure just brushed past the window, but I don't know who it was.*

【身子】shēnzi (名)〈口〉(1)同"身体"shēntǐ (1) *same as* "身体" shēntǐ (1)：~一歪，摔在地上。~ yì wāi, shuāi zài dì shang. *He was off balance and fell to the ground.* /他弯下~去系鞋带。Tā wānxia ~ qù jì xiédàir. *He bent over to tie his shoes.* (2)同"身体"shēntǐ (2) *same as* "身体" (2)：他最近~不太好。Tā zuìjìn ~ bú tài hǎo. *His health hasn't been good lately.* /要爱护自己的~。Yào àihù zìjǐ de ~. *You ought to take care of your health.*

呻 shēn

【呻吟】shēnyín (动)〈书〉*groan*; *moan*

绅 〔紳〕shēn

【绅士】shēnshì (名) *gentleman*; *gentry*

深 shēn

(形)(1) *deep*：~水 ~ shuǐ *deep water* /~洞 ~ dòng *deep hole* /胡同很~ hútòng hěn ~ *a deep alley* /这件事我一直~藏在心里。Zhè jiàn shì wǒ yìzhí ~ cáng zài xīnli. *I have always hidden this matter deep in my heart.* (2)离开

始的时间久 *late*：~夜 ~yè *late at night* /~冬 ~dōng *late in winter* /年一日久 nián ~ rì jiǔ *as the years go by* (3)难懂，难理解 *difficult to understand*：学习总是要由浅入~。Xuéxí zǒng shì yào yóu qiǎn rù ~. *You should always go from the easy to the difficult when studying.* /这本书对初学者来说太~了。Zhè běn shū duì chūxuézhě lái shuō tài ~ le. *This book is too difficult for beginners.* (4)深刻，深入 *deepgoing*; *thorough*; *profound*：含义~ hányì ~ *profound meaning* /道理很~。Dàoli hěn ~. *profound truth* /~思 ~sī *deep thought* /印象不~。Yìnxiàng bù ~. *not a deep impression* (5)(感情)厚，(关系)密切 *intimate*; *close*：情~谊长 qíng ~ yì cháng *profound friendship* /两个人的关系很~。Liǎng ge rén de guānxi hěn ~. *Those two have a very intimate relationship.* /~交 ~jiāo *on intimate terms* (6)颜色浓重 *dark*; *strong (color)*：~色 ~ sè *dark (color)* /色彩很~。Sècǎi hěn ~. *of a dark shade* (副)有"很""十分"的意思，表示程度高，只修饰单音节动词 *very*; *greatly*; *deeply (only modifies a monosyllabic verb)*：我对失掉去法国任教的机会~感遗憾。Wǒ duì shīdiào qù Fǎguó rènjiào de jīhuì ~ gǎn yíhàn. *I deeply regret missing the chance to go to France to teach.* /他~恐得罪了他的上司，所以对此事决不表态。Tā ~ kǒng dézuìle tā de shàngsi, suǒyǐ duì cǐ shì jué bù biǎo tài. *He is very much afraid of offending his boss so he refuses to take a stand on this matter.* /参加了今天的先进人物报告会，大家都~受教育。Cānjiāle jīntiān de xiānjìn rénwù bàogàohuì, dàjiā dōu ~ shòu jiàoyù. *We all learned a great deal by attending the advanced individuals reports today.* /他~有感触地说："我理解你的心情。" Tā ~ yǒu gǎnchù de shuō: "wǒ lǐjiě nǐ de xīnqíng." *He said with deep feeling, "I understand your frame of mind."* "深深"多修饰双音节动词，可带"地"("深深" usu. modifies a disyllabic verb and can take "地")：全中国人民都~~地怀念着敬爱的周总理。Quán Zhōngguó rénmín dōu ~ ~ de huáiniànzhe jìng'ài de Zhōu zǒnglǐ. *The people of China deeply cherish the memory of the respected and beloved Premier Zhou.* /他~~地热爱家乡的湖光山色，并写了一首长诗来赞美它。Tā ~ ~ de rè'ài jiāxiāng de húguāng shānsè, bìng xiěle yì shǒu cháng shī lái zànměi tā. *He deeply loves the scenery of his native place and has even written a long poem eulogizing it.* /他们的讲演~~地打动了听众的心。Tāmen de jiǎngyǎn ~ ~ de dǎdòngle tīngzhòng de xīn. *Their lectures deeply moved the audience.*

【深奥】shēn'ào (形)(道理、含义等)艰深不易理解 *difficult to understand*; *abstruse*; *profound (e.g., sense, meaning, etc.)*：~难懂 ~ nán dǒng *inscrutable* /~的道理 ~ de dàoli *obscure reason* /经典著作太~，读不懂。Jīngdiǎn zhùzuò tài ~, dú bù dǒng. *Classical works are too abstruse. I can't understand them.* /这篇文章虽然专业性很强，但写得并不~。Zhè piān wénzhāng suīrán zhuānyèxìng hěn qiáng, dàn xiě de bìng bù ~. *Although this essay is highly specialized, it is not difficult to understand.*

【深长】shēncháng (形)(言语、文章含义)深远，值得反复体会 *profound*; *far-reaching (e.g., the meaning of an essay, speech, etc.)*：意味~ yìwèi ~ *pregnant with meaning*; *significant* /老人的话饱含哲理，语意~。Lǎorén de huà bǎo hán zhélǐ, yǔyì ~. *The words of that old man are full of philosophy and profound meaning.*

【深沉】shēnchén (形)(1)浓重(指天色) *dark*; *thick (referring to the color of the sky)*：暮色~ mùsè ~ *darkening twilight* /~的夜 ~ de yè *thick of the night* (2)低沉，庄重(多指声音) *deep*; *heavy (refers to sound)*：语调~ yǔdiào ~ *heavy tone* /~的乐曲声 ~ de yuèqǔ shēng *heavy music* (3)沉着、稳重，不易表露(多指人的性格方面) *buttoned up*; *reticent*; *not readily expressing oneself (refers to*

a person's disposition)：感情～ gǎnqíng ～ *hidden feelings*；*unspoken feelings*；*restrained feelings* /～的目光～ de mùguāng *silent gaze* /他的性格～，话不多，玩笑更少。Tā de xìnggé ～，huà bù duō，wánxiào gèng shǎo. *He has a reserved personality. He doesn't talk much, and he jokes even less.*

【深仇大恨】shēn chóu dà hèn 极深极大的仇恨 *bitter and deep-seated hatred*：怀着～ huáizhe ～ *harboring bitter hatred* /我们之间没有～。Wǒmen zhī jiān méi yǒu ～. *There's no hostility between us.*

【深度】shēndù（名）(1)深浅的程度 *degree of depth*；*depth*：你知道这个湖的～吗？Nǐ zhīdao zhège hú ～ ma？*Do you know the depth of this lake?*(2)(工作、认识等)达到的程度 *the level attained*（*in one's work*，*knowledge*，*etc.*）；*depth*：他对这个问题的研究有一定～。Tā duì zhège wèntí de yánjiū yǒu yídìng ～. *His research concerning this problem is quite deep.*(3)事物发展的更高程度 *higher level of development*：生产向～发展。Shēngchǎn xiàng ～ fāzhǎn. *Production is expanding towards higher levels of development.* /他的眼睛是～近视，大概1200°。Tā de yǎnjing shì ～ jìnshì，dàgài yìqiān èrbǎi dù. *He is highly short-sighted，around 1200°.*

【深更半夜】shēn gēng bàn yè 深夜 *late at night*；*in the dead of the night*

【深耕】shēn gēng 较深地翻松土壤 *deep ploughing*

【深耕细作】shēn gēng xì zuò 农业上深翻土壤，细致地管理作物 *deep ploughing and meticulous cultivation*

【深厚】shēnhòu（形）(1)(感情)浓厚 *deep*；*profound*：情意～ qíngyì ～ *deep affection* /～的感情～ de gǎnqíng *profound feelings* /表示～的同情 biǎoshì ～ de tóngqíng *express deep sympathy* (2)(基础)坚实 *solid*；*strong*（*e. g.*，*foundation*）：～的文学修养～ de wénxué xiūyǎng *solid literary training* /～的理论基础～ de lǐlùn jīchǔ *solid theoretical foundation* /演员的功底很～。Yǎnyuán de gōngdǐ hěn ～. *That actor has solid fundamentals.*

【深呼吸】shēnhūxī（动）*deep breathing*

【深化】shēnhuà（动）*deepen*

【深究】shēnjiū（动）进一步地追问、追查 *get to the bottom of a matter*；*question closely*

【深居简出】shēn jū jiǎn chū 平日总呆在家里，很少出门 *be reclusive in one's own home*

【深刻】shēnkè（形）(1)揭示出了事物的本质 *incisive*；*profound*；*bringing to light the essence of something*：内容～ nèiróng ～ *profound contents* /谈得很～ tán de hěn ～ *speak profoundly* /小说～地揭露了封建帝王的虚弱本质。Xiǎoshuō ～ de jiēlùle fēngjiàn dìwáng de xūruò běnzhì. *The novel incisively exposed the feudal monarch's feeble character.*(2)内心感受很深 *deep*；*profound*；*deeply felt*：～的体会 ～ de tǐhuì *profound understanding* /印象～ yìnxiàng ～ *deep impression*

【深谋远虑】shēn móu yuǎn lǜ 计划周密，而且从长远观点考虑 *plan carefully and with foresight*；*be circumspect*：由于他的～，人们才战胜了今天的困难。Yóuyú tā de ～，rénmen cái zhànshèngle jīntiān de kùnnan. *Owing to his foresight and careful planning, people（finally）have overcome the present difficulties.* /～是做好工作的条件之一。～ shì zuòhǎo gōngzuò de tiáojiàn zhī yī. *Being circumspect is one of the conditions for doing good work.*

【深浅】shēnqiǎn（名）(1)深度 *depth*；*degree of depth*：他知道这口枯井的～。Tā zhīdao zhè kǒu kūjǐng de ～. *He knows the depth of this dry well.*(2)说话的适当程度 *the proper limits of speech*；*sense of propriety in speaking*：这孩子说话没～，您别生气。Zhè háizi shuō huà méi ～，nín bié shēng qì. *This child speaks without thinking，（so）don't get angry.*(3)难易程度 *degree of difficulty*：那几篇文章作教

材～合适。Nà jǐ piān wénzhāng zuò jiàocái ～ héshì. *Those several essays are suitably challenging to serve as teaching materials.*

【深切】shēnqiè（形·非谓）〈书〉(1)深厚而亲切 *heartfelt*；*deep*：～的关怀～ de guānhuái *heartfelt solicitude* /这表示母亲对我们最～的爱。Zhè biǎoshì mǔqin duì wǒmen zuì ～ de ài. *This expresses mom's deepest love for us.*(2)深厚而切实 *deep*；*earnest*；*conscientious*：有～的了解 yǒu ～ de liǎojiě *have a deep understanding* /这使我～地体会到学习的重要。Zhè shǐ wǒ ～ de tǐhuì dào xuéxí de zhòngyào. *This caused me to earnestly realize the importance of study.*

【深情】shēnqíng（名）人与人之间的很深的感情，可以是爱情，也可以是其它友好的感情 *deep feelings which people have for each other*；*love or feelings of friendship*

【深情厚谊】shēn qíng hòu yì 深厚的感情和友谊 *deep love and friendship*：我们两国人民之间的～是源远流长的。Wǒmen liǎng guó rénmín zhī jiān de ～ shì yuán yuǎn liú cháng de. *The friendship between our two peoples goes back a long way.* /共同的理想和事业是他们～的基础。Gòngtóng de lǐxiǎng hé shìyè shì tāmen ～ de jīchǔ. *Common ideals and causes are the foundation of their friendship.*

【深入】shēnrù（动）进到事物内部或中心 *penetrate into*；*enter deeply into*：～生活 ～ shēnghuó *plunge into the thick of life* /～实际 ～ shíjì *go deep into life's realities* /他计划用三分之二的时间～农村搞调查。Tā jìhuà yòng sān fēn zhī èr de shíjiān ～ nóngcūn gǎo diàochá. *He plans to use two thirds of his time going into the countryside to do some investigation.*（形）透彻，深刻 *penetrating*；*thorough*：～的调查 ～ de diàochá *thorough investigation* /小王工作很～。Xiǎo Wáng gōngzuò hěn ～. *Xiao Wang's work is very thorough.* /他工作做得又细致又～。Tā gōngzuò zuò de yòu xìzhì yòu ～. *He does thorough and meticulous work.*

【深入浅出】shēn rù qiǎn chū 把深奥的道理用简明易懂的语言文字表达出来 *express the profound in simple，easy to understand language*：～地讲课最受欢迎。～ de jiǎng kè zuì shòu huānyíng. *Lecturing in simple terms is（always）very well received.* /没有透彻的了解就做不到～。Méi yǒu tòuchè de liǎojiě jiù zuò bu dào ～. *Without a thorough understanding you cannot explain difficult things in simple terms.*

【深入人心】shēnrù rénxīn（政策法令等)完全符合大众的感情和愿望 *completely accord with the sentiments and hopes of the public*（*e. g.*，*policies*，*laws*，*etc.*）：建设中国式的社会主义已经～。Jiànshè Zhōngguóshì de shèhuìzhǔyì yǐjīng ～. *Building Chinese style socialism is already in line with the aspirations of the people.*

【深山】shēnshān（名）*remote mountains*

【深思】shēnsī（动）深入地思考 *ponder deeply*

【深思熟虑】shēn sī shú lǜ 反复深入地思考 *think about deeply over and over again*；*consider carefully*：经过～，他才做出这个决定。Jīngguò ～，tā cái zuòchū zhège juédìng. *Having given it careful consideration，he（finally）made this decision.* /～以后，他到西藏去工作了。～ yǐhòu，tā dào Xīzàng qù gōngzuò le. *After careful consideration，he went to work in Tibet.*

【深邃】shēnsuì（形）〈书〉(1)从上到下或从外到里的距离大 *deep*；*a long way from top to bottom，or from the outside in*：他们发现一个～的山洞，走了半小时还没到底。Tāmen fāxiàn yí ge ～ de shāndòng，zǒule bàn xiǎoshí hái méi dào dǐ. *They discovered a deep cave. After walking a half hour，they still didn't find its base.*(2)(道理)深奥 *abstruce*；*profound*（*e. g.*，*sense*）：我总觉得佛理～玄妙，难以理解。Wǒ zǒng juéde fólǐ ～ xuánmiào，nányǐ lǐjiě. *I've always felt that Buddhist thought is deeply profound and dif-*

ficult to understand.

【深恶痛绝】shēn wù tòng jué 讨厌憎恨到了极点 abhor；loathe：爱好和平的人民对战争～。Àihào hépíng de rénmín duì zhànzhēng ～. Pacifists detest war.

【深信】shēn xìn believe deeply：～不疑 ～ bù yí believe beyond the shadow of a doubt／人们～他会回来的。Rénmen ～ tā huì huílai de. People are quite confident that he's coming back.／我～我们的事业一定能成功。Wǒ ～ wǒmen de shìyè yídìng néng chénggōng. I firmly believe that we can be successful in our cause.

【深夜】shēnyè（名）late at night；in the wee hours

【深渊】shēnyuān（名）abyss

【深远】shēnyuǎn（形）（意义、影响等）深而长远 deep and lasting (e. g., meaning, an impression, etc.)：～的影响 de yǐngxiǎng a lasting influence／对失足青年的教育，意义～。Duì shīzú qīngnián de jiàoyù, yìyì ～. Rehabilitating juvenile delinquents is deeply significant.

【深造】shēnzào（动·不及物）进一步学习提高 pursue advanced studies；take advanced courses：他工作以后又进大学了两年。Tā gōngzuò yǐhòu yòu jìn dàxué ～ le liǎng nián. After having worked, he reentered college and took advanced courses for two years.／大学毕业以后再～，不一定读学位。Dàxué bì yè yǐhòu zài ～, bù yídìng dú xuéwèi. After graduating from college, one can pursue advanced studies, but not necessarily towards a degree.

【深重】shēnzhòng（形）（灾难、危机、罪恶等）程度深 very grave；deep；extremely serious (e. g., disaster, crisis, crime, etc.)：干旱造成～的灾难。Gānhàn zàochéng ～ de zāinàn. The drought brought about a serious disaster.／发达国家把～的经济危机转嫁到第三世界人民的头上。Fādá guójiā bǎ ～ de jīngjì wēijī zhuǎnjià dào dìsān shìjiè rénmín de tóu shang. Developed countries transfer serious economic crises to the third world people.

shén

什 shén
另见 shí

【什么】shénme（代）(1)表示疑问，问事物 what ①本身代表事物 what (pronoun)：～是词和词组？～ shì cí hé cízǔ? What are words and phrases?／你喜欢做～? Nǐ xǐhuan zuò ～? What do you like to do? ②作定语，可修饰事物、时间、地方，也可修饰人 what (acts as an attribute or modifier for things, time, places, and people)：这是～书? Zhè shì ～ shū? What book is this?／你有～事? Nǐ yǒu ～ shì? What problem do you have?／谁告诉你的～ rén gàosu nǐ de? Who told you that?／他是你的～人? Tā shì nǐ de ～ rén? What relationship do you have with him?／你～时候去? Nǐ ～ shíhou qù? What time are you going?／～地方的风景好? ～ dìfang de fēngjǐng hǎo? What place has beautiful scenery? (2)指不确定的事物、地方等 (refers to an indefinite thing, place, etc.)：这几天，我总想写点儿～. Zhè jǐ tiān, wǒ zǒng xiǎng xiě diǎnr ～. These days I'm always thinking of writing a little something.／～时候咱们去趟西湖。～ shíhou zánmen qù tàng Xī Hú. Let's go to the West Lake one of these days.／想找个～地方休息两天。Xiǎng zhǎo ge ～ dìfang xiūxi liǎng tiān. I'm thinking of finding some place to rest for a couple of days. (3)用在"也"或"都"前边，表示在所说的范围里边没有例外 (任指) (used in front of "也" or "都" to express that there are no exceptions to the said limits)：吹、拉、弹、唱，他～都会。Chuī、lā、tán、chàng，tā ～ dōu huì. When it comes to singing or playing any kind of instrument, he can do it all.／两三天了，他～也吃不下去。Liǎng-sān tiān le, tā ～ yě chī bu xiàqù. He didn't eat a thing for two or three days. (4)两个"什么"前

后照应，表示前者决定后者 whatever (when used twice, it expresses that the former decides the latter)：日子好过了，现在是想吃～，就买～。Rìzi hǎoguò le, xiànzài shì xiǎng chī ～, jiù mǎi ～. Since life is easier now, whatever we want to eat we just go ahead and buy it.／我想～时候走，就～时候走，谁也管不着。Wǒ xiǎng ～ shíhou zǒu, jiù ～ shíhou zǒu, shuí yě guǎn bu zháo. Whenever I want to go I just go. I don't have to ask anybody's permission. (5)构成反问句 (forms a rhetorical question) ①用在动词后，表示不必或不应该这样做 (used after a verb to express something that needn't or shouldn't be done)：哭～，这次没考好还有下次嘛。Kū ～, zhè cì méi kǎohǎo hái yǒu xià cì ma. You needn't cry. If you didn't do well on this test, there's still next time.／你喊～，人家正上课呢! Nǐ hǎn ～, rénjia zhèng shàng kè ne! What are you shouting for? Everybody is in class now! ②用在谓语性的词语前，表示不相信或不同意对方这样说 (used before the predicate to express disbelief or disagreement with what is said)：～不会写，我看是不想写。～ bú huì xiě, wǒ kàn shì bù xiǎng xiě. What do you mean you can't write? I think it's just that you don't want to write.／～嗓子疼，你就是不愿意唱罢了! ～ sǎngzi téng, nǐ jiùshì bú yuànyì chàng bàle! What do you mean your throat hurts? You just don't want to sing, that's all./～一小时翻完，三个小时能翻完就不错。～ yì xiǎoshí fānwán, sān ge xiǎoshí néng fānwán jiù búcuò. What do you mean it takes (just) an hour to finish translating? If you can finish in three, that's pretty good. ③用在名词前，表示不满或蔑视 (used before a noun to express dissatisfaction or dislike)：这叫～活儿，谁干的? Zhè jiào ～ huór, shuí gàn de? What the heck kind of job is this? Who did it?／～语言学家，瞎吹! ～ yǔyánxuéjiā, xiā chuī! Linguist, hoh, that's mere bragging! ④"有什么"用在形容词或描性词语前，表示不以为然 "有什么" used before an adjective or descriptive term expresses disagreement：这有～难学的，我教你。Zhè yǒu ～ nán xué de, wǒ jiào nǐ. What's so difficult about this? I (can) teach you it.／这有～不好意思的，谁不爱美呀! Zhè yǒu ～ bù hǎoyìsi de, shuí bú ài měi ya! How is this embarrassing? After all who doesn't like to be good-looking!／我们有～对不起你的，你埋怨什么! Wǒmen yǒu ～ duì bu qǐ nǐ de, nǐ mányuàn shénme! In what way did we let you down? Why do you complain? (6)单用时，表示惊讶或不满 "shénma" (by itself expresses surprise or dissatisfaction)：～! 他死了! 昨天不是还好好的吗? ～! Tā sǐ le! Zuótiān búshì hái hǎohǎor de ma? What?! He died! Wasn't he alright (just) yesterday?／～! 他不干了，没那么容易! ～! Tā bù gàn le, méi nàme róngyì! What?! Wash your hands of it? You can't get away that easy. (7)用在几个并列成分前，表示列举 (used before several juxtaposed items to express a list)：他的爱好多啦! ～写诗、画画儿，唱歌、跳舞都行。Tā de àihào duō la! ～ xiě shī、huà huàr、chàng gē、tiào wǔ dōu xíng. He has many hobbies. He writes poetry, paints, sings, dances, everything.

【什么的】shénmede（代）用在一个或几个并列的成分后，表示"……之类"的意思 (used after one or several items) and what not：苹果、鸭梨、葡萄～，是北方的水果。Píngguǒ、yālí、pútáo ～, shì běifāng de shuǐguǒ. Apples, pears, grapes, and so on are northern fruits.／英语、汉语、俄语～，他都说得不错。Yīngyǔ、Hànyǔ、Éyǔ ～, tā dōu shuō de búcuò. He speaks English, Chinese, Russian, and so on pretty well.

神 shén
（名）(1)神 god；deity；divinity (2)◇精神；注意力 spirit；mind；attention：劳～ láo ～ tax one's mind／这孩子的眼睛特别有～。Zhè háizi de yǎnjing tèbié yǒu ～. This

child is especially bright-eyed.

【神采】 shéncǎi (名)〈书〉(人面部)很有精神很健康的样子 *(of a person's face) a spirited and healthy appearance*

【神采奕奕】 shéncǎi yìyì 脸色健康、精神饱满 *glowing with health and radiating vigor*：老人～，健步登上主席台。 Lǎorén ～, jiànbù dēngshàng zhǔxítái. *Full of vim and vigor, the old man briskly strode up to the rostrum.*

【神出鬼没】 shén chū guǐ mò 原指用兵打仗机动灵活。现也泛指变化巧妙迅速，出没无常，不容易捉摸 *formerly referred to the use of quick, mobile forces to wage war; now it refers to changing cleverly and quickly, appearing and disappearing unexpectedly, so as to be unfathomable*：我军～，打得敌人晕头转向。 Wǒ jūn ～, dǎ de dírén yūn tóu zhuàn xiàng. *Our forces struck like lightning and hit our enemies so hard that they were thrown into confusion.* /这伙小青年～的，你也摸不清他们整天干什么。 Zhè huǒ xiǎoqīngnián ～ de, nǐ yě mō bu qīng tāmen zhěng tiān gàn shénme. *These teenagers come and go quite suddenly. You can't find out what they do all day.*

【神父】 shénfu (名) 同 "神甫" shénfu *same as* "神甫" shénfu

【神甫】 shénfu (名) Catholic father; priest

【神怪】 shénguài (名) gods and spirits

【神乎其神】 shén hū qí shén 神秘奇妙到了极点，有夸张的味道 *fantastic; marvelous; miraculous (has an exaggerated overtone)*：什么事情一到了他嘴里，就变得～了。 Shénme shìqíng yí dàole tā zuǐ lǐ, jiù biàn de ～ le. *Anything he talked about became something fantastic.* /这种药说得～的，我吃了一个月病也没好。 Zhè zhǒng yào shuō de ～ de, wó chīle yí ge yuè bìng yě méi hǎo. *This kind of medicine was said to be miraculous. (But) I took it for a month and didn't get better.*

【神话】 shénhuà (名) mythology; myth; fairy tale

【神机妙算】 shén jī miào suàn 形容计谋过人，善于根据客观情势决定策略，达到预期的目的 *adept at choosing tactics according to the objective circumstances and achieving the expected goal (e. g., an excellent stratagem)*

【神经】 shénjīng (名)〈生理〉nerve

【神经病】 shénjīngbìng (名)〈医〉(1) neuropathy (2) mental disorder

【神经错乱】 shénjīng cuòluàn mentally deranged; insane

【神经过敏】 shénjīng guòmǐn (1) neuroticism (2) hypersensitive

【神经科】 shénjīngkē (名)〈医〉neurology

【神经末梢】 shénjīng mòshāo〈生理〉nerve ending

【神经衰弱】 shénjīng shuāiruò〈医〉neurasthenia

【神经系统】 shénjīng xìtǒng〈生理〉nervous system

【神经质】 shénjīngzhì (形) nervous

【神经中枢】 shénjīng zhōngshū〈生理〉nerve center

【神龛】 shénkān (名) 旧时供奉神像或祖宗牌位的小阁子 shrine

【神力】 shénlì (名) 比喻超过平常人的力量 superhuman strength

【神灵】 shénlíng (名) gods; deities; divinities

【神秘】 shénmì (形) mysterious; mystical：电脑对我来说是很～的。 Diànnǎo duì wǒ lái shuō shì hěn ～ de. *To me computers are really mysterious.* /昨天夜里他很～地跑出去一趟，不知干什么。 Zuótiān yèli tā hěn ～ de pǎo chuqu yí tàng, bù zhī gàn shénme. *Last night he mysteriously ran out on some trip. I don't know what he did.*

【神妙】 shénmiào (形) 非常高明巧妙 ingenious; brilliant

【神奇】 shénqí (形) 不能解释的、巧妙的 magical; mystical; mysterious：他不知用什么～的力量说服了她。 Tā bù zhī yòng shénme ～ de lìliàng shuōfúle tā. *He persuaded her using I don't know what kind of magical power.*

【神气】 shénqì (形) (1) 精神饱满而有朝气 spirited; vigor-

ous：你今天这么一打扮，还挺～。 Nǐ jīntiān zhème yì dǎbàn, hái tǐng ～. *Dressed up like this today, you look very sporty.* (2) (自以为优越而表现出) 得意或傲慢的样子 proud and arrogant; cocky：他获得博士学位以后就一十足了。 Tā huòdé bóshì xuéwèi yǐhòu jiù ～ shízú le. *After getting his doctorate, he became downright cocky.* /有什么可～的? 不就是嫁了个有钱的丈夫? Yǒu shénme kě ～ de? Bú jiù shì jiàle ge yǒu qián de zhàngfu? *What's she so cocky about? Isn't it just because she married a rich husband!*

(名) 脸上的表情，由此看出人的态度或思想状况 facial expression：今天他的～不对头，心里一定有事。 Jīntiān tā de ～ bú duìtóu, xīnli yídìng yǒu shì. *He has a strange expression today. Something must be eating him.* /你不要总是摆出高人一等的～。 Nǐ búyào zǒng shì bǎichū gāo rén yì děng de ～. *Don't go putting on snobbish airs all the time.*

【神枪手】 shénqiāngshǒu (名) crack shot; expert marksman

【神情】 shénqíng (名) 脸上表现出来的样子，可以由此看出心理状态的 expression; look (which reveals a person's state of mind)：显出高兴的～ xiǎnchū gāoxìng de ～ *display a happy expression* /焦急的～ jiāojí de ～ *an anxious look*

【神权】 shénquán (名) (1) 迷信的人认为鬼神所具有的支配人的命运的权力 divine authority; theocracy (2) 历史上一些最高统治者宣扬其权力是神所赋予的，故意把这种统治权力称神权 divine right

【神色】 shénsè (名) 同 "神情" shénqíng *same as* "神情" shénqíng：～慌张 ～ huāngzhāng flurried

【神圣】 shénshèng (形) sacred; holy：～的权力 ～ de quánlì sacred authority

【神似】 shénsì (动) 极相似或精神实质上相似 bear a strong likeness; be alike in spirit：齐白石画的虾非常～。 Qí Báishí huà de xiā fēicháng ～. *The shrimps painted by Qi Baishi are really lifelike.* /契诃夫对小人物心理的描写惟妙惟肖，十分～。 Qìhēfū duì xiǎo rénwù xīnlǐ de miáoxiě wéi miào wéi xiào, shífēn ～. *Chekhov's description of the inner world of insignificant people is very vivid and true to life.*

【神速】 shénsù (形) 出奇地快 remarkably quick：兵贵～ bīng guì ～ *speed is precious in war* /运算～ yùnsuàn ～ *remarkably quick with math operations*

【神态】 shéntài (名) 神情态度 expression; attitude; bearing：～自如 ～ zìrú free and easy attitude

【神通】 shéntōng (名) 指特殊的本领，高明的手段 (佛教用语，指无所不能的力量) special skill; brilliant method; remarkable ability (a Buddhist term for omnipotent power)

【神童】 shéntóng (名) child prodigy

【神往】 shénwǎng (动) 内心向往 be carried away; be rapt：那里山清水秀令人～。 Nàli shān qīng shuǐ xiù lìng rén ～. *The green hills and the beautiful waters there enchant people.*

【神位】 shénwèi (名) 旧时宗庙、祠堂中或祭祀时设立的牌位 memorial tablets which in the old days were found in ancestral temples or which were set up for offering sacrifice

【神仙】 shénxiān (名) supernatural or celestial being

【神像】 shénxiàng (名) 神佛的图像、塑像 picture or statue of a god or Buddha

【神效】 shénxiào (名) 惊人的效验 amazing results; remarkable effects

【神学】 shénxué (名) theology

【神志】 shénzhì (名) 人的知觉和意识 consciousness; mind：他体温很高，～不清。 Tā tǐwēn hěn gāo, ～ bù qīng. *His temperature is very high. His mind isn't clear.*

【神州】 Shénzhōu (名) 指中国 China

shěn

审〔審〕shěn

(动) (1)〈◇〉审查 examine; go over：～稿 ～ gǎo go over

a manuscript or draft (2)审问案情 *interrogate*; *try*：～犯人 ～ fànrén *interrogate a prisoner* /～案 ～ àn *try a case*

【审查】shěnchá（动）*examine*; *investigate*：～教科书 ～ jiàokēshū *examine a textbook* /～代表资格 ～ dàibiǎo zīgé *examine a representative's credentials*

【审定】shěndìng（动）审查决定 *examine and decide*：～计划 ～ jìhuà *review and decide upon a plan* /一切提案都需领导～。Yíqiè tí'àn dōu xū lǐngdǎo ～. *All the proposals need to be reviewed and decided upon by the leaders.*

【审干】shěn＝gàn 对干部进行审查；也特指中国五十年代对所有干部进行的一次全面政治审查，简称"审干"或"审干运动" *examine a cadre*; *especially refers to the comprehensive political examination of all cadres in China during the 1950's*, *known as "审干" or "审干运动"*

【审核】shěnhé（动）审查核定 *examine and verify*：～预算 ～ yùsuàn *examine and approve a budget* /～财政收入 ～ cáizhèng shōurù *examine and verify (public) revenue*

【审计】shěnjì（动）国家审计机关对各级政府的财政收支、国家财政金融机构和企事业组织的财政收支进行审核监督 *audit*

【审理】shěnlǐ（动）〈法〉法院审查处理（案件）（*of a law court*）*hear or try a case*：～一件贪污案 ～ yí jiàn tānwū àn *hear a embezzlement case* /此案由他～。Cǐ àn yóu tā ～. *This case is to be tried by him.*

【审美】shěnměi（动·不及物）指对事物，特别是艺术品的美丑的领会和鉴别 *comprehend and distinguish between the beautiful and the ugly*, *especially in artistic works*; *appreciate the aesthetic value*：～观 ～ guān *aesthetic standard*, *aesthetic point of view* /～能力 ～ nénglì *aesthetic judgement*

【审判】shěnpàn（动）〈法〉*bring to trial*; *try*：～交通肇事犯 ～ jiāotōng zhàoshìfàn *try a traffic offender* /对经济纠纷案进行～ duì jīngjì jiūfēn àn jìnxíng ～ *try a case involving a financial dispute*

【审批】shěnpī（动）*examine and approve*：修建计划要由上级～。Xiūjiàn jìhuà yào yóu shàngjí ～. *Construction plans need to be examined and approved by the authorities.*

【审慎】shěnshèn（形）*cautious*; *careful*；对此事的决定要采取～的态度。Duì cǐ shì de juédìng yào cǎiqǔ ～ de tàidu. *You need to adopt a cautious attitude in deciding upon this matter.*

【审时度势】shěn shí duó shì 了解时势（的特点），估计形势（的变化）*size up the situation*

【审视】shěnshì（动）〈书〉仔细看 *look at carefully and attentively*：他翻来覆去～了半天，也判断不出这张古画的真假。Tā fānlái fùqù ～ le bàntiān, yě pànduàn bu chū zhè zhāng gǔ huà de zhēnjiǎ. *He carefully looked over the old painting for a long lime, (but) couldn't determine if it was genuine or not.*

【审问】shěnwèn（动）同"审讯" shěnxùn *same as* "审讯" shěnxùn

【审讯】shěnxùn（动）*interrogate*; *try*

【审议】shěnyì（动）审查讨论 *discuss the findings of an examination*; *deliberate*

【审阅】shěnyuè（动）（对文件、文稿等）在阅读中审查（是否有错漏等）*read over and examine papers or documents*：这个文件已由领导～过了。Zhège wénjiàn yǐ yóu lǐngdǎo ～ guò le. *This document has already been checked over and approved by the authorities.* /本书稿经专家～过，可以出版。Běn shūgǎo jīng zhuānjiā ～ guò, kěyǐ chūbǎn. *This book draft has been checked over by an expert. It can be published now.*

婶〔嬸〕shěn
（名）◇（1）婶母 *the wife of one's father's younger*

brother；*aunt* (2)对跟母亲同辈的年纪较小的已婚妇女的称呼 *title for a woman who is already married and who is younger than one's mother in age*

【婶母】shěnmǔ（名）叔父的妻子 *the wife of one's father's younger brother*

shèn

肾〔腎〕shèn
（名）〈生理〉*kidney*

【肾上腺】shènshàngxiàn（名）〈生理〉*adrenal gland*

【肾炎】shènyán（名）〈医〉*nephritis*

【肾盂炎】shènyúyán（名）〈医〉*pyelitis*

【肾脏】shènzàng（名）〈生理〉*kidney*

甚 shèn
（副）〈书〉有"很""极"的意思，表示程度很深，修饰形容词、描写性短语、某些动词和助动词（*has the same meaning as "很" hěn or "极" jí*; *modifies an adjective*, *a descriptive phrase*, *certain verbs and certain auxiliary verbs*）*very*; *extremely*：这个国家新内阁的组成对政局的影响～大。Zhège guójiā xīn nèigé de zǔchéng duì zhèngjú de yǐngxiǎng ～ dà. *The formation of this country's new cabinet will exert a tremendous influence on the political situation.* /北京的戏迷们～爱京剧艺术。Běijīng de xìmímen ～ ài jīngjù yìshù. *Beijing theatre fans love the art of Beijing opera very much.* /对于朋友的事，我～愿帮忙。Duìyú péngyou de shì, wǒ ～ yuàn bāng máng. *I am more than willing to help a friend out with his affairs.* "甚"修饰双音节形容词时，必须与"是"、"为"等连用（*when "甚" modifies a disyllabic adjective*, *it must be used together with "是" or "为"*）：那件倒霉事弄得他～是烦恼。Nà jiàn dǎoméi shì nòng de tā ～ shì fánnǎo. *That unfortunate matter has got him extremely vexed.* /这支青年突击队的行动～为迅速。Zhè zhī qīngnián tūjīduì de xíngdòng ～ wéi xùnsù. *The actions of this youth shock brigade are very swift.* "甚"可以修饰表示不愉快性质或有特殊意思的否定形式（*"甚" can modify a negative form which indicates sth. of an unfortunate nature or which has a special meaning*）：对此事的成功，他们～无把握。Duì cǐ shì de chénggōng, tāmen ～ wú bǎwò. *They have absolutely no certainty of success in this matter.* /要了解这个走私集团的内幕，～不容易。Yào liǎojiě zhège zǒusī jítuán de nèimù, ～ bù róngyì. *It is extremely difficult to get to know the inside story on this smuggling ring.* /才学了一年英语，他就想翻译小说，～不自量。Cái xuéle yì nián Yīngyǔ, tā jiù xiǎng fānyì xiǎoshuō, ～ bú zìliàng. *Having learned English for only one year, he is thinking of translating a novel. He really overestimates himself.* "甚"可受否定副词"不"修饰，"不甚"意思相当于"不很"（*"甚" can be modified by the negative adverb "不"*; *"不甚" (not very)*）：这些人的劳动态度不～端正，须进行教育。Zhèxiē rén de láodòng tàidu bú ～ duānzhèng, xū jìnxíng jiàoyù. *These people don't have a very correct attitude towards labour. They have to be educated.* /我对此人尚不～了解。Wǒ duì cǐ rén shàng bú ～ liǎojiě. *I don't know this person very well yet.*

【甚而】shèn'ér（连）〈书〉意思同"甚至"shènzhì *same as* "甚至" shènzhì：时间久了，我～连他是什么样子都回忆不起来了。Shíjiān jiǔ le, wǒ ～ lián tā shì shénme yàngzi dōu huíyì bù qǐlái le. *It has been such a long time that I can't even remember what he looks like.* /在城市，在农村，～在偏远的山区，都留下了他的足迹。Zài chéngshì, zài nóngcūn, ～ zài piānyuǎn de shānqū, dōu liúxiale tā de zújì. *He left his mark in cities, in the countryside, and even in remote mountain areas.*

【甚而至于】shèn'érzhìyú（连）〈书〉意思同"甚至" shènzhì same as "甚至" shènzhì；马老退休后，经常在公园里打拳，有时～跟年轻人一样跑步。Mǎ Lǎo tuì xiū hòu，jīngcháng zài gōngyuán li dǎ quán，yǒushí ～ gēn niánqīng rén yíyàng pǎo bù. *After his retirement, Old Ma often practises shadow boxing in the parks and sometimes even jogs like young people.* /他记忆力越来越坏，～常常忘记回家的路。Tā jìyìlì yuèláiyuè huài，～ chángcháng wàngjì huí jiā de lù. *His memory is getting worse and worse. He frequently even forgets his way home.*

【甚或】shènhuò（连）〈书〉意思同"甚至" shènzhì，不常用 same as "甚至" shènzhì（but seldom used）；这家纺织厂过去女工占三分之二，现在～百分之九十以上都是女工。Zhè jiā fǎngzhīchǎng guòqù nǚgōng zhàn sān fēn zhī èr，xiànzài ～ bǎi fēn zhī jiǔshí yǐshàng dōu shì nǚgōng. *Women workers used to make up 2/3 of the workers at this textile mill; now, even more than 90% are women workers.* /他要赶制一批风筝，常常睡得很晚，～一夜不眠，干到天亮。Tā yào gǎnzhì yì pī fēngzheng，chángcháng shuì de hěn wǎn，～ yí yè bù mián，gàndào tiān liàng. *He has to hurry and make a batch of kites, so he often goes to sleep very late; sometimes he goes so far as to not sleep all night but works through until daylight.*

【甚嚣尘上】shèn xiāo chén shàng 原指人声喧哗，尘土飞扬。现指反动言论十分嚣张 originally referred to making an uproar and raising a cloud of dust; now it refers to an aggressive and reactionary airing of public opinion；当时这些谬论～。Dāngshí zhèxiē miùlùn ～. *At that time these sham theories riled everybody up.* /一时间军国主义分子的反动言论～。Yìshíjiān jūnguózhǔyì fènzǐ de fǎndòng yánlùn ～. *At one time the reactionary views of militarists caused quite a clamor.*

【甚至】shènzhì（副）极力强调突出某一事例或某种情况，常与"都""也"配合或与"连"连用，加强语气 even；（go）so far as to；so much so that（usu. accompanied by "都" or "也" or used together with "连" to intensify the point）；这里的电话实在难打，～一两个小时还打不通。Zhèli de diànhuà shízài nán dǎ，～ yì-liǎng gè xiǎoshí hái dǎ bu tōng. *It's so hard to phone this place that sometimes you can dial for an hour or two without getting through.* /大饭店价格十分昂贵，有的一天～高达二百元之多。Dà fàndiàn jiàgé shífēn ángguì，yǒude yì tiān ～ gāo dá èrbǎi yuán zhī duō. *Prices in large hotels are extremely high. Some cost as much as 200 yuan or more per day.* /你这样不讲道理，～连三岁的孩子都不如。Nǐ zhèyàng bù jiǎng dàoli，～ lián sān suì de háizi dōu bùrú. *Even a three-year-old child is better than you when you're being unreasonable like this.* /这些杂事你完全可以少管，～不管。Zhèxiē záshì nǐ wánquán kěyǐ shǎo guǎn，～ bù guǎn. *You don't have to bother much about these miscellaneous affairs. You could even ignore them.* /那些暴徒大批屠杀黑人，～连婴儿也不放过。Nàxiē bàotú dàpī túshā hēirén，～ lián yīng'ér yě bù fàngguò. *Those thugs slaughtered masses of black people. They went so far as to not even let one infant go.* 有时也说"甚至于""甚而""甚而至于"，意思基本相同（"甚至于"，"甚而" or "甚而至于" may sometimes be said in lieu of "甚至"; the meaning remains basically the same）；他知道自己患了癌症以后更加拼命地工作，～于达到废寝忘食的程度。Tā zhīdào zìjǐ huànle áizhèng yǐhòu gèngjiā pīnmìng de gōngzuò，～yú dádào fèi qǐn wàng shí de chéngdù. *After he found out that he had cancer, he worked so much harder that he reached the point where he would forget food and sleep.*（连）连接并列的各种句子成分或分句，"甚至"以后的是最突出的，或者是更进一步的事例 even；（go）so far as to；so much so that（links juxtaposed component parts or clauses in sentences of all types；"甚至" is followed by an extreme or an example that has been taken a step further）；他是我们全市～全国青年的榜样。Tā shì wǒmen quán shì ～ quán guó qīngnián de bǎngyàng. *He is an example for the youth of our entire city and even for the whole country.* /他为国家和人民献出一切～自己的生命。Tā wèi guójiā hé rénmín xiànchū yíqiè ～ zìjǐ de shēngmìng. *He gave up everything —— even his own life —— for the country and the people.* /那次失败以后，他开始动摇，～完全丧失了勇气。Nà cì shībài yǐhòu，tā kāishǐ dòngyáo，～ wánquán sàngshīle yǒngqì. *After that failure, he started to waver and went so far as to lose all courage.* /她的固执，～有些孤僻的性格，使人不好接近。Tā de gùzhí，～ yǒuxiē gūpì de xìnggé，shǐ rén bù hǎo jiējìn. *Her stubborn and even slightly eccentric character makes her difficult to approach.* /他不但是个画家，对民间手工艺品和陶瓷艺术也很喜爱，他～还是个雕塑能手。Tā búdàn shì ge huàjiā，duì mínjiān shǒugōngyìpǐn hé táocí yìshù yě hěn xǐ'ài，tā ～ hái shì ge diāosù néngshǒu. *He's not only a painter, but is also fond of folk handicrafts and ceramics, and is even good at sculpturing.*

【甚至于】shènzhìyú（连）同"甚至" shènzhì（连）same as "甚至" shènzhì（连）；他的钱包、相机，～连护照都失而复得了，怎么能不高兴。Tā de qiánbāo、xiàngjī，～ lián hùzhào dōu shī ér fù dé le，zěnme néng bù gāoxìng. *How could he not be happy when he lost and recovered his wallet, his camera, and even his passport.* /大家意见都一致了，只有他不同意～唱反调。Dàjiā yìjiàn dōu yízhì le，zhǐyǒu tā bù tóngyì ～ chàng fǎndiào. *Everyone was of the same view. He alone not only disagreed but went so far as to sing a different tune.* /这几天冷得出奇，～连平常最不怕冷的人都叫起冷来了。Zhè jǐ tiān lěng de chūqí，～ lián píngcháng zuì bú pà lěng de rén dōu jiào qǐ lěng lai le. *It has been so unusually cold these past few days that even those who least mind the cold have been complaining about it.*

渗 〔渗〕shèn

（动）ooze；seep：水～进沙里。Shuǐ ～jìn shā li. *Water seeped into the sand.* /血从伤口～出来了。Xiě cóng shāngkǒu ～ chūlái le. *Blood oozed from the wound.*

【渗沟】shèngōu（名）sewer

【渗入】shènrù（动）(1)（液体）慢慢地进里面去 slowly permeate；seep into（e. g. , liquid）：春雨～大地。Chūnyǔ ～ dàdì. *Spring rains permeated the ground.* (2)比喻某种势力钻进来（多含贬义）for a certain kind of influence to find entry（mostly with a derogatory sense）：在我们的内部已经～了一些不纯分子。Zài wǒmen de nèibù yǐjīng ～le yìxiē bù chún fènzǐ. *Some seedy characters have already come into our midst.*

【渗透】shèntòu（动）(1)（液体）进入而且使东西完全变湿 permeate：没走多远，他的一双新鞋就～了泥水。Méi zǒu duō yuǎn，tā de yì shuāng xīn xié jiù ～ le níshuǐ. *He hadn't walked very far when muddy water seeped into his new pair of shoes.* (2)比喻一种事物或势力逐渐地进入另一种事物或势力（多用于抽象事物）infiltrate：经济～ jīngjì ～ economic infiltration /他们的进步～着老师们的心血。Tāmen de jìnbù ～zhe lǎoshīmen de xīnxuè. *Their improvement was infused with the teachers' efforts.*

慎 shèn

（形）◇谨慎，小心 prudent；cautious；careful

【慎重】shènzhòng（形）cautious；careful；discreet：对待工作既要大胆，又要～。Duìdài gōngzuò jì yào dàdǎn，yòu yào ～. *To handle work you need to be both daring and cautious.* /他的问题应该～处理。Tā de wèntí yīnggāi ～ chǔlǐ. *His problem should be dealt with carefully.* /我说的

持一态度,并不是犹豫不决。Wǒ shuō de chí ~ tàidu, bìng bú shì yóuyù bù jué. *What I said taking a cautious attitude doesn't mean hesitancy.*

shēng

升 shēng (动)(1)由低向上移动;提高 *rise; ascend; go up; hoist;* ~旗 ~ qí *hoist a flag* /火箭~向太空。Huǒjiàn ~ xiàng tàikōng. *The rocket ascended to outer space.* /太阳一起来了。Tàiyang ~ qilai le. *The sun has risen.* /温度~高。Wēndù ~gāo. *Temperature is rising.* (2)提高(等级)*promote; enhance; improve; upgrade:* ~班 ~ bān *go up one grade in school* /他由二秘~一秘了。Tā yóu èrmì ~ yīmì le. *He was promoted from second secretary to first secretary.* /三门功课不及格,他~不了班。Sān mén gōngkè bù jí gé, tā ~ bu liǎo bān. *Having flunked three courses, he isn't able to move up a grade in school.* (名)中国旧时量粮食的器具 *an instrument used to measure grain or food in the old days in China* (量)(1)*litre:* 一~啤酒 yì ~ pijiǔ *a litre of beer* (2)中国量粮食的单位 *a Chinese unit of measurement for grain* (=1 *litre*):十~是一斗。Shí ~ shì yì dǒu. *10 litres is one decalitre.*

【升格】shēng=gé 身分、地位等升高 *promote; upgrade* (e.g., status, capacity, etc.):山东师范学院已~为山东师范大学。Shāndōng Shīfàn Xuéyuàn yǐ ~ wéi Shāndōng Shīfàn Dàxué. *The Shandong Teachers College has already been upgraded to the Shandong Teachers University.*

【升官】shēng=guān 提升官职 *win promotion to a higher official position:*有些人为了~发财,经常谎报成绩,实在是祸国殃民。Yǒu xiē rén wèile ~ fā cái, jīngcháng huǎng bào chéngjì, shízài shì huò guó yāng mín. *Some people in order to win promotion and get rich lie about (their) achievements. This really harms the country and the people.*

【升华】shēnghuá (动)(1)(固态物质直接变为气体) *sublimate* (2)比喻某些事物的提高和精炼 *rise to a higher level; be purified; sublimate:*艺术是现实生活~的结果。Yìshù shì xiànshí shēnghuó ~ de jiéguǒ. *Art is the sublimation of life.*

【升级】shēng=jí (1)同“升班”shēng=bān *same as "升班" shēng=bān* (2)(战争)规模扩大,(事态紧张)程度加深 *escalate* (e.g., war); *intensify* (e.g., a strained situation):战争~ zhànzhēng ~ *The war is escalating.*

【升腾】shēngténg (动)(火焰、气体等)向上升起 *rise; leap up* (e.g., flames, gas, etc.):炉灶上蒸汽~,一会儿就弥漫了整个房间。Lúzào shang zhēngqì ~, yìhuìr jiù mímàn le zhěnggè fángjiān. *Steam arose from the kitchen range and in a little while fogged up the entire room.* /傍晚的山村,烟雾~,人欢马叫。Bàngwǎn de shāncūn, yānwù ~, rén huān mǎ jiào. *Towards evening smoke rose from the mountain village, and the place bustled with activity.*

【升学】shēng=xué 由低一级的学校进入高一级的学校 *enter a higher school:*很多高中毕业生升不了学,也有的不愿。要参加工作。Hěn duō gāozhōng bìyèshēng shēng bu liǎo xué, yě yǒude bú yuàn ~, yào cānjiā gōngzuò. *Many highschool graduates can't further their education, and some simply don't want to. They want to get a job.*

【升压】shēngyā (动·不及物)(电)*step up; boost*

【升值】shēng=zhí *revalue; appreciate*

生 shēng (动)(1)生存;活 *be alive* (2)生育,出生 *give birth to; bear:*~小孩儿 ~ xiǎoháir *give birth to a child* /他~在北京,所以叫京生。Tā ~ zài Běijīng, suǒyǐ jiào Jīngshēng.

He was born in Beijing, so he's called Jingsheng. (3)生长 *grow:*~根发芽 ~ gēn fā yá *take root and sprout* /手上~了一个小瘤子。Shǒu shang ~ie yí ge xiǎo liúzi. *A small tumor grew on his hand.* /这棵树新~出许多小树枝。Zhè kē shù xīn ~chū xǔduō xiǎo shùzhī. *This tree just sprouted many small branches.* (4)产生,发生 *produce; engender:*摩擦~电 mócā ~ diàn *friction produces electricity* (5)使燃烧 *cause sth. burn:*~火 ~ huǒ *make a fire* (形)(1)不熟 *unripe:*这些西红柿还是~的,所以不红。Zhèxiē xīhóngshì hái shì ~ de, suǒyǐ bù hóng. *These tomatoes are still unripe, so they're not red.* /这个西瓜太~,一点儿也不甜。Zhège xīguā tài ~, yìdiǎnr yě bù tián. *This watermelon is far from ripe, so it's not at all sweet.* (2)没有烹调过的 *raw; uncooked:*日本人喜欢吃~鱼。Rìběn rén xǐhuan chī ~ yú. *The Japanese like to eat raw fish.* /西红柿可以~吃。Xīhóngshì kěyǐ ~ chī. *Tomatoes can be eaten without being cooked.* /黄瓜比炒黄瓜好吃。~ huánggua bǐ chǎo huánggua hǎochī. *Raw cucumbers are more delicious than when stir-fried.* (3)生疏 *not familiar:*~地方 ~ dìfang *an unfamiliar place* /这个人看着眼~。Zhège rén kànzhe yǎn ~. *This man looks unfamiliar.* /我刚到这里,人~地不熟。Wǒ gāng dào zhèlǐ, rén ~ dì bù shú. *I just got here, so I feel like a stranger in a strange place.* /很多小孩怕~。Hěn duō xiǎoháir pà ~. *Many children are shy with strangers.* (名)◇(1)学生 *student:*他们师~两个关系非常好。Tāmen shī ~ liǎng ge guānxi fēicháng hǎo. *That teacher and his student have a very good relationship.* /招~ zhāo ~ *enroll new students; recruit students* (2)生命 *life:*获得新~ huòdé xīn~ *obtain a new life; get a new lease on life* /不幸因车祸丧~。Búxìng yīn chēhuò sàng ~. *Unfortunately he lost his life in a traffic accident.* (副)(1)表示程度深,有“很”“非常”的意思,修饰少数表示感情、感觉的词 *very; extremely* (modifies a small number of words which express an emotion or sensation):指导员轻手轻脚地走进营房,~怕惊醒那些酣睡的战士。Zhǐdǎoyuán qīng shǒu qīng jiǎo de zǒujìn yíngfáng, ~ pà jīngxǐng nàxiē hānshuì de zhànshì. *The political instructor walked softly into the barracks for fear of waking up those soldiers who were sound asleep.* /他是不肯负这个责的,~恐丢了官。Tā shì bù kěn fù zhège zé de, ~ kǒng diūle guān. *He was unwilling to assume responsibility for fear of losing his post.* /我不小心把手指切了个大口子,~疼~疼的。Wǒ bù xiǎoxīn bǎ shǒuzhǐ qiēle ge dà kǒuzi, ~ téng ~ téng de. *I carelessly cut a gash in my finger. It's very, very painful.* (2)表示“勉强地”“不顾实际地”“违反常情地”的意思,可重叠为“生生”*unwillingly; farfetched; senselessly* (can be reduplicated as "生生"):这些故事都是~编硬造出来的。Zhèxiē gùshi dōu shì ~ biān yìng zào chūlai de. *These stories were all mechanically cooked up.* /这孩子把个小鸡雏~~捏死了。Zhè háizi bǎ ge xiǎo jīchú ~~ niēsǐ le. *This child just senselessly squeezed a little chick to death.* /我本来不想去看电影,是小王~~把我拉去的。Wǒ běnlái bù xiǎng qù kàn diànyǐng, shì Xiǎo Wáng ~ bǎ wǒ lāqu de. *I didn't want to go to a movie at first, it was Xiao Wang who dragged me out to see one.*

【生搬硬套】shēng bān yìng tào 不管自己的实际情况,照抄别人的方法,或机械地用别人的经验 *indiscriminately copy somebody else's methods regardless of one's own situation; mechanically apply another person's experience:*~别人的经验,是会犯错误的。~ biéren de jīngyàn, shì huì fàn cuòwu de. *One can make mistakes by blindly applying someone else's experience.* /无论做什么事情,都不能~。Wúlùn zuò shénme shìqing, dōu bù néng ~. *No matter what you do, you mustn't blindly copy somebody else's example.*

【生病】shēng=bìng *fall ill:*他生的什么病? Tā shēng de

shénme bìng? *What illness does he have?* /我很少～。Wǒ hěn shǎo ～. *I rarely get sick.* /他生了一场大病，三个月才好。Tā shēngle yì cháng dà bìng, sān ge yuè cái hǎo. *He contracted a serious illness and didn't recover for three months.*

【生产】shēngchǎn（动）(1) *produce; manufacture*：～小汽车 ～ xiǎo qìchē *produce small cars* (2)生孩子 *give birth*：～前每个月检查一次。～ qián měi ge yuè jiǎnchá yí cì. *Before giving birth, have an examination once a month.* （名）*production*：发展～ fāzhǎn ～ *develop production* /～计划 jìhuà *production plan*

【生产大队】shēngchǎn dàduì 原指中国农村人民公社和生产队之间的一级管理机构 *formerly, the administrative setup between the commune and the production team; the production brigade*

【生产斗争】shēngchǎn dòuzhēng 特指物质生产劳动 *in particular, labor which goes into the production of materials; the struggle for production*

【生产队】shēngchǎnduì（名）原指中国农村人民公社的基本核算单位 *formerly, the basic accounting unit in the agricultural communes; the production team*

【生产方式】shēngchǎn fāngshì *mode of production*

【生产关系】shēngchǎn guānxì *relations of production*

【生产过剩】shēngchǎn guòshèng *overproduction*

【生产力】shēngchǎnlì（名）*productive forces*

【生产率】shēngchǎnlǜ（名）*productivity*

【生产手段】shēngchǎn shǒuduàn *means of production*

【生产资料】shēngchǎn zīliào *means of production*

【生成】shēngchéng（动）*appear; be produced*

【生词】shēngcí（名）*new word*

【生存】shēngcún（动）*subsist; live; exist*：他们目前这样，仅仅是～而不是生活。Tāmen mùqián zhèyàng, jǐnjǐn shì ～ ér bú shì shēnghuó. *In their present situation, they're merely subsisting. They don't have any life to speak of.*

【生动】shēngdòng（形）具有活力，能感动人的 *vivid; lively; moving*：～的表演 ～ de biǎoyǎn *lively acting* /～地描述 ～ de miáoshù *describe vividly* /语言很～。Yǔyán hěn ～. *The language is very vivid.*

【生分】shēngfen（形）(感情) 疏远 *estranged (e.g., feelings)*：挺好的朋友，怎么变得～了？Tǐng hǎo de péngyou, zěnme biàn de ～ le? *How did such a good friend become estranged?*

【生活】shēnghuó（名）(1)衣、食、住、行等方面的情况 *life; living*：人民的～水平不断提高。Rénmín de ～ shuǐpíng búduàn tígāo. *The people's standard of living is constantly rising.* (2)人或生物为生存和发展而进行的各种活动 *livelihood*：日常～ rìcháng ～ *day to day life* /政治～ zhèngzhì ～ *political life* /观察、了解大熊猫的～习性。Guānchá, liǎojiě dà xióngmāo de ～ xíxìng. *Observe and find out the giant panda's living habits.* （动）(1)进行各种活动 *live*：领导应该尽多地跟群众～在一起。Lǐngdǎo yīnggāi jìn duō de gēn qúnzhòng ～ zài yìqǐ. *The leaders ought to live together with the masses as much as possible.* (2)生存 *subsist; exist*：森林被毁坏，一些生物失去了～的条件。Sēnlín bèi huǐhuài, yìxiē shēngwù shīqule ～ de tiáojiàn. *When the forest was destroyed, a number of living things lost the necessary conditions for life.* /人类要～下去，就需生产。Rénlèi yào ～ xiaqu, jiù xū shēngchǎn. *If man is to keep on living, he needs to produce all sorts of things.*

【生活费】shēnghuófèi（名）维持生活的费用 *living expenses; cost of living*

【生活水平】shēnghuó shuǐpíng *living standard*

【生活资料】shēnghuó zīliào *means of livelihood*

【生活作风】shēnghuó zuòfēng 指人们在生活中表现出来的态度和行为等，尤其指一个人在道德或男女关系方面的表现 *the attitude and behavior displayed in life; especially refers to a person's ethical conduct, or one's behavior in male-female relationships*

【生火】shēng＝huǒ 使煤或木柴燃烧 *make a fire (with coal or kindling)*

【生机】shēngjī（名）(1)生存的机会 *chance of living; lease of life*：病人只要有一线～，也要尽力抢救。Bìngrén zhǐyào yǒu yí xiàn ～, yě yào jìnlì qiǎngjiù. *So long as the patient has (even) a slim chance of survival, we must do all we can to save him.* (2)活力；生命力 *vitality; life; life-force*：～盎然 ～ àngrán *abundant life* /冬去春来，大地恢复了～。Dōng qù chūn lái, dàdì huīfùle ～. *As winter changes into spring, the land once again teems with life.*

【生计】shēngjì（名）〈书〉维持生活的办法 *means of livelihood*：大学毕业由国家分配工作，不需要自谋～。Dàxué bìyè yóu guójiā fēnpèi gōngzuò, bù xūyào zì móu ～. *College graduates are assigned work by the country. They don't need to go searching by themselves for a means of livelihood.*

【生来】shēnglái（副）从小时候起 *since childhood*：我这个人～就固执。Wǒ zhège rén ～ jiù gùzhí. *I've been stubborn since I was a child.* /这孩子一生下来身体就弱。Zhè háizi ～ shēntǐ jiù ruò. *This kid has been weak since he was small.*

【生离死别】shēng lí sǐ bié 很难再见面的离别或永久的离别 *say goodbye forever; part perhaps never to meet again*

【生理】shēnglǐ（名）*physiology*：～上的缺陷 ～ shang de quēxiàn *physical defect*

【生理学】shēnglǐxué（名）*physiology*

【生力军】shēnglìjūn（名）新投入战斗的精锐部队。也指新增加的得力人员 *crack troops newly thrown into a battle; also, newly added competent personnel*：我们研究所新分配来四个研究生，是很得力的。Wǒmen yánjiūsuǒ xīn fēnpèi lái sì ge yánjiūshēng, shì hěn délì de ～. *Our research institute was recently assigned four graduate students. These are very competent new people.*

【生龙活虎】shēng lóng huó hǔ 形容有活力，有朝气 *having a youthful spirit and vitality; energetic*：这是一些一般的年轻人。Zhè shì yìxiē ～ bān de niánqīng rén. *These are some energetic young people.*

【生命】shēngmìng（名）*life*：动物植物是有～的，矿物是无～的。Dòngwù zhíwù shì yǒu ～ de, kuàngwù shì wú ～ de. *Plants and animals are alive; minerals aren't.* /古汉语中有很多词句还有～，活在现代汉语中。Gǔ Hànyǔ zhōng yǒu hěn duō cíjù hái yǒu ～, huó zài xiàndài Hànyǔ zhōng. *There are many elements of classical Chinese still alive in modern Chinese.*

【生命力】shēngmìnglì（名）*life-force; vitality*：温室中培养出的花朵，～不会强。Wēnshì zhōng péiyǎng chū de huāduǒ, ～ bú huì qiáng. *Flowers raised in a greenhouse don't have great vitality.*

【生命线】shēngmìngxiàn（名）*lifeline; lifeblood*：贸易是这个国家的～。Màoyì shì zhège guójiā de ～. *Trade is the lifeblood of this country.*

【生怕】shēngpà（动）很怕；唯恐 (宾语多是动词词组或主谓结构) *for fear that; lest (the object is usually a verb phrase or a S-P structure)*：我校对了好几遍，～写错了。Wǒ jiàoduìle hǎo jǐ biàn, ～ xiěcuò le. *I proofread (it) many times for fear that there were some mistakes.* /他～我们听不懂，话说得特别慢。Tā ～ wǒmen tīng bu dǒng, huà shuō de tèbié màn. *Lest we not understand, he spoke very slowly.*

【生僻】shēngpì（形）不常见的 (词语、书籍等) *uncommon; not often seen (expressions, literary works, etc.)*：用词～ yòng cí ～ *with uncommonly used words*

【生平】shēngpíng（名）有生以来；一辈子 *all one's life*：介绍本书作者～。Jièshào běn shū zuòzhě ～. *give an account of the life of this book's author* /他～从不跟人争吵。Tā ～ cóng bù gēn rén zhēngchǎo. *He never quarrelled with anyone his entire life.*

【生气】shēngqì（名）*life*；*vitality*：那个杂志办得很有～。Nàge zázhì bàn de hěn yǒu ～. *That magazine has a lot of verve.*

【生气】shēng=qì *take offense*；*get angry*：有几个学生没做作业，老师～了。Yǒu jǐ ge xuésheng méi zuò zuòyè, lǎoshī ～ le. *Several students didn't do their homework, (so) the teacher got angry.* /你生谁的气？Nǐ shēng shuí de qì? *Who are you angry at?* /他这个气生得没有道理。Tā zhège qì shēng de méi yǒu dàoli. *He got angry for no reason.*

【生气勃勃】shēngqì bóbó 生命力强，富有朝气 *dynamic*；*vigorous*；*full of vitality*：他们科研小组搞得～。Tāmen kēyán xiǎozǔ gǎo de ～. *That group energetically engaged in scientific research.* /生活中最主要的是那些～、充满热情的东西。Shēnghuó zhōng zuì zhǔyào de shì nàxiē ～、chōngmǎn rèqíng de dōngxi. *The most important things in life are those which are full of life and brimming with warmth.*

【生前】shēngqián（名）指已死的人活着的时候 *during one's lifetime, i. e., before one's death*：他～做了很多好事。Tā ～ zuòle hěn duō hǎoshì. *He did many good things during his lifetime.*

【生人】shēngrén（名）*stranger*

【生日】shēngri（名）*birthday*

【生色】shēngsè（动）增添光彩 *add lustre*；*give color*：您的光临，使我们的联欢会～不少。Nín de guānglín, shǐ wǒmen de liánhuānhuì ～ bù shǎo. *Your presence makes our get-togethers very colorful.*

【生手】shēngshǒu（名）*somebody new to a job*：他是个～，你多帮助他。Tā shì ge ～, nǐ duō bāngzhu tā. *He's a newcomer, so give him a lot of help.* /～做不了这么复杂的活儿。～ zuò bu liǎo zhème fùzá de huór. *A newcomer can't do a job this complicated.*

【生疏】shēngshū（形）(1)不熟悉 *unfamiliar*：人地～ rén dì ～ *be unfamiliar with the place and the people* (2)因长期不用而不熟练 *rusty*；*out of practice*：手艺～ shǒuyì ～ *rusty at a skill* (3)不亲近；感情淡薄 *not as close as before*：好恶不同使他们俩感情～了。Hàowù bù tóng shǐ tāmen liǎ gǎnqíng ～ le. *Dissimilar tastes caused them to drift apart.*

【生死存亡】shēng sǐ cún wáng 形容情势危急，已到了最后关头 *the moment when a situation reaches its most critical juncture*；*the moment of truth*

【生死与共】shēng sǐ yǔ gòng 同生同死，共患难，形容情谊深厚 *though thick and thin (said of strong friendships)*：我们是～的战友。Wǒmen shì ～ de zhànyǒu. *We are comrades-in-arms with a common destiny.*

【生态】shēngtài（名）*organisms' habits*；*ecology*

【生态平衡】shēngtài pínghéng *ecological equilibrium*

【生态学】shēngtàixué（名）*ecology*

【生铁】shēngtiě（名）*pig iron*

【生吞活剥】shēng tūn huó bō 比喻生硬地接受或机械地搬用（别人的言论、经验、方法等）*accept something uncritically, mechanically copy or take over (e. g., language, experience, methods, etc.)*：他改变了～的学习方法，进步就快了。Tā gǎibiànle ～ de xuéxí fāngfǎ, jìnbù jiù kuài le. *When he changed his mechanical study methods, he improved very quickly.* /学习先进技术不能～。Xuéxí xiānjìn jìshù bù néng ～. *In studying advanced technology, one cannot accept things uncritically.* /他们从欧、美、日本回来，只知～地谈外国。Tāmen cóng Ōu、Měi、Rìběn huílai, zhǐ zhī ～ de tán wàiguó. *When they came back from Europe, America, and Japan, they only know how to talk about the foreign countries uncritically.*

【生物】shēngwù（名）(1) *living things*；*living beings* (2)同"生物学"shēngwùxué *same as "生物学"* shēngwùxué

【生物学】shēngwùxué（名）*biology*

【生效】shēng=xiào *go into effect*；*become effective*：条约从明天起～。Tiáoyuē cóng míngtiān qǐ ～. *The treaty goes into effect starting tomorrow.* /我们对他的劝说已经～了，他不想调动工作了。Wǒmen duì tā de quànshuō yǐjīng ～ le, tā bù xiǎng diàodòng gōngzuò le. *The advice we gave him already worked. He doesn't want to transfer to another job.*

【生锈】shēng=xiù *get rusty*

【生涯】shēngyá（名）指从事某种活动或职业的生活 *career*；*profession*：数十年的执教～，培养了她一颗热爱孩子的心。Shù shí nián de zhíjiào ～, péiyǎng le tā yì kē rè'ài háizi de xīn. *After several decades in the teaching profession, she had come to nurture a deep love for children.* /戎马～三十年，养成了他勇敢坚毅的性格。Róngmǎ ～ sānshí nián, yǎngchéngle tā yǒnggǎn jiānyì de xìnggé. *His thirty years in military life had fostered in him a courageous and staunch spirit.*

【生意】shēngyi（名）*business*；*trade*：他是做～的。Tā shì zuò ～ de. *He is a businessman.* /他很会做～。Tā hěn huì zuò ～. *He's really good at business.* /做成一笔～ zuòchéng yì bǐ ～ *make a deal*；*strike a bargain*

【生硬】shēngyìng（形）(1)不自然；不熟练 *not natural*；*unskilled*；*not proficient*：文章写得很～。Wénzhāng xiě de hěn ～. *This essay has a lot of rough edges.* (2)粗暴，简单 *rude*；*crude*；*rough*：态度～ tàidu ～ *rough attitude* /方法～ fāngfǎ ～ *crude method*

【生育】shēngyù（动）生（孩子）*give birth to*；*bear*：计划～ jìhuà ～ *family planning* /她～了五个孩子。Tā ～le wǔ ge háizi. *She bore five children.*

【生长】shēngzhǎng（动）*grow*；*grow up*：他～在农村。Tā ～ zài nóngcūn. *He grew up in the countryside.* /这里～着茂密的森林。Zhèlǐ ～zhe màomì de sēnlín. *There's a thick forest here.*

【生殖】shēngzhí（动）〈书〉*reproduce*

【生字】shēngzì（名）[个 gè] *new word*

声〔聲〕shēng

（名）(1)声音 *sound*；*voice*：大～念 dà ～ niàn *read loudly* /风雨～一夜没停。Fēngyǔ ～ yí yè méi tíng. *The sound of wind and rain didn't stop all night.* /机器～真大！Jīqì ～ zhēn dà! *The noise from that machine is really loud!* (2)声调 *tone of a Chinese character*："华"字读第几～? "Huá" zì dú dì jǐ ～? *What tone is "华"?* (量)表示发出的次数（a measure word expressing frequency）：你稿纸用完了说一～，我再给你。Nǐ gǎozhǐ yòngwánle shuō yì ～, wǒ zài gěi nǐ. *When you've used up your manuscript paper just say the word and I'll give you some more.* /我喊了几声，他都没听见。Wǒ hǎnle jǐ ～, tā dōu méi tīngjiàn. *I yelled several times, but he didn't hear me at all.*

【声波】shēngbō（名）*sound wave*；*acoustic wave*

【声称】shēngchēng（动）公开说（不一定说出真实情况或可行的事）*say publicly*；*claim (not necessarily something true or feasible)*：他～从来没有过受贿行为。Tā ～ cónglái méi yǒuguo shòu huì xíngwéi. *He claims that he never accepted a bribe.*

【声带】shēngdài（名）*vocal cords*

【声调】shēngdiào（名）(1)字调 *tone of a Chinese character* (2)指说话声音的高低（音调）*tone of voice*

【声东击西】shēng dōng jī xī 为了迷惑敌人（对方），公开说攻打东边，实际上是攻打西边 *declare an attack on the east, but in reality attack the west, so as to confuse the enemy*：～

的战术 ～ de zhànshù diversionary tactics

【声浪】shēnglàng（名）(1)"声波"的旧称 former term for "声波" (2)许多人呼喊的声音 clamor；noisy shouting；roar

【声泪俱下】shēng lèi jù xià 边诉说边哭泣。形容非常悲痛 in a tearful voice；choked up：说到他的悲惨遭遇，他～，无法控制自己的感情。Shuōdào tā de bēicǎn zāoyù, tā ～, wú fǎ kòngzhì zìjǐ de gǎnqíng. When talking about his tragic life, he got all choked up and couldn't contain himself.

【声名狼藉】shēng míng lángjí 形容人的名声坏到了极点。"狼藉"的意思是乱七八糟 have a bad name；notorious ("狼藉" means "muddled"，"in a great mess")

【声明】shēngmíng（动）公开说明或表示态度 publicly explain or express；announce：我郑重～并无此事。Wǒ zhèngzhòng ～ bìng wú cǐ shì. I declare in all seriousness that this is not the case. /他们事先～不参加这个会。Tāmen shìxiān ～ bù cānjiā zhège huì. They announced beforehand that they would not attend the meeting. (名)声明的文告(文件) statement；declaration：发表一项～ fābiǎo yī xiàng ～ issue a statement

【声母】shēngmǔ（名）汉语的音节的起头的音，如 bu 中的 b，gao 中的 g，an 则是以零声母起头的 the initial consonant of a Chinese syllable，for example the "b" in "bu" and the "g" in "gao"，"an" has a zero initial

【声色】shēngsè（名）说话时的声音和表情 voice and expression：～俱厉。jù lì stern countenance and voice /不动～不动 ～ maintain one's composure；stay calm and collected

【声势】shēngshì（名）声威和气势 momentum；imposing manner：壮大～ zhuàngdà ～ fuel momentum

【声势浩大】shēngshì hàodà 声威气势无比壮大 matchless in strength and momentum：～的群众运动 ～ de qúnzhòng yùndòng a stupendous mass movement

【声嘶力竭】shēng sī lì jié 声音嘶哑，力气用尽。形容拼命地叫喊(含贬义) shout oneself blue in the face

【声速】shēngsù（名）同"音速" yīnsù same as "音速"

【声讨】shēngtǎo（动）公开谴责 publicly condemn or denounce：～反动派的罪行 ～ fǎndòngpài de zuìxíng denounce the crimes of the reactionary party /开一会 kāi ～huì hold a denunciation meeting

【声望】shēngwàng（名）popularity；prestige

【声息】shēngxī（名）(1)声音(多用于否定) sound；noise：四周安静极了，没有一点～。Sìzhōu ānjìng jí le, méi yǒu yìdiǎnr ～. All around was tranquillity, with not the slightest sound. (2)消息 news；information：他一去五年，毫无～。Tā yí qù wǔ nián, háowú ～. Off he went, and for five years there was not a word from him.

【声响】shēngxiǎng（名）〈书〉声音，偏重于声音的大小，不包括人的嗓音 sound，particularly its loudness (does not refer to human voice)：他们在做什么，怎么没有一点～? Tāmen zài zuò shénme, zěnme méi yǒu yìdiǎnr ～? What are they doing? Why isn't there the least bit of noise? /你听到的～是瀑布发出的。Nǐ tīngdào de ～ shì pùbù fāchū de. The sound you hear is coming from the waterfall.

【声学】shēngxué（名）acoustics

【声言】shēngyán（动）〈书〉公开用语言或文字表示 claim；declare；announce：我～以后决不再参加你们这种活动。Wǒ ～；Yǐhòu jué bú zài cānjiā nǐmen zhè zhǒng huódòng. I'm announcing that hereafter I will not join in these kinds of activities.

【声音】shēngyīn（名）sound；voice：发动机的～ fādòngjī de ～ the sound of a generator /远处传来呼救的～ yuǎnchù chuánlái hūjiù de ～ A voice calling for help came in from somewhere far away. /她的～很低沉，像男人的 Tā de ～ hěn dīchén, xiàng nánrén de. Her voice was very deep, (almost) like a man's. /这个婴儿哭的～真大。Zhège yīng'ér kū de ～ zhēn dà. The sound of this baby's crying is

very loud. /如果领导总听不见群众的～，就当不好领导。Rúguǒ lǐngdǎo zǒng tīng bu jiàn qúnzhòng de ～, jiù dāng bu hǎo lǐngdǎo. If the leaders never hear the voice of the masses, they're not good leaders.

【声誉】shēngyù（名）声望名誉 fame；reputation：要重视产品的～。Yào zhòngshì chǎnpǐn de ～. One should give attention to the reputation of a product.

【声援】shēngyuán（动）公开发表声明或言论给予支援 give public support to (e. g.，political views)：～殖民地人民的正义斗争 ～ zhímíndì rénmín de zhèngyì dòuzhēng express support for the colonial people's struggle for justice

【声源】shēngyuán（名）source of sound

【声乐】shēngyuè（名）vocal music

【声张】shēngzhāng（动）把事情传出去，引人注意 bring to people's attention；disclose；make public：事情还没弄清楚，先不要～。Shìqíng hái méi nòng qīngchu, xiān búyào ～. This matter has not yet been clarified, (so) don't break the story yet. /老汉攒钱买汽车的事，早叫他儿子～出去了。Lǎohàn zǎn qián mǎi qìchē de shì, zǎo jiào tā érzi ～ chuqu le. That the old man was saving money to buy a car has long been disclosed by his son.

牲 shēng（名）◇(1)古代祭神用的猪、牛、羊等 sacrificial animal in ancient times，e. g.，a pig，cow，lamb，etc. (2)家畜 domestic animal

【牲畜】shēngchù（名）livestock；domestic animals

【牲口】shēngkou（名）指牛、马、驴、骡等能帮人干活儿的家畜 domestic animals such as oxen，horses，donkeys，and help men in their work；beasts of burden：目前在农村～还是很重要的劳动力。Mùqián zài nóngcūn ～ hái shì hěn zhòngyào de láodònglì. At present beasts of burden are still an important labor source in the countryside.

笙 shēng（名）用一些长短不一的竹管制成的一种簧管乐器 a bamboo pipe wind instrument

甥 shēng（名）◇外甥 sister's son，nephew

shéng

绳〔繩〕shéng（名）[条 tiáo，根 gēn] rope；cord；string

【绳索】shéngsuǒ（名）〈书〉rope；cord：无形的～ wúxíng de ～ invisible rope

【绳子】shéngzi（名）[条 tiáo，根 gēn] cord；rope；string

shěng

省 shěng（名）province：台湾～ Táiwān ～ Taiwan Province（动）(1)节约 economize；practise thrift；save：吃得很～ chī de hěn ～ eat sparingly /又～钱，又～时间。Yòu ～ qián, yòu ～ shíjiān. (This) saves both time and money. (2)减去 reduce；decrease；omit：你来看看，这句话里，这两个字能不能～去。Nǐ lái kànkan, zhè jù huà li, zhè liǎng ge zì néng bu néng ～qù. Take a look. In this sentence can these two words be omitted or not? /这道工序可以～。Zhè dào gōngxù kěyǐ ～. This procedure can be eliminated.

【省吃俭用】shěng chī jiǎn yòng 吃、用都非常俭省 live frugally；live a spartan life：他～积攒了一笔钱。Tā ～ jīzǎn le yì bǐ qián. By leading a frugal existence he saved up a tidy sum of money. /现在生活好了，她仍然注意～，不浪费一分

钱。Xiànzài shēnghuó hǎo le, tā réngrán zhùyì ～, bú làngfèi yì fēn qián. *She is in much better circumstances nowadays but she still lives a frugal life and doesn't waste a cent.*

【省得】shěngde（连）〈口〉同"免得"miǎnde，前面所说的行动的目的是为了避免发生后面某种不希望的情况 *same as "免得"（the purpose of the action which precedes "省得" is to avoid the unwanted situation mentioned after "省得"）*：你晚上早点回来，～家里不放心。Nǐ wǎnshang zǎo diǎn huílai, ～ jiāli bú fàng xīn. *Come back a little earlier in the evenings so that your family doesn't worry.* /这房子要及早修，～雨季漏雨。Zhè fángzi yào jízǎo xiū, ～ yǔjì lòu yǔ. *This house must be repaired as soon as possible so that it doesn't leak during the rainy season.* /他动身之前，早做准备，～临时手三落四的。Tā dòng shēn zhī qián, zǎo zuò zhǔnbèi, ～ línshí diū sān là sì de. *He prepared well in advance before setting off so as to forget forgetting anything at the last moment.*

【省份】shěngfèn（名）省（不和省名连用）*province（not used together with the name of a province）*：中国一共有几个～? Zhōngguó yígòng yǒu jǐ ge ～? *How many provinces altogether are there in China?*

【省会】shěnghuì（名）*provincial capital*

【省力】shěng＝lì 不费力气 *save effort*

【省略】shěnglüè（动）*leave out*；*omit*：这是个～了主语的句子，不是无主句。Zhè shì ge ～ le zhǔyǔ de jùzi, bú shì wúzhǔjù. *This is a sentence whose subject is omitted. It's not a sentence without a subject.* /这些入学手续是不能～的。Zhèxiē rù xué shǒuxù shì bù néng ～ de. *These procedures for entering school cannot be omitted.*

【省略号】shěnglüèhào（名）*ellipsis*

【省事】shěng＝shì 减少办事手续,方便 *save trouble*；*simplify matters*；*make things more convenient*：搞科学研究要一丝不苟,不能图～。Gǎo kēxué yánjiū yào yì sī bù gǒu, bù néng tú ～. *One must be scrupulous about every detail when doing scientific research. Cutting corners is out of the question.* /吃快餐最～。Chī kuàicān zuì ～. *Eating a quick meal saves a lot of trouble.* /这样做可以省不少事。Zhèyàng zuò kěyǐ shěng bù shǎo shì. *Doing it this way saves a lot of trouble.*

【省委】shěngwěi（名）中国共产党的省一级委员会的简称 *short for "中国共产党...省委员会"*

【省心】shěng＝xīn 少操心 *save worry*：孩子都大了,～多了。Háizi dōu dà le, ～ duō le. *The children are all grown up. It saves me a lot of worry.* /他辞去了两个兼职,可以省很多心。Tā cíqù liǎng ge jiānzhí, kěyǐ shěng hěn duō xīn. *Having quit two part-time jobs will save him a lot of worry.*

shèng

圣 〔聖〕shèng
（名）◇(1)圣人 *sage*；*saint* (2)学识或技能达到最高水平的（人）*someone who has reached the highest level of a skill or knowledge*：诗～ shī ～ *master poet*；*poet laureate* (3)封建社会里对皇帝的尊称 *respectful form of address in feudal society for the emperor*：上 ～ shàng *His or Her Majesty* (4)宗教徒对所崇拜的事物的尊称 *honorific expression used by religious believers*：～诞 ～dàn *Christmas*

【圣诞节】Shèngdànjié（名）*Christmas（the holiday）*

【圣诞老人】Shèngdàn Lǎorén *Santa Claus*

【圣诞树】Shèngdànshù（名）*Christmas tree*

【圣地】shèngdì（名)(1)宗教徒所崇拜与教主生平事迹有重大关系的地方 *the place religious believers refer to which is associated with the deeds of the founder of their religion* (2)比

喻具有重大历史意义和作用的地方 *a place of great historical significance*：延安是革命～。Yán'ān shì gémìng ～. *Yan'an is a shrine of the revolution.*

【圣经】shèngjīng（名）*the Bible*

【圣母】shèngmǔ（名）*female deity*；*the Blessed Virgin Mary*

【圣人】shèngrén（名）*sage*；*wise man*；*saint*

【圣手】shèngshǒu（名）指某些方面技艺达到高峰的人 *someone who has achieved mastery of a skill*

【圣贤】shèngxián（名）圣人和贤人 *sages and virtuous men*

【圣旨】shèngzhǐ（名）皇帝的命令 *imperial edict*

胜 〔勝〕shèng
（动）◇(1)胜利 *triumph*；*be victorious*：不分～败 bù fēn ～ bài *come to a draw* (2)打败 *defeat*；*beat*：以少～多 yǐ shǎo ～ duō *defeat the many with the few* /战～了所有对手 zhàn ～ le suǒyǒu duìshǒu *vanquish all of one's opponents* (3)超过 *surpass*；*exceed*：这个工厂在技术力量上大大～过那个工厂。Zhège gōngchǎng zài jìshù lìliang shang dàdà ～ guò nàge gōngchǎng. *This factory far and away surpassed that factory in technical strength.* /事实～于雄辩。Shìshí ～ yú xióngbiàn. *Facts outweigh eloquence.*

【胜地】shèngdì（名）风景优美的有名的地方 *famous scenic spot*：中国到处都有旅游～。Zhōngguó dàochù dōu yǒu lǚyóu ～. *There are famous tourist spots everywhere in China.*

【胜负】shèngfù（名）胜败 *victory or defeat*；*success or failure*：～是兵家常事。～ shì bīngjiā cháng shì. *Victory and defeat are common fare for the soldier.* /战争的～决定于人心的向背。Zhànzhēng de ～ juédìng yú rénxīn de xiàngbèi. *The outcome of the war will be decided by public sentiment.*

【胜利】shènglì（名）*victory*；*triumph*：世界人民取得了反法西斯战争的～。Shìjiè rénmín qǔdéle fǎnfǎxīsī zhànzhēng de ～. *The people of the world won victory in the war against fascism.* /他们～地完成了学习任务。Tāmen ～ de wánchéngle xuéxí rènwù. *They successfully completed their study tasks.* (动)*be successful*；*triumph*：我们～了。Wǒmen ～ le. *We've won.*

【胜利果实】shènglì guǒshí 指斗争胜利所取得的成果（政权、物资等) *the fruits of victory (e. g. power, material goods, etc.)*

【胜任】shèngrèn（动）有能力担任 *be qualified*；*competent*：事实证明,他能～一个学校的领导工作。Shìshí zhèngmíng, tā néng ～ yí ge xuéxiào de lǐngdǎo gōngzuò. *The facts bear out that he is qualified to serve as a school leader.*

【胜似】shèngsì（动）〈书〉超过 *surpass*；*outstrip*：他们都是好样儿的,～一个。Tāmen dōu shì hǎoyàngrde, ～ yí ge. *They're all super people. One outdoes another.*

【胜诉】shèngsù（动）〈法〉*win a lawsuit*

【胜仗】shèngzhàng（名）*victorious battle*；*victory*：打了一个大～dǎle yí ge dà ～ *win a great victory in battle*

盛 shèng
（形）◇(1)兴旺 *prosperous*；*flourishing*：全～时期 quán ～ shíqī *period of full bloom* (2)热烈,隆重,规模大 *grand*；*broad in scope*：～会 ～huì *grand meeting* (3)强烈,旺盛 *vigorous*；*exuberant*；*energetic*：年轻气～ niánqīng qì ～ *young and aggressive* /火势正～。Huǒshì zhèng ～. *The fire is raging.* (4)盛行 *be current*；*be in vogue*：～传 ～ chuán *be widely known* /开舞会的风气很～。Kāi wǔhuì de fēngqì hěn ～. *It is very popular to hold dance parties.* 另见 chéng

【盛产】shèngchǎn（动）*abound in*；*be rich in*：中国南方～茶叶。Zhōngguó nánfāng ～ cháyè. *The south of China swims in tea.*

【盛大】shèngdà（形）grand；magnificent：举行～的庆祝活动 jǔxíng ～ de qìngzhù huódòng hold magnificent celebration activities

【盛典】shèngdiǎn（名）盛大的典礼 magnificent ceremony

【盛极一时】shèng jí yìshí 在某一个时期极为盛行或强盛 be fashionable or very much in vogue for a time

【盛举】shèngjǔ（名）盛大的活动 grand activity

【盛开】shèngkāi（动）blossom；bloom；flourish：园里～着鲜花。Yuán li ～zhe xiānhuā. Fresh flowers are blooming in the park.

【盛况】shèngkuàng（名）grand occasion；spectacular event

【盛名】shèngmíng（名）great reputation：北京的烤鸭久负～。Běijīng de kǎoyā jiǔ fù ～. Beijing roast duck has enjoyed a great reputation for a long time. /这位作家的短篇小说享有～。Zhè wèi zuòjiā de duǎnpiān xiǎoshuō xiǎngyǒu ～. This writer's short stories enjoy a great reputation.

【盛怒】shèngnù（动）〈书〉大怒 fly into a rage；get angry

【盛气凌人】shèng qì líng rén 骄傲自大，气焰逼人 arrogant；self-important；conceited：谁都厌恶那种对上卑躬屈膝，对下～的干部。Shuí dōu yànwù nà zhǒng duì shàng bēi gōng qū xī, duì xià ～ de gànbu. Everyone despises a cadre who's obsequious to his superiors and arrogant towards his subordinates. /他那～的作风，真让人受不了。Tā nà ～ de zuòfēng, zhēn ràng rén shòu bu liǎo. His arrogant style is really unbearable.

【盛情】shèngqíng（名）真诚热切的感情 genuine fervent sentiments；great kindness：这次我去北京，他～款待了我三天，真让人感动。Zhè cì wǒ qù Běijīng, tā ～ kuǎndàile wǒ sān tiān, zhēn ràng rén gǎndòng. When I went to Beijing this time, he treated me with great hospitality for three days. It was really touching.

【盛世】shèngshì（名）兴盛的时代 a prosperous era：公元八世纪前半期，中国唐朝正是～，所以这时期后来叫做盛唐。Gōngyuán bā shìjì qián bàn qī, Zhōngguó Tángcháo zhèng shì ～, suǒyǐ zhè shíqī hòulái jiàozuò Shèng Táng. In the first half of the 8th century, the Tang Dynasty in China experienced a very prosperous period. Later, therefore, this era was dubbed "prosperous Tang".

【盛事】shèngshì（名）盛大的事情 grand occasion：世界汉语教学学会的成立是一件～。Shìjiè Hànyǔ Jiàoxué Xuéhuì de chénglì shì yí jiàn ～. The establishment of the World Chinese Language Teaching Society was a grand occasion.

【盛夏】shèngxià（名）夏天最热的时候 the height of summer

【盛行】shèngxíng（动）广泛流行 widely popular；fashionable；current：～一时 ～ yìshí popular for a time /～校园歌曲 ～ xiàoyuán gēqǔ School songs are popular. /足球运动在全国一起来了。Zúqiú yùndòng zài quán guó ～ qǐlai le. The sport of soccer became popular all over the country. /这种黑色长裙今年夏天十分～。Zhè zhǒng hēisè cháng qún jīnnián xiàtiān shífēn ～. This type of long black skirt is very fashionable this summer.

【盛宴】shèngyàn（名）盛大的宴会或宴席 magnificent feast；grand banquet

【盛装】shèngzhuāng（名）splendid attire

剩 shèng（动）be left over；have a surplus：他每月都能～三四十元。Tā měi yuè dōu néng ～ sān-sìshí yuán. Every month he has about 30 or 40 yuan left over. /阅览室里就～（下）他一个人了。Yuèlǎnshì li jiù ～（xia）tā yí ge rén le. He's the only one left in the reading room. /能吃多少盛多少，最好不要～饭。Néng chī duōshǎo chéng duōshǎo, zuìhǎo búyào ～ fàn. Get as much as you can eat. It's best not to have food left over. /去年冬天烧～（下）的煤不多。Qùnián dōngtian shāo～（xia）de méi bù duō. The amount of coal

left over from last winter isn't much. /我还～两道题就做完了。Wǒ hái ～ liǎng dào tí jiù zuòwán le. I still have two questions left, and then I'll be done.

【剩余】shèngyú（动）〈书〉have a surplus：经过周密地计算，工程投资不但没有超过，而且还～了几万块钱。Jīngguò zhōumì de jìsuàn, gōngchéng tóuzī búdàn méiyou chāoguò, érqiě hái ～ le jǐ wàn kuài qián. After careful (financial) planning, the cost of the project did not exceed the money invested. Rather, there was a surplus of tens of thousands. （名）surplus；remainder：今年财政收入略有～。Jīnnián cáizhèng shōurù lüè yǒu ～. This year there was a slight surplus in public revenue.

【剩余产品】shèngyú chǎnpǐn surplus products

【剩余价值】shèngyú jiàzhí〈经〉surplus value

【剩余劳动】shèngyú láodòng〈经〉surplus labor

【剩余物资】shèngyú wùzī surplus materials

shi

尸〔屍〕shī（名）corpse；dead body

【尸骨】shīgǔ（名）skeleton

【尸骸】shīhái（名）skeleton

【尸首】shīshou（名）[具 jù]人死后的身体 dead body；corpse

【尸体】shītǐ（名）[具 jù]人或动物死后的身体 remains；corpse

失 shī（动）〈书〉(1) miss；let slip：坐～良机 zuò ～ liángjī let slip a golden opportunity (2) 找不着 lose：～群的小羊 ～ qún de xiǎo yáng stray lamb (3) 〈书〉违背 violate；go against；break：～约 ～ yuē break a promise (4) 〈书〉没有达到目的 fail to achieve：～意 ～ yì have one's aspirations thwarted；be frustrated（名）〈书〉错误，过失 mistake；error；mishap：智者千虑，必有一～。Zhìzhě qiān lǜ, bì yǒu yì ～. Even the wise are not infallible. /万无一～ wàn wú yì ～ no chance of anything going wrong

【失败】shībài（动·不及物）be defeated；lose；fail：第五次试验又～了。Dìwǔ cì shìyàn yòu ～ le. The fifth experiment again failed.

【失策】shīcè（动·不及物）策略上有错误 err in one's tactics；be inexpedient：派他去做这种细致的工作，我们～了。Pài tā qù zuò zhè zhǒng xìzhì de gōngzuò, wǒmen ～ le. We were unwise to send him to do this kind of meticulous work. /由于工作上的～，给国家造成巨大的损失。Yóuyú gōngzuò shang de ～, gěi guójiā zàochéng jùdà de sǔnshī. Because the work was not expedient, the country suffered great losses.

【失常】shīcháng（形）失去正常的状态 not normal；odd：举动～ jǔdòng ～ abnormal activity /今天他态度～，是不是出了什么事。Jīntiān tā tàidu ～, shì bú shì chūle shénme shì. He's acting odd today. Isn't it (because) he had some sort of mishap?

【失传】shīchuán（动·不及物）没有流传下来 not be handed down；be lost：有一些风味小吃，现在已～了。Yǒu yìxiē fēngwèi xiǎochī, xiànzài yǐ ～ le. A few specialty foods have already now been lost. /他的著作大部分～，留下来的只是极少数。Tā de zhùzuò dà bùfen ～, liú xialai de zhǐ shì jí shǎoshù. The majority of his writings have been lost. Only a very small number has come down to us.

【失措】shīcuò（形）举动失去常态，不知怎么办才好 lose one's presence of mind；be at a loss what to do：房子着火，大家惊慌～。Fángzi zháo huǒ, dàjiā dōu jīnghuāng ～. The house caught on fire and everybody was panic-stricken.

【失当】shīdàng（形）〈书〉不相宜，不恰当 be inappropriate; improper：语言 ～ yǔyán ～ improper language／作法 ～ zuòfǎ ～ inappropriate way of doing things

【失盗】shīdào（动）〈书〉财物被人偷走 have one's belongings stolen; be robbed：我们办公室昨夜～，丢了一台打字机。Wǒmen bàngōngshì zuó yè ～，diūle yì tái dǎzìjī. Our office was robbed last night. We lost a typewriter.

【失道寡助】shī dào guǎ zhù 违背正义，必然得不到人们的支持而陷于孤立 Wrongdoers inevitably find themselves isolated and with no support.

【失地】shīdì（动）丧失国土 lose territory：打了败仗，又～又赔款。Dǎle bàizhàng, yòu ～ yòu péi kuǎn. Having lost the war, they not only lost territory, but also had to pay reparations.（名）丧失的国土 lost territory：收复～ shōufù ～ recover lost territory

【失掉】shīdiào（动）（1）原来有的，没有了（用于抽象事物）lose (used for abstract things)：～信心 ～ xìnxīn lose confidence／～理智 ～ lǐzhì lose one's senses（2）没有抓住 miss; fail (to take advantage)：～考大学的机会 ～ kǎo dàxué de jīhuì miss a chance to sit for a college entrance exam

【失魂落魄】shī hún luò pò 形容惊慌失措，心神不定的样子 an unsettled, dazed, or flustered appearance：看他那～的样子，证明他心里一定有鬼。Kàn tā nà ～ de yàngzi, zhèngmíng tā xīnli yídìng yǒu guǐ. His unsettled appearance bears out that he has a guilty conscience.／听了这消息，他好像受了当头一棒，～地坐着。Tīngle zhè xiāoxi, tā hǎoxiàng shòule dāngtóu yí bàng, ～ de zuòzhe. When he heard this news, it was like he was hit on the head. He just sat there dazed.

【失火】shī＝huǒ catch fire; be on fire

【失脚】shī＝jiǎo 走路时不小心跌倒 lose one's footing; fall

【失控】shī＝kòng 控制不住 be out of control

【失礼】shīlǐ（动·不及物）impoliteness; breach of etiquette：他来看了你好几次，你没有去看他，有点～。Tā lái kànle nǐ hǎo jǐ cì, nǐ méiyou qù kàn tā, yǒudiǎnr ～. He's come to see you many times, and you've never once gone to see him. That's a little impolite.

【失利】shīlì（动·不及物）战败 suffer a defeat; setback：昨晚足球比赛我们～了。Zuó wǎn zúqiú bǐsài wǒmen ～ le. We were defeated in last night's soccer match.

【失恋】shī＝liàn be disappointed in a love affair

【失灵】shīlíng（动·不及物）not work (properly); be out of order：这台计算机已经～了。Zhè tái jìsuànjī yǐjing ～ le. This computer is already out of order.／他的听觉～了。Tā de tīngjué ～ le. He's lost his sense of hearing.

【失落】shīluò（动）丢失 lose：他～了身份证。Tā ～ le shēnfèn-zhèng. He lost his I.D. card.

【失密】shīmì（动·不及物）泄露机密 let out a secret

【失眠】shīmián（动·不及物）suffer from insomnia

【失明】shīmíng（动·不及物）lose one's sight; go blind

【失陪】shīpéi（动·不及物）客套话，表示不能陪伴对方 a polite form of speech which expresses one's inability to continue keeping someone else company：我有事出去一下，～了。Wǒ yǒu shì chūqu yíxià, ～ le. I have some business to take care of. Please excuse me.

【失去】shīqù（动）同"失掉" shīdiào same as "失掉" shīdiào

【失散】shīsàn（动）（1）因遭变故，一家人或集体成员走散了 drift apart or be scattered (because of some unforeseen event or misfortune)：在政府的帮助下，他终于找到了～多年的亲人。Zài zhèngfǔ de bāngzhù xià, tā zhōngyú zhǎodàole ～ duō nián de qīnrén. With the help of the government, he finally found his loved ones, from whom he had been separated for many years.（2）（资料等）遗失，分散（for materials, data, etc.）be lost or scattered：中国的《永乐大典》有一部分～到国外了。Zhōngguó de 《Yǒnglè Dàdiǎn》yǒu yí

bùfen ～ dào guówài le. A part of the Chinese Yongle Canon has been lost abroad.

【失色】shīsè（形·非定）由于惊恐而脸色变白 turn pale; blench：看到这个恐怖的情景，人们不禁大惊～。Kàndào zhège kǒngbù de qíngjǐng, rénmen bùjīn dà jīng ～. They couldn't help turning pale with fright at the horrifying sight.

【失神】shīshén（动·不及物）（1）疏忽，不注意 be careless; inattentive：必须高度集中，一一就会出错。Bìxū gāodù jízhōng, yì ～ jiù huì chū cuò. You must concentrate hard. If you are careless you'll make a mistake.（2）人的精神委靡，不正常 be dejected; be in low spirits

【失声】shīshēng（动·不及物）〈书〉（1）不由自主地发出声音 cry out involuntarily：看到影片惊险处，他～叫了起来。Kàndào yǐngpiàn jīngxiǎn chù, tā ～ jiàole qilai. When he saw that thrilling scene in the movie, he involuntarily let out a yell.（2）因哭得太厉害而发不出声音 lose one's voice because of too much crying：痛哭～ tòngkū ～ be choked with tears

【失事】shīshì（动·不及物）have an accident：一架大型客机～了。Yí jià dàxíng kèjī ～ le. A large passenger plane crashed.

【失手】shī＝shǒu 因手没有把握好而造成了不好的后果 drop (because of a poor grip)：茶杯是我～打破的。Chábēi shì wǒ ～ dǎpò de. That tea cup was dropped and broken by me.

【失守】shīshǒu（动·不及物）fall：战斗了一天，阵地还是～了。Zhàndòule yì tiān, zhèndì hái shì ～ le. After fighting for an entire day, the front nevertheless fell.

【失算】shīsuàn（动·不及物）没算计好（而吃亏）miscalculate (with bad consequences)：在这里搞食品工业，没想到没有原料来源，大大的～了。Zài zhèli gǎo shípǐn gōngyè, méi xiǎngdào méi yǒu yuánliào láiyuán, dàdà de ～ le. In establishing a food industry here, nobody expected that there would be no source of raw materials. It was a gross miscalculation.

【失调】shītiáo（动·不及物）（1）失去平衡 lose balance：产销～ chǎn xiāo ～ imbalance between production and marketing／供求～ gōng qiú ～ imbalance between supply and demand（2）调养得不好 nurse someone poorly; be lacking in proper care：她病后～，身体很虚弱。Tā bìng hòu ～, shēntǐ hěn xūruò. She lacked proper care after being sick, so she is in very poor health.

【失望】shīwàng（动·不及物）lose hope; be disappointed：试验不可能一次就成功，失败了不要～，更不要灰心。Shìyàn bù kěnéng yí cì jiù chénggōng, shībàile búyào ～, gèng búyào huīxīn. It's not possible that the experiment should succeed on the first try, so when it fails don't be disappointed, or still less lose heart.

【失物】shīwù（名）lost article; lost property：～招领 ～ zhāolǐng Lost and Found (often seen as the heading on a notice)

【失误】shīwù（动·不及物）由于水平低或者疏忽等造成了差错或失败 slip up; muff; fault; meet with defeat：乙队接发球～较多。Yǐ duì jiē fāqiú ～ jiào duō. Team B faulted many times on their return of serve.／为了造成对方判断～，打球要有变化。Wèile zàochéng duìfāng pànduàn ～, dǎ qiú yào yǒu biànhuà. In order to make the opponent err in judgment, you have to change your game plan.／工作没经验，难免有～的地方。Gōngzuò méi jīngyàn, nánmiǎn yǒu ～ de dìfang. Without experience in one's work, it's hard to avoid slip-ups in some places.

【失陷】shīxiàn（动）fall; fall into enemy hands

【失效】shī＝xiào lose effectiveness; cease to be effective：您的签证再过一天就～了。Nín de qiānzhèng zài guò yì tiān jiù

~ le. *In one more day your passport will cease to be effective.* /这些药片存放时间太久，已经～了。Zhèxiē yàopiànr cúnfàng shíjiān tài jiǔ, yǐjīng ~ le. *These medicine tablets have been set aside too long. They no longer have any effect.*

【失信】shī＝xìn *break one's promise, go back on one's word*：只要他答应了的事，就一定会做到的。他从来不～。Zhǐyào tā dāyìngle de shì, jiù yídìng huì zuòdào de. Tā cónglái bù ~. *If he promises to do something, he'll do it. He never goes back on his word.*

【失学】shī＝xué 因为客观条件不允许而失去了上学的机会，或中途退学 *miss the chance of going to school; not be permitted to attend school (owing to objective conditions)*

【失言】shīyán（动·不及物）无意中说出了不应该说出的话 *inadvertently make an inappropriate remark*：我一时～，把那件事给泄漏出去了。Wǒ yìshí ~, bǎ nà jiàn shì gěi xièlòu chūqu le. *By a slip of the tongue I let the cat out of the bag.*

【失业】shī＝yè *lose one's job; be unemployed*

【失意】shīyì（动·不及物）不能实现自己的愿望（多指名利方面）*be thwarted; be frustrated; be disappointed*：他得志的时候趾高气扬，～的时候就垂头丧气。Tā dé zhì de shíhou jiù gāo qì yáng, ~ de shíhou jiù chuí tóu sàng qì. *When he succeeded in his aims he swaggered about, but when his plans were thwarted he put on a hangdog look.*

【失真】shī＝zhēn(1)与原来的有出入（指声音、形象或语言内容等）*not be true to the original; lack fidelity (e.g. sound, form, the contents of language, etc.)*：录音～ *low fidelity recording* /这份材料经辗转传抄，内容已～。Zhè fèn cáiliào jīng zhǎnzhuǎn chuán chāo, nèiróng yǐ ~. *This material has already passed through many hands and been transcribed several times. So the contents do not resemble the original.*(2)无线电技术中指输出信号与输入信号不一致。如音质变化、图像变形等都是失真现象。也叫畸变 *distortion*

【失职】shī＝zhí *neglect one's duties*：工作上的～就会给事业带来巨大的损失。Gōngzuò shang de ~ jiù huì gěi shìyè dàilái jùdà de sǔnshī. *Neglecting one's duties at work can bring enormous losses to the entire undertaking.*

【失重】shī＝zhòng *weightlessness; zero gravity*

【失主】shīzhǔ（名）*owner of lost property*

【失踪】shī＝zōng *be missing*：小王的～可能与正在查查的走私案有关。Xiǎo Wáng de ~ kěnéng yǔ zhèng zhuīchá de zǒusī'àn yǒuguān. *The fact that Xiao Wang is missing perhaps has something to do with the present investigation of that smuggling case.*

【失足】shī＝zú(1)因不小心，走路时跌倒了 *fall or tumble due to carelessness*：～落水 ~ luò shuǐ *slip and fall into the water* /一个游人～从山坡上滑下来。Yí ge yóurén ~ cóng shānpō shang huá xialai. *A tourist slipped and slid down the hillside.*(2)比喻一个人堕落或犯了严重错误（罪行）*take a wrong step in life; commit a serious error or crime*：给～青年重新做人的机会。Gěi ~ qīngnián chóngxīn zuò rén de jīhuì. *give the juvenile delinquents a chance to turn over a new leaf* /一～成千古恨 yì ~ chéng qiāngǔ hèn *One false step brings everlasting grief.*

师〔師〕shī

（名）(1)◇ *teacher; master*：全校～生员工一共两千人。Quán xiào ~ shēng yuán gōng yígòng liǎngqiān rén. *The teachers, students and the staff of the school number 2,000 altogether.*(2)◇ 学习的榜样 *model or example to follow*：前事不忘，后事之～。Qián shì bú wàng, hòu shì zhī ~. *The memory of lessons learned from the past can guide one in the future.*(3)◇ 具有专业知识和技艺的人 *someone having a specialized knowledge or skill*：机械～ jīxiè~ *machinist* /会计～ kuàijì~ *accountant*(4)◇ 由师徒关系产生的 *relation concerning apprenticeship*：～妹 ~ mèi *fellow female apprentice younger than oneself* /～弟 ~dì *fellow male apprentice younger than oneself*(5)军队的编制单位 *army division*：～长 ~zhǎng *division commander* /第一～ diyī ~ *the first division*(6)〈书〉泛指军队 *army; troops*：出～北上 chū ~ běi shàng *send troops up to the north*（量）用于军队 *measure word for an army*

【师表】shībiǎo（名）〈书〉品德学问上值得学习的榜样 *someone of exemplary character and learning; a gentleman and a scholar*：为人～ wéi rén ~ *be a paragon of virtue and learning* /这位科学家真不愧是众人的～。Zhè wèi kēxuéjiā zhēn búkuì shì zhòngrén de ~. *This scientist really proved himself to be an example of learning and character to everybody.*

【师出无名】shī chū wú míng 没有正当的理由，就派兵去打仗，或泛指做某事没有正当的理由 *send troops to wage war for no legitimate reason; do something for no legitimate reason*

【师大】shīdà（名）师范大学的简称 *short for "师范大学"*

【师范】shīfàn（名）师范学校的简称 *short for "师范学校"*：幼儿～ yòu'ér ~ *preschool teachers normal school* /～院校 ~ yuànxiào *teachers colleges or schools*

【师范大学】shīfàn dàxué *teachers university*

【师范学校】shīfàn xuéxiào *normal school*

【师范学院】shīfàn xuéyuàn *teachers college*

【师傅】shīfu（名）对传授技艺的老师的敬称或对有技艺的人的尊称 *title of respect for a teacher of some skill; master worker*

【师院】shīyuàn（名）师范学院的简称 *short for "师范学院"*

【师长】shīzhǎng（名)(1)一般是对教师的尊称 *a title of respect for a teacher*(2)在军队编制中某一级的最高指挥员 *division commander*

【师资】shīzī（名）指能当教师的人才 *persons qualified to teach*

诗〔詩〕shī

（名)[首 shǒu] *poetry; verse; poem*

【诗歌】shīgē（名)[首 shǒu] 各种体裁的诗的统称 *general designation for all forms of poetry*

【诗集】shījí（名）*collection of poems; poetry anthology*

【诗篇】shīpiān（名)(1)诗的总称 *general term for poems*：这些动人的～都是出自一个不知名的青年。Zhèxiē dòngrén de ~ dōu shì chū zì yí ge bù zhīmíng de qīngnián. *These moving poems are all the work of a little-known youth.*(2)比喻一些有意义而且生动的文章或故事等 *a meaningful or vivid writing or story*：这篇报导一个农民企业家的文章真算得上是动人的～。Zhè piān bàodào yí ge nóngmín qǐyèjiā de wénzhāng zhēn suàn de shàng shì dòngrén de ~. *This essay, which tells of a rural entrepreneur, can really be considered as an inspiring story.*

【诗人】shīrén（名）*poet*

【诗意】shīyì（名）诗的意境或像诗里表达的那样给人以美感或有强烈的抒情意味 *poetic flavor or overtone*

虱 shī

（名）◇ *louse*

【虱子】shīzi（名）*louse*

狮〔獅〕shī

（名）◇ *lion*

【狮子】shīzi（名)[头 tóu] *lion*

【狮子舞】shīziwǔ（名）中国一种民间舞蹈，通常由两人扮成狮子，另一人扮演武士持绣球逗引 *a kind of Chinese folk*

dance, usually performed by two people dressed as lions along with another person, who plays the part of a warrior and teases them with a ball made of strips of silk

施 shī

（动）〈书〉按照某种方式或办法去做 execute：无计可～ wú jì kě ~ having no scheme to play; having no plan to carry out /己所不欲，勿～于人。Jǐ suǒ bú yù, wù ~ yú rén. Don't do to others what you do not wish for yourself.

【施放】shīfàng（动）discharge; fire：～烟幕 ~ yānmù lay a smokescreen /乌贼会～体内的墨汁，保护自己。Wūzéi huì ~ tǐnèi de mòzhī, bǎohù zìjǐ. The cuttlefish is able to discharge ink from inside its body and (thereby) protect itself.

【施肥】shī=féi spread manure; apply fertilizer

【施工】shī = gōng construct：我校的电化教学楼正在～。Wǒ xiào de diànhuà jiāoxué lóu zhèngzài ~. Our school's electrical audio-visual aids building is under construction.

【施加】shījiā（动）给予（人所不愿接受的压力、影响等）give (pressure, influence, etc. not readily accepted by someone)

【施舍】shīshě（动）把财物送给穷人或出家人 to give alms to the poor or to a monk or nun

【施事】shīshì（名）〈语〉the doer of an action in a sentence; the agent

【施行】shīxíng（动）(1) 执行：法令、规章等公布后，从某日起生效 carry out; execute (decrees, regulations, etc. after being promulgated); go into effect (from a certain day onward)：版权法自公布之日起～。Bǎnquánfǎ zì gōngbù zhī rì qǐ ~. Copyright laws become effective upon promulgation. (2) 实行 put into practice; carry out; implement：病人必须～手术。Bìngrén bìxū ~ shǒushù. The patient must undergo surgery.

【施用】shīyòng（动）〈书〉use; employ 种庄稼要～化肥。Zhòng zhuāngjia yào ~ huàféi. To plant crops, one needs to use chemical fertilizers. /审案不可～严刑逼供。Shěn àn bù kě ~ yánxíng bīgòng. When trying a case, torture cannot be used to extort a confession.

【施展】shīzhǎn（动）（无阻碍地）发挥（能力）be given free play：八十年代以后，他的才能才充分地～出来。Bāshí niándài yǐhòu, tā de cáinéng cái chōngfèn de ~ chulai. It was not until after the 80's that his talents were fully let loose. /这种经营的规模太小，他的经营本领～不开。Zhè zhǒng jīngyíng de guīmó tài xiǎo, tā de jīngyíng běnlǐng ~ bu kāi. The scope of this sort of management is too small. There's no way for his managerial skills to be put to good use.

【施政】shīzhèng（形·非谓）施行政治措施，多用作定语 that which implements government measures; administration (often used as an attributive)：～纲领 ~ gānglǐng administration program /～演说 ~ yǎnshuō state address

湿 〔濕〕shī

（形）wet; damp; humid

【湿度】shīdù（名）humidity

【湿淋淋】shīlinlin（形）形容物体湿得往下滴水 dripping wet

【湿漉漉】shīlūlū（形）形容物体潮湿的样子 very damp：每到雨季，这屋子墙的下半都是～的。Měi dào yǔjì, zhè wūzi qiáng de xià bàn dōu shì ~ de. Every rainy season the lower half of this room's wall is all damp.

【湿润】shīrùn（形）雪后，空气很～，我的嘴唇不再干裂了。Xuě hòu, kōngqì hěn ~, wǒ de zuǐchún bú zài gānliè le. After it snowed, the air was very moist. My lips didn't crack anymore. /今年雨水较多，土地～，有利于庄稼的生长。Jīnnián yǔshuǐ jiào duō, tǔdì ~, yǒulì yú zhuāngjia de shēngzhǎng. This year the rainfall was relatively heavy and the soil was moist, which was favorable to the growth of crops.

【湿疹】shīzhěn（名）〈医〉eczema

嘘 shī

（叹）表示制止别人说话 sh; hush (indicates stopping sb. from speaking)：～，别说话了，请安静！~, bié shuō huà le, qǐng ānjìng! Sh! Please keep quiet! /～，你们看，对面山头上是什么？~, nǐmen kàn, duìmiàn shāntóu shang shì shénme? Hush! Look! What's on the hilltop over there? /"～！"他用食指掩住了自己的嘴唇，"领导来了。""~!" Tā yòng shízhǐ yǎnzhùle zìjǐ de zuǐchún, "lǐngdǎo lái le." He put his index finger to his lips and said: "Sh! The boss is coming." 另见 xū

shí

十 shí

（数）ten

【十冬腊月】shí dōng làyuè 指中国的农历十月、十一月、十二月，天气最冷的季节 refers to the tenth, eleventh, and twelfth months of the Chinese lunar calendar, the season with the coldest weather

【十恶不赦】shí è bù shè 形容罪恶太大了，不能宽恕 a heinous crime; unpardonably wicked

【十二月】shí'èryuè（名）December

【十二指肠】shí'èrzhícháng（名）〈生理〉duodenum

【十分】shífēn（副）有"很""非常"的意思，表示程度很高，可修饰形容词、某些动词、助动词、某些短语 very; extremely (can modify adjectives, certain verbs, auxiliary verbs and phrases)：公共汽车～拥挤，特别是上下班高峰时间。Gōnggòng qìchē ~ yōngjǐ, tèbié shì shàng xià bān gāofēng shíjiān. The buses are extremely crowded, especially during rush hours. /北方的冬天～寒冷，气温常在零下三十度左右。Běifāng de dōngtiān ~ hánlěng, qìwēn cháng zài líng xià sānshí dù zuǒyòu. Winter in the North is extremely cold. And the temperatures often drop to as low as 30 degrees below zero or lower. /老汉对女儿的婚事～关心，对介绍人也～相信。Lǎohàn duì nǚ'ér de hūnshì ~ guānxīn, duì jièshàorén yě ~ xiāngxìn. The old man showed great concern for his daughter's marriage and had a lot of trust in the matchmaker. /做针线活儿，小李～能干，而且～愿意帮助人。Zuò zhēnxiànhuór, Xiǎo Lǐ ~ nénggàn, érqiě ~ yuànyì bāngzhù rén. Xiao Li is very good at needlework and is also very willing to help others. 可以修饰表示不愉快性质或有特殊意义的否定形式（can modify a negative form which is of an unfortunate nature or which has a special meaning)：不到～没办法的时候，他是不会来麻烦你的。Bú dào ~ méi bànfǎ de shíhou, tā shì bú huì lái máfan nǐ de. If he's not at a point where he really has no other choice, he won't bother you. /经过那次争吵以后，他们两人心里都～不痛快。Jīngguò nà cì zhēngchǎo yǐhòu, tāmen liǎng rén xīnlǐ dōu ~ bú tòngkuai. Those two were extremely unhappy after that quarrel. /这家企业要想扭亏为盈可是～不容易的事。Zhè jiā qǐyè yào xiǎng niǔ kuī wéi yíng kě shì ~ bù róngyì de shì. This business wants to turn deficits into surpluses, which is an extremely difficult thing to do. /这样的赞美，使我感到～不好意思。Zhèyàng de zànměi, shǐ wǒ gǎndào ~ bù hǎoyìsi. This kind of praise makes me feel very awkward. "不十分"表示程度不太高，相当于"不很"（"不十分" means "not very"）：我提个不～成熟的意见，仅供参考。Wǒ tí ge bù ~ chéngshú de yìjian, jǐn gōng cānkǎo. My idea is not very well thought out. It is for reference only. /你这种做法不～妥当。Nǐ zhè zhǒng zuòfǎ bù ~ tuǒdàng. This method of yours is not very appropriate.

【十进位】shíjìnwèi〈名〉〈数〉the decimal system

【十拿九稳】shí ná jiǔ wěn 比喻(办事)很有把握 a metaphor for having a great deal of certainty in some matter：他要参加跳高比赛，得金牌是～的。Tā yào cānjiā tiàogāo bǐsài, dé jīnpái shì ～ de. If he is to take part in the high jump competition, getting a gold medal is a sure bet.

【十全十美】shí quán shí měi 各方面都完美无缺 perfect：工作虽不能要求～，但要尽量做好。Gōngzuò suī bù néng yāoqiú ～, dàn yào jìnliàng zuòhǎo. Although perfection cannot be demanded in one's work, the work should be done as best as possible. /世界上哪儿有～的人！Shìjiè shang nǎr yǒu ～ de rén! Where in the world are there absolutely perfect people?

【十万】shíwàn〈数〉a hundred thousand

【十万八千里】shíwàn bāqiān lǐ 形容距离很大(远) poles apart：我离当中文翻译还差～呢。Wǒ lí dāng Zhōngwén fānyì hái chà ～ ne. I'm nowhere close to being a translator of Chinese. /他的发言离题～。Tā de fāyán lí tí ～. His remarks stray far from the point.

【十万火急】shíwàn huǒjí 形容事情(情况)急迫到了极点(多用于军令、公文、电报等)of utmost urgency (often used in regard to military orders, public documents, telegrams, etc.)

【十一】Shí-Yī 中华人民共和国国庆日。1949年10月1日中华人民共和国成立 China's National Day (October 1)

【十一月】shíyīyuè〈名〉November

【十月】shíyuè〈名〉October

【十月革命】Shíyuè Gémìng 1917年11月7日(俄历10月25日)，俄国工人阶级和农民在列宁为首的布尔什维克党的领导下进行的社会主义革命。推翻了俄国资产阶级临时政府，建立了世界上第一个无产阶级专政的社会主义国家 November 7, 1917 (the Russian calendar October 25); On that day the working class and the peasants carried out a socialist revolution under the leadership of Lenin's Bolshevik party. The revolution overthrew Russia's capitalist provisional government and established the world's first proletarian-ruled socialist country.

【十字架】shízìjià〈名〉the cross

【十字街头】shízì jiētóu criss-crossed streets; busy city streets

【十字路口】shízì lùkǒu (1) crossroads (2) 必须作出重大选择的境地 a point at which an important decision must be taken：他大学毕业了，去当中学教师呢，还是去工厂当技术员，站在～犹豫不决。Tā dàxué bì yè le, qù dāng zhōngxué jiàoshī ne, háishì qù gōngchǎng dāng jìshùyuán, zhàn zài ～ yóuyù bù jué. After graduating from college, he stood at the crossroads hesitating whether to become a highschool teacher or to go to the factory to be a technician.

【十足】shízú〈形〉十分充足(用于抽象事物)very sufficient (used in regard to abstract things)：信心～ xìnxīn ～ complete confidence /干劲～ gànjìnr ～ sheer enthusiasm /～的把握 ～ de bǎwò 100％ certainty /神气～ shénqì ～ very arrogant

什 shí
另见 shén

【什锦】shíjǐn〈形〉多种原料制成或多种花样的 assorted; mixed：～糖 ～ táng assorted candies 〈名〉多种原料制成或多种花样拼成的食品 assorted food，素～ sù ～ a vegetable potpourri

石 shí
〈名〉◇stone; rock 另见 dàn

【石板】shíbǎn〈名〉slabstone; flagstone; flag

【石碑】shíbēi〈名〉stone tablet; stele

【石笔】shíbǐ〈名〉slate pencil

【石沉大海】shí chén dà hǎi 像石头掉到海里一样，不见踪影。比喻(人或事物)一去无消息 like a stone that sinks to the bottom of the sea such that not even a trace is seen；(fig.) person or thing that upon leaving is never heard from again：他回国以后如～，再也没有消息。Tā huí guó yǐhòu rú ～, zài yě méi yǒu xiāoxi. After he returned to his country, he was like a stone that is dropped into the sea, for there was never again news of him. /信寄出去两个月了，如同～，没有回音。Xìn fā chuqu liǎng ge yuè le, rútóng ～, méi yǒu huíyīn. The letter was sent two months ago but, like a rock dropped to the bottom of the sea, there has been no reply.

【石雕】shídiāo〈名〉stone carving; carved stone

【石方】shífāng〈名〉cubic meter of stone; stonework

【石膏】shígāo〈名〉gypsum; plaster stone

【石膏像】shígāoxiàng〈名〉plaster statue

【石灰】shíhuī〈名〉lime

【石灰石】shíhuīshí〈名〉limestone

【石灰岩】shíhuīyán〈名〉calcareous sandstone

【石灰质】shíhuīzhì〈名〉calcareous

【石匠】shíjiàng〈名〉stonemason

【石刻】shíkè〈名〉carved stone; stone inscription

【石窟】shíkū〈名〉rock cave; grotto

【石蜡】shílà〈名〉paraffin wax

【石料】shíliào〈名〉作建筑、筑路、雕刻等材料用的岩石或与岩石相似的物质，包括天然的花岗石、石灰石等，及人造的大理石、水磨石等 materials involving rocks or rock-like substances which are used when doing construction, building a road, carving, etc., included are natural granite, limestone, manmade marble, terrazzo, etc.

【石榴】shíliú〈名〉pomegranate

【石棉】shímián〈名〉asbestos：～瓦 ～ wǎ asbestos shingle; asbestos tile

【石墨】shímò〈名〉graphite

【石器时代】shíqì shídài the Stone Age

【石蕊】shíruǐ〈名〉reindeer moss; litmus

【石笋】shísǔn〈名〉stalagmite

【石炭酸】shítànsuān〈名〉carbolic acid

【石头】shítou〈名〉[块 kuài] stone; rock：这几块～是从月球上采回来的。Zhè jǐ kuài ～ shì cóng yuèqiú shang cǎi huílai de. These several rocks were extracted and brought home from the moon.

【石头子儿】shítouzǐr〈名〉〈口〉small stone; cobble; pebble

【石印】shíyìn〈动〉lithographic printing

【石英】shíyīng〈名〉quartz

【石油】shíyóu〈名〉petroleum; oil

【石竹】shízhú〈名〉China pink (Dianthus chinensis)

时〔時〕shí
〈名〉◇(1)时代 time; age; epoch：旧～ jiù ～ the old days /古～ gǔ ～ ancient times (2)计时的单位 o'clock; hour：上午九～ shàngwǔ jiǔ ～ 9:00 in the morning (3)"时候"的简称 short for "时候"：工作～要全神贯注。Gōngzuò ～ yào quán shén guànzhù. One ought to be absorbed when working. /上课～要注意听讲。Shàng kè ～ yào zhùyì tīng jiǎng. When attending a class you should be attentive to what is being said. (4)规定的时候 the stipulated time：准～上课 zhǔn ～ shàng kè attend class punctually /按～出发 àn ～ chūfā set out on time (5)时机 opportunity; an opportune moment：～不再来 bú zài lái This opportunity won't come again. (6)季节 season：不误农～ bú wù nóng ～ Don't miss the farming season. (副)〈书〉只修饰单音节动词 (only modifies a monosyllabic verb) (1)同"时时" shíshí (1) same as "时时" shíshí (1)：近年来，这一地区～有战事发生。Jìnnián lái, zhè yi dìqū ～ yǒu zhànshì fāshēng. In the recent years, there has been constant war in this area. /老卢

住院后，大家～去探望。Lǎo Lú zhù yuàn hòu, dàjiā ～ qù tànwàng. *We have all been frequently visiting Lao Lu ever since he was admitted into hospital.* (2)同"时时" shíshí (2) *same as* "时时" shíshí (2)：我们在海边散步，迎面～有微风吹来。Wǒmen zài hǎibiān sàn bù, yíngmiàn ～ yǒu wēifēng chuīlái. *As we strolled along the seashore, a breeze would occasionally blow in our faces.* /我站在山顶～见老鹰从头上飞过。Wǒ zhàn zài shāndǐng ～ jiàn lǎoyīng cóng tóu shang fēiguò. *I stood on the summit and saw an eagle fly by every now and then.*

【时差】 shíchā（名）*time difference; equation of time*

【时常】 shícháng（副）表示行动、动作屡次发生或某种情况多次出现 *often; frequently*：总经理～来往于港澳之间。Zǒngjīnglǐ ～ láiwǎng yú Gǎng-Ào zhī jiān. *The general manager often comes and goes between Hong Kong and Macao.* /这几位退休老人～聚在公园的树荫下下棋。Zhè jǐ wèi tuì xiū lǎorén ～ jù zai gōngyuán de shùyìn xià xià qí. *These retired people frequently gather together under the shade of park trees to play chess.* /他们两人～为一个问题争论得面红耳赤。Tāmen liǎng rén ～ wèi yí ge wèntí zhēnglùn de miàn hóng ěr chì. *Those two often argue over something until they're red in the face.* /他回美国后还～给我写信。Tā huí Měiguó hòu hái ～ gěi wǒ xiě xìn. *He has been writing to me frequently since he went back to the U. S.*

【时代】 shídài（名）(1)根据经济、政治、文化等状况而划分的历史时期 *a historical period that is delineated according to the economic, political, cultural, etc. state of affairs; era*：封建～ fēngjiàn ～ *the feudal era* (2)指个人生命中的某个时期 *a certain period in one's life*：青年～ qīngnián ～ *one's youth*

【时代感】 shídàigǎn（名）能使人感觉到某事物是某时代的这种特点，多指现代的 *feelings of the time*：时装就是～很强的服装。Shízhuāng jiù shì ～ hěn qiáng de fúzhuāng. *Fashionable dress is hip clothing.* /这个话剧的人物性格和语言都富有～。Zhège huàjù de rénwù xìnggé hé yǔyán dōu fùyǒu ～. *The disposition and language of the characters of this play were rife with the feelings of the time.*

【时而】 shí'ér（副）〈书〉同"时时" shíshí (1) (2) *same as* "时时" shíshí (1) (2)：雷雨天，天空中～出现闪电。Léiyǔ tiān, tiānkōng zhōng ～ chūxiàn shǎndiàn. *Lightning appears in the sky from time to time when there is thunder and rain.* /除夕夜，外面～传来噼啪的爆竹声。Chúxī yè, wàimian ～ chuánlai pīpāi de bàozhú shēng. *On New Year's Eve, the bang of firecrackers would drift by every now and then.* /他不是作家，只是～写些散文登在报纸上。Tā bú shì zuòjiā, zhǐshì ～ xiě xiē sǎnwén dēng zai bàozhǐ shang. *He's not a professional writer. He just writes some prose from time to time and gets it published in the paper.*

【时而…时而…】 shí'ér…shí'ér… 多嵌入两个意义相对、相关的双音形容词、动词或短语，表示不同动作或现象在一定时间内交替发生 *(inserted in between two disyllabic adjectives, verbs or phrases which are opposite or similar in meaning to indicate that different actions or phenomena occur alternately within a given time) now… now…; sometimes… sometimes…*：伤员时而清醒，时而昏迷。Shāngyuán shí'ér qīngxǐng, shí'ér hūnmí. *The wounded was conscious one moment, and unconscious the next.* /这几天天气变化很大，时而刮风，时而下雨。Zhè jǐ tiān tiānqì biànhuà hěn dà, shí'ér guā fēng, shí'ér xià yǔ. *The weather has changed greatly these past few days — it's windy one momemt, and rainy the next.* /豹子时而奔驰捕食猎物，时而停下来喘息。Bàozi shí'ér bēnchí bǔshí lièwù, shí'ér tíng xialai chuǎnxī. *The panther sometimes ran quickly to catch and feed on its prey, and sometimes stopped to catch its breath.* 有时，两个以上不同动作或现象，则可连用

几个"时而"("时而" *may sometimes be used consecutively to connect more than two different actions or phenomena*)：天气时而晴，时而阴，时而刮风，时而下雨。Tiānqì shí'ér qíng, shí'ér yīn, shí'ér guā fēng, shí'ér xià yǔ. *The weather is sometimes fine, sometimes cloudy, sometimes windy and sometimes rainy.* /汽车时而快，时而慢，时而过桥，时而爬坡。Qìchē shí'ér kuài, shí'ér màn, shí'ér guò qiáo, shí'ér pá pō. *Sometimes the car went fast, sometimes it went slowly; sometimes it crossed bridges, and other times it went uphill.*

【时分】 shífēn（名）(一天之中的某个)时候 *a certain time within the day (often used in the early vernacular)*：黄昏～ huánghūn ～ *at dusk; at twilight* /午夜～ wǔyè ～ *at midnight*

【时光】 shíguāng（名）〈书〉时间，光阴 *time*：要珍惜大好～。Yào zhēnxī dàhǎo ～. *You should treasure good times.* /浪费了不少～ làngfèile bù shǎo ～ *He wasted many days.* /～过得真快，转眼之间我们的孩子都十岁了。～ guò de zhēn kuài, zhuǎnyǎn zhī jiān wǒmen de háizi dōu shí suì le. *Time passes quickly indeed. In a twinkling our child is already ten years old.*

【时候】 shíhou（名）(1)一段时间 *a stretch of time*：你进修汉语需要多少～?Nǐ jìnxiū Hànyǔ xūyào duōshao ～? *How much time do you need to attend an advanced Chinese course?* /我们的～不多了，得抓紧工作。Wǒmen de ～ bù duō le, děi zhuājǐn gōngzuò. *Our time is short, so we must earnestly attend to our work.* (2)时间里的某一点 *a certain point in time*：现在是什么～了? Xiànzài shì shénme ～ le? *What time is it now?* /电影什么～开演? Diànyǐng shénme ～ kāiyǎn? *What time does the movie start?* /我是1927年到北京来的，那～北京冬天比现在冷。Wǒ shì yījiǔ'èrqī nián dào Běijīng lái de, nà ～ Běijīng dōngtiān bǐ xiànzài lěng. *I came to Beijing in 1927. At that time Beijing was colder in winter than it is now.* /等他来的～，把这封信给他。Děng tā lái de ～, bǎ zhè fēng xìn gěi tā. *When he comes, give him this letter.* /老人临死的～，叫儿子把他的藏书赠送给学校图书馆。Lǎorén lín sǐ de ～, jiào érzi bǎ tā de cángshū zèngsòng gěi xuéxiào túshūguǎn. *Just before the old man died he told his son to present his book collection to the school library as a gift.*

【时机】 shíjī（名）有利的时间、机会 *an advantageous time or opportunity*：～还不成熟。～ hái bù chéngshú. *The time is not yet ripe.* /千万不要错过～ qiānwàn búyào cuòguò ～ *For heaven's sake, don't miss this opportunity.*

【时间】 shíjiān（名）(1)〈哲〉由过去、现在、未来构成的连绵不断的系统 *(the concept of) time*：这个人没有～观念，做什么都不准时。Zhège rén méi yǒu ～ guānniàn, zuò shénme dōu bù zhǔnshí. *This guy has no concept of time. He's not punctual in anything he does.* (2)同"时候" shíhou (1) *same as* "时候" shíhou (1)：你学了多长的中文?Nǐ xuéle duō cháng ～ de Zhōngwén? *How long have you studied Chinese?* /我没有～准备晚饭，咱们出去吃吧。Wǒ méi yǒu ～ zhǔnbèi wǎnfàn, zánmen chūqu chī ba. *I don't have any time to prepare dinner. Let's go out to eat.* (3)同"时候" shíhou (2) *same as* "时候" shíhou (2)：现在的～是八点。Xiànzài de ～ shì bā diǎn. *The time now is 8:00.* /请告诉我飞机到达的～。Qǐng gàosu wǒ fēijī dàodá de ～. *Please tell me the plane's time of arrival.*

【时间词】 shíjiāncí（名）〈语〉汉语的名词中的一类，如"今天""上午""过去""星期三"等 *a category of Chinese nouns, for example* "今天"，"上午"，"过去"，"星期三"，*etc.*

【时间性】 shíjiānxìng（名）在某一段时间内才有意义、有作用、有效的这种特性叫时间性 *timeliness*：新闻报道的～强，必须做到分秒必争。Xīnwén bàodào de ～ qiáng, bìxū zuòdào fēn miǎo bì zhēng. *News reports must be timely, so*

one must seize every minute and second. /这项任务没有～，可以暂缓。Zhè xiàng rènwu méi yǒu ～, kěyǐ zàn huǎn. *This task needn't be timely. We can postpone it.*

【时节】shíjié（名）(1) 节令，季节 *season*：农忙～ nóngmáng ～ *the busy season in farming* (2) 时候 *time*：我是1914年去法国留学的，那～咱们国家还很穷。Wǒ shì yījiǔyīsì nián qù Fǎguó liúxué de, nà ～ zánmen guójiā hái hěn qióng. *I went to France to study in 1914 and at that time our country was still very poor.*

【时局】shíjú（名）某一时期的政治形势 *political situation*：那个时候军阀混战，～非常不稳。Nàge shíhou jūnfá hùnzhàn, ～ fēicháng bù wěn. *At that time there was tangled warfare amongst the warlords, so the political situation was extremely unstable.*

【时刻】shíkè（名）(1) 某一时点（必有说明性质的定语）*a certain point in time（must take an attributive）*：庄严的～ zhuāngyán de ～ *a solemn moment* /在关键～，他毫不动摇。Zài guānjiàn ～, tā háobú dòngyáo. *At the critical moment he boldly held fast.* /当他获得金牌的～，心中无比激动。Dāng tā huòdé jīnpái de ～, xīnzhōng wúbǐ jīdòng. *The moment he won the gold medal his excitement was beyond compare.* /很多人都失去了信心，在这种～，领导必须坚持。Hěn duō rén dōu shīqùle xìnxīn, zài zhè zhǒng ～, lǐngdǎo bìxū jiānchí. *At the moment when a lot of people have lost faith the leadership must persevere.* (2) 每时每刻 *every moment and second*：～保持高度的警惕～ bǎochí gāodù de jǐngtì *be on the watch constantly* /我们～准备着为真理而献身。Wǒmen ～ zhǔnbèizhe wèi zhēnlǐ ér xiàn shēn. *We are constantly preparing to devote ourselves to the cause of truth.*

【时令】shílìng（名）季节 *season*

【时令病】shílìngbìng（名）在一定季节流行的疾病 *a certain season's prevalent sickness*；*seasonal disease*：麻疹是小孩儿春季的～。Mázhěn shì xiǎoháir chūnjì de ～. *Measles is a springtime sickness for children.*

【时髦】shímáo（形）*stylish*；*in vogue*：现在羽绒服在北京的冬季是很～的。Xiànzài yǔróngfú zài Běijīng de dōngjì shì hěn ～ de. *Right now the eiderdown outerwear is very fashionable in Beijing's wintertime.*

【时期】shíqī（名）多指具有某种特征的一段时间 *a period of time having a certain kind of characteristic*：抗日战争～ Kàng Rì Zhànzhēng ～ *the period of the War of Resistance Against Japan* /非常～ fēicháng ～ *an extraordinary period*

【时区】shíqū（名）*time zone*

【时尚】shíshàng（名）〈书〉当时的风尚 *the prevailing practice at the time*

【时时】shíshí（副）多修饰双音节动词（*usu. modifies a disyllabic verb*）(1) 意思相当于"常常""时常"，表示事情重复发生，相隔时间不久 *often*；*constantly*：母亲的那些话，我至今还～记起。Mǔqin de nàxiē huà, wǒ zhìjīn hái ～ jìqǐ. *To this day, I still frequently recall my mother's words.* /他们两个人～闹些小矛盾。Tāmen liǎng ge rén ～ nào xiē xiǎo máodùn. *Those two often have their slight differences.* /他～挂念远在前线的儿子。Tā ～ guàniàn yuǎn zài qiánxiàn de érzi. *He constantly misses his son who is far away at the front line.* (2) 在目前短时间内不规律地重复 *every now and then*；*occasionally*：他生动、风趣的讲话，使听众～鼓掌或大笑。Tā shēngdòng, fēngqù de jiǎnghuà, shǐ tīngzhòng ～ gǔ zhǎng huò dà xiào. *His lively and humorous speech made the audience applaud and roar with laughter every now and then.* /我们走在密林中，～可见小鹿、野兔从面前跑过。Wǒmen zǒu zai mìlín zhōng, ～ kě jiàn xiǎo lù, yětù cóng miànqián pǎoguò. *As we walked through the thick forest, we occasionally saw fawn and hares run by us.* /隔

壁～传来乐曲声。Gébì ～ chuánlái yuèqǔ shēng. *The sound of music occasionally comes drifting in from the next door.*

【时……时……】shí……shí……嵌入意义相对的单音节形容词或动词，形成四字短语，作谓语、状语或定语，表示不同的状态或现象在一定时间内交替发生（*inserted in between monosyllabic adjectives or verbs which are antonyms to form a four-character phrase; serves as a predicate, adverbial or attributive which indicates that different states or phenomena occur alternately within a given period of time*）*now…, now…; sometimes…sometimes…*：老王的病时好时坏，真是令人担心。Lǎo Wáng de bìng shí hǎo shí huài, zhēn shì lìng rén dān xīn. *Lao Wang's illness is fine one moment, and serious the next. It's really worrisome.* /他们两人之间时来时往，关系十分密切。Tāmen liǎng rén zhī jiān shí lái shí wǎng, guānxi shífēn mìqiè. *Those two are constantly in touch with each other. Their relationship is very close.* /京剧演员每天早上在这里练嗓子，那声音时高时低，传得很远。Jīngjù yǎnyuán měi tiān zǎoshang zài zhèlǐ liàn sǎngzi, nà shēngyīn shí gāo shí dī, chuán de hěn yuǎn. *The Beijing opera performer trains his voice here every morning. His voice is sometimes high, and sometimes low, and carries very far.* /在我们谈话时，几次有电话找他，所以谈话时断时续。Zài wǒmen tán huà shí, jǐ cì yǒu diànhuà zhǎo tā, suǒyǐ tán huà shí duàn shí xù. *Phone calls came for him several times while we were talking, so we talked on and off.*

【时事】shíshì（名）*current events; current affairs*：读者都喜欢看他写的～述评。Dúzhě dōu xǐhuan kàn tā xiě de ～ shùpíng. *All readers like to read the current affairs review that is written by him.*

【时势】shíshì（名）某一时期的客观形势 *a certain period's objective circumstances; current situation*

【时务】shíwù（名）当前的重大事情或客观形势 *current significant affairs*：当前的潮流是改革，所以那些反对改革的人都不识～。Dāngqián de cháoliú shì gǎigé, suǒyǐ nàxiē fǎnduì gǎigé de rén dōu bù shí ～. *The current trend is reform, so all those opposing reform show no understanding of the times.*

【时新】shíxīn（形）某一时期最新的（多指服装式样）*fashionable; trendy*：你这身衣服挺～的。Nǐ zhè shēn yīfu tǐng ～ de. *This suit of yours is rather trendy.* /她买了一双～样子的皮鞋。Tā mǎile yì shuāng ～ yàngzi de píxié. *She bought a trendy pair of leather shoes.*

【时兴】shíxīng（动）一段时间里流行 *fashionable in a certain period of time*：今年～长裙子。Jīnnián ～ cháng qúnzi. *Long skirts are fashionable this year.* /披肩发在女青年中很～。Pījiānfà zài nǚ qīngnián zhōng hěn ～. *Wearing shoulder length hair is popular amongst young women.* /现在～让孩子学乐器。Xiànzài ～ ràng háizi xué yuèqì. *Right now the fashion is for children to learn to play musical instruments.*

【时宜】shíyí（名）（当时风俗、习惯）认为合宜的（*custom, practice, etc.*）*appropriate at the time*：不合～ bù hé ～ *be out of keeping with the times*

【时疫】shíyì（名）某一时间内流行的传染病 *epidemic*：在一场水灾之后，往往有～流行。Zài yì cháng shuǐzāi zhī hòu, wǎngwǎng yǒu ～ liúxíng. *An epidemic is often prevalent after a flood.*

【时针】shízhēn（名）(1) 钟表面上的针状零件 *hands of a clock or watch* (2) 钟表上的指针点的针 *the hour hand*

【时钟】shízhōng（名）*clock*

【时装】shízhuāng（名）(1) 式样最新的服装 *latest fashion* (2) 当代通行的服装（跟"古装"相对）*contemporary clothing（opposite of ancient dress）*：这出京剧演现代故事，所以演员

穿～。Zhè chū jīngjù yǎn xiàndài gùshi, suǒyǐ yǎnyuán chuān ～. *This Beijing opera portrays a modern story, so the actors wear contemporary clothing.*

识〔識〕shí

（动）认识，知道 *recognize；know*：我和他并不相～。Wǒ hé tā bìng bù xiāng ～. *He and I are not acquainted.*（名）◇ 见解，辨别力，知识 *opinion；power of discrimination；knowledge*：有～之士 yǒu ～ zhī shì *a man of insight*

【识别】shíbié（动）*distinguish；discern；spot*：善于～真伪 shànyú ～ zhēn wěi *be adept at distinguishing truth from falsity*

【识大体】shí dàtǐ 能从整体利益去考虑或处理问题 *be able to think about or treat a problem from the viewpoint of all its ramifications*

【识破】shípò（动）*see through；penetrate*：他们的阴谋被～了。Tāmen de yīnmóu bèi ～ le. *Their plot was seen through.*

【识趣】shíqù（形）同"知趣"，指说话、办事能掌握分寸，适可而止，不惹人讨厌（*in speaking or doing something*）*be well aware of the proper limits；know how to behave in a delicate situation；be sensible；be tactful*：客人不喜欢谈这方面的问题，我们就谈点别的吧，不要不～。Kèren bù xǐhuan tán zhè fāngmiàn de wèntí, wǒmen jiù tán diǎnr biéde ba, búyào bù ～. *The guests don't like to discuss questions in this area, so let's talk about something else and not make a faux pas.* /你这人真不～，怎么可以在大庭广众中叫人家的绰号呢！Nǐ zhè rén zhēn bù ～, zěnme kěyǐ zài dà tíng guǎng zhòng zhōng jiào rénjia de chuōhào ne! *You're truly not diplomatic! How could you call out people's nicknames in public?*

【识字】shí=zì *know a character*：小孩子三岁就可以开始～。Xiǎoháizi sān suì jiù kěyǐ kāishǐ ～. *A three year old child can begin to learn characters.*

实〔實〕shí

（形）（1）填满，没有空隙 *solid*：花移到盆里后，把土填～，再浇足水。Huā yídào pén li hòu, bǎ tǔ tián ～, zài jiāozú shuǐ. *After the flowers are moved to the pot, pack the soil and pour in enough water.*（2）◇ 真实，实在 *true；real；honest*：人心要～。Rénxīn yào ～. *One must be honest.* /～心～意 ～xīn ～yì *a true heart and a true intention* /这个故事情节有虚有～。Zhège gùshi qíngjié yǒu xū yǒu ～. *The plot of this story has both fiction and reality.* /这些全是不～之词。Zhèxiē quán shì bù ～ zhī cí. *These words are entirely untrue.*（名）◇（1）实际，实事 *reality；factuality*：名～相符 míng ～ xiāngfú（*One's*）*reputation conforms with reality.*（2）果实，种子 *fruit；seed*：开花结～ kāi huā jié ～ *bloom and bear fruit*

【实词】shící（名）〈语〉跟"虚词"相对。意义比较具体，能单独充当句子成分的词。现代汉语的实词包括名词、代词、动词、形容词、数词、量词等 *notional word；modern Chinese notional words include nouns, pronouns, verbs, adjectives, numerals and measure words*

【实地】shídì（副）（1）在现场（做某事）*on the spot*：～考察 kǎochá *on the spot inspection* /～应用 ～ yìngyòng *on the spot application*

【实干】shígàn（动·不及物）认真踏实地去做 *work earnestly*：要～，不要唱高调。Yào ～, búyào chàng gāodiào. *Get cracking, don't mouth high-sounding words.* /他很有～精神。Tā hěn yǒu ～ jīngshén. *He has a hard working spirit.* /我们要个～家来当经理。Wǒmen yào ge ～jiā lái dāng jīnglǐ. *We want a man of action to be our manager.*

【实话】shíhuà（名）真实的话，跟"虚话""假话"相对 *truthful talk (opposite of false talk or lies)*：～实说 ～ shí shuō *not* mince *words* /大～ dà ～ *obvious truth*

【实惠】shíhuì（形）有实际的好处 *have substantial advantages*：那家饭馆的饭菜很～。Nà jiā fànguǎn de fàncài hěn ～. *That restaurant's food is very reasonable and substantial.* /送给他日用品比工艺品～多了。Sòng gěi tā rìyòngpǐn bǐ gōngyìpǐn ～ duō le. *To give him articles of everyday use is more practical than to give him handicrafts.*（名）实际的好处 *real benefits*：这些人没有理想，只要求得到～。Zhèxiē rén méi yǒu lǐxiǎng, zhǐ yāoqiú dédào ～. *These people have no ideals. Their only demand is material benefits.*

【实际】shíjì（名）*reality*：理论要联系～。Lǐlùn yào liánxì ～. *Theory needs to be integrated with reality.* /一切要从～出发 yíqiè yào cóng ～ chūfā *Always start with the facts.*（形）（1）具体的，实在的 *concrete；real*：～经验 ～ jīngyàn *real experience* /～情况 ～ qíngkuàng *actual situation* /他还没有吃饭，先给他解决这个～问题。Tā hái méiyou chī fàn, xiān gěi tā jiějué zhège ～ wèntí. *He has not yet eaten, and this is a real problem we must help him out with first.*（2）切合实际的 *practical*：这种想法不～。Zhè zhǒng xiǎngfǎ bù ～. *This kind of thinking is not practical.* /计划订得很～。Jìhuà dìng de hěn ～. *The plan is very practical.*

【实践】shíjiàn（名）*practice*：～出真知。～ chū zhēnzhī. *Genuine knowledge comes from practice.* /～是认识的基础。～ shì rènshi de jīchǔ. *Practice is the foundation of knowledge.*（动）*put into practice*：～诺言 ～ nuòyán *keep one's word*

【实况】shíkuàng（名）*what is actually happening*

【实况转播】shíkuàng zhuǎnbō *live telecast*

【实力】shílì（名）*actual strength*：比赛双方～相当，这场球一定精采。Bǐsài shuāngfāng ～ xiāngdāng, zhè chǎng qiú yídìng jīngcǎi. *The two sides in the game are evenly matched. It promises to be an exciting contest.*

【实情】shíqíng（名）真实情况 *true state of affairs*：隐瞒～ yǐnmán ～ *conceal the true state of affairs*

【实权】shíquán（名）*real power*：他虽然是经理，却没有～。Tā suīrán shì jīnglǐ, què méi yǒu ～. *Although he's the manager, he doesn't have any real power.*

【实施】shíshī（动）〈书〉实行（法令、政策、计划等）*execute (laws, policy, plans, etc.)*：在～法令时要认真，不徇私情。Zài ～ fǎlìng shí yào rènzhēn, bú xùn sīqíng. *When putting a law into effect, you need carry it out to the letter. Don't be swayed by personal considerations.* /第六个五年计划已付诸～。Dìliù ge wǔ nián jìhuà yǐ fù zhū ～. *The sixth five-year plan has already been put into effect.*

【实事求是】shí shì qiú shì 从实际情况出发，正确对待和处理问题，既不夸大，也不缩小 *seek truth from facts；be practical and realistic*：～是我们做一切工作的出发点。～ shì wǒmen zuò yíqiè gōngzuò de chūfādiǎn. *Seeking truth from the facts is the starting point of all our work.* /评价一个历史人物必须～。Píngjià yí ge lìshǐ rénwù bìxū ～. *To evaluate a historical figure it is necessary to be realistic.*

【实数】shíshù（名）（1）〈数〉*real number*（2）实在的数字 *actual number*

【实体】shítǐ（名）〈哲〉*substance；entity*

【实物】shíwù（名）真实、具体的东西 *real or concrete thing*：用～进行情景教学，效果不错。Yòng ～ jìnxíng qíngjǐng jiàoxué, xiàoguǒ búcuò. *Use real objects for situational teaching. The results are pretty good.* /这个展览会除了图片以外，还有大量的～。Zhège zhǎnlǎnhuì chúle túpiàn yǐwài, hái yǒu dàliàng de ～. *This exhibition, besides having pictures, has a good number of objects.*

【实物地租】shíwù dìzū〈经〉农民租种地主的土地，定期交纳一定数量的粮食、牲畜、家禽或其他农产品作为地租 *rent in*

【实习】shíxí（动）field-work；field-trip；practise：我们班十月份去外地～。Wǒmen bān shí yuèfèn qù wàidì ～. Our class is going out for a field trip in October.

【实习医师】shíxí yīshī intern

【实现】shíxiàn（动）realize；achieve；bring about：中国人民正为～四个现代化而努力工作。Zhōngguó rénmín zhèng wèi ～ sì ge xiàndàihuà ér nǔlì gōngzuò. The Chinese people are working hard to achieve the four modernizations. /只要努力，你的理想就一定能够～。Zhǐyào nǔ lì, nǐ de lǐxiǎng jiù yídìng nénggòu ～. So long as you work hard, your ideals will surely be realized.

【实效】shíxiào（名）实际效果 actual results：无论做什么都要注意～。Wúlùn zuò shénme dōu yào zhùyì ～. In anything you do, be mindful of the real results.

【实心】shíxīn（形）（～儿）物体内部是实的,不是空的 solid：这种空心砖比～砖还结实。Zhè zhǒng kōngxīn zhuān bǐ ～ zhuān hái jiēshi. This type of hollow brick is even more durable than solid bricks.

【实行】shíxíng（动）用行动来实现（计划、政策、法令、党的纲领等）take action to bring something about（e. g. a plan, policy, law, or a party's guiding principle, etc.）：从1985年1月1日起取消午休,～午后一点钟上班制。Cóng yījiǔbāwǔ nián yīyuè yī rì qǐ qǔxiāo wǔxiū, ～ wǔhòu yì diǎn zhōng shàngbānzhì. Starting on January 1, 1985 the midday rest was done with, and the system of being at work at 1:00 in the afternoon took effect. /中国农村普遍～了承包制。Zhōngguó nóngcūn pǔbiàn ～ le chéngbāozhì. Chinese rural villages universally implemented the contractual system.

【实验】shíyàn（动）experiment；test

【实验室】shíyànshì（名）laboratory

【实业】shíyè（名）旧指工商企业 formerly referring to commerce and industry

【实用】shíyòng（形）practical；pragmatic：这种羽绒服又美观又～。Zhè zhǒng yǔróngfú yòu měiguān yòu ～. This kind of eiderdown outerwear is both beautiful and practical.

【实用主义】shíyòngzhǔyì（名）pragmatism

【实在】shízài（形）真实,不虚假 true；honest：他非常～,从不耍心眼儿。Tā fēicháng ～, cóng bù shuǎ xīnyǎnr. He's very honest. He never tries to pull a smart trick. /他的话不多,但是很～。Tā de huà bù duō, dànshì hěn ～. What he says is not much, but it's honest. /他干什么事都是实实在在的。Tā gàn shénme shì dōu shì shíshízàizài de. He is downright honest in whatever he does. （副）有"真""确实""的确"的意思,但同时表示极高的程度；修饰形容词、形容词性短语、某些动词、助动词、动词性短语等 really；indeed（has the same meaning as "真" zhēn, "确实" quèshí, and "的确" díquè, but also indicates an extreme degree；modifies adjectives, adjectival phrases, certain verbs, auxiliary verbs and verbal phrases）：这小姑娘的两只大眼睛～漂亮。Zhè xiǎo gūniang de liǎng zhī dà yǎnjing ～ piàoliang. This little girl's big eyes are indeed beautiful. /～对不起,让你久等了。～ duì bu qǐ, ràng nǐ jiǔ děng le. I'm really sorry to keep you waiting for so long. /当前这种不正之风～应该狠刹一刹。Dāngqián zhè zhǒng búzhèng zhī fēng ～ yīnggāi hěn shā yi shā. At present, this kind of unhealthy tendency should really be ruthlessly quashed. /这一段时间我工作～忙,所以没来看你。Zhè yí duàn shíjiān wǒ gōngzuò ～ máng, suǒyǐ méi lái kàn nǐ. I have been really busy with my work lately, so I haven't been able to come and see you. 可以修饰表示不愉快性质的否定形式（can modify a negative form which indicates sth. of an unpleasant nature）：我对打牌～没兴趣。Wǒ duì dǎ pái ～ méi xìngqù. I am really not interested in playing cards. /我对这里的情况～不了解,因此也～不能下结论。Wǒ duì zhèlǐ de qíngkuàng ～ bù liǎojiě, yīncǐ yě ～ bù néng xià jiélùn. I am really not familiar with the situation here and because of this, I really cannot draw any conclusions. /小张～不会跳舞,你就别勉强他了。Xiǎo Zhāng ～ bú huì tiào wǔ, nǐ jiù bié miǎnqiǎng tā le. Xiao Zhang really cannot dance so don't force him to. "实在"后可带其他程度副词或表示程度的补语（"实在" can be followed by other adverbs of degree or complements of degree）：北京这几年的变化～太大了。Běijīng zhè jǐ nián de biànhuà ～ tài dà le. Beijing has indeed undergone tremendous changes in recent years. /庐山的风景～美极了,令人流连忘返。Lú Shān de fēngjǐng ～ měi jí le, lìng rén liúlián wàng fǎn. The scenery at Mount Lu is truly beautiful. It makes one want to linger on, forgetting to return home. /我是从北京站步行回家的,～累得要命。Wǒ shì cóng Běijīngzhàn bùxíng huí jiā de, ～ lèi de yàomìng. I walked home from the Beijing train station and am really exhausted.

【实质】shízhì（名）本质。也就是决定事物的性质、面貌和发展的根本属性 essence：他们辩论的～就是要不要改革。Tāmen biànlùn de ～ jiù shì yào bú yào gǎigé. The essence of their argument is whether or not to reform.

【实足】shízú（形）确实足数的 really full：他～年龄二十岁。Tā ～ niánlíng èrshí suì. His exact age is 20 years. /礼堂里～有三千人。Lǐtáng li ～ yǒu sānqiān rén. The auditorium was really full with 3000 people.

拾 shí（动）pick up（from the ground）；collect：请替我把掉在地上的手帕儿～起来好吗？Qǐng tì wǒ bǎ diào zài dì shang de shǒujuànr ～ qilai hǎo ma? Please pick up for me the handkerchief I dropped on the ground, will you?（数）"十"大写 the capital form of the Chinese numeral "十"

【拾掇】shíduo（动）（1）收拾,整理 put in good order；tidy up；straighten out：她的卧室～得非常整齐干净。Tā de wòshì ～ de fēicháng zhěngqí gānjìng. Her bedroom is very neat and clean. /要教育孩子玩儿完了,把玩具～起来。Yào jiàoyù háizi wánrwán le, bǎ wánjù ～ qilai. Teach a child to clean up his toys after he's done playing. （2）修理 fix；repair：汽车发动不起来了,你去～～. Qìchē fādòng bu qǐlái le, nǐ qù ～ ～. The car won't start. Go get it fixed.

【拾金不昧】shí jīn bù mèi 拾到钱物不藏起来据为自己所有 not pocket the money one picks up

【拾零】shílíng（动·不及物）把某一方面的零碎材料收集起来（常用于文章或文集的标题）collect fragmentary materials in a certain area（often used for essay and anthology titles）

【拾取】shíqǔ（动）〈书〉拾 pick up

【拾遗】shíyí（动）〈书〉（1）拾取别人丢失的东西,据为己有 pick up and keep for oneself things which are lost by others：路不～ lù bù ～ No one picks up and pockets anything lost on the road.（used to describe the high moral standard in a society）（2）补充旁人著作中所遗漏的内容 supplement the omitted content of other people's writings

食 shí（名）（1）◇ 人吃的东西 food：肉～ròu ～ meat /素～ sù ～ vegetarian diet /挑～ tiāo ～ finicky（2）饲料,一般动物吃的东西 feed；food for animals：猪～ zhū ～ pig fodder /早上麻雀出来找～。Zǎoshang máquè chūlai zhǎo ～. In the morning the sparrows come in search of food. （动）〈书〉吃 eat：老虎是～肉动物。Lǎohǔ shì ～ ròu dòngwù. The tiger is carnivorous.

【食道】 shídào（名）〈生理〉esophagus

【食粮】 shíliáng（名）人吃的粮食 grain；food

【食品】 shípǐn（名）作为商品的人的食物，多数是经过加工的 food in the form of commodities，most having gone through processing

【食谱】 shípǔ（名）(1)介绍菜肴等制作方法的书 look book (2)每顿饭菜的单子 recipe；cookbook；menu

【食宿】 shísù（名）board and lodging

【食堂】 shítáng（名）机关单位供工作人员吃饭的地方 mess hall；canteen

【食糖】 shítáng（名）sugar

【食物】 shíwù（名）任何能吃的东西 food；肉食动物就是以肉类为～的动物，如狮子、老虎。Ròushí dòngwù jiùshì yǐ ròulèi wéi ～ de dòngwù，rú shīzi，lǎohǔ. Carnivorous animals are those which eat flesh，for example，lions and tigers.

【食物中毒】 shíwù zhòng dú food poisoning

【食言】 shí = yán（书）go back on one's word；break one's promise

【食盐】 shíyán（名）table salt

【食用】 shíyòng（动）（书）（人）吃 eat：这是工业用盐，不能～。Zhè shì gōngyè yòng yán，bù néng ～. This is industrial salt，so it's not to be eaten. /花生油是～油。Huāshēngyóu shì ～ yóu. Peanut oil is edible oil.

【食油】 shíyóu（名）cooking oil

【食欲】 shíyù（名）（人）想吃东西的要求 appetite：我不舒服，没有～。Wǒ bù shūfu，méi yǒu ～. I'm not feeling well，and I have no appetite. /运动可以增加～。Yùndòng kěyǐ zēngjiā ～. Athletics can enhance your appetite.

【食指】 shízhǐ（名）index finger

shǐ

史 shǐ（名）◇history：编年～ biānnián ～ annals；chronicle / 清～ Qīng ～ Qing Dynasty history

【史册】 shǐcè（名）（书）历史记录 record of history：这位民族英雄的业绩已经载入～。Zhè wèi mínzú yīngxióng de yèjì yǐjīng zǎirù ～. The achievements of this national hero has already gone down in history.

【史籍】 shǐjí（名）历史书籍 historical books

【史迹】 shǐjì（名）历史遗留下来的痕迹 historical site or relics；遵义会议会址是有名的革命～。Zūnyì huìyì huìzhǐ shì yǒu míng de gémìng ～. The site of the Zunyi Meeting is a famous revolutionary relic.

【史料】 shǐliào（名）历史资料 historical materials；data

【史前】 shǐqián（名）没有文字记载的远古 prehistoric

【史诗】 shǐshī（名）epic

【史实】 shǐshí（名）历史事实 historical fact

【史书】 shǐshū（名）history；historical records

【史无前例】 shǐ wú qián lì 前所未有，历史上从来没有过 unprecedented；that which history has never before seen；红军的二万五千里长征是～的。Hóngjūn de èrwàn wǔqiān lǐ chángzhēng shì ～ de. The Red Army's Long March was without historical precedent.

【史学】 shǐxué（名）historical science

矢 shǐ（书）（名）arrow（动）发誓 vow；swear

【矢口否认】 shǐ kǒu fǒurèn 用嘴向别人否定，坚决不承认 flatly deny or firmly refuse to admit：他曾说有人考试作弊，可现在又～说过这话了。Tā céng shuō yǒu rén kǎoshì zuò bì，kě xiànzài yòu ～ shuōguo zhè huà le. He once said some people were cheating on their exams，but now he flatly denies having said this.

使 shǐ（动）(1)用 use：请把《汉英词典》借我～一下。Qǐng bǎ 《Hàn Yīng Cídiǎn》 jiè wǒ ～ yíxià. Please lend me the Chinese-English Dictionary. /这个计算器很好～。Zhè zhǒng jìsuànqì hěn hǎo ～. This kind of calculator is easy to use. /我想～～你的自行车，行吗？Wǒ xiǎng ～～ nǐ de zìxíngchē，xíng ma？ I'm thinking of using your bike. Is that okay？(2)叫、让，多用于兼语式 make；enable：虚心～人进步，骄傲～人落后。Xūxīn ～ rén jìnbù，jiāo'ào ～ rén luòhòu. Modesty helps one to go forward；conceit makes one lag behind. /他那盛气凌人的样子，真～人受不了。Tā nà shèng qì líng rén de yàngzi，zhēn ～ rén shòu bu liǎo. His imperious bearing makes people unable to tolerate him.

【使不得】 shǐ bu de cannot be used；impermissible：这～，他正在发烧，怎么能让他去开车呢。Zhè kě ～，Tā zhèngzài fā shāo，zěnme néng ràng tā qù kāi chē ne. This can't be done. He is running a fever now，so how can we ask him to drive.

【使得】 shǐde（动）(1)同"使" shǐ (2) same as "使" shǐ (2)：一场雹灾，～庄稼减产80%。Yì cháng báozāi，～ zhuāngjia jiǎn chǎn bǎi fēn zhī bāshí. The hail disaster caused crops to drop in output by 80%. (2)"使不得"的肯定形式 the affirmative form of "使不得"：让一个十二岁的孩子独自乘火车去广州，你说～使不得？Ràng yí ge shí'èr suì de háizi dúzì chéng huǒchē qù Guǎngzhōu，nǐ shuō ～ shǐ bu de？ To let a 12-year-old child ride a train alone to Guangzhou，do you say this is practicable or not？

【使馆】 shǐguǎn（名）diplomatic mission；embassy

【使坏】 shǐ=huài（口）出坏主意，耍狡猾手段 come up with a mischievous idea；play a dirty trick：你别～啦，这样害了别人，对自己也无益。Nǐ bié ～ la，zhèyàng hàile biéren，duì zìjǐ yě wú yì. Don't play a trick. It would hurt others and would not be of benefit to you. /这件事没办成，全是他使的坏，故意拖延时间。Zhè jiàn shì méi bànchéng，quán shì tā shǐ de huài，gùyì tuōyán shíjiān. This thing didn't get done，all because of his trick to deliberately waste time.

【使唤】 shǐhuan（动）〈口〉(1)叫人替自己做事 order（someone to do something for you）：你不能像～用人那样～我。Nǐ bù néng xiàng ～ yòngren nàyàng ～ wǒ. You can't order me around as though ordering about a servant. /这徒弟很听师傅，叫他干什么事儿都很听话。Zhè túdi hěn tīng shīfu，jiào tā gàn shénme shìr dōu hěn tīng huà. That apprentice heeded orders from his master，to whom he is always obedient. (2)使用（工具、牲畜等）make use of；handle（tools，livestock）：我不会～这种插秧机。Wǒ bú huì ～ zhè zhǒng chāyāngjī. I'm not able to use this rice transplanter. /这头牛不听～。Zhè tóu niú bù tīng ～. This ox is unruly.

【使节】 shǐjié（名）diplomatic envoy

【使劲】 shǐ=jìn（～儿）exert all one's strength；再使点儿劲儿，箱子就抬起来了。Zài shǐ diǎnr jìnr，xiāngzi jiù tái qilai le. If we put in more effort the box will be lifted. /观众地为运动员鼓掌加油。Guānzhòng ～ de wèi yùndòngyuán gǔ zhǎng jiā yóu. The spectators clapped and hooted for the players with all their might.

【使命】 shǐmìng（名）mission：他来访问是负有一定的～的。Tā lái fǎngwèn shì fù yǒu yídìng de ～ de. His coming to visit bore with it a certain mission.

【使团】 shǐtuán（名）diplomatic delegation

【使眼色】 shǐ yǎnsè 用眼睛向别人暗示自己的意思 tip sd. the wink；wink：妈妈直向孩子～，让他别在生人面前淘气。Māma zhí xiàng háizi ～，ràng tā bié zài shēngrén miànqián táoqì. The mother gave her child a wink，telling him not to misbehave in front of the stranger. /他向她使了个眼色，她就站起来出去了。Tā xiàng tā shǐle ge yǎnsè，tā jiù zhàn

qilai chūqu le. *He gave her the high sign. She then stood up and left.*

【使用】shǐyòng（动）*make use of；employ*：各行各业普遍地～了电脑，效率都大幅度提高。Gè háng gè yè pǔbiàn de ～le diànnǎo, xiàolǜ dōu dà fúdù tígāo. *Every trade and profession in general employed computers, which heightened proficiency by a great margin.*

【使用价值】shǐyòng jiàzhí *use value*

【使者】shǐzhě（名）*emissary；envoy；messenger*

驶〔駛〕shǐ
（动）〈书〉(1)（车、马等）飞快地跑（*a car, horse, etc.*）*move along speedily*：汽车径直～向机场。Qìchē jìngzhí ～ xiàng jīchǎng. *The car sped directly to the airport.* (2)开动（车船等）*put in motion*（*a car, boat*）：因海浪太大，轮船停～。Yīn hǎilàng tài dà, lúnchuán tíng ～. *Because the waves were too big, the steamer stopped sailing.*

始 shǐ
（动）◇起头，最初；开始（跟"终"相对）*start；begin；(opposite of "终")*：千里之行，～于足下。Qiān lǐ zhī xíng, ～ yú zú xià. *A thousand mile journey is started by taking the first step. /*周而复～ zhōu ér fù ～ *go round and begin again；go round and round /*从～至终 cóng ～ zhì zhōng *from beginning to end*

【始末】shǐmò（名）（事情）从头到尾的经过 *the whole story*

【始终】shǐzhōng（副）表示在某一过程中，自始至终没有变化。修饰多音节动词、形容词或动词、形容词短语及成语等，可修饰否定形式 *from beginning to end；throughout；all along（modifies polysyllabic verbs, adjectives or verbal or adjectival phrases or expressions；can modify a negative form）*：他～保持艰苦朴素的作风。Tā ～ bǎochí jiānkǔ pǔsù de zuòfēng. *He has kept up a style of hard work and plain living all along. /*他的血压～正常。Tā de xuèyā ～ zhèngcháng. *His blood pressure remained normal throughout. /*我～热爱我所从事的工作。Wǒ ～ rè'ài wǒ suǒ cóngshi de gōngzuò. *From beginning to end, I love the work I'm engaged in. /*这位中外闻名的妇产科专家～没有结过婚。Zhè wèi zhōng-wài wénmíng de fùchǎnkē zhuānjiā ～ méiyǒu jiéguò hūn. *This world-famous gynaecologist has never been married. /*她～不明白为什么她们之间产生了裂痕。Tā ～ bù míngbai wèi shénme tāmen zhī jiān chǎnshēngle lièhén. *She never understood why they had developed a rift between them. /*昨天的会上，你为什么～一言不发？Zuótiān de huì shang, nǐ wèi shénme ～ yì yán bù fā? *Why did you not say anything during the entire meeting yesterday?*

【始终不渝】shǐzhōng bù yú 永不改变（从始至终不变）*unswerving；steadfast；never changing*：我们～地奉行和平共处五项原则。Wǒmen ～ de fèngxíng hépíng gòngchǔ wǔ xiàng yuánzé. *We steadfastly pursued the five principles of peaceful coexistance.*

【始祖】shǐzǔ（名）*first ancestor；earliest ancestor*

屎 shǐ
（名）*excrement；feces*

shì

士 shì
（名）〈书〉*noncommissioned officer；person trained in a certain field；scholar*

【士兵】shìbīng（名）*rank and file soldiers；privates*

【士气】shìqì（名）*morale*：作战时，军队的～非常重要。Zuò zhàn shí, jūnduì de ～ fēicháng zhòngyào. *When fighting a war, the morale of the troops is very important.*

【士卒】shìzú（名）〈书〉士兵 *soldiers；privates*

氏 shì
（名）〈书〉*family name；surname*

【氏族】shìzú（名）*clan*

示 shì
（动）◇*show；notify；instruct*

【示范】shìfàn（动）做出某种可供大家学习的样子 *set an example for others*：我先给你们～一下儿，然后大家跟着我做。Wǒ xiān gěi nǐmen ～ yíxiàr, ránhòu dàjiā gēnzhe wǒ zuò. *First I'll give you an example, then all of you can do it with me.*

【示弱】shìruò（动·不及物）*give the impression of weakness；take something lying down*：人家进步了，我们也不能～。Rénjia jìnbùle, wǒmen yě bù néng ～. *The others have improved, and we must not take this lying down.*

【示威】shìwēi（动·不及物）*demonstrate*：不少国家都举行了～游行。Bù shǎo guójiā dōu jǔxíngle ～ yóuxíng. *Many countries held demonstration marches.*

【示意】shìyì（动）用表情、动作、含蓄的话或图形表示某种意思 *use expressions or movements as a signal；use graphs to express an idea*：他向我一努嘴，～我发言。Tā xiàng wǒ yì nǔ zuǐ, ～ wǒ fā yán. *He pouted his lips at me, signalling me to speak.*

【示意图】shìyìtú（名）为了说明内容较复杂的事物的原理或具体的方位、轮廓而绘制的图形 *a figure sketched to explain specific directions or to clarify relatively complicated things or principles*

【示众】shìzhòng（动·不及物）把犯人（或坏人）带出来让大家看，作为一种惩罚 *parade a criminal offender (as a kind of punishment)*

世 shì
（名）◇(1)人的一辈子 *lifetime*：人生一～总应该做些有益的事。Rénshēng yí ～ zǒng yīnggāi zuò xiē yǒuyì de shì. *One's entire lifetime should be spent doing useful things. /*只有今～，哪有什么来～! Zhǐ yǒu jīn ～, nǎ yǒu shénme lái～! *There's only this life. How could there be an afterlife!* (2)时代 *age；era*：近～ jìn ～ *modern times /*当～ dàng ～ *contemporary era* (3)世界 *the world*：公诸于～ gōng zhū yú ～ *make known to the world；reveal to the public /*～上无难事，只怕有心人。～ shàng wú nán shì, zhǐ pà yǒuxīn rén. *Nothing in the world is difficult to one who sets his mind on it.*

【世代】shìdài（名）好几辈子 *many generations*：～相传 xiāngchuán *hand down from generation to generation /*～务农 ～ wùnóng *a lineage of farmers*

【世故】shìgù（名）在社会生活中人与人关系往来的经验 *the ways of the world*：他这个人一点儿人情～都不懂。Tā zhège rén yìdiǎnr rénqíng ～ dōu bù dǒng. *This guy is naive to the ways of the world.*

【世故】shìgu（形）待人处事很圆滑，不得罪人 *smooth in personal dealings*：我不喜欢非常～的人。Wǒ bù xǐhuan fēicháng ～ de rén. *I don't like really suave people. /*他渐渐变得很～。Tā jiànjiàn biàn de hěn ～. *He gradually became very suave.*

【世纪】shìjì（名）[个 gè] *century*

【世纪末】shìjìmò（名）指十九世纪末叶，当时欧洲资本主义进入腐朽阶段，各方面潜伏着危机，人们的思想情绪上充满没落之感。也泛指某一社会的没落阶段和某些人的悲观反常情绪 *the end of the 19th century, when European capitalism entered into a period of decay, everywhere was concealed a latent crisis, and the people's thinking and senti-*

ment fully declined into sensuality

【世交】shìjiāo（名）(1)上代就有交情的人或人家 old family friends：我们家和林家是～，家里人都很熟。Wǒmen jiā hé Lín jiā shì ～，jiālǐ rén dōu hěn shú. Our family and the Lin family are old friends. We're on very familiar terms. (2)两代以上的交谊 friendship spanning at least two generations

【世界】shìjiè（名）(1)指自然界和人类社会的一切事物的总和 world；universe：～之大，无奇不有。～ zhī dà, wú qí bù yǒu. It's such a big world that there are all sorts of strange things. / 无论在宏观～还是微观～，人类还有很多没有发现的东西。Wúlùn zài hóngguān ～ háishì wēiguān ～, rénlèi hái yǒu hěn duō méiyou fāxiàn de dōngxi. Whether in the macrocosm or in the microcosm, there are many things yet to be discovered by man. (2)地球上所有地方 world：～各地的风俗习惯都有很大的差别。～ gè dì de fēngsú xíguàn dōu yǒu hěn dà de chābié. Customs vary greatly all over the world. (3)指自然界或人类社会的某一领域或人类活动的某一方面 a certain sphere within the natural world or human society；a certain aspect of human activity：内心～（a person's）inner world / 资本主义～ zīběnzhǔyì ～ the capitalist world

【世界大战】shìjiè dàzhàn world war

【世界观】shìjièguān（名）world outlook

【世界市场】shìjiè shìchǎng the world market

【世界屋脊】shìjiè wūjǐ the roof of the world

【世界语】Shìjièyǔ（名）Esperanto

【世面】shìmiàn（名）社会上各方面的情况 various aspects of society：年轻人应该多见见～，扩大知识面。Niánqīng rén yīnggāi duō jiànjian ～, kuòdà zhīshi miàn. Young people ought to see more of the world and thus expand the scope of their knowledge.

【世外桃源】shì wài Táoyuán 比喻一种空想的脱离现实斗争，逃避社会矛盾的地方。在那儿生活安乐,环境幽美 utopia；a haven of peace

【世袭】shìxí（动）hereditary

【世医】shìyī（名）世代行医的医生 a doctor whose father and forefathers also practised medicine

仕 shì

（动）◇be an official；fill an office

【仕女】shìnǚ（名）〈书〉(1)宫女 maid in an imperial palace；maid of honor (2)以美女为题材的中国画。也作"士女"Chinese paintings which take beautiful women as the subject matter（can also be written as "士女"）

市 shì

（名）(1)◇集中做买卖的地方 market：过去北京有灯～、花～、骡马～等，现在有的成了街道名字。Guòqù Běijīng yǒu dēng ～, huā ～, luómǎ ～ děng, xiànzài yǒude chéngle jiēdào míngzì. Formerly Beijing had the lamp market, the flower market, the mule market, etc., but now some of these have become names of streets. (2)行政区划单位 administrative division or unit；municipality：北京～是个直辖。Běijīng ～ shì ge zhíxiá. The City of Beijing is a municipality directly under the Central Government. / 这儿的～内交通发生了很大变化。Zhèr de ～ nèi jiāotōng fāshēngle hěn dà biànhuà. Transportation within the city here has undergone many changes.

【市场】shìchǎng（名）marketplace；market；bazaar

【市场调节】shìchǎng tiáojié 在中国，指国家对一部分产品的生产与流通不作计划，由市场的供求变化和价格的起落自行调节（of production and circulation of certain goods in China）be regulated by changes in supply and demand as well as by the ups and downs in market prices rather than being planned out by the state

【市集】shìjí（名）(1)集市 fair；market (2)市镇 small town

【市价】shìjià（名）市场价格 market price

【市郊】shìjiāo（名）城市所属的郊区 suburb；outskirts

【市斤】shìjīn（量）a unit of weight（=1/2 kilogram）

【市侩】shìkuài（名）指不顾一切贪图钱财的奸商，或贪图私利的人 philistine

【市面】shìmiàn（名）（～儿）(1)市场 market；business；trade：这种布在～上很容易买到。Zhè zhǒng bù zài ～ shang hěn róngyì mǎidào. This kind of cloth is available on the market. /最近～上商品多起来了。Zuìjìn ～ shang shāngpǐn duō qǐlai le. Recently there has been an increase in commodities. (2)工商业活动的一般状况 the usual condition of industrial and commercial activity：～很繁荣。～ hěn fánróng. Trade is flourishing.

【市民】shìmín（名）城市居民 city residents

【市区】shìqū（名）city proper；urban district

【市容】shìróng（名）城市的面貌 the appearance of a city

【市委】shìwěi（名）政党的市一级组织，是"市委员会"的简称 Party organization of the municipal level, short for "市委员会"

【市镇】shìzhèn（名）small towns；towns

【市政】shìzhèng（名）城市管理工作 municipal administration：～工程 ～ gōngchéng municipal works

【市制】shìzhì（名）中国人民习惯使用的计量制度 the Chinese system of measures and weights

式 shì

（名）◇(1)样式 pattern；form；type；style：那个展览会有各～家具，值得看看。Nàge zhǎnlǎnhuì yǒu gè ～ jiājù, zhíde kànkan. That exhibition has every style of furniture. It is worth seeing. (2)仪式，典礼 ceremony；celebration：第23届奥运会的开幕～是在洛杉矶举行的。Dì'èrshísān jiè Àoyùnhuì de kāimù ～ shì zài Luòshānjī jǔxíng de. The opening ceremony for the 23rd Olympiad was held at Los Angeles.

【式样】shìyàng（名）style；type；model

【式子】shìzi（名）(1)姿势 posture：打拳都要注意～。Dǎ quán dōu yào zhùyì ～. To practise Chinese boxing requires good posture. (2)算式、代数式等的统称 formula：要想运算准确，首先得把～列对。Yào xiǎng yùnsuàn zhǔnquè, shǒuxiān děi bǎ ～ lièduì. If you want to make accurate calculations, first you should have the correct formulas.

似 shì
另见 sì

【似的】shìde（助）也作"是的"。用在某些词语之后，和这些词语共同作句中定语、状语、补语、谓语。作状语时，"似的"也可写作"似地"（also written as "是的"；used after certain words to form an attributive, adverbial, complement or predicate in a sentence；as an adverbial，"似的" may also be written as "似地"）(1)表示和某人、某物在某方面相似，或形成明喻，前面多有"像"、"好像""和"跟"等与之呼应（indicates resemblance in a certain aspect to a certain person or thing, or forms a simile when preceded by "像", "好像", "和","跟", etc.）：你站一个木桩子，傻愣在那儿干什么？Nǐ gēn yí ge mù zhuāngzi ～, shǎ lèng zài nàr gàn shénme? Why are you just standing there dumbly like a wooden stake? / 这个新区绿化得真好，好像花园～美丽整洁。Zhège xīn qū lǜhuà de zhēn hǎo, hǎoxiàng huāyuán ～ měilì zhěngjié. This new district has been made green by the planting of flowers and trees and the job was really well done. It looks as beautiful and neat as a garden. / 这孩子满身是汗，就和刚从水里钻出来～。Zhè háizi mǎnshēn shì hàn, jiù hé gāng cóng shuǐ li zuān chulai ～. This child's

whole body is covered with sweat. It's as if he had just come out of the water. /瞧这个小脏猴～孩子，快洗洗去! Qiáo zhège xiǎo zānghóur ～ háizi, kuài xǐxi qu! *Look at you. You look like a filthy little monkey. Quick, go clean yourself up.* /人们像一窝蜂～涌向了出事地点。 Rénmen xiàng yì wō fēng ～ yǒngxiàng chū shì dìdiǎn. *People surged like a swarm of bees to the scene of the accident.* 参看"一样" yíyàng *see* "一样" yíyàng (2)表示说话人或当事人不十分有把握的感觉或了解，前面也可有"像""似乎"等与之呼应(*indicates that the speaker or the party concerned is not sure of himself; may also be preceded by "像", "似乎", etc.*)：父亲慈祥地望着我，似乎有很多的话要对我说～。 Fùqin cíxiáng de wàngzhe wǒ, sìhū yǒu hěn duō de huà yào duì wǒ shuō ～. *Father looked at me kindly. It was as if he had many things he wanted to say to me.* /我看他好像不高兴，就没有问他那件事。 Wǒ kàn tā hǎoxiàng bù gāoxìng ～, jiù méiyou wèn tā nà jiàn shì. *I didn't think he looked very happy, so I didn't ask him about that matter.* /老张一年多没再提起那件事，仿佛忘了～。 Lǎo Zhāng yì nián duō méi zài tíqǐ nà jiàn shì, fǎngfú wàngle ～. *Lao Zhang hasn't brought up that matter again for over a year. It's as if he has forgotten about it.* / 小王也会意～点了点头。 Xiǎo Wáng yě huìyì ～ diǎnle diǎn tóu. *Xiao Wang also nodded his head as though he understood.* (3)"什么似的"常用在"得"后，作前面形容词或动词的补语，表示极高的程度 ("*什么似的*" *is often used after* "得" *to serve as the complement of the preceding adjective or verb to indicate an extremely high degree*)：产品获得了金牌，工人们高兴得什么～。 Chǎnpǐn huòdéle jīnpái, gōngrénmen gāoxìng de shénme ～. *The product won a gold medal, so the workers were immensely happy.* /孩子们在山路上忽然发现了一条蛇，吓得什么～。 Háizimen zài shānlùshang hūrán fāxiànle yì tiáo shé, xià de shénme ～. *The children suddenly noticed a snake on the mountain path and were scared out of their wits.* /当小李接到大学录取通知书时，乐得什么～。 Dāng Xiǎo Lǐ jiēdào dàxué lùqǔ tōngzhīshū shí, lè de shénme ～. *When Xiao Li received the university admission notice, he was as happy as a lark.* /天老不下雨，庄稼旱得什么～。 Tiān lǎo bú xià yǔ, zhuāngjia hàn de shénme ～. *It hasn't rained for a long time. The crops are all completely parched.*

势 〔勢〕shì
(名)◇(1)势力 *force; power*：人多～众 rén duō ～ zhòng *There's strength in numbers.* (2)力量表现出来的趋向 *momentum; tendency*：来～甚猛 lái ～ shèn měng *come with tremendous momentum* (3)政治、军事或其他社会活动方面的状况或情势 *the state of affairs (in politics, the military, or some other sphere of society)*：大～已去 dà～ yǐ qù *It's water under the bridge now; The game is up.*
【势必】shìbì (副)意思用法相当于"必然"，表示根据事物发展的趋势推断必将产生某种结果，修饰动词短语或主谓结构 (*same in usage and meaning as* "必然" bìrán; *modifies a verbal phrase or subject-predicate structure*) *certainly will; be bound to*：经常服用抗菌素～使人体产生抗药性。 Jīngcháng fúyòng kàngjūnsù ～ shǐ réntǐ chǎnshēng kàngyàoxìng. *One's body is bound to build a resistance to antibiotics if they are taken frequently.* /如果不注意水土保持，乱砍滥伐林木，～造成土地沙漠化。 Rúguǒ bú zhùyì shuǐtǔ bǎochí, luàn kǎn làn fá línmù, ～ zàochéng tǔdì shāmòhuà. *If we don't pay attention to water and soil conservation, but recklessly and indiscriminately cut down trees, the area is bound to become a desert.* /城市中若能普及高中教育，少年犯罪率～会减少。 Chéngshì zhōng ruò néng pǔjí gāozhōng jiàoyù, shàonián fànzuìlǜ ～ huì

jiǎnshǎo. *If high school education could be made universal in cities, the rate of juvenile deliquency would certainly decrease.*
【势不两立】shì bù liǎng lì 形容敌对的双方矛盾尖锐，不能同时存在 *extremely antagonistic; mutually exclusive*：民主、自由同法西斯是～的。 Mínzhǔ, zìyóu tóng fǎxīsī shì ～ de. *Democracy and fascism are irreconcilable*
【势均力敌】shì jūn lì dí 双方势力相等，分不出高低上下 *evenly matched*：两队～，今天比赛一定很激烈。 Liǎng duì ～, jīntiān bǐsài yídìng hěn jīliè. *The two teams are evenly matched, so I figure it will be a heated contest.*
【势力】shìlì (名) *force; power; influence*：他专门喜欢跟有～的人来往。 Tā zhuānmén xǐhuan gēn yǒu ～ de rén láiwǎng. *He specially liked to have dealings with powerful people.*
【势力范围】shìlì fànwéi *sphere of influence*
【势能】shìnéng (名)〈物〉 *potential energy*
【势如破竹】shì rú pò zhú 像劈竹子一样，只要劈开头几节，底下的都随着刀刃分开了。形容打仗或开展工作节节胜利，一点阻碍也没有 *like splitting bamboo (one has only to split the top joint and the rest of the bamboo will likewise split); (as in waging war or carrying out work) with steady success without any obstacles; like a hot knife cutting through butter; with irresistible force*：中国人民解放军军威大振，～，解放了整个大陆。 Zhōngguó Rénmín Jiěfàngjūn jūnwēi dàzhèn, ～, jiěfàngle zhěnggè dàlù. *The PLA's military might rose to the occasion and, like a hot knife through butter, liberated the entire mainland.*
【势头】shìtou (名)〈口〉事物发展的状况 *tendency; the way things are going; momentum*：大浪涌来，～很猛。 Dàlàng yǒnglái, ～ hěn měng. *There's a heavy swell at sea and the situation is looking grim.* /看这～，交战双方停火不太容易。 Kàn zhè ～, jiāozhàn shuāngfāng tíng huǒ bú tài róngyi. *From the look of things it won't be easy to arrange a cease-fire.*

事 shì
(名)(1)事情 *thing; affair; matter*：你找我有什么～? Nǐ zhǎo wǒ yǒu shénme ～? *What business do you want to see me about?* /这件～要快点儿办。 Zhè jiàn ～ yào kuài diǎnr bàn. *This thing needs to be taken care of quickly.* (2)事故 *accident; mishap*：出了什么～? Chūle shénme ～? *What happened?* /家中平安无～，你安心学习吧。 Jiā zhōng píng'ān wú ～, nǐ ān xīn xuéxí ba. *All's well at home. You can be relaxed in your studies.* (3)工作 *work*：利用假期，我想找点儿～做，既能得到一笔收入，又能了解社会情况。 Lìyòng jiàqī, wǒ xiǎng zhǎo diǎnr ～ zuò, jì néng dédào yì bǐ shōurù, yòu néng liǎojiě shèhuì qíngkuàng. *I think I'm going to use my vacation to find a little work. I'll be able to make some money and get a taste of the real world.* (4)关系，责任 *concern; duty; responsibility*：是他违反交通规则，没我的～。 Shì tā wéifǎn jiāotōng guīzé, méi wǒ de ～. *If he breaks a traffic law, it's not my concern.* /孩子的教育是老师的～，更是父母的～。 Háizi de jiàoyù shì lǎoshī de ～, gèng shì fùmǔ de ～. *A child's education is the teacher's concern, even more so the parents'.*
【事半功倍】shì bàn gōng bèi 形容费力小，收效大 *getting great results with only a little effort*：改革了管理体制之后，生产效率大大提高，收到了～的效果。 Gǎigéle guǎnlǐ tǐzhì zhī hòu, shēngchǎn xiàolǜ dàdà tígāo, shōudàole ～ de xiàoguǒ. *After the administrative system was reformed, production efficiency improved dramatically, and the benefits were easy to come by.*
【事倍功半】shì bèi gōng bàn 形容费力大，收效小 *getting little results despite great efforts*：当厂长，如果大小事都要亲

自过问，必然～。Dāng chǎngzhǎng, rúguǒ dà-xiǎo shì dōu yào qīnzì guòwèn, bìrán ～. *For a factory chief, if both big and small matters demand personal attention, it's inevitable that much effort will be lost on little results.*

【事必躬亲】 shì bì gōng qīn 无论什么事一定要亲自去做 *take care of everything oneself*

【事变】 shìbiàn（名）突然发生的重大的政治、军事性事件 *incident; emergency*

【事不宜迟】 shì bù yí chí 事情要抓紧时间办理，不应拖延（多用于动员或嘱咐式的话语中）*seize the moment in doing something; brook no delay (mostly used in instructive remarks)*：看样子，他病得很厉害，～，赶紧叫辆车把他送到医院去。Kàn yàngzi, tā bìng de hěn lìhai, ～, gǎnjǐn jiào liàng chē bǎ tā sòngdào yīyuàn qu. *Judging from his looks, he's very sick. Don't lose a second and call a cab and get him to the hospital quickly.*

【事出有因】 shì chū yǒu yīn 事情的发生是有（人为的）原因的 *there's good reason for something happening*

【事端】 shìduān（名）〈书〉（故意造成的）事故、纠纷 *a wilfully created disturbance or dispute*：引起～ yǐnqǐ ～ *touch off a disturbance* /制造～ zhìzào ～ *make a disturbance*

【事故】 shìgù（名）（在工作、生产中发生的）造成伤亡或损失的意外事情 *accident; mishap*：这个列车组安全行车两万里，没发生过任何～。Zhège lièchēzǔ ānquán xíng chē liǎngwàn lǐ, méi fāshēngguo rènhé ～. *This train's personnel has had a safe record over 10,000 kilometers. They've never had an accident.*

【事过境迁】 shì guò jìng qiān 事情过去了，境况也变了 *the matter is over and the circumstances have changed*：当时这事十分哄动，可是～，现在大家早忘了。Dāngshí zhè shì shífèn hōngdòng, kěshì ～, xiànzài dàjiā zǎo wàng le. *At that time this matter was quite a sensation. However, times have changed and now everybody has long forgotten it.*

【事后】 shìhòu（名）事情发生以后，也指事情处理、了结以后 *after the event; after a matter is handled*：等～再处理，不是太晚了吗？Děng ～ zài chúlǐ, búshì tài wǎnle ma? *If you wait until afterwards to handle this matter, won't it be too late?* /事情发生时我出差去了，～，我也没有过问。Shìqing fāshēng shí wǒ chū chāi qu le, ～, wǒ yě méiyou guòwèn. *When this thing happened, I was away on business. Afterwards I didn't bother about it.* /事先得跟大家商量一下，免得～有人有意见。Shìxiān děi gēn dàjiā shāngliang yíxià, miǎnde ～ yǒu rén yǒu yìjiàn. *You ought to talk this over a bit with everyone beforehand, so as to avoid having people differ in opinion afterwards.*

【事迹】 shìjì（名）*deed; achievement*：先进～ xiānjìn ～ *an advanced achievement* /动人的～ dòngrén de ～ *a moving achievement* /前言中简单介绍了作者的生平。Qiányán zhōng jiǎndān jièshàole zuòzhě de shēngpíng. *The preface briefly introduced the writer's life story.*

【事件】 shìjiàn（名）历史上或社会上发生的不平常的重大事情 *an uncommon, significant event in history or society*：这个和平友好条约的签订，是两国关系史上具有重大意义的～。Zhège hépíng yǒuhǎo tiáoyuē de qiāndìng, shì liǎng guó guānxì shǐ shang jùyǒu zhòngdà yìyì de ～. *The signing of this peace treaty is an event of great significance in the history of these two countries' relationship.* /这是一起严重的违法乱纪。Zhè shì yì qǐ yánzhòng de wéi fǎ luàn jì. *This event was a serious violation of law and discipline.*

【事理】 shìlǐ（名）事情的道理 *reason or logic behind a thing*：老张很通达，容易打交道。Lǎo Zhāng hěn tōngdá ～, róngyì dǎ jiāodao. *Lao Zhang is very reasonable. He's very easy to deal with.* /这老太太真不明，你怎么说，她也不通。Zhè lǎotàitai zhēn bù míng ～, nǐ zěnme shuō, tā yě bù tōng. *This old woman doesn't follow reason. Whatever you*

say, *she doesn't understand.*

【事例】 shìlì（名）具有代表性的、可以作例子的事情 *example; instance*：这是一个进行体制改革的典型～。Zhè shì yí ge jìnxíng tǐzhì gǎigé de diǎnxíng ～. *This is a typical example of the system's reform.*

【事略】 shìlüè（名）*biographical sketch*

【事前】 shìqián（名）事情发生以前，也指事情处理、了结以前 *before the event; before a matter is handled*：他的发言内容～跟我商量过。Tā de fāyán nèiróng ～ gēn wǒ shāngliang guo. *He discussed the content of his speech with me beforehand.* /～要向上级请示。～ yào xiàng shàngjí qǐngshì. *request instructions from the authorities in advance*

【事情】 shìqing（名）［件 jiàn］同"事"shì（1）（3）（4）*same as "事" shì (1) (3) (4)*：这是一件小～，不值得花那么大力气。Zhè shì yí jiàn xiǎo ～, bù zhíde huā nàme dà lìqi. *This is a small matter. It doesn't merit great effort.* /～很复杂，不能马上解决。～ hěn fùzá, bù néng mǎshàng jiějué. *This business is very complicated. It can't be quickly solved.*

【事实】 shìshí（名）*fact*：他说的不符合～。Tā shuō de bù fúhé ～. *His words aren't in keeping with the facts.* /他们想造成既成～，使我们无法改变主意。Tāmen xiǎng zàochéng jì chéng ～, shǐ wǒmen wúfǎ gǎibiàn zhǔyi. *They wanted to present a fait accompli so as to make us unable to change our minds.* /这种红葡萄酒，说是新产品，～上只是装潢改进了。Zhè zhǒng hóng pútaojiǔ, shuō shì xīn chǎnpǐn, ～shang zhǐ shì zhuānghuáng gǎijìn le. *This kind of red wine is said to be a new product, but in fact only the packaging is improved.*

【事态】 shìtài（名）（某一事件的）局势，情况（多指坏的）*situation; state of affairs (usually unfavorable)*：～严重 ～ yánzhòng *a serious situation* /～有所缓和 ～ yǒusuǒ huǎnhé *The situation has lightened somewhat.* /密切关注着～的发展 mìqiè guānzhùzhe ～ de fāzhǎn *closely follow the development of the situation*

【事务】 shìwù（名）（1）所做的或要做的事情 *work*：～繁忙 ～ fánmáng *very busy with one's work* （2）总务 *general affairs*：～工作 ～ gōngzuò *routine work* /整天忙于行政～ zhěng tiān mángyú xíngzhèng ～ *busy all day with administrative affairs*

【事务主义】 shìwùzhǔyì（名）没有计划，不注意方针、政策和政治思想工作，而只忙于日常琐碎事务的工作作风 *having no principle, policy, or political thought to guide one's work, but rather to be caught up in the daily, trivial routine of work*

【事物】 shìwù（名）指客观存在的一切物体和现象 *thing*：新生～ xīnshēng ～ *newly emerging thing* /一切～都是在发展变化着的。Yíqiè ～ dōu shì zài fāzhǎn biànhuàzhe de. *All things are in the process of development and change.*

【事先】 shìxiān（名）同"事前"shìqián *same as "事前" shìqián*

【事项】 shìxiàng（名）事情的项目 *item; matter*：以下是入学考试注意～。Yǐxià shì rù xué kǎoshì zhùyì ～. *The following are items which deserve attention for the entrance exam.*

【事业】 shìyè（名）（1）*cause; undertaking*：革命～ gémìng ～ *the revolutionary cause* /教育～ jiàoyù ～ *educational undertakings*（2）特指没有生产收入，由国家开支经费，不进行经济核算的事业。与"企业"相区别（一般作定语）*a non-profit, state-funded enterprise, to be distinguished from "企业" (usually used as an attributive)*：学校是～单位。Xuéxiào shì ～ dānwèi. *A school is a non-profit enterprise.*

【事业心】 shìyèxīn（名）全心全意从事自己的工作，使自己对事业有所贡献的精神 *dedication to one's work*：她～很强。Tā ～ hěn qiáng. *Her spirit of dedication is very strong.* /这个青年很有～，想在工作中干出些成绩来。Zhège qīngnián hěn yǒu ～, xiǎng zài gōngzuò zhōng gàn chū xiē

chéngjì lai. *This young guy has strong devotion and wants to make achievements in his field.*

【事宜】shìyí (名)关于事情的安排、处理(多用于公文、法令) *arrangements; matters concerned (mostly used for official documents and laws)*:商谈设立使馆 ~ *shāngtán shèlì shǐguǎn* ~ *discuss arrangements for the establishment of the embassy* /讨论有关招生 ~ *tǎolùn yǒuguān zhāo shēng* ~ *discuss arrangements for enrollment*

【事由】shìyóu (名)(1)事情从头到尾的经过 *particulars of a matter*:把 ~ 交代清楚。Bǎ ~ *jiāodài qīngchu. Explain the whole story clearly.*(2)公文用语,指本件公文的主要内容 *main content (especially regarding the wording of public documents)*

【事与愿违】shì yǔ yuàn wéi 事情的发生发展与人的愿望相违背。指事情不称心 *things run contrary to one's wishes*:他原来的计划很大,不料~,形势发生了变化,只好半途而废。Tā yuánlái de jìhuà hěn dà, búliào ~, xíngshì fāshēngle biànhuà, zhǐhǎo bàn tú ér fèi. *His original plan was very big, but he didn't expect things to go contrary to his wishes when the situation changed, and he had to give up halfway through it.*

【事在人为】shì zài rén wéi 事情的成功与否,全靠人的主观努力 *it all depends on human effort*:只要你好好干,一定能做出成绩来,~嘛!Zhǐyào nǐ hǎohāor gàn, yídìng néng zuò chū chéngjì lai, ~ ma! *So long as you work hard, you can indeed have success — it all depends on you.*

【事主】shìzhǔ (名)(1)某些刑事案件(如偷盗、抢劫等)中的被害人 *victim of a crime (for example, a robbery)*(2)旧指办理婚丧喜事的人家 *formerly used to refer to the family in mourning or the family celebrating a wedding*

侍 shì
(动)〈书〉*wait upon; serve*

【侍奉】shìfèng (动)〈书〉*wait upon; attend upon (parents, etc.)*

【侍候】shìhòu (动)服侍 *wait upon; attend*

试 〔試〕shì
(动)(1)尝试,试验 *try; test*:这个法子不妨~一~。Zhège fǎzi bùfáng ~ yí ~. *Might as well try it this way.* /你~过这种药没有? Nǐ ~guo zhè zhǒng méiyou? *Have you ever tried this kind of medicine?* /~航 ~ háng *trial trip; trial voyage; shake down* /~办一期学习班 ~ bàn yì qī xuéxíbān *try to hold a workshop* (2)◇考试 *examination*:复~ fù ~ *final or qualifying exam* /面~ miàn ~ *exam (in the form of an interview); viva*

【试场】shìchǎng (名)进行考试的场所 *examination hall or room*

【试车】shì=chē *test run; trial run*

【试点】shìdiǎn (动)正式全面进行某项工作之前,先做小型试验,以便取得经验 *conduct tests at selected points*:为了进行体制改革,他们在三个工厂~。Wèile jìnxíng tǐzhì gǎigé, tāmen zài sān ge gōngchǎng ~. *In order to carry out organizational reform, they are conducting tests at three factories.* (名)正式进行某项工作之前,做小型试验的地方 *place where an experiment is made*:这个村子是农业承包的~。Zhège cūnzi shì nóngyè chéngbāo de ~. *This village is the test site for agricultural contracts.*

【试电笔】shìdiànbǐ (名)*test pencil*

【试管】shìguǎn (名)*test tube*:~婴儿 ~ yīng'ér *test tube baby*

【试剂】shìjì (名)*reagent*

【试金石】shìjīnshí (名)*touchstone*

【试卷】shìjuàn (名)*examination paper; test paper*

【试探】shìtàn (动)试着探索(某种问题或情况)*explore;*

probe (a question or situation):我先去~一下,如果他对这事感兴趣,我们再请他参加。Wǒ xiān qù ~ yíxià, rúguǒ tā duì zhè shì gǎn xìngqu, wǒmen zài qǐng tā cānjiā. *First I'll sound him out about this, and if he expresses an interest we'll invite him to join us.* /他刚才来是~我们这儿有没有工作可以让他做。Tā gāngcái lái shì ~ wǒmen zhèr yǒu méi yǒu gōngzuò kěyǐ ràng tā zuò. *Just now he came to find out whether we might have some work for him here.*

【试题】shìtí (名)*examination question*

【试图】shìtú (动)〈书〉*attempt; try*:我们~把这些废料利用起来,可是没成功。Wǒmen ~ bǎ zhèxiē fèiliào lìyòng qilai, kěshì méi chénggōng. *We tried to use this scrap material, but with no luck.* /那些军人~推翻现政权的阴谋暴露了。Nàxiē jūnrén ~ tuīfān xiàn zhèngquán de yīnmóu bàolù le. *Those soldiers' attempted plot to overthrow the present regime was exposed.*

【试问】shìwèn (动)〈书〉试着提出问题(用于质问对方或表示不同意对方的意见)*we should like to ask; may we ask (used in questioning or expressing a differing opinion)*:你考虑过这样做的严重后果吗? ~ nǐ kǎolǜguo zhèyàng zuò de yánzhòng hòuguǒ ma? *We should like to ask if you have ever considered the serious consequences of such an action.*

【试想】shìxiǎng (动)〈婉〉试着想想(用于质问),放在全句或后一分句的句首 *how about; what if; just imagine if*:班长带头不参加会,大家会怎么看? ~ bānzhǎng dài tóu bù cānjiā huì, dàjiā huì zěnme kàn? *What if the class leader were the first to boycott the meeting? What does everybody think about that?* /学两天停两天,~这样下去,你怎么能学好? Xué liǎng tiān tíng liǎng tiān, ~ zhèyàng xiàqu, nǐ zěnme néng xuéhǎo? *Suppose you were to carry on studying for two days and then taking a break for two days, how would you ever learn anything?*

【试销】shìxiāo (动)新产品未大量生产前,先试制一部分销售,以征求用户意见,检验产品质量 *place goods on trial sale to test quality and consumer opinion before full-scale production*:这种衬衫在几家商店~,很受欢迎。Zhè zhǒng chènshān zài jǐ jiā shāngdiàn ~, hěn shòu huānyíng. *This kind of shirt was put on trial sale at several stores and was received very well.*

【试行】shìxíng (动)实行起来试试 *try out*:从明年开始~新的考试制度。Cóng míngnián kāishǐ ~ xīn de kǎoshì zhìdù. *Starting next year we're going to try out a new testing system.*

【试验】shìyàn (动)*experiment; test*:只~一次失败了,不说明问题。Zhǐ ~ yí cì shībài le, bù shuōmíng wèntí. *If you failed in the only experiment conducted, it doesn't tell anything.* (名)*trial; test; experiment*:科学~是促进工农业生产不可缺少的步骤。Kēxué ~ shì cùjìn gōng-nóngyè shēngchǎn bù kě quēshǎo de bùzhòu. *Scientific experiments are indispensable measures for the acceleration of industrial and agricultural production.*

【试验田】shìyàntián (名)[块 kuài、亩 mǔ]进行农业试验的田地,也比喻试点或试点工作 *a plot for agricultural testing; (metaphor) an experimental field*

【试用】shìyòng (动)*try out*:~期 ~ qī *trial period* /~人员 ~ rényuán *person on probation* /请~一下这种新产品。Qǐng ~ yíxià zhè zhǒng xīn chǎnpǐn. *Please try out this new type of product.*

【试纸】shìzhǐ (名)*test paper*

【试制】shìzhì (动)*trial-produce; trial-manufacture*:一种治肾炎的新药~成功了。Yì zhǒng zhì shènyán de xīn yào ~ chénggōng le. *A new kind of medicine for treating nephritis was trial-manufactured with success.*

视

〔視〕shì　(动)〈书〉(1)看 *look at* (2)看待 *look upon*；*regard*：他的继母对他～若亲生。Tā de jìmǔ duì tā ～ ruò qīnshēng. *His stepmother looked upon him as her own.* (3)考察 *inspect*；*watch*

【视察】shìchá (动)上级人员到下级机关或现场去检查、考察（工作）*inspect (such as higher level figures checking the work of those below them)*：人大代表去各地～工作。Réndà dàibiǎo qù gè dì ～ gōngzuò. *The deputies to the National People's Congress go to different places to inspect work.*

【视而不见】shì ér bú jiàn 看到了却没有引起注意或当做没看见，指不注意或不重视 *look but not see*；*turn a blind eye to*：对于任何浪费现象，都不能～，不加过问。Duìyú rènhé làngfèi xiànxiàng, dōu bù néng ～, bù jiā guòwèn. *You cannot turn a blind eye to any incidence of squander.*

【视角】shìjiǎo (名)(1) *angle of view* (2) *visual angle*

【视觉】shìjué (名) *visual sense*；*vision*

【视力】shìlì (名) *vision*；*eyesight*：～下降 ～ xiàjiàng *Eyesight has worsened.*

【视力表】shìlìbiǎo (名)测验视力的图 *visual chart*

【视若无睹】shì ruò wú dǔ 看见了却像没看见一样。指对眼前的事物漠不关心 *take no notice of what one sees*；*be indifferent to what one sees*

【视神经】shìshénjīng (名)〈生理〉*optic nerve*

【视死如归】shì sǐ rú guī 把死看作像回家一样。形容不怕死。为了正义事业不怕牺牲生命 *look upon death as returning home*；*not fear death*；*not fear giving up one's life for the sake of justice*

【视听】shìtīng (名)看到的和听到的，也借指舆论 *what is seen and heard*；*public opinion* 脱离群众，～狭窄，怎么能做好领导工作？Tuōlí qúnzhòng, ～ xiázhǎi, zěnme néng zuòhǎo lǐngdǎo gōngzuò? *How can one who is out of touch with the masses and whose purview is limited work well as a leader?* / 混淆～ hùnxiáo ～ *mislead the public*；*confuse the public* /制造假象，扰乱～。Zhìzào jiǎxiàng, rǎoluàn ～. *create a false impression and confuse public opinion* /澄清事实，以正～。Chéngqīng shìshí, yǐ zhèng ～. *clear up the facts so as to clarify matters to the public*

【视听教学】shìtīng jiàoxué 利用录音、录像等能听能看的声、像教材进行教学 *teach using audio-visual aids*

【视网膜】shìwǎngmó (名)〈生理〉*retina*

【视线】shìxiàn (名) *line of vision*；*line of sight*；*view*：我们家前面盖了一座高楼，把我们的～全挡住了。Wǒmen jiā qiánmiàn gàile yí zuò gāo lóu, bǎ wǒmen de ～ quán dǎngzhù le. *A tall building was built in front of our home. It blocked our entire view.*

【视野】shìyě (名)(1)眼睛能看到的空间范围 *field of vision* (2)比喻思想、知识领域 *(metaphor) range of knowledge*：多听、多看，开阔～。Duō tīng, duō kàn, kāikuò ～. *Keep your eyes and ears open, and expand your range of knowledge.*

拭

shì　(动)〈书〉擦 *wipe away*；*wipe*：～去额上的汗珠 ～ qù é shang de hànzhū *wipe the sweat off one's forehead*

【拭目以待】shì mù yǐ dài 擦亮眼睛等待着。形容殷切期望或等待预期的事情出现 *wait and see*：做坏事的人不会有好下场，我们且～。Zuò huàishì de rén bú huì yǒu hǎo xiàchǎng, wǒmen qiě ～. *Evil-doers will come to no good. Just wait and see.*

柿

shì　(名)◇ *persimmon*

【柿子】shìzi (名)［个 gè］*persimmon*

是

shì　(动)(1) *be*：他～中国人。Tā ～ Zhōngguó rén. *He's Chinese.* /语言～人类表达和交流思想的工具。Yǔyán ～ rénlèi biǎodá hé jiāoliú sīxiǎng de gōngjù. *Language is the means by which humanity expresses and exchanges thought.* (2)表示存在（主语通常是表示处所的词语）*(expresses existence*；*the subject usually conveys location)*：他家对面～一个桃园。Tā jiā duìmiàn ～ yí ge táo yuán. *There's a peach orchard opposite his house.* /屋子里怎么满地～水？Wūzi li zěnme mǎn dì ～ shuǐ? *How did the room get filled with water?* /中国东边渤海～日本。Zhōngguó dōngbiān gé hǎi ～ Rìběn. *Across the sea and to the east of China is Japan.* (3)嵌在两个相同的词之间，表示让步 *(set between two identical words to express a concession)*：那里远～远，但是交通很方便。Nàli yuǎn ～ yuǎn, dànshì jiāotōng hěn fāngbiàn. *That place is indeed far away, but transportation is convenient.* /文章我写～写了，可是不一定合乎要求。Wénzhāng wǒ xiě ～ xiě le, kěshì bù yídìng héhū yāoqiú. *I wrote the essay, but I'm not sure it meets the requirements.* (4)用在句首强调说明施事者是某人或某事物 *(used at the beginning of a sentence to point out the agent)*：～他父亲打来的电话。～ tā fùqin dǎlai de diànhuà. *It's his father on the phone.* /～什么问题把你难住啦？～ shénme wèntí bǎ nǐ nánzhù la? *What question is stumping you?* (5)实在，的确，"是"要重读 *indeed*；*really* ("是" must be stressed)：听了他的话，我～很生气。Tīngle tā de huà, wǒ ～ hěn shēng qì. *Having heard what he said, I was very angry indeed.* /小王的嗓子～好。Xiǎo Wáng de sǎngzi ～ hǎo. *Xiǎo Wang has a great voice.* /～他干的这件事，你没猜错。～ tā gàn de zhè jiàn shì, nǐ méi cāicuò. *This was indeed his doing you guessed right.* (6)用在选择疑问句中，相当于"还是" *(used in an alternative question*；*corresponds to "还是")*：你们（～）坐火车～坐飞机？Nǐmen (shì) zuò huǒchē ～ zuò fēijī? *Are you taking a train or a plane?* /这本书到底（shì）你要～小王要？Zhè běn shū dàodǐ (shì) nǐ yào ～ Xiǎo Wáng yào? *Is it you or Xiǎo Wang who actually wants this book?* (7)说明情况、原因、目的，有时用于解释或排除误解 *(explains a situation, reason or objective*；*sometimes used to explain or eliminate a misunderstanding)*：我先打电话告诉你一声，～让你做好准备。Wǒ xiān dǎ diànhuà gàosu nǐ yì shēng, ～ ràng nǐ zuòhǎo zhǔnbèi. *The reason why I phoned you beforehand is to give you time to get ready.* /他～不舒服，不～闹情绪。Tā ～ bù shūfu, bú ～ nào qíngxù. *It's not that he's disgruntled. He's just not feeling well.* /～为了听取意见才开这个会。～ wèile tīngqǔ yìjiàn cái kāi zhège huì de. *It was to listen to opinions that this meeting was called.* /我不～不愿意帮忙，实在～没有力量。Wǒ bú ～ bú yuànyì bāng máng, shízài ～ méi yǒu lìliang. *It's not that I don't want to help. It's just that I truly don't have the strength.* (8)"是"前后用相同的词语 *(used between identical words)* ①表示两个以上的事物互不相干，不能混淆 *(expresses that the two things in question have nothing to do with one another that they are not to be confused)*：他～他，我～我，我们之间毫无关系。Tā ～ tā, wǒ ～ wǒ, wǒmen zhī jiān háowú guānxi. *He's who he is and I'm who I am. There's no relationship at all between us.* /公～公，私～私，公私得分清。Gōng ～ gōng, sī ～ sī, gōng sī děi fēnqīng. *What's public is public and what's private is private. The two should be clearly distinguished.* /工作～工作，玩儿～玩儿，工作的时候不能想着玩儿。Gōngzuò ～ gōngzuò, wánr ～ wánr, gōngzuò de shíhou bù néng xiǎngzhe wánr. *Work is work and play is play. When working you can't be thinking about playing.* ②表示合乎标准，用于两方面以上事物，含赞美意 *(expresses conformity with a criterion)*：你看，屋子～屋子，院

子～院子，收拾得干干净净。Nǐ kàn，wūzi ~ wūzi，yuànzi ~ yuànzi，shōushi de gāngānjìngjìng. *Look, the room is a real room and the courtyard is a real courtyard, both sparkling clean.* /人家业务～业务，人品～人品，哪样不比你强! Rénjia yèwù ~ yèwù，rénpǐn ~ rénpǐn，nǎ yàng bù bǐ nǐ qiáng! *Look at this guy with such ability and character, doesn't he really outshine you!* ③表示实实在在("是"前后为相同的数量词)(*expresses the notion "truly", "really", "honestly", etc；"是" in this case is situated between two identical measure words*)：记一个词～一个词，外语的词汇就得逐步积累。Jì yí ge cí ~ yí ge cí，wàiyǔ de cíhuì jiù děi zhúbù jīlěi. *Commit to memory one word at a time, for the vocabulary of a foreign language should be accumulated gradually.* /干一点儿～一点儿，估计有一个星期这活儿就干完了。Gàn yìdiǎnr ~ yìdiǎnr，gūjì yǒu yí ge xīngqī zhè huór jiù gànwán le. *Do bit by bit, and I reckon this work will be finished in a week.* ④表示满足于现状，没有更高要求。("是"前后为相同的数量词)(*expresses satisfaction with the present situation — there being no desire for better things；"是" is situated between two identical measure words*)：过一天～一天，实在过不下去了再想办法。Guò yì tiān ~ yì tiān，shízài guò bu xiàqùle zài xiǎng bànfǎ. *Just drag on one day after another and when you find unable to go on any longer then try to find a way.* /你愿意给几块钱～几块钱，我们不提什么要求。Nǐ yuànyì gěi jǐ kuài qián ~ jǐ kuài qián，wǒmen bù tí shénme yāoqiú. *If you want to give a few bucks, that's fine. We don't set any special requirements.* /病人能吃多少～多少，不能勉强。Bìngrén néng chī duōshǎo ~ duōshǎo，bù néng miǎnqiǎng. *Patients can only eat as much as they can. You can't force them to eat more.* (副)"凡是"的意思，用于句首 *every；any；all* (*used at the beginning of a sentence*)：～小猫我都喜欢。~ xiǎo māo wǒ dōu xǐhuan. *I like any kitten.* /～电影他就看。~ diànyǐng tā jiù kàn. *He'll watch any movie.* /～公民就得遵守国家的法律。~ gōngmín jiù děi zūnshǒu guójiā de fǎlù. *Every citizen ought to abide by the laws of the country.* /～肉就行，牛肉羊肉都没关系。~ ròu jiù xíng，niúròu yángròu dōu méi guānxi. *Any meat will do — beef, lamb, it doesn't matter.*

【……是的】……shìde (助)同"……似的"……shìde *same as "…似的".*

【是非】shìfēi (名)(1)正确的和错误的 *right and wrong*：～要分清 ~ yào fēnqīng *Right and wrong need to be distinguished.* /明辨～ míngbiàn ~ *make a clear distinction between right and wrong* (2)(因说话引起的)争端、纠纷 *quarrel；dispute*：她为人谨慎、小心，从不招惹～ Tā wéirén jǐnshèn，xiǎoxīn，cóng bù zhāorě ~. *She's prudent and cautious with people. She never provokes a quarrel.*

【是否】shìfǒu (副)〈书〉相当于"是不是"，多修饰形动词谓语，常用来构成疑问句 *same as "是不是"；usu. modifies a verbal predicate；can also modify an adjectival predicate；often used to form an interrogative sentence*：新楼房的分配方案～也同群众见见面呢? Xīn lóufáng de fēnpèi fāng'àn ~ yě tóng qúnzhòng jiànjiàn miàn ne? *Should the housing allotment plan for the new building be made public or not?* /～把你的学术论文在这次国际年会上宣读一下? ~ bǎ nǐ de xuéshù lùnwén zài zhè cì guójì niánhuì shang xuāndú yíxià? *How about reading your research paper at this year's international annual meeting?* 这种疑问句有时只是叙述句的一部分 (*sometimes this kind of interrogative sentence is but part of a declarative sentence*) *whether or not*：我现在还不知道我的朋友夏天～再来中国旅游。Wǒ xiànzài hái bù zhīdào wǒ de péngyou xiàtiān ~ zài lái Zhōngguó lǚyóu. *I still don't know whether or not my friend is coming to travel in China again*

this summer. /"八一"男子篮球队在这场比赛中～获胜，还是个未知数。"Bā-Yī" nánzǐ lánqiúduì zài zhè chǎng bǐsài zhōng ~ huò shèng，hái shì ge wèizhīshù. *It's still uncertain whether the "August 1st" Men's Basketball team will win this match.*

适 〔適〕shì

〈书〉(动)适合 *suit；fit* (形)舒服(限于否定) *well；comfortable* (*used in the negative*)：身体略感不～。Shēntǐ lüè gǎn bú ~. *I'm feeling a little unwell.* (副)恰巧，正好 *as it happens；as chance would have it；fortunately*：～逢新春佳节 ~ féng xīnchūn jiājié *It happens to be the Spring Festival.*

【适当】shìdàng (形) *suitable；proper；appropriate*：～的环境 ~ de huánjìng *a suitable environment* /～的人选 ~ de rénxuǎn *a suitable person* /提出要求的机会～ bú ~ 很重要。Tíchū yāoqiú de jīhuì ~ bú ~ hěn zhòngyào. *Whether or not the moment is appropriate to make demands is very important.*

【适得其反】shì dé qí fǎn 恰恰得到与预期相反的结果 *be exactly the opposite of what one expected*：运动过度，不但不能达到健身的目的，往往～，会损害身体健康。Yùndòng guòdù，búdàn bù néng dádào jiàn shēn de mùdì，wǎngwǎng ~，huì sǔnhài shēntǐ jiànkāng. *With too much athletics you will not be able to achieve the goal of good health. Quite the contrary, you will often damage your health.*

【适度】shìdù (形)〈书〉 *appropriate (measure)；moderate (degree)*：繁简～ fánjiǎn ~ *appropriately detailed* /劳逸～ láoyì ~ *a steady pace of work*

【适合】shìhé (动) *suit；fit*：她很粗心，不～做医生。Tā hěn cūxīn，bú ~ zuò yīshēng. *She's very careless and not suited to be a doctor.* /这件淡蓝色的衣服～皮肤白的人穿。Zhè jiàn dàn lánsè de yīfu ~ pífu bái de rén chuān. *This light blue dress is suitable for fair skinned people to wear.*

【适可而止】shì kě ér zhǐ 到了适当的程度就停止。指不做得过分 *not overdoing；knowing when to stop*：你批评他要～，不能太过分了。Nǐ pīpíng tā yào ~，bù néng tài guòfèn le. *Show some restraint in criticizing him. You don't want to overdo it.*

【适口】shìkǒu (形)〈书〉 *agreeable to the taste；palatable*：她做的饭菜十分～，我非常爱吃。Tā zuò de fàncài shífēn ~，wǒ fēicháng ài chī. *The food she cooks is really tasty. I really love to eat it.*

【适量】shìliàng (形) *right amount*：你身体刚刚复原，工作～，不要太劳累了。Nǐ shēntǐ gānggāng fù yuán，gōngzuò yào ~，búyào tài láolèi le. *You just got your health back, so work at a steady pace. Don't get too run-down.* /做鱼时，加入～的黄酒，味道更好。Zuò yú shí，jiārù ~ de huángjiǔ，wèidao gèng hǎo. *When cooking fish, add just the right amount of yellow rice wine, and the taste will be even better.*

【适龄】shìlíng (形·非谓) *of the right age*：～青年都可报名参军。~ qīngnián dōu kě bào míng cān jūn. *Young people of the right age can sign up for the army.* /所有～儿童都必须上学。Suǒyǒu ~ értóng dōu bìxū shàng xué. *All children of school age must go to school.*

【适时】shìshí (形)不早不晚，适合时宜 *not early and not late；just the right time*：～播种 ~ bō zhǒng *sow at the right time* /他这封信来得十分～，正好解决了我的问题。Tā zhè fēng xìn lái de shífēn ~，zhènghǎo jiějuéle wǒ de wèntí. *His letter arrived just in time to help me solve this problem.*

【适销】shìxiāo (形)(货物)适合市场需要，销路好 *(of merchandise) suited to market demands*：这种～产品要多生产。Zhè zhǒng ~ chǎnpǐn yào duō shēngchǎn. *This type of*

product, which is well suited to market demands, needs to be stepped up in production.

【适销对路】shìxiāo duìlù（市场上的货物）受顾客喜爱，销路好 be liked by customers; have a good market: 服装一定要式样新颖漂亮，才能~。Fúzhuāng yídìng yào shìyàng xīnyǐng piàoliang, cái néng ~. Certainly clothing needs to come in new and beautiful styles, then it will be to the customers' liking.

【适宜】shìyí（形）suitable; fit; appropriate: 这地区~种西瓜。Zhè dìqū ~ zhòng xīguā. This area is suitable for planting watermelons. /她又高又瘦穿带竖格的衣服不~。Tā yòu gāo yòu shòu chuān dài shù gé de yīfu bú ~. She's tall and thin. Clothes with vertical patterns don't suit her.

【适应】shìyìng（动）适合，能随着客观条件和需要的变化而作相应的改变 be able to make the necessary adaptations to changing conditions: 他~环境的能力强。Tā ~ huánjìng de nénglì qiáng. He is very capable of adapting to the situation. /不能~工作需要 bù néng ~ gōngzuò xūyào unable to adapt to the needs of work /我已经~高山气候了。Wǒ yǐjīng ~ gāo shān qìhòu le. I've already adapted to the high mountain climate.

【适用】shìyòng（形）suitable; applicable: 这桌子样子虽然好看，但并不~。Zhè zhuōzi yàngzi suīrán hǎokàn, dàn bìng bú ~. This table has a nice look to it, but it's not practical.

【适中】shìzhōng（形）moderate; well situated: 冷热~ lěngrè ~ moderate temperatures /地点~，去哪儿都不太远。Dìdiǎn ~, qù nǎr dōu bú tài yuǎn. The place is well situated. It's not far from wherever you want to go.

室
shì（名）◇(1)屋子 room: ~内 ~ nèi indoor; interior /休息~ xiūxi~ lounge; lobby; foyer (2)机关、团体等内的工作单位 an organization or group's work section: 教研~ jiàoyán ~ teaching and research section /资料~ zīliào ~ reference room

【室内乐】shìnèiyuè（名）泛指区别于管弦乐曲的各种重奏、重唱曲或独奏、独唱曲等 chamber music (as distinguished from music associated with an orchestra, chorus, instrumental solo, vocal solo, etc.)

逝
shì（动）〈书〉(1)（时间、流水）过去 pass: 时光像流水一样~去。Shíguāng xiàng liú shuǐ yíyàng ~ qù. Time passes like running water. (2)（人）死亡 die: 他父亲于今年一月病~。Tā fùqin yú jīnnián yīyuè bìng ~. In January his father took ill and died.

【逝世】shìshì（动）人死亡。用于长者或可敬的人 pass away; die (of older and respectable people)

释〔釋〕
shì（动）◇(1)解释，说明 clarify; explain (2)放下，放开 put down; let go; set free: 手不~卷 shǒu bú ~ juàn always having a book in one's hand; very studious /爱不~手 ài bú ~ shǒu fondle admiringly (3)释放 release; set free: 他于上周被~出狱。Tā yú shàng zhōu bèi ~ chū yù. Last week he was released from prison.

【释放】shìfàng（动）〈书〉(1)release; set free: 刑满~ xíng mǎn ~ be released after serving a sentence (2)〈物〉release (something): ~能量 ~ néngliàng release energy

【释然】shìrán（形）〈书〉疑虑等消除而心中平静 feel relieved or at ease (after having had misgivings): 听说他病情好转，我们才感到~。Tīngshuō tā bìngqíng hǎozhuǎn, rénmen gǎndào ~. Having heard that his condition has taken a turn for the better, everyone feels relieved. /接到他的电话，知道一切都是误会，我才~。Jiēdào tā de diànhuà, zhīdào yíqiè dōu shì wùhuì, wǒ cái ~. Having received his phone call, I know (now) that everything was a misunderstanding and so am very relieved.

【释义】shì＝yì 解释词句或文章的意义 explain the meaning of a word, sentence or essay: 给虚词~很不容易。Gěi xūcí ~ hěn bù róngyì. Explaining the meaning of a function word is not easy.

嗜
shì（动）〈书〉特别喜好 like very much; be fond of: ~酒 ~ jiǔ fond of drinking

【嗜好】shìhào（名）特别的（不好的）爱好 addiction; bad habit; hobby: 喝酒是他的~。Hē jiǔ shì tā de ~. Drinking is his addiction. /他没有什么~。Tā méi yǒu shénme ~. He doesn't have any bad habits. /染上赌博这种~就糟了。rǎnshang dǔbó zhè zhǒng ~ jiù zāo le. To get into the habit of gambling is messy business.

誓
shì（动）◇表示决心依照说的话实行 resolve to act according to one's word; pledge: 不达目的，~不罢休。Bù dá mùdì, ~ bú bàxiū. We'll not stop until we reach our goal. /为教育事业献身~ wèi jiàoyù shìyè xiàn shēn resolve to dedicate oneself to the cause of education （名）◇誓言 oath; pledge

【誓不两立】shì bù liǎng lì 决心消灭仇敌，而不能与它在世界上并存 resolve not to coexist with the enemy; be irreconcilable

【誓词】shìcí（名）oath; pledge

【誓师】shìshī（动）take a mass pledge

【誓死】shìsǐ（副）表示立下誓愿，决心做某事，至死不变，多修饰动词短语 pledge one's life; modifies a verbal phrase): 她的母亲想把她嫁给一个富商，但她~不从。Tā de mǔqin xiǎng bǎ tā jià gěi yí ge fùshāng, dàn tā ~ bù cóng. Her mother wants to marry her to a wealthy merchant, but she'd rather die than obey. /边防战士坚守岗位，~保卫祖国。Biānfáng zhànshì jiānshǒu gǎngwèi, ~ bǎowèi zǔguó. Border guards stand fast at their posts and vow to fight to the death in defense of their country. /殖民地人民~反抗殖民主义者的压迫和奴役。Zhímíndì rénmín ~ fǎnkàng zhímínzhǔyìzhě de yāpò hé núyì. The people in the colony are ready to die in resisting the oppression and slavery of the colonialists.

【誓言】shìyán（名）oath; pledge

shōu

收
shōu（动）(1)接受，接到 receive; accept: 他~下同学送的生日礼物。Tā ~xia tóngxué sòng de shēngri lǐwù. He accepted the birthday present from his classmate. /我好久没~到家信了。Wǒ hǎojiǔ méi ~dào jiāxìn le. I haven't received a letter from home in a while. (2)聚拢，收藏或放置妥当 gather together; collect; lay up: 请把报纸~到一块儿放好。Qǐng bǎ bàozhǐ ~dào yíkuàir fànghǎo. Please gather up the newspapers and put them (somewhere) together. /外边晾的衣服都~进来了吗？Wàibian liàng de yīfu dōu ~ jinlai le mā? Have you gathered in all the laundry? /碗、碟都~在柜橱里。Wǎn, dié dōu ~ zài guìchú li. All the bowls and plates are in the cupboard. (3)收获，收割 harvest; reap; gather in: 一亩稻子~了八百斤。Yì mǔ dàozi ~ le bābǎi jīn. 800 jin of rice was harvested from one mu. /这时农村正在~麦子。Zhèshí nóngcūn zhèngzài ~ màizi. The countryside is harvesting wheat right now. (4)收回 take back; call in; collect: ~税 ~ shuì collect taxes /老师

把学生的作业～走了。Lǎoshī bǎ xuésheng de zuòyè ～zǒu le. *The teacher collected the students' homework.*

【收报机】shōubàojī（名）［台 tái］*telegraphic or radiotelegraphic receiver*

【收兵】shōu＝bīng 撤回军队，结束战斗 *withdraw troops and conclude a battle*

【收藏】shōucáng（动）收集保藏 *collect; keep in store; preserve*：～文物 ～ wénwù *preserve cultural relics* / 他是个古玩～家。Tā shì ge gǔwán ～jiā. *He's an antique collector.*

【收场】shōu＝chǎng 结束，停止（事情）（往往认为很勉强，不圆满或很困难）*wind up; finish up; stop; end（often with things that are considered difficult or unsatisfactory）*：他看再争论下去也不会有什么结果，只好～了。Tā kàn zài zhēnglùn xiaqu yě bú huì yǒu shénme jiéguǒ, zhǐhǎo ～ le. *He saw the dispute would bring no conclusion anyway, so he had to stop it.* /快帮我想想办法，这件事让我搞糟了，简直收不了场了。Kuài bāng wǒ xiǎngxiang bànfǎ, zhè jiàn shì ràng wǒ gǎozāo le, jiǎnzhí shōu bu liǎo chǎng le. *Quick, help me think of something. I simply seem unable to finish this business — it's got me all flustered.*

【收成】shōucheng（名）农作物的收获情况 *crop harvest*：这两年～都不错。Zhè liǎng nián ～ dōu búcuò. *These past two years the crop harvest has been pretty good.*

【收存】shōucún（动）收在一起，存放好（多用于零星小件物）*collect and put away（mostly used for odds and ends）*：你把这些发票～好，年底一起报销。Nǐ bǎ zhèxiē fāpiào ～ hǎo, niándǐ yìqǐ bàoxiāo. *Take these receipts and put them away. At the end of the year we'll use them all to get a reimbursement.*

【收发】shōufā（动）收进和发出（公文、信件）*receive and dispatch（official documents, mail, etc.）*：我们单位每天～大量文件。Wǒmen dānwèi měi tiān ～ dàliàng wénjiàn. *Everyday our department receives and dispatches a large number of documents.* /～室 ～shì *office for incoming and outgoing mail*（名）专收收发工作的人 *dispatcher*

【收费】shōu＝fèi 收取作为费用的钱 *collect fees; charge*：医院挂号要～。Yīyuàn guà hào yào ～. *You have to pay if you want to register at the hospital.* /享受公费医疗的人看病不～。Xiǎngshòu gōngfèi yīliáo de rén kàn bìng bù ～. *Those who enjoy free medical service see a doctor for free.* /义务教育不～。Yìwù jiàoyù bù ～. *Compulsory education is free.*

【收复】shōufù（动）*recover; capture*：～失地 ～ shīdì *recover lost territory*

【收割】shōugē（动）*reap; harvest; gather in*：这个农场小麦全部用收割机。Zhège nóngchǎng xiǎomài quánbù yòng shōugējī. *This farm reaps all its wheat with a harvester.*

【收工】shōu＝gōng（在田间或工地上干活儿的人）结束工作（*of farm or construction workers*）*knock off work*

【收购】shōugòu（动）从各处买进 *purchase; buy from everywhere*：～棉花 ～ miánhua *purchase cotton* /完成粮、油～计划 wánchéng liáng、yóu ～ jìhuà *complete the purchasing plan of grain and oil*

【收归国有】shōu guī guó yǒu 把国家有权收回的东西收回，归国家所有 *revert to state ownership*

【收回】shōu//huí（1）*take back; call in; regain; recall*：～贷款 ～ dàikuǎn *recall a loan* /全部投资～ quánbù tóuzī recoup the investment /体育室借出去的网球都要～。Tǐyùshì jiè chuqu de wǎngqiú dōu yào ～. *The sports room must get back all the tennis balls that were loaned out.*（2）取消，撤销（意见、命令、决定等）*cancel; rescind; revoke*：我～刚才的建议。Wǒ ～ gāngcái de jiànyì. *I take back the suggestion I just made.* /上次的命令已经～。Shàng cì de mìnglìng yǐjīng ～. *The last order issued has already been cancelled.*

【收获】shōuhuò（动）收割成熟的农作物 *gather in the crops*；*harvest*（名）比喻思想、工作上取得的成果（*metaphor*）*fruit of one's labor or thought*：学习～ xuéxí ～ *the rewards of study* /这次访问有不少～。Zhè cì fǎngwèn yǒu bù shǎo ～. *This visit was very rewarding.*

【收集】shōují（动）*collect; gather*：～资料 ～ zīliào *collect data* /～标本 ～ biāoběn *collect specimens*

【收件人】shōujiànrén（名）*addressee; consignee*：去邮局取包裹要有～的身份证。Qù yóujú qǔ bāoguǒ yào yǒu ～ de shēnfènzhèng. *To pick a package at the post office, the addressee needs to have an I.D. card.*

【收缴】shōujiǎo（动）接收，缴获 *take over; capture; seize*：税务局本月～税款两万元。Shuìwùjú běn yuè ～ shuìkuǎn liǎngwàn yuán. *This month the tax bureau collected tax payments of 20,000 yuan.* /公安人员～了他私藏的武器。Gōng'ān rényuán ～le tā sīcáng de wǔqì. *Public security officials seized his concealed weapons.*

【收据】shōujù（名）*receipt*

【收看】shōukàn（动）*watch*：～电视节目 ～ diànshì jiémù *watch a TV show*

【收口】shōu＝kǒu（～儿）（1）编织东西结束（*in knitting*）*bind off*：毛衣袖子够长了～就可以～了。Máoyī xiùzi gòu cháng le, kěyǐ ～ le. *The sleeves on this sweater are long enough. You can bind them off.*（2）（伤口）愈合 *close up; heal*：开刀的地方一个星期就～了。Kāi dāo de dìfang yí ge xīngqī jiù ～ le. *The surgical wound healed in a week.*

【收敛】shōuliǎn（动）（1）（在外力的影响下不得已）约束自己的言行等，使不过分 *restrain oneself（usually because of outside influences）*：经教育后，他的言行有所～。Jīng jiàoyù hòu, tā de yánxíng yǒu suǒ ～. *After having been educated, his words and actions were more subdued.*（2）（笑容等）减弱或消失 *weaken; disappear（such as a smile, etc.）*：～起笑容 ～ qǐ xiàoróng *His smile disappeared.*（3）引起有肌体组织的收缩，减少腺体的分泌 *tighten up*：～剂 ～ jì *astringent* / 把这种药膏涂在患处起～作用。Bǎ zhè zhǒng yàogāo tú zài huànchù qǐ ～ zuòyòng. *Smearing this ointment on the infected area will have an astringent effect.*

【收留】shōuliú（动）把生活困难或有特殊要求的人接收下来并给予帮助 *take somebody in; offer someone a home and support*：在战争年代，他～了许多孤儿。Zài zhànzhēng niándài, tā ～le xǔduō gū'ér. *During the war years he took in many orphans.* /在军队转移时，伤病员暂时被老乡～。Zài jūnduì zhuǎnyí shí, shāng-bìngyuán zànshí bèi lǎoxiāng ～. *At the time of the troop transfer, the sick and the wounded were temporarily taken in by the fellow villagers.* /你不了解他的底细，不要随便～他。Nǐ bù liǎojiě tā de dǐxì, búyào suíbiàn ～ tā. *You don't know his story, so don't just casually take him in.*

【收拢】shōulǒng（动）（1）把分散的东西聚集在一起 *bring together; draw in*：这节体操开头是双臂分开，然后再慢慢～。Zhè jié tǐcāo kāitóu shì shuāngbì fēnkāi, ránhòu zài mànmān ～. *This gymnastic exercise begins with the arms separated, then they are slowly drawn in.*（2）收买，拉拢 *buy over; draw somebody over to one's side; rope in*：～人心 ～ rénxīn *win over public support*

【收录】shōulù（动）（1）吸收任用（人员）*employ（people）*（2）（编书刊、集子时）采用（诗文等）*use; include（e.g. in an anthology）*：这本作品选～了他的两个短篇。Zhè běn zuòpǐnxuǎn ～le tā de liǎng ge duǎnpiān. *This anthology includes two of his short stories.*

【收录机】shōulùjī（名）［架 jià］*radio-recorder*

【收罗】shōuluó（动）把分散的人或物紧集在一起 *gather together（dispersed people or things）*：～人才 ～ réncái *re-*

cruit qualified personnel

【收买】shōumǎi（动）(1)收购 purchase；buy：~废旧物资～ fèi jiù wùzī purchase old goods and waste material (2)〈贬〉用钱财或其他好处笼络人，使其受利用 bribe；buy over (with wealth or other benefits)：～人心 ～ rénxīn buy public support /这个人被敌人～了。Zhège rén bèi dírén ~ le. This man was bribed over by the enemy.

【收讫】shōuqì（动・不及物）收清（这两个字常刻成印章，盖在发票或其他单据上）received in full (in common practice these two words are seen affixed to a receipt, invoice, voucher, etc.)

【收清】shōu // qīng（款项等）按数收到 received in full (in reference to a sum of money, etc.)：货款全部～。huòkuǎn quánbù ~. The payment for goods was received in full.

【收秋】shōu = qiū 收获秋季农作物 autumn harvest：已经开始～了。Yǐjīng kāishǐ ~ le. The autumn harvest has already begun.

【收容】shōuróng（动）(有关的组织、机构等)收留（人）(of concerned groups and organizations) take in；accept；house：～难民 ～ nànmín house refugees /～所 ～ suǒ collecting post

【收入】shōurù（动）收进来 take in；include：这本词典共~两万多条目。Zhè běn cídiǎn gòng ~ liǎngwàn duō tiáomù. This dictionary includes altogether more than 20,000 entries. /本月~一百二十元。Běn yuè ~ yìbǎi èrshí yuán. 120 yuan was taken in this month.（名）收进的钱 income；earnings：财政~ cáizhèng ~ public revenue /这本书译完后，他将有一笔不少的~。Zhè běn shū yìwán hòu, tā jiāng yǒu yì bǐ bù shǎo de ~. After translating this book, he will have a handsome sum of money. /他每月没有固定~。Tā měi yuè méi yǒu gùdìng ~. He has no fixed monthly income.

【收拾】shōushi（动）(1)整理，整顿 put in order；straighten up；tidy up：～屋子 ～ wūzi clean up the room /～残局 cánjú clean up the mess；pick up the pieces (2)修理 repair；fix：屋顶漏雨，得找人~~。Wūdǐng lòu yǔ, děi zhǎo rén ~ ~. The roof is leaking. We have to find someone to fix it. /这架录音机老~不好。Zhè jià lùyīnjī lǎo ~ bu hǎo. This tape recorder always needs fixing. (3)〈口〉(为了制服、处罚等)使吃苦头 cause to suffer (in order to bring under control or punish)：我把这个坏家伙~了一顿。Wǒ bǎ zhège huài jiāhuo ~ le yí dùn. I fixed that jerk. (4)〈口〉消灭，杀死 wipe out；kill：这几个敌人全被我们~了。Zhè jǐ ge dírén quán bèi wǒmen ~ le. These enemies were all killed by us.

【收缩】shōusuō (1)contract；shrink：木料干后就会~。Mùliào gān hòu jiù huì ~. Timber will shrink after it dries out. (2)concentrate one's forces；draw back：兵力~ bīnglì draw back the troops /~包围圈 ～ bāowéiquān constrict the siege

【收条】shōutiáo（名）(～儿)[张 zhāng] receipt

【收听】shōutīng（动）listen in：~广播 ～ guǎngbō listen in to the broadcast

【收尾】shōuwěi（动・不及物）wind up；finish up：工作该~了。Gōngzuò gāi ~ le. We should wind up our work. /这篇文章~显得突然了些。Zhè piān wénzhāng ~ xiǎnde turánle xiē. This essay seems to finish up in a bit abruptly.

【收效】shōu = xiào 收到效果 yield results；produce effects：～不小 ～ bù xiǎo have great results /老师用正面引导的方法，使孩子改正错误收了效了。Lǎoshī yòng zhèngmiàn yǐndǎo de fāngfǎ, shǐ háizi gǎizhèng cuòwù shōule xiào le. The method the teacher used was guiding by positive example. It had the effect of making the children correct their mistakes.

【收养】shōuyǎng（动）take in and bring up；adopt：她~了这

个婴儿。Tā ~ le zhège yīng'ér. She adopted this baby.

【收益】shōuyì（名）生产上或商业上的收入 income；profit；earnings in commerce or industry：这个小饭馆儿每月有两千多元的~。Zhège xiǎo fànguǎnr měi yuè yǒu liǎngqiān duō yuán de ~. This small restaurant has monthly earnings of more than 2,000 yuan.

【收音机】shōuyīnjī（名）[架 jià] radio set

【收支】shōuzhī（名）收入和支出 income and expenses：~平衡 ～ pínghéng balance between income and expenditures；balanced budget /～相抵 ～ xiāngdǐ a counterbalance of income and expenditures

shǒu

手 shǒu（名）(1)hand (2)从事某种工作或有某种技能的人 a person involved in some sort of work；a person with a certain skill：拖拉机～ tuōlājī ~ tractor driver /多面～ duōmiàn~ versatile person；an all around person /炮～ pào~ gunner；artilleryman（量）(～儿)(1)用于本领、技能(a measure word for skill, craftsmanship, ability, etc.)：他这~字是练出来的。Tā zhè ~ zì shì liàn chulai de. His handwriting skill came with practice. /在武功上他可真有几~。Zài wǔgōng shang tā kě zhēn yǒu jǐ ~. He's very skilled in martial arts. /有一～木工好手艺，不怕没饭吃。Yǒu yì ~ mùgōng hǎo shǒuyì, bú pà méi fàn chī. If you have craftsmanship in carpentry, you needn't worry about going hungry. (2)采取的行动、办法 action；measure：你这一~真帮了我的大忙。Nǐ zhè yì ~ zhēn bāngle wǒ de dà máng. This action of yours really helped me. /当领导的处理问题就得有一~。Dāng lǐngdǎo de chǔlǐ wèntí jiù děi yǒu yì ~. It is necessary for a leader to be skilled in handling affairs.

【手背】shǒubèi（名）back of the hand

【手笔】shǒubǐ（名）(1)(名人)亲手写的字、画的画或作的文章 one's handwriting, painting, or composition：这篇文章出自哪位作家的～?Zhè piān wénzhāng chū zì nǎ wèi zuòjiā de ~?Which writer wrote that essay? (2)文章或书画技巧方面的造诣 literary or artistic skill：这张画~不凡。Zhè zhāng huà ~ bùfán. The artistic skill in this painting is extraordinary.

【手臂】hóubì（名）arm

【手边】shǒubiān（名）同"手头"shǒutóu (1)same as "手头" shǒutóu(1)

【手表】shǒubiǎo（名）[块 kuài] wristwatch

【手册】shǒucè（名）[本 běn] (1)介绍一般性的或某种专业知识的参考书(多用于书名) handbook；manual (mostly used as a book title)：读报～ dú bào ~ newspaper reader's handbook /英语语法～ Yīngyǔ yǔfǎ ~ English grammar handbook (2)专做某种纪录用的本子 small book for keeping records, making notes, etc.：劳动～ láodòng ~ work ledger；work log /学生～ xuéshēng ~ student ledger

【手电】shǒudiàn（名）flashlight

【手电筒】shǒudiàntǒng（名）electric torch；flashlight

【手段】shǒuduàn（名）(1)为达到某种目的使用的方法 means to an end；medium；measure：革命的～ gémìng de ~ revolutionary measures /强硬的～ qiángyìng de ~ tough measures (2)(待人处事所采用的)不正当的方法 unscrupulous methods in dealing with people；trick；artifice：耍~骗人 shuǎ ~ piàn rén play a trick to fool people /使出卑劣的～ shǐchū bēiliè de ~ use a mean trick

【手法】shǒufǎ（名）(1)文艺创作的技巧 skill or technique in artistic work：艺术表现～ yìshù biǎoxiàn ~ means of artistic expression /夸张的～ kuāzhāng de ~ exaggerated skill /自然主义的～ zìránzhǔyì de ~ naturalist technique (2)

（待人处事采用的）不正当方法 unscrupulous，dirty tricks：耍两面～ shuǎ liǎng miàn ～ practise double-dealing /～可鄙 ～ kěbǐ despicable trick

【手风琴】shǒufēngqín（名）[架 jià] accordion

【手扶拖拉机】shǒu fú tuōlājī [台 tái] walking tractor

【手感】shǒugǎn（名）用手抚摸物体时所得到的感觉 the feel something has when stroking it：这种绸子～很好。Zhè zhǒng chóuzi ～ hěn hǎo. This kind of silk fabric has a nice feel.

【手稿】shǒugǎo（名）[篇 piān] original manuscript

【手工】shǒugōng（名）(1)用手做的工 handwork：她做的活儿～很细。Tā zuò de huór ～ hěn xì. Her handwork is done very meticulously. (2)靠手的技能做的（包括用简单的机器），小批量的 done by hand；manual (including work done with the help of small machines)；usually work done in small batches：～劳动 ～ láodòng manual labor /～操作 ～ cāozuò operate manually (3)（口）给予手工劳动的报酬 charge for manual work：做一件衬衣～是多少? Zuò yī jiàn chènyi ～ shì duōshao? What's the charge for making a shirt?

【手工业】shǒugōngyè（名）handicraft industry；handicraft

【手工艺】shǒugōngyì（名）handicraft art；handicraft：～品 ～pǐn articles of handicraft art

【手迹】shǒujì（名）亲手写的字或画的画 somebody's original handwriting or painting

【手脚】shǒujiǎo（名）(1)指举动或动作 movements；motions；actions：～灵活 ～ línghuó nimble movements /慌了～huāngle ～(one's) motions were confused (2)诡计，不正当的手段 crafty scheme；unscrupulous methods：我总觉得在这件事情上，他从中做了～。Wǒ zǒng juéde zài zhè jiàn shìqíng shang，tā cóngzhōng zuòle ～. I felt all along that he was up to no good in this matter.

【手巾】shǒujīn（名）[条 tiáo] towel

【手绢儿】shǒujuànr（名）[块 kuài] handkerchief

【手铐】shǒukào（名）[副 fù] handcuffs

【手榴弹】shǒuliúdàn（名）[颗 kē] hand grenade

【手炉】shǒulú（名）冬天烘手用的可随身携带的小炉子 portable handwarmer

【手忙脚乱】shǒu máng jiǎo luàn 形容做事慌张、忙乱、没有条理 be disorderly，confused，or muddled in doing something：他心情一紧张，更加～了。Tā xīnqíng yì jǐnzhāng，gèngjiā ～ le. When he gets tight，he gets even more screwed up.

【手帕】shǒupà（名）〈书〉[块 kuài] handkerchief

【手枪】shǒuqiāng（名）[枝 zhī] pistol

【手巧】shǒu qiǎo skillful with one's hands；deft：心灵～ xīn líng ～ clever and deft /这姑娘的手真巧。Zhè gūniang de shǒu zhēn qiǎo. This girl is very good with her hands.

【手球】shǒuqiú（名）handball

【手软】shǒu ruǎn 形容不忍下手或因心慌而下手不狠 be irresolute，hesitant，or fainthearted when setting out to do something：他这人～得连只鸡也不敢杀。Tā zhè rén ～ de lián zhī jī yě bù gǎn shā. This guy is so fainthearted that he won't even dare kill a chicken. /对敌人绝不能～。Duì dírén jué bù néng ～. You can't be soft on enemies.

【手势】shǒushì（名）[个 gè] gesture；sign；signal

【手书】shǒushū〈书〉亲笔写的信 letter written in one's own hand（动）亲手写 write in one's own hand

【手术】shǒushù（名）surgical operation：医生认为他必须立刻动～。Yīshēng rènwéi tā bìxū lìkè dòng ～. The doctor reckons he must undergo an immediate operation. /～做得很成功。～ zuò de hěn chénggōng. The operation was very successful. /～进行了两个小时。～ jìnxíngle liǎng gè xiǎoshí. The operation lasted two hours.

【手套】shǒutào（名）[只 zhī、副 fù] glove；mitten

【手提包】shǒutíbāo（名）[个 gè] handbag

【手提箱】shǒutíxiāng（名）[只 zhī] suitcase

【手头】shǒutóu（名）(～儿)(1)指伸手可以拿到的地方 on hand；at hand；within reaching distance：你要的那本杂志，现在不在～。Nǐ yào de nà běn zázhì，xiànzài bú zài ～. The magazine you wanted isn't on me. /我～的工作总结还没写完。Wǒ ～ de gōngzuò zǒngjié hái méi xiěwán. I haven't finished writing the work report at hand. (2)个人某一时候的经济情况 one's current financial condition：等～宽裕一些，再买那部词典吧! Děng ～ kuānyù yìxiē，zài mǎi nà bù cídiǎn ba! When your financial situation improves，then buy that dictionary! /他刚买了电视机，所以～比较紧。Tā gāng mǎile diànshìjī，suǒyǐ ～ bǐjiào jǐn. He just bought a television set，so he's a little short of money.

【手推车】shǒutuīchē（名）[辆 liàng] wheelbarrow；handcart

【手腕】shǒuwàn（～儿）(1)手和臂相接的部分 wrist (2)同"手段"shǒuduàn(1) same as "手段" shǒuduàn(1)：革命的铁～gémìng de tiě ～ ironfisted measures of the revolution (3)指待人处事所用的不正当的方法 artifice；trick；stratagem：耍～ shuǎ ～ play a trick

【手腕子】shǒuwànzi（名）同"手腕"shǒuwàn(1) same as "手腕" shǒuwàn(1)

【手无寸铁】shǒu wú cùn tiě 铁：这里指武器。形容手里没有任何武器 be unarmed；defenseless

【手舞足蹈】shǒu wú zú dǎo 双手乱动，两只脚也跳起来，形容高兴到极点 dance for joy：大家高兴得～。Dàjiā gāoxìng de ～. Everybody was so happy that they danced for joy.

【手下】shǒuxià（名）(1)管辖下 under the leadership；under the jurisdiction：我在他～工作了两年。Wǒ zài tā ～ gōngzuòle liǎng nián. I worked under him for two years. (2)（处理事情）下手的时候 at the hands of somebody：～留情 ～ liú qíng show mercy；be lenient（for example，to one's foes）

【手写】shǒuxiě（动）用手写 write by hand：这份材料全是～的。Zhè fèn cáiliào quán shì ～ de. This copy of the material is all written by hand. /没有复印机，他只好～了两份。Méi yǒu fùyìnjī，tā zhǐhǎo ～ le liǎng fèn. There was no duplicator，so he had to write two copies by hand.

【手写体】shǒuxiětǐ（名）handwritten form；script

【手心】shǒuxīn（名）(1)手掌的中心部分 palm of the hand (2)(～儿)比喻所控制的范围 range of control：犯罪分子无论怎样也逃不出人民的～。Fàn zuì fènzǐ wúlùn zěnyàng yě táo bu chū rénmín de ～. No matter what a criminal does，he can't outrun the long arm of the law.

【手续】shǒuxù（名）procedures；formalities：办理入学～bànlǐ rù xué ～ follow the procedures for entering school

【手艺】shǒuyì（名）[门 mén] craftsmanship；workmanship：～高超 ～ gāochāo superb craftsmanship /学～ xué ～ learn a trade /他会好几门～，会做木工、瓦工，还会做衣服。Tā huì hǎo jǐ mén ～，huì zuò mùgōng、wǎgōng，hái huì zuò yīfu. He's very handy. He can do carpentry，bricklaying，or can even make clothes.

【手印】shǒuyìn（名）(～儿)[个 gè] (1)手，特别是手指留下的痕迹 impression or mark of someone's hand；fingerprint：从～查出犯罪分子 cóng ～ cháchū fàn zuì fènzǐ From the fingerprints they found out the criminal. (2)特指按在契约、证件等上面代替签字的指纹 fingerprint which may substitute for a signature on contracts，charters，identification papers，etc.：按～ àn ～ make a fingerprint

【手语】shǒuyǔ（名）聋哑人用手指字母和手势代替语言进行交际和交流思想的方法 sign language（as used by the deaf）

【手札】shǒuzhá（名）〈书〉personal letter

【手掌】shǒuzhǎng（名）palm

【手杖】shǒuzhàng（名）[根 gēn] walking stick；stick

【手纸】shǒuzhǐ（名）toilet paper

【手指】shǒuzhǐ（名）finger

【手指头】shǒuzhǐtou（名）〈口〉同"手指" shǒuzhǐ same as "手指" shǒuzhǐ

【手镯】shǒuzhuó（名）[只 zhǐ, 副 fù] bracelet

【手足】shǒuzú（名）比喻弟兄（metaphor）brothers：亲如～qīn rú ～ as close as brothers

【手足无措】shǒu zú wú cuò 措：安放。手脚不知放在哪里才好。形容非常惊慌，不知怎么办才好 very flustered；at a loss what to do：地震发生时他惊得～。Dìzhèn fāshēng shí tā jīng de ～. When the earthquake occurred, he was so startled that he was at a loss what to do.

守 shǒu

（动）(1)防守 guard；defend：～住阵地 ～ zhù zhèndì hold the position /～球门 ～ qiúmén defend the goal (2)遵循、遵守 observe；adhere to；abide by：～时 ～ shí punctual /～信用 ～ xìnyòng keep one's promise /～纪律 ～ jìlǜ observe discipline (3)守候在旁，以防事情的发生 keep watch so as to prevent something from happening：她一直～在病人身边。Tā yìzhí ～ zài bìngrén shēnbiānr. She has been keeping a vigil all along at the patient's bedside. /守着电话～zhe diànhuà keep watch by the phone (4)挨近，靠近 close to；near to：他家门口～着个小商店，买东西非常方便。Tā jiā ménkǒu ～zhe ge xiǎo shāngdiàn, mǎi dōngxi fēicháng fāngbiàn. His house is close to a small store, so shopping is very convenient.

【守财奴】shǒucáinú（名）miser

【守成】shǒuchéng（动）〈书〉（在事业上）保持前人的成就 maintain the achievements of one's predecessors

【守敌】shǒudí（名）防守（某地）的敌人 enemies who are defending a post

【守法】shǒufǎ=fǎ law-abiding

【守寡】shǒu=guǎ 死了丈夫的妇女不再结婚 remain a widow：她二十五岁死了丈夫，守了三年寡，后来又结婚了。Tā èrshíwǔ suì sǐle zhàngfu, shǒule sān nián guǎ, hòulái yòu jié hūn le. She lost her husband when she was 25, remained a widow for three years and then remarried.

【守候】shǒuhòu（动）〈书〉(1)等待 wait for：他坐在手术室门外～着妻子的消息。Tā zuò zài shǒushùshì mén wài ～ zhe qīzi de xiāoxi. He's sitting outside the operating room, waiting for news about his wife. (2)看护 guard：同志们轮流～在受伤者身旁。Tóngzhìmen lúnliú ～ zài shòushāngzhě shēnpáng. His comrades took turns keeping watch at the injured person's bedside.

【守护】shǒuhù（动）看守，保护 guard；defend：老人尽职尽责地～着山林。Lǎorén jìn zhí jìn zé de ～ zhe shānlín. The old man is quite dutifully defending the mountain forest.

【守旧】shǒujiù（形）adhere to past practices；be conservative：思想～ sīxiǎng ～ conservative thought

【守口如瓶】shǒu kǒu rú píng 形容说话谨慎或严守秘密 be prudent in one's speech；tightly guard secrets；keep one's mouth shut：对那件事他～，一点情况也不肯透露。Duì nà jiàn shì tā ～, yìdiǎnr qíngkuàng yě bù kěn tòulù. In regard to that matter he's very tight-lipped. He's not willing to divulge even a little bit of the situation.

【守灵】shǒu=líng keep vigil beside the coffin；stand as guards at the bier

【守势】shǒushì（名）the defensive：他们现在只能采取～，再无进攻之力。Tāmen xiànzài zhǐ néng cǎiqǔ ～, zài wú jìngōng zhī lì. Now they can only be on the defensive and have no more strength to take the offensive.

【守卫】shǒuwèi（动）防守保卫 safeguard；defend：边防战士们～着祖国的大门。Biānfáng zhànshìmen ～ zhe zǔguó de dàmén. The border guards are defending the country's entryways.

【守则】shǒuzé（名）共同遵守的规定 rules；regulations：交通～ jiāotōng ～ traffic regulations /学生～ xuéshēng ～ student regulations

【守株待兔】shǒu zhū dài tù 传说古时候有一个农民偶然看见一只兔子撞在树上死了，他便放下手里的农具在树旁等待，希望再得到撞死的兔子。比喻想不经过主观努力而得到意外的收获，也比喻死守住狭隘的经验，不知变通 Once upon a time there was a farmer who by chance saw a rabbit dash into a tree and die. He then stopped his farm work and waited by the tree hoping to get another rabbit in the same way. This is a metaphor for not intending to depend on one's own efforts, but rather on some accidental twist of fate to get profit. It is also a metaphor for doggedly clinging to some narrow experience without knowing how to be flexible.：坚决克服听天由命、的消极思想。Jiānjué kèfú tīng tiān yóu mìng、 ～ de xiāojí sīxiǎng. resolutely overcome such passive thinking as would trust everything to heaven or mere chance

首 shǒu

（名）◇(1)头 head：昂～ áng ～ hold one's head up /不堪回～ bù kān huí ～ cannot bear to recall the past (2)第一，最先 the first：～战告捷 ～ zhàn gào jié win the very first battle /1964年我～次来京。Yījiǔliùsì nián wǒ ～ cì lái Jīng. 1964 was the first time I came to Beijing. (量)用于歌曲和诗 used for songs and poems：诗二～ shī èr ～ two poems /一～民歌 yì ～ mínggē one folk song

【首倡】shǒuchàng（动）首先提倡 initiate；be the first to advocate：1917年陈独秀"文学革命"。Yījiǔyīqī nián Chén Dúxiù ～ "Wénxué Gémìng". In 1917, Chen Duxiu initiated the "Literary Revolution."

【首车】shǒuchē（名）按班次行驶的第一班车 the first bus of the day (for buses running a particular route)：3路公共汽车～5点开，末车23点开。Sānlù gōnggòng qìchē ～ wǔ diǎn kāi, mòchē èrshísān diǎn kāi. The first of Bus No. 3 takes off at 5:00 am, and the last bus at 11:00 pm.

【首创】shǒuchuàng（动）最先创造 originate；pioneer：～精神 ～ jīngshén pioneering spirit

【首当其冲】shǒu dāng qí chōng 冲：交通要道。比喻首先受到冲击或遭受灾难（metaphor）be the first to suffer a disaster；bear the brunt：这次战斗，三排～。Zhè cì zhàndòu, sānpái ～. In this battle the Third Platoons suffered the brunt of the fighting. /泥石流下来以后，山下的这片农田和房屋，完全被埋没了。Níshíliú xiàlái yǐhòu, shān xià de zhè piàn nóngtián hé fángwū ～, wánquán bèi máimò le. The field and the farmhouse at the bottom of the hill were the first to be hit after the mudslide. They were completely buried.

【首都】shǒudū（名）capital of a country

【首恶】shǒu'è（名）反革命集团或犯罪集团中的头子 the principal culprit in a criminal gang or in a counter-revolutionary group

【首府】shǒufǔ（名）中国，自治区或自治州人民政府驻地 the seat of local government in an autonomous region or prefecture in China

【首届】shǒujiè the first session (usually referring to regular convocation)

【首领】shǒulǐng（名）chieftain；leader；head

【首脑】shǒunǎo（名）head：政府～ zhèngfǔ ～ head of government /～会议 ～ huìyì conference between heads of states；summit conference

【首屈一指】shǒu qū yī zhǐ 屈指计算时，首先弯下大拇指，表示居第一位（when counting on one's fingers, one starts with the thumb）first on the list：论学术水平，论学校规模，

北京大学在中国是～的。Lùn xuéshù shuǐpíng, lùn xuéxiào guīmó, Běijīng Dàxué zài Zhōngguó shì ～ de. *In terms of academic standards and school size, Beijing University is second to none in China.*

【首饰】shǒushi（名）*ornaments*；*jewelry*

【首尾】shǒuwěi（名）(1)起头的部分和末尾的部分 *the head and the tail*；*the beginning and the end*：这篇文章一两章似乎不是出于一人之手。Zhè piān wénzhāng ～ liǎng zhāng sìhū bú shì chūyú yì rén zhī shǒu. *The first and the last sections of this essay don't seem to come from the same person.* (2)从开始到到末了 *from beginning to end*：在完成这项工程中，他们一贯，坚持质量第一。Zài wánchéng zhè xiàng gōngchéng zhōng, tāmen ～ yíguàn, jiānchí zhìliàng dìyī. *In completing this project they gave first priority to quality from beginning to end.*

【首位】shǒuwèi（名）第一位 *the first place*；*the first spot*：居～ jū ～ *occupy the first spot* /排在～ pái zài ～ *line up in the first spot*；*take the first place in line*

【首席】shǒuxí（名）(1)最高席位 *seat of honor (at a banquet, etc.)*：他坐在～。Tā zuò zài ～. *He sat at the place of honor.* (2)职位最高的 *highest position*；*chief*：～代表 ～ dàibiǎo *the chief representative* /～裁判 ～ cáipàn *head referee*

【首先】shǒuxiān（副）(1)表示某事或某情况发生的时间或时间次序是在前的 *first of all*；*in the first place*：飞机降落之前，大家～要系好安全带。Fēijī jiàngluò zhī qián, dàjiā ～ yào jìhǎo ānquándài. *Everybody must (first) fasten his or her seat belt before the plane starts to land.* /要处理任何一个案件，～得掌握大量的确凿的证据。Yào chǔlǐ rènhé yí ge ànjiàn, ～ děi zhǎngwò dàliàng de quèzuò de zhèngjù. *Before you handle any case, you must first have in hand a vast amount of conclusive evidence.* /主人～把一碗香喷喷的奶茶端到了客人面前。zhǔrén ～ bǎ yì wǎn xiāngpēnpēn de nǎichá duāndàole kèrén miànqián. *The host first carried a fragrant bowl of tea and milk over to the guest.* 当两件事先后相继发生时，"首先"常和"然后"等词连用 *(when two matters occur one after the other, "首先" and "然后" are used together)*：你～把作业完成了，然后再摆弄你的集邮册。Nǐ ～ bǎ zuòyè wánchéng le, ránhòu zài bǎinòng nǐ de jíyóucè. *Finish your homework first and then you can fiddle with your stamp collection.* /飞机～在上海停留几小时，然后飞往广州。Fēijī ～ zài Shànghǎi tíngliú jǐ xiǎoshí, ránhòu fēi wǎng Guǎngzhōu. *The plane has a few hours' stopover in Shanghai first, then it goes on to Guangzhou.* /新厂长上任后～整顿纪律，然后制定规章制度。Xīn chǎngzhǎng shàng rèn hòu ～ zhěngdùn jìlǜ, ránhòu zhìdìng guīzhāng zhìdù. *After the new factory director assumed his post, he strengthened discipline first, then he laid down rules and regulations.* (2)"第一"的意思，用于列举事项，后边常用"其次"相呼应 *first (used in the enumeration of examples; often followed by 其次)*：有些地区～得解决温饱问题，其次才谈得上发展文化教育。Yǒu xiē dìqū ～ děi jiějué wēnbǎo wèntí, qícì cái tán de shàng fāzhǎn wénhuà jiàoyù. *In some districts, we must resolve the food and clothing problems first, and then we can talk about developing culture and education.* /张经理～想到的是工作，其次才是自己的身体。Zhāng jīnglǐ ～ xiǎngdào de shì gōngzuò, qícì cái shì zìjǐ de shēntǐ. *Mr Zhang, the manager thinks of work first, and his health second.* /～大会主席作报告，其次是代表发言。～ dàhuì zhǔxí zuò bàogào, qícì shì dàibiǎo fā yán. *The chairman of the conference will make a report first, then the delegates will speak.*

【首相】shǒuxiàng（名）*prime minister*

【首要】shǒuyào（形·非谓）居第一位的，最重要的 *of the first importance*；*chief*：～任务 ～ rènwu *the most important task*

【首长】shǒuzhǎng（名）*leading cadre*；*senior official*

shòu

寿〔壽〕shòu

（名）◇(1) *life*；*age*；*longevity*：长～ cháng ～ *long life* /～终正寝 ～ zhōng zhèng qǐn *die in bed of old age* (2) *birthday*：～礼 ～ lǐ *birthday gift* /今天他给他父亲做七十大～。Jīntiān tā gěi tā fùqin zuò qīshí dà ～. *Today he is having a celebration for his father's 70th birthday.*

【寿辰】shòuchén（名）〈书〉生日（多用于年岁大的人）*birthday (of an elderly person)*

【寿面】shòumiàn（名）祝贺生日时所吃的面条 *noodles traditionally eaten on one's birthday*

【寿命】shòumìng（名）人的生存年限，事物存在和使用期限 *life-span; the amount of time something lasts or is usable*：住在高山上的人～都比较长。Zhù zài gāo shān shang de rén ～ dōu bǐjiào cháng. *The life-span of those who live on high mountains is relatively long.* /延长机器使用～ yáncháng jīqì shǐyòng ～ *prolong the service life of a machine*

【寿桃】shòutáo（名）祝贺生日用的桃子，一般是馒头做成桃子的样子 *peaches offered as a birthday present (ordinarily they are steamed buns shaped like peaches)*

【寿星】shòuxing（名）(1)即老人星。自古以来人们把它作为长寿的象征 *the god of longevity* (2)称被祝寿的人 *title used for the person whose birthday is being celebrated (usually of an elderly person)*

【寿衣】shòuyī（名）给死人穿的衣服 *graveclothes; cerements; shroud*

受 shòu

（动）(1)接受，得到 *receive*；*accept*；*obtain*：～教育 jiàoyù *receive an education* /～启发 ～ qǐfā *receive enlightenment* /～奖 ～ jiǎng *accept award* (2)遭受 *suffer*；*sustain*；*be subjected to*：～损失 ～ sǔnshī *suffer losses* /～迫害 ～ pòhài *suffer persecution* /～批评 ～ pīping *be subjected to criticism* (3)忍受 *bear*；*endure*；*stand*：～不了这种噪音 ～ bu liǎo zhè zhǒng zàoyīn *I can't bear this kind of noise.* /～得住～不住这么重的压力？～ de zhù ～ bu zhù zhème zhòng de yālì? *Can it bear such great pressure or not?*

【受病】shòu＝bìng 得病（多指不立即发作的）*catch a disease*；*contract a disease (usually not showing instant effect)*：他原来的住房太潮湿，腿受了病，得了关节炎。Tā yuánlái de zhùfáng tài cháoshī, tuǐ shòule bìng, dèle guānjiéyán. *His original lodgings were too damp, and his legs were struck with arthritis.*

【受潮】shòu＝cháo *be affected by moisture*：这饼干受了潮，变软了。Zhè bǐnggān shòule cháo, biànruǎn le. *This cracker got moist and became soft.*

【受宠若惊】shòu chǒng ruò jīng 因受到过分的宠爱而感到意外的惊喜和不安 *be overwhelmed by some tremendous favor or compliment*：他对我那篇文章十分赞赏，真使我～。Tā duì wǒ nà piān wénzhāng shífēn zànshǎng, zhēn shǐ wǒ ～. *He really admired my essay. It honestly overwhelmed me.*

【受挫】shòucuò（动·不及物）〈书〉遭受挫折 *suffer a setback*；*be foiled*：早晨渡河时，遇风～得回去。Zǎochén dù hé shí, yù fēng ～, zhíde huíqu. *Crossing the river this morning we got fouled up by a strong wind and had to turn back.*

【受粉】shòufěn（动·不及物）*be pollinated*

【受害】shòu＝hài（好人）遭到损害 *suffer harm or damage (usually refers to innocent people)*：～者 ～zhě *victim* /一些青年学生看了黄色读物，～不浅。Yìxiē qīngnián xuéshēng

kànle huángsè dúwù, ~ bù qiǎn. *Some young students read some pornographic material and were deeply harmed.*

【受贿】shòu=huì 接受贿赂 *accept bribes*：他一年之中～五次。Tā yì nián zhī zhōng ~ wǔ cì. *In one year he took bribes on five occasions.* /你说～和行贿哪个严重？Nǐ shuō ~ hé xíng huì nǎge yánzhòng? *What do you think is more serious, offerring bribes or accepting bribes?*

【受惊】shòu=jīng 受到突然的刺激或威胁而害怕 *be startled suddenly; be frightened by some danger*：我半夜来访，让您～了。Wǒ bànyè lái fǎng, ràng nín ~ le. *I'm sorry to have startled you by calling in the middle of the night.*

【受苦】shòu=kǔ 遭受痛苦 *suffer hardship or misery*：不使受尽了苦的农民富起来，中国就富不起来。Bù shǐ shòujìnle kǔ de nóngmín fùyù qilái, Zhōngguó jiù fù bu qǐlái. *If the farmers who have endured hardships are not made to prosper, China will not prosper.*

【受累】shòu=lèi 受到牵累 *be involved in trouble (because of somebody else)*：一家失火，四邻～。Yì jiā shī huǒ, sì lín ~. *One house caught on fire, thereby putting the neighbors in danger.* /那个年月，一人遭殃，全家～。Nàge niányuè, yì rén zāo yāng, quán jiā ~. *In those days when one person had a misfortune, it involved the entire family.*

【受累】shòu=lěi 受到劳累。也常用作客气话，对别人给自己做了事情表示感谢 *be put to trouble (also used for polite forms of speech, or an expression of thanks)*：孩子一多，大人就更～了。Háizi yì duō, dàrén jiù gèng ~ le. *Many children mean a lot of work for the parents.* /为这事您专门跑一趟，让您～了。Wèi zhè shì nín zhuānmén pǎo yí tàng, ràng nín ~ le. *On account of this matter you had to make a special trip. Sorry to have given such a lot of trouble.*

【受礼】shòu=lǐ 接受别人送的礼物 *accept a gift*

【受理】shòulǐ (动) 法院接受案件，进行审理 *(of a court) accept a case and proceed with the hearing*：法院认为这个家庭纠纷不牵涉法律问题，不～。Fǎyuàn rènwéi zhège jiātíng jiūfēn bù qiānshè fǎlǜ wèntí, bú ~. *The court judged that this family dispute did not involve legal questions, so it did not accept the case for a hearing.*

【受凉】shòu=liáng *catch cold*

【受命】shòumìng (动) 〈书〉接受命令 *receive an order*

【受难】shòu=nàn 遭到灾难 *suffer disasters or calamities*：她大半辈子受苦～，晚年才得到幸福。Tā dà bànbèizi shòu kǔ ~, wǎnnián cái dédào xìngfú. *She suffered hardships and calamities the better part of her life. It was not until her later years that she found happiness.*

【受骗】shòu=piàn 受到欺骗 *be fooled; be duped; be suckered*：上当～ shàng dàng ~ *be fooled and suckered in; be taken for a ride* /不明底细就跟别人交朋友，有时会～。Bù míng dǐxì jiù gēn rén jiāo péngyou, yǒushí huì ~. *If you make friends with someone without knowing his background, there's sometimes the chance of being conned.*

【受气】shòu=qì 受欺负 *be bullied*：在这群孩子中，她虽然年龄最小，却不～。Zài zhè qún háizi zhōng, tā suīrán niánlíng zuì xiǎo, què bú ~. *Although she's the youngest in this group of children, she doesn't get bullied.* /媳妇再也不受婆婆的气了。Xífu zài yě bú shòu pópo de qì le. *Daughters-in-law will never again put up with mothers-in-law's bullying.*

【受穷】shòu=qióng 受穷困 *endure poverty; suffer destitution*

【受权】shòuquán (动) 接受国家或上级委托有权做某事 *be authorized by the country or authorities*：新华社～发表声明。Xīnhuáshè ~ fābiǎo shēngmíng. *The Xinhua News Agency is authorized to publish this statement.* /他～处理这一事件。Tā ~ chǔlǐ zhè yí shìjiàn. *He's authorized to deal with this problem.*

【受伤】shòu=shāng *be injured; be wounded*：昨天他打篮球的时候和人相撞，～了。Zuótiān tā dǎ lánqiú de shíhou hé rén xiāng zhuàng, ~ le. *When he was playing basketball yesterday, he collided with another person and was injured.* /我只是腿上受了点轻伤，自己会好的。Wǒ zhǐ shì tuǐshang shòule diǎn qīng shāng, zìjǐ huì hǎo de. *I just slightly injured my leg. It can heal by itself.* /这人打了几次仗，立了两次功，可一次伤也没受过。Zhè rén dǎle jǐ cì zhàng, lìle liǎng cì gōng, kě yí cì shāng yě méi shòuguo. *This man has been to war several times. Twice he has won honors, yet he has never suffered any injury.*

【受事】shòushì (名) 〈语〉语法上指动作的对象，如"信已经寄走了"中的"信"和"我知道他是个作家"中的"他是个作家" *the recipient of an action (such as "信" in "信已经寄走了" or "他是个作家" in "我知道他是个作家")*

【受暑】shòu=shǔ *suffer from sunstroke*

【受业】shòuyè 〈书〉(动) 跟随老师学习 *study with a teacher* (名) 学生对老师的自称，如写信给老师时，最后在签名前写"受业"二字 *the title a student uses for himself when addressing a teacher (e. g. when writing a letter to a teacher, the student would write "受业" before his signature)*

【受益】shòu=yì 得到好处 *benefit from; profit from*：读了这本书，～不浅。Dúle zhè běn shū, ~ bù qiǎn. *I benefited very much from reading this book.* /水库修好后，有几万亩田地可以～。Shuǐkù xiūhǎo hòu, yǒu jǐ wàn mǔ tiándì kěyǐ ~. *After the reservoir is built, thousands of mu (of farmland) will be benefited.*

【受用】shòuyòng (动) 享受，得益 *benefit from; profit by*：我们不能光～前人的遗产，还要努力创造新的财富。Wǒmen bù néng guāng ~ qiánrén de yíchǎn, hái yào nǔ lì chuàngzào xīn de cáifù. *We must not merely enjoy our inheritance. We must also try hard to create new wealth.*

【受援国】shòuyuánguó (名) *recipient country*

【受罪】shòu=zuì (1) 受到折磨 *endure physical or mental suffering, torment, or hardship*：解放前她家很穷，受了不少罪。Jiěfàng qián tā jiā hěn qióng, shòule bù shǎo zuì. *Before Liberation her home was very poor. They endured many hardships.* (2) 泛指遇到不愉快的事 *encounter something unpleasant; have a hard time*：那里天气很热，又没水洗澡，真～！Nàli tiānqì hěn rè, yòu méi shuǐ xǐ zǎo, zhēn ~! *The weather there was very hot, besides, there was no water to take a bath. It was really awful!* /我很怕考试，觉得考试就是～。Wǒ hěn pà kǎoshì, juéde kǎoshì jiù shì ~. *I really dread taking tests. I think tests are a real bummer.*

狩 shòu
(动) 〈书〉打猎 *go hunting*
【狩猎】shòuliè (动) 〈书〉打猎 *go hunting*

授 shòu
(动) ◇ (1) 给予，交付 *confer; grant; award; give*：～旗～qí *present somebody with a flag* /～勋～xūn *confer medals* (2) 传授 *teach; pass on knowledge*：面～机宜 miàn ~ jīyí *personally instruct somebody on the line of action to pursue; give confidential briefing*

【授粉】shòufěn (动·不及物) *pollination*

【授奖】shòu=jiǎng 发奖品或奖状 *award a prize or certificate of merit*

【授课】shòukè (动·不及物) 教课 *teach lessons*

【授命】shòumìng (动) 〈书〉(1) 献出生命 *lay down one's life*：临危～ línwēi ~ *lay down one's life in the face of great danger* (2) (国家元首) 下命令 *give orders (such as the head of a state)*：国王～首相组阁。Guówáng ~ shǒuxiàng zǔ gé. *The king authorized the prime minister to form a cabinet.*

【授权】shòuquán（动）〈书〉把权力交给（人或机构代为执行）*empower*；*authorize*：～新华社发表声明 ～ Xīnhuáshè fābiǎo shēngmíng *authorize the Xinhua News Agency to publish a statement*

【授意】shòuyì（动）把意图告诉别人，让别人照着办 *incite somebody to do something*；*inspire*：是他～我这样做的。Shì tā ～ wǒ zhèyàng zuò de. *It was he who incited me to do this.*

【授予】shòuyǔ（动）给。用于给人勋章、奖状、荣誉称号等 *confer (such as medals, titles of honor, etc.)*：政府～他特等功臣的光荣称号。Zhèngfǔ ～ tā tèděng gōngchén de guāngróng chēnghào. *The government has conferred upon him the honorific title of special class meritorious worker.*

售 shòu
（动）◇*sell*：～货 ～ huò *sell goods* /～票 ～ piào *sell a ticket*

兽〔獸〕shòu
（名）◇ *beast*；*animal*；驯～ xùn ～ *tame an animal*
【兽类】shòulèi（名）*beasts*；*animals*
【兽行】shòuxíng（名）*brutal act*；*brutal activity*
【兽性】shòuxìng（名）*brutish nature*；*barbarity*
【兽医】shòuyī（名）*veterinarian*

绶〔綬〕shòu
【绶带】shòudài（名）*ribbon (often attached to an official seal or medal)*

瘦 shòu
（形）(1) *thin*；*emaciated*：他长得又高又～。Tā zhǎng de yòu gāo yòu ～. *He is tall and thin.* (2) *lean*：～肉 ～ ròu *lean meat* (3) *tight*：衣服太～了。Yīfu tài ～ le. *The dress is too tight.* /这双鞋有点儿～。Zhè shuāng xié yǒudiǎnr ～. *These shoes are a little bit tight.* (4)◇不肥沃 *not fertile*：～土 ～ tǔ *poor soil*
【瘦弱】shòuruò（形）*thin and weak*；*emaciated*：身体十分～。Shēntǐ shífēn ～. *be very emaciated*
【瘦小】shòuxiǎo（形）*thin and small*：她身材～。Tā shēncái ～. *She's slight of figure.*
【瘦削】shòuxuē（形）形容身体或脸很瘦 *very thin*，*gaunt*：她～的双肩怎么承受得了这么重的担子。Tā ～ de shuāng jiān zěnme chéngshòu de liǎo zhème zhòng de dànzi. *How can her bony shoulders carry such a heavy load!*
【瘦子】shòuzi（名）*a thin person*

shū

书〔書〕shū
（名）[本 běn] (1) *book*：一本～ yì běn ～ *one book* (2)〈书〉信 *letter*：家～ jiā～ *letter to or from home*（动）◇写，记载 *write down*，*record*：这个人的事迹值得大～特～。Zhège rén de shìjì zhídé dà ～ tè ～. *This person's deeds deserve serious and detailed writing.*
【书包】shūbāo（名）[个 gè] *book bag*；*satchel*
【书报】shūbào（名）图书和报刊 *books and newspapers*
【书背】shūbèi（名）同"书脊"shūjǐ *same as "书脊" shūjǐ*
【书本】shūběn（名）*books*
【书呆子】shūdāizi（名）只知道死啃书本，不知道联系实际的人，或不善于处理人和人的关系的读书人 *bookworm*
【书店】shūdiàn（名）*bookstore*
【书法】shūfǎ（名）*penmanship*；*calligraphy*：他懂～。Tā dǒng ～. *He understands calligraphy.* /～家 ～jiā *calligrapher*
【书房】shūfáng（名）*study*

【书籍】shūjí（名）*books*
【书脊】shūjǐ（名）书籍被钉住的一边 *spine of a book*
【书记】shūjì（名）*secretary*；*clerk*
【书架】shūjià（名）[个 gè] *bookshelf*
【书柬】shūjiǎn（名）书信 *letter*；*written message*
【书简】shūjiǎn（名）同"书柬"shūjiǎn *same as "书柬" shūjiǎn*
【书局】shūjú（名）印书或藏书的机构，现多用于印书机构的名称 *publishing organization*：中华～ Zhōnghuá ～ *China Book Company*
【书刊】shūkān（名）书籍和刊物 *books and periodicals*
【书库】shūkù（名）*stack room*
【书眉】shūméi（名）书页的上端 *top of a page*；*top margin*
【书面】shūmiàn（名）用文字表达的（区别于口头表达的）*written*；*in written form*；*in writing*：～发言 ～ fāyán *written speech* /～材料 ～ cáiliào *written materials* /～答复 ～ dáfù *written reply* /协议还停留在～上，没有实行。Xiéyì hái tíngliú zài ～ shang，méiyou shíxíng. *It remains an agreement on paper only. It has not been put into practice.*
【书面语】shūmiànyǔ（名）*written language*；*literary language*
【书名号】shūmínghào（名）表示书名、篇名等的符号。其形式是《》或～～用在横行文字的底下或竖行文字的旁边 *punctuation marks which offset the title of a book or article*；《》*or* ～～ *can be used either horizontally underneath the words or vertically alongside the words*
【书目】shūmù（名）图书目录 *title catalogue*；*booklist*
【书皮】shūpí（名）（～儿）(1)书刊的最外面的一层 *book cover*，*jacket* (2)在书皮外面再包上一层纸，用以保护书的 *paper protecting the outside of the book cover*；*dust cover*
【书评】shūpíng（名）评论或介绍书刊的文章 *book review*
【书签】shūqiān（名）（～儿）(1) *bookmark* (2)title label pasted on the cover of a Chinese-style thread-bound book
【书生】shūshēng（名）〈旧〉读书人 *intellectual*，*scholar*
【书生气】shūshēngqì（名）指只知道读书，按书本上讲的办，不了解社会的性格 *bookishness*，*acting on the basis of what is learned from books rather than the real world*
【书套】shūtào（名）*slipcase*
【书亭】shūtíng（名）卖书刊的像亭子一样的小房子 *bookstall*，*book-kiosk*
【书写】shūxiě（动）〈书〉*write*
【书信】shūxìn（名）〈书〉*letter*，*written message*
【书桌】shūzhuō（名）[张 zhāng] *desk*，*writing desk*

抒 shū
（动）◇抒发，表达 *convey*；*give expression to*
【抒发】shūfā（动）*express*；*voice*；*give expression to*：～感情 ～ gǎnqíng *express emotion*
【抒情】shū=qíng *express one's emotions*：诗 ～shī *lyric poetry*，*lyrics*

叔 shū
（名）◇(1)叔父 *father's younger brother*；*uncle*：二～ èr ～ *form of address for the first younger brother of one's father who is the eldest* (2)丈夫的弟弟 *husband's younger brother*：～嫂之间和睦相处 ～ sǎo zhī jiān hémù xiāngchǔ *He and his older brother's wife get along nicely with one another.*
【叔叔】shūshu（名）(1) *father's younger brother*，*uncle* (2)对与父亲同辈而年龄比父亲小的男子的称呼 *form of address for a man slightly younger than one's father*：王～ Wáng ～ *Uncle Wang* /李～ Lǐ ～ *Uncle Li*

枢〔樞〕shū
（名）◇*pivot*，*hub*，*center*

【枢纽】shūniǔ（名）hub；axis；key position：～工程 ～ gōngchéng a key project /交通 ～ jiāotōng ～ hub of communications

殊 shū

（名）◇差异 difference；diversity；discrepancy（形）特殊，突出 special；particular；outstanding：～ 荣 ～ róng outstanding honor；special honor /～效 ～ xiào outstanding results（副）〈书〉有"很""极"的意思 very much；extremely：久不见来信，～念。Jiǔ bú jiàn lái xìn，～ niàn. I haven't received a letter from you for so long. I miss you very much. /飞机刚刚起飞竟突然爆炸，～出人们的意料。Fēijī gānggāng qǐfēi jìng tūrán bàozhà，～ chū rénmen de yìliào. The plane had just taken off when it blew up, shocking the people. /清晨来到海滨散步，一觉空气清新，舒爽宜人。Qīngchén láidào hǎibīn sàn bù，～ jué kōngqì qīngxīn，shūshuǎng yírén. Strolling along the seashore early in the morning one feels the air extremely fresh and pleasant.

【殊不知】shū bu zhī 意思是没有想到，用来引进某种真实情况以证明前面所谈的并不正确或不完全正确 little imagine；hardly realize（used to introduce the real situation which shows that the aforementioned one is not correct or is only partially so）:大家都以为他不过是个年轻军官，～他却有大将的调兵遣将的本领。Dàjiā dōu yǐwéi tā búguò shì ge niánqīng jūnguān，～ tā què yǒu dàjiàng de diào bīng qiǎn jiàng de běnlǐng. We all just thought that he was nothing but a young officer. Little did we know that he in fact had a high-ranking officer's ability to deploy forces. /～哈尔滨这北方寒冷的城市竟是那样的奇美。～ Hā'ěrbīn zhè běifāng hánlěng de chéngshì jìng shì nàyàng de qíměi. I never dreamt that the cold northern city of Harbin would be that surprisingly beautiful. /有些父母不许孩子干任何有点危险的事，～是爱护，～这反而害了孩子。Yǒuxiē fùmǔ bùxǔ háizi gàn rènhé yǒudiǎn wēixiǎn de shì，yǐwéi shì àihù，～ zhè fǎn'ér hàile háizi. Some parents won't allow their children to do anything that's the least bit dangerous. They think they're protecting their children, and hardly realize that they are, on the contrary, harming them.

【殊死】shūsǐ（形·非谓）〈书〉拼着性命，竭尽死力 desperate；life-and-death；tooth-and-nail：～ 的斗争 ～ de dòuzhēng desperate struggle/ ～ 战 ～ zhàn desperate fight，last-ditch battle

【殊途同归】shū tú tóng guī 殊：不同；归：归宿，结局。通过不同的道路走到同一个目的地。比喻采取不同的方法而得到相同的结果 reaching the same goal through different means；adopting different methods but having the same result

梳 shū

（动）to comb：～头 ～ tóu comb one's hair /～辫子 ～ biànzi plait pigtails /头发～得光光的。Tóufa ～ de guāngguāng de. Her hair was combed smooth and glossy.

【梳洗】shūxǐ（动）wash and dress

【梳子】shūzi（名）［把 bǎ］comb

舒 shū

（动）舒展 unfold；smooth out；stretch：～了一口气 ～ le yì kǒu qì let out a long breath /～筋活血 ～ jīn huó xiě limber up one's muscles and get the blood flowing

【舒畅】shūchàng（形）happy；entirely free from worry：心情 ～ xīnqíng ～ happy frame of mind

【舒服】shūfú（形）comfortable：睡得很 ～ shuì de hěn ~ slept like a baby /他的晚年，日子过得舒舒服服的。Tā de wǎnnián，rìzi guò de shūshūfúfú de. He spent his later

years in ease and comfort. /房间虽不大，但是很～。Fángjiān suī bú dà，dànshì hěn ~. Although the room isn't big，it's very cushy.

【舒适】shūshì（形）comfortable；cosy；snug：～的环境 ～ de huánjìng comfortable surroundings /生活很 ～ shēnghuó hěn ~ a very comfortable life

【舒坦】shūtan（形）〈口〉comfortable；at ease：她看屋子里又脏又乱，真受不了，立刻动手收拾得干干净净才～了。Tā kàn wūzi li yòu zāng yòu luàn，zhēn shòu bu liǎo，lìkè dòngshǒu shōushi de gāngānjìngjìng cái ~ le. She saw that the room was dusty and messy, and she really couldn't bear it. So she immediately got to work cleaning the room up until she felt comfortable with it. /你是不是觉得不～？Nǐ shì bú shì juéde bù ~? You're feeling uncomfortable, aren't you?

【舒心】shūxīn（形）心情舒展 relaxed or loose frame of mind：他非常忙，可是日子很～。Tā fēicháng máng，kěshì rìzi hěn ~. He's very busy，however，his life is rather happy.

【舒展】shūzhǎn（动）展开，不卷缩 spread out；open up；unfold：把卷着的纸～开。Bǎ juǎnzhe de zhǐ ～ kāi. Smooth out the rolled-up paper.（形）（身心）舒畅，安适 comfortable in body and mind，happy，tranquil

疏 shū

（形）◇（1）事物之间距离远，空隙大（与"密"相对）distant；far apart（the opposite of "密"）:～星 ～ xīng distant stars（2）关系远，不亲近，不熟悉 distant，not intimate，not familiar with（in reference to relationships）:人与人之间总有亲有～。Rén yǔ rén zhī jiān zǒng yǒu qīn yǒu ~. One always has close friends and friends who are not so close. /人生地～ rén shēng dì ～ be unfamiliar with the place and the people，be a complete stranger（3）空虚 void；scanty：才～学浅 cái ～ xué qiǎn have a little talent and less learning（动）疏忽 be careless；negligent：～于防范 ～ yú fángfàn neglect to take precautions

【疏导】shūdǎo（动）（1）开通阻塞的水道，使水流通畅 dredge；clear（a waterway）（2）泛指引导使（思想）畅通 clear up someone's thinking

【疏忽】shūhu（动）be careless；negligent：小病也要及时治疗，～大意不得。Xiǎo bìng yě yào jíshí zhìliáo，～ dàyi bu dé. A slight illness also needs timely treatment. Negligence is a no-no. /由于我一时～，把地址写错了。Yóuyú wǒ yìshí ~，bǎ dìzhǐ xiěcuò le. Because I was careless for a moment，I wrote the address incorrectly.

【疏浚】shūjùn（动）dredge：～运河 ～ yùnhé dredge a canal

【疏懒】shūlǎn（形）懒散而不惯于受拘束 sluggish；negligent；indolent；averse to tension

【疏漏】shūlòu（名）疏忽和遗漏的地方 oversight；omission；slip-up：工作粗心大意，有不少～。Gōngzuò cūxīn dàyi，yǒu bù shǎo ~. The work was done carelessly. There were many slip-ups.

【疏散】shūsàn（形）sparse；scattered；dispersed（动）evacuate；disperse：～人口 ～ rénkǒu evacuate the population /车辆阻塞的太多，一时～不开。Chēliàng zǔsè de tài duō，yìshí ~ bu kāi. The cars were all bottled up. For a while traffic wasn't able to disperse.

【疏松】shūsōng（形）（土壤）松散 loose（soil）:土质～ tǔzhì ～ The soil is porous.（动）使松散 loosen：把土～一下。Bǎ tǔ ～ yíxià. Loosen the soil up a bit.

【疏通】shūtōng（动）（1）dredge：～河道 ～ hédào dredge the river course（2）mediate between two parties：～双方的感情 ～ shuāngfāng de gǎnqíng. mediate between the feelings on both sides

【疏远】shūyuǎn（形）关系、感情上有距离，不亲近 be distant

in one's personal relationships：感情～ gǎnqíng ～ *feel estrangement*/他俩十分～。Tā liǎ shífēn ～. *Those two are not at all intimate.*（动）*to drift apart, become estranged, fall away*：不要～了朋友。Búyào ～ le péngyou. *Don't become alienated from your friends.*

输〔輸〕shū
（动）(1) *transport; convey*：～电 ～ diàn *transmit electricity*　(2) *to lose; be beaten*：～了一局 ～ le yì jú *lost a set* /甲队～给了乙队。Jiǎ duì ～ gěile yǐ duì. *Team A lost to team B.* /咱们打赌，谁～了，谁请客。Zánmen dǎ dù, shuí ～ le, shuí qǐng kè. *Let's make a bet, and the loser will buy dinner.*

【输出】shūchū（动）(1) *export*：～商品 ～ shāngpǐn *export merchandise* /资本～ zīběn ～ *export of capital* (2)从内部送出 *send out*：血液从心脏～。Xuèyè cóng xīnzàng ～. *Blood is sent out from the heart.* (3)能量、信号等从某机构或装置发出 *output*

【输入】shūrù（动）(1) *import*：～产品 ～ chǎnpǐn *import products* /～新技术 ～ xīn jìshù *import new technology* (2)能量信号等进入某机构或装置 *input*

【输送】shūsòng（动）*carry; transport; convey*：～养料 ～ yǎngliào *convey nutrients* /把新干部～到各个岗位上去。Bǎ xīn gànbù ～ dào gè gè gǎngwèi shang qu. *send the new cadres to various posts*

【输血】shū＝xuè〈医〉*blood transfusion*

【输液】shū＝yè〈医〉*infusion*

【输油管】shūyóuguǎn（名）[条 tiáo] *petroleum pipeline*

蔬shū
【蔬菜】shūcài（名）*vegetables; greens; greenstuff*

shú

秫shú
【秫秸】shújiē（名）高粱杆 *sorghum stalk*

赎〔贖〕shú
（动）(1)用钱财把抵押品换回 *redeem; ransom*：把东西～回来。Bǎ dōngxi ～ huílai. *redeem a pledge* (2)◇ 抵偿、弥补（罪过）*atone; make up for some wrong doing*：立功～罪 lì gōng ～ zuì *perform a service to atone for one's crime; do penance*

【赎买】shúmǎi（动）*redeem; buy out*

【赎买政策】shúmǎi zhèngcè 在无产阶级专政条件下，有代价地把剥削阶级的生产资料逐步收归国有的政策 *under the proletarian dictatorship, the means of production owned by the exploiting classes are to be bought out gradually by the government; the buying-out policy*

熟shú
（形）(1)植物果实长成 *ripe*：葡萄～了。Pútao ～ le. *The grapes have ripened.* (2)（食物）加熟到可以吃的程度（与"生"相对）*cooked; done (the opposite of "生")*：饭～了。Fàn ～ le. *The rice's done.* /～肉 ～ ròu *cooked meat* (3)因常见或常用而了解得很清楚 *be familiar with (because of having seen or used something often)*：他是上海人，上海他非常～。Tā shì Shànghǎi rén, Shànghǎi tā fēicháng ～. *He's from Shanghai, so he knows Shanghai very well.* /我们是很～的同学。Wǒmen shì hěn ～ de tóngxué. *We're closely acquainted classmates.* (4)熟practiced，proficient：把课文念～。Bǎ kèwén niàn ～. *Read the text until fluent with it.* /他琴谱背得很～。Tā qínpǔ bèi de

hěn ～. *He memorizes the musical scores with great proficiency.* (5)◇ 程度深 *deeply*：人们睡得正～。Rénmen shuì de zhèng ～. *The people are fast asleep.* /～思 ～ sī *ponder deeply*

【熟谙】shú'ān（动）〈书〉熟悉 *be familiar with*

【熟客】shúkè（名）常来的客人 *frequent visitor*

【熟练】shúliàn（形）（技术）很纯熟 *very practiced, skilful*：技术～ jìshù ～ *proficient in technique* /～工人 ～ gōngrén *skilled worker*

【熟路】shúlù（名）*familiar route; beaten track*

【熟能生巧】shú néng shēng qiǎo 熟练了就能找到巧办法或窍门 *skill comes with practice*

【熟人】shúrén（名）*acquaintance; friend*

【熟视无睹】shú shì wú dǔ 因为经常看到，毫不在意，跟没看见一样。形容对某种不合理事物因为太习惯了，而无动于衷 *pay no attention to a familiar sight*：对这种不良现象许多人～，不积极想办法解决。Duì zhè zhǒng bùliáng xiànxiàng xǔduō rén ～, bù jījí xiǎng bànfǎ jiějué. *Many people ignore this unhealthy phenomenon because they are used to it and do not actively seek ways to correct it.*

【熟识】shúshi（动）对某人认识得比较久或对某种事物了解得比较透彻 *know someone rather well; to understand something quite thoroughly*：我跟他家里人很～。Wǒ gēn tā jiāli rén hěn ～. *I'm very well acquainted with his family.* /他～那个地区的情况。Tā ～ nàge dìqū de qíngkuàng. *He's very familiar with the situation in that area.*

【熟手】shúshǒu（名）熟悉某种工作的人 *a person familiar with a certain kind of work; an old hand*

【熟睡】shúshuì（动·不及物）*sleep soundly, be fast asleep*

【熟铁】shútiě（名）*wrought iron*

【熟悉】shúxī（动）知道得很清楚 *know very well, be familiar with*：～情况 ～ qíngkuàng *be familiar with the situation* /彼此很～。Bǐcǐ hěn ～. *They know one another well.*

【熟习】shúxí（动）（对某种技术或学问）学习得很熟练或了解得很深刻 *be skillful at*：对这一门业务，他们十分～。Duì zhè yì mén yèwu, tāmen shífēn ～. *They really have the knack for this task.*

【熟语】shúyǔ（名）（语）固定的词组或句子。使用时一般不能任意改变其中成分。包括成语、谚语、格言、歇后语等 *set phrases, including idioms, mottos, proverbs, and two-part allegorical sayings*

【熟字】shúzì（名）*words already learned, familiar words*

shǔ

暑shǔ
（名）◇热（跟"寒"相对）*heat (opposite of "寒")*：寒来～往 hán lái ～ wǎng *as summer goes and winter comes; as time passes*

【暑假】shǔjià（名）*summer vacation*

【暑期】shǔqī（名）*summer vacation time*

【暑热】shǔrè（名）指盛夏炎热的气候 *hot summer weather*

【暑天】shǔtiān（名）*the dog days of summer*

属〔屬〕shǔ
（动）(1)隶属 *be subordinate to; be under the jurisdiction of*：这所医院～北京市管。Zhè suǒ yīyuàn ～ Běijīng shì guǎn. *This hospital is under the management of the city of Beijing.* (2)归属，属于 *belong to, come under the jurisdiction of*：鲸鱼～哺乳类。Jīngyú ～ bǔrǔ lèi. *The whale belongs to the mammal family.* /说老李要辞职，纯～谣言，根本没有这回事。Shuō Lǎo Lǐ yào cí zhí, chún ～ yáoyán, gēnběn méi yǒu zhè huí shì. *It's said that Lao Li wants to resign, (but) this is simply rumor. It's not the case at all.* /凡～法律方面的问题，由王律师解答。Fán ～ fǎlù fāngmiàn

de wèntí, yóu **Wáng lùshī jiědá**. *Any questions pertaining to legal matters will be answered by the attorney, Mr. Wang*.（3）用十二属相记生年 *note the year of one's birth according to the 12 traditional animals*：他～兔，我～牛。Tā ～ tù, wǒ ～ niú. *He was born in the year of the rabbit, and I was born in the year of the cow*.（名）生物学分类用词，如猫科有猫属、虎属 *genus; a biological term of classification; for example, the cat family includes the cat genus and the tiger genus*

【属地】shǔdì（名）*possession; dependency*

【属实】shǔ＝shí *accord with the truth*：根据调查，情况完全～。Gēnjù diàochá, qíngkuàng wánquán ～. *According to the investigation, the entire situation checks out*.

【属相】shǔxiang（名）〈口〉生肖 *the twelve traditional animals which mark the cycle of years*

【属性】shǔxìng（名）事物所具有的性质、特点 *attribute; quality; characteristic*：运动是物质的根本。因为没有不运动的物质，也没有脱离物质的运动。Yùndòng shì wùzhì de gēnběn ～. Yīnwèi méi yǒu bú yùndòng de wùzhì, yě méi yǒu tuōlí wùzhì de yùndòng. *Motion is the fundamental characteristic of matter. The reason is that there is no matter that does not have motion, just as there is no motion independent of matter*. /哲学是有一定的阶级的。Zhéxué shì yǒu yídìng de jiējí ～ de. *Philosophy has certain class attributes*.

【属于】shǔyú（动）归某一方面或为某方所有 *belong to; be part of*：这所房子的所有权～他的父亲。Zhè suǒ fángzi de suǒyǒuquán ～ tā de fùqin. *The property rights to this house belong to his father*. /胜利永远～人民。Shènglì yǒngyuǎn ～ rénmín. *Victory will always belong to the people*.

署 shǔ
（动）to sign：请在信后～上你的名字。Qǐng zài xìn hòu ～shang nǐ de míngzi. *Please sign at the end of the letter*.

【署名】shǔmíng（名）*signature*：这本书上没有作者的～。Zhè běn shū shang méi yǒu zuòzhě de ～. *There is no author's signature on this book*.

【署名】shǔ＝míng *sign*：那篇文章怎么没署你的名？Nà piān wénzhāng zěnme méi shǔ nǐ de míng? *Why isn't this essay signed by you?* /～文章 ～ wénzhāng *a signed article*

鼠 shǔ
（名）*mouse; rat*

【鼠目寸光】shǔ mù cùn guāng 形容目光短浅 *a mouse can only see an inch ahead; see only what is under one's nose; be shortsighted*：～的人是做不成大事的。～ de rén shì zuò bu chéng dà shì de. *Shortsighted people are unable to manage large tasks*.

【鼠疫】shǔyì（名）〈医〉*the plague*

数 〔數〕shǔ
（动）（1）*count*：钱我已经～过了，数目完全对。Qián wǒ yǐjīng ～guo le, shùmù wánquán duì. *I have already counted the money. It is the correct amount*. /这孩子刚学～数儿，能从一～到一百了。Zhè háizi gāng xué ～ shùr, néng cóng yī ～dào yìbǎi le. *This child has just started learning how to count and he can already count from 1 to 100*. /请～一～字数，够不够二百字。Qǐng ～～zìshù, gòu bu gòu èrbǎi zì? *Please count the number of words. Does it amount to two hundred or not?*（2）比较起来最突出的 *be reckoned as exceptionally (good, bad, etc.)*：这几位女同志里，～她能干。Zhè jǐ wèi nǚ tóngzhì lǐ, ～ tā néng gàn. *Of all these women, she is the most able*. /要说身体好，恐怕就～小张了。Yào shuō shēntǐ hǎo, kǒngpà jiù ～ Xiǎo Zhāng le. *In terms of health, I'm afraid Xiao Zhang is the most able-*

bodied. 另见 shù

【数不着】shǔ bu zháo 比较起来不算突出或够不上标准 *not count as outstanding, important, etc.*：论书法，在我们班还～我。Lùn shūfǎ, zài wǒmen bān hái ～ wǒ. *As far as calligraphy goes, I don't count as a good calligrapher in our class*.

【数得着】shǔ de zháo 比较突出或够得上标准 *be reckoned as outstanding, important, etc.*：他是这个连队的神枪手。Tā shì zhège liánduì ～ de shénqiāngshǒu. *He is considered to be one of this company's expert marksmen*.

【数伏】shǔ＝fú 进入伏天，伏天开始。伏：即伏天，一年中最热的时候 *the beginning of the hottest summer days*

【数九】shǔ＝jiǔ 进入从冬至开始的"九"，从冬至起每九天为一个"九"，从一"九"数起，到九"九"为止，天气由较冷到最冷再转暖，以三"九"为最冷 *the nine periods (of nine days each) following the winter solstice, of which the third period is the coldest*

【数说】shǔshuō（动）（1）列举叙说 *enumerate; cite one example after another*：他在发言中，～了这个反动集团的桩桩罪行。Tā zài fā yán zhōng, ～le zhège fǎndòng jítuán de zhuāngzhuāng zuìxíng. *During his speech, he enumerated the offences of this reactionary group*. /优点不必一人家也能看到。Yōudiǎn búbì ～ rénjiā yě néng kàndào. *There's no need to cite the strong points as they're quite obvious*.（2）责备 *reproach sb. by citing his wrong-doings; reprove*：弟弟犯了过错，遭到姐姐的～。Dìdi fànle guòcuò, zāodào jiějie de ～. *His older sister reproached him for making mistakes*.

【数一数二】shǔ yī shǔ èr 形容突出 *outstanding; prominent*：这是北京～的大企业了。Zhè shì Běijīng ～ de dà qǐyè le. *This is one of Beijing's most outstanding enterprises*.

曙 shǔ
（形）〈书〉*daybreak; dawn*

【曙光】shǔguāng（名）（1）清晨的日光 *first light of morning; dawn*（2）比喻即将到来的美好前景 *on the verge of sth. good; the dawn of bright things to come*

【曙色】shǔsè（名）〈书〉黎明的天色 *light of early dawn*

shù

术 〔術〕shù
（名）（1）技艺，技术 *art; skill; technique*（2）方法、策略 *method; tactics*

【术语】shùyǔ（名）某种学科的专门用语 *technical terms; terminology*：主语、宾语等等是语法～。Zhǔyǔ, bīnyǔ děngděng shì yǔfǎ ～. *Subject, object, etc, are grammatical terms*.

戍 shù
（动）〈书〉（军队）防守 *defend; garrison*：军民联防，共～边疆。Jūn mín lián fáng, gòng ～ biānjiāng. *An army-civilian joint defence garrisons the frontier*.

【戍边】shù＝biān 防守边疆 *garrison the frontiers*

【戍守】shùshǒu（动）〈书〉武装守卫，防守 *defend; garrison*

束 shù
（动）〈书〉围、系 *bind; tie*：腰～皮带 yāo ～ pídài *wear a belt round one's waist*（量）〈书〉用于捆在一起的东西 *bundle; bunch; sheaf*：一～鲜花 yì ～ xiānhuā *a bunch of fresh flowers*/两～干柴 liǎng ～ gān chái *two bundles of firewood*

【束缚】shùfù（动）使受到约束、限制，使停留在狭小的范围里 *tie; bind up; fetter*：～思想 ～ sīxiǎng *inhibit one's thoughts*/～手脚 ～ shǒujiǎo *bind sb. hand and foot; ham-*

per the initiative of/挣脱传统观念的 ～. zhēngtuō chuántǒng guānniàn de ～. shake off the yoke of traditional ideas

【束手待毙】shù shǒu dài bì 毙：死。捆起来等死，比喻遇到困难不去想法解决，坐等失败灭亡 fold one's hands and await destruction; helplessly wait for death; resign oneself to extinction：对于侵略者要进行坚决的抵抗斗争，决不能～。Duìyú qīnlüèzhě yào jìnxíng jiānjué de dǐkàng dòuzhēng, jué bù néng ～. We must fight resolutely against the invaders. Under no circumstances can we resign ourselves to defeat. /要想方设法挽救我们的企业，怎么能～？Yào xiǎng fāng shè fǎ wǎnjiù wǒmen de qǐyè, zěnme néng ～? We must think of a way to save our business, We can't just resign ourselves to failure.

【束手无策】shù shǒu wú cè 就像手被捆住一样，遇到问题，毫无办法 be at a loss what to do; feel completely helpless; be at one's end：机器突然发生故障，小王正～的时候，幸好赵师傅来了。Jīqì tūrán fāshēng gùzhàng, Xiǎo Wáng zhèng ～ de shíhou, xìnghǎo Zhào shīfu lái le. Just when Xiao Wang was at a loss what to do after the machinery broke down, master worker Zhao fortunately came by.

【束之高阁】shù zhī gāo gé 把东西搁起来，放得高高的。比喻放在一边，不去用它或管它 bundle sth. up and place it on the top shelf; lay aside and neglect; shelve; pigeonhole：这么有价值的资料竟被～，十年未动。Zhème yǒu jiàzhí de zīliào jìng bèi ～, shí nián wèi dòng. Such valuable reference material was put aside and neglected for 10 years!

述 shù
(动)〈书〉state; relate; narrate：简～如下 jiǎn ～ rú xià simply state as follows/重～一遍 chóng ～ yí biàn relate (a story, a view, etc.) once again

【述评】shùpíng (名)review; commentary：时事～ shíshì ～ a review of current affairs

【述说】shùshuō (动)state; recount; narrate：他正在～自己的一段遭遇。Tā zhèngzài ～ zìjǐ de yí duàn zāoyù. He is recounting his bitter experience.

【述职】shù＝zhí（派到国外或外地担任重要工作的人员回来)向主管机关汇报工作情况 report on one's work (abroad or in other parts of the country); work report

树〔樹〕shù
(名)[棵 kē]tree(动)树立 set up; establish；～典型 ～ diǎnxíng set an example/～雄心，立壮志。～ xióngxīn, lì zhuàngzhì. set up high aims and lofty aspirations

【树碑立传】shù bēi lì zhuàn 原指把某人的生平事迹刻在石碑上或写成传记加以颂扬。现在常用来比喻采取某些手段树立个人威信，抬高个人声望(含贬义) glorify sb. by erecting a monument to him and writing his biography; build up sb.'s public image：这位领导同志向来反对为个人～。Zhè wèi lǐngdǎo tóngzhì xiànglái fǎnduì wèi gèrén ～. This leader has always opposed glorifying any one individual. /这本回忆录记录了老一辈人的战斗生活，以教育后人，绝不是为某个人～。Zhè běn huíyìlù jìlù le lǎoyíbèi rén de zhàndòu shēnghuó, yǐ jiàoyù hòurén, jué bú shì wèi mǒu gè rén ～. This memoir records the life and battles of an older generation in order to educate later generations, not in order to glorify any one individual.

【树杈】shùchà (名)树木的分枝 crotch (of a tree)

【树丛】shùcóng (名)grove; thicket

【树倒猢狲散】shù dǎo húsūn sàn 〈贬〉比喻为首有权势的人一旦垮台，依附他的人也就都离散了 when the tree falls the monkeys scatter—— when an influential person falls from power, his hangers-on disperse：王子一死，那群奴才就狗也就～了。Wángzǐ yì sǐ, nà qún núcai zǒugǒu yě jiù ～ le.

When the prince died, his group of lackeys quickly dispersed.

【树敌】shù＝dí 使别人跟自己为敌 set others against oneself; antagonize：说话坦率总免不了要～。Shuō huà tǎnshuài zǒng miǎn bu liǎo yào ～. Speaking candidly is always bound to antagonize someone.

【树墩】shùdūn (名) tree stump; stump

【树干】shùgàn (名) tree trunk; trunk

【树挂】shùguà (名)冷天雾凝聚在树枝上的白色松散的晶体 rime or icicles (on trees)

【树立】shùlì (动)建立(用于抽象的好的事情)set up; establish (used with referring to abstract, positive concepts)：～典型 ～ diǎnxíng set an example/～远大的奋斗目标 ～ yuǎndà de fèndòu mùbiāo foster a lofty objective for a struggle

【树林】shùlín (名) woods; grove

【树苗】shùmiáo (名)[棵 kē] sapling

【树木】shùmù (名) trees

【树皮】shùpí (名) bark

【树梢】shùshāo (名) the tip of a tree; treetop

【树阴】shùyīn (名) shade (of a tree)

【树枝】shùzhī (名) branch; twig

【树脂】shùzhī (名) resin

【树种】shùzhǒng(名)(1)树木的种类 varieties of trees (2)树木的种子 seeds of trees

竖〔竪〕shù
(形·非谓)(cannot be used as predicate) vertical; upright; perpendicular：这些～道儿是什么意思？Zhèxiē ～ dàor shì shénme yìsi? What do these vertical lines signify?/他在纸上画了一些～格。Tā zài zhǐ shang huàle yìxiē ～ gé. He drew perpendicular lines on the piece of paper. (动)直立 set upright; erect; stand：把电线杆子一起来。Bǎ diànxiàn gānzi ～ qǐlai. We are erecting electricity poles. /～起大拇指 ～ qǐ dàmǔzhǐ hold up one's thumb (in approval)(名)汉字笔画之一，形状是"丨"vertical stroke (in Chinese characters)

【竖井】shùjǐng (名)〈矿〉(vertical) shaft

【竖立】shùlì (动)erect; set upright; stand：一个个井架～在荒原。Yí gège jǐngjià ～ zài huāngyuán. Derricks were set up one by one across the wasteland.

【竖琴】shùqín (名) harp

数〔數〕shù
(名)(1)数目 number; figure：人～ rén ～ the number of people/～以万计 ～ yǐ wàn jì amount to tens of thousands (2)〈数〉number：自然～ zìrán ～ natural number/三位～ sān wèi ～ three-digit number(3)〈语〉表示名词、代词等所指事物的数量 number(4)几，几个 several; a few：～小时 ～ xiǎoshí several hours/～百种 ～ bǎi zhǒng several hundred types/～十天 ～ shí tiān dozens of days 另见 shǔ

【数词】shùcí (名)〈语〉numeral

【数额】shù'é (名)一定的数目 number; amount：每人每天出货物要有一定～。Měi rén měi tiān shòuchū huòwù yào yǒu yídìng ～. Everybody has a daily quota of merchandise that must be sold.

【数据】shùjù (名) data

【数控】shùkòng (名) numerical control：～装置 ～ zhuāngzhì numerical control device

【数量】shùliàng (名)quantity; amount：保证产品的～固然重要，质量更重要。Bǎozhèng chǎnpǐn de ～ gùrán zhòngyào, zhìliàng gèng zhòngyào. To guarantee a certain quota of production is admittedly important; quality, however, is even more important.

【数列】shùliè（名）a series of numbers arranged according to a certain rule

【数目】shùmù（名）number；amount

【数目字】shùmùzì（名）numeral；figure；digit

【数学】shùxué（名）mathematics

【数值】shùzhí（名）numerical value

【数字】shùzì（名）(1)表示数目的文字 the written form of numerals；汉字 de ～有大写小写两种。Hànzì de ～ yǒu dàxiě xiǎoxiě liǎng zhǒng. Chinese numerals have both a capital form and a normal form.（2)表示数目的符号 numerical figure or symbol；阿拉伯～ Ālābó ～ Arabic numerals (3)数量 quantity；amount；亏损达十万元，这是个惊人的～。Kuīsǔn dá shíwàn yuán，zhè shì ge jīngrén de ～. A loss of 100,000 yuan is an alarming amount.

漱 shù
（动）gargle；rinse；～口～kǒu rinse the mouth；gargle

shuā

刷 shuā
（动）(1)用刷子清除或涂抹 brush；scrub；paint；～牙～yá brush one's teeth/把衣服上的土～掉。Bǎ yīfu shang de tǔ ～diào. Go and brush the dust off your clothes. /我要把墙～成淡黄色。Wǒ yào bǎ qiáng ～chéng dàn huángsè. I want to paint the wall a light yellow.（2)淘汰 eliminate through selection or competition；笔试他通过了，但是口试时被一下来了。Bǐshì tā tōngguò le，dànshì kǒushì shí bèi ～xialai le. He passed the written examination，but was eliminated in the oral examination.（名）(～儿)brush；牙～yá ～toothbrush/鞋～xié～shoebrush（象声）形容迅速擦过去的声音 swish；rustle；风刮得树叶～～地响。Fēng guā de shùyè ～～de xiǎng. The wind made the leaves rustle in the trees. /雨～～地下起来了。Yǔ ～～de xià qilai le. The rain came swishing down.

【刷洗】shuāxǐ（动）scrub；～桌椅／zhuōyǐ scrub tables and chairs /雨把台阶～得干干净净。Yǔ bǎ táijiē ～ de gānganjìngjìng. The rain scrubbed the steps clean.

【刷新】shuāxīn（动）renovate；refurbish；break；～记录～jìlù break a record /～成绩 ～chéngjì surpass a previous achievement

【刷子】shuāzi（名）［把 bǎ］brush

shuǎ

耍 shuǎ
（动）(1)玩弄，戏弄 play；play with；flourish；他学会了～刀和舞剑。Tā xuéhuìle ～dāo hé wǔ jiàn. He has learned sword-play and sword-dancing. /～猴儿～hóur put on a monkey show（2)(贬)表现出来，施展 display；give free play to；～小聪明～xiǎocōngming play petty tricks/～态度～tàidu lose one's temper；get in to a huff/～脾气～píqi get in to a huff；display a bad temper

【耍花招】shuǎ huāzhāo（～儿）(1)卖弄小聪明；不扎实，玩弄技巧 show off one's smartness or cleverness（2)使用欺诈的手段 resort to dirty tricks

【耍赖】shuǎlài（动·不及物）act shamelessly；be perverse

【耍弄】shuǎnòng（动）(贬)玩弄，施弄 make fun of；make a fool of；deceive；～骗人的伎俩～piàn rén de jìliǎng play a dirty trick in order to deceive people

【耍手腕】shuǎ shǒuwàn（贬)使用手段 play tricks；use artifices；待人接物要光明正大，不要～。Dài rén jiē wù yào guāngmíng zhèngdà，búyào ～. The way to get along with others is to be open and aboveboard，not to play tricks on them.

【耍无赖】shuǎ wúlài 同"耍赖"shuǎlài same as "耍赖"shuǎlài

【耍笑】shuǎxiào（动）(1)随意说笑 joke；have fun（2)戏弄人以取笑 make fun of；play a joke on sb.

【耍嘴皮子】shuǎ zuǐpízi〈口〉(1)卖弄口才（含贬义）talk glibly；be a slick talker（derog.）：他总爱在众人面前～，表现自己能说会道。Tā zǒng ài zài zhòngrén miànqián ～，biǎoxiàn zìjǐ néng shuō huì dào. In front of people，he's a slick talker. He likes to show off his gift of the gab.（2)光说不做 mere empty talk；lip service；光～没用，得干出点儿成绩来才行。Guāng ～ méi yòng，děi gàn chū diǎnr chéngjì lai cái xíng. It's of no use just to pay lip service，achieving results in what counts.

shuāi

衰 shuāi
（形）衰弱 decline；wane；年老力～ nián lǎo lì ～ weak with age/势力渐～ shìlì jiàn ～ declining influence

【衰败】shuāibài（动）衰落 decline；wane；be at a low ebb

【衰竭】shuāijié（动）exhaustion；prostration；心力～ xīnlì ～ heart failure

【衰老】shuāilǎo（形）old and feeble；decrepit

【衰落】shuāiluò（动）(事物)由兴盛转为没落 decline；be on the wane；go downhill；这个城市在一百多年前就开始～了。Zhège chéngshì zài yìbǎi duō nián qián jiù kāishǐ ～ le. This city started to go downhill a hundred years ago.

【衰弱】shuāiruò（形）weak；feeble；神经～ shénjīng ～ suffer from neurasthenia/心脏～ xīnzàng ～ a weak heart/攻势已经～ gōngshì yǐjīng ～ The offensive is losing momentum.

【衰退】shuāituì（动）fail；decline；视力～ shìlì ～ failing eyesight/经济～ jīngjì ～ economic recession

【衰亡】shuāiwáng（动）become feeble and die；decline and fall；wither away

摔 shuāi
（动）(1)fall；tumble；lose one's balance；～跟头～gēntou have a fall（2)因摔下而损伤 hurtle down；plunge：杯子～了。Bēizi ～ le. The glass fell on the floor and broke. /他从树上～了下来。Tā cóng shù shang ～le xialai. He fell from the tree and plunged to the ground.（3)(不小心)使落下而破损 cause to fall and break；break；～了一个暖瓶～le yí ge nuǎnpíng break a thermos flask/她把孩子的手～破了一点儿皮。Tā bǎ háizi de shǒu ～pò le yìdiǎnr pí. She accidentally caused the child to skin his hand slightly.（4)扔 cast；throw；fling：他生气地把书包～在桌子上。Tā shēng qì de bǎ shūbāo ～ zài zhuōzi shang. He threw his bag angrily on the desk.

【摔打】shuāidǎ（动）(1)beat；knock；把鞋上的土～～。Bǎ xiéshàng de tǔ ～. Beat the dust off those shoes.（2)比喻在艰苦的环境中磨炼 rough it；temper oneself；要经受住各种环境的～。Yào jīngshòu zhù gè zhǒng huánjìng de ～. One must temper oneself in all types of situations.

【摔交】shuāijiāo＝jiāo(1)tumble；trip and fall：他不小心摔了一交。Tā bù xiǎoxīn shuāile yì jiāo. He accidentally tripped and fell.（2)〈体〉wrestling

shuǎi

甩 shuǎi
（动）(1)swing；move backward and forward；sling：～鞭子 ～ biānzi crack a whip/～辫子 ～ biànzi flick one's pigtails back（2)用甩的动作扔 throw；fling；toss：把手榴弹～出去。Bǎ shǒuliúdàn ～chuqu. Throw (or toss) the hand grenade.（3)抛(在后面)throw off；leave sth. behind：跑了一半儿，他就被～在后面了。Pǎole yíbànr，tā jiù bèi

~ zài hòumian le. *He was left behind after running about half way.*/他～掉了跟踪他的人。Tā ～diàole gēnzōng tā de rén. *He threw off his pursuers.*

【甩卖】shuǎimài（动）旧时商店减价大量出售货物 *disposal of goods at reduced prices；reduction sale*

【甩手】shuǎi＝shǒu（1）手向前后摆动 *swing one's arms*：正步走的时候～要高。Zhèngbù zǒu de shíhou ～ yào gāo. *Swing your arms high when you march.* （2）（把工作、事情等）扔下不管 *refuse to do；wash one's hands of*：他一气之下，～不干了。Tā yí qì zhī xià，～ bú gàn le. *He got angry and refused to do any more.*/你可不能～! Nǐ kě bù néng ～! *You can't wash your hands of this!*

shuài

帅〔帥〕shuài
（名）军队中的最高指挥官 *commander-in-chief*（形）英俊，潇洒，漂亮 *smart；natural and unrestrained；beautiful*：这小伙子长得真～. Zhè xiǎohuǒzi zhǎng de zhēn ～. *What a handsome young man he is!*/他的单杠动作轻松自如，干脆利落，真～! Tā de dānggàng dòngzuò qīngsōng zìrú，gāncuì lìluò，zhēn ～! *His movements on the horizontal bar are so smooth，so agile and go graceful!*

率 shuài
（动）带领 *lead；command*：～队前往 ～ duì qiánwǎng *He led his troops there.* 另见 lǜ

【率领】shuàilǐng（动）带领 *lead；command*：～军队 ～ jūnduì *lead troops*/～代表团 ～ dàibiǎotuán *head a delegation*

【率直】shuàizhí（形）同"直率"zhíshuài *same as "直率"* zhíshuài

shuān

闩〔閂〕shuān
（动）*fasten with a bolt or latch*：把门～上。Bǎ mén ～ shang. *Bolt the door shut.*（名）*bolt；latch*

拴 shuān
（动）*tie；fasten*：马～在树上了。Mǎ ～ zài shùshang le. *The horse is tied to a tree.*

栓 shuān
（名）（1）器物可以开关的机件 *bolt；plug*（2）特指枪栓（*rifle*）*bolt*（3）（瓶）塞子或像塞子之类的东西 *stopper；cork*：

【栓剂】shuānjì（名）*suppository*

shuàn

涮 shuàn
（动）（1）*rinse*：碗碟放在水里～一下。Wǎndié fàng zài shuǐli ～ yíxià. *Rinse the bowls and plates off with water.*/她在家闲不住，洗洗～～，总是挺忙的。Tā zài jiā xián bu zhù，xǐxǐ ～～，zǒngshì tǐng máng de. *She keeps herself busy at home washing and rinsing. She's always so busy.*（2）*scald thin slices of meat in boiling water；instant-boil*：～羊肉 ～ yángròu *instant-boiled mutton*

shuāng

双〔雙〕shuāng
（形·非谓）（*cannot be used as predicate*）（1）对称的两个（跟"单"相对）*two；twin；both；dual*：～手 ～ shǒu *both hands*/～门电冰箱 ～ mén diànbīngxiāng *refrigerator-*

freezer/成～ chéng ～ *in pairs*（2）加倍的 *double；twofold；redouble*：～料 ～ liào *of reinforced material；extra quality*/他饭量大，一份饭菜不够，得要～份。Tā fànliàng dà，yí fèn fàncài bú gòu，děi yào ～ fèn. *He has a big appetite. One portion of food is never enough—he always has a second helping.*（3）偶数的 *even*：这几张电影票都是～号的。Zhè jǐ zhāng diànyǐngpiào dōu shì ～ hào de. *These movie tickets are for even-numbered seats.*（量）用于成对的东西 *pair*：一～筷子 yì ～ kuàizi *a pair of chopsticks*/三～鞋 sān ～ xié *three pairs of shoes*

【双胞胎】shuāngbāotāi（名）*twins*

【双边】shuāngbiān（形·非谓）（*cannot be used as predicate*）*bilateral*：～会谈 ～ huìtán *bilateral talks*/～条约 ～ tiáoyuē *bilateral treaty*/～贸易 ～ màoyì *bilateral trade*

【双重】shuāngchóng（形·非谓）（*cannot be used as predicate*）*double；dual；twofold*：～关系 ～ guānxi *twofold relationship*/～领导 ～ lǐngdǎo *dual leadership*/～任务 ～ rènwu *double task；twofold task*

【双唇音】shuāngchúnyīn（名）〈语〉*bilabial（sound）*

【双打】shuāngdǎ（名）〈体〉（*play*）*doubles*

【双方】shuāngfāng（名）*both sides；the two parties*

【双杠】shuānggàng（名）〈体〉*parallel bars*

【双关】shuāngguān（动）用词造句时表面上是一个意思，而实际上指的是另一个意思 *having a double meaning*：～语 ～ yǔ/有人春节要吃发菜，因为"发菜"是～语，和"发财"声音相近。Yǒu rén Chūn Jié yào chī fàcài，yīnwèi "fàcài" shì ～ yǔ，hé "fācái" shēngyīn xiāngjìn. *During the Spring Festival，some people eat 发菜（fàcài）. This is a pun on the word 发财（fācái），which means to get rich or make a fortune.*

【双管齐下】shuāng guǎn qí xià 管：指笔。两只手各拿一枝笔同时画画儿。比喻两件事情同时进行或两种方法同时采用 *paint a picture with two brushes at the same time — work along both lines*：他一方面吃西药，一方面针灸，～治疗关节炎。Tā yì fāngmiàn chī xīyào，yì fāngmiàn zhēnjiǔ，～ zhìliáo guānjiéyán. *He uses both Western medicine and Chinese acupuncture to treat his arthritis.*

【双轨】shuānggguǐ（名）*double track*

【双簧】shuānghuáng（名）（1）曲艺的一种。由二人表演，一人藏在后面说，唱，一人坐在前面作相应的表演 *a two-man act，with one speaking or singing while hiding behind the other who does the acting*（2）〈贬〉比喻两个人一唱一和，配合紧密 *two people who sing the same tune or who echo each other；collaborate*

【双季稻】shuāngjìdào（名）*double cropping of rice；double-harvest rice*

【双肩挑】shuāng jiān tiāo 在教育、科研和其他技术部门，有些人担负具体的教学、科研或其他技术工作，同时兼作行政管理工作，被称为双肩挑（*carry*）*two loads on one's shoulders—refers to someone on an education，scientific research or other technical department who works in his own technical capacity as well as in management*

【双亲】shuāngqīn（名）父母（*both*）*parents；father and mother*

【双生】shuāngshēng（名）*twin*：他们俩是～. Tāmen liǎ shì ～. *They are twins.*/这是一对～姐妹。Zhè shì yí duì ～ jiěmèi. *These two are twin sisters.*

【双声】shuāngshēng（名）汉语里一个复合词或短语的声母相同叫双声。如吩咐 fēnfù 美满 měimǎn *a Chinese word or phrase consisting of two characters with the same initial consonant（e. g.，吩咐 fēnfù；美满 měimǎn）；alliteration*

【双数】shuāngshù（名）*even number*

【双眼皮】shuāngyǎnpí（名）（～儿）*double-fold eyelid*

【双音节词】shuāng yīnjié cí 〈语〉*disyllabic word*

【双语词典】shuāngyǔ cídiǎn *bilingual dictionary*
【双职工】shuāngzhígōng（名）指夫妇二人都参加工作的职工 *man and wife both at work；working couple*

霜 shuāng
（名）*frost；frost-like powder*
【霜冻】shuāngdòng（名）*frost*
【霜降】shuāngjiàng（名）二十四节气之一，在10月23日或24日 *one of the 24 divisions of the solar year in the traditional Chinese calendar（Oct. 23 or 24）*
【霜期】shuāngqī（名）从第一年秋天第一次见霜起到第二年春天最后一次见霜止，这个时期叫霜期。中国南方和北方各地霜期长短不一样 *the frost season which begins with the first frost in autumn and ends with the last frost in spring；the duration of the frost season differs in northern and southern China*

孀 shuāng
（名）〈书〉寡妇 *widow*
【孀居】shuāngjū（动）〈书〉守寡 *be a widow；live in widowhood*

shuǎng

爽 shuǎng
（形）（1）明朗，清亮 *clear；crisp；straightforward*：神清目～ shén qīng mù ～ *full of vitality*/秋高气～ qiū gāo qì ～ *The autumn sky is clear and the air is crisp*（2）舒服 *feel well*：身体不～ shēntǐ bù ～ *not feef well*
【爽快】shuǎngkuài（形）（1）舒服，痛快 *comfortable；refreshed*：吃了药以后，觉得头～多了。Chīle yào yǐhòu, juéde tóu ～ duō le. *My head feels much better after taking some medicine.* /他把憋了很久的话都说出来了，心里一块～极了。Tā bǎ biēle hěn jiǔ de huà dōu shuō chūlai le, xīnli yí kuài ～ jí le. *He came out with what he had been holding back for a long time and felt much better.*（2）直率，说话作事没有顾忌 *frank；straightforward；outright*：他说话、干事非常～。Tā shuō huà、gàn shì dōu fēicháng ～. *He's very straightforward in all his words and actions.*
【爽口】shuǎngkǒu（形）清爽可口 *tasty and refreshing*
【爽朗】shuǎnglǎng（形）（1）（天气）明朗 *（of weather）bright and clear*：天气非常～。Tiānqi fēicháng ～. *The sky is very bright and clear.*（2）开朗，直爽 *hearty；candid*：～的笑声 ～ de xiào shēng *hearty laughter* /性格～ xìnggé ～ *a frank and open personality*
【爽身粉】shuǎngshēnfěn（名）*talcum powder*
【爽性】shuǎngxìng（副）同"索性"suǒxìng *same as "索性"suǒxìng*
【爽直】shuǎngzhí（形）同"直爽"zhíshuǎng *same as "直爽"zhíshuǎng*

shuí

谁 〔誰〕shuí
（代）（1）*who；whom*：你找～? Nǐ zhǎo ～? *Whom are you looking for?* /～带你来的? ～ dài nǐ lái de? *Who brought you here?*（2）用在"都"或"也"前表示任何人（*used before and 也*）*everyone；anyone*：～都得遵守交通规则。～ dōu děi zūnshǒu jiāotōng guīzé. *Everyone must abide by traffic laws.* /上课时～也不要迟到。Shàng kè shí ～ yě búyào chídào. *No one must be late for class.*（3）表示不肯定的某人或某些人 *someone；anyone*：我想请～给我买张火车票。Wǒ xiǎng qǐng ～ gěi wǒ mǎi zhāng huǒchēpiào. *I'm looking for someone to buy a train ticket for me.* /你给我打听一下最近有～去美国没有。Nǐ gěi wǒ dǎtīng yíxià zuìjìn

yǒu ～ qù Měiguó méi yǒu. *Could you please find out for me if anyone is going to the U.S. soon?*（4）两个"谁"表示同一个人（*when used twice within one sentence*）*whoever*：～说的，～负责。～ shuō de, ～ fùzé. *Whoever said it is responsible.* /我叫～，～就答应一声。Wǒ jiào ～, ～ jiù dāyìng yì shēng. *Whomever I call, please respond.*（5）表示没有这样的人，常用于反问句 *who；no one（often used in a rhetorical question）*：～不爱自己的家乡! ～ bú ài zìjǐ de jiāxiāng! *Who doesn't like his own hometown!* /～肯吃那么大的亏! ～ kěn chī nàme dà de kuī! *No one is willing to suffer such a great loss!* "谁想到"或"谁知道"有"不料"的意思 *"谁想到" or "谁知道" is same as "不料"*：平时他总那么和气，～想到他会大发脾气。Píngshí tā zǒng nàme héqi, ～ xiǎngdào tā huì dà fā píqi. *He's usually very mild-mannered. Who would have thought he could get so angry?* /出来的时候，蓝天大太阳，～知道居然下起大雨来。Chūlai de shíhou, lántiān dà tàiyang, ～ zhīdao jūrán xià qǐ dàyǔ lai. *When I stepped out, the sky was clear and sun was shining. Who would have guessed it would rain so hard?*（6）主语、宾语都用"谁"，表示相互，用于否定或反问句（*can serve as both subject and object to refer to "each other"；used in a negative sentence or rhetorical question*）：他们俩～都看不上～，总是争吵。Tāmen liǎ ～ dōu kàn bu shàng ～, zǒngshì zhēngchǎo. *Those two despise each other and are always quarrelling.* /我们刚一起时～认得～呀! Wǒmen gāng dào yìqǐ shí, ～ rènde ～ ya! *When we first met, we didn't know each other.*

shuǐ

水 shuǐ
（名）（1）*water*（2）河流 *river*：汉～ Hàn ～ *The Han River*（3）江、河、湖、海的通称 *a general term for rivers, lakes, seas, etc.*：～陆两栖 ～ lù liǎng qī *amphibian*/小船在～中漂流。Xiǎo chuán zài ～ zhōng piāoliú. *The small boat is drifting down the river.*（4）汁 *juice*：橘子～ júzi ～ *orangeade；orange juice*：这种梨～很多，很甜。Zhè zhǒng lí ～ hěn duō, hěn tián. *This type of pear is very juicy and sweet.*（5）洗（布，衣服等）的次数 *number of times sth. is washed*：这件衣服只洗过两～，还很新。Zhè jiàn yīfu zhǐ xǐguo liǎng ～, hái hěn xīn. *These clothes have only been washed twice. They's still like new.*
【水坝】shuǐbà（名）*dam*
【水泵】shuǐbèng（名）［台 tái］*water pump*
【水笔】shuǐbǐ（名）写小楷用的毛笔，画水彩画用的毛笔 *a stiff-haired writing brush；a water colour paint brush*
【水兵】shuǐbīng（名）海军舰艇上的士兵 *seaman or sailor（of the navy）*
【水彩】shuǐcǎi（名）用水调和后使用的绘画颜料 *water-colour*
【水彩画】shuǐcǎihuà（名）*watercolour painting*
【水草】shuǐcǎo（名）（1）*water and grass*（2）*waterweeds；water plants*
【水产】shuǐchǎn（名）*aquatic product*
【水车】shuǐchē（名）（1）*waterwheel*（2）*watercart；water wagon*
【水池】shuǐchí（名）*pond；pool；cistern*
【水到渠成】shuǐ dào qú chéng 水流到的地方自然成渠。比喻顺着自然的发展，条件成熟后，事情自然会取得成功 *where water flows, a channel is formed — when conditions are ripe, success will come*：我们选好厂长，筹集好资金，随时物色技术人才，一年之后工厂的建立就是～的。Wǒmen xuǎnhǎo chǎngzhǎng, chóují hǎo zījīn, suíshí wùsè jìshù réncái, yì nián zhī hòu gōngchǎng de jiànlì jiù shì ～ de shì le. *If we elect a factory leader, raise*

funds and hire quailfied technicians when we find them, the factory should be set up within a year.

【水道】shuǐdào（名）（1）水流的路线 water course（2）水路 waterway; water route; 他从～去青岛。Tā cóng ～ qù Qīngdǎo. He went to Qingao by water.（3）游泳比赛时，游泳池中用绳子隔开的路线 the lanes set up in a pool for a swimming competition

【水稻】shuǐdào（名）paddy（rice）; rice

【水滴石穿】shuǐ dī shí chuān 水不停地滴下来，能把石头穿成洞。比喻只要坚持下去，力量虽小，很难办到的事情也能成功 dripping water wears through rock — persistent effort brings success; 绳锯木断，～，我们从中可以受到很大的启发。Shéng jù mù duàn, ～, wǒmen cóng zhōng kěyǐ shòudào hěn dà de qǐfā. Dripping water wears through rock and a rope will cut through wood. We can learn a lesson from this.

【水电站】shuǐdiànzhàn（名）[座 zuò]hydroelectric（power）station; hydropower station

【水碓】shuǐduì（名）利用水力舂米的器具 water-powered trip-hammer（for husking rice）

【水分】shuǐfèn（名）（1）物体内所含有的水 moisture content; 蔬菜～充足，看着特别新鲜。Shūcài ～ chōngzú, kànzhe tèbié xīnxian. The moisture content in the vegetables is very high, and they look quite fresh. /吸收～xīshōu ～ absorb moisture/挤干～jǐgān ～ squeeze the moisture out of sth. squeeze sth. dry（2）指某些言论中有夸大成分 exaggeration; 这个增产数字有不少的～，不可能有这么多。Zhège zēng chǎn shùzì yǒu bù shǎo de ～, bù kěnéng yǒu zhème duō. The rate of increase in production is highly exaggerated. Such an increase is not possible. /他的话里有些～，但是大部分是可信的。Tā de huà li yǒu xiē ～, dànshì dà bùfen shì kě xìn de. He does exaggerate a little, but most of what he says in believable.

【水沟】shuǐgōu（名）[条 tiáo]ditch; drain; gutter

【水管子】shuǐguǎnzi（名）waterpipe

【水果】shuǐguǒ（名）fruit

【水红】shuǐhóng（形）比粉红略深而较鲜艳 bright pink; cerise

【水壶】shuǐhú（名）[把 bǎ]kettle; canteen; watering can

【水患】shuǐhuàn（名）水灾 flood; inundation

【水碱】shuǐjiǎn（名）scale（on the inside of a kettle）

【水浇地】shuǐjiāodì（名）能够不靠下雨有水灌浇的农田 irrigated farmland

【水饺】shuǐjiǎo（名）（～儿）用水煮的饺子（对蒸的饺子而言）boiled dumplings

【水晶】shuǐjīng（名）crystal, rock crystal

【水晶宫】shuǐjīnggōng（名）神话里龙王居住的宫殿 the Crystal Palace（of the Dragon King）

【水井】shuǐjǐng（名）[口 kǒu]well

【水库】shuǐkù（名）[座 zuò]reservoir

【水雷】shuǐléi（名）mine

【水力】shuǐlì（名）waterpower; hydraulic power; ～发电站～fādiànzhàn hydropower station

【水利】shuǐlì（名）irrigation works; water conservancy; ～工程～gōngchéng irrigation works; water conservancy project /～化～huà bring all farmland under irrigation

【水疗】shuǐliáo（动）〈医〉hydrotherapy

【水流】shuǐliú（名）（1）江河等的统称 rivers; streams, etc.（2）流动的水 current; flow

【水龙】shuǐlóng（名）救火用的放水工具 fire hose

【水龙头】shuǐlóngtóu（名）（water）tap; faucet

【水陆交通】shuǐlù jiāotōng 指水上和陆地上的运输事业 land and water communication

【水路】shuǐlù（名）水上运输的航线 water route; ～运输费用较低。～ yùnshū fèiyòng jiào dī. Water transportation

costs are relatively low.

【水绿】shuǐlǜ（形）浅绿 light green

【水轮机】shuǐlúnjī（名）[台 tái]hydraulic（or water）turbine

【水落石出】shuǐ luò shí chū 水落下去水里的石头就会露出来。比喻事情的真相完全暴露 the whole matter comes to light; 这个案子再复杂，也得弄个～。Zhège ànzi zài fùzá, yě děi nòng ge ～. No matter how complex this case gets, we must still get to the bottom of it.

【水门】shuǐmén（名）water valve

【水磨石】shuǐmóshí（名）terrazzo

【水墨画】shuǐmòhuà（名）中国传统绘画的一种，用深深浅浅的墨色，没有别的颜色 ink and wash; wash painting; traditional style of Chinese painting which employs blacking and water（no other coloured ink is used）

【水泥】shuǐní（名）cement

【水鸟】shuǐniǎo（名）[只 zhī]aquatic bird; water bird

【水牛】shuǐniú（名）[头 tóu]（water）buffalo

【水暖工】shuǐnuǎngōng（名）plumber

【水泡】shuǐpào（名）bubble; blister

【水平】shuǐpíng（名）（1）跟水平面平行的 horizontal; level; ～梯田～tītián level terraced field; level terrace（2）在某一方面达到的高度 standard; level; 生产～shēngchǎn the level of production /思想～sīxiǎng level of one's thought /技术～jìshù technical competence /文化～wénhuà cultural level; standard of education /生活～shēnghuó ～ living standard

【水平面】shuǐpíngmiàn（名）horizontal plane

【水平线】shuǐpíngxiàn（名）horizontal line

【水平仪】shuǐpíngyí（名）level

【水球】shuǐqiú（名）water polo

【水渠】shuǐqú（名）[条 tiáo]ditch; canal

【水乳交融】shuǐ rǔ jiāo róng 水和奶融合在一起。比喻关系极其融洽或结合得十分紧密 as well blended as milk and water — in perfect harmony; 他俩的关系达到了～的程度。Tā liǎ de guānxi dádàole～ de chéngdù. The relationship of those two people has reached a level of perfect harmony.

【水上运动】shuǐshàng yùndòng〈体〉aquatic sports; water sports

【水深火热】shuǐ shēn huǒ rè 比喻人民生活处境极端艰难、痛苦 deep water and scorching fire — an abyss of suffering; extreme misery; 奴隶们生活在～之中。Núlìmen shēnghuó zài ～ zhī zhōng. Slaves live in an abyss of misery.

【水手】shuǐshǒu（名）seaman; sailor

【水塔】shuǐtǎ（名）water tower

【水獭】shuǐtǎ（名）[只 zhī]otter

【水田】shuǐtián（名）能蓄水的田，多用来种水稻的 paddy field; a field which can retain water

【水土】shuǐtǔ（名）（1）土地表层的水和土 water and soil; ～流失～liúshī soil erosion/植物可以保持～。Zhíwù kěyǐ bǎochí ～. Plants are good for water and soil conservation. /～保持～bǎochí water and soil conservation（2）某个地方的自然环境和气候 natural environment and climate; 他刚到南方时，不服～，常常生病。Tā gāng dào nánfāng shí, bù fú ～, chángcháng shēng bìng. When he first arrived in the South, he often fell ill as he was not accustomed to the climate.

【水汪汪】shuǐwāngwāng（形）（～的）形容眼睛明亮（of eyes）bright; sparkling; 这姑娘有一对～的大眼睛。Zhè gūniang yǒu yí duì ～ de dà yǎnjing. This girl has a pair of large, sparkling eyes.

【水位】shuǐwèi（名）water level

【水文】shuǐwén（名）hydrology; ～站～zhàn hydrometric station; hydrologic station

【水系】shuǐxì（名）river system；hydrographic net

【水仙】shuǐxiān（名）narcissus

【水乡】shuǐxiāng（名）河流、湖泊多的地区 a region of rivers and lakes

【水箱】shuǐxiāng（名）water tank

【水泄不通】shuǐ xiè bù tōng 水都流不出去。形容十分拥挤或包围得非常严密 not even a drop of water could trickle through；be watertight：节日的公园里游人非常多，挤得～。Jiérì de gōngyuán li yóurén fēicháng duō, jǐ de ～. On festival days，the parks are packed with people. /把城里的敌人包围得～。Bǎ chéng lǐ de dírén bāowéi de ～. The enemy within the city was besieged.

【水榭】shuǐxiè（名）水边供人游玩或休息的房子 waterside pavilion

【水星】shuǐxīng（名）〈天〉Mercury

【水性】shuǐxìng（名）(1)游泳的技术 swimming ability：他～很好。Tā ～ hěn hǎo. He is a good swimmer. (2)江、河、湖、海等的深浅、水流速度等方面的特点 the depth, currents and other characteristics of a river, lake, etc.：我熟悉这条河的～。Wǒ shúxī zhè tiáo hé de ～. I'm quite familiar with the characteristics of this river.

【水锈】shuǐxiù（名）同"水碱"shuǐjiǎn same as "水碱" shuǐjiǎn

【水银】shuǐyín（名）mercury；quicksilver：～灯 ～dēng mercury-vapour lamp

【水域】shuǐyù（名）waters；water area；body of water

【水源】shuǐyuán（名）the source of a river；headwaters

【水运】shuǐyùn（动）用船舶、木筏等在江、河、湖、海上运输 water transport

【水灾】shuǐzāi（名）flood；inundation

【水葬】shuǐzàng（动）water burial

【水藻】shuǐzǎo（名）algae

【水闸】shuǐzhá（名）sluice；water gate

【水涨船高】shuǐ zhǎng chuán gāo 水位增高，船的位置也就跟着升高。比喻事物随着所凭借的基础的增长而增长、提高 when the river rises the boat goes up — particular things improve with the improvement of the general situation：生产发展了，生活就得到提高，这就是～。Shēngchǎn fāzhǎn le, shēnghuó jiù dédào tígāo, zhè jiù shì ～. It goes without saying that when production is developed, the standard of living increases accordingly.

【水蒸汽】shuǐzhēngqì（名）steam；water vapour

【水质】shuǐzhì（名）water quality

【水中捞月】shuǐ zhōng lāo yuè 比喻白费力气，某种事情永远不能实现 fish for the moon in the water — make impractical or vain efforts：他想靠欺骗发财，结果一场空。Tā xiǎng kào qīpiàn fā cái, jiéguǒ yì cháng kōng. He wanted to make a fortune through deceitful means. His efforts were consequently all in vain.

【水准】shuǐzhǔn（名）level；standard

【水族】Shuǐzú（名）the Shui nationality, living mainly in Guizhou Province

【水族】shuǐzú（名）aquatic animals

shuì

税 shuì
（名）tax；duty

【税额】shuì'é（名）按税率缴纳的税款数额 the amount of tax to be paid

【税金】shuìjīn（名）缴纳的租款 tax money

【税利】shuìlì（名）指税收和利润 tax and profit

【税率】shuìlǜ（名）tax rate；rate of taxation；tariff rate

【税收】shuìshōu（名）tax revenue

【税务】shuìwù（名）tax administration

睡 shuì
（动）sleep；go to bed：早～早起身体好。Zǎo ～ zǎo qǐ shēntǐ hǎo. Early to bed and early to rise makes one healthy. /昨天晚上我～了六个钟头。Zuótiān wǎnshang wǒ ～le liù ge zhōngtóu. I slept for 6 hours last night. /他刚～着，别叫醒他。Tā gāng ～ zháo, bié jiàoxǐng tā. He just fell asleep, so don't wake him up.

【睡觉】shuì＝jiào sleep：请安静点，大家都一呢。Qǐng ānjìng diǎnr, dàjiā dōu ～ ne. Please be quiet, Everyone is sleeping. /晚上你几点～? Wǎnshang nǐ jǐ diǎn ～? What time do you go to bed at night? /他一觉睡到天亮。Tā yí jiào shuìdào tiān liàng. He fell asleep, and didn't wake up until day light. /他太累了，十分钟就能睡一觉。Tā tài lèi le, shí fēn zhōng jiù néng shuì yí jiào. He was so tired he took a ten minute nap.

【睡莲】shuìlián（名）water lily

【睡帽】shuìmào（名）[顶 dǐng] nightcap

【睡梦】shuìmèng（名）〈书〉sleep；slumber：雷声把他从～中惊醒。Léi shēng bǎ tā cóng ～ zhōng jīngxǐng. He was suddenly roused from his sleep by the sound of thunder.

【睡眠】shuìmián（名）sleep：～不足 ～ bù zú not have enough sleep

【睡衣】shuìyī（名）[件 jiàn] night clothes；pyjamas

【睡意】shuìyì（名）想睡觉的意念 sleepiness；drowsiness：刚才想睡觉，喝了杯咖啡后，一点儿～也没有了。Gāngcái xiǎng shuì jiào, hēle bēi kāfēi hòu, yìdiǎnr ～ yě méi yǒu le. I wanted to go to sleep a while ago, but after drinking a cup of coffee, I don't feel the least bit sleepy now.

shǔn

吮 shǔn
（动）suck

【吮吸】shǔnxī（动）〈书〉suck

shùn

顺 〔順〕shùn
（形）通顺 smooth；coherent：文从字～ wén cóng zì ～ readable and fluent /这篇文章念起来挺～. Zhè piān wénzhāng niàn qilai tǐng ～. This article is quite readable. （动）(1)依着自然情势（移动），依着某方向 along；in the same direction as；with：～着潮流 ～zhe cháoliú follow the tide /～着时针方向 ～zhe shízhēn fāngxiàng clockwise /搅动的时候必须～一个方向。Jiǎodòng de shíhou bìxū ～ yí ge fāngxiàng. You must constantly stir in the same direction. (2)使向着某方向，使有条理次序 arrange；put in order：把船～过来。Bǎ chuán ～ guolai. Turn the boat around. /请把这几个句子一～～. Qǐng bǎ zhè jǐ ge jùzi ～ yi ～. Please polish these sentences. （介）(1)与另一事物并行，"顺"后可以有"着"along（"顺"may be followed by "着"）：你～这条小路上山比较近。Nǐ ～ zhè tiáo xiǎo lù shàng shān bǐjiào jìn. It's fairly close if you follow this road up the hill. /小船～着江水向下游驶去。Xiǎo chuán ～ zhe jiāng shuǐ xiàng xiàyóu shǐqù. The boat sailed downriver. /汗珠儿～着脸角往下淌。Hànzhūr ～ zhe éjiǎo wǎng xià tǎng. Beads of sweat trickled down his forehead. /大家～着声音走进山谷，只见一挂瀑布在奔泻而下。Dàjiā ～zhe shēngyīn zǒujìn shāngǔ, zhǐ jiàn yí guà pùbù zài bēnxiè ér xià. They all followed the sound into the mountain valley and saw there a waterfall rushing down. (2)有"依照"、"按照"的意思；"顺"后必须有"着"according to；on the basis of（"顺"must be followed by "着"）：他这个人专会～着领导的意思说话。Tā zhège rén zhuān huì ～zhe lǐngdǎo de yìsi shuō huà. He is especially good at going along with the

leader's wishes in his speech. /你这样想太不实际了，我不能～着你的想法做。Nǐ zhèyàng xiǎng tài bù shíjì le, wǒ bù néng ～zhe nǐ de xiǎngfǎ zuò. *This idea of yours is too unrealistic. I cannot act according to it.*

【顺便】shùnbiàn（副）趁作某事的方便做另一件事，多用于口语 *incidentally; in passing (usu. used in the spoken language)*：你去商店买东西～替我买一把小剪子。Nǐ qù shāngdiàn mǎi dōngxi ～ tì wǒ mǎi yì bǎ xiǎo jiǎnzi. *When you go shopping, please buy me a small pair of scissors.* /二弟去广州出差，路过北京时～到我家里住了两天。Èrdì qù Guǎngzhōu chū chāi, lùguò Běijīng shí ～ dào wǒ jiā lǐ zhùle liǎng tiān. *When my second younger brother went to Guangzhou on business, he went through Beijing and stayed with me for two days.* /你到外文出版社时，～打听一下虚词词典何时出版。Nǐ dào Wàiwén Chūbǎnshè shí, ～ dǎtīng yíxià xūcí cídiǎn hé shí chūbǎn. *When you go to the Foreign Languages Press, please ask when the dictionary of function words will be published.* /这点儿事你就不用亲自跑了，我～帮你办一下吧。Zhè diǎnr shì nǐ jiù búyòng qīnzì pǎo le, wǒ ～ bāng nǐ bàn yíxià ba. *You don't have to go yourself for such a trifling matter. I'll help you on my way.*

【顺差】shùnchā（名）*favourable balance; surplus*
【顺产】shùnchǎn（名）*natural labour (in childbirth)*
【顺畅】shùnchàng（形）没有阻碍，顺利通畅 *smooth; unhindered*：交通～ jiāotōng ～ *smooth traffic* /文字写得很～。Wénzì xiě de hěn ～. *His writing is very fluent.* /他调工作的事非常～，领导很快就同意了。Tā diào gōngzuò de shì fēicháng ～, lǐngdǎo hěn kuài jiù tóngyì le. *His transfer came through without a hitch. The boss readily agreed to it.*

【顺次】shùncì（副）挨着次序 *in order; in succession; in proper sequence*：～数下去，第五个门儿就是他家。～ shǔ xiaqu, dìwǔ ge ménr jiù shì tā jiā. *His home is the fifth door down.* /先～看过去，然后再找重点摘记下来。Xiān ～ kàn guoqu, ránhòu zài zhǎo zhòngdiǎn zhāijì xialai. *First read these over one by one, then pick out the main points and write them down.*

【顺从】shùncóng（动）*be obedient to; submit to; yield to*：你不能强迫我～你的意志。Nǐ bù néng qiǎngpò wǒ ～ nǐ de yìzhì. *You cannot force me to submit to your will.*

【顺当】shùndang（形）〈口〉*smoothly; without a hitch*：这件事办得很～。Zhè jiàn shì bàn de hěn ～. *This matter was smoothly taken care of.* /没想到那么复杂的手续顺顺当当地一个小时就办完了。Méi xiǎngdào nàme fùzá de shǒuxù shùnshundāngdāng de yí ge xiǎoshí jiù bànwán le. *I never expected to go through such complicated formalities in only one hour and without a hitch.*

【顺道儿】shùndàor（形）顺路 *on the way*：我从学校回家，去一趟邮局很～。Wǒ cóng xuéxiào huí jiā, qù yí tàng yóujú hěn ～. *I can stop off at the post office on my way home from school.* /他来的时候～买了两本书。Tā lái de shíhou ～ mǎile liǎng běn shū. *He bought two books on his way over.*

【顺耳】shùn'ěr（形）（说的话）听起来合乎心意 *pleasing to the ear*：他很会说话，让人听起来很～。Tā hěn huì shuō huà, ràng rén tīng qilai hěn ～. *He's such a smooth talker, always saying what people like to hear.* /不能只爱听～的话。Bù néng zhǐ ài tīng ～ de huà. *You shouldn't just listen to what pleases you.*

【顺风】shùnfēng（名）*favourable wind; tail wind*：今天帆船比赛遇到了～。Jīntiān fānchuán bǐsài yùdàole ～. *Today's sailboat race met with a favourable wind.*

【顺风】shùn = fēng *have a favourable wind; have a tail wind*：风虽然大，可是我回家正～，骑车很省力。Fēng suīrán dà, kěshì wǒ huí jiā zhèng ～, qí chē hěn shěng lì.

Although the wind is strong, I still saved a lot of energy cycling home because the wind was at my back.

【顺口】shùnkǒu（形）(1)（词句）念着顺畅 *read smoothly*：这篇小说的对话念起来很～。Zhè piān xiǎoshuō de duìhuà niàn qilai hěn ～. *The dialogue in this novel reads very smoothly.* (2)未经思考(说出、唱出) *say offhandedly*：他～说了句"好吧!"Tā ～ shuōle jù "hǎo ba!" *He quickly agreed without thinking.*

【顺口溜】shùnkǒuliū（名）民间流行的一种通俗韵文 *doggerel; jingle*

【顺理成章】shùn lǐ chéng zhāng 形容写文章或作事条理清楚，做事合乎道理 *follow a logical train of thought; follow a rational line*：付出劳动，得到应得的报酬，这是～的事。Fùchū láodòng, dédào yīng dé de bàochou, zhè shì ～ de shì. *If one puts in a lot of work, one will get one's due reward. This is undoubtedly logical.*

【顺利】shùnlì（形）*smooth; successful; without a hitch*：工作～ gōngzuò ～ *work without a hitch (or work smoothly)* /～地完成了学业 ～ de wánchéngle xuéyè *finish one's studies successfully* /手术进行得很～。Shǒushù jìnxíng de hěn ～. *The operation was successful.*

【顺流而下】shùn liú ér xià 顺着水的流势前进 *flow with the current*

【顺路】shùnlù（形）(1)顺着所走的路线不用另走一条路 *on the way*：他去那儿参观，要看老张，挺～的。Tā qù nàr cānguān, yào kàn Lǎo Zhāng, tǐng ～ de. *When he goes there to visit, he can easily drop in on Lao Zhang. It's on the way.* (2)道路没有曲折，走着方便 *direct route*：这么走很～，一会儿就到。Zhème zǒu hěn ～, yíhuìr jiù dào. *This is a direct route. We'll be there in no time.*

【顺势】shùnshì（副）趁势 *take advantage of an opportunity*：目前世界科学技术正在飞速发展，我们应当打开门户～跟上。Mùqián shìjiè kēxué jìshù zhèngzài fēisù fāzhǎn, wǒmen yīngdāng dǎkāi ménhù ～ gēnshang. *Science and technology are developing at a rapid rate today. We should take advantage of this opportunity to open the way and catch up with the rest of the world.*

【顺手】shùnshǒu（形）没有遇到阻碍 *smooth; without difficulty*：工作～ gōngzuò ～ *work without difficulty* /那篇文章他早就考虑好了，写起来～得很。Nà piān wénzhāng tā zǎo jiù kǎolǜ hǎo le, xiě qilai ～ dé hěn. *He had been thinking about that article for a long time, so the writing of it went smoothly.* (副)有"顺便""捎带着"的意思，动词必须是表示用手做的动作 *conveniently; in passing (the action must be performed with the hand)*：小秦见我饭桌上有一盘饺子，～就端去吃了。Xiǎo Qín jiàn wǒ fànzhuō shang yǒu yì pánr jiǎozi, ～ jiù duānqu chī le. *When Xiao Qin saw the plate of boiled dumplings on my dining table, he carried it off and ate it.* /我洗完衣服后，～把床单也洗了。Wǒ xǐwán yīfu hòu, ～ bǎ chuángdān yě xǐ le. *When I finished washing the clothes, I washed the bedsheets too.* /老赵进屋以后～把房门关上了。Lǎo Zhào jìn wū yǐhòu ～ bǎ fángmén guānshang le. *Lao Zhao closed the door as he entered the room.*

【顺手牵羊】shùn shǒu qiān yáng 比喻乘便顺走人家的东西 *lead away a goat in passing — pick up sth. on the sly; walk off with sth.*：谁～把我的钢笔拿走了? Shuí ～ bǎ wǒ de gāngbǐ názǒu le? *Who walked off with my pen?*

【顺水】shùn = shuǐ *downstream; with the stream*：你～游下去完全不费力，逆水可就游不动了。Nǐ ～ yóu xiaqu wánquán bú fèi lì, nì shuǐ kě jiù yóu bu dòng le. *If you swim downstream, you can do so effortlessly; swimming upstream, on the other hand, is next to impossible.*

【顺水推舟】shùn shuǐ tuī zhōu 比喻顺应趋势行事 *push the boat along with the current — make use of an opportunity to*

gain one's end

【顺我者昌，逆我者亡】 shùn wǒ zhě chāng, nì wǒ zhě wáng 顺从我的就能够存在和发展，违抗我的就要灭亡。多形容反动统治者的凶狠残暴 those who submit will prosper, those who resist shall perish (said of the brutal rule of a tyrant)

【顺心】 shùnxīn (形) 合乎心意 satisfactory：一切～yíqiè ~ everything is satisfactory /碰到不～的事，也不要过分生气。Pèngdào bú ~ de shì, yě búyào guòfèn shēng qì. When things don't go well, you mustn't get so angry.

【顺序】 shùnxù (名) 次序 sequence; order (副) 按着次序 in proper order; in turn：～入场 ~ rù chǎng enter in an orderly manner

【顺延】 shùnyán (动) 顺着次序往后延期 postpone：订于下星期一去八达岭，遇雨～。Dìng yú xià xīngqīyī qù Bādálǐng, yù yǔ ~. We are scheduled to go to Badaling next Monday — subject to postponement in case of rain.

【顺眼】 shùnyǎn (形) 看着舒服 pleasing to the eye：这件衣服看着很 ~。Zhè jiàn yīfu kànzhe hěn ~. This piece of clothing is quite pleasing to the eye. /她这么一打扮，反而不～了。Tā zhème yì dǎbàn, fǎn'ér bú ~ le. When she's all made up in this way, she's quite the eyesore.

【顺应】 shùnyìng (动) comply with; conform to：～ 历史潮流 ~ lìshǐ cháoliú conform to historical trend /～时代的要求 ~ shídài de yāoqiú conform to the demand of the times

【顺着】 shùnzhe (动) (1) 同 "顺" shùn (动) (1) same as "顺" shùn (动) (1) (2) 顺随 go along with; yield to：对孩子不能老～，该管的就得管。Duì háizi bù néng lǎo ~, gāi guǎn de jiù děi guǎn. you can't always go along with what a child says or does, You must discipline him when necessary.

瞬 shùn

(动) ◇一眨眼 wink; twinkling

【瞬间】 shùnjiān (名) 一眨眼的时间，指极短的时间 instantaneously；"in the twinkling of an eye"：彩虹～即逝。Cǎihóng ~ jí shì. The rainbow vanished in the twinkling of an eye.

【瞬时】 shùnshí (副) 〈书〉一眨眼的工夫 instantaneous：灯光～即熄。Dēngguāng ~ jí xī. The light suddenly went out. /～雷电大作。~ léidiàn dà zuò. instant thunder and lightning

【瞬息】 shùnxī (名) 〈书〉极短的时间 twinkling

【瞬息万变】 shùnxī wàn biàn 形容变化快而多 undergoing a myriad of changes in the twinkling of an eye; rapidly changing：战争形势～。Zhànzhēng xíngshì ~. The war situation is rapidly changing. /高山地区的气候～。Gāoshān dìqū de qìhou ~. The climate in mountainous regions undergoes a myriad of changes in the twinkling of an eye.

shuō

说 〔说〕 shuō

(动) (1) 用话表达意思 speak; talk; say：～笑话 ~ xiàohua crack a joke /他会～好几种语言。Tā huì ~ hǎo jǐ zhǒng yǔyán. He can speak several languages. (2) 解释 explain：这种毛衣的花样你一一～她就明白。Zhè zhǒng máoyī de huāyàng nǐ yì ~ tā jiù míngbai. As soon as you explain the pattern of this sweater, she'll catch on. /你～～，你为什么要这么干。Nǐ ~ ~, nǐ wèi shénme yào zhème gàn. Explain why you want to do it this way. (3) 批评，责备 scold：小明把书丢了，妈妈～他一顿。Xiǎo Míng bǎ shū diū le, māma ~ tā yí dùn. When Xiao Ming lost his books, his mother gave him a good scolding. /我得～～他，怎么能只顾自己呢！Wǒ děi ~ ~ tā, zěnme néng zhǐgù zìjǐ ne! I should scold him for being so selfish and not taking others into consideration.

【说不得】 shuō bu de (1) 不能说 (说了就会引起不好的后果)

unspeakable; unmentionable：他毛病不少，可是还～，一说他就生气。Tā máobing bù shǎo, kěshì hái ~, yì shuō tā jiù shēng qì. He has many shortcomings, but you can't say anything because, as soon as you mention them, he gets angry. /这事可～，关系到一个人的名誉问题。Zhè shì kě ~, guānxì dào yí gè rén de míngyù wèntí. This matter is unmentionable, it has to do with a certain person's reputation. (2) (事情、行为等极其不堪) 无法说出口 scandalous：他干的那些丢人的事，简直～。Tā gàn de nàxiē diū rén de shì, jiǎnzhí ~. Those disgraceful acts of his are simply scandalous. /那些污秽下流的语言和行为，真～。Nàxiē wūhuì xiàliú de yǔyán hé xíngwéi, zhēn ~. Those obscenities and foul behaviour are really scandalous.

【说不定】 shuōbudìng (副) 可能 perhaps; maybe：～要下雨。~ yào xià yǔ. It might rain. /他～早到家了。Tā ~ zǎo dào jiā le. Perhaps he is home already.

【说不过去】 shuō bu guòqù 不合情理 cannot be justified or explained away：人家来看你三次了，你要是不去看看人家，太～了。Rénjia lái kàn nǐ sān cì le, nǐ yàoshi bú qù kànkan rénjia, tài ~ le. He came to see you three times, You can't justify not going to see him now. /这么好的学习条件，再不努力学习，真～了。Zhème hǎo de xuéxí tiáojiàn, zài bù nǔ lì xuéxí, zhēn ~ le. With such favourable conditions, there's no excuse for not making a greater effort to study.

【说不来】 shuō bu lái 两个或更多的人意见不一致，感情不融洽，谈不到一起 cannot get along (with sb.)：我跟他～。Wǒ gēn tā ~. I can't get along with him.

【说不上】 shuōbushàng (动) (1) 了解认识不够，说不具体 cannot say; cannot tell：我不懂电器，～这个电冰箱的毛病在哪里。Wǒ bù dǒng diànqì, ~ zhège diànbīngxiāng de máobing zài nǎli. I cannot pinpoint the problem with this refrigerator, as I'm not familiar with how electrical appliances work. /他到底哪点儿不好，我也～，只是不太喜欢他。Tā dàodǐ nǎdiǎnr bù hǎo, wǒ yě ~, zhǐshì bú tài xǐhuan tā. I can't say exactly what it is about him, but I don't really like him. (2) 达不到某种标准 not up to a certain standard：这幅画很平常，～有什么特色。Zhè fú huà hěn píngcháng, ~ yǒu shénme tèsè. This painting is quite plain, It can't be said to have any distinguishing features. /我只是偶尔去看一次京剧，～是爱好。Wǒ zhǐshì ǒu'ěr qù kàn yí cì jīngjù, ~ shì àihào. I only go to see Beijing opera once in a while. I can't say that it's a hobby.

【说穿】 shuōchuān (动) 说透，说破 reveal; disclose; expose：他不肯接受这项任务，～了还不是怕承担责任?Tā bù kěn jiēshòu zhè xiàng rènwu, ~ le hái bú shì pà chéngdān zérèn? There's no way he will accept this assignment. To put it bluntly, he's afraid of responsibility. /他一句话～了她心底的打算。Tā yí jù huà ~le tā xīndǐ de dǎsuàn. In a word, he disclosed her secret intentions.

【说大话】 shuō dàhuà (口) 吹牛，说些虚夸的话 brag; boast; talk big：别听他的，他总爱～，其实什么也办不成。Bié tīng tā de, tā zǒng ài ~, qíshí shénme yě bàn bu chéng. Don't listen to him, he always talks big. Actually, he's a good-for-nothing.

【说到底】 shuōdào dǐ 归结到根本问题上。作插入语 in the final analysis (used as a parenthesis)：他水平不高，经验不足，是会影响工作的，但是～还是一个劳动态度问题。Tā shuǐpíng bù gāo, jīngyàn bù zú, shì huì yǐngxiǎng gōngzuò de, dànshì ~ hái shì yí gè láodòng tàidu wèntí. His level is not very high, nor does he have much experience. This could influence his work, but in the final analysis, it's still a question of his attitude towards labour.

【说……道……】 shuō……dào…… 分别嵌入一定的相对或相类的单音节词，构成固定短语；表示各种谈论；常作谓语

(when inserted in between two monosyllabic words which are opposite or parallel in meaning, it forms a set phrase; indicates discussions of all sorts; often serves as a predicate):她这个人就爱说长道短、拨弄是非。Tā zhège rén jiù ài shuō cháng dào duǎn, bōnòng shìfēi. *She likes to make captious comments and stir things up.* /他们一边喝着酒，一边说东道西。Tāmen yìbiān hēzhe jiǔ, yìbiān shuō dōng dào xī, tán xiào fēng shēng. *They talked cheerfully about everything under the sun as they drank wine.* /你有意见可以当面提，不要背地里说三道四的。Nǐ yǒu yìjian kěyǐ dāng miàn tí, búyào bèidìlǐ shuō sān dào sì de. *You should express your opinions face to face. Don't make irresponsible remarks behind somebody's back.*

【说得来】shuō de lái *can get along; be on good terms*:这两个人都是学音乐的，性格也很相似，挺～。Zhè liǎng ge rén dōu shì xué yīnyuè de, xìnggé yě hěn xiāngsì, tǐng ～. *They both study music and have similar personalities. They get along quite well with each other.*

【说定】shuō//dìng 当面决定 *settle; agree on*:咱们～了，明天晚上六点钟，你到我家吃饭。Zánmen ～ le, míngtiān wǎnshang liù diǎnzhōng, nǐ dào wǒ jiā chī fàn. *It's settled. Tomorrow evening at six o'clock, come to my place for dinner.* /这事儿已～了,千万不要反悔。Zhè shìr yǐ ～ le, qiānwàn búyào fǎnhuǐ. *The matter is settled. You had better not go back on your word.*

【说法】shuōfa (名)(1)措词 *way of saying sth.; wording; formulation*;表达这个意思有几种～? Biǎodá zhège yìsi yǒu jǐ zhǒng ～? *This idea can be formulated in how many ways?*(2)表示出来的意见或对某事的叙述 *statement; version; argument*:这种～比较能服人。Zhè zhǒng ～ bǐjiào néng fú rén. *This form of argument is very convincing.* /对这件事,他的～和你的～很有出入。Duì zhè jiàn shì, tā de ～ hé nǐ de ～ hěn yǒu chūrù. *There's a discrepancy between your version of this matter and his.*

【说服】shuō//fú *persuade; convince; talk sb. over; prevail on*:要让群众接受这个意见,只能～,不能压服。Yào ràng qúnzhòng jiēshòu zhège yìjian, zhǐ néng ～, bù néng yāfú. *If you want the masses to accept this point of view, you can only convince them through persuasion, not coercion.*

【说和】shuōhe (动)调解双方的争执使和解 *mediate a settlement*:他们在闹家庭纠纷,你去给～～吧! Tāmen zài nào jiātíng jiūfēn, nǐ qù gěi ～ ～ ba! *They're having a family quarrel. Try to patch things up between them, will you?* /我们去～了半天,两个人的气都消下去了。Wǒmen qù ～ le bàntiān, liǎng ge rén de qì dōu xiāo xiaqu le. *We spent hours trying to reconcile the two before they finally cooled down.*

【说话】shuō=huà (1)用言语表达思想 *speak; say; talk*:这孩子～得晚。Zhè háizi ～ shuō de wǎn. *This child didn't learn to speak until he was quite old.* (2)(～儿)闲谈 *chat; talk; gossip*:他进来时,我们正～呢。Tā jìnlai shí, wǒmen zhèng ～ ne. *We were just having a chat when he came in.* /你吃完饭来找我,咱们说会儿话。Nǐ chīwán fàn lái zhǎo wǒ, zánmen shuō huìr huà. *When you've finished eating, come to my place for a chat.*

【说谎】shuō=huǎng *tell a lie; lie*:孩子说了谎,父母要及时教育。Háizi shuōle huǎng, fùmǔ yào jíshí jiàoyù. *When a child tells a lie, his parents should promptly teach him not to do so.*

【说教】shuōjiào (动·不及物)生硬地谈些理论(不解决实际问题)*deliver a sermon; preach*:空洞的～是不能感动人的。Kōngdòng de ～ shì bù néng gǎndòng rén de. *No one is moved by a hollow sermon.*

【说客】shuōkè (名)(旧读 shuìkè)(1)善于劝说的人 *a persuasive talker*:老张是个～,让他去做动员工作吧。Lǎo

Zhāng shì ge ～, ràng tā qù zuò dòngyuán gōngzuò ba. *Lao Zhang is a persuasive talker. Send him over to give a pep talk.* (2)替别人做劝说工作的人(含贬义)*a person sent to win sb. over or enlist his support through persuasion (often a derog. term)*:他现在来找你,显然是为老李谋求工作来当～的。Tā xiànzài lái zhǎo nǐ, xiǎnrán shì wèi Lǎo Lǐ móuqiú gōngzuò lái dāng ～ de. *He's coming to see you now. He's obviously coming to persuade you to give the job to Lao Li.*

【说理】shuō=lǐ (1)说明道理 *reason things out*:讽刺甚至谩骂,不解决问题,得跟他～。Fěngcì shènzhì mànmà, bù jiějué wèntí, děi gēn tā ～. *Neither mocking nor abuses will settle disputes. You must reason things out with him.* (2)讲理,不蛮横(多用于否定或疑问形式)*argue; reason with sb. (often used in negative or interrogative form)*:他这个人不～,别理他。Tā zhège rén bù ～, bié lǐ tā. *Just ignore him. He's being unreasonable.* /你到底说不说理? Nǐ dàodǐ shuō bu shuō lǐ? *Are you going to be reasonable or not?*

【说明】shuōmíng (动)(1)解释明白 *explain*:～原因 yuányīn *give reasons* /～情况 ～ qíngkuàng *explain a situation* (2)证明 *prove; illustrate; show*:事实～他讲的话是对的。Shìshí ～ tā jiǎng de huà shì duì de. *The facts prove that what he says is true.* /他有说有笑,～他还不知道母亲去世的消息。Tā yǒu shuō yǒu xiào, ～ tā hái bù zhīdao mǔqin qùshì de xiāoxi. *He's talking and laughing away. That shows that he still hasn't heard the news of his mother's death.* (名)解释的文字 *explanation; directions*:机器使用～ jīqì shǐyòng ～ *the directions for the operation of the machine*

【说明书】shuōmíngshū (名)*(a booklet of) directions; (technical) manual; synopsis (of a play or film)*

【说明文】shuōmíngwén (名)说明事物情况或道理的文章 *expository writing; exposition*

【说破】shuōpò (动)把隐秘的意思或事情说出来 *reveal; disclose*:这是变魔术,一～就没有意思了。Zhè shì biàn móshù, yì ～ jiù méi yǒu yìsi le. *This is a magic trick. If I disclose how it's done, then it's not fun anymore.* /我知道你来的目的,只是不愿～罢了。Wǒ zhīdao nǐ lái de mùdì, zhǐshì bú yuàn ～ bà le. *I knew why you came here, but I didn't want to reveal the reason at the time.*

【说情】shuō=qíng 替人说好话,请求宽恕 *intercede for sb.; plead for mercy for sb.; put in a good word*:由于王叔叔～,爸爸原谅了小明。Yóuyú Wáng shūshu ～, bàba yuánliàngle Xiǎo Míng. *As a result of Uncle Wang's intercession, Xiao Ming's father forgave Xiao Ming.* /请帮我跟王老师说情,我以后一定按时完成作业。Qǐng bāng wǒ gēn Wáng lǎoshī shuōshuo qíng, wǒ yǐhòu yídìng ànshí wánchéng zuòyè. *Please talk to our teacher, Mr. Wang, for me. Next time, I promise to finish my homework on time.*

【说实在的】shuō shízài de 同"老实说",表示后边的话是说话人的真心话;作插入语,有时放在句首,有时放在句中(*same as "老实说", it serves as a parenthesis; sometimes placed at the beginning of the sentence and sometimes placed within the sentence*):～,夫妻两地分居的苦楚,我早受够了。～, fūqī liǎng dì fēn jū de kǔchǔ, wǒ zǎo shòugòu le. *To be honest, I've had enough of the misery of husband and wife living apart.* /您向我了解他嘛,～,我也不知道多少情况。Nín xiàng wǒ liǎojiě tā ma, ～, wǒ yě bù zhīdao duōshao qíngkuàng. *You ask me to tell you what he's like, but, to tell you the truth, I don't know much about him either.* /他呀,～,不会帮你什么忙的。Tā ya, ～, bú huì bāng nǐ shénme máng de. *To be frank, he won't be of much help to you.*

【说书】shuō=shū 边说边表演故事。如评书,评话等。有时也

兼指某些有说有唱的曲艺,如弹词等 *storytelling (by a professional storyteller, sometimes to the accompaniment of stringed instruments)*

【说说笑笑】 shuōshuō xiàoxiào *chatting and laughing*:他性格开朗,喜欢～. Tā xìnggé kāilǎng, xǐhuan ～. *He has a cheerful personality. He's always chatting animatedly and laughing.*

【说闲话】 shuō xiánhuà (1)从旁说讽刺或不满意的话 *complain; gossip*:不要在背后～,有意见可以当面谈。Búyào zài bèihòu ～, yǒu yìjian kěyǐ dāngmiàn tán. *You shouldn't talk behind other people's back. If you have something to say, say it face to face.* /说别人的闲话,影响团结。Shuō biéren de xiánhuà, yǐngxiǎng tuánjié. *Gossiping about others can affect unity.* (2)(～儿)闲谈 *talk casually about; idle chat*:我去的时候,他们几个人正～呢。Wǒ qù de shíhou, tāmen jǐ ge rén zhèng ～ ne. *When I got there, they were sitting around chatting.*

【说一不二】 shuō yī bù èr(1)有权势,专横霸道 *authoritative and overbearing*:他从来都是～,仗势欺人。Tā cónglái dōu shì ～, zhàng shì qī rén. *He's always so overbearing, taking advantage of his power to bully people.* (2)说话算数 *mean what one says; stand by one's word*:他们是可以信赖的,～,从不反悔。Tāmen shì kěyǐ xìnlài de, ～, cóng bù fǎnhuǐ. *You can count on them. They have always stood by their word and have never made a promise they couldn't keep.* /他从来是～,答应干什么一定干好。Tā cónglái shì ～, dāying gàn shénme yídìng gànhǎo. *He has always been a man of his word, if he agrees to do something, he'll do it well.*

【说嘴】 shuōzuǐ (动)自夸,吹牛 *brag; boast*:光～不行,你做给大家看看。Guāng ～ bù xíng, nǐ zuò gěi dàjiā kànkan. *Simply boasting won't do. Let's see you do it.*

shuò

烁〔爍〕shuò
(形)◇光亮的样子 *bright; shining*
【烁烁】 shuòshuò (动)(光芒)闪烁 *glitter; sparkle*:银光～ yínguāng ～ *silvery light; sparkling light*

朔 shuò
(形)北 *north*:～风 ～ fēng *north wind* (名)夏历每月的初一 *the first day of the lunar month*

硕〔碩〕shuò
(形)◇大 *large*
【硕大无朋】 shuòdà wú péng “朋”:比。形容非常大,没有可以与其相比的 *of unparalleled size; gigantic*
【硕果】 shuòguǒ (名)大的果实,比喻巨大的成绩 *rich fruits; great achievements*:～累累 ～ lěilěi *countless great achievements* /他们十多年的研究,试验没有白费,如今已经结出～。Tāmen shí duō nián de yánjiū, shìyàn méiyou bái fèi, rújīn yǐjing jiéchū ～. *Their 10 years of research and experiments were not in vain. They have now achieved great results.*
【硕士】 shuòshì (名) *Master (degree)*

sī

司 sī
(名)*department*:计划～ jìhuà ～ *planning department* (动)〈书〉主管,操作 *take charge of; attend to; manage*:各～其事 gè ～ qí shì *Each attends to his own duties.*
【司法】 sīfǎ (名) *administration of justice; judicature*
【司机】 sījī (名) *driver*

【司空见惯】 sī kōng jiàn guàn 经常看到的,很平常的事物 *a common sight; a common occurrence*:公共汽车上乘客吵架,这里是～,没什么奇怪的。Gōnggòng qìchē shang chéngkè chǎo jià, zhèli shì ～, méi shénme qíguài de. *People arguing on public buses is a common occurrence here, there's nothing unusual about it.* /男人穿高跟鞋,现在已经是～了。Nánrén chuān gāogēnxié, xiànzài yǐjing shì ～ le. *Men wearing high-heeled shoes is a common sight nowadays.*
【司令】 sīlìng (名)同“司令员” sīlìngyuán *same as "司令员" sīlìngyuán*
【司令部】 sīlìngbù (名) *headquarters; command*
【司令员】 sīlìngyuán (名) *commander; commanding officer*
【司炉】 sīlú (名) *stoker; fireman*
【司务长】 sīwùzhǎng (名) *mess officer; company quartermaster*
【司药】 sīyào (名) *pharmacist; druggist; chemist*
【司仪】 sīyí (名) *master of ceremonies*

丝〔絲〕sī
(名)(1)蚕丝 *silk*:～织品 ～zhīpǐn *(woven) silk products* (2)(～儿)像丝的物品 *a threadlike thing*:钢～ gāng～ *steel wire* /眼里充满血～。Yǎnli chōngmǎn xiě ～. *His eyes are all bloodshot.* (3)形容极少的量 *a tiny bit; trace*:天气闷得让人难受,有一～风也好啊! Tiānqì mēn de ràng rén nánshòu, yǒu yì ～ fēng yě hǎo wa! *This muggy weather is unbearable! Even the slightest wind would be welcome.* /他发着高烧,身上连一～汗也没有。Tā fāzhe gāoshāo, shēnshang lián yì ～ hàn yě méi yǒu. *His fever is so high that there isn't a trace of perspiration on his body.*
【丝绸】 sīchóu (名) *silk cloth; silk*
【丝绸之路】 Sīchóu zhī lù 古代中西交通要道。中国是世界最早养蚕和制造丝绸的国家,被称为“丝国”。西汉以后,中国的丝织品经中国甘肃、新疆越过葱岭运往西亚、欧洲各国。这条交通大道被称为“丝绸之路”*the Silk Road — China was the first country to produce silk and thus became known as the "Silk Country". By the end of the Western Han dynasty, Chinese silk products passed through (present-day) Gansu province, Xinjiang, across the mountains and reached as far as Western Asia and Europe. This route became known as the "Silk Road".*
【丝毫】 sīháo (名)极小;很少;一点儿(多用于否定句中)*the slightest amount or degree; a bit; a shred; an iota (often used in a negative statement)*:～不差 ～ bú chà *not err by a hair's breadth; just right* /没有～悔过的表示 méi yǒu ～ huǐguò de biǎoshì *not show the slightest bit of regret* /他也没有改变。Tā ～ yě méi yǒu gǎibiàn. *He hasn't changed in the least.*
【丝绵】 sīmián (名) *silk floss; silk wadding*
【丝绒】 sīróng (名) *velvet; velour*

私 sī
(形)(1)属于个人的 *personal; private*:～事 ～ shì *private matter* /～信 ～ xìn *personal (or private) letter* /损公肥～ sǔn gōng féi ～ *seek private gain at public expense* (2)秘密的,不合法的 *illicit and confidential*:～相授受 ～ xiāng shòushòu *give and accept in private; illegally pass things between individuals* /这件事不要诉诸法律,咱们一了了吧! Zhè jiàn shì búyào sù zhū fǎlǜ, zánmen ～ liǎo le ba! *There's no need to resort to the law. Let's settle it out of court.*
【私奔】 sībēn (动)女子私自投奔所爱的人或跟他一起逃走 *elope*
【私产】 sīchǎn (名)属于私人所有的财产 *private property*
【私访】 sīfǎng (动)〈旧〉官吏隐瞒身分到民间调查 *archaic expression (of officials) make an inspection trip incognito*

【私愤】 sīfèn（名）因个人利害关系而产生的愤恨 *personal spite*：他并不是在主持正义,是泄～. Tā bìng bú shì zài zhǔchí zhèngyì, shì xiè～. *He's not doing this to uphold justice, he's venting his personal spite.*

【私话】 sīhuà（名）不让外人知道的话 *confidential talk*

【私货】 sīhuò（名）违法贩运的或秘密储藏的货物 *smuggled goods*; *contraband goods*

【私交】 sījiāo（名）私人之间的交情 *personal friendship*

【私立】 sī lì 私人设立（用于学校、医院等）*privately run* (*school*, *hospital*, *etc.*)：～学校 ～ xuéxiào *private school* / 这诊所是～的. Zhè zhěnsuǒ shì ～ de. *This is a private clinic.*

【私利】 sīlì（名）私人方面的利益 *private* (*or selfish*) *interests*; *personal gain*：不谋～ bù móu ～ *seek no personal gain*

【私情】 sīqíng（名）私人的交情、情谊 *personal relationships*

【私人】 sīrén（名）（1）个人 *private*; *personal*：～信件 ～ xìnjiàn *personal* (*or private*) *mail* / ～物品 ～ wùpǐn *personal articles* / ～企业 ～ qǐyè *private business* / 这些工具都是公用的,不属于任何～. Zhèxiē gōngjù dōu shì gōngyòng de, bù shǔyú rènhé ～. *These tools are for public use. They don't belong to any one individual.* （2）个人和个人之间 *personal relationship between individuals*：他俩～关系不错. Tā liǎ ～ guānxi búcuò. *Those two have a good personal relationship.* / 从～感情来说,我很喜欢他. Cóng ～ gǎnqíng lái shuō, wǒ hěn xǐhuan tā. *Personally, I like him.*

【私生活】 sīshēnghuó（名）个人生活（往往是指日常生活中能表现一个人的品质作风的）*private life*

【私生子】 sīshēngzǐ（名）*illegitimate child*; *bastard*

【私塾】 sīshú（名）旧时家庭、宗族或教师自己设立的教学处所,一般只有一个教师,采用个别教学法,没有一定的教材或教学年限 *old-styled private school*

【私下】 sīxià（副）（1）背地里 *in private*; *in secret*：～议论 ～ yìlùn *discuss in private* / ～决定 ～ juédìng *a private decision* （2）自己进行,不通过有关部门 *to carry out sth. in private* (*without going through the appropriate channels*)：～解决 ～ jiějué *settle* (*a problem, a matter, etc.*) *in private* / ～处理 ～ chǔlǐ *deal with privately*

【私心】 sīxīn（名）*selfish motives*; *selfishness*

【私营】 sī yíng（常作定语）(*often used as an attributive*) *privately owned*; *privately operated*：～商店 ～ shāngdiàn *privately-operated store*

【私有】 sī yǒu（常作定语）(*often used as an attributive*) *privately owned*; *private*：～财产 ～ cáichǎn *private property*

【私有制】 sīyǒuzhì（名）*system of private ownership*; *private ownership*

【私欲】 sīyù（名）个人的欲望 *personal desire*

【私自】 sīzì（副）背着组织或有关的人（做不符合规章制度的事）*secretly*; (*do sth. that goes against regulations*) *without permission*：～占地建房是违法的. ～ zhàn dì jiàn fáng shì wéi fǎ de. *Seizing land and building on it without permission is illegal.* / 他俩借出差之便～绕道去南京玩了一趟. Tā liǎ jiè chū chāi zhī biàn ～ rào dào qù Nánjīng wánrle yí tàng. *Those two used business as a pretext to secretly make a detour to Nanjing for fun.* / 任何人不得～摘吃果园里的水果. Rènhé rén bù dé ～ zhāi chī guǒyuán lǐ de shuǐguǒ. *Nobody is permitted to pick the fruit from the orchard without permission.*

思 sī

（动）◇（1）思考 *think*; *ponder over*; *consider*：左～右想 zuǒ ～ yòu xiǎng *think over again and again* （2）思念 *think of*; *long for*：～亲 ～ qīn *think of one's parents with affection* / ～乡 ～ xiāng *long for one's hometown*（名）◇思路 *thought*; *thinking*：文～ wén ～ *train of thought in writing*

【思潮】 sīcháo（名）（1）某一时期有较大影响的思想倾向 *trend of thought*; *ideological trend*：伤痕文学是中国七十年代后期的文艺～. Shānghén wénxué shì Zhōngguó qīshí niándài hòuqí de wényì ～. *Scar literature was an ideological trend in China during the late 1970s.* / 改革是当今的社会～. Gǎigé shì dāngjīn de shèhuì ～. *Reform is the trend of thought in society today.* （2）不断涌现的思想活动 *thoughts*; *train of thought*：～起伏 ～ qǐfú *disquieting thoughts surging in one's mind* / ～澎湃 ～ péngpài *an upsurge of thoughts*

【思忖】 sīcǔn（动）〈书〉思考 *ponder*; *consider*

【思考】 sīkǎo（动）深入地思索、考虑（比较郑重的问题）*think deeply*; *ponder over*; *consider*：认真～ rènzhēn ～ *think seriously* (*about sth.*) / 反复～ fǎnfù ～ *turn over in one's mind again and again* / 必须训练学生的独立～的能力. Bìxū xùnliàn xuéshēng de dúlì ～ de nénglì. *You must train students to think independently.*

【思量】 sīliang（动）（1）心里打算、考虑（得失两方面）*weigh* (*a problem, etc.*); *consider*; *turn sth. over in one's mind*：我～了很久,才做出决定. Wǒ ～ le hěn jiǔ, cái zuòchū juédìng. *It was only after considering this for a long time that I finally came to a decision.* / 你这样做欠～. Nǐ zhèyàng zuò qiàn ～. *The way you do this shows lack of consideration.*

【思路】 sīlù（名）思考的线索 *train of thought*; *thinking*：我正在考虑怎么写这篇文章,人们一进来,～被打断了. Wǒ zhèngzài kǎolǜ zěnme xiě zhè piān wénzhāng, rénmen yí jìnlai, ～ bèi dǎduàn le. *I was just considering how to write this article when some people came in and interrupted my train of thought.*

【思虑】 sīlù（动）〈书〉思索考虑 *contemplate*; *deliberate*

【思慕】 sīmù（动）～思念（敬仰的人）*think of sb. with respect*：他最～的一位中学历史老师是他最～的人. Tā de yí wèi zhōngxué lìshǐ lǎoshī shì tā zuì ～ de rén. *His high school history teacher is the person whom he most admires.*

【思念】 sīniàn（动）*think of*; *long for*; *miss*：～亲人 ～ qīnrén *miss one's family* / ～家乡 ～ jiāxiāng *miss* (*or long for*) *one's hometown*

【思索】 sīsuǒ（动）思考探索 *ponder*; *think deeply*：～问题 ～ wèntí *ponder a problem* / 用心～ yòng xīn ～ *do some hard thinking*

【思维】 sīwéi（名）*thought*; *thinking*：形象～ xíngxiàng ～ *thinking in* (*terms of*) *images* / 逻辑～ luóji ～ *logical thought*

【思想】 sīxiǎng（名）（1）*thought*; *thinking*; *ideology*：～倾向 ～ qīngxiàng *ideological tendency* / 社会存在决定人们的～. Shèhuì cúnzài juédìng rénmen de ～. *It is social being that determines man's thinking.* （2）想法 *method of thinking*：他的这种脱离实际的～,实在有点幼稚. Tā de zhè zhǒng tuōlí shíjì de ～, shízài yǒudiǎnr yòuzhì. *His way of divorcing himself from reality is really a bit naive.*

【思想包袱】 sīxiǎng bāofu 比喻妨碍进步的思想上的负担 *sth. weighing on one's mind*：做错了就改嘛,可别成为～. Zuòcuòle jiù gǎi ma, kě bié chéngwéi ～. *If you make a mistake, then correct it. Don't let it weigh on your mind.* / 他学术上有了些成就,竟成为他的～,以为了不起,很难再进步了. Tā xuéshù shang yǒule xiē chéngjiù, jìng chéngwéi tā de ～, zì yǐwéi liǎobuqǐ, hěn nán zài jìnbù le. *When he has made some progress in his learning, it actually becomes a burden on him because he rests on his laurels. This makes it difficult for him to progress any more.*

【思想斗争】 sīxiǎng dòuzhēng（1）各阶级或社会集团之间在意识形态上的斗争 *ideological struggle*：阶级斗争是指对立阶级之间的斗争,除表现为经济斗争～外,其主要表现形式是政治斗争. Jiējí dòuzhēng shì zhǐ duìlì jiējí zhī jiān de

dòuzhēng，chú biǎoxiàn wéi jīngjì dòuzhēng、~ wài，qí zhǔyào biǎoxiàn xíngshì shì zhèngzhì dòuzhēng. *Class struggle refers to the struggle between opposing classes. It is not only the manifestation of economic and ideological struggle, but most importantly manifests itself in the form of political struggle.* (2)泛指人们在思想认识上的正反两方面考虑 *mental struggle (or conflict)*；阶级消灭之后，先进与落后之间，正确与错误之间的~还是存在的。Jiējí xiāomiè zhī hòu，xiānjìn yǔ luòhòu zhī jiān，zhèngquè yǔ cuòwù zhī jiān de ~ hái shì cúnzài de. *After the abolition of classes, the conflict between the progressive and regressive, right and wrong will still exist.* /我经过~，还是揭发了他的违法行为。Wǒ jīngguò ~，hái shì jiēfāle tā de wéifǎ xíngwéi. *After much inner conflict, in the end I still exposed his illegal conduct.* /大学毕业了留在城市还是回家乡，他这几天一挺激烈。Dàxué bì yè le liú zài chéngshì háishì huí jiāxiāng，tā zhè jǐ tiān ~ tǐng jiliè. *These past few days he has been struggling intensely to decide whether to return to his village or to stay in the city when he graduates from university.*

【思想方法】sīxiǎng fāngfǎ 人们在认识或改造世界及思考、处理问题时，所采取的方法和办法等 *method (or mode, way) of thinking*：他的~常有片面的毛病。Tā de ~ cháng yǒu piànmiàn de máobìng. *His way of thinking is often one-sided.*

【思想改造】sīxiǎng gǎizào 指通过学习理论和参加实践，使自己的主观认识和客观实际相一致，去掉主观片面和个人主义思想，树立辩证唯物主义和历史唯物主义世界观与全心全意为人民服务的思想 *ideological remoulding by means of studying theory and doing practical work, one's subjective knowledge is brought in line with objective reality through a process of ridding oneself of one-sided views and individualistic thinking, and acquiring a world outlook based on dialectic and historical materialism in which one does one's best to serve the people*

【思想根源】sīxiǎng gēnyuán(1)指产生某种思想的根本原因 *the reason behind the emergence of a particular line of thought or ideology* (2)产生某种行为的指导思想；多指产生某种错误行为的不正确的指导思想 *the guiding ideology behind a particular form of behaviour (often refers to an incorrect line of thinking which leads to improper behaviour)*；造成他们夫妇之间矛盾主要的~是丈夫的大男子主义。Zàochéng tāmen fūfù zhī jiān máodùn zhǔyào de ~ shì zhàngfu de dà nánzǐ zhǔyì. *The main reason for the conflict between that couple is the husband's male chauvinism.*

【思想工作】sīxiǎng gōngzuò 帮助别人思想上解决问题，以便正确处理生活和工作中遇到的各种困难问题 *help someone straighten out his thinking so that he can deal with problems in his life and at work*

【思想家】sīxiǎngjiā(名) *thinker*

【思想见面】sīxiǎng jiàn miàn 相互交换各自对问题的看法，达到彼此了解 *have a frank exchange of ideas and achieve mutual understanding*

【思想建设】sīxiǎng jiànshè 指中国共产党用马克思列宁主义理论和党的方针政策去教育党员和人民群众，提高他们的思想认识水平，克服非无产阶级思想 *the Chinese Communist Party's general policy of employing Marxist-Leninist Thought in order to educate Party members and the masses, to raise their level of consciousness and to overcome non-proletarian thinking*

【思想僵化】sīxiǎng jiānghuà 指思想认识长期停留在原有水平，不能适应发展的客观形势 *a rigid (or ossified) way of thinking*

【思想交锋】sīxiǎng jiāofēng 比喻两种思想展开斗争 *confrontation of ideas*

【思想禁区】sīxiǎng jìnqū 思想领域里不准触及的某些问题 *restricted thinking*

【思想觉悟】sīxiǎng juéwù 指人们对客观真理的认识深度，也指一个人社会责任感的强弱和促成工作态度好坏的思想认识 *awareness of the objective truth；political or social consciousness (or awareness)*

【思想内容】sīxiǎng nèiróng 人们在自己的讲话、文章和文艺作品中寄寓的或作品表现出来的思想倾向和精神实质 *ideological content of one's speech, written articles, art, etc.*

【思想评论】sīxiǎng pínglùn 对于某种思想的评论 *a critique of a particular ideology*

【思想体系】sīxiǎng tǐxì(1)成体系的思想观点和理论 *ideological system* (2)意识形态 *ideology*

【思想问题】sīxiǎng wèntí 指人们思想上存在的矛盾或不正确的看法 *erroneous thinking；ideological problem*：他总以为我们不支持他的工作，得跟他解释，解决他这个~。Tā zǒng yǐwéi wǒmen bù zhīchí tā de gōngzuò，děi gēn tā jiěshì，jiějué tā zhège ~. *He always thinks we don't support his work. We should talk to him and set right this erroneous way of thinking.*

【思想性】sīxiǎngxìng(名)作品所表现出的政治倾向和社会意义 *ideological content (or level) of a literary or artistic piece of work*：这部作品的~和艺术性都很好。Zhè bù zuòpǐn de ~ hé yìshùxìng dōu hěn hǎo. *This piece of work excels in both ideological content and artistic quality.*

【思想意识】sīxiǎng yìshí 人的头脑对客观世界的反映，包括感觉、知觉、思维等心理过程组成的各种意识形式和经过思维活动产生的思想 *ideology*

【思想准备】sīxiǎng zhǔnbèi 做事前，预先在思想上进行筹划，有所准备 *mental preparation*：我知道这个建议一定会有人反对，我有~，不会感到意外。Wǒ zhīdao zhège jiànyì yídìng huì yǒu rén fǎnduì，wǒ yǒu ~，bú huì gǎndào yìwài. *I know there will be some opposition to this recommendation；therefore, I've prepared myself mentally and won't be taken by surprise.*

【思想作风】sīxiǎng zuòfēng 一个人在工作、学习等方面表现出来的态度、行为（*work, study, etc.*）*attitude and behaviour*

【思绪】sīxù(名)(1)思路 *train of thought；thinking*：~纷乱 ~ fēnluàn *in confused state of mind (or train of thought)* /清晰的~ qīngxī de ~ *clear thinking* /~万端 ~ wàn duān *many (or various) trains of thought* (2)情绪 *feeling*：~不宁 ~ bù níng *feel perturbed*

斯
sī(代)〈书〉这个，这里 *this；here*：~人 ~ rén *this person* /生于~长于~ shēng yú ~ zhǎng yú ~ *be born and brought up here*

【斯文】sīwén(形)(1)文雅 *refined；gentle*：这个男孩子很~，像个女孩子似的。Zhège nán háizi hěn ~，xiàng ge nǚ háizi shìde. *This boy is very gentle, almost effeminate.* (2)指文化或文人 *the cultured；the educated class*：一个教员竟去偷书，真是~扫地。Yí ge jiàoyuán jìng qù tōu shū，zhēnshì ~ sǎo dì. *A teacher going so far as to steal books — that's really dragging culture through the dust!* /有辱~ yǒu rǔ ~ *bring disgrace to the cultured*

厮
sī(副)〈书〉互相 *each other*

【厮打】sīdǎ(动)互相打（多见于早期白话）*come to blows；exchange blows*

【厮杀】sīshā(动) *fight at close quarters (with weapons)*

撕
sī(动) *tear；rip*：他看完就把信~了。Tā kànwán jiù bǎ

xìn ~ le. *He tore up the letter as soon as he finished reading it.* /一不小心，把袖子～破了。Yí bù xiǎoxīn, bǎ xiùzi ~ pò le. *He wasn't paying attention when his sleeve was torn.* /把公共杂志里的照片一下来拿走，太不道德了。Bǎ gōnggòng zázhì li de zhàopiānr ~ xialai názǒu, tài bú dàodé le. *Tearing the pictures out of public magazines and stealing them is not ethical!*

【撕毁】sīhuǐ（动）*tear up; tear to shreds*：～协议 ～ xiéyì *tear up an agreement* /～合同 ～ hétong *tear up a contract*

嘶 sī

（书）（动）（马）叫 *neigh*（形）嘶哑 *hoarse*：力竭声～ lì jié shēng ～ *exhausted and hoarse*

【嘶哑】sīyǎ（形）*hoarse*：他一直讲了两个钟头，声音都～了。Tā yìzhí jiǎngle liǎng ge zhōngtóu, shēngyin dōu ~ le. *He spoke for two hours straight. Now his voice is hoarse.*

sǐ

死 sǐ

（动）*die*（形）(1)坚决，不顾性命地 *to the death*：与敌人决一～战。Yǔ dírén jué yì ~ zhàn. *We will fight the enemy to the death.* /～守 ～shǒu *defend to the last; defend to the death* (2)不能改变，不活动，不灵活 *fixed; rigid; inflexible*：门被钉～了，开不开了。Mén bèi dìng ~ le, kāi bu kāi le. *The door has been nailed shut and now there's no way to open it.* /这个坑里的水是～水。Zhège kēng li de shuǐ shì ~shuǐ. *The water in this pit is stagnant.* /～脑筋 ～nǎojīn *a one-track mind; stubborn mind* /他学习很努力，只是方法太～。Tā xuéxí hěn nǔ lì, zhǐshì fāngfǎ tài ～. *He studies quite diligently, but his method is too rigid.* /别把话说～了。Bié bǎ huà shuō～ le. *Don't make it definite.* (3)不能通过 *impassable; closed*：把洞堵～。Bǎ dòng dǔ～. *Plug the holes.* /～一路一条～路 yì tiáo blind alley; the road to ruin* (4)达到极点 *extremely; to death*：他这副怪样子，笑～人。Tā zhè fù guài yàngzi, xiào～ rén. *That queer manner of his could make a person laugh his head off.* /你怎么才来?真把人急～了。Nǐ zěnme cái lái? Zhēn bǎ rén jí ~ le. *Why are you so late? I was worried to death.* （副）(1)表示(不顾一切地，竭尽全力地)硬要坚持，修饰单音节动词，动词后可带"着" *rigidly persist (modifies a monosyllabic verb which can take "着")*：他第一次到这个大城市，整天跟着他的朋友不敢离开。Tā dìyī cì dào zhège dà chéngshì, zhěng tiān ~ gēnzhe tā de péngyou bù gǎn líkāi. *The first time he came to this big city he stuck by his friend's side and didn't dare leave him.* /人家不欢迎，你为什么还～赖在这里? Rénjia bù huānyíng, nǐ wèi shénme hái ~ lài zài zhèlǐ? *You're not welcome, so why are you still hanging around here?* /他干吗老是～盯着我? Tā gànmá lǎoshi ~ dīngzhe wǒ? *On earth has he been staring at me for so long?* /不能～拼体力，得想个巧办法。Bù néng ～ pīn tǐlì, děi xiǎng ge qiǎo bànfǎ. *You can't keep on using all your strength; you have to think of a clever way.* /警察～追～赶，终于抓住了扒手。Jǐngchá ~ zhuī ~ gǎn, zhōngyú zhuāzhùle páshǒu. *The police kept up the chase and finally caught the pickpocket.* "死不"用于双音动词前，带有贬义，表示人的顽固态度("死不" is used before a disyllabic verb to indicate an inflexible attitude; has a derogatory sense)：无论你怎么说，他就是～不开窍。Wúlùn nǐ zěnme shuō, tā jiùshì ~ bù kāi qiào. *No matter what you say, he'd rather die than straighten out his ideas.* /经过再三教育，仍有那么一小部分顽固分子～不改悔。Jīngguò zàisān jiàoyù, réng yǒu nàme yì xiǎo bùfen wángù fènzǐ ~ bù gǎihuǐ. *There are still a few diehards who are incorrigible, even after repeated education.* /在人证物证俱在的情况下，你还想～不承认

吗? Zài rénzhèng wùzhèng jù zài de qíngkuàng xià, nǐ hái xiǎng ~ bù chéngrèn ma? *Do you still refuse to confess even with the testimony of witnesses and material evidence?*"死也不……"则不一定有贬义 ("死也不…" does not necessarily imply a derogatory sense)：她～也不肯嫁给一个她不爱的人。Tā ~ yě bù kěn jià gěi yí ge tā bú ài de rén. *She would rather die than marry someone she didn't love.* /你的这些花言巧语，我～也不会相信。Nǐ de zhèxiē huā yán qiǎo yǔ, wǒ ~ yě bú huì xiāngxìn. *I would rather die than believe those sweet words of yours.* /那个人的名字，我～也想不起来了。Nàge rén de míngzi, wǒ ~ yě xiǎng bu qǐlái le. *I just simply cannot think of that person's name.* (2)表示程度极高，修饰贬义形容词 (*indicates a high degree; modifies a derogatory adjective*) *extremely; to death*：她是老脑筋，～顽固，谁也甭想说服她。Tā shì lǎo nǎojīn, ~ wánpgù, shuí yě béng xiǎng shuōfú tā. *Her way of thinking is old; she's a diehard. Nobody should even think of bringing her round.* /这个菜～咸，不好吃。zhège cài ~ xián, bù hǎochī. *This dish is extremely salty. It doesn't taste good.* /这袋子米～沉，我一个人哪儿搬得动啊! Zhè dàizi mǐ ~ chén, wǒ yí ge rén nǎr bān de dòng a! *This sack of rice is extremely heavy. How can I carry it by myself?*

【死板】sǐbǎn（形）(1)不生动 *stiff; rigid*：动作～ dòngzuò ～ *mechanical movements* /人物画得太～。Rénwù huà de tài ~. *His figure painting is too rigid.* (2)不灵活 *inflexible*：处理问题不能太～。Chǔlǐ wèntí bù néng tài ~. *When handling problems, one must not be too inflexible.* /原则上不能让步，可是方法不要～。Yuánzé shang bù néng ràng bù, kěshì fāngfǎ búyào ~. *Don't compromise the principle; but don't be inflexible in your method either.*

【死不改悔】sǐ bù gǎihuǐ 至死不改正自己的错误 *absolutely unrepentant; incorrigible*

【死不瞑目】sǐ bù míng mù 瞑目：闭眼。死了也不闭眼睛。表示心里有不放心的事。(表示态度坚决时用)(瞑目：*close one's eyes*)：die with a grievance (used to show determination*：我一定要写好这本历史，不然我～。Wǒ yídìng yào xiěhǎo zhè běn lìshǐ, bùrán wǒ ～. *I must finish writing this history book; otherwise, I'll regret it forever.*

【死党】sǐdǎng（名）(贬)拼死命为某人或某集团效力的人 *sworn followers; diehard followers*

【死得其所】sǐ dé qí suǒ 死得有意义，有价值 *die a worthy death*：为人民的利益而死，就是～。Wèi rénmín de lìyì ér sǐ, jiù shì ～. *To die for the benefit of the people is to die a worthy death.*

【死敌】sǐdí（名）*deadly enemy; mortal enemy*

【死读书】sǐ dú shū 不联系实际，只顾钻研书本 *study mechanically*

【死对头】sǐduìtou（名）绝对不能和解的仇敌 *sworn enemy*

【死胡同】sǐhútòng（名）走不通的胡同。也比喻绝路 *dead end; blind alley*

【死缓】sǐhuǎn（名）(法)指判处死刑同时宣布缓期执行，在缓期中进行劳动改造，以观后效。简称"死缓" *abbrev. for death sentence with a reprieve and forced labour; stay of execution*

【死灰复燃】sǐ huī fù rán 比喻已经失败的势力或重新活动起来(多指坏事) *dying embers glowing again — resurgence; revival (usu. refers to evil deeds or bad things)*

【死活】sǐhuó（名）活得下去活不下去(用于否定句) *life or death (used in a negative sentence)*：不顾别人～ bùgù biéren ~ *don't care whether others live or die* (副)(口)表示无论如何，坚决，多修饰动词或助动词的否定式，意同"死也……" *simply; no matter what (usu. modifies the negative form of a verb or auxiliary verb); has the same meaning as "死也…"*：我动员他半天，他～不答应。Wǒ dòngyuán tā

bàntiān, tā ~ bù dāying. *I spent a long time trying to mobilize him, but he just simply would not respond.* /这里的房子要拆掉盖新楼，可是有两户人家～不肯搬迁。Zhèlǐ de fángzi yào chāidiào gài xīn lóu, kěshì yǒu liǎng hù rénjiā ~ bù kěn bānqiān. *The houses here are going to be torn down to make room for a new building, but there are two families who simply will not move.* /门锁锈住了，～打不开。Ménsuǒ xiùzhu le, ~ dǎ bu kāi. *The lock on the door is rusty and won't open, no matter what.* /我那件羊毛衫不知压在哪儿了，～找不到。Wǒ nà jiàn yángmáoshān bù zhī yā zài nǎr le, ~ zhǎo bu dào. *I don't know where I've put that woollen cardigan, but I simply cannot find it.* /村干部给老汉送来救济款，他～不肯收。Cūn gànbu gěi lǎohàn sònglái jiùjì kuǎn, tā ~ bù kěn shōu. *The village cadres gave the old man relief money, but he simply would not accept it.*

【死记硬背】sǐ jì yìng bèi 背诵、强记而不理解 *memorizing by rote*

【死角】sǐjiǎo（名）(1)在火器射程之内而射击不到的地方 *dead angle; blind angle; dead space* (2)比喻影响未达到，因而情况毫无改变的地方 *a spot undisturbed by outside influence*：这个地方是个～，环境卫生根本没人管。Zhège dìfang shì ge ~, huánjìng wèishēng gēnběn méi rén guǎn. *This area has been undisturbed for a long time. Nobody has ever bothered to clean it.*

【死结】sǐjié（名）拉不开的结子 *fast knot*：他把鞋带儿系了个～，怎么也解不开。Tā bǎ xiédàir jìle ge ~, zěnme yě jiě bu kāi. *He tied his shoelace in a fast knot and just can't get it undone.*

【死劲儿】sǐjìnr（名）〈口〉同"死力"sǐlì（名） *same as "死力"* sǐlì（名）(副)〈口〉同"死力"sǐlì（副）*same as "死力"* sǐlì（副）

【死力】sǐlì（名）最大的力量 *all one's strength*：出一～ chū ~ *use all one's strength* /只用一是搬不动这块石头的，得想个巧办法才行。Zhǐ yòng ~ shi bān bu dòng zhè kuài shítou de, děi xiǎng ge qiǎo bànfǎ cái xíng. *Using all one's strength still won't move this rock. We'll have to devise a clever way to do it.* /（副)使出最大的力量 *with all one's strength*：～顶住 ~ dǐngzhù *resist with all one's strength* /～抵抗 ~ dǐkàng *fight tooth and nail*

【死里逃生】sǐ lǐ táo shēng 形容经过了极其危险的境遇，幸免于死 *barely escape with one's life; have a narrow escape; escape by the skin of one's teeth*

【死路】sǐlù（名）不能走通的路。多用于比喻 *blind alley; the road to ruin or destruction (often used metaphorically)*：对犯罪的人来说，只有悔过自新，才不至于走上～。Duì fàn zuì de rén lái shuō, zhǐyǒu huǐguò zìxīn, cái búzhìyú zǒushàng ~. *As for criminals, the only way to keep them from walking down the road to destruction is to repent and turn over a new leaf.*

【死命】sǐmìng（副）拼命，竭尽全力，只修饰动词，可带"地" *desperately (only modifies verbs; can take "地")*：这孩子被黄蜂蜇了一下，～地哭叫。Zhè háizi bèi huángfēng zhēle yī xià, ~ de kūjiào. *This child has been stung by a wasp and is crying desperately.* /三个战士瞄准敌人的火力点～地射击。Sān ge zhànshì miáozhǔn dírén de huǒlìdiǎn ~ de shèjī. *Three soldiers aimed at the enemy's firing point and fired desperately.* /两个落水儿童一挣扎着，最后被一位工人救了上来。Liǎng ge luò shuǐ értóng ~ zhēngzházhe, zuìhòu bèi yī wèi gōngrén jiùle shànglai. *The two children who had fallen into the water struggled desperately and were finally rescued by a worker.* /消防队员们一到现场，～抢救困在楼顶上的群众。xiāofángduì duìyuánmen yī dào xiànchǎng, ~ qiǎngjiù kùn zài lóudǐng shang de qúnzhòng. *As soon as the fire fighters reached the scene, they fought*

desperately to rescue the people who were stuck on the rooftop.

【死难】sǐnàn（动）遭难而死。现多指为革命、为人民牺牲生命 *die in a political incident (esp. for a revolutionary cause)*：～烈士 ~ lièshì *martyr* /在那次起义中～的人足有三百。Zài nà cì qǐyì zhōng ~ de rén zú yǒu sānbǎi. *A full three hundred people died during that uprising.*

【死气沉沉】sǐqì chénchén 形容气氛不活泼或精神消沉、不振作 *lifeless; spiritless; stagnant*：人们的思想十分活跃，打破了过去那种～的局面。Rénmen de sīxiǎng shífēn huóyuè, dǎpòle guòqù nà zhǒng ~ de júmiàn. *The people have shrugged off the stagnant situation of the past and are now full of life and imagination.* /年轻人的生活得生动活泼，可不能～。Niánqīng rén de shēnghuó děi shēngdòng huópo, kě bù néng ~. *Young people should lead a lively and vigorous life. They shouldn't allow it to be spiritless.*

【死囚】sǐqiú（名）已判死刑还未执行的囚犯 *a convict sentenced to death and awaiting execution*

【死去活来】sǐ qù huó lái 昏厥过去又苏醒过来，形容极度的悲哀、疼痛等 *hovering between life and death; half dead*：吓得～ xià de ~ *be frightened half to death* /打得他～ dǎ de tā ~ *beat him half to death*

【死伤】sǐshāng（动）死亡和受伤 *killed and wounded; casualties*：在战斗中～二百人。Zài zhàndòu zhōng ~ èrbǎi rén. *There were two hundred casualties from the battle.* /我们～的不多，敌人损失严重。Wǒmen ~ de bù duō, dírén sǔnshī yánzhòng. *We don't have many casualties, but the enemy has suffered a heavy loss.*

【死尸】sǐshī（名）[具 jù] 人的尸体 *corpse; dead body*

【死守】sǐshǒu（动）(1)拼命守住 *defend to the death; defend to the last*：～阵地 ~ zhèndì *defend the position to the last* (2)固执地不知变动地遵守 *obstinately cling to; rigidly adhere to*：～旧的条文不放 ~ jiù de tiáowén bú fàng *rigidly adhere to an old clause*

【死水】sǐshuǐ（名）不流动的河水、湖水等，常用来形容长时间没有变化的地方 *stagnant water (often used to refer to a place that has not undergone any changes for a long time)*：外边发生了那么大的变化，而这里却像一潭～，一丝未动。Wàibian fāshēngle nàme dà de biànhuà, ér zhèlǐ què xiàng yī tán ~, yì sī wèi dòng. *Other places have undergone enormous changes, this place, however, is like a pool of stagnant water. There hasn't been a single ripple.*

【死亡】sǐwáng（动）失去生命 *die*：～因车祸～ yīn chēhuò ~ *die in a traffic accident* /～原因 ~ yuányīn *cause of death* /医疗卫生条件改善以后，～率明显下降。Yīliáo wèishēng tiáojiàn gǎishàn yǐhòu, ~lǜ míngxiǎn xiàjiàng. *After medical and sanitary conditions improved, there has obviously been a decline in the death rate.*

【死心】sǐ＝xīn 不再怀着希望 *give up the idea forever; think no more of sth.*：敌人虽然被打败了，但他们是不～的。Dírén suīrán bèi dǎbài le, dàn tāmen shì bù ~ de. *Although the enemy has been defeated, it has not given up hope.* /死了这条心吧，他不会答应你的要求的。Sǐle zhè tiáo xīn ba, tā bú huì dāyìng nǐ de yāoqiú de. *You'd better give up the idea altogether, There's no way he'll agree to your demand.*

【死心塌地】sǐ xīn tā dì 打定主意，决不改变 *be dead set*：我决定一地在牧区工作一辈子。Wǒ juédìng ~ de zài mùqū gōngzuò yíbèizi. *I'm dead set on working in the pastures all my life.* /这个汉奸～为敌人卖命，落了个可耻的下场。Zhège hànjiān ~ wèi dírén mài mìng, luòle ge kěchǐ de xiàchǎng. *This traitor was dead set on collaborating with the enemy. He met with a humiliating fate.*

【死心眼儿】sǐxīnyǎnr（形）想问题、办事不灵活，很固执 *one-track minded*：他这个人真一，买不着那种信封，不会买别样

的吗？Tā zhège rén zhēn ～，mǎibuzháo nà zhǒng xìnfēng，bú huì mǎi bié yàng de ma? *He's one-track minded. If he couldn't buy that kind of envelopes，why didn't he just buy another kind*? /你怎么这么～呢，明天再去他家不是一样吗？Nǐ zěnme zhème ～ ne，míngtiān zài qù tā jiā búshì yíyàng ma? *Why are you being so one-track minded? Isn't it the same if we go to his place tomorrow*?

【死刑】sǐxíng（名）*death penalty；capital punishment*

【死硬】sǐyìng（形）*inflexible；die-hard*：态度～tàidu ～ *inflexible attitude* /～派 ～ pài *diehards*

【死有余辜】sǐ yǒu yú gū 辜：罪。虽然死了也抵偿不了他的罪过。形容罪大恶极 *even death would not expiate all his crimes；have committed more crimes than one could atone for by death*：为了几百元杀了两个人，真是～。Wèile jǐ bǎi yuán shāle liǎng ge rén，zhēnshi ～. *For just a few hundred yuan，he killed two people，Even death would not expiate his crime.*

【死罪】sǐzuì（名）*capital offence*

sì

四 sì

（数）*four*

【四边形】sìbiānxíng（名）*quadrilateral*

【四不像】sìbùxiàng（名）麋鹿 milu；*David's deer*（形）比喻不伦不类的东西或情况 *nondescript*：他本来想设计一个新颖别致的纪念碑，结果却成了～。Tā běnlái xiǎng shèjì yí ge xīnyǐng biézhì de jìniànbēi，jiéguǒ què chéngle ～. *He originally wanted to design a novel and unique monument. The result，however，is quite nondescript.*

【四重唱】sìchóngchàng（名）（vocal）*quartet*

【四处】sìchù（副）周围各地 *all around；in all directions；everywhere*：～奔走 ～ bēnzǒu *go hither and thither* /～碰壁 ～ pèng bì *run into snags and be foiled everywhere*：这里～都是河流、湖泊。Zhèli ～ dōu shì héliú húpō. *There are rivers and lakes all around this area.*

【四方】sìfāng（名）东、西、南、北，泛指各处 *the four directions（north，south，east，west）；all sides；all quarters*：胜利的消息传～。Shènglì de xiāoxi chuán ～. *The news of victory spread in all directions.*（形）正方形的或立方体的 *square；cubic*：院子是用～砖铺的。Yuànzi shì yòng ～ zhuān pū de. *The courtyard is paved with square bricks.* /这个盒子四四方方的，装什么用的？Zhège hézi sìsìfāngfāng de，zhuāng shénme yòng de? *What is this square box used for*?

【四方步】sìfāngbù（名）（～儿）悠闲的大而慢的步子 *solemn measured steps*：他迈着～，不慌不忙地走过来。Tā màizhe ～，bù huāng bù máng de zǒu guolai. *Taking solemn measured steps，he calmly walked over here.*

【四分五裂】sì fēn wǔ liè 形容分散，不统一，不团结 *fall apart；disintegrate；be rent by disunity*

【四个现代化】sì gè xiàndàihuà 指工业现代化、农业现代化、科学技术现代化和国防现代化 *the Four Modernizations（namely，Industry，Agriculture，Science and Technology，National Defence）*

【四海】sìhǎi（名）指全国各地，全世界各地 *the whole country；the whole world*：～为家 ～ wéi jiā *make one's home wherever one is* /名扬～ míng yáng ～ *reputation that spreads to the four corners of the world*

【四合院】sìhéyuàn（名）（～儿）四面是屋子，中间是院子的一种旧式房子 *old type of compound with houses around the four sides of a courtyard*

【四化】sìhuà（名）"四个现代化"的简称 *abbrev. for* 四个现代化

【四环素】sìhuánsù（名）〈药〉*tetracycline*

【四季】sìjì（名）*the four seasons*

【四邻】sìlín（名）前后左右的邻居 *one's near neighbours*

【四面】sìmiàn（名）*on four sides；(on) all sides*：村子的～都是山。Cūnzi de ～ dōu shì shān. *The village is surrounded by mountains on all sides.* /～都设下了埋伏。～ dōu shèxiale máifu. *They laid an ambush on all sides.*

【四面八方】sì miàn bā fāng 指各个方面或各个地方 *all directions；all around；all quarters*：人们来自～。Rénmen láizì ～. *People came from all around.*

【四面楚歌】sì miàn Chǔ gē 公元前202年，楚霸王项羽被刘邦围困，夜里刘邦故意叫汉军都唱楚歌，使项羽疑心楚地全被刘邦占领，楚人都归附刘邦，感到大势已去。后来用以比喻孤立无援、四面受敌的处境 *the Chu anthem can be heard on all sides — be besieged on all sides；be utterly isolated（In 202 BC，Xiang Yu the Conqueror，of the State of Chu，was surrounded and isolated by Liu Bang of the State of Han. During the night，the Han army deliberately sang the Chu anthem so as to lead Xiang Yu suspect that their state was occupied and that the battle was as good as lost. This idiom later came to refer to a situation where one is besieged on all sides or is totally isolated.）*：敌人已陷于～的境地。Diren yǐ xiàn yú ～ de jìngdì. *The enemy has already been totally isolated.*

【四旁】sìpáng（名）指屋旁、路旁、河旁、村旁，也指前后左右很近的地方 *the "four sides"（house side，roadside，riverside and village side）；back and front，left and right；all around*：这村子～植树，搞得很好。Zhè cūnzi ～ zhí shù，gǎo de hěn hǎo. *Trees have been planted all around this village，the work was very well done.*

【四平八稳】sì píng bā wěn 形容说话、做事稳当。现在也形容做事只求不出差错，缺乏创新、改革精神 *dependable or reliable（in work and speech）；also refers to sb. who is lacking in initiative and is overcautious*：放心吧！他做事～，不会出问题。Fàng xīn ba! Tā zuò shì ～，bú huì chū wèntí. *Don't worry，he's a reliable worker. Nothing will go wrong.* /工作总是～不行，得不断创新，开拓新路。Gōngzuò zǒng shì ～ bù xíng，děi búduàn chuàngxīn，kāituò xīn lù. *Allowing to just remain stable won't do. One must constantly bring forth new ideas，open up new roads.*

【四舍五入】sì shě wǔ rù *rounding（off）；to the nearest whole number*

【四声】sìshēng（名）〈语〉（1）古代汉语平、上、去、入四个声调 *the four tones in classical Chinese phonetics（namely，level tone，falling-rising tone，falling tone and entering tone）*（2）现代汉语普通话的阴平、阳平、上声、去声四个声调 *the four tones of modern standard Chinese pronunciation（namely，high and level tone or first tone，rising tone or second tone，falling-rising tone or third tone，and falling or fourth tone）*

【四体不勤，五谷不分】sì tǐ bù qín，wǔ gǔ bù fēn 不参加体力劳动，分辨不清各种农作物 *can neither use one's four limbs nor tell the five grains apart —— said of sb. who neither participates in manual labour nor can tell the difference between crops*

【四通八达】sì tōng bā dá 四面八方都有路可通。形容交通非常方便 *extend in all directions（said of communication lines that are extremely convenient）*：～的公路网 ～ de gōnglù wǎng *a network of public roads that extend in all directions* /这儿～，交通方便得很。Zhèr ～，jiāotōng fāngbiàn de hěn. *The communication lines here are very convenient，as they extend in all directions.*

【四外】sìwài（名）四处（多指空旷的地方）*all around；in every direction；*中间是陆地，～是水。Zhōngjiān shì lùdì，～ shì shuǐ. *In the center is dry land and all around is water.* /～是一片大草原。～ shì yí piàn dà cǎoyuán. *All around*

was a stretch of prairie.

【四言诗】sìyánshī（名）中国古代流行的一种诗歌形式，全篇每句都是四个字 a type of classical Chinese poem with four characters to a line

【四月】sìyuè（名）April；the 4th month of the lunar calendar

【四肢】sìzhī（名）the four limbs (arms and legs)

【四周】sìzhōu（名）all around：校园～种满了树。Xiàoyuán ～ zhòngmǎnle shù. There are trees all around campus. /这儿～多山。Zhèr ～ duō shān. There are mountains all around this area.

【四周围】sìzhōuwéi（名）〈口〉四周 all around：足球场～坐满了观众，总有一万人吧。Zúqiúchǎng ～ zuòmǎnle guānzhòng, zǒng yǒu yíwàn rén ba. The seats all around the football stadium were filled with spectators. Altogether, that's about 10,000 people.

寺 sì
（名）庙宇 temple
【寺庙】sìmiào（名）泛指庙宇 temples

似 sì
（动）◇(1)像 seem；appear：如花～锦 rú huā ～ jǐn colourful (2)放在某些形容词后，表示超过 placed after certain adjectives to indicate a progression：收成一年好～一年。Shōucheng yì nián hǎo ～ yì nián. The crops are getting better with each passing year. /水平一班胜～一班。Shuǐpíng yì bān shèng ～ yì bān. The level of each class is higher than the other. /汽车的速度一辆快～一辆。Qìchē de sùdù yí liàng kuài ～ yí liàng. The speed of every vehicle increases with each passing one.（副）〈书〉意思同"似乎"，但可修饰单音动词 it seems；as if (same as "似乎" sìhū；but can modify a monosyllabic verb)：这个计划～属可行。Zhège jìhuà ～ shǔ kě xíng. It looks as if this plan can be implemented. /我看他的神色～有不悦，不知何故。Wǒ kàn tā de shénsè ～ yǒu bú yuè, bù zhī hé gù. He looks displeased to me, but I don't know why. /他讲的那些情况～不可信。Tā jiǎng de nàxiē qíngkuàng ～ bù kěxìn. Those situations he just described don't seem plausible. /这位澳大利亚朋友我～曾见过，可能是在去年夏天。Zhè wèi Àodàlìyà péngyou wǒ ～ céng jiànguo, kěnéng shì zài qùnián xiàtiān. I seem to have seen this Australian friend before；perhaps it was last summer. 另见 shì

【似……非……】sì……fēi……常常分别嵌入相同的词（以单音节的为多），构成比较固定的短语，作谓语、定语或状语，表示又像又不像的意思(often used in between two identical words (usu. monosyllabic ones) to form a relatively set phrase；serves as a predicate, attributive or adverbial to indicate both similarity and dissimilarity)：他那表情似笑非笑，似哭非哭，叫人看了很不舒服。Tā nà biǎoqíng sì xiào fēi xiào, sì kū fēi kū, jiào rén kànle hěn bù shūfu. The expression on his face makes him look like he's half smiling and half crying. Those who see it don't feel at ease. /大家都说这消息是真的，可是他却似信非信。Dàjiā dōu shuō zhè xiāoxi shì zhēn de, kěshì tā què sì xìn fēi xìn. Everybody says that this news is true, but he only seems to be half-believing. /老刘躺在病床上，似睡非睡，似醒非醒的。Lǎo Liú tǎng zài bìng chuáng shang, sì shuì fēi shuì, sì xǐng fēi xǐng de. Lao Liu lay on the sickbed only half conscious. 有时也说"似……不……"（"似...不..." is also said）：这块布似蓝不蓝，似绿不绿，算是什么颜色呢?Zhè kuài bù sì lán bù lán, sì lǜ bú lǜ, suàn shì shénme yánsè ne? This piece of cloth looks partially blue and partially green. Just exactly what colour is it? /你把那些似懂不懂的问题都提出来吧!Nǐ bǎ nàxiē sì dǒng bù dǒng de wèntí dōu tí chulai ba! Ask all those question you don't quite understand.

【似乎】sìhū（副）有"好像""仿佛"的意思，表示说话人或当事人不十分确切的了解或感觉，多修饰多音节词或短语 it seems；as if (usu. modifies polysyllabic words or phrases)：他～没听懂我的话。Tā ～ méi tīngdǒng wǒ de huà. He doesn't seem to have understood what I said. /听他的口气，对此情况～早有所知。Tīng tā de kǒuqì, duì cǐ qíngkuàng ～ zǎo yǒu suǒ zhī. Judging by his tone of voice, it would seem that he already knew something about this situation a long time ago. /生活上的困苦和磨难～使老张变得苍老了。Shēnghuó shàng de kùnkǔ hé mónàn ～ shǐ Lǎo Zhāng biàn de cānglǎo le. Life's trials and tribulation seem to have aged Lao Zhang. /天阴沉沉的，～要下雨。Tiān yīnchénchén de, ～ yào xià yǔ. The sky is so gloomy. It looks like rain.

【似是而非】sì shì ér fēi 好像是对的，其实是错的 apparently right but actually wrong；specious：～的论证 ～ de lùnzhèng specious proof /道理讲得～。Dàolǐ jiǎng de ～. His argument seems right, but it's actually wrong.

伺 sì
（动）〈书〉守候，等候 await；watch

【伺机】sìjī（副）观察和等待机会（干某事）wait for one's chance：三连正欲～突围之时，援兵赶到阵前。Sānlián zhèng yù ～ tūwéi zhī shí, yuánbīng gǎndào zhèn qián. Just as the third company was waiting for the opportune moment to break out of the encirclement, rescue troops rushed to the front. /歹徒～反扑，却被武警战士一拳打翻在地，铐上了手铐。Dǎitú ～ fǎnpū, què bèi wǔjǐng zhànshì yì quán dǎfān zài dì, kàoshangle shǒukào. The scoundrel was just waiting for the right moment to retaliate but was knocked to the ground by a military police officer and handcuffed. /侦察员们在草丛里埋伏下来，～穿过敌人的封锁线。Zhēncháyuánmen zài cǎocóng li máifu xiàlai, ～ chuānguò dírén de fēngsuǒxiàn. The scouts hid in the bush and waited for the chance to break through the enemy's blockade. /几个贩毒分子混在人群中，企图～蒙混过关。Jǐ ge fàn dú fènzǐ hùn zài rénqún zhōng, qǐtú ～ ménghùn guò guān. Some drug traffickers are hiding among the crowds and are waiting for the right moment to get by under false pretences.

饲 ［飼］ sì
（动）◇喂养（动物）raise or rear (animals)

【饲料】sìliào（名）forage；fodder；feed

【饲养】sìyǎng（动）喂养（动物）raise or rear (animals)：～员 ～yuán stockman；poultry raiser；animal keeper (in a zoo)

肆 sì
（数）数目字"四"的大写。多用于票证、账目等 four (used for the numeral 4 on cheques, etc. to avoid mistakes or alterations)

【肆虐】sìnüè（动）〈书〉任意残杀或迫害；起破坏作用 wreak havoc；indulge in wanton massacre or persecution

【肆无忌惮】sì wú jì dàn 胡作非为，毫无顾忌 unbridled；brazen；unscrupulous

【肆意】sìyì（副）〈书〉不顾一切，由着自己的性子（去做），有贬义 recklessly；wantonly：对那些～挥霍国家钱财的干部，就应该罢他们的官。Duì nàxiē ～ huīhuò guójiā qiáncái de gànbù, jiù yīnggāi bà tāmen de guān. Those cadres who recklessly squander state money should be dismissed from office. /那种侵略行径是对国际法的～践踏。Nà zhǒng qīnlüè xíngjìng shì duì guójìfǎ de ～ jiàntà. That kind of act of aggression tramples wantonly on international law. /那种～歪曲事实的报道骗不了群众。Nà zhǒng ～ wāiqū shìshí de bàodào piàn bu liǎo qúnzhòng. That kind of re-

port which wantonly distorts the facts cannot deceive the public. /那几个～为非作歹的罪犯，不杀不足以平民愤。Nà jǐ ge ～ wéi fēi zuò dǎi de zuìfàn, bù shā bù zúyǐ píng mínfèn. If those criminals who wantonly do evil are not killed, public indignation cannot be appeased.

sōng

松 sōng（名）◇松树 pine（形）〔鬆〕(1)不紧密，不坚实 loose；slack：绳子扣结得很～，很快就开了。Shéngzi kòu jié de hěn ～, hěn kuài jiù kāi le. The knot in this rope was very loose and was untied in no time. /这种饼干又～又脆。Zhè zhǒng bǐnggān yòu ～ yòu cuì. This type of biscuit is both light and crispy. /毛衣织得太紧，应该一点儿。Máoyī zhī de tài jǐn, yīnggāi ～ yìdiǎnr. The sweater is knit too tightly. You should loosen your stitch a bit. (2)不严格 lax：你对学生的要求太～了。Nǐ duì xuéshēng de yāoqiú tài ～ le. You're too lax with the students' demands. (动)〔鬆〕放松 loosen；relax；slacken：他一～手，碗掉在地上了。Tā yì ～ shǒu, wǎn diào zài dì shang le. As soon as he loosened his grip on the bowl, it fell to the floor.

【松弛】sōngchí（形）(1)不紧张 limp；flabby；slack：肌肉～jīròu ～ flaccid muscles (2)不严格 lax：纪律～ jìlù ～ lax discipline

【松动】sōngdòng（形）(1)不拥挤 become less crowded：乘车高峰已经过去了，公共汽车里～了好多。Chéng chē gāofēng yǐjīng guòqu le, gōnggòng qìchē li ～le hǎo duō. When I took the bus, rush hour was already over, so the bus was much less crowded. (2)宽裕 not hard up：最近手头～了些。Zuìjìn shǒutóu ～le xiē. I've been better off lately. (动)(牙齿、螺丝等)活动(of teeth, screws, etc.) loose；become more flexible：这个铆钉没铆住，～了。Zhège mǎodīng méi mǎozhù, ～ le. This rivet was not fixed firmly and has come loose.

【松花】sōnghuā（名）preserved egg

【松节油】sōngjiéyóu（名）turpentine (oil)

【松紧】sōngjǐn（名）松紧的程度或状态 degree of tightness；elasticity：这件毛衣太旧了，袖口一点儿～都没有了。Zhè jiàn máoyī tài jiù le, xiùkǒu yìdiǎnr ～ dōu méi yǒu le. This sweater is so old that the cuffs don't have any elasticity left.

【松紧带】sōngjǐndài（名）(～儿) elastic cord；elastic

【松劲】sōng＝jìn（～儿）减低用力或警惕的程度 relax one's efforts；slacken (off)：别～，坚持一会儿，马上就到目的地了。Bié ～, jiānchí yíhuìr, mǎshàng jiù dào mùdì dì le. Don't slack off. If you persist for just a while longer, you'll reach your goal. /稍一～就会落后。Shāo yì ～ jiù huì luòhòu. If you slacken off just a little, you'll fall behind. /他似乎有些～情绪。Tā sìhū yǒu xiē ～ qíngxù. It seems he's in a bit of a slack mood.

【松快】sōngkuài（形）relieved；relaxed：吃了药，休息一会儿，身上觉得～多了。Chīle yào, xiūxi yíhuìr, shēnshang juéde ～ duō le. I feel relieved after taking the medicine and resting for a while.

【松气】sōng＝qì 降低应有的紧张程度，不再用劲 relax one's efforts：继续努力，不要～。Jìxù nǔ lì, búyào ～. You must continue to be diligent and not relax your efforts. /任务总算完成了，他才松了一口气。Rènwu zǒng suàn wánchéng le, tā cái sōngle yì kǒu qì. It was only after the task was at long last finished that he could heave a sigh of relief.

【松球】sōngqiú（名）pinecone

【松软】sōngruǎn（形）soft；spongy；loose：～的土地 ～ de tǔ-dì loose soil：这种面包～可口。Zhè zhǒng miànbāo ～ kěkǒu. This kind of bread is very soft and tasty.

【松散】sōngsǎn（形）loose：这篇文章结构～。Zhè piān wénzhāng jiégòu ～. This article is loosely organized. /精神～ jīngshén ～ listless；languid

【松鼠】sōngshǔ（名）[只 zhī] squirrel

【松树】sōngshù（名）[棵 kē] pine tree

【松松垮垮】sōngsōngkuǎkuǎ（形）形容人作风松散，没有战斗力 behave in a lax, undisciplined way；slack and perfunctory：看，这个队伍～的，像个什么样子!Kàn, zhège duìwu ～ de, xiàng ge shénme yàngzi! Look how lax and undisciplined those troops are! What a sight! /～的领导班子，什么事情也办不成。～ de lǐngdǎo bānzi, shénme shìqíng yě bàn bu chéng. The leading group is slack and undisciplined. They can't do anything!

【松土】sōng＝tǔ 使土地松散 loosen the soil；scarify the soil

【松懈】sōngxiè（形）注意力不集中，做事不抓紧 inattentive；slack；纪律～ jìlù ～ slack discipline /工作～ gōngzuò ～ be slack in one's work /～的作风 ～ de zuòfēng a relaxed style（动）放松，常用于否定句 relax；slacken (often used in a negative sentence)：决不能～斗志。Jué bù néng ～ dòuzhì. One must absolutely not relax one's will to fight.

【松子】sōngzǐ（名）(～儿) pine nut

sǒng

怂 〔慫〕sǒng

【怂恿】sǒngyǒng（动）鼓动别人(去做坏事) instigate；abet：这个人最坏，自己不做，专门～别人去干坏事。Zhège rén zuì huài, zìjǐ bú zuò, zhuānmén ～ biéren qù gàn huàishì. This person is evil. Instead of doing things himself, he specializes in instigating others to commit evil deeds for him.

耸 〔聳〕sǒng（动）◇高起，直立 tower：高山～入云霄。Gāo shān ～ rù yúnxiāo. The mountains tower into the clouds.

【耸动】sǒngdòng（动）(1)(肩膀、肌肉等)向上动 shrug (one's shoulders) (2)使人震动 create a sensation：他总喜欢说些～视听的话。Tā zǒng xǐhuan shuō xiē ～ shìtīng de huà. He likes to create a sensation with his words.

【耸肩】sǒng＝jiān 微抬肩膀(表示轻蔑、疑惑、惊讶等) shrug one's shoulders (in disdain, disbelief, surprise, etc.)

【耸立】sǒnglì（动）高高地直立 tower aloft：群峰～ qúnfēng ～ mountain peaks towering aloft

【耸人听闻】sǒng rén tīng wén 让人听了感到震惊 give a startling account of facts：法西斯的残酷暴行实在～，令人难以置信。Fǎxīsī de cánkù bàoxíng shízài ～, lìng rén nányǐ zhìxìn. The ruthlessness and atrocities of Fascism were so startling, they were really incredible.

悚 sǒng

【悚然】sǒngrán（形）〈书〉害怕的样子 terrified

sòng

送 sòng（动）(1)赠送 give as a present；give：～你一张照片作纪念吧。～ nǐ yì zhāng zhàopiàn zuò jìniàn ba. Let me give you this photo as a souvenir. /这本书是我哥哥～我的。Zhè běn shū shì wǒ gēge ～ wǒ de. My older brother gave me this book as a gift. /～礼的风气盛行，应该煞一煞。～ lǐ de fēngqì shèngxíng, yīnggāi shā yi shā. The practice of giving gifts is in vogue. It should be stopped. (2)递交 deliver；carry：每天上午十一点，邮递员把报纸和邮件～来。Měi tiān shàngwǔ shíyī diǎn, yóudìyuán bǎ bàozhǐ hé yóujiàn

~lai. *The postman delivers the newspapers and mail every morning at eleven o'clock.* (3)送行，陪着去 *see sb. off or out；accompany；escort*：～人上火车 ～ rén shàng huǒchē *see somebody off at the train* /他一直把我们～到门口。Tā yìzhí bǎ wǒmen ~-dào ménkǒu. *He walked us all the way to the gate.* /祖父每天～他去幼儿园。Zǔfù měi tiān ～ tā qù yòu'éryuán. *His grandfather takes him to kindergarten every day.*

【送别】sòngbié（动·不及物）*see sb. off；wish sb. bon voyage*：车站上～的人比乘车的人还多。Chēzhàn shang ～ de rén bǐ chéng chē de rén hái duō. *There are more people seeing passengers off at the station than there are passengers.·*

【送殡】sòng＝bìn *attend a funeral；take part in a funeral procession*

【送还】sònghuán（动）*give back；return*：跟你借的参考书，今天下午一定～给你。Gēn nǐ jiè de cānkǎoshū, jīntiān xiàwǔ yídìng ～ gěi nǐ. *I'll definitely return the reference book I borrowed from you by this afternoon.* /昨天请客，跟邻居借的盘碗赶快～人家。Zuótiān qǐng kè, gēn línjū jiè de pán wǎn gǎnkuài ～ rénjia. *I must return the dishes I borrowed from the neighbours for last night's dinner party right away.*

【送交】sòngjiāo（动）送去交给 *deliver；hand over*：文件已～校长办公室。Wénjiàn yǐ ～ xiàozhǎng bàngōngshì. *The documents have already been delivered to the school principal's office.* /请把这笔钱～老李。Qǐng bǎ zhè bǐ qián ～ Lǎo Lǐ. *Please hand this money over to Lao Li.*

【送旧迎新】sòng jiù yíng xīn 送走旧的，迎接新的 *see off the old and welcome the new*：学校每年都有～的工作。Xuéxiào měi nián dōu yǒu ～ de gōngzuò. *The school has activites to see off the old and welcome the new students every year.*

【送命】sòng＝mìng 丧失性命(多为不值得的事)*get killed；lose one's life*（usu. *for a worthless cause*）：他总是违反交通规则，开快车，不知哪天会在车祸中～。Tā zǒngshì wéifǎn jiāotōng guīzé, kāi kuài chē, bù zhī nǎ tiān huì.zài chēhuò zhōng ～. *He's always violating traffic laws and driving too fast. One day he's going to get killed in a traffic accident.*

【送气】sòng＝qì〈语〉*aspirated*：～音 ～ yīn *aspirated sound*

【送行】sòngxíng（动·不及物）*see sb. off；wish sb. bon voyage*：大家都来为老林～。Dàjiā dōu lái wèi Lǎo Lín ～. *Everybody came to see Lao Lin off.*

【送葬】sòng＝zàng *take part in a funeral procession*

【送终】sòng＝zhōng 在长辈亲属临死前在身旁照料，也指为长辈亲属安排丧事 *attend upon a dying senior member of one's family；bury a senior member of one's family*

诵〔誦〕sòng
（动）◇ *read aloud；chant；recite*

【诵读】sòngdú（动）〈书〉*read aloud；chant*

颂〔頌〕sòng
（动）◇赞扬 *praise；extol；eulogize；laud*（名）◇以颂扬为内容的诗文、歌曲、影剧等 *ode；eulogy；paean*：祖国～ zǔguó ～ *ode to one's homeland*

【颂词】sòngcí（名）*complimentary or congratulatory address；eulogy*

【颂歌】sònggē（名）*song；ode*：我们需要的不是～，而是批评和建议。Wǒmen xūyào de bú shì ～, ér shì pīpíng hé jiànyì. *What we need is criticism and suggestions, not an ode.*

【颂古非今】sòng gǔ fēi jīn 颂扬古代的，非难或否定今天的 *praising what's ancient negates what's modern*：必须实事求是，既不要～，也不要颂今非古。Bìxū shí shì qiú shì, jì bú yào ～, yě búyào sòng jīn fēi gǔ. *One must seek truth from* facts. *One can neither negate what's modern by praising the ancient nor negate the ancient by praising what's modern.*

【颂扬】sòngyáng（动）*sing sb.'s praises；laud；extol；eulogize*

sōu

搜 sōu
（动）寻找，检查 *search*：敌人～了半天，什么也没～着。Dírén ～ le bàntiān, shénme yě méi ～ zháo. *The enemy searched for a long time but didn't find anything.*

【搜捕】sōubǔ（动）*track down and arrest*

【搜查】sōuchá（动）*search；ransack；rummage*

【搜刮】sōuguā（动）用各种手段掠夺(人民的财物)*extort；plunder；expropriate；fleece*

【搜集】sōují（动）*collect；gather*：～材料 ～ cáiliào *gather material* /～群众意见 ～ qúnzhòng yìjiàn *solicit opinions from the masses*

【搜罗】sōuluó（动）*collect；gather；recruit*：～人才 ～ réncái *recruit qualified persons* /～大量旧期刊 ～ dàliàng jiù qīkān *collect a large amount of old periodicals*

【搜身】sōu＝shēn *make a body search*

【搜索】sōusuǒ（动）*search for, hunt for；scout around*：警察昨天在这一地区～盗窃集团的残余分子。Jǐngchá zuótiān zài zhè yí dìqū ～ dàoqiè jítuán de cányú fènzǐ. *The police searched this area yesterday for the rest of the gang of thieves.*

【搜索枯肠】sōusuǒ kū cháng 形容竭力思索(多指写诗文)*rack one's brains*（for fresh ideas or apt expressions）：我～一个字也写不出来，别难为我了。Wǒ ～ yí ge zì yě xiě bu chūlái, bié nánwéi wǒ le. *I've racked my brains and still can't come up with anything to write. So don't press me.*

【搜寻】sōuxún（动）*search for；look for；seek*：他们在这所房子里～到不少赃物。Tāmen zài zhè suǒ fángzi li ～ dào bù shǎo zāngwù. *They searched this building and found quite a number of stolen goods.*

【搜腰包】sōu yāobāo 搜查别人腰里带的钱包 *search sb.'s pockets；search sb. for money and valuables*

嗖 sōu
（象声）形容很快通过的声音 *whiz；whistle*：～～的风声 ～～ de fēng shēng *the whistling of the wind* /子弹～～地飞过头顶。Zǐdàn ～ ～ de fēiguò tóudǐng. *The bullets whizzed by the top of his head.*

馊〔餿〕sōu
（形）*sour；spoiled*

艘 sōu
（量）用于船只 *for ships or large vessels*：一～轮船 yì ～ lúnchuán *a steamship* /一～快艇 yì ～ kuàitǐng *a speedboat*

sū

苏〔蘇〕sū
（动）◇苏醒 *revive；come to*：死而复～ sǐ ér fù ～ *come back to life*

【苏打】sūdá（名）*soda*

【苏区】Sūqū（名）第二次国内革命战争时期，中国共产党领导的革命根据地。因根据地的政权采取苏维埃的形式，所以称苏区（Chinese）*Soviet Area established during the Second Revolutionary Civil War period. This regime adopted a Soviet style of government and hence was named the Soviet Area.*

【苏维埃】Sūwéi'āi（名）*soviet*

【苏醒】sūxǐng（动）昏迷后醒过来 revive；regain consciousness；come to；come round：病人终于从昏迷中～过来了。Bìngrén zhōngyú cóng hūnmí zhōng ～ guolai le. The patient finally regained consciousness.

【苏绣】Sūxiù（名）中国江苏省苏州出产的刺绣 Suzhou embroidery（Jiangsu Prov.）

酥 sū
（形）松而易碎 crisp；short：这土豆片炸得很～。Zhè tǔdòupiànr zhá de hěn ～. These potato chips are fried to a crisp. /这些木板年代太久了，都～了。Zhèxiē mùbǎn niándài tài jiǔ le, dōu ～ le. These planks of wood are too old. They're all splintered.

【酥脆】sūcuì（形）crisp

【酥油】sūyóu（名）butter（made from yak milk）

【酥油茶】sūyóuchá（名）buttered tea

sú

俗 sú
（名）◇风俗 custom；convention：陈规陋～ chén guī lòu ～ outmoded conventions and bad customs /入境问～ rù jìng wèn ～ On entering a country, enquire about its customs.（形）(1)◇大众的，流行的 popular；common (2)趣味不高的，令人厌恶的 vulgar：他这身打扮～得很。Tā zhè shēn dǎbàn ～ de hěn. The way he's dressed is really vulgar. /屋里陈设得～不可耐。Wūli chénshè de ～ bù kě nài. The room furnishings are unbearably vulgar.

【俗称】súchēng（动）通俗称为 commonly call：番茄～西红柿。Fānqié ～ xīhóngshì. Tomatoes are commonly called "foreign persimmons".

【俗话】súhuà（名）群众中广泛流行的通俗而定型的语句 common saying；proverb：～说，吃一堑，长一智，一定要记住这教训。～ shuō, chī yí qiàn, zhǎng yí zhì, yídìng yào jìzhù zhè jiàoxun. As the saying goes, a fall into the pit, a gain in your wit. Keep this lesson in mind.

【俗名】súmíng（名）通俗的不是正式的名称 popular name；local name：马铃薯的～是土豆儿。Mǎlíngshǔ de ～ shì tǔdòur. "马铃薯"（potato）is more commonly known as "土豆儿".

【俗气】súqì（形）vulgar；in poor taste

【俗语】súyǔ（名）同"俗话" súhuà same as "俗话" súhuà

【俗字】súzì（名）指字体不合规范的汉字，如菓（果）、唸（念）popular form of characters（as opposed to the standard form），e.g. 菓（果）、唸（念）

sù

夙 sù
（形）〈书〉(1)早 early in the morning：～兴夜寐 ～ xīng yè mèi rise early and retire late (2)旧有的 long-standing；old：～敌 ～ dí long-standing enemy /～诺 ～ nuò long-standing promise

【夙愿】sùyuàn（名）一向怀有的愿望 long-cherished wish：他到底去游了一趟桂林，总算偿了～。Tā dàodǐ qù yóule yí tàng Guìlín, zǒngsuàn chángle ～. He finally fulfilled his long-cherished wish to travel to Guilin.

诉 〔訴〕sù
（动）(1)告知，述说 tell；relate；inform：～苦衷 ～ kǔzhōng relate one's difficulties /～委屈 ～ wěiqū pour out one's grievances (2)◇控告 complain；accuse

【诉苦】sù=kǔ 倾诉自己的痛苦 vent one's grievances；pour out one's woes：工作多，家务重，她跟我诉了半天苦。Gōngzuò duō, jiāwù zhòng, tā gēn wǒ sùle bàntiān kǔ. She

spent a long time pouring out her woes to me, telling me that her housework and workload were too heavy.

【诉说】sùshuō（动）〈书〉tell；relate；recount

【诉讼】sùsòng（名）lawsuit；litigation

【诉诸武力】sù zhū wǔlì 以武力来解决（争端）resort to force；appeal to arms

肃 〔肅〕sù
（动）clean up；mop up（形）solemn；serious；respectful

【肃反】sù=fǎn 肃清反革命分子 elimination of counter-revolutionaries

【肃静】sùjìng（形）〈书〉solemn and silent

【肃立】sùlì（动）〈书〉stand at attention（as a mark of respect）

【肃穆】sùmù（形）严肃恭敬 solemn and respectful

【肃清】sù//qīng eliminate；clean up；mop up

【肃然】sùrán（形）〈书〉形容十分恭敬的样子 respectful：使人～起敬 shǐ rén ～ qǐ jìng call forth in people a feeling of profound respect

素 sù
（形）(1)白色，本色 white；natural colour：～服 ～ fú white clothing（as a sign of mourning）(2)质朴、不华丽 plain；simple：这块花布太～。Zhè kuài huābù tài ～. This cotton print is too plain. (3)无肉蛋的蔬菜类食品 vegetarian food：吃～ chī ～ be a vegetarian /两荤一～ liǎng hūn yí ～ two meat dishes and one vegetarian dish（副）〈书〉有"素来""向来"的意思 always；usually：四川～称天府之国。Sìchuān ～ chēng tiānfǔ zhī guó. Sichuan has always been called the land of plenty. /这个厂～以产品优质，信誉至上取胜。Zhège chǎng ～ yǐ chǎnpǐn yōuzhì, xìnyù zhìshàng qǔshèng. This factory always has high-quality products and has earned a very high reputation. /我对儿童心理学～无研究。Wǒ duì értóng xīnlǐxué ～ wú yánjiū. I know nothing about child psychology. /我～不知海底世界竟是那样的奇妙。Wǒ ～ bù zhī hǎidǐ shìjiè jìng shì nàyàng de qímiào. I had no idea that the world at the botton of the sea was that intriguing. /他热情帮助一个～不相识的人。Tā rèqíng bāngzhù yí ge ～ bù xiāngshí de rén. He enthusiastically helped a total stranger.

【素材】sùcái（名）source material（of literature and art）；material

【素菜】sùcài（名）做好的没有肉的菜 vegetable dish

【素常】sùcháng（名）同"平常" píngcháng（名）same as "平常" píngcháng（名）

【素来】sùlái（副）〈书〉表示某种情况或特点一直是这样，特别强调平日都是如此 always；usually：她们婆媳之间～和和睦睦。Tāmen póxí zhī jiān ～ héhémùmù. The relationship between that mother and daughter-in-law is usually peaceful. /我～佩服这位副总编的才能和人品。Wǒ ～ pèifu zhè wèi fùzǒngbiān de cáinéng hé rénpǐn. I always admire that assistant editor-in-chief's ability and moral character. /爸爸～不和我们孩子发脾气。Bàba ～ bù hé wǒmen háizi fā píqi. Dad doesn't usually get angry with us children. /～不爱说话的小宁这时也沉不住气了。～ bú ài shuō huà de Xiǎo Níng zhè shí yě chén bu zhù qì le. Xiao Ning, who usually doesn't talk much, couldn't keep his cool this time. /他～习惯以教训人的口吻和人谈话。Tā ～ xíguàn yǐ jiàoxùn rén de kǒuwěn hé rén tán huà. He always talks to others with a lecturing tone of voice. /他～以美食家自居，我们每顿饭都挑剔。Tā ～ yǐ měishíjiā zìjū. He always gives himself the airs of a gourmet.

【素描】sùmiáo（名）sketch；literary sketch

【素日】sùrì（名）平时 generally；usually：他～很少出门。Tā ～ hěn shǎo chū mén. He usually doesn't go out.

【素食】sùshí（名）素的饭食和点心 vegetarian food（动）吃素 be a vegetarian：他～多年，已成为习惯。Tā ～ duō nián, yǐ chéngwéi xíguàn. He has been a vegetarian for many years and is now accustomed to such food.

【素雅】sùyǎ（形）simple but elegant

【素养】sùyǎng（名）accomplishment; attainment：听他说话就知道他的文艺～很高。Tīng tā shuō huà jiù zhīdao tā de wényì ～ hěn gāo. Just listening to the way he speaks, one can tell that he is artistically accomplished. /在中国文化各方面他都很有～。Zài Zhōngguó wénhuà gè fāngmiàn tā dōu hěn yǒu ～. He is accomplished in every aspect of Chinese culture.

【素质】sùzhì（名）quality：文化～ wénhuà ～ cultural quality /好运动员不只要有运动技巧，还要有胜不骄、败不馁的～。Hǎo yùndòngyuán bù zhǐ yào yǒu yùndòng jìqiǎo, hái yào yǒu shèng bù jiāo, bài bù něi de ～. A good athlete is one who not only has athletic skill, but also neither gets dizzy with success nor is discouraged by failure.

速 sù
（形）◇快 fast; rapid; quick：～去～回 ～ qù ～ huí quickly go and come back（名）◇快的程度 speed; velocity：轮子的转～ lúnzi de zhuàn ～ the rotational speed of a wheel

【速成】sùchéng（动・不及物）speeded-up (educational program) short-term (training)：～识字班 ～ shízìbān crash course in literacy; quick method of achieving literacy /～中学 ～ zhōngxué short-term program for completing middle school

【速度】sùdù（名）speed; velocity

【速记】sùjì（动）用一种简便的记音符号或词语缩写符号把话迅速地记录下来 take shorthand（名）速记的方法 shorthand; stenography

【速效】sùxiào（名）很快就取得的成效 quick results：这种药治腹泻有～。Zhè zhǒng yào zhì fùxiè yǒu ～. /施这种化肥可收到～。Shī zhè zhǒng huàféi kě shōudào ～. If you apply this type of chemical fertilizer, you'll get quick results.

【速写】sùxiě（名）sketch; literary sketch

【速战速决】sù zhàn sù jué 快速地组织战役，快速地解决战斗，取得胜利 quickly organize and win a campaign or battle

宿 sù
（书）（动）住，过夜 stay overnight; lodge for the night（形）平素，一向就有的 long-standing; veteran

【宿命论】sùmìnglùn（名）fatalism

【宿舍】sùshè（名）hostel; dormitory; living quarters

【宿营】sùyíng（动）军队行军或打仗后驻扎下来（of troops）take up quarters; camp：～地 ～dì campsite; camp ground /战斗结束后，部队就在树林里～。Zhàndòu jiéshù hòu, bùduì jiù zài shùlín li ～. After the battle ended, the troops set up camp in the woods.

【宿愿】sùyuàn（名）同"夙愿" sùyuàn same as "夙愿" sùyuàn

嗉 sù
【嗉子】sùzi（名）crop (of a bird)

塑 sù
（动）model; mould：这个小人儿是用泥～成的。Zhège xiǎorén shì yòng ní ～chéng de. This figurine is made of clay.

【塑料】sùliào（名）plastics

【塑料袋】sùliàodài（名）plastic bag

【塑料薄膜】sùliào báomó plastic film

【塑料贴面】sùliào tiēmiàn plastic veneer

【塑像】sùxiàng（名）statue：中国寺庙中的佛像多半都是泥做的。Zhōngguó sìmiào zhōng de fóxiàng duōbàn dōu shì ní zuò de ～. Most of the Buddha statues in Chinese temples are made of clay.

【塑造】sùzào（动）model; mould

篍 sù
【篍篍】sùsù（象声）(1)形容风吹树叶的声音 rustle (2)纷纷落下的样子 streaming down：泪水～落下来。Lèishuǐ ～ luò xialai. Tears came streaming down.

suān

酸 suān
（名）〈化〉acid（形）(1) sour; tart：这种苹果～不～? Zhè zhǒng píngguǒ ～ bu ～? Is this kind of apple sour or not? /你尝尝这葡萄，很甜又带一点儿～味儿。Nǐ chángchang zhè pútao, hěn tián yòu dài yìdiǎnr ～ wèir. Taste these grapes, They're very sweet with just a touch of tartness. (2)◇悲痛, 伤心 grieved; distressed (3)微痛无力的感觉 ache; tingle：腰～ yāo ～ a backache

【酸溜溜】suānliūliū（形）～的 (1)形容酸的味道或气味 sour (in taste or smell)：～的汤 ～ de tāng soup with an astringent taste (2)形容酸痛的感觉 aching; tingling painfully：我感冒了，全身～的。Wǒ gǎnmào le, quán shēn ～ de. I've got a cold and my body is aching all over. (3)形容悲酸难过的感觉 distressful (emotion)：她很忌妒, 心里～。Tā hěn jìdù, xīnli ～ de. She's eaten up with jealousy.

【酸梅】suānméi（名）smoked plum; dark plum

【酸牛奶】suānniúnǎi（名）yoghurt; sour milk

【酸痛】suāntòng（形）aching：站的时间太久了, 两腿～。Zhàn de shíjiān tài jiǔ le, liǎng tuǐ ～. I've been standing for too long, My legs are aching.

【酸性】suānxìng（名）acidity

suàn

蒜 suàn
（名）[头 tóu、瓣 bànr]garlic

【蒜黄】suànhuáng（名）blanched garlic leaves

【蒜苗】suànmiáo（名）garlic bolt

【蒜头】suàntóu（名）(～儿) the head (or bulb) of garlic

算 suàn
（动）(1)核计, 计数 calculate; reckon; compute; figure：请帮我～一下钱数对不对。Qǐng bāng wǒ ～ yíxià qiánshù duì bu duì. Please help me count the money and see whether or not the amount is correct. (2)把……包括进去 include; count：明天上山植树, 我～一个。Míngtiān shàng shān zhí shù, wǒ ～ yí ge. When you go to plant trees in the hills tomorrow, count me in. /所有的钱都～上也不够。Suǒyǒu de qián dōu ～shang yě bú gòu. Even if you count all the money, it's still not enough. (3)有效 carry weight; count：到底谁说了～? Dàodǐ shuí shuōle ～ ? Who has the final say after all? /在这个家庭里, 妈妈说了～。Zài zhège jiātíng li, māma shuōle ～. In this household, mother gets the final say. (4)当作, 可以认为, 作为 consider; regard as; count as：就～你说得对, 态度也要谦逊一点。Jiù ～ nǐ shuō de duì, tàidu yě yào qiānxùn yìdiǎn. Even if you are right, you should be a bit more modest. /这雨不～大。Zhè yǔ bú ～ dà. It's not raining hard. /你说汉语能说成这样, ～不错了。Nǐ shuō Hànyǔ néng shuōchéng zhèyàng, ～ búcuò

le. *Your Chinese is not bad, considering.* （副）经过一番努力或一个较长的过程，某一愿望终于实现 *at long last; in the end; finally*：问题今天～完全搞清楚了。Wèntí jīntiān ～ wánquán gǎo qīngchu le. *The problem was finally cleared up today.* /这本书我跑了那么多地方，这回～买着了。Zhè běn shū wǒ pǎole nàme duō dìfang, zhè huí ～ mǎizháo le. *I've been looking for this book everywhere. I was finally able to buy it this time.*

【算计】suànji （动）(1)计算数目 *calculate; reckon*：你～一下修这所房子得几天? Nǐ ～ yīxià xiū zhè suǒ fángzi děi jǐ tiān? *How many days do you reckon it will take to repair this house?* (2)考虑，打算 *consider; plan*：他真会～。Tā zhēn huì ～. *He really knows how to plan things.* /我～好了，买贵一点、好一点的东西，比便宜货上算。Wǒ ～ hǎo le, mǎi guì yìdiǎnr、hǎo yìdiǎnr de dōngxi, bǐ piányi huò shàngsuàn. *I've considered it carefully and decided that buying a bit better and more expensive things is more worthwhile than buying cheaper things.* (3)暗中谋划(损害别人) *scheme; plot*：这人就会～人，你可小心着点。Zhè rén jiù huì ～ rén, nǐ kě xiǎoxīnzhe diǎnr. *Be careful. This person knows how to plot against others.*

【算了】suànle （动）作罢 *let it be; let it pass*：～，别再写了。～, bié zài xiě le. *Forget it. Don't write any more.* /～～，为这么点小事，别吵了。～～, wèi zhème diǎnr xiǎo shì, bié chǎo le. *That's enough! There's no need to argue over such a small matter.*

【算盘】suànpan （名）[把 bǎ] *abacus*

【算是】suànshì （动）同"算" suàn（动）(4) *same as "算" suàn（动）(4)*：这个饭馆儿～这儿最有名的了。Zhège fànguǎnr ～ zhèr zuì yǒu míng de le. *This is considered to be the most famous restaurant in this area.* （副）同"算" suàn（副） *same as "算" suàn（副）*

【算术】suànshù （名）*arithmetic*

【算术级数】suànshù jíshù *arithmetic progression; arithmetic series*

【算数】suàn＝shù 承认有效力 *count; hold; stand*：说话应该～。Shuō huà yīnggāi ～. *One should mean what one says.* /以前说的全不～。Yǐqián shuō de quán bú ～ le. *What I said before doesn't count.*

【算账】suàn＝zhàng (1)计算账目 *do accounts; balance the books; make out bills* (2)和人较量 *square (or settle) accounts with sb.; get even with sb.*：这个人太不像话了，我早晚得跟他～。Zhège rén tài bú xiànghuà le, wǒ zǎowǎn děi gēn tā ～. *This person is so unreasonable! I'm going to get even with him some day.*

sui

虽 〔雖〕suī
（连）〔书〕意思同"虽然" suīrán；但多用于主语后 *same as "虽然" suīrán, but usu. placed after the subject*：她～不是我的亲姐妹，可比亲姐妹还要亲。Tā ～ bú shì wǒ de qīn jiěmèi, kě bǐ qīn jiěmèi hái yào qīn. *Although she isn't my real sister, she's dearer to me than one.* /海上～无大风，但波涛拍打岩石的响声还传得很远。Hǎi shàng ～ wú dà fēng, dàn bōtāo pāidǎ yánshí de xiǎngshēng hái chuán de hěn yuǎn. *Although there was no wind at sea, the sound of waves lapping on the rocks still carried very far.* /我～未亲眼见过他，但常听你们说他，似乎对他很熟悉了。Wǒ ～ wèi qīnyǎn jiànguo tā, dàn cháng tīng nǐmen shuō tā, sìhū duì tā hěn shúxi le. *Though I've never actually seen him, I feel as if I knew him well from listening to you talk about him often.*

【虽然】suīrán （连）表示让步，承认某种事实(1)用于主从复句的前一分句(从句)，可在主语前或主语后；常有"可是"

"但是""然而""而""可"等连词或"却""可""总""还""仍然"等副词与之呼应，表示跟前一分句相反或相对 *(expresses concession or recognition of certain facts) though; although (used in the first (or subordinate) clause of a sentence that has a principal and a subordinate clause; can be used before or after the subject; often used together with conjunctions such as "可是", "但是", "然而", "而", "可", etc., or with adverbs such as "却", "可", "总", "还", "仍然", etc. which indicate that the second clause is contrary to or is the opposite of the preceding clause)*：他的家庭连遭不幸，但他并没被困难和悲伤压倒。～ tā de jiātíng lián zāo búxìng, dàn tā bìng méi bèi kùnnan hé bēishāng yādǎo. *Although his family suffered a series of setbacks, he would not be overwhelmed by difficulties and sorrow.* /～已到秋天，可去香山看红叶还嫌太早，要到旧历九月叶子才能红透。～ yǐ dào qiūtiān, kě qù Xiāng Shān kàn hóngyè hái xián tài zǎo, yào dào jiùlì jiǔyuè yèzi cái néng hóngtòu. *Though autumn has arrived, it's still rather early to go to Xiangshan to see the red leaves as they don't turn completely red until the ninth month of the lunar calendar.* /～是冬天，这里却温暖如春。～ shì dōngtiān, zhèlǐ què wēnnuǎn rú chūn. *Although it's winter, this place is as warm as spring.* /大家～初次见面，然而并不感到陌生。Dàjiā ～ chūcì jiàn miàn, rán'ér bìng bù gǎndào mòshēng. *Although it was the first time we met, we didn't feel at all like strangers.* (2)"虽然"用于后一分句(从句)，起补充说明的作用。"虽然"必用在主语前，前面的主句一般不用"可是""但是""然而"等 *("虽然" can be used in the final (or subordinate) clause of a sentence to serve as a further illustration; in this case, 虽然 must be placed before the subject and the preceding clause does not usu. use "可是", "但是", "然而", etc.)*：他不常骑自行车，～ 他会骑。Tā bù cháng qí zìxíngchē, ～ tā huì qí. *He doesn't often ride a bicycle even though he knows how.* /我最后还是去参加会了，～比较勉强。Wǒ zuìhòu háishi qù cānjiā huì le, ～ bǐjiào miǎnqiǎng. *In the end, I did attend the meeting, albeit rather reluctantly.* /我把那枝钢笔送她了，～我也很喜欢。Wǒ bǎ nà zhī gāngbǐ sòng gěi tā le, ～ wǒ yě hěn xǐhuan. *I gave her that pen, though I liked it a lot too.* /咱们还是去杭州玩儿吧！～青岛也不错。Zánmen háishi qù Hángzhōu wánr ba! ～ Qīngdǎo yě búcuò. *Even if Qingdao is nice let's go to Hangzhou anyway!*

【虽说】suīshuō （连）同"虽然" suīrán，多用于口语 *same as "虽然" suīrán (usu. used in the spoken language)*：房间～不大，可我们总算有了自己的家了。Fángjiān ～ bú dà, kě wǒmen zǒngsuàn yǒule zìjǐ de jiā le. *Even though the room is small, we finally have our own home.* /今年雨水不少，可是水库里的水增加得并不多。～ jīnnián yǔshuǐ bù shǎo, kěshì shuǐkù lǐ de shuǐ zēngjiā de bìng bù duō. *The water in the reservoir hasn't risen very much at all even though there has been a lot of rain this year.* /每天工作很累，但是她心情是愉快的。Měi tiān gōngzuò ～ hěn lèi, dànshì tā xīnqíng shì yúkuài de. *Although her work is very tiring, she's still very happy.*

【虽说是】suīshuōshì （连）同"虽说" suīshuō *same as "虽说" suīshuō*：这次试验～失败了，然而取得了不少经验。Zhè cì shìyàn ～ shībài le, rán'ér qǔdéle bù shǎo jīngyàn. *Although this experiment failed, we have nevertheless gained a lot of experience from it.* /人造皮毛～不错，但总没有真正的兽皮暖和。Rén zào pímáo ～ búcuò, dàn zǒng méiyǒu zhēnzhèng de shòupí nuǎnhuo. *Although manmade fur is quite good, it's still not as warm as genuine fur.* /～条件差一些，可是你在这样的小厂里能更好地发挥作用。～ tiáojiàn chà yìxiē, kěshì nǐ zài zhèyàng de xiǎo chǎng li néng gèng hǎo de fāhuī zuòyòng. *You can play a better role*

in a small factory like this even though conditions are slightly inferior here.

【虽则】suīzé（连）〈书〉意思同"虽然" suīrán same as "虽然" suīrán：董老师对小明有一种慈母般的感情，～她只比他大八九岁。Dǒng lǎoshī duì Xiǎo Míng yǒu yī zhǒng címǔ bān de gǎnqíng, ～ tā zhǐ bǐ tā dà bā-jiǔ suì. Although Teacher Dong is only eight or nine years older than Xiao Ming, she has a motherly affection towards him. ～我叫不出她的名字,但她十分面熟。～ wǒ jiào bu chū tā de míngzi, dàn tā shífēn miànshú. Her face is extremely familiar even though I can't think of her name.

suí

绥〔綏〕suí

【绥靖】suíjìng（动）〈书〉旧指保持地方平静 pacify; appease
【绥靖主义】suíjìngzhǔyì（名）policy of appeasement

随〔隨〕suí

（动）(1)跟随 follow：有两个记者～军出征了。Yǒu liǎng ge jìzhě ～ jūn chūzhēng le. Two reporters followed the troops on an expedition. /她～父亲到农村去了。Tā ～ fùqīn dào nóngcūn qù le. She followed her father out to the countryside. (2)听凭 let (sb. do as one pleases); comply with：今天晚上有电影,看不看～你。Jīntiān wǎnshang yǒu diànyǐng, kàn bú kàn ～ nǐ. There's a movie on this evening. Whether you go to see it or not is up to you. /你不用管了,～他去处理。Nǐ búyòng guǎn le, ～ tā qù chǔlǐ. There's no need for you to bother. Let him handle it.

【随笔】suíbǐ（名）informal essay; jottings
【随便】suíbiàn（形）(1)不受限制,非正式 casual; random; informal：咱们～聊聊。Zánmen ～ liáoliao. Let's have an informal chat. /你～写几句吧! Nǐ ～ xiě jǐ jù ba! Just write whatever you want! /到他家去挺～的,不受拘束。Dào tā jiā qù tǐng ～ de, bú shòu jūshù. His home is quite informal, I don't feel the least bit ill at ease there. (2)不多考虑,怎么方便就怎么做 do as one pleases; careless：他讲话很～,有时让人不高兴。Tā jiǎng huà hěn ～, yǒushí ràng rén bù gāoxìng. He's not careful with his words which sometimes offends others. /你怎么能随随便便地把报纸都处理掉了呢? Nǐ zěnme néng suísuíbiànbiàn de bǎ bàozhǐ dōu chǔlǐ diào le ne! How could you be so careless as to throw out all the newspapers! (连)任凭,无论(和疑问代词呼应) anyhow; any：有时间请你来一下,～哪天都行。Yǒu shíjiān qǐng nǐ lái yíxià, ～ nǎ tiān dōu xíng. Come whenever you are free. Any day is fine. /～什么茶,我都可以喝。～ shénme chá, wǒ dōu kěyǐ hē. Any tea is fine, I like them all.

【随波逐流】suí bō zhú liú 随着波浪起伏,跟着流水飘荡。比喻没有坚定的立场,没有主见,只是跟着别人走 drift with the tide; go with the flow — sb. who just goes along with others and doesn't have an opinion of his own：要有坚定的信念,不能～。Yào yǒu jiāndìng de xìnniàn, bù néng ～. You must have firm convictions, You can't just go with the flow.

【随处】suíchù（副）不拘什么地方,随便走到什么地方 everywhere; anywhere：在码头上～可以看到巨大的集装箱。Zài mǎtóu shang ～ kěyǐ kàndào jùdà de jízhuāngxiāng. Gigantic containers can be seen everywhere on the dock. /马路两侧不得～堆放建筑材料。Mǎlù liǎng cè bù dé ～ duīfàng jiànzhù cáiliào. It is not permitted to stack building materials anywhere on the roadside. /经济特区发展很快,新楼房拔地而起,～可见。Jīngjì tèqū fāzhǎn hěn kuài, xīn lóufáng bá dì ér qǐ, ～ kě jiàn. The special economic zones are de-veloping rapidly. New highrises can be seen going up everywhere.

【随从】suícóng（动）跟随(领导人) accompany(one's superiors)；（名）retinue; entourage：师长带着两名～。Shīzhǎng dàizhe liǎng míng ～. The division commander took along a retinue of two.

【随地】suídì（副）表示不拘什么地方 anywhere; everywhere：请不要～吐痰! Qǐng búyào ～ tǔ tán! Please don't spit anywhere! /禁止～乱扔废弃物。Jìnzhǐ ～ luàn rēng fèiqìwù. No littering. /在一些影剧院里,烟头、瓜子皮～都是。Zài yīxiē yǐng-jùyuàn li, yāntóur, guāzǐpí ～ dōu shì. In some cinemas, there are cigarette butts and nutshells all over the place.

【随风倒】suí fēng dǎo 形容没有主见,看哪边势力大就倒向哪一边 bend with the wind — be easily swayed by whichever side has more power or influence

【随和】suíhe（形）amiable; obliging：他这个人很～,从来没跟人吵过架。Tā zhège rén hěn ～, cónglái méi gēn rén chǎoguo jià. He's very amiable. He's never had an argument with anyone.

【随后】suíhòu（副）表示紧接某种情况或行动之后,多与"就"连用 right afterwards (usu. used together with "就")：你骑车先去吧,我～就到。Nǐ qí chē xiān qù ba, wǒ ～ jiù dào. You ride ahead. I'll be there right away. /你们先说你们的意见,我～补充就是了。Nǐmen xiān shuō nǐmen de yìjian, wǒ ～ bǔchōng jiù shì le. You express your opinions first. I promise to add my own afterwards. /天空中亮起一道闪电,～便是一阵雷鸣。Tiānkōng zhōng liàngqǐ yí dào shǎndiàn, ～ biàn shì yí zhèn léi míng. A flash of lightning lit up the sky and was immediately followed by a roll of thunder. "随后"可用在句首,后面可以有停顿("随后"can be used at the beginning of a sentence which is then followed by a pause)：开始是记者们静静地听他演说,～,向他提出了一连串的问题。Kāishǐ shì jìzhěmen jìngjìng de tīng tā yǎnshuō, ～, xiàng tā tíchūle yìliánchuàn de wèntí. At first, the reporters listened quietly as he delivered a speech, then right afterwards, they asked him a series of questions. /王大夫在一小时之内查完了病房,～,又和另几位大夫给一个重病号进行会诊。Wáng dàifu zài yì xiǎoshí zhī nèi cháwánle bìngfáng, ～, yòu hé lìng jǐ wèi dàifu gěi yí ge zhòng bìnghàor jìnxíng huìzhěn. Doctor Wang finished checking the wards within an hour; afterwards, he and a few other doctors gave a group consultation to a patient who was seriously ill.

【随机应变】suí jī yìng biàn 随着情况的变化灵活机动地应付 adapt oneself to changing conditions; act according to circumstances：在对敌斗争中,他机智灵活,善于～。Zài duì dí dòuzhēng zhōng, tā jīzhì línghuó, shànyú ～. In the struggle against the enemy, he's quick-witted and resourceful, good at adapting to changing conditions.

【随即】suíjí（副）〈书〉(1)有"随后就……"的意思,表示某一事情是紧接另一事情或行动之后(as "随后就...")：小王给母亲寄完钱～又写了封信去。Xiǎo Wáng gěi mǔqīn jìwán qián ～ yòu xiěle fēng xìn qu. Right after Xiao Wang sent money to his mother, he wrote her a letter. /只见一个人影儿藏在树后,但～又消失了。Zhǐ jiàn yí ge rényǐngr cáng zài shù hòu, dàn ～ yòu xiāoshī le. I just caught sight of a figure hiding behind a tree, then it disappeared right afterwards. /工会主席原说组织我们去潭柘寺春游,～又改变了主意。Gōnghuì zhǔxí yuán shuō zǔzhī wǒmen qù Tánzhèsì chūnyóu, ～ yòu gǎibiànle zhǔyì. The president of the labour union had originally said that he would organize a spring outing to the Tanzhe Temple but changed his mind right afterwards. (2)有"立刻"的意思,而且表示紧接着发生的后一情况或动作,

是由前一情况、动作引起的 *immediately* (*following anoth-er action or event*)：一梭子子弹打出去，～倒下五六个敌兵。Yì suōzi zǐdàn dǎ chuqu, ～ dǎoxia wǔ-liù gè díbīng. *A whole clip of ammunition was fired, after which five or six enemy soldiers immediately fell.* /我看见有个陌生人进来，～警觉起来。Tā kànjian yǒu ge mòshēng rén jìnlai, ～ jǐngjué qǐlai. *He immediately became fully alert when he saw a stranger come in.* /我发现他误会了我的意思，～向他进行解释。Wǒ fāxiàn tā wùhuìle wǒ de yìsi, ～ xiàng tā jìnxíng jiěshì. *When I noticed that he misunderstood my meaning, I immediately explained it to him.*

【随叫随到】suí jiào suí dào 只要请(他)立刻就来 *be on call at any hour*; *be available at any time*：方医生不论白天黑夜～。Fāng yīshēng búlùn báitiān hēiyè ～. *Regardless of whether it's day or night, Dr. Fang is always on call.*

【随口】suíkǒu (副)没经思考，随便说出，它修饰的总是跟说话有关的动词 *speak without considering one's words first*; *blurt out whatever come into one's head* (*always modifies the verb that is connected with speech*)：请你不要认真，他只是～说说罢了。Qǐng nǐ búyào rènzhēn, tā zhǐshi ～ shuōshuo bàle. *Please don't take him seriously. He just said it without thinking.* /这件事是真的，还是你～编造出来的?Zhè jiàn shì shì zhēn de, háishi nǐ ～ biānzào chulai de? *Is this matter true, or did you just blurt out a story you made up?* /做事要有个认真的态度，不能～表了决心，过后不做。Zuò shì yào yǒu ge rènzhēn de tàidu, bù néng ～ biǎole juéxīn, guòhòu bú zuò. *You must be earnest in your attitude towards doing things. You can't just casually express your determination, then not follow up on it.* /小李让我陪他去小亮家，我就～答应了。Xiǎo Lǐ ràng wǒ péi tā qù Xiǎo Liàng jiā, wǒ jiù ～ dāying le. *Xiao Li asked me to accompany him to Xiao Liang's home and I casually agreed.*

【随身】suíshēn (形)带在身上或身边的 (*carry*) *on one's person*; (*take*) *with one*：行李都托运了，～的东西不多。Xíngli dōu tuōyùn le, ～ de dōngxi bù duō. *My luggage has already been checked, I don't have much else to take with me.* /～带的只有一个手提箱。～ dài de zhǐ yǒu yí ge shǒutíxiāng. *All I'm taking with me is one suitcase.*

【随声附和】suí shēng fùhè 别人说什么就跟着说什么，比喻自己没有主见 *chime in with others*; *echo other people's views thoughtlessly* (*refers to sb. who has no definite views of his own*)：不调查研究，不分析情况，～，往往出错。Bú diàochá yánjiū, bù fēnxī qíngkuàng, ～, wǎngwǎng chū cuò. *If you just echo what others say without investigating or analyzing a situation yourself, you'll often make mistakes.*

【随时】suíshí (副)(1)(可能性)每一时刻(都存在) (*possibility*) *at all times*; *at any time*：这一段坑道不安全，～有塌方的危险。Zhè yí duàn kēngdào bù ānquán, ～ yǒu tāfāng de wēixiǎn. *This section of tunnel is not safe. It could cave in at any time.* /他生命垂危，～可能死去。Tā shēngmìng chuíwēi, ～ kěnéng sǐqù. *He's in critical condition and may die at any time.* /这种好人好事～都能遇到。Zhè zhǒng hǎo rén hǎo shì ～ dōu néng yùdào. *You could meet up with these kinds of good people and things at any time.* (2)只要有需要，有可能，不受时间的限制 *whenever necessary*：有什么不懂的问题～可以来找我。Yǒu shénme bù dǒng de wèntí ～ kěyǐ lái zhǎo wǒ. *You can just come and ask me whenever you don't understand a question.* /一切都准备好了，～可以动身。Yíqiè dōu zhǔnbèi hǎo le, ～ kěyǐ dòng shēn. *Everything is ready. We can leave whenever you want.* /有什么新情况我会～转告你。Yǒu shénme xīn qíngkuàng wǒ huì ～ zhuǎngào nǐ. *I'll let you know as soon as anything new comes up.* (3)表示事情延续不断，相当于"每时每刻" *at all times*; *always*：他～不忘自己做一个人民

教师的责任。Tā ～ bú wàng zìjǐ zuò yí ge rénmín jiàoshī de zérèn. *He never forgets his duty as a teacher to the people.* /共产党人应该～想到人民的利益。Gòngchǎndǎng rén yīnggāi ～ xiǎngdào rénmín de lìyì. *Communist Party members should always remember the interests of the people.* /企业家们要～掌握经济信息。Qǐyèjiāmen yào ～ zhǎngwò jīngjì xìnxī. *Entrepreneurs should know at all times the economic information.*

【随时随地】suíshí suídì (只要有需要)不受时间或地点的限制 *anytime*, *anywhere*：在路上，他～注意观察周围的一切，了解了不少情况。Zài lùshang, tā ～ zhùyì guānchá zhōuwéi de yíqiè, liǎojiěle bù shǎo qíngkuàng. *While he was on the road, he would at any time and anywhere observe his surroundings. He learned a lot from this.*

【随手】suíshǒu (副)(1)同"顺手" shùnshǒu (副)，趁某种方便，顺便做某事，必是用手做的 *same as* "顺手" shùnshǒu (副) (*do sth. without extra trouble*: *the action must be performed with the hands*)：请～关门! Qǐng ～ guān mén! *Please shut the door after you!* /录音机用完后～把插销拔了。Lùyīnjī yòngwán hòu ～ bǎ chāxiāo bá le. *Pull out the plug when you're finished with the recorder.* (2)很容易地一伸手(就做某事) *stretch out one's hand* (*and do sth. with ease*)：这孩子一进屋～拿起桌上的面包就吃。Zhè háizi yí jìn wū ～ náqǐ zhuō shang de miànbāo jiù chī. *As soon as this child walked into the room, he reached out and grabbed the bread on the table, then ate it.* /他和另一个售货员闲聊着，～拨弄着算盘珠儿。Tā hé lìng yí ge shòuhuòyuán xiánliáozhe, ～ bōnòngzhe suànpánzhūr. *As he was chatting with another salesclerk, he stretched out his hand and fiddled with the beads of the abacus.* (3)拿在手上 *carry in one's hand*：这提包不用托运，就～拿着吧! Zhè tíbāo búyòng tuōyùn, jiù ～ názhe ba! *There's no need to check this handbag. I can carry it in my hand.*

【随同】suítóng (动) *be in company with*; *accompany*：这家报纸派一个记者～代表团出国访问。Zhè jiā bàozhǐ pài yí ge jìzhě ～ dàibiǎotuán chū guó fǎngwèn. *This newspaper sent a reporter to accompany the delegation on an official visit abroad.*

【随心所欲】suí xīn suǒ yù 心里想要怎么做就怎么做 *follow one's inclinations*; *do as one pleases*

【随行人员】suíxíng rényuán *suite*; *retinue*; *entourage*

【随意】suíyì (副)任意 *at will*; *as one pleases*：你要哪个都行，可以～选择。Nǐ yào nǎge dōu xíng, kěyǐ ～ xuǎnzé. *You can have whichever one you want, choose as you please.*

【随员】suíyuán (名) *suite*; *retinue*; *entourage*; *attaché*

【随着】suízhe (副)(1)表示一个事物件随着另一事物发生 *accordingly*; *in pace with*：国民经济发展了，人民生活水平自然会～提高。Guómín jīngjì fāzhǎn le, rénmín shēnghuó shuǐpíng zìrán huì ～ tígāo. *With the development of the national economy, the living standards of the people will naturally improve accordingly.* /实行开放政策以来，这些地区的经济也～搞活了。Shíxíng kāifàng zhèngcè yǐlái, zhèxiē dìqū de jīngjì yě ～ gǎohuó le. *Ever since the Open Door Policy has been implemented, the economy of these districts has livened up accordingly.* /蔬菜的品种和数量多了，价格也就～降下来。Shūcài de pǐnzhǒng hé shùliàng duō le, jiàgé yě jiù ～ jiàng xialai. *When the variety and amount of vegetables increase, prices decrease accordingly.* (2)紧接在另一事物发生之后 *in the wake of*; *right afterwards*：雷鸣闪电过后，～下起了倾盆大雨。Léimíng shǎndiàn guò hòu, ～ xiàqǐle qīngpén dàyǔ. *A heavy downpour followed in the wake of thunder and lightning.* /他喝完了一杯咖啡，～又喝了一杯茶。Tā hēwánle yì bēi kāfēi, ～ yòu hēle yì bēi chá. *He drank a cup of tea right after he finished a cup of coffee.* /这种爆竹先是闪出蓝色的亮光，～就发出

砰啪的响声。Zhè zhǒng bàozhú xiān shì shǎnchū lánsè de liàngguāng，~ jiù fāchū pēngpā de xiǎngshēng. *This kind of firecracker gives off a flash of blue which is immediately followed by a resounding bang.* (3)表示行动的方向，跟随另一行动 along with；in the same direction as：一看组长进了车间，几个工人也—进了车间。Yí kàn zǔzhǎng jìnle chējiān，jǐ ge gōngrén yě ~ jìnle chējiān. *As soon as they saw the group leader enter the workshop, some workers went in there too.* /许多人跑到出事地点，老王也～去了。Xǔduō rén pǎodào chū shì dìdiǎn，Lǎo Wáng yě ~ qù le. *Several people ran to the scene of the accident and Lao Wang went along with them.* /讲解员一边讲一边用指挥棍指点着，大家的视线也～移动。Jiǎngjiěyuán yìbiān jiǎng yìbiān yòng zhǐhuīgùn zhǐdiǎnzhe，dàjiā de shìxiàn yě ~ yídòng. *The lecturer used a pointer to give directions and everybody's line of vision moved along with it.* (介)(1)表示某事物的变化以另一事物为伴发前提 along with；in pace with：～人民生活水平的提高，对高档商品的需求量越来越大。~ rénmín shēnghuó shuǐpíng de tígāo，duì gāodàng shāngpǐn de xūqiú liàng yuèláiyuè dà. *The demand for high-grade goods has been getting greater as the standard of living improves for the people.* /这些小山村～国家经济的改革，也发生了很大的变化。Zhèxiē xiǎo shāncūn ~ guójiā jīngjì de gǎigé，yě fāshēngle hěn dà de biànhuà. *These mountain villages have undergone great changes that have kept pace with the state's economic reforms.* /～时间的推移，历史终于证明了他是清白、正直的。~ shíjiān de tuīyí，lìshǐ zhōngyú zhèngmíngle tā shì qīngbái、zhèngzhí de. *With the passage of time, it has finally been proved that he is clean and honest.* /他～年龄的增长，变得成熟起来了。Tā ~ niánlíng de zēngzhǎng，biànde chéngshú qǐlai le. *He is becoming more mature with age.* "随着……"在动词前时，可有"而"与之配合，不影响意思（when "随着..." is placed before the verb it may be accompanied by "而" without changing the meaning）：语言也是～社会的发展而发展的。Yǔyán yě shì ~ shèhuì de fāzhǎn ér fāzhǎn de. *With the development of society, language has developed accordingly.* /他的心～大海的波涛而激烈地跳动着。Tā de xīn ~ dàhǎi de bōtāo ér jiliè de tiàodòngzhe. *His heart beat fiercely along with the rhythm of the sea's waves.* /蔬菜的品种和价格总是～季节的变更而变更。Shūcài de pǐnzhǒng hé jiàgé zǒngshì ~ jìjié de biàngēng ér biàngēng de. *The variety and prices of vegetables always change according to the seasons.* (2)表示一事件的发生紧跟在另一事件之后 in the wake of：～一阵枪声，倒下四五个敌人。~ yí zhèn qiāng shēng，dǎoxia sì-wǔ gè dírén. *Four or five enemies fell in the wake of a burst of gunfire.* /～经济建设高潮的到来，必然出现文化建设的高潮。~ jīngjì jiànshè gāocháo de dàolái，bìrán chūxiàn wénhuà jiànshè de gāocháo. *An upsurge in economic construction is bound to be followed by an upsurge in the cultural field.* /～轰隆一声巨响，大楼变成了一堆废墟。~ hōnglōng yì shēng jù xiǎng，dà lóu biànchéngle yì duī fèixū. *The highrise building became a pile of ruins in the wake of a tremendous rumble.*

suì

岁〔歲〕suì
(名)〈书〉年 year：～末 ~ mò the end of the year（量）year（of age）：这孩子几～? Zhè háizi jǐ ~? *How old is this child?* /她已经二十一～了。Tā yǐjīng èrshí ~ le. *She's already twenty years old.*

【岁数】suìshù（名）〈口〉age；years：我不知道他的～。Wǒ bù zhīdao tā de ~. *I don't know his age.* /您多大～了?（问老人）Nín duō dà ~ le? *How old are you?* /她母亲

～很大了。Tā mǔqin ~ hěn dà le. *Her mother is very old.*

【岁月】suìyuè（名）〈书〉年月 years：难忘的～ nán wàng de ~ memorable years /艰苦的～ jiānkǔ de ~ difficult years

遂 suì
(动)◇顺；符合（愿望）satisfy；fulfil 有"于是""就"的意思，表示时间相承或因果相承 then；thereupon（same as "于是" and "就"）：经全厂投票选举，一致通过，老马～上任当了厂长。Jīng quán chǎng tóu piào xuǎnjǔ，yízhì tōngguò，Lǎo Mǎ ~ shàng rèn dāngle chǎngzhǎng. *A factory-wide election by ballot was held and it was passed unanimously. Thereupon Lao Ma assumed the post of factory director.* /谈判取得了圆满成功，两国～建立了大使级外交关系。Tánpàn qǔdéle yuánmǎn chénggōng，liǎng guó ~ jiànlìle dàshǐ jí wàijiāo guānxi. *The negotiations achieved complete success. The two countries then established diplomatic relations at the ambassadorial level.* /敌军挡不住我军炮火的猛攻，～丢下武器，纷纷逃窜。Díjūn dǎng bu zhù wǒ jūn pàohuǒ de měng gōng，~ diūxià wǔqì，fēnfēn táocuàn. *The enemy troops were unable to ward off the fierce attack of our army's artillery fire; thereupon they dropped their weapons and fled one after another.*

【遂心】suì=xīn 合自己的心意 after one's heart；to one's liking：～如意 ~ rúyì perfectly satisfied /她盼着生个女儿，这下总算遂了心。Tā pànzhe shēng ge nǚ'ér，zhè xià zǒngsuàn suìle xīn. *She longed to have a daughter. This time she finally got what she wanted.*

【遂愿】suì=yuàn 顺心，称意 have one's wish fulfilled：他儿子考上了大学，女儿的工作也很满意，一切～。Tā érzi kǎoshangle dàxué，nǚ'ér de gōngzuò yě hěn mǎnyì，yíqiè ~. *His son has passed the university entrance exams and his daughter has a good job. All his wishes have been fulfilled.*

碎 suì
(形)(1)不完整的，零星的 broken；fragmentary：～玻璃 ~ bōli bits of broken glass /满地～纸片 mǎn dì ~ zhǐpiàn *The floor is covered with bits of paper.* /～布 ~ bù scraps of cloth /盘子打～了。Pánzi dǎ ~ le. *The plate is smashed to pieces.* (2)(说话)絮烦，唠叨 gabby；garrulous：这人嘴太～，一点儿事说起没完。Zhè rén zuǐ tài ~，yìdiǎnr shì shuōqǐ méi wán. *This person is a regular chatterbox. He'll talk on and on about the slightest matter.* (动)完整的东西破成零片，零块 break to pieces；smash：杯子～了。Bēizi ~ le. *The glass is smashed to pieces.* /这种鸡蛋皮特别薄，一碰就～。Zhè zhǒng jīdàn pí tèbié báo，yí pèng jiù ~. *This type of egg has a very thin shell. You just touch it and it cracks.*

隧 suì
(名)◇地道 tunnel

【隧道】suìdào（名）[条 tiáo] tunnel

穗 suì
(名)(～儿)(1) the ear of grain：谷～ gǔ ~ ear of millet /高粱～ gāoliang ~ ear of sorghum (2)用丝线或绸子、纸条等结成的下垂的装饰品 tassel；fringe：灯笼下边有个大红～。Dēnglong xiàbian yǒu ge dà hóng ~. *The lantern has a large red tassel at the bottom.*

sūn

孙〔孫〕sūn
(名) grandson

【孙女】sūnnǚ（名）granddaughter

【孙媳妇】sūnxífu`（名）（～儿）孙子的妻子 grandson's wife

【孙子】sūnzi（名）grandson

sǔn

损

〔損〕sǔn
（动）harm；damage；～公肥私 ～ gōng féi sī seek private gain at public expense /抽烟有～健康。Chōu yān yǒu ～ jiànkāng. Smoking is harmful to one's health.

【损害】sǔnhài（动）harm；damage；injure；～健康 ～ jiànkāng impair one's health /～视力 ～ shìlì harm one's eyesight /～名誉 ～ míngyù damage one's reputation

【损耗】sǔnhào（动）lose；wear and tear；～燃料 ～ ránliào waste fuel（名）wastage；spoilage；～很大 ～ hěn dà a large amount of wastage /减少 ～ jiǎnshǎo ～ reduce wastage

【损坏】sǔnhuài（动）damage；injure；have a harmful effect on；这场斗殴～了不少桌椅。Zhè cháng dòu'ōu ～ le bù shǎo zhuō yǐ. In the exchange of blows，many tables and chairs were damaged.

【损人利己】sǔn rén lì jǐ 损害别人，自己得到好处 harm others to benefit oneself；benefit oneself at the expense of others

【损伤】sǔnshāng（动）（1）伤害 harm；damage；injure；～身体 ～ shēntǐ injure one's body /不要～群众的积极性。Búyào ～ qúnzhòng de jījíxìng. Don't dampen the enthusiasm of the masses. /当众批评她，使她的自尊心受到～。Dāngzhòng pīpíng tā，shǐ tā de zìzūnxīn shòudào ～. Criticizing her in public injured her self-esteem. （2）损失 loss；兵力～ bīnglì ～ suffer a loss of military strength

【损失】sǔnshī（动）lose；～三架飞机 ～ sān jià fēijī lose three planes /～一个团 ～ yí gè tuán lose a regiment /冰雹使庄稼～严重。Bīngbáo shǐ zhuāngjia ～ yánzhòng. The crops suffered a heavy loss in the hail storm. （名）loss；damage 重大的～ zhòngdà de ～ a heavy loss /挽回 wǎnhuí ～ retrieve a loss

笋

sǔn
（名）bamboo shoot

榫

sǔn
（名）tenon

【榫头】sǔntou（名）tenon

【榫子】sǔnzi（名）同"榫头" sǔntou same as "榫头" sǔntou

suō

唆

suō
（动）◇唆使 instigate；abet

【唆使】suōshǐ（动）指使或挑动别人（做坏事）instigate；abet

缩

〔縮〕suō
（动）（1）收缩 contract；shrink；热胀冷～ rè zhàng lěng ～ expand with heat and contract with cold /这布一下水～了不少。Zhè bù yí xià shuǐ ～le bù shǎo. This cloth shrank a lot in the wash. （2）不伸出或伸出后又收回去 draw back；withdraw；recoil；乌龟把头～进壳里。Wūguī bǎ tóu ～jìn ké li. The tortoise pulled its head back into its shell. /他刚想伸手拉门，又～回去了。Tā gāng xiǎng shēn shǒu lā mén，yòu ～ huíqu le. He extended his hand to open the door，then quickly withdrew it.

【缩编】suōbiān（动）（军队、机关等）缩减编制 cut down on staff number

【缩短】suōduǎn（动）shorten；curtail；cut down；～距离 jùlí reduce the distance；narrow the gap /～时间 ～ shíjiān cut down on time /把战线～一半。Bǎ zhànxiàn ～ yíbàn.

Cut down the battlefront by half.

【缩减】suōjiǎn（动）reduce；cut；～开支 ～ kāizhi reduce spending /今年预算要～。Jīnnián yùsuàn yào ～. The budget will be reduced this year.

【缩手缩脚】suō shǒu suō jiǎo（1）因为怕冷手脚不敢伸展的样子 shrink with cold（2）形容做事胆小，顾虑多，不敢干去做 be overcautious；要大胆地做工作，不要～的。Yào dàdǎn de zuò gōngzuò，búyào ～ de. Be bold when you're working. Don't be overcautious.

【缩水】suō=shuǐ（of cloth through wetting）shrink；这种布～率很高，做衣服之前要下下水。Zhè zhǒng bù ～lǜ hěn gāo，zuò yīfu zhī qián yào xiàxia shuǐ. This type of cloth shrinks a lot when washed，you should wash it before using it to make clothes. /的确良不～。Díquèliáng bù ～. Dacron doesn't shrink.

【缩小】suōxiǎo（动）reduce；lessen；narrow；shrink；～范围 ～ fànwéi reduce the scope /～比例 bǐlì reduce the proportion /～包围圈 ～ bāowéiquānr narrow the ring of encirclement

【缩写】suōxiě（动）（1）abridge；这个故事是由一部长篇小说～而成的。Zhège gùshi shì yóu yí bù chángpiān xiǎoshuō ～ ér chéng de. This story is the abridged version of a novel. （2）abbreviation；U. S. A. 是 The United states of America 的～. U. S. A shì The United states of America de ～. U. S. A. is the abbreviation for the United States of America.

【缩印】suōyìn（名）一种影印法，把书、画、文件等先用照相法缩小，然后制成印刷版印刷 the reprinting of books in a reduced format whereby pictures，text，etc. are photographically reduced and then reprinted（动）用这种方法印刷 reprint books in a reduced format；这本袖珍词典是用那本大词典～的。Zhè běn xiùzhēn cídiǎn shì yòng nà běn dà cídiǎn ～ de. This pocket dictionary is the reduced format of that larger one.

【缩影】suōyǐng（名）epitome；miniature；microcosm；家庭是社会的～。Jiātíng shì shèhuì de ～. The household is a microcosm of society.

suǒ

所

suǒ
（名）institute；语言研究～ yǔyán yánjiū～ language research institute /文学讲习～ wénxué jiǎngxí～ institute for instruction and training in literature（量）用于房屋、学校等 for houses，schools，etc；一～学校 yì ～ xuéxiào a school /两～医院 liǎng ～ yīyuàn two hospitals /那～房子 ～ fángzi that house（助）（1）用在动词前，跟"为""被"呼应，表示被动，多用于书面语（placed before a verb and used together with "为" or "被" to indicate the passive；usu. used in the written language）；我为战士们的革命英雄主义精神～感动。Wǒ wèi zhànshimen de gémìng yīngxióngzhǔyì jingshén ～ gǎndòng. I was deeply moved by the soldiers' spirit of revolutionary heroism. /他们的阴谋早已被广大群众～识破。Tāmen de yīnmóu zǎo yǐ bèi guǎngdà qúnzhòng ～ shípò. Their conspiracy was seen through by the broad masses long ago. /这条经验已为无数历史事实～证明。Zhè tiáo jīngyàn yǐ wéi wúshù lìshǐ shìshí ～ zhèngmíng. This experience has already been proved by countless historical facts. /我们的干部不应该为金钱～引诱。Wǒmen de gànbù bù yīnggāi wéi jīnqián ～ yǐnyòu. Our cadres should not be seduced by money. （2）用在单音节的及物动词前，组成一个名词性的短语；多用于书面语（used before a monosyllabic transitive verb to form a nominal phrase；usu. used in the written language）；他把他的～见～闻写成了一篇文章。Tā bǎ tā de ～ jiàn ～ wén xiěchéngle yì piān

wénzhāng. *He has written an article about what he has seen and heard.* /一个人总要对自己的～作～为负责嘛。Yí ge rén zǒng yào duì zìjǐ de ～ zuò ～ wéi fùzé ma. *One must in the end be responsible for one's own actions.* /据我～知，老王的儿子参军了。Jù wǒ ～ zhī, Lǎo Wáng de érzi cān jūn le. *As far as I know, Lao Wang's son has joined the army.* /请你依你～见尽可能详细地介绍介绍。Qǐng nǐ yī nǐ ～ jiàn jǐn kěnéng xiángxì de jièshào jièshào. *According to what you've seen, please tell us in as much detail as possible about it.* (3)用在主谓结构中的动词前，后面带的"的"，使这结构成为名词性短语 (*used before the verb within a subject-predicate structure; take* "的" *and turns this structure into a nominal phrase*)：子女的前途问题是父母～最关心的。Zǐnǚ de qiántú wèntí shì fùmǔ ～ zuì guānxīn de. *The question of their children's future is the thing about which parents care the most.* /你说的情况是同志们～不了解的。Nǐ shuō de qíngkuàng shì tóngzhìmen ～ bù liǎojiě de. *Our comrades are not familiar with the situation you spoke about.* /语言的生动幽默是相声艺术～特有的。Yǔyán de shēngdòng yōumò shì xiàngsheng yìshù ～ tè yǒu de. *The liveliness and humour of language is what is peculiar to the art of cross talk.* /我～佩服的，是那些有真才实学的人。Wǒ ～ pèifu de, shì nàxiē yǒu zhēn cái shí xué de rén. *The people whom I admire are those who have genuine talent.* (4)用在主谓结构中的动词前，使这结构成为定语 (*used before the verb within a subject-predicate structure to turn this structure into an attributive*)：你～反映的这些问题，是一种普遍的现象。Nǐ ～ fǎnyìng de zhèxiē wèntí, shì yì zhǒng pǔbiàn de xiànxiàng. *These problems you have reported are a common occurrence.* /他终于见到了他～盼望已久的亲人。Tā zhōngyú jiàndàole tā ～ pànwàng yǐ jiǔ de qīnrén. *He finally got to see the loved ones whom he had been looking forward to seeing for a long time.* /现在我又开始从事我～熟习的工作了。Xiànzài wǒ yòu kāishǐ cóngshì wǒ ～ shúxí de gōngzuò le. *I have now once again started doing the work with which I am familiar.* /战士们懂得他们～肩负的重任是多么光荣。Zhànshìmen dǒngde tāmen ～ jiānfù de zhòngrèn shì duōme guāngróng. *The soldiers understood how glorious the heavy burden they were shouldering was.* (5)用在动词前，使之成名词性短语，作"有"或"无"的宾语 (*used before a verb to turn it into a nominal phrase; which serves as the object of* "有" *or* "无")：同一品种的花儿，颜色却有～不同。Tóng yì pǐnzhǒng de huār, yánsè què yǒu ～ bù tóng. *The same variety of flower has different colours.* /服务员竟无～顾忌地跟经理吵了起来。Fúwùyuán jìng wú ～ gùjì de gēn jīnglǐ chǎole qǐlai. *The attendant had no misgivings about arguing with the manager.* /店虽不大，日常用品却无～不备。Diàn suī bú dà, rìcháng yòngpǐn què wú ～ bú bèi. *Although the shop is not large, there's nothing in the form of articles for daily use that it doesn't have.* /他若有～感地说：我又要告别故乡了！Tā ruò yǒu ～ gǎn de shuō: "wǒ yòu yào gàobié gùxiāng le!" *He seemed to be filled with emotion when he said: "Once more, I say goodbye to my hometown!"*

【所得税】suǒdéshuì（名）*income tax*

【所属】suǒshǔ（形·非谓）(*cannot be used as predicate*) *what is subordinate to one or under one's command; what one belongs to or is affiliated with*：～机关 ～ jīguān *organization under one's administration* /～部队 ～ bùduì *the units under one's command*

【所谓】suǒwèi（形）(1)所说的(引出要解释的词语) *what is called*：人们从失败中吸取教训，就能变失败为胜利，～"失败是成功之母"就是这个道理。Rénmen cóng shībài zhōng xīqǔ jiàoxùn, jiù néng biàn shībài wéi shènglì, ～ "shībài shì chénggōng zhī mǔ" jiù shì zhège dàolǐ. *If people could*

draw a lesson from their failures, then they could turn their failures into success, This is what is known as "Failure is the mother of success." (2)所说的(表示说话人不承认) *so-called*：他～的关心，其实是无原则地迁就。Tā ～ de guānxīn, qíshí shì wú yuánzé de qiānjiù. *His so-called concern is actually just unprincipled accommodation.*

【所向披靡】suǒ xiàng pīmǐ 比喻力量所到之处，什么也阻挡不了 *sweep away all obstacles*

【所向无敌】suǒ xiàng wú dí 力量很强，所到之处，谁也挡不住 *be invincible*

【所以】suǒyǐ（连）(1)用于因果复句后一分句的开头，承接前一分句，引出结果或结论；前一分句常有"因为""由于"等与之呼应 (*used at the beginning of the last clause of a sentence of two or more clauses which indicate a cause and effect to carry on the idea expressed in the preceding clause; introduces the result or conclusion; the preceding clause usu. uses* "因为", "由于", *etc.*) *so; therefore; as a result*：因为忙，～很少写信。Yīnwèi máng, ～ hěn shǎo xiě xìn. *I don't write often because I'm very busy.* /正因为这里风景优美，气候宜人，～来旅游的人很多。Zhèng yīnwèi zhèlǐ fēngjǐng yōuměi, qìhòu yírén, ～ lái lǚyóu de rén hěn duō. *The scenery here is beautiful and the climate is pleasant; so many tourists come here.* /大概是天冷的缘故，～最近卖冷饮的少了。Dàgài shì tiān lěng de yuángù, ～ zuìjìn mài lěngyǐn de shǎo le. *There have been fewer cold drink retailers recently probably because the weather is getting cold.* /由于老师和同学的帮助，～他进步很快。Yóuyú lǎoshī hé tóngxué de bāngzhu, ～ tā jìnbù hěn kuài. *He has made great progress thanks to the help of his teacher and classmates.* 有时也可用于句首或段首，承接前文的整句或整段 (*can sometimes be used at the beginning of a sentence or paragraph to carry on the idea expressed in the preceding sentence or paragraph*)：上次，我说话不注意，得罪了他，他一直不高兴。～，我现在和他谈话特别小心。Shàng cì, wǒ shuō huà bú zhùyì, dézuìle tā, tā yìzhí bù gāoxìng. ～, wǒ xiànzài hé tā tán huà tèbié xiǎoxīn. *The last time I spoke to him, I wasn't careful and I offended him. He hasn't been happy since, so I am especially cautious when I talk to him now.* (2)有时前一分句省去"因为"，后一分句以"这就是……之所以……的原因"的形式出现，指出前一分句是某种结果的原因 ("因为" *is sometimes omitted in the first clause and the pattern* "这就是... (之)所以... 的原因" *then appears in the last clause to point out that the first clause is the reason of a certain result*)：我家世世代代住在北京，这就是我～喜爱北京的原因。Wǒ jiā shìshìdàidài zhù zài Běijīng, zhè jiù shì wǒ ～ zuì ài Běijīng de yuányīn. *My family has been living in Beijing for generations so this is why I love Beijing best.* /据说这里的人特别喜欢桂花，家家都种桂花，这就是桂花村之～得名的缘故。Jùshuō zhèlǐ de rén tèbié xǐhuan guìhuā, jiājiā dōu zhòng guìhuā, zhè jiù shì Guìhuā Cūn zhī ～ dé míng de yuángù. *It is said that the people here specially like sweetscented osmanthus and that every home grows them, hence the name Sweet-Scented Osmanthus Village.* (3)〈书〉"所以"用于因果复句前一分句的主语和谓语之间，突出追述原因和理由；常用"……（之）所以……，(是)因为……"的形式 ("所以" *used between the subject and the predicate within the first clause of a sentence of two or more clauses which indicate cause and effect to stress the reason or excuse; usu. used in the pattern* "... (之) 所以..., (是) 因为...")：他们～非去长城不可，是因为这是世界上七大奇迹之一。Tāmen zhī ～ fēi qù Chángchéng bùkě, shì yīnwèi zhè shì shìjiè shang qī dà qíjì zhī yī. *The reason they are bound to go to the Great Wall is that it's one of the Seven Wonders of the Ancient World.* /他之～取得优异成绩，是由于勤奋学习的结果。Tā zhī ～

qǔdé yōuyì chéngjì, shì yóuyú qínfèn xuéxí de jiéguǒ. *His achievement of outstanding success is a result of diligent study.* /她～成名，是因为她写了一本出色的小说。Tā ～ chéng míng, shì yīnwèi tā xiěle yì běn chūsè de xiǎoshuō. *The reason she has become famous is that she has written a remarkable novel.* （4）"（之）所以" 有时可指出某种特点所在("（之）所以"）*can sometimes point out a special characteristic*）：果断，勇往直前，这正是男子汉之～是男子汉! Guǒduàn, yǒng wǎng zhí qián, zhè zhèng shì nánzǐhàn zhī ～ shì nánzǐhàn! *A man is a man precisely because he is decisive and marches forward courageously.* /这四山的幽静，江水的青蓝，简直同画片上的景色一样，～不同的就是真实景色时时变化. Zhè sì shān de yōujìng, jiāngshuǐ de qīnglán, jiǎnzhí tóng huàpiàn shang de jǐngsè yíyàng, ～ bùtóng de jiù shì zhēnshí jǐngsè shíshí biànhuà. *The peacefulness of these surrounding mountains and the blueness of the river's water are just like the scenery in a painting. What is different is that the genuine scenery is constantly changing.* （5）〔口〕承接上文，表示原因就在这里，可单独说 "所以呀"（*carries on the idea expressed in the preceding paragraph to indicate the exact reason for the above*；"所以呀" *can be used alone*）：这个字最容易写错，～呀，我一再强调要特别注意. Zhège zì zuì róngyì xiěcuò, ～ ya, wǒ yízài qiángdiào yào tèbié zhùyì. *This character can easily be written wrong, so I want to emphasize once again that you must watch it.* /昨天她骑车摔了一交.—— ～呀，我早就跟她说过，年纪大了，别骑车了. Zuótiān tā qí chē shuāile yì jiāo. —— ～ ya, wǒ zǎo jiù gēn tā shuōguo, niánjì dà le, bié qí chē le. *She fell down while riding her bicycle yesterday —— That's just what I've told her before not to ride her bicycle at her age.* （6）"所以然"为固定短语，意思是为什么是这样的道理，多用于否定句("所以然" *is a set phrase which means "the whys and wherefores"*；*usu. used in a negative sentence*）：一般人对母语，常常是知其然而不知其～然，只知道应该怎么说，而不知道其中的语法规律。Yìbān rén duì mǔyǔ, chángcháng shì zhī qí rán ér bù zhī qí ～ rán, zhǐ zhīdào yīnggāi zěnme shuō, ér bù zhīdào qízhōng de yǔfǎ guīlǜ. *Usually people will know their mother tongue without knowing the whys and wherefores of it. They only know how to speak it, not the grammatical rules of the language.* /我不同意他的看法，为什么不同意，我也说不出个～然。Wǒ bù tóngyì tā de kànfǎ, wèi shénme bù tóngyì, wǒ yě shuō bu chū ge ～ rán. *I don't agree with his point of view, but I can't say why.*

【所有】suǒyǒu（动）*own*；*possess*：全民～ quánmín ～ *owned by the whole people*；集体～ jítǐ ～ *collectively owned* /～权 ～quán *ownership*；（形）*all*（*only as attributive*）：～的问题都讲完了。～ de wèntí dōu jiǎngwán le. *All questions have been discussed.* /～的书都运走了。～ de shū dōu yùnzǒu le. *All books have been carried away.* /～的聪明才智都发挥出来。Bǎ ～ de cōngmíng cáizhì dōu fāhuī chulai. *Give full play to all wisdom and creativeness.*

【所有制】suǒyǒuzhì（名）*system of ownership*；*ownership*

【所在】suǒzài（动·不及物）（1）*be located*：他～的单位用不上他的专长，又不放他走。Tā ～ de dānwèi yòng bu shàng tā de zhuāncháng, yòu bú fàng tā zǒu. *His unit does not make use of his skill; nor does it have any intentions of letting him go.* /～地区 ～ dìqū,*location*；*seat*；*site* /～地 ～dì location；*seat*；*site* （2）*location*；*place*：他的计划完全脱离实际，这就是他失败的原因。Tā de jìhuà wánquán tuōlí

shíjì, zhè jiù shì tā shībài de yuányīn ～. *His plan was too farfetched to be realistic, Herein lies the reason for his failure.*

【所作所为】suǒ zuò suǒ wéi 所做的事情 *conduct*；*deed*；*action*：他的～，说明他是一个很热心的人。Tā de ～, shuōmíng tā shì yí ge hěn rèxīn de rén. *His actions show that he's a very warm hearted person.*

索 suǒ

（名）◇大绳子或大链子 *large rope or chain*；铁～ tiě～ *cable*；*iron chain*（动）◇（1）寻找 *search*（2）要 *demand*：～回借款 ～huí jièkuǎn *demand repayment of a loan*

【索取】suǒqǔ（动）*ask for*；*demand*；*exact*；*extort*：向大自然～财富 xiàng dàzìrán ～ cáifù. *exact riches from nature* /他是来～资料的。Tā shì lái ～ zīliào de. *He came to ask for material.*

【索性】suǒxìng（副）同"干脆" gāncuì（副），表示作出决断采取一种断然措施或极端的行动 *same as "干脆" gāncuì（副）*（*indicates that extreme action or drastic measures are taken in making a decision*）*simply*；*just*；*altogether*：这次春游，我们一～走远一点儿，去天津吧! Zhè cì chūnyóu, wǒmen ～ zǒuyuǎn yìdiǎnr, qù Tiānjīn ba! *We might as well go a little further on our spring outing this time. Let's go to Tianjin.* /快到春节了，你～就过完春节再回去。Kuài dào Chūnjié le, nǐ ～ jiù guòwán Chūnjié zài huíqu. *The Spring Festival is almost here. Why don't you just wait until it's over before going back.* /依我看，不如～把这些旧家具处理了，买一套组合柜。Yī wǒ kàn, bùrú ～ bǎ zhèxiē jiù jiājù chúlǐ le, mǎi yí tào zǔhéguì. *As I see it, we should just simply dispose of these old pieces of furniture and buy a whole new set.* /现在去已经晚了，～别去了。Xiànzài qù yǐjīng wǎn le, ～ bié qù le. *It's already too late for you to go now. You might as well forget altogether about going.*

【索引】suǒyǐn（名）*index*

唢〔嗩〕suǒ

【唢呐】suǒnà（名）*suona horn* (*a wind instrument*)

琐〔瑣〕suǒ

（形）◇细碎 *petty*；*trivial*

【琐事】suǒshì（名）*trifles*；*trivial matters*：生活～ shēnghuó ～ *life's trivia* /身边～ shēnbiān ～ *one's trivial matters*

【琐碎】suǒsuì（形）*trifling*；*trivial*：她安心干一些～的行政事务工作。Tā ānxīn gàn yìxiē ～ de xíngzhèng shìwu gōngzuò. *She is content with doing trivial administrative work.*

【琐细】suǒxì（形）*trifling*；*trivial*：～的工作也要做好。～ de gōngzuò yě yào zuòhǎo. *Even trivial work must be well done.*

锁〔鎖〕suǒ

（名）[把 bǎ]（1）*lock*：买了一把～ mǎile yì bǎ ～ *bought a lock*（2）形状像锁的东西 *anything resembling a lock*：石～ shí ～ *a stone dumbbell in the form of an old-fashioned padlock*（动）（1）*lock up*：别忘了～门。Bié wàngle ～ mén. *Don't forget to lock the door.*（2）*lockstitch*：～扣眼儿 ～ kòuyǎnr *do a lockstitch on a buttonhole* /～布边儿 ～ bùbiānr *lockstitch the border of a piece of cloth*

【锁链】suǒliàn（名）[条 tiáo]*chain*；*shackles*；*fetters*

T

tā

他 ^tā^ (代)(1)*he* (2)◇ *other；another；some other*：留作～用 liú zuò ～ yòng *reserve for other uses* / 日再谈～ rì zài tán *talk some other time* / 山之石，可以攻玉。～ shān zhī shí, kěyǐ gōng yù. *use the help, advise, or example of others to remedy one's defects*
【他们】tāmen (代) *they*
【他人】tārén (代)〈书〉别人 *another person；other people*：为～代劳 wèi ～ dàiláo *do something for others* / 不要损害～利益 búyào sǔnhài ～ lìyì *Don't infringe upon the interests of others.*
【他乡】tāxiāng (名)〈书〉家乡以外的地方（离家乡较远）a *place far from home；alien territory*：病故～ bìnggù ～ *die of illness far from home*

它 ^tā^ (代)*it*
【它们】tāmen (代) *they*

她 ^tā^ (代)*she*
【她们】tāmen (代) *they*

塌 ^tā^ (动)(1)*collapse；fall down；cave in*：房～了。Fáng ～ le. *The house caved in.* / ～墙了。～ qiáng le. *The wall collapsed.* (2)*sink；droop；fall*：～鼻子～ bízi *a flat nose* /这段路基不实，路面往下～。Zhè duàn lùjī bù shí, lùmiàn wǎng xià ～. *This road bed wasn't solid, so the road fell in.* (3)镇定、安定 *settle down, be composed*：玩了这么多天了，你得一下心来好好学习了。Wánrle zhème duō tiān le, nǐ děi ～ xià xīn lai hǎohǎor xuéxí le. *Having played around for so many days, you ought to settle down to some serious studying.*
【塌方】tā=fāng *cave in；collapse*
【塌陷】tāxiàn (动)〈书〉往下陷，沉陷下去 *subside, sink, cave in*

踏 ^tā^ 另见 tà
【踏实】tāshi (形)(1)扎实，很实在，不浮躁 *steady；sure；dependable*：工作～ gōngzuò ～ *be a steady worker* / 这个人很～。Zhège rén hěn ～. *This person is really dependable.* (2)（情绪）安定，安稳 *free from anxiety；peaceful (e. g. one's mood)*：方案通过了，大家心里一～多了。Fāng'àn tōngguò le, dàjiā xīnli ～ duō le. *After the plan was accepted, everyone was quite relieved.* / 心里有事，睡觉也睡不～。Xīnli yǒu shì, shuì jiào yě shuì bu ～. *I've got something on my mind, so I can't get a good night's sleep.*

tǎ

塔 ^tǎ^ (名)[座 zuò]*(Buddhist) pagoda*
【塔吊】tǎdiào (名)[台 tái] *tower crane*
【塔楼】tǎlóu (名) *high-rise that looks like a tower*
【塔台】tǎtái (名)[座 zuò]*control tower*

tà

拓 ^tà^ (动)把碑刻、铜器等的形状和上面的文字、图形印下来。方法是在物体上蒙一层薄纸，先拍打使凹凸分明，然后上墨，显出文字、图像来 *make rubbings of inscriptions or pictures from the engravings on stone tablets or brass ware* 另见 tuò
【拓本】tàběn (名)[本 běn] *a book of rubbings*
【拓片】tàpiàn (名)[张 zhāng] *rubbing (from a stone tablet or bronze vessel)*
【拓印】tàyìn(动)把碑刻、铜器等的形状和上面的文字、图形印下来，一般用蒙纸、上墨的方法 *make a rubbing (of an inscription, etc.)*

搨 ^tà^ (名)◇ 狭长而较矮的床 *long, low and narrow bed；cot*：竹～ zhú ～ *bamboo couch* /软～ ruǎn～ *soft cot*

踏 ^tà^ (动)踩，把脚放在……上 *step on, tread, trample*：一～上祖国的土地，他不禁热泪盈眶。Yī ～shang zǔguó de tǔdì, tā bùjīn rèlèi yíng kuàng. *Upon stepping foot on his home soil, he couldn't help welling up with tears.* /脚～两只船 Jiǎo ～ liǎng zhī chuán. *sitting on the fence；be an opportunist* 另见 tā
【踏步】tàbù(动) *mark time*

tāi

胎 ^tāi^ (名)(1)*fetus, embryo* (2)衬在被褥和衣服等面和里之间的东西 *the padding or stuffing which lines bedding and clothing*：棉～ mián ～ *cotton padding (e. g. of a quilt)* (量)怀孕或生育的次数 *(the frequency of) the act of giving birth*：生过两～ shēngguo liǎng ～ *(she) has given birth twice* / 牛、马一～只生一个。Niú, mǎ yì ～ zhǐ shēng yí gè. *The ox and the horse only give birth to one calf and colt at a time.*
【胎儿】tāi'ér (名) *fetus；embryo*
【胎具】tāijù (名) *mould*
【胎盘】tāipán (名) *placenta*
【胎生】tāishēng (形·非谓) *viviparous*：～动物 ～ dòngwù *viviparous animal, vivipara*
【胎位】tāiwèi (名)〈医〉*position of a fetus*
【胎衣】tāiyī (名)*(human) afterbirth*

tái

台 ^tái^ (名)(1)[檯]◇ *table；desk*：乒乓球～ pīngpāngqiú ～ *ping-pong table* (2)[臺]*stage；platform*：登～演唱 dēng ～ yǎnchàng *mount the stage to sing (in performance)* (量)[臺] *for certain machinery, apparatus, etc.)*：一～机器 yì ～ jīqì *one machine* /两～发电机 liǎng ～ fādiànjī *two generators*
【台布】táibù (名)[块 kuài] *tablecloth*
【台秤】táichèng (名) *platform scale；platform balance*
【台词】táicí (名) *actor's lines*
【台灯】táidēng (名)[盏 zhǎn] *desk lamp；table lamp*

【台风】táifēng（名）typhoon

【台阶】táijiē（名）(1) flight of steps; steps leading up to a house　(2) 比喻摆脱难堪的处境的机会 a chance to get oneself out of an awkward or embarrassing situation：我不愿让他太尴尬了，想法给他个～下。Wǒ bú yuàn ràng tā tài gāngà le, xiǎng fǎr gěi tā ge ～ xià. I don't want to put him in an awkward position, (so) I'm trying to think of a way to give him an out.

【台历】táilì（名）desk calendar

【台联】Táilián（名）"中华全国台湾同胞联谊会"的简称 short for "中华全国台湾同胞联谊会"

【台球】táiqiú（名）billiards; billiard ball

【台属】táishǔ（名）在台湾的人员留在大陆上的亲属 relatives of the Taiwanese who live on the mainland

【台柱子】táizhùzi（名）戏班中的主要演员，借指集体中的骨干人物 the main actor in a theatrical troupe; the mainstay or pillar within a group of people：他们俩是我们这个研究室的～. Tāmen liǎ shì wǒmen zhège yánjiūshì de ～. Those two are the leading lights in our research section.

【台子】táizi（名）打台球、乒乓球等所用的特别的桌子 billiard table; ping-pong table

抬 tái （动）(1) 举、托，使上升 lift; raise：他的右臂不知为什么～不起来了。Tā de yòu bì bù zhī wèi shénme ～ bu qǐlái le. I don't know why he can't lift his right arm. /绝不允许私自～高物价。Jué bù yǔnxǔ sìzì ～gāo wùjià. On no account must we allow someone to raise prices at his own sweet will. (2) 几个人用手或肩膀搬动东西 (for several people) to carry objects with their arms or shoulders：我们两个人～不动这台机器。Wǒmen liǎng ge rén ～ bu dòng zhè tái jīqì. The two of us can't carry this machine.

【抬杠】tái＝gàng〈口〉(1) 殡仪时，用杠抬灵柩 carry a coffin on stout poles for a funeral ceremony (2) 争辩 argue, debate, contend：两个人过日子应该互谅互让，总是～就不好了。Liǎng ge rén guò rìzi yīnggāi hù liàng hù ràng, zǒngshì ～ jiù bù hǎo le. In getting along, two people should be mutually understanding and accomodating. Bickering all the time is no good. /你说，是不是我有理？——我不跟你～。Nǐ shuō, shì bu shì wǒ yǒu lǐ?——Wǒ bù gēn nǐ ～. What do you think, am I right or not? I'm not going to argue with you. /他们俩见面就～起来就没完。Tāmen liǎ jiàn miàn jiù ～, tái qilai jiù méi wán. As soon as those two see each other, they start arguing. Then there's no end to their bickering.

【抬价】tái＝jià 提高货物的价格 raise the price of commodities

【抬举】táiju（动）(上级)看重某人而加以称赞或提拔 (for the higher-ups) to praise and promote someone to show favor：他想叫我当组长，我不干，他说我不识～。Tā xiǎng jiào wǒ dāng zǔzhǎng, wǒ bú gàn, tā shuō wǒ bù shí ～. He wanted to make me the group leader, but I didn't want to do that. Now he says I don't know how to appreciate favors.

【抬头】tái＝tóu 把头扬起。比喻受压制的人摆脱压制 raise one's head; for people to break free from what suppresses them：他不知在看什么书，半天也不～。Tā bù zhī zài kàn shénme shū, bàntiān yě bù ～. He's reading I don't know what kind of book, but he hasn't looked up all day. /直到今天，他总算有了～之日。Zhídào jīntiān, tā zǒngsuàn yǒule ～ zhī rì. Today he finally has his day of freedom.

苔 tái （名）liver mosses

【苔藓植物】táixiǎn zhíwù bryophyte

tài

太 tài （副）修饰形容词、某些动词、助动词、短语 (1) 有"过分""过于"的意思，表示超过了某种程度，句尾可带"了"，修饰表示贬义的或中间性质的词语 (modifies adjectives, certain verbs, auxiliary verbs and phrases) (1) excessively; too (the end of the sentence can take "了", modifies words which have a derogatory or neutral sense)：小白的自行车丢了，真是～倒霉了。Xiǎo Bái de zìxíngchē diū le, zhēn shì ～ dǎo méi le. Xiao Bai lost her bicycle. What a shame! /这种人的思想～保守，～顽固，根本无法与之共事。Zhè zhǒng rén de sīxiǎng ～ bǎoshǒu, ～ wángù, gēnběn wúfǎ yǔ zhī gòng shì. This kind of people's thinking is too conservative, too obstinate; there's just no way I can work with them. /他们这样做简直～欺负人了! Tāmen zhèyàng zuò jiǎnzhí ～ qīfu rén le! Their doing this is simply going too far. /司机打了乘客，真是～岂有此理了! Sījī dǎle chéngkè, zhēn shì ～ qǐ yǒu cǐ lǐ le! The driver beat a passenger. That's outrageous! /你也～好动感情了，为这点小事也发火。Nǐ yě ～ hào dòng gǎnqíng le, wèi zhè diǎnr xiǎo shì yě fā huǒ. You get worked up too easily, even getting angry over such a trifling matter. 可以修饰表示不愉快性质的否定式 (can modify a negative form which indicates sth. of an unpleasant nature)：这样处理问题～不公平了。Zhèyàng chǔlǐ wèntí ～ bù gōngping le. It's so unfair to handle a problem in this way. /有的厂家把不合格的产品投放市场，～不讲信誉了。Yǒude chǎngjiā bǎ bù hégé de chǎnpǐn tóufàng shìchǎng, ～ bù jiǎng xìnyù le. Some factories put products that are not up to standard on the market! They're definitely not particular about their reputation! /这个人～没有自知之明了。Zhè ge rén ～ méi yǒu zì zhī zhī míng le! This person lacks so much self-knowledge! /为两句话就翻脸～不应该了。Wèi liǎng jù huà jiù fān liǎn ～ bù yīnggāi le. It's so unnecessary for you to turn hostile because of a few words. (2) 表示程度极高；修饰褒义词语，句尾多带"了"，带赞叹语气 (indicates an extreme; modifies commendatory terms, the end of the sentence usu. takes "了"; expresses praise) extremely：这件连衣裙～漂亮了! Zhè jiàn liányīqún ～ piàoliang le! This dress is extremely beautiful! /你们的热情帮助使我～感动了，～谢谢了! Nǐmen de rèqíng bāngzhù shǐ wǒ ～ gǎndòng le, ～ xièxie le! Your warmhearted help has deeply touched me. Thank you ever so much! /西湖的景色～美了，～迷人了。Xī Hú de jǐngsè ～ měi le, ～ mírén le. The scenery at West Lake is so beautiful, so enchanting! (3)"不"用在"太"前有两种情况 ①"不＋太"——是"不过分"的意思 (there are two types of "不" used before "太") ("不＋太..." means "not too")：这件风衣我穿～长不～长? Zhè jiàn fēngyī wǒ chuān ～ cháng bú ～ cháng? Is this trench coat too long for me or not? /不～长，正合适。Bú ～ cháng, zhèng héshì. It's not too long. It fits just right. /考试题目必须适合学生水平，要不～难也不～容易。Kǎoshì tímù bìxū shìhé xuéshēng shuǐpíng, yào bú ～ nán yě bú ～ róngyi. Exam questions must be in accordance with students' level. They can't be too difficult, nor can they be too easy. ②"不太＋……"是"不很"的意思 ("不太＋..." means "not very")：老孙刚到拉萨时，对高原气候不～习惯。Lǎo Sūn gāng dào Lāsà shí, duì gāoyuán qìhòu bú ～ xíguàn. When Lao Sun had just arrived in Lhasa, he was not very accustomed to the climate on the Plateau. /我不～愿意跟她这种人交往。Wǒ bú ～ yuànyi gēn tā zhè zhǒng rén jiāowǎng. I'm not very interested in associating with someone such as she. /小周扮演这个角色不～像，他太年轻了。Xiǎo Zhōu bànyǎn

zhège juésè bú ~ xiàng, tā tài niánqīng le. *Xiao Zhou is not very fit to play the part of this character. He is too young.* / 让打字员改行管图书资料不～合适吧。Ràng dǎzìyuán gǎi háng guǎn túshū zīliào bú ~ héshì ba. *It wouldn't be very appropriate to ask a typist to change professions and take care of a library, would it?*

【太古】tàigǔ（名）最古的时代（指人类还没有开化的时代）*remote antiquity; the epoch when mankind had not yet become civilized*

【太后】tàihòu（名）帝王的母亲 *the emperor's mother; the king's mother*

【太极拳】tàijíquán（名）流传很广的一种拳术，动作柔和缓慢，主要用于增强体质和防治疾病 *a traditional and popular form of Chinese boxing, which consists of gentle and slow movements and which is used to strengthen the physique and cure illness*

【太监】tàijiàn（名）(court) *eunuch*

【太空】tàikōng（名）*the firmament; outer space*: ～服 ~ fú *space suit*

【太平】tàipíng（形）〈旧〉指社会安定；安宁，没有战争、盗匪 *having a peaceful and tranquil society, one with good social order*

【太平间】tàipíngjiān（名）*mortuary*

【太平门】tàipíngmén（名）*exit*

【太平天国运动】Tàipíng Tiānguó Yùndòng 中国历史上规模最大的一次反帝反封建的农民运动。发生于1851年，1853年在天京（今南京）定都，建立国家政权，势力发展到17个省。1864年在封建势力和帝国主义的联合镇压下失败 *The Taiping Tianguo Yundong, begun in 1851, was the largest anti-imperial and anti-feudal peasant uprising in China's history. In 1853 the revolutionaries established Nanjing as their capital, assumed state power, and soon exerted their influence on 17 other provinces. In 1864 the movement was finally suppressed by the combined efforts of imperialist and feudal forces.*

【太平洋】Tàipíngyáng（名）*the Pacific Ocean*

【太太】tàitai（名）(1)旧社会中，官僚地主人家的仆人对女主人的称呼 *in the old society, the form of address used by the family servants when referring to the mistress of the household* (2) 对已婚妇女的尊称（前带其丈夫的姓）*a respectful form of address for a married woman; usually prefixed by the family name of the husband* (3)称别人的妻子或对别人称自己的妻子 *what one calls another man's wife, or how a man refers to his own wife in front of others*

【太阳】tàiyáng（名）*the sun*: ～灯 ~dēng *sunlight*

【太阳帽】tàiyángmào（名）*sun helmet, topee*

【太阳能】tàiyángnéng（名）*solar energy*

【太阳系】tàiyángxì（名）*the solar system*

【太阳灶】tàiyángzào（名）*solar cooker*

【太子】tàizǐ（名）*crown prince*

态

〔態〕tài

（名）◇(1) state: 气～ qì~ *gaseous state* / 液～ yè~ *liquid state* (2) aspect: 完成～ wánchéng ~ *perfect aspect*

【态度】tàidu（名）(1)人的举止，神情 *bearing or manner*: ～自然 ~ zìrán *natural manner* /他总是那副从容容的～。Tā zǒngshì nà fù cóngcóngróngróng de ~. *He always has a leisurely manner.* (2)对于事情的看法和采取的行动 *attitude, approach*: ～坚决 ~ jiānjué *determined attitude* /学习～认真 xuéxí ~ rènzhēn *a serious approach to studies* /营业员的服务～需要改进。Yíngyèyuán de fúwù ~ xūyào gǎijìn. *The shop employees have to improve their work attitude.*

泰

tài

【泰然】tàirán（形）〈书〉形容镇定，一点也不慌乱 *calm; cool; composed*: ～自若 ~ zìruò *behave with great composure* /处之～ chǔ zhī ~ *take something calmly*

tān

坍

tān

（动）同"塌" tā (1)，用得较少 *same as "塌" tā (1) (used rarely)*

【坍塌】tāntā（动）〈书〉同"塌" tā (1) *same as "塌" tā (1)*

贪

〔貪〕tān

（动）(1)想得到不该得到的东西 *covet*: ～财 ~ cái *covet wealth* / ～便宜 ~ piányi *hanker for what's cheap; keen on getting petty advantages* (2) ◇ 对某种事物的欲望老不满足 *have an insatiable desire for*: ～吃 ~ chī *be too fond of eating; be gluttonous* / ～多嚼不烂 ~ duō jiáo bu làn *bite off more than you can chew* /小孩子哪个不～玩儿! Xiǎo háizi nǎge bù ~ wánr! *What child can get enough of having fun!*

【贪大求全】tān dà qiú quán 在具体建设项目中，只追求规模大，设备齐全，不注意实际需要。是国家基本建设中一种不正确的指导思想 *neglect practical needs in a construction project and seek only to build grandiose and complete facilities; an incorrect policy approach in a nation's capital construction works*

【贪大求洋】tān dà qiú yáng 在基本建设中，不顾实际需要，一味追求规模大，设备现代化的不正确的指导思想和作风 *neglect real needs in capital construction and blindly seek to build large-scale and modern facilities; an incorrect policy approach and style of work*

【贪得无厌】tān dé wú yàn 贪心老不满足 *insatiably greedy*

【贪官污吏】tān guān wū lì 违犯法律利用职权谋取钱财利益的官吏 *an official who infringes upon the law and uses his authority to obtain wealth and other interests*

【贪婪】tānlán（形）〈书〉贪得无厌，不知满足 *avaricious; rapacious*

【贪生怕死】tān shēng pà sǐ 贪恋生存，害怕死亡（多指在关键时刻）*think only about saving one's own skin; cling to life like a coward in the face of death (mostly used when speaking of a critical moment)*

【贪天之功】tān tiān zhī gōng 把别人的功劳归为自己 *claim credit for other people's work, appropriate to oneself the merits of others*

【贪图】tāntú（动）极力希望得到（某种好处）*covet; hanker after, lust for; desire greatly (a certain benefit)*: ～安逸 ~ ānyì *seek an easy life; love comfort* / ～享受 ~ xiǎngshòu *greatly desire enjoyment* /我愿意住在这儿，是～买东西方便。Wǒ yuànyì zhù zài zhèr, shì ~ mǎi dōngxi fāngbiàn. *I like to live here, because I love convenient shopping.*

【贪污】tānwū（动）利用职务上的便利非法地取得财物 *practice graft; embezzle*: ～分子 ~ fènzǐ *embezzler; person guilty of corruption* / ～腐化 ~ fǔhuà *corruption and degeneration* /他～了两千元。Tā ~ le liǎngqiān yuán. *He embezzled two thousand dollars.*

【贪心】tānxīn（名）贪得的欲望 *greed; avarice*: 他的罪行是由于他的～造成的。Tā de zuìxíng shì yóuyú tā de ~ zàochéng de. *His greed led to his crimes.* （形）贪得无厌，不知足 *greedy; avaricious; insatiable*: 这个人是很～的，早晚要出问题。Zhège rén shì hěn ~ de, zǎowǎn yào chū wèntí. *This man is really avaricious. Sooner or later he's going to find trouble.*

摊

〔攤〕tān

（动）(1)铺平、摆开 *spread out*: 把粮食～开晒晒。Bǎ

liángshi ～kāi shàishai. *Spread out the grain to dry in the sun.* /书报～了一桌子。Shūbào ～le yì zhuōzi. *Books and newspapers were spread out on the table.* (2)烹饪方法 *a method of cooking*：～鸡蛋 ～ jīdàn *scramble eggs* (3) 分担 *take share in, share responsibility for*：订报的钱大家分～，一个人出一块钱。Dìng bào de qián dàjiā fēn ～, yí ge rén chū yí kuài qián. *Everyone shared the cost of the newspaper subscription. Each person chipped in a buck.* /路边种树的任务～给这几家商店。Lùbiān zhòng shù de rènwu ～ gěi zhè jǐ jiā shāngdiàn. *The job of planting these roadside trees was shared by these few stores.* (名)(～儿) 设在路旁的临时售货点 *vendor's stand, booth*：水果～ shuǐguǒ～r *fruit stand* (量)用于水、血等,摊开的糊状物 (*for water; blood, etc.*) *pool*：一～血 yì ～ xiě *a pool of blood* / 好几～积水 hǎo jǐ ～ jīshuǐ *many puddles of water* / 一～泥 yì ～ ní *a mud puddle*

【摊贩】tānfàn (名)摆摊子做小买卖的人 *street vendor; street peddler*

【摊牌】tān=pái (1)把手里所有的牌都摆出来,比较大小,决定胜败 *lay one's cards on the table, show one's hand (the strength of cards which determines who wins and who loses)* (2)比喻在最后的关键时候,把自己所有的意见和实力摆出来与对方争胜负 *set forth one's opinions and strengths at the critical moment in order to contend with an opponent*：现在还不是～的时候。Xiànzài hái bú shì ～ de shíhou. *Now is not yet the time to show one's hand.*

【摊派】tānpài (动)用行政命令的方法让众人或一些地区、部门、单位分担(款项、任务) *apportion, allot (e. g., a sum of money, a task, etc.)*：公债是自愿认购,不能～。Gōngzhài shì zìyuàn rèngòu, bù néng ～. *Government bonds are subscribed for voluntarily. They can't be apportioned.* /你不能随便给我们一～活儿。Nǐ bù néng suíbiàn gěi wǒmen ～ huór. *You can't allot work to us as you like.*

【摊子】tānzi (名)同"摊"tān (名)*same as "摊" tān (名)*

瘫〔癱〕tān (动)*be paralyzed*：偏～ piān～ *hemiplegia* /他吓得～在椅子上。Tā xià de ～ zài yǐzi shang. *He was so frightened that he couldn't move from his chair.*

【瘫痪】tānhuàn (动·不及物) *be paralyzed; break down; be at a standstill*：半身～ bàn shēn ～ *be paralyzed, from the waist down* /暴风雨使交通～。Bàofēngyǔ shǐ jiāotōng ～. *Rainstorms paralyzed traffic.*

tán

坛〔壇〕tán (名)◇ (1)〔壇〕*altar* (2)〔罈〕同"坛子"tánzi *same as "坛子" tánzi*

【坛坛罐罐】tántán guànguàn 指价值不大或陈旧的东西 *old things or things of little value*：打起仗来,谁还顾得了家里的～? Dǎ qǐ zhàng lai, shuí hái gù de liǎo jiā li de ～? (*Now that*) *the war has broken out, who can still give thought to odds and ends around the house?*

【坛子】tánzi (名)[个 gè] 口小腹大的陶器,多用来盛酒、醋、酱油等 *an earthen jar having a mall mouth and a large body; mostly used to hold wine, vinegar, soy sauce, etc.*

昙〔曇〕tán

【昙花】tánhuā (名) *broad-leaved epiphyllum*：他曾写过一些好诗,不过只是一～现,后来就无声无息了。Tā céng xiěguo yìxiē hǎo shī, búguò zhǐ shì ～ yí xiàn, hòulái jiù wú shēng wú xī le. *He once wrote some good poetry, but that was just a flash in the pan. Afterwards he fell into obscurity.*

谈〔談〕tán (动) *talk; chat; discuss*：我想跟你～一个问题。Wǒ xiǎng gēn nǐ ～ yí ge wèntí. *I want to discuss a question with you.* /他有事来找你～。Tā yǒu shì zhǎo nǐ ～. *He has something that he wants to talk with you about.* /他们俩～了半天,全是无关紧要的事。Tāmen liǎ ～le bàntiān, quán shì wúguān jǐnyào de shì. *Those two talked for a long time, but not one whit about something important.*

【谈不上】tán bu shàng 不能叫做……(常用于自谦) *cannot call… (often used in expressions of modesty)*：我只是喜欢画画儿,～专长。Wǒ zhǐ shì xǐhuan huà huàr, ～ zhuāncháng. *I just like painting, that's all. You couldn't call me an expert.* /这点钱,～酬劳,不过是一点小意思。Zhè diǎnr qián, ～ chóuláo, búguò shì yìdiǎn xiǎo yìsi. *This small sum couldn't be called a reward for your services; it's just a token of my esteem.*

【谈虎色变】tán hǔ sè biàn 比喻一提到自己害怕的事,情绪就紧张起来 *pale at the very mention of something frightening*：现在一提起癌来,真是～。Xiànzài yì tí qǐ ái lai, zhēn shì ～. *If you ever mention cancer these days, people blanch.*

【谈话】tán=huà *talk, chat*：老师找他～。Lǎoshī zhǎo tā ～. *The teacher asked to have a talk with him.* /他们俩没话可谈。Tāmen liǎ méi huà kě tán. *Those two don't have anything to talk about.*

【谈恋爱】tán liàn'ài 男女双方通过多次交往逐渐产生爱情 *for a couple to fall in love after being together a lot*：小林最近在～,所以有些神魂颠倒。Xiǎo Lín zuìjìn zài ～, suǒyǐ yǒuxiē shénhún diāndǎo. *Xiao Lin was recently bitten by the love bug, so he's feeling a bit infatuated.*

【谈论】tánlùn (动)用谈话的方式表示对人或事物的看法 *discuss; talk about*：～国家大事～ guójiā dà shì *discuss national affairs* /大家都在一这个问题。Dàjiā dōu zài ～ zhège wèntí. *Everybody right now is talking about this problem.*

【谈判】tánpàn (动)有关方面对需要解决的重大问题进行会谈 *negotiate; hold talks (with a view to solving some major problem)*：两国就边界问题进行～。Liǎng guó jiù biānjiè wèntí jìnxíng ～. *The two countries are negotiating border issues.*

【谈天】tán=tiān (～儿) 闲谈 *chat; engage in chitchat*：我们正在～。Wǒmen zhèngzài ～. *We're in the middle of a chat.* /谈了一晚上天,什么也没做。Tánle yì wǎnshang tiānr, shénme yě méi zuò. (*They*) *talked for an entire evening and didn't get anything done.*

【谈吐】tántǔ (名)谈话时的措词和态度 *one's wording and manner in a conversation*：幽默～ yōumò ～ *a humorous style of conversation* / 文雅～ wényǎ ～ *elegant conversation* /审慎～ shěnshèn ～ *guarded conversation*

【谈笑风生】tán xiào fēng shēng 形容说话时有说有笑,很有风趣 *talk with a lot of wit and humor*：他很有幽默感,总是～的。Tā hěn yǒu yōumògǎn, zǒngshì ～ de. *He has a great sense of humor. He always has something funny to say.*

【谈笑自若】tán xiào zì ruò (指在不平常的情况下) 有说有笑,跟平常一样 *go on talking and laughing as if nothing was the matter*：尽管敌人的卫兵站在门口,他在会客厅里仍然～。Jǐnguǎn dírén de wèibīng zhàn zài ménkǒu, tā zài huìkètīng li réngrán ～. *Although the enemy guards are standing at the gate, he's still in the reception hall talking and laughing.*

【谈心】tán＝xīn 谈心里话 *talk heart to heart*：促膝～ cù xī ～ *sit side by side and talk intimately* /咱们俩谈谈心吧。Zánmen liǎ tántan xīn ba. *Let's have a heart-to-heart talk.*

弹 〔弹〕tán

（动）（1）shoot；send forth：篮球从篮板上～回来。Lánqiúcóng lánbǎn shang ～ huílai. The basketball rebounded from the backboard. /他使劲一打，球～得很高。Tā shǐ jìnr yì dǎ, qiú ～ de hěn gāo. He exerted all his strength and the ball bounced very high.（2）利用机械使纤维变得松软 soften or loosen up the fibers of some material：～棉花 ～ miánhua fluff cotton, tease cotton（3）flick；flip：把烟灰～到烟灰缸里。Bǎ yānhuī ～dào yānhuīgāng li. Flick the cigarette ashes in the ashtray.（4）用手指或器具拨弄或使物体震动 play；pluck；strike（e. g. a musical instrument）：～钢琴 ～ gāngqín play the piano /他会～好几种乐器。Tā huì ～ hǎo jǐ zhǒng yuèqì. He can play many kinds of musical instruments. 另见 dàn

【弹劾】tánhé（动）impeach

【弹簧】tánhuáng（名）spring

【弹力】tánlì（名）elastic force；elasticity；spring：～尼龙 nílóng stretch nylon /～袜 ～ wà elastic sock

【弹射】tánshè（动）军用飞机等配备有可自动弹出的座椅等，自动脱出叫"弹射" launch；catapult；eject：～装置 zhuāngzhì ejection mechanism /飞机出事时，驾驶员被自动～出来，安全降落了。Fēijī chū shì shí, jiàshǐyuán bèi zìdòng ～ chulai, ānquán jiàngluò le. When something went wrong with the plane, the pilot was automatically ejected and landed safely.

【弹跳】tántiào（动）用爆发力起跳 bounce；spring

【弹性】tánxìng（名）elasticity；resilience；spring：这种弹簧的～很强。Zhè zhǒng tánhuáng de ～ hěn qiáng. This kind of spring has great resilience. /～限度 ～ xiàndù elastic limit

【弹奏】tánzòu 用手指拨奏乐器演奏乐曲 pluck or play（a musical instrument）

痰 tán

（名）phlegm；sputum

【痰盂】tányú（名）[个 gè] spittoon

潭 tán

（名）deep pool；pond

檀 tán

（名）◇ wingceltis

【檀木】tánmù（名）sandalwood

【檀香】tánxiāng（名）white sandalwood

tǎn

忐 tǎn

【忐忑】tǎntè（形）心神不定。用得较少 distracted；perturbed；disturbed（seldom used）：～不安 ～ bù'ān uneasy, fidgety

坦 tǎn

【坦白】tǎnbái（形）心地光明，言语直率 frank；candid；straightforward：心地～ xīndì ～ candid, open /～地说，我不同意你这样做。～ de shuō, wǒ bù tóngyì nǐ zhèyàng zuò. Frankly speaking, I don't agree with the way you're doing things.（动）如实地说出（自己的错误或罪行）confess things as they really are（e. g., one's mistakes or crimes）：他～了自己的罪行。Tā ～le zìjǐ de zuìxíng. He confessed his guilt. /～从宽 ～ cóng kuān leniency to those who confess their crimes

【坦荡】tǎndàng（形）〈书〉（1）宽广平坦 broad and level：道路～ dàolù ～ a broad and level road（2）心地纯洁，胸怀宽畅 having a pure heart or a clear conscience；free from worry：胸怀～ xiōnghuái ～ openhearted

【坦克】tǎnkè（名）[辆 liàng] tank

【坦然】tǎnrán（形）心里平静，无顾忌，没有不可告人的事 calm；unperturbed；without apprehensions or misgivings：～自若 ～ zìruò calm and confident；completely at ease /他没做不可告人的事，所以无论人家说什么，他都很～。Tā méi zuò bù kě gào rén de shì, suǒyǐ wúlùn rénjia shuō shénme, tā dōu hěn ～. He hasn't done anything that should be kept quiet. So, no matter what people say, he stays very calm.

【坦率】tǎnshuài（形）（人的性格）心里怎么想就怎么说 candid；not afraid to say what one thinks：～的性格 ～ de xìnggé straightforward nature

【坦途】tǎntú（名）〈书〉平坦的道路（用于比喻）level road（used metaphorically）：他早已踏上了人生的～。Tā zǎo yǐ tàshangle rénshēng de ～. He's been treading the easy road of life for a long time.

祖 tǎn

【祖护】tǎnhù（动）（对错误的思想行为）无原则地支持或保护 give unpricipled support or protection；be partial to（usually wrong conduct or thinking）：～一方 ～ yì fāng be partial to one side /你不能总是～他，这样会害了他。Nǐ bù néng zǒngshí ～ tā, zhèyàng huì hàile tā. You shouldn't always be partial to him it may do him some harm.

【祖露】tǎnlù（动）〈书〉不穿衣服，把身体裸露着 be naked；be exposed；be unclothed；bare：～双臂 ～ shuāng bì have one's arms exposed

毯 tǎn

（名）◇ 同"毯子"tǎnzi same as "毯子" tǎnzi

【毯子】tǎnzi（名）[条 tiáo] blanket

tàn

叹 〔嘆〕tàn

（动）（1）sigh：长吁短～ cháng xū duǎn～ sighs and moans（2）exclaim in admiration：长城被世界人民～为奇迹。Chángchéng bèi shìjiè rénmín ～ wéi qíjì. The Great Wall is praised by people all over the world as a marvellous achievement.

【叹词】tàncí（名）〈语〉表示强烈的感情以及表示招呼、应答的词，如：啊、哎、哟、喂等 interjection；exclamation（e. g. "啊,哎,哟,喂" etc.）

【叹服】tànfú（动·不及物）称赞并且从心里佩服 praise and admire deeply：这么年轻，在学术上就有这么深的造诣，令人～。Zhème niánqīng, zài xuéshù shang jiù yǒu zhème shēn de zàoyì, lìng rén ～. This young person has made tremendous achievements in his studies. It compels admiration.

【叹气】tàn=qì sigh，heave a sigh：别老～！Bié lǎo ～! Don't be sighing all the time! /他先叹了一口气才说话。Tā xiān tànle yì kǒu qì cái shuō huà. He heaved a sigh first before speaking.

【叹赏】tànshǎng（动）〈书〉称赞 admire；praise；acclaim

【叹息】tànxī（动）〈书〉叹气 sigh

炭 tàn

（名）charcoal

【炭画】tànhuà（名）[幅 fú] charcoal drawing

【炭疽】tànjū（名）〈医〉anthrax

【炭盆】tànpén（名）烧木炭取暖的火盆 charcoal brazier

探 tàn（动）(1)试图发现(隐藏的事物或情况) try to find out (something hidden or concealed)：～路～ lù explore the way /～～他的口气～～ tā de kǒuqì try to find out his intention (2)看望 call on, visit, see：～病～ bìng visit a patient (3)头或上体向前伸出 stretch forth the head or the upper part of the body：～头～脑～ tóu～ nǎo pop one's head in /行车时不要～身窗外。Xíng chē shí búyào～ shēn chuāng wài. Don't lean out the window when the car is moving. /把头～出去。Bǎ tóu～ chūqu. Stick your head out.

【探测】tàncè（动）survey；sound；probe：高空～ gāokōng～ probe the upper air /～海的深度～ hǎi de shēndù sound the depth of the sea

【探查】tànchá（动）侦查、查看 investigate；examine；spy out：～敌情～ díqíng scout the enemy position /通过仪器～胃出血的原因。Tōngguò yíqì～ wèi chū xiě de yuányīn. Use instruments to examine the reason for a stomach hemorrhage.

【探井】tànjǐng（名）〈矿〉[口 kǒu] 为探测矿体而开的小井 a shaft for exploring a body of ore

【探矿】tàn＝kuàng go prospecting；prospect

【探雷器】tànléiqì（名）mine detector

【探亲】tàn＝qīn 回家看望亲属(父母、配偶或子女) return home and visit one's family or relatives（e. g. , parents, a spouse, children, etc.）：每年有一个月的～假。Měi nián yǒu yí ge yuè de～ jià. Every year there's a month-long home leave. /他已经探过一次亲了。Tā yǐjīng tànguo yí cì qīn le. He has already visited his relatives once.

【探视】tànshì（动）〈书〉看望 visit；call on：这所医院下午可以～病人。Zhè suǒ yīyuàn xiàwǔ kěyǐ～ bìngrén. You can visit patients in the afternoon at this hospital.

【探索】tànsuǒ（动）〈书〉多方寻求答案，解决疑问 explore solutions in every way in order to solve a question；probe：～真理～ zhēnlǐ explore the truth /在科学的领域里。Zài kēxué de lǐngyù lǐ～. Explore in the realm of science.

【探讨】tàntǎo（动）研究讨论 research and discuss；inquire into：他们经常在一起～问题。Tāmen jīngcháng zài yìqǐ～ wèntí. They often discuss problems together.

【探听】tàntīng（动）探问(多指方式比较秘密) make inquiries about（often in a clandestine fashion）：～消息～ xiāoxi fish for information /你先去～～情况。Nǐ xiān qù～～ qíngkuàng. First go find out about the situation.

【探望】tànwàng（动）(1)察看 watch，look carefully at，observe：他不时地向窗外～。Tā bùshí de xiàng chuāng wài～. He looks out the window every now and then. (2)看望(去比较远的地方) visit，call on：我去上海开会，顺便～了几个老朋友。Wǒ qù Shànghǎi kāi huì，shùnbiàn～le jǐ ge lǎo péngyou. I went to a meeting in Shanghai, and while I was at it I visited a few old friends.

【探问】tànwèn（动）(1)试探着问(消息、情况、意图等) sound out；probe a question；make inquiry into（e. g. information, a situation，someone's intention, etc.）：去那儿～一下情况 qù nàr～ yíxià qíngkuàng go there to do some inquiry into the situation /他出去～消息去了。Tā chūqu～ xiāoxi qu le. He went out to probe for information. (2)探望，问候 visit；extend greetings to：～病情～ bìngqíng visit a sick person to see how his health is doing

【探险】tàn＝xiǎn 到从来没有人去过或很少有人去过的地方去考察(自然界情况) explore；venture into the unknown：～队～ duì exploration party /到南极去～ dào nánjí qù～ explore the South Pole

【探询】tànxún（动）〈书〉同"探问" tànwèn same as "探问" tànwèn

【探照灯】tànzhàodēng（名）searchlight

碳 tàn（名）carbon

【碳化物】tànhuàwù（名）carbide

【碳精】tànjīng（名）carbon：～棒～bàng carbon rod

【碳水化合物】tànshuǐ huàhéwù carbohydrate

【碳酸】tànsuān（名）carbonic acid

tāng

汤〔湯〕tāng（名）(1) soup，broth：菜～ cài～ vegetable soup /肉～ ròu～ broth (2)煮过……的水 water in which something is boiled：面～ miàn～ water in which noodles have been boiled /饺子～ jiǎozi～ water in which jiaozi have been boiled

【汤匙】tāngchí（名）[把 bǎ] tablespoon，soupspoon

【汤剂】tāngjì（名）中药剂型的一种。把药物放入锅中加水煎一段时间，滤掉渣滓而成 drug decoction in traditional Chinese medicine

【汤药】tāngyào（名）中医指用水煎的药物 decoction of medicinal ingredients in traditional Chinese medicine

蹚 tāng（动）wade；ford：～过小河去 ～guò xiǎo hé qu wade across a stream

táng

堂 táng（名）◇ (1)家里大家一起活动的屋子 main room of a house：～屋 ～wū central room（of a one-story Chinese traditional house consisting of several rooms in a row）(2)专为某种活动用的房屋 a building（or room）used for a specific activity /食～ shí～ dining hall (3)和父亲的兄弟及堂兄弟的儿女的关系 cousins having the same family name：～妹 ～mèi female younger cousin having the same family name /～弟 ～dì male younger cousin having the same family name（量）用于课时（used for class periods）：一课 yì～ kè one class

【堂皇】tánghuáng（形）形容(建筑、陈设等)很有气势 imposing；impressive；magnificent（e. g. , buildings, furnishings, etc.）：屋子里布置得富丽～。Wūzi li bùzhì de fùlì～. The room was splendidly decorated.

【堂堂】tángtáng（形）◇ 形容容貌庄严大方；形容有志气或有气魄 dignified，stately，or tasteful in appearance；having high aspirations and boldness of vision：仪表～ yíbiǎo～ dignified in appearance，impressive-looking /～男子汉～ nánzǐhàn a man with great aspirations and vision

【堂堂正正】tángtángzhèngzhèng（形）形容光明正大，具备男子汉的品格 just and honorable；having a truly manly character：～的一个外交官，做出这样的丑事。～de yí ge wàijiāoguān，zuòchū zhèyàng de chǒushì. This diplomat was supposed to be upstanding, but he caused this scandal. /～的一个男子汉，总是受老婆的气。～de yí ge nánzǐhàn，zǒngshì shòu lǎopo de qì. This guy was supposed to be a real man, but he's always being bullied by his wife.

搪 táng（动）(1)抵挡 keep out；check：把窗帘拉上～～风。Bǎ chuāngliánr lāshang～～ fēng. Draw the window curtain to keep out the wind. (2)把泥土或涂料均匀地涂在炉灶、瓷器上 evenly spread clay or paint on a stove or porcelain：～炉子～ lúzi line a stove with clay

【搪瓷】tángcí（名）enamel

【搪塞】tángsè（动）对别人的提问、要求等采取敷衍应付的态度 adopt a perfunctory attitude toward other people's ques-

tions or demands：他没有认真地谈出自己的意见，～ 几句就走了。Tā méiyou rènzhēn de tánchū zìjǐ de yìjian，～ jǐ jù jiù zǒu le. He didn't earnestly talk about his own opinions. He (merely) made a few perfunctory remarks and then left.

塘 táng
（名）(1)堤岸 embankment；dike (2)水池 pool；pond

【塘坝】tángbà（名）同"塘堰"tángyàn same as "塘堰"tángyàn

【塘堰】tángyàn（名）在山区或丘陵地区修筑的一种小型蓄水工程，用来积蓄附近的雨水和泉水，灌溉田地 small reservoir built in a hilly or mountainous region

糖 táng
（名）(1) sugar (2) sweets，candy

【糖弹】tángdàn（名）糖衣炮弹的简称 short for 糖衣炮弹

【糖果】tángguǒ（名）sweets，candies

【糖葫芦】tánghúlur（名）把红果或海棠果用竹签穿成一串儿，蘸上熔化的冰糖或白糖而成 candied haws or crabapples on a bamboo stick

【糖化】tánghuà（动）saccharification

【糖浆】tángjiāng（名）〈药〉syrup

【糖精】tángjīng（名）saccharin，gluside

【糖尿病】tángniàobìng（名）〈医〉diabetes

【糖衣】tángyī（名）sugarcoating：～炮弹 ～ pàodàn sugar-coated bullet

螳 táng
【螳臂当车】táng bì dāng chē 螳螂举起前腿想挡住车轮前进。比喻做事不自量力，必然失败 a mantis trying to stop the wheel of a chariot by holding up its foreleg；overrate oneself ridiculously

【螳螂】tángláng（名）[只 zhī] mantis

tǎng

倘 tǎng
（连）〈书〉意思同"倘若"tǎngruò same as "倘若"tǎngruò：他一生的坎坷经历～要写成小说，是会相当感人的。Tā yìshēng de kǎnkě jīnglì ～ yào xiěchéng xiǎoshuō，shì huì xiāngdāng gǎnrén de. If he wrote a novel about his lifetime of frustrating experiences，it would be a very moving book. / 此项工程～提前完成，施工单位将受到奖励。Cǐ xiàng gōngchéng ～ tíqián wánchéng，shīgōng dānwèi jiāng shòudào jiǎnglì. Should this project be completed in advance，the unit in charge of construction would receive a reward. /一个人～失去体内水份的10%，就有可能危及生命。Yí ge rén ～ shīqù tǐnèi shuǐfèn de bǎi fēn zhī shí，jiù yǒu kěnéng wēijí shēngmìng. If a person were to lose 10% of his body's moisture，his life could possibly be endangered.

【倘或】tǎnghuò（连）〈书〉同"倘若"tǎngruò same as "倘若"tǎngruò：～搬到城外，离工作地点过远，上下班十分不便。～ bāndào chéng wài，lí gōngzuò dìdiǎn guò yuǎn，shàng xià bān shífēn búbiàn. If I were to move to the outskirts of the city，I would be too far from work and it would be far too inconvenient for me to go to and from work. /你～不能按期到京，务请事先通知我们。Nǐ ～ bù néng ànqī dào Jīng，wù qǐng shìxiān tōngzhī wǒmen. Please notify us in advance if you cannot come to Beijing on schedule.

【倘若】tǎngruò（连）〈书〉意义与用法同"如果"基本相同。用于复句中前一分句的主语前或主语后，后一分句推论出结果，后一分句常有"就""便""则""那""那么"等词与之呼应（basically the same as "如果" rúguǒ；used before or after

the subject in the first clause of a sentence with two or more clauses；the next clause then infers a result and often uses "就"，"便"，"则"，"那" or "那么"）if；supposing：～他们并无诚意，那么协商是不会有什么结果的。～ tāmen bìng wú chéngyì，nàme xiéshāng shì bú huì yǒu shénme jiéguǒ de. Supposing they are not at all sincere，then the consultations cannot yield any results. / 这个厂～能承包，生产情况就可改变。Zhège chǎng ～ néng chéngbāo，shēngchǎn qíngkuàng jiù kě gǎibiàn. If this factory could be contracted，then the production situation would change. / 这酒的确不错，～再有些下酒的菜，那就更好了。Zhè jiǔ díquè búcuò，～ zài yǒu xiē xiàjiǔ de cài，nà jiù gèng hǎo le. This liquor is quite tasty indeed. If there were a few more dishes to go with it，then it would be even better.

【倘使】tǎngshǐ（连）〈书〉同"倘若"tǎngruò same as "倘若"tǎngruò

淌 tǎng
（动）(液体)往下流 drip；let fall (tears，etc.)：～水 shuǐ drip water / ～血 ～ xiě shed blood

躺 tǎng
（动）lie，recline：～在床上 ～ zài chuáng shang lie on the bed /你不舒服就～着，别起来。Nǐ bù shūfu jiù ～zhe，bié qǐlai. If you're not feeling well，go lie down and don't get up.

【躺椅】tǎngyǐ（名）[把 bǎ]靠背特别长而向后倾斜的椅子，人可以斜躺在上面 reclining chair，easy chair

tàng

烫 〔燙〕tàng
（动）(1)scald；burn：小心～手！Xiǎoxīn ～ shǒu! Be careful or you'll burn your hand! /脚～伤了。Jiǎo ～ shāng le. (My) foot was burned. (2) iron；press：床单洗好了，还没～呢! Chuángdān xǐhǎo le，hái méi ～ ne! The sheets have been washed，but they haven't been ironed. (3) perm；have one's hair permed：～头发 ～ tóufa perm one's hair（形）very hot；scalding：碗太～了，没法端。Wǎn tài ～ le，méi fǎ duān. The bowl is too hot. There's no way to carry it.

【烫伤】tàngshāng（名）〈医〉scald

趟 tàng
（量）表示走动的次数 (for a trip)：我们去了两～，他都不在。Wǒmen qùle liǎng ～，tā dōu bú zài. We went twice，but he wasn't there either time. /八点还有一～车。Bā diǎn hái yǒu yí ～ chē. There's still a train at 8：00. / 刚才出去忘了买肉，请你再跑一～吧。Gāngcái chūqu wàngle mǎi ròu，qǐng nǐ zài pǎo yí ～ ba. I forgot to buy meat when I went out just now，so would you please run back for me and buy some?/ 我去邮局寄了一～包裹。Wǒ qù yóujú jìle yí ～ bāoguǒ. I made a trip to the post office and mailed a package. /他连着买了两～东西。Tā liánzhe mǎile liǎng ～ dōngxi. He made two trips one after the other to do some shopping.

tāo

掏 tāo
（动）(1)用手或工具伸进物体的里面把东西取出来 draw out；pull out；fish out (with one's hand or an instrument)：～钱 ～ qián pull out (some) money/～口袋 ～ kǒudài fish around in one's pocket (2)挖 dig；hollow out：在墙上～一个洞。Zài qiángshang ～ yí ge dòng. Make a

hole in the wall.
【掏腰包】tāo yāobāo〈口〉(1)"出钱"的一种形象性说法 *another way of saying "出钱"*：咱们去买个西瓜吃，我～．Zánmen qù mǎi ge xīguā chī, wǒ ～. *Let's go buy a watermelon. I'll treat.*（2）小偷儿从人身上偷钱 *pick somebody's pocket*：他在公共汽车上叫人掏了腰包．Tā zài gōnggòng qìchē shang jiào rén tāole yāobāo. *He was pickpocketed on the bus.*

滔 tāo
（动）〈书〉(大水) 弥漫 *inundate*；*flood*
【滔滔】tāotāo（形）(1)形容水流极大 *torrential*；*surging*：～江水滚滚东流．～ jiāngshuǐ gǔngǔn dōng liú. *The surging river waters rolled eastward.*（2）比喻话多，连续不断 *speak in a constant flow of words*：他口才很好，讲起话来～不绝．Tā kǒucái hěn hǎo, jiǎng qǐ huà lai ～ bù jué. *He's very eloquent. When he speaks, his words flow steadily.*
【滔天】tāotiān（形）(1)漫天，形容波浪极大 *rising up to the sky (said of very large waves)*：白浪～ bái làng ～ *white breakers leaping skyward* (2)比喻罪恶极重 *heinous*；*monstrous*：～罪行 ～ zuìxíng *heinous crime*／罪恶～ zuì'è ～ *be guilty of monstrous crimes*

táo

逃 táo
（动·不及物）偷偷地离开 *stealthily flee*；*run away*：他半夜里～出了敌人魔掌．Tā bànyèli ～ chūle dírén mózhǎng. *In the middle of the night, he escaped from the clutches of the enemy.*／不知道他～到哪儿去了．Bù zhīdào tā ～ dào nǎr qu le. *I don't know where he escaped to.*／他实在无处可～．Tā shízài wú chù kě ～. *He really has nowhere to run.*
【逃奔】táobèn（动）〈书〉(向别的地方)逃走 *run away (to another place)*：～他乡 ～ tāxiāng *run away to a place far from home*
【逃避】táobì（动）躲开、避开(不愿意或不敢接触的事物) *evade*；*avoid*；*escape (something you neither wish nor dare to encounter)*：～困难 ～ kùnnan *avoid hardship*／～现实 ～xiànshí *escape reality*／如果出了问题，我们是～不了责任的．Rúguǒ chūle wèntí, wǒmen shì ～ bu liǎo zérèn de. *If something goes wrong, we can't shirk our responsiblity.*
【逃兵】táobīng（名）*army deserter*；*deserter*
【逃窜】táocuàn（动）〈书〉(贬义) 慌乱地逃跑 *flee in disorder*：敌人仓皇～．Dírén cānghuáng ～. *The enemy fled pell-mell.*
【逃犯】táofàn（名）*escaped criminal or convict*
【逃荒】táo=huāng *flee from famine*
【逃离】táolí（动）离开逃跑 *leave*；*take flight*；*flee*：1939年，他～了敌占区，来到了延安．Yījiǔsānjiǔ nián, tā ～ le dizhànqū, láidàole Yán'ān. *In 1939 he fled the enemy occupation zone and came to Yan'an.*
【逃命】táo=mìng *run for one's life*：当时他只能～，所有的东西都丢掉了．Dāngshí tā zhǐ néng ～, suǒyǒu de dōngxi dōu diūdiào le. *At that time he could only flee for his life. All his possessions were lost.*
【逃难】táo=nàn 为躲避灾难而逃往别处 *flee to another place to avoid disaster*：他是1937年～到四川的，后来就在那儿落户了．Tā shì yījiǔsānqī nián ～ dào Sìchuān de, hòulái jiù zài nàr luò hù le. *He came as a refugee to Sichuan in 1937 and later settled there.*
【逃跑】táopǎo（动）同"逃" táo *same as "逃"* táo
【逃跑主义】táopǎozhǔyì（名）(1)指革命战争中消极的躲避、退却态度 *a passive attitude in which one evades or shrinks from difficulties in the revolutionary struggle* (2)面

对困难的环境或不利的事件，而采取离开或躲避的态度 *an evasive attitude which is adopted when confronting difficult circumstances*
【逃散】táosàn（动·不及物）逃亡过程中而失散 *be separated in the course of fleeing*："七七"事变时，我家七口都～了．谁也找不到谁．"Qī-Qī"Shìbiàn shí, wǒ jiā qī kǒu dōu ～ le, shuí yě zhǎo bu dào shuí. *During the July 7th Incident of 1937, the seven of us in our family were all scattered. No one could find where the other one was.*
【逃生】táoshēng（动·不及物）逃出危险的环境以求生存 *escape with one's life*：那次轮船出事，他是十几个死里～的旅客之一．Nà cì lúnchuán chū shì, tā shì shí jǐ ge sǐlǐ ～ de lǚkè zhī yī. *That time when the steamship wrecked, he was one of less than 20 passengers to escape alive.*
【逃脱】táotuō（动）逃跑，摆脱危险的环境或事物 *escape and get clear of a dangerous thing or dangerous circumstances*：～虎口 ～ hǔkǒu *'escape the jaws of death* /他们是不能～罪责的．Tāmen shì bù néng ～ zuìzé de. *They can't escape the responsibility for their crimes.*
【逃亡】táowáng（动）逃走而流浪在外 *escape and roam about some place*：～国外 ～ guó wài *run away to another country* /他～多年后又回到故乡．Tā ～ duō nián hòu yòu huídào gùxiāng. *After many years on the run he returned home again.*
【逃学】táo=xué *skip class*；*play hooky*：这孩子经常～．Zhè háizi jīngcháng ～. *This kid often plays hooky.* /这星期他逃了两次学．Zhè xīngqī tā táole liǎng cì xué. *He skipped class twice this week.*
【逃之夭夭】táo zhī yāoyāo 原为"桃之夭夭"，是说桃花鲜艳繁茂。"桃"、"逃"同音，后借来说逃跑，是一种诙谐的说法 *Originally, "桃之夭夭" described bright colored and luxuriant peach blossoms. However, because "桃" and "逃" are homonyms, the phrase was later used in a humorous way to refer to someone who took flight.*
【逃走】táozǒu（动·不及物）逃跑 *run away*；*flee*；*take flight*：弃官～ qì guān ～ *give up one's office and flee* /越狱～ yuè yù ～ *make an escape from prison* /私自～ sīzì ～ *flee secretly*

桃 táo
（名）◇(1)(～儿) *peach* (2) *peach-shaped thing*
【桃红】táohóng（形）*pink*
【桃花】táohuā（名）[朵 duǒ] *peach blossom*
【桃子】táozi（名）[个 gè] *peach*

陶 táo
（名）◇ *pottery*；*earthenware*：～俑 ～ yǒng *pottery figurine* /彩～ cǎi～ *painted pottery* (动) *cultivate*；*nurture*：熏～ xūn'～ *exert a gradual uplifting influence on*
【陶瓷】táocí（名）*pottery and porcelain*；*ceramics*
【陶器】táoqì（名）*pottery*，*earthenware*
【陶土】táotǔ（名）*potter's clay*
【陶冶】táoyě（动）〈书〉烧制陶器和冶炼金属，比喻给人的思想、性格以有益的影响 *make pottery and smelt metal*；*exert a good influence on someone's thinking or temperment*：～性情 ～ xìngqíng *mould a person's temperment*
【陶醉】táozuì（动）很满意地沉浸在某种境界或思想活动中 *revel in*；*wallow in*；*be intoxicated with*：自我～ zìwǒ ～ *be intoxicated with self-satisfaction* /他～在幸福之中．Tā zài xìngfú zhī zhōng. *He's wallowing in happiness.*

淘 táo
（动）(1)◇利用水除去杂质 *use water to clear away impurities or foreign matter*：～米 ～ mǐ *wash rice* /～金 ～ jīn *pan gold* (2)从深的地方舀出污水、泥沙等 *clean out*，

dredge (*foul water*, *sewage*, *silt*, *etc.*)：～井～掏 jīng *dredge a well* /把缸里的水～干。Bǎ gāng li de shuǐ ～ gān. *Flush out the water in the vat.*

【淘气】táoqì（形）*naughty*；*mischievous*

【淘汰】táotài（动）去坏的，留好的；去掉不适合的，留下适合的 *eliminate through the selection of what is good or suitable*；*eliminate through competition*：～赛 ～sài *elimination series* /在第一轮比赛中，他就被～了。Zài dìyī lún bǐsài zhōng, tā jiù bèi ～ le. *He was eliminated in the very first round.* /他认为他自己是被时代～掉的人。Tā rènwéi tā zìjǐ shì bèi shídài ～diào de rén. *He feels that he's been left behind by the times.*

tǎo

讨〔討〕tǎo （动）(1)同"讨伐" tǎofá *same as* "讨伐" tǎofá (2)◇ 索取；请求 *ask for*；*demand*；*request*：～债 ～ zhài *demand the repayment of a debt, call in a debt* (3)◇ 惹 *invite or ask for*：～人喜欢，～ rén xǐhuan *likable, cute* /～人嫌～ rén xián *be a nuisance* /自～苦吃 zì ～ kǔ chī *bring trouble upon oneself*；*ask for trouble*

【讨伐】tǎofá（动）〈旧〉出兵攻打（敌人或叛军）*send armed forces to attack* ⟨*the enemy or insurgents*⟩

【讨饭】tǎo＝fàn *beg for food*, *be a beggar*

【讨好】tǎohǎo（动）(1)迎合别人，取得别人欢心或称赞 *cater or pander to other people in order to win their favor or praise*：不能无原则地～别人。Bù néng wú yuánzé de ～ biéren. *You can't unscrupulously toady to other people.* (2)得到好效果(多用于否定) *achieve good results* (*often used in the negative*)：费力不～的事谁也不干。Fèi lì bù ～ de shì shuí yě bú gàn. *No one wants to do a thankless task.*

【讨还】tǎohuán（动）索要（欠债）*demand*, *exact* (*repayment on a debt*)：～债务 ～ zhàiwù *call in a debt* / 向侵略者～血债。Xiàng qīnlüèzhě ～ xuèzhài. *make the invaders pay a blood debt*

【讨价还价】tǎo jià huán jià 买卖双方要价还价。现多比喻接受任务或举行谈判时提出种种条件，计较得失 *bargain*；*haggle over a price*；*haggle over all kinds of conditions and advantages when accepting a task or conducting negotiations*

【讨教】tǎojiào（动）请求指教 *seek advice*, *ask for advice*：我有个难题，特别来向你～。Wǒ yǒu ge nántí, tèbié lái xiàng nǐ ～. *I have a big problem, and I've specially come to you for advice.*

【讨论】tǎolùn（动）就某一问题交换意见或进行辩论 *exchange opinions and debate*；*talk over*：～会 ～ huì *a discussion meeting* / 展开～ zhǎnkāi ～ *open up a discussion* /～得非常热烈 ～ de fēicháng rèliè *hold a lively discussion* /咱们～～再决定吧。Zánmen ～～ zài juédìng ba. *Let's talk it over and then decide.*

【讨饶】tǎo＝ráo 乞求别人饶恕 *beg for forgiveness or mercy*：这孩子脾气犟极了，怎么也不会～。Zhè háizi píqi jiàng jí le, zěnme yě bú huì ～. *This kid is really bull-headed. There's no way he'll ask for forgiveness.*

【讨嫌】tǎo＝xián 惹人讨厌。用得较少，也说"讨人嫌"tǎo rén xián *disagreeable*, *annoying*；*be a nuisance*；"讨人嫌" tǎo rén xián *is also said*

【讨厌】tǎoyàn（动）厌恶，不喜欢 *be disgusted with*；*extremely dislike*：他那种高傲的样子，让人～。Tā nà zhǒng gāo'ào de yàngzi ràng rén ～. *His arrogant manner disgusts people.* / 我最～下雨。Wǒ zuì ～ xià yǔ. *I hate rain.* （形）使人厌恶 *annoy*；*repulse*：这种病一～极了，短时间治不好。Zhè zhǒng bìng ～ jí le, duǎn shíjiān zhì bu hǎo. *This kind of sickness is extremely annoying. It isn't easily cured in a short time.* / 我有个邻居很～，每天晚上电视总开得很响。

Wǒ yǒu ge línjū hěn ～, měitiān wǎnshàng diànshì zǒng kāi de hěn xiǎng. *I have a very annoying neighbor. Every night he plays his television really loud.*

tào

套 tào （名）(1)（～儿）*case*；*cover*；*slip*；*sleeve*：给这对沙发做个～。Gěi zhè duì shāfā zuò ge ～. *Have slipcovers made for these two sofas.* (2) *knot*；*noose*；*harness*：请你把这根绳子拴个～。Qǐng nǐ bǎ zhè gēnr shéngzi shuān ge ～. *Please tie a knot with this string.* /牲口～ shēngkou ～ *animal harness* （动）(1) *cover with*；*slip over*；*slip on*：～上一件毛衣 ～ shang yí jiàn máoyī *slip on a sweater* /小盒子外面～一个大盒子。Xiǎo hézi wàimian ～ yí gè dà hézi. *The small box was encased in a large box.* (2) *overlap*；*interlink*：一环一环～成为一条链子。Yì huán yì huán chéngwéi yì tiáo liànzi. *One ring linked with another forms a chain.* (3) *harness*；*hitch up*：把马～在车上。Bǎ mǎ ～ zài chē shang. *Hitch up the horse to the cart.* / 赶快～车 gǎnkuài ～ chē *Quickly hitch up the wagon.* (4) *model on*；*copy*；*apply*：学外语的时候很自然地把母语的语法规律～在外语上。Xué wàiyǔ de shíhou hěn zìrán de bǎ mǔyǔ de yǔfǎ guīlǜ ～ zài wàiyǔ shang. *When studying a foreign language, applying the grammar of the mother tongue is only natural.* /别人的经验只能参考，不能硬～在自己身上。Biéren de jīngyàn zhǐ néng cānkǎo, bù néng yìng ～ zài zìjǐ shēnshang. *You can only consult other people's experience. You can't rigidly apply it to yourself.* (5) *draw out* (*e. g. information from someone*)；*pump somebody about something*：想法儿～他的话 xiǎng fǎr ～ tā de huà *think of a way to coax a few words out of him* （量）用于组的事物 (*for a set, suit, or collection of things*)：一～餐具 yì ～ cānjù *a set of tableware* / 一～房间 yì ～ fángjiān *a suite, flat* /一～办法 yí ～ bànfǎ *a set of measures* / 两～西服 liǎng ～ xīfú *two suits*

【套服】tàofú（名）成套出售的衣裤或衣裙 *a complete, matching outfit offered for sale*

【套购】tàogòu（动）用欺骗或拉拢等不正当的手段购买（国家计划分配的商品）*use deception, cajoling, or other unfair means to purchase* (*usually state-regulated commodities*)

【套间】tàojiān（名）(1)屋子，只能通向另一间屋子，而不能通向外面的 *inner room* (2) *suite in a hotel*

【套问】tàowèn（动）拐弯抹角地问 *question in a roundabout way*；*beat around the bush for answers*

【套鞋】tàoxié（名）[只 zhǐ，双 shuāng] *galoshes*；*rubbers*

【套袖】tàoxiù（名）[只 zhǐ，副 fù] 套在衣袖外边，保护衣袖的短袖 *oversleeve*

【套用】tàoyòng（动）模仿着运用（现成的方法或语句）*copy and use*；*use mechanically* (*e. g., ready-made methods or statements*)：不能总是～别人的方法，得有创造性。Bù néng zǒngshì ～ biéren de fāngfǎ, děi yǒu chuàngzàoxìng. *You can't always be copying other people's methods. You ought to have some creativity.* /他写文章的时候，总是爱～鲁迅的语句。Tā xiě wénzhāng de shíhou, zǒngshì ài ～ Lǔ Xùn de yǔjù. *When he writes an essay, he always loves to quote from Lu Xun.*

【套语】tàoyǔ（名）客套话 *polite formula*；*civilities*

【套种】tàozhòng（动）在某一种作物生长的后期，在行间播种另一种作物，以充分利用地力和生长期，增加产量。也叫"套作" *interplant crops in order to increase production by fully utilizing soil fertility and the length of the growing season*；*also called* "套作"

【套装】tàozhuāng（名）同"套服" tàofú *same as* "套服" tàofú

【套子】tàozi（名）*sheath*；*case*；*cover*

tè

特（形）◇同"特别"tèbié *same as "特别" tèbié*：～价出售～jià chūshòu *offered for sale at a special price* / ～号工作服 ～hào gōngzuòfú *a special size work uniform*（名）◇同"特务"tèwu：反～ fǎn ～ *anti-espionage* / 防～ fáng～ *guard against enemy agents*（副）(1)同"特别"tèbié（副）(1)，有"非常""格外"的意思 *same as "特别" tèbié（副）(1) very; especially; particularly*：列车开得～快。Lièchē kāi de ～ kuài. *The train sped along very rapidly.* / 这个地区去年发生了～大洪水灾害。Zhège dìqū qùnián fāshēngle ～ dà hóngshuǐ zāihài. *There was an especially serious flood in this region last year.* / 小朋友～喜欢看动画片。Xiǎopéngyou ～ xǐhuan kàn dònghuàpiàn. *Children especially like to watch cartoons.* / 我～讨厌这个人的虚伪态度。Wǒ ～ tǎoyàn zhège rén de xūwěi tàidu. *I especially abhor this person's hypocritical attitude.* / 这个孩子～不听话，真叫人操心。Zhège háizi ～ bù tīng huà, zhēn jiào rén cāo xīn. *This child is extremely disobedient and is really troublesome.* / 这个人～没修养，少和他来往。Zhège rén ～ méi xiūyǎng, shǎo hé tā láiwǎng. *This person is particularly uncultivated. You should have as little to do with him as possible.* (2)同"特地"tèdì *same as "特地" tèdì*：这两位同志是～来我公司洽谈业务的。Zhè liǎng wèi tóngzhì shì ～ lái wǒ gōngsī qiàtán yèwù de. *These two comrades have come to our company specially to talk business.* /新年晚会～请中国女排全体队员参加。Xīnnián wǎnhuì ～ qǐng Zhōngguó nǚpái quántǐ duìyuán cānjiā. *The entire Chinese women's volleyball team was specially invited to attend the New Year's party.* /他～从远方发来贺电，向这对新婚夫妇表示祝贺。Tā ～ cóng yuǎnfāng fālái hèdiàn, xiàng zhè duì xīnhūn fūfù biǎoshì zhùhè. *He sent a telegram from a distant place specially to congratulate this newly wed couple.* /这套茶具是～为客人准备的。Zhè tào chájù shì ～ wèi kèrén zhǔnbèi de. *This tea service is reserved specially for the use of guests.* (3)"独特"的意思，常与"有"连用 *same as "独特" dútè; often used together with "有"* uniquely; distinctively*：犀利、明快是这篇杂文～的风格。Xīlì, míngkuài shì zhè piān záwén ～ yǒu de fēnggé. *The style of this essay is distinctively trenchant and straightforward.* /这种建筑式样是佛教寺庙～有的。Zhè zhǒng jiànzhù shìyàng shì Fójiào sìmiào ～ yǒu de. *This kind of architectural style is peculiar to Buddhist temples.*

【特别】tèbié（形）与众不同，不是普遍的 *special; out of the ordinary; particular*：脾气～ píqì ～ *peculiar temperment* / ～的式样 ～ de shìyàng *extradinary design*（副）(1)有"格外"的意思，表示程度极高，修饰形容词、某些动词、助动词、短语，可以修饰表示不愉快性质的否定式 *especially; all the more（modifies adjectives, certain verbs, auxiliary verbs, and phrases; can also modify a negative form which indicates sth. of an unpleasant nature）*：这些战士～勇敢，～能战斗。Zhèxiē zhànshì ～ yǒnggǎn, ～ néng zhàndòu. *These soldiers are especially brave and especially good fighters.* /当前对青少年～应该进行法制教育。Dāngqián duì qīng-shàonián ～ yīnggāi jìnxíng fǎzhì jiàoyù. *Teenagers these days should receive all the more education on the legal system.* / 大连的青年人～喜爱足球运动。Dàlián de qīngnián rén ～ xǐ'ài zúqiú yùndòng. *The youth of Dalian especially like football.* /他这人办事～不可靠。Tā zhè rén bàn shì ～ bù kěkào. *This person is particularly unreliable for handling matters.* /这种干部～没水平，怎么能让大家佩服！Zhè zhǒng gànbu ～ méi shuǐpíng, zěnme néng ràng dàjiā pèifu! *This kind of cadre is especially lacking in abili-*

ty. *How could he possibly command other people's respect?* (2)同"特地"tèdì *same as "特地" tèdì; specially*：这个计算器是爸爸～为女儿准备的生日礼物。Zhège jìsuànqì shì bàba ～ wèi nǚ'er zhǔnbèi de shēngrì lǐwù. *This calculator was specially bought by him for his daughter's birthday gift.* /为了迎接这位贵客，老李～买来了这瓶茅台酒。Wèile yíngjiē zhè wèi guìkè, Lǎo Lǐ ～ mǎiláile zhè píng máotáijiǔ. *Lao Li bought this bottle of Maotai Liquor specially to greet the honoured guest.* /五月底以前必须完成这本书的初稿，这是李教授赶美前～嘱咐的。Wǔyuè dǐ yǐqián bìxū wánchéng zhè běn shū de chūgǎo, zhè shì Lǐ jiàoshòu fù Měi qián ～ zhǔfu de. *The first draft of this book must be completed by the end of May. This is what Professor Li specially requested before leaving for the U.S.* (3)同"尤其"yóuqí，在几种同类的事物或情况中，指出突出的一个 *same as "尤其" yóuqí; particularly; especially*：我喜欢看古装戏，～是京剧。Wǒ xǐhuan kàn gǔzhuāng xì, ～ shì jīngjù. *I like to watch operas with ancient costumes, particularly Beijing opera.* /我感谢你的全家对我的热情招待，～要感谢你的夫人。Wǒ gǎnxiè nǐ de quánjiā duì wǒ de rèqíng zhāodài, ～ yào gǎnxiè nǐ de fūrén. *Thank you and your whole family for your kind hospitality. I especially want to thank your wife.* /他很有才能，～表现在绘画方面。Tā hěn yǒu cáinéng, ～ biǎoxiàn zài huìhuà fāngmiàn. *He has a lot of talent, particularly in the field of painting.* /小杨爱好球类运动，～是足球运动。Xiǎo Yáng àihào qiúlèi yùndòng, ～ shì zúqiú yùndòng. *Xiao Yang's hobby is ball games, especially football.*

【特产】tèchǎn（名）某地或某国特有的著名产品 *a famous product indigenous to a certain area or country*

【特长】tècháng（名）特别擅长的技能或特有的工作经验 *forte; speciality; what one has skill or experience in*：英语口译是他的～。Yīngyǔ kǒuyì shì tā de ～. *Interpreting English is his forte.* /安排工作时要注意发挥每个人的～。Ānpái gōngzuò shí yào zhùyì fāhuī měi gè rén de ～. *When planning work, one must remember to bring everyone's special skills into play.*

【特出】tèchū（形）特别出众；格外突出 *outstanding; extraodinary*：～的才能 ～ de cáinéng *extraodinary talent*

【特等】tèděng（形·非谓）特别高的等级；最优良的 *high grade; of the highest rank; very fine; top of the line*：～船舱 ～ chuáncāng *deluxe ship cabin* / ～劳动模范 ～ láodòng mófàn *special class model worker*

【特地】tèdì（副）专门为某一目的（做某事），或由于重视着意（做某事）*for a special purpose; specially*：今天我们是～来向你们取经的。Jīntiān wǒmen shì ～ lái xiàng nǐmen qǔ jīng de. *We have come today specially for the purpose of learning from your experience.* /这套学习与辅导材料是～为夜大学的学生编写的。Zhè tào xuéxí yǔ fúdǎo cáiliào shì ～ wèi yè dàxué de xuésheng biānxiě de. *These study and tutorial materials were compiled specially for night university students.* /演员们～到医院里为伤员演唱歌曲。Yǎnyuánmen ～ dào yīyuàn li wèi shāngyuán yǎnchàng gēqǔ. *Actors went to the hospital specially to sing songs for the wounded.* /外商回国后又～发来电报追加定货。Wàishāng huí guó hòu yòu ～ fālái diànbào zhuījiā dìnghuò. *After the foreign merchant went back to his own country, he sent a telegram specially to order more goods.*

【特点】tèdiǎn（名）人或事物所具有的独特的地方 *distinguishing feature; special characteristic*：他具有思维敏捷的～。Tā jùyǒu sīwéi mǐnjié de ～. *He's noted for his quick mind.* / 这种收音机的～是音色优美。Zhè zhǒng shōuyīnjī de ～ shì yīnsè yōuměi. *The special characteristic of this kind of radio is its fine timbre.*

【特定】tèdìng（形·非谓）(1)特别指定或规定的 *specially ap-*

pointed or stipulated：～的人选 ～de rénxuǎn *a person specially designated for a post* /～的符号 ～ de fúhào *specially designated symbol* (2)某一个(人、时期、地方等)：*certain*, *specific*（*e. g.*，*person*，*period*，*place*，*etc.*）：在～的语言环境中，一个词就成为一句话。Zài～ de yǔyán huánjìng zhōng, yí ge cí jiù chéngwéi yí jù huà. *In certain linguistic situations one word makes a sentence.* / 的历史条件产生他这种特殊人物。～de lìshǐ tiáojiàn chǎnshēng tā zhè zhǒng tèshū rénwù. *Specific historical conditions produce this kind of special person.*

【特工】tègōng（名）"特别工作"的简称。多指秘密侦察、刺探机密、暗中保安等工作 *short for "特别工作"*

【特级】tèjí（形・非谓）同"特等"tèděng *same as "特等"* tèděng：～厨师 ～ chúshī *expert cook* /～香烟 ～ xiāngyān *top-shelf cigarettes*

【特急】tèjí（形・非谓）非常紧急 *very urgent*, *pressing*：～电报 ～ diànbào *urgent telegram* /～信件 ～ xìnjiàn *urgent letter* / ～命令 ～ mìnglìng *urgent order*

【特辑】tèjí（名）为特定主题而编辑的文字资料、报刊或电影（1）*special issue of a periodical*（2）*special collection of short films*

【特技】tèjì（名）(1)武术、马术、飞机驾驶等方面的特殊技能 *a special stunt or trick, such as in martial arts, horsemanship, aeronautics, etc.*（2）电影用语，指摄制特殊镜头的技巧 *special effects (movie)*

【特刊】tèkān（名）刊物、报纸为纪念某一节日、事件、人物等而编辑的一期或一版 *a special edition or commemorative issue of a newspaper or other publication*

【特快】tèkuài（名）"特别快车"的简称 *short for "特别快车"* tèbié kuàichē

【特例】tèlì（名）特殊的事例 *special case, special example*

【特命全权大使】tèmìng quánquán dàshǐ *ambassador extraordinary and plenipotentiary*

【特派员】tèpàiyuán（名）为办理某项事务而特地派遣到某地的人员 *a person sent for the special purpose of handling some task*

【特权】tèquán（名）*privilege, prerogative*

【特色】tèsè（名）事物所表现的独特的色彩、风格等 *unique characteristic; special feature; distinctive style*：这部小说具有民族～。Zhè bù xiǎoshuō jùyǒu mínzú ～. *This novel has distinctive national features.* /那幢大楼设计得很有～。Nà zhuàng dà lóu shèjì de hěn yǒu ～. *That tall building is very distinctive.*

【特赦】tèshè（动）*special pardon, special amnesty*

【特使】tèshǐ（名）*special envoy*

【特殊】tèshū（形）不同于一般 *not ordinary; uncommon; special; peculiar*：情况 ～ qíngkuàng ～ *special circumstances* /～使命 ～ shǐmìng *special mission* /凡是学生，都要遵守学校的纪律，你怎么能～? Fán shì xuésheng, dōu yào zūnshǒu xuéxiào de jìlù, nǐ zěnme néng～? *All students ought to observe school discipline. Why would you be an exception?*

【特殊化】tèshūhuà（动・不及物）(在待遇、条件等方面)使不同于一般人或一般情况。含贬义 *become privileged (a derogatory meaning)*：哪一级的干部都不能搞～。Nǎ yì jí de gànbù dōu bù néng gǎo ～. *No cadres on any level should seek privileges.*

【特殊性】tèshūxìng（名）不同于一般的性质 *special characteristics; peculiar quality*：任何事物都有它自己的～。Rènhé shìwù dōu yǒu tā zìjǐ de ～. *Anything has its own special characteristics.*

【特为】tèwèi（副）特地 *for a special purpose; specially*：我是～请你去我家作客的。Wǒ shì ～ qǐng nǐ qù wǒ jiā zuò kè de. *I'm specially inviting you to be a guest at my house.*

【特务】tèwu（名）*special agent; spy*

【特效】tèxiào（名）*specially good effect; special efficacy*

【特写】tèxiě（名）(1)[篇 piān] *feature article or story*；*feature* (2) *close-up*

【特性】tèxìng（名）某人某事物所特有的性质 *specific property or characteristic*：人类具有能够适应任何环境的～。Rénlèi jùyǒu nénggòu shìyìng rènhé huánjìng de ～. *Mankind has the special characteristic of being able to adapt to any environment.* / 这种建筑材料具有重量轻、保温好的～。Zhè zhǒng jiànzhù cáiliào jùyǒu zhòngliàng qīng、bǎo wēn hǎo de ～. *This kind of building material has light-weight, heat-preserving characteristics.*

【特许】tèxǔ（动）作为特殊情况准许 *give special permission*

【特邀】tèyāo（动）特地邀请 *specially invite*：～代表 ～ dàibiǎo *specially invited representative*

【特异功能】tèyì gōngnéng 指某些人的某器官具有的非常特殊的能力，至今还不能够完全解释的能力 *psychic power, telepathic power, ESP, or other such unexplainable abilities*

【特意】tèyì（副）同"特地"tèdì *same as "特地"* tèdì：六一儿童节，电视台～为孩子们安排了儿童节目。Liù-Yī Értóngjié, diànshìtái ～ wèi háizimen ānpáile értóng jiémù. *The TV station has arranged children's programmes specially for Children's Day on June 1st.* / 这个助听器是我～给父亲买的。Zhège zhùtīngqì shì wǒ ～ gěi fùqin mǎi de. *I bought this hearing aid specially for my father.* /小安是～留下来照顾生病的母亲的。Xiǎo Ān shì ～ liú xiàlai zhàogù shēng bìng de mǔqin de. *Xiao An stayed behind specially to care for her mother who had fallen ill.* /在新年联欢会上，院长～向大家透露了这个好消息。Zài xīnnián liánhuānhuì shang, yuànzhǎng ～ xiàng dàjiā tòulùle zhège hǎo xiāoxi. *The president specially revealed this good news to everybody at the New Year's get-together.* /今天我来是～请你帮忙的，希望不要拒绝。Jīntiān wǒ lái shì ～ qǐng nǐ bāng máng de, xīwàng búyào jùjué. *I've come specially to ask for your help today. I hope you won't refuse.*

【特约】tèyuē（动）特地约请或约定 *specially appoint; invite; or arrange* / ～记者 ～ jìzhě *special correspondent* / ～修理部 ～ xiūlǐbù *special repair shop* / 报社～他写这篇报导。Bàoshè ～ tā xiě zhè piān bàodǎo. *The newspaper office specially appointed him to write this report.*

【特征】tèzhēng（名）可以作为标志的显著特点 *outstanding feature; striking characteristic*：现实主义以真实地反映社会生活为其主要～。Xiànshízhǔyì yǐ zhēnshí de fǎnyìng shèhuì shēnghuó wéi qí zhǔyào ～. *Realism takes the true depiction of social life as its principal feature.* /头特别大，是他的～。Tóu tèbié dà, shì tā de ～. *His head is particularly large. It's his (most) striking feature.*

【特种】tèzhǒng（形・非谓）同类事物中特殊的一种 *special kind; particular type*：～工艺 ～ gōngyì *special arts and crafts, special handicraft products (of a particular place)*

【特种兵】tèzhǒngbīng（名）执行某种特殊任务的技术兵种的统称 *general designation for the technical arm of the services, which performs special duties and tasks*

téng

疼 téng（动）(1)*ache; hurt*：头～ tóu ～ *headache* /腰～ yāo ～ *backache* (2)关切、喜爱 *deeply care for; love dearly*：奶奶最～小孙子。Nǎinai zuì ～ xiǎo sūnzi. *Granny dotes on her little grandson.*

【疼爱】téng'ài（动）〈书〉同"疼"téng (2) *same as "疼"* téng (2)

【疼痛】téngtòng（动）〈书〉同"疼"téng (1) *same as "疼"* téng (1)

腾〔騰〕téng

（动）(1)使空出 make room；clear out；vacate：～地方 ～dìfang vacate a place／把抽屉～出两个来。Bǎ chōuti ～ chū liǎng ge lai. Clean out two of those drawers. ／～出时间 ～chū shíjiān take some（free）time (2)向上（到空中）rise；soar；ascend：升～ shēng～ rise；ascend／～起～qǐ rise upward；soar up

【腾空】téngkōng（动）向天空上升 soar；rise high in the air，rise to the sky：无数鸽子～飞起。Wúshù gēzi ～ fēiqǐ. A countless number of pigeons flew skyward.

【腾腾】téngténg（形）形容气体很盛，不断上升 steaming，seething，constantly rising up：热气～的包子 rèqì ～ de bāozi steaming hot baozi／杀气～ shāqì ～ full of bellicosity，murderous-looking

誊〔謄〕téng

（动）照底稿抄写 transcribe；copy（a manuscript）：这稿子太乱，要～一遍。Zhè gǎozi tài luàn, yào ～ yi biàn. This draft is too messy, you need to copy it again.

【誊清】téngqīng（动）誊写清楚 make a good copy；copy clearly：照原稿～ zhào yuán gǎo ～ make a good copy according to the original

【誊写】téngxiě（动）同"誊" téng same as "誊" téng

【誊印社】téngyìnshè（名）经营文稿抄写、钢版刻写、打字、油印等业务的企业 a（business）enterprise where manuscripts can be copied，stenciled，typed，or mimeographed

藤 téng

（名）cane；rattan

【藤萝】téngluó（名）[棵 kē，架 jià] 落叶木本植物紫藤的通称 Chinese wisteria：～架 ～ jià wisteria trellis

【藤制品】téngzhìpǐn（名）rattan work

【藤椅】téngyǐ（名）[把 bǎ] rattan chair

tī

剔 tī

（动）(1)从骨头上把肉刮下来 scrape meat off a bone (2)从缝隙里往外挑 pick out（material）from a crack or crevice：～牙 ～ yá pick one's teeth (3)把坏的或不合适的挑出去 pick out what's bad or unsuitable：把烂苹果～出去。Bǎ làn píngguǒ ～ chuqu. Get rid of the rotten apples.

【剔除】tīchú（动）〈书〉同"剔" tī (3) same as "剔" tī (3)

梯 tī

（名）◇ 梯子 ladder，stepladder：绳～ shéng～ rope ladder

【梯队】tīduì（名）(1)军队战斗或行军时，按任务和行军顺序区分为几个部分，每一部分叫做一个梯队 army echelon (2)党政干部、科研工作者队伍以年龄划分的若干部分，每一部分叫一个梯队 echelons within the ranks of political party members or scientific researchers；these echelons are typically based upon age

【梯田】tītián（名）terraced fields

【梯形】tīxíng（名）〈数〉trapezoid

【梯子】tīzi（名）ladder，stepladder

踢 tī

（动）抬起腿用脚撞击（特别是用脚尖或脚边）kick（with the side of the foot or with the toes）：～了他一脚 ～le tā yì jiǎo He kicked him. ／他喜欢～足球。Tā xǐhuan ～ zúqiú. He likes to play soccer. ／他是～后卫的。Tā shì ～ hòuwèi de. He's a full back in soccer.

【踢皮球】tī píqiú 比喻干部遇到问题推来推去，谁也不认真对待，予以解决。是一种官僚主义的作风 pass the buck；a style of work characterizing bureaucracies

tí

提 tí

（动）(1)垂手拿着（有提梁、绳套之类的东西）carry in one's hand with the arm down（usually things with straps，handles，or cord）：～着两条鱼 ～zhe liǎng tiáo yú carrying two fish／我～不动这个箱子。Wǒ～ bu dòng zhège xiāngzi. I can't carry this trunk. (2)使事物由下往上移 raise；lift up：从井里～水 cóng jǐng li ～ shuǐ draw up water from the well (3)◇ 振奋（精神）rouse oneself；be inspired with enthusiasm，come to life：他对这工作不感兴趣，～不起精神去干。Tā duì zhè gōngzuò bù gǎn xìngqù，～bu qǐ jīngshén qù gàn. He doesn't find any interest in his work，(so) he can't rouse himself to do it. (4)提出；举出；说出 raise；put forward；bring up：～意见 ～ yìjiàn make criticism／～条件 ～tiáojiàn put forward conditions (5)同"提拔"tíbá、"提升"tíshēng 等意思 same as "提拔" tíbá and "提升" tíshēng：他被～到领导岗位。Tā bèi ～ dào lǐngdǎo gǎngwèi. He was promoted to a position of leadership. (6)同"提议"tíyì（动）same as "提议" tíyì（动）：我～他当组长。Wǒ～ tā dāng zǔzhǎng. I propose that he become the group leader. (7)同"提前"tíqián same as "提前" tíqián：明天的会～到今天开了。Míngtiān de huì ～dào jīntiān kāi le. Tomorrow's meeting has been moved up to today. (8)同"提取" tíqǔ same as "提取" tíqǔ：～款 ～ kuǎn draw money／～货 ～ huò pick up goods (9)在谈话或文字中说（到）mention；refer to；bring up：旧事重～ jiù shì chóng ～ bring up an old matter／一～起这件事，人人都记得。Yì ～ qǐ zhè jiàn shì，rénrén dōu jìde. When this matter is brought up，everyone remembers it. ／他的信里还～到你，问你怎么不给他写信。Tā de xìn li hái ～dào nǐ，wèn nǐ zěnme bù gěi tā xiě xìn. He mentions you in his letter and asks why you don't write him. （名）汉字的一种笔画名称，由下斜着向上"∕"，也叫"挑"tiāo the rising stroke of a Chinese character；also called "挑" tiāo. 另见 dī

【提案】tí'àn（名）向会议提出的要讨论决定的建议 a suggestion or proposal which is to be submitted，discussed，and decided upon at a conference

【提拔】tíbá（动）挑选人员使担任更重要的职务 promote：～干部 ～ gànbù promote a cadre／这位教员被～为校长。Zhè wèi jiàoyuán bèi ～ wéi xiàozhǎng. This teacher was promoted to principal.

【提包】tíbāo（名）handbag，shopping bag

【提倡】tíchàng（动）指出事物的优点，鼓励大家这样做 advocate；recommend；promote：大力～增产节约 dàlì ～ zēng chǎn jiéyuē vigorously promote an increase in production and the practice of thrift／在老年人中要～少吃肉，多吃蔬菜水果。Zài lǎonián rén zhōng yào ～ shǎo chī ròu，duō chī shūcài shuǐguǒ. Eating more vegetables，more fruit，and less meat ought to be encouraged amongst old people.

【提纯】tíchún（动）把某种物质所含杂质分离出去，使这物质变得纯净 purify；refine

【提词】tící（动·不及物）戏剧演出时，给演员提示台词 prompt（during a drama）

【提单】tídān（名）bill of lading

【提法】tífǎ（名）在某项工作或任务中，有指导性、作为行动口号式的简单说法 a simple saying which acts as a guiding slogan in some task or work："人有多大胆，地有多高产"这种～不对，它不符合科学精神。"Rén yǒu duō dà dǎn，dì yǒu duō gāo chǎn" zhè zhǒng ～ bú duì，tā bù fúhé kēxué jīngshén. The saying，"where the people are bold and daring，there will the land be productive," is incorrect. It's not

in keeping with the scientific spirit. /"一人为大家，大家为一人"的～没有过时。"Yì rén wèi dàjiā, dàjiā wèi yì rén" de ～ méiyou guò shí. *The saying "All for one and one for all." hasn't become obsolete.*

【提干】tígàn（动·不及物）"提拔干部"的简说 *short for "提拔干部"*：他当了三年兵，现在～了。Tā dāngle sān nián bīng, xiànzài ～ le. *He served as a soldier for three years and now is being promoted to cadre.*

【提纲】tígāng（名）*outline*

【提纲挈领】tí gāng qiè lǐng 比喻抓住关键，简明扼要地提出来 *be clear and concise when raising a point, concentrate on the essentials*：时间不够，我只能一地谈一谈。Shíjiān bú gòu, wǒ zhǐ néng ～ de tán yi tán. *There's not enough time, so I can only touch briefly on the essentials.*

【提高】tí／gāo 使位置、程度、水平、数量、质量等方面比原来高 *raise; heighten; advance (e. g., position, degree, level, quality, etc.)*：～单位面积产量 ～ dānwèi miànjì chǎnliàng *raise the yield per unit area* /～人民生活水平 ～rénmín shēnghuó shuǐpíng *raise the people's standard of living*

【提供】tígōng（动）供给（意见、物质、资料、条件等）*provide; supply; offer (e. g.,opinions, materials, data, conditions, etc.)*：～你参考。Yǒu jǐ piān wénzhāng kěyǐ ～ nǐ cānkǎo. *There are several essays that can provide you with references.*

【提花】tíhuār（动·不及物）*jacquard weave*

【提货】tí＝huò 凭票据或现款取货 *pick up goods using a receipt or money*：八月交款，九月～. Bāyuè jiāo kuǎn, jiǔyuè ～. *pay the money in August and pick up the goods in September* /托运的货物已到，请到站～. Tuōyùn de huòwù yǐ dào, qǐng dào zhàn ～. *The consigned goods have already arrived. Please go to the station and pick them up.*

【提价】tí＝jià 提高商品的价格 *raise the price of goods*：从本月10日起，各种货物～百分之五。Cóng běn yuè shí rì qǐ, gè zhǒng huòwù ～ bǎi fēn zhī wǔ. *Starting on the tenth of this month, the price of all goods will be raised 5%.*

【提交】tíjiāo（动）把需要讨论、决定或处理的问题交给有关机构或会议 *submit a problem to an organization or conference; refer (a question to)*：～大会讨论 ～ dàhuì tǎolùn *submit the matter to a general assembly for discussion* / 把计划～上级批准。Bǎ jìhuà ～ shàngjí pīzhǔn. *Submit the plan to the authorities for approval*

【提炼】tíliàn（动）用化学方法或物理方法从化合物或混合物中提取（所要的东西），也用来比喻把过去的经验加以总结提高 *make extracts from chemical compounds or mixtures; sum up or enhance one's past experience*：从玫瑰花中～玫瑰油。Cóng méiguīhuā zhōng ～ méiguīyóu. *extract rose oil from roses* /科学是从无数经验中～出来的。Kēxué shì cóng wúshù jīngyàn zhōng ～ chulai de. *Science is gleaned from countless experiences.*

【提名】tí＝míng *nominate*：大家～选他为代表。Dàjiā ～ xuǎn tā wéi dàibiǎo. *All of us nominated him for representative.*

【提前】tíqián（动）（把预定的时间）往前移 *shift to an earlier date; advance; move up*：任务～完成 rènwu ～ wánchéng *finish the job ahead of time* /出发时间～了，一个小时。Chūfā shíjiān ～ le, ～ yi ge xiǎoshí. *Departure time has been moved up one hour.*

【提琴】tíqín（名）［把 bǎ］*the violin family*

【提请】tíqǐng（动）提出让别人做（某事），是客气说法 *pose something to be done by others; submit something to (a polite way of speaking)*：～大家注意，班机起飞时间推迟。Qǐng dàjiā zhùyì, bānjī qǐfēi shíjiān tuīchí. *May we have everyone's attention: the flight's departure time has been postponed.* /这个问题我们～上级帮助解决。Zhège wèntí

wǒmen ～ shàngjí bāngzhù jiějué. *We submitted this problem to the authorities for their help.*

【提取】tíqǔ（动）(1)（从负责保管的机构中）取出（存放的或应得的财物）*pick up (one's belongings at the place which is responsible for taking care of them); collect (property which has been left in someone else's care)*：～存款 ～ cúnkuǎn *pick up a bank deposit* /～定货 ～ dìnghuò *pick up ordered goods* (2)经过提炼而取得 *undergo refinement; extract*：从废气中～有用的物质。Cóng fèiqì zhōng ～ yǒu yòng de wùzhì. *Useful materials are extracted from waste gas.*

【提神】tí＝shén 使精神兴奋 *give oneself a lift; pick oneself up; refresh oneself*：酒能～jiǔ néng ～. *Wine can pep you up.* /喝杯浓茶提提神。Hē bēi nóng chá títi shén. *drink a cup of strong tea to refresh oneself*

【提审】tíshěn（动）*bring (somebody in custody) to trial*

【提升】tíshēng（动）(1)提高（职位、等级等）*raise; promote (position, rank, etc.)*：最近他～为教授。Zuìjìn tā ～ wéi jiàoshòu. *He was recently promoted to a professor.* (2)用卷扬机等向高处运送（矿物、材料等）*hoist something upwards, bring up (e. g. minerals, materials, etc.)*

【提示】tíshì（动）（把对方没有想到或想不到的）提出来（引起对方注意）*point out, prompt*：经过老师的～，我才解出了这道题。Jīngguò lǎoshī de ～, wǒ cái jiěchūle zhè dào tí. *After the teacher made some suggestions, I (finally) figured out this problem.*

【提问】tíwèn（动·不及物）提出问题来问（多指教师对学生，也用于听众对报告人）*put a question to; raise a question (as a teacher would to his students or the audience would to the lecturer)*：老师～，学生回答。Lǎoshī ～, xuésheng huídá. *The teacher asks the questions, and the students answer.* /等他讲完了你再～。Děng tā jiǎngwánle nǐ zài ～. *When he's done talking, then ask (your) question.* /这班学生很善于～。Zhè bān xuésheng hěn shànyú ～. *This class is very good at raising questions.*

【提携】tíxié（动）比喻在事业上扶植后辈 *give guidance to the younger generation in some undertaking*：我在学术上有些长进,是与您的～分不开的。Wǒ zài xuéshù shang yǒu xiē zhǎngjìn, shì yǔ nín de ～ fēn bu kāi de. *Your coaching has been part and parcel of my academic progress.*

【提心吊胆】tí xīn diào dǎn 形容十分担心害怕 *extremely worried or fearful*

【提醒】tíxǐng（动）从旁指点，促使注意 *call attention to, remind; warn*：我要是忘了，请你～我一下。Wǒ yàoshi wàngle, qǐng nǐ ～ wǒ yíxià. *Please remind me in case I forget.* /我差点儿忘了去开会,幸亏他～了我。Wǒ chàdiǎnr wàngle qù kāi huì, xìngkuī tā ～ le wǒ. *I almost forgot to go to the meeting. Luckily he reminded me.*

【提要】tíyào（名）*summary; abstract; synopsis*

【提议】tíyì（动）商讨问题时提出主张（让大家讨论）*put forward for people's discussion; propose; suggest*：学生们～开一门书法课。Xuéshengmen ～ kāi yì mén shūfǎkè. *The students suggested that there be a calligraphy course.* （名）*proposal; motion*：会议通过了他的～。Huìyì tōngguòle tā de ～. *The conference adopted his proposal.*

【提早】tízǎo（动）同"提前"tíqián *same as "提前" tíqián*

【提制】tízhì（动）提炼制造 *extract and manufacture*：鳕鱼的肝脏可以～鱼肝油。Xuěyú de gānzàng kěyǐ ～ yúgānyóu. *Cod-liver oil can be extracted from the liver of a codfish.*

啼 tí

啼（动）〈书〉(1) *cry; weep aloud* (2) *crow; caw*

【啼哭】tíkū（动·不及物）〈书〉*cry; wail*

【啼笑皆非】tí xiào jiē fēi 哭也不是，笑也不是（形容既令人难受又令人发笑的行为）*not know whether to laugh or cry*

(describes actions which are difficult to like and yet difficult not to laugh at)

题〔題〕tí
（名）同"题目"tímù same as "题目" tímù：作文～zuòwén ～ the topic of a composition /我出几道数学～你做做。Wǒ chū jǐ dào shùxué ～ nǐ zuòzuo. I'll give you a few math problems to solve. （动）（为了表示纪念或勉励而）写（几句话几个字等）write down（for the sake of commemoration or encouragement（a few sentences or words）；inscribe：亲笔～了几个字 qīnbǐ ～ le jǐ ge zì inscribe a few words in one's own handwriting /中国古代人画完画往往请人在上面～一首诗。Zhōngguó gǔdài rén huàwán huàr wǎngwǎng qǐng rén zài shàngmian ～ yì shǒu shī. When a Chinese painter in ancient times finished a painting, he would often ask someone to inscribe a poem on it.

【题材】tícái（名）subject matter；theme：目前出现了不少以改革为～的文艺作品。Mùqián chūxiànle bù shǎo yǐ gǎigé wéi ～ de wényì zuòpǐn. There are now many literary works that deal with the subject of reform.

【题词】tící（名）（1）为表示纪念或勉励而写下来的话 inscription，dedication（2）序文 preface，foreword

【题词】tí=cí 写一段话（表示纪念或勉励）write a few words of commemoration or encouragement：我们想请你为我们杂志的创刊号～。Wǒmen xiǎng qǐng nǐ wèi wǒmen zázhì de chuàngkānhào ～. We were thinking of asking you to write a few words of commemoration for the first issue of our magazine.

【题解】tíjiě（名）（1）书籍中解释题目含义或介绍作品时代背景等的文字 notes explaining the subject matter of a book or the book's historical background（2）汇集成册的关于数学、物理、化学等问题的详细解答 answer key to questions or exercises（such as in mathematics，physics，chemistry，etc.）

【题名】tímíng（名）为留纪念而写上的姓名 autograph：这本书前面有作者的～。Zhè běn shū qiánmiàn yǒu zuòzhě de ～. The front of this book has the author's autograph.

【题名】tí=míng 为了纪念或表示表扬而写上姓名 sign one's name；autograph：我买了一本您写的小说，您能为我题个名吗？Wǒ mǎile yì běn nín xiě de xiǎoshuō，nín néng wèi wǒ tí ge míng ma? I bought one of your novels. May I ask you to autograph it?

【题目】tímù（名）（1）概括诗文或讲演内容的词句 subject；title；topic（2）练习或考试时要求解答的问题 exercise problems，examination questions

【题字】tízì（名）同"题词"tící（名）same as "题词" tící（名）
【题字】tí=zì 同"题词"tí=cí same as "题词" tí=cí

蹄 tí
（名）◇ hoof
【蹄子】tízi（名）[只 zhī] hoof

tǐ

体〔體〕tǐ
（名）◇（1）身体，有时指身体的一部分 body；part of the body：上～ shàng～ upper part of the body /五～投地 wú ～ tóu dì prostrate oneself before somebody in admiration（2）〈物〉物体 substance；state of a substance（3）文字的书写形式 form in which something is written；the shape of written letters：手写～ shǒuxiě ～ handwritten form，script /印刷～ yìnshuā～ block letters（4）汉字书法的某一种写法 style of calligraphy：颜～ Yán ～ style of calligraphy of Yan Zhenqin /柳～ Liǔ ～ style of calligraphy of Liu Gongquan（5）作品的体裁 style of literature；style of art：古～诗 gǔ ～ shī classical style poem；specifically, a form

of pre-Tang poetry usually having four，five or seven characters each line /章回～小说 zhānghuí ～ xiǎoshuō a traditional form of Chinese novel，in which each chapter is headed by a couplet giving the gist of its content

【体裁】tǐcái（名）types or forms of literature
【体操】tǐcāo（名）gymnastics
【体察】tǐchá（动）体验和观察 experience and observe：～民情 ～ mínqíng experience and observe the condition of the people

【体词】tící（名）〈语〉汉语中的名词、代词、数词、量词的总称 a general designation for Chinese nouns，pronouns，numerals，and measure words

【体罚】tǐfá（动）用罚站、罚跪、打等方式惩罚（学生）punish（students）by corporal punishment：～学生 ～ xuésheng use corporal punishments on students（名）指罚站、罚跪、打等惩罚学生的方式 corporal punishment：废除～ fèichú ～ do away with corporal punishment

【体格】tǐgé（名）physique；build：～检查 ～ jiǎnchá health checkup；physical examination / 强壮的～ qiángzhuàng de ～ strong physique；powerful build

【体会】tǐhuì（动）对事物的精神实质有深刻的认识和感受 have intimate knowledge and experience of something；know from experience：多看几遍才能～这首诗的含义。Duō kàn jǐ biàn cái néng ～ zhè shǒu shī de hányì. Only after reading this poem several times can you grasp its meaning. /记者随地质勘探队来到大西北，深深～到做一个勘探队员是多么辛苦。Jìzhě suí dìzhì kāntànduì láidào dà xīběi，shēnshēn ～ dào zuò yí ge kāntàn duìyuán shì duōme xīnkǔ. The reporter followed the geological prospecting team to China's Northwest and experienced in a profound way how grueling it is to be a prospector. （名）experience；understanding；appreciation：学习～ xuéxí ～ what one learns from studying（sth.）/ 个人～ gèrén ～ individul experience /我谈谈参加这段工作的～。Wǒ tántan cānjiā zhè duàn gōngzuò de ～. I'm going to talk about my experience while participating in this stage of the work.

【体积】tǐjī（名）volume；bulk
【体力】tǐlì（名）physical strength；physical power：～不够 ～ bú gòu not enough strength /他的～已经支持不住了。Tā de ～ yǐjīng zhīchí bú zhù le. His strength has already given out.

【体力劳动】tǐlì láodòng manual labor
【体例】tǐlì（名）著作的编写格式；文章的组织形式 layout of a book；an essay's form of organization

【体谅】tǐliàng（动）（设身处地）为人着想，给以谅解 show consideration for；make allowances for：互相～ hùxiāng ～ be mutually considerate；show mutual understanding /我们应该～他的难处。Wǒmen yīnggāi ～ tā de nánchù. We ought to make allowances for his difficulties.

【体面】tǐmiàn（名）身分、体统 dignity；decorum；face：他很讲究～。Tā hěn jiǎngjiu ～. He's very particular about decorum. （形）（1）光荣、光彩；相当好的 honorable；creditable；considerably good：一份很～的礼物 yí fèn hěn ～ de lǐwù an extremely nice gift /你作的这件事可太不～了。Nǐ zuò de zhè jiàn shì kě tài bù ～ le. It was really dishonorable of you to do this thing. （2）（相貌或样子）好看 handsome；good-looking：小伙子长得挺～的。Xiǎohuǒzi zhǎng de tǐng ～ de. That young guy is rather handsome. /你看他打扮得多～！Nǐ kàn tā dǎbàn de duō ～! Look how attractively he's dressed!

【体魄】tǐpò（名）人的体格和精神 physique：～健全 ～ jiànquán perfect physique

【体态】tǐtài（名）身体的姿态 posture；carriage：～优美 ～ yōuměi graceful carriage

【体坛】tǐtán（名）体育界 sports circles

【体贴】tǐtiē（动）细心地推测别人的心情和处境，给以关怀、照顾 be sensitive to someone's mood or plight; show great care and consideration; 他很热情又能～人。Tā hěn rèqíng yòu néng ～ rén. He's very warm and considerate towards people. /他对同志～入微。Tā duì tóngzhì ～ rùwēi. He shows concern for his comrades in every possible way. /夫妻之间必须互相～。Fūqī zhī jiān bìxū hùxiāng ～. A married couple must be mutually caring and considerate.

【体统】tǐtǒng（名）应有的体制、格局、尊严等（常用其否定式）dignity; propriety; decency（often used in the negative）:有失～ yǒu shī ～ be disgraceful; be scandalous /看他打扮得不三不四,简直不成～。Kàn tā dǎban de bù sān bú sì, jiǎnzhí bù chéng ～. Look, he's dressed so nondescript. It's simply an outrage!

【体味】tǐwèi（动）仔细体会 appreciate; savor: 亲自打一打太极拳,才能～出它的妙处。Qīnzì dǎ yi dǎ tàijíquán, cái néng ～ chū dà de miàochù. It is only when one tries taijiquan oneself that its fine points can be appreciated. /那首诗的意境,我很难～。Nà shǒu shī de yìjìng, wǒ hěn nán ～. I find it hard to appreciate the artistic concept of that poem.

【体温】tǐwēn（名）temperature; ～表～biǎo thermometer /我量过～了,不发烧。Wǒ liángguo ～ le, bù fā shāo. I took my temperature, (but) I'm not running a fever.

【体无完肤】tǐ wú wán fū 全身没有一块完好的皮肤。现多比喻论点被彻底驳倒或文章被删改极多 have cuts, bruises, scars, or burns all over one's body;（of an argument）to be soundly refuted;（of an essay）to be completely revised;在这场火灾中,好几个人被烧得～。Zài zhè cháng huǒzāi zhōng, hǎo jǐ gè rén bèi shāo de ～. In this fire many people were completely black with burns. /这种错误观点早被批得～了。Zhè zhǒng cuòwù guāndiǎn zǎo bèi pī de ～ le. This erroneous point of view has long been thoroughly refuted. /文章被删改得～,没有发表的价值了。Wénzhāng bèi shāngǎi de ～, méi yǒu fābiǎo de jiàzhí le. This essay has been revised beyond recognition. Now it's not worth publishing.

【体系】tǐxì（名）若干有关事物或某些意识互相联系而构成的一个整体 system; setup: 思想～ sīxiǎng ～ system of thought /工业～ gōngyè ～ industrial system

【体现】tǐxiàn（动）（某种性质或精神）在某一事物上具体表现出来 embody; give expression to（a quality or character）: 这座庙宇的结构～了唐代的建筑风格。Zhè zuò miàoyǔ de jiégòu ～le Tángdài de jiànzhù fēnggé. The structure of this temple embodies the architectural style of the Tang dynasty. /这次谈判充分～了谅解和合作精神。Zhè cì tánpàn chōngfèn ～le liàngjiě hé hézuò jīngshén. This negotiation fully reflects a spirit of understanding and cooperation. /大会～了对外开放的决心。Dàhuì ～le duì wài kāifàng de juéxīn. The conference exuded the country's resolve to be open to foreign countries.

【体校】tǐxiào（名）"体育学校"的简称 short for "体育学校" tǐyù xuéxiào: 业余～ yèyú ～ sparetime sports school

【体型】tǐxíng（名）type of build; figure; 她的～适合跳芭蕾舞。Tā de ～ shíhé tiào bālěiwǔ. Her type of build is (just) right for dancing in the ballet.

【体验】tǐyàn（动）通过实践来认识周围的事物 learn through practice or experience: 作家要到社会上去～生活。Zuòjiā yào dào shèhuì shang qù ～ shēnghuó. An author needs to go into society to observe and learn from real life. /他亲身～了海员的艰辛。Tā qīnshēn ～le hǎiyuán de jiānxīn. He personally experienced the hardships of a sailor.

【体育】tǐyù（名）sports; physical training: ～学校～xuéxiào sports institute

【体育场】tǐyùchǎng（名）stadium

【体育馆】tǐyùguǎn（名）gymnasium

【体育用品】tǐyù yòngpǐn sports goods

【体制】tǐzhì（名）组织制度 system of organization: 国家～ guójiā ～ state system /管理～ guǎnlǐ ～ system of management, managerial system

【体质】tǐzhì（名）人体的健康水平和对外界的适应能力 constitution; physique; level of health: 发展体育运动,增强人民～。Fāzhǎn tǐyù yùndòng, zēngqiáng rénmín ～. Develop sports and athletics, and strengthen people's health. /各人的～不同,对疾病的抵抗力也不同。Gè rén de ～ bù tóng, duì jíbìng de dǐkànglì yě bù tóng. People's constitutions differ; so does their resistance to disease.

【体重】tǐzhòng（名）（body）weight

tì

剃 tì（动）shave: ～胡子 ～ húzi shave oneself; shave one's beard /他～头去了。Tā ～ tóu qu le. He went to get a haircut. /我一个月～两次头。Wǒ yí ge yuè ～ liǎng cì tóu. I get two haircuts a month.

【剃刀】tìdāo（名）[把 bǎ] razor

替 tì（动）take the place of; replace; substitute: 队长叫5号～下3号。Duìzhǎng jiào wǔ hào ～xià sān hào. The captain told Number 5 to sub for Number 3. /现在没有人能～他。Xiànzài méi yǒu rén néng ～ tā. Right now there's no one who can replace him.（介）(1)①指出关心或服务的对象,同介词"给" gěi (1)①介词"为" wèi (1)（indicates the object of one's service or care, as with the preposition "给" gěi (1)① and "为" wèi (1)）:他们正在～女儿准备嫁妆。Tāmen zhèngzài ～ nǚ'ér zhǔnbèi jiàzhuang. They are preparing the dowry for their daughter. /女兵们热情地～伤员们服务。Nǚbīngmen rèqíng de ～ shāngyuánmen fúwù. The women soldiers warmheartedly served the wounded. /他自己不着急,你又何必～他着急呢! Tā zìjǐ bù zháo ji, nǐ yòu hébì ～ tā zháo jí ne! It's not worried himself, why should you worry for him? /大家都在～车夫祥子鸣不平。Dàjiā dōu zài ～ chēfū Xiángzi míng bùpíng. Everybody is complaining of unfairness on Xiangzi, the cart driver's behalf. /请你不要～他的错误辩护。Qǐng nǐ búyào ～ tā de cuòwù biànhù. Please don't defend his mistakes for him. (2)指出代替的对象（indicates the object of a replacement）: 晚上我～你去值夜班。Wǎnshang wǒ ～ nǐ qù zhí yèbān. I'll work the night shift for you tonight. /三号队员摔伤了,五号队员～他上场踢球。Sān hào duìyuán shuāishāng le, wǔ hào duìyuán ～ tā shàng chǎng tī qiú. Player No. 3 fell down and injured himself so player No. 5 took his place on the football field. /如果能挽回他的生命,我情愿～他去死。Rúguǒ néng wǎnhuí tā de shēngmìng, wǒ qíngyuàn ～ tā qù sǐ. If he could be brought back to life, I would willingly take his place and die.

【替班】tì=bān 代替别人上班、值班 work in place of someone, take someone's shift

【替代】tìdài（动）同"代替" dàitì, 用得较少 same as "代替" dàitì（seldom used）

【替换】tìhuàn（动）把原来的（工作着的人、使用的衣物等）调换下来或倒换 replace; substitute for; exchange（e. g. workers, clothing, etc.）: 那儿很热,你得多带点～的衣服。Nàr hěn rè, nǐ děi duō dài diǎnr ～ de yīfu. It's very hot there. You ought to take a few more changes of clothing. /你去～他一下。Nǐ qù ～ tā yíxià. Go take his place.

【替身】tìshēn（名）指代别人受苦受罪的人 someone who en-

dures hardship on account of others

【替死鬼】 tìsǐguǐ（名）比喻代别人受过或受害的人 *fall guy；scapegoat，someone who takes the rap*：没有人肯作我的～，我还得做下去．Méi yǒu rén kěn zuò wǒ de ～, wǒ hái děi zuò xiaqu. *No one's willing to be my fall guy, so I still have to do it myself.*

【替罪羊】 tìzuìyáng（名）*scapegoat*

tiān

天 tiān（名）（1）*sky；heaven*：～上飘着白云．～shang piāozhe bái yún. *A white cloud is floating in the sky.*（2）*day*：三～三夜 sān ～ sān yè *three days and three nights*／这个月是31天．Zhège yuè shì sānshíyī tiān. *This month has 31 days.*（3）（～儿）*a period of time in a day*：～还早呢，再坐会儿．～ hái zǎo ne, zài zuò huìr. *It's still early.（Let's）sit some more.*／～不早了，咱们回家吧．～ bù zǎo le, zánmen huí jiā ba. *It's late. Let's go home.*（4）*season*：春～ chūn～ *spring*／冬～ dōng～ *winter*（5）*weather*；阴～ yīn～ *cloudy weather，overcast weather*／～冷了．～ lěng le. *It's gotten cold.*／下雪～ xià xuě～ *snowy weather*（6）*nature*：～灾 ～zāi *natural disaster*／这里改变了靠～吃饭的状况．Zhèli gǎibiànle kào ～ chī fàn de zhuàngkuàng. *This place used to depend on Nature for subsistance and now that has changed.*

【天安门】 Tiān'ānmén（名）*Tian'anmen（the Gate of Heavenly Peace）*

【天崩地裂】 tiān bēng dì liè 形容声响强烈或变化巨大，像天塌下来、地裂开来一样 *a thunderous noise or a tremendous change，comparable to the sky falling or the earth splitting*

【天边】 tiānbiān（名）（1）天际 *horizon*：～一轮红日升起．～ yì lún hóngrì shēngqǐ. *A red sun is rising over the horizon.*（2）指极远的地方 *the end of the earth；remotest place*：你跑到～去，我也找得着你．Nǐ pǎodào ～ qu, wǒ yě zhǎo de zháo nǐ. *Even if you run to the end of the earth, I'll find you.*

【天才】 tiāncái（名）（1）突出的聪明智慧 *genius；talent；gift；endowment*：他很小就表现出音乐～．Tā hěn xiǎo jiù biǎoxiàn chū yīnyuè ～. *When he was a child, he already had a gift for music.*（2）有突出聪明智慧的人 *man of genius；talented or gifted person*：他是个数学～．Tā shì ge shùxué ～. *He's a man of mathematical genius.*

【天长地久】 tiān cháng dì jiǔ 跟天和地存在的时间一样长，形容永远不变（多指爱情方面）*enduring as the universe；everlasting and unchanging*

【天长日久】 tiān cháng rì jiǔ 长时间受外界影响（而产生变化）*（change）in the course of time*：这里本没有路，走的人多了，～就成了一条小道．Zhèli běn méi yǒu lù, zǒu de rén duō le, ～ jiù chéngle yì tiáo xiǎo dào. *Originally there was no road here, but after many people had trodden past, a small path was formed.*／他们两个人在一起工作，～产生了感情．Tāmen liǎng ge rén zài yìqǐ gōngzuò, ～ chǎnshēngle gǎnqíng. *They work together and in the course of time have developed an affection for each other.*

【天车】 tiānchē（名）*overhead travelling crane*

【天窗】 tiānchuāng（名）*skylight*

【天敌】 tiāndí（名）*natural enemy*：蛇是田鼠的～．Shé shì tiánshǔ de ～. *Snakes are the natural enemy of field mice.*

【天地】 tiāndì（名）（1）天和地 *heaven and earth；world；universe*：炮声震～．Pào shēng zhèn ～. *Heaven and earth shook with the roar of guns.*（2）比喻人们活动的范围 *field of activity；scope of operation*：中国的农村是科技人才广阔的～．Zhōngguó de nóngcūn shì kējì réncái guǎngkuò de ～. *The Chinese countryside provides a vast field of operation for qualified scientists and technicians.*／走出个人生活的小～．Zǒuchū gèrén shēnghuó de xiǎo ～. *step over the limit of one's narrow scope of personal activities*

【天鹅】 tiān'é（名）*swan*

【天鹅绒】 tiān'éróng（名）*velvet*

【天翻地覆】 tiān fān dì fù 形容变化很大或闹得很凶 *heaven and earth turning upside down；tremendous changes*：这儿发生了～的变化．Zhèr fāshēngle ～ de biànhuà. *Earth-shaking changes have taken place here.*／昨天晚上几个青年人在这儿闹了个～．Zuótiān wǎnshang jǐ ge qīngnián rén zài zhèr nàole ge ～. *Some youths turned this place upside down last night.*

【天分】 tiānfēn（名）*special endowments；natural gift；talent*：他～不低，可惜没有机会学习．Tā ～ bù dī, kěxī méi yǒu jīhuì xuéxí. *He's very gifted naturally. It's a pity he doesn't have the opportunity to study.*

【天府之国】 tiān fǔ zhī guó 指土地肥沃，物产丰富的地方．中国四川省有此称号（*usu. referring to Sichuan province*）*the land of abundance；the land of plenty*

【天赋】 tiānfù（形·非谓）自然赋予；生来就具备的 *innate；inborn；endowed by nature*：他有一副运动员的～体格．Tā yǒu yí fù yùndòngyuán de ～ tǐgé. *He has the natural physique of an athlete.*（名）天资 *natural gift；gift；talent；endowments*：这个人～很高．Zhège rén ～ hěn gāo. *This person is very gifted.*

【天花】 tiānhuā（名）〈医〉*smallpox*

【天花板】 tiānhuābǎn（名）*ceiling*

【天花乱坠】 tiān huā luàn zhuì 比喻说话有声有色，非常动听（多指夸大的或不切实际的）*as if it were raining flowers — give an extravagantly vivid description of sth.*：别听他说得～，他的话有一半是不可信的．Bié tīng tā shuō de ～, tā de huà yǒu yíbàn shì bù kě xìn de. *Don't listen to his wild boasts. You can only believe half of what he says.*

【天昏地暗】 tiān hūn dì àn（1）形容大风时飞沙漫天的景象 *clouds of dust darken the sky and obscure everything*（2）比喻政治腐败或社会混乱 *characterized by political decadence or social unrest；chaos*

【天昏地黑】 tiān hūn dì hēi 同"天昏地暗" tiān hūn dì àn *same as "tiān hūn dì àn"*

【天际】 tiānjì（名）肉眼看到的天地交接处 *horizon*

【天经地义】 tiān jīng dì yì 指非常正确，不能改变的道理，也指理所当然，不容怀疑 *unalterable principle—right and proper；perfectly justified；indisputably correct*：多劳多得，是～的．Duō láo duō dé, zhè shì ～ de. *It is only right and proper that the more one works the more one receives.*

【天井】 tiānjǐng（名）宅院中房子和房子或房子和围墙所围成的小块露天地 *small yard；courtyard*（2）某些地区的旧式房屋为了采光而在房顶上开的洞 *skylight*

【天空】 tiānkōng（名）*the sky；the heavens*

【天蓝】 tiānlán（形）*sky blue；azure*

【天罗地网】 tiān luó dì wǎng 指上下四方都设下的包围圈，比喻对敌人、逃犯等的严密防范 *nets above and snares below—a tight encirclement（of the enemy）*：公安人员早已布下了～．Gōng'ān rényuán zǎo yǐ bùxiale ～. *The police spread a dragnet long ago.*

【天幕】 tiānmù（名）*the canopy of the heavens；backdrop（of a stage）*

【天南地北】 tiān nán dì běi（1）距离远 *far apart*：毕业以后，同学们都～，很难见面了．Bì yè yǐhòu, tóngxuémen dōu ～, hěn nán jiàn miàn le. *After graduation, classmates all live far apart and don't have the chance to meet.*（2）各不相同的地区 *different places or areas*：这次代表大会的代表真是～，哪儿的都有．Zhè cì dàibiǎo dàhuì de dàibiǎo zhēn shì ～, nǎr de dōu yǒu.

~，哪儿的都有。*The delegates in this representative conference come from so many different places. There are people from everywhere.*

【天棚】tiānpéng（名）夏天在庭院等处搭起来遮蔽阳光的棚 *awning or canopy (used as a sun shield during the summer)*

【天平】tiānpíng（名）*balance; scales*

【天气】tiānqì（名）*weather*

【天气预报】tiānqì yùbào *weather forecast*

【天堑】tiānqiàn（名）*natural moat or barrier*

【天桥】tiānqiáo（名）*overline bridge; platform bridge*

【天然】tiānrán（形·非谓）*natural*：这座城市西北的山峦成为一道~屏障，挡住冬天的西北风。Zhè zuò chéngshì xīběi de shānluán chéngwéi yí dào ~ píngzhàng, dǎngzhù dōngtiān de xīběi fēng. *The chain of mountains to the northwest of the city acts as a natural defence against the northwest wind in winter.* /那一带~景色非常秀丽。Nà yídài ~ jǐngsè fēicháng xiùlì. *The natural scenery over there is extremely beautiful.*

【天然气】tiānránqì（名）*natural gas*

【天壤之别】tiān rǎng zhī bié 壤：地。天和地，一在上，一在下，比喻差别极大 *as far apart as heaven and earth; worlds apart; a world of difference*

【天色】tiānsè（名）〈书〉天空的颜色，借指时间的早晚和天气的变化 *the time of day and weather as shown by the colour of the sky*：冬天天短，下午才四点钟~就有些暗了。Dōngtiān tiān duǎn, xiàwu cái sì diǎnzhōng ~ jiù yǒuxiē àn le. *The days are short in winter — the sky is already getting dark by four in the afternoon.*

【天生】tiānshēng（形）生来就具有的 *born; inborn; innate; inherent*：他~不爱说话。Tā ~ bú ài shuō huà. *By nature he doesn't speak very much.* / 人的高矮主要是~的。Rén de gāo ǎi zhǔyào shì ~ de. *One's height is mainly determined by nature.* /谁也不是一就会读书写字。Shuí yě bú shì ~ jiù huì dú shū xiě zì. *Nobody is born with the ability to read and write.*

【天时】tiānshí（名）（1）气候条件 *weather; climate*：~对农业非常重要。~ duì nóngyè fēicháng zhòngyào. *Weather is extremely important to agriculture.* （2）指时机 *timeliness; opportunity*

【天使】tiānshǐ（名）*angel; cherub*

【天堂】tiāntáng（名）（1）某些宗教指人死后灵魂居住的美好的地方（跟"地狱"相对）*paradise; heaven (antonym of "地狱" (hell))* （2）比喻幸福美好的生活环境 *paradise on earth; heavenly life*

【天体】tiāntǐ（名）*celestial body*

【天文】tiānwén（名）*astronomy*：~数字 ~ shùzì *astronomical figure; enormous figure*

【天文馆】tiānwénguǎn（名）普及天文知识文化教育机构，一般都有天象仪，天文望远镜等设备 *planetarium*

【天文台】tiānwéntái（名）*astronomical observatory*

【天文学】tiānwénxué（名）*astronomy*

【天文仪】tiānwényí（名）*astroscope*

【天下】tiānxià（名）（1）全国或世界 *land under heaven — the whole world*：有理走遍~。Yǒu lǐ zǒubiàn ~. *You can travel the length and breadth of the world with reason.* （2）统治和控制的范围 *state power; power; authority*：打~ dǎ ~ *win state power by force* /这里是我们的~。Zhèlǐ shì wǒmen de ~. *This place is under our authority.*

【天下大乱】tiānxià dà luàn 形容政局不稳 *great disorder across the land*

【天下乌鸦一般黑】tiānxià wūyā yìbān hēi 世界上的坏人都是一样的坏 *all crows are black—evil people are equally bad the world over*

【天仙】tiānxiān（名）*immortal; goddess; a beauty*

【天险】tiānxiǎn（名）天然的险要地方 *natural barrier*

【天线】tiānxiàn（名）*aerial; antenna*

【天象】tiānxiàng（名）（1）天文现象 *astronomical phenomenon; celestial phenomenon* （2）天空中风、云等变化的现象 *meteorological phenomenon*

【天象仪】tiānxiàngyí（名）*planetarium*

【天性】tiānxìng（名）指人先天具有的品质或性情 *natural instincts; nature (of a person)*：他~好动，而他弟弟~好静。Tā ~ hào dòng, ér tā dìdi ~ hào jìng. *He's by nature very active whereas his younger brother is by nature very quiet.*

【天涯海角】tiānyá hǎijiǎo 形容极远的地方 *the ends of the earth; the remotest corners of the earth*

【天衣无缝】tiān yī wú fèng 神话中说仙女穿的衣服，不用针线制作，没有缝儿。比喻事物（多为诗歌、文章等）十分周密、细致，没有什么毛病或破绽 *a celestial maiden's robe needs no sewing as it is seamless—flawless*

【天有不测风云】tiān yǒu búcè fēngyún 天有料想不到的骤然的风和雨，比喻人有时有意想不到的祸事的来临 *a storm may arise from a clear sky — something unexpected may happen any time*

【天渊之别】tiān yuān zhī bié 渊：深水。高天和深水的差别，比喻差别极大（渊：*deep waters*）*as far apart as the sky and the sea — a world of difference*

【天灾】tiānzāi（名）*natural disaster or calamity*

【天灾人祸】tiānzāi rénhuò *natural and manmade disasters (or calamities)*

【天真】tiānzhēn（形）（1）心地单纯，性情直率，没有做作和虚伪 *innocent; simple and unaffected*：~活泼 ~ huópo *innocent and lively*/ 的小姑娘 ~ de xiǎo gūniang *an innocent little girl* （2）头脑简单，容易被假象迷惑 *simple; naive*：这种想法过于~。Zhè zhǒng xiǎngfǎ guòyú ~. *This way of thinking is excessively naive.*

【天之骄子】tiān zhī jiāozǐ 中国古代历史上称北方某些少数民族君主为天之骄子。现代称受到看重的人 *(said of the sovereign of certain northern minority nationalities in ancient China) God's favoured one; an unusually lucky person*

【天职】tiānzhí（名）应尽的职责 *vocation; bounden duty*：服从命令是军人的~。Fúcóng mìnglìng shì jūnrén de ~. *Obeying orders is the bounden duty of soldiers.*

【天诛地灭】tiān zhū dì miè 比喻（罪大恶极）为天地所不容 *suffer eternal perdition*

【天主教】Tiānzhǔjiào（名）*Catholicism*

【天资】tiānzī（名）同"天分"tiānfèn *same as "天分" tiānfèn*

添 tiān

（动）在原有的之外，增加同类的 *add; increase (more of the same)*：家里有个小孩儿就~了不少麻烦。Jiā lǐ yǒu ge xiǎoháir jiù ~ le bù shǎo máfan. *A child adds much more trouble to a family.* /他总吃一碗，从来不~饭。Tā zǒng chī yì wǎn, cónglái bù ~ fàn. *He always just eats one bowlful and never eats a second one.*

【添补】tiānbǔ（动）〈书〉补充（常用于用具、衣物等）*replenish; get more (utensils, clothing, articles of daily use, etc.)*：~了一些家具 ~ le yìxiē jiājù *to have bought more furniture* /今年冬天要~几件衣服。Jīnnián dōngtiān yào ~ jǐ jiàn yīfu. *I must get more clothes this winter.*

【添油加醋】tiān yóu jiā cù 形容叙述事情或转述别人的话时，为了夸张渲染，添上原来没有的内容 *add colour and emphasis (to a narration); add inflammatory details (to a story)*：什么事情到了她的嘴里，一定要~。Shénme shìqing dàole tā de zuǐli, yídìng yào ~. *Whatever she says, she always has to add inflammatory details.*

【添枝加叶】tiān zhī jiā yè 同"添油加醋"tiān yóu jiā cù *same as "添油加醋" tiān yóu jiā cù*：你把他的原话告诉我，可不许~。Nǐ bǎ tā de yuán huà gàosu wǒ, kě bù xǔ ~. *Tell*

me exactly what he said and don't embellish the truth.

【添置】tiānzhì（动）在原有的以外再购置 add to one's possessions；acquire：～了一台洗衣机～le yì tái xǐyījī *add a washing machine to one's possessions* /工厂里～了新的设备。Gōngchǎng li ～le xīn de shèbèi. *The factory has acquired new equipment.*

tián

田 tián
（名）田地（有的地区专指水田）field；farmland；paddy field

【田地】tiándì（名）(1)同"田"tián same as "田" tián (2)表示事物达到的一种（不好的）程度 wretched state；plight：怎么，他的学习退步这么大，竟到了两门不及格的～。Zěnme，tā de xuéxí tuìbù zhème dà，jìng dàole liǎng mén bù jí gé de ～? *How could he have fallen so far behind in his studies as to have failed two courses？*

【田埂】tiángěng（名）田间的埂子，用来分界并蓄水 ridge in the field

【田间管理】tiánjiān guǎnlǐ 从播种到收割前田间的一切农业劳动，如间苗、除草、浇水、整枝、追肥、治虫等 field management；which includes thinning out seedlings，weeding，irrigation，pruning，topdressing，eliminating insects，etc.

【田径】tiánjìng（名）〈体〉track and field：～赛 ～ sài track and field meet

【田鼠】tiánshǔ（名）[只 zhī] vole

【田野】tiányě（名）田地和原野 field；open country

【田园】tiányuán（名）田地和园圃，泛指农村 fields and gardens；countryside；rural area：～诗 ～shī idyll；pastoral poetry /～风光 ～ fēngguāng rural scenery

恬 tián
【恬不知耻】tián bù zhī chǐ（作了坏事）满不在乎，不感到羞耻（of having done a misdeed）not feel ashamed；have no sense of shame

【恬静】tiánjìng（形）〈书〉安静（常用于性格、态度等）（of sb.'s personality，manner，etc.）quiet；tranquil

甜 tián
（形）(1)sweet；honeyed：～点心 ～ diǎnxin sweet pastries /这种梨很～。Zhè zhǒng lí hěn ～. *This type of pear is very sweet.* /笑得很～ xiào de hěn ～ smile sweetly (2)sound（sleep）：睡得很～ shuì de hěn ～ sleep soundly

【甜菜】tiáncài（名）beet；beetroot

【甜美】tiánměi（形）〈书〉(1)sweet；luscious：西瓜味道～。Xiguā wèidào ～. *Watermelons have a sweet taste.* (2)pleasant；refreshing：作了一个～的梦。Zuòle yí ge ～ de mèng. *have had a pleasant dream*

【甜蜜】tiánmì（形）形容人感到幸福、愉快、舒适 sweet；happy：～的微笑 ～ de wēixiào a sweet smile /～的回忆 ～ de huíyì happy memories /～的生活 ～ de shēnghuó a happy life

【甜食】tiánshí（名）sweet food；sweetmeats

【甜头】tiántou（名）（～儿）好处、利益（多指富有吸引力的）advantage；benefit（as an inducement）：他尝到了锻炼身体的～。Tā chángdàole duànliàn shēntǐ de ～. *He has drawn great benefit from exercising.* /他没有从这件事情中得到什么～。Tā méiyou cóng zhè jiàn shìqíng zhōng dédào shénme ～. *He hasn't derived any benefit from this matter.*

【甜香】tiánxiāng（形）形容睡得塌实舒服 sweet（sleep）：睡得很～ shuì de hěn ～ enjoy sweet slumber /～的梦 ～ de mèng sweet dreams

【甜言蜜语】tián yán mì yǔ〈贬〉为了讨人喜欢或哄骗人而说的好听的话 sweet words and honeyed phrases；fine-sounding words（usually for deceit）

填 tián
（动）(1)把凹陷的地方垫平或塞满 fill；stuff：把沟～平。Bǎ gōu ～píng. *Fill the ditch and make it level.* (2)按一定要求在印好的表格等上面写上应写的东西 write；fill in：～表 ～ biǎo fill in a form /请在下列句中～上适当的介词。Qǐng zài xiàliè jù zhōng ～shàng shìdàng de jiècí. *Please write the appropriate prepositions in the following sentences.*

【填补】tiánbǔ（动）补足空缺或缺欠 fill（a vacancy，gap，etc.）：这项科学研究的成功～了一项空白。Zhèxiàng kēxué yánjiū de chénggōng ～le yí xiàng kòngbái. *The success of this scientific research has filled a gap.*

【填空】tián＝kòng fill a vacant position；fill a vacancy：这次测验都是～的考题。Zhè cì cèyàn dōu shì ～ de kǎotí. *This test is all fill-in-the-blank drills.*

【填写】tiánxiě（动）同"填"tián (2)same as "填" tián (2)

【填鸭】tiányā（名）(1)饲养鸭子的一种方法，鸭子长到一定时期，按时把做成长条形的饲料从鸭子的嘴里填进去，并减少鸭子的活动量，使它很快长肥 force-feed a duck（and restrict its movements in order to fatten it — method used in duck raising）(2)用填鸭的方法饲养的鸭子 force-fed duck

【填鸭式】tiányāshì（名）用填鸭子的方式进行教育，意思不采用启发、引导的方式，而把知识生硬地灌给学生 cramming（or forced-feeding）method of teaching

tiǎn

舔 tiǎn
（动）lick；lap

tiāo

挑 tiāo
（动）(1)担 carry（on the shoulder with a pole）；shoulder：～水 ～ shuǐ carry water /勇～重担 yǒng ～ zhòngdàn bravely shoulder heavy responsibilities (2)〈口〉选择 choose；select；pick：购买商品的时候，可以自己～。Gòumǎi shāngpǐn de shíhou，kěyǐ zìjǐ ～. *One can choose for oneself when buying goods.* /她～来～去，总找不到对象。Tā ～ lái ～ qù，zǒng zhǎo bú dào duìxiàng. *She's picking and choosing, but hasn't yet found a boy friend.* (3)◇找出 seek；pick：～毛病 ～ máobìng pick faults；find fault /～错儿 ～ cuòr look for mistakes（量）用于成挑的东西（for things that can be carried on a shoulder pole）：～水 yì ～ shuǐ two buckets of water carried on a shoulder pole 另见 tiāo

【挑肥拣瘦】tiāo féi jiǎn shòu 挑选对自己有利的（含贬义）pick the fat or choose the lean—choose whichever is to one's personal advantage：他干工作总是～的。Tā gàn gōngzuò zǒngshì ～ de. *He's always choosing whatever is to his best advantage when he works.*

【挑剔】tiāoti（动）过分严格地在细节上找毛病 nitpick；be choosy or picky：不要过分～了，我觉得这件衣服做得够细了。Búyào guòfèn ～ le，wǒ juéde zhè jiàn yīfu zuò de gòu xì le. *Don't be so picky, I think this piece of clothing was very meticulously done.*

【挑选】tiāoxuǎn（动）从若干人或事物中找出适合要求的 choose；select；pick out：～运动员 ～ yùndòngyuán select athletes /我们～了半天，也没找到一件合适的衣服。Wǒmen ～le bàntiān，yě méi zhǎodào yí jiàn héshì de yīfu. *We spent a long time choosing，but still didn't find any suit-*

able clothes.

【挑子】tiāozi（名）扁担和它两头所挑的东西 *carrying pole with its load；load carried on a shoulder pole*

tiáo

条〔條〕tiáo（名）(～儿) *a long narrow piece；strip；slip*：布～ bù～ *a strip of cloth*／把纸裁成～。Bǎ zhǐ cáichéng～. *Cut the paper into strips.* ／我写个～，请你给他捎去。Wǒ xiě ge ～, qǐng nǐ gěi tā shāoqù. *I wrote him a note. Please take it to him.* （量）指具体物时，用于细长的东西，也用于分项目的事物（*of long narrow things or to separate into different items*）：五～鱼 wǔ～ yú *five fish*／两～意见 liǎng～ yìjiàn *two opinions*／三～新闻 sān～ xīnwén *three pieces (or items) of news*

【条幅】tiáofú（名）挂在墙上的长条字画 *a vertically-hung scroll*

【条件】tiáojiàn（名）(1)影响事物发生、存在或发展的因素；状况 *condition；term；factor*：创造有利～ chuàngzào yǒulì ～ *create favourable conditions*／当运动员，他身体～很好。Dāng yùndòngyuán, tā shēntǐ ～ hěn hǎo. *He has the physique of an athlete.* (2)为某事而提出的要求或定出的标准 *requirement；prerequisite；qualification*；讲～ jiǎng～ *list prerequisite*／他的～太高，我无法答应。Tā de ～ tài gāo, wǒ wúfǎ dāyìng. *His requirements are too high. I have no way of complying with them.*

【条件反射】tiáojiàn fǎnshè *conditioned reflex*

【条款】tiáokuǎn（名）*clause；article；provision*

【条理】tiáolǐ（名）思想、言语、文学的层次；生活、工作的秩序（*of thought, language or writing*）*proper arrangement or presentation；*（*of life, work*）*orderliness；method*：这篇文章～分明。Zhè piān wénzhāng ～ fēnmíng. *This article is well-organized.*／他生活安排得很有～。Tā shēnghuó ānpái de hěn yǒu ～. *His life is very well-organized.*

【条例】tiáolì（名）*regulations；rules；ordinances*

【条目】tiáomù（名）*clauses and subclauses (in a formal document)；entry (in a dictionary)*

【条条】tiáotiáo（名）指束缚人们积极性和创造性的规章制度或旧的思想意识 *rules and regulations that tie down one's enthusiasm and creativity；outmoded conventions*

【条条框框】tiáotiao kuàngkuang 泛指束缚人们积极性与创造性、不利于生产或工作的不合理的规章制度或旧的思想意识 *rules and regulations；conventions (which limit or are unsuitable for production or work)；outmoded conventions*：要敢于打破旧的～。Yào gǎnyú dǎpò jiù de ～. *We must do away with outmoded conventions.*／你头脑中～太多，应该去掉一些。Nǐ tóunǎo zhōng ～ tài duō, yīnggāi qùdiào yīxiē. *Your head is too full of conventions；you should do away with a few.*

【条文】tiáowén（名）*article；clause*

【条纹】tiáowén（名）条状的纹路 *stripe；streak*：～布 bù *striped cloth*／电视屏幕上出现杂乱的～。Diànshì píngmù shang chūxiàn záluàn de ～. *A chaos of stripes appeared on the TV screen.*

【条约】tiáoyuē（名）*treaty；pact*

【条子】tiáozi（名）同"条" tiáo（名）*same as "*条*" tiáo（名）*

调〔調〕tiáo（动）按照一定的要求、标准混合在一起 *mix；blend*：颜色～ yánsè *blend colours*／把糖、醋、酱油～在一起。Bǎ táng、cù、jiàngyóu ～ zài yìqǐ. *Blend well the sugar, vinegar and soy sauce.* 另见 diào

【调处】tiáochǔ（动）调停 *mediate；arbitrate*

【调和】tiáohé（形）配合得均匀适当 *be in harmonious propor-

tion*：雨水～ yǔshuǐ ～ *well-distributed rainfall*／色彩～ sècǎi ～ *colours that blend well*（动）(1)妥协，让步 *compromise；make concessions*：必须坚持原则，没有～的可能。Bìxū jiānchí yuánzé, méi yǒu ～ de kěnéng. *We must adhere to the principles. There is no room for compromise.* (2)和解 *mediate；reconcile*：他们两人的矛盾很深，一时难以～。Tāmen liǎng rén de máodùn hěn shēn, yìshí nányǐ ～. *Their contradictions run deep. It's difficult to reconcile them in just a short time.*

【调和主义】tiáohézhǔyì（名）在重大问题上，不坚持原则，主张妥协、让步的思想作风 *conciliationism；accommodationism*

【调级】tiáo＝jí 调整工资或职务级别 *adjust wages or job rank*

【调剂】tiáojì（动）把多和少、忙和闲等加以适当调整 *adjust；regulate*：～两个城市的物资 ～ liǎng ge chéngshì de wùzī *redistribute the goods and materials of two cities*／我们应该组织舞会、郊游来～～生活。Wǒmen yīnggāi zǔzhī wǔhuì, jiāoyóu lái ～～ shēnghuó. *We should organize dancing parties and excursions to enliven our lives.*

【调节】tiáojié（动）从数量上或程度上调整，使适合要求 *regulate；adjust (amount or degree)*：～温度 ～ wēndù *regulate the temperature*／～空气 ～ kōngqì *condition the air；air conditioning*

【调节器】tiáojiéqì（名）自动调节系统的主要组成部分之一，用来使该系统中的调节作用按一定规律变化，以达到要求的调节质量 *regulator；conditioner*

【调解】tiáojiě（动）劝说双方消除纠纷 *mediate；make peace*：～纠纷 ～ jiūfēn *mediate a dispute*／～夫妇之间的矛盾 ～ fūfù zhī jiān de máodùn *patch up differences between a husband and wife*

【调解委员会】tiáojiě wěiyuánhuì 群众性的调解组织。按照国家的政策、法令，调解民间纠纷或家庭纠纷，促进居民间的团结和家庭和睦 *mediation council, which settles citizen or family disputes according to national policy and decrees*

【调理】tiáolǐ（动）(1)调养（多指病中或病后）*nurse one's health；recuperate*：你久病初愈，最好再吃中药～～。Nǐ jiǔ bìng chū yù, zuìhǎo zài chī zhōngyào ～ ～. *You have only just recovered from a prolonged illness. It would be best if you nursed your health by taking some Chinese medicine.* (2)照料、管理 *take care of；look after*：王大爷很会～牲口。Wáng dàye hěn huì ～ shēngkou. *Uncle Wang really knows how to look after livestock.*

【调料】tiáoliào（名）烹调时用来调剂味道的油、盐、酱、醋及葱、姜、蒜等 *condiment；seasoning；flavouring*

【调配】tiáopèi（动）按照一定的比例或要求，把不同的成份搀和在一起 *mix；blend*：吃饭时荤素要很好地～。Chī fàn shí hūnsù yào hěn hǎo de ～. *One should have a good blend of meat and vegetables with each meal.* 另见 diàopèi

【调皮】tiáopí（形）(多用于青少年) (1)顽皮 *mischievous；naughty (of young people)* (2)不驯服，狡猾不易对付 *unruly* (3)指耍小聪明，做事不老实 *tricky*

【调频】tiáopín（名）*frequency modulation*

【调情】tiáoqíng（动·不及物）*flirt*

【调色板】tiáosèbǎn（名）*palette*

【调试】tiáoshì（动）指对电器或仪器的检测、定位，排除使用故障等 *debug (machinery or an apparatus)*

【调停】tiáotíng（动）同"调解" tiáojiě *same as "*调解*" tiáojiě*：～两国争端 ～ liǎng guó zhēngduān *mediate a conflict between two countries*／～军事冲突 ～ jūnshì chōngtū *intervene in a military conflict*

【调味】tiáo＝wèi 加在食物中使滋味可口 *flavour；season*：～品 ～pǐn *seasoning*／中国菜很讲究～的技术。Zhōngguó cài hěn jiǎngjiū ～ de jìshù. *Particular emphasis is placed on seasoning in Chinese cuisine.*

【调戏】tiáoxì（动）take liberties with（a woman）；assail（a woman）with obscenities

【调笑】tiáoxiào（动）〈书〉拿别人开玩笑，嘲笑人 make fun of；poke fun at；tease：他很喜欢～人。Tā hěn xǐhuan ～ rén. He really likes to poke fun at people.

【调养】tiáoyǎng（动）调节饮食起居，必要时服用药物，使身体恢复健康 build up one's health by taking nourishing food and tonics when necessary：他大病痊愈，需要好好～。Tā dà bìng quányù, xūyào hǎohāo ～. He has just recovered from a serious illness and needs to take good care of himself.

【调音】tiáo＝yīn tuning：他帮我给吉他调了音。Tā bāng wǒ gěi jíta tiáole yīn. He helped me tune my guitar.

【调整】tiáozhěng（动）改变原有的情况，使适应客观环境和要求，发挥更大的作用 adjust；regulate；revise：～人力～rénlì redistribute manpower /～教员和学生的比例～jiàoyuán hé xuésheng de bǐlì readjust the proportion between teachers and students /～工农业的关系～gōng-nóngyè de guānxì regulate the relationship between industry and agriculture

【调资】tiáozī（动·不及物）按照国家的具体规定，对工作人员的工资进行调整 adjust wages（according to state regulations）

篜 tiáo

【篜帚】tiáozhou（名）［把 bǎ］whisk broom

tiǎo

挑 tiǎo

（动）（1）用竹竿一类的东西把下垂的东西支起 push sth. up with a pole or stick；raise：把帘子～起来。Bǎ liánzi ～ qǐlai. Raise the curtain.（with a stick）（2）用细长的或有尖的东西拨开或拨出 poke or pick out sth. with a long, thin or sharp object：～刺～cì pick out a splinter /把火～开。Bǎ huǒ ～ kāi. poke the fire（3）同"挑动" tiǎodòng same as "挑动" tiǎodòng（名）汉字的一种笔画名称。也叫"提" tí rising stroke（in Chinese characters），also called "提" tí 另见 tiāo

【挑拨】tiǎobō（动）通过语言文字使人发生纠纷 instigate；incite；sow discord：～关系～guānxì sow dissension among people / 有人从中～，使两个人不和。Yǒu rén cóng zhōng ～, shǐ liǎng ge rén bùhé. There's someone acting as an instigator, creating discord between these two people.

【挑拨离间】tiǎobō líjiàn 引起矛盾，使人不团结 sow dissension；foment discord；incite one against the other；drive a wedge between：由于他的～，班里的同学互相猜疑。Yóuyú tā de ～, bān li de tóngxué hùxiāng cāiyí. He has sown dissension in the class, leading classmates to suspect each other.

【挑动】tiǎodòng（动）有意引起 provoke；stir up；incite：～是非 ～ shìfēi foment discord；stir up trouble /～战争 ～ zhànzhēng provoke a war

【挑逗】tiǎodòu（动）〈书〉招惹别人寻开心 provoke；tease；tantalize

【挑花】tiǎo＝huā cross-stitch work

【挑起】tiǎo//qǐ 由于挑动而引起 provoke；stir up；instigate：～矛盾 ～ máodùn provoke conflict /～纠纷 ～ jiūfēn instigate a dispute

【挑唆】tiǎosuo（动）挑拨，使别人闹纠纷 incite；abet；instigate：你不要～他去闹事。Nǐ búyào ～ tā qù nào shì. Don't instigate him to make trouble. /邻居们不和都是他～的。Línjūmen bùhé dōu shì tā ～ de. He is the one who has instigated discord between neighbours.

【挑衅】tiǎoxìn（动）借着某件事情为理由，企图引起冲突或战争（find an excuse to）provoke：敌人胆敢～，我们就坚决

打击。Dírén dǎngǎn ～, wǒmen jiù jiānjué dǎjī. If the enemy has the audacity to provoke us, we shall stand firm and strike.（名）provocation：敌人的军事 ～ 被粉碎了。Dírén de jūnshì ～ bèi fěnsuì le. The enemy's military provocation was crushed.

【挑战】tiǎo＝zhàn 原义是激怒敌人，使出来打仗。现多用来表示鼓动对方跟自己竞赛 challenge to battle；throw down the gauntlet；challenge：互相 ～ hùxiāng ～ challenge each other /在这次劳动竞赛中，一车间首先向二、三车间提出～。Zài zhè cì láodòng jìngsài zhōng, yī chējiān shǒuxiān xiàng èr、sān chējiān tíchū ～. In this labour emulation campaign, it was Workshop 1 that first challenged Workshops 2 and 3.

【挑战书】tiǎozhànshū（名）鼓动别人跟自己竞赛的一种文字形式的东西，它上面列有挑战条件 letter of challenge stating the conditions

tiào

眺 tiào

（动）◇ 眺望 look into the distance（from a high place）：登高远～ dēng gāo yuǎn ～ climb high and look far into the distance

【眺望】tiàowàng（动）〈书〉从高处往远处看 look into the distance from a high place

跳 tiào

（动）（1）jump；leap；bounce；spring：他一～就～过了那条沟。Tā yī ～ jiù ～guòle nà tiáo gōu. He jumped across that small ditch. /咱们比赛，看谁～得最远。Zánmen bǐsài, kàn shuí ～ de zuì yuǎn. Let's have a contest and see who can jump the farthest. /孩子们又跑又～的，玩得真高兴。Háizimen yòu pǎo yòu ～ de, wánr de zhēn gāoxìng. The children ran and jumped and had a lot of fun.（2）一起一伏地动 move up and down；beat：太紧张了，我的心直～。Tài jǐnzhāng le, wǒ de xīn zhí ～. My heart was throbbing with nervousness. /他的脉每分钟～70次。Tā de mài měi fēnzhōng ～ qīshí cì. His pulse beats seventy times per minute.（3）超越对应该经过的地方或阶段（到另一地方或阶段）skip（over）；make omissions：他从一年级～到三年级了。Tā cóng yī niánjí ～ dào sān niánjí le. He skipped from Grade One to Grade Three. /这一段～过去，念下一段。Zhè yī duàn ～ guòqu, niàn xià yī duàn. Skip over this paragraph and read aloud the next one.（4）（物体）由于弹性作用向上移动 bounce；spring：这个球气足，～得高。Zhège qiú qì zú, ～ de gāo. This ball is filled with air and bounces very high.

【跳班】tiào＝bān 升级时按顺序隔过年级（of pupils）skip a grade：他跳了两班。Tā tiàole liǎng bān. He skipped two grades.

【跳板】tiàobǎn（名）（1）gangplank（2）springboard；diving board

【跳动】tiàodòng（动）同"跳" tiào（2）same as "跳" tiào（2）：心脏在～。Xīnzàng zài ～. His heart is beating.

【跳高】tiàogāo（名）〈体〉high jump

【跳级】tiào＝jí 同"跳班" tiào＝bān same as "跳班" tiào＝bān

【跳栏】tiàolán（名）〈体〉hurdle race；the hurdles

【跳梁小丑】tiàoliáng xiǎo chǒu 指到处挑拨是非，制造矛盾和混乱而又没有多大本领的坏人 a petty scoundrel fond of playing tricks and creating trouble

【跳马】tiàomǎ（名）〈体〉（1）vaulting horse（2）horse-vaulting

【跳棋】tiàoqí（名）棋类的一种，棋盘是六角的星形，上面着许多三角形的格子。各方的棋子各占满一个犄角，根据

规则,最先把自己的棋子全部走到对面的那个犄角的为胜 Chinese checkers

【跳伞】tiàosǎn（动·不及物）parachute；bale out：飞机出了故障,驾驶员～脱险了。Fēijī chūle gùzhàng, jiàshǐyuán ～ tuō xiǎn le. There was something wrong with the plane, so the pilot baled out to escape danger.（名）〈体〉parachute jumping

【跳伞塔】tiàosǎntǎ（名）parachute tower

【跳绳】tiào=shéng rope skipping

【跳水】tiào=shuǐ dive：跳台 ～ tiàotái ～ platform diving / 跳板 ～ tiàobǎn ～ springboard diving

【跳台】tiàotái（名）diving tower；diving platform

【跳舞】tiào=wǔ dance

【跳箱】tiàoxiāng（名）〈体〉(1) box horse；vaulting box (2) jump over the box horse

【跳远】tiàoyuǎn（名）〈体〉long jump；broad jump

【跳跃】tiàoyuè（动）〈书〉同"跳"tiào (1) same as "跳" tiào (1)

【跳蚤】tiàozao（名）[只 zhǐ] flea

tiē

贴〔貼〕tiē（动）(1) paste；stick；glue：～邮票 ～ yóupiào stick on a stamp / ～标语 ～ biāoyǔ put up slogans /布告栏里～着一个通知。Bùgàolán li ～zhe yí ge tōngzhī. There's a notice pasted on the bulletin board. (2)紧挨着 keep close to；nestle closely to：箱子底紧～地面,容易受潮。Xiāngzi dǐ jǐn～ dìmiàn, róngyì shòu cháo. The box is close to the ground and can easily be affected by the damp. / 蜻蜓～着水面飞。Qīngtíng ～zhe shuǐ miàn fēi. Dragonflies keep close to the water's surface when they fly. (3)从经济上帮助 subsidy；allowance：他的母亲经常～他一些钱。Tā de mǔqin jīngcháng ～ tā yìxiē qián. His mother often gives him some allowance money.（量）用于膏药 piece：一～膏药 yì～ gāoyào a piece of medicated plaster

【贴补】tiēbǔ（动）同"贴"tiē (3) same as "贴" tiē (3)：他经济本来就不宽裕,每月还得～他弟弟一点儿。Tā jīngjì běnlái jiù bù kuānyù, měi yuè hái děi ～ tā dìdi yìdiǎnr. He's not financially well-off, but he still must give his younger brother an allowance every month.

【贴金】tiē=jīn〈贬〉原义是在神佛塑像上贴上金箔,比喻夸耀美化自己 cover the statue of Buddha with gold leaf — touch up；prettify：别往自己脸上～了,这个好办法是人家老李先想出来的。Bié wǎng zìjǐ liǎnshang ～ le, zhège hǎo bànfǎ shì rénjia Lǎo Lǐ xiān xiǎng chulai de. Don't put feathers in your cap. Lao Li is the one who first came up with this good idea.

【贴近】tiējìn（动）身子或身子的一部分紧紧挨近 press close to；nestle up against：你们大家把身子～点儿,不然两头的人照不进去。Nǐmen dàjiā bǎ shēnzi ～ diǎnr, bùrán liǎng tóu de rén zhào bu jìnqù. Everybody, press a little closer together；otherwise I can't get the two people on the ends into the picture. /他把头～了我,小声说:"这事要给我保密!" Tā bǎ tóu ～le wǒ, xiǎo shēng shuō:"Zhè shì yào gěi wǒ bǎo mì!" He leaned his head close to me and whispered; "This must be kept a secret!"

【贴切】tiēqiè（形）用词恰当,确切 (of words) apt；suitable；appropriate；proper：用"大锅饭"比喻绝对平均主义,是很～的。Yòng "dàguōfàn" bǐyù juéduì píngjūnzhǔyì, shì hěn ～ de. Using "大锅饭" (food prepared in one big pot) as a metaphor for absolute egalitarianism is very appropriate.

【贴身】tiēshēn（形）(1)紧挨着身体的 next to the skin：～衣服 ～ yīfu underclothes /这背心是～穿的。Zhè bèixīn shì ～ chuān de. This sleeveless garment is worn as an undershirt. (2)旧指紧跟在身边 stick close to sb. (former meaning)：～卫士 ～ wèishì a bodyguard / 老太太的～女仆 lǎotàitai de ～ nǚpú the maidservant who stays close by the old woman's side

【贴心】tiēxīn（形）最亲近；最知己 intimate；close：～话 ～ huà words spoken in confidence；intimate words /～的朋友 ～ de péngyou bosom friend

tiě

帖〔帖〕tiě（名）邀请客人的通知 invitation card：我收到了他们结婚的喜～。Wǒ shōudàole tāmen jié hūn de xǐ ～. I've received their wedding invitation.

铁〔鐵〕tiě（名）iron（形）坚硬,确定不移 hard or strong (as iron)：～壁铜墙 ～ bì tóng qiáng bastion of iron and impregnable fortress /～的手腕 ～ de shǒuwànr iron stratagem /～的纪律 ～ de jìlù iron discipline /～定的时间,不能更改。～ dìng de shíjiān, bù néng gēnggǎi. The time is fixed and cannot be changed.（动）◇下（决心）resolve；determine：她～了心了,一定要嫁给他。Tā ～le xīn le, yídìng yào jià gěi tā. She's unshakable in her determination to marry him.

【铁案如山】tiě àn rú shān（证据确凿）定案像山一样不能推翻 a verdict as solid as mountain—borne out by ironclad evidence

【铁板】tiěbǎn（名）[块 kuài] iron plate；sheet iron

【铁板一块】tiěbǎn yí kuài 比喻勾结得非常紧密,攻不破 a monolithic bloc；ironclad；unbreakable：坏人结成的团伙总不会是～。Huàirén jiéchéng de tuánhuò zǒng bú huì shì ～. The gangs formed by evil doers can't always be unbreakable.

【铁笔】tiěbǐ（名）[枝 zhī] stencil pen

【铁饼】tiěbǐng（名）〈体〉(1) discus (2) discus throw

【铁杵磨成针】tiěchǔ móchéng zhēn 比喻只要有恒心、有毅力,做任何事情都能成功 an iron pestle can be ground down to a needle—preserverance will prevail

【铁窗】tiěchuāng（名）安上铁栅的窗户,借指监牢 a window with iron grating；prison bars：他尝过十年～滋味。Tā chángguo shí nián ～ zīwèir. He tasted ten years of prison life.

【铁道】tiědào（名）同"铁路"tiělù same as "铁路" tiělù

【铁道兵】tiědàobīng（名）railway corps

【铁饭碗】tiěfànwǎn（名）比喻非常稳固的职业,尤其是在国家企业、事业单位中的工作 iron rice bowl — a secure job, esp. in a state-owned business

【铁轨】tiěguǐ（名）rail

【铁汉】tiěhàn（名）[条 tiáo] 比喻坚强的人 man of steel；man of iron will；a strong determined person

【铁画】tiěhuà（名）一种工艺品,用铁片打成的线条构成画面,涂上黑色或棕色 iron picture (with black or brown paint)

【铁匠】tiějiang（名）blacksmith；ironsmith

【铁链】tiěliàn（名）[条 tiáo] iron chain；shackles

【铁路】tiělù（名）[条 tiáo] railway；railroad

【铁面无私】tiě miàn wú sī 做事公道,坚持原则,不讲私情 impartial and incorruptible：这个人～,不怕得罪人,是个好领导。Zhège rén ～, bú pà dézuì rén, shì ge hǎo lǐngdǎo. This person is impartial and upright. He's not afraid of giving offence and is a good leader.

【铁器】tiěqì（名）铁制的生产工具,有时也泛指铁的器具 iron implements

【铁器时代】tiěqì shídài the Iron Age

【铁锹】tiěqiāo（名）［把 bǎ］*spade; shovel*

【铁青】tiěqīng（形）形容人十分恐惧、愤怒或生病时的脸色 *ashen; ghastly pale; livid*：他面色~，一点儿笑容都没有。Tā miànsè ~, yìdiǎnr xiàoróng dōu méi yǒu. *His face is ghastly pale and doesn't have the slightest trace of a smile.*

【铁拳】tiěquán（名）比喻强大的力量 *iron fist*

【铁人】tiěrén（名）能经受任何艰难困苦的坚强的人 *a person of exceptional physical and moral strength*

【铁砂】tiěshā（名）*iron sand; pellets*

【铁石心肠】tiě shí xīncháng 比喻心肠非常硬，不为感情所动 *be iron hearted; have a heart of stone; be hardhearted*

【铁树开花】tiěshù kāi huā 铁树是一种常绿灌木，很少开花。比喻事情非常罕见或极难实现（铁树：*a type of shrub which is green the year round but seldom blossoms*）*the iron tree in blossom— something seldom seen or hardly possible*：他总板着脸，要看他的笑容，得等~。Tā zǒng bǎnzhe liǎn, yào kàn tā de xiàoróng, děi děng ~. *He always keeps a straight face. If you want to see him smile, you'll have to wait until the iron tree blossoms.*

【铁水】tiěshuǐ（名）*molten iron*

【铁丝】tiěsī（名）*iron wire*

【铁丝网】tiěsīwǎng（名）［道 dào］*wire netting; meshes*

【铁塔】tiětǎ（名）［座 zuò］（1）*iron tower; iron pagoda* （2）*pylon; transmission tower*

【铁蹄】tiětí（名）比喻蹂躏人民的残暴行为 *iron heel — cruel oppression of the people*

【铁腕】tiěwàn（名）强有力的手段（多作定语）*iron hand* (*often used as an attributive*)：~人物 ~ rénwù *an iron-handed person; strong man*

【铁锨】tiěxiān（名）［把 bǎ］同 "铁锹" tiěqiāo *same as* "铁锹" tiěqiāo

【铁锈】tiěxiù（名）*rust*

【铁证】tiězhèng（名）确凿的证据 *ironclad proof; irrefutable evidence*：~如山 ~ rú shān *irrefutable, conclusive evidence*

tīng

厅 ［廳］tīng（名）（1）聚会或待客人的大房间 *hall* （2）大机关里一个办事部门的名称 *office*：办公~ bàngōng~ *general office* （3）省级机关的名称 *a government department at the provincial level*：湖北省财政~ Húběi Shěng cáizhèng~ *the Department of Finance of Hubei Province*

听 ［聽］tīng（动）（1）*listen; hear*：音乐~ yīnyuè *listen to music* / ~报告 ~ bàogào *listen to a report* /我~不清楚你说什么。Wǒ ~ bu qīngchu nǐ shuō shénme. *I can't hear very well what you're saying.* （2）听从，接受（意见）*heed; obey; have a receptive ear for*：你怎么总~别人的，自己一点儿主见也没有？Nǐ zěnme zǒng ~ biérén de, zìjǐ yìdiǎnr zhǔjiàn yě méi yǒu? *Why is it that you always heed what others say and never have a definite view of your own?*/ 他从来不~我的话。Tā cónglái bù ~ wǒ de huà. *He never listens to me.* （3）同 "听凭" tīngpíng *same as* "听凭" tīngpíng：~便~ biàn *as one pleases; please yourself* （量）金属罐装香烟、咖啡等的量词 *can; tin*：一~香烟 yì ~ xiāngyān *a tin of cigarettes* / 两~咖啡 liǎng ~ kāfēi *two tins of coffee* / 一~水果罐头 yì ~ shuǐguǒ guàntou *a tin of canned fruit*

【听从】tīngcóng（动）*accept; obey; heed; comply with*：~指挥 ~ zhǐhuī *obey orders* /~安排 ~ ānpái *accept an arrangement* /~分配 ~ fēnpèi *accept an assignment*

【听而不闻】tīng ér bù wén 闻：听见。形容对事情不关心，听了当作没听见 *hear but pay no attention; turn a deaf ear to*

【听候】tīnghòu（动）〈书〉等候（上级的决定）*wait for (a decision, settlement, etc. from higher authorities)*：~处理 ~ chǔlǐ *wait (for sth.) to be dealt with* /~领导机关决定 ~ lǐngdǎo jīguān juédìng *await the decision of the leading body*

【听话】tīnghuà（形）*be obedient; heed what an elder or superior says*：这孩子很~，又很聪明。Zhè háizi hěn ~, yòu hěn cōngming. *This child is very clever and obedient.* / 太~的孩子不一定有出息。Tài ~ de háizi bù yídìng yǒu chūxi. *Children who are too obedient are not necessarily promising.*

【听见】tīng // jiàn *hear*：你~他说什么了吗？我听了半天也没~。Nǐ ~ tā shuō shénme le ma? Wǒ tīngle bàntiān yě méi ~. *Did you hear what he said? I listened for a long time but couldn't hear.* / 声音太小，一点也听不见。Shēngyīn tài xiǎo, yìdiǎn yě tīng bu jiàn. *The volume is too low. I can't hear a thing.*

【听讲】tīng=jiǎng 听人讲课或讲演 *listen to a talk; attend a lecture*

【听觉】tīngjué（名）〈生理〉*sense of hearing*

【听课】tīng=kè（1）学生听老师讲课 *attend a lecture* （2）为了学习如何教课或了解教学情况，听（某个老师）讲课 *sit in on a class*

【听力】tīnglì（名）（1）〈生理〉同 "听觉" tīngjué *same as* "听觉" tīngjué （2）耳朵辨别声音的能力 *aural comprehension*：他说汉语说得不太好，可是汉语的~很强。Tā shuō Hànyǔ shuō de bú tài hǎo, kěshì Hànyǔ de ~ hěn qiáng. *He doesn't speak Chinese very well, but his aural comprehension is very good.*

【听凭】tīngpíng（动）〈书〉让别人愿意怎样就怎样 *allow; let sb. do as he pleases*：什么时候听录音，~你们自己安排。Shénme shíhou tīng lùyīn, ~ nǐmen zìjǐ ānpái. *You can decide for yourselves when you want to listen to the tape.*

【听其自然】tīng qí zìrán 让事物自然发展，不去干涉 *let things take their own course; let matters slide*：对孩子的兴趣、爱好，完全~，她从不加干涉。Duì háizi de xìngqù, àihào, wánquán ~, tā cóng bù jiā gānshè. *As far as the children's interests and hobbies are concerned, she lets things take their own course and has never interfered.* /这些花我没有修剪过，~，居然长得不错。Zhèxiē huār wǒ méiyou xiūjiǎnguo, ~, jūrán zhǎng de búcuò. *I've never pruned these flowers. I let them grow on their own. To my surprise, they've grown quite well.*

【听取】tīngqǔ（动）听（意见、反映、汇报等）*listen to; hear (an opinion, a reaction, a report, etc.)*：~汇报 ~ huìbào *hear reports (from below); debrief* /~群众意见 ~ qúnzhòng yìjiàn *hear the opinions of the masses*

【听任】tīngrèn（动）同 "任凭" rènpíng *same as* "任凭" rènpíng

【听说】tīng shuō *be told; hear of; it is said*：我~那里有不少名胜古迹。Wǒ ~ nàli yǒu bù shǎo míngshèng gǔjì. *I'm told there are a few historical sites there.* /这个消息我是~的，不一定可靠。Zhège xiāoxi wǒ shì ~ de, bù yídìng kěkào. *This news is just hearsay and is not necessarily reliable.* /听人说这个地区盛产牡丹。Tīng rén shuō zhège dìqū shèngchǎn mǔdan. *It is said that this area is abundant with tree peonies.*

【听天由命】tīng tiān yóu mìng 不作主观的努力，只听客观上的自然发展变化 *submit to the will of Heaven; resign oneself to one's fate*

【听筒】tīngtǒng（名）*telephone receiver; headphone; stethoscope*

【听写】tīngxiě（动）*dictate*：请准备好，现在~一段文章。Qǐng zhǔnbèi hǎo, xiànzài ~ yí duàn wénzhāng. *Please prepare to dictate an article.* （名）*dictation*：~是学语言的很有效的练习。~ shì xué yǔyán de hěn yǒuxiào de liànxí.

Dictation is an effective exercise for studying a language.

【听信】tīngxìn（动）听到而相信（多指不正确的话或消息）*believe what one hears; believe (often refers to incorrect information)*：～谣言 ～ yáoyán *believe rumours* / ～了他的谎话 ～le tā de huǎnghuà *I believed his lies.* /不能一面之词 bù néng ～ yī miàn zhī cí *Don't believe a one-sided statement.*

【听诊器】tīngzhěnqì（名）[医][副 fù] *stethoscope*

【听之任之】tīng zhī rèn zhī（对坏现象）任凭其发展，不加过问 *let sth. (undesirable evil, etc.) go unchecked; let matters drift; take a laissez-faire attitude*：对损害公共利益的行为绝不能～. Duì sǔnhài gōnggòng lìyì de xíngwéi jué bù néng ～. *We must not let behaviour that harms public interest go unchecked.*

【听众】tīngzhòng（名）*audience; listeners*

tíng

亭 tíng（名）◇ 同"亭子" tíngzi *same as "亭子" tíngzi*：凉～ liáng～ *wayside pavilion; kiosk* /邮～ yóu～ *postal kiosk*

【亭子】tíngzi（名）[个 gè] *pavilion; kiosk*

庭 tíng（名）◇ 正房前的院子 *front courtyard; front yard*：～中种满了花草. ～ zhōng zhòngmǎnle huācǎo. *The front yard is covered with flowers and grass.*

【庭院】tíngyuàn（名）〈书〉正房前面的院子，泛指院子 *courtyard*

停 tíng（动）(1)动的东西不动了或使动的不动 *stop; cease; halt; pause*：风～了. Fēng ～ le. *The wind has stopped blowing.* / 钟怎么～了? Zhōng zěnme ～ le? *Why has the clock stopped？* /请把汽车～一～. Qǐng bǎ qìchē ～ yī ～. *Please stop the car.* (2)同"停留" tíngliú *same as "停留" tíngliú*：我这次出差去上海，要在南京～一天. Wǒ zhè cì chū chāi qù Shànghǎi, yào zài Nánjīng ～ yī tiān. *When I go to Shanghai on business this time, I want to make a one-day stop in Nanjing.* (3)停放、停泊 *park; place; anchor*：路口～着一～汽车. Lùkǒu bù néng ～ qìchē. *One can't park at an intersection.* /码头上～着许多船. Mǎtóu shang ～ zhe xǔduō chuán. *There are many ships anchored at the dock.*

【停泊】tíngbó（动）〈书〉（船只）停留 *(of ships) anchor; berth; lie at anchor*

【停车】tíng＝chē (1)把车子停下来（of vehicles）*stop; pull up*：现在～十分钟，大家可以下车活动活动. Xiànzài ～ shí fēnzhōng, dàjiā kěyǐ xià chē huódòng huódòng. *We will now have a ten-minute stop so that everybody can get out and stretch a bit.* /14次列车在本站～三分钟. Shísì cì lièchē zài běn zhèn ～ sān fēnzhōng. *Train No. 14 will stop for three minutes at this station.* (2)把机器停下来（of a machine）*stall; stop working*：第二排机器都要修理，得停两天车. Dì'èr pái jīqì dōu yào xiūlǐ, děi tíng liǎng tiān chē. *The second row of machinery will be shut down for two days for repairs.*

【停当】tíngdang（形·非定）齐备，完毕 *ready; settled*：一切准备～，就等出发了. Yíqiè zhǔnbèi ～, jiù děng chūfā le. *Everything is ready and waiting to go.*

【停顿】tíngdùn（动）(1)（事情）中止或暂停 *(of matters, affairs etc.) stop; halt; pause; be at a standstill*：原料供应不上，使生产～. Yuánliào gōngyìng bú shàng, shǐ shēngchǎn ～. *There is a shortage in the supply of raw materials, leaving production at a standstill.* /这项工程决不能一下

来. Zhè xiàng gōngchéng jué bù néng ～ xialai. *This project must under no circumstances be halted.* (2)说话时语音上的间歇 *pause (in speaking)*：这个句子很长，读的时候，有两处要一～下. Zhège jùzi hěn cháng, dú de shíhou, yǒu liǎng chù yào ～ yīxià. *This sentence is very long. You must pause in two places when reading it aloud.*

【停放】tíngfàng（动）短时间放置（多指车辆、灵柩）*(of vehicles, a bier) park; place*：汽车要～在指定的地点. Qìchē yào ～ zài zhǐdìng de dìdiǎn. *Vehicles must be parked in the designated area.* /他父亲的灵柩在庙里～了一个月才安葬. Tā fùqin de língjiù zài miào lǐ ～ le yí ge yuè cái ānzàng. *His father's bier was placed in a temple and rested there for a month before burial.*

【停工】tíng＝gōng 停止工作 *stop work; shut down*：因为修改计划，这项建筑～了. Yīnwèi xiūgǎi jìhuà, zhè xiàng jiànzhù ～ le. *Construction of this building has been stopped, as the plan must be revised.*

【停航】tíngháng（动）（轮船或飞机）停止航行 *suspend air or shipping service*：由于天气的原因，班机暂时～. Yóuyú tiānqì de yuányīn, bānjī zànshí ～. *The regular flight is temporarily suspended on account of bad weather.*

【停火】tíng＝huǒ 交战双方或一方停止攻击 *cease fire*

【停机坪】tíngjīpíng（名）*aircraft parking area; parking apron*

【停刊】tíng＝kān（报纸、杂志）停止出版、发行 *stop publication of a newspaper, magazine, etc.*

【停靠】tíngkào（动）轮船、火车等停留在某个地方 *(of a train) stop; (of a ship) berth*：这次列车～在几号站台? Zhè cì lièchē ～ zài jǐ hào zhàntái? *At which platform does this train stop?*

【停课】tíng＝kè（因特殊原因）学校或班级停止上课 *suspend classes*：全校～一天，搬到新教学楼去上课. Quán xiào ～ yī tiān, bāndào xīn jiàoxuélóu qu shàng kè. *All classes will be suspended for one day so as to move to the new building where classes will resume.*

【停留】tíngliú（动）暂时因故不继续前进 *stay for a short time; stop; remain*：火车在上海～了一个小时. Huǒchē zài Shànghǎi ～le yī ge xiǎoshí. *The train stoppd in Shanghai for one hour.* / 代表团直飞广州，在那儿～两天，再飞往北京. Dàibiǎotuán zhí fēi Guǎngzhōu, zài nàr ～ liǎng tiān, zài fēi wǎng Běijīng. *The delegation will fly directly to Guangzhou and stop there for two days before flying to Beijing.* /我们的工作，不能～在目前的水平上. Wǒmen de gōngzuò, bù néng ～ zài mùqián de shuǐpíng shang. *We cannot allow our work to remain at the present level.*

【停学】tíng＝xué（学校因故叫学生）停止学习（往往是一种惩罚）*suspend sb. from school*

【停业】tíng＝yè (1)（商店等）暂时停止营业 *(of a store, etc.) close temporarily*：这个商店修理内部，～两天. Zhège shāngdiàn xiūlǐ nèibù, ～ liǎng tiān. *This store will be closed for repairs for two days.* (2)停止营业；关门 *stop doing business; wind up a business; close down*：因为经营不善，亏损太多，这家商店～了. Yīnwèi jīngyíng búshàn, kuīsǔn tài duō, zhè jiā shāngdiàn ～ le. *This store has been closed down due to incompetent management and heavy losses.*

【停战】tíng＝zhàn 交战双方停止作战 *armistice; truce; cessation of hostilities*

【停职】tíng＝zhí 暂时解除职务（是一种处分）*suspend sb. from his duties*：他好像有什么问题，已经～了. Tā hǎoxiàng yǒu shénme wèntí, yǐjīng ～ le. *It seems that he's in trouble, as he has already been temporarily suspended from his duties.*

【停止】tíngzhǐ（动）使原来在进行的动作不再进行，宾语常是双音节动词 *stop; cease; halt; suspend; call off (the ob*

ject is usu. a disyllabic verb)：心脏～了跳动。Xīnzàng ～le tiàodòng. *His heart has stopped beating.* /下午五点～营业。Xiàwǔ wǔ diǎn ～ yíngyè. *We close at five p.m.* /四月一日～供暖。Sìyuè yī rì ～ gōng nuǎn. *The heating will be cut off on April 1st.*

【停滞】tíngzhì（动）受到阻碍而处于不能发展的状态 *stagnant; be at a standstill; bog down*；经济～*economic stagnation* /工厂生产～不前。Gōngchǎng shēngchǎn ～ bù qián. *Factory production is at a standstill.*

tǐng

挺 tǐng （动）(1)伸直身体、颈部、挺胸部或腰部 *stick out; straighten up*（*physically*）：～直腰，伸直胳臂。～zhí yāo, shēnzhí gēbei. *Straighten your back and stretch out your arms.* /～起胸～qǐ xiōng *throw out one's chest* (2)勉强支撑 *endure; stand; hold out*：他发烧了，还硬～着干了两个小时。Tā fā shāo le, hái yìng ～zhe gànle liǎng ge xiǎoshí. *Although he had a high fever, he held out and worked for another two hours.* /他连续工作了十二个小时，快～不住了。Tā liánxù gōngzuòle shí'èr ge xiǎoshí, kuài ～ bu zhù le. *He has been working for twelve hours straight and is about to give out.* (量)用于机关枪 (*of machine guns*)：三～机枪 sān ～ jī qiāng *three machine guns* (副)〈口〉表示一定程度，和"很"差不多；修饰形容词、某些动词、助动词、短语 (*indicates a certain degree; similar to "很"; modifies adjectives, certain verbs, auxiliary verbs and phrases*) *very; rather; quite*：这个小女孩儿～乖，也～可爱。Zhège xiǎo nǚ hái'r ～ guāi, yě ～ kě'ài. *This little girl is quite well-behaved. She's also very cute.* /他在劳动时～能吃苦。Tā zài láodòng shí ～ néng chī kǔ. *He's quite capable at bearing hardships when doing manual labour.* /我们的好邻居要搬家了，我还～舍不得他们。Wǒmen de hǎo línjū yào bān jiā le, wǒ hái ～ shě bu de tāmen. *Our good neighbours are moving. I'm rather reluctant to part with them.* /我们的主任待人～和气，～平易近人的。Wǒmen de zhǔrèn dài rén ～ héqi, ～ píngyì jìn rén de. *Our director treats people very politely and is quite easy to approach.* 可以修饰两种否定形式 (*can modify two kinds of negative forms*)：(1)不愉快性质的 *a negative form of an unhappy nature*：组长批评了他几句，他～不满意。Zǔzhǎng pīpingle tā jǐ jù, tā ～ bù mǎnyì. *The group leader criticized him, so he was quite dissatisfied.* /我觉得浑身～不舒服，大概感冒了。Wǒ juéde húnshēn ～ bù shūfu, dàgài gǎnmào le. *My whole body doesn't feel very well. Most likely I've got the flu.* /他们俩谈得～不痛快，不欢而散了。Tāmen liǎ tán de ～ bú tòngkuai, bù huān ér sàn le. *Those two had a very displeasing conversation and parted on bad terms.* (2)是否定形式但是肯定意义的 *a positive form which has a positive meaning*：你这张工笔画画得～不错。(不错＝好) Nǐ zhè zhāng gōngbǐhuà huà de ～ búcuò. *This traditional Chinese realistic painting of yours is not bad.* (*not bad＝good*) /这人官不大，架子倒～不小。(不小＝大) Zhè rén guān bú dà, jiàzi dào ～ bù xiǎo. *This person's official position is not high, but the airs he puts on are not small.* (*not small＝big*) /这个图书室的藏书还～不少呢!(不少＝多) Zhège túshūshì de cángshū hái ～ bù shǎo ne! *This library's book collection is no small thing.* (*no small thing＝huge*) "老高""老远""老大""老深"等前可以加"挺"，表示程度更高些，后面多带"的"("挺" can be placed before "老高", "老远", "老大", "老深", etc. to indicate an even higher degree; often followed by "的")：窗外那棵大树～老高的，把阳光都给挡住了。Chuāng wài nà kē dà shù ～ lǎo gāo de, bǎ yángguāng dōu

给挡住了。gěi dǎngzhù le. *That tree outside the window is really quite tall. It's blocking the sunlight.* /今天风～老大,简直没法骑车。Jīntiān fēng ～ lǎo dà, jiǎnzhí méi fǎr qí chē. *The wind is really rather strong today. There's no way I can ride my bicycle.* /～老远的路,亏他走来了。～ lǎo yuǎn de lù, kuī tā zǒulái le. *This road is really quite long. Fancy his walking over here!*

【挺拔】tǐngbá (形)(1)直立而高耸 *tall and straight*：～的松柏 ～ de sōng bǎi *tall, straight pine and cypress trees* (2)写字笔画刚劲有力 (*of handwriting*) *forceful*：笔力苍劲～。Bǐlì cāngjìng ～. *He writes with bold and forceful strokes.*

【挺进】tǐngjìn (动)(军队)一直向前进 (*of troops*) *advance; press onward; push forward*：部队正在向前～。Bùduì zhèngzài xiàng qián ～. *The troops are advancing (or pressing onward)*

【挺举】tǐngjǔ (名)〈体〉*clean and jerk*

【挺立】tǐnglì (动)〈书〉*stand upright; stand firm*：大楼前～着一根旗杆。Dà lóu qián ～zhe yì gēn qígān. *There is a flagpole standing erect in front of the building.* /他昂首～在敌人面前。Tā ángshǒu ～ zài dírén miànqián. *He held his head high and stood firm before the enemy.*

【挺身而出】tǐng shēn ér chū 勇敢地站出来(担当艰难或危险的任务) *step forward bravely (when faced with a difficult or dangerous task)*

tǐng

铤 〔鋌〕tǐng

【铤而走险】tǐng ér zǒu xiǎn 铤：快走的样子,指在无路可走时,采取冒险行动(铤：*move rapidly*) *risk danger in desperation; make a reckless move*

tōng

通 tōng （动）(1)使不堵住 *open up; clear out (by poking or jabbing)*：这根管子里有东西堵着,得～一～。Zhè gēn guǎnzi li yǒu dōngxi dǔzhe, děi ～ yi ～. *This pipe is clogged with something and has to be cleared out.* /烟筒刚～过,火立刻就旺了。Yāntong gāng ～guò, huǒ lìkè jiù wàng le. *Right after the chimney was opened up, the fire immediately roared.* (2)可以到达 *lead to; go to*：这条路～飞机场。Zhè tiáo lù ～ fēijīchǎng. *This road leads to the airport.* /这趟列车直～武汉。Zhè tàng lièchē zhí ～ Wǔhàn. *This train goes straight to Wuhan.* /这个省份,铁路四～八达,交通方便。Zhège shěngfèn, tiělù sì ～ bā dá, jiāotōng fāngbiàn. *The railway lines in this province extend in all directions and transportation is extremely convenient.* (3)互相接着,自由进出 *connect; communicate*：这三间屋子是～着的。Zhè sān jiān wūzi shì ～zhe de. *These three rooms are connected.* /集市贸易使农民互～有无。Jíshì màoyì shǐ nóngmín hù ～ yǒu wú. *The country fair trade makes it possible for farmers to supply each other's needs.* (4)使人知道 *notify; tell*：希望你常给我～～消息。Xīwàng nǐ cháng gěi wǒ ～～ xiāoxi. *I hope you often keep me informed.* /一有消息就给他～个电话。Yì yǒu xiāoxi jiù gěi tā ～ ge diànhuà. *As soon as you have any news, phone him up.* (5)懂得,了解 *understand; know*：～今博古～ jīn bó gǔ *have an extensive knowledge of the past and present; erudite and well-informed* /他～好几国语言呢。Tā ～hǎo jǐ guó yǔyán ne. *He knows several languages.* (形)(1)没有阻碍,可以穿过去 *open; through*：下水道有点不～。Xiàshuǐdào yǒudiǎnr bù tōng. *The sewage is blocked.* /电话打～了。Diànhuà dǎ ～ le. *The call has been put through.* /隧道凿～了。Suìdào záo ～ le. *The tunnel has been dug out.* /他的思想原来不～,现在～了。Tā de

sīxiǎng yuánlái bù ~, xiànzài ~ le. *His thinking was not originally straightened out, but is now.* (2)〈语言〉合语法，合习惯 (*of speech*) *logical; coherent*：这句话挺~的，那句有点儿不~. Zhè jù huà tǐng ~ de, nà jù yǒudiǎnr bù ~. *This sentence is logical; but that one is a little incoherent.* (名) ◇ 精通某种情况的人 *authority; expert*：这个日本人在中国住了二十年，是个中国~. Zhège Rìběn rén zài Zhōngguó zhùle èrshí nián, shì ge Zhōngguó ~. *This Japanese lived in China for twenty years, so he's an old China hand.*

【通报】tōngbào (动) 上级机关把工作情况或经验教训等用书面形式向下级传达 *circulate a notice*：~批评这种错误做法 / ~pīpíng zhè zhǒng cuòwù zuòfǎ *circulate a notice criticizing this kind of erroneous method* / ~全市，给予表扬. ~ quán shì, jǐyǔ biǎoyáng. *Circulate a notice of commendation around the entire city.* (名) 上级机关通告下级机关的文件 *circular; bulletin*：发一个~ fā yí ge ~ *issue a bulletin (or circular)*

【通病】tōngbìng (名) 一般都有的缺点 *common failing*：服务态度差，是许多商店的~. Fúwù tàidu chà, shì xǔduō shāngdiàn de ~. *A poor attitude towards service is a common failing found in many stores.*

【通常】tōngcháng (形·非谓) 在正常情况下，大多数都如此的(它的前面不能用否定词修饰) *general; usual; normal* (*a negative word cannot be used before this word*)：~的情况 ~ de qíngkuàng *normal conditions* / ~的做法 ~ de zuòfǎ *usual method* (*of doing sth.*) / 星期六下午~没有课. Xīngqīliù xiàwǔ ~ méi yǒu kè. *There are usually no classes on Saturday afternoon.* / 他~晚饭后看电视新闻. Tā ~ wǎnfàn hòu kàn diànshì xīnwén. *He usually watches the news on television after supper.*

【通畅】tōngchàng (形) (1) 运行无阻 *unobstructed; clear*：道路~ dàolù ~ *The road is clear.* / 线路~ xiànlù ~ *The line is clear.* (2)〈思路、文字〉流畅 (*of thinking, writing*) *easy and smooth*：文字~ wénzì ~ *smooth writing* / 语言~ yǔyán ~ *smooth language*

【通车】tōng=chē (1) 铁路或公路修通，开始行车 (*of a railway or highway*) *be open to traffic*：~典礼 ~ diǎnlǐ *opening ceremony* (*for a railway or highway*) (2) 有车来往 *have transport service*：连最远的山村都~了. Lián zuì yuǎn de shāncūn dōu ~ le. *Even the remotest mountain villages have transport service.*

【通称】tōngchēng (动) *be generally called; be generally known as*：乌贼=墨斗鱼. Wūzéi = mòdǒuyú. *The cuttlefish is generally known as the inkfish.* (名) *a general term*：土豆是马铃薯的~. Tǔdòu shì mǎlíngshǔ de ~. *The general term for "马铃薯" is "土豆".*

【通道】tōngdào (名) [条 tiáo] 往来的路，通路 *thoroughfare; passageway; passage*：北京最长的一条东西~是长安街. Běijīng zuì cháng de yì tiáo dōng xī ~ shì Cháng'ānjiē. *The longest east-west thoroughfare in Beijing is Chang'an Avenue.* / 过马路请走地下~. Guò mǎlù qǐng zǒu dìxià ~. *Please use the underground passage when crossing the road.*

【通敌】tōng=dí 勾结敌人 *collude (or collaborate) with the enemy*

【通电】tōngdiàn (动) (1) 把宣布政治上某种主张的电报拍给有关方面，同时公开发表 *circulate an open telegram* (*issued by the government*)：~全国 ~ quán guó *publish an open telegram to the nation* (2) 公开发表的宣布政治上某种主张的电报 *circular (or open) telegram*：发出~ fāchū ~ *issue an open telegram* / 全国各大学都收到教委的~. Quán guó gè dàxué dōu shōudào Jiàowěi de ~. *Every university in the country has received the Education Commission's circular telegram.*

【通电】tōng=diàn 使电流通过 *set up an electric circuit; electrify; energize*：已经通了电了，怎么灯还不亮？Yǐjīng tōngle diàn le, zěnme dēng hái bú liàng? *Electricity has already been set up, so why aren't the lights working yet?* / 这铁丝网夜里~. Zhè tiěsīwǎng yèli ~. *These wire entanglements are electrified at night.*

【通牒】tōngdié (名) *diplomatic note*：发出最后~ fāchū zuìhòu ~ *issue an ultimatum*

【通读】tōngdú (动) 从头至尾阅读全书或全文 *read over or through* (*an entire book or article*)：这本书我先~了一遍，又重点看了第三章和第六章. Zhè běn shū wǒ xiān ~ le yí biàn, yòu zhòngdiǎn kànle dìsān zhāng hé dìliù zhāng. *I read this book once from cover to cover and then focused on the third and sixth chapters.*

【通风】tōng=fēng (1) 使空气流通 *ventilate*：把窗户打开通通风. Bǎ chuānghu dǎkāi tōngtong fēng. *Open the window to ventilate the room.* / 这间屋子不~，夏天特别热. Zhè jiān wūzi bù ~, xiàtiān tèbié rè. *This room is not well-ventilated and is especially hot in summer.* / ~孔 ~ kǒng *ventilation hole*；air vent / ~管道 ~ guǎndào *ventilating duct* (2) 透露消息 *divulge information; leak* (*information*)：~报信 ~ bào xìnr *divulge secret information; tip sb. off* / 这事老许还不知道，我去给他通通风. Zhè shì Lǎo Xǔ hái bù zhīdào, wǒ qù gěi tā tōngtong fēng. *Lao Xu still doesn't know of this affair. I'll go and tell him.*

【通告】tōnggào (动) 普遍通知 *give public notice; announce*：对他的处分要~各车间. Duì tā de chǔfèn yào ~ gè chējiān. *His punishment is to be announced in every workshop.* (名) 普遍通知的文告 *public notice; announcement; circular*：布告牌上贴出了更改作息时间的~. Bùgàopái shang tiēchūle gēnggǎi zuòxī shíjiān de ~. *A notice announcing a change in the work schedule was pasted on the bulletin board.*

【通观全局】tōngguān quánjú 从全局来看 *take the situation as a whole; look at the overall situation*：处理问题应该~，不能只考虑小单位的利益. Chǔlǐ wèntí yīnggāi ~, bù néng zhǐ kǎolǜ xiǎo dānwèi de lìyì. *One must look at the overall situation when handling problems, not just consider the interests of small units.*

【通过】tōngguò (动) 经过有关的人或组织的同意或批准 *with the consent, approval of*：调出工人要~领导. Diàochū gōngrén yào ~ lǐngdǎo. *Workers can only be transferred with the approval of the leaders.* / 这种事不~组织怎么能办？Zhè zhǒng shì bù ~ zǔzhī zěnme néng bàn? *How can you handle this matter without the approval of the organization?* / 分房方案必须~群众才能实行. Fēn fáng fāng'àn bìxū ~ qúnzhòng cái néng shíxíng. *The housing allocation programme must have the consent of the masses before it can be implemented.* (介) 宾语是体词、动词、动宾结构、主谓结构等，指出动作行为的媒介，或为达到目的所采取的手段 *the object must be a nominal word or phrase, verb, V-O structure, S-P structure etc. which indicates the medium of the action or the measure to achieve the aim*：~他了解当地情况. ~ tā liǎojiě dāngdì qíngkuàng. *We can learn about the local situation through him.* / ~认真检查，才找出了病因. ~ rènzhēn jiǎnchá, cái zhǎochūle bìngyīn. *It was only through conscientious examination that the cause of the disease was found.* / ~老李帮助，我掌握了这门技术. ~ Lǎo Lǐ bāngzhù, wǒ zhǎngwòle zhè mén jìshù. *I mastered this skill through Lao Li's help.* 否定副词在"通过……"前和在"通过……"后，意思不同 *a negative adverb before "通过..." or after "通过..." leads to a difference in meaning*：不能~吵架解决问题. Bù néng ~ chǎo jià jiějué wèntí. *You must not solve any problem through a quarrel.* / ~吵架不能解决问题. ~ chǎo jià bù néng jiějué wèntí.

Quarrel cannot solve any problem.

【通过】 tōng // guò (1)穿过 *pass through*; *get past*; *traverse*：部队～了布雷区。Bùduì ～le bùléiqū. *The troops passed through a minefield.* /这条路太窄, 卡车通不过。Zhè tiáo lù tài zhǎi, kǎchē tōng bu guò. *This road is too narrow for trucks to get past.* (2)议案等经过法定人数的同意而成立 *adopt*; *pass*; *carry*：代表大会上～了两项决议。Dàibiǎo dàhuì shang ～le liǎng xiàng juéyì. *Two resolutions were passed in Congress.* /这种提案通得过吗? Zhè zhǒng tí'àn tōng de guò ma? *Can this kind of motion be carried ?*

【通航】 tōngháng (动) 有飞机或船只往来 *be open to navigation or air traffic*：这条河不～。Zhè tiáo hé bù ～. *This river is not open to navigation.* /北京和各省省会都～。Běijīng hé gè shěng shěnghuì dōu ～. *There is air service between Beijing and every provincial capital.*

【通红】 tōnghóng (形) 非常红 *very red*; *red through and through*：脸涨得～。Liǎn zhàng de ～. *His face was completely flushed.* /炉火～。Lúhuǒ ～. *The stove fire is very red.* /手冻得～～的。Shǒu dòng de ～～ de. *His hands are red with cold.*

【通话】 tōng=huà 通过电话, 双方讲话 *communicate by telephone*：我已经跟他通过话了。他同意这么办。Wǒ yǐjīng gēn tā tōngguò huà le. Tā tóngyì zhème bàn. *I've already communicated with him by telephone and he has agreed to do it this way.*

【通婚】 tōng=hūn 结为婚姻 *be related by marriage*; *intermarry*：近亲不能～。Jìnqīn bù néng ～. *Close relatives cannot intermarry.* /这两个民族之间早已～。Zhè liǎng ge mínzú zhī jiān zǎo yǐ ～. *These two nationalities have long been related through marriage.*

【通货】 tōnghuò (名) *currency*; *current money*：～膨胀 péngzhàng *inflation*

【通缉】 tōngjī (动) *order the arrest of a criminal at large*; *list as wanted*

【通奸】 tōngjiān (动·不及物) *commit adultery*

【通栏】 tōnglán (形·非谓) 从左到右或从上到下贯通整个版面的 *banner or streamer*：～标题 ～ biāotí *banner (or streamer) headline*

【通力】 tōnglì 各方面协调出力 *concerted effort*：这个工厂和那个研究所～合作解决生产中的问题。Zhège gōngchǎng hé nàge yánjiūsuǒ ～ hézuò jiějué shēngchǎn zhōng de wèntí. *This factory and that research institute have made a concerted effort to resolve problems in production.* /这项改革从三方面～进行。Zhè xiàng gǎigé cóng sān fāngmiàn ～ jìnxíng. *Three parties are making a concerted effort to carry out this reform.*

【通例】 tōnglì (名) 一般的情况 *general rule*; *usual practice*：结婚必须到民政部门登记, 这是～。Jié hūn bìxū dào mínzhèng bùmén dēngjì, zhè shì ～. *It is a general rule that those who marry must register with the civil administration department.*

【通令】 tōnglìng (动) 把一个命令发布到各个地方 *issue a circular or general order*：～各地 ～ gè dì *issue a general order to every area*/～全国 ～ quán guó *issue a general order to the entire country* (名) 发布到各地的命令 *circular order*; *general order*：这是件大事, 要发一个～。Zhè shì jiàn dàshì, yào fā yí ge ～. *This is a very important matter. We must issue a general order.*

【通论】 tōnglùn (名) 对某种学科的比较全面的论述, 多用于书名 *a well-rounded argument*; *a general survey* (often used in book titles)：《语言学～》《Yǔyánxué ～》 *General Linguistics*

【通明】 tōngmíng (形) 〈书〉 十分明亮 *well-illuminated*; *brightly lit*：楼上灯火～, 一定有人在家。Lóushàng dēnghuǒ ～, yídìng yǒu rén zài jiā. *The lights are all on upstairs so somebody must be home.* /电灯照得全室～。Diàndēng zhào de quán shì ～. *The entire room is brightly lit with electric lights.*

【通盘】 tōngpán (副) 全面、全盘 *overall*; *all-round*; *comprehensive*：～考虑 ～ kǎolǜ *take everything into consideration*/～安排 ～ ānpái *a comprehensive arrangement* /这工作得～计划一下。Zhè gōngzuò děi ～ jìhuà yíxià. *Overall planning must be done for this work.*

【通气】 tōng=qì (1)空气可以流通 *ventilate*; *circulate air*：烟筒不～儿了, 得通通。Yāntong bù ～r le, děi tōngtong. *The chimney is stuffed up. It has to be cleared out.* (2)使空气流通 *aerate*; *ventilate*：把窗户打开, 通通气儿。Bǎ chuānghu dǎkāi, tōngtong qìr. *Open the window to air out the room.* (3)私下传递情况、消息 *keep each other informed*：有什么新情况, 随时通个气儿啊! Yǒu shénme xīn qíngkuàng, suíshí tōng ge qìr ya! *Let me know if anything new comes up.*

【通情达理】 tōng qíng dá lǐ 懂道理, 形容说话、做事合情合理 *showing good sense*; *be fair and reasonable*

【通融】 tōngrong (动·不及物) 不按规定办; 采取灵活办法, 给人以方便 *stretch rules*; *get around regulations*; *to accommodate sb.*; *make an exception in sb.'s favour*：只能照章办事, 没办法～。Zhǐ néng zhào zhāng bàn shì, méi bànfǎ ～. *Matters can only be handled according to the rules and no exceptions are made.* /我急需这本词典, 请～一下, 允许我带回家去用几天。Wǒ jíxū zhè běn cídiǎn, qǐng ～ yíxià, yǔnxǔ wǒ dài huí jiā qu yòng jǐ tiān. *I need this dictionary urgently. Please make an exception and allow me to take it home for a few days.*

【通商】 tōng=shāng 国与国之间进行贸易 *(of nations) have trade relations*

【通史】 tōngshǐ (名) 连贯地叙述各个时代历史的书, 如《史记》、《中国通史》等, 与"断代史"相对 *(of history books) comprehensive history*; *general history*, e. g. 《史记》(*A Record of History*)、《中国通史》(*A Comprehensive History of China*), *etc.* (*opposite of "断代史" dynastic history*)

【通顺】 tōngshùn (形) (文章)通畅, 没有语法用词上的毛病 *(of articles) clear and coherent*; *smooth*：文字～ wéizì *clear and coherent writing*/ 他的文章写得很～。Tā wénzhāng xiě de hěn ～. *His article is written in a clear and coherent style.*

【通俗】 tōngsú (形) 适合大多数人的水平和习惯, 容易理解和接受的 *popular*; *common*; *easily understood and accepted*：～读物 ～ dúwù *books for popular consumption* /～文学 ～ wénxué *popular literature* /这篇科普文章写得很～, 一般人都能看懂。Zhè piān kēpǔ wénzhāng xiě de hěn ～, yì bān rén dōu néng kàndǒng. *This article popularizing science is written in simple language and can be easily understood by the common people.* / 一些哲学书籍应该～化。Yìxiē zhéxué shūjí yīnggāi ～huà. *Some philosophy books should be popularized.*

【通通】 tōngtōng (副) 全部 *all*; *entirely*; *completely*：班里十个同学～参加了书法学习。Bān li shí ge tóngxué ～ cān-jiāle shūfǎ xuéxí. *All ten students in our class took part in calligraphy classes.* /这个车间的机器明年～换新的。Zhège chējiān de jīqì míngnián ～ huàn xīn de. *All the machines in this workshop will be replaced by new ones next year.*

【通统】 tōngtǒng (副) 同"通通" tōngtōng *same as "通通"* tōngtōng

【通途】 tōngtú (名) 〈书〉大道 (一般为抽象意义) *thoroughfare*; *high road*：从此社会走上～。Cóngcǐ shèhuì zǒushàng ～. *Society has now embarked on its road ahead.* /她少年的生活道路是坎坷的, 中年以后, 走向～。Tā shàonián de shēnghuó dàolù shì kǎnkě de, zhōngnián yǐhòu, zǒu xiàng ～. *She had a rough life when she was young, but in middle*

age her career path smoothed out.

【通宵】tōngxiāo（名）整夜 all night；the whole night；throughout the night：工作了一 ～ gōngzuòle yī ～ have worked the whole night through /他 ～ 未眠。Tā ～ wèi mián. He didn't sleep all night.

【通晓】tōngxiǎo（动）透彻地了解，完全掌握了（语言、文字或音乐）thoroughly understand；be well versed in；be proficient in：～好几种语言 ～ hǎo jǐ zhǒng yǔyán have a good command of several languages /～音律 ～ yīnlǜ be well versed in music

【通心粉】tōngxīnfěn（名）macaroni

【通信】tōng=xìn communicate by letter；correspond：～处 ～ chù mailing address /～地点 ～ dìdiǎn mailing address /～网 ～ wǎng postal communication network /我和他很久不 ～ 了。Wǒ hé tā hěn jiǔ bù ～ le. He and I haven't written to each other for a long time. /我俩通了好多年的信。Wǒ liǎ tōngle hǎoduō nián de xìn. We've been corresponding for many years.

【通信兵】tōngxìnbīng（名）signal corps；signalman

【通信卫星】tōngxìn wèixīng communications satellite

【通信员】tōngxìnyuán（名）messenger；orderly

【通行】tōngxíng（名）(1)（行人、车马等）在路上通过（of pedestrians, horse carts, etc.）pass（or go）through：此路施工，禁止～。Cǐ lù shī gōng, jìnzhǐ ～. This road is under construction. No thoroughfare. /立交桥已修好，开始～了。Lìjiāoqiáo yǐ xiūhǎo, kāishǐ ～ le. Construction of the overpass is already finished. Traffic can now pass through. (2)通用，流通 current；general：中国书报上～简化汉字。Zhōngguó shū bào shang ～ jiǎnhuà Hànzì. Books and newspapers in China generally use the simplified characters. /这是江苏省～的办法。Zhè shì Jiāngsū Shěng ～ de bànfǎ. This is the current practice in Jiangsu Province.

【通行证】tōngxíngzhèng（名）pass；permit

【通讯】tōngxùn（名）(1)利用电讯设备传递消息的方式或工具（tele-）communication：利用电话、电报等～工具，尽快通知各地。Lìyòng diànhuà, diànbào děng ～ gōngjù, jìnkuài tōngzhī gè dì. Make use of the telephone, the telegraph, etc. to notify every area as quickly as possible. (2)报导消息的文章 news report；news dispatch；correspondence；newsletter：这篇～是谁写的？Zhè piān ～ shì shuí xiě de? Who wrote this newsletter?

【通讯处】tōngxùnchù（名）contact address

【通讯社】tōngxùnshè（名）news agency；news（or press）service

【通讯员】tōngxùnyuán（名）reporter；（press）correspondent

【通用】tōngyòng（动·不及物）（在一定范围内）普遍应用 in common use；current；general：全国的中小学教材已出版。Quán guó ～ de zhōng-xiǎoxué jiàocái yǐ chūbǎn. The national primary and secondary school textbooks have already been published. / 这种汽车月票全市～。Zhè zhǒng qìchē yuèpiào quán shì ～. This type of monthly ticket can be used for transportation around the whole city.

【通邮】tōngyóu（动·不及物）（国家、地区之间）通过邮局可以互相邮递邮件 accessible by postal communication：台湾与大陆～、通航、通商是海峡两岸人民的共同愿望。Táiwān yǔ Dàlù ～、tōngháng, tōngshāng shì hǎixiá liǎng àn rénmín de gòngtóng yuànwàng. It is the common desire of people on both sides of the strait to establish postal communication, air and navigation service and trade relations between Taiwan and the mainland.

【通则】tōngzé（名）general rule

【通知】tōngzhī（动）把事情告诉人 notify；inform；give notice：请～大家一下，下午开会。Qǐng ～ dàjiā yíxià, xiàwǔ kāi huì. Please notify everybody that there's a meeting this afternoon. （名）通知事项的口信或文告 notice；circular：

给他一个口头～就行了。Gěi tā yí ge kǒutóu ～ jiù xíng le. Giving him a verbal notice will do. /布告牌上贴了一个～。Bùgàopái shang tiēle yí ge ～. There's a notice on the bulletin board.

【通知书】tōngzhīshū（名）通知重要事项的一种公文 written notice

tóng

同 tóng（动）◇（和……）相同 same；alike；similar：～名～姓的人很多。～ míng ～ xìng de rén hěn duō. There are many people with the same name and same surname. /我们是～舍的。Wǒmen shì ～ shè de. We live in the same dormitory. / ～上 ～ shàng ditto / ～前 ～ qián as aforementioned；the same as before /"汉"～"漢" "hàn"～"hàn" "汉" is the same as "漢"（副）多修饰单音节动词（usu. modifies monosyllabic verbs）(1)表示在某点上相同，有"都"的意思（has the same meaning as "都"）all the same；alike；all：我们两国～属第三世界国家，应当互相支援。Wǒmen liǎng guó ～ shǔ dìsān shìjiè guójiā, yīngdāng hùxiāng zhīyuán. Our two countries are alike in that they're both third world countries, so we should support each other. /海峡两岸的人民～是炎黄子孙、～是龙的传人。Hǎixiá liǎng àn de rénmín ～ shì Yán Huáng zǐsūn, ～ shì lóng de chuánrén. The people on both sides of the strait are all the descendants of Emperors Yan and Huang. All are descendants of the dragon. /他俩～在一个工厂，但工种不一样。Tā liǎ ～ zài yí ge gōngchǎng, dàn gōngzhǒng bù yíyàng. Those two both work in the same factory, but the type of work they do is different. (2)相当于"共同"、"一起" in common；together：他们下乡的时候，跟农民～吃～住～劳动。Tāmen xià xiāng de shíhou, gēn nóngmín ～ chī ～ zhù ～ láodòng. When they went to the countryside, they ate, lived and worked together with the peasants. / 小李和我～住一个房间。Xiǎo Lǐ hé wǒ ～ zhù yí ge fángjiān. Xiao Li and I live together in the same room. / 随机～来的还有一个贸易代表团。Suí jī ～ lái de hái yǒu yí ge màoyì dàibiǎotuán. A trade delegation also came on the plane. / 他们两个人是～坐一辆出租汽车来的。Tāmen liǎng ge rén shì ～ zuò yí liàng chūzū qìchē lái de. Those two shared a taxi to come over here. （介）(1)同介词"跟" gēn (1)，动作由双方共同进行 same as the preposition "跟" gēn (1)（indicates that the action is done by both parties）：五一节那天，我～学生一道参加了游园活动。Wǔyíjié nà tiān, wǒ ～ xuésheng yídào cānjiāle yóu yuán huódòng. On the May 1st holiday, I visited the park with the students. /～总统一起来访者，还有国务卿及其夫人。～ zǒngtǒng yìqǐ láifǎngzhě, hái yǒu guówùqīng jí qí fūrén. The Secretary of State and his spouse are also among the visitors who have come with the President. / 小邓为人幽默，～他在一起从不感到寂寞。Xiǎo Dèng wéirén yōumò, ～ tā zài yìqǐ cóng bù gǎndào jìmò. Xiao Deng is a humorous person. One never feels lonely when one is with him. /假日里，我常常～两个孩子去昆明湖划船。Jiàrì lǐ, wǒ chángcháng ～ liǎng ge háizi qù Kūnmíng Hú huá chuán. I often go boating on Kunming Lake with my two children during the holidays. (2)同介词"跟" gēn (2)，动作或状态只是单方面的 same as the preposition "跟" gēn (2)（indicates that the action or approach is one-sided）：他不在家，有什么事就～我说好了。Tā bú zài jiā, yǒu shénme shì jiù ～ wǒ shuō hǎo le. He's not home；if you have any business, you can tell me. / 我们要～一切不正之风进行斗争。Wǒmen yào ～ yíqiè búzhèng zhī fēng jìnxíng dòuzhēng. We will wage a struggle against all unhealthy tendencies. /你～他提这些有什么用？Nǐ ～

tā ti zhèxiē yǒu shénme yòng? *What is the use of mentioning these things to him*? /她～你挺亲热的, 你们是老朋友吗? Tā ～ nǐ tǐng qīnrè de, nǐmen shì lǎo péngyou ma? *She's very affectionate towards you. Are you two old friends?* (3) 同介词 "跟" gēn (4), 表示与某种事物的关系 *same as the preposition* "跟" *gēn* (4) (*indicates a relationship between two things*): 这个厂家～外商签定了合同. Zhège chǎngjiā ～ wàishāng qiāndìng le hétong. *This factory has signed a contract with a foreign merchant.* /领导干部应该保持～群众的密切联系. Lǐngdǎo gànbù yīnggāi bǎochí ～ qúnzhòng de mìqiè liánxì. *Leading cadres should maintain a close relationship with the masses.* /他通过电话～家人联系上了. Tā tōngguò diànhuà ～ jiā rén liánxì shang le. *He got in touch with his family by telephone.* (4) 同介词 "跟" gēn (5), 表示异同的比较 *same as the preposition* "跟" *gēn* (5) (*indicates a comparison between differences or similarities*): 她今天～往常一样, 来得特别早. Tā jīntiān ～ wǎngcháng yíyàng, lái de tèbié zǎo. *She came especially early today, as usual.* /小李的相貌～他哥哥一模一样. Xiǎo Lǐ de xiàngmào ～ tā gēge yì mú yí yàng. *Xiao Li looks exactly like his elder brother.* /埃及～中国一样, 都是文明古国. Āijí ～ Zhōngguó yíyàng, dōu shì wénmíng gǔguó. *Egypt and China are the same; they're both countries with ancient civilizations.* /这个山村～十年前大不一样了, 变化之大, 令人惊叹. Zhège shāncūn ～ shí nián qián dà bù yíyàng le, biànhuà zhī dà, lìng rén jīngtàn. *This mountain village is not at all the same as it was ten years ago. The changes it has undergone are astonishing.* /我们了解的情况～他所说的完全对不上. Wǒmen liǎojiě de qíngkuàng ～ tā suǒ shuō de wánquán duì bu shàng. *The situation as we understand it is completely different from the one he has described.* (连) 表示平等的联合关系, 有 "和" 的意思, 常连接并列的主语、宾语等; 不连接分句; 多用于书面语 (*usu. links coordinate subjects etc. does not link clauses; used in the written language*) *and*: 这个词～那个词都是名词. Zhège cí ～ nàge cí dōu shì míngcí. *This word and that one are both nouns.* /这时候她～她的一家人恐怕已经到了海边了. Zhè shíhou tā ～ tā de yì jiā rén kǒngpà yǐjīng dàole hǎibiānr le. *I would say that she and her family have reached the seashore by now.* /上级已经批准了你们的教学～科研计划. Shàngjí yǐjīng pīzhǔnle nǐmen de jiàoxué ～ kēyán jìhuà. *The higher levels have already approved your plans for teaching and scientific research.* /我已问过小王～老李, 他们对这个方案什么意见. Wǒ yǐ wènguo Xiǎo Wáng ～ Lǎo Lǐ, tāmen duì zhège fāng'àn méi shénme yìjiàn. *I've already consulted Xiao Wang and Lao Li, they don't have any objections to this plan.*

【同班】tóngbān (名) *classmate*

【同班】tóng = bān *be in the same class*: 我们俩同过班. Wǒmen liǎ tóngguo bān. *We were in the same class.* /我不跟他～. Wǒ bù gēn tā ～. *I'm not in the same class as he.*

【同伴】tóngbàn (名) *companion*: 出去玩儿最好有个～, 一个人玩儿没意思. Chūqu wánr zuìhǎo yǒu ge ～, yí ge rén wánr méi yìsi. *It's best to have a companion when one goes out to enjoy oneself. One person is no fun.*

【同胞】tóngbāo (名) *fellow countryman; compatriot*

【同病相怜】tóng bìng xiāng lián 比喻有同样遭遇的人互相同情. 怜: 怜悯, 同情 (怜: *have compassion for*) *fellow sufferers sympathize with each other*: 他们两个人都失恋了, ～, 谈了一晚上. Tāmen liǎng ge rén dōu shī liàn le, ～, tánle yì wǎnshang. *Those two both had a disappointing love affair, so they commiserated with each other for a whole evening.*

【同步】tóngbù (动·不及物) *synchronize*: 影片的音乐和画面～. Yǐngpiàn de yīnyuè hé huàmiàn ～. *The music in the movie is synchronized with the frame.* /今年粮食和经济作物的产量～增长. Jīnnián liángshi hé jīngjì zuòwù de chǎnliàng ～ zēngzhǎng. *The grain and cash crop outputs this year are growing at a synchronous rate.*

【同步加速器】tóngbùjiāsùqì (名) *synchrotron*

【同步卫星】tóngbù wèixīng *synchronous satellite*

【同仇敌忾】tóng chóu díkài 同仇: 共同仇恨. 敌忾: 对敌人的愤怒. 怀着共同的仇恨和愤怒, 一致抵御敌人 (同仇: *common hatred*; 敌忾: *hatred for the enemy*) *share a bitter hatred for the enemy*

【同窗】tóngchuāng (动·不及物)〈书〉同在一个学校学习 *study in the same school* (名) 同在一个学校学习的人 *schoolmate*

【同床异梦】tóng chuáng yì mèng 同睡在一张床上做着不同的梦, 比喻虽然共同生活在一起或共同做一件事, 却各有各的打算 *share the same bed but have different dreams — despite the fact that two (or more) people live or work together, each has his own plans*

【同等】tóngděng (形·非谓) 等级或地位相同 *of the same rank, class or status; on an equal basis (or footing)*: 几件～重要的事 jǐ jiàn ～ zhòngyào de shì *a few matters of equal importance* /～地位的人享受～待遇. ～ dìwèi de rén xiǎngshòu ～ dàiyù. *People of the same rank enjoy equal treatment.*

【同等学力】tóngděng xuélì 没有在某一等级的学校毕业或肄业而具有与其相等的文化知识水平 *having the same educational level as graduates or a certain school or college*

【同甘共苦】tóng gān gòng kǔ 共同享受幸福、欢乐, 共同担当艰苦忧患. 甘: 甜 (甘: *sweet*) *share comforts and hardships, joys and sorrows; share bitter and sweet*: 夫妻俩～, 一起生活了几十年. Fūqī liǎ ～, yìqǐ shēnghuóle jǐ shí nián. *A husband and wife who have lived together for decades share many joys and sorrows.*

【同感】tónggǎn (名) 相同的感受或感想 *the same feeling (or impression)*: 大家觉得新来的主任平易近人, 我也有～. Dàjiā juéde xīn lái de zhǔrèn píngyì jìn rén, wǒ yě yǒu ～. *Everybody feels — and so do I — that the new director is modest and unassuming.* /这几个学生很有培养前途, 老师们都有～. Zhè jǐ ge xuésheng hěn yǒu péiyǎng qiántú, lǎoshīmen dōu yǒu ～. *The teachers all feel that these students have bright prospects for the future.*

【同工同酬】tóng gōng tóng chóu *equal pay for equal work*

【同归于尽】tóng guī yú jìn 归: 走向. 尽: 灭亡. 一起走向毁灭 (归: *move towards*; 尽: *extinction*) *perish together; spell destruction for all*: 战士小于拉响了手榴弹, 与敌人～. Zhànshì Xiǎo Yú lāxiǎngle shǒuliúdàn, yǔ dírén ～. *Soldier Xiao Yu pulled the clip on the hand grenade and perished with the enemy.*

【同行】tóngháng (名) 同行业的人 *a person of the same trade or occupation; one's colleague*: 我们是～, 都是理发员. Wǒmen shì ～, dōu shì lǐfàyuán. *We're both hairdressers.* (动) 行业相同 *be of the same profession*: 我俩都进了驾驶学校, 以后～. Wǒ liǎ dōu jìnle jiàshǐ xuéxiào, yǐhòu ～. *We have both gone to driving school and shall have the same profession in the future.* /我早就跟～的人请教过了. Wǒ zǎo jiù gēn ～ de rén qǐngjiàoguo le. *I asked for advice from others of the same profession a long time ago.*

【同化】tónghuà (动) 不相同的事物逐渐变得相近或相同 *assimilate*: 生物有～作用. Shēngwù yǒu ～ zuòyòng. *Living things have the ability to assimilate.* /～政策是反动的民族政策. ～ zhèngcè shì fǎndòng de mínzú zhèngcè. *A policy of national assimilation is a reactionary policy towards minority nationalities.*

【同伙】tónghuǒ（名）〈贬〉一起干坏事的人 accomplice；confederate（in doing evil）：警察追问他的～是谁。Jǐngchá zhuīwèn tā de ～ shì shuí. The police made a detailed inquiry to find out who his accomplice was.

【同居】tóngjū（动）（男女二人）不结婚而共同生活 cohabit；live together in common law

【同类】tónglèi（名）属于同一类别 of the same kind, class or species：一定要好好认识这次错误的原因，免得再犯～错误。Yīdìng yào hǎohāo rènshi zhè cì cuòwu de yuányīn, miǎnde zài fàn ～ cuòwu. The reason for this mistake must be made clear so as to avoid making the same mistake twice.

【同流合污】tóng liú hé wū（贬）〈流〉: 不好的风俗。污: 肮脏。跟着坏人一起干坏事（流: a bad habit or custom；污: filthy）wallow in the mire with sb.；consort with evildoers

【同路】tóng=lù 同时在一条路上行走 go the same way：你也去南京吗？咱们正好～。Nǐ yě qù Nánjīng ma? zánmen zhènghǎo ～. You're also going to Nanjing? As it happens, we're going the same way.

【同路人】tónglùrén（名）没有直接参加革命组织，但在革命的某个阶段在某种程度上追随革命的人 a person who, without having directly participated in a revolutionary organization, has to a certain extent followed a particular stage of a revolution

【同盟】tóngméng（名）alliance；league

【同盟国】tóngméngguó（名）ally；allied nations

【同盟军】tóngméngjūn（名）allied forces；allies

【同名】tóngmíng（动·不及物）名字或名称相同 of the same name（or title）：他也叫张英，跟你～。Tā yě jiào Zhāng Yīng, gēn nǐ ～. His name is also Zhang Ying, just like yours. /他们俩～不同姓。Tāmen liǎ ～ bù tóngxìng. Their names are the same, but their surnames aren't. /这个电影剧本是根据一～小说改编的。Zhège diànyǐng jùběn shì gēnjù ～ xiǎoshuō gǎibiān de. This movie is a version of a novel of the same name.

【同谋】tóngmóu（动）参予谋划（做坏事）conspire（with sb.）：～犯 ～fàn accomplice；（名）参予谋划做坏事的人 confederate；accomplice：他是主谋，她是～。Tā shì zhǔmóu, tā shì. He's the chief instigator and she's his accomplice.

【同年】tóngnián（代）〈书〉就在这一年，就在那一年（用于上文已经指出具体年代后）the same year which（used after a specific year which has already been indicated）：他 1931 年参加红军，～入党。Tā yījiǔsānyī nián cānjiā Hóngjūn, ～ rù dǎng. He joined the Red Army in 1931 and in that same year also became a Party member.（动·不及物）年龄相同 of the same age：我妻子和你的妻子～。Wǒ qīzi hé nǐ de qīzi ～. My wife is the same age as yours.

【同期】tóngqī（名）(1) 不同年份的同一个时期 the corresponding period：今年三月份的产量，超过历史上～最高产量。Jīnnián sānyuèfèn de chǎnliàng, chāoguò lìshǐ shang ～ zuì gāo chǎnliàng. Output in March of this year has surpassed that of the previous record for the same period.（2）同一时间 the same term, period of time, etc.：我们俩是北京大学中文系～毕业生。Wǒmen liǎ shì Běijīng Dàxué zhōngwénxì ～ bìyèshēng. We graduated at the same time from Beijing University's Chinese Language Department. /他 1938 年 7 月参加八路军，～加入中国共产党。Tā yījiǔsānbā nián qīyuè cānjiā Bā Lù Jūn, ～ jiārù Zhōngguó Gòngchǎndǎng. He joined the Eighth Route Army in July of 1938 and, at the same time, became a member of the Chinese Communist Party.

【同情】tóngqíng（动）sympathize with；show sympathy for：大家都很～你的处境。Dàjiā dōu hěn ～ nǐ de chǔjìng. Everybody sympathizes with your plight. /我的困难，他一点也不～。Wǒ de kùnnan, tā yìdiǎnr yě bù ～. He doesn't show the least bit of sympathy for my hardships. /这是怜悯，而不是～。Zhè shì liánmǐn, ér bú shì ～. This is compassion, not sympathy.

【同声传译】tóngshēng chuányì simultaneous interpretation

【同时】tóngshí（名）同一个时候 at the same time；simultaneously：我们是～参军的。Wǒmen shì ～ cān jūn de. We joined the armed forces at the same time. /在我们到达长城的～，他们也到了。Zài wǒmen daodá Chángchéng de ～, tāmen yě dào le. They arrived at the Great Wall the same time as we.（连）并且，表示进一层 moreover；besides；furthermore：这是十分重要的任务，～也是非常艰巨的任务。Zhè shì shífēn zhòngyào de rènwu, ～ yě shì fēicháng jiānjù de rènwu. This is a very important task；moreover, it is an arduous one. /这套茶具不仅实用，～也是很好的艺术品。Zhè tào chájù bùjǐn shíyòng, ～ yě shì hěn hǎo de yìshùpǐn. This tea set is very practical；furthermore, it's a fine work of art.

【同事】tóngshì（名）同在一个单位工作的人 colleague；fellow worker

【同事】tóng=shì 在一个单位工作 work alongside；work together；work in the same place：我和他同过三年的事。Wǒ hé tā tóngguo sān nián de shì. He and I worked in the same place for three years.

【同岁】tóngsuì（动·不及物）年龄一样大 of the same age：我和我的妻子～。Wǒ hé wǒ de qīzi ～. My wife and I are the same age.

【同位素】tóngwèisù（名）〈物〉isotope

【同位语】tóngwèiyǔ（名）〈语〉两个词或短语指同一事物，在结构上作同一成分，其中一个有说明或解释另一个的作用，这个词或短语叫同位语。被说明或被解释的叫本位语。如"他的儿子小明"中"他的儿子"是同位语 appositive—an element sharing syntactic function with the element that precedes or follows it and acting as a qualifier for it（the other element is called "本位语"），e. g.，"他的儿子"（his son）is the appositive in "他的儿子小明"（his son Xiao Ming）

【同屋】tóngwū（动·不及物）同住一间屋子 share the same room：我们上大学时～。Wǒmen shàng dàxué shí ～. We lived together when we were at university.（名）同住一间屋子的人 roommate：我有两个～。Wǒ yǒu liǎng ge ～. I have two roommates.

【同乡】tóngxiāng（名）同一个家乡的人（在外地时说）a fellow villager, townsman or provincial；a person from the same village, town or province：我跟老王是～。Wǒ gēn Lǎo Wáng shì ～. Lao Wang and I are fellow villagers.

【同心同德】tóng xīn tóng dé 思想、信念一致 be of one heart and one mind

【同心协力】tóng xīn xié lì 思想一致，共同努力 pull together；make concerted efforts；work in full cooperation and with unity of purpose：干部、技术人员和工人～，共同搞好工厂的改革。Gànbù、jìshù rényuán hé gōngrén ～, gòngtóng gǎohǎo gōngchǎng de gǎigé. Cadres, technicians and workers pull together to make a good job of reforming factories.

【同心圆】tóngxīnyuán（名）〈数〉concentric circles

【同性】tóngxìng（名）(1) 同样的性别 of the same sex：～恋 ～liàn homosexuality (2) 同样的性质 of the same nature or character；～的电荷互相排斥。～ de diànhè hùxiāng páichì. Two like electric charges repel each other.

【同学】tóngxué（名）(1) fellow student；schoolmate：小李是我的中学～。Xiǎo Lǐ shì wǒ de zhōngxué ～. Xiao Li is my middle school schoolmate.（2）教员对学生的比较客气的称呼 a polite form of address used by teaching staff in speaking to a student：～们请坐好，我们开始讲第三课。～men qǐng zuòhǎo, wǒmen kāishǐ jiǎng dìsān kè. Students, please sit down, we will now begin Lesson Three.

【同学】tóng＝xué 在同一个学校学习 be in the same school；be a schoolmate：我们曾在北京大学同过四年学。Wǒmen céng zài Běijīng Dàxué tóngguo sì nián xué. We were schoolmates for four years at Beijing University.

【同样】tóngyàng（形・非谓）一样，相同，没有差别 same；equal；similar：他俩具有 ～ 的性格。Tā liǎ jùyǒu ～ de xìnggé. Those two have similar temperaments. /大家都做 ～的工作，效果却不一样。Dàjiā dōu zuò ～ de gōngzuò, xiàoguǒ què bù yíyàng. Everybody does the same work，but the results are different. / ～一件衣服，她穿比我穿好看多了。～ yí jiàn yīfu, tā chuān bì wǒ chuān hǎokàn duō le. When she wears the same clothes as I do, she looks much better than I. （连）用于并列的句子或分句之间，表示前后两情况、事实或事理相同或类似；后边一般有停顿。也说"同样的"（used between a couple of sentences or clauses to indicate that both are similar or the same；usu. followed by a pause；can also be said as "同样的"）by the same token：近几年这座城市市容发生了很大变化，～，人的精神面貌也与过去不同了。Jìn jǐ nián zhè zuò chéngshì shìróng fāshēngle hěn dà biànhuà, ～, rén de jīngshén miànmào yě yǔ guòqù bù tóng le. This city has undergone major changes in recent years. By the same token, the look and spirit of the people here are also different than in the past. /作为一个医生，要认真负责，一丝不苟，～做其它工作也都马虎不得。Zuòwéi yí ge yīshēng, yào rènzhēn fùzé, yì sī bù gǒu, ～ zuò qítā gōngzuò yě dōu mǎhu bu dé. One must earnestly take on responsibilities and must be scrupulous about every detail when one is a doctor. By the same token, one cannot slack off in other jobs either. /为了四化建设，各个工厂、企业都在努力提高产品的质量，～的，各个学校也都为培养建设人才而提高教学质量。Wèile sìhuà jiànshè, gè ge gōngchǎng, qǐyè dōu zài nǔlì tígāo chǎnpǐn de zhìliàng, ～ de, gè ge xuéxiào yě dōu wèi péiyǎng jiànshè réncái ér tígāo jiàoxué zhìliàng. Every factory and business is working hard to improve product quality for the sake of the Four Modernizations. By the same token, every school is improving the quality of teaching so as to foster talent for the construction of the Four Modernizations.

【同业】tóngyè（名）相同的行业（多作定语）the same trade or business：～工会 ～ gōnghuì trade council；trade association；guild

【同一】tóngyī（形）共同的一个或一种 same；identical：～目标 ～ mùbiāo the same goal / ～ 商品，价格两样。～ shāngpǐn, jiàgé liǎng yàng. Identical goods, but different prices.

【同一性】tóngyīxìng（名）〈哲〉identity

【同义词】tóngyìcí（名）〈语〉synonym

【同意】tóngyì（动）赞成，准许（某种意见或主张）agree（with）；consent（to）；approve（an opinion, a proposal, etc.）：我～大家的意见。Wǒ ～ dàjiā de yìjiàn. I agree with everybody. /对这个方案，他表示～。Duì zhège fāng'àn, tā biǎoshì～. He expressed agreement with this plan. /他爸爸已经～他这个要求了。Tā bàba yǐjīng ～ tā zhège yāoqiú le. His father has already agreed to his request.

【同音词】tóngyīncí（名）〈语〉homonym；homophone

【同音字】tóngyīnzì（名）〈语〉字音相同而意义不同的字。如：同、童、铜 characters with the same pronunciation but with different meanings, e.g.，同（same）、童（child）、铜（copper）

【同志】tóngzhì（名）comrade

【同舟共济】tóng zhōu gòng jì 比喻在困难的环境中团结互助，共同战胜困难 cross a river in the same boat—people pull together in times of crisis or trouble to overcome difficulties

彤 tóng
（形）◇ red

【彤云】tóngyún（名）〈书〉(1)red clouds (2)dark clouds

桐 tóng
（名）◇ a general term for paulownia, phoenix tree and tung tree

【桐油】tóngyóu（名）tung oil

铜〔銅〕tóng
（名）copper

【铜匠】tóngjiang（名）coppersmith

【铜器时代】tóngqì shídài the Bronze Age

【铜墙铁壁】tóng qiáng tiě bì 比喻十分坚固，不可摧毁的事物，也比喻某种不可推毁的力量 bastion of iron—impregnable fortress；indomitable strength：千百万真心实意地拥护革命的群众是真正的～。Qiānbǎiwàn zhēn xīn shí yì de yōnghù gémìng de qúnzhòng shì zhēnzhèng de ～. Millions of people sincerely supporting the revolution create a genuine bastion of iron.

童 tóng
（名）◇ child：神～ shén～ child prodigy

【童工】tónggōng（名）child labour；child labourer

【童话】tónghuà（名）children's stories；fairy tales

【童年】tóngnián（名）childhood

【童声】tóngshēng（名）child's voice：～ 合唱团 ～ héchàngtuán children's chorus

【童心】tóngxīn（名）少年儿童天真纯朴的心 childlike innocence；childishness

【童养媳】tóngyǎngxí（名）儿童时期即被婆家收养着，等长大后再与其儿子结婚。这样的女孩儿，在结婚前即为"童养媳" a little girl taken into the family as a daughter-in-law-to-be；as a child, she is called "童养媳"（child daughter-in-law or child bride）until she marries

瞳 tóng

【瞳孔】tóngkǒng（名）pupil（of the eye）

【瞳人】tóngrénr（名）〈口〉同"瞳孔" tóngkǒng same as "瞳孔" tóngkǒng

【瞳仁】tóngrénr（名）同"瞳人" tóngrénr same as "瞳人" tóngrénr

tǒng

统〔統〕tǒng
（形）all；together（副）(1)有"全部"的意思，用得较少 same as "全部" quánbù（all）（but seldom used）：去年，这里周围各村镇 ～ 遭了水灾。Qùnián, zhèli zhōuwéi gè cūnzhèn ～ zāole shuǐzāi. All the villages and towns in the surrounding area were hit by the flood last year. /那几栋小楼 ～ 分给了干部。Nà jǐ dòng xiǎo lóu ～ fēn gěile gànbù. Those small buildings have all been allocated to cadres. /各教研室的办公桌、椅、书柜等 ～ 登记造册了。Gè jiàoyánshì de bàngōngzhuō, yǐ, shūguì děng ～ dēngjì zào cè le. All the office desks, chairs, bookshelves, etc. of every teaching and research section have been registered in a book. / 多年不见，这些老同学的名字我 ～ 忘却了。Duō nián bú jiàn, zhèxiē lǎo tóngxué de míngzi wǒ ～ wàngquè le. I haven't seen these old classmates for years, so I've forgotten all their names. (2)有"统一"的意思，后边动词多是单音节的 unified；centralized（the following verb is usu. monosyllabic）：市教育局 ～ 管各区县教育局。Shì jiàoyùjú ～ guǎn gè qū xiàn jiàoyùjú. Every district and county education office is

under the centralized management of the municipal education office. /伙食科、供应科、房产科、汽车队等 ～ 归后勤管。Huǒshíkē、gōngyìngkē、fángchǎnkē、qìchēduì děng ～ guī hòuqín guǎn. The catering office, supply office, housing property bureau and motor transport corps all fall under the centralized management of the rear service department. /要在二月五日前把今年招生计划～交教育部。Yào zài èryuè wǔ rì qián bǎ jīnnián zhāo shēng jìhuà ～ jiāo jiàoyùbù. We must gather together all the plans for this year's enrolment of students and hand them in to the Ministry of Education before February 5th.

【统编】tǒngbiān（动）由全国组织力量，统一编写 compile (one standard textbook, etc. to be used throughout the entire country)

【统舱】tǒngcāng（名）steerage (passenger accommodation)

【统称】tǒngchēng（动）总起来叫做 generally called；谷物、豆类和薯类～粮食。Gǔwù、dòulèi hé shǔlèi ～ liángshi. Cereals, beans and tubers are generally referred to as grain.

【统筹】tǒngchóu（动）plan as a whole

【统筹安排】tǒngchóu ānpái 根据全局情况，做出统一安排 take the whole situation into considering when planning

【统筹法】tǒngchóufǎ（名）企业管理和基本建设中安排工作进程的一种科学方法，根据生产要求、劳动力、设备和物资的情况以及工艺流程，排出统筹图，帮助人们发现施工安排中的主要矛盾线，及时调度，以保证或加快工作的进展和质量 scientific method used in arranging the work process for business management and capital construction; according to production requirements, the labour force, the equipment and material situation as well as the technological process, an overall plan is arranged to help people find the main lines of contradiction in a construction plan so as to plan time management and ensure or speed up the progress and quality of work

【统筹兼顾】tǒngchóu jiāngù 通盘筹划，照顾到各方面 make overall planning by taking all factors into consideration; unified planning with due consideration for all concerned；工资改革方案要～，全面考虑。Gōngzī gǎigé fāng'àn yào ～, quánmiàn kǎolǜ. The wage reform programme must take all factors into consideration.

【统筹学】tǒngchóuxué（名）一门新兴的、以统筹为研究对象的学科 a new and developing branch of learning whereby overall planning is taken as the object of study

【统共】tǒnggòng（副）同“一共”yígòng，不如“一共”常用 same as "一共" yígòng, but not as frequently used；这部词典一印了十六万九千册。Zhè bù cídiǎn ～ yìnle shíliùwàn jiǔqiān cè. Altogether one hundred and sixty-nine thousand volumes of this dictionary have been printed. /做这套家具～花了一千八百块钱。Zuò zhè tào jiājù ～ huāle yìqiān bābǎi kuài qián. I spent 1,800 yuan in all to have this set of furniture made. / 他在罗马～教了三年半汉语。Tā zài Luómǎ ～ jiāole sān nián bàn Hànyǔ. He taught Chinese in Rome for a total of three and a half years. /参加这次试验的～有六个人。Cānjiā zhè cì shìyàn de ～ yǒu liù ge rén. There are altogether six people participating in this experiment. /他～用两小时零八分钟就跑完了全程。Tā ～ yòng liǎng xiǎoshí líng bā fēnzhōng jiù pǎowánle quánchéng. He used two hours and eight minutes in all to run the whole distance.

【统购统销】tǒnggòu tǒngxiāo 国家对某些有关国计民生的重要物资（粮食、食油、棉花等）实行有计划地统一地收购和销售 state monopoly for purchase and marketing (of grain, edible oil, cotton, etc.)

【统计】tǒngjì（动）总括地计算 add up; count; 请～一下明天去香山的人数。Qǐng ～ yíxià míngtiān qù Xiāng Shān de rénshù. Please count up the number of people going to Xiang Shan tomorrow. （名）(1)从事统计工作的人 statistician；他是我们厂的～。Tā shì wǒmen chǎng de ～. He's our factory's statistician. (2) 对数据进行搜集、整理、计算、分析的工作 statistics；我在银行搞～。Wǒ zài yínháng gǎo ～. I compile statistics at the bank.

【统计学】tǒngjìxué（名）statistics

【统考】tǒngkǎo（动）统一考试 national entrance examinations (for university or college)；全国的大学通过～录取学生。Quán guó de dàxué tōngguò ～ lùqǔ xuésheng. All the universities of the whole country enrol students through the national entrance exams.

【统帅】tǒngshuài（名）全军的最高领导者 commander-in-chief; commander；全军的～ quán jūn de ～ commander-in-chief of the armed forces（动）同“统率”tǒngshuài；～你所属部队速往指定地区。～ nǐ suǒshǔ bùduì sù wǎng zhǐdìng dìqū. Command the units under you to advance quickly to the designated areas.

【统率】tǒngshuài（动）command；～全军 ～ quán jūn command the armed forces / ～第三野战军的是陈毅司令员。～ Dìsān Yězhànjūn de shì Chén Yì sīlìngyuán. Commanding Officer Chen Yi was the one who commanded the Third Field Army.

【统统】tǒngtǒng（副）意思相当于“全”“都”，表示总括，指所有的都在内，无一例外，也说“通通”“通统”all; completely; entirely; may also be said as "通通" or "通统"；表演结束后，全体演员～走到台前谢幕。Biǎoyǎn jiéshù hòu, quántǐ yǎnyuán ～ zǒudào tái qián xiè mù. When the performance ended, the entire cast of performers walked to the front of the stage for a curtain call. /请把你的那些照片～拿出来给我看看吧。Qǐng bǎ nǐ de nàxiē zhàopiàn ～ ná chulai gěi wǒ kànkan ba. Please bring out all those photos for me to look at. /罪犯把所犯罪行及其同伙～供出来了。Zuìfàn bǎ suǒ fàn zuìxíng jí qí tónghuǒ ～ gòng chulai le. The criminal confessed all his crimes and gave the names of every one of his accomplices. /明天是植树节，我们～上山去植树。Míngtiān shì Zhíshùjié, wǒmen ～ shàng shān qù zhí shù. Tomorrow is the Tree-Planting Day. We are all going up into the hills to plant trees.

【统辖】tǒngxiá（动）统一管辖 have under one's command; exercise jurisdiction over; govern

【统销】tǒngxiāo（动）(国家对某些重要物资)实行统一销售，由国家定价格，分给各商店销售 state monopoly for marketing (of certain important goods)

【统一】tǒngyī（动）分歧趋于一致，部分联成整体 unify; unite; integrate；～思想 ～ sīxiǎng seek unity of thinking / ～认识 ～ rènshi reach a common understanding / ～指挥 ～ zhǐhuī unify (or centralize) command /国家必须～。Guójiā bìxū ～. The country must unite as one. /把分散的力量～起来。Bǎ fēnsàn de lìliang ～ qilai. Unify all scattered forces. （形）一致的、单一的 unified; unitary; centralized；～的意见 ～ de yìjiàn consensus of opinion / 思想很不～。Sīxiǎng hěn bù ～. Views are widely divergent.

【统一体】tǒngyītǐ（名）(哲）矛盾的两个方面在一定时间、条件下，相互依赖而结成的整体 entity; unity

【统一战线】tǒngyī zhànxiàn 几个阶级或政党为了共同目标而组成的联盟 united front

【统战】tǒngzhàn（名）“统一战线”的简称 abbrev. for "统一战线" (united front)

【统治】tǒngzhì（动）rule; dominate；～人民 ～ rénmín rule the people

捅 tǒng

（动）（口）(1)戳，扎 poke; stab；是谁在后边～了我一

下？Shéi zài nòubian ～le wǒ yí xià? *Who poked me from behind?* /我才不去～那个马蜂窝呢。Wǒ cái bú qù ～ nàge mǎfēngwō ne. *I refuse to stir up that hornet's nest.* （2）〈口〉揭露、公开 *disclose；give away；let out*：你可别把那些事儿都～出去。Nǐ kě bié bǎ nàxiē shìr dōu ～ chuqu. *Don't disclose those matters.*

【捅娄子】tǒng lóuzi〈口〉惹祸 *make a mess of sth.；make a blunder；get into trouble*：这孩子不好好学习，尽добавить近～。Zhè háizi bù hǎohāo xuéxí，hái jìn～. *This child doesn't study well and often gets into trouble.*

桶 tǒng

（名）[只 zhī] *pail；bucket*

筒 tǒng

（名）◇ 较粗的管形器物 *a thick tube-shaped object*：笔～ bǐ～ *brush pot* /茶叶～ cháyè～ *tea canister*

【筒子】tǒngzi（名）[个 gè] *tube or tube-shaped object*

【筒子楼】tǒngzilóu（名）两边是房间，中间是走廊的宿舍楼（与"单元楼"相对）*a dormitory building (as opposed to "单元楼" apartment building)*

tòng

痛 tòng

（动）同"疼" téng（1）*same as "疼" téng（1）*（副）表示尽情地、深切地、彻底地，只修饰少数单音节动词 *deeply；to one's heart's content；thoroughly (only modifies a few monosyllabic verbs)*：他被父亲一打了一顿。Tā bèi fùqin ～dǎle yí dùn. *He was severely beaten by his father.* /他当时写文章～斥了反动政府的无能和腐败。Tā dāngshí xiě wénzhāng ～chìle fǎndòng zhèngfǔ de wúnéng hé fǔbài. *When he wrote that article, he vehemently denounced the incompetence and corruption of the reactionary government.* /老宋～悔当初不该不听妻子的劝告。Lǎo Sòng ～ huǐ dàngchū bù gāi bù tīng qīzi de quàngào. *Lao Song deeply regretted not having listened to his wife's advice as he should have at that time.* /你应该一下决心，改正过去的过失。Nǐ yīnggāi ～ xià juéxīn, gǎizhèng guòqù de guòshī. *You should firmly resolve to correct your past errors.*

【痛斥】tòngchì（动）〈书〉严厉地斥责 *bitterly attack；sharply denounce*：～卖国贼～ màiguózéi *sharply denounce a traitor* /他那种不道德的行为遭到～。Tā nà zhǒng búdàodé de xíngwéi zāodào ～. *His unethical behaviour was bitterly denounced.*

【痛处】tòngchù（名）感到痛苦的地方，比喻最不愿被人提到的短处或心病 *sore spot；tender spot*：你当着他的面别说秃顶之类的话，这是他的～。Nǐ dāngzhe tā de miàn bié shuō tūdǐng zhī lèi de huà, zhè shì tā de ～. *Don't talk about baldness in front of him, as that's his sore spot.* /女儿的话，触到了妈妈的～。Nǚ'ér de huà, chùdàole māma de ～. *The daughter's words touched her mother's sore spot.*

【痛改前非】tòng gǎi qián fēi 痛：彻底。非：错误。彻底改正过去的错误（痛：*thorough*；非：*mistake*）*thoroughly rectify one's errors；sincerely mend one's ways*

【痛感】tònggǎn（动）深切地感到 *keenly feel；deeply feel*：开始从事研究工作以后，才～基础理论知识之不足。Kāishǐ cóngshì yánjiū gōngzuò yǐhòu, cái ～ jīchǔ lǐlùn zhīshi zhī bùzú. *It is only once one becomes engaged in research work that one's lack of basic theoretical knowledge is keenly felt.*

【痛恨】tònghèn（动）〈书〉*bitterly hate；detest；abhor；loathe*：～自己无能～ zìjǐ wúnéng *detest one's own incompetence* /～自己以前没好好儿用功 ～ zìjǐ yǐqián méi hǎohāor yònggōng *hate oneself for not having been diligent in the past* /对敌人十分～ duì dírén shífēn ～ *hate the enemy bitterly；loathe the enemy*

【痛觉】tòngjué（名）疼痛的感觉 *sense of pain*

【痛哭】tòngkū（动）*cry (or weep) bitterly；wail；cry one's heart out*

【痛哭流涕】tòngkū liú tì 同"痛哭" tòngkū *same as "痛哭" tòngkū*

【痛苦】tòngkǔ（形）*painful；in agony；suffering*：～的生活～ de shēnghuó *a life of suffering* /感到十分～ gǎndào shífēn ～ *be in extreme agony* /被病折磨得非常～。Bèi bìng zhémó de fēicháng ～. *An illness is making him suffer in extreme pain.* （名）*pain；suffering；agony*：把～埋在心里。Bǎ ～ mái zài xīnli. *Bury suffering deep within one's heart.* /忍受着极大的～ rěnshòuzhe jí dà de ～ *tolerate extreme pain*

【痛快】tòngkuai（形）（1）高兴、心情舒畅（心中没有什么想说而不敢说的话或想做而不敢做的事）*very happy；delighted；overjoyed；to one's heart's content*：我把意见全说出来了，心里很～。Wǒ bǎ yìjiàn quán shuō chulai le, xīnli hěn ～. *I let out all my complaints and now feel very happy.* /不能只图一时～，把话说过了头。Bù néng zhǐ tú yìshí ～, bǎ huà shuō guòle tóu. *You can't just seek momentary satisfaction and exaggerate.* /看到退稿，老张很不～。Kàndào tuì gǎo, Lǎo Zhāng hěn bú ～. *When he saw that his manuscript was rejected, Lao Zhang was very unhappy.* /我们星期日玩得真～。Wǒmen xīngqīrì wánr de zhēn ～. *We had a lot of fun on Sunday.* （2）直爽 *forthright；straightforward；simple and direct*：这人说话、办事都很～。Zhè rén shuō huà, bàn shì dōu hěn ～. *This person's words and actions are very forthright.* /你别绕弯子，有话就痛痛快快地说出来。Nǐ bié rào wānzi, yǒu huà jiù tòngtòngkuàikuàir de shuō chulai. *Don't beat around the bush. If you have something to say, say it simply and directly.*

【痛切】tòngqiè（形）〈书〉悲痛而深切 *with intense sorrow；most sorrowfully*：儿子犯了错误，他才～地感到自己过去对他关心得太少了。Érzi fànle cuòwu, tā cái ～ de gǎndào zìjǐ guòqù duì tā guānxīn de tài shǎo le. *It was only when his son made a mistake that he felt with deep sorrow how little he had taken care of him.*

【痛惜】tòngxī（动）〈书〉沉痛而惋惜 *deeply regret；deplore*

【痛心】tòngxīn（形）（由于悔恨自己犯错误或因所爱的人有负于自己而）非常痛苦、伤心 *pained；distressed；grieved (at having done wrong or having been wronged by loved ones)*：你如果对自己的错误有所认识就会感到～。Nǐ rúguǒ duì zìjǐ de cuòwu yǒu suǒ rènshi jiù huì gǎndào ～. *If you recognized your mistakes, you would feel deep regret.* /由于他的疏忽，给国家造成巨大损失，他～极了。Yóuyú tā de shūhu, gěi guójiā zàochéng jùdà sǔnshī, tā ～ jí le. *The country suffered a heavy loss due to his negligence and for this he felt very distressed.* /妻子竟然离家出走，老赵感到十分～。Qīzi jìngrán lí jiā chūzǒu, Lǎo Zhào gǎndào shífēn ～. *Lao Zhao was deeply distressed because his wife unexpectedly left home.* /儿子成了贪污犯，做父母的能不～吗？Érzi chéngle tānwūfàn, zuò fùmǔ de néng bú ～ ma? *How can parents not grieve if their son has become an embezzler?*

【痛心疾首】tòng xīn jí shǒu 疾：痛。首：头。形容极其痛恨（自己的错误）（疾：*pain*；首：*head*）*with bitter hatred (for one's own mistakes)*：他对自己的严重错误～地进行了检讨。Tā duì zìjǐ de yánzhòng cuòwu ～ de jìnxíngle jiǎntǎo. *He underwent bitter self-criticism for having committed such a serious error.*

【痛痒】tòngyǎng（名）（1）（人的生活中的）困难，痛苦 *suffering；difficulties (in life)*：干部与群众要～相关。Gànbù yǔ qúnzhòng yào ～ xiāngguān. *Cadres and the masses share a*

lot of commono hardships.（2）比喻紧要的事（用于否定）*importance；consequence（used with a negative）*：不关～bù guān～*matter of no consequence* /他只会说些无关心的话，什么问题也解决不了。Tā zhǐ huì shuō xiē wúguān～de huà，shénme wèntí yě jiějué bu liǎo. *He can only make some remarks of no consequence, which doesn't resolve anything.*

tōu

偷 **tōu**（动）（1）*steal；pilfer；make off with*：～东西～dōngxi *steal things* /我的钱包让人～了。Wǒ de qiánbāo ràng rén ～le. *My purse was stolen.*（2）抽（时间）*find（time）*：～空儿～kòngr *take time off（from work）* /忙里～闲 máng li ～xián *snatch a little leisure from a busy life*（副）瞒着人（做某事），只修饰少数单音节动词 *stealthily；secretly；on the sly（only modifies a few monosyllabic verbs）*：～拆～看私人信件是违法的。～chāi～kàn sīrén xìnjiàn shì wéi fǎ de. *Opening other people's mail on the sly and peeping at it is illegal.* /先遣队趁黑夜～渡过江。Xiānqiǎnduì chèn hēiyè～dù guò jiāng. *The advance party took advantage of the dark night to stealthily cross the river.* /是几个小孩子～吃了果园里的苹果。Shì jǐ ge xiǎoháizi～chīle guǒyuán li de píngguǒ. *It was a few children who secretly ate the apples in the orchard.* "偷"后常加"着"，可以比较自由地运用（"着" *is often added after "偷" and this structure is used relatively freely in the sentence*）：他～着给为他办事的干部送去一份厚礼。Tā～zhe gěi wèi tā bàn shì de gànbù sòngqù yí fèn hòulǐ. *He gave the cadre who had handled matters for him a generous gift on the sly.* /这孩子不跟家里商量就～着买了一双很贵的皮鞋。Zhè háizi bù gēn jiālǐ shāngliang jiù～zhe mǎile yì shuāng hěn guì de píxié. *This child secretly bought a very expensive pair of leather shoes without consulting his family beforehand.* /不能把幼儿园的玩具～着带回家去玩儿。Bù néng bǎ yòu'éryuán de wánjù～zhe dài huí jiā qu wánr. *You cannot take toys home on the sly from the kindergarten.*

【偷盗】tōudào（动）〈书〉同"偷" tōu（1）*same as "偷" tōu（1）*

【偷工减料】tōu gōng jiǎn liào 原指建筑承包商为了赚钱，不按工程质量要求去做，暗中削减工序和材料。后用以形容粗制滥造，也比喻作事图省事，马虎了草 *secretly cut down on materials and work procedures in order to earn extra money on a building contract（former meaning）；jerrybuild；manufacture in a rough and slipshod way；do shoddy work*

【偷懒】tōu=lǎn 贪图舒服，应该工作时不工作或工作不尽力 *loaf on the job*

【偷梁换柱】tōu liáng huàn zhù 比喻玩弄欺骗手段，以假代真，以次充好 *steal the beams and pillars and replace them with rotten timber—commit a fraud*

【偷窃】tōuqiè（动）〈书〉同"偷" tōu（1）*same as "偷" tōu（1）*

【偷生】tōushēng（动·不及物）〈书〉只顾眼前，得过且过地活着 *live in abject misery；draw out an ignoble existence*

【偷税】tōu=shuì *evade taxes*

【偷天换日】tōu tiān huàn rì 比喻暗中玩弄手法，改变重大事物的真相来欺骗别人 *steal the sky and put up a sham sun—distort the truth by despicable means；perpetrate a gigantic fraud*

【偷偷】tōutōu（副）（～儿）意思同"偷"，表示行动不使人觉察，可修饰动词及动词短语，可带"地" *stealthily；secretly；covertly（modifies verbs and verbal phrases）；may take "地"*：他把那件事～告诉了他的女朋友。Tā bǎ nà jiàn shì～gàosùle tā de nǚ péngyou. *He told his girlfriend on the*

quiet about that matter. /小阳阳把旱冰鞋～地借给了他的同学。Xiǎo Yángyang bǎ hànbīngxié～de jiè gěile tā de tóngxué. *Xiao Yangyang secretly lent his rollerskates to his classmate.* /这几个小孩子～地藏在草丛里，谁都没发现。Zhè jǐ ge xiǎo háizi～de cáng zài cǎocóng li，shuí dōu méi fāxiàn. *These children sneaked into the bush and hid there. Nobody noticed them.* /看住他，别让他～地溜走了。Kānzhù tā，bié ràng tā～de liūzǒu le. *Keep an eye on him. Don't let him sneak away.*

【偷偷摸摸】tōutōumōmō（形）〈贬〉瞒着别人干事，不敢让人知道 *furtively；surreptitiously；covertly*：这个中学生总是～地抽烟。Zhège zhōngxuéshēng zǒngshì～de chōu yān. *This middle school student is always covertly smoking.*

【偷袭】tōuxí（动）*sneak attack；surprise attack*

【偷眼】tōuyǎn（副）偷偷地（看）*steal a glance；take a furtive look*：他～看了她一下，就溜走了。Tā～kànle tā yíxià，jiù liūzǒu le. *He stole a glance at her and quickly slipped away.*

tóu

头〔頭〕**tóu**（名）（1）脑袋 *head*：～上戴着帽子。～shang dàizhe màozi. *He's wearing a cap on his head.*（2）◇头发或头发剪成的式样 *hair or hair style*：洗～xǐ～*wash one's hair* /梳～shū～*comb one's hair* /～上系着蝴蝶结。～shang jìzhe húdiéjié. *Her hair has a bow fastened to it.* /平～píng～*crew cut*（3）（～儿）事物的起点、终点或顶端 *top；beginning or end*：队伍真长，一眼望不到～。Duìwu zhēn cháng，yì yǎn wàng bu dào～. *The troop procession is so long that one can't see the end of it.* /沿着这胡同，走到西～就是那个小学校。Yánzhe zhè hútóng，zǒudào xi～jiù shì nàge xiǎoxuéxiào. *Go along this alley, all the way to the west end, and the primary school is right there.* /棍子的这～比那～尖。Gùnzi de zhè～bǐ nà～jiān. *This end of the stick is sharper than that end.*（4）（～儿）物品的残余部分 *remnant；end*：蜡～là～*candle end* /铅笔～qiānbǐ～*pencil stub* /烟～yān～*cigarette stub* /布～bù～*cloth remnant*（5）用在数量词前，表示次序在前的（*used before a numeral*）*first*：这个月～一个星期我的文章就全部完稿了。Zhège yuè～yí ge xīngqī wǒ de wénzhāng jiù quánbù wán gǎo le. *My article was finished in the first week of this month.* /这篇文章的～几句话写得不好。Zhè piān wénzhāng de～jǐ jù huà xiě de bù hǎo. *The first few sentences in this article are not well written.* /参加比赛的～三名有奖。Cānjiā bǐsài de～sān míng yǒu jiǎng. *The first three winners in the competition receive awards.* /他近视眼，看电影得坐～几排。Tā jìnshìyǎn，kàn diànyǐng děi zuò～jǐ pái. *He's shortsighted, so he has to sit in the first few rows when watching a movie.*（6）（～儿）〈口〉头目，领头的，领导 *chief；head*：他是我们的～。Tā shì wǒmen de～. *He's our leader.*（7）第一 *first*：这是今天报上～版～条的新闻。Zhè shì jīntiān bào shang～bǎn～tiáo de xīnwén. *This is today's front-page headline news.*（量）（1）用于某些动物（*of domestic animals*）：一～骡子 yì～luózi *one mule* /三～驴 sān～lǘ *three donkeys*（2）用于蒜及蒜状植物（*of garlic or bulbous plants*）：三～蒜 sān～suàn *three bulbs of garlic* /两～水仙 liǎng～shuǐxiān *two narcissi* 另见 tou

【头等】tóuděng（形·非谓）*first-class；first-rate*：～舱 ～cāng *first-class cabin* /～重要的大事 ～zhòngyào de dà shì *a matter of primary importance*

【头顶】tóudǐng（名）*the top（or crown）of the head*

【头发】tóufa（名）〔根 gēn〕*hair（of the human head）*

【头号】tóuhào（名）（一般作定语）（1）最大号，第一号 *num-*

ber one；size one；～铅字 ～ qiānzì *large type；size one type*/他是羽毛球的～种子选手。Tā shì yǔmáoqiú de ～ zhǒngzi xuǎnshǒu. *He's the number one seed in badminton.*/他是我们工厂的～人物。Tā shì wǒmen gōngchǎng de ～ rénwù. *He's the leading figure in our factory.* (2)最好的 *first-rate；top quality；*～大米 ～ dàmǐ *top-grade rice*

【头巾】tóujīn (名)[块 kuài] *headscarf；kerchief*

【头盔】tóukuī (名)[个 gè] 古代的盔和现代的钢盔 *helmet*

【头颅】tóulú (名)〈书〉*head；*抛 ～，洒热血。Pāo ～，sǎ rèxuè. *lay down one's life (for a just cause)*

【头面人物】tóumiàn rénwù 指有一定权势和声望的人(多含贬义) *prominent figure；big wig；big shot*

【头目】tóumù (名)〈贬〉*head of a gang，chieftain*

【头脑】tóunǎo (名) (1)脑筋，思想能力 *brains；mind；*有～ yǒu ～ *have plenty of brains* /胜利冲昏～ shènglì chōnghūn～ *dizzy with success* /这人～清楚。Zhèrén ～ qīngchu. *This person is very clearheaded.* (2)头绪 *main threads；clue：*他忽而让我这样做，忽而让我那样做，真让人摸不着～。Tā hū'ér ràng wǒ zhèyàng zuò，hū'ér ràng wǒ nàyàng zuò，zhēn ràng rén mō bu zháo. *He tells me to do something this way and then tells me to do it that way. I can't make head or tail of what he wants.*

【……头脑】……tóu……nǎo 嵌入单音节词或词素，形成少数固定短语，作状语、定语或谓语 *(inserted in between two monosyllabic words or morphemes to form a small number of set phrases；serves as an adverbial，attributive or predicate)* (1)描写人的头和脸的样子 *(describes a person's head and face)：*这个孩子长得可够胖的，圆头圆脑的。Zhège háizi zhǎng de kě gòu pàng de，yuán tóu yuán nǎo de. *This child is rather fat. His head and face are round.* /这个小胖娃娃虎头虎脑的，真可爱。Zhège xiǎo pàng wáwa hǔ tóu hǔ nǎo de, zhēn kě'ài. *This chubby little baby has a very plump face. He's really cute.* (2)描写人的精神状态 *(describes a person's mental state)：*你一天总这么昏头昏脑的，有什么心事吗？Nǐ yì tiān zǒng zhème hūn tóu hūn nǎo de，yǒu shénme xīnshì ma? *You've been muddleheaded all day. Do you have something on your mind?* /你愣头愣脑地站在这里干什么？Nǐ lèng tóu kě nǎo de zhàn zài zhèli gàn shénme? *What are you doing standing there like a fool?* (3)描写说话很突然的样子 *(describes an abrupt manner of speech)：*他没头没脑地责备我不负责任，我不知道他指的什么。Tā méi tóu méi nǎo de zébèi wǒ bú fù zérèn，wǒ bù zhīdào tā zhǐ de shénme. *He scolded me abruptly，but I didn't know what he was referring to.*

【头破血流】tóu pò xuè liú 头破了，血流满面，用来形容遭受严重打击或惨败的狼狈相 *blood spills when the head is cracked — present a sorry figure after undergoing a serious attack or crushing defeat*

【头绳】tóushéng (名)[根 gēn] 用来扎发髻、辫子的棉、毛线 *string for binding a plait，bun，etc.(made of cotton，wool，etc.)*

【头疼】tóu téng (1)*(have a) headache* (2)比喻感到为难 *be in a difficult position：*物价上涨是家庭主妇最～的事。Wùjià shàngzhǎng shì jiātíng zhǔfù zuì ～ de shì. *A housewife's greatest headache is rising prices.*

【头天】tóutiān (名)上一天 *the day before；the previous day：*他～还好好的，怎么今天就病了？Tā ～ hái hǎohāo de，zěnme jīntiān jiù bìng le? *He was fine yesterday. How come he is sick today?*

【头痛】tóu tòng 同"头疼" tóu téng *same as "头疼" tóu téng*

【头头是道】tóutóu shì dào 形容说话能说出很多道理，做事很有条理 *(of speech) clear and logical；closely reasoned and well argued：*他说得～，令人信服。Tā shuō de ～，lìng rén xìnfú. *He speaks clearly，logically and with conviction.* /明天开大会，一切都已经安排得～。

Míngtiān kāi dàhuì，yíqiè dōu yǐjīng ānpái de ～. *Everything has already been methodically arranged for the big meeting tomorrow.*

【头头儿】tóutour (名)〈口〉领导人、负责人 *head；chief；leader*

【头衔】tóuxián (名) 表示人的官职、学位、荣誉的称号，如："总理"、"教授"、"博士"、"战斗英雄"等 *title (of a person)，e. g.，"总理" (Prime Minister)，"教授" (Professor)，"博士" (Doctor)，"战斗英雄" (Combat Hero)，etc.*

【头像】tóuxiàng (名) 肩部以上的人像 *portrait (of a head) or bust*

【头绪】tóuxù (名)复杂纷乱的事物中的条理 *main threads of a complicated affair：*经过几天的分类，这些资料已经理出～来了。Jīngguò jǐ tiān de fēn lèi，zhèxiē zīliào yǐjīng lǐ chū ～ lai le. *After a few days of classifying，these data are starting to take shape.*

【头油】tóuyóu (名) *hair oil；pomade*

【头重脚轻】tóu zhòng jiǎo qīng 上面重，下面轻，比喻基础不稳固或各部分不谐调 *top-heavy*

【头子】tóuzi (名)〈贬〉*chieftain；chief；boss：*流氓集团的～ liúmáng jítuán de ～ *the head of a gang of hoodlums*

投 tóu (动) (1)向一定目标扔或放进 *throw；fling；hurl：*练习～手榴弹 liànxi ～ shǒuliúdàn *practise throwing hand grenades* /把信～进邮筒 Bǎ xìn ～ jìn yóutǒng *throw the letter in the mailbox* (2)◇ 跳进去(多指自杀) *throw oneself into (a well，river，etc. to commit suicide)：*～井自杀 ～ jǐng zìshā *drown oneself in a well* /～江而死 ～ jiāng ér sǐ *throw oneself into a river and drown* (3)寄送(书信等) *send；deliver (a letter，etc.)：*～书 ～ shū *deliver a letter* /他给这个杂志社～了一篇稿子。Tā gěi zhège zázhìshè ～le yì piān gǎozi. *He sent a manuscript to this magazine office.* (4)(光线等)射 *project；cast：*阳光～进室内。Yángguāng ～jìn shì nèi. *Sunlight was projected into the room.* /人的影子～到墙上。Rén de yǐngzi ～dào qiáng shang. *People cast their shadows on the wall.* (5)◇ 同 "投合" tóuhé (2) *same as "投合" tóuhé (2)：*～其所好 ～ qí suǒ hào *cater to sb.'s tastes* (6)同"投奔" tóubèn *same as "投奔" tóubèn：*～亲靠友 ～ qīn kào yǒu *go to one's relatives and friends for help* /～向光明 ～ xiàng guāngmíng *take the road that leads to a bright future*

【投案】tóu'àn 给 *give oneself up (or surrender oneself) to the police*

【投奔】tóubèn (动)〈旧〉去找某人(希望依靠他生活或帮自己找生活出路) *go to (a person) for refuge or help*

【投标】tóubiāo 承包建筑工程或承买大宗商品时，承包人或买主按照招标公告的标准和条件提出价格，填具标单，进行做投标 *submit a tender；enter a bid*

【投产】tóuchǎn (动·不及物)(工厂或机器设备)开始生产 *(of a factory or machinery) go into operation；put into production*

【投诚】tóuchéng (动·不及物)(敌人、叛军等)归附、投降 *(of the enemy，a rebel army，etc.) surrender；cross over*

【投弹】tóu=dàn 空投炸弹，也指扔手榴弹 *drop a bomb；throw a hand grenade*

【投敌】tóu=dí 投靠敌人 *go over to the enemy；defect to the enemy：*叛国～ pàn guó ～ *commit treason and defect to the enemy*

【投递】tóudì (动) 递送(公文、信件等) *deliver (official documents，letters，etc.)：*此信地址不明，无法。Cǐ xìn dìzhǐ bù míng，wúfǎ ～. *The address on this letter is not clear. There's no way to deliver it.* /他是个非常负责的～员。Tā shì ge fēicháng fùzé de ～yuán. *He's a very conscientious postman.*

【投放】tóufàng（动）(1)扔下去，放进 throw；put in：不要随便往鱼缸里～食物。Búyào suíbiàn wǎng yúgāng li ~ shíwù. *Don't throw food carelessly in the fish bowl.* (2) put（money）into circulation；put（goods）on the market：大批新产品将～市场。Dàpī xīn chǎnpǐn jiāng ~ shìchǎng. *Large quantities of new products are soon to be put on the market.* /把一部分资金～在基本建设上。Bǎ yí bùfen zījīn ~ zài jīběn jiànshè shang. *Put a part of the funds on capital construction.*

【投稿】tóu=gǎo 把稿子交给出版社或报社，要求发表或出版 submit a piece of writing for publication：向人民日报～ xiàng Rénmín Rìbào ~ *submit an article to "The People's Daily"* /这一年他投了五篇稿。Zhè yì nián tā tóule wǔ piān gǎo. *He has submitted five articles for publication this year.*

【投合】tóuhé（动）(1)合得来 agree；get along：他俩性情～。Tā liǎ xìngqíng ~. *They two get along well.* /大家在一起工作很～。Dàjiā zài yìqǐ gōngzuò hěn ~. *Everybody gets along well at work.* (2)迎合 cater to：为了～老太太的口味，他做了甜食。Wèile ~ lǎotàitai de kǒuwèir, tā zuòle tiánshí. *In order to cater to his mother's tastes, he made some sweetmeats.* /他的话很～年轻人的心理。Tā de huà hěn ~ niánqīng rén de xīnlǐ. *His words cater to the minds of young people.*

【投机】tóujī（形）意见相合 congenial；agreeable：话不～半句多。Huà bù ~ bàn jù duō. *When the conversation gets disagreeable, to say one more word is a waste of breath.* /两人谈得很～。Liǎng rén tán de hěn ~. *Those two are having a most agreeable chat.*（动）利用机会谋取不应得的好处 seize a chance to seek private gain；be opportunistic：～分子 ~ fènzǐ opportunist/～买卖 ~ mǎimai speculate in buying and selling /他～革命，终于在危难的时刻投降了敌人。Tā ~ gémìng, zhōngyú zài wēinàn de shíkè tóuxiángle dírén. *He sought private gain by joining the revolution, and so in the end he surrendered to the enemy in a moment of peril.*

【投机倒把】tóujī dǎobǎ 指以买空卖空、囤积居奇、套购倒卖等不合法手段牟取暴利的活动 engage in speculation and profiteering：他是靠～发的财。Tā shì kào ~ fā de cái. *He made his fortune by engaging in speculation and profiteering.*

【投机取巧】tóu jī qǔ qiǎo 用不正当手段谋求私利，也指不付出艰苦劳动，专凭小聪明来取得成功 seize every chance to gain advantage by trickery；be opportunistic

【投考】tóukǎo（动）报名参加考试 sign up for an examination：她准备～师范大学。Tā zhǔnbèi ~ shīfàn dàxué. *She's preparing to sign up for the teacher-training university's entrance examination.*

【投靠】tóukào（动）(1)前去依靠别人（生活）go and seek assistance from sb.；sponge off sb.：她去～经营饭店的叔叔。Tā qù ~ jīngyíng fàndiàn de shūshu. *She went to seek assistance from her uncle who manages a hotel.* (2)（向敌人）投降 surrender（to the enemy）：卖身～ mài shēn ~ sell oneself to the enemy /～敌人 ~ dírén surrender to the enemy

【投篮】tóu=lán（体）shoot（a basket）

【投票】tóu=piào vote；cast a vote

【投入】tóurù 投进（某种环境中）throw into；put into：～生产 ~ shēngchǎn put into production；go into operation /～战斗 ~ zhàndòu throw（oneself, troops, etc.）into battle/～祖国的怀抱 ~ zǔguó de huáibào throw oneself into the embrace of one's homeland

【投射】tóushè（书）(1)（对着目标）扔，掷 throw；cast（towards a target）(2)（光线等）向某处或物体射去 project；cast（a ray of light, etc.）

【投身】tóushēn（动）献身出力，把身心投到（某项事业中）throw oneself into（a business, etc.）：～革命 ~ gémìng join in the revolution /～现代化建设 ~ xiàndàihuà jiànshè devote oneself to the establishment of modernization /～到艰苦的事业中去 ~ dào jiānkǔ de shìyè zhōng qù devote oneself to a difficult cause

【投鼠忌器】tóu shǔ jì qì 投：用东西投掷。忌：怕，有所顾忌。要打老鼠又怕打坏旁边的器物，比喻想打击坏人又怕伤害别人而有所顾忌（投：throw；hurl sth.；忌：hesitate；have misgivings）hesitate to pelt a rat for fear of smashing the dishes beside it — hesitate to hit out against an evildoer for fear of harming good people in the act

【投宿】tóusù（动）（旅客）找地方住下（of tourists）seek temporary lodging；put up for the night

【投降】tóuxiáng（动）surrender；capitulate

【投降主义】tóuxiángzhǔyì（名）capitulationism

【投影】tóuyǐng（动）（物）projection

【投掷】tóuzhì（动）（书）同"投"tóu (1) same as "投" tóu(1)

【投资】tóuzī（动）invest：向烟草公司～ xiàng yāncǎo gōngsī ~ invest in a tobacco company /～一百万元 ~ yì bǎiwàn yuán make an investment of 1,000,000 yuan（名）investment；money invested：吸收外商的～ xīshōu wàishāng de ~ absorb foreign business investments /这个厂共有一千万元的～。Zhège chǎng gòng yǒu yì qiānwàn yuán de ~. *This factory has a total investment of 10,000,000 yuan.*

tòu

透 tòu（动）(1)穿过，通过 penetrate；pass through；seep through：风雨不～。Fēng yǔ bú ~. *This is wind-and-rain proof.* /冷风从窗外～进来。Lěng fēng cóng chuāng wài ~ jìnlai. *A cold wind came in through the window.* /这种雨衣～水，我的衣服全湿～了。Zhè zhǒng yǔyī ~ shuǐ, wǒ de yīfu quán shī ~ le. *This type of rainwear is not waterproof, so my clothes are all soaked.* /阳光～过窗户射进来。Yángguāng ~ guò chuānghu shè jìnlai. *Sunlight came radiating in through the window.* /～过表面现象看事物的本质。~ guò biǎomiàn xiànxiàng kàn shìwù de běnzhì. *One can see through the appearance to get at the essence of things.* (2) 比较含蓄地告诉 imply：请给我一个信儿。Qǐng gěi wǒ ~ ge xìnr. *Please tip me off.* /他一点儿消息也不肯～。Tā yìdiǎnr xiāoxi yě bù kěn ~. *He's not willing to tell anybody the least bit of news on the quiet.* (3) 显露 appear；show：脸色白里～红。Liǎnsè bái li ~ hóng. *The face is white with a touch of red.*（形）(1)透彻，只能作补语 thorough；penetrating（can only be used as a complement）：看～了他的心思 kàn~le tā de xīnsi see through his idea /吃～了文件精神 chī ~ le wénjiàn jīngshén understand a document thoroughly；have a thorough grasp of a document /摸不～他的脾气 mō bu ~ tā de píqi be unable to know him well /这个问题没讲～。Zhège wèntí méi jiǎng ~. *This question was not thoroughly explained.* (2) 饱满的充分的（程度）fully；thoroughly；in a penetrating way：下了一场～雨。Xiàle yì cháng ~ yǔ. *It was a real good soaker.* /天已经黑～了。Tiān yǐjīng hēi ~ le. *It's pitch black outside.* /单词记得熟～了。Dāncí jì de shú ~ le. *The words have already been fully memorized.* "透了"放在形容词及某些动词（多为表示消极意义的词）后作补语，表示极高的程度（when "透了" is placed after an adjective or certain verbs with a negative meaning, it serves as a complement indicating the extreme）：糟～了 zāo ~ le in a terrible mess / 坏～了 huài ~ le downright bad；rotten to the core /恨～了 hèn ~ le loathe /难～了 nán ~ le unbearably difficult /手续麻烦～了。Shǒuxù máfan ~ le. *Formalities are extremely inconvenient.*

【透彻】tòuchè（形）(了解情况、分析道理) 很详尽又很深入 penetrating; thorough; in depth (understanding of a situation, analysis of an argument, etc.): 这个问题他讲得很～。Zhège wèntí tā jiǎng de hěn ～. He gave a thorough explanation of the problem. /他对这个人的心理分析，真是～极了。Tā duì zhège rén de xīnlǐ fēnxī, zhēn shì ～ jí le. He made an analysis of this person's psychology and it was extremely in-depth.

【透顶】tòudǐng（形）(贬) 达到极端。多作补语 thorough; downright; in the extreme; through and through (usu. used as a complement): 反动 ～ fǎndòng ～ downright reactionary /腐朽 ～ fǔxiǔ ～ rotten to the core; thoroughly corrupt /顽固 ～ wángù ～ obstinate in the extreme /糊涂 ～ hútu ～ extremely muddle-headed

【透风】tòu＝fēng (1) 风可以通过 let in air; ventilate: 这屋子很暖和，一点儿不～。Zhè wūzi hěn nuǎnhuo, yìdiǎn bú ～. This room is very warm. It isn't the least bit draughty. (2) 透露消息 divulge a secret; leak (information): 关于人事变动的事，他只透了一点儿风，没具体谈。Guānyú rénshì biàndòng de shì, tā zhǐ tòule yìdiǎnr fēng, méi jùtǐ tán. He just let out a few hints about the personnel changes but didn't say anything concrete.

【透镜】tòujìng（名）lens: 凹～ āo～ concave lens / 凸～ tū～ convex lens

【透亮】tòu＝liàng (～儿) 亮光可以穿过 allow light to pass through: 这种布真薄，都～。Zhè zhǒng bù zhēn báo, dōu ～. This type of cloth is so thin one can see through it. /窗户上蒙着黑布，一点儿不～。Chuānghu shang méngzhe hēi bù, yìdiǎn bú ～. Black cloth is hanging over the window, not letting in the least bit of light.

【透亮】tòuliang（形）(1) 明亮、透明 bright; transparent: 这间房子又宽敞又～。Zhè jiān fángzi yòu kuānchang yòu ～. This room is spacious and bright. (2) ◇ 明白 perfectly clear: 经您这么一说，我心里就～了。Jīng nín zhème yì shuō, wǒ xīnlǐ jiù ～ le. Thanks to your explantation, it's perfectly clear to me now.

【透露】tòulù（动）泄露或显露 (消息或意思) divulge; leak; disclose; reveal (information, intent, etc.): 你给我～点儿消息吧。Nǐ gěi wǒ ～ diǎnr xiāoxi ba. Give me a little information. /他跟我～过这个想法。Tā gēn wǒ ～guo zhège xiǎngfǎ. He told me something to that effect.

【透明】tòumíng（形）transparent: ～体 ～ tǐ transparent body /不～ bú ～ opaque

【透辟】tòupì（形）(见解、理论) 精练、透彻而深刻 (of a view, theory, etc.) penetrating; incisive; thorough: ～的论述 ～ de lùnshù a penetrating discussion /讲得很～ jiǎng de hěn ～ give an incisive explanation

【透视】tòushì（动）do a fluoroscopy: ～肺部 ～ fèibù fluoroscopy of the lungs /每年做一次～。Měi nián zuò yí cì ～. A fluoroscopy is to be done once a year.

tou

头〔頭〕tou （尾）(1) 在名词后 (a suffix placed at the end of a noun): 石～ shí～ stone /舌～ shé～ tongue /骨～ gǔ～ bone /罐～ guàn～ tin (2) 在方位词后 (a suffix placed at the end of a noun of locality): 上～ shàng～ above /下～ xià～ below /里～ lǐ～ inside /外～ wài～ outside (3) (～儿) 在动词或形容词后，构成抽象名词 (a suffix placed at the end of a verb or adjective to make it an abstract noun): 这歌儿没什么听～。Zhè gēr méi shénme tīng～. This song isn't worth listening to. /这种苹果虽然不酸，可也不甜，没吃～。Zhè zhǒng píngguǒ suīrán bù suān, kě yě bù tián, méi chī～. Although this type of apple isn't sour, it isn't

sweet either, so it isn't worth eating. /他尝到了锻炼的甜～。Tā chángdàole duànliàn de tián～. He has tasted the benefit of exercise. /这事可没准～。Zhè shì kě méi zhǔn ～. This matter is not dependable. /他吃过不少苦～。Tā chīguo bù shǎo kǔ～. He has endured much suffering. 另见 tóu

tū

凸 tū （形）protruding; raised
【凸面镜】tūmiànjìng（名）convex mirror

秃 tū （形）(1) 没头发、鸟兽头上或尾巴上没毛 bald; bare: ～头 ～ tóu a bald head /～尾巴鸡 ～ wěiba jī a chicken with a featherless tail /头顶都～了。Tóudǐng dōu ～ le. The top of his head is already bald. (2) (树) 没叶子，(山上) 没有树木 (of trees) bare or defoliated; (of hills) barren: 荒山～岭 huāng shān ～ lǐng barren hills and mountains /树都～了。Shù dōu ～ le. The trees are all bare. (3) 物体失去尖端 without a point; ～笔 ～ bǐ a blunt pencil /铅笔尖磨～了 Qiānbǐ jiān mó～ le. The pencil tip has been worn down to a blunt. (4) (文章) 结尾处不完整 (of articles) incomplete at the end /你这篇文章结尾有点～，再改改。Nǐ zhè piān wénzhāng jiéwěi yǒudiǎn ～, zài gǎigai. This article of yours ends rather abruptly. Work on it a bit more.

【秃顶】tūdǐng（名）a bald head
【秃顶】tū＝dǐng become bald: 头发软的人容易～。Tóufa ruǎn de rén róngyì ～. People with soft hair easily become bald.

【秃子】tūzi（名）头发脱落的人 (不客气的说法) baldhead (an impolite term)

突 tū ◇ 向前冲 dash forward; charge （副）〈书〉有"突然"的意思, 修饰单音节动词 (has the same meaning as "突然" tūrán; modifies monosyllabic verbs): 老张昨天心脏病～发, 住院了。Lǎo Zhāng zuótiān xīnzàngbìng ～ fā, zhù yuàn le. Lao Zhang had a sudden heart attack yesterday and is now in hospital. /寒流袭来, 气温～降。Hánliú xílái, qìwēn ～ jiàng. A cold current came blowing in, making the temperature drop abruptly.

【突变】tūbiàn（动·不及物）突然地、急剧地变化 change suddenly: 形势～ xíngshì ～ a sudden change in a situation /天气～ tiānqì ～ a sudden change in weather

【突出】tūchū（动）(1) 鼓出来 protrude; project; stickout: 眼珠～ yǎnzhū ～ bug-eyed /小岛在海上。Xiǎo dǎo ～ zài hǎi shang. Small islands protrude from the ocean. (2) 超过一般 give prominence to; stress; highlight: 讲课时要～重点。Jiǎng kè shí yào ～ zhòngdiǎn. The main points should be stressed during class. （形）明显、不一般的 outstanding; prominent: 他的地位很～。Tā de dìwèi hěn ～. He has a very prominent position. /他们作出了～的成绩。Tāmen zuòchūle ～ de chéngjì. They have made outstanding achievements. /这本小说有～的特色。Zhè běn xiǎoshuō yǒu ～ de tèsè. This novel has some outstanding features. /他的优点、缺点都很～。Tā de yōudiǎn、quēdiǎn dōu hěn ～. His virtues are as conspicuous as his defects.

【突飞猛进】tū fēi měng jìn 形容发展、进步特别快 advance by leaps and bounds; make giant strides: 近几年乡镇企业～地发展起来。Jìn jǐ nián xiāngzhèn qǐyè ～ de fāzhǎn qǐlai. Village and town enterprises have been developing by leaps and bounds in recent years.

【突击】tūjī（动）(1) 集中兵力向敌人阵地猛烈而迅速地攻击

(concentrate military strength to) make a sudden and violent attack (on the enemy); assault: 三连担任～任务。Sānlián dānrèn ～ rènwu. The third company is in charge of shock work. /～敌人的前哨阵地。～ dírén de qiánshào zhèndì. Assault the enemy's advance position. (2)集中力量,加快速度,在短时间内完成某项工作 make a concentrated effort to finish a job quickly; do rush work: 必须～完成这本书的印刷任务。Bìxū ～ wánchéng zhè běn shū de yìnshuā rènwu. A concentrated effort must be made to finish the task of printing this book as quickly as possible. /这是非常细致的活儿,靠～是不行的。Zhè shì fēicháng xìzhì de huór, kào ～ shì bù xíng de. This is extremely painstaking work. A rush job will not do.

【突击队】tūjīduì (名) shock brigade

【突击手】tūjīshǒu (名) shock worker

【突破】tūpò (动) break through; make a break through; surmount: ～难关 ～ nánguān overcome a crisis /～封锁 ～ fēngsuǒ break through a blockade /～敌人的防线 ～ dírén de fángxiàn break through the enemy's defence line /～定额 ～ dìng'é overfulfil a quota /在某项研究上有所～ zài mǒu xiàng yánjiū shang yǒu suǒ ～ make a breakthrough in some research work

【突起】tūqǐ (动) (1) 突然兴起 break out; suddenly appear: 异军～ yì jūn ～ a new force suddenly coming to the fore / 足球界～一支新军。Zúqiújiè ～ yì zhī xīn jūn. A new team suddenly came forth in the world of soccer. (2) 高耸 rise high; tower: 高峰～ gāofēng ～ peaks abruptly rising high

【突然】tūrán (形) sudden; abrupt; unexpected: 这对他是一个～的打击。Zhè duì tā shì yí ge ～ de dǎjī. This was an unexpected blow for him. /这个变化太～了。Zhège biànhuà tài ～ le. This change is too sudden. / 他～走了。Tā ～ zǒu le. He left suddenly.

【突如其来】tū rú qí lái 突然发生的 arise suddenly; come all of a sudden: 这件事真是～,我毫无思想准备。Zhè jiàn shì zhēn shì ～, wǒ háowú sīxiǎng zhǔnbèi. This matter just arose suddenly so I wasn't the least bit mentally prepared. / 他～喊了起来,大家都惊呆了。Tā ～ hǎnle qǐlai, dàjiā dōu jīngdāi le. He started screaming all of a sudden. Everybody was stunned.

【突突】tūtū (象声) 摹拟某物声音。作状语 spurt; thump (used as an adverbial): 石油～地冒。Shíyóu ～ de mào. The oil came spurting out. /吓得我心～地跳。Xià de wǒ xīn ～ de tiào. My heart was thumping from fright. /拖拉机～地开到了我们村。Tuōlājī ～ de kāidàole wǒmen cūn. The tractor came rumbling towards our village.

【突围】tūwéi 突破包围 break out of an encirclement

【突袭】tūxí (动) (军队) 出其不意地攻打对方 (of the army) surprise attack

tú

图 [圖] tú
(名) picture; drawing; chart; map: 墙上挂着一张本市交通～。Qiáng shang guàzhe yì zhāng běn shì jiāotōng ～. There is a map of this city's traffic circulation hanging on the wall. /书上有～有字。Shū shang yǒu ～ yǒu zì. There are pictures and words in the book. /～文并茂 ～ wén bìng mào The picture and its accompanying essay are both excellent. (动) 同"贪图" tāntú same as "贪图" tāntú：～方便 ～ fāngbian try to do things the easy way /他不～名,不～利,只～做点有益的工作。Tā bù ～ míng, bù ～ lì, zhǐ ～ zuò diǎnr yǒuyì de gōngzuò. He's striving for neither fame nor gain, but rather, is attempting to do a little profitable work.

【图案】tú'àn (名) pattern; design

【图表】túbiǎo (名) chart; diagram; graph

【图钉】túdīng (名) (～儿) drawing pin; thumbtack

【图画】túhuà (名) [张 zhāng] drawing; picture; painting

【图解】tújiě (动) 利用图形分析或演算 perform mathematical calculations or analyse with the help of diagrams

【图景】tújǐng (名) 〈书〉图面上的景物,指理想中的景况 view; prospect: 故乡的发展～ gùxiāng de fāzhǎn ～ prospects for development of one's birthplace

【图谋】túmóu (动) 〈贬〉暗中谋划 plot; scheme; conspire: ～不轨 ～ bùguǐ hatch a sinister plot /～暴动 ～ bàodòng plot a rebellion

【图片】túpiàn (名) [张 zhāng] picture; photograph

【图穷匕首见】tú qióng bǐshǒu xiàn 战国时,荆轲去刺秦王,以献燕国督亢的地图为名,把匕首藏在地图内,到了秦王面前,慢慢打开地图,最后露出匕首。比喻事情发展到最后,真相或本意露出来 when the map was unrolled, the dagger was revealed—During the Warring States Period, Jing Ke wanted to kill the king of Qin. He used the map of Dukang (of the State of Yan) as a pretext, saying he wanted to present it to the king. He hid a dagger in the map and then slowly unrolled it before the king, thus revealing the dagger —the real intention is revealed in the end.

【图书】túshū (名) (a collection of) books

【图书馆】túshūguǎn (名) library

【图腾】túténg (名) totem

【图像】túxiàng (名) picture; image: ～清晰 ～ qīngxī a clear picture (or image) /～逼真 ～ bīzhēn a lifelike picture /电视画～不清楚。Diànshì de ～ bù qīngchu. The image on the television is not clear.

【图形】túxíng (名) (1) (数) figure (2) graph

【图样】túyàng (名) pattern; design; draft; drawing: 新楼房的～已经绘制出来了。Xīn lóufáng de ～ yǐjīng huìzhì chūlai le. A draft for the new building has already been drawn up.

【图章】túzhāng (名) [枚 méi] seal; stamp

【图纸】túzhǐ (名) [张 zhāng] (为制造机器或建筑等方面) 用作样子而绘制着各种图形的纸 blueprint; drawing (of machinery, a building, etc.)

徒 tú

徒
(名) ◇ (1) 徒弟 apprentice; pupil: 师～关系 shī ～ guānxi master-apprentice relationship /收～ shōu ～ receive an apprentice /尊师爱～ zūn shī ài ～ respect the teacher and love the student (2) 信影教的人 disciple; follower; believer: 佛教～ Fójiào ～ Buddhist /基督～ Jīdū ～ Christian (3) 人〈贬〉person; fellow: 狂～ kuáng ～ crazy fellow /赌～ dǔ ～ gambler /不法之～ bùfǎ zhī ～ a lawless person (副) 〈书〉意思相当于"空"或"白白地",表示动作行为不起作用或者不产生效果 in vain; to no avail (same as "空" and "白白地"): 他这位主任不过是～有虚名,并不干实事。Tā zhè wèi zhǔrèn búguò shì ～ yǒu xūmíng, bìng bù gàn shíshì. He is a director in name only. He doesn't do a single thing. /这道理跟他讲不通,别～费唇舌了。Zhè dàolǐ gēn tā jiǎng bu tōng, bié ～ fèi chúnshé le. You just can't bring him round with this reasoning, so don't waste your breath. /不要再去想那件那么霉事了,免得～增烦恼。Búyào zài qù xiǎng nà jiàn dǎoméi shì le, miǎndé ～ zēng fánnǎo. Don't think anymore about that unfortunate matter, or you'll just get more vexed for nothing.

【徒步】túbù (副) 步行 on foot: ～旅行 ～ lǚxíng travel on foot

【徒弟】túdi (名) 拜师学习 (技艺) 的人 apprentice

【徒工】túgōng (名) apprentice

【徒劳】túláo (动·不及物) 〈书〉白费精力 make a futile effort; do fruitless labour: ～无功 ～ wú gōng work to no

avail; make a futile effort /～往返 ～ wǎngfǎn hurry back and forth for nothing /他已经决心走了,谁劝他也是。Tā yǐjīng juéxīn zǒu le, shuí quàn tā yě shì ～. He's already determined to leave. Whoever tries to persuade him to stay is just making a futile attempt.

【徒然】 túrán (形·非谓)〈书〉不起作用的 in vain; for nothing; to no avail: 劝说、威胁都是～的。Quàn shuō, wēixié dōu shì ～ de. Persuasion and threats are all to no avail.

【徒手】 túshǒu (形)〈书〉不拿器械,空着手 bare-handed; unarmed

【徒刑】 túxíng (名) imprisonment; (prison) sentence: 判两年～ pàn liǎng nián ～ sentence sb. to two years' imprisonment

【徒子徒孙】 tú zǐ tú sūn 〈贬〉泛指党羽 disciples and followers; hangers; hangers-on and their spawn

途 tú

(名)◇ 道路 way; road; route

【途经】 tújīng (动) by way of; via

【途径】 tújìng (名)〈书〉道路(多用来比喻) way; channel (usu. used as a metaphor): 通过自学的～也可以成材。Tōngguò zìxué de ～ yě kěyǐ chéng cái. One can become useful by way of self-study.

【途中】 túzhōng (名) on the way; en route: 在飞往欧洲～接见记者。Zài fēi wǎng Ōuzhōu ～ jiējiàn jìzhě. He granted an interview to reporters on his way to Europe by plane. /他已经动身,现在正在～。Tā yǐjīng dòng shēn, xiànzài zhèngzài ～. He has already left and is now on his way.

涂 [塗] tú

(动)(1)上油漆或上颜色等 spread on; apply; smear: ～上一层油漆 ～shàng yì céng yóuqī apply a coat of paint /伤口已经～了药。Shāngkǒu yǐjīng ～le yào. The wound has already been smeared with ointment. (2)抹去 blot out; cross out: 请把我的名字～掉。Qǐng bǎ wǒ de míngzi ～diào. Please cross out my name. /这一页最后一行～掉了。Zhè yí yè zuìhòu yì háng ～diào le. The last line on this page has been crossed out.

【涂改】 túgǎi (动)抹去原来的字,重新写 alter: 这几个字像是被人～过的。Zhè jǐ gè zì xiàng shì bèi rén ～guò de. It seems as though someone has altered these few words. /不许私自～介绍信。Bù xǔ sīzì ～ jièshàoxìn. It is forbidden to alter a letter of reference without permission. / 支票不能随意～。Zhīpiào bù néng suíyì ～. Cheques cannot be altered at will.

【涂料】 túliào (名) coating; paint

【涂抹】 túmǒ (动)〈书〉①同"涂"tú(1) same as "涂" tú(1): 铁管上～了一层沥青。Tiěguǎn shang ～le yì céng lìqīng. A coat of pitch has been smeared on the iron pipes. (2)随意乱写或乱画 scribble; scrawl: 墙上被～得乱七八糟。Qiáng shang bèi ～ de luànqībāzāo. The wall is a mess of scribbles.

【涂脂抹粉】 tú zhī mǒ fěn 脂: 胭脂。原指妇女搽胭脂抹粉,打扮自己。现比喻对丑恶的事物进行美化,掩饰来欺骗别人 (脂: rouge) (of a woman) apply rouge and make oneself up (former meaning); prettify; whitewash: 王大平的丑恶本质,大家早已认清,你还想如为他～! Wáng Dàpíng de chǒu'è běnzhì, dàjiā zǎo yǐ rènqīng, nǐ dào xiǎnzài hái wèi tā ～! Everybody recognized Wang Daping's hideous features long ago, but you, you still try to whitewash him!

屠 tú

(动)〈书〉 slaughter; massacre

【屠刀】 túdāo (名)[把 bǎ] butcher's knife

【屠夫】 túfū (名) butcher

【屠杀】 túshā (动)残酷地杀死(许多人) massacre; slaughter

【屠宰】 túzǎi (动)〈书〉杀死(牲畜,作为食物) butcher; slaughter (animals for food)

【屠宰场】 túzǎichǎng (名) slaughterhouse

tǔ

土 tǔ

(名)(1)泥土,尘土 soil; earth: 花盆里再放些～。Huāpén li zài fàng xiē ～. Put a little more soil in the flower pot. /弄得满身是～ nòng de mǎnshēn shì ～ get covered with dirt (2)◇ 土地 land; ground: 寸～必争 cùn ～ bì zhēng fight for every inch of land (形)(1)本地的,民间的 local; native; homemade; indigenous: ～特产商店 ～ tèchǎn shāngdiàn store selling special local products / ～高炉 ～ gāolú homemade blast furnace / ～洋并举 ～ yáng bìng jǔ use both indigenous and foreign methods /他说的是很～的北京话。Tā shuō de shì hěn ～ de Běijīnghuà. He speaks a very colloquial Beijing dialect. (2)不合潮流的 unrefined; old-fashioned; rustic: 你这身打扮太～了。Nǐ zhè shēn dǎban tài ～ le. The clothes you're wearing are too old-fashioned.

【土包子】 tǔbāozi (名) 指没有见过世面的人 country bumpkin; (country) hick

【土崩瓦解】 tǔ bēng wǎjiě 比喻彻底崩溃,不可收拾 disintegrate; crumble; fall apart

【土布】 tǔbù (名)手工或老式机器织的布 handwoven cloth; homespun cloth

【土层】 tǔcéng (名)土壤层 layer of earth

【土产】 tǔchǎn (名)某地出产的有某种特色的产品 local (or native) product

【土地】 tǔdì (名)(1)田地 land; soil (2)疆域 territory

【土地改革】 tǔdì gǎigé 中国共产党领导的农民革命运动,在运动中把封建地主阶级的土地和生产资料分给无地或少地的农民 land reform; agrarian reform (revolutionary agrarian movement of Chinese Communist Party whereby land and the means of production owned by feudal lords were divided up and given to peasants with little or no land)

【土地革命战争】 Tǔdì Gémìng Zhànzhēng 1927年—1937年中国人民在中国共产党领导下,为消灭封建土地所有制,反对国民党反动统治而进行的革命战争 the Agrarian Revolutionary War (1927－1937) when Chinese people, under the leadership of the Chinese Communist Party, rebelled against the feudalist system of land ownership and the reactionary rule of the Kuomintang

【土豆】 tǔdòu (名)(～儿)〈口〉 potato

【土法】 tǔfǎ (名)民间沿用的方法 indigenous method; local method

【土方】 tǔfāng (名)(1) cubic metre of earth (2) folk recipe

【土匪】 tǔfěi (名) bandit; brigand

【土改】 tǔgǎi (名)"土地改革"的简称 short for "土地改革"

【土豪劣绅】 tǔháo lièshēn 地方上的恶霸;劣绅;品行恶劣的绅士。合指作恶多端的地主豪绅 local tyrant and evil gentry

【土话】 tǔhuà (名)小地区内用的方言 local dialect; colloquial (or local) expressions

【土木】 tǔmù (名)"土木工程"的省略说法 short for "土木工程": 他们正在大兴～。Tāmen zhèngzài dà xìng ～. They are doing large-scale building (or construction).

【土木工程】 tǔmù gōngchéng civil engineering

【土坯】 tǔpī (名)把黏土放入木模子中制成方形块状体,晒干后可用来盘灶、搭炕、垒墙,代替砖瓦 sun-dried mud brick; adobe

【土气】 tǔqì (形)穿着打扮或所用的东西,较一般时尚落后,样式陈旧 rustic; uncouth

【土壤】tǔrǎng（名）(1) soil：改良～ gǎiliáng ～ improve the soil/增加～ 中的水分 zēngjiā ～ zhōng de shuǐfèn increase moisture in the soil (2)比喻条件 conditions；soil (used metaphorically)：官僚主义是产生违法乱纪的～。Guānliáozhǔyì shì chǎnshēng wéi fǎ luàn jì de ～. Bureaucracy is a breeding ground for violating the law and discipline. /他这种贪图享受的毛病一遇合适的～便会发展。Tā zhè zhǒng tāntú xiǎngshòu de máobìng yí yù héshì de ～ biàn huì fāzhǎn. As soon as this defective way of his for seeking ease and comfort meets with the appropriate conditions, it develops.

【土人】tǔrén（名）外地人称一直居住在当地，文化上不十分开化的人（含轻蔑义）natives；aborigines

【土生土长】tǔ shēng tǔ zhǎng locally born and bred；born and brought up on one's native soil：他不是外地来的，是～的北京人。Tā bú shì wàidì lái de, shì ～ de Běijīng rén. He's not from away. He was born and brought up in Beijing.

【土石方】tǔshífāng（名）土方、石方的总称 cubic metre of earth and stone

【土司】tǔsī（名）旧时中国西南地区对某些少数民族首领的称呼 headman — form of address for certain minority nationality leaders in southwest China previously

【土星】tǔxīng（名）〈天〉Saturn

【土洋结合】tǔ yáng jiéhé 简单的设备或技术与现代化的设备或技术结合起来 combine traditional (or simple) and modern methods or equipment

【土语】tǔyǔ（名）同"土话" tǔhuà same as "土话" tǔhuà

【土葬】tǔzàng（动）处理死人遗体的一种方法。把尸体先装入棺材再埋入地里或直接埋入地里 burial (of the dead) in the ground

【土政策】tǔzhèngcè（名）某地区或某单位自行制定的章程或规定，它的特点是与中央或其他上级的有关规定相抵触，不符合国家的基本政策 policy or regulations formulated by a local administration or a particular unit which counter-balance regulations set by the central government or higher authorities and which do not conform to basic national policy

【土质】tǔzhì（名）soil texture；soil property

【土著】tǔzhù（名）世代居住在本地的人 original inhabitants；aboriginals；aborigines

吐 tǔ
（动）(1) spit；不要随地～痰。Búyào suídì ～ tán. Do not spit on the ground. (2)呼 breathe out；exhale：半天才～出一口气来。Bàntiān cái ～ chū yì kǒu qì lai. It was a long time before he finally exhaled. (3)说出来 say；tell；pour out：一字很清楚～ zì hěn qīngchu enunciate very clearly (4)◇ 长出，露出 grow；reveal：玉米～穗了。Yùmǐ ～ suìr le. The cornstalks have started to grow ears. /棉花开始～絮了。Miánhua kāishǐ ～ xù le. A few cotton bolls are starting to grow. 另见 tù

【吐故纳新】tǔ gù nà xīn 本指人体呼吸，比喻扬弃旧的，吸收新的，也指在党的建设中不断进行整顿，吸收新鲜血液 get rid of the stale and take in the fresh (originally referred to the human body breathing)

【吐露】tǔlù（动）说出（原来不想说的实情或真心话）reveal；tell：～真情 ～ zhēnqíng reveal the truth

【吐气】tǔ=qì (1)〈语〉aspirated (2)发泄出积在胸中的委屈或怨恨而感到痛快 feel elated after unburdening oneself of resentment；vent one's pent-up feelings：这个流氓集团的头子被逮捕了，受害人总算吐了口气。Zhège liúmáng jítuán de tóuzi bèi dàibǔ le, shòuhàirén zǒngsuàn tǔle kǒu qì. When the leader of this gang of hoodlums was captured, victims were finally able to vent their grievances.

tù

吐 tù
（动）(1) vomit；throw up：～血 ～ xiě spit blood；haematemesis /上～下泻 shàng ～ xià xiè severe vomiting and diarrhoea (2)被迫退还侵占的财物 give up unwillingly；disgorge：让他把赃款～出来。Ràng tā bǎ zāngkuǎn ～ chulai. Make him cough up the money he embezzled. 另见 tǔ

兔 tù
（名）◇ hare；rabbit：长毛～ cháng máo ～ long-haired rabbit /～唇 ～chún harelip

【兔死狐悲】tù sǐ hú bēi〈贬〉兔子死了狐狸感到悲伤，比喻因同类的死亡或失败而感到悲伤 the fox mourns the death of the hare — like grieves for like

【兔子】tùzi（名）[只 zhī] hare；rabbit

tuān

湍 tuān
（形）◇ 水势急 (of a current) rapid；torrential

【湍急】tuānjí（形）〈书〉水势急 (of a current) rapid；torrential：水流～ shuǐliú ～ The current is swift.

【湍流】tuānliú（名）〈书〉流得很快的河水 swift current；rushing waters；torrent；rapids

tuán

团〔團〕tuán
（名）(1) ◇ 团体 group；society；organization：代表～ dàibiǎo ～ delegation；mission；deputation /旅行～ lǚxíng ～ touring party；tour group /参观～ cānguān ～ visiting group (2)军队编制的一个单位 regiment：军、师、～三级干部 jūn 、shī、～ sān jí gànbù. cadres at the army, division and regimental levels ◇ (～儿) 弄成球形的东西 sth. shaped like a ball：线～ xiàn ～ a ball of thread /面～ miàn ～ (a ball of) dough /纸～ zhǐ ～ paper rolled into a ball（动）把东西弄成球形 roll sth. into a ball；roll：他把信一了扔在字纸篓里。Tā bǎ xìn ～ le rēng zài zìzhǐlǒur li. He rolled the letter into a ball and threw it in the wastepaper basket. (量)用于成团的东西 (of rolled-up objects)：一～线 yì ～ xiàn a ball of thread /一～纸 yì ～ zhǐ a ball of paper /心像一～火。Xīn xiàng yì ～ huǒ. His heart was like a ball of fire.

【团结】tuánjié（动）为了实现共同理想或完成共同任务而紧密联合在一起 unite；rally：要～一切爱国人士。Yào ～ yíqiè ài guó rénshì. We must unite all patriotic personages. /我们小组很～。Wǒmen xiǎozǔ hěn ～. Our group is very united. /～就是胜利。～ jiù shì shènglì. Unity is victory. /不要制造～。Búyào nào bù ～. Do not create disunity.

【团聚】tuánjù（动）（亲人或好友分别后又）相聚在一起 (of family or friends) reunite：老同学多年不见，今天又～了。Lǎo tóngxué duō nián bú jiàn, jīntiān yòu ～ le. These old classmates haven't seen each other for a long time. Today they were reunited. /兄弟姐妹天各一方，今年除夕在北京～了。Xiōngdì jiěmèi tiān gè yì fāng, jīnnián chúxī zài Běijīng ～ le. Those brothers and sisters live far apart from each other and were reunited at New Year's Eve in Beijing this year.

【团扇】tuánshàn（名）[把 bǎ]圆形的扇子，一般用竹子或兽骨做柄，竹篾或铁丝做圈，上糊绢、绫或纸 round fan (usu. with a handle made of bamboo or bone and the round frame being made of bamboo strips or steel wire covered with thin

silk, damask silk or paper)

【团体】tuántǐ(名)由有共同目的、志趣的人所组成的集体 organization；group；team

【团体操】tuántǐcāo(名)〈体〉group callisthenics

【团委】tuánwěi(名)同"团委会" tuánwěihuì same as "团委会" tuánwěihuì

【团委会】tuánwěihuì(名)中国共产主义青年团基层委员会的简称 short for "中国共产主义青年团基层委员会"

【团员】tuányuán(名)(1)某团体的成员 member：我们这个参观团共有十六名～。Wǒmen zhège cānguāntuán gòng yǒu shíliù míng ～. There are altogether sixteen members in our visiting group. (2)特指中国共产主义青年团团员 a member of the Communist Youth League of China

【团圆】tuányuán(动)(夫妻或父母与子女)分散后又团聚 reunite：夫妻～ fūqī ～ husband and wife reunion /今年春节他们家六口人在家乡大～。Jīnnián Chūnjié tāmen jiā liù kǒu rén zài jiāxiāng dà ～. That family of six had a big reunion in their hometown during this year's Spring Festival.

【团长】tuánzhǎng(名)(1)〈军〉regimental commander (2) head (or chief, chairman) of a delegation, troupe, etc.：代表团～ dàibiǎotuán ～ head of a delegation

【团支部】tuánzhībù(名)"中国共产主义青年团支部委员会"的简称，隶属团委会或团总支 short for "中国共产主义青年团支部委员会"

【团总支】tuánzǒngzhī(名)"中国共产主义青年团总支部委员会"的简称，隶属团委会 short for "中国共产主义青年团总支部委员会"

【团组织】tuánzǔzhī(名)泛称共青团的整个组织 the Communist Youth League

tuī

忒 tuī (副)〈口〉同"太" tài (1)，可以修饰表示不愉快性质的否定形式 same as "太" tài (1) (can modify negative forms of an unhappy nature)：这部电视剧～没劲，我不喜欢看。Zhè bù diànshìjù ～ méi jìn, wǒ bù xǐhuan kàn. This television play is very uninteresting. I don't like to watch it. /星期天不要进城，大街上人～挤。Xīngqītiān búyào jìn chéng, dàjiēshang rén ～ jǐ. Don't go downtown on Sundays. The streets are too crowded. /这个商店的售货员～好和顾客吵架了。Zhège shāngdiàn de shòuhuòyuán ～ hào hé gùkè chǎo jià le. The salesclerks in this shop are very fond of arguing with customers. /我看他也～不知好歹了。Wǒ kàn tā yě ～ bù zhī hǎodǎi le. I think that he is unable to tell what's good or bad for him.

推 tuī (动)(1) push；shove：～开了门 ～kāile mén push the door open /～着自行车 ～zhe zìxíngchē push a bicycle (2) 使事情发展 push forward；promote；advance：把责任制～向更新的发展阶段。Bǎ zérènzhì ～ xiàng gèng xīn de fāzhǎn jiēduàn. Advance the system of job responsibility to an even newer stage of development. (3) 推理 infer；deduce：从现有材料可以～出一个新的结论。Cóng xiàn yǒu cáiliào kěyǐ ～ chū yí ge xīn de jiélùn. A new conclusion can be deduced from the material we now have. (4)推卸，推让 push away；shirk；shift：他想把事故的责任～给别人。Tā xiǎng bǎ shìgù de zérèn ～ gěi biéren. He's trying to shift responsibility for the accident onto others. /你就承担这项设计吧，别～了。Nǐ jiù chéngdān zhè xiàng shèjì ba, bié ～ le. You be in charge of this plan and don't shirk responsibility. (5)推举 elect；choose：我们大家都同意～老李做我们的团长。Wǒmen dàjiā dōu tóngyì ～ Lǎo Lǐ zuò wǒmen de tuánzhǎng. We all agree to elect Lao Li as the head of our

group. (6)推迟 put off；postpone：考试的日期再往后～几天。Kǎoshì de rìqī zài wǎng hòu ～ jǐ tiān. Put off the date of the examination for a few more days. (7)用工具贴着物体的表面向前剪或削 cut；pare：～草机 ～cǎojī mower /把木板～平。Bǎ mùbǎn ～píng. Pare the plank and make it level.

【推波助澜】tuī bō zhù lán〈贬〉从旁鼓动，扩大事态 add fuel to the flames

【推测】tuīcè(动)根据已知道的事情来推断猜测还不知道的事情 infer；conjecture；guess：～将来 ～ jiānglái guess the future /无从～ wú cóng ～ have no way of guessing (sth.) /大家在一起～明年的物价指数。Dàjiā zài yìqǐ ～ míngnián de wùjià zhīshù. They got together and tried to guess next year's price index.

【推陈出新】tuī chén chū xīn 在旧的基础上创造新的，现多指批判地继承旧文化，创造出新文化 weed through the old to bring forth the new (usu. means to critically carry on the old culture by creating a new one out of it)：只有～，文艺事业才能繁荣。Zhǐyǒu ～, wényì shìyè cái néng fánróng. It is only by weeding through the old to bring forth the new that literary and artistic undertakings can flourish.

【推迟】tuīchí(动)put off；postpone；defer：我们动身的日期～了。Wǒmen dòngshēn de rìqī ～ le. The date of our departure has been postponed. /会议已经～到下星期三。Huìyì yǐjīng ～ dào xià xīngqīsān. The conference has been postponed until next Wednesday. /把展览会开幕的日子～两天，从星期一一到星期三。Bǎ zhǎnlǎnhuì kāi mù de rìzi ～ liǎng tiān, cóng xīngqīyī ～ dào xīngqīsān. Postpone the opening date of the exhibition for two days — from Monday to Wednesday.

【推崇】tuīchóng(动)非常重视、佩服，予以很高的评价 hold in esteem；praise highly：人们对鲁迅的作品～备至。Rénmen duì Lǔ Xùn de zuòpǐn ～ bèizhì. People have nothing but the highest praise for Lu Xun's works. /1919年五四运动前后，青年们特别～陈独秀。Yījiǔyījiǔ nián Wǔ-Sì Yùndòng qiánhòu, qīngniánmen tèbié ～ Chén Dúxiù. Around the time of the May 4th Movement in 1919, young people held Chen Duxiu in great esteem.

【推辞】tuīcí(动)(对任命、邀请、馈赠等)表示谢绝 decline (an appointment, invitation, a gift, etc.)：对新的任命，我不好～。Duì xīn de rènmìng, wǒ bù hǎo ～. It is difficult for me to decline the new appointment. /他们要请我吃饭，实在无法～，只得去了。Tāmen yào qǐng wǒ chī fàn, shízài wúfǎ ～, zhǐdé qù le. They wanted to invite me to dinner and I really had no way of declining and had no alternative but to go. /他送来的礼品，我～掉了。Tā sònglai de lǐpǐn, wǒ ～ diào le. I refused to accept the gifts he sent.

【推倒】tuī//dǎo push over；overturn：推土机把那面墙～了。Tuītǔjī bǎ nà miàn qiáng ～ le. The bulldozer overturned that wall. /～三座大山，建立了人民政权。～ sān zuò dà shān, jiànlile rénmín zhèngquán. The three big mountains (imperialism, feudalism and bureaucrat-capitalism) were pushed over and government by the people was established.

【推动】tuīdòng(动)使事物向前发展，使工作展开 push forward；promote；give impetus to：经济体制改革～了生产的发展。Jīngjì tǐzhì gǎigé ～ le shēngchǎn de fāzhǎn. Reform of the economic system gave impetus to the development of production.

【推断】tuīduàn(动)推测断定 infer；deduce：我们从目前工作进展的情况可以～他们的计划肯定能完成。Wǒmen cóng mùqián gōngzuò jìnzhǎn de qíngkuàng kěyǐ ～ tāmen de jìhuà kěndìng néng wánchéng. We can infer from the progress being made at present that they will definitely be able to complete their project. /还是张的～正确。Háishi Lǎo Zhāng de ～ zhèngquè. All the same, Lao Zhang's de-

duction is correct.

【推翻】 tuī∥fān (1)用武力打垮(旧政权) overthrow; overturn; topple (an old regime)：～反动政府 ～ fǎndòng zhèngfǔ overthrow a reactionary government (2) 根本否定 (已有的决定、计划、论断等) repudiate; cancel; reverse (a decision, project, judgment, etc.)：这个结论早被～了。Zhège jiélùn zǎo bèi ～ le. This verdict was reversed long ago. /～了原来的计划，重新制定一个。～ le yuánlái de jihuà, chóngxīn zhìdìng yí ge. Cancel the original plan and formulate a new one.

【推广】 tuīguǎng (动) popularize; spread; extend：～优良品种 ～ yōuliáng pǐnzhǒng popularize good strains of seeds /～先进操作方法 ～ xiānjìn cāozuò fāngfǎ popularize advanced methods of operation /大力～普通话 dàlì ～ pǔtōnghuà make a huge effort to popularize common spoken Chinese

【推荐】 tuījiàn (动) recommend：我给你～一个秘书。Wǒ gěi nǐ ～ yí ge mìshū. Let me recommend a secretary to you. / 这本小说很值得～. Zhè běn xiǎoshuō hěn zhídé ～. This novel is well worth recommending.

【推进】 tuījìn (动) (1)推动工作前进 (of work) push on; carry forward; advance; give impetus to：把经济改革再向前～一步。Bǎ jīngjì gǎigé zài xiàng qián ～ yí bù. Carry economic reforms forward one more step. (2)(战线或作战部队)向前进 (of a battlefront or combat troops) move forward; push; drive：三连在炮火掩护下正向前～. Sānlián zài pàohuǒ yǎnhù xià zhèng xiàng qián ～. The third company is moving forward under the cover of gunfire.

【推举】 tuījǔ (动)同"推选" tuīxuǎn same as "推选" tuīxuǎn：大家都同意～小赵当班代表。Dàjiā dōu tóngyì ～ Xiǎo Zhào dāng bān dàibiǎo. Everybody has agreed to elect Xiao Zhao as class representative.

【推理】 tuīlǐ (名)〈哲〉inference; reasoning

【推论】 tuīlùn (名)从已知的前提推出的新的结论 inference; deduction; corollary (动)从已知的前提推出新的结论 infer; deduce; conclude

【推敲】 tuīqiāo (动) 比喻反复琢磨，斟酌字句 weigh (words); deliberate：短评虽已写完，但字句还得好好～～. Duǎnpíng suī yǐ xiěwán, dàn zìjù hái děi hǎohǎo ～～. Although the short commentary is finished being written, its words and expressions must still be weighed. /有意见一定要提，但怎么提值得～一下。Yǒu yìjiàn yídìng yào tí, dàn zěnme tí zhídé ～ yíxià. If you have any objections, you should raise them; but it's worth considering how to go about doing this first.

【推却】 tuīquè (动)拒绝，推辞 refuse; decline：他的盛情恐怕难以～. Tā de shèngqíng kǒngpà nányǐ ～. I'm afraid it would be difficult to refuse his gracious hospitality.

【推让】 tuīràng (动)由于谦虚客气而不肯直接接受(好处、荣誉、座位等) decline (a position, favour, credit, etc.) out of modesty and politeness：～了半天，还是王教授坐了首席。～ le bàntiān, háishì Wáng jiàoshòu zuòle shǒuxí. After declining several times, Professor Wang still ended up in the seat of honour. /大家互相～，谁也不肯代表小组上台领奖。Dàjiā hùxiāng ～, shuí yě bù kěn dàibiǎo xiǎozǔ shàng tái lǐng jiǎng. Everybody declined — not one person was willing to go up onto the platform to represent the group in receiving the award.

【推算】 tuīsuàn (动)根据已知的数据计算出有关数值 calculate; reckon; work out：红学家们～曹雪芹生于1715年。Hóngxuéjiāmen ～ Cáo Xuěqín shēng yú yīqīyīwǔ nián. Experts on "A Dream of Red Mansions" reckon Cao Xueqin was born in 1715.

【推头】 tuī＝tóu〈口〉用推子理发 have a haircut; cut sb.'s hair (with clippers)：他的头得推推了。Tā de tóu děi tuītui

le. He needs a haircut.

【推土机】 tuītǔjī (名)[台 tái] bulldozer

【推推搡搡】 tuītuīsǎngsǎng (动)常用于描写吵架时推人 push and shove：有什么事好好说，不要～的。Yǒu shénme shì hǎohǎo shuō, búyào ～ de. If there's a problem, talk it out. Don't push and shove.

【推托】 tuītuō (动)找借口拒绝 make an excuse (for not doing sth.) plead：小杨请我去他家吃饭，我～有事没去。Xiǎo Yáng qǐng wǒ qù tā jiā chī fàn, wǒ ～ yǒu shì méi qù. Xiao Yang invited me to his home for dinner. I made an excuse about being busy and didn't go. /他～生病，没来参加小张的婚礼。Tā ～ shēng bìng, méi lái cānjiā Xiǎo Zhāng de hūnlǐ. Pleading illness, he didn't go to Xiao Zhang's wedding ceremony.

【推脱】 tuītuō (动)推卸 evade; shirk：这事你怎么能～责任? Zhè shì nǐ zěnme néng ～ zérèn? How can you shirk responsibility for this matter? /小张的事你不能～不管。Xiǎo Zhāng de shì nǐ bù néng ～ bù guǎn. You can't evade the matter concerning Xiao Zhang. /让我帮他看稿子，我～掉了。Ràng wǒ bāng tā kàn gǎozi, wǒ ～ diào le. I was asked to check his manuscript, but I refused.

【推委】 tuīwěi (动)(把责任)推给(别人) shift (responsibility onto others)：他想把事故的责任～到别人头上。Tā xiǎng bǎ shìgù de zérèn ～ dào biérén tóushang. He's trying to shift responsibility for the accident onto others. /这是你的工作，你不能～给别人。Zhè shì nǐ de gōngzuò, nǐ bù néng ～ gěi biérén. This is your work. You can't shift the responsibility onto others.

【推想】 tuīxiǎng (动)同"推测" tuīcè same as "推测" tuīcè

【推销】 tuīxiāo (动)给货物找销路 promote sales; market; peddle：～员 ～yuán salesman /向国外～ xiàng guówài ～ market (goods) abroad /把产品～到广大农村去。Bǎ chǎnpǐn ～ dào guǎngdà nóngcūn qu. Market the products to extensive rural areas.

【推卸】 tuīxiè (动)"推脱" tuītuō same as "推脱" tuītuō

【推心置腹】 tuī xīn zhì fù 比喻待人诚恳 treat people sincerely：你找他～地谈一谈，误会就消除了。Nǐ zhǎo tā ～ de tán yi tán, wùhuì jiù xiāochú le. Go and talk to him sincerely and the misunderstanding will be cleared up.

【推行】 tuīxíng (动)普遍实行，推广(经验) carry out; pursue; practice; implement：～计划生育 jìhuà shēngyù carry out family planning /～普通话 ～ pǔtōnghuà put into practice common spoken Chinese /～承包责任制～ chéngbāo zérènzhì implement the system of job responsibility

【推选】 tuīxuǎn (动) elect; choose

【推移】 tuīyí (动·不及物)〈书〉(时间、形势等)移动或演变 (of time) lapse; pass; (of a situation, etc.) develop; evolve：随着时间的～，往事逐渐淡漠。Suízhe shíjiān de ～, wǎngshì zhújiàn dànmò. Events of the past become hazy with the passage of time.

【推子】 tuīzi (名)[把 bǎ] hair clippers; clippers

tuí

颓〔頹〕tuí

【颓败】 tuíbài (形)〈书〉衰落，腐败 declining; decadent

【颓废】 tuífèi (形)意志消沉，精神委靡不振 dispirited; demoralized; despondent

【颓然】 tuírán (形)〈书〉形容败落的样子 dispirited; dejected

【颓丧】 tuísàng (形)〈书〉情绪低落，精神不振 dejected; dispirited; listless

【颓唐】 tuítáng (形)〈书〉dejected; dispirited

tuǐ

腿 tuǐ（名）[条 tiáo] leg

【腿脚】tuǐjiǎo（名）指腿和脚的活动能力 legs and feet — ability to walk：我老了，~不那么灵便了。Wǒ lǎo le, ~ bú nàme língbiàn le. *I'm old and have difficulty walking.* /他~还行，走点路没关系。Tā ~ hái xíng, zǒu diǎnr lù méi guānxi. *He's still able to walk, so it's all right if he has to be out and about.*

tuì

退 tuì（动）（1）向后移动，与"进"相对 move back; retreat（antonym of "进" move forward; advance）：向后~三步 xiàng hòu ~ sān bù *step back three paces*（2）退还；give back; refund：~稿 ~ gǎo *return (or reject) a manuscript* /~款 ~ kuǎn *refund* /~给本人 ~ gěi běnrén *return to the original owner*（3）退出 /withdraw from; quit：~休干部 ~ xiū gànbù *a retired cadre* /~伍军人 ~ wǔ jūnrén *ex-serviceman*（4）减退，下降 decline; recede; ebb; fade：潮水~了。Cháoshuǐ ~ le. *The tide has receded.* /窗帘的颜色都晒~了。Chuānglián de yánsè dōu shài ~ le. *The colour of the curtains has been faded by the sun.* /他的烧~了。Tā de shāo ~ le. *His fever is down.*

【退避】tuìbì（动）退后躲避 withdraw and keep off; keep out of the way

【退步】tuìbù（动）向后退，落后，与"进步"相对 lag (or fall) behind; retrogress（antonym of "进步" advance; progress）：武功不坚持天天练，就要~。Wǔgōng bù jiānchí tiāntiān liàn, jiù yào ~. *If one doesn't keep up daily practice in martial arts one will fall behind.*（名）后退的地步 leeway; room for manoeuvre：他把话说到了极限，一点~也不留。Tā bǎ huà shuōdàole jíxiàn, yìdiǎnr ~ yě bù liú. *He talked in extreme terms and didn't leave the slightest room for manoeuvre.*

【退潮】tuì=cháo *the tide is on the ebb*

【退出】tuìchū（动）（1）withdraw from; recede; quit：他因病~比赛。Tā yīn bìng ~ bǐsài. *He withdrew from the competition because of illness.* /~会场 ~ huìchǎng *walk out of a meeting* /~书法协会 ~ shūfǎ xiéhuì *withdraw (or resign) from the Calligraphy Association*（2）hand back：必须~无理侵占的土地。Bìxū ~ wúlǐ qīnzhàn de tǔdì. *You must hand back territory unjustifiably occupied.*

【退耕还林】tuì gēng huán lín 将错误地毁掉林木，改种农田的土地重新种上树木，变为林地 withdraw the plough and replace it with a forest — reforest land that has been erroneously destroyed to make room for farmland

【退化】tuìhuà（动）〈生〉degenerate；deteriorate：这种稻种已开始~，要改用新稻种才能增产。Zhè zhǒng dàozhǒng yǐ kāishǐ ~, yào gǎi yòng xīn dàozhǒng cái néng zēng chǎn. *This type of rice has already started to degenerate, so it must be replaced with a new type if production is to increase.*

【退还】tuìhuán（动）交还（已收下或买来的东西）return (things bought or received)：~多收的货款 ~ duō shōu de huòkuǎn *return excess payment received for goods* /那天买的小钟有点毛病，~给商店了。Nà tiān mǎi de xiǎo zhōng yǒudiǎnr máobìng, ~ gěi shāngdiàn le. *The small clock that I bought that day was defective so I returned it to the store.*

【退换】tuìhuàn（动）退还不合适的，换来合适的（多指货物）exchange (or replace) a purchase：衣服穿着不合适，可以

~。Yīfu chuānzhe bù héshì, kěyǐ ~. *If the clothes don't fit, they can be exchanged.* /请先看好试好，买后概不~。Qǐng xiān kànhǎo shìhǎo, mǎi hòu gài bú ~. *Please ensure that the goods are suitable. They will not be exchanged once purchased.*

【退回】tuì=huí（1）交回（送来的东西）return; send (or give) back：把礼物~。Bǎ lǐwù ~. *Return the gift.* /因为找不到收信人，信件~原处。Yīnwèi zhǎo bu dào shōuxìnrén, xìnjiàn ~ yuánchù. *As the recipient couldn't be found, the letter was returned to the sender.*（2）返回来 go (or turn) back：前边修路，我们的汽车又从原路~。Qiánbiān xiū lù, wǒmen de qìchē yòu cóng yuán lù ~. *The road ahead was under repair so we turned back and took the road we came from.*

【退婚】tuì=hūn 解除婚约 break off an engagement

【退路】tuìlù（名）（1）后退的路 route of retreat：切断敌人的~。Qiēduàn dírén de ~. *Cut off the enemy's retreat.*（2）回旋的余地 room for manoeuvre; leeway：他一点~也不给我留。Tā yìdiǎnr ~ yě bù gěi wǒ liú. *He didn't leave me any room for manoeuvre.* /我没把话说死，留了一点~。Wǒ méi bǎ huà shuōsǐ, liúle yìdiǎnr ~. *I didn't make it definite. I left a little leeway.*

【退赔】tuìpéi（动）退还、赔偿非法所得的财物 return what one has unlawfully taken or pay compensation for it：他因多吃多占，贪污公款，需~三千多元。Tā yīn duō chī duō zhàn, tānwū gōngkuǎn, xū ~ sānqiān duō yuán. *He took more than his share and embezzled public funds. As a result, he must pay more than 3,000 yuan in compensation.*

【退却】tuìquè（动）（1）军队在作战中向后撤退 (of the army) retreat; withdraw：敌人~了。Dírén ~ le. *The enemy has retreated.*（2）同"退缩"tuìsuō same as "退缩" tuìsuō：在困难面前，他从不~。Zài kùnnan miànqián, tā cóng bú ~. *He has never flinched from difficulty.*

【退让】tuìràng（动）让步 make a concession; yield; give in：要坚持斗争，不能~。Yào jiānchí dòuzhēng, bù néng ~. *We must uphold the struggle and not give in.* /双方都~一点，问题很容易解决。Shuāngfāng dōu ~ yìdiǎnr, wèntí hěn róngyì jiějué. *If both parties made concessions, the problem would be easily resolved.*

【退热】tuì=rè 同"退烧"tuì=shāo same as "退烧" tuì=shāo

【退色】tuì=sè fade：这种布水洗不~，可是不能晒太阳。Zhè zhǒng bù shuǐ xǐ bú ~, kěshì bù néng shài tàiyáng. *This type of cloth doesn't fade when washed, but it must not be put out to dry in the sun.*

【退烧】tuì=shāo bring down (or allay) a fever：吃了~药，烧就退了。Chīle ~ yào, shāo jiù tuì le. *The fever was brought down with some antipyretic.* /他怎么老不~？Tā zěnme lǎo bú ~? *Why hasn't his fever come down yet?*

【退缩】tuìsuō（动）畏难后退，畏缩不前 shrink back; flinch; cower：他毫不~，迎着困难上。Tā háobù ~, yíngzhe kùnnan shàng. *He doesn't cower in the least, but meets difficulty head on.*

【退伍】tuì=wǔ retire or be discharged from active military service; be demobilized; leave the army

【退席】tuì=xí leave a banquet or a meeting; walk out：那位代表~表示抗议。Nà wèi dàibiǎo ~ biǎoshì kàngyì. *That delgate walked out in protest.*

【退休】tuì=xiū retire

【退学】tuì=xué 学生因故不能继续学习，或因严重违反纪律，不准继续学习并取消学籍 leave school; discontinue one's schooling; be expelled from school：他因家庭经济困难而~了。Tā yīn jiātíng jīngjì kùnnan ér ~ le. *He left school because of financial difficulties at home.* /他因长期违反校规，学校已勒令其~。Tā yīn chángqī wéifǎn xiàoguī,

xuéxiào yǐ lèlìng qí ~. *The school has already ordered him to leave because he has been violating school regulations for a long time.*

【退役】tuì=yì 军人退出现役或预备期满退出预备役 *retire or be released from military service (on completing the term of reserve)*

【退赃】tuì=zāng 将贪污或偷窃的钱物拿出来交还公家或失主 *surrender (or give up) ill-gotten gains to the state or original owner*

【退职】tuì=zhí 被辞退或辞去所担任的工作 *resign or be discharged from office; quit working*

蜕 tuì
（动）(1)蛇、蝉等脱皮 *exuviate; slough off* (2)鸟类等换毛 *moult*

【蜕变】tuìbiàn （动）(人或事物)发生质变 *(of a person or thing) change in quality; transform; transmute*

【蜕化】tuìhuà （动）虫类脱皮,比喻腐化堕落 *slough off; exuviate; (of a person or thing) degenerate*：他的思想~了。Tā de sīxiǎng ~ le. *His thinking is degenerating.* /他~成一个贪污分子。Tā ~ chéng yí ge tānwū fènzi. *He has degenerated and become an embezzler.*

【蜕化变质】tuìhuà biàn zhì 腐化堕落,思想发生了质的变化 *degeneration*

褪 tuì
（动）(1)颜色变浅变淡 *(of colour) fade*：这件衣服刚穿上的时候漂亮着呢,现在~色了。Zhè jiàn yīfu gāng chuānshang de shíhou piàoliang zhene, xiànzài ~ sè le. *When I first wore this jacket it was beautiful, but now it's faded.* (2)换掉(羽毛等) *shed (feathers, etc.)*：小鸭子刚~掉绒毛儿。Xiǎo yāzi gāng ~diào róngmáor. *The ducklings have just shed their down.*

tūn

吞 tūn
（动）*swallow; gulp down*

【吞并】tūnbìng （动）把别国的领土或别人的产业据为己有 *annex; swallow up*

【吞没】tūnmò （动）(1)淹没 *swallow up; engulf*：大水~了庄稼。Dàshuǐ ~ le zhuāngjia. *The crops are engulfed in water.* (2)把别人的或公有的财物据为己有 *embezzle; misappropriate*：他的财产被他叔叔~了。Tā de cáichǎn bèi tā shūshu ~ le. *His property was misappropriated by his uncle.*

【吞噬】tūnshì （动）〈书〉*swallow; gobble up; engulf*：白血球有~细菌的功能。Báixuèqiú yǒu ~ xìjūn de gōngnéng. *White corpuscles have the function of engulfing bacteria.*

【吞吐量】tūntǔliàng （名）*handling capacity (of a harbour); the volume of freight handled*

【吞吞吐吐】tūntūntǔtǔ （形）形容说话有顾虑,想说又不敢说的样子 *hesitate in speech; hem and haw*：问了半天,他才~地说了实话。Wènle bàntiān, tā cái ~ de shuōle shíhuà. *I asked him several times and after hemming and hawing he finally told the truth.* /别这么~的,有话就直说! Bié zhème ~ de, yǒu huà jiù zhí shuō! *Don't hem and haw like this. If you have something to say, say it!*

tún

屯 tún
（动）(1)聚集,储存 *collect; store up*：聚草~粮 jù cǎo liáng *collect straw and store up grain* (2)驻扎(军队) *station (troops); quarter (troops)*（名）◇ 村庄(多用于村名) vil-

lage *(often used in village names)*

【屯田】túntián （名）利用士兵在驻扎的地区种田的一种制度 *have garrison troops open up wasteland and grow food grain (in the area where they're stationed)*

囤 tún
（动）*store up; hoard* 另见 dùn

【囤积】túnjī （动）*hoard for speculation; corner (the market)*：~大量粮食 ~ dàliàng liángshi *hoard vast amounts of grain for speculation*

【囤积居奇】túnjī jūqí 居奇：积聚稀少商品。大量存储商品,等待高价出售,以牟取暴利(居奇：*accumulate scarce goods*) *hoarding and speculation; hoard for profiteering purposes*

臀 tún
（名）*buttocks*

【臀部】túnbù （名）*buttocks*

tuō

托 tuō
（名）(~儿) sth. *serving as a support*：花~ huā~ *receptacle (of a flower)* /茶~ chá~ *saucer* （动）(1)手掌向上平举(承受物体的重量) *hold in the palm; support with the hand or palm*：双手~着下巴。Shuāng shǒu ~zhe xiàba. *His chin is resting on his hands* /两手~着茶盘。Liǎng shǒu ~zhe chápán. *His tea tray is being held in the palm of both hands.* (2)委托 *entrust; ask*：~你带封信给老赵。~ nǐ dài fēng xìn gěi Lǎo Zhào. *I'll leave it up to you to take a letter to Lao Zhao.* /~老王办点儿事。~ Lǎo Wáng bàn diǎnr shìr. *Ask Lao Wang to do something.* (3)推托 *plead; give as a pretext*：~故不参加会议 ~ gù bù cānjiā huìyì *make an excuse not to attend a meeting*

【托病】tuōbìng （动·不及物）以有病为借口 *plead illness; pretend to be sick*：他已经三次~不上班了。Tā yǐjing sān cì ~ bú shàng bān le. *He has already pretended to be sick three times so as not to go to work.*

【托词】tuōcí （名）*pretext; excuse; subterfuge*：他未必真有事,这不过是他的~。Tā wèibì zhēn yǒu shì, zhè búguò shì tā de ~. *He may not necessarily be busy, but that's his excuse.* /我找个~谢绝他的邀请吧。Wǒ zhǎo ge ~ xièjué tā de yāoqǐng ba. *Let me look for a pretext to decline his invitation.*

【托儿所】tuō'érsuǒ （名）*nursery; child care centre*

【托福】tuō=fú 套语,依赖对方的福气,使自己得到好运(多用于回答别人的问候) *(usu. used in returning sb.'s greetings) thanks to you*：~,我身体好多了。~, wǒ shēntǐ hǎo duō le. *I'm much better now, thank you.* /托您的福,我全家都很好。Tuō nín de fú, wǒ quán jiā dōu hěn hǎo. *My family is fine, thank you.*

【托付】tuōfù （动）委托照料或办理 *entrust; commit (sth. or sb.) to sb.'s care*：这孩子就~给您了。Zhè háizi jiù ~ gěi nín le. *I'm leaving this child under your care.* /您去上海,我想~您一件事。Nín qù Shànghǎi, wǒ xiǎng ~ nín yí jiàn shì. *When you go to Shanghai, I'd like to ask you to do something for me.*

【托管】tuōguǎn （动）*place under trusteeship*

【托人情】tuō rénqíng 请人代为说情 *seek the good offices of sb.; ask an influential person to help arrange sth.*：他从来秉公办事,你~也没有用。Tā cónglái bǐnggōng bàn shì, nǐ ~ yě méi yǒu yòng. *He has always handled matters impartially. It's no use seeking favours ~ him.*

【托运】tuōyùn （动）*consign for shipment; check*：我上个月~的两个箱子还没运到。Wǒ shàng ge yuè ~ de liǎng ge xiāngzi hái méi yùndào. *The two boxes I consigned last*

month have not arrived yet.

拖 tuō

(动)(1)拉 *pull*；*drag*；*haul*：火车头～着长长的列车前进。Huǒchētóu ～zhe chángcháng de lièchē qiánjìn. *The locomotive is pulling forward a long train of carriages.* /箱子不能放在这儿，咱们把它～开。Xiāngzi bù néng fàng zài zhèr, zánmen bǎ tā ～kāi. *The box can't stay here. Let's drag it away.* (2)耷拉着 *droop*；*hang down*：背上～着一条长辫子。Bèishang ～zhe yì tiáo cháng biànzi. *A long braid hangs down her back.* /长长的柳枝一直～到河面上。Chángcháng de liǔ zhī yìzhí ～dào hé miàn shang. *Long willow branches droop all the way down to the river's surface.* (3)拖延 *droop*；*drag on*；*procrastinate*：她的婚事不能再～了。Tā de hūnshì bù néng zài ～ le. *Her wedding cannot be delayed any longer.*

【拖把】tuōbǎ (名)[个 gè] *mop*：用一把地拖干净。Yòng yìbǎ dì tuō gānjing. *Use a mop to wipe the floor clean.*

【拖车】tuōchē (名)[辆 liàng] *trailer*

【拖船】tuōchuán (名) *tugboat*；*tug*；*towboat*

【拖后腿】tuō hòutuǐ 比喻牵制、阻挠、影响集体的工作或个人的前进 *hinder (or impede) sb.*；*hold sb. back*；*be a drag on sb.*：你的爱人真好，从来不拖你的后腿。Nǐ de àiren zhēn hǎo, cónglái bù tuō nǐ de hòutuǐ. *You have such a good spouse — she has never held you back.* /孩子太多容易拖大人的后腿。Háizi tài duō róngyì tuō dàrén de hòutuǐ. *It's so easy for children to be a drag on adults.* /大家愿意搞什么就搞什么，我决不拖大家的后腿。Dàjiā yuànyì gǎo shénme jiù gǎo shénme, wǒ jué bù tuō dàjiā de hòutuǐ. *Whatever everybody wants to do, do it. I will absolutely not hinder anyone.*

【拖拉】tuōlā (形)办事迟缓，不抓紧 *dilatory*；*slow*；*sluggish*：反对一作风 fǎnduì ～ zuòfēng *oppose a dilatory style of work* /他办事总是拖拖拉拉的。Tā bàn shì zǒng shì tuōtuōlālā de. *Whenever he does something, it's always in a sluggish manner.*

【拖拉机】tuōlājī (名)[台 tái] *tractor*：～手 ～shǒu *tractor driver*

【拖累】tuōlěi (动)使受牵累 *encumber*；*be a burden on*：一人有病～全家。Yì rén yǒu bìng ～ quán jiā. *One sick person is a burden on the whole family.*

【拖轮】tuōlún (名)同"拖船" tuōchuán *same as* "拖船" tuōchuán

【拖泥带水】tuō ní dài shuǐ 比喻办事不干脆或说话、写作不简洁 (of work or speech) *messy*；*sloppy*；*slovenly*：他办事总是一的，没有干脆劲儿。Tā bàn shì zǒngshì ～ de, méi ge gāncuì jìnr. *He always does things in a sloppy way and doesn't have any zeal.* /他说话干脆利落，从不～。Tā shuō huà gāncuì lìluo, cóng bù ～. *He speaks in a straight forward and distinct way and has never been dilatory.* /他这篇文章写得～，得改改。Tā zhè piān wénzhāng xiě de ～, děi gǎigai. *His article is sloppily written and has to be changed.*

【拖欠】tuōqiàn (动)久欠不还 *be behind in payment*；*be in arrears*；*default*：借款到期本利还清，不得～。Jièkuǎn dào qī běn lì huánqīng, bù dé ～. *When the loan is due, both principal and interest must be paid back. It is not permitted to default.*

【拖网】tuōwǎng (名) *trawlnet*；*trawl*；*dragnet*：～渔船 ～yúchuán *trawler*

【拖鞋】tuōxié (名)[只 zhī、双 shuāng] *slipper*

【拖延】tuōyán (动)把时间延长，不抓紧办理 *delay*；*put off*；*procrastinate*：要及时抢救，不能～。Yào jíshí qiǎngjiù, bù néng ～. *This must be salvaged on time. We cannot procrastinate.* /办手续～了很长时间，差点儿误了

火车。Bàn shǒuxù ～le hěn cháng shíjiān, chàdiǎnr wùle huǒchē. *Taking care of formalities delayed me for a long time, so I almost missed my train.*

【拖曳】tuōyè (动)〈书〉拉着走 *drag and pull*

脱 tuō

(动)(1)同"脱落" tuōluò *same as* "脱落" tuōluò：头发都～光了。Tóufa dōu ～guāng le. *He's lost all his hair.* (2)除去(衣帽鞋袜等) *take off*；*cast off (clothing, a hat, shoes, socks, etc.)*：～衣上床 ～ yī shàng chuáng *take off one's clothes and go to bed* /他～了鞋袜蹚过河去。Tā ～le xié wà tāngguò hé qu. *He took off his socks and shoes and waded across the stream.* (3)脱离 *escape from*；*get out of*：～了缰的马 ～le jiāng de mǎ *a runaway horse* /一节车厢～了钩。Yì jié chēxiāng ～le gōu. *One railway coach has become unhitched.* /这一页～了几个字。Zhè yí yè ～le jǐ ge zì. *There are a few characters missing on this page.* /毛衣～了两针。Máoyī ～le liǎng zhēn. *Two stitches have been dropped on this sweater.*

【脱产】tuō＝chǎn 脱离生产第一线(去学习或工作) *be released from one's regular work (so as to study or take on other duties)*：这几个车间主任都是不～的干部。Zhè jǐ ge chējiān zhǔrèn dōu shì bù ～ de gànbù. *The heads of these workshops all carry on with their regular work and, at the same time, serve as cadres.* /领导批准他～学习一年。Lǐngdǎo pīzhǔn tā ～ xuéxí yì nián. *The leaders have given him consent to leave work for one year's study.*

【脱稿】tuō＝gǎo (著作)写完 *(of a manuscript) to be completed*：我估计他的小说不久就可以～。Wǒ gūjì tā de xiǎoshuō bùjiǔ jiù kěyǐ ～. *I reckon the manuscript of his novel will soon be completed.*

【脱轨】tuō＝guǐ *derail*：这次火车～的原因还没有查明。Zhè cì huǒchē ～ de yuányīn hái méiyou chámíng. *The reason for this train derailment has not yet been ascertained.*

【脱节】tuō＝jié 原来连接着的物体分开了，借指有联系的事物失掉了联系 *come apart*；*be out of line with*：两节车厢～，造成行车事故。Liǎng jié chēxiāng ～, zàochéng xíng chē shìgù. *Two railway coaches came apart and caused a traffic accident.* /生产和销售不能～。Shēngchǎn hé xiāoshòu bù néng ～. *Production and marketing must not be out of line.*

【脱臼】tuō＝jiù〈医〉 *dislocation*

【脱口而出】tuō kǒu ér chū 不加思索，随口说出 *blurt out*；*say sth. without thinking*

【脱离】tuōlí (动)离开(某种环境)，断绝(某种关系) *separate oneself from*；*break away from*；*be divorced from*：～父子关系 ～ fùzǐ guānxi *break off father-son relations* /～群众 ～ qúnzhòng *be divorced from the masses* /～实际 ～ shíjì *lose contact with reality* /他的伤不轻，不过已～危险。Tā de shāng bù qīng, búguò yǐ ～ wēixiǎn. *Although his wound is heavy, he's already out of danger.*

【脱粒机】tuōlìjī (名)[台 tái] *thresher*；*sheller*

【脱漏】tuōlòu (动)〈书〉漏掉(文字等) *be left out*；*be omitted*；*be missing*：此段难解，恐有文字～。Cǐ duàn nán jiě, kǒng yǒu wénzì ～. *This passage is difficult to understand. I'm afraid some characters are missing.*

【脱落】tuōluò (动) *drop*；*fall off (or away)*；*come off*：头发～ tóufa ～ *lose one's hair* /油漆～ yóuqī ～ *The paint is peeling.* /牙齿～ yáchǐ ～ *Teeth are falling out.*

【脱毛】tuō＝máo *lose hair or feathers*；*moult*；*shed*

【脱帽】tuō＝mào *take off (or raise) one's hat*

【脱色】tuō＝sè (1) *decolour*；*decolourize* (2) *fade*：太阳晒得衣服～了。Tàiyáng shài de yīfu ～ le. *The sun has faded these clothes.*

【脱身】tuō＝shēn 离开(某种场合)，摆脱(某种事情) *get*

away；*get free*；*extricate oneself*：我整天开会，无法～。Wǒ zhěngtiān kāi huì，wúfǎ ～. *I have an all-day meeting, so there's no way for me to get away.* /他现在脱不开身，你一个人先去吧。Tā xiànzài tuō bu kāi shēn，nǐ yí ge rén xiān qù ba. *He can't get away right now, so you go first.*

【脱手】tuō=shǒu (1)离开手 *slip out of the hand*：好好拿着，别让盘子～。Hǎohāo názhe，bié ràng pánzi ～. *Grasp the plate firmly and don't let it slip out of your hands.* (2)卖出货物 *get off one's hands*；*dispose of*；*sell*：这批货他急于～，只好降价。Zhè pī huò tā jíyú ～，zhǐhǎo jiàng jià. *He's anxious to dispose of this shipment of goods, so he has no choice but to reduce prices.*

【脱水】tuō=shuǐ〈医〉*dehydration*；*deprivation* (*or loss*) *of body fluids*

【脱逃】tuōtáo (动·不及物) 逃走 *run away*；*escape*；*flee*：警察没抓住那个小偷，让他～了。Jǐngchá méi zhuāzhu nàge xiǎotōu，ràng tā ～ le. *The police didn't catch hold of that thief, so he was able to escape.*

【脱胎换骨】tuō tāi huàn gǔ 原是道家修炼用语，指超凡成仙。现用来比喻彻底改变思想和立场 *be reborn* (*of Daoists*)；*cast off one's old self*；*thoroughly remould one's thinking*

【脱位】tuō=wèi 同"脱白"tuō=jiù *same as* "脱白" tuō=jiù

【脱险】tuō=xiǎn *escape* (*or be out of*) *danger*：被暴风雪阻在山里的旅客已经全部～了。Bèi bàofēngxuě zǔ zài shān li de lǚkè yǐjīng quánbù ～ le. *The travellers who were stranded in the mountains during the snowstorm are now all out of danger.*

【脱销】tuōxiāo (动·不及物) *out of stock*；*sold out*：那种词典很快就～了。Nà zhǒng cídiǎn hěn kuài jiù ～ le. *That kind of dictionary was quickly sold out.*

【脱颖而出】tuō yǐng ér chū 比喻人的才能全部显示出来 *the point of an awl sticking out through a bag — talent showing itself*

【脱脂】tuō=zhī *de-fat*；*degrease*：～棉 ～ mián *absorbent cotton*

tuó

驮〔馱〕tuó
(动)用背负载(多指牲口)(*of draught animals*) *carry* (*or bear*) *on the back*：马背上～着一个口袋。Mǎbèi shang ～zhe yí ge kǒudai. *The horse is carrying a sack on its back.*

驼〔駝〕tuó
(名)◇ 指骆驼 *camel*：～毛 ～máo *camel hair* (动)(背)弯曲 *be hunchbacked*；*be humpbacked*：老太太背已经～了。Lǎotàitai bèi yǐjīng ～ le. *The old woman's back is already hunched.*

【驼背】tuóbèi (名) *hunchback*；*humpback*
【驼峰】tuófēng (名) *hump of a camel*
【驼绒】tuóróng (名) *camel's hair*；*camel hair cloth*
【驼色】tuósè (名) *the colour of camel's hair*；*light tan*

鸵〔鴕〕tuó
【鸵鸟】tuóniǎo (名)[只 zhī] *ostrich*

tuǒ

妥 (形)◇ (1)妥当 *appropriate*；*proper*：以上意见，～否，请批示。Yǐshàng yìjian，～ fǒu，qǐng pīshì. *Please indicate* (*in writing*) *whether you consider the above views sound or not.* /这个方案并无不～之处。Zhège fāng'àn bìng wú bù ～ zhī chù. *This plan has no inappropriate areas.* (2)齐备，完毕 *ready*；*settled*；*finished*：合同已谈～。Hétong yǐ tán ～. *The contract has already been verbally settled.* /木材已买～。Mùcái yǐ mǎi ～. *The lumber has already been bought.*

【妥当】tuǒdang (形)稳妥合适 *appropriate*；*proper*：他办事～，可以放心。Tā bàn shì ～，kěyǐ fàng xīn. *Don't worry, he handles matters very well.* /找一个～的人去送货。Zhǎo yí ge ～ de rén qù sòng huò. *Find someone appropriate to deliver the goods.*

【妥善】tuǒshàn (形)妥当完善 *appropriate*；*proper*；*well arranged*：～处理 ～ chǔlǐ *careful and skillful handling of a problem* /得到了～的安置 dédàole ～ de ānzhì *proper arrangements have been made*

【妥帖】tuǒtiē (形) 恰当，合适 *appropriate*；*fitting*；*proper*：安排得很～。Ānpái de hěn ～. *Everything has been properly arranged.* /话说得很～。Huà shuō de hěn ～. *The words are quite appropriate.*

【妥协】tuǒxié (动·不及物)用让步的办法避免争执或斗争 *come to terms*；*compromise*：不作任何～就达不成协议。Bú zuò rènhé ～ jiù dá bu chéng xiéyì. *If you don't compromise, an agreement can't be reached.* /争执到最后，还是妈妈～了。Zhēngzhí dào zuìhòu，hái shì māma ～ le. *He stuck to his position until the very last, so his mother finally compromised.*

椭〔橢〕tuǒ
【椭圆】tuǒyuán (名) *ellipse*

tuò

拓 tuò
另见 tà
【拓荒】tuò=huāng *open up virgin soil*；*reclaim wasteland*

唾 (动) *spit*
【唾骂】tuòmà (动)〈书〉*spit on and curse*；*revile*
【唾沫】tuòmo (名) *saliva*；*spittle*
【唾弃】tuòqì (动)鄙弃 *cast aside*；*spurn*：遭到～ zāodào ～ *be spurned*；*be cast aside* (*by sb.*)
【唾液】tuòyè (名) *saliva*

W

wā

挖 ^wā（动）dig；excavate：～煤 ～ méi mine for coal / ～坑 ～ kēng dig a pit (or hole) / 大有潜力可～ dà yǒu qiánlì kě ～ have great potential for excavation

【挖掘】wājué（动）深挖发掘 excavate；unearth：～地下宝藏 ～ dìxià bǎozàng unearth minerals /～思想根源 ～ sīxiǎng gēnyuán unearth the ideological origin / 城市中埋藏的许多人才还远远没有～出来。Chéngshì zhōng máicáng de xǔduō réncái hái yuǎnyuǎn méiyou ～ chūlái. Many of the human resources within the city have a long way to go before they are discovered.

【挖空心思】wā kōng xīnsī 费尽心机，采用各种手段（含贬义）rack one's brains：他～为自己经营安乐窝。Tā ～ wèi zìjǐ jīngyíng ānlèwō. He racked his brains trying to find a way to build himself a cosy nest. / 尽管他～想为自己的错误辩解,但却找不出充分的理由。Jǐnguǎn tā ～ xiǎng wèi zìjǐ de cuòwù biànjiě, dàn què zhǎo bu chū chōngfèn de lǐyóu. He racked his brains trying to justify his mistakes, but in the end could find no reasonable excuse. / 他～想讨好上级。Tā ～ xiǎng tǎohǎo shàngjí. He racked his brains trying to ingratiate himself with his superiors.

【挖苦】wāku（动）用尖刻的话讽刺嘲笑人 speak sarcastically or ironically：你就会～人。Nǐ jiù huì ～ rén. You certainly know how to speak sarcastically of others. / 同学有缺点应耐心帮助,讽刺,～ 是不对的。Tóngxué yǒu quēdiǎn yīng nàixīn bāngzhu, fēngcì, ～ shì bú duì de. Classmates who have shortcomings should be helped patiently. Mocking and sarcasm are improper. / 当领导的怎么能～群众呢? Dāng lǐngdǎo de zěnme néng ～ qúnzhòng ne? How can leaders speak sarcastically to the masses?

【挖泥船】wāníchuán（名）[只 zhī] dredger；dredge

【挖潜】wāqián（动·不及物）挖掘内部潜力 tap latent potentialities：要想把企业搞活,就得注意～,革新。Yào xiǎng bǎ qǐyè gǎohuó, jiù děi zhùyì ～, géxīn. In order to make an enterprise work, one must tap its latent potentialities and be innovative.

【挖墙脚】wā qiángjiǎo 拆坏墙基,使墙倒塌。比喻拆台,搞垮（某事）undermine the foundation；weaken the wall；cut the ground from under sb.'s feet：防止有人挖集体企业的墙脚。Fángzhǐ yǒu rén wā jítǐ qǐyè de qiángjiǎo. We must guard ourselves against someone undermining the prestige of our collective enterprise. / 他们把我们的技术骨干都调走了,不是存心来～吗? Tāmen bǎ wǒmen de jìshù gǔgàn dōu diàozǒu le, búshì cún xīn lái ～ ma? They transferred our main technicians to other units. This was a deliberate attempt to undermine our position.

【挖肉补疮】wā ròu bǔ chuāng 同“剜肉补疮”wān ròu bǔ chuāng same as "剜肉补疮" wān ròu bǔ chuāng

【挖土机】wātǔjī（名）[台 tái] excavator

哇 ^wā（象声）呕吐声,大哭声。作状语 sound of vomiting or loud crying (used as an adverbial)：席散之后,他～～地吐,大概是酒喝多了。Xí sàn zhī hòu, tā ～～ de tù, dàgài shì jiǔ hēduō le. When the banquet was over, he started to vomit loudly. It was probably a result of his excessive drinking. / 他～地一声,哭了起来。Tā ～ de yì shēng, kūle qilai. He burst out crying. 另见 wa

【哇啦】wālā（象声）形容吵闹声。作状语（used as an adverbial）hullabaloo；uproar；din：十几个七八岁的孩子～～吵成一片。Shí jǐ ge qī-bā suì de háizi ～ ～ chǎochéng yípiàn. There were about a dozen seven-and eight-years-olds creating a hullabaloo.

洼 ^[窪]wā（名）(～儿）凹陷处 low-lying area；hollow；depression：小水～ xiǎo shuǐ～ small waterlogged depression（形）凹陷 low-lying；hollow：～地 ～ dì depression；low-lying land /这片地比较～,终年积水。Zhè piàn dì bǐjiào ～, zhōngnián jī shuǐ. This is a relatively low-lying area. It accumulates water all year round.

蛙 ^wā（名）[只 zhī] frog

【蛙泳】wāyǒng（名）breaststroke

wá

娃 ^wá（名）◇ baby；child

【娃娃】wáwa（名）[个 gè] baby；child：胖～ pàng ～ a chubby child (or baby) /布～ bù ～ cloth doll /塑料～ sùliào ～ plastic doll

wǎ

瓦 ^wǎ（名）tile（量）瓦特的简称 abbrev. for "瓦特"：办公室的日光灯都是四十～的。Bàngōngshì de rìguāngdēng dōu shì sìshí ～ de. The office uses 40-watt fluorescent lights. /买两个二十五～的灯泡。Mǎi liǎng ge èrshíwǔ ～ de dēngpào. Buy two 25-watt light bulbs. /这个电冰箱的耗电量是多少～? Zhège diànbīngxiāng de hàodiànliàng shì duōshao? How many watts does this refrigerator consume?

【瓦工】wǎgōng（名）(1)建筑工程中的砌砖、盖瓦、粉刷等工作 bricklaying, tiling or plastering (2)做上述工作的建筑工人 bricklayer；tiler；plasterer

【瓦匠】wǎjiang（名）同“瓦工”wǎgōng（2）same as "瓦工" wǎgōng（2）

【瓦解】wǎjiě（动）(1)比喻崩溃或分裂 collapse；crumble：地震使这些高大建筑物～了。Dìzhèn shǐ zhèxiē gāodà jiànzhùwù ～ le. The earthquake caused these tall buildings to collapse. /这个组织早已～。Zhège zǔzhī zǎo yǐ ～. This organization broke up a long time ago. (2) 使崩溃,分裂 cause sth. to collapse or fall apart：敌军已被我们从内部～了。Dí jūn yǐ bèi wǒmen cóng nèibù ～ le. We have already caused an internal collapse within the enemy troops. /做～敌人的工作 zuò ～ dírén de gōngzuò work at causing the enemy to collapse

【瓦楞】wǎléng（名）rows of tiles on a roof

【瓦砾】wǎlì（名）(书）碎裂的砖头瓦片 rubble；debris：战火使这个地区变成一片～。Zhànhuǒ shǐ zhège dìqū biànchéng yípiàn ～. The flames of war have turned this district into rubble. /这些东西是从～堆里翻到的。Zhèxiē dōngxi shì cóng ～ duī lǐ fāndào de. These things were salvaged from a pile of debris.

【瓦垄】wǎlǒng（名）同“瓦楞”wǎléng same as "瓦楞" wǎléng

【瓦斯】wǎsī（名）*gas*

【瓦特】wǎtè（量）*watt*

wà

袜〔襪〕wà（名）◇ *sock*；*stocking*：长筒～ chángtǒng～ *stocking*

【袜子】wàzi（名）［只 zhī、双 shuāng］*sock*；*stocking*

wa

哇wa（助）是语气助词（*is a modal particle*）同"啊"，用于舒缓语气，不影响句子意思。如"啊"前一字的尾音是"u""ao"或"ou"，这尾音往往与"啊"合并成"哇"（*same as* "啊"，*it is used for a leisurely tone and does not change the meaning of the sentence*；*if the final sound of the character preceding* "啊" *is* "u"，"ao" *or* "ou"，*it usu. merges with* "啊" *to become* "哇"）：天这么晚了，你是走～还是留？快决定啊！Tiān zhème wǎn le，nǐ shì zǒu～háishi liú～? Kuài juédìng a! *It's so late. Are you leaving or staying? Hurry up and decide.* /北京动物园动物是很全的，各种鸟、兽～都有。Běijīng Dòngwùyuán dòngwù shì hěn quán de，gè zhǒng niǎo～、shòu～dōu yǒu. *There is a complete variety of animals at the Beijing Zoo. There are birds and animals of every type.* /孩子们喜欢看熊猫～、长颈鹿～、虎～、豹～什么的。Háizimen xǐhuan kàn xióngmāo～、chángjǐnglù～、hǔ～、bào～shénmede. *Children like to see pandas, giraffes, tigers, leopards, etc.* /你们的工作做得很好～，应当表扬。Nǐmen de gōngzuò zuò de hěn hǎo～，yīngdāng biǎoyáng. *Your work was very well done. You should commended.* 另见 wā

wāi

歪wāi（形）（1）不正 *askew*；*crooked*；*slanting*：地图挂～了。Dìtú guà～le. *The map is hanging at a slant.* /这棵小树越长越～。Zhè kē xiǎo shù yuè zhǎng yuè～. *This small tree is growing more and more crooked.*（2）不正确的 *devious*；*crooked*；*inappropriate*：她说的都是～理儿。Tā shuō de dōu shì～lǐr. *Her reasoning is all false.* /注意别让孩子走上～道儿。Zhùyì bié ràng háizi zǒushàng～dàor. *One must be careful not to allow children to stray down the wrong path.*（动）向一边偏斜 *incline*；*slant*；*tilt*：小姑娘把头一～，不好意思地笑了。Xiǎo gūniang bǎ tóu yì～，bù hǎoyìsi de xiào le. *The little girl tilted her head to one side and let out an embarrassed laugh.* /他～着头好像在听什么。Tā～zhe tóu hǎoxiàng zài tīng shénme. *He's slanting his head as though he were listening to something.*

【歪风】wāifēng（名）不正常不好的风气（常与"邪气"连用）*evil wind*；*unhealthy trend*（*often used with* "邪气"）：煞住这股～ shāzhù zhè gǔ～ *Bring this unhealthy trend to a halt.* /不能让～邪气上涨。Bù néng ràng～xiéqì shàngzhǎng. *One must not allow unhealthy tendencies to develop.* /大办喜事的～越来越厉害。Dà bàn xǐshì de～yuèláiyuè lìhai. *The unhealthy trend of going overboard to have extravagant wedding ceremonies is increasing.*

【歪门邪道】wāi mén xié dào 不正当的途径、办法 *crooked ways*；*dishonest practices*

【歪曲】wāiqū（动）用不合事实的说法解释 *distort*；*misrepresent*；*twist*：～了作者本意～le zuòzhě běnyì *misrepresent the author's original meaning* /事实不容～。Shìshí bù róng～. *Facts must not be distorted.* /我本是一片好心，却被他～了。Wǒ běn shì yí piàn hǎoxīn，què bèi tā～le. *I have*

nothing but good intentions. He has given a distorted picture of me.

【歪歪扭扭】wāiwāiniǔniǔ（形）形容弯曲不正的样子 *crooked*；*irregular*；*careless*：书架上的书放得～的，太不整齐了。Shūjià shang de shū fàng de～de，tài bù zhěngqí le. *The books were placed carelessly on the bookshelf. What a mess!* /这几棵小树怎么长得～的呢？Zhè jǐ kē xiǎo shù zěnme zhǎng de～de ne? *Why are these small trees growing so crookedly?* /这几行～的字显然是小孩儿写的。Zhè jǐ háng～de zì xiǎnrán shì xiǎoháir xiě de. *These scrawled lines were obviously written by a child.*

【歪斜】wāixié（形）不正或不直 *crooked*；*askew*：他画的线歪歪斜斜的。Tā huà de xiàn wāiwāixiéxié de. *The lines he has drawn are crooked.*

哑wāi（叹）表示招呼，常用于打电话 *hello*（*usu. used when talking on the telephone*）：～，你是谁呀！～，nǐ shì shuí ya! *Hello，who's speaking?* / ～，我没听清楚，请你再说一遍。～，wǒ méi tīng qīngchu，qǐng nǐ zài shuō yí biàn. *Hello，I didn't hear that clearly. Please repeat it once again.* / ～，你怎么不说话呀！～，nǐ zěnme bù shuō huà ya! *Hello，why aren't you speaking?*

wài

外wài（名）（1）外边（与"内""里"相对）*outside*；*exterior*（*antonym of* "里"）：室～空气新鲜。Shì～kōngqì xīnxiān. *The air outside the room is very fresh.* /汽车就停在校门口。Qìchē jiù tíng zài xiàomén～. *The bus stops right outside the school gate.* /球被踢出界～。Qiú bèi tīchū jiè～. *The ball was kicked out-of-bounds.*（2）指说话人所在地之外的（跟"本"相对）*other*（*antonym of* "本"）：～校 ～xiào *another school* /他暂时到～单位工作一段时间。Tā zànshí dào～dānwèi gōngzuò yí duàn shíjiān. *He's working temporarily in another unit.*（3）外国 *foreign*；*external*：中～文化贸易往来 Zhōng～wénhuà màoyì wǎnglái *cultural and commercial intercourse between China and foreign countries* /～实行开放政策 duì～shíxíng kāifàng zhèngcè *policy for opening up to foreign countries*

【外币】wàibì（名）*foreign currency*

【外边】wàibiān（名）（1）超出某一范围的地方 *outside*；*out*：围墙～栽了一圈白杨树。Wéiqiáng～zāile yì quānr báiyángshù. *White poplars were planted along the enclosing wall.* /今天～一定很冷，你得穿上大衣。Jīntiān～yídìng hěn lěng，nǐ děi chuānshang dàyī. *It must be very cold outside today. You should wear a coat.* /这件事还没搞清楚呢，不要到～乱说去。Zhè jiàn shì hái méi gǎo qīngchu ne，búyào dào～luàn shuō qù. *This matter has not yet been cleared up. Don't go out and gossip about it.*（2）表面 *outside*；*exterior*：这个饭碗里边跟～的图案不一样。Zhège fànwǎn lǐbiān gēn～de tú'àn bù yíyàng. *The pattern inside this rice bowl is not the same as that on the outside.* /这本词典封面的～还有一层塑料封皮。Zhè běn cídiǎn fēngmiàn de～hái yǒu yì céng sùliào fēngpír. *The cover of this dictionary has a plastic jacket around it.*

【外表】wàibiǎo（名）表面 *exterior*；*surface*；*outward appearance*：～美观大方 ～měiguān dàfang *have a fine exterior* /从～看，这两台录音机几乎一样。Cóng～kàn，zhè liǎng zhǒng lùyīnjī jīhū yíyàng. *By all appearances, these two tape recorders are almost exactly the same.* /不能光看～，还得试试机器的性能。Bù néng guāng kàn～，hái děi shìshi jīqì de xìngnéng. *You can't judge a machine by its outward appearance. You must also check out its performance.*

【外宾】wàibīn（名）外国客人 foreign guest（or visitor）

【外部】wàibù（名）(1)某一范围以外 outside；external：～事物 ～ shìwù external objects（or things）/ 不进行调查研究怎么会了解～情况? Bú jìnxíng diàochá yánjiū zěnme huì liǎojiě ～ qíngkuàng? If you don't first do some investigating, how can you understand the external situation? (2)事物的外表情况 exterior；surface：机器的～结构 jīqì de ～ jiégòu the exterior structure of a machine / 这家大饭店的～装饰十分讲究。Zhè jiā dà fàndiàn de ～ zhuāngshì shífēn jiǎngjiu. The exterior of this hotel is expensively decorated.

【外埠】wàibù（名）本地以外较大的城镇 towns or cities other than where one is：这里办理北京和～之间的邮件快递业务。Zhèlǐ bànlǐ Běijīng hé ～ zhī jiān de yóujiàn kuàidì yèwù. This place handles all express mail between Beijing and other cities.

【外出】wàichū（动）到外面去，特指因事到外地去 go away（on business）：经理～了，一星期才能回来。Jīnglǐ ～le, yì xīngqī cái néng huílai. The manager is away on business. He won't be back for a week. /孩子～前，要告诉家长。Háizi ～ qián, yào gàosu jiāzhǎng. Children should inform one of their parents before going out.

【外带】wàidài（动）〈口〉再加上，附带，常加"上"、"着"in addition：她给人看孩子，～洗衣服。Tā gěi rén kān háizi, ～ xǐ yīfu. She looks after other people's children. In addition, she washes clothes. / 小店卖烟酒，～zhe 管理公用电话。Xiǎo diàn mài yān jiǔ, ～zhe guǎnlǐ gōngyòng diànhuà. The shop sells cigarettes and drinks. On top of that, it is also in charge of a public telephone. （名）外胎 tyre

【外地】wàidì（名）本地以外的地方 parts of the country other than where one is：寄往～的平信一律贴二十分邮票。Jì wǎng ～ de píngxìn yílǜ tiē èrshí fēn yóupiào. All letters sent by surface mail to other parts of the country cost twenty cents.

【外调】wàidiào（动）(1)向其它地方或单位调出（物资、人员）transfer（materials or personnel）to other localities：这是～物资。Zhè shì ～ wùzī. These materials have been allocated for transfer to other places. /他早已～了，不在这个单位。Tā zǎo yǐ ～ le, bú zài zhège dānwèi. He was transferred out a long time ago and is no longer with this unit. (2)向外单位调查本单位的人或事（包括private调查或写信调查）carry out investigations in other units（through written correspondence or by sending sb.）：他们俩搞～去了。Tāmen liǎ gǎo ～ qu le. Those two went to make investigations in other units. /～信已经发了。～ xìn yǐjīng fā le. The letter of investigation has already been sent.

【外敷】wàifū（动）〈医〉apply（ointment, etc.）：这药只能～，不能内服。Zhè yào zhǐ néng ～, bù néng nèifú. This medication is for external application only, not for internal use.

【外购】wàigòu（动）去外边购买 go elsewhere to buy：这种药医院药房没有，得～。Zhè zhǒng yào yīyuàn yàofáng méi yǒu, děi ～. The hospital pharmacy does not sell this kind of medicine. You must go elsewhere to buy it.

【外观】wàiguān（名）（物体）从外表看的样子 outward appearance；exterior：这座图书馆～是中国古典建筑的风格，内部可完全现代化了。Zhè zuò túshūguǎn ～ shì Zhōngguó gǔdiǎn jiànzhù de fēnggé, nèibù kě wánquán xiàndàihuà le. The exterior of this library is built in a classical Chinese style of architecture while the interior is completely modern.

【外国】wàiguó（名）本国以外的国家 foreign country：～人 ～ rén foreigner /～语 ～ yǔ foreign language

【外行】wàiháng（形）对某种事情或工作不懂或完全没做过 layman；nonprofessional：～人 ～ rén layman；nonprofessional / 说～话 shuō ～ huà use lay language；make amateurish remarks / 干这活儿他可不～。Gàn zhè huór tā kě bú ～. He's certainly not an amateur in this field of work.

（名）外行的人 layman；nonprofessional：对语言学他是～。Duì yǔyánxué tā shì ～. He's not a professional in linguistics.

【外号】wàihào（名）(～儿)〈口〉nickname：他总爱给人起～。Tā zǒng ài gěi rén qǐ ～. He always likes to give people nicknames.

【外患】wàihuàn（名）来自外国的祸害，指外部的侵略 foreign aggression

【外汇】wàihuì（名）foreign exchange

【外籍】wàijí（名）外国国籍 foreign nationality

【外籍华人】wàijí Huárén 已经加入别国国籍的中国血统的人 a Chinese person who has obtained citizenship in a foreign country

【外加】wàijiā（动）另外再加上（表示补充）add ... to；more；extra；plus：你们班有多少学生? ——八个朝鲜人，八个日本人，～两个瑞士人，一共十八个。Nǐmen bān yǒu duōshao xuéshēng? ——Bā ge Cháoxiǎn rén, bā ge Rìběn rén, ～ liǎng ge Ruìshì rén, yígòng shíbā ge. How many students are there in your class? —— There are eight Koreans, eight Japanese plus two Swiss — altogether eighteen students.

【外间】wàijiān（名）(1)(～儿)相连的几间屋子中，直接通到外面的房间 outer room (2)〈书〉指外界 the external or outside world：～都传说他死了。～ dōu chuánshuō tā sǐ le. There are rumours that he has died.

【外交】wàijiāo（名）diplomacy；foreign affairs：～部 ～ bù the Ministry of Foreign Affairs/ ～辞令 ～ cílìng diplomatic language / ～官 ～ guān diplomat /～关系 ～ guānxì diplomatic relations

【外交惯例】wàijiāo guànlì diplomatic convention（or practice）

【外交家】wàijiāojiā（名）diplomat

【外交使节】wàijiāo shǐjié diplomatic envoy

【外交使团】wàijiāo shǐtuán diplomatic corps

【外交特权】wàijiāo tèquán diplomatic privileges（or prerogatives）

【外界】wàijiè（名）某人某物的外部环境或某团体的外部世界 the external or outside world：老王的眼睛刚好，受不住～强光的刺激。Lǎo Wáng de yǎnjing gāng hǎo, shòu bu zhù ～ qiáng guāng de cìjī. Lao Wang's eye disease has just cured. The shocking brightness of the external world is too much for him. / 他们这种做法，深受～的好评。Tāmen zhè zhǒng zuòfǎ, shēn shòu ～ de hǎopíng. Their method has received extremely favourable comments from the outside world. /这次科学报告会还邀请了一些知名人士参加。Zhè cì kēxué bàogàohuì hái yāoqǐngle ～ yìxiē zhīmíng rénshì cānjiā. Several well-known celebrities from other circles were also invited to participate in this science symposium.

【外景】wàijǐng（名）outdoor scene；scene shot on location；exterior：这个电视剧组正在南方拍～。Zhège diànshì jùzǔ zhèngzài nánfāng pāi ～. This television series is being shot on location in the South.

【外科】wàikē（名）〈医〉surgical department

【外壳】wàiké（名）outer covering（or casing）；shell；case

【外快】wàikuài（名）指正常收入以外的收入 extra income：捞～ lāo ～ gain extra income（through improper means）/ 赚～ zhuàn ～ earn extra income / 每月除了工资收入外，他晚上还去夜校教课，挣些～。Měi yuè chúle gōngzī shōurù wài, tā wǎnshang hái qù yèxiào jiāo kè, zhèng xiē ～. In addition to his monthly salary, he also earns extra money by teaching at a night school.

【外来语】wàiláiyǔ（名）从别种语言吸收来的词语，如汉语里的"布尔什维克""沙发""干部"等 word of foreign origin, e. g. "布尔什维克"（Bolshevik）, "沙发"（sofa）, "干

部" (cadre), etc.

【外力】 wàilì（名）(1)〈物〉指外界对某一体系的作用力 external force：由于～的作用，这个木箱变形了。Yóuyú ～ de zuòyòng，zhège mùxiāng biàn xíng le. Due to the effect of external forces on this wooden box, it has become deformed. (2)外部力量 outside force：争取～的支援 zhēngqǔ ～ de zhīyuán fight for outside support

【外流】 wàiliú（动）人力或财力流到外国或外地 outflow or drain (of manpower or financial resources)：这个单位对科技人员管理不善，造成人员～。Zhège dānwèi duì kējì rényuán guǎnlǐ búshàn，zàochéng rényuán ～. This unit does not handle scientists and technicians well. As a result, there has been an outflow of personnel. / 黄金是不可以～的。Huángjīn shì bù kěyǐ ～ de. An outflow of gold is not permitted.

【外贸】 wàimào（名）"对外贸易"的简称 abbrev. for "对外贸易" (foreign trade; external trade)

【外貌】 wàimào（名）appearance；exterior；looks：找对象不能只注重～，更应注意对方的品质、性格。Zhǎo duìxiàng bù néng zhǐ zhùzhòng ～，gèng yīng zhùyì duìfāng de pǐnzhì、xìnggé. When looking for a partner in marriage, one must not lay stress on looks；but rather, one should pay attention to character and personality.

【外面】 wàimiàn（名）(～儿)同"外边" wàibiān same as "外边" wàibiān：今天太阳好，屋子～比屋子里面还暖和。Jīntiān tàiyang hǎo，wūzi ～ bǐ wūzi lǐmiàn hái nuǎnhuo. The sun is shining today, so it's warmer outside the room than it is inside. / 这件毛衣大，可以穿在～。Zhè jiàn máoyī dà，kěyǐ chuān zài ～. This sweater is very big. It can be worn outside. / 这所房子—虽然旧了，内部最近却整修一新。Zhè suǒ fángzi ～ suīrán jiù le，nèibù zuìjìn què zhěngxiū yì xīn. Although the exterior of this building is very old, the interior is not, as it has recently been renovated.

【外婆】 wàipó（名）中国南方对母亲的母亲的称呼 maternal grandmother

【外强中干】 wài qiáng zhōng gān〈贬〉看上去外表似乎很强大，其实虚弱得很 outwardly strong but inwardly weak；strong in appearance, but weak in reality：他长了个大个子，可是～，有好几种慢性病。Tā zhǎngle ge dà gèzi，kěshì ～，yǒu hǎo jǐ zhǒng mànxìngbìng. Although he has a big build, he's actually quite weak. He has a series of chronic ailments.

【外侨】 wàiqiáo（名）"外国侨民"的简称 abbrev. for "外国侨民" (foreign national；alien)

【外勤】 wàiqín（名）(1)某些单位的经常在外面从事的工作 work done outside the office or in the field：～是比较辛苦的工作。～ shì bǐjiào xīnkǔ de gōngzuò. Field work is relatively hard work. /《人民日报》的～记者《Rénmín Rìbào》de ～ jìzhě a reporter gathering news for "The People's Daily" (2)作外勤工作的人 field personnel：小杨是我们单位的～。Xiǎo Yáng shì wǒmen dānwèi de ～. Xiao Yang is the field worker for our unit.

【外人】 wàirén（名）(1)不是自家的人或无亲属关系的人 stranger；outsider：我又不是～，何必客气。Wǒ yòu bú shì ～，hébì kèqi. I'm not a stranger, there's no need to be so polite. / 她毕竟是～，又第一次来咱家，可不能怠慢她。Tā bìjìng shì ～，yòu dìyī cì lái zán jiā，kě bù néng dàimàn tā. She is, after all, a stranger. We can't give her the cold shoulder on her first visit to our home. (2)指一定范围之外的人 alien；others：编这部词典，除了我们组几个人以外，还吸收了两个～参加。Biān zhè bù cídiǎn，chúle wǒmen zǔ jǐ ge rén yǐwài，hái xīshōule liǎng ge ～ cānjiā. In addition to our group, two other people were also recruited to help compile this dictionary. /这件事还没有最后定下来，不要告诉～。Zhè jiàn shì hái méiyou zuìhòu dìng xialai，búyào gàosu ～. This matter has not yet been settled, so don't tell others about it.

【外伤】 wàishāng（名）an injury or wound；trauma：他只是受了点～，没伤着骨头。Tā zhǐshì shòule diǎnr ～，méi shāngzháo gútou. He was just slightly wounded. No bones were broken.

【外商】 wàishāng（名）"外国商人"的简称 abbrev. for "外国商人" (foreign merchant)

【外省】 wàishěng（名）说话人所在省以外的省份 other provinces：王教授到～参加语言学会年会去了。Wáng jiàoshòu dào ～ cānjiā yǔyán xuéhuì niánhuì qu le. Professor Wang has gone to an out-of-province annual linguistics meeting. / 今年咱们的英语系也在～招生。Jīnnián zánmen de Yīngyǔ xì yě zài ～ zhāo shēng. Our English department is also recruiting students from other provinces this year.

【外甥】 wàisheng（名）姐姐或妹妹的儿子 sister's son；nephew

【外甥女】 wàishengnǚr（名）姐姐或妹妹的女儿 sister's daughter；niece

【外事】 wàishì（名）"外交事务"的简称 abbrev. for "外交事务" (foreign affairs；external affairs)

【外孙女】 wàisūnnǚ（名）女儿的女儿 daughter's daughter；granddaughter

【外孙子】 wàisūnzi（名）女儿的儿子 daughter's son；grandson

【外逃】 wàitáo（动）逃往外地或国外 flee (to another region or country)

【外套】 wàitào（名）[件 jiàn] overcoat；outer garment

【外头】 wàitou（名）同"外边" wàibiān same as "外边" wàibiān：大树的枝叶都伸到墙～去了。Dà shù de zhīyè dōu shēndào qiáng ～ qu le. The branches of that big tree have already reached beyond the wall. /～冷，快进屋里坐吧！～ lěng，kuài jìn wū li zuò ba. It's cold outside! Hurry up and come in! /二年级的学生都在校门～拍照呢。Èr niánjí de xuésheng dōu zài xiàomén ～ pāi zhào ne. The second-year students are all taking pictures outside the school gate.

【外围】 wàiwéi（名）(1)围绕某一环境的周围 periphery：学校～有一些商店。Xuéxiào ～ yǒu yìxiē shāngdiàn. There are a few stores in the periphery of the school. (2)围绕于某一中心事物而存在的某事物 centre on；revolve round：共产党的～组织 gòngchǎndǎng de ～ zǔzhī the Communist Party's peripheral organizations /在这一组织的～还有许多进步社团组织。Zài zhè yì zǔzhī de ～ hái yǒu xǔduō jìnbù shètuán zǔzhī. Around this group, there are many peripheral progressive mass organizations.

【外文】 wàiwén（名）外国的语言或文字 foreign language (spoken and written)

【外线】 wàixiàn（名）在安有电话分机的地方称对外通话的线路 outside (telephone) line

【外乡】 wàixiāng（名）本地以外的地方 another part of the country；some other place：他是～人，不了解此地的风俗。Tā shì ～ rén，bù liǎojiě cǐdì de fēngsú. He's not from these parts and so doesn't understand local customs.

【外向】 wàixiàng（形）extrovert：她性格～，心里想什么都会表露出来。Tā xìnggé ～，xīnlǐ xiǎng shénme dōu huì biǎolù chulai. She's an extrovert. Whatever is in her heart will show.

【外销】 wàixiāo（动）(把产品)销售到国外、外地或外部 be for sale abroad or in another part of the country：这些货物是准备～的，必须包装结实。Zhèxiē huòwù shì zhǔnbèi ～ de，bìxū bāozhuāng jiēshi. These goods are to be sold abroad, so they must be well packaged.

【外心】 wàixīn（名）由于爱上别人而产生对自己的丈夫(或妻子)不忠诚的念头 unfaithful intentions (of husband or wife)

【外形】 wàixíng（名）一个物体外部的样子 external form；

appearance；contour：这种收音机～很好看。Zhè zhōng shōuyīnjī ～ hěn hǎokàn. *This is a fine-looking radio.*

【外姓】 wàixìng（名）(1)本宗族以外的姓 *different surname from that of the family clan* (2)外姓的人 *person not of the same surname*：这位老人很保守，他的技术不愿传给～。Zhè wèi lǎorén hěn bǎoshǒu，tā de jìshù bú yuàn chuán gěi ～. *This elderly man is very conservative. He's not willing to pass on his skill to people not of his own family.*

【外延】 wàiyán（名）〈逻辑〉 *extension*

【外衣】 wàiyī（名）[件 jiàn] (1)罩在外面的比较宽松的上衣 *coat；jacket；loose outer garment*：这件～有点短了。Zhè jiàn ～ yǒudiǎnr duǎn le. *This coat is a bit too short. /*穿这件大毛衣，可以不穿～了。Chuān zhè jiàn dà máoyī，kěyi bù chuān ～ le. *If you wear this big sweater，you don't need to wear a jacket.* (2)引申为伪装 *semblance；appearance；garb*：披着马列主义的～ pīzhe Mǎ-Lièzhǔyì de ～ *in the garb of Marxism-Leninism /*披着宗教的～，搞间谍活动 pīzhe zōngjiào de ～，gǎo jiàndié huódòng *do espionage work dressed in religious garb*

【外因】 wàiyīn（名）〈哲〉 *external cause*：～论 ～lùn *theory of external cause*

【外用】 wàiyòng（动） *external use；external application*：这种药只能～，不可内服。Zhè zhōng yào zhǐ néng ～，bù kě nèifú. *This type of medicine is for external use only. It is not to be used internally.*

【外语】 wàiyǔ（名）"外国语"的简称 *abbrev. for "外国语"* (*foreign language*)

【外域】 wàiyù（名）〈书〉本国以外的国家或地区 *foreign lands*

【外遇】 wàiyù（名）丈夫或妻子在外面的不正当的男女关系 *paramour*

【外援】 wàiyuán（名）来自外面（多指国外）的援助 *foreign aid；outside help；external assistance*

【外运】 wàiyùn（动）向外地或外国运输 *transport to another place or to a foreign country*：～物资 ～ wùzī *goods and materials to be transported to another area /*这里有很多大白菜可以支援外地，就是～有困难。Zhèli yǒu hěn duō dàbáicài kěyǐ zhīyuán wàidì，jiùshì ～ yǒu kùnnan. *There are a lot of cabbages here that could be sent to assist outer areas. The problem is that transporting them is difficult.*

【外在】 wàizài（形）事物本身以外的（跟"内在"相对） *external；extrinsic* (*antonym for "内在"*(*internal or intrinsic*))：～原因 ～ yuányīn *external reason or cause /*～因素 ～ yīnsù *external factor /*～条件 ～ tiáojiàn *external condition*

【外债】 wàizhài（名）国家向外国借的债 *external debt；foreign debt*

【外长】 wàizhǎng（名）*abbrev. for "外交部长"* (*Minister of Foreign Affairs*)

【外资】 wàizī（名）由外国投入的资本 *foreign capital*

【外族】 wàizú（名）(1)本家族以外的人 *people not of the same clan* (2)中国历史上指本民族以外的民族 *other nationalities* (3)本国以外的人 *foreigner；alien*

【外祖父】 wàizǔfù（名）母亲的父亲 *maternal grandfather*

【外祖母】 wàizǔmǔ（名）母亲的母亲 *maternal grandmother*

wān

弯〔彎〕wān
（形）不直，成曲线 *curved；crooked；tortuous*：钉子钉～了。Dīngzi dìng～ le. *The nail was hammered in crooked. /*小姑娘的眉毛又黑又～。Xiǎo gūniang de méimao yòu hēi yòu ～. *The little girl's eyebrows are both black and curved. /*梨结得真多，把枝子都压～了。Lí jiē de zhēn duō，bǎ zhīzi dōu yā～ le. *So many pears have grown that they've weighed the branches down.* （动）使弯曲 *bend；*

flex：洞口很小，～着腰才能走进去。Dòngkǒu hěn xiǎo，～ zhe yāo cái néng zǒu jìnqu. *The cave entrance is so small that you have to bend over to go in. /*把这根管子～成直角。Bǎ zhè gēn guǎnzi ～chéng zhíjiǎo. *Bend this pipe into a right angle.* （名）(～儿)弯曲的部分 *turn；curve；bend；corner*：这根管子有好几个～。Zhè gēn guǎnzi yǒu hǎo jǐ gè ～. *This pipe is bent in several places. /*拐两个～就到了汽车站。Guǎi liǎng ge ～ jiù dàole qìchēzhàn. *Go round two corners and you'll reach the bus station.*

【弯度】 wāndù（名）物体弯曲的程度 *flexure*

【弯路】 wānlù（名）(1)曲折的路 *crooked road；tortuous path*：我们两个人绕了半天～才找到那个小商店。Wǒmen liǎng ge rén ràole bàntiān ～ cái zhǎodào nàge xiǎo shāngdiàn. *It was only after spending a long time winding our way down crooked paths that we finally found that small store.* (2)比喻因不得法而白费时间 *roundabout way；detour*：多听听群众的意见就不致走那么多～。Duō tīngting qúnzhòng de yìjiàn jiù búzhì zǒu nàme duō ～. *If you pay more attention to what the masses say，you are less likely to take many detours. /*他们没有经验，所以开始办时走了些～。Tāmen méi yǒu jīngyàn，suǒyǐ kāishǐ bàn chǎng shí zǒule xiē ～. *They don't have much experience，so when they first set up this factory，they took many detours.*

【弯曲】 wānqū（形） *winding；meandering；zigzag；crooked；curved*：他的头发天生是～的。Tā de tóufa tiānshēng shì ～ de. *He was born with curly hair. /*你沿着这弯弯曲曲的小溪走下去，就下山了。Nǐ yánzhe zhè wānwānqūqū de xiǎoxīr zǒu xiaqu，jiù xià shān le. *You can follow this small winding brook to get down the mountain.*

【弯子】 wānzi（名）弯曲的部分（常用于引申义）*bend；curve；turn* (*often has an extended meaning*)：有什么话直说，别跟我绕～。Yǒu shénme huà zhí shuō，bié gēn wǒ rào ～. *If you have something to say，say it. Don't beat around the bush. /*他绕了半天～，才提出想调工作。Tā ràole bàntiān ～，cái tíchū xiǎng diào gōngzuò. *He spent a long time beating around the bush before he finally came out with his request for a transfer.*

剜 wān
（名）(用刀)挖 (*using a knife*) *cut out；gouge out；scoop out*

【剜肉补疮】 wān ròu bǔ chuāng 用有害的办法来救急 *cut out a piece of one's flesh to cure a boil — resort to a remedy worse than the ailment；seek to save a desperate situation by resorting to harmful practice*：为了应付这门课的考试而旷别的课，这不是～吗？Wèile yìngfu zhè ménr kè de kǎoshì ér kuàng biéde kè，zhè búshi ～ ma？*Neglecting other courses in order to cope with this course's exam — don't you think that's more harmful?*

湾〔灣〕wān
（名）*a bend in a stream；gulf；bay*：海～ hǎi ～ *gulf*

蜿 wān
【蜿蜒】 wānyán（形）〈书〉蛇类爬行的样子，常用来比喻道路、河流、山脉等弯弯曲曲的样子 (*of snakes，etc.*) *wriggle；* (*of paths，rivers，streams，etc.*) *wind；zigzag；meander*：山路～曲折。Shānlù ～ qūzhé. *The mountain path zigzags all over.*

豌 wān
【豌豆】 wāndòu（名）*pea*

wán

丸 wán
（名）（～儿）小圆球状的东西 *ball*；*pellet*：肉～ ròu～ *meatball*/ 这种治嗓子痛的中药是很小的小～。Zhè zhǒng zhì sǎngzi tòng de zhōngyào shì hěn xiǎo de xiǎo ～. *This type of medicine which cures sore throats comes in the form of small pellets.*（量）用于丸药 *pill*；*bolus*：这种药每次可以吃两～。Zhè zhǒng yào měi cì kěyǐ chī liǎng ～. *The dosage for this type of medicine is two pills each time.*/大夫给我开了六～药。Dàifu gěi wǒ kāile liù ～ yào. *The doctor prescribed six pills for me.*

【丸药】wányào（名）*pill (or bolus) of Chinese medicine*

【丸子】wánzi（名）鱼或肉末制成的丸状食品 *a round mass of fish or meat*；*fishball or meatball*

完 wán
（动）（1）完成 *finish*；*complete*：～ 稿 ～ gǎo *finish a piece of writing*；*complete the manuscript*（2）无剩余 *run out*；*use up*：米吃～了，得去买一点儿。Mǐ chī～ le, děi qù mǎi yìdiǎnr. *The rice has been all eaten up. You should go and buy some more.*/这杯酒你一定喝～才行。Zhè bēi jiǔ nǐ yídìng hē～ cái xíng. *You must finish this glass of wine.*（3）完结，结束 *be over*；*finish*：办一事我一定到你家去一趟。Bàn～ shì wǒ yídìng dào nǐ jiā qù yí tàng. *Once I finish this task, I'll certainly go to your home.* / 那本小说我看～了。Nà běn xiǎoshuō wǒ kàn～ le. *I've finished reading that novel.* /孩子已经认错儿，就不要没～没了地说他了。Háizi yǐjīng rèn cuòr, jiù búyào méi ～ méi liǎo de shuō tā le. *The child has already admitted his mistake. You don't have to go on scolding him endlessly.*

【完备】wánbèi（形）*complete*；*perfect*：今晚宴会需要的东西都采购～了。Jīn wǎn yànhuì xūyào de dōngxi dōu cǎigòu ～ le. *All the stuff for tonight's banquet has been purchased.*

【完毕】wánbì（动·不及物）完结，多用于书面语 *finish*；*complete*；*end (often used in literary form)*：准备～ zhǔnbèi ～ *Everything is ready.* /训练～ xùnliàn ～ *The training is complete.* /阅兵式十点进行～. Yuèbīngshì shí diǎn jìnxíng ～. *The military parade will finish at 10 o'clock.*

【完璧归赵】wán bì guī Zhào 完：完整，完好；璧：古代的一种玉；赵：战国时的赵国。战国时代，秦昭王说愿意拿十五个城换取赵国的一块和氏璧。赵国派蔺相如带着璧去秦国换城。蔺相如到到秦国献上了璧，见秦王无诚意换城，就勇敢、机智地设法把璧取回，送回赵国。后来就用来比喻把原物完好地归还本人 *During the Warring States Period, King Zhao of the State of Qin declared that he would exchange 15 cities for the piece of jade discovered by a man named He. This piece of jade belonged to the State of Zhao. The State of Zhao sent Lin Xiangru to do the exchange. After handing over the piece of jade, Lin Xiangru noticed that the King of Qin had no intention of handing over the cities; so he bravely sought a clever way to get the jade back for the State of Zhao; hence, the expression "return the jade intact to the State of Zhao" now means to return sth. to its owner in good condition.*

【完成】wán // chéng *accomplish*；*complete*；*fulfil*；*bring to fruition*：～ 任务 ～ rènwu *accomplish a task* /～定额 dìng～ *fulfil a quota* / 这部词典编写工作明年～。Zhè bù cídiǎn biānxiě gōngzuò míngnián ～. *The compiling of this dictionary will be completed by next year.*

【完蛋】wán＝dàn〈口〉垮台；毁灭 *be done for*；*be finished for good*：这个盗窃集团的成员被全部抓获，彻底～了。Zhège dàoqiè jítuán de chéngyuán bèi quánbù zhuāhuò,

chèdǐ ～ le. *Every member of this group of thieves has been arrested. They're all finished for good now.*

【完工】wán＝gōng *complete a project, etc.*；*finish doing sth.*：这座楼明年二月～。Zhè zuò lóu míngnián èryuè ～. *The construction of this building will be completed in February of next year.*

【完好】wánhǎo（形）〈书〉完整，无缺损 *intact*；*whole*；*in good condition*：一幅保存～的唐代名画 yì fú bǎocún ～ de Tángdài mínghuà *a Tang Dynasty painting that has been well preserved* /这些文物全部～如初。Zhèxiē wénwù quánbù ～ rú chū. *These cultural relics are all intact and like new.* /从古墓中发掘出一具～的女尸。Cóng gǔmù zhōng fājué chū yí jù ～ de nǚshī. *A female corpse was unearthed intact from an ancient tomb.* / 秦代兵马俑形象逼真，～无损。Qíndài bīngmǎyǒng xíngxiàng bīzhēn, ～ wú sǔn. *The Qin Dynasty Terracotta Warriors are lifelike and in good condition.*

【完婚】wán＝hūn〈书〉男子结婚（多指长辈为晚辈娶妻）*(of a man) get married*；*marry (often refers to a senior family member helping one of a younger generation find a wife)*

【完结】wánjié（动）了结，结束 *end*；*be over*；*finish*：调查还没～，不能过早下结论。Diàochá hái méi ～, bù néng guò zǎo xià jiélùn. *The investigation is not over yet, so you must not jump to conclusions.* / 一场纠纷总算是～了。Yì cháng jiūfēn zǒngsuàn shì ～ le. *The dispute has finally been settled.* /事情还没有～，你怎么能离开呢？Shìqing hái méiyou ～, nǐ zěnme néng líkāi ne? *The matter is not over yet. How can you leave?*

【完竣】wánjùn（动）完成（指工程）*(of a project, etc.) be completed*：那座立交桥修建工程于一九八七年底～。Nà zuò lìjiāoqiáo xiūjiàn gōngchéng yú yījiǔbāqī nián dǐ ～. *That overpass construction project was due to be completed at the end of 1987.* /这项工程～之后，工程队将转入新的建筑工地。Zhè xiàng gōngchéng ～ zhī hòu, gōngchéngduì jiāng zhuǎnrù xīn de jiànzhù gōngdì. *When this project is completed, the construction brigade will switch to a new building site.*

【完了】wánliǎo（动）事情完结 *come to an end*；*be over*：等秋收～，我们都去北京玩玩。Děng qiūshōu ～, wǒmen dōu qù Běijīng wánrwanr. *When the autumn harvest is over, let's all go to Beijing for a holiday.*

【完满】wánmǎn（形）圆满，没缺欠 *satisfactory*；*successful*：问题能否～地解决，还要看双方有没有诚意。Wèntí néng fǒu ～ de jiějué, hái yào kàn shuāngfāng yǒu méi yǒu chéngyì. *Whether the problem can be solved satisfactorily depends on whether both parties are sincere or not.* /那件事你办得虽然不够～，但你毕竟是尽了力了。Nà jiàn shì nǐ bàn de suīrán bú gòu ～, dàn nǐ bìjìng shì jìnle lì le. *Although you didn't handle this matter very satisfactorily, you did, after all, try your best.*

【完美】wánměi（形）十全十美，没有缺点 *perfect*；*consummate*：～的艺术形式 ～ de yìshù xíngshì *perfect artistic form* /上哪儿去找那么～的人去？Shàng nǎr qù zhǎo nàme ～ de rén qù? *Where do you expect to find such a perfect person?* /这部作品表现形式虽不十分～，但主题是十分鲜明的。Zhè bù zuòpǐn biǎoxiàn xíngshì suī bù shífēn ～, dàn zhǔtí shì shífēn xiānmíng de. *Although this literary work is not expressed in perfect form it does have a very distinct theme.*

【完美无缺】wánměi wú quē 完善美满，没有缺点 *perfect*；*flawless*：世界上是没有～的事物的。Shìjiè shang shì méi yǒu ～ de shìwù de. *Nothing is perfect in this world.*

【完全】wánquán（形）齐全，应有的都有；全部 *complete*；*whole*：你答得不～，再想一想。Nǐ dá de bù ～, zài xiǎng yì

xiǎng. *You haven't fully answered. Think it over a bit more.* /如果我说得不～，请你补充。Rúguǒ wǒ shuō de bù ～，qǐng nǐ bǔchōng . *If I fail to give the full story, please supplement for me.* /你最好把事情的过程说～了。Nǐ zuìhǎo bǎ shìqíng de guòchéng shuō ～ le. *You'd best describe the whole matter from beginning to end.* /他说的跟你知道的～是两回事。Tā shuō de gēn nǐ zhīdào de ～ shì liǎng huí shì. *What he says and what you know are two entirely different things.* / 这张试卷上的十道题我～答对了。Zhè zhāng shìjuàn shang de shí dào tí wǒ ～ dáduì le. *I answered all ten questions on this examination paper absolutely correctly.* /我和老张的意见不一一致。Wǒ hé Lǎo Zhāng de yìjiàn bù ～ yízhì. *Lao Zhang and I are not completely of the same opinion.*

【完人】wánrén〈名〉〈书〉没有缺点的人 *perfect person*

【完善】wánshàn〈形〉〈书〉完好，齐备 *perfect; complete*：管理机构很～。Guǎnlǐ jīgòu hěn ～. *The management organization is very complete.* / 这是一所设备～的工厂。Zhè shì yì suǒ shèbèi ～ de gōngchǎng. *This is a very well-equipped factory.* /准备工作做得～些，就不会出问题。Zhǔnbèi gōngzuò zuò de ～ xiē, jiù bú huì chū wèntí. *If you prepare your work more completely, you won't run into any problems.*（动）使完善 *complete; render perfect*：在试行中不断～这个制度。Zài shìxíng zhōng búduàn ～ zhège zhìdù. *You should strive to perfect this system during its trial.*

【完事】wán＝shì 事情做完 *finish; get through; come to an end*：考试一结束，我们就～了，可以好好儿玩儿几天了。Kǎoshì yì jiéshù, wǒmen jiù ～ le, kěyǐ hǎohǎor wánr jǐ tiān le. *As soon as the exams are over, we're finished. We can then rest for a few days.* /你闯了祸，道了歉，不要以为～了，老师还要找你谈话呢。Nǐ chuǎngle huò, dàole qiàn, búyào yǐwéi ～ le, lǎoshī hái yào zhǎo nǐ tán huà ne. *You got yourself into trouble and apologized afterwards; but don't think the matter is over and done with. The teacher still wants to have a talk with you.* / 客人虽然已经走了，还得收拾，且完不了事呢。Kèrén suīrán yǐjīng zǒu le, hái děi shōushi, qiě wán bu liǎo shì ne. *Although the guests have already left, we must still tidy up. We won't be through for a good while yet!*

【完整】wánzhěng〈形〉保持原样，没有缺损 *complete; integrated; intact*：领土～ lǐngtǔ ～ *territorial integrity*/ 一套～的百科全书 yí tào ～ de bǎikē quánshū *a complete set of encyclopaedia*/ ～ 的语法体系 ～ de yǔfǎ tǐxì *a complete grammatical system*

玩 wán

（动）（～儿）(1)玩耍，游玩 *play; have fun; amuse oneself*：星期天我们去公园～～吧! Xīngqītiān wǒmen qù gōngyuán ～～ ba! *Let's go to the park to have some fun on Sunday!* /这孩子一一起来什么都忘了。Zhè háizi yì ～ qilai shénme dōu wàng le. *This child is oblivious to everything around him once he starts to play.* / 小李是说着～的，你别介意。Xiǎo Lǐ shì shuōzhe ～ de, nǐ bié jièyì. *Xiao Li only said it for fun. You shouldn't take offence.* /他喜欢和小孩儿闹着～。Tā xǐhuan hé xiǎoháir nàozhe ～. *He likes to play with children.* (2)做某种游戏或运动 *engage in some kind of sports or recreational activity*：～ 羽毛球 ～ yǔmáoqiú *play badminton* /打羽毛球～ dǎ yǔmáoqiú *play badminton for fun* /咱们干什么～ ne? Zánmen gàn shénme ～ ne? *What shall we do amuse ourselves?* /打扑克牌～吧。Dǎ pūkèpái ～ ba. *Let's play cards.* /小孩爱～捉迷藏。Xiǎoháir ài ～ zhuōmícáng. *Children like to play hide-and-seek.* /你喜欢～电子游戏机吗? Nǐ xǐhuan ～ diànzǐ yóuxìjī ma? *Do you like to play electronic games?* (3)

耍弄，使用(不正当的方法、手段等) *make fun of; resort to*：～花招 ～ huāzhāo *play tricks (on sb.)* /他们～的是什么把戏? Tāmen ～ de shì shénme bǎxì? *What kind of cheap trick are they playing?*

【玩忽职守】wánhū zhíshǒu 忽视，不严肃认真对待自己的工作 *negligence of duty*：对那些把工作当儿戏、～的人，必须严肃处理。Duì nàxiē bǎ gōngzuò dàng érxì、～ de rén, bìxū yánsù chǔlǐ. *You must deal severely with those who neglect their duty, who make child's play out of their work.* /这个事故完全是由于他～所造成的。Zhège shìgù wánquán shì yóuyú tā ～ suǒ zàochéng de. *This accident is a direct result of his neglecting his duty.*

【玩火自焚】wán huǒ zì fén 玩火的人反倒把自己烧死。比喻干冒险或害人的坏事，结果反害了自己 *he who plays with fire will get burned — harm will come to him who does evil deeds or tempts fate*

【玩具】wánjù〈名〉专供儿童玩的东西 *toy; plaything*

【玩弄】wánnòng〈动〉(1)摆弄 *dally with*：她手里～着一朵花。Tā shǒuli ～ zhe yì duǒ huā. *She's fiddling with a flower in her hand.* (2)戏弄 *play with; juggle with*：～异性是道德败坏的表现。～ yìxìng shì dàodé bàihuài de biǎoxiàn. *Playing with the opposite sex is the manifestation of moral degeneracy.* (3)搬弄 *show off; display*：他写文章就爱～词藻，并无新意。Tā xiě wénzhāng jiù ài ～ cízǎo, bìng wú xīnyì. *His articles are just a display of literary embellishment. He doesn't have any new ideas.* (4)要手段，施展伎俩 *employ; play (or resort to) tricks*：他们无非是～权术。Tāmen wúfēi shì ～ quánshù. *They are simply just playing politics.* /～ 这种手段是卑鄙的。～ zhè zhǒng shǒuduàn shì bēibǐ de. *Playing such a trick is despicable.*

【玩偶】wán'ǒu〈名〉供儿童玩的(用泥、布或塑料等做成的)人像 *doll; toy figurine*

【玩儿命】wánr＝mìng〈口〉不顾危险、不顾性命地干 *gamble with one's life; risk one's life needlessly*：你怎么这样干呢? 这不～吗? Nǐ zěnme zhèyàng gàn ne? Zhè bú ～ ma? *How could you do this? You're gambling with your life!* /两年的任务一年完成，非得～干不可。Liǎng nián de rènwu yì nián wánchéng, fēi děi ～ gàn bùkě. *To finish two years' tasks in just one year you have to work like hell.*

【玩儿完】wánrwán〈动·不及物〉〈口〉失败，垮台、死亡(带有诙谐意) *the jig is up; collapse*：die *(carries a jocular sense)*：你这么不要命地工作，不定哪天就要～了。Nǐ zhème bú yào mìng de gōngzuò, búdìng nǎ tiān jiù yào ～ le. *You're working yourself to death. Someday you're going to collapse!*

【玩赏】wánshǎng〈动〉〈书〉观看，欣赏 *enjoy; take pleasure (or delight) in*：～盆景 ～ pénjǐng *enjoy potted landscape*/ 这类花木可供人～。Zhè lèi huāmù kě gōng rén ～. *These types of flowers and trees are for people to enjoy.* /老画家喜欢～他养的那几只鹦鹉。Lǎo huàjiā xǐhuan ～ tā yǎng de nà jǐ zhī yīngwǔ. *The old artist really takes pleasure in the parrots he raises.*

【玩世不恭】wán shì bù gōng 不恭:不严肃，用消极的不严肃的态度对待现实社会上的事 *be cynical*

【玩耍】wánshuǎ〈动〉〈书〉做游戏 玩儿 *play; have fun; amuse oneself*：芳芳正和小朋友们一起～。Fāngfang zhèng hé xiǎopéngyoumen yìqǐ ～. *Fangfang is playing with her little friends.*

【玩味】wánwèi〈动〉细细地体会，领悟其中的意味 *ponder; ruminate*：这些逆耳忠言你应该好好～一下。Zhèxiē nì'ěr zhōngyán nǐ yīnggāi hǎohāo ～ yíxià. *These good advices may jar on the ear, but you should ponder them a while.* / 故事的结尾很值得～。Gùshì de jiéwěi hěn zhíde ～. *The story's ending is well worth pondering.*

【玩物】wánwù〈名〉〈书〉供观赏或玩耍的东西 *plaything*；

toy：这是古代的一种～。Zhè shì gǔdài de yì zhǒng ～. *This is an ancient plaything.*

【玩笑】wánxiào（名）逗人的行动或嬉笑的言语 *joke；jest*：他那是～话，你别当真。Tā nà shì ～ huà, nǐ bié dàngzhēn. *Don't believe him；he's only joking.* / 我不过是和你开～。Wǒ búguò shì hé nǐ kāi ～. *I'm only joking with you.* /你怎么能开这样的～呢? Nǐ zěnme néng kāi zhèyàng de ～ ne? *How could you play such a joke?*

【玩意儿】wányìr（名）〈口〉(1)玩具 *toy；plaything* (2)旧指曲艺、杂技等 *folk art forms, acrobatics, etc.* (3)指东西（比较随便，不严肃）*thing*：他手里拿的是什么～? Tā shǒuli ná de shì shénme ～ ? *What's that thing he's holding in his hand?* (4)骂人的话 *abusive language*：什么～啊!总是干损人利己的事。Shénme ～ a! Zǒngshì gàn sǔn rén lì jǐ de shì. *What a louse! He's always harming others to benefit himself.* / 这家伙真不是～! Zhè jiāhuo zhēn bú shì ～ ! *This guy is a real louse!*

顽 〔頑〕wán
（形）(1)不容易开导或制伏，顽固 *stubborn；obstinate* (2)顽皮 *naughty；mischievous*：～童 ～tóng *naughty child*

【顽敌】wándí（名）顽固的敌人 *stubborn enemy*

【顽固】wángù（形）(1)思想保守，落后 *obstinate；headstrong；stubborn-minded*：这个老头儿太～，对新生事物总是看不惯。Zhège lǎotóur tài ～, duì xīnshēng shìwù zǒngshì kàn bu guàn. *This old man is so headstrong! He always frowns upon new things.* / 他年纪轻轻的，思想却很～，对新潮服装就是不感兴趣。Tā niánjì qīngqīng de, sīxiǎng què hěn ～, duì xīncháo fúzhuāng jiùshì bù gǎn xìngqù. *Although he's very young, he's quite stubborn-minded. He doesn't have the least bit of interest in the latest clothing fashions.* (2)坚持（错误、反动立场等）不肯改变 *die-hard；bitterly opposed to change*：～派 ～ pài *the diehards* / ～分子 ～ fènzǐ *a stick-in-mud* / ～到底，死路一条 ～ dào dǐ, sǐlù yì tiáo *being a diehard to the last leads to a dead end* (3)难医治好的 *difficult to cure or heal*：牛皮癣是一种非常～的皮肤病。Niúpíxuǎn shì yì zhǒng fēicháng ～ de pífūbìng. *Psoriasis is a very difficult skin disease to cure.*

【顽固不化】wángù bú huà 化：改变；形容坚持错误或反动的思想、立场，不肯改变 *incorrigibly obstinate*

【顽抗】wánkàng（动）*stubbornly resist*

【顽皮】wánpí（形）*naughty；mischievous*：八九岁的男孩子很少不～的。Bā-jiǔ suì de nán háizi hěn shǎo bù ～ de. *Eight-and nine-year-old boys are more often mischievous than not.*

【顽强】wánqiáng（形）(1)坚强不屈 *indomitable；staunch；tenacious*：～的毅力 ～ de yìlì *indomitable will power* /进行英勇～的斗争 jìnxíng yīngyǒng ～ de dòuzhēng *carry on a brave and tenacious struggle*/他们在这次战斗中表现得十分～. Tāmen zài zhè cì zhàndòu zhōng biǎoxiàn de shífēn ～. *They put up a staunch fight during the battle.* (2)固执；顽固 *obstinate；stubborn*：习惯势力总是很～的。Xíguàn shìlì zǒngshì hěn ～ de. *Force of habit is hard to break.* / 这种保守思想总要～地表现出来。Zhè zhǒng bǎoshǒu sīxiǎng zǒng yào ～ de biǎoxiàn chulai. *Conservative ideas can't help manifesting themselves.*

【顽症】wánzhèng（名）难治的病症 *chronic and stubborn disease；persistent ailment*

烷 wán
（名）〈化〉*alkane*

wǎn

宛 wǎn
（动）〈书〉仿佛 *as if*

【宛然】wǎnrán（动）〈书〉仿佛 *as if*：她的音容笑貌～在目。Tā de yīnróng xiàomào ～ zài mù. *It seems as if she were here in front of me, in the flesh, laughing.*

【宛如】wǎnrú（动）〈书〉好像 *just like*：这里山清水秀～江南 Zhèli shān qīng shuǐ xiù ～ Jiāngnán. *These beautiful hills and water are just like those south of the Yangtse River.* / 大海波涛～雷鸣。Dà hǎi bōtāo ～ léimíng . *The ocean waves are roaring just like thunder.*

【宛延】wǎnyán（形）长而曲折 *meandering；winding*：山路～ shānlù ～ *a winding moutain path*

挽 wǎn
（动）(1)牵，拉 *draw；pull*：手～着手 shǒu ～zhe shǒu *arm in arm*/ 她们俩～着胳膊在湖边散步。Tāmen liǎ ～ zhe gēbo zài hú biān sàn bù. *Those two girls are strolling arm in arm by the lake.* /女射手正～紧弓弦准备射箭。Nǚ shèshǒu zhèng ～ jǐn gōngxián zhǔnbèi shè jiàn. *The markswoman is drawing the bowstring tightly and is preparing to shoot the arrow.* (2)向上卷 *roll up*：把袖子～上去。Bǎ xiùzi ～ shangqu. *Roll up your sleeves.* /他～起裤腿儿走进稻田。Tā ～qǐ kùtuǐr zǒujìn dàotián. *He rolled up his pantlegs, then went into the rice field.*

【挽歌】wǎngē（名）[首 shǒu、支 zhī] *dirge；elegy*

【挽回】wǎnhuí（动）*retrieve；redeem*：～局面 ～ júmiàn *retrieve (or rescue) a situation* /终于～了损失 zhōngyú ～le sǔnshī *finally retrieve a loss* /你们这样做必然会造成不～的影响。Nǐmen zhèyàng zuò bìrán huì zàochéng bù kě ～ de yǐngxiǎng. *If you do it this way, it will inevitably have an irredeemable effect.*

【挽救】wǎnjiù（动）*save；remedy；rescue*：～病人的生命 ～ bìngrén de shēngmìng *save the patient's life*/ ～ 失足青年 ～ shī zú qīngnián *resue a juvenile delinquent*

【挽联】wǎnlián（名）[幅 fú、副 fù]哀悼死者的对联 *elegiac couplet*

【挽留】wǎnliú（名）〈书〉诚恳地请要离去的人留下 *urge sb. to stay*：再三～ zàisān ～ *repeatedly urge (or press) sb. to stay*/ 他一定要走，谁也～不住。Tā yídìng yào zǒu, shuí yě ～ bú zhù. *He's determined to leave. No one can persuade him to stay.* / 在鼓励人才流动的同时，也应研究一下～人才的问题。Zài gǔlì réncái liúdòng de tóngshí, yě yīng yánjiū yíxià ～ réncái de wèntí. *While encouraging the flow of qualified personnel, one must at the same time consider the question of persuading them to remain.*

惋 wǎn
（动）〈书〉叹惜 *sigh*

【惋惜】wǎnxī（动）〈对别人的不幸遭遇或事物的意外变化〉表示可惜、同情或遗憾 *sympathize with；condole with sb. over sth. unfortunate；feel regret over sth.*：正式比赛却不如试跳时的成绩，真令人～。Zhèngshì bǐsài què bùrú shìtiào shí de chéngjì, zhēn lìng rén ～. *The result during the official competition wasn't as good as that during the trial jump. What a shame!* /他刚三十五岁就离开了人世，大家感到非常～。Tā gāng sānshíwǔ suì jiù líkāile rénshì, dàjiā gǎndào fēicháng ～. *He passed away just after turning 35. Everybody feels great regret over his death.*

晚 wǎn
（名）〈晚上，太阳落山后 *evening；night*：今～ jīn ～ *this evening；tonight*/ 一天到～ yì tiān dào ～ *from morning till night；from dawn to dusk*/ 昨～你看电视了吗? Zuó ～ nǐ kàn diànshì le ma? *Did you watch television last night?*（形）(1)时间靠后的 *far on in time；late*：～熟作物

~ shú zuòwù late-maturing crop /~唐 ~ Táng the late Tang Dynasty /~清~ Qīng the late Qing Dynasty (2)迟,不及时 late; not on time：他今天起~了。Tā jīntiān qǐ~ le. He got up late today. /他~到十分钟。Tā ~ dào shí fēnzhōng. He was ten minutes late. /电影开演时间~了。Diànyǐng kāiyǎn shíjiān ~ le. The movie started late.

【晚安】wǎn ān good night

【晚半晌儿】wǎnbànshǎngr（名）〈口〉将近黄昏的时候 dusk

【晚半天儿】wǎnbàntiānr（名）〈口〉同"晚半晌儿" wǎnbànshǎngr same as "晚半晌儿" wǎnbànshǎngr

【晚报】wǎnbào（名）[张 zhāng、份 fèn] evening paper

【晚辈】wǎnbèi（名）辈分低的人 the younger generation; one's junior：我们俩岁数差不多,我却是他的~,要叫他表叔。Wǒmen liǎ suìshu chà bu duō, wǒ què shì tā de ~, yào jiào tā biǎoshū. Although we're about the same age, I'm still his junior, and must refer to him as "uncle".

【晚餐】wǎncān（名）[顿 dùn] supper; dinner

【晚场】wǎnchǎng（名）戏剧、电影等在晚上的演出（区别于"日场"）evening show; evening performance

【晚车】wǎnchē（名）晚上开出或晚上到达的火车 night train：他从北京坐早车到天津,办完事,坐当天的~回北京。Tā cóng Běijīng zuò zǎochē dào Tiānjīn, bànwán shì, zuò dàngtiān de ~ huí Běijīng. He took the morning train from Beijing to Tianjin. After finishing up his work there during the day, he took the night train back to Beijing.

【晚稻】wǎndào（名）插秧时较晚或生长期较长,成熟期比较晚的稻子 late (season) rice; late-maturing rice

【晚点】wǎn＝diǎn（车、船、飞机）开出、运行或到达迟于规定时间 (of a train, ship, plane, etc.) late; behind schedule：这趟客车一小时~。Zhè tàng kèchē ~ yī xiǎoshí. This passenger train is an hour late. /因为天气不好,飞机~两小时起飞。Yīnwèi tiānqì bù hǎo, fēijī ~ liǎng xiǎoshí qǐfēi. Due to bad weather, the plane took off two hours behind schedule. /这趟火车从未晚过点。Zhè tàng huǒchē cóng wèi wǎnguo diǎn. This train has never been late.

【晚饭】wǎnfàn（名）[顿 dùn] supper; dinner

【晚会】wǎnhuì（名）evening party; soiree; an evening of entertainment

【晚婚】wǎnhūn（动）到了法定结婚年龄（男22岁,女20岁）以后再推迟几年结婚 marry at a mature age; marry several years after one has reached the legal age (men: 22 yrs; women: 20 yrs)

【晚间】wǎnjiān（名）晚上 (in the) evening; (at) night

【晚节】wǎnjié（名）晚年的气节、节操 integrity in one's later years：保持革命的~ baochí gémìng de ~ maintain one's revolutionary integrity to the end of one's days

【晚景】wǎnjǐng（名）〈书〉(1)傍晚的景色 evening scene (2)人在晚年的景况 one's circumstances in old age：~凄凉 qīliáng lead a miserable and dreary life in old age/ 这位老人和女儿住在一起,~很好。Zhè wèi lǎorén hé nǚ'ér zhù zài yìqǐ, ~ hěn hǎo. This elderly man lives with his daughter and leads a good life in his old age.

【晚年】wǎnnián（名）老年时期 old age; one's later (or remaining) years：这幅画是那位画家~的作品。Zhè fú huà shì nà wèi huàjiā ~ de zuòpǐn. This painting was done by that artist during his later years.

【晚期】wǎnqī（名）later period：封建社会~ fēngjiàn shèhuì ~ the later period of feudal society /这是鲁迅~的作品。Zhè shì Lǔ Xùn ~ de zuòpǐn. This literary piece was written by Lu Xun during the later period of his life. /他患肺癌,已是~了。Tā huàn fèi'ái, yǐ shì ~ le. His lung cancer is already in its most advanced stage.

【晚秋】wǎnqiū（名）〈书〉秋季的末期 late autumn：~作物 zuòwù late-autumn crops

【晚上】wǎnshang（名）evening; night：昨天~下了雨。

Zuótiān ~ xià yǔ le. It rained last night. /电影~七点开演。Diànyǐng ~ qī diǎn kāiyǎn. The movie starts at seven in the evening. /~是一家人聚会的时间。~ shì yì jiā rén jùhuì de shíjiān. Evening is when the whole family gathers together.

【晚霞】wǎnxiá（名）sunset glow; sunset clouds

婉 wǎn

（形）〈书〉(说话)婉转 tactful; gentle：~谢 ~ xiè politely decline; refuse with thanks

【婉辞】wǎncí（名）婉转的话 gentle words; euphemism（动）用婉转的话拒绝 graciously decline; politely refuse

【婉言】wǎnyán（副）用温和而曲折的话 in gentle words; tactfully：~拒绝 ~ jùjué tactfully decline; politely refuse /~相劝 ~ xiāngquàn gently persuade; plead tactfully /他们请他作报告,他~推辞了。Tāmen qǐng tā zuò bàogào, tā ~ tuīcí le. They asked him to give a lecture, but he politely declined.

【婉转】wǎnzhuǎn（形）(1)(说话)温和而曲折 (of speech) mild and indirect; tactful：措辞~ cuò cí ~ put it tactfully /~地转达他的意见 ~ de zhuǎndá tā de yìjiàn tactfully pass on his suggestion /话说得~些,容易被接受。Huà shuō de ~ xiē, róngyì bèi jiēshòu. Words spoken more tactfully are easily received. (2)〈书〉(歌声、鸟声)柔和动听 (of a song or bird cry)sweet and agreeably：歌声~ gēshēng ~ a sweet-sounding song /那~的鸟鸣是口技演员表演的。Nà ~ de niǎo míng shì kǒujì yǎnyuán biǎoyǎn de. That sweet-sounding bird cry is actually made by a voice mimic.

碗 wǎn

（名）[个 gè] 用来盛食物的器具 bowl：吃米饭一定要用~。Chī mǐfàn yídìng yào yòng ~. One must use a bowl to eat rice. /他买了两个大~四个小~。Tā mǎile liǎng ge dà ~ sì ge xiǎo ~. He bought two large bowls and four small ones.

wàn

万 〔萬〕wàn

（数）ten thousand（副）〈书〉"绝""绝对"的意思,表示一种极端强调的语气,多用在否定形式前 absolutely; by all means (has the same meaning as "绝" and "绝对"; usu. used as emphasis before a negative form)：同志们~没有想到癌症竟夺去了她年轻的生命。Tóngzhìmen ~ méiyou xiǎngdào āizhèng jìng duóqùle tā niánqīng de shēngmìng. Her comrades had absolutely no idea that cancer would wrest her young life from her. /这几个走私犯~料不到在火车上被全部抓获。Zhè jǐ ge zǒusīfàn ~ liào bu dào zài huǒchē shang bèi quánbù zhuāhuò. These smugglers had not at all expected to all be caught on the train. /你不感谢人家也罢,可~不该恩将仇报。Nǐ bù gǎnxiè rénjia yě bà, kě ~ bù gāi ēn jiāng chóu bào. Not thanking someone is one thing, but you shouldn't by any means repay kindness with enmity. / 他十分同情你的遭遇,~无幸灾乐祸之意。Tā shífēn tóngqíng nǐ de zāoyù, ~ wú xìng zāi lè huò zhī yì. He sympathizes extremely with your misfortune, and takes absolutely no pleasure in it.

【万般】wànbān（副）极其,非常 utterly; extremely：~无奈 ~ wúnài have no alternative (but to) /~献殷勤 ~ xiàn yīnqín show sb. excessive attention

【万变不离其宗】wàn biàn bù lí qí zōng 形式上无论如何变化,但其本质和目的不变 change ten thousand times without departing from the original aim; remain essentially the same despite all apparent changes

【万代】wàndài（名）同"万世" wànshì same as "万世" wànshì

【万端】wànduān（形·非定）〈书〉极多而纷繁 multifarious；感慨～ gǎnkǎi ～ a myriad of thoughts passing through one's mind/ 思绪～ sìxù ～ many trains of thought /变化～ biànhuà ～ multifarious changes

【万恶】wàn'è（形）extremely evil；absolutely vicious：有人认为金钱是～之源。Yǒu rén rènwéi jīnqián shì ～ zhī yuán. Some people consider money to be the root of all evil.

【万分】wànfēn（副）〈书〉极，非常 extremely；very much；～感谢～ gǎnxiè thank you very much /～高兴～ gāoxìng extremely happy /痛苦～ tòngkǔ ～ suffer severely；be in extreme agony

【万古长青】wàn gǔ cháng qīng 世世代代像松柏一样永远保持青翠。多指友谊 be everlasting；remain fresh forever (often refers to friendship)；祝我们两国人民的友谊～。Zhù wǒmen liǎng guó rénmín de yǒuyì ～. May the friendship between our two peoples last forever.

【万花筒】wànhuātǒng（名）kaleidoscope

【万家灯火】wàn jiā dēnghuǒ 家家都点上灯，指天黑点灯的时候，也形容城市夜晚的景象 (of a city's night scene) a myriad of twinkling lights：飞机抵达上海时，已经是～了。Fēijī dídá Shànghǎi shí, yǐjīng shì ～ le. When the plane reached Shanghai, the city was already a myriad of twinkling lights.

【万金油】wànjīnyóu（名）(1)药名，也叫"清凉油"，外用药，有清凉止痒的效能 a balm for treating minor ailments (2)比喻什么都能干，但什么也不擅长，什么也干不好的人 jack of all trades and master of none：～干部～ gànbù jack-of-all-trades cadre

【万籁俱寂】wànlài jù jì 万籁：自然界发出的各种声音；寂：静寂，没有声音，形容周围非常安静，一点声音也没有 the sounds of nature；寂：silent）all is quiet；silence reigns supreme：夜里，～，她独自坐在窗前想着心事。Yèlǐ, ～, tā dúzì zuò zài chuāng qián xiǎngzhe xīnshì. When all was quiet at night, she sat by the window and thought of all that was weighing on her mind.

【万里长城】wàn lǐ Chángchéng the Great Wall

【万里长征】wàn lǐ chángzhēng (1)征：远行或长途行军。比喻漫长的革命道路（征：to go on a long journey）a long march of ten thousand li—an endless revolutionary road (2)见"长征"chángzhēng (2)看"长征" chángzhēng (2)

【万马奔腾】wàn mǎ bēnténg 形容声势浩大，进展迅速的壮丽景象 ten thousand horses galloping ahead — going full steam ahead；show great momentum：骑兵上阵，～。Qíbīng shàng zhèn, ～. The cavalrymen charged into battle. / 黄河以～之势，一泻千里。Huáng Hé yǐ ～ zhī shì, yì xiè qiān lǐ. The Yellow River rushes with great force down a thousand li.

【万马齐喑】wàn mǎ qí yīn 喑：哑。原来是说好马叫起来其它马都沉寂无声，后指在专制统治下人们不敢讲话，死气沉沉 ten thousand horses stand mute—originally described when a fine stallion would neigh, other horses would stand mute；now refers to a people which stagnates and is silenced under despotic rule：～的黑暗年代～ de hēi'àn niándài the dark ages in which "the thousand horses stand mute"

【万能】wànnéng（形）(1) omnipotent；all-powerful：思想教育并不是～的。Sīxiǎng jiàoyù bìng bú shì ～ de. Ideological education is certainly not all-powerful. / 人不是～的。Rén bú shì ～ de. Man is not omnipotent. (2) all-purpose；universal：～车床～ chēchuáng multipurpose lathe/ ～ 电表～ diànbiǎo multipurpose meter

【万能胶】wànnéngjiāo（名）all-purpose adhesive

【万年历】wànniánlì（名）包括若干年或适用于若干年的历书 perpetual calendar

【万千】wànqiān（形）〈书〉multifarious；myriad：人才～ réncái ～ a myriad of qualified personnel/ 培养～学者、科学家 péiyǎng ～ xuézhě, kēxuéjiā train a myriad of scholars and scientists /听过他讲演的群众何止～？Tīngguo tā jiǎngyǎn de qúnzhòng hé zhǐ ～? There are far more than a few thousand people who have heard his lecture! /变化～ biànhuà ～ eternally changing/ 心潮澎湃，思绪～。Xīncháo péngpài, sìxù ～. A surge of emotions and a myriad of thoughts well up in one's mind.

【万全】wànquán（形）〈书〉非常周到、周密，没有任何漏洞 perfectly sound；surefire：此乃～之策。Cǐ nǎi ～ zhī cè. This is a surefire plan.

【万世】wànshì（名）很多世代，非常久远 all ages；generation after generation：先生芳名，～不朽。Xiānsheng fāngmíng, ～ bùxiǔ. That man's good reputation will be remembered for generations.

【万事大吉】wàn shì dà jí 吉：好，顺利。一切事情都很圆满顺利（吉：well；smoothly）everything is just fine；all's well with the world：革命胜利了，并不意味着就～了，还要搞建设。Gémìng shènglì le, bìng bú yìwèizhe jiù ～ le, hái yào gǎo jiànshè. Although we have won this revolution, that doesn't mean all's well with the world. We still have some building to do. /这学期的工作总算～，明天就放假了。Zhè xuéqī de gōngzuò zǒngsuàn ～, míngtiān jiù fàng jià le. This semester's work is finally done. We start our holidays tomorrow.

【万事通】wànshìtōng（名）指自己以为什么事都懂的人（含讥讽意）know-it-all；know all

【万寿无疆】wàn shòu wú jiāng 祝福健康长寿 wish sb. a long life

【万水千山】wàn shuǐ qiān shān 形容在长途跋涉中经历的各种艰难险阻 ten thousand crags and torrents — the trials of a long journey

【万岁】wàn suì (1)千秋万代，永世存在(表示祝愿或欢呼的话) long live：两国人民的友谊～。Liǎng guó rénmín de yǒu-yì ～. Long live the friendship of our two peoples! (2)封建社会对皇帝的称呼 the emperor (in feudal society)

【万万】wànwàn（数）亿 hundred million（副）同"万"wàn（副），但语气更强烈，用于否定形式前，表示劝阻、命令、可能、估计等，(same as "万" wàn (副), but has a much stronger tone；used before a negative form to indicate a command, possibility, conjecture, exhortation, etc.) absolutely：对青少年的思想品德教育～不可放松。Duì qīngshàonián de sīxiǎng pǐndé jiàoyù ～ bù kě fàngsōng. We must absolutely not slacken our efforts towards the ideological and moral education of teenagers. /她～没想到，她的新郎竟是个盗窃犯。Tā ～ méi xiǎngdào, tā de xīnláng jìng shì ge dàoqièfàn. She had absolutely no idea that her bridegroom was a thief. / 医生在给病人做手术时～不可粗心大意。Yīshēng zài gěi bìngrén zuò shǒushù shí ～ bù kě cūxīn dàyì. Doctors must not be the least bit careless when performing surgery on patients. /女儿心里的打算母亲～猜想不到。Nǚ'ér xīnlǐ de dǎsuan mǔqin ～ cāixiǎng bú dào. The mother had absolutely no idea what her daughter had in mind.

【万无一失】wàn wú yī shī 失：差错。形容稳妥，有把握，绝对出不了差错 no danger of anything going wrong；no risk at all；perfectly safe：请放心，此事他能办好，肯定～。Qǐng fàng xin, cǐ shì tā néng bànhǎo, kěndìng ～. Don't worry, he can handle this work. There's no risk of anything going wrong. / 这次试验，准备工作一定做好，确保～。Zhè cì shìyàn, zhǔnbèi gōngzuò yídìng zuòhǎo, quèbǎo ～. The preparation work for this experiment must be well done so as to ensure that nothing will go wrong.

【万物】wànwù（名）天地之间的所有一切东西 all things on earth：～生长靠太阳。～ shēngzhǎng kào tàiyáng. All things on earth depend on the sun for growth.

【万象更新】wànxiàng gēngxīn 万象：宇宙间的一切景象；更新：改变为新的。一切事物都改变了样子，出现了新的气象（万象：all manifestations of nature；更新：renew）everything looks fresh and gay

【万幸】wànxìng（形）非常幸运（多指幸免了灾祸）very fortunate；by sheer luck：地震时，他正好出差在外地，真是～。Dìzhèn shí，tā zhènghǎo chū chāi zài wàidì，zhēn shi ～. By sheer luck，he was out of town on business when the earthquake hit. / 由于抢救及时，才保住了他的性命，实在～。Yóuyú qiǎngjiù jíshí，cái bǎozhùle tā de xìngmìng，shízài ～. Thanks to a timely rescue，his life was saved. It was indeed by sheer luck. / 这孩子没被撞死可算～，多亏那位解放军战士拦住了惊马。Zhè háizi méi bèi zhuàngsǐ kě suàn ～，duōkuī nà wèi jiěfàngjūn zhànshì lánzhùle jīng mǎ. It was only by sheer luck that this child was not trampled to death，thanks to the Liberation Army soldier who stopped the startled horse.

【万一】wànyī（名）可能性极小的意外或变化 just in case；if by any chance：多带点钱，以防～。Duō dài diǎnr qián，yǐ fáng ～. Bring some extra money just in case something unexpected comes up. /你估计的那种可能只是～，我认为不会出差错的。Nǐ gūjì de nà zhǒng kěnéng zhǐ shì ～，wǒ rènwéi bú huì chū chācuò de. What you reckon is just a very small possibility，I believe that nothing will go wrong.（连）表示可能性小的假设，用于复句的前一分句，在主语前或主语后 just in case；if by any chance（used either before or after the subject in the first clause of a sentence with two or more clauses)：～时间来不及，我就不去你那儿了。～ shíjiān lái bu jí，wǒ jiù bú qù nǐ nàr le. If by any chance time is not enough，I won't go to your place. /～气候突变，就会影响登山速度。～ qìhou tūbiàn，jiù huì yǐngxiǎng dēng shān sùdù. If by any chance the weather were to change suddenly，then the speed at which we climb the mountain could be affected. / 要是～找不到小王，你就打电话通知我。Yàoshi ～ zhǎo bu dào Xiǎo Wáng，nǐ jiù dǎ diànhuà tōngzhī wǒ. If by any chance you can't find Xiao Wang，give me a call to let me know. / 我看，你今天还是别去吧，～找不到小王呢！Wǒ kàn，nǐ jīntiān háishi bié qù ba，～ zhǎo bu dào Xiǎo Wáng ne！I think you had best not go today，just in case you can't find Xiao Wang！

【万有引力】wàn yǒu yǐnlì universal gravitation；gravity

【万丈】wànzhàng（形）形容很高或很深 lofty or bottomless：～深渊 ～ shēn yuān a bottomless chasm；abyss/ 气焰～ qìyàn ～ enormously arrogant /光芒～ guāngmáng ～ shining with boundless radiance；resplendent

【万众一心】wàn zhòng yìxīn 千千万万人一条心，齐心协力，团结一致 millions of people all of one mind：～干四化 ～ gàn sìhuà Millions of people are striving to achieve the Four Modernizations with one heart and one mind.

【万状】wànzhuàng（形）〈书〉很多种样子，表示程度深（用于消极方面）in the extreme；extremely：惊慌～ jīnghuāng ～ be frightened out of one's wits /危险～ wēixiǎn ～ extremely dangerous /惶恐～ huángkǒng ～ be seized with fear

【万紫千红】wàn zǐ qiān hóng 形容百花齐放，色彩艳丽；也比喻事物极其丰富多彩（of flowers or a myriad of objects）a blaze（or riot）of colour：在广州的花市上，真是～，美不胜收。Zài Guǎngzhōu de huāshì shang，zhēn shi ～，měi bú shèng shōu. The flower festival in Guangzhou was a blaze of colour. There were so many beautiful varieties of flowers that one simply couldn't take them all in. /在文艺舞台上真是百花争艳，～。Zài wényì wǔtái shang zhēn shì bǎi huā zhēng yàn，～. The world of literature and art is like a hundred flowers blooming in a blaze of colour. /展销会上，那些服装漂亮极了，～，新颖别致。Zhǎnxiāohuì shang，nàxiē fúzhuāng piàoliang jí le，～，xīnyǐng biézhì. The

clothing at the sales exhibition was beautifully displayed in a blaze of colours and the styles were new and original.

腕
腕 wàn
（名）〈生理〉wrist
【腕子】wànzi（名）〈生理〉wrist

蔓
蔓 wàn
（名）（～儿）a tendrilled vine：这种瓜，一个～上只结一个瓜。Zhè zhǒng guā，yī ge ～ shang zhǐ jiē yí ge guā. This type of melon only grows one per vine. 另见 màn

wāng

汪
汪 wāng
（量）（～儿）用于液体（of liquids）：一～水 yì ～ shuǐ a pool of water /一～眼泪 yì ～ yǎnlèi brimming with tears （动）聚集，后边常带"着" collect；accumulate：门前～着好多水。Mén qián ～zhe hǎoduō shuǐ. A puddle of water has accumulated in front of the door. /菜里～着不少油。Cài li ～zhe bù shǎo yóu. The dish is swimming in fat.

【汪汪】wāngwāng（形）形容（眼睛里）充满（眼泪）的样子 tearful；tears welling up：眼泪～ yǎnlèi ～ eyes brimming with tears；tearful eyes（象声）形容狗叫声 bark；yap；bowwow

【汪洋】wāngyáng（形）形容水势的样子（of a body of water）vast；boundless：～大海 ～ dà hǎi a vast（or boundless）ocean /下了一夜雨，院子里一片～。Xiàle yí yè yǔ，yuànzi li yí piàn ～. It rained all night and now the courtyard is one vast expanse of water.

wáng

亡
亡 wáng
（动）◇（1）死 die：未及报国身先～。Wèi jí bào guó shēn xiān ～. He died before he had the chance to dedicate himself to the service of his country. /这孩子父母双～，无人照管。Zhè háizi fùmǔ shuāng ～，wú rén zhàoguǎn. This child's parents have both died. There's no one to take care of him now.（2）灭亡 exterminate：敌人～我之心不死。Dírén ～ wǒ zhī xīn bù sǐ. The enemy is bent on destroying us.

【亡故】wánggù（动）〈书〉（人）死去 die；pass away；decease

【亡国】wáng = guó 由于被侵略而国家灭亡了 subjugate a nation；cause a state to perish

【亡国奴】wángguónú（名）a slave of a foreign power；a conquered people

【亡命】wángmìng（动）〈书〉（1）逃亡：流亡 flee into exile；seek refuge：～异乡 ～ yìxiāng exile oneself in foreign parts（2）（冒险作恶者）不顾性命 desperate；reckless

【亡命之徒】wángmìng zhī tú 目无法纪，不顾性命的恶人 desperado：这伙～终于落入人民的法网。Zhè huǒ ～ zhōngyú luòrù rénmín de fǎwǎng. This band of desperadoes finally fell into the net of justice spread by the people.

【亡羊补牢】wáng yáng bǔ láo 亡：丢失；牢：牲口圈（juàn）。羊跑了再去补羊圈。比喻事情出了差错以后，想办法补救，还可得再受损失。常常与"犹未为晚"（还不算太晚）连用 mend the fold after a sheep is lost — even after making an error，one must remedy it so as to avoid future mistakes；often used together with "犹未为晚"（it's never too late）

王
王 wáng
（名）君主，最高爵位 king；monarch：唐～ Táng ～ Tang monarch

【王八】wángba（名）（1）tortoise（2）骂人的话，指妻子在外面

有不正当的男女关系的人 cuckold

【王朝】wángcháo（名）imperial court；dynasty

【王储】wángchǔ（名）crown prince

【王法】wángfǎ 封建时代称国家法律。现借指国家政策、法令 the law of the land (in feudal society)；the law

【王府】wángfǔ（名）有王爵封号的人的住宅 a prince's residence

【王公】wánggōng（名）王爵和公爵,泛指显贵的爵位 princes and dukes；the nobility

【王宫】wánggōng（名）imperial palace

【王冠】wángguān（名）imperial crown；royal crown

【王国】wángguó（名）kingdom

【王后】wánghòu（名）queen consort；queen

【王牌】wángpái（名）trump card

【王室】wángshì（名）royal family；imperial court；royal court

【王位】wángwèi（名）throne

【王子】wángzǐ（名）prince；king's son

wǎng

网〔網〕wǎng
（名）net：排球～ páiqiú ～ volleyball net /拉～捕鱼 lā ～ bǔ yú use a net to catch fish /通讯～ tōngxùn ～ communications network /建立交通～ jiànlì jiāotōng ～ set up a traffic communications network（动）用网捕捉 catch with a net；net：～着了一网鱼 ～zháole yì wǎng yú catch a netful of fish

【网点】wǎngdiǎn（名）整个服务系统中的一个具体单位 a particular unit which is part of a whole service system

【网兜】wǎngdōu（名）[个 gè] string bag

【网罗】wǎngluó（动）从各个方面搜集（多是人）enlist the services of：～人材 ～ réncái recruit talented people /～党羽 ～ dǎngyǔ recruit henchmen

【网膜】wǎngmó（名）〈生理〉(1) omentum (2) "视网膜"的简称 abbrev. for "视网膜" (retina)

【网球】wǎngqiú（名）(1) tennis；(2) tennis ball

【网子】wǎngzi（名）net

枉 wǎng
（形）◇弯曲或歪斜 crooked；twisted（副）徒具虚名,没有达到名称所代表的实际高度 not live up to the name of：如整天碌碌无为,人将～活一世。Rú zhěng tiān lùlù wú wéi, rén jiāng ～ huó yí shì. If a person remained inactive day in and day out, he would be living his life in vain. /不能见义勇为,～为共产党员了。Bù néng jiàn yì yǒng wéi,～ wéi gòngchǎndǎngyuán le. If you are not ready to take up the cudgels for a just cause, then you don't live up to the name of Communist Party member. /他们利用职权,贪赃受贿,～为国家干部。Tāmen lìyòng zhíquán, tān zāng shòu huì,～ wéi guójiā gànbù. They take advantage of their authority to accept bribes. They don't live up to the name of state cadres.

【枉法】wǎngfǎ（动）执法的人为了个人利益或某种企图而歪曲、破坏法律 pervert the law；twist the law (for personal gain)

【枉费心机】wǎng fèi xīnjī 枉：白白地,徒然；心机：心思,计谋。形容绞尽脑汁,白费心思,没达到目的（枉：in vain；心机：scheme）scheme without avail；rack one's brains in vain

【枉然】wǎngrán（形）徒然,毫无收获 futile；in vain；to no purpose：学习条件再好,主观不努力也是～。Xuéxí tiáojiàn zài hǎo, zhǔguān bù nǔ lì yě shì ～. If one doesn't make a subjective effort to work, even the best study conditions are of no use.

往 wǎng
（动）朝一个方向移动,宾语是方位词 go (towards a certain direction the object is a word denoting position)：路上人来人～,十分热闹。Lùshang rén lái rén ～, shífēn rènao. The street is extremely lively with people coming and going. /两个人一个～东,一个～西,分开走了。Liǎng ge rén yí ge ～ dōng, yí ge ～ xī, fēnkāi zǒu le. Those two parted, one heading east and one heading west. "往"与处所词组合,用于动词作后补语,表示行动方向,宾语多为地点词语（when "往" and a word denoting location are combined and placed after a verb to serve as a complement, this indicates the direction of a movement; the object is usu. a word denoting a location）：这列火车开～上海。Zhè liè huǒchē kāi ～ Shànghǎi. This train is bound for Shanghai. /文件已送～各单位。Wénjiàn yǐ sòng ～ gè dānwèi. The document has already been sent to every unit. /他两年前被派～国外工作。Tā liǎng nián qián bèi pài ～ guó wài gōngzuò. He was sent abroad to work two years ago.（介）由"往"组成的介词结构作状语,表示行动或动作的方向,宾语是表示方位、处所的词语或某些表示趋向的动词（a prepositional structure formed with "往" serves as an adverbial to indicate the direction of a movement or action; the object is a word denoting position or location, or is a directional verb）in the direction of；toward：从东安市场～南走就是新华书店。Cóng Dōng'ān Shìchǎng ～ nán zǒu jiù shì Xīnhuá Shūdiàn. Walk southward from the Dong'an Market and you will reach the Xinhua Bookstore. /这些货物～哪儿堆放？Zhèxiē huòwù ～ nǎr duīfàng？Where are these goods to be stacked？/昨天我～东京发了一封信。Zuótiān wǒ ～ Dōngjīng fāle yì fēng xìn. I sent a letter off to Tokyo yesterday. /人～高处走,水～低处流。Rén ～ gāochù zǒu, shuǐ ～ dīchù liú. The people walked upward and the water flowed downward. /这事暂时别～出说。Zhè shì zànshí bié ～ chū shuō. Don't talk about this matter to others for the time being. /他离家一年多,却没～回写过一封信。Tā lí jiā yì nián duō, què méi ～ huí xiěguo yì fēng xìn. It has been over one year since he left home, yet he hasn't sent a single letter back.

【往常】wǎngcháng（名）以往的一般日子 in the past；formerly：这孩子～十二点准回来,今天却回来晚了。Zhè háizi ～ shí'èr diǎn zhǔn huílái, jīntiān què huílái wǎn le. This child has always come back at exactly 12 o'clock. Today, however, he was late. /今天上市的菜,品种可比～多。Jīntiān shàng shì de cài, pǐnzhǒng kě bǐ ～ duō. The variety of vegetables available on the market today is greater than usual. /他可从来不开玩笑,今天怎么了？～ tā kě cónglái bù kāi wánxiào, jīntiān zěnme le？He's never joked before. What's with him today？

【往返】wǎngfǎn（动）〈书〉来回,去和回 journey to and fro；go there and back：他经常～于北京广州之间。Tā jīngcháng ～ yú Běijīng Guǎngzhōu zhī jiān. He often travels to and fro between Beijing and Guangzhou. /我骑自行车上班,每天～两次。Wǒ qí zìxíngchē shàng bān, měi tiān ～ liǎng cì. I ride my bicycle to work and back, twice every day.（名）一个反复,一个来回 roundtrip：从学校到火车站,一～要两个小时。Cóng xuéxiào dào huǒchēzhàn, yì ～ yào liǎng ge xiǎoshí. A roundtrip between the school and the train station takes two hours. /你买的是单程票还是～票？Nǐ mǎi de shì dānchéng piào háishì ～ piào？Did you buy a one-way or a round-trip ticket？

【往复】wǎngfù（动）〈书〉来回；反复 move back and forth；reciprocate；repeat

【往后】wǎnghòu（名）从今以后 from now on；in the future：～你别再来找我了。～ nǐ bié zài lái zhǎo wǒ le. From now on, don't come to see me anymore. /你要是再赌博,～的日

子可怎么过啊！Nǐ yàoshi zài dǔbó，～ de rìzi kě zěnme guò a！*If you gamble，how will you be able to support yourself in the future?*

【往来】wǎnglái（动）去和来 come and go：马路上车辆行人～不断。Mǎlù shang chēliàng xíngrén ～ bú duàn. *In the streets，people and cars are coming and going endlessly.* (名)交往 contact；dealings；intercourse：他们俩的 ～ 十分频繁。Tāmen liǎ de ～ shífēn pínfán. *Those two are in frequent contact with each other.* /各国人民之间的友好～，有利于和平事业的发展。Gè guó rénmín zhī jiān de yǒuhǎo ～，yǒulì yú hépíng shìyè de fāzhǎn. *Friendly intercourse between all countries is advantageous to the development of peace.* / 他和许多人有书信～. Tā hé xǔduō rén yǒu shūxìn ～. *He keeps up a regular correspondence with several people.*

【往年】wǎngnián （名）本年以前的年头，从前（in）former years：今年夏天比～热。Jīnnián xiàtiān bǐ ～ rè. *This summer is hotter than in former years.* /父亲的身体比～好多了。Fùqīn de shēntǐ bǐ ～ hǎo duō le. *Father's health is now much better than before.* / ～有这么多短期学汉语的学生吗？～ yǒu zhème duō duǎnqī xué Hànyǔ de xuésheng ma? *Have there ever been as many students who took a short course in Chinese as there are this year?*

【往日】wǎngrì（名）〈书〉以往的日子，以前（in）former days；（in）bygone days：～他没回来这么晚过。～ tā méi huílai zhème wǎnguo. *He has never been this late before.* / 那是下午五点来晚报，今天七点还没来。～ dōu shì xiàwǔ wǔ diǎn lái wǎnbào，jīntiān qī diǎn hái méi lái. *The evening paper always arrived by 5 p.m. before. It's already 7 o'clock and today's paper hasn't arrived yet.* / 看在～的情分上，原谅你这一次。Kàn zài ～ de qíngfen shang，yuánliàng nǐ zhè yí cì. *Considering the affection we've shared before, I'll forgive you this time.*

【往事】wǎngshì （名）〈书〉已经过去的事情，从前的事 past events；the past：回首～huíshǒu ～ recollections of the past /分别多年的老同学相见，自然要谈起二十年前的～. Fēnbié duō nián de lǎo tóngxué xiāng jiàn，zìrán yào tánqǐ èrshí nián qián de ～. *When old classmates meet again after many years of separation, they naturally talk about the events of twenty years past.* /那些不愉快的～，何必再去提它！Nàxiē bù yúkuài de ～，hébì zài qù tí tā! *There's no need to bring up the unhappy events of the past.*

【往往】wǎngwǎng（副）表示在通常情况或某种条件下，大多数情况是如此，不受否定词修饰 more often than not；frequently（cannot be modified by a negative）：他们～为一些家庭琐事争论不休。Tāmen ～ wèi yìxiē jiātíng suǒshì zhēnglùn bù xiū. *They frequently argue on and on about household matters.* / 在这样的单位工作，知识和才能～得不到重视。Zài zhèyàng de dānwèi gōngzuò，zhīshi hé cáinéng ～ dé bu dào zhòngshì. *When working in such a unit, one's knowledge and skill are almost never recognized.* / 他总是怀着希望去奋斗，结果却～事与愿违。Tā zǒngshì huáizhe xīwàng qù fèndòu，jiéguǒ què ～ shì yǔ yuàn wéi. *He's always willing to put up a fight, but things usually go contrary to his wishes.* / 良药～是苦口的。Liángyào ～ shì kǔ kǒu de. *Good advice is more often than not hard to swallow.* / 好心～并不一定得到好报。Hǎo xīn ～ bìng bù yídìng dédào hǎo bào. *Good intentions don't necessarily always get something good in return.*

【往昔】wǎngxī（名）〈书〉以前，从前 in the past；in former times

wàng

妄 wàng（形）〈书〉荒谬不合理 absurd；preposterous（副）胡乱地、超出常规地 presumptuous；rash：对这种理论我没研究过，不敢～加评论。Duì zhè zhǒng lǐlùn wǒ méi yánjiūguo，bù gǎn ～ jiā pínglùn. *I've never studied this theory, so I dare not make any rash comments on it.* / 这么大的事你怎能～自做主呢？Zhème dà de shì nǐ zěn néng ～ zì zuò zhǔ ne? *How can you make a presumptuous decision on your own about such an important matter?*

【妄动】wàngdòng（动）轻率地行动 take rash（or reckless，ill-considered）action：调查案情要有个周密的计划，不可～。Diàochá ànqíng yào yǒu ge zhōumì de jìhuà，bù kě ～. *We must investigate details according to a well-conceived plan, not just take rash action.*

【妄图】wàngtú（动）try in vain；make a futile attempt to：～达到个人目的～ dádào gèrén mùdì *make a futile attempt to attain one's goal*

【妄想】wàngxiǎng（动）vainly hope：他从来不肯帮助别人，所以我也不～从他那里得到什么好处。Tā cónglái bù kěn bāngzhù biérén，suǒyǐ wǒ yě bú ～ cóng tā nàli dédào shénme hǎochu. *He has never been willing to help others, so I don't have the vain hope of ever gaining anything from him.* （名）wishful thinking：那个姑娘眼高着呢，小杨想跟她交朋友可真是～. Nàge gūniang yǎn gāo zhene，Xiǎo Yáng xiǎng gēn tā jiāo péngyou kě zhēn shi ～. *That girl has very high aims. If Xiao Yang wants to date her, it's only wishful thinking.*

【妄自菲薄】wàng zì fěibó 妄：不合实际，过分；菲薄：看不起，轻视。形容过分地看不起自己（妄：excessive；菲薄：look down on）underestimate one's own capabilities；have too humble an opinion of oneself：要正确地估量自己，看到自己的长处，不要～。Yào zhèngquè de gūliàng zìjǐ，kàndào zìjǐ de chángchù，búyào ～. *One must properly appraise oneself, acknowledge one's good points, and not have too low an opinion of oneself.*

【妄自尊大】wàng zì zūn dà 妄：狂妄；尊：高贵。狂妄地自高自大，自以为了不起（妄：presumptuous；尊：noble；high）have too high an opinion of oneself；be filled with self-importance：他总是～，其实什么本事也没有。Tā zǒngshì ～，qíshí shénme běnshi yě méi yǒu. *He's always filled with his own self-importance whereas, in fact, he doesn't have any skills at all.*

忘 wàng

忘 wàng（动）forget：我～了他说什么来着。Wǒ ～le tā shuō shénme laizhe. *I forgot what he said.* / 别～了带月票。Bié ～ le dài yuèpiào. *Don't forget to bring your monthly ticket.* /你的话我永远不会～。Nǐ de huà wǒ yǒngyuǎn bú huì ～ de. *I will never forget your words.* /我的记性越来越坏，总有一天把自己的名字都～了。Wǒ de jìxing yuèláiyuè huài，zǒng yǒu yì tiān bǎ zìjǐ de míngzi dōu ～ le. *My memory is getting worse and worse. I'm bound to forget my own name someday!*

【忘本】wàng=běn（景况好转后）忘掉原来的困苦和幸福得来的根源 forget one's past suffering；forget the origin of one's well-being：现在生活富裕了，更要注意节俭，不能～。Xiànzài shēnghuó fùyù le，gèng yào zhùyì jiéjiǎn，bù néng ～. *We must not forget our past sufferings, now that we lead prosperous lives. It's even more important now to be frugal.*

【忘掉】wàng//diào forget；let slip from one's mind：把那些不愉快的事～吧！Bǎ nàxiē bù yúkuài de shì ～ ba! *Let's forget those unpleasant matters!*

【忘恩负义】wàng ēn fù yì 恩：恩德，恩惠；负：辜负，背弃。忘记别人对自己的恩情，做出对不起别人的事（恩：favour；

kindness；负：abandon) devoid of gratitude；ungrateful：当年他救过你的命，你可不能～呀！Dāngnián tā jiùguo nǐ de mìng，nǐ kě bù néng ~ ya! *He saved your life that year. You mustn't be ungrateful!*/ 党培养了我们，要是不一心一意做好工作，那就是～。Dǎng péiyǎngle wǒmen, yàoshi bú yì xīn yí yì zuòhǎo gōngzuò, nà jiù shì ~. *We were nurtured by the Party. It would be so ungrateful of us not to work wholeheartedly.*

【忘乎所以】wàng hū suǒ yǐ 过分得意，忘记了一切。形容得意忘形的样子 *forget oneself；be dizzy with success*；这孩子一高兴就～。Zhè háizi yì gāoxìng jiù ~. *When this child is happy, he forgets himself.*/ 不要有了点成绩就～，要谦虚谨慎。Búyào yǒule diǎnr chéngjì jiù ~, yào qiānxū jǐnshèn. *One mustn't lose one's head because of a little success. One should be modest and prudent.*

【忘怀】wànghuái (动)〈书〉忘记 *forget；dismiss from one's mind*；他乐于助人的精神，使人难以～。Tā lèyú zhù rén de jīngshén, shǐ rén nányǐ ~. *His readiness to always help people is difficult to forget.*

【忘记】wàngjì (动)不记得，没留下记忆 *forget*；不要～过去的教训。Búyào ~ guòqù de jiàoxun. *Don't forget the lesson you learned in the past.*/我没有～那件事。Wǒ méiyou ~ nà jiàn shì. *I haven't forgotten that matter.*/那张表我～交了。Nà zhāng biǎo wǒ ~ jiāo le. *I forgot to hand in the form.*/我～带钥匙，进不了屋了。Wǒ ~ dài yàoshi, jìn bu liǎo wū le. *I forgot to bring my key and now I can't get in the room.*

【忘却】wàngquè (动)〈书〉*forget*

【忘我】wàngwǒ (形)(为了崇高的目的)忘掉了自己，不顾自己 *selfless；oblivious of oneself*；学习英雄的～精神。Xuéxí yīngxióng de ~ jīngshén. *Learn from the hero's spirit of selflessness.*/为了国家富强，大家都在一地劳动着。Wèile guójiā fùqiáng, dàjiā dōu zài ~ de láodòngzhe. *Everybody is working selflessly to build a prosperous and powerful nation.*/在危急时刻，这些大学生表现得那样～，那样英勇。Zài wēijí shíkè, zhèxiē dàxuéshēng biǎoxiàn de nàyàng ~, nàyàng yīngyǒng. *In a moment of crisis, those university students behaved bravely and selflessly.*

旺 wàng
(形)*prosprous；flourishing；vigorous*；火烧得很～。Huǒ shāo de hěn ~. *The fire is roaring.*/庄稼长势很～。Zhuāngjia zhǎngshì hěn ~. *The crops are flourishing.*

【旺季】wàngjì (名)营业旺盛的季节或某种东西出产多的季节(跟"淡季"相对)*peak period；busy season (antonym of "淡季" (slack season))*：夏季是蔬菜的～。Xiàjì shì shūcài de ~. *Summer is the busy season for vegetables.*/无论～还是淡季，农贸市场都有鲜菜。Wúlùn ~ háishi dànjì, nóngmào shìchǎng dōu yǒu xiāncài. *Whether it's the peak season or not, the farmers' market is always full of fresh vegetables.*/现在正是旅游的～。Xiànzài zhèng shì lǚyóu de ~. *This is the travel season.*

【旺盛】wàngshèng (形)*vigorous；exuberant*：牧草～ mùcǎo ~ *luxuriant forage grass*/士气～ shìqì ~ *have high morale*/他有～的精力。Tā yǒu ~ de jīnglì. *He is full of vigorous energy.*

望 wàng
(动)(1)远眺，往远处看 *gaze into the distance；look at*：登高远～ dēng gāo yuǎn ~ *climb high gaze into the distance*/辽阔的大草原，一望～不到边。Liáokuò de dà cǎoyuán, yí wàng ~ bu dào biān. *The grasslands are so vast that they stretch far beyond one's gaze.* (2)〈书〉盼望 *look forward to；hope；expect*：～你早日康复。~ nǐ zǎorì kāngfù. *I hope you'll get better soon.*/届时参加。～

jièshí cānjiā. *You are expected to participate at the appointed time.*/～早去早回。~ zǎo qù zǎo huí. *I hope you to leave and come back early.*

【望尘莫及】wàng chén mò jí 莫：不能；及：到，赶上。远远望着前边的人马行走时带起的尘土，追赶不上。比喻远远落后(莫：*unable*；及：*catch up*)*see the dust of the rider ahead — be lagging too far behind to catch up*：他的小提琴拉得真好，我～。Tā de xiǎotíqín lā de zhēn hǎo, wǒ ~. *He is so skillful with the violin, I have no hope of ever catching up with him.*

【望而生畏】wàng ér shēng wèi 畏：恐惧，害怕。一看见害怕 *be terrified by the sight of (sb. or sth.)；flinch (out of fear)*：这个领导干部老是板着面孔，使群众～。Zhège lǐngdǎo gànbù lǎoshi bǎnzhe miànkǒng, shǐ qúnzhòng ~. *This leading cadre always has a stern expression on his face. The very sight of him instils fear in the masses.*/这座山太高太陡了，简直让人～，不敢往上爬。Zhè zuò shān tài gāo tài dǒu le, jiǎnzhí ràng rén ~, bù gǎn wǎng shàng pá. *This mountain is too high and steep; the very sight of it makes one flinch. One wouldn't dare climb it.*

【望风而逃】wàng fēng ér táo 远远见到对方来势勇猛就吓得逃跑了 *flee at the mere sight of the oncoming force*

【望风披靡】wàng fēng pī mǐ 披靡：草木随风倒伏。草一遇到风就倒伏了。比喻军队丧失斗志，远远看到对方来势勇猛，没经战斗就溃散了(披靡：*of grass, trees, etc. be swept by the wind*) *the grass lies down the moment the wind touches it — flee helterskelter (or pell-mell) at the mere sight of the oncoming force*：打得敌军～ dǎ de dí jūn ~ *force the enemy to flee pell-mell*

【望梅止渴】wàng méi zhǐ kě 曹操带领军队走到一个没有水的地方。士兵们口渴极了。曹操骗他们说：前面有梅树林，那里摘梅子吃，又甜又酸，可以解渴。士兵们一听有梅子吃，嘴里都生出口水来，就不那么渴了。后来就用"望梅止渴"比喻愿望无法实现，用空想来安慰自己 *quench one's thirst by thinking of plums. Cao Cao led an army to an area where there was no water. The soldiers were extremely thirsty, so Cao Cao deceived them by saying that there was an orchard of plum trees ahead, filled with sweet and juicy plums. He then told the soldiers to go and pick some so as to quench their thirst. As soon as the soldiers heard this, their mouths watered, thus diminishing their thirst. Now refers to sb. who consoles himself with false hopes.*

【望文生义】wàng wén shēng yì 文：文字；义：意义。不去了解词句的确切含义，只从字面上作牵强附会的解释(文：*words*；义：*meaning*) *take the words too literally；interpret without real understanding*：他看见"鲸"字就～，认为是一种鱼。Tā kànjiàn "jīng" zì jiù ~, rèn wéi shì yì zhǒng yú. *He saw the word 鲸 and misinterpreted its meaning. He thought it was a type of fish.*

【望眼欲穿】wàng yǎn yù chuān 眼睛都要望穿了。形容盼望的急切 *anxiously gaze till one's eyes are strained — look forward to sth. with great eagerness*：老母亲盼望儿子回来，真是～哪！Lǎo mǔqin pànwàng érzi huílai, zhēn shì ~ na! *The old woman is really looking forward with great eagerness to her son's return.*

【望洋兴叹】wàng yáng xīng tàn 望洋：抬起头来看的样子；兴：发出。原指在伟大的事物面前感叹自己的渺小。后比喻做一件事力量不足或条件不够，而感到无可奈何(望洋：*raise one's head to look at sth.*；兴：*send out*)(*former meaning*) *feel small and negligible in the face of sth. great*；(*present meaning*) *bemoan one's inadequacy in the face of a great task*

【望远镜】wàngyuǎnjìng (名)[架 jià] *telescope；binoculars*

wēi

危 wēi（形）◇（1）不安全，危险 *dangerous*；*perilous*：～如累卵 ～ rú lěi luǎn *as precarious as a stack of eggs* （2）人将死 *dying*：病～ ～ bìng ～ *be critically ill*；*be dying* （3）损害 *endanger*；*imperil*

【危殆】wēidài（形）〈书〉（形势、生命等）危险到不能维持或快要灭亡的地步 *(of a situation, life, etc.) in great danger*；*in jeopardy*；*in a critical condition*：形势～ xíngshì ～ *a situation which is in critical condition* /病情～ bìngqíng ～ *be critically ill*

【危害】wēihài（动）*harm*；*endanger*；*jeopardize*：吸烟～人体健康。Xī yān ～ réntǐ jiànkāng. *Smoking is harmful to one's health.* /不能干～群众利益的事。Bù néng gàn ～ qúnzhòng lìyì de shì. *You cannot do things that will jeopardize the interest of the masses.* （名）*harm*；*danger*；*jeopardy*：喝酒的～很大。Hē jiǔ de ～ hěn dà. *Drinking can cause great harm.* 官僚主义给工作造成了很大的～。Guānliáozhǔyì gěi gōngzuò zàochéngle hěn dà de ～. *Bureaucracy has brought great harm to work.*

【危害性】wēihàixìng（名）*harmfulness*；*perniciousness*：这个工厂排出的废气，对人有很大的～。Zhège gōngchǎng páichū de fèiqì, duì rén yǒu hěn dà de ～. *The air pollution emitted from this factory brings great harm to people.*

【危机】wēijī（名）危险的根源 *crisis*：～四伏 ～ sì fú *beset with crises*；*crisis-ridden* /经济～ jīngjì ～ *economic crisis*

【危及】wēijí（动）〈书〉有害于，危害到 *endanger*；*imperil*：这次泄密～国家安全。Zhè cì xiè mì ～ guójiā ānquán. *The divulgation of this secret has endangered state security.* /手术做不好，会～病人的生命。Shǒushù zuò bu hǎo, huì ～ bìngrén de shēngmìng. *If the operation is not performed properly, it will endanger the patient's life.* /病毒～健康的肌体。Bìngdú ～ jiànkāng de jītǐ. *A virus is dangerous to the healthy human body.*

【危急】wēijí（形）危险紧急 *critical*；*in imminent danger*；*in a desperate situation*：情况～ qíngkuàng ～ *a desperate situation* /伤势～ shāngshì ～ *a critical wound*

【危惧】wēijù（动）〈书〉担忧害怕 *be apprehensive*；*worry and fear*

【危难】wēinàn（名）〈书〉危险和灾难 *danger and disaster*；*calamity*：大地震使这个城市遭到空前的～。Dà dìzhèn shǐ zhège chéngshì zāodào kōngqián de ～. *The massive earthquake in this city was an unprecedented calamity.*

【危亡】wēiwáng（名）〈书〉（国家、民族）接近灭亡的危急的局势 *(of a country, nationality, etc.) danger of extinction*；*in peril*；*at stake*：1937年日本军国主义入侵中国，中华民族面临～的时刻。Yījiǔsānqī nián Rìběn jūnguózhǔyì rùqīn Zhōngguó, Zhōnghuá mínzú miànlín ～ de shíkè. *In 1937, Japanese militarism invaded China. During this time, the Chinese nationality was in danger of extinction.*

【危险】wēixiǎn（形）（1）有使人遭受损害、失败、死亡的可能 *dangerous*；*perilous*：山路～ shānlù ～ *a perilous mountain path* /脱离～的处境 tuōlí ～ de chǔjìng *escape peril*；*escape a dangerous situation* /人物～ rénwù ～ *a dangerous person* /你这样做很～。Nǐ zhèyàng zuò hěn ～. *What you are doing is very dangerous.* （2）处于危险之中 *in danger*：你们大概都能考上大学，我有点～。Nǐmen dàgài dōu néng kǎoshang dàxué, wǒ yǒudiǎnr ～. *You will all more than likely pass the university entrance exams. As for me, however, I'm in danger of failing.* （名）*danger*：人们冒着生命～抢救伤员。Rénmen màozhe shēngmìng ～ qiǎngjiù shāngyuán. *People risked their lives to save the wounded.* /他们过封锁线时，遇到了～。Tāmen guò fēngsuǒxiàn shí,

遇到了～。*They met with danger when they crossed the blockade.*

【危险性】wēixiǎnxìng（名）*danger*；*peril*：这种工作丝毫没有～。Zhè zhǒng gōngzuò sīháo méi yǒu ～. *There's absolutely no danger involved in this type of work.*

【危言耸听】wēi yán sǒng tīng 故意说些夸大事实吓人的话，使人听了震惊 *exaggerate things just to scare people*；*say something just to create an alarm*

【危在旦夕】wēi zài dàxī 旦夕：早上和晚上，指很短的时间。形容危险马上就要发生（旦夕：*morning and evening*；*a very short time*）*on the edge of danger*；*on the verge of death or destruction*：反动政权摇摇欲坠，～。Fǎndòng zhèngquán yáoyáo yù zhuì, ～. *The reactionary regime is crumbling and on the verge of collapse.* /他已是晚期肝癌，生命～。Tā yǐ shì wǎnqī gān'ái, shēngmìng ～. *His liver cancer is already in its most advanced stage. Death is expected at any moment.*

威 wēi

威 wēi（名）◇强大的声势，使人敬畏的气魄 *impressive strength*；*might*；*power*◇用暴力（压人）*by force*

【威逼】wēibī（动）用强力逼迫或进逼 *threaten by force*；*coerce*；*intimidate*

【威风】wēifēng（名）使人敬畏的气势 *power and prestige*：老将军～不减当年。Lǎo jiāngjūn ～ bù jiǎn dāngnián. *The old general's power and prestige are just as great as in his younger days.* /以我们的士气压倒敌人的～。Yǐ wǒmen de shìqì yādǎo dírén de ～. *We will crush the enemy's arrogance with our morale.* /你不必要～，没人怕你。Nǐ búbì shuǎ ～, méi rén pà nǐ. *You don't need to throw your weight around. No one is afraid of you.* （形）形容使人敬畏的声势和气派 *imposing*；*impressive*；*awe-inspiring*：国庆阅兵式真～。Guóqìng yuèbīngshì zhēn ～. *The National Day military parade is really impressive.* /别看他好像很～，其实没什么本事。Bié kàn tā hǎoxiàng hěn ～, qíshí méi shénme běnshì. *In spite of the fact that he seems impressive, he actually doesn't have much skill.*

【威风凛凛】wēifēng lǐnlǐn 声势气派使人敬畏 *majestic-looking*；*awe-inspiring*：人民战士手握钢枪，～，走过主席台。Rénmín zhànshì shǒu wò gāngqiāng, ～, zǒuguò zhǔxítái. *The people's soldiers were awe-inspiring as they held their rifles and marched past the chairman's platform.*

【威吓】wēihè（动）*intimidate*；*threaten*；*bully*：无论敌人怎样～他，他都不屈服。Wúlùn dírén zěnyàng ～ tā, tā dōu bù qūfú. *Regardless of what the enemy does to threaten him, he won't surrender.*

【威力】wēilì（名）*power*；*might*：必须使坏分子感到法律的～。Bìxū shǐ huàifènzǐ gǎndào fǎlǜ de ～. *It is imperative to make evildoers feel the power of the law.*

【威慑】wēishè（动）用武力使对方害怕 *terrorize with military force*；*deter*：以核武器～对方 yǐ héwǔqì ～ duìfāng *use nuclear weapons as a deterrent to the other side*

【威士忌】wēishìjì（名）*whisky*

【威望】wēiwàng（名）*prestige*：他是一位有～的学者。Tā shì yí wèi yǒu ～ de xuézhě. *He is a very prestigious scholar.*

【威武】wēiwǔ（形）*mighty*；*powerful*：～雄壮的队伍 ～ xióngzhuàng de duìwǔ *powerful and majestic troops*

【威胁】wēixié（动）*threaten*；*menace*；*imperil*：把军队驻扎在边境上，时刻～着邻国的安全。Bǎ jūnduì zhùzhā zài biānjìng shang, shíkè ～zhe línguó de ānquán. *Station the army near the border so as to act as a constant menace to the security of the neighbouring country.*

【威信】wēixìn（名）*prestige*；*popular trust*：这位领导干部能够倾听并采纳群众的意见，～很高。Zhèwèi lǐngdǎo gànbù nénggòu qīngtīng bìng cǎinà qúnzhòng de yìjiàn, ～

hěn gāo. *Because this leading cadre can listen attentively to and accept the views of the masses, he enjoys popular trust.*

【威信扫地】wēixìn sǎo dì 形容威望和信誉完全丧失 *be shorn of one's prestige*: 搞不正之风的人，势必使自己。Gǎo búzhèng zhī fēng de rén, shìbì shǐ zìjǐ ~. *People with unhealthy tendencies are bound to be shorn of their prestige.*

【威严】wēiyán（形）*dignified; stately; majestic; awe-inspiring*: ~的法庭 ~ de fǎtíng *awe-inspiring tribunal*

透 wēi

【透迤】wēiyí（形）〈书〉道路、山脉、河流等弯弯曲曲绵延不绝的样子（of a road , mountain range, river , etc.）*winding ; meandering*: 山峦起伏，~ 险峻。Shānluán qǐfú, ~ xiǎnjùn. *The mountain ranges rise and fall in dangerously steep slopes.* / 去八达岭，要经过一段~陡峭的盘山路。Qù Bādálǐng, yào jīngguò yí duàn ~ dǒuqiào de pánshānlù. *To get to Badaling, one must go along a winding and precipitous mountain path.* / 大河~东去，直奔大海。Dà hé ~ dōng qù, zhí bèn dàhǎi. *The great river winds its way eastward, and heads directly out to sea.*

偎 wēi

（动）亲热地靠着，紧挨着 *snuggle up to; cling to*: 孩子~在母亲的怀里睡着了。Háizi ~ zài mǔqin huái li shuìzháo le. *The child snuggled up in his mother's arms and fell asleep.*

【偎依】wēiyī（动）亲热地紧靠着 *snuggle up to; lean close to*: 母女两个互相~着。Mǔnǚ liǎng ge hùxiāng ~zhe. *Mother and daughter are snuggled up together.*

微 wēi

（形）◇ *minute; tiny*: ~风拂面 ~ fēng fú miàn *a slight breeze stroking the face* / 收效甚◇。Shōuxiào shèn ~. *produce very little effect*

【微波】wēibō（名）〈电子〉*microwave*

【微薄】wēibó（形）〈书〉*meagre; scant*: ~的收入 ~ de shōurù *a meagre income* / ~的礼物 ~ de lǐwù *a meagre gift* / 力量~ ~ lìliang *very little strength*

【微不足道】wēi bù zú dào 渺小得根本不值一提 *insignificant; not worth mentioning; negligible*: 这点成绩是~的。Zhè diǎnr chéngjì shì ~ de. *This small success is not worth mentioning.* / 由于大家帮助, 产品才试制成功, 我个人的力量实在~。Yóuyú dàjiā bāngzhu, chǎnpǐn cái shìzhì chénggōng, wǒ gèrén de lìliang shízài ~. *It is thanks to everybody's help that this product was successfully trial produced. My effort was indeed negligible.*

【微电子技术】wēidiànzǐ jìshù *microelectronics technology*

【微分】wēifēn（名）〈数〉*differential*

【微观】wēiguān（名）指分子、原子、电子等极微小的物质粒子的领域（与"宏观"相对）*microcosmic（antonym of "宏观" （macroscopic））*

【微观经济】wēiguān jīngjì 社会经济总体中个别资本的运动, 如某个企业、某个家庭、某个行业、某个市场的经济行为, 均属于微观经济范畴（与"宏观经济"相对）*microeconomics — the specific distribution of wealth within the overall social economy, e. g., the economic activity of an enterprise, a household, an industry or a market; these all fall under the category of microeconomics（antonym of "宏观经济"（macroeconomics））*

【微观世界】wēiguān shìjiè *microcosmos; microcosm*

【微乎其微】wēi hū qí wēi 极其微小或极少 *very little; next to nothing*: 要提起他对我的帮助, 那又可以说是~的。Yào tíqǐ tā duì wǒ de bāngzhu, nà kěyǐ shuō shì ~ de. *If you want to mention how much help he was to me, I would say it was*

very little. / 自然界的一些~的变化, 人们往往往感觉不到。Zìránjiè de yìxiē ~ de biànhuà, rénmen wǎngwǎng gǎnjué bú dào. *People more often than not don't notice small changes in the natural world.*

【微积分】wēijīfēn（名）〈数〉*calculus; infinitesimal calculus*

【微粒】wēilì（名）〈物〉*particle*

【微量】wēiliàng（名）很小的量 *tiny amount; trace*: 这种药含有~的锌。Zhè zhǒng yào hányǒu ~ de xīn. *This medicine contains traces of zinc.*

【微量元素】wēiliàngyuánsù（名）*trace element*

【微米】wēimǐ（量）*micron*

【微妙】wēimiào（形）深奥难解 *delicate; subtle*: 这两个人的~关系并不被朋友所知。Zhè liǎng ge rén de ~ guānxi bìng bú bèi péngyou suǒ zhī. *The relationship is so subtle between these two that friends don't even know about it.* / 这些~的道理一时很难让人理解。Zhèxiē ~ de dàolǐ yìshí hěn nán ràng rén lǐjiě. *It is difficult for people to understand these subtle reasons in just a short time.* / 文章的这种表现手法十分~。Wénzhāng de zhè zhǒng biǎoxiàn shǒufǎ shífēn ~. *The technique of expression in this article is very subtle indeed.*

【微弱】wēiruò（形）*faint; feeble; weak*: ~的声音 ~ de shēngyin *a thin voice* / 力量~ lìliang ~ *have no strength; be weak*

【微生物】wēishēngwù（名）〈生〉*microorganism; microbe*

【微调】wēitiáo（名）*fine tuning; trimming*

【微微】wēiwēi（形）*slight; faint*: ~的小风 ~ de xiǎo fēng *a slight breeze* / 一笑 ~ yí xiào *a slight or faint smile* / ~点点头 ~ diǎndiǎn tóu *slightly nod one's head* / 两手~颤抖 liǎng shǒu ~ chàndòu *both hands faintly（or slightly）trembling*

【微细】wēixì（形）*very small; tiny*: ~的血管 ~ de xuèguǎn *very small blood vessels* / ~的毛发 ~ de máofà *very fine hair*

【微小】wēixiǎo（形）*small; little*: ~的颗粒 ~ de kēlì *small pellet* / 希望极其~。Xīwàng jíqí ~. *infinitely small hope; very slender hope*

【微笑】wēixiào（动）*smile*: 他向着我们~。Tā xiàngzhe wǒmen ~. *He's smiling at us.*（名）*smile*: 嘴角上留着一丝~。Zuǐjiǎo shang liúzhe yì sī ~. *There's a trace of a smile at the corner of his mouth.* / 他睡梦里都含着甜美的~。Tā shuìmèng lǐ dōu hánzhe tiánměi de ~. *As he was dreaming, a sweet smile spread across his face.*

【微型】wēixíng（形·非谓）*miniature; mini-*: ~相机 ~ xiàngjī *miniature camera; minicam*

【微型机】wēixíngjī（名）"微型电子计算机"的简称 *abbrev. for "微型电子计算机"（microcomputer）*

【微血管】wēixuèguǎn（名）〈生理〉（blood）*capillary*

煨 wēi

（动）一种做菜的方法, 把原料放在锅里用小火慢慢煮 *cook over a small fire; stew; simmer*: ~牛肉汤 ~ niúròu tāng *stew some beef soup*

巍 wēi

【巍峨】wēi'é（形）〈书〉*towering; lofty*: ~的高山 ~ de gāoshān *lofty mountains*

【巍然】wēirán（形）〈书〉*towering; lofty; majestic; imposing*: ~如山 ~ rú shān *as majestic as a mountain* / 高层建筑~耸立。Gāo céng jiànzhù ~ sǒnglì. *The imposing high-rise buildings tower aloft.*

【巍巍】wēiwēi（形）〈书〉*towering; lofty*: ~群山 ~ qún shān *lofty mountains*

wéi

为〔爲〕wéi
（动）多用于书面语 (1) ◇ 做，干 do；act；敢做敢～ gǎn zuò gǎn ～ act with daring；bold in action /他的所做所～影响很坏。Tā de suǒ zuò suǒ ～ yǐngxiǎng hěn huài. The things he does have a very negative effect. (2)作为，充当 act as；serve as；他拜这位著名京剧演员为～师。Tā bài zhè wèi zhùmíng jīngjù yǎnyuán ～ shī. He takes this famous Beijing opera performer as his teacher. /这条街，电子公司一家挨一家，所以被称～电子一条街。Zhè tiáo jiē, diànzǐ gōngsī yì jiā āi yì jiā, suǒyǐ bèi chēng～ diànzǐ yì tiáo jiē. There's one electronics company after another on this street；hence, it's called "Electronics Street". /全组一致选她～先进工作者。Quán zǔ yízhì xuǎn tā ～ xiānjìn gōngzuòzhě. The entire organization has unanimously elected her as an advanced worker. (3)成 become；变消极因素～积极因素 biàn xiāojí yīnsù ～ jījí yīnsù change a negative factor into a positive factor /变被动～主动 biàn bèidòng ～ zhǔdòng regain the initiative /把一个大班分～两个小班。Bǎ yí ge dà bān fēn～ liǎng ge xiǎo bān. divide a large class into two smaller ones (4)是 be；mean；一千公斤一～一吨。Yìqiān gōngjīn ～ yì dūn. One thousand kilograms are equivalent to one ton. /北京～中华人民共和国的首都。Běijīng ～ Zhōnghuá Rénmín Gònghéguó de shǒudū. Beijing is the capital of the People's Republic of China. （介）〈书〉意思同介词"被"bèi，表示被动，宾语多为名词、代词，有时也有主谓结构等 same as the preposition "被" bèi (indicates the passive form；the object is usu. a noun or pronoun, but may sometimes be a subject-predicate structure)：大家都～英雄们的献身精神感动不已。Dàjiā dōu ～ yīngxióngmen de xiànshēn jīngshén gǎndòng bù yǐ. Everybody was deeply moved by the heroes' spirit of devotion. /这种演唱形式并不～人们喜爱。Zhè zhǒng yǎnchàng xíngshì bìng bù ～ rénmen xǐ'ài. This kind of singing performance is not at all liked by the people. /不～金钱引诱的人就不会上当。Bù ～ jīnqián yǐnyòu de rén jiù bú huì shàngdàng. Those who are not seduced by money cannot be duped. /这条真理已～无数事实证明了。Zhè tiáo zhēnlǐ yǐ ～ wúshù shìshí zhèngmíng le. This truth has already been proved by countless facts. "为"可用代词"之"做宾语，复指上下文中出现的施事（"为"～"之" can use the pronoun "之" to form an object which repeats the agent that appears before or after it)：喜讯传来，大家都～之欢欣鼓舞。Xǐxùn chuánlái, dàjiā dōu ～ zhī huānxīn gǔwǔ. The good news spread and everybody was elated because of it. 另见 wèi

【为非作歹】wéi fēi zuò dǎi 干尽各种罪恶的勾当 do evil；perpetrate outrages；commit crimes：这伙流氓在这一带～，被警察一举捕获。Zhè huǒ liúmáng zài zhè yídài ～, bèi jǐngchá yíjǔ bǔhuò. This band of hooligans, which has committed crimes in this area, was captured by the police in one fell swoop.

【为富不仁】wéi fù bù rén 为：谋求，追求；不仁：刻薄，没有好心肠。靠剥削别人发财的人，没有好心肠（为：seek；不仁：heartless) one of the heartless rich (who exploit others to make their fortune) : be rich and cruel

【为难】wéinán（动）(1)(不及物)感到难办，不好应付 feel awkward；feel embarrassed；feel unable to cope with (sth.)：拜托你的事办不成也不必～。Bàituō nǐ de shì bàn bu chéng yě búbì ～. Regarding that matter I requested you to do — there's no need to feel awkward if you can't handle it. /你有什么～事尽管说，我一定帮助你。Nǐ yǒu shénme ～ shì jǐnguǎn shuō, wǒ yídìng bāngzhù nǐ. If there's anything you can't cope with, don't hesitate to speak up, I'll

certainly come to your help. /小王是怕领导～，所以一直不提自己的困难。Xiǎo Wáng shì pà lǐngdǎo ～, suǒyǐ yìzhí bù tí zìjǐ de kùnnan. For fear of putting his leader in an awkward situation, Xiao Wang has not mentioned his problem. (2)故意作对或刁难 make things difficult for：孩子既然已经认了错，就别再～他了。Háizi jìrán yǐjīng rènle cuòr, jiù bié zài ～ tā le. Since the child has already admitted his mistake, don't continue to make things difficult for him. /别～我了吧，我真不会跳舞。Bié ～ wǒ le ba, wǒ zhēn bú huì tiào wǔ. Don't make things difficult for me! I really don't know how to dance.

【为期】wéiqī（动）〈书〉从时间、期限长短上看（to be completed) by a definite date：这次运动会～三天。Zhè cì yùndònghuì ～ sān tiān. This sports meet is scheduled to last three days. /他们办了一个～三个月的会计培训班。Tāmen bànle yíge ～ sān ge yuè de kuàijì péixùnbān. They ran a three-month training class for accountants. /那座大楼全部竣工，已～不远了。Nà zuò dà lóu quánbù jùngōng, yǐ ～ bù yuǎn le. The day is not far off when the construction of that multi-storied building is completed.

【为人】wéirén（名）做人处事的态度 conduct oneself；behave；～忠厚 ～ zhōnghòu be sincere and kindly /～公道 ～ gōngdao be fair or just /那个人的～可是非常刻薄的。Nàge rén de ～ kě shì fēicháng kèbó de. That person's behaviour is extremely harsh. /谁不了解他的～？Shuí bù liǎojiě tā de ～? Who doesn't know what kind of person he is!

【为生】wéishēng（动·不及物）(以某种途径)谋生（what one does) make a living：他家世代靠捕鱼～。Tā jiā shìdài kào bǔ yú～. For generations, his family has made a living through fishing.

【为首】wéishǒu 当领头人 headed by；with sb. as the leader：以厂长～组成改革领导小组。Yǐ chǎngzhǎng ～ zǔchéng gǎigé lǐngdǎo xiǎozǔ. This group of reform leaders is headed by the factory director. /这次义演，是以那位著名歌唱家～发起的。Zhè cì yìyǎn, shì yǐ nà wèi zhùmíng gēchàngjiā ～ fāqǐ de. This benefit performance was initiated by that famous singer. /这个访华代表团一行十人，～的是一位副总理。Zhège fǎng Huá dàibiǎotuán yìxíng shí rén, ～ de shì yí wèi fù zǒnglǐ. The ten-member delegation visiting China is headed by a vice-premier.

【为所欲为】wéi suǒ yù wéi 想干什么就干什么，任意行动（多指干坏事）do as one pleases；have one's own way (often refers to doing evil deeds)：这个家伙依仗权势，～，群众非常气愤。Zhège jiāhuo yīzhàng quánshì, ～, qúnzhòng fēicháng qìfèn. This guy relies heavily on his powerful connections to get his own way, and this infuriates the masses. /一些人目无法纪，～，应该严惩。Yìxiē rén mù wú fǎjì, ～, yīnggāi yánchéng. Some people who disregard law and discipline to do as they please should be punished severely.

违

违〔違〕wéi
（动）◇不遵守，不依从 disobey；violate：不～农时 bù ～ nóngshí do farm work in the right season /～约 ～ yuē violate an agreement

【违背】wéibèi（动）violate；go against；run counter to：～诺言 ～ nuòyán break a promise / ～意愿 ～ yìyuàn go against one's wishes /规章制度不能～。Guīzhāng zhìdù bù néng ～. Rules and regulations cannot be violated. /这样做是～宪法的。Zhèyàng zuò shì ～ xiànfǎ de. Doing this goes against the constitution.

【违法】wéifǎ＝fǎ 不遵守法律或法令 break the law；do sth. illegal；violate a law or decree

【违法乱纪】wéi fǎ luàn jì 违背法律和法令，破坏纪律 break the law and discipline；violate law and order：坚决惩办那些～分子。Jiānjué chéngbàn nàxiē ～ fènzǐ. Firmly punish

those who violate law and order. /要提倡文明经商，不可
～。Yào tíchàng wénmíng jīngshāng, bù kě ～. We must
promote civilized business, and must not break the law and
discipline.

【违反】 wéifǎn（动）violate; run counter to; transgress; in-
fringe:～纪律 ～ jìlǜ violate discipline /～历史发展规律
～ lìshǐ fāzhǎn guīlǜ run counter to the law of historical de-
velopment /～道德标准 ～ dàodé biāozhǔn transgress
moral standards /～学校的规定 ～ xuéxiào de guīdìng vio-
late the school's regulations

【违犯】 wéifàn（动）违背和触犯 violate; act contrary to; in-
fringe:～纪律 ～ jìlǜ violate (or breach of) discipline /～
国法 ～ guófǎ violate national law

【违禁】 wéijìn（动）违犯禁令（多作定语）violate a ban:～物
资 ～ wùzī banned goods and materials /～品 ～pǐn contra-
band goods

【违抗】 wéikàng（动）违背和抗拒 disobey; defy:～命令 ～
mìnglìng disobey orders

【违心】 wéixīn（动·不及物）违背自己的心意，不出于本心 a-
gainst one's will; contrary to one's convictions:～的做法 ～
de zuòfǎ a practice which goes against one's will /不要说
的话。Búyào shuō ～ de huà. Don't make statements
that go against your will. /我看他这样表态也是～的。Wǒ
kàn tā zhèyàng biǎo tài yě shi ～ de. I can tell that the way
he declares where he stands is going against his will.

【违章】 wéizhāng（动·不及物）违反某个具体规定 break
rules and regulations:～超车 ～ chāochē overtake other
cars illegally /～操作 ～ cāozuò break the rules of operation
/～事故 ～ shìgù an accident caused by a breach of regula-
tions

围 〔圍〕 wéi
（动）enclose; surround: 从四面一起来。Cóng sìmiàn yī
qǐlai. surround (sb. or sth.) on all four sides /散场后，演
员被观众团团～住了。Sàn chǎng hòu, yǎnyuán bèi
guānzhòng tuántuán ～zhù le. When the performance was
over, the actor was completely surrounded by the audience. /
天冷，把围巾～好。Tiān lěng, bǎ wéijīn ～hǎo. It's cold
out, so wrap your scarf properly around you.

【围脖儿】 wéibór（名）〈口〉[条 tiáo] muffler; scarf

【围攻】 wéigōng（动）besiege; lay siege to

【围观】 wéiguān（动）围着看（many people）sur-
round (sb. or sth.) to have a look:两个人在打架，一些人
～。Liǎng ge rén zài dǎ jià, yìxiē rén ～. A lot of people
gathered round those two fighting so as to have a look.

【围击】 wéijī（动）同“围攻” wéigōng same as "围攻"
wéigōng

【围歼】 wéijiān（动）包围起来歼灭 surround and annihilate

【围剿】 wéijiǎo（动）encircle and suppress

【围巾】 wéijīn（名）[条 tiáo] muffler; scarf

【围垦】 wéikěn（动）用堤坝把海滩、河滩或湖滩围起来，开
垦、生产（build dikes to）reclaim land from marshes; en-
close tideland for cultivation

【围困】 wéikùn（动）besiege; hem in; pin down:一列火车被
洪水～了五天。Yī liè huǒchē bèi hóngshuǐ ～le wǔ tiān. A
train was hemmed in by a flood for five days.

【围拢】 wéilǒng（动）从周围向某点集中 crowd around:发生
了一起交通事故，立刻～了一群人观看。Fāshēngle yī qǐ
jiāotōng shìgù, lìkè ～le yì qún rén guānkàn. There was a
traffic accident and a crowd quickly gathered round to take
a look.

【围棋】 wéiqí（名）weiqi; a game played with black and
white pieces on a board of 361 crosses; go

【围墙】 wéiqiáng（名）[堵 dǔ] 环绕庭院、园林或单位地界起
拦挡作用的墙 enclosure; enclosing wall

【围裙】 wéiqún（名）[条 tiáo] apron

【围绕】 wéirào（动）（1）围着转动 revolve around; move
round; circle:～四百米跑道跑十圈。～ sì bǎi mǐ pǎodào
pǎo shí quānr. He ran ten times around the 400-metre
track. /地球～太阳转。Dìqiú ～ tàiyáng zhuàn. The earth
revolves around the sun. （2）以某事或某问题为中心 centre
on; revolve round:我们只～这个工作计划发表意见。
Wǒmen zhǐ ～ zhège gōngzuò jìhuà fābiǎo yìjian. The opin-
ions we are going to express will centre this work project on-
ly. /别扯远了，大家都～一个问题谈。Bié chěyuǎn le,
dàjiā dōu ～ yī ge wèntí tán. Don't wander from the sub-
ject. Everybody is discussing one central question.

【围嘴儿】 wéizuǐr（名）用布做成的围在小孩子胸前使衣服
保持清洁的东西 bib

桅 wéi
（名）桅杆 mast: 船～ chuán～ mast

【桅灯】 wéidēng（名）mast head light; range light

【桅杆】 wéigān（名）mast

唯 wéi
（副）〈书〉only 另见 wěi

【唯成份论】 wéichéngfènlùn（名）一种错误观点。认为一个人
的政治态度和表现由其家庭出身和本人成分决定，否认社
会对人的影响、教育的作用 the theory of the unique impor-
tance of class origin, an erroneous viewpoint which considers
that an individual's political attitude is determined by fami-
ly background and class status and denies the effect of
society's influence on man

【唯美主义】 wéiměizhǔyì（名）一种错误的文艺思想和观点。
认为艺术创作的中心使命是表现美，片面强调艺术技巧，单
纯追求形式上的美，主张“为艺术而艺术” aestheticism —
erroneous viewpoint and ideology which considers that the
core mission of artistic creation is the expression of beauty; it
also puts undue emphasis on craftsmanship, concentrates
purely on beauty of form and maintains that "art is for the
sake of art"

【唯命是从】 wéi mìng shì cóng 同“惟命是听”wéi mìng shì
tīng same as "惟命是听" wéi mìng shì tīng

【唯我独革】 wéi wǒ dú gé 认为只有自己或自己一方才是革
命的 consider oneself to be the only revolutionary

【唯我论】 wéiwǒlùn（名）同“唯我主义”wéiwǒzhǔyì same as
"唯我主义" wéiwǒzhǔyì

【唯我主义】 wéiwǒzhǔyì（名）一种主观唯心主义理论。认为
只有我和我的意识才是存在的，整个世界（包括所有的人）
都是我的意识创造出来的 solipsism — view that the self is
all that exists or can be known and that the whole world,
humanity included, is simply a product of one's conscious-
ness

【唯武器论】 wéiwǔqìlùn（名）认为决定战争胜负的只有武
器，忽视人的因素 the theory that weapons alone decide the
outcome of war

【唯物辩证法】 wéiwù biànzhèngfǎ materialist dialectics

【唯物论】 wéiwùlùn（名）同“唯物主义”wéiwùzhǔyì same as
"唯物主义" wéiwùzhǔyì

【唯物主义】 wéiwùzhǔyì（名）materialism

【唯心论】 wéixīnlùn（名）同“唯心主义”wéixīnzhǔyì same as
"唯心主义" wéixīnzhǔyì

【唯心主义】 wéixīnzhǔyì（名）idealism

【唯意志论】 wéiyìzhìlùn（名）一种否认客观世界发展的规律
性，认为人的意志能决定一切的主观唯心主义的哲学理论
voluntarism — philosophical theory that denies the law of
development of the objective world and recognizes that one's
will can decide everything through subjective idealism

惟 wéi

（副）〈书〉有"只""只是""只有"的意思，用来限定事物或动作范围，强调其"独一无二"（*has the same meaning as "只" and "只有"; emphasizes the uniqueness of sth.*）*only*; *alone*: 那孩子若有三长两短，～你们两人是问。Nà háizi ruò yǒu sān cháng liǎng duǎn，～ nímen liǎng rén shì wèn. *If something happened to this child, you two would be held personally responsible.* /她不～是球场上的名将，而且是影坛上的明星。Tā bù ～ shì qiúchǎng shang de míngjiàng，érqiě shì yíngtán shang de míngxing. *She's not only famous on the courts, but is also a star in filmdom.* /这几个商贩不～投机倒把，而且欺行霸市。Zhè jǐ ge shāngfàn bù ～ tóujī dǎobǎ，érqiě qī háng bà shì. *These pedlars not only engage in speculation and profiteering, but they also dominate the market through despotic means.* /他处处关心别人，～不关心他自己。Tā chùchù guānxīn biéren，～ bù guānxīn tā zìjǐ. *He takes care of everyone else but himself.*

【惟独】wéidú（副）〈书〉同"独独"dúdú，表示在一般人、物中指出个别的，并说明其与众不同之处 *same as "独独" dúdú*; *only*; *alone*: 他说干什么工作都可以，～不想当小学教员。Tā shuō gàn shénme gōngzuò dōu kěyǐ，～ bù xiǎng dāng xiǎoxué jiàoyuán. *He said that he would do any sort of work except be a primary school teacher.* /大家都在热烈地讨论，～老李坐在那儿一言不发。Dàjiā dōu zài rèliè de tǎolùn，～ Lǎo Lǐ zuò zài nàr yì yán bù fā. *We were all having a lively discussion, except for Lao Li who sat there without saying a word.* /～那些常年在井下作业的矿工，可以得到这笔奖金。～ nàxiē chángnián zài jǐng xià zuòyè de kuànggōng，kěyǐ dédào zhè bǐ jiǎngjīn. *Only those miners who work underground all year round can receive this bonus.*

【惟恐】wéikǒng（动）就怕，有担心的意思，宾语是主谓或动词短语 *for fear that*; *lest*: 老师讲课时，同学们都专心听讲，～漏掉一句话。Lǎoshī jiǎng kè shí，tóngxuémen dōu zhuānxīn tīng jiǎng，～ lòudiào yí jù huà. *While the teacher was speaking, the students listened with undivided attention lest they miss a word.* /她轻轻地走进屋子，～惊醒了孩子。Tā qīngqīng de zǒujìn wūzi，～ jīngxǐng le háizi. *She walked quietly into the room for fear that she should wake the child.*

【惟利是图】wéi lì shì tú 只要有利，就不顾一切地去追求 *be bent solely on profit*; *be intent on nothing but profit*; *put profit-making first*: 作买卖不能～，欺骗顾客。Zuò mǎimai bù néng ～，qīpiàn gùkè. *When engaged in business, one must not be bent solely on profit, thus deceiving the customer.*

【惟妙惟肖】wéi miào wéi xiào 形容技艺高超，描写、模仿得十分逼真 *remarkably true to life*; *absolutely lifelike*: 这幅油画中的人物形象画得～。Zhè fú yóuhuà zhōng de rénwù xíngxiàng huà de ～. *The people in this oil painting seem absolutely lifelike.* /她模仿她父亲的言谈举止，真是～。Tā mófǎng tā fùqin de yántán jǔzhǐ，zhēn shì ～. *When she imitates her father's speech and deportment, her actions seem remarkably true to life.*

【惟命是听】wéi mìng shì tīng 形容绝对服从，毫不违抗，用于贬义 *always do as one is told*; *be absolutely obedient*

【惟其】wéiqí（连）表示原因和结果的关系，有"正因为"的意思。用于因果复句的前一分句，同时承上表示转折。"惟其"也写作"唯其" *just because (used in the first clause of a sentence which has cause and effect clauses; "惟其" can also be written as "唯其")*: 这套历史小丛书十分浅显易懂，～如此，销路才广。Zhè tào lìshǐ xiǎo cóngshū shífēn qiǎnxiǎn yì dǒng，～ rúcǐ，xiāolù cái hěn guǎng. *This short series of history books is easy to read and understand and it is because of this that there is a large market for it.* /她包揽了一切家

务，～有了她，这个家才变得井井有条了。Tā bāolǎnle yíqiè jiāwù，～ yǒule tā，zhège jiā cái biàndé jǐngjǐng yǒu tiáo le. *She took on all the housework and only because of her did this family become shipshape.* /体弱多病，母亲才特别娇惯她。～ tǐ ruò duō bìng，mǔqin cái tèbié jiāoguàn tā. *Her mother especially spoils her just because her health is poor.*

【惟我独尊】wéi wǒ dú zūn 认为只有自己最了不起。形容极端自高自大 *overweening*; *extremely conceited*

【惟一】wéiyī（形）*only*; *sole*: ～的出路 ～ de chūlù *the only way out* /～的办法 ～ de bànfǎ *the only way (to do sth.)* /他是我们学院～能教拉丁文的老师。Tā shì wǒmen xuéyuàn ～ néng jiāo Lādīngwén de lǎoshī. *He is our school's sole Latin teacher.* /将军～的儿子在战斗中牺牲了。Jiāngjūn ～ de érzi zài zhàndòu zhōng xīshēng le. *The general's only son was killed in action.*

【惟有】wéiyǒu（连）意思同"只有"zhǐyǒu，表示唯一的必要的条件，也写作"唯有" *same as "只有" zhǐyǒu*; *only (also written as "唯有")*: ～亲身的体验，才知道矿井下工人的辛苦。～ qīnshēn de tǐyàn，cái zhīdào kuàngjǐng xià gōngrén de xīnkǔ. *Only those who have firsthand experience know the hardships of miners.* /～刻苦钻研，才有可能取得成果。～ kèkǔ zuānyán，cái yǒu kěnéng qǔdé chéngguǒ. *Only if you study assiduously can you possibly yield some positive results.* /要挽救这个濒临倒闭的企业，～改革。Yào wǎnjiù zhège bīnlín dǎobì de qǐyè，～ gǎigé. *Only reform can save this enterprise which is on the verge of bankruptcy.*

维 〔維〕wéi

【维持】wéichí（动）*keep*; *maintain*; *preserve*: ～纪律 ～ jìlù *maintain discipline* /～社会治安 ～ shèhuì zhì'ān *maintain social order* /靠工资收入～生活 kào gōngzī shōurù ～ shēnghuó *depend on one's wages for support* /～生态平衡 ～ shēngtài pínghéng *preserve ecological balance*

【维护】wéihù（动）维持，保持，使免于受损害 *safeguard*; *defend*; *uphold*: ～领土完整 ～ lǐngtǔ wánzhěng *safeguard territorial integrity* /～国家主权和尊严 ～ guójiā zhǔquán hé zūnyán *defend state sovereignty and national honour* /～民族独立 ～ mínzú dúlì *safeguard national independence* /～世界和平 ～ shìjiè hépíng *safeguard world peace*

【维纶】wéilún（名）*polyvinyl alcohol fibre*

【维棉】wéimián（名）*vinylon and cotton blend*

【维生素】wéishēngsù（名）*vitamin*

【维新】wéixīn（动）一般指政治上的改良 *(political) reform*; *modernizatain*

【维修】wéixiū（动）*keep in (good) repair*; *service*; *maintain*: ～房屋 ～ fángwū *maintain houses and buildings* /机器～得很好。Jīqì ～ de hěn hǎo. *The machine is in good repair.*

wěi

伟 〔偉〕wěi

（形）*big*; *great*

【伟大】wěidà（形）*great*; *mighty*: ～的国家 ～ de guójiā *a great country* /～的人民 ～ de rénmín *a great people* /～的事业 ～ de shìyè *a great undertaking* /这项成就是相当～的。Zhè xiàng chéngjiù shì xiāngdāng ～ de. *This is a considerably great success.*

【伟绩】wěijì（名）〈书〉伟大的功绩 *great feats*; *great exploits*; *brilliant achievements*

【伟力】wěilì（名）〈书〉巨大的力量 *tremendous force*; *immense strength*

【伟人】wěirén（名）伟大的人物 *great personage*

【伟业】wěiyè（名）〈书〉伟大的业绩 *great exploit*; *outstanding achievement*

伪 〔僞〕wěi

（形）(1) 假的 *false*; *fake*; *bogus*: 辨明真～ biànmíng zhēn — *distinguish between true and false* /去～存真 qù ～ cún zhēn *eliminate the false and retain the true* (2) 反动的, 非法的, 不为人民承认的 *puppet*: ～军 ～jūn *puppet army or soldier* /～政府 ～ zhèngfǔ *puppet government*

【伪君子】wěijūnzǐ（名）*hypocrite*

【伪善】wěishàn（形·非谓）*hypocritical*: 装出一副～的面孔 zhuāngchū yí fù ～ de miànkǒng *assume the guise of a hypocrite* /他们不过是一些～者。Tāmen búguò shì yìxiē ～ zhě. *They're just a bunch of hypocrites.*

【伪造】wěizào（动）*forge*; *falsify*; *fabricate*; *counterfeit*: 证件 ～ zhèngjiàn *falsify documents* /～货币 ～ huòbì *counterfeit money* /这个签名是～的。Zhège qiānmíng shì ～ de. *This signature is forged.*

【伪证】wěizhèng（名）假造的证据 *false evidence*; *perjury*: 作 ～ zuò ～ *perjure oneself* /～罪 ～ zuì *(crime of) perjury*

【伪装】wěizhuāng（动）*pretend*; *feign*: ～革命 ～ gémìng *feign to be a revolutionary* /把武器～起来。Bǎ wǔqì ～ qilai. *Camouflage the weapons.* （名）*disguise*; *guise*; *mask*: 揭去炮车上的～ jiēqu pàochē shang de ～ *Take the camouflage off the artillery vehicle.*

苇 〔葦〕wěi

（名）苇子 *reed*

【苇塘】wěitáng（名）*reed pond*

【苇子】wěizi（名）*reed*

尾 wěi

（名）(1) 尾巴 *tail*: 摇头摆～ yáo tóu bǎi ～ *shake the head and wag the tail (assume an air of complacency)* (2) 末尾: 从头到～ cóng tóu dào ～ *from beginning to end* /高个儿学生站在队～ Gāo gèr xuésheng zhàn zài duì ～. *Tall students stand at the end of the line.* /句～应该是个句号。Jù ～ yīnggāi shì ge jùhào. *There should be a period at the end of a sentence.* （量）用于鱼 *(for fish)*: 两～鱼 liǎng ～ yú *two fish*

【尾巴】wěiba（名）*tail*

【尾巴主义】wěibazhǔyì（名）毫无主见, 凡事都跟在人家后面跑 *servility*: 在改革的洪流中要勇于创新, 克服～。Zài gǎigé de hóngliú zhōng yào yǒngyú chuàngxīn, kèfú ～. *In the powerful current of reform, we must boldly blaze new trails and overcome servility.*

【尾大不掉】wěi dà bù diào 掉: 摇动。比喻机构庞大、臃肿, 不好调度、指挥 *(shake*; *wave) (of an organization) too cumbersome to be effective*

【尾灯】wěidēng（名）*tail light*; *tail lamp*

【尾骨】wěigǔ（名）〈生理〉*coccyx*

【尾声】wěishēng（名）(1) 戏曲、音乐、文学作品的最后或结局部分 *coda*; *epilogue*: 那部交响乐的～是最激动人心的。Nà bù jiāoxiǎngyuè de ～ shì zuì jīdòng rénxīn de. *This symphony's coda is the most stirring part.* /小说写到这里, 故事也就接近～了。Xiǎoshuō xiědào zhèlǐ, gùshi yě jiù jiējìn ～ le. *When the novel was written up to this point, the story was already approaching the epilogue.* (2) 指大的活动将近结束 *end*: 这项工程基本接近～, 只等验收了。Zhè xiàng gōngchéng jīběn jiējìn ～, zhǐ děng yànshōu le. *This project is basically drawing to an end; it just has to be checked and approved.* /会议开了四天, 他第三天晚上才飞到, 赶上个～。Huìyì kāile sì tiān, tā dìsān tiān wǎnshang cái fēidào, gǎnshang ge ～. *The conference lasted four days. He finally flew in on the evening of the third day and made it for the end.*

【尾数】wěishù（名）结算账目中大数之外剩下的零头儿 *odd amount in addition to the round number*

【尾随】wěisuí（动）〈书〉*tail behind*; *tag along after*; *follow at sb.'s heels*: 今天这个学术会议开幕, 各国专家进入会场时, 后面～着许多记者。Jīntiān zhège xuéshù huìyì kāi mù, gè guó zhuānjiā jìnrù huìchǎng shí, hòumiàn ～zhe xǔduō jìzhě. *This academic conference was inaugurated today. When experts from all countries entered the assembly hall, many reporters tagged along behind them.* /前面是仪仗队, 军乐队～其后。Qiánmiàn shì yízhàngduì, jūnyuèduì ～ qí hòu. *The guard of honour is in the front and the military band is following right behind.*

纬 〔緯〕wěi

（名）(1) 织物上横向的纱或线（与"经"相对）*weft*; *woof (antonym of "经" (vertical line))* (2) 纬度 *latitude*: 南～ nán～ *south latitude* /北～三十二度 běi～ sānshí'èr dù *thirty-two degrees north latitude*

【纬度】wěidù（名）*latitude*: ～越高距两极越近。～ yuè gāo jù liǎngjí yuè jìn. *The higher the latitude, the closer to the two poles.*

【纬线】wěixiàn（名）(1) *parallel* (2) *weft*

委 wěi

（动）〈书〉(1) 把事情交给别人办 *entrust*; *appoint*: 他年轻有为, 将～以重任。Tā niánqīng yǒuwéi, jiāng ～ yǐ zhòngrèn. *He's young and promising. We will entrust him with an important task in future.* (2) 推卸 *shift*: ～罪于人 ～ zuì yú rén *shift the blame on sb.*

【委靡】wěimí（形）精神颓废、意志消沉 *listless*; *dispirited*; *dejected*: 精神～ jīngshén ～ *listless*; *dispirited* /老李病情严重, 神志～。Lǎo Lǐ bìngqíng yánzhòng, shén zhì ～. *Lao Li's illness is very serious, so his mind feels dejected.*

【委靡不振】wěimí bù zhèn 精神不振作, 意志衰退 *in low spirits*; *dejected and apathetic*: 你这样～, 是不是有什么心事? Nǐ zhèyàng ～, shì bú shì yǒu shénme xīnshi? *You're such low spirits. Is there something weighing on your mind?* /不要一受到挫折就～, 要经得起考验。Búyào yí shòudào cuòzhé jiù ～, yào jīng de qǐ kǎoyàn. *You mustn't feel dejected when you suffer a setback, but must endure the trial.*

【委派】wěipài（动）*appoint*; *delegate*; *designate*

【委曲求全】wěiqū qiú quán 勉强忍让迁就, 以求保全 *to compromise*; *compromise for the sake of the overall interest*: 他这样～是为了顾全大局。Tā zhèyàng ～ shì wèile gùquán dàjú. *He's compromising like this out of consideration for the situation as a whole.* /要据理力争, 决不～。Yào jù lǐ lìzhēng, jué bù ～. *You must argue strongly on just grounds and must not compromise.*

【委屈】wěiqū（动）(1) 使人受到不应有的指责或不公平的待遇 *wrong sb.*; *put sb. to great inconvenience*: 你责备他可～他了, 杯子根本不是他打破的。Nǐ zébèi tā kě ～ tā le, bēizi gēnběn bú shì tā dǎpò de. *You were wrong to scold him. He didn't break the glass.* /对不起, 天太晚了, 先在这儿一夜, 明天再搬到大房间去。Duì bu qǐ, tiān tài wǎn le, xiān zài zhèr yí yè, míngtiān zài bāndào dà fángjiān qu. *Sorry, you'll have to put up with this place for the night, as it's already late. You can move to the large room tomorrow.* （形）因受到错误的指责或冷遇而心里难过 *feel wronged*; *nurse a grievance*: 老师没调查清楚就批评班长, 班长感到很～。Lǎoshī méi diàochá qīngchu jiù pīpíng bānzhǎng, bānzhǎng gǎndào hěn ～. *The teacher criticized the class monitor without first making a proper investigation, so the monitor feels wronged.* /她无故受到指责, 觉得～极了, 所以哭得那么伤心。Tā wúgù shòudào zhǐzé, juéde ～ jí le, suǒyǐ kū de nàme shāngxīn.

~ jí le, suǒyǐ kū de nàme shāng xīn. *She was criticized for no reason and feels very much wronged. That's why she's crying like that.* （名）受到的不应有的指责或冷遇 *grievance*：你有什么～尽管告诉我。Nǐ yǒu shénme jīnguǎn gàosu wǒ. *If you have a grievance, don't hesitate to tell me.* /敌人的严刑拷打都经受住了，受这么点儿～又算得了什么？Dírén de yánxíng kǎodǎ dōu jīngshòu zhù le, shòu zhème diǎnr ～ yòu suàn de liǎo shénme! *I've experienced every cruel torture by the enemy. Such a small grievance doesn't count as anything.*

【委任】wěirèn （动）派人担任（某职务）*appoint*：上级～他为小学校长。Shàngjí ～ tā wèi xiǎoxué xiàozhǎng. *The higher authorities appointed him principal of a primary school.*

【委实】wěishí （副）〈书〉有"确实"的意思，表示情况的确确如此 *really; indeed (has the same meaning as "确实")*：我和这位来访者～有过一面之交。Wǒ hé zhè wèi láifǎngzhě ～ yǒuguo yí miàn zhī jiāo. *This visitor and I have indeed met once before.* /那次大地震造成的损失～惨重。Nà cì dà dìzhèn zàochéng de sǔnshī ～ cǎnzhòng. *The losses incurred during that major earthquake were really grievous.* /建这座豪华饭店，～并非急需。Jiàn zhè zuò háohuá fàndiàn, ～ bìng fēi jíxū. *The construction of this luxury hotel is really not badly needed.* /他对母亲的这种安排～不能从命。Tā duì mǔqin de zhè zhǒng ānpái ～ bù néng cóng mìng. *He really couldn't comply with the arrangements his mother had made.*

【委托】wěituō （动）*entrust; trust*：那件事我已经～朋友去办了。Nà jiàn shì wǒ yǐjīng ～ péngyou qù bàn le. *I've already entrusted a friend with that task.* /她要离开一个月，～邻居帮她照看房子。Tā yào líkāi yí ge yuè, ～ línjū bāng tā zhàokàn fángzi. *She's going away for a month, so she asked a neighbour to watch her home for her.*

【委托商店】wěituō shāngdiàn 人们寄卖物品的商店 *commission shop; commission house*

【委婉】wěiwǎn （形）*mild and roundabout; tactful*：～劝慰～quànwèi *mild consolation*/态度真诚，语气～/tàidù zhēnchéng, yǔqì ～ *a sincere manner and a mild tone*/他的话说得～动听。Tā de huà shuō de ～ dòngtīng. *His words are tactful and pleasing to the ear.*

【委员】wěiyuán （名）*committee member*

【委员会】wěiyuánhuì （名）*committee; commission; council*

【委员长】wěiyuánzhǎng （名）*chairman (of a committee, commission or council)*

娓　wěi

【娓娓动听】wěiwěi dòngtīng 娓娓：谈话连续不倦的样子。形容讲话生动，使人爱听（娓娓：*talk incessantly*）*speak with absorbing interest*/他说起话来～。Tā shuō qǐ huà lai ～. *He talks most interestingly.* /她讲故事～，小学生都被吸引住了。Tā jiǎng gùshi ～, xiǎoxuéshēng dōu bèi xīyǐn zhù le. *When she tells a story, she speaks with absorbing interest, captivating all the school children.*

萎　wěi

（动）（植物）干枯 *(of plants) wither; wilt; fade*

【萎靡】wěimǐ （形）同"委靡" wěimǐ *same as "委靡"* wěimǐ

【萎缩】wěisuō （动）（1）〈医〉*atrophy*：肌肉～ jīròu ～ *amyotrophy; muscular atrophy* （2）（经济）衰退 *(of a market, economy, etc.) shrink; sag*：生产～ shēngchǎn *a fall in production*

【萎谢】wěixiè （动）〈书〉*wither; fade*

唯　wěi

另见 wéi

【唯唯诺诺】wěiwěinuònuò （形）唯、诺：答应的声音。形容毫无主见，一味顺从、附和的样子（用于贬义）（唯、诺：*sound of sb. agreeing to sth.*）*be a yes-man; be obsequious*：我很讨厌他那种～的样子。Wǒ hěn tǎoyàn tā nà zhǒng ～ de yàngzi. *I really loathe that obsequious manner of his.*

猥　wěi

【猥琐】wěisuǒ （形）（相貌、举动）庸俗、不大方 *(of appearance, actions) wretched; vulgar*

【猥亵】wěixiè （动）*act indecently towards (a woman)* （形）*obscene; salacious*

wèi

卫　〔衛〕wèi

（动）卫护，保卫 *defend; guard; protect*：保家～国 bǎojiā ～ guó *protect our homes and defend our country*

【卫兵】wèibīng （名）*guard; bodyguard*

【卫道士】wèidàoshì （名）*apologist*

【卫队】wèiduì （名）*squad of bodyguards; armed escort*

【卫生】wèishēng （名）*hygiene; health; sanitation*：保持个人和环境～。Bǎochí gèrén hé huánjìng ～. *Maintain personal hygiene and environmental sanitation.* /～事业有所发展。～ shìyè yǒu suǒ fāzhǎn. *There has been some advance in sanitation.* /今天下午搞～。Jīntiān xiàwǔ gǎo ～. *We're going to do sanitation work this afternoon.* /他非常讲～。Tā fēicháng jiǎng ～. *He really pays attention to hygiene.* （形）*healthy; hygienic; sanitary*：不洗手就吃东西是不～的。Bù xǐ shǒu jiù chī dōngxi shì bú ～ de. *Not washing your hands before you eat is very unsanitary.*

【卫生间】wèishēngjiān （名）*toilet*

【卫生经济学】wèishēng jīngjì xué 研究卫生、人口和经济发展之间相互联系和相互制约关系的一门科学 *branch of science which researches the relation between and interaction of hygiene, the population and economic development*

【卫生球】wèishēngqiú （名）*camphor ball; mothball*

【卫生设备】wèishēng shèbèi *sanitary equipment*

【卫生室】wèishēngshì （名）某单位内设备比较简单的看小伤小病的处所 *clinic (within a unit, which only has minimum facilities for treating minor ailments)*

【卫生所】wèishēngsuǒ （名）指某些单位内比较小的医疗机构 *clinic*：街道～ jiēdào ～ *neighbourhood (or local) clinic*/许多农村都办起了～。Xǔduō nóngcūn dōu bànqile ～. *Many villages have set up clinics.* /我们工厂的～设备不错。Wǒmen gōngchǎng de ～ shèbèi búcuò. *The facilities in our factory clinic are not bad.*

【卫生学】wèishēngxué （名）*hygiene; hygienics*

【卫生员】wèishēngyuán （名）军队或农村中作医务工作的人 *(in the army or countryside) medic; health worker; medical orderly*：连队～ liánduì ～ *company medic*

【卫生院】wèishēngyuàn （名）规模比较小的医院 *commune hospital; public health centre*：他的大女儿是县～的大夫。Tā de dà nǚ'ér shì xiàn ～ de dàifu. *His oldest daughter is a doctor in a county hospital.* /老王到～看病去了。Lǎo Wáng dào ～ kàn bìng qu le. *Lao Wang went to see the doctor at the commune hospital.*

【卫生站】wèishēngzhàn （名）分区分片负责医疗的机构 *health station; clinic*

【卫生纸】wèishēngzhǐ （名）*toilet paper*

【卫士】wèishì （名）担任保卫工作的人（一般被保卫的人为高层人士，被保卫的机构为重要机关）*bodyguard*

【卫戍】wèishù （动）*garrison*

【卫星】wèixīng （名）〔颗 kē〕*satellite*

【卫星城】wèixīngchéng （名）*satellite town*

为〔爲〕wèi

(动)指出受益的对象(*indicating the object of one's act of service*):一心～集体 yìxīn ～ jítǐ *devote oneself wholeheartedly to the collective* /我这样做，完全是～你。Wǒ zhèyàng zuò, wánquán shì ～ nǐ. *I'm doing this all for you.* (介)指出动作、行为的对象、目的或原因，同"替"tì(1)，宾语是名词、代词、动宾结构或主谓结构(*points out the object of an action or behaviour, or the reason or goal; as with "替" tì (1), the object is usu. a noun, pronoun, verb-object structure, or subject-predicate structure*)(1)指出关心或服务的对象(*indicates the object of one's service or solicitude*):我们要～祖国～人民多做贡献。Wǒmen yào ～ zǔguó ～ rénmín duō zuò gòngxiàn. *We must make more contributions to the motherland and the people.* /当家长的当然要～子女的前途着想。Dāng jiāzhǎng de dāngrán yào ～ zǐnǚ de qiántú zhuóxiǎng. *Those who are parents naturally think about the future of their children.* /工厂的班车专～工人上下班服务。Gōngchǎng de bānchē zhuān ～ gōngrén shàng xià bān fúwù. *The factory's regular bus service is there especially to serve the workers who go to and from work.* /手术效果很好，请不必～他担心。Shǒushù xiàoguǒ hěn hǎo, qǐng bú bì ～ tā dān xīn. *The operation has proved effective. Please don't worry about him.* (2)指出目的;"为……"可放在句首;动词可以是否定的(*indicates one's objective; "为…" can be placed at the beginning of the sentence; the verb may be in the negative*):他们～保卫祖国英勇顽强地战斗着。Tāmen ～ bǎowèi zǔguó yīngyǒng wánqiáng de zhàndòuzhe. *They are struggling valiantly and tenaciously for the motherland.* /～我们两国人民的友谊干杯！～ wǒmen liǎng guó rénmín de yǒuyì gān bēi. *A toast to the friendship between the peoples of our two countries!* /～找到矿苗，勘探队员不畏艰险，战斗在荒山野岭。～ zhǎodào kuàngmiáo, kāntàn duìyuán bú wèi jiānxiǎn, zhàndòu zài huāng shān yě lǐng. *The members of the prospecting team braved hardships and danger, struggling across barren hills and wild mountains to find outcrops.* /他竟然～减轻自己的罪责撒了个谎。Tā jìngrán ～ jiǎnqīng zìjǐ de zuìzé sāle ge huǎng. *He actually told a lie so as to lessen his own responsibility for the offence.* 指出目的的"为"还常与"起见"搭配(*when "为" indicates an objective, it is often accompanied by "起见"*)in order to; for the purpose of:～安全起见，司机绝对禁止酒后开车。～ ānquán qǐjiàn, sījī juéduì jìnzhǐ jiǔ hòu kāi chē. *For the sake of safety, drivers are absolutely forbidden to drink and drive.* /～方便顾客起见，商店里设了问事处。～ fāngbiàn gùkè qǐjiàn, shāngdiàn lǐ shèle wènshìchù. *For the convenience of customers, the store has set up an inquiry desk.* (3)指出原因;动词可以是否定的(*indicates a reason; the verb can be in the negative*):他常常～一些家庭琐事感到烦恼。Tā chángcháng ～ yìxiē jiātíng suǒshì gǎndào fánnǎo. *He often feels vexed because of some household affairs.* /～这次考试的失败，他伤心地痛哭起来。～ zhè cì kǎoshì de shībài, tā shāng xīn de tòngkū qǐlai. *He started to cry his heart out because he failed this exam.* /你究竟是～什么不高兴？Nǐ jiūjìng shì ～ shénme bù gāoxìng? *Just why are you not happy?* /～不打扰他，这次来北京，我没去找他。～ bù dǎrǎo tā, zhè cì lái Běijīng, wǒ méi qù zhǎo tā. *I didn't call on him during my trip to Beijing this time so as to not bother him.* "为"常与"而"构成"为……而……"，多见于书面语(*"为" is often used with "而" to form the structure "为…而…"; usu. used in the written language*):～建设祖国，实现四个现代化而献身。～ jiànshè zǔguó, shíxiàn sì ge xiàndàihuà ér xiànshēn. *One must devote oneself to the realization of the Four*

Modernizations so as to help build the motherland. /～人民的利益而死，重于泰山。～ rénmín de lìyì ér sǐ, zhòngyú Tài Shān. *To die for the interests of the people is weightier than Mount Tai.* /我们～祖国的繁荣昌盛而自豪。Wǒmen ～ zǔguó de fánróng chāngshèng ér zìháo. *We are proud of the prosperity of our country.* /～艺术而艺术，那么，这种艺术便没有生命力。～ yìshù ér yìshù, nàme, zhè zhǒng yìshù biàn méi yǒu shēngmìnglì. *There is no vitality in art done purely for the sake of art.* /学习总得有个目标，不能～学习而学习。Xuéxí zǒng děi yǒu ge mùbiāo, bù néng ～ xuéxí ér xuéxí. *One must have a goal for studying and not study just for the sake of studying.* 在单音节动词前的"而"(例，为人民利益而死)和连接前后同一词语的"而"(例，为艺术而艺术)不能省略 *the 而 before a monosyllabic verb (e. g. 为人民利益而死) and the "而" used between a reduplicated word (e. g. 为艺术而艺术) cannot be omitted* "为"后面常加"了"、"着"("了"or"着"is often used after "为"):～了迎接六一儿童节，孩子们正在排练节目。～ le yíngjiē Liù-Yī Értóngjié, háizimen zhèngzài páiliàn jiémù. *The children are rehearsing performances to greet Children's Day on June 1st.* /～了您和他人的幸福，请注意交通安全。～le nín hé tārén de xìngfú, qǐng zhùyì jiāotōng ānquán. *Please observe traffic safety for the sake of your well-being and that of others.* /～了慎重起见，此案须进一步调查核实。～le shènzhòng qǐjiàn, cǐ àn xū jìnyíbù diàochá héshí. *For the sake of prudence, this case must be further investigated and verified.* /生产承包责任制是～着发展生产而实施的。Shēngchǎn chéngbāo zérènzhì shì ～zhe fāzhǎn shēngchǎn ér shíshì de. *The system of job responsibility in production is carried out so as to develop it.* /我们是～着人民的利益而工作的。Wǒmen shì ～zhe rénmín de lìyì ér gōngzuò de. *We are working for the interests of the people.* 另见 wéi

【为虎作伥】wèi hǔ zuò chāng〈伥:长〉旧时传说被老虎咬死的人变成鬼，又去引人给老虎吃，这种鬼叫做伥。比喻充当坏人的帮凶，帮其干坏事(伥: *formerly, it was said that those who were bitten to death by a tiger became ghosts and then led other people to the tiger for it to eat. This type of ghost was known as "伥".*) *help a villain to do evil*

【为什么】wèi shénme *why; why (or how) is it that*

未 wèi

(副)〈书〉(1)同"没有"méiyǒu(1)(2)，表示否定性的既成事实或对过去经验的否定 *same as "没有" méiyǒu(1)(2) have not; did not*:对这种微电脑的使用方法，他尚～完全掌握。Duì zhè zhǒng wēidiànnǎo de shǐyòng fāngfǎ, tā shàng ～ wánquán zhǎngwò. *He has not yet fully grasped how to use this kind of microcomputer.* /他们～经上级批准就私自占地建房。Tāmen ～ jīng shàngjí pīzhǔn jiù sīzì zhàn dì jiàn fáng. *They secretly occupied land and built a house without having obtained permission from the higher authorities first.* /那一地区的反殖民主义的斗争从～停息过。Nà yí dìqū de fǎn zhímínzhǔyì de dòuzhēng cóng ～ tíngxīguo. *That area's struggle against colonialism has never ceased.* /世界上～被认识的事物多得很。Shìjiè shang ～ bèi rènshi de shìwù duō de hěn. *There are still many things that are not yet known in the world.* (2)意思同"不"bù，但使用范围很有限 *not (same as "不" bù, but the range of its usage is limited)*:我提前离开了现场，～知后事如何。Wǒ tíqián líkāile xiànchǎng, ～ zhī hòushì rúhé. *I left the scene of the incident early, so I don't know what happened afterwards.* /由于法院院长秉公办案，执法如山，任何人也～敢包庇罪犯。Yóuyú fǎyuàn yuànzhǎng bǐnggōng bàn àn, zhífǎ rú shān, rènhé rén yě ～ gǎn bāobì

zuìfàn. *Because the court president is handling the case impartially and is enforcing the law strictly, no one dares to cover up for the criminal.* /这个工厂再换一个人来领导也～见得马上改变面貌。Zhège gōngchǎng zài huàn yí ge rén lái lǐngdǎo yě ～ jiàndé mǎshàng gǎibiàn miànmào. *Even if someone else were to assume leadership, this factory would still not necessarily change its face immediately.* /承担这项任务有多少困难还～可预料。Chéngdān zhè xiàng rènwù yǒu duōshao kùnnan hái ～ kě yùliào. *It cannot yet be anticipated just how difficult undertaking this task will be.*

【未必】wèibì（副）表示猜测，有"可能不……""也许不……"的意思，可以单独成句 *may not*; *not necessarily (can stand alone as a sentence)*：他～同意你的看法。Tā ～ tóngyì nǐ de kàn fǎ. *He may not agree with your point of view.* /真有这样的事吗？恐怕～。Zhēn yǒu zhèyàng de shì ma? Kǒngpà ～. *Is there really such a thing? I'm afraid there may not be.* /他会赞成吗？——～。Tā huì zànchéng ma? ——～. *Will he approve?* ——*Not necessarily.* 修饰否定式时，成为肯定的估计，即"有可能……"（*when modifying a negative form, it becomes an affirmative conjecture, as in "有可能"*）：要是知道晚上有舞会，他们～不参加。Yàoshi zhīdao wǎnshang yǒu wǔhuì, tāmen ～ bù cānjiā. *If they know about the dance this evening, they may possibly attend.* /把理由说清楚了，他～不赞成我们的意见。Bǎ lǐyóu shuō qīngchu le, tā～ bú zànchéng wǒmen de yìjian. *If we state our reasons clearly, he may possibly approve of our idea.*

【未卜先知】wèi bǔ xiān zhī 比喻能预见 *foresee*; *have foresight*

【未曾】wèicéng（副）"还没有……过"的意思（*has the same meaning as "还没有…过"*）*have not yet*; *have never*：你说的这个消息，我～听说过。Nǐ shuō de zhège xiāoxi, wǒ ～tīngshuōguo. *I had not yet heard the news you just told me.* /她一开口说话，先叹了一口气。Tā ～ kāi kǒu shuō huà, xiān tànle yì kǒu qì. *She had not yet opened her mouth to speak when she heaved a sigh.* /这一新的见解，前人～有过。Zhè yì xīn de jiànjiě, qiánrén ～ yǒuguo. *This new idea had never been thought of by our predecessors.*

【未尝】wèicháng（副）〈书〉(1)同"未曾"wèicéng *same as "未曾" wèicéng*：我～听说过她还有一个弟弟。Wǒ ～ tīngshuōguo tā hái yǒu yí ge dìdi. *I had never heard before that she had a younger brother.* /我～种过花，不善于管理。Píngsù ～ zhòngguo huā, bú shànyú guǎnlǐ. *I've never planted flowers before, so I'm not good at managing it.* (2)放在否定形式前，构成双重否定，语气委婉，有"不是"的意思（*placed before a negative word to form a double negative which indicates a mild tone, the same meaning as "不是"*）：你一个人去也～不可，但最好找个伴儿。Nǐ yí ge rén qù yě ～ bù kě, dàn zuìhǎo zhǎo ge bànr. *It should be all right if you went alone, but it would be best if you found somebody to accompany you.* /他小的时候～没受过苦，只是时间不长。Tā xiǎo de shíhou ～ méi shòuguo kǔ, zhǐshì shíjiān bù cháng. *It's not that he didn't bear any hardships when he was young, it's just that it wasn't for a very long time.*

【未婚夫】wèihūnfū（名）*fiancé*

【未婚妻】wèihūnqī（名）*fiancée*

【未来】wèilái（名）*future*

【未了】wèiliǎo（名）没有完成，没有了结 *unfinished*：手续还～。Shǒuxù hái ～. *The formalities are still not finished.* /这个演员～的心愿是把他几十年的舞台经验写成书。Zhège yǎnyuán ～ de xīnyuàn shì bǎ tā jǐ shí nián de wǔtái jīngyàn xiěchéng shū. *This actor's as yet unrealized dream*

is to have his decades of stage experience recorded in a book.

【未免】wèimiǎn（副）(1)常用于表示批评意见、遗憾等词语前，使口气委婉（*often used before terms which express criticism, regret, etc. to render the tone of voice more tactful*）*rather*; *a bit too*：这个结论一下得太早了。Zhège jiélùn ～ xià de tài zǎo le. *This conclusion was drawn a bit too early.* /你也一把问题看得太绝对了吧！Nǐ yě ～ bǎ wèntí kàn de tài juéduì le ba! *You have taken too absolute a view on the problem.* /放过这样一个好机会，～有点可惜。Fàngguò zhèyàng yí ge hǎo jīhuì, ～ yǒudiǎn kěxī. *It's rather a pity that he let such a good opportunity slip by.* (2)"不免"的意思 *inevitably*：第一次和他见面，说话～感到拘束。Dìyī cì hé tā jiàn miàn, shuō huà ～ gǎndào jūshù. *I will inevitably feel a bit awkward speaking with him the first time we meet.* /多年不干这行了，业务上～有点儿生疏。Duō nián bú gàn zhè háng le, yèwù shang ～ yǒudiǎnr shēngshū. *It's inevitable that I would feel a little rusty at first.* /人～要生病。Rén ～ yào shēng bìng. *People inevitably get sick.*

【未始】wèishǐ（副）〈书〉同"未尝"wèicháng (2) *same as 未尝 wèicháng (2)*：我陪你去看菊花展览，也～不可，不过今天没空。Wǒ péi nǐ qù kàn júhuā zhǎnlǎn, yě ～ bù kě, búguò jīntiān méi kòng. *I don't mind accompanying you to see the exhibition of chrysanthemums but I really don't have any spare time today.* /他也～不想多结识一些朋友。Tā yě ～ bù xiǎng duō jiéshí yìxiē péngyou. *It's not as if he didn't want to make a few friends.* /要突破这个指标也～没有可能。Yào tūpò zhège zhǐbiāo yě ～ méi yǒu kěnéng. *It's not impossible to top this target.*

【未遂】wèi suì〈书〉没有达到目的 *not accomplished*; *abortive*：行凶～ xíng xiōng ～ *attempted murder* /自杀～ zìshā ～ *attempted suicide* /粉碎了一次～的政变 fěnsuìle yí cì ～ de zhèngbiàn *smash an attempted coup d'état*

【未知数】wèizhīshù（名）〈数〉*unknown number*

位 wèi

（名）◇(1)所占的位置 *place*; *location*：中国人口占世界第一。Zhōngguó rénkǒu zhàn shìjiè dìyī ～. *China's population ranks first in number in the world.* /把这位运动员的名字排在首～. Bǎ zhè wèi yùndòngyuán de míngzi pái zài shǒu ～. *Put this athlete's name in first place.* (2)特指皇帝的地位 *throne*：在～ zài ～ *be on the throne*; *reign* /即～ jí ～ *come to the throne* /篡～ cuàn ～ *usurp the throne* (3)一个数中每个数码所占的位置 *place*; *figure*; *digit*：个～ unit's place /十～ shí ～ ten's place /百～ bǎi ～ hundred's place /千～ 数 qiān ～ shù thousand-digit number（量）用于人（含敬意）（*polite form*）：两～客人 liǎng ～ kèrén *two guests* /三～老师 sān ～ lǎoshī *three teachers* /各～先生 gè ～ xiānsheng *"Gentlemen, . . ."*

【位于】wèiyú（动）被……位置 *be located*; *be situated*; *lie*：中国～东半球北温带。Zhōngguó ～ dōngbànqiú běiwēndài. *China is situated in the north temperate zone of the Eastern Hemisphere.* /天安门～北京市区的中心。Tiān'ānmén ～ Běijīng shìqū de zhōngxīn. *Tian'anmen lies at the centre of the city of Beijing.*

【位置】wèizhi（名）(1)*seat*; *place*：长江的吴淞口占有重要的地理。Cháng Jiāng de Wúsōngkǒu zhànyǒu zhòngyào de dìlǐ. *Wusongkou is an important geographical location along the Yangtze River.* /考生必须按指定的～坐。Kǎoshēng bìxū àn zhǐdìng de ～ zuò. *Examinees must sit in the appointed seats.* (2)*place*; *position*：那次会议在历史上占有重要～. Nà cì huìyì zài lìshǐ shang zhànyǒu zhòngyào ～. *That conference occupies an important place in history.* /那本小说曾风行一时，但在文学史上不占什么～. Nà běn xiǎoshuō céng fēngxíng yìshí, dàn zài wénxuéshǐ shang bú

zhàn shénme ~. *That novel was the rage for a time, but it doesn't occupy an important place in literary history.*

【位子】wèizi (名) *seat; place*：一个空～都没有了。Yí ge kōng ~ dōu méi yǒu le. *There isn't a single empty seat left.*

味
wèi
(名)(1)(～儿)使舌头感到的某种特征 *taste; flavour*：甜～ tián ~ *a sweet taste* /苦～ kǔ ~ *a bitter taste* /菜的～很好。Cài de ~ hěn hǎo. *This dish is very tasty.* /看他吃得挺有～。Kàn tā chī de tǐng yǒu ~. *He seems to be enjoying his food.* (2)使鼻子能感到的特征 *smell; odour*：变了～的食品不能吃。Biànle ~ de shípǐn bù néng chī. *Food that has changed in smell cannot be eaten.* /这种花没有香～。Zhè zhǒng huā méi yǒu xiāng~. *This type of flower doesn't have a fragrance.* (3)兴趣，意味 *interest*：语言无～。Yǔyán wú ~. *insipid language; colourless language* /故事内容枯燥无～。Gùshì nèiróng kūzào wú ~. *The contents of this story are dry as dust.* (量)中药配方，药物的一种叫一味 *ingredient (of a Chinese medicine prescription)*：这个药方有两～药买不到。Zhège yàofāng yǒu liǎng ~ yào mǎi bu dào. *There are two ingredients for this prescription that are not available.*

【味道】wèidao (名)(1)同"味"wèi(1) *same as* "味" wèi (1)：北京烤鸭的～好极了。Běijīng kǎoyā de ~ hǎo jí le. *Beijing roast duck has a delicious flavour.* /我炒的菜～怎样？Wǒ chǎo de cài ~ zěnyàng? *How does the food I made taste?* (2)同"味"wèi(3) *same as* "味" wèi (3)：这些话带有讽刺的～。Zhèxiē huà dài yǒu fěngcì de ~. *There's a touch of irony in these words.* /听了他的话，心里有一种说不出的～。Tīngle tā de huà, xīnli yǒu yì zhǒng shuō bu chū de ~. *Upon hearing his words, one has an indescribable feeling.* /他讲话总有些说教的～，我不喜欢听。Tā jiǎng huà zǒng yǒu xiē shuōjiào de ~, wǒ bù xǐhuan tīng. *When he speaks, it always seems as though he were preaching. I don't like to listen to him.*

【味精】wèijīng (名) *monosodium glutamate; gourmet powder*

【味觉】wèijué (名) *sense of taste*

【味同嚼蜡】wèi tóng jiáo là 如同嚼蜡一样没有味道。形容文章或讲话枯燥无味 *it is like chewing wax—insipid (article or language)*

畏
wèi
(动)〈书〉*fear*：地质队员不～艰险，跋山涉水，寻找地下宝藏。Dìzhì duìyuán bú ~ jiānxiǎn, bá shān shè shuǐ, xúnzhǎo dìxià bǎozàng. *Geology team members don't fear hardships and danger. They scale mountains and ford streams in search of hidden mineral resources.*

【畏忌】wèijì (动)〈书〉畏惧和顾忌 *have misgivings; fear; dread*

【畏惧】wèijù (动)〈书〉害怕 *fear; dread*：无所～ wú suǒ ~ *fearless*

【畏难】wèinán (动·不及物)害怕困难 *be afraid of difficulty*：不～ bú ~ *not be afraid of difficulty* /克服～情绪 kèfú ~ qíngxù *overcome one's fear of difficulty*

【畏首畏尾】wèi shǒu wèi wěi 前面也怕，后边也怕。比喻做事胆子小，顾虑多 *be full of misgivings; be timorous and hesitant; be overcautious*：总是～，工作就无法开展。Zǒngshì ~, gōngzuò jiù wúfǎ kāizhǎn. *If you're always overcautious, there's no way your work can develop.* /这事交给你了，你就放开手干，不要～。Zhè shì jiāo gěi nǐ le, nǐ jiù fàngkāi shǒu gàn, búyào ~. *This matter is in your hands, go ahead and work freely. Don't be overcautious.*

【畏缩】wèisuō (动)〈书〉因害怕而缩手缩脚，不敢前进 *recoil; shrink; flinch (in fear)*：在困难面前不能～不前。Zài kùnnan miànqián bù néng ~ bù qián. *When faced with difficulty, one cannot recoil in fear.* /遇到问题就～，还能开展工作吗？Yùdào wèntí jiù ~, hái néng kāizhǎn gōngzuò ma? *If you shrink back as soon as you meet with a problem, how can you press forward with your work?*

【畏途】wèitú (动)〈书〉比喻不敢做的事情 *something daunting*：他把报考大学视为～。Tā bǎ bàokǎo dàxué shìwéi ~. *He regards taking part in the university entrance examinations as very daunting.*

【畏葸不前】wèixǐ bù qián 由于害怕，不敢前进 *be afraid to advance*

【畏罪】wèi = zuì 犯了罪，怕受惩治 *dread punishment for one's crime*：～自杀 ~ zìshā *commit suicide to escape punishment* /～潜逃 ~ qiántáo *abscond to avoid punishment*

胃
wèi
(名)〈生理〉*stomach*

【胃病】wèibìng (名)〈医〉*stomach trouble; gastric disease*

【胃口】wèikǒu (名)(1)食欲 *appetite*：你～怎么样？Nǐ ~ zěnmeyàng? *How's your appetite?* /我感冒很重，没有～。Wǒ gǎnmào hěn zhòng, méi yǒu ~. *I've got a bad flu, so I don't have any appetite.* /他最近～不太好。Tā zuìjìn ~ bú tài hǎo. *He hasn't had much of an appetite lately.* (2)爱好，兴趣 *liking*：今晚电视节目里有越剧，正对妈妈的～。Jīnwǎn diànshì jiémù lǐ yǒu yuèjù, zhèng duì māma de ~. *There's a Shaoxing opera on television tonight, which is just to mom's liking!* (3)野心 *wild ambition; careerism*：他们的～真大，三个人竟想在三个月内翻译出一本二百万字的小说。Tāmen de ~ zhēn dà, sān ge rén jìng xiǎng zài sān ge yuè nèi fānyì chū yì běn èrbǎi wàn zì de xiǎoshuō. *They have great ambition. The three of them plan to translate a two-million character novel within three months.* /一笔几万元的买卖，满足不了他们的～。Yì bǐ jǐ wàn yuán de mǎimai, mǎnzú bu liǎo tāmen de ~. *A transaction worth tens of thousands of yuan is not enough to satisfy their wild ambition.*

【胃溃疡】wèikuìyáng (名)〈医〉*gastric ulcer*

【胃酸】wèisuān (名) *hydrochloric acid in gastric juice*

【胃下垂】wèixiàchuí (名)〈医〉*ptosis of the stomach; gastroptosis*

【胃炎】wèiyán (名)〈医〉*gastritis*

谓
wèi
(动)〈书〉(1)说 *say*：他对妻子的关怀，可～无微不至。Tā duì qīzi de guānhuái, kě ~ wú wēi bú zhì. *The loving care he shows for his wife might well be termed meticulous.* (2)称呼，叫做 *be called; be named*：何～静电反应？Hé ~ jìngdiàn fǎnyìng? *What is meant by electrostatic reaction?*

【谓语】wèiyǔ (名)〈语〉*predicate*

尉
wèi
(名)◇ *a junior officer*

【尉官】wèiguān (名) 尉级军官，在校级以下，包括上尉、中尉、少尉 *military officer above the rank of warrant officer and below that of major; junior officer*

喂
wèi
(动)(1) *feed*：～奶 ~ nǎi *breast feed; suckle; nurse* /给小孩～水。Gěi xiǎoháir ~ shuǐ. *Give the child some water.* /～病人饭 ~ bìngrén fàn *feed a patient* (2)(of animals) *feed; raise; keep*：～牲口 ~ shēngkǒu *raise cattle* /他～了五只鸽子。Tā ~le wǔ zhī gēzi. *He raised five pigeons.* (叹) 表示不客气的招呼 *hey (impolite form for calling sb.)*：～，你的东西掉了。~, nǐ de dōngxi diào le. *Hey,*

you dropped something! /~，现在几点了，还不快走！~，xiànzài jǐ diǎn le，hái bú kuài zǒu！*Hey, look at the time! Hurry up and go!/* ~，看见刚才有人进来没有？~，kànjiàn gāngcái yǒu rén jìnlai méiyou？*Hey, did you see whether someone just came in or not?*

【喂养】wèiyǎng（动）〈书〉给幼儿或动物东西吃，照料其生活，使其成长（*of infants or animals*）*feed；raise；keep*

蔚 wèi

【蔚蓝】wèilán（形）〈书〉*azure；sky blue*：~ 的天空 ~ de tiānkōng *an azure sky* /大海~~ 的，一望无际。Dàhǎi ~ ~ de，yí wàng wú jì. *The deep blue ocean stretches as far as the eye can see.*

【蔚然成风】wèirán chéng fēng 蔚然：草木茂盛的样子。形容逐渐发展、盛行，形成了一种好风气（蔚然：*luxuriant*）*become common practice；become the order of the day*：开展各种学术讨论已~。Kāizhǎn gè zhòng xuéshù tǎolùn yǐ ~. *The development of all types of academic discussions has become the order of the day.* /这里拥军爱民的活动已~。Zhèli yōng jūn ài mín de huódòng ~. *Activities to support the army and to show that the army cherishes the people have become common practice around here.*

慰 wèi

（动）◇使人心情安适 *console；comfort*（形）心安 *be relieved*：知你病已痊愈，甚~！Zhī nǐ bìng yǐ quányù，shèn ~！*I am greatly relieved to learn that you've fully recovered from your illness!*

【慰藉】wèijiè（动）〈书〉安慰 *comfort；console*

【慰劳】wèiláo（动）用言语或财物对劳苦有功者表示慰问 *bring gifts to or send one's best wishes to sb. who has worked hard and performed a valuable service*：~ 边防战士 ~ biānfáng zhànshì *send gifts to the frontier guard*

【慰问】wèiwèn（动）（用语言或物品）表示安慰和问候 *express sympathy and solicitude for*（*sending gifts or verbally*）*extend one's regards to*：写 ~ 信 xiě ~ xìn *write a letter expressing one's appreciation and sympathy* /赠送~品 zèngsòng ~pǐn *give a present that expresses one's appreciation or sympathy* /向受灾地区的群众表示~。Xiàng shòu zāi dìqū de qúnzhòng biǎoshì ~. *We express our sympathy and solicitude for the people of disaster areas.*

wēn

温 wēn

（形）*warm；lukewarm*：饭是~的，还能吃。Fàn shì ~ de，hái néng chī. *The food is warm, so it can still be eaten.* /洗毛衣要用~水，不要用热水。Xǐ máoyī yào yòng ~ shuǐ，búyào yòng rè shuǐ. *When you wash a woolen garment, you should use lukewarm water, not hot water.*（动）（1）稍微加热 *warm up*：~点水，给孩子洗澡。~ diǎnr shuǐ，gěi háizi xǐ zǎo. *Warm up some water and give the child a bath.* /把酒~一~再喝。Bǎ jiǔ ~ yi ~ zài hē. *Warm up the wine before you drink it.*（2）〈口〉复习 *review；revise*：~书 ~ shū *review lessons* /我已经~完二十课了，还有五课没~。Wǒ yǐjīng ~wán èrshí kè le，hái yǒu wǔ kè méi ~. *I've already reviewed twenty lessons and still have five left to go.*

【温饱】wēnbǎo（名）穿得暖吃得饱的生活 *have enough to eat and wear*：这老人在旧社会没过多少天~ 的日子。Zhè lǎorén zài jiù shèhuì méi guòguo jǐ tiān ~ rìzi. *This old person never had enough to eat and wear in the old society.* /我们不能只满足于~，要为达到更高的生活水平而努力。Wǒmen bù néng zhǐ mǎnzú yú ~，yào wèi dádào gèng gāo

de shēnghuó shuǐpíng ér nǔ lì. *We cannot be satisfied with just enough food and clothing, but must work hard to achieve a high standard of living.*

【温差】wēnchā（名）*difference in temperature；range in temperature*：这地区，白天夜晚~ 很大。Zhè dìqū，báitiān yè-wǎn ~ hěn dà. *The difference in temperature between daytime and night-time in this area is very great.*

【温床】wēnchuáng（名）（1）〈农〉*hotbed*（2）比喻对产生坏人、坏事、坏思想有利的环境 *breeding ground；hotbed*：从小娇生惯养的生活环境，往往是自私性格的。Cóng xiǎo jiāo shēng guàn yǎng de shēnghuó huánjìng，wǎngwǎng shì zìsī xìnggé de ~. *To pamper someone from childhood on often creates a breeding ground for selfishness.*

【温存】wēncún（形）（1）异性之间殷勤抚慰 *attentive；emotionally attached*（*to a person of the opposite sex*）（2）温柔体贴 *gentle；kind*

【温带】wēndài（名）*temperate zone*

【温度】wēndù（名）*temperature*

【温度计】wēndùjì（名）*thermograph；thermometer*

【温故知新】wēn gù zhī xīn 复习旧的知识，能够得到新的理解和体会。有时也指回忆过去，吸取经验，可以更好地认识现在 *reviewing the past helps one to understand the present；restudy what you have learnt and you will gain fresh insights on the present*

【温和】wēnhé（形）（1）*temperate；mild；moderate*：这里气候~，不冷不热。Zhèli qìhòu ~，bù lěng bú rè. *The climate here is very mild. It's never too hot nor too cold.*（2）*gentle；mild*：性情~ *a gentle disposition* /他用~ 的语气说了几句很厉害的话。Tā yòng ~ de yǔqì shuōle jǐ hěn lìhai de huà. *He used a mild tone to say some sharp words.* /她对人态度非常~。Tā duì rén tàidu fēicháng ~. *Her manner towards others is very gentle.* 另见 wēnhuo

【温厚】wēnhòu（形）温和宽厚 *gentle and kind；good-natured*：她为人~。Tā wéi rén ~. *She is very good-natured.*

【温和】wēnhuo（形）（物体）不冷不热 *lukewarm；warm*：游泳池里的水挺~。Yóuyǒngchí lǐ de shuǐ tǐng ~ de. *The water in the swimming pool is quite warm.* /我们刚吃完，饭菜还~ 着呢，你凑合吃点儿吧！Wǒmen gāng chīwán，fàncài hái ~ zhene，nǐ còuhe chī diǎnr ba！*We just finished eating. The meal is still warm, so do have a little to eat.* /~的茶，没喝头。~ de chá，méi hētou. *Lukewarm tea is not very tasty.* 另见 wēnhé

【温暖】wēnnuǎn（形）*warm*：天气~ tiānqì ~ *warm weather* /生活在互助友爱的集体中，感到十分~。Shēnghuó zài hùzhù yǒu'ài de jítǐ zhōng，gǎndào shífēn ~. *When life is full of mutual help and friendly affection, one has a very warm feeling.*（动）使感到温暖 *to warm*：他们的友谊与关怀，时时~着我的心。Tāmen de yǒuyì yǔ guānhuái，shíshí ~zhe wǒ de xīn. *Their friendship and the loving care they show for me often warms my heart.*

【温情】wēnqíng（名）*tender feeling；tender-heartedness*：她是个非常理智的人，但缺乏~。Tā shì ge fēicháng lǐzhì de rén，dàn quēfá ~. *She's a very rational person and lacks tender-heartedness.*

【温泉】wēnquán（名）*hot spring*

【温柔】wēnróu（形）*gentle and soft*：一般人都认为妇女应该比较~。Yìbān rén dōu rènwéi fùnǚ yīnggāi bǐjiào ~. *People usually think that women ought to be relatively gentle and soft.*

【温室】wēnshì（名）*hothouse；greenhouse；glasshouse；conservatory*

【温顺】wēnshùn（形）性格温柔、顺从 *docile；meek*

【温文尔雅】wēn wén ěr yǎ 态度温和，举止文雅 *gentle and cultivated；urbane*：他虽然是个军官，却~，像个知识分子

Tā suīrán shì ge jūnguān, què ~, xiàng ge zhīshifènzǐ. *Although he's a military officer, he's very gentle and cultivated, and resembles an intellectual.*

【温习】wēnxí（动）同 "温" wēn（动）（2）*same as* "温" wēn（动）（2）：~功课 ~ gōngkè *review one's lessons*

【温驯】wēnxùn（形）温和驯服（of animals）*docile; meek; tame*：~的小鹿 ~ de xiǎo lù *a tame fawn*

瘟 wēn
（名）◇ 中医指人或动物的急性传染病（*in Chinese medicine*）*acute communicable diseases*：鸡 ~ jī ~ *chicken pest*

【瘟神】wēnshén（名）传说中能散播瘟疫的恶神 *god of plague（in mythology）*

【瘟疫】wēnyì（名）指流行性急性传染病 *pestilence*

wén

文 wén
（名）◇（1）文字 *character; script; language*：蒙 ~ Měng ~ *the Mongol script* /拉丁 ~ Lādīng ~ *Latin*（2）文章 *literary composition; writing*：图 ~ 并茂 tú ~ bìng mào *The pictures and their accompanying essays are both excellent.* /此 ~ 发表在《十月》杂志上。Cǐ ~ fābiǎo zài《Shíyuè》zázhì shang. *This essay was published in "October" magazine.*（3）非军事的（跟"武"相对）*civilian（antonym of military）*：~武官员 ~ wǔ guānyuán *civil and military officials* /能～能武 néng ~ néng wǔ *equally good in either civilian or military affairs; able to do both mental and manual labour*（形）文言的，不通俗 *in literary language*：半～半白 bàn ~ bàn bái *half literary, half vernacular* /他说话太～了，听起来很别扭。Tā shuō huà tài ~ le, tīng qilai hěn bièniu. *His words are too refined, so they sound awkward.* /这篇散文写得过于～了。Zhè piān sǎnwén xiě de guòyú ~ le. *This piece of prose is written in an excessively literary style.*（量）用于旧时的铜钱 *for coins in the old days*：一~钱 yì ~ qián *one penny* /分～没有 fēn ~ méi yǒu *penniless; without a single penny* /一～不值 yì ~ bù zhí *not worth a farthing*

【文本】wénběn（名）文件的某种本子（多就文字、措词而言）*text; wording; version*：这个文件的英文～和中文～同样有效。Zhège wénjiàn de Yīngwén ~ hé Zhōngwén ~ tóngyàng yǒuxiào. *Both the English and the Chinese texts of this document are equally valid.*

【文笔】wénbǐ（名）文章用词造句的技巧和风格 *style of writing*：~流畅 ~ liúchàng *write with ease and grace* /他～不错，是个好秘书。Tā ~ búcuò, shì ge hǎo mìshū. *His style of writing is not bad. He's a good secretary.*

【文不对题】wén bù duì tí 文章的内容和题目不相符，指说的话或写的文章与原来的题目没关系 *of speech, essays irrelevant to the subject; besides the point; wide of the mark*

【文采】wéncǎi（名）文艺方面的才华 *literary talent; literary grace*：这位剧作家很有～。Zhè wèi jùzuòjiā hěn yǒu ~. *This is a playwright of unusual literary talent.* /他的诗很有～，常在《诗刊》上发表。Tā de shī hěn yǒu ~, cháng zài《Shī Kān》shang fābiǎo. *His poems are full of literary grace and often published in "Poetry Magazine".*

【文牍主义】wéndú zhǔyì（名）*red tape*

【文法】wénfǎ（名）同"语法"yǔfǎ，比"语法"的用法稍旧些 *same as "语法"（grammar）（a more classical form than "语法"）*

【文风】wénfēng（名）*style of writing*：说空话的～大有好转。Shuō kōnghuà de ~ dà yǒu hǎozhuǎn. *The style of writing that indulged in empty talk has taken a turn for the better.*

【文风不动】wéi fēng bù dòng 一丝一毫也不动。"文"也作 "纹"（"文" *may also be written as* "纹"）*absolutely still*：侦察兵在草丛中埋伏五小时，个个～。Zhēnchábīng zài cǎocóng zhōng máifu wǔ xiǎoshí, gègè ~. *The scouts lay low for five hours in the tall grass. All was absolutely still.* /大家都在搞卫生，你们怎么～? Dàjiā dōu zài gǎo wèishēng, nǐmen zěnme ~? *Everybody is participating in sanitation work. Why are you just standing still doing nothing?*

【文稿】wéngǎo（名）*manuscript; draft*

【文告】wéngào（名）机关或团体发布的文件 *proclamation; statement; message（issued by an office or organization）*

【文革】wéngé（名）"文化革命"的简称。特指1966年—1976年的"文化大革命"*abbrev. for "文化大革命"（cultural revolution）refers esp. to the Great Proletarian Cultural Revolution of 1966—1976）*

【文工团】wéngōngtuán（名）从事文艺演出工作的团体 *art troupe; cultural troupe*：小李在部队～当演员。Xiǎo Lǐ zài bùduì ~ dāng yǎnyuán. *Xiao Li is an actor in the armed forces' cultural troupe.* /这个工厂的职工组织的～水平不低。Zhège gōngchǎng de zhígōng zǔzhī de ~ shuǐpíng bù dī. *The standard of the art troupe organized by this factory's workers and staff members is quite high.*

【文官】wénguān（名）*civil official*

【文过饰非】wén guò shì fēi 掩饰错误或过失 *cover up one's errors; gloss over one's faults*：要勇于承认错误，不要～。Yào yǒngyú chéngrèn cuòwù, búyào ~. *You must bravely admit to your mistakes, not cover them up.* /你何必替他～呢? Nǐ hébì tì tā ~ ne? *Is there a need for you to cover up for him?*

【文豪】wénháo（名）伟大、杰出的作家 *literary giant; great or eminent writer*

【文化】wénhuà（名）（1）*civilization; culture*（2）运用文字的能力和一般的知识 *education; culture; schooling; literacy*：学～ xué ~ *learn to read and write* /～课 ~ kè *literacy class* /他的～水平不高，只是初中毕业。Tā de ~ shuǐpíng bù gāo, zhǐ shì chūzhōng bì yè. *His educational level is not very high. He has only graduated from junior middle school.*

【文化大革命】wénhuà dà gémìng 全称"无产阶级文化大革命"。毛泽东亲自发动和领导的一次政治运动。1966年5月正式开始，到1976年江青、王洪文、张春桥、姚文元"四人帮"被捕而结束。历时十年，使中国各方面遭受了严重的损失。*the Great Proletarian Cultural Revolution, officially launched in May 1966 by Mao Zedong himself, as well as other leaders. This political movement lasted until 1976 and ended when the "Gang of Four", whose members included Jiang Qing, Wang Hongwen, Zhang Chunqiao and Yao Wenyuan, were arrested. During this ten-year political movement, every aspect of Chinese life suffered serious losses.*

【文化宫】wénhuàgōng（名）规模较大、设备齐全的非营业性的文化娱乐场所，一般设有影剧院、讲演厅、图书馆等 *cultural palace; a centre of fairly large dimensions used for noncommercial cultural and recreational activities and usu. includes a theatre, lecture hall, library, etc.*

【文化馆】wénhuàguǎn（名）为开展群众文化工作而设立的机构，也是群众参加文娱活动的场所 *cultural centre*：老张在县～工作。Lǎo Zhāng zài xiàn ~ gōngzuò. *Lao Zhang works at the county cultural centre.*

【文化遗产】wénhuà yíchǎn *cultural heritage; cultural legacy*

【文化遗址】wénhuà yízhǐ *a site of ancient cultural remains; remains of an ancient culture*

【文化用品】wénhuà yòngpǐn *stationery*

【文火】wénhuǒ（名）焖菜或煮东西时所用的比较弱的火 *slow fire; gentle heat*：用～焖烂 yòng ~ mènlàn *use a slow*

fire to braise until soft

【文集】wénjí（名）*collected works*

【文件】wénjiàn（名）*documents；papers*

【文教】wénjiào（名）"文化教育"的简称 *abbrev. for* "文化教育" *(culture and education)*：发展～事业 fāzhǎn ～ shìyè *develop cultural and educational work* /抓好～、卫生工作 zhuāhǎo ～、wèishēng gōngzuò *Pay special attention to culture, education and hygiene.* /这事应交给—部门去办。Zhè shì yīng jiāo gěi ～ bùmén qù bàn. *This matter should go to the Department of Culture and Education to be taken care of.*

【文静】wénjìng（形）(性格、举止等)文雅安静 *(of sb.'s personality, bearing, etc.) gentle and quiet*：这是一个～ 的姑娘。Zhè shì yí ge ～ de gūniang. *This is a very gentle and quiet girl.*

【文具】wénjù（名）*writing materials；stationery*

【文科】wénkē（名）*liberal arts*

【文库】wénkù（名）丛书(多用做丛书名) *a series of books issued in a single format by a publisher；library*

【文联】wénlián（名）"中华全国文学艺术界联合会"的简称 *abbrev. for* "中华全国文学艺术界联合会"（*All-China Federation of Literature and Art Circles*）

【文盲】wénmáng（名）*an illiterate person*

【文明】wénmíng（名）*civilization；culture*：物质～ wùzhì ～ *material civilization* /精神～ jīngshén ～ *spiritual values* / 讲～、懂礼貌 jiǎng ～、dǒng lǐmào *stress decorum and be polite* /—古国 ～ gǔguó *a country with an ancient civilization*（形）*civilized*：～经商 ～ jīng shāng *do business in a civilized way* /～待客 ～ dài kè *entertain guests in a civilized manner* /要改变随地吐痰的不—行为。Yào gǎibiàn suídì tǔtán de bù ～ xíngwéi. *The uncivilized practice of spitting must be changed.* /在剧场大声说话很不～。Zài jùchǎng dà shēng shuō huà hěn bù ～. *Speaking in a loud voice at the theatre is uncivilized.*

【文凭】wénpíng（名）*diploma*

【文人】wénrén（名）*scholar*

【文人相轻】wénrén xiāng qīng 指文人之间互相轻视,互不服气 *Scholars tend to scorn each other.*

【文弱】wénruò（形）举止文雅,身体瘦弱,多用来形容文人 *gentle and frail-looking (usu. refers to a scholar)*

【文山会海】wén shān huì hǎi 形容领导干部需要处理的文件和需要参加的会议极多 *the paperwork a leading cadre must handle and the meetings he must attend are endless*

【文书】wénshū（名）(1)指公文、书信等 *document；official dispatch, etc.* (2)机关、部队中从事公文、书信工作的人 *copy clerk*：这事交给—去办吧! Zhè shì jiāo gěi ～ qù bàn ba! *Hand this matter over to the copy clerk.* /小刘在部队一直当～。Xiǎo Liú zài bùduì yìzhí dāng ～. *Xiao Liu has been working all along as a copy clerk for the military.*

【文思】wénsī（名）写文章的思路 *train of thought in writing*：敏捷 ～ mǐnjié *have a ready pen* /他们一来,打断了我的～。Tāmen yì lái, dǎduànle wǒ de ～. *I was writing when they arrived, and they interrupted my train of thought.*

【文坛】wéntán（名）*the literary world (or arena, circles)；the world of letters*

【文体】wéntǐ（名）(1)文章的体裁 *literary form；style*：应用文是一种常用的～。Yìngyòngwén shì yì zhǒng cháng yòng de ～. *Practical writing is one literary form that is frequently used.* /我们学过的～有小说,诗歌,散文等。Wǒmen xuéguo de ～ yǒu xiǎoshuō, shīgē, sǎnwén děng. *The literary forms we have studied include the novel, poetry, prose, etc.* (2)文娱,体育的简称 *abbrev. for* "文娱,体育" *(recreation and sports)*：学校应该经常开展～活动。Xuéxiào yīnggāi jīngcháng kāizhǎn ～ huódòng. *A school should frequently hold recreational and sports activities.*

【文物】wénwù（名）*cultural relic；historical relic*

【文献】wénxiàn（名）*document；literature*

【文选】wénxuǎn（名）*selected works；literary selections*

【文学】wénxué（名）*literature*：～家 ～ jiā *writer；man of letters；literati*

【文学史】wénxuéshǐ（名）*literary history*

【文雅】wényǎ（形）(言谈、举止)文明、稳重、有礼貌 *(of speech, manner) elegant；refined；cultured；polished*：举止 ～ jǔzhǐ ～ *refined in manner；a polished manner* /这姑娘总是那么～可爱。Zhè gūniang zǒngshì nàme ～ kě'ài. *This girl is always so elegant and likeable.* /穿着拖鞋接待客人不大～。Chuānzhe tuōxié jiēdài kèrén búdà ～. *Wearing slippers to greet guests is not very elegant.*

【文言】wényán（名）*classical Chinese*：～文 ～ wén *writings in classical Chinese；classical style of writing*

【文艺】wényì（名）文学艺术的总称。有时特指文学或表演艺术 *literature and art；sometimes refers esp. to literature or performing art*：～会演 ～ huìyǎn *theatrical festival* /这是一部好的～作品。Zhè shì yí bù hǎo de ～ zuòpǐn. *This is a fine piece of artistic work.* /各～团体都派代表参加了会议。Gè ～ tuántǐ dōu pài dàibiǎo cānjiāle huìyì. *Every literature and art organization has sent a delegate to the conference.*

【文艺复兴】wényì fùxīng *the Renaissance*

【文艺理论】wényì lǐlùn *theory of literature and art*

【文艺批评】wényì pīpíng *literary or art critique (or criticism)*

【文艺学】wényìxué（名）以文学和文学的发展规律为研究对象的科学。包括文艺理论、文艺批评、文学史等 *the study of literature and its law of development, which includes the theory of literature, literary criticism, literary history, etc.*

【文娱】wényú（名）指各种文艺演出或歌舞等娱乐活动 *cultural recreation；entertainment*：～活动 ～ huódòng *recreational activities* /参加周末～晚会 cānjiā zhōumò ～ wǎnhuì *participate in evening entertainment during the weekend*

【文摘】wénzhāi（名）(1)对一本书或一篇文章所作的扼要摘述 *abstract；digest*：他是搞～的,看书看得快极了。Tā shì gǎo ～ de, kàn shū kàn de kuài jí le. *He writes abstracts, so he reads books very quickly.* (2)选取的文章片断 *selected passage or extract (of an essay)*：现在报纸杂志太多了,所以～很受欢迎。Xiànzài bàozhǐ zázhì tài duō le, suǒyǐ ～ hěn shòu huānyíng. *There are too many newspapers and magazines available；selected extracts, therefore, are very welcome.* (3)用于书刊名 *(used in titles for books and periodicals)*：《读者～》《Dúzhě ～》*Reader's Digest*

【文章】wénzhāng（名）(1)篇幅较短的单篇作品 *essay；article*：写一篇评论～ xiě yì piān pínglùn ～ *write a review article* /你在《人民日报》上发表过几篇～? Nǐ zài《Rénmín Rìbào》shang fābiǎoguo jǐ piān ～? *How many articles have you had published in "The People's Daily"?* /张老师的那篇～我已经读过了。Zhāng lǎoshī de nà piān ～ wǒ yǐjīng dúguo le. *I've already read that article written by Teacher Zhang.* (2)比喻暗含的意思 *hidden meaning；implied meaning*：我觉得他的话里有～。Wǒ juéde tā de huà li yǒu ～. *I feel there's an insinuation in his remark.* (3)"作文章"指(利用某个条件或机会)对人或事夸大歪曲,以达到个人的目的。"作文章" *means to make an issue of sth. for personal gain*：他就会利用人家的矛盾来作～。Tā jiù huì lìyòng rénjiā de máodùn lái zuò ～. *He certainly knows how to seize upon others' contradictions and make an issue of them.* /为了打击、报复,他抓住老林工作中的一些缺点大～。Wèile dǎjī、bàofu, tā zhuāzhù Lǎo Lín gōngzuò zhōng de yìxiē quēdiǎn dà zuò ～. *In order to strike a vindictive blow, he seized upon the shortcomings in Lao Lin's*

work and made a big issue of them.

【文职】wénzhí（名）非军事方面的职务 civilian post：～人员 ～ rényuán nonmilitary (or civilian) personnel

【文质彬彬】wénzhì bīnbīn 形容人举止端庄文雅，有礼貌 gentle; suave; urbane：你看他～的，没想到他是个运动员吧！Nǐ kàn tā ～ de，méi xiǎngdào tā shì ge yùndòngyuán ba! Look at how suave he is! One would never guess that he's an athlete.

【文绉绉】wénzhōuzhōu（形）形容人谈吐、举止文雅的样子（含讽刺或嘲谑）(of sb.'s style of conversation or manner) genteel (usu. used to mock or tease sb.)：他说起话来，总是～的。Tā shuō qǐ huà lai，zǒngshì ～ de. He always speaks in such a genteel way.

【文字】wénzì（名）(1)记录语言的符号 characters; script; writing：汉字不同于拼音～. Hànzì bùtóng yú pīnyīn ～. Chinese characters are not the same as alphabetic writing. (2)语言的书面形式 written language：《人民画报》用中文、英文、法文、日文、西班牙文等多种～出版。《Rénmín Huàbào》yòng Zhōngwén、Yīngwén、Fǎwén、Rìwén、Xībānyáwén děng duō zhǒng ～ chūbǎn. "The People's Pictorial" is published in many languages, including Chinese, English, French, Japanese, Spanish, etc. (3)文章的行文 writing (as regards form or style)：～流畅 ～ liúchàng easy and graceful writing /删去一段多余的～。Shānqu yí duàn duōyú de ～. Leave out this superfluous paragraph.

【文字改革】wénzì gǎigé 一个国家或民族对其通用文字的改革，在中国主要是指对汉字的改革 reform of a country's or nationality's writing system, in China, this refers mainly to the reform of Chinese characters

【文字学】wénzìxué（名）〈语〉语言学的一个门类，研究文字的性质、结构和演变 philology

纹〔紋〕wén
（名）(～儿)(1)纹理 lines; veins; grain：木～ mù～ wood grain (2)东西上的皱痕 line; crease (on objects)：这料子上怎么有几道～? Zhè liàozi shang zěnme yǒu jǐ dào ～? Why are there creases on this fabric?

【纹理】wénlǐ（名）veins; grain：选～好看的木头做家具。Xuǎn ～ hǎokàn de mùtou zuò jiājù. Choose wood with a beautiful grain to make furniture. /这块大理石上的～像山水画。Zhè kuài dàlǐshí shang de ～ xiàng shānshuǐ huà. The veins in this slab of marble look like a landscape painting.

【纹丝不动】wén sī bù dòng 一点儿也不动 absolutely still：天气闷热无风，树梢～。Tiānqì mēnrè wú fēng，shùshāo ～. The weather is so hot and there isn't a breath of wind. Even the tree tops are absolutely still. /他真是慢性子，你催他半天，他还是～。Tā zhēn shì mànxìngzi，nǐ cuī tā bàntiān，tā háishi ～. He's such a slowpoke. You can spend a long time trying to hasten him, but he still won't move.

闻〔聞〕wén
（动）(1)◇听见 hear：听而不～ tīng ér bù ～ listen but not hear; turn a deaf ear to /百～不如一见 bǎi ～ bùrú yí jiàn It is better to see once than hear a hundred times. (2)嗅 smell：我最喜欢～茉莉花的香味儿。Wǒ zuì xǐhuan ～ mòlìhuā de xiāng wèir. I love to smell the fragrance of jasmine flowers. /你～～，这哈密瓜的香味儿多浓！Nǐ ～～，zhè hāmìguā de xiāng wèir duō nóng! Smell this Hami melon. What a rich fragrance! /我伤风了，什么味儿也～不出来。Wǒ shāngfēng le，shénme wèir yě ～ bu chūlái. I have a cold, so I can't smell anything.

【闻风而动】wén fēng ér dòng 一听到风声，马上就采取行动 immediately respond to a call：一接到命令，连队就～，立即

出发了。Yì jiēdào mìnglìng，liánduì jiù ～，lìjí chūfā le. As soon as they received orders, the company of soldiers respond immediately to the call and set off. /任务下达以后，同志们便～，马上分头去做准备。Rènwù xiàdá yǐhòu，tóngzhìmen biàn ～，mǎshàng fēntóu qù zuò zhǔnbèi. As soon as tasks had been assigned, the comrades went their separate ways to do preparation work.

【闻风丧胆】wén fēng sàng dǎn 刚听到风声就吓破了胆，丧失了勇气。形容对某种力量极端恐惧 become terror-stricken (or panic-stricken) at the news：敌军～，不战自溃。Dí jūn ～，bú zhàn zì kuì. The enemy forces fear us. They surrendered without a fight.

【闻名】wénmíng（动）出了名，有名气（要指出范围）be well-known; famous; renowned (the scope of renown must be indicated)：华罗庚是世界～的数学家。Huà Luógēng shì shìjiè ～ de shùxuéjiā. Hua Luogeng is a world-famous mathematician. /这个厂产品的质量之优是全国～的。Zhège chǎng chǎnpǐn de zhìliàng zhī yōu shì quán guó ～ de. The excellent quality of this factory's products is well-known throughout the country. /他的博士论文～整个医学界。Tā de bóshì lùnwén ～ zhěnggè yīxuéjiè. His doctoral thesis is well-known throughout the entire medical world.

【闻所未闻】wén suǒ wèi wén 听到了从来没听说过的事。形容事物新奇、罕见，连听都没听过 unheard-of：在特区，我见到许多～的新鲜事物。Zài tèqū，wǒ jiàndào xǔduō ～ de xīnxiān shìwù. In the special zone, I saw many fresh new things I had never heard of before. /卖假药这类怪事，以前真是～。Mài jiǎ yào zhè lèi guàishì，yǐqián zhēn shì ～. Selling phoney medicine and this kind of strange thing was, up until now, unheard-of. /我们听到许多～的趣事。Wǒmen tīngdào xǔduō ～ de qù shì. We heard many interesting things that we had never heard of before.

蚊 wén
（名）◇蚊子 mosquito：要大力消灭～蝇。Yào dàlì xiāomiè ～ yíng. We must work vigorously to eliminate mosquitoes and flies.

【蚊香】wénxiāng（名）[支 zhī、盘 pán] mosquito-repellent incense

【蚊帐】wénzhàng（名）[顶 dǐng] mosquito net

【蚊子】wénzi（名）[个 gè、只 zhī] mosquito

wěn

吻 wěn
（名）◇ a kiss; lips; an animal's mouth（动）kiss：她～了～熟睡的女儿。Tā ～le ～ shúshuì de nǚ'ér. She kissed her daughter who was sound asleep.

【吻合】wěnhé（动·不及物）be identical; coincide; tally：得数与答案～，计算对了。Déshù yǔ dá'àn ～，jìsuàn duì le. The resulting calculation and the solution tally. This was calculated correctly. /所反映的情况与事实并不～。Suǒ fǎnyìng de qíngkuàng yǔ shìshí bìng bù ～. The reported incident and the facts don't coincide at all.

紊 wěn
（形）◇紊乱 disorderly; chaotic; confused

【紊乱】wěnluàn（形）〈书〉disorderly; chaotic; confused：秩序～ zhìxù ～ in a state of chaos /心绪～ xīnxù ～ in a confused state of mind /思路～不堪，理不出头绪 Sīlù ～ bùkān，lǐ bù chū tóuxù. My train of thought is in a state of utter confusion, it's impossible for me to straighten things out.

稳〔穩〕wěn
（形）(1)稳当，不摇动 steady; firm; stable：书桌没放

~。Shūzhuō méi fàng~. *The desk is not steady.* /这孩子刚十个月就能站~了。Zhè háizi gāng shí ge yuè jiù néng zhàn~ le. *This child just turned ten months and he can already stand steadily.* /等汽车停~了再下。Děng qìchē tíng~le zài xià. *Wait until the bus has come to a full stop before you get off.* /他的情绪不~，忽高忽低。Tā de qíngxù bù~，hū gāo hū dī. *His moods are not stable.* *He's in high spirits one moment and in low spirits the next.* (2)稳妥，靠得住 sure; certain; reliable：他办事一向很~，放心吧! Tā bàn shì yí xiàng hěn~，fàng xīn ba! *He's a consistent and reliable worker. Don't worry!* /这次比赛，我们~拿团体冠军。Zhè cì bǐsài，wǒmen~ná tuántǐ guànjūn. *We are sure to win the team title in this competition.* (3)稳重 steady; staid; unruffled；举止不~ jǔzhǐ bù~ *an unsteady manner* /无论遇到什么紧急事，他总是那么~。Wúlùn yùdào shénme jǐnjí shì, tā zǒngshì nàme~. *No matter what kind of urgent matter he faces, he always remains unruffled.*

【稳步】wěnbù（副）用稳妥的步骤逐步地（进行某事）with steady steps; steadily：五年之内~完成我们的计划。Wǔ nián zhī nèi~wánchéng wǒmen de jìhuà. *We will steadily fulfil our plan within five years.* /工业生产~上升。Gōngyè shēngchǎn~shàngshēng. *Industrial production is going up steadily.* /我们的事业正在~前进。Wǒmen de shìyè zhèngzài~qiánjìn. *Our cause is making steady progress.*

【稳产高产】wěn chǎn gāo chǎn 指粮食生产中稳定地保持高的产量 (of grain production) high and stable yields

【稳当】wěndang（形）(1)同"稳"wěn (1) same as "稳" wěn (1)：那把椅子没放~。Nà bǎ yǐzi méi fàng~. *That chair is not steady.* (2)同"稳"wěn (2) same as "稳" wěn (2)：你放心，小杨办事最~，不会出问题。Nǐ fàng xīn, Xiǎo Yáng bàn shì zuì~, bú huì chū wèntí. *Don't worry. Xiao Yang is the most reliable worker. Nothing will go wrong.* (3)同"稳"wěn (3) same as "稳" wěn (3)：大家都等着你，你倒~，车要开了才来。Dàjiā dōu děngzhe nǐ, nǐ dào~, chē yào kāi le cái lái. *Everybody is waiting for you, yet you remain unruffled. Just when the car is about to leave, you finally arrive.* /这小女孩总是稳稳当当的，讨人喜爱。Zhè xiǎo nǚhái zǒngshì wěnwěndāngdāng de, tǎo rén xǐ'ài. *This cute little girl is always so sedate.*

【稳定】wěndìng（动）stabilize; steady：~物价~wùjià stabilize commodity prices /~时局~shíjú stabilize the current political situation /要~群众的情绪 yào~qúnzhòng de qíngxù must set the minds of the masses at rest（形）stable; steady：政策~ zhèngcè~ a stable policy /形势~ xíngshì ~ The situation is stable. /不~的因素 bù~de yīnsù an unstable element /这孩子的学习成绩比较~。Zhè háizi de xuéxí chéngjì bǐjiào~. *This child's academic record is quite stable.*

【稳定性】wěndìngxìng（名）stability; stabilization：这里电压的~比较差。Zhèlǐ diànyā de~bǐjiào chà. *The voltage stability here is very poor.*

【稳固】wěngù（形）firm; stable：基础~ jīchǔ~ The foundation is firm. /~的内阁~de nèigé a stable cabinet

【稳健】wěnjiàn（形）(1)平稳有力 firm; steady：迈着~的步伐 màizhe~de bùfá walk with firm steps; stride vigorously ahead /这个队员善于削球，而且表现~。Zhège duìyuán shànyú xiāo qiú, érqiě biǎoxiàn~. *This team member is good at chopping the ball and is a consistent player.* (2)做事稳重 steady; staid; sedate; unruffled：老王办事~，又有气魄。Lǎo Wáng bàn shì~, yòu yǒu qìpò. *Lao Wang goes about things steadily and has daring.*

【稳如泰山】wěn rú Tài Shān 像泰山一样安稳。形容事物稳固、牢靠、不可动摇 as stable as Mount Tai—— steady; reliable：尽管敌人千方百计想搞破坏，我们伟大的祖国却~。

Jǐnguǎn dírén qiān fāng bǎi jì xiǎng gǎo pòhuài, wǒmen wěidà de zǔguó què~. *Despite the thousand and one ways in which the enemy attempts to destroy us, our great Motherland is as stable as Mount Tai.*

【稳妥】wěntuǒ（形）保险，可靠 safe; reliable：此事处理得十分~。Cǐ shì chúlǐ de shífen~. *This matter is being handled in a reliable way.* /这么大的事让小孩子去办，恐怕不够~。Zhème dà de shì ràng xiǎoháizi qù bàn, kǒngpà bú gòu~. *I'm afraid that asking a child to handle such an important matter is not safe.* /比较~的办法是把款子存入银行。Bǐjiào~de bànfǎ shì bǎ kuǎnzi cúnrù yínháng. *A relatively safe way is to deposit the money in the bank.*

【稳扎稳打】wěn zhā wěn dǎ 采取稳妥而有绝对把握的办法作战。比喻踏实稳当地做事 go ahead steadily and strike sure blows —— do things in a steady and sure way

【稳重】wěnzhòng（形）(言语、举动)庄重而有分寸 (of speech, manner) calm and steady; unruffled：女孩子要学得~些，不要太轻浮了。Nǚ háizi yào xué de~xiē, búyào tài qīngfú le. *Girls must try to be more steady and not be so frivolous.* /这个年轻人很~，不多言不多语。Zhège niánqīng rén hěn~, bù duō yán bù duō yǔ. *This young person has a calm and steady personality and doesn't say much.*

wèn

问〔問〕wèn（动）(1)有不知道或不明白的请人回答 ask; inquire：我想~一个问题。Wǒ xiǎng~ge wèntí. *I would like to ask a question.* /不懂可以~老师。Bù dǒng kěyǐ~lǎoshī. *If you don't understand, you can ask the teacher.* /他~了我好几个问题。Tā~le wǒ hǎo jǐ gè wèntí. *He asked me several questions.* /我~他半天，他还不说。Wǒ~tā bàntiān, tā yě bù shuō. *I asked him many times, but he still wouldn't speak.* (2)"问好"是向人表示问候、关切、致意 "问好" means ask after; inquire after：请代我问你家里人好! Qǐng dài wǒ wèn nǐ jiālǐ rén hǎo! *Please inquire after your family for me.* /见到李大夫时，请你替我问个好。Jiàndào Lǐ dàifu shí, qǐng nǐ tì wǒ wèn ge hǎo. *When you see Dr. Li, please send him my best regards.* (3)审讯，追究 interrogate; examine：~他的口供~tā de kǒugòng *interrogate him so as to get a confession* /胁从不~ xiécóng bú~ *not interrgate the accomplice* (4)过问，干预(只用否定形式) bother about; meddle (used in the negative form)：集体的事怎么能不闻不~呢? Jítǐ de shì zěnme néng bù wén bú~ne? *How can one be indifferent to collective matters?* /他们不~政治，不关心国家大事。Tāmen bú~zhèngzhì, bù guānxīn guójiā dà shì. *They don't bother about politics and don't take an interest in national affairs.*

【问长问短】wèn cháng wèn duǎn 关心地仔细地问各方面的情况 take the trouble to make detailed inquiries：小王每次见到张大娘总是~的。Xiǎo Wáng měi cì jiàndào Zhāng dàniáng zǒngshì~de. *Every time Xiao Wang sees Aunt Zhang, he makes detailed inquiries about her health and welfare.*

【问答】wèndá（名）questions and answers：这次考试都是~题。Zhè cè kǎoshì dōu shì~tí. *This exam was all question-and-answer drills.*

【问寒问暖】wèn hán wèn nuǎn 细心地过问他人的冷暖，形容非常关心别人的生活 ask after sb.'s health with deep concern; show solicitous concern for sb.'s health or welfare：居民委员会主任常去敬老院向老人们~。Jūmín wěiyuánhuì zhǔrèn cháng qù jìnglǎoyuàn xiàng lǎorénmen~. *The director of the neighbourhood committee often goes to the senior citizens' home to ask after the elderly people's health and welfare.*

【问号】wènhào（名）question mark；interrogation mark
【问候】wènhòu（动）send one's respects（or regards）to；extend greetings to：你要是看见他，替我向他～。Nǐ yàoshi kànjian tā, tì wǒ xiàng tā ～. If you see him, send him my best regards. /老李叫我～你。Lǎo Lǐ jiào wǒ ～ nǐ. Lao Li asked me to send you his best regards.
【问路】wèn = lù ask for directions；ask the way to：学一种外语，学会～是很重要的。Xué yì zhǒng wàiyǔ, xuéhuì ～ shì hěn zhòngyào de. When studying a language, it is very important to learn how to ask for directions. /刚才有个人向我～，他要找邮局。Gāngcái yǒu ge rén xiàng wǒ ～, tā yào zhǎo yóujú. Someone has just asked me for directions to the post office. /咱们找个人问问路吧！Zánmen zhǎo ge rén wènwen lù ba. Let's ask somebody for directions!
【问世】wènshì（动·不及物）指著作第一次出版与读者见面 be published for the first time；come out：他的处女作是五十年代初～的。Tā de chūnǚzuò shì wǔshí niándài chū ～ de. His first work was published in the 1950s. /最近你是否又有大作～呀? Zuìjìn nǐ shìfǒu yòu yǒu dàzuò ～ ya? Didn't you just get another new piece of work published recently?
【问事处】wènshìchù（名）某些服务性单位设置的专门回答群众询问有关事项的地方 information desk；inquiry office
【问题】wèntí（名）(1)要求回答或解释的题目 question：有～吗? Yǒu ～ ma? Do you have a question? /请你回答第一个～。Qǐng nǐ huídá dìyī ge ～. Please answer the first question. /这次考试共十个～，都很难。Zhè cì kǎoshì gòng shí ge ～, dōu hěn nán. There were ten questions altogether in this exam and every one was difficult. (2)需要解决的矛盾，疑难 trouble；problem：要解决全市人民衣、食、住、行的～，并不是简单的事。Yào jiějué quán shì rénmín yī, shí, zhù, xíng de ～, bìng bú shì jiǎndān de shì. To solve the clothing, food, housing and transportation problems of all citizens of the city is not a simple task. /压服是解决不了思想～的。Yāfú shì jiějué bu liǎo sīxiǎng ～ de. Coercion does not solve ideological problems. /这个车站总有一直想多。Zhège chēzhàn zǒng yìzhí hěn duō. This bus station always has problems. /咳嗽吃这种药很解决～。Késou chī zhè zhǒng yào hěn jiějué ～. This type of medicine is very effective in treating a cough. (3)重要之点，关键 key；crux：关键的～是给群众解决实际困难。Guānjiàn de ～ shì gěi qúnzhòng jiějué shíjì kùnnan. The key problem is to solve the practical difficulties of the masses. /重要的～是看他的态度如何。Zhòngyào de ～ shì kàn tā de tàidu rúhé. The key is to see how he reacts. /学校办得好坏，关键～在于领导的水平如何。Xuéxiào bàn de hǎohuài, guānjiàn ～ zàiyú lǐngdǎo de shuǐpíng rúhé. Whether a school is run well or not, the key issue is the competence of its directors. (4)毛病、事故或意外，与"出"合用 mishap；trouble（used with "出"）：机器出了～，势必影响生产。Jīqì chūle ～, shìbì yǐngxiǎng shēngchǎn. If something goes wrong with the machinery, it will undoubtedly affect production. /小刘从当上汽车司机以来，从未出过什么～。Xiǎo Liú cóng dāngshang qìchē sījī yǐlái, cóng wèi chūguo shénme ～. Ever since Xiao Liu has worked as a bus driver, he has suffered no mishaps.
【问讯】wènxùn（动）不知道、不清楚的事项请人告诉 inquire；ask
【问讯处】wènxùnchù（名）同"问事处"wènshìchù same as "问事处" wènshìchù

wēng

翁 wēng（名）◇(1)老头儿 old man：渔～ yú～ an old fisherman /老～lǎo～ old man (2)丈夫的父亲或妻子的父亲 father-in-law：～姑（公公和婆婆）～gū（gōnggong hé pópo）a woman's parents-in-law（father-in-law and mother-in-law）/～婿（岳父和女婿）～xù（yuèfù hé nǚxù）father-in-law and son-in-law

嗡 wēng（象声）形容苍蝇、蜜蜂、飞机等的声音（常重叠用）drone；buzz；hum：一只蜜蜂～的一声，从我耳边飞走了。Yì zhī mìfēng ～ de yì shēng, cóng wǒ ěrbiān fēizǒu le. A bee went buzzing past my ear. /那个饭馆儿苍蝇～～地飞，脏极了。Nàge fànguǎnr cāngying ～～ de fēi, zāng jí le. There are flies buzzing all around that restaurant. How disgusting! /可以听见飞机～～的声音，可是云太多，看不见。Kěyǐ tīngjian fēijī ～～ de shēngyīn, kěshì yún tài duō, kàn bu jiàn. I can hear the drone of an airplane, but can't see it because it's too cloudy.

wèng

瓮 wèng（名）一种盛水、酒或其它东西的陶器，形状为腹部较大，上口及底部较小 urn；earthen jar
【瓮声瓮气】wèng shēng wèng qì 形容说话声音粗重而低沉，带有较重的鼻音 in a low, muffled voice
【瓮中之鳖】wèng zhōng zhī biē 鳖：甲鱼。比喻无法逃脱的人或动物 catch a turtle in a jar—catch an easy prey：敌人被层层包围，成了～。Dírén bèi céngcéng bāowéi, chéngle ～. The enemy has been surrounded ring upon ring and has become an easy prey.

wō

莴〔萵〕wō
【莴苣】wōjù（名）同"莴笋"wōsǔn same as "莴笋" wōsǔn
【莴笋】wōsǔn（名）asparagus lettuce

涡〔渦〕wō（名）◇漩涡 whirlpool；eddy：水～ shuǐ～ eddies of water
【涡轮机】wōlúnjī（名）turbine

喔 wō（象声）形容公鸡叫的声音 cock-a-doodle-doo；sound of a cock crowing 另见 ō；ò

窝〔窩〕wō（名）(1)鸟兽、昆虫居住的地方 nest：蚂蚁～ mǎyǐ～ ant's nest /鸡～ jī～ hencoop；roost /燕子搭～ yànzi dā Swallows build nests. /马蜂～可不是好捅的。Mǎfēng～ kě bú shì hǎo tǒng de. It's asking for trouble to poke a hornet's nest. (2)比喻坏人聚集的地方 lair；den（where scoundrels meet）：土匪～ tǔfěi～ bandits' lair /这伙赌徒是在他们的黑～里被抓获的。Zhè huǒ dǔtú shì zài tāmen de hēi～ li bèi zhuāhuò de. These gamblers were arrested in their secret den. (动)(1)藏 harbour；shelter：～赃（隐藏赃物）～zāng harbour stolen goods (2)郁积或聚积不得发作或发挥 hold in；check：人才可以流动，不要～在一个单位影响积极性的发挥。Réncái kěyǐ liúdòng, búyào ～ zài yí ge dānwèi yǐngxiǎng jījíxìng de fāhuī. Talented personnel should be transferred around. They mustn't be held back in one unit, as this would have a dampening effect on their enthusiasm. (3)使弯曲 bend：这种钢丝一～准断。Zhè zhǒng gāngsī yì ～ zhǔn duàn. As soon as you bend this type of steel wire, it

snaps. （量）用于一胎所生或一次孵出的动物（of animals）litter；brood：一∼小猪 yì ∼ xiǎo zhū a litter of piglets／一∼小鸡 yì ∼ xiǎo jī a brood of chickens

【窝藏】wōcáng（动）harbour；shelter

【窝工】wō= gōng 因计划不周或调配不合理，使工作人员无事可做或发挥不了作用 hold up in the work due to poor organization；enforced idleness due to poor organization：这么大的工程，指挥不当，必然∼。Zhème dà de gōngchéng，zhǐhuī búdàng，bìrán ∼. Not properly conducting such a large project will inevitably hold up work.／因为原料供应不上，今天又∼了。Yīnwèi yuánliào gōngyìng bú shàng，jīntiān yòu ∼ le. Work was held up for another day today because no raw materials were supplied.

【窝火】wō = huǒ（∼儿）生气 seethe with anger；simmer with rage：这事真让人∼。Zhè shì zhēn ràng rén ∼. This really makes a person boil with anger.／为小事跟人吵架，窝了一肚子火。Wèi xiǎo shì gēn rén chǎo jià，wōle yí dùzi huǒ. He picked a quarrel over some trifling matter and seethed with anger.

【窝囊】wōnang（形）〈口〉（1）因受委屈或事情不如愿而心中烦闷 feel vexed；be annoyed：他受了一辈子的∼气。Tā shòule yíbèizi de ∼ qì. He has been subjected to a lifetime of petty annoyances.／这次没考上大学，他心里觉着∼得慌。Zhè cì méi kǎoshàng dàxué，tā xīnli juézhe ∼ de huang. He failed the university entrance exam and feels terribly vexed about it.（2）指事情办得没有达到应有的结果 bungled；spoiled；ruined：因为下大雨，客人只来了一半儿，这喜事办得真∼。Yīnwèi xià dàyǔ，kèrén zhǐ láile yíbànr，zhè xǐshì bàn de zhēn ∼. Due to rain，only half the guests came，ruining this happy celebration.（3）怯懦无能 hopelessly stupid；good-for-nothing：那个人∼极了，谁都敢欺负他。Nàge rén ∼ jí le，shuí dōu gǎn qīfu tā. That person is hopelessly stupid. Anybody can bully him.

【窝棚】wōpeng（名）低矮简陋的小屋 shack；shed；shanty：西瓜地南头搭起一个∼。Xīguā dì nántóu dāqǐ yí ge ∼. There's a shack at the southern end of this watermelon patch.／他们就住在临时搭的∼里。Tāmen jiù zhù zài línshí dā de ∼ li. They live in a provisional shack.

【窝头】wōtóu（名）[个 gè]用玉米、高粱粉或其它杂粮面粉做的食物，形状像圆锥，底部有个凹进去的地方。也叫"窝窝头" steamed bread of corn meal，sorghum meal，etc. in the shape of a circular cone，with a hollow at the bottom（also called "窝窝头"）

【窝主】wōzhǔ（名）窝藏罪犯、违禁品或赃物的人或人家 a person who harbours criminals，loot or contraband goods

蜗〔蝸〕wō

【蜗居】wōjū（名）〈书〉比喻狭小的住所 humble abode

【蜗牛】wōniú（名）[只 zhī] snail

wǒ

我 wǒ

（代）（1）自称，自己 I；me：∼是老师。∼ shì lǎoshī. I am a teacher.（2）◇指我们 we；us：∼国 ～ guó our country／∼校 ∼ xiào our school／敌∼双方 dí ∼ shuāngfāng both the enemy and us（3）"我、你"对举，表示泛指（used together with "你" to mean "everyone"）：同志们你一言，∼一语地议论开了。Tóngzhìmen nǐ yì yán，∼ yì yǔ de yìlùn kāi le. One person said one thing，another said something else，and soon everybody began to discuss.／他们都是你干你的，∼干∼的，一点不合作。Tāmen dōu shì nǐ gàn nǐ de，∼ gàn ∼ de，yìdiǎnr bù hézuò. They have an attitude of "you do your thing and I'll do mine" and are not cooperating in the

least.

【我们】wǒmen（代）we；us

wò

卧 wò

（动）（1）◇躺下 lie：医生嘱咐他∼床休息，不能随便活动。Yīshēng zhǔfu tā ∼ chuáng xiūxi，bù néng suíbiàn huódòng. The doctor ordered him to lie in bed and rest and not to move around too much.（2）（动物）趴（of animals）crouch；sit：小狗∼在墙角。Xiǎo gǒu ∼ zài qiángjiǎo. The puppy is crouching in a corner of the wall.

【卧病】wòbìng（动）〈书〉因病而躺在床上 be confined to bed；be laid up

【卧车】wòchē（名）[辆 liàng]（1）sleeping car；sleeping carriage；sleeper（2）car；sedan

【卧倒】wòdǎo（动）〈军〉drop to the ground；take a prone（or lying-down）position

【卧房】wòfáng（名）睡觉的房间 bedroom

【卧具】wòjù（名）睡觉时用的东西（多指火车、轮船上供旅客用的被褥、毯子等）bedding（used on a train or ship）

【卧铺】wòpù（名）sleeping berth；sleeper

【卧式】wòshì（形·非谓）〈机〉horizontal

【卧室】wòshì（名）同"卧房"wòfáng same as "卧房" wòfáng

【卧薪尝胆】wò xīn cháng dǎn 薪：柴草。春秋时代，越国被吴国打败，越王勾践立志报仇。他夜里睡在柴草上，并在悬着苦胆，经常尝尝苦味，以使自己不忘耻辱，激励斗志。经过长期准备，终于打败吴国。后来用"卧薪尝胆"形容人刻苦自励，发愤图强（薪：brushwood）sleep on brushwood and taste gall during the Spring and Autumn Period，the Kingdom of Yue was defeated by the Kingdom of Wu. The King of Yue，Gou Jian，was determined to get revenge. At night，he slept on grass and hung a gall bladder nearby so that he could frequently taste its bitterness. He did this to remind himself of his humiliation and to strengthen his fighting will. After a long period of preparation，the Kingdom of Wu was finally defeated—now describes sb. who undergoes self-imposed hardships so as to strengthen his resolve.

握 wò

（动）hold；grasp：紧∼双拳 jǐn ∼ shuāng quán clench both fists tightly／两只手紧紧地∼在一起。Liǎng zhī shǒu jǐnjǐn de ∼ zài yìqǐ. Both hands are clasped firmly together.／战士∼紧手中枪。Zhànshì ∼ jǐn shǒu zhōng qiāng. The soldiers are holding their guns with a firm grip.

【握别】wòbié（动）〈书〉握手分别 shake hands at parting

【握力】wòlì（名）the power of gripping；grip

【握手】wò=shǒu shake hands；clasp hands

斡 wò

【斡旋】wòxuán（动）〈书〉调解 mediate：从中∼ cóng zhōng ∼ mediate between two sides／经过几方面的∼，他们之间的问题终于解决了。Jīngguò jǐ fāngmiàn de ∼，tāmen zhī jiān de wèntí zhōngyú jiějué le. After extensive mediation，the dispute between them was finally settled.／这两家的争端，还得请华老先生出面∼一下。Zhè liǎng jiā de zhēngduān，hái děi qǐng Huà lǎo xiānsheng chū miàn ∼ yíxià. Old Mr Hua will have to be asked to mediate the conflict between these two families.

龌〔齷〕wò

【龌龊】wòchuò（形）〈书〉不干净 dirty；filthy

wū

乌 〔烏〕wū
（名）◇ 乌鸦 crow（形）◇ 黑的 black；dark：～水 ～ shuǐ murky water；black water

【乌龟】wūguī（名）[只 zhī] tortoise

【乌合之众】wū hé zhī zhòng 乌合：像乌鸦似的聚合在一起。比喻临时凑合的、无组织无纪律的一群人（乌合：gather like a flock of crows）a motley crowd；rabble；mob：这伙流氓、歹徒不过是一群～，逃脱不了人民的法网。Zhè huǒ liúmáng、dǎitú búguò shì yì qún ～，táotuō bu liǎo rénmín de fǎwǎng. These hooligans and ruffians are a rabble. They can't escape the net of justice spread by the people.

【乌黑】wūhēi（形）颜色深黑 pitch-black；jet-black：这小姑娘～的头发，大大的眼睛。Zhè xiǎo gūniang ～ de tóufa, dàdà de yǎnjing. This little girl has jet-black hair and very big eyes. /崭新的小轿车，～发亮。Zhǎnxīn de xiǎo jiàochē, ～ fāliàng. The brand new car is gleaming jet-black.

【乌兰牧骑】wūlán mùqí 乌兰：蒙语是红色，乌兰牧骑即红色文化轻骑队。建于内蒙古自治区。队员带着轻便的乐器、道具，到广大牧区，通过文艺演出、辅导群众文化活动等方式，活跃牧民的文化娱乐生活，传播社会主义新文化（乌兰："revolutionary" in the Mongol language）an Inner Mongol revolutionary cultural troupe mounted on horseback in which team members carry light portable musical instruments and stage property to the vast pastoral area and, through cultural performances, give the masses guidance in cultural activities, etc.; enliven the recreational life of herdsmen and propagate the new socialist culture

【乌亮】wūliàng（形）又黑又亮 glossy black；jet-black

【乌七八糟】wū qī bā zāo 非常杂乱，毫无条理 in a horrible mess；at sixes and sevens；in great disorder：木料、砖瓦乱堆乱放，把马路两旁搞得一，影响市容。Mùliào、zhuānwǎ luàn duī luàn fàng, bǎ mǎlù liǎng páng gǎo de ～, yǐngxiǎng shì róng. There are bricks, tiles and lumber everywhere. Both sides of the road are simply in a horrible mess. This affects the appearance of the city.

【乌纱帽】wūshāmào（名）中国古代官员戴的帽子。现比喻领导地位 black gauze cap worn by feudal officials；now indicates an official post：这种人只想保住自己的～。Zhè zhǒng rén zhǐ xiǎng bǎozhù zìjǐ de ～. This type of person thinks only of protecting his official post. /坚持正义就不怕丢了～。Jiānchí zhèngyì jiù bú pà diūle ～. In order to uphold justice, I am not afraid to be dismissed from office.

【乌托邦】wūtuōbāng（名）Utopia

【乌鸦】wūyā（名）[只 zhī] crow

【乌烟瘴气】wūyān zhàngqì 比喻环境杂乱，充满邪气，秩序混乱或社会黑暗 foul atmosphere；pestilential atmosphere（in society）

【乌云】wūyún（名）black clouds；dark clouds：～密布，大雨就要来了。～ mìbù, dàyǔ jiù yào lái le. Dark clouds cover the sky. It's going to rain hard.

【乌贼】wūzéi（名）cuttlefish；inkfish

污 wū
（名）◇ 脏东西 dirt；filth：这种洗衣粉去～能力强。Zhè zhǒng xǐyīfěn qù ～ nénglì qiáng. This type of laundry powder really gets rid of dirt.（形）脏 dirty；filthy；foul：～泥 ～ní mud；mire

【污点】wūdiǎn（名）(1)东西上沾染的脏东西 stain；spot；blemish；smirch(2)比喻难以洗刷的不光彩的事 misdeed；evil doing

【污垢】wūgòu（名）人身上或物体上的脏东西 dirt；filth

【污秽】wūhuì（形）〈书〉脏的，不干净 filthy；foul

【污蔑】wūmiè（动）同"诬蔑"wūmiè same as "诬蔑" wūmiè

【污泥浊水】wū ní zhuó shuǐ 比喻一切落后、腐朽和反动的东西 filth and mire

【污染】wūrǎn（动）使沾染上脏东西或有害物质 pollute；contaminate：～空气 ～ kōngqì pollute the air /～水源 ～ shuǐyuán contaminate water sources /毒气～了大气层。Dúqì ～le dàqìcéng. Toxic gases pollute the atmosphere. /废水使环境受到了～。Fèishuǐ shǐ huánjìng shòudàole ～. Liquid waste has polluted the environment. （名）有害物质对正常生活造成的危害 pollution；contamination：环境～ huánjìng ～ environmental pollution /防止噪音～ fángzhǐ zàoyīn ～ prevent noise pollution

【污辱】wūrǔ（动）humiliate；insult；defile

【污水】wūshuǐ（名）foul（or polluted，waste）water；sewage；slops

【污浊】wūzhuó（形）(水、空气等）不干净（of water, air, etc.）dirty；muddy；foul；filthy

巫 wū

【巫婆】wūpó（名）女巫 witch

呜 〔嗚〕wū
（象声）形容车、船的喇叭，汽笛或人低声哭泣等的声音 toot；hoot；zoom

【呜呜咽咽】wūwūyèyè（形）形容低声哭泣、抽抽搭搭的声音 sobbing；whimpering：那孩子～哭得十分伤心。Nà háizi ～ kū de shífēn shāng xīn. That child is sobbing so grievously! /她～地哭了半天，究竟是为了什么？Tā ～ de kūle bàntiān, jiūjìng shì wèile shénme? Why on earth did she go on sobbing for such a long time?

【呜咽】wūyè（动）低声哭泣 sob；whimper（形）形容凄切的水声、音乐声（of water or music）trickle；whine；weep；wail：山间小溪～地流淌着。Shān jiàn xiǎo xī ～ de liútǎngzhe. The small mountain stream goes trickling along. /远处传来～的胡琴声。Yuǎn chù chuánlái ～ de húqín shēng. The wailing of a huqin drifted from afar.

钨 〔鎢〕wū
（名）tungsten；wolfram（W）

【钨丝】wūsī（名）tungsten filament

诬 〔誣〕wū
（动）◇ 捏造事实冤枉人 falsely accuse：～良为盗 ～ liáng wéi dào falsely accuse a good person of theft

【诬告】wūgào（动）捏造事实，控告他人，以达到陷害别人的目的 lodge a false accusation against；bring a false charge against；frame sb.

【诬赖】wūlài（动）毫无根据、无中生有地说别人做了坏事或说了坏话 falsely incriminate；falsely accuse sb. of doing evil or saying wicked things

【诬蔑】wūmiè（动）歪曲事实或制造谣言毁坏别人的名誉 slander；vilify；calumniate

【诬陷】wūxiàn（动）诬告陷害 frame a case against；frame sb.

屋 wū
（名）◇ (1) 房子 house：松林中的木～很别致。Sōnglín zhōng de mù ～ hěn biézhì. The wooden houses in the pine forest are very unique. /山上的那间小～是护林人住的。Shān shang de nà jiān xiǎo ～ shì hùlínrén zhù de. That small house on the hilltop is where the forest ranger lives. (2) 房间 room：这～朝南，比较暖和。Zhè ～ cháo nán, bǐjiào nuǎnhuo. This room faces southward and is relatively

warm. /外～是大间，里～是小间。Wài ～ shì dà jiān, li ～ shì xiǎo jiān. *The outer room is large and the inner room is small.* /他住东～。Tā zhù dōng ～. *He lives in the east room.* /您请～里坐吧！Nín qǐng ～ li zuò ba! *Please come in and sit down!*

【屋顶】wūdǐng（名）*roof; housetop*
【屋脊】wūjǐ（名）*ridge（of a roof）*
【屋檐】wūyán（名）*eaves*
【屋子】wūzi（名）[间 jiān] *room*：这套房子有四间～。Zhè tào fángzi yǒu sì jiān ～. *This flat has four rooms.*

wú

无 [無] wú （动）(1)没有，跟"有"相反 *nothing; not have; there is not; without*：可有可～ kě yǒu kě ～ *not essential; not indispensable* /从～到有 cóng ～ dào yǒu *grow out of nothing; start from scratch* /身～分文 shēn ～ fēn wén *penniless; have not a single penny on one* (2)〈书〉不 *not*：～须辩驳 ～ xū biànbó *no need to dispute* /～须过问 ～ xū guòwèn *no need to bother about*（3)不论 *regardless of; no matter whether, what, etc.*：事～大小，都该办好。Shì ～ dàxiǎo, dōu gāi bànhǎo. *Whether the task is big or small, it must be well done.*

【无比】wúbǐ（形）*incomparable; unparalleled; matchless*：～幸福 ～ xìngfú *incomparably happy* /～自豪 ～ zìháo *incomparably proud* /强大～ qiángdà ～ *formidable and unparalleled*
【无边无际】wú biān wú jì *boundless; limitless; vast*：～的大海 ～ de dàhǎi *a boundless sea* /～的牧场 ～ de mùchǎng *a vast expanse of grazing land*：遥望草原，真是～。Yáo wàng cǎoyuán, zhēn shi ～. *Look at the vast grasslands!*
【无病呻吟】wú bìng shēnyín 呻吟：人因病而发出声音。没有病故意哼哼，没有值得忧虑的事长吁短叹，常比喻没有真实的感情而故作慨叹（呻吟：groan; moan）*moan and groan without being ill; sigh with grief over imaginary misfortune*：这首写秋景的诗，充满悲凉情调，～，矫揉造作。Zhè shǒu xiě qiūjǐng de shī, chōngmǎn bēiliáng qíngdiào, ～, jiǎo róu zàozuò. *This poem describing an autumn scene is full of sorrowful sentiment and woe—it seems so pretentious.*
【无产阶级】wúchǎnjiēji（名）*the proletariat*
【无产阶级文化大革命】Wúchǎnjiēji Wénhuà Dàgémìng 指中国1966年—1976年的十年动乱 *the Great Proletarian Cultural Revolution*（1966—1976）
【无产阶级专政】wúchǎnjiēji zhuānzhèng *dictatorship of the proletariat; proletarian dictatorship*
【无产者】wúchǎnzhě（名）*proletarian*
【无常】wúcháng（形）变化不定 *variable; changeable*：这个地方，天气变化～，一会儿刮风，一会儿下雨。Zhège dìfang, tiānqì biànhuà ～, yíhuìr guā fēng, yíhuìr xià yǔ. *The weather here is variable—one moment it's windy, the next it rains.*
【无偿】wúcháng（形）*free; gratis; gratuitous*：～劳动 ～ láodòng *free labour*
【无耻】wúchǐ（形）*shameless; brazen; impudent*
【无耻谰言】wúchǐ lányán 不顾事实，毫无根据，毫不知耻的诬赖话 *shameless slander*
【无从】wúcóng（副）〈书〉没有办法或找不到头绪（做某事）不能修饰单音节词 *have no way（of doing sth.）; not know（where or how to begin）（cannot modify a monosyllabic word）*：所需资料～查找。Suǒ xū zīliào ～ cházhǎo. *I have no way of looking for the materials that I need.* /千头万绪，一时～说起。Qiān tóu wàn xù, yìshí ～ shuōqǐ. *I have a thousand things to say, but I don't know where to begin.* /

要写的东西很多，写起来又～下笔。Yào xiě de dōngxi hěn duō, xiěqilai yòu ～ xià bǐ. *There are so many things to write about that I don't know where to begin to put pen to paper.*

【无党派人士】wú dǎngpài rénshì 指没有参加任何政党，在社会上有一定声望和影响的人 *nonparty personage; an influential person（or public figure）without party affiliation*
【无敌】wúdí（形）*unmatched; invincible; unconquerable*：～的勇士 ～ de yǒngshì *an invincible warrior* /人民军队～于天下。Rénmín jūnduì ～ yú tiānxià. *The People's Army is unmatched anywhere in the world.*
【无底洞】wúdǐdòng（名）永远填不满的洞（多用于比喻）*a bottomless pit that can never be filled（often used as a metaphor）*：这个年年亏损的企业，总靠国家补贴，简直是个～，最后只能宣告破产。Zhège niánnián kuīsǔn de qǐyè, zǒng kào guójiā bǔtiē, jiǎnzhí shì ge ～, zuìhòu zhǐ néng xuāngào pò chǎn. *This enterprise incurred losses year after year and always depended on state subsidies. It was simply a bottomless pit that would never be filled! In the end, it had to declare bankruptcy.*
【无的放矢】wú dì fàng shǐ 的：靶子；矢：箭。没有目标乱放箭。比喻说话做事没目的或不结合实际（的：target; 矢：arrow）*shoot an arrow without a target — speak or do sth. at random*：开会时，他泛泛地批评几句，～，完全不起作用。Kāi huì shí, tā fànfàn de pīpíng jǐ jù, ～, wánquán bù qǐ zuòyòng. *During the meeting, he casually made some criticisms. He was just speaking at random and his words had no effect at all.* /教育学生要有针对性，不能～。Jiàoyù xué-sheng yào yǒu zhēnduìxìng, bù néng ～. *When educating students one must have an aim and cannot just make random comments.*
【无地自容】wú dì zì róng 没有地方可以让自己藏起来，比喻在众人面前十分羞愧 *can find no place to hide oneself for shame; look for a hole to crawl into; wish that one could disappear from the face of the earth*
【无动于衷】wú dòng yú zhōng 衷：内心深处。思想上丝毫没受到触动（衷：inner feelings）*unmoved; untouched; remain indifferent*：任你怎么劝说，他就是～。Rèn nǐ zěnme quànshuō, tā jiùshì ～. *No matter how much you try to persuade him, he remains indifferent.* /大家都很受感动，他却～。Dàjiā dōu hěn shòu gǎndòng, tā què ～. *Everybody is deeply moved. He, however, remains indifferent.* /听了英雄们的报告，谁能～呢？Tingle yīngxióngmen de bàogào, shuí néng ～ ne? *After hearing the heroes' reports, no one can remain unmoved.*
【无端】wúduān（副）无缘无故 *for no reason*：～挨骂 ～ ái mà *be scolded for no reason* /～受罚 ～ shòu fá *be punished for no reason* /～被关入监狱 ～ bèi guānrù jiānyù *be thrown in jail for no reason*
【无恶不作】wú è bù zuò 没有任何一样坏事不干，形容坏到了极点 *stop at nothing in doing evil; stop at no evil*
【无法无天】wú fǎ wú tiān 形容人毫无法制观念，任意作坏事 *defy laws human and divine; become absolutely lawless*
【无妨】wúfāng（动）没什么妨碍 *there's no harm; may（or might）as well*：这种低度酒多喝两杯～。Zhè zhǒng dī dù jiǔ duō hē liǎng bēi ～. *There's no harm in drinking a couple more glasses of this wine as it's low in alcohol content.* /我看他说的办法不错，～试试。Wǒ kàn tā shuō de bànfǎ búcuò, ～ shìshi. *The method he suggested doesn't sound bad at all. There's no harm in trying.*
【无非】wúfēi（副）有"只不过"的意思，表示没什么特别 *nothing but; no more than; simply; only（has the same meaning as "只不过"）*：他的信没说什么别的，～是叫叫苦。Tā de xìn méi shuō shénme biéde, ～ shì jiàojiao kǔ. *His letter has nothing but complaints in it.* /语法～是从语言里面归

纳出来的一些规律。Yǔfǎ ～ shì cóng yǔyán lǐmiàn guīnà chulai de yìxiē guīlǜ. *Grammar is no more than a few regular patterns drawn from a language.* /他们的试验～有两种可能，或者成功，或者失败。Tāmen de shìyàn ～ yǒu liǎng zhǒng kěnéng, huòzhě chénggōng, huòzhě shībài. *There are only two possibilities for their experiment; either it succeeds or it fails.*

【无缝钢管】wú fèng gāngguǎn *seamless steel tube*（or *pipe*）

【无辜】wúgū（形）没有罪的 *innocent*：他完全是～的。Tā wánquán shì ～ de. *He's completely innocent.*（名）没有罪的人 *an innocent person*：千万不能伤害～。Qiānwàn bù néng shānghài ～. *Under no circumstances should innocent people be harmed.*

【无故】wúgù（副）没有缘故地 *without cause or reason*：学生不得～缺课。Xuésheng bù dé ～ quē kè. *No students may be absent from class without reason.* /那个会议很重要，你怎么能～不参加呢? Nàge huìyì hěn zhòngyào, nǐ zěnme néng ～ bù cānjiā ne? *That meeting is very important. You have no reason not to attend it, so why aren't you?* /甲方～拖延时间。Jiǎfāng ～ tuōyán shíjiān. *One party is procrastinating for no reason.* /～不得更改比赛次序。～ bùdé gēnggǎi bǐsài cìxù. *It is not permitted to alter the order of competition without reason.*

【无关】wúguān（动）没有关系，不涉及 *have nothing to do with*：～大局 ～ dàjú *have nothing to do with the general situation* /～紧要 jǐnyào *of no importance; immaterial* /此事与我完全～。Cǐ shì yǔ wǒ wánquán ～. *This matter has absolutely nothing to do with me.*

【无轨电车】wú guǐ diànchē *trackless trolley; trolleybus*

【无害】wú=hài *harmless*：这种杀虫剂对人、畜是～的。Zhè zhǒng shāchóngjì duì rén, chù shì ～ de. *This type of pesticide is harmless to humans and livestock.*

【无核区】wúhéqū（名）*nuclear-free zone*

【无机】wújī（形·非谓）一般指除碳酸盐和碳的氧化物外不含碳原子的（化合物）*inorganic*：～肥料 ～ féiliào *inorganic fertilizer*

【无机化学】wújī huàxué *inorganic chemistry*

【无稽之谈】wújī zhī tán 稽：查考。毫无根据的荒唐的说法（稽：*research; examine*）*fantastic talk; sheer nonsense; unfounded rumour*：这说法简直是～。Zhè zhǒng shuōfǎ jiǎnzhí shì ～. *This kind of statement is sheer nonsense.*

【无记名投票】wú jì míng tóu piào *secret ballot*

【无济于事】wú jì yú shì 济：补益。对事情的解决毫无帮助（济：*benefit; help*）*of no avail; to no effect; won't help matters*：空谈是～。Kōngtán shì ～ de. *Idle talk won't help matters.* /病已垂危，吃药也～了。Bìng yǐ chuíwēi, chī yào yě ～ le. *He's already critically ill. Medicine would have no effect now.* /火车马上就要开了，他在五分钟内赶到，也～。Huǒchē mǎshàng jiù yào kāi le, tā zài wǔ fēnzhōng nèi gǎndào, yě ～. *The train is about to leave. Even if he comes within the next five minutes, it will be to no avail.*

【无家可归】wú jiā kě guī 因战乱或灾害使家里遭受摧残破坏，因此不能回去（生活、居住）*be homeless*（*because of a natural disaster or war*）*; wander about without a home to go to*：这次洪水使几千户居民～。Zhè cì hóngshuǐ shǐ jǐ qiān hù jūmín ～. *Thousands of families were rendered homeless because of this flood.*

【无价之宝】wú jià zhī bǎo *priceless treasure; invaluable asset*：尝到生病的痛苦，才意识到健康是～。Chángdào shēng bìng de tòngkǔ, cái yìshí dào jiànkāng shì ～. *It is only after experiencing the agony of an illness that one appreciates the priceless treasure of health.*

【无坚不摧】wú jiān bù cuī 没有任何坚固的东西不能摧毁，形容力量非常强大 *overrun all fortifications; be all-conquering*：中国人民解放军无往不胜，～。Zhōngguó Rénmín Jiěfàngjūn wú wǎng bú shèng, ～. *The Chinese People's Liberation Army is invincible and all-conquering.*

【无尽无休】wú jìn wú xiū 没完没了（含厌恶意）*endless; inexhaustible*：这样～地争论下去，什么问题也解决不了。Zhèyàng ～ de zhēnglùn xiaqu, shénme wèntí yě jiějué bu liǎo. *If we go on debating endlessly in this way, nothing will be resolved.*

【无精打采】wú jīng dǎ cǎi 精神不振作，情绪不高 *listless; out of sorts*：他整天～的，是病了，还是有什么不顺心的事? Tā zhěng tiān ～ de, shì bìng le, háishi yǒu shénme bú shùnxīn de shì? *He has been out of sorts the whole day. Is he ill or is there something bothering him?* /看他们那～的样子，准是又输球了。Kàn tāmen nà ～ de yàngzi, zhǔn shì yòu shū qiú le. *Judging from their listless manner, I would say they lost another ball game.*

【无可非议】wú kě fēiyì 没有什么可以批评指责的 *blameless; beyond reproach; above criticism*：谁付出的劳动多，谁得到的报酬也多，这是～的。Shuí fùchū de láodòng duō, shuí dédào de bàochóu yě duō, zhè shì ～ de. *Whoever does the most work will receive the greatest reward. This method is above criticism.* /同学们要求增加一些选修课，并不过分，～。Tóngxuémen yāoqiú zēngjiā yìxiē xuǎnxiūkè, bìng bú guòfèn, ～. *Students have requested an increase in elective courses. This request is not too excessive; in fact, it's beyond reproach.*

【无可奉告】wú kě fènggào *No comment.*

【无可奈何】wú kě nàihé 没有办法，无法可想（只好这么办）*have no alternative but to; have no way out*：孩子太小，幼儿园不收，～，只好托给人家。Háizi tài xiǎo, yòu'éryuán bù shōu, ～, zhǐhǎo tuō gěi rénjiā. *This child is too small to attend kindergarten. There's no other alternative but to entrust him to somebody's care.*

【无可争辩】wú kě zhēngbiàn *indisputable; irrefutable*：～的事实 de shìshí *indisputable facts* /真理就是真理，～。Zhēnlǐ jiùshì zhēnlǐ, ～. *The truth is the truth. It is not disputable.*

【无孔不入】wú kǒng bù rù 有空子就钻，比喻利用一切可能和机会（做坏事）*be all-pervasive*;（*of persons*）*seize every opportunity to do evil*

【无愧】wúkuì（动）没有什么可惭愧的 *have nothing to be ashamed of; have a clear conscience*：我这样做完全是从工作出发，问心～。Wǒ zhèyàng zuò wánquán shì cóng gōngzuò chūfā, wèn xīn ～. *I'm doing this solely in the interest of work and feel no qualms upon self-examination.* /他们～是战斗英雄。Tāmen ～ shì zhàndòu yīngxióng. *They are worthy of the name combat heroes.* /这是人民给予你的荣誉，你是受之～的。Zhè shì rénmín jǐyǔ nǐ de róngyù, nǐ shì shòu zhī ～ de. *This is an honour given to you by the people. You have nothing to be ashamed of.*

【无赖】wúlài（名）*rascal; scoundrel*

【无理】wúlǐ（形）没有道理 *unreasonable; unjustifiable*：这种～的要求，不会得到满足。Zhè zhǒng ～ de yāoqiú, bú huì dédào mǎnzú. *This kind of unreasonable demand cannot be met.*

【无理取闹】wúlǐ qǔ nào 没有理由地跟人吵闹 *be deliberately provocative; wilfully make trouble*

【无理数】wúlǐshù（名）〈数〉*irrational number*

【无聊】wúliáo（形）(1)因无事可做而内心空虚、烦闷 *bored*：老人家觉得闲着～，总要找点事干。Lǎorénjiā juéde xiánzhe ～, zǒng yào zhǎo diǎn shì gàn. *This old man feels bored when he's idle, so he's always looking for something to do.* /我看你呆得太～，不如到外地去看看。Wǒ kàn nǐ dāi de tài ～, bùrú dào wàidì qù kànkan. *I can see that you are too bored. Why not go out of town for a visit?* (2)（言

谈、举止）毫无意义，令人讨厌（of speech, manner）sense-less；silly；stupid：谈论这些～的事，你们不觉得是浪费时间吗？Tánlùn zhèxiē ～ de shì, nǐmen bù juéde shì làngfèi shíjiān ma? Don't you think you're wasting your time discussing such silly matters? /偷听人家的谈话，这实在是一种～的举动。Tōutīng rénjia de tánhuà, zhè shízài shì yì zhǒng ～ de jǔdòng. Eavesdropping on somebody's conversation is a really stupid thing to do. /为这点生活琐事争吵，太～了。Wèi zhè diǎnr shēnghuó suǒshì zhēngchǎo, tài ～ le. To quarrel about such trivial matters in life is sense-less.

【无论】wúlùn（连）同"不论"búlùn same as "不论"búlùn：～有什么困难，我们都得按期完成任务。～ yǒu shénme kùnnan, wǒmen dōu děi ànqī wánchéng rènwù. No matter what difficulties there may be, we must complete the task on schedule. /～工作还是学习，她都是十分认真的。～ gōngzuò háishi xuéxí, tā dōu shì shífēn rènzhēn de. No matter whether she's working or studying, she's always very con-scientious. /这种预防针、～大人、小孩都得注射。Zhè zhǒng yùfángzhēn, ～ dàrén、xiǎoháir dōu děi zhùshè. Everybody must be given this immunization shot, no matter whether he's a child or an adult. /～市区也好，郊区也好，都在进行绿化。～ shìqū yěhǎo, jiāoqū yěhǎo, dōu zài jìnxíng lǜhuà. No matter whether it's the city proper or the suburbs, all areas are being made greener. "无论如何"是个固定说法，表示任何情况下（"无论如何" is a set expression which means "no matter what the circumstances"）：下午三点钟以前，你～如何得赶回家。Xiàwǔ sān diǎnzhōng yǐqián, nǐ ～ rúhé děi gǎnhuí jiā. You've got to go home before three o'clock this afternoon, no matter what. /虽说你们的婚礼要一切从简，但是朋友们～如何总是得有些表示吧！Suīshuō nǐmen de hūnlǐ yào yíqiè cóngjiǎn, dànshi péngyoumen ～ rúhé zǒng děi yǒu xiē biǎoshì ba! Even though you said you wanted to keep your wedding ceremony extremely simple, your friends must still make some gesture, no matter what.

【无名】wúmíng（形）（1）没有名称的 nameless：～岛屿～dǎoyǔ namless islands and islets /～高地～gāodì an un-named hill（2）姓名不为人们所知的 unknown：～英雄～yīngxióng unknown hero /～烈士～lièshì unknown martyr（3）无缘无故（多指不愉快的事情或情绪）without reason or cause：～之火～ zhī huǒ get angry for no reason /～的烦恼～ de fánnǎo an unreasonable worry

【无名氏】wúmíngshì（名）不愿意说出姓名或查不出姓名的人 an anonymous person

【无名小卒】wúmíng xiǎozú 比喻没有名望的人 a nobody

【无奈】wúnài（形）同"无可奈何"wú kě nàihé same as "无可奈何"wú kě nàihé：万般～ wànbān ～ have no alternative（but to）/爱人不在国内，小王出于～，才把半岁的女儿托给人家的。Àiren bú zài guó nèi, Xiǎo Wáng chūyú ～, cái bǎ bàn suì de nǚ'ér tuō gěi rénjia de. With his wife out of the country, Xiao Wang had no choice but to entrust his six-month-old daughter to somebody's care.（连）〈书〉用在转折分句的开头，引出使人不能达到目的的原因，有"可惜"的意思（used at the beginning of the second clause of a sentence to introduce the reason for which a goal cannot be reached; has the same meaning as "可惜" kěxī）but：我很想承担这项工作，～身体不行，只好别人干了。Wǒ hěn xiǎng chéngdān zhè xiàng gōngzuò, ～ shēntǐ bù xíng, zhǐhǎo biérén gàn le. I really want to take on this job but my health is not good, so someone else has to do it. /这几本词典都很有用，～经济条件有限，我只买了两部。Zhè jǐ bù cídiǎn dōu hěn yǒu yòng, ～ jīngjì tiáojiàn yǒuxiàn, wǒ zhǐ mǎile liǎng bù. These dictionaries are very useful; it's too bad I don't have much money—I could only buy two. /今晚的舞蹈很精彩，～我们的座位离舞台太远，看得不太清楚。

今晚的舞蹈很精彩，～我们的座位离舞台太远，看得不太清楚。Jīn wǎn de wǔdǎo hěn jīngcǎi, ～ wǒmen de zuòwèi lí wǔtái tài yuǎn, kàn de bú tài qīngchu. The dancing tonight was wonderful, but it's too bad our seats were so far from the stage; we couldn't see very clearly.

【无能】wúnéng（形）incompetent；incapable：这么大了，连衣服都洗不干净，你也太～了。Zhème dà le, lián yīfu dōu xǐ bu gānjìng, nǐ yě tài ～ le. Look how old you are and you can't even wash clothes properly. You're so incompetent!

【无能为力】wúnéng wéi lì 帮不上忙，使不上劲儿或没有能力为做好某事或解决某个问题 powerless；helpless；impotent：一个设备简陋的小厂，要解决这样大的技术问题，实在是～。Yí ge shèbèi jiǎnlòu de xiǎo chǎng, yào jiějué zhèyàng dà de jìshù wèntí, shízài shì ～. A small factory with simple and crude equipment is really powerless to solve such a large technical problem. /我真想帮助你搞成这项技术革新，可是又～，因为我是个外行。Wǒ zhēn xiǎng bāngzhu nǐ gǎochéng zhè xiàng jìshù géxīn, kěshì yòu ～, yīnwei wǒ shì ge wàiháng. I would really like to help you develop this technological innovation, but I'm powerless to do so, as I'm just a layman.

【无宁】wúnìng（副）同"毋宁"wúníng same as "毋宁"wú-níng

【无期徒刑】wú qī túxíng life imprisonment

【无奇不有】wú qí bù yǒu 什么稀奇的事物都有 full of strange and curious things

【无情】wúqíng（形）（1）缺乏温情 cold-hearted；heartless：冷漠～ lěngmò ～ cold-hearted and detached /不幸的遭遇使他变得孤僻。Búxìng de zāoyù shǐ tā biàn de gūpì ～. Bitter experiences have turned him into an unsociable and heartless person.（2）毫无怜悯之心的 merciless；ruthless：历史是～的。Lìshǐ shì ～ de. History is inexorable. /遭到～的打击 zāodào ～ de dǎjī suffer a merciless blow /～地揭发坏人坏事～ de jiēfā huàirén huàishì ruthlessly expose evil people and evil deeds /地震～地毁灭了他的家庭。Dìzhèn ～ de huǐmiè tā de jiātíng. The earthquake mercilessly de-stroyed his home.

【无穷】wúqióng（形）infinite；endless；boundless；inex-haustible：～的力量～ de lìliang inexhaustible strength /智慧～zhìhuì ～ inexhaustible, or infinite wisdom /那件事没处理好，造成了～的后患。Nà jiàn shì méi chǔlǐ hǎo, zàochéngle ～ de hòuhuàn. That matter was not handled properly, creating a source of endless trouble.

【无穷无尽】wú qióng wú jìn endless；inexhaustible：～的地下宝藏～ de dìxià bǎozàng inexhaustible precious mineral de-posits /排除～的烦恼 páichú ～ de fánnǎo eliminate end-less troubles /知识是～的。Zhīshi shì ～ de. Knowledge is inexhaustible.

【无色】wúsè（形）colourless：～气体 ～ qìtǐ colourless gas /空气是～无味的。Kōngqì shì ～ wúwèi de. Air is colourless and odourless.

【无上】wúshàng（形）最高的（多用于思想、精神、信仰等方面）supreme；paramount；highest（usu. refers to thinking, spirit, belief, etc.）：为祖国而献身，～光荣。Wèi zǔguó ér xiànshēn, ～ guāngróng. To devote oneself to the father-land is the highest honour.

【无神论】wúshénlùn（名）atheism

【无声片】wúshēngpiàn（名）silent film

【无声手枪】wúshēng shǒuqiāng pistol with a silencer

【无声无臭】wú shēng wú xiù 声；声音，臭；气味，既无声音又无气味。比喻人默默无闻，没有名声，不被人知道（声：noise；臭：odour）silent and odourless—unknown；obscure

【无时无刻】wú shí wú kè 常与"不"连用，表示"时时刻刻在……"的意思 used with "不" to mean all the time；inces-santly：地球～不在运转。Dìqiú ～ bú zài yùnzhuǎn. The earth is constantly revolving. /同志们～不在惦记着你。

Tóngzhìmen ～ bú zài diànjìzhe nǐ. *Your comrades are always thinking about you.*

【无事生非】wú shì shēng fēi 本来没有事，却故意制造出是非、麻烦来 *create trouble out of nothing; be deliberately provocative*

【无视】wúshì（动）不重视，不放在眼里，冷漠对待 *ignore; disregard; defy*：你这样～大家的批评是不对的。Nǐ zhèyàng ～ dàjiā de pīpíng shì bú duì de. *The way you disregard everybody's criticism is incorrect.* /领导不能～群众的积极性。Lǐngdǎo bù néng ～ qúnzhòng de jījíxìng. *Leaders cannot ignore the enthusiasm of the masses.*

【无数】wúshù（形）很多，难以计算 *innumerable; countless*：～的英雄模范 ～ de yīngxióng mófàn *countless heroic models*; *countless examples of heroism* /～的彩旗、～的鲜花，为节日披上了盛装。～ de cǎiqí, ～ de xiānhuā, wèi jiérì pīshangle shèngzhuāng. *Innumerable coloured banners and fresh flowers have been spread out for the festive occasion.* /人们用～的事实驳倒了他的错误观点。Rénmen yòng ～ de shìshí bódǎole tā de cuòwù guāndiǎn. *People used countless facts to refute his erroneous point of view.*

【无霜期】wúshuāngqī（名）每年从春初最后一次降霜到秋末第一次降霜之间相隔的时间，是有利于植物生长的时期 *frost-free period (beginning with the last frost in early spring and ending with the first frost in autumn) when conditions are favourable for growing plants*

【无私】wúsī（形）*selfless; unselfish; disinterested*：～的援助 ～ de yuánzhù *disinterested assistance* /学习英雄的～无畏精神 xuéxí yīngxióng de ～ wúwèi jīngshén *learn a heroic spirit of selflessness and fearlessness* /他把毕生的精力～地献给了人民。Tā bǎ bìshēng de jīnglì ～ de xiàn gěile rénmín. *He selflessly devoted the energies of a lifetime to the people.* /心底～天地宽。Xīndǐ ～ tiāndì kuān. *Those who are unselfish have the world at their fingertips.*

【无所不为】wú suǒ bù wéi 没有什么不干的（指什么坏事都干得出来）*stop at nothing; do all manner of evil*：这伙歹徒抢劫、盗窃，～，必须予以法律制裁。Zhè huǒ dǎitú qiǎngjié, dàoqiè, ～, bìxū yǔyǐ fǎlǜ zhìcái. *This band of ruffians plunders, steals and will stop at nothing. They must be punished according to the law.*

【无所不用其极】wú suǒ bù yòng qí jí（做坏事时）各种极端手段和办法都使出来了 *(to do evil deeds) resort to every conceivable means; stop at nothing; go to any length*

【无所措手足】wú suǒ cuò shǒu zú 措：放置，处理。手和脚不知放在哪里才好。形容没有办法；不知道该怎么办才好（措：*lay aside; handle*）*not know where to put one's hands or feet—be at a loss as to what to do*

【无所事事】wú suǒ shì shì 事事：做事。闲呆着，什么事也不做（事事：*act; handle affairs*）*be occupied with nothing; have nothing to do; idle away one's time*：这些人饱食终日，～，对社会毫无贡献。Zhèxiē rén bǎo shí zhōngrì, ～, duì shèhuì háo wú gòngxiàn. *There people eat three square meals a day, idle away their time and contribute absolutely nothing to society.*

【无所适从】wú suǒ shì cóng 适：往，到；从：跟从。不知道跟从谁好。比喻不知该怎么办才好（适：*toward; to*；从：*follow*）*not know whom to follow—not know what course to take; be at a loss as to what to do*：上级不作决定，下面当然～。Shàngjí bú zuò juédìng, xiàmiàn dāngrán ～. *If the higher authorities don't make a decision, their subordinates are naturally at a loss as to what to do.*

【无所谓】wúsuǒwèi（动）(1)说不上，谈不上 *cannot be designated as; cannot be taken as*：这部作品是我们俩合作的成果，～谁是主笔。Zhè bù zuòpǐn shì wǒmen liǎ hézuò de chéngguǒ, ～ shuí shì zhǔbǐ. *This literary piece is the fruit of our cooperation. I can't say who was the main author.* /

昆明四季如春，～春夏秋冬。Kūnmíng sìjì rú chūn, ～ chūn xià qiū dōng. *In Kunming it's like spring all the year round. There's no distinction between winter, spring, summer and fall.* /拉小提琴，对我来说～是什么专长，只是一种爱好罢了。Lā xiǎotíqín, duì wǒ lái shuō ～ shì shénme zhuāncháng, zhǐ shì yì zhǒng àihào bàle. *It can't be said that I have any special skill with the violin. Playing it is just a hobby of mine.* (2)不在乎，没什么关系 *be indifferent; not matter*：你怎么对什么事都抱着～的态度？Nǐ zěnme duì shénme shì dōu bàozhe ～ de tàidù? *Why is it that you adopt an indifferent attitude to everything?* /吃米饭还是吃馒头，由你决定，我～。Chī mǐfàn háishi chī mántou, yóu nǐ juédìng, wǒ ～. *Whether we eat rice or mantou, it's all the same to me. You decide.*

【无所作为】wú suǒ zuòwéi 作为：作出成绩。指工作中安于现状，缺乏创造精神（作为：*accomplish sth.*）*attempt nothing and accomplish nothing; be in a state of inertia*：庸庸碌碌，～，会有什么突出成绩？Yōngyōnglùlù, ～, huì yǒu shénme tūchū chéngjì? *How do you expect to have any outstanding achievements if you just do things in a mediocre and unambitious way?* /青年人要敢想、敢干，不能～。Qīngnián rén yào gǎn xiǎng, gǎn gàn, bù néng ～. *Young people must dare to think and dare to do. They cannot just remain inert.*

【无条件】wú tiáojiàn *unconditional; without preconditions*

【无头案】wútóu'àn（名）没有线索可找的案件或纠纷 *a case without any clues; unsolved mystery*

【无往不胜】wú wǎng bù shèng 无论到哪里都能取得胜利 *no matter where one goes, one will be victorious; ever-victorious; invincible*

【无微不至】wú wēi bù zhì 没有一个细微的地方不照顾到。形容对人的关怀、照顾得非常周到、细致 *(of concern for sb., care) meticulously; in every possible way*：老师对学生的关怀～。Lǎoshī duì xuésheng de guānhuái ～. *The teacher takes meticulous care of his students.* /伤员在医护人员～的照顾下，很快恢复了健康。Shāngyuán zài yīhù rényuán ～ de zhàogù xià, hěn kuài huīfùle jiànkāng. *Under the meticulous care of doctors and nurses, the wounded quickly recovered their health.*

【无味】wúwèi（形）(1)没有滋味 *tasteless; unpalatable*：食之～味之 ～ unappetizing /淡而～ dàn ér ～ *tasteless; insipid* /这种东西吃起来实在～。Zhè zhǒng dōngxi chī qilai shízài ～. *This thing is really quite tasteless.* (2)不能引起兴趣 *dull; insipid; uninteresting*：文章枯燥～。Wénzhāng kūzào ～. *This article is as dry as dust.*

【无畏】wúwèi（形）*fearless; dauntless*

【无谓】wúwèi（形·非谓）*meaningless; pointless; senseless*：增加了许多～的烦恼。Zēngjiāle xǔduō ～ de fánnǎo. *Many pointless worries have been added.* /不要做～的牺牲。Búyào zuò ～ de xīshēng. *Do not make a meaningless sacrifice.*

【无……无……】wú……wú…… 多嵌入两个意义相似或相关的单音节词或词素，着重表示"没有"的意思；多是固定短语；作定语、状语、谓语、补语 *(used before two monosyllabic nouns or morphemes, similar or identical in meaning to emphasize negation; usu. forms a set phrase; serves as an attributive, adverbial, predicate or complement)*：马群奔驰在无边无际的大草原上。Mǎqún bēnchí zài wú biān wú jì de dà cǎoyuán shang. *The herd of horses galloped on the boundless grasslands.* /大家在一起无拘无束地畅谈着。Dàjiā zài yìqǐ wú jū wú shù de chàngtánzhe. *We all talked together freely and to our heart's content.* /这些年迈的老人在敬老院生活得无忧无虑。Zhèxiē niánmài de lǎorén zài jìnglǎoyuàn shēnghuó de wú yōu wú lǜ. *These elderly people lead a carefree life at the senior citizens' home.* /这些孩

子已经跑得无影无踪了，你到哪儿去找? Zhèxiē háizi yǐjing pǎo de wú yǐng wú zōng le，nǐ dào nǎr qù zhǎo? *These children have already vanished without a trace. Where are you going to find them?* 有时是"不管"的意思 (*sometimes has the same meaning as "不管"*)：这些研究人员无冬无夏、无日无夜地从事研究工作。Zhèxiē yánjiū rényuán wú dōng wú xià，wú rì wú yè de cóngshì yánjiū gōngzuò. *Whether it's day or night, hot or cold, these research fellows are always engaged in research work.*

【无息】wúxī（形）*interest-free*：～贷款 ～ dàikuǎn *interest-free loan*

【无隙可乘】wú xì kě chéng 没有空子可钻，没有机会可利用 *no crack to get in by; no loophole to exploit; no weakness to take advantage of*：他们的安全措施十分可靠，坏人～。Tāmen de ānquán cuòshī shífēn kěkào，huàirén ～. *The safety measures they have taken are extremely reliable. No opening was left for the enemy to exploit.*

【无限】wúxiàn（形）*infinite; limitless; boundless; immeasurable*：～宽广 ～ kuānguǎng *boundless; infinite* /～忠诚 ～ zhōngchéng *absolute devotion* /直线可以～延长。Zhíxiàn kěyǐ ～ yáncháng. *A straight line can extend to infinity.* /夕阳～好，只是近黄昏。Xīyáng ～ hǎo，zhǐshì jìn huánghūn. *The setting sun is immeasurably beautiful. Unfortunately dusk is approaching.* /不能把这项工程～期地拖延下去。Bù néng bǎ zhè xiàng gōngchéng ～qī de tuōyán xiaqu. *You cannot keep putting off this project indefinitely.*

【无限大】wúxiàndà（名）〈数〉*infinitely great; infinity*

【无限上纲】wúxiàn shànggāng 把一般性的是非问题或不同意见错误地提到"政治问题"、"阶级斗争"、"路线斗争"的高度来认识、分析和对待 *erroneously approach, analyse and understand general issues of right and wrong and different opinions by comparing them to high-level issues such as "political issues", "class struggle" and "two-line struggle"*

【无限小】wúxiànxiǎo（名）〈数〉*infinitely small; infinitesimal*

【无线电】wúxiàndiàn（名）（*wireless*）*radio*

【无效】wúxiào（形）*of (or to) no avail; invalid; null and void*：～劳动 ～ láodòng *work to no avail* /这种药治疗我这个病～。Zhè zhǒng yào zhìliáo wǒ zhège bìng ～. *This type of medicine fails to cure my illness.* /参观券过期～。Cānguānquàn guò qī ～. *An exhibition ticket that has expired is invalid.*

【无懈可击】wú xiè kě jī 懈：漏洞，破绽。没有任何破绽或漏洞可以被人攻击或挑剔，形容非常严密（懈：*leak; weak point*）*with no chink in one's armour; unassailable; invulnerable*：这篇论文论点明确，论据充足，结构严谨，可说是～。Zhè piān lùnwén lùndiǎn míngquè，lùnjù chōngzú，jiégòu yánjǐn，kě shuō shì ～. *This thesis has a clear-cut and valid argument and the structure is well-organized. It can be said that the argument is unassailable.* /他非常能干，周到，处理问题～。Tā fēicháng nénggàn，zhōudào，chǔlǐ wèntí ～. *He's extremely competent, thoughtful and the way he handles problems is unassailable.*

【无心】wúxīn（形）（1）没有心思（多作状语）*not be in the mood for*：她担心家里无人照管，在这里～久住。Tā dān xīn jiā li wú rén zhàoguǎn，zài zhèlǐ ～ jiǔ zhù. *She's not in the mood to stay here for long, as she's worried that there's no one to look after the home.* /事情一多，我也～养花了。Shìqing yì duō，wǒ yě ～ yǎng huār le. *I have too much to do, so I'm not in the mood to grow flowers.*（2）不是故意的 *unintentionally; unwittingly; inadvertently*：他说这话是出于～，如果伤害了你，千万别介意。Tā shuō zhè huà shì chūyú ～，rúguǒ shānghàile nǐ，qiànwàn bié jièyì. *He didn't say it intentionally. If he hurt you, don't be offended.* /你说他这样做是～的还是故意的? Nǐ shuō tā zhèyàng

zuò shì ～ de háishi gùyì de? *Do you think he's doing this intentionally or not?*

【无形】wúxíng（形）*invisible*：～的锁链 ～ de suǒliàn *invisible shackles* /～的影响 ～ de yǐngxiǎng *imperceptible influence* /～的战线 ～ de zhànxiàn *invisible fronts* /别人的成绩对他造成一种～的压力。Biérén de chéngjì duì tā zàochéng yì zhǒng ～ de yālì. *Others' successes have put a sort of invisible pressure on him.*

【无形中】wúxíngzhōng（副）不知不觉的情况下；不具备名义而具有实质的情况下 *imperceptibly; virtually*：这次谈话～缩短了他们之间的思想距离。Zhè cì tánhuà ～ suōduǎnle tāmen zhī jiān de sīxiǎng jùlí. *The talk this time imperceptibly narrowed the mental gap between them.* /这种不正之风～破坏了党在群众中的威信。Zhè zhǒng bú zhèng zhī fēng ～ pòhuàile dǎng zài qúnzhòng zhōng de wēixìn. *This kind of unhealthy tendency has virtually destroyed the prestige the Party has among the masses.* "无形中"也说"无形之中"（"无形中" *is also said as* "无形之中"）："十五的月亮"这首歌，无形之中成了每个战士的精神支柱。"Shíwǔ De Yuèliang" zhè shǒu gē，wúxíng zhī zhōng chéngle měi ge zhànshì de jīngshén zhīzhù. *The song "The Moon on the Fifteenth" has virtually become the mental prop of every soldier.*

【无臭】wúxiù（形）*odourless*

【无须】wúxū（副）同"不必"búbì，可用于主语前 *same as* "不必"búbì（*can be used before the subject*）：问题都解决了，～再开会研究。Wèntí dōu jiějué le，～ zài kāi huì yánjiū. *The problems have all been resolved, so there's no need to hold a meeting to discuss them any further.* /这点事～来那么多人帮忙。Zhè diǎn shì ～ lái nàme duō rén bāng máng. *There's no need to have so many people come to help with this trifling matter.* /这是我个人的事，～你们干涉。Zhè shì wǒ gèrén de shì，～ nǐmen gānshè. *This is my own business. You need not interfere.* /～绕弯子，有什么意见你就直说吧! ～ rào wānzi，yǒu shénme yìjian nǐ jiù zhí shuō ba! *There's no need to beat around the bush. If you have an idea, come out with it!* /打个电话通知他一声就了，您～亲自跑一趟。Dǎ ge diànhuà tōngzhī tā yì shēng jiù xíng le，nín ～ qīnzì pǎo yí tàng. *Just calling to notify him will do. You don't have to run over there to tell him in person.*

【无须乎】wúxūhū（副）没有必要的意思，用于动词前或主语前 *need not; not have to* (*used before the verb or subject*)：事情既然决定了，就～再讨论了。Shìqing jìrán juédìng le，jiù ～ zài tǎolùn le. *Now that the matter has been decided, there's no need to discuss it any further.* /家里的事～你来操心，我能办好。Jiāli de shì ～ nǐ lái cāo xīn，wǒ néng bànhǎo. *You needn't worry about matters at home. I can manage them well enough.* /群众对此有意见也是正常的，～大惊小怪。Qúnzhòng duì cǐ yǒu yìjian yě shì zhèngcháng de，～ dà jīng xiǎo guài. *It's only normal that the masses object to this. There's no need to be alarmed.* /困难我自己能解决，～给领导添麻烦。Kùnnan wǒ zìjǐ néng jiějué，～ gěi lǐngdǎo tiān máfan. *I can resolve the difficulty myself. There's no need to bother the leaders.* /你有理讲理嘛，～动手打人哪! Nǐ yǒu lǐ jiǎng lǐ ma，～ dòng shǒu dǎ rén na! *If you have justification, speak up. You don't have to hit anyone!*

【无烟煤】wúyānméi（名）*anthracite*

【无依无靠】wú yī wú kào *have no one to depend on; helpless*：有了敬老院，这些～的老人就可以安度晚年了。Yǒule jìnglǎoyuàn，zhèxiē ～ de lǎorén jiù kěyǐ ān dù wǎnnián le. *These elderly people who have no one to depend on can enjoy their remaining years peacefully in a senior citizens' home.*

【无疑】wúyí（形）没有疑问的 *beyond doubt; undoubtedly*：证

据确凿～。Zhèngjù quèzuò ～. *The evidence is conclusive beyond doubt.* /这件事～是小李干的。Zhè jiàn shì ～ shì Xiǎo Lǐ gàn de. *This was undoubtedly the work of Xiao Li.* /你的论点～是正确的。Nǐ de lùndiǎn ～ shì zhèngquè de. *Your argument is undoubtedly correct.*

【无以复加】wú yǐ fù jiā 形容达到了极点，不能再增加了（多指坏事）*in the extreme*；手段的毒辣真是～。Shǒuduàn de dúlà zhēn shì ～. *This trick is sinister in the extreme.* /他的卑鄙无耻到了～的地步。Tā de bēibǐ wúchǐ dàole ～ de dìbù. *He's despicably impudent in the extreme.*

【无意】wúyì（动）(1)没有做某事的要求、愿望，同"有意"(1)相对 *have no intention (of doing sth.) not be inclined to*（antonym of "有意"(1)）：～前往 ～ qiánwǎng *have no intention of going* /～参观那个展览 ～ cānguān nàge zhǎnlǎn *have no intention of visiting that exhibition* /～跟他交谈 ～ gēn tā jiāotán *not keen on chatting with him* (2)不是故意的，同"有意"(2)相对 *inadvertently*；*unwittingly*；*accidentally*（antonym of "有意"(2)）：他把她撞伤完全是～的。Tā bǎ tā zhuàngshāng wánquán shì ～ de. *He ran into her and injured her, but it was completely accidental.* /我没想到～说了一句话，竟得罪了老王。Wǒ méi xiǎngdào ～ shuōle yí jù huà, jìng dézuìle Lǎo Wáng. *I made that remark inadvertently. I never expected it would offend Lao Wang.* /她～说出了心里的秘密。Tā ～ shuōchūle xīnli de mìmì. *She unwittingly divulged a heartkept secret.*

【无意识】wúyìshí（形）未加注意的，不知不觉的 *unconscious*：他一边跟人谈话，一边～地把一封信撕掉了。Tā yìbiān gēn rén tán huà, yìbiān ～ de bǎ yì fēng xìn sīdiào le. *He unconsciously tore up a letter while talking with others.* /他坐在那里，总是抖动右腿，这完全是一种～的动作。Tā zuò zài nàli, zǒng shì dǒudòng yòutuǐ, zhè wánquán shì yì zhǒng ～ de dòngzuò. *He sits there and keeps shaking his right leg. It's an unconscious movement.*

【无意中】wúyìzhōng（副）表示不是故意的 *unintentionally*；*inadvertently*：我说话不小心，～得罪了他。Wǒ shuō huà bù xiǎoxin, ～ dézuìle tā. *I wasn't careful when I spoke, and inadvertently offended him.* /孩子～说了句错话，你就原谅他吧。Háizi ～ shuōle jù cuò huà, nǐ jiù yuánliàng tā ba. *The child said something wrong unintentionally. Forgive him.* /昨天在公共汽车上～遇见了一位多年不见的老同学。Zuótiān zài gōnggòng qìchē shang ～ yùjiàn le yí wèi duō nián bú jiàn de lǎo tóngxué. *I accidentally met up with an old classmate whom I hadn't seen for years on the bus yesterday.* /这消息是他们俩谈话时～透露出来的。Zhè xiāoxi shì tāmen liǎ tán huà shí ～ tòulù chulai de. *Those two inadvertently leaked this information when they were talking.*

【无垠】wúyín（形）〈书〉辽阔无边 *boundless*；*vast*

【无影灯】wúyǐngdēng（名）*shadowless lamp*

【无影无踪】wú yǐng wú zōng 一点踪影也没有。形容完全消失 *disappear completely*；*vanish without a trace*：你追不上他了，他早跑得～了。Nǐ zhuī bu shàng tā le, tā zǎo pǎo de ～ le. *You'll never catch up with him. He vanished without a trace.* /那些底稿怎么也找不到，真是～了。Nàxiē dǐgǎo zènme yě zhǎo bu dào, zhēn shì ～ le. *I can't find those manuscripts. They've vanished completely!*

【无庸】wúyōng（副）同"毋庸"wúyōng *same as* "毋庸" wúyōng

【无用】wúyòng（形）没有用处 *useless*；*of no use*：那些～的废纸烧掉算了。Nàxiē ～ de fèizhǐ shāodiào suàn le. *That waste paper is of no use. Burn it all.* /他就是那么固执，劝他也～。Tā jiù shì nàme gùzhí, quàn tā yě ～. *He's just too stubborn. To try to persuade him is useless.* /这么点小事都办不了，真是～。Zhème diǎnr xiǎo shì nǐ dōu bàn bu liǎo, zhēn shì ～. *You can't even handle such a small mat-*

ter. *You're really useless!*

【无与伦比】wú yǔ lún bǐ 没有能比得上的 *incomparable*；*unparalleled*；*unique*；*without equal*：晚霞映红了天空，海滨景色之美真是～。Wǎnxiá yìnghóngle tiānkōng, hǎibīn jǐngsè zhī měi zhēn shì ～. *When the sunset glows red in the sky, the beauty of the seaside landscape is incomparable.* /远离祖国、亲人，来到这陌生的地方，他感到～的孤独与寂寞。Yuǎn lí zǔguó, qīnrén, láidào zhè mòshēng de dìfang, tā gǎndào ～ de gūdú yǔ jìmò. *Having come to this strange place, far from his homeland and loved ones, he feels an incomparable loneliness.*

【无缘无故】wú yuán wú gù *without cause or reason*；*for no reason at all*：你怎么～地骂人？Nǐ zěnme ～ de mà rén? *Why did you scold him without reason?* /世上没有～的爱，也没有～的恨。Shìshang méi yǒu ～ de ài, yě méi yǒu ～ de hèn. *There is no love without reason, nor is there hatred without reason in this world.* /这孩子～大哭起来，谁也哄不好。Zhè háizi ～ dàkū qǐlai, shuí yě hǒng bu hǎo. *This child started crying loudly for no reason at all. Nobody could humour him.*

【无政府主义】wúzhèngfǔzhǔyì（名）*anarchism*

【无知】wúzhī（形）缺乏知识，不懂事理 *ignorant*

【无中生有】wú zhōng shēng yǒu 故意把没有的事说成有，捏造 *fabricate*；(*deliberately create sth.*) *purely fictitious*：说他是叛徒，那纯属造谣、陷害，～。Shuō tā shì pàntú, nà chún shǔ zào yáo, xiànhài, ～. *To say that he's a traitor is simply a rumour and a frame-up. It's purely fictitious.* /你们这样～地乱说，要负法律责任。Nǐmen zhèyàng ～ de luàn shuō, yào fù fǎlù zérèn. *If you continue fabricating rumours and making irresponsible remarks, you'll be held legally responsible.*

【无主句】wúzhǔjù（名）〈语〉*a sentence with no subject*

【无足轻重】wú zú qīng zhòng 不值得重视，无关紧要 *of little importance (or consequence)*；*insignificant*：每个人都不要把自己的工作看得～，它都关系到国家的建设事业。Měi gè rén dōu búyào bǎ zìjǐ de gōngzuò kàn de ～, tā dōu guānxì dào guójiā de jiànshè shìyè. *Nobody should regard his own work as being insignificant. Every bit contributes to the building of our country.* /这场比赛不是～的，谁赢了，谁就可以参加决赛。Zhè chǎng bǐsài bú shì ～ de, shuí yíng le, shuí jiù kěyǐ cānjiā juésài. *This competition is of great consequence. Whoever wins will compete in the finals.*

毋 wú

【毋宁】wúnìng（连）〈书〉"不如"的意思，表示经过比较，有所选择或某说法更为正确；常跟"与其"呼应，多与"说"连用。也作"无宁""勿宁"(*not so much*) ... *as*；*rather* ... (*than*)（often used together with "与其"；*usu. used together with* "说"；*can also be written as* "无宁" *or* "勿宁"）：与其做一件事半途而废，～不做。Yǔqí zuò yí jiàn shì bàn tú ér fèi, ～ bú zuò. *I would rather not do something than give up halfway.* /与其你替他买，～让他自己去买。Yǔqí nǐ tì tā mǎi, ～ ràng tā zìjǐ qù mǎi. *It would be better for you to let him buy it himself than for you to buy it for him.* /与其说有困难，～说没有信心和决心。Yǔqí shuō yǒu kùnnan, ～ shuō méi yǒu xìnxīn hé juéxīn. *It is more a matter of lack of confidence and determination than having difficulty.* /他与其说是给同志提意见，～说是发泄内心的不满。Tā yǔqí shuō shì gěi tóngzhì tí yìjian, ～ shuō shì fāxiè nèixīn de bùmǎn. *It is more like he's venting his own grievances rather than making a criticism to his comrades.*

【毋庸】wúyōng（副）用不着，没有必要 *need not*：别人怎样看你，～我说，你心里是清楚的。Biéren zěnyàng kàn nǐ, ～ wǒ shuō, nǐ xīnli shì qīngchu de. *What others think of*

you，*I need not say. It's very clear to you.* /～讳言，如果在困难面前后退，就意味着失败。～ huìyán，rúguǒ zài kùnnan miànqián hòutuì，jiù yìwèizhe shībài. *Frankly speaking，if you shrink from difficulties，it means you've failed.*

吾 wú
（代）〈书〉我 *I*；*me*

梧 wú
【梧桐】wútóng（名）[棵 kē] *Chinese parasol（tree）*

蜈 wú
【蜈蚣】wúgōng（名）[条 tiáo] *centipede*

wǔ

五 wǔ
（数）*five*

【五保户】wǔbǎohù（名）"五保"指中国农村基层行政组织对无人赡养、失去劳动能力的人在生活上的照顾，即保吃、穿、住、医、葬。享受"五保"的人叫五保户 *a person in the Chinese countryside enjoying the five guarantees（childless and infirm old persons，who are guaranteed food，clothing，housing，medical care and burial expenses by the local administration）*

【五彩】wǔcǎi（名）*multicoloured*；*colourful*

【五彩缤纷】wǔcǎi bīnfēn 指颜色繁多，非常好看 *colourful*；*blazing with colour*：～的焰火 ～ de yànhuǒ *colourful fireworks*/～的旗子 ～ de qízi *a blaze of colourful flags*/～的珊瑚礁，吸引了许多潜水者。～ de shānhújiāo，xīyǐnle xǔduō qiánshuǐzhě. *The colourful coral reef attracted many scuba divers.*

【五更】wǔgēng（名）(1)中国古人把一夜分为五个更次，统称五更 *the five watches（or periods）of the night（in ancient China）*(2)指五更中的第五个更次，是天快亮的时候 *the fifth watch of the night，just before dawn*

【五谷】wǔgǔ（名）(1)五种谷物，通常指稻、黍、稷、麦、豆 *the five cereals（rice，two kinds of millet，wheat and beans）*(2)泛指粮食或粮食作物 *food crops*：～丰登 ～ fēngdēng *an abundant harvest of all food crops*

【五官】wǔguān（名）应指耳、目、口、鼻、身，但通常指脸上的器官，耳、目、口、鼻、眉 *the five sense organs（ears，eyes，nose，mouth and body）*；*also refers to facial features（ears，eyes，mouth，nose and eyebrows）*：～端正 ～ duānzhèng *have regular features*

【五光十色】wǔ guāng shí sè 形容色彩艳丽，品种花样繁多 *multicoloured*；*bright with all kinds of colours*；*of great variety*；*of all kinds*：～的贝雕 ～ de bèidiāo *multicoloured shell carving* /～的绸缎 ～ de chóuduàn *silks and satins of all kinds* /各种各样的宝石，～，好看极了。Gè zhǒng gè yàng de bǎoshí，～，hǎokàn jí le. *There are precious stones of every kind and every colour. How beautiful!*

【五湖四海】wǔ hú sì hǎi 指中国各地，有时指世界各地 *all corners of China*；*all corners of the world*：大学里的学生来自～。Dàxué li de xuésheng láizì ～. *The students at this university come from all corners of the country.* /～皆兄弟 ～ jiē xiōngdì *We are all brothers in this world.*

【五花八门】wǔ huā bā mén 比喻花样纷繁，变化多端 *of a wide（or rich）variety*；*multifarious*：在武术界，真是～，门派繁多。Zài wǔshùjiè，zhēn shi ～，ménpài fánduō. *The world of martial arts is rich in variety. There are so many branches.*

【五金】wǔjīn（名）指金、银、铜、铁、锡，也泛指金属 *the five metals（gold，silver，copper，iron and tin）*；*metals*；*hardware*：～商店 ～ shāngdiàn *hardware store*

【五卅运动】Wǔ-Sà Yùndòng 1925年5月30日上海群众在中国共产党领导下游行示威，抗议日本纱厂的资本家枪杀罢工领袖顾正红的暴行，遭到英国巡捕的开枪射击，造成了震惊中外的"五卅惨案"。全国各地掀起罢工、罢市、罢课的反帝高潮 *On May 30th，1925，the masses in Shanghai，under the leadership of the Chinese Commmunist Party，held a demonstration to protest against Japanese cotton mill capitalists who had committed the atrocity of having strike leader Gu Zhenghong shot dead. The demonstrators were met with open fire by British police. This sent shockwaves throughout the country and the whole world and became known as "the May 30th Massacre"，setting off workers'，shopkeepers' and students' strikes throughout the entire country.*

【五四青年节】Wǔ-Sì Qīngniánjié 纪念"五四运动"的节日。为了继承和发扬"五四运动"的革命传统，中央人民政府政务院1949年12月正式规定五月四日为中国青年节 *Youth Day（May 4th），which commemorates the May 4th Movement. In order to carry forward the revolutionary tradition of the May 4th Movement，in December 1949，the Government Administration Council of the Central People's Government of the People's Republic of China officially designated May 4th as Chinese Youth Day.*

【五四运动】Wǔ-Sì Yùndòng 中国人民在俄国十月革命的影响下，在具有初步共产主义思想的革命知识分子的领导下所进行的反帝、反封建的伟大的政治运动和文化运动。1919年5月4日，北京学生游行示威，抗议巴黎和会承认日本接管原德国侵占的中国山东的各种特权的无理决定，运动很快扩大到全国。这次运动标志着中国新民主主义革命的开始。它为1921年中国共产党的成立在思想上、组织上作了准备 *the May 4th Movement — influenced by the October Revolution in Russia and led by intellectuals having the rudiments of Communist ideology，the Chinese people held an anti-imperialist demonstration. This was a massive political and cultural movement to protest against feudalism. On May 4th，1919，students in Beijing demonstrated to protest against the Treaty of Paris，which conceded occupation privileges of Shandong，originally accorded to Germany，to Japan. The movement quickly spread to the whole country. It symbolized the beginning of the new democratic revolution in China and prepared the way for the ideological and organizational establishment of the Chinese Communist Party in 1921.*

【五体投地】wǔ tǐ tóu dì 佛教最恭敬的礼节，两手、两膝和头着地。现比喻佩服到了极点 *prostrate oneself before sb.（the most respectful form of Buddhist etiquette）*；*have nothing but the greatest admiration for sb.*：有些人对权威佩服得～，到了迷信的地步。Yǒuxiē rén duì quánwēi pèifu de ～，dàole míxìn de dìbù. *Some people have nothing but the greatest respect for authority，to the point of blind worship.*

【五线谱】wǔxiànpǔ（名）*staff*；*stave*

【五星红旗】wǔ xīng hóngqí 中华人民共和国的国旗 *the Five-starred Red Flag — the national flag of the People's Republic of China*

【五颜六色】wǔ yán liù sè 各种各样的颜色 *of various colours*；*multicoloured*；*colourful*：～的绣花线 ～ de xiùhuā xiàn *embroidery silk of every colour* /～的霓虹灯 ～ de níhóngdēng *various colours of neon lamps*/ 展品中有各种各样的童装，～，非常好看。Zhǎnpǐn zhōng yǒu gè zhǒng gè yàng de tóngzhuāng，～，fēicháng hǎokàn. *There's every kind and every colour of children's wear on display. Very*

beautiful!/ 阳台上晾着许多衣服，～ 的，不大雅观。 Yángtái shang liàngzhe xǔduō yīfu，～ de，búdà yǎguān. *There are clothes of every colour hanging out to dry on the balcony. They're rather unsightly.*

【五言诗】wǔyánshī（名）每句五个字的旧诗 *ancient poem with five characters to a line*

【五一国际劳动节】Wǔ-Yī Guójì Láodòngjié 1886年5月1日，美国芝加哥等地工人举行大罢工和游行示威，反对资本家的残酷剥削，要求实行八小时工作制。经过流血斗争，取得了胜利。1889年，在恩格斯组织召开的第二国际成立大会上，决定5月1日为国际劳动节。简称"五一"，是全世界劳动人民团结战斗的节日 *International Labour Day on May 1st, 1886, workers in Chicago (U.S.A.) and other places held a strike and demonstrated to protest capitalists' ruthless exploitation. They demanded an eight-hour work day and were victorious, but only after blood was shed. In 1889, under the organization of Engels, the second international inaugural meeting was convened. It was decided that May 1st would be designated International Labour Day. Interntional Labour Day, abbreviated to "五一" in Chinese, has since become a day of solidarity and militancy for the workers of the world.*

【五月】wǔyuè（名）(1) *May* (2) *the fifth month of the lunar year*

【五脏】wǔzàng（名）指心、肝、脾、肺、肾五种器官 *the five internal organs (heart, liver, spleen, lungs and kidneys)*

【五洲】wǔzhōu（名）指全世界各地 *the four corners of the world; the entire world*

午 wǔ

【午饭】wǔfàn（名）*midday meal; lunch*

【午后】wǔhòu（名）下午 *afternoon*

【午间】wǔjiān（名）中午：～新闻 ～ xīnwén *midday news*

【午觉】wǔjiào（名）*afternoon or midday nap; siesta*：我没有睡～的习惯。Wǒ méi yǒu shuì ～ de xíguàn. *I'm not in the habit of taking a midday nap.*

【午睡】wǔshuì（名）*afternoon nap*（动）*take (or have) a nap after lunch*：大家正在～，说话小声点。Dàjiā zhèngzài ～，shuō huà xiǎo shēng diǎnr. *Everybody is having an afternoon nap. Please speak in a lower voice.*

【午休】wǔxiū（动）机关、单位午饭后的定时休息 *(at work) noon break; midday rest; lunch hour*：冬天，我们单位只～半小时。Dōngtiān，wǒmen dānwèi zhǐ ～ bàn xiǎoshí. *During the winter, our unit only allows for a half-hour break at noon.*

【午夜】wǔyè（名）夜里十二点前后；半夜 *midnight; middle of the night*

伍 wǔ

（数）"五"的大写 *five (used for the numeral on cheques, banknotes, etc. to avoid mistakes or alterations)*

妩〔嫵〕wǔ

【妩媚】wǔmèi（形）（女子、花木等）姿态美好 *(of women, flowers and trees, etc.) lovely; charming*

武 wǔ

（名）关于军事的（跟"文"相对）*military (antonym of "文" (civilian))*：文～双全 wén ～ shuāng quán *equally good in either civilian or military affairs*/ 又能文，又能武 yòu néng wén，yòu néng ～ *be able to wield both the pen and the gun; able to do both mental and manual labour*

【武打】wǔdǎ（动）戏曲中用武术表演的搏斗 *acrobatic fighting in Chinese opera*

【武斗】wǔdòu（动）(1) 对批判斗争对象使用武力 *resort to violence (in a debate, dispute, etc.)* (2) 指"文化大革命"期间群众组织间的暴力冲突 *violent clashes between mass organizations during the Cultural Revolution*

【武断】wǔduàn（形）*arbitrary (decision); subjective (verdict)*：他是非常自信的，有时看问题未免有些～。Tā shì fēicháng zìxìn de，yǒushí kàn wèntí wèimiǎn yǒuxiē ～. *He's extremely self-confident. When dealing with a problem, he's rather arbitrary at times.*

【武工队】wǔgōngduì（名）"武装工作队"的简称。是抗日战争时期八路军、新四军的指战员，政治工作人员和地方干部组成的精干、灵活的小队，日常出没于敌占区，进行武装斗争和宣传组织工作 *abbrev. for "武装工作队" (armed working teams); small detachments comprised of political workers of the Eighth Route Army or the New Fourth Army and local cadres operating in enemy-occupied areas during the War of Resistance Against Japan; these teams would frequently appear and disappear unexpectedly, engage in armed struggle and do propaganda work*

【武功】wǔgōng（名）(1)〈书〉指军事方面的功绩 *military accomplishments* (2) 戏曲中的武术表演，有时也指武术 *skill in acrobatics in Chinese opera, sometimes indicates martial arts*：他唱得好，～也不错。Tā chàng de hǎo，～ yě búcuò. *He sings well and his acrobatic skill is also quite good.* /别看这个女孩子挺瘦小的，她会～呢! Bié kàn zhège nǚ háizi tǐng shòuxiǎo de，tā huì ～ ne! *Never mind the fact that she's small and thin, she's very skilled in martial arts!*

【武官】wǔguān（名）*military officer; military attache*

【武力】wǔlì（名）*force; military force; armed strength*

【武器】wǔqì（名）*weapon; arms*

【武士】wǔshì（名）(1) 古代守卫宫廷的士兵 *palace guards in ancient times* (2) 古代指有勇力的人 *(in ancient times) warrior; knight; man of prowess*

【武术】wǔshù（名）打拳和使用刀、枪、叉、剑等古代兵器的技术。是中国传统的体育项目 *wushu; martial arts such as shadow boxing, swordplay, etc., formerly cultivated for self-defence, now a form of physical culture*

【武艺】wǔyì（名）打拳或使用古代兵器的本领 *skill in wushu*

【武装】wǔzhuāng（名）*arms; military equipment; battle outfit*：～暴动 ～ bàodòng *armed rebellion* /～起义 ～ qǐyì *armed uprising* /全副 ～ quánfù ～ *armed to the teeth*（动）*equip (or supply) with arms; arm*：～民兵 ～ mínbīng *arm the militia* /用知识～自己 yòng zhīshi ～ zìjǐ *arm oneself with knowledge* /用现代化武器把军队～起来 Yòng xiàndàihuà wǔqì bǎ jūnduì ～ qilai *use sophisticated weapons to equip the army*

侮 wǔ

（动）〈书〉*insult; bully*

【侮辱】wǔrǔ（动）*insult; humiliate; subject sb. to indignities*

捂 wǔ

（动）掩盖住或封闭起来 *seal; cover; muffle*：～着鼻子 ～zhe bízi *cover one's nose (with one's hand)* /你感冒了，吃了药，盖上被子～点汗就好了。Nǐ gǎnmào le，chīle yào，gàishang bèizi ～ diǎnr hàn jiù hǎo le. *If you have a flu, take some medicine, cover yourself up with a blanket to make yourself sweat and you'll soon be better.* /犯了错误别～着，正视它，认识它。Fànle cuòwu bié ～ zhe，zhèngshì tā，rènshi tā. *If you've made mistake, don't cover it up. You should face up to it and recognize it as your mistake.*

【捂盖子】wǔ gàizi 当权者掩盖本单位的问题和矛盾，阻挠本单位群众的揭发、批判和上级部门调查、处理 *keep the lid*

on；*cover up the truth*（*of a problem or potential scandal within one's unit*）

舞 wǔ
（名）*dance*：唱了一支歌，跳了一个～ chàngle yì zhī gēr，tiàole yí ge ～ *sang a song and performed a dance*（动）◇（1）跳舞 *dance*：边歌边～ biān gē biān ～ *sing and dance at the same time*（2）挥舞 *dance with sth. in one's hands*：手～大刀 shǒu ～ dà dāo *brandish a broadsword* /～剑 ～ jiàn *perform a sword-dance*（3）玩弄 *flourish*；*wield*；*brandish*：～文弄墨 ～ wén nòng mò *engage in phrase-mongering*

【舞伴】wǔbàn（名）*dancing partner*

【舞弊】wǔbì（动）用欺骗方式在暗中做违法乱纪的事 *fraudulent practices*；*malpractice*

【舞场】wǔchǎng（名）*dance hall*；*ballroom*（*as a business*）

【舞蹈】wǔdǎo（名）*dance*

【舞动】wǔdòng（动）挥舞，摇摆 *wave*；*brandish*：示威者们～着小旗，高喊着口号。Shìwēizhěmen ～zhe xiǎo qí，gāohǎnzhe kǒuhào. *The demonstrators are waving small banners and chanting slogans.*

【舞会】wǔhuì（名）*dance*；*ball*

【舞剧】wǔjù（名）主要以舞蹈形式来表现故事内容和情节的剧种 *dance drama*；*ballet*：我看过～《红楼梦》。Wǒ kànguo ～《Hónglóumèng》. *I've seen the dance drama of A Dream of Red Mansions.*

【舞女】wǔnǔ（名）旧社会以陪人跳舞为职业的女子 *dancing girl or dance-hostess in former times*

【舞曲】wǔqǔ（名）*dance music*；*dance*

【舞台】wǔtái（名）*stage*；*arena*

【舞台艺术】wǔtái yìshù *stagecraft*

【舞厅】wǔtīng（名）*ballroom*；*dance hall*（*as a business*）

wù

勿 wù
（副）〈书〉同"不要"bùyào（1），表示禁止、劝阻；前面常加"切"，加强语气 *same as "不要" bùyào（1）*（*indicates prohibition or disuassion*；*often preceded by "切"，which reinforces the tone*）：请～吸烟。Qǐng ～ xī yān. *No Smoking.* /切～错过机会。Qiè ～ cuòguò jīhuì. *Be sure not to miss this opportunity.* /家里一切都好，切～惦念。Jiā li yíqiè dōu hǎo，qiè ～ diànniàn. *Everything is fine at home. Please don't worry.*

戊 wù
【戊戌变法】Wùxū Biànfǎ 指1898年（旧历戊戌年）以康有为为首的改良主义者通过光绪皇帝所进行的资产阶级政治改革。它遭到了以慈禧太后为首的守旧派的强烈反对。同年九月，慈禧太后等发动政变，光绪被囚，康有为等遭捕杀或逃亡国外。历时仅一百零三天的变法失败了 *the Reform Movement of 1898—in 1898*（*the year 戊戌 in the lunar calendar*），*Reformists, led by Kang Youwei, pressed for bourgeois political reforms through Emperor Guangxu. This movement was crushed by Empress Dowager Cixi's old liners. In September of the same year, Empress Dowager Cixi and her followers staged a coup d'état. Guangxu was put under house arrest and Kang Youwei and the Reformists were either executed or fled abroad. This movement for political reform lasted for one hundred and three days and ended in failure.*

务〔務〕wù
（动）◇从事 *be engaged in*；*go in for*：～农 ～ nóng *be*

engaged in agriculture /不～正业 bú ～ zhèngyè *not engage in honest work*（副）〈书〉同"务必"wùbì，多修饰单音节词 *same as "务必" wùbì*（*usu. modifies a monosyllabic word*）：～请及早给予答复。～ qǐng jízǎo jǐyú dáfù. *Please respond as soon as possible.* /情况紧急，～须速回。Qíngkuàng jǐnjí，～ xū sù huí. *The situation is critical. You must return at once.* /他反复推敲，～使每个词都用得很准确。Tā fǎnfù tuīqiāo，～ shǐ měi ge cí dōu yòng de hěn zhǔnquè. *After repeated deliberation，he made sure that every word was used correctly.* /除恶～尽，不留后患。Chú è ～ jìn，bù liú hòuhuàn. *One must be thorough in eliminating an evil so as to not leave cause for future trouble.*

【务必】wùbì（副）"必须""一定"的意思，用于祈使句 *must*；*be sure to*（*has the same meaning as "必须" and "一定"*；*used in an imperative sentence*）：路上～多加小心。Lùshang ～ duō jiā xiǎoxīn. *Be careful in the road.* /到家以后，～给我写信。Dào jiā yǐhòu，～ gěi wǒ xiě xìn. *Be sure to write to me when you get home.* /这次去～要找到他。Zhè cì qù ～ yào zhǎodào tā. *You must find him when you go this time.* /你再跑一趟，～把情况调查清楚。Nǐ zài pǎo yí tàng，～ bǎ qíngkuàng diàochá qīngchu. *Make another trip over there. You must clarify the situation.*

【务实】wù=shí 从事或讨论具体的工作 *deal with concrete matters relating to work*

【务须】wùxū（副）一定要 *must*；*be sure to*：中央的此项决议，～尽快传达各级政府部门。Zhōngyāng de cǐ xiàng juéyì，～ jìnkuài chuándá dào gè jí zhèngfǔ bùmén. *This resolution passed by the central government must be passed on to every level of every government department as quickly as possible.*

【务虚】wù=xū 就某项工作的政治、思想、理论等方面进行研究讨论 *discuss and study principles or ideological guidelines*（*for work*）

物 wù
（名）◇（1）东西 *thing*；*matter*：见～如见人 jiàn ～ rú jiàn rén *to see something and be reminded of the person to whom it belongs* /以稀为贵 ～ yǐ xī wéi guì *When a thing is scarce, it is precious.* /列一张购～单 liè yì zhāng gòu ～ dān *write out an order form*（2）实际内容 *content*；*substance*：言之有～ yán zhī yǒu ～ *talk or which has substance* /文章空洞无～ wénzhāng kōngdòng wú ～ *This piece of writing is devoid of content.*（3）指自己以外的人、环境或事物 *the outside world*（*including people, the environment and objects*）*distinct from oneself*：他待人接～十分周全。Tā dài rén jiē ～ shífēn zhōuquán. *He gets along extremely well with people.*

【物产】wùchǎn（名）*products*；*produce*

【物候】wùhòu（名）〈生物〉生物的周期性现象（如植物的发芽、开花、结果，候鸟的迁徙，某些动物的冬眠等）与气候的关系 *phenology — the relationship between things and climate, e. g., the germination, blooming and outcome of plants and flora, the movement of migratory birds, the hibernation of certain animals, etc.*

【物极必反】wù jí bì fǎn 事物向某方面发展到了极点，必然朝相反的方面转化 *things will develop in the opposite direction when they reach the limit*：对孩子管教太严，反而使孩子说谎、干坏事，真是～。Duì háizi guǎnjiào tài yán，fǎn'ér shǐ háizi shuō huǎng、gàn huàishì，zhēn shì ～. *Disciplining a child too strictly can lead him to lie and do evil deeds. Discipline that is too strict will therefore yield opposite results.*

【物价】wùjià（名）（*commodity*）*prices*

【物件】wùjiàn（名）*thing*；*article*

【物理】wùlǐ（名）*physics*

【物理学】wùlǐxué（名）（*the study of*）*physics*

【物力】wùlì（名）material resources：不能浪费人力～。Bù néng làngfèi rénlì ～. We can waste neither manpower nor material resources.

【物品】wùpǐn（名）(日常应用的)东西 article；goods：贵重～ guìzhòng ～ valuables

【物色】wùsè（动）按一定标准去挑选 look for；seek out；choose：～几名小演员～ jǐ míng xiǎo yǎnyuán look for a few child actors and actresses/ 我～到一种布，做窗帘再合适不过了。Wǒ ～ dào yì zhǒng bù, zuò chuānglián zài héshì búguò le. I've found a type of material that is most suitable for making curtains.

【物体】wùtǐ（名）〈物〉body；substance；object

【物以类聚】wù yǐ lèi jù 同一类东西常聚在一起。多比喻坏人彼此相聚，臭味相投，相互勾结 things of one kind come together；birds of a feather flock together (usu. refers to evildoers who gang up together, etc.)：这几个人都是不学无术，思想空虚，喜欢吃吃喝喝，所以总在一起，真是～。Zhè jǐ ge rén dōu shì bù xué wú shù, sīxiǎng kōngxū, xǐhuan chīchīhēhē, suǒyǐ zǒng zài yìqǐ, zhēnshi ～. These people are all uneducated and have no skill, they lack mental ballast and like to idle away their time eating and drinking, so they're always together. Birds of a feather flock together!

【物证】wùzhèng（名）material evidence

【物质】wùzhì（名）(1)哲学上指独立存在于人的意识之外，又能为人的感觉所反映的客观存在 (in philosophy) the objective existence which is independent of one's consciousness but which can be reflected through one's perception (2)特指金钱、生活资料等(和"精神"相对) matter；substance；material (antonym of spiritual)：～生活～ shēnghuó material life /～条件～ tiáojiàn material conditions or prerequisites /～享受～ xiǎngshòu material enjoyment /～待遇～ dàiyù pay and (living) conditions

【物质不灭定律】wùzhì bù miè dìnglǜ〈物〉the law of conservation of matter

【物种】wùzhǒng（名）生物分类的基本单位 species

【物资】wùzī（名）goods and materials：救灾～ jiù zāi ～ relief goods and materials to a disaster area /这两个省进行～交流，互通有无。Zhè liǎng ge shěng jìnxíng ～ jiāoliú, hù tōng yǒu wú. There's an interflow of commodities between these two provinces, each supplying what the other needs.

误〔誤〕wù

（形）◇ 错 mistake；error：～听～ tīng not hear correctly /～信～ xìn erroneously trust (sb.) /～为真～ wéi zhēn mistake sth. as true /由于～诊，病人情况恶化。Yóuyú～ zhěn, bìngrén qíngkuàng èhuà. Due to a misdiagnosis, the patient's condition has worsened. （动）(1)耽误 miss：差点儿～了飞机。Chàdiǎnr ～ le fēijī. I almost missed my plane. /他因病～了半天工。Tā yīn bìng ～ le bàn tiān gōng. He missed half a day's work due to illness. /及时春播，不～农时。Jíshí chūnbō, bú ～ nóngshí. Spring sowing must be done on time. Don't miss the farming season. (2) 使受害 harm：～人不浅～ rén bù qiǎn deeply harm sb. /不合格的教师真是～人子弟。Bù hégé de jiàoshī zhēn shi ～ rén zǐdì. Unqualified teachers exercise a harmful influence on the younger generation.

【误差】wùchā（名）〈数〉error

【误点】wù＝diǎn 比应该开出或到达的时间晚(指火车、汽车、飞机、轮船等) (of trains, buses, planes, ships, etc.) late；overdue；behind schedule：这次列车～一刻钟。Zhè cì lièchē ～ yí kèzhōng. This train was fifteen minutes late. /由于大雾，班机～一小时。Yóuyú dà wù, bānjī ～ yì xiǎoshí. The airliner was one hour late because of heavy fog.

【误工】wù＝gōng (1)耽误了工期 delay one's work (2)因某种原因没能按规定出勤，参加劳动 loss of working time

【误会】wùhuì（动）错误理解(对方的意思) misunderstand；mistake；misconstrue (sb. else's meaning)：你这样说容易被人～。Nǐ zhèyàng shuō róngyi bèi rén ～. If you put it this way, it could easily be misunderstood by others. （名）(对对方意思的)错误理解 misunderstanding：～解除了。～ jiěchú le. A misunderstanding was resolved. / 他请你，你不去，要说明原因，免得造成～。Tā qǐng nǐ, nǐ bú qù, yào shuōmíng yuányīn, miǎndé zàochéng ～. When he invites you and you don't go, you must make your reasons clear so as to avoid a misunderstanding. /两个人之间产生了很大的～。Liǎng ge rén zhī jiān chǎnshēngle hěn dà de ～. A huge misunderstanding developed between those two people.

【误解】wùjiě（动）(1)同"误会"wùhuì（动）same as "误会" wùhuì：你～了这封信的意思。Nǐ ～ le zhè fēng xìn de yìsi. You misunderstood the meaning of this letter. (2)错误理解(某词某句的具体意思) misread：他～了这个词的意思。Tā ～le zhège cí de yìsi. He misread the meaning of this word. / 由于～了这句话，他对整段意思就弄不清楚了。Yóuyú ～le zhè jù huà, tā duì zhěng duàn yìsi jiù nòng bu qīngchu le. He didn't get the meaning of the whole paragraph because he misread this sentence. （名）(1)同"误会"wùhuì（名）same as "误会" wùhuì（名）：这样处理问题容易使人产生～。Zhèyàng chǔlǐ wèntí róngyi shǐ rén chǎnshēng～. Handling matters in such a way can easily lead to misunderstandings. /是他没把事情讲清楚，才引起～的。Shì tā méi bǎ shìqíng jiǎng qīngchu, cái yǐnqǐ ～ de. He didn't explain the matter clearly and this caused a misunderstanding. (2)(对某词某句的具体意思的)错误理解 misunderstanding (of a word or sentence)：把"了"当作表示过去时的助词，是外国人常有的～。Bǎ "le" dàngzuò biǎoshì guòqùshí de zhùcí, shì wàiguó rén cháng yǒu de ～. Foreigners often misunderstand "了" as a particle to indicate the past tense.

【误伤】wù＝shāng（动）accidentally injure

【误事】wù＝shì 耽误事情 hold things up：伤员要早点转送，以免～。Shāngyuán yào zǎodiǎn zhuǎnsòng, yǐmiǎn ～. Wounded personnel must be transferred as soon as possible so as to avoid delay of treatment. /这类问题一旦处理不好，就会～。Zhè lèi wèntí yídàn chǔlǐ bù hǎo, jiù huì ～. Once this type of problem is handled improperly, it will hold everything up. /误了事谁来负责? Wùle shì shuí lái fùzé? Who's responsible for holding things up?

晤 wù

（动）〈书〉见面 meet；see；interview

【晤面】wùmiàn（动）〈书〉见面 meet；see

【晤谈】wùtán（动）〈书〉见面后谈话 meet and talk；have a talk；interview

焐 wù

（动）用热的东西接触凉东西使变暖 warm up：用手炉～手。Yòng shǒulú ～ shǒu. Use the handwarmer to warm your hands. /用热水袋把被褥～热。Yòng rèshuǐdài bǎ bèirù ～ rè. Use a hot-water bottle to warm up the bedclothes.

痦 wù

【痦子】wùzi（名）隆起的痣 naevus；mole

雾〔霧〕wù

（名）fog：今早有～。Jīn zǎo yǒu ～. It was foggy early this morning. /下～了。Xià ～ le. It's foggy out. /～已经散了。～ yǐjīng sàn le. The fog has already lifted.

X

xī

夕 xī （名）◇傍晚，也泛指晚上 dusk; evening: 朝令～改 zhāo lìng ～ gǎi issue an order in the morning and rescind it in the evening; make frequent changes in policy/ 朝发～至 zhāo fā ～ zhì start at dawn and arrive at dusk /朝～相处 zhāo ～ xiāngchǔ be together from morning till night

【夕阳】xīyáng （名）傍晚的太阳 the setting sun

【夕照】xīzhào （名）夕阳 the glow of the setting sun; evening glow

西 xī （名）◇ west: ～面 ～ miàn west side /～头儿 ～ tóur west end /～风 ～ fēng west wind /这条街南头路～有一家百货商店。Zhè tiáo jiē nántóu lù ～ yǒu yì jiā bǎihuò shāngdiàn. There's a department store on the west side at the south end of this street. /往～走 wǎng ～ zǒu head west

【西半球】xībànqiú （名）（地）the Western Hemisphere

【西北】xīběi （名）西和北之间的方向 northwest: 开发祖国的大～ kāifā zǔguó de dà ～ open up the vast Northwest of the country / 新疆在中国的～部。Xīnjiāng zài Zhōngguó de ～ bù. Xinjiang is in the northwestern part of China.

【西边】xībian （名）the west: ～是礼堂，东边是教室。～ shì lǐtáng, dōngbian shì jiàoshì. There's an auditorium on the west side and classrooms are on the east. /邮局的～是一家饭馆儿。Yóujú de ～ shì yì jiā fànguǎnr. There's a restaurant to the west of the post office.

【西餐】xīcān （名）Western-style food

【西方】xīfāng （1）同"西边"xībian，比较正式，用得少 same as "西边" xībian (relatively formal; seldom used) （2）指欧美各国 the West; the Occident

【西服】xīfú （名）[件 jiàn、套 tào]西方服装，尤其指男子的服装 Western-style clothes, esp. a man's two-or three-piece suit: 中国现在穿～的越来越多了。Zhōngguó xiànzài chuān ～ de yuèláiyuè duō le. More and more Western-style clothes are now being worn in China.

【西瓜】xīguā （名）[个 gè] watermelon

【西红柿】xīhóngshì （名）[个 gè]tomato

【西南】xīnán （名）西和南之间的方向 southwest: 商店在这座楼的～角上。Shāngdiàn zài zhè zuò lóu de ～ jiǎo shang. There's a store at the southwest corner of this building. /上个月我到～各省转了一圈。Shàng ge yuè wǒ dào ～ gè shěng zhuànle yì quānr. I made a tour of the provinces in the Southwest last month.

【西式】xīshì （形）Western-style: ～服装 ～ fúzhuāng Western-style clothes /～点心 ～ diǎnxin Western-style pastry / ～家具 ～ jiājù Western-style furniture

【西西】xīxī （量）cc; c. c. (cubic centimetre)

【西洋】Xīyáng （名）指欧美各国 the West; the Western world: ～画 ～ huà Western painting

【西药】xīyào （名）指西医所用的药物 Western medicine

【西医】xīyī （名）（1）欧美各国的以及从欧美各国传入中国的医学 Western medicine, including that employed in China (as distinguished from the traditional Chinese medicine) （2）用西医的理论和方法治病的医生 a doctor trained in Western medicine

【西乐】xīyuè （名）泛指欧美各国音乐 Western music

【西装】xīzhuāng （名）[件 jiàn、套 tào]同"西服" xīfú same as "西服" xīfú

吸 xī （动）（1）通过口、鼻引进体内 inhale; breathe in; draw: ～了一口冷气 ～le yì kǒu lěngqì draw a deep breath of cold air /～烟 ～ yān smoke （2）吸收 absorb; suck up: 这种纸不～墨，不宜写毛笔字。Zhè zhǒng zhǐ bù ～ mò, bù yí xiě máobǐ zì. This type of paper doesn't blot ink, so it's not suitable for calligraphy. /树叶有～尘作用。Shùyè yǒu ～ chén zuòyòng. The leaves on trees have the function of collecting dust. （3）吸引 attract; draw: 磁能～铁。Cí néng ～ tiě. A magnet can attract iron.

【吸尘器】xichénqì （名）dust collector; vacuum cleaner

【吸毒】xī＝dú drug taking

【吸力】xīlì （名）吸引力，多指磁体的吸引力 suction; attraction (esp. magnetic attraction)

【吸墨纸】xīmòzhǐ （名）blotting paper

【吸取】xīqǔ （动）吸收，采取（抽象事物）absorb; draw; assimilate (abstract things): 应该从错误中～教训。Yīnggāi cóng cuòwu zhōng ～ jiàoxùn. One should draw a lesson from one's mistakes. /他善于～知识，所以进步很快。Tā shànyú ～ zhīshi, suǒyǐ jìnbù hěn kuài. He's adept at absorbing knowledge, so he makes great progress.

【吸收】xīshōu （动）（1）吸取 absorb; suck up; assimilate; imbibe; draw: 树木从土壤中～水分。Shùmù cóng tǔrǎng zhōng ～ shuǐfèn. Trees suck up moisture from the earth. / 人体需要不断～营养。Rénti xūyào búduàn ～ yíngyǎng. The human body needs to continuously absorb nutrition. （2）接纳 recruit; enrol; admit: 他被～入党。Tā bèi ～ rù dǎng. He was admitted into the Party. /语言学会～新会员。Yǔyán xuéhuì ～ xīn huìyuán. The Language Society is recruiting new members.

【吸吮】xīshǔn （动）〈书〉suck; absorb

【吸铁石】xītiěshí （名）magnet; lodestone

【吸血鬼】xixuèguǐ （名）靠剥削压榨劳动人员血汗生活的人 bloodsucker; vampire (sb. who exploits labourers and lives off their blood and sweat)

【吸引】xīyǐn （动）把物体、力量或别人的注意力引到自己这方面来 attract; draw; fascinate: 这个话剧的情节很～人。Zhège huàjù de qíngjié hěn ～ rén. The plot of this stage play is fascinating. /他的话很能～群众。Tā de huà hěn néng ～ qúnzhòng. His words can draw large crowds.

【吸引力】xīyǐnlì （名）吸引人的力量 appeal; (force of) attraction: 这部电影有很大的～，场场客满。Zhè bù diànyǐng yǒu hěn dà de ～, chǎngchǎng kè mǎn. This film has strong appeal and every show is sold out. /这个地方对我来说没什么～。Zhège difang duì wǒ lái shuō méi shénme ～. This place doesn't appeal to me at all.

希 xī （动）〈书〉希望 hope: ～予指正 ～ yǔ zhǐzhèng It is hoped that errors will kindly be pointed out. /～准时到会 ～ zhǔnshí dào huì Please get to the meeting on time.

【希罕】xīhan （形）少有，稀奇 rare; scarce; uncommon: 这是件一物儿。Zhè kě shì jiàn ～ wùr. This is a rare thing indeed. /这事儿可真～. Zhè shìr kě zhēn ～. This matter is quite uncommon. /人家吵架，你们看什么～！Rénjia chǎo jià, nǐmen kàn shénme ～！What are you staring at? They're just arguing! （动）认为希奇而赞赏，喜爱 value as a rarity; cherish: 不就是一枝钢笔吗，我才不～呢。Bú jiù shì yì zhī gāngbǐ ma, wǒ cái bù ～ ne. It's just a fountain pen. I don't care about it. /孩子们一见那电动玩具火车，

可～了。Háizimen yí jiàn nà diàndòng wánjù huǒchē, kě le. *As soon as the children saw power-driven toy train, they were simply fascinated.*

【希冀】xījì (动)〈书〉希望得到 *hope for; wish for; aspire after*

【希奇】xīqí (形)希少而新奇 *rare; strange; curious*：这次展览的服装净是些～古怪的样式。Zhè cì zhǎnlǎn de fúzhuāng jìng shì xiē ～ gǔguài de yàngshì. *There were nothing but strange, old-looking styles of clothing at this exhibit.* /他从来没见过这种鸟,感到很～。Tā cónglái méi jiànguo zhè zhǒng niǎo, gǎndào hěn ～. *He had never seen this kind of bird and thought it very curious.* /现在就是在农村看见高跟儿鞋,也不觉得～了。Xiànzài jiùshì zài nóngcūn kànjiàn gāogēnxié, yě bù juéde ～ le. *High-heeled shoes are nothing strange even in the countryside nowadays.*

【希少】xīshǎo (形)同"稀少" xīshǎo *same as "稀少" xīshǎo*

【希图】xītú (动)同"企图" qǐtú *same as "企图" qǐtú* (动)

【希望】xīwàng (动) *hope; wish; expect*：～你常来信。～ nǐ cháng lái xìn. *I hope you write often.* (名)(1)愿望 *desire; wish; expectation*：我的一定能实现。Wǒ de ～ yídìng néng shíxiàn. *My wish is bound to be realized.* (2)希望所寄托的对象 *a person or thing that seems likely to bring success*：他是他父母的～。Tā shì tā fùmǔ de ～. *He is his parents' hope.* /国家的～。guójiā de ～ *a country's hope* /青年是我们的未来,是我们的～。Qīngnián shì wǒmen de wèilái, shì wǒmen de ～. *Today's youth are our future, our hope.*

【希有】xīyǒu (形·非谓)〈书〉同"稀有" xīyǒu *same as "稀有" xīyǒu*

昔 xī

(名)〈书〉◇从前 *former times; the past*：今～对比 jīn ～ duìbǐ *contrast the past with the present* /今非～比 jīn fēi ～ bǐ *The past cannot compare with the present.*

【昔日】xīrì (名)〈书〉过去,从前 *in former days (or times)*：～贫穷落后的山村,如今大变样儿了。～ pínqióng luòhòu de shāncūn, rújīn dà biàn yàngr le. *The poor, backward mountain village of former days has now undergone enormous changes.*

析 xī

【析出】xīchū (动)(1)分析出来 *analyse and find* (2)〈化〉固体从液体或气体中分离出来 *separate out*

牺〔犧〕xī

【牺牲】xīshēng (动)(1)为正义事业而舍弃生命 *sacrifice oneself; die a martyr's death; lay down one's life (for a just cause)*：为革命～ wèi gémìng ～ *sacrifice oneself for the revolution* /流血～ liú xiě ～ *shed one's blood (for a just cause)* /壮烈～ zhuàngliè ～ *die a hero's death* (2)放弃或损害某些利益 *sacrifice; give up; do sth. at the expense of*：～了个人的一切 ～ le gèrén de yíqiè *sacrifice everything one has* /不能为了自己而～别人的利益。Bù néng wèile zìjǐ ér ～ biérén de lìyì. *One cannot sacrifice the interests of others for the benefit of oneself.* (名) *sacrifice*：全局利益要求你们厂作出一些～。Quánjú lìyì yāoqiú nǐmen chǎng zuòchū yìxiē ～. *Your factory is required to make some sacrifices for the interests of the whole.*

【牺牲品】xīshēngpǐn (名)指成为牺牲对象的人或物 *victim; prey*：她成了封建婚姻制度的～。Tā chéngle fēngjiàn hūnyīn zhìdù de ～. *She became a victim of the feudal marriage system.* /我不能做这种肮脏交易的～。Wǒ bù néng

zuò zhě zhōng āngzāng jiāoyì de ～. *I will not fall prey to this kind of dirty deal.*

息 xī

(名)◇(1)呼吸时进出的气 *breath*：为人民战斗到最后一～。Wèi rénmín zhàndòu dào zuì hòu yì ～. *I will fight to the last breath for the people.* /一～尚存,奋斗不止。Yì ～ shàng cún, fèndòu bù zhǐ. *So long as there is breath left in me, I will not stop fighting.* (2)利息 *interest*：低～贷款 dī ～ dài kuǎn *low-interest loan* /还本付～ huán běn fù ～ *repay capital with interest* (动)◇停止 *cease; stop*：～兵罢战～ bīng bà zhàn *cease fighting a war* /掌声经久不～ Zhǎngshēng jīngjiǔ bù ～. *The applause was prolonged.*

【息怒】xī=nù〈书〉停止发怒,多用于劝慰 *cease to be angry; calm down (often used as a plea)*：请～,听我解释。Qǐng ～, tīng wǒ jiěshì. *Please calm down and let me explain.*

【息肉】xīròu (名)〈医〉*polyp; polypus*

【息事宁人】xī shì níng rén 使争端平息,各自相安。多指无原则地调解 *patch up a quarrel and reconcile the parties concerned; make concessions to avoid trouble*：谁是谁非,必须弄清楚,我不赞成～的态度。Shuí shì shuí fēi, bìxū nòng qīngchǔ, wǒ bú zànchéng ～ de tàidu. *It must be made clear who is right and who is wrong. I don't agree with the attitude of letting the matter rest just to avoid trouble.*

【息息相关】xīxī xiāng guān 息息:指呼吸。形容关系极为密切(息息相关):*of breathing) be closely linked; be closely bound up*：这两个厂的命运～。Zhè liǎng ge chǎng de mìngyùn ～. *The fates of these two factories are closely linked together.*

奚 xī

【奚落】xīluò (动)用尖刻的话讥笑别人的毛病、短处,使人难堪 *scoff at; taunt; gibe*：他总是～人,从不正面提意见。Tā zǒngshì ～ rén, cóng bú zhèngmiàn tí yìjiàn. *He's always scoffing at others and has never given any constructive criticism.*

惜 xī

(动)◇爱惜,吝惜 *cherish; value highly*

【惜别】xībié (动·不及物)〈书〉舍不得离开 *be reluctant to part; hate to see sb. go*：他怀着依依～的心情离开了家乡。Tā huáizhe yīyī ～ de xīnqíng líkāile jiāxiāng. *He very reluctantly left his hometown.*

【惜力】xīlì (动·不及物)舍不得花力气 *be sparing of one's energy; not do one's best*：他～,挑轻活干。Tā ～, tiāo qīnghuó gàn. *He's very sparing of his energy and always chooses to do light work.* /小谢干活,从不～。Xiǎo Xiè gàn huó, cóng bù ～. *Xiao Xie never spares himself in his work.*

淅 xī

【淅沥】xīlì (象声)细雨声和落叶声等 *pitter-patter (of rain); rustle (of leaves)*：窗外响起来～的雨声。Chuāng wài xiǎngqǐ ～ de yǔ shēng. *The patter of rain could be heard outside the window.* /深秋的夜晚,微风伴着淅淅沥沥的落叶声,使人感到有点凄凉。Shēnqiū de yèwǎn, wēi fēng bànzhe xīxīlìlì de luòyè shēng, shǐ rén gǎndào yǒudiǎnr qīliáng. *On a late autumn night, the sound of a slight breeze accompanying the rustle of falling leaves makes one feel a little dreary.*

稀 xī

(形)◇(1)(事物)出现得少 *rare; scarce; uncommon*：

物以～为贵 wù yǐ ～ wéi guì *When a thing is scarce, it's precious.* (2) 事物之间空隙大,不紧密 *sparse*;*scattered*:地广人～ dì guǎng rén ～ *a vast, sparsely populated area* /月明星～ yuè míng xīng ～ *The moon is bright and the stars are few.* /他的头发渐渐～了。Tā de tóufa jiànjiàn ～ le. *The hairs on his head are gradually becoming sparse.* (3) 含水多,跟"稠"相对 *watery*;*thin (antonym of "稠" thick)*:～粥～ zhōu *thin gruel* /面和得太～了。Miàn huó de tài ～ le. *The dough is too thin.*

【稀巴烂】xībālàn (形)〈口〉意思同"稀烂" xīlàn *same as "稀烂"* xīlàn

【稀薄】xībó (形)(空气等)密度小,不浓 *thin*;*rare*:高山上空气～。Gāo shān shang kōngqì ～. *The air is thin in the mountains.*

【稀饭】xīfàn (名)同"粥" zhōu *same as "粥"* zhōu

【稀罕】xīhan (形)同"希罕" xīhan (形) *same as "希罕"* xīhan (形)(动)同"希罕" xīhan (动) *same as "希罕"* xīhan (动)

【稀客】xīkè (名)不常来的客人 *rare visitor*:～!～!什么风把你吹来了?～!～! Shénme fēng bǎ nǐ chuīlái le? *A rare visitor indeed! What brings you here?*

【稀烂】xīlàn (形)(1)烂极了 *completely mashed*;*pulpy*;鸡炖得～。Jī dù de ～. *The chicken was stewed to a pulp.* (2)破碎到极点 *smashed to pieces*;*broken to bits*:玻璃杯被砸得～。Bōlibēi bèi zá de ～. *The glass was smashed to smithereens.*

【稀奇】xīqí (形)同"希奇" xīqí *same as "希奇"* xīqí

【稀少】xīshǎo (形)〈书〉(事物)出现得少 *few*;*rare*:行人～ xíngrén ～ *few pedestrians (in the streets)* /人烟～ rényān ～ *be sparsely populated*

【稀释】xīshì (动)在溶液中加入溶剂使其浓度变小 *dilute*

【稀疏】xīshū (形)间隔远,不稠密 *few and scattered*;*few and far between*;*sparse*:秧苗～ yāngmiáo ～ *scattered rice seedlings* /枪声～ de pào shēng *sporadic firing*

【稀松】xīsōng (形)〈口〉(1)能力低或质量不好 *poor*;*sloppy*:别看他年纪大了,干起活来可不～。Bié kàn tā niánjì dà de, gàn qǐ huó lai kě bù ～. *Never mind that he's old; his work is not the least bit sloppy.* (2)不关紧要的 *unimportant*;*trivial*:这些～的事以后再说。Zhèxiē ～ de shì yǐhòu zài shuō. *Let's put these trivial matters aside for now.*

【稀稀拉拉】xīxīlālā (形)稀疏,不稠密 *sparse*;*thinly scattered*:地里的麦苗长得～的。Dì li de màimiáo zhǎng de ～ de. *The wheat seedings are growing sparsely.* /电影厅里～,没几个人。Diànyǐngtīng li ～, méi jǐ ge rén. *There are only a few people scattered here and there in the movie theatre.*

【稀稀落落】xīxīluòluò (形)同"稀稀拉拉" xīxīlālā *same as "稀稀拉拉"* xīxīlālā

【稀有】xīyǒu (形·非谓)〈书〉很少有的,极少见的 *rare*;*unusual*:～动物～ dòngwù *a rare animal* /～的事～ de shì *an unusual matter*

【稀有金属】xīyǒu jīnshǔ 地壳中储藏量少,矿体分散或较难提炼的金属 *rare metal*

【稀有元素】xīyǒu yuánsù 自然界中存在的数量少或很分散的元素 *rare element*

翁 xī

【翕动】xīdòng (动)〈书〉(嘴唇等)一张一合地动 *(of lips, etc.) open and close*;*quiver*

犀 xī

(名)◇犀牛 *rhinoceros*:独角～ dú jiǎo ～ *single-horned rhinoceros*

【犀利】xīlì (形)锐利 *sharp*;*incisive*:言词～ yáncí ～ *sharp words* /～的眼光 ～ de yǎnguāng *sharp eyes*

【犀牛】xīniú (名)[头 tóu] *rhinoceros*

锡〔錫〕 xī

(名) *tin (Sn)*

【锡纸】xīzhǐ (名) *tinfoil*

溪 xī

(名)同"溪流" xīliú *same as "溪流"* xīliú

【溪流】xīliú (名)从山里流出来的小股水流 *brook*;*rivulet*

熙 xī

【熙来攘往】xīláirǎngwǎng (形)同"熙熙攘攘" xīxīrǎngrǎng *same as "熙熙攘攘"* xīxīrǎngrǎng

【熙熙攘攘】xīxīrǎngrǎng (形)形容人来人往,非常热闹 *bustling with activity*;*be a beehive of activity*:农贸市场上顾客～,十分热闹。Nóngmào shìchǎng shang gùkè ～, shífēn rènao. *The farmers' market was extremely lively and bustling with activity.*

蜥 xī

【蜥蜴】xīyì (名)〈动〉[只 zhī] *lizard*

熄 xī

(动)〈书〉熄灭 *extinguish*;*be out*:请～灯。Qǐng ～ dēng. *Please put out the light.* /火已经～了。Huǒ yǐjīng ～ le. *The fire has been out.*

【熄灭】xīmiè (动)〈书〉同"熄" xī *same as "熄"* xī:请把香烟～。Qǐng bǎ xiāngyān ～. *Please extinguish all cigarettes.* /希望之火已经～了。Xīwàng zhī huǒ yǐjīng ～ le. *The flames of hope have already been extinguished.*

嘻 xī

(象声)笑的声音 *sound of laughter*:她不说话,只是～地笑。Tā bù shuō huà, zhǐshì ～～ de xiào. *She didn't say anything. She just giggled.* (叹)〈书〉表示鄙视 *(expresses disdain)* humph:～!谁要你的臭钱?～! Shuí yào nǐ de chòu qián? *Humph! Who wants your stinking money anyway!* /～! 流氓! ～! Liúmáng! *Humph! Hoodlum!* /～! 这群缺乏教育的孩子。～! Zhè qún quēfá jiàoyù de háizi. *Humph! What a bunch of uneducated kids.*

【嘻嘻哈哈】xīxīhāhā (形)笑闹欢乐的样子 *laughing and joking*;*laughing merrily*;*mirthful*:休息的时候,这些年轻人～打闹不停。Xiūxi de shíhou, zhèxiē niánqīng rén ～ dǎ nào bù tíng. *There young people do nothing but laugh and joke around during the rest period.* /他整天～,从没正经过。Tā zhěng tiān ～, cóng méi zhèngjingguo. *He laughs and jokes all day long and has never been serious.*

膝 xī

(名)◇膝盖 *knee*:屈～下跪 qū ～ xiàguì *go down on one's knees* /儿孙绕～ érsūn rào ～ *children and grandchildren crowding around one's knees*

嬉 xī

【嬉笑】xīxiào (动)〈书〉笑着闹着 *be laughing and playing*

【嬉皮笑脸】xī pí xiào liǎn 形容嬉笑顽皮,不严肃的样子,有贬义 *grinning cheekily*;*laugh roguishly and play the fool*;*be frivolous*:你别跟我～的,严肃点! Nǐ bié gēn wǒ ～ de, yánsù diǎnr! *Stop playing the fool with me and be serious!*

蟋 xī

【蟋蟀】xīshuài（名）［只 zhī］cricket

xí

习 〔習〕xí

（动）◇〈书〉（对某事）熟习 get accustomed to; be used to; become familiar with（sth.）：深～水性 shēn ～ shuǐxìng be very good at swimming（名）◇习惯 habit; custom; usual practice：积～难改 jī～ nán gǎi Old habits are hard to change. /相沿成～ xiāng yán chéng ～ become a custom through long usage

【习惯】xíguàn（名）habit; custom; usual practice：养成讲卫生的好～。Yǎngchéng jiǎng wèishēng de hǎo ～. cultivate the good habit of paying attention to hygiene（动）be accustomed to; be used to; be inured to：她～早睡早起。Tā ～ zǎo shuì zǎo qǐ. She's accustomed to going to bed early and rising early. /这种紧张的学习生活，我已经～了。Zhè zhǒng jǐnzhāng de xuéxí shēnghuó, wǒ yǐjīng ～ le. I'm already used to this type of hectic life of studying.

【习惯势力】xíguàn shìlì 长期形成的，一时不易改变的，起约束作用的力量，它常常是旧思想意识的反映 force of habit（that is difficult to change and is often the result of an old way of thinking）：歧视妇女的～还在起作用。Qíshì fùnǚ de ～ hái zài qǐ zuòyòng. The habit of discriminating against women is still around.

【习见】xíjiàn（形）经常见到的（事物，现象）（of things, a phenomenon）commonly seen

【习气】xíqì（名）逐渐形成的，令人生厌的坏作风、坏习惯 bad habit; bad practice：官僚～ guānliáo ～ bad bureaucratic practices /旧～很深 jiù ～ hěn shēn an old and bad habit that is profound /养成了一种公子哥儿的～。Yǎngchéngle yì zhǒng gōngzǐgēr de ～. He has developed the bad habits of a pampered son in a wealthy family.

【习俗】xísú（名）风俗习惯 custom; convention

【习题】xítí（名）教学上用的练习题目 exercises in school work

【习习】xíxí（形）形容风轻轻地吹（of the wind）blow gently：～微风 ～ wēi fēng a gentle breeze blowing

【习性】xíxìng（名）长期形成的习惯与特性 habits and acquired characteristics：他是动物园的饲养员，深知一些动物的～。Tā shì dòngwùyuán de sìyǎngyuán, shēn zhī yìxiē dòngwù de ～. He's an animal keeper in a zoo and knows the habits and acquired characteristics of some animals very well.

【习以为常】xí yǐ wéi cháng 多次做某事或长期处于某种环境中养成了坏习惯 be used（or accustomed）to doing sth.：在这种嘈杂的环境里学习，我早～了。Zài zhè zhǒng cáozá de huánjìng li xuéxí, wǒ zǎo ～ le. I've long been accustomed to studying in this kind of noisy environment.

【习作】xízuò（动）练习写作 do exercises in composition：他勤于～,进步很快。Tā qín yú ～, jìnbù hěn kuài. He works hard at doing exercises in composition, so he has made great progress.（名）练习的作业（文章、绘画、雕塑等）a homework exercise（in composition, drawing, sculpture, etc.）：这幅画是我的～，请多提意见。Zhè fú huà shì wǒ de ～, qǐng duō tí yìjiàn. This painting is my homework exercise. Please offer some opinions on it.

席 xí

（名）（1）席子 [张 zhāng、领 lǐng] mat：草～ cǎo ～ straw mat /凉～ liáng ～ cool sleeping mat /这个村子的妇女都会编～。Zhège cūnzi de fùnǚ dōu huì biān ～. The women in this village can all weave mats.（2）◇座位 seat;

place：请来宾入～。Qǐng láibīn rù ～. Will visitors please take their seats. /提前退～ tíqián tuì ～ walk out ahead of time（3）同"席位" xíwèi same as "席位" xíwèi：在国会中占 28～。Zài guóhuì zhōng zhàn èrshíbā ～. They hold twenty-eight seats in Parliament. /此次选举，××党共获得32～。Cǐ cì xuǎnjǔ, ×× dǎng gòng huòdé sānshí'èr ～. The xx party won a total of thirty-two seats in this election.（量）用于谈话、整桌的筵席（for a talk, banquet）：听了他的一～话，大家都哭了。Tīngle tā de yì ～ huà, dàjiā dōu kū le. Upon hearing his talk, everybody cried. /一～酒花那么多钱，太浪费！Yì ～ jiǔ huā nàme duō qián, tài làngfèi! What a waste to spend so much money on a banquet!

【席地】xídì（副）在地上 on the ground：～而坐 ～ ér zuò sit on the ground

【席卷】xíjuǎn（动）〈书〉像卷席子一样把东西都卷进去 roll up like a mat; take everything away; sweep across：暴风雪～全城。Bàofēngxuě ～ quán chéng. A blizzard swept across the entire city. /罢工风潮～全国。Bà gōng fēngcháo ～ quán guó. The strike unrest swept across the whole country. /他趁房主人不在家，～而光。Tā chèn fáng zhǔrén bú zài jiā, ～ ér táo. He took advantage of the house owner's absence to make off with everything that he could lay hands on.

【席棚】xípéng（名）用席子搭起来的临时棚子 mat shed（for temporary shelter）

【席位】xíwèi（名）集会时个人或团体在会场中所占的位置，也指在议会中或某组织中当选的人数 seat（at a conference, in a legislative, assembly）：今天开会，礼堂里前三排的～是我们系的。Jīntiān kāi huì, lǐtáng li qián sān pái de ～ shì wǒmen xì de. The first three rows of seats in the auditorium are reserved for our departmet at today's meeting. /妇女在议会中占十分之一的～。Fùnǚ zài yìhuì zhōng zhàn shí fēn zhī yī de ～. Women hold one-tenth of the seats in Parliament.

【席子】xízi（名）［张 zhāng、领 lǐng］同"席" xí（名）（1）same as "席" xí（名）（1）

袭 〔襲〕xí

（动）◇袭击，侵袭 make a surprise attack on; raid：偷～敌人 tōu ～ dírén make a surprise attack on the enemy /奇～ qí ～ sneak raid /夜～ yè ～ night raid /寒气～人 hánqì ～ rén The cold air assaulted people.

【袭击】xíjī（动）出其不意地打击 make a surprise attack on; surprise; raid：用炮火～敌人沿前阵地。Yòng pàohuǒ ～ dírén qiányán zhèndì. Surprise the enemy's forward position with artillery fire. /不怕风浪～，奋通前进。Bú pà fēnglàng ～, fènyǒng qiánjìn. He was not afraid of the stormy waves striking him. He kept bravely advancing.

【袭用】xíyòng（动）〈书〉沿袭采用 take over（sth. that has long been used in the past）：这一带山区产石板，居民～石板作房顶。Zhè yīdài shānqū chǎn shíbǎn, jūmín ～ shíbǎn zuò fáng dǐng. This moutain region has flagstone and the residents have long been using it to make roofs.

媳 xí

（名）◇媳妇 daughter-in-law：婆～之间关系不错。Pó ～ zhī jiān guānxì búcuò. Their mother and daughter-in-law relationship is pretty good.

【媳妇】xífù（名）儿子的妻子 daughter-in-law

【媳妇】xífur（名）（1）妻子 wife（2）泛指已结婚的年轻妇女 a young married woman：那个年轻～是去年从外村娶来的。Nàge niánqīng ～ shì qùnián cóng wài cūn qǔlai de. That young woman came here from another village when she married last year.

檄

檄 (名)〈书〉同"檄文"xíwén *same as* "檄文" xíwén

【檄文】xíwén (名)古代用于通知、征召、声讨等的文告 *an official call to arms (in ancient times); official denunciation of the enemy*

xǐ

洗

洗 (动)(1)*wash; bathe*：～头～ tóu *wash one's hair*/～手～ shǒu *wash one's hands*/把衣服～干净。Bǎ yīfu ～ gānjìng. *Wash these clothes clean.* (2)像用水洗净一样杀光、抢光或什么都没有 *kill and loot; ransack*：血～全城 xuè ～ quán chéng *plunge (the inhabitants of) a whole city in a bloodbath*/家贫如～jiā pín rú ～*a home so poor it seems as if it were picked clean* (3)冲洗（指照相的显影、定影）*develop (a film)*：～照片～ zhàopiànr *develop photographs* (4)把（牌）搀和整理，以便继续玩 *shuffle (cards)*：～牌～ pái *shuffle cards*

【洗涤】xǐdí (动)〈书〉*wash; cleanse*：～剂～ jì *detergent*

【洗耳恭听】xǐ ěr gōng tīng 专心致志地听。请人讲话时说的客气话 *listen with respectful attention*：请谈谈你的意见吧，我们一定～。Qǐng tántan nǐ de yìjian ba, wǒmen yídìng ～. *Please discuss your views with us. We will certainly listen with respectful attention.*

【洗劫】xǐjié (动)（把别人的财物）抢光 *loot; sack*：他家被一空。Tā jiā bèi ～ yì kōng. *His home was completely looted of everything.*/这个村子遭到敌人～。Zhège cūnzi zāodào dírén ～. *This village was looted by the enemy.*

【洗礼】xǐlǐ (名)*baptism*

【洗练】xǐliàn (形)（语言、文字等）精练、利索（*of language, writing, etc.*）*terse; succinct*：这篇文章写得相当～。Zhè piān wénzhāng xiě de xiāngdāng ～. *The language in this article is quite succinct.*/影片～地刻画出人物的性格。Yǐngpiānr ～ de kèhuà chū rénwù de xìnggé. *This movie tersely portrays the characters' personalities.*

【洗染店】xǐrǎndiàn (名)*laundering and dyeing shop*

【洗刷】xǐshuā (动)(1)用水洗用刷子刷 *wash (with brush and water)*：把台阶～干净 bǎ táijiē ～ gānjìng *wash the steps clean with brush and water* (2)除去（污点、罪名等）*wash off; clear (sb.) of a charge*：他想法～自己，说明与事故无关。Tā xiǎng fǎ ～ zìjǐ, shuōmíngyǔ shìgù wúguān. *He tried to clear himself off saying that he had nothing to do with the accident.*

【洗手】xǐ = shǒu （多指原来干坏事的人）不再干坏事（*of a thief, bandit, etc.*）*stop doing evil and reform oneself*：这个小偷早已～不干了。Zhège xiǎotōu zǎo yǐ ～ bú gàn le. *This thief stopped doing evil and reformed himself long ago.*

【洗衣粉】xǐyīfěn (名)*washing powder*

【洗衣机】xǐyījī (名)[架 jià、台 tái] *washing machine; washer*

【洗澡】xǐ = zǎo *take (or have) a bath*：你现在想～吗?Nǐ xiànzài xiǎng ～ ma? *Do you want to take a bath now?*/我要洗一个澡。Wǒ yào xǐ yí ge zǎo. *I want to take a bath.* /你敢洗冷水澡吗?Nǐ gǎn xǐ lěngshuǐ zǎo ma? *Do you dare take a cold bath?* /你这个澡怎么洗了这么半天?Nǐ zhège zǎo zěnme xǐle zhème bàntiān? *Why on earth did you take such a long bath?*

铣

铣〔銑〕xǐ (动)*mill*

【铣床】xǐchuáng (名)[台 tái] *milling machine; miller*

【铣工】xǐgōng (名)(1)用铣床进行切削的工作 *milling (work)* (2)使用铣床工作的工人 *miller; milling machine operator*

喜

喜 (动)◇ (1)高兴 *happy; delighted; pleased*：～怒哀乐 ～ nù āi lè *joy, anger, grief and happiness — the gamut of human feeling* /笑在脸上，～在心里。Xiào zài liǎnshàng, ～ zài xīnli. *I have smile on my face and joy in my heart.* (2)喜好，爱好 *be fond of; like; have an inclination for*：好大～功 hǎo dà ～ gōng *have a fondness for the grandiose*/她性格活泼，～音乐。Tā xìnggé huópo, ～ yīnyuè. *She has a vivacious personality and is fond of music.* / 这种花～阴湿，不～阳光。Zhè zhǒng huār ～ yīnshī, bù ～ yángguāng. *This type of flower likes dark, damp areas. It doesn't like sunlight.* (名)◇可庆贺的事 *happy event; occasion for celebration*：报～ bào ～ *report good news*/贺～ hè ～ *congratulate sb. on a happy occasion*/～从天降 ～ cóng tiān jiàng *a godsend*

【喜爱】xǐ'ài (动)〈书〉同"喜欢"xǐhuan (1) *same as* "喜欢" xǐhuan (1)

【喜报】xǐbào (名)印成或写成的报喜的通知 *a bulletin of glad tidings*：送～ sòng ～ *send a bulletin of glad tidings*/立功～ lì gōng ～ *a bulletin announcing meritorious service*/贴出～ tiēchū ～ *put out a bulletin reporting good news*

【喜冲冲】xǐchōngchōng (形)非常高兴的样子 *look exhilarated; be in a joyful mood*：小王～地走进屋里来说，他订婚了。Xiǎo Wáng ～ de zǒu jìn wū li lai shuō, tā dìng hūn le. *Xiao Wang looked exhilarated when he came into the room to announce that he was engaged.* / 他～地回家去了。Tā ～ de huí jiā qu le. *He went home in a joyful mood.*

【喜出望外】xǐ chū wàng wài 因为遇到出乎意料的喜事而感到特别高兴 *be overjoyed (at an unexpected gain, good news, etc.); be pleasantly surprised*：他没想到竟考上清华大学，真是～! Tā méi xiǎngdào jìng kǎoshàngle Qīnghuá Dàxué, zhēn shì ～! *He never expected to pass the entrance exam for Qinghua University and was overjoyed when he did.*

【喜好】xǐhào (动)〈书〉喜欢（做某事）*like; love; be fond of; be keen on (doing sth.)*：～钓鱼 ～ diào yú *be keen on fishing*/～音乐 ～ yīnyuè *be fond of music*

【喜欢】xǐhuan (动)(1)对人或对某事有兴趣、有好感 *like; love; be fond of; be keen on (sb. or sth.)*：～看电影 ～ kàn diànyǐng *like watching movies*/～小孩儿 ～ xiǎoháir *be fond of children*/他～安静。Tā ～ ānjìng. *He likes peace and quiet.* /他很～你。Tā hěn ～ nǐ. *He really likes you.* /我最～吃米饭，不爱吃馒头。Wǒ zuì ～ chī mǐfàn, bú ài chī mántou. *I like eating rice best and don't like eating mantou.* (2)愉快、高兴 *happy; elated; filled with joy*：听说他找到了理想的工作，大家都很～。Tīng shuō tā zhǎodàole lǐxiǎng de gōngzuò, dàjiā dōu hěn ～. *Everybody was elated at the news of his finding the ideal job.*

【喜酒】xǐjiǔ (名)结婚时举行的酒宴 *wedding feast*：你们什么时候请我吃～? Nǐmen shénme shíhou qǐng wǒ chī ～? *When are you inviting me to your wedding feast?*

【喜剧】xǐjù (名)[出 chū] *comedy*

【喜气】xǐqì (名)（由于有值得庆贺的事）而出现的欢乐样子或气氛 *happy expression or atmosphere (because of sth. worth celebrating)*：他一脸～。Tā yì liǎn ～. *His face was filled with joy.* /他～洋洋地跑了出来。Tā ～ yángyáng de pǎole chulai. *He came running out in a jubilant mood.* / 礼堂里充满～。Lǐtáng li chōngmǎn ～. *The auditorium was filled with a happy atmosphere.*

【喜庆】xǐqìng (形)值得高兴和庆祝的 *joyous; jubilant*：今天他结婚，所以是个～的日子。Jīntiān tā jié hūn, suǒyǐ shì ge ～ de rìzi. *He is getting married today, so this is a day of jubilation.*

【喜鹊】xǐquè (名)[只 zhī] *magpie*

【喜人】xǐrén (形)〈书〉使人高兴 *gratifying; satisfying*：生

产发展的形势～。Shēngchǎn fāzhǎn de xíngshì ～. *The situation concerning the development of production is gratifying.* / 秋庄稼的长势～。Qiū zhuāngjia de zhǎngshì ～. *The autumn crops are growing beautifully.* / 传来了～的消息。chuánlaile ～ de xiāoxi *Good news was passed on this way.*

【喜色】xǐsè (名)〈书〉欢喜的神色 happy expression; joyful look：听了这个消息，他面有～。Tīngle zhège xiāoxi, tā miàn yǒu ～. *When he heard this news, his face wore a happy expression.*

【喜事】xǐshì (名)(1)值得庆贺的事 happy event; joyous occasion：这么高兴，有什么～? Zhème gāoxìng, yǒu shénme ～? *What's occasion for you to be so happy?* (2)特指结婚 wedding：他下周办～。Tā xià zhōu bàn ～. *His wedding is next week.*

【喜糖】xǐtáng (名)结婚时请亲友吃的糖果 candy given out to friends when one gets married

【喜闻乐见】xǐ wén lè jiàn 喜欢听，乐意看，形容很受欢迎 love to see and hear; be welcome：宣传工作要采取群众～的形式。Xuānchuán gōngzuò yào cǎiqǔ qúnzhòng ～ de xíngshì. *Propaganda must adopt the form of things the masses love to see and hear.*

【喜笑颜开】xǐ xiào yán kāi beaming; be all smiles

【喜新厌旧】xǐ xīn yàn jiù〈贬〉喜欢新的，厌弃原有的。多指爱情不专一 love the new and loathe the old — be fickle in affection

【喜形于色】xǐ xíng yú sè 形：表露；色：脸色。内心的高兴表现在脸上。形容抑制不住的内心喜悦 (形；reveal; 色：a look) be visibly pleased; light up with pleasure

【喜讯】xǐxùn (名)令人高兴的消息 happy news; good news; glad tidings

【喜洋洋】xǐyángyáng (形)非常欢乐的样子 beaming with joy; radiant：过年的时候,孩子们一起放鞭炮。Guò nián de shíhou, háizimen ～ de fàng biānpào. *Children beam with joy as they set off firecrackers at New Year's.*

【喜雨】xǐyǔ (名)庄稼正需要水时下的雨 seasonable rain; a welcome fall of rain：昨天华北地区普降～。Zuótiān Huáběi dìqū pǔ jiàng ～. *A seasonable rain fell over the north of China yesterday.*

【喜悦】xǐyuè (形)〈书〉高兴，愉快, happy; joyous：十分～ shífēn ～ *extremely happy* / ～的心情 ～ de xīnqíng *a happy mood*

xì

戏〔戲〕xì (名)[出 chū] drama; play; show：看～ kàn ～ *see a play, an opera, etc.* / 听～ ting ～ *go to the opera* / 这出～演得真好。Zhè chū ～ yǎn de zhēn hǎo. *This play was very well performed.*

【戏法】xìfǎ (名) conjuring; juggling; tricks; magic：你会变～吗? Nǐ huì biàn ～ ma? *Can you juggle?*

【戏剧】xìjù (名) drama; play; theatre

【戏剧性】xìjùxìng (名)像演戏一样的事物的特征(有矛盾冲突或激烈、曲折的情节等) dramatic (when there's a conflict, a clash, complicated circumstances, etc.)：这件事真有点儿～。Zhè jiàn shì zhēn yǒu diǎnr ～. *This matter really has a bit of drama to it.* / 这个家庭十年中所经历的悲欢离合，富有～。Zhège jiātíng shí nián zhōng suǒ jīnglì de bēi huān lí hé, fùyǒu ～. *The so-called vicissitudes of life experienced by this family in the past ten years are very dramatic.*

【戏弄】xìnòng (动)〈贬〉恶意地开玩笑，捉弄人，拿人开心 make fun of; play tricks on; tease; kid：随便～人,这可不好! Suíbiàn ～ rén, zhè kě bù hǎo! *Playing tricks on people at random is not nice!*

【戏曲】xìqǔ (名)指中国传统戏剧,包括昆曲、京剧、各种地方戏 traditional Chinese opera, including Kunqu opera, Beijing opera and all other local operas

【戏耍】xìshuǎ (动)戏弄玩耍 play; frolic：孩子们在雪地里～。Háizimen zài xuědì li ～. *The children are frolicking in the snow.*

【戏台】xìtái (名)〈口〉舞台 stage

【戏谑】xìxuè (动)用引人发笑的趣话开玩笑 banter; crack jokes

【戏言】xìyán (名)〈书〉开玩笑的话 casual remark; joke：军中无～。Jūn zhōng wú ～. *There is no joking in the armed forces.*

【戏院】xìyuàn (名) theatre

【戏装】xìzhuāng (名)戏曲演员表演时所穿戴的衣服、鞋帽等 theatrical (or stage) costume

系 xì (名)高等学校中按学科划分的教学行政单位 department (in a college); faculty：中文～ Zhōngwén ～ *Department of Chinese Language* / 物理～ wùlǐ ～ *Department of Physics* / 我们在一个～工作。Wǒmen zài yí ge ～ gōngzuò. *We work in the same department.* / 你在哪个～学习? Nǐ zài nǎge ～ xuéxí. *In which department are you studying?* (动)(1)〈紧〉把人或东西捆住或用工具往上提或往下送 tie; fasten; lower or raise (sth.)：从井里把水～上来。Cóng jǐng li bǎ shuǐ ～ shanglai. *Draw the water from the well.* / 把他～下井去捞掉下去的水桶。Bǎ tā ～ xià jǐng qu lāo diào xiaqu de shuǐtǒng. *Lower him into the well to scoop up the water bucket that fell there.* (2)〔係〕〈书〉是 be：孔子～山东曲阜人。Kǒngzǐ ～ Shāndōng Qūfùrén. *Confucius was a native of Qufu in Shandong.* / 纯～捏造 chún ～ niēzào *be purely fabricated* / 确～实情 què ～ shíqíng *be the actual state of affairs* (3)〔係、繫〕〈书〉联系、决定 relate to; bear on：性命所～ xìngmìng suǒ ～ *have a direct bearing on one's life* / 成败～于此举 chéngbài ～ yú cǐ jǔ *Success or failure hinges on this one action.* 另见 jì

【系列】xìliè (名)相关联的同性质的成组成套事物 series; set：这是最新生产的～产品。Zhè shì zuì xīn shēngchǎn de ～ chǎnpǐn. *This is the newest series of products.* / 这种化妆品是成～。Zhè zhǒng huàzhuāngpǐn shì chéng ～ de. *This type of cosmetic was made into series.*

【系列化】xìlièhuà (动)在产品设计中,使同一类别、不同规格的产品的主要参数按一定的规律排列起来;或在已有产品的整顿工作中,对规格、结构不同而作用相同的同类产品加以选择、定型,按规定系列归类 serialize (products)

【系数】xìshù (名)(数)(1)与未知数相乘的数字或文字 coefficient (2)科技上用以表示某种性质的程度或比率的数 in science and technology) constant factor; coefficient：安全～ ānquán ～ *safety factor* / 膨胀～ péngzhàng ～ *coefficient of expansion*

【系统】xìtǒng (名)同类事物按一定关系组成的整体 system：组织～ zǔzhī ～ *system of organization* / 灌溉～ guàngài ～ *irrigation system* / 银行～ yínháng ～ *banking system* (形)有条理的 systematic：～讲解 ～ jiǎngjiě *explain in a systematic way* / ～的研究 ～ de yánjiū *systematic research* / 展览内容很～。Zhǎnlǎn nèiróng hěn ～. *The contents of the exhibit are arranged in a very systematic way.*

【系统性】xìtǒngxìng (名) systematicness：他讲课～很强。Tā jiǎng kè ～ hěn qiáng. *He has a strong systematic way of teaching.* / 这套丛书编排得很有～。Zhè tào cóngshu biānpái de hěn yǒu ～. *The layout in this set of books has a systematicness to it.*

细〔細〕xì (形)(1)(条状物)横截面小的或(长条物)两边距离近

的 thin (strips)；slender：～毛线 ～ máoxiàn thin knitting wool / 手指又～又长。Shǒuzhǐ yòu ～ yòu cháng. Her fingers are long and slender. / 这扁竹竿太～，不结实。Zhè gēn zhúgānr tài ～, bù jiēshi. This bamboo pole is too thin, so it's not sturdy. / 他爱吃一面条。Tā ài chī ～ miàntiáo. He likes to eat slender noodles. (2)颗粒小的 in small particles；fine：～沙 ～ shā fine sand/ 精米 jīng mǐ ～ miàn refined rice and finely ground flour (3)轻微的 thin and soft：～声～气 ～ shēng ～ qì in a soft voice；softspoken/ 声音很～。Shēngyīn hěn ～. Her voice is very soft. (4)◇微小，详细 minute；trifling：事无巨～，他都认真对待。Shì wú jù ～, tā dōu rènzhēn duìdài. He approaches all matters big and small with great earnest. / 了解～情的人说，他二人的纠纷是从经济上引起的。Liǎojiě ～ qíng de rén shuō, tā èr rén de jiūfēn shì cóng jīngjì shàng yīnqǐ de. Someone who is familiar with the details of the situation said that the reason for the dispute between those two was financial. / 我先给你五十元，有空咱们再算～账。Wǒ xiān gěi nǐ wǔshí yuán, yǒu kòng zánmen zài suàn ～ zhàng. I'll give you fifty yuan for now. When you have some free time, we'll make an itemized account. (5)精细 fine；exquisite；delicate：～瓷 ～ cí fine china/ 活儿做得真～。Huór zuò de zhēn ～. This work was very exquisitely done. (6)细致，周密 meticulous；detailed；careful：你再～看，这信是谁写的。Nǐ zài ～ kàn, zhè xìn shì shuí xiě de. Examine this letter again carefully to see who wrote it. / 工作程序他考虑得很～。Gōngzuò chéngxù tā kǎolǜ de hěn ～. He has thought over the work procedure very carefully. (7)节俭 thrifty；frugal：她过日子一极了。Tā guò rìzi ～ jí le. She leads an extremely frugal life.

【细胞】xìbāo (名)〈生理〉cell

【细菜】xìcài (名)指成本高、质量好的蔬菜。如北方冬季的黄瓜、西红柿等 high-cost quality vegetables，e. g. cucumbers, tomatoes, etc. grown in winter in the North

【细活儿】xìhuór (名)精心细致的活儿，指技术性强，消耗体力少的工作 a job requiring fine workmanship or meticulous care；skilled work：“慢工出～”只是你工作慢的借口！"Màn gōng chū ～" zhǐ shì nǐ gōngzuò màn de jièkǒu! "Slow work yields fine products" is just your excuse for working slowly!

【细节】xìjié (名)细小的情节或环节 details；particulars

【细菌】xìjūn (名)germ；bacterium

【细粮】xìliáng (名)指大米和白面，与玉米、小米、高粱等粗粮相对 rice, flour (antonym of "粗粮" such as corn, millet, Chinese sorghum, etc.)

【细密】xìmì (形)(1)精细密实 fine and closely woven；close：这种布织得很～。Zhè zhǒng bù zhī de hěn ～. This type of cloth is very closely woven. (2)仔细 meticulous；careful：考虑～ kǎolǜ ～ think over very carefully/ ～的分析研究 ～ de fēnxī yánjiū detailed analysis and study

【细目】xìmù (名)详细的项目或目录 detailed catalogue or item

【细嫩】xìnèn (形)(皮肤、肌肉等)光滑柔软 (of skin, muscles, etc.) delicate；tender：婴儿～的皮肤 yīng'ér ～ de pífū the delicate skin of infants

【细腻】xìnì (形)(1)精细光润 fine and smooth：皮肤～ pífū ～ fine and smooth skin (2)(描写、表演等)非常细致 (of a description, performance, etc.) minute；delicate：她把剧中女主角的感情演得十分～。Tā bǎ jù zhōng nǚ zhǔjué de gǎnqíng yǎn de shífēn ～. She gave an exquisite performance of the emotions of the leading lady in this play. / 这部小说有～的心理描写。Zhè bù xiǎoshuō yǒu ～ de xīnlǐ miáoxiě. This novel gives minute psychological descriptions.

【细软】xìruǎn (名)指金银首饰以及贵重衣服等 jewelry, expensive clothing and other valuables：那个城市沦陷时，他

们一家只带了一点～逃出来。Nàge chéngshì lúnxiàn shí, tāmen yì jiā zhǐ dàile yìdiǎnr ～ táo chulai. When that city fell into enemy hands, their family escaped with just a few valuables.

【细弱】xìruò (形)细小柔弱 thin and delicate；slim and fragile：～的手指 ～ de shǒuzhǐ thin and delicate fingers/ 麦苗长得十分～，得加肥才行。Màimiáo zhǎng de shífēn ～, děi jiā féi cái xíng. The wheat seedlings are coming out very thin and delicate. Fertilizer will have to be added.

【细纱】xìshā (名)粗纱再纺而成的纱，用来织布或绞线 spun yarn

【细水长流】xì shuǐ cháng liú (1)比喻节约使用财物，使经常不短缺 economize to avoid running short：妈妈过日子很节省，她主张～。Māma guò rìzi hěn jiéshěng, tā zhǔzhāng ～. Mom leads a frugal life. She maintains that economy avoids one from running short. (2)比喻一点一滴不间断地做某事 go about sth. little by little without letting up；make a moderate but constant effort：他每月都存一点钱，～，现在已存了上千元了。Tā měi yuè dōu cún yìdiǎnr qián, ～, xiànzài yǐ cúnle shàng qiān yuán le. He puts a little money aside every month, making a moderate but constant effort to save, and now he has already saved almost a thousand yuan.

【细碎】xìsuì (形)(声音)细小零碎 (of sound) in small, broken bits：～的脚步声 ～ de jiǎobù shēng the sound of light and hurried footsteps/ 秋夜隐约可以听见窗外的～的落叶声。Qiūyè yǐnyuē kěyǐ tīngjian chuāng wài ～ de luò yè shēng. On an autumn night, one can faintly hear the slight, periodic sound of falling leaves outside the window.

【细微】xìwēi (形)〈书〉细小，微小 slight；fine；subtle：～的声音 ～ de shēngyīn a slight sound/ 两年不见，他的样子总会有些～的变化。Liǎng nián bú jiàn, tā de yàngzi zǒng huì yǒu xiē ～ de biànhuà. You haven't seen each other for two years. His appearance will have inevitably undergone subtle changes. / 这两种纸的差别太～了，我分不出来。Zhè liǎng zhǒng zhǐ de chābié tài ～ le, wǒ fēn bu chūlái. The difference between these two types of paper is too subtle. I can't make it out.

【细小】xìxiǎo (形)〈书〉很小 very small；tiny；fine；trivial：～的雪花 ～ de xuěhuā tiny snowflakes/ ～的事情 ～ de shìqing a trivial matter

【细心】xìxīn (形)形容用心细致 careful；attentive：～挑选 ～ tiāoxuǎn carefully choose/ ～观察 ～ guānchá carefully observe/ ～研究 ～ yánjiū carefully study/ 他是个～人。Tā shì ge ～ rén. He's a very careful person. / 她很～, 管账合适。Tā hěn ～, guǎn zhàng héshì. She's very careful, so she's suitable for managing accounts.

【细则】xìzé (名)有关规章制度等的详细条例、规则 detailed rules and regulations

【细致】xìzhì (形)精细周密，常形容工作态度或做工 careful；meticulous；painstaking (often refers to one's work or work attitude)：对病人的照顾～周到。Duì bìngrén de zhàogu ～ zhōudào. She's very careful and considerate when taking care of patients. / 别看只有个布娃娃，手工非常～。Bié kàn zhǐ shì ge bù wáwa, shǒugōng fēicháng ～. Regardless of the fact that it's just a cloth doll, the handwork is extremely meticulous.

xiā

呷 xiā (动)〈方〉喝，饮 sip：～了一口茶 ～le yì kǒu chá took a sip of tea

虾 〔蝦〕xiā (名)[只 zhī]shrimp

【虾米】xiāmi（名）晒干的去壳去头的虾 dried, shelled shrimps

【虾皮】xiāpí（名）(～儿)连壳蒸熟后晾干的极小的虾。也叫"虾米皮儿"xiāmǐpír dried small shrimps (also called "虾米皮儿" xiāmǐpír)

【虾仁儿】xiārénr（名）新鲜的去壳去头的虾 shelled fresh shrimps; shrimp meat：来一盘炒～吧。Lái yì pán chǎo ～ ba. I'd like a plate of fried shelled shrimps.

【虾子】xiāzǐ（名）shrimp roe (or eggs)

瞎 xiā（动）丧失视觉 blind：他～了一只眼。Tā ～ le yì zhī yǎn. He was blinded in one eye. （副）表示主观上缺乏对事物的了解 (indicates a lack of subjective understanding of sth.) 盲目地、无目的地 foolishly; to no purpose：这些小足球迷们，下课铃一响，就抱着球到外面一踢。Zhèxiē xiǎo zúqiúmímen, xià kè líng yì xiǎng, jiù bàozhe qiú dào wàimian ～ tī. As soon as the bell announcing the end of class rings, these little foodball fans run outside hugging a ball to kick it around. /有的孩子爱在墙上～画。Yǒude háizi ài zài qiáng shang ～ huà. Some children like to scribble on walls. /他们每天晚上聚在一起～聊。Tāmen měi tiān wǎnshang jù zài yìqǐ ～ liáo. They get together every evening to chat about everything under the sun. (2) 随便地、无根据地 groundlessly; at random：这故事是你自己～编的, 没意思。Zhè gùshi shì nǐ zìjǐ ～ biān de, méi yìsi. You just made up this story at random. It's not interesting. /我不是～估计, 是有事实根据的。Wǒ bú shì ～ gūjì, shì yǒu shìshí gēnjù de. I'm not making a wild guess. I'm basing this on fact. (3) 白白地、无效果地 in vain; for nothing：妈, 这是我自己的事, 谁让你～操心。Mā, zhè shì wǒ zìjǐ de shì, shuí ràng nǐ ～ cāo xīn. Mom, this is my own business. Don't worry yourself for nothing. /他不来也没关系, 你～着什么急? Tā bú lái yě méi guānxi, nǐ ～ zháo shénme jí? It doesn't matter if he's not coming. Why are you worrying for nothing?

【瞎扯】xiāchě（动）〈口〉(1) 没有话题, 东拉西扯 talk at random about anything under the sun：晚饭后那帮人围坐在一起～。Wǎnfàn hòu nà bāng rén wéi zuò zài yìqǐ ～. After supper, that group of people gathered together to sit around and talk about everything under the sun. (2) 没有根据地胡说 talk irresponsibly; talk rubbish：说小王离过婚, 这简直是～。Shuō Xiǎo Wáng líguo hūn, zhè jiǎnzhí shì ～. To say that Xiao Wang has once divorced is simply talking rubbish.

【瞎话】xiāhuà（名）〈口〉lie; untruth：他总爱说～。Tā zǒng ài shuō ～. He's always telling lies.

【瞎说】xiāshuō（动）〈口〉(1) 无根据地乱说 talk irresponsibly; talk rubbish; talk nonsense：你别～, 我哪儿会写诗! Nǐ bié ～, wǒ nǎr huì xiě shī! Stop talking nonsense. I can't write poems! /你考得不好? ～! 98分还不好! Nǐ kǎo de bù hǎo? ～! Jiǔshíbā fēn hái bù hǎo? You say you didn't do well on the exam? Nonsense! What's so bad about a 98! /别听他～, 他哪有三十岁? Bié tīng tā ～, tā nǎr yǒu sānshí suì? Don't listen to his nonsense. He's not thirty years old! (2) 不分对象 speak groundlessly; talk at random：这件事你自己知道就行了, 不要满处～。Zhè jiàn shì nǐ zìjǐ zhīdao jiù xíng le, búyào mǎnchù ～. As long as you know about this matter, it's enough. Don't go talking about it everywhere.

【瞎抓】xiāzhuā（动）〈口〉做事没计划没条理 do things without a plan; go about sth. in a haphazard way：工作不分轻重缓急, ～一气。Gōngzuò bù fēn qīng zhòng huǎn jí, ～ yī qì. He doesn't do his work in order of importance and urgency. He just goes at it in a haphazard way. / 要抓住当

前的主要任务, 别～! Yào zhuāzhu dāngqián de zhǔyào rènwu, bié ～! You must get a grasp on the task at present and not go about things in a haphazard way.

【瞎子】xiāzi（名）〈口〉对盲人很不客气的说法 blind person (impolite form of address)

xiá

匣 xiá（名）◇ small box (or case); casket：首饰～ shǒushi ～ jewelry case

【匣子】xiázi（名）[个 gè] small box (or case); casket

侠 〔俠〕xiá

【侠客】xiákè（名）旧时指有武艺, 讲义气, 见义勇为, 舍己助人的人 (in ancient times) person adept in martial arts and given to chivalrous conduct

【侠义】xiáyì（形）〈旧〉指有义气, 肯舍己助人的 chivalrous：～之举 ～ zhī jǔ a chivalrous deed

峡 〔峽〕xiá

（名）◇ 两山夹水的地方, 多用于地名 gorge：长江三～ Cháng Jiāng Sān ～ the Three Gorges of the Changjiang River

【峡谷】xiágǔ（名）gorge; canyon

狭 〔狹〕xiá

（形）◇狭窄 narrow

【狭隘】xiá'ài（形）(1) 宽度小 narrow：～的山间小路 ～ de shān jiān xiǎo lù a narrow mountain pass (2) (心胸, 气量) 小, 想的、看的不远 (of breadth of mind, tolerance) narrow and limited; parochial：心胸～ xīnxiōng ～ be narrow-minded /思想～ sīxiǎng ～ parochial thinking /～的见识 ～ de jiànshi narrow experience and limited knowledge

【狭长】xiácháng（形）窄而长 long and narrow：～的山谷 ～ de shāngǔ long and narrow mountain valley /～的走廊 ～ de zǒuláng long and narrow corridor

【狭路相逢】xiá lù xiāng féng one always encounters one's enemy on a narrow road

【狭小】xiáxiǎo（形）同"狭窄" xiázhǎi same as "狭窄" xiázhǎi：道路～ dàolù ～ narrow road /心胸～ xīnxiōng ～ be narrwo-minded /气量～ qìliàng ～ intolerant /眼光～ yǎnguāng ～ have narrow insight

【狭义】xiáyì（名）narrow sense："古诗"有两个意思：～的"古诗"是区别于律诗绝句的一种诗体, 韵律比较自由；广义的"古诗"泛指古代的诗, 区别于新诗。"Gǔshī" yǒu liǎng ge yìsi：～ de "gǔshī" shì qūbié yú lǜshī juéjù de yì zhǒng shītǐ, yùnlǜ bǐjiào zìyóu；guǎngyì de "gǔshī" fànzhǐ gǔdài de shī, qūbié yú xīnshī. "Classical poem" has two meanings: in the narrow sense, it is differentiated from the poetic forms "lǜshī" and "jueju" and has a relatively free style of verse; in broad sense, it generally refers to classical poems as distinguished from free verse written in the vernacular.

【狭窄】xiázhǎi（形）(1) 不宽 narrow; cramped：屋子很～, 坐不下这么多人。Wūzi hěn ～, zuò bu xià zhème duō rén. The room is very cramped. It can't seat so many people. /～的楼道里还放着许多东西。～ de lóudào li hái fàngzhe xǔduō dōngxi. Many things are lying in the already-cramped passageway. (2) (心胸, 见识) 不宽广 (of breadth of mind, experience and knowledge) narrow and limited; narrow：心胸～ xīnxiōng ～ be narrow-minded / 思路～ sìlù ～ have a narrow train of thought

遐 xiá

【遐迩】xiá'ěr（名）〈书〉远处和近处 far and near；闻名～wénmíng ～ one's reputation spread far and wide

【遐想】xiáxiǎng（动）无边际地想像 reverie；daydream：他望着远山，凝神～。Tā wàngzhe yuǎn shān, níngshén ～. He gazed into the distant mountains and daydreamed with rapt attention. /年轻人～着未来。Niánqīng rén ～zhe wèilái. Young people daydream about the future.

霞 xiá

（名）rosy clouds；morning or evening glow

【霞光】xiáguāng（名）阳光穿过云层放出彩色的光芒 colourful rays of morning or evening light piercing through the clouds

xià

下 xià

（名）（与"上"相对）below；underneath（antonym of "上"（above））(1)位置在低处的 below；down；under；underneath：往～看 wǎng ～ kàn look down /手心朝～shǒu xīn cháo ～ the palm of one's hand facing down (2)用在其他名词后，表示位置在低处 used after another noun to indicate a lower position：窗～ chuāng ～ beneath the window/ 树～ shù ～ under a tree /屋檐～ wūyán ～ under the eaves/ 床～ chuáng ～ under a bed (3)用在其他名词或量词前，表示次序或时间在后的 used before another noun or classifier）next；latter；second：～集 jí the last volume of a collection of two or three /～册 ～ cè the second of two volumes /～回 ～ huí next time /～半部 ～ bànbù the latter half/ 一个月 ～ ge yuè next month（动）(1)（与"上"相对）由高处到低处 indicates movement from a higher place to a lower place；antonym of "上" indicating movement from a lower place to a higher place））：～车 ～ chē get off.a bus /～山 ～ shān go down a mountain /～楼 ～ lóu go downstairs /～床 ～ chuáng get out of bed /顺流而 ～ shùn liú ér ～ go downstream (2)喻指到基层 go to (the basic level)：～连队当兵 ～ liánduì dāng bīng (of officers) go to the companies to serve in the ranks /～乡劳动 ～ xiāng láodòng go to the countryside to do manual labour /～车间当工人 ～ chējiān dāng gōngrén (of leaders) go to the workshops to serve as a worker (3)到低处去 go down：～河 ～ hé go down a river/ ～井 ～ jǐng go down a well (4)降落（雨雪等）(of rain, snow, etc.) fall：～雨 ～ yǔ to rain /～雪 ～ xuě to snow/ ～冰雹 ～ bīngbáo to hail (5)发布 issue；deliver；send：～命令 ～ mìnglìng issue an order/ ～通知 ～ tōngzhī issue a notice/ ～挑战书 ～ tiǎozhànshū issue a letter of challenge (6)放入 put in；cast：～面条 ～ miàntiáo cook noodles /～饺子 ～ jiǎozi put dumplings in (boiling water)/ ～种 ～ zhǒng sow seeds (7)（与"上"相对）按规定时间结束某种活动 finish (an activity) (antonym of "上" (start))：～课 ～ kè finish class/ ～工 ～ gōng knock off (work) /～班 ～ bān come or get off work/ ～操 ～ cāo finish drilling (8)作出 form (an opinion, idea, etc.)：～结论 ～ jiélùn draw a conclusion /～批语 ～ pīyǔ submit remarks in writing/ ～断语 ～ duànyǔ come to a conclusion (9)◇使用、做或开始使用、做 apply；use；put into use：不～力气怎么行？Bú ～ lìqi zěnme xíng？It won't do if one doesn't make an effort. / 只要肯～功夫就能学会。Zhǐyào kěn ～ gōngfu jiù néng xuéhuì. As long as one is willing to make an effort, one can learn. /不知怎样～笔。Bù zhī zěnyàng ～ bǐ. I don't know how to begin to write. /他要～毒手了。Tā yào ～ dúshǒu le. He is going to lay murderous hands on him. (10)指动物生产 (of animals) give birth to；

lay：母鸡～蛋。Mǔjī ～ dàn. The hen laid eggs. / 母猪～了一窝小猪。Mǔzhū ～le yì wō xiǎo zhū. The sow gave birth to a litter of piglets. 放在动词后做补语 used after a verb as a complement (1)表示由高到低（和"下来""下去"作补语 (1)同义，方向除外） indicates movement from a higher place to a lower one（synonym of "下来" and "下去"（1）except for the direction relating to the speaker）)：坐～ zuò ～ sit down /躺～ tǎng ～ lie down /低～头 dī ～ tóu hang one's head /把箱子放～。Bǎ xiāngzi fàng ～. Put the box down. (2)表示脱离某位置 indicates removal of sth. away from a position)：脱～衣服 tuō ～ yīfu take off one's clothes /摘～手套 zhāi ～ shǒutàotake off one's gloves (3)表示攻克、得到 indicates overcoming or obtaining sth.）：攻～一个县城 gōng ～ yí ge xiànchéng capture a county town /打～了许多粮食 dǎ ～le xǔduō liángshi having harvested a lot of grain /收～了礼物 shōu ～ le lǐwù have accepted a gift (4)表示使事物得到保存或使人不离去（(2)(3)(4)和"下来"作补语(2)(3)(4)同义，但必须有宾语）indicates sth. that is preserved or sb. who is kept from leaving (2)(3)(4) is synonym of "下来" as a complement (2)(3)(4)；an object is necessary)：请写～你的名字。Qǐng xiě~ nǐ de míngzi. Please write down your name. /把那本书留～。Bǎ nà běn shū liú~. Keep that book. /留～他看家。Liú～ tā kān jiā. Ask him to stay and mind the house. / 拍～这个场面。Pāi～ zhège chǎngmiàn. Shoot this scene. (5)表示使事物作为某种结果而存在 indicates the completion or result of an action)：打～一个好的基础 dǎ ～ yí ge hǎo de jīchǔ have laid a good foundation /立～誓言 lì ～ shìyán take an oath /惹～麻烦了 rě ～ máfan le have asked for trouble (6)表示有足够的空间容纳 used to indicate that there is enough space for sth.）：这屋子能坐～三十人吗？Zhè wūzi néng zuò~ sānshí rén ma? Can this room seat thirty people? /这口袋一定能装～三十斤米。Zhè kǒudai yídìng néng zhuāng～ sānshí jīn mǐ. This sack will certainly hold thirty jin of rice. (量)表示动作的次数 used to indicate the number of times an action takes place)：钟打了三～。Zhōng dǎle sān ～. The clock struck three times. /摇了一～手 yáole yí ～ shǒu gave a wave of the hand

【下巴】xiàba（名）〈生理〉the lower jaw；chin

【下半旗】xià bànqí fly a flag at half-mast

【下半晌】xiàbànshǎng（名）〈口〉同"下午" xiàwǔ same as "下午" xiàwǔ

【下半天】xiàbàntiān（名）(～儿)同"下午" xiàwǔ same as "下午" xiàwǔ

【下半夜】xiàbànyè（名）后半夜 the time after midnight；the latter half of the night

【下笔】xià=bǐ 开始写或画 put pen to paper；begin to write or paint：文章～难。Wénzhāng ～ nán. It's difficult to begin writing an article. /画这么一张画，从哪儿～？Huà zhème yì zhāng huà, cóng nǎr ～? Where does one begin to paint such a painting?

【下边】xiàbiān（名）below；under；underneath：桌子～有一张纸。Zhuōzi ～ yǒu yì zhāng zhǐ. There's a piece of paper under the desk. / 床～放了两双鞋。Chuáng ～ fàngle liǎng shuāng xié. Two pairs of shoes were placed under the bed. /～我开始讲第二个问题。～ wǒ kāishǐ jiǎng dì'èr ge wèntí. Next, I will start to discuss the second question.

【下不为例】xià bù wéi lì 以后不能以此为例，表示只允许这一次，下次不能这样做 not to be taken as a precedent；not to be repeated：这本词典只能让你带回家用一天，而且～。Zhè běn cídiǎn zhǐ néng ràng nǐ dàihuí jiā yòng yì tiān, ér qiě ～. I can only let you take this dictionary home for one day and just this once.

【下策】xiàcè（名）不高明的计策或办法 a bad plan；an unwise decision；a stupid move

【下层】xiàcéng（名）(1)下边的一层或几层 lower level or levels：书架的～ shūjià de ～ the lower levels of the bookshelf /柜子的～ guìzi de ～ the lower levels of a cabinet (2)基层 lower strata；grassroots：深入～ shēnrù ～ go down to the grassroots level /～工作人员～ gōngzuò rényuán lower strata workers

【下厂】xià＝chǎng（领导机关的干部）到工厂去（参加劳动或检查工作）(of a leading cadre) go to the factory (to participate in or inspect work)

【下场】xiàchang（名）结局（多指坏的结局）end；fate (usu. refers to a sorry fate)：可耻的～ kěchǐ de ～ a disgraceful end/ 可悲的～ kěbēi de ～ a sad fate /他的～又如何呢？Tā de ～ yòu rúhé ne? And to what end did he come? /他不会有好～。Tā bú huì yǒu hǎo ～. He will certainly come to no good end.

【下场】xià＝chǎng 演员或运动员退场 go off stage；exit；leave the playing field

【下沉】xiàchén（动）从水面往水里沉没；地壳下陷 sink；subside；submerge：船慢慢地～。Chuán mànman de ～. The ship slowly sank. / 这座山平均每年～一厘米。Zhè zuò shān píngjūn měi nián ～ yì límǐ. This mountain sinks an average of one centimetre per year.

【下垂】xiàchuí（动）物体的一头向下坠 hang down；droop：柳枝～ liǔ zhī ～ drooping willow branches /胃～ wèi ～ gastroptosis

【下达】xiàdá（动）向下级发布或传达 make known (or transmit) to lower levels：～命令～ mìnglìng issue orders /～指示～ zhǐshì give instructions/生产指标已～到工厂。Shēngchǎn zhǐbiāo yǐ ～ dào gōngchǎng. The production target has already been transmitted to the factory.

【下等】xiàděng（形）等级或质量最低的 low-grade；inferior

【下地】xià＝dì (1)到田地里去 go to work in the fields /他天不亮就～了。Tā tiān bú liàng jiù ～ le. It wasn't even daybreak yet when he went to the fields. (2)从床上下来 leave a sickbed；be up and about：他病好点儿了，刚能～。Tā bìng hǎo diǎnr le, gāng néng ～. He's feeling a bit better and is just able to get up and be about. / 我的脚扭伤了，一个星期下不了地。Wǒ de jiǎo niǔshāng le, yí ge xīngqī xià bu liǎo dì. I sprained my foot and was in bed for a week.

【下凡】xià＝fán 神话中指神仙从天上下到人间 (of gods or immortals) descend to the world

【下饭】xià＝fàn (1)（某种菜）帮助把主食吃下去 (of a dish) go with rice：炒辣椒很～。Chǎo làjiāo hěn ～. Stir-fried chilli peppers go well with rice. (2)宜于和饭一起吃 go well with rice：香肠下酒不～。Xiāngcháng xià jiǔ bú ～. Sausage goes well with wine, not with rice.

【下放】xiàfàng（动）(1)把（某些权力）交给下层机构 transfer (authority) to a lower level：权力～ quánlì ～ transfer power to a lower level /把生产指挥权～到车间。Bǎ shēngchǎn zhǐhuī quán ～ dào chējiān. Thansfer command of production to the workshops. (2)（干部）调到基层工作，或送到工厂、农村、矿山去劳动锻炼 transfer (cadres) to work at the grassroots level or to do manual labour in the countryside, a factory, a mine, etc.：干部～ gànbù ～ transfer a cadre to a lower level /～劳动～ láodòng transfer a cadre to do manual labour/ 他在农村～了两年。Tā zài nóngcūn ～le liǎng nián. He was transferred to the countryside for two years.

【下风】xiàfēng（名）风所吹向的那一方，多用来比喻作战或比赛中处于不利的地位 leeward；disadvantageous position：甲方形势不利，处于～。Jiǎ fāng xíngshì búlì, chǔyú ～. The first party is not in good shape and is in a disadvantageous position.

【下工夫】xià gōngfu（为了达到某个目的）花费很多时间精

力 make a painstaking effort；put in time and energy (to obtain a certain goal)：不肯～，怎么能学好呢？Bù kěn ～, zěnme néng xuéhǎo ne? If one is not willing to put in the time and the energy, how can one learn? /我下了很大工夫，才学会了中文打字。Wǒ xiàle hěn dà gōngfu, cái xuéhuìle Zhōngwén dǎ zì. It was only after painstaking effort that I finally learned how to type Chinese.

【下跪】xiàguì（动）kneel down；go down on one's knees

【下海】xià＝hǎi (1)到海里去（乘船或游泳）go to the sea (to take a boat or swim) (2)（渔民）到海上捕鱼 (of fishermen) go to sea；put out to sea (3)业余演员成为职业演员 (amateur actor or actress) becomes a professional (4)（技术人员）离开科研岗位去经营企业 (a technician) leaves his research institute to run an enterprise

【下颌】xiàhé（名）〈生理〉the lower jaw；mandible

【下级】xiàjí（名）（同一组织系统中）等级低的组织或人员 (of a group or person) lower level；subordinate：他的～都喜欢他。Tā de ～ dōu xǐhuan tā. His subordinates all like him.

【下贱】xiàjiàn（形）〈贬〉(1)旧指出身或社会地位低下，贫贱 (said of one's class origin or social status in former times) low；base：当年因为她是雇农的女儿，出身～，只好给地主当丫头。Dāngnián yīnwèi tā shì gùnóng de nǚ'ér, chūshēn ～, zhǐhǎo gěi dìzhǔ dāng yātou. In those years she had no choice but to serve as the landlord's slave because she was a farm labourer's daughter and had a low class origin. (2)行为不轨，卑鄙下流 (of behaviour) mean；degrading；base：～货 ～ huò a base person (usu. refers to a woman)

【下降】xiàjiàng（动·不及物）descend；go down；drop；fall；decline：气温～ qìwēn ～ a drop in temperature/ 产量～ chǎnliàng ～ a decline in output /质量～ zhìliàng ～ a drop in quality/ 由于多年不用，他的外语水平～了很多。Yóuyú duō nián bú yòng, tā de wàiyǔ shuǐpíng ～le hěn duō. His level of foreign languages has declined considerably because he hasn't used them in years.

【下脚】xià＝jiǎo 抬脚往下踩 get a foothold；plant one's foot；take footsteps：他～很重，走路很响。Tā ～ hěn zhòng, zǒu lù hěn xiǎng. His footsteps are very heavy so he makes a lot of noise when he walks. / 屋里地上摆满了东西，没地方～。Wū li dì shang bǎimǎnle dōngxi, méi dìfang ～. There are things all over the floor so there's nowhere to put one's feet in the room.

【下脚料】xiàjiǎoliào（名）原料加工后剩下的零碎的材料 leftover bits and pieces (of industrial material, etc.)

【下酒】xià＝jiǔ (1)（某种菜）帮助把酒喝下去 (of a dish) go with wine：炸点花生米～。Zhá diǎn huāshēngmǐ ～. Fry some peanuts to go with the wine. (2)宜于喝酒的时候吃 go well with wine：今天有客人，去买点～的菜吧。Jīntiān yǒu kèren, qù mǎi diǎn ～ de cài ba. We're having guests over today. Go and buy some dishes that go well with wine.

【下款】xiàkuǎn（名）在送人的字画、给人的信件上所写下的寄赠者的名字 name of the donor (as inscribed on a painting presented as a gift or a letter, etc)

【下来】xià // lái 表示从高到低或向下（向着说话人方向）come down (towards the speaker)：他从楼上～了。Tā cóng lóu shàng ～ le. He came down from upstairs. / 他下山来了。Tā xià shān lai le. He came down the mountain. /总不练习，他的成绩～了。Zǒng bú liànxí, tā de chéngjì ～ le. His marks have come down because he never practises. /领导干部下基层来了。Lǐngdǎo gànbù xià jīcéng lai le. Leading cadres came down to the basic level. (used after a verb as a complement) (1)表示从高到低 (1) (indicates moving from a higher position to a lower one)：孩子们跑下山来了。Háizimen pǎo xià shān lai le. The children came running down the hill. /苹果掉～了。Píngguǒ

diào ～ le. *Apples came falling down.* / 把书从书架上拿～。Bǎ shū cóng shūjià shang ná ～. *Take the books off the bookshelf.* (和"下"作补语(1)同义，但表示朝着说话人方向)(synonym of "下" used as a complement (1)，but indicates that the action is directed towards the speaker) (2)表示脱离原来位置 (indicates moving sth. away from its orignal position):把鞋脱～。Bǎ xié tuō ～. *Take off your shoes.* /摘下帽子来 Zhāi xià màozi lai. *Take off your cap.* / 这个钉子拔不～。Zhège dīngzi bá bu ～. *I can't pull this nail out.* (3)表示攻克，得到 (indicates overcoming or obtaining sth.):把对面的山头攻～。Bǎ duìmiàn de shāntóu gōng ～. *Capture the hilltop opposite us.* /等收下麦子来再开会。Děng shōu xià màizi lai zài kāi huì. *Wait until the wheat has been harvested and then we'll have a meeting.* (4)表示使事物得到保存或使人不离去 (indicates preserving sth. or keeping sb. from leaving):把他的歌声录～。Bǎ tā de gēshēng lù ～. *Record his singing.* /剩～的时间不多了。Shèng ～ de shíjiān bù duō le. *There's not much time left.* / 你们走吧，我一个人留～。Nǐmen zǒu ba, wǒ yí ge rén liú ～. *You can all go. I'll stay behind by myself.* / 这幅照片要设法保存～。Zhè fú zhàopiānr yào shèfǎ bǎocún ～. *I must think of a way to preserve this photograph.* ((2)(3)(4)和"下"作补语(2)(3)(4)同义，但宾语可有可无)((2)(3)(4) are synonyms of "下" used as a complement (2)(3)(4)，but an object is optional) (5)表示从过去到较晚的某时间，或到现在 (indicates the continuation of an action to a later time or now):英语班的同学都坚持～了，没一个掉队。Yīngyǔ bān de tóngxué dōu jiānchí ～ le, méi yí ge diào duì. *The students in the English class all persevered and not one dropped out.* /这个故事是从古代流传～的。Zhège gùshi shì cóng gǔdài liúchuán ～ de. *This story has been passed on since ancient times.* (6)表示事物有了着落 (indicates the settlement of sth.):修建任务他们已经承担～了。Xiūjiàn rènwu tāmen yǐjīng chéngdān ～ le. *They have already undertaken the task of construction.* /生产计划暂时还定不～。Shēngchǎn jìhuà zànshí hái dìng bu ～. *A production plan has not yet been worked out.* (7)表示完成一件事的全过程 (indicates the completion of a whole process):那些问题我都答～了。Nàxiē wèntí wǒ dōu dá ～ le. *I've answered all those questions.* / 五千米我都跑～了，一千米算什么? Wǔqiān mǐ wǒ dōu pǎo ～ le, yìqiān mǐ suàn shénme? *I've run as far as five thousand metres, so what's a thousand metres?* (8)用在某些动词或形容词后，表示变化(多指由快到慢，由动到静，由明到暗等) (used after certain verbs or adjectives indicating gradual change, such as from fast to slow, movement to stillness, bright to dark, etc.):汽车的速度慢～了。Qìchē de sùdù màn ～ le. *The bus slowed down.* /灯光逐渐暗～了。Dēngguāng zhújiàn àn ～ le. *The lamplight gradually dimmed.* /如遇意外，机器会自动停～的。Rú yù yìwài, jīqì huì zìdòng tíng ～ de. *Should something unforeseen happen, the machinery will automatically shut down.* / 等四周安静～我才能入睡。Děng sìzhōu ānjìng ～ wǒ cái néng rùshuì. *It was not until everything quieted down around me that I was able to fall asleep.*

【下里巴人】xiàlǐ Bārén 中国古代一种较通俗的民间歌曲。现比喻通俗的文艺作品，常与"阳春白雪"对举 *Song of the Rustic Poor (a relatively popular folk song in ancient China); now refers to popular literature or art and is often cited as the opposite of "阳春白雪" (The Spring Snow, sth. highbrow)*

【下联】xiàlián（名）(～儿)对联的下一半(和"上联"相对) *the second line of a couplet (antonym of "上联" (the first line of a couplet))*

【下列】xiàliè（形·非谓)下面所列举的 *listed below; following*:春季防火，请注意～几点: Chūnjì fáng huǒ, qǐng zhùyì ～ jǐ diǎn: *For fire prevention measures in the spring, please pay attention to the following few points:* /制定计划时，要考虑到～几个方面 Zhìdìng jìhuà shi, yào kǎolǜ dào ～ jǐ ge fāngmiàn: *When working out a plan, the following points must be considered:*

【下令】xià = lìng 下达命令 *give orders; order*

【下流】xiàliú（名)同"下游" xiàyóu same as "下游" xiàyóu:长江～ Cháng Jiāng ～ *the lower reaches of the Changjiang River* (形)卑鄙、醒龊 *low-down; mean; obscene; dirty*:说～话 shuō ～ huà *say obscenities*/ 行为～ xíngwéi ～ *obscene or low-down behaviour*/ ～之辈 ～ zhī bèi *low-down people*

【下落】xiàluò（名)(被寻找的人或物)所在的地方 *whereabouts (of sb. or sth. being searched for)*:不知～ bù zhī ～ *not know the whereabouts* /～不明 ～ bù míng *The whereabouts are unknown.* /正在寻找他的～。Zhèngzài xúnzhǎo tā de ～. *We're just searching for his whereabouts.* /丢失的物品有～了。Diūshī de wùpǐn yǒule ～. *The lost articles have been located.* (动)往下降 *drop; fall*

【下马】xià = mǎ 比喻放弃或中途停止进行某项较大的工作或工程等 *get down from a horse; discontinue; abandon (relatively important work, project, etc.)*:由于建筑材料供应不上，三号工程～了。Yóuyú jiànzhù cáiliào gōngyìng bú shàng, sān hào gōngchéng ～ le. *Project no. 3 had to be abandoned due to a shortage in the supply of building materials.* /因为教学任务繁重，原来的科研项目～了。Yīnwèi jiàoxué rènwu fánzhòng, yuánlái de kēyán xiàngmù ～ le. *The scientific research project was discontinued due to the arduous teaching task.*

【下马看花】xià mǎ kàn huā 比喻较深入细致地考察了解情况，与"走马看花"相对而言 *get off one's horse to look at the flowers — take a relatively close look at a situation; inspect a situation closely in order to understand it (antonym of "走马看花" (gain a superficial understanding through cursory observation))*

【下马威】xiàmǎwēi（名)原指封建官吏一到任就对下属故意挑剔，显示他的威风，现泛指一开始就向对方显示一点厉害 *initial severity shown by a new official meant to establish his authority (in feudal society); now used figuratively to refer to sb. who is strict towards others at the beginning of his term of office*:新厂长一上任就来了个～，处分了几个经常旷工的工人。Xīn chǎngzhǎng yí shàng rèn jiù láile ge ～, chǔfènle jǐ ge jīngcháng kuàng gōng de gōngrén. *As soon as the new factory director assumed office, he dealt a severe blow by punishing a few workers who had often stayed away from work without leave.*

【下面】xiàmian（名)(1)位置较低的地方 *below; under; underneath*:从山顶望去，山～是一片树林。Cóng shān dǐng wàng qu, shān ～ shì yí piàn shùlín. *Looking down from the mountain top, one can see a stretch of woods below.* /小桥～的河水清澈见底。Xiǎo qiáo ～ de hé shuǐ qīngchè jiàn dǐ. *The river water under the small bridge is so clear that you can see to the bottom.* (2)次序靠后的 *next; following*:我讲完了，～请王主任讲几句。Wǒ jiǎngwán le, ～ qǐng Wáng zhǔrèn jiǎng jǐ jù. *I've finished my say. Next, will Chairman Wang please say a few words.* (3)指下级、基层 *lower level; subordinate*:领导干部应该经常到～走走看看。Lǐngdǎo gànbù yīnggāi jīngcháng dào ～ zǒu zou kànkan. *Leading cadres should often go to the lower levels to take a look.* /田主任根本不了解～的情况。Tián zhǔrèn gēnběn bù liǎojiě ～ de qíngkuàng. *Director Tian simply doesn't understand how things are at the lower levels.*

【下坡路】xiàpōlù（名)(1)由高处向低处的道路 *downhill path*:这条路是～，所以骑车很省力。Zhè tiáo lù shì ～, suǒyǐ qí chē hěn shěng lì. *This road leads downhill, so it is*

easy to cycle. (2)比喻向衰落或灭亡的方向发展的道路 *go downhill*；*be on the decline*：清朝从乾隆以后就开始走～了。Qīng Cháo cóng Qiánlóng yǐhòu jiù kāishǐ zǒu ～ le. *Beginning from the time of Qianlong, the Qing dynasty was on the decline.*

【下棋】 xià＝qí *play chess*

【下欠】 xiàqiàn（动）还了一部分后仍欠（若干数目）*still owing*（*a certain amount*）：先还你五元，～五元过几天还。Xiān huán nǐ wǔ yuán，～ wǔ yuán guò jǐ tiān huán. *First I'll give you back five yuan and in a few days will return the other five yuan still owing.*

【下情】 xiàqíng（名）下级或群众的情况或心意 *conditions at the lower levels*；*feelings or wishes of the masses*：领导干部一点儿不了解～，怎么能领导好？Lǐngdǎo gànbù bù liǎojiě ～，zěnme néng lǐngdǎo hǎo？ *Leading cadres don't know the least bit about what's going on at the lower levels. How can they lead well?* / 现在这里是～不能上达。Xiànzài zhèlǐ shì ～ bù néng shàngdá. *The conditions here at the lower levels now cannot be made known to the higher levels.*

【下去】 xià // qù 从高到低（不朝着说话人的方向）*go down*（*away from the speaker*）：楼上太热，我下楼去凉快凉快。Lóu shàng tài rè，wǒ xià lóu qu liángkuai liángkuai. *It's too hot upstairs. I'm going down to cool off a bit.* / 楼下有人叫门，我一看看。Lóu xià yǒu rén jiào mén，wǒ ～ kàn kan. *There's somebody knocking at the door downstairs. I'll go down and take a look.* / 领导要～（下基层），情况才能上来。Lǐngdǎo yào ～（xià jīcéng），qíngkuàng cái néng shànglái. *Leaders must go down to the lower levels before a situation can be made known at the higher levels.* 放在动词后作补语 *used after a verb as a complement*（1）表示从高到低（*used to indicate movement from a higher position to a lower one*）：球从桌上滚一～。Qiú cóng zhuō shang gǔn ～ le. *The ball rolled off the desk.* /他顺着雪坡滑一～了。Tā shùnzhe xuě pō huá ～ le. *He slid down the snowy slope.* （和"下"作补语（1）同义，但同时表示不朝着说话人方向）（*synonym of "下" used as a complement*（1），*but also indicates movement which is away from the speaker*）（2）表示继续（*used to indicate the continuation of an action*）：请你讲～。Qǐng nǐ jiǎng ～. *Please continue with what you were saying.* / 他哭得说不～了。Tā kū de shuō bu ～ le. *He was crying so hard he couldn't go on speaking.* / 不管别人怎么说，我还要研究～。Bùguǎn biéren zěnme shuō，wǒ hái yào yánjiū ～. *No matter what others say, I still want to continue with my research.*

【下人】 xiàrén（名）旧时指仆人 *household servant*（*obsolete*）

【下身】 xiàshēn（名）身体的下半部 *the lower part of the body*：她～穿了一条花裙子。Tā ～ chuānle yì tiáo huā qúnzi. *She was wearing a flowered skirt.* /他～瘫痪，走不了路。Tā ～ tānhuàn，zǒu bu liǎo lù. *The lower part of his body is paralysed, so he can't walk.*

【下手】 xiàshǒu（名）（～儿）（口）助手 *assistant*；*helper*：我炒菜不行，不过可以给你当～。Wǒ chǎo cài bù xíng，búguò kěyǐ gěi nǐ dāng ～. *I can't stir-fry a dish, but I can act as your assistant.* /有三个人给你打～，你还忙不过来？Yǒu sān ge rén gěi nǐ dǎ ～，nǐ hái máng bu guòlái？ *You have three people helping you and you still can't manage?*

【下手】 xià＝shǒu 开始做 *put one's hand to*；*start*；*set about*：问题多得不得了，从哪儿～解决呢？Wèntí duō de bùdéliǎo，cóng nǎr ～ jiějué ne？ *There are so many problems to solve. Where does one start?*

【下属】 xiàshǔ（名）下级 *subordinate*（动）下面分设 *branch out into subordinate organizations*：这个总公司～五个分公司。Zhège zǒnggōngsī ～ wǔ ge fēngōngsī. *This general company branched out into five subsidiary companies.*

【下水】 xià＝shuǐ（1）下到水里去 *enter the water*；*be launched*：新船今天～。Xīn chuán jīntiān ～. *A new ship will be launched today.* /游泳池上星期就开放了，可是我还没下过水呢。Yóuyǒngchí shàng xīngqī jiù kāifàng le，kěshì wǒ hái méi xiàguo shuǐ ne. *The swimming pool opened just last week, but I haven't gone into the water yet.* （2）把纺织品等放入水中，使收缩 *shrink fabric in water*（3）比喻（加入某一团伙）一起做坏事（*join a gang and*）*take to evil doing*；*fall into evil ways*：小流氓先请他吃喝，然后拉他～。Xiǎo liúmáng xiān qǐng tā chī hē，ránhòu lā tā ～. *Those petty hooligans wined and dined him and then dragged him into evil doing.*

【下水道】 xiàshuǐdào（名）[条 tiáo] *sewer*

【下榻】 xiàtà（动）（书）（客人）住下（*of guests*）*stay*（*at a place during a trip*）：客人～于北京饭店。Kèrén ～ yú Běijīng Fàndiàn. *The guests are staying at the Beijing Hotel.*

【下台】 xià＝tái（1）走下舞台或讲台 *step down from a stage or platform*：他作完报告，刚～就有人找他。Tā zuòwán bàogào，gāng ～ jiù yǒu rén zhǎo tā. *As soon as he stepped down from the platform after giving the lecture, someone came looking for him.*（2）比喻政治上有地位的人丧失权位 *fall from power*；*leave office*：由于经济政策失利，总统被迫～。Yóuyú jīngjì zhèngcè shīlì，zǒngtǒng bèi pò ～. *The president was driven out of office due to the defeat of an economic policy.*（3）比喻摆脱窘境（多用于否定式）*get out of a predicament or embarrassing situation*（*often used in the negative*）：你说话注意点儿，别让人家下不了台。Nǐ shuō huà zhùyì diǎnr，bié ràng rénjia xià bu liǎo tái. *Watch what you say. Don't put others on the spot.* /你这样做，让她怎么～？Nǐ zhèyàng zuò，ràng tā zěnme ～？ *If you do this, how do you expect her to back down with good grace?*

【下头】 xiàtou（名）（口）同"下面" xiàmian（1）（2）（3） *same as "下面"*（1）（2）（3）

【下文】 xiàwén（名）（1）书或文章某一段或某一句后面的文字 *what follows*（*in writing*）：关于这一点，～还要详细论述。Guānyú zhè yì diǎn，～ hái yào xiángxì lùnshù. *The following passage will further discuss this point in detail.*（2）比喻事情的发展或结果 *development or outcome of a matter*：我上回托你办的事有～了吗？Wǒ shàng huí tuō nǐ bàn de shì yǒu ～ le ma？ *The matter I entrusted you with last time — has anything come of it?* /这件事的～如何，还不得而知呢。Zhè jiàn shì de ～ rúhé，hái bù dé ér zhī ne. *We are still unable to find out the outcome of this affair.*

【下午】 xiàwǔ（名）*afternoon*

【下乡】 xià＝xiāng 到农村去 *go to the countryside*：今年暑假我要～作社会调查。Jīnnián shǔjià wǒ yào ～ zuò shèhuì diàochá. *I'm going to go to the countryside to do a social investigation during this year's summer holidays.* /作家们都～体验生活去了。Zuòjiāmen dōu ～ tǐyàn shēnghuó qu le. *Writers went to the countryside to observe and learn from real life.*

【下行】 xiàxíng（动）（1）按中国铁道部门规定，列车在干线上背着首都的方向行驶，在支线上背着连接干线的车站行驶，叫下行，与"上行"相对；下行列车编号用奇（ji）数（1）*down*（*track*）— *according to the regulations of the Department of Railways in China, a train on a trunk line heading in the direction away from Beijing or a train on a branch line heading away from the station where it is linked to the trunk line is said to be going down track*（*antonym of "上行" up*（*track*））*The train unmber is always an odd number*（2）船从上游向下游行驶（*of a boat*）*downriver*；*downstream*（3）公文从上级发往下级（*of a document*）*to be issued to the lower levels*

【下旬】 xiàxún（名）*the last ten-day period of a month*

【下野】xià=yě 执政人被迫下台 (of a ruler) be forced to relinquish power

【下意识】xiàyìshi（名）〈心理〉subconsciousness

【下游】xiàyóu（名）(1)河流接近出口的一段 lower reaches (of a river)：黄河～ Huáng Hé ～ the lower reaches of the Yellow River (2)比喻落后的地位 backward position：要力争上游,不能甘居～。Yào lìzhēng shàngyóu, bù néng gān jū ～. One must strive for the best, not resign oneself to being backward.

【下议院】xiàyìyuàn（名）lower house; lower chamber; the House of Commons

【下葬】xiàzàng（动·不及物）把灵柩或遗体埋到土里 bury; inter

【下肢】xiàzhī（名）〈生理〉lower limbs; legs

【下中农】xiàzhōngnóng（名）占有少量生产资料,需要出卖一部分劳动力才能生活,比贫农生活稍好一些的农民 lower-middle peasant (one who owns a small part of the means of production, but must still sell part of his labour in order to live and whose standard of living is just a cut above that of a poor peasant's)

吓〔嚇〕xià

（动）(1)(不及物)害怕,必带后附成分,不能用于疑问句 (intransitive verb) be frightened; be scared; be intimidated) (must be used with a composite; cannot be used in an interrogative sentence)：看到妈妈伤势很重,她～得大哭起来。Kàndào māma shāngshì hěn zhòng, tā ～ de dàkū qilai. When she saw that her mother was seriously injured, she was frightened to tears. /听见老虎的吼声,他～死了。Tīngjiàn lǎohǔ de hǒu shēng, tā ～ sǐ le. When he heard the roar of a tiger, he was overcome with fear. /我一拍桌子,他～了一跳。Wǒ yì pāi zhuōzi, tā ～ le yí tiào. He gave a start when I smacked the desk. (2)使(人)害怕 frighten; scare; intimidate：这点困难就能～倒我们吗? Zhèdiǎnr kùnnan jiù néng ～dǎo wǒmen ma? Are we going to let such minor difficulties scare us?/ 我想～～他。Wǒ xiǎng ～ ～ tā. I want to scare him. 另见 hè

【吓唬】xiàhu（动）〈口〉同"吓"xià (2) same as "吓" xià (2)：你别～人,我不怕蛇。Nǐ bié ～ rén, wǒ bú pà shé. Don't frighten me. I'm not afraid of snakes.

夏 xià

（名）◇夏季 summer

【夏管】xiàguǎn（名）指夏季田间管理 summer field management

【夏季】xiàjì（名）〈书〉summer

【夏历】xiàlì（名）同"农历"nónglì same as "农历" nónglì

【夏粮】xiàliáng（名）夏季收获的粮食 summer grain crops

【夏令】xiàlìng（名）(1)夏天 summer; summer time (2)夏天的气候 summer weather

【夏令营】xiàlìngyíng（名）summer camp

【夏收】xiàshōu（动）夏季收获农作物 harvest summer crops（名）夏季的收成 summer harvest

【夏天】xiàtian（名）summer

【夏衣】xiàyī（名）夏天穿的衣服 summer clothing

【夏至】xiàzhì（名）二十四节气之一,通常在6月21日或22日 the Summer Solstice (one of the 24 divisions of the solar year in the traditional Chinese calendar, usu. falls on June 21st or 22nd)

【夏种】xiàzhòng（动）夏季种植农作物 sow in summer

【夏装】xiàzhuāng（名）同"夏衣"xiàyī same as "夏衣" xiàyī

xiān

仙 xiān

（名）◇ celestial being; immortal

【仙鹤】xiānhè（名）[只 zhī] 即白鹤,生活在水中。有时特指神话中仙人所养所骑的白鹤 red-crowned crane

【仙境】xiānjìng（名）fairyland; wonderland

【仙女】xiānnǚ（名）female celestial; fairy maiden

【仙人】xiānrén（名）celestial being; immortal

【仙人球】xiānrénqiú（名）〈植〉a kind of cactus (with globular or elliptic stems)

【仙人掌】xiānrénzhǎng（名）〈植〉cactus

【仙子】xiānzǐ（名）(1)仙女 female celestial; fairy maiden (2)泛指仙人 celestial being; immortal

先 xiān

（名）◇时间或次序在前的 earlier; before; first; in advance：争～恐后 zhēng ～ kǒng hòu strive to be the first for fear of lagging behind /礼让当～ lǐràng dāng ～ give precedence to somebody out of courtesy /有言在～ yǒu yán zài ～ make clear beforehand /他俩一～一后走了进来。Tā liǎ yì ～ yí hòu zǒule jinlai. Those two walked in, one ahead of the other. (副)暂且的意思 for the time being; for now：这件事你知道就行了,～别说出去。Zhè jiàn shì nǐ zhīdao jiù xíng le, ～ bié shuō chuqu. It's enough that you know about this matter. Don't tell any one else for the time being. /过去的事～不提,就说现在,你到底对我有什么看法? Guòqù de shì ～ bù tí, jiù shuō xiànzài, nǐ dàodǐ duì wǒ yǒu shénme kànfǎ? Put aside past events for the moment and just talk about now; what exactly do you think of me?/这里住房条件差,～凑合两天吧! Zhèli zhùfáng tiáojiàn chà, ～ còuhe liǎng tiān ba! The living conditions here are poor. Just make do with them for a couple of days.

【先辈】xiānbèi（名）elder generation; ancestors

【先导】xiāndǎo（名）〈书〉guide; forerunner; precursor

【先睹为快】xiān dǔ wéi kuài 以首先看到为快乐 consider it a pleasure to be among the first to read sth.：今天的报纸我取,～。Jīntiān de bàozhǐ wǒ qù qǔ, ～. I'll go get today's newspaper so that I can have the pleasure of reading it first. / 人们都争着借这本新书,想～。Rénmen dōu zhēngzhe jiè zhè běn xīn shū, xiǎng ～. People are vying to borrow this new book so that they can have the pleasure of being among the first to read it.

【先发制人】xiān fā zhì rén 先采取主动行动以制服对方 gain the initiative by striking first：在战斗中,他常常采用～的策略。Zài zhàndòu zhōng, tā chángcháng cǎiyòng ～ de cèlüè. He often uses the tactic of striking first to gain the initiative during combat. / 不～,就容易陷于被动。Bù ～, jiù róngyì xiànyú bèidòng. If one doesn't strike first to gain the initiative, one can easily land oneself in a passive position.

【先锋】xiānfēng（名）作战或行军时的先头部队,也比喻起带头、引路作用的组织或个人 vanguard; van

【先锋队】xiānfēngduì（名）起先锋作用的队伍,常用以指起先进领导作用的组织 vanguard

【先后】xiānhòu（名）先和后 early or late; priority; order：报名～排列名单。Àn bào míng ～ páiliè míngdān. Arrange the name list in order of who registered early or late. / 你们按来的～次序排队入场。Nǐmen àn lái de ～ cìxù pái duì rù chǎng. Line up and enter the arena in order of arrival. (副)表示事情相继发生,主语可以是复数,可以是单数,可与数量配合 successively; one after another (the subject may be plural or singular, may coordinate with a numeral-measure word phrase)：她～去过日本、美国和法国。Tā ～ qùguo Rìběn、Měiguó hé Fǎguó. She first went to Japan and afterwards to the U. S. and France. / 他们～发表了自己的看法。Tāmen ～ fābiǎole zìjǐ de kànfǎ. They

expressed their own views successively. /我和他分两路出发,傍晚～到达目的地。Wǒ hé tā fēn liǎng lù chūfā, bàngwǎn ～ dàodá mùdìdì. He and I set off on two different roads and at dusk reached our destination one after the other. /他～三次被评为先进工作者。Tā ～ sān cì bèi píng wéi xiānjìn gōngzuòzhě. He was elected an advanced worker three times in succession.

【先见之明】xiān jiàn zhī míng 事先看清问题的眼力,常用以指对事有预见性 prophetic vision; foresight: 我算服了你了,你真有～! Wǒ suàn fúle nǐ le, nǐ zhēn yǒu ～! I'm finally convinced. You really have prophetic visison!

【先进】xiānjìn（形）进步快,水平高,可以作为榜样的 advanced: ～人物 ～ rénwù advanced figure /～集体 ～ jítǐ advanced collective/ ～生产者 ～ shēngchǎnzhě advanced producer/ ～单位 ～ dānwèi advanced unit /技术 ～ jìshù ～ advanced technology

【先决条件】tiáojiàn 为了解决某问题必须首先具备的条件 prerequisite; precondition（for solving a problem）

【先礼后兵】xiān lǐ hòu bīng 先有礼貌地交涉,行不通时再用强硬手段 try peaceful or courteous means before resorting to force: 你先好好跟他谈谈,让他自觉检查,不行的话再开会批评,～嘛! Nǐ xiān hǎohāor gēn tā tántan, ràng tā zìjué jiānchá, bù xíng dehuà zài kāi huì pīping, ～ ma! Have a talk with him first and let him make a conscious effort to examine himself. If that doesn't work, then we'll have a meeting and criticize him. We'll try peaceful means before resorting to force!

【先例】xiānlì（名）已有的事例 precedent: 这种事又没有～,谁知道该怎么办? Zhè zhǒng shì yòu méi yǒu ～, shuí zhīdào gāi zěnme bàn? There is no precedent for this kind of thing. Who knows what should be done? /此事已有～,可以援例办理。Cǐ shì yǐ yǒu ～, kěyǐ yuánlì bànlǐ. There is already a precedent for this matter, so we can handle it by citing the precedent.

【先烈】xiānliè（名）martyr

【先期】xiānqī（副）在某一日期以前 earlier on; in advance: 代表团二十日来京,其中两位成员～到达。Dàibiǎotuán èrshí rì lái Jīng, qízhōng liǎng wèi chéngyuán ～ dàodá. The delegation is coming to Beijing on the 20th, but two of its members will arrive at an earlier date.

【先前】xiànqián（形·非谓）泛指比现在早的时间或比某个时间早的时间,相当于"从前",不能用在另一词语后表示时间 before; previously（similar to "从前", cannot be used after another term indicating time）:～,我们住在东城。～,wǒmen zhù zài Dōngchéng. Previously, we lived in the east part of the city. / 他～很老实,现在变滑了。Tā ～ hěn lǎoshi, xiànzài biànhuá le. He was very honest before, but has now turned crafty.

【先遣】xiānqiǎn（形·非谓）部队行动时,先派出去的(担任联络、侦察等任务的队伍)（of troops）sent in advance（to act as a liaison, scouting group, etc.）: ～队 ～ duì advance party

【先驱】xiānqū（名）走在前面起引导作用的人,多用于比喻 pioneer; forerunner; harbinger（often used figuratively）: 革命的～ gémìng de ～ revolutionary pioneer/ ～者 ～ zhě pioneer

【先人】xiānrén（名）(1)祖先 ancestor; forefather (2)专指已死的父亲 one's late father

【先入为主】xiān rù wéi zhǔ 以先听到的话或最先的印象为主,不容易再接受其他意见 first impressions are strongest; be prejudiced

【先生】xiānsheng（名）(1)老师 teacher (2)对一般男人的尊称 mister（Mr）; gentleman; sir (3)〈旧〉丈夫（对别人称自己的丈夫）husband（used when talking to others about one's husband）

【先天】xiāntiān（名）congenital; inborn; innate: ～不足 bùzú be congenitally deficient /～的生理缺陷 ～ de shēnglǐ quēxiàn congenital physiological defect

【先头】xiāntóu（名）(1)位置在前的(多指军队) ahead; in advance: ～部队 ～ bùduì vanguard (2)（～儿）时间在前的,以前 before; formerly: 她～在剧院工作。Tā ～ zài jùyuàn gōngzuò. She previously worked with a theater company. / ～你怎么忘了提醒我? ～ nǐ zěnme wàngle tíxǐng wǒ? Why didn't you remind me then?

【先行者】xiānxíngzhě（名）走在前面的人,常用以喻指起先进引导作用的人或组织 forerunner

【先验论】xiānyànlùn（名）〈哲〉唯心主义的认识论,它认为思维形式是本来就存在的,不是来自经验;认为空间、时间、因果等范畴不是客观存在在意识中的反映,而是人类理智所固有的 apriorism — the epistemology of idealism whereby knowledge is considered to be a priori, not acquired through experience; it does not consider the categories of space, time, cause and effect, etc., to be part of one's objective consciousness but rather, as an inherent part of the human intellect

【先斩后奏】xiān zhǎn hòu zòu 原指封建时代大官先将犯人处死,然后再上报皇帝。现比喻未经请示上级就把问题处理了,然后再向上级报告 execute the criminal first and report to the emperor afterwards — act first and report to the higher authorities afterwards: 他为人谨慎,组织观念很强,不会干那种～的事。Tā wéirén jǐnshèn, zǔzhī guānniàn hěn qiáng, bú huì gàn nà zhǒng ～ de shì. His behaviour is very cautious and his sense of organization is very strong. There's no way he would act first and report afterwards. / 我看,这事就这么办吧,等主任回来再汇报,咱们来个～。Wǒ kàn, zhè shì jiù zhème bàn ba, děng zhǔrèn huílai zài huìbào, zánmen lái ge ～. The way I see it, we just do it this way and wait until the director comes back before giving a report. Let's "act first and report later."

【先兆】xiānzhào（名）事先显示出来的迹象 omen; portent; sign; indication

【先哲】xiānzhé（名）已故的思想家 a great thinker of the past; sage

【先知】xiānzhī（名）prophet

纤〔纖〕xiān 另见 qiàn

【纤巧】xiānqiǎo（形）细巧,小巧 dainty; delicate: ～的手 ～ de shǒu dainty hands

【纤弱】xiānruò（形）细而弱 slim and fragile; delicate: ～的身躯 ～ de shēnqū a slim and fragile figure

【纤维】xiānwéi（名）fibre; staple

【纤维素】xiānwéisù（名）cellulose

【纤细】xiānxì（形）〈书〉very thin; slender; fine; tenuous

掀 xiān

（动）揭(向上),拿开遮挡覆盖的东西 lift（a cover, etc.）:～开门帘 ～kāi ménliánr lift the door curtain up /别～锅盖。Bié ～ guōgài. Don't take the lid off the pot. / ～起苦布 ～qǐ shànbù lift a tarpaulin /～开新的一页 ～kāi xīn de yí yè open up a new chapter

【掀动】xiāndòng（动）翻腾,翻动 lift; start; set in motion; seethe: 喜讯一传开,全校都～起来了。Xǐxùn yì chuánkāi, quán xiào dōu ～qilai le. Once the good news spread, the whole school was seething with activity.

【掀起】xiān/qǐ (1)涌起 surge: 大海～白色的浪花。Dà hǎi ～ báisè de lànghuā. A white spray surged on the sea. (2)大规模兴起(运动等) set off（a movement, etc.）; start: ～增产节约运动 ～ zēng chǎn jiéyuē yùndòng set off a movement to increase production and practise economy

锨 〔鍁〕xiān
（名）[把 bǎ] *shovel*

鲜 〔鮮〕xiān
（形）(1)新鲜 *fresh*：～菜 ～ cài *fresh vegetables* /～黄瓜 ～ huángguā *fresh cucumber* /干～果品 gān ～ guǒpǐn *fresh and dried fruit* /这些青菜～极了．Zhèxiē qīngcài ～ jí le. *These greens are extremely fresh.*（2）同"鲜美" xiānměi *same as "鲜美"* xiānměi：这菜味道很～．Zhè cài wèidào hěn ～. *This dish is very tasty.* 另见 xiǎn

【鲜红】xiānhóng（形）*bright red*；*scarlet*
【鲜花】xiānhuā（名）[朵 duǒ，束 shù] *fresh flowers*
【鲜货】xiānhuò（名）指新鲜的蔬菜、水果、鱼、肉等 *fresh fruit, vegetables, fish, meat, etc.*
【鲜美】xiānměi（形）〈书〉(水果，菜肴)有使人觉得好吃的味道 *(of fruit, cooked food) delicious; tasty*
【鲜明】xiānmíng（形）(1)(颜色)明亮 *(of colour) bright*：色彩～ sècǎi ～ *bright-coloured* /～的色调 ～ de sèdiào *bright tones* (2)分明而确定 *clear-cut; distinct; distinctive*：形象～ xingxiàng ～ *have a clear-cut image* / 立场～ lìchǎng ～ *take a clear-cut position* / 主题～ zhǔtí ～ *have a distinct theme* /～的对比 ～ de duìbǐ *a sharp contrast* /～的印象 ～ de yìnxiàng *a distinct impression*
【鲜嫩】xiānnèn（形）新鲜而柔嫩 *fresh and tender*；～的黄瓜 ～ de huángguā *fresh and tender cucumber* /～的油菜 ～ de yóucài *fresh and tender rape*
【鲜味】xiānwèi（名）(～儿) *fresh flavour*：这是冻肉，没有～．Zhè shì dòng ròu, méi yǒu ～. *This is frozen meat. It doesn't have a fresh flavour.*
【鲜血】xiānxuè（名）〈书〉鲜红的血 *blood*：受伤的人躺在地上，满身～．Shòu shāng de rén tǎng zài dì shang, mǎnshēn ～. *The wounded are lying on the ground and are covered in blood.*
【鲜艳】xiānyàn（形）〈书〉鲜明而美丽 *bright-coloured; gaily-coloured*：她们穿着颜色～的上衣．Tāmen chuānzhe yánsè ～ de shàngyī. *They are wearing bright-coloured jackets.* / 老了，不能穿得太～了．Lǎo le, bù néng chuān de tài ～ le. *I'm old, so I can't wear clothes that are too bright.* / 这件衣服色彩～，你穿着正好．Zhè jiàn yīfu sècǎi ～, ni chuānzhe zhènghǎo. *The colour of this jacket is very bright. It suits you nicely.* /到处都是～的花儿．Dàochù dōu shì ～ de huār. *There are gaily-coloured flowers everywhere.*
【鲜艳夺目】xiānyàn duómù 颜色鲜艳得使人眼花缭乱 *dazzling; resplendent*：京剧的服装～，非常好看．Jīngjù de fúzhuāng ～, fēicháng hǎokàn. *The costumes of the Beijing opera are dazzling and very beautiful.* /～的菊花排成两行．～ de júhuā páichéng liǎng háng. *The resplendent chrysanthemums were arranged in two rows.*

xián

闲 〔閑〕xián
（形）(1)没有工作，没有事情，有空 *not busy; idle; unoccupied*：忙里偷～ máng li tōu ～ *snatch a little leisure from a busy schedule* /你怎么老挺～的? Nǐ zěnme lǎo tǐng ～ de? *Why is it that your always so idle?* /他总～不住，老得找点儿活儿干．Tā zǒng ～ bu zhù, lǎo děi zhǎo diǎnr huór gàn. *He always keeps himself busy and is constantly looking for something to do.* /大家都在忙，谁也没～着．Dàjiā dōu zài máng, shuí yě méi ～ zhe. *Everybody is busy at something. There isn't anyone who's not.* / 我这两天～点儿了．Wǒ zhè liǎng tiān ～ diǎnr le. *I've been less busy these past two days.*（2)器物、房屋不在使用中 *not in use; unoccupied; lying idle*：这里有～房吗? Zhèli yǒu ～ fáng ma? *Is*

there a vacant room in this place?/ 东屋～着呢! Dōngwū ～ zhe ne! *The east room is unoccupied.* /不能让机器～着．Bù néng ràng jīqì ～ zhe. *You can't let the machine stand idle.*（3)与正事无关 *leisure*；*have nothing to do with proper business*：～谈 ～ tán *chat* /～人免进 ～ rén miǎn jìn *No admittance except on business.* /爱管～事 ài guǎn ～ shì *like to poke one's nose into other people's business*
【闲扯】xiánchě（动）〈口〉漫无边际地随便谈 *chat; engage in chitchat*：夏夜人们坐在院子里纳凉。Xiàyè rénmen zuò zài yuànzi li nàliáng。*People sit out in their courtyards on summer nights to chat and enjoy the coolness.*
【闲工夫】xiángōngfu（名）〈口〉空闲的时间，常用于否定 *spare time; leisure (often used in the negative)*：没有～跟你瞎扯．Méi yǒu ～ gēn nǐ xiāchě. *I don't have the time to talk nonsense with you.* /我屋子还没收拾呢，哪有～玩扑克! Wǒ wūzi hái méi shōushi ne, nǎ yǒu ～ wánr pūkè! *I haven't even tidied my room yet, so where would I find the time to play cards?*
【闲话】xiánhuà（名）(1)与正事无关的话 *chat; talk casually*：午饭后，大家在一起谈～．Wǔfàn hòu, dàjiā zài yìqǐ tán ～. *Everybody gathered together to chat after lunch.*（2)不满意的话 *complain; gossip*：他就爱在背后说人家的～．Tā jiù ài zài bèihòu shuō rénjia de ～. *He always complains about others behind their backs.*
【闲逛】xiánguàng（动）没有目的，随便走走 *saunter; stroll*：工作时间，到处～，真不像话! Gōngzuò shíjiān, dàochù ～, zhēn bú xiànghuà! *He just saunters about during working hours. It's simply outrageous!* /我哪儿有工夫～? Wǒ nǎr yǒu gōngfu ～? *When do I have time to go for a stroll?*
【闲聊】xiánliáo（动）〈口〉同"闲扯" xiánchě *same as "闲扯"* xiánchě
【闲情逸致】xián qíng yì zhì 悠闲的心情，清闲安逸的兴致 *leisurely and carefree mood*：他还真有～去钓鱼．Tā hái zhēn yǒu ～ qù diào yú. *Isn't it amazing that he is really in the mood to go fishing.*
【闲人】xiánrén（名）(1)没有事情可作的人 *unoccupied person; idle person*：街上净是～．Jiēshang jìng shì ～. *The streets are full of idlers.* / 这个车间里一个～也没有．Zhège chējiān li yí ge ～ yě méi yǒu. *There is not a single slacker in this workshop.* (2)与事无关的人 *person not concerned*：～免进 ～ miǎn jìn *No admittance except on business.*
【闲散】xiánsǎn（形）(1)无事可做，无拘束的 *free and at leisure; at a loose end*：我看他每天～得很，好像没有固定职业．Wǒ kàn tā měi tiān ～ de hěn, hǎoxiàng méi yǒu gùdìng zhíyè. *I see he's at a loose end every day. He seems to have no permanent occupation.* (2)闲着无事可干的(人)或不使用的(物资) *unused (goods and materials); idle (person)*：把～的劳动力组织起来．Bǎ ～ de láodònglì zǔzhī qǐlai. *Organize all idle labour.*
【闲事】xiánshì（名）于己无关的事 *a matter that does not concern one*：别管这些～! Bié guǎn zhèxiē ～! *Mind your own business!*
【闲书】xiánshū（名）看着玩儿的书，为消遣的书 *light readings*
【闲谈】xiántán（动）同"闲扯" xiánchě *same as "闲扯"* xiánchě
【闲暇】xiánxiá（名）〈书〉没有事情的时候 *leisure*：他利用～种了一些花草．Tā lìyòng ～ zhòngle yìxiē huācǎo. *He planted some flowers and plants in his leisure.*
【闲心】xiánxīn（名）空闲的心情，无负担、无牵挂的心情 *leisurely mood; carefree mood*：她整天忙于家务，又为孩子操心，没～出去旅游．Tā zhěng tiān mángyú jiāwù, yòu wèi háizi cāo xīn, méi ～ chūqu lǚyóu. *She's busy all day long with housework and worries about the children. She's*

too busy to think about travelling.

【闲杂】xiánzá（形）指没有一定职务或非本单位编制的（人）*without fixed duties*：～人员 ～ rényuán *miscellaneous personnel*

【闲置】xiánzhì（动）放在一边不用 *leave unused; set aside*：这些计算机～不用，就是浪费。Zhèxiē jìsuànjī ～ bú yòng, jiù shì làngfèi. *It's a waste to let these computers stand idle.* / 把那些～的钢材卖给需要的工厂吧。Bǎ nàxiē ～ de gāngcái mài gěi xūyào de gōngchǎng ba! *Sell those steel products that are not being used to factories that need them.*

贤 〔賢〕xián

（形）◇（旧）道德品质好，有才能的 *virtuous; worthy; able*：～人 ～ rén *virtuous person*（名）品质好，有才能的人 *a worthy person; an able and virtuous person*；选～举能 xuǎn ～ jǔ néng *choose the worthy and the able*

【贤惠】xiánhuì（形）善良、温柔，能体贴人的（妇女）（*of a woman*）*virtuous*：～的妻子 ～ de qīzi *a virtuous wife* /他的儿媳妇很～。Tā de' érxifu hěn ～. *His daughter-in-law is very virtuous.*

【贤良】xiánliáng（形）旧指品质好，有才能的（*of a man*）*able and virtuous（in former times）*

【贤妻良母】xiánqī liáng mǔ 贤惠的妻子，同时又是孩子的好母亲（暗含不一定很有事业心的人）*both a virtuous wife and a good mother（implies that she is not necessarily a career woman）*：人家都夸她是个～。Rénjia dōu kuā tā shì ge ～. *Others all praise her as being a virtuous wife and good mother.* / 她是个～型的妇女。Tā shì ge ～xing de fùnǚ. *She is a model of wifely virtue and motherly goodness.*

弦 xián

（名）（1）弓上的弦 *bowstring*：箭在～上，不得不发。Jiàn zài ～ shang, bù dé bù fā. *The arrow is on the bowstring. I have no choice but to shoot.*（2）乐器上发声的线 *the string of a musical instrument*：拨动琴～ bō dòng qín ～ *pluck the strings of a musical instrument*（3）发条 *spring（of a watch, etc.）*：钟该上～了。Zhōng gāi shàng ～ le. *The clock should be wound.*（4）〈数〉一直线与圆相交于两点，在圆周内的部分 *chord*（5）〈数〉不等腰直角三角形，对着直角的边 *hypotenuse*

【弦外之音】xián wài zhī yīn 比喻言外之意 *overtones; implication*：你听出他的话的～来了吗？Nǐ tīng chū tā de huà de ～ lai le ma? *Did you get what he was implying?*

咸 〔鹹〕xián

（形）（1）*salty*：吃太～了对身体不好。Chī tài ～ le duì shēntǐ bù hǎo. *It's not healthy to eat too much salt.* /你尝尝看，这菜够～不够。Nǐ chángchang kàn, zhè cài gòu ～ bú gòu ～. *Taste this dish to see whether it's salty enough or not.*（2）腌制的 *salted*：～鱼 ～ yú *salted fish* /～鸭蛋 ～ yādàn *salted duck egg*

【咸菜】xiáncài（名）*salted vegetables; pickles*

【咸水湖】xiánshuǐhú（名）*saltwater lake*

娴 〔嫻〕xián

（形）〈书〉（1）文雅 *refined*（2）熟练 *adept; skilled*：～于文墨 ～ yú wénmò *be adept at writing*

【娴静】xiánjìng（形）文雅，稳重，话少 *gentle, refined and quiet*

【娴熟】xiánshú（形）熟练 *adept; skilled*：手艺～ shǒuyì ～ *skilled craftsmanship*

衔 〔銜〕xián

（动）（1）用嘴叼着 *hold in the mouth*：燕子嘴里～着一只小虫。Yànzi zuǐ li ～zhe yì zhī xiǎo chóng. *The swallow is*

carrying a small worm in its beak. / 母猫用嘴～起小猫。Mǔ māo yòng zuǐ ～qǐ xiǎo māo. *The cat picked up the kitten in her mouth.*（2）〈书〉胸中怀着 *harbour; bear*：～恨去世 ～ hèn qùshì *die harbouring resentment* /～冤自杀 ～ yuān zìshā *commit suicide after having been wronged*（名）◇学术、军事、外交等系统中人员的等级或称号（*of people in the academic world, military, diplomatic corps, etc.*）*rank; title*：上校～军官 *jūnguān* shàngxiào～ with the rank of colonel / 公使～参赞 gōngshǐ ～ cānzàn *counsellor with the rank of minister*

【衔接】xiánjiē（动）*link up; join*：这座铁路桥把南北两条铁路～起来了。Zhè zuò tiělùqiáo bǎ nán běi liǎng tiáo tiělù ～ qilai le. *This railway bridge links up the north and south railway lines.* / 两段话～得很紧，不能再插进什么了。Liǎng duàn huà ～ de hěn jǐn, bù néng zài chājìn shénme le. *These two paragraphs are closely joined together so nothing else can be inserted.*

舷 xián

（名）*the side of a ship; board*：船～ chuán ～ *the side of a ship or boat*

【舷窗】xiánchuāng（名）*porthole*

【舷梯】xiántī（名）船（或飞机）旁供人上下用的活动扶梯（*of a ship*）*gangway ladder*；（*of a plane*）*ramp*

嫌 xián

（动）不喜欢，不满意。作兼语式第一个动词或带形容词宾语 *dislike; mind; complain of（used as the first verb in a pivotal sentence or as a verb with an adjective as its object）*：他～这里太乱，到别的旅馆去了。Tā ～ zhèli tài luàn, dào biéde lǚguǎn qu le. *He complained that this place was too noisy and went to another hotel.* / 他～肉太肥，不吃。Tā ～ ròu tài féi, bù chī. *He complained about the meat being too fatty and wouldn't eat it.* /你别～麻烦，再跟他去说说。Nǐ bié ～ máfan, zài gēn tā qu shuōshuo. *Don't think it's too much trouble. Go and talk to him again.* / 那本书他～贵，没买。Nà běn shū tā ～ guì, méi mǎi. *He didn't buy that book because he thought it too expensive.*

【嫌弃】xiánqì（动）厌恶而不愿接近 *dislike and avoid; give sb. the cold shoulder*：你要～我，我就走。Nǐ yào ～ wǒ, wǒ jiù zǒu. *If you're going to give me cold shoulder, I'm leaving.*

【嫌恶】xiánwù（动）〈书〉厌恶 *detest; loathe*

【嫌疑】xiányí（名）引起怀疑的（做某事的）可能性 *suspicion*：～犯 ～ fàn *suspect* /他摆脱不了泄密的～。Tā bǎituō bu liǎo xièmì de ～. *He can't escape being suspected of divulging a secret.* / 我心里没病，也用不着避～。Wǒ xīnli méi bìng, yě yòng bu zháo bì ～. *Since I don't have a guilty conscience there's no need for me to evade suspicion.*

xiǎn

显 〔顯〕xiǎn

（动）◇（1）（使别人）可以看出来（必带单音后附成分）*look; appear（must be followed by a monosyllabic component）*：几年不见，你一点儿也不～老。Jǐ nián bú jiàn, nǐ yìdiǎnr yě bù ～ lǎo. *We haven't seen each other in years, yet you don't look any older.* /你穿红颜色的衣服～胖。Nǐ chuān hóng yánsè de yīfu ～ pàng. *You look fat when you wear red.*（2）（故意）让别人看见 *show; display manifest（on purpose）*：大～才能 dà ～ cáinéng *display one's talent* /～威风 ～ wēifeng *manifest power and prestige*（形）明显（作谓语），用得较少 *apparent; noticeable; obvious（used as a predicate; seldom used）*：效果很～。Xiàoguǒ hěn ～. *The effect is very noticeable.*

【显得】xiǎnde（动）表现出，它所说明的事物或情况常在另外一种事物或情况的衬托下更加突出，其宾语常是形容词短语 look；seem；appear（its object is often an adjectival phrase）:节日的颐和园～更加绚丽多彩。Jiérì de Yíhéyuán ～ gèngjiā xuànlì duō cǎi. The Summer Palace seems to be more bright and colourful during holidays. /穿这件黑色上衣，她～更苗条了。Chuān zhè jiàn hēisè shàngyī, tā ～ gèng miáotiao le. She looks slimmer when she wears that black jacket. / 胖人穿带横条的衣服就～更胖了。Pàng rén chuān dài héngtiáo de yīfu jiù ～ gèng pàng le. Fat people look even fatter when they wear horizontally striped clothing.

【显而易见】xiǎn ér yì jiàn 明显而容易看出来的 obvious；evident；clear；～的漏洞 ～ de lòudòng an obvious loophole /采用新的工作方法后，～，工作效率提高了很多。Cǎiyòng xīn de gōngzuò fāngfǎ hòu, ～, gōngzuò xiàolǜ tígāole hěn duō. Ever since a new work method has been used, work efficiency has clearly increased considerably.

【显赫】xiǎnhè（形）地位高，有权力，有名气 illustrious；celebrated；influential：他是个～一时的人物。Tā shì ge ～ yìshí de rénwù. He is an illustrious figure. /他有些亲戚地位～。Tā yǒu xiē qīnqi dìwèi ～. He has a few relatives with influential positions.

【显露】xiǎnlù（动）原来看不见的变成看得见，现出 become visible；appear；manifest itself：他脸上一出悲哀的神色。Tā liǎnshang ～ chū bēi’ āi de shénsè. A sorrowful expression appeared on his face. / 她一出十分高兴的样子。Tā ～ chū shífēn gāoxìng de yàngzi. She appeared to be extremely happy. / 灰尘一洗掉，古瓷瓶的色彩立刻～出来了。Huīchén yì xǐdiào, gǔ cípíng de sècǎi lìkè ～ chūlái le. As soon as the dust was washed off this antique porcelain vase, its original colours were immediately visible.

【显然】xiǎnrán（形·非定）容易看出或感觉到（多作状语）obvious；evident；clear（often used as an adverbial）:妈妈去世后，她～瘦多了。Māma qùshì hòu, tā ～ shòu duō le. After her mother died, she clearly lost a lot of weight. / 很～，他不去肯定不行。Hěn ～, tā bù qù kěndìng bù xíng. It is very obvious that he cannot not go.

【显示】xiǎnshì（动）〈书〉（从某一具体事物中）表现出（内在的情况来）(of a concrete object) show；display；manifest；demonstrate (sth. from within)：责任制实行不久就～出极大的优越性。Zérènzhì shíxíng bùjiǔ jiù ～ chū jí dà de yōuyuèxìng. Once the system of job responsibility was implemented, it was not long before it manifested great advantages. /论文答辩～了他的智慧和才能。Lùnwén dábiàn ～ le tā de zhìhuì hé cáinéng. His thesis defence demonstrates his wisdom and ability. /通过影片～出这种细菌生长、繁殖的过程。Tōngguò yǐngpiàn ～ chū zhè zhǒng xìjūn shēngzhǎng、 fánzhí de guòchéng. demonstrate the growth and reproduction process of this type of bacterium by means of a film

【显微镜】xiǎnwēijìng（名）[架 jià] microscope

【显现】xiǎnxiàn（动）呈现，显露 manifest (or reveal) oneself；appear；show：妈妈的面影，常常～在她的眼前。Māma de miànyǐng, chángcháng ～ zài tā de yǎnqián. The image of her mother’s face often appears before her eyes. / 雾散了，远处的山峦也～了出来。Wù sàn le, yuǎnchù de shānluán dōu ～ le chūlai. When the fog lifted, the mountains revealed themselves in the distance.

【显像管】xiǎnxiàngguǎn（名）[个 gè, 支 zhī] kinescope

【显眼】xiǎnyǎn（形）容易被看到，引人注目 conspicuous；showy：这些书放在书架的中间一层比较～。Zhèxiē shū fàng zài shūjià de zhōngjiān yì céng bǐjiào ～. Placing these books in the middle section of the bookshelf makes them relatively conspicuous. /穿这件花衣服太～了。Chuān zhè jiàn huā yīfu tài ～ le. Wearing this type of flowered shirt makes one too conspicuous. / 她坐在一个不～的角落里。Tā zuò zài yí ge bù ～ de jiǎoluò li. She sat in an inconspicuous corner.

【显要】xiǎnyào（形）官职高，权势大 powerful and influential：地位～ dìwèi ～ be in a powerful and influential position/ ～的官职 ～ de guānzhí an influential government post

【显影】xiǎn=yǐng 把曝过光的胶卷或相纸用药液处理，使它显出影像来 develop (a film, photograph, etc.)

【显著】xiǎnzhù（形）非常明显，很突出 notable；marked；striking；remarkable；outstanding：～的成就 ～ de chéngjiù remarkable success /成效～ chéngxiào ～ notable results/ 经济效益～ jīngjì xiàoyì ～ have a striking financial benefit

险〔險〕xiǎn（形）◇（1）（非谓）险要 a place difficult of access；narrow pass；～路～ lù a road difficult of access /天～ tiān～ natural barrier/ 据～而守 jù ～ ér shǒu take advantage of a natural barrier to put up a defence (2)危险（多带程度副词）dangerous；perilous；risky (used with an adverb indicating degree)：好～! 我差点儿掉下去! Hǎo ～! Wǒ chàdiǎnr diào xiaqu! That was close! I almost fell off! /真～，大石头掉在离他不到一尺的地方! Zhēn ～, dà shítou diào zài lí tā bú dào yì chǐ de dìfang! That large rock fell and missed him by just a few inches! It was a close call! (3)几乎，差一点（遇到危险）by a hair’s breadth；by inches；nearly：～遭毒手 ～ zāo dúshǒu come with in an inch of being murdered /～遭不幸 ～ zāo búxìng nearly meet one’s death

【险隘】xiǎn’ài（名）险要的山口 strategic pass；defile

【险地】xiǎndì（名）危险的地区 a dangerous area

【险恶】xiǎn’è（形）〈书〉(1)特别危险 dangerous；perilous；ominous：～的环境 ～ de huánjìng dangerous environment/ 山势～ shānshì ～ perilous mountain (2)狠毒，凶险 sinister；vicious；malicious；treacherous：～的诡计 ～ de guǐjì sinister plot/ 用心～的人 yòngxīn ～ de rén person with malicious intentions

【险峰】xiǎnfēng（名）perilous peak

【险境】xiǎnjìng（名）危险的境况 dangerous circumstances：沦入～ lúnrù ～ fall into dangerous circumstances

【险峻】xiǎnjùn（形）〈书〉（山势）陡而险 (of a mountain) dangerously steep；precipitous：山路～ shānlù ～ dangerously steep mountain path/ ～的山势 ～ de shānshì precipitous mountain

【险情】xiǎnqíng（名）危险的情况 dangerous situation：洪水暴发，堤坝出现～。Hóngshuǐ bàofā, dībà chūxiàn ～. When the flood broke out, dykes and dams were put into a dangerous situation.

【险区】xiǎnqū（名）容易发生危险的区域或地段 danger zone

【险胜】xiǎnshèng（动）在体育比赛中，以相差很少的比分或微弱的优势战胜对方 win by a narrow margin：这场足球赛，甲队4比3～。Zhè chǎng zúqiú sài, jiǎ duì sì bǐ sān ～. Team A won this football match by a close score of 4 to 3. / 在男子乒乓球团体决赛中，乙队以5比4～甲队。Zài nánzǐ pīngpāng qiú tuántǐ juésài zhōng, yǐ duì yǐ wǔ bǐ sì ～ jiǎ duì. In the men’s ping-pong finals, Team B won over Team A by a narrow score of 5 to 4.

【险些】xiǎnxiē（副）表示不如愿的事情几乎发生而未发生，同“差一点儿”，有庆幸的感情色彩 narrowly (escape an unwanted situation)；nearly (as with "差一点儿", it indicates rejoicing at sth.)：脚下一滑，～摔了一交。Jiǎo xià yì huá, ～ shuāi le yì jiāo. My foot slipped and I almost fell. / 在森林里迷了路，～回不来了。Zài sēnlín li mí le lù, ～ huí bu lái le. I lost my way in the forest and very nearly couldn’t

come back. / 这个人真狡猾，我～上了他的当。Zhège rén zhēn jiǎohuá, wǒ ～ shàngle tā de dàng. *This person is very sly. I was nearly duped by him.*

【险要】xiǎnyào（形）(地势)险峻而处于要冲 *strategically located and difficult of access*：地形～dìxíng ～ *The terrain is strategically located and difficult of access.* /～的地势 ～ de dìshì *terrain that is strategically situated and difficult of access*

【险阻】xiǎnzǔ（形）〈书〉道路危险有阻碍，也比喻人事的障碍和挫折 *(of roads) dangerous and difficult; human obstructions and setbacks*：道路～ dàolù ～ *The road is dangerous and difficult.* /不畏～ bú wèi ～ *not be afraid of danger and difficulty* /克服一切艰难～，奋勇前进。Kèfú yíqiè jiānnán ～, fènyǒng qiánjìn. *One must overcome danger and difficulty and advance bravely.*

鲜 〔鮮〕xiān
（形）〈书〉少 *little; rare*：寡廉～耻 guǎ lián ～ chǐ *shameless* /这种植物此地～见。Zhè zhǒng zhíwù cǐdì ～ jiàn. *This type of plant is rarely seen in this area.* 另见 xiān

xiàn

苋 〔莧〕xiàn
【苋菜】xiàncài（名）*three-coloured amaranth（Anaranthus tricolor）*

县 〔縣〕xiàn
（名）行政区划单位，由省、自治区或市领导 *county*
【县城】xiànchéng（名）县行政机关所在的城镇 *county seat; county town*
【县份】xiànfèn（名）(～儿)县，不能和具体的县名连用 *county (cannot be used in the name of a county)*："三河"是河北省的一个～。"Sānhé" shì Héběi Shěng de yí ge ～. *Sanhe is a county in Hebei Province.*
【县委】xiànwěi（名）中国共产党县级委员会的简称 *short for "中国共产党县级委员会"*
【县志】xiànzhì（名）记载一个县的历史、地理、风俗、文化、人物、物产等的专书 *general records of a county; county annals*

现 〔現〕xiàn
（动）使人可以看见，表现出 *appear; reveal*：～原形 ～ yuánxíng *reveal one's true features* / 脸上～出笑容。Liǎnshang ～chū xiàoróng. *A smile appeared on his face.* / 小镇上处处～出富裕的景象。Xiǎozhèng shang chùchù ～chū fùyù de jǐngxiàng. *Scenes of prosperity appeared everywhere in the small town.* （形）(1)当时可以拿出来的(钱或货物) *(of money, goods, etc.) on hand*：这批货得交～款才能取出。Zhè pī huò děi jiāo ～kuǎn cái néng qǔchū. *Cash must be paid in order to get this shipment of goods.* / 我没有～钱。Wǒ méi yǒu ～qián. *I don't have any cash on hand.* (2)〈书〉现在的 *present; current; existing; now*：他～年25岁。Tā ～ nián èrshíwǔ suì. *He is twenty-five years old now.* /～已动身 ～ yǐ dòng shēn *have now already set out (on a journey)* (副)"临时"的意思，直接修饰动词，不能插入其他成分 *(do sth.) in time of need; extempore (has the same meaning as "临时"; directly modifies a verb; no other element can be inserted between "现" and the modified verb)*：午饭什么也没准备，得到食堂～买。Wǔfàn shénme yě méi zhǔnbèi, děi dào shítáng ～ mǎi. *I haven't prepared anything for lunch, so I have to go and buy some at the cafeteria.* / 这点儿钱是我们几个人～凑。Zhè

diǎnr qián shì wǒmen jǐ ge rén ～ còu de. *This bit of money is what the few of us have managed to pool together for now.* /上课没教材只好～编。Shàng kè méi jiàocái zhǐhǎo ～ biān. *Having no teaching materials, I have no choice but to improvise everyday.*

【现场】xiànchǎng（名）(1)发生案件或事故的场所以及该场所在发生案件或事故时的状况 *scene (of an incident)*：～录音 ～ lù yīn *recording of a scene* /～直播 ～ zhíbō *broadcast a scene live* /～遭到破坏 ～ zāodào pòhuài *the scene of an incident was destroyed* (2)直接从事生产、工作、试验的场所 *site; spot*：到实验的～参观 dào shíyàn de ～ cānguān *go to visit the experimental site* /到车间去开～会 dào chējiān qù kāi ～ huì *hold an on-the-spot meeting in the workshop*

【现成】xiànchéng（形·非谓)已经做好的，已经准备好的 *ready-made*：～的饭菜，你吃了再走。～ de fàncài, nǐ chīle zài zǒu. *The meal is already made. Eat first before you go.* /纸笔都是～的，你就在这儿写吧。Zhǐ bǐ dōu shì ～ de, nǐ jiù zài zhèr xiě ba. *There are pen and paper here already been prepared. You might as well write it now.* / 他在家什么事也不操心，吃～的，穿～的。Tā zài jiā shénme shì yě bù cāo xīn, chī ～ de, chuān ～ de. *He doesn't trouble about anything at home. He is waited on by others.* /他个子太大，不容易买到～的衣服。Tā gèzi tài dà, bù róngyì mǎidào ～ de yīfu. *He's too big so it's difficult for him to buy ready-made clothes.*

【现存】xiàncún（动）现在存留;现在拥有 *extant; in stock*：这部古典名著，～版本就有十多种。Zhè bù gǔdiǎn míngzhù, ～ bǎnběn jiù yǒu shí duō zhǒng. *There are more than ten extant versions of this famous classical book.* / 资料室～五万册书。Zīliàoshì ～ wǔwàn cè shū. *The reference room has 50,000 books in stock.*

【现代】xiàndài（名）*modern times; the contemporary age*：～文学 ～ wénxué *contemporary literature* /有～特点的建筑 yǒu ～ tèdiǎn de jiànzhù *architecture with distinguishing modern features*

【现代化】xiàndàihuà（动·不及物）*modernize*：四个～ sì ge ～ *the Four Modernizations* / 国防必须～。Guófáng bìxū ～. *National defence must be modernized.*

【现货】xiànhuò（名）当时可以拿出来的货物 *merchandise on hand*：没有～，得预订。Méi yǒu ～, děi yùdìng. *There's no merchandise on hand. You must place an order.*

【现今】xiànjīn（名）现在，也可说"现如今" *nowadays; these days (may also use "现如今")*：～进入电子计算机时代 ～ jìnrù diànzǐ jìsuànjī shídài *We are now entering the age of computers.* /现如今人民的物质和文化生活提高了。Xiànrújīn rénmín de wùzhì hé wénhuà shēnghuó tígāo le. *Nowadays people's material and cultural standards of living have risen.*

【现金】xiànjīn（名）(1)同"现款" xiànkuǎn *same as "现款"* xiànkuǎn (2)银行库存的货币 *cash reserve in a bank*

【现款】xiànkuǎn（名）可以当时交付的货币 *ready money; cash*

【现身说法】xiàn shēn shuō fǎ 原为佛教用语，指佛能现出种种人形，向人讲说佛法。现比喻用亲身经历做例证来说明道理或劝导人 *formerly a Buddhist expression which referred to Buddha, who could appear in the form of various people to teach Buddhist doctrine; now means to advise sb. or explain sth. by using one's own experience as an example*：用自己的亲身经历，对青年进行～的教育最有效。Yòng zìjǐ de qīnshēn jīnglì, duì qīngnián jìnxíng ～ de jiàoyù zuì yǒuxiào. *Using one's own personal experience to advise young people is the most effective form of education.*

【现时】xiànshí（名）现在，当前 *now; at present*：～的货币政策 ～ de huòbì zhèngcè *present monetary policy* /～的课程

设置～de kèchéng shèzhì *current curriculum*

【现实】xiànshí（名）*reality*；*actuality*：这种脱离～的方案根本行不通。Zhè zhǒng tuōlí ～ de fāng'àn gēnběn xíng bu tōng. *This kind of scheme is out of touch with reality and will get you absolutely nowhere.* /你不能不看～，只凭主观愿望办事。Nǐ bù néng bú kàn ～, zhǐ píng zhǔguān yuànwàng bàn shì. *You can't ignore reality and just depend on your subjective will to do things.* /合乎客观实际的 *realistic*；*actual*：这种要求很不～，根本做不到。Zhè zhǒng yāoqiú hěn bú ～, gēnběn zuò bu dào. *This request is not realistic. There's no way it can be done.* /你考虑问题应该～一点。Nǐ kǎolǜ wèntí yīnggāi ～ yìdiǎnr. *You should be a little more realistic when you think over problems.*

【现实性】xiànshíxìng（名）符合客观实际的，有可能实现的特性 *actuality*；*realizability*：他这种设想还是有～的。Tā zhè zhǒng shèxiǎng hái shì yǒu ～ de. *This tentative plan of his might well be realized.*

【现实主义】xiànshízhǔyì（名）文学艺术上一种创作方法，通过典型环境、典型人物的描写，深刻反映现实生活的本质 *realism — (in literature and art) fidelity to nature in representation, showing of life, etc. as it is in fact*

【现……现……】xiàn……xiàn……多嵌入两个意义相关的单音节动词，表示临时采取行动，前一动作、行为是为了后一动作、行为的需要，而且二者紧紧相连；常作谓语（*inserted before two monosyllabic verbs related in meaning to indicate that an action is done provisionally; the first action or behaviour is done for the purpose of the second action or behaviour, and both are closely linked together; often serves as a predicate*）：青菜最好是现买现吃，这样可以保鲜。Qīngcài zuì hǎo shì xiàn mǎi xiàn chī, zhèyàng kěyǐ bǎo xiān. *Greens should be bought for immediate consumption so as to guarantee freshness.* /他现写现卖，靠稿费维持生活。Tā xiàn xiě xiàn mài, kào gǎofèi wéichí shēnghuó. *He writes things to sell them right away because he depends on the author's remuneration for support.* /我的英语也不行，要叫我上课，我得现学现教。Wǒ de Yīngyǔ yě bù xíng, yào jiào wǒ shàng kè, wǒ děi xiàn xué xiàn jiāo. *My English is no good. If you want me to give lessons, I'll have to learn while I teach.* 有时前后两个动作实际是一个（*the former and latter actions are sometimes one and the same*）：他擅长现编现想地给小朋友讲故事。Tā shàncháng xiàn biān xiàn xiǎng de gěi xiǎopéngyou jiǎng gùshi. *He's good at making up stories as he's relating them to the children.*

【现象】xiànxiàng（名）[种 zhǒng] *appearance (of things)*；*phenomenon*：刮风下雨都是自然～。Guā fēng xià yǔ dōu shì zìrán ～. *Wind and rain are natural phenomena.* /中学生辍学的～值得注意。Zhōngxuéshēng chuòxué de ～ zhídé zhùyì. *Middle school students discontinuing their studies is a phenomenon worth paying attention to.*

【现行】xiànxíng（形）(1)现在施行的，现在有效的 *currently in effect*；*in force*；*in operation*：～政策 ～ zhèngcè *current policies* /～法令 ～ fǎlìng *decrees in effect* /～制度 ～ zhìdù *system currently in effect* (2)正在进行或不久前曾经进行（犯罪活动的）(*of a criminal*) *active*：～犯 ～fàn *criminal caught in, before or immediately after the act*

【现役军人】xiànyì jūnrén 正在服兵役的军人 *serviceman*

【现在】xiànzài（名）*now*；*at present*；*today*：～和以往很不一样，大家都穿得漂亮多了。～ hé yǐwǎng hěn bù yíyàng, dàjiā dōu chuān de piàoliang duō le. *Now is not the same as before. People wear much more beautiful clothes today.* /～没文化可不行。～ méi wénhuà kě bù xíng. *It won't do to be uneducated nowadays.* /他～已经是研究生了。Tā ～ yǐjīng shì yánjiūshēng le. *He is now already a postgraduate student.* /～的青年思想很活跃。～ de qīngnián sīxiǎng hěn huóyuè. *The young people of today have a very dynamic way of thinking.*

【现状】xiànzhuàng（名）目前的状况 *present (or current) situation*；*status quo*；*existing state of affairs*：安于～就不能前进。Ān yú ～ jiù bù néng qiánjìn. *If one is content with things as they are, then there is no room for progress.*

限 xiàn

（动）局限于指定的时间、范围等 *set a limit*；*limit*；*restrict*：～一个月内还清欠款。～ yí gè yuè nèi huánqīng qiànkuǎn. *There is a one-month limit before the debt must be paid off.* /乘车券只～本人使用，不得转让。Chéngchēquàn zhǐ ～ běnrén shǐyòng, bù dé zhuǎnràng. *Tickets are limited to one per passenger. May not be transferred.* /参观人数不～。Cānguān rénshù bú ～. *There is no restriction on the number of visitors.* /戏票不多，每人～购两张。Xìpiào bù duō, měi rén ～ gòu liǎng zhāng. *There are not many performance tickets. Each customer is limited to two.*（名）指定的范围（常与"（以）……为"连用）*limit*；*bounds (often used with "（以）...为")*：借期以一个月为～。Jièqī yǐ yí ge yuè wéi ～. *The time limit for borrowing is one month.* /这种月票使用范围以市区公共汽车为～，长途车不能用。Zhè zhǒng yuèpiào shǐyòng fànwéi yǐ shìqū gōnggòng qìchē wéi ～, chángtú chē bù néng yòng. *This type of monthly ticket is good for all public buses within city limits. It cannot be used for long-distance buses.*

【限定】xiàndìng（动）同"限"xiàn（动）*same as "限" xiàn（动）*：～人数 ～ rénshù *limit the number of people* /～时间 ～ shíjiān *set a time limit* /应～讨论范围 yīng ～ tǎolùn fànwéi *should limit the scope of discussion*

【限度】xiàndù（名）范围的极限，最高或最低的数量、程度 *limit*；*limitation*：最低～ zuì dī ～ *minimum limit* /不超过一定的～ bù chāoguò yídìng de ～ *does not exceed the fixed limit* /奖金要不要定一个最高～? Jiǎngjīn yào bú yào dìng yí ge zuì gāo ～? *Do you want to set a maximum limit for bonuses?* /要使人人都能最大～地发挥积极性，太不容易了。Yào shǐ rénrén dōu néng zuì dà ～ de fāhuī jījíxìng, tài bù róngyì le. *It's not easy to bring everybody's initiative into full play.* /他的耐心似乎是无～的! Tā de nàixīn sìhū shì wú ～ de! *It's as if his patience had no limit!*

【限额】xiàn'é（名）规定的数额 *norm*；*limit*；*quota*：每年的经费不能超过～。Měi nián de jīngfèi bù néng chāoguò ～. *Annual funds may not exceed the quota.*

【限量】xiànliàng（动）limit the quantity of；*set bounds to*：实行～供应 shíxíng ～ gōngyìng *limit the quantity of supply* /发展前景不可～。Fāzhǎn qiánjǐng bù kě ～. *The prospects for development are boundless.*（名）*limit*；*bounds*：服用此药，不能超过～。Fúyòng cǐ yào, bù néng chāoguò ～. *One may not exceed the prescribed limit for this medicine.*

【限令】xiànlìng（动）指定时间命令（做某事）*order sb. to do sth. within a certain time*：～24小时内破案。～ èrshísì xiǎoshí nèi pò àn. *You must solve this case within twenty-four hours.* /～两天之内彻底交代自己的罪行。～ liǎng tiān zhī nèi chèdǐ jiāodài zìjǐ de zuìxíng. *You have two days in which to make a thorough confession of your crime.*

【限期】xiànqī（动）限定日期 *set a time limit (for sth.)*：～完成任务 ～ wánchéng rènwù *set a time limit for the completion of a task* /这项工程～二十天。Zhè xiàng gōngchéng ～ èrshí tiān. *The time limit for this project is twenty days.*（名）指定的不许超过的期限 *time limit*；*deadline*：给他一个月的～ gěi tā yí ge yuè de ～ *give him one month (to do sth.)* /到了～ dàole ～ *The deadline has been reached.* /已过～ yǐ guò ～ *The time limit has already been exceeded.*

【限于】xiànyú（动）受某些条件或情况的限制，或局限在某一范围之内 *be confined in*；*be limited to*：～人力，我们承担不了这项任务。～ rénlì, wǒmen chéngdān bu liǎo zhè

xiàng rènwù. *As manpower is limited, we cannot undertake this task.* /讨论的范围不能仅～艺术性问题。Tǎolùn de fànwéi bù néng jǐn ～ yìshùxìng wèntí. *The scope for discussion cannot merely be confined to questions concerning artistic quality.*
【限制】xiànzhì（动）使其不能超出一定范围 place（or impose）restrictions on; restrict; limit; confine:他的行动受到了～。Tā de xíngdòng shòudàole ～. *His movements have been restricted.* / 医院～他的饮食。Yīyuàn ～ tā de yǐnshí. *The hospital has placed restrictions on his food and drink.*

线〔綫〕xiàn
（名）(1)用丝、棉、毛、麻、化纤、金属等制成的细丝 thread; string; wire (2)〈数〉line:两～相交于一点。Liǎng ～ xiāngjiāo yú yì diǎn. *The two lines intersect at one point.* (3)交通路线 route; line:交通～ jiāotōng～ traffic route / 运输～ yùnshū～ transport route/ 铁路～ tiělù～ railway line/ 单行～ dānxíng～ one-way road (4)边缘交界的地方 demarcation line; boundary:国境～ guójìng～ boundary line /海岸～ hǎi'àn～ coastline (5)比喻所接触的某种危险边际 brink; verge:死亡～上 sǐwáng～ shang *on the verge of death* /挣扎在饥饿～上 zhēngzhá zài jī'è～ shang *struggle for existence on the brink of starvation* (量)与"一"结合，表示仅有的，唯一的，像线那样细小的（used after "一", indicates abstract matters）:一～光明 yí ～ guāngmíng *a gleam of light* /一～希望 yí ～ xīwàng *a glimmer of hope*
【线路】xiànlù（名）circuit; line
【线圈】xiànquān（名）〈电〉coil
【线绳】xiànshéng（名）用多股粗棉线合制成的绳子 cotton rope
【线索】xiànsuǒ（名）clue; thread:找到了一点～ zhǎodàole yìdiǎnr ～ found some clues/ 仅有的一点～断了。Jǐn yǒu de yìdiǎnr ～ duàn le. *The only lead we had is gone.*
【线条】xiàntiáo（名）(1)〈美〉绘画时勾的轮廓线 line:这幅画～很柔和。Zhè fú huà ～ hěn róuhé. *This drawing has very soft lines.* (2)人体或工艺品的轮廓 lines (of a human body or handicraft):这种工艺品～很美。Zhè zhǒng gōngyìpǐn ～ hěn měi. *The lines of this type of handicraft are beautiful.* / 那位姑娘身材苗条,～好。Nà wèi gūniang shēncái miáotiao, ～ hǎo. *That young girl has a slim figure and nice lines.*
【线轴儿】xiànzhóur（名）reel for thread; bobbin
【线装】xiànzhuāng（名）装订书籍的一种方法,装订的线露在封面外,是中国传统的装订法 traditional thread binding of Chinese books

宪〔憲〕xiàn
（名）法令;宪法 statute; constitution
【宪兵】xiànbīng（名）military police
【宪法】xiànfǎ（名）[部 bù] constitution; charter
【宪章】xiànzhāng（名）〈书〉charter

陷 xiàn
（动）(1)掉进,沉下 sink; get stuck:车轮～进泥里了。Chēlún ～ jìn ní li le. *The wheels got stuck in the mud.* /他开始小偷小摸,后来越～越深,不能自拔。Tā kāishǐ xiǎo tōu xiǎo mō, hòulái yuè ～ yuè shēn, bù néng zìbá. *He started with pilfering and later sank deeper and deeper into evil ways until he was no longer able to extricate himself.* / 工作～入被动局面。Gōngzuò ～ rù bèidòng júmiàn. *Work was bogged down.* (2)凹进去 sink; cave in:连降大雨,地面～了一个坑。Lián jiàng dàyǔ, dìmiàn ～le yí ge kēng. *The ground caved in after heavy rainfalls.* /他瘦多了,两

颊都～进去了。Tā shòu duō le, liǎng jiá dōu ～ jìnqu le. *He lost a lot of weight and now both cheeks are sunken.* (3)◇被攻破,被占领 (of a city) be occupied; fall; be captured (4)◇陷害 frame; make false charges against sb.
【陷害】xiànhài（动）有预谋地害人 frame; make false charges against sb. ;受到～ shòudào ～ be framed /～好人 ～ hǎo rén frame an innocent person
【陷阱】xiànjǐng（名）[个 gè] pitfall; pit; trap
【陷落】xiànluò（动）(1)同"陷" xiàn (2) same as "陷" xiàn (2);地壳～ diqiào ～ *The earth's crust is sinking.* (2)同"陷" xiàn (3) same as "陷" xiàn (3)
【陷入】xiànrù（动）(1)落到(不利的境地) sink (or fall) into; land oneself in; be caught in; get bogged down in (an unfavourable situation):～困境 ～ kùnjìng land in a predicament /～危难之中 ～ wēinàn zhī zhōng be caught in dire peril /～包围圈 ～ bāowéiquān be caught in a ring of encirclement (2)比喻深深地进入(某种境界或思想活动中) be lost in; be immersed in; be deep in (thought, a certain state of mind, etc.):～沉思 ～ chénsī be lost in thought

馅〔餡〕xiàn
（～儿）（名）filling; stuffing:肉～ ròu～ meat filling/ 菜～ cài～ vegetable filling /包子～ bāozi～ stuffing for steamed buns
【馅儿饼】xiànbǐng（名）带馅儿的饼,馅儿是用肉和菜拌成的。用锅或铛（chēng）烙熟 meat pie

羡 xiàn
（动）◇羡慕 admire; envy
【羡慕】xiànmù（动）看见别人有某种优越条件或好处,希望自己也有 admire; envy:姐姐考上了大学,弟弟非常～。Jiějie kǎoshangle dàxué, dìdi fēicháng ～. *He admired his older sister greatly for passing the university entrance exam.* /他很～我的这样好的学习条件。Tā hěn ～ wǒ de zhèyàng hǎo de xuéxí tiáojiàn. *He's quite envious of my excellent study conditions.* / 我很～他的学语言的天才。Wǒ hěn ～ tā de xué yǔyán de tiāncái. *I greatly admire his talent for learning languages.*

献〔獻〕xiàn
（动）offer; present; dedicate; donate:～技 ～ jì offer one's skill /～上一颗赤诚的心 ～shang yì kē chìchéng de xīn dedicate one's heart with absolute sincerity/ 把自己保存的文物～给国家。Bǎ zìjǐ bǎocún de wénwù ～ gěi guójiā. *donate the cultural relics one has preserved to the country* / 一个小姑娘向客人～花。Yí ge xiǎo gūniang xiàng kèren ～ huā. *A little girl presented flowers to the guests.*
【献策】xiàn＝cè 贡献计策、方案,提出建议 offer advice; make suggestions;鼓励群众献计～. encourage the masses to offer their advice and suggestions
【献词】xiàncí（名）祝贺的话或文章 congratulatory message:新年～ xīnnián ～ New Year message
【献词】xiàn＝cí give congratulatory message
【献花】xiàn＝huā 把鲜花送给贵宾或受到大家敬爱的人 present bouquet of flowers
【献计】xiàn＝jì 同"献策" xiàn＝cè same as "献策" xiàn＝cè
【献礼】xiàn＝lǐ 为了表示庆祝而献上礼物(多指劳动成果) present a gift (usu. in the form of service):咱们提前完成生产任务,向国庆节～. Zánmen tíqián wánchéng shēngchǎn rènwù, xiàng guóqìngjié ～. *Let's greet National Day by completing the production task ahead of time.*
【献媚】xiànmèi（动）〈书〉为了讨好别人而做出使人欢心的姿态或举动 try to ingratiate oneself with; butter up to:向

财主～ xiàng cáizhu ～ *try to ingratiate oneself with a rich man*

【献身】xiànshēn（动）〈书〉贡献出自己的全部精力和生命 *devote oneself to*; *give one's life for*: 为教育事业～ wèi jiàoyù shìyè ～ *devote oneself to the cause of education* /～于四化建设 ～ yú sìhuà jiànshè *dedicate oneself to the establishment of the Four Modernizations*/ 他的～精神令人敬佩。Tā de ～ jīngshén lìng rén jìngpèi. *His spirit of devotion is admirable.*

【献殷勤】xiàn yīnqín〈贬〉为了讨好别人而热心伺候 *show sb. excessive attentions*; *pay one's addresses*: 小伙子们向姑娘们～。Xiǎohuǒzimen xiàng gūniangmen ～. *Young fellows do everything to please young women.*

腺 xiàn
（名）生物体内能分泌某些化学物质的组织 *gland*: 汗～ hàn～ *sweat gland*/ 唾液～ tuòyè～ *salivary gland*

xiāng

乡 〔鄉〕xiāng
（名）(1)◇乡村（跟“城”相对）*country*; *countryside*; *village*; *rural area (antonym of "城" (city; urban area))*: 下～劳动 xià ～ láodòng *go to the countryside to do manual labour* / 他下了一个月的～。Tā xiàle yí ge yuè de ～. *He went to the countryside for one month.* (2)◇(农村的)家乡 *native place*; *home village or town*: 回～参加建设 huí ～ cānjiā jiànshè *return to one's home village to participate in construction* /现在很多农民都离土不离～，成了工人。Xiànzài hěn duō nóngmín dōu lí tǔ bù lí ～, chéngle gōngrén. *Many farmers have now left the fields but not their native places to become workers.* (3)行政区划的农村基层单位 *township (a rural administrative unit under the county)*

【乡村】xiāngcūn（名）农村（与城、镇相对）*village*; *countryside*; *rural area (antonym of "城" (city) and "镇" (town))*

【乡间】xiāngjiān（名）乡村里 *in a village*; *in the country*: 现在～也办了工厂，修了马路。Xiànzài ～ yě bànle gōngchǎng, xiūle mǎlù. *Factories have now been set up in the country and roads have also been built there.*

【乡里】xiānglǐ（名）(1)家庭久居的乡村 *home village or town* (2)同乡人 *fellow villager or townsman*

【乡亲】xiāngqin（名）(1)同一个乡的人 *a person from the same native place*: 我们是～，都是绍兴人。Wǒmen shì ～, dōu shì Shàoxīng rén. *We are fellow townsmen from Shaoxing.* (2)对农村中当地老百姓的称呼 *local people*; *villagers*; *folks*: ～们! ～men! *Folks!*/ 多谢各位～的帮助。Duōxiè gè wèi ～ de bāngzhù. *Many thanks to all the villagers for your help.*

【乡绅】xiāngshēn（名）旧指乡村的绅士 *(in former times) country gentleman*; *squire*

【乡土】xiāngtǔ（名）本乡本土 *native soil*; *local*: 广东人的～观念很重，广东人对广东人特别亲密。Guǎngdōng rén de ～ guānniàn hěn zhòng, Guǎngdōng rén duì Guǎngdōng rén tèbié qīnmì. *Provincialism in Guangdong is very strong. Guangdong people have a very close relationship with each other.* /～教材 ～ jiàocái *teaching material reflecting local conditions and suited to local needs* /～文学 ～ wénxué *local literature*

【乡下】xiāngxia（名）同“乡村”xiāngcūn *same as "乡村" xiāngcūn*

【乡音】xiāngyīn（名）家乡的口音 *local accent*: 他是浙江人，说话带有浓重的～。Tā shì Zhèjiāng rén, shuō huà dài yǒu nóngzhòng de ～. *He's from Zhejiang and when he speaks, he has a heavy local accent.* / 小李的普通话说得非常好，没

有一点～。Xiǎo Lǐ de pǔtōnghuà shuō de fēicháng hǎo, méi yǒu yìdiǎnr ～. *Xiao Li speaks standard Chinese very well and doesn't have the slightest accent.*

【乡镇】xiāngzhèn（名）乡村和市镇，也泛指较小的市镇 *villages and towns*; *small towns*: ～企业现在如雨后春笋。～ qǐyè xiànzài rú yǔ hòu chūnsǔn. *Small town enterprises are now springing up like mushrooms.*

相 xiāng
（副）〈书〉多修饰单音节动词，中间不能插入其他成分 *(usu. modifies a monosyllabic verb*; *no other element may be inserted between "相" and the modified verb)* (1)“互相”的意思，主语必须是双数或复数的 *each other*; *mutually (the subject must either be two in number or in the plural form)*: 我们都是一个村的，几家～隔不远。Wǒmen dōu shì yí ge cūn de, jǐ jiā ～ gé bù yuǎn. *We are all from the same village*; *our families are not far apart from each other.* /没过几天，他俩又在路上～遇了。Méi guò jǐ tiān, tā liǎ yòu zài lùshang ～ yù le. *Not more than a few days had passed before those two met up with each other on the street again.* (2)指一方对另一方，主语多为单数，行动是单方面的 *(indicates how one party behaves towards the other*; *the subject is usu. singular and the action, one-sided)*: 我曾好言～劝，但他就是不听。Wǒ céng hǎoyán ～ quàn, dàn tā jiùshì bù tīng. *I offered him good advice, but he wouldn't listen.* /实不～瞒，我曾怀疑过背后说我的坏话。Shí bù ～ mán, wǒ céng huáiyíguo nǐ bèihòu shuō wǒ de huàihuà. *To tell you the truth, I've suspected you of saying nasty things about me behind my back before.* /他对朋友总是以诚～见。Tā duì péngyou zǒngshì yǐ chéng ～ jiàn. *He always treats his friends with sincerity.* 另见 xiàng

【相安无事】xiāng'ān wú shì 相处很好，没有矛盾冲突 *live in peace with each other*: 这所房子住了四家人，大家都～。Zhè suǒ fángzi zhùle sì jiā rén, dàjiā dōu ～. *Four families lived in this building and they all lived peacefully with each other.*

【相比】xiāngbǐ（动·不及物）互相比较 *compare*: 我怎能和你～?你住的房子多宽敞啊! Wǒ zěn néng hé nǐ ～? Nǐ zhù de fángzi duō kuānchang a! *How can I possibly compare with you? The place you live in is so spacious!*

【相差】xiāngchà（动·不及物）互相比较以后的差距、差别 *differ*: 他们俩的业务水平～很大。Tāmen liǎ de yèwù shuǐpíng ～ hěn dà. *The professional skills of those two differ greatly.* / 这两种颜色～不大。Zhè liǎng zhǒng yánsè ～ bú dà. *There's not much difference between these two colours.* / 这几种产品的质量～无几。Zhè jǐ zhǒng chǎnpǐn de zhìliàng ～ wújǐ. *There's hardly any difference in the quality of these products.*

【相称】xiāngchèn（形）事物配合得合适、相当 *match*; *suit*: 屋子这么小，这张桌子太大，很不～。Wūzi zhème xiǎo, zhè zhāng zhuōzi tài dà, hěn bù ～. *The room is so small and the desk so big. They don't suit each other.* / 这位讲师的学识完全达到了教授的水平，和他的职称太不～了。Zhè wèi jiǎngshī de xuéshí wánquán dádàole jiàoshòu de shuǐpíng, hé tā de zhíchēng tài bù ～ le. *This lecturer is as knowledgeable as a professor. His title is just not worthy of him.*

【相乘】xiāngchéng（动·不及物）*multiply together*: 二和三～等于六。Èr hé sān ～ děngyú liù. *Two and three multiplied together equal six.*

【相持】xiāngchí（动·不及物）双方坚持对立，互不相让 *be locked in a stalemate*: 战争处于～阶段。Zhànzhēng chǔyú ～ jiēduàn. *The war was at a stalemate.* /他们各有主张，～不下。Tāmen gè yǒu zhǔzhāng, ～ bú xià. *Each had his own view and no one was willing to yield.*

【相斥】xiāngchì（动·不及物）*reprehend each other*; *mutual-*

ly repel：同性～ tóngxìng ～ two like charges repel each other

【相处】xiāngchǔ（动·不及物）彼此生活在一起,相互接触来往 get along（with one other）：我们～得很好。Wǒmen ～ de hěn hǎo. We get along well with each other. / 我们～多年,彼此都很了解。Wǒmen ～ duō nián, bǐcǐ dōu hěn liǎojiě. We've been together for many years and understand each other very well.

【相传】xiāngchuán（动·不及物）(1)传递,传授 hand down or pass on from one to another：勤俭的家风代代～。Qínjiǎn de jiāfēng dàidài ～. A thrifty and hardworking style of life has been handed down from one generation of the family to another. /霍家的拳术父子～。Huòjiā de quánshù fùzǐ ～. Chinese boxing skills were passed on from father to son in the Huo household. (2)传说 tradition has it that. . .；according to legend：～这所房子闹鬼。～ zhè suǒ fángzi nào guǐ. According to legend, this house is haunted.

【相当】xiāngdāng（动·不及物）(数量、条件、程度等)大致相等 (of quantity conditions, degree, etc.) match; balance; correspond to：这两个队实力～。Zhè liǎng ge duì shílì ～. These two teams are well-matched in actual strength. /他的文化水平～于大学毕业。Tā de wénhuà shuǐpíng ～ yú dàxué bì yè. His education level is equal to that of a university graduate. (形)(1)合适 suitable；fit；appropriate：找一个～的人选作秘书很不容易。Zhǎo yí ge ～ de rénxuǎn zuò mìshū hěn bù róngyì. It's not easy to find a suitable person for secretary. 我对他一时想不出一个～的称呼来。Wǒ duì tā yìshí xiǎng bu chū yí ge ～ de chēnghu lai. I couldn't think of a suitable way to address him offhand. (副)表示一定程度,比"很""非常"的程度低；修饰形容词、某些动词,助动词及短语 fairly；considerably (indicates a certain degree which is lesser than "很" and "非常"；modifies adjectives, certain verbs, auxiliary verbs and phrases)：这座庙宇～古老。Zhè zuò miàoyǔ ～ gǔlǎo. This temple is fairly ancient. / 她～喜爱文艺。Tā ～ xǐ'ài wényì. She likes literature and art considerably. /他～能吃苦。Tā ～ néng chī kǔ. He is quite able to bear hardships. 可以修饰表示不愉快性质的否定形式 (can modify a negative form which expresses sth. of an unhappy nature)：她唠叨没个完,我听得～不耐烦。Tā láodao méi ge wán, wǒ tīng de ～ bú nàifán. She just babbled on and on until I became quite impatient. / 老是开玩笑,～没意思。Lǎoshi kāi wánxiào, ～ méi yìsi. Always cracking jokes is not really any fun.

【相得益彰】xiāng dé yì zhāng 相得：互相投合,互相配合；益：更；彰：显著。互相配合,协助,双方的优点和长处就更能显出来 (相得：cater to each other；益：all the more；彰：clear；remarkable) bring out the best in each other；complement each other：这部电影里的女主角和男主角都是最出色的演员,在一起演戏,真是～。Zhè bù diànyǐng li de nǚ zhǔjué hé nán zhǔjué dōu shì zuì chūsè de yǎnyuán, zài yìqǐ yǎn xì, zhēn shì ～. The female lead and male lead in this movie are both outstanding actors. When they perform together, they really bring out the best in each other.

【相等】xiāngděng（动·不及物）(数目、份量、程度等)彼此一样 be equal (in number, portion, degree, etc.)：人数～ rénshù ～ be equal in the number of people / 体积～ tǐjī ～ be equal in volume

【相抵】xiāngdǐ（动·不及物）互相抵消 offset；counterbalance：收支～ shōuzhī ～ Revenue and expenditure are balanced / 出口额与进口额～。Chūkǒu'é yǔ jìnkǒu'é ～. The volume of export and that of import is in balance.

【相对】xiāngduì（动·不及物）(1)性质上互相对立 opposite：长与短～,黑与白～。Cháng yǔ duǎn ～, hēi yǔ bái ～. Long and short are opposites. So are black and white. (2)

(两个事物)面对面 face to face：两个岛隔海～。Liǎng ge dǎo gé hǎi ～. Two islands face each other across the sea. / 两座山峰遥遥～。Liǎng zuò shānfēng yáoyáo ～. The two mountain peaks stand opposite each other at a distance. (形)比较的 relatively；comparatively：～而言 ér yán relatively speaking /～稳定 ～ wěndìng relatively stable；事物都是～的,不是绝对的。Shìwù dōu shì ～ de, bú shì juéduì de. All things are relative. Nothing is absolute.

【相对论】xiāngduìlùn（名）the theory of relativity

【相对真理】xiāngduì zhēnlǐ relative truth

【相反】xiāngfǎn（形）opposite；contrary：我的想法和他～。Wǒ de xiǎngfǎ hé tā ～. My idea is contrary to his. /他提出了～的意见。Tā tíchūle ～ de yìjian. He put forward the opposite view. / 这种苹果又大又红,我以为味道一定很好,其实正～,又酸又硬。Zhè zhǒng píngguǒ yòu dà yòu hóng, wǒ yǐwéi wèidào yídìng hěn hǎo, qíshí zhèng ～, yòu suān yòu yìng. This kind of apple is big and red. I was sure it would be very tasty, but, on the contrary, it's very hard and sour. (连)放在后一分句前,可有停顿；引进和前一分句对立的情况 (placed at the beginning of the second clause of a sentence and can be followed by a pause; introduces the contents of the second clause as the opposite of the first clause) on the contrary 有两种不同的对立 (there are two kinds of contrariety) (1)两种情况互相对立 (two situations contrary to each other)：这条街,如果遇到了雨天,便显得格外冷清,～,如果天气好的话,就非常热闹。Zhè tiáo jiē, rúguǒ yùdàole yǔtiān, biàn xiǎnde géwài lěngqīng, ～, rúguǒ tiānqì hǎo de huà, jiù fēicháng rènao. If you come to this street on a rainy day, it can seem extraordinarily cold and cheerless; on the other hand, if the weather is good, it can be extremely lively. /可能你会认为他是个粗心大意的人,恰恰～,他是个非常细致的人。Kěnéng nǐ huì rènwéi tā shì ge cūxīn dàyì de rén, qiàqià ～, tā shì ge fēicháng xìzhi de rén. You may think that he's a careless person, but it's just the opposite; he's extremely meticulous. (2)某种事实没有产生应有的结果,却导致完全不同的结果 (an event leads to a result contrary to what is expected)：失败了,他并不灰心,～,更加奋发努力。Shìbài le, tā bìng bù huī xīn, ～, gèngjiā fènfā nǔ lì. He wasn't discouraged at all by his failure; on the contrary, he exerted himself even more. /这条街白天比较冷清,～,夜里却非常热闹。Zhè tiáo jiē báitiān bǐjiào lěngqīng, ～, yèlǐ què fēicháng rènao. This street is rather deserted and cheerless in the daytime, on the contrary, it is very lively in the night. 见"反而" fǎn'ér see "反而" fǎn'ér

【相反相成】xiāng fǎn xiāng chéng 相反的事物可以互相促成。也指相反的事物在一定条件下有同一性(即两个矛盾方面虽然互相排斥与斗争,却在一定条件下联结起来,成为互为依存的统一体) (of two things) be both opposite and complementary to each other；oppose each other and yet also complement each other：这两个不同的学派通过争论,～,促进了学术的发展。Zhè liǎng ge bùtóng de xuépài tōngguò zhēnglùn, ～, cùjìn le xuéshù de fāzhǎn. Through debate, these two different schools of thought have complemented each other and promoted academic development.

【相仿】xiāngfǎng（形）大致相同,相差不多 similar；more or less the same：他俩的衣服颜色和式样都很～。Tā liǎ de yīfu yánsè hé shìyàng dōu hěn ～. Those two people's clothes are more or less the same in colour and style. /那个模样儿跟他～的人是他哥哥吧？Nàge múyàngr gēn tā ～ de rén shi tā gēge ba? That person who looks just like him must be his older brother, right? /她和你姐姐年纪～。Tā hé nǐ jiějie niánjì ～. Your older sister and she are about the same age. /他俩有～的经历。Tā liǎ yǒu ～ de jīnglì. Those two have had similar experiences.

【相逢】xiāngféng（动·不及物）〈书〉彼此相遇(多指偶然的)

meet (*by chance*); *come across*：我和小王分别多年，没想到今天在北京街头～。Wǒ hé Xiǎo Wáng fēnbié duō nián, méi xiǎngdào jīntiān zài Běijīng jiētóu ～. *Xiao Wang and I parted many years ago. I never expected I would meet up with him on a street corner in Beijing today.*

【相符】xiāngfú（动·不及物）与……符合,彼此一致 *conform to*; *agree* (*or tally*) *with*; *correspond to* (*or with*)：他讲的情况和事实完全～。Tā jiǎng de qíngkuàng hé shìshí wánquán ～. *The situation he described corresponds to the facts.* / 他报的和账上的数目不～。Tā bào de hé zhàng shang de shùmù bù ～. *The amount he reported does not correspond to that recorded in the account book.* /我们俩算的数目正～。Wǒmen liǎ suàn de shùmù zhèng ～. *The amounts we both counted tally.*

【相辅相成】xiāng fǔ xiāng chéng 两种事物互相辅助,互相促成。指两种事物互相依存,缺一不可 *supplement each other*; *complement each other* (*refers to two things, of which one can't do without the other*)：耐心的说服教育与必要的奖惩制度是～的。Nàixīn de shuōfú jiàoyù yǔ bìyào de jiǎngchéng zhìdù shì ～ de. *Patient persuasion and education and an essential system of rewards and penalties supplement each other.* /扩大生产与促进消费是～的关系。Kuòdà shēngchǎn yǔ cùjìn xiāofèi shì ～ de guānxì. *The expansion of production must be complemented by the promotion of consumption.*

【相干】xiānggān（形）关联或牵涉（多用于否定或反问）*have to do with*; *be concerned with* (*often used in a negative sentence or rhetorical question*)：这事跟你毫不～。Zhè shì gēn nǐ háobù ～. *This matter has absolutely nothing to do with you.* /这跟我有什么～? Zhè gēn wǒ yǒu shénme ～? *What does this have to do with me?*

【相关】xiāngguān（动·不及物）彼此有关联 be interrelated：食品卫生和人民健康密切～。Shípǐn wèishēng hé rénmín jiànkāng mìqiè ～. *The hygiene of foodstuff has a direct bearing on the people's health.* /他俩的利害是紧密～的。Tā liǎ de lìhài shì jǐnmì ～ de. *Those two people's gains and losses are closely interrelated.*

【相合】xiānghé（动·不及物）互相一致 *coincide*：他们俩的志趣～。Tāmen liǎ de zhìqù ～. *The interests of the two of them coincide.*

【相互】xiānghù（形）*mutual*; *reciprocal*; *each other*：～了解 ～ liǎojiě *mutual understanding* /～影响 ～ yǐngxiǎng *influence each other*/ ～帮助 ～ bāngzhù *help each other* /～支持 ～ zhīchí *mutual support*/ 援助是～的。Yuánzhù shì ～ de. *Assistance is reciprocal.*

【相继】xiāngjì（副）表示一个接着一个（主语为复数事物）；多用于书面语,修饰单音节动词时要有附加成分,一般无数量词语 *in succession*; *one after another* (*the subject is plural; usu. used in the written language; when it modifies a monosyllabic verb, an additional element is used; there is usu. no numeral-measure word phrase*)：几次试验～失败。Jǐ cì shìyàn ～ shībài. *These experiments failed one after another.* / 讨论会上大家～发言。Tǎolùnhuì shang dàjiā ～ fāyán. *We all spoke in succession at the symposium.* /飞机停稳之后,乘客～走出机舱。Fēijī tíngwěn zhī hòu, chéngkè ～ zǒuchū jīcāng. *Once the plane had come to a halt, the passengers left the cabin one after another.*

【相加】xiāngjiā（动·不及物）〈数〉*add together*：两数～的总数叫和。Liǎng shù ～ de zǒngshù jiào hé. *The total of two numbers added together is called the sum.*

【相间】xiāngjiàn（动·不及物）（事物和事物）一个隔着一个（of two things）*alternate with*：他的毛衣是红白～的花纹。Tā de máoyī shì hóng bái ～ de huāwén. *His sweater has a decorative pattern of red alternating with white.* / 桃树和柳树～地种在池边上。Táoshù hé liǔshù ～ de zhòng zài chí

biān. *Peach trees alternating with willow trees were planted by the pond.*

【相交】xiāngjiāo（动·不及物）(1)交叉 *intersect*：两条铁路在这里～。Liǎng tiáo tiělù zài zhèlǐ ～. *Two railway lines intersect here.* (2)〈书〉交朋友 *make friends with*：两人～多年。Liǎng rén ～ duō nián. *Those two have been friends for many years.*

【相接】xiāngjiē（动·不及物）*connect with*; *meet*：两根电线～。Liǎng gēn diànxiàn ～. *The two electric wires are connected together.*

【相近】xiāngjìn（形）（两种人或事物的特点）差不多（of the characteristics of two people or things）be similar (or close) to; near：他俩性格～。Tā liǎ xìnggé ～. *The two of them are similar in character.* / 用两种～的绿色配在一起。Yòng liǎng zhǒng ～ de lùsè pèi zài yìqǐ. *Match two similar shades of green together.*

【相敬如宾】xiāng jìng rú bīn 形容夫妻互相尊敬,像对待宾客一样（of a husband and wife）be as polite to each other as one would be to a guest out of mutual respect

【相距】xiāngjù（动）〈书〉两点之间距离 *apart*; *at a distance of*; *away from*：北京与天津～一百多公里。Běijīng yǔ Tiānjīn ～ yìbǎi duō gōnglǐ. *Beijing and Tianjin are more than one hundred kilometres apart.*

【相连】xiānglián（动·不及物）互相连接 be linked together; be joined：这里的水渠条条～,形成渠道网。Zhèlǐ de shuǐqú tiáotiáo ～, xíngchéng qúdàowǎng. *The canals here are all linked together and form a net of irrigation ditches.* / 这两条铁路～以后,交通方便多了。Zhè liǎng tiáo tiělù ～ yǐhòu, jiāotōng fāngbiàn duō le. *Once these two railway lines were linked together, transportation was made much more convenient.*

【相切】xiāngqiē（动·不及物）〈数〉*contact*; (of surfaces) *come into contact*

【相去无几】xiāng qù wújǐ 去：距；无几：没有多少。形容相差不大（去：be apart from；无几：very little）very little difference：这两种毛线的质量～,买哪种都行。Zhè liǎng zhǒng máoxiàn de zhìliàng ～, mǎi nǎ zhǒng dōu xíng. *There's very little difference in the quality of these two types of knitting wool. It doesn't matter which one you buy.*

【相濡以沫】xiāng rú yǐ mò 濡：沾湿；以：用；沫：唾沫。泉水干了,鱼就吐沫来相互沾湿。比喻人在困难中用微薄的力量互相帮助（濡：moisten；以：use；沫：spittle）when the water dried up, two fish kept each other alive by using their spittle to moisten each other — in times of great difficulty, people help each other with what little strength they have

【相商】xiāngshāng（动·不及物）〈书〉彼此商量 consult：请速来,有要事～。Qǐng sù lái, yǒu yàoshì ～. *Please come quickly. I have something important to consult you about.*

【相识】xiāngshí（动·不及物）〈书〉彼此认识 be acquainted with each other：我和他素不～。Wǒ hé tā sù bù ～. *He and I have never met.* /我们早就～了。Wǒmen zǎo jiù ～ le. *We have known each other for a long time.*（名）相识的人 acquaintance：我们是老～了。Wǒmen shì lǎo ～ le. *We are old acquaintances.*

【相思】xiāngsī（动·不及物）指男女之间互相思念 yearning between lovers; lovesickness

【相似】xiāngsì（形）相像,两种事物互相接近似 resemble; be similar; be alike：他说的和我想的～。Tā shuō de hé wǒ xiǎng de ～. *What he's saying is similar to what I'm thinking.* /他和他弟弟相貌～。Tā hé tā dìdi xiàngmào ～. *He and his younger brother look alike.* /他们俩的作风、习惯有不少～之处。Tāmen liǎ de zuòfēng, xíguàn yǒu bù shǎo ～ zhī chù. *There are many similarities in the habits and work styles of those two.*

【相提并论】xiāng tí bìng lùn 相提：相比；并：一齐,不分高低

地放在一起. 把不同的人或事放在一起来谈论或同等看待. (多用于否定或反问)(相提：compare；并：simultaneously) mention in the same breath；place on a par (often used in a negative sentence or rhetorical question)：他们俩的问题性质不同，怎么能～呢？ Tāmen liǎ de wèntí xingzhì bù tóng, zěnme néng ～ ne? The nature of their problems is different. How can you mention the two of them in the same breath? /善意的批评和恶意的讽刺决不能～. Shànyì de pīpíng hé èyì de fěngcì jué bù néng ～. Well-meaning criticism and malicious satire can absolutely not be placed on a par.

【相通】xiāngtōng（动·不及物）(事物)互相连接沟通 communicate with each other；be interlinked：这两条胡同～. Zhè liǎng tiáo hútòng ～. These two alleys are connected. / 这条河和公园里的湖～. Zhè tiáo hé hé gōngyuán li de hú ～. This river and the lake in the park are linked to each other. /他俩虽然相隔千里, 但思想是～的. Tā liǎ suīrán xiānggé qiān li, dàn sīxiǎng shì ～ de. Although those two are thousands of li apart, they are still together in thought.

【相同】xiāngtóng（形）彼此一样, 没有区别 identical；the same；alike：他们的论点是～. Tāmen de lùndiǎn shì ～ de. Their theses are identical. /～的志趣和爱好, 使他们成了好朋友. ～ de zhìqù hé àihào, shǐ tāmen chéngle hǎo péngyou. They became good friends because they have the same interests and hobbies.

【相投】xiāngtóu（形）(思想、感情等)彼此相投合 be congenial；agree with each other (in thought, emotion, etc.)：这两个人臭味～. Zhè liǎng ge rén chòu wèi ～. These two are of the same ilk and so like each other. /他们俩志趣～, 很谈得来. Tāmen liǎ zhìqù ～, hěn tán de lái. They have similar tastes and interests and get along well with each other.

【相像】xiāngxiàng（动·不及物）彼此有相同之处 resemble；be similar；be alike：她的性格跟她姐姐很～. Tā de xìnggé gēn tā jiějie hěn ～. She and her older sister have similar characters. / 这个图形和那个图形～, 但并不相同. Zhège túxíng hé nàge túxíng ～, dàn bìng bù xiāngtóng. This figure and that one are similar, but they're definitely not identical.

【相信】xiāngxìn（动）(1)认为是事实 believe；be convinced of：大家都不～他的话. Dàjiā dōu bù ～ tā de huà. Nobody believes what he says. /我～你能学好中文. Wǒ ～ nǐ néng xuéhǎo Zhōngwén. I believe you can learn Chinese well. /我～他不会骗我. Wǒ ～ tā bú huì piàn wǒ. I am convinced he won't deceive me. (2)认为对方是诚实可靠的 believe in；have faith in：我们都～他. Wǒmen dōu ～ tā. We all believe in him. /我～这个人. Wǒ ～ zhège rén. I have faith in this person.

【相形见绌】xiāng xíng jiàn chù 相形：互相比较；绌：不足. 互相比较之下, 就显出一方不足之处 compare with each other；绌：inadequate：pale by comparison；compare un-favourably with：他的技术要与孙师傅比, 那就～了. Tā de jìshù yào yǔ Sūn shīfu bǐ, nà jiù ～ le. If you compare his skill with Master Sun's, he pales by comparison. / 这种皮鞋与那种一比, 真是～. Zhè zhǒng píxié yǔ nà zhǒng yī bǐ, zhēn shì ～. This type of leather shoe compares unfavourably with that type.

【相依为命】xiāng yī wéi mìng 生活中互相依赖, 谁也离不开谁. 有时指两种事物互相依靠 depend on each other for survival：父女二人～. Fùnǚ èr rén ～. Father and daughter depend on each other for survival.

【相宜】xiāngyí（形）适宜、合适 suitable；fitting；appropriate：由他担任这个工作最～. Yóu tā dānrèn zhège gōngzuò zuì ～. He is the most fitting to take on this work. /你说这话可不太～! Nǐ shuō zhè huà kě bú tài ～! What you said

was most inappropriate! / 颜色配得浓淡～. Yánsè pèi de nóng dàn ～. This colour has been mixed to an appropriate richness.

【相应】xiāngyìng（形）相适应；互相响应或照应 corresponding；relevant：如不采取～措施, 恐怕要出事. Rú bù cǎiqǔ ～ cuòshī, kǒngpà yào chū shì. I'm afraid that if appropriate measures are not adopted, something will happen. / 到了夏天, 作息时间也要～地做些调整. Dàole xiàtiān, zuòxī shíjiān yě yào ～ de zuò xiē tiáozhěng. Relevant adjustments must be made to the daily schedule in summertime. / 这个剧的情节前后不～. Zhège jù de qíngjié qiánhòu bù ～. The beginning and end of this show's plot don't correspond.

【相映】xiāngyìng（动·不及物）互相映照 set each other off；form a contrast：这幅水彩画, 翠绿的孔雀, 以红色的牡丹作陪衬, ～成趣, 惹人喜爱. Zhè fú shuǐcǎihuà, cuìlǜ de kǒngquè, yǐ hóngsè de mǔdān zuò péichèn, ～ chéng qù, rě rén xǐ'ài. In this water colour painting the emerald green peacock is set off by the red peonies, forming a delightful contrast that is very pleasing.

【相与】xiāngyǔ（动·不及物）〈书〉互相交往, 相处 get along with sb.；deal with sb.：此人性格孤僻, 不好～. Cǐ rén xìnggé gūpì, bù hǎo ～. This person has an unsociable and eccentric personality, so he doesn't get along well with others. （副）相互 with each other；together：～议论 ～ yìlùn discuss with each other

【相约】xiāngyuē（动）互相约定 agree (on a meeting place, date, etc.) reach agreement；make an appointment：他们几个人～下个月去桂林旅游. Tāmen jǐ ge rén ～ xià ge yuè qù Guìlín lǚyóu. Those few people have agreed to travel to Guilin next month. /两人～一块儿去看电影. Liǎng rén ～ yíkuàir qù kàn diànyǐng. Those two have agreed to go to a movie together.

【相知】xiāngzhī（形）通过交往互相了解, 感情很深 be well acquainted with each other；know each other well：我跟他中学和大学都是同学, 是很～的. Wǒ gēn tā zhōngxué hé dàxué dōu shì tóngxué, shì hěn ～ de. He and I were classmates in both middle school and university, so we know each other very well. （名）知己的朋友 bosom friend；great friend：朋友虽多, ～却不多. Péngyou suī shǎo, ～ què bù duō. Although I have many friends, my bosom friends are few.

香 xiāng
（形）(1)(气味)好闻(跟"臭"相对) fragrant；sweet-smelling；aromatic；scented：这花真～! Zhè huā zhēn ～! This flower is really fragrant! (2)(食物)味道好闻也好吃 (of food) savoury；appetizing：这个菜好～! Zhè ge cài hǎo ～! This dish is delicious! (3)胃口好 (of appetite) with relish：他吃得真～! Tā chī de zhēn ～! He eats with such relish! (4)(睡得)熟 (sleep) soundly：他睡得～极了. Tā shuì de ～ jí le. He slept very soundly. （名）[支 zhī, 根 gēn] incense；joss stick：点上一支～. Diǎn shang yì zhī ～. Light up a joss stick.

【香槟酒】xiāngbīnjiǔ（名）[瓶 píng] champagne

【香肠】xiāngcháng（名）[根 gēn] sausage

【香花】xiānghuā（名）有香味的花. 比喻对人民有益的作品或言论 fragrant flower — literary works or speech beneficial to the people：评论作品要分清～与毒草. Pínglùn zuòpǐn yào fēnqīng ～ yǔ dúcǎo. In criticizing literary works, a clear distinction must be drawn between those that are like fragrant flowers beneficial to the people and those that are harmful like poisonous weeds.

【香火】xiānghuǒ（名）(1)拜神敬佛时点燃的香和灯烛 joss sticks and candles burning at a Buddhist temple (2)旧指子

孙后代祭祀祖先的事情 *burn joss sticks or incense when offering sacrifices to the spirits of one's ancestors* (*in ancient times*)
【香蕉】xiāngjiāo（名）*banana*
【香精】xiāngjīng（名）*essence*
【香料】xiāngliào（名）*perfume*；*spice*
【香炉】xiānglú（名）*incense burner*
【香喷喷】xiāngpēnpēn（形）形容香味浓、香气扑鼻 *sweet-smelling*；*savoury*；*appetizing*：～的红烧鸡 ~ de hóngshāo jī *the appetizing aroma of braised chicken* /你屋里～的，喷了香水吧? Nǐ wū li ~ de, pēnle xiāngshuǐr ba? *Your room smells so fragrant. You sprayed some perfume, didn't you?*
【香水】xiāngshuǐ（名）（～儿）*perfume*；*scent*
【香甜】xiāngtián（形）〈书〉（1）又香又甜 *fragrant and sweet*：这种梨～可口。Zhè zhǒng lí ~ kěkǒu. *This type of pear is sweet and juicy.*（2）同"香" xiāng（3）*same as "香" xiāng*（3）：他吃得很～。Tā chī de hěn ~. *He ate with great relish.*（3）同"香" xiāng（4）*same as "香" xiāng*（4）：他睡得极为～。Tā shuì de jíwéi ~. *He slept most soundly.*
【香烟】xiāngyān（名）[支 zhī、盒 hé、包 bāo] *cigarette*
【香油】xiāngyóu（名）芝麻油 *sesame oil*
【香皂】xiāngzào（名）[块 kuài] *scented soap*；*toilet soap*
【香烛】xiāngzhú（名）旧时祭祀或拜神时用的香和蜡烛 *joss sticks and candles burned when offering sacrifices to gods or ancestors*

厢 xiāng
（名）◇（1）厢房 *wing* (*usu. of a one-storeyed house*)；*wing-room*：他家住的房子一正两～。Tā jiā zhù de fángzi yí zhèng liǎng~. *His family lives in a house that has a row of principal rooms with two wing-rooms.*（2）靠近城的地区 *the vicinity near the city wall*：城～ chéng ~ *the area around the city gate*
【厢房】xiāngfáng（名）[间 jiān] 四合房或三合房在院子两旁的房间 *wing* (*usu. of a one-storeyed house*)；*wing-room*

湘 xiāng
（名）湖南省的简称 *another name for Hunan Province*
【湘绣】xiāngxiù（名）湖南出产的刺绣 *Hunan embroidery*

箱 xiāng
（名）◇ *chest*；*box*；*case*；*trunk*：牛皮～ niúpí ~ *cowhide* (*or leather*) *suitcase*/ 樟木～ zhāngmù ~ *camphorwood chest*
【箱子】xiāngzi（名）[个 gè] *chest*；*box*；*case*；*trunk*

镶 [鑲] xiāng
（动）把物体嵌入另一物体内或围在另一物体的边缘 *inlay*；*set*；*mount*：～牙 ~ yá *insert a false tooth*/ 领口和袖子～个边儿。Lǐngkǒu hé xiùzi ~ ge biānr. *Make a border on the neckline and cuffs.*
【镶嵌】xiāngqiàn（动）*inlay*；*set*；*mount*

xiáng

详 [詳] xiáng
（形）〈书〉详细，与"略"相对 *detailed*；*minute*：～谈 ~ tán *speak in detail* /请道其～ qǐng dào qí ~ *Please explain in detail.* /不厌其～ bú yàn qí ~ *go into minute details*
（动）（1）详细说明 *explain in details*：见下文 ~ jiàn xià wén *For details, see the following.*（2）知道、了解 *know clearly*：不～内情 bù ~ nèiqíng *not be in the know* /地址不～ dìzhǐ bù ~ *address unknown*
【详尽】xiángjìn（形）详细而全面 *detailed*；*exhaustive*；*thorough*：～地叙述 ~ de xùshù *a detailed narration* /～的报

导 ~ de bàodào *detailed news report* /记录～ jìlù ~ *keep a thorough record* (*of sth.*)
【详密】xiángmì（形）详细周密 *elaborate*；*meticulous*：～的计划 ~ de jìhuà *an elaborate plan*
【详情】xiángqíng（名）详细的情况 *detailed information*；*details*；*particulars*
【详实】xiángshí（形）详细而确实 *full and accurate*：报告写得很～。Bàogào xiě de hěn ~. *A full and accurate report was written.* /他的论述～可信。Tā de lùnshù ~ kě xìn. *His exposition was very accurate and plausible.*
【详细】xiángxì（形）周密完备（多指内容方面）*detailed*；*minute*：～的经过我不了解。~ de jīngguò wǒ bù liǎojiě. *I'm not familiar with the details of the process.* / 他讲得极了。Tā jiǎng de ~ jí le. *He explained in great detail.* / 请你详详细细地写个报告。Qǐng nǐ xiángxiángxìxì de xiě ge bàogào. *Please write a very detailed report.*

降 xiáng
（动）（1）投降 *surrender*；*capitulate*：诈～ zhà ~ *feign surrender* /～敌 ~ dí *surrender to the enemy*（2）（用威力）使驯服 *subdue*；*vanquish*；*tame*：你太老实，～不住他。Nǐ tài lǎoshi, ~ bu zhù tā. *You're so naive. You can't tame him.* /你能～住那匹马吗? Nǐ néng ~ zhù nà pǐ mǎ ma? *Can you tame that horse?* 另见 jiàng
【降伏】xiángfú（动）同"降" xiáng（2）*same as "降" xiáng*（2）：～了惊马 ~ le jīng mǎ *subdued a startled horse*
【降服】xiángfú（动）投降屈服 *yield*；*surrender*：～敌方 ~ dífāng *surrender to the enemy* /使对方～。Shǐ duìfāng ~. *force the other side to surrender*
【降龙伏虎】xiáng lóng fú hǔ 形容意志力量强大，能战胜一切 *subdue the dragon and tame the tiger* — *overcome powerful adversaries*：他有～的本领。Tā yǒu ~ de běnlǐng. *He has the ability to overcome powerful adversaries.*

翔 xiáng
（动）◇飞 *circle in the air*
【翔实】xiángshí（形）同"详实" xiángshí *same as "详实" xiángshí*：这些材料～可信。Zhèxiē cáiliào ~ kě xìn. *These data are full, accurate and dependable.*

xiǎng

享 xiǎng
（动）◇ *enjoy*：有福同～，有难同当。Yǒu fú tóng ~, yǒu nàn tóng dāng. *share joys and sorrows*
【享福】xiǎng=fú 享受美好的幸福生活 *enjoy a happy life*；*live in ease and comfort*：孩子们都工作了，她现在～了。Háizimen dōu gōngzuò le, tā xiànzài ~ le. *Now that all her children are working, she lives in ease and comfort.* /老了，该享享福了。Lǎo le, gāi xiǎngxiang fú le. *You're old now should take life easy.* / 她辛劳一生，没享过一天福。Tā xīnláo yìshēng, méi xiǎngguo yì tiān fú. *She has toiled all her life and has never enjoyed a single happy day.*
【享乐】xiǎnglè（动·不及物）〈书〉〈贬〉享受安乐 *lead a life of pleasure*；*indulge in creature comforts*：贪图～，害怕艰苦。Tāntú ~, hàipà jiānkǔ. *He seeks pleasure and is afraid of difficulty.*
【享年】xiǎngnián（名）敬辞，指死去的老年人活的岁数 *die at the age of*：～八十四岁 ~ bāshísì suì *die at the age of eighty-four*
【享受】xiǎngshòu（动）物质上或精神上得到满足 *enjoy*：～奖学金 ~ jiǎngxuéjīn *enjoy a scholarship* /～高档消费品 ~ gāodàng xiāofèipǐn *enjoy high-quality consumer goods*/ 工作人员每年～一次一个月的探亲假。Gōngzuò rényuán měi nián ~ yí cì yí ge yuè de tànqīnjià. *Employees enjoy a*

month's *leave to visit their families once a year.* （名）物质上或精神上的满足 enjoyment：贪图～—tāntú ～ *seek enjoyment* /弹钢琴对她来说既是工作，又是～. Tán gāngqín duì tā lái shuō jì shì gōngzuò，yòu shì ～. *To her, playing the piano is not only work, it's also a form of enjoyment.*

【享用】xiǎngyòng（动）〈书〉使用或食用某种东西而得到精神上或物质上的满足 enjoy the use of；enjoy：这家第一流饭店备有豪华房间和世界名菜供旅客们～. Zhè jiā dìyīliú fàndiàn bèi yǒu háohuá fángjiān hé shìjiè míngcài gōng lǚkèmen ～. *This first-rate hotel is equipped with luxurious rooms and offers world-famous delicacies for guests to enjoy.* / 原来少数人～的电冰箱现在很多人都能～了. Yuánlái shǎoshù rén ～ de diànbīngxiāng xiànzài hěn duō rén dōu néng ～ le. *It was only a minority of people who once enjoyed the use of refrigerators. Now many people can enjoy them.*

【享有】xiǎngyǒu（动）〈书〉在社会上得到（权利、声誉、威望等）enjoy（rights, fame, prestige, etc.）：～声望 shēngwàng *enjoy prestige* /～平等的权利 ～ píngděng de quánlì *enjoy equal rights* /飞鸽牌自行车在全国～盛名. Fēigēpái zìxíngchē zài quán guó ～ shèngmíng. *"Flying Pigeon" bicycles enjoy a great reputation nationwide.* / 外交官在驻在国～外交豁免权. Wàijiāo guān zài zhùzàiguó ～ wàijiāo huòmiǎn quán. *Diplomats enjoy diplomatic immunity in the countries where they are stationed.*

响 〔響〕xiǎng

（动）发出声音 make a sound；sound；ring：门铃～了. Ménlíng ～ le. *The doorbell rang.* /全场～起了热烈的掌声. Quán chǎng ～qǐle rèliè de zhǎngshēng. *An enthusiastic applause broke out in the hall.* （形）（声音）大 noisy；loud：你说话声音别太～了，以免影响别人. Nǐ shuō huà shēngyīn bié tài ～ le，yǐmiǎn yǐngxiǎng biérén. *Don't talk in such a loud voice, otherwise you'll disturb others.* / 电冰箱声音怎么这么～，可能有毛病了. Diànbīngxiāng shēngyīn zěnme zhème ～，kěnéng yǒu máobìng le. *Why is the refrigerator so noisy? Perhaps there's something wrong with it.* / 这闹钟太～，换一个声音小点的. Zhè nàozhōng tài ～，huàn yí ge shēngyīn xiǎo diǎnr de. *This alarm clock is too loud. Exchange it for one that makes a little less noise.*

【响彻云霄】xiǎng chè yún xiāo 彻：通达. 响声可以直达高空，形容声音响亮（彻：penetrating）(of a sound) resound through the skies ～的欢呼声 ～ de huānhū shēng *the resounding sound of cheers* / 一到除夕，鞭炮声就～. Yí dào chúxī，biānpào shēng jiù ～. *As soon as New Year's Eve arrives, the sound of firecrackers can be heard loud and clear.*

【响当当】xiǎngdāngdāng（形）(1)形容敲打的声音很响亮 loud knock；clank (2)比喻出色，有名气 famous：他在物理学界是～的专家. Tā zài wùlǐ xuéjiè shì ～ de zhuānjiā. *He is a famous expert in the world of physics.*

【响动】xiǎngdòng（名）某种活动发出的声音 sound of movement；sound of sth. astir：村子里夜晚静极了，什么～也没有. Cūnzi li yèwǎn jìng jí le，shénme ～ yě méi yǒu. *The night was quiet in the village and there was no sound of movement at all.*

【响亮】xiǎngliàng（形）声音的音域广大 loud and clear；resounding；resonant；sonorous：歌声～ gēshēng ～ *the sound of singing resonating* / 从教室里传出～歌声. Cóng jiàoshì li chuánchū ～ gēshēng. *The loud and clear sound of singing came drifting out from inside the classroom.*

【响声】xiǎngshēng（名）物体摩擦产生的声音 sound；noise：你听，这是什么～? Nǐ tīng，zhè shì shénme ～? *Listen! What't that noise?* / 风一吹，树叶发出沙沙的～. Fēng yì

chuī，shùyè fāchū shāshā de ～. *The leaves make a rustling sound when the wind blows.*

【响应】xiǎngyìng（动）对声响的感应，比喻用言语或行动表示赞同、支持某种号召、倡议或行动 response to a sound — respond；answer（a call, etc.）：～号召 ～ hàozhào *respond to the call* /～大会倡议 ～ dàhuì chàngyì *respond to the proposal put forward in Congress* / 当年武昌军人起义，各省纷纷～. Dāngnián Wǔchāng jūnrén qǐyì，gè shěng fēnfēn ～. *That year the Wuchang army revolted and every province responded one after another.*

想 xiǎng

（动）(1)思考、动脑筋 think；这个问题我～了很久了. Zhège wèntí wǒ ～ le hěn jiǔ le. *I have thought over that problem for a long time.* / 敢～敢干 gǎn ～ gǎn gàn *dare to think, dare to act* /～个办法 ～ ge bànfǎ *think of a way (to do sth.)* /你好好～，钥匙放在哪儿了. Nǐ hǎohāor ～，yàoshi fàng zài nǎr le. *Think it over a bit. Where did you put the key?* /有什么～不通的事，跟我谈谈. Yǒu shénme ～ bu tōng de shì，gēn wǒ tántan. *If there's something you can't straighten out, come and talk to me.* (2)怀念、惦记 remember with longing；miss：她出国一年了，挺～家的. Tā chū guó yì nián le，tǐng ～ jiā de. *She has been abroad for one year and really misses her family.* / 母亲老～着外出的孩子. Mǔqīn lǎo ～zhe wài chū de háizi. *Mothers always miss their children when they've gone away.* (3)认为（没有否定或"吗"以外的疑问式）suppose；reckon；consider；think（cannot be used in the negative or interrogative beside "吗"）：我～他今天不会来了. Wǒ ～ tā jīntiān bú huì lái le. *I don't think he'll be coming today.* / 你～会下雨吗? Nǐ ～ huì xià yǔ ma? *Do you think it will rain?* （助动）希望、打算 want to；would like to；feel like（doing sth.）：我不～参加体操队. Wǒ bù ～ cānjiā tīcāoduì. *I don't want to join the gymnastics team.* / 许多人都～去海南岛工作. Xǔduō rén dōu ～ qù Hǎinándǎo gōngzuò. *Many people would like to go to Hainan Island to work.*

【想必】xiǎngbì（副）"想来必定"或"大概"的意思，表示推断；可以放在句首 presumably；most probably（has the same meaning as "想来必定" or "大概"；indicates an inference；may be placed at the beginning of a sentence）：南方的榕树～很高很大，可我从来没见过. Nánfāng de róngshù ～ hěn gāo hěn dà，kě wǒ cónglái méi jiànguo. *I suppose the banyan trees in the South are all tall and big, but I've never seen them.* / 名贵的花～不太好养. Míngguì de huā ～ bú tài hǎo yǎng. *Rare flowers are presumably not very easy to grow.* / ～他没接到通知，要不然怎么没来呢? ～ tā méi jiēdào tōngzhī，yàoburán zěnme méi lái ne? *Presumably he didn't receive the notice, otherwise why didn't he come?*

【想不到】xiǎng bu dào (1)没有料到，作述语 never expected；never thought（serves as a predicate）：我们都～一个七十岁的老人手术进行得那么顺利. Wǒmen dōu ～ yí ge qīshí duō suì de lǎorén shǒushù jìnxíng de nàme shùnlì. *We never expected a seventy-odd-year-old person to undergo an operation so smoothly.* / 我的话对他有那么大安慰作用，我真～. Wǒ de huà duì tā yǒu nàme dà ānwèi zuòyòng，wǒ zhēn ～. *I never thought my words would have such a soothing effect on him.* (2)出乎意外地，作状语 unexpectedly；surprisingly（serves as an adverbial）：我的故乡～在三年中发生了那么大的变化. Wǒ de gùxiāng ～ zài sān nián zhōng fāshēngle nàme dà de biànhuà. *My hometown has surprisingly changed a lot in just three years.* / ～她原来是女同志，听名字以为是男同志呢. ～ tā yuánlái shì nǚ tóngzhì，tīng míngzi yǐwéi shì nán tóngzhì ne. *To my surprise, I was told she was a woman. From the name, I had expected a man.*

【想不开】xiǎng bu kāi 不如意的事情存在心里摆脱不了.

take things too hard; take a matter to heart: 孩子没考上大学，可以找别的出路，你有什么～的。Háizi méi kǎoshang dàxué, kěyǐ zhǎo bié de chūlù, nǐ yǒu shénme ～ de. *Even if your child didn't pass the university entrance exam, he can always find another way out. Don't take things too hard.* / 心胸开阔些，别总是～。Xīnxiōng kāikuò xiē, bié zǒngshì ～. *Be a little more open-minded. Don't take everything to heart.*

【想当然】xiǎng dāngrán 凭主观推测，认为事情大概是或应该是这样 assume sth. as a matter of course; take for granted: 只靠～办事是不行的。Zhǐ kào ～ bàn shì shì bù xíng de. *You can't do to just act on assumptions.* / 不能凭一下结论，得调查研究。Bù néng píng ～ xià jiélùn, děi diàochá yánjiū. *You can't take things for granted and jump to conclusions, you have to investigate for yourself.*

【想得到】xiǎng de dào 在意料之中(多用于反问句中) think; imagine; expect (often used in a rhetorical question): 他病那么重，哪—这么快就好了。Tā bìng nàme zhòng, nǎ ～ zhème kuài jiù hǎo le. *He was so seriously ill. Who would have thought he would recover so quickly?* /谁—五月还下雪! Shuí ～ wǔyuè hái xià xuě! *Who would have imagined it would snow in May!*

【想得开】xiǎng de kāi 不把不如意的事情放在心上 not take to heart; take philosophically; try to look on the bright side of things: 事情办不成，我也—，决不会成为思想负担。Shìqing bàn bu chéng, wǒ yě ～, jué bú huì chéngwéi sīxiǎng fùdān. *If this can't be done, I'll try to look on the bright side and not let it be a load on my mind.* / 一连遭遇几个打击,他总算—,挺过来了。Yīlián zāoyù jǐ ge dǎjī, tā zǒngsuàn ～, tǐng guolai le. *After several successive heavy blows, he finally looked at things philosophically and held out.*

【想法】xiǎngfǎ (名)意见 idea; opinion; what one has in mind: 关于这个问题你有什么～? Guānyú zhège wèntí nǐ yǒu shénme ～? *What's your opinion on this matter?* / 你的～跟我一样。Nǐ de ～ gēn wǒ yíyàng. *Your idea is the same as mine.* / 这个～太好了。Zhège ～ tài hǎo le. *This is a great idea.*

【想方设法】xiǎng fāng shè fǎ 想尽各种办法 do everything possible; try every means: ～买到那本书。～ mǎidào nà běn shū. *I tried every means possible to buy that book.* / ～把他托的事办好。～ bǎ tā tuō de shì bànhǎo. *Do everything possible to handle the matter he entrusted to you well.*

【想见】xiǎngjiàn (动)推断 infer; gather: 从他处理这件事可以～将来他的工作情况一定不错。Cóng tā chǔlǐ zhè jiàn shì shang kěyǐ ～ jiānglái tā de gōngzuò qíngkuàng yídìng búcuò. *One can infer from the way he handled this matter that his work in future will be pretty good.* / 平常学习不用心，将来考试的成绩是可以～的。Píngcháng xuéxí bú yòngxīn, jiānglái kǎoshì de chéngjì shì kěyǐ ～ de. *If you don't usually study diligently, one can gather what kind of results you will get on your exams.*

【想来】xiǎnglái (副)同"想必" xiǎngbì same as "想必" xiǎngbì: 农村发展那么快,～你会觉得惊奇吧! Nóngcūn fāzhǎn nàme kuài, ～ nǐ huì juéde jīngqí ba! *You are most probably very surprised at how quickly the countryside has been developing.* / 在这里多住两天,～还是可以吧? Zài zhèlǐ duō zhù liǎng tiān, ～ háishi kěyǐ ba? *May I assume that it would be all right if you stayed here for a couple more days?* / 一家里已经收到我的信了。～ jiā li yǐjīng shōudào wǒ de xìn le. *Most probably my family has already received my letter.*

【想念】xiǎngniàn (动)〈书〉惦念，怀念 remember with longing; long to see again; miss

【想入非非】xiǎng rù fēi fēi 脱离实际胡思乱想 indulge in

fantasy; daydream: 事情已经完全没希望了,他还～呢。Shìqing yǐjīng wánquán méi xīwàng le, tā hái ～ ne. *There's already no hope left for this, yet he still daydreams about it.*

【想头】xiǎngtou (名)〈口〉(1)心里的打算，多为小事 idea: 你有什么～, 谈出来大家可以商量。Nǐ yǒu shénme ～, tán chulai dàjiā kěyǐ shāngliang. *Tell us your idea so that we can all discuss it.* (2)希望 hope: 这件事我已经没～了。Zhè jiàn shì wǒ yǐjīng méi ～ le. *I've already lost all hope for this.*

【想像】xiǎngxiàng (动) imagine; fancy; visualize: 那么贵重的东西失而复得, 他的高兴劲儿是不难～的。Nàme guìzhòng de dōngxi shī ér fù dé, tā de gāoxìng jìnr shì bù nán ～ de. *Such a precious thing was lost and then found again. It's not hard to imagine how happy he was.* /～不到～ bú dào cannot imagine /工作中有许多难以～的困难我们去克服。Gōngzuò zhōng yǒu xǔduō nányǐ ～ de kùnnan yào wǒmen qù kèfú. *There are many difficulties hard to imagine that we must overcome.* /音乐能引起不同经历的听者的丰富的～。Yīnyuè néng yǐnqǐ bù tóng jīnglì de tīngzhě de fēngfù de ～. *Music can touch off the rich imaginations of listeners with different experiences.*

【想像力】xiǎngxiànglì (名) imaginative power; imagination: 没有～还怎么写诗! Méi yǒu ～ hái zěnme xiě shī! *If you don't have any imagination, how can you write poems!*

xiàng

向 xiàng
(名)◇方向 direction: 转了～ zhuǎnle ～ lose one's bearings/ 车走上一条南北～的大道。Chē zǒushàng yì tiáo nán běi ～ de dàdào. *The vehicle headed down the boulevard that leads north-south.* (动)(1)〔需〕对着(与"背"相对) face (antonym of "背" (with the back towards)): 她第一次面～那么多观众演出, 有些紧张。Tā dìyī cì miàn ～ nàme duō guānzhòng yǎnchū, yǒuxiē jǐnzhāng. *The first time she performed before such a large audience, she was a little nervous.* /北半球的房子最好～南, 南半球的最好～北。Běibànqiú de fángzi zuìhǎo ～ nán, nánbànqiú de zuìhǎo ～ běi. *It's best if houses in the Northern Hemisphere faced south and houses in the Southern Hemisphere faced north.* (2)表示动作的方向 towards: 指～东方 zhǐ ～ dōngfāng point towards the east/ 汽车开～哪里去了? Qìchē kāi ～ nǎge fāngxiàng qu le? *The bus headed in which direction?* /几个孩子走～海滩去了。Jǐ ge háizi zǒu ～ hǎitān qu le. *The few children headed towards the beach.* (副)〈书〉"向来"的意思 always; all along (has the same meaning as "向来"): 我和他～无交往。Wǒ hé tā ～ wú jiāowǎng. *He and I have never associated with each other.* /这里的茶叶～有很高的声誉。Zhèlǐ de cháyè ～ yǒu hěn gāo de shēngyù. *The tea here has always had a high reputation.* /景德镇～以瓷器著称。Jǐngdé Zhèn ～ yǐ cíqì zhùchēng. *Jingdezhen has always been celebrated for its porcelain.* /这里～有"小三峡"之称。Zhèlǐ ～ yǒu "xiǎo Sānxiá" zhī chēng. *This place has always been known as the "Small Three Gorges".* (介)(1)指出动作的方向, 同"朝" cháo (1), 如宾语多于一个音节, "向"可以带"着"(indicates the direction of an action; same as "朝" cháo (1); if the object has more than one syllable, "向" can take "着"): 我们要～前看。Wǒmen yào ～ qián kàn. *We must look ahead.* / 舰艇～海湾行驶。Jiàntǐng ～ hǎiwān xíngshǐ. *The naval ship sailed towards the bay.* / 大雁～着南方飞去。Dàyàn ～zhe nánfāng fēiqù. *The wild geese are flying south.* (2)表示动作行为的对象, "向"后不能加"着"(indicates the object of an action or behaviour; in this case, "向" cannot take

"着"）：我们不能～困难低头。Wǒmen bù néng ～ kùnnan dì tóu. *We cannot bow to difficulties.* /她并不想～谁诉说她的委屈。Tā bìng bù xiǎng ～ shuí sùshuō tā de wěiqu. *She has no intention of relating her grievances to anyone.* /我想～你打听一件事。Wǒ xiǎng ～ nǐ dǎting yí jiàn shì. *I'd like to ask you about something.* (3)"向……"可以放在某些单音节动词后表示动作的方向；不能带"着"（"向…" can be placed after certain monosyllabic verbs to indicate the direction of an action; in this case, "向" cannot take "着"）：条条江河流～大海。Tiáotiáo jiānghé liú ～ dàhǎi. *One river after another flows out to sea.* /我们从胜利走～胜利。Wǒmen cóng shènglì zǒu ～ shènglì. *We went from one victory to another.* /不要从一个极端走～另一个极端。Búyào cóng yí ge jíduān zǒu ～ lìng yí ge jíduān. *Don't go from one extreme to the other.* /他们奔～祖国最需要的地方。Tāmen bēn ～ zǔguó zuì xūyào de dìfang. *They hastened towards the country's most needy areas.*

【向导】xiàngdǎo (名)带路的人 *guide*：去泰山时你们有没有～? Qù Tài Shān shí nǐmen yǒu méi yǒu ～? *Did you have a guide when you went to Mount Tai?*

【向来】xiànglái (副)表示从过去到现在（一直这样），特别强调一贯性 *always; all along* (*particularly emphasizes the consistency of sth.*)：小王办事一贯认真。Xiǎo Wáng bàn shì ～ rènzhēn. *Xiao Wang always handles matters conscientiously.* /她～不隐瞒自己的观点。Tā ～ bù yǐnmán zìjǐ de guāndiǎn. *She has never held back her own point of view.* /他的房间～干净整齐 Tā de fángjiān ～ gānjing zhěngqí. *His room is always neat and clean.* /在工作上，我～不肯落后。Zài gōngzuò shang, wǒ ～ bù kěn luòhòu. *I have never been willing to fall behind in my work.* "向来"偶尔可以放在名词前（"向来" may occasionally be placed before a noun）：农民～的生活习惯都是这样，起早贪黑。Nóngmín ～ de shēnghuó xíguàn dōu shì zhèyàng, qǐ zǎo tān hēi. *It has always been the habit of peasants to work from dawn to dusk.* /家家放鞭炮，是春节～的情况。Jiājiā fàng biānpào, shì Chūnjié ～ de qíngkuàng. *One family after another sets off firecrackers. This has always been the case during the Spring Festival.*

【向前看】xiàng qián kàn 指不纠缠过去的事，要看将来，看前途 *look ahead* (*into the future, as opposed to look on the past*)：认识了过去的错误，不要总后悔，要振作起来～。Rènshile guòqù de cuòwù, búyào zǒng hòuhuǐ, yào zhènzuò qilai ～. *Once you recognize past mistakes, you shouldn't spend your time regretting them but, rather, should pull yourself together and look ahead.*

【向日葵】xiàngrìkuí (名) *sunflower*

【向上】xiàng=shàng 朝好的方向发展，上进 *make progress; advance*：青年人都有一种强烈的～精神。Qīngnián rén dōu yǒu yì zhǒng qiángliè de ～ jīngshen. *Young people all have a strong progressive spirit.*

【向往】xiàngwǎng (动)由于热爱、羡慕某种事物或地方而希望得到或达到 *yearn for; look forward to*：黄山的风景真令人～。Huáng Shān de fēngjǐng zhēn lìng rén ～. *The scenery of Huangshan makes people yearn for it.* /上大学是他～已久的事。Shàng dàxué shì tā ～ yǐ jiǔ de shì. *He has long been yearning to attend university.* /中国各地人民都～着北京。Zhōngguó gè dì rénmín dōu ～ zhe Běijīng. *People from all over China all yearn to go to Beijing.*

【向心力】xiàngxīnlì (名) *centripetal force*

【向阳】xiàngyáng (动·不及物)对着太阳，朝南 *with a sunny* (*usu. southern*) *exposure*：这所房子有三间～的屋子。Zhè suǒ fángzi yǒu sān jiān ～ de wūzi. *This house has three rooms with a southern exposure.* /因为暖气很热，屋子不～关系不大。Yīnwèi nuǎnqì hěn rè, wūzi bú ～ guānxi bú dà. *It doesn't matter if the room doesn't have a southern ex-*

posure because the heating is very good.

【向着】xiàngzhe (动)(1)朝着，对着 *turn towards; face*；床最好不要～门。Chuáng zuìhǎo búyào ～ mén. *It's best if the bed didn't face the door.* /演员们～鼓掌的观众频频鞠躬致谢。Yǎnyuánmen ～ gǔ zhǎng de guānzhòng pínpín jū gōng zhì xiè. *The actors faced the applauding audience and repeatedly bowed their thanks.* (2)偏袒 *take sb.'s part; side with; be partial to*：祖母～小孙女。Zǔmǔ ～ xiǎo sūnnǚr. *Grandma favours her little granddaughter.* /你总是～小李, 他做错了事也不批评他。Nǐ zǒngshi ～ Xiǎo Lǐ, tā zuòcuòle shì yě bù pīping tā. *You're always siding with Xiao Li and when he makes mistakes, you don't even criticize him.* (介)同"向" xiàng (介)(1) *same as* "向" xiàng (介)(1)

项 [項] xiàng (名)◇颈的后部 *nape (of the neck)* (量)用于分项目的事物 *of items*：今天有两～工作要做。Jīntiān yǒu liǎng ～ gōngzuò yào zuò. *There are two jobs to do today.* /这是一～重要任务。Zhè shì yí ～ zhòngyào rènwu. *This is an important task.* /解放军规定了三大纪律, 八～注意。Jiěfàngjūn guīdìngle sān dà jìlǜ, bā ～ zhùyì. *The People's Liberation Army has three main rules of discipline and eight points for attention.*

【项链】xiàngliàn (名)(～儿)[条 tiáo] *necklace*

【项目】xiàngmù (名)事物的门类 *item*：今年学校有几个基本建设～要定下来。Jīnnián xuéxiào yǒu jǐ ge jīběn jiànshè ～ yào dìng xialai. *There are a few capital construction projects to be drawn up by the school this year.* /我们明年又要增加两个新的科研～。Wǒmen míngnián yòu yào zēngjiā liǎng ge xīn de kēyán ～. *We are going to add on another two items for scientific research next year.*

【项圈】xiàngquān (名) *necklet; necklace*

巷 xiàng (名)窄的街道, 胡同 *lane; alley*

【巷战】xiàngzhàn (名)在街巷内进行的战斗 *street fighting*

相 xiàng (名)◇相貌、姿态 *looks; appearance*：可怜～ *a pitiful appearance* /看他那狼狈～。Kàn tā nà lángbèi ～. *He cuts a sorry figure.* /那个小孩儿真是一副聪明～。Nàge xiǎo háir zhēn shì yí fù cōngming ～. *That child certainly looks clever.* 另见 xiāng

【相册】xiàngcè (名)[本 běn] *photo album*

【相机】xiàngjī (名)[架 jià] 照相机 *camera*

【相机行事】xiàng jī xíng shì 看机会办事; 观察情况的发展变化, 灵活地处理事情 *act as the occasion demands; do as one sees fit*：做侦察员的必须能～。Zuò zhēncháyuán de bìxū néng ～. *Those who serve as scouts must be able to act as the occasion demands.*

【相貌】xiàngmào (名)人的面部的样子 *facial features; looks; appearance*：小伙子～还挺漂亮的, 不知品怎么样 Xiǎohuǒzi ～ hái tǐng piàoliang de, bù zhī rénpǐn zěnmeyàng. *The lad is quite good-looking, but I don't know what his character is like.*

【相片儿】xiàngpiānr (名)[张 zhāng] *photograph; photo*

【相声】xiàngsheng (名)曲艺的一种, 用说笑话、幽默滑稽问答、说唱等, 使观众发笑。多用于讽刺、歌颂和批评。按表演人数分单口相声、对口相声和多口相声 *comic dialogue; cross talk* (*usu. used to satirize, eulogize or criticize sth.*)：咱俩说段～怎么样? Zán liǎ shuō duàn ～ zěnmeyàng? *How about the two of us performing a comic dialogue?* /我喜欢听～。Wǒ xǐhuan tīng ～. *I like to listen to crosstalk.*

象 xiàng
（名）(1)［只 zhī］ *elephant* (2)◇样子、形状；现象 *appearance*；*shape*；*image*
【象棋】 xiàngqí（名）［副 fù、盘 pán］棋类的一种（*Chinese*）*chess*
【象声词】 xiàngshēngcí（名）〈语〉*onomatopoeia*
【象形文字】 xiàngxíng wénzì 摹仿实物形状的文字，每个字都有固定的读法 *pictograph*；*hieroglyph*
【象牙】 xiàngyá（名）*elephant's tusk*；*ivory*
【象征】 xiàngzhēng（动）用具体事物表现某种特殊意义 *symbolize*；*signify*；*stand for*：生活在沙漠的人，以绿色～生命 Shēnghuó zài shāmò de rén，yǐ lǜsè ～ shēngmìng. *The colour green symbolizes life for those who live in the desert.*（名）象征某种特殊意义的具体事物 *symbol*；*emblem*；*token*：人们常用鸽子作为和平的～。Rénmen cháng yòng gēzi zuòwéi hépíng de ～. *People often use the dove as an emblem of peace.* / 黄河是中华民族的～。Huáng Hé shì Zhōnghuá Mínzú de ～. *The Yellow River is the symbol of the Chinese nation.*

像 xiàng
（名）*likeness (of sb.)*；*portrait*；*picture*：人物～ rénwù ～ *portrait* /我给你画一张～吧。Wǒ gěi nǐ huà yì zhāng ～ ba. *Let me paint your portrait.*（动）(1)在形象上相同或有某些相同点 *be like*；*resemble*；*take after*：他长得～他祖父。Tā zhǎng de ～ tā zǔfù. *He looks like his grandfather.* /妹妹的性格完全不～姐姐。Mèimei de xìnggé wánquán bú ～ jiějie. *Her character is not at all like that of her older sister.* /小王很能干，干什么～什么。Xiǎo Wáng hěn néng gàn，gàn shénme ～ shénme. *Xiao Wang is very able. He excels in whatever he does.* /这种花的样子～蝴蝶。Zhè zhǒng huā de yàngzi ～ húdié. *This kind of flower resembles a butterfly.* /～你这么用功的学生考研究生没问题。～ nǐ zhème yònggōng de xuésheng kǎo yánjiūshēng méi wèntí. *Such a hardworking student as you should have no problems in getting into a postgraduate school.* (2)使人觉得有可能；好像 *look as if*；*seem*：天～要下雪。Tiān ～ xià xuě. *It looks like snow.* / 屋里～没人。Wū li ～ méi rén. *It looks like there's nobody in the room.* /他～有心事 Tā ～ yǒu xīnshì. *It looks like there's something weighing on his mind.* (3)比如（举例或引证时用）*such as*；*like*（used when giving an example or citing sth. as evidence）：旅行用品，～牙刷、衣服，这些东西都准备好了。Lǚxíng yòngpǐn，～ yáshuā，yīfu，zhèxiē dōngxi dōu zhǔnbèi hǎo le. *I've prepared everything needed for travel, such as a toothbrush, clothes.*
【像话】 xiàng＝huà（语言、行为）合乎常理（多用于反问或否定）（*of speech, behaviour*）*reasonable*；*proper*；*right*（*often used in a rhetorical question or negative sentence*）：这人不按规定办事，太不～! Zhè rén bú àn guīdìng bàn shì，tài bú ～! *This person doesn't do things according to the rules. It's simply outrageous!* /对! 你这样做才～。Duì! nǐ zhèyàng zuò cái ～. *Right! Your doing it this way is more like it.* / 大家尽量帮助你，你还不满意，～吗? Dàjiā jìnliàng bāngzhù nǐ，nǐ hái bù mǎnyì，～ ma? *Everybody is doing his best to help you, but you're still not satisfied. Aren't you ashamed of yourself?* /五门功课三门不及格，～吗? Wǔ mén gōngkè sān mén bù jí gé，～ ma? *Failing three out of five courses is outrageous!*
【像样儿】 xiàng＝yàngr 有一定的水平，够一定标准 *up to the mark*；*presentable*；*decent*；*sound*：才学习一年，他汉语说得挺～了。Cái xuéxí yì nián，tā Hànyǔ shuō de tǐng ～ le. *He speaks Chinese quite well for someone who has only studied one year.* / 我没一件～的衣服，该买几件了。Wǒ méi yí jiàn ～ de yīfu，gāi mǎi jǐ jiàn le. *I don't have a decent*

thing to wear. I should buy a few new clothes. / 他写的报告很不～。Tā xiě de bàogào hěn bú ～. *The report he wrote is not up to standard.* /参加宴会得穿得～点儿。Cānjiā yànhuì děi chuān de ～ diǎnr. *One should wear some decent clothes when attending a banquet.*
【像样子】 xiàng＝yàngzi 同"像样儿" xiàng＝yàngr *same as* "像样儿"xiàng ＝ yàngr

橡 xiàng
（名）◇(1)oak (2) *rubber tree*
【橡胶】 xiàngjiāo（名）*rubber*
【橡皮】 xiàngpí（名）［块 kuài］*rubber*；*eraser*
【橡皮膏】 xiàngpígāo（名）*adhesive plaster*
【橡皮筋】 xiàngpíjīn（名）*rubber band*

xiāo

削 xiāo
（动）(1)用刀斜着去掉物体的表层 *pare (or peel) with a knife*：～铅笔 ～ qiānbǐ *sharpen a pencil* / ～土豆 ～ tǔdòu *peel a potato* /～苹果皮 ～ píngguǒ pí *peel an apple* (2)乒乓球技术术语（*in ping-pong*）*cut*；*chop*：这个球他～得真漂亮。Zhège qiú tā ～ de zhēn piàoliang. *He chopped the ball beautifully.* 另见 xuē

骁 〔驍〕xiāo
（形）〈书〉勇猛 *valiant*；*brave*
【骁勇】 xiāoyǒng（形）〈书〉勇猛 *valiant*；*brave*

逍 xiāo
【逍遥】 xiāoyáo（形）没有约束，自由自在 *free and unfettered*；*carefree*：新工作下星期才开始，先～几天吧。Xīn gōngzuò xià xīngqí cái kāishǐ，xiān ～ jǐ tiān ba. *The new work doesn't begin until next week. You have a few days free before then.* / 你这几天怎么这么～自在? Nǐ zhè jǐ tiān zěnme zhème ～ zìzài? *Why have you been so carefree these past few days?*
【逍遥法外】 xiāoyáo fǎ wài 指触犯了法律的人没有受到法律的追究或制裁，仍旧自由自在 *go scot-free*；*be (or remain) at large*

消 xiāo
（动）(1)同"消失" xiāoshī *same as* "消失" xiāoshī：云～雾散 yún ～ wù sàn *The clouds dispersed and the fog lifted.* / 冰～雪融 bīng ～ xuě róng *The ice thawed and the snow melted.* / 余悸未～ yú jì wèi ～ *fear still lingers* / 怒气已～ nùqì yǐ ～ *have already cooled down* /等他气～了再跟他谈事情。Děng tā qì ～ le zài gēn tā tán shìqing. *Wait until he has cooled down before you discuss the matter with him.* (2)同"消除" xiāochú *same as* "消除" xiāochú：～肿 ～ zhǒng *detumescence* /～炎 ～ yán *diminish inflammation*/ 服完中药，身上的疙瘩全～了。Fúwán zhōngyào，shēnshang de gēda quán ～ le. *When he finished taking the Chinese medicine, the pimples on his body cleared up.*
【消沉】 xiāochén（形）情绪低落 *downhearted*；*low-spirited*；*dejected*；*depressed*：意志～ yìzhì ～ *demoralized*/ 原来他积极性很高，受了几次挫折渐渐～下去。Yuánlái tā jījíxìng hěn gāo，shòule jǐ cì cuòzhé jiànjiàn ～ xiaqu. *He used to be very enthusiastic, but after suffering several setbacks, he gradually became dejected.* /不应该这样～，要振作起来才是。Bù yīnggāi zhèyàng ～，yào zhènzuò qilai cái shì. *You shouldn't be so depressed. You have to pull yourself together!*
【消除】 xiāochú（动）除掉（不利的事物）*eliminate*；*dispel*

remove; *clear up*：～顾虑 ～ gùlǜ *dispel misgivings* /～隐患 ～ yǐnhuàn *remove a hidden danger* /误会～了。Wùhuì ～ le. *The misunderstanding has been cleared up.* /他们之间的隔阂终于～了。Tāmen zhī jiān de géhé zhōngyú ～ le. *The misunderstanding between those two has finally been cleared up.*

【消毒】xiāo=dú *disinfect*；*sterilize*

【消防】xiāofáng（名）*fire control*；*fire fighting*；*fire protection*：～队 ～ duì *fire brigade*

【消费】xiāofèi（动）*consume*：～品 ～pǐn *consumer goods*

【消耗】xiāohào（动）使（精神、力量、材料等因使用或受损失）渐渐减少 *consume*；*use up*；*deplete*；*expend*（*energy*，*resources*，*etc.*）：～体力 ～ tǐlì *consume one's strength* /这段路程～了五公升汽油。Zhè duàn lùchéng ～ le wǔ gōngshēng qìyóu. *This trip used up five litres of gasoline.* /他常常赌博到深夜，无谓地～精力。Tā chángcháng dǔbó dào shēnyè, wúwèi de ～ jīnglì. *He often gambles late into the night, senselessly using up his energy.* /降低材料～jiàngdī cáiliào ～ *cut down on the consumption of materials*

【消化】xiāohuà（动）(1) *digest*：～不良 ～ bùliáng *indigestion* (2) 比喻吸收所学的知识 *digest*（*what one learns*）：一次讲这么多，学生～不了。Yí cì jiǎng zhème duō, xuésheng ～ bu liǎo. *The students can't possibly digest so much information in one lecture.*

【消火栓】xiāohuǒshuān（名）*fire hydrant*

【消极】xiāojí（形）(跟"积极"相对) (1) 反面的，不好的 *negative*：～因素 ～ yīnsù *negative factor* /～影响 ～ yǐngxiǎng *negative influence* /～作用 ～ zuòyòng *negative effect* (2) 不求进取的 *passive*；*inactive*：他从前对于学习外语态度很积极，现在碰到困难又一起来了。Tā cóngqián duìyú xuéxí wàiyǔ tàidu hěn jījí, xiànzài pèngdào kùnnan yòu ～ qǐlai le. *He used to be enthusiastic about learning a foreign language, but now that he has run into difficulty, he has taken a passive attitude.* /在困难中不能有～情绪。Zài kùnnan zhōng bù néng yǒu ～ qíngxù. *You must not be dispirited when faced with difficulties.*

【消灭】xiāomiè（动）除掉（有害的或敌对的人或事物）*wipe out*；*eliminate*；*abolish*，*exterminate*：～蚊蝇 ～ wényíng *wipe out mosquitoes and flies* /～病虫害 ～ bìngchónghài *wipe out insect pests and plant diseases* /把侵略者～光。Bǎ qīnlüèzhě ～guāng. *eliminate the aggressors* /一些流行性传染病，在某些国家已经完全～了。Yìxiē liúxíngxìng chuánrǎnbìng, zài mǒuxiē guójiā yǐjīng wánquán ～ le. *Some epidemic diseases have been completely wiped out in some countries.*

【消磨】xiāomó（动）〈贬〉(1) 使逐渐消失 *wear down*；*fritter away*：～精力 ～ jīnglì *fritter away one's energy* /整天闲着不工作会～人的意志。Zhěng tiān xiánzhe bù gōngzuò huì ～ rén de yìzhì. *Remaining idle all day long can sap a person's will.* (2) 度过（时间），多指无所作为（*of time*）*while*（*or idle*）*away*：有人退休以后，养花玩鸟～岁月。Yǒu rén tuì xiū yǐhòu, yǎng huā wán niǎo ～ suìyuè. *Some people while away the time growing flowers and raising birds after they retire.* /不要天天悠悠荡荡～时光。Búyào tiāntiān yōuyōudàngdàng ～ shíguāng. *Don't spend your days just killing time.*

【消遣】xiāoqiǎn（动）用自己感到愉快的事度过时间 *divert oneself*；*while away the time*；*amuse oneself*：我们偶尔打打麻将，可不是赌博，而是为了～。Wǒmen ǒu'ěr dǎda májiàng, kě bú shì dǔbó, ér shì wèile ～. *We play mahjong once in a while, but it's not for gambling, it's to amuse ourselves.* /养花不只是～，还可以陶冶性格。Yǎng huā bù zhǐ shì ～, hái kěyǐ táoyě xìnggé. *Growing flowers not only whiles away the time, it also helps to mould a person's character.*

【消溶】xiāoróng（动）同"消融" xiāoróng *same as* "消融" xiāoróng

【消融】xiāoróng（动）〈书〉(冰雪) 融化（*of ice and snow*）*melt*

【消散】xiāosàn（动·不及物）(烟、云、雾气、气味、空气等以及抽象事物) 消失（*of smoke, cloud, fog, a smell, air, etc.*，*as well as abstract things*）*scatter and disappear*；*dissipate*：云雾～ yúnwù ～ *cloud and mist dissipate* /经过多次接触，我对他的疑虑才完全～了。Jīngguò duō cì jiēchù, wǒ duì tā de yílǜ cái wánquán ～ le. *After meeting with him several times, my doubts about him were completely dispelled.* /一点风也没有，暑气老不～。Yìdiǎnr fēng yě méi yǒu, shǔqì lǎo bù ～. *There isn't the slightest breeze and this summer heat just won't dissipate.*

【消失】xiāoshī（动·不及物）*disappear*；*vanish*；*dissolve*；*fade*（*or die*）*away*：夕阳逐渐在地平线上～了。Xīyáng zhújiàn zài dìpíngxiàn shang ～ le. *The setting sun gradually disappeared over the horizon.* /一听到这消息，他脸上的笑容立刻～了。Yì tīngdào zhè xiāoxi, tā liǎnshang de xiàoróng lìkè ～ le. *As soon as he heard this news, the smile on his face vanished immediately.* /他的朋友走出门后，很快就～在人群中。Tā de péngyou zǒuchū mén hòu, hěn kuài jiù ～ zài rénqún zhōng. *His friend walked out the door and disappeared quickly into the crowd.*

【消逝】xiāoshì（动·不及物）〈书〉(时间、声音、形象) 消失（*of time, a noise, a figure*）*die*（*or fade*）*away*；*vanish*；*elapse*：时光飞快地～。Shíguāng fēikuài de ～. *Time flies.* /飞机的轰鸣声渐渐～在夜空里。Fēijī de hōngmíng shēng jiànjiàn ～ zài yèkōng li. *The drone of the airplane gradually faded into the night.* /民族英雄的形象流传万代，永远不会～。Mínzú yīngxióng de xíngxiàng liúchuán wàn dài, yǒngyuǎn bú huì ～. *The national heroes' images will be passed down for thousands of generations and will never die away.*

【消瘦】xiāoshòu（动·不及物）*become thin*（*or emaciated*）：他工作劳累，一天天～下去。Tā gōngzuò láolèi, yì tiāntiān ～ xiaqu. *He's overworked and is getting thinner and thinner every day.* /一场大病以后，他更显得～了。Yì cháng dà bìng yǐhòu, tā gèng xiǎnde ～ le. *He seems much thinner after his serious illness.*

【消亡】xiāowáng（动）〈书〉消失、死亡 *wither away*；*die out*：国家和政党总有一天会～的。Guójiā hé zhèngdǎng zǒng yǒu yì tiān huì ～ de. *In the end, the state and the political party will one day die out.* /语言里总有一些词随着社会的发展而逐渐～，而总有新词在产生。Yǔyán li zǒng yǒu yìxiē cí suízhe shèhuì de fāzhǎn ér zhújiàn ～, ér zǒng yǒu xīn cí zài chǎnshēng. *There are always some words that die out and new ones that emerge with the development of society.*

【消息】xiāoxi（名）(1) 新闻报道 *news*；*information*：这件事是通讯社发出来的～。Zhè jiàn shì shì tōngxùnshè fā chulai de ～. *This information came from the news agency.* /有什么最新～没有？Yǒu shénme zuì xīn ～ méiyǒu? *Do you have the latest news?* /这是内部～，你可要保密啊！Zhè shì nèibù ～, nǐ kě yào bǎomì a! *This is inside information. You must keep it a secret.* (2) 音信 *tidings*；*news*；*mail*；*message*：好久没听到他的～了。Hǎojiǔ méi tīngdào tā de ～ le. *I haven't received any news from him for a long time.* /有关于招生考试的～吗？Yǒu guānyú zhāo shēng kǎoshì de ～ ma? *Is there any news about the entrance examination?*

【消炎】xiāo=yán *diminish inflammation*；*dephlogisticate*：～片 ～piàn *antiphlogistic tablet*

【消长】xiāozhǎng（名）〈书〉减弱和增强 *growth and decline*：营养的好坏影响体力的～。Yíngyǎng de hǎohuài yǐngxiǎng

tǐlì de ～. *Whether nutrition is good or not affects the growth and decline of one's physical strength.*

【消肿】 xiāo＝zhǒng 消除肿胀 *subsidence of a swelling*；*detumescence*：敷上这种药就能～. *Fūshàng zhè zhǒng yào jiù néng ～. The swelling can be brought down if you apply this type of ointment.* /打完针消了肿，慢慢就好了. Dǎwán zhēn xiāole zhǒng, mànmān jiù hǎo le. *After he was given an injection, the swelling subsided and slowly got better.*

宵 xiāo
（名）◇ *night*
【宵禁】 xiāojìn （名）*curfew*

蕭 〔蕭〕 xiāo
【萧瑟】 xiāosè （形）〈书〉(1)形容风吹树木凄凉的声音 *rustle in the air*：秋风～ qiūfēng ～ *The autumn wind is soughing.* (2)形容景色凄凉 *bleak*；*desolate*：一片～的景象 yípiàn ～ de jǐngxiàng *a desolate scene*

【萧索】 xiāosuǒ （形）〈书〉缺乏生机 *desolate*；*bleak*：战后，～的市区又恢复了热闹的景象. Zhàn hòu, ～ de shìqū yòu huīfùle rènao de jǐngxiàng. *The desolate urban district became, once again, a scene of bustling activity after the war.*

【萧条】 xiāotiáo （形）(1)寂寞冷落，没有生气 *desolate*；*bleak and chilly*：树木落叶，百花凋谢，景象十分～. Shùmù luò yè, bǎi huā diāoxiè, jǐngxiàng shífēn ～. *When the trees lose their leaves and flowers wither away, the scenery is bleak and chilly.* (2)指经济、商业冷落、没有生气 *depression*：经济～ jīngjì ～ *economic depression*/ 市场～ shìchǎng ～ *a depression in the market*

【萧萧】 xiāoxiāo （象声）〈书〉形容马叫声、风声 *(of horses) whinny*；*(of wind) sough*；*sigh*：风～ fēng ～ *The wind is soughing and sighing.*

硝 xiāo
（名）*nitre*；*saltpetre*
【硝酸】 xiāosuān （名）〈化〉*nitric acid*
【硝烟】 xiāoyān （名）*smoke of gunpowder*：～迷漫 ～ mímàn *gunpowder smoke all over the place*

销 〔銷〕 xiāo
（动）(1)◇除去，解除 *cancel*；*annul*：请把我的名字～了，我不参加旅行. Qǐng bǎ wǒ de míngzi ～ le, wǒ bù cānjiā lǚxíng. *Please strike off my name. I'm not going travelling.* / 案件已经处理完毕，并且已经～案. Ànjiàn yǐjīng chǔlǐ wánbì, bìngqiě yǐjīng ～ àn. *The law case has already been dealt with. The case is closed.* (2)同"销售" xiāoshòu *same as "销售"* xiāoshòu：一天～了不少货. Yì tiān ～le bù shǎo huò. *A lot of merchandise was sold in one day.* /货太次，～不出去. Huò tài cì, ～ bu chūqù. *The merchandise is too inferior. It can't be sold.* / 市场繁荣，购～两旺. Shìchǎng fánróng, gòu ～ liǎng wàng. *The market is flourishing and there is brisk buying and selling.*

【销毁】 xiāohuǐ （动）*destroy by melting or burning*：他想～罪证. Tā xiǎng ～ zuìzhèng. *He wants to destroy incriminating evidence.* / 没用的文件，可以～了. Méi yòng de wénjiàn, kěyǐ ～ le. *Unnecessary documents can be destroyed.*

【销价】 xiāojià （名）销售的价格 *selling price*；*market price*
【销假】 xiāo＝jià 请假期满后向主管部门报到 *report back after leave of absence*
【销路】 xiāolù （名）货物销售的渠道 *sale*；*market*：低档货没有～. Dīdàng huò méi yǒu ～. *There's no market for low-grade goods.* / 积压的货，已经打开～了. Jīyā de huò,

yǐjīng dǎkāi ～ le. *Overstocked goods have already found a market.* / 新产品很容易找到～. Xīn chǎnpǐn hěn róngyì zhǎodào ～. *A market can easily be found for new products.*

【销声匿迹】 xiāo shēng nì jì 形容不公开讲话，不再出头露面，隐藏起来 *keep silent and lie low*；*disappear from the scene*：一个名噪一时的新闻人物，忽然～了. Yí ge míng zào yìshí de xīnwén rénwù, hūrán ～ le. *That figure who gained considerable fame among his contemporaries has suddenly disappeared from the scene.*

【销售】 xiāoshòu （动）商业部门卖出货物 *sell*；*market*：服务态度好了，～量就增加. Fúwù tàidu hǎo le, ～ liàng jiù zēngjiā. *Sales increase when service is good.* /积压货物很快～出去了. Jīyā huòwù hěn kuài ～ chuqu le. *Overstocked goods were quickly sold.*

【销赃】 xiāo＝zāng 销毁赃物 *disposal of stolen goods*
【销账】 xiāo＝zhàng 从账目上勾销掉 *cancel or remove from an account*；*write off*

箫 〔簫〕 xiāo
（名）管乐器的一种，用竹子做成，上面有一排发音孔，竖吹 *vertical bamboo flute*

潇 〔瀟〕 xiāo
（形）〈书〉水深而清 *(of water) deep and clear*
【潇洒】 xiāosǎ （形）（举止、神情）自然大方 *(of one's bearing, expression) natural and unrestrained*：他神情～，是一个十分文雅的人. Tā shénqíng ～, shì yí ge shífēn wényǎ de rén. *His expression is natural and unrestrained. He's an extremely refined person.* / 这位书法家写一笔～的行书. Zhè wèi shūfǎjiā xiě yì bǐ ～ de xíngshū. *This calligrapher has a natural and unrestrained running hand.*

【潇潇】 xiāoxiāo （形）形容刮风下雨 *whistling and pattering*：风雨～ fēngyǔ ～ *the whistling of wind and pattering of rain*

嚣 〔囂〕 xiāo
（动）◇吵闹 *clamour*；*hubbub*；*din*
【嚣张】 xiāozhāng （形）〈贬〉（恶势力、邪气）上升：随心所欲地行事 *(of a wicked force, evil influence) rampant*；*arrogant*；*aggressive*：～一时 ～ yìshí *run rampant for a time*/ 反动气焰十分～. Fǎndòng qìyàn shífēn ～. *The forces of reaction was swollen with arrogance.*

xiǎo

小 xiǎo
（形）(1)*small*；*little*；*petty*；*minor*：～城市 ～ chéngshì *small city* /声音太～. Shēngyīn tài ～. *The sound is too low.* /他的名声可不～. Tā de míngshēng kě bù ～. *He has a high reputation.* /孩子的衣服都～了. Háizi de yīfu dōu ～ le. *The child's clothes are all too small.* (2)〈书〉短时间的 *for a while*；*for a short time*：～坐片刻 ～ zuò piànkè *sit for a while*/ ～住数日 ～ zhù shùrì *stay for a few days* (3)排行最小的 *youngest in seniority*：他的～女儿比～儿子小两岁. Tā de ～ nǚ'ér bǐ ～ érzi xiǎo liǎng suì. *His youngest daughter is two years younger than his youngest son.* (4)年岁少 *young*：他的儿子大，女儿～. Tā de érzi dà, nǚ'ér ～. *His son is older than his daughter.* /她比他～三岁. Tā bǐ tā ～ sān suì. *She is three years younger than he.* （头）对年轻人的亲切称呼 *a term of endearment for young people*：～刘 ～ Liú *Little Liu* /～马 ～ Mǎ *Little Ma*

【小百货】 xiǎobǎihuò （名）日常生活用的小型轻工业和手工业产品 *small articles of daily use*

【小半】xiǎobàn（名）(～儿)小于整体或全部一半的部分。后边常带量词或前边有"一" less than half；lesser（or smaller）part（often followed by a classifier or preceded by "一"）：这个苹果太酸，吃了一个就扔了。Zhège píngguǒ tài suān，chīle ～ gè jiù rēng le. This apple was too sour. I ate less than half of it then threw it away. /今天他只干了～天的活。Jīntiān tā zhǐ gànle ～ tiān de huó. He only did less than half a day's work today. / 分给他一～。Fēn gěi tā yì ～. Give him less than half.

【小报告】xiǎobàogào（名）指背地里反映给领导的对于别人的生活小事的闲话 gossip to the leader about sb. behind his back；tell on sb.：他总是打～，很卑鄙。Tā zǒngshì dǎ ～，hěn bēibǐ. He's always telling on others，which is extremely despicable.

【小辈】xiǎobèi（名）辈分小的人 younger member of a family；junior

【小便】xiǎobiàn（名）urine（动）urinate；pass water

【小辫儿】xiǎobiànr（名）〈口〉(1)短小的辫子，也泛指辫子 short braid；pigtail (2)比喻把柄 a mistake or shortcoming that may be exploited by others；handle：大家可以各抒己见，即使有人说错了话，谁也不准抓～。Dàjiā kěyǐ gè shū jǐ jiàn，jíshǐ yǒu rén shuōcuòle huà，shuí yě bù zhǔn zhuā ～. Each may express his own views and even if someone says something wrong，others are not permitted to get a handle on him to make things hard for him.

【小辫子】xiǎobiànzi（名）同"小辫儿" xiǎobiànr same as "小辫儿" xiǎobiàn

【小菜】xiǎocài（名）(～儿)小碟盛的下酒饭的菜，多是比较咸的 pickled vegetables；pickles

【小产】xiǎochǎn（动）miscarriage；abortion

【小吃】xiǎochī（名）饭馆里分量少而价钱又低的食品，如：馄饨、包子等 refreshments；snacks，such as wonton soup，steamed stuffed buns，etc.

【小丑】xiǎochǒu（名）(～儿)(1)戏曲中的丑角或在杂技中做滑稽表演的人 clown；buffoon（in a circus，opera or acrobatics）(2)人格卑鄙的人（多指起不了太大作用的坏人）clown；buffoon；a useless person who plays dirty tricks

【小聪明】xiǎocōngming（名）在某些小事情上显示出来的智力，今含贬义 cleverness in trivial matters；petty trick：他凭着～应付事儿，要认真就不行了。Tā píngzhe ～ yìngfu shìr，yào rènzhēn qilai jiù bù xíng le. He depends on cleverness to deal with matters，but can't get serious about anything. /～代替不了真本事。～ dàitì bu liǎo zhēn běnshì. Petty tricks cannot take the place of genuine skill.

【小道消息】xiǎodào xiāoxi 道听途说没有根据的消息 hearsay；grapevine

【小调】xiǎodiào（名）(～儿)流行于民间的曲调 ditty

【小动作】xiǎodòngzuò（名）指偷偷摸摸的不正当的别有用心的小举动 petty act；little manoeuvre（or trick）

【小恩小惠】xiǎo ēn xiǎo huì（贬）为了笼络人而给人的一点好处 petty（or small）favour

【小儿】xiǎo'ér（名）〈书〉谦称自己的儿子 my son

【小儿科】xiǎo'érkē（名）〈医〉department of paediatrics

【小儿麻痹症】xiǎo'ér mábìzhèng〈医〉infantile paralysis；poliomyelitis

【小贩】xiǎofàn（名）小本经营的商人 pedlar；vendor；hawker

【小费】xiǎofèi（名）顾客、旅客额外给服务人员的钱 tip；gratuity

【小分队】xiǎofēnduì（名）某些单位或团体派出执行特定任务的组织，一般人数少，能力强，机动灵活 squad；a small group

【小工】xiǎogōng（名）从事简单体力劳动没有专门技术的工人 unskilled labourer

【小广播】xiǎoguǎngbō（动·不及物）到处传播不应传播的或不可靠的消息 spread hearsay information；spread through the grapevine（名）传播不应传播或不可靠的消息的人 gossip；person who spreads hearsay information：他是咱们工厂里有名的～。Tā shì zánmen gōngchǎng li yǒumíng de ～. He's a wellknown gossip in our factory.

【小鬼】xiǎoguǐ（名）对小孩子的昵称 little devil（term of endearment in addressing a child）

【小孩儿】xiǎoháir（名）(1)child (2)儿、女 son or daughter：他不是我的～，不过暂时住在这儿。Tā bú shì wǒ de ～，búguò zànshí zhù zài zhèr. He's not my son，he's living here for the time being.

【小孩子】xiǎoháizi（名）同"小孩儿" xiǎoháir same as "小孩儿" xiǎoháir

【小伙子】xiǎohuǒzi（名）〈口〉青年男子 lad；young fellow

【小家伙】xiǎojiāhuo（名）指孩子或年轻人，有时也指小动物 little fellow；young lad：这些～真可爱！Zhèxiē ～ zhēn kě'ài! These little fellows are really cute! /看那只熊猫崽，～正吃竹子呢! Kàn nà zhǐ xióngmāo zǎir，～ zhèng chī zhúzi ne! Look at that panda cub — the little fellow's eating bamboo shoots!

【小将】xiǎojiàng（名）古时候指领兵打仗的年轻将领，现多用于比喻年轻有干劲有魄力的人 young general（in ancient times）；young militant；young pathbreaker

【小节】xiǎojié（名）与原则无关的琐碎的事情 small matter；trifle：穿着虽是生活～，但也应注意整洁。Chuānzhuó suī shì shēnghuó ～，dàn yě yīng zhùyì zhěngjié. Although dress is one of life's small matters，one must still pay attention to neatness. / 老刘这个人生活上不拘～，可工作起来非常认真负责，坚持原则。Lǎo Liú zhège rén shēnghuó shang bùjū ～，kě gōngzuò qilai fēicháng rènzhēn fùzé，jiānchí yuánzé. Lao Liu is rather slack with small matters in his personal life；when it comes to work，however，he's extremely diligent，responsible and adheres to principles.

【小结】xiǎojié（名）一项工作全过程中的一个段落之后的临时总结 brief summary；interim summary：第一期工程的～已经交给上级，供领导审阅。Dìyī qī gōngchéng de ～ yǐjīng jiāo gěi shàngjí，gōng lǐngdǎo shěnyuè. I've already handed in an interim summary of the project's first phase to the top so that the leaders may check and approve it. / 工作～写完了。Gōngzuò ～ xiěwán le. I've finished writing a brief summary of the work. (动)作小结 summarize briefly：每个学期末都要～一次。Měi ge xuéqī mò dōu yào ～ yí cì. We will briefly summarize everything at the end of each term.

【小姐】xiǎojie（名）对未出嫁女子的尊称 Miss

【小楷】xiǎokǎi（名）(1)手写体的小的楷体汉字，区别于中楷和大楷 regular script in small characters，as used in Chinese calligraphy exercises（as opposed to regular script in middle-sized characters（中楷）and big characters（大楷）(2)拼音字母的小写印刷体 lowercase（letter）

【小看】xiǎokàn（动）〈口〉轻视 look down upon；belittle：别～这孩子，才十岁就能画出这么好的画来。Bié ～ zhè háizi，cái shí suì jiù néng huà chū zhème hǎo de huà lai. Don't belittle this child. He's only ten and yet he can paint such a nice painting. /我～你，没想到你短跑速度这么快。Wǒ ～ nǐ le，méi xiǎngdào nǐ duǎnpǎo sùdù zhème kuài. I underestimated you. I never thought you could sprint so fast.

【小康】xiǎokāng（形）指能维持中等生活水平的家庭经济状况，常作定语 comparatively well-off；comfortably off（often used as an attributive）：～家庭 ～ jiātíng a comfortably well-off family / 再过二三十年，我们的生活就可以达到～水平。Zài guò èr-sānshí nián，wǒmen de shēnghuó jiù kěyǐ dádào ～ shuǐpíng. In another twenty or thirty years we will have attained a comparatively high standard of living.

【小口径枪】xiǎo kǒujìng bùqiāng small-bore rifle

【小麦】xiǎomài（名）wheat

【小卖部】xiǎomàibù（名）饭店、旅馆、学校、食堂里出售糖果.点心、冷饮、烟、酒等或其它小日用品的地方 *a small shop attached to a hotel，guest house，school，cafeteria，etc.（selling confectionery，pastry，cold drinks，cigarettes，wine，etc.）*

【小米】xiǎomǐ（名）（～儿）*millet*

【小名】xiǎomíng（名）（～儿）小时候起的非正式的名字，长大后在长辈或同辈口中有时还用 *pet name for a child；childhood name*

【小脑】xiǎonǎo（名）〈生理〉*cerebellum*

【小农经济】xiǎonóng jīngjì 农民的个体经济 *small-scale farming by individual owners；small-scale peasant economy*

【小跑】xiǎopǎo（动·不及物）（～儿）小步慢跑 *trot；jog*

【小朋友】xiǎopéngyǒu（名）对儿童的尊称 *a form of address by an adult to a child*

【小品】xiǎopǐn（名）（1）同"小品文"xiǎopǐnwén *same as* "小品文" xiǎopǐnwén：讽刺～ fěngcì～ *satirical essay/* 时事～ shíshì～ *an essay on current affairs /* 科学～ kēxué～ *short scientific essay* （2）简短的表演形式 *a short，simple skit*

【小品文】xiǎopǐnwén（名）［篇 piān］散文的一种形式，篇幅短小，形式活泼，内容多种多样 *familiar essay；essay*

【小气】xiǎoqi（形）（1）吝啬 *stingy；niggardly；mean*：这人～得很.只有人家请他吃饭，没有他请人家的. Zhè rén ～ de hěn，zhǐ yǒu rénjia qǐng tā chī fàn，méi yǒu tā qǐng rénjia de. *This person is really stingy. Others invite him to dinner，but he never invites anyone in return.* （2）举止不自然或样式俗气 *petty；vulgar；in poor taste*：这女孩子长得并不难看，但样子有点儿～. Zhè nǚ háizi zhǎng de bìng bù nánkàn，dàn yàngzi yǒudiǎnr ～. *This girl is quite pretty，but her manner is a bit vulgar.* / 这衣服上一镶花边，反而显得～了. Zhè yīfu shang yì xiāng huābiānr，fǎn'ér xiǎnde ～ le. *This jacket has a flowered border which seems rather in poor taste.*

【小巧玲珑】xiǎoqiǎo línglóng（1）东西小而灵巧，精巧细致 *small and ingenious or exquisite*：这种半导体收音机～，携带方便. Zhè zhǒng bàndǎotǐ shōuyīnjī ～，xiédài fāngbiàn. *This type of transistor radio is small and ingenious. It's easy to carry around.* （2）人个子小又灵活敏捷 *small and nimble*：她长得～. Tā zhǎng de ～. *She's small and nimble.*

【小青年】xiǎoqīngnián（名）（～儿）指社会上十六七岁到二十来岁的青年 *young people between the ages of 16 or 17 and 20；youth*：一个退休工人带着几个～办起一个汽车修配厂. Yí ge tuì xiū gōngrén dàizhe jǐ ge ～ bànqǐ yí ge qìchē xiūpèi chǎng. *Some youths，headed by a retired worker，set up a repair and spare parts shop for cars.*

【小圈子】xiǎoquānzi（名）（1）个人的狭小生活范围 *one's own little world；one's own narrow circle*：那人很孤独，独来独往，整天生活在个人生活的～里. Nà rén hěn gūdú，dú lái dú wǎng，zhěng tiān shēnghuó zài gèrén shēnghuó de ～ li. *That person is a loner. He does his own thing and lives in his own little world.* /他总是陷在家庭的～里. Tā zǒngshì xiàn zài jiātíng de ～ li. *He's always stuck in his own little world at home.* （2）为个人利益互相拉拢或为共同利益、爱好而排斥他人的小集团 *small circle of people；small coterie；clique*：这一伙人总是搞～，毫无全局观念. Zhè yì huǒ rén zǒng ài gǎo ～，háowú quánjú guānniàn. *This group is always forming a small clique and never adopts an overall point of view.*

【小人】xiǎorén（名）（1）〈旧〉地位低的人的谦称 *a person of low position* （2）指人格卑劣的人 *a base（or mean）person；villain；vile character*：他专门耍两面派，真是个～! Tā zhuānmén shuǎ liǎngmiànpài，zhēn shì ge ～! *He specializes in double-dealing. What a vile character!*

【小人儿书】xiǎorénrshū（名）〈口〉装订成册的有连环画的故事书 *picture-story book*

【小商品经济】xiǎo shāngpǐn jīngjì 农民和手工业者个体进行商品生产的经济 *small commodity economy*

【小生产】xiǎoshēngchǎn（名）以一家一户为单位分散经营的小商品生产方式 *small-scale production*

【小声】xiǎoshēng（名）压低嗓音后产生的低沉微弱的声音，跟"大声"相对 *in a low voice；under one's breath（antonym of* "大声" *（in a loud voice））*：～说话，别影响别人！～ shuō huà，bié yǐngxiǎng biéren! *Speak in a low voice. Don't disturb others!*

【小时】xiǎoshí（名）［个 gè］*hour*

【小市民】xiǎoshìmín（名）城市中占有少量生产资料或财产的居民，如手工业者、小商人等 *urban petty bourgeois，e. g. handicraftsman，small merchant，etc.*

【小手工业者】xiǎoshǒugōngyèzhě（名）占有少量生产资料，用手工操作进行小规模生产的人 *small handicraftsman*

【小叔子】xiǎoshūzi（名）丈夫的弟弟 *husband's younger brother*

【小数】xiǎoshù（名）〈数〉*decimal*

【小数点】xiǎoshùdiǎn（名）〈数〉*decimal point*

【小说】xiǎoshuō（名）［本 běn，篇 piān］*novel；fiction*

【小私有者】xiǎosīyǒuzhě（名）只占有极少量的生产资料或生产工具而从事个体劳动的人 *petty proprietor*

【小苏打】xiǎosūdá（名）*sodium bicarbonate*

【小题大作】xiǎo tí dà zuò 比喻把小事当做大事来做，有不值得这样做的意思 *make a fuss over a trifling matter；make a mountain out of a molehill*：他做错了，批评他几句就行了，开大会批评，有点～吧！ Tā zuòcuò le，pīpíng tā jǐ jù jiù xíng le，kāi dàhuì pīpíng，yǒudiǎnr ～ ba! *Just say a few words of criticism to him for making a mistake. Holding a meeting to criticize him is making a mountain out of a molehill.*

【小提琴】xiǎotíqín（名）［把 bǎ］*violin*

【小偷】xiǎotōu（名）〈口〉*petty thief；pilferer；pickpocket*

【小腿】xiǎotuǐ（名）下肢从膝盖到踝子骨的一段 *shank；part of the leg from the knee to the ankle*

【小巫见大巫】xiǎo wū jiàn dà wū 原指小巫遇到大巫，法术无法施展，现比喻相比之下，前一个远不如后一个 *like a small sorcerer in the presence of a great one — feel dwarfed；pale into insignificance by comparison*：我们这个实验室，跟你们那个一比，真是～. Wǒmen zhège shíyànshì，gēn nǐmen nàge yì bǐ，zhēn shì ～. *Our laboratory is nothing compared to yours.*

【小五金】xiǎowǔjīn（名）安装在建筑物或家具上的金属器件和某些小工具的统称，如钉子、螺丝、锁、弹簧等 *metal fittings，e. g. nails，screws，locks，springs，etc.*

【小鞋】xiǎoxié（名）（～儿）比喻暗中对别人的刁难或暗中加给别人的约束限制 *（fig.）unjustifiable，difficult situation deliberately created to bring pressure on or persecute sb.*：不敢得罪领导，怕给自己～穿. Tā bù gǎn dézuì lǐngdǎo，pà gěi zìjǐ ～ chuān. *He doesn't dare offend the leaders for fear of putting himself in a difficult position.* /给人穿～是卑鄙行为. Gěi rén chuān ～ shì bēibǐ xíngwéi. *Deliberately putting others in a difficult position represents despicable behaviour.*

【小写】xiǎoxiě（名）（1）汉字数目字的通常写法，如"一、三"等，跟"大写"如"壹、贰、叁"等相对 *the ordinary form of a Chinese numeral，e. g. "一，二，三"，etc.，as opposed to* "大写" *the capital form of a Chinese numeral，e. g. "壹、贰、叁"，etc.* （2）汉语拼音字母的一种写法，如 a，b 等，跟"大写"A，B 等相对 *small letter，e. g，a，b，etc，as opposed to* "大写" *（capital letter），e. g.，A，B，etc.*

【小心】xiǎoxīn（形）*careful；cautious*：他向来～谨慎. Tā xiànglái ～ jǐnshèn. *He's always cautious.* / 今天雪很大，开车～一点. Jīntiān xuě hěn dà，kāi chē ～ yìdiǎnr. *It's*

snowing hard today, *Be careful when driving.* /~！危险！~！Wēixiǎn！*Careful*！*Danger*！（动）*take care*；*be careful*；*be cautious*；~火车~ huǒchē *be careful of the train* ~烫着~ tàngzhao *Be careful! This is very hot!*

【小心眼儿】xiǎoxīnyǎnr（形）气量小，多疑 *narrow-minded*；*petty*

【小心翼翼】xiǎoxīn yìyì 十分谨慎小心 *with great care*；*with extreme caution*：他~地捧着一个金鱼缸。Tā ~ de pěngzhe yí ge jīnyú gāng. *He carried a goldfish bowl with great care.* /不要干什么都~的，大胆些！Búyào gàn shénme dōu ~ de, dàdǎn xiē! *Don't do everything with extreme caution. Be a bit bolder!*

【小型】xiǎoxíng（形·非谓）形状或规模小的 *small-sized*；*small-scale*；*miniature*：~水力发电站 ~ shuǐlì fādiànzhàn *small-scale hydropower station*，/~水库 ~ shuǐkù *small reservoir* /~会议 ~ huìyì *small-scale conference*/~发电机 ~ fādiànjī *small-scale generator*

【小学】xiǎoxué（名）[所 suǒ]*primary (or elementary) school*

【小学生】xiǎoxuéshēng（名）*primary (or elementary) school student*；*schoolchild*；*school boy or girl*

【小夜曲】xiǎoyèqǔ（名）*serenade*

【小业主】xiǎoyèzhǔ（名）从事小规模生产经营，资财不多，不雇用或雇用少数工人的小工商业者 *small (or petty) proprietor*

【小意思】xiǎoyìsi（名）微薄的心意 *small token of kindly feelings*：这是我们的一点~，请收下。Zhè shì wǒmen de yìdiǎnr ~, qǐng shōuxia. *Please accept this small token from us.*（形）容易，好办 *easy*；*easy to handle*：劳驾，帮帮忙！——就这点儿事吗？~。Láojià, bāngbang máng! —— Jiù zhè diǎnr shì ma? ~. *Excuse me, could you please help me?* —— *What? Just this? That's easy!* /来，把这点干完了！——~，一会儿就干完。Lái, bǎ zhè diǎnr gànwán le! —— ~, yìhuìr jiù gànwán. *Come and finish this little bit.* —— *That's easy to handle. I'll be done in just a short while.*

【小引】xiǎoyǐn（名）写在诗文前面的简短说明 *introductory note*；*foreword*

【小注】xiǎozhù（名）夹在正文中的注解，字体小，多为双行 *small-character notes between vertical lines of a book, usu. in double lines*

【小传】xiǎozhuàn（名）简要的传记 *brief biography*；*biographical sketch*；*profile*

【小篆】xiǎozhuàn（名）汉字字体之一，也叫秦篆，秦朝人把大篆加以整理简化而成 *an ancient style of calligraphy, also called "秦篆" Qínzhuàn, adopted in the Qin Dynasty for the purpose of standardizing the script*

【小资产阶级】xiǎozīchǎnjiējí（名）*petty bourgeoisie*

【小字辈】xiǎozìbèi（名）泛指年轻人 *the younger generation*

【小组】xiǎozǔ（名）为工作或学习上的方便而组成的小集体 *group*：学习~ xuéxí ~ *study group*/ 居民~ jūmín ~ *residents' group*/ 领导~ lǐngdǎo ~ *group of leaders*/ 参加实验的八个人可以分成四个实验~。Cānjiā shíyàn de bā ge rén kěyǐ fēnchéng sì ge shíyàn ~. *The eight people who are participating in the experiment can divide into four experimental groups.* / 这个实验项目明天要进行一次~讨论。Zhège shíyàn xiàngmù míngtiān yào jìnxíng yí cì ~ tǎolùn. *A group discussion will be held tomorrow on this experimental project.*

晓〔曉〕xiǎo

（名）〈书〉早晨 *dawn*；*daybreak*：~行夜宿（of a person on a journey）*start at dawn and stop at dusk*/ 雄鸡报~。Xióngjī bào ~. *The cock announces dawn.*（动）知道 *know*：无人不~ wú rén bù ~ *There's nobody who doesn't know.*

【晓得】xiǎode（动）〈方〉知道 *know*

xiào

孝 xiào

（形）◇ *filial piety*（名）*mourning*：他给他母亲带~。Tā gěi tā mǔqin dài ~. *He's in mourning for his mother.*

【孝敬】xiàojìng（动）把物品奉献给长辈，表示尊敬 *give presents to one's elders or superiors (as a form of respect)*：~父母 ~ fùmǔ *give presents to one's parents* /他常买些好吃的~爷爷和奶奶。Tā cháng mǎi xiē hǎochī de ~ yéye hé nǎinai. *He often buys good things to eat as presents for his grandfather and grandmother.*

【孝顺】xiàoshùn（动）尽心奉养父母并顺从他们的意志 *show filial obedience*：他从小就很~，父母怎么说，他就怎么做。Tā cóng xiǎo jiù hěn ~, fùmǔ zěnme shuō, tā jiù zěnme zuò. *He has shown filial obedience ever since he was a boy. He does what his parents tell him to do.*

肖 xiào

（动）◇像，相似 *resemble*；*be like*

【肖像】xiàoxiàng（名）[张 zhāng、幅 fú]人的画像或相片 *portrait*；*portraiture*

校 xiào

（名）◇（1）学校 *school*（2）校官（军衔）*field officer* 另见 jiào

【校风】xiàofēng（名）学校的风气 *school spirit*

【校规】xiàoguī（名）学校所规定的学生必须遵守的规章制度 *school regulations*

【校徽】xiàohuī（名）[枚 méi]学校成员佩带的标有本校校名的徽章 *school badge*

【校刊】xiàokān（名）学校自己出版的刊物 *school magazine*；*college journal*

【校庆】xiàoqìng（名）学校成立纪念日 *anniversary of the founding of a school or college or university*

【校舍】xiàoshè（名）学校的房屋 *schoolhouse*；*school building*

【校医】xiàoyī（名）学校的医务人员 *school doctor*

【校友】xiàoyǒu（名）学校师生称在校毕业或工作过的教职员 *alumnus*

【校园】xiàoyuán（名）*campus*；*school yard*

【校长】xiàozhǎng（名）*headmaster*；*principal*；*(in a university or college) president*；*chancellor*

笑 xiào

（动）（1）*smile*；*laugh*：说着说着就~起来了。Shuōzhe shuōzhe jiù ~ qilai le. *They were talking away and then started to laugh.* / 听了这话，她咯咯地直~。Tīngle zhè huà, tā gēgē de zhí ~. *She chuckled when she heard this.*（2）讥笑 *ridicule*；*laugh at*：你应该帮助他，不要~他。Nǐ yīnggāi bāngzhù tā, búyào ~ tā. *You should help him, not laugh at him.*

【笑柄】xiàobǐng（名）可以用来取笑的资料 *laughingstock*；*butt*；*joke*

【笑话】xiàohua（名）*joke*；*jest*：我给你讲个~吧。Wǒ gěi nǐ jiǎng ge ~ ba. *Let me tell you a joke.* / 他很会讲~。Tā hěn huì jiǎng ~. *He really knows how to tell a joke.* / 我把筷子用倒了，结果闹了个大~。Wǒ bǎ kuàizi yòngdàole, jiéguǒ nàole ge dà ~. *I used the chopsticks upside down and as result made a fool of myself.*（动）讥笑 *laugh at*；*ridicule*：别~人家，他刚来北京，说不好北京话。Bié ~ rénjia, tā gāng lái Běijīng, shuō bu hǎo Běijīng huà. *Don't ridicule him. He just arrived in Beijing, so he can't speak the Beijing dialect very well.* / 我唱得不好，请大家别~。Wǒ chàng de bù hǎo, qǐng dàjiā bié ~. *I don't sing well.*

Please don't laugh at me.

【笑里藏刀】xiào lǐ cáng dāo 比喻表面和善，内心阴险毒辣 *hide a dagger in a smile — have murderous intent behind one's smiles*

【笑脸】xiàoliǎn（名）[张 zhāng] *smiling face*

【笑料】xiàoliào（名）取笑的材料 *laughingstock; joke*

【笑眯眯】xiàomīmī（形）形容微笑时眼皮微微合拢的样子 *with a smile on one's face; smilingly*

【笑面虎】xiàomiànhǔ（名）外表善良而内心凶狠的人 *smiling tiger — an outwardly kind but inwardly cruel person*

【笑容】xiàoróng（名）含笑的面容 *smiling expression; smile*：满脸～ mǎnliǎn ～ *be all smiles* /可掬～ kě jū *be radiant with smiles*

【笑嘻嘻】xiàoxīxī（形）形容微笑的样子 *grinning; smiling broadly*

【笑吟吟】xiàoyínyín（形）形容微笑的样子 *smiling*：她平易近人，说话总是～的。Tā píngyì jìn rén, shuō huà zǒngshì ～ de. *She's modest and unassuming and she's always smiling when she talks.*

【笑逐颜开】xiào zhú yán kāi 形容人眉开眼笑，十分高兴的样子 *beam with smiles; smiling happily*：巡回剧团来到山村，村民们～，奔走相告。Xúnhuí jùtuán láidào shāncūn, cūnmínmen ～, bēnzǒu xiāng gào. *The villagers were beaming with smiles when the itinerant theatrical group came to their mountain village. They lost no time in telling each other the news.* /他一见到女儿就～，心里格外高兴。Tā yí jiàndào nǚ'ér jiù ～, xīnli géwài gāoxìng. *As soon as he saw his daughter, his face beamed and he was extremely happy.*

效 xiào

（名）◇效果 *effect; result*：奇～ qí ～ *exceptionally effective*（动）〈书〉(1)效法 *imitate; follow the example of*：上行下～ shàng xíng xià ～ *Those in subordinate positions will follow the example set by their superiors.* (2)尽；献出 *devote to; render a service*：犬马之劳 ～ quǎn mǎ zhī láo *be at somebody's beck and call* /为国～力 wèi guó ～ lì *serve one's country*

【效法】xiàofǎ（动）〈书〉照着别人的做法去做 *follow the example of; model oneself on; learn from*：他的严谨治学态度值得～。Tā de yánjǐn zhìxué tàidu zhídé ～. *His rigorous scholarly approach is worth learning from.*

【效仿】xiàofǎng（动）同"效法" xiàofǎ *same as "效法" xiàofǎ*

【效果】xiàoguǒ（名）由某种做法产生的结果（多指好的结果）*effect; result (usu. a positive effect or result)*：试验表明，这种做法～很好。Shìyàn biǎomíng, zhè zhǒng zuòfǎ ～ hěn hǎo. *The experiment indicates that this method gives good results.* / 那位教师的教学～比较好。Nà wèi jiàoshī de jiàoxué ～ bǐjiào hǎo. *That teacher's teaching is relatively effective.* /无论哪种方法，只要～好，我们就采纳。Wúlùn nǎ zhǒng fāngfǎ, zhǐyào ～ hǎo, wǒmen jiù cǎinà. *As long as the results are good, we will adopt whatever method used.*

【效劳】xiàoláo（动·不及物）贡献力量为他人服务 *work for; work for the services of*

【效力】xiàolì（名）事物所产生的有效作用 *effect (of a product, etc.)*：经常吃某种药～会慢慢减小。Jīngcháng chī mǒu zhǒng yào ～ huì mànmān jiǎnxiǎo. *Some medicines slowly lose their effect when they are taken frequently.* / 多少人劝他，都没发生～。Duōshǎo rén quàn tā, dōu méi fāshēng ～. *So many people have pleaded with him, all to no effect.* / 化学试剂放久了，就失去应有的～。Huàxué shìjì fàngjiǔ le, jiù shīqù yīng yǒu de ～. *When a chemical reagent is left standing for a long time, it loses its potential effect.*

【效力】xiào=lì 贡献力量为他人服务 *render a service to; serve*：这位爱国人士毅然回来为祖国～。Zhè wèi ài guó rénshì yìrán huílái wèi zǔguó ～. *This patriotic personage was determined to come back and serve the motherland.* / 我很愿意为朋友～。Wǒ hěn yuànyì wèi péngyou ～. *I'm more than willing to render services to friends.*

【效率】xiàolǜ（名）在某一单位时间里完成的工作量 *efficiency*：他们的工作～很高。Tāmen de gōngzuò ～ hěn gāo. *They work very efficiently.* / 做工作要讲求～。Zuò gōngzuò yào jiǎngqiú ～. *One must strive for efficiency in work.* / 机器操作比手工操作～高得多。Jīqì cāozuò bǐ shǒugōng cāozuò ～ gāo de duō. *Efficiency of mechanical operation is much higher than that of manual operation.*

【效命】xiàomìng（动·不及物）奋不顾身地献出自己的全部力量 *go all out to serve sb. regardless of the consequences*：为国～ wèi guó ～ *serve the country regardless of personal danger* / 他竭力为主子～。Tā jiélì wèi zhǔzi ～. *He uses every ounce of his energy to serve his master.*

【效能】xiàonéng（名）事物内部蕴藏着的有利的作用 *efficacy; usefulness*：肥料在一定条件下才能对作物产生最大～。Féiliào zài yídìng tiáojiàn xià cái néng duì zuòwù chǎnshēng zuì dà ～. *The efficacy of fertilizer is at its best only under certain conditions.* / 一台机器往往因为安装得不好而不能充分发挥～。Yì tái jīqì wǎngwǎng yīnwèi ānzhuāng de bù hǎo ér bù néng chōngfèn fāhuī ～. *It is often because a machine is not properly installed that it is not fully efficacious.*

【效验】xiàoyàn（名）方法、药物等达到预期的效果 *intended effect; desired result*：温水浸种真有～，出芽率高而且也早。Wēn shuǐ jìn zhǒng zhēn yǒu ～, chūyálǜ gāo, érqiě yě zǎo. *Soaking seeds in lukewarm water really does produce the desired effect. Germination has a high percentage and it also starts early.* / 这药真不错，吃了两次就见～。Zhè yào zhēn búcuò, chīle liǎng cì jiù jiàn ～. *This medicine is pretty good. One can already notice results after taking it twice.*

【效益】xiàoyì（名）效果和利益 *beneficial result*：社会～ shèhuì ～ *beneficial social result* /办企业要讲经济～。Bàn qǐyè yào jiǎng jīngjì ～. *Economic results must be considered when running an enterprise.*

【效应】xiàoyìng（名）物理的或化学的作用所产生的效果 *effect*：光电～ guāngdiàn ～ *photoelectric effect* /热～ rè ～ *thermal effect*

【效用】xiàoyòng（名）效力和作用 *effectiveness; usefulness*：新购置的那台机器设备一直放着没用，不能发挥～。Xīn gòuzhì de nà tái jīqì shèbèi yìzhí fàngzhe méi yòng, bù néng fāhuī ～. *That newly-purchased mechanical device has just been standing idle. We can't make use of it.*

【效忠】xiàozhōng（动）(对国、团体)出力 *pledge loyalty to; devote oneself heart and soul to (the country, an organization)*：为祖国～ wèi zǔguó ～ *Devote yourself to the motherland.*

xiē

些 xiē

（量）(1)表示不定的少量事物或性状，前边只限于"一" *some; a few (only the numeral "一" may be used before it)*：晚上我只吃了～水果。Wǎnshang wǒ zhǐ chīle ～ shuǐguǒ. *I just ate some fruit in the evening.* / 前一时候我去看过他一次。Qián ～ shíhou wǒ qù kànguo tā yí cì. *I went to see him once sometime ago.* / 这间屋子比那间稍大～。Zhè jiān wūzi bǐ nà jiān shāo dà ～. *This room is a little bigger than that one.* / 快～走，不然赶不上这趟汽车了。Kuài ～ zǒu, bùrán gǎn bu shàng zhè tàng qìchē le. *Walk a little faster, otherwise you won't catch that bus.* (2)①"这么些"表示"多"的意思，指就在眼前看到所听到的事物 "这么

些" indicates a lot (referring to things right in front of one)；真没想到，来了这么~人！Zhēn méi xiǎngdào, láile zhème~ rén! I never expected so many people to come! /怎么花了这么~钱? Zěnme huāle zhème~ qián? How could I have spent so much money? /这么~书都是你的吗? Zhème~ shū dōu shì nǐ de ma? Are all these books yours? ②"就这么些"表示"少"的意思 "就这么些" indicates a little; a bit：就这么~了，没有更多的。Jiù zhème~ le, méi yǒu gèng duō de le. There's just this little bit, no more. / 我的钱就这么~了。Wǒ de qián jiù zhème~ le. I just have this bit of money.

楔 xiē
（名）（～儿）同"楔子" xiēzi (1) (2) same as "楔子" xiēzi (1) (2)
【楔形文字】xiēxíng wénzì cuneiform (characters)；sphenogram
【楔子】xiēzi（名）(1)插在木器的榫子缝里的木片 wedge (2)钉在墙上挂东西的木钉或竹钉 peg (3)古代小说加在正文前面的一段，有引起正文的作用 prologue to a text in classical novels

歇 xiē
（动）〈口〉(1)休息 have a rest：太累了，咱们～会儿再干。Tài lèi le, zánmen ~ huìr zài gàn. I'm tired. Let's have a short rest before we go on. (2)◇停止(工作)；休息 stop (work, etc.)；knock off：～工 ~ gōng stop work; knock off /我每星期四～班。Wǒ měi xīngqīsì ~ bān. I don't work on Thursdays. "歇病假"是"病假期间休息, 停止工作"的意思 "歇病假" means sick leave：去年她～了半年的产假。Qùnián tā ~ le bàn nián de chǎnjià. She took half a year's maternity leave last year.
【歇乏】xiē＝fá 劳动后休息, 消除疲劳 have a rest after work：坐下喝杯茶, 歇歇乏。Zuòxia hē bēi chá, xiēxie fá. Sit down and drink a cup of tea. Rest a bit.
【歇后语】xiēhòuyǔ（名）熟语的一种。由两部分组成, 前一部分多为人们熟悉的诙谐而形象的语句, 运用时通常只说前一部分, 而说话人的本意则在后一部分, 如：鹦鹉学舌——人云亦云。聋子的耳朵——摆设(表示没有实用价值) a two-part allegorical saying, of which the first part, always stated, is descriptive, while the second part, sometimes unstated, carries the message, e. g., "鹦鹉学舌——人云亦云" repeat the words of others like a parrot — echo the views of others, "聋子的耳朵——摆设" the ears of a deaf person — ornaments (useless)
【歇脚】xiē＝jiǎo 走路疲乏时停下来休息 stop on the way for a rest：太累了，找个地方歇歇脚吧。Tài lèi le, zhǎo ge dìfang xiēxie jiǎo ba. I'm tired. Let's stop for a rest.
【歇斯底里】xiēsīdǐlǐ（名）hysteria
【歇息】xiēxi（动·不及物）休息 have a rest
【歇业】xiē＝yè 不再继续营业 close a business；go out of business：这家修鞋铺～了。Zhè jiā xiūxiépù ~ le. This shoe repair shop has gone out of business.

蝎 xiē
（名）蝎子 scorpion：毒如蛇～ dú rú shé ~ as vicious as a viper
【蝎子】xiēzi（名）[只 zhī] scorpion

xié

协 〔協〕 xié
（形）◇共同 joint；common（动）◇协助 assist
【协定】xiédìng（名）agreement；accord：签订 ~ qiāndìng ~ sign an agreement

【协会】xiéhuì（名）以促进某种共同事业为目的而组成的群众团体 association；society：作家~ zuòjiā ~ writers' association/ 书法~ shūfǎ ~ calligraphy associatcon
【协力】xiélì（动·不及物）共同努力 unite efforts；join in a common effort；pull together：只要大家肯~, 任务一定能完成。Zhǐyào dàjiā kěn ~, rènwù yīdìng néng wánchéng. As long as everyone is willing to pull together, the task can be completed.
【协商】xiéshāng（动）为取得一致意见, 各有关方面进行商议 consult；talk things over：经过各方面~, 已拟出房屋分配方案。Jīngguò gè fāngmiàn ~, yǐ nǐchū fángwū fēnpèi fāng'àn. A plan has already been drafted for the allocation of housing, now that all parties have been consulted.
【协调】xiétiáo（动）配合得适当 coordinate；concert；harmonize；bring into line：～一致 ~ yīzhì perfectly coordinated / 色彩～ sècǎi ~ well-matched colours/ 比例～ bǐlì ~ coordinated proportion /～各部门之间的关系 ~ gè bùmén zi jiān de guānxi bring into harmony relations between every department
【协同】xiétóng（动）各方互相配合或一方与另一方共同做某件事情 work in coordination with；cooperate with：这件事由我方～你方办理。Zhè jiàn shì yóu wǒ fāng ~ nǐ fāng bànlǐ. Our cooperation with you is necessary in handling this matter. /三支军队～作战攻击敌军。Sān zhī jūnduì ~ zuò zhàn gōngjī dí jūn. Three contingents of troops fought in coordination to assault the enemy.
【协议】xiéyì（名）双方经过谈判、协商后取得的一致意见 agreement：达成～ dáchéng ~ reach an agreement（动）协商 agree upon：双方～建立外交关系。Shuāngfāng ~ jiànlì wàijiāo guānxi. Both parties agreed to set up diplomatic relations.
【协约国】xiéyuēguó（名）the Entente countries (during World War I)
【协助】xiézhù（动）辅助, 帮助 assist；help；give assistance；provide help：多亏你们大力~, 我们的工作才能完成。Duōkuī nǐmen dàlì ~, wǒmen de gōngzuò cái néng wánchéng. Thanks to your energetic assistance, we were able to finish our work.
【协奏曲】xiézòuqǔ（名）〈乐〉concerto：钢琴～ gāngqín ~ piano concerto
【协作】xiézuò（动·不及物）（由几个人或几个单位）互相配合（完成一项任务）(of a few people or units) cooperate；make a concerted effort (to complete a task)：这部电视剧是由两个电视台～拍成的。Zhè bù diànshìjù shì yóu liǎng ge diànshìtái ~ pāichéng de. This television play was filmed through the cooperation of two TV stations. /这个工厂是个研究所的～单位。Zhège gōngchǎng shì zhège yánjiūsuǒ de ~ dānwèi. This factory works in cooperation with this research institute.

邪 xié
（形）不正当, 不正常 evil；irregular：一股～劲儿 yī gǔ ~ jìnr an evil force
【邪道】xiédào（名）不正常的生活门路 evil ways；vice；depraved life：走～ zǒu ~ lead a depraved life /搞投机行骗等～是违法的。Gǎo tóujī xíngpiàn děng ~ shì wéi fǎ de. Engaging in speculation, swindling and other such vices is illegal.
【邪恶】xié'è（形）（品行）不好, （行为）凶恶（of character）wicked；evil；（of behaviour）vicious：～的念头 ~ de niàntou wicked thoughts /～行径 ~ xíngjìng a vicious act
【邪路】xiélù（名）[条 tiáo] 同"邪道" xiédào same as "邪道" xiédào：这个中学生交了些坏朋友, 逐渐被引上～。Zhège zhōngxuéshēng jiāole xiē huài péngyou, zhújiàn bèi yǐnshàng ~. This middle school student made friends with

some bad people and was gradually led into evil ways.

【邪门歪道】xié mén wāi dào 不正当的途径 *crooked ways; dishonest practices*：咱们要靠劳动吃饭，可不能搞～发不义之财。Zánmen yào kào láodòng chī fàn, kě bù néng gǎo ～ fā bú yì zhī cái. *We must depend on our labour to feed ourselves and must in no way resort to dishonest practices to gain wealth.*

【邪念】xiéniàn（名）不正当的打算 *evil thought; wicked idea*：产生了偷东西的～ chǎnshēngle tōu dōngxi de ～ *to have had the wicked idea of stealing come into one's head*

【邪气】xiéqì（名）[股 gǔ] 不正当的风气 *perverse trend; wicked influence*：一个单位如果正气不能占上风,～就会上升。Yí ge dānwèi rúguǒ zhèngqì bù néng zhàn shàngfēng, ～ jiù huì shàngshēng. *If a healthy atmosphere cannot prevail in a unit, then an unhealthy one may.*

【邪说】xiéshuō（名）带有严重危害性的议论和说法 *heresy; heretical idea; fallacy*

胁〔脅〕xié

（动）◇胁迫 *coerce; force*

【胁从】xiécóng（动）在威胁和逼迫之下而随从别人（做坏事）*be an accomplice under duress*：这孩子～别人偷过东西。Zhè háizi ～ béirén tōuguo dōngxi. *This child was forced to be an accomplice in stealing.*（名）在胁迫下随从别人做坏事的人 *accomplice (under duress)*：在这个案子中,他是～,判刑轻些。Zài zhège ànzi zhōng, tā shì ～, pàn xíng qīng xiē. *He was an accomplice under duress in this case so he got a lighter sentence.*

【胁迫】xiépò（动）〈书〉威胁逼迫 *coerce; force*

挟〔挾〕xié

（动）(1)用胳臂夹住 *hold sth. under the arm*：～着公文夹 ～zhe gōngwénjiā *carry a briefcase under one's arm* (2)◇威胁,强迫别人服从 *coerce; force sb. to submit to one's will*

【挟持】xiéchí（动）(1)从两边抓住被捉住的人（多指坏人捉住好人）*seize sb. on both sides by the arms (usu. refers to evildoers who seize innocent people)*：这些人被劫机者～到一个秘密的地方。Zhèxiē rén bèi jiéjīzhě ～ dào yí ge mìmì de dìfang. *These few people were abducted by hijackers and taken to a secret place.* (2)用威胁手段强使对方服从 *hold sb. under duress*：有的人是因为被～而加入了流氓集团。Yǒude rén shì yīnwèi bèi ～ ér jiārùle liúmáng jítuán. *Some people join hoodlum gangs because they are held under duress until they do so.*

【挟制】xiézhì（动）依靠势力或抓住别人的弱点,强迫其服从 *take advantage of sb.'s weakness to enforce obedience; force sb. to do one's bidding*

偕 xié

（动）〈书〉跟……在一起,偕同 *together with; in the company of*：总统～夫人出国访问。Zǒngtǒng ～ fūren chū guó fǎngwèn. *The president, together with his wife, went abroad to visit.*

【偕同】xiétóng（动）〈书〉跟……一起（行动或工作）*(of an action or work) in the company of; accompanied by; along with*

斜 xié

（形）不正 *oblique; slanting; inclined; tilted*：这条街是～的。Zhè tiáo jiē shì ～ de. *This street is slanting.*/小王～着身子坐在沙发上。Xiǎo Wáng ～zhe shēnzi zuò zài shāfā shang. *Xiao Wang reclined on the sofa.*/那条线画～了。Nà tiáo xiàn huà～ le. *That line was drawn slanted.*

【斜边】xiébiān（名）[条 tiáo]〈数〉*hypotenuse*

【斜面】xiémiàn（名）*inclined plane*

【斜坡】xiépō（名）*slope*

【斜射】xiéshè（动）*oblique fire*

【斜视】xiéshì（名）〈医〉眼病,当一只眼睛注视目标时,另一只眼睛的视线偏斜在目标的一边 *strabismus*（动）斜着眼睛看 *look sideways; cast a sidelong glance*：目不～ mù bù ～ *not look sideways*

【斜体字】xiétǐzì（名）*italics*

【斜纹布】xiéwénbù（名）*twill; drill*

【斜线】xiéxiàn（名）[条 tiáo]〈数〉*oblique line*

【斜眼】xiéyǎn（名）(1)同"斜视"xiéshì（名）*same as "斜视" xiéshì*（名）(2)(～儿)患斜视的眼睛 *cross-eye* (3)(～儿)患斜视的人 *cross-eyed person*

【斜阳】xiéyáng（名）傍晚时的太阳 *setting sun*

谐〔諧〕xié

（形）◇谐和 *harmonious; concordant*

【谐和】xiéhé（形）〈书〉配合得适当,同"和谐"héxié,用得较少 *harmonious; concordant (same as "和谐" héxié, but seldom used)*：曲调～ qǔdiào ～ *a harmonious tune*/气氛～ qìfēn ～ *a harmonious atmosphere*

【谐音】xiéyīn（名）(1)字词的音相同或相近,但意义不同,如"鱼"和"余" *homophone; homonym; e.g., "鱼" yú (fish) and "余" yú (surplus)* (2)〈乐〉*partials*

携 xié

（动）〈书〉(1)携带 *carry; take along* (2)拉着（手）*take (or hold) sb. by the hand*

【携带】xiédài（动）〈书〉随身带着 *carry; take along*：火车上不许～易燃易爆物品。Huǒchē shang bù xǔ ～ yì rán yì bào wùpǐn. *It is forbidden to carry inflammable goods on trains.*/～家属出国旅行 ～ jiāshǔ chū guó lǚxíng *take the family along on a vacation abroad*

【携手】xié＝shǒu〈书〉*hand in hand*：～同游～ tóng yóu *stroll about hand in hand*/共进～ gòng jìn *go forward hand in hand*

鞋 xié

（名）[只 zhī、双 shuāng] *shoe*

【鞋帮】xiébāng（名）*upper (of a shoe)*

【鞋带儿】xiédàir（名）[根 gēn、副 fù] *shoelace; shoestring*

【鞋底】xiédǐ（名）[只 zhī、双 shuāng] *sole (of a shoe)*

【鞋匠】xiéjiàng（名）以做鞋或修鞋为职业的小手工业者 *shoemaker; cobbler*

【鞋油】xiéyóu（名）*shoe polish*：上点儿～ shàng diǎnr ～ *apply a little shoe polish*/这双皮鞋该擦～了。Zhè shuāng píxié gāi cā ～ le. *This pair of shoes should be polished.*

xiě

写〔寫〕xiě

（动）(1)*write*：请把你的名字～在这儿。Qǐng bǎ nǐ de míngzi ～ zài zhèr. *Please write your name here.*/这个字～错了。Zhège zì ～ cuò le. *This character was written wrong.* (2)写作 *compose; write*：～小说 ～ xiǎoshuō *write a novel*/～诗 ～ shī *compose a poem*/这篇文章是他～的。Zhè piān wénzhāng shì tā ～ de. *He wrote this article.* (3)描写、刻画 *describe; depict*：剧本里的人物～得生动、逼真。Jùběn li de rénwù ～ de shēngdòng, bīzhēn. *The people depicted in this script are lively and true to life.* (4)"写字" *calligraphy; handwriting (a form of art)*：他的字～得很好,是个有名的书法家。Tā de zì ～ de hěn hǎo, shì ge yǒu míng de shūfǎjiā. *He writes very well and is a famous calligrapher.*

【写生】xiěshēng（名）直接以实物或风景为对象的绘画方式

a drawing, *painting or sketch from life or nature*；静物～jìngwù ～ *still life* (*painting*) (动·不及物)直接以实物或风景为对象进行绘画 *draw*, *paint or sketch from life or nature*；去香山～qù Xiāng Shān ～ *go to Fragrant Hills to sketch*

【写实】xiěshí (动·不及物)按事物原来的样子描绘 *write* (*or depict*) *realistically*

【写实主义】xiěshízhǔyì (名)同"现实主义" xiànshízhǔyì *same as* "现实主义" xiànshízhǔyì

【写意】xiěyì (名)中国画的一种画法,注重神态表现和抒发作者的情趣,不求工细。可引申为写作的一种方法,也是注重神态表现 *traditional Chinese painting technique involving freehand brushwork*

【写照】xiězhào (名)〈书〉对某一事物或某一时代特点的文字描写 *portrayal*；*portraiture*；天苍苍,野茫茫,风吹草低见牛羊,是广阔大草原的很好～．Tiān cāngcāng, yě mángmáng, fēng chuī cǎo dī xiàn niúyáng, shì guǎngkuò dà cǎoyuán de hěn hǎo ～. *"Vast is the sky, boundless the wilds; the grass bows in the wind, revealing cattle and sheep"; this is a good way to portray the vast grasslands.*

【写字台】xiězìtái (名)[张 zhāng]供办公和写字用的桌子,一般有好几个抽屉,有的两边带有小柜子 *writing desk*

【写作】xiězuò (动·不及物)写文章或进行文学创作 *composition*；*writing*；从事～ cóngshì ～ *be engaged in writing* /埋头～ máitóu ～ *immerse oneself in writing* /～技巧～ jìqiǎo *writing technique*

血

xiě
(名)〈口〉*blood*；流了～ liúle ～ *He was bleeding*. 另见 xuè

【血糊糊】xiěhūhū (形)鲜血附在皮肉或物体上的样子 *bloody*

【血淋淋】xiělínlín (形)形容鲜血不停地往外流的样子,多作定语 *dripping with blood* (*often used as an attributive*)；～的事实 ～ de shìshí *the bloody facts* /～的教训 ～ de jiàoxùn *a lesson paid for in blood* /浑身～的 húnshēn ～ de *dripping with blood from head to foot*

xiè

泄

xiè
(动)(1)排出气体或液体 *let out*；*discharge*；*release* (*a gas or liquid*)；～洪 ～ hóng *release floodwater* /车胎里的气全部～出．Chētāi li de qì quánbù ～chū. *All the air was let out of the tire*. (2)发泄 *give vent to*；*vent*；～私愤 ～ sīfèn *give vent to personal spite* (3)泄露 *let out* (*a secret*)；*leak* (*news*, *etc*.)；有人把他的底细给～了．Yǒu rén bǎ tā de dǐxì gěi ～ le. *Somebody divulged all the exact details of him*.

【泄底】xiè＝dǐ 泄露了底细 *reveal or expose what is at the bottom of sth*.；你们还瞒着～,他早就泄了底了．Nǐmen hái mán shénme, tā zǎo jiù xièle dǐ le. *Why are you still trying to hide the truth? He revealed everything long ago*.

【泄劲】xiè＝jìn (～儿)失去信心和干劲 *lose heart*；*feel discouraged*；*be disheartened*；*slacken one's efforts*；大家别～,失败了咱们从头儿再干．Dàjiā bié ～, shībàile zánmen cóngtóur zài gàn. *Don't be disheartened. If we fail, we'll start again from the beginning*.

【泄漏】xièlòu (动)不该让人知道的事情,让人知道了 *leak*；*let out*；*divulge*；*give away*；～机密 ～ jīmì *divulge classified information* /～消息 ～ xiāoxi *leak news*

【泄露】xièlòu (动)同"泄漏" xièlòu *same as* "泄漏" xièlòu

【泄密】xiè＝mì 泄漏秘密 *divulge a secret*；*betray a confidential matter*

【泄气】xiè＝qì (口)(1)同"泄劲" xiè＝jìn *same as* "泄劲" xiè＝jìn；输了别～,赢了也别骄傲．Shūle bié ～, yíngle yě bié jiāo'ào. *Don't be discouraged if you lose and don't gloat if*

you win. /本以为这场球会赢,结果输了,真让人～．Běn yǐwéi zhè chǎng qiú huì yíng, jiéguǒ shū le, zhēn ràng rén ～. *I thought we would win this ball game, but we didn't*. *How discouraging!* (2)(善意讽刺人)体力差 *disappointing*；*frustrating*；*pathetic*；你可真～,上三层楼就这么喘！Nǐ kě zhēn ～, shàng sān céng lóu jiù zhème chuǎn! *You're pathetic, after climbing just three flights, you're already panting like this!*

泻

〔瀉〕xiè
(动)(1)(水)从高处很快地往低处流 (*of water*) *flow swiftly*；*rush down*；一～千里 yī ～ qiān lǐ *flow down a thousand li* (2)腹泻 *have loose bowels*；*have diarrhoea*；不知为什么我今天～了两次．Bù zhī wèi shénme wǒ jīntiān ～ le liǎng cì. *I don't know why, but I've had diarrhoea twice today*.

【泻盐】xièyán (名)〈化〉*Epsom salts*；*salts*

【泻药】xièyào (名)〈医〉*laxative*；*cathartic*；*purgative*

卸

xiè
(动)(1)把东西从运输工具上搬下来 *unload*；*discharge*；*lay down*；～车 ～ chē *unload a vehicle* /～船 ～ chuán *unload a ship* /～货 ～ huò *unload goods* (2)(把零件从机器上)拆 (下来) *remove*；*strip* (*parts off machinery*)；把汽车轮子～下来．Bǎ qìchē lúnzi ～ xialai. *Remove the wheel from the vehicle*.

【卸责】xiè＝zé 推卸责任 *shirk responsibility*；他有他的错,你有你的错,不要～．Tā yǒu tā de cuò, nǐ yǒu nǐ de cuò, búyào ～. *He has his faults and you have yours. Don't shirk responsibility*.

【卸装】xiè＝zhuāng 演员除去演出时的服装和脸上的化妆 *remove stage makeup and costume*

屑

xiè
(名)◇ 碎末 *bits*；*scraps*；*crumbs*；木～ mù ～ *bits of wood* /纸～ zhǐ ～ *scraps of paper* /头～ tóu ～ *dandruff*

亵

〔褻〕xiè

【亵渎】xièdú (动)〈书〉态度傲慢,不尊敬 *blaspheme*；*profane*；*pollute*

谢

〔謝〕xiè
(动)(1) *thank*；多～ duō ～ *many thanks* /不用～ búyòng ～ *Don't mention it*；*Not at all*. /真不知道该怎么～你．Zhēn bù zhīdào gāi zěnme ～ nǐ. *I really don't know how to thank you*. (2)〈书〉委婉地拒绝 *decline*；*beg to be excused*；闭门～客 bì mén ～ kè *close one's doors to visitors* (3)凋落 (*of flowers*, *leaves*) *wither*；花～了．Huā ～ le. *The flowers have withered*.

【谢绝】xièjué (动)委婉地拒绝 *refuse*；*decline*；他因为身体不好,～了好几次邀请．Tā yīnwèi shēntǐ bù hǎo, ～ le hǎo jǐ cì yāoqǐng. *He declined several invitations due to poor health*. /我去请他参加会议,～了．Wǒ qù qǐng tā cānjiā huìyì, tā ～ le. *I invited him to participate in the conference, but he declined*.

【谢幕】xiè＝mù *answer* (*or respond to*) *a curtain call*

【谢天谢地】xiè tiān xiè dì 用于表示盼望很久的事实现了或很难做好的事做好了时的喜悦心情 *thank goodness*；*thank heaven*；～,他可苏醒过来了．～, tā kě sūxǐng guolai le. *Thank goodness, he has regained consciousness*.

【谢谢】xièxie (动) *thanks*；*thank you*

【谢意】xièyì (名)感谢的心意 *gratitude*；*thankfulness*；他只是笑了一下表示～．Tā zhǐshì xiàole yíxià biǎoshì ～. *He just smiled a little to express his gratitude*.

【谢罪】xiè＝zuì 承认错误，请求别人原谅 *apologize for an offence*；*offer an apology*

榭 ^xiè
（名）建在台上的屋子 *pavilion or house on a terrace*

懈 ^xiè
（形）◇松懈 *slack*；*lax*

【懈怠】xièdài（形）松懈懒惰 *slack*；*sluggish*：最近，大家工作都有点～。Zuìjìn, dàjiā gōngzuò dōu yǒudiǎnr ～. *Everybody has been a bit slack in work lately.* /工程正处于关键阶段，万万不可～。Gōngchéng zhèng chǔyú guānjiàn jiēduàn, wànwàn bù kě ～. *The project is at a crucial stage. We must absolutely not slack off.*

邂 ^xiè
【邂逅】xièhòu（动）〈书〉偶然碰见（久别的亲友）*meet（a long-lost friend or relative）by chance*；*run into sb.*

蟹 ^xiè
（名）◇螃蟹 *crab*：这里鱼、虾、～等水产品很多。Zhèli yú、xiā、～ děng shuǐchǎnpǐ hěn duō. *There are many kinds of acquatic products here, such as fish, shrimp, crab, etc.*

xīn

心 ^xīn
（名）(1)心脏 *the heart* (2)指头脑或人的思想、感情等 *heart*；*mind*；*feeling*；*intention*：烈士们永远活在我们～中。Lièshìmen yǒngyuǎn huó zài wǒmen ～ zhōng. *Martyrs will live on forever in our hearts and minds.* / 他的～根本不在工作上。Tā de ～ gēnběn bú zài gōngzuò shang. *His heart is just not in his work.* / 你学习的时候得多用点～。Nǐ xuéxí de shíhou děi duō yòng diǎnr ～. *You have to apply yourself a bit more when you study.* /这个人～真好。Zhège rén ～ zhēn hǎo. *This person has a really kind heart.* (3)中心，中央的部分 *centre*；*core*：街～花园 jiē ～ huāyuán a *flower garden in the centre of a road* /江～ jiāng ～ *the middle of a river*

【心爱】xīn'ài（形·非谓）从内心里喜爱的 *love*；*treasure*：孙子是她最～的人，儿子也比不了。Sūnzi shì tā zuì ～ de rén, érzi yě bǐ bu liǎo. *Her grandson is her most beloved person. Even her son can't compete with him.* / 这幅画是他最～的东西。Zhè fú huà shì tā zuì ～ de dōngxi. *This painting is his most treasured possession.*

【心安理得】xīn ān lǐ dé 自以为(所做的事情)合乎道理，心里很坦然 *have an easy conscience*；*have no qualms about sth.*：儿子用爸爸的钱似乎～。Érzi yòng bàba de qián sìhū ～. *He seems to have no qualms about spending his father's money.* / 不能一般地完成了任务就～。Bù néng yìbān de wánchéngle rènwù jiù ～. *You shouldn't allow yourself to have an easy conscience about doing an average job of completing the task.*

【心病】xīnbìng（名）[块 kuài]（1）忧虑的心情 *worry*；*anxiety*：孩子不好好学习，是我的一块～。Háizi bù hǎohāor xuéxí, shì wǒ de yí kuài ～. *I worry that the children don't study well.* /这问题没解决，总是块～。Zhè wèntí méi jiějué, zǒng shì kuài ～. *Not having this matter settled is a constant worry.* （2）不愿告诉别人的事情或苦痛 *sore point*；*secret trouble*：最近他情绪不好，可能有什么～。Zuìjìn tā qíngxù bù hǎo, kěnéng yǒu shénme ～. *He hasn't been in a good mood lately. Perhaps he has some secret trou-*

ble.

【心不在焉】xīn bù zài yān "焉"是文言虚词，跟"于此"相当。心不在这里。形容思想不集中 ("焉" *is a function word in classical Chinese corresponding to "于此" herein) absent-minded*；*inattentive*；*preoccupied (with sth. else)*：他整天～，干什么都干不好。Tā zhěng tiān ～, gàn shénme dōu gàn bu hǎo. *He's always preoccupied and can't do anything well.* /看你这～的样子，托你办事怎么能放心呀！Kàn nǐ zhè ～ de yàngzi, tuō nǐ bàn shì zěnme néng fàng xīn ya! *Look at you, you're so absent-minded! How could I possibly trust you to do something for me?*

【心肠】xīncháng（名）(对人的)感情状态 *heart*；*intention*：好～ hǎo ～ *kindhearted*/ ～狠 hěn a *ruthless heart*/ 她的～特别软。Tā de ～ tèbié ruǎn. *She's especially softhearted.*

【心潮】xīncháo（名）像潮水起伏一样的激动的心情 *surging thoughts and emotions*；～起伏 qǐfú *surging thoughts and emotions* / ～澎湃 péngpài *feel an upsurge of emotion*

【心得】xīndé（名）在工作、学习中的体验、认识等 *what one has learned from work, study, etc. beside the actual knowledge*：学习～ xuéxí ～ *what one has learned from study*

【心底】xīndǐ（名）内心深处 *heart*；*innermost being*：从～发出的笑声 cóng ～ fāchū de xiào shēng a *laugh that comes from the heart*

【心地】xīndì（名）用心；内心 a *person's mind, character, heart, etc.*：～纯洁 ～ chúnjié *pure and honest* /～善良 ～ shànliáng *kindhearted*

【心电图】xīndiàntú（名）*electrocardiogram*：我作过～了，心脏没有病。Wǒ zuòguò ～ le, xīnzàng méi yǒu bìng. *I've had an electrocardiogram done and there's nothing wrong with my heart.*

【心烦】xīnfán（形）心里烦躁、郁闷 *vexed*；*perturbed*：我～意懒，什么都不想做。Wǒ ～ yì lǎn, shénme dōu bù xiǎng zuò. *I feel perturbed and weary and don't feel like doing anything.* / 等了一个多小时他还不来，真让人～。Děngle yí ge duō xiǎoshí tā hái bù lái, zhēn ràng rén ～. *I've waited an hour for him and he still hasn't come. How vexing!*

【心烦意乱】xīn fán yì luàn 心里烦躁，不知怎么办才好 *be terribly upset*

【心房】xīnfáng（名）〈生理〉*atrium (of the heart)*

【心扉】xīnfēi（名）〈书〉指人的内心 *heart*；*mind*

【心服口服】xīn fú kǒu fú 不但从嘴里表示信服，而且心也信服 *be thoroughly convinced*：他的话句句有理，大家听了～。Tā de huà jùjù yǒu lǐ, dàjiā tīngle ～. *His words make complete sense. Everybody is thoroughly convinced.*

【心腹】xīnfù（名）（1）亲信(含贬义) *trusted follower*；*henchman*；*reliable agent (a derogatory term)*：他手下有几个～。Tā shǒuxià yǒu jǐ ge ～. *He has a few henchmen under him.* （2）藏在心里轻易不对人说的(多作定语) *confidential (often used as an attributive)*：～事 ～ shì a *top secret matter*/ ～话 ～ huà *words spoken in confidence*

【心腹之患】xīnfù zhī huàn 比喻隐藏在内部的或威胁要害部门的祸患 *disease in one's vital organs — serious hidden trouble or danger*

【心甘情愿】xīngān qíngyuàn (吃亏、受苦)心里愿意 *be most willing to*；*be perfectly happy to*：她～嫁给那位残废军人。Tā ～ jià gěi nà wèi cánfèi jūnrén. *She is perfectly happy marrying that handicapped soldier.*

【心广体胖】xīn guǎng tǐ pán 人心胸开阔，身体健壮 *healthy and happy*

【心花怒放】xīn huā nù fàng 心里高兴得像花儿盛开一样，形容高兴极了 *burst with joy*；*be elated*

【心怀鬼胎】xīn huái guǐ tāi 比喻心里隐藏着见不得人的念头或事情 *entertain dark schemes*；*have ulterior motives*

【心慌】 xīnhuāng（形）心里惊慌 *flustered*；*nervous*；*alarmed*：在凶猛的殴斗面前，那孩子不由得～起来。Zài xiōngměng de ōudòu miànqián，nà háizi bùyóude ～ qilai. *As he stood before the violent fighting, the child couldn't help but be nervous.* / 考试的时候，遇到多难的题也不要～。Kǎoshì de shíhou，yùdào duō nán de tí yě búyào ～. *No matter how difficult the questions are on the exam, don't be nervous.*

【心慌意乱】 xīn huāng yì luàn 心里慌乱，没有一定的主意 *be alarmed and nervous*.

【心灰意懒】 xīn huī yì lǎn 灰心失望，意志低沉 *be disheartened*；*be down-hearted*

【心灰意冷】 xīn huī yì lěng 同"心灰意懒" xīn huī yì lǎn *same as "心灰意懒"* xīn huī yì lǎn

【心机】 xīnjī（名）◇心思，计谋 *thinking*；*scheming*：父母为儿子考大学，费尽了～。Fùmǔ wèi érzi kǎo dàxué，fèijìnle ～. *The parents racked their brains to think of a way for their son to go to university.* / 劳教管理人员用尽～使失足青年转变过来。Láojiào guǎnlǐ rényuán yòngjìn ～ shǐ shī zú qīngnián zhuǎnbiàn guolai. *The custodians of the reeducation through labour program take great pains to ensure that juvenile deliquents reform.*

【心急如火】 xīn jí rú huǒ 心里急得像火烧一样 *burning with impatience*

【心计】 xīnjì（名）精于打算的能力 *calculation*；*scheming*；*planning*：他是个有～的人，考虑事情非常周到。Tā shì ge yǒu ～ de rén，kǎolǜ shìqing fēicháng zhōudào. *He's a very calculating person. He thinks out thoroughly.* /他工于～，喜欢计算别人。Tā gōng yú ～，xǐhuan jìsuàn biéren. *He's adept at scheming and is always calculating how to use others.*

【心悸】 xīnjì（动·不及物）〈医〉*palpitation*

【心焦】 xīnjiāo（形）（由于自己所盼望的事情迟迟不能实现而）心里着急 *anxious*；*worried*：女儿很晚还没回来，她等得很～。Nǚ'ér hěn wǎn hái méi huílai，tā děng de hěn ～. *It was late and her daughter still hadn't come back. She waited anxiously.* / 快到上班时间了，但是人太多，坐不上车，他越等越～。Kuài dào shàng bān shíjiān le，dànshì rén tài duō，zuò bu shàng chē，tā yuè děng yuè ～. *It was almost time for work, but there were too many people, so he couldn't get on the bus. He grew more and more anxious.*

【心绞痛】 xīnjiǎotòng（名）〈医〉*angina pectoris*

【心惊胆战】 xīn jīng dǎn zhàn 非常害怕 *tremble with fear*；*shake with fright*：山路这样窄，这么陡，坐在车上真是～。Shānlù zhèyàng zhǎi，zhème dǒu，zuò zài chē shang zhēn shì ～. *The mountain road was so narrow and steep, I trembled with fear as I sat in the car.* /敌机不断狂轰滥炸，人们在～中过日子。Dí jī búduàn kuáng hōng làn zhà，rénmen zài ～ zhōng guò rìzi. *As the enemy planes engaged in wanton and indiscriminate bombing, the people lived in fear.*

【心惊肉跳】 xīn jīng ròu tiào 形容十分害怕不安，认为将有不幸的事发生 *palpitate with anxiety and fear*；*be filled with apprehension*：一想起那场大火，他就～。Yì xiǎngqǐ nà cháng dà huǒ，tā jiù ～. *Every time he thought of that great fire, he would be filled with apprehension.*

【心境】 xīnjìng（名）（快乐或苦闷的）心情 *mood*；*frame of mind*：～愉快 ～ yúkuài *in a happy mood* /～苦闷 ～ kǔmèn *in a gloomy frame of mind*

【心坎】 xīnkǎn（名）（～儿）内心深处 *the bottom of one's innermost being*；这些话真说到我～里了。Zhèxiē huà zhēn shuōdào wǒ ～li le. *These words touched me to the very bottom of my heart.* / 谁知他心～里想的是什么！Shuí zhī tā ～li xiǎng de shì shénme! *Who knows what's in his heart!* /临行前母亲的叮嘱我一直记在～上。Lín xíng qián mǔqin de

dīngzhǔ wǒ yìzhí jì zài ～shang. *The warning my mother gave me before I left has stuck in my mind.*

【心旷神怡】 xīn kuàng shén yí 心情开阔，精神愉快 *relaxed and happy*；*carefree and joyous*：登上长城，目睹祖国的大好河山，顿时。Dēngshàng Chángchéng，mùdǔ zǔguó de dàhǎo héshān，dùnshí ～. *When I climbed the Great Wall and witnessed the beautiful rivers and mountains of our motherland before me, I immediately felt carefree and joyous.*

【心理】 xīnlǐ（名）*psychology*；*mentality*：儿童～ értóng ～ *child psychology*/ 教育～ jiàoyù ～ *educational psychology*

【心理学】 xīnlǐxué（名）*psychology*

【心力】 xīnlì（名）心思和劳力 *mental and physical efforts*：耗费～ hàofèi ～ *expend mental and physical energy* /当中学教员是很费～的。Dāng zhōngxué jiàoyuán shì hěn fèi ～ de. *A middle school teacher uses a lot of mental and physical energy.*

【心力衰竭】 xīnlì shuāijié〈医〉*heart failure*

【心里】 xīnli（名）(1)胸口内部 *in the heart*；*in the chest area*：～发闷 ～ fā mèn *feel constriction in the area of the heart*/ ～有点疼 ～ yǒudiǎnr téng *feel a bit of pain in one's chest* (2)思想上，头脑里 *at heart*；*in (the) mind*：他～有事。Tā ～ yǒu shì. *He has something on his mind.* / 怎么想就怎么说。～ zěnme xiǎng jiù zěnme shuō. *Just say whatever is on your mind.* / 母亲死了，我～很难过。Mǔqin sǐ le，wǒ ～ hěn nánguò. *I am grieving because my mother died.*

【心灵】 xīnlíng（名）指内心，精神，思想等 *soul*；*spirit*：一定不要伤害孩子单纯的～。Yídìng búyào shānghài háizi dānchún de ～. *The simple and pure spirit of children must not be harmed.*

【心灵手巧】 xīn líng shǒu qiǎo 心思灵敏，手艺巧 *clever and deft*：她～，很快就学会了剪裁衣服。Tā～，hěn kuài jiù xuéhuìle jiǎncái yifu. *She's very clever and deft. She learned very quickly how to tailor clothes.* /这个～的姑娘是个有名的绣花工人。Zhège ～ de gūniang shì ge yǒu míng de xiù huā gōngrén. *This clever and deft girl is famous for her embroidery work.*

【心领神会】 xīn lǐng shén huì 不用对方说明，心里已经明白理解了 *understand tacitly*；*readily take a hint*

【心乱如麻】 xīn luàn rú má 形容心情十分烦乱 *be upset by tangled thoughts and ideas*；*be utterly confused and disconcerted*

【心满意足】 xīn mǎn yì zú 认为一切都使自己满意，没有任何不高兴的事 *be perfectly content*

【心明眼亮】 xīn míng yǎn liàng 对事情看得非常清楚并且能够辨别是非 *see and think clearly*；*be sharp-eyed and clear-headed*：作为一个法官必须～，公正无私。Zuòwéi yí ge fǎguān bìxū ～，gōngzhèng wú sī. *A judge must see and think clearly and must be fair and impartial.* / 多学多问，用心思考，就能～，洞察事物真相。Duō xué duō wèn，yòng xīn sīkǎo，jiù néng ～，dòngchá shìwù zhēnxiàng. *By studying a little harder, asking more questions and thinking things over carefully, you'll be able to think clearly and see things as they really are.*

【心目】 xīnmù（名）(人对客观事物的)想法和看法，多说"在……的心目中"*mind*；*mental view (of the objective)* (often used in the following format："在…的心目中")：他在人们的～中，是个敢想敢干的人。Tā zài rénmen de ～ zhōng，shì ge gǎn xiǎng·gǎn gàn de rén. *In people's eyes, he is a person who dares to think and dares to act.*

【心平气和】 xīn píng qì hé 心情平静，态度温和，不急躁，不生气 *even-tempered and good-humoured*；*calm*：咱们心平气和地谈谈，谁也别激动。Zánmen ～ de tántan，shuí yě bié jīdòng. *Let's talk calmly and not get excited.* / 讲清道理，分清是非，大家都～了。Jiǎngqīng dàolǐ，fēnqīng shìfēi，dàjiā dōu

~ le. *Everybody calmed down as we reasoned clearly and distinguished right from wrong.*

【心情】xīnqíng（名）内心的感情状态 *frame (or state) of mind*；*mood*：和朋友久别重逢，～说不出的愉快。Hé péngyou jiǔ bié chóng féng, ～ shuō bu chū de yúkuài. *When one meets a friend again after a long separation, it's hard to describe how happy a mood one is in.* / 她得了不治之症，一坏极了。Tā déle bú zhì zhī zhèng, ～ huài jí le. *She has contracted an incurable disease, so she's in a horrible frame of mind.* /大家怀着极其沉痛的～悼念死去的同志。Dàjiā huáizhe jíqí chéntòng de ～ dàoniàn sǐqù de tóngzhì. *Everybody was deeply grieved at the loss of a comrade.*

【心如刀割】xīn rú dāo gē 心里痛苦得像刀割一样 *feel as if a knife were piercing one's heart*

【心神不定】xīn shén bù dìng 精神状态不安定 *have no peace of mind*；*be distracted*：最近遇到了难题，他总是～。Zuìjìn yùdàole nántí, tā zǒngshì ～. *He has run into problems lately and has no peace of mind.* /看他那～的样子，一定有什么事。Kàn tā nà ～ de yàngzi, yídìng yǒu shénme shì. *From his distracted manner, one can guess that he has a problem.*

【心事】xīnshì（名）在心里思虑的事情 *sth. weighing on one's mind*；*a load on one's mind*；*worry*：他这几天不爱说话，一定有什么～。Tā zhè jǐ tiān bú ài shuō huà, yídìng yǒu shénme ～. *He hasn't said much these past few days. There must be something on his mind.* / 有残疾的儿子也有了工作，了却了他的～。Yǒu cánjí de érzi yě yǒule gōngzuò, liǎoquèle tā de ～. *His crippled son found work, so that settled the matter that had been weighing on his mind.* / 女儿大了，还不结婚，总是父母的一件～。Nǚ'ér dà le, hái bù jié hūn, zǒng shì fùmǔ de yí jiàn ～. *Parents always worry about their grown daughter who hasn't married.*

【心室】xīnshì（名）心脏内部下面的两个空腔(左心室、右心室)，分别与主动脉、肺动脉相连 *ventricle*

【心思】xīnsi（名）(1)念头 *thought*；*idea*：我真猜不透他的～。Wǒ zhēn cāi bu tòu tā de ～. *I just can't figure out what's on his mind.* (2)心机 *thinking*；*scheming*：为做出这个机器模型，他用了不少～。Wèi zuòchū zhège jīqì móxíng, tā yòngle bù shǎo ～. *He did a lot of hard thinking in order to come up with the model for this machine.* / 你怎么劝解他，也白费，他根本不听。Nǐ zěnme quànjiě tā, yě báifèi ～, tā gēnběn bù tīng. *No matter how much you try to pacify him, you're just wasting your energy. He just isn't listening.* (3)◇心情(用于否定或反问句) *state of mind*；*mood* (*used in a negative sentence or rhetorical question*)：他满肚子烦恼，没～去玩儿。Tā mǎn dùzi fánnǎo, méi ～ qù wánr. *He is full of worries, so he's not in the mood to go out and enjoy himself.* /这么多麻烦事，我哪还有～去看电影！Zhème duō máfan shì, wǒ nǎr hái yǒu ～ qù kàn diànyǐng! *I already have enough to worry about, so I'm not in the mood to see a movie.*

【心酸】xīnsuān（形）心里悲痛 *be grieved*；*feel sad*：老人的悲惨遭遇，让人听起来～。Lǎorén de bēicǎn zāoyù, ràng rén tīng qǐlái ～. *When one listens to the tragic experiences of this old man one feels sad.* /妻子想起丈夫对她那样冷漠，不觉一阵～。Qīzi xiǎngqǐ zhàngfu duì tā nàyàng lěngmò, bù jué yí zhèn ～. *When the wife thought of how cold and detached her husband had been towards her, she was overcome with grief.*

【心算】xīnsuàn（动）只用脑子而不用计算工具运算 *mental arithmetic*；*doing sums in one's head*：他做过很久的售货员，～快极了。Tā zuòguo hěn jiǔ de shòuhuòyuán, ～ kuài jí le. *He was a salesclerk for a long time, so he's extremely fast at mental arithmetic.* / 五位数之内的加、减、乘、除，他～比电子计算机还快。Wǔ wèi shù zhī nèi de jiā、jiǎn、

chéng、chú, tā ～ bǐ diànzǐ jìsuànjī hái kuài. *He can mentally add, subtract, multiply and divide numbers up to five digits faster than a computer.*

【心疼】xīnténg（动）(1)由衷地爱怜 *love dearly or tenderly*：女儿～爸爸年老无力，时时处处都为爸爸着想。Nǚ'ér ～ bàba nián lǎo wú lì, shíshí chùchù dōu wèi bàba zhuóxiǎng. *She loves her old and feeble father dearly and, no matter when or where, she always thinks about his interests.* (2)(由于喜欢的或珍贵的东西被毁坏)心里难受 *feel sorry*；*be distresed* (*due to waste or wreck*)：照相机摔坏了，真让人～。Zhàoxiàngjī shuāihuài le, zhēn ràng rén ～. *The camera fell and broke. How distressing!* / 老工人看见青年工人们把大量物资浪费掉，感到～。Lǎo gōngrén kànjiàn qīngnián gōngrénmen bǎ dàliàng wùzī làngfèi diào, gǎndào ～. *The old worker was distressed to see the young workers waste a large quantity of goods and materials.*

【心田】xīntián（名）心里，用心 *heart*；*intention*

【心头】xīntóu（名）◇〈书〉心上 *mind*；*heart*：难解～之恨 nán jiě ～ zhī hèn *a deep-felt hatred that is difficult to get rid of* / 山盟海誓永记～。Shān méng hǎi shì yǒng jì ～. *Bear in mind forever this solemn pledge of love.* / 千言万语记在～。Qiān yán wàn yǔ jì zài ～. *I will bear all your words in mind.*

【心弦】xīnxián（名）因受感动而引起的共鸣之心 *heart-strings*：这首诗动人～。Zhè shǒu shī dòng rén ～. *This poem tugs at one's heartstrings.* /这出戏演得真实、感人，深深地拨动了人们的～。Zhè chū xì yǎn de zhēnshí, gǎn rén, shēnshēn de bōdòngle rénmen de ～. *This play was very realistically performed. It was so moving and pulling at peop'e's heartstrings.*

【心心相印】xīn xīn xiāng yìn 印：合。彼此心意不用说明就能互相了解，形容思想感情完全一致(印：*tally*) *have mutual affinity*；*be kindred spirits*：一对青年男女彼此～，很快就结婚了。Yí duì qīngnián nánnǚ bǐcǐ ～, hěn kuài jiù jié hūn le. *These two young people developed an affinity to each other and were soon married.* / 两位作家～，成为文坛上的契友。Liǎng wèi zuòjiā ～, chéngwéi wéntán shang de qìyǒu. *These two writers are kindred spirits. They have become close friends in the literary world.*

【心胸】xīnxiōng（名）(1)气量 *breadth of mind*；*tolerance*：～狭窄 ～ xiázhǎi *intolerant* / ～开阔 ～ kāikuò *broad-minded* (2)志气，抱负 *ambition*；*aspiration*：～远大 ～ yuǎndà *long-range ambition* /他是个很有～的人。Tā shì ge hěn yǒu ～ de rén. *He is a very ambitious person.*

【心虚】xīnxū（形）(1)(做了错事)怕人知道 *with a guilty conscience*；*afraid of being found out*：作贼～ zuò zéi ～ *have a guilty conscience* /他因为～，说话吞吞吐吐。Tā yīnwèi ～, shuō huà tūntūntǔtǔ. *He was afraid of being found out and this made him stammer.* (2)缺乏自信心 *lacking in self-confidence*；*diffident*：第一次走上讲台，我感到有点儿～。Dìyī cì zǒushàng jiǎngtái, wǒ gǎndào yǒudiǎnr ～. *I felt a bit diffident the first time I walked on a platform.*

【心绪】xīnxù（名）心情 *state of mind*；*mood*：～烦乱 ～ fánluàn *emotionally upset* / 最近～不好。Zuìjìn ～ bù hǎo. *I haven't been in a good mood lately.*

【心血】xīnxuè（名）心思和精力 *painstaking effort*：老校长为办学不知花了多少～！Lǎo xiàozhǎng wèi bàn xué bù zhī huāle duōshǎo ～! *The old principal has put goodness knows how much painstaking effort into running the school.* / 他母亲费尽～才把他抚养成人。Tā mǔqin fèijìn ～ cái bǎ tā fǔyǎng chéng rén. *His mother put all her energy into raising him.*

【心血来潮】xīn xuè lái cháo 形容心里突然产生某种念头或想法 *be prompted by a sudden impulse*；*have a brainwave*：

我一时～，决定到天津去玩玩。Wǒ yìshí ～, juédìng dào Tiānjīn qù wánrwanr. *I was suddenly seized by the impulse to go to Tianjin for a visit.*

【心眼儿】xīnyǎnr（名）〈口〉(1)心底 heart; mind; 从～里喜欢 cóng ～li xǐhuan *love with all one's heart* / 打～里愿意 dǎ ～li yuànyì *be willing with all one's heart* (2)心地 a person's mind, character, intention, etc.: 他怎么忽然对你热情起来?我看他没安好～。Tā zěnme hūrán duì nǐ rèqíng qilai? Wǒ kàn tā méi ān hǎo ～. *Why is he so suddenly kind to you? I think he's up to no good.* / 这个人～好。Zhège rén ～ hǎo. *This person is kind-hearted.* (3)机敏的心思 *intelligence; cleverness*:他很有～。Tā hěn yǒu ～. *He's very good in thinking and alert.* 这人～太多。Zhè rén ～ tài duō. *This person is too smart.* 这孩子缺点儿～。Zhè háizi quē diǎnr ～. *This child lacks a little intelligence.* / 遇事要留个～，别上当。Yù shì yào liú ge ～, bié shàng dàng. *You must always keep your wits about you. Don't let yourself be fooled.* 幸亏我多了个～，否则一定受骗。Xìngkuī wǒ duōle ge ～, fǒuzé yídìng shòu piàn. *Fortunately I was smart enough, otherwise I would have been taken in.* (4)气量(小) *tolerance; breadth of mind*:～窄 ～ zhǎi *easily take sth. to heart* /小～ xiǎo ～ *easily offended*

【心意】xīnyì（名）(对人的)好意 *regard; kindly feelings (towards others)*:礼物虽轻,但是我们的一点儿～,请收下。Lǐwù suī qīng, dàn shì wǒmen de yìdiǎnr ～, qǐng shōuxià. *Please accept this small gift as a token of our regard.* / 在小王的婚礼上,我要朗诵一首诗来表～。Zài Xiǎo Wáng de hūnlǐ shang, wǒ yào lǎngsòng yì shǒu shī lái biǎobiǎo ～. *I want to recite a poem at Xiao Wang's wedding to express my regards.*

【心有余悸】xīn yǒu yú jì 危险的事情虽然已经过去,但是回想起来还觉得非常害怕 *have a lingering fear; one's heart still fluttering with fear.*

【心猿意马】xīn yuán yì mǎ 形容心思不定,变化无常。好像猿猴跳跃,快马奔跑一样 *restless and whimsical; fanciful and fickle; capricious*:他上课的时候总是～,思想不集中。Tā shàng kè de shíhou zǒngshì ～, sīxiǎng bù jízhōng. *He is always restless and fickle in class and just doesn't concentrate.*

【心愿】xīnyuàn（名）愿望;希望能实现的事 *aspiration; wish; dream*

【心悦诚服】xīn yuè chéng fú 从心里感到对方有道理,因而真心服气 *feel a heartfelt admiration; be completely convinced*:他处理问题公平合理,让人～。Tā chǔlǐ wèntí gōngpíng hélǐ, ràng rén ～. *He handles matters in a fair and reasonable manner, which is quite admirable.* / 大家同意这个计划,并～地去执行。Dàjiā tóngyì zhège jìhuà, bìng ～ de qù zhíxíng. *Everybody agrees with this plan and will carry it out with conviction.*

【心脏】xīnzàng（名）〈生理〉*the heart*:医生说他的～不太好。Yīshēng shuō tā de ～ bú tài hǎo. *The doctor told him he had a bad heart.*

【心脏病】xīnzàngbìng（名）〈医〉*heart disease; heart trouble*

【心照不宣】xīn zhào bù xuān 照:知道;宣:说出 彼此心里都明白,不用说出来(照:know; 宣:speak out) *have a tacit understanding*:这事为什么这么处理,大家～。Zhè shì wèi shénme zhème chǔlǐ, dàjiā ～. *Everybody understands tacitly why this matter was handled in this way.*

【心直口快】xīn zhí kǒu kuài 性情直爽,有话就直接说出来 *frank and outspoken*:王大嫂是个～的人。Wáng dàsǎo shì ge ～ de rén. *Mrs. Wang is a frank and outspoken person.*

【心中无数】xīn zhōng wú shù 对情况了解不够,怎样处理问题没把握 *not understand very well; not have a good grasp (of a situation, etc.)*

【心中有数】xīn zhōng yǒu shù 对情况有所了解,处理问题有

把握 *have a pretty good idea of; know fairly well; have a good grasp (of a situation, etc.)*

【心醉】xīnzuì（动）极度喜爱而被陶醉(多用于兼语句) *be charmed; be enchanted; be fascinated (often used in a pivotal sentence)*:迷人的景色令人～。Mírén de jǐngsè lìng rén ～. *The enchanting scenery is fascinating.* / 精湛的球艺使人～。Jīngzhàn de qiúyì shǐ rén ～. *Consummate skill in a ball game is fascinating.*

芯 xìn
（名）◇ *rush pith*:铅笔～ qiānbǐ ～ *pencil lead* 另见 xīn

辛 xīn
（形）(1)辣 *hot (in taste, flavour, etc.); pungent* (2)◇ 辛苦 *hard; laborious*

【辛亥革命】Xīnhài Gémìng 1911年由孙中山领导的中国资产阶级推翻清朝统治的旧民主主义革命。1911年为中国旧历辛亥年,故称"辛亥革命" *the Revolution of 1911 (the Chinese bourgeois democratic revolution led by Dr. Sun Yat-sen which overthrew the Qing Dynasty; according to the Chinese traditional calendar, 1911 was the "辛亥" (Xinhai) year, hence the name "辛亥革命" (Xinhai Revolution))*

【辛苦】xīnkǔ（形）身心劳苦的 *hard; toilsome; laborious*:当编辑是很～的工作。Dāng biānjí shì hěn ～ de gōngzuò. *Being an editor is hard work.* / 他～了一辈子。Tā ～ le yíbèizi. *He has laboured all his life.* /大家～了,快休息一会儿吧。Dàjiā ～ le, kuài xiūxi yíhuìr ba. *You have been working hard. Please have a short rest.* / 他辛辛苦苦地干了一辈子邮递员工作。Tā xīnxīnkǔkǔ de gànle yíbèizi yóudìyuán gōngzuò. *He has been working hard as a postman all his life.* (动)客气话,用于麻烦别人 *work hard; go to great trouble; go through hardship (used in polite speech when requesting sb.'s services)*:还得让你～一趟,真对不起。Hái děi ràng nǐ ～ yí tàng, zhēn duì bu qǐ. *I'm sorry, but you'll have to make another trip.* / 替我们办了这么多事,真～你了。Tì wǒmen bànle zhème duō shì, zhēn ～ nǐ le. *We've really put you through a lot of trouble doing so much work for us.* / 大家把室外卫生搞一下。～ dàjiā bǎ shìwài wèishēng gǎo yíxià. *I'll have to trouble you all to do a little cleaning up outside.*

【辛辣】xīnlà（形）辣,比喻语言或文章用词尖锐,刺激性强 *pungent; hot; bitter (often refers to a person's words)*:用～的语言批评别人 yòng ～ de yǔyán pīpíng biéren *sharply criticize others* /这篇杂文语言～,一针见血。Zhè piān záwén yǔyán ～, yì zhēn jiàn xiě. *This essay uses sharp language and hits the nail right on the head.*

【辛劳】xīnláo（形）〈书〉辛苦劳累 *painstaking; laborious*:多日～,体力不支。Duō rì ～, tǐlì bù zhī. *After many days of toil, one's strength can no longer hold out.*

【辛勤】xīnqín（形）〈书〉辛苦勤劳 *industrious; hardworking*:由于农民的～耕耘,获得粮食的丰收。Yóuyú nóngmín de ～ gēngyún, huòdé liángshi de fēngshōu. *A bumper grain harvest was gathered due to the farmers' industrious ploughing and weeding.*

【辛酸】xīnsuān（形）辣和酸,用来比喻心里的痛苦和悲伤 *sad; bitter; miserable*:流下～的泪 liúxià ～ de lèi *shed hot and bitter tears*

欣 xīn
（形）〈书〉喜悦 *glad; happy; joyful*:～逢老友 ～ féng lǎo yǒu *rejoice in meeting up with old friends*

【欣然】xīnrán（副）〈书〉愉快地、高兴地(接受、采纳等)可带"地" *joyfully (receive, accept, etc.) with pleasure (may take "地")*:刘经理～接受他的邀请。Liú jīnglǐ ～ jiēshòu

tā de yāoqǐng. *Manager Liu accepted his invitation with pleasure.* /我请他画张画，他一答应了。Wǒ qǐng tā huà zhāng huàr，tā～dāyìng le. *I asked him to paint a painting and he readily agreed.* / 他一地点头同意了我的请求。Tā～de diǎn tóu tóngyìle wǒ de qǐngqiú. *He gladly nodded his head in agreement to my request.*

【欣赏】xīnshǎng（动）(1)领略、玩赏美好事物的妙趣 *appreciate*；*enjoy*；*admire*：他站在画前，～了半天。Tā zhàn zài huà qián，～le bàntiān. *He stood before the painting, admiring it for a long time.* /我～不了这种诗。Wǒ～bu liǎo zhè zhǒng shī. *I don't enjoy this kind of poetry.* /晚上站在高山上～山城夜景，是一种美的享受。Wǎnshang zhàn zài gāo shān shang～shānchéng yè jǐng, shì yì zhǒng měi de xiǎngshòu. *Standing on a hilltop appreciating the night scene of a mountain city is a wonderful way to enjoy oneself.* (2)喜欢 *like*；*admire*：我很～她的高雅风度。Wǒ hěn～tā de gāoyǎ fēngdù. *I really admire her elegance and grace.* / 你似乎很～他的才能。Nǐ sìhū hěn～tā de cáinéng. *You seem to really admire his ability.*

【欣慰】xīnwèi（形）〈书〉欢喜、心安 *relieved*；*gratified*：看到自己学生的杰出成就感到十分～。Kàndào zìjǐ xuésheng de jiéchū chéngjiù gǎndào shífen～. *It is extremely gratifying to see the outstanding achievements of one's students.*

【欣悉】xīnxī（动）〈书〉高兴地知道 *be glad to learn*

【欣喜若狂】xīn xǐ ruò kuáng 形容高兴得到了极点 *be wild with joy*：胜利捷报传来，人人～。Shènglì jiébào chuánlái, rénrén～. *When the news of victory got around, people went wild with joy.*

【欣欣向荣】xīnxīn xiàng róng 欣欣：草木茂盛的样子；荣：茂盛。形容事业蓬勃发展的兴旺景象（欣欣：*of grass and trees*）*luxuriant*；荣：*flourishing*）*thriving*；*flourishing*；*prosperous*：村里一派～的景象。Cūn li yīpài～de jǐngxiàng. *The village is a picture of growing prosperity.* /我们的事业～，蒸蒸日上。Wǒmen de shìyè～, zhēngzhēng rì shàng. *Our enterprise is thriving, becoming more prosperous every day.*

锌 xīn
（名）金属元素（Zn）*zinc*

新 xīn
（形）(1)（对某人说来）刚出现的或以前没有过的 *new*；*fresh*：～产品～chǎnpǐn *new product* /～环境～huánjìng *a new environment*/ 第一次到中国，很多东西对他都是～的。Dìyì cì dào Zhōngguó, hěn duō dōngxi duì tā dōu shì～de. *Many things were new to him at his first time in China.* / 老同学欢迎～同学。Lǎo tóngxué huānyíng～tóngxué. *Old students welcome new students.* (2)没有用过的 *brand new*：～衣服～yīfu *new clothes* /～房子～fángzi *new house* /刚刚、刚刚(作状语) *newly*；*freshly*；*recently*（*used as an adverbial*）～买的车～mǎi de chē *recently-bought car* /～认识的朋友～rènshi de péngyou *a newfound friend* /他～理的发。Tā～lǐ de fà. *He has just had a haircut.* / 我～织了一件毛衣。Wǒ～zhīle yí jiàn máoyī. *I've just knit a sweater.*

【新陈代谢】xīn chén dài xiè *metabolism*

【新春】xīnchūn（名）指春节的一二十天 *the 10 or 20 days following Lunar New Year's Day*

【新潮】xīncháo（名）*new current*；*latest trend*：这种服装合乎～。Zhè zhǒng fúzhuāng héhū～. *This type of clothing goes along with the latest trend.*

【新大陆】Xīn Dàlù 美洲的别称 *the New World — the Americas*

【新房】xīnfáng（名）新婚夫妇的卧室 *bridal room*

【新婚】xīnhūn（动）刚结婚 *newly-married*：～夫妇～fūfù *newlyweds*/ ～之禧～ zhī xǐ *the joyous occasion of a marriage*

【新纪元】xīnjìyuán（名）比喻划时代的事业的开始 *new era*；*new epoch*

【新交】xīnjiāo（名）新结识的朋友 *new acquaintance*；*new friend*：我和他是～，彼此不大了解。Wǒ hé tā shì～, bǐcǐ bú dà liǎojiě. *He and I have become acquainted only recently, so we don't know each other very well.*

【新近】xīnjìn（名）不久以前的一段时间 *recently*；*lately*；*in recent times*：我们单位～又调进了两个人。Wǒmen dānwèi～yòu diàojìnle liǎng ge rén. *Another two new people were recently transferred to our unit.* /他是～从美国回来的。Tā shì～cóng Měiguó huílai de. *He recently came back from the U.S.* /～又完成了一座立交桥。～yòu wánchéngle yí zuò lìjiāoqiáo. *Another overpass was recently built.*

【新居】xīnjū（名）刚迁移进去的住所 *new home*；*new residence*：住在小平房的居民先后迁入了～。Zhù zài xiǎo píngfáng de jūmín xiānhòu qiānrùle～. *The residents of the small one-storey houses moved into new homes one after another.*

【新郎】xīnláng（名）结婚时的男子 *bridegroom*

【新民主主义】xīn mínzhǔzhǔyì 关于帝国主义和无产阶级革命时代、殖民地、半殖民地国家的无产阶级领导民主革命的理论 *new democracy — theory of the new-democratic revolution led by the proletariat in colonies and semi-colonial countries during the era of imperialism and proletarian revolution*

【新民主主义革命】xīn mínzhǔzhǔyì gémìng 无产阶级领导的、人民大众的，反对帝国主义、封建主义和官僚资本主义的革命。中国从1919年五四运动开始到1949年中华人民共和国建立，为新民主主义革命时期 *new-democratic revolution — a revolution led by the proletariat and the masses which opposes imperialism, feudalism and bureaucrat-capitalism (in China, the period of the new-democratic revolution began with the May 4th Movement in 1919 and ended with the founding of the People's Republic of China in 1949)*

【新名词】xīn míngcí（～儿）随着社会的发展而产生的各种新词语（不限于名词）（*not restricted to nouns*）*new term*；*new expression*；*vogue word*；*newfangled phrase*：别看王大妈文化不高，讲起话来滔滔不绝，还满口～呢。Bié kàn Wáng dàmā wénhuà bù gāo, jiǎng qǐ huà lái tāotāo bù jué, hái mǎn kǒu～ne. *Never mind the fact that aunt Wang is not well-educated. When she starts to speak, she'll talk on and on and will come out with all sorts of new expressions.*

【新年】xīnnián（名）*New Year*

【新娘】xīnniáng（名）结婚时的女子 *bride*

【新娘子】xīnniángzi（名）同"新娘" xīnniáng *same as* "新娘" xīnniáng

【新奇】xīnqí（形）新鲜奇异 *strange*；*novel*；*new*：他第一次到少数民族地区，看见什么都感到～。Tā dìyī cì dào shǎoshù mínzú dìqū, kànjiàn shénme dōu gǎndào～. *The first time he went to a district where minority nationalities live, everything he saw struck him as new.* / 旅行途中看到不少～事儿。Lǚxíng túzhōng kàndào bù shǎo～shìr. *I saw many new things during my travels.*

【新人】xīnrén（名）(1)具有新的道德风貌的人 *people of a new type* (2)新涌现出来的人物 *new personality*；*new talent* (3)指新郎、新娘 *newlyweds*；*bride or bridegroom*

【新人新事】xīn rén xīn shì 具有新的思想品德的人和他们所作对人有利的事 *new people and new things*

【新生】xīnshēng（名）(1)新的生命 *new life*；*rebirth*；*regeneration*：农奴打破枷锁，获得了～。Nóngnú dǎpò jiāsuǒ, huòdéle～. *The serfs have broken their chains and gained a new life.* (2)新入学的学生 *new student*：今天～报到。

Jīntiān ~ bàodào. *New students register today.* （形）刚出现而又富有发展前途的 *newborn; newly born*；~力量 ~ lìliàng *newly emerging force* /~事物不断涌现。~ shìwù búduàn yǒngxiàn. *New things are constantly emerging.*

【新诗】xīnshī（名）指1919年"五四"以后打破旧诗格律，用白话写的诗 *free verse written in the vernacular（which emerged after the May 4th Movement of 1919 to do away with the rules and forms of classical poetic composition)*

【新式】xīnshì（形·非谓）最新的样式 *new type; latest type; new-style*：这是一种~手提打字机。Zhè shì yì zhǒng ~ shǒu tí dǎzìjī. *This is a new type of portable typewriter.*

【新手】xīnshǒu（名）新参加工作，对自己的工作还不熟练的人 *new hand; new recruit; green hand*

【新四军】Xīnsìjūn（名）抗日战争时期中国共产党领导的抗日人民武装力量之一 *the New Fourth Army（led by the Chinese Communist Party during the War of Resistance Against Japan)*

【新文化运动】xīn wénhuà yùndòng 指中国五四前后的文化革命运动。五四运动前由资产阶级领导，主要是反对科举，提倡办学校，反对旧学，提倡新学，是资产阶级的新文化与封建阶级的旧文化的斗争。五四运动后，是由无产阶级领导，以马克思列宁主义为指导，提倡民族的、科学的、大众的文化，在社会科学和文学艺术领域内，从思想到形式进行了极大的革命，是反帝反封建的新民主主义性质的文化运动 *the New Culture Movement（around the time of the May 4th Movement in 1919 — prior to the May 4th Movement, it was led by capitalists who wanted to do away with imperial examinations and set up schools, which opposed the old system of Chinese learning and advocated a new system. This was a struggle between the old culture of the feudalist class and the new one of the capitalist class. After the May 4th Movement, the New Culture Movement was led by the proletariat who were guided by Marxism-Leninism and who advocated a culture based on nationality, science and the masses. In the fields of social sciences, literature and art, everything from ideology to form underwent a revolution. This was a new-democratic-style cultural movement which opposed imperialism and feudalism.)*

【新闻】xīnwén（名）*news*

【新闻公报】xīnwén gōngbào *press communiqué*

【新鲜】xīnxian（形）(1)*fresh*：~水果 ~ shuǐguǒ *fresh fruit* /~空气 ~ kōngqì *fresh air* /这些菠菜很~。Zhèxiē bōcài hěn ~. *This spinach is very fresh.* /那条鱼不太~了。Nà tiáo yú bú tài ~ le. *That fish is not very fresh.* /~血液 ~ xuèyè *fresh blood* /~经验 ~ jīngyàn *new（or fresh）experience* (2)希罕的 *novel; rare; uncommon*：~的式样 ~ de shìyàng *novel style* /这可是个~事。Zhè kě shì ge ~ shì. *This is an uncommon thing.* /家里有个彩色电视机已经不~了。Jiā li yǒu ge cǎisè diànshìjī yìjīng bù ~ le. *A coloured television in the home is not uncommon these days.*

【新兴】xīnxīng（形·非谓）最近兴起的 *new and developing; rising*：~力量 ~ lìliàng *a burgeoning force* /~的城市 ~ de chéngshì *a developing city* /~的国家 ~ de guójiā *a developing country*

【新星】xīnxīng（名）[颗 kē](1)在短时间内亮度突然增加数千倍甚至数万倍，后来又逐渐回降到原来亮度的恒星 *nova* (2)新出现的影视明星 *a new television or movie star*：影坛~ yīngtán ~ *a new film star* (3)指某方面新出现的有发展前途的人物 *new talent with developing prospects*：企业改革中涌现出不少~。Qǐyè gǎigé zhōng yǒngxiàn chū bù shǎo ~. *There is quite a lot of new talent emerging amidst reforms in business.*

【新型】xīnxíng（形·非谓）新的类型或式样 *new type; new pattern; new model*：~自行车 ~ zìxíngchē *new-model bicycle*

【新秀】xīnxiù（名）文艺、体育等领域新出现的优秀人物 *newly-emerged talent（in the fields of art, sports, etc.)*：足球界的~ zúqiújiè de ~ *newly-emerged talent in the world of football* /这次画展都是些年轻~的作品。Zhè cì huàzhǎn dōu shì xiē niánqīng ~ de zuòpǐn. *The works in this painting exhibit are all those of newly-emerged young talent.*

【新颖】xīnyǐng（形）新而别致 *new and original; novel*：~的台灯 ~ de táidēng *new and original desk lamp* /服装款式~。Fúzhuāng kuǎnshì ~. *This clothing design is novel.* /文章题材~。Wénzhāng tícái ~. *This article is original in its choice of subject.* /样式~的大衣 yàngshì ~ de dàyī *an overcoat with a new and original style*

【新殖民主义】xīn zhímínzhǔyì 第二次世界大战后，帝国主义在旧殖民主义体系瓦解的形势下，为维护垄断资产阶级的利益而推行的一种更狡猾的殖民主义政策，以同情殖民地国家独立为幌子，给予经济、技术、军事等"援助"，以扶植傀儡政权 *neocolonialism; new colonialism*

薪 xīn

（名）◇(1)柴火 *firewood; faggot* (2)工资 *salary*：我们每月十号发~。Wǒmen měi yuè shí hào fā ~. *We pay out salaries on the tenth of every month.* / 领~ lǐng ~ *receive one's salary* / 加~ jiā ~ *increase sb's salary* /扣~ kòu ~ *deduct a part of sb.'s pay*

【薪金】xīnjīn（名）〈书〉工资 *salary; pay; wages*

【薪水】xīnshuǐ（名）同"薪金" xīnjīn *same as "薪金" xīnjīn*

xìn

芯 xīn

另见 xīn

【芯子】xìnzi（名）(1)*fuse; wick* (2)蛇的舌头 *the forked tongue of a snake*：吐~ tǔ ~（of a snake）*stick out its tongue*

信 xìn

（名)(1)◇信用 *confidence; trust; faith*：守~ shǒu ~ *keep one's promise* /言而有~ yán ér yǒu ~ *keep one's word* (2)[封 fēng] *letter; mail*：寄一封~ jì yì fēng ~ *mail a letter* /接到一封~ jiēdào yì fēng ~ *receive a letter* /来~ lái ~ *a letter received* /写~ xiě ~ *write a letter* /去~ qù ~ *send a letter* /回~ huí ~ *a letter in reply* /开介绍~ kāi jièshào ~ *write a letter of introduction* (3)消息（~儿）*message; word; information; news*：我托你问的事有~了吗?Wǒ tuō nǐ wèn de shì yǒu ~ le ma? *Is there any news on that matter I entrusted to you?* /请给他捎个~。Qǐng gěi tā shāo ge ~. *Please take a message to him.* （动)(1)相信 *believe*：我不~他会干出这种事。Wǒ bú ~ tā huì gànchū zhè zhǒng shì. *I can't believe he could do such a thing.* /这事可~不可~? Zhè shì kě ~ bù kě ~? *Is this matter credible or not?* /~不~由你。~ bú ~ yóu nǐ. *Believe it or not.* (2)信仰（宗教）*profess faith in; believe in*：他~佛教，我不~教。Tā ~ Fójiào, wǒ bú ~ jiào. *He believes in Buddhism. I don't profess any religion.* /你们~上帝吗? Nǐmen ~ Shàngdì ma? *Do you believe in God?*

【信步】xìnbù（动）〈书〉随意走动，常作状语 *walk in a leisurely manner; stroll*：~闲游 ~ xiányóu *saunter around* /~欣赏周围的美景 ~ xīnshǎng zhōuwéi de měijǐng *stroll around enjoying the beauty of the surroundings*

【信贷】xìndài（名）〈经〉*credit*

【信访】xìnfǎng（名）人民群众通过来信来访，反映各项方针政策的执行情况，对党和政府的工作提出批评建议，揭发坏人坏事，或者要求解决困难和问题等 *letters and visits — through letters or visits, the masses report how general and*

specific policies are being carried out, make suggestions to the Party and the government about their work, expose evil people or wrongdoings or request assistance in solving problems, difficulties, etc. ：北京市人民政府有专人负责～工作。Běijīng Shì Rénmín Zhèngfǔ yǒu zhuānrén fùzé ～ gōngzuò. The Beijing Municipal Government has people who specialize in handling letters and visits.

【信风】xìnfēng（名）〈气〉trade wind

【信封】xìnfēng（名）[个 gè] envelope

【信奉】xìnfèng（动）信仰并崇拜，同"信"xìn（动）(2) believe in (same as "信"(动)(2))

【信服】xìnfú（动）相信并佩服 believe and admire；completely accept；be convinced：他的见解令人～。Tā de jiànjiě lìng rén ～. His view is very convincing. /你把事情做完满了，大家才～你。Nǐ bǎ shìqing zuò wánmǎn le, dàjiā cái ～ nǐ. When you successfully complete this task, then everybody will believe and admire you.

【信鸽】xìngē（名）[只 zhī] carrier pigeon；homing pigeon

【信号】xìnhào（名）在一定距离内传达消息或命令的光、声音、动作、电波等 signal

【信号弹】xìnhàodàn（名）[颗 kē] 用于通讯联络的带有彩色光亮或烟雾的子弹 signal flare

【信号灯】xìnhàodēng（名）利用灯光发出各种信号的灯 signal lamp

【信笺】xìnjiān（名）〈书〉信纸 letter paper；writing paper

【信件】xìnjiàn（名）书信和递送的公文等 letters；mail

【信口雌黄】xìn kǒu cíhuáng 不顾事实，随口乱说 make irresponsible remarks

【信口开合】xìn kǒu kāi hé 同"信口开河"xìn kǒu kāi hé same as "信口开河"xìn kǒu kāi hé

【信口开河】xìn kǒu kāi hé 信口：随便说话。随口乱说一阵（信口：talk at random）talk irresponsibly；wag one's tongue too freely：他只是一地说一通，我根本不相信他能解决什么问题。Tā zhǐ shì ～ de shuō yí tòng, wǒ gēnběn bù xiāngxìn tā néng jiějué shénme wèntí. He's just talking irresponsibly. I simply don't believe he can resolve anything.

【信赖】xìnlài（动）信任并依赖 trust；count on；have faith in：群众完全～他。Qúnzhòng wánquán ～ tā. The masses have complete faith in him.

【信念】xìnniàn（名）自己认为可以确信的看法 faith；belief；conviction：坚定的～ jiāndìng de ～ staunch belief /搞发明创造要有必定成功的～。Gǎo fāmíng chuàngzào yào yǒu bìdìng chénggōng de ～. When creating inventions, one must have faith that one is bound to succeed.

【信任】xìnrèn（动）trust；have confidence in：他是值得～de. Tā shì zhídé ～ de. He's worth trusting. /大家选你当代表，这是对你的～。Dàjiā xuǎn nǐ dāng dàibiǎo, zhè shì duì nǐ de ～. You have been chosen as representative because everybody has confidence in you. /这个干部一向工作很好，得到了大家的～。Zhège gànbù yíxiàng gōngzuò hěn hǎo, dédàole dàjiā de ～. This cadre has worked well all along, so he enjoys the confidence of all.

【信使】xìnshǐ（名）courier；messenger

【信手拈来】xìn shǒu niān lái 随手拿来。多比喻写文章时，不必多思索就能写出来 have at one's fingertips (usu. refers to having words, material, etc. at one's fingertips and writing with facility)：他～，一篇散文一会儿就写成了。Tā ～, yì piān sǎnwén yíhuìr jiù xiěchéng le. He had everything at his fingertips, so he wrote a piece of prose in no time.

【信守】xìnshǒu（动）忠实地按约定遵守 abide by；stand by：～合同 ～ hétong abide by a contract /～条款 ～ tiáokuǎn stand by a clause /～诺言 ～ nuòyán keep a promise

【信条】xìntiáo（名）article of creed；precept；tenet

【信筒】xìntǒng（名）mailbox

【信徒】xìntú（名）believer；disciple；follower

【信托】xìntuō（动）接受他人的委托，经营代办业务（多作定语）trust；entrust (often used as an attributive)：～商店 shāngdiàn commission shop /～公司 ～ gōngsī trust company /～部 ～ bù trust department /～业务 ～ yèwù trust business

【信息】xìnxī（名）information；news；message：接收～ jiēshōu ～ receive information /传递～ chuándì ～ transmit messages /～编码 ～ biānmǎ information encoding /企业要根据市场～扩大生产。Qǐyè yào gēnjù shìchǎng ～ kuòdà shēngchǎn. Business must expand production according to market information. /～储存 ～ chǔcún information storage /～工业 ～ gōngyè information industry /～经济 ～ jīngjì information economy/ ～社会 ～ shèhuì information society /～市场 ～ shìchǎng information market /～资源 ～ zīyuán information resources

【信息论】xìnxīlùn（名）〈数〉information theory

【信箱】xìnxiāng（名）letter box；mailbox

【信心】xìnxīn（名）相信自己的愿望一定能实现的心理 confidence；faith：他对自己的前途充满～。Tā duì zìjǐ de qiántú chōngmǎn ～. He has full confidence in his own prospects. /他满怀～地接受了一项艰巨的任务。Tā mǎnhuái ～ de jiēshòule yí xiàng jiānjù de rènwu. He accepted a difficult task with the utmost confidence. /在任何情况下都不要失去～。Zài rènhé qíngkuàng xià dōu búyào shīqù ～. Under no circumstances must one lose faith. /我对现在的工作虽然还很生疏，可是我～十足。Wǒ duì xiànzài de gōngzuò suīrán hái hěn shēngshū, kěshì wǒ ～ shízú. Although I'm still not familiar with my present job, I have complete confidence in myself.

【信仰】xìnyǎng（动）have faith in；believe in：～马列主义 Mǎ-Lièzhǔyì believe in Marxism-Leninism /～宗教 zōngjiào believe in a religion（名）faith；belief：宗教～ zōngjiào ～ religious belief /政治～ zhèngzhì ～ political conviction

【信义】xìnyì（名）〈书〉good faith；faith

【信用】xìnyòng（名）(1) trustworthiness，credit：讲～ jiǎng ～ keep one's word /守～ shǒu ～ keep one's promise /有～ yǒu ～ be trustworthy (2)不需要提供物资保证，可以按时偿付的 credit：～贷款 ～ dàikuǎn loan on credit /～借贷 jièdài borrow or loan on credit

【信誉】xìnyù（名）信用和名誉 prestige；credit；reputation：享有～ xiǎng yǒu ～ enjoy prestige/ ～第一 ～ dìyī reputation comes first /失去真实，也就失去了广告的～。Shīqù zhēnshí, yě jiù shīqùle guǎnggào de ～. If the truth is lost, one loses confidence in the advertisement.

【信札】xìnzhá（名）〈书〉书信 letters

【信纸】xìnzhǐ（名）[张 zhāng] letter paper；writing paper

xīng

兴〔興〕xīng

（动）(1)◇发动，创办 undertake to do；set up：～利除弊 ～ lì chú bì promote what is beneficial and abolish what is harmful /百废俱～ bǎi fèi jù ～ all neglected tasks are being undertaken /～水利，办工厂，发展工农业。～ shuǐlì, bàn gōngchǎng, fāzhǎn gōng-nóngyè. Build irrigation works and set up factories so as to develop industry and agriculture. (2)◇提倡，发展 encourage；promote；develop：大～调查研究之风。Dà ～ diàochá yánjiū zhī fēng. Energetically encourage the practice of investigation and study. (3)时兴，流行 become popular；be in vogue：请客送礼又～起来了。Qǐng kè sòng lǐ yòu ～ qǐlai le. Entertaining guests and giving presents have once again become popular. /～什么她穿什么，不管好看不好看。～ shénme tā chuān

shénme, bùguǎn hǎokàn bù hǎokàn. *She wears whatever is in vogue, no matter whether she looks good in it or not.* / 这种款式的大衣～了一阵子，现在又没人穿了。Zhè zhǒng kuǎnshì de dàyī ～le yízhènzi, xiànzài yòu méi rén chuān le. *This style of overcoat was in vogue for a period of time, but now no one wears it anymore.* （副）〈口〉同"兴许" xīngxǔ same as "兴许" xīngxǔ：已经过了钟点，他～不来了。Yǐjīng guòle zhōngdiǎnr, tā ～bù lái le. *It's already late. Perhaps he's not coming.* /屋里没亮灯, 他～睡了。Wū li méi liàng dēng, tā ～shuì le. *There are no lights on in his room. Perhaps he has gone to bed.* /昨晚～是小王找我去了吧? Zuó wǎn ～ shì Xiǎo Wáng zhǎo wǒ qùle ba? *Perhaps it was Xiao Wang who went to look for me last night?* /刚才叫你, 怎么不答应? ～是没听见吧? Gāngcái jiào nǐ, zěnme bù dāyìng? ～ shì méi tīngjiàn ba? *Why didn't you answer when I called you just now? Maybe you didn't hear me.* 另见 xīng

【兴办】xīngbàn（动）创办（事业）*initiate; set up*：～实业 shíyè *set up an industry* /～农田水利 nóngtián shuǐlì *set up irrigation and water conservancy* /～职业高中 ～ zhíyè gāozhōng *set up vocational high schools*

【兴奋】xīngfèn（形）振奋；激动 *be excited*：见到分离多年的老朋友, 他～极了。Jiàndào fēnlí duō nián de lǎo péngyou, tā ～ jí le. *He was so excited when he saw his friend with whom he had parted many years ago.* /喝酒会使大脑神经～。Hē jiǔ huì shǐ dànǎo shénjīng ～. *Drinking can stimulate one's brain.* /～点 ～ diǎn *stimulation point* /～剂 ～jì *stimulant*

【兴风作浪】xīng fēng zuò làng 比喻（坏人）挑起事端, 制造混乱 *fan the flames of disorder — stir up trouble; create a disturbance*

【兴建】xīngjiàn（动）开始建筑（多为规模大的）*build; construct（usu. on a large scale）*：～一个航空港 ～ yí ge hángkōnggǎng *construct an air harbour* /～一座能容纳两万观众的体育馆。～ yí zuò néng róngnà liǎngwàn guānzhòng de tǐyùguǎn. *Build a stadium with a seating capacity of 20,000.*

【兴隆】xīnglóng（形·非定）兴旺 *prosperous; thriving; flourishing; brisk*：生意～ shēngyì ～ *Business is brisk.* /随着市场的繁荣, 小手工业也～起来了。Suízhe shìchǎng de fánróng, xiǎoshǒugōngyè yě ～ qilai le. *When the market is thriving, the handicraft industry prospers along with it.*

【兴起】xīngqǐ（动）（新事物）开始出现并兴盛起来（of something new）rise; spring up*：一股学习外语的热潮在中学生中～。Yí gǔ xuéxí wàiyǔ de rècháo zài zhōngxuéshēng zhōng ～. *There is a great mass fervour to study foreign languages springing up among middle school students.*

【兴盛】xīngshèng（形）蓬勃发展 *prosperous; flourishing; thriving*：～时期 ～shíqí *a period of prosperity* /中国古代的长安, 对外贸易往来十分～。Zhōngguó gǔdài de Cháng'ān, duì wài màoyì wǎnglái shífēn ～. *Foreign trade flourished greatly in the Chang'an of ancient China.*

【兴师动众】xīng shī dòng zhòng 原指大规模出兵。现指动用很多人做某件事, 有小题大作之意 *move troops about and stir up the people — drag in many people (to do sth.)*：这点活儿三五个人足够了, 何必～来这么多人! Zhè diǎnr huór sān wǔ ge rén zúgòu le, hébì ～ lái zhème duō rén! *Three to five people are enough to handle such a small task. There's no need to drag in so many people!*

【兴衰】xīngshuāi（名）兴盛和衰落 *rise and decline (of a nation); ups and downs*

【兴亡】xīngwáng（名）（国家的）兴盛和灭亡 *rise and fall (of a nation)*：国家～匹夫有责。Guójiā ～ pǐfū yǒu zé. *Everybody has a share of responsibility for the fate of his country.*

【兴旺】xīngwàng（形）兴盛发达 *prosperous; flourishing; thriving*：生意～ shēngyì ～ *Business is thriving.* /买卖～ mǎimài ～ *Business is brisk.* /一片～景象 yípiàn ～ jǐngxiàng *a scene of prosperity* /日子越过越～。Rìzi yuè guò yuè ～. *Life is prospering more and more.*

【兴修】xīngxiū（动）开始修建（多用于规模较大的）*start construction (on a relatively large project)*：～水利 ～ shuǐlì *build water conservancy projects* /～楼堂馆所 ～ lóu táng guǎn suǒ *start large-scale construction of office buildings, conference halls, hotels and guest houses* /～铁路 ～ tiělù *build railways*

【兴许】xīngxǔ（副）〈口〉同"也许"；表猜测、估计；可处于句首 *perhaps; maybe (same as "也许" yěxǔ; may be placed at the beginning of a sentence)*：别高兴得太早, 电影票～早卖完了。Bié gāoxìng de tài zǎo, diànyǐng piào ～ zǎo màiwán le. *Don't get your hopes up too early. Maybe the movie tickets are already sold out.* /你参考一下这些资料, ～能得到点儿启发。Nǐ cānkǎo yíxià zhèxiē zīliào, ～ néng dédào diǎnr qǐfā. *Take a look at these materials. Perhaps you can find something in them to inspire you.* /这湖滨饭馆吃的鱼～是从这湖里捕的。Zhè Húbīn Fànguǎnr chī de yú ～ shì cóng zhè hú li bǔ de. *The fish eaten at this Lakeside Restaurant is perhaps caught in this lake.*

星 xīng

（名）[颗 kē]（1）*star*：满天～ mǎn tiān ～ *a star-studded sky* /寒～ hán ～ *stars on a cold night* /夜～ yè ～ *stars at night*（2）〈天〉宇宙间能发射光或反射光的天体 *heavenly body*（3）〈~〉细碎、细小的东西 *bit; particle*：火～ huǒ～ *spark* /唾沫～ tuòmò ～ *spittle* /水～ shuǐ ～ *water droplets* / 这一～半点儿的资料根本不能满足需要。Zhè yì ～ bàn diǎnr de zīliào gēnběn bù néng mǎnzú xūyào. *This tiny bit of material is simply not enough to satisfy our needs.*

【星辰】xīngchén（名）"星" xīng（1）的总称 *stars*

【星斗】xīngdǒu（名）星星的总称 *stars*

【星号】xīnghào（名）在文句上或段落之间的标志（＊）, 用来标示脚注或分段 *asterisk (＊)*

【星河】xīnghé（名）指银河 *the Milky Way; Galaxy*

【星火】xīnghuǒ（名）（1）微小的火 *spark*（2）流星的光, 比喻急迫 *shooting star; meteor (usu. used figuratively to indicate urgency)*：急如～ jí rú ～ *most urgent*

【星火燎原】xīnghuǒ liáo yuán "星星之火, 可以燎原"的缩语, 一点点小火星儿可以把整个原野燃烧起来。比喻新生事物开始时力量小, 但有旺盛的生命力, 有远大的发展前途 *(short version of "星星之火, 可以燎原") a single spark can set off a prairie fire — sb. (or sth.) who starts off with little strength but who has great vitality and therefore long-range prospects*

【星际】xīngjì（名）星体与星体之间 *interplanetary; interstellar*

【星空】xīngkōng（名）夜晚有很多星星的天空 *starlit sky*

【星罗棋布】xīng luó qí bù 像星星一样地罗列着, 像棋盘里的棋子那样分布着。比喻数量多, 分布广 *scattered all over like stars in the sky or men on a chessboard — spread all over the place*：～的小水电站 ～ de xiǎo shuǐdiànzhàn *small-scale hydropower plants spread all over* /港外大小岛屿～。Gǎng wài dà xiǎo dǎoyǔ ～. *There are large and small islands scattered all over the area outside the harbour.* /湖面上～的渔船展现出渔业兴旺的景象。Hú miàn shang ～ de yúchuán zhǎnxiàn chū yúyè xīngwàng de jǐngxiàng. *A scene of fishing prosperity presented itself before our eye amidst all the fishing boats scattered on the lake.*

【星期】xīngqī（名）（1）*week*（2）同"星期日" xīngqīrì same as "星期日" xīngqīrì

【星期二】xīngqī'èr（名）*Tuesday*

【星期六】xīngqīliù（名）*Saturday*

【星期日】xīngqīrì（名）*Sunday*

【星期三】xīngqīsān（名）*Wednesday*

【星期四】xīngqīsì（名）*Thursday*

【星期五】xīngqīwǔ（名）*Friday*

【星期一】xīngqīyī（名）*Monday*

【星球】xīngqiú（名）〈天〉同"星"xīng（2）*same as* "星" xīng（2）

【星体】xīngtǐ（名）〈天〉天体。通常指个别的星球，如：月亮、太阳、火星等 *celestial (or heavenly) body, e. g. , the moon, the sun, Mars, etc.*

【星系】xīngxì（名）〈天〉恒星系的简称 *abbrev. for* "恒星系"（*galaxy*）

【星星点点】xīngxīngdiǎndiǎn（形）细小而又稀疏 *tiny spots; bits and pieces*：夜晚可以看见远处山村～的灯光。Yèwǎn kěyǐ kànjiàn yuǎnchù shāncūn ～ de dēngguāng. *At night, one can see the tiny glimmer of the lights of a mountain village in the distance.*

【星星之火，可以燎原】xīngxīng zhī huǒ, kěyǐ liáo yuán 同"星火燎原"xīnghuǒ liáo yuán *same as* "星火燎原" xīnghuǒ liáo yuán

【星星】xīngxing（名）*star*

【星座】xīngzuò（名）〈天〉*constellation*

猩 xīng
（名）◇猩猩 *orangutan*

【猩红】xīnghóng（形）像血一样的红 *bloodred; scarlet*

【猩红热】xīnghóngrè（名）〈医〉*scarlet fever*

【猩猩】xīngxing（名）［只 zhī］*orangutan*

惺 xīng

【惺忪】xīngsōng（形）因刚睡醒眼睛模模糊糊（*of eyes) not yet fully open on waking up*：睡眼～ shuì yǎn ～ *eyes still heavy with sleep*

【惺惺】xīngxīng（形）〈书〉（1）机警，清醒 *clearheaded; awake*（2）聪慧的人 *the wise; the intelligent*：～惜 ～ xī ～ *The wise appreciate one another.*

腥 xīng
（形）像鱼虾等的气味 *having the smell of fish, seafood*：～味 ～ wèir *fishy smell*/做鱼一定要加酒，去～。Zuò yú yīdìng yào jiā jiǔ, qù ～. *When cooking fish wine must be aidded to get rid of the fishy smell.*

【腥臭】xīngchòu（形）*stinking smell as of rotten fish; stench*

【腥气】xīngqì（形）同"腥"xīng *same as* "腥" xīng：什么东西这么～? Shénme dōngxi zhème ～? *What smells so fishy?* /他不愿意吃～的东西。Tā bú yuànyi chī ～ de dōngxi. *He doesn't like to eat fishy food.*（名）*the smell of fish, seafood etc.*：这屋里有一股～。Zhè wūli yǒu yì gǔ ～. *There's a smell of fish in this room.*

xíng

刑 xíng
（名）（1）◇ *punishment*：～满释放 ～ mǎn shì fàng *be released after serving a sentence*/依法判～ yī fǎ pàn ～ *sentence according to law* /判了～的人就没有随意活动的自由。Pànle ～ de rén jiù méi yǒu suíyì huódòng de zìyóu. *Sentenced people no longer have freedom of movement.*（2）对犯人的体罚 *torture; corporal punishment*：受～ shòu ～ *be tortured* /用～ yòng ～ *put sb. to torture*

【刑场】xíngchǎng（名）*execution ground*

【刑罚】xíngfá（名）〈法〉*penalty; punishment*

【刑法】xíngfǎ（名）〈法〉*penal code; criminal law*

【刑警】xíngjǐng（名）刑事警察 *criminal police*

【刑具】xíngjù（名）*instruments of torture; implements of punishment*

【刑律】xínglǜ（名）同"刑法"xíngfǎ *same as* "刑法" xíngfǎ

【刑期】xíngqī（名）服刑的期限 *term of punishment; prison term*

【刑事】xíngshì（名）〈法〉*criminal; penal*

【刑事犯】xíngshìfàn（名）〈法〉*criminal offender; criminal*

【刑讯】xíngxùn（动）用刑具逼供的审讯 *inquisition by torture*

行 xíng
（动）〈书〉（1）◇走（路）*walk; go; travel*：日～千里 rì ～ qiān lǐ *cover a thousand li a day* /朝～夜宿 zhāo ～ yè sù *set out early in the morning and rest at night* / 衣食住～ yī shí zhù ～ *clothing, food, shelter and transportation — basic necessities of life*（2）做；办 *do; perform; carry out*：～不通 ～ bu tōng *won't work*/ 简便易～ jiǎnbiàn yì ～ *simple and easy to do*（3）可以 *all right; O. K.*：书架放在这儿～不～? ——～，放这儿吧! Shūjià fàng zài zhèr ～ bu ～? —— ～, fàng zhèr ba! *Is it all right if I put the bookcase here? Yes, put it here.* /不～了，事情有变化，不能那样办了。Bù ～ le, shìqing yǒu biànhuà, bù néng nàyàng bàn le. *That won't do. There has been a change, so you can't do it that way any longer.*（形）能干，干得好 *capable; competent*：她真～，工作干得这么好，家里又搞得井井有条。Tā zhēn ～, gōngzuò gàn de zhème hǎo, jiā li yòu gǎo de jīngjǐng yǒu tiáo. *She is really competent. Not only does she work really well, but her home is also kept in perfect order.* /在大会上发言，我可没你～。Zài dàhuì shang fā yán, wǒ kě méi yǒu nǐ ～. *I'm not as good as you are when it comes to speaking out at a conference.*（名）（1）◇行为 *behaviour; conduct*：言～一致 yán ～ yìzhì *be as good as one's word* /听其言而观其～ tīng qí yán ér guān qí ～ *listen to what a person says and watch what he does — judge a person by his deeds, not just by his words*（2）同"行程"xíngchéng *same as* "行程" xíngchéng：他最近的欧洲之～，大有收获。Tā zuìjìn de Ōuzhōu zhī ～, dà yǒu shōuhuò. *His recent trip to Europe was most rewarding.* 另见 háng

【行程】xíngchéng（名）行走的路程 *route or distance of travel*：万里～ wàn lǐ ～ *travel ten thousand li*

【行动】xíngdòng（动·不及物）（1）走动 *move (or get) about*：～不便 bú biàn *have difficulty getting about* /他年纪大～比较慢。Tā niánjì dà ～ bǐjiào màn. *He's old, so he moves about relatively slowly.*（2）活动；行动 *act; take action*：灾区需要援助，我们现在可以～起来了。Zāiqū xūyào yuánzhù, wǒmen xiànzài kěyǐ ～ qilai le. *Assistance is needed in the disaster area so we can now go into action.*（名）（1）为实现某种意图而具体地进行活动 *action; operation*：军事～ jūnshì ～ *military operation* /一切听～指挥 yíqiè ～ tīng zhǐhuī *Everything is waiting for the command to go into action.*（2）行为，举动 *movement; behaviour*：～异常 yìcháng *behave abnormally*/～可疑 ～ kěyǐ *behave suspiciously* /鬼祟的～ guǐsuì de ～ *stealthy movements* /模范～ mófàn ～ *model behaviour* /不要只听他说，要看他的实际～。Búyào zhǐ tīng tā shuō, yào kàn tā de shíjì ～. *You mustn't just listen to what he says, but must also look at his actual behaviour.* /有意见可以提，不要采取过分～。Yǒu yìjiàn kěyǐ tí, búyào cǎiqǔ guòfèn ～. *If you have an opinion, you may express it, but don't go overboard.*

【行宫】xínggōng（名）供帝王离开京城居住的宫殿，也指帝王出京临时居住的官署或住宅 *imperial palace for short stays away from the capital; temporary dwelling place of an emperor or monarch when away from the capital*

【行贿】xíng = huì 进行贿赂 *bribe; offer a bribe; resort to bribery*

【行迹】xíngjì〈名〉行动的去向 trace; track: ～不明 ～ bù míng whereabouts unknown /～诡秘 ～ guǐmì surreptitious in one's movements

【行将】xíngjiāng〈副〉〈书〉"即将"的意思,修饰多音节词或短语 about to; on the verge of (has the same meaning as "即将"; modifies polysyllabic words or phrases): 敌人～失败。Dírén ～ shībài. The enemy is on the verge of defeat. /这种龟～灭种,必须加以保护。Zhè zhǒng guī ～ miè zhǒng, bìxū jiāyǐ bǎohù. This kind of tortoise is on the verge of extinction and must be under protection. /这支青年考察队～登程考察冰川。Zhè zhī qīngnián kǎocháduì ～ dēngchéng kǎochá bīngchuān. This young observation team is about to set out to study and observe glaciers.

【行进】xíngjìn〈动·不及物〉(队伍)向前走 (of troops) march forward; advance: 游行队伍正在向市中心前进。Yóuxíng duìwǔ zhèngzài xiàng shì zhōngxīn. The procession is advancing toward the city centre. /游击队～在山林中。Yóujīduì ～ zài shānlín zhōng. The guerrilla forces advanced in the mountain forest.

【行经】xíngjīng〈动〉路途经过 go (or pass) by: 汽车～盘山公路开进山村。Qìchē ～ pán shān gōnglù kāijìn shāncūn. The car drove round the winding mountain road and entered the mountain village.

【行径】xíngjìng〈名〉〈书〉行为、举动(多指坏的) act; action; move. (usu. refers to sth. evil): 无耻～ wúchǐ ～ shameless act /海盗～ hǎidào ～ piracy /他们的讹诈～是难以得逞的。Tāmen de ézhà ～ shì nányí déchéng de. They are unlikely to succeed in their blackmail.

【行军】xíng=jūn 军队执行任务时从一个地点走到另一个地点 (of troops) march

【行军床】xíngjūnchuáng〈名〉[张 zhāng] camp bed; camp cot

【行礼】xíng=lǐ salute; bow: 行三鞠躬礼 xíng sān jū gōng lǐ bow three times /学生给老师行了一个礼。Xuésheng gěi lǎoshī xíngle yí ge lǐ. The student bowed to the teacher. /人们在死者遗像前行完礼,向死者家属表示慰问。Rénmen zài sǐzhě yíxiàng qián xíngwán lǐ, xiàng sǐzhě jiāshǔ biǎoshì wèiwèn. After bowing before the portrait of the deceased, people expressed their condolences to the deceased's family.

【行李】xíngli〈名〉旅行时带的箱子、提包等 luggage; baggage

【行期】xíngqī〈名〉出发的日期 date of departure: 他已决定去上海,但～未定。Tā yǐ juédìng qù Shànghǎi, dàn ～ wèi dìng. He has already decided to go to Shanghai, but hasn't yet set a departure date.

【行乞】xíngqǐ〈动·不及物〉〈书〉向人要饭要钱 beg; beg alms

【行人】xíngrén〈名〉在路上走的人 pedestrian: 天黑了,路上～逐渐稀少。Tiān hēi le, lùshang ～ zhújiàn xīshǎo. There were fewer and fewer pedestrians in the streets after dark. / ～请走便道。～ qǐng zǒu biàndào. Pedestrians, please keep to the sidewalk.

【行使】xíngshǐ〈动〉执行、使用(多用于权力方面) exercise; perform: ～职权 ～ zhíquán exercise one's powers /～主权 ～ zhǔquán exercise sovereign rights/ ～ 否决权 ～ fǒujuéquán exercise one's veto power

【行驶】xíngshǐ〈动〉(车、船)行走 (of a vehicle, ship, etc.) go; travel: 严禁自行车在快车道上～。Yánjìn zìxíngchē zài kuàichēdào shang ～. Bicycles are strictly forbidden to ride in the express lane. /河道修整后可～五千吨客轮。Hédào xiūzhěng hòu kě ～ wǔqiān dùn kèlún. Once the river bed is fixed, the river will be navigable by 5,000-ton passenger ships. /列车向前～五十公里,发现塌方立即停驶。Lièchē xiàng qián ～ wǔshí gōnglǐ, fāxiàn tāfāng lìjí tíng shǐ. The train had gone fifty kilometres when it met up with a landslide and immediately came to a halt.

【行事】xíngshì〈动·不及物〉办事 act; handle matters: 见机～ jiàn jī ～ do as one sees fit /照章～ zhào zhāng ～ act according to regulations

【行书】xíngshū〈名〉汉字的一种字体,介于楷书和草书之间,不像草书那样潦草,也不像楷书那样端正 running hand (in Chinese calligraphy)

【行头】xíngtou〈名〉(1)戏曲演员演出时用的服装和道具 actor's costumes and props (2)泛指服装(含诙谐意) clothing (flippant)

【行为】xíngwéi〈名〉由思想支配而在表面表现出来的活动 action; behaviour; conduct; act: 不法～ bùfǎ ～ illegal act/违章～ wéi zhāng ～ act against the rules /盗窃～ dàoqiè ～ the act of stealing /正义的～ zhèngyì de ～ righteous action /这种～是违法的。Zhè zhǒng ～ shì wéi fǎ de. This is an illegal act.

【行文】xíngwén〈动·不及物〉(1)(写文章)组织文字 write (2)把公文发给(单位) (of a government office) send an official communication to other organizations

【行销】xíngxiāo〈动〉向各地销售 be on sale; sell: 这种新产品已～全国。Zhè zhǒng xīn chǎnpǐn yǐ ～ quán guó. This type of new product is already on sale throughout the country.

【行星】xíngxīng〈名〉〈天〉planet

【行凶】xíng=xiōng〈法〉commit physical assault or murder; do violence

【行医】xíngyī 当医生 practise medicine: 他从小立志～。Tā cóngxiǎo lì zhì ～. Ever since he was a boy he has been determined to practise medicine. /他一生～,医术高明,远近闻名。Tā yìshēng ～, yīshù gāomíng, yuǎnjìn wénmíng. He has been practising medicine all his life, his medical skill is brilliant and he is known far and wide.

【行政】xíngzhèng〈名〉(1)依法实行国家管理的(单位) administrative: ～单位 ～ dānwèi administrative unit /～机构 ～ jīgòu administrative organization (2)机关、企业、团体等内部的管理工作 administrative work: 做～工作 zuò ～ gōngzuò do administrative work /～开支 ～ kāizhī administrative expenses /～处分 ～ chǔfèn disciplinary sanction /～人员 ～ rényuán administrative personnel

【行之有效】xíng zhī yǒu xiào 做起来会产生效果 effective (in practice); effectual: ～的好办法 ～ de hǎo bànfǎ effective methods /这一措施是～的。Zhè yí cuòshī shì ～ de. This measure is effective.

【行装】xíngzhuāng〈名〉〈书〉出远门时携带的衣物用具等 outfit for a journey; luggage: 整理～ zhěnglǐ ～ pack (for a journey)

【行踪】xíngzōng〈名〉〈书〉行动的踪迹 whereabouts; track: 公安人员使用侦察手段判明了盗窃犯的～。Gōng'ān rényuán shǐyòng zhēnchá shǒuduàn pànmíngle dàoqièfàn de ～. The policemen used reconnaissance means to ascertain the whereabouts of the thieves. /他数月来东奔西走,～不定。Tā shù yuè lái dōng bēn xī zǒu, ～ bú dìng. He's been running around here and there for a few months now, so his whereabouts are uncertain.

【行走】xíngzǒu〈动·不及物〉走动 walk: ～不便 ～ bùbiàn walk with difficulty /起重机下,严禁～。Qǐzhòngjī xià, yánjìn ～. Walking under the crane is prohibited.

形 xíng 〈名〉◇(1)同"形状" xíngzhuàng same as "形状" xíngzhuàng: 圆柱～的物体 yuánzhù ～ de wùtǐ cylindrical-shaped object /这个塑料碗老化变～了 Zhège sùliào wǎn lǎohuà biàn ～ le. This plastic bowl has changed shape with age. (2)形体 form and structure; body: ～存实亡 ～ cún shí wáng existing in form and structure but not in content/ ～影相随 ～ yǐng xiāngsuí as close as body and shadow

【形成】xíngchéng〈动〉通过发展变化而出现某种情形 take

shape；form：他喝茶已经～一种习惯了。Tā hē chá yǐjīng ～ yì zhǒng xíguàn le. *He has already formed the habit of drinking tea.* / 每个民族在长期发展中都～了独具特色的生活方式。Měi ge mínzú zài chángqī fāzhǎn zhōng dōu ～le dú jù tèsè de shēnghuó fāngshì. *Every nationality has formed its own unique way of life over a long period of development.* /他独特的表演风格，是在不断的艺术实践中逐步～的。Tā dútè de biǎoyǎn fēnggé, shì zài búduàn de yìshù shíjiàn zhōng zhúbù ～ de. *His unique style of acting has progressively taken shape through continuous artistic practice.*

【形单影只】xíng dān yǐng zhī 孤伶伶一个人。形容孤独，没有同伴 *a solitary form, a single shadow — extremely lonely*；*solitary*

【形而上学】xíng'érshàngxué（名）*metaphysics*

【形迹可疑】xíngjì kěyí 举止神色值得怀疑 *suspicious-looking*：遇有～的人，要马上向有关部门报告。Yù yǒu ～ de rén, yào mǎshàng xiàng yǒuguān bùmén bàogào. *If you meet up with a suspicious-looking person, report immediately to the department concerned.*

【形容】xíngróng（动）*describe*：他兴奋的心情是笔墨难以～的。Tā xīngfèn de xīnqíng shì bǐmò nányǐ ～ de. *Words can hardly describe how excited he was.* /我～不出来他长的样子。Wǒ ～ bu chūlái tā zhǎng de yàngzi. *I can't describe what he looks like.* / 很难～我心里是什么滋味。Hěn nán ～ wǒ xīnli shì shénme zīwèir. *It's difficult to describe what I am feeling.*

【形容词】xíngróngcí（名）〈语〉*adjective*

【形声字】xíngshēngzì（名）由"形"和"声"两部分合成的汉字，形旁和字义有关，声旁和字音有关。如由形旁"车"和声旁"专"合成"转" *pictophonetic characters, with one element indicating meaning and the other sound, e. g., the descriptive element "车" combined with the phonetic element "专" to form "转"*

【形式】xíngshì（名）形状、样子、结构等 *form*；*shape*：演员们用京剧～表现当代英雄人物的事迹。Yǎnyuánmen yòng jīngjù ～ biǎoxiàn dāngdài yīngxióng rénwù de shìjì. *Actors use the Beijing operatic form in order to depict the deeds of contemporary heroic figures.* /用漫画～揭露社会丑恶现象非常有力。Yòng mànhuà ～ jiēlù shèhuì chǒu'è xiànxiàng fēicháng yǒulì. *Using cartoons as a form for exposing ugly social phenomena is an extremely powerful method.* /个人主义的表现～是各种各样的。Gèrénzhǔyì de biǎoxiàn ～ shì gè zhǒng gè yàng de. *Individualism is manifested in all forms.* /新年晚会还要开，不过组织～跟去年不同。Xīnnián wǎnhuì hái yào kāi, búguò zǔzhī ～ gēn qùnián bù tóng. *There will be another New Year's party this year, but it will take on a different form from last year's.*

【形式逻辑】xíngshì luóji *formal logic*

【形式主义】xíngshìzhǔyì（名）*formalism*

【形势】xíngshì（名）(i)〈军〉地发 *terrain*；*topographical features*：～险要 ～ xiǎnyào *strategically important terrain* (2) *situation*；*circumstances*：国际～ guójì ～ *the international situation* /～紧张 ～ jǐnzhāng *The situation is tense.* /经济改革的～很好。Jīngjì gǎigé de ～ hěn hǎo. *Economic reform is in good shape.*

【形势逼人】xíngshì bī rén 形势发展很快，迫使人们加倍努力，紧紧追上发展的形势 *a pressing situation*；*a situation that demands action*：各行各业都在改革，我们得赶紧跟上。Gè háng gè yè dōu zài gǎigé, ～, wǒmen děi gǎnjǐn gēnshang. *Every line of business, every trade is undergoing reform. The situation demands action. We must lose no time in catching up.*

【形似】xíngsì（动·不及物）外表上像 *be similar in form or appearance*：这位演员演的角色不但～，而且神似。Zhè wèi

yǎnyuán yǎn de juésè búdàn ～, érqiě shénsì. *The character portrayed by this actor is true to life not only in appearance but also in spirit.*

【形态】xíngtài（名）(1)生物体外部的形状 *form*；*shape*；*pattern* (2)事物的形状或表现 *formation*：观念～ guānniàn ～ *ideology* /社会经济～ shèhuì jīngjì ～ *socio-economic formation* (3)〈语〉词的内部变化形式，包括构词形式，词形变化等 *(of a language) morphology*

【形体】xíngtǐ（名）(1)〈生物〉身体（外观）*shape (of a person's body)*；*physique*；*body* (2)形状和结构 *form and structure*：文字的～ wénzì de ～ *form of a script*

【形象】xíngxiàng（名）*image*；*form*；*figure*：人物～ rénwù ～ *literary figure* /英雄～ yīngxióng ～ *heroic figure* /～高大 ～ gāodà *a lofty image* /通过～进行教学。Tōngguò ～ jìnxíng jiàoxué. *Teach with the use of images.* /（形）*picturesque*：这个比喻很～。Zhège bǐyù hěn ～. *This metaphor is very picturesque.* /表演的人物非常～，生动。Biǎoyǎn de rénwù fēicháng ～, shēngdòng. *The characters were portrayed picturesquely and vividly.* /小说～地描绘了几种人物的性格。Xiǎoshuō ～ de miáohuìle jǐ zhǒng rénwù de xìnggé. *The novel vividly depicts several types of characters.*

【形象思维】xíngxiàng sīwéi *thinking in terms of images*

【形形色色】xíngxíngsèsè（形）〈贬〉各种各样 *of all shades*；*of all forms*；*of every description*：～的欺骗手段 ～ de qīpiàn shǒuduàn *every means of deception* /社会就像是一个大舞台，～的人物都上台表演。Shèhuì jiù xiàng shì yí ge dà wǔtái, ～ de rénwù dōu shàng tái biǎoyǎn. *All the world is a stage and every person its actors.*

【形影不离】xíng yǐng bù lí 像物体和它的影子一样分不开。形容彼此的关系密切 *as inseparable as body and shadow* — *(of two people) always together*；*inseparable*：那个老头儿和他的小狗真是～。Nàge lǎotóur hé tā de xiǎo gǒu zhēn shì ～. *That old man and his little dog are inseparable.* /她俩整天～，像亲生姐妹。Tā liǎ zhěng tiān ～, xiàng qīnshēng jiěmèi. *Those two are together all day long and are like sisters.*

【形状】xíngzhuàng（名）*form*；*appearance*；*shape*：山上有各种～的石头，很有意思。Shān shang yǒu gè zhǒng ～ de shítou, hěn yǒu yìsi. *There are rocks of every shape on the mountain top. Very interesting!* /这座山～像骆驼，人们都叫它骆驼山。Zhè zuò shān ～ xiàng luòtuo, rénmen dōu jiào tā Luòtuo Shān. *This mountain has the shape of a camel, so everyone calls it Mount Camel.*

型 xíng

（名）◇(1)模型 *mould* (2)类型，样式 *model*；*type*；*pattern*：异～钢 yì ～ gāng *special-shaped steel* /脸～不同，头发的式样也应该不同。Liǎn～ bù tóng, tóufa de shìyàng yě yīnggāi bù tóng. *The shape of people's faces are all different, so hairstyles should also be different.* /这种发～现在很流行。Zhè zhǒng fà～ xiànzài hěn liúxíng. *This kind of hair-do is now in style.* / 这座城市，工厂林立，大、中、小～都有。Zhè zuò chéngshì, gōngchǎng lín lì, dà、zhōng、xiǎo ～ dōu yǒu. *There is a forest of factories of every type in this city. There are small ones, medium-sized ones, as well as large ones.*

【型号】xínghào（名）*model*；*type*：这个零件和机器～不对，安不上。Zhège língjiàn hé jīqì ～ bú duì, ān bu shàng. *This spare part is not the same model as the machine so it can't be installed.*

xǐng

醒 xǐng

（动·不及物）(1) *wake up*；*be awake*：一觉～来，已经早

上八点了。Yí jiào ～lái, yǐjīng zǎoshàng bā diǎn le. *It was already 8 a. m. when I woke up.* / 走路轻点儿，别把他吵～了。Zǒu lù qīng diǎnr, bié bǎ tā chǎo～ le. *Please walk more lightly. Don't wake him up with your noise.* / 快叫～他，再不起床就晚了。Kuài jiào～ tā, zài bù qǐ chuáng jiù wǎn le. *Hurry and wake him up. If he stays in bed any longer, he'll be late.* （2）头脑由迷惑而清楚 *regain consciousness；sober up；come to*：酒醉未～就醉未～ *be drunk and not sobered up yet*/ 他昏过去一阵，很久才～过来。Tā hūn guoqu yízhèn, hěn jiǔ cái ～ guolai. *He fainted and it was a long while before he finally came to.*

【醒目】xǐngmù（形）（用文字、图画等表现出来的）形象明显（*of written words, pictures, etc.*）*eye-catching*：广告必须～。Guǎnggào bìxū ～. *Advertisements must be eye-catching.* /指路牌放在～的地方，远处也能看清楚。Zhǐlùpái fàng zài ～ de dìfang, yuǎnchù yě néng kàn qīngchu. *If a signpost were put in an eye-catching place, it would be seen even from a distance.*

【醒悟】xǐngwù（动·不及物）对事物的认识由错误而正确，由模糊而清醒 *realize（or see）the truth, one's error, etc.；wake up to reality*：那些人老是利用他，可是他总是不～。Nàxiē rén lǎoshì lìyòng tā, kěshì tā zǒngshì bù ～. *Those people are always taking advantage of him, but he just doesn't realize it.* / 失足青年经过教育，逐渐～过来。Shī zú qīngnián jīngguò jiàoyù, zhújiàn ～ guolai. *Through education, juvenile delinquents gradually come to realize their errors.* / 今天我才～，原来他们一直在骗我。Jīntiān wǒ cái ～, yuánlái tāmen yìzhí zài piàn wǒ. *I just saw the truth today, I realized that they have been deceiving me all along.*

擤 xǐng

（动）拉住鼻孔出气，使鼻涕排出 *blow（one's nose）*：～鼻涕～bíti *blow one's nose；get rid of mucus*

xìng

兴〔興〕xìng

另见 xīng

【兴冲冲】xìngchōngchōng（形）兴致极高 *joyfully；gleefully；in high spirits*：看他～的样子，准有什么喜事。Kàn tā ～ de yàngzi, zhǔn yǒu shénme xǐshì. *He's in such high spirits. He must have some happy event.* / 她～地说："试验成功了"。Tā ～ de shuō: "shìyàn chénggōng le." *She said gleefully: "The experiment has succeeded."*

【兴高采烈】xìng gāo cǎi liè 形容兴致极高，精神饱满、旺盛 *be filled with joy；jubilant；with great delight*：孩子们～，欢度儿童节。Háizimen ～, huāndù Értóngjié. *The children spent a joyful Children's Day.* /人们～地观看冰灯展览。Rénmen ～ de guānkàn bīngdēng zhǎnlǎn. *People viewed the ice lantern exhibit with great delight.*

【兴趣】xìngqù（名）喜好的情绪 *interest*：你对足球感～吗？Nǐ duì zúqiú gǎn ～ ma? *Are you interested in football?*/他对看电视很感～，什么节目都看。Tā duì kàn diànshì hěn gǎn ～, shénme jiémù dōu kàn. *He has a great interest in watching television. He'll watch any program.* /他对下棋一点儿也不感～。Tā duì xià qí yìdiǎnr yě bù gǎn ～. *He doesn't have the least bit of interest in chess.* /大家怀着极大的～欣赏了中国的民族舞。Dàjiā huáizhe jí dà de ～ xīnshǎngle Zhōngguó de mínzú wǔ. *Everybody enjoyed the Chinese minority group dances and watched them with great interest.* / 她情绪不好，哪还有～去公园玩儿。Tā qíngxù bù hǎo, nǎ hái yǒu ～ qù gōngyuán wánr. *She's not in a good mood, so she's not interested in going to the park.* / 你对画画儿有没有～? Nǐ duì huà huàr yǒu méi yǒu ～? *Are you interested in painting?*

【兴头上】xìngtóushang（名）兴头正足的时候 *at the height of one's enthusiasm*：大家谈得正在～，你可别去催人家走。Dàjiā tán de zhèngzài ～, nǐ kě bié qù cuī rénjia zǒu. *The discussion is at its most interesting point, so don't go and press them to leave.*

【兴头】xìngtou（名）因为高兴而产生的力量 *enthusiasm；keen interest*：经他一鼓动，大家就有了～。Jīng tā ～ gǔdòng, dàjiā jiù yǒule ～. *At his instigation, everybody developed a keen interest.* /他一～来，下棋能下半天儿。Tā ～ yì ～ lái, xià qí néng xià bàn tiānr. *Once his interest is aroused, he can play chess for the better part of a day.*

【兴味】xìngwèi（名）〈书〉同"兴趣"xìngqù，但用得少 *same as "兴趣" xìngqù（but seldom used）*

【兴致】xìngzhì（名）兴趣；快乐的情绪 *interest；mood to enjoy*：大家～很高，一直玩到半夜。Dàjiā ～ hěn gāo, yìzhí wánrdào bànyè. *Everybody was in the mood to have fun, so all stayed up half the night.* /我太累了，没～出去游玩。Wǒ tài lèi le, méi ～ chūqu yóuwán. *I'm too tired and not in the mood to go sightseeing.*

【兴致勃勃】xìngzhì bóbó 勃勃：旺盛的样子。形容很感兴趣，情绪很高（勃勃）*（exuberant）full of zest；with great gusto*：人们～地去参加节日活动。Rénmen ～ dè qù cānjiā jiérì huódòng. *People participated in the holiday festivity with great gusto.* /在艰苦条件下，他还是～，精神饱满地完成任务。Zài jiānkǔ tiáojiàn xià, tā háishì ～, jīngshén bǎomǎn de wánchéng rènwu. *Even under difficult conditions, he was full of zest and completed tasks energetically.*

杏 xìng

（名）（～儿）[个 gè] *apricot*

【杏红】xìnghóng（形）（颜色）带黄的红色 *apricot pink*

【杏黄】xìnghuáng（形）（颜色）带红的黄色 *apricot yellow*

幸 xìng

（形）◇（1）幸福 *good fortune；happy*（2）侥幸 *fortunate；lucky*

【幸而】xìng'ér（副）〈书〉（1）意思同"幸亏"xìngkuī 多用于句首 *fortunately（has the same meaning as "幸亏" xìngkuī；usu. used at the beginning of a sentence）*：～下了一场雨，山火很快扑灭了。～ xiàle yí cháng yǔ, shānhuǒ hěn kuài pūmiè le. *Fortunately it rained; the mountain fire was quickly extinguished.* / 他会英语，才把路问清了。～ tā huì Yīngyǔ, cái bǎ lù wènqīng le. *Fortunately he speaks English. He was able to ask the way.*（2）"幸运"的意思，前面常用"即使"等作假设的让步 *luckily（has the same meaning as "幸运"；often preceded by "即使", etc. to indicate an assumed concession）*：即使～打通了电话，他也不一定在家。Jíshǐ ～ dǎtōngle diànhuà, tā yě bù yídìng zài jiā. *Even if you were lucky enough to get through to him on the phone, he may not be home.* / 即便～找到了他，肯不肯帮忙还很难说。Jíbiàn ～ zhǎodàole tā, kěn bu kěn bāng máng hái hěn nánshuō. *Even if you were lucky enough to find him, it's still hard to say whether or not he would be willing to help.*

【幸福】xìngfú（形）（生活上）心情愉快，称心如意 *happy；well-off；fortunate*：多么～的家庭! Duōme ～ de jiātíng! *What a happy family!* /我生活在今天的时代，真感到～。Wǒ shēnghuó zài jīntiān de shídài, zhēn gǎndào ～. *I am very well-off living in this modern age.* /你真～，能有这样一个好母亲! Nǐ zhēn ～, néng yǒu zhèyàng yí ge hǎo mǔqin! *You are so fortunate to have such a wonderful mother!* /老人都希望过一个～的晚年。Lǎorén dōu xīwàng guò yí ge ～ de wǎnnián. *All old people hope to lead a happy life in their remaining years.*（名）使人心情愉快的境遇和生活 *happiness；well-being*：我们这一代人要为后代人谋

～。Wǒmen zhè yí dài rén yào wèi hòudài rén móu ～. *We, the people of this generation, must work for the well-being of future generations.* /我们今天的～是经过几十年努力得到来的。Wǒmen jīntiān de ～ shì jīngguò jǐ shí nián nǔ lì délái de. *We owe our present happiness to decades of hard work.*

【幸好】xìnghǎo（副）同"幸亏"xìngkuī *same as "幸亏"* xìngkuī：那天～我不在场，免得人家怀疑。Nà tiān ～ wǒ bú zài chǎng, miǎnde rénjia huáiyí. *Fortunately I was not present that day, so I can avoid other people's suspicion.* /他从悬崖上摔了下去，～挂在树枝上，才没摔死。Tā cóng xuányá shang shuāile xiàqu, ～ guà zài shùzhī shang, cái méi shuāisǐ. *He fell off the precipice, but didn't fall to his death as he fortunately got caught on a tree branch.* /我带了个手电筒，没想到晚上那条路没灯。～ wǒ dàile ge shǒu- diàntǒng, méi xiǎngdào wǎnshang nà tiáo lù méi dēng. *Fortunately I brought along a flashlight, as we hadn't expected that road to not have any lights at night.*

【幸亏】xìngkuī（副）引出某种有利条件，使不希望发生的事或不愿出现的后果得以避免，表示说话人感到侥幸；多用于句首；有时后面说明避免了不幸后果以后的实际情况 *fortunately; luckily (introduces a certain condition which keeps an unwanted result from happening; indicates that the speaker feels lucky; usu. used at the beginning of a sentence; sometimes followed by the actual situation after the unfortunate incident has been avoided)*：/有他帮忙才把这些东西运了回来。/有他帮忙 máng cái bǎ zhèxiē dōngxi yùnle huílai. *Fortunately he helped, so I was able to ship all these things back.* /我们在森林里迷了路，～遇见一位老人，才把我们领出来。Wǒmen zài sēnlin li míle lù, ～ yùjian yí wèi lǎorén, cái bǎ wǒmen lǐng chūlai. *We lost our way in the forest; luckily we met up with an old man who guided us back.* 有时后面用"不然""要不然""要不"等，引出那个已经避免了的不幸后果 *(sometimes followed by "不然", "要不然", "要不", etc. which introduces the unfortunate result that has been avoided)*：这病～发现得早，不然就难治了。Zhè bìng ～ fāxiàn de zǎo, bùrán jiù nán zhì le. *Luckily we noticed this disease at an early stage, otherwise it would have been difficult to treat.* /你叫醒了我，要不非迟到不可。～ nǐ jiàoxǐng wǒ, yàobù fēi chídào bùkě. *Fortunately you woke me up, or else I would have certainly been late.* 如果语义清楚，实际情况或不幸后果可不出现 *(if the meaning suggested by the words is clear, the actual situation or unfortunate result may not appear)*：晚上突然停电，～我买了蜡烛。Wǎnshang tūrán tíng diàn, ～ wǒ mǎile làzhú. *The power suddenly went out last night. Luckily, I had bought some candles.* /下车时一脚踩空了，～有人拉了我一把。Xià chē shí yì jiǎo cǎikōng le, ～ yǒu rén lāle wǒ yì bǎ. *I missed a step as I was getting off the train. Fortunately somebody caught me.*

【幸免】xìngmiǎn（动）〈书〉因运气好而躲过（灾难）*escape by sheer luck; have a narrow escape*：～于难 ～ yú nàn *escape death by sheer luck* /～于死 ～ yú sǐ *escape death by a hair's breadth* /灾难得以～ zāinàn déyǐ ～ *a disaster was avoided by sheer luck* /～杀身之祸 ～ shā shēn zhī huò *escape a fatal disaster by sheer luck*

【幸事】xìngshì（名）值得庆幸的事情 *good fortune; blessing*

【幸喜】xìngxǐ（副）幸亏 *fortunately; luckily (used to introduce an advantageous circumstance which made it possible to avoid otherwise unfortunate consequences)*：～他拉住了我，差点儿没掉到沟里去。～ tā lāzhùle wǒ, chàdiǎnr méi diàodào gōu li qu. *Fortunately he grabbed me or I would have fallen into the ditch.* /～你提醒我一句，要不然就糟了。～ nǐ tíxǐng wǒ yí jù, yàobùrán jiù zāo le. *Luckily you warned me, otherwise I would have been in a fine mess.*

【幸运】xìngyùn（形）运气好 *fortunate; lucky*：这次考试真

～，考题内容都是我熟悉的。Zhè cì kǎoshì zhēn ～, kǎoti nèiróng dōu shì wǒ shúxi de. *I was lucky in this exam, as I knew all the answers to the questions well.* /要不是医生抢救及时，他早就死了，太～了。Yàobushì yīshēng qiǎngjiù jíshí, tā zǎo jiù sǐ le, tài ～ le. *If it weren't for the doctor rescueing him on time, he would have died. What luck!*

【幸灾乐祸】xìng zāi lè huò 在别人遇到不幸、灾祸时感到高兴，含贬义 *take pleasure in (or gloat over) others' misfortune*

性 xìng

（名）（1）性格 *nature; character; disposition* （2）性别 *sex; gender*：男～ nán～ *the male sex*/ 女～ nǔ～ *the female sex* /雄～ xióng～ *male (species)*/ 雌～ cí～ *female (species)* （3）性欲的 *sexual*：～生活 ～ shēnghuó *sex life* （4）语法范畴 *gender*：阳～ yáng～ *the masculine gender* （5）一些名词、动词、形容词加"性"构成名词，表示事物所具有的性质特征 *(when "性" is added as a suffix to certain nouns, verbs and adjectives, it indicates the nature or characteristic of sth.)*：艺术～ yìshù～ *artistic quality*/ 思想～ sīxiǎng～ *ideological content* /党～ dǎng～ *Party spirit* /弹～ tán～ *elasticity* /碱～ jiǎn～ *alkalinity* /酸～ suān～ *acidity* 多元～ duōyuán～ *plurality* /单一～ dānyī～ *uniqueness* /复杂～ fùzá～ *complexity*

【性别】xìngbié（名）指男或女，多用于表格中 *sexual distinction; sex*

【性格】xìnggé（名）长期稳定的在对人对事的态度和行为上所表现出来的心理特点 *nature; disposition; temperament; character*：这个人～古怪。Zhège rén ～ gǔguài. *This person is eccentric.* /他的～很刚直。Tā de ～ hěn gāngzhí. *He has an upright and outspoken character.* /对孩子太娇惯，会使其养成怯懦～。Duì háizi tài jiāoguàn, huì shǐ qí yǎngchéng qiènuò ～. *If a child is too spoiled, he will develop a timid and weak-willed character.*

【性急】xìngjí（形）impatient; short-tempered：搞雕刻～可不行。Gǎo diāokè ～ kě bù xíng. *One can't be impatient when engraving.*

【性命】xìngmìng（名）*life*

【性能】xìngnéng（名）机械或其他工业制品的性质和功能 *function (of a machine, etc.); performance; property*：这台机器外部受了点损伤，可是～保持良好。Zhè tái jiqì wàibù shòule diǎnr sǔnshāng, kěshì ～ bǎochí liánghǎo. *The outside of this machine was slightly damaged, but the machine itself still performs satisfactorily.* /那台拖拉机使用很多年，～逐年减弱。Nà tái tuōlāji shǐyòng hěn duō nián, ～ zhú nián jiǎnruò. *That tractor has been in use for many years and its performance has been reduced year by year.* / 这种汽车比其他型号的～好。Zhè zhǒng qìchē bǐ qítā xínghào de ～ hǎo. *This type of car performs better than other models.*

【性情】xìngqíng（名）性格；天性 *disposition; temperament; temper*：倔强～ juéjiàng have a stubborn temperament /～刚强 ～ gāngqiáng firm disposition /～暴烈 ～ bàoliè have a fiery temper /这个女孩子～温柔。Zhège nǔ háizi ～ wēnróu. *This girl has a gentle disposition.* /大熊猫的～很温顺。Dà xióngmāo de ～ hěn wēnshùn. *Giant pandas have very docile temperaments.*

【性质】xìngzhì（名）事物的属性和本质 *quality; nature; character*：他犯的错误～是严重的。Tā fàn de cuòwù ～ shì yánzhòng de. *His error is of a serious nature.* /物质的化学～和物理～是不相同的。Wùzhì de huàxué ～ hé wùlǐ ～ shì bù xiāngtóng de. *The chemical nature of substances is not the same as its physical nature.*

【性子】xìngzi（名）〈口〉同"性情"xìngqíng *same as "性情"* xìngqíng：～急 ～ jí *impatient temperament*/ 慢～ màn ～

phlegmatic temperament /～倔 ～ juè *be stubborn* /～暴 ～ bào *short-tempered*

【性状】xìngzhuàng（名）性质和形状 *shape and properties*：土壤的理化～ tǔrǎng de lǐhuà ～ *the physicochemical properties of the soil*

姓 xìng
（名）*surname*；*family (or clan) name*：前面那个字是他的～，后面的是他的名字。Qiánmiàn nàge zì shì tā de ～，hòumiàn de shì tā de míngzi. *The first character is his surname and the second one is his first name.* /请问，你的～是怎么写的？Qǐng wèn，nǐ de ～ shì zěnme xiě de？ *Excuse me，how do you write your surname?*（动）*be surnamed*：你～什么?—— 我～方。Nǐ ～ shénme？—— Wǒ ～ Fāng. *What is your surname? ——My surname is Fang.*

【姓名】xìngmíng（名）姓和名字 *surname and name*；*full name*

悻 xìng
【悻悻】xìngxìng（形）〈书〉形容忿恨的样子（多作状语）*angry*；*resentful (often used as an adverbial)*

xiōng

凶 xiōng
（形）〈书〉（1）◇不幸的 *inauspicious*；*ominous*：～多吉少 ～ duō jí shǎo *be fraught with grim possibilities* /不知是～还是吉。Bù zhī shì ～ hái shì jí. *I don't know if this bodes ill or well.*（2）凶恶的 *fierce*；*ferocious*：老师的样子好像很～。Lǎoshī de yàngzi hǎoxiàng hěn ～. *The teacher looks fierce.* /父母对孩子不要那么～。Fùmǔ duì háizi búyào nàme ～. *Parents must not be that fierce with their children.*（3）厉害 *terrible*；*fearful*：狗叫得很～，但不一定咬人。Gǒu jiào de hěn ～，dàn bù yídìng yǎo rén. *A dog may bark fearfully，but may not necessarily bite.* /两个人吵得太～了，几乎打起来。Liǎng ge rén chǎo de tài ～ le，jīhū dǎ qǐlai. *Those two had a terrific row and almost came to blows.*

【凶暴】xiōngbào（形）（性情、行为）凶狠残暴 *(of a person's nature or behaviour) fierce and brutal*：老师、父母对孩子一定不能～。Lǎoshī、fùmǔ duì háizi yídìng bù néng ～. *Teachers，parents mustn't be fierce and brutal to their children.*

【凶残】xiōngcán（形）〈书〉凶狠残忍 *fierce and cruel*；*savage and ruthless*：侵略军对当地居民十分～。Qīnlüèjūn duì dāngdì jūmín shífēn ～. *The invading army was extremely fierce and cruel to the local residents.*

【凶恶】xiōng'è（形）*fierce*；*ferocious*；*vicious*；*fiendish*：～的面孔 ～ de miànkǒng *a ferocious look* /性情～ xìngqíng ～ *have a fierce character* /看他那样子多～! Kàn tā nà yàngzi duō ～! *Look at how vicious he is!*

【凶悍】xiōnghàn（形）凶横强悍 *fierce and tough*

【凶狠】xiōnghěn（形）*fierce and malicious*：那人怎么那么～，一拳把孩子打得鼻孔流血。Nà rén zěnme nàme ～，yì quán bǎ háizi dǎ de bíkǒng liú xiě. *How could that person be so fierce and malicious? He punched that kid in the nose and made it bleed.* /一个～的家伙杀死了一个无辜老人。Yí ge ～ de jiāhuo shāsǐle yí ge wúgū lǎorén. *A fierce and malicious guy murdered an innocent old person.* /这人性情～。Zhè rén xìngqíng ～. *This person has a fierce and malicious character.*

【凶猛】xiōngměng（形）（性情、气势）凶恶猛烈 *violent*；*ferocious*：洪水来势～，一下子淹没了无数村庄。Hóngshuǐ láishì ～，yíxiàzi yānmòle wúshù cūnzhuāng. *The flood broke with a violent force and inundated countless villages.* /虎、豹、狮子都是非常～的野兽。Hǔ、bào、shīzi dōu shì fēicháng ～ de yěshòu. *Tigers，panthers and lions are all ferocious wild beasts.*

【凶器】xiōngqì（名）杀人或打人时用的器械 *lethal weapon*；*tool or weapon used to perpetrate a criminal act*

【凶杀】xiōngshā（动·不及物）趁人不备，把人杀害 *homicide*；*murder*：～事件 ～ shìjiàn *murder incident* /蓄谋～ xùmóu ～ *premeditated murder*

【凶神】xiōngshén（名）凶恶的神，常用来比喻凶恶的人 *demon*；*fiend*

【凶手】xiōngshǒu（名）行凶杀人的人 *murderer*；*assassin*

【凶险】xiōngxiǎn（形）（情势）凶恶危险 *(of a situation) in a very dangerous state*；*critical*：～的瘟疫很快停止蔓延了。～ de wēnyì hěn kuài tíngzhǐ mànyán le. *The dangerous pestilence was quickly stopped from spreading.*

【凶相】xiōngxiàng（名）凶恶的面孔 *ferocious features*；*fierce look* /～毕露 ～ bì lù *unleash all one's ferocity*

【凶信】xiōngxìn（名）死亡的消息 *news of sb.'s death*

兄 xiōng
（名）◇〈书〉哥哥 *elder brother*

【兄弟】xiōngdì（名）（1）哥哥和弟弟 *brothers*：～俩 ～ liǎ *two brothers* 他们是两～。Tāmen shì liǎng ～. *Those two are brothers.*（2）比喻亲近 *fraternal*；*brotherly*：～民族 ～ mínzú *fraternal nations* /～关系 ～ guānxi *fraternal relations* /～单位 ～ dānwèi *fraternal units* / ～院校 ～ yuànxiào *fraternal colleges or universities*

【兄弟】xiōngdi（名）〈口〉弟弟 *younger brother*：他是我～。Tā shì wǒ ～. *He's my younger brother.*

【兄长】xiōngzhǎng（名）对男性朋友的敬称 *a respectful form of address for a male friend*

洶 xiōng
【洶洶】xiōngxiōng（形）很凶很厉害的样子 *violent*；*truculent*：这事不一定是他做的，不要气势～地去问他。Zhè shì bù yídìng shì tā zuò de，búyào qìshì ～ de qù wèn tā. *He may not have done this，so don't be aggressive when you ask him about it.*

【洶涌澎湃】xiōngyǒng péngpài 形容潮水上涨，波澜壮阔的样子。常用来比喻声势浩大，无法阻挡 *surging*；*turbulent*；*tempestuous*：～的革命洪流 ～ de gémìng hóngliú *surging revolutionary torrent* / 大海的波涛～。Dà hǎi de bōtāo ～. *Tempestuous ocean waves.*

胸 xiōng
（名）（1）*chest*；*bosom*；*thorax*：他～前挂着一枚勋章。Tā ～ qián guàzhe yì méi xūnzhāng. *There is a medal pinned to his chest.* /校徽戴在左前～。Xiàohuī dài zài zuǒ qián ～. *The school badge is worn on the front left part of the chest.*（2）心（脑子里）*mind*；*heart*：～中装着全国人民 ～zhōng zhuāngzhe quán guó rénmín *have the people of the whole country in mind*

【胸部】xiōngbù（名）*chest*；*thorax*

【胸怀】xiōnghuái（名）*mind*；*heart*：～狭窄 ～ xiázhǎi *narrow-minded* /宽阔的～ kuānkuò de ～ *broad-mindedness* /～坦荡 ～ tǎndàng *magnanimous heart*（动）*cherish*；*harbour*；*keep in mind*：～祖国 ～ zǔguó *keep at heart the interests of the motherland* /～全局 ～ quánjú *keep the overall situation in mind*：～远大的目标 ～ yuǎndà de mùbiāo *harbour a long-range goal*

【胸襟】xiōngjīn（名）〈书〉同 "胸怀" xiōnghuái（名）*same as* "胸怀" xiōnghuái（名）：～宽广 ～ kuānguǎng *broad-minded*

【胸脯】xiōngpú（名）chest：挺起～来，别驼着背。Tǐngqǐ ～ lai, bié tuózhe bèi. *Throw out your chest and don't hunch your back.*

【胸腔】xiōngqiāng（名）*thoracic cavity*

【胸膛】xiōngtáng（名）同"胸脯"xiōngpú *same as "胸脯"* xiōngpú

【胸有成竹】xiōng yǒu chéng zhú 比喻对所要做的事已有确切的打算并且有把握 *have a well-thought-out plan; have a good stratagem before any action is taken*：对这课书的讲法，他早已～。Duì zhè kè shū de jiǎngfǎ, tā zǎo yǐ ～. *He already has a well-thought-out plan on how to teach this lesson.*

【胸中无数】xiōng zhōng wú shù 同"心中无数" xīn zhōng wú shù *same as "心中无数"* xīn zhōng wú shù

【胸中有数】xiōng zhōng yǒu shù 同"心中有数" xīn zhōng yǒu shù *same as "心中有数"* xīn zhōng yǒu shù

xióng

雄 xióng（形）(1) *male*：～鸡～ jī *cock; rooster*/～蕊～ ruǐ *stamen* (2) 强有力的 *powerful; mighty*：百万～兵 bǎiwàn ～ bīng *a million mighty soldiers*（名）〈书〉比喻杰出或强有力的人（或国家）*a person or state having great power and influence*：称～ chēng ～ *rule over a region*/ 战国七～ Zhànguó qī ～ *the seven powerful states of the Warring States Period*

【雄辩】xióngbiàn（名）雄健有力的辩论 *convincing argument; eloquence*：他的～口才惊人。Tā de ～ kǒucái jīngrén. *His eloquence is amazing.* /事实胜于～。Shìshí shèng yú ～. *Facts speak louder than words.*（形）*eloquent; convincing*：最～的莫过于事实。Zuì ～ de mò guò yú shìshí. *There is nothing more convincing than tne facts.* /这支足球队连获四次冠军，～地表明了队员们训练有素，意志坚强。Zhè zhī zúqiúduì lián huò sì cì guànjūn, ～ de biǎomíngle duìyuánmen xùnliàn yǒu sù, yìzhì jiānqiáng. *This football team won four successive championships. This indicates quite convincingly that the team members are well-trained and strong-willed.*

【雄才大略】xióng cái dà lüè 杰出的才能和谋略（*a person of*）*great talent and bold vision; great wisdom coupled with bold strategy*

【雄厚】xiónghòu（形）（人力、物力）充足 *rich; solid; abundant*：资金～ zījīn ～ *abundant funds* /实力～ shílì ～ *rich in human and material resources* /技术力量～ jìshù lìliang ～ *have an abundance of technical personnel* /～的物质基础 ～ de wùzhì jīchǔ *a solid material base*

【雄浑】xiónghún（形）雄健而又浑厚 *vigorous and firm; forceful*：笔力～ bǐlì ～ *vigorous strokes (in writing or painting)* /这首古诗～有力，一气呵成。Zhè shǒu gǔshī ～ yǒulì, yíqì hē chéng. *This classical poem is powerful from beginning to end.*

【雄健】xióngjiàn（形）〈书〉强健而有力 *robust; vigorous; powerful*：～的步伐 ～ de bùfá *vigorous strides* /步履～ bùlǚ ～ *walk vigorously*

【雄赳赳】xióngjiūjiū（形）形容威武的样子 *valiant; gallant*

【雄师】xióngshī（名）〈书〉雄壮的、力量强大的军队 *powerful army*

【雄伟】xióngwěi（形）雄壮宏伟 *grand; imposing; magnificent*：那座名山～壮观。Nà zuò míng shān ～ zhuàngguān. *That famous mountain is an imposing and magnificent sight.* /一座～的建筑矗立在街头。Yí zuò ～ de jiànzhù chùlì zài jiētóu. *An imposing building towers above the street.* /上海体育馆看起来非常～。Shànghǎi tǐyùguǎn kànlái fēicháng ～. *The Shanghai Stadium is a magnificent sight.*

【雄文】xióngwén（名）〈书〉雄浑有力，能产生深远社会影响的伟大著作 *profound and powerful writing; great (literary) works*

【雄心】xióngxīn（名）远大的理想和抱负 *great ambition; lofty aspiration*：～勃勃 ～ bóbó *be overly ambitious* /野心不可有，～不可无。Yěxīn bù kě yǒu, ～ bù kě wú. *One must not be wildly ambitious, nor must one be without high goals.*

【雄心壮志】xióngxīn zhuàngzhì 远大的理想、抱负和伟大的志向 *lofty aspirations and great ideals*

【雄鹰】xióngyīng（名）雄性的鹰，可引申为比喻英武的男性人物 *"heroic eagle"; hero*

【雄壮】xióngzhuàng（形）（气势）强烈、宏大 *full of power and grandeur; magnificent; majestic*：乐队奏起～的乐曲。Yuèduì zòuqǐ ～ de yuèqǔ. *The orchestra started to strike up majestic music.* /成千上万的游行群众气势～。Chéng qiān shàng wàn de yóuxíng qúnzhòng qìshì ～. *Thousands upon thousands of marchers created a powerful momentum.*

【雄姿】xióngzī（名）〈书〉雄壮有力的姿态 *majestic appearance; heroic posture*：万里长城在起伏的山峦中展现出它那千古～。Wàn lǐ Chángchéng zài qǐfú de shānluán zhōng zhǎnxiàn chū tā nà qiāngǔ ～. *The 10,000 li Great Wall unfolds over the undulating hills before one's eyes in all its eternal majesty.*

熊 xióng（名）[只 zhī] *bear*

【熊猫】xióngmāo（名）[只 zhī] *panda*

【熊熊】xióngxióng（形）形容火势旺盛的样子 *flaming; ablaze; raging*：～的烈火 ～ de lièhuǒ *raging flames* /篝火～地燃烧起来。Gōuhuǒ ～ de ránshāo qilai. *The bonfire started burning with a rage.*

xiū

休 xiū（动）◇(1) 休息 *rest*：倒～ dǎo ～ *change one's day off to another day* /轮～ lún ～ *stagger holidays* /他是半～还是全～? Tā shì bàn ～ háishi quán ～? *Is he off for a half day or for a complete rest?* /他因病半～一个星期。Tā yīn bìng bàn ～ yí ge xīngqī. *He worked a week of half days due to illness.* (2) 停止 *stop; cease*：争论不～ zhēnglùn bù ～ *argue endlessly*（副）〈书〉有"不用""没有可能"的意思，在祈使句中有"别""不要"的意思 *don't (has the same meaning as "不用" and "没有可能"; in an imperative sentence, it has the same meaning as "别" and "不要")*：你什么也～想从我这里得到。Nǐ shénme yě ～ xiǎng cóng wǒ zhèlǐ dédào. *Don't think that you're going to get anything from me.* /事实确凿，～要抵赖! Shìshí quèzuò, ～ yào dǐlài. *The facts are irrefutable, so don't deny them.* / 抓住他，～叫他跑了! Zhuāzhù tā, ～ jiào tā pǎo le! *Seize him! Don't let him run away!*

【休会】xiū=huì 会议在进行中间暂时停止 *adjourn*：～两天 ～ liǎng tiān *adjourn for two days*

【休假】xiū=jià（of workers, students, etc.）*have (or take, go on) a holiday*；（of soldiers, personnel working abroad, etc.）*be on leave or furlough*：我们每年可以休两周的假。Wǒmen měi nián kěyǐ xiū liǎng zhōu de jià. *We have two weeks' holidays every year.* /他从昨天起～一星期。Tā cóng zuótiān qǐ ～ yì xīngqī. *He started a week's holiday yesterday.*

【休克】xiūkè（名）〈医〉*shock*（动）*shock*：他～了半小时。Tā ～ le bàn xiǎoshí. *He was in shock for half an hour.*

【休戚相关】xiūqī xiāngguān 休:喜，戚:忧。形容祸福互相关联、利害彼此一致（休: *joy*; 戚: *sorrow*）*share joys and sorrows; share weal and woe*

【休戚与共】xiūqī yǔ gòng 形容彼此同甘共苦,关系密切 *stand together through thick and thin*

【休憩】xiūqì（动・不及物）〈书〉休息 *have (or take) a rest; rest*

【休息】xiūxi（动・不及物）*have (or take) a rest; rest*：现在～一会儿吧。Xiànzài ～ yíhuì ba. *Take a short rest now.* /我们厂星期四～。Wǒmen chǎng xīngqīsì ～. *Our factory gives us every Thursday off.* /大家在这儿～～再接着干。Dàjiā zài zhèr ～～ zài jiēzhe gàn. *You all rest here for a bit before going on with the work.*

【休想】xiūxiǎng（动）不要妄想 *don't imagine that it's possible; don't cherish any illusion that*：他～从我这儿得到什么便宜。Tā ～ cóng wǒ zhèr dédào shénme piányi. *He'd better not imagine that he'll get anything from me.*

【休学】xiū=xué 在校学生因故不能继续学业,经学校同意,暂停止学习,仍保留学籍 *suspend one's schooling without losing one's status as a student*：因病～一年。Yīn bìng ～ yì nián. *He has suspended his schooling for one year due to illness.* /他休过一年学。Tā xiūguo yì nián xué. *He suspended his schooling for one year.* /他要求～～. Tā yāoqiú ～. *He has requested suspension of his schooling.*

【休养】xiūyǎng（动）*recuperate; convalesce*：病后要好好～～. Bìng hòu yào hǎohāor ～～. *You must take care and recuperate after your illness.* /他需要～一个时期。Tā xūyào ～ yí ge shíqī. *He needs to convalesce for a period of time.* ～胜地 ～ shèngdì *a famous scenic spot for convalescence*

【休养生息】xiūyǎng shēngxī 指国家在政治动荡,经济遭到破坏后,安定生活,发展生产,恢复元气 *(of a nation) recuperate and build up strength; rehabilitate*

【休养所】xiūyǎngsuǒ（名）*sanatorium; rest home*

【休战】xiū=zhàn 交战双方暂时停止军事行动 *truce; cease-fire; armistice*

【休整】xiūzhěng（动）利用作战或执行某项任务的间隙进行休息,整顿,训练 *rest and reorganize*：大部队～了两天,继续投入战斗。Dà bùduì ～ le liǎng tiān, jìxù tóurù zhàndòu. *The main army rested for two days and reorgan-ized before throwing itself once again into the battle.* /利用战斗间隙进行～。Lìyòng zhàndòu jiànxì jìnxíng ～. *They took advantage of the lull in the battle to rest and reorganize.*

【休止】xiūzhǐ（动・不及物）〈书〉*stop; cease*：无～地辩论何时才能结束? Wú ～ de biànlùn hé shí cái néng jiéshù? *About what time can we finally finish this endless argument?* /第二次大战后,世界上局部战争一直没有～。Dì'èr cì Dàzhàn hòu, shìjiè shang júbù zhànzhēng yìzhí méiyou ～. *Local wars have never ceased since the end of the Second World War.* /这座火山处于～状态。Zhè zuò huǒshān chǔyú ～ zhuàngtài. *This volcano is inactive.*

修 xiū

（动）(1)整理、整治 *repair; mend; overhaul*：～表 ～ biǎo *repair a watch*/ 请你帮我～～这台录音机。Qǐng nǐ bāng wǒ ～～ zhè tái lùyīnjī. *Please help me repair this tape recorder.* /这座庙刚～不久。Zhè zuò miào gāng ～ bùjiǔ. *This temple was just recently repaired.* (2)兴建 *build; construct*：～铁路 ～ tiělù *build a railway* /地铁 ～ dìtiě *build a subway* /这座桥是新～起来的。Zhè zuò qiáo shì xīn ～ qilai de. *This bridge is newly constructed.* /篮球场旁边还要再～一个网球场。Lánqiúchǎng pángbiānr hái yào zài ～ yí ge wǎngqiúchǎng. *A tennis court is to be built beside the basketball court.* (3)剪、削 *trim; prune*：～脚 ～ jiǎo *pedicure*/ 果树枝～ guǒshù zhīr *prune the branches of a fruit tree*（名）修正主义的简称 *abbrev. for* "修正主义"（*revisionism*）

【修补】xiūbǔ（动）修理破损的东西,使恢复完整 *mend; patch up; repair; revamp*：～铁锅 ～ tiěguō *mend an iron pan* /院墙 ～ yuànqiáng *repair the courtyard wall* /这双鞋～还能穿。Zhè shuāng xié ～ hái néng chuān. *Once these shoes are repaired, they can still be worn.*

【修长】xiūcháng（形）细长 *tall and thin; slender*：身材～ shēncái ～ *slender figure* /的手指 ～ de shǒuzhǐ *slender fingers*

【修辞】xiūcí（名）*rhetoric*：写文章不但要通顺,还要注意～. Xiě wénzhāng búdàn yào tōngshùn, hái yào zhùyì ～. *When writing an article, one must not only be clear and coherent, but one must also pay attention to rhetoric.*

【修辞学】xiūcíxué（名）*rhetoric*

【修道院】xiūdàoyuàn（名）*monastery; convent*

【修订】xiūdìng（动）修改订正（文章、计划等）*revise (an article, a plan, etc.)*：～版 ～ bǎn *revised edition* /来年的教学计划需要～一下。Láinián de jiàoxué jìhuà xūyào ～ yíxià. *The teaching plan for the coming year needs to be revised a bit.* /这本书是经过～以后再版的。Zhè běn shū shì jīngguò ～ yǐhòu zàibǎn de. *This book was reprinted after being revised.*

【修复】xiūfù（动）（建筑物）经过修理恢复原来的完整的样子 *repair; restore; renovate (a building or structure)*：铁路已经～通车。Tiělù yǐjīng ～ tōng chē. *The railway has already been repaired and reopened to traffic.* /大堤～工程进行得怎样了? Dà dī ～ gōngchéng jìnxíng de zěnyàng le? *How are the repairs on the dyke coming along?* /古塔倒塌了,至今还没有～。Gǔ tǎ dǎotā le, zhìjīn hái méiyou ～. *The ancient pagoda collapsed and, to this day, has not been restored.*

【修改】xiūgǎi（动）改正（文章、计划、章程等）*revise; modify; amend; alter (an article, a plan, a rule, etc.)*：这篇文章稍加～就可以送出版社。Zhè piān wénzhāng shāo jiā ～ jiù kěyǐ sòng chūbǎnshè. *Once a few alterations are made to this article, it can be sent to the publishing house.* /这部宪法是去年～的。Zhè bù xiànfǎ shì qùnián ～ de. *This charter was amended last year.* /这本书应该～～再重版。Zhè běn shū yīnggāi ～～ zài chóngbǎn. *This book should be revised before republication.*

【修剪】xiūjiǎn（动）（枝叶、指甲等）用剪子修整 *prune; trim; clip (branches and leaves, fingernails, etc.)*

【修建】xiūjiàn（动）建筑（房屋、铁路、桥梁等）*build; construct; erect (a house, railway, bridge, etc.)*：～厂房 ～ chǎngfáng *construct a factory building* /～黄河铁桥 ～ Huáng Hé tiěqiáo *erect a railway bridge over the Yellow River* /～水利工程 ～ shuǐlì gōngchéng *build irrigation works*

【修旧利废】xiū jiù lì fèi 修理旧的物品、设备等,充分利用废旧物资 *repair and utilize old or discarded things*

【修浚】xiūjùn（动）治理疏通 *dredge*：～河道 ～ hédào *dredge a river*

【修理】xiūlǐ（动）同"修"xiū (1) *same as* "修" xiū (1)：你会～电视机吗? Nǐ huì ～ diànshìjī ma? *Can you repair televisions?* /我已经把录音机～好了,你用吧。Wǒ yǐjīng bǎ lùyīnjī ～ hǎo le, nǐ yòng ba. *I've already repaired the tape recorder, so you can use it.* /～门市部把我的打火机～坏了,赔了我一个新的。～ ménshìbù bǎ wǒ de dǎhuǒjī ～ huài le, péile wǒ yí ge xīn de. *The repair shop broke my lighter while trying to fix it and compensate me with a new one.*

【修女】xiūnǚ（名）天主教或东正教中出家修道的女子 *nun (of the Roman Catholic and Greek Orthodox churches); sister*

【修配】xiūpèi（动）修理并装配缺损零部件 *make repairs and supply replacements*

【修葺】xiūqì（动）〈书〉同"修缮"xiūshàn *same as* "修缮" xiūshàn

【修缮】xiūshàn（动）〈书〉修理（建筑物）repair；renovate（a structure or building）：房屋～一新。Fángwū ～ yì xīn. The house has been completely renovated. /天安门的～工程已经完工。Tiān'ānmén de ～ gōngchéng yǐjīng wán gōng. The renovation of Tian'anmen has already been completed.

【修饰】xiūshì（动）(1)decorate；adorn；embellish：～门面～门面 ménmiàn decorate a shop front /这所宾馆需要～一下，才显得堂皇典雅。Zhè suǒ bīnguǎn xūyào ～ yíxià，cái xiǎndé tánghuáng diǎnyǎ. This guest house needs to be embellished a bit so as to give it a stately and elegant appearance. (2)装点仪容 make up and dress up；她从不～，永远朴素素。Tā cóng bù ～，yǒngyuǎn pǔpúsùsù. She has never made nor dressed herself up，always remaining very plain. /出门作客，不需要怎么打扮，可总要稍加一。bù xūyào zěnme dǎban，kě zǒng yào shāo jiā ～. When one is a guest somewhere，it is not necessary for him to be extravagantly dressed，but he should at least dress up a little. (3)修改，润饰 polish（a piece of writing）：文章再～一，文字就更美了。Wénzhāng zài ～一，wénzì jiù gèng měi le. If the article were polished a bit more，the writing would be much more refined. (4)形容 qualify；modify；形容词常用来～名词。Xíngróngcí cháng yòng lái ～ míngcí. Adjectives are often used to qualify nouns. ～动词的词语叫状语。～ dòngcí de cíyǔ jiào zhuàngyǔ. Terms employed to modify a verb are called adverbial modifiers.

【修养】xiūyǎng（名）(1)某方面的知识、理论、技能具有一定的水平 accomplishment；training；mastery：他是个工程师，可是很有文学～。Tā shì ge gōngchéngshī，kěshì hěn yǒu wénxué ～. He's an engineer，but he is also accomplished in literature. /他在史学方面很有～。Tā zài shǐxué fāngmiàn hěn yǒu ～. He's very accomplished in the science of history. /搞科技工作的，都要有较高的数学～。Gǎo kējì gōngzuò de，dōu yào yǒu jiào gāo de shùxué ～. Those who work in science and technology must have good training in mathematics. (2)指个人思想、待人处世的自我锻炼 correct behaviour in social relationships；cultivation：他是很有～的，不轻易发火。Tā shì hěn yǒu ～ de，bù qīngyì fā huǒ. He is very well cultivated and doesn't lose his temper easily.

【修业】xiūyè（动）指学生在校学习 study at school：他只学了三年，没有毕业，拿到一张～证书。Tā zhǐ xuéle sān nián，méiyǒu bì yè，nádào yì zhāng ～ zhèngshū. He only studied for three years and didn't graduate，so he just has a certificate showing the courses he attended. /他在大学～期满，准予毕业了。Tā zài dàxué ～ qī mǎn，zhǔnyǔ bì yè le. He has completed his studies at university and his graduation has been approved. /有的大学～五年才能毕业。Yǒude dàxué ～ wǔ nián cái néng bì yè. Some universities require that one studies for five years before being able to graduate.

【修造】xiūzào（动）修理并制造 build as well as repair：这个工厂可以～机器。Zhège gōngchǎng kěyǐ ～ jīqì. This factory can build as well as repair machinery.

【修整】xiūzhěng（动）修理使完整或整齐 repair and maintain；prune；trim：这把锯需要～一下才能用。Zhè bǎ jù xūyào ～ yíxià cái néng yòng. This saw needs to be repaired and kept in good shape if it's to be used. /他在～果树。Tā zài ～ guǒshù. He's pruning the fruit trees.

【修正】xiūzhèng（动）(1)改正 revise；amend；correct：～草案～ cǎo'àn revise a draft /坚持真理，～错误。Jiānchí zhēnlǐ，～ cuòwù. Uphold the truth and correct your mistakes. /代表们在大会上对该议案又提出了一个～案。Dàibiǎomen zài dàhuì shang duì gāi yì'àn yòu tíchūle yí ge ～ àn. The representatives proposed another amendment to this motion in Congress. (2)篡改（马克思列宁主义）mutilate（Marxism-Leninism）；revise：假马克思主义者企图～马克思列宁主义。Jiǎ Mǎkèsīzhǔyìzhě qǐtú ～ Mǎkèsī-Lièníngzhǔyì. Phoney Marxist-Leninists attempt to revise Marxism-Leninism. /机会主义是对马克思主义的～。Jīhuìzhǔyì shì duì Mǎkèsīzhǔyì de ～. Opportunism is a mutilation of Marxism.

【修正主义】xiūzhèngzhǔyì（名）revisionism

【修筑】xiūzhù（动）同"修建"xiūjiàn same as "修建" xiūjiàn：～铁路～ tiělù build a railway /～桥梁～ qiáoliáng construct a bridge

羞 xiū

（动）(1)难为情 be embarrassed；be shy；be bashful：～得满脸通红 ～ de mǎnliǎn tōnghóng blush scarlet (2)感到耻辱 be ashamed；feel disgraced；be humiliated：～与为伍～ yǔ wéi wǔ be ashamed to associate with somebody（名）〈口〉羞耻 sense of shame；shame：真没～，上托儿所了还哭啊！Zhēn méi ～，shàng tuō'érsuǒ le hái kū a! You have no shame. you're already going to nursery school and yet you still cry.

【羞惭】xiūcán（形）〈书〉同"羞愧"xiūkuì same as "羞愧" xiūkuì

【羞耻】xiūchǐ（名）sense of shame；shame：这人真不知～。Zhè rén zhēn bù zhī ～. This person really doesn't have any sense of shame. /毫无～之心 háowú ～ zhī xīn shameless /他为没完成任务感到～。Tā wèi méi wánchéng rènwu gǎndào ～. He feels ashamed for not having finished the task.

【羞答答】xiūdādā（形）形容害羞的样子 coy；shy；bashful

【羞愧】xiūkuì（形）ashamed；abashed：他做了这种对不起人的事，应当感到～。Tā zuòle zhè zhǒng duì bu qǐ rén de shì，yīngdāng gǎndào ～. He ought to be ashamed for doing such an unforgivable thing. /这件事使他感到内疚，～极了。Zhè jiàn shì shǐ tā gǎndào nèijiù，～ jí le. This matter gave him a guilty conscience and made him feel extremely ashamed.

【羞怯】xiūqiè（形）又害羞又胆怯 shy；timid；sheepish

【羞辱】xiūrǔ（名）可耻的事，耻辱 shame；dishonour；humiliation；disgrace：家里出了叛徒，是全家人的～。Jiā li chūle pàntú，shì quán jiā rén de ～. There is a traitor in the family and this has become a disgrace to the whole family. /受到这种人的赞赏是～而不是光荣。Shòudào zhè zhǒng rén de zànshǎng shì ～ ér bú shì guāngróng. Being admired by this type of person is a disgrace，not an honour. （动）使受耻辱 humiliate；put to shame；disgrace：那件事他作得不光彩，被人～了一番。Nà jiàn shì tā zuò de bù guāngcǎi，bèi rén ～le yì fān. He didn't handle that matter in an honourable way，so he was humiliated. /他受到无端的～而感到委屈。Tā shòudào wúduān de ～ ér gǎndào wěiqū. He was humiliated for no reason so he feels wronged.

【羞涩】xiūsè（形）形容因难为情而态度很不自然的样子 shy；bashful；embarrassed

xiǔ

朽 xiǔ

（形）(1)腐烂 rotten；decayed：整年风吹雨淋，这木头都～了。Zhěng nián fēng chuī yǔ lín，zhè mùtou dōu ～ le. Being weathered all year round，this wood has decayed. (2)◇衰老 senile

【朽木】xiǔmù（名）烂木头，比喻没出息，不可造就的人 rotten wood or tree — a hopeless case；a good-for-nothing

xiù

秀 xiù

（动）庄稼吐穗（of grain crops）put forth ears：高粱刚

~穗儿。Gāoliang gāng ~ suìr. *The Chinese sorghum has just put forth ears.* (形)(1)清秀 *elegant*；*beautiful*：山清水～ shān qīng shuǐ ～ *lovely scenery* /眉清目～ méi qīng mù ～ *having well-chiselled features* (2)优秀人才 *talent*：后起之～ hòu qǐ zhī ～ *a promising young person*

【秀丽】xiùlì (形)清秀美丽 *beautiful*；*handsome*；*pretty*

【秀美】xiùměi (形)清秀好看 *graceful*；*elegant*：～的人物塑像 ～ de rénwù sùxiàng *an elegant statue of a person* /这张山水画非常～. Zhè zhāng shānshuǐ huà fēicháng ～. *This landscape painting is extremely beautiful.*

【秀气】xiùqi (形)小而精致、美观 *delicate*；*elegant*；*fine*：她穿的这双鞋多～。Tā chuān de zhè shuāng xié duō ～. *What elegant shoes she's wearing.* / 这小姑娘并不很美，可是挺～。Zhè xiǎo gūniang bìng bù hěn měi, kěshì tǐng ～. *This young girl is not very beautiful, but she's quite refined.* / 他的字写得很～. Tā de zì xiě de hěn ～. *His handwriting is very elegant.*

臭 xiù
(名)◇气味 *odour*；*smell*：这种气体无色无～。Zhè zhǒng qìtǐ wú sè wú ～. *This type of gas is colourless and odourless.* 另见 chòu

袖 xiù
(名)◇ *sleeve*：短～衬衫 duǎn ～ chènshān *short-sleeved shirt* /你量量这件衣服的～长。Nǐ liángliang zhè jiàn yīfu de ～ cháng. *Measure how long the sleeves are on this jacket.*

【袖标】xiùbiāo (名) *armband*

【袖口】xiùkǒu (名) *cuff (of a sleeve)*

【袖手旁观】xiù shǒu páng guān 揣着手站在旁边不帮忙 *look on with folded arms*；*look on unconcerned*：同志有困难，咱们怎能～？Tóngzhì yǒu kùnnàn, zánmen zěn néng ～？ *How can we stand by with folded arms when a comrade has problems？*

【袖章】xiùzhāng (名)同"袖标" xiùbiāo *same as "袖标"* xiùbiāo

【袖珍】xiùzhēn (形·非谓)小型的，携带方便的 *pocket-sized*；*pocket*；*portable*：～字典 ～ zìdiǎn *pocket dictionary* /一本～ běn *pocket edition* /～录音机 ～ lùyīnjī *portable recorder*

【袖子】xiùzi (名)[只 zhī] *sleeve*

绣〔綉〕xiù
(动) *embroider*：枕套上～着牡丹花。Zhěntào shang ～ zhe mǔdanhuā. *There are peonies embroidered on the pillowcase.*

【绣花】xiù=huā *embroider*；*do embroidery*：她是～的能手。Tā shì ～ de néngshǒu. *She is an expert at embroidery.*

【绣像】xiùxiàng (名)[幅 fú] *tapestry (or embroidered) portrait*

锈〔銹〕xiù
(名)*rust*：带～的钉子 dài ～ de dīngzi *a rusty nail* /长久不用，刀生～了。Chángjiǔ bú yòng, dāo shēng ～ le. *The knife hasn't been used for a long time so it has become rusty.* (动) *rust*；*become rusty*：铁锁～住了。Tiěsuǒ ～zhù le. *The iron lock is rusty and won't open.* / 螺丝～了，拧不下来。Luósī ～ le, nǐng bu xiàlái. *The screw has rusted, so I can't twist it out.*

嗅 xiù
(动)用鼻子闻(气味) *smell*；*scent*；*sniff*

【嗅觉】xiùjué (名) *sense of smell*：狗的～很灵。Gǒu de ～ hěn líng. *Dogs have a keen sense of smell.* /政治～敏锐 zhèngzhì ～ mǐnruì *be politically sharp*

xū

吁 xū
(动)叹气 *sigh*：～一口气 ～ yì kǒu qì *heave a sigh*

【吁吁】xūxū (象声)出气的声音 (*sound of exhaling air*)：气喘～ qì chuǎn ～ *pant*

须 xū
(名)◇〔鬚〕(1)胡须 *beard*, *mustache or whiskers*：～发皆白 ～ fà jiē bái *both hair and mustache have turned white* (2)像胡须一样的东西 *palpus*；*tassel*：玉米～ yùmǐ ～ *corn tassel* (助动)〔须〕必须 *must*：会议改期的通知～早些发出。Huìyì gǎi qī de tōngzhī ～ zǎo xiē fāchū. *The notice announcing a change in date for the meeting must be issued early.* / 务～提前二十分钟到达车站。Wù ～ tíqián èrshí fēnzhōng dàodá chēzhàn. *You must be at the train station twenty minutes in advance.*

【须知】xūzhī (名)〈书〉对所从事的活动必须知道和遵守的事项 *points for attention*；*notice*：会客～ huì kè ～ *notice to visitors* / 入场～ rù chǎng ～ *rules for admission* / 入学～ rù xué ～ *the musts for entrance into a school* (动)一定要知道 *it must be understood (or borne in mind) that*：～纪律是我们事业成功的保证。～ jìlǜ shì wǒmen shìyè chénggōng de bǎozhèng. *It must be borne in mind that discipline is the guarantee of success for our cause.*

虚 xū
(形)(1)◇空的、空虚的 *void*；*empty*；*unoccupied*：座无～席 zuò wú ～ xí *There were no empty seats.* (2)◇白费的 *in vain*；*to no avail*：～度一生 ～ dù yìshēng *idle away one's life* /弹无～发 dàn wú ～ fā *Not a single shot missed its target.* (3)◇假的 *false*：～有其名 ～ yǒu qí míng *false reputation* /～情假意 ～ qíng jiǎ yì *false display of affection* /～晃一枪 ～ huǎng yì qiāng *feign to throw a spear* (4)衰弱 *weak*；*in poor health*：气～ qì ～ *lacking in vital energy* / 身体很～。Shēntǐ hěn ～. *Be physically very weak.*

【虚报】xūbào (动)不按真实情况报告 *make a false report*：～情况 ～ qíngkuàng *report the situation falsely* /～账目 ～ zhàngmù *falsify accounts* /～粮食产量，欺骗上级。～ liángshi chǎnliàng, qīpiàn shàngjí. *They made a false report on grain output so as to deceive the higher authorities.*

【虚词】xūcí (名)〈语〉不能单独作句子成分，意义比较抽象，但有帮助造句作用的词，如助词、连词、介词等 *function word*；*form word, such as an auxiliary word, a conjunction, preposition, etc.*

【虚构】xūgòu (动)凭空造出来 *fabricate*；*make up*：有人用～情节的手法，歪曲事实。Yǒu rén yòng ～ qíngjié de shǒufǎ, wāiqū shìshí. *Some people fabricate stories as a means for distorting fact.* /那件事纯属～，根本不存在。Nà jiàn shì chún shǔ ～, gēnběn bù cúnzài. *That is sheer fabrication. It simply doesn't exist.* /小说中的人物，有的是真人真事，有的是～的。Xiǎoshuō zhōng de rénwù, yǒude shì zhēn rén zhēn shì, yǒude shì ～ de. *Some characters and events in the novel are real and some are fictitious.*

【虚怀若谷】xū huái ruò gǔ 胸怀像山谷那样空广，不自满，形容十分谦虚 *have a mind as a valley — be very modest*：大家都被那位～的学者的高尚品德所感动。Dàjiā dōu bèi nà wèi ～ de xuézhě de gāoshàng pǐndé suǒ gǎndòng. *Everybody was moved by that modest scholar's high morals.*

【虚假】xūjiǎ (形)与事实不符的，假的 *false*；*sham*

【虚惊】xūjīng (名)事情过去以后证明是不必要的惊吓 *false alarm*：后来发现钱并没有丢，完全是一场～。Hòulái fāxiàn qián bìng méiyou diū, wánquán shì yì cháng ～. *It*

was later found out that the money had not been lost. It was just a false alarm. /原来不是枪声啊，真是～一场。Yuánlái bú shì qiāngshēng a, zhēn shì ～ yì chǎng. It wasn't the sound of a gun after all. It was just a false alarm.

【虚夸】xūkuā（动）（言语）虚假夸张 exaggerate; boast: 有的单位～成绩，讨好上级。Yǒude dānwèi ～ chéngjì, tǎo hǎo shàngjí. Some units exaggerate their success so as to curry favour with the higher authorities.

【虚名】xūmíng（名）跟实际情况不相符合的名声 undeserved reputation: 他是个徒有～，而没有真才实学的人。Tā shì ge tú yǒu ～, ér méi yǒu zhēn cái shí xué de rén. He doesn't deserve his reputation as he doesn't have genuine talent.

【虚拟】xūnǐ（动）虚构，假设 invent; fabricate; suppose: ～语气 ～ yǔqì the subjunctive mood /故事情节完全是～的。Gùshi qíngjié wánquán shì ～ de. This story is purely fictitious.

【虚胖】xūpàng（形）身体内脂肪过多，不结实 (of a person's body) puffy

【虚荣】xūróng（名）表面上的光采 vanity: 她太爱～，一点儿不实在。Tā tài ài ～, yìdiǎnr bù shízài. She's too vain and not the least bit trustworthy.

【虚弱】xūruò（形）(1)（身体）弱，不结实 in poor health; weak; debilitated: 他身体～。Tā shēntǐ ～. He's physically weak. (2)（兵力）软弱，不足 (of military strength) weak; feeble: 兵力～，抵抗不住外来的侵略。Bīnglì ～, dǐkàng bú zhù wài lái de qīnlüè. We are weak in military strength, so we cannot stand up to the foreign invaders.

【虚设】xūshè（动）〈书〉机构、职位名义上虽然存在，实际上不起职能作用 nominal; existing in name only: 那个学会不起任何作用，等于～。Nàge xuéhuì bù qǐ rènhé zuòyòng, děngyú ～. That learned society doesn't have any effect. It's tantamount to existing in name only. /这个组织好多年没有活动，形同～。Zhège zǔzhī hǎo duō nián méi yǒu huódòng, xíng tóng ～. This organization hasn't been active for many years. It now exists in name only.

【虚实】xūshí（名）指对方内部的实际情况 (as of the opposing side) false or true; the actual situation: 侦察员潜入敌军后方探听～。Zhēncháyuán qiánrù dí jūn hòufāng tàntīng ～. The scout slipped in at the rear of the enemy troops so as to ascertain their strength.

【虚数】xūshù（名）〈数〉imaginary number

【虚岁】xūsuì（名）nominal age (usu. one year older than actual age as one is traditionally considered one year old at birth)

【虚脱】xūtuō（名）〈医〉collapse; prostration（动）〈医〉collapse; prostrate

【虚伪】xūwěi（形）不实在，不真实 sham; false; hypocritical: 她很～，从不肯说真心话。Tā hěn ～, cóng bù kěn shuō zhēnxīn huà. She's very hypocritical and has never uttered a sincere word.

【虚无缥缈】xūwú piāomiǎo 形容空虚渺茫 purely imaginary; entirely unreal; illusory: 古人所谓的世外桃源，是～的空想社会。Gǔrén suǒwèi de shì wài Táoyuán, shì ～ de kōngxiǎng shèhuì. The so-called Land of Peach Blossoms of the ancients is a purely imaginary society.

【虚无主义】xūwúzhǔyì（名）nihilism

【虚线】xūxiàn（名）[条 tiáo] imaginary line; dotted line or line of dashes

【虚心】xūxīn（形）open-minded; modest: ～接受意见 ～ jiēshòu yìjiàn accept criticism with an open mind /～的人才能进步 ～ de rén cái néng jìnbù Only modest people can go forward. /他学习十分～，认真。Tā xuéxí shífēn ～, rènzhēn. He studies diligently and with an open mind.

【虚张声势】xū zhāng shēngshì 假装出强大的声势 make an empty show of strength

需 xū（动）需要 need; want; require: 按～分配 àn ～ fēnpèi distribution according to need /各取所～ gè qǔ suǒ ～ each takes what he needs /这里一～一吨化肥。Zhèli ～ yì dūn huàféi. A ton of chemical fertilizer is needed here.

【需求】xūqiú（名）〈书〉因需要所产生的要求 requirement; demand

【需要】xūyào（动）need; want; require; demand: 乡镇企业～科技人员。Xiāngzhèn qǐyè ～ kējì rényuán. Scientists and technicians are needed in small town enterprises.（名）needs: 这类产品无论是数量还是质量都不能满足消费者的～。Zhè lèi chǎnpǐn wúlùn shì shùliàng háishi zhìliàng dōu bù néng mǎnzú xiāofèizhě de ～. This type of product can satisfy the needs of consumers neither in quantity nor in quality.

嘘 xū（动）(1)慢慢地长吐气 breathe out slowly: ～气 ～ qì slowly let out a breath (2)叹气 utter a sigh: 仰天长～ yǎng tiān cháng ～ sigh with feeling (3)火或蒸气的热力接触到物体 (of cooking fire, steam, etc.) come into contact with sth.; scald; burn: 开锅拿馒头的时候当心～着手。Kāi guō ná mántou de shíhou dāngxīn ～zhao shǒu. Be careful not to scald your hands when you take off the lid to fetch the mantou.（叹）表示制止、驱逐等 sh; hush: ～! 小点儿声，屋里正开会。～! Xiǎo diǎnr shēng, wū li zhèng kāi huì. Sh! Talk a little lower. There's meeting going on in the room. 另见 shī

xú

徐 xú（副）慢慢地 slowly; gently: 清风～来 qīngfēng ～ lái A refreshing breeze is blowing gently.

【徐徐】xúxú（副）〈书〉慢慢地，后面可加"地" slowly; gently (may take "地"): 秋风～地吹来，使人感到清爽。Qiūfēng ～ de chuīlái, shì rén gǎndào qīngshuǎng. The autumn breeze came gently blowing in and was refreshing. /远远的山村，几缕炊烟～上升。Yuǎnyuǎn de shāncūn, jǐ lǚ chuīyān ～ shàngshēng. Wisps of smoke from the kitchen chimneys in the distant mountain village slowly rose. / 列车长鸣一声之后，便～开动了。Lièchē cháng míng yì shēng zhī hòu, biàn ～ kāidòng le. After the train had let out a long whistle, it slowly started to move.

xǔ

许〔許〕xǔ（动）(1)答应(送人东西或替人做事) promise (to get or do sth. for sb.): 他～我一张古画，说过些天给我送来。Tā ～ wǒ yì zhāng gǔhuà, shuō guò xiē tiān gěi wǒ sònglai. He promised me an ancient painting and said he would send it over to me in a few days. (2)允许 permit; allow: 剧场不～大声说话。Jùchǎng lǐ bù ～ dà shēng shuō huà. It is not permitted to talk loudly in the theatre. / 这儿～不～抽烟? Zhèr ～ bu ～ chōu yān? Is smoking permitted here? / 他父母不～他赌博。Tā fùmǔ bù ～ tā dǔbó. His parents don't allow him to gamble. （副）〈口〉同"也许" yěxǔ (1) 表示一种猜测、估计，但不能独立成句; 后常有"是" same as "也许" (indicates a guess or estimation, but cannot form a sentence by itself; often followed by "是"): 她～走了，别等了。Tā ～ zǒu le, bié děng le. Perhaps she left long ago. Don't wait for her. /到现在还没来，他～是

忘了。Dào xiànzài hái méi lái, tā ~ shì wàng le. *He still hasn't come yet. He has probably forgotten.* /~ 是要下雨,怎么这么闷热。~ shì yào xià yǔ, zěnme zhème mēnrè. *Why it is so muggy! Perhaps it's going to rain.* /他~没听见,你再叫一声。Tā ~ méi tīngjiàn, nǐ zài jiào yì shēng. *Maybe he didn't hear. Call him again.*

【许多】xǔduō (形·非谓)很多,(后面不需要量词) *many; much; a great deal of; a lot of (no classifier is needed)*:有~人在书店门口排队。Yǒu ~ rén zài shūdiàn ménkǒu pái duì. /~书都堆在地上,怎么办? ~ shū dōu duī zài dì shang, zěnme bàn? *A lot of books are piled on the floor. What's to be done with them?*

【许久】xǔjiǔ (名)很久 *for a long time; for ages*:我们等了~,他也没来。Wǒmen děngle ~, tā yě méi lái. *We waited for a long time, but he didn't come.* /这种毛线已经一买不到了。Zhè zhǒng máoxiàn yǐjīng ~ mǎi bu dào le. *I haven't been able to buy this type of knitting wool for ages.*

【许可】xǔkě (动) *permit; allow*:只要天气~,咱们明天就去划船。Zhǐyào tiānqì ~, zánmen míngtiān jiù qù huá chuán. *Weather permitting, let's go boating tomorrow.* /不得到~是不能这样做的。Bù dédào ~ shì bù néng zhèyàng zuò de. *You can't do it this way without permission.*

【许诺】xǔnuò (动)〈书〉答应 *make a promise; promise*:既然~这样做了,就要做到。Jìrán ~ zhèyàng zuò le, jiù yào zuòdào. *I must do it this way, since I promised.* /你~他什么了? Nǐ ~ tā shénme le? *What did you promise him?* /没把握的事不能轻易~。Méi bǎwò de shì bù néng qīngyì ~. *You can't rashly promise something you are not sure of.*

【许愿】xǔ=yuàn 事前答应将来给对方某种好处 *promise sb. a reward (for some service)*:不要随便~。Búyào suíbiàn ~. *Don't make promises at random.* /许了愿就应当还愿。Xǔle yuàn jiù yīngdāng huán yuàn. *One ought to make good on one's promises.*

栩 xǔ

【栩栩如生】xǔxǔ rú shēng 形容文学、艺术作品对于人和生物的形象表现得非常逼真,好像活的一样 *lifelike*

xù

旭 xù

【旭日】xùrì (名)〈书〉刚出来的太阳 *the rising sun*:~东升 ~ dōng shēng *the rising sun in the eastern sky*

序 xù

(名)(1)◇次序 *order; sequence*:井然有~ jǐngrán yǒu ~ *in perfect order* (2)序文 *preface; foreword*:请你替我们这本书写个~吧。Qǐng nǐ tì wǒmen zhè běn shū xiě ge ~ ba. *Please write a foreword to this book for us.*

【序幕】xùmù (名) *prologue; prelude*

【序曲】xùqǔ (名) *overture*

【序数】xùshù (名)表示次序的数,如第一、第二…… *ordinal number; ordinal*:第一 ~, first, *first, second, etc.*

【序文】xùwén (名)同"序言" xùyán *same as "序言"* xùyán

【序言】xùyán (名)写在著作正文之前的文章。有作者自己写的,说明写书目的、经过,也有别人写的,介绍、评价书的内容 *preface; foreword*

叙 xù

(动)谈(话) *talk; chat*:什么时候你有时间,咱们~~。Shénme shíhou nǐ yǒu shíjiān, zánmen ~~. *Let's have a chat when you have time.* / 见到多年没见的老朋友,总想~

~过去的友情。Jiàndào duō nián méi jiàn de lǎo péngyou, zǒng xiǎng ~~ guòqù de yǒuqíng. *When old friends who haven't seen each other for years meet up, they always talk about their past friendship.*

【叙旧】xù=jiù 亲友间谈论彼此有关的旧事 *talk about the old days*:大家在一起叙叙旧,也是一种乐事。Dàjiā zài yìqǐ xùxu jiù, yě shì yì zhǒng lè shì. *Getting together and talking about the old days is also a form of pleasure.*

【叙事】xùshì (动)叙述事情(多指书面的) *narrate; recount*:~文 ~ wén *narrative prose*/ 这篇文章以~为主,不作评论。Zhè piān wénzhāng yǐ ~ wéi zhǔ, bú zuò pínglùn. *This piece of writing is mainly narrative, not commentary.*

【叙事诗】xùshìshī (名)[首 shǒu] 有人物形象和故事情节的诗歌 *narrative poem*

【叙述】xùshù (动)〈书〉写出或说出事情的经过 *narrate; recount; relate*

【叙说】xùshuō (动)〈书〉同"叙述" xùshù *same as "叙述"* xùshù

【叙谈】xùtán (动)随便闲谈 *chat; chitchat*

【叙文】xùwén (名)同"序文" xùwén *same as "序文"* xùwén

【叙言】xùyán (名)同"序言" xùyán *same as "序言"* xùyán

畜 xù

(动)◇饲养禽兽 *raise (domestic animals)* 另见 chù

【畜产】xùchǎn (名) *livestock products*

【畜牧】xùmù (名) *raise livestock or poultry*:~场 ~ chǎng *livestock farm*/ ~业 ~ yè *animal husbandry*

【畜养】xùyǎng (动)饲养 *raise (domestic animals)*

酗 xù

【酗酒】xùjiǔ (动)〈书〉毫无节制地喝酒 *drink excessively*:~闹事 ~ nào shì *get drunk and create a disturbance*

绪 〔緒〕xù

(名)◇(1)事情的开端 *thread; order in sequence* (2)事业 *task; cause; undertaking*

【绪论】xùlùn (名)学术论著的开头部分,说明全书内容、宗旨等 *introduction (of a book)*

【绪言】xùyán (名)同"绪论" xùlùn *same as "绪论"* xùlùn

续 〔續〕xù

(动)(1)接连不断 *continue; extend; join*:绳子太短,还得一上一段。Shéngzi tài duǎn, hái děi ~ yí duàn. *The rope is too short. Join another piece to it.* (3)添,加 *add; supply more*:茶太浓了,~上点水吧! Chá tài nóng le, ~shang diǎnr shuǐ ba! *The tea is too strong. Add a little more water.* / 在灶里~一把柴。Zài zào li ~ yì bǎ chái. *Add another stick of firewood to the stove.*

【续编】xùbiān (名) *continuation (of a book); sequel*:这套教材原来只有四本,最近又出了一本~。Zhè tào jiàocái yuánlái zhǐ yǒu sì běn, zuìjìn yòu chūle yì běn ~. *This set of textbooks originally only had four volumes, but another sequel was recently published.*

【续航力】xùhánglì (名)〈交〉轮船或飞机连续行驶或飞行的最大航程 *(of planes) endurance; (of ships) cruising radius*

【续弦】xùxián (动·不及物)男人死了妻子以后再娶 *remarry after the death of one's wife*:他妻子十年前就去世了,一直没~。Tā qīzi shí nián qián jiù qùshì le, yìzhí méi ~. *His wife passed away ten years ago and he has never remarried.* (名)妻子死后再娶的妻子 *second wife (after the death of the first)*:她是~,她丈夫前妻有一个女儿。Tā shì ~, tā zhàngfu qiánqī yǒu yí ge nǚ'ér. *She is his second*

wife. He has a daughter from his first wife.

絮 xù （名）棉絮 cotton wadding（动）在衣服、被褥里铺棉花 wad with cotton：这件棉袄～了一斤棉花，太厚了。Zhè jiàn mián'ǎo ～le yì jīn miánhua, tài hòu le. *This cotton padded jacket was wadded with a jin of cotton. It's too heavy!*

【絮叨】xùdao（动）说话繁琐，唠唆 long-winded；garrulous；wordy；talk tediously at length：这事别告诉奶奶，不然她又要～个没完。Zhè shì bié gàosu nǎinai, bùrán tā yòu yào ～ge méi wán. *Don't tell grandma about this, otherwise she'll go on and on again about it.*／老年人总爱絮絮叨叨。Lǎonián rén zǒng ài xùxùdāodāo. *Old people are always long-winded.*

【絮烦】xùfan（形）因过多或重复使人感到厌烦 vexingly garrulous：为一点儿小事他就叨唠个没完，真～得慌。Wèi yìdiǎnr xiǎo shì tā jiù dāolao ge méi wán, zhēn ～ de huang. *He went on and on about such a small matter. I'm really sick of it.*／总听她说些家庭琐事，你不觉得～吗？Zǒng tīng tā shuō xiē jiātíng suǒshì, nǐ bù juéde ～ ma? *Aren't you sick of listening to her talk about petty household matters?*

蓄 xù（动）（1）积蓄 store up；save up：水库里已经～满了水，水源不成问题了。Shuǐkù li yǐjīng ～mǎnle shuǐ, shuǐyuán bù chéng wèntí le. *The reservoir is already filled to capacity so our source of water no longer presents a problem.*（2）◇留着，不剃掉 grow（hair）：～长发 ～ cháng fà *wear one's hair long*／～须 ～ xū *grow a beard*

【蓄电池】xùdiànchí（名）storage battery

【蓄洪】xù=hóng 把超过河道所能排泄的洪水引导、储放在某一地区 store floodwater

【蓄积】xùjī（动）积聚储存 store up；save up：雨水一定要～起来。Yǔshuǐ yídìng yào ～ qilai. *The rainwater must be stored up.*

【蓄谋】xùmóu（动）〈书〉早就有某种阴谋 premeditate：他们抢劫银行，～已久。Tāmen qiǎngjié yínháng, ～ yǐ jiǔ. *They have long premeditated to rob a bank.*／他们～破坏发电站，但没有得逞。Tāmen ～ pòhuài fādiànzhàn, dàn méiyou déchéng. *They premeditated to destroy the power station, but didn't succeed.*

【蓄水池】xùshuǐchí（名）cistern；reservoir

【蓄意】xùyì（动）〈书〉早就有做某种坏事的意图 permeditate；deliberate：～破坏 ～ pòhuài *premeditated destruction*／～挑起争端 ～ tiǎoqǐ zhēngduān *be bent on creating conflict*／～杀人 ～ shā rén *premeditated murder*

xuān

轩〔軒〕xuān（名）〈书〉（1）旧时指有窗的廊子或小屋子 a small room or veranda with windows（in ancient times）（2）古代一种有帷幕而而前顶较高的车 a high-fronted, curtained carriage used in ancient times（形）〈书〉高，大 high；lofty

【轩然大波】xuānrán dà bō 比喻发生大的纠纷或风潮 a great disturbance；a mighty uproar：他的几句过激的话，引起～。Tā de jǐ jù guòjī de huà, yǐnqǐ ～. *The few extremist words he uttered have created a mighty uproar.*

宣 xuān（动）◇公开说出 declare；proclaim；announce：不～而战 bù ～ ér zhàn *open hostilities without declaring war*／密而不～ mì ér bù ～ *maintain secrecy*

【宣布】xuānbù（动）正式告诉（大家），公告（某事）declare；

proclaim；announce：～名单 ～ míngdān *announce the name list*／大会主席～休会两天。Dàhuì zhǔxí ～ xiū huì liǎng tiān. *The chairman of the meeting announced a two-day adjournment.*／通告～会议议程。Tōnggào ～ huìyì yìchéng. *The public notice announced the agenda for the conference.*

【宣称】xuānchēng（动）〈书〉公开表示 assert；declare；profess：该公司～他们的资金雄厚，完全可以信任。Gāi gōngsī ～ tāmen de zījīn xiónghòu, wánquán kěyǐ xìnrèn. *They profess that they have abundant funds in that company. You can have complete confidence in them.*／他～退出那个学会。Tā ～ tuìchū nàge xuéhuì. *He declared that he was withdrawing from that learned society.*

【宣传】xuānchuán（动）通过口头或书面方式说明讲解，使人们相信并实行 conduct propaganda；propagate；disseminate；give publicity to：～卫生常识 ～ wèishēng chángshí *disseminate elementary knowledge of hygiene and sanitation*／～交通规则 ～ jiāotōng guīzé *conduct propaganda on traffic regulations*（名）为使人们相信并实行的说明讲解 propaganda：～机构 ～ jīgòu *propaganda organ*／他是搞～的。Tā shì gǎo ～ de. *He does propaganda work.*

【宣传车】xuānchuánchē（名）[辆 liàng]配有广播器材，可以到处游动广播的车辆。用以向群众说明讲解某项政策或工作等，也叫"广播车" propaganda car（also known as "广播车"）

【宣传画】xuānchuánhuà（名）[张 zhāng] 进行宣传的画，也叫"招贴画" propaganda poster；pictorial poster（also known as "招贴画"）

【宣传机器】xuānchuán jīqì 泛指报章杂志、广播、电视、文艺、书刊等各种宣传手段 propaganda machine

【宣传品】xuānchuánpǐn（名）propaganda（or publicity）material

【宣读】xuāndú（动）〈书〉在群众面前朗读（文件、公告等）read out in public（a document, public notice, etc.）：这次学术交流会上～了十几篇论文。Zhè cì xuéshù jiāoliúhuì shang ～ le shí jǐ piān lùnwén. *During this academic exchange conference, more than ten research papers were read out.*

【宣告】xuāngào（动）〈书〉向公众宣布 declare；proclaim

【宣讲】xuānjiǎng（动）〈书〉宣传讲解 explain and publicize

【宣教】xuānjiào（名）宣传和教育的简称 short for "宣传和教育"（propaganda and education）

【宣判】xuānpàn（动）〈法〉法院对案件当事人宣布判决 pronounce judgment：法院已经～他无罪。Fǎyuàn yǐjīng ～ tā wú zuì. *The court has already pronounced him not guilty.*

【宣誓】xuān=shì take an oath；make a vow；make a pledge：举手～ jǔ shǒu ～ *raise one's hand and take an oath*／～仪式 ～ yíshì *swearing-in ceremony*／总统～就职。Zǒngtǒng ～ jiù zhí. *The president took the oath of office.*

【宣言】xuānyán（名）declaration；manifesto：发表～ fābiǎo ～ *make a declaration*

【宣扬】xuānyáng（动）广泛宣传 publicize；propagate；advocate；advertise：～先进事迹 ～ xiānjìn shìjì *publicize meritorious deeds*／我仅做了点应该做的事，何须大肆～。Wǒ jǐn zuòle diǎn yīnggāi zuò de shì, hé xū dàsì ～. *I merely did what I should have done. There's no need to give me enormous publicity.*

【宣战】xuān=zhàn declare war：向邻国～ xiàng línguó ～ *declare war on a neighbouring country*

喧 xuān（形）声音大，大声吵嚷 noisy

【喧宾夺主】xuān bīn duó zhǔ 客人的声音压倒了主人的声音，比喻客人占了主人的地位，外来的或次要的事物占据了原有的、主要的事物的位置 he who plays second fiddle steals the limelight; a presumptuous guest usurps the host's

role：配角演得比主角好，真是～。Pèijué yǎn de bǐ zhǔjué hǎo, zhēn shì ～. *The one who played the supporting role acted better than the lead. It was a case of "the presumptuous guest usurping the host's role."*

【喧哗】xuānhuá（动）〈书〉大声说话或喊叫 *confused noise; hubbub; uproar*：笑语～ xiàoyǔ ～ *uproarious talk and laughter*/ 公共场所禁止～。Gōnggòng chǎngsuǒ jìnzhǐ ～. *Creating an uproar in public places is forbidden.* /请勿大声～! Qǐng wù dà shēng ～! *Quiet, please!*

【喧闹】xuānnào（形）〈书〉喧哗热闹 *bustling; noisy; tumultuous*：入夜，～的街道渐渐平静下来。Rùyè, ～ de jiēdào jiànjiàn píngjìng xialai. *The bustle in the streets gradually quieted down at nightfall.*

【喧嚷】xuānrǎng（动）〈书〉许多人大声喊叫 *clamour; hubbub; din; racket*

【喧扰】xuānrǎo（动）喧闹扰乱 *noise and disturbance; tumult*：他受不了闹市的～，想换个安静的住处。Tā shòu bu liǎo nàoshì de ～, xiǎng huàn ge ānjìng de zhùchu. *He can't stand the urban noise so he wants to find a quieter place to live.*

【喧嚣】xuānxiāo（动）〈书〉(1)声音杂乱，不宁静 *be noisy*：～的街道 ～ de jiēdào *noisy streets* /人声～ rén shēng ～ *noisy voices* (2)叫嚣，大声喊叫，含贬义 *clamour; din; hullabaloo*：这些"造反派"曾～一时。Zhèxiē "zàofǎnpài" céng ～ yìshí. *These "rebels" created quite a stir once.*

xuán

玄 xuán
（形）(1)◇黑色 *black; dark* (2)距离事实太远，不合情理 *unreliable; incredible*：你说得太～了，他那么瘦弱，哪儿扛得了一百斤的东西！Nǐ shuō de tài ～ le, tā nàme shòuruò, nǎr káng de liǎo yìbǎi jīn de dōngxi! *You're making up stories. He's so thin and weak, how could he possibly carry a hundred jin of things on his shoulders?*/ 真～，这药再灵，也不可能吃一片病就好了。Zhēn ～, zhè yào zài líng, yě bù kěnéng chī yí piànr bìng jiù hǎo le. *That's a pretty tall story! Even if this medicine were the most effective, it couldn't possibly cure an illness with just one tablet.* (3)◇深奥，不容易理解 *profound; abstruse*：～理 ～ lǐ *a profound theory*

【玄妙】xuánmiào（形）〈书〉深奥得难以捉摸 *mysterious; abstruse*

【玄想】xuánxiǎng（名）〈书〉幻想 *fantasy; illusion*

【玄虚】xuánxū（名）用令人迷惑不解的办法来掩饰真相的欺骗手段 *deceitful trick; mystery*：故弄～ gù nòng ～ *be deliberately mystifying*

悬〔懸〕xuán
（动）(1)〈书〉挂 *hang; suspend*：～灯结彩 ～ dēng jié cǎi *hang up lanterns and festoons* (2)◇无着落，没结果 *outstanding; unresolved*：增加技术力量的事，还～着呢！Zēngjiā jìshù lìliang de shì, hái ～zhe ne! *The question of increasing technical force still remains unresolved.* / 这事太难办，先～起来，以后再说。Zhè shì tài nán bàn, xiān ～ qilai, yǐhòu zài shuō. *This matter is too difficult to handle. Let's leave it unresolved for the time being and tackle it at a later date.* (形)〈口〉危险 *dangerous*：多～，汽车就从我身边擦过去。Duō ～, qìchē jiù cóng wǒ shēnbiān cā guoqu. *That was dangerous! A car just brushed past me.* / 下回少干这种～事！Xià huí shǎo gàn zhè zhǒng ～ shì! *Next time, don't do such a dangerous thing!*

【悬案】xuán'àn（名）(1)未解决的案件 *unsettled law case* (2)泛指未解决的问题 *outstanding issue; unsettled question*

【悬而未决】xuán ér wèi jué 一直拖延着，没有解决 *outstand-*

ing; unsettled; unresolved：～的问题 ～ de wèntí *an outstanding question* /～的争端 ～ de zhēngduān *an unresolved dispute* /是否购置大型新设备，至今还～。Shì fǒu gòuzhì dàxíng xīn shèbèi, zhìjīn hái ～. *The question of whether or not to purchase large equipment remains unsettled to this day.*

【悬挂】xuánguà（动）〈书〉同"悬" xuán（动）(1) *same as* "悬" xuán（动）(1)

【悬空】xuánkōng（动）(1)下面没有托附 *hang in the air; suspend in midair*：这座寺一半建在石壁上，一半～。Zhè zuò sì yíbàn jiàn zài shíbì shang, yíbàn ～. *Half of this temple is built on a cliff and half hangs in midair.* /在太空中，人可以～。Zài tàikōng zhōng, rén kěyǐ ～. *People can float in outer space.* (2)比喻脱离实际或没有着落 *be divorced from reality; unsettled*：这些计划都是～的，没有落实。Zhèxiē jìhuà dōu shì ～ de, méiyou luòshí. *None of these plans are settled yet.*

【悬念】xuánniàn（动·不及物）〈书〉惦记，挂念 *be concerned about（sb. who is elsewhere）; miss sb.*：女儿久未来信，父母颇为～。Nǚ'ér jiǔ wèi lái xìn, fùmǔ pōwéi ～. *Her parents are rather concerned about her as she hasn't written to them in a long time.* （名)作家或导演用各种手法引起的观众或读者对故事发展、人物命运等的关切心情 *audience involvement or suspense in a film or play; reader involvement in a piece of literature*：电影一开始就给观众以～。Diànyǐng yì kāishǐ jiù gěi guānzhòng yǐ ～. *As soon as the film started, the audience became involved.*

【悬殊】xuánshū（形）相差极远，区别极大 *great disparity; wide gap*：双方力量～ shuāngfāng lìliang ～ *There is a wide gap in strength between the two sides.* /汉字和拉丁文字字形～。Hànzì hé Lādīng wénzì zìxíng ～. *There is a wide difference in form between Chinese characters and the Roman alphabet.*

【悬想】xuánxiǎng（动）毫无根据地想像 *imagine; fancy*

【悬崖】xuányá（名）steep cliff; precipice：～绝壁 ～ juébì *sheer precipice and overhanging rocks*

【悬崖勒马】xuányá lè mǎ 比喻到了危险的边缘，及时醒悟回头 *rein in at the brink of the precipice — wake up to and escape disaster at the last moment*：你现在～，还来得及。Nǐ xiànzài ～, hái lái de jí. *You still have time to avoid imminent disaster if you stop now.*

旋 xuán
（动）◇ *revolve; circle; spin*：天～地转 tiān ～ dì zhuàn *feel like the earth is spinning round and round* （副)〈书〉有"不久""很快地"的意思，后面常有"即""又"等 *soon（has the same meaning as "不久" and "很快地"; often followed by "即", "又", etc.)*：阻击任务完成之后，这个排～撤离这个高地。Zǔjī rènwù wánchéng zhī hòu, zhège pái ～ jī chèlí zhège gāodì. *After the blocking task was completed, this platoon soon withdrew from this height.* / 小船～即消失在芦苇荡里。Xiǎo chuán ～ jī xiāoshī zài lúwěidàng li. *The small boat soon disappeared into the marshes.* / 听了他的话，我先是大吃一惊，～又冷静下来。Tīngle tā de huà, wǒ xiān shì dà chī yì jīng, ～ yòu lěngjìng xialai. *When I heard what he had said, I was at first shocked, then I soon sobered up.* 另见 xuàn

【旋律】xuánlǜ（名）〈乐〉*melody*：轻快的～ qīngkuài de ～ *a lively melody*

【旋绕】xuánrào（动）回环 *curl up; wind around; drift about*：炊烟～ chuīyān ～ *Smoke is curling up from the kitchen chimney.*

【旋涡】xuánwō（名）*whirlpool; vortex; eddy*

【旋转】xuánzhuǎn（动）*revolve; gyrate; rotate; spin*：车轮～ chēlún ～ *The car wheel is rotating.*

漩 xuán

【漩涡】xuánwō（名）同"旋涡"xuánwō same as "旋涡" xuánwō

xuǎn

选〔選〕xuǎn

（动）(1)挑选 select；choose；pick：咱们得～个人当会计。Zánmen děi ～ ge rén dāng kuàiji. We have to choose an accountant. /～几篇通俗易懂的文章给学生看。～ jǐ piān tōngsú yì dǒng de wénzhāng gěi xuéshēng kàn. Select some popular and easy-to-understand articles to give to the students to read. /这几件上衣都差不多，挺难～的。Zhè jǐ jiàn shàngyī dōu chà bu duō, tǐng nán ～ de. These few jackets are all about the same, so picking one out is difficult. (2)选举 elect：～代表 ～ dàibiǎo elect a representative/ 小李被～进领导班子。Xiǎo Lǐ bèi ～ jìn lǐngdǎo bānzi. Xiao Li was elected to join the leading group. / 我们～他当班长，怎么样？Wǒmen ～ tā dāng bānzhǎng, zěnme yàng? Let's elect him class monitor, okay? /他又被～作人民代表了。Tā yòu bèi ～ zuò rénmín dàibiǎo le. He was elected once again a people's representative. (名)◇选集 selections; anthology：论文 ～ lùnwén ～ selections of dissertations /短篇小说～ duǎnpiān xiǎoshuō～ anthology of short stories

【选拔】xuǎnbá（动）挑选（达到某一标准的人才）select；choose（a certain talent）：～赛 ～ sài selective trials /～田径运动员 ～ tiánjìng yùndòngyuán select track and field athletes /～一批优秀干部,支援边远地区。～ yì pī yōuxiù gànbù, zhīyuán biānyuán dìqū. Select a group of outstanding cadres to assist outlying districts.

【选材】xuǎn=cái (1)挑选（合适的）人材 select (suitable) talented personnel (2)选择（合适的）材料或素材 select (suitable) material：这个厂出产的木器,～精良。Zhège chǎng chūchǎn de mùqì, ～ jīngliáng. The materials used by this factory in the manufacture of wooden furniture are of the best quality. /这幅画～构思都很好。Zhè fú huà ～、gòusī dōu hěn hǎo. The theme selected and conception of this painting are very good.

【选读】xuǎndú（名）挑选出来编在一起供阅读参考用的书 selected readings：《古代文学作品～》《Gǔdài Wénxué Zuòpǐn ～》Selected Readings of Ancient Literary Works （动）从中选取阅读 select readings：这十篇文章我们要～六篇。Zhè shí piān wénzhāng wǒmen yào ～ liù piān. We will select six out of these ten articles to read.

【选集】xuǎnjí（名）收选出一个人或几个人的著作编辑成的集子 selected works (or writings); selections; anthology：《毛泽东～》《Máo Zédōng ～》Selected Works of Mao Zedong

【选举】xuǎnjǔ（动）elect：～人民代表 ～ rénmín dàibiǎo elect people's representatives（名）election

【选举权】xuǎnjǔquán（名）the right to vote; franchise

【选矿】xuǎnkuàng（动）〈冶〉ore dressing; mineral separation

【选民】xuǎnmín（名）有选举权的公民 voter; elector

【选派】xuǎnpài（动）挑选合乎某种规定条件的人派遣出去 select and appoint; detail：～优秀代表参加会议 ～ yōuxiù dàibiǎo cānjiā huìyì select an outstanding person as representative to attend a conference /这所大学～十名大学毕业生出国深造。Zhè suǒ dàxué ～ shí míng dàxué bìyèshēng chū guó shēnzào. This university has selected ten graduates to go abroad and pursue advanced studies.

【选票】xuǎnpiào（名）选举者用来填写或划定被选举人姓名的特定票 vote; ballot

【选区】xuǎnqū（名）选举时按人口划分的区域 electoral district; constituency

【选取】xuǎnqǔ（动）挑选采用 select and use；choose and employ：～种子 ～ zhǒngzi select and use seeds /从这些稿件中～三篇。Cóng zhèxiē gǎojiàn zhōng ～ sān piān. Let's select three manuscripts from these contributions.

【选手】xuǎnshǒu（名）被挑选参加运动比赛的人 an athlete selected for a sports meet；(selected) contestant；player：他是我们学校的游泳～。Tā shì wǒmen xuéxiào de yóuyǒng ～. He is our school's contestant for the swimming competition. /这几个～都是我们班的体育健将。Zhè jǐ ge ～ dōu shì wǒmen bān de tǐyù jiànjiàng. These few selected contestants are all top-notch athletes in our class.

【选送】xuǎnsòng（动）挑选推荐（到某地）select；recommend (sb. to be sent somewhere)：一批工人被～到上海学习技术。Yì pī gōngrén bèi ～ dào Shànghǎi xuéxí jìshù. A group of workers were selected and recommended for technological training in Shanghai.

【选修】xuǎnxiū（动）take as an elective course：他是学语言的,可是他也～了一门数学。Tā shì xué yǔyán de, kěshì tā yě ～-le yì mén shùxué. He studies languages, but also takes an elective course in mathematics. /我今年学三门必修课,两门～课。Wǒ jīnnián xué sān mén bìxiū kè, liǎng mén ～ kè. I am taking three compulsory and two elective courses this year.

【选用】xuǎnyòng（动）选择使用或运用 select and use (or apply)：～人材 ～ réncái select and use talented personnel /～干部 ～ gànbù select and use cadres /～最新的说法 ～ zuì xīn de shuōfǎ select and use the latest wording /做礼服要～高档面料。Zuò lǐfú yào ～ gāodàng miànliào. Top grade material must be selected and used when making formal wear.

【选育】xuǎnyù（动）选种和育种的统称 seed selection；breeding：～新品种 ～ xīn pǐnzhǒng select a new variety of seeds /～良种奶牛 ～ liángzhǒng nǎiniú raise a fine breed of dairy cattle

【选择】xuǎnzé（动）挑选 select；choose；pick：～什么时间旅行最好？～ shénme shíjiān lǚxíng zuì hǎo? What's the best time to choose for travelling? /这几个青年都不错,你可以～一个作助手。Zhè jǐ ge qīngnián dōu búcuò, nǐ kěyǐ ～ yí ge zuò zhùshǒu. These few young people are all not bad. You can choose one to be your assistant. /哪个最好,由你随意～。Nǎge zuì hǎo, yóu nǐ suíyì ～. Choose as you please which one is best. /～一个最佳方案,拿出来供大家讨论。～ yí ge zuì jiā fāng'àn, ná chulai gōng dàjiā tǎolùn. Pick the best scheme to be discussed by all.

【选种】xuǎn=zhǒng〈农〉选择动物或植物的优良品种 seed selection

癣〔癬〕xuǎn
（名）〈医〉tinea; ringworm

xuàn

炫 xuàn
（动）〈书〉(1)（强烈的光线）照耀着 dazzle：光焰～目 guāngyàn ～ mù The radiance is dazzling. (2)夸耀 show off；display

【炫示】xuànshì（动）〈书〉同"炫耀"xuànyào (2) same as "炫耀" xuànyào (2)

【炫耀】xuànyào（动）〈书〉(1)照耀 shine (2)显示,夸耀 show off；make a display of：～自己的成绩 ～ zìjǐ de chéngjì flaunt one's success

绚〔絢〕xuàn
（形）gorgeous

【绚烂】xuànlàn（形）〈书〉灿烂 splendid；gorgeous：朝霞～zhāoxiá ~ resplendent morning clouds/ ～的花朵开遍山野。~ de huāduǒ kāibiàn shānyě. Gorgeous flowers bloomed all over the hills. / 在泰山顶上观看～的日出。Zài Tài Shān dǐng shang guānkàn ~ de rì chū. One can see the splendid sunrise from the summit of Mount Tai.

【绚丽】xuànlì（形）灿烂美丽 gorgeous；magnificent：～多彩 ~ duō cǎi bright and colourful/ 霞光～ xiáguāng ~ magnificent rays of sunlight/ ～的宝石光彩夺目。~ de bǎoshí guāngcǎi duómù. The magnificent gems are dazzlingly brilliant.

眩 xuàn

（动）dizzy；giddy：头晕目～ tóu yūn mù ~ feel dizzy

【眩晕】xuànyùn（动·不及物）be giddy；feel dizzy

旋〔鏇〕xuàn

（动）旋转着切削 turn sth. on a lathe；lathe；pare：～铅笔 ~ qiānbǐ sharpen a pencil /把苹果皮～掉。Bǎ píngguǒ pí ~ diào. Peel the skin off the apple. / 请你把～出来的木屑扫掉。Qǐng nǐ bǎ ~ chūlai de mùxiè sǎodiào. Please sweep up the wood shavings you lathed. （副）〈口〉同"现" xiàn，"临时"的意思 at the time；at the last moment（has the same meaning as "现 xiàn" and "临时"）：～烤的面包特别好吃。~ kǎo de miànbāo tèbié hǎochī. Bread that has just been baked is especially delicious. / 明天就要开会了，发言稿得～写。Míngtiān jiù yào kāi huì le, fāyán gǎo děi ~ xiě. The meeting is to be held tomorrow . I have to start writing the text of my speech. /马上就要出国，～学外语来不及了。Mǎshàng jiù yào chū guó, ~ xué wàiyǔ lái bù jí le. You're just about to go abroad. It's too late to start studying a foreign language now. 另见 xuán

【旋床】xuànchuáng（名）[台 tái] turning lathe

【旋风】xuànfēng（名）[阵 zhèn] whirlwind

渲 xuàn

（动）◇同"渲染" xuànrǎn (1) same as "渲染" xuànrǎn (1)

【渲染】xuànrǎn（动）(1)用水墨或淡彩涂抹画面,烘染物象 apply ink or light colours to a drawing：这张画～一下就有了立体感。Zhè zhāng huà ~ yíxià jiù yǒule lìtǐgǎn. If you applied a bit of colour to this drawing，that would give it a three-dimensional effect. (2)用描写、形容或烘托手段突出艺术形象 play up；pile on：歌唱家以苍凉慷慨的音调一出对主人的怀念和对光明的希翼 Gēchàngjiā yǐ cāngliáng kāngkǎi de yīndiào ~ chū duì zhǔrén de huáiniàn hé duì guāngmíng de xīyì. The singer played up the longing for the host and bright hopes by using a bleak and fervent tone. / 爆竹声把除夕夜晚的欢乐气氛～得更加强烈。Bàozhú shēng bǎ chúxī yèwǎn de huānlè qìfēn ~ de gèngjiā qiángliè. The sound of firecrackers on New Year's Eve increased the intensity of the gay atmosphere. (3)〈书〉比喻夸大的形容 exaggerate：大肆～ dàsì ~ greatly exaggerate/ 小事一桩，何须如此～! Xiǎo shì yì zhuāng, hé xū rúcǐ ~! It's just a small matter. There's no need to exaggerate like this!

xuē

削 xuē

（动）pare；whittle；cut 另见 xiāo

【削减】xuējiǎn（动）从既定数目中减去（一部分）cut (down)；reduce；slash：～经费 ~ jīngfèi reduce funds /把不必要的开支～一部分，才能收支平衡。Bǎ bú bìyào de kāizhī ~ yí bùfen, cái néng shōuzhī pínghéng. We must cut down on unnecessary expenses before revenue and expenditure can be balanced. / 行政费用～了五分之一。Xíngzhèng fèiyòng ~ le wǔ fēn zhī yī. Administration costs were reduced by one-fifth.

【削弱】xuēruò（动）(力量或势力)减弱 weaken；cripple：～力量 ~ liliàng weaken sb.'s power/ 由于经济衰退,大财团的实力日益～。Yóuyú jīngjì shuāituì, dà cáituán de shílì rìyì ~. The actual strength of the large financial groups is weakened daily due to the economic recession.

【削足适履】xuē zú shì lǚ "履"是鞋,鞋小脚大,把脚削去一块以适合鞋的大小。比喻无原则地迁就或成条件，或不顾具体条件生搬硬套（履）shoe) cut the feet to fit the shoes — seek to enforce uniformity by violent methods

靴 xuē

（名）◇ boot：马～ mǎ ~ riding boot/ 长简～ cháng tǒng ~ high boot/ 皮～ pí ~ leather boot/ 雨～ yǔ ~ rubber boot/ 穿～戴帽，各好一套。Chuān ~ dài mào, gè hào yí tào. to each his own

【靴子】xuēzi（名）[只 zhī、双 shuāng] boot

xué

穴 xué

（名）洞，动物的窝 cave；den；hole：蚁～ yǐ ~ ant hole/ ～居 ~ jū live in caves

【穴位】xuéwèi（名）[个 gè]〈医〉acupuncture point

学〔學〕xué

（动）(1)学习 study；learn：～本领 ~ běnling learn a certain skill/ ～技术 ~ jìshù learn technology/ ～外语 ~ wàiyǔ learn a foreign language / 活到老，～到老。Huó dào lǎo, ~ dào lǎo. We live and learn. (2)模仿 imitate；mimic：他特别会～人。Tā tèbié huì ~ rén. He is especially good at mimicking others./ 他～什么像什么。Tā ~ shénme xiàng shénme. Whatever he mimics is true to form. /他～老师说话，～得像极了。Tā ~ lǎoshī shuō huà, ~ de xiàng jí le. When he imitates the teacher speaking, he does it extremely well. / 他总爱～别人的样子。Tā zǒng ài ~ biérén de yàngzi. He's always imitating others. / 他是怎么说的，你～给我听听。Tā shì zěnme shuō de, nǐ ~ gěi wǒ tīngting. Mimic for me exactly how he said it. （名）◇(1)学问 learning；knowledge：治～态度应该严肃认真。Zhì ~ tàidu yīnggāi yánsù rènzhēn. One should take a serious and conscientious attitude toward scholarly research. / 才疏～浅 cái shū ~ qiǎn have little talent and less learning (2)学校 school；college：上～ shàng ~ go to school/ 他的办～精神值得赞扬。Tā de bàn ~ jīngshén zhíde zànyáng. His spirit in running the school is well worth commending. / 集资办～，使孩子们都有～上。Jízī bàn ~, shǐ háizimen dōu yǒu ~ shàng. Let's pool resources to run a school so as to give all the children a school to attend. (3) 学科 subject of study；branch of learning；course；discipline：心理～ xīnlǐ ~ psychology / 经济～ jīngjì ~ economics

【学报】xuébào（名）学术团体或高等学校定期出版的学术性刊物 learned journal；journal

【学潮】xuécháo（名）指学生、教职员因对当局不满而掀起的风潮，如请愿、罢课、游行等 student strike；campus upheaval：闹～ nào ~ create a disturbance on campus

【学阀】xuéfá（名）指凭借势力把持教育界或学术领域的人 scholar-tyrant

【学费】xuéfèi（名）学校规定学生在校学习时应缴的费用 tuition fee

【学分】xuéfēn（名）credit：～制 ~ zhì the credit system

【学风】xuéfēng（名）学校、学术界或学习方面的风气 style of

study

【学府】xuéfǔ（名）〈书〉指高等院校 *institute of higher learning*

【学会】xuéhuì（名）由专门研究某一学科的人所组成的学术团体，如语言学会等 *society；institute（e. g. Language Society, etc.）*

【学籍】xuéjí（名）经过正式录取后所取得的学生资格 *one's status as a student；one's name on the school roll*

【学究】xuéjiū（名）只知道死读书本，不问实际的读书人 *pedant*

【学科】xuékē（名）(1)按照学术性质分成的各种学科门类，如自然科学中的物理学、化学等 *branch of learning；discipline，e. g.（in natural science）physics, chemistry, etc.* (2)学校教学的科目，如语文、历史等 *course；subject（e. g. language and literature，history, etc.）*

【学力】xuélì（名）文化程度 *educational level；knowledge*

【学历】xuélì（名）学习的经历 *record of formal schooling*

【学联】xuélián（名）中华全国学生联合会及其地方组织的简称 *short for "中华全国学生联合会" and its local branches*

【学龄】xuélíng（名）儿童应该上学的年龄 *school age*：～儿童 ～ értóng *children of school age*

【学名】xuémíng（名）(1)科学上使用的名称，如"蓝矾"学名叫做"硫酸铜" *scientific name，e. g.，the scientific name for "蓝矾"（blue vitiol）is "硫酸铜"（cupric sulphate）* (2)儿童入学时使用的名字，区别于家庭中使用的"小名" *formal name of a child used at school（as distinguished from petname at home）*

【学年】xuénián（名）学校一年从工作开始到结束的时间。一学年分两个学期，下半年为第一学期（上学期），上半年为第二学期（下学期）*school（or academic）year，which is divided into two semesters*

【学派】xuépài（名）同一学科中由于学术观点不同而形成的派别 *school of thought；school*

【学期】xuéqī（名）*school term；term；semester*

【学前教育】xué qián jiàoyù 对学龄前儿童进行的教育 *preschool education*

【学生】xuésheng（名）*student；pupil*：～运动 ～ yùndòng *student movement*

【学时】xuéshí（名）教学的单位时间，即一节课的时间 *class hour；period*

【学识】xuéshí（名）学术上的知识和修养 *learning；knowledge；scholarly attainments*

【学士】xuéshì（名）一些国家学位中的最低一级 *bachelor（as in Bachelor of Arts）*

【学术】xuéshù（名）指较为专门、有系统的学问 *learning；science；academic research*：～报告 ～ bàogào *academic report* /～论文 ～ lùnwén *research paper* /～交流 ～ jiāoliú *academic exchange* /～讨论会 ～ tǎolùnhuì *symposium*

【学说】xuéshuō（名）学术上自成体系的主张和理论 *theory；doctrine*

【学堂】xuétáng（名）学校的旧称 *old term for "学校"*

【学徒】xuétú（名）*apprentice；trainee*

【学徒】xué＝tú *be an apprentice；serve one's apprenticeship*：学三年徒就可以当正式工人了。 Xué sān nián tú jiù kěyǐ dāng zhèngshì gōngrén le. *Once you've served a three-year apprenticeship you will formally become a worker.*

【学位】xuéwèi（名）*academic degree；degree*：获得博士～ huòdé bóshì ～ *receive one's doctorate*

【学问】xuéwèn（名）知识；学识 *learning；knowledge；scholarship*：这位教授真有～。 Zhè wèi jiàoshòu zhēn yǒu ～. *This professor is a man of great learning.*

【学习】xuéxí（动）*study；learn；emulate*：～汉语 ～ Hànyǔ *study Chinese* /向你～ xiàng nǐ ～ *learn from you* /从老师那里～知识。 Cóng lǎoshī nàlǐ ～ zhīshí. *One can learn a lot of knowledge from the teacher.* /从书本中～和从实践中～

同等重要。 Cóng shūběn zhōng ～ hé cóng shíjiàn zhōng ～ tóngděng zhòngyào. *Learning from books and learning from practice are of equal importance.* / 他高中毕业后又考进大学继续～。 Tā gāozhōng bì yè hòu yòu kǎojìn dàxué jìxù ～. *When he graduated from senior middle school；he was admitted into university to continue his studies.* （名）*learning；study*：文化～是基础。 Wénhuà ～ shì jīchǔ. *Learning to read and write is the foundation.* / 今天下午是业务～时间。 Jīntiān xiàwǔ shì yèwu ～ shíjiān. *This afternoon is the time for vocational study.* / 他的～很紧张。 Tā de ～ hěn jǐnzhāng. *He's very busy with his studies.*

【学习班】xuéxíbān（名）专门为解决某一问题而编成的学习组织（学习政治或技术等）*study class（for political study，technical study, etc.）*

【学衔】xuéxián（名）高等学校区别教师等级的称号，如教授、副教授、讲师、助教等 *academic rank（or title），e. g.，professor，assistant professor，lecturer，assistant teacher，etc.*

【学校】xuéxiào（名）[所 suǒ] *school；educational institution*：他在北京大学学习，住在～里。 Tā zài Běijīng Dàxué xuéxí，zhù zài ～ li. *He studies at Beijing University and also lives at the school.* /我们中午都在～吃饭。 Wǒmen zhōngwǔ dōu zài ～ chī fàn. *We all eat lunch at the school.*

【学业】xuéyè（名）学习的课程和作业 *one's studies；school work*：他以优异的成绩完成了～。 Tā yǐ yōuyì de chéngjì wánchéngle ～. *He completed his studies with an outstanding school record.*

【学以致用】xué yǐ zhì yòng 致用：得到应用。学习了（知识）而能应用于实际（致用）*apply study for the purpose of application；study sth. in order to apply it*：我工作单位和我所学的专业不对口，不能～。 Wǒ gōngzuò dānwèi hé wǒ suǒ xué de zhuānyè bú duì kǒu，bù néng ～. *The job I have is not suited to my special training, so I can't apply what I've learned.*

【学员】xuéyuán（名）一般指在大中小学以外的学校或培训班学习的人员 *student（not of ordinary schools，colleges or universities）of a training course*

【学院】xuéyuàn（名）[所 suǒ] 实施某一种专业教育的高等学校，如工业学院、医学院、外交学院、政法学院等 *college；academy；institute*

【学长】xuézhǎng（名）对同学的敬称（a polite form of address for）a fellow student*

【学者】xuézhě（名）在学术上有一定造诣的人 *scholar；learned man or woman*

【学制】xuézhì（名）(1)一个国家内各种教育机构的体系，是"学校教育制度"的简称 *educational（or school）system（short for "学校教育制度"）* (2)各类学校的学习年限的规定 *length of schooling；term of study*：现在大学的一般是四年。 Xiànzài dàxué de ～ yìbān shì sì nián. *The term of study for university is now usually four years.* /中国的～是小学六年，中学六年，大学四年（或五年）。 Zhōngguó de ～ shì xiǎoxué liù nián，zhōngxué liù nián，dàxué sì nián（huò wǔ nián）. *The length of schooling in China includes six years of elementary school，six years of middle school and four or five years of university.*

xuě

雪 xuě（名）*snow*：十一月北京下了第一场～。 Shíyīyuè Běijīng xiàle dìyī chǎng ～. *The first snow in Beijing fell in November.* /打～仗 dǎ ～ zhàng *have a snowball fight* /堆个～人 duī ge ～ rén *build a snowman* /像～一样洁白 xiàng ～ yíyàng jiébái *as white as snow* /扔～球 rēng ～ qiú *throw snowballs*（动）◇洗掉 *wipe out（a humiliation）*；

avenge (a wrong)：～冤 ～ yuān redress a wrong

【雪白】xuěbái（形）像雪一样的白 snow-white

【雪崩】xuěbēng（名）avalanche；snowslide

【雪耻】xuě＝chǐ 洗掉耻辱 avenge an insult；wipe out a humiliation

【雪花】xuěhuā（名）snowflake；～纷纷扬扬地落下。～ fēnfényángyáng de luòxia. Snowflakes came fluttering down.

【雪花膏】xuěhuāgāo（名）vanishing cream

【雪恨】xuě＝hèn 洗刷掉仇恨 avenge；wreak revenge：报仇～ bào chóu － take revenge /为死难者～ wèi sǐnànzhě － avenge the death of a victim

【雪茄】xuějiā（名）[枝 zhī] cigar

【雪亮】xuěliàng（形）(1)像雪一样明亮 bright as snow；shiny：～的探照灯 ～ de tànzhàodēng a searchlight as bright as snow /把玻璃窗擦得～。Bǎ bōli chuāng cā de ～. Wipe the window glass until it shines. (2)(看得)清楚 discerning；discriminating：群众的眼睛是～的。Qúnzhòng de yǎnjing shì ～ de. The eyes of the masses are discerning.

【雪盲】xuěmáng（名）snow blindness

【雪片】xuěpiàn（名）纷纷落下的大的雪花,多用于比喻 a flurry of snowflakes (usu. used figuratively)：慰问信像～一样飞来。Wèiwènxìn xiàng ～ yíyàng fēilái. We've been swamped by an avalanche of sympathy letters.

【雪橇】xuěqiāo（名）sled；sleigh

【雪山】xuěshān（名）[座 zuò] snow-capped mountain

【雪中送炭】xuě zhōng sòng tàn 下雪天给人送炭取暖,比喻在别人急需时给以物质和精神上的帮助 send charcoal in snowy weather — provide timely help；send help where it is badly needed：你们能来帮我们,真是～,这里正需要像你们这样的科技人员呀! Nǐmen néng lái bāng wǒmen,zhēn shì ～,zhèli zhèng xūyào xiàng nǐmen zhèyàng de kējì rényuán ya! Your coming here to help us is indeed like sending charcoal in snowy weather. We are in bad need of scientists and technicians such as you.

xuè

血 xuè（名）〈生〉blood 另见 xiě

【血案】xuè'àn（名）凶杀案件 murder case

【血沉】xuèchén（名）〈医〉erythrocyte sedimentation rate (ESR)

【血管】xuèguǎn（名）[条 tiáo、根 gēn]〈生理〉blood vessel

【血海深仇】xuè hǎi shēn chóu 形容仇恨极大、极深 a huge debt of blood；intense and deep-seated hatred

【血汗】xuèhàn（名）血和汗,比喻辛勤的劳动或劳动果实 blood and sweat；hard toil；这些古建筑物都是劳动人民的～。Zhèxiē gǔ jiànzhùwù dōu shì láodòng rénmin de ～. These ancient buildings were built with the blood and sweat of the people. / 这些钱可是他的一钱啊! Zhèxiē qián kě shì tā de ～ qián a! He earned this money by hard toil.

【血红】xuèhóng（形）像血的颜色一样红；鲜红 blood red；scarlet

【血迹】xuèjì（名）血(在物体上)留下的痕迹 bloodstain：斑斑～ bānbān ～ bloodstained

【血浆】xuèjiāng（名）(blood) plasma

【血口喷人】xuè kǒu pēn rén 比喻用十分恶毒的话诬蔑或辱骂别人 make unfounded and malicious attacks upon sb；venomously slander

【血库】xuèkù（名）blood bank

【血泪】xuèlèi（名）痛哭时眼泪流干而后流出来的血,比喻悲愤惨痛的遭遇 tears of blood；tragic experience；sufferings：～史 ～shǐ a history written in blood and tears

【血泪斑斑】xuèlèi bānbān 形容惨痛遭遇的事实似乎有迹可寻的样子 (of a tragedy, facts, etc.) marked with blood and tears

【血泊】xuèpō（名）大滩的血 pool of blood

【血亲】xuèqīn（名）有血缘关系的亲属 blood relation

【血清】xuèqīng（名）(blood) serum

【血球】xuèqiú（名）blood cell；blood corpuscle

【血肉】xuèròu（名）(1)血液和肌肉 flesh and blood：面部伤势惨重,～模糊,看不出是谁了。Miànbù shāngshi cǎnzhòng,～ móhu,kàn bu chū shì shui le. His facial injuries were so serious that it was just a mess of flesh and blood and couldn't be identified. (2)比喻关系特别密切close relationship：～关系 ～ guānxi blood kinship

【血肉横飞】xuèròu héng fēi 形容遭受爆炸或其他意外灾祸,死伤者血肉四溅的惨状 flesh and blood flying everywhere (as in an explosion or some other sudden disaster)

【血肉相连】xuèròu xiānglián 比喻二者的关系极为密切而不可分割 as close as flesh and blood

【血色】xuèsè（名）皮肤红润的颜色 redness of the skin

【血色素】xuèsèsù（名）haemochrome

【血书】xuèshū（名）为了表示深仇大恨或表明决心,用自己的鲜血写成的诉状或志愿 a letter written in one's blood (expressing hatred, determination, etc.)

【血栓】xuèshuān（名）〈医〉thrombus

【血糖】xuètáng（名）主要指血液中的葡萄糖 blood sugar

【血统】xuètǒng（名）人类由于生育而自然形成的关系 blood relationship；blood lineage

【血统论】xuètǒnglùn（名）即唯成分论,是唯心主义哲学观点,认为人的思想不是由社会实践而是由其亲属血缘关系所决定的,可以像血统遗传那样先天具备 the theory of the unique importance of class origin — the idealist view (in philosophy) which holds that thinking is not determined through social practice but, rather, is determined through one's class origin or is a priori, passed on through heredity

【血污】xuèwū（名）血在人体或物体上留下的污痕 bloodstain：抹去～ mǒqù － wipe away bloodstains/ 擦不掉的～ cā bu diào de － bloodstains that can't be obliterated/ 斑斑～ bānbān ～ speckled with bloodstains

【血吸虫】xuèxichóng（名）blood fluke

【血洗】xuèxǐ（动）像用血洗了(某个地方)一样,形容残酷地屠杀 bathe in blood：当年法西斯～了这个村庄。Dāngnián fǎxisī － le zhège cūnzhuāng. In those years, Fascism bathed this village in blood.

【血小板】xuèxiǎobǎn（名）〈医〉(blood) platelet

【血腥】xuèxīng（形）血的腥味,比喻屠杀的残酷 reeking of blood；bloody；sanguinary：～的年代 ～ de niándài a bloody age /～的屠杀 － de túshā a bloody massacre

【血型】xuèxíng（名）blood group；blood type

【血压】xuèyā（名）blood pressure：～计 ～jì sphygmomanometer

【血液】xuèyè（名）同"血" xuè same as "血" xuè

【血雨腥风】xuè yǔ xīng fēng 流的血像下雨一样,风带有血腥味,形容斗争残酷,死人很多 a foul wind and a rain of blood — a savage struggle with countless casualties

【血缘】xuèyuán（名）同"血统" xuètǒng same as "血统" xuètǒng

【血债】xuèzhài（名）指杀害人民的罪责 a debt of blood：向敌人讨还～。Xiàng dírén tǎohuán ～. make the enemy pay its blood debt

【血战】xuèzhàn（动）进行殊死的战斗 bloody battle

xūn

勋〔勛〕xūn（名）功劳 merit；meritorious service；achievement：建奇～ jiàn qí ～ make an outstanding contribution

【勋爵】xūnjué（名）a feudal title of nobility conferred for

meritorious service；*Lord*

【勋业】xūnyè（名）〈书〉功劳和业绩 *meritorious service and great achievement*

【勋章】xūnzhāng（名）[枚 méi] 授予对国家、人民有较大功绩者的荣誉证章 *medal*；*decoration*

熏 xūn

（动）*smoke*；*fumigate*：～肉 ～ ròu *smoked meat*/～鱼 ～ yú *smoked fish*/香烟把手指～黄了。Xiāngyān bǎ shǒuzhǐ ～huáng le. *Cigarette smoke made his fingers turn yellow.* / 中国的花茶是用鲜花～出来的。Zhōngguó de huāchá shì yòng xiānhuār ～ chulai de. *Chinese scented tea is made by fumigating the tea with fresh flowers.*

【熏染】xūnrǎn（动）〈书〉长期接触的人或事物对一个人的生活习惯、思想行为产生影响（多指坏的方面）*exert a gradual*，*corrupting influence on*；*contaminate*；*corrupt*：他受朋友的～，也抽上烟了。Tā shòu péngyou de ～, yě chōushang yān le. *He was gradually corrupted by friends and now smokes too.*

【熏陶】xūntáo（动）〈书〉长期接触的人或事物对人的生活习惯、思想行为逐渐产生好的影响 *exert a gradual uplifting influence on*；*nurture*；*benefit*；*edify*：他从小就受音乐的～。Tā cóngxiǎo jiù shòu yīnyuè de ～. *Music has exerted an edifying influence on him ever since he was a boy.* / 在父母的～下，他爱上了文学。Zài fùmǔ de ～ xià, tā àishangle wénxué. *Nurtured by his parents, he developed a passion for literature.*

【熏制】xūnzhì（动）*smoke*；*fumigate*；*cure （meat, etc.）with smoke*：火腿都是～而成的。Huǒtuǐ dōu shì ～ ér chéng de. *All ham is smoked.*

xún

旬 xún

（名）◇(1)一个月份分为上、中、下三旬，十日为一旬 *a period of ten days （of which there are three in one month*：*"上，中，下" the first, second and last ten days）*：八月上～ bāyuè shàng～ *the first ten-day period in August*/二月中～ èryuè zhōng～ *the second ten-day period in February*/十二月下～ shí'èryuè xià～ *the last ten days of December* (2)十岁为一旬（用于老人）*a period of ten years in a person's age （applied only to old persons）*：八旬老人 bā ～ lǎorén *80-year-old person*/年已七～ nián yǐ qī ～ *already 70 years old*/年过八～ nián guò bā ～ *more than 80 years old*/年近九～ nián jìn jiǔ～ *almost 90 years old*

寻 [尋] xún

（动）找 *look for*；*search*；*seek*：报上有个～人启事。Bàoshang yǒu ge ～ rén qǐshì. *There's a missing person announcement in the newspaper.*

【寻常】xúncháng（形）平常 *ordinary*；*usual*；*common*：电视机这几年是很～的东西了。Diànshìjī zhè jǐ nián shì hěn～de dōngxi le. *The television has become a common thing in recent years.* / 你居然戒烟了，可不～! Nǐ jūrán jiè yān le, kě bù ～! *You've quit smoking surprisingly. That's unusual!* /一个两三岁的孩子能认几百个汉字，太不～了。Yí ge liǎng-sān suì de háizi néng rèn jǐ bǎi ge Hànzì, tài bù ～ le. *A two-or three-year-old child who knows a few hundred characters is very uncommon.* / 家里的～事，孩子们也都能帮着干了。Jiā li de ～ shì, háizimen yě dōu néng bāngzhe gàn le. *Children can also lend a helping hand in doing regular household chores.*

【寻短见】xún duǎnjiàn 自杀 *commit suicide*

【寻访】xúnfǎng（动）寻找探访 *look for （sb. whose whereabouts are unknown）*；*try to locate*；*make inquiries about*

【寻机】xúnjī（副）〈贬〉寻找机会 *look for an opportunity*：～报复 ～ bàofu *look for an opportunity to retaliate*/～闹事 ～ nào shì *look for an opportunity to stir up trouble*/～捣乱 ～ dǎoluàn *look for an opportunity to create a disturbance*

【寻开心】xúnkāixīn 开玩笑 *play a joke on*；*jest*；*make fun of*：°可不能拿人家的生理缺陷～。Kě bù néng ná rénjia de shēnglǐ quēxiàn ～. *One must not make fun of other's physiological defects.*

【寻觅】xúnmì（动）〈书〉寻找 *seek*；*look for*

【寻求】xúnqiú（动）寻找追求 *seek*；*explore*；*go in quest of*：～真理 ～ zhēnlǐ *seek truth*/～解决问题的途径 ～ jiějué wèntí de tújìng *explore possible paths for resolving a problem*

【寻死】xún＝sǐ 自杀或企图自杀 *attempt or commit suicide*

【寻思】xúnsi（动）考虑、思索 *think sth. over*；*consider*：我得好好～一下，才能答复你。Wǒ děi hǎohǎor ～ yíxià, cái néng dáfù nǐ. *I have to first think it over before I can answer you.* / 咱们～～送他什么生日礼物好。Zánmen ～～ sòng tā shénme shēngrì lǐwù hǎo. *Let's think over what to give him for a birthday gift.*

【寻味】xúnwèi（动·不及物）仔细体味 *chew sth. over*；*ruminate*；*think over*：耐人～ nài rén ～ *afford food for thought*/这句诗写得很好，念完以后使人～无穷。Zhè jù shī xiě de hěn hǎo, niànwán yǐhòu shǐ rén ～ wúqióng. *This line of poetry is very well written. After reading it, one is given endless possibilities for reflection.*

【寻衅】xúnxìn（动·不及物）〈书〉故意寻找事端进行挑衅 *pick a quarrel*；*provoke*：伺机～，制造冲突。Sìjī ～, zhìzào chōngtu. *Waiting for the opportunity to pick a quarrel and create conflict.*

【寻找】xúnzhǎo（动）〈书〉找 *seek*；*look for*：民警会帮助你～你的朋友的。Mínjǐng huì bāngzhù nǐ ～ nǐ de péngyou de. *The people's police will help you look for your friend.* / 食堂门口贴着一张～失物的启事。Shítáng ménkǒu tiēzhe yì zhāng ～ shīwù de qǐshì. *There is a notice for lost articles pasted at the entrance to the cafeteria.* / 许多科学家为了～真理，一生孜孜不倦。Xǔduō kēxuéjiā wèile ～ zhēnlǐ, yìshēng zīzī bú juàn. *Many scientists spend a lifetime working indefatigably in search of truth.*

巡 xún

（动）来往查看 *patrol*；*make one's rounds*

【巡航】xúnháng（动·不及物）巡逻航行 *cruise*

【巡回】xúnhuí（动）按照一定的路线到各处（进行某种活动）*go the rounds*；*tour*；*make a circuit of*：～宣讲 ～ xuānjiǎng *tour around to explain and publicize*/～展览 ～ zhǎnlǎn *a touring exhibition*/～医疗 ～ yīliáo *mobile medical corps*/展品在全国各地～展出了二十多次。Zhǎnpǐn zài quán guó gè dì ～ zhǎnchūle èrshí duō cì. *The exhibit toured around the entire country and was on display more than twenty times.* / 京剧团到农村去～演出。Jīngjùtuán dào nóngcūn qù ～ yǎnchū. *The Beijing opera troupe made a tour of the countryside and performed there.*

【巡逻】xúnluó（动）*go on patrol*；*patrol*

【巡视】xúnshì（动）到各地去观察（工作情况）*make an inspection tour*

【巡洋舰】xúnyángjiàn（名）[艘 sōu] *cruiser*

询 [詢] xún

（动）询问 *ask*；*inquire*

【询问】xúnwèn（动）〈书〉打听；调查了解 *ask about*；*inquire*

循 xún

（动）依照遵守 *follow*；*abide by*：有例可～ yǒu lì kě ～. *There are precedents to follow.*

【循规蹈矩】xún guī dǎo jǔ 遵守规矩，不轻举妄动，现有时指按照旧的准则办事，不敢改变，不敢创新 follow rules, orders, etc. docilely; follow the beaten track; conform to convention; stick rigidly to rules and regulations.

【循环】xúnhuán（动）circulate; cycle: ～赛 ～ sài round robin/ 血液在身体里 ～. Blood circulates in the body. / 飞机在天空 ～两周。Fēijī zài tiānkōng ～ liǎng zhōu. The plane circled twice in the air.

【循环小数】xúnhuán xiǎoshù（数）recurring decimal

【循序渐进】xúnxù jiànjìn 指（学习、工作）按照一定的步骤逐步地向前（of one's studies or work）follow in order and advance step by step; proceed in an orderly way and step by step: 教材要由浅入深，～. Jiàocái yào yóu qiǎn rù shēn, ～. All teaching materials must proceed from the easy to the difficult and go step by step.

【循循善诱】xúnxún shàn yòu 循循: 有次序的; 诱: 引导。善于有步骤地引导（循循: in order; 诱: guide）be good at giving systematic guidance: 当老师的必须能做到 ～. Dāng lǎoshī de bìxū néng zuòdào ～. To be a teacher, one must be good at giving systematic guidance. /对年轻人要～，耐心教导。Duì niánqīng rén yào ～, nàixīn jiàodǎo. One must be good at giving systematic guidance to young people and teaching them patiently.

xùn

讯 〔訊〕xùn
（名）◇消息 message; dispatch: 新华社七日～ Xīnhuáshè qī rì ～ a Xinhua dispatch on the seventh（动）◇问，审问 interrogate; question

【讯问】xùnwèn（动）〈书〉(1) 问 ask about; inquire: ～地址 ～ dìzhǐ inquire about an address /大夫～病人的症状。Dàifu ～ bìngrén de zhèngzhuàng. The doctor asked the patient about his symptoms. / 律师仔细～了当事人受害的经过。Lǜshī zǐxì ～ le dāngshìrén shòu hài de jīngguò. The lawyer asked the litigant carefully about the incident in which he was injured. (2) 审问 interrogate; question: ～案件 ～ ànjiàn interrogation in a law case/ 法官～证人证词是否真实。Fǎguān ～ zhèngrén zhèngcí shì fǒu zhēnshí. The judge questioned the witness on the truthfulness of his testimony.

训 〔訓〕xùn
（动）教导、斥责 lecture; teach; train: 把他～了一顿。Bǎ tā ～le yí dùn. Give him a lecture. /这事办糟了，一定要好好～。Zhè shì bànzāo le, yídìng yào hǎohǎor ～. He made a mess of this. You must give him a good lecture. / 这孩子太淘气，不～他不行。Zhè háizi tài táoqì, bú ～ tā bù xíng. This child is too naughty. It won't do not to lecture him. （名）◇准则 standard; model; example: 他的经验是不足为～. His experience is not fit to serve as an example.

【训斥】xùnchì（动）〈书〉reprimand; rebuke; dress down: 不要总～学生。Búyào zǒng ～ xuésheng. You mustn't always reprimand students. /遭到上级～是件不体面的事。Zāodào shàngjí ～ shì jiàn bù tǐmiàn de shì. To be reprimanded by the higher authorities is not a very dignifying thing.

【训诂】xùngǔ（动·不及物）解释古书中词句的意义 explanations of words in ancient books; exegesis

【训话】xùn＝huà 上级对下级进行教育或开导（give）an admonitory talk (to subordinates)

【训戒】xùnjiè（动）同"训诫" xùnjiè same as "训诫" xùnjiè

【训诫】xùnjiè（动）(1) 教导或告诫 admonish; advise (2) 人民法院对犯罪的人进行公开的批评教育 reprimand; rebuke

【训练】xùnliàn（动）train; drill: ～警犬 ～ jǐngquǎn train a police dog/ 运动员们～非常刻苦。Yùndòngyuánmen ～ fēicháng kèkǔ. Athletes undergo extremely arduous training. / 要用很大力量才能～出一批优秀运动员。Yào yòng hěn dà lìliang cái néng ～ chū yì pī yōuxiù yùndòngyuán. Making an extremely hard effort is the only way to train excellent athletes. （名）training; drill: 军事～ jūnshì ～ military training/ 经过长期～的特务也难逃法网。Jīngguò chángqī ～ de tèwu yě nán táo fǎwǎng. It is difficult even for a special agent with long-term training to escape the net of justice.

迅 xùn
（形）◇快 fast; swift

【迅即】xùnjí（副）立即 immediately; at once

【迅雷不及掩耳】xùn léi bù jí yǎn ěr 雷声来得快，使人来不及捂住耳朵，比喻事情突然，使人来不及防备 a sudden peal of thunder leaves one no time to cover one's ears — (of a matter) as sudden as lightning, giving no time for precautions

【迅猛】xùnměng（形）迅速而猛烈 swift and violent

【迅速】xùnsù（形）〈书〉很快 rapid; swift; speedy; quick; prompt: 动作～ dòngzuò ～ quick in one's movements/ ～前进 ～ qiánjìn advance swiftly/ ～回信 ～ huí xìn a quick letter in reply

汛 xùn
（名）flood; high water: 防～ fáng ～ flood control

【汛期】xùnqī（名）江河水位定时性上涨的时期 flood season

驯 〔馴〕xùn
（动）使顺从，驯服 tame: ～马 ～ mǎ tame a horse /～狮 ～ shī tame a lion

【驯服】xùnfú（动）(动物) 经过训练后使之顺从 (of animals) domesticate; tame: 烈马被～了。Lièmǎ bèi ～ le. The wild horse was tamed. /军民齐努力，～洪水。Jūn mín qí nǔ lì, ～ hóngshuǐ. Soldiers and civilians worked together hard to bring the flood under control. （形）tame; docile; tractable: 马戏班里的熊很～. Mǎxìbān li de xióng hěn ～. The bears in the circus are very tame.

【驯化】xùnhuà（动）野生动物经过人的长期饲养后，改变了原来的习性，使它驯服 domesticate; tame

【驯良】xùnliáng（形）温顺善良 tractable; docile; tame and gentle

【驯顺】xùnshùn（形）驯服顺从 tame and docile

【驯养】xùnyǎng（动）〈书〉饲养野生动物使逐渐驯服 raise and train (wild animals); domesticate

徇 xùn
（动）(迁就，忍让地) 依从 give in to; submit to; comply with

【徇私情】xùn sīqíng（因照顾、迁就）私人感情（而做了不合法的事情）act wrongly out of personal considerations; practise favouritism

【徇私舞弊】xùnsī wǔbì 因照顾私人关系而作不合法的事，并弄虚作假，进行欺骗 practise fraud for the benefit of friends, relatives or oneself

逊 〔遜〕xùn
（动）(1) 退避 abdicate (2) 谦逊 modest (3) 差 inferior: 老王的棋艺比你稍～一筹。Lǎo Wáng de qíyì bǐ nǐ shāo ～ yìchóu. Lao Wang's skill at chess is slightly inferior to yours.

【逊色】xùnsè（形）比不上，有差距 be inferior: 他比起他的老师来，毫不～. Tā bǐ qǐ tā de lǎoshī lai, háobù ～. He is by

no means inferior when compared to his teacher. / 虽然都是根据同一本小说改编的,电视剧比电影可～多了。Suīrán dōu shì gēnjù tóng yì běn xiǎoshuō gǎibiān de, diànshìjù bǐ diànyǐng kě ～ duō le. *Although they are both adapted versions of the same novel, the television play is far inferior to the movie.*

殉 xùn
（动）(为了某种理想而)牺牲自己的生命 *sacrifice one's life for (an ideal)*

【殉国】xùn＝guó 为国家的利益而牺牲生命 *die (or give one's life) for one's country*

【殉难】xùn＝nàn (为有所作为)遇难而牺牲 *die (for a just cause)*:抚恤～烈士家属 fúxù ～ lièshì jiāshǔ *comfort and compensate the family of a martyr*

【殉葬】xùnzàng（动·不及物）古代用活人或器物陪葬 *be buried alive with the dead or bury implements with the dead (in ancient times)*

【殉葬品】xùnzàngpǐn（名）(1)古代陪葬的器物 *funerary ob-ject; sacrificial object*:文物队从古墓里挖掘出大量～。Wénwùduì cóng gǔmù li wājué chū dàliàng ～. *A team of experts on historical relics unearthed a large number of funerary objects from an ancient tomb.*（2)比喻留恋旧制度,反对革命的改革而贻误自己前途的人 *an old dinosaur — one who is reluctant to let go of the old status quo and who dies with it*:不要做旧社会的～。Búyào zuò jiù shèhuì de ～. *Don't be a dinosaur dying out with the old society.*

【殉职】xùn＝zhí〈书〉(在职人员)为公务而牺牲,或执行职务时死去 *die at one's post; die in line of duty*:不幸～ búxìng ～ *To our sorrow, he died in line of duty.* / 光荣～ guāngróng ～ *die a hero's death in the line of duty*/ 民警为抢救落水儿童,以身～。Mínjǐng wèi qiǎngjiù luò shuǐ értóng, yǐ shēn ～. *The people's policeman died in line of duty while rescuing a child who had fallen into the water.*

蕈 xùn
（名）〈植〉*gill fungus*

Y

yā

丫 yā
（名）◇上端分叉的东西 *bifurcation*；*fork*

【丫杈】 yāchà（名）同“桠杈” yāchà *same as "桠杈"* yāchà

【丫头】 yātou（名）〈口〉(1) 女孩子 *girl*：他有三个孩子，一个～，两个小子。Tā yǒu sān ge háizi, yī ge ～, liǎng ge xiǎozi. *He has three children — one girl and two boys.* (2) 旧社会被迫供人役使，没有人身自由的女孩子 *slave girl*（*in former times*）

压 〔壓〕yā
（动）(1) 对物体（从上）向下施力 *press*；*push down*；*hold down*；*weigh down*：这盒子怕～。Zhè hézi pà ～. *This box won't stand much weight.* /衣服被～皱了。Yīfu bèi ～ zhòu le. *The jacket was creased.* /沉重的家务像块石头～在她身上。Chénzhòng de jiāwù xiàng kuài shítou ～ zài tā shēnshang. *Heavy household chores weigh her down like a rock.* (2) 控制；抑制 *control*；*keep under*；*quell*：～住火儿，别急！～zhù huǒr, bié jí! *Control your anger. Don't get excited!* /喝口水～～咳嗽。Hē kǒu shuǐ ～～ késou. *Have a sip of water to ease your cough.* /老师没威信，～不住学生。Lǎoshī méi wēixìn, ～ bu zhù xuésheng. *The teacher doesn't have any prestige, so he can't keep the students under control.* /骚乱被～了下去。Sāoluàn bèi ～le xiaqu. *The riot was quelled.* (3) 压制 *suppress*；*stifle*；*intimidate*：只能说服，不能～服。Zhǐ néng shuōfú, bù néng ～fú. *One can only use persuasion, not coercion.* /势大～人 shì dà ～ rén *intimidate people with one's power* (4)（该处理的事物）放着不处理 *pigeonhole*；*shelve（sth. that ought to be taken care of）*：稿子在编辑部～了半年。Gǎozi zài biānjíbù ～ le bàn nián. *The manuscript was pigeonholed in the editorial department for half a year.* /因为没有时间开会研究，事情就～下来了。Yīnwèi méi yǒu shíjiān kāi huì yánjiū, shìqing jiù ～ xialai le. *The matter was pigeonholed because there was no time to hold a meeting to discuss it.* (5)◇（来势凶猛地）临近、到来（*of a coming violent force*）*approach*；*be getting near*：黑云～城 hēi yún ～ chéng *dark clouds approaching the city* /洪水～过来 hóngshuǐ ～ guolai *an oncoming flood* /一片批评和责骂朝我～来。Yīpiàn pīpíng hé zémà cháo wǒ ～lai. *I have a good scolding coming.* 另见 yà

【压宝】 yā=bǎo 一种用色子赌博的方法 *a gambling game, played with dice under a bowl*

【压倒】 yā//dǎo (1) 因受压而倒 *be overwhelmed*；*be overpowered*：孩子被拥挤的人群～了。Háizi bèi yōngjǐ de rénqún ～ le. *The child was overwhelmed by the crowd.* (2) 超过；胜过 *override*；*prevail over*；*overwhelm*：～对方 ～ duìfāng *override the other party* /占～优势 zhàn ～ yōushì *occupy an overwhelmingly dominant position* /以～的多数票当选为主席 Yǐ ～ de duōshù piào dāngxuǎn wéi zhǔxí. *be elected chairman by an overwhelming majority of votes* /要在精神上～对手 yào zài jīngshén shang ～ duìshǒu *One must trumph in spirit over one's adversary.*

【压服】 yā//fú 靠威力迫使人服从 *force sb. to submit*；*coerce*：～的办法行不通。～ de bànfǎ xíng bu tōng. *Coercive methods will get one nowhere.* /没有道理，靠压是压不服人的。Méi yǒu dàolǐ, kào yā shì yā bu fú rén de. *Using coercion, not reason, will not force somebody to submit.* /不能靠权势～别人。Bù néng kào quánshì ～ biérén. *One cannot depend on power and influence to coerce others.* /要以理服人，不能～。Yào yǐ lǐ fú rén, bù néng ～. *People must be convinced by reasoning, not coercion.*

【压价】 yā=jià 用迫使价格降低 *undersell*：这批货物有点小毛病，只好～销售。Zhè pī huòwù yǒu diǎnr xiǎo máobìng, zhǐhǎo ～ xiāoshòu. *This shipment of goods is defective so we've no choice but to undersell.*

【压境】 yājìng（动·不及物）〈书〉（大批敌军）逼近边境（*of enemy troops*）*press on to the border*：大敌～，我们要作好战斗准备。Dà dí ～, wǒmen yào zuòhǎo zhàndòu zhǔnbèi. *A large enemy force is bearing down upon the border. We must be well prepared for battle.*

【压力】 yālì（名）(1)〈物〉*pressure* (2) 制服人的力量 *overwhelming force*；*pressure*：迫于舆论的～，他把强占的住房退了出来了。Pò yú yúlùn de ～, tā bǎ qiángzhàn de zhùfáng tuì chulai le. *Under the pressure of public opinion, he relinquished the living quarters he had taken by force.* (3) 思想上的负担 *mental burden*；*pressure*：这么重要的任务交给我，我感到精神～很大。Zhème zhòngyào de rènwu jiāo gěi wǒ, wǒ gǎndào jīngshén ～ hěn dà. *I feel an enormous amount of pressure after being entrusted with such an important task.* /他总觉得人们不信任他，思想上有～。Tā zǒng juéde rénmen bú xìnrèn tā, sīxiǎng shang yǒu ～. *He always feels as though others had no trust in him and this weighs on his mind.*

【压路机】 yālùjī（名）*road roller*；*steamroller*

【压迫】 yāpò（动）(1) 用权势或强力使人屈服 *oppress*；*repress*：被～民族 bèi ～ mínzú *an oppressed nation* /人～人是不合理的社会现象。Rén ～ rén shì bù hélǐ de shèhuì xiànxiàng. *The oppression of people is an irrational social phenomenon.* (2) 体内的某一器官受到挤压 *constrict*：心室扩大～食道，使食道变形。Xīnshì kuòdà ～ shídào, shǐ shídào biàn xíng. *When the ventricle expanded, the esophagus constricted and was deformed.* /饮食过量会使心脏受到～。Yǐnshí guò liàng huì shǐ xīnzàng shòudào ～. *Excessive eating and drinking can cause a constriction in the heart.*

【压迫者】 yāpòzhě（名）*oppressor*

【压岁钱】 yāsuìqián（名）旧时的习俗，过春节时长辈给小孩儿的钱 *money given to children as a lunar New Year gift in the old days*

【压缩】 yāsuō（动）(1) 对物体加压力，使体积变小 *compress*；*condense*：～食品 ～ shípǐn *condensed foodstuff* /～饼干 ～ bǐnggān *hardtack* /～空气 ～ kōngqì *compressed air* (2) 减少（人员、经费、篇幅）*reduce*；*cut down*；*curtail（personnel, funds, length of a piece of writing）*：～开支 ～ kāizhī *cut down expenses* /行政费用 ～ xíngzhèng fèiyòng *reduce administrative costs* /编制过大，人员过多，需要～。Biānzhì guò dà, rényuán guò duō, xūyào ～. *This establishment is too large and overstaffed. We need to cut down.* /文章写得太长了，请～一下。Wénzhāng xiě de tài cháng le, qǐng ～ yīxià. *This article is too long. Please cut it down a bit.*

【压痛】 yātòng（名）〈医〉用手轻按身体的某一部分时产生的疼痛或异常的感觉 *tenderness*：病人右腹部有～，像是阑尾炎。Bìngrén yòu fùbù yǒu ～, xiàng shì lánwěiyán. *The patient feels a tenderness in his right abdomen. It looks like appendicitis.*

【压延】 yāyán（动）〈冶〉加压力使金属伸延成一定形状 *calender*；*mangle*

【压抑】 yāyì（动）对感情、力量等加以控制或限制，使不能充

分表露或发挥 constrain; inhibit; hold back; depress;～不住喜悦的心情～ bú zhù xǐyuè de xīnqíng unable to suppress one's joy /他～着心中的怒火。Tā～zhe xīnzhōng de nùhuǒ. He restrained his anger. /跟周围人的关系处得不好,她总感到～。Gēn zhōuwéi rén de guānxi chǔ de bù hǎo, tā zǒng gǎndào ～. She doesn't get along well with those around her so she always feels inhibited. /妻子觉得丈夫不理解自己,自己的感情受到～。Qīzi juéde zhàngfu bù lǐjiě zìjǐ, zìjǐ de gǎnqíng shòudào ～. She felt her husband didn't understand her so she felt constrained.

【压韵】yā＝yùn 诗词歌曲等句子末尾用韵母相同或相近的字,使声音和谐悦耳 rhyme

【压榨】yāzhà（动）〈书〉(1)压取物体里的汁液 press; squeeze;～橘子得到橘汁 ～ júzi dédào júzhī squeeze an orange to extract the juice /制糖,先要对甘蔗、甜菜进行～。Zhì táng, xiān yào duì gānzhe、tiáncài jìnxíng ～. In order to make refined sugar, sugar cane and sugar beet must first be pressed. (2)比喻剥削或搜刮 oppress and exploit; fleece; bleed one white; 农民有了自己的土地,就再也不受～了。Nóngmín yǒule zìjǐ de tǔdì, jiù zài yě bú shòu ～ le. Once the peasants had their own land, they were no longer subject to oppression and exploitation. /他祖父是靠～雇工发家的。Tā zǔfu shì kào ～ gùgōng fā jiā de. His grandfather relied on the exploitation of hired labour to build up the family fortune. /旧官府用苛捐杂税～老百姓。Jiù guānfǔ yòng kējuān záshuì ～ lǎobǎixìng. Feudal officials used exorbitant taxes and levies in order to exploit and oppress the masses.

【压制】yāzhì（动）(1)用压的方法制造 stamp; press;～钢轨 ～ gāngguǐ stamp rail /～的药片 ～ de yàopiàn compressed tablets /汽车外壳是～成的。Qìchē wàikéshì ～ chéng de. The car frame was made through stamping. (2)用强硬的手段制止 suppress; stifle; inhibit;～民主 ～ mínzhǔ suppress democracy /～群众 ～ qúnzhòng suppress the masses / 敢于说话的人受到～。Gǎnyú shuō huà de rén shòudào ～. Those who dare to speak are stifled. /报纸不能～不同意见,只发表一种观点的文章。Bàozhǐ bù néng ～ bù tóng yìjiàn, zhǐ fābiǎo yì zhǒng guāndiǎn de wénzhāng. A newspaper cannot stifle differing opinions, nor can it only publish articles with just one point of view.

【压轴子】yāzhòuzi（动）(某一出戏)排为一次戏剧演出的好几出戏中的倒数第二个,倒数第一出是最好的 present a theatrical performance as the second last item on a programme（名)一次戏剧演出中排在倒数第二的那出戏 the second last item on a theatrical programme

呀 yā

（叹）表示惊异（expresses surprise）ah; oh;～,这小池塘里有那么多鱼!～, zhè xiǎo chítáng li yǒu nàme duō yú! Oh! This little pond has so many fish in it! /～,那棵榕树怎么那么大!～, nà kē róngshù zěnme nàme dà! Oh! This banyan is so huge! /～,这花真香。～, zhè huā zhēn xiāng. Ah! This flower is so fragrant! 另见 ya

押 yā

（动）(1) detain; take into custody: 这个犯人在狱中～了两年。Zhège fànrén zài yù zhōng ～le liǎng nián. This criminal was kept in jail for two years. /那个小偷还在拘留所里～着。Nàge xiǎotōu hái zài jūliúsuǒ li ～zhe. That thief is still in custody at the detention house. /民警～着小偷上了警车。Mínjǐng ～ zhe xiǎotōu shàngle jǐngchē. The people's policeman, taking the thief into custody, got into the police car.·(2)跟随并负责照料或看管 escort;～运行李 ～ yùn xínglǐ escort luggage (on a train, etc.) /领导派他～队。Lǐngdǎo pài tā ～ duì. The leaders sent him to escort

the team. (3)把钱或物交给对方作为保证 give as security; mortgage; pawn: 借了人家的钱,把房子～给了人家。Jièle rénjia de qián, bǎ fángzi ～ gěile rénjia. He mortgaged his house to someone so as to borrow money. /我的钱～在医院里,等出院时才能算账。Wǒ de qián ～ zài yīyuàn li, děng chū yuàn shí cái néng suàn zhàng. My money was given as security to the hospital and my account won't be settled until I leave.

【押宝】yā＝bǎo 同"压宝"yā＝bǎo same as "压宝" yā＝bǎo

【押解】yājiè（动）拘送犯人或俘虏(到另一地方) send (a criminal or captive) under escort; escort

【押金】yā＝jīn（名)作抵押用的钱 cash pledge; deposit

【押款】yākuǎn（名)旧时指用抵押方式借得的钱 a loan on security (in former times)

【押款】yā＝kuǎn 旧时用货物、房产、地产等做抵押,向银行等借钱 borrow money on security (in former times)

【押送】yāsòng（动)(1)同"押解"yājiè same as "押解" yājiè (2)跟随并照料、看管被运的货物 escort (goods)

【押韵】yā＝yùn 同"压韵"yā＝yùn same as "压韵" yā＝yùn

哑 〔啞〕yā

另见 yǎ

【哑哑】yāyā（象声)形容乌鸦的叫声,小孩子学说话的声音 caw; (of babies) babble: 她的小女儿一岁了,每天～学语。Tā de xiǎo nǚ'ér yí suì le, měi tiān ～ xué yǔ. Her daughter is one year old and babbles all day long as she is learning to speak.

鸦 〔鴉〕yā

（名)◇乌鸦 crow

【鸦片】yāpiàn（名)opium

【鸦片战争】Yāpiàn Zhànzhēng 1840—1842 年英国因中国禁止商人贩卖鸦片而发动对中国的侵略战争 the Opium War (1840—1842), when Britain invaded China because China had forbidden the sale of opium by British merchants

【鸦雀无声】yā què wú shēng 形容非常安静 not even a crow or sparrow can be heard — extremely silent: 考场上～。Kǎochǎng shang ～. Silence reigns in the examination hall. /往日嘈杂的大院,今天却是～。Wǎngrì cáozá de dà yuàn, jīntiān què shì ～. The noisy compounds of bygone days are now silent. /报告人一走进来,会场里立刻变得～。Bàogào rén yì zǒu jìnlai, huìchǎng li lìkè biàn de ～. As soon as the speaker entered, all fell immediately silent in the conference hall.

桠 〔椏〕yā

（名)◇桠杈 fork (of a tree); crotch

【桠杈】yāchà（名)树枝分出的地方 fork (of a tree); crotch

鸭 〔鴨〕yā

（名)◇duck

【鸭蛋青】yādànqīng（形)极淡的蓝绿色 pale blue

【鸭梨】yālí（名)一种产于华北的梨 a kind of pear grown in north China

【鸭绒】yāróng（名)duck's down; eiderdown;～被 ～ bèi eiderdown quilt

【鸭舌帽】yāshémào（名)[顶 dǐng] peaked cap

【鸭子】yāzi（名)[只 zhī] duck

【鸭嘴笔】yāzuǐbǐ（名)[枝 zhī] drawing pen; ruling pen

yá

牙 yá

（名)[颗 kē] (1) tooth: 我最近拔了一颗～。Wǒ zuìjìn bále yì kē ～. I had a tooth pulled out recently. (2)◇象牙

ivory：～筷　～ kuài *ivory chopsticks*

【牙齿】yáchǐ（名）同"牙"yá(1)*same as "牙" yá*(1)
【牙床】yáchuáng（名）〈生理〉*gum*
【牙雕】yádiāo（名）(1)在象牙上雕刻的艺术 *ivory carving* (2)用象牙雕刻成的艺术品 *carving made of ivory*
【牙膏】yágāo（名）[枝 zhī，筒 tǒng]*toothpaste*
【牙科】yákē（名）〈医〉*department of dentistry*
【牙签儿】yáqiānr（名）[根 gēn]*toothpick*
【牙色】yásè（名）近似象牙的淡黄色 *ivory colour*
【牙刷】yáshuā（名）[把 bǎ]*toothbrush*
【牙龈】yáyín（名）〈生理〉同"牙床"yáchuáng *same as "牙床"* yáchuáng
【牙周病】yázhōubìng（名）〈医〉*periodontosis*

芽 yá
（名）*bud；sprout；shoot*：小 树 长 出 新 ～。Xiǎo shù zhǎngchū xīn ～. *The sapling put forth new buds.* /种子已经发～了。Zhǒngzi yǐjīng fā ～ le. *The seeds have already sprouted.*

蚜 yá
（名）◇ 蚜虫 *aphid；aphis*
【蚜虫】yáchóng（名）*aphid；aphis*

崖 yá
（名）山石或高地的陡立的侧面（又读 ái）*steep cliff；precipice*：山～ shān ～ *cliff*

衙 yá
（名）◇衙门 *yamen, a government office in feudal China*
【衙门】yámen（名）旧时官员办事的机关 *yamen, a government office in feudal China*

yǎ

哑 〔啞〕yǎ
（形）(1)*mute；dumb*：十聋九～ shí lóng jiǔ ～ *Nine out of ten deaf people are also mute.* /装聋作～ zhuāng lóng zuò ～ *pretend to be deaf and dumb* (2)*hoarse；husky*：这几天他说话太多，嗓子都～了。Zhè jǐ tiān tā shuō huà tài duō, sǎngzi dōu ～ le. *He has been doing a lot of talking these past few days and now his voice is hoarse.* /他是个～嗓子。Tā shì ge ～ sǎngzi. *He has a husky voice.* 另见 yā
【哑巴】yǎba（名）*a dumb person；mute*
【哑场】yǎ＝chǎng 开会时没有人发言的局面 *awkward silence at a meeting*：大家积极发言，不要～。Dàjiā jījí fā yán, búyào ～. *You must all speak up. Don't keep silent.* /会一开始就哑了半天场。Huì yì kāishǐ jiù yǎle bàntiān chǎng. *As soon as the meeting started, an awkward silence was kept for quite some time.* /经过几分钟的沉默，他"开了第一炮"打破了～的局面。Jīngguò jǐ fēnzhōng de chénmò, tā "kāile dìyī pào" dǎpòle ～ de júmiàn. *After a few minutes of quiet, he "dropped the first bomb" and shattered the awkward silence.*
【哑剧】·yǎjù（名）*pantomime*
【哑口无言】yǎ kǒu wú yán 像哑巴一样说不出话来 *be rendered speechless；be left without an argument*
【哑铃】yǎlíng（名）*dumbbell*
【哑谜】yǎmí（名）让人难以猜测的话或问题 *puzzling remark；enigma；riddle*：有什么事直截了当地说吧，别跟我们打～了。Yǒu shénme shì zhíjié liǎodàng de shuō ba, bié gēn wǒmen dǎ ～ le. *If you have something to say, come straight out with it. Don't keep us guessing.*
【哑然失笑】yǎrán shīxiào 不由自主地笑出声来 *unable to sti-*

fle a laugh；can't help laughing

雅 yǎ
（形）文雅 *elegant；refined*
【雅观】yǎguān（形）给人以文雅的感觉（多用于否定式）*refined（in manner, etc.）；in good taste（often used in the negative）*：衣着要～，大方。Yīzhuó yào ～, dàfang. *One's clothing must be refined and in good taste.* /穿拖鞋去上课，很不～。Chuān tuōxié qù shàng kè, hěn bù ～. *Wearing slippers to class is boorish.* /光着上身出门，太不～了！Guāngzhe shàngshēn chū mén, tài bù ～ le! *Not wearing a shirt in public shows very poor taste.* /客厅里放着这些破烂东西，多不～。Kètīng li fàngzhe zhèxiē pòlàn dōngxi, duō bù ～. *This junk in the drawing room is rather unsightly.*
【雅俗共赏】yǎ sú gòng shǎng 不管文化程度高还是低的人都能欣赏（指文艺作品或艺术形式优美通俗）*(of a work of art or piece of literature) suit both refined and popular tastes；appeal to both the educated and common people*
【雅兴】yǎxìng（名）高雅不俗的兴趣 *aesthetic inclinations*：他那么忙，竟有～去香山看红叶。Tā nàme máng, jìng yǒu ～ qù Xiāng Shān kàn hóngyè. *He's very busy, yet he still has a keen interest in going to Xiangshan to see the red leaves.*
【雅正】yǎzhèng（形）〈书〉正直 *upright；righteous*（动·不及物）把自己的诗文书画等送给人的时候，表示请对方指教的客气话 *inscribed on one's work of art or piece of writing which is to be given as a gift*
【雅致】yǎzhì（形）（衣服、景物、房间及陈设等）素雅不俗气 *(of clothes, scenery, a room's furnishings, etc.) refined；elegant；tasteful*：房间布置得简朴、～。Fángjiān bùzhì de jiǎnpǔ, ～. *The room is simply and elegantly furnished.*
【雅座】yǎzuò（名）（～儿）指饭馆、酒店中比较清静、舒适的小房间 *private room（in a restaurant；etc.）*

yà

轧 〔軋〕yà
（动）碾、滚压 *roll；run over*：过马路要小心，别让车～了。Guò mǎlù yào xiǎoxin, bié ràng chē ～ le. *Be careful when you cross the street. Don't get run over.* /轧路机把这段路～平了。Yàlùjī bǎ zhè duàn lù ～píng le. *The steamroller levelled this stretch of the road.*（象声）形容机器开动时发出的声音（of a machine）*click away*：车间的机器～～地响着。Chējiān de jīqì ～～ de xiǎngzhe. *The machinery in the workshop is clicking away.* 另见 zhá
【轧花机】yàhuājī（名）*cotton gin*

亚 〔亞〕yà
（形）◇次的，次一等的 *inferior；second*
【亚军】yàjūn（名）*second place（in a sports contest）；runner-up*
【亚麻】yàmá（名）*flax*
【亚热带】yàrèdài（名）*subtropical zone；subtropics；semitropics*
【亚于】yàyú（动）比……稍差或比……稍低 *inferior to；be second to；less than*：他对音乐的爱好不～我。Tā duì yīnyuè de àihào bú ～ wǒ. *His fondness for music is no less than mine.* /这个城市的人口只～首都。Zhège chéngshì de rénkǒu zhǐ ～ shǒudū. *The population of this city is second only to that of the capital.* /在中国，黄河是仅～长江的第二大河。Zài Zhōngguó, Huáng Hé shì jǐn ～ Cháng Jiāng de dì'èr dà hé. *In China, the Yellow River is the second largest river after the Yangtze River.* /他在武术界所占的地位不～他在京剧界的地位。Tā zài wǔshùjiè suǒ zhàn de dìwèi bú ～ tā zài jīngjùjiè de dìwèi. *The position he holds in the world of martial arts is no lower than that which he holds in*

Beijing opera circles.

【亚运会】Yàyùnhuì（名）亚洲运动会的简称，是亚洲运动会联合会(1982年改称亚洲奥林匹克理事会)主办的综合运动会 the Asian Games — athletic games under the cooperative sponsorship of the Asian Games Foundation (of which the name was changed to the Asian Olympic Council in 1982)

【亚洲】Yàzhōu（名）Asia

压〔壓〕yà
另见 yā

【压根儿】yàgēnr（副）〈口〉根本；从来(多用于否定句)at all；from the start；in the first place；altogether (often used in the negative)：他走了以后，～没回来过。Tā zǒule yǐhòu，～méi huílaiguo. He has not come back since he left. /他的住址，我～不知道，叫我怎么找他呢。Tā de zhùzhǐ，wǒ～bù zhīdào，jiào wǒ zěnme zhǎo tā ne. I just don't know his address, so how do you expect me to find him? /他不是从南方迁来的，他～就是北方人。Tā bú shì cóng nánfāng qiānlai de，tā～jiù shì běifāng rén. He didn't move here from the South, he has always been a Northerner. /我说了半天，她好像～没听见似的。Wǒ shuōle bàntiān，tā hǎoxiàng～méi tīngjian shìde. I went on for a long time, but it was as if she hadn't heard at all. /什么有事?他～就不想来。Shénme yǒu shì? Tā～jiù bù xiǎng lái. What do you mean, he's busy? He just simply doesn't want to come.

摁yà
（动）〈书〉拔 pull up；tug upward

【摁苗助长】yà miáo zhù zhǎng 同"拔苗助长"bá miáo zhù zhǎng，为了使禾苗长得快，把禾苗拔起一点，结果苗都死了，比喻违反自然规律，急于求成，反而坏事（same as "拔苗助长" bá miáo zhù zhǎng）try to help the shoots grow by pulling them upward（consequently making them die）— spoil things by excessive enthusiasm

ya

呀ya
（助）同助词"啊"a,用于舒缓语气。是"啊"受前一字的尾音 a、e、i、o 或 ü 的影响而发生的音变（same as the "啊" a, it is used for a leisurely tone；is the phonetics change which takes place when the final sound of the character preceding "啊" is a，e，i，o or ü)：他～，一天到晚不着家。Tā～，yì tiān dào wǎn bù zháo jiā. Him? He's away from home from morning till night. /这衣服是谁的～? Zhè yīfu shì shuí de～? Whose jacket is this? /是～，你应该注意～!Shì～，nǐ yīnggāi zhùyì～! Yes! You should pay attention! /我～，才不信那一套呢! Wǒ～，cái bú xìn nà yí tào ne! Me? I don't believe in that stuff! /哪儿买的鱼～? Nǎr mǎi de yú～? Where did you buy the fish? 另见 yā

yān

咽yān
（名）◇〈生理〉pharynx 另见 yàn

【咽喉】yānhóu（名）(1)〈生理〉pharynx and larynx；throat：～肿痛～ zhǒngtòng a swollen and sore throat (2)比喻形势险要的必经之路 strategic (or vital) passage；key link：要道～ yàodào a strategic passage /～之地～ zhī dì a key junction /交通～ jiāotōng ～ a vital traffic junction /这山口是通往平原地区的～。Zhè shānkǒu shì tōngwǎng píngyuán dìqū de～. This mountain pass is a strategic link that leads to the plains.

殷yān
另见 yīn

【殷红】yānhóng（形）带黑发暗的红色 blackish red；dark red

胭yān

【胭脂】yānzhi（名）rouge：搽～ chá～ apply rouge

烟yān
（名）(1)smoke：烈火浓～ lièhuǒ nóng～ a raging fire and heavy smoke /烟囱里冒着～。Yāntong li màozhe～. There's smoke coming out of the chimney. /～熏黑了墙壁。～ xūnhēile qiángbì. The smoke blackened the wall. (2)纸烟、烟丝、烟草的总称 tobacco or cigarette：抽一枝～ chōu yì zhī～ smoke a cigarette /专门种～的农民叫烟农。Zhuānmén zhòng～de nóngmín jiào yānnóng. Farmers who specialize in growing tobacco are called tobacco growers.

【烟波浩渺】yānbō hàomiǎo 浩渺；形容水面辽阔。烟雾笼罩的江湖水面广阔无边的样子（of an expanse of water）a vast expanse of water covered in mist

【烟草】yāncǎo（名）tobacco

【烟尘】yānchén（名）(1)烟雾和灰尘 smoke and dust in the air：～滚滚 ～ gǔngǔn dust and smoke billowing in the air /锅炉内排放的～会污染环境。Guōlú nèi páifàng de ～huì wūrǎn huánjìng. The dust and smoke emitted from the boiler can pollute the environment. (2)〈书〉烽烟和战场上由于作战而扬起的尘土，即指战火 the smoke of battle

【烟囱】yāncōng（名）chimney；funnel；stovepipe

【烟袋】yāndài（名）[杆 gǎn] small-bowled long-stemmed (tobacco) pipe

【烟蒂】yāndì（名）烟头儿 cigarette end (or stub, butt)

【烟斗】yāndǒu（名）(tobacco) pipe

【烟灰】yānhuī（名）tobacco or cigarette ash

【烟灰缸】yānhuīgāng（名）ashtray

【烟火】yānhuǒ（名）烟和火 smoke and fire：油库重地严禁～。Yóukù zhòngdì yánjìn～. Smoking or lighting fires in the oil depot is strictly forbidden.

【烟火】yānhuo（名）同"焰火"yànhuǒ same as "焰火" yànhuǒ

【烟具】yānjù（名）吸烟的用具，如烟嘴、烟盒、烟灰缸等 smoking paraphernalia，such as a cigarette holder, a cigarette case, an ashtray, etc.：这是一套银制的～。Zhè shì yí tào yín zhì de～. This is a silver smoking set.

【烟卷儿】yānjuǎnr（名）cigarette

【烟煤】yānméi（名）bituminous coal；soft coal

【烟幕】yānmù（名）(1)smoke screen (2)燃烧某些物质形成浓烟，农业上用来防止霜冻 smoke screen (as used in agriculture to keep frost from falling) (3)比喻掩盖真相或本意的言语或行动 smokescreen；device or ruse for disguising activities：放～ fàng～ put up a smokescreen /敌人一边叫喊停火、谈判，一边仍在加紧进攻；他们的停火呼吁不过是施放～而已。Díren yìbiān jiàohǎn tíng huǒ、tánpàn，yìbiān réng zài jiājǐn jìngōng；tāmen de tíng huǒ hūyù búguò shì shīfàng～éryǐ. The enemy have called for a ceasefire and negotiations while at the same time intensifying attacks. Their appeal for a ceasefire is nothing but a smokescreen.

【烟幕弹】yānmùdàn（名）(1)smoke shell；smoke bomb (2)同"烟幕"yānmù (3) same as "烟幕" yānmù (3)

【烟丝】yānsī（名）cut tobacco；pipe tobacco

【烟筒】yāntong（名）chimney；funnel；stovepipe

【烟头儿】yāntóur（名）〈口〉烟蒂 cigarette end (or stub, butt)

【烟土】yāntǔ（名）未经熬制的鸦片 unrefined opium

【烟雾】yānwù（名）指烟、雾、云、气等 smoke；mist；vapour；smog：阴沉的天空，～弥漫。Yīnchén de tiānkōng，～mímàn. The sky is overcast and full of smoke.

【烟消云散】yān xiāo yún sàn 像烟和云消散那样。比喻事物

消失得干干净净 *vanish like mist and smoke*; *completely vanish*：认真、坦率地交换了意见，他俩之间的误会已经～了。Rènzhēn、tǎnshuài de jiāohuànle yìjiàn, tā liǎ zhī jiān de wùhuì yǐjīng ～ le. *The misunderstanding between those two completely vanished after they had an earnest and frank exchange of views.* /他的幽默的谈话,诙谐的举止,使我的不快情绪～。Tā de yōumò de tánhuà, huīxié de jǔzhǐ, shǐ wǒ de búkuài qíngxù ～. *His humorous talk and jocular manner make my unhappy mood vanish like the mist.*

【烟叶】yānyè（名）*tobacco leaf*; *leaf tobacco*

【烟瘾】yānyǐn（名）吸烟的瘾 *addiction to smoking*; *craving for tobacco*

【烟雨】yānyǔ（名）〈书〉像烟一样的细雨 *misty rain*

【烟柱】yānzhù（名）烈火燃烧直上如柱形的烟 *column of smoke*

【烟嘴儿】yānzuǐr（名）*cigarette holder*

焉 yān
（代）此 *here*; *herein*：心不在～ xīn bú zài ～ *have one's mind elsewhere*（副）怎么、哪里 *how*; *why*：不入虎穴,～得虎子? Bú rù hǔ xué, ～ dé hǔ zǐ? *How can you catch tiger cubs without entering the tiger's lair? — Nothing ventured, nothing gained.* /外行人～知其中道理? Wàiháng rén ～ zhī qízhōng dàolǐ? *How can a layman know the ins and outs?*

阉 〔閹〕yān
（动）同"阉割" yāngē（1）*same as* "阉割" yāngē（1）

【阉割】yāngē（动）（1）割去睾丸或卵巢 *castrate or spay*（2）比喻抽去或改变文章、理论等的正确思想或精神实质 *deprive a theory, etc. of its essence*; *emasculate*：歪曲地解释主要观点,就～了这篇讲话的精神。Wāiqū de jiěshì zhǔyào guāndiǎn, jiù ～le zhè piān jiǎnghuà de jīngshén. *A destorted explanation of the main viewpoint is what stripped this lecture of its essence.*

淹 yān
（动）（1）*flood*; *submerge*; *inundate*：～死 ～sǐ *drown* /洪水～了村庄和田地。Hóngshuǐ ～le cūnzhuāng hé tiándì. *Flood water submerged villages and fields.*（2）皮肤因汗多变红或痛痒 *be tingling from sweat*：腋窝让汗～了。Yèwō ràng hàn ～ le. *My armpits were tingling from sweat.*

【淹没】yānmò（动）（大水）盖过、漫过 *submerge*; *flood*; *inundate*; *drown*：那一片房屋都被洪水～了。Nà yípiàn fángwū dōu bèi hóngshuǐ ～ le. *The flood inundated that stretch of buildings.*

腌 yān
（动）*preserve in salt*; *salt*; *pickle*; *cure*：她～了不少鱼。Tā ～le bù shǎo yú. *She salted quite a lot of fish.*

【腌肉】yānròu（名）*salted meat*; *bacon*

湮 yān
（动）〈书〉埋没 *fall into oblivion*; *bury*

【湮灭】yānmiè（动）〈书〉埋没,消灭 *bury in oblivion*; *annihilate*

【湮没】yānmò（动）〈书〉埋没 *fall into oblivion*; *be neglected*; *be forgotten*

yán

延 yán
（动）（1）◇延长 *prolong*; *extend*; *lengthen*：运动可以～年。Yùndòng kěyǐ ～ nián *Exercise can prolong one's life.*

（2）推迟日期、时间 *postpone*; *delay*：婚期～了半年。Hūnqī ～le bàn nián. *The wedding day was postponed for half a year.* /开会时间往后～了。Kāihuì shíjiān wǎng hòu ～ le. *The meeting was postponed.*

【延长】yáncháng（动）*prolong*; *lengthen*; *extend*：这条公路要～五公里。Zhè tiáo gōnglù yào ～ wǔ gōnglǐ. *This road will be extended another five kilometers.*

【延长线】yánchángxiàn（名）*extended line*; *extension*

【延迟】yánchí（动）推迟 *postpone*; *delay*; *defer*：会议的日期～了。Huìyì de rìqī ～ le. *The date of the conference has been postponed.*

【延搁】yángē（动）因拖延而耽误（事情）*procrastinate*; *delay*：这件事必须立即办理,不准～。Zhè jiàn shì bìxū lìjí bànlǐ, bù zhǔn ～. *This matter must be handled immediately. It must not be delayed.*

【延缓】yánhuǎn（动）延长、推迟时间；延迟 *delay*; *postpone*; *put off*

【延年益寿】yán nián yì shòu 延长寿命 *prolong life*; *promise longevity*

【延聘】yánpìn（动）〈书〉聘请 *engage*; *employ*; *invite*; *appoint*

【延期】yán=qī 推迟原来规定的日期 *postpone*; *defer*; *put off*（a set date）：会议～ huìyì ～ *The meeting was postponed.* /开学～ kāi xué *postpone the start of school* /～三天 ～ sān tiān *put off for three days* /工程～竣工。Gōngchéng ～ jùngōng. *The completion of the project has been delayed.*

【延请】yánqǐng（动）请人（承担工作）*invite*; *appoint*（a teacher, etc.）; *employ*; *engage*

【延烧】yánshāo（动）指火势蔓延（of fire）*spread*

【延伸】yánshēn（动）延长、伸展 *extend*; *stretch*; *elongate*：公路不断～着。Gōnglù búduàn ～ zhe. *The public road stretches on and on.* /输油管～到海里。Shūyóuguǎn ～ dào hǎi li. *The petroleum pipeline extends into the sea.* /蓝色的天空向远处～。Lánsè de tiānkōng xiàng yuǎnchù ～. *The blue sky extends into the distance.* /这条河往东～,流入黄海。Zhè tiáo hé wǎng dōng ～, liú rù Huáng Hǎi. *This river extends to the east and runs into the Yellow Sea.*

【延误】yánwù（动）迟延耽误 *incur loss through delay*：～时机 ～ shíjī *miss an opportunity because of a delay*

【延续】yánxù（动）事物保持原有的性质、特点等继续不断地流传 *continue*; *go on*; *last*：封建社会在这个国家～了几千年。Fēngjiàn shèhuì zài zhège guójiā ～le jǐ qiān nián. *Feudal society lasted for several thousand years in this country.* /尊师的传统一直～至今。Zūn shī de chuántǒng yìzhí ～ zhì jīn. *The tradition of respecting the teacher has lasted right to this day.* /希望春节团拜的作法能～下去。Xīwàng Chūnjié tuánbài de zuòfǎ néng ～ xiaqu. *I hope the practice of gathering together and extending congratulations to one another during the Spring Festival will continue.*

【延用】yányòng（动）延期使用（规章等）*extend the validity of*（rules, etc.）：这个老章程一直在～。Zhège lǎo zhāngchéng yìzhí zài ～. *This old regulation is still in force.* /过时的规定不能再～下去了,需要改变。Guòshí de guīdìng bù néng zài ～ xiàqu le, xūyào gǎibiàn. *We can't keep on extending the validity of the old rules; we must change them.*

【延展性】yánzhǎnxìng（名）〈物〉*ductility*; *extensibility*

严 〔嚴〕yán
（形）（1）紧密,无缝隙 *tight*：窗子关得很～。Chuāngzi guān de hěn ～. *The window is tightly shut.* /他的嘴很～,不能保守秘密。Tā de zuǐ bù ～, bù néng bǎoshǒu mìmì. *He's not very tight-lipped and can't keep a secret.*（2）严格 *strict*; *rigorous*; *rigid*：～师出高徒 ～ shī chū gāo tú *a strict master fosters excellent apprentices* /责己～,责人宽

Zé jǐ ～, zé rén kuān. *Be strict with oneself and broadminded towards others.* /他家里对他的学习要求很～。Tā jiā li duì tā de xuéxí yāoqiú hěn ～. *His family has set very rigid requirements for his studies.* (3)严厉 *stern; severe:*抗拒从～ kàngjù cóng ～ *Those who resist will be dealt with more severely.* /对偷税漏税者～加惩处。Duì tōushuìlòushuìzhě ～ jiā chéngchǔ. *Those who evade taxes are severely punished.*

【严办】yánbàn (动)从严惩办 *deal with severely; punish with severity*

【严惩】yánchéng (动)严厉惩罚 *punish severely:*～杀人凶手 ～ shā rén xiōngshǒu *punish a murderer severely*

【严词】yáncí (名)严厉的话(常作状语) *in strong terms; in stern words (often used as an adverbial):*～训斥 ～ xùnchì *sternly reprimand* /～拒绝 ～ jùjué *sternly refuse*

【严冬】yándōng (名)极冷的冬天 *severe winter*

【严防】yánfáng (动)严格防止或严密防备 *be strictly on guard; take strict precautions against:*～流行病传染 ～ liúxíngbìng chuánrǎn *take strict precautions against the spread of a communicable disease* /～走漏消息 ～ zǒulòu xiāoxi *strictly guard against leaking information* /～坏人捣乱 ～ huàirén dǎoluàn *be strictly on guard against bad people causing trouble*

【严格】yángé (形)十分认真、一丝不苟 *strict; rigorous; rigid; stringent:*要求～ yāoqiú ～ *a stirct demand* /～的制度 ～ de zhìdù *a rigid system* /～训练 ～ xùnliàn *rigorous training* /遵守学生守则 ～ zūnshǒu xuéshēng shǒuzé *abide strictly by student regulations* /～掌握录取标准 ～ zhǎngwò lùqǔ biāozhǔn *strictly follow the standard for admission* (动)使……严格 *rigorously (or strictly) enforce:*～税收制度 ～ shuìshōu zhìdù *rigorously enforce the tax revenue system*

【严寒】yánhán (形)(气候)极冷 *(of weather) severely cold; bitterly cold*

【严谨】yánjǐn (形)(1)严密谨慎,没有一点疏漏(多指作风、态度、风格等) *(of a style of work, manner, style, etc.) rigorous; strict:*办事作风～ bàn shì zuòfēng ～ *handle matters in a strict way* /～的治学态度 ～ de zhìxué tàidù *a rigorous approach to scholarly research* /这位乐团指挥的艺术风格以～著称。Zhè wèi yuètuán zhǐhuī de yìshù fēnggé yǐ ～ zhùchēng. *The conductor of this philharmonic orchestra is famous for his rigorous artistic style.* (2)(作品、文章)结构紧凑,不松散 *compact; well-knit:*小说结构～。Xiǎoshuō jiégòu ～. *The novel is well-knit.* /文章写得很～。Wénzhāng xiě de hěn ～. *The article was written in a compact style.*

【严禁】yánjìn (动)*strictly forbid (or prohibit):*医院里～吸烟。Yīyuàn li ～ xī yān. *Smoking in the hospital is strictly prohibited.*

【严紧】yánjǐn (形)严密,无缝隙 *tight; close:*门窗不～,有风吹进来。Mén chuāng bù ～, yǒu fēng chuī jìnlái. *The window and door are not tightly closed so there's a draft coming in.* /他的嘴可～了,不会把这事说出去的。Tā de zuǐ kě ～ le, bú huì bǎ zhè shì shuō chuqu de. *He's tight-lipped. There's no way he'll let this matter out.*

【严峻】yánjùn (形)严肃而无情 *stern; severe; rigorous; grim:*～的考验 ～ de kǎoyàn *a rigorous test* /战争形势～ zhànzhēng xíngshì ～ *The war situation is grim.*

【严酷】yánkù (形)〈书〉(1)严厉 *harsh; bitter; grim:*要永远记住这个～的教训。Yào yǒngyuǎn jìzhù zhège ～ de jiàoxùn. *I will always remember this bitter lesson.* (2)严厉、残酷,使人畏惧 *cruel; ruthless; unrelenting:*～的盛夏 ～ de shèngxià *unrelenting summer (heat)* /高寒地区的生活是～的。Gāohán dìqū de shēnghuó shì ～ de. *Life is harsh in high, cold regions.* /他父亲对他的要求近于～了。

Tā fùqin duì tā de yāoqiú jìnyú ～ le. *His father's demands on him border on being ruthless.*

【严厉】yánlì (形)严肃而厉害 *stern; severe; harsh; exacting:*～的批评 ～ de pīpíng *harsh criticism* /～的惩罚 ～ de chéngfá *punish severely* /父亲一向很～. Fùqin yíxiàng hěn ～. *Father has always been stern.* /他对学生过于～。Tā duì xuéshēng guòyú ～. *He is excessively severe towards the students.*

【严密】yánmì (形)(1)紧,没有缝隙 *tight; close:*罐头盒封得十分～。Guàntouhé fēng de shífēn ～. *The can is tightly sealed.* /暗室遮光～,一点光线也进不来。Ànshì zhē guāng ～, yìdiǎnr guāngxiàn yě jìn bu lái. *The darkroom keeps out all light. Not the slightest ray can filter in.* (2)周密而无漏洞 *strict; close; stiff (rules, etc.); carefully guarded (secret, etc.):*防守～ fángshǒu ～ *put up a strict guard* /～的组织形式 ～ de zǔzhī xíngshì *be well-organized* /～地封锁消息 ～ de fēngsuǒ xiāoxi. *carefully block the passage of information* /论文的论证要～. Lùnwén de lùnzhèng yào ～. *A thesis must be carefully expounded.*

【严明】yánmíng (形)严肃而公正(多指法制、纪律)*stern and impartial (administration of law and regulations):*～的军纪 ～ de jūnjì *stern and impartial military discipline* /纪律～ jìlù ～ *observe strict discipline*

【严实】yánshi (形)(1)〈口〉同"严紧" yánjǐn *same as " 严紧" yánjǐn:*把书包～了再寄。Bǎ shū bāo ～ le zài jì. *Wrap the book carefully before posting it.* /夜里比较冷,把被盖～. Yèlǐ bǐjiào lěng, bǎ bèi gài ～. *It's rather cold at night, so cover yourself well with a quilt.* /门坏了,关不～. Mén huàile, guān bu ～. *The door is broken so it can't be shut tight.* /刚入冬,你就捂得这么～!Gāng rù dōng, nǐ jiù wǔ de zhème ～! *Winter has barely begun yet you already dress so warmly.* /窗户关得严严实实的。Chuānghu guān de yányánshíshí. *The window is shut tight.* (2)藏在不易发现的地方(hide) *safely:*我们藏～,别让他们发现! Wǒmen cáng ～, bié ràng tāmen fāxiàn. *Let's hide safely. Don't let them find us!*

【严守】yánshǒu (动)(1)严格地遵守 *strictly observe or abide by:*～合同 ～ hétong *strictly observe a contract* /～诺言 ～ nuòyán *strictly abide by a promise* /～厂规 ～ chǎngguī *strictly observe factory rules* (2)严密地保守 *closely guard or keep:*～秘密 ～ mìmì *closely guard a secret* /～国家机密 ～ guójiā jīmì *closely guard state secrets*

【严肃】yánsù (形)serious; solemn; earnest:该～的时候就得～. Gāi ～ de shíhou jiù děi ～. *One ought to be serious when the occasion demands so.* (动)*be serious; enforce:*～法纪 ～ fǎjì *strictly enforce law and descipline* /～纪律 ～ jìlù *enforce discipline*

【严刑】yánxíng (名)严酷的刑罚 *cruel torture*

【严阵以待】yán zhèn yǐ dài 布置好严整的阵容,等待迎战敌人 *be ready (for the enemy) in full battle array; stand in combat readiness; be fully on the alert for enemy attack*

【严整】yánzhěng (形)严肃而整齐(多指队伍)(usu. of troops) *in neat formation*

【严正】yánzhèng (形)严肃而郑重 *solemn and just; serious and principled*

【严重】yánzhòng (形)*serious; grave; critical:*～的教训 ～de jiàoxùn (be taught) *a serious lesson* /～的问题 ～ de wèntí *a critical problem* /病情十分～. Bìngqíng shífēn ～. *He's in critical condition.* /废渣土～地污染了河水。Fèi zhātǔ ～ de wūrǎnle héshuǐ. *Waste residue has seriously polluted the river.* /他的错误是～的。Tā de cuòwù shì ～ de. *His mistake is serious.*

言 yán

言 (名)◇(1)话 *speech; word:*百家～ bǎi jiā ～ *the words*

of a hundred schools of thought /一～不发 yì ～ bù fā *not utter a word* /人微～轻 rén wēi ～ qīng *the words of the lowly carry little weight* /有～必录 yǒu ～ bì lù *If something is said, it must be recorded.* (2)汉语的一个字为一 "言" *Chinese character*：七～诗 qī ～ shī *seven-character poem* /文章长达万～。Wénzhāng cháng dá wàn ～. *The article is 10,000 characters long.* (动)〈书〉说 *say*；talk；speak：有口难～ yǒu kǒu nán ～ *cannot bring oneself to mention something* /～行要一致 ～ xíng yào yízhì *one must be as good as one's word* /知无不～,～无不尽 zhī wú bù ～, ～ wú bù jìn. *Say all you know and say it without reserve.*

【言不及义】 yán bù jí yì 及：涉及，义：正经的事。只说一些没意义的话，而不涉及正经的道理 (及：*touch upon*；义：*serious affairs*) *never talk about anything serious*；talk frivolously：他们几个人虽然谈了不少,可都是～. Tāmen jǐ ge rén suīrán tánle bù shǎo, kě dōu shì ～. *Although they talked a lot, nothing of what they talked about was serious.*

【言不由衷】 yán bù yóu zhōng 由：从；衷：内心。说的话不是出于本心,指说的不是心里的真话 (由：*from*；衷：*the heart*) *speak insincerely*：你说你对她早已忘怀,这是～吧？ Nǐ shuō nǐ duì tā zǎo yǐ wànghuái, zhè shì ～ ba? *You say you dismissed her from your mind a long time ago. You wouldn't happen to be speaking insincerely, would you?*

【言传身教】 yán chuán shēn jiào 一边口头上传授、教导,一边用行动上的表率作用影响、带动；指言语和行动相配合教育人 *teach by personal example as well as verbal instruction*；set an example to others in whatever one says or does：教练员～,训练出一支顽强的运动队. Jiàoliànyuán ～, xùnliàn chū yì zhī wánqiáng de yùndòngduì. *By setting an example with his words and actions, the coach has trained an indomitable athletic team.* /老经理通过～精心地培养自己的接班人. Lǎo jīnglǐ tōngguò ～ jīngxīn de péiyǎng zìjǐ de jiēbānrén. *The old manager trained his successor meticulously by teaching him through personal example as well as verbal instruction.* /她的～受到学生们的普遍欢迎. Tā de ～ shòudào xuéshēngmen de pǔbiàn huānyíng. *Her method of teaching through personal example and verbal instruction received widespread welcome by the students.*

【言词】 yáncí (名)〈书〉说话用的词句 *one's words*；what one says：～尖刻 ～ jiānkè *make caustic remarks* /～诚恳 ～ chéngkěn *be sincere in what one says*

【言而无信】 yán ér wú xìn 说的话不算数 *go back on one's word*；fail to keep faith：这个人总是～,出尔反尔. Zhège rén zǒng shì ～, chū ěr fǎn ěr. *This person never keeps faith, always going back on his word.*

【言归于好】 yán guī yú hǎo 双方重新和好 *become reconciled*；make up with sb.：这夫妻俩闹过一段矛盾,现在已～. Zhè fūqī liǎ nàoguo yí duàn máodùn, xiànzài yǐ ～. *That husband and wife had a fight, but have now become reconciled.*

【言归正传】 yán guī zhèng zhuàn (说话写文章时)话回到正题上来 (*used while speaking or writing an article*) *to come back to our story*；to return to the subject：闲话少说,～. Xiánhuà shǎo shuō, ～. *Enough of this digression；let's return to our story.*

【言过其实】 yán guò qí shí 说话过分,夸大了事实 *exaggerate*；overstate：要如实反映情况,不能～. Yào rú shí fǎnyìng qíngkuàng, bù néng ～. *One must report the situation accurately, not exaggerate.* /病情没有那么严重,他的话不免～. Bìngqíng méi yǒu nàme yánzhòng, tā de huà bùmiǎn ～. *His illness is not that serious. He has exaggerated.* /新闻报导尤其不能有～的毛病. Xīnwén bàodǎo yóuqí bù néng yǒu ～ de máobìng. *A news report must especially not make the mistake of overstating a case.*

【言简意赅】 yán jiǎn yì gāi 赅：完备,全。语言很简练,但意思很全面(指讲话或文章)(赅：*complete*) (*of a lecture or article*) *terse but comprehensive*；compendious

【言路】 yánlù (名)向政府提出意见或建议的途径 *channels through which criticisms and suggestions may be communicated to the government*：政府应广开～,使人民有充分发表意见的机会. Zhèngfǔ yīng guǎng kāi ～, shǐ rénmín yǒu chōngfèn fābiǎo yìjiàn de jīhuì. *The government should open channels through which criticisms and suggestions can be communicated, providing the people with wide opportunities for airing their views.*

【言论】 yánlùn (名)就社会的某个方面或某个问题发表的看法、意见 *opinion on public affairs*；expression of one's (*political*) *views*：～自由 ～ zìyóu *freedom of speech*

【言谈】 yántán (名)说话的措词态度等 *the way one speaks or what one says*：这个人的～举止非常像我的老同学。Zhège rén de ～ jǔzhǐ fēicháng xiàng wǒ de lǎo tóngxué. *This person's speech and deportment bear an incredible resemblance to an old classmate of mine.* /从他的～中能了解他的来意. Cóng tā de ～ zhōng néng liǎojiě tā de láiyì. *From the way he talks, one can know his purpose for coming.*

【言听计从】 yán tīng jì cóng 不论说的话还是出的主意,一概听从。形容对某人顺从、服帖或无比信任 *always follow sb.'s advice*；act upon what sb. says；have implicit faith in sb.：他对他的秘书真是～,简直不知道谁领导谁. Tā duì tā de mìshū zhēn shì ～, jiǎnzhí bù zhīdào shuí lǐngdǎo shuí. *He always follows his secretary's advice. I simply don't know who's the boss.*

【言外之意】 yán wài zhī yì 指包含在话里,但没有明白地说出来的意思 *implication*；what is actually meant (*but not said*)：你听出他的～没有？ Nǐ tīngchū tā de ～ méiyou? *Did you get his implication?*

【言行】 yánxíng (名)言语和行动 *words and deeds*；statements and actions：～如一 ～ rú yī *one's actions square with one's words* /～多加检点 ～ duō jiā jiǎndiǎn *be more careful with one's words and actions* /要注意自己的～ ～ One must pay attention to one's statements and actions. /看他的～,不像受过高等教育. Kàn tā de ～, bú xiàng shòuguo gāoděng jiàoyù. *From his words and actions, one can tell that he has not received a higher education.* /家长的～对孩子有极大的影响. Jiāzhǎng de ～ duì háizi yǒu jí dà de yǐngxiǎng. *The words and deeds of parents have an enormous influence on their children.*

【言行不一】 yánxíng bùyī 说的和做的不一致,指说得很好,但不实行 *one's deeds do not match with one's words*；one's actions are not in keeping with one's promises

【言语】 yányǔ (名)(1)指语言 *language*：到另一个国家去,～不通是最大的困难. Dào lìng yí ge guójiā qu, ～ bù tōng shì zuì dà de kùnnan. *The greatest difficulty when one goes to another country is language.* /无法用～表达我的感激心情. Wúfǎ yòng ～ biǎodá wǒ de gǎnjī xīnqíng. *There are no words to express my gratitude.* (2)〈语〉产生某一语言的一连串有意义的语音的过程或结果(区别于"语言") *speech* (*as distinguished from* "语言", *language*)

【言者无罪,闻者足戒】 yánzhě wú zuì, wénzhě zú jiè (即使提批评意见不正确)说话的人也没有罪；但被批评的人完全可以用听到的话来警戒自己 (*when erroneously criticized*) *blame not the speaker but be warned by his words*

【言之无物】 yán zhī wú wù 言论或文章内容空洞 (*of speech or writing*) *be devoid of substance*；be just empty talk

【言之有据】 yán zhī yǒu jù 说话有根据 *speak on good grounds*

岩 yán
(名)◇ *rock*；cliff；crag

【岩层】yáncéng（名）*rock stratum*；*rock formation*
【岩洞】yándòng（名）*grotto*
【岩浆】yánjiāng（名）*magma*
【岩石】yánshí（名）［块 kuài］*rock*
【岩心】yánxīn（名）*(drill) core*

炎 yán

（形）◇（天气）非常热 *(of weather) scorching*；*burning hot*（名）〈医〉指炎症 *inflammation*：结膜～ jiémó ～ *conjunctivitis*

【炎热】yánrè（形）*scorching*；*blazing*；*burning hot*：～的夏天 ～ de xiàtiān *a hot summer*
【炎炎】yányán（形）〈书〉形容夏天阳光强烈炽热 *(of the summer sun) scorching*；*sweltering*；*blazing*：赤日～ chìrì ～ *the scorching sun*
【炎症】yánzhèng（名）〈医〉*inflammation*

沿 yán

（动）（1）◇依照（以往的规矩、办法去做）*follow (an established practice, method, etc.)*：相～成俗 xiāng ～ chéng sú *become a custom through long usage*（2）顺着衣物的边再加上一条边 *trim (with tape, ribbon, etc.)*：白衣领上～了一条蓝边。Bái yīlǐng shang ～le yì tiáo lán biānr. *The white collar is trimmed in blue.*（名）◇边（用在名词后一般"儿化"）*edge*；*border (when used after a noun, it is usu. suffixed with a nonsyllabic "r")*：床～ chuáng ～ *the edge of a bed*／锅～ guō ～ *the edge of a pan*／无边无～ wú biān wú ～ *boundless*（介）表示与某长度平行，宾语多是名词、名词短语。单音节宾语，"沿"一般不带"着"；双音节或多音节宾语，"沿"可带"着"，也可不带"着" *along (the object is usu. a noun or nominal phrase；when the object is monosyllabic, "沿" does not take "着"；when the object is disyllabic or polysyllabic, "沿" may or may not take "着")*（1）指出行动的方向或路线 *(indicates the route or direction or movement)*：～河往南走，就到菜市场了。～ hé wǎng nán zǒu, jiù dào càishìchǎng le. *Go south along the river and you reach the food market.*／汽车～山路缓缓爬行。Qìchē ～ shānlù huǎnhuǎn páxíng. *The car slowly climbed its way up along the mountain road.*／游船～着长江西行。Yóuchuán ～ zhe Cháng Jiāng xī xíng. *The pleasure-boat sailed west along the Yangtze River.*／我们～着社会主义道路奋勇前进。Wǒmen ～ zhe shèhuìzhǔyì dàolù fènyǒng qiánjìn. *We must forge ahead courageously along the socialist road.*／摄制组～着丝绸之路拍摄一部新影片儿。Shèzhìzǔ ～ zhe sīchóu zhī lù pāishè yí bù xīn yǐngpiànr. *The production crew filmed a new movie along the Silk Road.*（2）指出人或事物存在的处所 *(indicates the position of a person or thing)*：这里～街新建了好几家商店。Zhèli ～ jiē xīn jiànle hǎo jǐ jiā shāngdiàn. *Several new shops have been built along this street.*／～铁路两边都栽上了树木。～ tiělù liǎng biān dōu zāishangle shùmù. *Trees have been planted along both sides of the railway.*／～湖边又安放了很多长石凳。～ hú biān yòu ānfàngle hěn duō cháng shí dèng. *Several more stone benches have been installed by the lakeside.* "沿……"也可作定语（"沿…" can also serve as an attributive）：洪水淹没了～河两岸的庄稼。Hóngshuǐ yānmòle ～ hé liǎng àn de zhuāngjia. *The flood inundated the crops along both banks of the river.*／～马路的房子，太吵了。～ mǎlù de fángzi, tài chǎo le. *A house by the roadside is too noisy!* 另见 yàn
【沿岸】yán'àn（名）靠近江、河、湖、海的地域 *along the coast or bank*：长江～ Cháng Jiāng ～ *along the banks of the Yangtze River*／～的村庄 ～ de cūnzhuāng *a coastal village*／每年春季洞庭湖～的渔民都下湖打鱼。Měi nián chūnjì Dòngtínghú ～ de yúmín dōu xià hú dǎ yú. *The fishermen who live near the banks of Dongting Lake go there ev-

ery spring to fish.*
【沿革】yángé（名）事物发展变化的历程 *the course of change and development*；*evolution*：历史的～ lìshǐ de ～ *the evolution of history*
【沿海】yánhǎi（名）靠海一带 *along the coast*；*coastal*；*littoral*
【沿路】yánlù（名）一路上，顺着路边 *along the road*；*on the way*：他回家乡的时候，～遇到不少新鲜事。Tā huí jiāxiāng de shíhou, ～ yùdào bù shǎo xīnxiān shì. *When he returned to his native place, he met up with many new things along the way.*／～种了不少树 ～ zhòngle bù shǎo shù *Many trees have been planted along the road.*
【沿途】yántú（名）同"沿路" yánlù *same as "沿路" yánlù*：在去东北的路上，他拍下不少～风光。Zài qù Dōngběi de lùshang, tā pāixià bù shǎo ～ fēngguāng. *When he went to the Northeast, he photographed many sights along the way.*
【沿袭】yánxí（动）依照旧有的样子做 *carry on as before*；*follow (a set pattern, etc.)*：端午节赛龙舟的习俗，从古代一直～下来。Duānwǔjié sài lóngzhōu de xísú, cóng gǔdài yìzhí ～ xialai. *The custom of racing dragon boats during the Dragon Boat Festival has been carried on since ancient times.*／这项制度基本上～了旧的。Zhè xiàng zhìdù jīběnshang ～le jiù de. *This system basically followed the old one.*／应该有创新，不能处处～、模仿前人。Yīnggāi yǒu chuàngxīn, bù néng chùchù ～, mófǎng qiánrén. *We should blaze new trails, not follow and copy everything that our predecessors did.*
【沿线】yánxiàn（名）靠近铁路、公路或航线的地方 *along the (railway, highway, air or shipping) line*：铁路～各站都绿化得很好。Tiělù ～ gè zhàn dōu lǜhuà de hěn hǎo. *Every station along the railway line is well planted with greenery.*／这条公路～的居民去海边休养很方便。Zhè tiáo gōnglù ～ de jūmín qù hǎibiān xiūyǎng hěn fāngbiàn. *It is very convenient for the residents who live along this highway line to go to the sea for a rest.*
【沿用】yányòng（动）继续使用旧有的 *continue to use (an old method, etc.)*：这家商店的字号～了上百年。Zhè jiā shāngdiàn de zìhào ～ le shàng bǎi nián. *The name of this shop has been in use for as long as 100 years.*／因人力不足，几年来基本上～旧教材。Yīn rénlì bù zú, jǐ nián lái jīběnshang ～ jiù jiàocái. *We've basically continued to use old teaching materials for the past few years because of a shortage of manpower.*／这些规定太陈旧了，不能～下去了。Zhèxiē guīdìng tài chénjiù le, bù néng ～ xiaqu le. *These regulations are too outmoded. We cannot continue to use them.*／汉字已有五六千年的历史，从古代一直～至今。Hànzì yǐ yǒu wǔ-liù qiān nián de lìshǐ, cóng gǔdài yìzhí ～ zhìjīn. *Chinese characters have a history of five or six thousand years. They have been in use from ancient times right up until today.*

研 yán

（动）（1）细磨（mó）*grind*；*pestle*：～药 ～ yào *grind medicine*／～碎～suì *grind to bits*／～细～xì *finely grind*／～成粉末 ～chéng fěnmò *grind into fine powder*（2）◇研究 *study*；*research*
【研究】yánjiū（动）*study*；*research*
【研究生】yánjiūshēng（名）*postgraduate student*
【研究所】yánjiūsuǒ（名）*research institute*
【研究员】yánjiūyuán（名）*research fellow*；*researcher*
【研究院】yánjiūyuàn（名）*research institute*；*graduate school*
【研讨】yántǎo（动）研究和讨论 *deliberate*；*discuss*：你认为这个问题值得不值得～? Nǐ rènwéi zhège wèntí zhídé bù zhídé ～? *Do you consider this question worth discussing or not?*

【研制】yánzhì〈动〉研究制造 prepare；manufacture；develop：新铣床～成功,投入大批量生产。Xīn xǐchuáng～chénggōng, tóurù dàpīliàng shēngchǎn. A new milling machine has been successfully developed and will be put into large-scale production.

盐 〔鹽〕yán

〈名〉salt
【盐层】yáncéng〈名〉salt deposit；salt bed
【盐场】yánchǎng〈名〉saltern；saltworks
【盐湖】yánhú〈名〉salt lake
【盐碱地】yánjiǎndì〈名〉salt-alkali soil
【盐井】yánjǐng〈名〉salt well；brine pit
【盐矿】yánkuàng〈名〉salt mine
【盐酸】yánsuān〈名〉hydrochloric acid
【盐田】yántián〈名〉salt pan；salina
【盐业】yányè〈名〉salt industry

阎 〔閻〕yán

【阎王】yánwáng〈名〉(1)佛教称管地狱的神。也叫阎罗王、阎罗、阎王爷 Yama；King of Hell (in Buddhism) (also known as 阎罗王,阎罗 or 阎王爷) (2)比喻极为凶恶、厉害的人 an extremely cruel and violent person：这个流氓当时是当地一霸,人们叫他"活～"。Zhège liúmáng dāngshí shì dāngdì yī bà, rénmen jiào tā "huó～". This hooligan was the ruling tyrant in that locality then. People called him the "devil incarnate".

筵 yán

【筵席】yánxí〈名〉〈书〉seats arranged at a feast or banquet；banquet

颜 〔顔〕yán

〈名〉◇(1)脸,脸上的表情 face；countenance：无～见人 wú～jiàn rén not have the face to appear in public (2)颜色 colour
【颜料】yánliào〈名〉pigment；colour；dyestuff
【颜面】yánmiàn〈名〉〈书〉(1)脸部 face：～神经麻痹 ～shénjīng mábì paralysis of the facial nerves (2)体面,面子 prestige；face：为了照顾他家的～,他儿子的不大体面的事不要传扬出去了。Wèile zhàogu tā jiā de～, tā érzi de búdà tǐmiàn de shì búyào chuányáng chuqu le. In order to save face for his family, don't spread around the disgraceful matter concerning his son.
【颜色】yánsè〈名〉(1)colour (2)指用来威胁人的厉害的脸色或行动 countenance；facial expression (used to threaten sb.)：给他点儿～看,让他知道一下我的厉害。Gěi tā diǎnr～kàn, ràng tā zhīdao yíxià wǒ de lìhai. I'm going to teach him a lesson to let him know just how sharp I am. (3)脸色 look；facial expression：不能看领导的～行事。Bù néng kàn lǐngdǎo de～xíng shì. Don't look at the boss's facial expression to determine your conduct. /今天他的～不对,往常他总是高高兴兴的。Jīntiān tā de～búduì, wǎngcháng tā zǒng shì gāogaoxìngxìng de. He doesn't look right today. He used to always be so happy.

檐 yán

〈名〉(～儿)eaves；ledge；brim：房～ fáng～ eaves /帽～ mào～ the brim of a hat
【檐子】yánzi〈名〉〈口〉同"房檐"fángyán same as "房檐"fángyán

yǎn

奄 yǎn

【奄奄】yǎnyǎn〈形〉呼吸微弱 feeble breathing：送到医院时,病人已经气息～了。Sòngdào yīyuàn shí, bìngrén yǐjing qìxī～le. The patient was already breathing feebly when he was being brought to the hospital. /一场透雨使～一息的禾苗复活了。Yì cháng tòu yǔ shǐ～yì xī de hémiáo fùhuó le. A good soaker revived the dying seedlings. /由于经营不善,年年折本,店铺处于～一息的状况。Yóuyú jīngyíng búshàn, niánnián shé běn, diànpù chǔyú～yì xī de zhuàngkuàng. The shop is on its last legs due to poor management and a yearly loss of capital.

俨 〔儼〕yǎn

〈形〉〈书〉庄重 majestic；solemn；dignified
【俨然】yǎnrán〈形〉〈书〉(1)形容整齐、庄严 neatly arranged；dignified：房舍～ fángshè～ houses set out in neat order /仪仗队～肃立。Yízhàngduì～sùlì. The guard of honour stood in a neat formation. (2)〈副〉"很像"的意思,常修饰"是" just like (has the same meaning as "很像"；usu. modifies "是")：他穿上西服,戴上眼镜,～是个知识分子。Tā chuānshang xīfú, dàishang yǎnjìng,～shì ge zhīshí fènzǐ. When he wears a suit and glasses, he looks just like an intellectual. /这孩子说话的口气～是个大人。Zhè háizi shuōhuà de kǒuqì～shì ge dàren. This child talks just like an adult.

衍 yǎn

〈动〉〈书〉开展,发挥 spread out；develop；amplify〈形〉〈书〉多余 redundant；superfluous
【衍变】yǎnbiàn〈动〉同"演变"yǎnbiàn same as "演变"yǎnbiàn
【衍生物】yǎnshēngwù〈名〉〈化〉derivative

掩 yǎn

〈动〉〈书〉(1)遮盖；遮挡 cover；hide：～面哭泣 ～miàn kūqì cover one's face and sob /迅雷不及～耳 xùn léi bù jí～ěr a sudden peal of thunder leaves no time for covering the ears. /用土把地上的血迹～上。Yòng tǔ bǎ dìshang de xuèjì～shang. Cover the bloodstains on the ground with soil. (2)◇合上；关上 shut；close：～卷 ～juàn close a book /把门～上。Bǎ mén～shang. Shut the door. /半～着箱盖 bàn～zhe xiāng gàir a half-closed lid of a box
【掩蔽】yǎnbì〈动〉〈军〉screen；shelter；cover
【掩蔽部】yǎnbìbù〈名〉〈军〉shelter
【掩蔽物】yǎnbìwù〈名〉〈军〉screen
【掩藏】yǎncáng〈动〉〈书〉遮挡住,不让人发现 hide；conceal：你～在树后,他发现不了。Nǐ～zài shù hòu, tā fāxiàn bu liǎo. If you hide behind the tree, he won't notice you. /伤疤就在脸上,是无法～的。Shāngbā jiù zài liǎnshang, shì wúfǎ～de. The scar is on my face so I have no way of concealing it. /笑容也～不了他的奸诈。Xiàoróng yě～bu liǎo tā de jiānzhà. Not even a smile will conceal his treachery.
【掩耳盗铃】yǎn ěr dào líng 捂住耳朵偷铃铛,以为自己听不见别人也听不见。比喻明明掩盖不了的事偏要掩盖,自己欺骗自己 plug one's ears while stealing a bell — deceive oneself；bury one's head in the sand
【掩盖】yǎngài〈动〉(1)遮盖 cover；conceal：原野被绿色的庄稼～着。Yuányě bèi lǜsè de zhuāngjia～zhe. The open country is covered with green crops. /树阴～了马路。Shùyīn～le mǎlù. The shade of trees covered the street. /在大雾～下袭击敌人。Zài dà wù～xia xíjī dírén. Under the cover of

a thick fog they attacked the enemy. (2)隐藏；隐瞒 *hide*；*conceal*；*hold back*：～错误 *cuòwù conceal one's mistakes* /～事实真相 *shìshí zhēnxiàng hide the true facts* /矛盾是～不了的。Máodùn shì ～ bu liǎo de. *The contradiction cannot be concealed.*

【掩护】 yǎnhù (动)〈军〉*screen*；*shield*；*cover*：～部队撤退 ～ bùduì chètuì *cover troops withdrawing* /你们转移，我～。Nǐmen zhuǎnyí, wǒ ～. *You pull out. I'll cover you.* (名)(作战时)遮蔽身体的山岗、树木、工事等 *screen*；*shield*；*cover*；*camouflage*：他以树木作～，向敌人射击。Tā yǐ shùmù zuò ～, xiàng dírén shèjī. *He fired at the enemy from behind a camouflage of trees.*

【掩埋】 yǎnmái (动)*bury*：～尸体 ～ shītǐ *bury a corpse*

【掩饰】 yǎnshì (动)遮掩而且美化(缺点、错误等)*cover up*；*gloss over*；*conceal (a shortcoming, mistake, etc.)*：错误是～不了的，越～反而越明显。Cuòwù shì ～ bu liǎo de, yuè ～ fǎn'ér yuè míngxiǎn. *You can't gloss over mistakes. On the contrary, the more you try to cover them up, the more obvious they are.* /他毫不～他的反感情绪。Tā háo bù ～ tā de fǎngǎn qíngxù. *He makes no secret of his disgust.*

【掩体】 yǎntǐ (名)〈军〉*blindage*；*bunker*

【掩映】 yǎnyìng (动)〈书〉彼此遮掩、照映、衬托 *set off (one another)*：红墙绿柳相互～。Hóngqiáng lǜliǔ xiānghù ～. *The red wall and green willows set each other off.*

眼 yǎn

(名)(1)◇眼睛[只 zhī]*eye*：左～ zuǒ ～ *the left eye* /泪～ lèi ～ *tearful eyes* /心明～亮 xīn míng ～ liàng *see and think clearly* /～观六路，耳听八方。～ guān liù lù, ěr tīng bā fāng. *Have sharp eyes and keen ears.* (2)(～儿)小洞 *small hole*；*aperture*：鼻子～ bízi ～ *nostrils* /子弹把门穿了一个～。Zǐdàn bǎ mén chuānle yí gè ～. *The bullet pierced a hole through the door.* (量)用于水井、泉水等 *(used of a well, spring, etc.)*

【眼巴巴】 yǎnbābā (副)(1)急切地(盼望)*(expecting) eagerly*；*anxiously*：大家围坐在桌旁，～地等着开饭。Dàjiā wéizuò zài zhuō páng, ～ de děngzhe kāi fàn. *We all sat round the table and waited eagerly for the meal to be served.* /孩子～地盼着妈妈早点儿来接他。Háizi ～ de pànzhe māma zǎodiǎnr lái jiē tā. *The child anxiously looked forward to his mother coming to fetch him.* (2)着急地看着(不如意的事发生)而感到无能为力 *helplessly (watch sth. unpleasant happen)*：不能～地让这些小兔饿死。Bù néng ～ de ràng zhèxiē xiǎo tù èsǐ. *We can't stand by helplessly as these bunnies starve to death.* /～看着他往邪路上走，无力挽救他。～ kànzhe tā wǎng xiélù shang zǒu, wúlì wǎnjiù tā. *I watched helplessly as he took to evil ways and was powerless to rescue him.*

【眼馋】 yǎnchán (形)看到自己喜欢的事物(包括食物)，非常想得到 *covet*；*be envious*：看到同伴们拉着风筝在草坪上奔跑，她很～。Kàndào tóngbànrmen lāzhe fēngzheng zài cǎopíng shang bēnpǎo, tā hěn ～. *When she saw her companions running on the lawn with kites, she felt very envious.* /看见馅饼我真～，可惜胃不好，不能吃。Kànjiàn xiànrbǐng wǒ zhēn ～, kěxī wèi bù hǎo, bù néng chī. *I was really covetous when I saw the meat pie. It's pity I couldn't eat it because of my bad stomach.*

【眼底】 yǎndǐ (名)(1)用某种医疗器械通过瞳孔所能观察到的眼内构造 *the inner of an eye*：她～出血，需要检查。Tā ～ chū xiě, xūyào jiǎnchá. *There's bleeding inside her eye that needs to be examined.* /看看他的～，是不是血管硬化。Kànkan tā de ～, shì bu shì xuèguǎn yìnghuà. *Take a look inside his eye. It's vascular sclerosis, isn't it?* (2)眼里 *in one's eyes*：登上湖边的山，水色山光尽收～。Dēngshang húbiān de shān, shuǐsè shānguāng jìn shōu ～.

A panoramic view filled my eyes when I climbed the lakeside hill.

【眼底下】 yǎndǐxia (名)(1)眼睛跟前 *right before one's eyes*：他是近视眼，小字非放在～看不清。Tā shì jìnshìyǎn, xiǎo zì fēi fàng zài ～ kàn bu qīng. *He's nearsighted; so if small letters aren't placed right before his eyes, he can't read them clearly.* (2)目前，现在 *at the moment*；*now*：～正是秋收大忙季节,他没空出门。～ zhèng shì qiūshōu dàmáng jìjié, tā méi kòng chū mén. *It's the autumn harvest rush right now, so he doesn't have time to go out.*

【眼高手低】 yǎn gāo shǒu dī 对成果、作品等要求标准高，而本人在同样的工作上能力却很低 *have grandiose aims but little ability*；*fastidious but incompetent*：他对别人的工作总是吹毛求疵，其实，他干得比别人差得多。Tā duì biéren de gōngzuò zǒngshì chuī máo qiú cī, qíshí, tā gàn de bǐ biéren chà de duō. *He's always finding fault with other people's work. In fact, he himself is fastidious but incompetent. His work is far inferior to that of others.*

【眼光】 yǎnguāng (名)(1)*eye*：询问的～ xúnwèn de ～ *an inquiring eye* /用敌视的～看着对方 yòng díshì de ～ kànzhe duìfāng *look at the other party with hostile eyes* /他的～突然落在一张照片上。Tā de ～ tūrán luò zài yì zhāng zhàopiàn shang. *His eye suddenly fell on a photograph.* /大家把希望的～集中在我身上。Dàjiā bǎ xīwàng de ～ jízhōng zài wǒ shēnshang. *Everybody turned hopeful eyes on me.* (2)对事物的观察或预见能力 *sight*；*foresight*；*insight*；*vision*：～短浅 ～ duǎnqiǎn *shortsighted* /把～放远一点。Bǎ ～ fàngyuǎn yìdiǎnr. *Set your sights a little farther ahead.* /她挑选商品很有～。Tā tiāoxuǎn shāngpǐn hěn yǒu ～. *She has an eye for choosing merchandise.* /还是你的～远大,早就预见到事情会如此。Háishì nǐ de ～ yuǎndà, zǎo jiù yùjiàn dào shìqing huì rúcǐ. *You're farsighted after all. You knew well in advance that it would be like this.* (3)观点；看法 *point of view*；*viewpoint*：用老～看新问题是不行的。Yòng lǎo ～ kàn xīn wèntí shì bù xíng de. *It doesn't work to look at a new problem from an old point of view.* /他的～太陈旧了。Tā de ～ tài chénjiù le. *His point of view is too outdated.* /要用新～看待新事物。Yào yòng xīn ～ kàndài xīn shìwù. *New things must be looked upon from a new point of view.*

【眼红】 yǎnhóng (形)(1)看见别人有名、利或好的东西,非常羡慕甚至忌妒 *covetous*；*envious*：别人得到一点儿好处他都～得很。Biéren dédào yìdiǎnr hǎochù tā dōu ～ de hěn. *When others gain the slightest benefit, he becomes extremely jealous.* /人家的奖金是用辛苦换来的,你别～! Rénjia de jiǎngjīn shì yòng xīnkǔ huànlai de, nǐ bié ～! *He has worked very hard for his bonus, so don't be so envious!* (2)激怒,而且复仇心旺盛 *furious*；*vindictive*：打架打得～了。Dǎ jià dǎ de ～ le. *They fought furiously.* /仇人相见,分外～。Chóurén xiāng jiàn, fènwài ～. *When enemies come face to face, their eyes blaze with hatred.*

【眼花】 yǎnhuā (形)看东西模糊 *have dim eyesight*；*have blurred vision*：一夜没睡觉,弄得头昏～。Yí yè méi shuìjiào, nòng de tóu hūn ～. *I didn't sleep all night so now my head is swimming and my vision is blurred.* /刚从电影院出来,感到～。Gāng cóng diànyǐngyuàn chūlai, gǎndào ～. *I just came out of the movie theatre so my vision is blurred.*

【眼花缭乱】 yǎnhuā liáoluàn 看见色彩或品种繁多的东西,眼睛感到纷乱 *be dazzled*：看到那么多五颜六色的服装,她感到～,不知道选择哪件好了。Kàndào nàme duō wǔ yán liù sè de fúzhuāng, tā gǎndào ～, bù zhīdào xuǎnzé nǎ jiàn hǎo le. *She was dazzled by the wide variety of colourful clothes and didn't know which piece to choose.*

【眼睫毛】 yǎnjiémáo (名)*eyelash*

【眼界】 yǎnjiè (名)人了解、认识事物的范围 *field of vision*；

outlook；～宽 ～ kuān have a broad outlook /开阔～ kāikuò ～ broaden one's outlook /这次去外地访问，使我们的～大开。Zhè cì qù wàidì fǎngwèn, shǐ wǒmen de ～ dà kāi. This visit away was a real eye-opener for us. /这些科学普及读物打开了青少年的～。Zhèxiē kēxué pǔjí dúwù dǎkāile qīng-shàonián de ～. This popular scientific literature was an eye-opener for teenagers. /搞竞争～窄了不行。Gǎo jìngzhēng ～ zhǎile bù xíng. It won't do to have a narrow outlook when competing.

【眼镜】yǎnjìng（名）[副 fù] glasses；spectacles
【眼镜蛇】yǎnjìngshé（名）[条 tiáo] cobra
【眼睛】yǎnjing（名）[只 zhī、双 shuāng] eye
【眼看】yǎnkàn（动）(1)亲眼见到，表示所说的事实是确凿的，常与"着"连用 watch with one's own eyes (often used with "着" zhe)：我～着他进了商店。Wǒ ～ zhe tā jìnle shāng diàn. I watched him go into the store with my own eyes. /我～着他把书拿走了，怎么又回来找书？Wǒ ～ zhe tā bǎ shū názǒu le, zěnme yòu huílai zhǎo shū? I watched him carry the book away, so what is he doing coming back to look for it? (2)事物的变化使人明显感觉到 see；watch (sth. change obviously)：～着她一天天消瘦下去。～zhe tā yì tiāntiān xiāoshòu xiaqu. I can see she's getting thinner every day. /这孩子真是～着长高。Zhè háizi zhēn shì ～zhe zhǎnggāo. This child is clearly growing taller. (3)(对不良的现象或情况)只看不管 (of sth. harmful) watch helplessly；look on passively：不能～国家的财产受损失。Bù néng ～ guójiā de cáichǎn shòu sǔnshi. We cannot look on passively while state property suffers damage. /谁能～着一个青年消沉下去呢? Shuí néng ～zhe yí ge qīngnián xiāochén xiaqu ne? Who could watch a young person get depressed? /他～大火蔓延，坐而不动，连起码的社会责任感也没有。Tā ～ dà huǒ mànyán, zuò ér bù dòng, lián qǐmǎ de shèhuì zérèngǎn yě méi yǒu. He just sat there and looked on passively without the slightest sense of social duty as the fire spread quickly. 表示即将发生；有紧迫感，后面常跟"就要""要"等词语 soon；in a moment (often followed by words such as "就要", "要", etc.)：播种季节～就要到了，可他家什么都还没准备。Bōzhǒng jìjié ～ jiù yào dào le, kě tā jiā shénme dōu hái méi zhǔnbèi. The sowing season will soon be here, but his family hasn't made any preparations yet. /～就要下雨了，赶紧把衣服收进来吧。～ jiù yào xià yǔ le, gǎnjǐn bǎ yīfu shōu jìnlai ba. It will rain any moment. Bring the clothes in at once. /这家工厂～要倒闭了。Zhè jiā gōngchǎng ～ yào dǎobì le. This factory will soon go bankrupt. /太阳～快下山了，他怎么还不回来。Tàiyáng ～ kuài xià shān le, tā zěnme hái bù huílai. The sun will go down behind the mountains in a moment. Why hasn't he come back yet?
【眼科】yǎnkē（名）(department of) ophthalmology
【眼眶】yǎnkuàng（名）eye socket；orbit
【眼泪】yǎnlèi（名）tears
【眼力】yǎnlì（名）(1)视力 eyesight；vision：～不济 ～ bújì failing eyesight /你的～真好，连这么小的字也能看清! Nǐ de ～ zhēn hǎo, lián zhème xiǎo de zì yě néng kànqīng! You have really good eyesight. You can clearly read even such small print. (2)识别是非好坏的能力 judgment；discrimination：他的～不错，选中的助手非常能干。Tā de ～ búcuò, xuǎnzhòng de zhùshǒu fēicháng nénggàn. His judgment is not bad. The assistant he chose is very able. /这块花布多好! 她买东西有～。Zhè kuài huābù duō hǎo! Tā mǎi dōngxi yǒu ～. This flowered material is really nice! She has good judgment in buying things. /导演很有～，挑来的小演员很有发展前途。Dǎoyǎn hěn yǒu ～, tiāolái de xiǎo yǎnyuán hěn yǒu fāzhǎn qiántú. The director is very good at descriminating. The young actor he picked out has a promis-

ing future. /对一对夫妇最高的赞美无过于"两个人都有～"。Duì yí duì fūfù zuì gāo de zànměi wú guòyú "liǎng ge rén dōu yǒu ～". The highest praise for a couple is to say that they both have good judgment.
【眼帘】yǎnlián（名）〈书〉眼皮或眼里 eye or eyelid：一尊低垂着～的佛像 yì zūn dīchuízhe ～ de fóxiàng a statue of Buddha with drooping eyelids /一进村，首先映入的是高高的白杨树。Yí jìn cūn, shǒuxiān yìngrù ～ de shì gāogāo de báiyángshù. The first thing to come into view upon entering the village is a row of tall white poplars.
【眼明手快】yǎn míng shǒu kuài 视力强，反应快，动作利落 quick of eye and deft of hand；sharp-eyed and quick-moving：信件送来了，大家围过来，他～，一下就抓到了自己的信。Xìnjiàn sònglai le, dàjiā wéi guolai, tā ～, yíxià jiù zhuādàole zìjǐ de xìn. When the mail came, everybody crowded around. He was sharp-eyed and quickly grabbed his own letter.
【眼皮】yǎnpí（名）eyelid
【眼前】yǎnqián（名）(1)眼睛前边；面前 before one's eyes；in front of one：～一片漆黑。～ yípiàn qīhēi. All is pitch-black in front of me. /～是一条大河。～ shì yì tiáo dà hé. Before my eyes, there was a large river. /小孙子坐在奶奶～。Xiǎo sūnzi zuò zài nǎinai ～. The little grandson sat in front of his grandmother. /下了汽车，瀑布就在～。Xiàle qìchē, pùbù jiù zài ～. The waterfall was right before our eyes when we got out of the car. /他回想着～发生过的事情。Tā huíxiǎngzhe zhè ～ fāshēngguo de shìqing. He thought back on what had happened right before his eyes. (2)目前 at the moment；at present；now：～办不到的事可以留到以后去办。～ bàn bu dào de shì kěyǐ liúdào yǐhòu qù bàn. The matters that can't be handled at present can be put aside for a later date. /～的困难是缺乏技术力量。～ de kùnnan shì quēfá jìshù lìliàng. The problem at present is a lack of technical personnel. /资料没收集齐全，～就动笔写的条件还不成熟。Zīliào méi shōují qíquán, ～ jiù dòng bǐ xiě de tiáojiàn hái bù chéngshú. The data has not been gathered together, so conditions are not yet ripe to start writing.
【眼球】yǎnqiú（名）eyeball
【眼圈】yǎnquān（名）(～儿) eye socket；orbit
【眼热】yǎnrè（形）〈口〉羡慕，看到好的事物而想自己得到 covetous；envious：看见人家游泳，他很～。Kànjiàn rénjia yóuyǒng, tā hěn ～. When he saw other people swimming, he felt envious. /他那辆新摩托使不少人～。Tā nà liàng xīn mótuō shǐ bù shǎo rén ～. His new motorcycle made many people feel envious.
【眼色】yǎnsè（名）向人示意的目光 meaningful glance；hint given with the eyes；wink：他向她递了个～，她马上出去了。Tā xiàng tā dìle ge ～, tā mǎshàng chūqu le. He gave her a wink and she immediately went out.
【眼神】yǎnshén（名）(1)目光表现出来的精神状态 expression in one's eyes：～活跃 ～ huóyuè have a lively expression in one's eyes /～倦息 ～ juàndài have sleepy eyes /看他的～，就知道他的思想很敏锐。Kàn tā de ～, jiù zhīdao tā de sīxiǎng hěn mǐnruì. One look at the expression of his eyes will tell you that he's very sharp-minded. (2)(～儿)视力 eyesight：因为～不好，所以不敢走夜路。Yīnwèi ～ bù hǎo, suǒyǐ bù gǎn zǒu yèlù. I don't dare walk the streets at night because I have poor eyesight. /虽然上了年纪，但～还不错。Suīrán shàngle niánjì, dàn ～ hái búcuò. Although he's getting on in years, his eyesight is still pretty good.
【眼生】yǎnshēng（形）看着上去觉得不熟悉或不认识 look unfamiliar：这个人很～，我从来没见过。Zhège rén hěn ～, wǒ cónglái méi jiànguo. This person looks unfamiliar. I've never seen him before. /我们走到哪儿了? 这里怎么这么～? Wǒmen zǒudào nǎr le? Zhèli zěnme zhème ～? Where have

we gone? Why does this place look so unfamiliar?
【眼熟】 yǎnshú (形) 看上去觉得熟悉，但又记得不准确 *look familiar*：看他的样子有些～，似乎在哪儿见过。Kàn tā de yàngzi yǒuxiē ～, sìhū zài nǎr jiànguo. *He looks familiar. Where have I seen him before?* /这柜子怎么这么～? 是不是老张家也有一个? Zhè guìzi zěnme zhème ～? Shì bú shì Lǎo Zhāng jiā yě yǒu yí ge? *Why does this cabinet look so familiar? Lao Zhang has one just like it in his home, doesn't he?*
【眼窝】 yǎnwō (名) (～儿) 眼球周围凹陷的部分 *eye socket*
【眼下】 yǎnxià (名)〔口〕说话前后的一段时间；目前 *at the moment; at present; now*：～正是年底，人们都忙于过新年。～ zhèng shì niándǐ, rénmen dōu mángyú guò xīnnián. *It's now the end of the year. People are all busily celebrating the New Year.* /学生们～正处在复习考试阶段。Xuéshengmen ～ zhèng chǔ zài fùxí kǎoshì jiēduàn. *Students are right in the middle of reviewing for exams.* /～正值冬季，是开展冰上运动的季节。～ zhèng zhí dōngjì, shì kāizhǎn bīng shàng yùndòng de jìjié. *It's winter time now, which is the season for ice sports.* /～的问题是资金不足。～ de wèntí shì zījīn bùzú. *The problem at present is a lack of funds.*
【眼睁睁】 yǎnzhēngzhēng (副) 眼睁睁，眼看着 (发生某事) 而无能为力或无动于衷 *looking on helplessly or unfeelingly*：他们母子～地就这样分开了。Tāmen mǔzǐ ～ de jiù zhèyàng fēnkāi le. *Mother and son were being forced apart and were helpless about it.* /我们～就要失败了，真的没办法了吗? Wǒmen ～ jiù yào shībài le, zhēn de méi bànfǎ le ma? *Are we just going to sit by and look on helplessly while we fail? Is there really no hope?* /～看着人家把奖杯夺走了。～ kànzhe rénjia bǎ jiǎngbēi duózǒu le. *He looked on helplessly as someone else carried off the prize cup.*
【眼中钉】 yǎnzhōngdīng (名) 比喻心目中最厌恶、最痛恨的人 *thorn in one's side (or flesh); a pain in the neck*
【眼珠】 yǎnzhū (名) *eyeball*
【眼拙】 yǎnzhuō (形) 客套话，表示不记得是否和对方见过面 *not remember if one has seen sb. before*：真我，真～，一下子竟认不出你来了。Kàn wǒ, zhēn ～, yíxiàzi jìng rèn bu chū nǐ lái le. *Look at me! How silly! I just didn't recognize you.*

偃 yǎn
(动)〔书〕倒下，放倒 *fall down; lay down*
【偃旗息鼓】 yǎn qí xī gǔ 放倒战旗，停敲战鼓。指秘密行军，不暴露目标，或指停止军事行动。现比喻停止批评、攻击等 *lower the banners and muffle the drums — (of troops) be on a secret march or stop fighting; cease to criticize or attack others*

演 yǎn
(动) (1) ◇变化；发展 *develop; evolve* (2) 表演；扮演 *perform; play; act*：～戏 ～ xì *act in a play* /～话剧 ～ huàjù *act in a play* /～节目 ～ jiémù *perform a number* /戏中的女大夫就是她～的。Xì zhōngde nǚ dàifu jiù shì tā ～ de. *She played the part of the woman doctor in the play.* (3) 放映 *put on; show*：电影厅里正在～一部外国电影。Diànyǐngtīng li zhèngzài ～ yí bù wàiguó diànyǐng. *A foreign film is being shown in the theatre.*
【演变】 yǎnbiàn (动·不及物) 逐渐地发展变化 *develop; evolve*：这位书法家介绍了从甲骨文开始，"龙"字的～过程。Zhè wèi shū fǎjiā jièshàole cóng jiǎgǔwén kāishǐ, "lóng" zì de ～ guòchéng. *This calligrapher talked about the evolution of the character "龙" starting with the inscription on bones and tortoise shells.*
【演唱】 yǎnchàng (动) 表演 (歌曲、戏曲) *sing (in a performance)*

【演出】 yǎnchū (动) *perform; show; put on a show*：～节目 ～ jiémù *perform a number* /～歌舞 ～ gēwǔ *perform a song and dance* (名) *performance; show*：这个剧团最近任务很重。Zhège jùtuán zuìjìn ～ rènwù hěn zhòng. *This theatrical troupe has had a heavy load of performances recently.*
【演化】 yǎnhuà (动·不及物) (自然界的) 发展变化 *evolution*：天体～ tiāntǐ ～ *cosmogony*
【演技】 yǎnjì (名) 表演的技巧 *acting skill*：高超的杂技～，意味着艰苦的练习。Gāochāo de zájì ～, yìwèizhe jiānkǔ de liànxí. *Superb acrobatic skill entails painstaking practice.* /这位电影演员的～达到很高的水平。Zhè wèi diànyǐng yǎnyuán de ～ dádào hěn gāo de shuǐpíng. *This movie actor's skill has reached a very high standard.*
【演讲】 yǎnjiǎng (动·不及物) 讲述某一事物的知识或对某一问题的意见，多是学术性的 *give a lecture; make a speech (usu. of an academic or scientific nature)* (名) *lecture; speech*
【演进】 yǎnjìn (动·不及物) 演变进化 *gradual process; evolution*：历史的～ lìshǐ de ～ *the evolution of history* /文化的～ wénhuà de ～ *the evolution of culture* /文字的～过程 wénzì de ～ guòchéng *the evolutionary process of a script* /低级动物逐渐～成高级动物。Dījí dòngwù zhújiàn ～ chéng gāojí dòngwù. *Lower-species animals have gradually evolved into higher-species animals.*
【演示】 yǎnshì (动) 利用实验、实物、模型、电影等把事物的发展及规律等形象地展示给听讲解的人。通常用教学手段 *demonstrate (with the aid of an experiment, a material object, a model, a film, etc.) (often used as a means for teaching)*：用电影～生物的进化 yòng diànyǐng ～ shēngwù de jìnhuà *demonstrate the evolution of living things with a film* /采取～的方法教学，效果很好。Cǎiqǔ ～ de fāngfǎ jiàoxué, xiàoguǒ hěn hǎo. *Employing demonstration as a method for teaching achieves good results.*
【演说】 yǎnshuō (动·不及物) 对某问题发表意见讲道理，多不是学术性的 *deliver a speech; make an address (usu. not of an academic or scientific nature)* (名) *speech*：就职～ jiùzhí ～ *inaugural speech*
【演算】 yǎnsuàn (动)〔数〕根据数学的原理和公式进行计算 *perform mathematical calculations*
【演习】 yǎnxí (动) 根据实际需要，在安排好的假设环境中进行训练 (多指军事上的) *manoeuvre; exercise; drill; practice (usu. of the military)*：防空～ fángkōng ～ *air-raid drill* /实弹射击～ shídàn shèjī ～ *live ammunition target practice*
【演义】 yǎnyì (动·不及物) 以一定的历史为背景，以史书记载和传说为基础，加上作者的虚构，而写成作品 *write an historical novel or an historical romance*：这部历史小说是作者根据史实～而成的。Zhè bù lìshǐ xiǎoshuō shì zuòzhě gēnjù shǐshí ～ ér chéng de. *The author of this historical novel used historical facts to write it.* (名) 用演义的方法写成的章回体小说 *historical novel; historical romance*：《三国～》《Sān Guó ～》 *The Romance of the Three Kingdoms*
【演绎】 yǎnyì (动)〔哲〕一种推理方法，由一般原理推出特殊情况下的结论，与"归纳"相对 *deduce (antonym of "归纳" induce)*
【演员】 yǎnyuán (名) *actor or actress; performer*
【演奏】 yǎnzòu (动) *give an instrumental performance*

yàn

厌〔厭〕yàn
(动) (1) 憎恨、讨厌、嫌弃 *be disgusted with; detest*：百问不～ bǎi wèn bú ～ *not tire of being asked a hundred questions* /不～其烦 bù ～ qí fán *not mind taking all the trouble* (2) 因受用过量而反感 (多作补语) *be fed up with*：

be bored with; be tired of (often used as a complement)：百读不～ bǎi dú bú ～ be worth reading a hundred times /杂技我早就看～了。Zájì wǒ zǎo jiù kàn ～ le. I've already seen more than enough acrobatics. /过～了无事可做的生活 guò～le wú shì kě zuò de shēnghuó be tired of not having anything to do (3)◇满足 be satisfied：学而不～ xué ér bú ～ have an insatiable desire to learn /兵不～诈 bīng bú ～ zhà there can never be too much deception in war

【厌烦】yànfán（动）因麻烦而讨厌 be sick of；be fed up with：产生～情绪 chǎnshēng ～ qíngxù start to feel fed up with /感到十分～ gǎndào shífēn ～ feel totally fed up with /我最～他的啰嗦。Wǒ zuì ～ tā de luōsuo. I'm so sick of his jabbering. /单调的工作使人～。Dāndiào de gōngzuò shǐ rén ～. Monotonous work makes one feel fed up. /谁到他家求教,他都不～。Shuí dào tā jiā qiújiào, tā dōu bú ～. He never gets fed up with people going to his home to ask for advice, no matter who it is.

【厌倦】yànjuàn（动）因厌烦而感到心灰意懒 be weary of；be tired of：每天应付复杂的人事关系使他感到～。Měi tiān yìngfu fùzá de rénshì guānxi shǐ tā gǎndào ～. He's tired of having to cope every day with complicated personnel matters. /事无大小总是议而不决,他早就～了。Shì wú dà xiǎo zǒng- shì yì ér bù jué, tā zǎo jiù ～ le. Matters big and small are always discussed but a decision is never reached on them. He grew weary of this long ago. /他～这种毫无乐趣的家庭生活。Tā ～ zhè zhǒng háowú lèqù de jiātíng shēnghuó. He's tired of this kind of joyless family life.

【厌弃】yànqì（动）〈书〉因厌烦而嫌弃 detest and reject

【厌世】yànshì（动·不及物）悲观消极,对人生感到厌恶无聊 be world-weary；be pessimistic：有些人屡遭挫折,产生～情绪,出家当了和尚。Yǒuxiē rén lǚ zāo cuòzhé, chǎnshēng ～ qíngxù, chū jiā dāngle héshang. Some people, having suffered setbacks time and again, have grown world-weary and have left their homes to become monks.

【厌恶】yànwù（动）〈书〉讨厌并憎恨 detest；abhor；be disgusted with：我～那种毫无意义的应酬。Wǒ ～ nà zhǒng háowú yìyì de yìngchou. I detest that kind of meaningless social intercourse.

【厌战】yànzhàn（动）（战争牵涉到的人）厌恶战争 be weary of war；be war-weary：～心理 ～ xīnlǐ be psychologically weary of war /交战国的人民普遍～情绪。Jiāozhànguó de rénmín pǔbiàn ～. The people of belligerent nations are universally war-weary. /战争拖得太久了,双方士兵都有～情绪。Zhànzhēng tuō de tài jiǔ le, shuāngfāng shìbīng dōu yǒu ～ qíngxù. The war has been dragging on far too long. Soldiers on both sides all suffer from war-weariness.

沿 yàn
（名）（～儿）水边；岸 water's edge；bank：井～ jǐng ～ the edge of a well /河～ hé ～ riverside 另见 yán

砚〔硯〕yàn
（名）◇砚台 inkstone；inkslab：笔、墨、纸～都已备齐。Bǐ、mò、zhǐ、～ dōu yǐ bèiqí. Brush, ink, paper and inkstone are all ready.
【砚台】yàntái（名）研墨的工具,多用石制成 inkstone；inkslab

咽 yàn
（动）swallow：这面包太干了,很难一下去。Zhè miànbāo tài gān le, hěn nán ～ xiaqu. This bread is too dry. It's hard to swallow. 另见 yān
【咽气】yàn=qì 断气,停止呼吸 breathe one's last；die

艳〔艷〕yàn
（形）色彩光泽鲜明好看 colourful；bright；fresh and

attractive：这红颜色真～。Zhè hóng yánsè zhēn ～. This red is really bright and attractive

【艳丽】yànlì（形）鲜明美丽 bright-coloured and beautiful；gorgeous：服装～ fúzhuāng ～ bright-coloured and beautiful clothing /～的色彩 ～ de sècǎi gorgeous colours

【艳羡】yànxiàn（动）〈书〉非常羡慕 greatly admire；envy

【艳阳天】yànyángtiān（名）风和日丽风光明媚的春天 bright spring day

喭 yàn
（动）〈书〉对遭遇丧事的表示慰问 extend condolences
【喭电】yàndiàn（名）telegram (or cable) of condolence；message of condolence

宴 yàn
（名）◇酒席 feast；banquet：设～招待贵宾 shè ～ zhāodài guìbīn give a banquet in honour of the distinguished visitors（动）请人吃酒饭 fete：大～宾客 dà ～ bīnkè entertain guests with an extravagant banquet /欢～亲朋 huān ～ qīnpéng warmly entertain relatives and friends at a banquet

【宴会】yànhuì（名）banquet；feast；dinner party
【宴请】yànqǐng（动）设宴招待 entertain (to dinner)；fete：～客人 ～ kèrén entertain guests
【宴席】yànxí（名）banquet；feast

验〔驗〕yàn
（动）检查;考查 examine；check；test：出入国境海关要～证件。Chūrù guójìng hǎiguān yào ～ zhèngjiàn. Identity cards must be checked by custom upon entry into and exit out of the country. /这些货都～过了。Zhèxiē huò dōu ～guo le. This merchandise has all been examined. /医生叫我先去～血。Yīshēng jiào wǒ xiān qu ～ ～ xiě. The doctor told me to have a blood test done first.

【验电器】yàndiànqì（名）electroscope
【验方】yànfāng（名）经验证明,的确有疗效的现成药方 proved recipe (in Chinese herbal medicine)
【验光】yàn=guāng optometry：～以后才能配眼镜。～ yǐhòu cái néng pèi yǎnjìng. One must first have a sight test before being fitted with glasses.
【验尸】yàn=shī 检验人的尸体,追究死亡原因和过程 post-mortem；autopsy
【验收】yànshōu（动）按一定标准经过检验后收下 check (to see whether or not sth. is up to a given standard) and accept：产品完全合格已通过～。Chǎnpǐn wánquán hégé yǐ tōngguò ～. The product is completely up to standard and has already been checked and accepted. /～进口设备必须严格。～ jìnkǒu shèbèi bìxū yángé. One must be strict when checking and approving imported equipment.
【验算】yànsuàn（动）〈数〉check computations
【验证】yànzhèng（动）经试验使得到证实 test and verify：通过反复计算,～了我们的数据是正确的。Tōngguò fǎnfù jìsuàn, ～le wǒmen de shùjù shì zhèngquè de. Our data was tested and verified time and again and was found to be correct.

谚〔諺〕yàn
（名）◇谚语 proverb；saying；adage
【谚语】yànyǔ（名）proverb；saying；adage：中国的～有时正好和英国的～相当,如"无风不起浪"和"There's no smoke without fire"。Zhōngguó de ～ yǒushí zhènghǎo hé Yīngguó de ～ xiāngdāng, rú "wú fēng bù qǐ làng" hé "There's no smoke without fire". Chinese proverbs sometimes happen to correspond to English proverbs; e. g., "无风不起浪" and "There's no smoke without fire".

yàn

堰 yàn
（名）较低的挡水建筑物 weir；修～ xiū ～ build a weir

雁 yàn
（名）[只 zhī] wild goose

焰 yàn
（名）◇火苗 flame；blaze
【焰火】yànhuǒ（名）fireworks

酽〔釅〕yàn
（形）（汁液）浓、厚，多指茶（of liquids, juice, etc.）thick；strong（usu. refers to tea）他喜欢喝～茶。Tā xǐhuan hē ～ chá. He likes to drink strong tea.

燕 yàn
（名）◇ swallow
【燕麦】yànmài（名）oats
【燕尾服】yànwěifú（名）swallowtail；swallow-tailed coat；tailcoat
【燕窝】yànwō（名）金丝燕在海边岩石上吐出胶状物凝结成的窝，是一种珍贵食品 edible bird's nest（made from a regurgitated glue-like substance that has congealed and been made into a nest by a swift）
【燕子】yànzi（名）[只 zhī] swallow

赝〔贋〕yàn
（形）〈书〉伪造的 counterfeit；spurious；fake
【赝本】yànběn（名）〈书〉spurious edition or copy
【赝币】yànbì（名）〈书〉counterfeit coin
【赝品】yànpǐn（名）〈书〉伪造的文物 counterfeit；fake；sham（historical relic）：这幅古画是～。Zhè fú gǔ huà shì ～. This ancient painting is a counterfeit.

yāng

央 yāng
（动）◇恳求 entreat
【央告】yānggao（动）同"央求"yāngqiú same as "央求"
【央求】yāngqiú（动）恳切地苦苦相求 beg；plead；implore

秧 yāng
（名）（1）（～儿）人工培育的植物幼苗 seedling；sprout：白菜～ báicài ～ cabbage sprout（2）特指稻苗 rice seedling：～已经插完了。～ yǐjīng chāwán le. The rice seedling have already been transplanted. （3）蔓生植物的茎 vine：瓜～ guā ～ melon vine /葡萄～ pútao ～ grapevine /黄瓜收完了，都拉～了。Huángguā shōuwán le, dōu lā ～ le. The cucumbers have been harvested and all their vines uprooted. （4）某些饲养动物的幼体 young；fry：猪～ zhū ～ piglets /鱼～ yú ～ fry
【秧歌】yāngge（名）流行于中国北方农村的一种民间舞蹈 yanko, a popular rural folk dance in north China
【秧苗】yāngmiáo（名）[棵 kē、株 zhū] 农作物的幼苗，也特指水稻的幼苗 shoot；seedling（esp of rice）
【秧子】yāngzi（名）同"秧" yāng（1）（3）（4） same as "秧" yāng（1）（3）（4）
【秧田】yāngtián（名）[块 kuài] 培育水稻秧苗的水田 rice seedling bed

yáng

扬〔揚〕yáng
（动）（1）上升；高举 raise：～起头 ～ qǐ tóu raise one's

head /起重机～起铁臂。Qǐzhòngjī ～ qi tiěbì. The crane raised its iron lever. （2）向空中撒 throw up and scatter；winnow：～了一把土～le yì bǎ tǔ threw up a fistful of dirt /汽车驶过，～起灰尘。Qìchē shǐguò, ～ qi huīchén. The car sped past, throwing up and scattering dust. （3）◇传播 spread；make known：名～国内外 míng ～ guó nèi wài have one's name made known home and abroad
【扬长避短】yáng cháng bì duǎn 发扬擅长的方面，避免去做不善于做的，做不好的事 make amends for one's weaknesses by exploiting one's strengths：写文章也要～，为什么不写你多年研究过的东西呢！Xiě wénzhāng yě yào ～, wèi shénme bù xiě nǐ duō nián yánjiūguo de dōngxi ne! Why didn't you write about what you've been studying for years? You should exploit your strengths when writing an article!
【扬长而去】yáng cháng ér qù 大模大样、满不在乎地离去 swagger off；stalk off；stride out：他慷慨激昂地讲了一通以后，～。Tā kāngkǎi jī'áng de jiǎngle yí tòng yǐhòu, ～. After giving an impassioned speech, he stalked off.
【扬场】yáng=cháng〈农〉winnowing
【扬眉吐气】yáng méi tǔ qì 形容从受压迫和侮辱的状况下解放出来后，心情舒畅、豪迈的样子 feel proud and elated；hold one's head high
【扬名天下】yáng míng tiānxià 中国或世界知名 become worldfamous；become known throughout China
【扬弃】yángqì（动）〈哲〉指事物在新陈代谢过程中,发扬旧事物中的积极因素，抛弃旧事物中的消极因素 develop（what is useful of the old）and discard（what is not）
【扬琴】yángqín（名）〈音乐〉[架 jià] dulcimer
【扬声器】yángshēngqì（名）loudspeaker
【扬水站】yángshuǐzhàn（名）利用水泵抽水，灌溉田地的工作场所 pumping station
【扬言】yángyán（动）〈贬〉故意说出要采取某种行动的话，以表示威胁、恫吓 等 threaten（that one is going to take action）；openly talk about（taking aggressive action）：他～要对你进行报复。Tā ～ yào duì nǐ jìnxíng bàofu. He has threatened to retaliate against you.

yáng

羊 yáng
（名）[只 zhī] sheep
【羊肠小道】yángcháng xiǎodào 曲折而极窄的（山路）narrow winding trail；winding footpath
【羊羔】yánggāo（名）[只 zhī] 小羊 lamb
【羊倌儿】yángguānr（名）专门放羊的人 shepherd
【羊圈】yángjuàn（名）sheepfold；sheep pen
【羊毛】yángmáo（名）sheep's wool；fleece
【羊肉】yángròu（名）mutton

阳〔陽〕yáng
（名）◇（1）太阳，阳光 the sun；sunlight；朝～ zhāo～ rising sun /遮～ zhē ～ sunshade /向～的房间 xiàng ～ de fángjiān a room facing the sun（2）露在外边的；表面的（与"阴"相对）open；overt（antonym of "阴" covert）：～一套阴一套 yí tào yīn yí tào act one way in public and another in private
【阳春】yángchūn（名）温暖的春天 a warm spring
【阳春白雪】yángchūn báixuě 中国战国时楚国的一种高雅的歌曲。后来泛指高深、不通俗的文艺作品（与"下里巴人"相对）the Spring Snow, a melody of the elite in the State of Chu, of the Warring States Period；highbrow art and literature（antonym of "下里巴人"（popular literature or art）
【阳电】yángdiàn（名）positive electricity
【阳奉阴违】yáng fèng yīn wéi 表面上表示接受、服从，背后却不执行 overtly agree but covertly oppose；agree in public but oppose in private
【阳沟】yánggōu（名）露在地面上的排水沟 open drain；ditch

【阳关道】yángguāndào（名）比喻有光明前途的道路 *board road*；*thoroughfare*

【阳光】yángguāng（名）*sunlight*；*sunshine*

【阳极】yángjí（名）*positive pole*；*positive electrode*；*anode*

【阳间】yángjiān（名）人间（与"阴间"yīnjiān，即死后的世界相对）*this world（antonym of "阴间"（the nether world））*

【阳历】yánglì（名）*solar calendar*

【阳平】yángpíng（名）汉语普通话的第二声，符号为"ˊ"的 *the second of the four tones in modern standard Chinese pronunciation（of which the tone mark is "ˊ"）*

【阳畦】yángqí（名）向阳的育苗的土地，四周围用土培成框，安风障，夜间或气温低时，在框上用席或塑料薄膜覆盖，保温 *seed bed with windbreaks*；*coldbed*

【阳伞】yángsǎn（名）[把 bǎ]遮太阳的伞 *parasol*；*sunshade*

【阳台】yángtái（名）*balcony*

【阳性】yángxìng（名）*masculine gender*

杨 〔楊〕yáng
（名）◇ *poplar*

【杨柳】yángliǔ（名）*willow*

【杨树】yángshù（名）[棵 kē] *poplar*

洋 yáng
（名）*ocean*：飘～过海 piāo ～ guò hǎi *travel far away across the sea* / 世界上有四大～。Shìjiè shang yǒu sì dà ～. *There are four oceans in the world.*（形）(1)旧指从外国的或来自外国的 *foreign（used in former times）*：～人 ～ rén *foreigner* /～房 ～ fáng *Western-style house* /～服 ～ fú *Western-style clothes* /要学习外国先进的科学技术，但不能崇～。Yào xuéxí wàiguó xiānjìn de kēxué jìshù, dàn bù néng chóng ～. *We must learn advanced foreign science and technology, but must not worship and have blind faith in all that is foreign.* (2)现代化的、时髦的 *modern*；*fashionable*：打扮得很～ dǎbàn de hěn ～ *very fashionably dressed* /土～结合 tǔ～jiéhé *combine traditional and modern methods*

【洋白菜】yángbáicài（名）*cabbage*

【洋葱】yángcōng（名）*onion*

【洋鬼子】yángguǐzi（名）旧社会对侵略中国的西洋人憎恨的称呼 *foreign devil（a derogatory term used in preliberation China for foreign invaders）*

【洋教条】yángjiàotiáo（名）不加更改不顾本国具体情况地搬来引用的外国理论原则（多见于社会科学方面）*foreign doctrinairism（often seen in social science fields）*

【洋框框】yángkuāngkuang（名）来自外国的固定格式 *foreign conventions*

【洋奴】yángnú（名）崇洋媚外，甘心供外国人驱使的人 *slave of a foreign master*；*worshipper of everything foreign*

【洋气】yángqì（形）合于西洋的式样、风格、风俗习惯的 *foreign flavour*；*Western style*

【洋琴】yángqín（名）[架 jià]同"扬琴"yángqín *same as "扬琴" yángqín*

【洋人】yángrén（名）外国人（多指欧美各国的人）*foreigner（usu. refers to Europeans, North and South Americans）*

【洋为中用】yáng wéi zhōng yòng 吸收外国一切有用的东西，为发展中国的各种事业服务 *make foreign things serve China*

【洋洋】yángyáng（形）◇(1)形容众多或丰盛 *numerous*；*copious*：～大观 ～ dàguān *spectacular* /万言～ wànyán ～ *writing with hundreds of thousands of words* /洒洒写了几十万字 ～ sǎsǎ xiěle jǐ shí wàn zì *to have written a voluminous piece of writing with hundreds of thousands of words* (2)形容满足、得意的样子，也作"扬扬" *triumphant*；*complacent（also written as "扬扬"）*：得意～ déyì ～ *be immensely proud* /～自得 ～ zìdé *be very pleased with oneself*

【洋溢】yángyì（动）（情绪、气氛等）十分浓厚，充满而且外流（of a mood, atmosphere, etc.）*be permeated with*；*brim with*：他的来信热情～。Tā de láixìn rèqíng ～. *His letter is brimming with warm feeling.* /舞厅里～着青年人的活力。Wǔtīng li ～zhe qīngniánrén de huólì. *The dance hall was permeated with youthful vitality.* /晚会上～着欢乐的气氛。Wǎnhuì shang ～zhe huānlè de qìfēn. *The evening party was permeated with a joyful atmosphere.* /新年前夕，处处～着节日气象。Xīnnián qiánxi, chùchù ～ zhe jiérì qìxiàng. *On New Year's Eve, everywhere is brimming with a holiday atmosphere.*

yǎng

仰 yǎng
（动）(1)抬头脸向上 *face upward*：人～马翻 rén ～ mǎ fān *men and horses thrown off their feet— utterly uprooted* /～首望天 ～ shǒu wàng tiān *raise one's head and face to the sky* /～天长叹 ～ tiān cháng tàn *face upward and sigh deeply* (2)敬慕、尊敬 *admire*；*respect*；*look up to*：久～大名 jiǔ ～ dà míng *I've been hearing your honourable name for a long time.* (3)〈书〉依靠；依赖 *rely on*：～人鼻息～ rén bíxī *be at somebody's beck and call*

【仰角】yǎngjiǎo（名）〈数〉*angle of elevation*

【仰赖】yǎnglài（动）依靠 *rely on*；*be dependent on*：青年应该尽早独立，少～父母。Qīngnián yīnggāi jīnzǎo dúlì, shǎo ～ fùmǔ. *Young people should try to be independent as early as possible and relyless on their parents.*

【仰慕】yǎngmù（动）〈书〉*admire*；*look up to*：我对这位画家～已久。Wǒ duì zhè wèi huàjiā ～ yǐ jiǔ. *I've long admired this painter.*

【仰望】yǎngwàng（动）(1)抬头向上看；或含着敬意抬头看 *look up at*：～蓝天 ～ lántiān *look up at the blue sky* /～树顶 ～ shù dǐng *look up at the treetops* /～北斗星，心中有了方向。～ běidǒuxīng, xīnzhōng yǒule fāngxiàng. *Looking up at the Big Dipper, I got my bearings.* /～纪念碑，怀念烈士们。～ jìniànbēi, huáiniàn lièshìmen. *We looked up at the monument and cherished the memory of martyrs.* (2)〈书〉表示敬意和期待 *respectfully seek help or guidance from*；*look up to*：举世～ jǔshì ～ *universally look up to* /延安是中国人民～的地方。Yán'ān shì Zhōngguó rénmín ～ de dìfang. *Yan'an is a place looked up to by the Chinese people.*

【仰泳】yǎngyǒng（名）*backstroke*

【仰仗】yǎngzhàng（动）〈书〉*rely on*；*look to sb. for support*：今后还要～诸位多帮忙。Jīnhòu hái yào ～ zhūwèi duō bāng máng. *I will look to you for help in future.*

养 〔養〕yǎng
（动）(1)生育 *give birth to*；*bear*：她～了一个男孩儿。Tā ～le yí ge nánháir. *She gave birth to a boy.* (2)供给生活费用或周济，使生存、生长 *support*；*provide for*：奶奶把他～大。Nǎinai bǎ tā ～dà. *His grandmother raised him.* /他从十八岁就开始挣钱～家了。Tā cóng shíbā suì jiù kāishǐ zhèng qián ～ jiā le. *He started earning money and supporting a family at eighteen.* (3)饲养（家畜）；培植（花草）*raise*；*keep（domestic animals）*；*grow（flowers, etc.）*：～猪 ～ zhū *raise pigs* /～了几盆花 ～le jǐ pén huā *have grown a few pots of flowers* (4)疗养；休养 *rest*；*convalesce*；*recuperate one's health*；*heal*：～身体 ～ shēntǐ *recuperate* /把病～好 bǎ bìng ～hǎo *rest and regain one'shealth* (5)培养、助长 *form*；*acquire*；*cultivate*：～成好习惯 ～ chéng hǎo xíguàn *cultivate good habits* /姑息～奸 gūxī ～ jiān *to tolerate evil is to foster its growth* /不要～成吸烟的坏毛病。Búyào ～chéng xī yān de huài máobìng. *Don't form the*

nasty habit of smoking. (6)◇保护、维修（设施）maintain；keep in good repair：~路　~ lù maintain a road or railway

【养病】yǎng＝bìng take rest and nourishment to regain one's health；recuperate：我养了一个月病，现在可以上班了。Wǒ yǎngle yí ge yuè bìng, xiànzài kěyǐ shàng bān le. I spent a month recuperating and now I can go to work.

【养分】yǎngfèn（名）nutrient

【养护】yǎnghù（动）（对机器、建筑物等）保养、维修 maintain；conserve（machinery, buildings, etc.）

【养活】yǎnghuo（动）(1)〈口〉同"养"yǎng (2) same as "养" yǎng.（2)：他的工资要~一家人。Tā de gōngzī yào ~ yì jiā rén. His salary must support a whole family.／父亲由儿子～。Fùqin yóu érzi ~. He supports his father.（2)饲养 raise (animals)：他喜欢～鸟。Tā xǐhuan ~ niǎo. He likes to keep pet birds.／孩子～了两只小白兔。Háizi ~le liǎng zhī xiǎo báitù. The child raised two small white rabbits.

【养精蓄锐】yǎng jīng xù ruì 保养好精神，积蓄充沛力量 conserve energy and build up strength；conserve strength and store up energy：明天要参加比赛了，今天一定要吃好睡好，～。Míngtiān yào cānjiā bǐsài le, jīntiān yídìng yào chīhǎo shuìhǎo, ~. You're going to compete tomorrow so you should eat and sleep well today so as to conserve energy and build up your strength.

【养老】yǎng＝lǎo (1) 奉养老年人 provide for the aged：～送终是子女对父母应尽的义务。~ sòng zhōng shì zǐnǚ duì fùmǔ yīng jìn de yìwu. Providing for aged parents and taking care of their burial is the bounden duty of all sons and daughters. (2) 老年人闲居休养 live in retirement：他现在不工作了，退休～了。Tā xiànzài bù gōngzuò le, tuì xiū ~ le. He doesn't work anymore now. He's living in retirement.／刘大娘在敬老院～。Liú dàniáng zài jìnglǎoyuàn ~. Aunt Liu is living in retirement in a senior citizens' home.

【养老院】yǎnglǎoyuàn（名）由国家或集体举办的收养孤寡老人的机构。也叫敬老院 senior citizens' home；rest home for the aged（also called 敬老院）

【养料】yǎngliào（名）nutriment；nourishment

【养伤】yǎng＝shāng heal one's wounds：他大腿骨折，养了三个月的伤了。Tā dàtuǐ gǔzhé, yǎngle sān ge yuè de shāng. He fractured his thigh and it has been healing three months now.

【养神】yǎng＝shén 让脑子安静下来，使精神得到恢复 rest to attain mental tranquility；repose：他早上四点就醒了，睡不着，只好躺在那儿～。Tā zǎoshang sì diǎn jiù xǐng le, shuì bu zháo, zhǐhǎo tǎng zài nàr ~. He woke up at 4 a. m. and couldn't get back to sleep, so he had no choice but to just lie there in repose.

【养育】yǎngyù（动）〈书〉抚养和教育 bring up；rear：父母之恩 fùmǔ ~ zhī ēn parental kindness in bringing up (children)／她～了两个孤儿。Tā ~ le liǎng ge gū'ér. She brought up two orphans.

【养殖】yǎngzhí（动）水产动植物的饲养和繁殖 breed or cultivate (aquatics)：～大虾 ~ dà xiā breed prawns／研究海带～ yánjiū hǎidài ~ study the cultivation of kelp

【养尊处优】yǎng zūn chǔ yōu 在优裕的环境中过着舒适的生活（多含贬义）enjoy high position and a life of ease and comfort；live in clover (has a derogatory meaning)：离职之后，他在家～，什么事也不管。Lí zhí zhī hòu, tā zài jiā ~, shénme shì yě bù guǎn. He's been living in clover at home ever since he left office and doesn't bother about anything.／一个领导者，要尽职尽力，不能～。Yí ge lǐngdǎozhě, yào jìnzhí jìnlì, bù néng ~. A leader must do his best to fulfil his duty. He cannot just live a life of ease and comfort.

氧
yǎng（名）oxygen

【氧化】yǎnghuà（动）oxidize；oxidate：~物 ~wù oxide

【氧气】yǎngqì（名）oxygen

痒 〔癢〕yǎng
（动）itch；tickle

yàng

快
yàng

【快快】yàngyàng（形）〈书〉不满意或不高兴的神情 disgruntled；sullen：什么事使你这样～不乐？Shénme shì shǐ nǐ zhèyàng ~ bú lè? What has disgruntled you so?

样 〔樣〕yàng
（名）(1)（~儿）样子，形状 appearance；shape：可怜～ kělián ~ look pitiful /各式各～的衣柜 gè shì gè ~ de yīguì wardrobes of all kinds /他还是老～，总喜欢开玩笑。Tā hái shì lǎo ~, zǒng xǐhuan kāi wánxiào. He's still the same as before. He still likes to crack jokes. (2)样品 sample；model；pattern：货～ huò ~ sample goods (量)表示事物的种类 kind；type：炒了两～菜 chǎole liǎng ~ cài have fried two dishes /买了几～点心 mǎile jǐ ~ diǎnxin have bought a few different kinds of pastries /去南方有一～东西不能少，就是伞。Qù nánfāng yǒu yí ~ dōngxi bù néng shǎo, jiù shì sǎn. When you go to the south, there's one thing you can't do without; namely, an umbrella.

【样板】yàngbǎn（名）(1)板状样品或工业、工程上用来检验产品质量的板状工具 sample plate (2)比喻供人学习、模仿的合乎标准的人或事物 model；prototype；example：怎样挖坑植树，先搞出个～来。Zěnyàng wā kēng zhí shù, xiān gǎo chū ge ~ lái. I'll first give you an example of how to dig a hole to plant trees. /这个班在德智体三方面都有突出成绩，是学校的一个～。Zhège bān zài dé zhì tǐ sān fāngmiàn dōu yǒu tūchū chéngjì, shì xuéxiào de yí ge ~. This class has achieved outstanding success in all three aspects of morals, intelligence and physical health. It's one of the school's model classes.

【样本】yàngběn（名）(1)商品图样的印本或剪贴纸张、织物而成的本子，做广告用 sample book (2)出版物的摘印本子，请人提意见或做广告用 sample；specimen (of a book)

【样品】yàngpǐn（名）sample (product)；specimen

【样式】yàngshì（名）pattern；type；style；form

【样子】yàngzi（名）(1)形状；姿态 appearance；shape：这种沙发的～太旧了。Zhè zhǒng shāfā de ~ tài jiù le. This type of sofa looks too old. /他说话的～一像他哥哥。Tā shuō huà de ~ xiàng tā gēge. He talks just like his older brother. /这条街还是十年前的～。Zhè tiáo jiē hái shì shí nián qián de ~. This street is as it was ten years ago. (2)脸上的神情 manner；air；facial expression：为难的～ wéinán de ~ look embarrassed /快活的～ kuàihuó de ~ look happy /满意的～ mǎnyì de ~ look satisfied /他脸上露出不起人的～。Tā liǎnshang lùchū kàn bu qǐ rén de ~. A look of contempt appeared on his face. (3)合乎标准的物件或状态 sample；model；pattern：服装～ fúzhuāng ~ clothes pattern /鞋～ xié ~ shoe pattern /热闹得像过年的～。Rènao de xiàng guò nián de ~. It was just as lively as at New Year's. /屋子里乱得不像～。Wūzi li luàn de bú xiàng ~. The room was too messy. (4)某种现象或情况发生前的征象、迹象 tendency；likelihood：天像要下雨的～。Tiān xiàng yào xià yǔ de ~. It looks like rain. /看～他不会来了。Kàn ~ tā bú huì lái le. It looks as if he's not coming.

漾
yàng（动）液体太满而向外流 brim over；overflow：牛奶倒得

太满了，～到杯子外边来了。Niúnǎi dào de tài mǎn le，～dào bēizi wàibian lai le. *Too much milk was poured into the glass so it overflowed.* /河水～到岸上。Héshuǐ ～ dào àn shang. *The river overflowed onto the banks.* /她脸上～出幸福的微笑。Tā liǎnshang ～chū xìngfú de wēixiào. *Her face broadened into a happy smile.*

yāo

夭 yāo（动）◇夭折 *die young*

【夭亡】yāowáng（动）〈书〉同"夭折"yāozhé（1）same as "夭折" yāozhé（1）

【夭折】yāozhé（动）（1）未成年而死 *die young*；王大娘共生了三个孩子，两个都～了。Wáng dàniáng gòng shēngle sān ge háizi，liǎng ge dōu ～ le. *Aunt Wang gave birth to three children of which two died young.* （2）比喻事情在未完成时失败或停止 *come to a premature end*；这个试验由于经费不足而～了。Zhège shìyàn yóuyú jīngfèi bù zú ér ～ le. *This experiment came to a premature end due to a lack of funds.*

吆 yāo

【吆喝】yāohe（动）大声喊叫（多为卖东西、赶牲口等）*cry out*；*call*（*usu. of a peddler selling his wares or of a driver urging on an animal*）；小摊贩在路边～着兜售商品。Xiǎo tānfàn zài lùbiānr ～zhe dōushòu shāngpǐn. *The peddlers called out in the street, peddling their wares.*

约 yāo（动）〈口〉*weigh*；请你～一～这些苹果有多少斤。Qǐng nǐ ～ yi ～ zhèxiē píngguǒ yǒu duōshao jīn. *Please weigh out these apples to see how many jin there are.*

妖 yāo（名）*goblin*；*demon*；*evil spirit*

【妖风】yāofēng（名）〔股 gǔ〕比喻坏人散布蛊惑、煽动人的言论，或比喻社会上反动、邪恶的风气或潮流 *evil wind*；*noxious trend*；必须刹住赌博的～。Bìxū shāzhu dǔbó de ～. *A stop must be put to the evil trend of gambling.*

【妖怪】yāoguài（名）*monster*；*goblin*；*demon*

【妖精】yāojing（名）（1）同"妖怪"yāoguài same as "妖怪" yāoguài（2）比喻以姿色迷人的女人 *alluring woman*

【妖媚】yāomèi（形）（女人）姿态美好而不正派 *(of a woman) seductively charming*；*bewitching*

【妖魔鬼怪】yāo mó guǐ guài 比喻各种各样的坏人或恶势力 *demons and ghosts*；*monsters or evil people of every description*

【妖娆】yāoráo（形）〈书〉娇艳美好 *enchanting*；*fascinating*

【妖艳】yāoyàn（形）艳丽而不庄重 *pretty and coquettish*

要 yāo 另见 yào

【要求】yāoqiú（动）*ask*；*demand*；*require*；*request*：严格自己 yángé～ziji *set strict demands on oneself* /～政府采取措施 ～ zhèngfú cǎiqǔ cuòshī *demand that the government take measures* /群众普遍～改革不合理的制度。Qúnzhòng pǔbiàn ～ gǎigé bù hélǐ de zhìdù. *The masses put forth a widespread demand for the reform of unreasonable systems.* /老师～我们认真做作业。Lǎoshī ～ wǒmen rènzhēn zuò zuòyè. *The teacher asked us to do our homework conscientiously.* （名）*demand*；*claim*；*requirement*；*request*：合理的～ hélǐ de ～ *a reasonble demand* /过高的～ guò gāo de ～ *too high a demand* /不符合～ bù fúhé ～ *not*

in accord with the demands /这是上级向我们提出的～。Zhè shì shàngjí xiàng wǒmen tíchū de ～. *These are the demands made on us by the higher authorities.*

【要挟】yāoxié（动）利用对方的弱点，强迫对方答应自己的要求 *coerce*；*put pressure on*；*threaten*

腰 yāo（名）（1）*waist*；*small of the back* （2）裤子位于腰部的一部分 *waist (of a pair of trousers)*：裤子还没上～。Kùzi hái méi shàng ～. *A waist hasn't been put on these trousers yet.* （3）物体等的中间部分 *middle*：半山～有一间小屋。Bàn shān ～ yǒu yì jiān xiǎo wū. *There's a small shack halfway up the mountain.* /大坝将河水拦～截断。Dàbà jiāng héshuǐ lán ～ jiéduàn. *The river is blocked in the middle by a large dam.*

【腰包】yāobāo（名）腰里带着的钱包 *purse*；*pocket*：掏～ tāo ～ *pick sb.'s pocket*；*pay out of one's own pocket* /把公款装进自己的～。Bǎ gōngkuǎn zhuāngjin ziji de ～. *pocket public funds* /搜～ sōu ～ *search sb.'s pockets*

【腰带】yāodài（名）〔条 tiáo〕*waistband*；*belt*；*girdle*

【腰鼓】yāogǔ（名）一种小的鼓，挂在腰部 *waist drum*：打～ dǎ ～ *beat a waist drum* /～舞 ～ wǔ *waist drum dance*

【腰身】yāoshēn（名）人体的腰部；也指上衣、外套等腰部的尺寸 *waistline*；*waist*；*waist measurement*；*girth*

【腰子】yāozi（名）〈口〉肾 *kidney*

邀 yāo（动）（1）约请 *invite*；*request*：应～参加大会 yìng ～ cānjiā dàhuì *be invited to participate at a conference* /他～了几个朋友去家里吃晚饭。Tā ～ le jǐ ge péngyou qù jiā li chī wǎnfàn. *He invited a few friends home for supper.* （2）〈书〉求得 *solicit*；*seek*：～准 ～ zhǔn *seek approval*

【邀集】yāojí（动）〈书〉把很多人请到一块儿 *invite a group of people to meet together*；*call together*：他～有关人士商量办夜校的事。Tā ～ yǒuguān rénshì shāngliang bàn yèxiào de shì. *He invited the public figures concerned to meet together to discuss the running of a night school.*

【邀请】yāoqǐng（动）〈书〉*invite*（名）*invitation*：乒乓球～赛 pīngpāngqiú ～ sài *invitational ping-pong tournament* /发出～ fāchū ～ *send an invitation* /接到～ jiēdào ～ *receive an invitation* /感谢你们的～ gǎnxiè nǐmen de ～ *Thank you all for your invitation.*

yáo

窑 yáo（名）（1）*kiln*：砖～ zhuān ～ *brick kiln* /炭～ tàn ～ *charcoal kiln* /瓦～ wǎ ～ *tile kiln* （2）指用手工采煤的小型煤矿（*coal*）*pit*：煤～ méi ～ *coal pit*

【窑洞】yáodòng（名）[孔 kǒng]中国西北部黄土高原地区（如陕西、山西省北部）的居民，在土山的山壁上挖成的供人居住的洞式房子 *cave dwelling* (*as in those carved into the sandstone in northern Shaanxi and Shanxi Provinces*)

谣 [謠] yáo（名）（1）歌谣 *ballad*；*rhyme* （2）谣言 *rumour*

【谣传】yáochuán（动）捏造的话传播开 *it is rumoured that*；*rumour hath that*：外边～他在车祸中丧生。Wàibiàn ～ tā zài chēhuò zhōng sàngshēng. *It is rumoured outside that he lost his life in a traffic accident.* /社会上～你已被解职。Shèhuì shang ～ nǐ yǐ bèi jiězhí. *Rumour hath it amongst the public that you've already been dismissed from office.* /人们纷纷～林先生要在国外定居。Rénmen fēnfēn ～ Lín xiānsheng yào zài guó wài dìngjū. *People are all saying that Mr. Lin is going to settle down abroad.* （名）*rumour*；

hearsay：这消息纯属～。Zhè xiāoxi chún shǔ ～. *This information is pure hearsay.* /外边有一些关于你的～。Wàibian yǒu yìxiē guānyú nǐ de ～. *There are rumours being spread around about you.* /不要听信那些～。Búyào tīngxìn nàxiē ～. *Don't believe those rumours.*

【谣言】yáoyán（名）凭空捏造的话 *rumour; groundless allegation*

摇 yáo

（动）*shake; wave; rock; turn*：他一边～头，一边说："不行，不行。"Tā yìbiān ～ tóu, yìbiān shuō: "Bù xíng, bù xíng." *Shaking his head, he said: "No. That's out of the question."* /他没说什么，只～～手。Tā méi shuō shénme, zhǐ ～～ shǒu. *He didn't say anything, but just shook his hand in disapproval.* /狗～着尾巴迎接主人。Gǒu ～ zhe wěiba yíngjiē zhǔrén. *The dog ran up to its master wagging its tail.* /一声巨响，地动山～。Yì shēng jùxiǎng, dì dòng shān ～. *A tremendous sound rang out and the earth and mountains shook.* /小李把船～到湖中心去了。Xiǎo Lǐ bǎ chuán ～dào hú zhōngxīn qu le. *Xiao Li rowed the boat out to the middle of the lake.*

【摇摆】yáobǎi（动）*sway; swing; rock; vacillate*：～不定 bú dìng *swinging away* /左右～ zuǒ yòu ～ *swaying to and fro* /高大建筑物时刻都在～。Gāodà jiànzhùwù shíkè dōu zài ～. *Tall buildings all constantly sway.* /他还没拿定主意，正在去与不去之间～。Tā hái méi nádìng zhǔyi, zhèng zài qù yǔ bú qù zhī jiān ～. *He hasn't yet made up his mind. He's still vacillating between going and not going.*

【摇荡】yáodàng（动）*rock; sway*：船在水中～。Chuán zài shuǐ zhōng ～. *The boat rocked in the water.*

【摇动】yáodòng（动）*wave; shake; sway; rock*：树枝在风中～。Shùzhī zài fēng zhōng ～. *The tree branches shook in the wind.*

【摇撼】yáohàn（动）摇动 *shake to the root or foundation; rock*：风太大了，树～得利害。Fēng tài dà le, shù ～ de lìhai. *The trees rocked wildly in the strong wind.* /你想～柱子，当然～不动。Nǐ xiǎng ～ zhùzi, dāngrán ～ bu dòng. *You want to rock the pillar, but of course you can't do it.*

【摇晃】yáohuang（动）*rock; sway; shake*：风太大了，仿佛房子都在～。Fēng tài dà le, fǎngfú fángzi dōu zài ～. *It was as if the houses were all swaying, so strong was the wind.* /别～桌子，他正写字呢！Bié ～ zhuōzi, tā zhèng xiě zì ne! *Don't shake the desk. He's in the middle of writing something!*

【摇篮】yáolán（名）(1)*cradle*：摇着～ yáozhe ～ *rock the cradle* /宝宝在～里睡得真香。Bǎobao zài ～ li shuì de zhēn xiāng. *Our little darling is sleeping soundly in his cradle.* (2)比喻文化或社会运动等的发源地 *cradle (of a civilization, culture, etc.)*：黄河是中国古代文化的～。Huáng Hé shì Zhōngguó gǔdài wénhuà de ～. *The Yellow River is the cradle of ancient Chinese culture.* /北京是中国现代史上学生运动的～。Běijīng shì Zhōngguó xiàndàishǐ shang xuéshēng yùndòng de ～. *Beijing is the cradle of student movements in contemporary Chinese history.* /尼罗河是世界古文明的～之一。Níluóhé shì shìjiè gǔdài wénmíng de ～ zhī yī. *The Nile is one of the world's ancient cradles of civilization.*

【摇篮曲】yáolánqǔ（名）*lullaby; cradlesong; berceuse*

【摇旗呐喊】yáo qí nàhǎn 古代作战时，后边的人摇动旗子，大声呼喊，为冲杀的士兵助威。现在比喻为别人做事壮大声势（多含贬义）*wave flags and shout battle cries (as was done during battle in ancient times) — drum up support for sb. (often carries a derogatory meaning)*：他也不过写几篇文章为别人～而已。Tā yě búguò xiě jǐ piān wénzhāng wèi biéren ～ éryǐ. *He just wrote a few articles to drum up sup-*

port for others, that's all.

【摇钱树】yáoqiánshù（名）神话传说中的一种树，一摇撼就有许多钱从树上落下来。后来比喻能够获取钱财的人物 *a legendary tree that sheds coins when shaken — a ready source of money*：她妈把她当作～，一定要她嫁个有钱人。Tā mā bǎ tā dàngzuò ～, yídìng yào tā jià ge yǒu qián rén. *Her mother takes her for a ready source of money, insisting on marrying her off to a wealthy man.* /这台机器就成了他们厂的～。Zhè tái jīqì jiù chéngle tāmen chǎng de ～. *This piece of machinery became a ready source of money for their factory.*

【摇尾乞怜】yáo wěi qǐ lián 形容狗摇着尾巴求得主人的宠爱。比喻人用献媚、讨好的手法得到别人的欢心和恩惠 *wag the tail ingratiatingly; fawn on*

【摇摇晃晃】yáoyáohuànghuàng（形）形容摇摆不定的样子 *faltering; swaying*：你看他～的，准是喝醉了。Nǐ kàn tā ～ de, zhǔn shì hēzuì le. *Look at him swaying. He's definitely drunk.*

【摇摇欲坠】yáoyáo yù zhuì (1)形容摇摇晃晃就要倒塌 *tottering; swaying; faltering* (2)比喻政权、统治等不稳固，就要垮台（多含贬义）*(of political power, a rule, etc.) crumbling; on the verge of collapse; teetering*

【摇曳】yáoyè（动）〈书〉摇动荡漾 *flicker; sway*：小船在湖面上轻轻～。Xiǎo chuán zài hú miàn shang qīngqīng ～. *The small boat swayed gently on the lake.* /桌上的烛光不断～，于是他把书合上休息一会儿眼睛。Zhuō shang de zhúguāng búduàn ～, yúshì tā bǎ shū héshang xiūxi yíhuìr yǎnjing. *The candlelight flickered continuously on the desk, so he closed his book and rested his eyes for a while.*

【摇椅】yáoyǐ（名）[把 bǎ] *rocking chair*

遥 yáo

（形）很远 *distant; remote; far*：山高路～ shān gāo lù ～ *the mountains are high and the road is long*

【遥测】yáocè（动）(用电子、光学仪器等)对远距离的事物进行测量 *telemetering*

【遥感】yáogǎn（动）*remote sensing*

【遥控】yáokòng（动）*remote control*

【遥望】yáowàng（动）向远处看 *look into the distance*：～天边 ～ tiānbiān *look into the distant horizon* /～长空 ～ chángkōng *look into the distance at the vast sky* /站在天山上向北京～。Zhàn zài Tiān Shān shang xiàng Běijīng ～. *I stood on top of Mount Tian looking into the distance toward Beijing.*

【遥相呼应】yáo xiāng hūyìng 在不同的地方，采取一致的言行，与对方配合 *echo each other at a distance; coordinate with each other from afar*

【遥遥】yáoyáo（形）(1)形容距离很远 *far away; remote*：两地相距～ liǎng dì xiāngjù ～ *two places far apart from each other* /隔海～相望 gé hǎi ～ xiāng wàng *face each other far away across the sea* /在产品质量上，他们～领先。Zài chǎnpǐn zhìliang shang, tāmen ～ lǐngxiān. *They hold a safe lead in terms of product quality.* (2)形容时间长久（of time）*remote; indefinite*：归期～ guīqī ～ *The date of return is indefinite.* /对方的答复～无期。Duìfāng de dáfù ～ wú qī. *The other side's reply is not expected within the foreseeable future.*

【遥远】yáoyuǎn（形）〈书〉很远 *distant; remote; faraway*：～的未来 ～ de wèilái *the distant future* /～的上古时代 ～ de shànggǔ shídài *remote ancient times of old*

yǎo

杳 yǎo

（形）〈书〉很远，不见踪影 *distant and out of sight*

【杳无音信】yǎo wú yīn xìn 连一点儿消息也没有 have no news whatsoever about sb.；have never been heard of since：他一走五年，～。Tā yì zǒu wǔ nián, ～. He left five years ago and hasn't been heard of since.

咬 yǎo

（动）(1)bite；snap at：你～一口尝尝，这苹果真甜。Nǐ ～ yì kǒu chángchang, zhè píngguǒ zhēn tián. This apple is really sweet. Take a bite and taste it. / 蚊子～人很厉害。Wénzi ～ rén hěn lìhai. The mosquitoes were biting badly. (2)钳子等卡住或齿轮螺丝等互相卡住 (of pliers, a gear wheel, etc) grip；bite：这两个齿轮太老了，～不紧了。Zhè liǎng ge chǐlún tài lǎo le, ～ bu jǐn le. These two gear wheels are too old. They don't grip tightly. (3)在供认自己的错误或罪行时，有意牵扯、伤害别人(多为无辜的) incriminate another person (usu. innocent) when blamed or interrogated：反～一口 fǎn ～ yì kǒu make a false counter-charge (against one's accuser) /他不老实交待罪行，反而乱～人。Tā bù lǎoshi jiāodài zuìxíng, fǎn'ér luàn ～ rén. He won't confess his crime honestly, but is making false counter charges at random. (4)坚持自己的说法，不更改 insist；be obstinate：他一定别人故意不告诉他开会地点。Tā ～dìng biérén gùyì bú gàosù tā kāi huì diǎn. He insists that others deliberately withheld the meeting place from him. / 小王一口～定那天他没去香山。Xiǎo Wáng yì kǒu ～ dìng nà tiān tā méi qù Xiāng Shān. Xiao Wang insists that he didn't go to Xiangshan that day. (5)准确地读出字音 pronounce；articulate：～字要清楚 ～ zì yào qīngchu words must be clearly articulated (6)(说话)过分讲究用词(含贬义)be nit-picking (about the use of words)：他听别人说话总是～字眼儿，挑毛病。Tā tīng biérén shuō huà zǒng shì ～ zìyǎnr, tiāo máobìng. He's always nitpicking about other people's words, finding fault with them.

【咬耳朵】yǎo ěrduo 凑到耳边低声说不让别人听见的话 whisper in sb.'s ear；whisper：你们在一起老～，有什么秘密？Nǐmen zài yìqǐ lǎo ～, yǒu shénme mìmì? You've been whispering to each other all the time. Do you have a secret? / 开会了，他们还在～呢！Kāi huì le, tāmen hái zài ～ ne! The meeting has already started yet they're still whispering!

【咬文嚼字】yǎo wén jiáo zì 说话过分地讲究或追求措词，常用来讽刺死抠字句不领会文章精神实质的人。有时也用来讽刺在众人面前讲话时卖弄文字，显示自己有学问的人 pay excessive attention to wording；juggle words like a pedant (as a form of sarcasm or irony)：他说话总爱～，我不喜欢听。Tā shuō huà zǒng ài ～, wǒ bù xǐhuan tīng. He's always juggling words around. I don't like listening to him.

【咬牙切齿】yǎo yá qiè chǐ 形容痛恨到了极点 gnash one's teeth

舀 yǎo

（动）ladle；spoon out；scoop up：请你～点儿水来。Qǐng nǐ ～ diǎnr shuǐ lai. Please scoop up some water. / 劳驾，替我～一碗汤。Láo jià, tì wǒ ～ yì wǎn tāng. Excuse me, would you please ladle out a bowl of soup for me?

【舀子】yǎozi (名) dipper；ladle

yào

药〔藥〕yào

（名）medicine；drug；remedy：这是治咳嗽的～。Zhè shì zhì késou de ～. This is cough medicine. （动）kill with poison：～虫子 ～ chóngzi poison insects /老鼠被～死了。Lǎoshǔ bèi ～sǐ le. The rat was poisoned to death. /胡乱吃

药，你不怕～死? Húluàn chī yào, nǐ bú pà ～sǐ? Aren't you afraid of being poisoned to death by carelessly taking drugs?

【药材】yàocái (名)指制中药的原料 (in Chinese medicine) medicinal materials；crude drugs

【药草】yàocǎo (名)可以用做药物的草本植物 medicinal herbs

【药典】yàodiǎn (名)[部 bù] 国家卫生部门编定的关于药品名称、性质、形状、成分、用量以及配制方法等的专门书籍 pharmacopoeia

【药方】yàofāng (名)(～儿) prescription：开～ kāi ～ write out a prescription

【药房】yàofáng (名)(1)卖西药的商店(有的也兼卖中药的成药) drugstore；chemist's shop；pharmacy (sometimes also sell Chinese patent medicine) (2)医院、诊疗所供应药物的部门 hospital pharmacy；dispensary：看完病，拿着药方去～取药。Kànwán bìng, názhe yàofāng qù ～ qǔ yào. When you've finished seeing the doctor, take the prescription to the dispensary to get it filled.

【药费】yàofèi (名)expenses (or charges) for medicine

【药粉】yàofěn (名)粉末形状的药 medicinal powder

【药膏】yàogāo (名)ointment；salve

【药剂师】yàojìshī (名)pharmacist；druggist

【药酒】yàojiǔ (名)用药泡制的酒 medicinal liquor

【药理学】yàolǐxué (名)pharmacology

【药力】yàolì (名)医药的效力 efficacy of a drug (or medicine)：～大 ～ dà The efficacy of the drug is high. / 你的病只凭～是不容易好的，还得加强锻炼。Nǐ de bìng zhǐ píng ～ shì bù róngyì hǎo de, hái děi jiāqiáng duànliàn. Your illness may not necessarily get better if you depend solely on the efficacy of the medicine. You also have to gain strength through exercise. /那种药存放时间太长了，～已经消失。Nà zhǒng yào cúnfàng shíjiān tài cháng le, ～ yǐjīng xiāoshī. That medicine has been sitting there for too long. It has already lost its efficacy.

【药棉】yàomián (名)absorbent cotton

【药面】yàomiàn (名)(～儿)同"药粉" yàofěn same as "药粉" yàofěn

【药片】yàopiàn (名)片状的药物 (medicinal) tablet；pill

【药品】yàopǐn (名)medicines and chemical reagents

【药铺】yàopù (名)卖中药的商店，主要按中医药方配药，现在有的也兼卖些西药 herbal medicine shop (which sells Chinese herbal medicine；some now sell Western medicine as well)

【药水】yàoshuǐ (名)[瓶 píng] liquid medicine；lotion

【药丸】yàowán (名)(～儿) pill

【药物】yàowù (名)medicines；pharmaceuticals；medicaments：～过敏 ～ guòmǐn drug allergy /～中毒 ～ zhòng dú drug poisoning

【药物学】yàowùxué (名) materia medica

【药箱】yàoxiāng (名)[只 zhī] medical kit；medicine chest

【药性】yàoxìng (名)药的性质 property of a medicine：～温和 ～ wēnhé a mild medicine /～发作了 ～ fāzuò le The medicine showed its effect.

【药引子】yàoyǐnzi (名)中药药剂之外另加的药物，增强药的效力 an ingredient added to enhance the efficacy of a dose of medicine

要 yào

（动）(1)希望得到或保持；需要 like to keep；need；want：他～一本英汉词典。Tā ～ yì běn Yīng Hàn cídiǎn. He needs an English-Chinese dictionary. /这些旧杂志我都不～了。Zhèxiē jiù zázhì wǒ dōu bú ～ le. I don't want these old magazines anymore. / 别扔，这些纸我还～呢！Bié rēng, zhèxiē zhǐ wǒ hái ～ ne! Don't throw out these pa

pers. *I still want them*！/你～茶还是咖啡？Nǐ ～ chá háishi kāfēi? *Would you like to drink tea or coffee?* (2)(向人)索取 ask for; demand: 跟妈妈～钱。Gēn māma ～ qián. *I asked mom for some money.* /人力不够，向上级～。Rénlì bú gòu, xiàng shàngjí ～. *We're short on manpower and must ask the superiors* /～账 ～ zhàng *deman payment of a debt*/ 你借他的网球拍了吗？他来～了。Nǐ jiè tā de wǎngqiúpāi le ma? Tā lái ～ le. *Did you borrow his tennis racket? He came asking for it.* (3)让、叫或请求(一般用在兼语句里)ask (or want) sb. to do sth. (usu. used in a pivotal sentence): 父亲很忙，特～我来看你。Fùqin hěn máng, tè ～ wǒ lái kàn nǐ. *My father is very busy so he asked me especially to come and see you.* /我不想去，是他～我去的。Wǒ bù xiǎng qù, shì tā ～ wǒ qù de. *I don't want to go. It is he who asked me to.* (助动)(1)须要;应该 have to; must; should; it is necessary to: 有缺点就～克服。Yǒu quēdiǎn jiù ～ kèfú. *If there are any shortcomings, they must be overcome.* /别人有长处，我们就～学。Biéren yǒu chángchù, wǒmen jiù ～ xué. *We must learn from the strong points of others.* /～把眼光放远一点。～ bǎ yǎnguāng fàng yuǎn yìdiǎnr. *We must be a bit more farsighted.* /你～多多关心他。Nǐ ～ duōduō guānxīn tā. *You should care for him more.* (2)会 may; will: 你再不注意休息，身体～垮的。Nǐ zài bú zhùyì xiūxi, shēntǐ ～ kuǎ de. *If you don't get more rest, your health may break down.* /问题总～解决的，只是得等一段时间。Wèntí zǒng ～ jiějué de, zhǐshì děi děng yí duàn shíjiān. *The problem will be solved sooner or later, but you'll have to wait a while first.* (3)打算;或表示某种意志(否定形式是"不想")want to; wish to (the negative form is "不想"): 他～转学。Tā ～ zhuǎn xué. *He wants to transfer to another school.* /叔叔一家人～去外地旅行。Shūshu yì jiā rén ～ qù wàidì lǚxíng. *My uncle and his family want to go away for a holiday.* /他们～夺回冠军奖杯。Tāmen ～ duóhuí guànjūn jiǎngbēi. *They want to recapture the championship cup.* /我不想去看电影。Wǒ bù xiǎng qù kàn diànyǐng. *I don't want to go to the cinema.* (4)将要(一般在句尾加"了")shall; will; be going to ("了" is usu. added at the end of the sentence): 天～亮了。Tiān ～ liàng le. *It's going to be daylight soon.* /客人们～到了。Kèrenmen ～ dào le. *The guests will be arriving.* /我看～下雨了。Wǒ kàn ～ xià yǔ le. *It looks to me as though it's going to rain.* (5)用在比较句中，加强肯定的语气 used in a comparison to emphasize the certainty of sth.: 他的年龄～比你大。Tā de niánlíng ～ bǐ nǐ dà. *He is definitely older than you.* /这两种办法，后者～好些。Zhè liǎng zhǒng bànfǎ, hòuzhě ～ hǎo xiē. *Of these two methods, the latter is a bit better.* /坐火车比坐轮船～省时间。Zuò huǒchē bǐ zuò lúnchuán ～ shěng shíjiān. *Taking a train saves much more time than taking a boat.* (形)○重要的;主要的 important; essential: 担任～职 dānrèn ～ zhí *hold an important post* /有～事相商 yǒu ～ shì xiāngshāng *I have something important to consult you about.* 另见 yāo

【要隘】yào'ài (名)险要的关口 strategic pass

【要不】yàobù (连)(1)"不然"的意思;用在两分句或句子中间,表示如果不是前句所说的情况,就会出现后一句所说的结果。后面可加"的话",意思不变 (1)otherwise; or else (used between two clauses or sentences; "的话" can be added after it without changing the meaning): 我得立刻通知他,～就来不及了。Wǒ děi lìkè tōngzhī tā, ～ jiù lái bu jí le. *I must notify him immediately, otherwise there won't be enough time.* /马上去叫一辆出租汽车,～病就耽误了。Mǎshàng qù jiào yí liàng chūzū qìchē, ～ bìng jiù dānwu le. *Call a taxi right now, or else it may be too late for this patient.* /赶紧穿上衣服,～的话要冻坏。Gǎnjǐn chuānshang yīfu, ～ dehuà yào dònghuài de. *Hurry and*

get dressed or you'll catch your death of cold. (2)"要么""或者"的意思,表示二者必居其一 either... or...: 明天去划船,～去钓鱼。Míngtiān qù huá chuán, ～ qù diào yú. *I'm either going boating or fishing tomorrow.* /下午你来叫我,～我去找你。Xiàwǔ nǐ lái jiào wǒ, ～ wǒ qù zhǎo nǐ. *Either you come to get me this afternoon, or I'll go get you.*

【要不得】yàobude (形)(1)(物品因受损坏)不能继续使用和保留 (of damaged objects) no good; no longer usable /大米已经发霉,～了！Dàmǐ yǐjīng fā méi, ～ le. *The rice has already gone mouldy. It's no good anymore!*/鞋破得～了。Xié pò de ～ le. *These shoes are worn out and no longer fit for use.* (2)表示(人的言行、思想、作风等)很坏,使人不能容忍(一般作谓语)(of sb.'s words and actions, thinking, style, etc.) intolerable (usu. used as a predicate): 弄虚作假的作法～。Nòng xū zuò jiǎ de zuòfǎ ～. *Resorting to deception cannot be tolerated.* /散漫的作风～。Sǎnmàn de zuòfēng ～. *A careless and sloppy style of work is intolerable.* /说谎的习惯～。Shuō huǎng de xíguàn ～. *His habit of lying is really intolerable.*

【要不然】yàoburán (连)(1)同"要不"yàobù (1) same as "要不" yàobù (1): 赶快走吧,～就赶不上火车了。Gǎnkuài zǒu ba, ～ jiù gǎn bu shàng huǒchē le. *Hurry up, or you'll miss the train.* /把这半个西瓜都吃了吧,～明天就坏了。Bǎ zhè bàn ge xīguā dōu chīle ba! ～ míngtiān jiù huài le. *Eat up this half of watermelon, otherwise it will go bad by tomorrow.* /幸亏我带了伞,～的话,就要挨淋了。Xìngkuī wǒ dàile sǎn, ～ dehuà, jiù yào ái lín le. *Luckily I brought an umbrella, otherwise, I'd get soaked.* (2)同"要不"yàobù (2) same as "要不" yàobù (2): 给他买点水果,～就买个蛋糕。Gěi tā mǎi diǎn shuǐguǒ, ～ jiù mǎi ge dàngāo. *Buy some fruit for him; either that, or a cake.* /你还是穿上毛衣吧!～就带着毛衣。Nǐ háishi chuānshang máoyī ba! ～ jiù dàizhe máoyī. *You'd better put on a sweater. Either that, or take one with you.*

【要不是】yàobushì (连)"如果不是因为"的意思;用于前一分句,表示假设,后面是将会发生的结果(事实上结果正相反)if it were not for (used in the first clause of a sentence to indicate a hypothesis; the following clause indicates the possible result (the actual result), however, is the opposite): ～你事先告诉我,一定会弄得措手不及。～ nǐ shìxiān gàosu wǒ, yídìng huì nòng de cuòshǒu bùjí. *If you hadn't told me beforehand, I would certainly have been caught unawares.* /～为了她的弟弟,她不会受那么多苦。～ wèile tā de dìdi, tā bú huì shòu nàme duō kǔ. *If it were not for her younger brother, she wouldn't suffer such hardships.* /～他,你非受伤不可。～ tā, nǐ fēi shòu shāng bùkě. *If it were not for him, you would certainly have been injured.* /～等你,我早就来了。～ děng nǐ, wǒ zǎo jiù lái le. *I would have come earlier had I not waited for you.*

【要冲】yàochōng (名)交通要道会合的地方,或重要的路口 communications center; hub

【要道】yàodào (名)重要的道路 main thoroughfare

【要地】yàodì (名)(军事上)重要的地方 (militarily) important place; strategic point: 战略～ zhànlüè ～ strategic area

【要点】yàodiǎn (名)(1)(讲话或文章)主要内容或主要意思 (of a speech or an article) main points; essentials; gist: 文章的～ wénzhāng de ～ the main points of an article /他的报告有三个～。Tā de bàogào yǒu sān ge ～. *His report has three main points.* /不必详细记录,只记～就行了。Búbì xiángxì jìlù, zhǐ jì ～ jiù xíng le. *There's no need to take detailed notes. Just writing down the essentials will do.* (2)在军事上具有重要意义、值得占领的地方 (of the military) key stronghold: 战略～ zhànlüè ～ strategic point /军事～ jūnshì ～ military stronghold/这儿形势险要,历来是兵家争夺的～。Zhèr xíngshì xiǎnyào, lìlái shì bīngjiā zhēngduó

de ～. *This place is strategically located and difficult of access. It has always been a stronghold contested by strategists.*

【要犯】yàofàn（名）重要的罪犯 *important criminal*

【要饭】yào＝fàn 向人乞求饭食或财物 *beg (for food or money)*：门口来了个～的。Ménkǒu láile ge ～ de. *A beggar came to the door.*

【要害】yàohài（名）(1) 人体上能使人致命的部位 *vital parts (of the human body)*：～部位 ～ bùwèi *vital part* / 心脏是人的一～器官。Xīnzàng shì rén de ～ qìguān. *The heart is a vital organ in the human body.* / 他一拳正打在小李的～处。Tā yì quán zhèng dǎ zài Xiǎo Lǐ de ～ chù. *He punched Xiao Li right in a vital place.* (2) 泛指事物关键、重要的部分 *crucial point; crux; vital part*：广播电台、飞机场等都是国家的一～。Guǎngbō diàntái, fēijīchǎng děng dōu shì guójiā de ～ bùmén. *Broadcasting stations, airports, etc. are all key departments in the country.* / 指挥机关是军队的～。Zhǐhuī jīguān shì jūnduì de ～. *Commanding units are the crux of an army.* / 作领导工作要善于抓住～问题。Zuò lǐngdǎo gōngzuò yào shànyú zhuāzhù ～ wèntí. *Those who do leaders' work must be good at grasping crucial issues.*

【要好】yàohǎo（形）感情好 *be on good terms; be close friends*：他们俩很～。Tāmen liǎ hěn ～. *Those two are close friends.* / 小张和小李是最～的朋友。Xiǎo Zhāng hé Xiǎo Lǐ shì zuì ～ de péngyou. *Xiao Zhang and Xiao Li are best friends.*

【要紧】yàojǐn（形）〈口〉重要，紧急，严重 *important; essential; critical; serious*：我有件～事儿找她。Wǒ yǒu jiàn ～ shìr zhǎo tā. *I have something urgent so I'm looking for her.* / 现在妈说最～的是休息。Xiànzài duì nǐ lái shuō zuì ～ de shì xiūxi. *The most important thing for you right now is rest.* / 听说他摔了，～吗？Tīng shuō tā shuāi le, ～ ma? *I heard he fell down. Is it serious?*

【要领】yàolǐng（名）(1) 讲话或文章等的主要内容 *(of a speech, an article, etc.) main points; essentials; gist*：这本书我看了两遍，还是不得～。Zhè běn shū wǒ kànle liǎng biàn, háishì bù dé ～. *I've read this book twice, but I still fail to grasp the gist of it.* (2) 体育和军事训练中某项动作的基本要求 *essentials (of an exercise in military or athletic training)*：掌握足球～ grasp the essentials of football / 老师给我们讲了射击～。Lǎoshī gěi wǒmen jiǎngle shèjī ～. *The teacher explained the essentials of shooting to us.*

【要略】yàolüè（名）有重点地概括的阐述，多于用书名，如《中国语法要略》*outline; summary (often used in book titles, e. g.《中国语法要略》A Summary of Chinese Grammar)*

【要么……要么】yàome …… yàome …… 分别嵌入两个谓语或分句，表示对举两种排斥的事情或情况，任择其一 *(used before two predicates or clauses to indicate a choice between two exclusive matters or situations) either … or …*：要么写信，要么打个长途电话，反正这件事得告诉他。Yàome xiě xìn, yàome dǎ ge chángtú diànhuà, fǎnzhèng zhè jiàn shì děi gàosu tā. *Either you write a letter or make a long-distance phonecall. At any rate, you must tell him about this matter.* / 他要么跑百米，要么跑接力，总得参加一项啊！Tā yàome pǎo bǎi mǐ, yàome pǎo jiēlì, zǒng děi cānjiā yí xiàng a! *He will either run the one-hundred-metre race or the relay. He's bound to participate in one of them.* / 要么你去，要么他来，你们俩务必面谈谈。Yàome nǐ qù, yàome tā lái, nǐmen liǎ wùbì dāng miàn tántan. *Either you go there or he comes here; in any case you two must talk face to face.* 有时可以用一个"要么"，意思是"要不然"*(one "要么" may sometimes be used to mean "要不然")*：我看咱们还是回去吧，要么家里人会惦着的。Wǒ kàn zánmen háishi huíqu ba, yàome jiā lǐ rén huì diànzhe de. *I think we*

should go back, otherwise those at home will get concerned. / 星期日进城公共汽车太挤，要么，咱们骑自行车去吧! Xīngqīrì jìn chéng gōnggòng qìchē tài jǐ, yàome, zánmen qí zìxíngchē qù ba! *The buses are too crowded on Sundays. Let's ride our bicycles downtown.*

【要命】yào＝mìng〈口〉(1) 使人丧失生命；致命 *drive sb. to his death; kill*：得了～的病 déle ～ de bìng *have caught a fatal disease* / 只伤了一点皮肉，不至于～。Zhǐ shāngle yìdiǎn píròu, búzhìyú ～. *It's just a slight flesh wound and is unlikely to be fatal.* / 那次事故险些要了我的命。Nà cì shìgù xiǎnxiē yàole wǒ de mìng. *That accident almost killed me.* (2) 表示程度达到了极点（多作补语）*extremely; awfully; terribly (often used as a complement)*：累得～ lèi de ～ *awfully tired* / 怕得～ pà de ～ *terribly frightened* / 牙疼得～。Yá téng de ～. *I have a terrible toothache.* / 女房东厉害得～。Nǚ fángdōng lìhai de ～. *The landlady is extremely severe.* / 她喜欢拉小提琴喜欢得～。Tā xǐhuan lā xiǎotíqín xǐhuan de ～. *She likes playing the violin an awful lot.* (3) 使人极为烦恼，着急或感到十分困难，表示极大的抱怨情绪（多作谓语）*a nuisance (often used as a predicate)*：这儿的土地真～，不下雨就旱，下点雨又涝。Zhèr de tǔdì zhēn ～, bú xià yǔ jiù hàn, xià diǎnr yǔ yòu lào. *This soil is a real nuisance. If it doesn't rain, it's too dry. If it rains just a little, it becomes waterlogged.* / 一定要弄清楚多少人来吃饭，要是临时饭菜不够，那才～呢! Yídìng yào nòng qīngchu duōshao rén lái chī fàn, yàoshi línshí fàn cài bú gòu, nà cái ～ ne! *We must find out how many people are coming to dinner. It would be a real nuisance if, at the last minute, there weren't enough food.* / 他这个人真～，火车快开了，还不来。Tā zhège rén zhēn ～, huǒchē kuài kāi le, hái bù lái. *He's a real nuisance. The train is about to leave and he still hasn't come yet.*

【要强】yàoqiáng（形）好胜的心强，不肯落在后边 *be eager to excel; be anxious to outdo others*：这个年轻人很～，工作、学习十分努力。Zhège niánqīng rén hěn ～, gōngzuò, xuéxí shífēn nǔ lì. *This youth is eager to excel. He's extremely diligent in his work and studies.* / 儿子不～，父母为他操碎了心。Érzi bú ～, fùmǔ wèi tā cāosuìle xīn. *Their son isn't the least bit anxious to outdo others so they're worried sick about him.*

【要人】yàorén（名）有权势，地位重要的人物 *very important person (VIP); important personage*

【要塞】yàosài（名）有牢固防御设施的国防战略要地 *fort; fortress; fortification*

【要是】yàoshi（连）"如果"的意思，表示假设、条件，后面可有"的话"呼应；多用于前一分句 *if; suppose (can be followed by "的话"; usu. used in the first clause)*：～你愿意，我跟你交个朋友。～ nǐ yuànyì, wǒ gēn nǐ jiāo ge péngyou. *I'll be your friend if you wish.* / ～非去不可，那我就去一趟。～ fēi qù bùkě, nà wǒ jiù qù yí tàng. *If I have to go, then I will.* / ～方便的话，给我买双布鞋来。～ fāngbiàn dehuà, gěi wǒ mǎi shuāng bùxié lai. *If it's no trouble, could you bring me back a pair of cloth shoes?* / 你干吗非要现在去找他，～他不在家呢？Nǐ gàn má fēi yào xiànzài qù zhǎo tā, ～ tā bú zài jiā ne? *Why on earth do you have to go see him now? What if he's not home?* 在说话中，"要是"可省略为"要"*(in the spoken language, "要是" can be simplified to "要")*：你要嫌麻烦，就算了。Nǐ yào xián máfan, jiù suàn le. *If you don't want to take the trouble, then forget it.* / 你要觉得贵，别别买。Nǐ yào juéde guì, jiù bié mǎi. *Don't buy it if you think it's too expensive.*

【要素】yàosù（名）*essential factor; key element*

【要闻】yàowén（名）重要新闻 *important news; front-page story*

【要员】yàoyuán（名）(旧时指某组织或某机关) 担任重要职

务的人 *important official (of a certain organization or office)*

【要旨】yàozhǐ（名）主要的意思 *main idea；gist*

钥〔鑰〕yào

【钥匙】yàoshi（名）[把 bǎ] *key*

耀 yào

（动）◇(1)光线强烈地照射 *shine；illuminate；dazzle* (2)夸耀 *boast of；brag about；show off*

【耀武扬威】yào wǔ yáng wēi 在人面前显示武力，逞威风（含贬义）*make a show of one's strength；sabrerattling (has a derogatory meaning)*

【耀眼】yàoyǎn（形）*dazzling*：～的光芒 ～ de guāngmáng *dazzling rays of light* /湖水反射的阳光十分～。Húshuǐ fǎnshè de yángguāng shífēn ～. *The sunlight being reflected off the lake's surface is extremely dazzling.*

yē

椰 yē

（名）◇椰子 *coconut palm；coconut tree*

【椰油】yēyóu（名）*coconut oil (or butter)*

【椰子】yēzi（名）*coconut palm；coconut tree；coconut*

噎 yē

（动）*choke*：煮老了的蛋黄有点儿～人。Zhǔlǎole de dànhuáng yǒudiǎnr ～ rén. *An egg yolk has been boiled for too long can make you choke.* /慢点儿吃，别～着。Màn diǎnr chī, bié ～zhao. *Eat slowly. Don't choke.* /吃饭防～，走路防跌。Chī fàn fáng ～, zǒu lù fáng diē. *Guard against choking when you eat and be careful not to trip when you walk.*

yé

爷〔爺〕yé

（名）◇(1)祖父（*paternal*）*grandfather* (2)对长一辈的男人或成年男子的尊称 *Mr. (a respectful form of address for a man)*：李～ Lǐ ～ *Mr. Li* /刘二～ Liú èr ～ *Mr. Liu* (3)对神的尊称 *god*：财神～ cáishén ～ *the God of Wealth* /土地～ tǔdì ～ *local god of the land* /灶王～ zàowáng ～ *kitchen god*

【爷爷】yéye（名）(1)祖父（*paternal*）*grandfather* (2)对跟祖父辈分相同或年龄相仿的男人的称呼 *grandpa (a respectful form of address for an elderly man about the same age as one's grandfather)*：～，林～刚才来找你。～, Lín ～ gāngcái lái zhǎo nǐ. *Grandpa, Grandpa Lin was just looking for you.*

yě

也 yě

（副）(1)用于述语前，表示前后提到的两件事，或者两种情况相同或有相似之处（*used before a verb to indicate that the two matters or situations which precede and follow "也" have a common or similar point*）*and；also；as well；too*：雨停了，太阳一出来了。Yǔ tíng le, tàiyang yī chūlai le. *The rain has stopped and the sun is shining.* /他病了几天,眼睛陷下去了，脸一瘦了。Tā bìngle jǐ tiān, yǎnjing xiàn xiàqu le, liǎn ～ shòu le. *He was ill for a few days. His eyes have become sunken, and his face is thinner as well.* /他喜欢唱歌，他爱人一喜欢唱歌。Tā xǐhuan chàng gē, tā àiren ～ xǐhuan chàng gē. *He likes to sing, and his wife does too.* /他不喜欢唱歌，～不喜欢跳舞。Tā bù xǐhuan chàng

gē, ～ bù xǐhuan tiào wǔ. *He doesn't like to sing; nor does he like to dance.* /他们渐渐适应了这里的气候，～渐渐适应了这里的生活。Tāmen jiànjiàn shìyìngle zhèli de qìhòu, ～ jiànjiàn shìyìngle zhèli de shēnghuó. *They gradually adapted to the climate here, and to the life here as well.* (2)用两个"也"强调两个相同或相类似的情况，前一个"也"可以省略（*two "也" are used to emphasize two similar or identical situations the first "也" may be omitted*）*and*：这个地方山（～）清，水～秀。Zhège dìfang shān (～) qīng, shuǐ ～ xiù. *The hills and water are beautiful here.* /他拘谨得坐～不是、站～不是。Tā jūjǐn de zuò (～) bú shì, zhàn ～ bú shì. *He was so ill at ease that he could neither sit nor stand.* /他走（～）不好，不走～不好。Tā zǒu (～) bù hǎo, bù zǒu ～ bù hǎo. *He found it awkward either to leave or to stay.* (3)用于一种假设性的句子的第二分句中，表示加上前面的条件结果仍相同（*used in the second clause of a sentence of a hypothetical nature to mean "even if there were the aforementioned conditions, the result would still be the same"*）*still*：就是他亲自出马，～解决不了什么问题。Jiùshi tā qīnzì chūmǎ, ～ jiějué bu liǎo shénme wèntí. *Even if he took the matter up himself, it would still not resolve any problems.* /即使取得了好成绩，～不要骄傲自满。Jíshǐ qǔdéle hǎo chéngjì, ～ búyào jiāo'ào zìmǎn. *Even though you've achieved great success, you must still not become arrogant.* /即或那里条件再好，我～不想搬去。Jíhuò nàli tiáojiàn zài hǎo, wǒ ～ bù xiǎng bānqu. *Even if conditions there were the best, I would still not want to move there.* (4)表示在突出事例中依然如此，其他自不待言（*indicates that when the situation stated in the example is as such, the rest goes without saying*）*even*：冬天他～洗冷水澡。Dōngtiān tā ～ xǐ lěng shuǐ zǎo. *He even takes cold showers in winter.* /做梦～没想到会在这儿遇见你。Zuò mèng ～ méi xiǎngdào huì zài zhèr yùjiàn nǐ. *Not even in my wildest dreams did I expect to meet you here.* /这里正在紧张施工，春节～不休息。Zhèli zhèngzài jǐnzhāng shīgōng, Chūn Jié ～ bù xiūxi. *Construction is under a very tight schedule here. We don't even rest during the Spring Festival.* (5)"再……也没有了"表示最高程度，"再"和"也"之间一般是形容词语（*"再…也没有了" indicates the superlative degree；an adjective is usu. placed between "再" and "也"*）：靠在沙发上休息一会儿，再舒服～没有了。Kào zài shāfā shang xiūxi yihuìr, zài shūfu ～ méi yǒu le. *There's nothing more comfortable than taking a rest on the sofa.* /谁都不知道这件事，那就再好～没有了。Shuí dōu bù zhīdào zhè jiàn shì, nà jiù zài hǎo ～ méi yǒu le. *Nobody knows about this matter. I couldn't ask for better.* /他这个工作再理想～没有了。Tā zhège gōngzuò zài lǐxiǎng ～ méi yǒu le. *This job of his couldn't be more ideal!* (6)跟疑问代词连用，概括事物全部，修饰否定式（*used together with an interrogative pronoun to mean without exception, modifies a negative form*）：她什么时候～没偷过懒。Tā shénme shíhou ～ méi tōuguo lǎn. *She has never slacked off on the job.* /谁～不知道她姓什么。Shuí ～ bù zhīdào tā xìng shénme. *Nobody knows her last name.* (7)嵌在叠用动词之间，后加否定的结果补语，表示"无论怎么样"（*used between a reduplicated verb which is followed by a negative complement of result to mean "no matter what..."*）：屋子里人太多了，挤～挤不进去。Wūzi li rén tài duō le, jǐ ～ jǐ bu jìnqù. *The room is too crowded. There's no way for me to squeeze in.* /天上的星星数～数不尽。Tiānshàng de xīngxing shǔ ～ shǔ bu jìn. *There's no way you can count all the stars in the sky.* (8)"也"跟数词"一"或表微量的词语"一点儿""一会儿""丝毫"等结合，后加否定式，表示最大程度的否定（*"也" used together with the numeral "一", phrases which indicate a small amount, such as "一点儿"*）

"一会儿"，"丝毫"，etc.，and followed by a negative form，indicates an extreme negative）：关于她自己的事，她一点儿～不提。Guānyú tā zìjǐ de shì，tā yìdiǎnr ～ bù tí. She won't say a word about her own affairs. /回到家里，他一会儿～没休息就做家务活。Huídào jiā lǐ，tā yíhuìr ～ méi xiūxi jiù zuò jiāwù huó. When he went home，he didn't rest for even a minute，but started immediately to do housework. /不管你怎么说，他还是丝毫～不在乎。Bùguǎn nǐ zěnme shuō，tā háishì sīháo ～ bú zàihu. No matter what you say，he doesn't care in the least.（9）使句子带上委婉的语气，减弱肯定或否定程度（softens the tone of a sentence by making the affirmative or negative form milder）：等孩子大学毕业，我～就放心了。Děng háizi dàxué bì yè，wǒ ～ jiù fàng xīn le. I won't rest until the childern have graduated from university. /让他自己去看看～好。Ràng tā zìjǐ qù kànkan ～ hǎo. Let him go see for himself. That's fine. /这个道理我～不是不懂。Zhège dàolǐ wǒ ～ bú shì bù dǒng. It's not that I don't understand this reasoning.

【也罢】yěbà（助）（1）表示容忍或只得如此，有"算了"的意思（indicates tolerance or resignation；has the same meaning as "算了"）①用于否定句的末尾（used at the end of a negative sentence）：下那么大雨，不去～！Xià nàme dà yǔ，bú qù ～！Forget it！I'm not going when it's raining so hard！/今天不谈～，什么时候想好再谈。Jīntiān bù tán ～，shénme shíhou xiǎnghǎo zài tán. All right，let's not discuss this today. When you've thought it over，we'll talk about it. ②放在句首，后有停顿，必在有争执或异议之后，表示现在勉强同意（when used at the beginning of a sentence，it is followed by a pause and must follow a disagreement or objection；indicates that one now reluctantly agrees）：～，那我就不去了，你一个人去吧。～，nà wǒ jiù bú qù le，nǐ yí ge rén qù ba. All right，I won't go. You go alone. /～，你一定要这本书，那就送给你好了。～，nǐ yídìng yào zhè běn shū，nà jiù sòng gěi nǐ hǎo le. All right，since you're so determined to have this book I'll give it to you.

【……也罢……也罢】……yěbà……yěbà 多嵌入两个意义相对或相关的词语，表示在任何情况下结果或结论都一样（usu. inserted in between two words opposite or related in meaning to indicate that the result or conclusion is the same no matter what）whether...or...；no matter whether：他愿意也罢，不愿意也罢，反正这件事他得做。Tā yuànyì yěbà，bú yuànyì yěbà，fǎnzhèng zhè jiàn shì tā děi zuò. Whether he's willing or not，he still has to do this. /这些事你说也罢，不说也罢，大家心里是有数的。Zhèxiē shì nǐ shuō yěbà，bù shuō yě bà，dàjiā xīnlǐ shì yǒu shù de. No matter whether you tell us about these matters or not，we all know exactly what's what. /戏剧也罢，电影也罢，歌舞也罢，都属艺术范畴。Xìjù yěbà，diànyǐng yěbà，gēwǔ yěbà，dōu shǔ yìshù fànchóu. Whether it's a play，a movie，or song and dance，all belong to the category of art.

【……也不是……也不是】……yě búshì……yě búshì 嵌入的多是两个意义相对的动词或动词短语，形容人们处于左右为难，无所适从时的情况（usu. placed before two verbs or verbal phrases of opposite meanings to describe sb. in a dilemma and at a loss what to do）：意外的消息使他心绪烦乱，坐也不是，站也不是。Yìwài de xiāoxi shǐ tā xīnxù fánluàn，zuò yě búshì，zhàn yě búshì. The unexpected news put him in an emotional turmoil；he didn't know whether to sit or to stand. /这些话告诉他也不是，不告诉他也不是，不知怎么办。Zhèxiē huà gàosù tā yě búshì，bú gàosù tā yě búshì，bù zhī zěnme bàn. It won't do to tell him this，nor will it to not tell him. I don't know what to do. "也不是"有时说成"又不是"，意思不变（也不是 is sometimes said as "又不是"；the meaning of the sentence doesn't change）：这双鞋我穿不了，可是还没坏，我扔掉不是，不扔又不是。Zhè

shuāng xié wǒ chuān bu liǎo，kěshì hái méi huài，wǒ rēngdiào búshì，bù rēng yòu búshì. I can't wear these shoes，but they aren't worn out，so I don't know whether to throw them out or not.

【……也好……也好】……yě hǎo……yě hǎo 同"……也罢……也罢"，但语气较轻 same as "...也罢...也罢"...yěbà...yěbà，but has a relatively mild tone：你去也好，留也好，决定权在你自己。Nǐ qù yě hǎo，liú yě hǎo，juédìng quán zài nǐ zìjǐ. It's up to you whether you go or stay. /这么大个事儿，你同意也好，反对也好，倒是表个态呀！Zhème dà ge shìr，nǐ tóngyì yě hǎo，fǎnduì yě hǎo，dàoshì biǎo ge tài ya！It doesn't matter whether you agree or disagree，but you must take a stand on such an important issue. /亲戚也好，朋友也好，谁都帮不了你这个忙。Qīnqi yě hǎo，péngyou yě hǎo，shuí dōu bāng bu liǎo nǐ zhège máng. Whether a relative or friend，nobody can help you with this. /批评也好，处分也好，总得实事求是，让人心服口服。Pīpíng yě hǎo，chǔfèn yě hǎo，zǒng děi shí shì qiú shì，ràng rén xīn fú kǒu fú. You can criticize，or you can punish；but you must be practical and realistic in order to totally convince others. /唱歌也好，跳舞也好，反正联欢会上你得出个节目。Chàng gē yě hǎo，tiào wǔ yě hǎo，fǎnzhèng liánhuānhuì shang nǐ děi chū ge jiémù. You can sing or you can dance，but you have to perform a number at the get-together.

【也许】yěxǔ（副）（1）表示推测，估计，带不肯定语气。可用于句首；可独立成句（indicates conjecture；expresses uncertainty；can be used at the beginning of a sentence or can form a sentence by itself）maybe：现在你马上去，～还来得及。Xiànzài nǐ mǎshàng qù，～ hái lái de jí. Go right now. There may still be enough time. /咱们的米～没了，你去看看。Zánmen de mǐ ～ méi le，nǐ qù kànkan. We may be out of rice. Go and take a look. /～因为缺阳光，这盆茉莉花老长不好。～ yīnwei quē yángguāng，zhè pén mòlìhuā lǎo zhǎng bu hǎo. It may be because of a lack of sunlight that this potted jasmine is not growing well. /～他是不爱说话，不会是看不起人。～ tā shì bú ài shuō huà，bú huì shì kàn bu qǐ rén. Maybe he doesn't talk much. It can't be that he looks down on others. /他今晚会回来吗？——～. Tā jīn wǎn huì huílai ma？——～. Is he coming back tonight？— Maybe.（2）用委婉的语气表示肯定（indicates a tactful way of expressing an affirmative）：围棋我可下不好，象棋～还凑合。Wéiqí wǒ kě xià bu hǎo，xiàngqí ～ hái còuhe. I can't play weiqi well at all，but I do get by with chess. /他来了以后，～对工作有帮助。Tā láile yǐhòu，～ duì gōngzuò yǒu bāngzhù. He may be of some help to this work when he comes.

冶 yě
（动）◇smelt（metal）
【冶金】yějīn（名）metallurgy：～工业 ～ gōngyè metallurgical industry/他是学～的。Tā shì xué ～ de. He studies metallurgy.
【冶炼】yěliàn（动）smelt

野 yě
（形）（1）◇无人居住或耕种的地方 open country；the open：四～ sì～ a vast expanse of open ground /～炊 ～ chuī cook a meal in the open（2）非人工饲养和培植的 wild；uncultivated；undomesticated；untamed：～花 ～ huā wild flower /～果 ～ guǒ wild fruit（3）指人粗鲁、没有教养 rude；rough；uneducated：这个人说话～得很。Zhège rén shuō huà ～ de hěn. This person uses extremely coarse language. /他打球太～. Tā dǎ qiú tài ～. He plays ball too roughly.（4）放任、没有约束 unrestrained；abandoned；un-

ruly:不能成天在外边~跑。Bù néng chéngtiān zài wàibian ~ pǎo. *You can't spend your days running around wild.* /过了一个暑假，小学生们心玩~了。Guòle yí ge shǔjià, xiǎo xuéshēngmen xīn wánr~ le. *After the summer vacation, the students were unable to sit down and concentrate.*

【野菜】yěcài（名）可作为蔬菜食用的野生植物 *edible wild herbs*

【野餐】yěcān（名）*picnic*：这一顿~吃得人人满意。Zhè yí dùn ~ chī de rénrén mǎnyì. *Everybody ate his fill at this picnic.* （动）*have (or go on) a picnic*：咱们这个星期日到香山去~吧。Zánmen zhège xīngqīrì dào Xiāng Shān qu ~ ba. *Let's go to Xiangshan to have a picnic this Sunday.*

【野草】yěcǎo（名）*weeds*：地里长满了~。Dìli zhǎngmǎnle ~. *The ground is full of weeds.*

【野地】yědì（名）野外没人耕种的荒地 *wild country; wilderness*

【野火】yěhuǒ（名）野地里自行燃烧的火 *prairie fire; bush fire*

【野鸡】yějī（名）[只 zhī]（*ring-necked*）*pheasant*

【野蛮】yěmán（形）(1)没开化，不文明 *uncivilized; savage* (2)蛮横霸道 *barbarous; brutal; atrocious*

【野生】yěshēng（形）在自然环境中生长的而不是人工饲养或培植的 *wild; uncultivated; feral*：植物 ~ zhíwù *wild plant* /~动物 dòngwù *wild animal; wildlife*

【野史】yěshǐ（名）指古代私人编著的史书 *unoffical history (as recorded by private individuals in ancient times)*

【野兽】yěshòu（名）*wild beast; wild animal*

【野兔】yětù（名）*hare; jackrabbit*

【野外】yěwài（名）*open country; field*：住在城市里的人放假的时候都喜欢到~去玩玩。Zhù zài chéngshì li de rén fàng jià de shíhou dōu xǐhuan dào ~ qù wánwanr. *People who live in the city like to go to the open country during their holidays.*

【野外演习】yěwài yǎnxí 在野外进行实地练习（多指军事方面）(*usu. military*) *field exercise*

【野外作业】yěwài zuòyè 科学技术工作者在野外进行调查、勘探、测量、发掘等工作 *fieldwork; field operation*

【野味】yěwèi（名）供人肉食的野生鸟兽等 *game (as food)*

【野心】yěxīn（名）〈贬〉（对领土、权力、地位等的）贪得欲望 *wild ambition; careerism (to obtain territory, power, position, etc.)*：这伙人~勃勃，妄想篡权。Zhè huǒ rén ~ bóbó, wàngxiǎng cuàn quán. *This group of people is obsessed with ambition, vainly hoping to usurp power.*

【野心家】yěxīnjiā（名）*careerist*

【野营】yěyíng（动）*camp; bivouac*：少先队员们到山上去~。Shàoxiānduìyuánmen dào shān shang qù ~. *The Young Pioneers went camping in the mountains.*

【野战军】yězhànjūn（名）*field army*

yè

业〔業〕yè（名）◇(1)行业；某一类职业 *line of business; trade; industry*：饮食 ~ yǐnshí *food and beverage industry* /百业兴旺 bǎi ~ xīngwàng *a hundred businesses prospering* /各行各~ gè háng gè ~ *all trades and professions; all walks of life* (2)工作；职业 *occupation; profession; employment; job*：无~游民 wú ~ yóumín *vagrant* /不务正~ bú wù zhèng ~ *not engage in honest work* /以贩卖皮货为~。Yǐ fànmài píhuò wéi ~. *He's in the fur trade.* (3)财产 *estate; property*：家大~大 jiā dà ~ dà *The family is large and so is the estate.* (4)事业 *cause; enterprise*：宏图大~ hóngtú dà ~ *have great plans for an enterprise* /完成建国大~ wánchéng jiànguó dà ~ *complete the great task of national reconstruction*

【业大】yèdà（名）"业余大学"的简称 *abbrev. for* "业余大学"

【业绩】yèjì（名）*outstanding achievement*：这位教育家在中国教育事业中的~昭著。Zhè wèi jiàoyùjiā zài Zhōngguó jiàoyù shìyè zhōng de ~ zhāozhù. *The achievements of this educator in the cause for education in China are outstanding.*

【业务】yèwù（名）（个人或单位）本职工作的内容（*of an individual or unit*）*vocational work; professional work; business*：他对自己的~十分熟习。Tā duì zìjǐ de ~ shífēn shúxí. *He's very skilled at his profession.*

【业已】yèyǐ（副）〈书〉意思同"已经" yǐjīng *same as* "已经" yǐjīng：这一带的气候特点~调查完毕。Zhè yídài de qìhou tèdiǎn ~ diàochá wánbì. *The investigation of this area's climate has already been completed.* /商店的服务态度~有所好转。Shāngdiàn de fúwù tàidù ~ yǒu suǒ hǎozhuǎn. *The service in the store has already started to take a turn for the better.* /科学讨论会的准备工作~就绪。Kēxué tǎolùnhuì de zhǔnbèi gōngzuò ~ jiùxù. *The preparations for the scientific symposium have already been completed.*

【业余】yèyú（形）*sparetime; afterhours; amateur*：~时间 ~ shíjiān *spare time* /~爱好 ~ àihào *hobby* /~教育 jiàoyù *sparetime education* /~大学 ~ dàxué *sparetime university*

【业主】yèzhǔ（名）私有制社会里企业或财产的所有者 *owner (of an enterprise or estate); proprietor*

叶〔葉〕yè（名）◇ *leaf; foliage* 青枝绿~ qīng zhī lǜ ~ *tender branches and green leaves* /一~知秋 yī ~ zhī qiū *the falling of one leaf heralds the autumn* /根深~茂 gēn shēn ~ mào *have deep roots and luxuriant leaves*

【叶公好龙】Yè Gōng hào lóng 传说古代有个叶公，非常喜欢龙，屋子里到处刻着龙。后来真龙来了，把头伸进窗户，叶公却吓得要命。比喻口头上说爱好某事物，但实际上并不如此 *Lord Ye's love of dragons (legend has it that Lord Ye loved dragons so much that his home was filled with carvings of them; then, one day, a real dragon came along and put its head in through the window. Lord Ye was scared to death.) — professed love of what one really fears*

【叶绿素】yèlǜsù（名）*chlorophyll*

【叶落归根】yè luò guī gēn 比喻事物有一定的归宿，一般指客居在外的人终究要回到故乡 *falling leaves settle on their roots — a person residing elsewhere will in the end return to his ancestral home; all things have their resting place*

【叶片】yèpiàn（名）(1)〈植〉叶的组成部分之一，通常是很薄的扁平体，是植物进行光合作用的主要部分 *leaf; blade (of grass)* (2)〈机〉涡轮机、水泵、鼓风机等机器中形状像叶子的零件，许多叶片构成叶轮 *vane*

【叶子】yèzi（名）*leaf*

页〔頁〕yè（名）*page; leaf*：这个笔记本是活~的。Zhège bǐjìběn shì huó ~ de. *This is a looseleaf notebook.* /你折~，我装订。Nǐ zhé ~, wǒ zhuāngdìng. *You fold the pages while I do the binding.* （量）*page*：这首诗长达三十~。Zhè shǒu shī cháng dá sānshí ~. *This poem is thirty pages long.* /稿纸一~有四百个字。Gǎozhǐ yí ~ yǒu sìbǎi ge zì. *There are four hundred characters per page on this squared manuscript paper.* /第五~上有两个错字。Dìwǔ ~ shang yǒu liǎng ge cuò zì. *There are two mistakes on page five.*

夜 yè（名）*night; evening*：狂欢之~ kuánghuān zhī ~ *a night of revelry*

【夜班】yèbān（名）夜里工作的班次 *night shift*：今天我上~。

Jīntiān wǒ shàng ～. *I'm on night shift tonight.*

【夜半】yèbàn (名)半夜,夜里十二点钟左右 *midnight; middle of the night*

【夜不闭户】yè bù bì hù (户;门),夜里睡觉不用关门,形容社会安定,秩序良好 (户;*door*) *no need to lock the door at night — (a society that is) perfectly safe; in good order*

【夜餐】yècān (名)夜里吃的饭 *midnight snack (or meal)*

【夜叉】yèchā (名)一种鬼,比喻相貌难看、凶恶的人 *yaksha (a malevolent spirit)— a hideous, ferocious person*

【夜长梦多】yè cháng mèng duō 比喻时间拖得越长,发生变化的可能性越大。用来催促人抓紧时机办事,防止发生不利的变化 *when the night is long, dreams are many — delay may lead to adversity; a long delay means many hitches*:你想要把他调来当技术员,就快点办,不然～,很可能被别的工厂抢去 Nǐ xiǎng yào bǎ tā diàolai dàng jìshùyuán, jiù kuài diǎnr bàn, bùrán ～, hěn kěnéng bèi bié de gōngchǎng qiǎngqu. *If you want him transferred to be our technician, you should be quick about it, otherwise a long delay may mean adversity. He may be snatched up by another factory.*

【夜场】yèchǎng (名)晚场,戏剧、电影等在晚上的演出场次 *evening show; evening performance*

【夜车】yèchē (名)夜里开出,夜里到达或者夜里经过的火车 *night train*. "开～"指深夜额外工作或学习 "*开～*" *means to work deep into the night; to burn the midnight oil*:他为了对付考试,开了两个～了 Tā wèile duìfu kǎoshì, kāile liǎng ge ～ le. *He burned the midnight oil for two nights so as to be able to cope with the exam.*

【夜大】yèdà (名)"夜大学"的简称 *abbrev. for "夜大学"*

【夜大学】yèdàxué (名)夜晚进行教学活动的大学 *evening university*

【夜航】yèháng (动·不及物)飞机、轮船等夜晚航行 *night flight or navigation*

【夜间】yèjiān (名)夜里 *at night*

【夜郎自大】Yèláng zìdà 夜郎是汉朝时中国西南部的一个王国,中国土地有一个州很大。有一次夜郎问汉使:"是汉朝大还是夜郎大?"实际上他以为自己国家比汉朝大。后来用来比喻人妄自尊大 *ludicrous conceit of the king of Yelang (Yelang was a kingdom in southwest China during the Han Dynasty and was only about the size of a Han Dynasty prefecture. Once, when a Han emissary came, the king of Yelang asked him which was larger — Yelang or the State of Han, for he actually believed that his kingdom was indeed larger than the State of Han.) — ludicrous conceit stemming from pure ignorance; parochial arrogance*

【夜盲】yèmáng (名)〈医〉*nyctalopia; night blindness*

【夜幕】yèmù (名)夜间的景物像被幕布罩住一样,因此叫夜幕 "*curtain of darkness*"; *gathering gloom*:～笼罩着大地。～ lǒngzhàozhe dàdì. *A curtain of darkness shrouded the land.*

【夜色】yèsè (名)夜间的景色 *night scene*:浓重的～ nóngzhòng de ～ *murky night scene*/ 美丽的～ měilì de ～ *beautiful night scene*

【夜深人静】yè shēn rén jìng 形容夜色已深,十分寂静的景象和气氛 *in the dead of night*

【夜市】yèshì (名)夜晚进行交易,做买卖的市场 *night market; night fair*

【夜晚】yèwǎn (名)*night*

【夜宵】yèxiāo (名)(～儿)夜里吃的点心及其它食物 *midnight snack; refreshments taken late at night*

【夜校】yèxiào (名)夜晚上课的学校,多是业余学校 *night (or evening) school (usu. a sparetime school)*

【夜袭】yèxí (动)夜间(趁人不备)进行袭击 *night raid or attack (so as to catch people unawares)*

【夜行军】yè xíngjūn 夜晚行军 *night march*

【夜以继日】yè yǐ jì rì (工作)白天干,夜里继续干;白天黑夜不停。也说"日以继夜" (*work*) *day and night; round the clock (may also say: 日以继夜)*

【夜总会】yèzǒnghuì (名)*nightclub*

液 yè
(名)◇ *liquid; fluid; juice*:汗～ hàn ～ *sweat; perspiration* /胃～ wèi ～ *gastric juice* /消化～ xiāohuà ～ *digestive juice*

【液化】yèhuà (动)*liquefy; liquidize*

【液态】yètài (名)*liquid state*

【液体】yètǐ (名)*liquid*

【液压】yèyā (名)*hydraulic pressure*

谒 〔謁〕yè
(动)◇ 谒见 *call on (a superior or an elder person); pay one's respects to*

【谒见】yèjiàn (动)〈书〉进见(地位或辈分高的人) *call on (a superior or a senior in the clan hierarchy); have an audience with*

腋 yè
(名)*axilla; armpit*

【腋下】yèxià (名)*underarm*:他～夹着一卷报纸。Tā ～ jiāzhe yì juǎn bàozhǐ. *He has a roll of newspapers tucked under his arm.*

yī

一 yī
(数)(1)*one*:～封信 ～ fēng xìn *a letter* /看了一遍 kànle ～ biàn *to have read (sth.) once* (2)放在重叠的单音节动词之间或动词和动量词之间表示动作是短暂的 (*placed between an overlapping monosyllabic verb or between a verb and a verb classifier compound to indicate that the action occurs once or lasts for a short while*):听～听 tīng ～ tīng *listen* /想～想 xiǎng ～ xiǎng *think for a bit* /把玻璃擦～擦。Bǎ bōli cā ～ cā. *Give the glass a wipe.* / 咱们到外边走～走。Zánmen dào wàibian zǒu ～ zǒu. *Let's go take a walk outside.* /他叫我们日期定了以后告诉他～声 Tā jiào wǒmen rìqi dìngle yǐhòu gàosu tā ～ shēng. *He told us to let him know once the date has been fixed.* /这个问题还得讨论～下。Zhège wèntí hái děi tǎolùn ～ xià. *This question still has to be discussed a bit more.* (3)全、满或整整(用在名词前) (*used before a noun*) *whole; full; throughout*:～院子的花 ～ yuànzi de huā *a courtyard full of flowers* /看了～晚上电视 kànle ～ wǎnshang diànshì *watched a whole evening of television* /摆了～桌子菜 bǎile ～ zhuōzi cài *spread out a tableful of dishes* /摸了～手灰 mōle ～ shǒu huī *wiped a handful of dust* /出了～头汗 chūle ～ tóu hàn *sweat all over* /写了～黑板公式 xiěle ～ hēibǎn gōngshì *wrote formulae all over the blackboard* (4)同一 *same*:共饮～江水 gòng yǐn ～ jiāng shuǐ *drink from the same river* /上下～条心 shàng xià ～ tiáo xīn *The leadership and the rank and file are of one mind.* /他俩是～天生的。Tā liǎ shì ～ tiān shēng de. *Those two were born on the same day.* /我们是坐～架飞机来的。Wǒmen shì zuò ～ jià fēijī lái de. *We came on the same plane.* (5)和人体某部分的名称或某种工具名称结合,起状语作用,表示通过某一短暂、迅速的动作,达到某种结果 (*combined with the name of a part of the human body or of a tool, it acts as an adverbial and indicates an action occurs once or lasts for a short while to achieve its result*):我～眼就看破了他们的花招。Wǒ ～ yǎn jiù kànpòle tāmen de huāzhāo. *I gave them one look and immediately saw through their trick.* /～口咬去了半个馒头 ～ kǒu yǎoqùle bàn ge mántou *bit off half a*

mantou in one mouthful /~拳头把球挡了回去 ~ quántou bǎqiú dǎngle huíqu returned the ball with one punch /~刀就把小树砍倒下。~ dāo jiù bǎ xiǎo shù kǎndǎo le. The sapling was chopped down with one sweep of the blade. /~斧子把木块劈成两半 ~ fūzi bǎ mùkuài pīchéng liǎng bàn One fell swoop of the axe split the log in two. (6)"第一"的简化形式 simplification of "第一" the first; 一班 the first class /住一层住 ~ céng live on the first floor /他来这个小厂工作,~不是为了钱,二不是为了名,完全是技术上的支援。Tā lái zhège xiǎo chǎng gōngzuò, ~ bú shì wèile qián, èr bú shì wèile míng, wánquán shì jìshù shang de zhīyuán. First, he didn't come to work in this small factory for the money. Second, he didn't come here for the reputation. He came here solely for the purpose of providing technical assistance. (副)(1)用在第一分句的述语前,表示动作的短暂、突然;第二分句说明结果、结论 (used before the verb in the first clause of a sentence to indicate that the action is sudden and quick; the second clause describes a result or conclusion):他到报亭一问,今天的晚报还没来。He dào bàotíng ~ wèn, jīntiān de wǎnbào hái méi lái. He inquired at a newsstand, but today's paper hadn't arrived yet. /小刘一甩手,正甩在桌角上,疼得他直叫。Xiǎo Liú ~ shuǎi shǒu, zhèng shuǎi zài zhuōjiǎo shang, téng de tā zhí jiào. Xiao Liu swung his arm, caught the corner of the desk and cried out in pain. / 她往椅子上一坐,把脚一翘,意思是说你起我,我也不走了 ~ zuò, bǎ jiǎo ~ qiào, yìsi shì shuō nǐ gǎn wǒ, wǒ yě bù zǒu le. She sat down and crossed her legs. Her meaning was: "I'm not leaving, even if you kick me out." /他抬头一看,乌云密布,大雨要来了。Tā tái tóu ~ kàn, wūyún mìbù, dàyǔ yào lái le. He looked up at the overcast sky. It looked like heavy rain. (2)用在作述语的重叠的单音节动词之间,表示时间短暂或尝试 (used between a reduplicated monosyllabic verb to indicate a short time or an attempt at sth.):把瓶盖打开闻一闻,看是酒精还是汽油。Bǎ pínggài dǎkāi wén ~ wén, kàn shì jiǔjīng háishi qìyóu. Open the bottle cap and take a whiff and see whether it's ethyl alcohol or gasoline. /请你听一听大家的意见。Qǐng nǐ tīng ~ tīng dàjiā de yìjian. Please listen to our idea. /你醒一醒,有要紧事跟你说。Nǐ xǐng ~ xǐng, yǒu yàojǐn shì gēn nǐ shuō. Wake up, I have something urgent to tell you. / 你穿一穿这双鞋,看合适不。Nǐ chuān ~ chuān zhè shuāng xié, kàn héshì bu. Try on this pair of shoes and see if they fit. /他听了一听,果然有人叫他。Tā tīngle ~ tīng, guǒrán yǒu rén jiào tā. He stopped and listened; sure enough, someone was calling him.

【一把手】yī bǎ shǒu (1)作为参加活动的一个成员 a party to an undertaking; a member; a hand:搞这个设计还缺一个人,你算一怎么样? Gǎo zhège shèjì hái quē yí ge rén, nǐ suàn ~ zěnmeyàng? We're still short one person in this plan. How about counting you in as another member?(2)(做某事)很能干的人 a good hand (at doing sth.):她里里外外一,这个家全靠她支撑了。Tā lǐlǐwàiwài ~, zhège jiā quán kào tā zhīchēng le. She's competent in everything she does. This family has depended entirely on her support. / 他干木工活儿可是一把好手。Tā gàn mùgōng huó kě shì yí bǎ hǎo shǒu. He is really good at woodwork. (3)领导班子的主要负责人 chief of a leadership group

【一败涂地】yī bài tú dì 形容失败得彻底而且悲惨 suffer a crushing defeat

【一般】yībān (形)(1)一样,相同 same as; just like:他的意志像钢铁~坚强。Tā de yìzhì xiàng gāngtiě ~ jiānqiáng. He has a will as strong as iron. /我们俩一高。Wǒmen liǎ ~ gāo. We two are the same height. / 明亮的月光水一地洒在田野上。Míngliàng de yuèguāng shuǐ ~ de sǎ zài tiányě

shang. The bright moonlight spilled like water onto the fields. (2)普通,通常 general; ordinary; usual:我们只讨论重大问题,~问题就不讨论了。Wǒmen zhǐ tǎolùn zhòngdà wèntí, ~ wèntí jiù bù tǎolùn le. We just discussed major issues, not general ones. /~房屋抗不了这么大的地震。~ fángwū kàng bu liǎo zhème dà de dìzhèn. Ordinary buildings can't withstand such a strong earthquake. /星期天他们~不在城里过。Xīngqītiān tāmen ~ bú zài chéng lǐ guò. They don't usually spend their Sundays in the city. /感冒~得一个星期才能好。Gǎnmào ~ děi yí ge xīngqī cái néng hǎo. It usually takes a week for a cold to get better. (3)很平常,不突出;没有特色 commonplace; ordinary; average; nondescript:学习成绩~. Xuéxí chéngjì ~. His school record is average. /这个菜的味道~. Zhège cài de wèidao ~. This dish has a nondescript flavour. /这篇文章写得很~. Zhè piān wénzhāng xiě de hěn ~. This article is just average. /他也不过是个很~的教员。Tā yě búguò shì ge hěn ~ de jiàoyuán. He's only an ordinary teacher.

【一半】yíbàn (名)(~儿)one half; half; in part:把工作分给我一。Bǎ gōngzuò fēn gěi wǒ ~. Give me half the work to do. /池塘的~种了荷花。Chítáng de ~ zhòngle héhuā. Half the pond is growing with lotus flowers. /会只开了一就散了。Huì zhǐ kāile ~ jiù sàn le. The meeting was dispersed halfway through. /他星期日一时间花在休息和娱乐上,~时间处理家务。Tā xīngqīrì ~ shíjiān huā zài xiūxi hé yúlè shang, ~ shíjiān chǔlǐ jiāwù. His Sundays are spent in part on rest and recreation and the other part on doing household chores.

【一……半……】yī…… bàn…… 嵌在两个意义相似的单音节词或词素,形成固定短语,表示量不多或时间不久(used before two monosyllabic words or morphemes similar in meaning to form a set phrase which indicates a small quantity or a short period of time):他进城了,恐怕一时半会儿回不来。Tā jìn chéng le, kǒngpà yì shí bàn huìr huí bu lái. He went downtown, so I'm afraid he won't be back soon. / 要改变山区的面貌哪是一年半载的事呢? Yào gǎibiàn shānqū de miànmào nǎ shì yì nián bàn zǎi de shì ne? How could it only take a little over a year to change the whole face of the mountain region? /学习知识就需要有刻苦的精神,决不能满足于一知半解。Xuéxí zhīshi jiù xūyào yǒu kèkǔ de jīngshén, jué bù néng mǎnzú yú yì zhī bàn jiě. To acquire knowledge, one must have the willingness to work hard and must absolutely not be satisfied with just half-baked knowledge. /桌子擦得干干净净,一星半点儿的灰尘都没有。Zhuōzi cā de gānganjìngjìng, yì xīng bàn diǎnr de huīchén dōu méi yǒu. The desk has been wiped spic and span; there isn't the tiniest speck of dust on it.

【一辈子】yíbèizi (名)〈口〉a lifetime; all one's life; throughout one's life:他一没离开过北京。Tā ~ méi líkāiguo Běijīng. He never left Beijing in his life. /能写出这样一本小说来,他的一没白活。Néng xiě chū zhèyàng yì běn xiǎoshuō lai, tā de ~ méi bái huó. Having been able to come up with such a novel, he hasn't lived his life in vain. /他教了一书。Tā jiāole ~ shū. He has been a teacher his whole life.

【一本万利】yī běn wàn lì 本钱很少,但利润很高 a small investment brings a ten-thousand-fold profit; make big profits with a small capital

【一本正经】yī běn zhèngjīng 形容很郑重、很严肃的样子(略含贬义) in all seriousness; in dead earnest (has a slightly derogatory meaning):即使在大家谈笑的时候,他也是~. Jíshǐ zài dàjiā tánxiào de shíhou, tā yě shì ~. Even when everybody is talking and laughing he's still very serious. / 班长~地宣布了几条纪律。Bānzhǎng ~ de xuānbù jǐ tiáo jìlù. The class monitor announced in all seriousness a few

rules of discipline. /谈一件小事用不着摆出~的样子。Tán yí jiàn xiǎo shì yòng bu zháo bǎichū ~ de yàngzi. There's no need to assume an air of dead earnest when discussing a small matter.

【一笔勾销】 yī bǐ gōuxiāo 勾销：取消，抹去。把账一笔抹掉。比喻把原来的事物一下子全部取消(勾销：write off) write off at one stoke；cancel：老账新账~。Lǎo zhàng xīn zhàng ~. Cancel all debts, old and new. /功是过，不能因为他今天工作上做出成绩，就把以前的过错~。Gōng shì gōng, guò shì guò, bù néng yīnwèi tā jīntiān gōngzuò shang zuòchū chéngjì, jiù bǎ yīqián de guòcuò ~. An achievement is an achievement and a mistake is a mistake；just because he achieved success in his work today, don't go writing off his past mistakes.

【一笔抹杀】 yī bǐ mǒshā 比喻毫不留情地(把别人的成绩、优点等)全部否定掉 blot out at one stroke — totally negate (other people's achievements, strong points, etc.)：我们的成就是无法~的。Wǒmen de chéngjiù shì wúfǎ ~ de. There's no way our achievements can be denied.

【一臂之力】 yī bì zhī lì 臂：胳膊。指不大的力量(臂：arm) a helping hand；你别着急，朋友们可以助你~，困难总可以过去。Nǐ bié zháo jí, péngyoumen kěyǐ zhù nǐ ~, kùnnan zǒng kěyǐ guòqu. Don't worry, your friends can lend you a helping hand. Difficulties can always be overcome.

【一边】 yībiān (名)(~儿)(1)东西的一面 one side；one aspect (of sth.)：手绢~印着花。Shǒujuànr ~ yìnzhe huā. There are flowers painted on one side of the handkerchief. /这布花纹深的~是正面，花纹浅的~是反面。Zhè bù huāwén shēn de ~ shì zhèngmiàn, huāwén qiǎn de ~ shì fǎnmiàn. The dark side of this decorative pattern is the right side of the cloth and the lighter one is the reverse side. (2)对立着的两方面中的一方面 one side (of two opposing ones)：篮球比赛，~五个人。Lánqiú bǐsài, ~ wǔ ge rén. There are five people on each side in a basketball competition. /真理在我们~。Zhēnlǐ zài wǒmen ~. The truth is on our side. /调解人不能只替一说话。Tiáojiěrén bù néng zhǐ tì ~ shuō huà. Mediators cannot just speak for one side. /在这场争论中，我站在少数人~。Zài zhè cháng zhēnglùn zhōng, wǒ zhàn zài shǎoshù rén ~. I side with the minority in this dispute. (3)一旁、一侧，旁边 to one side；beside；aside：他站在讲台~。Tā zhàn zài jiǎngtái ~. He's standing beside the rostrum. /大门两旁~有一个石狮子。Dà mén liǎng páng ~ yǒu yí ge shí shīzi. There's a stone lion on each side of the door. /我们谈话，只有他坐在~吸烟。Wǒmen tán huà, zhǐyǒu tā zuò zài ~ xī yān. Only he sat to one side smoking while we talked.

【一边……一边……】 yībiān…… yībiān…… 嵌入两个动词或动词短语，表示同时进行两种动作 (used before two verbs or verbal phrases) at the same time：他们两人一边走，一边聊天。Tāmen liǎng rén yìbiān zǒu, yìbiān liáo tiān. Those two chatted as they strolled. /老王一边治疗，一边坚持工作。Lǎo Wáng yìbiān zhìliáo, yìbiān jiānchí gōngzuò. Lao Wang kept on working while undergoing treatment. /游人一边欣赏着千姿百态的冰灯，一边评论着雕刻家们的精湛技艺。Yóurén yìbiān xīnshǎngzhe qiān zī bǎi tài de bīng dēng, yìbiān pínglùnzhe diāokèjiāmen de jīngzhàn jìyì. The tourists commented on the exquisite craftsmanship of the sculptors as they admired ice lanterns of all descriptions. "一边……"可叠用两次以上("一边…" can be reduplicated more than once)：他们一边学习，一边记录，一边讨论。Tāmen yìbiān xuéxí, yìbiān jìlù, yìbiān tǎolùn. They took notes and talked while studying. /他一边喝茶，一边吃点心，一边和周围同志闲谈。Tā yìbiān hē chá, yìbiān chī diǎnxin, yìbiān hé zhōuwéi tóngzhì xiántán. He chatted with the comrades around him over a cup of tea and some

pastries. 有时前面的"一边"可以省略 (the first "一边…" can sometimes be omitted)：两个年轻人(一边)向前走着，一边继续谈论着刚才的话题。Liǎng ge niánqīng rén (yìbiān) xiàng qián zǒuzhe, yìbiān jìxù tánlùnzhe gāngcái de huàtí. The two youths continued discussing the topic of just a moment ago as they walked along. /马拉松运动员(一边)喝着冷饮，一边朝前跑着。Mǎlāsōng yùndòngyuán (yìbiān) hēzhe lěngyǐn, yìbiān cháo qián pǎozhe. The marathon athletes drank cold beverages while running.

【一并】 yībìng (副)(两件以上的事)一同或合在一起(做) along with all the others；(of two or more things) all together：这几个问题，明天的会上~讨论解决。Zhè jǐ ge wèntí, míngtiān de huì shang ~ tǎolùn jiějué. We will discuss how to resolve all these problems at the meeting tomorrow. /把信和包裹单一送去。Bǎ xìn hé bāoguǒ dān ~ sòngqu. Deliver the mail and the parcel forms all together.

【一波未平，一波又起】 yī bō wèi píng, yī bō yòu qǐ 一个浪头还没平下去，另一个浪头又起来了。比喻一个问题还没解决，另一个问题又出现了 hardly has one wave subsided when another rises — one trouble follows another：小王家的婆媳矛盾还没调解完，老李家又闹兄弟不和，真是~，忙坏了工会主席。Xiǎo Wáng jiā de póxí máodùn hái méi tiáojiě wán, Lǎo Lǐ jiā yòu nào xiōngdì bùhé, zhēn shì ~, mánghuàile gōnghuì zhǔxí. The dispute between mother and daughter-in-law in Xiao Wang's family was barely settled when the brothers in Lao Li's family had a falling out. If it's not one problem, it's another keeping the chairman of the labour union incredibly busy.

【一……不……】 yī…… bù…… 嵌入单音节词形成固定短语，作谓语、定语、状语 (used before two monosyllabic words to form a set phrase；serves as a predicate, attributive, or adverbial) (1)分别嵌入两个单音节动词，表示动作一经发生就不改变 (used before two monosyllabic verbs to indicate that, once an action is taken, it is irrevocable)：他受了那次打击以后，精神上一蹶不振。Tā shòule nà cì dǎjī yǐhòu, jīng-shén shang yì juě bú zhèn. He never recovered from that shock. /老周原来身体特棒，谁也没想到他竟一病不起。Lǎo Zhōu yuánlái shēntǐ tè bàng, shuí yě méi xiǎngdào tā jìng yí bìng bù qǐ. Lao Zhou was in such excellent health. Nobody expected him to get sick and die. /他一气之下离家出走了，并打算一去不返。Tā yí qì zhī xià lí jiā chūzǒu le, bìng dǎsuàn yí qù bù fǎn. He left home in a fit of anger with the intent of never returning. (2)分别嵌入两个同一动词，表示强烈的否定 (used before the same reduplicated verb to indicate an emphatic negative)：她坐在礁石上，两眼凝视着宽阔的海面，一动不动。Tā zuò zài jiāoshí shang, liǎng yǎn níngshìzhe kuānkuò de hǎimiàn, yí dòng bú dòng. She sat perfectly still on the rocks and gazed fixedly at the open sea. /小男孩儿双眼一眨不眨地看着眼前的这个陌生人。Xiǎo nánháir shuāng yǎn yì zhǎ bù zhǎ de kànzhe yǎnqián de zhège mòshēng rén. The little boy stared at the stranger before him without batting one eyelid. (3)分别嵌入一个单音节名词和一个单音节动词(这名词在意念上是动词的受事，表示强烈的否定 (used before one monosyllabic noun and one monosyllabic verb (this noun is, in meaning, the object of this verb) to indicate an emphatic negative)：大家都在热烈地讨论，老刘却一言不发。Dàjiā dōu zài rèliè de tǎolùn, Lǎo Liú què yì yán bù fā. We were all having an animated discussion；Lao Liu, however, never said a word. /请你把信的内容一字不漏地念给我听听。Qǐng nǐ bǎ xìn de nèiróng yí zì bú lòu de niàn gěi wǒ tīngting. Please read me this letter without missing a single word. /他这个人太小气，对朋友从来是一毛不拔。Tā zhège rén tài xiǎoqi, duì péngyou cónglái shì yì máo bù bá. He's so stingy he would never give so much as a hair to his

friends.

【一不怕苦，二不怕死】 yī bù pà kǔ，èr bù pà sǐ 不怕艰难困苦，也不怕牺牲生命 fear neither hardship nor death

【一不做，二不休】 yī bù zuò，èr bù xiū 事情既然已经做了，就干脆干到底。(多指有阻力、有困难的事情) carry the thing through，whatever the consequences；in for a penny，in for a pound (usu. refers to doing sth. that is difficult or meets with a lot of resistance)：收拾完桌上的东西，我看屋子还很乱，～，干脆把整个屋子都收拾了。Shōushi wán zhuō shang de dōngxi，wǒ kàn wūzi hái hěn luàn，～，gāncuì bǎ zhěnggè wūzi dōu shōushi le. When I finished tidying the desktop，I looked around and saw that the room was still in a mess. I might as well tidy up the entire room — in for a penny，in for a pound.

【一步登天】 yī bù dēng tiān 比喻一下子升到最高的地步(多指职位、地位、生活水平等) reach the sky in a single bound — (usu. refers to a post，position，standard of living，etc.) attain the highest level in one step；reach the pinnacle of power in one jump：改善生活条件得一步一步地来，想～是不可能的。Gǎishàn shēnghuó tiáojiàn děi yí bù yí bù de lái，xiǎng ～ shì bù kěnéng de. One has to go one step at a time in order to improve one's living conditions. Attaining the highest level in one step is impossible.

【一步一个脚印儿】 yī bù yī ge jiǎoyìnr 比喻做事扎实、认真，不草率、浮躁 every step leaves its print — work steadily and make solid progress；无论做什么事情，都不能马虎、潦草，要～。Wúlùn zuò shénme shìqing，dōu bù néng mǎhu、liáocǎo，yào ～. One must not be careless and sloppy when doing something，no matter what it is，but rather，must work steadily and make solid progress. /他办事向来是～，你可以放心。Tā bàn shì xiànglái shì ～，nǐ kěyi fàng xīn. You can rest assured. He has always worked steadily，making solid progress. /做研究工作就得～，想走捷径是不行的。Zuò yánjiū gōngzuò jiù děi ～，xiǎng zǒu jiéjìng shì bù xíng de. You must work steadily when doing research work. If you're thinking of taking shortcuts，it won't work.

【一刹那】 yīchànà (名)极短的时间 in an instant；in a split second：～间，他回忆起了十年前的一幕。～ jiān，tā huíyì qǐle shí nián qián de yí mù. There immediately flashed into his mind a scene from ten years previously. /引爆后，～的工夫旧楼就倒塌了。Yǐnbào hòu，～ de gōngfu jiù lóu jiù dǎotā le. The detonator was ignited and in no time at all the old building had collapsed.

【一场空】 yī cháng kōng 耗费了人力、财力，努力了一回，结果什么也没得到；或追求了一回，最后希望不能实现 be all in vain；be a futile effort；come to naught：几百页书稿在一场大火中焚毁，耗费了几年的精力，结果落个～。Jǐ bǎi yè shūgǎo zài yì chǎng dà huǒ zhōng fénhuǐ，hàofèile jǐ nián de jīnglì，jiéguǒ luò ge ～. A huge fire destroyed the hundreds of pages of the book's manuscript，consuming years of energy and leaving behind nothing but a futile effort. /他谈了一年恋爱，花了不少钱和时间，最后女方又不同意了，到头来是～。Tā tánle yì nián de liàn'ài，huāle bù shǎo qián hé shíjiān，zuìhòu nǚfāng yòu bù tóngyì le，dàotóulái shì ～. He courted for a year，spending much time and much money. In the end，the girl left him，making his efforts all in vain. /早年就想回国为国出力，可是现在身体不行了，多年的希望～。Zǎonián jiù xiǎng huí guó wèi guó chū lì，kěshì xiànzài shēntǐ bùxíng le，duō nián de xīwàng ～. In his early years he wanted to return to his country to work for it. Now his health is not good so years of wishing have come to naught.

【一唱一和】 yī chàng yī hè 和：跟着别人唱。比喻相互配合、呼应，多含贬义 (和：sing along with others) sing a duet with sb. — sing the same tune；echo each other (has a

derogatory meaning)：这两个人在会上～，与改革唱反调。Zhè liǎng ge rén zài huì shang ～，yǔ gǎigé chàng fǎndiào. These two people echoed each other at the meeting，singing a tune opposing reform.

【一尘不染】 yī chén bù rǎn (1)指人生活在不良的环境中，但没有沾染一点儿坏习气、坏作风 (of sb. surrounded by a bad environment) uncontaminated；unblemished；pure：这里贪污、行贿，不正之风泛滥，他能做到～是很不容易的。Zhèli tānwū，xínghuì，búzhèng zhī fēng fànlàn，tā néng zuòdào ～ shì hěn bù róngyì de. This place is corrupt，full of bribery and unhealthy tendencies run rampant. It's very difficult for him to remain as unblemished as he is. (2)借指非常干净 not soiled by a speck of dust；spotless：屋里窗明几净。Wū li chuāng míng jǐ jìng，～. The windows in the room are bright and the furniture is spotless. /他一身总是整整齐齐，～。Tā yì shēn zǒng shì zhěngzhěngqíqí，～. He's always very neat and spotlessly dressed.

【一成不变】 yī chéng bù biàn 一旦形成，就再也不会改变 invariable；unalterable；immutable：人的思想不是～的。Rén de sīxiǎng bú shì ～ de. People's thinking is not unalterable. /世上没有～的事物。Shì shang méi yǒu ～ de shìwù. Nothing is immutable in the world.

【一筹莫展】 yī chóu mò zhǎn 筹：计策、办法。一点计策也施展不出来；或一点办法也想不出来 (筹：stratagem；plan) can find no way out；be at one's wits' end；be absolutely helpless：在这个技术难题上，至今～。Zài zhège jìshù nántí shang，zhìjīn ～. Up to now no way out of this difficult technological problem has been found. / 如何帮助他俩改善关系，我是～。Rúhé bāngzhu tā liǎ gǎishàn guānxi，wǒ shì ～. I'm at my wits' end as to how to help those two improve their relations. /正当我～的时候，一位老同学向我伸出了援助的手。Zhèng dāng wǒ ～ de shíhou，yí wèi lǎo tóngxué xiàng wǒ shēnchūle yuánzhù de shǒu. Just when I was at my wits' end，an old classmate extended a helping hand to me.

【一触即发】 yī chù jí fā 触：碰。一碰就发作，比喻事态十分紧张，稍有激化的举动，立刻会造成大的争端 (触：touch) may be triggered at any moment；be on the verge of breaking out：局势极其紧张，战争大有一发之势。Júshì jíqí jǐnzhāng，zhànzhēng dà yǒu ～ zhī shì. The situation is exceedingly tense. A war may break out at any moment.

【一次方程】 yī cì fāngchéng 〈数〉 linear equation

【一次性】 yīcìxìng (形)只有一次 once；just this once：这种打火机是～的，用完就扔了。Zhè zhǒng dǎhuǒjī shì ～ de，yòngwán jiù rēng le. This type of lighter can only be used once. / 这些货物～减价，售完为止。Zhèxiē huòwù ～ jiǎn jià，shòuwán wéi zhǐ. These goods are reduced in price just this once，until they are sold out. /～餐具最卫生了。～ cānjù zuì wèishēng le. Disposable tableware is the best form of hygiene.

【一蹴而就】 yī cù ér jiù 蹴：踏；就：成功。踏一步就成功。比喻事情轻而易举，一下子就成功 (蹴：tread；就：success) accomplish in one move；succeed without making the least effort：搞技术革新哪有～的事，非下苦功不可。Gǎo jìshù géxīn nǎ yǒu ～ de shì，fēi xià kǔgōng bùkě. There's no way one can succeed in one move when involved in technological innovations. One has to put in a lot of painstaking effort.

【一带】 yīdài (名)某个地方以及与它相连的一片地区 area；surroundings：这～ zhè ～ this area /北京～ Běijīng ～ the Beijing area /长江下游 Cháng Jiāng xiàyóu ～ the lower reaches of the Yangtze River /那～农村有种牡丹的传统。Nà ～ nóngcūn yǒu zhòng mǔdan de chuántǒng. The countryside in that area has a tradition of growing peonies. /平原～地区地下有丰富的石油资源。Píngyuán ～ dìqū dìxià

yǒu fēngfù de shíyóu zīyuán. *The surrounding area of the plain abounds in underground petroleum resources.*

【一旦】yīdàn (副)"如果有一天"的意思,用于条件分句,表示未然 *once; if one day (has the same meaning as "如果有一天" used in a conditional clause)*:当他～醒悟过来之后,会觉得后悔的. Dāng tā ～ xǐngwù guòlai zhī hòu, huì juéde hòuhuǐ de. *Once he wakes up to reality, he will feel regret.* /～实现了这个计划,这个地区的面貌会很快改变. ～ shíxiànle zhège jìhuà, zhège dìqū de miànmào huì hěn kuài gǎibiàn. *Once this plan has been implimented, the look of this district will change rapidly.* /他跟煤打了半辈子交道,～离开煤矿,还真不习惯. Tā gēn méi dǎle bànbèizi jiāodào, ～ líkāi méikuàng, hái zhēn bù xíguàn. *He has spent half a lifetime around coal. If he leaves the coalmine one day, he really wouldn't get used to it.* 有时也可用于已然,表示忽然出现了新情况 *(may sometimes be used for sth. that has already become fact to indicate that a new situation has appeared)* now that:二十多年没联系了,今天～接到他的信,感到格外高兴. Èrshí duō nián méi liánxì le, jīntiān ～ jiēdào tā de xìn, gǎndào géwài gāoxìng. *We haven't been in touch for over twenty years. Now that I've received a letter from him today, I am overjoyed.*

【一刀两断】yī dāo liǎng duàn 比喻彻底断绝关系 *sever at one blow — make a clean break; sever (relations) once and for all*:他对你这样无情,你早就该跟他～. Tā duì nǐ zhèyàng wúqíng, nǐ zǎo jiù gāi gēn tā ～. *He treats you in such a ruthless way. You should have severed relations with him long ago.*

【一刀切】yī dāo qiē 比喻不管情况如何都统一处理 *find a single solution for diverse problems; impose uniformity without examining individual cases*:这几个学生犯的错误性质不同,不能～都开除. Zhè jǐ ge xuéshēng fàn de cuòwù xingzhì bù tóng, bù néng ～ dōu kāichú. *The mistakes committed by these students are different in nature. You can't deal with them in the same way and expel them all.*

【一道】yīdào (副) 同"一块儿" yīkuàir,不如"一块儿"常用 *same as "一块儿" yīkuàir, but not as frequently used*:他们几个～从家里出来. Tāmen jǐ ge ～ cóng jiā li chūlai. *They came out of the house together.* /我们～去向他道喜. Wǒmen ～ qù xiàng tā dào xǐ. *Let's go together to congratulate him.* / 让我们～完成这项任务吧. Ràng wǒmen ～ wánchéng zhè xiàng rènwù ba. *Let's finish this task together.*

【一得之功】yī dé zhī gōng 一点点微小的成绩(一般用于劝诚人)*just an occasional, minor success (usu. used when admonishing sb.)*:不要满足于～. Búyào mǎnzú yú ～. *Don't be content with just a minor success.* /这只是～,不值得骄傲. Zhè zhǐ shì ～, bù zhíde jiāo'ào. *This is just a minor success. It's not worth being so proud of.* / 不能沾沾自喜于～. Bù néng zhānzhān zì xǐ yú ～. *One cannot feel self-satisfied over just a minor success.*

【一点儿】yīdiǎnr (量)(1)用在名词前,表示少量 *(used before a noun) a bit; a little*:抽出～时间 chōuchu ～ shíjiān *find a little free time* /咖啡里放～糖. Kāfēi li fàng ～ táng. *Add a little sugar to the coffee.* /请给我～纸. Qǐng gěi wǒ ～ zhǐ. *Please give me a bit of paper.* (2)用在形容词后表示程度轻微的变化,含比较的意思*(used after an adjective as a form of comparison to indicate a slight change in degree)*:慢～走 màn ～ zǒu *walk a little slower* /说话轻～ shuō huà qīng ～ *speak a little lower*/ 咱们早～出发. Zánmen zǎo ～ chūfa. *Let's leave a bit earlier.* /今天比昨天冷～. Jīntiān bǐ zuótiān lěng ～. *It's a bit colder today than it was yesterday.* (3)用在某些动词后,表示动作幅度不大 *(used after certain verbs to indicate that the extent of an action is narrow)*:他的烧退～了. Tā de shāo tuì ～ le.

His fever had gone down slightly. /面已经发了～,还发得不够. Miàn yǐjing fāle ～, hái fā de bú gòu. *The dough has risen slightly, but not enough yet.* /今年长了～工资. Jīnnián zhǎngle ～ gōngzī. *My salary was slightly raised this year.* (副)修饰否定形式,表示完全否定,可和"都"或"也"连用 *a bit; a little (modifies a negative form to indicate a complete negation; can be used with "都" or "也")*:这花挺漂亮,但～不香. Zhè huār tǐng piàoliang, dàn ～ bù xiāng. *This flower is pretty, but it's not the least bit fragrant.* /这么晚了,他～也不困. Zhème wǎn le, tā ～ yě bú kùn. *It's so late, yet he's not sleepy in the least.* / 我对这里的情况～都不了解. Wǒ duì zhèli de qíngkuàng ～ dōu bù liǎojiě. *I'm not the least bit familiar with the situation here.* / 他觉得自己～也没错. Tā juéde zìjǐ ～ yě méi cuò. *He feels that he isn't in the least bit wrong.*

【一点论】yīdiǎnlùn (名)与"两点论"相对立的形而上学的思想方法:只看到矛盾的一方,不看矛盾的另一方;只看到矛盾双方的对立,不看矛盾双方在一定条件下相互转化,等等 *the metaphysical doctrine that everything has only one aspect; the doctrine affirming only one aspect of a contradiction (as opposed to "两点论" (the doctrine that everything has two aspects))*

【一定】yīdìng (形)(1)程度相当的,不太高的 *limited; fair; due*:他在这场比赛中起了一定的～作用. Tā zài zhè chǎng bǐsài zhōng fāhuīle ～ zuòyòng. *He played a fair role in this competition.* /这一发现有～科学价值. Zhè yì fāxiàn yǒu ～ kēxué jiàzhí. *This discovery is of fair scientific value.* / 她的演奏具有～的水平. Tā de yǎnzòu jùyǒu ～ de shuǐpíng. *She has a fair level of skill in playing a musical instrument.* /这次谈判的成功具有～的国际意义. Zhè cì tánpàn de chénggōng jùyǒu ～ de guójì yìyì. *The success of this negotiation has a fair international significance.* /地铁建成后,在～程度上缓和了交通紧张问题. Dìtiě jiànchéng hòu, zài ～ chéngdù shang huǎnhéle jiāotōng jǐnzhāng wèntí. *When the subway was completed, it alleviated the tense traffic problem to a certain extent.* (2)必然的(多用于否定式) *certainly; surely; necessarily; inevitably (often used in negative form)*:两人之间的感情和血缘没有～的关系. Liǎng rén zhī jiān de gǎnqíng hé xuèyuán méi yǒu ～ de guānxi. *The affection between two people is not necessarily related to blood ties.* /大气污染与气候变异有～的关系. Dàqì wūrǎn yǔ qìhòu biànyì yǒu ～ guānxi. *Climatic variation and air pollution are related.* (3)规定的,确定的 *fixed; specified; definite; regular*:生活要有～的规律. Shēnghuó yào yǒu ～ de guīlù. *Life must have a regular pattern.* /车辆没有～的停放地点不行!Chēliàng méi yǒu ～ de tíngfàng dìdiǎn bù xíng! *Having no specified parking place for vehicles is out of the question.* /这家商店没有～的营业时间. Zhè jiā shāngdiàn méi yǒu ～ de yíngyè shíjiān. *This store doesn't have any fixed business hours.* /住院时,每天吃几餐,每餐吃多少,都有～. Zhù yuàn shí, měi tiān chī jǐ cān, měi cān chī duōshǎo, dōu yǒu ～. *How many meals and how much one eats when staying in the hospital are all specified.* (4)特定的,given; particular; certain:白天长到一定的时候就会慢慢变短. Báitiān chángdào ～ de shíhou jiù huì mànmàn biàn duǎn. *When days reach a certain length, they slowly start getting shorter.* /气温降到～的程度,空中的水蒸气就变成了雪. Qìwēn jiàngdào ～ de chéngdù, kōngzhōng de shuizhēngqì jiù biànchéngle xuě. *When the temperature drops to a certain degree, water vapour in the air changes into snow.* /科学发展到了～水平,人类就能飞向宇宙. Kēxué fāzhǎn dàole ～ shuǐpíng, rénlèi jiù néng fēi xiàng yǔzhòu. *When science has developed to a particular level, mankind will be able to fly towards outer space.* (副)(1)表示很有把握的推断 *must; certainly, indicating a conjec-*

ture：跑了一天，他～很累了。Pǎole yì tiān, tā ~ hěn lèi le. *He's been on his feet a whole day and must surely be exhausted.* /这附近～有个大商场。Zhè fùjìn ~ yǒu ge dà shāngchǎng. *There must be a large market nearby.* /～是你告诉他的吧？~ shì nǐ gàosu tā de ba? *Must it necessarily be you who told him?* /他的话～有所指。Tā de huà ~ yǒu suǒ zhǐ. *He must be hinting at something.* (2)表示坚定的决心和意志（indicates steadfast determination and will）：如果他～不肯参加，不要勉强他。Rúguǒ tā ~ bù kěn cānjiā, búyào miǎnqiǎng tā. *If he's determined to not participate, then don't force him to.* / 你的意见我～好好考虑。Nǐ de yìjiàn wǒ ~ hǎohāor kǎolǜ. *I will definitely consider your idea carefully.* /他说他～坚持到底。Tā shuō tā ~ jiānchí dào dǐ. *He said he was determined to keep on to the end.* /这种自私自利的事～不能做。Zhè zhǒng zìsī zìlì de shì ~ bù néng zuò. *You definitely cannot do this kind of selfish thing.* (3)表示必然（indicates inevitability）surely：这花水浇多了～死。Zhè zhǒng huā shuǐ jiāoduō le ~ sǐ. *This kind of flower will die if watered too much.* /早上起来，他～去跑步。Zǎoshang qǐlái, tā ~ qù pǎo bù. *He is sure to go jogging when he gets up in the morning.* /粗心～出错儿。Cūxīn ~ chū cuòr. *Negligence leads to mistakes.* / 说话时她～先笑笑。Shuō huà shí tā ~ xiān xiàoxiao. *She always chuckles before she speaks.* (4)加强必须、愿望等语气（emphasizes a must or a wish）：要想学好外语～得多练。Yào xiǎng xuéhǎo wàiyǔ ~ děi duō liàn. *You have to practise a lot when studying a foreign language.* /学生在课堂里～要遵守纪律。Xuésheng zài kètáng li ~ yào zūnshǒu jìlǜ. *Students must abide by the rules in the classroom.* /他～要送我一样礼物。Tā ~ yào sòng wǒ yí yàng lǐwù. *He insisted on giving me a gift.* (5)"不"+"一定"有两种意思 "不"+"一定" has two meanings：①可以不……（不是非这样不可）not necessarily; may not：这东西不急，我不～买。Zhè dōngxi bù jíyòng, wǒ bù ~ mǎi. *I don't need this thing urgently, so I don't need to buy it.* /这次比赛你不～参加。Zhè cì bǐsài nǐ bù ~ cānjiā. *You don't necessarily have to participate in this competition.* ②可能不……；也许不…… perhaps not：他们不～明白这个道理。Tāmen bù ~ míngbai zhège dàolǐ. *Perhaps they don't understand this reasoning.* /她不～知道自己得了什么病。Tā bù ~ zhīdao zìjǐ déle shénme bìng. *Perhaps she doesn't know what disease she has.*

【一度】yìdù（副）在过去的某一段时间内，用于追叙现已改变的情况，常与"曾""曾经"连用 once; on one occasion; for a time (often used with "曾" or "曾经")：她曾～驰骋文坛，很有点名气。Tā céng ~ chíchěng wéntán, hěn yǒudiǎnr míngqì. *She once played an outstanding role in the literary world and made quite a name for herself.* / 母亲～身体很不好。Mǔqin ~ shēntǐ hěn bù hǎo. *Mother's health was very poor for a time.* / 他俩～来往很多。Tā liǎ ~ láiwǎng hěn duō. *Those two had frequent dealings with each other for a time.* / 我曾经～对他抱有幻想。Wǒ céngjīng ~ duì tā bào yǒu huànxiǎng. *I once cherished illusions about him.*

【一……而……】yī…… ér…… 分别嵌入两个单音节动词，形成书面语意味的固定短语，表示前一个动作很快产生了后面动词表示的结果，常作谓语（used before two monosyllabic verbs to form a set phrase with a literary flavor; indicates that the first action quickly produces the result expressed by the second action; usu. serves as a predicate）：几个战士一拥而上，扭住了敌人的哨兵。Jǐ ge zhànshì yì yōng ér shàng, niǔzhùle dírén de shàobīng. *A few soldiers crowded together and rushed up and seized the enemy's sentry.* /一辆崭新的小轿车从他眼前一闪而过。Yí liàng zhǎnxīn de xiǎojiàochē cóng tā yǎn qián yì shǎn ér guò. *A*

brand new sedan flashed past his eyes. / 当收到录取通知书时，他的烦恼、焦虑立刻一扫而光了。Dāng shōudào lùqǔ tōngzhīshū shí, tā de fánnǎo, jiāolǜ lìkè yì sǎo ér guāng le. *When he received the admission notice, his worries and misgivings vanished immediately.* /小伙子走得又饥又渴，一大杯水端起来一饮而尽。Xiǎohuǒzi zǒu de yòu jī yòu kě, yí dà bēi shuǐ duān qǐlái yì yǐn ér jìn. *The young fellow had walked until he was so hungry and thirsty that he emptied a huge glass of water in one gulp.*

【一……二……】yī…… èr…… 分别嵌入某些双音节形容词的两个语素，把这形容词变为描写性很强的固定短语；常作补语、谓语（used before the two morphemes of a disyllabic adjective to form a set phrase of a strongly descriptive nature; often used as a complement or predicate）：老奶奶爱整洁，总是把屋子收拾得一干二净。Lǎo nǎinai ài zhěngjié, zǒngshì bǎ wūzi shōushi de yì gān èr jìng. *The old lady loves neatness so much that she's always cleaning the room until it is spotless.* / 他的个人历史是一清二白的，没做过任何见不得人的事。Tā de gèrén lìshǐ shì yì qīng èr bái de, méi zuòguo rènhé jiàn bu dé rén de shì. *His personal history is unimpeachable. He has never done anything shameful.*

【一发千钧】yī fà qiān jūn 同"千钧一发" qiān jūn yī fà 表示极其危险（same as "千钧一发" qiān jūn yī fà) a hundred weight hanging by a hair — imminent danger：就在小孩儿要掉进河里的时刻，一只大手把他抓住了。Jiù zài xiǎoháir yào diàojìn héli ~ de shíkè, yì zhī dà shǒu bǎ tā zhuāzhu le. *Just at the moment of imminent danger when the child was about to fall into the river, a large hand reached out and grabbed him.*

【一帆风顺】yī fān fēng shùn 比喻（做事）非常顺利，没有一点儿挫折 smooth (or plain) sailing (when doing sth.)：祝你在事业上～。Zhù nǐ zài shìyè shang ~. *I wish you smooth in your cause.* / 他们队～地取得了决赛权。Tāmen duì ~ de qǔdé juésàiquán. *Their team smoothly reached the finals.* / 没有一个重大成就的取得是～。Méi yǒu yíge zhòngdà chéngjiù de qǔdé shì ~. *No significant achievement is ever obtained through smooth sailing.*

【一反常态】yī fǎn chángtài 完全改变了平常的态度 act out of character; depart from one's normal behaviour：经过学习、整顿，这个商店的售货员，对顾客热情起来了。Jīngguò xuéxí, zhěngdùn, zhège shāngdiàn de shòuhuòyuán ~, duì gùkè rèqíng qǐlái le. *By means of study and reorganization, the salesclerks in this store changed their normal behaviour and started to treat customers with warmth and friendliness.* /这几天，他～，变得沉默寡言了。Zhè jǐ tiān, tā ~, biàn de chénmò guǎyán le. *He has been acting out of character these past few days and has become uncommunicative.*

【一方面……一方面……】yī fāngmiàn …… yī fāngmiàn …… 表示两种情况同时存在；后一个"一方面"前面可加"另"；后面常有"又""也""还"等（indicates the simultaneous existence of two different situations；"另" can be used before the second "一方面"；often followed by "又","也", "还", etc.) on the one hand..., on the other hand...; for the one thing..., for another...：一方面提高产量，一方面保证质量。Yì fāngmiàn tígāo chǎnliàng, yì fāngmiàn bǎozhèng zhìliàng. *We must raise production on the one hand, and ensure quality on the other.* / 一方面要敢于创新，一方面要实事求是尊重科学。Yì fāngmiàn yào gǎnyú chuàngxīn, yì fāngmiàn yào shí shì qiú shì zūnzhòng kēxué. *On the one hand, we must dare to blaze new trails, but on the other hand, we must respect science and be realistic and practical.* /这次回乡，一方面看望亲人，另一方面看看家乡的变化。Zhè cì huí xiāng, yì fāngmiàn kànwàng qīnrén, lìng yì fāngmiàn yě kànkan jiāxiāng de biànhuà.

When I go back to my hometown this time, I'll be able to see my family for one thing, and see the changes in my hometown for another.

【一分为二】yī fēn wéi èr 任何事物都包含着相互对立、又相互联系的两个方面,在一定条件下各自向相反的方向转化。因此,人们不能用静止的、绝对的观点观察事物,而应该看到事物的两个方面 one divides into two (view which holds that everything contains two opposing aspects which, at the same time, are interrelated, and under certain conditions transform themselves into their opposites; because of this, people cannot look at things from a static and absolute point of view but rather, should look at both aspects of sth.):看待工作中的成绩和缺点,应该坚持~的方法。Kàndài gōngzuò zhōng de chéngjì hé quēdiǎn, yīnggāi jiānchí ~ de fāngfǎ. When looking upon the achievements and shortcomings in one's work, one should uphold the method of dividing one into tow. / 否定一切或肯定一切,都是违反~的原则的。Fǒudìng yíqiè huò kěndìng yíqiè, dōu shì wéifǎn ~ de yuánzé de. Negating everything or affirming everything all run counter to the principle that one divides into two. / 对人要~,不能只看缺点,不看优点。Duì rén yào ~, bù néng zhǐ kàn quēdiǎn, bú kàn yōudiǎn. One must not just look at a person's shortcomings and ignore his strong points, but must divide one into two.

【一风吹】yī fēng chuī 比喻一笔勾销 scatter to the winds — dismiss all things as of no significance; cancel the whole thing; dismiss (charges, etc.) altogether):平反冤假错案时不能把没搞错的案子也~了。Píngfǎn yuān jià cuò àn shí bù néng bǎ méi gǎocuò de ànzi yě ~ le. When redressing mishandled cases, one cannot also dismiss the cases that were not mishandled.

【一概】yīgài (副)表示全部无例外地,所概括的人或物必在"一概"前出现;不能修饰单音节动词,多修饰否定形式 totally; without exception (includes all the people or things which appear before "一概"; cannot modify a monsyllabic verb; usu. modifies a negative form):他们说的这些事,我~不知道。Tāmen shuō de zhèxiē shì, wǒ ~ bù zhīdào. I didn't know about any of the things they spoke of. /我对这里的情况~不了解。Wǒ duì zhèli de qíngkuàng ~ bù liǎojiě. I am totally ignorant of the situation here. /车、船、飞机上~禁止携带易燃品。Chē, chuán, fēijī shang ~ jìnzhǐ xiédài yìránpǐn. It is forbidden, without exception, to carry inflammables aboard trains, ships and planes. /旅客的行李~要检查。Lǚkè de xingli ~ yào jiǎnchá. All the passengers' luggage must be checked without exception.

【一概而论】yīgài ér lùn (对不同的事物或情况)不加区别地一样看待,或用同一个标准处理(多用于否定) treat (different matters) as the same; treat (different things) according to the same criteria (often used in the negative):这是两个情况不同的错误:一个是笔误,另一个是语法概念不清,因此不能。Zhè shì liǎng ge qíngkuàng bù tóng de cuòwù: yí ge shì bǐwù, lìng yí ge shì yǔfǎ gàiniàn bù qīng, yīncǐ bù néng ~. These two mistakes are different in nature: one is a case of a slip of the pen, while the other is a case of the grammatical concept not being clear and because of this, they are not to be lumped together. /他俩的矛盾有是与非的区别,~是不对的。Tā liǎ de máodùn yǒu shì yǔ fēi de qūbié, ~ shì bú duì de. The contradiction between those two is the difference between right and wrong. To treat them as the same is not right. /不分是非、曲直,~,大家不会服气。Bù fēn shìfēi, qūzhí, ~, dàjiā bú huì fúqì. None can be convinced if right and wrong are not distinguished, but are treated as the same.

【一个劲儿】yīgejìnr (副)〈口〉连续不停地 continuously:他高兴得~鼓掌。Tā gāoxìng de ~ gǔ zhǎng. He kept on clapping his hands for joy. / 人家都听得不耐烦了,她还~地说。Rénjia dōu tīng de bú nàifán le, tā hái ~ de shuō. Others listened until they all became impatient, yet she went on speaking. /明知赶不上了,他还~往前追。Míngzhī gǎn bu shàng le, tā hái ~ wǎng qián zhuī. He knew very well that he couldn't catch up, yet he continued with the chase. /风~地刮,已经刮了两天了。Fēng ~ de guā, yǐjīng guāle liǎng tiān le. The wind has been blowing continuously for two days already.

【一共】yīgòng (副)表示数量的总计,后边总有数量词,或表数量的疑问词 altogether; in all; all told (always followed by a numeral-measure word that denotes quantity):我们~十三个人,租了三条小船。Wǒmen ~ shísān ge rén, zūle sān tiáo xiǎo chuán. There were thirteen of us in all, and we rented three small boats. /这片桃园~三十亩。Zhè piàn táoyuán ~ sānshí mǔ. This peach orchard covers thirty mu altogether. /你们班~多少人? Nǐmen bān ~ duōshao rén? How many people are there in your class altogether? /参加书法比赛的~不到二十人。Cānjiā shūfǎ bǐsài de ~ bú dào èrshí rén. There were not twenty people all told who participated in the calligraphy contest.

【一股脑儿】yīgǔnǎor (副)"全部"的意思;作状语,多出现在把字句中;"股"也写作"古" (has the same meaning as "全部"; serves as an adverbial and usu. appears in a "把" sentence; "股" may also be written as "古"):他把要说的话~全说出来了。Tā bǎ yào shuō de huà ~ quán shuō chulai le. He poured out all he wanted to say. /他把吃剩的那点儿菜沏成汤,~都喝了。Tā bǎ chīshèng de nà diǎnr cài qīchéng tāng, ~ dōu hē le. He used the leftovers to make a soup and drank it all. /全家老小~都搬到他那儿去住。Quán jiā lǎoxiǎo ~ dōu bāndào tā nàr qù zhù. The entire family, old and young, moved in with him lock, stock and barrel.

【一鼓作气】yī gǔ zuò qì 鼓:敲战鼓;作:振作;气:勇气。原指战斗开始时鼓起勇气,现表示鼓起干劲,一下子把事情做完(多作状语)(鼓:beat the war drums; 作:display; 气:courage) drum up courage at the start of a war — press on to the finish without a letup; get sth. done in vigorous effort (often used as an adverbial):咱们别休息了,~干完好不好? Zánmen bié xiūxi le, ~ gànwán hǎo bu hǎo? Let's not rest, but press on until we finish, all right? /几个人~把所有的仪器都搬上了楼。Jǐ ge rén ~ bǎ suǒyǒu de yíqì dōu bānshangle lóu. A few people moved all the instruments upstairs in one go. /战士们~攻下了山头。Zhànshìmen ~ gōngxiàle shāntóu. The soldiers captured the hilltop in one vigorous effort. /他~跑完了全程。Tā ~ pǎowánle quán chéng. He pressed on without letup until he ran the whole course.

【一贯】yīguàn (形)从来就是这样 consistent; persistent; all along:他们~重视开展体育活动。Tāmen ~ zhòngshì kāizhǎn tǐyù huódòng. They have consistently attached importance to developing sports activities. / 这个人~不遵守劳动纪律。Zhège rén ~ bù zūnshǒu láodòng jìlǜ. This person never observes labour discipline. /他待人和气是~的。Tā dài rén héqi shì ~ de. He has treated people kindly all along. /倾听别人的意见是他~的作风。Qīngtīng biéren de yìjiàn shì tā ~ de zuòfēng. His style is to always listen attentively to the views of others. /老李工作~积极。Lǎo Lǐ gōngzuò ~ jījí. Lao Li has worked enthusiastically all along.

【一棍子打死】yī gùnzi dǎsǐ 比喻对犯错误的人完全否定或彻底打倒的错误做法 knock sb. down at one stroke; finish off with one blow; completely negate (an erroneous method to treat sb. who has done wrong)

【一国两制】yī guó liǎng zhì "一个国家,两种制度"的简略说法。1978年中国共产党十一届三中全会以后,提出在中华人

民共和国内，大陆实行社会主义制度，1997年7月1日中国恢复对香港行使主权以后，香港保持资本主义制度50年不变 *simplified version of "一个国家，两种制度" — one country, two systems (after the Third Plenary Session of the Eleventh Central Committee in 1978, it was decided that the mainland of the People's Republic of China would continue to practise the socialist system while the capitalist system of Hong Kong would remain unchanged for 50 years once the island is returned under the sovereignty of China on July 1st, 1997; hence, "one country, two systems")*

【一哄而上】yī hōng ér shàng 突然吵闹着拥到（某处）跟前 *rush headlong into mass action*；（of a group of people）*surge toward (a certain place)*：人们一把他手里的电影票都抢光了。Rénmen ~ bǎ tā shǒuli de diànyǐng piào dōu qiǎngguāng le. *People converged on him and snatched all the movie tickets from his hands.*

【一哄而散】yī hōng ér sàn（众人）在一阵哄闹声中走开（of a crowd）*breakup in a hubbub*；*disperse all at once*：他宣布今晚的舞会不开了，大家就一了。Tā xuānbù jīn wǎn de wǔhuì bù kāi le, dàjiā jiù ~ le. *He announced that tonight's dance party was cancelled, then everybody dispersed all at once.*

【一呼百应】yī hū bǎi yìng 响应。形容一个人呼唤，响应的人很多（应：*respond*）*hundreds respond to a single call*

【一挥而就】yī huī ér jiù 挥：挥动（笔）；就：完成。一动笔就写成。形容写字、画画、写文章很快就完成（挥：*wield (a brush or pen)*；就：*complete*）*a flourish of the pen and it's done — finish a piece of writing or a painting in one go*：我写文章慢着呢，可没有一的本领。Wǒ xiě wénzhāng màn zhene, kě méi yǒu ~ de běnlǐng. *I'm very slow at writing articles. I just don't have the ability to finish in one go.*

【一会儿】yīhuìr（名）(1)很短的时间 *a (little) while*：坐一坐 ~ *sit for a while* /休息一 ~ xiūxi *rest for a while* /昨天的电视节目我只看了一 ~。Zuótiān de diànshì jiémù wǒ zhǐ kànle ~. *I only watched last night's television program for a little while.* (2)指在很短的时间之内（完成了某动作）(*finish sth.*) *in a very short time*；*in a short while*：一封信一就写成了。Yì fēng xìn ~ jiù xiěchéng le. *I finished writing a letter in just a short while.* /一功夫饭就做得了。~ gōngfu fàn jiù zuòdé le. *The rice was done in just a short while.* /天刚才还很好，一就下起雨来了。Tiān gāngcái hái hěn hǎo, ~ jiù xià qǐ yǔ lai le. *The weather was fine a moment ago, but in a very short time it started to rain.* (3)指在很短的时间之后，过一会儿 *in a moment*；*presently*：请等一等，他一就回来。Qǐng děng yi děng, tā ~ jiù huí lai. *Please wait. He'll be back presently.* /一我要去机场接人。~ wǒ yào qù jīchǎng jiē rén. *I'm going to the airport presently to meet someone.* /有事赶紧谈，一他还要去开会。Yǒu shì gǎnjǐn tán, ~ tā hái yào qù kāi huì. *If you have a problem, hurry up and tell him because he'll be going to a meeting in a moment.* /一我就没空儿了。~ wǒ jiù méi kòngr le. *I won't have any free time in a moment.*

【一会儿……一会儿……】yīhuìr …… yīhuìr …… 表示两种以上行为、动作交替进行或两种以上情况交替出现（*indicates alternation between two or more actions or situations*）*now ... now ..., one moment ... the next ...*：这天气一会儿刮风，一会儿下雨，真让人难受。Zhè tiānqi yíhuìr guā fēng, yíhuìr xià yǔ, zhēn ràng rén nánshòu. *It's windy one moment, then it rains the next. This weather is really terrible.* /一会儿开电视，一会儿开收音机，吵得人受不了。Yíhuìr kāi diànshì, yíhuìr kāi shōuyīnjī, chǎo de rén shòu bu liǎo. *One moment he turns the TV on, the next moment he turns the radio on. The noise is really hard to take.* /这孩子一会儿摸摸这，一会儿摸摸那，一会儿搬椅子，一会儿挪桌子，一刻也坐不住。Zhè háizi yíhuìr mōmō zhè, yíhuìr

mōmō nà, yíhuìr bān yǐzi, yíhuìr nuó zhuōzi, yíkè yě dāi bu zhù. *This child keeps grabbing for this one moment, and for that the next. Now he moves the chair, Now he moves the table. He just won't sit still for one second.*

【一技之长】yī jì zhī cháng 某一种技术专长 *proficiency in a particular line*；*professional skill*：他有一，找工作比较容易。Tā yǒu ~, zhǎo gōngzuò bǐjiào róngyì. *He has professional skill so it's easy for him to find work.*

【一见如故】yī jiàn rú gù 第一次见面就相处得亲热、和谐，像老朋友一样 *feel like old friends at the first meeting*

【一见钟情】yī jiàn zhōngqíng 钟情：爱情专注，指男女二人一见面就产生了爱情（钟情：*be deeply in love*）*fall in love at first sight*：爱情电影老是一，真看腻了。Àiqíng diànyǐng lǎoshì ~, zhēn kànnì le. *People always fall in love at first sight in movies with love stories. I'm tired of watching them.*

【一箭双雕】yī jiàn shuāng diāo 一箭射下两只雕。比喻做一件事达到两个目的 *shoot two hawks with one arrow; kill two birds with one stone*：他这次去杭州出差，既完成了工作任务，又探望了母亲，真是一。Tā zhè cì qù Hángzhōu chū chāi, jì wánchéngle gōngzuò rènwu, yòu tànwàngle mǔqin, zhēn shì ~. *When he went to Hangzhou on business this time, he not only completed his work task, but also visited his mother and so was able to kill two birds with one stone.*

【一经】yījīng（副）表示只要经过某步骤、过程或行动（某情况就可能出现），后面常有"就""便"等与之呼应 *as soon as; once (often followed by "就", "便", etc.)*：一解释，误会就会消除。~ jiěshì, wùhuì jiù huì xiāochú. *As soon as you explain, the misunderstanding will be cleared up.* /错误一发现，就要纠正。Cuòwù ~ fāxiàn, jiù yào jiūzhèng. *Mistakes must be corrected as soon as they are detected.* /这方案一讨论通过，便可立即采用。Zhè fāng'àn ~ tǎolùn tōngguò, biàn kě lìjí cǎiyòng. *Once this plan has been discussed and accepted, it can be adopted immediately.* /如偷税漏税，一查出，必要重罚。Rú tōu shuì lòu shuì, ~ cháchū, bì yào zhòng fá. *If you have evaded taxes, you will be heavily penalized once it has been found out.*

【一……就……】yī…… jiù …… (1)表示两件事发生的时间紧接着，可同一主语，也可不同一主语 *as soon as; once; no sooner ... than ...* (*indicates that one action occurs immediately after another; the same subject may or may not be used for both actions*)：她回来把门一插就睡觉了。Tā huílai bǎ mén yì chā jiù shuì jiào le. *She came back and went to bed as soon as she had bolted the door.* / 我一上车，车就开了。Wǒ yí shàng chē, chē jiù kāi le. *No sooner had I got on the bus than it took off.* /他一说，我就明白了。Tā yì shuō, wǒ jiù míngbai le. *As soon as he told me, I understood.* (2)表示在某种条件下，就会产生某种结果（*indicates that a certain result is produced under certain conditions*）：他一着急，脸上就呼呼地冒汗。Tā yì zháo jí, liǎnshang jiù hūhū de mào hàn. *Sweat pours down his face whenever he gets anxious.* /一下雨，门前就成了大水坑。~ xià yǔ, mén qián jiù chéngle dà shuǐkēng. *As soon as it rains, a big puddle forms in front of the door.* /她一吃东西胃就疼。Tā yì chī dōngxi wèi jiù téng. *Every time she eats she gets a stomachache.* (3)表示动作一旦发生，就达到某种程度（*indicates that once an action occurs, it reaches a certain degree*）：这些事，他一说起来就没完没了。Zhèixiē shì, tā yì shuō qǐlai jiù méi wán méi liǎo. *Once he starts talking about these things, he doesn't stop.* /她一买鸡蛋就买一大篮子。Tā yì mǎi jīdàn jiù mǎi yí dà lánzi. *She always buys a large basketful whenever she buys eggs.* / 我们一下棋就得三盘。Wǒmen yí xià qí jiù děi sān pán. *We always end up playing three games whenever we play chess.*

【一举两得】yī jǔ liǎng dé 做一件事，两种好处 *kill two birds*

with one stone; do one thing and obtain several results：在银行存款，～，既利于资金周转，又对个人有利。Zài yínháng cún kuǎn，～，jì lìyú zījīn zhōuzhuǎn，yòu duì gèrén yǒulì. One can kill two birds with one stone by depositing money in a bank：not only is this profitable for circulating funds，but it's also advantageous to the individual. /私人办企业，不但有利于个人，又为社会提供了就业机会，是～的事。Sīrén bàn qǐyè，búdàn yǒulì yú gèrén，yòu wèi shèhuì tígōngle jiù yè jīhuì，shì ～ de shì. Running a private enterprise not only has advantages for the individual，but also provides society with employment opportunities. It's something that can kill two birds with one stone. /老年人养些花草，既美化环境，同时锻炼了身体，可以说～。Lǎonián rén yǎng xiē huācǎo，jì měihuà huánjìng，tóngshí duànliànle shēntǐ，kěyǐ shuō ～. When elderly people grow flowers and plants，they not only help to embellish the environment but also get some exercise. It can be said that they're killing two birds with one stone.

【一蹶不振】yī jué bù zhèn 蹶：跌跤；振：振作。一跌倒就再也爬不起来了。比喻一遭到挫折就再也振作不起来（蹶：fall；振：display vigour）fall and never get up again — collapse after one setback；never be able to recover after a setback

【一孔之见】yī kǒng zhī jiàn 孔：小洞。从一个小洞里所看到的。比喻狭隘、片面的看法、见解（多用来表示自谦）（孔：a small hole）view from a peephole — a narrow (or limited) view；a parochial view (usu. used to indicate self-effacement)：上面所谈的，是我的～，请大家指正。Shàngmiàn suǒ tán de，shì wǒ de ～，qǐng dàjiā zhǐzhèng. What I've said is but my own parochial view. Please oblige me with your valuable comments. /我们的这些看法，很可能是～，只供参考。Wǒmen de zhèxiē kànfǎ，hěn kěnéng shì ～，zhǐ gōng cānkǎo. These views of ours are most probably limited，to be used for reference only.

【一口】yìkǒu（副）(1)用在"咬定"等词语前，表示口气坚决，不肯改变（when used before words such as "咬定"，etc. indicates a resolute tone of voice) with certainty：他～咬定是我砸的杯子。Tā ～ yǎodìng shì wǒ zá de bēizi. He firmly insists that I smashed the glass. /你怎么能～咬定钥匙是他弄丢的呢? Nǐ zěnme néng ～ yǎodìng yàoshi shì tā nòngdiū de ne? How can you assert with certainty that he is the one who lost the key? (2)用在"答应"等词语前，表示应允得干脆、痛快（when used before words such as "答应"，etc.，indicates ready agreement) readily：小高～答应帮我买飞机票。Xiǎo Gāo ～ dāying bāng wǒ mǎi fēijī piào. Xiǎo Gāo readily agreed to help me buy a plane ticket. /我提的要求，她～答应下来了。Wǒ tí de yāoqiú，tā ～ dāying xialai le. She readily agreed to my request.

【一口气】yī kǒu qì (1)一口气息 one breath：喘～ chuǎn ～ gasp for breath /歇～ xiē ～ take a breather /病人垂危，只剩～。Bìngrén chuíwēi，zhǐ shèng ～ le. The patient was critically ill and only had one last breath left in him. /只要还有～，就不停手中的笔。Zhǐyào hái yǒu ～，jiù bù tíng shǒu zhōng de bǐ. As long as there's a breath left in me，I won't stop the pen in my hand. (2)(短时间内)不停顿地(做某事)，多作状语(do sth. in one breath) without a break；in one go；at a stretch (often used as an adverbial)：他～唱了三支歌。Tā ～ chàngle sān zhi gē. He sang three songs without a break. /我～喝了一大碗酒。Wǒ ～ hēle yí dàwǎn jiǔ. I drank a large bowl of wine in one go. /这本书我～读完了。Zhè běn shū wǒ ～ dúwán le. I read this book in one stretch.

【一块儿】yīkuàir（名）同一个地方；同一处 in the same place；together：书和书包放在～。Shū hé shūbāo fàng zài ～. The books and satchel are in the same place. /小时候他俩总在～。Xiǎo shíhou tā liǎ zǒng zài ～. Those two were always together when they were small. /我们四个人是～的。Wǒmen sì ge rén shì ～ de. The four of us are together. /远处的大海和蓝天连在～了。Yuǎnchù de dà hǎi hé lán tiān lián zài ～ le. The sea and the blue sky meet together in the distance. (副)两个或两个以上的人或事物同时在一起(行动或受到同样处理)；所说的人或事物多半在"一块儿"前出现 together；at the same time (the people or things to which "一块儿" refers usu. appear before it)：我们大家～座谈座谈。Wǒmen dàjiā ～ zuòtán zuòtán. Let's have an informal discussion together. /昨天～来了好几位客人。Zuótiān ～ láile hǎo jǐ wèi kèrén. Several guests came at the same time yesterday. /你把这几盆花儿也～搬走。Nǐ bǎ zhè jǐ pén huār yě ～ bānzǒu. Move these several pots of flowers at the same time. /这几件事～解决吧! Zhè jǐ jiàn shì ～ jiějué ba! Resolve all these matters at the same time. /我想跟你们～走。Wǒ xiǎng gēn nǐmen ～ zǒu. I would like to go together with you.

【一来……二来……】yīlái …… èrlái …… 用来列举原因、目的、理由等 (used to enumerate cause，reasons，goals，etc.) in the first place ... in the second place ... ; ... for one thing ... for another ...：他躺下就睡着了，一来昨晚睡得太晚了，二来今天干了一天活儿，实在太累了。Tā tǎngxia jiù shuìzháo le，yīlái zuó wǎn shuì de tài wǎn le，èrlái jīntiān gànle yì tiān huór，shízài tài lèi le. He fell asleep as soon as he lay down. He was really overtired because，for one thing，he went to bed very late last night，and for another，he worked all day today. /她这次回家，一来探望父母，二来给弟弟办喜事。Tā zhè cì huí jiā，yīlái tànwàng fùmǔ，èrlái gěi dìdi bàn xǐshì. She came back home this time to see her parents for one thing，and to celebrate her younger brother's wedding for another. /我没买那件衣服，一来颜色不好，二来价钱太贵。Wǒ méi mǎi nà jiàn yīfu，yīlái yánsè bù hǎo，èrlái jiàqián tài guì. I didn't buy that jacket. In the first place，it wasn't a good colour，in the second place，it was too expensive.

【一览表】yīlǎnbiǎo（名）展示总的概况的表格 general table；schedule：旅馆房间价目～ lǚguǎn fángjiān jiàmù ～ a hotel room price list

【一揽子】yīlǎnzi（形）不加区别和选择地把各种各类的事物都放在一起 wholesale；package：～计划 ～ jihuà package plan /他坚持这几个问题～解决。Tā jiānchí zhè jǐ ge wèntí ～ jiějué. He adheres to a package solution for these problems.

【一劳永逸】yī láo yǒng yì 辛苦地干一回，就永久地免去麻烦和劳累 get sth. done once and for all (so as to avoid further trouble or being overworked)；to hold good for all time；to be efficacious forever：彻底治理好河道，免除水患威胁，这是～的事。Chèdǐ zhìlǐ hǎo hédào，miǎnchú shuǐhuàn wēixié，zhè shì ～ de shì. To prevent the threat of a flood the river should be harnessed once and for all. /学习一门专业，打好基础十分重要，可以～。Xuéxí yì mén zhuānyè，dǎhǎo jīchǔ shífēn zhòngyào，kěyǐ ～. When studying a specialized field，laying a foundation is extremely important. It can help you out for all time. /对青少年的教育工作不可能是～的。Duì qīngshàonián de jiàoyù gōngzuò bù kěnéng shì ～ de. It's impossible to educate young people in a just one go.

【一连】yīlián（副）表示同一动作或情况持续不断地发生或接连出现，后面必有数量短语 (must be followed by a numeral measure word phrase) in a row；in succession；on end：早上陈老先生～打了三遍太极拳。Zǎoshang Chén lǎo xiānsheng ～ dǎle sān biàn tàijíquán. Old Mr. Chen did three taijiquan exercises in a row this morning. /～刮了五天西北风。～ guāle wǔ tiān xīběifēng. A northwest wind

blew for five days on end. /他～去了三次医院。Tā ～ qùle sān cì yīyuàn. *He went to the hospital three times in a row.* /我昨天～问了四五个人，都不知道那个地方在哪儿。Wǒ zuótiān ～ wènle sì-wǔ gè rén, dōu bù zhīdào nàge dìfang zài nǎr. *I asked four or five people in succession yesterday, but none knew where that place was.*

【一连串】yīliánchuàn（形）（行动、事情）一个紧接一个，一般作定语或状语 (*of sb.'s behaviour or of a matter) a succession of; a series of; a string of; a chain of*：～的好消息 ～ de hǎo xiāoxi *a string of good news*/～的咳嗽声 ～ de késou shēng *a succession of coughing sounds* /脑子里出现了～的问号。Nǎozi li chūxiànle ～ de wènhào. *A series of question marks appeared in my mind.* / 门前一停着十几辆小汽车。Mén qián ～ tíngzhe shí jǐ liàng xiǎo qìchē. *More than ten cars stopped in succession in front of the door.* /他～向我提出了好几个问题。Tā ～ xiàng wǒ tíchūle hǎo jǐ gè wèntí. *He put forward a series of questions for me.*

【一鳞半爪】yī lín bàn zhǎo 龙在云中，东露一鳞，西露一爪，不见全身。比喻仅仅是事物的一部分。也比喻零星片断的事物 *amidst the clouds appear a dragon's scales here, a claw there (but not the whole body) — odd bits; fragments*

【一路】yīlù（名）（1）在整个行程中或在整个过程中 *all the way; through out the journey*：～顺风 ～ shùnfēng *a pleasant journey* /从车站到家，俩人谈了～。Cóng chēzhàn dào jiā, liǎ rén tánle ～. *Those two talked all the way from the train station to home.* /～上，我们有许多见闻。～ shang, wǒmen yǒu xǔduō jiànwén. *We saw and heard a lot throughout our journey.* / 从比赛开始到结束，客队～领先。Cóng bǐsài kāishǐ dào jiéshù, kèduì ～ lǐng xiān. *The visiting team was in the lead all the way from the beginning of the competition to the end.*（2）同一种（多含贬义）*of the same kind (has a derogatory meaning)*：～货 ～ huò *birds of a feather* /～药 ～ yào *medicine of the same kind* /他俩同属～。Tā liǎ tóng shǔ ～. *Those two belong to one of a kind.*（3）一道，一起（来、去、走）*go (or come, walk) together*：他们是～来的。Tāmen shì ～ lái de. *They came together.* /我也去剧场，咱们～走。Wǒ yě qù jùchǎng, zánmen ～ zǒu. *I'm also going to the theatre. Let's go together.*

【一路平安】yīlù píng'ān 在整个旅途上平稳、安全，没有危险和事故。对出远门的人说的祝福的话 *Have a pleasant journey; Have a good trip; Bon voyage*：祝你～！Zhù nǐ ～！*I wish you a pleasant journey!*

【一路顺风】yīlù shùnfēng 在整个行程中处处顺利，没有险阻。对出远门的人说的祝福的话 *Have a safe trip; Bon voyage!*

【一律】yīlù（形）一种样子；相同。一般不作定语 *same; alike; uniform (not usu. used as an attributive)*：各人有各人的爱好，不能强求～。Gè rén yǒu gè rén de àihào, bù néng qiángqiú ～. *Everybody has his own interests. No uniformity should be sought.* /工具书～不准借出图书馆。Gōngjùshū ～ bù zhǔn jièchū túshūguǎn. *No reference books are allowed to be taken out of the library.* /没有特殊原因，～不许请假。Méi yǒu tèshū yuányīn, ～ bù xǔ qǐng jià. *No one is permitted to ask for leave without a special reason.* /出入校门，～出示证件。Chūrù xiàomén, ～ chūshì zhèngjiàn. *All must produce their papers when going to and out of the school gate.*

【一落千丈】yī luò qiān zhàng 形容大幅度地下降（多作谓语）*drop a thousand zhang in one fall — decline rapidly; suffer a steep decline (often used as a predicate)*：学习成绩～。Xuéxí chéngjì ～. *His academic record is declining rapidly.* /他的威信～。Tā de wēixìn ～. *His prestige is declining rapidly.* / 社会地位～。Shèhuì dìwèi ～. *His position in society suffered a disastrous decline.* /考研究生没被录

取，他的情绪～。Kǎo yánjiūshēng méi bèi lùqǔ, tā de qíngxù ～. *He was not admitted after taking the entrance exam for graduate school so his mood declined rapidly.*

【一马当先】yī mǎ dāng xiān 形容（在工作或竞赛中）一个人、一个团体走在前头，处于领先地位 (*at work or in a competition) take the lead; be in the forefront*：今年他们工厂～，创造了生产新记录。Jīnnián tāmen gōngchǎng ～, chuàngzàole shēngchǎn xīn jìlù. *Their factory took the lead this year, setting a record for production.* /五号运动员～，首先跑完了全程。Wǔ hào yùndòngyuán ～, shǒuxiān pǎowánle quánchéng. *Runner no. 5 took the lead and was the first to run the whole course.* /他在工作中～，带动了全组科研人员。Tā zài gōngzuò zhōng ～, dàidònge quán zǔ kēyán rényuán. *He was in the forefront at work and brought along the whole group of scientific research personnel.*

【一马平川】yī mǎ píng chuān 非常平的平地 *a wide expanse of flat land; flat country*

【一脉相承】yī mài xiāng chéng 由一个血统或一个派别传下来（多指学说或思想、观点等）*come down in one continuous line; can be traced to the same origin (usu. refers to a doctrine, ideology, viewpoint. etc.); in the same strain*：师徒俩～，都注重中国画传统画法的研究。Shītú liǎ ～, dōu zhùzhòng Zhōngguó huà chuántǒng huàfǎ de yánjiū. *The apprentice is the master's successor and they both attach importance to the study of traditional painting methods in Chinese paintings.* / 他们父子～，都崇信孔子的学说。Tāmen fùzǐ ～ dōu chóngxìn Kǒngzǐ de xuéshuō. *The son continued in the same strain as his father, worshipping the doctrine of Confucius.* / 他与进化论创始人的观点是～的。Tā yǔ jìnhuàlùn chuàngshǐrén de guāndiǎn shì ～ de. *His viewpoint comes from a line that can be traced to the originators of the theory of evolution.*

【一脉相传】yī mài xiāng chuán 同"一脉相承"yī mài xiāng chéng *same as "一脉相承"yī mài xiāng chéng*

【一毛不拔】yī máo bù bá 形容人极为吝啬，不肯为别人花费一点钱财 *unwilling to give up even a hair — very stingy*

【一面】yīmiàn（名）物体的几个面之一 *one side; one aspect*：苹果向阳的～先红起来。Píngguǒ xiàng yáng de ～ xiān hóng qilai. *The side of the apples that faced the sun turned red first.* /纸的这～很光滑。Zhǐ de zhè ～ hěn guānghuá. *This side of the paper is very glossy.* /他的这种想法有正确的～，也有错误的～。Tā de zhè zhǒng xiǎngfǎ yǒu zhèngquè de ～, yě yǒu cuòwù de ～. *This outlook of his has both correct and incorrect aspects to it.* /会上大家的意见成为～倒的形势，问题很快就解决了。Huì shàng dàjiā de yìjiàn chéngwéi ～ dǎo de xíngshì, wèntí hěn kuài jiù jiějué le. *Everybody shifted his opinion to one side at the meeting so the problem was quickly resolved.*

【一面……一面……】yīmiàn……yīmiàn…… 表示两种动作同时进行；前一个"一面"有时可省略 (*the first "一面" can sometimes be omitted); indicates that two actions occur simultaneously) at the same time; simultaneously; while*：体育老师一面讲解，一面作示范动作。Tǐyù lǎoshī yímiàn jiǎngjiě, yímiàn zuò shìfàn dòngzuò. *The gym teacher demonstrated the actions while explaining them.* /他在国外一面读书，一面做工来维持自己的生活。Tā zài guó wài yímiàn dú shū, yímiàn zuò gōng lái wéichí zìjǐ de shēnghuó. *He is working to support himself while studying abroad.* /她one着人群一面向车上挤，一面回过头来说：你们都回去吧，再见！Tā suízhe rénqún yímiàn xiàng chē shang jǐ, yímiàn huí guò tóu lai shuō: nǐmen dōu huíqu ba, zài jiàn! *As she crowded onto the bus, she turned her head and said: "You all go back now. Goodbye!"*

【一面之词】yī miàn zhī cí 矛盾着的双方的一个方面的话 *the*

statement of only one of the parties to a dispute; a one-sided statement: 你不能听他～，就作出处理的决定。Nǐ bù néng tīng tā ～, jiù zuòchū chǔlǐ de juédìng. *You can't just listen to his side of the dispute and then make a decision on how to handle it.*

【一面之交】yī miàn zhī jiāo 只见过一次面的交情 *have met only once*: 我和李同志只是～，互相不了解。Wǒ hé Lǐ tóngzhì zhǐ shì ～, hùxiāng bù liǎojiě. *Comrade Li and I have met only once so we're not well acquainted with each other.*

【一鸣惊人】yī míng jīng rén 比喻一下子做出使人震惊的成绩来 *amaze the world with a single brilliant feat; set the world on fire*: 这项发明使他～。Zhè xiàng fāmíng shǐ tā ～. *He amazed the world with this invention.* / 平时不注意积累生活，怎么能写出～的作品来呢! Píngshí bú zhùyì jīlěi shēnghuó, zěnme néng xiě chū ～ de zuòpǐn lai ne! *You don't usually pay attention to accumulating life experience, so how can you possibly write something that will set the world on fire?* / 工作不努力，可是总想～，这是办不到的! Gōngzuò bù nǔ lì, kěshì zǒng xiǎng ～, zhè shì bàn bu dào de! *You always want to amaze the world with a single brilliant feat, but you don't work hard. You will never do it.*

【一模一样】yī mú yī yàng 完全相同 *exactly alike*: 我们俩的钢笔～。Wǒmen liǎ de gāngbǐ ～. *Our pens are exactly alike.* / 这一对兄弟长得～。Zhè yí duì xiōngdì zhǎng de ～. *These two brothers are the spitting image of each other.*

【一目了然】yī mù liǎorán 一下子就看清楚或看明白了 *be clear at a glance*

【一目十行】yī mù shí háng 形容(看书)看得极快(when reading) take in ten lines at a glance — read rapidly: 他简直是～，一上午看了一本200页的小说。Tā jiǎnzhí shì ～, yí shàngwǔ kànle yì běn èrbǎi yè de xiǎoshuō. *He was simply taking in ten lines at a glance and in one morning read a two-hundred page novel.*

【一年半载】yī nián bàn zǎi 半年到一年之间的时间 *half a year or so*; *in about a year*

【一年到头】yī nián dào tóu 从年初到年终; 整年 *throughout the year*; *all year round*: 他～几乎都在野外工作。Tā ～ jīhū dōu zài yěwài gōngzuò. *He works in the field practically all year round.*

【一念之差】yī niàn zhī chā 差: 错。一个念头错了(差: mistake) a wrong decision made on the spur of the moment (often with serious consequences); a momentary slip: 当初是～, 报考了这个我并不喜欢的专业。Dāngchū shì ～, bàokǎole zhège wǒ bìng bù xǐhuan de zhuānyè. *At that time it was a wrong decision made on the spur of the moment. I entered myself for an examination in a profession I don't even like.*

【一盘散沙】yī pán sǎn shā 比喻同在一个范围内的人彼此不团结、力量分散, 组织不起来(like) a sheet of loose sand — (of people within the same surroundings) in a state of disunity: 一个大国屡受小国欺侮, 原因就在于前者像～。Yí ge dà guó lǚ shòu xiǎo guó qīwǔ, yuányīn jiù zàiyú qiánzhě xiàng ～. *When a great nation is repeatedly bullied by a small nation, the reason is that the former is in a state of disunity.* / 军队要有严明的纪律, 不能成为～。Jūnduì yào yǒu yánmíng de jìlǜ, bù néng chéngwéi ～. *An army must be highly disciplined. It cannot get into a state of disunity.* / 球队要是～, 队员的个人技术再好也不行。Qiúduì yàoshi ～, duìyuán de gèrén jìshù zài hǎo yě bù xíng. *Even if the individual skill of each team member were the highest, a ball team can't work if it's in a state of disunity.*

【一旁】yīpáng (名) *one side*: 他坐在书桌前, 一个学生站在～和他谈话。Tā zuò zài shūzhuō qián, yí ge xuéshēng zhàn zài ～ hé tā tán huà. *He sat in front of the desk and a student stood by oneside talking to him.* / 屋子正中有一张床, ～放了一把椅子。Wūzi zhèngzhōng yǒu yì zhāng chuáng,

～放了一把椅子。There's a bed right in the middle of the room and a chair had been placed to one side of it. / 大家都争论起来, 他坐在～一言不发。Dàjiā dōu zhēnglùn qilai, tā zuò zài ～ yì yán bù fā. *Everybody started to argue while he just sat by one side, not saying a word.*

【一瞥】yīpiē (动) 用眼一看, 常比喻很短的时间 *a quick glance*: 她朝他～, 马上转过脸去。Tā cháo tā ～, mǎshàng zhuǎn guò liǎn qu. *She gave him a quick glance and then immediately turned her face away.* / 在～之间, 我察觉到她的不安。Zài ～ zhī jiān, wǒ chájué dào tā de bù'ān. *I perceived her uneasiness at a glance.* (名) 一眼可以看到的概况(多用于文章题目) a glimpse of sth.; a brief survey (often used in titles for articles): 《蛇岛～》《Shé Dǎo ～》A Glimpse of Snake Island / 《市场～》《Shìchǎng ～》A Brief Survey of the Market

【一贫如洗】yī pín rú xǐ 穷得什么都没有 *penniless; in utter destitution*

【一抔黄土】yī póu huángtǔ 抔: 用手捧。(1) 一捧黄土, 比喻极微贱的东西、渺小的反动势力(抔: hold sth. with cupped hands) a handful of yellow earth — sth. utterly insignificant (2) 坟墓 *grave*

【一暴十寒】yī pù shí hán 暴: 晒。晒一天, 冻十天。比喻做事常间断, 没有恒心。(暴: shine) warm and shiny for one day and cold for ten — work hard for one day and do nothing for ten; work by fits and starts: 锻炼身体要持之以恒, ～是不会收到效果的。Duànliàn shēntǐ yào chí zhī yǐ héng, ～ shì bú huì shōudào xiàoguǒ de. *One must persevere when exercising. Just exercising by fits and starts won't have any effect.*

【一齐】yīqí (副) (1) 同 "一块儿" yīkuàir, 但不如 "一块儿" 口语化 same as "一块儿" yīkuàir (but not as colloquial): 十几个战士端着枪～往山上冲。Shí jǐ ge zhànshi duānzhe qiāng ～ wǎng shān shang chōng. *A dozen or so soldiers carried their rifles and made a dash for the hilltop together.* / 话音刚落, 全场一鼓起掌来。Huàyīn gāng luò, quán chǎng ～ gǔ qǐ zhǎng lai. *He had hardly finished speaking when the entire audience started to applaud.* / 大家～动手消灭苍蝇。Dàjiā ～ dòng shǒu xiāomiè cāngying. *Let's all set to work together to get rid of the flies.* (2) 有时特别强调同一时间, 并不是同一地点(sometimes specially emphasizes the same time, not the same place) simultaneously; at the same time: 霎时间, 村东村西～放起鞭炮来。Shàshíjiān, cūn dōng cūn xī ～ fàng qǐ biānpào lai. *Within a split second, firecrackers were set off simultaneously all over the entire village.* / 人群从四面八方～拥向广场。Rénqún cóng sì miàn bā fāng ～ yōng xiàng guǎngchǎng. *Crowds came from all directions and converged on the square at the same time.*

【一起】yīqǐ (名) 同 "一块儿" yīkuàir (名) same as "一块儿" yīkuàir (名) (副) 同 "一块儿" yīkuàir (副) same as "一块儿" yīkuàir (副)

【一气呵成】yīqì hē chéng (1) 比喻(写文章、做事情等)中间不停顿, 一下子完成(when writing an article, doing sth, etc.) get sth. done at one go; accomplish sth. without any interruption or letup (2) 赞美文章、作品等全篇气势贯通(of a piece of writing) form a coherent whole; make smooth reading (a form of praise)

【一窍不通】yī qiào bù tōng 比喻一点儿也不懂 *know nothing about (a subject); be utterly ignorant of; lack the slightest knowledge of*: 我对计算机是～。Wǒ duì jìsuànjī shì ～. *I now nothing about computers.*

【一切】yīqiè (形) 所有的, 全部的 *all; every; everything*: 赔偿—损失 péicháng ～ sǔnshī *compensate for every loss* / 团结—爱国者 tuánjié ～ àiguózhě *unite all patriots* / ～手续都办完了。～ shǒuxù dōu bànwán le. *All formalities have*

been dealt with. /～后果由本人负责。～ hòuguǒ yóu běnrén fùzé. *I'm responsible for all consequences.*（代）所有的、全部的事物 all；everything：我了解他的～。Wǒ liǎojiě tā de ～. *I fully understand him.* /这～证明地球是圆的。Zhè ～ zhèngmíng dìqiú shì yuán de. *All this proves that the earth is round.* /已经准备好了～，只等客人到来。Yǐjīng zhǔnbèi hǎole ～, zhǐ děng kèrén dàolái. *Everything is ready. We're just waiting for the arrival of the guests.* /国家和人民的利益高于～. Guójiā hé rénmín de lìyì gāoyú ～. *The interests of the state and the people are more important than anything.*

【一穷二白】yī qióng èr bái 形容贫困、落后，经济基础薄弱，缺乏科学文化 poor and blank；backward both economically and culturally：～的状况 ～ de zhuàngkuàng poor and blank circumstances/ ～的面貌 ～ de miànmào a state of poverty and blankness/帮助～的地区发展经济 bāngzhù ～ de dìqū fāzhǎn jīngjì help the areas of poverty and blankness to develop economically/ 过去这里是～. Guòqù zhèlǐ shì ～. *This was a place of poverty and blankness in the past.*

【一丘之貉】yī qiū zhī hé〈贬〉同一个山里的貉。比喻同属一类的坏人 jackals from the same lair — to be cut from the same cloth；birds of a feather

【一去不复返】yī qù bù fù fǎn 一旦离去就再也不回来了。形容事情过去，不会再重新出现（of an event, a matter, etc.）be gone never to return；be gone forever：他一个人说了算的日子～了。Tā yí ge rén shuōle suàn de rìzi ～ le. *The days when he alone has the final say are gone forever.*

【一日千里】yī rì qiān lǐ 形容发展的速度非常快 a thousand li a day — at a tremendous pace；by leaps and bounds；with giant strides：经济的发展。Jīngjì de fāzhǎn. *Economic development is advancing by leaps and bounds.* /教育事业～地向前发展。Jiàoyù shìyè ～ de xiàng qián fāzhǎn. *The cause for education is forging ahead at a tremendous pace.* /家乡的各项事业真是～. Jiāxiāng de gè xiàng shìyè zhēn shì ～. *Every undertaking in my hometown is really developing with giant strides.* / 城市的面貌～地改变着。Chéngshì de miànmào ～ de gǎibiànzhe. *The features of cities are changing at a tremendous pace.*

【一日三秋】yī rì sān qiū 秋：指一季或一年；三秋：指三年。虽然一天没见面，就像隔了三年一样，表示离别后非常想念（秋：a season or a year；三秋：three years）one day (away from a dear one) seems like three years

【一如既往】yī rú jì wǎng 完全像过去那样 just as in the past；as before；as always：我们将～地支持他们。Wǒmen jiāng ～ de zhīchí tāmen. *We will as in the past support them.* / 两国人民将～，努力发展友好关系。Liǎng guó rénmín jiāng ～, nǔ lì fāzhǎn yǒuhǎo guānxi. *The people of both countries will, as always, make great efforts to develop friendly relations.* / 虽然有过矛盾，但是我们～，还是好朋友。Suīrán yǒuguo máodùn, dànshì wǒmen ～, hái shì hǎo péngyou. *Although we've had our differences we're still, as always, good friends.*

【一扫而光】yī sǎo ér guāng 比喻一下子彻底清除干净 make a clean sweep；clear off；finish off；get rid of sth. lock, stock and barrel：大风吹过，空中的乌云～. Dà fēng chuī guò, kōngzhōng de wūyún ～. *A strong wind came and swept the dark clouds away.* /听他一解释，我脑子里的疑团～了。Tīng tā yī jiěshì, wǒ nǎozi li de yítuán ～ le. *As soon as I heard him explain, all doubts and suspicions in my mind were swept away.* / 洗个热水澡，一天的疲劳～。Xǐ ge rè shuǐ zǎo, yì tiān de píláo ～. *A hot shower will clear away a day's fatigue.* /当看见自己天真活泼的孩子时，烦恼就会～。Dāng kànjiàn zìjǐ tiānzhēn huópo de háizi shí, fánnǎo jiù huì ～. *When I see my own lively child, my worries are swept away.*

【一霎】yīshà（名）极短的时间 an instant；a moment：她～变了脸色。Tā ～ biànle liǎnsè. *In a flash her expression changed.* 也说"一霎时"can also be said as "一霎时"

【一生】yīshēng（名）同"一辈子"yībèizi same as "一辈子" yībèizi

【一声不响】yī shēng bù xiǎng 形容没有发出一点儿声音来 not make a sound；not utter (or say) a word；in silence：他整天～，只是看书。Tā zhěngtiān ～, zhǐ shì kàn shū. *He spent the whole day just reading a book in silence.*

【一时】yīshí（名）(1)一会儿，短时间 a short time；a little while；temporary：～半会儿 ～ bànhuìr a little while /～一刻 ～ yīkè for a single moment /你得注意休息，用功也不在～。Nǐ děi zhùyì xiūxi, yònggōng yě bú zài ～. *You have to take care to rest too. Hard work is not done in just a short while.* /实验室在做实验，～也不能离人。Shíyànshì zài zuò shíyàn, ～ yě bù néng lí rén. *There's an experiment going on in the laboratory. Someone must always be there.* /这～的困难，以后会好的。Zhè shì ～ de kùnnan, yǐhòu huì hǎo de. *This difficulty is only temporary and will get better later.* (2)暂时；目前短时间内（多作状语，用在否定形式前）momentary；for the time being；at the moment (used before a negative form, usu. as an adverbial)：他们～还来不了。Tāmen ～ hái lái bu liǎo. *They can't come at the moment.* /这些材料～用不上。Zhèxiē cáiliào ～ yòng bu shàng. *These materials are of no use for the time being.* / 这种东西我见过，但～想不起名字来。Zhè zhǒng dōngxi wǒ jiànguo, dàn ～ xiǎng bu qǐ míngzi lai. *I've seen this kind of thing before, but I can't think of the name right at the moment.* (3)一个时期 a period of time；风行～ fēngxíng ～ be popular for a while；猖獗～ chāngjué ～ run wild for some time；显赫～ xiǎnhè ～ be celebrated for a period of time/此～，彼～. Cǐ ～, bǐ ～. *Times have changed.* (4)偶然（发生），多作状语 (to occur) accidentally；by chance (usu. used as an adverbial)：他～高兴，喝了几杯酒就醉了。Tā ～ gāoxìng, hēle jǐ bēi jiǔ jiù zuì le. *He just happened to be happy and got drunk after a few glasses of wine.* /不要～心血来潮学起法语来，又不坚持下去。Búyào ～ xīnxuè láicháo xué qǐ Fǎyǔ lai, yòu bù jiānchí xiaqu. *Don't be seized by a whim to study French and then not persevere with it.*

【一时……一时……】yīshí…… yīshí…… 表示不同的动作、状态,在某时间内交替进行或出现 (indicates an alternation between two different actions, circumstances, etc.) now ... now ...；one moment ... the next ...：他一时同意一时反对，真叫人没法办。Tā yìshí tóngyì yìshí fǎnduì, zhēn jiào rén méi fǎ bàn. *I really don't know what to do. One moment she agrees, the next she doesn't.* /他一时要这个，一时要那个，净捣乱。Tā yìshí yào zhège, yìshí yào nàge, jìng dǎo luàn. *One moment he wants this, the next he wants that. He's nothing but trouble.* /小李一时想学英语，一时想学日语，没个准儿。Xiǎo Lǐ yìshí xiǎng xué Yīngyǔ, yìshí xiǎng xué Rìyǔ, méi ge zhǔnr. *One moment Xiao Li wants to learn English, the next he wants to learn Japanese. He can't make up his mind.*

【一事无成】yī shì wú chéng 连一件事情也没做成或连一件事情也做不成 accomplish nothing；get nowhere；not get one thing done

【一视同仁】yī shì tóng rén 不管任何人都一样看待，没有厚薄的区别 treat equally without discrimination；to extend the same treatment to all

【一手】yīshǒu（副）表示单独，一个人（做某事）(do sth.) single-handedly；all by oneself；all alone：这个干部是他～提拔起来的。Zhège gànbù shì tā ～ tíbá qilai de. *He was the one who promoted this cadre single-handedly.* / 这个案件是他～策划的。Zhège ànjiàn shì tā ～ cèhuà de. *He single-*

handedly plotted this case. /这个青年～办起了个养鸡场。Zhège qīngnián ～ bànqǐle ge yǎngjīchǎng. *This youth set up a chicken farm all by himself.*

【一手包办】yīshǒu bāobàn (不应该或不一定要负全责的)一个人、或少数人作主并操办,不让别人参与 *be stage-managed by; control exclusively; be entirly handled by* (*sb, who shouldn't be responsible or is not necessarily so*):你放心吧!婚礼的准备工作,我替你～了。Nǐ fàng xīn ba! hūnlǐ de zhǔnbèi gōngzuò, wǒ tì nǐ ～ le. *You can rest assured! I'll take care of all the wedding preparations for you.*

【一手遮天】yī shǒu zhē tiān 〈贬〉依仗权势,玩弄手法,掩盖事实真相,一个人说了算 *shut out the heavens with one hand — hide the truth from the masses; to hoodwink public opinion*

【一顺儿】yīshùnr (形)同一个方向或顺序 *all going in the same direction or in the same order*:这两只鞋是～的,不能穿。Zhè liǎng zhī xié shì ～ de, bù néng chuān. *I can't wear these shoes, they're both the same foot.* / 这些盆花～摆开,真好看。Zhèxiē pén huār ～ bǎikāi, zhēn hǎokàn. *These potted plants are so pretty in their neat rows.*

【一丝不苟】yī sī bù gǒu 形容做事认真,一点儿也不马虎 *not be the least bit negligent; be meticulously attentive and conscientious*:他作学问～。Tā zuò xuéwèn ～. *He is very scrupulous about doing research.* /学习他对待工作～的精神。Xuéxí tā duìdài gōngzuò ～ de jīngshén. *Learn from his spirit of doing everything carefully.* /不管做什么事,他都是～。Bùguǎn zuò shénme shì, tā dōu shì ～. *No matter what he does, he's always meticulously conscientious about it.*

【一丝不挂】yī sī bù guà 形容人没穿衣服,赤身裸体 *not have a stitch on; be stark naked*

【一塌糊涂】yī tà hútú (混乱、肮脏、无秩序等状况)程度极深,达到了不可收拾的地步 (*of a chaotic, filthy or disorderly situation, etc.*) *in a complete mess; in a terrible state*:书架多日没整理了,乱得～。Shūjià duō rì méi zhěnglǐ le, luàn de ～. *The bookshelf hasn't been tidied up for several days and is in a terrible mess.* /这个厂的工作～,已经停产整顿了。Zhège chǎng de gōngzuò ～, yǐjīng tíng chǎn zhěngdù le. *The work in this factory is in an awful state. Production has already been stopped for rectification.*

【一天到晚】yī tiān dào wǎn 从早到晚;整天 *from morning till night; all day long*:他～不在家,不知忙些什么。Tā ～ bú zài jiā, bù zhī máng xiē shénme. *He's away from home all day long, busy doing I don't know what.*

【一条心】yī tiáo xīn 想法、意愿等完全一致 *be of one mind; be at one*:母女～ Mǔnǚ ～ *mother and daughter are of one mind* /全厂上下～。Quán chǎng shàngxià ～. *The leadership and the rank and file of the entire factory are of one mind.* /领导和群众～,才能把企业办好。Lǐngdǎo hé qúnzhòng ～, cái néng bǎ qǐyè bànhǎo. *Only if the leaders and masses are of one heart and one mind can businesses be run well.* / 只要大家～,就没有克服不了的困难。Zhǐyào dàjiā ～, jiù méi yǒu kèfú bu liǎo de kùnnan. *As long as everyone is of one mind, there's no difficulty that can't be overcome.*

【一同】yītóng (副)同"一块儿" yīkuàir, 不如"一块儿"口语化 *same as* "一块儿" *yíkuàir, but not as colloquial*:我们～进了晚餐。Wǒmen ～ jìnle wǎncān. *We had supper together.* /他们匆匆披上雨衣,～出去了。Tāmen cōngcōng pīshang yǔyī, ～ chūqu le. *They hastily threw on raincoats and went out together.* /这次他特意回国,与家人～欢度春节。Zhè cì tā tèyì huí guó, yǔ jiā rén ～ huāndù Chūnjié. *He came back to his country this time to specially celebrate the Spring Festival together with his family.*

【一头】yītóu (副)表示动作猛或急 *directly; headlong*:有些大学生往往～钻到书堆里,对外面的世界不闻不问。Yǒuxiē dàxuéshēng wǎngwǎng ～ zuāndào shū duī li, duì wàimiàn de shìjiè bù wén bú wèn. *Some university students bury their heads in a pile of books and are indifferent to the outside world.* /他回到家,扔下书包,便～倒在床上了。Tā huídào jiā, rēngxia shūbāo, biàn ～ dǎo zài chuáng shang le. *He went home, threw down his bookbag, then fell headlong onto the bed.* /孩子～扑到妈妈怀里,呜呜地哭起来。Háizi ～ pūdào māma huái li, wūwū de kū qilai. *The child threw directly into his mother's arms and started to sob.*

【一团和气】yī tuán héqì 不讲原则,不问是非,一味地保持和和气气的关系 *keep on good terms with everybody at the expense of principle; maintain harmony all round*

【一团糟】yītuánzāo (形)非常混乱、糟糕 *in a complete mess; hopelessly chaotic*:敌人被打得～。Dírén bèi dǎ de ～. *The enemy was utterly routed after its defeat.* /我们刚搬家,屋子里～,简直进不去人。Wǒmen gāng bān jiā, wūzi li ～, jiǎnzhí jìn bu qù rén. *We just moved and the room is in a complete mess. One simply cannot get in.*

【一网打尽】yī wǎng dǎ jìn 比喻一个不漏地全部抓获或消灭 *catch the whole lot in a dragnet — round up the whole gang at one fell swoop; to rope in everyone in one clean sweep*

【一往情深】yī wǎng qíng shēn 对人或事物具有深厚的感情,向往而不能克制 *be passionately devoted; be head over heels in love*

【一往无前】yī wǎng wú qián 一直向前进,没有任何东西阻挡得了。形容无所畏惧地奋勇前进 *to press forward with indomitable will*

【一望无际】yī wàng wú jì 际:边。形容辽阔,一眼看不到边儿(际:*side*) *stretch as far as the eye can see; vast; interminable; stretch to the horizon*:～的大平原 ～ de dà píngyuán *a vast expanse of flat lands* /蔚蓝的大海～。Wèilán de dà hǎi ～. *The deep blue sea stretches as far as the eye can see.*

【一味】yīwèi (副)不顾客观条件或情况,单纯固执地(坚持某种行为或动作) *simply; blindly; stubbornly* (*persist with a certain type of behaviour or action*):他不说自己努力不够,～强调困难条件。Tā bù shuō zìjǐ nǔ lì bú gòu, ～ qiángdiào kùnnan tiáojiàn. *He won't admit that he doesn't work hard, but just insists on emphasizing the difficult conditions.* /对孩子的过分要求,不能～迁就。Duì háizi de guòfèn yāoqiú, bù néng ～ qiānjiù. *You just simply can't give in to children's excessive demands.* /要有科学头脑,不要～蛮干。Yào yǒu kēxué tóunǎo, búyào ～ mángàn. *You must be scientifically-minded, not act blindly.* /她～追求个人享受。Tā ～ zhuīqiú gèrén xiǎngshòu. *She blindly seeks personal enjoyment.* /不要～向他提要求了,他已经无法应付了。Búyào ～ xiàng tā tí yāoqiú le, tā yǐjīng wúfǎ yìngfù le. *Don't persistently make demands on him; he already has more than he can cope with.*

【一窝蜂】yīwōfēng (副)形容很多人或某些动物乱哄哄地(行动或说话) *like a swarm of bees; in a swarm*:大家～地要求老张表态。Dàjiā ～ de yāoqiú Lǎo Zhāng biǎo tài. *They all swarmed around Lao Zhang clamoring for him to take a clear-out stand.* /猴子～围上来向游人要食物。Hóuzi ～ wéi shanglai xiàng yóurén yào shíwù. *The monkeys swarmed around the visitors begging for food.*

【一无是处】yī wú shì chù 连一点儿对的或好的地方都没有(指人) (*of a person*) *without a single redeeming feature; devoid of any merit*:不能把人说得～ bù néng bǎ rén shuō de ～ *cannot talk as if a person had no saving graces* /他把同事贬得～,说明他对人太苛刻。Tā bǎ tóngshì biǎn de ～, shuōmíng tā duì rén tài kēkè. *He condemns his colleagues as being devoid of any merit, which shows that he's too harsh.* /在他眼里,老张～。Zài tā yǎn li, Lǎo Zhāng

~. *In his eyes Lao Zhang is without merit.*

【一无所有】 yī wú suǒ yǒu 什么也没有（多指财物方面）*not own a thing in the world*; *destitute*; *to have nothing at all*

【一五一十】 yī wǔ yī shí 比喻叙述事情的源源本本，清楚而详细（作状语）（*narrate*) *systematically and in full detail*; 他把详细经过~地对我谈了一遍。Tā bǎ xiángxì jīngguò ~ de duì wǒ tánle yí biàn. *He told me the whole detailed process from beginning to end.* /关于事故的原因和情况，你要~地说清楚。Guānyú shìgù de yuányīn hé qíngkuàng, nǐ yào ~ de shuō qīngchu. *You must explain in full detail the reason for the accident and the circumstances surrounding it.* /我把在现场看到的情况~地讲了出来。Wǒ bǎ zài xiànchǎng kàndào de qíngkuàng ~ de jiǎngle chūlai. *I described the on-the-spot situation in full detail, as I saw it.*

【一系列】 yíxìliè (形·非谓) 许多有关联的，一连串的（事物）*a series of* (*things*)：双方存在着~分歧。Shuāngfāng cúnzàizhe ~ fēnqí. *Both sides are in the midst of a series of differences.* /因为~的原因，他决定转学。Yīnwèi ~ de yuányīn, tā juédìng zhuǎnxué. *He decided to transfer to another school for a series of reasons.* /雨季给施工人员带来了~难题。Yǔjì gěi shīgōng rényuán dàiláile ~ nántí. *The rainy season brought a series of difficult problems to the builders.* /手术后出现了~的症状。Shǒushù hòu chūxiànle ~ de zhèngzhuàng. *A series of symptoms appeared after the operation.* /指导老师给他开了~的参考书。Zhǐdǎo lǎoshī gěi tā kāile ~ de cānkǎoshū. *His tutor wrote down a series of reference books for him.*

【一下】 yíxià (副) 同"一下子" yīxiàzi *same as* " 一下子" yīxiàzi：他有点儿紧张，~就给问糊涂了。Tā yǒudiǎnr jǐnzhāng, ~ jiù gěi wèn hútu le. *He was a little nervous and was confused by questions in no time.* /这些生词她~都记住了。Zhèxiē shēngcí tā ~ dōu jìzhù le. *She learned all these new words by heart in just a short while.* /电灯~全灭了。Diàndēng ~ quán miè le. *All the electric lights suddenly went out.*

【一下】 yī xià 用在动词后。也说"一下儿"（*used after a verb*; *may also be pronounced as* "一下儿"）(1) 表示动作是一次（*indicates that an action is only done once*）*one time*; *once*：摸~ mō ~ *stroke once* /推了他~ tuīle tā ~ *gave him a shove* /把胳膊抬~ bǎ gēbo tái ~ *raise one's arm* (2) 含有时间短暂、略微等意思，有缓和语气的作用（相当于动词重叠）（*indicates that an action is brief*, *slight*, *etc.*; *to relax the tone of the speaker's words*) *slightly*; *a while* (*similar to a reduplicated verb*)：等~ děng ~ *wait a moment* /停~ tíng ~ *stop for a minute* /把手洗~ bǎ shǒu xǐ ~ *wash one's hands* /跟他解释~ gēn tā jiěshì ~ *give him an explanation* /缓和~矛盾 huǎnhé ~ máodùn *alleviate a contradiction* /咱们商量~。Zánmen shāngliang ~. *Let's discuss it a bit.*

【一下子】 yīxiàzi (副) 表示某动作发生、完成得快，或某现象出现得突然；常与副词"就"连用 *in a short while*; *all at once*; *all of a sudden* (*often used with the adverb "就"*)：由于天太热，他~晕过去了。Yóuyú tiān tài rè, tā ~ yūn guòqu le. *He fainted all of a sudden because of the hot weather.* /听说家里出了事，她就往家里跑，恨不得~能到家。Tīng shuō jiā li chūle shì, tā jiù wǎng jiā li pǎo, hènbude ~ néng dào jiā. *When she heard that something had happened at home, she started to run towards it, wishing she could get there at once.* /我想~把这些事都处理完。Wǒ xiǎng ~ bǎ zhèxiē shì dōu chǔlǐ wán. *I want to dispose of these matters all at once.* "一下子"可处于句首，有停顿（"一下子" *can be placed at the beginning of a sentence, which is then followed by a pause*）：~，他觉得天旋地转，全身无力。~, tā juéde tiān xuán dì zhuàn, quán shēn wú lì. *All of a sudden, he felt as if the sky and the earth were*

spinning round and his whole body went weak. 有时有"一时"的意思，后面多是否定形式（*sometimes has the same meaning as "一时" and is usu. followed by a negative form in this case*）：那个人是谁?我~想不起来了。Nàge rén shì shuí? Wǒ ~ xiǎng bu qǐlái le. *Who is that person? I can't recall offhand.* /他俩的矛盾~解决不了。Tā liǎ de máodùn ~ jiějué bu liǎo. *Their dispute can't be resolved at the moment.*

【一向】 yíxiàng (名) 指到目前为止的一段时间或过去的某一段时间（多用在"这"、"那"、"前"等代词或名词后）*earlier on*; *lately* (*usu. used after a noun or pronouns such as* "这", "那", "前", *etc.*)：前~我常见到他。Qián ~ wǒ cháng jiàndào tā. *I saw a lot of him earlier on.* /他这~身体不太好。Tā zhè ~ shēntǐ bú tài hǎo. *His health hasn't been good lately.* /那~我们住邻居，来往特别多。Nà ~ wǒmen zhù línjū, láiwǎng tèbié duō. *We were neighbours then and frequently had dealings with each other.* (副) 表示某种行为或情况从过去到现在一直如此，没有变化 *consistently*; *all along*：他~谦虚谨慎。Tā ~ qiānxū jǐnshèn. *He has always been modest and prudent.* /我们~主张各国之间和平共处。Wǒmen ~ zhǔzhāng gè guó zhī jiān hépíng gòng chǔ. *We have consistently advocated the peaceful coexistence of all nations.* /她~不吃羊肉。Tā ~ bù chī yángròu. *She never eats mutton.* /小王~是十分细心的。Xiǎo Wáng ~ shì shífēn xìxīn de. *Xiao Wang is always extremely careful.*

【一小撮】 yī xiǎo cuō (1) 形容数量极少的一点点 *a tiny amount of*; *a pinch of*：~盐 ~ yán *a pinch of salt* (2) 比喻数量极少的人（指坏人）*a handful of* (*refers to evil doers*)

【一些】 yìxiē (量)(1) 同"一点儿" yìdiǎnr (量) *same as* "一点儿" yìdiǎnr (量)①用在名词前（*used before a noun*）：有了~进步 yǒule ~ jìnbù *to have made a bit of progress* /你应该给他~帮助。Nǐ yīnggāi gěi tā ~ bāngzhù. *You should give him some help.* /他对你有~看法。Tā duì nǐ yǒu ~ kànfǎ. *He has a few things to say about you.* ②用在形容词后（*used after an adjective*）：他的年龄大了~。Tā de niánlíng dàle ~. *He's a bit too old.* /还是这个办法妥当~。Háishi zhège bànfǎ tuǒdang ~. *This method is a bit more appropriate in comparison.* ③用在某些动词后（*used after certain verbs*）：孩子比上个月又长了~。Háizi bǐ shàng ge yuè yòu zhǎngle ~. *The child has grown a bit since last month.* /北京冬天的大风比以前减少了~。Běijīng dōngtiān de dà fēng bǐ yǐqián jiǎnshǎole ~. *The strong winter winds of Beijing are a bit weaker than before.* (2) 事物中某一部分，有"那些"的意思 *a number of*; *certain*; *some*; *a few*; *a little* (*has the same meaning as "那些"*)：~笨重的物品可由火车托运。~ bènzhòng de wùpǐn kě yóu huǒchē tuōyùn. *Some cumbersome goods can be consigned for shipment by rail.* /~想进城的人可以乘八点钟的班车。~ xiǎng jìn chéng de rén kěyǐ chéng bā diǎn zhōng de bānchē. *Those people who want to go into town can take the eight o'clock bus.*

【一心】 yìxīn (形·非定) 齐心；一条心 *of one mind*; *at one*：万众~ wànzhòng ~ *Millions of people are all of one mind.* /团结~ tuánjié ~ *unite as one* /上下~ shàngxià ~ *The leadership and the rank and file are of one mind.* /所以能战胜强手，就在于我们全队~。Suǒyǐ néng zhànshèng qiángshǒu, jiù zàiyú wǒmen quán duì ~. *The reason we were able to defeat the strong is that our team was of one mind.* (副) 专心，全心全意 *wholeheartedly*; *heart and soul*：李会计~搞好本职工作。Lǐ kuàijì ~ gǎohǎo běnzhí gōngzuò. *Accountant Li puts his whole heart and soul into doing his job well.* /春华~研究肿瘤，做了各种各样的试验。Chūnhuá ~ yánjiū zhǒngliú, zuòle gè zhǒng gè yàng de shìyàn. *Chunhua wholeheartedly devotes himself to the*

study of tumours and has done experiments of every sort. / 我是售货员，要～为顾客服务。Wǒ shì shòuhuòyuán, yào ～ wèi gùkè fúwù. *I am a salesclerk and want to serve customers wholeheartedly.*

【一心为公】yīxīn wèi gōng 只为国家和人民着想，没有任何个人打算 *to serve the public selflessly; devote oneself wholeheartedly to the state and the people*；～的人 ～ de rén *a person who serves the public selflessly* /～的精神 ～ de jīngshén *a spirit of devotion to the state and the people* /～的品德 ～ de pǐndé *morally devoted to the state and the people* /他～，从不计较个人得失。Tā ～, cóng bú jìjiào gèrén déshī. *He devotes himself wholeheartedly to serving the state and the people and has never given thought to personal gains or losses.*

【一心一意】yīxīn yīyì 专心 *heart and soul; wholeheartedly; undivided attention*：他～要把食堂办好。Tā ～ yào bǎ shítáng bànhǎo. *He gives his undivided attention to running the cafeteria well.*

【一星半点儿】yì xīng bàn diǎnr〈口〉形容数量很少(用于零散的物品) *a tiny bit; a very small amount (usu. refers to scattered articles)*：～的水果，怎么够大家吃呢！～ de shuǐguǒ, zěnme gòu dàjiā chī ne! *There is only a very small amount of fruit, not enough for everyone to eat!* /～的东西，不值得用一辆车装。～ de dōngxi, bù zhíde yòng yí liàng chē zhuāng. *There are only a very few things. They're not worth loading on to a vehicle.* /大米不是贵重东西，～的，不必还了。Dàmǐ bú shì guìzhòng dōngxi, ～ de, búbì huán le. *Rice is not a precious thing. There's no need to return it if there's only a very small amount of it.* /他们急需树种子，即使是～的也很有用。Tāmen jíxū shù zhǒngzi, jíshǐ shì ～ duì tāmen yě hěn yǒu yòng. *They are in urgent need of tree seeds. Even a very small amount is useful to them.*

【一行】yīxíng〈名〉〈书〉同行的一群人 *a group travelling together*：～人 ～ rén *a group of people travelling together; party* /旅行团 lǚxíngtuán ～ *a touring party* /考察团七人 kǎochátuán ～ qī rén *an observation group of seven* /外交部长～昨天抵达首都。Wàijiāo bùzhǎng ～ zuótiān dǐdá shǒudū. *The Foreign Minister's party arrived in the capital yesterday.*

【一言堂】yīyántáng〈名〉现比喻主事人不讲民主，不听别人意见，事事一个人说了算(与"群言堂"相对) *one person alone has the say; one person lays down the law; what I say goes (antonym of "群言堂" (rule by the voice of many))*：我们家是，父亲说了算。Wǒmen jiā shì ～, fùqin shuōle suàn. *One person alone has the say in our family. What my father says goes.* /领导者不能搞～。Lǐngdǎozhě bù néng gǎo ～. *Leaders alone cannot lay down the law.* /他在任期间大搞～。Tā zài rèn qījiān dà gǎo ～. *He alone used to have the say when he was in office.*

【一言以蔽之】yī yán yǐ bì zhī 用一句话来概括它 *to sum up in a word; to put in a nutshell; in short; to make a long story short*

【一眼】yīyǎn〈副〉(1)很快的意思，只用于与视觉有关的动词前；常和"就"连用 (look) quickly (at sth.); at a glance (can only be used before verbs denoting sight; often used together with "就")：走进公园，我～就看见何老师站在树下等我们。Zǒujìn gōngyuán, wǒ ～ jiù kànjian Hé lǎoshī zhàn zài shù xià děng wǒmen. *As soon as we entered the park, I immediately caught sight of Teacher He waiting for us under a tree.* /接过信，我～就认出是大哥的字。Jiēguo xìn, wǒ ～ jiù rènchū shì dàgē de zì. *When I received the letter, I recognized my eldest brother's handwriting at first glance.* /我～便发现他躲在小树丛后，想突然蹿出来吓我们一跳。Wǒ ～ biàn fāxiàn tā duǒ zài xiǎo shùcóng hòu,

xiǎng tūrán cuān chulai xià wǒmen yí tiào. *I noticed him at once, hiding behind the thicket, waiting to leap up and scare us.* (2)表示视野所能及的范围 *as far as the eye can see*：面对着～望不到边的大草原，他感慨万分。Miànduìzhe ～ wàng bu dào biānr de dà cǎoyuán, tā gǎnkǎi wànfēn. *All sorts of feelings welled up in his mind as he looked as far as the eye could reach at the seemingly boundless grasslands.* /～望去滚滚黄河水，汹涌澎湃。～ wàngqù gǔngǔn Huáng Hé shuǐ, xiōngyǒng pēngpài. *He looked as far as the eye could see at the surging waters of the Yellow River.*

【一样】yīyàng〈形〉没有差别；同样 *the same; equally; alike; as ... as ...*：～的打扮 ～ de dǎbàn *dressed up alike* /～的水平 ～ de shuǐpíng *the same level* /两个人的观点很不～。Liǎng ge rén de guāndiǎn hěn bù ～. *Those two people's points of view are very different.* /他跟我不～，朋友多，交游广。Tā gēn wǒ bu ～, péngyou duō, jiāoyóu guǎng. *He and I are not alike. He has a large circle of friends.* /冷风像刀子～。Lěngfēng xiàng dāozi ～. *The cold wind cut like a knife.* /他们团结得像一个人～。Tāmen tuánjié de xiàng yí ge rén ～. *They are as united as one man.* /回忆发生过的事情，脑子里像演电影～。Huíyì fāshēngguo de shìqing, nǎozi li xiàng yǎn diànyǐng ～. *Recollecting past events is like showing a film.* /两个人的汉语说得～好。Liǎng ge rén de Hànyǔ shuō de ～ hǎo. *Those two speak Chinese equally well.* (助)相当于"似的"shìde (1)，表示某人、某物在某方面相似，或前面有"像""好像"跟"等(也可没有)形成明喻。如作定语必有"的"(same as "似的" shìde (1), it indicates resemblance in a certain aspect to a certain person or thing, or forms a simile when preceded by "像", "好像", etc. (which may be omitted); if it serves as an attributive, it must take "的")：她有一颗火～的心。Tā yǒu yì kē huǒ ～ de xīn. *She has a heart as warm as fire.* /大象的耳朵像扇子～。Dàxiàng de ěrduo xiàng shànzi ～. *Elephant's ears look like fans.* /一场比赛下来，运动员好像从水里捞出来～，浑身湿透。Yì chǎng bǐsài xiàlai, yùndòngyuán hǎoxiàng cóng shuǐ li lāo chulai ～, húnshēn shītòu. *Once the match was over, the players became soaked from head to foot, as though they had been scooped up from the water.*

【一一】yīyī〈副〉逐一，逐个地 *one by one; one after another*：凡是进出仓库的东西，他都要～过目。Fánshì jìnchū cāngkù de dōngxi, tā dōu yào ～ guò mù. *He must go over one by one every single thing that goes in and out of the warehouse.* /把调查的结果～向领导作了汇报。Bǎ diàochá de jiéguǒ ～ xiàng lǐngdǎo zuòle huìbào. *We reported to the leaders one result of the investigation after another.* /机场服务员将旅客行李～作了严格检查。Jīchǎng fúwùyuán jiāng lǚkè xíngli ～ zuòle yángé jiǎnchá. *The airport attendants strictly searched passengers' luggage, one by one.*

【一……一……】yī……yī……(1)分别嵌入意义相对的单音节动词，表示两个动作交替进行 *(used before two monosyllabic verbs with opposite meanings to indicate alternation of two actions)*：两个人一来一往扭打起来。Liǎng ge rén yì lái yì wǎng niǔdǎ qilai. *Those two hit each other and then started to wrestle.* /发现远处山头灯光一明一灭，像是信号。Fāxiàn yuǎnchù shāntóu dēngguāng yì míng yí miè, xiàng shì xìnhào. *I noticed a light flashing on and off on a mountain top far away. It looked like a signal.* (2)分别嵌入相同或相似的单音节动词，表示动作的间歇状态 *(used before two monosyllabic verbs of the same or similar in meaning to indicate that the actions occur intermittently)*：他一摇一晃地往家走，像是喝醉了酒。Tā yì yáo yí huàng de wǎng jiā zǒu, xiàng shì hēzuìle jiǔ. *He started to stagger his way home and seemed to be drunk.* /青蛙跳到岸上阴凉处，肚子一鼓一鼓地呼吸。Qīngwā tiàodào àn shang

yīnliáng chù, dùzi yǐ gǔ yì gǔ de hūxī. *The frog jumped onto shore in a cool, shady place, and its stomach rose and fell as it croaked.* (3)分别嵌入意义相对的单音节方位词、形容词等,指出两个人、物的不同方位或状况(*inserted before two corresponding monosyllabic nouns of locality, adjectives, etc. to indicate two people or things in opposite positions or circumstances*):在羽毛球双打比赛中,他们俩一前一后配合默契。Zài yǔmáoqiú shuāngdǎ bǐsài zhōng, tāmen liǎ yì qián yí hòu pèihé mòqì. *In the badminton doubles' match, one of those two played forward, the other played the rear, both cooperating by tacit agreement.* /爷儿俩一老一小玩得多开心! Yér liǎ yì lǎo yì xiǎo wánr de duō kāixin. *Grandfather and grandson, one old and one young, were having such a fun time together.* (4)分别嵌入两个相似的单音节名词,有时表示全部,有时表示全体中的任何一个(*when inserted before two monosyllabic nouns of the same kind, sometimes indicates the whole, and sometimes indicates a part of the whole*):只要我们能一心一德,什么事情都好办。Zhǐyào wǒmen néng yì xīn yì dé, shénme shìqing dōu hǎo bàn. *As long as we are of one heart and one mind, we can do anything well.* /对家乡的一山一水、一草一木都很留恋。Duì jiāxiāng de yì shān yì shuǐ, yì cǎo yí mù dōu hěn liúliàn. *I long for every mountain and every stream, every blade of grass and every tree in my native place.* /一举一动都要考虑后果。Yì jǔ yí dòng dōu yào kǎolǜ hòuguǒ. *One must consider the consequences of one's every move.* /她一字一句地琢磨信中的意思。Tā yí zì yí jù de zuómo xìn zhōng de yìsi. *She went over each word and sentence, pondering on the meaning of the letter.* (5)分别嵌入量词,作状语,有时表示逐一,有时表示量大(*inserted before a reduplicated measure word to serve as an adverbial; sometimes indicates one by one, sometimes indicates a great amount*):把西红柿一个一个地擦洗干净。Bǎ xīhóngshì yí gè yí gè de cāxǐ gānjìng. *Polish the tomatoes one by one.* /粮食一担一担地往收购站送。Liángshi yì dàn yì dàn de wǎng shōugòuzhàn sòng. *One load of grain after another was delivered to the purchasing station.* /羊一群一群地在草原放牧。Yáng yì qún yì qún de zài cǎoyuán fàngmù. *Flock after flock of sheep went out to graze in the grasslands.* (6)有时前边嵌入量词,后边嵌入动词,表示每次作前一动作时必伴随后一动作(*sometimes inserted before a measure word and a verb respectively to indicate that the first action must be accompanied by the second action*):离开这儿的时候,她一步一回头,依依不舍。Líkāi zhèr de shíhou, tā yí bù yì huí tóu, yīyī bù shě. *As she was leaving here, she turned her head round with every step because she couldn't bear to part.* /他艰难地一步一拐地向前走着。Tā jiānnán de yí bù yì guǎi de xiàng qián zǒuzhe. *He walked ahead, limping with difficulty at every step.*

【一衣带水】yī yī dài shuǐ 水面像一条衣带那样宽窄(形容一水之隔往来非常方便)*a narrow strip of water (indicates a separation as narrow as a belt making contact very convenient)*:~的邻邦 ~ de línbāng *close neighbours separated only by a strip of water*

【一意孤行】yī yì gū xíng 不听别人的劝告,固执地照自己的意思办事 *be bent on having one's own way; cling obstinately to one's course (despite sb.'s advice to the contrary)*

【一语道破】yī yǔ dào pò 一句话就把(别人的)用意、用心等揭示了出来 *lay bare the truth with one penetrating remark; hit the nail on the head*

【一元化】yīyuánhuà(动)(1)由多样向单一发展;由分散向统一发展 *centralize; unify* (2)统一的 *centralized; unified*:~领导 ~ lǐngdǎo *centralized leadership*

【一月】yīyuè(名)*January*

【一再】yīzài(副)一次又一次地,多用于已然的行为 *time and again; again and again (usu. used for an action that has already occurred)*:毕业生们 ~ 表示无条件服从国家分配。Bìyèshēngmen ~ biǎoshì wú tiáojiàn fúcóng guójiā fēnpèi. *The graduates expressed time and again their unconditional obedience to the State's assignment of work.* /他 ~ 提出人手太少,任务无法完成。Tā ~ tíchū rénshǒu tài shǎo, rènwù wúfǎ wánchéng. *He mentioned time and again that, because of a shortage of personnel, there was no way tasks could be fulfilled.* /事实 ~ 证明我们当初的想法是对的。Shìshí ~ zhèngmíng wǒmen dāngchū de xiǎngfǎ shì duì de. *Facts have proved again and again that our idea at that time was correct.*

【一早】yīzǎo(名)(~儿)〈口〉早上,也说"一大早儿" *early in the morning (may also be said as 一大早儿)*:他明天 ~ 就走。Tā míngtiān ~ jiù zǒu. *He's leaving first thing tomorrow morning.* /这是 ~ 发生的事。Zhè shì ~ fāshēng de shì. *This happened early in the morning.* /他们锻炼都是在 ~。Tāmen duànliàn dōu shì zài ~. *They all exercise early in the morning.*

【一则…… 二则……】yīzé…… èrzé…… 用于列举原因、目的和理由,多用于书面语(*used to enumerate causes, goals, reasons, etc.; usu. used in the written language*)*… for one thing… for another*:这次回乡,一则看望父母,二则看看家乡究竟有什么变化。Zhè cì huí xiāng, yìzé kànwàng fùmǔ, èrzé kànkan jiāxiāng jiūjìng yǒu shénme biànhuà. *I'm returning to my hometown this time to see my parents for one thing, and to see just what changes have taken place there for another.* /我躺在床上,一则想着今天吵架的事,二则准备明天会上的发言,翻来覆去睡不着。Wǒ tǎng zài chuáng shang, yìzé xiǎngzhe jīntiān chǎo jià de shì, èrzé zhǔnbèi míngtiān huì shang de fāyán, fān lái fù qù shuì bu zháo. *I'm lying on my bed thinking about today's argument for one thing, and getting ready for my speech at the meeting tomorrow for another. I've been tossing and turning, unable to sleep.* /今天吃饺子,一则奶奶早就想吃,二则星期日大家都在家。Jīntiān chī jiǎozi, yìzé nǎinai zǎo jiù xiǎng chī, èrzé xīngqīrì dàjiā dōu zài jiā. *We are having dumplings today because, for one thing, Grandma has been wanting to eat them for a long time, and everybody is home on Sunday for another.*

【一张一弛】yī zhāng yī chí 张:拉开弓弦,比喻紧张;弛:放松弓弦。比喻工作或生活有紧张的时候,也要有松弛的时候,要善于调节,节奏得当(张:*a drawn bowstring — indicates tension*; 弛:*slacken a bowstring*)*to regulate one's work at an appropriate rhythm; to alternate tension and relaxation in one's work; work and play*

【一长制】yīzhǎngzhì(名)企事业单位的生产经营业务活动由领导者个人负责的制度 *system of one-man leadership*

【一朝一夕】yī zhāo yī xī 朝:早上;夕:日落时或夜晚。一个早上或者一个晚上,形容时间短促(朝:*early morning*; 夕:*sunset; night*)*in one morning or evening; overnight; in one day; a short duration of time*:编一部词典需要一定的时间,不是 ~ 能够完成的。Biān yí bù cídiǎn xūyào yídìng de shíjiān, bú shì ~ nénggòu wánchéng de. *Compiling a dictionary takes a certain amount of time. It can't be done overnight.*

【一针见血】yī zhēn jiàn xiě 比喻言词尖锐、锋利,击中对方的要害 *hit the nail on the head; to touch sb. to the quick; to go right to the heart of a matter; make a blunt and penetrating remark*:他的讲话深刻、有力,真是 ~。Tā de jiǎnghuà shēn-kè, yǒulì, zhēn shì ~. *His talk was profound and forceful. It really hit the nail on the head.* /代表 ~ 地揭穿了对方破坏和平的阴谋。Dàibiǎo ~ de jiēchuānle duìfāng pòhuài hépíng de yīnmóu. *The delegate penetratingly exposed the other side's plot to destroy peace.* /小说 ~ 地指出

了旧社会用封建道德杀人的本质。Xiǎoshuō ~ de zhíchūle jiù shèhuì yòng fēngjiàn dàodé shā rén de běnzhì. *The novel bluntly denounced the character of the old society, which used feudal ethics to kill people.*

【一阵】yīzhèn（名）(~儿)(1)表示情况或动作持续的一段时间 (*indicates the brief continuation of an action or event*) *a burst; a fit; a peal*：~欢笑 ~ huānxiào *a peal of hearty laughter* /~脚步声 ~ jiǎobù shēng *the sound of passing footsteps* /微风送来~花香。Wēifēng sònglái ~ huā xiāng. *The breeze carried over a whiff of the fragrance of flowers.* /两个人讨论了~。Liǎng ge rén tǎolùnle ~. *Those two held a brief discussion* /出门前下了~雨。Chū mén qián xiàle ~ yǔ. *There was a downpour before I went out.* /伤口~~地疼。Shāngkǒu ~ ~ de téng. *Sharp fits of pain came from the wound.* (2)同"一向" yīxiàng（名）*same as "一向" yīxiàng*：这~他非常忙。Zhè ~ tā fēicháng máng. *He has been extremely busy lately.* /前~学生在工厂实习。Qián ~ xuéshēng zài gōngchǎng shíxí. *The students did practical work in the factory earlier on.*

【一阵风】yī zhèn fēng 比喻时间很短或动作快 *a gust of wind — period of time; a spell*：他~似的进屋绕了一圈就出去了。Tā ~ shìde jìn wū ràole yì quānr jiù chūqu le. *He burst into the room, circled around it once, then went out again.* /那种发型也是~,时兴了一阵就不时兴了。Nà zhǒng fàxíng yě shì ~, shíxīngle yí zhèn jiù bù shíxīng le. *That type of hairdo was like a gust of wind — in vogue for a spell then quickly went out of fashion.* /这种事长不了,不是~! Zhè zhǒng shì cháng bu liǎo, hái bú shì ~! *This kind of thing won't last for long. It's just a gust of wind!*

【一阵子】yīzhènzi（名）同"一阵"yīzhèn *same as "一阵" yīzhèn*

【一整套】yī zhěng tào *sum total; a complete (or whole) set of*：~迎宾仪式 ~ yíng bīn yíshì *a complete ceremony for welcoming guests* /~卫生设备 ~ wèishēng shèbèi *a complete set of sanitation equipment* /~的工作经验 ~ de gōngzuò jīngyàn *the sum total of (one's) work experience*

【一知半解】yī zhī bàn jiě 对某方面的知识或情况了解太少、理解也很肤浅 *have a smattering knowledge of; half-baked (or scanty) knowledge; not quite in the know*：读书要认真,不能满足于~。Dú shū yào rènzhēn, bù néng mǎnzú yú ~. *One must be conscientious when studying, not be satisfied with just acquiring half-baked knowledge.*

【一直】yīzhí（副）(1)某种动作、行为在某段时间里连续进行,或某种情况、状态在某段时间内持续不变;可修饰否定形式 *continuously; all along; always (may modify a negative form)*：他们俩~谈到天亮。Tāmen liǎ ~ tándào tiān liàng. *Those two talked on and on until daylight.* /那本词典~放在柜子里,现在怎么不见了呢! Nà běn cídiǎn ~ fàng zài guìzi li, xiànzài zěnme bújiàn ne! *That dictionary has been in the closet all along. How could it have disappeared?* /来信收到了,因为忙,~没给你回信。Láixìn shōudào le, yīnwei máng, ~ méi gěi nǐ huí xìn. *I've received your letter, but because I've been busy, I haven't been able to write back earlier.* /他走后~没回来过。Tā zǒu hòu ~ méi huílaiguo. *He has never been back since he left.* /你说爱来,~没来~不来? Nǐ shuō yào lái, zěnme ~ bùlái? *You said you would come. Why haven't you?* (2)表示顺着某一方向前进,不间断;不能修饰否定式 *straight (in one direction) (cannot modify a negative form)*：下了公共汽车,我们~向火车站走去。Xiàle gōnggòng qìchē, wǒmen ~ xiàng huǒchēzhàn zǒuqù. *Once we got off the bus, we walked straight to the train station.* /人们~把他送到了医院。Rénmen ~ bǎ tā sòngdào yīyuàn. *The people took him straight to the hospital.*

【一纸空文】yī zhǐ kōngwén 虽然在纸上写得很明白,但是不去实行或无法实行(指计划、条文等) (*of a plan, clause, etc.*) *a mere scrap of paper; empty words on a sheet of paper*

【一致】yīzhì（形）*identical; consistent; unanimous*：学用~ xué yòng ~ *study must be consistent with practice* /~的行动 ~ de xíngdòng *identical moves* /~的愿望 ~ de yuànwàng *identical aspirations* /要求学习外语 ~ yāoqiú xuéxí wàiyǔ *unanimously request to study foreign languages* /大家的意见非常~。Dàjiā de yìjiàn fēicháng ~. *Everybody holds identical points of view.* /观众~认为这部电影不真实。Guānzhòng ~ rènwéi zhè bù diànyǐng bù zhēnshí. *The audience unanimously agreed that movie was not realistic.*

【一准】yīzhǔn（副）同"一定" yīdìng（3）,用得较少,不受否定词修饰 *same as "一定" yīdìng (3) (but seldom used); may not be modified by a negative*：明天上午八点我们~出发。Míngtiān shàngwǔ bā diǎn wǒmen ~ chūfā. *We are definitely leaving at eight o'clock tomorrow morning.* /月底以前~回到上海。Yuèdǐ yǐqián ~ huídào Shànghǎi. *I will certainly return to Shanghai before the end of the month.* /你生日的时候,我~送你一件礼物。Nǐ shēngrì de shíhòu, wǒ ~ sòng nǐ yí jiàn lǐwù. *I must give you a gift on your birthday.*

【一总】yīzǒng（副）(1)同"一共" yīgòng *same as "一共" yīgòng*;连本带利~是多少? Lián běn dài lì ~ shì duōshao? *How many are the principal and interest altogether?* /今天买了些书籍文具,~花了十五元。Jīntiān mǎile xiē shūjí wénjù, ~ huāle shíwǔ yuán. *I bought some books and stationery today, and spent fifteen yuan in all.* (2)表示几件事合在一起处理;有时有"全部""统统"的意思 *all; whole (sometimes has the same meaning as "全部" and "统统")*：到月底房租、水电~算。Dào yuèdǐ fángzū、shuǐ diàn ~ suàn. *Rent and water and electricity charges will all be reckoned at the end of the month.* /把试验的经过~跟大家说说。Bǎ shìyàn de jīngguò ~ gēn dàjiā shuōshuo. *Tell us about the whole process of the experiment.* /工作没做好,~是我的责任。Gōngzuò méi zuòhǎo, ~ shì wǒ de zérèn. *Work wasn't well done and all the responsibility fell on me.*

伊 yī
（代）〈书〉五四前后有的文学作品用"伊"专指女性,后来改用"她" *a form of "她" in vogue among some writers around the time of the May 4th Movement*

【伊斯兰教】Yīsīlánjiào（名）*Islam; Islamism*

衣 yī
（名）◇ *clothing; clothes; garment*：~冠不整 ~ guān bù zhěng *not be neatly dressed*

【衣钵】yībō（名）原指佛教的僧人传给徒弟的僧衣和饭碗。现泛指前人传授下来的思想、技能等 (*formerly referred to*) *a Buddhist monk's mantle and alms bowl which he hands down to his favourite disciple; (now means) legacy*：继承~ jìchéng ~ *inherit a legacy* /~相传 ~ xiāngchuán *hand down a legacy (from one to another)* /父亲经商,但儿子并不想继承老子的~。Fùqin jīng shāng, dàn érzi bìng bù xiǎng jìchéng lǎozi de ~. *The father is engaged in trade, but the son just doesn't want to inherit his father's legacy.*

【衣服】yīfu（名）[件 jiàn] *clothing; clothes*

【衣冠禽兽】yīguān qínshòu 穿戴着衣服帽子的禽兽,指行为卑劣和禽兽一样的人 *a beast in human attire — a brute*

【衣柜】yīguì（名）*wardrobe*

【衣料】yīliào（名）*material for clothing; dress material*

【衣帽间】yīmàojiān（名）*cloakroom*

【衣裳】yīshang（名）[件 jiàn] *clothing; clothes*：她把钱都花

在～上了。Tā bǎ qián dōu huā zài ～ shang le. *She spent all her money on clothes.*

【衣食住行】yī shí zhù xíng 穿衣、吃饭、住宿、行路；指人的日常生活 *food, clothing, shelter and transportation — basic necessities of life*

【衣着】yīzhuó〈名〉〈书〉*clothing, headgear and footwear*：～朴素 ～ pǔsù *be plainly dressed*

医〔醫〕yī

（名）（1）◇医生（*medical doctor*）：名～ míng ～ *a famous doctor* /校～ xiào ～ *school docotor* / 有病要求～ yǒu bìng yào qiú ～ *request to see the doctor when ill* (2)医学 *medical science; medicine*：～书 ～ shū *medical book* /理工农～ lǐ gōng nóng ～ *science, engineering, agriculture and medicine* /她学了六年～。Tā xuéle liù nián ～. *She studied medicine for six years.* / 他们都是搞～的。Tāmen dōu shì gǎo ～ de. *They all are medical workers.*（动）治疗 *cure; treat*：～病 ～ bìng *give medical treatment* /感谢大夫～好了我的病。Gǎnxiè dàifu ～ hǎole wǒ de bìng. *Thank you, doctor, for curing me of my illness.*

【医道】yīdào（名）治病的能力 *art of healing; physician's skill*：那位老大夫～高明。Nà wèi lǎo dàifu ～ gāomíng. *That old doctor's skill is brilliant.*

【医科】yīkē（名）*medical courses in general; medicine*：～大学 ～ dàxué *medical university*

【医疗】yīliáo（动）〈书〉*medical treatment*：～设备 ～ shèbèi *medical equipment* /享受公费～ xiǎngshòu gōngfèi ～ *enjoy public health services* /偏远山区居民生病往往得不到～或～不及时。Piānyuǎn shānqū jūmín shēng bìng wǎngwǎng dé bu dào ～ huò ～ bù jíshí. *The residents who live in the remote mountain area either don't get medical treatment when they fall ill or don't get it on time.*

【医疗队】yīliáoduì（名）专门为少药地区解决医疗问题，或为抢救战争中的伤亡而组成的医务人员的组织 *medical team (for areas which lack medical care or for rescueing casualties during a battle)*

【医生】yīshēng（名）以治病为职业的人 *doctor; medical person*：内科～ nèikē ～ *physician* /外科～ wàikē ～ *surgeon* /主治～ zhǔzhì ～ *doctor in charge*

【医师】yīshī（名）受过高等医学教育或具有同等能力、经国家有关部门审查合格的负主要医疗责任的医务工作者 *qualified doctor; general practitioner*

【医士】yīshì（名）受过中等医学教育或具有同等能力、经国家有关部门审查合格的负医疗责任的医务工作者 *practitioner with secondary medical school education or with an ability equal to a secondary medical education*

【医术】yīshù（名）医疗技术，水平 *medical skill; art of healing*

【医务】yīwù（名）医疗事务 *medical matters*：～工作者 ～ gōngzuòzhě *medical worker* /～室 ～ shì *clinic* /～所 ～ suǒ *clinic*

【医学】yīxué（名）*medical science; medicine*

【医药费】yīyàofèi（名）*medical expenses (or costs)*

【医院】yīyuàn（名）*hospital*

【医治】yīzhì（动）*cure; treat; heal*：他这病恐怕～不好了。Tā zhè bìng kǒngpà ～ bu hǎo le. *I'm afraid his illness may not be curable.*

【医嘱】yīzhǔ（名）医生根据病人病情的需要对病人在饮食、用药等方面的意见，嘱咐 *doctor's advice (or orders)*

依 yī

（动）（1）◇靠；依靠 *depend on; rely on; lean on*：这座小城北面～山，南面临水。Zhè zuò xiǎo chéng běimiàn ～ shān; nánmiàn lín shuǐ. *The north side of this small city borders on the mountains while the south side is near the wa-*

ter. (2)依从；顺从 *comply with; listen to; yield to*：百～百顺 bǎi ～ bǎi shùn *docile and obedient* /不～不饶 bù ～ bù ráo *unyielding* /不能处处～着孩子。Bù néng chùchù ～zhe háizi. *One cannot comply with every wish of a child.* /你讲得有理，我们就～你。Nǐ jiǎng de yǒu lǐ, wǒmen jiù ～ nǐ. *What you say makes sense. We'll go along with you.*（介）指出做某事所遵循的标准或依据，宾语是体词，宾语多于一个音节时，"依"可带"着"（*introduces the standard or basis to which one adheres when handling a matter, the object is a nominal; when the object has more than one syllable, "依" may take "着"*）：执法人员必须～法办事。Zhí fǎ rényuán bìxū ～ fǎ bàn shì. *Law enforcers must handle matters according to the law.* /有些事不能总是～老习惯老规矩去办。Yǒuxiē shì bù néng zǒngshì ～ lǎo xíguàn lǎo guīju qù bàn. *Some matters cannot be handled according to established practice.* /～着你的意见怎么办呢？～ zhe nǐ de yìjiàn zěnme bàn ne? *What should be done in your opinion?* /我～着现成的纸样儿裁了一件西服上衣。Wǒ ～zhe xiànchéng de zhǐyàng cáile yí jiàn xīfú shàngyī. *I cut out a suit jacket according to a ready-made pattern.* "依……看（说）"表示根据某人的看法或意见，作插入语（"依…… 看（说）" *mean in sb.'s opinion or as one sees it; serves as a parenthesis*）：去上海，～我看看，坐软卧还不如坐飞机呢。Qù Shànghǎi, ～ wǒ kàn, zuò ruǎnwò hái bùrú zuò fēijī ne. *In my opinion, it would be better to take a plane to Shanghai than to take a soft-sleeper.* /我说，还是把孩子送幼儿园去好。～ wǒ shuō, háishi bǎ háizi sòng yòu'éryuán qù hǎo. *As I see it it would be best to send the child to the kindergarten.* /那么，～你看，他们俩谁去更合适？Nàme, ～ nǐ kàn, tāmen liǎ shuí qù gèng héshì? *In your opinion, then, it would be best for which one of those two to go?*

【依次】yīcì（副）〈书〉按着顺序（做某事）（*do sth.*）*in proper order; successively*：我们～走出礼堂。Wǒmen ～ zǒuchū lǐtáng. *We filed out of the auditorium.* /乘客们～下了汽车。Chéngkèmen ～ xiàle qìchē. *The passengers got off the bus in order.*

【依从】yīcóng（动）听从（别人的要求、指挥）*comply with; yield to* (*sb. else's demand, order, etc.*)

【依存】yīcún（动）〈书〉依靠（某一事物）而生存 *depend on sb. or sth. for existence*：生产者和消费者互为～关系。Shēngchǎnzhě hé xiāofèizhě hù wéi ～ guānxi. *The relationship between manufacturers and consumers is one of interdependence.* /农民～于土地。Nóngmín ～ yú tǔdì. *Farmers depend on the land for existence.*

【依附】yīfù（动）依赖并从属于（人或事物）*depend on; attach oneself to; become an appendage to* (*sb. or sth.*)：国家虽小，但从不～大国。Guójiā suī xiǎo, dàn cóng bù ～ dà guó. *Although the country is small, it has never depended on greater countries.* /他从前～过有钱有势的人。Tā cóngqián ～guo yǒu qián yǒu shì de rén. *In the past he attached himself to the rich and the powerful.* /要有自己的观点，不要～于别人。Yào yǒu zìjǐ de guāndiǎn, búyào ～ yú biérén. *One must have one's own point of view, not attach oneself to others.* /妇女解放了，不再～男人了。Fùnǚ jiěfàng le, bú zài ～ nánrén le. *Women have been liberated and no longer depend on men.*

【依旧】yījiù（形）跟以前一样，没有变化（作谓语或作状语）*as before; as in the past; still (used as a predicate or as an adverbial)*：十多年不见了，他容颜～。Shí duō nián bú jiàn le, tā róngyán ～. *I haven't seen him for more than ten years, but he still looks the same as before.* /历史在发展,但民间的风俗～。Lìshǐ zài fāzhǎn, dàn mínjiān de fēngsú ～. *History is unfolding but fold customs remain the same as in the past.* /他～是那个老脾气。Tā ～ shì nàge lǎo píqi. *He's still his old self.* / 如今他～干他那一行,做他的*

买卖。Rújīn tā ~ gàn tā nà yì háng, zuò tā de mǎimai. *He now has the same profession as before. He's still in the buying and selling business.* /虽然老师一再制止,但他们一~小声谈话。Suīrán lǎoshī yízài zhìzhǐ, dàn tāmen ~ xiǎoshēng tán huà. *Although the teacher has told them to stop time and again, they're still talking in low voices.*

【依据】yījù (动) *according to; in the light of; on the basis of; judging by:*~合同条文办事 ~ hétong tiáowén bàn shì do sth. *according to the articles of a contract* /法律判决 ~ fǎlǜ pànjué *make a judgment according to the law.* /处理问题要~学校规定。Chùlǐ wèntí yào ~ xuéxiào guīdìng. *Problems must be dealt with according to school regulations.* (名) *basis; foundation:*充分的~ ample basis /以事实为~ yǐ shìshí wéi ~ *take fact as a basis* /书上写的就是~。Shū shang xiě de jiù shì ~. *The basics are written in the book.* /不能把传闻当作~。Bù néng bǎ chuánwén dàngzuò ~. *You can't just go by hearsay.* /你的结论没有任何~。Nǐ de jiélùn méi yǒu rènhé ~. *Your conclusion does not have any grounds.*

【依靠】yīkào (动) *rely on; depend on:*~大家 ~ dàjiā *rely on everybody* /~自己的力量 ~ zìjǐ de lìliang *depend on one's own strength* /~集体的智慧 ~ jítǐ de zhìhuì *rely on a collective wisdom* /~拐杖走路 ~ guǎizhàng zǒu lù *depend on a cane for walking* /~工资生活 ~ gōngzī shēnghuó *rely on one's salary for subsistence* /做作业不要~别人。Zuò zuòyè búyào ~ biérén. *Don't depend on others to do your homework.* (名) *something to fall back on; support; backing:*生活~ shēnghuó ~ *livelihood* /老人没有~不行。Lǎorén méi yǒu ~ bù xíng. *Old people cannot afford to not have support.* /阅读外文书,没有词典就失去了~。Yuèdú wàiwén shū, méi yǒu cídiǎn jiù shīqule ~. *If you don't have a dictionary when reading a foreign language book, then you've lost your means of support.*

【依赖】yīlài (动) (应该能自立而) *依靠别的人或物 rely on; be dependent on (sb. or sth. when one should be able to stand on one's own feet):*~别人是不光彩的。~ biérén shì bù guāngcǎi de. *Relying on others is not very honourable.* /自己的事自己做,不要~别人。Zìjǐ de shì zìjǐ zuò, búyào ~ biérén. *One must take care of one's own business, not rely on others.* /我们要自己发展生产,不能~进口。Wǒmen yào zìjǐ fāzhǎn shēngchǎn, bù néng ~ jìnkǒu. *We must develop production by ourselves, not depend on imports.* /他从小什么事都由父母代做,养成了~性。Tā cóng xiǎo shénme shì dōu yóu fùmǔ dài zuò, yǎngchéngle ~xìng. *His parents have done everything for him ever since he was young so he has become a dependence.*

【依恋】yīliàn (动) *舍不得离开,留恋 be reluctant to leave; feel regret at parting from; have a sentimental attachment for:*他一直~着那个山清水秀的村庄。Tā yìzhí ~zhe nàge shān qīng shuǐ xiù de cūnzhuāng. *He has always felt regret at parting from that village with its beautiful hills and water.*

【依然】yīrán (副) 同"依旧" yījiù *same as* "依旧" yījiù:几年不见小红长这么高了,可眉眼~同小时候一样。Jǐ nián bú jiàn Xiǎo Hóng zhǎng zhème gāo le, kě méiyǎn ~ tóng xiǎoshíhou yíyàng. *I haven't seen Xiao Hong for many years; she has grown so tall, but her eyes and eyebrows are the same as when she was young.* /虽然下了几场雨,可是都太小,这里的旱情~没有缓解。Suīrán xiàle jǐ chǎng yǔ, kěshì dōu tài xiǎo, zhèlǐ de hànqíng ~ méiyǒu huǎnjiě. *Although there have been a few showers, they've all been too samll. The drought is just as serious as before.* /她的病总不见好,最近吃了几副药药~不见起色。Tā de bìng zǒng bú jiàn hǎo, zuìjìn chīle jǐ fù tāngyào ~ bú jiàn qìsè. *Her illness just isn't getting any better. She took a few doses of a medicinal decoction recently, but there still wasn't any improvement.*

【依顺】yīshùn (动) 同"依从" yīcóng *same as* "依从" yīcóng

【依偎】yīwēi (动)〈书〉同"偎依" wēiyī, 亲热地紧靠着 (*same as* "偎依" wēiyī) *snuggle up to; lean close to*

【依稀】yīxī (形) 模糊不清 *vague; dim:*童年的趣事也还~记得。Tóngnián de qùshì yě hái ~ jìdé. *I still vaguely remember interesting episodes from my childhood.* /相隔40年,我还能~认出他的模样。Xiānggé sìshí nián, wǒ hái néng ~ rènchū tā de múyàng. *After forty years of separation I can still dimly recognize him.* /月光中,远处的房屋~可见。Yuèguāng zhōng, yuǎnchù de fángwū ~ kějiàn. *The houses in the distance were dimly visible in the moonlight.*

【依依不舍】yīyī bù shě 形容很留恋,舍不得分别 *be reluctant to part; cannot bear to part:*他~地离开了故乡。Tā ~ de líkāile gùxiāng. *He very reluctantly left his native place.*

【依仗】yīzhàng (动) 倚仗,凭借着(某种力量或条件) *count on; rely on (a certain strength or conditions):*~别人的势力 ~ biérén de shìlì *rely on other people's influence* /他~着自己年轻,精力充沛,承担了好几项任务。Tā ~ zhe zìjǐ niánqīng, jīnglì chōngpèi, chéngdānle hǎo jǐ xiàng rènwu. *He counted on the fact that he was young and full of vigour to assume several duties.*

【依照】yīzhào (介) 意思同介词"依" yī,宾语必须多于一个音节 *same as the preposition* "依" yī (*the object must have more than one syllable*):~兵役法,适龄青年有服兵役的义务。~ bīngyìfǎ, shìlíng qīngnián yǒu fú bīngyì de yìwù. *According to the military service law, young people old enough to join the army are duty-bound to serve on it.* /~两国的文化协定进行人员交流。~ liǎng guó de wénhuà xiédìng jìnxíng rényuán jiāoliú. *They are carrying out a personnel exchange under the terms of the cultural accord between the two countries.* /部队~原定计划进行整编。Bùduì ~ yuán dìng jìhuà jìnxíng zhěngbiān. *The troops are undergoing reorganization according to the original plan.* /个体营业者必须~法律规定按期纳税。Gètǐ yíngyèzhě bìxū ~ fǎlǜ guīdìng àn qī nà shuì. *Individual business people must pay taxes on time according to the law.*

壹 yī

(数) "一" 的大写 *one (used as the numeral* "一" *on cheques, banknotes, etc. to avoid mistakes or alterations)*

yí

仪 〔儀〕 yí

(名)◇(1)人的外表 *appearance; bearing* (2)礼节 *ceremony* (3)礼物 *present; gift* (4)仪器 *instrument; apparatus*

【仪表】yíbiǎo (名)(1)人的外表(包括容貌、举动、风度等,指好的) *appearance; bearing (includes looks, actions, demeanour, etc.; usu. refers to positive ones):*~不凡 ~ bùfán *an exceptional appearance* /堂堂~ tángtáng ~ *noble and dignified* /衣着关系到一个人的~。Yīzhuó guānxì dào rén de ~. *The way one dresses affects one's bearing.* /他行伍出身,有着一副军人的~。Tā hángwǔ chūshēn, yǒuzhe yí fù jūnrén de ~. *He has risen from the ranks and has the bearing of a soldier.* (2)测定温度、气压、电量等的仪器 *meter (a thermometer, barometer, etc.)*

【仪器】yíqì (名) *instrument; apparatus*

【仪容】yíróng (名)〈书〉人的外表(多指容貌) *looks; appearance:*~秀丽 ~ xiùlì *have beautiful looks* /~俊俏 ~ jùnqiào *have a pretty and charming appearance* /~出众 ~ chūzhòng *have exceptional looks*

【仪式】yíshì (名) *ceremony; rite; function:*参加协定签字~ cānjiā xiédìng qiān zì ~ *They attended the ceremony for the*

signing of the agreement.

【仪态】yítài (名)〈书〉人的姿态容貌 bearing; deportment: ～万方 ～ wànfāng adopting a splendid pose; in all (her) glory /～不俗 ～ bù sú having an outstanding deportment

【仪仗队】yízhàngduì (名) guard of honour; honour guard

宜 yí

(动)(1)适合 suitable; appropriate; fitting: 这里～农～牧，确实是个好地方。Zhèlǐ ～ nóng ～ mù, quèshí shì ge hǎo dìfang. This area is suitable for farming and herding. It's a really good place. (2)应当 (多用于否定) should; ought to (usu. used in the negative): 事不～迟，得赶快想法解决。Shì bù ～ chí, děi gǎnkuài xiǎng fǎ jiějué. This matter should not be kept. We have to hurry up and think of a way to solve it. /你心脏不好，在高原不～久留。Nǐ xīnzàng bù hǎo, zài gāoyuán bù ～ jiǔ liú. You have a week heart so you shouldn't stay long on the plateau.

【宜人】yírén (形)适合人的心意 pleasant; delightful: 风景～ fēngjǐng ～ The scenery is delightful. /～的春色 ～ de chūnsè pleasant spring scenery

咦 yí

(叹)表示惊疑 (expresses surprise and bewilderment) why; hey: ～, 这不是小李子吗? ～, zhè búshì Xiǎolǐzi ma? Why, aren't you Xiao Li?/ ～, 这是什么地方? 从来没来过。～, zhè shì shénme dìfang? Cónglái méi láiguo. Hey, what is this place? I've never been here before. /～, 牡丹花是在这个时候开吗? ～, mǔdanhuā shì zài zhège shíhou kāi ma? Why, do peonies bloom at this time of year?

贻 〔貽〕yí

(动)〈书〉(1)赠送 make a gift of sth.; present (2)遗留 bequeath; leave behind

【贻害】yíhài (动)〈书〉遗留祸害 leave a legacy of trouble

【贻误】yíwù (动)〈书〉错误遗留下去，使受到坏的影响 affect adversely; bungle: ～后人 ～ hòurén affect later generations adversely

【贻笑大方】yíxiào dàfāng 让内行人笑话 make a laughingstock of oneself before professionals; incur the ridicule of experts

姨 yí

(名)姨母 maternal aunt

【姨父】yífu (名) 姨母的丈夫，也作"姨夫" the husband of one's maternal aunt (may also be written as 姨夫)

【姨母】yímú (名)母亲的姐妹 maternal aunt

胰 yí

(名)〈生理〉pancreas

【胰岛素】yídǎosù (名) insulin

【胰腺】yíxiàn (名)〈生理〉pancreas

【胰脏】yízàng (名)〈生理〉pancreas

移 yí

(动)(1)移动 move; shift: 你往那边～～，我就可以坐下了。Nǐ wǎng nàbiān ～～, wǒ jiù kěyǐ zuòxià le. Move over to that side a little so that I can sit down. /把桌子往后～。Bǎ zhuōzi wǎng hòu ～. Move the desk back. (2)同"移植" yízhí (1) same as "移植" yízhí (1): ～树 ～ shù transplant trees /把小盆里的花～到大盆里去。Bǎ xiǎo pén li de huā ～dào dà pén li qu. Transplant the flowers in the small pots to larger ones. (3)◇改变 change; alter: 本性难～ běnxìng nán ～ It is difficult to alter one's character. /人穷志不～ rén qióng zhì bù ～ Although I am poor, my will is unshakeable.

【移动】yídòng (动)改变原来的位置 move; shift: 把仪器稍微再往前～一下。Bǎ yíqì shāowéi zài wǎng qián ～ yíxià. Move the apparatus slightly forward.

【移风易俗】yí fēng yì sú 改变旧的陈腐的风俗习惯 change prevailing habits and customs; transform outmoded social customs

【移花接木】yí huā jiē mù 把一种花木的枝条或嫩芽嫁接在另一种花木上，比喻暗中更换人或事 graft one twig on another — stealthily substitute one thing (or person) for another

【移交】yíjiāo (动)(1)把事务由一个机关、部门转交给有关的另一个机关、部门 turn over; transfer: 把案件～给司法部门。Bǎ ànjiàn ～ gěi sīfǎ bùmén. Turn the case over to the Department of Justice. /报社把人民来信～给有关单位。Bàoshè bǎ rénmín láixìn ～ gěi yǒuguān dānwèi. The newspaper office turned the letters it received from the people over to the units concerned. /侨民的问题已经～大使馆。Qiáomín de wèntí yǐjing ～ dàshǐguǎn. The problems of foreign nationals have already been transferred to the embassies. (2)在离职前把自己经管的事务、财物等交给接替的人 hand over one's job or property to a successor: 办～手续 bàn ～ shǒuxù go through the formalities for handing over one's job (or property) to a successor /他来接替你的职务，你把工作～给他。Tā lái jiētì nǐ de zhíwù, nǐ bǎ gōngzuò ～ gěi tā. He has come to take your post. Hand the work over to him. / 等～完毕，我就退休了。Děng ～ wánbì, wǒ jiù tuì xiū le. When I've finished handing my job over to my successor, I will retire.

【移民】yímín (名)迁移到外地或外国去落户的人 emigrant; immigrant; settler

【移民】yí=mín 把居民迁往到外地或外国去落户 migrate; immigrate; settle

【移山倒海】yí shān dǎo hǎi 改变山和海的位置。用来形容人类改造自然的巨大力量和宏伟的气魄 remove mountains and drain seas — transform nature

【移栽】yízāi (动)同"移植" yízhí (1) same as "移植" yízhí (1)

【移植】yízhí (动)(1) transplant: ～花木 ～ huāmù transplant flowers and trees /把菊花～到花盆里 Bǎ júhuā ～ dào huāpén li. Transplant the chrysanthemums to a flower pot. /菜田的苗不全，需要～。Càitián de miáo bù quán, xūyào ～. The seedlings in the vegetable fields are not complete. Some more need to be transplanted over. (2)〈医〉transplanting; grafting: ～心脏 ～ xīnzàng transplant a heart /给烧伤病人～皮肤 Gěi shāoshāng bìngrén ～ pífū. Give the burn victim a skin graft.

遗 〔遺〕yí

(动)◇(1)丢失 lose (2)遗漏 omit; leave out (3)留下 leave behind; keep back

【遗产】yíchǎn (名) legacy; inheritance; heritage

【遗臭万年】yí chòu wàn nián 作恶的人留下坏名声，永远被人痛恨和唾骂 leave a stink for ten thousand years — go down in history as being infamous

【遗传】yíchuán (动)〈生〉heredity; inheritance: 这种病会～给下一代。Zhè zhǒng bìng huì ～ gěi xià yí dài. This disease is hereditary. /他是研究～学的。Tā shì yánjiū ～xué de. He does genetic research.

【遗传工程学】yíchuán gōngchéngxué genetic engineering

【遗毒】yídú (名)过去留下来的有害的东西(多指思想、风气等方面) evil legacy; harmful tradition; pernicious influence (usu. refers to an ideology; common practice, etc.)

【遗风】yífēng (名)从前某时期留下来的风气 common practice handed down from a certain period or era; customs handed down from past generations: 这个地区还保留着纯

朴的～。Zhège dìqū hái bǎoliúzhe chúnpǔ de ～. *This district still retains honest and simple customs handed down from past generations.*

【遗孤】yígū（名）(某人死后)留下来的孤儿 *orphan*：他抚养了两位烈士的～. Tā fùyǎngle liǎng wèi lièshì de ～. *He raised the orphan of two martyrs.*

【遗骸】yíhái（名）尸骨 *remains (of the dead)*

【遗憾】yíhàn（形）*regretful; it's a pity*：～的事情．de shìqíng *a regretful matter* /兴致勃勃地登山看日出，第二天却是个阴天，实在令人～. Xìngzhì bóbó de dēng shān kàn rì chū, dì'èr tiān què shì ge yīntiān, shízài lìng rén ～. *We climbed the mountain with great gusto to watch the sunrise, but it was cloudy the following day. It was really quite a pity.* /上次的冠军这次没有得金牌，很～. Shàng cì de guànjūn zhè cì méiyou dé jīnpái, hěn ～. *It's a pity the champion from last time didn't win a gold medal this time.* /这样好的机会竟没把球射进球门儿，太～了. Zhèyàng hǎo de jīhuì jìng méi bǎ qiú shèjìn qiúmén, tài ～ le. *It's such a pity that he didn't shoot a goal with such a good opportunity.* /他为没看到女朋友的演出而感到～. Tā wèi méi kàndào nǚ péngyou de yǎnchū ér gǎndào ～. *He felt very sorry that he didn't see his girl friend's performance.*

【遗恨】yíhèn（名）到死还感到悔恨或不顺心的事 *eternal regret*

【遗迹】yíjì（名）古代或旧时代留下的某些事物的痕迹 *historical remains; vestige or trace of something ancient*：殷墟 ～ Yīnxū *— the Yin Dynasty ruins*

【遗留】yíliú（动）前人或前任留下来 *leave over; hand down*：古代给我们～了丰富的文化遗产. Gǔdài gěi wǒmen ～le fēngfù de wénhuà yíchǎn. *Ancient times have handed down to us a rich cultural heritage.* /这些建筑是唐代～下来的. Zhèxiē jiànzhù shì Tángdài ～ xialai de. *These buildings are left over from the Tang Dynasty.* /边界划法的分歧是历史～问题. Biānjiè huàfǎ de fēnqí shì lìshǐ ～ wèntí. *The differences in where boundary lines are drawn are questions left over by history.* /老人给孩子们～了一份家业. Lǎorén gěi háizimen ～ le yí fèn jiāyè. *The aged parents handed down a property to their children.* /这是他离职时～的两件工作. Zhè shì tā lízhí shí ～ de liǎng jiàn gōngzuò. *These are the two jobs left over from when he left office.*

【遗漏】yílòu（动）(应该写上、提到而)漏掉 *omit; leave out*：看看名单，有没有谁的名字～了. Kànkan míngdān, yǒu méi yǒu shuí de míngzi ～ le. *Take a look at the name list to see if anyone's name has been left out.* /写文章时不要～这个事实. Xiě wénzhāng shí búyào ～ zhège shìshí. *Don't omit this fact when you write the article.* /这一段～了两个字. Zhè yi duàn ～le liǎng ge zì. *Two words were omitted in this paragraph.* /汇报工作时要把大家的要求全反映上去，不要～. Huìbào gōngzuò shí yào bǎ dàjiā de yāoqiú quán fǎnyìng shangqu, búyào ～. *When reporting on the work, you must make everybody's requests known to the higher level. Don't leave anything out.*

【遗墨】yímò（名）死去的人留下来的书札、文稿，字画等 *letters, manuscripts, scrolls of painting or calligraphy, etc. left behind by the deceased*

【遗弃】yíqì（动）(1)丢掉不要(指物品) *abandon; discard; throw away (unwanted articles)*：战场上到处都有敌人～的枪支、物品. Zhànchǎng shang dàochù dōu yǒu dírén ～ de qiāngzhī, wùpǐn. *The battlefield was full of firearms and articles that were abandoned by the enemy.* /他们搬迁时～了许多旧衣服. Tāmen bānqiān shí ～ le xǔduō jiù yīfu. *They threw away a lot of old clothes when they moved.* (2)把自己应该赡养或照顾的亲人丢掉不要 *abandon; forsake; cast off*：他～了妻子. Tā ～ le qīzi. *He abandoned his wife.* /孩子遭到～. Háizi zāodào ～. *The children were abandoned.*

【遗容】yíróng（名）(1)人死后的容貌 *remains (of the deceased)* (2)遗像 *a portrait of the deceased*

【遗失】yíshī（动）〈书〉*lost*：这些都是珍贵的史料，千万不要～. Zhèxiē dōu shì zhēnguì de shǐliào, qiānwàn búyào ～. *These are all valuable historical materials. Don't lose them.* /～的文物都已找到. ～ de wénwù dōu yǐ zhǎodào. *The lost cultural relics have now all been found.*

【遗书】yíshū（名）(1)作者死后出版的书(多用做书名) *posthumous papers; writings of an author now dead (usu. used in book titles)* (2)人快要死时留下的信 *a letter or note left by one immediately before death*

【遗属】yíshǔ（名）死者遗留下来的家属 *family left behind by the deceased*

【遗孀】yíshuāng（名）死者的妻子 *widow*

【遗体】yítǐ（名）*remains (of the dead)*

【遗忘】yíwàng（动）〈书〉*forget*：他的功绩永远不会为后人所～. Tā de gōngjì yǒngyuǎn bú huì wéi hòurén suǒ ～. *His contribution will never be forgotten by future generations.*

【遗物】yíwù（名）古代或死者留下的东西 *things left behind by the deceased; historical remains*

【遗像】yíxiàng（名）死者生前留下的照片或画像 *a portrait of the deceased*

【遗训】yíxùn（名）死者生前所说的教导人的话 *teachings of the deceased*

【遗言】yíyán（名）死者生前留下来的话 *words of the deceased; (a person's) last words*

【遗愿】yíyuàn（名）死者生前没实现的愿望 *unfulfilled wish of the deceased; last wish*：儿子实现了父亲的～，捐十万元为村里小学建校舍. Érzi shíxiànle fùqin de ～, juān shíwàn yuán wèi cūnlǐ xiǎoxué jiàn xiàoshè. *The son fulfilled his father's last wish, which was to donate one hundred thousand yuan to the village primary school for the construction of a schoolhouse.*

【遗址】yízhǐ（名）毁坏的年代较久的建筑物所在的地方 *ruins; relics*

【遗志】yízhì（名）死者生前没有实现的志愿 *unfulfilled wish of the deceased; work bequeathed by the deceased*

【遗嘱】yízhǔ（名）*testament; will; dying words*

【遗著】yízhù（名）*posthumous work (of an author)*

疑 yí

（动）◇怀疑 *doubt; disbelieve; suspect* （形）◇不能确定的 *doubtful; uncertain*

【疑案】yí'àn（名）(1)一时真相不明或证据不足的案件 *doubtful (or disputed) case* (2)泛指情况没弄清或难以弄清的事件 *open question; mystery*：究竟是谁把这消息漏出去的，至今还是个～. Jiūjìng shì shuí bǎ zhè xiāoxi lòu chuqu de, zhìjīn hái shì ge ～. *Exactly who leaked this news is still, to this day, a mystery.*

【疑点】yídiǎn（名）可疑的地方 *doubtful (or questionable) point*：这个案件的～都弄清楚了. Zhège ànjiàn de ～ dōu nòng qīngchu le. *All the questionable points in the case have been cleared up.*

【疑惑】yíhuò（动）(1)不明白、不理解，因而不大相信别人 *feel uncertain; not be convinced*：～不解 ～ bùjiě *feel puzzled* /他主动帮助你，完全是真心，你还～什么呢？Tā zhǔdòng bāngzhù nǐ, wánquán shì zhēn xīn, nǐ hái ～ shénme ne? *He helped you of his own accord and was completely sincere about it, so about what are you still having doubts?* (2)同"疑心"yíxīn *same as "疑心" yíxīn*：听了他的解释后，我更～他动机不纯. Tīngle tā de jiěshì hòu, wǒ gèng ～ tā dòngjī bù chún. *After hearing his explanation, I became even more suspicious that his motives were not pure.*

/我～这些是否他的真心话。Wǒ ～ zhèxiē shìfǒu tā de zhēnxīn huà. *I wonder whether his words really are sincere or not.* (名)(对事物)不明白、不理解的地方 *uncertainty*；*doubt* (*about sth.*)：～颇多 ～ pō duō *have a considerable amount of doubt* /心里产生～ xīnli chǎnshēng ～ *uncertainty growing in one's mind*

【疑惧】yíjù (形)〈书〉因怀疑而恐惧 *apprehensive*；*full of misgivings*

【疑虑】yílǜ (名)因怀疑而产生顾虑 *misgivings*；*doubt*：消除～ xiāochú ～ *dispel misgivings* /颇多～ pō duō ～ *quite a lot of doubt* /产生～ chǎnshēng ～ *have growing doubts* /虽然他态度诚恳，保证改过，我仍有些～。Suīrán tā tàidu chéngkěn, bǎozhèng gǎiguò, wǒ réng yǒu xiē ～. *Although his attitude is sincere and he has pledged to mend his ways, I still have my doubts.* /一个新手能胜任这项工作吗?我一直存在这个～。Yí ge xīn shǒu néng shèngrèn zhè xiàng gōngzuò ma? Wǒ yìzhí cúnzài zhège ～. *Can a new hand prove equal to this task? I've had misgivings about this all along.*

【疑难】yínán (形)因不理解、不明白而感到困难 (多作定语) *difficult*；*knotty* (*usu. used as an attributive*)：～病症 bìngzhèng *difficult and complicated case* (*of illness*) /～的数学题 ～ de shùxué tí *difficult mathematical problem* /课文中有许多～的地方，老师要一一解答。Kèwén zhōng yǒu xǔduō ～ de dìfang, lǎoshī yào yīyī jiědá. *There are many difficult places in the text. The teacher must explain them one by one.*

【疑团】yítuán (名)一系列不能解决的疑惑 *doubts and suspicions*；*a series of doubts*：一脑子的～ yì nǎozi de ～ *a headful of doubts and suspicions* /他的那些～解不开。Tā de nàxiē ～ jiě bu kāi. *He can't get rid of those doubts and suspicions.*

【疑问】yíwèn (名)*query*；*question*；*doubt*：他一定会成功, 这是毫无～的。Tā yídìng huì chénggōng, zhè shì háowú ～ de. *He will succeed. There's no doubt about it.*

【疑问句】yíwènjù (名)〈语〉*interrogative sentence*

【疑心】yíxīn (动)〈口〉怀疑, 倾向于相信某种表面看不出的事 *suspect*：我～他说自己有病, 不过是借口。Wǒ ～ tā shuō zìjǐ yǒu bìng, búguò shì jièkǒu. *I suspect that his claiming illness is but an excuse.* /谁也没有～这事竟是他干的。Shuí yě méiyou ～ zhè shì jìng shì tā gàn de. *No one would have suspected that he was the one who did this.* /哥哥～我把家里的事告诉了外人。Gēge ～ wǒ bǎ jiā li de shì gàosùle wàirén. *My older brother suspects me of telling outsiders about our family affairs.* /我～这是他爱人出的主意。Wǒ ～ zhè shì tā àirén chū de zhǔyi. *I suspect that this is his wife's idea.* /小赵真心跟你好, 你别～人家。Xiǎo Zhào zhēnxīn gēn nǐ hǎo, nǐ bié ～ rénjia. *Xiao Zhao is being sincere with you. Don't be suspicious of him.* (名)怀疑的念头 *suspicion*：犯～ fàn ～ *be oversuspicious* /～太重 ～ tài zhòng *suspicion is too strong* /看见孩子手里有这么多钱, 家长起了～。Kànjiàn háizi shǒu li yǒu zhème duō qián, jiāzhǎng qǐle ～. *His parents became suspicious when they saw so much money in his hands.*

【疑心病】yíxīnbìng (名)多疑的心理 *a suspicious frame of mind*：你别犯～, 这些水果都是洗过的。Nǐ bié fàn ～, zhèxiē shuǐguǒ dōu shì xǐguò de. *Don't be paranoid. All this fruit has been washed.*

【疑义】yíyì (名)值得怀疑的地方 *doubt*；*doubtful point*：他所讲的事实有不少～。Tā suǒ jiǎng de shìshí yǒu bù shǎo ～. *There are many doubtful points in his so-called facts.* /毫无～, 那篇文章的观点是正确的。Háowú ～, nà piān wénzhāng de guāndiǎn shì zhèngquè de. *No doubt about it, the point of view expressed in that article is correct.*

yǐ

乙 yǐ (名)用来表示顺序处于第二位 *second*

【乙醇】yǐchún (名)有机化合物, 醇的一种, 分子式是 C_2H_2OH. 也叫酒精 *ethanol*；*alcohol*

【乙型肝炎】yǐxíng gānyán *Hepatitis B*

已 yǐ (副)和"未"相对, 多用于书面语 (*is the opposite of "未" in the written language*)(1)意思同"已经" yǐjīng (1)：*same as "已经"* yǐjīng (1)：黑暗～过去。Hēi'àn ～ guòqu. *The darkness has already gone by.* /这时～不是春天。Zhè shí ～ bú shì chūntiān. *It was no longer spring then.* /病～痊愈。Bìng ～ quányù. *He has already recovered from his illness.* (2)意思同"已经" yǐjīng (2), 后边常带"是" *same as "已经"* yǐjīng (2) (*often takes "是"*)：他～是四十开外的人了。Tā ～ shì sìshí kāiwài de rén le. *He's already over forty.* /现在～是十点多钟了。Xiànzài ～ shì shí diǎn duō zhōng le. *It is now after ten o'clock.* /我和三姐～两年不见了。Wǒ hé sānjiě ～ liǎng nián bú jiàn le. *It has already been two years since my third elder sister and I haven't seen each other.*

【已经】yǐjīng (副)(1)表示某种动作、情况在此以前就完成或者发生了 *already*：他～上班了, 病～完全好了。Tā ～ shàng bān le, bìng ～ wánquán hǎo le. *He has already gone back to work—he has already completely recovered.* /她好像忘了自己～是老人了。Tā hǎoxiàng wàngle zìjǐ ～ shì lǎorén le. *It's as if she had forgotten she was already old.* /立春不少日子了, ～不冷了。Lìchūn bù shǎo rìzi le, ～ bù lěng le. *Many days have passed since the Beginning of Spring, so it's not cold out any more.* /太阳～出来了, 月亮还没落下去呢。Tàiyáng ～ chūlai le, yuèliang hái méi luò xiàqu ne. *The sun is already up, yet the moon hasn't gone down yet.* (2)后面如果有数量或时间词语, 则表示数量多、时间长或时间晚 (*if followed by a numeral-measure word compound, or a word denoting time, "已经" indicates that the amount is great or that the time is long or late*)：八点多了, 他怎么还不来～? bā diǎn duō le, tā zěnme hái bù lái? *It's already after eight o'clock. Why hasn't he come yet?* /高老今年～八十二了。Gāo Lǎo jīnnián ～ bāshí'èr le. *Gao Lao is already eighty-two this year.* /他～半天没说话了。Tā ～ bàntiān méi shuō huà le. *He hasn't spoken for a very long time.* /她～两个星期没上班了。Tā ～ liǎng ge xīngqī méi shàng bān le. *She hasn't gone to work for two weeks already.*

【已知数】yǐzhīshù (名)〈数〉*known number*

以 yǐ (介)(1)"以"组成的介词结构作状语, "以"的宾语多为抽象名词 (*the prepositional structure formed with "以" serves as an adverbial; the object of "以" is usu. an abstract noun*) ①表示动作行为的凭借, 相当于口语里的"拿"或"用" (*indicates the basis for an action or behaviour; similar to "拿" or "用" in the spoken language*)：他～崭新的面貌出现。Tā ～ zhǎnxīn de miànmào chūxiàn. *He has taken on a brand new look.* /～优秀的成绩来报答人民的培养。～ yōuxiù de chéngjì lái bàodá rénmín de péiyǎng. *Repay the people's trainning with excellent results.* ②表示动作行为的方式、程度或参加者的身份等, 相当于"按照"或"根据" (*indicates the way or extent of an action or behaviour; or the capacity in which the doer acts or behaves; similar to "按照" or "根据"*)：～质论价 ～ zhì lùn jià *determine the price according to the quality* /每个人都必须～高标准要求

自己。Měi ge rén dōu bìxū ～ gāo biāozhǔn yāoqiú zìjǐ. *Each must set a high standard for himself.* /干部也要～普通劳动者的身份与人民群众同甘共苦。Gànbù yě yào ～ pǔtōng láodòngzhě de shēnfen yǔ rénmín qúnzhòng tóng gān gòng kǔ. *Cadres must also, as ordinary labourers, share the comforts and hardships of the masses.* ③表示原因，相当于"由于""因为"，常与"而"连用 (*indicates a reason; similar to "由于", "因为" and is often used together with "而"*)：中国 ～ 茶 著 称 于 世。Zhōngguó ～ chá zhùchēng yú shì. *China is known worldwide for its tea.* /具有悠久历史而自豪 ～ jùyǒu yōujiǔ lìshǐ ér zìháo *be proud of one's long history* (2)"以……来说"常作插入语，有时用以举例 (*"以…来说" is often used as a parenthesis; sometimes used to give an example*)：～目前情况来说，仍存在产销失调的状况。～ mùqián qíngkuàng lái shuō, réng cúnzài chǎn xiāo shītiáo de zhuàngkuàng. *As for the present situation, there is still an imbalance between production and marketing.* /～我们家来说，这几年生活逐步得到了改善。～ wǒmen jiā lái shuō, zhè jǐ nián shēnghuó zhúbù dédàole gǎishàn. *As for our family, life has gradually taken a turn for the better for us these past few years.* "以……话来说"表示引用别人的说法 (*"以...话来说" indicates that sb. is being quoted*)：～年轻人的话来说，这叫适应新潮流。～ niánqīng rén de huà lái shuō, zhè jiào shìyìng xīn cháoliú. *In the words of young people, this is called adapting to new trends.* (3)表示处所界限，宾语为单音节方位词 (*indicates the demarcation line of a place; the object is a monosyllabic word denoting position*)：长城 ～ 北 Chángchéng ～ běi *north of the Great Wall* /长江～南叫南方。Cháng Jiāng ～ nán jiào nánfāng. *The area south of the Yangtze River is called the South.* (书)〈书〉用于谓语后一部分，引出目的，有"以便"的意思，但不能用于分句 (*used in the predicate of a sentence to introduce an aim; has the same meaning as "以便" yǐbiàn, but cannot be used in a clause*) *in order to; so as to*：大家都必须学习新知识，～适应当前形势的需要。Dàjiā dōu bìxū xuéxí xīn zhīshi, ～ shìyìng dāngqián xíngshì de xūyào. *Everybody must learn new knowledge so as to adapt to present needs.* /互相谦让，～ 利 团结。Hùxiāng qiānràng, ～ lì tuánjié. *Modesty is beneficial to unity.* /实现机械化、自动化，～减轻劳动强度。Shíxiàn jīxièhuà, zìdònghuà, ～ jiǎnqīng láodòng qiángdù. *Carry out mechanization and automation so as to lessen the intensity of labour.* /深入实际，～掌握第一手资料。Shēnrù shíjì, ～ zhǎngwò dìyī shǒu zīliào. *Go deep into the realities of life so that you can get firsthand material.*

【以便】yǐbiàn (连)用在第二分句或谓语的后一部分，表示前面所说情况(使后一部分所说的目的可以实现 (*used in the second clause of a sentence or the predicate) so that; in order to*：希望你们多提意见，～我们改进工作。Xīwàng nǐmen duō tí yìjiàn, ～ wǒmen gǎijìn gōngzuò. *I hope you will make a few more suggestions, so that we can improve work.* /我们实行计划生育，～控制人口。Wǒmen shíxíng jìhuà shēngyù, ～ kòngzhì rénkǒu. *We are carrying out family planning so as to control population.* /努力掌握现代科学技术知识，～更好地为人民服务。Nǔ lì zhǎngwò xiàndài kēxué jìshù zhīshi, ～ gèng hǎo de wèi rénmín fúwù. *Work hard to master technical knowledge of modern science so that you can better serve the people.* /开会时间，望你及早通知，～大家作好准备。Kāi huì shíjiān, wàng nǐ jízǎo tōngzhī, ～ dàjiā zuòhǎo zhǔnbèi. *I hope you can notify us the time of the meeting as soon as possible so that we can prepare for it.*

【以德报怨】yǐ dé bào yuàn 用恩德对待仇怨，而不去报复。别人对自己不好，自己不报复反而对他很好 *return good for evil; to repay injury with kindness*

【以点带面】yǐ diǎn dài miàn 用一个地方的经验，指导带动各地的工作。作为一种领导方法 *use the experience of selected units to promote work in the entire area (used as a means for leadership)*

【以毒攻毒】yǐ dú gōng dú 用毒药来治恶病，比喻利用对方厉害的手段来制服对方 *combat poison with poison; set a thief to catch a thief; use poison as an antidote for poison*

【以讹传讹】yǐ é chuán é 把错误的说法又错误地传播出去，越传越错 *incorrectly relay an erroneous message (so that it becomes increasingly distorted)*：这个字的读法，古往今来～，直到近年才纠正过来。Zhège zì de dúfǎ, gǔ wǎng jīn lái ～, zhídào jìnnián cái jiūzhèng guolai. *Since time immemorial this character has been pronounced wrong. It was only corrected recently.*

【以攻为守】yǐ gōng wéi shǒu (当受到攻击时)用进攻的办法来防御 *use offensive tactics for defence; attack in order to defend*

【以后】yǐhòu (名) *after; afterwards; later; hereafter*：从～ cóng jīn ～ *from now on* /一个星期～ yí ge xīngqī ～ *after one week* /我们～再谈。Wǒmen ～ zài tán. *Let's discuss this later.* /第二次世界大战～，这些国家相继独立。Dì'èr cì shìjiè dàzhàn ～, zhèxiē guójiā xiāngjì dúlì. *These countries gained independence one after another after the Second World War.* /我们多多来往，加强联系。wǒmen duōduō láiwǎng, jiāqiáng liánxì. *We will hereafter increase our contacts and strengthen our ties.*

【以及】yǐjí (连)连接并列的词或词组，不能连接分句，但"以及"前可以有停顿；多用于书面语 (*links a series of words or word groups; cannot link two clauses, but can be preceded by a pause; usu. used in the written language*) *as well as; and*：要带去的书、衣服～日用品都准备好了。Yào dàiqu de shū, yīfu ～ rìyòngpǐn dōu zhǔnbèi hǎo le. *I've already finished packing all the books, clothes and articles for daily use that I will be taking along.* /小店里摆满了收音机、录音机、电视机～各种元件。Xiǎo diàn li bǎimǎngle shōuyīnjī, lùyīnjī, diànshìjī ～ gè zhǒng yuánjiàn. *The small shop is filled with radios, recorders, television sets, as well as every kind of components.* /参加世界足球比赛的有亚洲、欧洲、非洲、南美洲、北美洲～大洋洲国家的足球队。Cānjiā shìjiè zúqiú bǐsài de yǒu Yàzhōu, Ōuzhōu, Fēizhōu, Nánměizhōu, Běiměizhōu ～ Dàyángzhōu guójiā de zúqiúduì. *Asian, European, African, South American, North American, as well as Australian national football teams all take part in the world football competitions.* /工人、农民、知识分子～其他劳动者，都是国家的主人。Gōngrén, nóngmín, zhīshifènzǐ ～ qítā láodòngzhě, dōu shì guójiā de zhǔrén. *Labourers, peasants, intellectuals, as well as other workers are all the masters of our country.*

【以来】yǐlái (助)(1)用于表示时点的词语之后，表示从过去某一时点到说话时为止的这段时间。有时前面有"自""从""自从"等与之呼应 (*used after a word denoting a point in time to indicate a period that starts from a point in the past and continues uninterrupted up until the time of speaking; sometimes preceded by "自", "从", "自从", etc.*) *since*：入秋～晚上凉快多了。Rù qiū ～, wǎnshang liángkuài duō le. *The evenings have been much cooler since the beginning of autumn.* /出生～，第一次见到日蚀。Chūshēng ～, dìyī cì jiàndào rìshí. *This is the first time I've ever seen a solar eclipse.* /自从认识他～，我得到他不少帮助。Zìcóng rènshi tā ～, wǒ dédào tā bù shǎo bāngzhu. *Ever since I got to know him, he has given me a lot of help.* (2)用于表示时间的词语之后，表示说话时为止，过去的这段时间 (*used after a word denoting a period of time to indicate that there has been no interruption up until the time of speaking*)：多年～，他从实践中总结出了一套教育儿童的经验。Duō

nián ～，tā cóng shíjiàn zhōng zǒngjié chūle yí tào jiàoyù értóng de jīngyàn. *In the past few years, he has summed up a set of experiences from practice on how to educate children.* /一个多星期～，他一直在考虑这个问题。Yí ge duō xīngqī ～，tā yìzhí zài kǎolù zhège wèntí. *He has been thinking about this problem for the past week.* "⋯⋯以来" 多作状语，有时也可作定语（"...以来" *usu.* *serves as an adverbial, but may sometimes also serve as an attributive*）:半个月～的实践证明，他是能胜任这项工作的。Bàn ge yuè ～ de shíjiàn zhèngmíng, tā shì néng shèngrèn zhè xiàng gōngzuò de. *The past half-month of practice has proved him to be equal to this task.* /他把好久～的想法谈出来了。Tā bǎ hǎojiǔ ～ de xiǎngfa tán chulai le. *He talked about all the ideas he had for a long while.* /他大学毕业～的经历是一帆风顺的。Tā dàxué bì yè ～ de jīnglì shì yì fān fēng shùn de. *His experience since his graduation from university has been one of smooth sailing.*

【以理服人】yǐ lǐ fú rén 理:道理；服:说服。用讲道理的办法使别人信服（与"以力服人"相对）(理:*reason*; 服:*convince*) *convince people by reasoning (antonym of "以力服人" use force to make people obey)*

【以力服人】yǐ lì fú rén 力:强制的力量；服:使服从。用强制手段使人服从 (力:*force*; 服:*obey*) *use force to make people obey*

【以邻为壑】yǐ lín wéi hè 壑:深沟。把邻国当作大水沟，把本国的洪水排泄到那里去。比喻把自己的灾祸、困难推到别人身上 (壑:*gully*) *use the neighbouring country as a drain — shift one's troubles onto others*

【以卵击石】yǐ luǎn jī shí 用鸡蛋打石头。比喻不恰当地估计自己的力量，盲目蛮干，自取灭亡 *throw an egg against a rock — court defeat by fighting against overwhelming odds; court disaster by overestimating one's own strength*

【以卵投石】yǐ luǎn tóu shí 同"以卵击石" yǐ luǎn jī shí *same as "以卵击石" yǐ luǎn jī shí*

【以貌取人】yǐ mào qǔ rén 凭外貌衡量、判断一个人的才能、品质 *judge people solely by their appearance; judge a book by its cover*

【以免】yǐmiǎn (连)用于后一分句或谓语后一部分的开头，表示前面所说的是为避免发生后面所说的结果 *in order to avoid; so as not to (used in the second clause of a sentence or at the beginning of the latter part of the predicate)* :我们必须吸取教训，～重犯错误。Wǒmen bìxū xīqǔ jiàoxùn, ～ chóngfàn cuòwù. *We must draw a lesson from this so as to avoid making the same mistake twice.* /你应该及时写信，～家中惦念。Nǐ yīnggāi jíshí xiě xìn, ～ jiā zhōng diànniàn. *You should write a letter immediately so that your family doesn't worry.* / 他是特意来看你的，你别出去，～他白跑一趟。Tā shì tèyì lái kàn nǐ de, nǐ bié chūqu, ～ tā bái pǎo yí tàng. *He came specially to see you; you had better not go out so that he won't have come here for nothing.*

【以内】yǐnèi (名)在一定的时间、数量、处所、范围的界限之内 *within; less (or fewer) than* :一年～ *within a year* /这工作三天～完成。Zhè gōngzuò sān tiān ～ wánchéng. *This work is to be completed within three days.* /15 公斤～的物品可以随身携带。Shíwǔ gōngjīn ～ de wùpǐn kěyǐ suíshēn xiédài. *Goods less than fifteen kilograms may be carried on one's person.* / 工作时间～不得接待客人。Gōng zuò shíjiān ～ bù dé jiēdài kèrén. *Guests may not be received during working hours.* /这是你职权范围～的事。Zhè shì nǐ zhíquán fànwéi ～ de shì. *This matter is within your duty and power.* /考试题目都在这个学期所学的范围～。Kǎoshì tímù dōu zài zhège xuéqī suǒ xué de fànwéi ～. *The examination questions are all based in what has been studied within this semester.*

【以偏概全】yǐ piān gài quán 根据一个方面来概括全面的情

况 *summarize the whole situation according to one aspect* :如果不广泛地听取意见、了解情况，难免会～，判断错误。Rúguǒ bù guǎngfàn de tīngqǔ yìjiàn、liǎojiě qíngkuàng, nánmiǎn huì ～，pànduàn cuòwù. *If you don't listen extensively to opinions, nor get a broad understanding of the situation, it's hard to avoid summarizing something based on one aspect and making a wrong decision.*

【以前】yǐqián (名)*before; formerly; previously; prior to* :新年～ xīnnián ～ *before New Year* /天亮～ tiān liàng ～ *before dawn* / 工作开始～ gōngzuò kāishǐ ～ *before work starts* / 我很久～就认识老李了。Wǒ hěn jiǔ ～ jiù rènshi Lǎo Lǐ le. *I got to know Lao Li a long time ago.* /他上大学～先工作了两年。Tā shàng dàxué ～ xiān gōngzuòle liǎng nián. *He worked for two years prior to attending university.* / 他～不了解我。Tā ～ bù liǎojiě wǒ. *He didn't understand me before.* /三十年～这儿还是个小渔村。Sānshí nián ～ zhèr hái shì ge xiǎo yúcūn. *Thirty years ago this was still a small fishing village.*

【以权谋私】yǐ quán móu sī 利用自己的权力谋取私利 *use one's power (or authority) to seek personal gain*

【以上】yǐshàng (名)(1)表示位置、次序、数目等在某一点或某一标准之上 *more than; over; above* :膝盖～ xīgài ～ *above the knee* /三层楼～住居民。Sān céng lóu ～ zhù jūmín. *There are residents living on the third floor and up.* /飞机在一万公尺～的高空飞行。Fēijī zài yíwàn gōngchǐ ～ de gāokōng fēixíng. *The plane is flying at a high altitude of more than 10,000 metres.* /三年级～的学生，都参加讨论会。Sān niánjí ～ de xuésheng, dōu cānjiā tǎolùnhuì. *All students above third year will attend the symposium.* /系主任～的干部都在这层楼里办公。Xì zhǔrèn ～ de gànbù dōu zài zhè céng lóu li bàn gōng. *All cadres above department chairmen have their offices on this floor.* /这本书20万字～。Zhè běn shū èrshí wàn zì ～. *This book has over 200,000 words.* /那块地毯价值两千元～。Nà kuài dìtǎn jiàzhí liǎng qiān yuán ～. *That carpet is worth more than 2,000 yuan.* / 亚洲人口占世界人口的50%～。Yàzhōu rénkǒu zhàn shìjiè rénkǒu de bǎi fēn zhī wǔshí ～. *The population of Asia accounts for more than 50% of the world's population.* (2)指前面的话或文字 *the above; the foregoing; the above-mentioned* :～我谈了两个问题。～ wǒ tánle liǎng ge wèntí. *I have discussed two problems above.* /一两段文字是写景。～ liǎng duàn wénzì shì xiě jǐng. *The above two paragraphs describe scenery.* /～所写的是个人的经历。～ suǒ xiě de shì gèrén de jīnglì. *The above is a written account of one's individual experience.*

【以身试法】yǐ shēn shì fǎ 拿自己的性命去触犯刑法 *defy the law* :大家都要廉洁奉公，不要～。Dàjiā dōu yào liánjié fèng gōng, búyào ～. *Everybody must be honest in performing his official duties, not defy the law.*

【以身殉职】yǐ shēn xùn zhí 在为完成自己的工作任务时牺牲了生命 *die at one's post; die in the line of duty*

【以身作则】yǐ shēn zuò zé 用自己的行动作出规范的样子 *set an example with one's conduct; make oneself an example* :教育人的人首先应该～。Jiàoyù rén de rén shǒuxiān yīnggāi ～. *Those who teach others should first set an example.* /我们的班长处处～。Wǒmen de bānzhǎng chùchù ～. *Our class monitor sets an example in all respects.* /只有～的人才有资格要求别人。Zhǐyǒu ～ de rén cái yǒu zīgé yāoqiú biérén. *Only those who set examples with their own conduct are qualified to make demands on others.*

【以外】yǐwài (名)在一定的范围、处所及某些时间、数量的界限之外 *beyond; outside; other than; except* :市区～ shìqū ～ *outside the city proper* /院墙～ yuànqiáng ～ *beyond the courtyard wall* /职权范围～ zhíquán fànwéi ～ *beyond the scope of one's functions and powers* /停车线～ tíngchēxiàn

~ outside the parking line /八小时~ bā xiǎoshí ~ outside working hours / 学习时间~ xuéxí shíjiān ~ outside hours of study /五公里~不限制车速。Wǔ gōnglǐ ~ bú xiànzhì chēsù. There's no speed limit beyond the next five kilometres.

【以往】yǐwǎng (名) before; formerly; in the past：~这条河上没有桥。~ zhè tiáo hé shang méi yǒu qiáo. There wasn't any bridge over this river before. /~的小镇如今变成了繁华的城市。~ de xiǎo zhèn rújīn biànchéngle fánhuá de chéngshì. This former small town has now become a bustling city. /现在的小山区可不同~，已经通了火车了。Xiànzài de xiǎo shānqū kě bù tóng ~, yǐjīng tōngle huǒchē le. The mountain areas are now quite different from the past. They're already accessible by train.

【以为】yǐwéi (动) (1) 表示一种主观上的判断，多与事实相反（用在复合句里）think; believe (sth. that usu. turns out to be incorrect; used in a compound sentence)：我~是他来了，原来是你。Wǒ ~ shì tā lái le, yuánlái shì nǐ. I thought he was the one who came, but it was you. /一觉醒来，~天亮了，原来是月光。Yī jiào xǐnglái, ~ tiān liàng le, yuánlái shì yuè- guāng. When I woke up, I thought it was daylight, but it wasn't. It was the moonlight. /你别~他没注意，他只是不爱说话罢了。Nǐ bié ~ tā méi zhǔyì, tā zhǐ shì bú ài shuō huà bàle. Don't think that he doesn't have any definite views of his own. It's just that he doesn't talk much. (2) 认为，觉得 consider; feel：我~这次会议开得很成功。Wǒ ~ zhè cì huìyì kāi de hěn chénggōng. I feel that this meeting was very successful. /专家们~他的文章有较高的学术水平。Zhuānjiāmen ~ tā de wénzhāng yǒu jiào gāo de xuéshù shuǐpíng. Experts consider his article to have a relatively high academic level.

【以……为……】yǐ …… wéi …… (1) "把……作为（当作）……"的意思 (1) take … as …; regard … as …：这支运动队以学生为主，有三四十人。Zhè zhī yùndòng duì yǐ xuésheng wéi zhǔ, yǒu sān-sìshí rén. This athletic team is mostly made up of students and has altogether thirty or forty members. /以农业为基础的经济体系 yǐ nóngyè wéi jīchǔ de jīngjì tǐxì the economic system which takes agriculture as the basis (2) 某事物的总体中，哪一部分或某方面居首位，宾语多为形容词 (indicates the part or aspect which occupies the dominant place within a whole; the object is usu. an adjective)：小学教员以女教员为多。Xiǎoxué jiàoyuán zhōng yǐ nǚ jiàoyuán wéi duō. Primary school teachers are mostly women. /中国的名胜古迹以长城为最有名。Zhōngguó de míngshèng gǔjì yǐ Chángchéng wéi zuì yǒu míng. The Great Wall is the most famous of all of China's scenic spots and historical sites. (3) "认为……是……"的意思 think of … as …：他不以说假话为耻，到处招摇撞骗。Tā bù yǐ shuō jiǎhuà wéi chǐ, dàochù zhāoyáo zhuàngpiàn. He doesn't think of lying as a disgrace but goes around swindling and bluffing. /大夫以减轻病人的痛苦为己任。Dàifu yǐ jiǎnqīng bìngrén de tòngkǔ wéi jǐ rèn. Doctors think of alleviating the pain of their patients as their duty. (4) 有时有"按……来……"的意思 (do sth.) according to or on the basis of (as "按…来…")：客观规律是不以人的意志为转移的。Kèguān guīlǜ shì bù yǐ rén de yìzhì wéi zhuǎnyí de. Objective law is not transformed according to people's will. /判案不能以他本人的口供为依据。Pàn àn bù néng yǐ tā běnrén de kǒugòng wéi yījù. You cannot decide a case on the basis of his own statement.

【以下】yǐxià (名) (1) 表示位置，次序，数目等在某一点或某一标准以下 below; under：他眼睛~被口罩捂得严严实实。Tā yǎnjing ~ bèi kǒuzhào wǔ de yányánshíshí. A gauze mask tightly covered his face below his eyes. /山腰~都种上了树。Shānyāo ~ dōu zhòngshangle shù. Trees were

planted all over the lower half of the mountain. /他~还有一个弟弟。Tā ~ hái yǒu yí ge dìdi. He has a younger brother. /大使~的外交官出席了宴会。Dàshǐ ~ de wàijiāoguān chūxíle yànhuì. Diplomats below the rank of ambassador were present at the banquet. /两千米~的低空云量不多。Liǎng qiān mǐ ~ de dīkōng yúnliàng bù duō. There aren't many clouds below the altitude of 2,000 metres. /这里地面十米~就有水。Zhèlǐ dìmiàn shí mǐ ~ jiù yǒu shuǐ. There's water ten metres below the earth's surface here. (2) 指后面的话或文字 the following：~是我个人的意见。~ shì wǒ gèrén de yìjiàn. The following is my own personal opinion. /前边介绍了情况，~再谈谈感想。Qiánbian jièshàole qíngkuàng, ~ zài tántan gǎnxiǎng. The above has presented the situation and the following will discuss my impressions. /~还有四个发言。~ hái yǒu sì ge fāyán. There are still four more speeches to follow. /~几段写得十分感人。~ jǐ duàn xiě de shífēn gǎnrén. The following paragraphs are very touching.

【以眼还眼，以牙还牙】yǐ yǎn huán yǎn, yǐ yá huán yá 比喻以对方施用的手段来反击对方 an eye for eye and a tooth for a tooth; blow for blow

【以一当十】yǐ yī dāng shí (1) 一个人抵得上十个人。形容军队勇猛善战 one man is equal to ten — (of an army) be brave and skilful in battle (2) 泛指用少量的人力、物力做大量的事情。形容极大地发挥人或物的作用，或形容人或物等所起的作用极大 pit one againt ten — one (person or thing) is as effective as ten; be highly efficacious despite the size or number of one's force

【以一警百】yǐ yī jǐng bǎi 用一个警戒一百个。指惩罚一个人来警戒众人 use one warning to ward off one hundred — punish sb.; a warning to the masses

【以逸待劳】yǐ yì dài láo 逸：安闲；劳：疲倦。指在作战中，注意积蓄力量，等敌方疲劳了，再给予攻击 (逸：ease; leisure; 劳：tired) wait at one's ease for an exhausted enemy or opponent; to lie in wait for

【以怨报德】yǐ yuàn bào dé 别人对自己好，不报答，反而对人家很坏 return evil for good; repay kindness with injury

【以至】yǐzhì (连) (1) 连接词或短语（多为体词性的），表示时间、数量、程度、范围上的延伸 (links words, phrases (usu. nominals) to indicate an extension of time, quantity, degree, scope, etc.) down to; up to：编写这种教材需要四五个月，~半年。Biānxiě zhè zhǒng jiàocái xūyào sì-wǔ ge yuè, ~ bàn nián. Compiling this kind of teaching material takes four or five months, even up to six months. /这个厂实行改革以后，生产效率提高了百分之五十~一倍。Zhège chǎng shíxíng gǎigé yǐhòu, shēngchǎn xiàolǜ tígāole bǎi fēn zhī wǔshí ~ yí bèi. Once this factory implemented reforms, its production efficiency increased by 50%, or even doubled. /他不但研究语言、文学，而且还研究历史、地理、~哲学。Tā búdàn yánjiū yǔyán, wénxué, érqiě hái yánjiū lìshǐ, dìlǐ, ~ zhéxué. He not only researches Language and Literature, but also History, Geography, and even Philosophy. (2) 前一分句或谓语前一部分表示情况、动作的程度深，后一分句或后一部分用"以至"引出产生的结果 (the first clause of the sentence or the first part of the predicate indicates the extremity of a situation or action, and the following clause uses "以至" to introduce the result produced)：形势发展很快，~有些人不敢相信。Xíngshì fāzhǎn hěn kuài, ~ yǒuxiē rén bù gǎn xiāngxìn. The situation developed so quickly that some people couldn't believe it. /他的工作很紧张，~吃饭都不能有一定的时间。Tā de gōngzuò hěn jǐnzhāng, ~ chī fàn dōu bù néng yǒu yídìng de shíjiān. He's so busy at work that he can't have his meals at any set time. /他喜欢开快车，不注意安全，~出了车祸，头部受重伤。Tā xǐhuan kāi kuàichē, bú zhùyì ānquán, ~ chūle

chēhuò, tóubù shòu zhòngshāng. *He liked driving fast so much that he didn't pay attention to safety and seriously injured his head in an accident.*

【以致】yǐzhì（连）用于后一分句或谓语后一部分的开头，表示由于前面所说的原因，导致不好的结果（*used in the second clause of a sentence or at the beginning of the latter part of the predicate*）*as a result; consequently*：他从车上摔下来，～失去了知觉。Tā cóng chē shang shuāi xiàlai, ～ shīqùle zhījué. *He slipped and fell off the bus, and consequently lost consciousness.* /今年雨水太多，～庄稼受涝严重。Jīnnián yǔshuǐ tài duō, ～ zhuāngjia shòu lào yánzhòng. *There was too much rain this year; as a result, the crops suffered seriously from waterlogging.* /由于少数人不遵守秩序，～会场秩序混乱。Yóuyú shǎoshù rén bù zūnshǒu zhìxù, ～ huìchǎng zhìxù hùnluàn. *A few people refused to keep order; as a result, the whole conference was thrown into confusion.*

【以至于】yǐzhìyú（连）同"以至"yǐzhì(1)*same as "*以至*" yǐzhì(1)*：订计划要考虑得长远，～子孙后代的事都要考虑进去。Dìng jìhuà yào kǎolǜ de chángyuǎn, ～ zǐsūn hòudài de shì dōu yào kǎolǜ jìnqu. *You must think in long term when making plans; you must even consider future generations.* /他把这位作家的小说、散文、～仅有的几首诗都收集齐了。Tā bǎ zhè wèi zuòjiā de xiǎoshuō, sǎnwén, ～ jǐn yǒu de jǐ shǒu shī dōu shōují qí le. *He collected all this author's novels, prose, and even the few poems that he wrote.* /院子里很寂静，～连一根针掉在地上都能听见。Yuànzi li hěn jìjìng, ～ lián yì gēn zhēn dào zài dì shang dōu néng tīngjian. *The courtyard was so still you could even hear a pin drop.* /他一心一意在考虑问题，～进来两个人他都不知道。Tā yì xīn yí yì zài kǎolǜ wèntí, ～ jìnlai liǎng ge rén tā dōu bù zhīdào. *He was concentrating on the problem so intensely that he didn't even know that two people had come in.*

迤
（动）向（在某一方向上）延伸 *go (or extend) towards*
【迤逦】yǐlǐ（形）〈书〉曲折连绵 *winding; tortuous; meandering*

倚
（动）(1)靠 *lean on or against; rest on or against*：身子～着墙。Shēnzi ～zhe qiáng. *His body is leaning against the wall.* /把梯子～在树上。Bǎ tīzi ～ zài shù shang. *Rest the ladder against the tree.* (2)仰仗；依靠；凭借 *rely on; depend on; count on*：老人～杖行走。Lǎorén ～ zhàng xíngzǒu. *The old man relies on a cane to walk.* /～官仗势～ guān zhàng shì *rely on one's official position and power* /～势压人 ～ shì yā rén *take advantage of one's position to intimidate others* (3)〈书〉偏；斜 *biased; partial*：不偏不～ bù piān bù ～ *unbiased; impartial*
【倚靠】yǐkào（动）同"依靠"yīkào *same as "*依靠*" yīkào*
【倚赖】yǐlài（动）同"依赖"yīlài *same as "*依赖*" yīlài*
【倚仗】yǐzhàng（动）同"依仗"yīzhàng *same as "*依仗*" yīzhàng*

椅
（名）◇椅子 *chair*：竹～ zhú ～ *bamboo chair*
【椅子】yǐzi（名）[把 bǎ] *chair*

yì
亿
〔億〕yì
（数）*hundred million*
【亿万】yìwàn（数）泛指极大的数目 *hundreds of millions;*

millions and millions

义
〔義〕yì
（名）◇(1)正义；道理 *justice; righteousness*：深明大～ shēn míng dà ～ *be deeply conscious of the righteousness of a cause* (2)意义；意思 *meaning; significance*：这两个词的词～不同。Zhè liǎng ge cí de cí ～ bù tóng. *The meanings of these two words are different.* (3)情谊 *human relationship; friendly sentiment*：无情无～ wú qíng wú ～ *ruthless and faithless* (形)公正的、有利于别人的 *righteous; equitable; just*：～战 ～ zhàn *just war* /不～之财 bú ～ zhī cái *ill-gotten wealth*
【义不容辞】yì bù róng cí 从道义上说不容许推辞 *justice admits no excuses — be duty-bound; have an unshirkable duty*：为病人解除痛苦，对大夫来说是～的。Wèi bìngrén jiěchú tòngkǔ, duì dàifu lái shuō shì ～ de. *A doctor's bounden duty is to relieve patients of their pain.* /保卫祖国是每个公民～的责任。Bǎowèi zǔguó shì měi ge gōngmín ～ de zérèn. *To protect the fatherland is the unshirkable responsibility of every citizen.* /子女～地要赡养父母。Zǐnǚ ～ de yào shànyǎng fùmǔ. *Sons and daughters are duty-bound to support their parents.*
【义愤】yìfèn（名）对不正义的行为所产生的愤怒 *righteous indignation*
【义愤填膺】yìfèn tián yīng 膺:胸。胸中充满了正义的愤怒（多作谓语）(膺: *breast*) *be filled with righteous indignation; with rage; indignantly*：目睹侵略者的暴行，人们～。Mùdǔ qīnlüèzhě de bàoxíng, rénmen ～. *People were filled with rage at the sight of the atrocities committed by the aggressors.* /听到受害者的控诉，人人～。Tīngdào shòuhàizhě de kòngsù, rénrén ～. *All were filled with indignation when they heard the victim's accusations.* /老师介绍到这一段民族屈辱的历史，学生们都～。Lǎoshī jièshào dào zhè yí duàn mínzú qūrǔ de lìshǐ, xuéshengmen dōu ～. *When the teacher introduced the national humiliation in this part of history, the students were all filled with righteous indignation.*
【义和团】Yìhétuán 19世纪末、20世纪初，中国北方几省人民自发地组成的反抗帝国主义入侵的团体。1900年八国联军入侵时，义和团奋起反抗，沉重地打击了列强。后在帝国主义和清朝政府的内外夹击下失败 *Yihetuan (also known as the Boxers) (organization spontaneously formed by the people in north China at the end of the 19th and the beginning of the 20th centuries to resist imperialist aggression. When the Eight-Power Allied Forces were invading China in 1900, the Yihetuan dealt a heavy blow to the big powers, but were later defeated under the converging attack of foreign imperialists and the domestic government of the Qing Dynasty)*
【义举】yìjǔ（名）讲义气，拿钱财帮助别人的行为 *a magnanimous act undertaken for the public good; use wealth to help others as an act of loyalty*
【义气】yìqì（名）由于私人关系甘愿替人承担风险或牺牲自己利益的气概 *personal loyalty*：这个人很讲～，热心帮助别人。Zhège rén hěn jiǎng ～, rèxīn bāngzhu biéren. *This person is very loyal and warmheartedly helps others.* /私人～得服从集体利益。Sīrén ～ děi fúcóng jítǐ lìyì. *Personal loyalty must submit to the interests of the collective.* (形)具有这种气概、感情的 *loyal*：我还第一次遇到这么～的人，为了主持公道，不怕得罪人。Wǒ hái dìyī cì yùdào zhème ～ de rén, wèile zhǔchí gōngdao, bú pà dézuì rén. *This is the first time I've ever met such a loyal person. He's not afraid of offending others in order to uphold justice.* /你看人家对朋友真～。Nǐ kàn rénjia duì péngyou zhēn ～. *See how loyal he is to his friends.*

【义务】yìwù（名）*duty；obligation*：～教育 ～ jiàoyù *compulsory education* /～劳动 ～ láodòng *voluntary labour* / 教好学生是教员的～。Jiàohǎo xuésheng shì jiàoyuán de ～. *To teach students well is the duty of all teachers.*

【义务兵役制】yìwù bīngyìzhì 根据法律规定，公民在一定年龄内，有义务服一定期限的兵役的制度 *compulsory military service；conscription*

【义项】yìxiàng（名）词典里在一个条目下按照不同意义分别列举的项目 *each item listed per entry in a dictionary according to different meanings*：在《现代汉语词典》里，"衣"有四个～。Zài《Xiàndài Hànyǔ Cídiǎn》li，"yī" yǒu sì ge ～. *In the Dictionary of Modern Chinese there are four different meanings listed under the entry 衣 . /* "一"的第一个～是什么？"Yī" de dìyī ge ～ shì shénme? *What's the first meaning listed under "一"?*

【义演】yìyǎn（动）即义务演出，指为公益的事筹备款项而进行演出 *benefit performance*：那些著名演员都参加～。Nàxiē zhùmíng yǎnyuán dōu cānjiā ～. *Those few famous actors are all taking part in the benefit performance. /* 这次～是为了支援灾民。Zhè cì ～ shì wèile zhīyuán zāimín. *This benefit performance is in aid of the victims of the natural disaster.*

【义勇军】yìyǒngjūn（名）(1)人民为了抗击侵略者自愿组织起来的军队 *army of volunteers* (2)特指中国抗日时期人民自动组织起来的抗日武装 *the Volunteers（army made up of volunteers who fought in the War of Resistance Against Japan）*

【义正词严】yì zhèng cí yán 话说得合乎道理而且严肃、有力 *speak sternly out of a sense of justice*：～地驳斥了对方的谬论 ～ de bóchìle duìfāng de miùlùn *refuted the fallacies of the other side out of a sense of justice* /声明～，有力地批驳了谣言。Shēngmíng ～，yǒulì de pībóle yáoyán. *The statement spoke with the force of justice and vigorously refuted the rumours. /* 他～地谴责了对方。Tā ～ de qiǎnzéle duìfāng. *He spoke sternly out of a sense of justice, denouncing the other side. /* 代表～的讲话，博得了许多同情和支持。Dàibiǎo ～ de jiǎnghuà，bódéle xǔduō tóngqíng hé zhīchí. *The forceful speech of justice of the representative won much sympathy.*

艺 〔藝〕yì
（名）◇(1)技能 *technical ability；mastery of a skill or technique* (2)技术 *skill；technique*

【艺名】yìmíng（名）演员演出时用的名字 *stage name（of an actor or actress）*

【艺人】yìrén（名）(1)戏曲、曲艺、杂技方面的演员 *actor or artist（in local operas，storytelling，folk art forms，acrobatics，etc.）*。(2)指某些有技艺的手工业工人，如：从事挑花、刺绣、雕塑等的工人 *artisan；handicraftsman（such as workers engaged in cross-stitch work，embroidery，sculpture，etc.）*

【艺术】yìshù（名）(1) *art*：～界 ～ jiè *art circles* /～作品 ～ zuòpǐn *works of art* /～形式 ～ xíngshì *artistic form* / 电影～ diànyǐng ～ *art of motion pictures* /他们是搞～的。Tāmen shì gǎo ～ de. *They are artists.* (2)指巧妙、富有创造性的方式方法 *skill；art；craft*：领导～ lǐngdǎo ～ *art of leadership* /说话的～ shuō huà de ～ *speaking skill* (形)形式独特、巧妙或美观的 *artistic；unique；ingenious*：conforming to good taste*：房间布置得真～。Fángjiān bùzhì de zhēn ～. *This room is really tastefully furnished. /* 这话说得挺～的。Zhè huà shuō de tǐng ～ de. *What he said was ingenious.*

【艺术家】yìshùjiā（名）*artist*：他已经不只是个名演员，而且是个表演～。Tā yǐjīng bùzhǐ shì ge míng yǎnyuán，érqiě shì ge biǎoyǎn ～. *He's not only a famous actor，but is also* a performing artist.

【艺术品】yìshùpǐn（名）*work of art*：你这件毛衣简直是个～。Nǐ zhè jiàn máoyī jiǎnzhí shì ge ～. *This sweater of yours is simply a work of art.*

【艺术性】yìshùxìng（名）*artistic quality；artistry*

【艺苑】yìyuàn（名）文学艺术会集的地方，泛指文学艺术界 *the realm（or world）of art and literature；art and literary circles*

忆 〔憶〕yì
（动）◇回忆 *recall；recollect*：我不时～起三十年前的事情。Wǒ bùshí ～qi sānshí nián qián de shìqing. *I frequently recall things that happened thirty years ago.*

【忆苦思甜】yì kǔ sī tián 劳动人民回忆旧社会的苦难经历，联想新社会的幸福，在对比中激发人们对新生活的热爱 *（of labourers）recall one's sufferings in the old society and one's happiness in the new；contrast past misery with present happiness；recall past suffering and think over the source of present happiness*

议 〔議〕yì
（动）谈论；商讨 *discuss；exchange views on；talk over*：窃窃私～ qièqiè sī ～ *exchange whispered comments* /关于下月的工作计划，咱们一块儿～一～。Guānyú xià yuè de gōngzuò jìhuà，zánmen yíkuàir ～ yi ～. *Let's talk over next month's work plan together. /* 对这个问题，会上～来～去，最后还是～而未决。Duì zhège wèntí，huìshang ～ lái ～ qù，zuìhòu hái shì ～ ér wèi jué. *Views on this question were exchanged over and over again during the meeting，but in the end the discussion brought no decision. (名)意见；言论 *opinion；view*：力排众～ lì pái zhòng ～ *prevail over all dissenting views*

【议案】yì'àn（名）*proposal；motion*

【议程】yìchéng（名）*agenda*：大会～已经确定。Dàhuì ～ yǐjīng quèdìng. *The agenda for the conference has already been fixed.*

【议定书】yìdìngshū（名）*protocol*

【议会】yìhuì（名）*parliament，legislative assembly*

【议价】yì＝jià 买卖双方共同商定价格 *negotiate a price*

【议价商品】yìjià shāngpǐn 某些商品由政府定价限量出售以外，有一部分定高价不限量出售的 *commodities whose prices are fixed by the government at a high rate，but which have no limit on the quantity that may be sold（as distinguished from commodities which have a fixed price and limited in quantity）*

【议决】yìjué（动）会议对议案经过讨论做出决定 *resolve after deliberation；pass a resolution*：这个提案已经～。Zhège tí'àn yǐjīng ～. *This motion has already been passed. /* 大会已经～了这个提案，不再讨论了。Dàhuì yǐjīng ～ le zhège tí'àn，bú zài tǎolùn le. *The resolution has already been passed at the meeting. It won't be discussed any further.*

【议论】yìlùn（动）对人或事物的好、坏，对、错发表意见 *comment；talk；discuss（the pros and cons of sth.）*：～国家大事 ～ guójiā dà shì *discuss national affairs* /纷纷～ fēnfēn ～ *discuss extensively* /～ 不休 ～ bùxiū *carry on endless discussions* /别背后～人。Bié bèihou ～ rén. *Don't talk about others behind their backs. /* 工作做得好坏，得允许别人～。Gōngzuò zuò de hǎohuài，děi yǔnxǔ biérén ～. *You have to allow others to comment on whether the work is well done or not. /* 春游去哪儿好，大家～～。Chūnyóu qù nǎr hǎo，dàjiā ～～. *Let's all discuss where to go for our spring outing.* (名)对人或事物的好、坏，对、错发表的意见 *comment；discussion；expression of an opinion（on the pros and cons of sth.）*：对这个决定大家有不少～。Duì zhège juédìng dàjiā yǒu bù shǎo ～. *There are quite a few opinions on this deci-*

sion. /教师的言行容易引起孩子们的 ~。Jiàoshī de yánxíng róngyì yǐnqǐ háizimen de ~. *The words and actions of a teacher can easily evoke discussion among children.* /听听群众对我们工作的 ~ 很有好处。Tīngting qúnzhòng duì wǒmen gōngzuò de ~ hěn yǒu hǎochu. *There is a great advantage to listening to the opinions of the masses on our work.*

【议题】yìtí （名）会议讨论的题目 *subject under discussion; topic for discussion*

【议员】yìyuán （名） *member of a legislative assembly; (U.K.) Member of Parliament (M.P.); (U.S.A.) Congressman or Congresswoman*

【议院】yìyuàn （名） *legislative assembly; parliament; congress*

【议长】yìzhǎng （名）*speaker (of a legislative body); president*

屹 yì
（形）〈书〉山峰高耸的样子 *towering like a mountain peak*

【屹立】yìlì （动）像山峰高耸一样稳固地立着，比喻坚固、坚定不动摇 *stand towering like a mountain — steadfast; solid; stable*：人民英雄的巨大铜像 ~ 在广场中央。Rénmín yīng- xióng de jùdà tóngxiàng ~ zài guǎngchǎng zhōngyāng. *The massive bronze statue of the people's hero stands like a giant in the center of the square.*

亦 yì
（副）〈书〉意思同"也"yě （1）*same as "也" yě* （1）：他初来这里，人地生疏，情况 ~ 不了解。Tā chū lái zhèlǐ, rén dì shēngshū, qíngkuàng ~ bù liǎojiě. *When he first came here, he was unfamiliar with the place and the people. He was also unfamiliar with the situation.* /此事颇为神秘，非但学生不知，老师 ~ 不清楚。Cǐ shì pō wéi shénmì, fēidàn xuésheng bù zhī, lǎoshī ~ bù qīngchu. *This matter is rather mysterious; not only do the students not know about it, but the teacher is not clear either.* 有时同"即"连用，是"也就是"的意思 *(sometimes used together with "即" to mean "也就是")*：那桃花盛开的地方，~ 即我难忘的可爱的家乡。Nà táohuā shèngkāi de dìfang, ~ jí wǒ nánwàng de kě'ài de jiāxiāng. *That place where peach blossoms are in full bloom is also my unforgettable and beloved hometown.*

【亦步亦趋】yì bù yì qū 前者走，后者也走；前者跑，后者也跑。比喻事事模仿别人或处处追随别人（含贬义）*ape sb. at every step; blindly follow suit; imitate sb.'s every move*：这个研究生 ~ 地学他的导师，没多大出息。Zhège yánjiūshēng ~ de xué tā de dǎoshī, méi duō dà chūxi. *This graduate student imitates his tutor's every move. He's not very promising.*

【亦工亦农】yì gōng yì nóng 既能做工，也能务农 *be both worker and peasant*

异 〔異〕yì
（形）◇（1）不相同的 *different*：~母弟兄 ~ mǔ dìxiōng *half brothers with the same father* /这几个菜味道各 ~。Zhè jǐ ge cài wèidao gè ~. *These dishes each has a different flavour.* /会上，双方本着求大同存小 ~ 的精神，进行了协商。Huì shang, shuāngfāng běnzhe qiú dà tóng cún xiǎo ~ de jīngshén, jìnxíng le xiéshāng. *During the meeting, the two parties held consultations in line with the spirit of seeking comon ground while reserving small differences.* （2）特别的 *unusual; extraordinary; special*：奇花 ~ 草 qí huā ~ cǎo *exotic flowers and rare plants* /奇珍 ~ 宝 qí zhēn ~ bǎo *rare jewellery and extraordinary treasures* （3）别的；另外的 *other; another*：~域 ~ yù *foreign lands* /这个问题

日再论。Zhège wèntí ~ rì zài lùn. *Let's discuss this issue some other day.*

【异彩】yìcǎi （名）奇异的光彩，比喻突出的成就 *extraordinary (or radiant) splendour; outstanding achievement*

【异常】yìcháng （形）不同于往常的 *unusual; abnormal*：天气 ~ tiānqì ~ *The weather is unusual.* /~ 现象 ~ xiànxiàng *abnormal phenomenon* /~ 的情况 ~ de qíngkuàng *unusual situation* /精神状态 ~。Jīngshén zhuàngtài ~. *He's not his usual self.* /他平常爱说爱笑，今天如此沉闷，真有些 ~。Tā píngcháng ài shuō ài xiào, jīntiān rúcǐ chénmèn, zhēn yǒuxiē ~. *He usually talks and laughs a lot, but today he's so depressed. That's really unusual.* （副）非常 *extremely*：~ 明显 ~ míngxiǎn *extremely obvious* /天气 ~ 炎热。Tiānqì ~ yánrè. *It's extremely hot.*

【异地】yìdì （名）〈书〉外乡 *another part of the country; some other place; a strange land*：去 ~ 读书 qù ~ dú shū *go to another part of the country to attend school*

【异端】yìduān （名）〈书〉指不符合正统思想的主张或教义 *heterodoxy; heresy*：当时保守派把西方的思想叫做 ~，加以排斥。Dāngshí bǎoshǒupài bǎ xīfāng de sīxiǎng jiàozuò ~, jiāyǐ páichì. *At that time, conservatives called Western thought heresy and rejected it.*

【异国】yìguó （名）〈书〉别的国家 *foreign country*

【异乎寻常】yìhū xúncháng 跟平常的情况不一样 *unusual; out of the ordinary*：今天家中的气氛 ~，原来父亲正跟弟弟生气。Jīntiān jiāzhōng de qìfēn ~, yuánlái fùqin zhèng gēn dìdi shēng qì. *The atmosphere at home today is unusual because my father is angry with my younger brother.*

【异化】yìhuà （动）（1）相同或相似的事物逐渐变得不相同或不相似 *dissimilate* （2）〈哲〉*alienation* （3）〈语〉*dissimilation*

【异己】yìjǐ （名）同一营垒中中，立场、政见、主张等跟自己有严重分歧或跟自己敌对的人。也指自己派别以外的人 *dissident; alien*：排斥 ~ 分子 páichì ~ fēnzǐ *exclude dissidents*

【异口同声】yì kǒu tóng shēng 形容很多人说同样的话 *with one voice; in unison*：大家 ~ 提出反对意见。Dàjiā ~ tíchū fǎnduì yìjiàn. *Everybody expressed an opposing view in unison.*

【异曲同工】yì qū tóng gōng 不同的曲调演奏得同样好。比喻内容或手法不同的讲话、作品等同样精彩。比喻做事的办法不同，但收到的效果相同 *different tunes rendered with equal skill — different in diction, different works, etc. but equally as brilliant; different in approach but equally satisfactory in result.*

【异体字】yìtǐzì （名）汉字中，跟规定的正体字同音、同义而写法不同的字。例如："夠"是"够"的异体字、"掔"是"拿"的异体字等等 *a variant form of a Chinese character, e. g. "夠" is the variant form of "够", "掔" is the variant form of "拿".*

【异同】yìtóng （名）不同的地方和相同的地方 *similarities and differences*：区分 ~ qūfēn ~ *distinguish between the similarities and differences*

【异味】yìwèi （名）（1）不寻常的美味；难得的好吃的东西 *rare delicacy* （2）不同寻常的气味 *peculiar smell*

【异物】yìwù （名）〈医〉*foreign body*

【异乡】yìxiāng （名）〈书〉外地（不是自己家乡的地方）*foreign land; strange place (away from home)*

【异想天开】yì xiǎng tiān kāi 形容想法离奇，脱离实际（含贬义）*give free rein to one's fantasy; have a very fantastic idea*：听了古人的故事，孩子竟一地要去山林过隐居生活。Tīngle gǔrén de gùshi, háizi jìng ~ de yào qù shānlín guò yǐnjū shēnghuó. *After hearing the story about the ancients, the child had the wildest fantasy of wanting to go live a hermit's life in a mountain forest.* /世上找不到能让人长生不老的药，别 ~ 了！Shìshang zhǎo bu dào néng ràng rén cháng shēng bù lǎo de yào, bié ~ le! *There's no drug on*

earth that can make a person eternally young. Don't go indulging in such wild fantasy! /平时连球拍也不摸一摸，还要争冠军,真是～。Píngshí lián qiúpāi yě bù mō yì mō, hái yào zhēng guànjūn, zhēn shì ～. You usually don't even touch a racket, yet you want to vie for the championship. What a really wild idea!

【异性】yìxìng（名）(1)性别不同的人 the opposite sex；有些高中学生开始追逐～了。Yǒuxiē gāozhōng xuésheng kāishǐ zhuīzhú ～ le. Some high school students have begun to chase the opposite sex. (2)不同的性质 different in nature；～电相吸引 ～ diàn xiāng xīyǐn Unlike electric charges attract each other.

【异样】yìyàng（形）〈书〉(1)两样；不同 different；十年过去了,他没什么～. Shí nián guòqu le, tā méi shénme ～. Ten years have passed, but he's no different. (2)(状态、情况等)跟平常或正常不同的；特殊的 (of a state of affairs, a situation, etc.) peculiar；unusual；special；～的气味 ～ de qìwèi a peculiar smell /～的打扮 ～ de dǎbàn an unusual dress /他的表现没什么～,与平时相同. Tā de biǎoxiàn méi shénme ～, yǔ píngshí xiāngtóng. There's nothing unusual about his expression. It's the same as usual. /雪后的天空蓝得发紫,给人一种～的感觉。Xuě hòu de tiānkōng lán de fā zǐ, gěi rén yì zhǒng ～ de gǎnjué. The sky was so blue after the snowfall that it was almost violet, giving people a kind of peculiar feeling. /往常他对我很客气,今天却用～的态度对待我. Wǎngcháng tā duì wǒ hěn kèqi, jīntiān què yòng ～ de tàidu duìdài wǒ. He used to be very polite to me, but today he's treating me in a most peculiar manner. /看他的脸色有些～,问他是不是不舒服. Kàn tā de liǎnsè yǒuxiē ～, wèn tā shì bu shì bù shūfu. There's something unusual about the expression on his face. Ask him if he's ill.

【异议】yìyì（名）不同的意见 objection；dissent；在会上,他对这个规划提出～. Zài huì shang, tā duì zhège guīhuà tíchū ～. He raised an objection to this programme at the meeting.

【异族】yìzú（名）外族 different race or nation

抑 yì
（动）◇往下按 retain；repress；curb

【抑扬顿挫】yì yáng dùn cuò 形容说话等声音有高有低,有停顿有转折,和谐而有节奏 (of speech) cadence；modulation in tone

【抑郁】yìyù（形）心怀忧闷,很不舒畅 depressed；despondent

【抑止】yìzhǐ（动）同"抑制" yìzhì (2) same as "抑制" yìzhì (2)

【抑制】yìzhì（动）(1)〈生理〉inhibition (2)压下去,控制 restrain；control；check；他～不住自己激动的心情. Tā ～ bú zhù zìjǐ jīdòng de xīnqíng. He can't control his excitement.

呓 〔囈〕yì
（名）◇呓语 talk in one's sleep

【呓语】yìyǔ（名）梦话 talk in one's sleep；sleep talk

译 〔譯〕yì
（动）翻译 translate；interpret；他把这本中文小说～成西班牙文了. Tā bǎ zhè běn Zhōngwén xiǎoshuō ～chéng Xī-bānyá wén le. He translated this Chinese novel into Spanish.

【译本】yìběn（名）翻译成另一种文字的本子 translation

【译电员】yìdiànyuán（名）decoder；code clerk；cryptographer

【译文】yìwén（名）翻译成的文字 translated text；translation

【译音】yìyīn（名）transliteration；"Kowtow"是汉语"磕头"的英语～。"Kowtow" shì Hànyǔ "kē tóu" de Yīngyǔ ～.

"Kowtow" is the English transliteration of the Chinese word "磕头".

【译员】yìyuán（名）担任口头翻译工作的人 interpreter

【译者】yìzhě（名）把某篇文章或某作品翻译成另一种文字的人 translator

【译制】yìzhì（动）改换(影片等的)语言 dub；这部美国电影是长春电影制片厂～的. Zhè bù Měiguó diànyǐng shì Chángchūn Diànyǐng Zhìpiànchǎng ～ de. This American film was dubbed by the Changchun Film Studio.

易 yì
（形）◇容易 easy；～碎物品 ～ suì wùpǐn fragile goods /从～到难 cóng ～ dào nán from the easy to the difficult /通俗～懂 tōngsú ～ dǒng popular and easy to understand （动）◇(1)改换 change；～地谋生 ～ dì móushēng go to another place to seek a livelihood /改弦～辙 gǎi xián ～ zhé change one's course (2)交换 exchange；以物～物 yǐ wù ～ wù barter

【易燃】yìrán（形）flammable；inflammable；火车、轮船、飞机的乘客不许带～物品. Huǒchē、lúnchuán、fēijī de chéngkè bùxǔ dài ～ wùpǐn. Passengers are not permitted to carry inflammables on board trains, ships and planes.

【易如反掌】yì rú fǎn zhǎng 像翻一下手掌那样容易. 比喻事情极容易 as easy as turning one's hand over；can be easily accomplished

【易于】yìyú（动）某行动做起来很简单、容易(多用在双音节动词前,不能带宾语) be simple and easy to do；easily (usu. used before a disyllabic verb；cannot take an object)；这种插秧机～操作. Zhè zhǒng chāyāngjī ～ cāozuò. This type of rice transplanter is easy to operate. /～管理 ～ guǎnlǐ easy to manage /～栽培 ～ zāipéi easy to cultivate /流食～消化. Liúshí ～ xiāohuà. A liquid diet is easy to digest. /条件低一点儿,对方才～接受. Tiáojiàn dī yìdiǎnr, duìfāng cái ～ jiēshòu. Only if the conditions are lowered can the other side easily accept. /这么讲,学生～理解. Zhème jiǎng, xuésheng ～ lǐjiě. When you put it this way, the students can easily understand.

轶 〔軼〕yì

【轶事】yìshì（名）没有正式记载的事.多是关于某历史人物的 anecdote (usu. about an historic personage)

疫 yì
（名）流行性传染病的总称 epidemic disease；pestilence

【疫苗】yìmiáo（名）vaccine

【疫情】yìqíng（名）疫病发生、发展的情况 information about and appraisal of an epidemic disease；epidemic situation

益 yì
（名）◇好处 benefit；profit；advantage；获～匪浅 huò ～ fěi qiǎn reap no little benefit /受～ shòu ～ derive benefit （形）有好处的 beneficial；advantageous；良师～友 liáng shī ～ yǒu good teacher and helpful friend （副）〈书〉有"更加"的意思 all the more，even more (has the same meaning as "更加")；自去年别后,我发～白,齿～稀. Zì qùnián bié hòu, wǒ fà ～ bái, chǐ ～ xī. Since we parted last year, my hair has grown whiter and my teeth thinner. /今年春节,文化活动～为红火. Jīnnián Chūnjié, wénhuà huódòng ～ wéi hónghuo. Cultural activities will flourish even more during the Spring Festival this year. /连续奔波数日,青年尚且疲劳,老人～觉不支. Liánxù bēnbō shù rì, qīngnián shàngqiě píláo, lǎorén ～ jué bù zhī. Even young people feel weary after rushing about for several days in a row, so old people feel even less able to cope.

【益虫】yìchóng（名）*beneficial insect*

【益处】yìchu（名）*benefit；advantage；good*：大面积植树有好多～。*Dà miànjī zhí shù yǒu hǎoduō ～. Planting trees over a large area has many advantages.*

【益鸟】yìniǎo（名）*beneficial bird*

逸 yì

（形）◇安闲 *leisurely；peaceful and carefree*（动）◇散失 *scatter and disappear；be lost*

【逸事】yìshì（名）同"轶事"yìshì *same as 轶事 yìshì*

【逸闻】yìwén（名）不见于正式记载的传闻 *anecdote*

意 yì

（名）◇（1）意思 *meaning；idea*：言不尽～ *yán bú jìn ～ The words fail to fully convey the meaning.* /他一进门就说明了来～。*Tā yí jìn mén jiù shuōmíngle lái ～. As soon as he walked in the door he made clear his purpose in coming.* /听他的话有不满之～. *From his words I know that he's dissatisfied.*（2）心愿、愿望；意志 *wish；desire；intention；will*：事情不可能尽如人～。*Shìqing bù kěnéng jìn rú rén ～. A matter cannot possibly perfectly satisfy somebody.*（3）表露出的情态 *suggestion；hint；trace*：他已有点醉～。*Tā yǐ yǒu xiē zuì ～. He's already showing signs of being drunk.* /春～正浓 *chūn ～ zhèng nóng strong hints of spring in the air*

【意会】yìhuì（动）不须对方说明，心中就可以领会（对方的意思）*sense（another's meaning）*

【意见】yìjiàn（名）（1）想法、看法 *idea；view；opinion*：发表～ *fābiǎo ～ express an opinion* /征求～ *zhēngqiú ～ solicit opinions* /一致的～ *yízhì de ～ identical views* /两种～有分歧。*Liǎng zhǒng ～ yǒu fēnqí. There's a difference in those two views.* /我就这个问题谈一点儿～。*Wǒ jiù zhège wèntí tán yìdiǎnr ～. I will talk about some ideas concerning this problem.* /怎么办都行，我没有～。*Zěnme bàn dōu xíng, wǒ mé yǒu ～. Any way will do. It doesn't matter to me.*（2）对人或事不满意的想法 *objection；different opinion；complaint*：闹～ *nào ～ be divided in opinion and engage in bickering* /～很大 *～ hěn dà a lot of complaints* /他对你有一大堆。*Tā duì nǐ yǒu yí dà duī ～. He has a whole pile of complaints about you.* /他说话生硬，大家很有～。*Tā shuō huà shēng- yìng, dàjiā hěn yǒu ～. He spoke harshly, to which everybody strongly objected.*

【意境】yìjìng（名）文学艺术作品所描绘出来的境界、情调 *artistic conception*

【意料】yìliào（动）事先对情况、结果等有所估计 *anticipate；expect*：难以～ *nányǐ ～ difficult to anticipate* /无法～ *wúfǎ ～ have no way to anticipate* /～不到的情况发生了。*～ bú dào de qíngkuàng fāshēng le. An unexpected situation came up.* /报名踊跃，这是在～之中的事。*Bào míng yǒngyuè, zhè shì zài ～ zhī zhōng de shì. People signing up eagerly is to be expected.* /谁也没有～到春天会下那么大的雪。*Shuí yě méiyou ～ dào chūntiān huì xià nàme dà de xuě. Nobody have expected it to snow so much in spring.*

【意念】yìniàn（名）（1）想法、念头 *idea；thought*：那时候战士们头脑中只有一个～，"向前进！" *Nà shíhou zhànshimen tóunǎo zhōng zhǐ yǒu yí ge ～, "xiàng qián jìn!" At that time, to advance forward was the only thought the soldiers had in mind.*（2）意思 *meaning*

【意气】yìqì（名）（1）意志和气概 *will and spirit*：～高昂 *～ gāo'áng high-spirited*（2）失去理智约束，放任感情而产生的情绪 *personal feelings（or prejudice）*：闹～ *nào ～ sulk* /他说的话太刺激人，要是凭一时的～，我真想和他绝交。*Tā shuō de huà tài cìjī rén, yàoshi píng yìshí de ～, wǒ zhēn xiǎng hé tā juéjiāo. His words are too provocative. If I de-*

pended on my personal feelings for a moment, I'd really like to break off relations with him. /你如果从～出发，以牙还牙，那结果会更坏。*Nǐ rúguǒ cóng ～ chūfā, yǐ yá huán yá, nà jiéguǒ huì gèng huài. If you take personal feelings as your starting point and deal blow for blow, the results can only be worse.* /处理人与人之间的事情，不能～用事。*Chǔlǐ rén yǔ rén zhī jiān de shìqing, bù néng ～ yòng shì. When dealing with matters between people, you cannot allow yourself to be swayed by personal feelings.*

【意气风发】yìqì fēngfā 形容精神振奋，气概昂扬 *high-spirited and vigorous*：青年们～地投入到绿化祖国的活动中来。*Qīngniánmen ～ de tóurù dào lǜhuà zǔguó de huódòng zhōng lái. Young people are throwing themselves with much spirit and vigour into the move to make the fatherland green.* /建设者们～地奔赴工地。*Jiànshèzhěmen ～ de bēnfù gōngdì. The builders hurried towards the construction site with high spirits and vigour.* /～的青年活跃在各种工作岗位上。*～ de qīngnián huóyuè zài gè zhǒng gōngzuò gǎngwèi shang. Spirited and energetic young people work actively in posts of every type of work.*

【意识】yìshí（名）〈哲〉*consciousness*：社会存在决定人们的～。*Shèhuì cúnzài juédìng rénmen de ～. Man's consciousness is determined by his social being.*（动）察觉（后边多跟动词"到"）*be conscious（or aware）of；realize；awake to（often followed by the verb "到"）*：从他的言谈里，我～到他与我们有分歧。*Cóng tā de yántán li, wǒ ～ dào tā yǔ wǒmen yǒu fēnqí. From the way he speaks and what he says, I realize that we have our differences.* /小伙子对自己有好感，她已经～到了。*Xiǎohuǒzi duì zìjǐ yǒu hǎogǎn, tā yǐjīng ～ dào le. She has already realized that young fellow has a good opinion of her.* /他在灯下专心写作，忽然感到一阵凉意，他才～到夜已经深了。*Tā zài dēng xià zhuānxīn xiězuò, hūrán gǎndào yí zhèn liángyì, tā cái ～ dào yè yǐjīng shēn le. He was absorbed in his writing under the lamplight when he suddenly felt a shiver, only realizing then that it was already very late at night.*

【意识流】yìshíliú（名）〈电影〉*stream of consciousness*

【意识形态】yìshí xíngtài *ideology*

【意思】yìsi（名）（1）语言、文字的含义或内容 *meaning；idea（of words, writing, etc.）*：这个词有两个～。*Zhège cí yǒu liǎng ge ～. This word has two meanings.* /你这话是什么～? *Nǐ zhè huà shì shénme ～? What do you mean to say by that?* /这是文章的主要～。*Zhè shì wénzhāng de zhǔyào ～. This is the article's main idea.* /你这是什么～? *Nǐ zhè shì shénme ～? What do you mean by that?*（2）意见；意愿 *opinion；wish；desire*：星期六晚上聚会，这是大家的～。*Xīngqīliù wǎnshang jùhuì, zhè shì dàjiā de ～. Everybody hopes to get together on Saturday night.* /她的～是买完东西再去吃饭。*Tā de ～ shì mǎiwán dōngxi zài qù chī fàn. In her opinion, we should first go shoppimg then eat.* /事情这样办，符合他的～。*Shìqing zhèyàng bàn, fúhé tā de ～. Handling the matter in this way is in keeping with his wish.*（3）某些事物的苗头或趋势 *suggestion；hint*：天有下雨的～。*Tiān yǒu xià yǔ de ～. It looks like rain.* /～今天干不完了。*～ jīntiān gàn bu wán le. It looks as if this won't get finished today.* /他已经三次没来上课了，看～他不想学。*Tā yǐjīng sān cì méi lái shàng kè le, kàn ～ tā bù xiǎng xué le. He has already missed class three times. It seems that he doesn't want to study any longer.*（4）趣味，多说"有意思""没意思" *interests；fun（often used in the form of "有意思" or "没意思"）*：很有～ *hěn yǒu ～ very interesting* /这种联欢会不大。*Zhè zhǒng liánhuānhuì ～ bú dà. This kind of get-together is not very fun.* /节目太旧了，真没～。*Jiémù tài jiù le, zhēn méi ～. The programme is too old. It's really not interesting.*

【意图】yìtú（名）做某事或采取某一行动的用意、打算或企图 intention; intent: 上级的 ～ shàngjí de ～ the intentions of ther higher authorities /领会领导的 ～ lǐnghuì lǐngdǎo de ～ understsand the leader's intentions /了解他的 ～ liǎojiě tā de ～ find out his intention /前几场比赛，主力队员很少出场，教练的～是保存实力，准备决赛。Qián jǐ chǎng bǐsài, zhǔlì duìyuán hěn shǎo chū chǎng, jiàoliàn de ～ shì bǎocún shílì, zhǔnbèi juésài. The team's top players seldom came out on the field during the last few matches. The coach's intention is to conserve strength in preparation for the finals. /这样做的～是什么，请你讲讲 Zhèyàng zuò de ～ shì shénme, qǐng nǐ jiǎngjiang. Please explain a bit what your intent is by doing it this way.

【意外】yìwài（形）unexpected; unforeseen: ～事故 ～ shìgù unexpected accident /～的灾祸 ～ de zāihuò unforeseen catastrophe /～的消息 ～ de xiāoxi unexpected news /世界强手败给一个无名球队，使人感到～Shìjiè qiángshǒu bài gěi yí ge wúmíng qiúduì, shǐ rén gǎndào ～. People were very surprised when the most powerful ball team in the world lost to an unknown one. /经理突然辞职，全公司的人无不感到～. Jīnglǐ tūrán cí zhí, quán gōngsī de rén wú bù gǎndào ～. All the people in the company, without exception, were taken by surprise when the manager resigned. /母亲的突然逝世，他感到非常～。Mǔqin de tūrán shìshì, tā gǎndào fēicháng ～. He was extremely shocked when his mother suddenly passed away. /（名）accident; mishap: 车间要有安全设施，防止发生～. Chējiān yào yǒu ānquán shèshī, fángzhǐ fāshēng ～. The workshop must have safety equipment so as to guard against accidents. /老师护送幼儿过马路，避免～发生. Lǎoshī hùsòng yòu'ér guò mǎlù, bìmiǎn ～ fāshēng. The teacher escorted the children while crossing the street so as to avoid accidents.

【意味】yìwèi（名）(1)深含在话里的意思 meaning; significance; implication: ～颇深 ～ pō shēn of considerably deep significance /他～深长的讲话发人深思。Tā ～ shēncháng de jiǎnghuà fā rén shēn sī. His meaningful lecture gave people much food for thought. /这本小说对人物的描写颇含讽刺～. Zhè běn xiǎoshuō duì rénwù de miáoxiě pō hán fěngcì ～. The descriptions of the characters in this novel are quite full of satirical implications. (2)趣味; 兴趣 interest; flavour: 他讲的故事富有文学～. Tā jiǎng de gùshi fùyǒu wénxué ～. The story he told is rich with literary flavour. /这部科教影片使人感到～无穷。Zhè bù kējiào yǐngpiàn shǐ rén gǎndào ～ wúqióng. This popular science film was of unlimited interest to the people.

【意味着】yìwèizhe（动）signify; mean; imply: 冰消河解～春天到来。Bīng xiāo hé jiě ～ chūntiān dàolái. The melting ice on the river signifies the coming of spring. /机械化的实现～劳动强度减轻。Jīxièhuà de shíxiàn ～ láodòng qiángdù jiǎnqīng. The bringing about of mechanization means a reduction in labour intensity. / 日出日落～地球不停地自转。Rì chū rì luò ～ dìqiú zài bù tíng de zìzhuàn. Sunrise and sunset imply that the earth is constantly rotating. /提倡传统美德，并不～我们的传统一切都好。Tíchàng chuántǒng měidé, bìng bù ～ wǒmen de chuántǒng yíqiè dōu hǎo. Advocating traditional virtues does not imply that everything in our traditions is good.

【意向】yìxiàng（名）意图; 目的 intention; purpose: 我们有着共同的～。Wǒmen yǒuzhe gòngtóng de ～. We have a common purpose.

【意义】yìyì（名）(1) meaning: 汉语的声调有区别～的作用。Hànyǔ de shēngdiào yǒu qūbié ～ de zuòyòng. The tones in Chinese have the function of distinguishing meanings. /停止和通行是红绿灯包含的～。Tíngzhǐ hé tōngxíng shì hónglǜdēng bāohán de ～. The meaning of red and green

traffic lights is to stop and go respectively. (2) significance: 进步～ jìnbù ～ progressive significance /消极～ xiāojí ～ negative significance /社会～ shèhuì ～ social significance /广泛的～ guǎngfàn de ～ extensive significance /重大～ zhòngdà de ～ of great significance /深远～ shēnyuǎn have profound significance /这是一次具有国际～的会议。Zhè shì yí cì jùyǒu guójì ～ de huìyì. This conference is of international significance. /1949年10月1日对中国具有伟大的历史～。Yījiǔsìjiǔ nián shíyuè yī rì duì Zhōngguó jùyǒu wěidà de lìshǐ ～. Oct. 1st, 1949 was of great historic significance to China. /夏令营活动对少年儿童很有～. Xiàlìngyíng huódòng duì shàonián értóng hěn yǒu ～. Summer camp activities are very significant to the young.

【意译】yìyì（动）(1) 根据原文的大概意思进行翻译，不逐字逐句地翻译(区别于"直译") (of a piece of writing) paraphrase in translation (as distinguished from "直译" (literal word-for-word translation)): 那些有很长的定语从句的英语句子，在翻成汉语时最好～。Nàxiē yǒu hěn cháng de dìngyǔ cóngjù de Yīngyǔ jùzi, zài fānchéng Hànyǔ shí zuì hǎo ～. It would be best if you paraphrased those English sentences that have long attributive clauses when translating them into Chinese. (2) 根据某种语言词语的意思译成另一种语言的词语(区别于"音译") free translation (as distinguished from "音译" (transliteration)): Television 汉语～成"电视"。Television Hànyǔ ～ chéng "diànshì". In Chinese, "television" is freely translated as 电视.

【意愿】yìyuàn（名）wish; deire; aspiration: 这样做是违反我的～。Zhèyàng zuò shì wéifǎn wǒ de ～ de . Doing it this way goes against my wishes.

【意旨】yìzhǐ（名）意图(多指应该遵从的) intention; will; wish usu. means sth. that should be complied with): 他只知道遵循领导的～去做，自己不动脑子。Tā zhǐ zhīdào zūnxún lǐngdǎo de ～ qù zuò, zìjǐ bú dòng nǎozi. He just knows how to follow the will of the leaders and can't think for himself.

【意志】yìzhì（名）will: ～坚强 ～ jiānqiáng strong-willed

肄 yì

【肄业】yìyè（动·不及物）学习(课程)，指没有毕业中止了学习; 或指尚未毕业，正在学习 study in school or at college (without graduating or not having graduated yet): 他大学三年～，就去工作了. Tā dàxué sān nián ～, jiù qù gōngzuò le. He was in university for three years and then started working.

溢 yì

（动）因太满而流出 overflow; spill: 汤从碗里～出来了。Tāng cóng wǎn li ～ chūlai le. The soup spilled out of the bowl. /河水～出河床。Hé shuǐ ～ chū héchuáng. The river overflowed.

毅 yì

（形）◇ 坚决、果断 firm; resolute

【毅力】yìlì（名）坚定的不可动摇的意志 will power; will; stamina: 他很有～，一定会出成绩。Tā hěn yǒu ～, yídìng huì chū chéngjì. He has a lot of will power and is bound to get results.

【毅然】yìrán（副）〈书〉(行动)果断、坚决，毫不犹豫(do an action) resolutely; firmly; without hesitation: 他不怕任何艰险，～参加了革命. Tā bú pà rènhé jiānxiǎn, ～ cānjiāle gémìng. He feared no dangers or hardships, but resolutely joined the revolution. /他～摒弃了优厚待遇，返回祖国. Tā ～ bìngqìle yōuhòu dàiyù, fǎnhuí zǔguó. He firmly rejected

excellent pay and conditions, then returned to his homeland. /他不顾个人安危，～奔向火场。Tā bùgù gèrén ānwēi, ～ bēn xiàng huǒchǎng. Heedless of his own personal safety, he ran towards the scene of the fire without hesitation.

熠 yì

【熠熠】yìyì(形)〈书〉形容闪光发亮 flashing; gleaming: ～生辉 的 奖杯 ～ shēng huī de jiǎngbēi gleaming cups (awarded as prizes) /光彩 ～ 的 冰灯 guāngcǎi ～ de bīngdēng dazzling ice lanterns

臆 yì

(名)〈书〉胸 chest (副)　主观地 subjectively

【臆测】yìcè(动)主观地推测 guess; surmise; infer: 凭～判断事物，太危险了。Píng ～ pànduàn shìwù, tài wēixiǎn le. It's too dangerous to rely on conjecture for judging things.

【臆断】yìduàn (动)〈书〉根据主观推测下判断 assume; suppose

【臆造】yìzào(动)凭主观想像编造 fabricate (a story, reason, etc.); concoct: 他的这篇报道，～的痕迹太明显了。Tā de zhè piān bàodào, ～ de hénjì tài míngxiǎn le. It's too obvious that this report of his is sheer fabrication.

翼 yì

(名)(1)鸟类的翅膀 the wing of a bird: 比～齐飞 bǐ ～ qí fēi fly side by side (2)飞机的机翼 the wing of as airplane

yīn

因 yīn

(名)◇ 原因 cause; reason: 病～不明 bìng ～ bù míng The cause of the disease is not clear. /事出有～ shì chū yǒu ～ There is good reason for it (连)〈书〉基本上同"因为" yīnwèi, 但所引进的原因在结构上属于谓语部分 basically the same as "因为" yīnwèi, but the reason it introduces belongs structurally to the predicate: 他～公出差，半个月后才能回来。Tā ～ gōng chū chāi, bàn ge yuè hòu cái néng huílái. He went away on business and won't be back for a couple of weeks. /对孩子的教育要～人而异，不能千篇一律。Duì háizi de jiàoyù yào ～ rén ér yì, bù néng qiān piān yīlù. The education of children varies from person to person. You can't follow one pattern. /今天的学术研讨会～故改期。Jīntiān de xuéshù yántǎo huì ～ gù gǎi qī. Today's academic symposium has been postponed for some reason.

【因材施教】yīncái shī jiào 针对学习的人的能力、志趣等具体情况施行不同的教育 teach students in accordance with their aptitude of varying mental make-up

【因此】yīncǐ (连)用于表示结果或结论的句子、分句或段落的开头，有"因为这个，所以……"的意思，后面可有停顿 therefore; for this reason; so (can be followed by a pause) (1)用于表示因果关系的复句中，前一分句有时与"由于"与之呼应 (used in a sentence of two or more clauses which indicate a relationship between cause and effect; the preceding clause sometimes uses "由于"): 相声非常幽默风趣，～博得广大听众的喜爱。Xiàngsheng fēicháng yōumò fēngqù, ～ bódé guǎngdà tīngzhòng de xǐ'ài. Cross talk is extremely humorous and witty, therefore it is liked by vast audiences. /我和他共事多年，～对他很了解。Wǒ hé tā gòngshì duō nián, ～ duì tā hěn liǎojiě. He and I have worked together for years so I know him very well. /由于屋子里闷热，～人们常到院子里树阴下纳凉。Yóuyú wūzi li mēnrè, ～ rénmen cháng dào yuànzi li shùyīn xià nàliáng. Inside gets very hot and stuffy, therefore people go under a tree in the court-

yard to cool off. (2)放在句和句、段和段之间，连接句和段之间的关系 (placed between two sentences or two paragraphs to link them together): 他事先作了深入细致的调查，逐条核实。～所下的结论是正确可靠的。Tā shìxiān zuòle shēnrù xìzhì de diàochá, zhú tiáo héshí. ～ suǒ xià de jiélùn shì zhèngquè kěkào de. He did a penetrating investigation beforehand, checking every item, one by one. Therefore, the conclusion he has drawn is correct and reliable. /每当他拿起笔来，首先想到的就是故乡。～常常写些小时候在故乡的故事。Měi dāng tā ná qǐ bǐ lai, shǒuxiān xiǎngdào de jiù shì gùxiāng, ～ chángcháng xiě xiē xiǎo shíhou zài gùxiāng de gùshì. Every time he picks up a pen, he has been thinking about his native place. As a result, he often writes about his childhood days there.

【因地制宜】yīn dì zhì yí 根据不同地区的具体情况，规定和采取适宜的 措施 suit measures to local conditions; adopt measures in the light of the realities of specific regions: ～地发展生产 ～ de fāzhǎn shēngchǎn develop production in line with local conditions /实行～的方针 shíxíng ～ de fāngzhēn carry out the policy of suiting measures to local conditions /发展农业必须～。Fāzhǎn nóngyè bìxū ～. The development of agriculture must suit local conditions.

【因而】yīn'ér (连)用于表示因果关系复句中的后一分句，或谓语的后一部分，后面可以有停顿 thus; as a result (can be followed by a pause): 人们由于物质生活提高了，～对文化生活的要求就更高了。Rénmen yóuyú wùzhì shēnghuó tígāo le, ～ duì wénhuà shēnghuó de yāoqiú yě jiù gèng gāo le. The material life of the people has improved; thus their demands in their cultural lives have increased. /时间一长，有些事就会忘记，最好记在本子里。Shíjiān yī cháng, yǒuxiē shì jiù huì wàngjì, ～ zuì hǎo jì zài běnzi li. Some things are forgotten with time, so it's best to write things down. /不能一味强调工作忙，～放弃业务进修。Bù néng yíwèi qiángdiào gōngzuò máng, ～ fàngqì yèwù jìnxiū. You can't abandon your vocational studies just because you're extremely busy at work. /他是在农村长大的，～他的作品写农村的最多。Tā shì zài nóngcūn zhǎngdà de, ～ tā de zuòpǐn xiě nóngcūn de zuì duō. He grew up in the countryside, thus most of his works are about the countryside.

【因果】yīnguǒ (名)原因和结果 cause and effect

【因陋就简】yīn lòu jiù jiǎn 因: 就, 将就; 陋: 简陋. 利用原有的简陋的条件(办事)(因: make do with; 陋: simple and crude)(do things)on the basis of the existing conditions no matter how simple and crude; make do with whatever is available: 这家工厂是利用旧住房～地办起来的。Zhè jiā gōngchǎng shì lìyòng jiù zhùfáng ～ de bàn qilai de. This factory made use of old lodgings and was set up under simple and crude conditions. /师生们～, 把原来小小的实验室发展成今天的规模。Shīshēngmen ～, bǎ yuánlái xiǎoxiǎo de shíyànshì fāzhǎn chéng jīntiān de guīmó. The teacher and students made do with whatever was available and developed what was originally a tiny laboratory into the dimensions it is today.

【因人设事】yīn rén shè shì (不是从工作需要出发，而是)根据现有的人的情况设置工作项目 create a job to accommodate a person: 坚决反对～. Jiānjué fǎnduì ～. I resolutely oppose the creation of a job to accommodate someone.

【因式】yīnshì (名)〈数〉factor

【因式分解】yīnshì fēnjiě〈数〉factorization

【因势利导】yīn shì lì dǎo 因: 顺着; 势: 趋势; 利导: 引导. 顺着事物发展的趋势进行引导 (因: along with; 势: tendency; 利导: guide) properly guide action according to circumstances; guide properly the trend in the development of events: 治理河水要采取～的办法。Zhìlǐ hé shuǐ yào cǎiqǔ ～ de bànfǎ. In order to harness the river, we must adopt the

method of properly guiding it according to circumstances. /青少年的特点是好动，对他们的教育必须～. Qīng-shàonián de tèdiǎn shì hào dòng, duì tāmen de jiàoyù bìxū ～. *The distinguishing feature of young people is that they like to be active. Educating them must be in accordance with circumstances.* /老教师善于～, 所以受到孩子们的欢迎. Lǎo jiàoshī shànyú ～, suǒyǐ shòudào háizimen de huānyíng. *The old teacher is good at making the best use of a situation to guide students, so they warmly welcome him.*

【因素】 yīnsù (名) factor; element: 精神～对战胜疾病起着重要作用. Jīngshén ～ duì zhànshèng jíbìng qǐzhe zhòngyào zuòyòng. *The mental factor plays a large role in the defeat of disease.*

【因为】 yīnwèi (连) 多用于前一分句前, 表示原因, 有时可省略; 后一分句多有"所以"与之呼应 (usu. used at the beginning of the first clause of a sentence; can sometimes be omitted; the following clause usu. starts with "所以") because; for: ～忙, 所以没给你写信. ～ máng, suǒyǐ méi gěi nǐ xiě xìn. *I didn't write to you because I was busy.* /～我刚来, 所以对这里的情况还不大了解. ～ wǒ gāng lái, suǒyǐ duì zhèlǐ de qíngkuàng hái bù liǎojiě. *I'm not very familiar with the situation here because I have just arrived.* /～有事, 他请假了. ～ yǒu shì, tā qǐng jià le. *He asked for leave because he had some business to attend to.* 如果两个分句同属一个主语, "因为"多于主语后 (if the two clauses share the same subject, "因为" is usu. placed after the subject): 我们不能～碰到某些困难, 就丧失信心. Wǒmen bù néng ～ pèngdào mǒu xiē kùnnàn, jiù sàngshī xìnxīn. *We can't lose confidence just because we've met up with some difficulties.* 有时表示原因的分句在后, 表示结果的分句在前。这样的句子只用"因为", 不用"所以" (sometimes the clause indicating the reason comes after the clause indicating the result; this kind of sentence only employs "因为", not "所以"): 这里不能种水稻, ～缺水. Zhèlǐ bù néng zhòng shuǐdào, ～ quē shuǐ. *You can't grow rice here because there's a shortage of water.* /这次没去旅游, 是～有别的事. Zhè cì méi qù lǚyóu, shì ～ yǒu biéde shì. *I didn't go travelling this time because I had other things to do.* /我不买水果, ～昨天刚买过. Wǒ bù mǎi shuǐguǒ, ～ zuótiān gāng mǎiguo. *I'm not buying fruit now because I bought some yesterday.* 如果特别强调两个事物之间的因果关系, 可用"……(之)所以……是因为……" (in order to emphasize in particular the cause and effect relationship between two things, "...(之)所以...是因为..." can be used): 之所以把老人接来, 是～家里没人照顾. Zhī suǒyǐ bǎ lǎorén jiēlái, shì ～ jiālǐ méi rén zhàogù. *The reason he brought his parents here is that there was nobody at home to take care of them.* /有些人之所以对工作不认真, 是～缺乏责任感. Yǒuxiē rén zhī suǒyǐ duì gōngzuò bú rènzhēn, shì ～ quēfá zérèngǎn. *Some people don't work conscientiously because they lack a sense of responsibility.*

【因为……的关系】 yīnwèi……de guānxi 意思是因为受到……的限制 be limited; be restricted: 因为人力的关系, 我们承担不了这项任务. Yīnwèi rénlì de guānxi, wǒmen chéngdān bu liǎo zhè xiàng rènwu. *We cannot undertake this task because our manpower is limited.* /因为气候的关系, 飞机推迟一小时起飞. Yīnwèi qìhòu de guānxi, fēijī tuīchí yì xiǎoshí qǐfēi. *Due to weather restrictions, the plane's take-off was postponed for one hour.*

【因袭】 yīnxí (动) 沿用 (以前的方法、制度、法令等) follow (an old method, system, etc.); copy

【因循守旧】 yīnxún shǒu jiù 因循: 沿袭 (旧的). 沿袭、遵守旧的思想、习惯、作法, 不愿有任何改变 (因循: follow (old customs, etc.)) stick to old ways; follow the beaten path

【因噎废食】 yīn yē fèi shí 废: 停止. 因为吃饭噎着过, 就不吃饭了. 比喻因为受到一些挫折或发生过一些问题, 就干脆把应该做的事情停下来不做 (废: stop) give up eating for fear of choking-stop doing sth. (that should be done) for fear of further setbacks; to be put off easily: 新手即使出点儿工作差错, 也仍要大胆使用他们, 不能～. Xīnshǒu jíshǐ chū diǎnr gōngzuò chācuò, yě réng yào dàdǎn shǐyòng tāmen, bù néng ～. *Even though new recruits make a few mistakes in their work, we must still be bold and make use of them. We cannot give up eating for fear of choking.* /因为怕疼就不打针治病, 这才是～呢! Yīnwèi pà téng jiù bù dǎ zhēn zhì bìng, zhè cái shì ～ ne! *Not having an injection to treat your illness for fear of pain is like giving up eating for fear of choking!*

【因由】 yīnyóu (名) 〈口〉(～儿) 同"原因" yuányīn *same as* "原因" yuányīn

【因子】 yīnzǐ (名) 〈数〉 如果一个整数能被另一个整数整除, 后者就是前者的因子, 也叫"因数" factor

阴 〔陰〕 yīn
(形) (1) 天空被云遮住 overcast; cloudy: ～转晴 ～ zhuǎn qíng *change from overcast to fine* /天～得很沉. Tiān ～ de hěn chén. *The sky is heavily overcast.* (2) 隐藏的, 不外露的 hidden; secret: ～河 ～ hé *a hidden river* (usu. underground) /～沟 ～gōu *sewer* (3) 暗中作坏事、害人: 阴险 shady; sinister: 那个人很～. Nàge rén hěn ～. *That person is very sinister.* (名) 阳光照射不到的地方 shade: 楼的～面 lóu de ～miàn *the shady side of the buildng* /他住的房间朝～. Tā zhù de fángjiān cháo ～. *His room has a north-facing aspect.*

【阴暗】 yīn'àn (形) dark; gloomy: 社会总是既有光明的一面, 也有～的一面. Shèhuì zǒng shì jì yǒu guāngmíng de yí miàn, yě yǒu ～ de yí miàn. *There is always a dark side and a bright side to society.* /地下室太～, 不能住人. Dìxiàshì tài ～, bù néng zhù rén. *The basement is too dark, so no one can live there.*

【阴沉】 yīnchén (形) 天色阴暗 cloudy; overcast; gloomy: ～的天空 ～ de tiānkōng *an overcast sky* /脸色～ liǎnsè ～ *look glum*

【阴毒】 yīndú (形) 阴险毒辣 insidious; sinister: 手段～ shǒuduàn ～ *sinister means*

【阴极】 yīnjí (名) negative pole; negative electrode; cathode

【阴间】 yīnjiān (名) (迷信) 指人死后灵魂所在的地方 (与"阳间"相对) *the nether world* (antonym of "阳间" (this world))

【阴冷】 yīnlěng (形) (1) (天气) 阴沉而寒冷 (of weather) gloomy and cold: 一个～的早晨 yí ge ～ de zǎochén *a gloomy and cold morning* (2) (脸色) 阴沉而冷漠 (of a person's looks) sombre; glum

【阴历】 yīnlì (名) (1) 世界上三种历法之一, 是根据月球绕地球运行的周期制定的. 也叫"太阴历" lunar calendar (also called 太阴历) (2) 指中国的农历, 实际上是综合阴历阳历两种历法制定的, 一般就叫"阴历" traditional Chinese calendar (based on a synthesis of the lunar and solar calendars)

【阴凉】 yīnliáng (形) (1) 太阳照不到而凉爽快 shady and cool: 树下边～～的. Shù xiàbian ～～ de. *It's shady and cool under the tree.* /在～的地方休息一下. Zài ～ de dìfang xiūxi yíxià. *Let's rest for a while in a cool, shady place.* (2) (～儿) 阴凉的地方 cool and dark place; shade: 院里没种树, 一点儿～也没有. Yuàn li méi zhòngshù, yìdiǎnr ～ yě méi yǒu. *No trees were planted in the courtyard so there isn't the slightest bit of shade there.* /找块～休息休息. Zhǎo kuài ～ xiūxi xiūxi. *Let's look for some shade in which to rest for a bit.*

【阴谋】yīnmóu（名）*plot*；*scheme*；*conspiracy*：～诡计～ guǐjì *schemes and intrigues* /毒辣的撞车～ dúlà de zhuàngchē ～ *a sinister plot for a vehicle collision* /策划～ cèhuà ～ *plot a conspiracy* /识破他们的～ shípò tāmen de ～ *see through their scheme*（动）*plot*；*scheme*：～陷害别人～ xiànhài biéren *scheme to frame others* /～政变～ zhèngbiàn *plot a coup d'état* /～制造交通事故～ zhìzào jiāotōng shìgù *scheme to create a traffic accident* /～杀害革命领袖～ shāhài gémìng lǐngxiù *plot to murder the leaders of the revolution*

【阴谋家】yīnmóujiā（名）*schemer*；*conspirator*

【阴平】yīnpíng（名）汉语普通话的第一声 *high and level tone*，*the first of the four tones in modern standard Chinese pronunciation*

【阴森】yīnsēn（形）*gloomy*；*gruesome*；*ghastly*：那座古庙里～可怕。Nà zuò gǔ miào li ～ kěpà. *The inside of that ancient temple is gloomy and scary.*

【阴天】yīntiān（名）*overcast sky*；*cloudy day*：今天～。Jīntiān ～. *The sky is overcast today.*

【阴险】yīnxiǎn（形）*sinister*；*insidious*；*treacherous*

【阴性】yīnxìng（名）(1)〈医〉*negative*：～反应～ fǎnyìng *negative reaction* /化验的结果是～. Huàyàn de jiéguǒ shì ～. *The results of the laboratory test are negative.* (2)*feminine gender*：汉语的名词没有～和阳性的区别。Hànyǔ de míngcí méi yǒu ～ hé yángxìng de qūbié. *There is no differentiation between the feminine and masculine genders in Chinese nouns.*

【阴影】yīnyǐng（名）*shadow*：在高楼的～下，积雪老不融化。Zài gāo lóu de ～ xià, jī xuě lǎo bù rónghuà. *Accumulated snow just won't melt in the shadow of a tall building.* /肺部有～. Fèibù yǒu ～. *There's a shadow on his lungs.*

【阴云】yīnyún（名）*dark clouds*

荫 yīn〔蔭〕

（名）◇ *shade* 另见 yìn

【荫蔽】yīnbì（动）(1)遮蔽、隐蔽 *be shaded or hidden by foliage*：小小的村庄～在深山中。Xiǎoxiǎo de cūnzhuāng ～ zài shēnshān zhōng. *The tiny village is hidden deep in the mountains.* /防止空袭，赶快～! Fángzhǐ kōngxí, gǎnkuài ～! *Guard against the air raid! Hurry up and take cover!* /汽车开到树下～起来。Qìchē kāidào shù xià ～ qilai. *The car drove under a tree to take cover.*

音 yīn

（名）(1)◇ 声音 *sound*：在钢琴上弹了几个～。Zài gāngqín shang tánle jǐ ge ～. *He played a few notes on the piano.* (2)◇ 消息 *news*；*tidings*

【音标】yīnbiāo（名）*phonetic symbol*；*phonetic transcription*

【音波】yīnbō（名）*sound wave*

【音调】yīndiào（名）*tone*：她说话～很高。Tā shuō huà ～ hěn gāo. *She has a high-pitched voice.*

【音符】yīnfú（名）〈音〉*note*

【音高】yīngāo（名）〈音〉*pitch*

【音节】yīnjié（名）〈语〉*syllable*

【音量】yīnliàng（名）*volume*（*of sound*）

【音强】yīnqiáng（名）声音的大小（由声波振幅大小决定）*sound intensity*

【音容】yīnróng（名）〈书〉声音和容貌 *sound and looks*；*likeness*（*of sb. who is not present*）：虽然一别数年，而他的～常在脑中出现。Suīrán yì bié shù nián, ér tā de ～ cháng zài nǎo zhōng chūxiàn. *Although he left many years ago, his likeness often appears in my mind.*

【音色】yīnsè（名）*tone colour*；*timbre*

【音素】yīnsù（名）〈语〉*phoneme*

【音速】yīnsù（名）*velocity*（*or speed*）*of sound*：超～飞机

chāo－fēijī *supersonic jet*

【音位】yīnwèi（名）〈语〉*phoneme*

【音响】yīnxiǎng（名）声音（一般指戏剧电影中声音效果来说的）*sound*；*acoustics*（*of a play*，*film*，*etc.*）：～效果 xiàoguǒ *sound effects*

【音信】yīnxìn（名）来往的信件和消息 *correspondence*；*mail*；*news*：他一去之后～全无。Tā yí qù zhī hòu ～ quán wú. *We have not heard from him since he left.*

【音讯】yīnxùn（名）同"音信"yīnxìn *same as* "音信" yīnxìn

【音译】yīnyì（动）*transliteration*

【音域】yīnyù（名）*range*；*compass*；*register*

【音乐】yīnyuè（名）*music*：古典～ gǔdiǎn ～ *classical music* /～会～ huì *concert* /～家～jiā *musician*

【音韵学】yīnyùnxué（名）语言学的一个部门，研究语音结构和语音演变。也叫"声韵学" *phonology*（*also called* 声韵学）

【音值】yīnzhí（名）*value*

【音质】yīnzhì（名）〈物〉(1)*tone quality* (2)录音或广播上说的声音质量，包括声音清晰或逼真的程度 *acoustic fidelity*

殷 yīn

（形）〈书〉(1)丰富，丰盛 *abundant*；*rich* (2)深厚，周到 *profound*；*thoughtful*；*considerate* 另见 yān

【殷切】yīnqiè（形）深厚而恳切 *ardent*；*eager*：父母对儿子抱着～的希望。Fùmǔ duì érzi bàozhe ～ de xīwàng. *These parents have placed ardent hopes in their son.* /大家～地期待着他的信。Dàjiā ～ de qīdàizhe tā de xìn. *Everybody is eagerly awaiting his letter.*

【殷勤】yīnqín（形）热情周到 *eagerly attentive*；*solicitous*：～照顾～ zhàogù *show much consideration for* /～地接待客人～ de jiēdài kèren. *Extend solicitous hospitality to guests.* /主人招待得很～. Zhǔrén zhāodài de hěn ～. *The host entertained with great solicitude.* /服务员对顾客十分～. Fúwùyuán duì gùkè shífen ～. *The attendant showed great solicitude to the customers.* /他对上司特别～. Tā duì shàngsī tèbié ～. *He's especially attentive to the boss.* "献殷勤"是过分地表示殷勤（献殷勤 *means to do everything to please sb.*）

【殷实】yīnshí（形）〈书〉富裕 *well-off*；*substantial*

【殷墟】Yīnxū（名）商代后期都城遗址。在河南省安阳小屯村及其周围 *the Yin Dynasty ruins*（*named after the capital of the Shang Dynasty*，*Yin*，*which are located in and around Anyang village in Henan Province*）

【殷墟文字】Yīnxū wénzì 殷墟出土的甲骨文 *inscriptions on bones or tortoise shells of the Shang Dynasty*

yín

吟 yín

（动）唱；声调抑扬地读 *chant*；*recite*：～诗～ shī *recite poetry*

【吟诵】yínsòng（动）声调抑扬地读 *chant*；*recite*

【吟咏】yínyǒng（动）有节奏地诵读诗文 *recite*（*poetry*）*with a cadence*；*chant*

银 yín〔銀〕

（名）*silver*

【银白】yínbái（形）*silvery white*

【银行】yínháng（名）[家 jiā] *bank*

【银河】yínhé（名）*the Milky Way*

【银灰】yínhuī（形）*silver grey*

【银匠】yínjiàng（名）制造金银饰物、器具等的手工工人 *silversmith*

【银幕】yínmù（名）（*motion-picture*）*screen*

【银元】yínyuán（名）旧时使用的银质圆形硬币 *silver dollar*

也作"银圆"

【银质奖】yínzhìjiǎng（名）silver medal：这种电视机在全国评比中获～。Zhè zhǒng diànshìjī zài quán guó píngbǐ zhōng huò ～. This type of television set won a silver medal in the national appraisal contest.

【银子】yínzi（名）silver

淫 yín

（形）◇（1）过多的，过度的 excessive：～雨 ～yǔ excessive rains（2）放纵的 undisciplined；wanton；loose：骄奢淫逸 jiāo shē ～ yì lordly, luxurious, loose and idle — wallowing in luxury and pleasure（3）指不正当的男女关系 licentious；lewd；lascivious（4）迷惑 puzzled；confused：富贵不能～ fùguì bù néng ～ not to be misled by wealth and rank

【淫荡】yíndàng（形）loose in morals；licentious

【淫秽】yínhuì（形）obscene；salacious

【淫乱】yínluàn（形）(sexually) promiscuous；licentious

【淫威】yínwēi（名）滥用的威力 abuse of power；despotic power

yǐn

引 yǐn
（动）（1）带领着走；引导 lead；guide：～水入渠 ～shuǐ rù qú divert water into canal /客人被～进客厅。Kèrén bèi ～jìn kètīng. The guests were led into the living room. /把失足少年～上正道。Bǎ shī zú shàonián ～shang zhèngdào. Guide juvenile delinquents onto the correct path.（2）吸引，引诱；使出现 lure；attract；draw out (or forth)：用纸～火 yòng zhǐ ～ huǒ use paper to kindle a fire /用肉把狗～出来。Yòng ròu bǎ gǒu ～ chulai. Use meat to draw out the dog.（3）◇逗、惹，使有反应 tease；provoke：～得孩子直叫 ～de háizi zhí jiào provoke the child until he yells /玩笑过火，～得她哭了一场。Wánxiào guò huǒ, ～de tā kūle yì cháng. The joke has gone too far. You've provoked her to tears. /他的动作滑稽得很，～得人们大笑。Tā de dòngzuò huájī de hěn, ～de rénmen dàxiào. His movements were so comical that he made the people laugh out loud.（4）引用（作为证据、凭借或理由）cite；quote (as evidence, proof, a reason, etc.)：～原文 ～ yuánwén cite the original text /～了一句名人的话 ～le yí jù míngrén de huà quoted a famous person's line

【引爆装置】yǐnbào zhuāngzhì igniter

【引产】yǐnchǎn（动·不及物）〈医〉用药物、针刺等方法促使子宫收缩，使孕妇临产 induced labour

【引导】yǐndǎo（动）guide；lead：正确～对教育儿童非常重要。Zhèngquè ～ duì jiàoyù értóng fēicháng zhòngyào. Proper guidance is extremely important in the education of children.

【引渡】yǐndù（动）甲国应乙国的要求，将逃至甲国的乙国罪犯拘捕，移交给乙国 extradite

【引而不发】yǐn ér bù fā 只把弓拉开，作出射箭的姿态，但不放箭。比喻准备条件，等候时机，更进一步比喻善于引导和控制 draw the bow but not shoot the arrow — set the groundwork for sth. and wait for the opportune moment (to do sth.)；be good at leading and controlling

【引航】yǐnháng（动·不及物）同"引水" yǐnshuǐ same as "引水"

【引航员】yǐnhángyuán（名）担任引航工作的人，同"引水员" yǐnshuǐyuán pilot (same as "引水员" yǐnshuǐyuán)

【引号】yǐnhào（名）quotation marks

【引火烧身】yǐn huǒ shāo shēn 原比喻自取灭亡，现多比喻主动揭露自己的缺点、错误，争取别人的批评、帮助 draw fire against oneself — make a self-criticism so as to encourage

(constructive) criticism from others

【引见】yǐnjiàn（动）介绍，使人彼此相识 introduce；present：我很想认识她，请你给我～～。Wǒ hěn xiǎng rènshi tā, qǐng nǐ gěi wǒ ～～. I would really like to meet her. Please introduce her to me. /经张老师～，我才认识他的。Jīng Zhāng lǎoshī ～, wǒ cái rènshi tā de. It was only through Teacher Zhang's introduction that I got to know him.

【引荐】yǐnjiàn（动）推荐 recommend：技术员小王是我们车间老工人～来的。Jìshùyuán Xiǎo Wáng shì wǒmen chējiān lǎo gōngrén ～ lái de. The technician Xiao Wang was recommended to us by the old workers in our workshop. /现在会计科缺人，谁能给～一个。Xiànzài kuàijìkē quē rén, shuí néng gěi ～ yí ge. The accounting division is short on people right now. Who can recommend an accountant?

【引进】yǐnjìn（动）从外地或外国引入本地区或本国 introduce from elsewhere or another country：～外资 ～ wàizī introduce foreign capital /～新技术 ～ xīn jìshù import new technology /～成套设备 ～ chéngtào shèbèi import complete sets of equipment /这批良种马是从外省～的。Zhè pī liángzhǒng mǎ shì cóng wàishěng ～ de. This lot of fine-breed horses was introduced from another province.

【引经据典】yǐn jīng jù diǎn 摘用权威著作里的话，作为自己论述的根据 quote the classics；quote authoritative works (as the basis for one's exposition)

【引咎】yǐnjiù（动）〈书〉把过错归到自己身上 take the blame；hold oneself responsible for a mistake：～自责 ～ zì zé take the blame and reproach oneself

【引狼入室】yǐn láng rù shì 比喻把坏人、敌人引到内部来 invite a wolf into the room — invite a dangerous foe or wicked person in

【引力】yǐnlì（名）〈物〉gravitational force；attraction

【引路】yǐn=lù 带路；领头 lead the way

【引起】yǐnqǐ（动）（一种情况、现象、活动）使得（另一种情况、现象、活动）产生或出现 (of one kind of situation, phenomenon, activity, etc.) give rise to；lead to；set off；cause；arouse (another kind of situation, phenomenon, activity, etc.)：～联想 ～ liánxiǎng lead to the association (in one's mind) /～大家的不满 ～ dàjiā de bùmǎn arouse everybody's dissatisfaction /一个烟头～了一场大火。Yí ge yāntóu ～le yì chǎng dà huǒ. A cigarette butt set off a huge fire. /这次发病是由劳累～的。Zhè cì fā bìng shì yóu láolèi ～ de. Being run-down was what brought on the illness this time. /这场争论是由他的一篇文章～的。Zhè chǎng zhēnglùn shì yóu tā de yì piān wénzhāng ～ de. It was one of his articles that gave rise to this controversy. /他让你做你就做，不要多问，免得～麻烦。Tā ràng nǐ zuò nǐ jiù zuò, búyào duō wèn, miǎnde ～ máfan. When he asks you to do something, do it, don't keep asking questions. Avoid causing trouble.

【引桥】yǐnqiáo（名）连接正桥和路堤的桥 bridge approach

【引擎】yǐnqíng（名）engine

【引人入胜】yǐn rén rù shèng 胜：美妙的境地。吸引着人进入美妙的境地。指文艺作品或风景等意境美，强烈地吸引人（胜：wonderful curcumstances) (of scenery, literary works, etc.) fascinating；enchanting；bewitching：这个杂志涉及的知识面广，文字生动活泼，～。Zhàge zázhì shèjí de zhīshi miàn guǎng, wénzì shēngdòng huópō, ～. This magazine touches upon a wide range of knowledge. The writing is vivid and fascinating.

【引人注目】yǐn rén zhùmù 引起人们的关心和注意 noticeable；conspicuous：那座楼房造型新颖，～。Nà zuò lóufáng zàoxíng xīnyǐng, ～. The model of that building is original, making the building very conspicuous.

【引申】yǐnshēn（动）在字词原来意义的基础上发展、产生出新义。如"源"的本来的意思是水流起头的地方，引申为一切

事物的来源，如"货源"。"墨"本来是写字画画用的黑颜色，引申为写的字或画的画，如"遗墨" extend (the meaning of a word, etc.) e. g. the original meaning of the word "源"is source of a river and its extended meaning is the source of things, as in "货源" (source of goods); the original meaning of the word "墨" is ink (for painting and writing) and the extended meaning is handwriting or painting, as in "遗墨" (writing or painting left by the deceased)

【引水】 yǐnshuǐ（动·不及物）由熟悉港内航道、江河航道并具有驾驶经验的专业人员，引领（或驾驶）船舶进出港口，或在江河、内海等一定区域内航行 pilot a ship into harbour; navigate a ship down the specified area of a river, an inland sea, etc.

【引水员】 yǐnshuǐyuán（名）担任引水工作的人 pilot

【引退】 yǐntuì（动·不及物）指辞去官职 retire from office; resign

【引文】 yǐnwén（名）quoted passage; quotation

【引线】 yǐnxiàn（名）(1)线状的引起炮弹、地雷等爆炸的装置 fuse; lead (on a shell, bomb, mine, etc.) (2)做媒介的人或物 go-between

【引信】 yǐnxìn（名）装在地雷、炮弹、炸弹、手榴弹等上面的引爆装置 detonator; fuse (on a mine, shell, bomb, hand grenade, etc.)

【引言】 yǐnyán（名）foreword; introduction

【引以为戒】 yǐn yǐ wéi jiè（把别人或自己过去的教训）拿来警戒自己，防止重犯同样错误 learn a lesson (from a previous error, etc.); take warning

【引用】 yǐnyòng（动）quote; cite: 他的论文中～了列宁的一段话。Tā de lùnwén zhōng～le Lièníng de yí duàn huà. His thesis quoted a passage from Lenin.

【引诱】 yǐnyòu（动）lure; seduce: 青年人很容易被人～去干坏事。Qīngnián rén hěn róngyì bèi rén～qù gàn huàishì. Young people are easily lured into doing evil. /这个人禁不起金钱的～，堕落了。Zhège rén jīn bu qǐ jīnqián de～, duòluò le. This person was unable to withstand the seduction of money and became corrupt.

【引证】 yǐnzhèng（动）引用事实或文献著作等作为论证的依据 quote or cite (facts, documents, famous works, etc.) as proof or evidence

【引种】 yǐnzhǒng（动·不及物）把别的地方的动物或植物的优良品种引入本地，加以繁殖推广 introduce a fine variety or breed

【引种】 yǐnzhòng（动）把外地的优良品种引到本地种植 introduce and plant a fine variety: ～良种小麦 liángzhǒng xiǎomài introduce and plant a fine variety of wheat

【引子】 yǐnzi（名）(1)戏剧、小说、音乐等作品在主要内容展开之前的一段道白、叙述、乐曲等，用来交待背景，提示内容或酝酿情绪 an actor's opening words, a character's opening statements (in a novel), introductory music, etc. (which explain the setting, point out the contents, set the mood, etc. respectively) (2)比喻引起正文的话或启发别人发言的话 introduction; introductory remarks (3)中医指主药以外的副药，如酒、姜等 an added ingredient in Chinese medicine, such as liquor, ginger, etc.

饮 〔飲〕yǐn

（动）〈书〉(1)喝 drink (2)心里怀着 keep in the heart; nurse（名）〈书〉可以喝的东西 drink; beverage: 冷～ lěng ～ cold drinks 另见 yìn

【饮弹】 yǐndàn（动·不及物）〈书〉身上中(zhòng)了子弹 be hit by a bullet: 他不幸～牺牲。Tā búxìng ～ xīshēng. He was unfortunately killed by a bullet.

【饮恨】 xǐnhèn（动·不及物）〈书〉怀着怨恨 nurse a grievance: ～死去 ～ sǐqù die with a grievance in one's heart

【饮料】 yǐnliào（名）drink; beverage: 清凉～ qīngliáng ～ cool and refreshing drink

【饮泣】 yǐnqì（动·不及物）眼泪流得很多，流进口里，形容极悲哀 weep in silence; swallow one's tears

【饮食】 yǐnshí（名）food and beverage; diet: ～卫生非常重要。～ wèishēng fēicháng zhòngyào. Dietetic hygiene is extremely important.

【饮水思源】 yǐn shuǐ sī yuán 喝水时想到水是怎么来的。比喻人在幸福的时刻，不忘记幸福是怎么来的 when you drink water, think of its source — never forget where one's happiness comes from

【饮鸩止渴】 yǐn zhèn zhǐ kě 鸩：指有毒的酒。为了解渴去喝有毒的酒。比喻为了解决眼前的问题，不顾后果地采取有害的办法（鸩：poisoned wine）drink poisoned wine to quench one's thirst — seek temporary relief regardless of the consequences

隐 〔隱〕yǐn

（动）◇ 隐藏 hide; conceal（形）◇ 藏在深处的 hidden from view; concealed

【隐蔽】 yǐnbì（动）conceal; take cover: 侦察员～在树丛中。Zhēncháyuán ～ zài shùcóng zhōng. The scouts took cover in the thicket.

【隐藏】 yǐncáng（动）hide; conceal; remain under cover: 敌人搜查时，他把文件～在山洞里。Dírén sōuchá shí, tā bǎ wénjiàn ～ zài shāndòng li. When the enemy was ransacking, he hid the documents in a cave. /游击队的伤员～在老百姓家。Yóujīduì de shāngyuán ～ zài lǎobǎixìng jiā. The wounded guerrillas hid in the homes of civilians.

【隐患】 yǐnhuàn（名）暗藏的祸害 hidden danger; hidden trouble: 投机分子如果不清除，是革命组织的～。Tóujī fènzǐ rúguǒ bù qīngchú, shì gémìng zǔzhī de ～. If opportunists are not eliminated they will become a hidden danger in the revolutionary organization.

【隐讳】 yǐnhuì（动）有顾忌而隐瞒不说 avoid mentioning; cover up: 他从来不～自己的错误。Tā cónglái bù ～ zìjǐ de cuòwù. He never covered up his own mistakes.

【隐晦】 yǐnhuì（形）（意思）不明显 obscure; veiled (meaning): 文字～难懂。Wénzì ～ nán dǒng. The writing is obscure and difficult to understand.

【隐疾】 yǐnjí（名）不便对别人说的疾病 unmentionable disease, e. g. V. D.

【隐居】 yǐnjū（动·不及物）（由于对现实不满）而住在偏僻的地方，不与人来往（because of a dissatisfaction with reality）live in seclusion; withdraw from society; be a hermit

【隐瞒】 yǐnmán（动）掩盖真实情况，不让人知道 conceal; hide; hold back: ～事实 ～ shìshí hide the facts /～年龄 ～niánlíng hide one's age /～个人历史 ～ gèrén lìshǐ conceal one's personal history /错误是～不住的。Cuòwù shì ～ bú zhù de. Mistakes cannot be concealed. /有什么症状都要对大夫讲，不能～。Yǒu shénme zhèngzhuàng dōu yào duì dàifu jiǎng, bù néng ～. You must relate all symptoms to the doctor and cannot withhold any.

【隐秘】 yǐnmì（形）隐蔽不显露出来 secret; hidden: 找个～的地方把东西藏起来。Zhǎo ge ～ de dìfang bǎ dōngxi cáng qilai. Find a secret place in which to hide the things.（名）不让人知道的秘密的事 secret: 你有什么～吗?为什么吞吞吐吐的。Nǐ yǒu shénme ～ ma? Wèi shénme tūntūntǔtǔ de. Do you have a secret? Why are you hemming and hawing?

【隐没】 yǐnmò（动）隐蔽，渐渐看不见 disappear gradually; conceal: 他的身影～在丛林中。Tā de shēnyǐng ～ zài cónglín zhōng. His form disappeared gradually into the forest.

【隐匿】 yǐnnì（动）〈书〉隐藏，躲避 hide; go into hiding; lie

low：～重要文件 ～ zhòngyào wénjiàn *hide important documents* /逃犯～ 一起来了．Táofàn ～ qǐlai le. *An escaped convict is in hiding.*

【隐情】 yǐnqíng（名）不愿意告诉人的情况或原因 *facts one prefers not to disclose*

【隐士】 yǐnshì（名）*recluse*；*hermit*

【隐私】 yǐnsī（名）不愿告诉人的个人的事 *private matters one wishes to hide*

【隐痛】 yǐntòng（名）内心深处的不愿告诉人的痛苦 *secret anguish*

【隐姓埋名】 yǐn xìng mái míng 为了不让别人知道，隐瞒自己的真实姓名 *conceal one's identity*；*live incognito*：在战争中，他～做地下工作．Zài zhànzhēng zhōng，tā ～ zuò dìxià gōngzuò. *He concealed his identity and did underground work during the war.*

【隐隐】 yǐnyǐn（形）看起来或听起来不清楚，或者感觉上不明显 *indistinct*；*faint*：～的钟声 ～ de zhōngshēng *the faint sound of a bell* /～的山峦 ～ de shānluán *an indistinct chain of mountains* /关节～作痛．Guānjié ～ zuò tòng. *There's a dull pain in my joints.*

【隐忧】 yǐnyōu（名）〈书〉深藏在内心的忧愁 *secret worry*

【隐语】 yǐnyǔ（名）〈书〉要说的意思不直接说出来，而是借别的话来暗示 *enigmatic language*；*insinuating language*

【隐约】 yǐnyuē（形）*indistinct*；*faint*：远处的叫卖声～可闻．Yuǎnchù de jiàomài shēng ～ kě wén. *The indistinct sound of a peddler selling his wares in the distance could be heard.* /～可见水底的游鱼．～ kě jiàn shuǐ dǐ de yóu yú. *Fish could be dimly seen swimming under water.* /～地看见前边有几个人影．～ de kànjiàn qiánbiān yǒu jǐ ge rényǐng. *I faintly saw the forms of a few people up ahead.* /～听见隔壁有人唱歌．～ tīngjiàn gébì yǒu rén chàng gē. *I faintly heard someone singing next door.* /从他的话里，～听出他对同屋不满的意思．Cóng tā de huà li，～ tīngchū tā duì tóngwū bùmǎn de yìsi. *From his words, one can faintly make out that he's not satisfied with his roommate.* /隐隐约约地传来几声鸟叫．Yǐnyǐnyuēyuē de chuánlai jǐ shēng niǎo jiào. *The sound of a few birds chirping came faintly drifting over.*

【隐衷】 yǐnzhōng（名）不愿意告诉人的苦衷 *troubles that one wishes to keep to oneself*

瘾（癮）yǐn

（名）*addiction*；*habitual craving*：酒～ jiǔ ～*alcohol addiction* /鸦片～ yāpiàn ～ *opium addiction* /喝茶喝上～了．Hē chá hēshang ～ le. *I've developed an addiction to tea.* /过过酒～ guòguo jiǔ ～ *satisfy a craving for alcohol* (2)泛指极浓厚的兴趣 *passion*；*strong interest* (in a sport or pastime)：球～ qiú～ *a passion for ball games* /这位老人对钓鱼有～了．Zhè wèi lǎorén duì diào yú yǒu ～ le. *This elderly person has a passion for fishing.* /我看侦探小说看上～了．Wǒ kàn zhēntàn xiǎoshuō kànshang ～ le. *I've developed a strong interest in detective stories.* /他们打扑克打出～来了．Tāmen dǎ pūkè dǎ chū ～ lai le. *They've developed a passion for playing cards.*

yìn

印 yìn

（名）(1)图章 *seal*；*stamp*；*chop*：盖上～ gàishang ～ *affix one's seal* /掌～ zhǎng ～ *keep the seal — be in power* /介绍信上没有单位的～．Jièshàoxìn shang méi yǒu dānwèi de ～. *This letter of introduction doesn't have the unit's stamp on it.* (2)物体经过后留下的痕迹（一般儿化）*print*；*mark* (usu. suffixed with the retroflex nonsyllabic "r")：手～ shǒu～ *fingerprint* /马蹄～ mǎtí～ *horse's hoof print* /

车过后，雪地上留下了两道轮子～．Chē guò hòu，xuědì shang liúxiale liǎng dào lúnzi ～. *After the vehicle drove by, two lines of tire marks were left on the snowy ground.* (动)印刷 *print*；*engrave*：这条毛巾上的花是～上去的．Zhè tiáo máojīn shang de huā shì ～ shangqu de. *The flowers on this towel were printed on.* /这本书的～数是多少？Zhè běn shū de ～ shù shì duōshao? *How many prints are there of this book?* /本报今天～了五十万份．Běn bào jīntiān ～ le wǔshí wàn fèn. *Five hundred thousand copies of this newspaper were printed today.*

【印发】 yìnfā（动）*print and distribute*：～宣传品 ～ xuānchuánpǐn *print and distribute propaganda material*

【印花】 yìnhuā（名）由国家出售，规定贴在契约、凭证上作为税款的一种特别的印制品 *revenue stamp*；*stamp*

【印花税】 yìnhuāshuì（名）国家税收的一种，将印花按税收规定贴在契约、凭证等上面 *stamp duty*；*stamp tax*

【印花】 yìn=huā *printing*：～布 ～ bù *printed textiles* /～机 ～ jī *printing machine*

【印染】 yìnrǎn（动）*printing and dyeing* (of textiles)

【印刷】 yìnshuā（动）*printing*：～品 ～ pǐn *printed matter* /一台～机 yì tái ～ jī *a printing machine*；*a press*

【印刷体】 yìnshuātǐ（名）*block letter*；*print hand*

【印象】 yìnxiàng（名）*impression*：难忘的～ nán wàng de ～ *a memorable impression* /不良的～ bùliáng de ～ *a bad impression* /深刻～ shēnkè have *a deep impression* /淡薄～ dànbó have *a dim impression* /这次家乡之行给我留下了很深的～．Zhè cì jiāxiāng zhī xíng gěi wǒ liúxiale hěn shēn de ～. *My trip to my hometown this time left a deep impression on me.* /你对他的～怎么样？Nǐ duì tā de ～ zěnmeyàng? *What's your impression of him?* /那部电影你还有～吗？Nà bù diànyǐng nǐ hái yǒu ～ ma? *Do you still have an impression of that movie?* /那件事我一点儿～都没有了．Nà jiàn shì wǒ yìdiǎnr ～ dōu méi yǒu le. *I don't have any impression left whatsoever of that matter.*

【印象派】 yìnxiàngpài（名）*impressionist school*：～画家 ～ huàjiā *impressionist painter*

【印证】 yìnzhèng（动）证明与事实相符 *confirm*；*verify*；*corroborate*：结论正确与否，只有靠事实来～．Jiélùn zhèngquè yǔ fǒu，zhǐyǒu kào shìshí lái ～. *One can only rely on facts to confirm whether or not the conclusion is correct.* /用实验～上述结论．Yòng shíyàn ～ shàngshù jiélùn. *Verify by experiment the above-mentioned conclusion.* /这是基本常识，无须加以～．Zhè shì jīběn chángshí，wúxū jiāyǐ ～. *This is basic knowledge. It need not be verified.* （名）用以印证的事物 *confirmation*；*verification*：这条消息是他刚才说的情况的很好的～．Zhè tiáo xiāoxi shì tā gāngcái shuō de qíngkuàng de hěn hǎo de ～. *This piece of news is a very good confirmation of the situation he just described.*

饮〔飲〕yìn

（动）给牲畜水喝 *give* (animals) *water to drink*；*water*：～马 ～ mǎ *water a horse* /把牲口一一～．Bǎ shēngkou ～ yi ～. *Give the animals some water.* 另见 yǐn

荫〔蔭〕yìn

（形）〈口〉又凉又潮，没有阳光 *damp and chilly*；*shady*：这屋子真～，冬天太冷．Zhè wūzi zhēn ～，dōngtiān tài lěng. *This room is really damp and chilly and is too cold in winter.* 另见 yīn

【荫庇】 yìnbì（动）长辈照顾晚辈或祖宗保佑子孙 *protection by one's elders or ancestors*

【荫凉】 yìnliáng（动）因无阳光照射而非常凉爽 *shady and cool*：地下室～～的，多热的天也不会出汗．Dìxiàshì ～～ de，dō rè de tiān yě bú huì chū hàn. *The basement is nice and cool. Even on the hottest days you won't sweat there.*

yīng

应 〔應〕yīng

（动）（1）答应 answer；respond：叫了他半天，他一声不～。Jiàole tā bàntiān, tā yì shēng bù ～. I called him for a long time, but he didn't answer back. /谁来敲门你也别～。Shuí lái qiāo mén nǐ yě bié ～. If somenoe knocks at the door, don't answer it. （2）许诺,应允 agree（to do sth.）；consent；accept：既然你～了孩子，你就得带孩子去动物园。Jìrán nǐ ～le háizi, nǐ jiù děi dài háizi qù dòngwùyuán. Since you gave your consent to the child, you have to take him to the zoo. /如果没有力量帮忙，那就别～! Rúguǒ méi yǒu lìliang bāngmáng, nà jiù bié ～! If you don't have the strength to help, then don't agree! （助动）应该 should；ought to：理～如此 lǐ ～ rúcǐ It should be this way. /这是我～尽的义务。Zhè shì wǒ ～ jìn de yìwu. This is my bounden duty. /这次来中国，～去的地方我都去了。Zhè cì lái Zhōngguó, ～ qù de dìfang wǒ dōu qù le. I went to all the places I should have gone during this visit to China. 另见 yìng

【应当】yīngdāng （助动）〈口〉同"应该" yīnggāi same as "应该" yīnggāi：你不～讽刺别人。Nǐ bù ～ fěngcì biéren. You shouldn't mock others. /这些都是我～做的事。Zhèxiē dōu shì wǒ ～ zuò de shì. I only did as I ought to have done.

【应该】yīnggāi （助动）（1）从道理上讲，当然是这样 should；ought to；must：～尊敬老人 ～ zūnjìng lǎorén ought to respect elderly people /不～浪费时间。Bù ～ làngfèi shíjiān. You mustn't waste time. /"大"字～先写一横。"Dà" zì ～ xiān xiě yì héng. One should first start with the horizontal stroke when writng the character "大". /下火车后，你～先打个电话。Xià huǒchē hòu, nǐ ～ xiān dǎ ge diànhuà. You should call first after you get off the train. /～你做的事就不～推给别人。～ nǐ zuò de shì jiù bù ～ tuī gěi biéren. You shouldn't pass on to others the things you ought to be doing. /老师批评你是～的。Lǎoshī pīpíng nǐ shì ～ de. The teacher's criticism is something you deserved. /讥笑别人是很不～的。Jīxiào biéren shì hěn bù ～ de. Sneering at others is something that mustn't be done. （2）根据情理推测 should；must；ought to（infers conjecture）：他早～大学毕业了吧! Tā zǎo ～ dàxué bì yè le ba! He should have graduated from university a long time age! /我想这时候他们～吃过晚饭了。Wǒ xiǎng zhè shíhou tāmen ～ chīguo wǎnfàn le. I think they must have eaten supper by now.

【应届】yīngjiè （形）这一期的（仅指毕业生）current；this year's（only refers to graduates）：～毕业生 ～ bìyèshēng this year's graduates /她是～毕业的。Tā shì ～ bì yè de. She graduated this year.

【应声】yīng=shēng〈口〉（～儿）出声答应 answer：我叫了半天，你怎么也不～? Wǒ jiàole bàntiān, nǐ zěnme yě bù ～? I called you for a long time. Why didn't you answer? /有人在楼下叫你，你快应一声啊! Yǒu rén zài lóu xià jiào nǐ, nǐ kuài yīng yì shēng a! Someone's downstairs calling you. Hurry up and answer him!

【应许】yīngxǔ（动）答应（去做）agree；promise（to do sth.）；consent；assent：不得老师～，不能提前离开教室。Bù dé lǎoshī ～, bù néng tíqián líkāi jiàoshì. If you don't get the teacher's consent, you can't leave the classroom early. /你父母～不～你晚上出去? Nǐ fùmǔ ～ bu ～ nǐ wǎnshang chūqu? Do your parents agree to your going out in the evening?

【应允】yīngyǔn（动）〈书〉同"应许" yīngxǔ same as "应许" yīngxǔ

英 yīng

（名）〈书〉（1）花 flower（2）才能、智慧突出的人 a person of outstanding talent or wisdom；hero：群～聚集一堂 qún ～ jùjí yì táng a group of heroes gathered together in a hall

【英镑】yīngbàng（名）pound sterling

【英尺】yīngchǐ（量）foot

【英寸】yīngcùn（量）inch

【英豪】yīngháo（名）英雄豪杰 heroes；outstanding figures

【英俊】yīngjùn（形）（1）容貌俊秀而且有精神（多指青少年男子）handsome and spirited（usu. refers to young men）：～少年 ～ shàonián a handsome young boy /无比～ wúbǐ ～ incomparable in good looks and spirit /他家的儿子长得十分～。Tā jiā de érzi zhǎng de shífēn ～. His son is extremely handsome and spirited. （2）才能杰出 eminently talented；brilliant：这个青年～有为。Zhège qīngnián ～ yǒuwéi. This youmg person is brilliant and promising.

【英里】yīnglǐ（量）mile

【英两】yīngliǎng（量）ounce

【英灵】yīnglíng（名）指（对死者的敬称）为正义事业而英勇牺牲的人的灵魂 spirit of the brave departed；spirit of a martyr：献上一束洁白的花，悼念～。Xiànshàng yí shù jiébái de huā, dàoniàn ～. Lay a bunch of white flowers and mourn the spirit of the brave departed.

【英明】yīngmíng（形）有远见，决断正确而高明 wise；brilliant：～的决策 ～ de juécè wise policy decision /～的领导 ～ de lǐngdǎo wise leader /作法～ zuòfǎ ～ The practice is wise. /这步棋很～。Zhè bù qí hěn ～. This chess move is brilliant. /在老将军的～指挥下，我军大获全胜。Zài lǎo jiāngjūn de ～ zhǐhuī xià, wǒ jūn dà huò quán shèng. Under the brilliant command of the old general, our army won a great overall victory. /我们的厂长处理问题准确、果断，真是～。Wǒmen de chǎngzhǎng chǔlǐ wèntí zhǔnquè, guǒduàn, zhēn shì ～. Our factory director handles problems in a precise and decisive manner. He's really brilliant.

【英亩】yīngmǔ（量）acre

【英文】Yīngwén（名）同"英语" Yīngyǔ same as "英语" Yīngyǔ

【英雄】yīngxióng（名）hero：革命～ gémìng ～ revolutionary hero（形）heroic：～的军队 ～ de jūnduì heroic army /～的城市 ～ de chéngshì heroic city /～的人民 ～ de rénmín heroic people /她为反侵略战争献出了两个儿子，不愧为～的母亲。Tā wèi fǎn qīnlüè zhànzhēng xiànchūle liǎng ge érzi, búkuì wéi ～ de mǔqin. She offered two sons to fight in the war of aggression, so she's worthy of being called a heroic mother.

【英勇】yīngyǒng（形）heroic；valiant；brave

【英语】Yīngyǔ（名）English（language）

【英姿】yīngzī（名）英俊威武的姿态 heroic bearing

婴 〔嬰〕yīng

（名）〈〉婴儿 baby；infant

【婴儿】yīng'ér（名）初生的小孩儿 baby；infant

【婴孩】yīnghái（名）同"婴儿" yīng'ér same as "婴儿" yīng'ér

罂 〔罌〕yīng

【罂粟】yīngsù（名）opium poppy

樱 〔櫻〕yīng

【樱花】yīnghuā（名）oriental cherry

【樱桃】yīngtáo（名）cherry

鹦 〔鸚〕yīng

【鹦哥】yīngge（名）（～儿）[只 zhī]同"鹦鹉"yīngwǔ same as

"鹦鹉" yīngwǔ
【鹦鹉】 yīngwǔ (名)[只 zhī] parrot
【鹦鹉学舌】 yīngwǔ xué shé 鹦鹉学人说话,比喻(为了奉承、讨好)人家怎么说,他也跟着怎么说 repeat the words of others like a parrot; parrot: 你到底有没有自己的看法?怎么老是~,领导说什么,你就说什么 Nǐ dàodǐ yǒu méi yǒu zìjǐ de kànfǎ? zěnme lǎo shì ~, lǐngdǎo shuō shénme, nǐ jiù shuō shénme? Don't you even have your own views? Everything the leader says, you always repeat like a parrot.

膺 yīng
(名)〈书〉breast (动)〈书〉接受 bear; receive: 荣~优秀教师光荣称号 róng ~ yōuxiù jiàoshī guāngróng chēnghào be honoured with the glorious title of outstanding teacher

鹰 [鷹] yīng
(名)[只 zhī] hawk; eagle
【鹰犬】 yīngquǎn (名)打猎时带的鹰和狗。比喻为别人效劳的打手、爪牙、走狗等一类坏人 falcons and hounds — lackeys; hired thugs

yíng

迎 yíng
(动)(1)迎接 geet; welcome; receive: ~客 ~ kè greet guests /~春晚会 ~ chūn wǎnhuì party to welccme in the lunar New Year / 喜~佳节 xǐ ~ jiājié joyously welcome a happy festival /参观团来了,我们到门口~一~。Cānguāntuán lái le, wǒmen dào ménkǒu ~ yì ~. The visiting group has arrived. Let's go meet them at the gate. (2)向着、对着(朝自己方向过来的事物)move towards; face: ~风 ~ fēng facing the wind /~战 ~ zhàn meet (an approaching enemy) head-on /~着海浪游去 ~zhe hǎilàng yóuqu swim head-on into the waves
【迎风招展】 yíng fēng zhāozhǎn (旗帜等)在风的吹动下飘荡 (of a flag, banner, etc.) flutter in the breeze: 彩旗~ cǎiqí ~ coloured flags fluttering in the breeze
【迎合】 yínghé (动)为求得别人的欢心,按照人家的心意说话、办事 cater to; pander to: ~读者的口味 ~ dúzhě de kǒuwèi cater to the readers tastes /~患者的心理 ~ huànzhě de xīnlǐ go along with the patient /一味地~别人的观点 yíwèi de ~ biérén de guāndiǎn cater blindly to the views of others /不正当的要求应该拒绝,不能~某些人。Bú zhèngdāng de yāoqiú yīnggāi jùjué, bù néng ~ mǒu xiē rén. Illegitimate requests should be refused. We cannot pander to certain people. /他不喜欢别人~自己。Tā bù xǐhuan biérén ~ zìjǐ. He doesn't like others catering to him.
【迎击】 yíngjī (动)迎着敌人来的方向攻击 meet (an approaching enemy) head-on
【迎接】 yíngjiē (动)meet; welcome; greet: ~亲人 ~ qīnrén greet loved ones /~胜利的到来 ~ shènglì de dàolái hail the arrival of victory
【迎面】 yíngmiàn (副)head-on; in one's face: ~吹过来海风 ~ chuī guolai hǎi fēng a sea breeze blowing in one's face / 雨~打来。Yǔ ~ dǎlai. The rain beat again in my face. /他~走了过来。Tā ~ zǒule guolai. He walked over to me. /~开来一辆汽车。~ kāilai yí liàng qìchē. A car drove towards me. /~是一座30层的高楼。~ shì yí zuò sānshí céng de gāo lóu. Right in front of me is a thirty-storey building. /走进公园,~竖立着一尊塑像。Zǒujìn gōngyuán, ~ shùlìzhe yì zūn sùxiàng. When I walked into the park, a statue stood before me.
【迎刃而解】 yíng rèn ér jiě 用刀劈竹,只要劈开上边,其余部分就顺刀口裂开。比喻某个问题一旦解决,相关联的其它问

题也相应得到解决 (of a bamboo) split all the way down once it's been chopped open—(of a problem) be readily solved: 经济发展了,教育、医疗等社会问题就~了。Jīngjì fāzhǎn le, jiàoyù、yīliáo děng shèhuì wèntí jiù ~ le. Once the economy is developed, social problems such as education, medical treatment, etc. can be readily solved.
【迎头赶上】 yíngtóu gǎnshàng 加紧追上最前面的 try hard to catch up (to the most advanced, etc.): 我们不该自甘落后,要~时代的步伐。Wǒmen bù gāi zì gān luòhòu, yào ~ shídài de bùfá. We mustn't abandon ourselves to lagging behind, but must catch up with the times.
【迎头痛击】 yíng tóu tòng jī 从正面给来犯的人以狠狠的打击 deal head-on blows to an assailant
【迎新】 yíng＝xīn 迎接新入学的学生 (of students) welcome new arrivals: ~工作 ~ gōngzuò work done to welcome new arrivals /~晚会 ~ wǎnhuì an evening party to welcome newcomers

荧 [熒] yíng
【荧光灯】 yíngguāngdēng (名)fluorescent lamp
【荧光屏】 yíngguāngpíng (名)fluorescent screen
【荧荧】 yíngyíng (形)形容星光或灯光明亮 gleaming; twinkling (star)

盈 yíng
(动)◇(1)充满 be full of; be filled with (2)余,多余 have a surplus of: 结账后本月~40元。Jié zhàng hòu běn yuè ~ sìshí yuán. After the accounts were settled, we had a surplus of forty yuan this month.
【盈亏】 yíngkuī (名)(1)指月亮的圆和缺 the waxing and waning of the moon (2)指企业等的赚钱和赔钱 profit and loss (of an enterprise, etc.)
【盈利】 yínglì (动)企业获得利润 make (or net) a profit: 这个小商店每月~两千多元。Zhège xiǎo shāngdiàn měi yuè ~ liǎngqiān duō yuán. This small shop nets a profit of two thousand yuan every month. (名)企业获得的利润 profit; gain: 做这一笔生意,将有一万元的~。Zuò zhè yì bǐ shēngyì, jiāng yǒu yíwàn yuán de ~. Making this deal gives us a profit of ten thousand yuan.
【盈余】 yíngyú (动)have a surplus: ~了二百元 ~ le èrbǎi yuán made a profit of 200 yuan /这是~下来的钱。Zhè shì ~ xialai de qián. This is surplus money. (名)surplus: 五十元的~ wǔshí yuán de ~ a fifty-yuan surplus /年年有~ niánnián yǒu ~ There's surplus every year. /把~部分存入银行。Bǎ ~ bùfen cúnrù yínháng. Deposit the surplus in the bank.

萤 [螢] yíng
(名)firefly; glowworm
【萤火虫】 yínghuǒchóng (名)firefly; glowworm

萦 [縈] yíng
(动)〈书〉围绕、缠绕 entangle; encompass
【萦回】 yínghuí (动)〈书〉盘旋往复 hover; linger: 往事在脑中~。Wǎngshì zài nǎo zhōng ~. Past events linger in my mind.
【萦绕】 yíngrào (动)〈书〉同"萦回" yínghuí same as "萦回" yínghuí

营 [營] yíng
(动)(1)想办法求得 seek (2)经营、管理(企业)operate; run; manage (a business): 两家公司合~了。Liǎng jiā gōngsī hé ~ le. Those two companies are jointly operated. (名)(1)军队的驻地,也指某些有组织活动的驻地 camp;

barracks (2)军队中居于"连"和"团"之间的编制 *battalion*；
～级指挥员 ～ jí zhǐhuīyuán *commander at the battalion
level* (量)指军队 *battalion*：一～兵力 yī ～ bīnglì *a battal-
ion of troops*

【营地】yíngdì (名) *campsite*；*camping ground*

【营房】yíngfáng (名) *barracks*

【营火】yínghuǒ (名)夜里露宿时点起的火堆 *campfire*

【营火会】yínghuǒhuì (名)一种露天晚会。人们围坐在火堆
边，唱歌、跳舞，表演节目 *campfire party*

【营建】yíngjiàn (动)经营建造 *construct*；*build*：这个建筑公
司专门～高层建筑。Zhège jiànzhù gōngsī zhuānmén ～ gāo
céng jiànzhù. *This construction company specializes in
building tall buildings.*

【营救】yíngjiù (动)想办法援救 *rescue*；*succour*：把他从监狱
里～出来。Bǎ tā cóng jiānyù li ～ chūlai. *Rescue him from
the jail.*

【营垒】yínglěi (名)(1)军营和四周的围墙 *barracks and the
enclosing walls* (2)阵营 *camp*：革命的～ gémìng de ～ *rev-
olutionary camp*/反革命～ fǎngémìng ～ *counterrevo-
lutionary camp*

【营利】yínglì (动・不及物)谋取利润 *seek profits*：商店不～，
还叫什么商店！Shāngdiàn bù ～, hái jiào shénme
shāngdiàn! *What's a store if it doesn't seek profits!*

【营私】yíngsī (动・不及物)谋取私利 *seek private gain*；
feather one's nest

【营养】yíngyǎng (名)*nutrition*；*nourishment*：西红柿～丰富。
Xīhóngshì ～ fēngfù. *Tomatoes are rich in nutrition.* (动・
不及物)*nourish*：多吃点肉和蛋～～. Duō chī diǎnr ròu hé
dàn ～～. *Get some nourishment by eating a bit more meat
and eggs.*

【营养钵】yíngyǎngbō(名)用于育苗的小土钵，是用有机肥
料、肥土加水拌和制成的 *earthen bowl made of organic
fertilizer and fertile soil mixed together with water, used
to raise seeklings*

【营养素】yíngyǎngsù (名) *nutrient*

【营业】yíngyè (动)(商店、服务行业等)经营业务 (*of a
store, service trade, etc.*) *do business*：百货商店上午八点
开始～. Bǎihuò shāngdiàn shàngwǔ bā diǎn kāishǐ ～. *The
department opens at eight in the morning.* /银行的～时间
是上午9:00－12:00，下午1:00－4:00。Yínháng de ～
shíjiān shì shàngwǔ jiǔ diǎn—shí'èr diǎn, xiàwǔ yì diǎn—
sì diǎn. *Banking hours are from 9:00 a.m. to 12:00 p.m.
and from 1:00 to 4:00 p.m.*

【营业税】yíngyèshuì (名) *business tax*；*transaction tax*

【营业员】yíngyèyuán (名)售货员和收购员的统称 *shop em-
ployees including buyers, travelling salespersons and shop
assistants*

【营运】yíngyùn (动・不及物)经营运输 *do transport busi-
ness*；*transportation service*：这122路汽车下月开始～。Zhè
yāo'èr'èr lù qìchē xià yuè kāishǐ ～. *This bus No. 122 will
start transportation service next month.*

【营造】yíngzào (动)(1)经营建筑 *construct*；*build*：～宫殿
gōngdiàn *construct a palace* (2)有计划地造(林) *build or
make* (*a forest*) *according to a plan*：我们这支队伍专
门～防护林。Wǒmen zhè zhī duìwu zhuānmén ～
fánghùlín. *Our contingent of troops specializes in planting
shelter-forests.*

【营长】yíngzhǎng (名) *battalion commander*

蝇〔蠅〕yíng
(名)*fly*

【蝇头】yíngtóu (形)像蝇子头一样大小，形容非常小 *small
as the head of a fly*；*tiny*：～小字 ～ xiǎo zì *tiny characters*

【蝇子】yíngzi (名)苍蝇 *fly*

赢〔贏〕yíng
(动)胜(跟"输"相对) *win*；*beat* (*antonym of "输"
(lose; be beaten)*)：我们队～了他们队两个球。Wǒmen duì
～ le tāmen duì liǎng ge qiú. *Our team beat theirs by two
goals.* /上次下象棋，他～了，我输了。Shàng cì xià
xiàngqí, tā ～ le, wǒ shū le. *Last time we played chess, he
won and I lost.*

【赢得】yíngdé (动)取得，获得 *win*；*gain*：～好评 ～ hǎopíng
win favourable comments /～胜利 ～ shènglì *win a victory*
/提高工作效率，会使我们～时间。Tígāo gōngzuò xiàolǜ,
huì shǐ wǒmen ～ shíjiān. *We can gain time by raising
working efficiency.* /精彩的表演～了一片热烈的掌声。
Jīngcǎi de biǎoyǎn ～ le yí piàn rèliè de zhǎngshēng. *The
brilliant performance won enthusiastic applause.* /他的行动
～了群众一致的赞扬。Tā de xíngdòng ～ le qúnzhòng yízhì
de zànyáng. *His action won unanimous praise from the
masses.*

【赢利】yínglì (动)同"盈利" yínglì (动) *same as "盈利"
yínglì* (动) (名)同"盈利" yínglì(名)*same as "盈利" yínglì*
(名)

yǐng

颖〔穎〕yǐng
(形)〈书〉聪明 *clever*

【颖慧】yǐnghuì (形)〈书〉(少年)聪明 (*of a teenager*) *clever*；
bright

【颖悟】yǐngwù(形)〈书〉(少年)聪明 (*of a teenager*) *clever*；
bright

影 yǐng
(名)(1)(～儿)同"影子" yǐngzi (1)(2)(3) *same as "影
子" yǐngzi* (1)(2)(3) (2)~照片 *photograph*；*picture*：近
～ jìn ～ *a recent photograph* (3)电影的简称 *abbrev. for
film*；*movie*；*motion picture*：～迷 ～mí *movie fan* /～剧院
～jùyuàn *theatre* (*for movies and live performances*)

【影集】yǐngjí (名) *photograph* (*or photo*) *album*

【影片】yǐngpiàn (名)[部 bù] *film*；*movie*

【影评】yǐngpíng (名) *film review*

【影射】yǐngshè (动)谈的是这一个(人或事)，暗中指的却是
那一个(多进行批评、讽喻) *allude to*；*hint obliquely at*；*in-
sinuate* (*usu. so as to criticize or mock*)：用文学作品～现实
的作法在历史上屡见不鲜。Yòng wénxué zuòpǐn ～ xiànshí
de zuòfǎ zài lìshǐ shang lǚ jiàn bù xiān. *Alluding to actual
practices through literary works is historically nothing new.*
/你故事里讲的那个懒人是不是～他?Nǐ gùshi li jiǎng de
nàge lǎn rén shì bu shì ～ tā? *You were alluding to him
when you described that lazy person in your story, weren't
you?* /对别人的缺点不要采用～的手法进行批评。Duì
biéren de quēdiǎn búyào cǎiyòng ～ de shǒufǎ jìnxíng
pīpíng. *Don't use the technique of insinuation when criticiz-
ing other people for their shortcomings.*

【影戏】yǐngxì (名)皮影戏 *leather-silhouette show*；*shadow
play*

【影响】yǐngxiǎng (动)*influence*；*affect*：～健康 ～ jiànkāng
influence one's health /～两国关系 ～ liǎng guó guānxì *af-
fect relations between the two countries* /贪玩儿～学习。
Tān wánr ～ xuéxí. *Being too fond of play influences one's
studies.* /不要～别人休息。Búyào ～ biérén xiūxi. *Don't
bother others while they rest.* /在父亲的～下，他开始从事
写作。Zài fùqin de ～ xià, tā kāishǐ cóngshì xiězuò. *He
was influenced by his father and became engaged in writ-
ing.* /春寒～农作物生长。Chūnhán ～ nóngzuòwù
shēngzhǎng. *Cold in spring affects the growth of crops.*
(名)*influence*；*effect*：社会～对儿童起很大作用。Shèhuì

~ duì értóng qī hěn dà zuòyòng. *Society exerts a great influence on children.* /深刻的～ shēnkè de ~ *a deep effect* /他在工人中是有～的人物。Tā zài gōngrén zhōng shì yǒu ~ de rénwù. *He's an influential figure among workers.* /家长对孩子的～是潜移默化的。Jiāzhǎng duì háizi de ~ shì qián yí mò huà de. *Parents exert a subtle influence on their children.* /因资金缺乏，使他的研究受到～。Yīn zījīn quēfá, shǐ tā de yánjiū shòudào ~. *A lack of fund had an effect on his research.*

【影像】 yǐngxiàng（名）*image; portrait*
【影星】 yǐngxīng 电影明星 *movie star; film star*
【影印】 yǐngyìn（动）*photomechanical printing; photo-off set process*
【影影绰绰】 yǐngyǐngchuòchuò（形）不真切，模模糊糊的 *vague; dim; indistinct*：～的，前边似乎有个人。~ de, qiánbiān sìhū yǒu ge rén. *It vaguely seemed there was somebody up ahead.* /人们站在山上～地可以看见远处的村庄。Rénmen zhàn zài shān shang ~ de kěyǐ kànjiàn yuǎnchù de cūnzhuāng. *The people standing on the hilltop could dimly see a village in the distance.*
【影院】 yǐngyuàn（名）电影院 *cinema; movie theatre*
【影子】 yǐngzi（名）(1)光线被物体挡住后所形成的阴暗部分 *shadow*：树～ shù ~ *shadow of a tree* (2)水面、镜子等反映出来的物体形象 *reflection*：风一吹，水里的～也在晃。Fēng yì chuī, shuǐ li de ~ yě zài huàng. *When the wind blows, reflections in the water ripple.* /玻璃里照出一个人的～来。Bōli li zhào chū yí ge rén de ~ lái. *The glass mirrored a person's reflection.* (3)指印象，也指人或事物的形象（多用于否定）*trace; sign; vague impression (usu. used in the negative)*：这件事在我脑子里连一点～也没有。Zhè jiàn shì zài wǒ nǎozi li lián yìdiǎnr ~ yě méi yǒu. *I haven't the vaguest impression of this matter in my mind.* /有人说我发了财，简直是没～的事。Yǒu rén shuō wǒ fāle cái, jiǎnzhí shì méi ~ de shì. *Someone said I made a fortune. This is sheer fabrication.* /我赶到那里，连一个人的～也没看见。Wǒ gǎndào nàli, lián yí ge rén de ~ yě méi kànjiàn. *I hurried over there, but didn't see the slightest trace of anyone.*

yìng

应〔應〕yìng
（动）(1)回答 *answer; respond*：～答如流 ~ dá rú liú *reply readily and fluently* /提问没人～ tíwèn méi rén ~ *ask questions which nobody answers* (2)满足；接受 *meet; accept; comply with; grant*：友人邀请前来参观画展。yǒurén yāoqīng qiánlái cānguān huàzhǎn. *I've accepted a friend's invitation to come and visit this painting exhibition.* /～读者要求，再版这本诗集。~ dúzhě yāoqiú, zàibǎn zhè běn shījí. *We will meet requests of readers and reprint this poetry anthology.* 另见 yīng

【应变】 yìngbiàn（动）(1)应付突然变化了的情况 *deal with a sudden change in a situation*：～能力强 ~ nénglì qiáng *have a strong ability to cope an emergency* /随机～ suí jī ~ *act according to circumstances* (2)由于外力的作用，物体的单位体积所应受的长度和夹角的变化 *strain*
【应承】 yìngchéng（动）答应承担（某事）*agree (to do sth.); promise; consent*：他再三求我帮忙，我只好～下来。Tā zàisān qiú wǒ bāng máng, wǒ zhǐhǎo ~ xialai. *He begged me again and again to help him so I had no choice but to agree.* /你既然～了，怎么能不办呢!Nǐ jìrán ~ le, zěnme néng bú bàn ne! *Since you promised, you have to do it!* /跟他一说，他痛快地～了下来。Gēn tā yì shuō, tā tòngkuai de ~ le xialai. *As soon as I mentioned it to him, he readily agreed.*

【应酬】 yìngchou（动）*have social intercourse with; engage in social activities*：整天忙于～，真是浪费时间。Zhěngtiān mángyú ~, zhēn shì làngfèi shíjiān. *What a waste of time to spend a whole day busily engaging in social activities.* /得学会～各种各样的人。Děi xuéhuì ~ gè zhǒng gè yàng de rén. *I have to learn how to have social dealings with every type of person.*
【应付】 yìngfù（动）(1)采取对策与人或事打交道 *deal with; cope with; handle*：～谈判 ~ tánpàn *handle negotiations* /～事变 ~ shìbiàn *cope with an emergency* /记者的询问～ jìzhě de xúnwèn *deal with reporters' questions* /～对方的挑战 ~ duìfāng de tiǎozhàn *deal with the opponent's challenge* /爱挑剔的人难～。Ài tiāoti de rén nán ~. *Picky people are hard to deal with.* /顾客很多，一个人～不了。Gùkè hěn duō, yí ge rén ~ bu liǎo. *One person cannot cope with so many customers.* (2)以敷衍态度对待人或事 *do sth. perfunctorily; do sth. after a fashion*：～差事 ~ chāishi *do an assignment in a perfunctory manner* /～一下了事 ~ yíxià liǎo shì *go through the motions to dispose of the matter* /认真对待考试，不要～。Rènzhēn duìdài kǎoshì, búyào ~. *Approach the exam conscientiously. Don't just do it perfunctorily.* /他们又来了，你出面～。Tāmen yòu lái le, nǐ chū miàn ~. *They've come again. Go make an appearance and just say a few words.*
【应急】 yìngjí（动·不及物）应付急迫的需要 *meet an urgent need; meet an emergency*：～措施 ~ cuòshī *emergency measure* /这药只能～，平时吃多了不好。Zhè yào zhǐ néng ~, píngshí chīduōle bù hǎo. *This medicine is for emergency use only. Taking too much of it regularly is not good.* /灭火设备属于～物品。Miè huǒ shèbèi shǔyú ~ wùpǐn. *Fire-extinguishing equipment is a part of emergency articles.* /这螺丝钉短了点儿，先～吧! 以后再换。Zhè luósīdīng duǎnle diǎnr, xiān ~ ba! Yǐhòu zài huàn. *This screw is a bit too short, but we'll use it for now to handle the emergency, then change it later.* /为了～，不得不借用你家的餐具。Wèile ~, bùdébù jièyòng nǐ jiā de cānjù. *I have to borrow your family's tableware. It's urgent!*
【应接不暇】 yìngjiē bù xiá 形容因人或事物繁多，而接待、观赏不过来 *have more visitors or business than one can attend to*：宾客如云，主人～。Bīnkè rú yún, zhǔrén ~. *There were so many guests that the host couldn't attend to them all.* /顾客盈门，真是～。Gùkè yíng mén, zhēn shì ~. *Customers crowded through the door. There were really too many to handle.*
【应景】 yìngjǐng（～儿）(1)为了适应面临的情况，不得不去做某事 *have no choice but to do sth. to; adapt to a situation with which one is faced*：他本来不会打牌，可那里缺一把手儿，他只好去应应景儿。Tā běnlái bú huì dǎ pái, kě nàli quē yì bǎ shǒur, tā zhǐhǎo qù yìngying jǐngr. *He couldn't play cards, but they were short one player so he had no choice but to join in and play.* (2)适合当时的节令 *do sth. for the occasion*：明天是中秋节，给孩子们买几块月饼应应景儿。Míngtiān shì Zhōngqiūjié, gěi háizimen mǎi jǐ kuài yuèbing yìngying jǐngr. *The Mid-Autumn Festival is tomorrow. Buy some moon cakes to give to the children for the occasion.*
【应考】 yìngkǎo（动·不及物）参加报考的考试 *take (or sit for) an entrance examination*
【应力】 yìnglì（名）〈物〉*stress*
【应诺】 yìngnuò（动）〈书〉答应 *agree (to do sth.); promise*：他的要求可不要轻易～。Tā de yāoqiú kě búyào qīngyì ~. *Don't rashly agree to his request.*
【应声虫】 yìngshēngchóng（名）〈贬〉比喻附和着别人说话的人 *yesman; echo*
【应时】 yìngshí（形）适合时令的 *seasonable; in season*：～货

物。～ huòwù *seasonable goods* /夏天到了了，～的西瓜大量上市。Xiàtiān dào le，～ de xīguā dàliàng shàng shì. *There are plenty of watermelons on the market now because it's summer and they're in season.*

【应验】yìngyàn（动）预言或预感到的后来发生了、证实了 *come true*；*be confirmed*；*be fulfilled*：妈妈曾经说过：过分小心就不容易成功。这话果然～了。今后只有放开胆子做事了。Māma céngjīng shuōguo：guòfèn xiǎoxīn jiù bù róngyì chénggōng. Zhè huà guǒrán ～ le. Jīnhòu zhǐyǒu fàngkāi dǎnzi zuò shì le. *Mom once said that it wouldn't be easy to succeed if one were too careful and sure enough what she said came true. From now on I must pluck up courage to do things.*

【应邀】yìng＝yāo 接受邀请 *at sb.'s invitation*；*on invitation*：他～出席了大会。Tā ～ chūxíle dàhuì. *He attended the meeting on invitation.*

【应用】yìngyòng（动）*apply*；*use*：把科研成果～到生产中去。Bǎ kēyán chéngguǒ ～ dào shēngchǎn zhōng qu. *Apply achievements in scientific research to production.* /电子技术已被广泛地～。Diànzǐ jìshù yǐ bèi guǎngfàn de ～. *Electronic technology has already been put to widespread use.* /～核技术，为人类造福。～ hé jìshù，wèi rénlèi zào fú. *Use nuclear technology for the benefit of mankind*

【应用文】yìngyòngwén（名）日常生活或工作中经常应用的文体，如公文、书信、广告等 *practical writing (as in official documents, written message, advertisements, etc.)*

【应运而生】yìng yùn ér shēng 顺应时机而产生 *come into being at the opportune historic moment*；*emerge as the times require*：由于旅游事业的发展，各地汽车公司、旅馆、饭店。。Yóuyú lǚyóu shìyè de fāzhǎn，gè dì qìchē gōngsī、lǚguǎn、fàndiàn ～。As a result of the development in the tourist trade, vehicle companies, guest houses and hotels have emerged as the times require.*

【应战】yìng＝zhàn（1）跟进攻的敌人作战 *meet an enemy attack*（2）接受对方提出的挑战条件 *accept (or take up) a challenge*

【应诊】yìngzhěn（动）接受病人，给予治疗 *(of a doctor) see patients*：这个医院每天有三十位大夫～。Zhège yīyuàn měi tiān yǒu sānshí wèi dàifu ～. *This hospital has thirty doctors who see patients every day.*

【应征】yìngzhēng（动）（1）适龄公民响应征兵的号召 *be recruited*：这个村今年～入伍的有十多人。Zhège cūn jīnnián ～ rù wǔ de yǒu shí duō rén. *More than ten people from this village were recruited into the army this year.*（2）响应某种征求 *respond to a call for contributions (to a publication)*：这个杂志以"我最爱读的书"为题，公开征文，一个月收到～稿件三百多份。Zhège zázhì yǐ "Wǒ zuì ài dú de shū" wéi tí，gōngkāi zhēng wén，yí ge yuè shōudào ～ gǎojiàn sānbǎi duō fèn. *This magazine publicly announced that it was seeking articles for the title "My Favourite Book" and in one month received more than three hundred contributions in response to this call.*

映 yìng

（动）*reflect*；*mirror*；*shine*：炉火～红了她的面颊。Lúhuǒ ～hóngle tā de miànjiá. *The glowing oven made her cheeks shine red.*

【映衬】yìngchèn（动）映照、衬托 *set off*：青山绿水相互～。Qīng shān lǜshuǐ xiānghù ～. *The green hills and emerald water set each other off.* /绿瓦～着红墙。Lǜ wǎ ～zhe hóng qiáng. *The green tiles set off the red walls.* /大厅里各色彩灯互相～着。Dàtīng li gè sè cǎidēng hùxiāng ～zhe. *Lamps of every colour set each other off in the hall.*

【映照】yìngzhào（动）照耀 *shine upon*；*cast light upon*：朝霞～着小小的山村。Zhāoxiá ～zhe xiǎoxiǎo de shāncūn. *The rosy dawn cast light upon the tiny mountain village.* /月光～着大海。Yuèguāng ～zhe dà hǎi. *Moonlight shines upon the sea.*

硬 yìng

（形）（1）坚硬（与"软"相对）*hard*；*stiff*；*tough*（antonym of "软"（soft））：像石头一样～。Xiàng shítou yíyàng ～. *It's as hard as a rock.* /肉没煮烂，还很～。Ròu méi zhǔ làn，hái hěn ～. *The meat was not boiled tender. It's still very tough.* (2) ◇刚强 *strong*；*firm*；*unyielding*：骨头～ gǔtou ～ *have a firm character* (3) ◇强硬有力 *strong*；*tough*；*obstinate*：他说话的口气很～。Tā shuō huà de kǒuqì hěn ～. *He expresses himself in a stiff tone.* /明明错了，你的嘴还那么～! Míngmíng cuò le，nǐ de zuǐ hái nàme ～! *You're obviously wrong yet you still insist on being that obstinate!* /他的后台很～。Tā de hòutái hěn ～. *He has very strong backing.* (4) 能力强或（物品）质量好 *good* (quality)；*able* (person)：货色～ huòsè ～ *goods of high quality* /技术～ jìshù ～ *be highly skilled* /很～的球队 hěn ～ de qiúduì *a very able ball team* /论汽车，还是这个牌子～。Lùn qìchē，háishi zhège páizi ～. *So far as cars go, this make is the best.* (副)表示不顾客观条件或对方愿望，勉强或强行做某事，可以修饰否定形式 *manage (to do sth.) with difficulty*；*force oneself (to do sth.)*（*can modify a negative form*）：你身体支持不住就别～撑着了。Nǐ shēntǐ zhīchí bú zhù jiù bié ～ chēngzhe le. *If you can't hold out any longer, don't force yourself to stay up.* /孩子想出去，她～拖住他不放。Háizi xiǎng chūqu，tā ～ tuōzhu tā bù fàng. *The child wanted to go out, but she managed to hang onto him and wouldn't let him go.* /他明明病得不轻，却～说"很好"。Tā míngmíng bìng de bù qīng，què ～ shuō "hěn hǎo". *His illness was clearly serious, yet he stubbornly insisted that he was fine.* /大家都看见是他把花弄断的，可他～不承认。Dàjiā dōu kànjian shì tā bǎ huā nòngduàn de，kě tā ～ bù chéngrèn. *Everybody saw him snap off the flower, but he obstinately refused to admit it.*

【硬币】yìngbì（名）[枚 méi]*coin*；*spicie*

【硬度】yìngdù（名）*hardness*

【硬工夫】yìnggōngfu（名）本领高强 *masterly skill*；*superb proficiency*：这个战士练了一身～，摸爬滚打样样精通。Zhège zhànshì liànle yì shēn ～，mō pá gǔn dǎ yàngyàng jīngtōng. *This soldier acquired superb proficiency through intensive training, and has mastered every kind of skill, such as feeling, crawling, rolling and fighting.* /没有～这种活儿是干不了的。Méi yǒu ～ zhè zhǒng huór shì gàn bu liǎo de. *If you don't have masterly skill, you can't do this type of work.*

【硬骨头】yìnggǔtou（名）比喻不动摇、不屈服、意志坚强的人 *hard bone — a dauntless, unyielding person*

【硬汉】yìnghàn（名）坚强不屈的男子，也作"硬汉子" *a dauntless, unyielding man*（*also called* 硬汉子）

【硬化】yìnghuà（动）*harden*：肝～ gān ～ *cirrhosis (of the liver)* /动脉～ dòngmài ～ *arteriosclerosis* /血管～ xuèguǎn ～ *vascular sclerosis* /塑料管用久了容易～。Sùliào guǎn yòngjiǔ le róngyì ～. *Plastic pipes harden easily with prolonged use.*

【硬件】yìngjiàn（名）*hardware*

【硬朗】yìnglang（形）（老人身体）健壮 *(of an elderly person's health) hale and hearty*：大爷，几年没见，您还这么～。Dàye，jǐ nián méi jiàn，nín hái zhème ～. *I haven't seen you for many years, Uncle, yet you're still so hale and hearty.* /希望您老人家身体硬硬朗朗的。Xīwàng nín lǎorénjia shēntǐ yìngyìnglānglāng de. *I wish you health and heartiness.*

【硬木】yìngmù（名）坚实细致的木材，如红木 *hardwood*

(such as padauk)：～家具 ～ jiājù hardwood furniture

【硬手】yìngshǒu（名）能手，强手 a good hand；expert：打乒乓球，他是个～，你打不过他。Dǎ pīngpāngqiú, tā shì ge ～, nǐ dǎ bu guò tā. He's an expert at ping-pong. You can't beat him.

【硬水】yìngshuǐ（名）hard water

【硬通货】yìngtōnghuò（名）可以自由兑换成黄金或其他国家货币的某国货币，可以充当国际货币。也叫"硬货币" hard currency

【硬卧】yìngwò（名）火车上可供乘客睡觉，设备比较简单的硬席铺位 hard sleeper (on a train)

【硬席】yìngxí（名）火车上硬而简单的座位或卧铺 hard seat or hard sleeper (on a train)

【硬仗】yìngzhàng（名）面对面拼杀的艰苦的战斗 hard-fought battle；formidable task：打隧道时制服流沙是一场～。Dǎ suìdào shí zhìfú liúshā shì yì cháng ～. Bringing shifting sand under control while building a tunnel was a formidable task.

【硬指标】yìngzhǐbiāo（名）必须严格按要求实现的事先预订好了的目标 strict target (that must be adhered to)

【硬座】yìngzuò（名）火车上设备比较简单的硬的座位 hard seat (on atrain)

yō

哟〔哟〕yō

（叹）表示有点儿意外，轻微的惊异（expresses mild surprise at sth. unexpected）oh：～，不认识我了？～, bú rènshi wǒ le? Oh! Don't you recognize me? /～，这孩子长这么高了！～, zhè háizi zhǎng zhème gāo le! Oh, this child has grown so tall! /～，我差点儿把这事忘了！～, wǒ chà diǎnr bǎ zhè shì wàng le! Oh, I almost forgot about this matter. 另见 yo

yo

哟〔哟〕yo

（助）表示感叹或祈使的语气，也可用于正反疑问句或用疑问代词的疑问句句尾（indicates an exclamatory or imperative mood；can be used at the end of an affirmative-negative interrogative sentence or an interrogative sentence which uses an interrogative pronoun）：这责任我可担当不起～！Zhè zérèn wǒ kě dāndāng bù qǐ ～! I just cannot take on this responsibility! /到时候您可不能埋怨我～！Dào shíhou nín kě bù néng mányuàn wǒ ～! You can't blame me then! /她的手可真巧～！Tā de shǒu kě zhēn qiǎo ～! She's really clever with her hands. /我没听明白，你说的什么～？Wǒ méi tīng míngbai, nǐ shuō de shénme ～? I didn't understand. What did you say? /你到底去不去～? Nǐ dàodǐ qù bu qù ～? Are you going after all or not? 另见 yō

yōng

拥〔擁〕yōng

（动）(1)（人群）围拢着（of a crowd) gather round：学生们～着登山英雄们进入会场。Xuéshengmen ～ zhe dēng shān yīngxióngmen jìnrù huìchǎng. Students gathered round the heroes who had climbed the mountain as they entered the conference hall. (2)人群等挤着移动或前进（of a crowd) crowd；throng；swarm；rush in：一～而上 yì ～ér shàng crowd on /前呼后～ qián hū hòu ～ with many attendants crowding round /人群一来～去。Rénqún ～ lái ～ qù. The crowd swarmed about. /～进会场 ～ jìn huìchǎng rush into the conference hall /观众～向舞台，与演员握手。Guānzhòng ～ xiàng wǔtái, yǔ yǎnyuán wò shǒu. The au-

dience surged towards the stage and shook hands with the actors. (3)◇拥护 support；uphold

【拥抱】yōngbào（动）embrace；hug；hold in one's arms

【拥戴】yōngdài（动）拥护、爱戴 support；love and esteem (a leader)：他有全心全意为人民的精神，大家都～他作我们单位的领导。Tā yǒu quán xīn quán yì wèi rénmín de jīngshén, dàjiā dōu ～ tā zuò wǒmen dānwèi de lǐngdǎo. He has the spirit of wholehearted devotion to the people so we all support him to serve as our unit's leader.

【拥护】yōnghù（动）support；uphold；endorse：～和平 ～ hépíng uphold peace /～宪法 ～ xiànfǎ uphold the constitution /～现行政策 ～ xiànxíng zhèngcè endorse current policies /～执政党的领导 ～ zhízhèngdǎng de lǐngdǎo support the leadership of the ruling party /受到～ shòudào ～ enjoy support /他的主张得到多数人的～。Tā de zhǔzhāng dédào duōshù rén de ～. His stand has received the support of the majority.

【拥挤】yōngjǐ（动）crowd；push and squeeze：按次序入场，不要～。Àn cìxù rù chǎng, búyào ～. Enter the hall in order. Don't push! /我看足有三十人～在一间小屋子里。Wǒ kàn zú yǒu sānshí rén ～ zài yì jiān xiǎo wūzi li. I think that there are a good thirty people crowded into the small room. (形）crowded：～不堪 ～ bùkān unbearably crowded /～的街市 ～ de jiēshì crowded downtown streets /房间里东西多，显得很～。Fángjiān li dōngxi duō, xiǎnde hěn ～. There are a lot of things in the room. It looks cramped.

【拥军优属】yōng jūn yōu shǔ（党政机关、人民团体和广大人民用各种行动表示）拥护中国人民解放军，优待军人和烈士家属 (of Party and government organizations, mass organizations, civilians) support the Chinese People's Liberation Army and give preferential treatment to revolutionary armymen and the families of martyrs and armymen

【拥有】yōngyǒu（动）属有；具有（大量的土地、人口、财产、资源等）possess；have；own (a large parcel of land, a large population, property, a large amount of resources, etc.)：～巨额存款 ～ jù'é cúnkuǎn have a huge sum of money deposited /这家公司～几十个企业。Zhè jiā gōngsī ～ jǐ shí ge qǐyè. This company owns dozens of businesses. /该国～大小岛屿上千个。Gāi guó ～ dà xiǎo dǎoyǔ shàng qiān ge. This country possesses over a thousand large and small islands and islets. /我国～丰富的自然资源。Wǒ guó ～ fēngfù de zìrán zīyuán. Our country has abundant natural resources.

【拥政爱民】yōng zhèng ài mín（中国人民解放军用各种行动表示）拥护人民政府，爱护人民群众 (of the Chinese People's Liberation Army) support the government and cherish the people

痈〔癰〕yōng

（名）〈医〉carbuncle

庸 yōng

（形）◇(1)平庸，平平常常 commonplace；mediocre (2)不高明，没有作为 inferior；second-rate：～医误人 ～ yī wù rén a quack harms people

【庸才】yōngcái（名）指能力不高的人 mediocre person

【庸人】yōngrén（名）能力不高，平平常常的人 mediocre person

【庸人自扰】yōngrén zì rǎo 本来没有什么事，而自己却着急或找麻烦 worry about troubles of one's own imagining；get into trouble over imaginary fears

【庸俗】yōngsú（形）low；vulgar：～的语言 ～ de yǔyán vulgar language /趣味～ qùwèi ～ have vulgar tastes

【庸俗化】yōngsúhuà（动）vulgarize；debase

臃 yōng
（形）〈书〉肿 *swollen*

【臃肿】yōngzhǒng（形）(1)体态肥胖、难看，行动不灵活 *clumsy and ugly (as a result of being too fat)*; *obese*: 身体发胖后，样子十分～。Shēntǐ fā pàng hòu, yàngzi shífēn ～. *When a person gets fat, he becomes very clumsy.* /衣服过于肥大，显得～。Yīfu guòyú féidà, xiǎndé ～. *Your clothes are too loose. You look obese.* (2)比喻机构过大，人浮于事 *(of an organization) cumbersome and overstaffed*: ～的机构 ～ de jīgòu *overstaffed organization* /办事机关～，应该精简。Bàn shì jīguān ～, yīnggāi jīngjiǎn. *Administrative organizations are cumbersome and overstaffed. They should be retrenched.*

yǒng

永 yǒng
（副）意思同"永远"，一般用于书面语，多修饰否定形式 *ever*; *forever*; *always (has the same meaning as "永远"; usu. used in the written language and usu. modifies a negative form)*: 他离家越来越远，决心～不回来。Tā lí jiā yuèláiyuè yuǎn, juéxīn ～ bù huílai. *He got further and further away from home and vowed to never come back.* /这件事要～记在心上。Zhè jiàn shì yào ～ jì zài xīn. *You must always bear this matter in mind.* /不达目的～不罢休。Bù dá mùdì ～ bú bàxiū. *I will never stop until I reach my goal.* /学习～无止境。Xuéxí ～ wú zhǐjìng. *There will never be an end to learning.*

【永别】yǒngbié（动）永远分别 *part forever*; *part never to meet again*: 他20年前到美国去留学，一直没回来，听说去年病故，就这样和他～了。Tā èrshí nián qián dào Měiguó qù liúxué, yīzhí méi huílai, tīng shuō qùnián bìnggù, jiù zhèyàng hé tā ～ le. *He went to the U.S. to study twenty years ago and has never come back. I heard that he died of an illness last year, thus parting forever.*

【永垂不朽】yǒng chuí bù xiǔ（人的名字、业绩、精神）死后永远流传，永不磨灭(用于哀悼死者)*(of a person's name, outstanding achievements, spirit, etc.) be immortal (used in mourning over the deceased)*

【永恒】yǒnghéng（形）永远固定不变 *eternal*; *perpetual*: ～的爱情 ～ de àiqíng *eternal love* /～的友谊 ～ de yǒuyì *eternal friendship*

【永久】yǒngjiǔ（形）时间长久，永远 *permanent*; *perpetual*; *everlasting*; *forever*: ～组织 ～ zǔzhī *permanent organization* /～磁铁 ～ cítiě *permanent magnet*

【永久性】yǒngjiǔxìng（名）*eternity*; *perpetuity*

【永诀】yǒngjué（动）〈书〉永别（多指人死）*part forever*; *be separated by death*

【永生】yǒngshēng（动）（人的英名）永远存活在人世间（用于哀悼死者）*(of sb.'s illustrious name) be immortalized (used in mourning over the deceased)*: 烈士们～。Lièshimen ～. *Eternal glory to the martyrs!* /在斗争的烈火中～。Zài dòuzhēng de lièhuǒ zhōng ～. *He was immortalized in the flames of battle.* /为祖国牺牲的战士们～. Wèi zǔguó xīshēng de zhànshimen ～. *The soldiers were immortalized when they sacrificed themselves for the fatherland.* (名)一辈子 *a lifetime*; *throughout (or all) one's life*; *as long as one lives*: 这一血的教训，我～难忘。Zhè yì xiě de jiàoxùn, wǒ ～ nánwàng. *I will never forget this lesson paid for in blood as long as I live.* /我～不忘你的好处。Wǒ ～ bú wàng nǐ de bǎochù. *I will never, in all my life, forget your goodness.* /我们～感激他的恩情。Wǒmen ～ gǎnjī tā de ēnqíng. *We will be grateful for his kindness for the rest of our lives.*

【永世】yǒngshì（副）永远 *forever*: ～不忘 ～ bú wàng *never*
forget (sth.) for the rest of one's life /～不得翻身 ～ bù dé fān shēn *never able to stand up again*

【永远】yǒngyuǎn（副）表示某种状态、动作一直持续下去，没有终止 *always*; *forever*; *ever*: 她～不能忘记新中国成立时的情景。Tā ～ bù néng wàngjì xīn Zhōngguó chénglì shí de qíngjǐng. *She will never forget the scene when New China was founded.* /他～不做违心的事。Tā ～ bú zuò wéixīn de shì. *He never does anything against his will.* /英雄们的光辉形象～铭刻在人们心中。Yīngxióngmen de guānghuī xíngxiàng ～ míngkè zài rénmen xīnzhōng. *The shining image of the heroes is indelibly imprinted on the memory of the people.* /产品质量不能～停留在一个水平上。Chǎnpǐn zhìliàng bù néng ～ tíngliú zài yí ge shuǐpíng shang. *Product quality cannot be kept forever at the same level.*

甬 yǒng

【甬道】yǒngdào（名）[条 tiáo] *paved path leading to a main hall*; *a tomb*; *corridor*

【甬路】yǒnglù（名）[条 tiáo] 同"甬道"yǒngdào *same as "甬道" yǒngdào*

勇 yǒng
（名）◇勇敢 *brave*; *valiant*; *courageous*

【勇敢】yǒnggǎn（形）*brave*; *courageous*: 他跳下水去救落水的儿童，真是个～的少年。Tā tiào xià shuǐ qù jiù luò shuǐ de értóng, zhēn shì ge ～ de shàonián. *What a courageous young man! He jumped into the water to rescue the child who had fallen in.*

【勇猛】yǒngměng（形）勇敢而有力 *brave and powerful*: ～顽强 ～ wánqiáng *brave and indomitable*

【勇气】yǒngqì（名）*courage*; *nerve*: 他鼓起～当众承认了错误。Tā gǔqǐ ～ dāngzhòng chéngrènle cuòwu. *He plucked up his courage and admitted his mistake in public.*

【勇士】yǒngshì（名）*a brave and strong man*; *warrior*

【勇往直前】yǒng wǎng zhí qián 不怕任何险阻，勇敢地向前进 *march forward courageously*; *advance bravely*

【勇于】yǒngyú（动）大胆、毫不犹豫地（做某事）。多用于多音节动词或词组前 *be brave in*; *be bold in*; *have the courage to (usu. used before a polysyllabic verb or phrase)*: ～挑重担 ～ tiāo zhòngdàn *be brave in shouldering heavy loads* /～承担责任 ～ chéngdān zérèn *have the courage to assume responsibility* /～自我批评 ～ zìwǒ pīpíng *have the courage to make a self-criticism*

涌 yǒng
（动）(1)大量的水或云向前奔流 *gush*; *well*; *pour*; *surge*: 潮水～向岸边 cháoshuǐ ～ xiàng ànbiān *tidewater surging towards shore* /泪如泉～ lèi rú quán ～ *tears well up in one's eyes* /泪水从眼眶里～出来。Lèishuǐ cóng yǎnkuàng li ～ chūlai. *Tears came pouring out.* /风起云～ fēng qǐ yún ～ *a rising wind and surging clouds* /黑云～上来，遮住了蓝天。Hēi yún ～ shànglai, zhēzhùle lán tiān. *Dark clouds came rolling in, covering the blue sky.* /往事～上心头 wǎngshì ～ shang xīntóu *past events well up in one's mind* /千仇万恨～进心间 qiān chóu wàn hèn ～ jìn xīnjiān *bitter hatred surging in one's heart* /人像潮水般地～向广场。Rén xiàng cháoshuǐ bān de ～ xiàng guǎngchǎng. *A tide of people streamed into the square.*

【涌现】yǒngxiàn（动）（好的人或事物）大量地出现 *(of good people or things) emerge in large numbers*: 优秀作品不断～。Yōuxiù zuòpǐn búduàn ～. *Works of excellence are constantly emerging.* /歌坛～出许多新歌手。Gētán ～ chū xǔduō xīn gēshǒu. *Many new singers spring up in the world of songs.* /舍己为人的事迹在青年人中大量～。Shě

jǐ wèi rén de shìjì zài qīngnián rén zhōng dàliàng ~. *Deeds that sacrifice one's own interests for the sake of others have emerged in large numbers among young people.* /在经济改革中，~出一批新企业家。Zài jīngjì gǎigé zhōng，~chū yì pī xīn qǐyèjiā. *A whole group of new entrepreneurs have come to the fore during economic reform.*

蛹 yǒng
（名）*pupa*

踊 yǒng
（动）◇ 往上跳 *jump up*；*leap up*

【踊跃】yǒngyuè（形）形容人们热情、积极，争先参与（某事）*vie with one another*；*eagerly*；*enthusiastically*：报名~ bào míng ~ *sign up enthusiastically* /~参加~ cānjiā *eagerly participate* /为刊物投稿 ~ wèi kānwù tóu gǎo *vie with one another to submit a piece of writing for publication* /发言非常 ~ fā yán fēicháng ~ *vie eagerly with one another to take the floor* /捐款的人十分~。Juān kuǎn de rén shífēn ~. *People eagerly contributed money.*

yòng

用 yòng
（1）使用 *use*；*employ*；*apply*：~英语交谈 ~ Yīngyǔ jiāotán *converse in English* /要善于~人 yào shànyú ~ rén *be good at making proper use of personnel* /带些钱路上~ dài xiē qián lùshang ~ *bring some money to use along the way* /把笔借他~一~。Bǎ bǐ jiè tā ~ yi ~. *Let him use the pen for a bit.* /填这张表得~钢笔。Tián zhè zhāng biǎo děi ~ gāngbǐ. *You have to use a pen to fill in this form.* （2）用途：物尽其~ wù jìn qí ~ *make the best use of everything* /这些东西没什么~。Zhèxiē dōngxi méi shénme ~. *These things are useless.* （3）需要（用于否定句或反问句）*need (used in a negative sentence or rhetorical question)*：不~谢 bú ~ xiè *There's no need to thank me.* /我们早就认识，不~介绍。Wǒmen zǎo jiù rènshi，bú ~ jièshào. *We've known each other for a long time. There's no need to introduce us.* /道理很简单，还~解释吗？Dàoli hěn jiǎndān，hái ~ jiěshì ma? *The reason is very simple. There's no need to explain it.*

【用不着】yòng bu zháo *there is no need to*：*it is not worthwhile to*：~大惊小怪 ~ dà jīng xiǎo guài *no need to make a fuss* /~麻烦别人 ~ máfan biéren *There's no need to trouble others.* /要带伞吗？——我看。Yào dài sǎn ma? —— Wǒ kàn ~. *Should I bring an umbrella? —— I think there's no need to.* /为一件小事，~发火。Wèi yí jiàn xiǎo shì，~ fā huǒ. *It's not worthwhile to get angry over a small matter.* /这些书一时还~。Zhèxiē shū yìshí hái ~. *I have no use for these books at the moment.* /把暂时~的衣服收起来。Bǎ zànshí ~ de yīfu shōu qilai. *Put away the clothes you don't need right now.*

【用场】yòngchǎng（名）用途（一般与"派"合用）*use (usu. used with "派")*：这些木材能派不少~。Zhèxiē mùcái néng pài bù shǎo ~. *This lumber can be put to many uses.* /这桌子太笨重，恐怕派不上什么~。Zhè zhuōzi tài bènzhòng，kǒngpà pài bu shàng shénme ~. *This desk is too cumbersome. I'm afraid it can't be put to any use.*

【用处】yòngchu（名）*use*；*good*：这些东西不能说没~，不过~不大。Zhèxiē dōngxi bù néng shuō méi ~，búguò ~ bú dà. *It can't be said that these things are useless, but they don't have much use.*

【用得着】yòng de zháo *need*；*there is need to*；*it is worthwhile to*：留着它，以后~。Liúzhe tā，yǐhòu ~. *Keep it. We'll need it later.* /有~的时候，打电话叫我。Yǒu ~

de shíhou，dǎ diànhuà jiào wǒ. *Give me a phone call when you need me.* /收音机自己就可以修理，还~求人！Shōuyīnjī zìjǐ jiù kěyǐ xiūlǐ，hái ~ qiú rén! *I can fix the radio myself. There's no need to ask for help.* /那里冬天冷不冷？~皮衣服吗？Nàli dōngtiān lěng bu lěng? ~ pí yīfu ma? *Is it cold there in winter? Will I need fur clothing?*

【用度】yòngdù（名）各种花费的总称 *expenditure*；*expense*；*outlay*：他家一个月的~得三百元。Tā jiā yíge yuè de ~ děi sānbǎi yuán. *His family needs a monthly outlay of three hundred yuan.*

【用法】yòngfǎ（名）使用方法 *use*；*usage*："把"这个词的~对外国人来说很难。"Bǎ" zhège cí de ~ duì wàiguó rén lái shuō hěn nán. *The use of the word "把" is difficult for foreigners.* /请把这种杀虫剂的~告诉我。Qǐng bǎ zhè zhǒng shāchóngjì de ~ gàosu wǒ. *Please tell me the use for this kind of insecticide.*

【用费】yòngfèi（名）（做某事所需的）钱 *expense*；*cost*；*money*：~多少？~ duōshǎo? *How much does it cost?* /~从哪里出？~ cóng nǎli chū? *Where will the expense come from?* /除了车票、船票的开支以外，还有其它~。Chúle chēpiào、chuánpiào de kāizhī yǐwài，hái yǒu qítā ~. *In addition to paying for train and boat tickets, there are also other expenses.* /这次出游一路上的~都由自己出。Zhè cì chūyóu yílùshang de ~ dōu yóu zìjǐ chū. *Each pays his own expenses along the way on this tour.*

【用功】yòng=gōng（在学业上）肯花费精力、肯下功夫 *work hard (at one's studies)*；*be diligent*；*be studious*：~的学生 ~ de xuésheng *a hard-working student* /他学习非常~。Tā xuéxí fēicháng ~. *He studies very diligently.* /平时不~，考试成绩就不会好！Píngshí bú ~，kǎoshì chéngjì jiù bú huì hǎo! *If you're not usually studious, then there's no way you can get good results on an exam.* /用了半天功，还是没考好。Yòngle bàntiān gōng，háishi méi kǎohǎo. *I worked hard for a long time, but still didn't do well on the exam.* /她真~，星期天都在图书馆里度过的。Tā zhēn ~，xīngqītiān dōu zài túshūguǎn lǐ dùguò de. *She's really studious. She spends every Sunday at the library.*

【用户】yònghù（名）*consumer*；*user*：这位退休工人每天早上义务给附近的~送牛奶。Zhè wèi tuìxiū gōngrén měi tiān zǎoshang yìwù gěi fùjìn de ~ sòng niúnǎi. *This retired worker voluntarily delivers milk to nearby consumers every morning.* /自来水公司让~自己安装水表。Zìláishuǐ gōngsī ràng ~ zìjǐ ānzhuāng shuǐbiǎo. *The waterworks company has asked consumers to install their own water meters.*

【用劲】yòng=jìn 把力气用上去 *exert oneself (physically)*；*put forth one's strength*：骑自行车上坡得用很大的劲儿。Qí zìxíngchē shàng pō děi yòng hěn dà de jìnr. *One must put forth a lot of strength to ride a bicycle uphill.* /一~，把绳子拉断了。Yí ~，bǎ shéngzi lāduàn le. *As soon as I gave a strong tug, the rope snapped.* /没怎么~，树就被推倒了。Méi zěnme ~，shù jiù bèi tuīdǎo le. *It didn't take much strength to push the tree down.* /干活儿不~还行！Gàn huór bú ~ hái xíng! *It won't do if you don't exert yourself when you work!* /用了九牛二虎的劲也没挪动那块石头。Yòngle jiǔ niú èr hǔ de jìnr yě méi nuódòng nà kuài shítou. *We used a tremendous amount of strength and still couldn't move that boulder.*

【用具】yòngjù（名）*utensil*；*appliance*；*apparatus*：买了一些厨房~ mǎile yìxiē chúfáng ~ *bought a few kitchen utensils*

【用力】yòng=lì（书）同"用劲" yòngjìn *same as "用劲"* yòngjìn

【用品】yòngpǐn（名）直接供人使用的物品 *articles for use*：文化~ wénhuà ~ *stationery* /体育~ tǐyù ~ *sporting goods* /儿童~ értóng ~ *children's articles* /床上~ chuángshàng ~ *bedding* /牙刷、毛巾、肥皂等都属于生活

~。Yáshuā、máojīn、féizào děng dōu shǔyú shēnghuó ~. *Toothbrushes，towels，soap，etc. are all articles for daily use.*

【用人】yòng＝rén 选择使用人员 *choose a person for a job；make use of personnel*：~要谨慎 ~ yào jǐnshèn *One must be careful in choosing somebody for a job.* /由于~不当，给工作带来损失。Yóuyú ~ bú dàng，gěi gōngzuò dàilai sǔnshī. *Work suffered because the right person was not chosen for the job.*

【用人】yòngren（名）仆人 *servant*

【用途】yòngtú（名）应用的方面和范围 *use*：塑料的~很广。Sùliào de ~ hěn guǎng. *Plastic has many uses.* /竹子的~可多了。Zhúzi de ~ kě duō le. *Bamboo certainly has many uses.*

【用项】yòngxiàng（名）花费的钱 *expenditures*：要节省开支，年底以前需要的~还很多呢。Yào jiéshěng kāizhī，niándǐ yǐqián xūyào de ~ hái hěn duō ne. *We must cut down expenses as there are still many necessary expenditures before the end of the year.* /收入增加了，~也增加了。Shōurù zēngjiā le，~ yě zēngjiā le. *My salary was increased and so were my expenditures.*

【用心】yòngxīn（名）*motive；intention*：险恶的~ xiǎn'è de ~ *sinister intentions* /~虽好，但操之过急也不行。~ suī hǎo，dàn cāo zhī guò jí yě bù xíng. *Although your intentions are good，it won't do to act with undue haste.* /你有意破坏他们的关系，~何在？Nǐ yǒuyì pòhuài tāmen de guānxi，~ hé zài? *What's your motive for deliberately destroying their relationship?* /孩子往往不了解父母的~。Háizi wǎngwǎng bù liǎojiě fùmǔ de ~. *Children more often than not don't understand their parents，intentions.*

【用心】yòng＝xīn 集中精神，花费精力 *with concentrated attention；diligently；attentively*：~读书 ~ dú shū *concentrate on one's studies* /~做作业 ~ zuò zuòyè *do one's homework diligently* /工作不~，就会出差错。Gōngzuò bú ~，jiù huì chū chācuò. *If you don't concentrate on your work，you'll make mistakes.* /以后在学习上多用点儿心。Yǐhòu zài xuéxí shang duō yòng diǎnr xīn. *Concentrate a little more on your studies from now on.*

【用以】yòngyǐ（动）用（拿）……来……（后跟主要动词）*in order；so as to（used before the main verb）*：这笔资金必须~发展教育事业。Zhè bǐ zījīn bìxū ~ fāzhǎn jiàoyù shìyè. *This fund must be used to develop the cause for education.* /扩大绿化面积，~改造城市的环境。Kuòdà lùhuà miànjī，~ gǎizào chéngshì de huánjìng. *expand the area of afforestation so as to transform urban environments* /多修建港口，~扩大对外贸易。Duō xiūjiàn gǎngkǒu，~ kuòdà duì wài màoyì. *build more harbours so as to expand foreign trade*

【用意】yòngyì（名）*intention；purpose*：他批评你是为你好，没有别的~。Tā pīpíng nǐ shì wèi nǐ hǎo，méi yǒu biéde ~. *He criticized you for your own good and had no other purpose in doing so.* /所以造成误会，是因为你不了解他的~。Suǒyǐ zàochéng wùhuì，shì yīnwèi nǐ bù liǎojiě tā de ~. *A misunderstanding was created because you didn't understand his intention.* /他请你俩一起来，是为促成你们和解，他的~很明显。Tā qǐng nǐ liǎ yìqǐ lái，shì wèi cùchéng nǐmen héjiě，tā de ~ hěn míngxiǎn. *He invited both of you to come together so as to help bring about a reconciliation between you two. His intention is very obvious.*

【用语】yòngyǔ（名）(1)（说话时）选用的词句（*when speaking*）*choice of words；wording*：~不妥 ~ bùtuǒ *inappropriate choice of words* /~过分尖刻 ~ guòfèn jiānkè *the wording is too caustic* (2)某一方面专用的词语 *phraseology；term*：课堂~ kètáng ~ *classroom phraseology* /外交~ wàijiāo ~ *diplomatic terms*

佣 yòng

【佣金】yòngjīn（名）作交易时给中间人的报酬 *commission；brokerage；middleman's fee*

【佣钱】yòngqián（名）同"佣金"yòngjīn *same as "佣金" yòngjīn*

yōu

优〔優〕yōu（形）◇ 优良（与"劣"相对）*excellent（antonym of "劣" inferior）*：他这次考试成绩是"优"。Tā zhè cì kǎoshì chéngjì shì "yōu". *His result for this exam was "excellent".*

【优待】yōudài（动）*give preferential（or special）treatment*：~价格 ~ jiàgé *a special price* /客人~ kèrén *give special consideration to guests* /游艺场所~儿童，免费入场。Yóuyì chǎngsuǒ ~ értóng，miǎn fèi rù chǎng. *Recreational places give preferential treatment to children. They're admitted for free.* /战俘们受到~。Zhànfúmen shòudào ~. *Prisoners of war receive preferential treatment.*

【优等】yōuděng（形）*high-class；first-rate；excellent*：~商品 ~ shāngpǐn *first-rate merchandise* /~生 ~ shēng *top student*

【优点】yōudiǎn（名）*merit；strong point；virtue*：人各有~。Rén gè yǒu ~. *Each has his strong point.* /吃苦耐劳是他的~。Chī kǔ nài láo shì tā de ~. *His strong point is that he can bear hardships and stand hard work.* /新产品具有许多~。Xīn chǎnpǐn jùyǒu xǔduō ~. *New products have many advantages.* /这种小麦品种~多，所以受欢迎。Zhè zhǒng xiǎomài pǐnzhǒng ~ duō，suǒyǐ shòu huānyíng. *This variety of wheat has many good points so it is well received.*

【优抚】yōufǔ（动）对烈属、军属、残废军人的优待和抚恤 *give special care and compensation to disabled servicemen and to family members of revolutionary martyrs and servicemen*：这位老人是~对象。Zhè wèi lǎorén shì ~ duìxiàng. *This elderly person is a recipient of special care given to disabled servicemen and their families.*

【优厚】yōuhòu（形）*munificent；favourable*：~的待遇 ~ de dàiyù *excellent pay and fringe benefits* /工资~ gōngzī ~ *munificent pay*

【优惠】yōuhuì（形）比一般待遇优厚的 *preferential；favourable*：~条件 ~ tiáojiàn *favourable conditions* /这种头巾如买十条以上，价格~。Zhè zhǒng tóujīn rú mǎi shí tiáo yǐshàng，jiàgé ~. *You'll get a preferential price if you buy ten or more of this kind of scarf.*

【优良】yōuliáng（形）*fine；good*：质地~ zhìdì ~ *be fine-grained* /成绩~ chéngjì ~ *get good marks*

【优美】yōuměi（形）*graceful；fine；exquisite*：~的乐曲 ~ de yuèqǔ *fine music* /风景~ fēngjǐng ~ *The scenery is exquisite.* /环境~ huánjìng ~ *The environment is elegant.*

【优柔寡断】yōu róu guǎ duàn 处事没主意，犹豫，不果断 *characterized by hesitation and indecision；indecisive*：他一向~。Tā yíxiàng ~. *He is consistently indecisive.* /在关键的时刻不能~，要当机立断。Zài guānjiàn de shíkè bù néng ~，yào dāng jī lì duàn. *At the critical moment，you can't hesitate but must make a prompt decision.* /我是急性人，不愿和~的人共事。Wǒ shì jíxìng rén，bú yuàn hé ~ de rén gòng shì. *I'm an impatient person and am not willing to work with people who hesitate and are indecisive.*

【优生学】yōushēngxué（名）〈生〉*eugenics*

【优胜】yōushèng（形）*superior；winning*：获得~奖状 huòdé ~ jiǎngzhuàng *receive a certificate of excellence* /我们车间在生产竞赛中拿到~红旗。Wǒmen chējiān zài shēngchǎn jìngsài zhōng nádào ~ hóngqí. *Our workshop won the championship red banner in the preduction competition.*

【优势】yōushì（名）superiority；dominant position：资源丰富，是我们的～。Zīyuán fēngfù, shì wǒmen de ～. Our superiority lies in the richness of our resources. /双方力量对比,～在他们一边。Shuāngfāng lìliang duìbǐ, ～ zài tāmen yìbiān. If you compare the strength of both parties, their side is in the dominant position. /从体力看,我们队处于～。Cóng tǐlì kàn, wǒmen duì chǔyú ～. In terms of physical strength, our team is in the dominant position. /论条件,对方占～。Lùn tiáojiàn, duìfāng zhàn ～. So far as conditions go, the other side has the upper hand. /发扬优点,保持自己的～。Fāyáng yōudiǎn, bǎochí zìjǐ de ～. Make the most of your strong points and maintain your own superiority.

【优先】yōuxiān（形）占先得到某种待遇（多作状语）have priority；take precedence (usu. used as an adverbial)：～发展轻工业 ～ fāzhǎn qīng gōngyè give priority to the development of light industry /～安排转业军人就业 ～ ānpái zhuǎnyè jūnrén jiù yè give priority to arranging for ex-servicemen to obtain employment /老人、儿童～乘车。Lǎorén, értóng ～ chéng chē. Senior citizens and children have priority on buses. /研究重要课题,～拨款。Yánjiū zhòngyào kètí, ～ bō kuǎn. Researching important questions takes precedence in the allocation of funds.

【优先权】yōuxiānquán（名）priority；preference

【优秀】yōuxiù（形）outstanding；excellent；splendid；fine：～学生 ～ xuésheng outstanding student /他三年来学习成绩一直～。Tā sān nián lái xuéxí chéngjì yìzhí ～. His academic record has been excellent for the past three years.

【优选法】yōuxuǎnfǎ（名）optimum seeking method；optimization

【优异】yōuyì（形）（成绩、贡献等）超过一般的好（of achievements, contributions, etc.）outstanding：一年来他在工作中做出的成绩。Yì nián lái tā zài gōngzuò zhōng zuòchu de chéngjì. He has come up with outstanding achievements for the past year.

【优育】yōuyù（动）对小孩（从小时候就）给以良好的保健和教育 provide children with good health care and education (starting from when they're very young)

【优裕】yōuyù（形）富裕,充足 affluent；abundant：生活～ shēnghuó ～ live in affluence /家庭经济～ jiātíng jīngjì the family is financially well-off /生活比以前～多了。Shēnghuó bǐ yǐqián ～ duō le. We live much more comfortably than before.

【优越】yōuyuè（形）（条件等）好于别的,在别的之上（of conditions, etc.）superior；advantageous：这孩子生活条件太～了,一点劳动观点也没有。Zhè háizi shēnghuó tiáojiàn tài ～ le, yìdiǎnr láodòng guāndiǎn yě méi yǒu. This child's living conditions are too superior. He doesn't have the slightest idea as to what labour is.

【优越感】yōuyuègǎn（名）自己以为比一般人好的想法 sense of superiority；superiority complex：因为他爸爸是老干部,他总有些～。Yīnwèi tā bàba shì lǎo gànbù, tā zǒng yǒuxiē ～. He always feels a bit superior because his father is an old cadre.

【优越性】yōuyuèxìng（名）superiority；advantage：你说说这种电冰箱有什么～? Nǐ shuōshuo zhè zhǒng diànbīngxiāng yǒu shénme ～? Tell me, what advantages are there to this kind of refrigerator?

【优质】yōuzhì（名）优良的质量 high (or top) quality；high grade：～产品 ～ chǎnpǐn high-quality product

【优质钢】yōuzhìgāng（名）high-quality steel

忧〔憂〕yōu（动）◇ worry；be concerned about：～国～民 ～ guó mín be concerned about one's country and one's people（名）◇ 使人忧愁的事 anxiety；concern；worry：他是个乐天派,

整天无～无虑的。Tā shì ge lètiānpài, zhěng tiān wú ～ wú lǜ de. He's a happy-go-lucky person and spends his days free from all anxieties.

【忧愁】yōuchóu（形）〈书〉worried；depressed；sad

【忧烦】yōufán（形）worried；depressed；perturbed

【忧愤】yōufèn（形）〈书〉忧闷愤慨 worried and indignant

【忧患】yōuhuàn（名）困苦患难 suffering；misery；hardship：他俩在～中建立了友谊。Tā liǎ zài ～ zhōng jiànlìle yǒuyì. These two built their friendship during a time of hardship.

【忧虑】yōulǜ（动）发愁、担心地思虑 worry；be concerned about；feel anxious：为生活～ wèi shēnghuó ～ be concerned about life /～孩子的前途 ～ háizi de qiántú worry about the children's future /资金不足,使他～. Zījīn bù zú, shǐ tā ～. A lack of funds made him feel anxious. /解除～ jiěchú ～ free one's mind of anxiety

【忧闷】yōumèn（形）忧愁烦闷 depressed；weighed down with cares：他半生坎坷,心情总觉～。Tā bànshēng kǎnkě, xīnqíng zǒng jué ～. Half of his life has been full of frustrations so his mind is always weighed down with cares. /环境改善了,他的胸怀得以排遣。Huánjìng gǎishàn le, tā de xiōnghuái déyǐ páiqiǎn. His environment has improved so that he can now rid himself of his depressed frame of mind.

【忧伤】yōushāng（形）distressed；in deep sorrow；sad：好几个老朋友相继去世,使他～不已。Hǎo jǐ ge lǎo péngyou xiāngjì qùshì, shǐ tā ～ bù yǐ. Many old friends passed away in succession, making him feel incessantly laden with grief.

【忧心忡忡】yōuxīn chōngchōng 形容心事很重,忧愁不安的样子 heavyhearted；laden with anxieties

【忧心如焚】yōuxīn rú fén 非常忧愁,心里像火烧一样 burning with anxiety；extremely worried

【忧郁】yōuyù（形）因忧愁使心情抑郁,不舒畅 heavyhearted；dejected；melancholy：他的病老不见好,和他～的心情有关。Tā de bìng lǎo bú jiàn hǎo, hé tā ～ de xīnqíng yǒuguān. He's been ill for a long time and still isn't better. This has a lot to do with his dejected mood.

呦yōu（叹）表示惊异（expresses surprise at sth. unexpected）oh；hey：～,桶里的水都满了,还不把龙头关上！～, tǒng li de shuǐ dōu mǎn le, hái bù bǎ lóngtóu guānshang! Hey! The barrel is full! Why hasn't the tap been turned off? /～,排那么长的队呀！～, pái nàme cháng de duì ya! Oh! The queue is so long! /～,这么晚了,他来干什么？～, zhème wǎn le, tā lái gàn shénme? Hey, it's really late! What's he doing here?

幽yōu（形）◇(1)深远 deep and remote；secluded (2)不公开的 secret；hidden (3)沉静 quiet；tranquil；serene (4)囚禁 imprison；keep in captivity

【幽暗】yōu'àn（形）昏暗不明 dim；gloomy：房间阴湿～。Fángjiān yīnshī ～. The room is damp and gloomy.

【幽谷】yōugǔ（名）幽深的山谷 a deep and secluded valley

【幽禁】yōujìn（动）囚禁或软禁 imprison；put under house arrest

【幽静】yōujìng（形）幽雅安静 quiet and secluded；peaceful：清晨,公园里十分～。Qīngchén, gōngyuán li shífēn ～. The park is extremely peaceful early in the morning. /疗养所建在～的树林深处。Liáoyǎngsuǒ jiàn zài ～ de shùlín shēnchù. The sanatorium is built in a quiet and secluded place.

【幽灵】yōulíng（名）ghost；spectre；spirit

【幽默】yōumò（形）humorous：语言～,而含义又很深。

Yǔyán ～，ér hányì yòu hěn shēn. *The language is humorous, but it has profound implications.* /这个人十分～。Zhège rén shífēn ～. *This person is extremely humorous.* /他怎么没有～感? Tā zěnme méi yǒu ～ gǎn? *Why doesn't he have a sense of humour?*

【幽闲】yōuxián（形）同"悠闲" yōuxián *same as* ""悠闲" yōuxián

【幽雅】yōuyǎ（形）*(of a place) quiet and in elegant taste*：环境～ huánjìng ～ *This is a quiet and elegant environment.* /他的书房布置得十分～. Tā de shūfáng bùzhì dé shífēn ～. *His study is quiet and tastefully decorated.*

悠 yōu

（形）◇（1）久；远 *remote in time or space* (2)清闲；安适 *leisurely*（动）◇ *swing*：他坐在树杈上一条腿～来～去,十分自在. Tā zuò zài shùchà shang yì tiáo tuǐ ～lái ～qù, shífēn zìzài. *He sat in the crotch of a tree, swinging a leg back and forth and feeling totally at ease.* /他抓住树上的藤条一～,就一到了对面的山上。Tā zhuāzhù shù shang de téngtiáo yì ～, jiù ～dàole duìmiàn de shān shang. *He grabbed the rattan of a tree and in one swoop swung across to the hill right in front.*

【悠长】yōucháng（形）（时间）长（*of time*）*long*；*long-drawn-out*：～的岁月 ～ de suìyuè *long years* /哨声～ shàoshēng～ *long-drawn-out whistle*

【悠荡】yōudàng（动）悬在半空摇动 *swing (to and fro)*；*sway (back and forth)*：塔上的风铃在风中～,发出悦耳的响声. Tǎ shang de fēnglíng zài fēng zhōng ～, fāchū yuè'ěr de xiǎngshēng. *The aeolian bells on the pagoda swung to and fro in the wind and sent out a sweet-sounding noise.*

【悠久】yōujiǔ（形）年代久远 *long*；*long-standing*；*age-old*：文化～的古国 wénhuà ～ de gǔguó *an ancient country with an age-old culture* /钓鱼在中国有～的历史,据说在远古时代就有钓鱼的活动. Diàoyú zài Zhōngguó yǒu ～ de lìshǐ, jùshuō zài yuǎngǔ shídài jiù yǒu diào yú de huódòng. *Fishing has a long-standing history in China. It is said that there were fishing activities as far back as remote antiquity.*

【悠然】yōurán（形）悠闲的样子 *carefree and leisurely*：～自得 ～ zìdé *be carefree and content*

【悠闲】yōuxián（形）闲暇安适 *leisurely and carefree*：神态～ shéntài ～ *look perfectly relaxed* /这些老人在福利院里,日子过得很～. Zhèxiē lǎorén zài fúlìyuàn li, rìzi guò dé hěn ～. *These elderly people spend leisurely and carefree days in the welfare home.*

【悠扬】yōuyáng（形）*(of music. etc.) melodious*；*rising and falling*：～的琴声 ～ de qínshēng *the melodious sound of a qin* /歌声～ gēshēng ～ *The singing is melodious.*

【悠悠荡荡】yōuyōudàngdàng（形）形容摇动,飘浮不定 *floating (or drifting) about*：几片白云在空中～。Jǐ piàn báiyún zài kōngzhōng ～. *A few white clouds floated about in the sky.* /他好像断了线的风筝,整天～的. Tā hǎoxiàng duànle xiàn de fēngzheng, zhěng tiān ～ de. *It seems as if he were a kite with a broken string, drifting about all day long.*

yóu

尤 yóu

（副）〈书〉意思同"尤其",但不能用于句首,多修饰单音节词 *particularly*；*especially (has the same meaning as "*尤其*", but cannot be used at the beginning of a sentence, usu. modifies a monosyllabic word)*：此地长年潮湿,春季～甚. Cǐ dì chángnián cháoshī, chūnjì ～ shèn. *This place is damp all year round, particularly so in spring.* /这种练习方式,初学者～应采用. Zhè zhǒng liànxí fāngshì,

chūxuézhě ～ yīng cǎiyòng. *This method of exercise should be especially employed by beginners.* /学习理论之后,作这种实际考察～有必要. Xuéxí lǐlùn zhī hòu, zuò zhè zhǒng shíjì kǎochá ～ yǒu bìyào. *It is particularly essential to do this kind of practical study after learning theory.*

【尤其】yóuqí（副）在几种同类或类似的事物或情况中,指出突出的、重要的一个,特别突出的是主语,"尤其"可在主语之前 *especially*；*particularly (if the object or person to which "*尤其*" refers is the subject, "*尤其*" can be placed before it)*：各个单位,～财务部门,一定要注意节约开支. Gè gè dānwèi, ～ cáiwù bùmén, yídìng yào zhùyì jiéyuē kāizhī. *Every unit, especially the financial department, must cut down on expenses.* /全班同学,一体质比较差的,一定要加强锻炼. Quán bān tóngxué, ～ tǐzhì bǐjiào chà de, yídìng yào jiāqiáng duànliàn. *All students in the class, especially those who have a fairly poor constitution, must strengthen their physical training.* /一小李,那简直是个戏迷. ～ Xiǎo Lǐ, nà jiǎnzhí shì ge xìmí. *Xiao Li in particular is a theatre fan.* "尤其"也可放在谓语之前 *("*尤其*" can also be placed before the predicate)*：他学习成绩门儿门儿都好,语文～优秀. Tā xuéxí chéngjì ménr ménr dōu hǎo, yǔwén ～ yōuxiù. *He has good marks in all his courses and excels particularly in Language and Literature.* /我们班都喜欢打篮球,小赵～喜欢. Wǒmen bān dōu xǐhuan dǎ lánqiú, Xiǎo Zhào ～ xǐhuān. *Our whole class likes to play basketball, especially Xiao Zhao.* 如宾语是宾语,"尤其"在动词前 *(if the thing to which "*尤其*" refers is the object, "*尤其*" is placed before the verb)*：我了解你的困难,～了解你目前的困难. Wǒ liǎojiě nǐ de kùnnan, ～ liǎojiě nǐ mùqián de kùnnan. *I understand your difficulties, especially your present difficulty.* /她怕见人,～怕见生人. Tā pà jiàn rén, ～ pà jiàn shēngrén. *She's afraid of meeting people, especially strangers.* 有时也可以突出状语 *can also be placed before the adverbial*：他的身体渐渐好起来了,～最近,都能出去散步了. Tā de shēntǐ jiànjiàn hǎo qǐlai le, ～ zuìjìn, dōu néng chūqù sàn bù le. *His health is gradually getting better；particularly recently, he can go out for strolls.* /她体弱多病,应该多照顾,～在这气候恶劣的地方,更要多关心她. Tā tǐ ruò duō bìng, yīnggāi duō zhàogu, ～ zài zhè qìhòu èliè de dìfang, gèng yào duō guānxīn tā. *Her health is poor and she often gets ill, so you should take good care of her, especially in this place where the climate is harsh.* "尤其"后有时可带"是",意思不变 *("*尤其*" can sometimes take "*是*"; the meaning doesn't change)*：他喜欢绘画,～是油画. Tā xǐhuan huìhuà, ～ shì yóuhuà. *He likes painting, especially oil painting.* /从外地来的,～是从南方来的,得慢慢适应这里的生活习惯. Cóng wàidì lái de, ～ shì cóng nánfāng lái de, děi mànmàn shìyìng zhèlǐ de shēnghuó xíguàn. *Those who come from other places, particularly those from the South, must slowly adapt to the customs here.*

【尤为】yóuwéi（副）〈书〉意思相当于"尤其""尤其是",在句中位置不像"尤其"那样自由,多在谓词性短语前 *particularly*；*specially (has the same meaning as "*尤其*" and "*尤其是*", but not used as freely within a sentence as "*尤其*"; usu. placed before a predicative phrase)*：编这部词典一重要的是把握科学性. Biān zhè bù cídiǎn ～ zhòngyào de shì bǎwò kēxuéxìng. *What is particularly important in the compiling of this dictionary is the assurance of a scientific spirit.* /这样做不妥,那样做～不妥. Zhèyàng zuò bùtuǒ, nàyàng zuò ～ bùtuǒ. *Doing it this way is not appropriate; doing it that way is especially not appropriate.* /在一片绿荫中,金色的宝塔～引人注目. Zài yí piàn lùyīn zhōng, jīnsè de bǎotǎ ～ yǐn rén zhùmù. *The golden pagoda is especially eye-catching in the shade of trees.*

由 yóu (介)(1)指出职责归属；"由"的宾语多为指人的体词，是述语的施事者（*points out to whom the obligation; the object of "由" is usu. a nominal indicating a person and is the doer of the action expressed by the verb*）：这个科研项目～她负责。Zhège kēyán xiàngmù ～ tā fù zé. *He is in charge of this scientific research project.* /思想工作～我们来做。Sīxiǎng gōngzuò ～ wǒmen lái zuò. *We'll do the ideological work.* (2)表示原因、方式或构成事物的成分；宾语为体词、动宾结构等，述语常为"组成""构成""造成""决定""产生""引起"，前面可加"所"（*indicates a reason, way or elements which constitute a thing; the object is usu. a nominal, verb-object structure, etc.; the sentence usu. has verbs such as "组成", "构成", "造成", "决定", "产生", "引起", etc. which may be preceded by "所"*）by；through：这场火灾是～烟头引起的。Zhè cháng huǒzāi shì ～ yāntóu yǐnqǐ de. *This fire was caused by a cigarette butt.* /代表～选举产生。Dàibiǎo ～ xuǎnjǔ chǎnshēng. *The representatives were chosen through election.* /～三人所组成的临时领导小组，已开始工作。～ sān rén suǒ zǔchéng de línshí lǐngdǎo xiǎozǔ, yǐ kāishǐ gōngzuò. *The provisional leading group of three has already started work.* (3)表示时间、空间或变化的起点，相当于"从"，宾语多为体词或形容词（*indicates a starting point in time or space, or the starting point of a change; similar to "从"; the object is usu. a nominal or adjective*）：～五月到九月实行夏令时。～ wǔyuè dào jiǔyuè shíxíng xiàlìngshí. *Daylight-saving time will be effect from May to September.* /部队～西往东进发。Bùduì ～ xī wǎng dōng jìnfā. *The troops set out eastward.* /做什么事情都是～不会到会。Zuò shénme shìqing dōu shì ～ bú huì dào huì. *No matter what one does, one always goes from not being able to being able to do it.* (4)表示来源，相当于"从"，宾语是表处所的词语（*indicates the origin of sth., similar to "从" the object is a word denoting location*）：代表～群众中产生。Dàibiǎo ～ qúnzhòng zhōng chǎnshēng. *Representatives come from the masses.* /这是～内心发出的哀叹。Zhè shì ～ nèixīn fāchū de āitàn. *This moan comes from the heart.* (5)"由此可见""由此可知"等为常见插入语，表示从前面的论述中可以得出以下的结论（*"由此可见" and "由此可知", etc. are often used as parenthesis*）thus it can be seen；this shows：经过讨论，大家对这个问题认识得更深刻了，～此可见，真理愈辩愈明。Jīngguò tǎolùn, dàjiā duì zhège wèntí rènshi de gèng shēnkè le, ～ cǐ kě jiàn, zhēnlǐ yù biàn yù míng. *Through discussion, we all came to understand this problem more profoundly, which goes to show that truth becomes clearer through debate.* /～此可知，万物都是在变化的。～ cǐ kě zhī, wànwù dōu shì zài biànhuà de. *Thus it can be seen that all things on earth are changing.* /～此看来，不掌握自然规律不行。～ cǐ kàn lái, bù zhǎngwò zìrán guīlǜ bù xíng. *Thus it can be seen that it won't do not master natural law.*

【由不得】yóubude (动)(1)不能听凭……；不能按……意志行事 *not be up to sb. to decide; be beyond the control of*：生老病死是自然规律，～人。Shēng lǎo bìng sǐ shì zìrán guīlǜ, ～ rén. *Birth, age, illness and death are natural law and are beyond the control of man.* /下山时，不想走也得走，真是～自己。Xià shān shí, bù xiǎng zǒu yě děi zǒu, zhēn shì ～ zìjǐ. *When going down a mountain, one really cannot help it — one must move even if one doesn't want to.* /孩子长大了，～父母了。Háizi zhǎngdà le, ～ fùmǔ le. *The child is grown up and beyond the control of his parents.* /别人的事～你做主。Biérén de shì ～ nǐ zuò zhǔ. *It's not up to you to decide other people's affairs.* (2)不由自主地；作状语，同"不由得" *cannot help*（*same as "不由得"; serves as an adverbial*）：想着想着，～想起小时候家乡的情景。Xiǎngzhe

xiǎngzhe, ～ xiǎngqǐ xiǎo shíhou jiāxiāng de qíngjǐng. *As my thoughts were drifting. I couldn't help but think of the scene in my hometown when I was small.* /看到那悲惨的情景，她～掉下了眼泪。Kàndào nà bēicǎn de qíngjǐng, tā ～ diàoxiàle yǎnlèi. *She couldn't help but shed tears when she saw that tragic scene.*

【由点到面】yóu diǎn dào miàn 工作深入到一点，在一个地方或一个单位取得经验，然后普及、扩大、推广到各个地方或各个单位（作为一种领导方法）*spread over a whole area from one point—work at a certain place to gain experience and then expand this experience to other units（used as a method of leadership）*

【由来】yóulái (名)(1)事物发生的原因；来源 *origin; cause*：他介绍了这两个村之间产生矛盾的～。Tā jièshàole zhè liǎng ge cūn zhī jiàn chǎnshēng máodùn de ～. *He explained the origin of the conflict between these two villages.* (2)（事物）从发生到现在 *long-standing; from the moment sth. occurs up until the present*：端午节赛龙船的风俗～已久。Duānwǔjié sài lóngchuán de fēngsú ～ yǐ jiǔ. *The custom of racing dragon boats during the Dragon Boat Festival is a time-honoured one.*

【由于】yóuyú (介)(1)用于句子前一部分，引出原因，可放在主语前，也可放在主语后 *owing to; due to; as a result of; thanks to（used in the first part of a sentence to introduce a reason; may be placed before or after the subject）*：～她粗心大意，这次考试成绩不理想。～ tā cūxīn dàyì, zhè cì kǎoshì chéngjì bù lǐxiǎng. *Owing to her carelessness, her result on this exam was not ideal.* /他～不了解情况，把事情办糟了。Tā ～ bù liǎojiě qíngkuàng, bǎ shìqing bànzāo le. *Due to his not understanding the situation, he bungled matters.* 有时后一部分有"所以""因而""就""才"等与之相应，使因果关系更明确（*the latter part of the sentence sometimes has "所以", "因而", "就", "才", etc. to make the relationship between the cause and effect more clear*）：～找不到船，所以过不了江。～ zhǎo bu dào chuán, suǒyǐ guò bu liǎo jiāng. *As a result of our not being able to find a boat, we couldn't cross the river.* /～人们各自坚持自己的意见，因而无法统一。～ rénmen gèzì jiānchí zìjǐ de yìjiàn, yīn'ér wúfǎ tǒngyī. *Owing to each maintaining his own opinion, there was no way to achieve unity.* /～航天技术的发展，对宇宙的探索就方便多了。～ hángtiān jìshù de fāzhǎn, duì yǔzhòu de tànsuǒ jiù fāngbiàn duō le. *Thanks to the development of space technology, exploration of the universe is much more convenient.* (2)有时先说明结果，"由于"放在后一部分承述原因，"由于"前必有"是"（*sometimes the result is first stated and is followed by "由于" which then introduces the reason; in this case, "由于" must be preceded by "是"*）：这里常有暴雨，是～台风的关系。Zhèlǐ cháng yǒu bàoyǔ, shì ～ táifēng de guānxi. *This place often has torrential rain due to typhoons.* /碰到一点困难就退缩，这都是～缺乏信心。Pèngdào yìdiǎnr kùnnan jiù tuìsuō, zhè dōu shì ～ quēfá xìnxīn. *As soon as he meets up with a little difficulty, he shrinks back as a result of his lack of confidence.*

【由衷】yóuzhōng (形)出自内心的 *sincere; from the bottom of one's heart; heartfelt*：我向你表示一的祝贺 Wǒ xiàng nǐ biǎoshì ～ de zhùhè. *I'd like to extend my sincere congratulations to you.*

邮 〔郵〕yóu (动)mail；post：这些信都是～往外省的。Zhèxiē xìn dōu shì ～ wǎng wài shěng de. *These letters are all to be posted to other provinces.* /家里给我～来一个包裹。Jiālǐ gěi wǒ ～ lái yí ge bāoguǒ. *My family mailed a parcel to me.*

【邮包】yóubāo (名)（～儿)[个 gè]parcel

【邮船】yóuchuán (名)[艘 sōu]ocean liner；packet ship

【邮戳】yóuchuō(名)[个 gè]postmark

【邮袋】yóudài(名)[个 gè]mailbag；mail pouch；postbag

【邮递】yóudì(动)〈书〉send by post；～员 ～yuán postman；mailman

【邮电局】yóudiànjú (名)[个 gè]post and telecommunications office

【邮费】yóufèi (名) postage

【邮购】yóugòu (动) mail-order：如需要此药，可以～。Rú xūyào cǐ yào，kěyi ～. If you need this medicine, you can get it through mail-order.

【邮寄】yóujì(动)send by post；post；mail：～ 信件 ～ xìnjiàn post letters /～包裹 ～ bāoguǒ mail a parcel

【邮件】yóujiàn(名)postal matter；mail；post

【邮局】yóujú(名)[个 gè] post office

【邮票】yóupiào(名)[张 zhāng] postage stamp；stamp

【邮亭】yóutíng (名)邮局在街道上、广场上或公园里设立的亭子状的小屋，在这里进行收寄邮件、出售邮票、报刊、杂志等业务活动 postal kiosk

【邮筒】yóutǒng(名)[个 gè]postbox；mailbox

【邮箱】yóuxiāng(名)[个 gè]postbox；mailbox

【邮政】yóuzhèng (名)postal service

【邮资】yóuzī (名)同"邮费"yóufèi same as "邮费" yóufèi

犹〔猶〕yóu

(动)〈书〉如同 just as；like；虽死～生 suī sǐ ～ shēng live on in spirit /过～不及 guò ～ bù jí going too far is as bad as not going far enough /～疾风之扫秋叶 ～ jí fēng zhī sǎo qiū yè like a gale sweeping the autumn leaves (副)〈书〉(1)表示某种情况或状态继续不变，相当于"仍然" réngrán (1) (of a situation, condition) still；yet (continuing)；same as "仍然" réngrán (1)：他是带病参加比赛的，虽败～荣。Tā shì dài bìng cānjiā bǐsài de，suī bài ～ róng. He participated in the competition despite his illness, so it is a glorious thing even if he has failed. /白求恩同志永远活在中国人民心中，虽死～生。Báiqiú'ēn tóngzhì yǒngyuǎn huó zài Zhōngguó rénmín xīnzhōng, suī sǐ ～ shēng. Comrade Bethune will live forever in the hearts of the Chinese people. He lives among us though he is dead. /她话～未曾出口，脸先涨得通红。Tā huà ～ wèicéng chū kǒu, liǎn xiān zhàng de tōnghóng. She had not yet uttered the words when her face turned crimson. (2) 举出一个突出的例子，用"犹"表示即使这样仍然不能达到某标准，其它更不必说了 (when citing a glaring example, "犹" is used to indicate that even though sth. is as such, it still cannot attain a certain standard, never mind other things) still：试制任务相当重，全力以赴～恐不及，哪里顾得上别的。Shìzhì rènwù xiāngdāng zhòng, quánlì yǐ fù ～ kǒng bù jí, nǎlǐ gù de shàng biéde. The task of trial-production is heavy. We are sparing no efforts, but I'm afraid still not enough. How can we possibly bother about other things? /老年人～能坚持长跑，何况我们青年人。Lǎonián rén ～ néng jiānchí chángpǎo, hékuàng wǒmen qīngnián rén. Even an old person can still keep up long-distance running, let alone us young people.

【犹如】yóurú (动)如同 just as；like；as if：远处的火车～一条长蛇。Yuǎnchù de huǒchē ～ yì tiáo cháng shé. The train in the distance looks like a long snake. /她俩形影不离，～亲姐妹。Tā liǎ xíngyǐng bù lí，～ qīn jiěmèi. Those two are as inseparable as body and shadow. It's as if they were sisters. /城市的灯光～繁星落在人间。Chéngshì de dēngguāng ～ fánxīng luò zài rénjiān. The city lights look as if a myriad of stars had fallen on earth.

【犹疑】yóuyí (动)同"犹豫" yóuyù same as "犹豫" yóuyù

【犹豫】yóuyù (形) 拿不定主意，作不了决定 hesitant；wavering；undecided：～不定 ～ bú dìng be hesitant /～观望 ～ guānwàng wait and see /去还是不去，他一时很～。Qù háishì bú qù，tā yīshí hěn ～. He can't decide at the moment whether to go or not. /这套衣服价格太贵了，他在柜台前～起来。Zhè tào yīfu jiàgé tài guì le，tā zài guìtái qián ～ qilai. He started to hesitate at the counter because this suit was too expensive. /他～了半天，才答应下来。Tā ～le bàntiān，cái dāying xialai. He wavered for a long time before agreeing. /快拿主意吧，别犹犹豫豫的了！Kuài ná zhǔyi ba, bié yóuyóuyùyù de le! Hurry, make your mind. Don't shilly-shally.

【犹豫不决】yóuyù bù jué hesitate；remain undecided：他干什么事总是～。Tā gàn shénme shì zǒngshì ～. He always hesitates when he does something.

油 yóu

(名)(1)动植物体内的液态或固态脂肪 oil；fat；grease：猪～ zhū ～ pork fat / 花生～ huāshēng ～ peanut oil (2)矿产的碳氢化合物的混合液体 oil；petroleum (动)(1)用油漆等涂饰 apply paint：～门窗 ～ ménchuāng paint the doors and windows /船修好了，再～一遍。Chuán xiūhǎo le，zài ～ yí biàn. When the boat is fixed, apply another coat of paint. (2)油类污染了衣物 be stained with oil grease：衣领～了。Yīlǐng ～ le. The collar has got oil stains on it. / 把床单～了一块。Bǎ chuángdān ～le yí kuài. The bedsheet was stained and now has a spot of grease on it. /裤子上～了一片。Kùzi shang ～ le yí piàn. There is a spot of grease on the trousers. (形)(1)(食物)油脂多 (of food) greasy；oily：这几个菜都太～了，有没有清淡些的？Zhè jǐ ge cài dōu tài ～ le，yǒu méi yǒu qīngdàn xiē de? These dishes are all too greasy. Do you have anything that's lighter? (2)油滑(指人的品格特点) (贬)(of a person's character) oily；glib：～头滑脑 ～ tóu huá nǎo slick /在社会上工作了几年，学～了。Zài shèhuì shang gōngzuòle jǐ nián，xué ～ le. After working in society for a few years, he learned how to be glib.

【油泵】yóubèng (名)[台 tái] oil pump

【油饼】yóubǐng (名)(1)油料作物榨油以后渣滓成饼形，如豆饼、花生饼等，可以作饲料或肥料 oil cake (used as feed or fertilizer) (2)(～儿)一种油炸的面食 deep-fried dough cake；doughnut

【油布】yóubù (名)oilcloth；oilskin；tarpaulin

【油彩】yóucǎi (名)演员化装用的油质颜料 grease paint

【油菜】yóucài (名)rape

【油层】yóucéng (名)oil layer；oil reservoir；oil horizon

【油船】yóuchuán (名)同"油轮" yóulún same as "油轮" yóulún

【油灯】yóudēng (名)oil lamp

【油管】yóuguǎn (名)oil pipe

【油罐】yóuguàn (名)oil tank；storage tank

【油光】yóuguāng (形)非常光亮滋润 glossy；shiny；varnished：乌黑～的长发 wūhēi ～ de cháng fà long, jet-black glossy hair

【油滑】yóuhuá (形)老于世故，不诚实 slippery；sly：这个人年纪不大，但为人十分～。Zhège rén niánjì bú dà，dàn wéirén shífēn ～. This person isn't very old, but his behaviour is extremely slippery.

【油画】yóuhuà (名)[张 zhāng，幅 fú] oil painting

【油井】yóujǐng (名)[口 kǒu] oil well

【油库】yóukù (名)[座 zuò] oil depot；tank farm

【油矿】yóukuàng (名)(1)蕴藏在地下的石油矿苗(2)开采石油的地方 oil field

【油亮】yóuliàng (形)光滑明亮 shiny；glossy：你看她那头发～～的。Nǐ kàn tā nà tóufa ～ ～ de. Look at how glossy her hair is. /那肥厚～的叶子十分可爱。Nà féihòu ～ de yèzi shífēn kě'ài. That thick, shiny leaf is extremely lovely.

【油料】yóuliào（名）植物油的原料 *oil material*

【油料作物】yóuliào zuòwù *oil-bearing crops*；*oil plant*

【油绿】yóulǜ（形）深绿而有光泽的 *glossy dark green*；～的麦田 ～ de màitián *glossy dark green wheat fields*

【油轮】yóulún（名）载运散装石油的机动船舶 *oil tanker*；*oil carrier*

【油门】yóumén（名）(～儿) *throttle*

【油墨】yóumò（名）*printing ink*

【油泥】yóuní（名）*greasy filth*；*grease*：这块表得擦擦 ～了。Zhè kuài biǎo děi cāca ～ le. *This watch had to be cleaned.*

【油腻】yóunì（形）含油多的 *greasy*；*oily*：这个食品～的食物 de shípǐn *greasy food* /这菜太～了，我不喜欢。Zhè cài tài ～ le, wǒ bù xǐhuan. *This dish is too greasy. I don't like it.* (名)含油多的食物 *greasy food*，*oily food*，肠胃不好，应少吃～。Chángwèi bù hǎo, yīng shǎo chī ～. *You should eat less greasy food if you suffer from indigestion.*

【油漆】yóuqī（名）*paint*（动）用油漆涂抹 *cover with paint*；*paint*：那张旧桌子～了一下，跟新的一样。Nà zhāng jiù zhuōzi ～le yīxià, gēn xīn de yīyàng. *That old desk looks like new that it's been painted.*

【油漆匠】yóuqījiàng（名）*painter*

【油腔滑调】yóu qiāng huá diào 形容人说话轻浮、油滑、不严肃 *glib*；*unctuous*：现在谈的是很严肃的事，不要～的。Xiàn- zài tán de shì hěn yánsù de shì, búyào ～ de. *We are now talking about a serious matter. Don't be glib.*

【油然】yóurán（副）（思想感情）非常自然地（产生）(*of thinking, affection, etc.*) *spontaneously*；*involuntarily* (*develop*)：听到他自学成材的动人事迹，敬慕之心～而生。Tīngdào tā zìxué chéng cái de dòngrén shìjì, jìngmù zhī xīn ～ ér shēng. *Upon hearing of the stirring deeds he has done to teach himself to become a useful person, admiration wells up in one's heart.* /看见家乡的照片～产生了思乡之情。Kànjiàn jiāxiāng de zhàopiàn ～ chǎnshēngle sī xiāng zhī qíng. *When I saw pictures of my hometown, I involuntarily developed a longing for it.*

【油饰】yóushì（动）用油漆涂抹装饰门、窗、家具等 *paint* (*windows, furniture, etc.*) *over with paint*：他的房间～一新，漂亮多了。Tā de fángjiān ～ yì xīn, piàoliang duō le. *His room was painted over anew and now looks much better.*

【油水】yóushui（名）(1)指饭菜里的动植物油 *grease*：～大～ dà *very greasy* /白水煮白菜没有一点～。Báishuǐ zhǔ báicài méi yǒu yìdiǎnr ～. *There's no grease whatsoever when you boil Chinese cabbage in plain water.* (2)比喻趁工作之便额外获取的不正当的钱财 (*illegal*) *profit*：他借洽谈生意之机，捞了不少～。Tā jiè qiàtán shēngyì zhī jī, lāole bù shǎo ～. *He seized the opportunity when talking business to make a huge profit.* /干这一行没什么～。Gàn zhè yì háng méi shénme ～. *There's no profit in practising this kind of profession.* /在学校工作有什么～！Zài xuéxiào gōngzuò yǒu shénme ～！*What's so profitable about working in a school！*

【油田】yóutián（名）*oil field*

【油条】yóutiáo（名）一种长条形的油炸面食 *deep-fried twisted dough sticks*

【油汪汪】yóuwāngwāng（形）形容油多 *dripping with oil*；*full of grease*：每盘菜都是～的，真腻人！Měi pán cài dōu shì ～ de, zhēn nì rén！*Every dish is dripping with oil. It's really sickening！*

【油污】yóuwū（名）含油的污垢 *greasy dirt*：这种洗涤剂去～的效力高。Zhè zhǒng xǐdíjì qù ～ de xiàolì gāo. *This type of detergent is highly effective in getting rid of greasy dirt.*

【油箱】yóuxiāng（名）*fuel tank*

【油烟】yóuyān（名）*smoke of hot oil*：炒菜时产生的～对人体

有害。Chǎo cài shí chǎnshēng de ～ duì réntǐ yǒuhài. *The oil smoke produced when stir-frying food is harmful to one's health.*

【油印】yóuyìn（动）*mimeograph*：这个资料要～十份。Zhège zīliào yào ～ shí fèn. *Mimeograph ten copies of this material.*

【油毡】yóuzhān（名）*asphalt felt*

【油脂】yóuzhī（名）油和脂肪的统称 *oil*；*fat*

【油子】yóuzi（名）(1)某些稠而粘的东西 *thick sticky substance*：膏药 ～ gāoyào ～ *plaster ointment* (2)阅历多，对情况十分熟悉而油滑不老实的人 *sly* (*or slippery*)*old hand*：这学生留级两次级，成了～了。Zhè xuésheng liúguo liǎng cì jí, chéngle ～ le. *This student repeated two years of school and has become a sly old hand.*

游 yóu

（动）(1) *swim*：他能～一千米。Tā néng ～ yì qiān mǐ. *He can swim a thousand metres.* (2) *rove around*；*wander*；*travel*；*tour*：～西湖 ～ Xī Hú *tour the West Lake* /五年前他曾到过此一～。Wǔ nián qián tā céng dào cǐ yì ～. *He toured here five years ago.* /他～遍了全国。Tā ～ biànle quán guó. *He travelled around the entire country.* /我们同～泰山。Wǒmen tóng ～ Tài Shān. *We travelled to Mount Tai together.* (3)◇不固定的，经常移动的 *itinerant*；*roving*：他是个无业～民。Tā shì ge wúyè ～mín. *He's a vagrant.*

【游伴】yóubàn（名）(～儿) 游玩的同伴 *travel companion*：我想找一两个～，一起去杭州玩玩。Wǒ xiǎng zhǎo yì-liǎng ge ～, yīqǐ qù Hángzhōu wánrwanr. *I'm looking for one or two travel companions to go visit Hangzhou with me.*

【游船】yóuchuán（名）[只 zhī] 供客人游览用的船 *pleasure-boat*

【游荡】yóudàng（动）闲游，无事可做 *loaf about*；*loiter*：快分配给我工作吧，我可不愿意这样整天～。Kuài fēnpèi gěi wǒ gōngzuò ba, wǒ kě bú yuànyì zhèyàng zhěng tiān ～. *Hurry up and assign some work to me. I really don't want to loaf about like this all day long.*

【游动】yóudòng（动）在水里游泳，活动 *swim about*：有几条水蛇在河里～。Yǒu jǐ tiáo shuǐshé zài hé li ～. *There are a few water snakes swimming about in the river.* /小金鱼在玻璃缸里～。Xiǎo jīnyú zài bōligāng li ～. *The goldfish are swimming about in the glass bowl.*

【游逛】yóuguàng（动）游览，闲走 *go sightseeing*；*stroll about*

【游击】yóujī（名）*guerrilla warfare*：打～ dǎ ～ *conduct guerrilla warfare* /～区 ～qū *guerrilla area* /～战术 ～ zhànshù *guerrilla tactics* /～习气 ～ xíqì *bad practices that seem like guerrilla warfare*

【游击队】yóujīduì（名）*guerrille forces*；*a guerrilla detachment*

【游击战】yóujīzhàn（名）*grerrilla war*；*guerrilla warfare*

【游记】yóujì（名）*travel notes*：他写了不少～。Tā xiěle bù shǎo ～. *He wrote quite a few travel notes.*

【游街】yóu～jiē 罪犯被押着在大街上走，表示惩罚 *parade* (*a criminal*) *through the streets* (*to show that he has been punished*)

【游客】yóukè（名）游人 *visitor* (*to a park, etc.*)；*tourist*；*sightseer*

【游览】yóulǎn（动）*go sightseeing*；*tour*；*visit*

【游廊】yóuláng（名）建筑物之间的走廊 *covered corridor* (*linking two or more buildings*)

【游乐场】yóulèchǎng（名）*recreation hall*；*amusement park*

【游离】yóulí（动）(1)〈化〉*free* (2)比喻离开所在的环境而单独存在 *dissociate* (*oneself from one's environment and remain alone*)；*drift away*：没有人能～于社会而生活。Méi yǒu rén néng ～ yú shèhuì ér shēnghuó. *There is none who can dissociate himself from society and live.*

【游历】yóulì（动）到远的地方游览、考察 *travel*（*to a faraway place*）；*tour*

【游牧】yóumù（动）从事放牧,不定居的（一般作定语）*move about in search of pasture; rove around as a nomad*（*usu. used as an attributive*）:～部落 ～ bùluò *nomadic tribe* /民族 ～ mínzú *nomadic nationality* /～生活 ～ shēnghuó *nomadic life*

【游人】yóurén（名）游览的人 *visitor*（*to a park, etc.*）; *tourist; sightseer*:供～欣赏 gōng ～ xīnshǎng *for sightseers to enjoy* /～止步 ～ zhǐ bù *No Visitors* /公园里～很多。Gōngyuán li ～ hěn duō. *There are many visitors in the park.*

【游手好闲】yóu shǒu hào xián 游游荡荡,什么事也不做 *idle about; loaf*:这人～,不务正业。Zhè rén ～, bú wù zhèngyè. *This person idles about and doesn't do any decent work.* /他过惯了～的生活。Tā guòguànle ～ de shēnghuó. *He has become used to a life of idleness.* /不好好学习,在家～,将来可怎么办? Bù hǎohāo xuéxí, zài jiā ～, jiānglái kě zěnme bàn? *If you don't study diligently but just loaf about at home then what will you do in future?*

【游艇】yóutǐng（名）游船 *yacht; pleasure-boat*

【游说】yóushuì（动）古代有些政客奔走各国,凭着口才劝说君主采纳他的政治主张。现指企图用某种道理或主张说服别人,使其按自己的意见做事（*of politicians in ancient China*）*go to every state and, depending on one's eloquence, try to persuade the monarchs to adopt one's political stand; go about selling an idea; go about drumming up support for an idea; go canvassing*

【游玩】yóuwán（动·不及物）游逛玩耍 *amuse oneself; play*:去公园～了半天 qù gōngyuán ～ le bàntiān *went to the park to play half the day* /放了学快回家,别去外边～! Fàngle xué kuài huí jiā, bié zài wàibian ～! *Hurry up and go home when school's over. Don't play outside!* /约朋友到海滨～ yuē péngyou dào hǎibīn ～ *invite a friend to go to the seashore to play*

【游戏】yóuxì（名）*recreation; game*:孩子们在草地上做～。Háizimen zài cǎodì shang zuò ～. *The children are playing a game on the lawn.* /这孩子在幼儿园里学会了不少～。Zhè háizi zài yòu'éryuán li xuéhuìle bù shǎo ～. *This child learned quite a number of games in kindergarten.*

【游行】yóuxíng（动·不及物）*parade; march; demonstrate*:上街～ shàng jiē ～ *take to the streets and demonstrate* /～示威 ～ shìwēi *hold a demonstration* /～持续了两小时。～ chíxùle liǎng xiǎoshí *The parade went on for two hours.* /参加～ cānjiā ～ *join a demonstration* /～队伍 ～ duìwǔ *contingents of paraders or marchers*

【游兴】yóuxìng（名）游玩的兴致 *interest in going on an excursion or sightseeing*:下午刮起大风,把人们的～破坏了! Xiàwǔ guāqǐ dà fēng, bǎ rénmen de ～ pòhuài le. *A strong wind started to blow in the afternoon, destroying people's interest in going sightseeing.*

【游移】yóuyí（动）同"犹豫" yóuyù *same as "犹豫" yóuyù*

【游弋】yóuyì（动）（军舰）在海上行驶、巡逻（*of a warship, naval vessel, etc.*）*cruise*

【游艺】yóuyì（名）游戏、娱乐活动 *entertainment; recreation*:～会 ～huì *recreational activity* /宴会后有～。Yànhuì hòu yǒu ～. *There's entertainment after the banquet.*

【游泳】yóu=yǒng *swim*:他～得很好。Tā ～ yǒu de hěn hǎo. *He swims very well.* /今年夏天我只游过两次泳。Jīnnián xiàtiān wǒ zhǐ yóuguo liǎng cì yǒng. *I only went swimming twice this summer.*

【游泳池】yóuyǒngchí（名）*swimming pool*

【游园】yóu=yuán 在公园或花园里游玩 *visit a garden or a park*

【游资】yóuzī（名）*idle fund; idle money; floating capital*

yǒu

友 yǒu（名）◇ *friend*:旧～ jiù～ *old friend* /病～ bìng～ *a friend made in hospital* /良师益～ liáng shī yì ～ *good teacher and helpful friend* /狐朋狗～ hú péng gǒu～ *scoundrelly friends* /交～要有所选择。Jiāo ～ yào yǒu suǒ xuǎnzé. *One must, to some extent, be choosy when making friends.* (形)相互间存在友好关系的 *friendly*:～邻 ～lín *friendly neighbours*

【友爱】yǒu'ài（名）〈书〉友好亲爱 *friendly affection; fraternal love*:阶级～ jiējí ～·*class brotherhood* /同志间的～ tóngzhì jiān de ～ *friendly affection between comrades* (形)友好亲爱的 *friendly; dear; beloved*:互助～ hùzhù ～ *helpful to each other and friendly* /团结～的集体 tuánjié ～ de jítǐ *a united and fraternal collective* /同事间彼此要和睦,～。Tóngshì jiān bǐcǐ yào hémù, ～. *Colleagues must be on good terms and friendly with each other.*

【友邦】yǒubāng（名）*friendly nation* (*or country*)

【友好】yǒuhǎo（形）*friendly; amicable*:～关系 ～ guānxi *friendly relations* /～条约 ～ tiáoyuē *treaty of friendship* /～邻邦 ～ línbāng *friendly neighbouring countries* /他对我们的态度十分～。Tā duì wǒmen de tàidu shífen ～. *He's extremely amicable towards us.* /讽刺别人是不～的作法。Fěngcì biéren shì bù ～ de zuòfǎ. *Mocking others is not a friendly practice.* (名)好朋友 *close friend; good friend*:生前～ shēngqián ～ *friends of the deceased* /邀集～来家作客 yāojí ～ lái jiā zuò kè *invite one's good friends to one's home as guests*

【友军】yǒujūn（名）和本部协同作战的部队 *friendly forces*

【友情】yǒuqíng（名）*friendly sentiments; friendship*:深厚的～ shēnhòu de ～ *a deep friendship*

【友人】yǒurén（名）〈书〉朋友 *friend*

【友善】yǒushàn（形）〈书〉朋友之间友好和睦 *friendly; amicable*:态度～ tàidu ～ *His attitude is friendly* /他们两家相处得十分～和睦。Tāmen liǎng jiā xiāngchǔ de shífen ～ hémù. *Their two families get along extremely well with each other and live in harmony.*

【友谊】yǒuyì（名）*friendship*:深厚的～ shēnhòu de ～ *profound friendship* /建立～ jiànlì ～ *build a friendship* /发展～ fāzhǎn ～ *develop ties of friendship* /为我们的～干杯! Wèi wǒmen de ～ gān bēi! *To our friendship! Cheers!* /两国之间的～是牢不可破的。Liǎng guó zhī jiān de ～ shì láo bù kě pò de. *The friendship between those two countries is unbreakable.*

【友谊赛】yǒuyìsài（名）*friendly match*

有 yǒu（动）（否定式是"没有"）(1)属有;具有 *have; possess*:我～词典。Wǒ ～ cídiǎn. /*I have a dictionary.* /她没～孩子。Tā méi ～ háizi. *She doesn't have any children.* /他们国家～两亿人口。Tāmen guójiā ～ liǎngyì rénkǒu. *Their country has a population of two hundred million.* /我们冰箱也～了,电视也～了,不想买什么。Wǒmen bīngxiāng yě ～ le, diànshì yě ～ le, bù xiǎng mǎi shénme. *We have both a fridge and a TV set and don't want to buy anything more.* (2)表示存在 *there is; exist*:门前～个喷水池。Mén qián ～ ge pēnshuǐ chí. *There is a fountain in front of the door.* /以前这儿没～铁路,现在～了。Yǐqián zhèr méi ～ tiělù, xiànzài ～ le. *There was no railroad here before, but there is now.* /海底～石油。Hǎi dǐ ～ shíyóu. *There's oil at the bottom of the sea.* /米也～,菜也～,你自己做饭吃吧。Mǐ yě ～, cài yě ～, nǐ zìjǐ zuò fàn chī ba. *There are both rice and vegetables, you can cook a meal for yourself.* (3)

表示估计(用在数量词等前)(*indicates an estimate*)(*usu. used before a numeral, etc.*):小树～一人高了。Xiǎo shù ～ yì rén gāo le. *The sapling is about the same height as a person.* /洞口～碗口那么大。Dòng ～ wǎnkǒur nàme dà. *The hole is about as big as the circumference of a bowl.* /这所学校的历史～一百年了。Zhè suǒ xuéxiào de lìshǐ ～ yìbǎi nián le. *This school has a history of approximately one hundred years.* (4)表示某情况已发生或出现("有"后带"了")(*indicates that sth. has happened or appeared*; "了" *is used after* "有"):他～(了)工作了。Tā ～ (le) gōngzuò le. *He has found a job.* /产品～(了)销路了。Chǎnpǐn ～ (le) xiāolù le. *There's a market for the product now.* /弟弟的学习～了一些进步。Dìdi de xuéxí ～ le yìxiē jìnbù. *My younger brother has made some progress in his studies.* /工作没～什么进展。Gōngzuò méi ～ shénme jìnzhǎn. *No headway has been made in the work.* (5)用在"一年""一天""一次"前,含"某"的意思,一般都指过去的;只有"有一天"也可表示将来的某一天(*somewhat like* "某" (*certain*) *when used before* "一年", "一天", "一次"; *usu.* indicates *a time in the past, with the exception of* "有一天", *which can also indicate a certain day in the future*):～一年,橘子大丰收,树枝都被压断了。～ yì nián, júzi dà fēngshōu, shùzhī dōu bèi yāduàn le. *One year there was a bumper harvest of oranges and the tree branches snapped under the weight of the fruit.* /～一年夏天,雨下得特别大,马路成了大河。～ yì nián xiàtiān, yǔ xià de tèbié dà, mǎlù chéngle dà hé. *One summer it rained so hard that the road became a river.* /～一天,我在街上碰见了他。～ yì tiān, wǒ zài jiēshang pèngjiànle tā. *One day I ran into him in the street.* /等～一天工作不忙了,我想去看看朋友。Děng ～ yì tiān gōngzuò bù máng le, wǒ xiǎng qù kànkan péngyou. *One day, when I'm not busy with work, I'll go see my friends.* /问题总～一天会弄清楚的。Wèntí zǒng ～ yì tiān huì nòng qīngchu de. *There will be a day when the problem will be solved.* /～一次开会,他认识了吕先生。～ yí cì kāi huì, tā rènshile Lǚ xiānsheng. *He once met Mr. Lü at a meeting.* /～一次我在报上见过这幅照片儿。～ yí cì wǒ zài bào shang jiànguo zhè fú zhàopiānr. *I once saw this picture in a newspaper.* (6)用在"人""时候""地方"等前边,表示"其中一部分",意思同"有的"(*used before* "人", "时候", *etc. to indicate some*):对这个意见,～人赞成,也～人反对。Duì zhège yìjiàn, ～ rén zànchéng, yě ～ rén fǎnduì. *Some people endorse this idea and some oppose it.* /季节性强的工作,～时候忙,～时候闲。Jìjiéxìng qiáng de gōngzuò, ～ shíhou máng, ～ shíhou xián. *With seasonal work, one is sometimes busy and sometimes idle.* /这本书～地方写得好,～地方写得不太好。Zhè běn shū ～ dìfang xiě de hǎo, ～ dìfang xiě de bú tài hǎo. *Some parts of this book are well-written and some are not.* /～地方有这个风俗,～地方没有。～ dìfang yǒu zhège fēngsú, ～ dìfang méi yǒu. *Some places have this custom and some don't.* "有人"有时意思是"某人"("有人" *sometimes means* "某人" (*somebody*)):～告诉我,他已经走了。～ gàosù wǒ, tā yǐjīng zǒu le. *Somebody told me that he had already left.*

【有碍】yǒu'ài (动)有妨碍;使……产生不好的影响 *be a hindrance to; get in the way of; obstruct*:吸烟～于身体健康。Xī yān ～ yú shēntǐ jiànkāng. *Smoking is a hindrance to one's health.* /快把凉台上的破烂东西收拾一下儿,否则～观瞻。Kuài bǎ liángtái shang de pòlàn dōngxi shōushi yíxiàr, fǒuzé ～ guānzhān. *Hurry and tidy up the junk on the balcony, otherwise it'll just be an eyesore.*

【有办法】yǒu bànfa *there's a way* (*to do sth.*); (*of a person*) *resourceful*:这个人可真～!Zhège rén kě zhēn ～! *This person is really resourceful!* /对付顽皮的学生,这位老师很～。Duìfu wánpí de xuésheng, zhè wèi lǎoshī hěn ～. *This teacher really knows how to deal with mischievous students.*

【有备无患】yǒu bèi wú huàn 事先作准备备避免灾祸发生 *where there is precaution, there is no danger; being prepared averts disaster*:长途旅行带上把雨伞,～。Chángtú lǚxíng dàishang bǎ yǔsǎn, ～. *One should bring an umbrella on long-distance trips so as to be prepared and avoid misfortune.*

【有成分论】yǒu chéngfèn lùn 认为家庭出身对人的立场、思想、道德品质、文化素养等有影响的观点 *theory that one's family background influences one's view point, thinking, moral character, cultural accomplishments, etc.*

【有待】yǒudài (动)〈书〉要等待 *remain* (*to be done*); *await*:技术水平～提高。Jìshù shuǐpíng ～ tígāo. *Technical competence remains to be increased.* /新药的效果如何,～临床观察。Xīn yào de xiàoguǒ rúhé, ～ línchuáng guānchá. *The effect of the new medicine awaits clinical observation.* /南极大陆资源丰富,～开发。Nánjí dàlù zīyuán fēngfù, ～ kāifā. *Antarctic has abundant natural resources that have yet to be exploited.* /这几个问题～处理。Zhè jǐ ge wèntí ～ chǔlǐ. *These few problems have yet to be handled.* /这是个～深入探讨的学术问题。Zhè shì ge ～ shēnrù tàntǎo de xuéshù wèntí. *This is an academic question that remains to be delved into.*

【有的】yǒude (代)表示其中的一个或一些 *some*:～时候,他九点才起床。～ shíhou, tā jiǔ diǎn cái qǐ chuáng. *Sometimes he doesn't get out of bed until nine.* /～鱼有毒,不能食用。～ yú yǒu dú, bù néng shíyòng. *Some types of fish are poisonous, so they're not edible.* /这次考试,～题太难。Zhè cì kǎoshì, ～ tí tài nán. *Some questions on this exam were too difficult.* /世界上～地方一年四季都是春天。Shìjiè shang ～ dìfang yì nián sì jì dōu shì chūntiān. *In some places in the world, it's spring all year round.* /这些花,我叫得出名字,～叫不出名字。Zhèxiē huā, wǒ jiào de chū míngzi, ～ jiào bu chū míngzi. *I can name some of these flowers, but some I can't.* /～人喜欢热闹,～人喜欢清静。～ rén xǐhuan rènao, ～ rén xǐhuan qīngjìng. *Some people like excitement and some people like peace and quiet.*

【有的是】yǒudeshì (动)表示有很多(不怕没有) *have plenty of; there's no lack of*:他～办法,一定能帮你解决问题。Tā ～ bànfǎ, yídìng néng bāng nǐ jiějué wèntí. *He has plenty of ways, so he's bound to help you solve the problem.* /退休在家,时间～。Tuì xiū zài jiā, shíjiān ～. *He's retired and has all the time in the world at home.* /工作～,不必发愁没事干。Gōngzuò ～, búbì fā chóu méi shì gàn. *There's plenty of work. No need to worry about having nothing to do.* /煤,在我们家乡～。Méi, zài wǒmen jiāxiāng ～. *There's no lack of coal in our hometown.*

【有底】yǒu = dǐ 知道底细,有把握 *know how things stand and know how to handle them; be fully prepared for what is coming*:路怎么走,他心里～,你不必担心。Lù zěnme zǒu, tā xīnli ～, nǐ búbì dān xīn. *He knows how to get there, so you needn't worry.* /他心里～,这种酒是喝不醉的。Tā xīnli ～, zhè zhǒng jiǔ shì hē bu zuì de. *He knows full well that one can't get drunk on this kind of wine.* /怎么对付他,我完全～,一点也不怕。Zěnme duìfu tā, wǒ wánquán ～, yìdiǎn yě bú pà. *I am fully prepared to deal with him, so I'm not at all nervous.*

【有的放矢】yǒu dì fàng shǐ 的:箭靶中心;矢:箭;找准目标,然后放箭。比喻说话、做事要有针对性(的:*bull's-eye*;矢:*arrow*) *shoot the arrow at the bull's-eye speak or act with something definite in view; have a definite object in view*

【有点】yǒudiǎn (～儿)(副)表示程度不深,多用于不如意、不愉快的情况,可以修饰否定形式 *a little; slightly* (*usu. used before an unpleasant expression; can modify a nega-*

tive form)：今年天气～反常。Jīnnián tiānqi ～ fǎncháng. *The weather is a little unusual this year.* /这条消息是不是真的，他～怀疑。Zhè tiáo xiāoxi shì bu shì zhēn de, tā ～ huáiyí. *He was a bit skeptical as to whether this news was true or not.* /她情绪稍微～波动就会使家里人不安。Tā qíngxù shāowēi ～ bōdòng jiù huì shǐ jiāli rén bù'ān. *When she gets the slightest bit anxious, she makes her whole family uneasy.* "有点"说明某种变化时，无所谓如意不如意（when "有点" describes a change it doesn't matter whether the change is pleasant or not)：高粱～发红了，该准备收割了。Gāoliang ～ fāhóng le, gāi zhǔnbèi shōugē le. *The sorghum is slightly red; we should get ready to cut it.* /妈妈的心情她～懂了。Māma de xīnqíng tā ～ dǒng le. *She understood somewhat how her mother's frame of mind.* /这两年她的性格～变了，变得开朗些了。Zhè liǎng nián tā de xìnggé ～ biàn le, biàn de kāilǎng xiē le. *Her personality has changed slightly these past few years. She has become a little more cheerful.*

【有关】yǒuguān (动)(1)〈不及物〉有关系 *concerned; have a bearing on; have something to do with*：～人员 rényuán *the personnel concerned* /～单位 ～ dānwèi *the unit concerned* /～方面 ～ fāngmiàn *the parties concerned* /～资料 ～ zīliào *the relevant data* /这件事与他～。Zhè jiàn shì yǔ tā ～. *He has something to do with this matter.* /青少年的教育与社会～。Qīng-shàonián de jiàoyù yǔ shèhuì ～. *Society has a bearing on the education of teenagers.* /农作物的生长与土壤～。Nóngzuòwù de shēngzhǎng yǔ tǔrǎng ～. *Soil has something to do with the growth of crops.* (2)关涉到 *involve; be connected with; relate to*：～会议的筹备工作，由你负责。～ huìyì de chóubèi gōngzuò, yóu nǐ fùzé. *You are responsible for all the preparations in connection with the meeting.* /他买了不少～土壤学的书籍。Tā mǎile bù shǎo ～ tǔrǎngxué de shūjí. *He bought many books that are relevant to soil science.* /这些电影都是～历史题材的。Zhèxiē diànyǐng dōu shì ～ lìshǐ tícái de. *These movies all involve historical themes.*

【有过之而无不及】yǒu guò zhī ér wú bù jí（两者相比）只能超过而没有达不到的（多指坏的方面）(usu. refers to a bad aspect) *even farther than; outdo; surpass*

【有鬼】yǒu=guǐ 有不可告人的打算或勾当 *there's something fishy*：说起昨天的事故，他为什么沉默起来，心里一定～。Shuōqi zuótiān de shìgù, tā wèi shénme chénmò qilai, xīnli yídìng ～. *He must have a guilty conscience because he grew silent when we talked about yesterday's accident.* /看那坐不稳立不安的样子，他心里～吧！Kàn nà zuò bu wěn lì bu ān de yàngzi, tā xīnli ～ ba! *Look at him, he can neither sit nor stand still. He's got a guilty conscience.*

【有害】yǒu=hài *harmful; detrimental; pernicious*：～的气体 ～ de qìtǐ *harmful gas* /～的书刊 ～ de shūkān *pernicious books and periodicals* /饮酒过量对身体～。Yǐn jiǔ guòliàng duì shēntǐ ～. *Excessive drinking is detrimental to one's health.* /运动量过大～于人体健康。Yùndòngliàng guò dà ～ yú réntǐ jiànkāng. *Excessive exercise is harmful to one's health.* /这种昆虫对农作物～。Zhè zhǒng kūnchóng duì nóngzuòwù ～. *This type of insect is harmful to crops.* /吸烟有百害而无一利。Xī yān yǒu bǎi hài ér wú yí lì. *There are a hundred harmful effects from smoking and not one advantage.*

【有机】yǒujī (形)(化) *organic*(1)〈化〉～体 ～tǐ *organism* /～化合物 ～ huàhéwù *organic compound* (2)指构成一事物的各部分之间相互关连协调，具有不可分割的统一性 *organic; harmonious*：把休息和锻炼～地结合在一起。Bǎ xiūxi hé duànliàn ～ de jiéhé zài yìqǐ. *Harmoniously combine rest and exercise.* /生产和安全不是对立的，应该～地统一起来。Shēngchǎn hé ānquán bú shì duìlì de, yīnggāi ～ de

tǒngyī qilai. *Production and safety are not opposites. They should be integrated.*

【有机肥料】yǒujī féiliào *organic fertilizer or manure*

【有机化学】yǒujī huàxué *organic chemistry*

【有机物】yǒujīwù (名) *organic matter (or substance)*

【有经验】yǒu jīngyàn *experienced*：有些～的工人不比技术员差。Yǒu xiē ～ de gōngrén bù bǐ jìshùyuán chà. *Some experienced workers are no worse than technicians.*

【有口皆碑】yǒu kǒu jiē bēi 碑：记载人功德的石碑。比喻人人都称赞（碑：*monumental tablet*）*universal praise; be universally acclaimed*：他的工作成绩是～的。Tā de gōngzuò chéngjì shì ～ de. *His success in work has won universal acclaim.*

【有赖】yǒulài (动)一件事要依赖另一件事的帮助促成(后多跟介词"于") *depend on; rest on* (usu. used before the preposition "于")：生产的发展～于科学的进步。Shēngchǎn de fāzhǎn ～ yú kēxué de jìnbù. *The development of production depends on scientific progress.* /许多生产问题的彻底解决～于基本理论的解决。Xǔduō shēngchǎn wèntí de chèdǐ jiějué ～ yú jīběn lǐlùn de jiějué. *The thorough settling of many problems in production depends on the solving of problems in fundamental theory.* /要办好一个企业，～于全体人员的共同努力。Yào bànhǎo yí ge qǐyè, ～ yú quántǐ rényuán de gòngtóng nǔ lì. *Running a business well rests on the entire staff making a joint effort.* /孩子的成长～于教师的教导。Háizi de chéngzhǎng ～ yú jiàoshī de jiàodǎo. *The growth of children depends on the guidance of teachers.* /能否打赢这场球～于全队的团结、合作。Néng fǒu dǎyíng zhè chǎng qiú, ～ yú quán duì de tuánjié, hézuò. *Whether or not we can win this ball game depends on the unity and cooperation of the whole team.*

【有理】yǒu=lǐ *reasonable; justified*：你评判到底是我～还是他～。Nǐ píngpíng dàodǐ shi wǒ ～ háishi tā ～. *You be the judge and say who is reasonable after all － is he or am I?* /很难说你是绝对～他是绝对没理。Hěn nán shuō nǐ shì juéduì ～ tā shì juéduì méi lǐ. *It's difficult to say that you're absolutely justified and he's absolutely unjustified.*

【有力】yǒulì (形) *strong; powerful; forceful; vigorous*：～的手臂 ～ de shǒubì *strong arms* /～的驳斥 ～ de bóchì *forceful refutation* /你的理由十分～。Nǐ de lǐyóu shífēn ～. *Your argument is extremely powerful.*

【有利】yǒulì (形) *advantageous; beneficial; favourable*：形势的发展对我们十分～。Xíngshì de fāzhǎn duì wǒmen shífēn ～. *The situation is developing to our advantage.* /要充分利用这～的条件。Yào chōngfēn lìyòng zhè ～ de tiáojiàn. *We must make full use of these favourable conditions.*

【有名】yǒu=míng *famous; well-known; celebrated*：他二十三岁时就是个～的诗人了。Tā èrshísān suì shí jiù shì ge ～ de shīrén le. *He was already a celebrated poet at twenty-three.* /这个厂最近几年因为改革搞得好，在全国都有了名了。Zhège chǎng zuìjìn jǐ nián yīnwèi gǎigé gǎo de hǎo, zài quán guó dōu yǒule míng le. *This factory has become well-known throughout the entire country because it has done well with reforms in recent years.*

【有名无实】yǒu míng wú shí 只有虚名，实际上并不是那样 *in name but not in reality; merely nominal*：这个厂说是成立了一个职工教育处，现在还～，因为刚来了一个干部。Zhège chǎng shuō shì chénglì le yí ge zhígōng jiàoyùchù, xiànzài hái ～, yīnwèi gāng láile yí ge gànbù. *This factory said that it had set up an office for the education of staff and workers, but it is merely nominal now because the office only has one cadre who just arrived.*

【有目共睹】yǒu mù gòng dǔ（事实等）人人都能看得清楚 *(of facts, etc.) be there for all to see; be obvious to all*：他

的成绩～，谁也抹煞不了。Tā de chéngjì ～，shuí yě mǒshā bu liǎo. *His success is there for all to see. Nobody can deny it.*

【有钱】yǒu qián *rich*；*wealthy*：这个研究所很～，因为他们有许多经济效益高的研究成果。Zhège yánjiūsuǒ hěn ～，yīnwèi tāmen yǒu xǔduō jīngjì xiàoyì gāo de yánjiū chéngguǒ. *This research institute is rich because it has come up with many economically beneficial results in research.* / ～人渐渐多起来了。～ rén jiànjiàn duō qilai le. *There are gradually more and more wealthy people.*

【有求必应】yǒu qiú bì yìng 只要有人提出要求，必定答应去做 *grant whatever is requested*；*be bound to do whatever is requested*：老王这个生活委员真是～，谁有事都愿意去找他。Lǎo Wáng zhège shēnghuó wěiyuán zhēn shì ～，shuí yǒu shì dōu yuànyì qù zhǎo tā. *The life management committee member Lao Wang is bound to do whatever is requested of him, so whoever has a matter to handle goes to see him.* /这事很难做到，我又不是～的神仙，实在无法帮忙。Zhè shì hěn nán zuòdào，wǒ yòu bú shì ～ de shénxian，shízài wúfǎ bāng máng. *This thing is difficult to do. I'm no supernatural being who can grant whatever is requested and I really have no way of helping.*

【有趣】yǒuqù (形) *interesting*；*fascinating*；*amusing*：～的游戏 ～ de yóuxì *a fascinating game* /～的新闻 ～ de xīnwén *interesting news* /为让大家高兴，他尽说些～的话。Wèi ràng dàjiā gāoxìng，tā jìn shuō xiē ～ de huà. *He tried his best to relate some amusing stories so as to cheer everyone up.* /这个人爱说爱笑，跟他在一起都觉得挺～。Zhège rén ài shuō ài xiào，gēn tā zài yìqǐ dōu juéde tǐng ～. *This person likes to talk and laugh a lot. One always feels it quite interesting to work with him.*

【有色金属】yǒusè jīnshǔ *nonferrous metal*

【有色人种】yǒusè rénzhǒng 白种人以外的人种 *colour race (or people)*

【有神论】yǒushénlùn (名) *theism*

【有生力量】yǒushēng lìliàng (1) 指军队中有战斗力的兵员、马匹等，也指军队 *(of an army) effective strength*：保存～ bǎocún ～ *conserve effective strength* /壮大我们的～ zhuàngdà wǒmen de ～ *expand our effective strength* /消灭敌人的～ xiāomiè dírén de ～ *wipe out the enemy's effective strength* (2) 泛指能发挥作用的人力 *(of manpower) effective strength*：新队员为我们队增添了～。Xīn duìyuán wèi wǒmen duì zēngtiānle ～. *The new team members have increased our team's effective strength.* /这些年轻教师是我们系的～。Zhèxiē niánqīng jiàoshī shì wǒmen xì de ～. *These few young teachers are the effective strength of our department.*

【有声有色】yǒu shēng yǒu sè 说话或表演得非常生动、精彩 *full of sound and colour — vivid and dramatic*：他把故事讲得～，大家都聚精会神地听着。Tā bǎ gùshi jiǎng de ～，dàjiā dōu jù jīng huì shén de tīngzhe. *He told the story dramatically and everybody listened with rapt attention.*

【有时】yǒushí (副) 有时候 *sometimes*；*at times*；*now and then*：我～也去听听京戏。Wǒ ～ yě qù tīngting jīngxì. *Now and then I also go to see Beijing opera.* /他～上午来，～下午来。Tā ～ shàngwǔ lái，～ xiàwǔ lái. *Sometimes he comes in the morning and sometimes he comes in the afternoon.*

【有史以来】yǒu shǐ yǐlái *since the beginning (or dawn) of history*；*throughout history*：那次是～损失最大的地震。Nà cì shì ～ sǔnshī zuì dà de dìzhèn. *The heaviest losses in history were suffered during that earthquake.*

【有始有终】yǒu shǐ yǒu zhōng *carry sth. through to the end*：无论做什么事都应该～。Wúlùn zuò shénme shì dōu yīnggāi ～. *No matter what one does, one should carry it through to the end.*

【有事】yǒu shì *occupied*；*busy*：你现在～吗？要是没事，我想和你谈谈。Nǐ xiànzài ～ ma？yàoshi méi shì，wǒ xiǎng hé nǐ tántan. *Are you busy right now? If not, I'd like to have a chat with you.* /今天晚上～吗？你要没事，上我家去坐一会儿。Jīntiān wǎnshang ～ ma？nǐ yào méi shì，shàng wǒ jiā qù zuò zuò yíhuìr. *Have you anything on this evening? If not, come to my home for a visit.*

【有恃无恐】yǒu shì wú kǒng 恃：倚仗，依靠；恐：害怕。因为有倚仗，(做坏事)就毫无顾忌，一点也不害怕(恃：*rely on*；恐：*fear*) *fearless of what might happen (when doing an evil deed) because one has backing*：这孩子的母亲非常惯他，所以他～，十分顽皮。Zhè háizi de mǔqin fēicháng guàn tā，suǒyǐ tā ～，shífēn wánpí. *This child is extremely mischievous and because he has strong backing from his mother who spoils him rotten, he has no fear of what might happen.*

【有数】yǒushù (形) 数目不多；数量有限 (一般作定语) *not many*；*only a few* (usu. used as an attributive)：～的一点钱，买不了这么多东西。～ de yìdiǎnr qián，mǎi bu liǎo zhème duō dōngxi. *There's only a very small amount of money, which won't buy so many things.* /我在那儿只住了～的几天。Wǒ zài nàr zhǐ zhùle ～ de jǐ tiān. *I only stayed there for a few days.* /小镇上只有～的几家商店。Xiǎozhèn shang zhǐ yǒu ～ de jǐ jiā shāngdiàn. *The small town only has a few stores.* /～的几天假，不能长途旅行。～ de jǐ tiān jià，bù néng chángtú lǚxíng. *With only a few days off, I can't go long-distance travelling.* /～的一点材料，怎么能盖大楼呢！～ de yìdiǎn cáiliào，zěnme néng gài dà lóu ne！*There aren't many materials. How can we possibly erect a mulit-storeyed building?*

【有数】yǒu = shù (只作谓语) *(only used as a predicate)* (1) 知道确切的数目 *know exactly the number (or amount) of*：室内的物品都是～的。Shì nèi de wùpǐn dōu shì ～ de. *I know exactly how many things there are in the room.* /他的书～，谁拿走一本他都知道。Tā de shū ～，shuí názǒu yì běn tā dōu zhīdào. *He knows exactly how many books he has, so if someone takes one, he'll know.* (2) 比喻对情况了解得很清楚，或比喻事前有明确的打算和计划 *know exactly how things stand*；*have a definite idea of what one's doing*：下一步棋怎么走，你心里～吗？Xià yí bù qí zěnme zǒu，nǐ xīnlǐ ～ ma？*Do you know exactly what your next chess move is?* /怎么对付对手，教练心中早～了。Zěnme duìfu duìshǒu，jiàoliàn xīnzhōng zǎo ～ le. *The coach knew a long time ago how to handle the opponents.* /工厂各方面的情况，作为厂长心里要有个～。Gōngchǎng gè fāngmiàn de qíngkuàng，zuòwéi chǎngzhǎng xīnlǐ yào yǒu ge shù. *A factory director must know exactly where he stands in every situation in a factory.*

【有条不紊】yǒu tiáo bù wěn 紊：乱。(指说话做事)有条理，有次序，一点也不乱 (紊：*disorderly*) *(speaking or doing sth.) in an orderly way*；*methodically*；*systematically*：他工作虽然很杂，但安排得～。Tā gōngzuò suīrán hěn zá，dàn ānpái de ～. *Although he does odd jobs, he arranges his work in an orderly way.*

【有头脑】yǒu tóunǎo *have plenty of brains*：这个青年很～，值得培养。Zhège qīngnián hěn ～，zhíde péiyǎng. *This youth has plenty of brains and is worth training.* /他很可靠，但没什么头脑。Tā hěn kěkào，dàn méi shénme tóunǎo. *He's very reliable but he doesn't have any brains.*

【有为】yǒuwéi (形) 能够做出成绩来，有作为 *promising*：张家的儿子年轻～。Zhāng jiā de érzi niánqīng ～. *The Zhang family's son is young and promising.* /～的青年志在四方。～ de qīngnián zhì zài sìfāng. *A promising young person can prosper anywhere.* /这一代年轻人奋发～。Zhè yí dài

niánqīng rén fènfā ~. *The young people of this generation exert themselves and are promising.*

【有……无……】yǒu…… wú……（1）嵌入两个意思相关的单音节名词，表示只有前者而没有后者，强调后者（*inserted before two monosyllabic nouns with interrelated meanings to indicate a case in which there is only the former and not the latter; emphasizes the latter*）：你大概不知道，这是有名无实的官。Nǐ dàgài bù zhīdào, zhè shì yǒu míng wú shí de guān. *Perhaps you don't know, but this official position is merely nominal.* /他有气无力，一摇一晃地往家里走。Tā yǒu qì wú lì, yì yáo yí huàng de wǎng jiāli zǒu. *He feebly staggered home.*（2）嵌入两个意义相对的单音节词，强调前者（*inserted before two monosyllabic words with opposite meanings to emphasize the former of the two*）：多学点知识有益无害。Duō xué diǎnr zhīshi yǒu yì wú hài. *It can only be helpful, not harmful, to learn a little more knowledge.* /参加夜校学习的人有增无减。Cānjiā yèxiào xuéxí de rén yǒu zēng wú jiǎn. *The number of people attending night school is increasing, not decreasing.*（3）嵌入两个单音节动词，表示有了前者就可以没有后者（*inserted before two monosyllabic verbs to indicate that if there is the former, then there may not be the latter*）：路途远，带上雨具有备无患。Lùtú yuǎn, dàishang yǔjù yǒu bèi wú huàn. *The road is long, so bring raingear. Being prepared will avert misfortune.*（4）嵌入同一名词，表示似有似无或无形中（*inserted before the same reduplicated noun to indicate sth. imperceptible or to indicate that sth. appears to be so, or appears to not be so*）：在谈话过程中，他有意无意地泄露了秘密。Zài tán huà guòchéng zhōng, tā yǒu yì wú yì de xièlòule mìmì. *While he was speaking, he wittingly or unwittingly revealed a secret.* /他独自在公园散步，有心无心地浏览风景。Tā dúzì zài gōngyuán sàn bù, yǒu xīn wú xīn de liúlǎn fēngjǐng. *As he was strolling by himself in the garden, he intentionally or unintentionally glanced at the scenery.*

【有隙可乘】yǒu xì kě chéng 说话、做事有漏洞，给生事的人以利用的机会 *there is a crack to squeeze through—there is a loophole to exploit*

【有限】yǒuxiàn（形）（1）有一定的限度 *limited*：～公司 gōngsī *limited company* /我的职权～. Wǒ de zhíquán ~. *My power of office is limited.* /人的精力是～的。Rén de jīnglì shì ~ de. *A person's energy has its limits.* /录取名额～，只有20人。Lùqǔ míng'é ~, zhǐ yǒu èrshí rén. *The number of people admitted is limited to only twenty.*（2）数量不多或程度不深 *only a limited number; to a limited (or certain) extent; very few; very little*：数量～，售完为止。Shùliàng ~, shòuwán wéizhǐ. *Quantity is limited. Available until sold out.* /我的英语水平～. Wǒ de Yīngyǔ shuǐpíng ~. *I know very little English.* /～的一点钱，办不了大事。~ de yìdiǎnr qián, bàn bu liǎo dà shì. *One can't do major things with a small amount of money.* /他的文化～，看不懂报纸。Tā de wénhuà ~, kàn bu dǒng bàozhǐ. *He has had little schooling so he can't read newspapers.*

【有线广播】yǒuxiàn guǎngbō *wire (or wired) broadcasting; rediffusion on wire*

【有效】yǒuxiào（形）*efficacious; effective; valid*：～率～lǜ *effective rate* /～措施～ cuòshī *effective measures* /这个办法很～. Zhège bànfǎ hěn ~. *This method is really effective.* /这种药对感冒真～. Zhè zhǒng yào duì gǎnmào zhēn ~. *This type of medicine is really efficacious for the flu.* /造林～地控制了水土。Zào lín ~ de kòngzhìle shuǐtǔ. *Afforestation has effectively controlled water and soil.*

【有效期】yǒuxiàoqī（名）*term (or period) of validity*：这个签证～为一年。Zhège qiānzhèng ~ wéi yì nián. *This visa is valid for one year.* /这瓶眼药水已过了～了。Zhè píng yǎnyàoshuǐ yǐ guòle ~ le. *This bottle of eyedrops has al-*

ready passed its expiry date.

【有心】yǒuxīn（动）（1）心里存在某个打算、念头（多作状语，一般指并未实现）*have a mind to; set one's mind on (sth. that hasn't been realized)*（*usu. used as an adverbial*）：我劝劝他，可是不知话该怎么说。Wǒ ~ quànquan tā, kěshì bù zhī huà gāi zěnme shuō. *I have a mind to talk him round, but I don't know what to say.* /我～帮助他，又怕伤他的自尊心。Wǒ ~ bāngzhù tā, yòu pà shāng tā de zìzūnxīn. *I have a mind to help him, but I'm afraid to injure his self-esteem.* /他～送你一件礼物，但不知道你喜欢什么。Tā ~ sòng nǐ yí jiàn lǐwù, dàn bù zhīdào nǐ xǐhuan shénme. *He'd like to give you a gift but doesn't know what you like.*（2）有意识地（多作状语，一般用于否定）*intentionally; purposely*（*usu. used in the negative and as an adverbial*）：我不是～写错你的名字! Wǒ bú shì ~ xiěcuò nǐ de míngzi! *I didn't intentionally write your name wrong.* /他可不是～怠慢你。Tā kě bú shì ~ dàimàn nǐ. *He didn't cold-shoulder you on purpose.*

【有心人】yǒuxīnrén（名）有某种抱负，肯于开动脑筋想问题的人 *a person who sets his mind on doing something useful; a person who is ambitious and tenacious of purpose*：世上无难事，只怕～。Shì shang wú nán shì, zhǐ pà ~. *Nothing in the world is difficult for one who sets his mind on it.* /搞设计找上他，他是～，说不定能想出新方案来。Gǎo shèjì zhǎoshang tā, tā shì ~, shuō bu dìng néng xiǎng chū xīn fāng'àn lai. *If you get him to join in when making a design, he will perhaps come up with a new plan, as he's someone who sets his mind on doing things.*

【有形】yǒuxíng（形）感觉器官能感觉到的 *tangible; visible*：～损耗 ~ sǔnhào *material loss*

【有血有肉】yǒu xuè yǒu ròu 形容文艺作品形象生动，内容充实（*of descriptions in literary works, etc.*）*true to life; vivid*：他长期深入部队，才写出这样～的反映战士生活的作品。Tā chángqī shēnrù bùduì, cái xiěchū zhèyàng ~ de fǎnyìng zhànshì shēnghuó de zuòpǐn. *It was only after he immersed himself in the armed forces for a long period of time that he was able to write such a vivid portrayal of a soldier's life.*

【有（一）点儿】yǒu(yì)diǎnr（副）同"有点"yǒudiǎn *same as* "有点" yǒudiǎn

【有（一）些】yǒu(yì)xiē（副）同"有（一）点儿"yǒu(yì)diǎnr，多用于书面语 *same as* "有（一）点儿" yǒu(yì)diǎnr（*usu. used in the written language*）

【有益】yǒuyì（形）*profitable; beneficial; useful*：做一些对人民～的事。Zuò yìxiē duì rénmín ~ de shì. *Do some things that are useful to the people.* /燕子是对人类～的鸟。Yànzi shì duì rénlèi ~ de niǎo. *The swallow is a bird that is of value to mankind.* /散步是～于健身的户外活动。Sàn bù shì ~ yú jiànshēn de hù wài huódòng. *Going for a stroll is an outdoor exercise that is benficial to one's health.*

【有意】yǒuyì（动）（1）故意，有意识 *intentionally; deliberately; purposely*：他～跟我作对。Tā ~ gēn wǒ zuòduì. *He has deliberately opposed me.* /小李～把话说错，逗大家笑。Xiǎo Lǐ ~ bǎ huà shuōcuò, dòu dàjiā xiào. *Xiao Li purposely said the words wrong so as to make everybody laugh.* /他损坏物品是～的。Tā sǔnhuài wùpǐn shì ~ de. *He deliberately damaged those goods.* /伤害别人是犯法的! ~ shānghài biéren shì fàn fǎ de! *Intentionally harming others is violating the law.*（2）指男女双方中的一方对另一方心存好感或爱慕之情 *be interested in (the opposite sex)*：从她的言谈中可以断定她对你～。Cóng tā de yántán zhōng kěyǐ duàndìng tā duì nǐ ~. *From the way she speaks, one can conclude that she's interested in you.* /你毫无表示，他怎么能知道你对他～呢? Nǐ háowú biǎoshì, tā zěnme néng zhīdào nǐ duì tā ~ne? *You haven't shown the slightest indi-*

cation so how is he to know that you're interested in him?

【有意识】yǒu yìshí 在某种思想支配下，有目的地（常作状语）consciously (usu. used as an adverbial)：我～地放慢脚步，等他们赶上来。Wǒ ～ de fàngmàn jiǎobù, děng tāmen gǎn shànglái. I made a conscious effort to take slow steps so that they could catch up. /他怕发胖，～地控制饮食。Tā pà fāpàng, ～ de kòngzhì yǐnshí. He's afraid to put on weight so he consciously controls his food and drink intake. /我冬天不穿棉衣，是～地锻炼耐寒能力。Wǒ dōngtiān bù chuān miányī, shì ～ de duànliàn nài hán nénglì. I don't wear cotton-padded clothes in winter. This is a conscious effort to practise my ability to resist cold. /她～地培养孩子的勇敢精神。Tā ～ de péiyǎng háizi de yǒnggǎn jīngshén. She made a conscious effort to develop a spirit of courage in her child. /他这样做是～的。Tā zhèyàng zuò shì ～ de. He consciously did it this way.

【有用】yǒu = yòng useful：～的知识 ～ de zhīshi useful knowledge /～的人材 ～ de réncái useful talent /要做对社会～的人。Yào zuò duì shèhuì ～ de rén. One must be useful to society. /这些书将来会～的。Zhèxiē shū jiānglái huì ～ de. These books will be useful in future.

【有……有……】yǒu ……yǒu …… (1)分别嵌入两个意思相对的词，表示两方面兼而有之 (inserted before two words with opposite meanings to indicate existence of both qualities)：这段路有高有低，实在不平。Zhè duàn lù yǒu gāo yǒu dī, shízài bù píng. This section of road has high and low spots. It's really uneven. /做事必须有头有尾，不能半途而废。Zuò shì bìxū yǒu tóu yǒu wěi, bù néng bàn tú ér fèi. There must be a beginning and an end to what one does. One can't just give up halfway through. (2)分别嵌入意思相近的两个词，表示强调 (used for emphasis before two words with similar meanings)：有吃有穿的，你发什么愁！Yǒu chī yǒu chuān de, nǐ fā shénme chóu! You have both food and clothing, so what are you worried about? /把工作安排得有条有理。Bǎ gōngzuò ānpái de yǒu tiáo yǒu lǐ. Arrange the work systematically. /晚会上有唱有跳多么热闹。Wǎnhuì shang yǒu chàng yǒu tiào duōme rènao. The party was alive with singing and dancing.

【有则改之，无则加勉】yǒu zé gǎi zhī, wú zé jiā miǎn 别人说自己有某种缺点，如果真有就改掉，如果没有，就勉励自己不犯 correct shortcomings if you have them and guard against them if you have not

【有朝一日】yǒu zhāo yī rì 如果将来有一天 if some day; one day：这个科研项目～研究成功，对治疗癌症将有很大帮助。Zhège kēyán xiàngmù ～ yánjiū chénggōng, duì zhìliáo áizhèng jiāng yǒu hěn dà bāngzhù. If this scientific research project meets with success some day, it will be a great help in the treatment of cancer.

【有着】yǒuzhe (动)具有；存在着(宾语最少是双音节词，多为表示身体某部分或抽象事物的) have; possess; exist (the object is at least a disyllabic word; usu. used to indicate a part of the body or an abstract thing)：爸爸～一副好身骨。Bàba ～ yí fù hǎo shēngǔ. Dad enjoys very good health. /小姑娘～一双动人的眼睛。Xiǎo gūniang ～ yì shuāng dòngrén de yǎnjing. The little girl has a pair of eyes that are very moving. /他俩之间～深厚的情谊。Tā liǎ zhī jiān ～ shēnhòu de qíngyì. There is a profound friendship between those two. /我对那儿～特殊的感情。Wǒ duì nàr ～ tèshū de gǎnqíng. I have a special affection for that place. /这里有丰富的资源，～广阔的发展前途。Zhèli yǒu fēngfù de zīyuán, ～ guǎngkuò de fāzhǎn qiántú. This place is abundant in natural resources and has broad prospects for development.

【有志者事竟成】yǒu zhì zhě shì jìng chéng 竟；终于。有志气的人做事最后一定会成功（竟；in the end）where there's a will there's a way

黝 yǒu

【黝黑】yǒuhēi (形)(1)颜色黑(不受状语修饰) dark-complexioned; swarthy：～的脸 ～ de liǎn swarthy face /晒黑～的 shài de ～～ de sunburnt; tanned (2)无光的(不受状语修饰) without light; gloomy：～的山洞，令人害怕。～ de shāndòng, lìng rén hàipà. The gloomy cave was fearsome.

yòu

又 yòu (副)用于已然 (used for that which has become fact)(1)表示同一动作再次发生或同一状态再次出现 (indicates repetition of an action or situation) again：他昨天没有来，今天～没来。Tā zuótiān méiyou lái, jīntiān ～ méi lái. He neither came yesterday nor today. /这个电视机他修了一次，我～修了一次，结果还是没有修好。Zhège diànshìjī tā xiūle yí cì, wǒ ～ xiūle yí cì, jiéguǒ háishi méiyou xiūhǎo. He repaired this TV set, then I repaired it, but it still doesn't work properly. /你看桃花～开了。Nǐ kàn táohuā ～ kāi le. Look, the peach blossoms have bloomed again. 有些动作或状态虽属未然，但是规律性的重复，必然性很强，也用"又" (although some actions or situations have not yet become fact, they occur with regularity and their inevitability is apparent, in which case "又" can also be used)：～是"五一"了。～ shì "Wǔ-Yī" le. It will soon be May Day again. /夏天到了，我们～可以去海滨游泳了。Xiàtiān dào le, wǒmen ～ kěyǐ qù hǎibīn yóuyǒng le. Summer comes, we can go swimming at the seashore again. (2)表示两个不同的动作相继发生 (indicates that two different actions occur in succession)：他在大学学了四年中文～学了三年外文。Tā zài dàxué xuéle sì nián Zhōngwén ～ xuéle sān nián wàiwén. At university, he studied Chinese for four years, then studied a foreign language for three years. /他从百货大楼出来～进了新华书店。Tā cóng bǎihuò dà lóu chūlai ～ jìnle Xīnhuá Shūdiàn. When he came out of the department store he went into the Xinhua Bookstore. (3)用在重复的同一动词中间，表示动作的多次重复 (used between the reduplication of a verb to indicate the continuous repetition of the action)：她嘱咐了～嘱咐，生怕孩子误了事。Tā zhǔfù le ～ zhǔfù, shēngpà háizi wùle shì. She pressed the child again and again lest he bungle matters. /一个动作，他练了～练，直到非常自然为止。Yí ge dòngzuò, tā liànle ～ liàn, zhídào fēicháng zìrán wéizhǐ. He practised the same movement over and over again until he could do it naturally. (4)插在重复的"一＋量词"的数量短语中间，表示多次重复 (used within a numeral-measure word phrase with the structure "一＋measure word" to indicate several repetitions)：我们攻下了一个～一个难点，终于取得胜利。Wǒmen gōngxiàle yí ge ～ yí ge nándiǎn, zhōngyú qǔdé shènglì. We overcame one difficulty after another and finally achieved success. /他不厌其烦地一遍～一遍地修改自己的稿子。Tā bú yàn qí fán de yí biàn ～ yí biàn de xiūgǎi zìjǐ de gǎozi. He doesn't mind taking all the trouble to revise his own manuscript over and over again. /她陷入沉思，往事像电影一样一幕～一幕地在头脑里显现着。Tā xiànrù chénsī, wǎngshì xiàng diànyǐng yíyàng yí mù ～ yí mù de zài tóunǎo li xiǎnxiànzhe. She was lost in thought as past events appeared in her mind, one after the other, like scenes from a movie. (5)表示两个动作反复交替 (indicates that two actions occur alternately)：他拆了～装，装了～拆，直到那个收录机没有一点杂音才停下来。Tā chāile ～ zhuāng,

zhuāngle ~ chāi, zhídào nàge shōulùjī méi yǒu yìdiǎnr záyīn cái tíng xialai. *He took the radio apart and put it back together over and over again until there was so no longer the least bit of static.* /她要买个别针,站在柜台前挑了~挑,看了~看,觉得都不中意。Tā yào mǎi ge biézhēn, zhàn zài guìtái qián tiāole ~ tiāo, kànle ~ kàn, juéde dōu bú zhòngyì. *She wnated to buy a brooch. She stood at the counter, picking and choosing, and looking at them again and again and finally decided that none was to her liking.* (6) 表示意思上更进一层或有所补充,只用于已然 (indicates additional ideas or afterthought; only used for that which has become fact):这活儿的难度本来就很大,你~是新手,可不能疏忽。Zhè huór de nándù běnlái jiù hěn dà, nǐ ~ shì xīnshǒu, kě bù néng shūhū. *In the first place, this kind of work is very difficult, and you're a new hand at it, so you can't afford to be careless.* /母亲怕孩子路上饿,面包之外~装了两个鸡蛋。Mǔqin pà háizi lùshang è, miànbāo zhī wài ~ zhuāngle liǎng gè jīdàn. *The mother was afraid her child would get hungry on the way, so she packed two eggs in additon to the bread.* /她本来就比较胖,~穿了件带横格的衣服,更显得胖了。Tā běnlái jiù bǐjiào pàng, ~ chuānle jiàn dài hénggé de yīfu, gèng xiǎnde pàng le. *She's quite fat to begin with. Her wearing a shirt with horizontal stripes on top of that makes her look even fatter.* (7) 表示矛盾着的两个方面 (indicates two contradictory aspects or ideas):你~想吃,~怕烫,那怎么行。Nǐ ~ xiǎng chī, ~ pà tàng, nà zěnme xíng. *You want to eat it, but you're afraid of burning yourself. Make up your mind!* /心里有万语千言,想说 ~ 不好说出来,只能在一边儿流泪了。Xīnli yǒu wàn yǔ qiān yán, xiǎng shuō ~ bù hǎo shuō chulai, zhǐ néng zài yìbiānr liú lèi le. *There were a million things on my mind that I wanted to talk about, but didn't know how to begin so I just stood aside and cried.* (8) 用在否定句中,表示事实既已如此,后面的结论就是理所当然的了 (used in a negative sentence to indicate that since the facts are such, the following conclusion is a matter of course):你~不是不懂英文,干吗还要找翻译呀! Nǐ ~ bú shì bù dǒng Yīngwén, gàn má hái yào zhǎo fānyi ya? *You understand English. Why on earth are you looking for a translator?* /他一着急就口吃,你~不是不知道,就别故意让他着急了。Tā yì zháo jí jiù kǒuchī, nǐ ~ bú shì bù zhīdào, jiù bié gùyì ràng tā zháo jí le. *You know very well that he stutters as soon as he gets nervous, so don't get him nervous on purpose.* /今天来的~没有生人,大家可以随便点儿。Jīntiān lái de ~ méi yǒu shēngrén, dàjiā kěyǐ suíbiàn diǎnr. *There are no strangers here today. You can all make yourselves at home.* (9) 在反问句中加强否定语气,句中有疑问代词 (emphasizes the negative tone in a rhetorical question which uses an interrogative pronoun):下雪~有什么关系! Xià xuě ~ yǒu shénme guānxi! *Who cares if it's snowing!* /这点小事~能费你多大工夫! Zhè diǎn xiǎo shì ~ néng fèi nǐ duō dà gōngfu! *Such a trifling matter couldn't possibly take up any of your time!* /事情明摆着,你~瞒得了谁? Shìqing míng bǎizhe, nǐ ~ mán de liǎo shuí? *The matter is obvious. Whom are you trying to fool?*

【又红又专】yòu hóng yòu zhuān 具有社会主义觉悟,又掌握专业知识和专门技术 both red and expert —— both socialist-minded and vocationally proficient:我们需要~的干部。Wǒmen xūyào ~ de gànbu. *We need cadres who are both socialist-minded and vocationally proficient.*

【又……又……】yòu... yòu... 嵌入动词、形容词或短语,表示几种动作、性质或状况同时存在 (inserted before verbs, adjectives or phrases to indicate the simultaneous existence of several actions, characteristics, or conditions):这匹马又肥又壮,讨人喜欢。Zhè pǐ mǎ yòu féi yòu zhuàng,

tǎo rén xǐhuan. *This horse is big and strong, and very likable.* /这种洗衣机又节水又省电,很受欢迎。Zhè zhǒng xǐyījī yòu jié shuǐ yòu shěng diàn, hěn shòu huānyíng. *This kind of washing machine saves both water and electricity. It's very popular.* /他高兴得又唱又跳。Tā gāoxìng de yòu chàng yòu tiào. *He sang and jumped for joy.* /她又会英语又会德语又会汉语。Tā yòu huì Yīngyǔ yòu huì Déyǔ yòu huì Hànyǔ. *She speaks English, German and Chinese.*

右 yòu
(名)the right side; the right:这张桌子往 ~ 挪挪。Zhè zhāng zhuōzi wǎng ~ nuónuo. *Move this desk a bit to the right.* (形) 保守的 Rightist; conservative:他的思想很~。Tā de sīxiǎng hěn ~. *He's very conservative in his thinking.*

【右边】yòubiān (名)the right (or right-hand) side; the right
【右面】yòumiàn (名)同"右边" yòubiān same as "右边" yòubiān
【右派】yòupài (名) the Right; the right wing; Rightist
【右倾】yòuqīng (名) Right deviation
【右倾机会主义】yòuqīng jīhuìzhǔyì Right opportunism
【右手】yòushǒu (名)同"右首" yòushǒu same as "右首"
【右首】yòushǒu (名) 右边(常指座位) the right-hand side; the right:坐在我~的是王老师。Zuò zài wǒ ~ de shì Wáng lǎoshī. *Sitting beside me on the right is Teacher Wang.*
【右翼】yòuyì (名)(1)作战时在正面部队右侧的部队 right wing; right flank (troops) (2)政党或阶级、集团中在政治上倾向保守的一部分 the Right; the right wing; conservative

幼 yòu
(形)◇年纪小;未长成 young; under age
【幼虫】yòuchóng (名) lava
【幼儿】yòu'ér (名)自两岁左右至五六岁的儿童 child; infant:她是从事~教育的。Tā shì cóngshì ~ jiàoyù de. *She's engaged in preschool education.*
【幼儿园】yòu'éryuán (名) kindergarden
【幼苗】yòumiáo (名) seedling;
【幼年】yòunián (名) childhood; infancy
【幼师】yòushī (名) 幼儿师范学校的简称,是培养学龄前儿童教师师资的学校 abbrev. for "幼儿师范学校" (teachers college for preschool education)
【幼小】yòuxiǎo (形) 未成年的 under age; immature
【幼稚】yòuzhì (形)(1)年纪小 young:~园 ~ yuán kindergarden /~的心灵 ~ de xīnlíng young at heart (2)形容头脑单纯、简单 childish; naive; simple-minded:~的看法 ~ de kànfǎ a naive outlook /你提的问题很~。Nǐ tí de wèntí hěn ~. *Your question is very naive.* /他太天真~了! Tā tài tiānzhēn ~ le! *He's too simple-minded and naive!* /他很少接触社会,所以办事有些~。Tā hěn shǎo jiēchù shèhuì, suǒyǐ bàn shì yǒuxiē ~. *She seldom comes into contact with society so she's a little naive in handling matters.*

诱 [誘] yòu
(动)◇ (1)诱导 guide; lead; induce (2)吸引;引诱 lure; seduce; entice:~敌深入。~ dí shēnrù lure the enemy in deep /酒香~人 jiǔ xiāng ~rén The aromo of wine is enticing.
【诱导】yòudǎo (动)(1)用吸引、启发、劝说等方式开导、教育(使人向好的方面发展) guide; lead (sb. in the right direction):启发~ qǐfā ~ inspire and guide /善于~ shànyú ~ be good at leading /在老师的~下,孩子们进步很快。Zài lǎoshī de ~ xià, háizimen jìnbù hěn kuài. *The children*

made great progress under the teacher's guidance. /家长想法～孩子懂得学习的重要。Jiāzhǎng xiǎng fǎ ～ háizi dǒngdé xuéxí de zhòngyào. *The parents tried to guide their child and make him understand the importance of learning.* (2)〈物〉 *induce*

【诱饵】yòu'ěr（名）捕捉动物时用来引诱它的食物。也比喻用来引诱别人上当的东西 *bait*；敌人以金钱为～，使他陷入圈套。Dírén yǐ jīnqián wéi ～, shǐ tā xiànrù quāntào. *The enemy used money as bait to make him fall into the trap.*

【诱发】yòufā（动）(1)诱导启发 *provoke thought; give inspiration* (2)导致发生(疾病) *cause (a disease) to happen; induce; bring out (sth. potential or latent)*；感冒能～很多种疾病。Gǎnmào néng ～ hěn duō zhǒng jíbìng. *The flu can bring out many types of illnesses.*

【诱拐】yòuguǎi（动）用引诱欺骗等手段把妇女或儿童弄走 *abduct; carry off (a woman) by fraud; kidnap (a child)*

【诱惑】yòuhuò（动）*entice; tempt; seduce; lure*

【诱骗】yòupiàn（动）引诱欺骗 *inveigle; trap; trick*

【诱人】yòurén（形）(色、香、味等)吸引人 *tempting; alluring*：～的香味 ～ de xiāng wèi *tempting fragrance*/～的景色 ～ de jǐngsè *attractive landscape*

【诱降】yòuxiáng（动）引诱敌人投降 *lure into surrender*

釉 yòu

（名）*glaze*
【釉子】yòuzi（名）*glaze*

yū

迂 yū

（动）〈书〉绕弯 *circuitous; winding*；～道而行 ～ dào ér xíng *make a detour* (形)(言行、看法)不适应时代，拘泥保守 *(of sb.'s speech, outlook, etc.) clinging to outdated rules and ideas; pedantic*；这个人太～，派他搞对外联系绝对不行。Zhège rén tài ～, pài tā gǎo duì wài liánxì juéduì bù xíng. *This person is too much of a pedant. Sending him to set up external relations is absolutely out of the question.*

【迂腐】yūfǔ（形）同"迂" yū（形）*same as "迂" yū（形）*～

【迂回】yūhuí（动）(1)回旋，环绕 *circuitous; roundabout*；～曲折 ～ qūzhé *full of twists and turns*／山路盘旋～。Shānlù pánxuán ～. *The mountain path winds around and around.* /生产～上升。Shēngchǎn ～ shàngshēng. *Production is rising in a roundabout way.* (2)〈军〉绕到敌人侧面或后面(作战)～前进 *outflank*；～战术 ～ zhànshù *outflanking tactics* /部队～前进。Bùduì ～ qiánjìn. *The troops outflanked the enemy and advanced.*

淤 yū

（动）(1)*silt; become silted up*：水池里～了不少沙子。Shuǐchí li ～le bù shǎo shāzi. *The pond has become silted up.* /下水道～住了。Xiàshuǐdào ～ zhu le. *The sewer is choked with silt.* /湖底～了很厚的泥。Hú dǐ ～ le hěn hòu de ní. *The bottom of the lake is heavily silted up.* (2)血管出血，血积在皮下 *extravasate*；皮下～了不少血。Pí xià ～ le bù shǎo xiě. *A lot of blood has extravasated under the skin.* /止血化～ zhǐ xiě huà ～ *stop the bleeding and dissolve the extravasated blood*

【淤积】yūjī（动）*silt up; deposit*：河道里～了大量泥沙，该清理了。Hédào li ～ le dàliàng nísha, gāi qīnglǐ le. *There's a heavy deposit of silt in the river that should be cleared up.*

【淤泥】yūní（名）沉积的泥 *silt; sludge; ooze*

【淤塞】yūsè（动）(水道)被泥沙等堵塞 *(of a water course) silt up; be choked with silt*

【淤血】yūxuè（名）凝聚不流通的血 *extravasated blood*

【淤滞】yūzhì（动）(河流)因泥沙沉积而不通畅 *(of the flow*

of a river, etc.) be retarded by silt; silt up*.

yú

于 yú

（介）〈书〉(1)介词"在" zài 的意思 *same as the preposition "在" zài* ①表示动作发生的时间，"于"及其宾语可处于动词前，也可处于动词后 *(indicates the time at which an action occurs; "于" and its object can be placed either before or after the verb)*：学校～七月中旬开始放暑假。Xuéxiào ～ qīyuè zhōngxún kāishǐ fàng shǔjià. *The school's summer holidays begin in mid-July.* /我妹妹将～明日下午二时到京。Wǒ mèimei jiāng ～ míngrì xiàwǔ èr shí dào Jīng. *My younger sister will arrive in Beijing at two o'clock tomorrow afternoon.* /他生～1954年。Tā shēng ～ yījiǔwǔsì nián. *He was born in 1954.* /这座庙建～五百年以前。Zhè zuò miào jiàn ～ wǔ bǎi nián yǐqián. *The temple was built five hundred years ago.* ②表示动作发生、到达或事件存在的处所，"于"及其宾语可处于动词前，也可处于动词后 *(to indicate where an action occurs or the place where sth. exists; "于" and its object can be placed either before or after the verb)*：她毕业～医科大学。Tā bì yè ～ yīkē dàxué. *She graduated from a medical university.* /矛盾存在～一切事物之中。Máodùn cúnzài ～ yíqiè shìwù zhī zhōng. *Contradiction exists between all things.* /他已～山区定居多年。Tā yǐ ～ shānqū dìngjū duō nián. *He has been residing in a mountain region for many years now.* ③"于"及其宾语放在动词后，表示人或事物通过动作到达的处所 *(when "于" and its object are placed after the verb, they indicate that a person or thing reaches a certain place through the action)*：身为领导，要永远置身～群众之中。Shēn wéi lǐngdǎo, yào yǒngyuǎn zhìshēn ～ qúnzhòng zhī zhōng. *As a leader, you have to place yourself forever amidst the masses.* /人们把一束束鲜花放～英雄墓前。Rénmen bǎ yí shùshù xiānhuā fàng ～ yīngxióng mù qián. *The people placed one bunch of fresh flowers after another before the hero's grave.* ④"于"及其宾语放在动词前表示进行某种动作时的境况，放在动词后表示人或事物通过动作进入某境况 *(when "于" and its object are placed before a verb, they indicate the circumstances during which an action is taking place; if after a verb, they indicate that a person or thing goes through an action to enter certain circumstances)*：他～双方混战中逃脱险境。Tā ～ shuāngfāng hùnzhàn zhōng táotuō xiǎnjìng. *He made good his escape from danger while the two sides were engaged in tangled warfare.* /谈判陷～僵局。Tánpàn xiàn ～ jiāngjú. *The negotiations have reached an impasse.* (2)"对"的意思，指出与动作、行为有关联的对象；宾语多是体词或动宾结构等，"于……"可放在动词前，或在动词或动宾结构之后 *(has the same meaning as "对" duì; indicates that which is related to an action or behaviour; the object is usu. nominal or verb-object structure; "于" can be placed before a verb or after a verb or verb-object structure)*：这样～改进工作大有帮助。Zhèyàng ～ gǎijìn gōngzuò dà yǒu bāngzhù. *This way is very helpful to the improvement of work.* /积极参加储蓄～个人，～国家都有利。Jíjí cānjiā chǔxù ～ gèrén, ～ guójiā dōu yǒu lì. *Enthusiastically depositing one's savings is beneficial to both the individual as well as the state.* /这些材料有助～分析案情。Zhèxiē cáiliào yǒuzhù ～ fēnxī ànqíng. *These materials are helpful for analysing the details of the case.* /读书不能只满足～一字一句的理解。Dú shū bù néng zhī mǎnzú yí zì yí jù de lǐjiě. *One must not just be satisfied with a literal understanding when learning.* (3)"给"的意思，宾语为体词，"于……"常用于动词或动宾结构后 *(has the same meaning as "给" gěi; the object is a nominal; "于..." is*

usu. used after the verb or verb-object structure）：嫁祸～人
jià huò　～ rén put the blame on somebody else /献身～伟大
的革命事业 Xiàn shēn ～ wěidà de gémìng shìyè give one's
life to the great revolutionary cause /光荣归～英雄的战士.
Guāngróng guī～yīngxióng de zhànshì. Glory goes to the
heroic soldiers.（4）"自"的意思；宾语为体词，"于……"放
在动词后，表示动作的根源（has the same meaning as "自"
zì；the object is a nominal；"于..." is used after the verb
and indicates the origin of the action）：出～对祖国的热爱,
他回国参加建设. Chū ～ duì zǔguó de rè'ài, tā huí guó
cānjiā jiànshè. Out of love for his country he returned there
to take part in construction. /这是发～内心的肺腑之言.
Zhè shì fā ～ nèixīn de fèifǔ zhī yán. These words come
from the bottom of his heart.（5）"比"的意思，但"于……"
的位置与"比"不同（has the same meaning as "比" bǐ，but
the position of "于..." is not the same as that of "比"）：五大
～三. Wǔ dà ～ sān. Five is greater than three. /对她,体
贴多～责怪. Duì tā，tǐtiē duō ～ zéguài. You must show
her more care than reprimand. /人民的利益高～一切.
Rénmín de lìyì gāo ～ yíqiè. The interests of the people are
above all else.（6）"跟""和"的意思，但"于……"所处位置不
同（has the same meaning as "跟" gēn and "和" hé，but
"于..." is not placed in the same position）：今年气候不同
～往年. Jīnnián qìhòu bù tóng ～ wǎngnián. The climate
this year is not the same as in previous years. /一斤香蕉相
当～两斤梨的价钱. Yì jīn xiāngjiāo xiāngdāng ～ liǎng jīn
lí de jiàqián. The price of one jin of bananas is equal to the
price of two jin of pears.（7）表示被动，引出施事者；"于
……"放在动词后（indicates a passive voice；introduces the
doer of the action）；"于..." is placed after the verb）：迫～
形势，她只好放弃原来的主张. Pò ～ xíngshì，tā zhǐhǎo
fàngqì yuánlái de zhǔzhāng. Under the pressure of circum-
stances, she had no choice but to give up her original stand.
/限～水平，缺点和错误在所难免. Xiàn ～ shuǐpíng，
quēdiǎn hé cuòwù zài suǒ nán miǎn. As my ability is limit-
ed, shortcomings and mistakes are unavoidable.（8）"向"的
意思，"于……"多用于动词后（has the same meaning as "
"向" xiàng；"于..." is usu. used after the verb）：请教～人
qǐng jiào ～ rén ask for advice /何必去乞求～他呢？Hébì
qù qǐqiú ～ tā ne? Is it necessary to beg him?（9）表示原因、
目的、方面，"于……"前面有动词或形容词（indicates a
cause, aim, aspect；"于..." is preceded by a verb or adjec-
tive）：我很想学习这门技术，苦～没有机会. Wǒ hěn xiǎng
xuéxí zhè mén jìshù，kǔ～ méi yǒu jīhuì. I really want to
learn this skill, but I don't have the chance to. /饮料全部摆
在桌子上，便～大家取用. Yinliào quánbù bǎi zai zhuōzi
shang，biàn ～ dàjiā qǔyòng. All the drinks are on the
table so that everybody can help himself. /他整天忙～行政
事务. Tā zhěng tiān máng～ xíngzhèng shìwù. He is busy
with administrative work all day long.

【于是】yúshì（连）连接分句或句子，可用于主语后，表示后
一事是前一事的自然结果；后面可以有停顿（links clauses
or sentences；can be used after the subject and can be fol-
lowed by a pause）hence；consequently；as a result：他想今
天我们可能进城，～就在路旁等着我们一起去. Tā xiǎng
jīntiān wǒmen kěnéng jìn chéng，～ jiù zài lù páng děngzhe
wǒmen yìqǐ qù. He thought we might be going downtown
today, as a result, he waited for us by the side of the road
so that he could go with us. /我看小伙伴们都在河里游泳,
我 ～ 也跳进水去. wǒ kàn xiǎo huǒbànmen dōu zài hé lǐ
yóu yǒng，wǒ～ yě tiào jìn shuǐ qu. When I saw my buddies
swimming in the river, I jumped in too. /这一带居民集中,
没有一个像样的菜店，～他们在这里办起了蔬菜自选市场.
Zhè yídài jūmín jízhōng，méi yǒu yí ge xiàngyàng de
càidiàn，～ tāmen zài zhèli bànqǐle shūcài zìxuǎn shìchǎng.

There is a high concentration of residents in this area，but
not one decent food store. Consequently，they set up a super-
market here. "于是"也常说成"于是乎"（"于是" is often
also said as "于是乎"）；这次试验失败了，在同志们的鼓励
下～乎我又鼓起勇气，继续试验. Zhè cì shìyàn shībài le，
zài tóngzhìmen de gǔlì xià，～hū wǒ yòu gǔqǐ yǒngqì，jìxù
shìyàn. The experiment failed，but with the encoragement
of my comrades，I subsequently plucked up my courage and
continued to experiment.

余 〔餘〕yú

（动）剩下 surplus；spare；remaining：除消费外，本月还
～一百元. Chú xiāofèi wài，běn yuè hái ～ yìbǎi yuán. Af-
ter expenses，there was a surplus of one hundred yuan this
month. /桥建成后，～下不少钢材.Qiáo jiànchéng hòu，～
xià bù shǎo gāngcái. After the bridge was built，there was
a lot of steel left over.（数）（书）整数或度量单位后的零头
more than；odd；over：千～人 qiān ～ rén more than one
thousand people /三十～里 sānshí ～ lǐ thirty odd li /两丈
～宽 liǎngzhàng ～ kuān over two zhang wide（名）指
某些事情、情况以外或以后的时间 beyond；after：课～ kè
～ after class /茶～饭后 chá ～ fàn hòu over a cup of tea or
after a meal — at one's leisure /繁忙之～,总要娱乐一下.
Fánmáng zhī ～，zǒng yào yúlè yíxià. After being busy，one
must always amuse oneself for a bit.

【余波】yúbō（名）事情结束之后留下的影响 repercussions：
上次的纠纷～未平，还得继续调解. Shàng cì de jiūfēn ～
wèi píng，hái děi jìxù tiáojiě. There were still repercussions
after the last dispute. We must continue to mediate.

【余存】yúcún（动）remain；balance：本月～50元. Běn yuè ～
wǔshí yuán. This month's balance is fifty yuan.（名）bal-
ance；remainder：结账后还有～. Jié zhàng hòu hái yǒu ～.
There was a remainder after the accounts were settled.

【余党】yúdǎng（名）（贬）有消灭完的党羽 remnants of an
overthrown clique or gang；remaining confederates

【余地】yúdì（名）（1）可供扩大范围的地方（多用于否定式）
remaining space（usu. used in the negative）：两旁是树，马
路没有扩展的～. Liǎngpáng shì shù，mǎlù méi yǒu
kuòzhǎn de ～. As there are trees on both sides，there's no
space left to expand the road. /学校再发展，没有～了.
Xuéxiào zài fāzhǎn，méi yǒu ～ le. There's no space left to
develop the school any further.（2）比喻在说话、办事上，可
以变更、回旋的可能性 leeway；room；margin：订计划要留
有充分的～. Dìng jìhuà yào liú yǒu chōngfèn de ～. When
drawing up a plan，one should leave ample margin. /不要
把话说死，留一些～. Búyào bǎ huà shuōsǐ，liú yìxiē ～.
Don't make it definite. Leave some leeway. /他回答得十分
肯定，看来没有商量的～了. Tā huídá de shífēn kěndìng，
kànlái méi yǒu shāngliang de ～ le. He gave a very definite
answer. It looks as if there's no room for discussion.

【余毒】yúdú（名）残留的毒素 residual poison；pernicious in-
fluence：肃清极左思想的～ sùqīng jízuǒ sīxiǎng de ～ elim-
inate the pernicious influence of the ultra left trend of
thought/在一些人头脑中～还很深呢! Zài yìxiē rén tóunǎo
zhōng ～ hái hěn shēn ne! Some people still have a lot of
residual poison left in their minds.

【余额】yú'é（名）（1）名额中余下的空额 vacancies yet to be
filled（2）除支出以外剩余的钱数 remaining sum

【余悸】yújì（名）（书）事情过后还没完全消除的恐惧心理
lingering fear（after an incident）：心有～ xīn yǒu ～ have
a lingering fear /～未消 ～ wèi xiāo a lingering fear not
yet vanished

【余粮】yúliáng（名）吃和用以外剩余的粮食 surplus grain

【余孽】yúniè（名）残留下来的恶势力或坏人 remaining evil
element；leftover evil；surviving supporter of an evil cause

【余热】 yúrè（名）比喻已经退休的干部在力所能及的范围内继续为人民作出的贡献（of a retired cadre）remaining devotion to the people according to one's ability：老张同志虽然已经退休，还积极参加街道工作，贡献～。Lǎo Zhāng tóngzhì suīrán yǐjīng tuì xiū, hái jījí cānjiā jiēdào gōngzuò, gòngxiàn ～. Although comrade Lao Zhang has already retired, he still participates enthusiastically in neighbourhood work and devotes his remaining energy to serving the people.

【余生】 yúshēng（名）(1)指老年人的晚年 the remainder of one's life; one's remaining years：我要把～献给我所从事的教育事业。Wǒ yào bǎ ～ xiàn gěi wǒ suǒ cóngshì de jiàoyù shìyè. I want to dedicate my remaining years to the educational cause in which I've been engaged. (2)侥幸保全下来的生命 survival (after a disaster)：他这次车祸没死，真是虎口～了。Tā zhè cì chēhuò méi sǐ, zhēn shì hǔ kǒu ～ le. He didn't die in this traffic accident, and it was a narrow escape.

【余数】 yúshù（名）〈数〉remainder

【余味】 yúwèi（名）〈书〉食物吃过以后，引人回味的味道 agreeable aftertaste：这种牛肉干别有风味，嚼一嚼～不尽。Zhè zhòng niúròugān bié yòu fēngwèi, jiáo yi jiáo ～ bú jìn. This kind of dried beef has a distinctive flavour. It leaves a lasting and agreeable aftertaste when chewed for a while. / 这是上等咖啡，饮上一杯～无穷。Zhè shì shàng děng kāfēi, yìn- shang yì bēi ～ wúqióng. This is first-rate coffee. If you drink a cup of it, it leaves a lasting and pleasant aftertaste. (2)比喻作品欣赏过后，留在人记忆中的美感（after admiring literary or artistic work, be left with a）pleasant impression：这篇文章写得好，读后～无穷。Zhè piān wénzhāng xiě de hǎo, dú hòu ～ wúqióng. This article was very well-written. One is left with a lasting and pleasant impression after reading it. /那场戏演得不错，看完以后一连几天～未消。Nà chǎng xì yǎn de búcuò, kànwán yíhòu yìlián jǐ tiān ～ wèi xiāo. That play was performed quite well. I was left with a pleasant impression of it for several days after seeing it.

【余暇】 yúxiá（名）〈书〉工作或学习以外的空闲时间 spare time; leisure time; leisure

【余兴】 yúxìng（名）(1)未尽的兴致 lingering interest：他们在湖上划船，直到月上东山仍然～未尽。Tāmen zài hú shang huá chuán, zhídào yuè shàng dōng shān réngrán ～ wèi jìn. They went boating on the lake up until the moon rose over the eastern hills and still, their interest lingered on. (2)会议或者宴会之后附带举行的文娱活动 entertainment after a meeting or a dinner party：会就开到这儿，下面～开始。Huì jiù kāidào zhèr, xiàmiàn ～ kāishǐ. The meeting will now end and next, the entertainment will begin.

【余音】 yúyīn（名）听完音乐以后，感到好像还在耳边的声音 lingering sound：～缭绕，三日不绝。～ liáorào, sān rì bù jué. The sound lingered on in the air for three days.

【余震】 yúzhèn（名）大地震后连续发生的微震和小震 aftershock

鱼〔魚〕yú
（名）[条 tiáo] fish

【鱼鳔】 yúbiào（名）air bladder (of a fish)
【鱼翅】 yúchì（名）shark's fin
【鱼虫】 yúchóng（名）water flea (used as fish feed)
【鱼肚】 yúdù（名）用某些鱼的鳔制成的一种食品 fish maw (as food)
【鱼肚白】 yúdùbái（名）像鱼肚子的颜色。多指黎明时东方天空的颜色 the whitish colour of a fish's belly — grey dawn
【鱼饵】 yú'ěr（名）钓鱼用的鱼食（fish）bait
【鱼粉】 yúfěn（名）fish meal

【鱼肝油】 yúgānyóu（名）cod-liver oil
【鱼贯】 yúguàn（副）像游在水中的鱼一样一个接一个地接连着（走）one following the other (like a school of fish swimming in water); in single file：～而入 ～ ér rù enter in single file：～而行 ～ ér xíng walk in single file
【鱼雷】 yúléi（名）torpedo
【鱼雷艇】 yúléitǐng（名）[艘 sōu] torpedo boat
【鱼鳞】 yúlín（名）fish scale; scale
【鱼龙混杂】 yú lóng hùnzá 比喻好人、坏人混杂在一起 dragons and fish jumbled together — good and bad people mixed up
【鱼米之乡】 yú mǐ zhī xiāng 大量出产鱼和米的富庶的地方 a land of fish and rice — a land of plenty
【鱼苗】 yúmiáo（名）由鱼子孵化出的供养殖用的小鱼 fry
【鱼目混珠】 yú mù hùn zhū 拿鱼的眼睛冒充珍珠。比喻用假的东西冒充、代替真的东西 pass off fish eyes as pearls — pass off the sham as genuine
【鱼肉】 yúròu（名）〈书〉比喻被暴力欺凌的人 fish and meat — the cruelly oppressed：难道就该甘心做任人宰割的～！Nándào jiù gāi gānxīn zuò rèn rén zǎigē de ～! Are we to allow ourselves to be content with being the cruelly oppressed and be trampled on? (动)用暴力欺凌或宰割 cut up like fish and meat — cruelly oppress：旧社会贪官污吏～百姓。Jiù shèhuì tān guān wū lì ～ bǎixìng. The corrupt officials of the old society savagely oppressed the people.
【鱼水情】 yúshuǐqíng（名）像鱼和水的关系一样亲密不可分的深厚情谊，指解放军和人民的关系（said of the People's Liberation Army and the people）be as close and inseparable as fish and water
【鱼网】 yúwǎng（名）捕鱼用的网 fishnet; fishing net
【鱼鲜】 yúxiān（名）鱼虾等水产品 fish and shellfish as food; aquatic food
【鱼汛】 yúxùn（名）fishing season
【鱼秧】 yúyāng（名）比鱼苗稍大的小鱼 fingerling
【鱼子】 yúzǐ（名）roe
【鱼子酱】 yúzǐjiàng（名）caviar

娱 yú
（动）◇ 使快乐 give pleasure to; amuse：自～ zì ～ amuse oneself（形）◇ 快乐 joyful; pleasurable; amusing

【娱乐】 yúlè（动·不及物）使人快乐 entertain; amuse：～场所 ～ chǎngsuǒ public place of entertainment /年轻人都喜欢～。Niánqīng rén dōu xǐhuan ～. Young people all like to have fun. / 工作之余，～一小时。Gōngzuò zhī yú, ～ yì xiǎoshí. I amused myself for an hour after work. (名)快乐有趣的活动 amusement; entertainment recreation：跳舞是大家喜欢的一种～。Tiào wǔ shì dàjiā xǐhuan de yì zhǒng ～. Dancing is a form of recreation that everyone likes. /在古代，饮酒、作诗也是一种～。Zài gǔdài, yìn jiǔ, zuò shī yě shì yì zhǒng ～. In ancient times, drinking wine and composing poems were also a form of entertainment.

渔〔漁〕yú
（名）渔业 fishery（动）◇(1)捕鱼 fish (2)用不正当的手段谋取 seek gain through illegitimate means

【渔产】 yúchǎn（名）渔业产品 aquatic products
【渔场】 yúchǎng（名）海上鱼密集、便于集中捕捞的区域 fishing ground
【渔船】 yúchuán（名）专门捕鱼的船 fishing boat; trawler
【渔夫】 yúfū（名）旧称以捕鱼为业的男子 fisherman (obsolete)
【渔港】 yúgǎng（名）停泊渔船的港湾 fishing port (or harbour)
【渔户】 yúhù（名）以打鱼为业的人或人家 fisherfolk; fisherman

【渔火】yúhuǒ （名）渔船上的灯火 lights on fishing boats

【渔利】yúlì （动·不及物）采用不正当的手段趁机得到利益 reap unfair gains

【渔轮】yúlún （名）捕鱼的轮船 fishing vessel

【渔民】yúmín （名）以捕鱼为职业的人 fisherman; fisher-folk

【渔网】yúwǎng （名）同"鱼网" yúwǎng same as "鱼网" yúwǎng

【渔汛】yúxùn （名）同"鱼汛" yúxùn same as "鱼汛" yúxùn

【渔业】yúyè （名）fishery

愉 yú

（形）◇ 愉快 happy; joyful; cheerful

【愉快】yúkuài （形）happy; joyful; cheerful;～的生活 ～ de shēnghuó a happy life /不～的事情 bù ～ de shìqíng something unpleasant /～地劳动 ～ de láodòng work cheerfully /祝你旅途～.Zhù nǐ lǚtú ～. I wish you a happy journey. /节日过得很 ～.Jiérì guò de hěn ～. The festival was very joyful. /一句话说得大家都很不～。Yí jù huà shuō de dàjiā dōu hěn bù ～. With one word, he made everybody feel very displeased.

逾 yú

（动）超过 exceed; go beyond;年～六十 nián ～ liùshí over sixty（years old）

【逾期】yú=qī〈书〉超过规定的期限 exceed the time limit; be overdue;～不归 ～ bù guī not return after the time limit has been exceeded

【逾越】yúyuè（动）〈书〉超过，越过 exceed; go beyond;二人之间似乎有一条不可～的鸿沟。Èr rén zhī jiān sìhū yǒu yì tiáo bù kě ～ de hónggōu. There seems to be an insurmountable barrier between those two.

愚 yú

（形）〈书〉◇ 傻 stupid; foolish;～人 ～ rén a fool（动）◇ 欺骗 fool（sb.）; make a fool of; dupe;为人所～ wéi rén suǒ ～ be duped by sb.

【愚笨】yúbèn （形）foolish;stupid; clumsy

【愚蠢】yúchǔn （形）stupid; foolish; silly

【愚钝】yúdùn （形）头脑迟钝，不灵活 slow-witted; dim-witted

【愚公移山】Yúgōng yí shān 古代的寓言故事。愚公家门前有两座大山,妨碍出入,老人决心铲平它。智叟讥笑这一举动,愚公回答说:"我的子子孙孙没有穷尽,一代一代挖下去,怎么挖不平呢!"现在用来比喻做事不畏困难,有恒心和毅力 the foolish old man removed the mountains（ancient fable about an old man who wanted to remove two mountains that blocked the entrance to his home by digging them up to level them out. When a wise old man saw this, he sneered at the foolish old man who said in response: "There's no limit to my sons, grandsons, and their sons and grandsons. If one generation after the other keeps digging, the mountains will eventually be levelled!" ）—have the perseverance and will to do sth. despite hardships

【愚昧】yúmèi （形）文化落后,缺乏知识的 ignorant; benighted;她决心到～的穷乡僻壤去开展文化教育工作.Tā juéxīn dào ～ de qióng xiāng pì rǎng qù kāizhǎn wénhuà jiàoyù gōngzuò. She was determined to go to an ignorant, poverty-stricken, out-of-the-way countryside area to carry out work to develop culture and education.

【愚民政策】yú mín zhèngcè 反动统治者为愚弄人民,维护其统治而实行的使人民处于愚昧无知状态的政策 reactionary policy of keeping the people in ignorance; obscurantist policy

【愚弄】yúnòng （动）欺骗玩弄 deceive; hoodwink; make a

fool of; dupe;觉悟的人民不会再受～了。Juéwù de rénmín bú huì zài shòu ～ le. The awakened people will never again be deceived.

【愚者千虑,必有一得】yúzhě qiān lǜ, bì yǒu yī dé 愚笨的人在多次的考虑中总会得到一点收获。现常用来自谦;表示自己所得或所见甚少 even a fool occasionally hits on a good idea（usu. used as a form of modesty to express that one knows or has experienced very little.）

與〔輿〕yú

（形）众人的 public; popular

【輿论】yúlùn （名）群众的议论 public opinion

yǔ

与〔與〕yǔ

（介）意义与用法大体同介词"和""跟",但有书面语意味（the meaning and usage are for the most part the same as the prepositions "和" and "跟", but "与" has a literary flavour）(1)同介词"跟" gēn (1),表示动作由双方共同进行 same as the preposition "跟" gēn (1)（indicates that an action is performed by two sides together）;～家人团聚 ～ jiārén tuánjù reunite with one's family /我～他交换了意见。Wǒ ～ tā jiāohuànle yìjian. He and I exchanged views. /理论～实践相结合。Lǐlùn ～ shíjiàn xiàng jiéhé. Combine theory with practice. (2)指出主语的动作、态度的对象,动作或态度只是单方面的,不能用于"说"、"谈"之类动词前（introduces the object of the subject's action or attitude, which is one-sided; cannot be used before verbs such as "说","谈", etc.）;不～他计较。Bù ～ tā jìjiào. Don't argue with him. /～不良现象作斗争 ～ bùliáng xiànxiàng zuò dòuzhēng fight against evil phenomena (3)同介词"跟" gēn (5),比较异同 same as the preposition "跟" gēn (5)（compares similarities and differences）:这里的情况～往常一样,没什么变化。Zhèlǐ de qíngkuàng ～ wǎngcháng yíyàng, méi shénme biànhuà. The situation here is the same as it was before. There haven't been any changes. /这个地区的风俗～别处不同。Zhège dìqū de fēngsú ～ biéchù bù tóng. The customs in this district are not the same as those in other areas. (4)同介词"跟" gēn (4),引进一与一方有联系的另一方 same as the preposition "跟" gēn (4)（introduces a relationship between one aspect and another）;他取得这样的成就,～多年的努力分不开。Tā qǔdé zhèyàng de chéngjiù,～ duō nián de nǔ lì fēn bu kāi. His achieving this kind of success is inseparable from many years of hard work. /我平时～小孙毫无来往。wǒ píngshí ～ Xiǎo Sūn háowú láiwǎng. I don't usually have any dealings with Xiao Sun. (连)(1)同"和" hé (1),连接并列的词、语;多用于书面 same as "和" hé (1)（links coordinate terms; usu. used in the written language）:教学～研究应该并重,不能偏废。Jiàoxué ～ yánjiū yīnggāi bìngzhòng, bù néng piānfèi. You should pay equal attention to both teaching and research; you can't do one and neglect the other. /必须摆正工业～农业的关系。Bìxū bǎizhèng gōngyè ～ nóngyè de guānxi. We must put industry in a correct relationship to agriculture. /在待遇问题上,干～不干一个样,这怎么行呢! Zài dàiyù wèntí shàng, gàn ～ bú gàn yí ge yàng, zhè zěnme xíng ne! In terms of remuneration, it's the same whether you work or not. That's not fair! (2)和"否"连用,放在形容词、动词或短语之后,表示并列其肯定和否定形式（used together with "否" and placed after an adjective, verb or phrase to indicate an affirmative-negative form）:成功～否,在此一举。Chénggōng ～ fǒu, zài cǐ yì jǔ. This will determine whether there will be success or not. /来京～否,请速电告。Lái Jīng ～ fǒu, qǐng sù diàn gào. Please reply by telegraph immedi-

ately to say whether you are coming to Beijng or not.

【与其】yǔqí（连）用于前一分句，表示经过比较之后，舍弃某事；后面常有"宁可""不如""毋宁"等与之呼应，表示选取某事（used in the first clause of a sentence to indicate the making of a decision after the pros and cons have been weighed; can be followed by "宁可","不如","毋宁", etc.）:~去挤公共汽车，不如走路。~ qù jǐ gōnggòng qìchē, bùrú zǒu lù. It would be better to walk than to crowd onto a bus. /~坐在屋子里冥思苦想，不如出去调查调查。~ zuò zài wūzi li míng sī kǔ xiǎng, bùrú chūqu diàochá diàochá. It would be better to go out and investigate than to sit in a room and cudgel one's brains. /~多而杂，毋宁少而精。~ duō ér zá, wúníng shǎo ér jīng. It's better to know a lot about a little than to know a little about a lot. "与其说……不如（毋宁）说……"表示对客观情况的判断，在说话人看来，后者更符合实际（"与其说...不如（毋宁）说..." indicates that the speaker feels that the latter of two things fits reality more closely than the former）:这种袒护一方的做法，~说是调解，不如说是火上加油。zhè zhǒng tǎnhù yì fāng de zuòfǎ, ~ shuō shì tiáojiě, bùrú shuō shì huǒ shàng jiā yóu. This kind of method which is more partial to one side is not so much mediation as it is adding fat to the fire. /~说他喝的是酒，不如说是麻醉神经的药。~ shuō tā hē de shì jiǔ, bùrú shuō shì mázuì shénjīng de yào. It's not so much that he's drinking alcohol, but that he's taking drug to numb himself. /~说这篇作品是小说，倒不如说是调查报告更准确些。~ shuō zhè piān zuòpǐn shì xiǎoshuō, dào ~ shuō shì diàochá bàogào gèng zhǔnquè xiē. It would be more accurate to call this work an investigative report than a novel.

【与人为善】yǔ rén wéi shàn 与；和；为：做；善：好，好事。和别人一起做好事。现指怀有善意地帮助人（与：and；为：do；善：good；good deed）do good deeds with others; harbour good intentions while helping others; be well-intentioned：批评别人时要采取~的态度。Pīpíng biérén shí yào cǎiqǔ ~ de tàidu. When you criticize others. It should be with the attitude of helping those at whom the criticism is others. /提意见帮助别人要~. Tí yìjiàn bāngzhù biérén yào ~. When you express an opinion to help others, it should be with good intentions.

【与日俱增】yǔ rì jù zēng 随着时间的发展一天一天地在增长 grow with each passing day; be steadily on the increase：产量~减量~ chǎnliàng ~ output is steadily increasing /思乡之情~. Sī xiāng zhī qíng ~. My longing for my hometown grows with each passing day.

【与世长辞】yǔ shì cháng cí〈书〉逝世；死去 depart from the world forever; pass away

【与世隔绝】yǔ shì géjué 与社会及周围的人没有交际往来 be isolated from society and the people in one's environment

【与世无争】yǔ shì wú zhēng 不跟社会上的人发生争执。是一种企图逃避现实的处世态度 hold oneself aloof from the world (as a way to escape from worldly realities)

【与众不同】yǔ zhòng bù tóng 跟大家不一样 out of the ordinary; unusual：他养的那只鸟儿~. Tā yǎng de nà zhī niǎor ~. The pet bird he keeps is unusual. /这个设计方案真是别出心裁~. Zhège shèjì fāng'àn zhēn shì bié chū xīncái ~. The scheme for this design really adopts an original approach and is out of the ordinary.

予 yǔ
（动）〈书〉give; grant; bestow：授~英雄称号 shòu ~ yīngxióng chēnghào confer the title of "hero" / 免~处分 miǎn ~ chǔfèn exempt sb. from punishment /赠~友人 zèng ~ yǒurén give a present to a friend / 此书已借~他人。Cǐ shū yǐ jiè ~ tārén. I already lent this book out to another person.

【予以】yǔyǐ（动）〈书〉给以（宾语必须至少双音节而且表示抽象事物的）give（the object must be at least a disyllabic word that expresses sth. abstract）:~接待 ~ jiēdài give a reception / ~ 帮助 ~ bāngzhù extend help / 对发明者,~奖励。Duì fāmíngzhě, ~ jiǎnglì. grant awards to inventors /对军属 ~ 特殊照顾 Duì jūnshǔ ~ tèshū zhàogù. give special care to soldier's dependants /书中如有不妥，请~指正。Shū zhōng rú yǒu bùtuǒ, qǐng ~ zhǐzhèng. If there is something amiss in the book, please be kind enough to give me your correction.

宇 yǔ
（名）◇（1）宇宙 universe; space（2）房屋；房檐 eaves; house

【宇航】yǔháng（名）"宇宙航行"的简称 short for "宇宙航行"

【宇航员】yǔhángyuán（名）astronaut; spaceman; cosmonaut

【宇宙】yǔzhòu（名）universe; cosmos

【宇宙飞船】yǔzhòu fēichuán spaceship; spacecraft

【宇宙飞行】yǔzhòu fēixíng space flight

【宇宙飞行员】yǔzhòu fēixíngyuán 同"宇航员" yǔhángyuán same as "宇航员" yǔhángyuán

【宇宙服】yǔzhòufú（名）spacesuit

【宇宙观】yǔzhòuguān（名）world view; world outlook

【宇宙火箭】yǔzhòu huǒjiàn space rocket

【宇宙空间】yǔzhòu kōngjiān cosmic (or outer) space

【宇宙速度】yǔzhòu sùdù cosmic (or astronautical) velocity

羽 yǔ
（名）◇羽毛 feather; plume

【羽毛】yǔmáo（名）feather; plume

【羽毛球】yǔmáoqiú（1）badminton（2）shuttlecock

【羽绒】yǔróng（名）down：~服 ~ fú down-filled jacket

【羽翼】yǔyì（名）〈书〉翅膀，比喻辅佐的人 wing; assistant

雨 yǔ
（名）rain：下了一阵~. Xiàle yí zhèn ~. There was a shower.

【雨布】yǔbù（名）防雨的油布 waterproof cloth; tarpaulin

【雨过天晴】yǔ guò tiān qíng the sun shines again after the rain

【雨后春笋】yǔ hòu chūn sǔn 春雨下过后，竹子的嫩芽蓬勃、大量地生长出来。比喻好的事物大量出现（spring up like）bamboo shoots after a spring rain —（good things）spring up like mushrooms：女子足球队~般地建立起来。Nǚzǐ zúqiúduì ~ bān de jiànlì qǐlai. Women's football teams are springing up like mushrooms. /孩子们喜爱音乐，乐器学习班普遍建立，犹如 ~. Háizimen xǐ'ài yīnyuè, yuèqì xuéxíbān pǔbiàn jiànlì, yóurú ~. Children are keen on music, so classes for learning how to play musical instruments are being set up on a wide scale. They're springing up like mushrooms.

【雨季】yǔjì（名）rainy season

【雨具】yǔjù（名）rain gear (such as an umbrella, raincoat, etc.)

【雨量】yǔliàng（名）rainfall

【雨露】yǔlù（名）雨和露，常用来比喻恩惠 rain and dew (often used figuratively to indicate favour, bounty, kindness, etc.)

【雨帽】yǔmào（名）[顶 dǐng]用油布、胶布或塑料等制成的防雨的帽子 rain cap (made of tarpaulin, rubberized fabric or plastic)

【雨伞】yǔsǎn（名）[把 bǎ] umbrella

【雨水】yǔshuǐ（名）（1）由降雨而来的水，有时指降水量或降水情况 rainwater; rainfall：~足 ~ zú sufficient rainfall /~勤 ~ qín It rains frequently.（2）农历二十四节气之一

second solar term in the agricultural calendar

【雨鞋】yǔxié（名）[只 zhī、双 shuāng] *rubber boots*；*galoshes*；*rubbers*

【雨衣】yǔyī（名）[件 jiàn] *raincoat*；*rainwear*

语〔語〕yǔ

（名）◇（1）话 *words*：一～道破 yī ～ dàopò *lay bare the truth with one penetrating remark* /出～伤人 chū ～ shāng rén *make a biting remark*（2）语言 *language*；*tongue*：阿拉伯～ Ālābó ～ *Arabic*（动）◇说 *speak*；*say*：胡言乱～ hú yán luàn ～ *talk nonsense* / 不言不～ bù yán bù ～ *not say a word*

【语病】yǔbìng（名）说话或写文章在语言上的毛病 *faulty wording or formulation*

【语调】yǔdiào（名）说话时声音的高低变化或快慢轻重 *intonation*

【语法】yǔfǎ（名）*grammar*

【语汇】yǔhuì（名）一种语言里所有的词和固定词组的总汇 *vocabulary*

【语句】yǔjù（名）*sentence*

【语录】yǔlù（名）（有影响的或有名人物的）言论的记录或摘录 *recorded utterance*；*quotation（of an influential or famous person）*

【语气】yǔqì（名）说话的口气 *tone*；*manner of speaking*：～和缓～ héhuǎn *a mild tone* /他的～十分强硬。Tā de ～ shífēn qiángyìng. *He speaks in an extremely harsh manner.*

【语气词】yǔqìcí（名）〈语〉用在句尾，表示疑问、感叹、祈使等语气的词，也叫语气助词 *modal particle（used at the end of a sentence to express doubt，exclamation，the imperative，etc. also known as 语气助词）*

【语群】yǔqún（名）〈语〉*linguistic group*

【语态】yǔtài（名）〈语〉*voice*

【语文】yǔwén（名）（1）中国的语言和文字 *Chinese（language and script）*：他的～水平不高。Tā de ～ shuǐpíng bù gāo. *His level of Chinese is not very high.* /《中国～》是有名的杂志。《Zhōngguó ～》shì yǒumíng de zázhì. *"Chinese Language and Script" is a well-known magazine.* /中学的～课是一门主要课程。Zhōngxué de ～ kè shì yì mén zhǔyào kèchéng. *Chinese is a main subject in middle school.*（2）◇语言和文学 *language and literature*：这所大学设有～系。Zhè suǒ dàxué shè yǒu ～ xì. *This university has a Language and Literature department.*

【语无伦次】yǔ wú lúncì 话说得很乱，没有条理和次序 *speak incoherently*：一紧张，说话就容易～。Yì jǐnzhāng，shuō huà jiù róngyì ～. *It's easy to jumble one's words when one is nervous.* /他的讲话～，没人爱听。Tā de jiǎnghuà ～，méi rén ài tīng. *He speaks incoherently so nobody likes to listen to him.* /边防人员一盘问，他就～了。Biānfáng rényuán yì pánwèn，tā jiù ～ le. *As soon as the border guards cross-examined him, he started to speak incoherently.*

【语系】yǔxì（名）*family of languages*；*language family*

【语序】yǔxù（名）〈语〉语言里语词组合的次序 *word order*

【语言】yǔyán（名）*language*

【语言规范化】yǔyán guīfànhuà 根据语言发展规律，对语音、语法、词汇等进行加工，确定标准，形成有一定规范和标准的语言，促进民族共同语的统一，并使其内容和体系更丰富、完善 *standardization of a language，including its grammar，vocabulary，etc.*

【语言学】yǔyánxué（名）*linguistics*；*philology*

【语义学】yǔyìxué（名）〈语〉*semantics*

【语音】yǔyīn（名）*pronunciation*；*speech sounds*

【语音学】yǔyīnxué（名）〈语〉*phonetics*

【语源学】yǔyuánxué（名）〈语〉*etymology*

【语重心长】yǔ zhòng xīn cháng 说的话真诚、恳切，心意很重（多指劝戒或教诲）*sincere words and honest wishes（usu.*

when admonishing or instructing sb.）

【语助词】yǔzhùcí（名）〈语〉同"语气词" yǔqìcí *same as "语气词" yǔqìcí*

【语族】yǔzú（名）〈语〉*branch of a language family*

yù

玉 yù

（名）[块 kuài] *jade*

【玉雕】yùdiāo（名）*jade carving*；*jade sculpture*

【玉皇大帝】Yùhuáng Dàdì 道教称天上最高的神，也叫"玉帝" *the Jade Emperor（the Supreme Deity of Taoism；also called 玉帝）*

【玉兰】yùlán（名）（1）*yulan magnolia（Magnolia denudata）*（2）*magnolia flower*

【玉米】yùmǐ（名）*maize*；*Indian corn*；*corn*

【玉器】yùqì（名）用玉石雕成的器物 *jade article*；*jade object*；*jadeware*

【玉石】yùshí（名）*jade*

【玉石俱焚】yù shí jù fén 好的和坏的一块毁掉 *jade and stone burned together — destruction of good and bad alike*

【玉蜀黍】yùshǔshǔ（名）同"玉米" yùmǐ *same as "玉米" yùmǐ*

郁〔鬱〕yù

（形）◇（1）（草木）茂盛 *（of plants and trees）luxuriant*；*lush*（2）忧闷 *gloomy*；*depressed*（3）（香气）浓 *strongly fragrant*

【郁闷】yùmèn（形）（心里）烦闷，不舒畅 *（of sb.'s mood）gloomy*；*depressed*

【郁郁不乐】yùyù bù lè 心情苦闷闷不高兴 *depressed*；*joyless*

【郁郁葱葱】yùyùcōngcōng（形）（草木）颜色很绿，很茂盛 *（of plants and trees）green and luxuriant*

育 yù

（动）◇（1）生育 *give birth to*：生儿～女 shēng ér ～ nǚ *give birth to children* /不～症 bú ～ zhèng *sterility*；*barrenness*（2）养育；培养 *rear*；*raise*；*bring up*：～才～ cái *bring up talent*（3）培植（植物）*cultivate*；*raise（plants）*：封山～林 fēng shān ～ lín *close hillsides（to livestock grazing and fuel gathering）to facilitate afforestation*

【育苗】yù＝miáo *grow（or raise）seedlings*

【育秧】yù＝yāng *raise rice seedlings*

【育婴堂】yùyīngtáng（名）*foundling hospital*

【育种】yù＝zhǒng *breeding*

狱〔獄〕yù

（名）（1）◇监狱 *prison*：入～ rù ～ *be imprisoned* /出～ chū ～ *be released from prison*（2）◇案件，官司 *lawsuit*：冤～ yuān ～ *unjust charge*；*miscarriage of justice* /文字～ wénzì ～ *punishment for writing forbidden works*

峪 yù

（名）◇山谷（多用于地名）*mountain valley*：马兰～ Mǎlán～ *Malanyu*

浴 yù

（动）◇洗澡 *bathe*

【浴场】yùchǎng（名）*outdoor bathing place*：海滨～ hǎibīn ～ *bathing beach*

【浴池】yùchí（名）（1）比较大的，用石头或混凝土筑成的池子，可以供许多人同时洗澡的设备 *common bathing pool（in a public bathhouse）*（2）澡堂（多用于澡堂的名称）*public bathhouse*；*public baths（usu. used in the name of a public bathhouse）*

【浴巾】yùjīn（名）[条 tiáo] *bath towel*

【浴室】yùshì（名）*bathroom; shower room*

【浴血奋战】yùxuè fènzhàn 在激烈的流血战斗中奋勇搏斗 *fight in bloody battle*

【浴衣】yùyī（名）*bathrobe*

预 [預]yù

（副）有"预先"的意思，一般只用在少数单音节动词前 *in advance; beforehand (has the same meaning as 预先; usu. only used before a few monosyllabic verbs)*；你生日那天我恐怕正在外地，现在～祝你生日愉快。Nǐ shēngri nà tiān wǒ kǒngpà zhèng zài wàidì, xiànzài ～ zhù nǐ shēngri yúkuài. *I'm afraid I will be out-of-town on your birthday, so I will now wish you a happy birthday in advance.* /据说那个医院住院不用～付住院费。Jùshuō nàge yīyuàn zhù yuàn búyòng ～ fù zhùyuànfèi. *It's said that one doesn't have to pay for hospitalization expenses in advance at that hospital.* /母亲病了，他～支了下个月的工资，昨晚坐火车走了。Mǔqin bìng le, tā ～ zhīle xià ge yuè de gōngzī, zuó wǎn zuò huǒchē zǒu le. *His mother fell ill, so he got an advance of next month's salary and left on the train last night.*

【预报】yùbào（动）*forecast*；天气～ tiānqì ～ *weather forecast* /无线电～今晚有大雨。Wúxiàndiàn ～ jīn wǎn yǒu dàyǔ. *The radio forecast says there will be heavy rain tonight.*

【预备】yùbèi（动）*prepare; get ready*；你功课～好了吗？Nǐ gōngkè ～ hǎo le ma? *Have you prepared your lessons?* /我～了三个人的饭，不料来了五个人。Wǒ ～le sān ge rén de fàn, búliào láile wǔ ge rén. *I prepared food for three people but, to my surprise, five people came.*

【预备党员】yùbèidǎngyuán（名）*probationary Party member*

【预备役】yùbèiyì（名）*reserve duty (or service)*

【预卜】yùbǔ（动）事先断定 *augur; foretell*

【预测】yùcè（动）事先推测、测定 *calculate; forecast*；这个数字我们已经～出来了。Zhège shùzì wǒmen yǐjīng ～ chulai le. *We had already forecast this figure.* /这事结局怎样，很难～。Zhè shì jiéjú zěnyàng, hěn nán ～. *It's very difficult to forecast what the outcome of this matter will be.*

【预产期】yùchǎnqī（名）〈医〉预计的胎儿出生的日期 *expected date of childbirth*

【预订】yùdìng（动）预先订购 *subscribe; book; place an order*；十二月内可以～明年第一季度的报纸。Shí'èryuè nèi kěyǐ ～ míngnián dìyī jìdù de bàozhǐ. *Newspaper subscriptions for the first quarter of next year can be placed in December.*

【预定】yùdìng（动）预先约定或规定 *fix in advance; predetermine; schedule*；～日期 ～ rìqī *a date fixed in advance* /～计划 ～ jìhuà *predetermined plan* /朝～的目标前进 cháo ～ de mùbiāo qiánjìn *advance towards the scheduled target* /我们～十月五号动身。Wǒmen ～ shíyuè wǔ hào dòng shēn. *We are scheduled to depart on October 5th.* /工程～在年内完成。Gōngchéng ～ zài nián nèi wánchéng. *The project is scheduled for completion within the year.*

【预防】yùfáng（动）事先防备（多指来自自然的灾害）*prevent; take precaution against; guard against (a natural disaster, etc.)*；～感冒 ～ gǎnmào *guard against the flu* /～传染病 ～ chuánrǎnbìng *take precautions against contagious diseases* /～农作物的病虫害 ～ nóngzuòwù de bìngchónghài *take precautions against plant diseases and insect pests in crops* /采取～措施 cǎiqǔ ～ cuòshī *take preventive measures* /汛期即将到来，要及早～！Xùnqī jíjiāng dàolái, yào jízǎo ～! *The flood season is at hand. We must take precautions before it is too late!*

【预防为主】yùfáng wéi zhǔ（在防病、治病方面）预防是重要的、首要的（*of the prevention or treatment of disease*）*pre-*

vention comes first

【预感】yùgǎn（动）事先感觉（多用于坏的、不幸的事情。后面常带结果补语"到"）*have a premonition (of misfortune, etc.; the complement of result "到" is usu. placed after it)*：这两天关节疼，～到天气要变。Zhè liǎng tiān guānjié téng, ～ dào tiānqì yào biàn. *My joints have been sore these past few days. I have a feeling the weather will change.* /屋子里的紧张气氛，使我～到要有一场争吵。Wūzi li de jǐnzhāng qìfēn, shǐ wǒ ～ dào yào yǒu yì cháng zhēngchǎo. *From the tense atmosphere in the room, I have a feeling there's going to be a fight.* /昨夜闷热极了，我就～到今天会有大雨。Zuó yè mēnrè jí le, wǒ jiù ～ dào jīntiān huì yǒu dàyǔ. *It was hot and suffocating last night. I had a premonition that it would rain hard today.* （名）事先的感觉（指不祥、不幸的事情）*premonition; presentiment (of misfortune, etc.)*：不祥的～ bù xiáng de ～ *an ominous presentiment* /发病前我就有～。Fā bìng qián wǒ jiù yǒu ～. *I had a presentiment before my illness came on.* /这次地震怎么没有一点～呢？Zhè cì dìzhèn zěnme méi yǒu yìdiǎnr ～ ne? *How is it that there wasn't the slightest premonition before this earthquake?* /事情证实了我的～。Shìqing zhèngshíle wǒ de ～. *This matter confirmed my premonition.*

【预告】yùgào（动）事先通告 *announce in advance; herald*：这一期杂志上～下一期的目录。Zhè yì qī zázhì shang ～ xià yì qī de mùlù. *This issue of the magazine announced in advance the contents for the next issue.* /每晚电视台都～第二天的节目。Měi wǎn diànshìtái dōu ～ dì'èr tiān de jiémù. *The television station announces programmes for the next day every evening.* （名）事先的通告 *advance notice; prepublication notice*：电视节目～ diànshì jiémù ～ *T.V. guide* /新产品～ xīn chǎnpǐn ～ *advance notice for new products* /新书～ xīn shū ～ *prepublication notice for new books* /晚报常登电影～。Wǎnbào cháng dēng diànyǐng ～. *The evening newspaper often advertises forthcoming films.*

【预购】yùgòu（动）预先订购 *purchase in advance*

【预计】yùjì（动）预先计算、推测 *calculate in advance; estimate*：～在24小时内，天气转阴并有大雨。～ zài èrshisì xiǎoshí nèi, tiānqì zhuǎn yīn bìng yǒu dàyǔ. *It is estimated that within twenty-four hours the weather will become overcast with showers.* /大坝将提前一个月竣工。～ dà bà jiāng tíqián yí ge yuè jùn gōng. *It is estimated that the construction of the dam will be completed one month in advance.*

【预见】yùjiàn（名）*foresight; prediction*：～性 ～ xìng *farsightedness* /英明的～ yīngmíng de ～ *brilliant foresight* /对这件事他早有～。Duì zhè jiàn shì tā zǎo yǒu ～. *He already predicted this matter.* /这是科学家的～。Zhè shì kēxuéjiā de ～. *This is the prediction of scientists.* /事实证明我的～是正确的。Shìshí zhèngmíng wǒ de ～ shì zhèngquè de. *The facts prove that my prediction was correct.* （动）*foresee; predict*：～未来 ～ wèilái *predict the future* /当时有些政治家就～到这次战争。Dāngshí yǒuxiē zhèngzhìjiā jiù ～ dào zhè cì zhànzhēng. *At that time, some politicians had already foreseen this war.*

【预科】yùkē（名）*preparatory course*：这所大学附设了～。Zhè suǒ dàxué fùshèle ～. *This university has set up preparatory courses.*

【预料】yùliào（动）事先料想、推测 *expect; predict; anticipate*：难以～ nányǐ ～ *hard to predict* /我～他十号以前能回来。Wǒ ～ tā shí hào yǐqián néng huílái. *I expect he can come back before the 10th.* /他～得很准。Tā ～ de hěn zhǔn. *His prediction was right on.* /出现这种情况，谁也没～到。Chūxiàn zhè zhǒng qíngkuàng, shuí yě méi ～ dào. *Nobody had anticipated this kind of situation occuring.* （名）事先的推测 *anticipation*：不出我的～，他果然没来赴

约。Bù chū wǒ de ～, tā guǒrán méi lái fù yuē. *Just as I expected,he didn't come to keep his appointment.* / 我的～是准确的。Wǒ de ～ shì zhǔnquè de. *My prediction was correct.* /对病情的发展，大夫早有～。Duì bìngqíng de fāzhǎn，dàifu zǎo yǒu ～. *The doctor had already anticipated the development of the illness.*

【预谋】yùmóu (动) 事先谋划（某种罪恶勾当）*premeditate；plan (a crime) beforehand*：～杀人 ～ shā rén *premeditated murder* / 经多方查证这起案件是～的。Jīng duō fāng cházhèng zhè qǐ ànjiàn shì ～ de. *Through exhaustive investigation and verification, it was determined that this case was premeditated.*

【预期】yùqī(动)事先期望(只作定语)*expect；anticipate (only used as an attributive)*：～的效果 ～ de xiàoguǒ *the desired results* /～的目的 ～ de mùdì *the expected goal*/希望你们实现～的奋斗目标。Xīwàng nǐmen shíxiàn ～ de fèndòu mùbiāo. *I hope you will realize the anticipated objective of the struggle.*

【预赛】yùsài(动·不及物)*compete in a preliminary contest or trial match*：八个选手分两组，各组前两名参加决赛。Bā ge xuǎnshǒu fēn liǎng zǔ ，gè zǔ qián liǎng míng cānjiā juésài. *Eight selected players will be divided into two groups for the preliminary match and the two top winners of each group will participate in the finals.* (名) *preliminary contest；preliminary heats；trial match*

【预示】yùshì(动)一种现象表明另一种新情况将要产生或出现 *indicate；presage；forebode*：乌云蔽天，～着一场暴风雨即将到来。Wūyún bì tiān，～zhe yì cháng bàofēngyǔ jíjiāng dàolái. *The dark clouds covering the sky forebode an oncoming rainstorm.*

【预算】yùsuàn(名)*budget*：国家～ guójiā ～ *national budget* /财政～ cáizhèng ～ *financial budget*/明年的～ míngnián de ～ *next year's budget*

【预习】yùxí(动) *(of students) prepare lessons before class*：先～再听讲，印象深刻得多。Xiān ～ zài tīng jiǎng，yìnxiàng shēnkè de duō. *If you prepare first before attending a lecture，you will have a much deeper impression.*

【预先】yùxiān(副) 在事情发生或进行之前 *in advance；beforehand*：你们要外出旅游得～买火车票。Nǐmen yào wàichū lǚyóu děi ～ mǎi huǒchē piào. *If you want to travel to other places，you have to buy your train tickets beforehand.* /如果会议改期，请～通知大家。Rúguǒ huìyì gǎi qī，qǐng ～ tōngzhī dàjiā. *Please notify everyone in advance should the meeting be postponed.* /演出前他把一切都～安排好，免得临时慌乱。Yǎnchū qián tā bǎ yíqiè dōu ～ ānpái hǎo，miǎndé línshí huāngluàn. *He got everything ready well before the performance so as not to be in a rush at the last moment.* /为了保护箱子，她把～做好的套子套上，然后才去托运。Wèile bǎohù xiāngzi，tā bǎ ～ zuòhǎo de tàozi tàoshang，ránhòu cái qù tuōyùn. *She slipped the cover she had made in advance onto the suitcase before checking it so as to protect it.*

【预想】yùxiǎng (动)事前设想 *anticipate；expect*：本来～着今年夏天去旅行的，看来不行了。Běnlái ～ zhe jīnnián xiàtiān qù lǚxíng de，kànlái bù xíng le. *I had originally anticipated going travelling this summer，but it looks as if it won't be.* /事情的发展完全合乎我们的～。Shìqíng de fāzhǎn wánquán héhū wǒmen de ～. *The development of the matter corresponds fully to our expectations.*

【预言】yùyán (动) 事先说出（将来要发生的事情）*prophesy；predict；foretell*：可以～，随着医学的发展，癌症一定能征服。Kěyǐ ～，suízhe yīxué de fāzhǎn，áizhèng yídìng néng zhēngfú. *One can predict that，with the development of medical science，cancer will be beaten.* /这一点，科学家早就～过。Zhè yì diǎn，kēxuéjiā zǎo jiù ～guo. *Scientists*

had predicted this point long ago. (名)预见性的言论 *prophecy；prediction*：～家 ～jiā *prophet* /伟大的～ wěidà de ～ *a great prophecy* /科学的～ kēxué de ～ *scientific prediction* /～都是有科学根据的。～ dōu shì yǒu kēxué gēnjù de. *Predictions are all based on science.*

【预演】yùyǎn (动)正式演出前试演 *preview (of a performance or film)*：这个话剧下周才正式公演，今天这场是～。Zhège huàjù xià zhōu cái zhèngshì gōngyǎn，jīntiān zhè chǎng shì ～. *This stage play won't be officially open to the public until next week. Today's performance is a preview.*

【预约】yùyuē(动)预先约定 *make an appointment*：医生～他下周再来复查。Yīshēng ～ tā xià zhōu zài lái fùchá. *The doctor made an appointment with him to come back for a check next week.*

【预展】yùzhǎn(动)展览会正式开幕前举行非正式展览(为了听取意见改进工作)*preview of an exhibition (so as to listen to opinions on how to improve the work)*

【预兆】yùzhào(名)事情发生前显示出来的迹象 *omen；presage；sign；harbinger*

【预制板】yùzhìbǎn(名) *prefabricated board，slab or plate*

【预制构件】yùzhì gòujiàn 在工厂或工地上预先制成的建筑构件 *prefabricated component*

欲 yù

(助动)〈书〉想要 *wish；want；desire*：～言又止 ～ yán yòu zhǐ *want to speak but decide against it* /商品不多，～购从速。Shāngpǐn bù duō，～ gòu cóng sù. *Only a few goods left. Buy now，while they last.* (副)〈书〉将要 *about to；just going to；on the point of*：山雨～来风满楼 shān yǔ ～ lái fēng mǎn lóu *The wind sweeping through the tower forebodes the coming storm in the mountains.* (名)◇ 欲望 *desire；longing；wish*：年轻人有强烈的求知～。Niánqīng rén yǒu qiángliè de qiúzhī ～. *Young people have a strong thirst for knowledge.*

【欲盖弥彰】yù gài mí zhāng (贬) 盖：掩盖；弥：更加；彰：明显。想掩盖真相，反而暴露得更明显(指坏事) *the more one tries to hide (sth. bad)，the more one is exposed；try to hide a mistake，only to make it more conspicuous*：你的这些辩解只起了～的作用。Nǐ de zhèxiē biànjiě zhǐ qǐle ～ de zuòyòng. *These explanations you tried to provide had no other effect than to expose your mistakes more.*

【欲速则不达】yù sù zé bù dá 过于性急求快，反而不能达到目的 *haste makes waste；more haste，less speed*

【欲望】yùwàng(名)*desire；wish；lust*

遇 yù

(动)◇ 碰上 *meet；run into*

【遇刺】yù=cì 遭到刺杀 *be attacked by an assassin*

【遇到】yù//dào 碰上；遇上 *run into；encounter；come across；meet*：～好心人 ～ hǎo xīn rén *come across a well-intentioned person*/～阻力 ～ zǔlì *meet with resistance* /～一件有趣的事 ～ yí jiàn yǒu qù de shì *encounter an interesting matter* /工作～了困难。Gōngzuò ～le kùnnan. *Work has run into difficulties.* /去年这儿～了大旱。Qùnián zhèr ～ le dà hàn. *This place suffered a drought last year.* /在大学～了一位很有才华的老师。Zài dàxué ～ le yí wèi hěn yǒu cáihuá de lǎoshī. *In university，I encountered a very gifted teacher.* /一出门就～了车祸。Yì chū mén jiù ～le chēhuò. *I ran into a traffic accident as soon as I went out the door.*

【遇害】yù=hài 〈书〉(好人)被杀死 *(of an innocent person) be murdered*

【遇见】yù//jiàn 碰上(指人)*meet；come across (sb.)*：如果～他，请代我问好。Rúguǒ ～ tā，qǐng dài wǒ wèn hǎo. *If you meet him，give him my regards.* /今天去商店，又～了

那位服务员。Jīntiān qù shāngdiàn, yòu ～ le nà wèi fúwùyuán. *I came across that salesclerk again when I went shopping today.* /一路上没～一个人。Yílùshang méi ～ yí ge rén. *did not meet a single soul the whole way* /夜里行路，可别～坏人! Yèli xíng lù, kě bié ～ huàirén! *I hope you don't come across any bad people when walking on the street at night.*

【遇救】yù＝jiù *be rescued; be saved*; 轮船失事，不过，乘客和船员全部～脱险。Lúnchuán shī shì, búguò, chéngkè hé chuányuán quánbù ～ tuō xiǎn. *The steamship had an accident. All passengers and the ship's entire crew, however, have been rescued and are out of danger.*

【遇难】yù＝nàn（好人）因被杀害或发生意外而死亡 *die (or be killed) in an accident; be murdered*

【遇险】yù＝xiǎn 遇到危险 *be in danger; be in distress*

御 yù
（动）〈书〉(1)赶车 *drive (a carriage)* (2)支配 *control; dominate; govern* (3)〔禦〕抵挡，抵御 *resist; keep out; ward off* ～敌 ～ dí *resist the enemy* (形)封建社会与皇帝有关的 *of an emperor; imperial*：～花园 ～ huāyuán *imperial garden* /～笔 ～ bǐ *imperial handwriting*

【御寒】yùhán（动）〈书〉抵挡寒气 *keep out the cold*：羽绒服又轻又～，深受消费者欢迎。Yǔróngfú yòu qīng yòu ～, shēn shòu xiāofèizhě huānyíng. *Down-filled jackets are light and keep out the cold. They're very well-received by consumers.*

【御侮】yùwǔ（动）〈书〉抵御外侮 *resist foreign aggression*

【御用文人】yùyòng wénrén 为反动统治者做帮凶的文人 *hired scribbler; hack writer*

【御者】yùzhě（名）〈书〉赶车的人 *carriage driver*

寓 yù
（动）〈书〉(1)居住 *reside; live* (2)寄托，暗含 *imply; contain*（名）〈书〉居住的地方 *residence; abode*

【寓居】yùjū（动）〈书〉居住（外地）*make one's home in (a place other than one's native place)*

【寓所】yùsuǒ（名）〈书〉住所；居住的地方 *residence; abode; dwelling place*

【寓言】yùyán（名）*fable; allegory; parable*

【寓意】yùyì（名）（语言文字或文艺作品中）寄托或隐含的意思（of a written language or literary and artistic works）*implied meaning; moral; message; import*：这首诗～深刻，颇具独特性。Zhè shǒu shī ～ shēnkè, pō jù dútèxìng. *This poem is pregnant with meaning and possesses a uniqueness of its own.*

愈 yù
（动）〈书〉（病）好了；康复 *heal; recover; become well*；久病不～ jiǔ bìng bú ～ *not recover from a prolonged illness*；大病初～ dà bìng chū ～ *start to recover from a serious illness*（副）〈书〉有"更"的意思，多在单音节词前 *more; still (or even) more (has the same meaning as "更"; usu. used before a monosyllabic word)*：琴声缭绕，歌声～高，听众都屏息静听。Qín shēng liáorào, gē shēng ～ gāo, tīngzhòng dōu bǐngxī jìngtīng. *The sound of the qin lingered in the air, and the singing was even higher. The audience listened with bated breath.* /他反复思考，心情～为不宁。Tā fǎnfù sīkǎo, xīn- qíng ～ wéi bùníng. *He considered it over again and his mind became even more uneasy.* /由于一夜未眠，他觉得头重脚轻，午后～感不适。Yóuyú yí yè wèi mián, tā juéde tóu zhòng jiǎo qīng, wǔhòu ～ gǎn búshì. *He felt heavy-headed because he hadn't slept all night; in the afternoon, he felt even worse.*

【愈合】yùhé（动）〔医〕（wound）*heal*：伤口已经～。Shāng-

kǒu yǐjing ～. *The wound is already healed.*

【愈加】yùjiā（副）〈书〉表示程度加高，有"更""更加"的意思，修饰多音节词语 *all the more, even more (has the same meaning as "更" and "更加"; usu. modifies a polysyllabic word)*：经济政策进一步开放，使得这个地方～繁荣起来。Jīngjì zhèngcè jìn yí bù kāifàng, shǐdé zhège dìfang ～ fánróng qǐlai. *The economic policy went a step further in opening up which made this place prosper even more.* /大家不断地鼓励他，他～勤奋了。Dàjiā búduàn de gǔlì tā, tā ～ qínfèn le. *Everybody kept on encouraging him, so he got all the more diligent.* /时光在流逝，而他回祖国的要求～迫切。Shíguāng zài liúshì, ér tā huí zǔguó de yāoqiú ～ pòqiē. *Time is passing by and his request to return to his homeland is getting all the more urgent.*

【愈来愈】yùláiyù（副）表示程度随着时间在发展，同"越来越"，有书面语意味 *(indicates a degree which develops with time; same as "越来越"; has a literary flavour) more and more*：天气暖和了，游人～多。Tiānqì nuǎnhuo le, yóurén ～ duō. *Now that the weather is warm, there are more and more tourists.* /我们～清楚地认识到，这是个关键问题。Wǒmen ～ qīngchu de rènshí dào, zhè shì ge guānjiàn wèntí. *It became increasingly clear to us that this was a key problem.* /事情～清楚了。Shìqing ～ qīngchu le. *The matter is getting more and more clear.*

【愈……愈……】yù…… yù…… 同"越……越……""yuè…… yuè……"，不如"越……越……"口语化 *same as "越……越……" yuè…… yuè…… (the more……the more……), but not as colloquial*：这条路愈走愈宽。Zhè tiáo lù yù zǒu yù kuān. *This road gets wider and wider as you walk along.* /她愈说愈激动。Tā yù shuō yù jīdòng. *The more she spoke, the more excited she got.* /愈往上走，视野愈开阔，看得愈远。Yù wǎng shàng zǒu, shìyě yù kāikuò, kàn de yù yuǎn. *The higher you go up, the wider your field of vision and the further you can see.*

鹬〔鷸〕yù
（名）*sandpiper; snipe*

【鹬蚌相争，渔人得利】yù bàng xiāng zhēng, yúrén dé lì 蚌开壳晒太阳，一只鹬去啄蚌的肉，蚌闭上壳钳住鹬的嘴，双方都不肯退让，渔翁走过来，把它们都抓住了。比喻双方争执，让第三者得到利益 *when the snipe and the clam grapple, the fisherman benefits (from the story of a clam that opened its shell to get some sun; when a snipe came to peck out its flesh, the clam snapped its shell shut on the snipe's beak and both sides thus grappled, neither wanting to give in. A fisherman then came along and caught both of them) — when two sides stick to their guns, it's the third party that benefits*

yuān

渊〔淵〕yuān
（名）〈书〉深水 *deep pool*（形）◇深 *deep*

【渊博】yuānbó（形）（学识）深而广 *(of knowledge) broad and profound; erudite; learned*：他有～的知识。Tā yǒu ～ de zhīshi. *He has a broad and profound knowledge.*

【渊深】yuānshēn（形）〈书〉（学识）很深 *(of knowledge) profound; deep; erudite*

【渊源】yuānyuán（名）水源。比喻事情的本原 *water source — origin or source (or sth.)*：有的事件需寻找它的历史～。Yǒude shìjiàn xūyào xúnzhǎo tā de lìshǐ ～. *The historical origins of some events need to be sought out.*

冤 yuān
（名）◇冤枉 *wrong; injustice*：含～而死 hán ～ ér sǐ *die*

uncleared of a false charge /不白之～ bù bái zhī～unredressed injustice /无～无仇 wú～wú chóu have no enmity（形）〈口〉不合算；吃亏 unfair; suffer losses: 费力不讨好，真～! Fèi lì bù tǎo hǎo, zhēn～! I do a hard but thankless job. It's really not fair! /为一件小事耽误这么多时间，太～了! Wèi yí jiàn xiǎo shì dānwù zhème duō shíjiān, tài～le! It's so unfair to be held up for a long time because of such a small matter! /钱花得不～! 价钱贵可是东西好。Qián huā de bù～! Jiàqián guì kěshì dōngxi hǎo. My money was well spent! The price is high, but the thing is of good quality.

【冤案】yuān'àn（名）冤屈的案件 a wronged case

【冤仇】yuānchóu（名）rancour; enmity

【冤家路窄】yuānjiā lù zhǎi 仇人或者不愿相见的人，偏偏遇到一起 enemies are bound to meet on a narrow road — one can't avoid one's enemy（much as one wants to）

【冤家】yuānjia（名）(1) 仇人 enemy; foe (2) 称呼可恨而实爱，给自己带来苦恼而又不舍得离弃的人（孩子、情人等）devil（used when addressing a child, a loved one, etc.）: 老奶奶叹了口气对小孙子说: "你这个小～，真把人累死了。" Lǎo nǎinai tànle kǒu qì duì xiǎo sūnzi shuō: "Nǐ zhège xiǎo～, zhēn bǎ rén lèisǐ le." The elderly grandmother heaved a sigh and said to her little grandson: "You little devil, you're going to work me to the bone."

【冤屈】yuānqū（动）冤枉，不公平地对待 wrong; treat unjustly

【冤枉】yuānwang（动）wrong; treat unjustly: 不能～好人 bù néng～hǎorén cannot wrong an innocent person /是你自己承认的，可不是别人～你! Shì nǐ zìjǐ chéngrèn de, kě bú shì biéren～nǐ! You admitted it yourself. It's not somebody else who wronged you! /物品不是他损坏的，硬说是他，太～人了! Wùpǐn bú shì tā sǔnhuài de, yìng shuō shì tā, tài～rén le! He didn't damage the goods. To allege that he did is to really treat him unjustly! （形）unfair; unjust: 把责任都推在我身上，实在～。Bǎ zérèn dōu tuī zài wǒ shēnshang, shízài～. It's really not fair to push all the responsibility onto my shoulders. /给你这样的处分，你觉得～吗? Gěi nǐ zhèyàng de chǔfèn, nǐ juéde～ma? Do you feel it's unjust to punish you in this way? /别人诬赖他，他太～了! Biéren wūlài tā, tā tài～le! Someone falsely incriminated him. It's not fair to him!

【冤狱】yuānyù（名）冤案 an unjust charge or verdict; a miscarriage of justice

yuán

元 yuán（形）(1)◇ 开始的 first; primary (2)◇ 为首的；在上的 chief; principal（名）(1) 同 "圆" yuán（名）(2) same as "圆" yuán（名）(2)（量）中国货币的标准单位，也作 "圆" yuán, standard monetary unit in China; also called 圆: 一百～ yìbǎi～ one hundred yuan /十～一张的钞票 shí～yì zhāng de chāopiào a ten-yuan bill

【元宝】yuánbǎo（名）较大的金银锭，两头翘起，中间凹下 gold or silver ingot, boat-shaped and used as money in medieval China: 金～ jīn～ gold ingot /银～ yín～ silver ingot

【元旦】Yuándàn（名）New Year's Day

【元件】yuánjiàn（名）element; component; cell

【元老】yuánlǎo（名）senior statesman; founding member (of a political organization, etc.)

【元年】yuánnián（名）帝王或诸侯即位的第一年；帝王改变年号的第一年；也指纪年的第一年；有时指政体改变或政府组织上的大改变的第一年 the first year of an era or the reign of an emperor; may also refer to the first year of a new sys-

tem of governement or that of a major change in a governmental organization

【元气】yuánqì（名）指人、国家或一个组织的生命力 vitality; vigour (of a person, nation or organization): ～旺盛 ～wàngshèng full of vitality /他大病一场，伤了～，得好好休养、恢复。Tā dà bìng yì chǎng, shāngle～, děi hǎohāor xiūyǎng、huīfù. He was seriously ill for a while and was sapped of his vitality so he had to convalesce to regain his strength.

【元首】yuánshǒu（名）head of state

【元帅】yuánshuài（名）marshal;（in ancient times）supreme commander

【元素】yuánsù（名）element: ～周期表 ～zhōuqībiǎo periodic table of elements

【元宵节】Yuánxiāojié（名）中国的传统节日，在农历正月十五日。从古代起，这一天夜晚就有观灯的风俗，因此又称灯节 the Lantern Festival（15th of the 1st lunar month）（so-called because of the ancient custom of hanging lanterns on the evening of this festival）

【元勋】yuánxūn（名）立了大功的人 a person of great merit; founding father: 开国～ kāi guó～ founders of a state

【元音】yuányīn（名）〈语〉vowel

【元月】yuányuè（名）指农历正月，也指公历一月 the first month of the lunar year; January

园〔園〕yuán（名）◇ (1) 种植蔬菜、花草、果木的地方 an area of land for growing plants (2) 供人休息游览的地方 a place for public recreation

【园地】yuándì（名）(1) 菜园、花园、果园的统称（vegetable, flower and fruit）garden plot: 种植～ zhòngzhí～ plantation /实验～ shíyàn～ experimental garden (2) 比喻活动场所 a place for activities or recreation: "少年之家" 是孩子们活动的～。"Shàonián zhī jiā" shì háizimen huódòng de～. Children's Palace is a place for children's activities. (3) 指刊物专门为写作者提供的版面（也常作为专栏的标题）writer's column（in a publication）（also often used in the headline of a special column）: 中学生～ zhōngxuéshēng～ middle school students' column /青年～ qīngnián～ youth column /思想～ sīxiǎng～ ideological column /这份杂志是为青年作家开辟的写作～。Zhè fèn zázhì shì wèi qīngnián zuòjiā kāipì de xiězuò～. This magazine provides a forum for young writers.

【园丁】yuándīng（名）从事园艺的工人。常以此喻指教师 gardener; often used figuratively to indicate a teacher

【园林】yuánlín（名）种植花草、树木供人游玩休息的风景区 gardens; park

【园圃】yuánpǔ（名）种蔬菜、花果、树木的园地 garden; ground used for growing vegetables, flowers, fruit or trees and plants

【园田】yuántián（名）种菜的田地 vegetable garden (or field)

【园艺】yuányì（名）种植蔬菜、花卉、果树等的技艺 horticulture; gardening

【园子】yuánzi（名）种蔬菜、花果的地方 garden; ground used for growing vegetables, flowers or fruit

员〔員〕yuán（名）(1)◇ 团体中的成员 member: 家庭中的一～ jiātíng zhōng de yì～ a family member /革命组织中的一～ gémìng zǔzhī zhōng de yì～ member of a revolutionary organization (2)◇ 指从事某种工作或活动的人 a person engaged in some field or activity（量）用于武将 of a general: 一～虎将 yì～ hǔjiàng a brave general /球坛上的一～名将 qiútán shang de yì～ míng jiàng a well-known hero in the ball-playing world

【员工】yuángōng（名）职员和工人的总称 *staff and workers*; *personnel*

原 yuán

（形）(1)◇最初的；原来的 *primary*; *original*; *former*：站在~一地不动 zhàn zài ~ dì bú dòng *remain at the starting point* /我们按一路返回。Wǒmen àn ~ lù fǎnhuí. *We went back the way we came.* (2)◇没有经过加工的 *unprocessed*; *raw*：~棉 ~mián *raw cotton*（名）◇广阔、平坦的地方 *level*, *open country*; *plain*：林海雪~ lín hǎi xuě ~ *an immense forest and snowfield* /星火燎~ xīng huǒ liáo ~ *A single spark can start a prairie fire.* （副）同"原来" yuánlái（副）*same as* "原来" yuánlái（副）

【原版】yuánbǎn（名）书籍原来的印本 *original edition* (*of a book*, *etc.*)

【原材料】yuáncáiliào（名）原料和材料 *raw and processed materials*

【原动力】yuándònglì（名）*motive power* (*or force*); *motivity*

【原封】yuánfēng（形）(~儿)没开封的，保持原样，一点不加变动的 *with the seal unbroken*; *intact*：我不收礼物，给他~退回吧！Wǒ bù shōu lǐwù, gěi tā ~ tuìhuí ba! *I don't accept gifts. Return it to him unopened!* /那天带回来的一包糖还~没动地在那儿放着呢！Nà tiān dài huilai de yì bāo táng hái ~ méi dòng de zài nàr fàngzhe ne! *The package of candy I brought back that day is still sitting there untouched!*

【原封不动】yuánfēng bù dòng（封装好的物品）没有启封、拆包，保持原样。泛指物品没人动过，仍保持着原来的样子（*of packaged goods*）*be left intact*：信~地交到他手中。Xìn ~ de jiāodào tā shǒu zhōng. *The letter was delivered to him unopened.* /那两瓶酒买来两年了，还~地摆在那儿。Nà liǎng píng jiǔ mǎilai liǎng nián le, hái ~ de bǎi zài nàr. *I bought those two bottles of wine two years ago and they're still sitting there intact.*

【原稿】yuángǎo（名）写好后没有经过别人修改的稿子；出版部门用以印刷出版的稿子 *original manuscript*; *master copy*

【原告】yuángào（名）〈法〉*plaintiff*; *prosecutor*

【原故】yuángù（名）同"缘故" yuángù *same as* "缘故" yuángù

【原籍】yuánjí（名）原来的籍贯 *ancestral home*：他~河北，生在上海。Tā ~ Héběi, shēng zài Shànghǎi. *His ancestral home is in Hebei Province, but he was born in Shanghai.*

【原来】yuánlái（形）起初的；发生变化以前的 *original*; *former*：~的打算 ~ de dǎsuàn *the original plan* /~的样子 ~ de yàngzi *former appearance* /~的人数只有现在的一半。~ de rénshù zhǐ yǒu xiànzài de yíbàn. *There were originally only half as many people as there are now.*（副）表示发现了过去不知道的情况（*indicates discovery of the truth of a situation*）：怪不得我找不到你，~你在这儿。Guàibude wǒ zhǎo bu dào nǐ, ~ nǐ zài zhèr. *No wonder I couldn't find you. You were here.* /你猜他为什么这么高兴，~是孩子考上大学了。Nǐ cāi tā wèi shénme zhème gāoxìng, ~ shì háizi kǎoshang dàxué le. *Guess why he's so happy—his child has passed the university entrance exam.* /~是这样，我还以为你不愿意去呢。~ shì zhèyàng, wǒ hái yǐwéi nǐ bú yuànyi qùne. *So that's the way it is. I thought you just didn't want to go.* 也可以用于句首，后面可以有停顿（*can also be used at the beginning of a sentence and be followed by a pause*）：~，他们自十年前分别后，就没再见过面。~, tāmen zì shí nián qián fēnbié hòu, jiù méi zài jiànguo miàn. *Oh, so they've never met again since they separated ten years ago.* /~，大家都已经看过这个电影了，只是他不知道。~, dàjiā dōu yǐjīng kànguo zhège diànyǐng le, zhǐ shì tā bù zhīdào. *Everybody had already seen this movie; it's just that he didn't know.*

【原理】yuánlǐ（名）*principle*; *tenet*

【原谅】yuánliàng（动）*excuse*; *forgive*; *pardon*：招待不周，请多~。Zhāodài bùzhōu, qǐng duō ~. *Please forgive me for not entertaining you well enough.* /这种错误是不可~的。Zhè zhǒng cuòwù shì bù kě ~ de. *This kind of mistake is inexcusable.*

【原料】yuánliào（名）*raw material*

【原煤】yuánméi（名）开采出来后没经过加工程序的煤 *raw coal*

【原木】yuánmù（名）采伐后没经过加工的木材 *log*

【原人】yuánrén（名）同"猿人" yuánrén *same as* "猿人" yuánrén

【原生动物】yuánshēng dòngwù *protozoon*

【原生质】yuánshēngzhì（名）〈生〉*protoplasm*

【原始】yuánshǐ（形）(1)古老的；未开发的 *primeval*; *primitive*：~森林 ~ sēnlín *virgin forest* /~生活 ~ shēnghuó *primitive life* /~社会 ~ shèhuì *primitive society* (2)最初的，第一手的 *original*; *firsthand*：~资料 ~ zīliào *firsthand information*

【原始公社】yuánshǐ gōngshè *primitive commune*

【原始积累】yuánshǐ jīlěi *primitive accumulation*

【原始社会】yuánshǐ shèhuì *primitive society*

【原声带】yuánshēngdài（名）*original soundtrack*

【原委】yuánwěi（名）事情发生、发展的经过 *how a thing happened from beginning to end*; *the whole story*; *all the details*：必须弄清事情的~。Bìxū nòngqīng shìqíng de ~. *We must get the whole story straight.* /他把事情的~详细地叙述了一遍。Tā bǎ shìqíng de ~ xiángxì de xùshùle yí biàn. *He related in detail how the thing happened from beginning to end.*

【原文】yuánwén（名）(1)翻译时所根据的文章或词句 *the original* (*of a translated text or passage*)：把译文和~对照着看一下。Bǎ yìwén hé ~ duìzhàozhe kàn yíxià. *Take a look at the translated text and check it against the original.* (2)引用或转写所依据的文字 *original text* (*used as the basis for speciality writing*)；*original passage* (*that is quoted*)：引用的~要认真核对一下。Yǐnyòng de ~ yào rènzhēn héduì yíxià. *You must check over the quoted passages carefully.*

【原先】yuánxiān（形）最早的；开始时候的 *former*; *original*：~的旧房都已经拆开了。~ de jiù fáng dōu yǐjīng chāi le. *The old original houses have already all been torn down.* /~他家住在东城。~ tā jiā zhù zài dōngchéng. *His home was originally in the eastern part of the city.* /他~不叫这个名字。Tā ~ bù jiào zhège míngzi. *This isn't his original name.* /她~是演员，现在改行了。Tā ~ shì yǎnyuán, xiànzài gǎi háng le. *She used to be an actress, but now she has changed her profession.* /我~不打算去，他们一再动员，我才答应了。Wǒ ~ bù dǎsuàn qù, tāmen yízài dòngyuán, wǒ cái dāying le. *I had originally not planned on going, but they urged me time and again so I finally agreed.*

【原形】yuánxíng（名）原来的形状 *original shape*

【原形毕露】yuánxíng bì lù（指人的）本来的丑恶的品德、习气等完全暴露出来 *be revealed for what one is*; *show one's true colours*

【原型】yuánxíng（名）原来的模型。特指文艺作品中塑造人物形象所依据的现实生活中的人物 *prototype* (*esp. refers to the original person in relation to a figure portrayed in literary and artistic works*)：《人到中年》这个剧本中的女主角的~是某医院的一位女大夫。《Rén Dào Zhōngnián》zhège jùběn de nǚ zhǔjué de ~ shì mǒu yīyuàn de yí wèi nǚ dàifu. *The prototype for the leading lady in the play "Reaching Middle Age" is a woman doctor in some hospital.*

【原样】yuányàng（名）原来的样子、形状 *original shape*; *normal appearance*：经过疗养，他的身体已经恢复~了。

Jīngguò liáoyǎng,tā de shēntǐ yǐjīng huīfù ～ le. *Convalescence restored his normal appearance.* /请把这幅图照～画两张。Qǐng bǎ zhè fú tú zhào ～ huà liǎng zhāng. *Please make two copies of this picture.*

【原野】yuányě（名）*open country*

【原意】yuányì（名）原来的意思或意图 *original meaning；original intention*

【原因】yuányīn（名）*reason；cause*

【原油】yuányóu（名）开采出来后没经过提炼的石油 *crude oil*

【原原本本】yuányuánběnběn（副）从头到尾地（叙述）。原：有时也写作"源"（*relate*）*from beginning to end*（"原" *is sometimes replaced by* "源"）：把事情的经过一地告诉大家。Bǎ shìqing de jīngguò ～ de gàosu dàjiā. *Relate to everybody how the whole thing happened from beginning to end.*

【原则】yuánzé（名）*principle*：坚持～adhere to principle /制定～zhìdìng ～ *lay down a principle* /一问题必须坚持。～ wèntí bìxū jiānchí. *We must persist if it is a matter of principle.*

【原则性】yuánzéxìng（名）指依据准则或标准说话、办事的特点和精神 *sense of principle*：～强 ～ qiáng *have a strong sense of principle* /一不强 ～ bù qiáng *not have a strong sense of principe* /处理问题要有～. *One must be principled when handling problems.* /他这个人没有～。Tā zhège rén méi yǒu ～. *He's not the least bit principled.* /你的～到哪儿去了？Nǐ de ～ dào nǎr qù le? *Where did your sense of principle go？*

【原址】yuánzhǐ（名）原来的地址 *former address*

【原主】yuánzhǔ（名）（～儿）（物品）原来的所有者 *original owner (or proprietor)*：物归～ wù guī ～ *return sth. to its rightful owner* /已经找到这辆自行车的～了。Yǐjīng zhǎodào zhè liàng zìxíngchē de ～ le. *The owner of this bicycle has already been found.*

【原著】yuánzhù（名）同"原作" yuánzuò（2）*same as* "原作" yuánzuò（2）

【原子】yuánzǐ（名）*atom*：～弹 ～dàn *atom bomb* /～核 ～hé *atomic nucleus* /～价 ～jià *valence*

【原子反应堆】yuánzǐ fǎnyìngduī *atomic reactor；atomic pile*

【原子结构】yuánzǐ jiégòu *atomic structure*

【原子量】yuánzǐliàng（名）*atomic weight*

【原子能】yuánzǐnéng（名）*atomic energy*

【原子武器】yuánzǐ wǔqì *atomic weapons*

【原子序数】yuánzǐ xùshù *atomic number*

【原作】yuánzuò（名）（1）艺术作品最初的创作；复制品所依据的作品 *original work*：这张画儿的复制品和～简直分不清。Zhè zhāng huàr de fùzhìpǐn hé ～ jiǎnzhí fēn bu qīng. *One simply cannot tell the difference between this painting's replica and the original work.*（2）译文或改写所依据的原文 *original (of a translation or adaptation)*：搞翻译要忠于～。Gǎo fānyì yào zhōngyú ～. *One must remain true to the original when translating.*

圆〔圓〕yuán（名）（1）圆周所围成的平面 *circle*：一个大、一个小。Yí ge dà ～, yí ge xiǎo ～. *There is a large circle and a small one.* /画一个～huà yí ge ～ *draw a circle*（2）圆形钱币 *a coin of fixed value and weight*：铜～ tóng ～ *copper coin* /银～ yín ～ *silver dollar*（形）*round；circular；spherical*：～桌 ～zhuō *round table* /～柱形 ～zhùxíng *cylindrical shape* /地球是～ de. *The earth is round.* /看谁画得～。Kàn shuí huà de ～. *See who drew the roundest.*（动）◇ 使圆满、周全 *justify；render sth. consistent or satisfactory*：～谎 ～ huǎng *patch up a lie*（量）同"元" yuán *same as* "元" yuán

【圆场】yuán=chǎng 为了打开僵局或解决纠纷，从中解说或

提出折衷的办法 *mediate；help to effect a compromise*

【圆规】yuánguī（名）*compasses*

【圆白菜】yuánbáicài（名）*cabbage*

【圆滑】yuánhuá（形）形容对各方面讨好，敷衍得很周全 *smooth and evasive；slick and sly*：他为人～，谁也不得罪。Tā wéirén ～, shuí yě bù dézuì. *He's smooth and evasive, and doesn't offend anyone.*

【圆满】yuánmǎn（形）*satisfactory*：～的答复 ～ de dáfù *a satisfactory reply* /会议取得～结果。Huìyì qǔdé ～ jiéguǒ. *The meeting achieved satisfactory results.* /问题都～解决了。Wèntí dōu ～ jiějué le. *The problems have all been solved satisfactorily.*

【圆圈】yuánquān（名）（～儿）*circle；ring*

【圆润】yuánrùn（形）（嗓音、书法）饱满而润泽 *(of a voice, calligraphy, etc.) mellow；rich；full*：～的嗓音 ～ de sǎngyīn *rich voice* /笔力～ bǐlì ～ *full-bodied brush strokes*

【圆舞曲】yuánwǔqǔ（名）*waltz*

【圆心】yuánxīn（名）*the centre of a circle*

【圆形】yuánxíng（名）*circular shape；round*

【圆周】yuánzhōu（名）*circumference*

【圆周率】yuánzhōulù（名）*ratio of the circumference of a circle to its diameter*

【圆珠笔】yuánzhūbǐ（名）[支 zhī] *ball-point pen*

【圆柱】yuánzhù（名）*cylinder*

【圆锥】yuánzhuī（名）*circular cone；taper*

【圆桌会议】yuánzhuō huìyì *round-table conference*

援 yuán（动）◇（1）用手牵引 *pull up by hand*（2）引用 *cite；quote*（3）帮助、支持 *help；aid；support*

【援救】yuánjiù（动）〈书〉*rescue；save*

【援军】yuánjūn（名）增援的军队 *reinforcements；relief troops*

【援例】yuánlì（动·不及物）引用或根据惯例、先例 *cite (or quote) a precedent；according to convention*：～申请 ～ shēnqǐng *apply according to a set precedent* /元旦～放假一天。Yuándàn ～ fàng jià yì tiān. *According to convention, there is a one-day holiday on New Year's Day.*

【援外】yuánwài（动·不及物）（在经济、技术等方面）支援外国 *foreign aid；in aid of a foreign country (such as economic, technological, etc.)*：我们厂今年有～任务。Wǒmen chǎng jīnnián yǒu ～ rènwu. *This year our factory has the task of providing foreign aid.*

【援引】yuányǐn（动）〈书〉引用讲话或著作中的原话或论述 *quote；cite*：他在论文中～了列宁的有关论述。Tā zài lùnwén zhōng ～ le Lièníng de yǒuguān lùnshù. *He quoted relevant expositions from Lenin in his thesis.*

【援用】yuányòng（动）引用 *quote；cite；invoke*：～先例 xiānlì *quote a precedent* /～了《圣经》上的一段话 ～ le《Shèngjīng》shang de yí duàn huà *quoted a passage from the Bible* /～法律条款 ～ fǎlù tiáokuǎn *invoke a legal provision*

【援助】yuánzhù（动）〈书〉*help；support；aid*：～落后地区 ～ luòhòu dìqū *give aid to a backward region* /以食品、药物～受灾人民 yǐ shípǐn、yàowù ～ shòu zāi rénmín. *give food and medicine to aid the victims of a disaster* /用兵力～友军 yòng bīnglì ～ yǒujūn *use troops to support friendly forces* /我们在困难的时候,他们一过我们。Wǒmen zài kùnnan de shíhou, tāmen ～guo wǒmen. *They helped us in times of trouble.*（名）*help；support；aid；assistance*：无私的～ wúsī ～ *disinterested assistance* /国际～ guójì ～ *international support* /他们需要～。Tāmen xūyào ～.*They need help.* /感谢你们的～。Gǎnxiè nǐmen de ～. *Thank you all for your support.*

缘〔緣〕yuán
（名）◇（1）缘故 reason；cause（2）缘分 predestined relationship

【缘分】yuánfèn（名）指人与人或人与事物之间有接触和联系的机会或可能 predestined relationship；lot or luck by which people or people and things are brought together：咱们俩有～，两次调换工作都碰到一起了。Zánmen liǎ yǒu ～，liǎng cì diàohuàn gōngzuò dōu pèngdào yìqǐ le. The two of us are destined to be together. We've been transferred twice to the same place. /我大概与音乐无～，怎么一听音乐就想睡觉？Wǒ dàgài yǔ yīnyuè wú ～，zěnme yì tīng yīnyuè jiù xiǎng shuì jiào? I don't think it's my fate to be around music because every time I hear it; I want to go to sleep.

【缘故】yuángù（名）原因（只用于"因为……的缘故"或"是……的缘故"等）reason；cause（can only be used in the following constructions：因为...的缘故 and 是...的缘故）：因为工作的～，我们经常往来。Yīnwèi gōngzuò de ～，wǒmen jīngcháng wǎnglái. We often have contacts with each other because of our work. /因为天气的～，推迟了动身日期。Yīnwèi tiānqì de ～，tuīchíle dòng shēn rìqí. The date of departure was postponed due to weather. /因为时间的～，一些名胜我没去游览。Yīnwèi shíjiān de ～，yìxiē míngshèng wǒ méi qù yóulǎn. There are some scenic spots I didn't go to visit because of the time factor. /他不高兴是因为我的～。Tā bù gāoxìng shì yīnwèi wǒ de ～. His reason for being unhappy is me. /讨论时她总不发言，不知是什么～。Tǎolùn shí tā zǒng bù fā yán, bù zhī shì shénme ～. I don't know why she never speaks up during discussions.

【缘由】yuányóu（名）原因 reason；cause：讲清～，大家就可以谅解了。Jiǎngqīng ～，dàjiā jiù kěyǐ liàngjiě le. We can all make allowances if you'll just make your reasons clear.

猿 yuán
（名）◇ ape

【猿猴】yuánhóu（名）猿和猴子 apes and monkeys

【猿人】yuánrén（名）ape-man

源 yuán
（名）◇（1）水流起头的地方 source（of a river, etc.）；fountain head（2）事物的来源 source；origin；cause（of sth.）：生命之～ shēngmìng zhī ～ life source

【源流】yuánliú（名）事物的起源和发展 source and course of development：追溯～ zhuīsù ～ trace back to the source /考察～ kǎochá ～ investigate the source of

【源泉】yuánquán（名）source；fountainhead

【源源】yuányuán（副）表示相继不断，后面常有"不断""不绝""而来"等词语 in a steady stream；continuously（often followed by "不断"，"不绝"，"而来"，etc.）：慰问信和慰问品～不断地从后方运来。Wèiwènxìn hé wèiwènpǐn ～ búduàn de cóng hòufāng yùnlái. Letters and articles of solicitude were carried in from the rear in a steady stream. /各类水果～上市。Gè lèi shuǐguǒ ～ shàng shì. All types of fruit appeared on the market in an endless flow. /一车车蔬菜～不绝送往城区。Yì chēchē shūcài ～ bùjué sòng wǎng chéngqū. One truckload of vegetables after another was sent to the urban district in a steady flow. /建筑所需材料～而来。Jiànzhù suǒ xū cáiliào ～ ér lái. The needed building materials arrived in a steady flow.

yuǎn

远〔遠〕yuǎn
（形）（1）空间或时间的距离长 far；distant；remote：路～ lù ～ The road is long. /往～看 wǎng ～ kàn look into

the distance/～道而来 ～ dào ér lái come from afar/我家离火车站不～。Wǒ jiā lí huǒchē zhàn bù ～. My home is not far from the railway station. /为期不～ wéi qī bù ～ The day is not far off. /～在一千年前 ～ zài yìqiān nián qián as far back as one thousand years /离开会的日期还～。Lí kāi huì de rìqī hái ～. The date of the meeting is still far off. /～水救不了近火。～ shuǐ jiù bu liǎo jìn huǒ. Distant water won't put out a fire close at hand. — A slow remedy cannot meet an urgency. （2）差别大（of a difference）great；big；far：两人的年龄相差不～。Liǎng rén de niánlíng xiāng chà bù ～. The difference in age between the two is not great. /弟弟的技术～不如他。Dìdi de jìshù ～ bùrú tā. His younger brother's skill is far inferior to his. /我跳高的成绩离国家记录差得～。Wǒ tiàogāo de chéngjì lí guójiā jìlù chà de ～. My results in high jump are far from the national record. /该校的学生数目～～超过了我们。Gāi xiào de xuéshēng shùmù ～～ chāoguòle wǒmen. The number of students in that school far exceeds that of our school. （3）关系不亲密 remote or distant（in relationship）：我跟他的关系比老王跟他的关系～多了。Wǒ gēn tā de guānxi bǐ Lǎo Wáng gēn tā de guānxi ～ duō le. My relationship with him is much more remote than Lao Wang's relationship with him. /亲戚之间来往少，就显得～了。Qīqi zhī jiān láiwǎng shǎo, jiù xiǎnde ～ le. When relatives seldom see each other, their relationship is seemingly more distant. （副）（1）表示在很大程度上（超过或不及），多用于书面，可以重叠 far（exceed or inferior to）（usu. used in the written language；can be reduplicated）：由于我生了一场大病，任务～没完成。Yóuyú wǒ shēngle yì cháng dà bìng, rènwù ～ méi wánchéng. Owing to a serious illness, I am far from finishing my task. /这些作法～～不能满足大家的要求。Zhèxiē zuòfǎ ～～ bù néng mǎnzú dàjiā de yāoqiú. These methods are far from satisfying everybody's requests. /现在完成的数量～～超过计划。Xiànzài wánchéng de shùliàng ～～ chāoguò jìhuà. The present amount that has been accomplished far exceeds the plan. （2）表示事情发生的时间离现在很久，常和"在"连用 as far back（in time）as（often used together with "在"）：～在公元132年，张衡就创制了测定地震的地动仪。～ zài gōngyuán yīsān'èr nián, Zhāng Héng jiù chuàngzhìle cèdìng dìzhèn de dìdòngyí. Zhang Heng invented a seismograph to determine earthquakes as far back as A. D. 132. /～在两千多年以前，中国就有了风筝。～ zài liǎngqiān duō nián yǐqián, Zhōngguó jiù yǒule fēngzheng. There were kites in China as far back as over two thousand years ago. /～在汉代，"牛郎织女"这个故事就开始流传了。～ zài Hàn dài, "Niúláng Zhīnǚ" zhège gùshi jiù kāishǐ liúchuán le. The story "The Cowherd and the Girl Weaver" started to circulate as far back as the Han Dynasty.

【远程】yuǎnchéng（名）（多作定语或状语）long-range；long-distance（usu. used as an attributive or adverbial）：～导弹 ～ dǎodàn long-range guided missile /～飞行 ～ fēixíng long-distance flight

【远程火箭】yuǎnchéng huǒjiàn long-range rocket

【远大】yuǎndà（形）长远而宏大 long-range；broad；ambitious：～的目标 ～ de mùbiāo long-range objective /～的抱负 ～ de bàofu great ambition /前程～ qiánchéng ～ have brilliant prospects /眼光～ yǎnguāng ～ have broad vision /他虽然年纪不大，但有～的志向。Tā suīrán niánjì bú dà, dàn yǒu ～ de zhìxiàng. Although he's not very old, he has lofty aspirations. /青年们应该具有～的理想。Qīngniánmen yīnggāi jùyǒu ～ de lǐxiǎng. Young people should have lofty ideals. /他一上任就提出了一个～的设想。Tā yí shàng rèn jiù tíchūle yí ge ～ de shèxiǎng. As soon as he assumed office, he put forward an ambitious ten-

tative plan.

【远道】 yuǎndào（名）长远的道路 a long way：～而来 ～ ér lái come a long way /这双鞋底子太硬，走～不行。Zhè shuāng xié dǐzi tài yìng, zǒu ～ bù xíng. The soles of these shoes are too stiff. I can't walk a long way with them.

【远方】 yuǎnfāng（名）〈书〉远处 distant place：客人来自～。Kèrén lái zì ～. The guest has come from afar.

【远房】 yuǎnfáng（形）（同一家族中）血统疏远的 distantly related：～哥哥 ～ gēge a distantly related male elder cousin /～奶奶 ～ nǎinai a distantly related great-aunt

【远古】 yuǎngǔ（名）久远的古代 remote antiquity

【远见】 yuǎnjiàn（名）远大的目光 foresight；vision

【远郊】 yuǎnjiāo（名）离城市较远的郊区 outer suburbs：这个化工厂建在北京的～。Zhège huàgōngchǎng jiàn zài Běijīng de ～. This chemical plant was built in the outer suburbs of Beijing.

【远近】 yuǎnjìn（名）(1)远处和近处；泛指周围地区 far and wide；surrounding area：～闻名 ～ wénmíng be known far and wide /十几个村子，没有不认识他的。～ shí jǐ ge cūnzi, méi yǒu bú rènshi tā de. In the surrounding area's dozen or so villages, there isn't anyone who doesn't know him. /～数十里，见不到一棵树。～ shù shí lǐ, jiàn bu dào yì kē shù. Not one tree can be seen within dozens of li from here. (2)远或近的程度 distance；near or far：不管～，我们总要去一趟。Bùguǎn ～, wǒmen zǒng yào qù yí tàng. Regardless of the distance, we must, in the end, go once. /不分关系～，对人一样看待。Bù fēn guānxì ～, duì rén yíyàng kàndài. I make no distinction between near and far, but treat all people the same. /这两条路的～差不多。Zhè liǎng tiáo lù de ～ chà bu duō. The distance is about the same by either one of these two roads. /他去过那儿，知道～。Tā qùguo nàr, zhīdào ～. He has been there before so he knows the distance.

【远景】 yuǎnjǐng（名）(1)远距离的景物 distant view：这张照片～照得非常清楚。Zhè zhāng zhàopiàn ～ zhào de fēicháng qīngchu. The distant view of this photograph is extremely clear. (2)未来的景况 long-range perspective；prospect：工业发展～ gōngyè fāzhǎn ～ long-range prospects for industrial development /这是市区建设的～规划。Zhè shì shìqū jiànshè de ～ guīhuà. This is the long-range plan for the construction of the urban district.

【远期】 yuǎnqī（名）离现在较远的将来一个时期 at a specified future date；forward：～交货 ～ jiāo huò forward delivery

【远亲】 yuǎnqīn（名）血统关系远的亲戚 distant relative (or relation)

【远视】 yuǎnshì（名）long sight；farsightedness；hyperopia

【远行】 yuǎnxíng（动）〈书〉出远门 go on a long journey：他下周将～。Tā xià zhōu jiāng ～. He will go on a long journey next week.

【远洋】 yuǎnyáng（名）ocean：～货轮 ～ huòlún oceangoing freighter /～捕鱼 ～ bǔ yú deep-sea fishing

【远因】 yuǎnyīn（名）remote cause：这件事的～近因都已查明。Zhè jiàn shì de ～ jìnyīn dōu yǐ chámíng. The immediate and remote causes for this have all been ascertained.

【远征】 yuǎnzhēng（动）expedition：我们的足球队将～非洲。Wǒmen de zúqiúduì jiāng ～ Fēizhōu. Our football team will make an expedition to Africa.

【远走高飞】 yuǎn zǒu gāo fēi 离开某处，走得远远的 fly far and high；be off to distant parts

【远足】 yuǎnzú（动）比较远的徒步旅行 hike；(long) walking tour

【远祖】 yuǎnzǔ（名）许多代以前的祖先 remote ancestor

yuàn

怨 yuàn（名）◇ 怨恨 resentment；enmity；grudge：恩～ ēn ～ feelings of gratitude and resentment /无仇无～ wú chóu wú ～ feel no resentment whatsoever（动）责怪 blame；complain：输了球不能只～一个人。Shūle qiú bù néng zhǐ ～ yí ge rén. You can't just blame one person when you lose a ball game. /这事～我，我忘了通知他。Zhè shì ～ wǒ, wǒ wàngle tōngzhī tā. This is my fault. I forgot to notify him.

【怨不得】 yuàn bu de (1)不能埋怨的意思 cannot blame：这事～他，主要是我的责任。Zhè shì ～ tā, zhǔyào shì wǒ de zérèn. You can't blame him for this . It's mostly my fault. /这是客观原因造成的，～你。Zhè shì kèguān yuányīn zàochéng de, ～ nǐ. This was brought about by objective causes. You're not to blame. (2)同"怪不得"，表示忽然了解到某种情况何以如此 no wonder：～她英语说得这么好，原来她在英国居住过多年。～ tā Yīngyǔ shuō de zhème hǎo, yuánlái tā zài Yīngguó jūzhùguo duō nián. No wonder she speaks English so well — she resided in England for many years. /噢！像片上原来是你呀，～我觉得那么面熟。Òu! xiàngpiàn shang yuánlái shì nǐ ya, ～ wǒ juéde nàme miànshú. Oh! So you're the one in the photo. No wonder I thought it looked familiar.

【怨恨】 yuànhèn（动）对人或事物强烈不满或仇恨 have a grudge against sb.；hate：考不好不能～老师。Kǎo bu hǎo bù néng ～ lǎoshī. You can't hold a grudge against the teacher when you don't do well on an exam. /我错了，你即使咒我，我也不会～。Wǒ cuò le, nǐ jíshǐ mà wǒ, wǒ yě bú huì ～. I was wrong, so even though you curse me I won't hold a grudge against you. /是坏书害了他，他～那些书贩子。Shì huài shū hàile tā, tā ～ nàxiē shū fànzi. He hates those book dealers because it was pernicious books that did him great harm.（名）强烈的不满或仇恨 resentment；grudge；enmity：心中充满～ xīnzhōng chōngmǎn ～ be filled with hatred /我的生活中，没有～，也没有烦恼。Wǒ de shēnghuó zhōng, méi yǒu ～, yě méi yǒu fánnǎo. I have no resentments and no worries in life.

【怨气】 yuànqì（名）怨恨的情绪 grievance；complaint；resentment：他有一肚子～，看什么都不顺眼。Tā yǒu yí dùzi ～, kàn shénme dōu bú shùnyǎn. He's full of complaints and doesn't like anything he sees.

【怨声载道】 yuàn shēng zài dào 路上到处都能听到怨言。形容众人普遍不满 complaints are heard everywhere；there is widespread discontent among the masses：这条路路面老不整修，十分难走，弄得～。Zhè tiáo lù lùmiàn lǎo bù zhěngxiū, shífēn nán zǒu, nòng de ～. The surface of this road hasn't been repaired for a long time and it's extremely difficult to ride or walk on. It's at the point where there are complaints heard everywhere.

【怨天尤人】 yuàn tiān yóu rén 怨恨天，埋怨别人。形容把事情没办好的原因都推给别人和客观条件 blame god and man — blame everyone and everything but oneself

【怨言】 yuànyán（名）抱怨的话 complaint：这位护士多年来耐心细致地看护病人，从无～。Zhè wèi hùshi duō nián lái nàixīn xìzhì de kānhù bìngrén, cóng wú ～. This nurse has given patient and meticulous care to patients for many years and she never has any complaints.

院 yuàn（名）◇(1)院子 courtyard；yard；compound：前后～ qián hòu ～ front and back yards /把～里打扫打扫! Bǎ ～ li dǎsao dǎsao! Sweep up the courtyard! (2)某些机关或公

共场所的名称 a designation for certain govermnent offices and public places：京剧～ jīngjù～Beijing opera house (3) 专指学院 college; academy; institute：～系调整～ xì tiáozhěng the readjustment of colleges and departments

【院落】yuànluò（名）同"院子"yuànzi same as "院子" yuànzi

【院士】yuànshì（名）academician

【院校】yuànxiào（名）学院和大学 colleges and universities：北京各大专～七月开始放暑假。Běijīng gè dà zhuān～qīyuè kāishǐ fàng shǔjià. Every college and university in Beijing starts the summer vacation in July.

【院子】yuànzi（名）courtyard; yard; compound

愿 〔願〕yuàn

（名）◇ 愿望 hope; wish; desire：他至死也未了平生之～。Tā zhì sǐ yě wèi liǎo píngshēng zhī～. Even unto death he didn't fullfill his lifelong wish.（动）希望 hope; wish：他早日恢复健康～tā zǎorì huīfù jiànkāng hope he'll get well soon／～大家节日愉快～dàjiā jiérì yúkuài wish everybody a happy holiday／～天下有情人终成眷属～ tiānxià yǒu qíng rén zhōng chéng juànshǔ wish that two people who love each other will, in the end, become a family（助动）愿意 be willing; be ready：我不～跟他打交道。Wǒ bú～ tā dǎ jiāodao. I don't want to have any dealings with him. ／他～助我一臂之力。Tā～ zhù wǒ yí bì zhī lì. He's willing to lend me a helping hand.

【愿望】yuànwàng（名）desire; wish; aspiration：美好的～ měihǎo de～ glorious aspirations／他的～得到满足。Tā de～ dédào mǎnzú. His wish has been fulfilled. ／我多年的～终于实现了。Wǒ duō nián de～ zhōngyú shíxiàn le. My long-cherished wish has at last come true.

【愿意】yuànyì（助动）（认为符合自己的心意）同意（做某事）be willing; be ready（to do sth. that accords with one's own intentions）：我～当他的助手。Wǒ～ dāng tā de zhùshǒu. I'm willing to be his assistant. ／她不～在家闲着。Tā bú～ zài jiā xiánzhe. She's not willing to remain idle at home. ／你～参加合唱队吗？Nǐ～ cānjiā héchàngduì ma？Are you willing to join the chorus?（动）希望（宾语多是一个句子）wish; want; hope, object is usu. a clause：姐姐～我学医。Jiějie～ wǒ xué yī. My older sister wants me to study medicine. ／谁都不～自己的工作出差错。Shuí dōu bú～ zìjǐ de gōngzuò chū chācuò. Nobody wants to make mistakes in his or her own work. ／他～你跟他一块去。Tā～ nǐ gēn tā yíkuàir qù. He hopes you will go with him.

yuē

约 〔約〕yuē

（动）(1)商谈并决定（双方或多方共同遵守的事）make an appointment; arrange：相～ xiāng～ make an appointment with sb. ／哪天聚会？咱们～个日子。Nǎ tiān jùhuì？Zánmen～ ge rìzi. On what day will we get together? Let's arrange a date. (2)邀请 ask or invite in advance：他～我去看戏。Tā～ wǒ qù kàn xì. He has invited me to go see a play.（名）◇ 指约定好的事；或指共同订立、共同遵守的条文 pact; agreement; appointment：赴～ fù～ keep an appointment／我们有～在先，你不能反悔。Wǒmen yǒu～ zài xiān, nǐ bù néng fǎnhuǐ. We've made an agreement. You can't go back on your word.（副）〈书〉有"大概"的意思，表示对数量不能很有把握地估计，述语后必须有数量短语 about; around; approximately（has the same meaning as "大概"; the verb must be followed by a numeral-measure word phrase）：我们学校今年的毕业生～有五百名。Wǒmen xuéxiào jīnnián de bìyèshēng～ yǒu wǔbǎi míng. Our school has approximately five hundred graduates this year. ／这块手表～值二百元。Zhè kuài shǒubiǎo～ zhí

èrbǎi yuán. This watch is worth about two hundred yuan. ／这出京戏～演了五十场。Zhè chū jīngxì～ yǎnle wǔshí chǎng. This Beijing opera has been performed about fifty times. 可以直接放在数量短语前面（can be placed directly before the numeral-measure word phrase）：他到外地工作的时间～一年。Tā dào wàidì gōngzuò de shíjiān～ yì nián. He will go to work in another place for about one year. ／出席会议的～三百人。Chūxí huìyì de～ sānbǎi rén. Approximately three hundred people attended the meeting.

【约定】yuēdìng（动）商量后确定 agree on; appoint; arrange：他们～明天去香山看红叶。Tāmen～ míngtiān qù Xiāng Shān kàn hóngyè. They agreed to go to Xiangshan tomorrow to see the red leaves.

【约定俗成】yuē dìng sú chéng 约定：(名称、风俗习惯等)依据人们的共同意向而制定；俗成：(名称、习俗等)制定了，大家一致遵守、沿用. 指某名称或习惯经过长期社会实践而为社会所承认，而固定下来。(约定：(of the name of a thing or organization, of a custom, etc.) lay down for the common purpose of all；俗成：(of the name of a thing or organization, of a usual practice, etc.)continue to be used or recognized by all) established by usage; accepted through common practice：许多词的用法是～的，不一定能说出道理，比如"好容易"的意思和"好不容易"一样。Xǔduō cí de yòngfǎ shì～ de, bù yídìng néng shuōchu dàolǐ, bǐrú "hǎoróngyi" de yìsi hé "hǎobùróngyi" yíyàng. The usage of many words is accepted through common practice but the reason for this may not necessarily be explicable; for example, the meaning of "好容易" is the same as that of "好不容易".

【约分】yuē＝fēn（数）reduction of a fraction

【约会】yuēhuì（名）appointment; engagement; date：赴～ fù～ keep an appointment／明天上午我有一个～。Míngtiān shàngwǔ wǒ yǒu yí ge～. I have an appointment tomorrow morning. ／你的～真不少。Nǐ de～ zhēn bù shǎo. You do have a lot of engagements. ／～的日期没有变化。～ de rìqī méiyou biànhuà. The date of the appointment has not been changed.

【约计】yuējì（动）大概地计算 count roughly; come roughly to：昨天参加会议的～六百人。Zuótiān cānjiā huìyì de～ liùbǎi rén. The number of people who attended yesterday's conference came roughly to six hundred. ／买那套古书～三百元。Mǎi nà tào gǔshū～ sānbǎi yuán. That set of ancient books costs roughly three hundred yuan. ／添置这套新家具～要两千元。Tiānzhì zhè tào xīn jiājù～ yào liǎngqiān yuán. Buying this new set of furniture will cost roughly two thousand yuan.

【约见】yuējiàn（动）约请会见 ask to meet with：明天他～两位外国朋友。Míngtiān tā～ liǎng wèi wàiguó péngyou. He has asked to meet with two foreign friends tomorrow.

【约略】yuēlüè（副）〈书〉有"大致""大概"的意思，所修饰的动词一般都带有后附成分 roughly; approximately（has the same meaning as "大致" and "大概"; the modified verb usu. takes an additional element）：他把处理纠纷的经过～汇报了一下。Tā bǎ chǔlǐ jiūfēn de jīngguò～ huìbàole yíxià. He gave a rough report of how the dispute was handled. ／他把账单～看了一看，放在一边。Tā bǎ zhàngdān～ kànle kàn, fàng zài yìbiānr. He glanced at the bill, then put it aside. ／那本小说我～翻了一遍，内容也还记得一些。Nà běn xiǎoshuō wǒ～ fānle yí biàn, nèiróng yě hái jìde yìxiē. I've flipped through that novel and still remember a bit of its contents.

【约莫】yuēmo（副）表示大概估计，多用于口语 about; roughly（usu. used in the spoken language）：她～有十六、七岁的样子。Tā～ yǒu shíliù-qī suì de yàngzi. She looks roughly sixteen or seventeen years old. ／管庄～有几百户人

家。Guǎnzhuāng ～ yǒu jǐ bǎi hù rénjiā. *There are about a few hundred households in Guan Village.* /～过了五十分钟,他才来到会场。～guòle wǔshí fēnzhōng, tā cái láidào huìchǎng. *Roughly fifty minutes had passed before he came to the conference hall.*

【约请】yuēqǐng(动) *invite; ask*:共～了十几个人参加会议。Gòng ～le shí jǐ ge rén cānjiā huìyì. *A dozen or so people have been invited to attend the conference.*

【约束】yuēshù(动) *keep within bounds; restrain; bind*:人们都要以一定的法律、道德、纪律来～自己的行动。Rénmen dōu yào yǐ yídìng de fǎlǜ, dàodé, jìlǜ lái ～ zìjǐ de xíngdòng. *People must all keep their conduct within legal, moral and disciplinary bounds.* /他很有开拓精神,不受一些死的规定的～。Tā hěn yǒu kāituò jīngshén, bú shòu yìxiē sǐ de guīdìng de ～. *He's very open-minded and doesn't accept the restriction of some inflexible rules.* /他父母的话对他没有一点～力。Tā fùmǔ de huà duì tā méi yǒu yìdiǎn ～lì. *His parents' words have no binding force on him.*

【约数】yuēshù(名)〈数〉 *divisor*

yuè

月 yuè
(名)(1)◇. 月球,月亮 *the moon*:新～ xīn ～ *a new moon* /花好～圆 huā hǎo ～ yuán *blooming flowers and full moon — perfect conjugal bliss* (2)计时单位 *month*:一个季度是三个～。Yí ge jìdù shì sān ge ～. *Three months make up one quarter of a year.*

【月白】yuèbái(形)接近白色的淡蓝 *bluish white; very pale blue*

【月半】yuèbàn(名)一个月的第十五天 *the 15th day of a month*

【月报】yuèbào (名)月刊(多用作刊物名) *monthly magazine; monthly (often used in the name of a publication)*:《小说～》《Xiǎoshuō ～》 *Fiction Monthly* /《新华～》《Xīnhuá ～》 *New China Monthly*

【月饼】yuèbǐng(名)一种圆形有馅的点心,中秋节时吃的 *moon cake (eaten during the Mid-Autumn Festival)*

【月初】yuèchū(名)一个月开始的几天 *the beginning of the month; the first few days of a month*

【月底】yuèdǐ(名)一个月的最后几天 *the end of the month; the last few days of a month*

【月份】yuèfèn(名)(～儿)指某一个月 *month*:七～才考试呢! Qī ～ cái kǎoshì ne! *The exams won't take place until July!* /他整个五～都请了病假。Tā zhěnggè wǔ ～ dōu qǐngle bìngjià. *He asked for sick leave for the whole month of May.*

【月份牌】yuèfènpái(名) *calendar*

【月光】yuèguāng(名) *moonlight*

【月宫】yuègōng(名)传说中月亮里的宫殿(legendary) *palace of the moon*

【月季】yuèjì(名)〈植〉 *Chinese rose*

【月经】yuèjīng(名)〈生理〉 *menses; menstruation; period*

【月刊】yuèkān(名)每月出版一次的刊物 *monthly publication; monthly*

【月历】yuèlì(名)一个月一页的挂历 *monthly calendar*

【月亮】yuèliang(名) *the moon*

【月末】yuèmò(名)月底 *the end of the month*

【月票】yuèpiào(名)[张 zhāng]可供乘客当月使用的公共汽车、电车等的车票 *monthly ticket*

【月琴】yuèqín(名) *a four-stringed plucked instrument with a full-moon-shaped sound box*

【月球】yuèqiú(名) *the moon*

【月色】yuèsè(名) *moonlight*

【月食】yuèshí(名) *lunar eclipse*

【月台】yuètái(名)火车站上下乘客或装卸货物用的、比路面高的平台 *railway platform*:送人上火车得买～票。Sòng rén shàng huǒchē děi mǎi ～ piào. *You must buy a platform ticket if you want to see someone off on the train.*

【月薪】yuèxīn(名)按月发给的工资 *monthly pay*:～一百元 ～ yìbǎi yuán *a monthly salary of one hundred yuan*

【月牙】yuèyá (名)(～儿) *crescent moon*

【月芽】yuèyá(名)(～儿)同"月牙" yuèyá *same as "月牙" yuèyá*

【月夜】yuèyè(名)有月光的夜晚 *moonlit night*

【月中】yuèzhōng (名)一个月中间的几天 *the middle of a month*

【月终】yuèzhōng (名)同"月底" yuèdǐ *same as "月底" yuèdǐ*

乐 〔樂〕yuè
(名)◇ 音乐 *music*:奏 ～ zòu ～ *play music* 另见 lè

【乐池】yuèchí(名) *orchestra pit*

【乐队】yuèduì(名) *orchestra; band*

【乐理】yuèlǐ(名)音乐的一般基础理论 *music theory*

【乐谱】yuèpǔ(名) *music score*

【乐器】yuèqì(名) *musical instrument*

【乐曲】yuèqǔ(名) *musical composition; compositon; music*

【乐坛】yuètán(名)指音乐界 *the world of music; music circles*

【乐团】yuètuán(名) *philharmonic society; philharmonic orchestra*:广播～ guǎngbō ～ *philharmonic broadcasting society* /交响～ jiāoxiǎng ～ *symphony*

【乐章】yuèzhāng(名) *movement*

岳 yuè
(名)◇ 高大的山 *high mountain*

【岳父】yuèfù(名)妻子的父亲 *wife's father; father-in-law*

【岳母】yuèmǔ(名)妻子的母亲 *wife's mother; mother-in-law*

【岳丈】yuèzhàng(名)同"岳父" yuèfù (*very seldom used*)

悦 yuè
(形)◇ 愉快 *happy; delighted* (动)◇ 使愉快 *please; delight*:～人耳目 ～ rén ěrmù *pleasing to eye and ear*

【悦耳】yuè'ěr(形)〈书〉好听 *pleasing to the ear*:～动听 ～ dòngtīng *pleasing to the ear* /～的歌声 ～ de gēshēng *pleasant singing* /琴声～ qín shēng ～ *The qin is sweet-sounding.* /这种鸟叫声～。Zhè zhǒng niǎo jiào shēng ～. *This kind of bird has a sweet-sounding call.* /大厅里响起～的乐曲。Dàtīng li xiǎngqi ～ de yuèqǔ. *Sweet-sounding music came drifting out of the hall.* /那种语言听起来很～。Nà zhǒng yǔyán tīng qilai hěn ～. *That language is very pleasing to the ear.*

【悦目】yuèmù(形)〈书〉 *pleasing to the eye; good-looking*:～的彩虹 ～ de cǎihóng *a beautiful rainbow* /色彩协调～ sècǎi xiétiáo ～ *The colour coordination is very pleasing to the eye.* /百花盛开,五光十色,十分～。Bǎi huā shèngkāi, wǔ guāng shí sè, shífēn ～. *Innumerable multicoloured flowers are in full bloom. They're really a beautiful sight.*

阅 〔閱〕yuè
(动)〈书〉(1)看(文字) *read; go over (sth. written)*:来信收～ lái xìn shōu ～ *I've received and read your letter.* /他正在灯下～报。Tā zhèng zài dēng xià ～ bào. *He's reading the newspaper under the lamp.* /这篇文章写得不错,值得一～。Zhè piān wénzhāng xiě de búcuò, zhídé yì ～. *This article is pretty good. It's well worth reading.* (2)检阅 *review; inspect*

【阅兵】yuè=bīng 检阅军队 *review troops*:举行～式 jǔxíng

～ shì *hold a military review*

【阅读】yuèdú（动）*read*：～报纸 ～ bàozhǐ *read newspapers* /文件 ～ wénjiàn *read documents* /～小说 ～ xiǎoshuō *read novels*

【阅卷】yuè＝juàn 看试卷 *go over examination papers*：有三位老师在～。Yǒu sān wèi lǎoshī zài ～. *There are three teachers going over the examination papers.*

【阅览】yuèlǎn（动）*read*：～各类图书 ～ gè lèi túshū *read every type of books*

【阅览室】yuèlǎnshì（名）*reading room*

【阅历】yuèlì（名）亲身看见、听见过，做过，经历过，因而得来的知识、经验 *knowledge and experience*（*gained from what one has seen, heard, gone through, etc.*）：她年轻，～浅。Tā niánqīng, ～ qiǎn. *She's young and inexperienced.* /我们之中论～还属他丰富。Wǒmen zhī zhōng lùn ～ hái shǔ tā fēngfù. *He has the richest experience out of all of us.* （动）亲身见过，听过，做过，经历过 *see, hear and do for oneself*：别看他年轻，可～过许多事。Bié kàn tā niánqīng, kě ～guo xǔduō shì. *Never mind the fact that she's young, she has seen much of the world.*

跃 〔躍〕yuè
（动）〈书〉跳 *jump*；*leap*：一～而起 yí ～ ér qǐ *get up with a jump*

【跃进】yuèjìn（动·不及物）〈书〉跳跃前进，比喻以极快的速度发展、前进 *take a leap*；*leap forward*：我们的事业在～。Wǒmen de shìyè zài ～. *Our cause is leaping forward.* /实现了工业化的新～。Shíxiànle gōngyèhuà de xīn ～. *A new leap forward in industrialization has been realized.* /让教育的发展来一个～。Ràng jiàoyù de fāzhǎn lái yí ge ～. *Take a leap forward in the development of education.*

【跃跃欲试】yuèyuè yù shì 形容迫不及待地想试一试 *be eager to have a try*；*itch to have a go*（*at sth.*）：这个厂实行计件工资以后，很有成效，另几个厂也～。Zhège chǎng shíxíng jì jiàn gōngzī yǐhòu, hěn yǒu chéngxiào, lìng jǐ ge chǎng yě ～. *After this factory implemented piece rate wages, it met with such remarkable success that a few other factories were then also eager to give it a try.*

越 yuè
（动）◇（1）跨过；跳过 *get over*；*jump over*：翻山～岭 fān shān ～ lǐng *cross over mountain after mountain* /跳高运动员～过了二米的高度。Tiào gāo yùndòngyuán ～guòle èr mǐ de gāodù. *The high jumper jumped over two metres high.* /歌声～过田野。Gē shēng ～guò tiányě. *Singing carried across the field.* （2）在组织系统中，超出一定的范围 *exceed*；*overstep*：～权 ～ quán *overstep one's power or authority* /～级申诉 ～ jí shēnsù *bypass the immediate leadership and appeal to higher levels* /你要调动工作，不能～过人事部门。Nǐ yào diàodòng gōngzuò, bù néng ～guò rénshì bùmén. *If you want to get transferred, you can't bypass the personnel department.* （副）表示程度加深，情况变化，有"更"的意思，sitll more；*even more*（*indicates that a situation changes as the extent becomes greater*；*has the same meaning as "*更*"*）：夜深了，～显得寂静。Yè shēn le, ～xiǎnde jìjìng. *It seemed even more still late at night.* /回想她为人处事，～觉得她忠厚深沉。Huíxiǎng tā wéirén chǔshì, ～ juéde tā zhōnghòu shēnchén. *When I think back on her conduct when dealing with matters, I feel that she is all the more honest and deep.* /他百般殷勤、讨好，她就～不愿理睬他。Tā bǎibān yīnqín, tǎohǎo, tā jiù ～ bú yuàn lǐcǎi tā. *He tried by every means to be solicitous and to ingratiate himself with her, but she was even less willing to show interest in him.*

【越冬作物】yuè dōng zuòwù 农业生产中秋季播种，幼苗经过冬季，到第二年春夏生长、成熟、收割的农作物 *winter crop*；*overwintering crop*

【越发】yuèfā（副）表示程度加深，情况变化，同"更加" gèngjiā all the more；*even more*；*same as "*更加*"* gèngjiā：两年不见，他～成熟了。Liǎng nián bú jiàn, tā ～ chéngshú le. *We haven't seen each other for two years. He's even more mature now.* /过了一会儿，天～暗下来，我们加快脚步往家走。Guòle yìhuǐr, tiān ～ àn xialai, wǒmen jiākuài jiǎobù wǎng jiā zǒu. *After a while, the sky grew even darker so we quickened our steps and hurried home.* /这个词的含义经他这么一讲，我～不懂了。Zhège cí de hányì jīng tā zhème yì jiǎng, wǒ ～ bù dǒng le. *I understand the meaning of this word even less when he explains it this way.*

【越轨】yuè＝guǐ 比喻行为超出了社会公德或法律允许的范围 *exceed the bounds*；*transgress*：～行为 ～ xíngwéi *impermissible behaviour* /～的举动 ～ de jǔdòng *transgression* /我们只做买卖，从不干～的事。Wǒmen zuò mǎimai, cóng bú gàn ～ de shì. *We are engaged in buying and selling and never commit transgressions.* /一起喝酒，玩闹可以，但不能～。Yìqǐ hē jiǔ, wánr nào kěyǐ, dàn bù néng ～. *Drinking together and having fun is fine, but you can't overstep the limit.*

【越加】yuèjiā（副）表示程度加深，同"更加" gèngjiā all the more；*even more*；*same as "*更加*"* gèngjiā：阵雨过后，远处青山的轮廓～清晰了。Zhènyǔ guòhòu, yuǎnchù qīngshān de lúnkuò ～ qīngxī le. *After the shower, the contours of the green hills in the distance were all the more discernible.* /当选班长以后，小王工作～积极了。Dāngxuǎn bānzhǎng yǐhòu, Xiǎo Wáng gōngzuò ～ jījí le. *After being elected class monitor, Xiao Wang worked all the more enthusiastically.* /他那样不讲文明，使她～不能容忍。Tā nàyàng bù jiǎng wénmíng, shǐ tā ～ bù néng róngrěn. *That uncivilized manner of his made her even less able to bear with him.*

【越界】yuè＝jiè 超越界限 *overstep the boundary*；*cross the border*

【越境】yuè＝jìng 非法入（国）境或出（国）境 *cross the border illegally*；*sneak in or out of a country*

【越剧】yuèjù（名）浙江地方戏曲剧种之一，由当地民歌发展而成，流行于江浙一带 *Shaoxing opera*（*popular in the Zhejiang area*）

【越来越】yuèláiyuè（副）表示程度随着时间的推移而变化，作状语 *more and more*（*serves as an adverbial*）：生意～兴隆。Shēngyì ～ xīnglóng. *Business is getting more and more brisk.* /这孩子～不像话了。Zhè háizi ～ bú xiànghuà le. *This child is getting worse and worse.* /话说得～没意思了。Huà shuō de ～ méi yìsi le. *The more he spoke, the less interesting his words were.*

【越野赛跑】yuèyě sàipǎo *cross-country race*

【越狱】yuè＝yù *escape from prison*

【越……越……】yuè……yuè…… 表示递进，后一情况随着前一情况的加深而加深（*indicates a progression；the latter situation is getting deeper with the former*）the more... the more...：他越说越快。Tā yuè shuō yuè kuài. *He's speaking faster and faster.* /我越想越觉得没意思。Wǒ yuè xiǎng yuè juéde méi yìsi. *The more I thought about it, the less interesting I felt it was.* /两个人越争越激烈，嗓门儿也就越提越高。Liǎng ge rén yuè zhēng yuè jīliè, sǎngménr yě jiù yuè tí yuè gāo. *The more those two argued, the more excited they got and the more they raised their voices.* /爬得越高，摔得越重。Pá de yuè gāo, shuāi de yuè zhòng. *The higher you climb, the heavier you will fall.*

粤 yuè
（名）广东省的别称 *another name for Guangdong*

Province

【粵剧】yuèjù〈名〉广东地方戏曲剧种之一。用广州话演唱,主要流行于粤语区 Guangdong opera (mainly popular in areas where the Guangdong dialect is spoken)

yūn

晕〔暈〕yūn
(动)(1) dizzy; giddy:头有点儿～。Tóu yǒudiǎnr ～. I feel a little dizzy. (2) 昏迷 swoon; faint:他～过去了。Tā ～ guoqu le. He fainted. 另见 yùn
【晕厥】yūnjué (动)〈医〉syncope; faint
【晕头转向】yūn tóu zhuàn xiàng 形容人头昏脑胀,辨不清方向 confused and disoriented:小胡同弯弯曲曲,像进了迷宫,弄得人～。Xiǎo hútòng wānwānqūqū, xiàng jìnle mígōng, nòng de rén ～. The alleys twisted and turned. It was like going through a maze; i' got me confused. /一夜没睡着,早晨起来～的。Yí yè méi shuìzháo, zǎochén qǐlai ～ de. Didn't sleep all night and when I got up in the morning I felt confused and disoriented. / 一连考了四个小时,考得我～。Yìlián kǎole sì ge xiǎoshí, kǎo de wǒ ～. I have taken an exam for four hours straight; it got me all confused.

yún

云〔雲〕yún
(名) cloud:空中飘着几片～。Kōngzhōng piāozhe jǐ piàn ～. There are a few clouds drifting in the sky. /乌～上来了,要下大雨。Wū ～ shànglai le, yào xià dàyǔ. Dark clouds have rolled in. It's going to rain hard.
【云彩】yúncai (名)〈口〉cloud:一片蓝天,一丝～也没有。Yí piàn lán tiān, yì sī ～ yě méi yǒu. The whole sky is blue. There isn't even the slightest wisp of cloud.
【云层】yúncéng (名) cloud layer
【云端】yúnduān (名)云里 in the clouds
【云海】yúnhǎi (名)从高处往下看,平铺在下面像海一样的云层 a sea of clouds (as seen while looking down from above)
【云集】yúnjí (动)比喻众多的人从各处来聚集在一块儿 come together in crowds; converge; gather:运动会上高手～。Yùndònghuì shang gāoshǒu ～. Aces gathered together at the sports meet. /各路建设大军～工地。Gè lù jiànshè dàjūn ～ gōngdì. A work force of people of every sort converged on the construction site. /各行各业的英雄、模范～首都。Gè háng gè yè de yīngxióng mófàn ～ shǒudū. Model workers of all walks of life converged in the capital.
【云母】yúnmǔ (名) mica
【云梯】yúntī (名) 救火或者过去攻城用的长梯 scaling ladder
【云雾】yúnwù (名)云和雾。比喻遮蔽或障碍的东西 cloud and mist; used figuratively to describe an obstruction or screen:他几句话就拨开了～,使大家都看清楚了问题所在。Tā jǐ jù huà jiù bōkāile ～, shǐ dàjiā dōu kàn qīngchule wèntí suǒzài. With just a few words he pushed away the mist and made clear to everyone where the problem was.
【云消雾散】yún xiāo wù sàn (1)云和雾散并开并消失 the clouds melt and the mists disperse:雨过天晴,～。Yǔ guò tiān qíng, ～. After the rain, the sun shone, the clouds melted and the mists dispersed. (2)比喻不好的气氛或情绪等完全消失 (of a bad atmosphere, mood, etc.) vanish into thin air:认真交换意见后,他们之间的误会～了。Rènzhēn jiāohuàn yìjiàn hòu, tāmen zhī jiān de wùhuì ～ le . After views were conscientiously exchanged, the misunderstanding between them vanished into thin air. /两个人刚才还挺别扭,一会儿,又说笑起来了。Liǎng ge rén gāngcái hái

tǐng bièniu, bù yǐhuìr ～, yòu shuō xiào qǐlai le. Those two were still uncomfortable just now, but in no time their tension vanished into thin air and now they're laughing again.
【云霄】yúnxiāo (名) 极高的天空 the skies;嘹亮的歌声直冲～。Liáoliàng de gēshēng zhí chōng ～. The loud and clear singing resounded to the skies.
【云翳】yúnyì (名)(1)阴暗的云 dark clouds (2)〈医〉slight corneal opacity; nebula
【云云】yúnyún (助)〈书〉用于引用或转述的末尾,表示只引述原话的大意或一部分,其余省略。对所引述的话多带轻蔑意 (used at the end of a quote or statement as told by another to indicate that only the main meaning or part of the original statement is being quoted, the rest of which is omitted; the quoting of the statement expresses slight disdain):信中说,如果我再不回去,就要断绝关系～。Xìn zhōng shuō, rúguǒ wǒ zài bù huíqu, jiù yào duànjué guānxi ～. In the letter, it says that if I still won't go back, relations will be severed or some such thing. /有的人向上级告发,说他行为不轨,以权谋私～,这实在是无中生有,诬陷好人。Yǒude rén xiàng shàngjí gàofā, shuō tā xíngwéi bùguǐ, yǐ quán móu sī ～, zhè shízài shì wú zhōng shēng yǒu , wūxiàn hǎorén. Some people reported him to the higher authorities, saying that his behaviour was illegal, that he was using his power for private gain, and so on and so forth. This is in fact purely fictitious and is framing a good person. /信中大意说,那里工作不太顺利,可能要耽搁几天才能回家～。Xìn zhōng dàyì shuō, nàli gōngzuò bú tài shùnlì, kěnéng yào dāngē jǐ tiān cái néng huí jiā ～. The gist of the letter is that work there isn't going very smoothly and he may stay a few more days before being able to go home and so on.

勻 yún
(形)均匀 even:把糖撒～。Bǎ táng sǎ ～. Sprinkle the sugar evenly. /粉搽得很～。Fěn chá de hěn ～. The powder has been evenly applied. /着色不～ zhuó sè bù ～ the colour is not even/撒种要～ sǎ zhǒng yào ～ seeds must be cast evenly/把油抹～了。Bǎ yóu mǒ ～ le. He smeared the oil on evenly. (动)(1)(多和少调配)使均匀 even up; divide evenly:有人活儿多,有人活儿少,再～一～。Yǒu rén huór duō , yǒu rén huór shǎo, zài ～ yi ～. Some people have a lot of work and some people have very little. Even them up. /这些点心得～成四份。Zhèxiē diǎnxīn děi ～ chéng sì fèn. These pastries must be divided evenly into four shares. (2)抽出一部分(给别人或作别用) take a part from sth. (to give to another or for other use):他这么闲,能～给我一点时间多好!Tā zhème xián , néng ～ gěi wǒ yìdiǎnr shíjiān duō hǎo! He's so idle. If I could just have a little of his time, it would be nice. /你把纸～给他一些。Nǐ bǎ zhǐ ～ gěi tā yìxiē. Give him some of the paper.
【匀称】yúnchèn (形)均匀 well-proportioned; well-balanced; symmetrical:笔画～ bǐhuà ～ the strokes (of the Chinese character) are well-balanced/身材～ shēncái ～ of proportional build
【匀净】yúnjìng (形) 距离、粗细、(颜色)深浅等程度,平均一致 uniform; even:棉纱纺得十分～。Miánshā fǎng de shífēn ～. The cotton yarn has been evenly spun.
【匀实】yúnshí (形)均匀密实 even; neat; uniform and tight:棉衣里的棉花絮得真～。Miányī li de miánhua xù de zhēn ～. The cotton in the cotton-padded jacket has been evenly wadded. / 这布织得真～。Zhè bù zhī de zhēn ～. The material is neatly and closely woven.
【匀速】yúnsù (名)物体在单位时间内所通过的距离相等 uniform speed:～前进 ～ qiánjìn uniform progress
【匀速运动】yúnsù yùndòng〈物〉uniform motion
【匀速转动】yúnsù zhuàndòng〈物〉uniform revolution

【匀整】yúnzhěng（形）均匀整齐 *even and orderly*；*neat and well-spaced*：手稿抄得很～。Shǒugǎo chāo de hěn ～. *The manuscript was very neatly copied.*

yǔn

允 yǔn
（动）〈书〉允许 *permit*；*allow*（形）〈书〉公平 *fair*；*just*
【允许】yǔnxǔ（动）*permit*；*allow*：这里不～吸烟。Zhèli bù ～ xī yān. *Smoking is not permitted here.* /～不～在这儿停车？～ bù ～ zài zhèr tíng chē? *Is it permitted to park here or not?* /如果时间～，我一定去拜访你。Rúguǒ shíjiān ～, wǒ yídìng qù bàifǎng nǐ. *If time permits, I will certainly come to call on you.* /法律～公民有集会、结社的自由。Fǎlǜ ～ gōngmín yǒu jíhuì、jiéshè de zìyóu. *The law allows citizens freedom of assembly and freedom of association.* /经济条件～的话，他想再买一所房子。Jīngjì tiáojiàn ～ dehuà, tā xiǎng zài mǎi yì suǒ fángzi. *If economic conditions permit, he wants to buy another house.* /不经～，图书不能携出室外。Bù jīng ～, túshū bù néng xiéchū shì wài. *Books cannot be taken out of the room without permission.* /得到～才能进门。Dédào ～ cái néng jìn mén. *Entry by permission only.* / 他已经得到了父母的～。Tā yǐjīng dédàole fùmǔ de ～. *He has already received his parents' permission.*

陨〔隕〕yǔn
（动）〉陨落 *fall from the sky or outer space*
【陨落】yǔnluò（动）（星星或在高空运行的物体）从高空落下来（*of a meteorite, objects floating in space, etc.*）*fall from the sky or outer space*
【陨石】yǔnshí（名）*aerolite*；*stony meteorite*
【陨石雨】yǔnshíyǔ（名）*meteorite shower*
【陨星】yǔnxīng（名）*meteorite*

yùn

孕 yùn
（名）〉 *pregnant*：有～了 yǒn ～ le *be pregnant*（动）〉 *become pregnant*；*impregnate*
【孕妇】yùnfù（名）*pregnant woman*
【孕育】yùnyù（动）（1）胎儿在母体中生长、发育 *be pregnant with*：胎儿正—生长。Tāi'ér zhèng ～ shēngzhǎng. *The foetus is growing.*（2）比喻一事物或人在另一事物或一定环境中产生、成熟 *breed*；*be pregnant with*：这个计划在他心中～了几个月。Zhège jìhuà zài tā xīnzhōng ～ le jǐ ge yuè. *This plan was been germinating in his mind for several months.* /维也纳，音乐之乡～了这位伟大的作曲家。Wéiyěnà, yīnyuè zhī xiāng ～le zhè wèi wěidà de zuòqǔjiā. *Vienna, the home of music, bred this great composer.* /这条河流～了这个民族的文化。Zhè tiáo héliú ～le zhège mínzú de wénhuà. *This river gave birth to the culture of this nationality.*

运〔運〕yùn
（动）（1）搬运；运输 *carry*；*transport*：把农产品～往城市。Bǎ nóngchǎnpǐn ～ wǎng chéngshì. *Transport the agricultural products to the city.* /用卡车～行李 yòng kǎchē ～ xíngli *use a truck to transport luggage*（2）运用 *use*；*wield*；*utilize*：学书法要学会～笔。Xué shūfǎ yào xuéhuì ～ bǐ. *One must learn to wield a brush in order to learn calligraphy.*（3）运动 *move*（名）运气 *fortune*；*luck*；*fate*：好～ hǎo ～ *good luck* /红～ hóng ～ *good luck*
【运筹】yùnchóu（动）制定策略；筹划 *devise strategies*
【运筹学】yùnchóuxué（名）*operational research*
【运动】yùndòng（动）（1）（身体）活动（*of the body*）*move*

about；*exercise*：生命在于～。Shēngmìng zàiyú ～. *Life is determined by exercise.* /他不爱～。Tā bú ài ～. *He doesn't like to exercise.* /不～就容易发胖。Bú ～ jiù róngyì fāpàng. *It's easy to gain weight if you don't exercise.* （2）（事物）位置移动或发展变化（*of things*）*move*；*transform*：～着的物体～zhe de wùtǐ *a body in motion* /宇宙在～。Yǔzhòu zài ～. *The universe is in transforming.* / 一切事物都在不停地～。Yíqiè shìwù dōu zài bù tíng de ～. *All things are constantly in motion.* （名）（1）物体位置不断变化的现象 *motion*：直线～ zhíxiàn ～ *rectilinear motion* /匀速～ uniform motion （2）体育活动 *sports*；*athletics*；*exercise*：～器材 ～ qìcái *sports equipment* /球类～ qiúlèi ～ball games /～项目 ～ xiàngmù *athletic events* /健将 ～ jiànjiàng *master sportsman*（3）大规模、有组织的群众斗争或活动 *movement*；*campaign*；*drive*：革命～ gémìng ～ *revolutionary campaign* /政治～ zhèngzhì ～ *political movement* /学生～ xuéshēng ～ *student movement* /抗日救亡～ Kàng Rì Jiùwáng ～ *the National Salvation Movement of the War of Resistance Against Japan*
【运动服】yùndòngfú（名）［件 jiàn、套 tào ］*sports jacket*；*sportswear*
【运动会】yùndònghuì（名）*sports meet*；*athletic meeting*；*games*
【运动员】 yùndòngyuán （名） *athlete*；*sportsman or sportswoman*
【运动战】yùndòngzhàn（名）正规兵团在长的战线上和大的战区内从事于战役和战斗上的外线的、速决的进攻战的形式 *mobile war*（*or warfare*）
【运费】yùnfèi（名）用交通工具把物资从某地运到另一个地方需要的费用 *transportation expenses*；*freight costs*
【运河】yùnhé（名）［条 tiáo］*canal*
【运气】yùnqi（名）遇事能否如愿的机缘（多用于带有偶然性的事情）*fortune*；*luck*：好～ hǎo ～ *good luck* /～不佳 ～ bù jiā *bad luck* /能不能考取，真是碰～。Néng bu néng kǎoqǔ, zhēn shì pèng ～. *Whether or not one passes an entrance examination is really a matter of trying one's luck.* / 他打牌总赢，他的～实在不错！Tā dǎ pái zǒng yíng, tā de ～ shízài búcuò! *He always wins when he plays cards. He has a lot of luck.* /恋爱能不能谈成，就看你的～了！Liàn'ài néng bu néng tánchéng, jiù kàn nǐ de ～ le! *You take your chances when trying to make a love affair succeed.*（形）运气好 *fortunate*；*lucky*：你真～！刚参加工作就被派去学外语。Nǐ zhēn ～! Gāng cānjiā gōngzuò jiù bèi pàiqu xué wàiyǔ. *You're really fortunate having just started working and then being sent to study a foreign language!*
【运输】yùnshū（动）*transport*；*carry*（名）*transportation*；*carriage*；*conveyance*
【运送】yùnsòng（动）*transport*；*ship*；*convey*：～货物 ～ huòwù *ship goods* /～化肥 ～ huàféi *transport chemical fertilizer*
【运算】yùnsuàn（数）*operation*
【运行】yùnxíng（动）*move*；*be in motion*：无数人造卫星在天空中～。Wúshù rénzào wèixīng zài tiānkōng zhōng ～. *Countless man-made satellites move about in space.* /轮船在海上～。Lúnchuán zài hǎi shang ～. *The ship is moving on the ocean.* /火车～速度正常。Huǒchē ～ sùdù zhèngcháng. *The train is moving at a normal speed.*
【运营】yùnyíng（动）（车船等）运行和营业（*of trains, ships, etc.*）*be in motion and do business*：这条新公路，汽车从本月初开始～。Zhè tiáo xīn gōnglù, qìchē cóng běn yuè chū kāishǐ ～. *Buses on this new road started running at the beginning of this month.*
【运用】yùnyòng（动）利用理论、知识等解决具体问题 *utilize*；*wield*；*apply*；*put to use* (*a theory, knowledge, etc.*)：～公式计算 ～ gōngshì jìsuàn *use a formula to calculate* /～公

式解题 ～ gōngshì jiě tí *use a formula to solve a problem* /定理的～ dìnglǐ de ～ *application of theorem* /灵活地～所学的知识 línghuó de ～ suǒ xué de zhīshi *apply one's acquired knowledge with agility* /～理论解释现象 ～ lǐlùn jiěshì xiànxiàng *utilize theory to explain a phenomenon* /他理论学得深透，而且～自如。Tā lǐlùn xué de shēntòu, érqiě ～ zìrú. *He has made a profound study of the theory and has a perfect command of it.*

【运载】yùnzài (动) 装载和运送 *package and deliver*：这列货车专门～木材。Zhè liè huòchē zhuānmén ～ mùcái. *This train is used especially for the delivery of lumber.*

【运载工具】yùnzài gōngjù *means of delivery*

【运载火箭】yùnzài huǒjiàn *carrier rocket*

【运载技术】yùnzài jìshù *delivery technology*

【运转】yùnzhuàn (动) (1) (星球) 沿着一定的轨道转动 *(of a planet) revolve; turn around*：地球在不停地～。Dìqiú zài bù tíng de ～. *The earth is constantly revolving.* /月亮绕地球～。Yuèliang rào dìqiú ～. *The moon revolves around the earth.* (2) (机器等的转动部分) 转动 *(of the movable parts of machinery, etc.) revolve; operate; work*：正常～ zhèngcháng ～ *normal function* /机器～不灵。Jīqì ～ bù líng. *The machine isn't running well.*

晕 〔暈〕yùn

(动) *feel dizzy; faint*：他一坐船就～。Tā yí zuò chuán jiù ～. *As soon as he gets on a ship he feels dizzy.* 另见 yūn

【晕车】yùn=chē *carsickness*

【晕船】yùn=chuán *seasickness*：我～得利害。Wǒ ～ yùn de lìhai. *I get seasick very easily.*

【晕针】yùn=zhēn〈中医〉扎针时病人觉得头晕或不舒服 *a fainting spell during acupuncture treatment*

酝 〔醖〕yùn

(动)〔书〕酿酒 *make (wine); brew (beer)*

【酝酿】yùnniàng (动) 本为造酒时的发酵过程，比喻事前通过思考体会或议论、协商等，做好准备工作或激发思想感情 *brew or ferment — have a preliminary informal discussion; deliberate on; make preparations*：充分～ chōngfèn ～ *make ample preparations* /候选人 ～ hòuxuǎnrén *consider and talk over potential candidates* /讨论之前，先～一会儿。Tǎolùn zhī qián, xiān ～ yíhuìr. *Let's have an exchange of views first before the discussion.* /谁担任主任合适?大家～。Shuí dānrèn zhǔrèn héshì? Dàjiā ～. *Who is best suited to be chairman? Let's talk it over.* /这里正在～着一场战争。Zhèlǐ zhèngzài ～ zhe yì cháng zhànzhēng. *This place is now perparing for war.* /上台之前演员要～一下情绪。Shàng tái zhī qián yǎnyuán yào ～ yíxià qíngxù. *Actors must prepare the right frame of mind before going on stage.* /朗诵之前，你先～～感情! Lǎngsòng zhī qián, nǐ xiān ～ ～ gǎnqíng! *Get yourself in an emotional mood before you recite poetry!*

韵 yùn

(名) *rhyme*

【韵脚】yùnjiǎo (名) 韵文中句末押韵的字 *the rhyming word that ends a line of verse; rhyme*

【韵律】yùnlǜ (名) 词诗中平仄的格式和押韵的规则 *metre (in verse); rhyme scheme*：他作诗很讲究～。Tā zuò shī hěn jiǎngjiu ～. *He pays particular attention to metre when he writes poetry.*

【韵母】yùnmǔ (名) 汉语的音节由声母、韵母和声调三部分组成。韵母是除声母和声调以外的部分，主要由元音构成，如：“中”(zhōng) 的韵母是 ōng。韵母又可分为韵头(介音)、韵腹(主要元音)、韵尾三部分。如 “床”(chuáng) 的韵母是 uang，其中的 u 是韵头，a 是韵腹，ng 是韵尾。每个韵母一定要有韵腹，韵头和韵尾则可有可无 *a Chinese syllable is composed of three parts: an initial consonant, a simple or compound vowel and a tone; 韵母 is the simple or compound vowel, as ong in "中" (zhōng). "韵母" may also be divided into three parts: 韵头 (head vowel), 韵腹 (any of the three vowels i, u and u in certain compound vowels), 韵尾 (tail vowel, the terminal sound of certain compound vowels), as uang in "床" (chuáng) — here, u is the head vowel, a is the essential vowel and ng is the tail vowel; every simple or compound vowel must have an essential vowel, but may or may not have a head or tail vowel*

【韵文】yùnwén (名) 有节奏韵律的文学体裁，包括诗、词、歌、赋等(区别于“散文”) *literary composition in rhyme; including poetry, "ci" (poetry of lines of different lengths) songs, fu (prose interspersed with rhyme, as distinguished from ordinary prose)*

蕴 〔藴〕yùn

(动)◇ (1) 藏蓄 *hold in store; contain* (2) 聚集 *accumulate*

【蕴藏】yùncáng (动) *hold in store; contain*：～量 ～liàng *reserves* / 海底～着丰富的石油。Hǎidǐ ～ zhe fēngfù de shíyóu. *The ocean floor is rich in petroleum.* /群众中～着无穷的智慧。Qúnzhòng zhōng ～zhe wúqióng de zhìhuì. *The masses have a limitless reservoir of wisdom.* /小伙子～着丰富的感情～在心里。Xiǎohuǒzi fēngfù de gǎnqíng ～ zài xinli. *The young fellow holds very rich emotions in his heart.*

【蕴蓄】yùnxù (动) 积蓄在内部没有表露出来 *lie hidden and undeveloped; be latent*：～着巨大的力量 ～zhe jùdà de lìliang *a tremendous force lies hidden and undeveloped* /～着大量的矿藏 ～zhe dàliàng de kuàngcáng *There is a vast amount of latent mineral resources.*

熨 yùn

(动) *iron; press*：～裤子 ～ kùzi *press trousers* /把床单～一～。Bǎ chuángdān ～ yi ～. *Give the bedsheet an ironing.* /上衣难～。Shàngyī nán ～. *Jackets are hard to iron.*

【熨斗】yùndǒu (名) *flatiron; iron*

Z

zā

扎 (动)捆；束 tie；bind：把头发用缎带～起来。Bǎ tóufa yòng duàndài ～ qilai. *Tie your hair up with a satin ribbon.* /腰里～一条皮带。Yāoli ～ yì tiáo pídài. *A leather belt is tied around the waist.* /辫子上～着红头绳。Biànzi shang ～zhe hóng tóushéng. *The plait is tied with a piece of red yarn.* (量)用于捆成把的 bundle：一～毛线 yì ～ máoxiàn *a bundle of knitting wool* 另见 zhā

咂 (动)(1)舌头与上腭接触发出声音 click（of the tongue）：～嘴 ～ zuǐ *make clicks (of admiration, etc.)* (2)用嘴唇吸 sip；suck：～了一口酒～le yì kǒu jiǔ *took a sip of wine* (3)仔细辨别(滋味)*taste (or savour) carefully*

zá

杂 〔雜〕zá (形)不单纯的，多样的 miscellaneous；sundry；mixed：今天要办好些～事。Jīntiān yào bàn hǎoxiē ～ shìr. *We have some miscellaneous affairs to take care of today.* /他爱看书，看的书很～。Tā ài kàn shū, kàn de shū hěn ～. *He likes to read and reads all sorts of books.* (动)混合，搀杂 mix；mingle：草丛中～着一些野花。Cǎocóng zhōng ～zhe yìxiē yěhuā. *There are some wild flowers scattered among the grass.*

【杂拌儿】zábànr (名)(1)搀杂在一起的各种各样的糖果、果脯、干果 assorted preserved fruits; mixed sweetmeats (2)比喻杂凑而成的东西 mixture；medley；miscellany：这个杂志内容是大～，散文、诗歌、故事、谜语、笑话，什么都有。Zhège zázhì nèiróng shì dà ～, sǎnwén, shīgē, gùshi, míyǔ, xiàohua, shénme dōu yǒu. *There's everything in this magazine. It has a mixture of prose, poems and songs, stories, riddles, jokes, etc.*

【杂草】zácǎo (名)weeds；rank grass

【杂凑】zácòu (动)为保证某一数量，把不同的人或不同的事物凑合在一起 throw together (a miscellany of objects or people so as to obtain a certain amount)：这一桌餐具不是一套，是几种样子～在一起的。Zhè yì zhuō cānjù bú shì yí tào, shì jǐ zhǒng yàngzi ～ zài yìqǐ de. *The dinner service on this table is not a set. It's made up of a few different patterns thrown together.*

【杂费】záfèi (名)(1)零星费用 incidental (or miscellaneous) expenses (2)学校向学生收的杂项费用 sundry fees; extra charges (for students)

【杂感】zágǎn (名)[篇 piān] (1)各种各样不成系统的感想 random (or stray) thoughts (2)把这种感想写下来的短篇文章 a type of literature recording such thoughts

【杂烩】záhuì (名)(1)用多种菜合在一起烩成的菜 a stew of various ingredients; mixed stew; hotchpotch (2)比喻杂凑在一起的事物 mixture；medley；miscellany；hotchpotch：说是歌舞表演，其实是大～，唱歌、舞蹈、相声、杂技什么都有。Shuō shì gēwǔ biǎoyǎn, qíshí shì dà ～, chàng gē, wǔdǎo, xiàngsheng, zájì shénme dōu yǒu. *It was said to be a song and dance performance, but actually, there's a bit of everything. It's a hotchpotch of singing, cross talk, acrobatics, etc.*

【杂货】záhuò (名)各种日常用的零星货物 sundry goods; groceries：日用～ rìyòng ～ various household supplies / ～

店 ～diàn grocery

【杂记】zájì (名)[篇 piān]没有系统的记载杂事的笔记。也指记叙风景、感想、琐事的一篇篇短文 jottings；notes；miscellanies (as a type of literature describing scenery, thoughts, trifles, etc.)

【杂技】zájì (名)acrobatics

【杂交】zájiāo (动)hybridize；cross

【杂居】zájū (动)指两个或两个以上的民族居住在同一个地区 (of two or more nationalities) live together

【杂粮】záliáng (名)稻米、小麦以外的粮食，如玉米、高粱、豆类等 food grains other than wheat and rice, such as corn, Chinese sorghum, legumes, etc.

【杂乱】záluàn (形)(事物)多而乱 (of things) mixed and disorderly; in a jumble：书、报、衣物～地堆放在一起。Shū, bào, yīwù ～ de duīfàng zài yìqǐ. *Books, newspapers, clothing and other articles are all piled up in a jumble.* /办公室内人来人往～得很。Bàngōngshì nèi rén lái rén wǎng ～ de hěn. *The office is full of people coming and going. It's disorderly in there.*

【杂乱无章】záluàn wú zhāng 各种各样东西混在一起，没有条理(常指人说话或写文章) disorderly and unsystematic; disorganized (usu. said of sb.'s speech or a written article)：他的讲话没有准备，讲得～。Tā de jiǎnghuà méi yǒu zhǔnbèi, jiǎng de ～. *He hadn't prepared his lecture so it was disorganized.*

【杂念】zániàn (名)不纯正的为个人打算的念头 selfish (or personal) considerations：你要想把这件事处理得公平合理，就得屏弃一切私心～. Nǐ yào xiǎng bǎ zhè jiàn shì chǔlǐ de gōngpíng hélǐ, jiù děi bǐngqì yíqiè sīxīn ～. *If you want to handle this matter in a fair and reasonable way, you have to abandon all selfish ideas and personal considerations.*

【杂牌】zápái (名)(～儿)不是正规的，非正牌的 a less known and inferior brand：～自行车 ～ zìxíngchē *bicycle of an inferior brand*

【杂品】zápǐn (名)日用的零星物品 sundry goods；groceries

【杂七杂八】zá qī zá bā (贬)形容十分杂乱(指事情、东西、谈话等) odds and ends; a medley (of things, matters, discussions, etc.)：每天处理～的事情，也很费精力的。Měi tiān chǔlǐ ～ de shìqing, yě hěn fèi jīnglì de. *Handling a medley of affairs every day also uses up a lot of energy.*

【杂食性动物】záshíxìng dòngwù omnivorous animal

【杂税】záshuì (名)旧时指正税以外的各式各样的税 miscellaneous levies (in ancient times)

【杂碎】zásui (名)经煮熟切碎供食用的牛羊等的内脏 chopped cooked entrails of sheep, oxen, etc.

【杂文】záwén (名)[篇 piān]现代散文的一种，以议论为主，也以叙事、抒情 essay

【杂务】záwù (名)各种各样的琐碎的事务 odd jobs; sundry duties

【杂物】záwù (名)日常生活中各种零散的东西 sundry goods; groceries

【杂音】záyīn (名)(1)〈医〉murmur (2)〈电〉static

【杂院儿】záyuànr (名)居住着许多户人家的院子，也叫"大杂院"*a compound occupied by many households (also called* 大杂院)

【杂志】zázhì (名)[本 běn]magazine

【杂质】zázhì (名)impurity; foreign matter (or substance)

【杂种】zázhǒng (动)hybrid；crossbreed

砸 zá (动)(1)用重东西撞击或重东西落在物体上 pound；

tamp：～核桃 ～ hétao crack walnuts/石头～了脚。Shítou ～le jiǎo. A rock squashed my foot. /把地基～实。dìjī ～ shí. Tamp the foundations solid. /把门～开。Bǎ mén ～kāi. Pound the door open. (2)无意中打碎、打破 break；smash：碗～了。Wǎn ～ le. The bowl is broken. /把镜子～了。Bǎ jìngzi ～ le. He broke the mirror. (3)〈口〉(事情)做坏了；失败了 fail；fall through；be bungled：这次试验～了。Zhè cì shìyàn kě ～ le. This experiment really failed. /我把那件事办～了。Wǒ bǎ nà jiàn shì bàn～ le. I bungled the job.

【砸碎】zá// suì smash to bits；break to pieces：碟子～了。Diézi ～ le. The saucer is smashed to bits. /奴隶们～身上的锁链，得到彻底的解放。Núlìmen ～ shēnshang de suǒliàn,dédào chèdǐ de jiěfàng. Slaves smashed their shackles and were thoroughly liberated.

zāi

灾 (名)◇(1)灾害 disaster；calamity：防～ fáng ～ guard against disaster/洪水泛滥成～. Hóngshuǐ fànlàn chéng ～. The flood ran wild. (2)个人遭遇不幸 personal misfortune；adversity：招～惹祸 zhāo ～ rě huò court disaster/他这几年没病没～，生活不错。Tā zhè jǐ nián méi bìng méi ～, shēnghuó búcuò. He hasn't been ill, nor has he met with misfortune in recent years. He leads a pretty good life.

【灾害】zāihài (名)disaster；calamity

【灾患】zāihuàn(名)同"灾害"zāihài same as "灾害"zāihài

【灾荒】zāihuāng(名)自然给人造成的损害,多指粮食歉收 harm brought to people as a result of a natural calamity, esp. famine due to crop failures：闹～ nào ～ suffer from a natural calamity

【灾祸】zāihuò(名)自然或人为的祸害(manmade or natural) disaster；calamity，catastrophe

【灾民】zāimín(名)遭受灾害的人民 victim of a disaster

【灾难】zāinàn(名)[场 cháng]自然或人为造成的严重损失和痛苦(manmade or natural) calamity；suffering；disaster；catastroph

【灾情】zāiqíng(名)受灾的情况 the condition of a disaster：～严重 ～ yánzhòng The damage caused by the disaster was serious.

【灾区】zāiqū(名)受灾的地区 disaster area

【灾殃】zāiyāng(名)同"灾难"zāinàn same as "灾难"zāinàn

栽 (动)(1)种 plant；grow：～花种树 ～ huā zhòng shù grow flowers and plant trees/春天多～树。Chūntiān duō ～ shù. Plant more trees in spring. (2)跌 tumble；fall：～了一交 ～ le yì jiāo took a fall /失事的飞机一头～进大海。Shīshì de fēijī yì tóu ～ jìn dàhǎi. The crashing plane fell headlong into the sea. /小明失声痛哭,一头～到妈妈怀里。Xiǎo Míng shīshēng tòngkū, yì tóu ～ dào māma huái lǐ. Xiao Ming was choked with tears and fell into his mother's arms.

【栽跟头】zāi gēntou 跌倒在地上,也比喻失败 tumble；fall；(figuratively) suffer a setback：他自高自大,脱离群众,早晚要～。Tā zì gāo zì dà, tuōlí qúnzhòng, zǎowǎn yào ～. He's full of self-importance and is removed from the masses. Sooner or later he's going to suffer a setback.

【栽培】zāipéi(动)〈书〉(1)种植培养 cultivate；grow：～果树 ～ guǒshù cultivate fruit trees/～花木 ～ huāmù grow flowers and trees (in parks, etc.) (2)旧指上级对下级照顾、提拔、重用(in old times) help advance sb.'s career；patronize：对您的～十分感激。Duì nín de ～ shífēn gǎnjī. Thank you very much for your patronage.

【栽赃】zāi＝zāng 把赃物等暗地里放在别人那里,然后诬告

他犯法 plant stolen or banned goods on sb. so as to frame him

【栽植】zāizhí(动)同"栽种"zāizhòng same as "栽种" zāizhòng

【栽种】zāizhòng(动)〈书〉种 plant；grow：～花草 ～ huācǎo grow flowers and plants

zǎi

载 〔載〕zǎi (名)〈书〉年 year：一年半～ yì nián bàn ～ six months to a year/三年五～ sān nián wǔ ～ three to five years/千～难逢 qiān ～ nán féng occurring only once in a thousand years (动)用文字记下来 put down in writing；record：～入史册 ～rù shǐcè go down in history/连～ lián ～ publish in instalments 另见 zài

zǎi

宰 (动)杀(牲畜、家禽等)slaughter；butcher：杀猪～羊 shā zhū ～ yáng butcher pigs and slaughter sheep/～了一头牛 ～le yì tóu niú slaughtered an ox

【宰割】zǎigē(动)比喻侵略、压迫和剥削 invade；oppress and exploit：中国人民再不会任人～了。Zhōngguó rénmín zài bú huì rèn rén ～ le. The Chinese people will never again allow themselves to be trampled upon.

【宰杀】zǎishā(动)同"宰"zǎi same as "宰"zǎi

【宰牲节】Zǎishēngjié(名)伊斯兰教重要节日之一,在伊斯兰教历十二月一日。这一天,伊斯兰教徒宰牛、羊、骆驼等献礼。也叫古尔邦节或牺牲节 an important Islamic festival (on the 1st day of the 12th month in the Islamic calendar) when followers of Islam slaughter oxen, sheep, camels,etc. to offer as sacrifices；also called "古尔邦节" (Corban) or "牺牲节" (Sacrifice Day)

【宰相】zǎixiàng(名)prime minister (in feudal China), chancellor

zǎi

崽 (名)〈方〉(1)儿子 son (2)幼小的动物 young animal；whelp

【崽子】zǎizi(名)幼小的动物,常用来骂人(usu. used to curse sb.) whelp；bastard

zài

再 (副)(1)表示未实现的重复(indicates a repetition that has not yet occurred) again；once more ①将要实现的重复(a repetition that will occur in future)：今天老李不在,请你明天～来一趟吧。Jīntiān Lǎo Lǐ bú zài, qǐng nǐ míngtiān ～ lái yí tàng ba. Lao Li is not home today. Please come back again tomorrow. /去年高考没考上,今年他想～试试。Qùnián gāokǎo méi kǎoshàng, jīnnián tā xiǎng ～ shìshi. He didn't pass the university entrance exam last year, so he wants to try again this year. ②假设要实现的重复(the supposition that a repetition will occur)：要是你～去邮局,请叫我一声。Yàoshi nǐ ～ qù yóujú, qǐng jiào wǒ yì shēng. If you go to the post office again, please let me know. /如果～去香山,我一定要带上画笔。Rúguǒ ～ qù Xiāng Shān, wǒ yídìng yào dàishang huàbǐ. I must take a painting brush with me if I go back to Xiangshan again. 否定时用"不"("不" is used to form the negative：事情谈妥了,明天他不～来了。Shìqing tántuǒ le, míngtiān tā bú ～ lái le. The matter has been fully discussed. He won't come again tomorrow. /开会日期不～改了。Kāi huì rìqī bú ～ gǎi le. The date of the meeting won't be changed again. /这个戏我决不

~看第二次。Zhège xì wǒ jué bú ~ kàn dì'èr cì. *I refuse to see this play a second time.* ③过去未实现的重复，否定时用"没(有)"(*a repetition that did not occur in the past;* "没(有)"*is used to form the negative*)：我昨晚两点醒了一次，又睡着了，没~醒过，直到早上七点。Wǒ zuó wǎn liǎng diǎn xǐngle yí cì, yòu shuìzháo le, méi ~ xǐngguo, zhídào zǎoshang qī diǎn. *I woke up once at 2：00 a.m., then went back to sleep and didn't wake up again until seven o'clock.* /我们还是夏天见过一次，以后就没~见过面。Wǒmen háishi xiàtiān jiànguo yí cì, yǐhòu jiù méi ~ jiànguo miàn. *We met once during the summer and then didn't meet again after that.* 有些虽然是已实现的重复，但这种重复只是作为某种前提，以从句形式出现时，多用"再"而不用"又"(*sometimes although a repetition has already taken place, it just serves as a certain kind of premise; in this case,* "再"*is usu. used instead of* "又")：他把球扔上去，跳过两个火圈，~接住，博得观众的热烈掌声。Tā bǎ qiú rēng shangqu, tiàoguò liǎng ge huǒquān, ~ jiēzhu, bódé guānzhòng de rèliè zhǎngshēng. *He threw the ball up in the air, jumped across two rings of fire, then caught the ball again. This won him enthusiastic applause from the audience.* /下回~去那里，那个卖字画的已经不在了。Xià huí ~ qù nàli, nàge mài zìhuà de yǐjīng bú zài le. *The next time I went there, the one who sold calligraphy and paintings was no longer around.* (2)表示规律性的重复(*indicates regular repetition*)：每到年底，他总是把这一年之内发生的事一理一理，看有什么经验教训可以吸取。Měi dào niándǐ, tā zǒngshi bǎ zhè yì nián zhī nèi fāshēng de shì ~ lǐ yi lǐ, kàn yǒu shénme jīngyàn jiàoxùn kěyǐ xīqǔ. *At the end of every year, he always goes over once again all that has happened during the year to see if he can gain some experience from any of it.* /卡车把煤装好，拉到居民大院卸下来，这样装了~卸，卸了~装，不知跑了多少趟。Kǎchē bǎ méi zhuānghǎo, lādào jūmín dàyuànr xiè xialai, zhèyàng zhuāngle ~ xiè, xièle ~ zhuāng, bù zhī pǎole duōshǎo tàng. *The truck was loaded with coal which was brought to the residential courtyard and dumped. The coal was loaded then dumped, dumped then loaded again I don't know how many times.* (3)表示动作的继续(未实现的或可能实现的)(*indicates the continuation (that has not yet taken place or may possibly take place) of an action*)：已经十点了，~坐下去，就赶不上末班车了。Yǐjīng shí diǎn le, ~ zuò xiaqu, jiù gǎn bu shàng mòbān chē le. *It's already ten o'clock. If I just keep sitting here, I won't make the last bus.* /这酒~喝可要醉了。Zhè jiǔ ~ hē kě yào zuì le. *If I drink any more of this wine, I'll get drunk.* /你~接着干下去，一定会成功的。Nǐ ~ jiēzhe gàn xiaqu, yídìng huì chénggōng de. *If you keep on working, you're bound to succeed.* /我们现在生活好了，你用不着~给我们寄钱了。Wǒmen xiànzài shēnghuó hǎo le, nǐ yòng bu zháo ~ gěi wǒmen jì qián le. *We are now living well so you don't need to send us any more money.* /这房子很危险，~不修理就不能住人了。Zhè fángzi hěn wēixiǎn, ~ bù xiūlǐ jiù bù néng zhù rén le. *The building is dangerous. If repairs aren't kept up, nobody will be able to live there.* (4)表示在一定时间之后做某事，"再"多读轻声，有时前面有"先"，表示事情发生的先后(*indicates that sth. is done after a certain period of time;* "再"*is not stressed and is sometimes preceded by* "先"*to indicate that one action takes place after the completion of another action*)：你念吧，你念完了我~念。Nǐ niàn ba, nǐ niànwánle wǒ ~ niàn. *You read it aloud. When you're finished, I will read it.* /等我写完这封信你~走，成不成？Děng wǒ xiěwán zhè fēng xìn nǐ~ zǒu, chéng bu chéng? *Wait until I've finished writing this letter before going, okey?* /不要冒冒失失的，得想好了~动手。Búyào màomaoshīshī de, děi xiǎnghǎole ~ dòng shǒu. *Don't be rash. You must think things out before*

acting. /我想先去你家找你，咱们~一起去找他。Wǒ xiǎng xiān qù nǐ jiā zhǎo nǐ, zánmen ~ yìqǐ qù zhǎo tā. *I think I should go to your house first, then we can go together to see him.* /请把图书馆的书和杂志先还回来，等我们整理好了~借。Qǐng bǎ túshūguǎn de shū hé zázhì xiān huán huilai, děng wǒmen zhěnglǐ hǎole ~ jiè. *Please return books and magazines to the library. Wait until we've finished sorting them out before borrowing any more.* (5)有"其次"的意思，前面的分句中也可以有"首先"同它呼应，"再"后常有"就是"(*has the same meaning as* "其次"; *may be used together with* "首先" *which is placed in the first clause;* "再" *is often followed by* "就是") *then*：他这次北上的目的首先是举办画展，~就是看看他多年没回过的故乡。Tā zhè cì běi shàng de mùdì shǒuxiān shì jǔbàn huàzhǎn, ~ jiùshì kànkan tā duō nián méi huíguo de gùxiāng. *His aim in going to the North this time is to first hold a painting exhibition and then to go see the hometown he hasn't seen for many years.* /她首先要向同学谈谈本学期的教学计划，~就是提出一些有关的具体要求。Tā shǒuxiān yào xiàng xuésheng tántan běn xuéqí de jiàoxué jìhuà, ~ jiùshì tíchū yìxiē yǒuguān de jùtǐ yāoqiú. *First she will tell the students about this semester's teaching plan then will set some specific demands concerning this.* /能拉开这张弓的有她父亲和哥哥，~就是秀英自己了。Néng lākāi zhè zhāng gōng de yǒu tā fùqin hé gēge, ~ jiùshì Xiùyīng zìjǐ le. *Her father and older brother can draw open this bow and then Xiuying herself can do it.* (6)表示进一步补充，后面常有"加上"，可用于已然，也可用于未然(*indicates additional information; often followed by* "加上"; *can be used for that which has already become a fact or not yet become a fact*)：我本来数学基础就不好，要是~不用功，肯定学不好。Wǒ běnlái shùxué jīchǔ jiù bù hǎo, yàoshi ~ bú yònggōng, kěndìng xué bu hǎo. *To begin with, I don't have a very good background in math. If I don't work harder, I won't be able to learn it well.* /她身体不太舒服，~加上淋了雨，体温一下子就高上去了。Tā shēntǐ bú tài shūfu, ~ jiāshang línle yǔ, tǐwēn yíxiàzi jiù gāo shangqu le. *She wasn't feeling very well; more over, she was soaked by the rain so her temperature quickly went up.* /他有关节炎，~遇上阴雨天，这几天腿痛得厉害。Tā yǒu guānjiéyán, ~ yùshang yīnyǔ tiān, zhè jǐ tiān tuǐ tòng de lìhai. *He has arthritis; more over, it's overcast and rainy, so his legs have been severely sore these past few days.* (7)"再"或"再也"用于否定形式前，有"无论如何……"或"永远……"的意思(*when* "再" *or* "再也" *is used before a negative, it has the same meaning as* "无论如何..." *or* "永远..")：绵绵细雨下个不停，好像天~不会晴了似的。Miánmián xì yǔ xià ge bù tíng, hǎoxiàng tiān ~ bú huì qíng le shìde. *There was a continuous drizzle; it was as if the sky would never clear again.* /学校给了他宿舍，他~不用跑路了。Xuéxiào gěile tā sùshè, tā ~ búyòng pǎo lù le. *The school gave him a dormitory room so he no longer needs to walk to school.* /这本小说太没意思，她看了几页，~也看不下去了。Zhè běn xiǎoshuō tài méi yìsi, tā kànle jǐ yè, ~ yě kàn bú xiàqù le. *This novel is so uninteresting. She read a few pages and couldn't read anymore.* (8)"再"和"也"前后呼应，有"无论多么……也……"的意思(*"再" is used together with "也" to mean* "无论多么...也..")：为了让女儿专心学习，家务~忙她也不让女儿帮忙。Wèile ràng nǚ'ér zhuānxīn xuéxí, jiāwù ~ máng tā yě bú ràng nǚ'ér bāng máng. *No matter how busy she is with the housework, she won't let her daughter help so that her daughter can concentrate on her studies.* /那个地方气候炎热，工资高，我也不想去。Nàge dìfang qìhòu yánrè, gōngzī ~ gāo, wǒ yě bù xiǎng qù. *The climate is very hot there. No matter how high the salary, I don't want to go there.* (9)表示比已

有的程度更深一步，必定是没有实现的(*indicates to a greater extent or degree*, *is only used in a case not yet realized*)：这部小说听说五月份出版，咱们得预订十本，不能～少。Zhè bù xiǎoshuō tīng shuō wǔyuèfèn chūbǎn, zánmen děi yùdìng shí běn, bù néng ～ shǎo. *I heard that this novel is to be published in May. We must place an order for no fewer than ten copies.* /快点儿，～快点儿，我们必须在开演以前赶到。Kuài diǎn, ～ kuài diǎnr, wǒmen bìxū zài kāiyǎn yǐqián gǎndào. *Hurry! Faster! We must get there before the performance starts.* /这材料只能给你们两份，～多可真没有了。Zhè cáiliào zhǐ néng gěi nǐmen liǎng fèn, ～ duō kě zhēn méi yǒu le. *I can only give you two portions of these materials. There really won't be any left after that.* (10) "再……(也)没有""再……不过"中间插形容词或描写性短语，表示程度达到了顶点(*an adjective or descriptive phrase is inserted between* "再...(也)没有" *or* "再...不过" *to indicate the superlative degree*)：你能来参加我们的座谈会～好(也)没有了。Nǐ néng lái cānjiā wǒmen de zuòtánhuì ～ hǎo (yě) méi yǒu le. *There would be nothing better than having you join our informal discussion.* /这双鞋你穿着～合适(也)没有了。Zhè shuāng xié nǐ chuānzhe ～ héshì (yě) méiyǒu le. *This pair of shoes couldn't fit you better.* /这束鲜花～好看不过了。Zhè shù xiānhuā ～ hǎokàn búguò le. *This is the most beautiful bouquet of flowers.* /这房子冬暖夏凉，又很安静，～理想不过了。Zhè fángzi dōng nuǎn xià liáng, yòu hěn ānjìng, ～ lǐxiǎng búguò le. *This house is warm in winter and cool in summer, and is also very quiet. It couldn't be more ideal.*

【再版】zàibǎn(动)〈书刊〉第二次出版，也指第二次印刷 *second edition*; *reprint*

【再不】zàibù(连)〈口〉要不，要不然 *or else*; *or*：最好你自己去，～找他跟你一起去。Zuìhǎo nǐ zìjǐ qù, ～ zhǎo tā gēn nǐ yìqǐ qù. *It would be best if you went yourself, or you got him go with you.* /咱们明晚九点见吧！～早点儿，八点半怎么样？Zánmen míng wǎn jiǔ diǎn jiàn ba! ～ jiù zǎodiǎnr, bā diǎn bàn zěnmeyàng? *Let's meet tomorrow evening at nine, or even a little earlier. How about eight-thirty?*

【再次】zàicì(副)又一次 *once more*; *once again*：～出国访问 ～ chū guó fǎngwèn *go abroad once more to visit*/～向他提出警告 ～ xiàng tā tíchū jǐnggào *issue a warning to him once again*/～声明 ～ shēngmíng *make another statement*

【再度】zàidù(副)表示动作第二次发生，一般修饰双音节词或动词性短语 *a second time*; *once again* (*usu. modifies a disyllabic verb or verbal phrase*)：这出京剧经过修改～上演，定会受到观众的欢迎。Zhè chū Jīngjù jīngguò xiūgǎi ～ shàngyǎn, yídìng huì shòudào guānzhòng de huānyíng. *Once this Beijing opera is revised, it will be performed a second time and is bound to be well received by audiences.* /二十年后～回到祖国，感到变化太大了。Èrshí nián hòu ～ huídào zǔguó, gǎndào biànhuà tài dà le. *After twenty years, I returned to my homeland once again and felt that there had been tremendous changes.* /在今年的自行车质量评比中，上海凤凰牌～荣获优质奖。Zài jīnnián de zìxíngchē zhìliàng píngbǐ zhōng, Shànghǎi Fènghuáng páir ～ rónghuò yōuzhì jiǎng. *When the quality of this year's bicycles was compared and appraised, the Shanghai Phoenix-brand bicycle won an award of excellence once again.*

【再会】zàihuì(动·不及物)同"再见"zàijiàn *same as* "再见" zàijiàn

【再婚】zàihūn(动·不及物)离婚或丧偶后再结婚 *remarry*; *get remarried*

【再嫁】zàijià(动)(女人)离婚或丈夫死亡后再次出嫁(*of a woman*) *remarry*

【再见】zàijiàn(动·不及物) *goodbye*; *see you again*

【再接再厉】zài jiē zài lì 一次又一次地继续努力，毫不松懈 *work ceaselessly and unremittingly*; *continue to exert oneself*; *persist in one's work*

【再三】zàisān(副)一次又一次地 *over and over again*; *time and again*：临行时，母亲一再嘱咐她不要放松对自己的要求。Lín xíng shí, mǔqin ～ dīngzhǔ tā búyào fàngsōng duì zìjǐ de yāoqiú. *As she was leaving, her mother urged her time and again to not slacken her demands on herself.* /我们～要求，他才答应和同学们见面。Wǒmen ～ yāoqiú, tā cái dāyìng hé tóngxuémen jiàn miàn. *It was only after we asked him again and again that he finally agreed to meet with the students.* /大家～挽留，他才没走。Dàjiā ～ wǎnliú, tā cái méi zǒu. *It was only after we pressed him over and over again to stay that he did.* "再三"还可以在一些动词之后，意思与放在前面一样，"再三"后边不能有其他成分("再三" *can also be placed after some verbs*; *the meaning is the same as when it is placed before a verb*; "再三" *cannot be followed by other elements in this case*)：他考虑～，决定先去调查一番再说。Tā kǎolǜ ～, juédìng xiān qù diàochá yì fān zài shuō. *He thought it over again and again, then decided to investigate first before doing anything else.* /他斟酌～，终于把方案定下来了。Tā zhēnzhuó ～, zhōngyú bǎ fāng'àn dìng xialai le. *He considered carefully again and again, then finally settled the plan.*

【再审】zàishěn(动)(1)再一次审查 *review*; *reexamine* (2)法院对已经审理完了的案件依法重新审查 *retrial*

【再生】zàishēng(动)(1)生物体的一部分或器官在损坏、脱落或截除后重新恢复的能力 *regenerate*; *resuscitate*：头发脱落后可以～。Tóufa tuōluò hòu kěyǐ ～. *Hair can be regenerated when it falls out.* (2)废旧物品经过加工成为新产品 *reprocess*; *recycle*：橡胶～ xiàngjiāo ～ *recycled rubber*

【再生产】zàishēngchǎn(名)〈经〉生产过程的不断重复和经常更新 *reproduction*

【再说】zàishuō(动)留待以后办理或考虑 *put off until some later time*：这事先放一放，过两天～。Zhè shì xiān fàng yi fàng, guò liǎng tiān ～. *Let this matter rest for now and deal with it again in a couple of days.* /先写封信，看他是什么态度～。Xiān xiě fēng xìn, kàn tā shì shénme tàidu ～. *Write a letter first and see what his attitude is.* (连)连接分句，引进补充理由；后面可有停顿(*links two clauses*; *introduces a supplementary reason*; *can be followed by a pause*)：这件衣服颜色不正，～价钱也不便宜。Zhè jiàn yīfu yánsè bú zhèng, ～ jiàqian yě bù piányi. *The colour of this jacket is not right*; *what's more, the jacket itself isn't cheap either.* /天太晚了，～又下着雨，就住在这儿吧！Tiān tài wǎn le, ～ yòu xiàzhe yǔ, jiù zhù zai zhèr ba! *It's so late! Besides, it's raining too, so why don't you stay here?* /他年纪大了，～身体又不好，哪儿经得起这么大的打击啊。Tā niánjì dà le, ～ shēntǐ yòu bù hǎo, nǎr jīng de qǐ zhème dà de dǎjī a. *He's old and his health is not good, so how could he stand such a heavy blow?* /就让他自己去吧，～他又不是小孩子。Jiù ràng tā zìjǐ qù ba, ～ tā yòu bú shì xiǎo háizi. *Just let him go himself. Besides, he's not a child.*

【再现】zàixiàn(动)〈书〉(过去的事物)再次出现(*of sth. or sb. in the past*) *reappear*; *be reproduced*：这出戏使那个伟大人物在舞台上～。Zhè chū xì shǐ nàge wěidà rénwù ～ zài wǔtái shang. *This play has made that great figure reappear on stage.*

在 zài (动)(1)表示人或事物的位置(*indicating the position of a person or thing*)：他不～学校。Tā bú ～ xuéxiào. *He's not at school.* /钢笔～桌子上。Gāngbǐ ～ zhuōzi shang. *The fountain pen is on the desk.* /他的兴趣不～学习上。Tā de xìngqù bú ～ xuéxí shang. *His interest is not in his studies.*

(2)存在，生存 exist；live：他的父母都不～了。Tā de fùmǔ dōu bú ～ le. *His parents are no longer living.* /物～人亡。Wù ～ rén wáng. *His things remain, but he has died.* /人～阵地～。Rén ～ zhèndì ～. *fight to the death in defence of one's position* (3)由……决定 rest with；depend on；be determined by：能不能考上大学，全～你自己。Néng bu néng kǎoshang dàxué, quán ～ nǐ zìjǐ. *Whether or not you can pass the university entrance examination all depends on you.* /改革能否成功，关键～领导。Gǎigé néng fǒu chénggōng, guānjiàn ～ lǐngdǎo. *The key to the success of reform rests with the leaders.* (4)"在……中"插入动词成分表示动作的持续或进行 (*a verb or verbal phrase is inserted between* 在 *and* 中 *to indicate the continuation of an action or an action in progress*)：手术还在进行中。Shǒushù hái zài jìnxíng zhōng. *The operation is still going on.* /城市建设规划在讨论中。Chéngshì jiànshè guīhuà zài tǎolùn zhōng. *The urban construction programme is undergoing discussion.* (副)(1)意思是"正在"，表示动作持续不断地进行，可以和"正"互相代替 (*indicates an action in progress；can be interchanged with* "正")：秒针～不停地走动。Miǎozhēn ～ bù tíng de zǒudòng. *The second hand on the clock is constantly moving.* /什么人～唱歌?Shénme rén ～ chàng gē?*Who is singing?*/大家都～等你。Dàjiā dōu ～ děng nǐ. *We are all waiting for you.* (2)强调从事某方面的活动，而并不描述动作处于进行状态，可以受其他副词修饰，不能用"正"代替 (*emphasizes that one engages in a certain activity, but not one that is in progress；can be modified by other adverbs, but cannot be interchanged with* "正")：我几年来一直～作研究工作，没有教课。Wǒ jǐ nián lái yìzhí ～ zuò yánjiū gōngzuò, méiyou jiāo kè. *I've been engaged in research work in recent years and haven't done any teaching.* /深夜了，他还～看书。Shēnyè le, tā hái ～ kàn shū. *It was late at night and he was still reading.* /他又～写家信了。Tā yòu ～ xiě jiāxìn le. *He's writing another letter to his family.* /阅览室里安静极了，没有人不～专心学习。Yuèlǎnshì li ānjìng jí le, méi yǒu rén bú ～ zhuānxīn xuéxí. *The reading room is deathly quiet. There isn't a single person in there who isn't concentrating on his studies.* (介)(1)与表示时间、地点的词语构成介词结构，用在句首或述语前作状语，表示时间、地点、范围、条件等(*forms a prepositional structure with words denoting time or place which is used at the beginning of a sentence or before the predicate, as an adverbial indicating time. place, condition, etc.*)①"在……"表示动作发生或状况存在的时间，常与"(以)前"、"(以)后"、"同时"、"(的)时候"等配合(*When* "在…" *indicates the time at which an action occurs, it is usu. accompanied with* "(以)前"，"(以)后"，"同时"，"(的)时候"，*ect.*)：老王～上个月出国了。Lǎo Wáng ～ shàng ge yuè chū guó le. *Lao Wang went abroad last month.* /他～十年前就参加了工作。Tā ～ shí nián qián jiù cānjiāle gōngzuò. *He started to work ten years ago.* /～吃早饭的时候，他来了。～ chī zǎofàn de shíhou, tā lái le. *He came while I was eating breakfast.* /～发展工业的同时，也要把农业抓紧。～ fāzhǎn gōngyè de tóngshí, yě yào bǎ nóngyè zhuājǐn. *We must also pay close attention to agriculture while developing industry.* ②"在……"与"上"、"中"、"下"、"里"、"外"等或处所名词配合，表示动作发生的地点或事物所处的位置(*when* "在…" *is accompanied by* "上"，"下"，"中"，"里"，"外"，*etc. or a noun denoting a place, it indicates the position of an object or the place where an action occurs*)：～张庄从没发生过这种事。Zhāngzhuāng cóng méi fāshēngguo zhè zhǒng shì. *This kind of thing has never happened in Zhang Village before.* /～桌子上有架电视机。～ zhuōzi shang yǒu jià diànshìjī. *There is a TV set on the desk.* /～礼堂里，有五百多人在开会。～ lǐtáng li, yǒu wǔbǎi duō rén zài kāi huì. *There are over five*

hundred people attending a meeting in the auditorium. /我～他门上留了个条。Wǒ ～ tā mén shang liúle ge tiáo. *I left a note on his door.* /他是～长城脚下长大的。Tā shì ～ Chángchéng jiǎo xià zhǎngdà de. *He grew up at the foot of the Great Wall.* ③"在……"与"上"、"中"配合，表示某范围、某方面(*when* "在…" *is accompanied by* "上" *or* "中"，*it indicates a certain scope or aspect*)：～学习上我们要互相帮助。～ xuéxí shang wǒmen yào hùxiāng bāngzhù. *We must help each other in our studies.* /他～工作中做出了成绩。Tā ～ gōngzuò zhōng zuòchūle chéngjì. *He met with success in his work.* /～分析问题上，我远不如他。～ fēnxī wèntí shang, wǒ yuǎn bùrú tā. *I'm much less able at analysing problems than he.* /他～思想上、生活上对我们十分关心。Tā ～ sīxiǎng shang、shēnghuó shang duì wǒmen shífēn guānxīn. *He's extememely concerned about our thinking and lives.* ④"在……"与"中"配合，表示某一过程或状态(*when* "在…" *is accompanied by* "中"，*it indicates a certain process or state*)：～社会变革中，难免会出现这样或那样的问题。～ shèhuì biàngé zhōng, nánmiǎn huì chūxiàn zhèyàng huò nàyàng de wèntí. *In social change, it is difficult to avoid the emergence of this or that kind of problem.* /他～忙乱中把眼镜忘在家里了。Tā ～ mángluàn zhōng bǎ yǎnjìng wàng zài jiā li le. *In his haste, he forgot his glasses at home.* /～交往中，他们彼此不断加深了解。～ jiāowǎng zhōng, tāmen bǐcǐ búduàn jiāshēn liǎojiě. *In their contacts with each other, they have been steadily deepening their mutual understanding.* ⑤"在……"与"下"中配合，表示条件(*when* "在…" *is accompanied by* "下" *or* "中"，*it indicates condition*)：蒲公英～任何恶劣的情况下，都不会被摧毁。Púgōngyīng ～ rènhé èliè de qíngkuàng xià, dōu bú huì bèi cuīhuǐ. *Dandelions cannot be destroyed under any adverse conditions whatsoever.* /～大家的共同努力下，提前三个月完成了任务。～ dàjiā de gòngtóng nǔ lì xià, tíqián sān ge yuè wánchéngle rènwù. *Through the joint efforts of us all, the task was fulfilled three months ahead of time.* /这个青年～逆境中自学成才。Zhège qīngnián ～ nìjìng zhōng zìxué chéng cái. *Under adverse circumstances, this youth taught himself to become useful.* ⑥"在……"有时相当于"对……"，"在"的宾语是人名或指人的代词，指出某一判断是针对某人作出的 ("在…" *is sometimes the same as* "对…"；*the object of* "在" *is either a name of a person or a personal pronoun；indicates that a judgment is directed at sb.*)：～他，修理一般电器，根本不算什么。～ tā, xiūlǐ yìbān diànqì, gēnběn bú suàn shénme. *To him, repairing common electrical appliances is nothing.* /这样的紧张生活，～我已经习惯了。Zhèyàng de jǐnzhāng shēnghuó, ～ wǒ yǐjīng xíguàn le. *This kind of tense life has become habit to me.* ⑦"在……看来"作插入语，表示从某人的角度看问题("在…看来" *is used as a parenthesis to mean* " *in… opinion*"，"*as… see(s) it*")：～医生看来，这是个很小的手术。～ yīshēng kànlái, zhè shì ge hěn xiǎo de shǒushù. *In the doctor's opinion, this is a minor operation.* /功名利禄～他看来犹如浮云。Gōngmíng lì lù ～ tā kànlái yóurú fúyún. *As he sees it, fame, fortune and position are like floating clouds.* ⑧"在"有时在个别句中相当于"从"，指出动作经过的处所或动作的起点(*sometimes* "在" *is the same as* "从" *which points out the place through which an action passes or the starting point of an action*)：一只鹰～空中掠过。Yì zhī yīng ～ kōngzhōng lüèguò. *An eagle swept through the air.* /那声音是～他屋里传出来的。Nà shēngyīn shì ～ tā wū li chuán chūlai de. *That noise came from his room.* (2)"在"和表示时间、处所、方位等词语组成的介词结构，有时放在动词或动词短语后(*the prepositional structure formed by* "在" *and words denothing time, place, position, etc. is sometimes placed after the verb or verbal phrase*)①表示出

现、消失等动作发生的时间或地点；"在……"用于"生、死、处、定、改、排、出生、发生、出现、安排、确定"等有限的一些动词后，和"在……"在动词前意思一样 (indicates the place or time at which actions such as the appearance or disappearance of sth. occur; when "在..." is used after verbs such as "生,死,处,定,改,排,出生,发生,出现,安排,确定" etc., its meaning is the same as "在..." placed before the verb)：他生～1893 年，死～1978 年。Tā shēng ～yībājiǔsān nián, sǐ ～ yījiǔqībā nián. He was born in 1893 and died in 1978. /参观时间原来定～上午八点,后来改～十点。Cānguān shíjiān yuánlái dìng ～ shàngwǔ bā diǎn, hòulái gǎi ～ shí diǎn. The time for the visit was originally set for 8:00 a.m., but was later changed to ten o'clock. /处～危急时刻仍面不改色。Tā chǔ ～ wēijí shíkè réng miàn bù gǎi sè. He does not turn a hair in a moment of crisis. /事发生～首都。Zhè shì fāshēng ～ shǒudū. This happened in the capital. /大会确定～人民大会堂召开。Dàhuì quèdìng ～Rénmín Dàhuìtáng zhàokāi. The plenary session is set to be convened at the Great Hall of the People. ②表示人或事物通过动作达到的处所，"在……"用在动词后(若放在动词前，意思不同) (indicates the position of a person or thing reached by means of an action; "在..." is used after the verb (if it is placed before the verb, the meaning is different))：书放～桌上。Shū fàng ～ zhuō shang. The book has been placed on the desk. /字写～纸上。Zì xiě ～ zhǐ shang. Words have been written on the paper. /糖含～口里。Táng hán ～ kǒu li. He has candy in his mouth. /笔握～手里。Bǐ wò ～ shǒu li. He is holding a pen in his hand. /你的话我永远记～心里。Nǐ de huà wǒ yǒngyuǎn jì ～ xīnli. I will always bear your words in mind. /他一进屋就躺～床上了。Tā yí jìn wū jiù tǎng ～ chuáng shang le. He lay down on the bed as soon as he entered the room. 一些可以表示动作也可表示静止状态的动词如"站""坐""躺"等，"在……"放在动词前或后有时比较自由("在..." can be relatively freely used either before or after some verbs indicating a state of motion or non-motion, such as "站", "坐", "躺" etc.)：他～床上躺着。(他躺～床上) Tā ～ chuáng shang tǎngzhe (Tā tǎng ～ chuáng shang). He is lying on the bed. (He is lying on the bed.) /我～他前面站着。(我站～他前面). Wǒ ～ tā qiánmian zhànzhe. (Wǒ zhàn ～ tā qiánmian.) I am standing in front of him. (I am standing in front of him.) ③有时表示范围，"在……"可用在动词后 (sometimes indicates scope; "在..." may be used after the verb)：花房温度应保持～20℃ 以上。Huāfáng wēndù yīng bǎochí ～ èrshí dù C yǐshàng. The temperature of a greenhouse should be maintained at 20°C or above. /入会人数控制～二百人左右。Rù huì rénshù kòngzhì ～ èrbǎi rén zuǒyòu. The number of people who join the society must be controlled at approximately two hundred. / 随身行李限制～20公斤以内。Suí shēn xínglǐ xiànzhì ～ èrshí gōngjīn yǐnèi. Personal luggage is limited to a maximum of twenty kilograms.

【在场】zài＝chǎng (某人)在事情发生时在发生事情的地点 be on the scene; be on the spot; be present：他们发生争执时有谁～?Tāmen fāshēng zhēngzhí shí yǒu shuí ～?Who was there when they had the dispute?

【在行】zàiháng (形)对某事情或工作很了解，有经验，内行 be expert at sth.; know a job, trade, etc. well：他对养花很～。Tā duì yǎng huā hěn ～. He's good at growing flowers. /你剪裁衣服的技术不行，瞒不过～的人。Nǐ jiǎncái yīfu de jìshù bù xíng, mán bu guò ～ de rén. Your skill at tailoring is no good. You can't fool an expert tailor.

【在乎】zàihu (动)认为对自己有关系，会影响到自己的利益(常用于否定式或反问句，"不在乎"就是觉得没有关系，不必为某事着急发愁)care about; mind; take to heart (often used in the negative or in a rhetorical question; "不在乎"

means "not care about" or "not mind")：你还～这么点儿小事?Nǐ hái ～ zhème diǎnr xiǎo shì? What do you care about such a small matter?/爸爸批评了他，他还满不～. Bàba pīpíngle tā, tā hái mǎn bú ～. His father criticized him, but he couldn't care less. /只要能上学,多花点儿学费,他倒不～.Zhǐyào néng shàng xué, duō huā diǎnr xuéfèi, tā dào bú ～. As long as he can attend school, he doesn't mind paying a bit more in tuition. /他不～什么待遇，只要能发挥自己的专长就行. Tā bú ～ shénme dàiyù, zhǐyào néng fāhuī zìjǐ de zhuāncháng jiù xíng. He doesn't care about any special treatment, as long as he can give full play to his professional skill, he's satisfied.

【在即】zàijí (动·不及物)〈书〉(某情况)在近期内将发生 near at hand; shortly; soon：毕业～,大家的心很不平静。Bì yè ～, dàjiā de xīn hěn bù píngjìng. With graduation near at hand, nobody could calm down.

【在理】zàilǐ (形)有理,合乎道理 reasonable; sensible：她说的十分～.Tā shuō de shífēn ～. What she says is very sensible. /你不～,难怪大家不支持你. Nǐ bú ～, nánguài dàjiā bù zhīchí nǐ. No wonder nobody supports you — you're unreasonable.

【在世】zàishì (动·不及物)活着 be living

【在所不辞】zài suǒ bù cí (不管困难多大)决不推辞 will not hesitate (no matter how difficult); will not refuse under any circumstances：为了革命,赴汤蹈火～. Wèile gémìng, fù tāng dǎo huǒ ～. I wouldn't hesitate to go through fire and water for the revolution.

【在所难免】zài suǒ nánmiǎn 很难避免 be unavoidable; difficult to avoid：限于编写人员的水平，这部词典缺点和错误～,谨请读者指正。Xiànyú biānxiě rényuán de shuǐpíng, zhè bù cídiǎn quēdiǎn hé cuòwù ～, jǐn qǐng dúzhě zhīzhèng. As the level of the editors and compilers in this dictionary are limited, shortcomings and mistakes in this dictionary are unavoidable. We sincerely hope the readers will oblige us with their valuable comments. /他初次上讲台,有点紧张,以后慢慢地就好了。Tā chū cì shàng jiǎngtái, yǒudiǎn jǐnzhāng, ～, yǐhòu mànmān de jiù hǎo le. Being a little nervous was unavoidable the first time he took the rostrum, but it will gradually get better.

【在逃】zàitáo (动·不及物)(犯人)已经逃跑，还未抓获 (of a criminal) be at large; have escaped

【在望】zàiwàng (动·不及物)〈书〉(1)远处的东西可以望见 be visible (at a distance); be in sight：宝塔遥遥～.Bǎotǎ yáoyáo ～. The pagoda was visible in the distance. (2)(盼望的事)即将出现在眼前 (of sth. to which one is looking forward) will soon materialize; be insight; be in the offing：胜利～ shènglì ～. Victory is in sight. /丰收～ fēngshōu ～ A good harvest is promised.

【在位】zàiwèi (动·不及物)居于君主地位，做君主 be on the throne; reign

【在心】zài＝xīn (口)留意，放在心上 be attentive; feel concerned; mind：托你办的事你在着点心儿。Tuō nǐ bàn de shì nǐ zàizhe diǎnr xīn. Keep an eye on the matter with which you've been entrusted. /他干什么都不～,总是敷衍了事. Tā gàn shénme dōu bú ～, zǒngshi fūyǎn liǎo shì. He never pays much attention to anything he does but just muddles through his work.

【在押】zàiyā (动·不及物)(犯人)正在拘留监禁中 (of a criminal) be under detention; be in custody

【在野】zàiyě (动·不及物)不担任官职，不当政 not be in office; be out of office：～党 ～ dǎng a party not in office

【在意】zàiyì (动)放在心上，留意(一般不带宾语,多用于否定式)take notice of; care about; mind; take to heart (does not usu. carry an object; often used in the negative)：这些小事,他不会～的。Zhèxiē xiǎo shì, tā bú huì ～ de. He won't take

such trifles to heart. /我刚才是随便说说，您可别～。Wǒ gāngcái shì suíbiàn shuōshuo, nín kě bié ~. *I just made some comments at radom. Don't take them to heart.* /他只顾看电视，哥哥对他说的话，他都没～。Tā zhǐgù kàn diànshì, gēge duì tā shuō de huà, tā dōu méi ~. *He was glued to the television and didn't take any notice of what his older brother was saying to him.*

【在于】zàiyú(动)(1)指出事物的本质或主要特点 lie in; rest with; 他的主要优点～谦虚好学。Tā de zhǔyào yōudiǎn ~ qiānxū hào xué. *His strongest merit lies in his being modest and eager to learn.* /音乐的魅力～引起不同经历的听者的丰富、深刻的想像。Yīnyuè de mèilì ~ yǐnqǐ bù tóng jīnglì de tīngzhě de fēngfù, shēnkè de xiǎngxiàng. *The enchantment of music lies in its ability to arouse the rich and profound imagination of different listeners.* (2)由……决定，同"在"zài(3) be determined by; depend on (same as "在" zài (3)); 文章的好坏不～长短。Wénzhāng de hǎohuài bú chángduǎn. *Whether an article is good or bad is not determined by its length.* /是否和他结婚，～你自己。Shìfǒu hé tā jié hūn, ~ nǐ zìjǐ. *It depends on yourself whether or not you will marry him.*

【在职】zàizhí(形·非谓)担任着职务 be on the job; be at one's post; ～人员 ~ rényuán *personnel on the job*

【在座】zàizuò(动·不及物) 在(宴会、会议等)举行的时候，坐在那里参加 be present (at a banquet, meeting, etc.); 昨天晚上他也～，还讲了个笑话。Zuótiān wǎnshang tā yě ~, hái jiǎngle ge xiàohua. *He was also present last night. He even told a joke.* /～的都是年轻的厂长。~ de dōu shì niánqīng de chǎngzhǎng. *Those present are all young factory directors.*

载

载〔載〕zài
(动)(运输工具)装(人或物)(of means of transport) carry; hold; be loaded with (people or things); 21次列车满～着旅客开往上海。Èrshíyī cì lièchē mǎn ~ zhe lǚkè kāi wǎng Shànghǎi. *Train No. 21 is fully loaded with passengers going to Shanghai.* / 这条船能～多少集装箱? Zhè tiáo chuán néng ~ duōshao jízhuāngxiāng? *How many containers can this ship hold?* 另见 zǎi

【载歌载舞】zài gē zài wǔ 边唱歌，边跳舞；形容尽情欢乐 festively singing and dancing

【载荷】zàihè(名)动力和机械等设备以及生理组织等在单位时间内所能担负的工作量，也指建筑构件所能承受的重量 load

【载体】zàitǐ(名)carrier

【载重】zàizhòng (动)(交通工具)负担重量(of means of transportation) load; carrying capacity; 这艘轮船～多少吨?Zhè sōu lúnchuán ~ duōshao dūn?*How many tons does this steamer carry?*

【载重量】zàizhòngliàng(名)(运输工具)所能承担的重量(of means of transport) loading capaicity; dead weight capacity (of a ship, etc.)

【载重汽车】zàizhòng qìchē truck; lorry

zān

簪zān
(名)◇簪子 hairpin (动)〈书〉插在头发上 wear in one's hair; ～花 ~ huā *wear flowers in one's hair*

【簪子】zānzi(名)别住发髻的条状物，多用金属、玉石和兽骨等做成 hair clasp; hairpin

zán

咱zán
(代)〈口〉咱们 we (including both the speaker and the person or persons spoken to); ～工人是国家的主人。～gōngrén shì guójiā de zhǔrén. *We workers are masters of our country.* /～都是新入厂的，要互相帮助。~ dōu shì xīn rù chǎng de, yào hùxiāng bāngzhù. *We are all newcomers in this factory so we must help each other.*

【咱们】zánmen(代)〈口〉复数第一人称(包括谈话的对方)we (including both the speaker and the person or persons spoken to); 别客气，～是老朋友了。Bié kèqi, ~ shì lǎo péngyou le. *Don't stand on ceremony, we're old friends.* /这件事怎么办，～商量一下。Zhè jiàn shì zěnme bàn, ~ shāngliang yíxià. *Let's discuss how to handle this matter.* /只有～俩去图书馆,他要去上课。Zhǐ yǒu ~ liǎ qù túshūguǎn, tā yào qù shàng kè. *Only we two are going to the library as he is going to class.*

zǎn

攒〔攢〕zǎn
(动)把零碎的东西、钱、先后放在一起 accumulate; hoard; save (odds and ends, money, etc.); 我为你～了好多纪念邮票。Wǒ wèi nǐ ~le hǎoduō jìniàn yóupiào. *I saved a lot of commemorative stamps for you.* /这几年他～了不少钱。Zhè jǐ nián tā ~le bù shǎo qián. *He has saved a lot of money in recent years.* 另见 cuán

zàn

暂〔暫〕zàn
(形)◇短时间 of short duration; for the time being; 他停留的时间久～，目前还很难说。Tā tíngliú de shíjiān jiǔ ~, mùqián hái hěn nán shuō. *At present it's still difficult to say whether he will remain for a long or short time.* (副)〈书〉表示某种动作、行为或情况的产生或存在是短时间的，多修饰单音节词(indicates that the emergence or existence of an action, behaviour, or situation is of short duration, usu. modifies a monosyllabic word) temporarily; for the time being; for the moment; 这座佛寺正在整修，～停开放。Zhè zuò fósì zhèngzài zhěngxiū, ~ tíng kāifàng. *This Buddhist temple is undergoing renovation, so it's temporarily closed.* /他在北京只是～住,两个月后就回南京。Tā zài Běijīng zhǐ shì ~ zhù, liǎng ge yuè hòu jiù huí Nánjīng. *He's just living in Beijing for the time being and will be going back to Nanjing in two months.* /这些新杂志～不外借。Zhèxiē xīn zázhì ~ bú wài jiè. *These new magazines are not to be lent out for the time being.*

【暂定】zàndìng(动)暂时规定 arranged for the time being; tentative; provisional; ～星期三下午开大会。~ xīngqīsān xiàwǔ kāi dàhuì. *The conference is tentatively set for Wednesday afternoon.* /每辆车～坐三十个人。Měi liàng chē ~ zuò sānshí ge rén. *Every vehicle tentatively seats thirty people.*

【暂缓】zànhuǎn(动)暂时推迟，宾语多为双音动词或动词词组 postpone; put off; defer (the object is usu. a disyllabic verbal word group); 本条例～实行。Běn tiáolì ~ shíxíng. *The implementation of these regulations has been put off.* /～发放奖金。~ fāfàng jiǎngjīn. *postpone the granting of bonuses*

【暂且】zànqiě(副)意思同"暂"zàn，但可修饰多音节词语 same as "暂" zàn, but can modify a polysyllabic word); 这个问题～放一放，下星期再讨论。Zhège wèntí ~ fàng yi fàng, xià xīngqī zài tǎolùn. *Put this problem aside for the moment. We can discuss it again next week.* /这些书～堆在那里，以后再整理。Zhèxiē shū ~ duī zài nàlǐ, yǐhòu zài

zhěnglǐ. *Stack these books over there for the time being. We can straighten them out later.* /这消息恐怕对他打击太大，～别告诉他。Zhè xiāoxi kǒngpà duì tā dǎjī tài dà，～ bié gàosu tā. *I'm afraid this news would be too much of a shock to him，so don't tell him for the time being.*

【暂时】zànshí（形·非谓）在短时间之内的 *temporary*；*transient*：这只是～的困难。Zhè zhǐ shì ～ de kùnnan. *This is just a temporary difficulty.* /车辆～停止通行。Chēliàng ～ tíngzhǐ tōngxíng. *Temporarily closed to traffic.* /这计划～还实行不了。Zhè jìhuà ～ hái shíxíng bu liǎo. *This plan can't be carried out for the time being.* /他离开北京是～的。Tā líkāi Běijīng shì ～ de. *He has temporarily left Beijing.*

【暂行】zànxíng（形·非谓）暂时实行的 *provisional*；*temporary*：～办法 ～ bànfǎ *provisional method* /～作息制度 ～ zuòxi zhìdù *temporary system for work and rest* /卫生条例 ～ wèishēng tiáolì *provisional regulations for hygiene*

赞〔讚〕zàn

（动）◇（1）帮助 *support*；*aid*；*assist*（2）称赞 *praise*；*commend*（名）◇赞歌 *song of praise*；*eulogy*：英雄～ yīngxióng ～ *hero's eulogy*

【赞不绝口】zàn bù jué kǒu 不住口地称赞，表示认为非常好 *praise profusely*；*be full of praise*

【赞成】zànchéng（动）*approve of*；*agree with*；*endorse*；*favour*：会上你提这个建议吧，我一定举手～。Huì shang nǐ tí zhège jiànyì ba，wǒ yídìng jǔ shǒu ～. *Make this suggestion at the meeting and I will definitely raise my hand in favour of it.* /他不～我的想法。Tā bú ～ de xiǎngfǎ. *He doesn't agree with my idea.* / 我们都～他去谈判。Wǒmen dōu ～ tā qù tánpàn. *We all favour him to go and negotiate.*

【赞歌】zàngē（名）[首 shǒu]赞美人或事物的歌曲或诗文 *song of praise*；*paean*

【赞礼】zànlǐ（名）*master of ceremonies*

【赞美】zànměi（动）称赞（好处、优点）*praise*；*eulogize*

【赞美诗】zànměishī（名）[首 shǒu]*hymn*

【赞赏】zànshǎng（动）称赞并且由于认识该事物的价值而给予重视 *appreciate*；*admire*：人们最～他的这种踏踏实实的工作作风。Rénmen zuì ～ tā de zhè zhǒng tātāshíshí de gōngzuò zuòfēng. *What people appreciate most is his steady and sure work style.*

【赞颂】zànsòng（动）〈书〉赞美颂扬 *extol*；*eulogize*；*sing the praises of*：他的舍己为人的精神深为人们～。Tā de shě jǐ wèi rén de jīngshén shēn wéi rénmen ～. *His spirit of sacrificing his own interests for the sake of others was deeply eulogized by the people.* /直到现在人们还～他的功绩。Zhídào xiànzài rénmen hái ～ tā de gōngjì. *Right up until now people are still extolling his merits and virtues.*

【赞叹】zàntàn（动）〈书〉极为称赞 *highly praise*；*gasp in admiration*：他的精湛的牙雕技艺，令人～不已。Tā de jīngzhàn de yádiāo jìyì，lìng rén ～ bùyǐ. *His exquisite skill in ivory carving has won high praise again and again.*

【赞同】zàntóng（动）〈书〉同"赞成"zànchéng same as "赞成" zànchéng：你的这种主张，我不能～。Nǐ de zhè zhǒng zhǔzhāng，wǒ bù néng ～. *I cannot endorse your position.*

【赞许】zànxǔ（动）〈书〉称赞（某事做得好）*speak favourably of*；*commend*（sth. well done）：这个县绿化工作很有成绩，受到上级的～。Zhège xiàn lǜhuà gōngzuò hěn yǒu chéngjì，shòudào shàngjí de ～. *The success with which this county has met while making the area green has won the approval of higher authorities.* /他的见义勇为的行为受到人们的～。Tā de jiàn yì yǒng wéi de xíngwéi shòudào rénmen de ～. *His behaviour in taking up the cudgels for a just cause has won the praise of the people.*

【赞扬】zànyáng（动）称赞、表扬 *speak highly of*；*praise*；

commend：报上～了他的拾金不昧的高尚行为。Bào shang ～le tā de shí jīn bú mèi de gāoshàng xíngwéi. *The newspaper has commended him for his noble behaviour in not pocketing the money he picked up.*

【赞语】zànyǔ（名）〈书〉赞扬的话 *words of praise*；*praise*

【赞誉】zànyù（动）〈书〉称赞、夸奖 *praise*；*commend*

【赞助】zànzhù（动）*support*；*assist*：有很多单位和个人捐钱修复长城。Yǒu hěn duō dānwèi hé gèrén juān qián ～ xiūfù Chángchéng. *There are many units and private individuals who contribute money to help in the restoration of the Great Wall.* /拍这个电视片得到了不少单位的～。Pāi zhège diànshìpiānr dédàole bù shǎo dānwèi de ～. *The shooting of this tele film has received assistance from many units.* /这几个工厂都是这次活动的～单位。Zhè jǐ ge gōngchǎng dōu shì zhè cì huódòng de ～ dānwèi. *These factories are all the sponsoring units for this activity.*

zāng

脏〔骯髒〕zāng

（形）*dirty*；*filthy* 另见 zàng

【脏字】zāngzì（名）（～儿）庸俗粗野的字眼儿 *obscene word*；*swearword*；*dirty word*

赃〔臟〕zāng

（名）◇贪污受贿或偷盗来的财物 *stolen goods*；*booty*；*bribes*：分～ fēn ～ *share the booty*/贪～枉法 tān ～ wǎngfǎ *take bribes and bend the law*/追～ zhuī ～ *recover stolen money or goods*

【赃官】zāngguān（名）贪污、受贿的官吏 *corrupt official*

【赃款】zāngkuǎn（名）贪污、受贿或盗窃所得的钱 *money stolen，embezzled or received in bribes*；*illicit money*

【赃物】zāngwù（名）贪污、受贿或盗窃所得的财物 *stolen goods*；*booty*；*bribes*

zàng

脏〔臟〕zàng

（名）◇内脏器官的统称 *internal organs of the body*；*viscera* 另见 zāng

【脏器】zàngqì（名）〈医〉指心、胃、肠、肺、肝、脾、肾等内脏器官 *internal organs of the body*（*such as the heart，stomach，intestines，lung，liver，spleen，kidneys，etc.*）；*viscera*

葬 zàng

（动）*bury*；*inter*

【葬礼】zànglǐ（名）*funeral*（*or burial*）*rites*；*funeral*

【葬身】zàngshēn（动）〈书〉埋葬尸体，指死亡 *be buried*；*die*：旧社会有多少渔民～海底！Jiù shèhuì yǒu duōshao yúmín ～ hǎidǐ! *So many fisherman died at sea in the old society!* /那次下海碰上鲨鱼，差点儿～鱼腹。Nà cì xià hǎi pèngshang shāyú，chàdiǎnr ～ yúfù. *When I went out to sea that time，I encountered a shark and almost became fish food.*

【葬送】zàngsòng（动）丧失，毁灭（生命、前途等）*ruin*；*spell an end to*（*one's life，life，future，etc.*）：十年监禁～了他的青春。Shí nián jiānjìn ～le tā de qīngchūn. *Ten years in jail spelled an end to his youth.* /他们的幸福被封建的婚姻制度～了。Tāmen de xìngfú bèi fēngjiàn de hūnyīn zhìdù ～ le. *Their happiness was ruined by the feudal marriage system.*

藏 zàng

另见 cáng

【藏蓝】zànglán（形）蓝中略带红 *purplish blue*

【藏青】zàngqīng（形）蓝中带黑 *dark blue*；*navy blue*

zāo

遭 zāo（动）遇到（多指不幸的事）*meet with*（*misfortune, etc.*）：～难 ～nàn *meet with misfortune*/险～不幸 xiǎn ～ búxìng *come within an inch of death*/惨～毒手 cǎn ～ dúshǒu *be murdered*/家乡～了水灾。Jiāxiāng ～ le shuǐzāi. *My hometown was hit by a flood.*（量）（1）次，多指到某地去 *time; turn*：这次到西藏去，我还是头一～。Zhè cì dào Xīzàng qu, wǒ hái shì tóu yī ～. *This is the first time I've ever been to Tibet.*（2）周，圈儿 *round*：他最近到南方转了一～。Tā zuìjìn dào nánfāng zhuànle yī ～. *He made a trip around the South recently.*/把纸箱用绳子捆了两～。Bǎ zhǐxiāng yòng shéngzi kǔnle liǎng ～. *Wind the string twice around the card board box.*

【遭到】zāodào（动）*suffer; meet with; encounter*：～冷遇 ～ lěngyù *be given the cold shoulder*/～不幸 ～ búxìng *meet with misfortune*/～严重破坏 ～ yánzhòng pòhuài *suffer serious damage*

【遭逢】zāo＝jié 遇到灾难 *meet with catastrophe*

【遭受】zāoshòu（动）受到（不幸或损失）*suffer; be subject to; sustain*（*losses, misfortune, etc.*）：～失败 ～ shībài *suffer failure*/～打击 ～ dǎjī *be subject to attack*/～自然灾害 ～ zìrán zāihài *be hit by a natural disaster*/～虐待 ～ nüèdài *be subject to ill treatment*

【遭殃】zāo＝yāng 遇到灾祸 *suffer disaster*：几头大象跑进村子，村民就遭了殃了。Jǐ tóu dà xiàng pǎojìn cūnzi, cūnmín jiù zāole yāng le. *The villagers suffered a disaster when some elephants charged into the village.*

【遭遇】zāoyù（动）碰上，遇到（敌人或不幸）*meet with; encounter; run up against*（*the enemy or misfortune*）：这些年他～了极大的不幸。Zhèxiē nián tā ～le jí dà de búxìng. *He has met with great misfortunes these past few years.*/一生～了不少挫折。Yì shēng ～le bù shǎo cuòzhé. *He suffered many setbacks throughout his life.*/侦察兵和敌人～了。Zhēnchábīng hé dírén ～ le. *The scouts encountered the enemy.*（名）遇到的不幸（*bitter*）*experience;*（*hard*）*lot*：痛苦的～ tòngkǔ de ～ *bitter experience*/他童年的～真是悲惨。Tā tóngnián de ～ zhēn shì bēicǎn. *His childhood experience is really tragic.*

【遭遇战】zāoyùzhàn（名）敌对双方在运动中相遇时发生的战斗 *contact battle; encounter*（*action*）

【遭罪】zāo＝zuì 受罪 *endure hardships, tortures, etc.; have a hard time; suffer*：今天真倒霉，出门就挨雨淋，路上还摔了一交，遭了大罪了！Jīntiān zhēn dǎo méi, chū mén jiù ái yǔ lín, lùshang hái shuāile yì jiāo, zāole dà zuì le. *What lousy luck I've had today. As soon as I went out the door, I got soaked by the rain; then I slipped and fell, I've had a hard time.*

糟 zāo（形）（1）腐朽，不结实 *rotten; poor*：～木头 ～ mùtou *rotten wood*/衬衫穿了好几年，都～了。Chènshān chuānle hǎo jǐ nián, dōu ～ le. *I've worn this blouse for many years so it's in rotten shape now.*/这种布挺～的。Zhè zhǒng bù tǐng ～ de. *This type of cloth is not good.*/他身体很～，常生病。Tā shēntǐ hěn ～, cháng shēng bìng. *He's in very poor health and often falls ill.*（2）（事情）办坏了，情况不好（*of a matter*）*is a wretched*（*or terrible*）*state; in a mess*：事情搞～了！Shìqing gǎo ～ le. *He made a mess of the matter.*/～了！忘了通知他开会的时间了。～ le! Wàngle tōngzhī tā kāi huì de shíjiān le. *Darn it! I forgot to notify him of the time of the meeting.*/～了，一杯酒全洒光了！～ le, yì bēi jiǔ quán sǎguāng le! *Darn it! The whole glass of wine is spilled!*

【糟糕】zāogāo（形）〈口〉情况很不好 *how terrible; what bad luck; too bad*：～，那本词典不知放到哪里去了。～, nà běn cídiǎn bù zhī fàngdào nǎli qu le. *Oh no, I don't know where I put that dictionary.*/真～，我忘了带钥匙了。Zhēn ～, wǒ wàngle dài yàoshi le. *What bad luck! I forgot to bring the key.*

【糟粕】zāopò（名）酒糟、豆渣之类的东西，比喻残留下来的、没有价值或陈腐有害的东西 *waste matter; dregs; dross*（*usu. used figuratively*）：取其精华，去其～。Qǔ qí jīnghuá, qù qí ～. *Select the essence and discard the dross.*/古代文学作品有精华也有～。Gǔdài wénxué zuòpǐn yǒu jīnghuá yě yǒu ～. *There is the cream of ancient literary works and there are also the dregs.*

【糟踏】zāota（动）同"糟蹋"zāota *same as "糟蹋" zāota*

【糟蹋】zāota（动）（1）浪费，损坏（不该损坏的东西）*waste; ruin; spoil*：不要～粮食。Búyào ～ liángshi. *Don't waste grain.*/这么好的木料没做几件家具，都～了。Zhème hǎo de mùliào méi zuò jǐ jiàn jiājù, dōu ～ le. *Such good lumber was wasted on just a few pieces of furniture.*（2）侮辱，蹂躏 *insult; trample on; ravage*：这一带被土匪～得很厉害。Zhè yídài bèi tǔfěi ～ de hěn lìhai. *This area was heavily ravaged by handits.*

【糟心】zāoxīn（形）因情况不好而心里烦闷 *vexed; annoyed*：房子还没修好就下大雨了，真～。Fángzi hái méi xiūhǎo jiù xià dàyǔ le, zhēn ～. *It's really annoying. It rained hard before the house was fully repaired.*/～的事又来了，心脏病又犯了。～ de shì yòu lái le, xīnzàngbìng yòu fàn le. *Another vexing matter cropped up I've had another heart attack.*

záo

凿〔鑿〕záo（动）*chisel; cut a hole*

【凿子】záozi（名）[把 bǎ] *chisel*

zǎo

早 zǎo（名）◇清晨（*early*）*morning*：从～到晚 cóng ～ dào wǎn *from morning till night*/一大～儿他就起来了。Yī dà ～r tā jiù qǐlai le. *He gets up very early in the morning.*（形）（1）比一定的时间靠前 *early; in advance; beforehand*：八点才上课，现在才七点，还～呢。Bā diǎn cái shàng kè, xiànzài cái qī diǎn, hái ～ ne. *It's still early. We start class at eight o'clock and it's only seven now.*/明天你～点起床。Míngtiān nǐ ～ diǎnr qǐ chuáng. *Get up a little earlier tomorrow morning.*/他每天都比我来得～。Tā měi tiān dōu bǐ wǒ lái de ～. *He arrives before I do every day.*/你赶快走吧，～去～回。Nǐ gǎnkuài zǒu ba, ～ qù ～ huí. *Hurry up and go. Leave a little early so that you can come back a little early.*（2）套语，用于早晨见面时互相招呼 *good morning*：老师～！Lǎoshī ～! *Good morning, teacher!*/您～! Nín ～! *Good morning!*（3）很久以前（作状语）*long ago as early as*（*used as an adverbial*）：他～走了。Tā ～ zǒu le. *He left long ago.*/我～知道这件事。Wǒ ～ zhīdao zhè jiàn shì. *I knew about this long ago.*（副）（1）强调某一动作、行为或情况的发生或存在已有一段时间。"早"后可加"就"或"已"，句尾常有"了"（*emphasizes that an action, behaviour, or situation has been occurring or existing for some time already; "早" may be followed by "就" or "已"; "了" is often used at the end of the sentence*）*long ago; as early as; for a long time*：这类话我～听腻了。Zhè lèi huà wǒ ～ tīngnì le. *I got tired of listening to such things long ago.*/这辆自行车～该修理了，我一直凑合着骑。Zhè liàng

zìxíngchē ~ gāi xiūlǐ le, wǒ yìzhí còuhezhe qí. *This bicycle should have been repaired long ago. I've been just making do with it.* /她母亲～就不在了。Tā mǔqin ~ jiù bú zài le. *Her mother passed away long ago.* /我跟她～就没有联系了。Wǒ gēn tā ~ jiù méi yǒu liánxì le. *I haven't had any contact with her for a long time.* /等我追到门口时,他～已走了。Děng wǒ zhuīdào ménkǒu shí, tā ~ yǐ zǒuyuǎn le. *By the time I ran up to the gate, he was long gone.* (2)"早"有时用在否定式前,表示解释或质问为何迟至现在才做某事,这时,"早"后不能加"就"或"已"("早" *is sometimes used before a negative to indicate that one is explaining or questioning the reason, not be followed by "就" or "已"*): 我～没给你回信,是因为你问的事我还没了解清楚。Wǒ ~ méi gěi nǐ huí xìn, shì yīnwèi nǐ wèn de shì wǒ hái méi liǎojiě qīngchu. *I didn't write to you eariler because I hadn't found out yet about the matter you asked me about.* /这话你怎么～不说?现在已经晚了。Zhè huà nǐ zěnme ~ bù shuō? Xiànzài yǐjing wǎn le. *Why didn't you tell me this before? It's too late now.* (3)"早知道……""早……的话"表示一种假设,带有后悔、埋怨等意味("早知道..." *or* "早...的话" *indicates a supposition; expresses regret or complaint*): ～知道她今天来,我怎么也不会出去呀! ~ zhīdào tā jīntiān lái, wǒ zěnme yě bú huì chūqu ya! *Had I known earlier that she was coming today, I would never have gone out.* /你～帮助他的话,他的数学也不会这么糟了。Nǐ ~ bāngzhù tā de huà, tā de shùxué yě bú huì zhème zāo le. *Had you helped him eariler, his mathmetics wouldn't be in such a mess.*

【早安】zǎo ān〈书〉早晨见面的问候语(一般只见于书面作品)多用于译文 *Good morning!* (*commonly only seen in written works and often used in translations*)

【早半天儿】zǎobàntiānr(名)〈口〉上午 *morning*

【早半晌儿】zǎobànshǎngr(名)同"早半天儿"zǎobàntiānr *same as* "早半天儿" zǎobàntiānr

【早餐】zǎocān(名)同"早点"zǎodiǎn *same as* "早点" zǎodiǎn

【早操】zǎocāo(名)*morning exercises*

【早产】zǎochǎn(动)〈医〉*premature delivery*

【早场】zǎochǎng(名)戏剧、电影等文艺节目在上午演出的场次 *morning show* (*at a theatre, cinema, etc.*)

【早车】zǎochē(名)清晨最早发出的车 *morning train or coach*

【早晨】zǎochen(名)(*early*) *morning*

【早春】zǎochūn(名)立春以后的一段时间 *early spring*

【早稻】zǎodào(名)插秧期较早或生长期短短、成熟期较早的稻子 *early* (*season*) *rice*

【早点】zǎodiǎn(名)[顿 dùn]*breakfast*

【早饭】zǎofàn(名)[顿 dùn]同"早点"zǎodiǎn *same as* "早点" zǎodiǎn

【早婚】zǎohūn(动·不及物) *marry too early*

【早年】zǎonián(名)(1)很多年前 *many years ago*: ～,过春节时,这里都要举办庙会。~, guò Chūnjié shí, zhèli dōu yào jǔbàn miàohuì. *Many years ago, this place held a temple fair during every Spring Festival.* (2)指一个人年轻的时候 *one's early years*: 这是他～的作品。Zhè shì tā ~ de zuòpǐn. *These are works from his early years.* /他～去过印度。Tā ~ qùguo Yìndù. *He went to India in his early years.*

【早期】zǎoqī(名)某个时代,某个过程或某人一生的最初阶段 *early stage; early phase*: 封建社会～ fēngjiàn shèhuì ~ *The early phase of feudal society;* /肺结核～ fèijiéhé *early-stage pulmonary tuberculosis;* /～他生活在一个封建大家庭里。~ tā shēnghuó zài yí ge fēngjiàn dà jiātíng li. *In his early stage he lived in a large feudal household.* /这位诗人～的诗歌调子都比较低沉。Zhè wèi shīrén ~ de shīgē diàozi dōu bǐjiào dīchén. *The tone of this poet's early poetry is relatively down cast.*

【早日】zǎorì(副)〈书〉表示希望某件事或某种情况早实现,用于未然,修饰多音节词语,有"早些""不久"的意思(*indi-* cates that one hopes sth. will happen as early as possible; used for that which has not become established fact; modifies a polysyllabic word; has the same meaning as "早些" and "不久") at an early date; early; soon*: 希望你～痊愈。Xīwàng nǐ ~ quányù. *I wish you a speedy recovery.* /老师总是期望自己的学生～成为有用之才。Lǎoshī zǒngshi qīwàng zìjǐ de xuésheng ~ chéngwéi yǒu yòng zhī cái. *Teachers always hope that their students will become useful talent at an early date.* /祝你～成功。Zhù nǐ ~ chénggōng. *I wish you early success.*

【早上】zǎoshang(名)同"早晨"zǎochen *same as* "早晨" zǎochen

【早熟】zǎoshú(形)(1)〈生理〉*precocious* (2)〈农〉*early-maturing; early-ripe*

【早衰】zǎoshuāi(形)(生物体)提前衰老 *premature senility; early ageing*

【早退】zǎotuì(动)(工作、学习、参加会议等)在未结束时提前离开 *leave* (*work, one's studies, a meeting, etc.*) *earlier than one should; leave early*: 一年来,他不但没请过假,也没迟到～过。Yì nián lái, tā búdàn méi qǐngguo jià, yě méi chídào ~ guo. *During the past year he has not only not asked for leave, but has also never been late and has never left early.* /对不起,我有点儿事,～一会儿。Duìbuqǐ, wǒ yǒu diǎnr shì, ~ yíhuìr. *I'm sorry, but I have some business to attend to so I must leave a little early.*

【早晚】zǎowǎn(名)*morning and evening*: 他～上下班都是步行。Tā ~ shàng xià bān dōu shì bùxíng. *Every morning and evening he walks to and from work.* /他每天～都要散步。Tā měitiān ~ dōu yào sàn bù. *He goes for a stroll every morning and every evening.* (副)表示某种行为或情况一定发生,但发生的时间不能确定,可能早些,可能晚些 *sooner or later*: 我相信他～会觉悟的。Wǒ xiāngxìn tā ~ huì juéwù de. *I believe that he will come round sooner or later.* /她思想幼稚,又爱轻信别人,～要吃亏的。Tā sīxiǎng yòuzhì, yòu ài qīngxìn biérén, ~ yào chī kuī de. *Her thinking is very naive and she readily believes others. She will suffer for this sooner or later.* /他骗了我好几次了,我～得找他算账。Tā piànle wǒ hǎo jǐ cì le, wǒ ~ děi zhǎo tā suàn zhàng. *He has deceived me several times. I will get even with him sooner or later.*

【早先】zǎoxiān(名)〈口〉以前,比较久的 *previously; in the past*: ～我到他家去过。~ wǒ dào tā jiā qùguo. *I've been to his home before.* /我家的生活比～好多了。Wǒ jiā de shēnghuó bǐ ~ hǎo duō le. *My family lives much better now than in the past.*

【早已】zǎoyǐ(副)很早已经,很早就 *long ago; for a long time*: 我起来的时候,他～跑步回来了。Wǒ qǐlai de shíhou, tā ~ pǎo bù huílai le. *When I got up, he had come back from his jogging long ago.* /这是几年前的事了,我～忘记了。Zhè shì jǐ nián qián de shì le, wǒ ~ wàngjì le. *This happened many years ago and I've long forgotten about it.* /房间～打扫干净,客人随时可以来住。Fángjiān ~ dǎsǎo gānjìng, kèren suíshí kěyǐ lái zhù. *I cleaned the room long ago, so the guest can come to stay at many time.*

【早早】zǎozǎo(副)(～儿)有"很早""赶快"的意思,可用于已实现的或未实现的情况 *very early; as early* (*or soon*) *as possible; well in advance* (*can be used for a situation that has already been realized or not yet been realized*): 上午他～就来到了车间。Shàngwǔ tā ~ jiù láidàole chējiān. *He came to the workshop well in advance this morning.* /快睡吧! 明天得～起床。Kuài shuì ba! míngtiān děi ~ qǐ chuáng. *Hurry up and go to bed! You must get up very early tomorrow.* /大雨马上就要来了,大家～收工吧! Dàyǔ mǎshàng jiù yào lái le, dàjiā ~ shōu gōng ba! *It's about to rain hard. Let's pack things up as soon as possible.*

枣 〔棗〕zǎo
（名）◇jujube；Chinese date
【枣儿】zǎor（名）[个 gè]jujube；Chinese date
【枣红】zǎohóng（形）深红略带棕色 deep brownish red

澡 zǎo
（名）◇bath；～盆 ～pén bathtub／洗个热水～ xǐ ge rèshuǐ ～ take a hot bath／他喜欢洗凉水～ Tā xǐhuan xǐ liángshuǐ ～. He likes to take cold baths.
【澡堂】zǎotáng（名）public baths；bathhouse

藻 zǎo
（名）algae；aquatic plants
【藻类植物】zǎolèi zhíwù algae

zào

皂 zào
（形）黑色的 black（名）◇肥皂 soap：婴儿～ yīng'ér ～ baby soap
【皂白不分】zàobái bù fēn 黑白分不清楚，比喻分不清是非、曲直 not distinguish between black and white — make no distinction between right and wrong

灶 〔竈〕zào
（名）kitchen range；cooking stove
【灶王爷】zàowangyé（名）旧时迷信的人在锅灶附近供的神，认为他掌握这一家的命运 kitchen god

造 zào
（动）（1）制作 make；build；create：～纸 ～ zhǐ paper-making／～船 ～ chuán shipbuilding／～计划 ～ jìhuà create a plan（2）捏造，编（骗人的话）invent；cook up；concoct：～谣言 ～ yáoyán cook up rumours／胡编乱 ～ hú biān luàn ～ recklessly concoct
【造成】zào=chéng create；build；cause；give rise to；bring about：只用了三个月，厂房就～了 Zhǐ yòngle sān ge yuè，chǎngfáng jiù ～ le. The factory building was built in only three months. ／长期生活不规律，精神过度紧张，是～他患神经衰弱症的主要原因 Chángqī shēnghuó bù guīlǜ，jīngshén guòdù jǐnzhāng，shì ～ tā huàn shénjīng shuāiruòzhèng de zhǔyào yuányīn. The main reason that brought about his neurasthenia was that his life didn't have a regular pattern for a long time and he was under extreme tension. ／他的疏忽给工作～很大的损失 Tā de shūhū gěi gōngzuò ～ hěn dà de sǔnshī. His carelessness caused enormous losses to his work.
【造次】zàocì（形）〈书〉（说话、做事）鲁莽、轻率（of sb.'s speech，actions，etc.）hurried；hasty；rash：处理这个问题千万慎重，不可～行事 Chǔlǐ zhège wèntí qiānwàn shènzhòng，bù kě ～ xíng shì，Yoy must handle this problem with great care. Don't act rashly.
【造反】zào=fǎn（1）rise in rebellion；rebel；revolt：被压迫的奴隶奋起～ Bèi yāpò de núlì fènqǐ ～. The oppressed slave rose in rebellion. ／李自成领导农民造了皇帝的反 Lǐ Zìchéng lǐngdǎo nóngmín zàole huángdì de fǎn. Li Zicheng led the peasants in a rebellion against the emperor. （2）（孩子）在无人管束时乱打乱闹，任意玩耍（of a child）run wild；raise a rumpus（when unsupervised）：妈妈不在家，小明和小光在家里造了反，把屋里弄得乱七八糟 Māma bú zài jiā，Xiǎo Míng hé Xiǎo Guāng zài jiālǐ zàole fǎn，bǎ wūlǐ nòng de luànqībāzāo. Mom was not at home, so Xiao Ming and Xiao Guang raised a rumpus and made a mess of the room.
【造反派】zàofǎnpài（名）指"文化大革命"期间，那些借口大造

所谓"走资派"的反，到处大搞打、砸、抢、抓、抄的人们 the Rebels（refers to those who went around looting，pilfering and creating trouble under the pretext of rebelling against so-called "Capitalist-roaders" during the Cultural Revolution）
【造福】zàofú（动）〈书〉使得到幸福 bring happiness to；benefit：为人民～ wèi rénmín ～ benefit the people／～后代 hòudài benefit future generations／～于人类 ～ yú rénlèi bring benefit to mankind.
【造化】zàohuà（名）〈书〉大自然的创造者，也指大自然 the Creator；Nature
【造化】zàohua（名）〈口〉福分，运气 good fortune；good luck：李大娘很有～，儿子儿媳对她照顾得可好了 Lǐ dàniáng hěn yǒu ～，érzi érxí duì tā zhàogù de kě hǎo le. Aunt Li was born under a lucky star. Her son and daughter-in-law take very good care of her.
【造价】zàojià（名）建筑物、铁路等的修建费用或车、船、机器等的制造费用 cost（of building or manufacture）：～低廉 dīlián low（building，etc.）costs／这台精密仪器～很高 Zhè tái jīngmì yíqì ～ hěn gāo. The cost of manufacturing this precision instrument is very high. ／这栋楼的～每平方米八百多元 Zhè dòng lóu de ～ měi píngfāng mǐ bābǎi duō yuán. It costs more than eight hundred yuan per square metre for the construction of this building.
【造就】zàojiù（动）培养（使成为有用的人）bring up；train：一大批科技专门人才 ～ yí dà pī kējì zhuānmén réncái train a large group of professional scientists and technicians／～一支宏大的知识分子队伍 ～ yì zhī hóngdà de zhīshi fènzǐ duìwu build up a mighty contingent of intellectuals（名）成就 achievements；attainments：他虽然年轻，却颇有～ Tā suīrán niánqīng，què pō yǒu ～. Although he's young, he's made quiet a few achievements.
【造句】zào＝jù 把词组织成句子（作为一种学语言的练习）sentence-making（as a form of language training）
【造林】zào＝lín afforestation
【造孽】zào＝niè 做坏事 do evil；commit a sin
【造型】zàoxíng（动·不及物）创造物体形象 model；mould：艺术 ～ yìshù plastic arts（名）创造出来的形象 modelling；mould-making：艺术 ～ yìshù ～ artistic modelling／我喜欢～简单的艺术品 Wǒ xǐhuan ～ jiǎndān de yìshùpǐn. I like artistic works that are simply shaped.
【造谣】zào＝yáo cook up a story and spread it around；start a rumour
【造谣惑众】zào yáo huò zhòng 通过编造谣言，使人们思想混乱 fabricate rumours to mislead people
【造诣】zàoyì（名）学问、艺术等所达到的程度（academic，artistic，etc.）attainments：很深的 ～ hěn shēn de ～ profound achievements／没有什么～ méi yǒu shénme ～ haven't had any attainments
【造影】zàoyǐng（动·不及物）〈医〉radiography
【造作】zàozuò（形）故意做出某种表情、腔调，不自然 affected；artificial：他说话、举动都十分～ Tā shuō huà、jǔdòng dōu shífēn ～. His speech and manner are extremely affected.

噪 zào
（动）（1）〈书〉虫或鸟叫（of insects or birds）chirp；蝉～ chán ～ the chirping of cicadas（2）◇吵闹 a confusion of voices
【噪声】zàoshēng（名）同"噪音"zàoyīn（2）same as " 噪音" zàoyīn（2）
【噪音】zàoyīn（名）（1）物体的无规律振动产生的不和谐的声音（和"乐音"相对）out-of-tune noise（antonym of " 乐音"（musical sound））（2）泛指嘈杂的，使人厌烦的声音 noise

躁 zào

(形)性情急，不冷静 rash；impetuous；restless：他脾气太
～。Tā píqi tài ～. He's too quick-tempered.

zé

则 〔則〕zé

(量)〈书〉用于分项或自成段落的文字条数 item：新闻两
～ xīnwén liǎng ～ two items of news/寓言三 ～ yùyán sān
～ three fables　(副)〈书〉(1)表示两种事物或情况，后者与
前者形成对比，"则"用在第二分句中，有"却"的意思(used
to form a contrast between two things；"则" is used within
the second clause and has the same meaning as "却")：深沉
的色调会使房间显得阴暗、低矮，浅淡的色调 ～ 使房间显得
明亮、宽敞。Shēnchén de sèdiào huì shǐ fángjiān xiǎnde
yīn'àn、dī'ǎi，qiǎndàn de sèdiào ～ shǐ fángjiān xiǎnde
míngliàng、kuānchang. Dark hues can make a room seem
gloomy and low，whereas light tones can make it seem bright
and spacious. /他写的是石油工人，歌颂的 ～ 是整个工人阶
级。Tā xiě de shì shíyóu gōngrén，gēsòng de ～ shì zhěngge
gōngrén jiējí. What he is writing about is petroleum work-
ers，but what he is extolling is the entire working class. /人
家几年来写了那么多文章，而我 ～ 少得可怜。Rénjia jǐ nián
lái xiěle nàme duō wénzhāng，ér wǒ ～ shǎo de kělián. He
has written so many articles in the past few years whereas I
have only written a pitiful few. (2)表示前面是原因、条件，
后面是结果，有"就"的意思(indicates that the former is a
cause or condition and the latter is the result；has the same
meaning as "就")：他到边疆去工作了，回家 ～ 更难了。Tā
dào biānjiāng qù gōngzuò le，huí jiā ～ gèng nán le. He went
to the borderland to work so it will be harder for him to re-
turn home. /这个企业如果维持现状早晚要倒闭，如果进行
彻底改革，～ 会获得新生。Zhège qǐyè rúguǒ wéichí
xiànzhuàng zǎowǎn yào dǎobì，rúguǒ jìnxíng chèdǐ gǎigé，～
huì huòdé xīnshēng. If this enterprise let things go as they
are，sooner or later it would go bankrupt；but if it under
went through reform，it could then be given a new life. /若
是一个零件损坏了，整个机器 ～ 无法正常运转。Ruòshì yí
ge língjiàn sǔnhuài le，zhěngge jīqì ～ wúfǎ zhèngcháng
yùnzhuǎn. If one spare part were damaged，the entire ma-
chine would then be unable to function normally. (3)表示递
进、转折，后一分句进一步补充说明前一分句(indicates ad-
vancement step by step，or a change in a situation；the fol-
lowing clause further illustrates the preceding clause)：现实
和理想中间隔着湍急的河流，行动 ～ 是架在急流上的桥梁。
Xiànshí hé lǐxiǎng zhōngjiān gézhe tuānjí de héliú，xíngdòng
～ shì jià zài jíliú shang de qiáoliáng. There is a swift cur-
rent separating reality and ideal；action is then the bridge
that stands above the rapids. /学校的体操队搞得十分活跃，
而我们班不少人 ～ 是这个队的骨干力量。Xuéxiào de
tǐcāoduì gǎo de shífēn huóyuè，ér wǒmen bān bù shǎo rén
～ shì zhège duì de gǔgàn lìliang. The school's gymnastics
team is extremely dynamic and there are many people in our
class who make up the backbone of this team. (连)〈书〉有"那
么"的意思，用在后一分句前，表示顺接(used at the begin-
ning of the second clause of a sentence) then；in that case：如
果方案能够通过，～ 此项工程年内即可动工。Rúguǒ
fāng'àn nénggòu tōngguò，～ cǐ xiàng gōngchéng nián nèi jí
kě dòng gōng. If the plan is accepted，then construction on
this project can begin within the year. /如在原则问题上，大
家的意见一致了，～ 一些枝节问题也就不难解决了。Rú zài
yuánzé wèntí shang，dàjiā de yìjiàn yízhì le，～ yìxiē zhījié
wèntí yě jiù bù nán jiějué le. If we are all agreed on princi-
ple，then a few minor problems won't be difficult to re-
solve. /既然原料充足供应，～ 工厂的生产任务就可按期

完成。Jìrán yuánliào néng chōngzú gōngyìng，～ gōngchǎng
de shēngchǎn rènwù jiù kě ànqī wánchéng. Since there is an
adequate supply of raw materials，then the factory's pro-
duction task can be completed on schedule.

责 〔責〕zé

(名)◇责任 duty；responsibility：尽职尽 ～ jìn zhí jìn ～
fulfil one's duty and responsibility/爱护公物，人人有～。
Àihù gōngwù，rénrén yǒu ～. It is everybody's duty to take
good care of public property. (动)◇要求达到一定标准，指
摘 demand；require：严于一己 yán yú ～ jǐ make strict de-
mands on oneself/人从宽 ～ rén cóng kuān be lenient in
one's demands on others

【责备】zébèi(动)批评指摘 reproach；reprove；take sb. to
task：谁都有疏忽的时候，他既然有了认识，就不要再～他
了。Shuí dōu yǒu shūhū de shíhou，tā jìrán yǒule rènshi，jiù
búyào zài ～ tā le. Everybody has his careless moments.
Since he has acknowledged it，don't reproach him any
more. /不要只是 ～ 组长，没完成计划大家都有责任。Búyào
zhǐ shì ～ zǔzhǎng，méi wánchéng jìhuà dàjiā dōu yǒu
zérèn. Don't just reproach the group leader. Everybody is
responsible for not completing the plan. /他没交作业，受到
老师的 ～。Tā méi jiāo zuòyè，shòudào lǎoshī de ～. He
didn't hand in his homework so he was taken to task by the
teacher.

【责成】zéchéng(动)对专人或机构要求负责完成某项任务
instruct (sb. to fulfil a task)；charge (sb. with a task)；en-
join (sb. to do sth.)：王主任 ～ 小李去调查这件事。Wáng
zhǔrèn ～ Xiǎo Lǐ qù diàochá zhè jiàn shì. Director Wang
instructed Xiao Li to investigate this matter. /商业局～各公
司认真完成年度计划。Shāngyèjú ～ gè gōngsī rènzhēn
wánchéng niándù jìhuà. The business bureau instructed every
company to fulfil the annual plan conscientiously.

【责罚】zéfá(动)〈书〉处罚 punish

【责怪】zéguài(动)责备、抱怨 blame；complain：你们干吗都
～我？事故不是我造成的。Nǐmen gàn má dōu ～ wǒ？Shìgù
bú shì wǒ zàochéng de. Why on earth are you all blaming
me？I didn't cause the accident. /大家都～他，钱花了不少，
东西买得不好。Dàjiā dōu ～ tā，qián huāle bù shǎo，dōngxi
mǎi de bù hǎo. Everybody blamed him for spending a lot of
money on worthless things.

【责令】zélìng(动)提出要求，责成照着去做 order，instruct；
charge：他打破了玻璃，就要 ～ 他赔偿。Tā dǎpòle bōli，jiù
yào ～ tā péicháng. He broke the glass so he must be made to
pay for it.

【责骂】zémà(动)用严厉的话指责 scold；rebuke；dress down

【责难】zénàn(动·不及物)责备、质问 blame；call to account；
censure：没想到提了点不同意见就受到你们的 ～。Méi
xiǎngdào tíle diǎnr bù tóng yìjiàn jiù shòudào nǐmen de ～.
I never expected to incur censure from all of you for ex-
pressing a slightly different opinion. /他玩忽职守，造成很
大浪费，受到同志们的 ～。Tā wánhū zhíshǒu，zàochéng hěn
dà làngfèi，shòudào tóngzhìmen de ～. He neglected his du-
ty，causing great waste and was brought to account by his
comrades.

【责任】zérèn(名)(1)应尽的职责 duty；responsibilty：我有～
帮助你。Wǒ yǒu ～ bāngzhù nǐ. I'm duty-bound to help
you. /搞好教学是教师的 ～。Gǎohǎo jiàoxué shì jiàoshī de
～. It is the duty of teachers to strengthen teaching. (2)(没
做好应做的事，因而)应承担的过失 responsibility for a
fault or wrong；blame：追究 ～ zhuījiū ～ ascertain where
the responsibility lies/计划没完成，完全是我的 ～。Jìhuà méi
wánchéng，wánquán shì wǒ de ～. I am fully responsible
for not fulfilling the plan. /生产上不去，领导是有 ～ 的。
Shēngchǎn shàng bu qù，lǐngdǎo shì yǒu ～ de. The leader

is to blame for production not increasing.

【责任感】zérèngǎn（名）*sense of responsibility*（or *duty*）：他工作的～很强。*Tā gōngzuò de ～ hěn qiáng. He has a very strong sense of duty to his work.*

【责任事故】zérèn shìgù 由于严重的不负责任或违反规定而产生的事故 *accident due to negligence; accident involving criminal or civil liability*

【责任心】zérènxin（名）同"责任感"zérèngǎn *same as "责任感" zérèngǎn*

【责任制】zérènzhì（名）各项工作都由专人负责并且明确规定各自的职责范围的管理制度 *system of job responsibility*

【责问】zéwèn（动）用责备的态度和口气问 *call*（or *bring*）*sb. to account*

【责无旁贷】zé wú páng dài 自己应负的责任，不能推给别人 *there is no shirking the responsibility; be duty-bound*：培养年轻干部是老干部的～的义务。*Péiyǎng niánqīng gànbu shì lǎo gànbu ～ de yìwù. The old cadres are duty-bound to train and foster young cadres.* /教育子女，父母～。*Jiàoyù zǐnǚ, fùmǔ ～. Parents are duty-bound to educate their sons and daughters.*

择 〔擇〕zé
（动）〈书〉◇挑选 *select; choose; pick*：～优录取 ～ yōu lùqǔ *enroll only those who are outstanding*/～善而从 ～ shàn ér cóng *choose and follow what is good*/慎重～友 shènzhòng ～ yǒu *choose one's friends carefully* 另见 zhái

啧 〔嘖〕zé
（象声）〈书〉（1）形容咂嘴声或鸟叫声（多重叠）*click; clack*：～～称美 ～～ chēngměi *cluck in admiration*/鸟声～～ niǎo shēng ～～ *Birds make a twittering sound.* （2）形容说话声 *make a clamor*：～有烦言 ～ yǒu fán yán *there are a lot of complaints*

zè

仄 zè
（名）〈语〉仄声 *oblique tones*
【仄声】zèshēng（名）〈语〉古汉语中的上声、去声、入声的总称，与平声相对 *oblique tones, i. e., the falling-rising tone*（上声）*, the falling tone*（去声）*and the entering tone*（入声）*, as distinct from the level tone*（平声）*in classical Chinese pronunciation*

zéi

贼 〔賊〕zéi
（名）*thief*（形）狡猾 *crafty; sly; cunning; deceitful*：从眼神看，这个人～得很。*Cóng yǎnshén kàn, zhège rén ～ de hěn. From the expression in his eyes, this person looks really cunning.* /狐狸真～，很难捉到。*Húli zhēn ～, hěn nán zhuōdào. Foxes are really sly and very difficult to catch.* （副）〈口〉用在少数单音节动词或形容词前，表示程度高，多带嫌恶、不满之意（used before a small number of monosyllabic verbs or adjectives to indicate a high degree; usu. expresses loathing or dissatisfaction）：看他脚上那双皮鞋擦得～亮。*Kàn tā jiǎo shang nà shuāng píxié cā de ～ liàng. Look at how very shiny the shoes he's wearing are.* /我才不骑自行车去八达岭呢，路上累个～死，还怎么爬长城啊！*Wǒ cái bù qí zìxíngchē qù Bādálǐng ne, lù shang lèi ge ～ sǐ, hái zěnme pá Chángchéng a! I refuse to ride my bicycle to Badaling. I would get so terribly tired on the way that I wouldn't be able to climb the Great Wall.* /这家伙～坏，可别上他的当。*Zhè jiāhuo ～ huài, kě bié shàng tā de dàng. This guy is extremely wicked. Don't let yourself be fooled*

by him.

【贼喊捉贼】zéi hǎn zhuō zéi 比喻坏人为了逃脱罪责、转移目标，反诬别人是坏人 *a thief crying "Stop thief"*（so as to distract others from himself）

【贼头贼脑】zéi tóu zéi nǎo 形容举止不正派，鬼鬼祟祟 *behaving stealthily like a thief; stealthy; furtive*

【贼心】zéixīn（名）邪心、坏心眼 *wicked heart; evil intentions*：～不死 ～ bù sǐ *refuse to give up one's evil designs*/这家伙起了～。*Zhè jiāhuo qǐle ～. This fellow has developed evil intentions.*

【贼走关门】zéi zǒu guān mén 比喻平时不防备，到了出事故以后才提高警惕 *lock the door after the thief has gone, be vigilant or take precautions after the incident has occurred*

zěn

怎 zěn
（代）怎么；如何（用得很少）*why; how*（seldom used）：不吃药～能治好病？*Bù chī yào ～ néng zhìhǎo bìng? How can you cure your illness if you don't take the medicine?*

【怎么】zěnme（代）（1）作状语 *used as an adverbial*①询问方式 *used to ask the way or how to do sth.*：你知道去首都剧场～走吗？*Nǐ zhīdào qù Shǒudū Jùchǎng ～ zǒu ma? Do you know how to get to the Capital Theatre?*/这问题你认为应该～解决？*Zhè wèntí nǐ rènwéi yīnggāi ～ jiějué? How do you think this problem should be solved?*②用在"都"或"也"前，表示强调，表示在任何条件下结果都不变（when used before "都" or "也", emphasizes that under no circumstances can the result be changed）：他家的地址，我～也想不起来了。*Tā jiā de dìzhǐ, wǒ ～ yě xiǎng bu qǐlai le. No matter what, I simply cannot think of his address.*/他～都不肯去，后来还是爸爸说了话，他才去了。*Tā ～ dōu bù kěn qù, hòulai háishi bàba shuōle huà, tā cái qù le. There was no way he would go. Then his father said something and he finally went.* "怎么"后面可以加入动词 *a verb may also be used after "怎么"*：我～解释，他都不懂。*Wǒ ～ jiěshì, tā dōu bù dǒng. No matter how I explain it, he still doesn't understand.* /大家～劝，他也不听。*Dàjiā ～ quàn, tā yě bù tīng. No matter how much everybody pleads with him, he won't listen.*③两个"怎么"前后呼应，表示前者决定后者（when two "怎么" echo each other, the former determines the latter）：你～想的就～说。*Nǐ ～ xiǎng de jiù ～ shuō. Say what you are thinking.* /计划～定的就～执行。*Jìhuà ～ dìng de jiù ～ zhíxíng. Carry out whatever plan was made.*④用于虚指（used when unable to pinpoint sth. exact）：不知他～一弄，收音机就不响了。*Bù zhī tā ～ yī nòng, shōuyīnjī jiù bù xiǎng le. I don't know how he did it, but now the radio doesn't make any noise anymore.* /我认为那个花瓶不～好。*Wǒ rènwéi nàge huāpíng bù ～ hǎo. I don't think that vase is any good.*⑤询问原因，含有出乎意料或不以为然的意味（to inquire the reason for sth., indicating that it is unexpected or disapproved of）：他说今天来，～没来？*Tā shuō jīntiān lái, ～ méi lái? He said he was coming today, so why is it that he didn't? */他不是懂英文吗？～翻译不出来？*Tā búshì dǒng Yīngwén ma? ～ fānyì bu chūlái? Doesn't he understand English? so why can't he translate it? */我昨天还看见他打球，～今天就病了？*Wǒ zuótiān hái kànjiàn tā dǎ qiú, ～ jīntiān jiù bìng le? Just yesterday I saw him play ball. How can he be sick today?*⑥用于助动词、结果补语的可能式或动词"知道"的肯定式前，强调否定（used before an auxiliary verb, a complement of result expressing potentiality, or the verb "知道" in the affirmtive to emphasize the negative）：这话～能这么说，你可真没礼貌！*Zhè huà ～ néng zhème shuō, nǐ kě zhēn méi lǐmào! How can you say such a thing? You really don't have any manners!* /钢笔～

会丢了?你再找找。Gāngbǐ ～ huì diū le?Nǐ zài zhǎozhao. *How can the pen be lost? Look again.* /这个办法～行得通呢?Zhège bànfǎ ～ xíng de tōng ne? *How can this method possibly work?*/这么重的箱子,你～拿得动呢?Zhème zhòng de xiāngzi,nǐ ～ ná de dòng ne?*How can you possibly carry such a heavy suitcase?*/你不说,我～知道!Nǐ bù shuō, wǒ ～ zhīdào! *How am I supposed to know if you don't tell me!* ⑦用于形容词或动词的否定形式前,表示反驳(*used before an adjective or a verb in the negative to indicate a retort*):这件衣服你穿正好,～不合适?Zhè jiàn yīfu nǐ chuān zhènghǎo,～ bù héshì? *This jacket fits you nicely!*/～没念!我念了好几遍了。～ méi niàn! Wǒ niànle hǎo jǐ biàn le. *What do you mean, I didn't read it? I read it through many times!*/你不知道,老王不是告诉你了吗?Nǐ ～ bù zhīdào,Lǎo Wáng búshì gàosu nǐ le ma?*What do you mean, you don't know? Lao Wang told you!* ⑧"怎么"有"不很"的意思("不怎么" means *not very; not particularly*):我不～爱看电影,爱看京剧。Wǒ bù ～ ài kàn diànyǐng, wǒ ài kàn jīngjù. *I'm not particularly crazy about movies, but I do like to watch Beijing opera.* /这花不～好看,可是很香。Zhè huā bù ～ hǎokàn,kěshì hěn xiāng. *This flower is not very pretty, but it's fragrant.* /他刚学骑车,还不～会呢。Tā gāng xué qí chē,hái bù ～ huì ne. *He has just learned how to ride a bicycle so he's still not very good at it.* (2)作谓语(*used as a predicate*) ①"怎么了"询问发生了什么事("怎么了" is *used to ask what happened*):～了?她为什么哭～ le?她为什么哭～le?Tā wèi shénme kū?*What happened? Why is she crying?*/他～了?病了吗?Tā ～ le?Bìngle ma?*What's wrong with him? Is he ill?*②"怎么回事"询问事情的过程或真实情况("怎么回事" is *used to ask about how sth. happened or about the real situation*):他俩吵什么?到底是～回事?Tā liǎ chǎo shénme?Dàodǐ shì ～ huí shì?*What are they arguing about? Just what is it all about?*/你去问他吧,我不知道究竟是～回事。Nǐ qù wèn tā ba,wǒ bù zhīdào jiūjìng shì ～ huí shì. *You go and ask him, I don't know exactly what it's all about.*

【怎么办】zěnme bàn *what's to be done*:大家都不赞成这么做,～?Dàjiā dōu bú zànchéng zhème zuò, ～?*Nobody approves of doing it this way so what's to be done?*/我不知道～。Wǒ bù zhīdào ～. *I don't know what's to be done.*
【怎么样】zěnmeyàng(代)(1)作状语,同"怎么"zěnme(1)①②③④(*used as an adverbial*) same as "怎么" zěnme(1)①②③④:你们～得到这个消息的?Nǐmen ～ dédào zhège xiāoxi de?*How did you get this news?*/～跟他谈这件事呢?～ gēn tā tán zhè jiàn shì ne?*How do I go about discussing this matter with him?*/他非去不可,我～也拦不住。Tā fēi qù bùkě, wǒ ～ yě lán bú zhù. *He's determined to go. There's no way I can hold him back.* /我～洗也洗不掉那个红点儿。Wǒ ～ xǐ yě xǐ bu diào nàge hóng diǎnr. *There's just no way I can wash out that red spot.* /他～教你,你就～做。Tā ～ jiāo nǐ,nǐ jiù ～ zuò. *Do it the way he has taught you.* /上级～布置,我们就～传达。Shàngjí ～ bùzhì,wǒmen jiù ～ chuándá. *We just pass it on as it's arranged by the higher authorities.* /我看,这事也不～复杂。Wǒ kàn,zhè shì yě bù ～ fùzá. *The way I see it, this matter is not very complicated.* /你说你～努力不行,得看实际行动。Nǐ shuō nǐ ～ nǔ lì bù xíng, děi kàn shíjì xíngdòng. *It won't do to just say how diligent you are. One has to look at what you're actually doing.* (2)作定语、谓语、补语、谓词性宾语,询问性质状况(*used as an attributive, predicate, complement or predicative object to inquire about the nature, condition, etc. of sth.*):那是～的一本书呢?Nà shì ～ de yì běn shū ne?*What's that book like?*/他的汉语水平～?Tā de Hànyǔ shuǐpíng ～? *How's his Chinese?*/我就不去,你能把我～?

就不去,你能把我～?Wǒ jiù bú qù,nǐ néng bǎ wǒ ～?*I'm not going. What are you going to do about it?*/这次你考得～?Zhè cì nǐ kǎo de ～?*How did you do on this exam?*/毕业以后你想～?Bì yè yǐhòu nǐ xiǎng ～?*What do you think you'll do after you graduate?*/我们明天去游泳,你～?Wǒmen míngtiān qù yóuyǒng, nǐ ～?*We're going swimming tomorrow. How about you?*(3)"不怎么样"意思是不好,多作谓语或补语("不怎么样" *indicates that sth. is not good, usu. used as a predicate or complement*):他的字写得不～。Tā de zì xiě de bú ～. *His handwriting is not very good.* /这个人不～,你少跟他来往。Zhège rén bù ～,nǐ shǎo gēn tā láiwǎng. *This person is no good, so you shouldn't have any dealing with him.* /这点心好吃吗?——不～。Zhè diǎnxin hǎochī ma?——Bù ～. *Is this pastry tasty?*——*No, it's no good.* (4)独立运用,表示商量(*when employed by itself, indicates that one is making a suggestion*):你来开车,～?Nǐ lái kāi chē, ～?*You drive the car, okay?*/别走了,就在这儿吃饭吧。～?bié zǒu le, jiù zài zhèr chī fàn ba. *How about it? Don't leave, but stay here and eat.* /～,替我看看这篇论文行吗?～, tì wǒ kànkan zhè piān lùnwén xíng ma?*Take a look at this dissertation for me. How about it?*
【怎么着】zěnmezhe(代)作谓语或谓词性宾语(*used as a predicate or verbal or adjectival object*)(1)询问动作或情况(*to inquire about an action or state*):明天游园,我们都去,你～?Míngtiān yóu yuán,wǒmen dōu qù,nǐ ～?*We're all going to visit a park tomorrow. What about you?*/谁劝也不听,他打算～?Shuí quàn yě bù tīng,tā dǎsuàn ～?*He doesn't listen to anybody's advice, so what's he going to do?*/你知道～才能把这个盖子打开?Nǐ zhīdào ～ cái néng bǎ zhège gàizi dǎkāi?*Do you know how to go about taking off this lid?* (2)前句两个"怎么着",前者决定后者(*when repeated, the former determines the latter*):谁也不能想～就～。Shuí yě bù néng xiǎng ～ jiù ～. *Nobody can do anything he pleases.* /训练警犬一定得做到叫它～,它就～。Xùnliàn jǐngquǎn yídìng děi zuòdào jiào tā ～, tā jiù ～. *When training a police dog, one must train it to do as it is told.* (以上两项用法和"怎么样"相同)(*the above two usages are the same as* "怎么样" zěnmeyàng)(3)与"还是"连用,询问原因等(*used with* "还是" *to inquire about the reason for or cause of sth.*):他躺了半天了,是病了还是～?Tā tǎngle bàntiān le,shì bìng le háishi ～?*He has been lying down for a long time. Is he sick or what?*/收音机突然不响了,是出现毛病了还是～?Shōuyīnjī tūrán bù xiǎng le,shì chūxiàn máobìng le háishi ～?*The radio suddenly stopped working. Is there something wrong with it or what?*
【怎样】zěnyàng(代)多用于书面语,同"怎么样"zěnmeyàng(1)(2)(*used in the written language*) same as "怎么样" zěnmeyàng(1)(2)

zēng

曾 zēng
(形)中间隔两代的亲属关系 *relationship between people two generations apart*（*as with great-grandchildren and great-grandparents*）另见 céng
【曾孙】zēngsūn（名）孙子的儿子 *great-grandson*
【曾祖父】zēngzǔfù（名）祖父的父亲,也叫"曾祖"（*paternal*）*great-grandfather* (*also called* "曾祖")
【曾祖母】zēngzǔmǔ（名）祖父的母亲（*paternal*）*great-grandmother*

增 zēng
(动)◇*increase; gain; add*:有～无减 yǒu ～ wú jiǎn *ever increasing*/经济体制改革以后,这个地区粮食产量猛～。Jīngjì tǐzhì gǎigé yǐhòu, zhège dìqū liángshi chǎnliàng

měng ～. *Grain output increased sharply in this area after the economic system was reformed.*

【增补】zēngbǔ(动)增添和补充 *augment*；*supplement*：这个诗集的新版本又～了一些注解。Zhège shījí de xīn bǎnběn yòu～le yìxiē zhùjiě. *The new edition of this collection of poems has been supplemented with more annotations.*

【增产】zēng＝chǎn *increase production*：～措施 ～ cuòshī *measures to increase production*/不能靠延长工作时间来～。Bù néng kào yáncháng gōngzuò shíjiān lái ～. *We cannot depend on an extension of work hours to increase production.*

【增订】zēngdìng(动)增补和修订 *revise and enlarge (edition)*：～本 ～ běn *revised and enlarged edition*

【增高】zēnggāo(动)增加高度 *raise*；*rise*：看了图纸，我觉得桥身还应～一些。Kànle túzhǐ, wǒ juéde qiáoshēn hái yīng～yìxiē. *I had a look at the blueprint and feel that the main part of the bridge should be raised a little.* /血压～ xuèyā ～ *the blood pressure is rising*/水位～ shuǐwèi ～ *the water level is rising*

【增光】zēng＝guāng *add luster to*；*do credit to*；*add to the prestige of*：运动员在国际比赛中获得优异成绩，为祖国～。Yùndòngyuán zài guójì bǐsài zhōng huòdé yōuyì chéngjì, wèi zǔguó ～. *The athletes have achieved outstanding results in the international competition. This has added prestige to the fatherland.*

【增加】zēngjiā(动)添,加多 *increase*；*raise*；*add*：～花色品种 ～ huāsè pǐnzhǒng *increase the variety of colours and designs*/～生产 ～ shēngchǎn *increase production*/在校学生～一倍。Zài xiào xuésheng ～ yí bèi. *The number of students at this school has doubled.* /教师从一百二十人～到一百八十人。Jiàoshī cóng yìbǎi èrshí rén ～ dào yìbǎi bāshí rén. *The number of teachers has increased from 120 to 180.*

【增进】zēngjìn(动)促进并增长 *further*；*enhance*；*promote*：～健康 ～ jiànkāng *improve one's health*/～饮食 ～ yǐnshí *enhance one's diet*/～两国人民的友谊 ～ liǎng guó rénmín de yǒuyì *promote friendship between the peoples of the two countries*

【增刊】zēngkān(名)报刊临时增加的篇幅或另出的册子 *supplement (to a newspaper or periodical)*；*supplementary issue*

【增强】zēngqiáng(动)*strengthen*；*heighten*；*enhance*：～体质 ～ tǐzhì *strengthen one's physique*/～信心 ～ xìnxīn *heighten one's confidence*/经过训练，女排的防守能力有所～。Jīngguò xùnliàn, nǚpái de fángshǒu nénglì yǒu suǒ ～. *Through training, the women's volleyball team has somewhat strengthened its defence.*

【增生】zēngshēng(动)〈医〉*hyperplasia*；*proliferation*

【增添】zēngtiān(动)加多 *add*；*increase*：～新的仪器 ～ xīn de yíqì *get additional instruments*/～烦恼 ～ fánnǎo *add to one's worries*/～了不少麻烦 ～le bù shǎo máfan *added a lot of inconvenience*

【增援】zēngyuán(动)*reinforce*：～友军 ～ yǒujūn *reinforce friendly troops*

【增长】zēngzhǎng(动)*increase*；*rise*；*grow*：～才干 ～ cáigàn *enhance one's abilities*/～知识 ～ zhīshi *broaden one's knowledge*/石油产量逐年～。Shíyóu chǎnliàng zhú nián ～. *Petroleum production has been increasing year after year.* /纺织品年产量～百分之二十。Fǎngzhīpǐn nián chǎnliàng ～ bǎi fēn zhī èrshí. *The annual output of textiles has grown by 20%.*

【增值】zēng＝zhí(货币)增大交换比值(of currency) *rise (or increase) in value*；*appreciation*；*increment*

【增殖】zēngzhí(动)〈医〉*breed*；*reproduce*；*multiply*；*propagate*

憎 zēng

(动)厌恶,恨 *hate*；*detest*；*abhor*

【憎恨】zēnghèn(动)*hate*；*detest*
【憎恶】zēngwù(动)*abhor*，*loathe*

zèng

赠〔贈〕zèng

(动)〈书〉赠送 *give as a present*；*present as a gift*：～书 ～ shū *present sb. with a book*/～纪念品 ～ jìniànpǐn *present sb. with a souvenir*/以照片相～ yǐ zhàopiàn xiāng ～ *give photo as a present*

【赠礼】zènglǐ(名)同"赠品" *same as "赠品"* zèngpǐn
【赠品】zèngpǐn(名)*complimentary gift*；*giveaway*
【赠送】zèngsòng(动)〈书〉送给别人(东西)*give as a present*；*present as a gift*
【赠言】zèngyán(名)分别时说的或写的勉励的话 *words of advice or encouragement given to sb. at parting*：临别～ línbié ～ *parting word of advice*
【赠阅】zèngyuè(动)(编辑或出版社)把自己出版的书刊赠送给人(of a book, periodical, etc.) *given free (by the editor, publisher, etc.)*；*complimentary copy*

zhā

扎 zhā

(动)(1)刺 *prick*；*stick (a needle, etc.) into*：缝衣针把我的手指～了。Féngyīzhēn bǎ wǒ de shǒuzhǐ ～ le. *I pricked my finger with a sewing needle.* /手上～了一个刺。Shǒu shang ～le yí ge cì. *I got a splinter in my hand.* (2)钻进 *plunge into*；*get into*：他～到人群里,找不到了。Tā ～ dào rénqún li, zhǎo bu dào le. *He dashed into the crowd and couldn't be found.* /小王一头～进水里就潜泳到对岸去了。Xiǎo Wáng yì tóu ～jìn shuǐ li jiù qiányǒng dào duì'àn qu le. *Xiao Wang plunged in head first and swam underwater all the way to the opposite shore.* (3)驻扎(of troops) *be stationed*；*be quartered*：队伍～在北岸。Duìwǔ ～ zài běi àn. *Troops are stationed on the north shore.* 另见 zā

【扎根】zhā＝gēn(1)植物在土壤中生根(of plants) *take root*：这种南方花卉,现在在北京～了。Zhè zhǒng nánfāng huāhuì, xiànzài zài Běijīng ～ le. *This kind of southern plant has now taken root in Beijing.* (2)比喻深入到人或事物中去 *take root (used figuratively)*：永远～于群众之中。Yǒngyuǎn ～ yú qúnzhòng zhī zhōng. *It will forever take root among the masses.* /在人民群众中～,才能写出好的作品。Zài rénmín qúnzhòng zhōng ～, cái néng xiěchū hǎo de zuòpǐn. *One must take root among the masses before one can come up with a good piece of writing.*

【扎实】zhāshí(形)(1)牢固,结实 *sturdy*；*strong*；*solid*：房基很～。Fángjī hěn ～. *The foundation is very sturdy.* /这些单词我记得很～,忘不了。Zhè xiē dāncí wǒ jì de hěn ～, wàng bu liǎo. *I have a solid memory of these words.* /他的武功基础很～. Tā de wǔgōng jīchǔ hěn ～. *He has a strong basic skill in martial arts.* (2)踏实,实在 *sound*；*solid*；*down-to-earth*：他工作一贯扎扎实实。Tā gōngzuò yíguàn zhāzhāshíshí. *He has consistently been a solid worker.* /他这人研究学问～,细致。Tā zhè rén yánjiū xuéwèn ～, xìzhì. *He is solid and meticulous in doing research.*

【扎眼】zhāyǎn(形)(1)引人注目并且使人看着不习惯 *offensively conspicuous*：两个人在路上搂搂抱抱的,太～。Liǎng ge rén zài lùshang lōulōubàobào de, tài ～. *Those two hugging and embracing in the street are offensively conspicuous.* (2)刺眼,使眼睛不舒服 *dazzling*；*offending to the eye*；*loud*；*garish*：屋子布置得花花绿绿的,有点～。Wūzi bùzhì de huāhuālǜlǜ de, yǒudiǎnr ～. *The room is decorated in bright colours and is a bit garish.*

【扎营】zhā=yíng 军队安营驻扎（of troops）pitch a tent or camp；encamp

【扎针】zhā=zhēn give or have an acupuncture treatment：他从一位老中医那里学会了～。Tā cóng yí wèi lǎo zhōngyī nàli xuéhuìle ～. He learned to give acupuncture treatment from an old doctor of traditional Chinese medicine.

喳 zhā
（象声）鸟叫的声音（of magpies）chatter

渣 zhā
（名）(1)同"渣滓"zhāzǐ(1)same as "渣滓" zhāzǐ(1)(2)碎屑 broken bits：点心～ diǎnxin～ pastry crumbs/面包～ miànbāo ～ bread crumbs/煤～ méi ～ coal cinder

【渣滓】zhāzǐ(名)(1)物品提取精华后剩下的东西 leftover (after the best has been taken out)；dregs；sediment；residue (2)比喻危害社会的坏人 dregs (used figuratively)：社会～ shèhuì ～ dregs of society

【渣子】zhāzi(名)〈口〉同"渣"zhā(1)(2)same as "渣" zhā(1)(2)：炉灰～ lúhuī ～ cinder/酒糟～ jiǔzāo ～ distillers' grain residue/馒头～ mántou ～ mantou crumbs

zhá

札 zhá
（名）◇信件 letter

【札记】zhájì(名)[篇 piān] 随时记录下来的读书要点、心得或见闻 reading notes

轧 〔軋〕zhá
（动）用机器切或压 roll (steel)

【轧钢】zhá=gāng steel rolling

闸 〔閘〕zhá
（名）(1)水闸 floodgate；sluice gate：开～放水 kāi～ fàng shuǐ open the floodgate to let the water out/河水像开了～，滔滔不绝地奔流过来。Hé shuǐ xiàng kāile ～, tāotāo bù jué de bēnliú guolai. The river came flooding in. It was as if a sluice gate were opened. (2)制动器 brake：火车的制动一是不许乱动的。Huǒchē de zhìdòng ～ shì bù xǔ luàn dòng de. It is not permitted to play with the train's damper brake. /把～关了。Bǎ ～ guān le. Apply the brake. (3)〈口〉电闸 switch

【闸盒】zháhé(名)(～儿)电路中装有保险丝的盒子 switch box

【闸门】zhámén(名)sluice gate；gate：打开水库的～ Dǎkāi shuǐkù de ~ open the reservoir's sluice gate

炸 zhá
（动）fry in deep fat or oil；deep-fry：～鱼 ～ yú deep-fried fish 另见 zhà

铡 〔鍘〕zhá
（动）cut up with a hay cutter：～草 ～ cǎo cut hay

【铡草机】zhácǎojī(名)hay cutter；chaffcutter

【铡刀】zhádāo(名)hand hay (or straw) cutter；fodder chopper

zhǎ

拃 zhǎ
（量）表示张开的大拇指和中指或小指两端间的距离，常用来量长度 span；handspan (as in the distance between the thumb and the middle or little finger of an extended hand)：小桌子有六～长。Xiǎo zhuōzi yǒu liù ～ cháng. The small desk is six spans long.

眨 zhǎ
（动）blink；wink

【眨眼】zhǎ=yǎn (1)blink one's eyes；wink：他不～地看着对方。Tā bù ～ de kànzhe duìfāng. He looked at the other party without batting an eyelid. (2)比喻时间很短 very short time；(in the) twinkling of an eye：怎么一～的工夫他就不见了？Zěnme yì ～ de gōngfu tā jiù bú jiàn le. How could he have disappeared so quickly?/一～，我们快一年没见面了。Yì ～, wǒmen kuài yì nián méi jiàn miàn le. In the twinkling of an eye, a year has passed since we last saw each other.

zhà

乍 zhà
（副）〈口〉表示动作、行为刚刚开始，只用于不独立的句子中。常与"一"连用，"一"多放在"乍"后，有时也可放在"乍"前 (indicates that an action or behaviour has just started；only used in a dependent clause；often used together with "一" which can be placed either before or after "乍")first；for the first time：他新来～到，大家要多照应一下。Tā xīn lái ～ dào, dàjiā yào duō zhàoying yíxià. He's a newcomer so we must take good care of him. /这条路～一修起来的时候，来往的车辆比现在少得多。Zhè tiáo lù ～ yì xiū qilai de shíhou, láiwǎng de chēliàng bǐ xiànzài shǎo de duō. When this road was first built, there was much less traffic on it than there is now. /从四季如春的昆明，一～一来到大雪纷飞的哈尔滨，还真不大能适应呢。Cóng sìjì rú chūn de Kūnmíng, ～ yì láidào dà xuě fēnfēi de Hā'ěrbīn, hái zhēn búdà néng shìyìng ne. Having just come for the first time from Kunming, where it's like spring all year round, to Harbin, where snow flakes fall thick and fast, I'm still having a hard time adapting. /一～见他，觉得他不好接近，后来发现他很随和。Yì ～ jiàn tā, juéde tā bù hǎo jiējìn, hòulái fāxiàn tā hěn suíhe. When I first saw him, I felt that he was not easy to approach but later realized that he was very amiable.

诈 〔詐〕zhà
（动）(1)欺骗 cheat；swindle：～财 ～ cái swindle money (2)用假话试探，使说出真实情况 bluff：等一会儿他来了，你拿话～他一下，他也许会说实话。Děng yíhuìr tā lái le, nǐ ná huà ～ tā yíxià, tā yěxǔ huì shuō shíhuà. When he comes you can try to bluff him and perhaps he'll tell the truth.

【诈唬】zhàhu(动)用假话来吓唬人 bluff；bluster：他经常～人。Tā jīngcháng ～ rén. He often bluffs. /别听他瞎～，根本没那回事 Bié tīng tā xiā ～, gēnběn méi nà huí shì. Don't listen to him, he's just bluffing. It's simply not like that.

【诈骗】zhàpiàn (动)defraud；swindle：～钱财 ～ qiáncái swindle money/～犯 ～ fàn swindler

【诈降】zhàxiáng (动)假投降 pretend to surrender；feign surrender

炸 zhà
（动）(1)(物体)突然破裂 explode；burst：水太热，玻璃杯～了。Shuǐ tài rè, bōlibēi ～ le. The water was too hot so the glass burst. (2)用炸弹、炸药爆破 blow up；blast；bomb：～碉堡 ～ diāobǎo blow up a pillbox/把山～开一个口子。Bǎ shān ～ kāi yí ge kǒuzi. Blow up an opening in the mountain. (3)〈口〉突然发怒 fly into a rage；flare up：他一听这话就～了。Tā yì tīng zhè huà jiù ～ le. As soon as he heard this, he flew into a rage. 另见 zhá

【炸弹】zhàdàn (名)[枚 méi、颗 kē] bomb

【炸药】zhàyào（名）explosive（charges）；dynamite

栅 zhà
（名）◇栅栏 railings；bars；铁～ tiě ～ iron railings
【栅栏】zhàlan（名）railings；picket fence；bars 每家门前都用～围了一个小院子。Měi jiā mén qián dōu yòng ～ wéile yí ge xiǎo yuànzi. A picket fence surrounds a small court yard at the entrance to every home.

榨 zhà
（动）press；extract：～甘蔗 ～ gānzhe press sugar cane/～油 ～ yóu extract oil/把花生～出油来。Bǎ huāshēng ～ chū yóu lai. press the peanuts to extract the oil from them
【榨取】zhàqǔ（动）〈书〉（1）press；extract：～甘蔗汁制糖～ gānzhe zhī zhì táng extract the syrup from sugar cane to make sugar（2）比喻残酷地剥削 extort；squeeze：封建政权加重税收以～农民的血汗。Fēngjiàn zhèngquán jiāzhòng shuìshōu yǐ ～ nóngmín de xuèhàn. The feudal regime increased taxes to squeeze the blood and sweat out of the peasants.

zhāi

斋 〔齋〕zhāi
（名）（1）素食 vegetarian diet（adopted for religious reasons）（2）屋子，常用于书房、商店或学校宿舍的名称 room or building（usu. used in the name of a study, store or school dormitory）
【斋饭】zhāifàn（名）和尚向人乞求来的素饭 vegetarian food given to monks（who beg）（动·不及物）和尚向人乞求饭食（of a monk）beg for food
【斋月】zhāiyuè（名）伊斯兰教在封斋期间的一个月，即伊斯兰教历的九月 Remadan, the month of fast in the Islamic faith（i. e., the ninth month in the Islamic calendar）

摘 zhāi
（动）（1）采，取 pick；pluck；take off：～棉花 miánhua pick cotton/～橘子～ júzi pick oranges/把帽子～下来。Bǎ màozi ～ xialai. take off one's hat（2）选取 select；make extracts from：在他的作品中～了十几篇编了个集子。Zài tā de zuòpǐn zhōng ～le shí jǐ piān biānle ge jízi. A dozen or so pieces of writing from his works were selected and compiled into an anthology.
【摘编】zhāibiān（动）摘录下来编辑在一起 make extracts and compile them together
【摘抄】zhāichāo（动）take passages；make extracts；extract；excerpt
【摘除】zhāichú（动）〈医〉excise：～瘤子 ～ liúzi excise a tumour
【摘记】zhāijì（动）记录要点 take notes；jot down（the main points）
【摘录】zhāilù（动）take passages；make extracts；extract；excerpt（名）extracts；excerpts：这个小本子里都是警句的～。Zhège xiǎo běnzi li dōu shì jǐngjù de ～. All are extracts from aphorisms in this small notebook.
【摘要】zhāiyào（名）摘录下来的要点 summary（of the main points）；abstract；precis：社论～ shèlùn ～ the summary of an editorial/谈话～ tánhuà ～ the summary of a talk/群众来信～ qúnzhòng lái xìn ～ a precis of letter received from the masses
【摘要】zhāi＝yào 摘其要点 make a summary（of the main points）：～广播 ～ guǎngbō a summarized broadcast/～介绍 ～ jièshào a summarized introduction
【摘引】zhāiyǐn（动）在文章或讲话中摘录并引用别人的话 quote

zhái

宅 zhái
（名）◇指住家的带有院落的房屋，也泛指住所 dwelling；residence；house：深～大院 shēn ～ dà yuàn imposing dwelling and spacious courtyards
【宅院】zháiyuàn（名）带有院子的住房，泛指房子 a house with a courtyard；house：绿树丛中有一所～。Lù shù cóng zhōng yǒu yì suǒ ～. There is a house with a courtyard in the green thicket.

择 〔擇〕zhái
（动）挑选，清理，剔除 select；choose；sort out；get rid of：～菜 ～ cài trim vegetables for cooking/这团乱毛线我～不开。Zhè tuán luàn máoxiàn wǒ ～ bu kāi. I can't get this messy ball of wool untangled. 另见 zé。

zhǎi

窄 zhǎi
（形）（1）narrow：～胡同 ～ hútòng narrow alley/路太～。Lù tài ～. The road is too narrow. /屋子很～，人多坐不开。Wūzi hěn ～，rén duō zuò bu kāi. The room is too narrow. It can't seat many people. /他心眼～，一点小事就想不开。Tā xīnyǎnr ～，yìdiǎnr xiǎo shì jiù xiǎng bu kāi. He's oversensitive and takes smallest things to heart. /心胸～，容不得人。Xīnxiōng ～，róng bu de rén. He's narrow-minded and doesn't tolerate others. （2）经济不宽裕 hard up（financially）；badly off：他家的日子过得挺～。Tā jiā de rìzi guò de tǐng ～. His family is quite badly off.

zhài

债 〔債〕zhài
（名）[笔 bǐ] debt
【债权】zhàiquán（名）creditor's rights
【债券】zhàiquàn（名）bond；debenture
【债台高筑】zhàitái gāo zhù 比喻欠债很多 be heavily in debt；be up to one's ears in debt；be debt-ridden
【债务】zhàiwù（名）debt；liabilities
【债主】zhàizhǔ（名）creditor

寨 zhài
（名）◇（1）旧时驻兵的地方（military）camp：营～ yíng ～ military camp/山～ shān～ fortified mountain village（2）四周有围墙或栅栏的村子 stockaded village：村村～～ cūncūn ～～ every village is stockaded/本村本～ běn cūn běn ～ this stockaded village
【寨子】zhàizi（名）（1）四周的栅栏或围墙 stockade（2）四周有栅栏或围墙的村子 stockaded village

zhān

占 zhān
另见 zhàn
【占卜】zhānbǔ（动）practise divination；divine
【占卦】zhān＝guà divine by means of the Eight Diagrams

沾 zhān
（动）（1）浸湿 moisten；wet；soak：露水把鞋都～湿了。Lùshuǐ bǎ xié dōu ～shī le. The dew soaked my shoes. （2）因接触而被附着上 be stained with：脚上～了点儿泥。Jiǎo shang ～ le diǎnr ní. My feet are slightly stained with mud. /伤口不要～水。Shāngkǒu búyào ～ shuǐ. Don't get

the wound wet. /手上～了油。Shǒu shang ～ le yóu. My hand is stained with oil. （3）稍微碰上或挨上 touch (lightly)：他太累了，头一～枕头就睡着了。Tā tài lèi le, tóu yī ～ zhěntou jiù shuìzháo le. He was so tired that as soon as his head touched the pillow he fell asleep. /他一路脚不～地似的跑到家里。Tā yī lù jiǎo bù ～ de shìde pǎodào jiā li. His feet seemed hardly to touch the ground as he ran all the way home.

【沾边】zhān＝biān〈口〉(～儿) (1) 略有接触，多用于否定形式 touch on only lightly (usu. used in the negative)：对烟、酒他从不～。Duì yān, jiǔ tā cóng bù ～. He never touches cigarettes and alcohol. （2）接近于事实或事物原样子 be close to what it should be; be relevant：他这种解释还～。Tā zhè zhǒng jiěshì hái ～. There's some truth to his explanation. /他猜了半天，一点都沾不上边。Tā cāile bàntiān, yìdiǎnr dōu zhān bu shàng biānr. He guessed for a long time, but didn't even come close.

【沾光】zhān＝guāng benefit from association with sb. or sth.：水渠修好了，大家都～。Shuǐqú xiūhǎo le, dàjiā dōu ～. Now that the canal is built, everybody benefits from it. /我可从来不想沾他的光。Wǒ kě cónglái bù xiǎng zhān tā de guāng. I have never even thought of taking advantage of my association with him.

【沾亲带故】zhān qīn dài gù 有亲戚和朋友关系 have ties of kindship or friendship

【沾染】zhānrǎn〈动〉(1) be contaminated by; be tainted with; be infected with：伤口别～上脏东西。Shāngkǒu bié ～ shang zāng dōngxi. Don't get the wound infected with dirt. /这些衣服～了细菌，要消毒。Zhèxiē yīfu ～ le xìjūn, yào xiāo dú. These clothes are contaminated with germs and must be sterilized. (2) 受到不良影响 (used figuratively to indicate that one has been influenced by sb. or sth. evil)：他～了一些坏毛病。Tā ～ le yīxiē huài máobing. He has got into some bad habits. /年轻人可别～上流氓习气。Niánqīng rén kě bié ～ shang liúmáng xíqì. Young people must not become tainted with the bad habits of hooligans.

【沾沾自喜】zhānzhān zì xǐ 形容自满、得意的样子 feel complacent; be pleased with oneself：他有点成绩就～。Tā yǒu diǎnr chéngjì jiù ～. As soon as he meets with a little success, he becomes smugly complacent. /你最近是有进步，但不要～。Nǐ zuìjìn shì yǒu jìnbù, dàn búyào ～. You have indeed made progress recently, but don't be complacent.

毡〔氈〕zhān
(名)〈～〉felt

【毡房】zhānfáng (名) 中国牧区人民居住的一种圆顶帐篷，用毡子蒙在木架上做成 yurt

【毡帽】zhānmào (名)［顶 dǐng］felt hat

【毡子】zhānzi (名) felt; felt rug; felt blanket

粘zhān
(动) glue; stick; paste：把信封～好。Bǎ xìnfēng ～hǎo. Seal the envelope. /这些糖果全～在一起了。Zhèxiē tángguǒ quán ～ zài yīqǐ le. These candies are all stuck together. 另见 nián

【粘连】zhānlián (动)〈医〉adhesion：肠～ cháng ～ intestinal adhesion

【粘贴】zhāntiē (动) paste; stick

谵〔譫〕zhān

【谵语】zhānyǔ (名)〈书〉病中神智不清时说的话 delirious speech; ravings; wild talk

瞻zhān
(动) 往上或往前看 look up or forward

【瞻前顾后】zhān qián gù hòu 看看前面又看看后面，形容顾虑过多，犹豫不决 look ahead and behind — be overcautious and indecisive

【瞻望】zhānwàng (动)〈书〉往前看，往远处看 look forward; look far ahead：～远方 ～ yuǎnfāng look far ahead into the distance/～前途 ～ qiántú look at one's prospects/～未来 ～ wèilái look to the future

【瞻仰】zhānyǎng (动) 怀着敬意看 look at with reverence (or respect)：～烈士墓 ～ lièshì mù pay a visit to the tombs of revolutionary martyrs/～遗容 ～ yíróng pay one's respects to the remains of sb. /～英雄铜像 ～ yīngxióng tóngxiàng look at the hero's bronze statue with respect

zhǎn

斩〔斬〕zhǎn
(动) 砍断 chop; cut

【斩草除根】zhǎn cǎo chú gēn 比喻彻底除掉祸根，以免后患 cut the weeds and dig up the roots — stamp out the source of trouble (to avoid future problems)

【斩钉截铁】zhǎn dīng jié tiě 比喻坚决果断 resolute and decisive; categorical：小李一～地说："我决不回去！" Xiǎo Lǐ de shuō: "Wǒ jué bù huíqu!" Xiao Li said very curtly: "I'm absolutely not going back!"/他对这个问题的处理一，干脆利落。Tā duì zhège wèntí de chǔlǐ ～, gāncuì lìluo. He handled this problem in a decisive, straight forward and deft manner.

盏〔盞〕zhǎn
(量) 用于灯 used of a lamp：一～电灯 yì ～ diàndēng an electric lamp

展zhǎn
(动)〈〉(1) 张开，放开 open up; unfold; unfurl：愁眉不～ chóu méi bù ～ with a worried frown/风～红旗 fēng ～ hóngqí The red flags are fluttering in the wind. (2) 施展 put to good use; give free play to：大～宏图 dà ～ hóngtú carry out a great plan (名)〈〉展览 exhibition：书～ shū ～ book exhibition/画～ huà～ painting exhibition

【展翅】zhǎn＝chì spread the wings; get ready for flight：雄鹰～ xióngyīng ～ the eagle spread its wings

【展出】zhǎnchū (动) put on display; be on show; exhibit：～新出土的文物 ～ xīn chū tǔ de wénwù exhibit newly-unearthed cultural relics/这些时装将在这个展览会上～。Zhèxiē shízhuāng jiāng zài zhège zhǎnlǎnhuì shang ～. These latest fashions will be displayed at this exhibition.

【展缓】zhǎnhuǎn (动) 推迟 (日期); 放宽 (期限) postpone (a date); extend (a deadline)

【展开】zhǎn＝kāi (1) 张开，铺开，伸展 spread out; unfold; open up：眉头～了。Méitóu ～ le. His brow lit up. /被褥～ bèirù spread out the bed clothes/把字画～ bǎ zìhuà ～ unfold the calligraphy and painting. /广阔的田野在他眼前～。Guǎngkuò de tiányě zài tā yǎnqián ～. A vast expense of farmland unfolded before his eyes. (2) 大规模进行 launch; unfold; carry out：～生产竞赛 ～ shēngchǎn jìngsài launch a production drive/～强大攻势 ～ qiángdà gōngshì unfold a powerful offensive/～文明礼貌活动 ～ wénmíng lǐmào huódòng carry out activities to promote civilized manners

【展览】zhǎnlǎn (动) put on display; exhibit; show：选了五十幅画拿去～。Xuǎnle wǔshí fú huà náqu ～. Fifty paintings were selected to be put on display. (名) 同 "展览会" zhǎnlǎnhuì same as "展览会" zhǎnlǎnhuì：摄影～ shèyǐng

~ photography exhibition/书法 ~ shūfǎ ~ calligraphy show

【展览会】zhǎnlǎnhuì(名)exhibition; show

【展品】zhǎnpǐn(名)展览的物品 exhibit; item on display

【展期】zhǎnqī(动·不及物)把预定的日期推迟 postpone (a set date): 会议~了. Huìyì ~ le. The meeting has been postponed. /音乐会 ~ 举行. Yīnyuè huì ~ jǔxíng. The concert has been postponed. (名)展览的时期 duration of an exhibition; exhibition period: ~ 延长了两周. ~ yáncháng le liǎng zhōu. The exhibition was extended for two more weeks.

【展示】zhǎnshì(动)(1)清楚地摆出来 display; lay bare: 在法庭上~了罪犯犯罪的证据. Zài fǎtíng shang ~ le zuìfàn fànzuì de zhèngjù. Evidence of the criminal's offences was laid bare in court. /游行中~了新式武器. Yóuxíng zhōng ~ le xīnshì wǔqì. Modern weapons were displayed during the parade. (2)明显地表现出来,呈现出来 reveal; open up before one's eyes; show: 影片~了青年一代锐意开拓、艰苦拼搏的崭新风尚. Yǐngpiàn ~ le qīngnián yí dài ruìyì kāituò, jiānkǔ pīnbó de zhǎnxīn fēngshàng. The movie revealed the younger generation's sharp spirit of development and its brand-new style of arduous struggle.

【展望】zhǎnwàng(动)往远处看,往将来看 look into the distance; look into the future; look ahead: ~四野 ~ sìyě look into the distance at the surrounding country/~未来 ~wèilái look forward to the future/~前景 ~ qiánjǐng look at one's future prospects (名)对将来的预测 forecast; prospect: 二十一世纪的~ èrshíyī shìjì de ~ forecast for the 21st century/对今后工作的~ duì jīnhòu gōngzuò de ~ prospects for the work ahead

【展现】zhǎnxiàn(动)同"展示"zhǎnshì(2)same as "展示" zhǎnshì(2): 穿过树林,绿色的原野~在人们的眼前. Chuānguò shùlín, lǜsè de yuányě ~ zài rénmen de yǎnqián. After passing through the forest, green open country unfolded before the people's eyes. /步入市区,见处处都~出繁荣的景象. Bù rù shìqū, jiàn chùchù dōu ~ chū fánróng de jǐngxiàng. As one steps into the urban district, a scene of bustling activity presents itself everywhere.

【展销】zhǎnxiāo(动)展览并销售 exhibit for sale: ~的新产品有二百多种. ~ de xīn chǎnpǐn yǒu èrbǎi duō zhǒng. There are more than two hundred new products being exhibited for sale.

【展性】zhǎnxìng(名)物体可以被压成片状的能力 malleability

【展转】zhǎnzhuǎn(动)同"辗转"zhǎnzhuǎn same as "辗转" zhǎnzhuǎn

崭 〔嶄〕zhǎn

【崭新】zhǎnxīn(形)brand-new; completely new: ~的衣服 ~ de yīfu brand-new clothes/~的面貌 ~ de miànmào a completely new look/~的景象 ~ de jǐngxiàng an entirely new scene

辗 〔輾〕zhǎn

【辗转】zhǎnzhuǎn(动)(1)(身体)翻来覆去(of sb.'s body) toss about (in bed): ~无眠 ~ wú mián toss and turn in bed, unable to go to sleep (2)经过许多周折 pass through many hands or places: ~来到内地 ~ láidào nèidì pass through many places to come inland/~流传 ~ liúchuán spread from place to place/1938年,他从上海~到了延安. Yījiǔsānbā nián, tā cóng Shànghǎi ~ dàole Yán'ān. In 1938, he left Shanghai and came to Yan'an after passing through many different places.

【辗转反侧】zhǎnzhuǎn fǎn cè 形容心里有事,躺在床上翻来覆去睡不着 toss and turn restlessly; toss about in bed (because one has sth. on one's mind)

zhàn

占 zhàn

(动)(1)占据 occupy; seize; take: 攻~ gōng ~ attack and occupy/强~ qiáng~ seize by force/~位子 ~ wèizi occupy a seat/~了有利地势 ~ le yǒulì dìshì seized favourable terrain/多吃多~ duō chī duō ~ take more than one is entitled to (2)处于某种地位或属于某种情形 constitute; hold; make up; account for: ~上风 ~ shàngfēng get the upper hand/~优势 ~ yōushì hold a dominant position/同意的~绝大多数. Tóngyì de ~ jué dàduōshù. Those who agree constitute an overwhelming majority. /全勤的~百分之九十. Quán qín de ~ bǎi fēn zhī jiǔshí. Those present at work every day account for 90% of the total. 另见 zhān

【占据】zhànjù(动)occupy; hold: 我今天去图书馆晚了半小时,别人~了我常坐的位子. Wǒ jīntiān qù túshūguǎn wǎnle bàn xiǎoshí, biéren ~ le wǒ cháng zuò de wèizi. I went to the library a half-hour late today and someone else was already occupying the seat in which I usually sit.

【占领】zhànlǐng(动)capture; occupy; seize

【占便宜】zhàn piányi(1)用不正当的手段取得好处 gain extra advantages by unfair means; profit at other people's expense: 爱占小便宜 ài zhàn xiǎo piányi always gain petty advantages/不能占公家的便宜. Bù néng zhàn gōngjiā de piányi. You cannot profit at the expense of the public. /该给多少钱就给多少钱,咱们可不能~. Gāi gěi duōshao qián jiù gěi duōshao qián, zánmen kě bù néng ~. We mustn't gain extra advantages by unfair means, but should pay as much money as we're supposed to. (2)比喻有优越的条件 favourable; advantageous: 你个子高,打篮球可~. Nǐ gèzi gāo, dǎ lánqiú kě ~. You're tall, so you have an advantage in playing basketball./他辨音能力强,学外语占不少便宜. Tā biàn yīn nénglì qiáng, xué wàiyǔ zhàn bù shǎo ~. He's very good at distinguishing sounds, which is very advantageous to learning foreign languages.

【占线】zhàn=xiàn the line's busy: 今天早上给你打电话,没打通,老~. Jīntiān zǎoshang gěi nǐ dǎ diànhuà, méi dǎtōng, lǎo ~. I telephoned you this morning, but couldn't get through as the line was always busy.

【占有】zhànyǒu(动)(1)占据,拥有 own; possess; have: ~大量的第一手材料 ~ dàliàng de dìyīshǒu cáiliào We have a large amount of firsthand material. /他~某公司百分之三十的股份. Tā ~ mǒu gōngsī bǎi fēn zhī sānshí de gǔfèn. He owns 30% of the shares in a company. (2)处于 occupy; hold: 她在国家女排中~举足轻重的位置. Tā zài guójiā nǚpái zhōng ~ jǔ zú qīng zhòng de wèizhi. She holds a decisive position in national women's volleyball./农业在中国国民经济中~重要地位. Nóngyè zài Zhōngguó guómín jīngjì zhōng ~ zhòngyào dìwèi. Agriculture occupies an important place in China's national economy.

栈 〔棧〕zhàn

(名)(1)栈房 warehouse; storehouse; inn: 客~ kè~ inn (2)栈道 a plank road built along the face of a cliff

【栈道】zhàndào(名)[条 tiáo]在悬崖峭壁边上凿孔打木桩,铺上木板而成的窄路 a plank road built along the face of a cliff

【栈房】zhànfáng(名)存放货物的竹、木房子 warehouse; storehouse

【栈桥】zhànqiáo(名)火车站、港口、矿山或工厂的一种形状像桥的建筑物,用来装卸货物,港口的栈桥也用于上下旅客(in a port) landing stage; (in a railway station, mine,

factory) *loading bridge*

战

〔戰〕**zhàn**

（动）◇进行战争、战斗 *fight* (*a war*)：为祖国而～ wèi zǔguó ér ～ *fight for the motherland* /愈～愈勇 yù ～ yù yǒng *become braver through fighting* （名）◇战争、战斗 *war*；*warfare*；*battle*；*fight*：～史～shǐ *annals of war*

【战败】zhànbài（动）(1)打败仗 *be defeated*；*be vanquished*；*suffer a defeat*：他们～了。Tāmen ～ le. *They were defeated.* /～国～ guó *vanquished nation* (2)战胜（敌人）*defeat* (*the enemy*, *etc.*)；*vanquish*：我们～了对手。Wǒmen ～ le duìshǒu. *We have defeated our opponents.*

【战报】zhànbào（名）[份 fèn、张 zhāng] *war communiqué*；*battlefield report*

【战备】zhànbèi（名）战争准备 *combat readiness*；*war preparedness*

【战场】zhànchǎng（名）*battle field*；*battle ground*

【战地】zhàndì（名）两军作战的地区 *combat zone*；*battle field*；*battleground*

【战抖】zhàndǒu（动·不及物）发抖，哆嗦 *tremble*；*shiver*；*shudder*

【战斗】zhàndòu（动·不及物）*fight*；*engage in combat*；*do battle* （名）*fight*；*battle*；*combat*

【战斗机】zhàndòujī（名）[架 jià] *fighter plane*；*fighter*

【战斗力】zhàndòulì（名）*combat effectiveness*；*fighting capacity*

【战斗性】zhàndòuxìng（名）*militancy*

【战犯】zhànfàn（名）*war criminal*

【战俘】zhànfú（名）*prisoner of war* (*P.O.W.*)

【战歌】zhàngē（名）[首 shǒu、曲 qǔ] *battle song*

【战鼓】zhàngǔ（名）*war* (*or battle*) *drum*

【战果】zhànguǒ（名）战斗中取得的成果 *result of battle*；*combat success*

【战壕】zhànháo（名）[条 tiáo] *trench*；*entrenchment*

【战火】zhànhuǒ（名）战争中的炮火，指战争 *flames of war*

【战祸】zhànhuò（名）战争的灾难 *disaster of war*

【战机】zhànjī（名）宜于作战的时机 *opportunity for combat*

【战绩】zhànjì（名）战斗取得的成绩 *military successes* (*or exploits*, *feats*)；*combat gains*

【战舰】zhànjiàn（名）[艘 sōu] *warship*

【战局】zhànjú（名）*war situation*

【战况】zhànkuàng（名）[种 zhǒng]作战的状况 *situation on the battlefield*；*progress of a battle*

【战利品】zhànlìpǐn（名）战争中从敌人方面缴获的武器、装备等 *spoils of war*；*captured equipment*, *etc.*

【战例】zhànlì（名）典型的战争事例 *a specific example of a battle* (*in military science*)

【战栗】zhànlì（动）战抖 *tremble*；*shiver*；*shudder*

【战乱】zhànluàn（名）[场 cháng]战争所造成的混乱状况 *chaos caused by war*：这座古建筑毁于～之中。Zhè zuò gǔ jiànzhù huǐ yú ～ zhī zhōng. *This ancient building was destroyed in the chaos caused by the war.*

【战略】zhànlüè（名）(1)指导战争全局的计划、策略（*military*）*strategy* (2)在一定历史时期内指导全局的总的方针、计划 *strategy*；*policy*；*guiding principle* (3)有关战争全局的（作定语）*strategic* (*used as an attributive*)：～防御 ～fángyù *strategic defence*

【战略物资】zhànlüè wùzī 与战争有关的各种重要物资 *strategic materials*

【战略要地】zhànlüè yàodì *important strategic area*

【战马】zhànmǎ（名）[匹 pǐ] *battle steed*；*war-horse*

【战旗】zhànqí（名）[面 miàn、杆 gǎn] *war banner*

【战区】zhànqū（名）*war zone*；*theatre of operations*

【战胜】zhànshèng（动）打败，克服 *defeat*；*triumph over*；*vanquish*；*overcome*：～敌人 ～ dírén *defeat the enemy* /～

困难 ～ kùnnan *overcome difficulties* /～疾病 ～ jíbìng *conquer disease* /～自己的怯懦 ～ zìjǐ de qiènuò *overcome one's timidity*

【战时】zhànshí（名）战争时期 *wartime*

【战士】zhànshì（名）*solider*；*warrior*；*fighter*

【战事】zhànshì（名）有关战争的各种活动，泛指战争 *hostilities*；*war*

【战术】zhànshù（名）（*military*）*tactics*

【战天斗地】zhàn tiān dòu dì 同大自然进行斗争 *fight against heaven and earth*；*fight nature*；*brave the elements*

【战无不胜】zhàn wú bù shèng 打仗没有不取得胜利的，形容军队百战百胜或做任何事情都能取得成功 *ever-victorious*；*all-conquering*；*invincible*

【战线】zhànxiàn（名）[条 tiáo] *battle line*；*battle front*

【战役】zhànyì（名）*campaign*；*battle*

【战友】zhànyǒu（名）*comrade-in-arms*；*battle companion*

【战战兢兢】zhànzhànjīngjīng（形）形容担心害怕或小心谨慎的样子 *trembling with fear*；*with fear and trepidation*：小于～地走在独木桥上。Xiǎo Yú ～ de zǒu zài dúmùqiáo shang. *Xiao Yu walked with trepidation and fear on the single-log bridge.* /把这么满一碗热汤端到桌上去，真有点～的。Bǎ zhème mǎn yì wǎn rè tāng duāndào zhuō shang qu,zhēn yǒudiǎnr ～ de. *I'm a bit afraid to carry such a full bowl of hot soup over to the table.*

【战争】zhànzhēng（名）*war*；*warfare*

站

zhàn

（动）(1)*stand*；*be on one's feet*：～得高，看得远 ～ de gāo,kàn de yuǎn *stand on a high plane and see far ahead* (2)停下来 *stop*；*halt*：不怕慢，就怕～。Bú pà màn, jiù pà ～. *It's better to go slowly than to stop altogether.* /车～稳了再下。Chē ～ wěnle zài xià. *Don't get off before the bus comes to a complete stop.* （名）(1)停车的地方 *station*；*stop*：火车～ huǒchē ～ *railway station*/终点～ zhōngdiǎn ～ *terminal*/车到～了。Chē dào ～ le. *The bus has reached the stop.* (2)为某种业务而设立的机构 *station or centre for rendering certain services*：兵～ bīng ～ *military depot* /妇幼保健～ fùyòu bǎojiàn ～ *health centre for women and children*

【站队】zhàn=duì *line up*；*stand* (*or fall*) *in line*：同志们，时间了，快出来～。Tóngzhìmen,dào shíjiān le,kuài chūlai ～. *Comrades, it's time. Hurry, come out and line up.* /请大家站好队，一起做早操。Qǐng dàjiā zhànhǎo duì,yìqǐ zuò zǎocāo. *Will everybody please fall in line. We will now do morning exercises together.*

【站岗】zhàn=gǎng *stand guard*；*be on sentry duty*；*stand sentry*

【站台】zhàntái（名）*platform* (*in a railway station*)

【站台票】zhàntáipiào（名）[张 zhāng]同"月台票"yuètáipiào *same as "月台票"* yuètáipiào

【站长】zhànzhǎng（名）火车站等的行政负责人 *person in charge of railway station*, *etc.*

【站住】zhànzhù（动）(1)停住脚步 *stop*；*halt*：他急匆匆地走，突然一往回走，好像是忘了什么。Tā jícōngcōng de zǒuzhe,tūrán ～ wàng huí zǒu,hǎoxiàng shì wàngle shénme. *He was walking hurriedly then suddenly stopped, turned around and came back. It seems that he forgot something.* /他跑得太猛，一下子站不住脚倒了。Tā páo de tài měng,yíxiàzi zhàn bu zhù jiǎo shuāidǎo le. *He was running too quickly to stop suddenly so he fell down.* (2)在某个地方待下去 *hold one's ground*；*consolidate one's position*；游击队终于在这一带山区站住了脚。Yóujīduì zhōngyú zài zhè yīdài shānqū zhànzhùle jiǎo. *The guerrillas were finally able to hold their ground in this mountainous region.* (3)(理由等)成立 (*of a reason*, *etc.*) *hold water*；*be tenable*：你的理由站得住脚，他说的理由站不住脚。Nǐ shuō de lǐyóu

zhàn de zhù jiǎo, tā shuō de lǐyóu zhàn bu zhù jiǎo. *Your argument is tenable but his isn't.* /论据不够充分,这结论站不住脚。Lùnjù bú gòu chōngfèn, zhè jiélùn zhàn bu zhù jiǎo. *This conclusion does not hold water as there aren't sufficient grounds for argument.*

【站住】zhàn // zhù (1)停止前进 *stop (advancing)*; *halt*: ~! 你给我回来! ~! Nǐ gěi wǒ huílái! *Stop! Come back here!* (2)站稳,停稳 *come to a stop*: 别急,车 ~ 了再下。Bié jí, chē ~ le zài xià. *Don't hurry. Wait until the bus has come to a stop before getting off.* /我心里难受,站不住。Wǒ xīnlǐ nánshòu, zhàn bu zhù. *I feel so sad I can't stand steady.* (3) 同"站住脚"zhànzhù jiǎo *same as "站住脚"* zhànzhù jiǎo : 你的理由站不住。Nǐ de lǐyóu zhàn bu zhù. *Your argument is not tenable.* /你这个论点能~吗? Nǐ zhège lùndiǎn néng ~ ma? *Will your argument hold water?*

绽 zhàn
(动)◇裂开 *split*; *burst*: 皮开肉 ~ pí kāi ròu ~ *torn and lacerated* /阴云~开一条缝,天也许会晴。Yīnyún ~kāi yì tiáo fèng, tiān yěxǔ huì qíng. *There is a break in the clouds, so the day may turn out fine.*

湛 zhàn
【湛蓝】zhànlán (形)深蓝,多用来形容天空、水面,不受程度副词等修饰 *azure*: ~ 的晴空 ~ de qíngkōng *clear azure sky* /~ 的海水 ~ de hǎishuǐ *azure waters of the sea*

蘸 zhàn
(动) *dip in (sauce, ink, etc.)*: ~ 点墨水 ~ diǎnr mòshuǐ *dip in some ink* /鸡可以白水煮、~酱油吃。Jī kěyǐ báishuǐ zhǔ, ~ jiàngyóu chī. *Chicken can be boiled in plain water then dipped in a little soy sauce before eating.*

zhāng

张 〔張〕zhāng
(动)◇(1)开,展开 *open*; *spread*; *stretch*: ~ 网捕鱼 ~ wǎng bǔ yú *spread a net to catch fish* /弓射箭 ~ gōng shè jiàn *draw a bow and shoot an arrow* (2)看 *look*: 东~西望 dōng ~ xī wàng *gaze around* (量) (1)用于纸、桌子等 *(used of paper, a desk, etc.)*: 三~纸 sān ~ zhǐ *three sheets of paper* /两~桌子 liǎng ~ zhuōzi *two desks* /五~羊皮 wǔ ~ yángpí *five sheepskins* /四~床 sì ~ chuáng *four beds* /两~画儿 liǎng ~ huàr *two paintings* (2)用于弓 *(used of a bow)*: 一~弓 yì ~ gōng *a bow*

【张灯结彩】zhāng dēng jié cǎi 安装上灯,拉上各种彩条,形容布置得很漂亮 *be decorated with lanterns and coloured streamers*; *be beautifully decorated*: ~ 迎新年 ~ yíng xīnnián *decorate with lanterns and coloured streamers to welcome in the new year*

【张挂】zhāngguà (动) (字画等)展开挂起来 *unfold and hang up (a painting, etc.)*

【张冠李戴】zhāng guān lǐ dài 把姓张的帽子给姓李的戴上,比喻弄错了对象或事实 *put Zhang's hat on Li's head* — *attribute sth. to the wrong person or confuse one thing with another*: 这是小王干的事,怎么怨我?真是~。Zhè shì Xiǎo Wáng gàn de shì, zěnme yuàn wǒ? zhēn shì ~. *Why are you blaming me? Xiao Wang did this. You're putting Zhang's hat on Li's head!*

【张皇失措】zhānghuáng shīcuò 慌慌张张,不知道怎么是好 *be flustered*; *lose one's head*; *get into a panic*

【张口结舌】zhāng kǒu jié shé 张着嘴说不出话来,形容理屈词穷或惊得发呆 *be agape and tongue-tied*; *be at a loss for words*: 他的谎言被揭穿了,他~什么也回答不上来。Tā de

huǎngyán bèi jiēchuān le, tā ~ shénme yě huídá bu shànglái. *His lie was exposed, so he was at a loss for an answer.*

【张力】zhānglì (名) 〈物〉 *tension*

【张罗】zhāngluo (动) (1)料理,应酬 *take care of*; *look after*: 外边的事有我,你可以放心。Wàibian de shì yǒu wǒ ~, nǐ kěyǐ fàng xīn. *You can rest assured, I'll take care of outside matters.* /客人很多,我母亲一人~不过来。Kèrén hěn duō, wǒ mǔqin yì rén ~ bú guòlái. *There are too many guests. My mother can't look after all of them by herself.* (2)筹措 *raise (funds)*; *get together (money, etc.)*: 你帮我~点儿钱,我打算搞个个体修表店。Nǐ bāng wǒ ~ diǎnr qián, wǒ dǎsuàn gǎo ge gètǐ xiū biǎo diàn. *Help me get some money together. I want to start my own watch repair shop.*

【张目】zhāngmù (动·不及物) (1)睁大眼睛 *open one's eyes wide* (2)助长(某人)的声势 *build up sb.*: 他说这话实际上是为坏人~。Tā shuō zhè huà shíjì shang shì wèi huàirén ~. *His saying this is in fact to build up evildoers.*

【张贴】zhāngtiē (动) *put up (a notice, poster, etc.)*: ~布告 ~ bùgào *put up a notice* /大街上不许随意~广告。Dàjiēshang bù xǔ suíyì ~ guǎnggào. *It is not permitted to post advertisements at will on the streets.*

【张望】zhāngwàng (动) 向四周或远处看看,或从空隙里看 *look around*; *peep (through a crack, etc.)*: 四下~ sìxià ~ *look around* /扒着窗户往屋里~ Bāzhe chuānghu wàng wū li ~ *Hold on to the window and peer into the room.* /他向远处~着,好像在等什么人。Tā xiàng yuǎnchù ~ zhe, hǎoxiàng zài děng shénme rén. *He's searching in the distance as if he were waiting for someone.*

【张牙舞爪】zhāng yá wǔ zhǎo 以野兽的凶相形容恶人凶恶的样子 *bare fangs and brandish claws* — *make threatening gestures*

【张扬】zhāngyáng (动) 把秘密的不应让别人知道的事情宣扬出去 *make (a secret) widely known*; *make public*; *publicize*: 这事你别让她知道,她知道了会到处~。Zhè shì nǐ bié ràng tā zhīdào, tā zhīdàole huì dàochù ~. *Don't let her know about this. If she knows, she'll go around publicizing it everywhere.*

【张嘴】zhāng = zuǐ (1)张开嘴,指说话 *open one's mouth (to say sth.)*: 他的俏皮话多着呢,一~就来。Tā de qiàopíhuà duō zhene, yì ~ jiù lái. *He's full of witty remarks. Every time he opens his mouth another one comes out.* /这人真野蛮,一~就骂人。Zhè rén zhēn yěmán, yì ~ jiù mà rén. *This person is a real barbarian. Every time he opens his mouth, it's to curse somebody.* /问了他半天,他就是不~,真急人。Wènle tā bàntiān, tā jiùshì bù ~, zhēn jí rén. *I questioned him for a long time but he wouldn't open his mouth. It was really annoying.* (2)指向人借贷或请求帮助 *ask for a loan or a favour*: 我身上没钱了,又不好向人~。Wǒ shēnshang méi qián le, yòu bù hǎo xiàng rén ~. *I don't have any money on me, but I'm too embarrassed to ask others for some.* /这件事小李能帮忙,可是他事那么多,我真张不了嘴。Zhè jiàn shì Xiǎo Lǐ néng bāng máng, kěshì tā shì nàme duō, wǒ zhēn zhāng bu liǎo zuǐ. *Xiao Li can help with this matter, but he has so much to do, I can't bring myself to ask him for help.*

章 zhāng
(名)◇ (1)印章 *seal*; *stamp*: 盖~ gài ~ *affix one's seal* /把我的~盖上。Bǎ wǒ de ~ gàishang. *Affix my seal on this.* (2)章程 *regulations*; *rules*; *constitution*: 照~办事 zhào ~ bàn shì *handle matters according to the rules* (量)歌曲、诗文的段落 *chapter*; *section*; *paragraph*: 全书共三十一~。Quán shū gòng sānshí ~. *The book has thirty chapters altogether.* /全曲共有四~。Quán qǔ gòng yǒu sì ~. *The symphony has four movements altogether.*

【章程】zhāngchéng（名）rules；regulations；constitution

【章法】zhāngfǎ（名）(1)文章的组织结构 presentation of ideas in a piece of writing；art of composition (2)办事的程序 orderly ways；methodicalness：办什么事都有一定的～，不能把～打乱。Bàn shénme shì dōu yǒu yídìng de ～，bù néng bǎ ～ dǎluàn. There's a certain order in which to handle matters that can't be upset.

【章回体】zhānghuítǐ（名）中国长篇小说的一种体裁，全书分若干回，每回有标题，概括全回的主要内容 a type of traditional Chinese novel with each chapter headed by a couplet giving the gist of its content

【章节】zhāngjié（名）文章的组成部分，通常一本书分为若干章，一章又分若干节 chapters and sections：这本小说的主要～，晚报曾选登过 Zhè běn xiǎoshuō de zhǔyào ～，wǎnbào céng xuǎn dēngguo. The main chapters and sections of this novel were chosen and published in the evening newspaper.

獐 zhāng

（名）river deer

【獐头鼠目】zhāng tóu shǔ mù 獐子的头小而尖，老鼠的眼睛很小，形容相貌丑陋、心术不正的人 with the head of a deer and the eyes of a rat — repulsively and sly-looking

【獐子】zhāngzi（名）[只 zhī]river deer

樟 zhāng

（名）◇ the camphor tree：～树 ～shù camphor tree/～木箱子 ～mù xiāngzi camphorwood chest

【樟脑】zhāngnǎo（名）camphor

蟑 zhāng

【蟑螂】zhāngláng（名）cockroach

zhǎng

长 [長]zhǎng

（动）(1)生 come into being；begin to grow；form：树叶子了。Shù ～ yèzi le. Leaves are coming out on the trees./米～虫子了。Mǐ ～ chóngzi le. The rice is wormy./刀～锈了。Dāo ～ xiù le. The knife is getting rusty./草地上～着各色的野花。Cǎodi shang ～ zhe gè sè de yěhuā. Wild flowers of every colour are coming out in the grass. (2)发育，成长 grow；develop：～大成人 ～ dà chéng rén grow up/孩子～高了。Háizi ～ gāo le. The child has grown taller./庄稼～得很好。Zhuāngjia ～ de hěn hǎo. The crops are growing well. (3)增加，增进 acquire；increase：～力气 ～ lì qi increase one's strength/大～了人民的志气 dà ～le rénmín de zhìqì greatly boosted the people's morale/参观历史博物馆，真～了不少知识。Cānguān lìshǐ bówùguǎn, zhēn ～ le bù shǎo zhīshi. Visiting the museum of history really increased my knowledge. (3)过新年了，又～了一岁 Guò xīnnián le, yòu ～le yí suì. We have grown a year older with the coming of the new year. (4)生物成长结果呈现（某种形象）(of living things) grow to be（a certain form，etc.）；look：那个小伙子～得很漂亮。Nàge xiǎohuǒzi ～ de hěn piàoliang. That fellow is very handsome./这棵树怎么～得歪歪扭扭的?Zhè kē shù zěnme ～ de wāiwāiniūniū de?Why is that tree so crooked?/这种狗样子～得真凶。Zhè zhǒng gǒu yàngzi ～ de zhēn xiōng. This type of dog looks really ferocious.（以上各句"长得"可以略去而不影响意思）("长得" in the above sentences can be left out without changing the meaning)另见 cháng

【长辈】zhǎngbèi（名）辈分比自己大的人 elder；senior；elder member of a family

【长官】zhǎngguān（名）旧时指行政单位或军队的高级官吏 senior officer（obsolete）

【长机】zhǎngjī（名）（军）[架 jià]编队飞行中，率领和指挥机群或僚机执行飞行任务的飞机 lead aircraft；leader

【长进】zhǎngjìn（动·不及物）在知识、品行、技能等方面有进步 progress（in one's knowledge、conduct、technical ability，etc.）：在班主任帮助下，小亮～了不少。Zài bān zhǔrèn bāngzhù xià，Xiǎo Liàng ～ le bù shǎo. Xiao Liang progressed a lot with the help of the teacher who is in charge of the class. （名）progress：几个月不见，你的琴艺可大有～。Jǐ ge yuè bú jiàn, nǐ de qínyì kě dà yǒu ～. We haven't seen each other for a few months. There has been great progress in your skill at the qin.

【长势】zhǎngshì（名）the way a crop is growing：～喜人 ～ xǐrén coming along beautifully/油菜～良好。Yóucài ～ liánghǎo. The rape is doing well./玉米～很旺。Yùmǐ ～ hěn wàng. The corn is growing luxuriantly.

【长孙】zhǎngsūn（名）长子的长子，现多指最大的孙子 eldest son's eldest son；eldest grandson

【长相】zhǎngxiàng（名）指相貌 looks；features；appearance：这个人～不错。Zhège rén ～ búcuò. This person is pretty good-looking./从～上看不出来他们是父子俩。Cóng ～ shang kàn bu chūlái tāmen shì fùzi liǎ. It's not apparent from their features that they're father and son.

【长者】zhǎngzhě（名）(1)年纪大、辈分高的人 elder；senior (2)指年高有威望的人 prestigious elder

【长子】zhǎngzǐ（名）最大的儿子 eldest son

涨 [漲]zhǎng

（动）升高，提高 rise；go up：～价 ～ jià rise in price/水～船高 shuǐ ～ chuán gāo when the river rises the boat goes up — particular things improve with the improvement of the general situation/河水不断往上～。Hé shuǐ búduàn wǎng shàng ～. The river continued to rise. 另见 zhàng

【涨潮】zhǎngcháo=cháo the tide is rising

掌 zhǎng

（动）◇掌管，掌握 be in charge of；grasp；master（名）◇(1)手掌 palm（of a hand）(2)某些动物的脚掌 the bottom of certain animals' feet；pad；sole：鸭～ yā ～ duck's foot/熊～ xióng ～ bear's paw/鹅～ é ～ goose's foot/马蹄铁 horse shoe：给马钉～ gěi mǎ dìng ～ shoe a horse

【掌灯】zhǎng=dēng〈旧〉(1)点灯 light an oil lamp(2)手里举着灯 hold a lamp in one's hand：～领路 ～ lǐng lù hold a lamp in one's hand and lead the way

【掌舵】zhǎng=duò 掌握船上的舵，常比喻掌握（事物）前进方向 be at the helm；operate the rudder；take the tiller；steer a boat（often used figuratively）

【掌故】zhǎnggù（名）关于历史上的人物，典章制度等的故事或传说 anecdote

【掌管】zhǎngguǎn（动）主持，负责管理 be in charge of；administer：～财权 ～ cáiquán have the power to administer financial affairs

【掌柜】zhǎngguì（名）〈旧〉指商店的老板或负责人 shopkeeper；manager（of a shop）

【掌权】zhǎng=quán be in power；wield power；exercise control：他是校长，但是真正～的是副校长。Tā shì xiàozhǎng, dànshì zhēnzhèng ～ de shì fù xiàozhǎng. He's the school principal, but the one who really wields power is the vice-principal.

【掌勺儿】zhǎng=sháor 主持烹调 be the chef：今天请客，我来～。Jīntiān qǐng kè, wǒ lái ～. We're having guests today. I'll be the chef./我只能切切菜帮帮忙，可是掌勺儿。Wǒ zhǐ néng qiēqie cài bāngbang máng, kě zhǎng bu liǎo sháor. I can only help by chopping some vegetables. I really can't do the cooking.

【掌声】zhǎngshēng(名)clapping; applause

【掌握】zhǎngwò(动)(1)熟悉、了解并能充分运用 grasp; master; know well：～技术 ～ jìshù master the skill/～外语 ～ wàiyǔ have a good command of a foreign language/规律 ～ guīlǜ grasp the law of something (2)主持，控制 have in hand; take into one's hands; control：～会场 huìchǎng control the meeting/～了人事权 ～ le rénshì quán to have taken personnel matters into one's hands

【掌心】zhǎngxīn(名)the centre (or hollow) of the palm (of a hand)

【掌印】zhǎng=yìn 掌管印章，比喻主事或掌权 keep the deal — be in power

zhàng

丈 zhàng
(动)〈书〉丈量 measure (land)(量)zhang, a unit of length (=$3\frac{1}{3}$ metres)

【丈夫】zhàngfu(名)husband

【丈量】zhàngliáng(动)measure (land)：～土地 ～ tǔdì measure land

【丈母娘】zhàngmuniáng(名)〈口〉妻子的母亲 wife's mother; mother-in-law

【丈人】zhàngren(名)〈口〉妻子的父亲 wife's father; father in-law

仗 zhàng
(动)〇凭借，仗恃 rely on; depend on：～势欺人 ～ shì qī rén bully others on the strength of one's powerful connections or position/狗～人势 gǒu～ rén shì like a dog threatening people on the strength of its master's power — be a bully under the protection of a powerful person (名)战争，战斗 war; battle：1945年，在这里打过一～。Yijiǔsìwǔ nián, zài zhèli dǎguo yí ～. A battle was fought here in 1945. /这一～打得真痛快！Zhè yí ～ dǎ de zhēn tòngkuai! This battle was fought to our great satisfaction.

【仗恃】zhàngshì(动)凭借，倚仗 rely on (an advantage)

【仗义执言】zhàng yì zhí yán 为主持正义说公道话 speak out from a sense of justice

帐〔帳〕zhàng
(名)〇同"帐子"zhàngzi same as "帐子" zhàngzi

【帐篷】zhàngpeng(名)[顶 dǐng] tent

【帐子】zhàngzi(名)[顶 dǐng] bed-curtain; mosquito net

账〔賬〕zhàng
(名)(1)account (2)debt; credit

【账本】zhàngběn(名)[本 běn] account book

【账簿】zhàngbù(名)[本 běn]同"账本"zhàngběn same as "账本" zhàngběn

【账册】zhàngcè(名)同"账本"zhàngběn same as "账本" zhàngběn

【账单】zhàngdān(名)[张 zhāng] bill; check

【账房】zhàngfáng(名)(～儿)(1)旧时企业单位中或有钱人家中管理银钱货物出入的处所 accountant's office (obsolete)(2)在账房管理银钱货物出入的人 accountant (obsolete)：～先生 ～ xiānsheng accountant

【账号】zhànghào(名)账本上的号码 bill (or check) number

【账户】zhànghù(名)会计上指账簿中对各种资金来源，运用和周转过程等设置的分类 account

【账目】zhàngmù(名)items of an account; accounts

胀〔脹〕zhàng
(动)(1)膨胀 expand; distend：热～冷缩 rè ～ lěng suō expand when heated and contract when cooled (2)身体内部受压产生膨胀的感觉 swell; be bloated：胸口发～。Xiōngkǒu fā ～. My stomach feels bloated. /肚子～得难受。Dùzi ～ de nánshòu. My belly is so bloated I feel uncomfortable.

涨〔漲〕zhàng
(动)(1)因吸收液体而增大了体积 swell after absorbing water, etc.：豆子泡得都～起来了。Dòuzi pào de dōu ～ qǐlai le. The beans were soaked until they all swelled up. (2)头部或脸部充血(of the head) be swelled by a rush of blood：脸～得通红。Liǎn ～ de tōnghóng. His face reddened. /他气得～红了脸，一句话也说不出来。Tā qì de ～hóngle liǎn, yí jù huà yě shuō bu chūlái. His face flushed with anger and he couldn't say a word. 另见 zhǎng

障 zhàng
(动)〇阻隔，遮掩 hinder; obstruct(名)〇用来遮挡防卫的东西 barrier; block

【障碍】zhàng'ài(名)阻挡前进的东西 obstacle; obstruction; barrier; impediment：扫清～ sǎoqīng ～ clear away obstacles/排除～ páichú ～ remove an obstruction(动)阻挡前进 hinder; obstruct：保守思想～着我们前进。Bǎoshǒu sīxiǎng ～ zhe wǒmen qiánjìn. Conservative thinking hinders our progress.

【障子】zhàngzi(名)用芦苇、秫秸等编成的或利用成行的树木竹子等做成的屏障 a barrier made of reed, sorghum stalks or closely planted shrubs; hedge

瘴 zhàng
(名)〇瘴气 miasma

【瘴气】zhàngqì(名)miasma

zhāo

招 zhāo
(动)(1)手上下挥动，叫人来 beckon (with the hand)：他把手一～，叫大家上车。Tā bǎ shǒu yì ～, jiào dàjiā shàng chē. He beckoned everybody to get on the bus. (2)〈口〉引来 attract：烂鱼虾最～苍蝇。Làn yú xiā zuì ～ cāngying. Rotten fish and shrimp attract flies the most. /他最～人了，大家都爱听他说笑话儿。Tā zuì ～ rén le, dàjiā dōu ài tīng tā shuō xiàohuar. He really attracts people. Everybody likes to listen to him telling jokes. (3)〈口〉(人或事物的特点)引起爱憎反应(of sb.'s special characteristic) incur; court; attract：～人爱 ～ rén ài charming/～人反感 ～ rén fǎngǎn disgusting/～人讨厌 ～ rén tǎoyàn repugnant/他的话～得大家哈哈大笑。Tā de huà ～ de dàjiā hāhā dàxiào. His words made everybody roar with laughter. (4)〈口〉(言语、行动)触动对方，引起麻烦(of sb.'s words or behaviour) provoke; tease：不要把他～翻了。Búyào bǎ tā ～ fān le. Don't provoke him too much. /怎么把孩子～哭了？Zěnme bǎ háizi ～kū le? Why did you provoke the child to tears?/这句话把马大爷～火了。Zhè jù huà bǎ Mǎ dàye ～huǒ le. This comment infuriated Uncle Ma. (5)用广告等公开方式使人来 recruit; enlist; enrol：这个厂今年要～工。Zhège chǎng jīnnián yào ～ gōng. This factory will recruit workers this year. /这个公司的职员是通过考试～来的。Zhège gōngsī de zhíyuán shì tōngguò kǎoshì ～lai de. The staff members of this company were all recruited through examinations. (6)认罪 confess; own up：～了不自～ bù dá zì ～ confess without being pressed/犯人都～了。Fànrén dōu ～ le. The criminals have confessed. (名)(～儿)同"着儿"zhāor same as "着儿" zhāor

【招标】zhāo=biāo invite tenders (or bids, public bidding)

【招兵买马】zhāo bīng mǎi mǎ 旧指组织或扩充武装力量,后比喻组织或扩充人力(多含贬义)recruit men and buy horse — raise or enlarge an army (original meaning);recruit followers (present meaning)

【招待】zhāodài(动)receive (guests); entertain:～客人 ～ kèren entertain guests

【招待会】zhāodàihuì(名)reception

【招待所】zhāodàisuǒ(名)guest house; hostel

【招供】zhāo = gòng(罪犯)供出犯罪事实(of a criminal) make a confession of one's crimes; confess

【招呼】zhāohu(动)(1)呼唤 call; shout to:后边好像有人～我。Hòubian hǎoxiàng yǒu rén ～ wǒ. I think someone is calling me from behind. /老张～小王一块儿走。Lǎo Zhāng ～ Xiǎo Wáng yíkuàir zǒu. Lao Zhang called Xiao Wang over to leave together with him. (2)用语言或动作向人致意 hail; greet; say hello to:他一进来就点头～大家。Tā yí jìnlái jiù diǎn tóu ～ dàjiā. He greeted everybody with a nod when he came in. (3)吩咐 notify; tell:～他赶快写报告。～ tā gǎnkuài xiě bàogào. Tell him to write a report at once. /～他把衣服送来。～ tā bǎ yīfu sònglai. Tell him to send the clothes over. (4)照料 take care of; mind:十几个孩子,一个阿姨～不过来。Shí jǐ gè háizi,yí gè āyí ～ bu guòlái. One nanny can't take care of more than a dozen children.

【招架】zhāojià(动)抵挡(外来压力)ward off blows; hold one's own:～不住 bú zhù unable to hold one's own/难于～了,你先～～,等他气消了,我再跟他谈。Tā lái le, nǐ xiān ～ ～,děng tā qì xiāo le, wǒ zài gēn tā tán. He's coming. You go first and ward him off until he has cooled down, then I'll go and talk to him. /他的武功太厉害了,我可～不了。Tā de wǔgōng tài lìhai le,wǒ kě ～ bu liǎo. He's too good at martial arts. I can't parry his blows.

【招考】zhāokǎo(动)用公告的形式让人来参加考试 admit by examination:中文系今年不～研究生。Zhōngwénxì jīnnián bù ～ yánjiūshēng. The Chinese Department is not admitting graduate students this year.

【招徕】zhāolái(动)招揽 solicit (customers or business; canvass:～顾客 ～ gùkè solicit customers

【招揽】zhāolǎn（动)招引(顾客) solicit (customers or business); canvass:～生意 ～ shēngyi drum up business/～客人 ～ kèren solicit customers/他正在菜摊上～买卖。Tā zhèng zài càitānr shang ～ mǎimai. He's at the vegetable stall drumming up business.

【招领】zhāolǐng(动)用出公告的办法叫失主来领取 announce the finding of lost property/～失物 ～ shīwù announce the finding of a lost article/失物～处 shīwù ～ chù Lost and Found Department/贴个～启事 tiē ge ～ qǐshì post a "Found" announcement

【招募】zhāomù(动)recruit; enlist

【招牌】zhāopai(名)signbboard; shop sign

【招聘】zhāopìn(动)用广告的形式聘请 give public notice of a vacancy to be filled; invite applications for a job:～教师 ～ jiàoshī advertise for teachers/～技术员 ～ jìshùyuán adverise for technicians

【招惹】zhāorě(动)(言语、行动)引起(是非、麻烦)(of sb.'s language or behaviour) provoke; incur; court:他说话太随便,常～些麻烦。Tā shuō huà tài suíbiàn, cháng ～ xiē máfan. He often provokes trouble because he's too careless about the way he talks.

【招认】zhāorèn(动)(罪犯)承认犯罪事实(of a criminal) confess one's crime; plead guilty

【招生】zhāo = shēng(学校)招收新生(of a school) enroll new students; recruit students

【招事】zhāo = shì 招惹是非 invite trouble:这孩子尽在外面

～。Zhè háizi jìn zài wàimian ～. This child is doing his best to invite trouble outside. /他一出去就爱招点什么事。Tā yì chūqu jiù ài zhāo diǎnr shénme shì. As soon as he goes out, he always invites a little trouble.

【招收】zhāoshōu(动)用考试或其它方式接收(学生、学徒等)recruit; take in (students, apprentices, etc. through examination, etc.)

【招手】zhāo = shǒu 手上下摇动,表示叫人来或跟人打招呼 beckon; wave:你看,他在～叫我们过去。Nǐ kàn,tā zài ～ jiào wǒmen guòqu. Look, he's beckoning us to go over there.

【招数】zhāoshu(名)同"着数"zhāoshu same as "着数" zhāoshu

【招贴】zhāotiē(动)把宣传字、画贴在公共场所 put up (poster; placard)

【招贴画】zhāotiēhuà(名)pictorial poster (or placard)

【招降纳叛】zhāo xiáng nà pàn 原指招引、收容归降的敌人。现用于形容反动势力搜罗坏人 take in deserters and traitors from the enemy's side (original meaning); (of reactionary forces) recruit evil people (present meaning)

【招眼】zhāoyǎn(形)引人注意 conspicuous:穿这么鲜艳的衣服,太～了。Chuān zhème xiānyàn de yīfu,tài ～ le. Wearing such bright-coloured clothes attracts too much attention!

【招摇过市】zhāoyáo guò shì 招摇:故意显示、引人注意;市:街。形容故意在群众面前夸耀自己,以引起别人注意(招摇:act ostentatiously; 市:street) swagger through the streets — blatantly seek publicity

【招摇撞骗】zhāoyáo zhuàngpiàn 假借名义,到处炫耀,找机会行骗 show off under false pretences and look for the chance to deceive; swindle and bluff:这个人用冒牌假药～,不少人上当。Zhège rén yòng màopái jiǎ yào ～,bù shǎo rén shàng dàng. This person has used fake medicine which is a counterfeit of a well-known brand to swindle and bluff, and quite a few people have been taken in.

【招引】zhāoyǐn(动)用动作、声、色、味等吸引 attract (with behaviour, voice, colour, flavour, etc.):这个商店橱窗装饰新颖,～了不少顾客。Zhège shāngdiàn chúchuāng zhuāngshì xīnyíng,～le bù shǎo gùkè. The decorations in this shop's display window are novel and have attracted quite a few customers. /植物的花用色、香来～昆虫。Zhíwù de huā yòng sè, xiāng lái ～ kūnchóng. The flowers on plants attract insects with their colour and fragrance.

【招灾惹祸】zhāo zāi rě huò 招惹灾祸 court disaster; invite trouble

【招展】zhāozhǎn(动·不及物)飘动,摇动 flutter; wave:红旗～ hóngqí ～ red flags fluttering

【招致】zhāozhì(动)引起(不良后果)incur; bring about; lead to (bad results, etc.):～严重损失 ～ yánzhòng sǔnshī incur serious losses /～一场灾难 ～ yì cháng zāinàn lead to a disaster

昭 zhāo
(形)◇明显 clear; obvious

【昭然若揭】zhāorán ruò jiē 昭然:很明显的样子。若:像。揭:高举。形容真实情况全部显露出来(昭然:very obvious; 若:like; as if; 揭:hold high) abundantly clear; all too clear

【昭雪】zhāoxuě(动)洗清(冤枉)exonerate; rehabilitate:～案～ yuān'àn redress a wrong case

【昭著】zhāozhù(形·非定)明显 clear; obvious; evident:臭名～ chòu míng ～ notorious/成绩～ chéngjì ～ have achieved signal successes

着 zhāo
另见 zháo;zhe;zhuó

【着儿】zhāor(名)(口)(1)下棋时走一步叫一"着儿"a move in chess:这～棋走得好!Zhè ～ qí zǒu de hǎo!This was a

good move!/观棋不语，你可别支～。Guān qí bù yǔ, nǐ kě bié zhī～. *Those who watch chess cannot speak, so don't try to assist with any moves.* (2)比喻计策或手段 *trick*; *device*; *move*:你这～还真高。Nǐ zhè～hái zhēn gāo. *This was a clever move you made.* /你还有什么～，都使出来吧！Nǐ hái yǒu shénme～, dōu shǐ chūlai ba! *Out with whatever tricks you still have up your sleeve*!/我没～了。Wǒ méi～le. *I'm at the end of my tether.*

【着数】zhāoshù(名)(1)下棋的步子 *a move in chess*:这盘棋他一连使出几个～，反败为胜。Zhè pán qí tā yìlián shǐchū jǐ ge～, fǎn bài wéi shèng. *In this chess game, he made a dozen or so moves in succession and turned defeat into victory.* (2)武术的攻守动作 *a movement in martial arts*:这套拳法～狠毒，容易伤人。Zhè tào quánfǎ～hěndú, róngyì shāng rén. *This set of boxing movements are vicious and can easily harm someone.* (3)比喻手段、计策 *trick*; *device*:他骗人真有～。Tā piàn rén zhēn yǒu～. *He really knows the trick to deceive people.*

朝 zhāo
(名)◇(1)早上(*early*) *morning*:～思暮想 ～ sī mù xiǎng *yearn day and night* (2)日，天 *day*:今～ jīn～ *today* 另见 cháo

【朝不保夕】zhāo bù bǎo xī 朝:早上;夕:傍晚。早上保不住晚上会发生什么事。形容情况危急，不知什么时候就会发生变化(朝: *morning*; 夕: *evening*) *not know in the morning what may happen in the evening*; *be in a precarious state*

【朝不虑夕】zhāo bù lǜ xī 早上顾不上考虑晚上怎么办。形容情势危急，只能顾及眼前 *be unable to plan out one's day*; *be preoccupied with the current crisis*

【朝不谋夕】zhāo bù móu xī 同"朝不虑夕"zhāo bù lǜ xī *same as "朝不虑夕" zhāo bù lǜ xī*

【朝晖】zhāohuī(名)〈书〉早晨太阳的光辉 *morning sunlight*

【朝令夕改】zhāo lìng xī gǎi 早上发的命令，晚上就改变了。形容经常改变政令，使人无所适从 *issue an order in the morning and rescind it in the evening*; *make frequent and unpredictable changes in policy*

【朝露】zhāolù(名)早上的露水 *morning dew*

【朝气】zhāoqì(名)youthful *spirit*; *vigour*; *vitality*:富有朝气fùyǒu～ *full of vitality*/年轻人有～，进取心强。Niánqīng rén yǒu～, jìnqǔ xīn qiáng. *Young people have spirit and gumption.*

【朝气蓬勃】zhāoqì péngbó *full of vigour and vitality*; *full of youthful spirit*; *imbued with vitality*

【朝三暮四】zhāo sān mù sì 比喻反复无常 *blow hot and cold*; *fickle*; *changeable*

【朝夕】zhāoxī(名)〈书〉(1)天天，时时 *day and night*; *daily*; *from morning to night*:～相处 ～ xiāngchǔ *be closely associated*/～相伴 ～ xiāng bàn *be together from morning to night*/～攻读 ～ gōngdú *study diligently day and night* (2)极短促的时间 *a very short time*:～之间 ～ zhī jiàn *in a moment*/～不保 ～ bù bǎo *not be safe for even a moment*

【朝霞】zhāoxiá(名)〈书〉早上日出时东方的红云 *rosy clouds of dawn*; *rosy dawn*

【朝阳】zhāoyáng(名)〈书〉初升的太阳 *the rising sun*; *the morning sun*

zháo

着 zháo
(动)(1)接触，触及 *touch*:上不～天，下不～地。Shàng bù～tiān, xià bù～dì. *It touches neither the sky nor the ground.*/手受伤了，不能～水。Shǒu shòu shāng le, bù néng～shuǐ. *My hand is injured so I can't touch water.*/脚疼得～不了地。Jiǎo téng de～bu liǎo dì. *My foot is so sore I*

can't touch the ground with it. (2)燃烧(也指灯发光)*burn* (*also refers to a lamp burning*):点～了篝火 diǎn～le gōuhuǒ *lit a campfire*/火～得很旺。Huǒ～de hěn wàng. *The fire is burning briskly.*/留神！纸～了。Liú shén! Zhǐ～le. *Be careful, the paper is burning.*/天黑了，路灯都～了。Tiān hēi le, lùdēng dōu～le. *It was dark out and all the street lights were on.* (3)感受，受到 *feel*; *be affected by*:注意！风～凉。Zhùyì! Bié～fēng. *Mind you don't get caught in the draught*! (4)入睡 *fall asleep*:他刚躺下就～了。Tā gāng tǎngxia jiù～le. *He fell asleep as soon as he lay down.*/小点儿声，他已经～了。Xiǎo diǎnr shēng, tā yǐjīng～le. *Lower your voices. He has already fallen asleep.*/你睡～了没有?Nǐ shuì～le méiyou?*Are you asleep yet*?(5)在动词后作补语，表示接触、得到(事物)(*used after a verb as a complement to indicate accomplishment or result*):那本书借～了。Nà běn shū jiè～le. *I've borrowed that book.* /上面那本杂志请你替我够下来，我够不～。Shàngmiàn nà běn zázhì qǐng nǐ tì wǒ gòu xialai, wǒ gòu bù～. *Please get that magazine down for me. I can't reach it.* /我的钢笔找～了。Wǒ de gāngbǐ zhǎo～le. *I found my pen.* /昨天到他家去，可是没见～他。Zuótiān dào tā jiā qu, kěshi méi jiàn～tā. *I went to his home yesterday but didn't get to see him.* /真让你猜～了。Zhēn ràng nǐ cāi～le. *You guessed right.* /我不小心，筷子碰～他的眼睛了。Wǒ bù xiǎoxīn, kuàizi pèng～tā de yǎnjing le. *I wasn't careful and poked him in the eye with my chopstick.* 另见 zhāo; zhe; zhuó

【着慌】zháo=huāng 着急，慌张 *get alarmed*; *become flustered*; *get into a panic*:一听说还有五分钟火车就要开了，他可着了慌，赶快向站台跑去。Yì tīng shuō hái yǒu wǔ fēn zhōng huǒchē jiù yào kāi le, tā kě zháole huāng, gǎnkuài xiàng zhàntái pǎoqù. *As soon as he heard that the train was leaving in five minutes, he panicked and ran at once towards the platform.*

【着火】zháo=huǒ 发生火灾 *catch fire*; *be on fire*:房子～了！Fángzi～le. *The house is on fire*!

【着急】zháo=jí 焦急 *worry*; *feel anxious*:别～，饭马上就得。Bié～, fàn mǎshàng jiù dé. *Don't worry, dinner will be ready in a minute.* /钥匙丢了，真让人～。Yàoshi diū le, zhēn ràng rén～. *I'm really worried because I lost my key.* /你可回来了，妈妈正为你～呢!Nǐ kě huílai le, māma zhèng wèi nǐ～ne!*You're finally come back. Mom was getting really worried about you*!/你着什么急?离上课还有半小时呢!Nǐ zháo shénme jí?lí shàng kè hái yǒu bàn xiǎoshí ne!*What are you so anxious about? There's still a half-hour left before class time.*

【着凉】zháo=liáng *catch cold*; *catch a chill*:多穿点儿衣服，别～。Duō chuān diǎnr yifu, bié～. *Put on some more clothes. Don't catch cold.*

【着忙】zháo=máng 因感到时间紧迫而忙碌 *be in a hurry* (*or rush*):别等客人都到齐了饭还没做好，到时就该～了。Bié děng kèren dōu dàoqí le fàn hái méi zuòhǎo, dào shí jiù gāi～le. *Don't wait until all the guests have arrived to make the food, otherwise it'll have to be done in a hurry.* /着什么忙，还早呢!Zháo shénme máng, hái zǎo ne!*What's your rush? It's still early*!

【着迷】zháo=mí 对人或事物产生浓厚的兴趣，难以舍弃，入迷 *be fascinated*; *be captivated*:他踢足球都踢得～，下了课，别的什么都不干。Tā tī zúqiú dōu tī de～, xiàle kè, biéde shénme dōu bú gàn. *He's fascinated with football. As soon as class is over, he does nothing but play football.* /小罗下棋着了迷，饭都不吃了。Xiǎo Luó xià qí zháole mí, fàn dōu bù chī le. *Xiao Luo was so engrossed in the chess game that he didn't even eat.*

zhǎo

爪 zhǎo
（名）(1)动物的脚趾甲 *claw* (2)鸟兽的脚 *foot of a bird or animal*：前～ qián～ *forepaw*/张牙舞～ zhāng yá wǔ～ *bare the fangs and unsheath the claws" — make threatening gestures; indulge in saber-rattling* 另见 zhuǎ

【爪牙】zhǎoyá（名）坏人的帮凶 *talons and fangs — accomplices; lackeys*

找 zhǎo
（动）(1)寻 *look for; seek; try to find*：～朋友～ péngyou *look for a friend*/～材料～ cáiliào *try to find materials*/～到了引文的出处～ dàole yǐnwén de chūchù *found the source of the quotation*/钢笔丢了，到处都～不着。Gāngbǐ diūle, dàochù dōu～bu zháo. *I lost my pen and couldn't find it anywhere.* (2)把多余的钱退还 *give change*：同志，～您两毛八。Tóngzhì,～nín liǎng máo bā. *Comrade, here's your change — two mao eight.*/我给他十块钱，他～给我四块二。Wǒ gěi tā shí kuài qián, tā～gěi wǒ sì kuài èr. *I gave him ten yuan and he gave me four yuan two mao change.*

【找补】zhǎobu（动）觉得不够再添上 *make up a deficiency*：这五斤土豆不够分量，再一点儿。Zhè wǔ jīn tǔdòu bú gòu fēnliang, zài～diǎnr. *These potatoes don't make up five jin. Add a few more.*/中午没吃饱，回家～～。Zhōngwǔ méi chībǎo, huí jiā～～. *I didn't eat my fill at noon so I'll make up for it when I go home.*

【找麻烦】zhǎo máfan（给自己或别人）添麻烦 *look for trouble; cause sb. trouble*：这事与你无关，你别去～了。Zhè shì yǔ nǐ wú guān, nǐ bié qù～le. *This matter has nothing to do with you so you don't go looking for trouble.*/也是我自己～，调解他的家庭纠纷伤透了脑筋。Yě shì wǒ zìjǐ～, wèi tiáojiě tā de jiātíng jiūfēn shāngtòule nǎojīn. *I asked for it. I tried to patch up his family's quarrel but just ended up with a big headache.*

【找钱】zhǎo=qián *give change*：价钱是整十元,所以不～了。Jiàqián shì zhěng shí yuán, suǒyǐ bù～le. *The price is ten yuan even, so there's no change.*

【找事】zhǎo=shì(1)〈旧〉寻找工作 *look (or hunt) for a job* (2)故意挑毛病（引起争吵）*pick a quarrel*：你心里不痛快，别总在家里～。Nǐ xīnli bú tòngkuai, bié zǒng zài jiā lǐ～. *If you're not happy, don't always pick quarrels at home.*

【找寻】zhǎoxún（动）〈书〉*look for; seek*

沼 zhǎo
（名）◇天然的水池 *natural pond*

【沼气】zhǎoqì（名）*marsh gas; firedamp; methane*

【沼泽】zhǎozé（名）*marsh; swamp; bog*

zhào

召 zhào
（动）〈书〉召唤 *call together; summon*：～之即来～ zhī jí lái *come as soon as called*/奉～来此 fèng～lái cǐ *be summoned here*

【召唤】zhàohuàn（动）〈书〉叫人来（主语多比较抽象）*call; summon (the subject is usu. sth. abstract)*：伟大的建设事业～着青年们。Wěidà de jiànshè shìyè～zhe qīngniánmen. *The great cause for construction summons the young people.*/听从祖国的～。Tīngcóng zǔguó de～. *Heed the call of the motherland.*

【召回】zhàohuí（动）上级叫下级从派出地回来 *recall (a subordinate)*：～大使～ dàshǐ *recall an ambassador*

【召集】zhàojí（动）通知人集合起来 *call together; convene*：队员都～起来了。Duìyuán dōu～qilai le. *The team members were all called together.*/把有关人员～在一起。Bǎ yǒuguān rényuán～zài yìqǐ. *Call the staff concerned together.*/主任～全体人员开会。Zhǔrèn～quántǐ rényuán kāi huì. *The director called the whole staff together to hold a meeting.*/赶紧把人～到一块儿,我要宣布一件重要的事。Gǎnjǐn bǎ rén～dào yíkuàir, wǒ yào xuānbù yí jiàn zhòngyào de shì. *Hurry and call everybody together. I want to make an important announcement.*

【召见】zhàojiàn（动）(1)上级叫下级来见面 *call in (a subordinate)* (2)（为了当面发表某种意见或商谈某事,外交部）通知（外国驻本国使节）前来见面 *summon (a diplomatic envoy) to an interview*

【召开】zhàokāi（动）*convene; convoke*：～会议～ huìyì *convene a conference*/大会～了。Dàhuì～le. *The plenary session has been convened.*/发奖大会顺利～。Fā jiǎng dàhuì shùnlì～. *The prize-giving ceremony was convened without a hitch.*

兆 zhào
（数）*billion*（名）◇预兆 *sign; omen; portent*：不祥之～ bù xiáng zhī～ *an ill omen*（动）预示 *prophesy*：瑞雪～丰年 ruìxuě～ fēngnián *A timely snow promises a good harvest.*

【兆赫】zhàohè（量）*megahertz; megacycle per second*

【兆头】zhàotou（名）预兆 *sign; omen; portent*：喜鹊当头叫,是个好～。Xǐquè dāng tóu jiào, shì ge hǎo～. *When a magpie chatters over one's head, it's a good omen.*

【兆周】zhàozhōu（量）*megacycle*

诏 zhào
（动）〈书〉告诉 *instruct; tell*（名）〈书〉诏书 *imperial edict*

【诏书】zhàoshū（名）皇帝发布的命令 *imperial edict*

照 zhào
（动）(1)（光线）照射 *shine; illuminate; light up*：阳光～着大地。Yángguāng～zhe dàdì. *The sunlight is shining upon the earth.*/火把～亮了田野。Huǒbǎ～liàngle tiányě. *Torches illuminated the field.*/手电筒的光～在我的脸上。Shǒudiàntǒng de guāng～zài wǒ de liǎnshang. *The flashlight shone on my face.* (2)对着镜子看自己的影子 *look in a mirror*：她老～镜子。Tā lǎo～jìngzi. *She often looks in the mirror.* (3)反映 *reflect; mirror*：湖水清得可以～见人影。Hú shuǐ qīng de kěyǐ～jiàn rényǐng. *The lake is so clear one can see figures reflected in the water.*/岸上的树木在水面上～得清清楚楚。Àn shang de shùmù zài shuǐmiàn shang～de qīngqīngchǔchǔ. *The trees on the bank are mirrored very clearly in the water.* (4)拍摄 *photograph; take a picture*：～个相吧。～ ge xiàng ba. *Take a picture.*/这张相片～得真不错! Zhè zhāng xiàngpiànr～de zhēn búcuò! *This picture was really well taken.* (介)宾语一般为体词（the object is usu. a nominal）(1)指出动作的方向,有"朝""向"的意思,可加"着"（points out the direction of the action; has the same meaning as "朝" and "向", and may take "着"）：～（着）脑门儿戳了他一指头。～（zhe）nǎoménr chuōle tā yì zhǐtou. *I jabbed a finger at his forehead.*/～（着）敌人阵地发炮。～（zhe）dírén zhèndì fā pào. *Fire a cannon at the enemy's position.* (2)指出动作依据的准则,"按"的意思,可加"着"（points out the criterion for an action; has the same meaning as "按" and may take "着"）：～（zhe）tā nà yàngzi zuò. *Do it according to the way he's doing it.*/～老规矩办事。～ lǎo guīju bàn shì. *do things according to the old custom* (3)跟"说""说来""看""看来"配合,表示根据某道理或某人的看法,放在句首作插入语（when used together with "说", "说来", "看" or "看来",

it means according to a certain reasoning or in sb.'s opinion; placed at the beginning of a sentence to serve as a parenthesis)：～你说，我们应该保持沉默？～ nǐ shuō, wǒmen yīnggāi bǎochí chénmò? *According to what you say, we should remain silent, right?* /他这么说来，我们完全没有希望了。～ tā zhème shuō lái, wǒmen wánquán méi yǒu xīwàng le. *According to what he says, we have absolutely no hope left.* /我看，咱们也不用等了，先走吧！～ wǒ kàn, zánmen yě búyòng děng le, xiān zǒu ba! *In my opinion, we don't need to wait. Let's go ahead.*

【照办】zhàobàn(动·不及物)依照……办理 *act accordingly; act upon; comply with; follow*：报告上批着：～。Bàogào shang pī zhe：～. *On the report was written the instruction: act accordingly.* /领导既然已经有了明确指示，咱们就～吧。Lǐngdǎo jìrán yǐjīng yǒule míngquè zhǐshì, zánmen jiù ～ ba. *Now that the leader already has clear-cut instructions, let's act upon them.* /对这个做法你这样坚持，又这么有把握，那我只有～了。Duì zhège zuòfǎ nǐ zhèyàng jiānchí, yòu zhème yǒu bǎwò, nà wǒ zhǐyǒu ～ le. *Since you insist this much on doing it this way and are so sure of it, then I have no choice but to act accordingly.*

【照本宣科】zhào běn xuān kē 照着本子一条条地念念。形容缺乏灵活性和创造性，只照着现成的文章或讲稿宣读 *read item by item from the text; read mechanically from a prepared text*：他作报告总是～，一点儿也不生动。Tā zuò bàogào zǒngshì ～, yìdiǎnr yě bù shēngdòng. *When he gives a report he always reads mechanically from the prepared text and isn't the least bit lively.*

【照常】zhàocháng(形)跟平常一样 *as usual*：～营业 yíngyè *business as usual*/假日加班，～工作。Jiàrì jiā bān, ～ gōngzuò. *Work as usual when working an extra shift on a holiday.* /一切～，没什么变化。Yíqiè ～, méi shénme biànhuà. *Everything is as usual. There haven't been any changes.*

【照抄】zhàochāo(动)照样子抄写，也用于把人家的经验或原封不动地search过来用 *copy word for word; indiscriminately imitate*：你把这个报告～一份保存起来。Nǐ bǎ zhège bàogào ～ yí fèn bǎocún qǐlai. *Make a copy of this report and keep it.* /各单位的具体情况不同，不能～别人的经验。Gè dānwèi de jùtǐ qíngkuàng bù tóng, bù néng ～ biérén de jīngyàn. *The concrete situation in every unit is different. You cannot indiscriminately imitate the experience of others.*

【照发】zhàofā(动)照样子发出(文件、电报等)，多用于批语 *issue (a document, telegram, etc.) as it is* (*usu. used for written instructions on a report, etc. submitted by a subordinate*)

【照顾】zhàogu(动)(1)考虑(到)，注意(到) *give consideration to; pay attention to*：各个部门都～到了。Gè gè bùmén dōu ～ dào le. *Every department has been taken into consideration.* /～到妇女的特点，让她们早一小时下班。～ dào fùnǚ de tèdiǎn, ràng tāmen zǎo yì xiǎoshí xià bān. *Pay attention to the special needs of women and allow them to get off work an hour early.* (2)关心，优待 *look after; care for; show consideration for*：这些水果是～伤病员的。Zhèxiē shuǐguǒ shì ～ shāngbìngyuán de. *This fruit is specially for the sick and wounded.* /为了～老年人，汽车一直开到山顶。Wèile ～ lǎonián rén, qìchē yìzhí kāidào shāndǐng. *The bus goes right to the hilltop so as to show consideration for senior citizens.* (3)照看(人或物) *look after; attend to; keep an eye on (sb. or sth.)*：我不在的时候，我妹妹会～我的家的。Wǒ bú zài de shíhou, wǒ mèimei huì ～ wǒ de jiā de. *When I'm not there, my younger sister looks after my home.* /我的东西放在这儿，请您～一下。Wǒ de dōngxi fàng zài zhèr, qǐng nín ～ yíxià. *My things are here. Please keep an eye on them.* /她常常替邻居～孩子 Tā chángcháng tì línjū ～ háizi.

She frequently keeps an eye on her neighbours' children.

【照管】zhàoguǎn(动)照料、管理 *look after; tend; be in charge of*：她要出差一个星期，孩子请邻居～。Tā yào chū chāi yí ge xīngqī, háizi qǐng línjū ～. *She is going away on business for a week and has asked her neighbour to look after children.* /这所房子没人住，先请王大爷～一下。Zhè suǒ fángzi méi rén zhù, xiān qǐng Wáng dàye ～ yíxià. *There's nobody living in this house. Ask Uncle Wang to look after it for now.*

【照会】zhàohuì(动) *present (or deliver, address) a note to (a government)* (名)*note*

【照旧】zhàojiù(形)跟原来一样 *as before; as usual; as of old*：这本书再版时，封面～。Zhè běn shū zàibǎn shí, fēngmiàn ～. *When this book was reprinted, the front cover remained unchanged.* /妈妈说了半天，他根本不听，～吸他的烟。Māma shuōle bàntiān, tā gēnběn bù tīng, ～ xī tā de yān. *His mother went on and on for a long time. He simply wouldn't listen but just went on smoking as before.*

【照看】zhàokàn(动)照料，看顾 *look after; attend to; keep an eye on*：～病人 ～ bìngrén *attend to a patient*/我要出去一下，你替我～着生意。Wǒ yào chūqu yíxià, nǐ tì wǒ ～zhe shēngyì. *I'm going out for a while. Keep an eye on business for me.*

【照理】zhàolǐ(副)按照道理(应如何，但往往事实并不如此)，可用于句首 *it stands to reason; as a rule* (*sth. should be as such, but more often than not, it isn't*) (*may be used at the beginning of a sentence*)：他是个聪明人，～能明白我说这话的意思。Tā shì ge cōngmíng rén, ～ néng míngbai wǒ shuō zhè huà de yìsi. *He's a clever person, so it stands to reason that he should understand what I'm trying to say.* /～星期日应该休息，他怎么又去工厂了？～ xīngqīrì yīnggāi xiūxi, tā zěnme yòu qù gōngchǎng le? *As a rule, he should rest on Sundays, so why did he go to the factory again?* "照理"可说成"照理说"，常作插入语("照理" *can also be said as* "照理说"; *often serves as a parenthesis*)：他已经十七岁了，～说生活可以自己料理了，怎么还要母亲照顾？Tā yǐjīng shíqī suì le, ～ shuō shēnghuó kěyǐ zìjǐ liàolǐ le, zěnme hái yào mǔqīn zhàogu? *He's already seventeen. As a rule, he should be able to take care of himself, so why is he still depending on his mother to take care of him?* /～说这条大路要比小路好走，可谁想到车辆太多，常常阻塞交通。～ shuō zhè tiáo dà lù yào bǐ xiǎo lù hǎo zǒu, kě shuí xiǎngdào chēliàng tài duō, chángcháng zǔsè jiāotōng. *It stands to reason that this large road is easier to take than that small one, yet who would have thought that there would often be traffic jams on it.*

【照例】zhàolì(副)表示行为或动作按一向的作法或常情进行 *as a rule; as usual; usually*：每到新年，班里～要开一次联欢会。Měi dào xīnnián, bān li ～ yào kāi yí cì liánhuānhuì. *As a rule, our class has a get-together at New Year.* /朋友结婚，～是应该送些礼物的。Péngyou jié hūn, ～ shì yīnggāi sòng xiē lǐwù de. *When a friend gets married, one usually gives him or her a gift.* /这种特殊照顾，他～不接受。Zhè zhǒng tèshū zhàogu, tā ～ bù jiēshòu. *He doesn't usually accept this kind of special care.* "照例"有时可放在句首("照例" *may sometimes be placed at the beginning of a sentence*)：～不看病人，医生是不给开药方的。～ bú kàn bìngrén, yīshēng shì bù gěi kāi yàofāng de. *As a rule, a doctor won't write out a prescription without seeing the patient first.* /～，那种吃吃喝喝拉关系的聚会，他是不参加的。～, nà zhǒng chīchīhēhē lā guānxi de jùhuì, tā shì bù cānjiā de. *As a rule, he doesn't attend that kind of get-together where everybody eats and drinks and tries to establish contacts.*

【照料】zhàoliào〈动〉照顾，料理 take care of; attend to: ～小孩儿 ～ xiǎoháir take care of children /两位老人年纪大了，家里一切都由女儿～。Liǎng wèi lǎorén niánji dà le, jiā li yíqiè dōu yóu nǚ'ér ～. Those two are advanced in years so their daughter attends to everything in the household.

【照猫画虎】zhào māo huà hǔ 比喻照着样子模仿 draw a tiger with a cat as a model — copy; imitate

【照面儿】zhào=miànr (1) 露面，见面 (多用于否定式) put in an appearance; show up; turn up (usu. used in the negative): 有事他就打电话来，或让人转达，自己从来也不～。Yǒu shì tā jiù dǎ diànhuà lái, huò ràng rén zhuǎndá, zìjǐ cónglái yě bú ～. If he has any business he just makes a call or gets somebody to pass on a message but has never shown up on his own. /上午他照了一面儿就走了。Shàngwǔ tā zhàole yí miànr jiù zǒu le. He put in an appearance in the morning, then left. (2) "打照面儿" 是面对面地偶然相遇 ("dǎ zhàomiànr" means to come face to face with sb.) run into sb.: 我出门，他进门，我们俩正打了个～。Wǒ chū mén, tā jìn mén, wǒmen liǎ zhèng dǎle ge ～. As I was going out, he was coming in so we ran into each other.

【照明】zhàomíng〈动·不及物〉illumination; lighting: ～设备 ～ shèbèi lighting equipment /舞台前方还得装两盏灯～。Wǔtái qiánfāng hái děi zhuāng liǎng zhǎn dēng ～. We still have to put up two lights to illuminate the front of the stage.

【照明弹】zhàomíngdàn〈名〉[颗 kē] flare; star shell

【照片】zhàopiàn〈名〉[张 zhāng] photograph; picture

【照射】zhàoshè〈动〉〈书〉shine; illuminate; light up; irradiate: 用紫外线～ yòng zǐwàixiàn ～ irradiate with ultraviolet rays

【照说】zhàoshuō〈副〉同 "照理" zhàolǐ same as "照理" zhàolǐ: 他一向通情达理，～不会不接受你的请求，一定有什么原因。Tā yíxiàng tōng qíng dá lǐ, ～ bú huì bù jiēshòu nǐ de qǐngqiú, yídìng yǒu shénme yuányīn. He has always shown good sense, so as a rule he shouldn't refuse your request; there must be a reason for his not doing so. /一双皮鞋～穿一年是没有问题的，可是我这双鞋不到半年就坏了。Yì shuāng píxié ～ chuān yì nián shì méi yǒu wèntí de, kěshì wǒ zhè shuāng xié bú dào bàn nián jiù huài le. Ordinarily, a pair of leather shoes can be worn for a year without any problem, yet I've only worn these for less than half a year and they're already worn out. /～休息的时候，打打扑克，跳跳舞，没什么不好，但是不能一天总想着这些。～, xiūxi de shíhou, dǎdǎ pūkè, tiàotiao wǔ, méi shénme bù hǎo, dànshi bù néng yì tiān zǒng xiǎngzhe zhèxiē. As a rule, there's nothing wrong with playing cards or dancing during one's leisure time; but you can't go thinking about these things all day long.

【照相】zhào=xiàng photograph; take a picture: 昨天我们在天安门照了几张相。Zuótiān wǒmen zài Tiān'ānmén zhàole jǐ zhāng xiàng. We took a few pictures at Tiananmen yesterday. /请你给我照一张相。Qǐng nǐ gěi wǒ zhào yì zhāng xiàng. Please take a photograph of me. /他尽给别人～了，自己一张相也没照。Tā jìn gěi biérén ～ le, zìjǐ yì zhāng xiàng yě méi zhào. He did his best to take pictures of others and didn't even take one of himself. /办护照得照一张半身相。Bàn hùzhào děi zhào yì zhāng bàn shēn xiàng. A half-length photo is required for a passport.

【照相馆】zhàoxiàngguǎn〈名〉photo studio

【照相机】zhàoxiàngjī〈名〉[架 jià] camera

【照相纸】zhàoxiàngzhǐ〈名〉photographic paper

【照样】zhàoyàng〈副〉(1) 表示某一动作、行为或状态保持原来的情况，或某事不受干扰按原来决定或进行的进行 in the same old way; all the same; as before: 施工计划～进行。Shī gōng jìhuà ～ jìnxíng. Construction will go on according to

the plan. /他孩子病了，可是他每天～来上课。Tā háizi bìng le, kěshì tā měi tiān ～ lái shàng kè. His child is sick but he still comes to class as before. /风再大我～骑自行车上班。Fēng zài dà wǒ ～ qí zìxíngchē shàng bān. Even if the wind were stronger, I would still go on riding my bicycle to work. /医生的话不起作用，他～喝酒。Yīshēng de huà bù qǐ zuòyòng, tā ～ hē jiǔ. The doctor's advice had no effect. He's still drinking as before. (2) 情况相同 just as: 他常帮助我，我也～帮助他。Tā cháng bāngzhù wǒ, wǒ yě ～ bāngzhù tā. He often helps me just as I also help him. /你们的任务紧，我们的任务～也很紧。Nǐmen de rènwù jǐn, wǒmen de rènwù ～ yě hěn jǐn. Your tasks are urgent just as ours are too.

【照样】zhào=yàng (～儿) 照着某个样子 after a pattern or model: ～写两遍 ～ xiě liǎng biàn write it this way twice /照着样儿画 zhàozhe yàngr huà draw after a model /照这个样做。Zhào zhège yàng zuò. Do it this way. /照着老师的样做操。Zhàozhe lǎoshī de yàng zuò cāo. Do the exercises in the same way as the teacher.

【照耀】zhàoyào〈动〉〈书〉shine; illuminate: 灯光把广场～得如同白昼。Dēngguāng bǎ guǎngchǎng ～ de rútóng báizhòu. Lamps lit up the square like daylight.

【照应】zhàoyìng〈动〉配合呼应 coordinate; correlate: 这一情节正好与小说的结尾互相～。Zhè yì qíngjié zhènghǎo yǔ xiǎoshuō de jiéwěi hùxiāng ～. This event correlates nicely with the novel's ending.

【照应】zhàoying〈动〉照料 look after; take care of: 我不在家，请您多～一下我母亲。Wǒ bú zài jiā, qǐng nín duō ～ yíxià wǒ mǔqin. When I'm not home, please keep an eye on my mother a bit more. /王护士对病人～得十分周到。Wáng hùshi duì bìngrén ～ de shífēn zhōudào. Nurse Wang takes extremely thoughtful care of patients.

罩 zhào

〈名〉(～儿) cover; shade; hood; casing: 灯没有～，太刺眼。Dēng méi yǒu ～, tài cìyǎn. If the lamp has no shade, it's too bright. 〈动〉遮盖，扣住 cover; wrap: 她把一件单上衣～在棉袄外面。Tā bǎ yí jiàn dān shàngyī ～ zài mián'ǎo wàimian. She wore a plain jacket over her cotton-padded one. /泥人上～了个玻璃罩儿。Ní rén shang ～ le ge bōli zhàor. There was a glass cover over the clay figurines. /食物都用纱罩～好了。Shíwù dōu yòng shāzhào ～hǎo le. The food is well covered with a gauze covering.

【罩衣】zhàoyī〈名〉[件 jiàn] 穿在短袄或长袍外面的单衣，也叫 "罩褂儿" dustcoat; overall (also called "罩褂儿")

【罩子】zhàozi〈名〉cover; shade; hood; casing: 展览品都有玻璃～，免得人用手去摸。Zhǎnlǎnpǐn dōu yǒu bōli ～, miǎnde rén yòng shǒu qù mō. All the items on exhibit have glass casings so as to keep people from touching them.

肇 zhào

〈动〉◇发生 happen; occur; cause (trouble, etc.)

【肇祸】zhàohuò〈动〉〈书〉cause trouble; cause an accident

【肇事】zhào=shì〈书〉引起事故 cause trouble; create a disturbance: ～者 ～ zhě trouble maker /～的汽车司机被拘留了。～ de qìchē sījī bèi jūliú le. The bus driver who caused the trouble has been detained.

zhē

折 zhē

〈动〉(1) 翻转 roll over; turn over: 你把饼～个儿，别糊了。Nǐ bǎ bǐng ～ ge'r, bié húle. Flip the cakes over. Don't burn them. /你～个跟头我看看。Nǐ ～ ge gēntou wǒ kànkan. Let me take a look at you turning a somersault. /他

把箱子～了个底儿朝上。Tā bǎ xiāngzi ～ le ge dǐr cháo shàng. *He turned the chest upside down.* /他一怒之下，把一桌菜都～了。Tā yí nù zhī xià, bǎ yì zhuō cài dōu ～ le. *In a fit of anger, he turned over a whole tableful of dishes.* (2) 倒过来倒过去 *pour back and forth between two containers*：你用两个碗把粥～一～就凉了。Nǐ yòng liǎng ge wǎn bǎ zhōu ～ yi ～ jiù liáng le. *Pour the porridge from one bowl to another a few times to cool it.* 另见 zhé；shé

【折腾】zhēteng(动)〈口〉(1)翻来复去 *turn from side to side*; *toss about*：他肚子疼，在床上直～。Tā dùzi téng, zài chuáng shang zhí ～. *He had a stomachache and tossed about in bed.* /心里有事，躺下以后～了半天也没睡着。Xīnli yǒu shì, tǎngxia yǐhòu ～ le bàntiān yě méi shuìzháo. *I had something on my mind so couldn't get to sleep after I lay down, but just tossed about.* (2)反复做 *do sth. over and over again*：他一会儿把书柜搬到楼上，一会儿又搬到楼下，净瞎～。Tā yíhuìr bǎ shūguì bāndào lóu shàng, yíhuìr yòu bāndào lóu xià, jìng xiā ～. *He moves the bookcase upstairs one moment, then moves it back downstairs the next. He's just doing it over and over again for nothing.* /这件毛衣织了又拆，拆了又织，～了好几遍才织好。Zhè jiàn máoyī zhīle chāi, chāile yòu zhī, ～ le hǎo jǐ biàn cái zhīhǎo. *I knit this sweater, then unraveled it, then reknit it. I did this several times until I finally knit it right.* (3)折磨 *cause physical or mental suffering*; *get sb. down*：这场病把他～得又黄又瘦。Zhè chǎng bìng bǎ tā ～ de yòu huáng yòu shòu. *He suffered so much from this illness that he became sallow and thin.*

蜇 zhē

(动)*sting*：马蜂会～人。Mǎfēng huì ～ rén. *Wasps can sting people.*

遮 zhē

(动)(1)挡住，掩盖 *hide from view*; *cover*; *screen*：山高～不住太阳。Shān gāo ～ bu zhù tàiyáng. *No matter how high the mountains, they can never block out the sun.* /汽车被树林～住，看不见了。Qìchē bèi shùlín ～ zhu, kàn bu jiàn le. *The vehicle was covered by trees and couldn't be seen.* /～人耳目 ～ rén ěrmù *hoodwink people*

【遮蔽】zhēbì(动)〈书〉*hide from view*; *cover*; *screen*：大片乌云～了阳光。Dà piàn wūyún ～ le yángguāng. *Dark clouds shut out the sunlight.*

【遮藏】zhēcáng(动)*hide*; *conceal*; *cover up*

【遮丑】zhē＝chǒu 遮盖丑陋难看的东西 *gloss over one's blemishes*; *hide one's shame*; *cover up one's defect*：破旧的桌子上蒙上一块桌布。Pòjiù de zhuōzi shang méng shang yí kuài zhuōbù. *A tablecloth covered the broken old desk to hide its ugliness.* /脸上抹多厚的脂粉也遮不了丑。Liǎnshang mǒ duō hòu de zhīfěn yě zhē bu liǎo chǒu. *Applying thick makeup on one's face still won't hide one's blemishes.*

【遮挡】zhēdǎng(动)遮蔽阻挡 *shelter from*; *keep out*：～阳光 ～ yángguāng *keep out sunlight*/～风雨 ～ fēngyǔ *keep out wind and rain*

【遮盖】zhēgài(动)〈书〉(1)从上面遮住 *cover*：用苫布把水泥～一下。Yòng shànbù bǎ shuǐní ～ yixià. *Cover the cement with tarpaulin.* /这些白菜上面有席～着，下点小雨不要紧。Zhèxiē báicài shàngmiàn yǒu xí ～zhe, xià diǎnr xiǎoyǔ bú yàojǐn. *These Chinese cabbages are covered with mats so, don't worry if it rains a little.* (2)掩盖，隐瞒 *hide*; *conceal*; *cover up*：你的缺点想～也～不住。Nǐ de quēdiǎn xiǎng ～ yě ～ bú zhù. *If you want to conceal your shortcomings, you can't.* /做了错事，还想～住，可能吗？Zuòle cuò shì, hái xiǎng ～ zhù, kěnéng ma? *Is it possible to cover up your mis-*

take even if you want to?

【遮羞】zhē＝xiū(1)把身上不好让人看见的部分遮盖起来 *cover up the sex organ*：原始时代的人腰间围着树叶～。Yuánshǐ shídài de rén yāo jiān wéizhe shùyè ～. *In the age of primitive man, people wore leaves around their loins to cover themselves up.* (2)做了不体面的事用好听的话来遮掩 *hush up a scandal*; *cover up one's embarrassment*：～解嘲 ～jiě cháo *try to explain things away so as to cover up one's embarrassment*/～的谎言 ～ de huǎngyán *a lie to cover up a scandal*

【遮羞布】zhēxiūbù(名)*loincloth*; *fig leaf*

【遮掩】zhēyǎn(动)(1)遮蔽，遮盖 *cover*; *envelop*：月亮被乌云～住。Yuèliang bèi wūyún ～zhù. *The moon was covered by dark clouds.* /大雾～了视线，什么也看不清。Dà wù ～ le shìxiàn, shénme yě kàn bu qīng. *A heavy mist enveloped our line of vision, We couldn't see anything clearly.* (2)掩盖，隐瞒 *cover up*; *hide*; *conceal*：有错就改，不要～。Yǒu cuò jiù gǎi, búyào ～. *If you make a mistake, correct it. Don't cover it up.* /他出了事故，还想～过去 Tā chūle shìgù, hái xiǎng ～ guoqu. *He had an accident and even tried to hide the fact.* /明明是他的问题，你不要替他～。Míngmíng shì tā de wèntí, nǐ búyào tì tā ～. *It's obviously his problem. Don't cover up for him.*

zhé

折 zhé

(动)(1)断，弄断 *break*; *snap*：～一枝花送你。～ yì zhī huā sòng nǐ. *I plucked a flower to give to you.* /把筷子一～两段。Bǎ kuàizi yì ～ liǎng duàn. *He snapped the chopstick in two.* /那根枝权怎么～断了。Nà gēn zhīchà zěnme ～ duàn le? *How was that branch broken off?* (2)弯曲或转变方向 *twist*; *turn*：他走了好远了，又转身～了回来。Tā zǒule hěn yuǎn le, yòu zhuǎn shēn ～ le huílai. *He walked very far, but turned back.* (3)叠 *fold*：我给你～个小纸船好吗？Wǒ gěi nǐ ～ ge xiǎo zhǐ chuán hǎo ma? *I'll fold a paper boat for you, okay?* (4)折合 *convert into*; *amount to*：～账 ～ zhàng *pay a debt in kind* /他欠了很多债，只得把房子～给了人家。Tā qiànle hěn duō zhài, zhǐdé bǎ fángzi ～ gěile rénjia. *He owed a lot of debts so had to hand his house over to his creditor.* /一美元～八块多人民币。Yì měiyuán ～ bā kuài duō rénmínbì. *One American dollar amounts to over eight Renminbi.* (5)折扣 *discount*; *rebate*：八～ bā ～20% *discount*/不～不扣 bù ～ bú kòu *a hundred percent* 〈名〉*折子 booklet in accordion form with a slipcase (used for keeping accounts, etc.; form)*：存～ cún ～ *deposit book* /奏～ zòu ～ *memorial to the throne (as written on paper folded in accordion form)* 另见 zhē；shé

【折半】zhébàn(动·不及物)减半，原价的百分之五十 *reduce (a price) by half*; *give 50% discount*

【折叠】zhédié(动)*fold*：～床 ～ chuáng *folding bed*/～伞 ～ sǎn *folding umbrella*/这张桌子是可以～的。Zhè zhāng zhuōzi shì kěyǐ ～ de. *This table can be folded.*

【折服】zhéfú(动)(1)说服，使屈服 *talk sb. over*; *persuade*; *bring into submission*：论据不足，不能～人。Lùnjù bù zú, bù néng ～ rén. *There are insufficient grounds for persuasion.* /失败和挫折～不了意志顽强的人。Shībài hé cuòzhé ～ bu liǎo yìzhì wánqiáng de rén. *No failure or setback can subdue people with an indomitable will.* (2)信服 *completely accept*; *be convinced*：这论点令人～。Zhè lùndiǎn lìng rén ～. *This argument is very convincing.*

【折光】zhéguāng(名)光线通过物质发生折射的现象 *refracted light*：阳光射进水里会产生～。Yángguāng shèjìn shuǐ li huì chǎnshēng ～. *Sunlight radiating in water can produce refracted light.*

【折合】zhéhé(动)*convert into*；*amount to*：十万日元～多少人民币?Shíwàn rìyuán ～ duōshao rénmínbì? *One hundred thousand Japanese yen convert into how many Renminbi?*/一公尺～三市尺。Yì gōngchǐ ～ sān shìchǐ. *One metre equals three chi.*

【折回】zhéhuí(动)中途返回 *turn back (halfway)*

【折价】zhé＝jià 把实物折合成钱 *convert into money*；*evaluate in terms of money*：学校的旧桌椅～卖给个人。Xuéxiào de jiù zhuōyǐ ～ mài gěi gèrén. *The school's old desks and chairs are to be evaluated and sold to individuals.* /这个书柜折多少价?Zhège shūguì zhé duōshǎo jià? *How much is this bookcase worth?*

【折旧】zhéjiù(动)*depreciation*：～费 ～ fèi *depreciation charge*

【折扣】zhékòu(名)*discount*；*rebate*：这些积压商品得打～出售。Zhèxiē jīyā shāngpǐn děi dǎ ～ chūshòu. *These over stocked products have to be sold at a discount.*

【折磨】zhémo(动)*cause physical or mental suffering*；*torment*：慢性病真～人!Mànxìngbìng zhēn ～ rén!*Chronic diseases really cause a lot suffering*!/你别再～我了,我已经够难受的了。Nǐ bié zài ～ wǒ le, wǒ yǐjīng gòu nánshòu de le. *Don't torment me anymore, I've already had enough.* (名)*suffering*；*torment*：你知道这些年我受了多少～?Nǐ zhīdao zhèxiē nián wǒ shòule duōshao ～?*Do you know how much torment I've gone through these few years?*/精神～比肉体的伤痛更使人痛苦。Jīngshén ～ bǐ ròutǐ de shāngtòng gèng shǐ rén tòngkǔ. *Spiritual suffering cause more agony than flesh wounds.*

【折扇】zhéshàn(名)[把 bǎ] *folding fan*

【折射】zhéshè(动)*refract*：空气中小水珠把阳光～成五颜六色的彩带,就是虹。Kōngqì zhōng xiǎo shuǐzhū bǎ yángguāng ～ chéng wǔyán-liùsè de cǎidài, jiù shì hóng. *Water droplets in the air refract sunlight to create a multicoloured ribbon, known as a rainbow.*

【折算】zhésuàn(动)同"折合"zhéhé *same as* "折合" zhéhé

【折中】zhézhōng(动)同"折衷"zhézhōng *same as* "折衷" zhézhōng

【折衷】zhézhōng(动)*compromise*：～方案 ～ fāng'àn *a compromise proposal*/你们俩别争了,我来一下吧。Nǐmen liǎ bié zhēng le, wǒ lái ～ yíxià ba. *Don't you two argue any more. I'll help you compromise.* /我提一个～办法,看大家能同意不?Wǒ tí yí gè ～ bànfǎ, kàn dàjiā néng tóngyì bu? *Let me suggest a way to compromise and see whether or not everybody agrees.*

【折衷主义】zhézhōngzhǔyì(名)*eclecticism*

【折子】zhézi(名)旧时用纸折叠而成的册子,多用来记账 *folding booklet used for keeping accounts (obsolete)*

【折子戏】zhézixì(名)剧本中可以独立演出的一段情节的戏曲 *excerpt from an opera that can be performed independently*

哲 zhé (形)◇有智慧 *wise*；*sagacious*(名)◇有智慧的人 *wise man*；*sage*：先～ xiān～ *a great thinker of the past*

【哲理】zhélǐ(名)*philosophy*，*philosophical outlook*

【哲人】zhérén(名)〈书〉智慧卓越的人 *sage*；*philosopher*

【哲学】zhéxué(名)*philosophy*

蛰 〔蟄〕zhé

【蛰伏】zhéfú(动)〈动物〉*hibernate*

【蛰居】zhéjū(动)〈书〉像动物冬眠一样长期躲在一个地方,不露面 *live in seclusion*

辙 〔轍〕zhé (名)(1)车轮压出的印 *the track of a wheel*；*rut*(2)戏曲、诗歌等所押的韵 *rhyme (of a song, poetry, etc.)*

zhě

者 zhě (尾)(1)指人 *(indicating a person)*：强～ qiáng～ *the strong*/先进工作～ xiānjìn gōngzuò～ *advanced worker*/革命～ gémìng～ *revolutionary*(2)指事务或方面 *(indicating a thing or aspect)*：前～ qián～ *the former*/后～ hòu～ *the latter*/两～缺一不可 liǎng～ quē yī bùkě *Neither is dispensable.* (助)(1)用于形容词、动词或形容词短语、动词短语后,表示具有这种属性或作此动作的人或事物 *(used after an adjective, verb, adjectival phrase or verbal phrase to indicate the possession of this kind of property or the doer of this action)*：来～不善,善～不来。Lái～ bú shàn, shàn～ bù lái. *He who has come is sure to get what he wants or he'd never have come along.* /强～欺负弱～。Qiáng～ qīfù ruò～. *The strong bullies the weak.* /识时务～为俊杰。Shí shíwù～ wéi jùnjié. *Whosoever understands the times is a great man.* (2)用在"前"、"后"和少数数词后,复指上文所说的人或事物 *(used after "前", "后", or a few numerals to indicate things or people mentioned above)*：刚才说的两种人中,前～指的是谁?后～指的又是谁?Gāngcái shuō de liǎng zhǒng rén zhōng, qián～ zhǐ de shì shuí?hòu～ zhǐ de yòu shì shuí?*Of the two types of people you just spoke about, what kind was the former?And the latter?*/作为第三～,我无权干涉你们的事。Zuòwéi dìsān～, wǒ wú quán gānshè nǐmen de shì. *Being the third party, I am in no position to interfere with your affairs.* /要么拥护,要么反对,二一必居其一。Yàome yōnghù, yàome fǎnduì, èr bì jū qí yī. *Either you support this or you oppose it. It must be one or the other.*

褶 zhě (名)(～儿)*pleat*；*crease*

【褶皱】zhězhòu(名)(1)〈地〉*fold*(2)皮肤上的皱纹 *wrinkle (in the skin)*

【褶子】zhězi(名)(1)*pleat*；*crease*；*fold*：衣服上有好多～,得熨一下。Yīfu shang yǒu hǎoduō～, děi yùn yíxià. *The clothes have a lot of wrinkles and have to be ironed.* (2)皮肤上的皱纹 *wrinkle (in the skin)*

zhè

这 〔這〕zhè (代)(1)指较近的人或事物(与"那"相反)*this (antonym of* "那" *(that))*：～本杂志 ～ běn zázhì *this magazine*/一个礼堂～ge lǐtáng *this auditorium*/～是我妈妈。～ shì wǒ māma. *This is my mother.* /～究竟是谁的责任?～ jiūjìng shì shuí de zérèn? *Exactly whose responsibility is this?*(2)这时候(指说话的同时),后面必有"就""才""都"等副词,"这"加强这些副词的作用,是可以省略的 *now*；*this moment (must be followed by adverbs such as* "就"，"才"，"都"，*etc.* "这" *intensifies the effect of the adverb and may be omitted)*：你先别走,他～就回来。Nǐ xiān bié zǒu, tā ～ jiù huílai. *Don't go yet. He's coming back this moment.* /我看～就要下雨了,你先别出去了。Wǒ kàn ～ jiù yào xià yǔ le, nǐ xiān bié chūqu le. *I think it's going to rain now, so don't go out yet.* /～才七点,你忙什么?～ cái qī diǎn, nǐ máng shénme? *What's your hurry? It's now only seven o'clock.* /直到他回到家里,他妈妈～才放心。Zhídào tā huídào jiālǐ, tā māma ～ cái fàng xīn. *It wasn't until he came home that his mother could be at ease.* /～都九点了,你怎么还不起床?

~ 都就点了，你怎么还不起床?Is it now already nine o'clock. Why aren't you up yet?(3)这样，和主语(多为代词)构成主谓结构作主语，后面谓语加以评论(used with a subject (usu. a pronoun) to form a subject-predicate construction that serves as a subject；followed by a predicate that indicates a comment)：你~就错了，我自己有书，怎么会拿你的呢?Nǐ ~ jiù cuò le,wǒ zìjǐ yǒu shū,zěnme huì ná nǐ de ne? You're wrong. I have my own book, so why would I take yours?/他~有点不像话，年轻人怎么跟老年人抢座位?Tā ~ yǒudiǎnr bú xiànghuà，niánqīng rén zěnme gēn lǎonián rén qiǎng zuòwèi? He's being a little unreasonable. How can a young person fight with an elderly one for a seat?(4)与"那"对举，表示多方面，不单一(cited in contrast with "那" (that) to indicate that there are many aspects to sth., not only one) this (and that)：他去服装展销会参观，看看~，看看那，觉得服装式样都很好看。Tā qù fúzhuāng zhǎnxiāohuì cānguān,kànkan ~,kànkan nà, juéde fúzhuāng shìyàng dōu hěn hǎokàn. He went to the fashion fair to take a look at this and that and felt that all the clothing styles were beautiful. /妈妈热情招待客人，又拿~,又拿那,忙得团团转。Māma rèqíng zhāodài kèren,yòu ná ~,yòu ná nà,máng de tuántuán zhuàn. Mom received the guests very warmly and ran around in circles doing this and that.

【这个】zhège(代)(1)这一个 this one; this：~人真不懂事。~ rén zhēn bù dǒng shì. This person is really not intelligent. /~比那个漂亮。~ bǐ nàge piàoliang. This one is prettier than that one. (2)这东西，这事情 this thing; this matter; this：你是要~吗?Nǐ shì yào ~ ma? Is this the one you want? /他为了~,难过了好久。Tā wèile ~,nánguòle hǎojiǔ. He felt very badly about this matter for a long time.

【这会儿】zhèhuìr(名)〈口〉这时候 now; at the moment; at present：王老师~正上课呢,等下课后再来找他。Wáng lǎoshī ~ zhèng shàng kè ne,děng xià kè hòu zài lái zhǎo tā. Teacher Wang is in class at the moment. Wait until class is over, then come and see him. /我~有事,不能去。Wǒ ~ yǒu shì,bù néng qù. I'm busy at present, so I can't go. /直到他还不知道错在哪儿。Zhídào ~ tā hái bù zhīdào cuò zài nǎr. Up until now he still doesn't know where the mistake is. /他昨天~还在广州，现在都到巴黎了。Tā zuótiān ~ hái zài Guǎngzhōu,xiànzài dōu dào Bālí le. At this time yesterday he was still in Guangzhou and has now already arrived in Paris. /~正是看牡丹的时候。~ zhèng shì kàn mǔdan de shíhou. Now is the season for peonies.

【这里】zhèlǐ(代)指较近的地方，同"这儿"zhèr,不如"这儿"口语化 here (same as "这儿" zhèr, but not as colloquial)

【这么】zhème(代)(1)指示性质、状态、程度、范围、方式等，用于近指，常作状语(indicating that the nature, condition, degree, scope, pattern, etc. of sth. is as such; usu. used as an adverbial)；such; this way; like this：这石头就是~硬。Zhè shítou jiù shì ~ yìng. This rock is this hard. /我女儿已经有我~高了。Wǒ nǚ'ér yǐjīng yǒu wǒ ~ gāo le. My daughter is already as tall as I am. /他的房间原来就是~布置的。Tā de fángjiān yuánlái jiù shì ~ bùzhì de. His room was originally decorated in this way. /这箱子~重啊!真没想到。Zhè xiāngzi ~ zhòng a!zhēn méi xiǎngdào. This box is so heavy! I really didn't expect it to be. /事情没你说的~容易。Shìqing méi nǐ shuō de ~ róngyì. It's not as easy as you say. /他一~说,我就明白了。Tā yì ~ shuō,wǒ jiù míngbai le. When he put it like this, I understood. /~热的天,还是在家呆着好。~ rè de tiān,háishi zài jiā dāizhe hǎo. It's so hot today. We'd better stay at home. (2)用在概数前，表示数量不多(used before approximate numbers to indicate only a few)：同意搬出去的~四五家。Tóngyì bān chuqu

de jiù ~ sì-wǔ jiā. Only these four or five families have agreed to move out. /阅览室的日文杂志也就~三四种。Yuèlǎnshì de rìwén zázhì yě jiù ~ sān-sì zhǒng. There are only three or four kinds of Japanese magazines in the reading room.

【这儿】zhèr(代)here：请到我~来。Qǐng dào wǒ ~ lái. Please come to me. /~是图书馆。~ shì túshūguǎn. Here is the library. /你说的那个工厂就是~吗?Nǐ shuō de nàge gōngchǎng jiù shì ~ ma? Is this the factory you were talking about?

【这么点儿】zhèmediǎnr(代)指示数量少或体积、重要性等小 such a little bit; these few, so few：~哪儿够吃呀!~ nǎr gòu chī ya! Such a little bit is not enough to eat. /求你~还不帮忙!Qiú nǐ ~ shì hái bù bāng máng! I ask you to do such a small thing yet you still won't help!/~活就把你累倒了。~ huó jiù bǎ nǐ lèidào le. How could such a little bit of work have worn you out!/就剩~了,你都拿去吧!Jiù shèng ~ le,nǐ dōu náqu ba!There's only this little bit left. Take it all. /~一间屋子,没法住两个人。~ yì jiān wūzi, méi fǎ zhù liǎng ge rén. There's no way two people can live in such a small room.

【这么些】zhèmexiē(代)根据上下文可强调数量多或数量少 so much; so many; so little; so few (varies according to the context in which it is used)：今天来~人呀!Jīntiān lái ~ rén ya!So many people have come today!/~东西我一个人拿不了。~ dōngxi wǒ yí ge rén ná bu liǎo. I can't carry so many things by myself. /收集了半天,才收集到~资料。Shōujíle bàntiān,cái shōují dào ~ zīliào. I've been collecting for a long time and have only managed to gather together these few materials. /行李已经运走一车了,就剩~了。Xíngli yǐjīng yùnzǒu yì chē le,jiù shèng ~ le. A carload of luggage has already been sent and there's just this little bit left.

【这么着】zhèmezhe(代)代表动作、方式 like this; so：好吧,就~。Hǎo ba,jiù ~. Okay, do it like this. /咱们~:你去通知他们开会,我去布置会场。Zánmen ~:nǐ qù tōngzhī tāmen kāi huì,wǒ qù bùzhì huìchǎng. Let's do it this way: you go and notify them of the meeting and I'll go fix up the conference hall. /总~不是个办法。Zǒng ~ bú shì ge bànfǎ. It shouldn't always be this way. /遇事多和他商量,帮他解决生活上的问题,~才能发挥他的积极性。Yù shì duō hé tā shāngliang,bāng tā jiějué shēnghuó shang de wèntí,~ cái néng fāhuī tā de jījíxìng. The only way you can bring his initiative into full play is by discussing things with him more, as you meet up with them, and by helping him solve problems in his life. 代表动作的状态,作状语(indicating the condition of an action; used as an adverbial)：要是~写字,字写不好。Yàoshi ~ xiě zì,zì xiě bu hǎo. If you write like this, you can't write well.

【这些】zhèxiē(代)these：~都是一年级的学生吗?~ dōu shì yī niánjí de xuésheng ma? Are these all first-year students?/我要说的就是~。Wǒ yào shuō de jiù shì ~. This is all I want to say.

【这样】zhèyàng(代)(1)代表性质、状态、方式、程度等(indicating the nature, state, method, degree, etc. of sth.)①作定语(used as an attributive)：他就是~一个人,你别跟他生气。Tā jiù shì ~ yí ge rén,nǐ bié gēn tā shēng qì. This is the way he is. Don't get angry with him. /就是应该多出版~的小说。Jiù shì yìnggāi duō chūbǎn ~ de xiǎoshuō. More novels of this kind should be published. ②作状语,同"这么"zhème(1),多用于书面语(used as an adverbial; same as "这么" zhème (1); usu. used in the written language)：他的思想就是~转变的。Tā de sīxiǎng jiù shì ~ zhuǎnbiàn de. His thinking has changed in this way. /花开得~红,真好看!Huā kāi de ~ hóng,zhēn hǎokàn! The flowers have

bloomed so red. They're really beautiful!/你～讲，我就不生气了。Nǐ ～ jiǎng, wǒ jiù bù shēng qì le. *I'm not angry when you put it this way.*/没想到他老人家还～结实。Méi xiǎngdào tā lǎorénjia hái ～ jiēshi. *I never expected him to still be so sturdy at his age.* ③ 作 补 语（used as a complement）：你这字是怎么写的?写成～!Nǐ zhè zì shì zěnme xiě de?xiěchéng ～! *How could you have written this character in such a way?*/你的脾气怎么变成～了?Nǐ de píqi zěnme biànchéng ～ le?*What made your temperament change like this?*（2）代表某种行为，同"这么着"（indicating a type of behaviour；same as "这么着" zhèmezhe）：爬山的时候应该～：上身前倾，两腿用力。Pá shān de shíhou yīnggāi ～：shàngshēn qián qīng, liǎng tuǐ yòng lì. *Climbing a hill should be done in this way：the upper part of the body should lean forward with the legs doing the work.*/他总～，许多人都有意见。Tā zǒng ～, xǔduō rén dōu yǒu yìjiàn. *He's always like this and many people object.*/可以，就 ～ 吧。Kěyǐ, jiù ～ ba. *Okay, do it this way.*/你先介绍一下剧情，～，中文水平较低的同学才能看懂。Nǐ xiān jièshào yíxià jùqíng, ～, Zhōngwén shuǐpíng jiào dī de tóngxué cái néng kàndǒng. *Describe the plot first. In this way, those students whose level of Chinese is lower can then understand when they see the play.*/你应该多和他谈心，～，你们就能加深了解。Nǐ yīnggāi duō hé tā tán xīn, ～, nǐmen jiù néng jiāshēn liǎojiě. *You should have more heart-to-heart talks with him. In this way, you can understand each other more profoundly.*

蔗 zhè

（名）◇甘蔗 sucrose cane

【蔗糖】 zhètáng（名）sucrose；cane sugar

zhe

着 zhe

（助）（1）多用于单音节动词后，表示动作虽已完成，但结果状态仍持续（usu. used after a monosyllabic verb to indicate that although the action has been completed. the state resulting from the action is maintained）：墙上挂～几张画儿。Qiáng shang guà～ jǐ zhāng huàr. *There are a few paintings hanging on the wall.*/教室的门开～。Jiàoshì de mén kāi～. *The classroom door is open.*/他穿～两件毛衣还觉得冷。Tā chuān～ liǎng jiàn máoyī hái juéde lěng. *He's wearing two sweaters, yet he still feels cold.*/屋里点～许多蜡烛。Wū li diǎn～ xǔduō làzhú. *Several candles are lighted in the room.*/你头晕，就躺～吧，别起来。Nǐ tóu yūn, jiù tǎng～ ba, bié qǐlai. *Stay lying down if you're dizzy. Don't get up.*（2）将某些少数动词由动作性的变为状态性的（turns a small number of active verbs into verbs indicating a state）：过马路的时候，你一定要拉～孩子的手。Guò mǎlù de shíhou, nǐ yídìng yào lā～ háizi de shǒu. *You must hold the child's hand when crossing the street.*/出去时，想～把电扇关了。Chūqu shí, xiǎng～ bǎ diànshàn guān le. *Remember to turn off the electric fan when you go out.*/他的父母还活～吧?Tā de fùmǔ hái huó～ ba? *Are his parents still alive?*/你送我的钢笔我一直收～，没用过。Nǐ sòng wǒ de gāngbǐ wǒ yìzhí shōu～, méi yòngguo.*I've been keeping the fountain pen you gave me and haven't used it.*（3）动词或形容词加"着"成为状语，说明方式（a verb or adjective that has "着" added to it becomes an adverbial that indicates a method）：他家不远，咱们走～去吧。Tā jiā bù yuǎn, zánmen zǒu～ qù ba. *His home isn't far. Let's go there on foot.*/我不习惯坐～讲课。Wǒ bù xíguàn zuò～ jiǎng kè. *I'm not used to teaching while sitting down.*/大家都忙～招待客人。Dàjiā dōu máng～ zhāodài kèren. *Everybody is busy enter-

taining the guests.*/他低～头写什么。Tā dī ～ tóu xiě shénme. *He's writing something with his head down.*（4）动词加"着"并重复，表示一动作在进行时，另一动作发生，影响了前一动作（when a verb with "着" added to it is reduplicated, it indicates that when one action is in progress, a second one occurs, influencing the first）：他们两个人谈～谈～吵起来了。Tāmen liǎng ge rén tán～ tán～ chǎo qilai le. *Those two were talking and talking until they started arguing.*/她躺在床上看～看～书，睡着了。Tā tǎng zài chuáng shang kàn～ kàn～ shū, shuìzháo le. *She lay on the bed reading on and on until she fell asleep.*/孩子跑～跑～跌了一交。Háizi pǎo～ pǎo～ diēle yì jiāo. *The child ran and ran until he tripped and fell.*/他吃～吃～饭，忽然想起什么，放下筷子走出去了。Tā chī～ chī ～ fàn, hūrán xiǎngqi shénme, fàng xiakuàizi zǒu chuqu le. *He kept on eating and eating, when he suddenly thought of something, set down his chopsticks and walked out.*（5）用于表示持续性动作的动词后，说明动作在进行，前面可有"正""在"或"正在"与之配合，句尾可有"呢"。"着"常省略（when used after a verb which expresses the continuation of an action, it illustrates an action in progress；the verb is preceded by "正", "在", "正在", or "呢" is used at the end of the sentence；"着" is often omitted）：小女孩坐在门口（正）等（～）妈妈呢。Xiǎo nǚháir zuò zài ménkǒu（zhèng）děng（～）māma ne. *The little girl is sitting at the gate waiting for her mother.*/他转过身来上上下下打量（～）我。Tā zhuàn guò shēn lai shàngshàngxiàxià dǎliàng（～）wǒ. *He turned around and looked me up and down.*/老人（在）吃力地往前走～。Lǎorén（zài）chīlì de wǎng qián zǒu～. *The elderly person walked forward with great effort.*/三班学生正开～会呢。Sānbān xuésheng zhèng kāi（～）huì ne. *The students of the third class are now having a meeting.*/一株茉莉散发～清香。Yì zhū mòlì sànfā ～ qīngxiāng. *The jasmine flower is sending forth a delicate fragrance.*/两个人正在互相观望（～），谁也不说话。Liǎng ge rén zhèngzài hùxiāng guānwàng（～）, shuí yě bù shuō huà. *Those two are waiting to see what the other will do, and neither is saying a word.* 表示思想状态的动词不能与"着"结合，如"知道""认识""喜欢""感谢"（verbs indicating a mental state, such as "知道", "认识", "喜欢", "感谢", cannot be linked with "着"）另见 zhāo；zháo；zhúo.

【着呢】 zhene（助）〈口〉用在作谓语或补语的形容词或描写性短语后，表示程度深（used after an adjective as a predicate or complement, or after a descriptive phrase to indicate a high degree）：very；deeply；greatly：这种皮鞋刚进的货，还多～。Zhè zhǒng píxié gāng jìn de huò, hái duō ～. *This kind of leather shoes is just newly in stock. There are still loads of them.*/茉莉花香～。Mòlihuā xiàng ～. *Jasmine flowers are extermely fragrant.*/他的身体结实～!Tā de shēntǐ jiēshi ～!*He is very sturdy!*/她说英语说得流利～!Tā shuō Yīngyǔ shuō de liúlì ～!*She speaks English very fluently!*

zhēn

贞 〔貞〕zhēn

（形）◇忠于信仰和原则，坚定不移 loyal；faithful

【贞操】 zhēncāo（名）（1）忠于信仰和原则的品德 loyalty；moral integrity（2）指封建礼教中束缚女子的一种道德观念，指女子不改嫁 chastity；i.e., remaining chaste and faithful to one's husband or betrothed, even after his death, as demanded by the feudal moral code

【贞节】 zhēnjié（名）同"贞操"zhēncāo same as "贞操" zhēncāo

【贞洁】 zhēnjié（形）指妇女在节操上纯洁（of a woman）chaste and undefiled

针 〔針〕zhēn

(名)(1)[根 gēn]needle：缝衣～ féng yī ～ *sewing needle* /穿～引线 chuān ～ yǐn xiàn *act as a go-between* (2) *stitch*：你别急，几～就缝上了。Nǐ bié jí, jǐ ～ jiù féngshang le. *Don't get anxious. Just a few stitches will sew it up.* (3) 针剂 *injection*；*shot*：退烧～一天打两次。Tuì shāo ～ yì tiān dǎ liǎng cì. *The antipyretic injection is to be given twice daily.*

【针砭】 zhēnbiān(动)〈书〉发现或指出错误以求改正 *point out sb.'s errors and request correction*：～时弊 ～ shíbì *criticize current evils and demand that they be dealt with* /痛下～ tòng xià ～ *painfully point out sb.'s errors and request correction*

【针刺疗法】 zhēncì liáofǎ〈医〉*acupuncture treatment*

【针刺麻醉】 zhēncì mázuì〈医〉*acupuncture anasthesia*

【针对】 zhēnduì(动)对准 *be aimed at*；*be directed against*：他的话是～这个问题说的。Tā de huà shì ～ zhège wèntí shuō de. *His words were aimed at this question.* /妇女的特点开展健身活动。～ fùnǚ de tèdiǎn kāizhǎn jiàn shēn huódòng. *Health activities aimed at the special needs of women are to be launched.* /你要～他的思想实际进行说服工作。Nǐ yào ～ tā de sīxiǎng shíjì jìnxíng shuōfú gōngzuò. *You must aim at his actual way of thinking when trying to persuade him.*

【针对性】 zhēnduìxìng(名)*with an aim*：他的话不是随便说的，是有～的。Tā de huà bú shì suíbiàn shuō de, shì yǒu ～ de. *He wasn't speaking at random. His words had an aim.* /我们的工作要有～，不能脱离实际。Wǒmen de gōngzuò yào yǒu ～, bù néng tuōlí shíjì. *We must have an aim in our work and cannot lose contact with reality.*

【针锋相对】 zhēn fēng xiāng duì 针锋：针尖。针尖对针尖，比喻在争辩或斗争中，针对对方的论点或行动回击，也比喻双方的论点或行动尖锐地对立(针尖：the point of a needle) *give tit for tat*；*be diametrically opposed*

【针剂】 zhēnjì(名)〈药〉*injection*

【针灸】 zhēnjiǔ(名)*acupuncture and moxibustion* (动)*give acupuncture and moxibustion treatment*

【针线】 zhēnxian(名)缝纫刺绣等工作的总称 *needlework*：不论男孩子、女孩子都应该学点儿。Búlùn nán háizi, nǚ háizi dōu yīnggǎi xué diǎnr. *Regardless of whether one is a boy or a girl, all should learn to do some needlework.*

【针叶树】 zhēnyèshù(名)*coniferous tree*；*conifer*

【针织品】 zhēnzhīpǐn(名)*knit goods*；*knitwear*；*hosiery*

侦 〔偵〕zhēn

(动)暗中察看 *investigate* (*secretly*)；*scout*

【侦查】 zhēnchá(动)公安机关为认定犯罪事实和查明犯罪人,而进行各种调查活动 *investigate* (*a crime*)

【侦察】 zhēnchá(动)〈军〉为查明敌情、地形和有关作战的其它情况而进行活动 *reconnoitre*；*scout*

【侦察兵】 zhēnchábīng(名)*scout*

【侦察机】 zhēnchájī(名)[架 jià]*reconnaissance plane*

【侦缉】 zhēnjī(动)侦查缉拿 *track down and arrest*

【侦探】 zhēntàn(动)*do detective work*：小说 ～ xiǎoshuō *detective story*(名)*detective*；*spy*

珍 zhēn

(形)◇宝贵的 *valuable*；*precious*；*rare*：～禽 ～ qín *rare birds*(名)◇宝贵的东西 *treasure*：奇～ qí ～ *rare treasure*(动)◇看重 *value highly*；*treasure*：自～ zì ～ *highly respect oneself*

【珍爱】 zhēn'ài(动)特别爱护 *love dearly*；*treasure*：这是祖父～的一只瓷瓶。Zhè shì zǔfù ～ de yì zhī cípíng. *This is a porcelain vase that is treasured by my grandfather.*

【珍宝】 zhēnbǎo(名)[件 jiàn]珍珠玉石的总称,泛指贵重物品 *pearls and jade*；*treasure*；*valuable jewellery*

【珍本】 zhēnběn(名)[本 běn]珍贵而又不容易得到的书 *rare edition*，*rare book*

【珍藏】 zhēncáng(动)认为有价值而特别妥善地收藏 *collect* (*rare books*，*art treasures*，*etc.*)：这批古画,他～了几十年了。Zhè pī gǔ huà, tā ～le jǐ shí nián le. *He has collected this lot of ancient paintings over several decades.*

【珍贵】 zhēnguì(形)*valuable*；*precious*：～的文物 ～ de wénwù *precious cultural relics* /这份史料十分～。Zhè fèn shǐliào shífēn ～. *This historical material is extremely valuable.*

【珍品】 zhēnpǐn(名)珍贵的物品 *treasure*：艺术～ yìshù ～ *art treasure* /书法～ shūfǎ ～ *calligraphy treasure*

【珍奇】 zhēnqí(形)珍贵而又非常稀有 *rare and valuable*

【珍视】 zhēnshì(动)珍惜重视 *value*；*prize*；*cherish*；*treasure*：～友谊 ～ yǒuyì *value a friendship* /～美好的生活 ～ měihǎo de shēnghuó *prize a happy life*

【珍闻】 zhēnwén(名)珍奇的见闻 *rare information*；*news tidbits*

【珍惜】 zhēnxī(动)珍重爱惜 *treasure*；*value*；*cherish*：～时间 ～ shíjiān *value one's time* (*so as not to waste it*) /～群众的积极性 ～ qúnzhòng de jījíxìng *cherish the enthusiasm of the masses* /～今日的和平环境 ～ jīnrì de hépíng huánjìng *treasure today's peaceful environment*

【珍重】 zhēnzhòng(动)(1)保重 *take good care of* (*yourself*)：望～身体 wàng ～ shēntǐ *hope you look after your health* (2)爱惜,珍爱 *value highly*；*treasure*：我们非常～历代的文化遗产。Wǒmen fēicháng ～ lìdài de wénhuà yíchǎn. *We highly value the cultural heritage of past dynasties.* /～我们之间的友谊 ～ wǒmen zhī jiān de yǒuyì *treasure the friendship between us*

【珍珠】 zhēnzhū(名)[颗 kē]*pearl*

真 zhēn

(形)(1)真实(与"假""伪"相反)*true*；*real*；*genuine* (*anyonym of "假" (false) and "伪" (fake)*)：～话 ～ huà *the truth* /～人～事 ～ rén ～ shì *real people and real events* /～金不怕火炼。～ jīn bú pà huǒ liàn. *True gold fears no fire.* — *A person of integrity can stand severe tests.* (2)的确,实在 *really*；*truly*；*indeed*：～不简单 ～ bù jiǎndān *really remarkable* /他～有本事。Tā ～ yǒu běnshi. *He is really capable.* (3)清楚(只作补语)*clearly* (*can only be used as a complement*)：请你大声点儿,我们听不～。Qǐng nǐ dà shēng diǎnr, wǒmen tīng bu ～. *Please speak a little louder. We can't hear clearly.* /字太小,我看不～。Zì tài xiǎo, wǒ kàn bu ～. *The print is too small. I can't read it clearly.* /我要说的话很重要,你可听～了。Wǒ yào shuō de huà hěn zhòngyào, nǐ kě tīng ～ le. *What I want to say is very important, so be sure to get it clear.* (副)(1)有"的确"的意思。用来加强肯定。强调事物的性质或状况等的程度深,可修饰形容词、动词、助动词或各种短语以及表示不愉快性质的否定形式 *really*；*truly*；*indeed* (*has the same meaning as "的确"*)；*used to stress the affirmative*；*emphasizes that the nature, condition, etc. of sth. is to a high degree*；*can modify an adjective, verb, auxiliary verb, any kind of phrase or a negative form which expresses sth. of an unhappy nature*：风～大!Fēng ～ dà! *It's really windy!* /我～喜欢那个小城市。Wǒ ～ xǐhuan nàge xiǎo chéngshì. *I really like that small city.* /他～愿意让我去吗? Tā ～ yuànyì ràng wǒ qù ma? *Is he really willing to let me go?* /你～不懂得孩子的心理。Nǐ kě ～ bù dǒngde háizi de xīnlǐ. *You really don't understand a child's psychology.* /小王给你画的那张像,～像极了。Xiǎo Wáng gěi nǐ huà de nà zhāng xiàng, ～ xiàng jí le. *The portrait of you that Xiao*

Wang drew does indeed look just like you. /那个电影～没意思。Nàge diànyīng ～ méi yìsi. *That movie was truly uninteresting.* 上边的"真"都可以说成"真是"(*all of the above* "真" *can be said as* "真是")"真"有时还可重叠("真" *can sometimes also be reduplicated*): 可717～～气死我了。Nǐ kě ～～ qì sǐ wǒ le. *You've really made me furious!* /这事我～没有料到。Zhè shì wǒ ～～ méiyou liàodào. *I just never expected this.* (2)强调事情的真实性,多修饰动词,助动词及短语,"真"都可以说成"真的"(*emphasizes the authenticity of a matter; usu. modifies a verb, auxiliary verb or phrase;* "真" *can also be said as* "真的"): 这回他～(的)不回来了。Zhè huí tā ～(de)bù huílai le. *He really isn't coming back this time.* /看来他～(的)生气了。Kànlái tā ～(de)shēng qì le. *He seems to be really angry.* /我～(的)没告诉他,不骗你。Wǒ ～(de) méi gàosu tā, bú piàn nǐ. *I really didn't tell him. I'm not lying to you.* /你～(的)会丢下她不管吗?Nǐ ～(de) huì diūxia tā bù guǎn ma?*Would you really abandon her?* /我～(的)不累,不需要休息。Wǒ ～(de) bú lèi, bù xūyào xiūxi. *I'm really not tired. I don't need to rest.* (3)"真是"单用,表示轻微的不满或歉意(*when* "真是" *is used alone, it expresses slight dissatisfaction or apology; often used in the spoken language*): 你可真～,这么晚了,还要出去。Nǐ kě zhēn shì, zhème wǎn le, hái yào chūqu. *You're really something! It's so late yet you still want to go out.* /真是的,他的要求也太高了。Zhēn shi de, tā de yāoqiú yě tài gāo le. *The nerve! His request is too much.* /又麻烦你了,真是!Yòu máfan nǐ le, zhēn shì! *Look at me! I'm bothering you again.*

【真诚】zhēnchéng(形)*sincere; genuine; true*: ～的态度 ～ de tàidu *a sincere attitude*

【真谛】zhēndì(名)真实的道理 *true significance; true meaning*: 学哲学能使人们懂得关于人类社会发展的～。Xué zhéxué néng shǐ rénmen dǒngdé guānyú rénlèi shèhuì fāzhǎn de ～. *Studying philosophy can make people understand the true meaning concerning the development of human society.*

【真假】zhēnjiǎ(名)真的和假的 *true and false; genuine and fake*: ～不分 ～ bù fēn *not distinguish between true and false*/不识～ bù shí ～ *not know what is true and what is false*/他能分辨古画的～。Tā néng fēnbiàn gǔ huà de ～. *He can distinguish between genuine and counterfeit ancient paintings.*

【真菌】zhēnjūn(名)*fungus*

【真空】zhēnkōng(名)*vacuum*

【真理】zhēnlǐ(名)*truth*

【真面目】zhēn miànmù 原来的真实的样子,多有贬义 *true features; true colours*: 和他相识了十年,才认识他的～。Hé tā xiāngshíle shí nián, cái rènshi tā de ～. *He and I were acquainted with each other for ten years before I finally saw him in his true colours.*

【真凭实据】zhēn píng shí jù *conclusive evidence; hard evidence*

【真切】zhēnqiè(形)清楚确切,多作补语 *vivid; clear; distinct* (*usu. used as a complement*): 他们虽然说话的声音不大,但我听得十分～。Tāmen suīrán shuō huà de shēngyīn bú dà, dàn wǒ tīngde shífēn ～. *Although they weren't speaking in a loud voice, I could still hear them very clearly.*

【真情】zhēnqíng(名)(1)真实的情况 *the real situation; the actual state of affairs; the facts; truth*: 吐露～ tǔlù ～ *tell the truth*/经过再三追问,他终于说出了～。Jīngguò zàisān zhuīwèn, tā zhōngyú shuōchūle ～. *After being questioned closely over and over again, he finally came out with the truth.* (2)真诚的心情或感情 *true feelings; real sentiments*: ～实感 ～ shí gǎn *true feelings*/流露～ liúlù ～ *reveal one's true sentiments*/难以表达的～ nányǐ biǎodá de ～ *true feel-*

ings that are difficult to express/她对他没有～,只是随便玩玩而已。Tā duì tā méi yǒu ～, zhǐ shì suíbiàn wánrwanr éryǐ. *She doesn't have any real affection for him but is just playing with him.*

【真善美】zhēn shàn měi *the true, the good and the beautiful*

【真实】zhēnshí(形)*true; real; authentic*: ～的情况 ～ de qíngkuàng *the real situation*/～的故事 ～ de gùshi *a true story*/人物形象～,感人。Rénwù xíngxiàng ～, gǎnrén. *The characters are realistic and moving.*

【真髓】zhēnsuǐ(名)事情的实质 *essence*: 这才是问题的～。Zhè cái shì wèntí de ～. *This is the essence of the problem.*

【真相】zhēnxiàng(名)事实的真实情况 *the real situation; the actual facts; the actual state of affairs; truth*: 调查事情的～ diàochá shìqing de ～ *investigate the actual facts behind the matter*/不明～,无法谈意见。Bù míng ～, wúfǎ tán yìjiàn. *If you are ignorant of the facts, there's no way to express your opinion.*

【真相大白】zhēnxiàng dàbái 真实的情况彻底弄清楚了 *the whole truth has come out*

【真心】zhēnxīn(名)[片 piàn]真实的心意 *sincerity*: 一片～ yí piàn ～ *in all sincerity*/～实意 ～ shíyì *genuinely and sincerely*/谈谈～话 tántan ～ huà *speak sincerely*

【真正】zhēnzhèng(形)*genuine; true; real*: ～的名牌自行车 ～ de míngpái zìxíngchē *a genuine famous-brand bicycle*/这才是他不参加会议的～理由。Zhè cái shì tā bù cānjiā huìyì de ～ lǐyóu. *This is the real reason he didn't attend the meeting.* /他～的兴趣在绘画方面。Tā ～ de xìngqu zài huìhuà fāngmiàn. *His real interest lies in painting.*

【真知灼见】zhēn zhī zhuó jiàn 正确的认识和透彻的见解 *real knowledge and deep insight; penetrating understanding*

【真挚】zhēnzhì(形)*sincere; cordial*: ～的感情 ～ de gǎnqíng *sincere affection*/他待人热情,～。Tā dài rén rèqíng, ～. *He treats people cordially and sincerely.*

【真珠】zhēnzhū(名)同"珍珠"zhēnzhū *same as* "珍珠" zhēnzhū

【真主】zhēnzhǔ(名)〈宗〉伊斯兰教所崇奉的唯一的神,认为是万物的创造者,人类命运的主宰者 *Allah (of the Islamic faith)*

砧 zhēn

(名)*hammering block; anvil*: 铁～ tiě ～ *anvil*/木～ mù ～ *(wooden) hammering block*

【砧板】zhēnbǎn(名)*chopping block*

斟 zhēn

(动)*pour (tea or wine)*: ～茶 ～ chá *pour tea*/一杯酒 ～ yì bēi jiǔ *pour a glass of wine*

【斟酌】zhēnzhuó(动)考虑衡量 *consider; deliberate*: 欠缺 ～ qiànquē *lack consideration*/～字句 ～ zìjù *weigh one's words*/你～着办吧。Nǐ ～ zhe bàn ba. *Do as you see fit.* /这件事情如何处理,得好好～～。Zhè jiàn shìqing rúhé chǔlǐ, děi hǎohāo ～～. *We must consider carefully how to handle this matter.*

甄 zhēn

(动)〈书〉审查鉴定(好坏、真假)*discriminate; distinguish (between good and bad, true and false, etc.)*

【甄别】zhēnbié(动)(1)审查辨别(好坏、真假)*examine and distinguish*: *discriminate (between good and bad, true and false, etc.)* (2)考核鉴定(能力、品质等)*screen; appraise (ability, quality, etc.)*

榛 zhēn

(名)◇*hazel*

【榛子】zhēnzi(名)*hazel; hazelnut*

zhěn

诊 〔診〕zhěn
（动）检查病人的病情 examine（a patient）：～脉 ～ mài feel sb.'s pulse

【诊察】zhěnchá（动）为了解病人病情进行检查 examine（a patient）

【诊断】zhěnduàn（名）diagnosis（动）diagnose；医生对他的病 ～ 得十分准确。Yīshēng duì tā de bìng ～ de shífēn zhǔnquè. The doctor diagnosed his illness accurately.

【诊疗】zhěnliáo（动）〈书〉诊断治疗，多作定语 make a diagnosis and give treatment（usu. used as an attributive）：～室 ～ shì consulting room／～器械 ～ qìxiè medical instruments

【诊视】zhěnshì（动）诊察 examine（a patient）

【诊室】zhěnshì（名）consulting room；examination room

【诊所】zhěnsuǒ（名）clinic

【诊治】zhěnzhì（动）〈书〉诊疗 make a diagnosis and give treatment：患病后要及时～。Huàn bìng hòu yào jíshí ～. When one gets sick, one must have the illness diagnosed and treated without delay.

枕 zhěn
（动）头放在枕头或其它东西上 rest the head on：～着很高的枕头 ～zhe hěn gāo de zhèntou rest one's head on high pillows／～戈待旦 ～ gē dài dàn lie with one's head pillowed on a spear, waiting for day to break — be ready for battle（名）〇 pillow：竹～ zhú ～ bamboo pillow（woven with thin bamboo strip）／瓷～ cí ～ porcelain pillow

【枕巾】zhěnjīn（名）[条 tiáo] a towel used to cover a pillow

【枕木】zhěnmù（名）[根 gēn] sleeper；tie

【枕套】zhěntào（名）[个 gè、对 duì] pillowcase；pillowslip

【枕头】zhěntou（名）[个 gè] pillow

【枕心】zhěnxīn（名）[个 gè、对 duì] pillow（without the pillowcase）

疹 zhěn
（名）〈医〉rash

【疹子】zhěnzi（名）〈医〉measles

缜 〔縝〕zhěn
（形）〇 周密，精细 careful；thorough

【缜密】zhěnmì（形）〈书〉周密，细致 careful；thorough；meticulous：～的考虑 ～ de kǎolǜ careful consideration／经过～的调查研究 jīngguò ～ de diàochá yánjiū undergo meticulous investigation and study

zhèn

阵 〔陣〕zhèn
（名）(1)〇 作战队伍的行列 battle array（or formation）(2)〇 战场 position；front：上～杀敌 shàng ～ shā dí go to the front to fight the enemy (3)（～儿）一段时间（前边有"一"或"这、那"）a period of time（preceded by "一", or "这" or "那"）：这～他不常到这里来了。Zhè ～ tā bù cháng dào zhèlǐ lái le. He doesn't come here often these days. ／大家忙了一～，总算把工作赶完了。Dàjiā mángle yí ～, zǒngsuàn bǎ gōngzuò gǎnwán le. Everybody was busy for some time and at long last finished the work.（量）表示事情或动作经过的一段时间（indicating that an action or event occurs for a period of time）：下午下了几～雨。Xiàwǔ xiàle jǐ ～ yǔ. There were a few showers this afternoon. ／一～～的小风吹过来了。Yí ～～ de xiǎo fēng chuī guòlái. A few gusts of wind came blowing this way. ／外面响起一～枪声。Wàimian xiǎngqǐ yí ～ qiāngshēng. A burst of gunfire rang out outside.

【阵地】zhèndì（名）position；front

【阵地战】zhèndìzhàn（名）[场 cháng] positional warfare

【阵脚】zhènjiǎo（名）指作战时所布置的作战阵势的最前方，多用于比喻 front line；position（usu. used figuratively）：稳住～ wěnzhù ～ secure one's position／只要～不乱，我们就能打胜仗。Zhǐyào ～ bú luàn, wǒmen jiù néng dǎ shèngzhàng. As long as our position remains firm, we can score a victory. ／他一参加，把我们的工作～全打乱了。Tā yì cānjiā, bǎ wǒmen de gōngzuò ～ quán dǎluàn le. As soon as he joined in, our work was thrown completely into confusion.

【阵容】zhènróng（名）(1)作战队伍的外貌 battle array（or formation）：新战士的～很整齐。Xīn zhànshì de ～ hěn zhěngqí. The new soldiers' battle formation is very neat. (2)队伍显示的力量，多用于比喻 lineup（usu. used figuratively）：～强大 ～ qiángdà have a strong lineup／甲乙两个球队～都很强。Jiǎ yǐ liǎng ge qiúduì ～ dōu hěn qiáng. Ball teams A and B both have a very strong lineup.

【阵势】zhènshì（名）(1)军队作战的布局 battle array（or formation）；a disposition of combat forces：拉开～ lākāi ～ spread out combat forces／摆出一副进攻的～。Bǎichū yí fù jìngōng de ～. deploy the ranks in such a formation as to take the offensive (2)情势，场面 situation；appearance；condition；circumstances：游行队伍的～威武壮观。Yóuxíng duìwǔ de ～ wēiwǔ zhuàngguān. The contingents of paraders presented a powerful and magnificent sight. ／妇女们劳动的～很有磅礴逼人的气概。Fùnǚmen láodòng de ～ hěn yǒu pángbó bīrén de qìgài. The sight of women labouring is very powerful.

【阵亡】zhènwáng（动）在作战时牺牲 be killed in action

【阵线】zhènxiàn（名）front；ranks；alignment：革命～ gémìng ～ an alignment of revolutionary forces

【阵营】zhènyíng（名）a group of people who pursue a common interest；camp

【阵雨】zhènyǔ（名）shower

振 zhèn
（动）〇 (1)挥动，摇动 shake；flap：～臂高呼 ～ bì gāo hū raise one's arm and shout／～翅高飞 ～ chì gāo fēi（of a bird）flap its wings and fly high (2)奋起 rise with force and spirit；rise：～起精神 ～qǐ jīngshén rise in spirit／精神为之一～。Jīngshén wéi zhī yí ～. He felt his spirits rise.

【振荡】zhèndàng（动）(1)同"振动"zhèndòng same as "振动"zhèndòng (2)〈电〉oscillation

【振动】zhèndòng（动）vibrate

【振奋】zhènfèn（动）inspire；stimulate：～人心 ～ rénxīn inspire people／精神～ jīngshén ～ spirit is roused

【振兴】zhènxīng（动）大力发展，使昌盛起来 develop vigorously；vitalize：～中华 ～ Zhōnghuá vigorously develop China／～文坛 ～ wéntán vitalize the literary world

【振振有辞】zhèn zhèn yǒu cí 形容理由似乎很充分，说个不停 speak plausibly and at length

【振作】zhènzuò（动）使精神旺盛，情绪饱满 display vigour；exert oneself：～起来，别遇到挫折就灰心丧气。～ qilai, bié yùdào cuòzhé jiù huīxīn sàngqì. Pull yourself together. Don't get utterly disheartened when you suffer a setback. ／失败一次没关系，～起来，把工作做好 Shībài yí cì méi guānxi, dàjià ～ qilai, bǎ gōngzuò zuòhǎo. Brace yourselves and do the work well. It doesn't matter if you fail once.

震 zhèn
（动）震动 shake；vibrate；quake：放爆竹把玻璃窗～碎了。Fàng bàozhú bǎ bōli chuāng ～suì le. They let off firecrackers which shattered the window. ／听了这话，他浑身一

～，脸色变得苍白。Tīngle zhè huà，tā húnshēn yí ～，liǎnsè biànde cāngbái. *When he heard this，his whole body shook and his face turned pale.*

【震荡】 zhèndàng(动)〈书〉*shake；vibrate；quake*

【震动】 zhèndòng(动)(1)受外力影响而颤动 *shake；vibrate；quake*：大炮轰鸣，～着大地。Dàpào hōngmíng，～ zhe dàdì. *The cannons roared and shook the earth.* (2)(重大的事件、消息等)刺激人心(*of a matter，news，etc.*) *shock；reverberate*：～全国的消息 ～ quán guó de xiāoxi *news that shocked the whole country*

【震耳欲聋】 zhèn ěr yù lóng 形容声音很大，耳朵都快震聋了 *deafening*：鞭炮声～。Biānpào shēng ～. *The noise of the fire crackers was deafening.*

【震撼】 zhènhàn(动)〈书〉震动，摇撼 *shake；shock；vibrate*

【震级】 zhènjí(名)*magnitude of earthquake*

【震惊】 zhènjīng(动)*shock；amaze；astonish*：～世界的新闻 ～ shìjiè de xīnwén *news that astonished the world*

【震源】 zhènyuán(名)*focus (of an earthquake)*

【震中】 zhènzhōng(名)*epicentre*

镇 〔鎮〕zhèn

(动)(1)抑制 *press down；restrain；keep down*：这种药消炎～痛。Zhè zhǒng yào xiāo yán ～ tòng. *This type of medicine diminishes inflammation and eases pain.* (2)把守 *guard；garrison*：坐～ zuò ～ *assume personal command (of a garrison，etc.)* (3)降温，冷却 *cooled with cold water or ice*：冰～啤酒 bīng ～ pījiǔ *ice-cold beer* (名)*town*：小～ xiǎo ～ *small town*/到～上去买点儿东西。Dào ～ shang qù mǎi diǎnr dōngxi. *I'm going to town to buy a few things.*

【镇定】 zhèndìng(形)*calm；cool；composed*：无论发生什么情况，都要～，保持头脑冷静。Wúlùn fāshēng shénme qíngkuàng，dōu yào ～，bǎochí tóunǎo lěngjìng. *No matter what happens，you must remain calm and keep your heads.*

【镇静】 zhènjìng(形)*calm，cool；composed；unruffled*

【镇静剂】 zhènjìngjì(名)*sedative；tranquilizer*

【镇守】 zhènshǒu(动)军队驻扎在军事要地防守 *guard (a strategically important place)；garrison*

【镇压】 zhènyā(动)*suppress；repress；put down*

【镇子】 zhènzi(名)集镇 *town (usually with a market)*

zhēng

正 zhēng
另见 zhèng

【正月】 zhēngyuè(名)农历一年的第一个月 *first month of the lunar calendar*

争 zhēng

(动)(1)争论，争执 *argue；dispute*：别～了，你们的看法并不矛盾。Bié ～ le，nǐmen de kànfǎ bìng bù máodùn. *Don't argue. Your viewpoints really aren't contradictory.* /大家～了半天，谁也没说服谁。Dàjiā ～ le bàntiān，shuí yě méi shuōfú shuí. *Everybody argued for a long time，but nobody could convince the other.* (2)争夺，努力争取得到或达到 *contend；vie；strive*：～冠军 ～ guànjūn *contend for the championship*/～先进 ～ xiānjìn *strive to be advanced*/～着干重活儿 ～ zhe gàn zhòng huór *vie with each other to do heavy work*

【争霸】 zhēngbà(动)*contend (or struggle) for hegemony；strive for supremacy*：形成两强～的局面 xíngchéng liǎng qiáng ～ de júmiàn *form a situation where two forces strive for supremacy*

【争辩】 zhēngbiàn(动)争论，辩论 *argue；debate*：他们俩说着说着就～起来了。Tāmen liǎ shuōzhe shuōzhe jiù ～ qilai le. *Those two went on and on until they finally ended up arguing.*

【争吵】 zhēngchǎo(动·不及物)*quarrel；bicker*：两方面各自坚持自己的看法，后来竟～起来。Liǎng fāngmiàn gèzì jiānchí zìjǐ de kànfǎ，hòulái jìng ～ qilai. *Both sides stuck to their own viewpoints and eventually started to quarrel.*

【争端】 zhēngduān(名)事情引起争执的根由 *controversial issue；conflict；dispute*：边界～ biānjiè ～ *a border dispute*/国际～ guójì ～ *an international dispute*

【争夺】 zhēngduó(动)*fight (or contend) for；vie with sb. for sth.*：～决赛权 ～ juésàiquán *fight for the right to participate in the finals*/～奖杯 ～ jiǎngbēi *vie for the prize cup*

【争分夺秒】 zhēng fēn duó miǎo 抓紧一分一秒的时间 *make every minute and second count；race against time*：他们工作起来，干劲十足。Tāmen gōngzuò qilai，gànjìn shízú. *When they start to work，they become full of vigour and make every minute and second count.*

【争光】 zhēngguāng(动·不及物)*win glory (or honour) for*：为祖国～ wèi zǔguó ～ *win honour for the motherland*/这是为集体～的机会。Zhè shì wèi jítǐ ～ de jīhuì. *This is an opportunity to win glory for the collective.*

【争论】 zhēnglùn(动)*dispute；debate；contend*：有～的问题 yǒu ～ de wèntí *a controversial issue*/大家～了一番。Dàjiā ～ le yī fān. *Everybody debated for a while.*

【争鸣】 zhēngmíng(动·不及物)比喻在学术上进行辩论 *contend (in scholarly circles)*

【争气】 zhēngqì(动·不及物)力求上进，不甘落后 *try to make a good showing；try to bring credit to*：为祖国和人民～。Wèi zǔguó hé rénmín ～. *This will bring credit to the homeland and the people.* /他的成功，为我们争了气。Tā de chénggōng，wèi wǒmen zhēngle qì. *His success has won credit for us.* /他无论工作还是生活条件都很好，只是儿子不太～，不好好儿学习。Tā wúlùn gōngzuò háishi shēnghuó tiáojiàn dōu hěn hǎo，zhǐshì érzi bú tài ～，bù hǎohāor xuéxí. *Whether in work or in life，he always does well；his son，however，doesn't really try to make a good showing and doesn't study well.*

【争取】 zhēngqǔ(动)力求得到，力求实现 *strive for；fight for；win over*：～时间 ～ shíjiān *race against time*/～胜利 ～ shènglì *fight for victory*/～提前完成任务 ～ tíqián wánchéng rènwù *strive to finish the task ahead of time*

【争权夺利】 zhēng quán duó lì 争夺权力和利益 *scramble for power and profit*

【争先】 zhēngxiān(动·不及物)争着抢在别人前面 *try to be first (to do sth.)*：大家都～报名去植树造林。Dàjiā dōu ～ bàomíng qù zhí shù zào lín. *Everybody tried to be the first to sign up to participate in afforestation.* /只要是对工作有利的事，他都～参加。Zhǐyào shì duì gōngzuò yǒulì de shì，tā dōu ～ cānjiā. *As long as something is beneficial to his work，he's always the first to join in.* /在学习上，这个班的学生人人努力，个个～。Zài xuéxí shang，zhège bān de xuésheng rénrén nǔ lì，gègè ～. *In terms of study，every student in this class is diligent and strives to be the first.*

【争先恐后】 zhēng xiān kǒng hòu 争着往前，恐怕落后 *strive to be first and fear to lag behind*

【争议】 zhēngyì(动)争论 *dispute；debate；contend*：～不决 ～ bù jué *unable to resolve a dispute*/～的结果，大家同意了他的意见。～ de jiéguǒ，dàjiā tóngyìle tā de yìjian. *The result of the debate was that everybody agreed with his idea.* /意见不一致，不能得出结论 *dispute；controversy*：在代表问题上，大家有～。Zài dàibiǎo wèntí shang，dàjiā yǒu ～. *The question of representation is a controversial one.* /这个论点是否正确还有～。Zhège lùndiǎn shì fǒu zhèngquè hái yǒu ～. *There is still some dispute as to whether or not this argument is correct.* /他是个有～的人物。Tā shì ge yǒu ～ de rénwù. *He's a controversial figure.*

【争执】zhēngzhí〈动〉〈书〉争论中各自坚持自己的意见,谁也不肯让步 stick to one's position (or grounds); disagree:会上大家～了半天,认识还是不一致。Huì shang dàjiā ～le bàntiān, rènshi háishi bù yízhì. All stuck to their own positions at the meeting so opinions still differ.

征

〔徵〕zhēng
〈动〉◇(1)证明 prove; give evidence:有实物可～ yǒu shíwù kě ～ There is solid evidence. (2)由国家招集或收用 (of the state) levy (taxes); collect; impose:～粮～liáng collect grain taxes/应～入伍 yìng ～ rù wǔ be drafted (3)求,希望得到,征求 ask for; solicit:～婚 ～ hūn openly seek a spouse by advertisement/～得他的同意 ～ dé tā de tóngyì seek his approval (4)〈军〉◇go on an expedition (or a campaign):～战几十年 ～ zhàn jǐ shí nián fight for decades

【征兵】zhēng＝bīng conscription; draft

【征尘】zhēngchén〈名〉身上沾的远行途中的尘土 dust which settles on one during a journey

【征程】zhēngchéng〈名〉同"征途"zhēngtú same as "征途"zhēngtú:踏上～ tàshang ～ embark on a journey

【征调】zhēngdiào〈动〉政府征集和调用人员或物资 (of the government) requisition (goods and materials); draft; recruit; call up:国家向这个省～三万吨小麦。Guójiā xiàng zhège shěng ～ sānwàn dūn xiǎomài. The state has requisitioned thirty thousand tons of wheat from this province.

【征服】zhēngfú〈动〉conquer; subjugate:～大自然 ～ dàzìrán conquer nature/殖民者想用武力～这个地区的人民,那是妄想。Zhímínzhě xiǎng yòng wǔlì ～ zhège dìqū de rénmín, nà shì wàngxiǎng. The colonialists want to conquer the people of this region by force, but that's wishful thinking.

【征购】zhēnggòu〈动〉purchase by the state:～农副产品 ～ nóng fù chǎnpǐn (the state) purchase agricultural by-products /～土地 ～ tǔdì (the state) purchase the land

【征候】zhēnghòu〈名〉发生某种情况的迹象 sign:乌云蔽天,这是大雨将至的～。Wūyún bì tiān, zhè shì dàyǔ jiāng zhì de～. Dark clouds covering the sky are a sign that it's going to pour. /他的血压下降,脉搏减弱,病情恶化的～十分明显。Tā de xuèyā xiàjiàng, màibó jiǎnruò, bìngqíng èhuà de ～shífēn míngxiǎn. His blood pressure has dropped and his pulse has weakened. These are clear signs that his condition has worsened. /会议气氛比较融洽,有双方和解的～。Huìyì qìfēn bǐjiào róngqià, yǒu shuāngfāng héjiě de ～. The atmosphere at the meeting is one of relative harmony. There are signs that both sides will become reconciled.

【征集】zhēngjí〈动〉寻求、搜集 collect; seek:～解放战争时期的摄影资料 ～ jiěfàng zhànzhēng shíqī de shèyǐng zīliào collect photographic material from the period of the War of Liberation/～群众的意见 ～ qúnzhòng de yìjiàn seek the opinions of the masses

【征聘】zhēngpìn〈动〉同"招聘"zhāopìn same as "招聘"zhāopìn

【征求】zhēngqiú〈动〉solicit; seek; ask for:～意见 ～ yìjiàn solicit opinions

【征收】zhēngshōu〈动〉levy; collect; impose:～税款 ～ shuìkuǎn levy taxes

【征税】zhēng＝shuì 政府依照法律向人民征收税款 (of the government) levy (or collect) taxes

【征讨】zhēngtǎo〈动〉出兵攻打 go on a punitive expedition

【征途】zhēngtú〈名〉去作战的道路,泛指远行的路途 military expedition; journey

【征文】zhēngwén〈动〉报刊杂志为某一专题而公开征集文章稿件 solicit articles or essays

【征象】zhēngxiàng〈名〉同"征候"zhēnghòu same as "征候"zhēnghòu

【征询】zhēngxún〈动〉seek the opinion of; consult:广泛～意见 guǎngfàn ～ yìjian seek opinions from all sides

【征用】zhēngyòng〈动〉expropriate; requisition:政府要～这些房子。Zhèngfǔ yào ～ zhèxiē fángzi. The government will expropriate these buildings.

【征召】zhēngzhào〈动〉征(兵) enlist; draft; conscript

【征兆】zhēngzhào〈名〉同"征候"zhēnghòu same as "征候"zhēnghòu

挣

zhēng
另见 zhèng

【挣扎】zhēngzhá〈动·不及物〉struggle:～在死亡线上 ～ zài sǐwáng xiàn shang struggle for a bare subsistence/他终于～着站起来了。Tā zhōngyú ～ zhe zhàn qǐlai le. He finally struggled and stood up. /他和病魔进行了最后的～。Tā hé bìngmó jìnxíng le zuìhòu de ～. He put up a final struggle with his serious illness.

峥

zhēng

【峥嵘】zhēngróng〈形〉〈书〉lofty and steep; towering:山势～ shānshì ～ the lie of the mountain is steep/岁月～ suìyuè ～ eventful years

狰

zhēng

【狰狞】zhēngníng〈形〉〈书〉(面目)凶恶的样子 (of sb.'s features) ferocious; savage; hideous

症

〔癥〕zhēng
另见 zhèng

【症结】zhēngjié〈名〉腹中结块的病,比喻事情难处理的关键 crux; crucial reason:找出～所在 zhǎochū ～ suǒzài find wherein lies the crux (of the matter)/问题的～究竟在哪里?Wèntí de ～ jiūjìng zài nǎli? Where exactly is the crux of the problem?

睁

zhēng
〈动〉open (the eyes):～眼 ～ yǎn open one's eyes/～不开眼睛 ～ bù kāi yǎnjing unable to open one's eyes/一只眼,闭一只眼。～ yì zhī yǎn, bì yì zhī yǎn. Open one eye and close the other——turn a blind eye to sth.

蒸

zhēng
〈动〉(1)蒸发 evaporate (2)蒸熟 steam:～馒头 ～ mántou steam mantou/把这些肉放在锅里一一～。Bǎ zhèxiē ròu fàng zài guō li ～ yi ～. Steam this meat in the pot.

【蒸发】zhēngfā〈动〉evaporate

【蒸馏】zhēngliú〈动〉distil:～水 ～ shuǐ distilled water

【蒸笼】zhēnglóng〈名〉food steamer

【蒸气】zhēngqì〈名〉vapour

【蒸汽】zhēngqì〈名〉steam

【蒸汽机】zhēngqìjī〈名〉steam engine

【蒸蒸日上】zhēngzhēng rì shàng 形容兴旺发达,不断向上 becoming more prosperous every day; flourishing; thriving:建设事业～ jiànshè shìyè ～ The cause for construction is thriving.

zhěng

拯

zhěng
〈动〉◇救 save; rescue

【拯救】zhěngjiù〈动〉〈书〉救 save; rescue:～苦难中的人民 ～ kǔnàn zhōng de rénmín rescue the people from misery/～他的灵魂 ～ tā de línghún save his soul

整 zhěng
（形）(1)完整的，没有剩余或残缺 whole; complete; entire; full：～本书 ～ běn shū the whole book/～箱的苹果都烂掉了。～ xiāng de píngguǒ dōu làndiào le. All the apples in the entire case are rotten. /现在是北京时间十二点～. Xiànzài shì Běijīng shíjiān shí'èr diǎn ～. It is now twelve o'clock sharp, Beijing time. /地质队～年～月地在野外勘探。Dìzhìduì ～ nián ～ yuè de zài yěwài kàntàn. The team of geologists is in the fields prospecting the whole year round. /～三个月没见到他了～ sān ge yuè méi jiàndào tā le haven't seen him for a full three months/雪～～下了一天一夜。Xuě ～ xiàle yì tiān yí yè. Snow fell for a full day and night. /～～三个钟头他不停地写。～ ～ sān ge zhōngtóu tā bù tíng de xiě. He wrote for a full three hours. (2)◇整齐 neat; tidy: 衣帽不～ yī mào bù ～ be untidy in one's dress(动)(1)修理，使完好 repair; mend：～旧如新 ～ jiù rú xīn repair something old and make it as good as new (2)整理，整顿 put in order; rectify：你能不能把这些东西～?Nǐ néng bu néng bǎ zhèxiē dōngxi ～?Would you put these things in order?/工作作风非～不可了。Gōngzuò zuòfēng fēi ～ bùkě le. Our work style must be rectified. (3)使(人精神上或肉体上)吃苦 make sb. suffer (mentally or physically)：～人的人没有好下场。～ rén de rén méi yǒu hǎo xiàchǎng. Those who make others suffer will come to no good end. /他被～得好苦。Tā bèi ～ de hǎo kǔ. He was made to suffer greatly.

【整编】zhěngbiān(动)reorganize (troops)

【整饬】zhěngchì(动)〈书〉整顿，使有条理 put in order; reorganize：～纪律 ～ jìlù strengthen discipline（形）整齐；有条理 in good order; neat; tidy：服装～ fúzhuāng ～ be neatly dressed

【整党】zhěng＝dǎng consolidate the Party organization

【整地】zhěng＝dì 翻松和平整土地，有时也包括开沟和筑畦等 soil preparation (i. e., preparation of land for sowing or planting by ploughing, levelling, etc.; sometimes also includes digging ditches, the partition of land into rectangular shapes separated by ridges, etc.)：播种前要先～。Bōzhǒng qián yào xiān ～. The soil must be prepared prior to sowing. /快要播种了，我得去整整地。Kuài yào bōzhǒng le, wǒ děi qù zhěngzhěng dì. It's almost time for sowing. I must go and prepare the soil.

【整顿】zhěngdùn(动)rectify; consolidate; reorganize：～市容 ～ shíróng reorganize the appearance of a city/～纪律 ～ jìlù strengthen discipline/通过～，社会秩序大有好转。Tōngguò ～, shèhuì zhìxù dà yǒu hǎozhuǎn. Social order has improved greatly through reorganization.

【整风】zhěng＝fēng 整顿思想作风和工作作风 rectification of incorrect styles of work and thinking：我觉得我们又该整一次风了。Wǒ juéde wǒmen yòu gāi zhěng yí cì fēng le. I feel that we should rectify incorrect styles of work once again.

【整改】zhěnggǎi(动)整顿和改革的简称 rectify and reform

【整个】zhěnggè(形·非谓)(～儿)全部的，完整的 whole; entire：这种罐头里的蘑菇都是～的。Zhè zhǒng guàntou lǐ de mógu dōu shì ～ de. The mushrooms in this tin are whole. /～城市都在搞绿化。～ chéngshì dōu zài gǎo lǜhuà. The entire city is engaged in planting trees and flowers. /～计划都是他想出来的。jìhuà dōu shì tā xiǎng chulai de. He thought up the entire plan. /你出席会议不是代表你个人，而是代表～妇女界。Nǐ chūxí huìyì bùshì dàibiǎo nǐ gèrén, érshì dàibiǎo ～ fùnǚjiè. When you attend the meeting, you won't be representing just yourself, but will be representing the whole world of women. /那个会开了～一上午。Nàge huì kāile ～ yí shàngwǔ. That meeting lasted an entire

morning. /蛇把老鼠～吞下去了。Shé bǎ lǎoshǔ ～ tūn xiaqu le. The snake swallowed the mouse whole. /他～一夜没睡。Tā ～ yí yè méi shuì. He didn't sleep all night.

【整洁】zhěngjié(形)整齐、干净 clean and tidy：服装～ fúzhuāng ～ be neatly dressed/～的街道 ～ de jiēdào clean and tidy streets

【整理】zhěnglǐ(动)put in order; straighten out; sort out：～行装 ～ xíngzhuāng pack (for a trip)/～文化遗产 ～ wénhuà yíchǎn sift out cultural heritage/他把书稿～得清清楚楚。Tā bǎ shūgǎo ～ de qīngqīngchǔchǔ. He straightened out the book's manuscript very clearly.

【整流】zhěngliú(动·不及物)〈电〉rectify：～器 ～qì rectifier

【整齐】zhěngqí(形)(1)有条理，有秩序 in good order; neat; tidy：～的步伐 ～ de bùfá marching in step/服装～ fúzhuāng ～ be neatly dressed(2)外形规则、完整；大小、长短差不多 even; regular：这几个居民小区，楼房建筑十分～。Zhè jǐ ge jūmín xiǎoqū, lóufáng jiànzhù shífēn ～. The buildings in these small residential areas are extremely well-laid-out. /书架上的书摆得整整齐齐 Shūjià shang de shū bǎi de zhěngzhěngqíqí. The books on the bookshelf are evenly arranged. /这几行字写得多～!Zhè jǐ háng zì xiě de duō ～!These lines are written so evenly!/～的牙齿 ～ de yáchǐ regular teeth/小树被修剪得整整齐齐的。Xiǎo shù bèi xiūjiǎn de zhěngzhěngqíqí de. The small trees are evenly pruned.

【整容】zhěngróng(动·不及物)(1)修整装饰容貌，如洗脸、理发等，也用于给死人面部化妆 tidy oneself up (i. e., wash one's face, have a haircut, etc.; also refers to making up a dead body)(2)(用外科手术)改进面容 face-lifting

【整数】zhěngshù(名)integer; whole number

【整体】zhěngtǐ(名)whole; entirety：～的利益应该比局部利益更优先考虑。～ de lìyì yīnggāi bǐ júbù lìyì gèng yōuxiān kǎolǜ. The interests of the whole should claim precedence over partial interests. /语法体系是一个～，某一部分的改动会牵涉其他部分。Yǔfǎ tǐxì shì yí ge ～, mǒu yí bùfen de gǎidòng huì qiānshè qítā bùfen. A grammatical system is a whole. Alterations in one part will involve other parts.

【整形】zhěng＝xíng〈医〉plastic：～外科 ～ wàikē plastic surgery

【整修】zhěngxiū(动)整理、修建 rebuild; renovate：～房屋 fángwū renovate houses/整个操场～了一遍。Zhěnggè cāochǎng ～le yí biàn. The whole sports ground was renovated.

【整训】zhěngxùn(动)整顿和训练 train and consolidate：～干部 ～ gànbù train and consolidate cadres

【整枝】zhěngzhī(动)修剪植物的枝叶 train; prune

【整治】zhěngzhì(动)(1)治理、修理 renovate; repair; harness：～淮河 ～ Huái Hé harness the Huai River/自行车坏了，他自己会～。Zìxíngchē huài le, tā zìjǐ huì ～. If his bicycle breaks down he can repair it himself. (2)管束，惩罚 punish; check：他专会～顽皮学生。Tā zhuān huì ～ wánpí xuésheng. He knows how to deal with mischievous students. (3)做(某项工作)do; work at：小杨善于～西瓜。Xiǎo Yáng shànyú ～ xīguā. Xiao Yang is good at growing watermelons.

【整装待发】zhěng zhuāng dài fā 整理行装，准备出发 ready and waiting to go

zhèng

正 zhèng
（形）(1)垂直或符合标准方向(跟"歪""斜"相对) straight; upright (antonym of "歪"(crooked) and "斜"(slanting)): 军帽要戴～。Jūnmào yào dài～. An army cap must be worn straight. /这幅画挂得不～。Zhè fú huà guà de

bú ~. *This painting is not hanging straight.* /~东 ~ dōng due east/~前方 ~ qiánfāng *straight ahead* (2)◇位置在中央的(跟"侧""旁"相对)*situated in the middle* (antonym of *"侧" and "旁"* (side)); ~厅 ~ tīng *main hall* (3)◇正面(跟"反""背"相对)*front*; facade (antonym of *"反"* (reverse) and *"背"* (back)); 他一手反手都会抽球。Tā ~ shǒu fǎn shǒu dōu huì chōu qiú. *He has both a forehand and backhand drive.* /这种布~反都一样。Zhè zhǒng bù ~ fǎn dōu yíyàng. *The right and reverse sides of this type of material are the same.* (4)正派 *upright*; honest; 走后门是不~之风。Zǒu hòu mén shì bú ~ zhī fēng. *Going through the "back door" is not an honest practice.* (5)纯正 *pure*, unadulterated; 这种红颜色红得不~. *This is not a pure red.* /酒的香味很~. Jiǔ de xiāngwèi hěn ~. *The wine's taste is unadulterated.* (6)主要的(跟"副"相对)*principal*; chief (antonym of *"副"* (deputy)); ~副厂长都参加会议。~ fù chǎngzhǎng dōu cānjiā huìyì. *The factory's director and deputy-director will both attend the meeting.* (7)〈数〉大于零的(跟"负"相对)*plus* (antonym of *"负"* (minus)); ~六加六等于~四。~ liù jiā liù děngyú ~ sì. *Plus six plus minus two equals plus four.* (8)多边形的各边长度和各个角度数都相等的(of multilateral figures, etc.) regular; ~六边形 ~ liùbiānxíng *regular hexagon*/~三角形 ~ sānjiǎoxíng *regular triangle* (9)〈电〉吸取电子的(跟"负"相对)*positive* (antonym of *"负"* (negative)); ~极 ~ jí *positive electrode*(动)使端正 *set right*; correct; 把帽子一~一。Bǎ màozi ~ yi ~. *Straighten your cap.* (副)(1)表示某动作在进行中或某状态持续存在。"正"修饰的动词后常带"着",句尾常有"呢"(indicates an action in progress or the continuing existence of a state; the verb modified by "正" often takes "着", "呢" is often used at the and of the sentence); 他们~吃午饭。Tāmen ~ chī wǔfàn. *They are having lunch.* /现在,他~在图书馆看书。Xiànzài, tā ~ zài túshūguǎn kàn shū. *He is at the library reading right now.* /他弟弟~上大学呢! Tā dìdi ~ shàng dàxué ne! *His younger brother is attending university.* /我~等着家里的信呢。Wǒ ~ děngzhe jiā li de xìn ne. *I'm waiting for a letter from home.* /快进去吧! 他们谈得~热闹呢! Kuài jìnqu ba! tāmen tán de ~ rènao ne! *Quick, go inside! They're having a lively conversation!* "正"有时用来表示某一动作进行时,或即将进行时,又发生另一动作或情况 (sometimes "正" indicates that when one action is being performed or is about to be performed, another action or situation occurs); 大家~玩儿得高兴,突然闯进一个人来。Dàjiā ~ wánr de gāoxìng, tūrán chuǎng jìn yí ge rén lai. *Just as we were all having a good time, somebody suddenly came rushing in.* /我~要出门,电话铃响了。Wǒ ~ yào chū mén, diànhuà líng xiǎng le. *The phone rang just as I was about to go out.* (2)加强肯定语气,表示不是别的,就是这个 (stresses the affirmative tone to indicate that it is only this and nothing else); 这~是我要找的那本杂志。Zhè ~ shì wǒ yào zhǎo de nà běn zázhì. *This is precisely the magazine I was looking for.* /~像我所预料的,他们俩终于分手了。~ xiàng wǒ suǒ yùliào de, tāmen liǎ zhōngyú fēn shǒu le. *Just as I had predicted, those two finally parted.* /大家所以要托你办这件事,~因为信任你。Dàjiā suǒyǐ yào tuō nǐ bàn zhè jiàn shì, ~ yīnwèi xìnrèn nǐ. *The reason we entrusted you with this matter is that we have faith in you.* (3)表示某事物的存在或某情况的发生,与需要、希望等完全合适,或完全不相合 (indicates that the existence of an object or the occurrence of a situation conforms exactly to one's needs, wishes, etc. or is the complete opposite); 我~要去找他,他就来了。Wǒ ~ yào qù zhǎo tā, tā jiù lái le. *He came just as I was about to go look for him.* /这块布~够做一件上衣的。Zhè kuài bù ~ gòu zuò yí jiàn shàngyī de. *There was just enough of this*

cloth to make a jacket. /这儿放张书桌~合适。Zhèr fàng zhāng shūzhuō ~ héshì. *A writing desk will fit just nicely here.* /那天春游,我~赶上生病,没去成。Nà tiān chūnyóu, wǒ ~ gǎnshang shēng bìng, méi qùchéng. *I just happened to fall ill on the day of the spring outing, so I couldn't go.* 另见 zhèng

【正本】zhèngběn(名)(1)原本(备有副本的)图书 *original edition* (of a book)(2)正式的那份文书或文件 *formal document*

【正本清源】zhèng běn qīng yuán 从根本上彻底加以整顿清理 *thorough haul*; 真正的改革必须~。Zhēnzhèng de gǎigé bìxū ~. *Genuine reform must be thoroughgoing.*

【正比】zhèngbǐ(名)(1)〈数〉同"正比例"zhèngbǐlì *same as "正比例"* zhèngbǐlì (2)direct ratio; 人民的消费水平和收入成~。Rénmín de xiāofèi shuǐpíng hé shōurù chéng ~. *There is a direct ratio between consumption and wages.*

【正比例】zhèngbǐlì(名)〈数〉*direct proportion*

【正步】zhèngbù(名)〈军〉*parade step*

【正常】zhèngcháng(形)*normal*; regular; 他的体温~。Tā de tǐwēn ~. *His body temperature is normal.* /机器在~运转。Jīqì zài ~ yùnzhuǎn. *The machine is functioning normally.* /在~情况下,每三分钟开一班车。Zài ~ qíngkuàng xià, měi sān fēnzhōng kāi yì bān chē. *Under normal conditions, a bus leaves every three minutes.*

【正常化】zhèngchánghuà(动)*normalization*; 实现了两国关系的~。Shíxiànle liǎng guó guānxì de ~. *achieved normalization of the relations between the two countries*/新的规章制度保证了工厂的~生产。Xīn de guīzhāng zhìdù bǎozhèngle gōngchǎng de ~ shēngchǎn. *The new system of regulations guaranteed the normalization of production in the factory.*

【正大光明】zhèngdà guāngmíng 言行正派,没有私心。同"光明正大"guāngmíng zhèngdà *open and aboveboard* (same as "光明正大" guāngmíng zhèngdà)

【正当】zhèng dāng 正处在(某个时间、某个时期或某个阶段)*just when*; just the time for; ~会议开始时,他进来了。~ huìyì kāishǐ shí, tā jìnlái le. *He came in just as the meeting started.* /~紧急关头,机器出了毛病。~ jǐnjí guāntóu, jīqì chūle máobìng. *The machine broke down just at the critical moment.*

【正当年】zhèng dāng nián 正在身强力壮的年龄 *in the prime of life*; 他现在~,有的是力气。Tā xiànzài ~, yǒudeshì lìqi. *He's in his prime and has plenty of strength.*

【正当时】zhèng dāng shí 正合时令、时节 *the right season or time*; 现在插秧~。Xiànzài chā yāng ~. *Now is the right season for transplanting rice seedlings.*

【正当中】zhèngdāngzhōng(名)正中间 *right in the middle* (or center); 他坐在~,左边是他两个儿子,右边是女儿和女婿。Tā zuò zài ~, zuǒbiān shì tā liǎng ge érzi, yòubiān shì nǚ'ér hé nǚxu. *He's sitting right in the middle. On his left are his two sons and his daughter and son-in-law are on the right.* /~的那个就是车间主任。~ de nàge jiù shì chējiān zhǔrèn. *The one right in the middle is the head of the workshop.* /桌子摆在屋子~。Zhuōzi bǎi zài wūzi ~. *The desk is sitting right in the center of the room.*

【正当】zhèngdàng(形)合理合法的 *legitimate*; proper; appropriate; ~要求 ~ yāoqiú *a legitimate request*/~的理由 ~ de lǐyóu *a legitimate excuse*/他的行为是~的。Tā de xíngwéi shì ~ de. *His behaviour is very proper.* /他开枪是~防卫。Tā kāi qiāng shì ~ fángwèi. *He fired the gun in legitimate defence.*

【正道】zhèngdào(名)正路,比喻正当的路子 *the right course*; the correct path (used figuratively); 读完中学,能上大学最好,不能上大学就工作,这才是~。Dúwán zhōngxué, néng shàng dàxué zuì hǎo, bù néng shàng dàxué jiù gōngzuò, zhè

cái shì ~. *After high school, one should go to university. If not, then one should work. That's the correct thing to do.* /要搞~，不要搞邪门歪道。Yào gǎo ~，búyào gǎo xié mén wāi dào. *You must follow the correct path, not resort to crooked ways.*

【正点】zhèngdiǎn(形·非定)(火车、轮船、飞机)按规定的时间开出、运行或到达(of train, ships, planes, etc.) *on schedule; on time*：列车 ~ 到达北京。Lièchē ~ dàodá Běijīng. *The train arrived in Beijing on time.* /一路总遇上红灯，公共汽车运行不能~。Yílù zǒng yùshang hóngdēng, gōnggòng qìchē yùnxíng bù néng ~. *A public bus cannot run on schedule if it always meets red lights along the way.*

【正电】zhèngdiàn(名)*positive electricity*

【正殿】zhèngdiàn(名)宫殿或庙宇里位置处于中间的主要殿字 *main hall (in a palace or temple)*

【正法】zhèngfǎ(动)处决，处以死刑 *execute (a criminal)*

【正方】zhèngfāng(形)*square*

【正方体】zhèngfāngtǐ(名)*cube*

【正方形】zhèngfāngxíng(名)*square*

【正房】zhèngfáng(名)四合院里正面的房子，一般是坐北朝南的(和"厢房"相对)*principal rooms (in a courtyard, usu. situated in the north and facing south) (opposite of "厢房" (wing-room))*

【正告】zhènggào(动)严正地警告或告诉 *give a stern warning*

【正骨】zhènggǔ(动)〈中医〉*bonesetting*

【正规】zhèngguī(名)*regular; standard*：~ 学校 ~ xuéxiào *regular school*/~ 方法 ~ fāngfǎ *standard method*/这是个临时的短期训练班，一切工作都不很~。Zhè shì ge línshí de duǎnqī xùnliànbān, yíqiè gōngzuò dōu bù hěn ~. *This is just a short training course and none of the work is standard.*

【正规军】zhèngguījūn(名)*regular army*

【正轨】zhèngguǐ(名)正常的发展道路 *the right (or correct) path (for development)*：这项科研工作已纳入~。Zhè xiàng kēyán gōngzuò yǐ nàrù ~. *This scientific research work has already been put on the right track.* /经过一段整顿，现在一切都走上~。Jīngguò yí duàn zhěngdùn, xiànzài yíqiè dōu zǒushàng ~. *Having gone through reorganization, everything is now going along the right path.*

【正好】zhènghǎo(形·非定)(1)合适，符合需要(不受否定副词修饰，不能重叠)*just right; just enough (cannot be modified by a negative adverb and cannot be reduplicated)*：这双鞋他穿着~。Zhè shuāng xié tā chuānzhe ~. *This pair of shoes fits him nicely.* /你家三口人，住这套房子~。Nǐ jiā sān kǒu rén, zhù zhè tào fángzi ~. *This suite is just right for your family of three.* (2)事情的发生时机和需要等相符合 *just in time; just at the right time; in the nick of time*：你回来得~，晚饭刚摆在桌上。Nǐ huílai de ~, wǎnfàn gāng bǎi zài zhuō shang. *You've come back just in time. I've just put dinner on the table.* (副)(1)意思同"正"zhèng (3)，但可以放在句首 *same as "正" zheng (3) (but can be placed at the beginning of a sentence)*：我想下棋，~缺个对手，你快来吧! Wǒ xiǎng xià qí, ~ quē ge duìshǒu, nǐ kuài lái ba! *I want to play chess and, as it happens, I need an opponent, so hurry over here!* /我隔壁有间空房，你来了~可以住在那儿。Wǒ gébì yǒu jiān kòng fáng, nǐ láile ~ kěyǐ zhù zài nàr. *You're come just in time — you can stay there.* /果树开花的时节~赶上刮大风，影响了产量。Guǒshù kāi huā de shíjié ~ gǎnshangle guā dàfēng, yǐngxiǎng le chǎnliàng. *The blooming season for fruit trees just happened to meet with strong winds, so output was affected.* /我去找小李，~他不在家。Wǒ qù zhǎo Xiǎo Lǐ, ~ tā bú zài jiā. *I went to look for Xiao Li but he happened to be out.* /~，我也去杭州，咱们同路。~, wǒ yě qù Hángzhōu, zánmen tónglù. *As it happens, I'm going to Hangzhou too. Let's go together.* (2)表示(数目)不多不少，与需要或希望的相符，有"恰恰"的意思(indicates an exact number, no more or no less than what is needed or hoped for; has the same meaning as "恰恰")：参加会议的不是有五百人吗?这个礼堂~有五百个座位。Cānjiā huìyì de búshi yǒu wǔbǎi rén ma? zhège lǐtáng ~ yǒu wǔbǎi ge zuòwèi. *Aren't there five hundred people attending the meeting? This auditorium has exactly five hundred seats.* /他在中国~住了一年。Tā zài Zhōngguó ~ zhùle yì nián. *He lived in China for exactly one year.* /一共三个组，你们三个人~一个人负责一个组的工作。Yígòng sān ge zǔ, nǐmen sān ge rén ~ yí ge rén fùzé yí ge zǔ de gōngzuò. *There are three groups altogether. You three can each take charge of work for one group.* /这两个诗人生活的时代~相差一个世纪。Zhè liǎng ge shīrén shēnghuó de shídài ~ xiāngchà yí ge shìjì. *There is a difference of exactly one century between the eras during which these two poets each lived.*

【正号】zhènghào(名)〈数〉*positive sign; plus sign*

【正经】zhèngjīng(形)(1)正派 *decent; upright; honest*：他是个~人。Tā shì ge ~ rén. *He's a decent person.* /他是假~，净干些不光明正大的事。Tā shì jiǎ ~, jìng gàn xiē bù guāngmíng zhèngdà de shì. *His honesty was a sham and he engages in nothing but evil business.* (2)不是开玩笑，必须认真对待的 *serious*：我跟你谈的可是~事，你要认真对待。Wǒ gēn nǐ tán de kě shì ~ shì, nǐ yào rènzhēn duìdài. *What I've discussed with you is serious and you must treat it conscientiously.* /这是~话，不是开玩笑。Zhè shì ~ huà, bú shì kāi wánxiào. *These words are not a joke. They're serious.* (3)正式，合乎标准的 *official; standard*：~的白兰地 ~ de báilándì *genuine brandy*/要买，就买~货。Yào mǎi, jiù mǎi ~ huò. *If you want to buy, you should buy standard goods.*

【正楷】zhèngkǎi(名)楷书(in Chinese calligraphy) *regular script*

【正理】zhènglǐ(名)正确的道理 *correct reason; valid argument*：他说的是~，我们得考虑。Tā shuō de shì ~, wǒmen děi kǎolǜ. *What he says is right. We must think it over.*

【正门】zhèngmén(名)整个建筑物或范围(如房屋、院子、公园等)正面的主要的大门(区别于后门、旁门)等)*front door; front gate*

【正面】zhèngmiàn(名)(1)人体朝前的一面，建筑物装饰较好的一面，前进的方向(与"背面""侧面"相对)*front (of the body); frontage; facade (opposite of "背面" (the back) and "侧面" (the side))*：楼的~没有门，门在背面。Lóu de ~ méi yǒu mén, mén zài bèimiàn. *There's no door at the front of the building. It's at the back.* /天安门的~对着广场。Tiān'ānmén de ~ duìzhe guǎngchǎng. *The front of Tian'anmen faces the square.* /不要从~进攻，从左侧进攻。Búyào cóng ~ jìngōng, cóng zuǒcè jìngōng. *Don't attack from the front, but from the left side.* (2)布、纸等片状物的使用、显露的一面(与"背面""反面"相对)*the obverse side; the right side (of cloth, paper, etc) (opposite to "背面" and "反面" (the reverse side))*：我觉得这种布反面比~更好看。Wǒ juéde zhè zhǒng bù fǎnmiàn bǐ ~ gèng hǎokàn. *I find the reverse side of this type of cloth prettier than the obverse side.* /就有一张纸，~写完你就写在反面上吧。Jiù yǒu yì zhāng zhǐ, ~ xiěwán nǐ jiù xiě zài fǎnmiàn shang ba. *There's only one piece of paper. When you've finished writing on the right side, continue on the reverse side.* (3)积极的一面(与"反面"相对)*the positive side (of sth.) (opposite of "反面" (the negative side))*：对小孩子最重要的是~教育，不要老是责骂。Duì xiǎoháizi zuì zhòngyào de shì ~ jiàoyù, búyào lǎoshi zémà. *The most important thing for*

children is positive education, not constant scolding. /一方面～鼓励，另一方面要有惩罚条例，从反面防止。Yì fāngmiàn ～ gǔlì, lìng yì fāngmiàn yào yǒu chéngfá tiáolì, cóng fǎnmiàn fángzhǐ. On the one hand, there must be positive encouragement and on the otherhand, there must be punitive regulations as a safeguard. (4)事情，问题直接显示的一面（与"反面"相对）positive aspect (opposite of "反面" (negative aspect))；关于我们的计划，～反面都要考虑；成功了怎么样，失败了又怎么样，Guānyú wǒmen de jìhuà, ～ fǎnmiàn dōu yào kǎolǜ; Chénggōngle zěnmeyàng, shìbàile yòu zěnmeyàng. With respect to our plan, we must consider both the positive and negative aspects; what if we succeed and what if we fail. (5)直接，不躲避 directly; openly：无论什么意见，都可以～提出，不要吞吞吐吐的。Wúlùn shénme yìjiàn, dōu kěyǐ ～ tíchū, búyào tūntūntǔtǔ de. No matter what opinion you have, you can express it openly. Don't hesitate.

【正面人物】zhèngmiàn rénwù positive character

【正派】zhèngpài (形) 言行光明正大，品质好 upright; honest; decent：～人 ～ rén a decent person/他的作风～。Tā de zuòfēng ～. He has an upright manner.

【正片】zhèngpiàn (名) (1) 经过晒印，带有图像的照相纸 positive (photograph) (2) 放映电影时的主要影片（区别于加映的短片）feature film (as distinguished from a short film presented before the feature film)

【正品】zhèngpǐn (名) 质量完全合格的产品 certified products

【正气】zhèngqì (名) 指纯正的精神状态、思想作风等 healthy trends; healthy atmosphere：革命～ gémìng ～ healthy revolutionary spirit/发扬～，压倒邪气。Fāyáng ～, yādǎo xiéqì. Encourage healthy trends and crush unhealthy ones.

【正巧】zhèngqiǎo (形·非定) 同"正好"zhènghǎo (2) same as "正好" zhènghǎo (2)：你来得～，晚来一步我们就走了。Nǐ lái de ～, wǎn lái yí bù wǒmen jiù zǒu le. You've come just in time. Had it been just a moment later, we would have already gone. /我～有空，咱们一起去吧！Wǒ ～ yǒu kòng, zánmen yìqǐ qù ba! I just happen to have some free time. Let's go together! (副) 意思同"正"zhèng (副) (3)，但可用于主语或其它状语前 same as "正" zhèng (副) (3) (but can be used before a subject or other adverbials)：一出门，～来了辆出租汽车，她坐上去直奔火车站。Yì chū mén, ～ láile liàng chūzū qìchē, tā zuò shangqu zhí bèn huǒchēzhàn. A taxi chanced to be passing by just as she went out the door, so she took it and rushed to the train station. /她毕业后，～被分配到她姐姐工作的单位。Tā bì yè hòu, ～ bèi fēnpèi dào tā jiějie gōngzuò de dānwèi. As it happened, she was assigned to the same unit as her older sister when she graduated. /出事时，～她不在场。Chū shì shí, ～ tā bú zài chǎng. As it happened, she was not there when the accident occurred. /这本书刚让人借走。Zhè běn shū ～ gāng ràng rén jièzǒu. As it happens, this book was just borrowed.

【正确】zhèngquè (形) correct; right; proper：看法～ kànfǎ ～ have the correct outlook/～的意见 ～ de yìjiàn the right opinion/～地对待遇到的挫折 ～ de duìdài yùdào de cuòzhé deal properly with a setback

【正人君子】zhèngrén jūnzǐ 品德端正的人（现多带有讽刺意）a man of honour; gentleman (now has a slightly sarcastic meaning)

【正色】zhèngsè (名) 指青、黄、赤、白、黑等颜色 pure colours (such as blue, yellow, red, white, black, etc.) (副) 用严肃或严厉的神情 sternly：他～说道："你应该正视自己的问题了"。Tā ～ shuōdao: "Nǐ yīnggāi zhèngshì zìjǐ de wèntí le". He said sternly: "You should face up to your own problems."

【正式】zhèngshì (形) formal; official; regular：我不是这个单位的～职员，是临时调来工作的。Wǒ bú shì zhège

dānwèi de ～ zhíyuán, shì línshí diàolái gōngzuò de. I'm not a regular staff member in this unit. I've just been transferred here temporarily. /他是～代表，我是列席代表。Tā shì ～ dàibiǎo, wǒ shì lièxí dàibiǎo. He's the official representative and I'm a nonvoting delegate.

【正事】zhèngshì (名) [件 jiàn] 正经的事 serious business：跟您商量一件～。Gēn nín shāngliang yí jiàn ～. I want to talk serious business with you. /先办～, 别天南地北地聊了。Xiān bàn ～, bié tiān nán dì běi de liáo le. Take care of business first, Don't go chatting away. /～都办完了，可以轻松轻松了。～ dōu bànwán le, kěyǐ qīngsong qīngsong le. All the business is taken care of. Now we can relax for a bit.

【正视】zhèngshì (动) face up to; face squarely：～现实 ～ xiànshí look reality in the face/敢于～自己的缺点 gǎnyú ～ zìjǐ de quēdiǎn dare to acknowledge one's shortcomings

【正数】zhèngshù (名) positive number

【正题】zhèngtí (名) 说话或写文章的中心内容 subject (or topic) of a talk or essay：把话转入～。Bǎ huà zhuǎnrù ～. come to the subject /说了半天，还没谈到～。Shuōle bàntiān, hái méi tándào ～. He has been talking for a long time but hasn't come to the topic yet. /你的回答离～太远了。Nǐ de huídá lí ～ tài yuǎn le. Your answer is far removed from the topic.

【正统】zhèngtǒng (名) orthodoxy：～观念 ～ guānniàn orthodox ideas

【正文】zhèngwén (名) 著作的本文 main body (of a book, etc.)；text：这本词典的～有947页。Zhè běn cídiǎn de ～ yǒu jiǔbǎi sìshíqī yè. The main body of this dictionary has 947 pages.

【正午】zhèngwǔ (名) 中午十二点12:00 p.m.；noon

【正误】zhèngwù (动·不及物) 校正错误 correct (typographical) errors：这本书错字太多，必须～。Zhè běn shū cuòzì tài duō, bìxū ～. There are too many misprints in this book. They must be corrected. /书末附有～表。Shū mò fù yǒu ～ biǎo. There is a corrigendum attached at the end of the book.

【正业】zhèngyè (名) 正当的职业 regular occupation：他是个英语教员，可是老不务～，大部分时间翻译小说。Tā shì ge Yīngyǔ jiàoyuán, kěshì lǎo bú wù ～, dà bùfen shíjiān fānyì xiǎoshuō. He's an English teacher, but hasn't attended to his duties for a long time. He spends most of his time translating novels instead.

【正义】zhèngyì (形·非谓) 公正、合理、符合人民利益的 just; righteous; equitable：～的战争 ～ de zhànzhēng a just war/～的事业必胜。～ de shìyè bì shèng. A just cause is bound to win victory. (名) 公正、合理、符合人民利益的道理 justice：主持～ zhǔchí ～ uphold justice/伸张～ shēnzhāng ～ promote justice/在我们一边。～ zài wǒmen yìbiān. Justice is on our side.

【正音】zhèng＝yīn 矫正发音 correct one's pronunciation

【正在】zhèngzài (副) 同"正"zhèng (副) (1) same as "正" zhèng (副) (1)：她～等着信呢，快给她送去吧！Tā ～ děngzhe xìn ne, kuài gěi tā sòngqu ba! She's waiting for this letter, so hurry up and give it to her. /我～犹豫，不知去好还是不去好。Wǒ ～ yóuyù, bù zhī qù hǎo háishi bú qù hǎo. I'm hesitating over whether it would be best to go or not to go. /他～望着窗外的雪景出神，人们进来也不知道。Tā ～ wàngzhe chuāng wài de xuějǐng chū shén, rénmen jìnlai yě bù zhīdào. He's staring out the window at the snow scene, lost in thought, and doesn't even notice the people coming in.

【正直】zhèngzhí (形) honest; upright：她热情、～。Tā rèqíng, ～. She's warmhearted and honest. /要做一个～的人。Yào zuò yí ge ～ de rén. You must be honest.

【正中】zhèngzhōng (名) 同"正当中"zhèngdāngzhōng same as "正当中" zhèngdāngzhōng

证〔證〕zhèng

(名)◇(1)证据 *evidence*; *proof*: 以此为～ yǐ cǐ wéi～ *take this as proof* (2)证件 *card*; *credentials*; *papers*: 工作～ gōngzuò～ *employee's I. D. card*/出入～ chūrù～ *pass (for entry and exit)*

【证词】zhèngcí(名)*testimony*

【证婚人】zhènghūnrén(名)举行婚礼时请来做证明的人 *chief withess at a wedding ceremony*

【证件】zhèngjiàn(名)*credentials*; *papers*; *certificate*

【证据】zhèngjù(名)*evidence*; *proof*

【证明】zhèngmíng(动)*prove*; *testify*: ～身分～ shēnfèn *prove one's identity*/我可以～, 这事与他无关. Wǒ kěyǐ ～, zhè shì yǔ tā wúguān. *I can testify that this matter has nothing to do with him.*/事实～, 他的预料完全正确. Shìshí ～, tā de yùliào wánquán zhèngquè. *The facts prove that his prediction was perfectly right.* (名)*identification*; *certificate*: 出个～ chū ge ～ *issue a certificate*/这是医生给你开的出院～. Zhè shì yīshēng gěi nǐ kāi de chū yuàn ～. *This is the certificate to leave the hospital that the doctor has issued for you.*

【证明书】zhèngmíngshū(名)*certificate*: 健康～ jiànkāng ～ *health certificate*/质量～ zhìliàng ～ *certificate of quality*

【证券】zhèngquàn(名)*negotiable securities*; *bond*; *securities*

【证人】zhèngrén(名)*witness*

【证实】zhèngshí(动)*confirm*; *verify*: 我们～了这个方案的正确性. Wǒmen ～le zhège fāng'àn de zhèngquèxìng. *We have verified the validity of this programme.*/他的预言得到了一. Tā de yùyán dédàole ～. *His prediction has been confirmed.*

【证书】zhèngshū(名)[张 zhāng]*certificate*; *credentials*: 毕业～ bì yè ～ *(graduation) diploma*/结婚～ jié hūn ～ *marriage certificate*

【证物】zhèngwù(名)[件 jiàn]〈法〉*exhibit (produced in court as evidence)*

【证章】zhèngzhāng(名)[枚 méi]*badge*

郑〔鄭〕zhèng

【郑重】zhèngzhòng(形)*serious*; *solemn*: ～声明～ shēngmíng *solemnly declare*/他～地提出了要求. Tā ～ de tíchūle yāoqiú. *He solemnly made a request.*

政 zhèng

(名)◇(1)政治 *politics*; *political affairs*: 他原来是个教授, 后来决定从～. Tā yuánlái shì ge jiàoshòu, hòulái juédìng cóng ～. *He used to be a professor then later became engaged in politics.* (2)政府 *goverment*; 党～机关 dǎng ～ jīguān *Party and government organizations*

【政变】zhèngbiàn(名)*coup d'état*

【政策】zhèngcè(名)*policy*

【政党】zhèngdǎng(名)*political party*

【政敌】zhèngdí(名)*political opponent*

【政法】zhèngfǎ(名)*politics and law*

【政府】zhèngfǔ(名)*government*

【政纲】zhènggāng(名)"政治纲领"的简称 *abbrev. for "政治纲领"*

【政绩】zhèngjì(名)政府官员在职期间的功绩 *achievements in one's official (or political) career*: 他做了一任省长, 一昭著. Tā zuòle yí rèn shěngzhǎng, ～ zhāozhù. *He was governor of a province for a term and made significant achievements.*

【政见】zhèngjiàn(名)有关政治方面的见解 *political view*

【政界】zhèngjiè(名)*political circles*; *government circles*

【政局】zhèngjú(名)政治局势 *political situation*

【政客】zhèngkè(名)*politician (derogatory term)*

【政令】zhènglìng(名)政府颁布的法令 *government decree*

【政论】zhènglùn(名)针对当时政治问题、政治形势发表的评论 *political comment*

【政权】zhèngquán(名)*political power*; *regime*

【政体】zhèngtǐ(名)国家政权的组织形式 *system (or form) of government*

【政委】zhèngwěi(名)"政治委员"的简称 *abbrev. for "政治委员"*

【政务】zhèngwù(名)关于政治方面的事务, 也泛指国家全面的管理工作 *government affairs*; *government administration*

【政协】zhèngxié(名)"政治协商会议"的简称 *abbrev. for "政治协商会议" (the (Chinese People's) Political Consultative Conference)*

【政治】zhèngzhì(名)*politics*; *political affairs*

【政治避难】zhèngzhì bì nàn *political asylum*

【政治犯】zhèngzhìfàn(名)由于从事某种政治活动, 被政府认为犯罪的人 *political prisoner*

【政治纲领】zhèngzhì gānglǐng *political programme*; *platform*

【政治挂帅】zhèngzhì guà shuài 指把政治置于一切工作中的领导地位 *put politics in command*

【政治家】zhèngzhìjiā(名)*statesman*; *politician*

【政治经济学】zhèngzhì jīngjìxué *political economy*

【政治局】zhèngzhìjú(名)*the Political Bureau*

【政治路线】zhèngzhì lùxiàn 指在一定时期内某政党为实现政治目标而制定的行动准则和根本方针 *political line*

【政治面目】zhèngzhì miànmù 指一个人的政治立场、政治身分、政府活动以及和政治有关的各种社会关系 *political background or affiliation*

【政治扒手】zhèngzhì páshǒu 比喻那些在社会生活中投机钻营, 企图在政治活动中窃取好处的投机分子 *political pickpocket — political opportunist*; *person who seeks gains through political activities*

【政治派别】zhèngzhì pàibié 由于政治主张不同而形成的小团体 *political faction (or grouping)*

【政治骗子】zhèngzhì piànzi *political swindler*

【政治委员】zhèngzhì wěiyuán 中国人民解放军团以上部队或独立营的负责党的工作和政治工作的领导干部 *political commissar (of a PLA regiment and above)*; *commissar*

【政治性】zhèngzhìxìng(名)*political nature*

【政治嗅觉】zhèngzhì xiùjué 比喻一个人在工作和斗争中对事物的政治性质所表现出来的敏感程度和认识能力 *political sense or smell*; *political acumen*

【政治运动】zhèngzhì yùndòng *political movement*

【政治协商会议】zhèngzhì xiéshāng huìyì *the (Chinese People's) Political Consultative Conference (CPPCC)*

【政治指导员】zhèngzhì zhǐdǎoyuán 简称指导员. 中国人民解放军连一级的政治工作干部, 是连队首长之一 *(abbreviated to "指导员") political instructor (of a PLA company)*

【政治资本】zhèngzhì zīběn〈贬〉比喻政治上的有利条件(用来牟取个人利益) *politically favourable conditions (to seek private gain)*

挣 zhèng

(动)(1)用劳动换取 *earn*; *make*: 他做临时工, 一天～六元钱. Tā zuò línshí gōng, yì tiān ～ liù yuán qián. *He works as a casual labourer and earns six yuan a day.* (2)用力摆脱束缚 *struggle to get free*; *try to throw off*: 小狗～开绳子逃跑了. Xiǎo gǒu ～ kāi shéngzi táopǎo le. *The small dog struggled out of its leash and ran away.* 另见 zhēng

【挣命】zhèng＝mìng〈口〉为保全生命而挣扎 *struggle to save one's life*: 小猫在水里～. Xiǎo māo zài shuǐ li ～. *The kitten struggled for its life in the water.*

【挣脱】zhèngtuō(动)使自己摆脱束缚等 *break away from*, *throw off (one's shackles, etc.)*: ～枷锁 ～ jiāsuǒ *throw off*

one's shackles/～困境 ～ kùnjìng get oneself out of a difficult position/从苦难中～出来. Cóng kǔnàn zhōng ～ chulai. *He was lifted out of misery.*

症 〔癥〕zhèng

（名）◇疾病 disease；illness：顽～ wán ～ stubborn disease

另见 zhēng

【症候】zhènghou（名）〈医〉同"症状"zhèngzhuàng same as "症状"

【症状】zhèngzhuàng（名）肌体因生病而表现出的异常状态 symptom（of a disease）

zhī

之 zhī

（代）〈书〉代替人或事物，作宾语，相当于"他""这""那"（used as a substitute for a person or thing；serves as an object，similar to "他"，"这"，"那"）：战而胜～ zhàn ér shèng ～ fight and defeat them/为～奋斗 wéi ～ fèndòu fight for it/观众无不为～感动. Guānzhòng wú bù wéi ～ gǎndòng. *None in the audience were unmoved by it.*（助）结构助词，有书面语意味（a structural auxiliary word with a literary flavour）（1）用于定语和中心语之间，中心语可以是名词、动词、形容词等，结构一般比较固定，多为四字格（used between an attributive and the word modified by the attributive，which may be a noun，verb，adjective，etc；the structure is relatively fixed and is usu. in a four-character pattern）：成功～本 chénggōng ～ běn the foundation of success/四口～家 sì kǒu ～ jiā a four-member family/上海～行 Shànghǎi ～ xíng a trip to Shanghai/思想负担～重，使他振作不起来. Sīxiǎng fùdān ～ zhòng，shǐ tā zhènzuò bù qǐlái. *The weight of the mental burden made him unable to pull himself together.*/工作～余他常写点小文章. Gōngzuò ～ yú tā cháng xiě diǎnr xiǎo wénzhāng. *He often writes short essays in his spare time.*/想借两本小说、散文～类的书看看. Xiǎng jiè liǎng běn xiǎoshuō、sǎnwén ～ lèi de shū kànkan. *I would like to borrow a couple of books，something in the form of fiction，prose，or some such thing.*（2）用于"……分之……"和"……中"中，表示部分和全体的关系（when used in the structures "…分之…" and "…之…"，it indicates a part in relation to a whole）：二分～一 èr fēn ～ yī one half/百分～九十 bǎi fēn ～ jiǔshí ninety per cent/十～八九 shí ～ bā jiǔ in eight or nine cases out of ten/其中～一 qízhōng ～ yī one of which（3）用于"～所以……"中，表示原因（when used in the structure "之所以…"，it indicates a reason）：她～所以学医，是因为她父母都是医生. Tā ～ suǒyǐ xué yī，shì yīnwèi tā fùmǔ dōu shì yīshēng. *The reason she is studying medicine is that her parents are both doctors.*/他～所以失败，是由于骄傲自满. Tā ～ suǒyǐ shībài，shì yóuyú jiāo'ào zìmǎn. *The reason he failed is that he was too proud and self-satisfied.*

【之后】zhī hòu 多用于书面语（used in the written language）（1）表示时间，方位在后面的，after；at the end of：三天～ sān tiān ～ three days later，after three days/等他回来～，我要找他谈谈. Děng tā huílai ～，wǒ yào zhǎo tā tántan. *After he comes back，I want to talk to him.*/继他～，又来了一位专家. Jì tā ～，yòu láile yí wèi zhuānjiā. *Another expert came after he did.*/课文～，还有练习. Kèwén ～，hái yǒu liànxí. *There are exercises at the end of the text.*/那间小屋在那排松树～. Nà jiān xiǎo wū zài nà pái sōngshù ～. *That cottage is behind that row of pines.*（2）单独用，有"后来"的意思（when used alone，has the same meaning as "后来"（afterwards；later））：会议开了两天，～又去参观了一些地方. Huìyì kāile liǎng tiān，～yòu qù

cānguānle yìxiē dìfang. *The conference lasted for two days. Afterwards，we went to visit a few places.*

【……之际】zhī jì〈书〉意思是"……的时候"，用于某种特殊情况：临别～，他把他画的那张画送给了我. Línbié ～，tā bǎ tā huà de nà zhāng huà sòng gěile wǒ. *As he was parting，he gave me that painting he had done.*/当您从事教育工作四十周年～，向您表示祝贺. Dāng nín cóngshì jiàoyù gōngzuò sìshí zhōunián ～，xiàng nín biǎoshì zhùhè. *It has been forty years today since you've been engaged in educational work and I would like to congratulate you on this occasion.*

【……之间】……zhī jiān（1）表示两点或几个点之间的距离、位置、范围、时间等（indicating the distance between two or more points，positions，environments，times，etc.）between：这班车每天往返于北京天津～. Zhè bān chē měi tiān wǎngfǎn yú Běijīng Tiānjīn ～. *This bus travels to and fro between Beijing and Tianjin every day.*/南楼和北楼～有一片绿地. Nán lóu hé běi lóu ～ yǒu yí piàn lǜdì. *There is a stretch of green land between the north and south buildings.*/这些人都是三十岁到四十岁～. Zhèxiē rén dōu shì sānshí suì dào sìshí suì ～. *These people are all between the ages of thirty and forty.*/五点半到六点半～是我们吃晚饭的时间. Wǔdiǎn bàn dào liùdiǎn bàn ～ shì wǒmen chī wǎnfàn de shíjiān. *Our suppertime is between 5：30 and 6：30.*/这是我们两人～的事. Zhè shì wǒmen liǎng rén de shì. *This matter is between the two of us.*/我们几个同事～关系都很好. Wǒmen jǐ ge tóngshì ～ guānxì dōu hěn hǎo. *The relationship among us colleagues is very good.*（2）用在表示时段的词语之后，可以强调时间长或时间短（used after a phrase that indicates a period of time to emphasize the length or shortness of the time）：那本书怎么转眼～就不见了. Nà běn shū zěnme zhuǎnyǎn ～ jiù bú jiàn le. *How could that book have disappeared in the twinkling of an eye?*/说话～他就走远了. Shuō huà ～ tā jiù zǒuyuǎn le. *He walked far as we were talking.*/没想到半年～这里会有这么大的变化. Méi xiǎngdào bàn nián ～ zhèlǐ huì yǒu zhème dà de biànhuà. *I never expected this place to change so much in half a year.*/几十年～他的生活都没什么变化. Jǐ shí nián ～ tā de shēnghuó dōu méi shénme biànhuà. *His life hasn't changed in decades.*

【……之类】……zhī lèi 用于列举的事物之后，表示同类的人或事物（used after enumerating sth. to indicate the same kind of people or things）the like：墙上贴着收入、支出～的统计表. Qiáng shang tiēzhe shōurù、zhīchū ～ de tǒngjìbiǎo. *Statistical charts showing salaries，expenditures and the like are pasted on the wall.*/星期天上午她总干些收拾屋子、洗衣服～的家务活儿. Xīngqītiān shàngwǔ tā zǒng gàn xiē shōushi wūzi、xǐ yīfu ～ de jiāwù huór. *Every Sunday morning she always does household chores such as tidying up rooms and washing clothes.*

【……之流】……zhī liú 专指同类的人，多有憎恶或蔑视的感情 the like（usu. used to express hatred or contempt for sb.）：小偷、诈骗犯～ xiǎotōu、zhàpiànfàn ～ thieves，swindlers and the like

【……之内】……zhī nèi 在一定的时间、处所或范围里面 within（a certain time，location，etc.）；in：两天～必须交回 liǎng tiān ～ bìxū jiāohuí must be returned within two days/宿舍～不能养狗. Sùshè ～ bù néng yǎng gǒu. *Dogs cannot be kept in the dormitory.*/百里～ bǎi lǐ ～ within one hundred li/辅导学生是教员工作范围～的事. Fǔdǎo xuésheng shì jiàoyuán gōngzuò fànwéi ～ de shì. *Tutoring students is a matter that is within the range of a teacher's work.*

【……之前】……zhī qián 多用于书面语，表示时间、方位在前面的 before；prior to；ago；in front of（usu. used in the written language）：天亮～ tiān liàng ～ before sunrise/演出

~ yǎnchū~ *before the performance*/星期三~必须完成。Xīngqīsān ~ bìxū wánchéng. *This must be completed before Wednesday.* /教学楼~有一个小花园。Jiàoxuélóu ~ yǒu yí ge xiǎo huāyuán. *There's a small garden in front of the classroom building.*

【……之上】……zhī shàng 在……上面，用于抽象事物 *over*; *ahead of* (*used for abstract things*)：不要把个人摆在集体~。Búyào bǎ gèrén bǎi zài jítǐ ~. *Don't place the individual ahead of the collective.* /对于儿童，健康之重要性在一切~。Duìyú értóng, jiànkāng zhī zhòngyàoxìng zài yíqiè ~. *As for children, health takes precedence over everything.*

【……之外】……zhī wài (1) 意思是"……的外边"，多指位置或预想等 *beyond* (*refers to a position*, *expectation*, *etc.*)：千里~ qiān lǐ ~ *beyond one thousand li*/意料~ yìliào ~ *beyond one's expectations* (2) 同"除了……以外"，多用于书面语 *in addition to*; *besides* (*usu. used in the written language*)：保密~，还有别的条件没有？Bǎomì ~, hái yǒu biéde tiáojiàn méi yǒu? *In addition to maintaining secrecy, are there any other conditions?* /要去的人，他们两个~，还有我。Yào qù de rén, tāmen liǎng ge ~, hái yǒu wǒ. *Among those who want to go, there's me, in addition to those two.*

【……之下】……zhī xià *beneath*; *below*; *with*：他的才能不在一般人~。Tā de cáinéng bú zài yìbān rén ~. *His ability is not beneath that of the average person.* /在同学们的帮助~，他进步很快。Zài tóngxuémen de bāngzhù ~, tā jìnbù hěn kuài. *With the help of his classmates, he has progressed quickly.*

【……之一】……zhī yī 同类事物或同类人物当中的一个 *one of*：百分~ bǎi fēn ~ *one per cent*/我们班是先进集体~。Wǒmen bān shì xiānjìn jítǐ ~. *Our class is one of the advanced groups.* /他是当代著名作家~。Tā shì dāngdài zhùmíng zuòjiā ~. *He is one of the well-known contemporary writers.*

【……之中】……zhī zhōng 在某范围或过程的里边 *among*; *during*：在改革~，他出了名。Zài gǎigé ~, tā chūle míng. *He made a name for himself during reform.* /我们几个人~，他身体最好。Wǒmen jǐ ge rén ~, tā shēntǐ zuì hǎo. *He is the healthiest among us.* /一年~，工作会有很大进展。Yì nián ~, gōngzuò huì yǒu hěn dà jìnzhǎn. *There will be a lot of progress made in the work during the year.* /四年大学生活~，他的思想发生了变化。Sì nián dàxué shēnghuó ~, tā de sīxiǎng fāshēngle biànhuà. *His thinking changed during his four years as a university student.*

支 zhī

（动）(1) 支撑 *prop up*; *put up*：帐篷是他一起来的。Zhàngpeng shì tā ~ qǐlai de. *He put up the tent.* /用板凳~块木板当床。Yòng bǎndèng ~ kuài mùbǎn dàng chuáng. *Use stools propping up a board to serve as a bed.* (2) 支持 *support*; *sustain*; *be up and about*：体力不~ tǐlì bù ~ *not have the strength to support oneself*/太疲倦了，他实在~不住了。Tài píjuàn le, tā shízài ~ bu zhù le. *He's too sleepy and really can't be up and about.* (3) (为了让人离开) 叫人去做某事 *send away*; *put sb. off* (*to get rid of him*)：他怕和客人谈话不方便，把小李~走了。Tā pà hé kèrén tán huà bù fāngbiàn, bǎ Xiǎo Lǐ ~ zǒu le. *He sent Xiao Li away lest the boy inconvenience his talking with the guests.* (4) 付出或领取 (钱) *pay or draw* (*money*)：~了一笔钱~le yì bǐ qián *paid or drew a sum of money*/钱先~出，以后有了再存。Qián xiān ~ chulai yòng, yǐhòu yǒule qián zài cún. *Draw the money and use it now, then later, when you have some more, deposit it.* (量) (1) 用于杆状物，同"枝"zhī (量) (2) 用于stick-like things; *same as "*枝*" zhī* (量) (2))：五~蜡烛 wǔ ~ làzhú *five candles* (2) 用于队伍等 (*for army units, etc.*)：一~军队 yì ~ jūnduì *one army unit* (3) 用于歌

曲或乐曲 (*for songs or musical compositions*)：两~歌 liǎng ~ gē *two songs*/一~新乐曲 yì ~ xīn yuèqǔ *a new musical composition* (4) 用于电灯光度 *watt*：二十五~光的灯泡 èrshíwǔ ~ guāng de dēngpào *a 25-watt bulb* (5) 棉纱等纤维粗细程度的计算单位 (*textile*) *count*：六十~纱 liùshí ~ shā *60-count yarn*

【支部】zhībù (名) 某些党派、团体的基层组织，特指中国共产党的基层组织 *branch* (*esp. at the grass-roots level of the Chinese Communist Party*)

【支撑】zhīchēng (动) (1) 承受并顶住压力 *sustain*; *prop up*; *support*：墙要倒了，用一根木头~着。Qiáng yào dǎo le, yòng yì gēn mùtou ~ zhe. *The wall is going to fall over. Use a log to prop it up.* (2) 勉强维持 *maintain with effort*; *prop up*：~门面 ~ ménmiàn *maintain appearances*/你在发烧，别硬~了，快去休息吧！Nǐ zài fā shāo, bié yìng ~ le, kuài qù xiūxi ba! *You have a fever. Don't try to be up and about*; *go and rest.*

【支持】zhīchí (动) (1) 精神上、道义上赞助 *support*; *back*; *stand by*：互相~ hùxiāng ~ *stand by each other*/要~他的工作 yào ~ tā de gōngzuò *must support his work*/大家~他提出的建议。Dàjiā ~ tā tíchū de jiànyì. *Everybody backs his suggestion.* (2) 同"支撑"zhīchēng (2) *same as* 支撑 zhīchēng (2)

【支出】zhīchū (动) *pay* (*money*); *expend* (名) *expenses*; *expenditure*; *outlay*

【支点】zhīdiǎn (名) *fulcrum*

【支队】zhīduì (名) (1) 军队中相当于团或师的一级组织 *detachment*：游击~ yóujī ~ *a guerrilla detachment* (2) 作战时的临时编组 *a temporary detachment of troops organized during combat*

【支付】zhīfù (动) 付出 (款项) *pay* (*money*); *defray* (*a sum of money*)

【支架】zhījià (名) 支持物体用的架子 *stand*; *trestle*; *support*

【支解】zhījiě (动) *dismember*

【支离破碎】zhīlí pòsuì 形容事物零散破碎不成整体 *torn to pieces*; *fragmented*; *broken up*

【支流】zhīliú (名) (1) *tributary*; *affluent*：这是长江的一个~。Zhè shì Chángjiāng de yí ge ~. *This is a tributary of the Yangtze River.* (2) 比喻事物的非本质的、次要方面 *secondary* (*or minor*) *aspects*, *nonessentials*：我们的工作，成绩是主要的，缺点只是~。Wǒmen de gōngzuò, chéngjì shì zhǔyào de, quēdiǎn zhǐ shì ~. *Results are the most important in our work. Shortcomings are but minor aspects.*

【支脉】zhīmài (名) *offshoot* (*of a mountain range*); *branch range*

【支派】zhīpài (动) 支使，调动 *dispatch*; *order about*; *transfer*：车间的活由你~。Chējiān de huó yóu nǐ ~. *You dispatch jobs in the workshop.* /谁能~得了他呀！Shuí néng ~ de liǎo tā ya! *Who could possibly order him about!*

【支配】zhīpèi (动) (1) 安排 *arrange*; *allocate*：~一切 ~ yíqiè *arrange everything*/他很会~时间。Tā hěn huì ~ shíjiān. *He's very good at arranging his time.* (2) 引导和控制 *control*; *determine*; *dominate*：我有个人的行动自由，不受别人~。Wǒ yǒu gèrén de xíngdòng zìyóu, bú shòu biérén ~. *I have the freedom to act on my own and am not controlled by others.* /人的思想~行动。Rén de sīxiǎng ~ xíngdòng. *People's thinking determines their actions.*

【支票】zhīpiào (名) [张 zhāng] *cheque*; *check*

【支取】zhīqǔ (动) 领取 (款项) *draw* (*money*)

【支使】zhīshǐ (动) 命令人做事 *order about*：你怎么老~他干活？Nǐ zěnme lǎo ~ tā gàn huó? *Why are you always ordering him to do work?* /把人都~走了。Tā bǎ rén dōu ~ zǒu le. *He ordered everybody away to work.*

【支书】zhīshū (名) 支部书记的简称 *branch secretary*

【支吾】zhīwu (动) (书) 用话搪塞，说话含混躲闪 *hum and*

haw；equivocate；prevaricate：～其词 ～ qí cí *speak evasively* /他 ～ 着不肯把真相说出来。Tā ～ zhe bù kěn bǎ zhēnxiàng shuō chulai. *He hummed and hawed and was unwilling to tell the truth.*

【支线】zhīxiàn（名）*branch line；feeder（line）*

【支援】zhīyuán（动）*support；assist；help*：～国家建设 ～ guójiā jiànshè *support national construction*（名）*support；assistance；help*：这是对我们的最大～。Zhè shì duì wǒmen de zuì dà ～. *This is of the greatest help to us.*

【支支吾吾】zhīzhiwúwú（形）*hum and haw*：你怎么～的，有什么事瞒着我吗？Nǐ zěnme ～ de, yǒu shénme shì mánzhe wǒ ma? *Why are you humming and hawing? Are you hiding something from me?*

【支柱】zhīzhù（名）起支撑作用的柱子，比喻中坚力量或人物 *pillar；prop；mainstay*

只 [隻] zhī

（量）（1）用于某些成对东西的一个（*for one of a pair*）：两～手 liǎng ～ shǒu *two hands*/一～手套 yì ～ shǒutào *one glove*（2）用于某些动物或船只、器物（*for certain animals, boats or utensils*）：三～母鸡 sān ～ mǔjī *three hens*/一～船 yì ～ chuán *a boat*/两～箱子 liǎng ～ xiāngzi *two suitcases* 另见 zhǐ

【只身】zhīshēn（副）单独一人 *alone；by oneself*：不能～横渡海峡 bù néng ～ héng dù hǎixiá *cannot cross the channel alone*/～赴约 ～ fù yuē *keep an appointment by oneself*

【只言片语】zhī yán piàn yǔ 个别词句，片段的话 *a word or two；a few isolated words and phrase*：不能抓住他的～去评论他的为人。Bù néng zhuāzhù tā de ～ qù pínglùn tā de wéirén. *You cannot seize on just a few isolated words and phrases he said to judge what kind of person he is.*

汁 zhī

（名）*juice*：橘子～ júzi ～ *orange juice*

【汁液】zhīyè（名）*juice*

芝 zhī

【芝麻】zhīma（名）［粒 lì］*sesame seed*

枝 zhī

（名）（～儿）指树木、花草等植物的枝条 *branch；twig*：柳～儿 liǔ ～r *willow branches*/花～儿 huā ～r *flower sprays*（量）（1）用于带枝子的花（*for flowers on branches*）：一～桃花 yì ～ táohuār *a spray of peach blossoms*（2）用于杆状的物体（*for stick-like things*）：一～枪 yì ～ qiāng *a rifle*/两～钢笔 liǎng ～ gāngbǐ *two fountain pens*/一～长烟袋 yì ～ cháng yāndài *a long tobacco pipe*/十～香烟 shí ～ xiāngyān *ten cigarettes*

【枝杈】zhīchà（名）*branch；twig*

【枝节】zhījié（名）（1）比喻有关的次要的事物 *branches and knots — minor matters*：这是～问题，不是主要的。Zhè shì ～ wèntí, bú shì zhǔyào de. *This is a minor problem, not the main one.*（2）比喻解决问题过程中出现的意外问题或有意设置的障碍 *unexpected difficulty；complication*：横生～ héngshēng ～ *deliberately complicate an issue*/主要问题刚解决，又出了一些～问题。Zhǔyào wèntí gāng jiějué, yòu chūle yìxiē ～ wèntí. *The main problem was just resolved when some minor complication cropped up.*

【枝桠】zhīyā（名）植物上分权的小枝子 *twig*

【枝子】zhīzi（名）*branch；twig*

知 zhī

（动）◇*know；realize*：一无所～ yì wú suǒ ～ *not know a thing* /不～他是否还来。Bù ～ tā shì fǒu hái lái. *I don't*

know whether or not he's still coming.

【知道】zhīdào（动）（1）对某人、某事的存在有了了解 *know；know of*：明天开会，你～吗？Míngtiān kāi huì, nǐ zhīdào ma? *Do you know that there's a meeting tomorrow?* /我只～他是个有名的医生。Wǒ zhǐ ～ tā shì ge yǒumíng de yīshēng. *I only know that he's a well-known doctor.* /我～他，可是不认识他。Wǒ ～ tā, kěshì bú rènshi tā. *I know of him, but don't know him personally.*（2）*know；realize；be aware of*：这件事我～得很清楚。Zhè jiàn shì wǒ ～ de hěn qīngchu. *I'm fully aware of this matter.* /关于他的事，我～的不多。Guānyú tā de shì, wǒ ～ de bù duō. *I don't know much about the matter concerning him.* /他～到那儿去怎么走，可是他没去过。Tā ～ dào nàr qù zěnme zǒu, kěshì tā méi qùguo. *He knows how to get there, but has never been there.*

【知己】zhījǐ（名）彼此互相了解而友谊深厚的人 *a person with whom one has profound friendship built on mutual understanding*：他是我的～。Tā shì wǒ de ～. *He's my bosom friend.*（形）形容彼此很了解，友谊很深厚的 *intimate；understanding*：～话 ～ huà *intimate words*/～的朋友 ～ de péngyou *intimate friend*

【知己知彼】zhī jǐ zhī bǐ 对自己和对方的情况都了解得很清楚 *know oneself and know the opponent both very well*

【知交】zhījiāo（名）知己的朋友 *bosom（or intimate）friend*

【知觉】zhījué（名）*consciousness*

【知了】zhīliǎo（名）［只 zhī］蝉的别名（因鸣声像"知了"）*cicada*

【知名】zhīmíng（形）*well-known；famous*：～人士 ～ rénshì *celebrity*/～作家 ～ zuòjiā *well-known author*/～度 ～ dù *degree of celebrity*/他算得上是海外～学者。Tā suàn de shàng shì hǎiwài ～ xuézhě. *He's considered to be a famous scholar abroad.*

【知难而进】zhī nán ér jìn 明知道有困难，仍坚持做下去 *advance despite known difficulties*：应该～，不要知难而退。Yīnggāi ～, búyào zhī nán ér tuì. *One should advance despite difficulties, not shrink from them.*

【知青】zhīqīng（名）知识青年的简称 *short for "知识青年"*

【知情】zhī＝qíng 知道事情的情节 *be in the know*：～人 ～ rén *person in the know*

【知趣】zhīqù（形）知道进退的分寸，不惹人讨厌 *know how to behave in a delicate situation；be tactful；be sensible*：他是个～的人。Tā shì ge ～ de rén. *He's a tactful person.* /真不～，人家有客人来，你还坐在那里。Zhēn bù ～, rénjia yǒu kèren lái, nǐ hái zuò zài nàli. *You really have on tact. He has guests, yet you still sit there.* /～点儿！戏票有限，我们不要去了。～ diǎnr! xìpiào yǒuxiàn, wǒmen búyào qù le. *Have some sense! There's only a limited amount of tickets for the play, so we won't go.*

【知识】zhīshi（名）*knowledge*

【知识分子】zhīshi fènzǐ *intellectual；the intelligentsia*

【知识青年】zhīshi qīngnián 一般指初中或高中毕业后未能升学的青年 *junior or senior high school graduates（who have not gone to a school of a higher grade）*

【知无不言，言无不尽】zhī wú bù yán, yán wú bú jìn 凡是知道的没有不说的，要说就说完，没有一点保留 *say all you know and say it without reserve*

【知心】zhīxīn（形）*intimate；understanding*：～人 ～ rén *an understanding person*/～朋友 ～ péngyou *intimate friend*/～话 ～ huà *intimate words*

【知音】zhīyīn（名）了解自己的思想、特长的人 *a person who is deeply appreciative of one's talents*：一个人的～是不多的。Yí ge rén de ～ shì bù duō de. *A person's friends who deeply appreciate his talents are not many.*

【知足】zhīzú（形）对已经得到的（指生活、愿望等方面）很满足 *be content with one's lot*：不～ bù ～ *not be content with*

one's lot/～长乐～ chánglè *being content with one's lot brings lasting happiness*/他对自己的工作、生活很～。Tā duì zìjǐ de gōngzuò、shēnghuó dōu hěn～. *He's very content with his life and his work.* /他是一个～的人。Tā shì yí ge ～ de rén. *He's someone who is content with his lot.* /太～了，就不会进步。Tài ～ le, jiù bú huì jìnbù. *If one is too content with one's lot, there's no room for progress.*

肢 zhī
（名）◇四肢 *limb*
【肢解】zhījiě（动）同"支解"zhījiě *same as "支解" zhījiě*
【肢体】zhītǐ（名）四肢，也指四肢和躯干 *limbs; limbs and truck*：～残缺～cánquē *have missing limbs*

织〔織〕zhī
（动）*weave*：～布～bù *weave (cotton cloth)*
【织补】zhībǔ（动）*darn*
【织锦】zhījǐn（名）(1)一种缎子 *tapestry satin* (2)一块块织有图案的丝织品 *picture-weaving in silk*
【织锦缎】zhījǐnduàn（名）同"织锦"zhījǐn(1)*same as "织锦" zhījǐn(1)*

脂 zhī
【脂肪】zhīfáng（名）*fat*
【脂粉】zhīfěn（名）胭脂和粉 *rouge and powder; cosmetics*

蜘 zhī
【蜘蛛】zhīzhū（名）[只 zhī] *spider*

zhí

执〔執〕zhí
（动）〈书〉(1)*hold; grasp*：手～马鞭 shǒu ～ mǎbiān *hold a horsewhip*/要～信前来联系 yào ～ xìn qián lái liánxì *must bring a letter when you come to make contact* (2)坚持 *persist*：双方各～一词 shuāngfāng gè ～ yì cí *both sides are sticking to their own views*
【执笔】zhíbǐ（动·不及物）指写作，特指动笔写集体讨论的文稿 *write; do the actual writing (after a collective discussion)*：这篇文章是我们几个人讨论后，由老王～的。Zhè piān wénzhāng shì wǒmen jǐ ge rén tǎolùn hòu, yóu Lǎo Wáng ～ de. *Lao Wang did the actual writing of this article after it was discussed by us.*
【执法】zhífǎ（动·不及物）执行法令 *enforce (or execute) the law*：～如山～rú shān *enforce the law strictly*/～无私～wúsī *enforce the law selflessly*
【执迷不悟】zhí mí bù wù 坚持错误而不觉悟 *obstinately stick to a wrong course; refuse to come to one's senses*
【执拗】zhíniù（形）固执、任性，不听别人劝告 *stubborn; wilful*：他性情～得很。Tā xìngqíng ～ de hěn. *He has a very stubborn temperament.*
【执委会】zhíwěihuì（名）"执行委员会"的简称 *abbrev. for* "执行委员会"（*executive committee*）
【执行】zhíxíng（动）*carry out; execute; implement*：～政策～zhèngcè *implement a policy*/～命令～mìnglìng *excute an order*/～军务～jūnwù *carry out a military task*/按计划～ àn jìhuà ～ *implement according to plan*
【执行委员会】zhíxíng wěiyuánhuì *executive committee*
【执行主席】zhíxíng zhǔxí *executive chairman; presiding chairman*
【执意】zhíyì（副）坚持自己的意见 *insist on (one's own views); be bent on*：～不从～bù cóng *obstinately refuse to obey*/他～要这样干。Tā ～ yào zhèyàng gàn. *He insists on*

doing it this way.
【执照】zhízhào（名）[张 zhāng] *license; permit*：营业～yíngyè～ *business permit*/自行车行车～zìxíngchē. xíngchē ～ *license to ride a bicycle*
【执政】zhí=zhèng 掌握政权 *be in power; be in office*
【执著】zhízhuó（形）*inflexible; rigid*：～地追求自由和幸福。～ de zhuīqiú zìyóu hé xìngfú. *Pursue freedom and happiness in an unbending way.*

直 zhí
（形）(1)不弯、不偏斜 *straight*：这条路真～，一个弯儿都没有。Zhè tiáo lù zhēn ～, yí ge wānr dōu méi yǒu. *This road is really straight. It doesn't have a single bend.* /站～了，别驼背。Zhàn ～ le, bié tuó bèi. *Stand straight. Don't hunch your back.* /请把绳子拉～。Qǐng bǎ shéngzi lā～. *Please straighten the rope.* (2)直爽而公正 *straightforward and fair-minded*/这个人很～，看见谁不对，就提出来。Zhège rén hěn ～, kànjiàn shuí bú duì, jiù tí chulai. *This person is straight forward and fair-minded. When he sees that someone is not right, he points it out.* (动)使不弯曲 *straighten*：他笑得～不起腰来。Tā xiào de ～ bu qǐ yāo lai. *He doubled over with laughter.* /你～一身，让他过去。Nǐ ～～ shēn, ràng tā guòqu. *Straighten up and let him pass by.* (副)(1)表示一个动作不由自主地、不断地重复，或某种状态持续不变 *continuously and involuntarily repeats or keeps on*：她听了我的话～笑。Tā tīngle wǒ de huà ～ xiào. *She just kept on laughing after she heard what I said.* /孩子吓得～哭。Háizi xià de ～ kū. *The child was frightened to tears.* /我大概感冒了，～头痛。Wǒ dàgài gǎnmào le, ～ tóu tòng. *I'm most likely coming down with the flu. My head keeps on aching.* /你有什么心事？怎么～发呆?Nǐ yǒu shénme xīnshì?Zěnme ～ fā dāi?*Is there something on your mind? Why are you in such a daze?* (2)表示朝着一个方向不断地前进，或某一动作连续进行一段时间 *straight (in one direction); directly*：飞机～飞上海。Fēijī ～ fēi Shànghǎi. *The plane flies directly to Shanghai.* /我下了火车，～奔小王家。Wǒ xiàle huǒchē, ～ bèn Xiǎo Wáng jiā. *I ran straight to Xiao Wang's place as soon as I got off the train.* /为了这份资料，我在图书馆～找了一个上午。Wèile zhè fèn zīliào, wǒ zài túshūguǎn ～ zhǎole yí ge shàngwǔ. *I searched straight through an entire morning in the library for this bit of material.* /大雨～下了一天一夜。Dàyǔ ～ xiàle yì tiān yí yè. *It rained hard for a day and a night straight.* (3)"直"跟"到"或"至"连用，表示某情况迟至某个时刻才发生，常与"才"呼应（*when "直" is used together with "到" or "至", it means "until"; often used together with "才"*）：～到她送上火车，我才放了心。～ dào bǎ tā sòngshang huǒchē, wǒ cái fàngle xīn. *I didn't relax until I had seen her off on the train.* /～至天黑，他们才忙完了工作。～ zhì tiān hēi, tāmen cái mángwánle gōngzuò. *They didn't finish their work until dark.* /他～到解放后才开始上学。Tā ～ dào jiěfàng hòu cái kāishǐ shàng xué. *He didn't start school until after Liberation.* (4)"直到"或"直至"有时表示范围，前面可有"从"与之呼应，"直"与"到"或"至"中间可插入动词（*"直到" or "直至" sometimes indicates a scope; it can be preceded by "从" and a verb can be placed between "直". and "到" or "至"*）up to；从～长裙～拖到脚下。Chángqún ～ tuōdào jiǎo xià. *The long skirt drags all the way down to the feet.* /从早上七点～干到晚上十点。Cóng zǎoshang qī diǎn ～ gàndào wǎnshang shí diǎn. *I worked from 7:00 a.m. up until 10:00 p.m.* /这座大楼从设计直到施工建成用了一年多时间。Zhè zuò dà lóu cóng shèjì zhídào shīgōng jiànchéng yòng le yì nián duō shíjiān. *It only took a little over a year to build this tall building, from the moment it was designed right up to when construction*

finished. /全医院的护士、医生直至院长都参加了抢救伤员的工作。Quán yìyuàn de hùshi、yīshēng zhìzhì yuànzhǎng dōu cānjiāle qiǎngjiù shāngyuán de gōngzuò. The hospital's nurses and doctors, right up to the hospital director, all took part in saving the wounded.

【直达】zhídá(动)go through; nonstop; ～目的地 nonstop to one's destination/火车～广州。Huǒchē ～ Guǎngzhōu. The train goes straight through to Guangzhou.

【直观】zhíguān(名)directly perceive through the senses; audiovisual; ～教具 ～ jiàojù audio-visual (teaching) aids/教学～ jiàoxué object teaching

【直角】zhíjiǎo(名)right angle

【直接】zhíjiē(形)direct; ～经验 ～ jīngyàn direct experience/～感受 ～ gǎnshòu be directly affected by/请您～来跟我联系。Qǐng nín ～ lái gēn wǒ liánxì. Please get in touch with me directly. /他从火车站～去工厂了。Tā cóng huǒchēzhàn ～qù gōngchǎng le. He went directly from the train station to the factory.

【直接宾语】zhíjiēbīnyǔ(名)direct object

【直截了当】zhí jié liǎo dàng 形容(说话)不绕弯子，爽快(of speech) blunt; straightforward; point-blank

【直径】zhíjìng(名)diameter

【直觉】zhíjué(名)〈心理〉intuition

【直溜溜】zhíliūliū(形)形容笔直的样子 perfectly straight; bolt upright; 这些小树都长得～的。Zhèxiē xiǎo shù dōu zhǎng de ～ de. These saplings are growing perfectly straight.

【直流电】zhíliúdiàn(名)〈电〉direct current (D.C.)

【直升飞机】zhíshēng fēijī helicopter

【直属】zhíshǔ(动)be directly under; be directly subordinated to; 这个学校～国家教育委员会。Zhège xuéxiào ～ guójiā jiàoyù wěiyuánhuì. This school is directly under the National Council for Education. /～机关 ～ jīguān a department directly under/～单位 ～ dānwèi a directly subordinate unit

【直率】zhíshuài(形)说话没有顾忌(of speech) frank; candid; straightforward; 他～地指出了我的缺点。Tā ～ de zhǐchūle wǒ de quēdiǎn. He very candidly pointed out my shortcomings.

【直爽】zhíshuǎng(形)心地坦白，说话做事直截了当，没有顾忌(多指性情方面)frank; candid; straightforward; forthright (usu. refers to sb.'s temperament); 她性格～，有什么说什么。Tā xìnggé ～, yǒu shénme shuō shénme. She has a forthright character and speaks her mind.

【直挺挺】zhítǐngtǐng(形)又直又硬 straight; stiff; bolt upright; 路边～立着一根根电线杆子。Lùbiān ～ lìzhe yì gēngēn diànxiàn gānzi. One electricity pole after another stands bolt upright along the road.

【直系亲属】zhíxì qīnshǔ 一个人的父母、妻子、丈夫、子女 directly-related members of one's family — parents, spouse and children

【直辖】zhíxiá(动)directly under the jurisdiction of; ～市 ～ shì municipality directly under the jurisdiction of the Central Government

【直线】zhíxiàn(名)[条 tiáo]straight line

【直性】zhíxìng(形)(～儿)性情直爽 straightforward; forthright; outspoken; 她是个～人，说话没那么多顾虑。Tā shì ge ～ rén, shuō huà méi nàme duō gùlù. She's outspoken and doesn't have that many misgivings about talking.

【直言不讳】zhí yán bù huì 有话直说，毫不隐讳 speak without reservation; not mince words; call a spade a spade; 想我～你这样做很不合理。Shù wǒ ～, nǐ zhèyàng zuò hěn bù hélǐ. Pardon me for being blunt, but your doing it this way is most reasonable. /有什么意见请～地说出来。Yǒu shénme yìjiàn qǐng ～ de shuō chulai. If you have an opinion, please express it without mincing words.

【直译】zhíyì(动)按照外文原文逐字逐句译出来 literal translation; word-for-word translation

【直音】zhíyīn(名)〈语〉中国传统的以同音字注音的方法。如"冶"音"也" traditional method of indicating the pronunciation of a Chinese character by citing another character with the same pronunciation; e.g. "冶" 音 "也"

侄 zhí
(名)◇同"侄子"zhízi same as "侄子" zhízi

【侄女】zhínǔ(名)弟兄或其他同辈男性亲属的女儿 brother's daughter; niece; daughter of a male relative of the same generation as oneself

【侄女婿】zhínǔxu(名)侄女的丈夫 husband of brother's daughter; niece's husband

【侄媳妇】zhíxífu(名)(～儿)侄子的妻子 wife of brother's son; nephew's wife

【侄子】zhízi(名)弟兄或其他同辈男性亲属的儿子 brother's son; nephew; son of a male relative of the same generation as oneself

值 zhí
(名)(1)◇价值, 价钱(monetary) value (2)数学上指演算 所得的结果(math.) value(动)(1)(物品)同(价值)(of goods) be worth; 这套组合音响～多少钱? Zhè tào zǔhé yīnxiǎng ～ duōshao qián? How much is this stereo set worth?(2)〈书〉遇到, 正赶上 happen to; meet up with; 中秋佳节～ Zhōngqiū jiājié on the occasion of the joyous Mid-Autumn Festival /今天正～他生日。Jīntiān zhèng～ tā shēngrì. Today just happens to be his birthday. (3)◇值得(多用于否定)be worth; deserve (usu. used in the negative); 这是小事, 不一提。Zhè shì xiǎo shì, bù ～ yì tí. This is a trifling matter and is not worth mentioning. /这种谬论不一驳。Zhè zhǒng miùlùn bù ～ yì bó. This kind of fallacy doesn't deserve refutation. /花二十元买这种衣服, 不～。Huā èrshí yuán mǎi zhè zhǒng yīfu, bù ～. It's not worth spending twenty yuan on this kind of clothing.

【值班】zhí=bān be on duty

【值得】zhíde(动)价钱相当; 合算, 或指(这样做)有意义, 有价值 be worth; merit; deserve (1)可单独作谓语(can be used alone as a predicate): 只要能看到这场芭蕾舞, 走多远的路也～。Zhǐyào néng kàndào zhè chǎng bālěiwǔ, zǒu duō yuǎn de lù yě ～. No matter how far I have to walk, it's worth it as long as I can get to see this ballet performance. /花十块钱买这样一块头巾, 不～。Huā shí kuài qián mǎi zhèyàng yí kuài tóujīn, bù ～. This type of scarf is not worth ten yuan. (2)跟动词、动词结构或主谓结构连用(used together with a verb, verbal construction or subject-predicate construction): 这本词典收词很多, ～买。Zhè běn cídiǎn shōu cí hěn duō, ～ mǎi. This dictionary contains many entries. It's worth buying. /勤俭节约的作风～提倡。Qínjiǎn jiéyuē de zuòfēng ～ tíchàng. A thrifty and hardworking style deserves recommendation. /这个问题～我们讨论。Zhège wèntí ～ wǒmen tǎolùn. This question is worth our discussing it. /跟一个小孩子～发这么大的脾气吗? Gēn yí ge xiǎo háizi ～ fā zhème dà de píqi ma? Does a child merit such anger?

【值钱】zhí=qián costly; valuable; 我家里没什么～的东西。Wǒ jiāli méi shénme ～ de dōngxi. My family doesn't have any valuable possessions. /别看这么细的一条金链, 值不少钱呢! Bié kàn zhème xì de yì tiáo jīn xiàngliàn, zhí bù shǎo qián ne! Never mind that this gold necklace is so fine, it's worth quite a lot! /这不是真宝石! Zhè bú shì zhēn bǎoshí bìng bù ～. This is not a genuine precious stone so it's not worth anything.

【值勤】zhíqín(动)(of armymen, policemen, etc.) be on duty

【值日】zhírì〔动〕*be on duty for the day*; *be one's turn to be on duty*：今天第二组～。Jīntiān dì'èr zǔ ～. *It's the second group's turn to be on duty today.*

职〔職〕zhí

〔名〕◇职务、职位 *position*; *post*; *job*; *duties*：有～有权 yǒu ～ yǒu quán *hold both the post and the power*/他除了在大学教书外，还兼了不少～。Tā chúle zài dàxué jiāo shū wài，hái jiānle bù shǎo ～. *In addition to teaching at a university, he also held quite a few other jobs concurrently.*

【职别】zhíbié〔名〕职务的区别，如工人、教员等 *job or post*，*e. g. worker*，*teacher*，*etc.*

【职称】zhíchēng〔名〕职务的名称 *professional title*

【职工】zhígōng〔名〕职员和工人的合称 *worker and staff members*

【职能】zhínéng〔名〕人、事物、机构等应有的作用；功能 *function* (*of a person*，*thing*，*organization*，*etc.*)：会议主席的～是领导并掌握会议。Huìyì zhǔxí de ～ shì lǐngdǎo bìng zhǎngwò huìyì. *The function of a meeting's chairman is to lead as well as control the meeting.* /这个机构取消了，它的～要转移给另一个机构。Zhège jīgòu qǔxiāo le，tā de ～ yào zhuǎnyí gěi lìng yí ge jīgòu. *This organization was abolished. Its functions will be transferred to another organization.* /新成立的部门的～还没有定。Xīn chénglì de bùmén de ～ hái méiyou dìng. *The function of the newly-established department hasn't yet been settled.*

【职权】zhíquán〔名〕职务范围内的权力 *powers or authority of office*：行使～ xíngshǐ ～ *exercise one's functions and powers*/奖励或开除工人是厂长的～。Jiǎnglì huò kāichú gōngrén shì chǎngzhǎng de ～. *Rewarding and discharging workers are within the power of the factory director.*

【职守】zhíshǒu〔名〕工作岗位 *post*; *duty*：玩忽～ wánhū ～ *dereliction of duty*/擅离～ shànlí ～ *leave one's post without permission*/忠于～ zhōngyú ～ *be faithful in the carrying out of one's duties*

【职位】zhíwèi〔名〕*position*; *post*

【职务】zhíwù〔名〕*post*; *duties*; *job*

【职业】zhíyè〔名〕*occupation*; *profession*; *vocation*：他们家三口人的～都是教员。Tāmen jiā sān kǒu rén de ～ dōu shì jiàoyuán. *All three in their family are teachers by profession.* /他以医疗为～。Tā yǐ yīliáo wéi ～. *He has adopted medicine as his profession.*

【职业病】zhíyèbìng〔名〕*occupational disease*

【职业中学】zhíyè zhōngxué 培养劳动、技术后备力量的中等学校。招收初中毕业生，学习二至三年，接受文化和专门技术训练，如烹调、剪裁、电工等 *vocational high school* (*where junior high school graduates are trained for the reserve forces in labour and technology; they study for 2-3 years and receive cultural and technical training*，*such as cooking*，*tailoring*，*electrical engineering*，*etc.*).

【职员】zhíyuán〔名〕*office worker*; *staff member*

【职责】zhízé〔名〕职务和责任 *duty*; *obligation*; *job responsibility*：关心学生的学习、思想和身体健康是教师的～。Guānxīn xuésheng de xuéxí、sīxiǎng hé shēntǐ jiànkāng shì jiàoshī de ～. *It is a teacher's duty to care for the studies, thinking and health of students.*

植zhí

〔动〕◇*plant*; *grow*：～树造林 ～ shù zào lín *afforestation*/院子里～上一些树。Yuànzi li ～shang yìxiē shù. *Plant some trees in the courtyard.*

【植被】zhíbèi〔名〕*vegetation*

【植皮】zhí＝pí〔医〕*graft skin*

【植物】zhíwù〔名〕*plant*; *flora*

【植物保护】zhíwù bǎohù *plant* (*or crop*) *protection*

【植物学】zhíwùxué〔名〕*botany*

殖zhí

〔动〕◇ *breed*; *multiply*

【殖民】zhímín〔动〕*establish a colony*; *colonize*：～地 ～ dì *colony*

【殖民主义】zhímínzhǔyì〔名〕*colonialism*

zhǐ

止zhǐ

〔动〕(1) 使停止 *stop*：～渴 ～ kě *quench one's thirst*/～血 ～ xiě *stop bleeding*/～痛 ～ tòng *relieve pain*/～咳 ～ ké *relieve a cough*/～泻 ～ xiè *stop diarrhoea*/ 眼泪～不住地往下流。Yǎnlèi ～ bu zhù de wǎng xià liú. *The tears came rolling down endlessly.* (2) 截止 *end*; *close*：会议从早上九点开到下午五点。Huìyì cóng zǎoshang jiǔ diǎn kāidào xiàwǔ wǔ diǎn. *The conference started at 9：00 a. m. and ended at 5：00 p. m.*

【止步】zhǐ＝bù *halt*; *stop*; *go no further*：前面施工，行人～。Qiánmiàn shī gōng，xíngrén ～. *Construction Ahead*，*No Pedestrians.* /游人～ yóurén ～ *no visitors*

【止境】zhǐjìng〔名〕*end*; *limit*：学无～ xué wú ～ *There is no end to learning.* /科学的发展是无～的。Kēxué de fāzhǎn shì wú ～ de. *There is no limit to the development of science.* /漫长的路好像永远没有～。Màncháng de lù hǎoxiàng yǒngyuǎn méi yǒu ～. *There seems to be no end to the long road.*

只〔祇〕zhǐ

〔副〕表示限制 (*expresses restriction*) (1) 放在动词前，限制动作 (*placed before a verb to restrict the action*)：他自己不跳舞，～看别人跳。Tā zìjǐ bú tiào wǔ，～ kàn biérén tiào. *He didn't dance himself but just watched others dance.* /我一天什么事也不管，～不停地写。Wǒ yì tiān shénme shì yě bù guǎn，～ bù tíng de xiě. *I didn't bother about anything else for a whole day but just kept on writing.* /他～注意别人说，自己不说一句话。Tā ～ zhùyì tīng biérén shuō，zìjǐ bù shuō yí jù huà. *He just listened to others speak and didn't say a word himself.* (2) 放在动宾结构前，限制宾语 (*placed before a verb-object structure to restrict the object*)：旅行时，我～带一只小皮箱。Lǚxíng shí，wǒ ～ dài yì zhī xiǎo pí xiāng. *When I travel, I only bring a small suitcase.* / 从远处望去，～看见白茫茫的水面。Cóng yuǎnchù wàng qù，～ kànjiàn báimángmáng de shuǐmiàn. *Looking into the distance at the water's surface, I could see nothing but a vast expanse of whiteness.* /这个俱乐部～放映电影，不演出戏剧。Zhège jùlèbù ～ fàngyìng diànyǐng，bù yǎnchū xìjù. *This club only shows movies; it doesn't put on plays.* (3) 限制状语或数量补语 (限制状语时，"只" 放在状语前，限制补语时 "只" 仍放在动词前) (*restricts an adverbial or a complement which indicates amount* (*when it restricts an adverbial*，*"只" is placed before the adverbial; when it restricts a complement*，*"只" is placed before the verb*))：这事～跟你说了，别告诉别人。Zhè shì ～ gēn nǐ shuō le，bié gàosu biérén. *I've told this only to you, so don't tell anyone else.* /他～来了一个多月，一切都适应了。Tā ～ láile yí ge duō yuè，yíqiè dōu shìyìng le. *He has only been here for a little over a month, but has already adapted to everything.* /我～从别人那里听到有关她的一点儿消息。Wǒ ～ cóng biérén nàli tīngdào yǒuguān tā de yìdiǎnr xiāoxi. *I merely inquired from others about a little news concerning her.* (4) "只" 直接用于数量短语前，或名词、代词 (有时加数量语) 前，限制事物的数量、范围，意思是 "只有"，"有" 被省略了 (*when "只" is used directly before a numeral-measure*

word phrase, or before a noun or pronoun (which sometimes takes a numeral-measure word phrase), it restricts the amount or scale of sth. ; has the same meaning as "只有", but "有" has been omitted)：～半个小时,你等一下吧！～ bàn ge xiǎoshí,nǐ děng yíxià ba! *Just wait a while. It will only take a half hour.* /这件大衣～五十块钱,多便宜！Zhè jiàn dàyī ～ wǔshí kuài qián,duō piányi! *This overcoat is so cheap. It only costs fifty yuan.* /他家～三口人。Tā jiā ～ sān kǒu rén. *There are only three people in his family.* /他为结婚花了不少钱,～家具就用了两千元。Tā wèi jié hūn huāle bù shǎo qián,～ jiājù jiù yòngle liǎngqiān yuán. *He spent a lot of money getting married. He spent two thousand yuan on furniture alone.* /教室里怎么～你一个人? Jiàoshì lǐ zěnme ～ nǐ yí ge rén? *Why are you the only one in the classroom?* /看她那骄傲的样子,好像世界上～她一个人最聪明。Kàn tā nà jiāo'ào de yàngzi,hǎoxiàng shìjiè shang ～ tā yí ge rén zuì cōngming. *Judging from her arrogant manner, you would think she was the only clever person on earth.* (5)"只"和"不"有时构成四字短语。"只"和"不"后嵌入意义相反的两个单音节形容词或动词。重点在于"只"后的形容词或动词("只" and "不" are sometimes used to form a four-character phrase; two monosyllabic adjectives or verbs which are opposite in meaning are inserted after "只 and "不"; the emphasis is on the adjective or verb which follows "只")：他给的钱～多不少。Tā gěi de qián ～ duō bù shǎo. *He gave not too little, but too much money.* (只会比应给的多,不会比应给的少)(only gave more than he should have, not less) /这件上衣你穿～长不短。Zhè jiàn shàngyī nǐ chuān ～ cháng bù duǎn. *This jacket is not too short, but may be too long for you.* (只可能太长,不可能太短)(can only be too long, can not be too short)/他做的菜～咸不淡。Tā zuò de cài ～ xián bú dàn. *The food he cooks is not too bland, but too salty.* (只可能太咸,不可能太淡)(can only be too salty, not too bland)(6)"只见"常用于描述从某人眼中见到的情景,"只"已无实际意思("只见" is often used when describing the scene which meets one's eye; in this case, "只" doesn't have any actual meaning)：船不停地向前走,只见两岸竹林一片翠绿。Chuán bù tíng de xiàng qián zǒu,zhǐ jiàn liǎng àn zhúlín yí piàn cuìlǜ. *The boat continued to sail forth and an expanse of emerald green bamboo groves could be seen on both shores.* /我一抬头,只见一个人迎面走来。Wǒ yì tái tóu,zhǐ jiàn yí ge rén yíngmiàn zǒulái. *As soon as I raised my head, I saw somebody walk towards me.* 另见 zhī

【只得】zhǐdé(副)同"只好"zhǐhǎo same as "只好" zhǐhǎo：风浪太大了,我们的船～靠岸。Fēngàng tài dà le,wǒmen de chuán ～ kào àn. *The stormy waves were too big, so we were obliged to anchor our boat near the shore.* /既然你不愿意听我的意见,我～不开口。Jìrán nǐ bú yuànyì tīng wǒ de yìjiàn,wǒ ～ bù kāi kǒu. *Since you're not willing to listen to my advice, I have no choice but to keep my mouth shut.* /为了照顾程度差的学生,我们的教学进度～慢一点儿。Wèile zhàogu chéngdù chà de xuésheng,wǒmen de jiàoxué jìndù ～ màn yìdiǎnr. *We have to teach at a slower pace so as to make allowances for those students whose level is inferior.*

【只顾】zhǐgù(副)只注意(做某事,而不管其它事情)be absorbed in (doing sth.)：这几天～准备考试了,连早操都没做。Zhè jǐ tiān ～ zhǔnbèi kǎoshì le,lián zǎocāo dōu méi zuò. *I've been so absorbed in preparing for the exam these past few days that I haven't even done my morning exercises.* /我说什么他根本没听见,～看书。Wǒ shuō shénme tā gēnběn méi tīngjiàn,～ kàn shū. *He didn't hear a thing I said so much as he absorbed in reading his book.* /她～打扮自己,家里乱七八糟的也不收拾。Tā ～ dǎban zìjǐ,jiā lǐ luàn qī bā zāo de yě bù shōushi. *Her home is in a mess, but*

she doesn't tidy up so much is she absorbed in dressing herself up.

【只管】zhǐguǎn(副)(1)同"只顾"zhǐgù same as "只顾" zhǐgù：我～埋头工作,别的事一概不问。Wǒ ～ mái tóu gōngzuò,biéde shì yígài bú wèn. *I'm completely immersed in my work and don't bother about anything else.* /老太太～一个人在那里叨唠,不管人家爱不爱听。Lǎotàitai ～ yí ge rén zài nàlǐ dāolao,bùguǎn rénjia ài bu ài tīng. *The old lady is absorbed in chattering away by herself over there and doesn't care whether others want to listen or not.* /他一天到晚～四处奔波,哪顾得上管家务?Tā yì tiān dào wǎn ～ sìchù bēnbō,nǎ gù de shàng guǎn jiāwù? *From morning till night, he's absorbed in rushing about hither and thither, so how could he possibly attend to household affairs?*(2)表示某种动作、行为不受任何限制地进行,不必有所顾虑 by all means：你～拉你的小提琴,不会妨碍谁的。Nǐ ～ lā nǐ de xiǎotíqín,bú huì fáng'ài shuí de. *Feel free to play your violin. You won't bother anyone.* /苹果有的是,你们～吃。Pingguǒ yǒudeshì,nimen ～ chī. *There are more than enough apples, so help yourselves by all means.* /有什么新方案尽提出来,大家一起研究。Yǒu shénme xīn fāng'àn ～ tí chulai,dàjiā yìqǐ yánjiū. *Don't hesitate to put forth any new scheme you may have. We can then talk it over together.* (3)表示某种动作、行为或状态持续不变(indicates that an action or situation continues without change)：她一进屋,～盯住那张山水画。Tā yí jìn wū,～ dīngzhù nà zhāng shānshuǐhuà. *As soon as she entered the room, she just stared at that landscape painting.* /他～对着我笑,弄得我莫名其妙。Tā ～ duìzhe wǒ xiào,nòng de wǒ mò míng qí miào. *He just kept on laughing at me until I was completely baffled.* /那些水泥～堆在工地上,任凭风吹雨淋。Nàxiē shuǐní ～ duī zài gōngdì shang,rènpíng fēng chuī yǔ lín. *No matter whether it's windy or rainy, that cement is just left sitting there at the construction site.*

【只好】zhǐhǎo(副)表示某一动作或行为的发生不是情愿的,是由于某种原因或条件的限制不得不如此,或又只能如此 have to; be obliged to; be obliged to：不巧,两个会议的时间冲突,我～放弃一个了。Bù qiǎo,liǎng ge huìyì de shíjiān chōngtu,wǒ ～ fàngqì yí ge le. *As luck would have it, the times of the two meetings conflicted, so I was obliged to give up one of them.* /由于字数有限,我～把文章中的一些例子删去了。Yóuyú zìshù yǒuxiàn,wǒ ～ bǎ wénzhāng zhōng de yìxiē lìzi shānqu le. *Owing to a restriction on the amount of words, I had to delete some examples from the article.* /那房子并不大,为了上班方便,我也～搬去住了。Nà fángzi bìng bú dà,wèile shàng bān fāngbian,wǒ yě ～ bānqu zhù le. *Although that house was not at all large, I had no choice but to move there for the convenience of going to work.* "只好"可放在主语前("只好" can be placed before the subject)：王老师病了,～我去替他上课了。Wáng lǎoshī bìng le,～ wǒ qù tì tā shàng kè le. *As teacher Wang was ill, I had to teach classes for him.* /既然找不到旅伴,～她一个人去了。Jìrán zhǎo bu dào lǚbàn,～ tā yí ge rén qù le. *Since she couldn't find a travelling companion, she was obliged to go alone.*

【只见树木,不见森林】zhǐ jiàn shùmù,bù jiàn sēnlín 比喻只看到局部,看不到全体 see the trees and not the forest — see only the part and not the whole

【只是】zhǐshì(副)(1)同"只"zhǐ(1),但不用于数量的限制 same as "只" zhǐ(1) (but not used to restrict a numeral-measure word compound)：他～空谈,很少干点实事。Tā ～ kōngtán,hěn shǎo gàn diǎnr shíshì. *He merely indulges in empty talk and rarely does anything concrete.* /我们这样做～因为想不出更好的办法。Wǒmen zhèyàng zuò ～ yīnwèi xiǎng bu chū gèng hǎo de bànfǎ. *The only reason we are*

doing it like this is that we can't think of a better way. /这孩子整天一哭闹，怕是生病了。Zhè háizi zhěng tiān — kū nào，pà shì shēng bìng le. *This child has been doing nothing but cry and fuss all day. I'm afraid he's ill.* (2)"仅仅是"的意思，前后常有说明情况或进行解释的词语（*has the same meaning as* "仅仅是"；*preceded or followed by words which illustrate the situation or further explain it*）:他一随便说说，其实并不真要学画画儿。Tā — suíbiàn shuōshuo，qíshí bìng bù zhēn yào xué huà huàr. *He just made a casual remark. He doesn't really want to learn how to paint.* /我并没有责备你的意思，一提醒你注意。Wǒ bìng méi yǒu zébèi nǐ de yìsi，— tíxǐng nǐ zhùyì. *I didn't mean to blame you, I just wanted to warn you to be careful.* (3)表示在任何情况下，某种作法、行为改变不了（多用于否定式）（*indicates that under no circumstances will a way of doing sth. or a behaviour change；usu. used in the negative*）:谈来谈去，他一不同意来。Tán lái tán qù，tā — bù tóngyì lái. *I talked to him again and again but he simply wouldn't come.* /他多少次想戒烟，一戒不了。Tā duōshǎo cì xiǎng jiè yān，— jiè bu liǎo. *He has tried to quit smoking so many times, but simply cannot do it.* /明知这样做不对，他一不肯改。Míng zhī zhèyàng zuò bú duì，tā — bù kěn gǎi. *He knows full well that doing this is wrong but he simply won't change.* /我吃了三片安眠药，一睡不着。Wǒ chī le sān piànr ānmiányào，— shuì bu zháo. *I took three sleeping pills but simply couldn't get to sleep.* (连)有"但是"的意思，但多用于表示某种缺点、不满、遗憾、美中不足等，语气比较委婉（*has the same meaning as* "但是"，*but is usu. used to indicate a shortcoming, dissatisfaction, regret, a blemish in an otherwise perfact thing, etc.；has a relatively mild tone*）:我是很想和你们一起去的，一太忙了，实在分不出时间。Wǒ shì hěn xiǎng hé nǐmen yìqǐ qù de，— tài máng le，shízài fēn bu chū shíjiān. *I really would like to go with you, only I'm too busy and just can't find the time.* /他做这个工作非常合适，一他最近身体不行。Tā zuò zhège gōngzuò fēicháng héshì，— tā zuìjìn shēntǐ bù xíng. *He's very well suited for this job, only his health hasn't been very good recently.* /这套衣服很好看，一价钱贵了些。Zhè tào yīfu hěn hǎokàn，— jiàqián guìle xiē. *This suit is very pretty, only it's a bit too expensive.*

【只许州官放火，不许百姓点灯】zhǐ xǔ zhōuguān fàng huǒ，bù xǔ bǎixìng diǎn dēng 形容专制蛮横的统治者可以胡作非为，不许人民有一点自由 *the magistrates are free to burn down houses, while the common people are forbidden to even light lamps — despotic rulers can commit all kinds of outrages, while the people aren't even permitted the slightest freedom*

【只要】zhǐyào (连)多用于前一分句的主语前或后；表示必要条件，最低要求；常与"就"呼应（*usu. used before or after the subject in the first clause of a sentence；often used together with* "就"）*so long as；provided*）:打个电话，他马上就会来。— dǎ ge diànhuà，tā mǎshàng jiù huì lái. *He'll come right away; so long as you give him a call.* /一下苦功，就一定能学好。— xià kǔgōng，jiù yídìng néng xuéhǎo. *So long as you study hard, you will succeed.* /一你稍微注意一下，就会发现许多问题。— nǐ shāowēi zhùyì yíxià，jiù huì fāxiàn xǔduō wèntí. *So long as you pay a little more attention, you will notice several problems.* 有时用于后一分句（*sometimes used in the second clause*）:我可以参加，一对工作有利。Wǒ kěyǐ cānjiā，— duì gōngzuò yǒu lì. *I can attend, provided it's beneficial to the work.* /打青霉素是可以的，一不过敏。Dǎ qīngméisù shì kěyǐ de，— bú guòmǐn. *You can inject penicillin, provided there's no allergy to it.*

【只有】zhǐyǒu (连)表示唯一的条件，不这样则不行。后面常用"才"与之呼应 *only*（*indicates the sole condition for sth.；*

often followed by "才"）:她一天忙到晚，一吃饭的时候，才可以稍微休息一会儿。Tā yì tiān máng dào wǎn，— chī fàn de shíhou，cái kěyǐ shāowēi xiūxi yíhuìr. *She's busy from morning till night and can only rest a little at meal times.* /这是仿造得很好的古画，一行家才能看出来。Zhè shì fǎngzào de hěn hǎo de gǔhuà，— hángjiā cái néng kàn chūlai. *This is a very good counterfeit of an ancient painting. Only experts can tell the difference.* /一下苦功才能学好。— xià kǔgōng cái néng xuéhǎo. *You can do well only if you study hard.* (副)表示这是唯一可行的，别无他法（*indicates that this is the only way*）:他一直没给我回信，我一耐心地等待。Tā yìzhí méi gěi wǒ huí xìn，wǒ — nàixīn de děngdài. *He has never written back to me. I can only wait patiently.* /我被夹在人流中，一跟着大家向前走。Wǒ bèi jiā zài rénliú zhōng，— gēnzhe dàjiā xiàng qián zǒu. *I got pulled in with the stream of people and could only follow along.* /现在上他家找他已经来不及了，一打电话。Xiànzài shàng tā jiā zhǎo tā yǐjīng lái bu jí le，— dǎ diànhuà. *There's no time to go to his home to get him now; you can only phone him.* /大家都在埋怨我，我一自认倒霉。Dàjiā dōu zài mányuàn wǒ，wǒ — zìrèn dǎo méi. *Everybody is blaming me. I can only accept my ill luck.*

【只争朝夕】zhǐ zhēng zhāo xī 朝夕：一朝一夕，指短暂的时间。比喻抓紧时间，力争在最短时间内达到某个目的。用来形容争分夺秒的战斗精神（朝夕：*one day and one night — a short period of time*）*seize the day, seize the hour, seize every minute；race against time.*

纸 〔纸〕zhǐ
(名)[张 zhāng] *paper*

【纸币】zhǐbì (名) *paper money；paper currency；bank note*

【纸浆】zhǐjiāng (名)(*paper*) *pulp*

【纸老虎】zhǐlǎohǔ (名)[只 zhǐ]比喻外表强大实际空虚无力的人或外强中干的东西 *paper tiger — threatening but ineffectual person or thing*

【纸篓】zhǐlǒu(~儿) (名)装废纸的篓子 *waste paper basket*

【纸上谈兵】zhǐ shàng tán bīng 比喻只凭书本知识空谈理论，不能解决实际问题或不能成为现实事物 *fight only on paper；be an armchair strategist；talk glibly about general theories without getting down to resolving specific problems*:提倡实干精神，反对一。Tíchàng shígàn jīngshén，fǎnduì —. *Promote the spirit of doing solid work and oppose empty talk.* /谁也不喜欢一的人。Shuí yě bù xǐhuan — de rén. *Nobody likes an armchair strategist.* /空有个美好的计划，而不能付诸实现，岂不是一！Kōng yǒu ge měihǎo de jìhuà，ér bù néng fù zhū shíxiàn，qǐ bú shì —！*All you have is a fine plan that can't be put into effect. It's nothing but a fight on paper.*

【纸型】zhǐxíng (名) *paper mould；paper matrix*

【纸烟】zhǐyān (名) *cigarette*

【纸张】zhǐzhāng (名)纸的总称 *paper*:这个商店专卖一文具。Zhè ge shāngdiàn zhuān mài — wénjù. *This store specializes in selling stationery.*

指 zhǐ
(名)◇手指 *finger*；天黑得伸手不见五一。Tiān hēi de shēn shǒu bú jiàn wǔ —. *It was so dark that you couldn't see your own fingers in front of your face.* (动)(1)指向 *point at；point to*:时针一着三点。Shízhēn — zhe sān diǎn. *The hour hand is pointing to three.* /你要买的是哪个手表，一给我看看。Nǐ yào mǎi de shì nǎ ge shǒubiǎo，— gěi wǒ kànkan. *Which watch do you want to buy? Point to it and let me take a look.* /顺着他一的方向走。Shùnzhe tā — de fāngxiàng zǒu. *Walk in the direction in which he's pointing.*

(2)〈口〉依靠(后边常带"着")depend on; count on (usu. followed by "着"):炒菜我可不行，全～着你了。Chǎo cài wǒ kě bù xíng, quán ～zhe nǐ le. I just can't do any cooking. I'm counting wholly on you. /这件事不能～着他，还得找别人。Zhè jiàn shì bù néng ～ zhe tā, hái děi zhǎo biéren. You can't depend on him for this, but have to find someone else. /他一家三口～着他养活。Tā yì jiā sān kǒu ～ zhe tā yǎnghuo. His family of three depends on him for support. (3)(意见上)针对 aim at; directed at:他的这些话到底是～谁说的?Tā de zhèxiē huà dàodǐ shì ～ shuí shuō de?Just at whom are his words directed?/我知道你这通议论是有所～的。Wǒ zhīdào nǐ zhè tòng yìlùn shì yǒu suǒ ～ de. I know that comment of yours has an aim.

【指标】zhǐbiāo(名)target; quota:达到～ dádào ～ reach a quota/完成～ wánchéng ～ attain a target/～太高～ tài gāo the target is too high

【指出】zhǐchū(动)point out:～方向 ～ fāngxiàng point out the direction/～缺点 ～ quēdiǎn point out shortcomings/请～不妥之处。Qǐng ～ bù tuǒ zhī chù. Please point out the inappropriate places. /老师给我～了学习上的不足之处。Lǎoshī gěi wǒ ～le xuéxí shang de bùzú zhī chù. The teacher pointed out the deficiencies in my studies.

【指导】zhǐdǎo(动)guide; direct; instruct:这位教授～三个研究生作论文。Zhè wèi jiàoshòu ～ sān ge yánjiūshēng zuò lùnwén. This professor is instructing three graduate students as they do their theses. /深入改革是今后工作的～思想。Shēnrù gǎigé shì jīnhòu gōngzuò de ～ sīxiǎng. The guiding ideology in our work from now on will be thorough-going reform.

【指导员】zhǐdǎoyuán(名)解放军中政治指导员的简称 political instructor (of a PLA company)

【指点】zhǐdiǎn(动)(1)指示给人看 indicate; point at (sth. for others to see):老师～着地图，给学生介绍黄河的发源地以及流过的九个省的情况。Lǎoshī ～ zhe dìtú, gěi xuésheng jièshào Huáng Hé de fāyuán dì yǐjí liúguò de jiǔ ge shěng de qíngkuàng. The teacher pointed at the map and briefed the students on the source of the Yellow River and the situation of the nine provinces through which it flows. (2)教、指导 instruct; show how (to do sth.):他～我写文章。Tā ～ wǒ xiě wénzhāng. He showed me how to write an article. /感谢老师对我的～，使我避免了走弯路。Gǎnxiè lǎoshī duì wǒ de ～, shǐ wǒ bìmiǎnle zǒu wānlù. Thank you, teacher, for your instruction which has helped me to avoid taking a detour. /请在工作中多加～。Qǐng zài gōngzuò zhōng duō jiā ～. Please give me a few pointers during work.

【指定】zhǐdìng(动)appoint; assign:领导成员由他～。Lǐngdǎo chéngyuán yóu tā ～. Leading members are appointed by him. /这是上级～的任务。Zhè shì shàngjí ～ de rènwù. This task was assigned by the superior.

【指挥】zhǐhuī(动)command; direct; conduct:～队伍 ～ duìwǔ command troops/～生产 ～ shēngchǎn direct production/～大合唱 ～ dà héchàng conduct a chorus(名)发令调度的人,也指指挥乐队、合唱队的人 commander; director; conductor:工地～ gōngdì ～ foreman of a construction site/乐队～ yuèduì ～ conductor of the orchestra/他是我们的总～。Tā shì wǒmen de zǒng～. He's our commander-in-chief.

【指挥棒】zhǐhuībàng(名)[根 gēn]baton

【指挥部】zhǐhuībù(名)command post; headquarters

【指挥刀】zhǐhuīdāo(名)[把 bǎ]officer's sword

【指挥员】zhǐhuīyuán(名)commander

【指甲】zhǐjia(名)(finger) nail

【指教】zhǐjiào(动)套语,用于让人对自己的工作、学习、作品等提出意见 polite formula asking others for their comments or advice on one's work, studies, literary and artistic works,

etc.:请多多～。Qǐng duōduō ～. Kindly give me your advice. /蒙您～，我受益不浅。Méng nín ～, wǒ shòuyì bù qiǎn. Thank you very much for your advice. It has benefited me a great deal.

【指控】zhǐkòng(动)指责和控诉 accuse; charge:财政部长已经下台,他被～犯有受贿罪。Cáizhèng bùzhǎng yǐjīng xià tái, tā bèi ～ fàn yǒu shòu huì zuì. The Minister of Finance has already stepped down. He has been charged with accepting bribes.

【指令】zhǐlìng(名)〈书〉指示、命令 instruction; order; direction:下达～性任务 xiàdá ～xìng rènwù issue a directive

【指鹿为马】zhǐ lù wéi mǎ 秦朝二世是帝时,丞相赵高想篡夺帝位,要知道其他大臣是否敢反对,就先试验一下。他给秦二世献了一只鹿,说"这是一匹马",二世说"你弄错了,这是鹿。"赵高就问大臣们这是什么。大臣中有不说话的,有的就跟着赵高说是马。也有说是鹿的,都被赵高处置了。以后用"指鹿为马"比喻故意颠倒黑白,混淆是非 call a stag a horse (During the time of Emperor Qin II, Prime Minister Zhao Gao wanted to usurp the throne. In order to find out whether or not the other ministers dared to oppose, he decided to conduct an experiment. He presented Qin II with a stag and said:"This is a horse." Zhao Gao then asked the other ministers what it was. Some didn't answer, while others went along with Zhao Gao and said it was a horse. Still others said it was a stag and these ministers were disposed of by Zhao Gao.) — deliberately misrepresent

【指路牌】zhǐlùpái(名)设在路边指示道路的牌子,一般表明该道路所通的地名、方位、距离等 signpost; road sign; guidepost

【指名】zhǐ=míng 指出人或事物的名字 mention by name; name:～道姓地提出批评意见。～ dào xìng de tíchū pīpíng yìjiàn. He expressed criticism by naming names. /他～让我去,我只好去了。Tā ～ ràng wǒ qù, wǒ zhǐhǎo qù le. He named me to go so I had to.

【指明】zhǐmíng(动)明确指出 show clearly; point out:～发展方向 ～ fāzhǎn fāngxiàng point out the direction for development/～前进的道路 ～ qiánjìn de dàolù show clearly the way forward/～工作方针 ～ gōngzuò fāngzhēn point out work policy

【指南】zhǐnán(名)guide:～针 ～zhēn compass/行动的～ xíngdòng de ～ guide for operation

【指派】zhǐpài(动)指定某人去(做某事)appoint; name; designate:教育部～刘局长解决该校的纠纷。Jiàoyùbù ～ Liú júzhǎng jiějué gāi xiào de jiūfēn. The Ministry of Education has designated department head Liu to resolve that school's dispute.

【指认】zhǐrèn(动)当场指出(人或物),使有关方面知道、确认 point out (sb. or sth.)on the spot:由当时在场的交通警～出那场车祸的肇事者。Yóu dāngshí zàichǎng de jiāotōngjǐng ～ chū nà chǎng chēhuò de zhàoshìzhě. The traffic policeman who was on the scene at the time pointed out the one who caused that traffic accident.

【指日可待】zhǐ rì kě dài 指:指明一定的日期。待:期待。形容时间不长了,不久就可以实现(指日:point out a specific date; 待:expect)be expected soon; be just around the corner:这条航线的开辟,～。Zhè tiáo hángxiàn de kāipì, ～. The opening up of this shipping line is expected soon. /此项工程全面竣工,已～。Cǐ xiàng gōngchéng quánmiàn jùngōng, yǐ ～. The completion of this project is just around the corner.

【指桑骂槐】zhǐ sāng mà huái 指着桑树骂槐树。比喻表面骂这个人,实际在骂那个人 point at the mulberry and scold the scholar tree — point at one person and scold another; make innuendos

【指使】zhǐshǐ(动)叫别人按自己的意图做某事(多含贬义)

instigate；*put sb. up to sth.*：这些坏事都是他哥哥～他干的。Zhèxiē huài shì dōu shì tā gēge ～ tā gàn de. *His elder brother put him up to all these bad deeds.* /他写诬告信不是他自己的主意，是受人～的。Tā xiě wúgào xìn bú shì tā zìjǐ de zhǔyì, shì shòu rén ～ de. *It wasn't his own idea to write a letter making a false accusation. He was acting on somebody else's instigation.*

【指示】zhǐshì（名）*directive*；*instructions*：正确～ zhèngquè ～ *proper instructions*/接到领导的～ jiēdào lǐngdǎo de ～ *receive the leader's instructions*（动）*instruct*：上级～我们做好年终总结。Shàngjí ～ wǒmen zuòhǎo niánzhōng zǒngjié. *The higher level has instructed us to make a good year-end summary.*

【指手画脚】zhǐ shǒu huà jiǎo 说话时做出各种手势、动作，比喻乱加批评、指点或胡乱发号施令 *gesticulate*；*make indiscreet remarks or criticisms*

【指数】zhǐshù（名）*index number*；*index*：生产～ shēngchǎn ～ *production index*/物价～ wùjià ～ *price index*

【指头】zhǐtou（名）[个 gè] *finger*；*toe*

【指望】zhǐwàng（动）盼望、期待 *look forward to*；*expect*：大家都～煤气管道早日装好。Dàjiā dōu ～ méiqì guǎndào zǎorì zhuānghǎo. *Everybody is looking forward to the gas piping being installed as soon as possible.* /家长～儿女成材。Jiāzhǎng ～ érnǚ chéng cái. *Parents expect their children to grow up and be useful.*（名）盼头、希望 *prospect*；*hope*：今年丰收有～。Jīnnián fēngshōu yǒu ～. *There's hope for a bumper harvest this year.* /看来暑假旅行已没什么～了。Kànlái shǔjià lǚxíng yǐ méi shénme ～ le. *It already looks as if there's no hope for travelling during the summer vacation.*

【指纹】zhǐwén（名）（1）手指肚上皮肤的纹理 *loops and whorls on a finger*（2）这种纹理留下来的痕迹 *fingerprint*

【指引】zhǐyǐn（动）指点引导 *point (the way)*；*guide*

【指印】zhǐyìn（名）（1）手指肚留下的痕迹 *fingerprint*（2）按在契约、证件、单据等上面的指纹 *finger mark*；*fingerprint (on a contract, certificate, document, etc.)*

【指责】zhǐzé（动）挑毛病、缺点加以批评 *censure*；*criticize*；*find fault with*：不要总～别人，你自己也有责任。Búyào zǒng ～ biérén, nǐ zìjǐ yě yǒu zérèn. *Don't always criticize others. You too are responsible.* /他的做法受到了～。Tā de zuòfǎ shòudàole ～. *His method was subjected to censure.*

【指战员】zhǐzhànyuán（名）指挥员和战斗员的合称 *commanders and fighters*

【指针】zhǐzhēn（名）（1）*indicator*；*pointer*；*needle*；*hand*（2）*guiding principle*；*guide*

【指正】zhǐzhèng（动）套语，用于请人批评自己的作品或意见等 *polite formula asking others for their comments or advice on one's work, views, etc.*：我的看法很不成熟，不妥之处请～。Wǒ de kànfǎ hěn bù chéngshú, bù tuǒ zhī chù qǐng ～. *My view is not well-thought-out. Please oblige me with your comments on the inappropriate places.* /这幅画是我的习作，望多～。Zhè fú huà shì wǒ de xízuò, wàng duō ～. *This is my exercise drawing. I hope you will be kind enough to give me your opinion.* /这部书会有不少缺点，请读者批评～。Zhè bù shū huì yǒu bù shǎo quēdiǎn, qǐng dúzhě pīpíng ～. *This book may have many shortcomings. Will the readers please oblige me with their valuable comments.*

趾 zhǐ
（名）◇脚指头 *toe*

【趾高气扬】zhǐ gāo qì yáng 形容得意忘形、骄傲自满的样子 *strut about and put on airs*；*be full of arrogance*

zhì

至 zhì
（动）◇〈书〉到 *to*；*until*：图书馆开馆时间是早上八点～下午四点。Túshūguǎn kāi guǎn shíjiān shì zǎoshang bā diǎn ～ xiàwu sì diǎn. *The library is open from 8∶00 a. m. to 4∶00 p. m.* /今日北京～西安的机票已经售完。Jīnrì Běijīng ～ Xī'ān de jīpiào yǐjīng shòuwán. *Today's plane tickets to Xi'an from Beijing are already sold out.* /轮船行～三峡时，人们纷纷拍照。Lúnchuán xíng ～ Sānxiá shí, rénmen fēnfēn pāizhào. *People took one picture after the other as the steamboat sailed to the Three Gorges.*（副）〈书〉意思相当于"最"，但使用范围极窄，只能修饰单音节词（*has the same meaning as "最", but has a very narrow usage*；*can only modify monosyllabic words*）（1）表示最高程度，修饰某些单音节形容词或表示心理活动的单音节动词,组成四字格 *to the highest degree (modifies certain monosyllabic adjectives or monosyllabic verbs which express mental activity；forms a four- character pattern)*：感激之～ gǎnjī zhī ～ *extremely grateful*/他是我～亲～爱的朋友。Tā shì wǒ ～ qīn ～ ài de péngyou. *He is my closest and dearest friend.*（2）表示程度再高也不会超过某个限度，多修饰单音节形容词（*indicates that sth. cannot surpass a certain degree*；*usu. modifies a monosyllabic adjective*）：我～迟下月二号回来。Wǒ ～ chí xià yuè èr hào huílai. *I will be back on the second of next month at the latest.* /他～早也得六点半才能起床。Tā ～ zǎo yě děi liù diǎn bàn cái néng qǐ chuáng. *He can get up at 6∶30 at the earliest.* /跳高，～低她也能跳过一米八。Tiào gāo, ～ dī tā yě néng tiàoguò yì mǐ bā. *She can jump at least 1. 8 metres in the high jump.*

【至诚】zhìchéng（形）非常诚恳 *very sincere*；*extremely sincere*

【至多】zhìduō（副）（1）表示估计的最大数量，后面有数量短语 *at (the) most (followed by a numeral-measure word phrase)*：他不会在这儿住太久的，～住半个月。Tā bú huì zài zhèr zhù tài jiǔ de, ～ zhù bàn ge yuè. *He won't stay here for any longer than half a month at the most.* /我想从这里到他家～不会超过一个小时。Wǒ xiǎng cóng zhèli dào tā jiā ～ bú huì chāoguò yí ge xiǎoshí. *I don't think it will take any more than an hour at most to get to his place from here.* /买这样一台录音机～有三百元就够了。Mǎi zhèyàng yì tái lùyīnjī ～ yǒu sānbǎi yuán jiù gòu le. *Three hundred yuan at most will be enough to buy this recorder.* "至多"也可直接放在数量短语前（*"至多" can also be placed directly before the numeral-measure word phrase*）：那姑娘～二十岁。Nà gūniang ～ èrshí suì. *That girl is at the most twenty years old.* /这儿离颐和园～五公里。Zhèr lí Yíhéyuán ～ wǔ gōnglǐ. *It is only five kilometres at the most from here to the Summer Palace.*（2）表示估计到最高程度，"至多"有时可放在句首（*indicates an estimate to the highest degree*；*"至多" can sometimes be placed at the beginning of a sentence*）：感冒不是什么大病，～休息两三天就会好的。Gǎnmào bú shì shénme dà bìng, ～ xiūxi liǎng-sān tiān jiù huì hǎo de. *The flu is not a serious illness. It only takes at most two or three days of rest to get better.* /这老人行动不便，～到院子里晒晒太阳。Zhè lǎorén xíngdòng búbiàn, ～ dào yuànzi li shàishai tàiyang. *This elderly person can't get around very well.* /～找我妹妹来帮忙，别人我是不会找的。～ zhǎo wǒ mèimei lái bāng máng, biéren wǒ shì bú huì zhǎo de. *At most I will ask my younger sister to come and help. I won't ask anyone else.*

【至高无上】zhì gāo wú shàng 最高，没有比它更高的了 *supreme*；*the highest*：～的荣誉 ～ de róngyù *the highest honour*

【至交】zhìjiāo（名）〈书〉最要好的朋友 *best friend*

【至今】zhì＝jīn *up to now*；*to this day*；*so far*：他离开这里已经五年了，～没有一点儿消息。Tā líkāi zhèli yǐjīng wǔ nián

le，～ měi yǒu yìdiǎnr xiāoxi. *It has been five years since he left here and to this day there hasn't been any news of him.* /这首歌谣从古～一直在民间流传着。Zhè shǒu gēyáo cóng gǔ ～ yìzhí zài mínjiān liúchuánzhe. *From ancient times up to now this ballad has been circulating among the people.*

【至理名言】zhì lǐ míng yán 最正确、最精辟的话 golden saying；axiom；maxim

【至上】zhìshàng（形·非定）放在第一位 regard（or treat）as the most important；权力～ quánlì ～ regard power as the most important/爱情～ àiqíng ～ treat love as the most important/金钱～的人生观使他走上了犯罪的道路。Jīnqián ～ de rénshēngguān shǐ tā zǒushàngle fàn zuì de dàolù. *An outlook that treats money as the most important thing in life is what made him go down the road of crime.*

【至少】zhìshǎo（副）(1)表示最少数量，后面必须有数量短语 at least（must be followed by a numeral-measure word phrase）：我每个月～收到两封信。Wǒ měi ge yuè ～ shōudào liǎng fēng xìn. *I receive at least two letters per month.* /那只古瓶～值二百元。Nà zhī gǔpíng ～ zhí èrbǎi yuán. *That ancient vase is worth at least two hundred yuan.* /他学英语～学了三年了。Tā xué Yīngyǔ ～ xuéle sān nián le. *He has studied English for at least three years.* /我～告诉你两遍了，你怎么没听见？Wǒ ～ gàosu nǐ liǎng biàn le，nǐ zěnme méi tīngjiàn？*I've told you at least twice. Why didn't you hear me?* "至少"可直接放在数量短语前（"至少" can be placed directly before the numeral-measure word phrase）：参观展览会的～两千人。Cānguān zhǎnlǎnhuì de ～ liǎngqiān rén. *At least two thousand people visited the exhibition.* /要改变这个城市的面貌～十年。Yào gǎibiàn zhège chéngshì de miànmào ～ shí nián. *It will take at least ten years to change the face of this city.* (2)表示最低限度（indicates a minimum limit）：这个计划～得经过大家讨论才能定下来。Zhège jìhuà ～ děi jīngguò dàjiā tǎolùn cái néng dìng xialai. *This plan must at least be discussed by everyone before it can be settled.* /工作～要有起码的责任心。Gōngzuò ～ yào yǒu qǐmǎ de zérènxin. *One must at least have a minimum sense of responsibility towards work.* /请你把字写清楚点，～得让别人看懂。Qǐng nǐ bǎ zì xiě qīngchu diǎnr，～ děi ràng biéren kàndǒng. *Please write a little more legibly so that people can at least understand your writing.* "至少"有时可放在句首，后边可有停顿（"至少" can be placed at the beginning of a sentence and be followed by a pause）：～，你得把当天的作业作完吧！～，nǐ děi bǎ dàngtiān de zuòyè zuòwán ba! *You must at least finish your homework on the same day it is assigned.* /这纯粹是幻想，～，现在是无法实现的。Zhè chúncuì shì huànxiǎng，～，xiànzài shì wúfǎ shíxiàn de. *This is pure fantasy；or，at the very least，it can't be realized right now.*

【至于】zhìyú（副）表示行为或状况发展到某种程度，多是人所不希望的，只用于否定形式或反问句 go so far as to（indicates that a behaviour or situation has reached a certain degree；only used for a negative form or in a rhetorical question）：我想他不～连信也不会写。Wǒ xiǎng tā bú ～ lián xìn yě bú huì xiě. *I don't think he would be so illiterate as to not be able to write a letter.* /你要听我的话哪～受这么多苦！Nǐ yào tīng wǒ de huà nǎ ～ shòu zhème duō kǔ! *You wouldn't be having such a rough time if you had listened to my advice!* /估计这事他不～不管。Gūjì zhè shì tā bú ～ bù guǎn. *I reckon he wouldn't go so far as to not bother about this matter.* /考题不～那么难吧！Kǎotí bú ～ nàme nán ba! *The exam questions weren't that hard, were they?* /你刚就走，～那么着急吗？Nǐ gāng lái jiù zǒu，～ nàme zháo jí ma? *You just arrived yet you want to leave right away. Are you in that much of a hurry?* "至于"可以单用（"至于" can be used alone）：他会生气吗？Tā huì shēng qì ma?——不

～。——Bú ～. *Will he get angry?——He wouldn't go so far.* /为这么点儿小事，两个人闹别扭，～吗？Wèi zhème diǎnr xiǎo shì，liǎng ge rén nào bièniu，～ ma? *Those two wouldn't go so far as to be at odds with each other over such a trifling matter, would they?* (连)表示提出另一话题，后面加以论述 as for；as to（introduces a topic for discussion and is followed by an exposition of this topic）：你只管安心工作，～家里的事，我们会帮忙的。Nǐ zhǐguǎn ān xin gōngzuò，～ jiāli de shì，wǒmen huì bāng máng de. *You just keep your mind on your work. As to household affairs, we will help.* /这两个足球队比赛十分激烈，～谁胜谁负，现在很难预料。Zhè liǎng ge zúqiúduì bǐsài shífēn jīliè，～ shuí shèng shuí fù，xiànzài hěn nán yùliào. *The match between these two football teams is very fierce. As for who will win and who will lose, it's difficult to predict right now.* /那些旅客昨天晚上都走了，～到哪儿去了，我们一点儿也不知道。Nàxiē lǚkè zuótiān wǎnshang dōu zǒu le，～ dào nǎr qù le，wǒmen yìdiǎnr yě bù zhīdào. *Those tourists left last night. As for where they went, we don't have the slightest idea.*

志 zhì

（名）◇(1)志向、志愿 will；aspiration；ideal：人各有～ rén gè yǒu ～ to each his own aspirations/有～者，事竟成。Yǒu ～ zhě，shì jìng chéng. *Where there's a will there's a way.* (2)记录的文字 records；annals：县～ xiàn ～ annals of a county/人物～ rénwù ～ records of historical figures（动）◇记 remember；keep in mind：永～不忘 yǒng ～ bú wàng forever bear in mind

【志哀】zhì'āi（动·不及物）用某种方式表示哀悼 indicate mourning：下半旗～ xià bànqí ～ fly a flag at half-mast as a sign of mourning

【志气】zhìqì(名)要求上进的决心和不达目的不罢休的劲头 ambition；aspiration：他很有～，靠自学考上了工程师。Tā hěn yǒu ～，kào zìxué kǎoshàngle gōngchéngshī. *He has high aspirations. He passed the exam to become an engineer, relying on what he studied by himself.*

【志趣】zhìqù(名)志向和兴趣 aspiration and interest；inclination

【志士】zhìshì(名)有坚决意志和节操的人 person of ideals and integrity：革命～ gémìng ～ revolutionary with lofty ideas/爱国～ àiguó ～ noble-minded patriot

【志同道合】zhì tóng dào hé 志向一致，道路相同 cherish the same ideals and follow the same path；have a common goal

【志向】zhìxiàng(名)对未来要做某事的决心 aspiration；ideal；ambition

【志愿】zhìyuàn(名)aspiration；will；ideal：宏大～ hóngdà ～ great aspirations/祖国的需要就是我的～。Zǔguó de xūyào jiù shì wǒ de ～. *My will is the needs of the homeland.* (副)出于自愿 voluntarily：～献血 ～ xiàn xiě voluntarily give blood/～到基层工作 ～ dào jīcéng gōngzuò volunteer to work at the grassroots

【志愿军】zhìyuànjūn(名)多指为了帮助另一国家抵抗武装侵略而自愿组织的军队 people who volunteer to fight in another country；volunteers

【志愿书】zhìyuànshū(名)申请参加党、团等组织所填写的表格 application form（for joining the Party，an organization，etc.）

制 〔製〕zhì

（动）制造 make；manufacture：～版 ～ bǎn plate making /～药 ～ yào making of medicine (名)◇制度 system：八小时工作～ bā xiǎoshí gōngzuò ～ the eight-hour work system

【制裁】zhìcái(动)sanction；punish

【制导系统】zhìdǎo xìtǒng *guidance system*

【制订】zhìdìng（动）创造拟定 *work (or map) out*；*formulate*：～汉语拼音方案 ～ Hànyǔ Pīnyīn Fāng'àn *work out The Scheme for the Chinese Phonetic Alphabet*

【制定】zhìdìng（动）定出（法律、规章、计划等）*lay down*；*draw up*；*formulate*；*draft (a law, regulations, a plan, etc.)*：～计划 ～ jìhuà *draw up a plan*/～法规 ～ fǎguī *lay down laws and regulations*

【制动器】zhìdòngqì（名）*brake*

【制度】zhìdù（名）*system*

【制伏】zhì//fú 同"制服"zhì//fú *same as "制服" zhì//fú*

【制服】zhìfú（名）[件 jiàn、套 tào]有规定样式的服装（指军人、机关工作人员、学生等）*(military, institutional, school, etc.) uniform*

【制服】zhì//fú *check*；*subdue*；*bring under control*：～水患 shuǐhuàn *bring a flood under control*/敌人被他～了。Dírén bèi tā ～ le. *The enemy was subdued by him.* /他们～了这块盐碱地。Tāmen ～ le zhè kuài yánjiǎndì. *They've checked this piece of saline-alkali land.*

【制高点】zhìgāodiǎn（名）〈军〉*commanding elevation*

【制剂】zhìjì（名）〈药〉*preparation (of medicine)*

【制空权】zhìkōngquán（名）〈军〉*control of the air；air domination*

【制冷机】zhìlěngjī（名）*refrigerator*

【制品】zhìpǐn（名）由……制造成的物品 *products；goods*：乳～ rǔ ～ *dairy products*/肉～ ròu ～ *meat products*/蛋～ dàn ～ *egg products*/塑料～ sùliào ～ *articles made of plastic*/化纤～ huàxiān ～ *goods made of chemical fibre*

【制胜】zhìshèng（动·不及物）〈书〉取得胜利；战胜敌人 *get the upper hand of；subdue*

【制图】zhì=tú *make a map*

【制约】zhìyuē（动）（一事物的存在和变化）限制（另一事物的存在和变化）*(of the existence and transformation of one thing) restrict；control (the existence and transformation of another things)*：产品的更新受到工厂条件的～。Chǎnpǐn de gēngxīn shòudào gōngchǎng tiáojiàn de ～. *The innovation of products is restricted by conditions in the factory.*/互相～ hùxiāng ～ *condition each other*

【制造】zhìzào（动）(1)*manufacture；make*：～新产品 ～ xīn chǎnpǐn *manufacture new products*/～出更漂亮的小汽车 ～ chū gèng piàoliang de xiǎoqìchē *manufacture nicer-looking small cars*/这种电风扇是我们厂～的。Zhè zhǒng diànfēngshàn shì wǒmen chǎng ～ de. *This kind of electric fan is made by our factory.* (2)*create；fabricate*：～紧张空气 ～jǐnzhāng kōngqì *create a tense atmosphere*/～谣言 ～yáoyán *fabricate rumours*/～舆论 ～ yúlùn *mould public opinion*

【制止】zhìzhǐ（动）*check；curb；stop*

【制作】zhìzuò（动）*make；manufacture*：～儿童玩具 ～ értóng wánjù *manufacture children's toys*

质〔質〕zhì

（名）(1)性质，本质 *nature；character*：事情发生了～的变化。Shìqíng fāshēngle ～ de biànhuà. *There has been a change in the nature of the matter.* /因为每一事物都具有自己的～，才构成了世界万事万物的区别。Yīnwèi měi yí shìwù dōu jùyǒu zìjǐ de ～, cái gòuchéngle shìjiè wàn shì wàn wù de qūbié. *It is only because every object has its own nature that there is a difference in all things on earth.* (2)同"质量"zhìliàng (2)*same as "质量" zhìliàng (2)*：与同类产品相比，这种自行车在～和量方面都居于首位。Yǔ tónglèi chǎnpǐn xiāngbǐ, zhè zhǒng zìxíngchē zài ～ hé liàng fāngmiàn dōu jū yú shǒuwèi. *When compared with other products of its kind, this type of bicycle takes first place in both quality and quantity.*

【质变】zhìbiàn（名）事物的根本性质的变化 *qualitative change*

【质地】zhìdì（名）*quality of a material；texture；grain*：～优良 ～ yōuliáng *fine quality*/这种羊毛～柔软。Zhè zhǒng yángmáo ～ róuruǎn. *The texture of this sheep's wool is very soft.*

【质量】zhìliàng（名）〈物〉(1)*mass* (2)产品或工作的优劣程度 *quality (of work or a product)*：提高教学～ tígāo jiàoxué ～ *improve the quality of teaching*/牡丹牌电视机的～不错。Mǔdānpái diànshìjī de ～ búcuò. *The quality of the Peony-brand television is not bad.* /把住～关 bǎzhù ～ guān *check quality*

【质料】zhìliào（名）产品所用的材料 *material*

【质朴】zhìpǔ（形）朴实 *simple and unadorned；plain；unaffected*：文字～无华。Wénzì ～ wúhuá. *This writing is simple and unaffected.* /她的表演～、自然。Tā de biǎoyǎn ～、zìrán. *Her performance was natural and unaffected.*

【质数】zhìshù（名）〈数〉*prime number*

【质问】zhìwèn（动）依据事实提出问题、问清是非，责问 *question；interrogate；call to account*：事故发生后，大家对当事者提出～。Shìgù fāshēng hòu, dàjiā duì dāngshìzhě tíchū ～. *After the accident, everybody interrogated the parties concerned.* /你们为什么～我？这事跟我没任何关系。Nǐmen wèi shénme ～ wǒ?Zhè shì gēn wǒ méi rènhé guānxi. *Why are you all questioning me? This matter has nothing to do with me.*

【质询】zhìxún（动）〈书〉追究、询问所以这样做的理由 *ask for an explanation；investigate the reason (for sth.)*

【质疑】zhìyí（动）提出疑问 *call in question；query*：不容～ bù róng ～ *without a doubt*/同行们对他的结论提出～不少。Tónghángmen duì tā de jiélùn tíchū bù shǎo ～. *Others of his profession questioned the validity of his conclusion.*

【质子】zhìzǐ（名）〈物〉*proton*

治zhì

（动）(1)◇治理、处理 *administer；govern；manage*：～国安邦 ～ guó ān bāng *run the country well and give it peace*/民主～校 mínzhǔ ～ xiào *govern a school democratically* (2)控制 *control；harness (a river, etc.)；wipe out*/～黄工程 ～ Huáng gōngchéng *project to harness the Yellow River*/～沙 ～ shā *sand-control*/～蝗 ～ huáng *eliminate locusts* (3)医疗 *treat (a disease)；cure*：他的病终于～好了。Tā de bìng zhōngyú ～hǎo le. *His illness was finally cured.* (4)惩罚 *punish*：他怎么能随意旷工？我看得好好儿～～他。Tā zěnme néng suíyì kuàng gōng?wǒ kàn děi hǎohāor ～ tā. *How can he do as he pleases and stay away from work without reason? I think he has to be properly punished.*

【治安】zhì'ān（名）*public order；public security*：维持～ wéichí ～ *maintain public order*/社会～良好。Shèhuì ～ liánghǎo. *There is good social order.*

【治本】zhì=běn 从根本上处理或解决问题（与"治标"相对）*get at the root (of a problem, etc.)；effect a permanent solution (opposite of "治标"）(bring about a temporary solution)*

【治标】zhì=biāo 就表面上的问题加以处理，不是从根本上解决（与"治本"相对）*bring about a temporary solution (for a problem, etc.)；take stopgap measures (opposite of "治本" (get at the root of a problem))*：这个办法～不治本，所以是不可取的。Zhège bànfǎ ～ bú zhì běn, suǒyǐ shì bù kě qǔ de. *This method can only bring about a temporary solution not a permanent one, so it's not desirable.*

【治病救人】zhì bìng jiù rén 比喻对人善意地批评规劝，帮助他改正缺点和错误 *cure the illness to save the patient — offer constructive criticism to sb. so as to help him correct his*

shortcomings and mistakes

【治理】zhìlǐ（动）(1)同"治"zhì(1)same as "治" zhì(1)：～国家 ～ guójiā govern a country/～学校有方 ～ xuéxiào yǒufāng know how to run a school properly(2)同"治"zhì(2)same as "治" zhì(2)：～黄河 ～ Huáng Hé harness the Yellow River/～荒山秃岭 ～ huāng shān tū lǐng transform barren hills

【治疗】zhìliáo（动）treat；cure

【治丧】zhìsāng（动·不及物）办理丧事 make funeral arrangements

【治外法权】zhì wài fǎquán 国家间彼此授予对方外交官员的特权 extraterritoriality；diplomatic privilege and immunity

【治学】zhìxué（动·不及物）〈书〉研究学问 do scholarship research：他～严谨 tā ～ yánjǐn His scholarship is rigorous. /～方法 ～fāngfǎ scholarly method of research/～态度 ～ tàidù attitude towards scholarly reasearch/～经验 ～ jīngyàn experience in scholarly work

【治装】zhìzhuāng（动·不及物）〈书〉治办行装 purchase things necessary for a long journey：他于月底去江南赴任,目前正在～。Tā yú yuèdǐ qù Jiāngnán fù rèn, mùqián zhèngzài ～. He's going to the South to take his post at the end of the month and is now purchasing things for his journey.

【治罪】zhì＝zuì〈法〉给犯罪的人以应得的惩罚 punish sb. (for a crime)：量刑 ～ liàng xíng ～ measure a penalty and apply it as punishment/从轻～ cóng qīng ～ punish lightly

桎 zhì
（名）〈书〉脚镣 fetters

【桎梏】zhìgù（名）脚镣和手铐,比喻束缚人或事物的东西 fetters and handcuffs；shackles (used figuratively)

致 zhì
（动）〈书〉(1)给与（向对方表示礼节、情意等）send；extend；deliver (sth. to express courtesy, friendly sentiments, etc.)：～电慰问 ～ diàn wèiwèn send a telegram expressing one's sympathy/～欢迎词 ～ huānyíngcí deliver a welcoming speech/～以热烈的祝贺 ～ yǐ rèliè de zhùhè extend one's warm congratulations/此～敬礼 cǐ ～ jìng lǐ with best wishes(2)〈书〉达到 attain；achieve：学以～用 xué yǐ ～ yòng learn sth. in order to use it(3)招致 incur；bring about；cause：找出～病原因 zhǎochū ～ bìng yuányīn find the cause for the disease

【致哀】zhì'āi（动）表示哀悼 pay one's respect to the deceased；向遗像～ xiàng yíxiàng ～ pay one's respects to a portrait of the deceased

【致癌物质】zhì'ái wùzhì carcinogen；carcinogenic substance

【致词】zhì＝cí make (or deliver) a speech

【致敬】zhìjìng（动·不及物）salute；pay tribute to：向英雄们～ xiàng yīngxióngmen ～ Salute the heroes！

【致贺】zhìhè（动·不及物）表示祝贺 extend one's congratulations：特向大会～ tè xiàng dàhuì ～ extend special congratulations to the conference

【致力】zhìlì（动）把力量用于某方面 devote one's energy to；work for：～教育事业 ～ jiàoyù shìyè work for the cause for education/老教授一生～于癌症研究。Lǎo jiàoshòu yìshēng～.yú áizhèng yánjiū. The elderly professor has devoted a lifetime of energy to cancer research. /～于汉字研究 ～ yú Hànzì yánjiū devote one's energy to the study of Chinese characters

【致命】zhìmìng（形）fatal；mortal；deadly：～的打击 ～ de dǎjī a fatal blow/～伤 ～ shāng a mortal wound

【致使】zhìshǐ（动）〈书〉由于某种原因而导致某种结果（多指不好的）result in；cause (the result is usu. sth. bad)：途中突降暴雨,～火车误点。Túzhōng tū jiàng bàoyǔ, ～ huǒchē wù diǎn. Torrential rain suddenly fell while the train was

en route which caused it to be behind schedule. / 由于管理混乱,～工厂亏损。Yóuyú guǎnlǐ hùnluàn, ～ gōngchǎng kuīsǔn. The factory suffered losses due to confusion in management.

【致死】zhìsǐ（动·不及物）〈书〉导致死亡 causing death：不堪虐待,投河～。Bùkān nüèdài, tóu hé ～. He couldn't bear the maltreatment so he threw himself into the river and died. / 受迫害～ shòu pòhài ～ be persecuted to death/长期流落街头,冻饿～。Chángqī liúluò jiētóu, dòng è ～. He wandered the streets destitute for a long time and finally froze and starved to death.

【致谢】zhìxiè（动·不及物）向人表示谢意 express one's thanks；extend thanks to：向给予我们热情帮助的朋友们～。Xiàng jǐyǔ wǒmen rèqíng bāngzhù de péngyǒumen ～. We would like to express our thanks to those friends who have extended their warmhearted assistance.

【致意】zhìyì（动·不及物）表示问候的意思 give one's regards (or best wishes)；send one's greetings：向欢迎的人群招手～。Xiàng huānyíng de rénqún zhāo shǒu ～. He waved his greetings to the cheering crowd.

秩 zhì

【秩序】zhìxù（名）order，sequence：维持交通 ～ wéichí jiāotōng ～ maintain traffic order /会场～很好。Huìchǎng ～ hěn hǎo. The conference hall was very orderly.

掷 〔擲〕zhì
（动）〈书〉扔、投 throw；cast：～球 ～ qiú throw a ball

【掷弹筒】zhìdàntǒng（名）grenade launcher

【掷还】zhìhuán（动）〈书〉套语。请人把某物归还自己（polite formula）please return：请用毕～。Qǐng yòngbì ～. Please return after use.

窒 zhì

【窒息】zhìxī（动·不及物）〈书〉stifle；suffocate

智 zhì
（名）◇智慧 wisdom；intelligence：大～若愚 dà ～ ruò yú a man of great wisdom often appears slow-witted

【智慧】zhìhuì（名）wisdom；intelligence

【智力】zhìlì（名）intelligence；intellect

【智力开发】zhìlì kāifā 发展文化、教育事业,提高人们的知识水平和技术水平 develop culture and the cause for education and improve the level of people's knowledge and technical skills

【智力投资】zhìlì tóu zī 在发展文化、教育,提高人们知识和技术水平方面所下的本钱。也叫"人才投资"。它是现代化社会不可少的一方面 capital used to develop culture and the cause for education and to improve the level of people's knowledge and technical skills；also called "人才投资" and is an indispensable part of modern society

【智谋】zhìmóu（名）resourcefulness；wit

【智囊团】zhìnángtuán（名）brain trust

【智能】zhìnéng（名）智慧和能力 wisdom and ability：培养和发展学生的～。Péiyǎng hé fāzhǎn xuésheng de ～. foster and develop the students' wisdom and ability （形）具有人的某些智慧和能力 having intelligence：～生物 ～ shēngwù intelligent creature/～机器人 ～ jīqì rén intelligent robot/人工～ réngōng ～ artificial intelligence

【智取】zhìqǔ（动）take (a fort, town, etc.) by strategy：只可～,不可强攻。Zhǐ kě ～, bù kě qiáng gōng. The only way to take the enemy position is by strategy, not by forceful attack.

【智育】zhìyù〈名〉发展智力的教育 *intellectual education*；*intellectual development*

【智者千虑，必有一失】zhìzhě qiān lǜ，bì yǒu yī shī 智者：聪明人；千虑：多次考虑；失：错误。聪明人在多次考虑中，也总会有考虑错了的时候(智者：*the wise*；千虑：*think over many times*；失：*error*) *even the wise are not always free from error*；*nobody is infallible*

滞 〔滯〕zhì
（动）◇凝聚不流动 *stagnate*

【滞留】zhìliú（动）停留不动 *be detained*；*be held up*：由于没买到机票，他在上海～了三天。Yóuyú méi mǎidào jīpiào，tā zài Shànghǎi ～le sān tiān. *He was held up in Shanghai for three days because he couldn't buy a plane ticket.*

【滞销】zhìxiāo（动）（货物）不容易卖出去 *(of goods) unsalable*；*unmarketable*：这批货物～了。Zhè pī huòwù ～ le. *This shipment of goods is unsalable.*

置 zhì
（动）〈书〉（1）放 *place*；*put*：漠然～之 mòrán～ zhī *remain indifferent towards sth.* （2）买 *buy*：～装 ～ zhuāng *buy clothes*/～一套餐具 ～ yí tào cānjù *buy a set of tableware*/～房子 ～ fángzi *buy a house*

【置办】zhìbàn（动）*buy (durables)*；*purchase*：～应用物品 ～ yìngyòng wùpǐn *purchase articles for use*/～礼品 ～ lǐpǐn *buy a gift*

【置备】zhìbèi（动）购买（设备、用具）*purchase (equipment, appliances, etc.)*：最近，我已分到了一套新房，想～一套家具，只是没有中意，Zuìjìn，wǒ yǐ fēndàole yí tào xīn fáng，xiǎng ～ yí tào jiājù，zhìshì méi yǒu zhòngyì de. *I've been allocated a new home recently and want to purchase a set of furniture but just haven't found any to my liking.*

【置换】zhìhuàn（动）〈化〉*displacement*；*replacement*

【置若罔闻】zhì ruò wǎng wén 置：搁；罔：没有。放在一边，好像没听见一样（置：*put*；罔：*not have*）*turn a deaf ear to*；*pay no heed to*：他对大家的意见采取～的态度。Tā duì dàjiā de yìjiàn cǎiqǔ ～ de tàidu. *He turned a deaf ear to others' advice.*/对这种错误言论，不能～。Duì zhè zhǒng cuòwu yánlùn，bù néng ～. *We cannot turn a deaf ear to this kind of erroneous speech.*

【置身】zhìshēn（动）〈书〉把自己放在……*place oneself*；*stay*：～斗争之外 ～ dòuzhēng zhī wài *keep out of the fight*/～于群众之中 ～ yú qúnzhòng zhī zhōng *place oneself in the midst of the masses*

【置信】zhìxìn（动·不及物）相信（用于否定式中）*(used in the negative) believe*；难以～ nányǐ ～ *hard to believe*/不可～ bù kě ～ *unbelievable*

【置于】zhìyú（动）〈书〉*put*；*place*：～死地 ～ sǐdì *place in a fatal position*/～门外 ～ mén wài *put outside*/～通风阴凉处 ～ tōng fēng yīnliáng chù *put in a cool, dark place*

【置之不理】zhì zhī bù lǐ 放到一边，不理不管 *brush aside*；*ignore*

【置之度外】zhì zhī dù wài 不把自己应该考虑的事情放在心上 *give no thought to*；*have no regard for*：他把生死～，全力投入扑灭山火的战斗。Tā bǎ shēngsǐ ～，quánlì tóurù pūmiè shānhuǒ de zhàndòu. *He gave no thought to his fate, but threw all his strength into the struggle to put out the mountain fire.*

稚 zhì
【稚气】zhìqì（名）孩子气 *childishness*：满脸～ mǎn liǎn ～ *childish look*

zhōng

中 zhōng
（名）◇（1）*centre*；*middle*：位置居～ wèizhì jū ～ *be in the middle* （2）中国 *China*：这种茶～外闻名。Zhè zhǒng chá ～ wài wénmíng. *This kind of tea is renowned in both China and abroad.* /～方代表 ～ fāng dàibiǎo *Chinese delegate* （3）在一定范围之内 *in*：乐在其～ lè zài qí ～ *find pleasure in it*/人群～ rénqún ～ *in the crowd*/房～ fáng ～ *in the room*/头脑～ tóunǎo ～ *in the mind*/跳入湖～ tiàorù hú ～ *jump in the lake* （4）在……当中，表示过程 *in the process of*：发展～国家 fāzhǎn ～ guójiā *a developing country*/教学过程～发现的问题 jiàoxué guòchéng ～ fāxiàn de wèntí *problems discovered in teaching* 另见 zhòng

【中班】zhōngbān（名）（～儿）（1）幼儿园里四五岁的孩子所编成的班级 *the middle class in a kindergarten* （2）在按程度所编的成人单科学习的班级中，处于中等程度的班级 *B-class*；*B-level (of adults who study a single subject)* （3）把一天上班时间分成三段的单位中，"早班"以后的班叫"中班"*middle shift (which follows the early shift in a workday that is divided into three shifts)*

【中波】zhōngbō（名）*medium wave*

【中部】zhōngbù（名）在某个地区或某物中，处于中间的部分 *central section*；*middle part*：欧洲～ Ōuzhōu ～ *Central Europe*/华北～ Huáběi ～ *the central part of North China*/四川～盆地 Sìchuān ～ péndì *the central section of the basin in Sichuan*/这棵树树干的～有一个大疤。Zhè kē shù shùgàn de ～ yǒu yí ge dà bā. *There's a scar on the middle part of this tree trunk.*

【中餐】zhōngcān（名）*Chinese food*

【中草药】zhōngcǎoyào（名）*Chinese herbal medicine*

【中层】zhōngcéng（名）中间的一层（多指机构、组织或社会阶层）*middle level (usu. refers to the middle level of an organization, group or society)*：～干部 ～ gànbù *middle-level cadres*

【中产阶级】zhōngchǎnjiējí（名）*middle class*；*middle bourgeoisie*

【中常】zhōngcháng（形）一般，平平常常 *average*：学习成绩～。Xuéxí chéngjì ～. *His school marks are average.*/今年是～年景。Jīnnián shì ～ niánjǐng. *This year's harvest is average.*/她长得说不上漂亮，也说不上丑，是个～人儿。Tā zhǎng de shuō bu shàng piàoliang，yě shuō bu shang chǒu，shì ge ～ rénr. *It can't be said that she's beautiful, nor is she ugly. She's average.*

【中长纤维】zhōngcháng xiānwéi 即"中长型短纤维"。化学纤维生产中，长丝束经切断后所成的短纤维类型之一 *medium-staple*；*medium-length fibre*

【中程导弹】zhōngchéng dǎodàn *intermediate-range missile*；*medium-range missile*

【中稻】zhōngdào（名）插秧期、生长期和成熟期比早稻稍晚的稻子 *middle-season rice*

【中等】zhōngděng（形）*medium*；*secondary*

【中等专科学校】zhōngděng zhuānkē xuéxiào 招收初中毕业生培养中等技术人才，如护士、会计等的学校 *technical secondary school*；*polytechnic school*

【中点】zhōngdiǎn（名）〈数〉*midpoint*

【中断】zhōngduàn（动）*suspend*；*break off*；*discontinue*：～关系～ guānxi *suspend relations*/我们之间的联系。Bù néng ～ wǒmen zhī jiān de liánxi. *We cannot break off the contact between us.*/他学习～了。Tā xuéxí ～ le. *He has discontinued his studies.*

【中队】zhōngduì（名）（1）一种组织编制，由若干小队（分队）组成，属大队管辖 *a unit composed of several groups* （2）军队中的连一级的组织 *military unit corresponding to a com-*

pany；squadron

【中耳炎】zhōng'ěryán(名)〈医〉*otitis media*

【中饭】zhōngfàn(名)午饭 *lunch；midday meal*

【中锋】zhōngfēng(名)〈体〉*centre forward*

【中古】zhōnggǔ(名)(1)中国历史指300－900 A.D. *the middle ancient times in Chinese history（from 300－900 A.D.）*(2)欧洲历史的1100－1500A.D. *medieval times；Middle Ages（in Europe，from 1100－1500 A.D.）*

【中国工农红军】Zhōngguó Gōng Nóng Hóngjūn 简称"红军"。第一次国内革命战争时期，中国共产党领导的人民军队（*abbreviated to "红军"*）*the Chinese Workers' and Peasants' Red Army（organized during the first revolutionary period in China，under the leadership of the Chinese Communist Party）*

【中国共产党】Zhōngguó Gòngchǎndǎng *the Chinese Communist Party（or the Communist Party of China）*

【中国画】zhōngguóhuà(名)*traditional Chinese painting*

【中国人民解放军】Zhōngguó Rénmín Jiěfàngjūn *the Chinese People's Liberation Army*

【中国人民志愿军】Zhōngguó Rénmín Zhìyuànjūn 中国人民为了抗美援朝、保家卫国而组成的军队（1950年10月开始赴朝鲜）*the Chinese People's Volunteers（who left for Korea in Oct. 1950 to assist Korea in fighting the U.S.）*

【中和】zhōnghé(名)〈化〉*neutralization*

【中华】Zhōnghuá(名)古代称黄河流域一带为中华，是汉族最初兴起的地方。后来用以指整个中国 *China（originally referred to the area along the Yellow River where the Han nationality first began to prosper in ancient times；now refers to all of China）*

【中华民族】Zhōnghuá Mínzú 中国各民族的总称。其中包括汉、满、蒙、回、藏等五十多个民族 *the Chinese nation，which includes more than 50 nationality groups in China，such as the Han，Manchu，Monggol，Hui，Tibetan nationalities etc.*

【中华人民共和国】Zhōnghuá Rénmín Gònghéguó 中国的全称。指1949年10月1日中国共产党建立的新中国 *the People's Republic of China（est. by the Chinese Communist Party on Oct. 1，1949）*

【中级】zhōngjí(形·非谓)*middle rank；intermediate*：～人民法院 ～rénmín fǎyuàn *intermediate people's court*/～汉语教材 ～Hànyǔ jiàocái *intermediate Chinese teaching materials*

【中继线】zhōngjìxiàn(名)*trunk line*

【中坚】zhōngjiān(名)在集体中最有力的并起较大作用的成分 *nucleus；backbone（of a collective，etc.）*：～力量 ～lìliàng *nucleus*/～分子 ～fènzǐ *backbone elements*/社会～ shèhuì ～ *the nucleus of society*

【中间】zhōngjiān(名)(1)中心 *centre；middle*：校园～有一个花坛。Xiàoyuán ～ yǒu yí ge huātán. *There's a flower terrace in the middle of campus.*/天安门广场～是人民英雄纪念碑。Tiān'ānmén Guǎngchǎng ～ shì Rénmín Yīngxióng Jìniànbēi. *In the centre of Tian'anmen Square is the Monument to the People's Heroes.*(2)多种事物里面 *among*：我们几个人～，他学习最好。Wǒmen jǐ ge rén ～，tā xuéxí zuì hǎo. *He studies the best among us.*/他挤在人群～。Tā jǐ zài rénqún ～. *He pushed his way in among the crowd.*/在这几门课程～，你可以选修两门。Zài zhè jǐ mén kèchéng ～，nǐ kěyǐ xuǎnxiū liǎng mén. *You can choose two electives among these courses.*(3)表示时间或过程 *in the process of；while*：一个残疾人自学成才，这～不知要经过多少磨难。Yí ge cánjí rén zìxué chéng cái，zhè ～ bù zhī yào jīngguò duōshao mónàn. *I don't know how many hardships a disabled person has to go through while studying on his own to become useful.*(4)两端之间 *between*：两座楼～可以种些花草。Liǎng zuò lóu ～ kěyǐ zhòng xiē huācǎo. *You can grow some flow-*

ers and plants between the two buildings./两个村子～有一条河。Liǎng ge cūnzi ～ yǒu yì tiáo hé. *There's a river between the two villages.*

【中间地带】zhōngjiān dìdài *intermediate zone*

【中间派】zhōngjiānpài(名)指动摇于两个对立的政治力量之间的派别 *middle-of-the-roaders；middle elements（who vacillate between two opposing political forces）*

【中间人】zhōngjiānrén(名)为双方介绍买卖、调解纠纷等并作见证的人 *middleman；go-between；mediator*

【中间人物】zhōngjiān rénwù 文艺创作上所指的存在于现实生活中的既不是先进人物或英雄人物，也不是落后人物，而是处于两者之间的一般人物，也就是大多数的人 *average character；common figure（in literary and artistic creations）*

【中间儿】zhōngjiānr(名)〈口〉中间 *centre；middle*：把这瓶花放在桌子～。Bǎ zhè píng huā fàng zài zhuōzi ～. *Put this vase of flowers in the middle of the table.*/一幅画挂在～，一副对联挂在两边，这挂法太呆板了。Yì fú huà guà zài ～，yí fù duìlián guà zài liǎng biān，zhè guàfǎ tài dāibǎn le. *Hanging a painting in the middle with antithetical couplets on each side is too dull.*

【中将】zhōngjiàng(名)军衔。介于大将和少将之间（*in the British and American armies and the American air force*）*lieutenant general；（in the British air force）air marshal；（in the British and American navies）vice admiral*

【中介】zhōngjiè(名)*intermediary；medium*

【中看】zhōngkàn(形)经得住仔细端详 *look nice（even under close scrutiny）；be pleasant to the eye*：那个姑娘长得不算漂亮，但风度举止文雅，很～。Nàge gūniang zhǎng de bú suàn piàoliang，dàn fēngdù jǔzhǐ wényǎ，hěn ～. *It can't be said that girl is beautiful，but her bearing and manner are refined，making her nice-looking.*

【中栏】zhōnglán(名)〈体〉*intermediate hurdles*

【中立】zhōnglì(形)*neutral*：～国 ～ guó *neutral state*/～主义 ～ zhǔyì *neutralism*/对你们两个人的争论我保持～。Duì nǐmen liǎng ge rén de zhēnglùn wǒ bǎochí ～. *I remain neutral towards the dispute between you two.*

【中流砥柱】zhōngliú dǐzhù 中流：河的中游。砥柱：山名。像屹立在黄河激流中的砥柱山一样。比喻起支柱作用的人或集体（中流：*midstream*；砥柱：*name of a mountain*）*stand towering like Mount Dizhu in the middle of the Yellow River — mainstay；pillar*

【中落】zhōngluò(动)家境由盛到衰 *(of a family's financial situation) decline；ebb*：他的家本来是江南望族，到他父亲时，开始～。Tā de jiā běnlái shì Jiāngnán wàngzú，dào tā fùqin shí，kāishǐ ～. *His family was originally a prominent one in the South but started to decline by his father's time.*

【中年】zhōngnián(名)*middle age*

【中农】zhōngnóng(名)经济地位在富农和贫农之间的农民，多数占有土地，有部分生产工具，生活来源主要靠自己劳动，一般不剥削别人，也不出卖劳动力 *middle peasant*

【中篇小说】zhōngpiān xiǎoshuō *medium-length novel*

【中期】zhōngqī(名)某一时期的中间阶段 *middle period*

【中秋节】Zhōngqiūjié(名)中国传统节日。在农历八月十五日，有赏月、吃月饼的风俗 *the Mid-Autumn Festival（a traditional Chinese festival on the 15th day of the 8th lunar month with customs such as enjoying the full moon and eating moon cakes）*

【中人】zhōngrén(名)(1)同"中间人"zhōngjiānrén *same as* "中间人" zhōngjiānrén (2)在身材、相貌、智力等方面居于人品在～以上。Tā de rénpǐn zài ～ yǐshàng. *His looks and moral standing are above that of the average person.*

【中山装】zhōngshānzhuāng(名)由孙中山先生提倡的一种传统的服装 *Chinese tunic suit（promoted by Dr Sun Yat-sen）*

【中士】zhōngshì（名）军衔。介于上士和下士之间（in the British and American armies and British air force）sergeant；（in the American navy）petty officer second class；（in the British navy）petty officer first class；（in the American air force）staff sergeant

【中世纪】zhōngshìjì（名）同"中古"zhōnggǔ（2）same as "中古" zhōnggǔ（2）

【中式】zhōngshì（形·非谓）Chinese style：～服装 ～ fúzhuāng Chinese-style clothing/～家具 ～ jiājù Chinese-style furniture/～饭菜 ～ fàncài a Chinese-style meal

【中枢】zhōngshū（名）centre：交通～ jiāotōng ～ traffic centre

【中枢神经】zhōngshū shénjīng nerve centre

【中听】zhōngtīng（形）〈话〉听起来使人满意 pleasant to the ear；agreeable to the hearer：这些话不大～，可是切中要害。Zhèxiē huà búdà ～，kěshì qièzhòng yàohài. These words are not very pleasant to hear, but they certainly strike home.

【中途】zhōngtú（名）半路 halfway；midway

【中外】zhōngwài（名）中国和外国 China and foreign countries：～关系 ～ guānxi relations between China and foreign countries/～交流 ～ jiāoliú exchange between China and foreign countries/～师生 ～ shī shēng Chinese and foreign teachers and students

【中卫】zhōngwèi（名）〈体〉centre halfback

【中尉】zhōngwèi（名）军衔。在大尉与少尉之间（in the American army and air force）first lieutenant；（in the American navy）lieutenant junior grade；（in the British army）lieutenant；（in the British navy）sub-lieutenant；（in the British air force）flying officer

【中文】Zhōngwén（名）the Chinese language；Chinese

【中午】zhōngwǔ（名）noon；midday

【中线】zhōngxiàn（名）（1）〈数〉central line（2）〈体〉centre line；halfway line

【中校】zhōngxiào（名）军衔。在上校与少校之间（in the British and American armies and American air force）lieutenant colonel；（in the British and American navies）commander；（in the British air force）wing commander

【中心】zhōngxīn（名）（1）正中间 centre；middle：～广场 ～ guǎngchǎng central square/马路 ～ 的安全岛 mǎlù ～ de ānquándǎo safety island in the centre of a road/天安门位于北京的～。Tiān'ānmén wèiyú Běijīng de ～. Tian'anmen is in the centre of Beijing.（2）事物的主要部分，关键 heart；key；core：～环节 ～ huánjié key link/～任务 ～ rènwù key task/～思想 ～ sīxiǎng central idea/～人物 ～ rénwù central figure（3）在某一方面占重要地位的城市、区域或机构 hub；centre（as in the key city, district, organization, etc. for sth.）：政治、经济、文化～ zhèngzhì、jīngjì、wénhuà ～ political, economic and cultural centre/资料～ zīliào ～ data centre

【中心语】zhōngxīnyǔ（名）〈语〉句子中被修饰或被限制的主要词语 the modified

【中兴】zhōngxīng（动·不及物）由衰败而复兴（多指国家）resurgence（usu. of a nation）

【中型】zhōngxíng（形·非谓）medium sized

【中性】zhōngxìng（名）（1）〈化〉neutral（2）〈语〉neuter

【中学】zhōngxué（名）[所 suǒ] middle school；（junior and senior）high school：～生 ～shēng middle school student

【中旬】zhōngxún（名）一个月的中间十天 the middle ten days of a month

【中央】zhōngyāng（名）（1）正中间的地方 centre；middle：大厅的～有一座铜像。Dàtīng de ～ yǒu yí zuò tóngxiàng. There's a bronze statue in the centre of the hall./我们很快就游到了湖。～。Wǒmen hěn kuài jiù yóu dàole hú ～。We quickly swam to the middle of the lake.（2）特指国家政权或政治团体的最高领导机构（跟"地方"相对）central authorities（of a state, party, etc.）；central government（opposite

of "地方"（locality））：～机关 ～ jīguān central organization/～所在地 ～ suǒzài dì location of the central government/地方服从 ～ dìfāng fúcóng ～ localities are subordinate to the central government

【中央集权】zhōngyāng jíquán centralization of authority

【中央委员】zhōngyāng wěiyuán 中央委员会的组成人员 Central Committee member

【中央委员会】zhōngyāng wěiyuánhuì 国家政权、政党、团体在全国范围内的最高领导机构 Central Committee

【中药】zhōngyào（名）traditional Chinese medicine

【中叶】zhōngyè（名）middle period：二十世纪～ èrshí shìjì ～ the middle of the 20th century/上一世纪～ shàng yí shìjì ～ the middle of the last century/清代～ Qīngdài ～ the middle period of the Qing Dynasty

【中医】zhōngyī（名）（1）traditional Chinese medical science（2）doctor of traditional Chinese medicine

【中用】zhōng = yòng 用得上，起作用（多用于否定）（usu. used in the negative）of use；useful：你的办法不～。Nǐ de bànfǎ bù ～. Your method is of no use./老了，脑子不～了。Lǎo le, nǎozi bù ～ le. I'm old, so my mind is getting muddled.

【中游】zhōngyóu（名）（1）middle reaches（of a river）：黄河～ Huáng Hé ～ the middle reaches of the Yellow River（2）比喻在前进中不争先也不落后 a moderately good state；middling：反对～思想 fǎnduì ～ sīxiǎng oppose thinking that is content with being middling/你可不能安居～，不思上进啊！Nǐ kě bù néng ān jū ～，bù sī shàngjìn a! You cannot just be content with staying middling and not think of advancing.

【中雨】zhōngyǔ（名）〈气〉moderate rain

【中原】Zhōngyuán（名）指黄河中下游地区，包括河南大部以及山东西部、河北、山西的南部 Central Plains（comprising the middle and lower reaches of the Yellow River, which includes most of Henan Province, the western of Shandong Province and the southern parts of Hebei and Shanxi Provinces）

【中止】zhōngzhǐ（动）（做事）中途停止 discontinue；suspend；break off：会议因故～。Huìyì yīn gù ～. The meeting was suspended for some reason. /他吃这种药有些反应，只好～服用了。Tā chī zhè zhǒng yào yǒu xiē fǎnyìng, zhǐhǎo ～ fúyòng le. He had a mild reaction to this kind of medicine so had no choice but to stop taking it.

【中指】zhōngzhǐ（名）middle finger

【中专】zhōngzhuān（名）"中等专科学校"的简称 abbrev. for "中等专科学校"

【中子】zhōngzǐ（名）〈物〉neutron

【中子弹】zhōngzǐdàn（名）neutron bomb

忠 zhōng
（形）忠诚 loyal；faithful；devoted：～臣 ～ chén official loyal to his sovereign/～于祖国 ～ yú zǔguó devoted to the homeland/～于自己的妻子 ～ yú zìjǐ de qīzi faithful to one's wife/尽 ～ jìn ～ be loyal to the utmost/对爱情不～ duì àiqíng bù ～ not be faithful to one's love

【忠诚】zhōngchéng（形）无私，尽心尽力 loyal；faithful；devoted：～老实是优秀的品质。～ lǎoshi shi yōuxiù de pǐnzhì. Loyalty and honesty are fine qualities./他对朋友十分～。Tā duì péngyou shífēn ～. He's extremely loyal to his friends. /～于科学事业 ～ yú kēxué shìyè be devoted to the scientific cause

【忠告】zhōnggào（名）劝告的话 sincere advice：他感谢你的～。Tā gǎnxiè nǐ de ～. He's thankful for your sincere advice.（动）诚恳劝告 sincerely advise：我～你，一定要悬崖勒马。Wǒ ～ nǐ, yídìng yào xuányá lè mǎ. I advise you sincerely to wake up and escape the danger before it's too late.

【忠厚】zhōnghòu(形)忠实厚道 *honest and kind*：他是一个～的人。Tā shì yí ge ～ de rén. *He's an honest and kind person.* /他为人～。Tā wéirén ～. *He is honest and kind.*

【忠实】zhōngshí(形)(1)忠诚可靠 *faithful and reliable*：～的伴侣 ～ de bànlǚ *a faithful and reliable companion*/～的战友 ～ de zhànyǒu *a faithful and reliable comrade-in-arms*/翻译作品时要～于原著。Fānyì zuòpǐn shí yào ～ yú yuánzhù. *When translating literary works, one must remain true to the original.* (2)真实 *true*; *authentic*：～的写照 ～ de xiězhào *a true portrayal*/把情况～地报导出去。Bǎ qíngkuàng ～ de bàodǎo chūqu. *Report the true situation.*

【忠心】zhōngxīn(名)*loyalty*; *devotion*：他对祖国、人民一片～。Tā duì zǔguó, rénmín yípiàn ～. *He is loyal to the fatherland and the people.*

【忠心耿耿】zhōngxīn gěnggěng 耿耿：忠诚的样子。形容非常忠诚 (*devoted*) *most loyal and devoted*

【忠言】zhōngyán(名)〈书〉诚恳劝告的话 *sincere advice*; *earnest advice*：～逆耳 ～ nì'ěr *Good advice often jars on the ear.*

【忠贞】zhōngzhēn(形)忠诚而坚定不移 *loyal and steadfast*：～不屈 ～ bùqū *staunch and indomitable*

终 〔終〕zhōng

(名)◇最后，末了 *end*; *finish*：年～ nián～ *end of the year*/出事的时候，我自始至～都在现场。Chū shì de shíhou, wǒ zì shǐ zhì ～ dōu zài xiànchǎng. *I was at the scene of the incident from beginning to end.* (动·不及物)〈书〉(人)死 (*of people*) *die*：妈妈临～，嘱咐我一定要照顾好弟弟。Māma lín ～, zhǔfù wǒ yídìng yào zhàogu hǎo dìdi. *Just before mom died, she enjoined me to take good care of my younger brother.* (副)〈书〉(1)意思同"终于"zhōngyú，除否定形式外，紧跟"终"后的多为单音节词 *same as "终于" zhōngyú (except for when a negative form is used, a monosyllabic word usu. follows right after "终")*：尽管他十分努力，但～未获得理想的成绩。Jǐnguǎn tā shífēn nǔlì, dàn ～ wèi huòdé lǐxiǎng de chéngjì. *Despite his hard work, he still didn't achieve the ideal result in the end.* /这个企业～因亏损太多而破产。Zhège qǐyè ～ yīn kuīsǔn tài duō ér pòchǎn. *This business finally went bankrupt because of too many losses.* /虽然讨论了好多次，但意见～不一致。Suīrán tǎolùnle hǎo duō cì, dàn yìjiàn ～ bù yízhì. *Although many discussions were held, opinions were still not unanimous in the end.* /休养了几个月，他～获痊愈。Xiūyǎngle jǐ gè yuè, tā ～ huò quányù. *After many months of convalescence, he finally recovered from his illness.* (2)同"终归"zhōngguī(1) *same as "终归" zhōngguī(1)*：你这样早起晚睡，太辛苦了，～非长久之计。Nǐ zhèyàng zǎo qǐ wǎn shuì, tài xīnkǔ le, ～ fēi chángjiǔ zhī jì. *Your getting up early and going to bed late like this is too toilsome; it can't be a permanent solution.* /好日子～会来到的。Hǎo rìzi ～ huì láidào de. *Good times will eventually come.* /～有一天你会明白父母的一片苦心。～ yǒu yì tiān nǐ huì míngbai fùmǔ de yīpiàn kǔxīn. *One day you will eventually come to understand the pains your parents are taking.*

【终场】zhōngchǎng(动·不及物)(戏剧)演完，(球赛)结束 *end (of a performance, show, ball game, etc.)*：演出～，观众朝外走的时候，出现了一阵骚乱。Yǎnchū ～, guānzhòng cháo wài zǒu de shíhou, chūxiànle yí zhèn sāoluàn. *As the audience was walking out at the end of the performance, a riot broke out.* /前一分钟，对方又攻入了一个球，打破了平局。～ qián yì fēnzhōng, duìfāng yòu gōngrùle yí ge qiú, dǎpòle píngjú. *The opponents scored another goal one minute before the end of the match, thus breaking the tie.*

【终点】zhōngdiǎn(名)(1)一段路程结束的地方 *terminal point*; *destination*：～站 ～ zhàn *terminus*/汽车到～已经晚

上九点了。Qìchē dào ～ yǐjing wǎnshang jiǔ diǎn le. *It was already 9:00 p.m. when the bus reached its destination.* (2)赛跑、竞走等项目比赛时终止的地点 *finish (in a race, heel-and-toe walking race, etc.)*：这次长跑，他第一个到达～。Zhè cì chángpǎo, tā dìyī ge dàodá ～. *He was the first to reach the finish in this long-distance race.*

【终端】zhōngduān(名)电子计算机等系统中用来发指令或接受信息的装置 *terminal*：～设备 ～ shèbèi *terminal equipment*

【终归】zhōngguī(副)(1)指出最后必然如此，多用于推测未然 *inevitably*; *eventually*; *in the end (usu. used to conjecture)*：他的专长～会发挥的。Tā de zhuāncháng ～ huì fāhuī de. *He will eventually give full play to his professional skill.* /人～是要死的，这是自然发展的规律。Rén ～ shì yào sǐ de, zhè shì zìrán fāzhǎn de guīlǜ. *People inevitably die. This is the law of natural development.* /要想获得成功，～得靠自己的努力。Yào xiǎng huòdé chénggōng, ～ děi kào zìjǐ de nǔlì. *If you want to succeed, you must in the end rely on your own hard work.* (2)强调事物的最根本之点 *after all*：他～年纪大了，记忆力不如以前了。Tā ～ niánjì dà le, jìyìlì bùrú yǐqián le. *After all, he is old, so his memory isn't as good as it used to be.* /不论干什么工作～得有知识才行。Búlùn gàn shénme gōngzuò ～ děi yǒu zhīshi cái xíng. *No matter what work one does, one must after all have some knowledge.* /～是名牌自行车，质量就是好。～ shì míngpáir zìxíngchē, zhìliàng jiùshì hǎo. *After all, it is a famous-brand bicycle, so the quality is definitely good.*

【终极】zhōngjí(形·非谓)最终，最后 *ultimate*：～目标 ～ mùbiāo *ultimate aim*

【终结】zhōngjié(动)最后结束 *end*; *finish*：取得了政权对革命党来说不是革命的～，而是开始。Qǔdéle zhèngquán duì gémìng dǎng lái shuō búshì gémìng de ～, érshì kāishǐ. *Having gained political power is, to the revolutionary party, the beginning, not the end, of the revolution.*

【终究】zhōngjiū(副)(1)同"终归"zhōngguī(1)，但可用于未然，也可用于已然 *same as "终归" zhōngguī(1), but can be used for that which has not become established fact or that which already has*：春天～会来的。Chūntiān ～ huì lái de. *Spring will eventually come.* /考试前～要紧张一些。Kǎoshì qián ～ yào jǐnzhāng yìxiē. *One is invitably always a little intense before an exam.* /她的身体～好了起来。Tā de shēntǐ ～ hǎole qǐlai. *She eventually got better.* /我想来想去，～没能想出一个两全其美的办法。Wǒ xiǎng lái xiǎng qù, ～ méi néng xiǎngchū yí ge liǎng quán qí měi de bànfǎ. *I thought and thought, but in the end didn't come up with a way to satisfy both sides.* (2)同"终归"zhōngguī(2) *same as "终归" zhōngguī(2)*：尽管他有不少毛病，但本质～是好的。Jǐnguǎn tā yǒu bù shǎo máobìng, dàn běnzhì ～ shì hǎo de. *Despite his many shortcomings, he is a good person after all.* /～是在假期嘛，晚起一会儿没关系。～ shì zài jiàqī ma, wǎn qǐ yíhuìr méi guānxi. *After all, this is a holiday, so it doesn't matter if I get up a little later.* /狼～是狼，本性是不会改变的。Láng ～ shì láng, běnxìng shì bú huì gǎibiàn de. *A wolf is a wolf after all. One can't change one's true nature.*

【终久】zhōngjiǔ(副)同"终究"zhōngjiū *same as "终究" zhōngjiū*

【终了】zhōngliǎo(动·不及物)结束 *end*：昨天下午会议～。Zuótiān xiàwǔ huìyì ～. *The conference ended yesterday afternoon.*

【终年】zhōngnián(名)(1)一年到头，全年 *the year round*; *throughout the year*：人们～劳苦耕作，终于获得了大丰收。Rénmen ～ láokǔ gēngzuò, zhōngyú huòdéle dà fēngshōu. *The people toiled at their farming throughout the year and finally reaped a bumper harvest.* /这里四季如春，鲜花～不

断。Zhèli sìjì rú chūn，xiānhuā ～ bú duàn. *It's like spring all year round here and there are flowers perpetually in bloom.* (2)指人去世时的年龄 *the age at which one dies*：老人家～八十九岁。Lǎorénjiā ～ bāshíjiǔ suì. *He died at the age of eighty-nine.*

【终日】zhōngrì（名）〈书〉从早到晚，整天 *all day long*；*all day*

【终身】zhōngshēn（名）*lifelong*；*all one's life*：～伴侣 ～ bànlǚ *lifelong mate*／～奋斗 ～ fèndòu *struggle all one's life*／他把原子能研究当作他一生的事业。Tā bǎ yuánzǐnéng yánjiū dàngzuò tā ～ de shìyè. *He has chosen atomic energy research as his lifework.*

【终身制】zhōngshēnzhì（名）某人任某官职（多为国家元首）至死不改换他人的制度。现也指干部终生从政的制度 *system of life tenure (of sb. in an official position, usu. a government one)*；*system of life tenure of cadres*

【终生】zhōngshēng（名）一生 *all one's life*：为教育事业奋斗～。Wèi jiàoyù shìyè fèndòu ～. *He has struggled for the cause for education all his life.*／你对我的帮助，令我～难忘。Nǐ duì wǒ de bāngzhù，lìng wǒ ～ nán wàng. *I will never forget the help you've given me.*

【终于】zhōngyú（副）经过一个较长的（等待、努力或变化等）过程之后，出现某种情况或结果，多用于已然。"终于"后一般不少于两个音节 *finally*；*at (long) last*；*in the end (usu. used for that which has already become a fact*，*"终于" is usu. followed by no fewer than two syllables)*：经过刻苦钻研，他～掌握了针灸技术。Jīngguò kèkǔ zuānyán，tā ～ zhǎngwòle zhēnjiǔ jìshù. *After studying assiduously, he finally mastered the skill of acupuncture and moxibustion.*／在山上，他们～找到了水源。Zài shān shang，tāmen ～ zhǎodào- le shuǐyuán. *At long last they found a water source on the mountain.*／小船～被巨浪打翻了。Xiǎo chuán ～ bèi jùlàng dǎfān le. *The small boat was finally overturned by a gigantic wave.*／他忍了又忍，～没有说话。Tā rěnle yòu rěn，～méiyou shuō huà. *He just kept on holding himself back and in the end didn't say anything.*／她一坚强起来了。Tā ～jiānqiáng qilai le. *She has finally started to become strong.*／天～晴了，太阳出来了。Tiān ～ qíng le，tàiyáng chūlai le. *At long last the sky is clear and the sun is shining.*

【终止】zhōngzhǐ（动）停止，结束 *stop*；*end*

衷 zhōng
（名）◇内心 *inner feelings*；*heart*

【衷情】zhōngqíng（名）〈书〉内心的情感 *heartfelt emotion*；*inner feelings*：倾诉～ qīngsù ～ *pour out one's heart*

【衷心】zhōngxīn（形·非谓）出于内心的 *heartfelt*；*wholehearted*：～感谢 ～ gǎnxiè *heartfelt thanks*／～祝愿 zhùyuàn *(extend) wholehearted wishes*／～希望 ～ xīwàng *wholeheartedly hope*

盅 zhōng
（名）（～儿）没有把儿的杯子 *cup without a handle*：酒～ jiǔ ～ *wine cup*

钟 〔鍾〕zhōng
（名）[座 zuò]（1）bell：寒山寺的～声响了。Hánshān Sì de ～ shēng xiǎng le. *The bell of the Hanshan Temple rang out.*／大钟寺的～很有名。Dàzhōng Sì de ～ hěn yǒu míng. *The large bell of the Bell Temple is very famous.* （2）clock：这～不准，不是快就是慢。Zhè ～ bù zhǔn，búshì kuài jiùshì màn. *This clock is not accurate. It's either too fast or too slow.* （3）钟点，时间 *time as measured in hours and minutes*：七点～ qī diǎn ～ *seven o'clock*／十分～ shí fēn ～ *ten minutes*／一刻～ yī kè～ *a quarter of an hour*

【钟爱】zhōng'ài（动）〈书〉非常爱（子女或其他晚辈中的某一个人）*cherish*；*love dearly (one's children or sb. else of the younger generation)*

【钟表】zhōngbiǎo（名）*clocks and watches*；*timepiece*

【钟点】zhōngdiǎnr（名）〈口〉（1）指某个特定的时间 *a time for sth. to be done or to happen*：他总是踩着～进办公室。Tā zǒngshì cǎizhe ～ jìn bàngōngshì. *He always comes into the office at the very last minute before starting time.*／到～了，咱们开始吧。Dào ～ le，zánmen kāishǐ ba. *It's time. Let's begin.*／他生活没有规律，干什么都没一定的～。Tā shēnghuó méi yǒu guīlǜ，gàn shénme dōu méi yīdìng de ～. *He doesn't follow any regular pattern in his life, so whatever he does, he doesn't have any set time for it.* （2）小时，钟头 *hour*：他每天只干三个～的活儿。Tā měn tiān zhǐ gàn sān ge ～ de huór. *He only works for three hours every day.*

【钟鼎文】zhōngdǐngwén（名）*inscriptions on ancient bronze objects*

【钟楼】zhōnglóu（名）（1）旧时城市中设置大钟的楼，楼内按时敲钟报告时辰 *bell tower*；*belfry (used in ancient times to announce the time)*（2）安装时钟的较高的建筑物 *clock tower*

【钟头】zhōngtóu（名）[个 gè]*hour*：我等了他两个～，他才来。Wǒ děngle tā liǎng ge ～，tā cái lái. *I waited for him for two hours before he finally came.*

zhǒng

肿 〔腫〕zhǒng
（动）*swell*：他的手扭伤后～起来了。Tā de shǒu niǔshāng hòu ～ qilai le. *His hand swelled after he sprained it.*

【肿瘤】zhǒngliú（名）*tumor*

【肿胀】zhǒngzhàng（动）*swell*：路走得太多了，小腿有点儿～。Lù zǒu de tài duō le，xiǎotuǐ yǒudiǎnr ～. *I walked too much and now my shanks are a little swollen.*

种 〔種〕zhǒng
（名）（1）种子 *seed*：稻～ dào ～ *rice seeds*／麦～ mài ～ *wheat seeds* （2）人种 *race*：白～人 bái ～ rén *the white race*／黄～人 huáng ～ rén *the yellow race*（量）表示类别、种类 *kind*；*sort*；*type*：三～杂志 sān ～ zázhì *three types of magazines*／好几～式样 hǎo jǐ ～ shìyàng *many different styles*／心理治疗是医疗工作的一～。Xīnli zhiliáo shì yīliáo gōngzuò de yī ～. *Psychotherapy is one kind of medical work.*／这～人真少见。Zhè ～ rén zhēn shǎo jiàn. *This kind of person is really rare.*／我们作过一～努力。Wǒmen zuòguo yī ～ nǔ lì. *We've made every effort.* 另见 zhòng

【种畜】zhǒngchù（名）*breeding stock*；*stud stock*

【种类】zhǒnglèi（名）*kind*；*type*；*variety*：北京水果～不少，苹果、梨、葡萄等等，梨、葡萄又分好几种。Běijīng shuǐguǒ ～ bù shǎo，píngguǒ、lí、pútao děngděng，lí、pútao yòu fēn hǎo jǐ zhǒng. *There are many kinds of fruit in Beijing, such as apples, pears, grapes, etc. and there are also many varities of pears and grapes.*

【种子】zhǒngzi（名）*seed*

【种族】zhǒngzú（名）*race*：～歧视 ～ qíshì *racial discrimination*／～主义 ～ zhǔyì *racism*

zhòng

中 zhòng
（动）（1）正对上，恰恰相合 *hit*；*fit exactly*：打～ dǎ *hit the mark*／击～ jī ～ *hit home*／选～ xuǎn ～ *select*／猜～ cāi ～ *guess right*／奖 ～ jiǎng *draw a prize winning ticket in a lottery*／射～目标 shè～ mùbiāo *hit the target*／投票的结果，小张～选了。Tóu piào de jiéguǒ，Xiǎo Zhāng ～ xuǎn

le. *The result of the ballots showed that Xiao Zhang was selected.* (2)遭受,受到 *be hit by; suffer*:～计 ～ jì *be taken in*/～了圈套～le quāntào *fell into a trap*/腿上～了一枪. Tuǐshang ～le yì qiāng. *He was shot in the leg.* 另见 zhōng

【中毒】zhòng=dú (1) *poison*:吃了不干净的东西,中了毒. Chile bù gānjìng de dōngxi, zhòngle dú. *He was poisoned from eating something that wasn't clean.* /这是食物,要赶快送医院. Zhè shì shíwù,～yào gǎnkuài sòng yīyuàn. *This is food poisoning. He must be sent to the hospital immediately.* (2)受到毒害(of sb.'s mind) *be poisoned*;他看黄色画报中了毒,思想越变越坏. Tā kàn huángsè huàbào zhòngle dú,sīxiǎng yuè biàn yuè huài. *He has been poisoned by pornographic magazines and his thinking has been getting more and more wicked.*

【中肯】zhòngkěn (形)(说话或写文章)抓住要点,正中要害 *(of sb.'s speech or writing) pertinent; to the point*:他的话很～. Tā de huà hěn ～. *His words are very pertinent.* /他对我的批评十分～. Tā duì wǒ de pīpíng shífēn ～. *His criticism of me was to the point.* /老张对设计方案提出了非常～的意见. Lǎo Zhāng duì shèjì fāng'àn tíchūle fēicháng ～ de yìjiàn. *Lao Zhang made some very pertinent suggestions for the design of the programme.*

【中伤】zhòngshāng (动)污蔑别人,使人受伤害 *slander; malign*:由于有人造谣,她一度被人误解. Yóuyú yǒu rén zào yáo ～,tā yí dù bèi rén wùjiě. *She was once misunderstood because somebody had spread slanderous rumours.*

【中暑】zhòng=shǔ *suffer heatstroke (or sunstroke)*

【中意】zhòng=yì 符合心意 *be to one's liking*:我想买件大衣,可是没看见～的. Wǒ xiǎng mǎi jiàn dàyī,kěshì méi kànjiàn ～ de. *I want to buy an overcoat but haven't seen one to my liking.* /这些衣料都不中她的意. Zhèxiē yīliào dōu bú zhòng tā de yì. *None of these dress materials is to her liking.*

仲 zhòng
(形)(1)一季的第二个月 *second (of the three months in a season)* (2)在兄弟排行中第二 *(of brothers) second in order of birth*:他的名字有个"zhòng"字,可能因为他是他们家老二. Tā de míngzi yǒu ge "zhòng" zì,kěnéng yīnwèi tā shì tāmen jiā Lǎo'èr. *The reason he has the character "仲" in his name is probably that he's the second oldest son in his family.*

【仲裁】zhòngcái (动)*arbitrate*

【仲春】zhòngchūn (名)农历二月 *second lunar month*

【仲冬】zhòngdōng (名)农历十一月 *eleventh lunar month*

【仲秋】zhòngqiū (名)农历八月 *eighth lunar month*

【仲夏】zhòngxià (名)农历五月 *fifth lunar month*

众 〔衆〕zhòng
(形)〈书〉许多 *many; numerous* (名)〈书〉许多人 *crowd; multitude*

【众多】zhòngduō (形)〈书〉(人口)很多 *(of a population) multitudinous; numerous*

【众口难调】zhòng kǒu nán tiáo 吃饭的人多,饭菜很难适合每个人的口味。比喻某事不容易使每个人都满意 *it is difficult to cater to all tastes*

【众目睽睽】zhòng mù kuíkuí 很多双眼睛都看着 *the eyes of the masses are fixed on sb. or sth.*

【众叛亲离】zhòng pàn qīn lí 众人反对、亲信背离;形容十分孤立 *be opposed by the masses and deserted by one's trusted followers — be utterly isolated*

【众人】zhòngrén (名)大家 *everybody*

【众人抬柴火焰高】zhòngrén tái chái huǒyàn gāo 比喻人多力量大 *When everybody adds fuel the flames rise high. — There is great strength in numbers.*

【众矢之的】zhòng shǐ zhī dì 矢:箭;的:箭把子。众箭所射的靶子;比喻大家攻击的目标(矢:*arrow*;的:*target for archery*) *target of public criticism*:大家都说他不对,他成了～. Dàjiā dōu shuō tā bú duì,tā chèngle ～. *Everybody says he's wrong and he has become a target of public criticism.*

【众说纷纭】zhòng shuō fēnyún 纷纭:多而杂乱。人们的议论很多,很杂,说什么的都有(纷纭:*diverse and confused*) *opinions vary*:～,莫衷一是。～,mò zhōng yí shì. *As opinions vary, no unanimous conclusion can be drawn.* /这个消息一传出来,真是～,可热闹了. Zhège xiāoxi yì chuán chulai,zhēn shì ～,kě rènao le. *As soon as this news spread, it caused much controversy and one heard such different opinions.*

【众所周知】zhòng suǒ zhōu zhī 周:普遍。大家都知道的(周:*all over*) *as is known to all; it is common knowledge that*:由于～的原因,他辞职了. Yóuyú ～ de yuányīn,tā cí zhí le. *For reasons known to all, he resigned.* /这件事早已～,还保什么密?Zhè jiàn shì zǎo yǐ ～,hái bǎo shénme mì! *This matter became common knowledge long ago, so what are you still hiding!*

【众望】zhòngwàng (名)众人的意愿、希望 *people's expectations*:深孚～ shēn fú ～ *enjoy great popularity*/有失～ yǒu shī ～ *fail to meet people's expectations*/您这次出任院长,是～所归. Nín zhè cì chūrèn yuànzhǎng,shì ～ suǒ guī. *You have the confidence of all this time, as you take up the post of director.*

【众志成城】zhòng zhì chéng chéng 万众一心,像坚固的城堡一样不可摧毁。比喻大家团结一致,力量就无比强大 *unity of will is an impregnable stronghold; unity is strength*:只要大家团结一心,～,就没有克服不了的困难. Zhǐyào dàjiā tuánjié yìxīn,～,jiù méi yóu kèfú bù liǎo de kùnnan. *As long as everybody unites as one and stands together, there's no difficulty that can't be overcome.*

重 zhòng
(形)(1)重量的大小 *weight*:这袋水泥大概50公斤～. Zhè dài shuǐní dàgài wǔshí gōngjīn ～. *This bag of cement weighs about fifty kilograms.* (2)分量大 *heavy; weighty*:这包书很～. Zhè bāo shū hěn ～. *This bag of books is very heavy.* /脚步不～. Jiǎobù bú ～. *His step is not heavy.* /工作相当～. Gōngzuò xiāngdāng ～. *have a fairly heavy work load* (3)程度深 *heavy; serious*:病势很～. Bìngshì hěn ～. *be seriously ill*/罚得太～了 fá de tài ～ le *be punished too heavily*/你的话说得太～了,她接受不了. Nǐ de huà shuō de tài ～ le,tā jiēshòu bu liǎo. *You spoke too seriously. She can't take it.* /灾情不很～. Zāiqíng bù hěn ～. *The losses from the disaster were not very serious.* (4)意义大,重要 *important; weighty*:他的死比泰山还～. Tā de sǐ bǐ Tài Shān hái ～. *His death is weightier than Mount Tai.* /友谊～于胜负. Yǒuyì ～ yú shèngfù. *Friendship is more important than winning or losing.* (动)～重视 *lay stress on; attach importance to*:～男轻女～ nán qīng nǚ *regard men as superior to women*/～形式不～内容是不对的. ～ xíngshì bú ～ nèiróng shì bú duì de. *It is wrong to lay stress on form and not on content.* 另见 chóng

【重办】zhòngbàn (动)严厉惩罚 *severely punish*

【重兵】zhòngbīng (名)力量强大的军队 *massive forces*

【重创】zhòngchuāng (动)使受到严重的损伤 *inflict heavy losses (or casualties) on*:～敌人两个团 ～ dírén liǎng ge tuán *inflict heavy casualties on two enemy regiments*

【重大】zhòngdà (形)*major; great*:～的历史事件 ～ de lìshǐ shìjiàn *a major historical event*/有～的意义 yǒu ～ de yìyì *be of great significance* 作用～ zuòyòng ～ *have a great effect on*

【重担】zhòngdàn(名)沉重的担子,比喻重大的责任 *heavy burden*; *difficult task*:建设社会主义的～ jiànshè shèhuìzhǔyì de ～ *the difficult task of building socialism*

【重地】zhòngdì(名)重要的而且需要严密防护的地方 *a place of importance that needs to be carefully guarded*:军事～,闲人免进。Jūnshì ～, xiánrén miǎn jìn. *Important Military Base. No Admittance.* /工程～,禁止通行。Gōngchéng ～, jìnzhǐ tōngxíng. *Project Site. No Thoroughfare.*

【重点】zhòngdiǎn(名)*focal point*; *emphasis*; *key*:学习的～ xuéxí de ～ *the focal point of one's studies*/工作的～ gōngzuò de ～ *focal point of the work*/～学校 ～ xuéxiào *key school*/～项目 ～ xiàngmù *major item*/～推广 ～ tuīguǎng *spread to key places*/这些都是国家～保护的文物。Zhèxiē dōu shì guójiā ～ bǎohù de wénwù. *These are all protected by the state as important cultural relics.* /医疗卫生工作～应该放在农村。Yīliáo wèishēng gōngzuò ～ yīnggāi fàng zài nóngcūn. *In medical and health work, stress should be placed on rural areas.*

【重读】zhòngdú(动)*stress*

【重负】zhòngfù(名)沉重的负担 *heavy burden*; *heavy load*

【重工业】zhònggōngyè(名)*heavy industry*

【重活】zhònghuó(名)*heavy work*

【重力】zhònglì(名)*gravity*; *gravitational force*

【重利】zhònglì(名)(1)很高的利息 *high interest* (2)很高的利润 *huge profit*

【重量】zhòngliàng(名)*weight*

【重炮】zhòngpào(名)重型的大炮 *heavy artillery*; *heavy artillery piece*

【重任】zhòngrèn(名)重大的责任或任务 *important task*; *heavy responsibilty*:～在肩 zài jiān *have a heavy responsibility on one's shoulders* /担负～ dānfù ～ *shoulder a heavy responsibility*/委以～ wěi yǐ ～ *entrust sb. with an important task*

【重视】zhòngshì(动)*attach importance to*; *lay stress on*; *take sth. seriously*:～学习 ～ xuéxí *lay stress on learning*/知识分子受到～. Zhīshi fènzǐ shòudào ～. *Intellectuals are taken seriously.* /对农业很～ duì nóngyè hěn ～ *attach great importance to agriculture*

【重托】zhòngtuō(名)重大的委托 *great trust*:不负～ bú fù ～ *be worthy of great trust*

【重武器】zhòngwǔqì(名)*heavy weapons*

【重心】zhòngxīn(名)(1)〈物〉*centre of gravity*(2)〈数〉*focus* (3)指事物的中心或主要部分 *heart*; *core*; *focus*:工作～转移到生产上来。Gōngzuò ～ zhuǎnyí dào shēngchǎn shang lái. *The focus of work is being shifted to production.* /紧紧抓住经济改革这个～. Jǐnjǐn zhuāzhù jīngjì gǎigé zhège ～. *Get a firm grasp on economic reform as it is a crucial thing.*

【重型】zhòngxíng(形·非谓)*heavy-duty*; *heavy*:～机械 ～ jīxiè *heavy-duty machinery*/ ～坦克 ～ tǎnkè *heavy-duty tank* /～汽车 ～ qìchē *heavy vehicle*

【重要】zhòngyào(形)*important*; *major*:～人物 ～ rénwù *important figure*/～文件 ～ wénjiàn *important documents*/～新闻 ～ xīnwén *major news*/这工作很～. Zhè gōngzuò hěn ～. *This work is very important.*

【重音】zhòngyīn(名)(1)汉语一个词、词组或句子里重读的音,"桌子"的重音在"桌"*stress* (on a character in a word, word group or sentence, e. g. in "桌子", the stress is on "桌")(2)某些语言中多音节词中某一重读音节 *stressed syllable* (of a polysyllabic word)

【重用】zhòngyòng(动)*put sb. in an important position*:～年轻干部 ～ niánqīng gànbu *put young cadres in key positions*/对优秀知识分子应加以～. Duì yōuxiù zhīshi fènzǐ yīnggāi jiāyǐ ～. *Outstanding intellectuals should be placed in important positions.*

【重于泰山】zhòng yú Tài Shān 泰山:中国有名的大山,在山东省。比泰山还重,比喻意义重大,价值崇高(泰山:*Mount Tai, a famous mountain in Shandong Province*) *be weightier than Mount Tai — of great significance*; *of extremely high value*:为人民的利益牺牲,真是～!Wèi rénmín de lìyì xīshēng, zhēn shì ～! *To sacrifice oneself for the people is weightier than Mount Tai.*

【重镇】zhòngzhèn(名)军事上占重要地位的城镇 *city or town of strategic importance*

种

种 〔種〕zhòng

(动)种植 *plant*; *grow*:栽花～树 zāi huā ～ shù *grow flowers and plant trees*/地上～了草皮。Dì shang ～ le cǎopí. *Sod was planted on the ground.* / 这块地～小麦,那块地～棉花。Zhè kuài dì ～ xiǎomài, nà kuài dì ～ miánhua. *Wheat is growing on this piece of land and cotton is growing on that piece of land.* 另见 zhǒng

【种地】zhòng=dì *till* (or *cultivate*) *land*; *farm*:我在老家种了几年地,后来又上学了。Wǒ zài lǎojiā zhòngle jǐ nián dì, hòulái yòu shàng xué le. *I farmed for a few years in my native place then later attended school.*

【种痘】zhòng=dòu *vaccinate* (*against smallpox*):你的孩子种了痘了吗?Nǐ de háizi zhòngle dòu le ma?*Has your child been vaccinated?*也作"种牛痘"(*also called "*种牛痘*"*)

【种瓜得瓜,种豆得豆】zhòng guā dé guā, zhòng dòu dé dòu 比喻做了什么事就得到什么结果 *plant melons and you get melons, sow beans and you get beans — as you sow, so will you reap*:他遗弃了妻子和女儿,最后落得孤身一人,这就叫～. Tā yíqìle qīzi hé nǚ'ér, zuìhòu luòdé gū shēn yì rén, zhè jiù jiào ～. *He abandoned his wife and daughter and in the end was all alone. That's what is called reaping what one has sown.*

【种植】zhòngzhí(动)〈书〉*plant*; *grow*:～业 ～ yè *the growing industry*/他是位一玉米的专业户。Tā shì wèi ～ yùmǐ de zhuānyèhù. *He is a professional corn grower.*

zhōu

舟 zhōu
(名)〈书〉船 *boat*

周 zhōu
(名)(1)星期 *week*:上～ shàng ～ *last week*/下～ xià ～ *next week*/本～开始上课。Běn ～ kāishǐ shàng kè. *Classes begin this week.* /寒假放三～. Hánjià fàng sān ～. *There are three weeks' winter holidays.* (形)〈不〉完备,周到 *thoughtful*; *attentive*:考虑不～ kǎolǜ bù ～ *not consider carefully*/招待不～ zhāodài bù ～ *not be attentive enough to guests*(量)用于绕行次数(*for the frequency of sth. that moves in a circular pattern*):绕场一～ rào chǎng yì ～ *go around the ground once*/绕地球两～半 rào dìqiú liǎng ～ bàn *circle two and a half times around the earth*/地球绕太阳一～是一年。Dìqiú rào tàiyáng yì ～ shì yì nián. *The earth revolving around the sun once constitutes one year.*

【周报】zhōubào(名)*weekly publication*; *weekly*:一份～ yí fèn ～ *a copy of a weekly publication*/《北京～》《Běijīng ～》 *Beijing Review*

【周长】zhōucháng(名)*girth*; *circumference*; *perimeter*

【周到】zhōudào(形)各方面都照顾到,不疏忽 *thorough*; *thoughtful*; *considerate*:这个旅馆服务～. Zhège lǚguǎn fúwù ～. *This hotel offers very good service.* /他对问题考虑得很～. Tā duì wèntí kǎolǜ de hěn ～. *He thinks over problems very thoroughly.* /感谢主人～的安排。Gǎnxiè zhǔrén ～ de ānpái. *Thank the host for making such thoughtful arrangements.*

【周而复始】zhōu ér fù shǐ 周:环绕一圈。复:又,再。绕完一

圈,再从头开始。指不断循环(周：go round；复：again) go round and begin again；go round and round；move in cycles：冬尽春来,～。Dōng jìn chūn lái,～. When winter ends, spring comes and the cycle begins again.

【周济】zhōujì(动)对穷困的人给予物质上的帮助(一般限于个人或民间的行为)help (the needy)；extend aid；succour：～穷人 ～ qióngrén help the poor/得到～ dédào ～ receive assistance

【周刊】zhōukān(名)weekly publication；weekly

【周密】zhōumì(形)careful；thorough：～的计划 ～ de jìhuà a well-conceived plan/～的安排 ～ de ānpái careful arrangements/想得很～ xiǎng de hěn ～ consider thoroughly

【周末】zhōumò(名)weekend

【周年】zhōunián(名)anniversary：建国三十五～ jiàn guó sānshíwǔ ～ the 35th anniversary of the founding of the nation/今天是这位诗人诞生二百～纪念日。Jīntiān shì zhè wèi shīrén dànshēng èrbǎi ～ jìniànrì. Today is to commemorate the 200th anniversary of the birth of this poet.

【周期】zhōuqī(名)period；cycle：生产～ shēngchǎn ～ period of production/公转～ gōngzhuàn ～ period in which the earth revolves around the sun/自转～ zìzhuàn ～ period in which the earth rotates once

【周期表】zhōuqībiǎo(名)periodic table

【周期性】zhōuqīxìng(名)periodicity；cyclicity

【周全】zhōuquán(形)周到,全面 thorough；comprehensive：照顾～ zhàogù ～ give very thoughtful care to/礼节～ lǐjié ～ the etiquette was perfect

【周身】zhōushēn(名)全身,满身 the whole body；all over the body：～发冷 ～ fā lěng feel chilly all over

【周岁】zhōusuì(名)年龄满一岁 one full year of life/我的孩子今年十一月就一～了。Wǒ de háizi jīnnián shíyīyuè jiù yī ～ le. My child will be one year old in November this year. /她今年三十五～。Tā jīnnián sānshíwǔ ～. She's thirty-five years old this year.

【周围】zhōuwéi(名)环绕着中心的部分 around；round：图书馆～都是草地。Túshūguǎn ～ dōu shì cǎodì. There's a lawn all around the library. /他很注意地看着～的人。Tā hěn zhùyì de kànzhe ～ de rén. He watches those around him very carefully. /站在他～的都是他的学生。Zhàn zài tā ～ de dōu shì tā de xuésheng. Those who are standing round him are his students.

【周详】zhōuxiáng(形)comprehensive；complete：计划～ jìhuà ～ the plan is comprehensive/～的设计 ～ de shèjì a complete design/考虑得很～ kǎolù de hěn ～ consider thoroughly

【周旋】zhōuxuán(动·不及物)(1)(和对手)打交道 come into contact with；have dealings with；contend with (one's opponent)：与敌人～到底。Yǔ dírén ～ dào dǐ. Fight the enemy to the end. /几次谈判,都是他亲自与对方～。Jǐ cì tánpàn,dōu shì tā qīnzì yǔ duìfāng ～. He dealt with the other party himself during the few times they negotiated. (2)应酬,应付 socialize,mix with other people：他虽不喜欢应酬,也得～一下。Tā suī bù xǐhuan yìngchou, yě děi ～ yīxià. Although he doesn't like socializing, he has to do it once in a while. /他～于众宾客之中。Tā ～ yú zhòng bīnkè zhī zhōng. He is socializing with many guests.

【周游】zhōuyóu(动)travel round：～世界 ～ shìjiè travel round the world/～列国 ～ lièguó travel round various countries/～各地 ～ gè dì travel round various places/到各处～ dào gè chù ～ travel round to different places

【周折】zhōuzhé(名)指事情进行不顺利,往返曲折 setbacks；complications：没想到会这么点儿事,却很费～。Méi xiǎngdào zhème diǎnr shì, què hěn fèi ～. I never expected to meet with so many complications in such a trifling matter. /找了好几个熟人才办成,真是大费～。Zhǎole hǎo jǐ ge shúrén

cái bànchéng, zhēn shì dà fèi ～. It was only after seeking out quite a few acquaintances that I was able to finish it. What a bother!

【周转】zhōuzhuǎn(动)(1)〈经〉企业的资金从投入生产到售出产品收回货币,再投入生产；这个过程一次又一次地重复进行,叫周转 turnover；～资金 ～ zījīn speed up capital turnover (2)指个人或集体经济开支调度的情况或物品轮流使用的情况 have enough to meet the need：我这个月开支太多了,有点～不开了。Wǒ zhège yuè kāizhī tài duō le, yǒudiǎnr ～ bù kāi le. My expenses were too high this month, so I don't quite have enough money to meet my needs. /公用的计算器太少,～不过来。Gōngyòng de jìsuànqì tài shǎo, ～ bú guòlái. The calculators for public use are too few. There aren't enough to meet the need for them.

洲 zhōu
(名)continent：亚～ Yà～ Asia /欧～ Ōu～ Europe
【洲际导弹】zhōujì dǎodàn intercontinental missile

粥 zhōu
(名)gruel；porridge
【粥少僧多】zhōu shǎo sēng duō 比喻人多东西少,不够分配,也说"僧多粥少"the gruel is meagre and the monks are many — not enough to go around (also said as "僧多粥少")

zhóu

轴 〔軸〕zhóu
(名)(1)axle；shaft：车～ chē～car axle/轮～ lún～ wheel axle/机器的～不转了。Jīqi de ～ bú zhuàn le. The machine shaft is not revolving. (2)(～儿)spool；rod：线～ xiàn～ spool for thread/画～ huà～ roller for a scroll of Chinese painting(量)用于卷在轴上的线,或装裱的带轴的字画 spool；scroll：一～棉线 yī ～ miánxiàn a spool of cotton thread/一～山水画 yī ～ shānshuǐhuà a scroll painting of scenery
【轴承】zhóuchéng(名)bearing
【轴线】zhóuxiàn(名)(1)axis (2)spool thread
【轴心】zhóuxīn(名)axle centre；axis

zhǒu

肘 zhǒu
(名)elbow

zhòu

咒 zhòu
(动)curse；damn：听说你病了?——没有,你怎么～我呀!Tīng shuō nǐ bìng le?——Méiyou,nǐ zěnme ～ wǒ ya! I heard you were ill. ——No, I'm not. Don't curse me like that!/念～ niàn ～ chant incantations
【咒骂】zhòumà(动)用恶毒的语言责骂 curse；abuse；revile：他一路～着回了家。Tā yīlù ～ zhe huíle jiā. He cursed all the way home.

昼 〔晝〕zhòu
(名)〈书〉daytime；day：一～一夜没合眼。Yī ～ yí yè méi hé yǎn. I haven't closed my eyes for a day and a night. /夏天是～长夜短。Xiàtiān shì ～ cháng yè duǎn. The days are long and the nights are short in summertime.
【昼夜】zhòuyè(名)day and night；round the clock：机器～不停地运转。Jīqi ～ bù tíng de yùnzhuǎn. The machine is kept running round the clock. /他一～没睡。Tā yí ～ méi shuì.

He didn't sleep all day and all night. /值班值了一～。Zhí bān zhíle yī ～. *He was on duty for a day and a night:*

皱 〔皺〕zhòu

（动）*wrinkle*；*crease*：～着眉 ～zhe méi *knit one's brows*/衣服～了。Yīfu ～ le. *The clothes are wrinkled.*（名）褶皱 *wrinkle*：这种料子容易起～。Zhè zhǒng liàozi róngyì qǐ ～. *This kind of material wrinkles easily.*
【皱纹】zhòuwén（名）*wrinkles (in the skin)*；*lines*

骤 〔驟〕zhòu

（形）〈书〉突然 *sudden*；*abrupt*：天气～变。Tiānqì ～ biàn. *There was a sudden change of weather.* / ～起狂风 ～ qǐ kuángfēng *a gale suddenly struck*/风狂雨～ fēng kuáng yǔ ～ *the wind blew hard and it rained suddenly*
【骤然】zhòurán（副）表示动作、行为或状态的产生或变化非常快，而且出乎意外。一般修饰多音节词语，多用于书面语 *(of an action, behaviour or condition) suddenly*；*abruptly (occur or change)(usu. modifies a polysyllabic word and is usu. used in the written language)*：气温～下降。Qìwēn ～ xiàjiàng. *The temperature dropped abrutly.* /听了这话，她脸色～变白。Tīngle zhè huà, tā liǎnsè ～ biànbái. *Her face suddenly turned pale when she heard this.* /病人的病情～恶化。Bìngrén de bìngqíng ～ èhuà. *The patient's condition took a sudden turn for the worse.* 也可说"骤然间"或"骤然之间"，意思同"骤然间" *("骤然间" or "骤然之间" may also be said instead)*：乌云～间布满天空。Wūyún ～ jiān bùmǎn tiānkōng. *Dark clouds suddenly filled the sky.* /我～间产生一种恐怖感。Wǒ ～ jiān chǎnshēng yì zhǒng kǒngbùgǎn. *I suddenly developed a feeling of terror.* /他的呼吸～之间变得急促起来。Tā de hūxī ～ zhī jiān biàn de jícù qilai. *He was suddenly short of breath.*

籀 zhòu

（名）◇*a style of calligraphy, current in the Zhou Dynasty (11th century—256B.C.）*
【籀文】zhòuwén（名）中国古代一种字体，即"大篆" *a style of calligraphy, namely "大篆", current in the Zhou Dynasty (11th century—256 B.C.)*

zhū

朱 zhū

（形）◇朱红 *vermilion*；*bright red*
【朱红】zhūhóng（形·非谓）比较鲜艳的红 *vermilion*；*bright red*

侏 zhū

【侏儒】zhūrú（名）*dwarf*；*midget*；*pygmy*

诛 zhū

（动）〈书〉(1)杀(有罪的人) *put (a criminal) to death* (2)谴责处罚 *condemn and punish*：口～笔伐 kǒu ～ bǐ fá *condemn both in speech and in writing*
【诛戮】zhūlù（动）〈书〉杀害 *kill*；*put to death*

珠 zhū

（名）◇(1)珠子 *pearl* (2)(～儿) 小的球状物 *bead*；*drop*：水～ shuǐ ～ *water drop*/雨～ yǔ ～ *rain drop*/泪～ lèi ～ *tear drop*
【珠宝】zhūbǎo（名）*pearls and jewels*；*jewelry*
【珠算】zhūsuàn（名）*calculation with an abacus*
【珠子】zhūzi（名）〔颗 kē、粒 lì〕(1)珍珠 *pearl* (2)像珍珠一样的颗粒 *bead*：汗～ hàn～ *beads of sweat*

株 zhū

（量）棵 *(for plants and trees)*：两～桃树 liǎng ～ táoshù *two peach trees*
【株连】zhūlián（动）连累，指一个人有罪，牵连很多人 *involve (others) in a criminal case*；*implicate*：～九族 ～ jiǔzú *implicate the whole family clan*/受～ shòu ～ *be implicated*/～家属 ～ jiāshǔ *involve one's family members in a criminal case*

诸 〔諸〕zhū

（形·非谓）◇ 许多 *many*；*various*
【诸葛亮会】Zhūgé Liàng huì 召集有一定知识、经验或技术的人开会，研究、讨论一些疑难问题，寻找解决问题的方法，因人们认为诸葛亮是聪明人的典型，所以把这样的会，叫诸葛亮会 *a meeting of Zhuge Liangs — a meeting of people with a certain amount of knowledge, experience or skill who study and discuss knotty problems and try to find a way to solve them (the name of this kind of meeting is taken from Zhuge Liang, a statesman and strategist in the period of the Three Kingdoms, who became a symbol of resourcefulness and wisdom in Chinese folklore)*
【诸侯】zhūhóu（名）由古代帝王分封并受帝王统辖的列国君主的统称 *nobility under a monarch*
【诸如】zhūrú（动）多用于书面语，在举例时放在所举例子的前面，表示不止一个例子 *(usu. used in the written language) such as*：他做了不少好事，～为家乡办学，为残疾人办福利事业 等等。Tā zuòle bù shǎo hǎoshì, ～ wèi jiāxiāng bàn xué, wèi cánjí rén bàn fúlì shìyè děngděng. *He has done many good deeds, such as setting up a school in his hometown, setting up welfare projects for the handicapped, etc.*
【诸如此类】zhū rú cǐ lèi 与此相类似的许多情况(或事物) *things like that*；*and so on and so forth*：～，不可胜数。～, bù kě shèng shǔ. *Things like that too numerous to count.* /～，不胜枚举。～, bú shèng méi jǔ. *Such instances are too numerous to mention.* /他又抄写稿子，又打字，又负责联系印刷，～的事务性工作，他做了不少。Tā yòu chāoxiě gǎozi, yòu dǎ zì, yòu fùzé liánxì yìnshuā, ～ de shìwùxìng gōngzuò, tā zuòle bù shǎo. *He transcribes manuscripts, types, as well as is responsible for getting in touch with the printers. He has done a lot of office work of this kind.*
【诸位】zhūwèi（代）敬辞，总称所指的若干人 *(term of respect used to address a certain unmber of people)*：～同志 ～ tóngzhì *Comrades*/～先生 ～ xiānsheng *Gentlemen*/～老师 ～ lǎoshī *Teachers*/请～到屋里坐。Qǐng ～ dào wū li zuò. *Please take your seats in the room.*

猪 zhū

（名）〔头 tóu〕*pig*；*hog*；*swine*：～场 ～ chǎng *pig farm*/～倌 ～ guān *swineherd*/～圈 ～ juàn *pigpen*
【猪排】zhūpái（名）*pork chop*
【猪肉】zhūròu（名）*pork*
【猪舍】zhūshè（名）*hog house*
【猪油】zhūyóu（名）*lard*
【猪鬃】zhūzōng（名）*(hog) bristles*

蛛 zhū

（名）◇ *spider*
【蛛丝马迹】zhū sī mǎ jì 比喻隐约可寻的线索和迹象 *thread of a spider and trail of a horse-clues*；*traces*：这事既然是他干的，总会有些～可寻。Zhè shì jìrán shì tā gàn de, zǒng huì yǒu xiē ～ kě xún. *Since he did this, there are bound to be some traces we can look for.* /经过调查，我发现了一些与此事有关的～。Jīngguò diàochá, wǒ fāxiànle yìxiē yǔ cǐ

shì yǒuguān de ～. *Through investigation, I have discovered clues that are related to this matter.*

【蛛网】zhūwǎng（名）*spider web; cobweb*

zhú

竹 zhú
（名）*bamboo*

【竹竿】zhúgān（名）[根 gēn] *bamboo pole*

【竹简】zhújiǎn（名）古代用以写字的竹片 *bamboo slip（used for writing on during ancient times）*

【竹刻】zhúkè（名）在竹制的器物上雕刻文字图画的艺术 *bamboo carving; bamboo engraving*

【竹帘画】zhúliánhuà（名）在细竹丝编成的帘子上加上书画的工艺品。现多作为室内陈设用 *painting on a bamboo curtain（usu. used as a decoration in a room）*

【竹器】zhúqì（名）用竹子制作的器物 *articles made of bamboo*

【竹笋】zhúsǔn（名）*bamboo shoots*

【竹子】zhúzi（名）[棵 kē] *bamboo*

逐 zhú
（动）◇（1）驱逐 *drive out; expel; banish*：～ 出家门 ～chū jiāmén *drive (sb.) out of the home*（2）追赶 *pursue; chase; run after*：随波～流 suí bō ～ liú *drift with the tide*（副）挨着(次序)，用在量词前 *in sequence; by turns（used before a measure word）*：他把交通规则～加以说明。Tā bǎ jiāotōng guīzé ～ tiāo jiāyǐ shuōmíng. *He explained the traffic regulations point by point.* /我把书信一件清理了一遍。Wǒ bǎ shūxìn ～ jiàn qīnglǐle yí biàn. *I sorted out the letters one by one.* /这个厂的产量～月上升。Zhège chǎng de chǎnliàng ～ yuè shàngshēng. *This factory's output rises month by month.*

【逐步】zhúbù（副）表示行为、事物、状态等有步骤地、一步一步地(发展、变化)，一般修饰多音节词语，可带"地" *step by step; progressively（usu. modifies a polysyllabic word and can take "地"）*：人民的文化素质在～提高。Rénmín de wénhuà sùzhì zài ～ tígāo. *The quality of people's education is progressively improving.* /知识要～地积累、掌握。Zhīshi yào ～ de jīlěi, zhǎngwò. *One must accumulate and grasp knowledge step by step.* /西北地区的开发和建设工作正在～展开。Xīběi dìqū de kāifā hé jiànshè gōngzuò zhèngzài ～ zhǎnkāi. *The work of opening up and building the northwestern region is developing step by step.*

【逐次】zhúcì（副）顺次 *in order; in sequence*

【逐个】zhúgè（副）一个一个地，表示动作依次进行 *one by one*：问题要～解决。Wèntí yào ～ jiějué. *The problems must be resolved one by one.* /厂长对生活有困难的工人～进行了家访。Chǎngzhǎng duì shēnghuó yǒu kùnnan de gōngrén ～ jìnxíng jiāfǎng. *The factory director visited the homes, one by one, of the workers who were living in straitened circumstances.* /对大家提的建议要～研究。Duì dàjiā tí de jiànyì yào ～ yánjiū. *We will look into everybody's suggestions, one by one.*

【逐渐】zhújiàn（副）表示行为或状态自然地、缓慢地(发展、变化)，多用于书面语，"逐渐"后一般有两个音节以上的词语 *gradually; by degrees（usu. used in the written language and usu. followed by a word with two or more syllables）*：他的身影～消失在人群中。Tā de shēnyǐng ～ xiāoshī zài rénqún zhōng. *His figure gradually disappeared in the crowd.* /我～对文学产生了兴趣。Wǒ ～ duì wénxué chǎnshēngle xìngqù. *I gradually developed an interest in literature.* /对热带气候他～适应了。Duì rèdài qìhòu tā yǐ ～ shìyìng le. *He has adapted by degrees to the tropical climate.* /夜深了，四周～安静下来。Yè shēn le,

sìzhōu ～ ānjìng xialai. *It was late and all grew still by degrees.* /天热了，到海边去的人～多起来了。Tiān rè le, dào hǎibiānr qù de rén ～ duō qilai le. *Now that the weather is hot, more and more people are going to the seashore.* "逐渐"有时也可用于句首；一般后边有"地"，有语音停顿（"逐渐" *may also sometimes be used at the beginning of a sentence; in this case, it usu. takes "地" and is followed by a pause*）：住了一段时间，～地，他对这里的生活感到厌倦了。Zhùle yí duàn shíjiān, ～ de, tā duì zhèlǐ de shēnghuó gǎndào yànjuàn le. *After living in this place for some time, he gradually grew tired of the life here.* /每天一起工作、一起学习，～地，他对她的看法改变了。Měi tiān yìqǐ gōngzuò, yìqǐ xuéxí, ～ de, tā duì tā de kànfǎ gǎibiàn le. *After working and studying together every day, his opinion of her gradually changed.*

【逐客令】zhúkèlìng（名）秦始皇曾经下令驱逐从各国来的客卿。后来泛称主人赶走不受欢迎的客人（*of a host）order to drive out unwanted guests（takes its meaning from a story about the Qin emperor who banished all those visitors who were from other feudal states）*

【逐年】zhúnián（副）一年一年地，表示情况随着时间的前进而发展、变化 *year by (or after) year*：产品质量～提高。Chǎnpǐn zhìliàng ～ tígāo. *Product quality is improving year by year.* /职工收入～增长。Zhígōng shōurù ～ zēngzhǎng. *Workers' wages are increasing year after year.*

【逐一】zhúyī（副）表示(对人,物)一个一个地(进行处理)，多修饰多音节词语，可带"地" *one by one（usu. modifies a polysyllabic word; may take "地"）*：老师～解答了学生提出的问题。Lǎoshī ～ jiědá xuésheng tíchū de wèntí. *The teacher answered the students' questions one by one.* /对不合卫生条件的饮食店要～地进行处理。Duì bù hé wèishēng tiáojiàn de yǐnshídiàn yào ～ de jìnxíng chǔlǐ. *Food stores with unsanitary conditions must be dealt with one by one.* /饭店经理把房间～检查了一遍,不合格的不能接待客人。Fàndiàn jīnglǐ bǎ fángjiān ～ jiǎnchále yí biàn, bù hégé de bù néng jiēdài kèrén. *The hotel manager inspected all the rooms one by one, and those that were not up to standard could not be used for guests.*

【逐字逐句】zhú zì zhú jù 按次序一字一句地 *word by word and sentence by sentence; word for word*：～讲解 ～ jiǎngjiě *explain word by word and sentence by sentence* /～抄写 ～ chāoxiě *transcribe word for word* /～地翻译 ～ de fānyì *translate word for word* /～地记录下来 ～ de jìlù xialai *note down word for word*

烛 [燭] zhú
（名）蜡烛 *candle*：秉～ bǐng ～ *hold a candle*（量）俗称灯泡的瓦特数 *candle power; watt*：四十～的灯泡 sìshí ～ de dēngpào *40-watt light bulb*（动）〈书〉照亮,照见 *illuminate*：火光～天。Huǒguāng ～ tiān. *Flames lit up the sky.*

【烛台】zhútái（名）插蜡烛的器具 *candlestick; candelabra*

zhǔ

主 zhǔ
（名）◇（1）权力或财物的所有者 *owner; master; proprietor*：车～ chē～ *car owner* /物～ wù～ *owner (of sth.)* /当家作～ dāng jiā zuò ～ *be a master in one's own house*（2）与"宾""客"相对 *host (opposite of "宾", "客" (guest))*：宾～ bīn～ *host and guest*（3）最重要的、最基本的 *main; primary*：～楼 ～lóu *main building* /预防为～ yùfáng wéi ～ *put prevention first* /这个地区以种粮为～。Zhège dìqū yǐ zhòng liáng wéi ～. *This area mainly grows grain.*（动）主张,决定 *advocate; maintain*：力～革新 lì ～ géxīn *strongly advocate innovation* /力～扩大招生 lì ～ kuòdà

zhāo shēng *strongly encourage the expansion of student enrolment* /不由自～ bù yóu zì ～ *can't help (doing sth.)*

【主办】zhǔbàn（动）*sponsor; hold*：～展览 ～ zhǎnlǎn *hold an exhibition* / ～ 新年晚会 ～ xīnnián wǎnhuì *hold a New Year's evening party* /～单位 ～ dānwèi *sponsoring unit* /～人 ～ rén *sponsor* /这个画展由工会来～. Zhège huàzhǎn yóu gōnghuì lái ～. *This painting exhibition will be sponsored by the trade union.* /请你们负责～这次青年歌手大奖赛。Qǐng nǐmen fùzé ～ zhè cì qīngnián gēshǒu dàjiǎngsài. *Please sponsor this contest for young singers.*

【主编】zhǔbiān（动）*supervise the publication of (a newspaper, etc.); edit*：这本歌集由老李～。Zhè běn gējí yóu Lǎo Lǐ ～. *This collection of songs is being edited by Lao Li.* /他～过一套文化丛书。Tā ～guo yí tào wénhuà cóngshū. *He has edited a series of books on culture.* （名）*chief editor; editor-in-chief*：杂志～ zázhì ～ *chief editor of a magazine* 《天津晚报》的～《Tiānjīn Wǎnbào》de ～ *editor in chief of the Tianjin Evening Newspaper*

【主持】zhǔchí（动）（1）负责掌握处理 *take charge of; manage; direct*：～发奖大会 ～ fā jiǎng dàhuì *preside over the prize-awarding ceremony* /～ 救灾工作 ～ jiù zāi gōngzuò *be in charge of disaster relief work* /大会的～人 dàhuì de ～ rén *chairman of a conference* （2）主张、维护 *maintain; uphold*：～公道 ～ gōngdào *uphold fairness* /～正义 ～ zhèngyì *uphold justice*

【主次】zhǔcì（名）*primary and secondary (e.g. importance)*

【主从】zhǔcóng（形·非谓）主要的和从属的 *principal and subordinate*：学校里教学和科学研究的关系是～关系。Xuéxiào lǐ jiàoxué hé kēxué yánjiū de guānxì shì ～ guānxì. *The relationship between teaching and scientific research in a school is that between the principal and the subordinate.*

【主导】zhǔdǎo（形·非谓）主要的并且引导事物向某方面发展的 *leading; dominant; guiding*：～作用 ～ zuòyòng *leading role* /占～地位 zhàn ～ dìwèi *hold a dominant position* （名）起主导作用的事物 *guiding principle; leading factor*：当前各项工作要以经济体制改革为～。Dāngqián gè xiàng gōngzuò yào yǐ jīngjì tǐzhì gǎigé wéi ～. *At present, reform of the economic system must be taken as the guiding principle for all work.* /学校以教学为～。Xuéxiào yǐ jiàoxué wéi ～. *Schools take teaching as their guiding principle.*

【主动】zhǔdòng（形）（1）不用外力推动而行动（跟"被动"相对）*of one's own accord; on one's own initiative (opposite of "被动"(passive))*：～要求 ～ yāoqiú *make a request of one's own accord* /～接近 ～ jiējìn *approach (sb.) of one's own accord* /～承担 ～ chéngdān *undertake (to do sth.) of one's own accord* /工作很～ gōngzuò hěn ～ *work on one's own initiative* /态度很～ tàidù hěn ～ *have a good attitude towards doing sth.* （2）能掌握局面 *take the initiative*：发挥～作用 fāhuī ～ zuòyòng *give full play to one's initiative* /处于～地位 chǔyú ～ dìwèi *be in a position to take the initiative* /掌握～权 zhǎngwò ～ quán *have the initiative in one's hands*

【主动脉】zhǔdòngmài（名）*aorta*

【主队】zhǔduì（名）*home team; host team*

【主犯】zhǔfàn（名）*prime culprit; principal (offender)*

【主峰】zhǔfēng（名）一条山脉的最高峰 *the highest peak in a mountain range*

【主妇】zhǔfù（名）一个家庭的女主人 *housewife; hostess*

【主干】zhǔgàn（名）*trunk*

【主攻】zhǔgōng（动）*main attack*：～方向 ～ fāngxiàng *direction of the main attack* /～力量 ～ lìliàng *main attack force* /一连担任～。Yīlián dānrèn ～. *The first company is in charge of the main attack.*

【主顾】zhǔgù（名）*customer; client*

【主观】zhǔguān（名）*subjective*：客观上是有些困难,但主要是我～努力不够。Kèguān shang shì yǒu xiē kùnnan, dàn zhǔyào shì wǒ ～ nǔ lì bú gòu. *There are some difficulties on the objective side, but it's mainly that my subjective efforts are not enough.* /人的～认识必须符合客观实际。Rén de ～ rènshi bìxū fúhé kèguān shíjì. *People's subjective understanding must conform to objective reality.* /～与客观之间常有矛盾。～ yǔ kèguān zhī jiān cháng yǒu máodùn. *There is often a contradiction between the subjective and the objective.* （形）*subjective*：他这人太～,谁的意见也不听。Tā zhè rén tài ～, shuí de yìjiàn yě bù tīng. *He's too subjective and doesn't listen to anybody's advice.*

【主观能动性】zhǔguān néngdòngxìng〈哲〉主观对客观的能动作用,指人们能动地认识和改造世界的能力和活动 *subjective initiative; conscious activity*

【主观世界】zhǔguān shìjiè〈哲〉指人的思想意识,是与"客观世界"相对而言的 *subjective world (opposite of "客观世界"(objective world))*

【主观唯心主义】zhǔguān wéixīnzhǔyì〈哲〉*subjective idealism*

【主观性】zhǔguānxìng（名）*subjectivity*

【主观主义】zhǔguānzhǔyì（名）一种反科学的唯心主义思想作风,它的特点是不从实际出发,而是从主观愿望和臆想出发来认识和处理问题 *subjectivism*：一定要克服～,不然就要贻误我们的工作。Yídìng yào kèfú ～, bùrán jiù yào yíwù wǒmen de gōngzuò. *We must overcome subjectivism, otherwise our work will be adversely affected.* /～的思想作风千万要不得。～ de sīxiǎng zuòfēng qiānwàn yào bu de. *We must not develop a subjective style of thinking.*

【主管】zhǔguǎn（动）负主要责任的管理 *be responsibke for; be in charge of*：供应科～物资供应。Gōngyìngkē ～ wùzī gōngyìng. *The supply department is in charge of supplying goods and materials.* /宿舍的维修由房管部门～。Sùshè de wéixiū yóu fángguǎn bùmén ～. *The housing department is responsible for the maintenance of living quarters.* /～部门 ～ bùmén *department responsible for the work* /～人员 ～ rényuán *personnel in charge*

【主婚】zhǔhūn（动·不及物）主持婚礼 *preside over a wedding ceremony*：～人多半是新娘或新郎的父母。～ rén duōbàn shì xīnniáng huò xīnláng de fùmǔ. *Most of the people who preside over a wedding ceremony are either the bride's parents or the groom's.*

【主机】zhǔjī（名）（1）*main engine* （2）*lead plane; leader*

【主见】zhǔjiàn（名）（对事情的）确定的主意、意见 *definite view (on a matter); one's own opinion*：他没有～,总是跟着别人跑。Tā méi yǒu ～, zǒngshì gēnzhe biérén pǎo. *He has no definite views of his own, but is always going along with others.*

【主讲】zhǔjiǎng（动）担任讲授或讲演 *be the speaker; give a lecture*

【主将】zhǔjiàng（名）*chief commander; commanding general*

【主教】zhǔjiào（名）*bishop*

【主角】zhǔjué（名）（1）文艺作品里的中心人物 *protagonist; hero or heroine (in literary and artistic works)* （2）在戏剧、电影中扮演主要人物的演员 *leading role; lead (in a play or film)* （3）比喻（事情或行动中的）主要人物 *leading figure (in a matter, operation, etc.)*

【主考】zhǔkǎo（动）主持考试 *be in charge of an examination* （名）主持考试的人 *chief examiner (in a school, etc.)*

【主课】zhǔkè（名）学生学习的主要课程 *main subject; major course*

【主力】zhǔlì（名）主要力量 *main force*：～部队 ～ bùduì *main force (of an army)* /～舰 ～ jiàn *capital ship* /他是北

京男篮的～。Tā shì Běijīng nán lán de ～. *He's Beijing's top player in men's basketball.*

【主力军】zhǔlìjūn（名）军队的主力，也比喻起主要作用的力量 *main (or principal) force*：四连是营里的～。Sìlián shì yíng li de ～. *The fourth company is the battalion's main force.*

【主流】zhǔliú（名）(1)河流的干流 *main stream; main current* (2)比喻事物发展的主要的本质的方面 *main trend (of development); essential (or main) aspect*：形势大好，这是～，当然也有问题和不足。Xíngshì dàhǎo, zhè shì ～, dāngrán yě yǒu wèntí hé bùzú. *The situation is very good. That's the essential part. There are, of course, some problems and deficiencies.* /他虽然有缺点，但～还是好的。Tā suīrán yǒu quēdiǎn, dàn ～ hái shì hǎo de. *Although he has shortcomings, he is, for the most part, a good person.*

【主谋】zhǔmóu（名）*chief instigator*：这件事是谁的～？Zhè jiàn shì shì shuí de ～? *Who's the chief instigator in this matter?* /背后的～是谁？Bèihòu de ～ shì shuí? *Who's the chief instigator behind the scenes?*

【主权】zhǔquán（名）*sovereign rights; sovereignty*

【主人】zhǔrén（名）(1)接待客人的人（跟"客人"相对）*host (opposite of "客人"(guest))*：这家的～是谁？Zhè jiā de ～ shì shuí? *Who's the host in this home?* (2)财物或权力的所有者 *master; owner; proprietor*：这辆汽车的～是专业户王力军。Zhè liàng qìchē de ～ shì zhuānyèhù Wáng Lìjūn. *The owner of this car is Wang Lijun, a specialized household.*

【主人公】zhǔréngōng（名）文学作品中的主要人物 *leading character in a novel, etc.; hero or heroine; protagonist*：小说的～ xiǎoshuō de ～ *the novel's protagonist*

【主人翁】zhǔrénwēng（名）(1)当家作主的人 *master*：知识分子也是国家的～。Zhīshi fènzǐ yě shì guójiā de ～. *Intellectuals are also masters of the state.* (2)同"主人公"zhǔréngōng *same as* 主人公 zhǔréngōng：这本小说的～叫祥子。Zhè běn Xiǎoshuō de ～ jiào xiángzi. *The hero in this novel is called Xiangzi.*

【主任】zhǔrèn（名）*director; head; chairman*：车间～ chējiān ～ *head of a workshop* /办公室～ bàngōngshì ～ *office manager* /教研室～ jiàoyánshì ～ *director of the teaching and research section*

【主食】zhǔshí（名）主要食物，指用粮食作成的，如米饭、馒头等 *staple food; principal food (made of grains, such as steamed rice, mantou, etc.)*

【主使】zhǔshǐ（动）指使：出主意让别人去作某事（一般多指坏事）*instigate; incite; persuade (sb. to do sth. bad)*：是谁～你干的？Shì shuí ～ nǐ gàn de? *Who persuaded you to do this?* /他在背后出点子，～年轻人去干。Tā zài bèihòu chū diǎnzi, ～ niánqīng rén qù gàn. *He directed the show from behind the scenes and incited young people to action.*

【主题】zhǔtí（名）文艺作品中表现出来的中心思想 *theme; subject; motif (of literary and artistic works)*

【主题歌】zhǔtígē（名）电影、歌剧、话剧中能表现主题的歌曲 *theme song (of a movie, opera, play, etc.)*

【主体】zhǔtǐ（名）事物的主要部分 *main body; main part*：～工程 ～ gōngchéng *principal part of a project* /园林的～部分 yuánlín de ～ bùfen *main section of a park* /这座办公楼是这个建筑群的～。Zhè zuò bàngōng lóu shì zhège jiànzhùqún de ～. *This office building is the main part of this architectural complex.*

【主席】zhǔxí（名）*chairman*

【主席台】zhǔxítái（名）*platform; rostrum*

【主修】zhǔxiū（动）主要学习（某课程）*specialize (in a subject); major*：他在大学～英国文学。Tā zài dàxué ～ Yīngguó wénxué. *He majored in English literature at university.*

【主演】zhǔyǎn（动）*act the leading role (in a play or film)*：这个青年演员已经～过四部影片了。Zhège qīngnián yǎnyuán yǐjīng ～guo sì bù yingpiànr le. *This young actor has already played the leading role in four films.*

【主要】zhǔyào（形·非谓）*main; chief; principal*：～原因 ～ yuányīn *the main reason* /～部分 ～ bùfen *main part* /～演员 ～ yǎnyuán *principal actor* /～人物 ～ rénwù *the leading figure* /完成计划是～的，别的以后再说。Wánchéng jìhuà shì ～ de, bié de yǐhòu zài shuō. *Fulfilling the plan is the main thing. We'll deal with the rest later.*

【主义】zhǔyì（名）对客观世界、社会生活以及学术问题等所持有的系统的理论和主张 *doctrine; -ism*

【主意】zhǔyi（名）(1)确定的意见、主见 *definite view (or opinion); decision*：他不知怎么决定好，还等你拿～呢。Tā bù zhī zěnme juédìng hǎo, hái děng nǐ ná ～ ne. *He doesn't know how to make the right decision and is still waiting for you to decide for him.* /他这人没准～，一会儿一变。Tā zhè rén méi zhǔn ～, yíhuìr yí biàn. *He doesn't have any definite views and changes his mind easily.* (2)办法 *idea; plan; way*：出～ chū ～ *come up with a way (to do sth.)* /人多～多 rén duō ～ duō *When there are many people, ideas are many.* /这个～好。Zhège ～ hǎo. *This is a good idea.* /我教给你一个～，你照我说的去办，准行。Wǒ jiāo gěi nǐ yí ge ～, nǐ zhào wǒ shuō de qù bàn, zhǔn xíng. *I'll show you a way to do it. If you act accordingly, it'll work.*

【主语】zhǔyǔ（名）〈语〉*subject*

【主宰】zhǔzǎi（动）支配、统治、掌握 *dictate; determine; decide; dominate*：谁也不能～世界。Shuí yě bù néng ～ shìjiè. *Nobody can dominate the world.* /有人认为上天～人的命运。Yǒu rén rènwéi shàngtiān ～ rén de mìngyùn. *Some people believe that Providence determines one's fate.* （名）掌握、支配人或事物的力量 *master; that which determines*：思想是行为的～。Sīxiǎng shì xíngwéi de ～. *Ideology is what determines one's behaviour.* /自己要成为自己命运的～。Zìjǐ yào chéngwéi zìjǐ mìngyùn de ～. *One must become the master of one's own fate.*

【主张】zhǔzhāng（名）对事物的意见或见解 *view; position; stand; proposition*：这个～不错。Zhège ～ búcuò. *This proposition is not bad.* /我同意他的～。Wǒ tóngyì tā de ～. *I agree with his view.* /你不能自作～。Nǐ bù néng zì zuò ～. *You cannot decide on your own.* （动）对事物持有某种意见或见解 *advocate; stand for; maintain; hold*：我～立即停工。Wǒ ～ lìjí tíng gōng. *I favour stopping work at once.* /我们～计划生育。Wǒmen ～ jìhuà shēngyù. *We advocate family planning.*

【主旨】zhǔzhǐ（名）主要的意义、用意或目的 *gist; main purpose; main objective*

【主治医生】zhǔzhì yīshēng *physician-in-charge; doctor in charge of a case*

【主子】zhǔzi（名）旧时奴仆对主人的称呼，今多比喻操纵指使别人的人 *master (of servants in former times); boss*

拄 zhǔ（动）为了支持身体用棍杖等顶住地面 *lean on (a stick, etc.); support oneself*：～着拐杖 ～zhe guǎizhàng *leaning on a walking stick*

煮 zhǔ（动）*boil; cook*：～肉 ～ ròu *cook meat* /～咖啡 ～ kāfēi *make coffee*

嘱〔囑〕zhǔ（动）*enjoin; advise; urge*：服用此药，务遵医～。Fúyòng cǐ yào, wù zūn yī ～. *Be sure to follow the doctor's advice*

when taking this medicine.

【嘱咐】zhǔfu（动）告诉对方要作什么,不要作什么；该怎么作,不该怎么作 enjoin; tell（sb. what to do and not to do）; exhort: 再三～ zàisān ～ exhort again and again /一再～ yīzài ～ tell（sb.）time and again /妈妈～我把妹妹管好。Māma ～ wǒ bǎ mèimei guǎnhǎo. Mother told me to take good care of my younger sister.

【嘱托】zhǔtuō（动）托（人办事）entrust; ask（sb. to do sth.）: 老李～我帮他买个电视机。Lǎo Lǐ ～ wǒ bāng tā mǎi ge diànshìjī. Lao Li asked me to help him buy a TV set. /依照张老师的～,我把他儿子从上海带来了。Yīzhào Zhāng lǎoshī de ～, wǒ bǎ tā érzi cóng Shànghǎi dàilai le. In accordance with Teacher Zhang's request, I brought his son with me from Shanghai.

zhù

伫 〔佇〕zhù

【伫立】zhùlì（动）〈书〉长时间地站着 stand for a long period of time; 凝神～ níngshén ～ stand in rapt attention

助 zhù

（动）help; assist: 拔刀相～ bá dāo xiāng ～ draw one's sword and come to the aid of sb. in danger /乐于～人 lèyú ～ rén be happy to help others

【助产士】zhùchǎnshì（名）〈医〉midwife

【助词】zhùcí（名）〈语〉附在词、词组、句子后边起辅助作用的一种虚词。包括: 1. 结构助词,如: 的,地,得 2. 动态助词,如: 着,了,过 3. 语气助词,如: 吗,呢,呀 particle, an unstressed auxiliary word used after a word, phrase or sentence. Particles include 1. structural particles e. g. 的, 地, 得 2. aspect particles, e. g. 着, 了, 过; 3. modal particles, e. g. 吗, 呢, 呀

【助动词】zhùdòngcí（名）〈语〉动词的一类,表示可能、应该、必须、愿望等意思,如: 能、会、可以、可能、应该、得、必须、要、肯、愿意等,通常用在动词或形容词前边,也叫"能愿动词"auxiliary verb, used to express possibility, advisability, obligation, desire etc., e. g. 能, 会, 可以, 可能, 应该, 得, 必须, 要, 肯, 愿意, etc. ; generally used before a verb or adjective and also called "能愿动词"

【助教】zhùjiào（名）assistant（in a university or college）

【助理】zhùlǐ（名）assistant; helper: ～研究员 ～yánjiūyuán assistant research fellow

【助跑】zhùpǎo（动·不及物）〈体〉run-up; approach

【助燃】zhùrán（动·不及物）〈化〉help combustion

【助人为乐】zhù rén wéi lè 以帮助别人为乐事 find pleasure in helping others; ready to help others: 我们应当提倡～的精神。Wǒmen yīngdāng tíchàng ～ de jīngshén. We ought to advocate the spirit of finding pleasure in helping others.

【助手】zhùshǒu（名）helping hands; assistant; helper

【助听器】zhùtīngqì（名）audiphone; hearing aid; deaf-aid

【助威】zhù = wēi 帮助增加声势 to encourage（by cheers or applause）: 呐喊 ～ nàhǎn ～ boost the morale by cheering /鼓掌 ～ gǔ zhǎng ～ applaud to encourage /他们赛跑,我在一旁助助威。Tāmen sài pǎo, wǒ zài yīpáng zhùzhu wēi. They were having a race and I stood aside cheering.

【助兴】zhù = xìng 帮助增加兴致 liven things up; add to the fun: 他俩下棋,我来～。Tā liǎ xià qí, wǒ lái ～. They two played a game of chess and I bolstered them up. /赏菊时,饮酒～。Shǎng jú shí, yǐn jiǔ ～. It's a pleasure to drink while appreciating the beauty of chrysanthemums.

【助学金】zhùxuéjīn（名）政府给学生的补助费 student subsidies; student grant: 我是靠～上大学的。Wǒ shì kào ～ shàng dàxué de. I wouldn't have been able to finish univer-

sity without student subsidies.

【助战】zhùzhàn（动·不及物）（1）协助作战 assist in fighting（2）助威 bolster sb.'s morale

【助长】zhùzhǎng（动）促使,帮助增长（多用于贬义）encourage; foster（derog.）: 你这种过分的夸奖只能～他的傲气。Nǐ zhè zhǒng guòfèn de kuājiǎng zhǐ néng ～ tā de àoqì. Your undue praise can only foster his conceit.

【助纣为虐】zhù Zhòu wéi nüè 比喻帮助坏人做坏事,纣是中国古代一个暴君 aid King Zhou in his tyrannical rule; help a tyrant to do evil

住 zhù

（动）（1）居住,住宿 live; reside; stay: 我～在北京。Wǒ ～ zài Běijīng. I live in Beijing. /他在天津～了两年。Tā zài Tiānjīn ～ le liǎng nián. He lived in Tianjin for two years. /我从来没在欧洲～过。Wǒ cónglái méi zài Ōuzhōu ～guo. I have never lived in Europe. /你～楼房还是～平房? Nǐ ～ lóufáng háishì ～ píngfáng? Do you live in a multi-storeyed building or a one-storey house? /你到广州去玩,～旅馆还是～朋友家? Nǐ dào Guǎngzhōu qù wánr, ～ lǚguǎn háishì ～ péngyou jiā? When you go to visit Guangzhou, will you be staying in a hotel or at a friend's place? /我～的楼房就在前面。Wǒ ～ de lóufáng jiù zài qiánmiàn. The building in which I live is just up ahead. （2）停止 stop; cease; 风～了 Fēng ～ le. The wind has stopped. /～嘴! ～ zuǐ! Shut up! /他不～嘴地抱怨。Tā bú ～ zuǐ de bàoyuan. He won't stop complaining. 放在某些动词后作补语（when placed after certain verbs as a complement）（1）表示牢固、稳定或停滞（indicates firmness, stability or a standstill）: 邮票没贴～。Yóupiào méi tiē～. The stamp didn't stick. /站～ zhàn～ halt /拿～,别掉了。Ná～, bié diào le. Hold tight, don't drop it. /把马拴～。Bǎ mǎ shuān～. Tie up the horse. （2）表示停顿（indicates a halt or pause）: 你这句话可把我问～了,我答不出。Nǐ zhè jù huà kě bǎ wǒ wèn～ le, wǒ dá bù chū. Your comment has stumped me. I can't answer it. /他一看这情况就愣～了。Tā yí kàn zhè qíngkuàng jiù lèng～ le. As soon as he saw this situation, he was struck dumb. （3）与"得"（或"不"连用,表示力量能胜任（或不能胜任）（when used with "得" or "不", indicates that one is up to doing sth. , in terms of strength）: 快来人替我,我有点儿坚持不～了。Kuài lái rén tì wǒ, wǒ yǒudiǎnr jiānchí bú ～ le. Will someone come quickly and replace me. I can't hold out anymore. /椅子坏了,禁不～人坐。Yǐzi huài le, jīn bu ～ rén zuò. The chair is broken, so it can't withstand the weight of somebody sitting on it. /他有点儿不舒服,不过,还支持得～。Tā yǒudiǎnr bù shūfu, búguò, hái zhīchí de ～. He feels a little unwell, but can still hold out.

【住持】zhùchí（名）主持一个佛寺或道观的和尚或道士（Buddhist or Taoist）abbot

【住处】zhùchu（名）住的地方 residence; accommodations: 来北京好几天了,还没找到一个满意的～。Lái Běijīng hǎo jǐ tiān le, hái méi zhǎodào yí ge mǎnyì de ～. I've been in Beijing for several days but still haven't found satisfactory accommodations. /他始终没有一个固定的～。Tā shǐzhōng méi yǒu yí ge gùdìng de ～. He has never had a fixed address.

【住房】zhùfáng（名）housing; lodgings: ～紧张是大城市的普遍问题。～ jǐnzhāng shì dà chéngshì de pǔbiàn wèntí. Housing shortage is a common problem in large cities.

【住户】zhùhù（名）household; resident: 这座楼房盖好了,可以解决七十家～的住房问题。Zhè zuò lóufáng gàihǎo le, kěyǐ jiějué qīshí jiā ～ de zhùfáng wèntí. When the construction of this building is finished, the housing problem for seventy households will be solved.

【住家】zhùjiā（动·不及物）家庭居住（在某处）reside in；(of one's family) live：他在北京西郊～。Tā zài Běijīng xijiāo ～. He lives with his family in the western suburbs of Beijing.（名）（～儿）住户 household；resident：这个村有十几户～。Zhège cūn yǒu shí jǐ hù ～. There are a dozen or so households that live in this village.

【住口】zhù＝kǒu 停止说话(多用于禁止) shut up；stop talking (usu. used in prohibiting sb.)：你给我～！Nǐ gěi wǒ ～! Will you shut up!

【住手】zhù＝shǒu 停止手的动作，停止做某件事 stay one's hand；stop (doing sth.)：李二举起棍子就要打小杨，老高忙喊："～！"Lǐ Èr jǔqǐ gùnzi jiù yào dǎ Xiǎo Yáng, Lǎo Gāo máng hǎn："～!" As Li Er raised a stick and was about to beat Xiao Yang, Lao Gao hastened to yell: "Stop!" /他不～地写了一下午。Tā bú ～ de xiěle yí xiàwǔ. He wrote for a whole afternoon.

【住宿】zhùsù（动·不及物）过夜,多指临时的或不是在家的 stay；put up；get accommodations (usu. for the night or in a place other than one's own home)：你到了苏州,在哪儿～？Nǐ dàole Sūzhōu zài nǎr ～? Where will you stay when you get to Suzhou?/ 中国的大学生多在学校的宿舍～。Zhōngguó de dàxuéshēng duō zài xuéxiào de sùshè ～. Most university students in China stay in school dormitories.

【住所】zhùsuǒ（名）dwelling place；residence：他刚调到北京工作,这是他的临时～。Tā gāng diàodào Běijīng gōngzuò, zhè shì tā de línshí ～. He has just been transferred to Beijing. This is his temporary residence.

【住院】zhù＝yuàn 住进医院(治疗) be in hospital；be hospitalized：他这病得～。Tā zhè bìng děi ～. He has to be hospitalized because of this illness./ ～住久了,心里烦得很。～ zhù jiǔ le, xīnli fán de hěn. One gets extremely fed up after being in hospital for a long time./他住了三天院。Tā zhùle sān tiān yuàn. He was hospitalized for three days.

【住宅】zhùzhái（名）住房(多指旧式的规模较大的) residence；dwelling (usu. refers to a relatively large, old-style residence)：这位艺术家在北京的～很大。Zhè wèi yìshùjiā zài Běijīng de ～ hěn dà. This artist's Beijing residence is huge.

【住址】zhùzhǐ（名）居住的地址(指街道名称及门牌号数或楼号) address (of residence, as in street name, house number, building number, etc.)

贮〔貯〕zhù

（动）储存,积存 store (up)；save：～草 ～ cǎo store straw /～肥 ～ féi store fertilizer /缸里～满了水。Gāng li ～mǎnle shuǐ. The vat is filled with water for storage.

【贮藏】zhùcáng（动）store up；lay in：苹果的方法 ～ píngguǒ de fāngfǎ method of storing apples

【贮存】zhùcún（动）store；keep in storage

注 zhù

（动）(1)◇灌进去 pour：把开水～进瓶内。Bǎ kāishuǐ ～jìn píng nèi. Pour the boiled water into the bottle. /大雨如～。Dàyǔ rú ～. The rain poured down. (2)annotate：这些汉字旁边都～上了音。Zhèxiē Hànzì pángbiān dōu ～shangle yīn. These characters are all marked on the side with phonetic symbols.（名）(1)注释 explanatory note；annotation：正文旁边加了～。Zhèngwén pángbiān jiāle ～. Explanatoy notes have been added beside the text. (2)赌注 stake (in gambling)：下～ xià ～ stake

【注册】zhù＝cè 登记 register：～商标 ～ shāngbiāo registered trademark/ 到楼上～ dào lóu shàng ～ go upstairs to register /已办好了～手续 yǐ bànhǎole ～ shǒuxù have already gone through registration formalities

【注定】zhùdìng（动）(某种客观规律或所谓命运)预先决定 be doomed；be destined：命中～ mìng zhōng ～ decreed by fate/ 灭亡～ mièwáng be doomed to extinction/ 这种不切实际的计划～要失败的。Zhè zhǒng bú qiè shíjì de jìhuà ～ yào shībài de. This kind of impracticable plan is doomed to failure.

【注解】zhùjiě（动）用文字解释字句 annotate；explain with notes：王老师正在～古诗。Wáng lǎoshī zhèngzài ～ gǔshī. Teacher Wang is annotating ancient poetry.（名）解释字句的文字 explanatory note；annotation：这本古代散文选有～吗？Zhè běn gǔdài sǎnwén xuǎn yǒu ～ ma? Are there annotations in this anthology of ancient prose? /请您给李白这两首诗作个～。Qǐng nín gěi Lǐ Bái zhè liǎng shǒu shī zuò ge ～. Please write annotations to these two Li Bai poems.

【注目】zhùmù（动·不及物）把视线集中到一点上 fix one's eyes on：这姑娘服装入时,引人～。Zhè gūniang fúzhuāng rùshí, yǐn rén ～. This girl's clothes are fashionable and draw people's attention.

【注入】zhùrù（动）灌输进去 instil into；inculcate；imbue with：～新思想 ～ xīn sīxiǎng imbue with new thoughts/ ～新鲜血液 ～ xīnxiān xuèyè instil fresh blood into

【注射】zhùshè（动）〈医〉inject：每天～两次。Měi tiān ～ liǎng cì. Inject twice daily.

【注视】zhùshì（动）〈书〉look attentively at；gaze at：目不转睛地～着他 mù bù zhuǎn jīng de ～zhe tā gaze fixedly at him / 他两眼向前方～,不知在看什么。Tā liǎng yǎn xiàng qiánfāng ～, bù zhī zài kàn shénme. He's gazing at something up ahead, but I don't know what.

【注释】zhùshì（动）用简明文字来解释字句 explain with notes；annotate：～古文,是老张的专长。～ gǔwén, shì Lǎo Zhāng de zhuāncháng. Annotating ancient prose is Lao Zhang's speciality. /王老师正在～《楚辞》。Wáng lǎoshī zhèngzài ～《Chǔcí》. Teacher Wang is annotating The Songs of Chu.（名）解释字句的简明文字 explanatory notes；annotations：这本《唐诗选》的～写得怎么样？Zhè běn《Tángshī xuǎn》de ～ xiě de zěnmeyàng? What are the annotations like in this Anthology of Tang Poetry? /那本《宋词选》有～吗？Nà běn《Sòngcíxuǎn》yǒu ～ ma? Does that Anthology of Song Poetry have explanatory notes?

【注销】zhùxiāo（动）cancel；write off：他的营业执照已被～了。Tā de yíngyè zhízhào yǐ bèi ～ le. His business permit has already been cancelled. / 那笔账已～了。Nà bǐ zhàng yǐ ～ le. That account has already been written off. /他退学了,学校已～了他的学籍。Tā tuì xué le, xuéxiào yǐ ～le tā de xuéjí. He has discontinued his schooling and the school has already cancelled his status as a student.

【注意】zhùyì（动）pay attention to；take notice of：～礼貌 ～ lǐmào pay attention to courtesy/ ～遵守纪律 ～ zūnshǒu jìlǜ be sure to observe discipline /～!前边有车!～! qiánbiān yǒu chē! Look out! There's a car up ahead! /说话时～一点儿,别太随便。Shuō huà shí ～ yìdiǎnr, bié tài suíbiàn. Be a little more careful when you speak. Don't be too casual. /我没～报来了没有。Wǒ méi ～ bào láile méiyou. I haven't noticed whether or not the paper has come yet.（名）attention：给予足够的～ jǐyǔ zúgòu de ～ give ample attention (to sth.) /引起了大家的～ yǐnqǐle dàjiā ～ aroused everybody's attention

【注意力】zhùyìlì（名）attention：～不集中 ～ bù jízhōng not concentrate one's attention/ 把～集中到一点上。Bǎ ～ jízhōng dào yì diǎn shang. Concentrate your attention on one point. /窗外的歌声分散了学生的～。Chuāng wài de gē shēng fēnsànle xuéshēng de ～. A singing voice outside the window diverted the students' attention.

【注音】zhù＝yīn phonetic notation：用汉语拼音方案给汉字～。Yòng Hànyǔ Pīnyīn Fāng'àn gěi Hànzì ～. Use the Scheme for the Chinese Phonetic Alphabet to mark Chinese

characters with phonetic symbols.

【注音字母】 zhùyīn zìmǔ 在汉语拼音方案公布以前,用来标注汉字字音的音标。有二十四个声母,十六个韵母。也称"注音符号",如:ㄅ、ㄆ、ㄇ、ㄈ the national phonetic alphabet, in use before the publication of the Scheme for the Chinese Phonetic Alphabet; it is comprised of 24 initial consonants and 16 simple or compound vowels; also called "注音符号". e. g. ㄅ、ㄆ、ㄇ、ㄈ

【注重】 zhùzhòng (动)重视 (事物) lay stress on; attach importance to:王老师特别～发音的练习。Wáng lǎoshī tèbié ～ fā yīn de liànxí. Teacher Wang lays particular stress on pronunciation drills. / 李主任～在实践中培养年轻干部。Lǐ zhǔrèn ～ zài shíjiàn zhōng péiyǎng niánqīng gànbù. Director Li lays stress on training young cadres through practice.

驻 〔駐〕zhù
(动) 停留,驻扎 be stationed:中国～美大使 Zhōngguó ～ Měi dàshǐ Chinese ambassador in the U. S. / 江苏～京办事处 Jiāngsū ～ Jīng bànshìchù Jiangsu office in Beijing/部队～在山上。Bùduì ～ zài shān shang. The troops are stationed in the mountains.

【驻地】 zhùdì (名) place where troops etc. are stationed:二连的～在山沟里。Èrlián de ～ zài shāngōu li. The second company's encampment is in a gully. / 气象站的～在哪儿? Qìxiàngzhàn de ～ zài nǎr? Where is the meteorological station situated?

【驻防】 zhùfáng (动) be on garrison duty; garrison:这支军队一直在海南岛～。Zhè zhī jūnduì yìzhí zài Hǎinándǎo ～. This military contingent has always been on garrison duty on Hainan Island.

【驻军】 zhùjūn (名) garrison:这里的～是哪个部队的? zhèli de ～ shì nǎge bùduì de? From what unit is the garrison here?

【驻守】 zhùshǒu (动) garrison; defend:他所在的部队一直～在边境线上。Tā suǒ zài de bùduì yìzhí ～ zài biānjìngxiàn shang. His unit has been defending the border line all along.

【驻扎】 zhùzhā (动) (of troops) be stationed; be quartered:你们连队进藏后～在哪儿? Nǐmen liánduì jìn Zàng hòu ～ zài nǎr? Where was your company stationed after it went into Tibet?

柱 zhù
(名) ◇ post; pillar; column

【柱石】 zhùshí (名)柱子下面的基石,也指柱子。比喻担负重任的人 foundation stone; cornerstone; also used figuratively as mainstay

【柱子】 zhùzi (名) [根 gēn] post; pillar:大殿的～都是楠木的。Dàdiàn de ～ dōu shì nánmù de. All the pillars in the audience hall are made of nanmu.

祝 zhù
(动) express good wishes; wish:～ 您健康! ～ nín jiànkāng! I wish you the best of health! /～ 你新年快乐! ～ nǐ xīnnián kuàilè! Happy New Year!

【祝词】 zhùcí (名) [篇 piān] congratulatory speech

【祝福】 zhùfú (动) blessing:请接受我的～。Qǐng jiēshòu wǒ de ～. Please accept my blessings.

【祝贺】 zhùhè (动) congratulate:～新年 ～ xīnnián extend New Year's greetings /～工程胜利完工! ～ gōngchéng shènglì wán gōng. Congratulations on the successful completion of your project! (名) congratulations; greetings:向你表示衷心的～。Xiàng nǐ biǎoshì zhōngxīn de ～. Let me extend my cordial greetings to you. / 致以热烈的～ zhì yǐ

rèliè de ～ extend warm congratulations

【祝捷】 zhùjié (动·不及物) 庆祝胜利 celebrate a victory

【祝酒】 zhù=jiǔ drink a toast; toast

【祝寿】 zhù=shòu congratulate (an elderly person) on his or her birthday:今天几个孩子都回到家里来给父亲～。Jīntiān jǐ ge háizi dōu huídào jiā li lái gěi fùqin ～. All the children returned home today to congratulate their father on his birthday.

【祝愿】 zhùyuàn (动) 〈书〉 wish:～ 幸福、美满! ～ xìngfú、měimǎn! I wish you much happiness!/ ～ 早日康复! ～ zǎorì kāngfù! Get well soon! /～ 我们两国人民友谊长存! ～ wǒmen liǎng guó rénmín yǒuyì cháng cún! We wish the peoples of our two countries an everlasting friendship! (名) wish:请接受我良好的～。Qǐng jiēshòu wǒ liánghǎo de ～. Please accept my best wishes. / 致以衷心的 ～ zhì yǐ zhōngxīn de ～ with wholehearted wishes

著 zhù
(动) 写作 write (book):～ 书～ shū write books /这本书是他们两个人合～的。Zhè běn shū shì tāmen liǎng ge rén hé ～ de. This book was coauthored by those two.

【著称】 zhùchēng (动·不及物) 〈书〉 be celebrated:～于世～ yú shì be celebrated/ 苏州以园林～。Sūzhōu yǐ yuánlín ～. Suzhou is celebrated for its gardens.

【著名】 zhùmíng (形) famous; celebrated; well-known:～演员 ～ yǎnyuán a famous actor /～ 的医生 ～ de yīshēng a well-known physician /～ 的风光 ～ de fēngjǐng famous scenery/ 北京烤鸭很～。Běijīng kǎoyā hěn ～. Beijing roast duck is very famous. /北京的园林以颐和园为最～。Běijīng de yuánlín yǐ Yíhéyuán wéi zuì ～. The Summer Palace is the most celebrated of Beijing's parks.

【著述】 zhùshù (动)编纂、著作 write; compile:他一生不停地～。Tā yìshēng bùtíng de ～. He has been writing all his life. (名)著作和编纂的成品 book; writings:这位工程师～很多。Zhè wèi gōngchéngshī ～ hěn duō. This engineer has done a lot of writings.

蛀 zhù
(动)(of moths, etc.) eat; bore through:毛衣被虫～了。Máoyī bèi chóng ～ le. The sweater is moth-eaten.

【蛀虫】 zhùchóng (名) insect that eats books, clothes or wood; bookworm; moth; termite

铸 〔鑄〕zhù
(动) casting; founding:大钟寺的钟是用铜～成的。Dàzhōng Sì de zhōng shì yòng tóng ～chéng de. The bell in Bell Temple is cast out of bronze.

【铸工】 zhùgōng (名) (1) foundry work (2) foundry worker; founder

【铸件】 zhùjiàn (名) casting

【铸铁】 zhùtiě (名) cast inon

【铸造】 zhùzào (动) cast; found:～机器零件 ～ jīqì língjiàn cast spare parts for machinery /～厂 ～ chǎng foundry /～车间 ～ chējiān foundry shop

【铸字】 zhùzì (动)=zì typecasting; typefounding

筑 〔築〕zhù
(动) build; construct:～路 ～ lù construct a road /～起堤坝 ～qǐ dībà build dykes and dams

zhuā

抓 zhuā
(动)(1) grab; seize:～一把土 ～ yì bǎ tǔ grab a fistful of dirt/ 一把～住了他 yì bǎ ～zhùle tā put one's

hand and grabbed him. / ～ 起书包就往外走。~qi shūbāo jiù wǎng wài zǒu. *He snatched up his satchel and made for the door.* (2)捕捉 *arrest*；*catch*：～老鼠 lǎoshǔ *catch mice* /～流氓 ～ liúmáng *arrest hooligans* (3) 搔 *scratch*：～痒痒 ～ yǎngyang *scratch an itch* /他手被蚊子咬了，～破后感染了。Tā shǒu bèi wénzi yǎo le, ～pò hòu gǎnrǎn le. *His hand was bitten by a mosquito and he scratched it until the skin broke and was infected.* (4)特别重视,紧紧掌握 *stress*；*pay special attention to*：目前要 ～ 经济体制改革。Mùqián yào ～ jīngjì tǐzhì gǎigé. *We must at present pay special attention to the reform of the economic system.* / ～住工作的重点 ~zhù gōngzuò de zhòngdiǎn *stress the essentials of work* /这个工作必须有人。Zhège gōngzuò bìxū yǒu rén ～. *There must be somebody to take charge of this work.* (5)"抓住"有吸引的意思 *"抓住" means to grip sb.'s attention*：这个电影情节曲折、动人,紧紧～住了观众的心。Zhège diànyǐng qíngjié qūzhé, dòngrén, jǐnjǐn ～zhùle guānzhòng de xīn. *This film's plot was complicated, moving and gripped the audience's attention.* (6) 负责,管理 *be responsible for*；*take charge of*：他分工～教学。Tā fēn gōng ～ jiàoxué. *He was made responsible for teaching.* /王主任是～生产的。Wáng zhǔrèn shì ～ shēngchǎn de. *Director Wang is in charge of production.*

【抓辫子】zhuā biànzi 抓住一个人的错误或缺点作为整他的材料 *seize on sb.'s mistake or shortcoming*；*capitalize on sb.'s error or shortcoming*：～是一种恶劣的领导作风。～shì yì zhǒng èliè de lǐngdǎo zuòfēng. *Capitalizing on somebody's shortcoming is abominable behaviour for a leader.*

【抓耳挠腮】zhuā ěr náo sāi 形容焦急的样子 *tweak one's ears and scratch one's cheeks (as a sign of anxiety)*；*scratch one's head*：急得他～,不知如何是好。Jí de tā ～, bù zhī rúhé shì hǎo. *He scratched his head in anxiety and didn't know what to do.*

【抓紧】zhuā // jǐn 紧紧把握住不放松 *firmly grasp*：～时间 ～ shíjiān *make the best use of one's time* /～生产 ～ shēngchǎn *get a firm grasp on production*/ 他～一切机会练习说汉语。Tā ～ yíqiè jīhuì liànxí shuō Hànyǔ. *He seized every opportunity to practise his Chinese.* / 任务能不能按时完成,就看你抓得紧抓不紧了。Rènwù néng bu néng ànshí wánchéng, jiù kàn nǐ zhuā de jǐn zhuā bu jǐn le. *Whether or not you can complete the task on time depends on whether or not you can get a good grip on it.*

【抓瞎】zhuā=xiā〈口〉临时忙乱着急 *find oneself at a loss*；*be thrown off balance*：你要早点儿准备,别到快考试的时候～。Nǐ yào zǎo diǎnr zhǔnbèi, bié dào kuài kǎoshì de shíhou ～. *You must prepare before hand. Don't get yourself in a rush and muddle right before exam time.* /一下子来了好几个客人,怎么给准备饭呢,我可抓了瞎了。Yíxiàzi láile hǎo jǐ gè kèrén, zěnme gěi zhǔnbèi fàn ne, wǒ kě zhuāle xiā le. *Several guests suddenly all showed up at once and I was at a loss as to how to prepare enough food.*

zhuǎ

爪 zhuǎ
（名）*claw*

【爪子】zhuǎzi（名）〈口〉动物的有尖甲的脚 *clawed foot of an animal*：鸡～ jī ～ *chicken's claw*/ 猫～ māo ～ *cat's paw*

zhuài

拽 zhuài
（动）〈口〉拉 *pull*；*drag*：朝里～,别朝外推。Cháo lǐ ～,

bié cháo wài tuī. *Pull in, don't push outward.* /她～住我的衣服不松手。Tā ～zhu wǒ de yīfu bù sōng shǒu. *She caught hold of my jacket and wouldn't let go.*

zhuān

专 〔專〕zhuān
（形）(1)集中 *concentrated*：他学习的时候心老不～。Tā xuéxí de shíhou xīn lǎo bù ～. *He doesn't concentrate when he studies.* / 他这人爱情不～. Tā zhè rén àiqíng bù ～. *He isn't constant in love.* (2)单一 *sole*；*single*：我是～为看你来的。Wǒ shì ～ wèi kàn nǐ lái de. *I came solely for the purpose of seeing you.* / 别的不看,我～看这本。Biédé bú kàn, wǒ ～ kàn zhè běnr. *I don't read other books, only this one.*（名）专长 *speciality*；*special skill or knowledge*：他们各有所～. Tāmen gè yǒu suǒ ～. *They each have their own speciality.*（副）(1)表示动作、行为的目的集中在某一事上 *focussed on one thing*；*specially*：这个工厂是～为残疾人就业开办的。Zhège gōngchǎng shì ～ wèi cánjírén jiùyè kāibàn de. *This factory was started up specially for employing handicapped people.* / 林大夫是～看心脏病的。Lín dàifu shì ～ kàn xīnzàngbìng de. *Doctor Lin specialises in treating heart patients.* /我当然不会先走了,～等着你来一起走。Wǒ dāngrán bú huì xiān zǒu le, ～ děngzhe nǐ lái yìqǐ zǒu. *Of course I wouldn't go ahead. I've made a point of waiting to go together with you.* (2)"只""单单"的意思（has the same meaning as "只" or "单单"）：他～吃面食,不吃米饭。Tā ～ chī miànshí, bù chī mǐfàn. *He only eats wheaten food, not rice.* / 我～喜欢一个人去散步。Wǒ ～ xǐhuan yí ge rén qù sàn bù. *I only like taking strolls by myself.* / 搞研究工作,～靠聪明是不能出成果的。Gǎo yánjiū gōngzuò, ～ kào cōngming shì bù néng chū chéngguǒ de. *If one depended solely on cleverness to do research work, one couldn't possibly achieve anything.*

【专案】zhuān'àn（名）需要专门处理的事件 *special case for investigation*：这个事件已经立了～. Zhège shìjiàn yǐjīng lìle ～. *This incident has already been made into a special case for investigation.* /有关部门正在对那个案件进行～调查。Yǒuguān bùmén zhèngzài duì nàge ànjiàn jìnxíng ～ diàochá. *The department concerned is investigating that case.*

【专长】zhuāncháng（名）*speciality*；*special skill or knowledge*：每个人都有发挥自己～的机会。Měi ge rén dōu yǒu fāhuī zìjǐ ～ de jīhuì. *Everybody has an opportunity to give full play to his or her professional skill or knowledge.*

【专场】zhuānchǎng（名）(1)专为某人或某一部分人演出的一场 *show intended for a limited audience*：下午有为小学生演的～. Xiàwǔ yǒu wèi xiǎoxuéshēng yǎn de ～. *There's a performance for primary school pupils this afternoon.* (2)一场里专演出一种类型的若干节目 *special performance*：相声～ xiàngsheng ～ *a special performance of comic dialogues*

【专车】zhuānchē（名）*special train, car or bus*

【专诚】zhuānchéng（副）特地 *specially*；*for a particular purpose*：看望各位代表～ kànwàng gè wèi dàibiǎo pay a special visit to every representative

【专程】zhuānchéng（副）专为某事（去某地）（make a trip somewhere）*spcially for*：记者这次是～来采访你的。Jìzhě zhè cì shì ～ lái cǎifǎng nǐ de. *Reporters have come specially to interview you.* /为了看望母亲,他～来到南方。Wèile kànwàng mǔqin, tā ～ láidào nánfāng. *He has made a special trip to the South to see his mother.* /她到千里之外去～学习技术。Tā dào qiān lǐ zhī wài qù ～ xuéxí jìshù. *She made a special trip to a faraway place just to study technol-*

ogy.

【专断】 zhuānduàn（形）不与有关人商量，由自己单独作出决定 inclined to make an arbitrary decision（without consulting those concerned）

【专攻】 zhuāngōng（动）专门学习、研究（一门科学或一种学科）specialize in（a particular field of science, studies, etc.）：近年他～音韵学。Jìnnián tā ～ yīnyùnxué. He has been specializing in phonology during the past few years.

【专横跋扈】 zhuānhèng báhù 强横霸道，为所欲为，蛮不讲理 domineering and despotic; be impervious to reason and have one's own way：他这种～的作风不改怎么行？Tā zhè zhǒng ～ de zuòfēng bù gǎi zěnme xíng? If he doesn't change this domineering and despotic style of his, how can he be tolerated?

【专机】 zhuānjī（名）special plane

【专家】 zhuānjiā（名）expert; specialist

【专刊】 zhuānkān（名）(1) special issue or column (2) monograph

【专科】 zhuānkē（名）(1)专门科目 special study; specialty; major：～大夫 ～ dàifu（medical）specialist (2)专科学校 training school：他是～毕业。Tā shì ～ bì yè. He graduted from a training school.

【专科学校】 zhuānkē xuéxiào 高等学校的一种。招收高中毕业生，实施专业教育，年限比大学稍短 college for professional training; training school

【专栏】 zhuānlán（名）special column；～作家 ～ zuòjiā columnist/ 这篇散文登在人民日报文艺～里。Zhè piān sānwén dēng zài Rénmín Rìbào wényì ～ lǐ. This piece of prose was published in the special column for literature and art in The People's Daily.

【专利】 zhuānlì（名）patent：申请～ shēnqǐng ～ apply for a patent /获得～权 huòdé ～ quán obtain a patent right

【专门】 zhuānmén（名·非谓）(1)单一（从事某种工作的）specialized（in a particular field）：培养京剧～人才的学校 péiyǎng jīngjù ～ réncái de xuéxiào school specialized in training talent for Beijing opera /治疗心血管疾病的医院 ～ zhìliáo xīnxuèguǎn jíbìng de yīyuàn hospital specialized in treating cardio-vascular diseases /写了不少关于教育心理的～著作 xiěle bù shǎo guānyú jiàoyù xīnlǐ de ～ zhùzuò He wrote quite a few specialized books on educational psychology.（2）特地 special：他是～来找你的。Tā shì ～ lái zhǎo nǐ de. He specially came to see you. / 这菜是～为你做的。Zhè cài shì ～ wèi nǐ zuò de. This dish was specially cooked for you.

【专名】 zhuānmíng（名）（语）指人名、地名、机关团体名称之类 proper noun（or name）

【专区】 zhuānqū（名）中国省、自治区根据需要设立的行政区域 prefecture; subprovincial administrative region（in China）

【专权】 zhuānquán（动）独揽大权 monopolize power：这个单位是副主任～。Zhège dānwèi shì fù zhǔrèn ～. It is the vice director who monopolizes the power in this unit.

【专人】 zhuānrén（名）(1)专门负责某项工作的人 person responsible for a job：这项工作，得有～负责。Zhè xiàng gōngzuò, děi yǒu ～ fùzé. Somebody must be put in charge of this job. (2)临时被派遣专办某件事的人 person specially sent to perform a task（temporarily）：那个文件我们派～去取。Nàge wénjiàn wǒmen pài ～ qù qǔ. We sent a special messenger to go and fetch that document. /已经有～到上海去调查了。Yǐjīng yǒu ～ dào Shànghǎi qù diàochá le. Someone has already been specially sent to Shanghai to investigate.

【专题】 zhuāntí（名）专门研究或讨论的题目 special subject; special topic：莎士比亚喜剧的～报告 Shāshìbǐyà xǐjù de ～ bàogào report on Shakespearean comedy /小组进行～讨论 Xiǎozǔ jìnxíng ～ tǎolùn. The group is holding a seminar. / 他研究的～是什么？Tā yánjiū de ～ shì shénme? What special topic is he researching?

【专线】 zhuānxiàn（名）(1)大的厂矿自用的铁路线 special railway line（privately used by large factories and mines）(2)电话局为重要机关或领导人设置的专用电话线 special telephone line; line for special use

【专心】 zhuānxīn（形）be absorbed in：～学习 ～ xuéxí be absorbed in one's studies /～看书 ～ kàn shū be absorbed in a book/ 他做事很～。Tā zuò shì hěn ～. He does things with undivided attention. /他学习时不～，白白浪费时间。Tā xuéxí shí bù ～, báibái làngfèi shíjiān. He doesn't concentrate when he studies, but just wastes time.

【专心致志】 zhuānxīn zhì zhì 一心一意，聚精会神 wholly absorbed in; with single-hearted devotion

【专修】 zhuānxiū（动）集中学习某种课业 specialize in：这几个教员办了一个日语口语～班。Zhè jǐ ge jiàoyuán bànle yī ge Rìyǔ kǒuyǔ ～ bān. These teachers ran a special class in spoken Japanese.

【专修科】 zhuānxiūkē（名）大学中附设的实施短期专业教育的班级 special course（in university）

【专业】 zhuānyè（名）special field of study; speciality

【专业户】 zhuānyèhù（名）从事某种专业性生产，产品数量较大，商品率较高，其收入为家庭总收入的主要部分的人家 a family that runs a special business such as a chicken farm that sells eggs or poultry, a vegetable garden that sells vegetables etc.; specialized household

【专一】 zhuānyī（形）专心一意，多作谓语 single-minded; concentrated（usu. used as a predicate）：爱情～ àiqíng ～ be constant in love/ 心思～ xīnsi ～ with concentrated attention

【专用】 zhuānyòng（动）use for a special purpose：～电话 ～ diànhuà telephone for special use/ 专款～ zhuānkuǎn ～ earmark a fund for its specified purpose only /这部电梯是病人～。Zhè bù diàntī shì bìngrén ～. This elevator is for special use of patients.

【专员】 zhuānyuán（名）attaché; person specially assigned to a job

【专政】 zhuānzhèng（动·不及物）dictatorship：～对象 ～ duìxiàng object of dictatorship/ 对反动分子～ duì fǎndòng fènzǐ ～ suppress reactionary elements/ 人民民主～ rénmín mínzhǔ ～ people's democratic dictatorship

【专职】 zhuānzhí（名）由专人担任的职务，多作定语 specific duty（usu. used as an attributive）：会计工作必须有个～会计负责，你没时间兼管。Kuàijì gōngzuò bìxū yǒu ge ～ kuàijì fùzé, nǐ méi shíjiān jiān guǎn. There must be a full-time accountant in charge of the accounting work. You don't have time to double as the accountant.

【专指】 zhuānzhǐ（动）意思上专门属于或专门指向 refer to; focus on; specify：我们一般说"喝奶"，"奶"一般～牛奶。Wǒmen yībān shuō "hē nǎi", "nǎi" yībān ～ niúnǎi. When we talk about drinking "milk", the "milk" usually refers to cow's milk. / 他的批评显然是～我说的。Tā de pīpíng xiǎnrán shì ～ wǒ shuō de. His criticism has clearly aimed at me. /在"狮子是肉食动物"中，"狮子"是泛指的，而"笼子里那只狮子"中，"狮子"是～的。Zài "shīzi shì ròushí dòngwù" zhōng, "shīzi" shì fànzhǐ de, ér "lóngzi lǐ nà zhī shīzi"zhōng, "shīzi"shì ～ de. In the sentence, "The lion is a carnivore" the "lion" is a general term. But in the phrase, "that lion in the cage", the lion is a specific term.

【专制】 zhuānzhì（名）autocracy：封建 ～ fēngjiàn ～ feudal autocracy /君主～ jūnzhǔ ～ autocratic monarchy /～政体 ～ zhèngtǐ autocracy（形）autocratic; despotic：～作风 zuòfēng despotic style/ 实行～统治 shíxíng ～ tǒngzhì practise autocratic rule /这人太～了。Zhè rén tài ～ le. This person is too despotic.（动）tyrannize

【专注】zhuānzhù（动·不及物）〈书〉注意力集中 concentrate one's attention on；be absorbed in：心神～ xīnshén～ concentrate one's mind on /精神～ jīngshén ～ concentrate one's attention on

【专著】zhuānzhù（名）对某方面进行研究论述的专门著作 monograph；treatise：他的这本～是五年前出版的。Tā de zhè běn ～ shì wǔ nián qián chūbǎn de. This treatise of his was published five years ago.

砖〔磚〕zhuān

（名）[块 kuài] brick：这村子的土房全改建成～瓦房了。Zhè cūnzi de tǔfáng quán gǎijiàn chéng ～ wǎ fáng le. All the earthen homes in this village were rebuilt into brick houses.

【砖茶】zhuānchá（名）压紧后形状像砖的茶叶块儿，也叫"茶砖" brick tea；also called "茶砖"

【砖头】zhuāntóu（名）[块 kuài] 碎砖 fragment of a brick

【砖窑】zhuānyáo（名）brickkiln

zhuǎn

转〔轉〕zhuǎn

（动）(1) 改换方向、位置、形势等 turn；shift；change：～过脸来 ～ guò liǎn lái turn one's face this way /向后～ xiàng hòu ～ make an about face/气候～凉 qìhòu ～ liáng the climate has turned cool /阴～雨 yīn ～ yǔ change from cloudy to rain /形势～向对我们有利的方面。Xíngshì ～ xiàng duì wǒmen yǒu lì de fāngmiàn. The situation has shifted to our advantage. (2) 非直接地交送 pass on；transfer：他让我把这个通知～给我哥哥。Tā ràng wǒ bǎ zhège tōngzhī ～ gěi wǒ gēge. He asked me to pass this notice on to my older brother. /他搬家了，这封信得～一下。Tā bān jiā le, zhè fēng xìn děi ～ yíxià. He has moved, so this letter must be forwarded to him. /你把他的信都～寄到这个地方去。Nǐ bǎ tā de xìn dōu ～ jì dào zhège dìfang qu. Forward all his letters to this place. 另见 zhuàn

【转变】zhuǎnbiàn（动）（由一种情况）变为（另一种情况），一般不用于由好往坏变 change；transform（usu. not used when sth. takes a turn for the worse）：～立场 ～ lìchǎng change one's stand / 小明的思想～了，认为不一定非上大学不可。Xiǎo Míng de sīxiǎng ～ le, rènwéi bù yídìng fēi shàng dàxué bùkě. Xiao Ming has changed his way of thinking and no longer believes that he has to go to university. / 他的态度～得很快。Tā de tàidù ～ de hěn kuài. His attitude has changed very quickly. / 风向突然～，船行驶非常困难。Fēngxiàng túrán ～, chuán xíngshǐ fēicháng kùnnan. The wind suddenly changed direction and it was extremely difficult for the boat to sail.（名）change；transformation：世界观来一个彻底的～。Shìjièguān lái yí ge chèdǐ de ～. His world outlook has undergone a thorough transformation. /父亲不反对这门婚事了，这是一个很大的～。Fùqin bù fǎnduì zhè mén hūnshì le, zhè shì yí ge hěn dà de ～. Father doesn't oppose this marriage. That's a big change.

【转播】zhuǎnbō（动）relay（a radio or TV broadcast）：北京电视台～中央电视台的节目。Běijīng diànshìtái ～ zhōngyāng diànshìtái de jiémù. The Beijing TV Station relays programmes from the Central TV Station.

【转产】zhuǎnchǎn（动）工厂停止生产原来的产品而改生产其他产品（of a factory）switch over（to another product）：有些兵工厂～民用电器。Yǒu xiē bīng gōngchǎng ～ mínyòng diànqì. Some munitions factories have switched over to producing electrical equipment for civil use.

【转车】zhuǎn ＝ chē 中途换车 transfer to another train or bus：到广州有直达车，不需要～。Dào Guǎngzhōu yǒu zhídá chē, bù xūyào ～. There's a direct train to Guangzhou so you don't need to transfer.

【转达】zhuǎndá（动）pass on；convey；communicate：放心吧，一定把你的意思～给王老师。Fàng xīn ba, yídìng bǎ nǐ de yìsi ～ gěi Wáng lǎoshī. Don't worry, I'll pass on your message to Teacher Wang.

【转动】zhuǎndòng（动）turn；move；turn round：他～了一下身子，把脸朝向大家。Tā ～ le yíxià shēnzi, bǎ liǎn cháo xiàng dàjiā. He turned around and faced everybody.

【转发】zhuǎnfā（动）把收到的公文信件等批示后下发给各有关部门 transmit（documents, letters, etc. to departments concerned）

【转告】zhuǎngào（动）代替别人告诉（某人某事）pass on（word）；communicate；transmit：请～刘先生，明天下午两点开全校师生大会。Qǐng ～ Liú xiānsheng, míngtiān xiàwǔ liǎng diǎn kāi quán xiào shī shēng dàhuì. Please pass on to Mr Liu that there's meeting at 2 :00 p.m. tomorrow for all teachers and students in the school.

【转化】zhuǎnhuà(动)〈哲〉指事物矛盾的双方在一定条件下各向其相反的方面变化；也指主要矛盾和次要矛盾以及对抗性矛盾和非对抗性矛盾的变化 change；transform：抗日战争爆发以前，中国的主要矛盾是阶级矛盾，抗日战争爆发以后，主要矛盾～为民族矛盾。Kàng Rì Zhànzhēng bàofā yǐqián, Zhōngguó de zhǔyào máodùn shì jiējí máodùn, Kàng Rì Zhànzhēng bàofā yǐhòu, zhǔyào máodùn ～ wéi mínzú máodùn. The main contradictions in China before the War of Resistance Against Japan broke out were class contradictions. Once the War of Resistance Against Japan erupted, the main contradicions changed into those between nationalities.

【转换】zhuǎnhuàn（动）改变、改换（方向、形式、话题等）transform；change（direction, shape, the topic of conversation, etc.）：服装从大批量单调的生产～成小批量多品种生产。Fúzhuāng cóng dà pīliàng dāndiào de shēngchǎn ～ chéng xiǎo pīliàng duō pǐnzhǒng shēngchǎn. The production of clothing has changed from plain, large-scale production to the production of many varieties on a small scale.

【转机】zhuǎnjī（名）好转的可能 a turn for the better：他的病有了～。Tā de bìng yǒule ～. His illness is improving. / 这是一个～，从此我们工厂将扭亏为盈了。Zhè shì yí ge ～, cóngcǐ wǒmen gōngchǎng jiāng niǔ kuī wéi yíng le. This is a turn for the better. From now on our factory can turn deficits into surpluses.

【转嫁】zhuǎnjià（动）把自己应承受的负担、损失、罪名等加在别人身上 transfer；shift（one's responsibilities, losses, accusation, etc. onto sb. else）：不能把你们厂的损失～到消费者身上。Bù néng bǎ nǐmen chǎng de sǔnshī ～ dào xiāofèizhě shēnshang. You cannot shift your factory's losses to the shoulders of consumers.

【转交】zhuǎnjiāo（动）pass on；transmit：这封信请～王老师。Zhè fēng xìn qǐng ～ Wáng lǎoshī. Please pass this letter on to Teacher Wang. / 这书是老张让我～给你的。Zhè shū shì Lǎo Zhāng ràng wǒ ～ gěi nǐ de. Lao Zhang asked me to pass this book on to you.

【转卖】zhuǎnmài（动）把买进的东西再卖给别人 resell（what one has bought）：他把刚买来的彩色电视机～给他的一个朋友。Tā bǎ gāng mǎilai de cǎisè diànshìjī ～ gěi tā de yí ge péngyou. He resold the colour TV set he just bought to a friend of him.

【转年】zhuǎn ＝ nián 下一年 the coming year；next year：～，咱们的日子可能会好过些。～, zánmen de rìzi kěnéng huì hǎoguò xie. Our life may improve a little in the coming year.

【转念】zhuǎnniàn（动·不及物）再一想（多指改变主意）reconsider and give up an idea；think better of：他原想提出自

己的建议,后来一~,觉得还是慎重点儿好,就没说话。Tā yuán xiǎng tíchū zìjǐ de jiànyì, lòulái yì ~, juéde háishi shènzhòng diǎnr hǎo, jiù méi shuō huà. *He had originally thought of making a suggestion of his own but thought better of it as he felt that it would be best to be a bit prudent.*

【转让】zhuǎnràng（动）*transfer the possession of; transfer one's right in sth.*：他把这本很难买到的词典~给我了。Tā bǎ zhè běn hěn nán mǎidào de cídiǎn ~ gěi wǒ le. *He sold this hard-to-buy dictionary to me.* / 土地使用权可以~。Tǔdì shǐyòngquán kěyǐ~. *The right to use land is transferable.*

【转入】zhuǎnrù（动）(1)变成,改成 *switch to; turn into*：由游击战~阵地战。Yóu yóujīzhàn ~ zhèndìzhàn. *Switch from guerrilla warfare to positional warfare.* / 由新民主主义阶段~社会主义阶段。Yóu xīn mínzhǔzhǔyì jiēduàn ~ shèhuìzhǔyì jiēduàn. *turn the phase of new democracy into one of socialism* (2)转移到 *shift to*：由于反动政府宣布共产党为非法的,他们的活动已~地下。Yóuyú fǎndòng zhèngfǔ xuānbù gòngchǎndǎng wéi fēifǎ de, tāmen de huódòng yǐ ~ dìxià. *Their activities went underground because the reactionary government declared the Communist Party to be illegal.*

【转身】zhuǎn=shēn 扭转身子,改变方向 *(of a person) turn round*：他一听这话,~就走。Tā yì tīng zhè huà, ~ jiù zǒu. *As soon as he heard these words, he turned round and left.* / 请你转过身来看看。Qǐng nǐ zhuǎn guò shēn lai kànkan. *Please turn round and have a look at this.*

【转手】zhuǎn=shǒu 从一方取得或买得东西交给或卖给另一方 *pass on what one has got; sell what one has bought*：你就直接给他送去吧,没有必要转两次手。Nǐ jiù zhíjiē gěi tā sòngqu ba, méi yǒu bìyào zhuǎn liǎng cì shǒu. *Give it directly to him. There's no need for it to be passed on twice.* / 这批货你可买着了,~能卖很多钱。Zhè pī huò nǐ kě mǎizháo le, ~ néng mài hěn duō qián. *You've done right in buying this shipment of goods. If you can resell it, you'll make a lot of money.*

【转述】zhuǎnshù（动）*report; relate sth. as told by another; retell*：老师让学生~他刚才讲的故事。Lǎoshī ràng xuésheng ~ tā gāngcái jiǎng de gùshi. *The teacher asked the students to relate the story he just told.*

【转瞬之间】zhuǎnshùn zhī jiān 一转眼的时间,形容时间很短 *in the twinkling of an eye; in a flash*：~,我来北京已经一个多月了。~, wǒ lái Běijīng yǐjīng yí ge duō yuè le. *In the twinkling of an eye, more than a month has passed since I came to Beijing.* / 他一~就把信写好了。Tā yí ~ jiù bǎ xìn xiěhǎo le. *He finished writing the letter in a flash.*

【转送】zhuǎnsòng（动）(1)转交 *pass on; transmit*：请把此件~县政府。Qǐng bǎ cǐ jiàn ~ xiàn zhèngfǔ. *Please transmit this document to the county government.* (2)把自己收到的礼物送给别人 *make a present of what one has been given*：你送我的那个三彩马,我可舍不得~给别人。Nǐ sòng wǒ de nàge sāncǎimǎ, wǒ kě shě bu de ~ gěi biéren. *I'd hate to give to someone else the tri-coloured pottery horse you gave me.*

【转托】zhuǎntuō（动）把别人托自己办的事再托给另外的人（办）*ask sb. else to do what is asked of one*：你想买摩托车的事,我已~别人办理。Nǐ xiǎng mǎi mótuōchē de shì, wǒ yǐ ~ biéren bànlì. *I've already asked someone else to handle your matter concerning the buying of a motorcycle.*

【转弯】zhuǎn=wān（~儿）turn a corner; make a turn：向左~儿/电影院很近,~一~儿就到了。Diànyǐngyuàn hěn jìn, yì ~r jiù dào le. *The cinema is very close. It's just around the corner.* / 他性格直爽,说话从来不会~儿。Tā xìnggé zhíshuǎng, shuō huà cónglái bú huì ~r. *He has a forthright character and never minces his*

words. / 他思想还没转过弯儿来,让他好好想想再说。Tā sīxiǎng hái méi zhuǎn guò wānr lai, ràng tā hǎohāor xiǎngxiang zài shuō. *He still hasn't come round. Let him think it over very carefully and then we'll see.*

【转弯抹角】zhuǎn wān mò jiǎo 形容道路曲折或走弯弯曲曲的路;也用来比喻说话、做事不直截了当 *full of twists and turns; beat around the bush; speak or do sth. in a roundabout way*：这路怎么这么~的! Zhè lù zěnme zhème ~ de! *Why is this road so full of twists and turns!* / 你家可真难找,~走了半天才找到。Nǐ jiā kě zhēn nán zhǎo, ~ zǒule bàntiān cái zhǎodào. *Your home is really hard to find. I walked around and around for a long time before I finally found it.* / 你有话就直说,别这么~的。Nǐ yǒu huà jiù zhí shuō, bié zhème ~ de. *If you have something to say, out with it. Don't beat around the bush like this.* / 他~托人复制了一盘那个电影的录像带。Tā~tuō rén fùzhìle yì pán nàge diànyǐng de lùxiàngdài. *He went in a roundabout way to ask somebody to make a copy of that movie's video-cassette.*

【转危为安】zhuǎn wēi wéi ān（局势、病情等）由危急转为平安 *(of a situation, the condition of an illness, etc.) take a turn for the better and be out of danger; pull through a crisis; turn danger into safety*：敌人的进攻被打退了,根据地~。Dírén de jìngōng bèi dǎtuì le, gēnjùdì ~. *The enemy's attack has been repulsed and the base has now been pulled out of danger.* / 妈妈的病~,大家都松了一口气。Māma de bìng ~, dàjiā dōu sōngle yì kǒu qì. *Mom's condition took a turn for the better and she was out of danger so we all heaved a sigh of relief.*

【转学】zhuǎn=xué（学生）从一个学校转到另一个学校学习 *(of a student) transfer to another school*：到北京以后,我转了好几次学。Dào Běijīng yǐhòu, wǒ zhuǎnle hǎo jǐ cì xué. *After coming to Beijing, I transferred schools several times.* / 前不久,我~到十九中了。Qián bùjiǔ, wǒ ~ dào Shíjiǔzhōng le. *I transferred to Middle School No. 19 not long ago.*

【转眼】zhuǎnyǎn（副）一刹那 *in the twinkling of an eye; in an instant; in a flash*：时间过得太快了,~新年又到了。Shíjiān guò de tài kuài le, ~ xīnnián yòu dào le. *Time passes too quickly. In the twinkling of an eye, New Year has arrived once again.* / 我刚才把书放在桌上,怎么~就不见了? Wǒ gāngcái bǎ shū fàng zài zhuō shang, zěnme ~ jiù bújiàn le? *I just put the book on the desk. How could it have disappeared so quickly?* 常说"一转眼""转眼间"或"转眼之间"（"一转眼", "转眼间"and "转眼之间"are often said）：时间过得真快,~一个学期过去了。Shíjiān guò de zhēn kuài, yì ~, yí ge xuéqī guòqu le. *Time really flies. Before you know it, a semester has gone by.* / 汽车开得很快,~间就到达目的地。Qìchē kāi de hěn kuài, ~ jiān jiù dàodá mùdìdì. *The car sped along and reached its destination in a flash.* / ~之间狂风大作,天昏地暗。~ zhī jiān kuángfēng dà zuò, tiān hūn dì àn. *A fierce wind struck in the twinkling of an eye, and earth and sky were obscured.*

【转业】zhuǎn=yè 由一种行业转到另一种行业,现多指由部队转到地方工作 *(of an armyman) be transferred to civilian work; transfer to another profession*：他从部队~了,转业到商业部门。Tā cóng bùduì ~ le, zhuǎndào shāngyè bùmén. *He was transferred from the army to civilian work in a commercial department.* / 他~回到久别的家乡,在邮局工作。Tā ~ huídào jiǔ bié de jiāxiāng, zài yóujú gōngzuò. *He was transferred back to the hometown he had left long ago, to work in the post office.*

【转业军人】zhuǎn yè jūnrén 在中国人民解放军中服役以后,转入其他部门工作的人 *P. L. A. man transferred to civilian work (after completing his term of military service)*

【转移】zhuǎnyí（动）(1)改变方向或改换位置 shift; transfer; divert: ～方向 ～ fāngxiàng shift direction /～视线 ～shìxiàn shift one's line of vision /～注意力 ～ zhùyìlì divert sb.'s attention /目标～了。Mùbiāo ～ le. The objective has been shifted to something else. / 部队～到黄村去了。Bùduì ～ dào Huángcūn qù le. The troops have transferred to Huang Village. / 他的目光～到弟弟身上。Tā de mùguāng ～ dào dìdi shēnshang. His gaze shifted to his younger brother. (2)改变 change: 他的兴趣又～了。Tā de xìngqù yòu ～ le. His interest changed again. / 客观发展的规律从不以人的意志为～。Kèguān fāzhǎn de guīlù cóng bù yǐ rén de yìzhì wéi ～. The law of objective development is never changed by people's will.

【转运】zhuǎnyùn（动）把运来的东西再运到另外的地方去 transport; transfer (on to another place sth. that has been transferred in); transship

【转赠】zhuǎnzèng（动）一个报刊上登载另一报刊上已发表过的文章 reprint sth. that has been published elsewhere: 他的那篇论文原发表在《人民日报》上，《北京日报》也～了。Tā de nà piān lùnwén yuán fābiǎo zài《Rénmín Rìbào》shang,《Běijīng Rìbào》yě ～ le. That thesis of his was originally published in The People's Daily and then reprinted in The Beijing Daily.

【转载】zhuǎnzài（动）把一个运输工具上装载的东西卸下来，装到另一个运输工具上 unload sth. from one means of transport and reload it onto another

【转送】zhuǎnsòng（动）同"转送" zhuǎnsòng (2) same as "转送" zhuǎnsòng (2)

【转战】zhuǎnzhàn（动）〈书〉连续在不同的地方作战 fight in one place after another; fight successively in different localities: ～ 大江南北 ～ dà jiāng nán běi fight successively in different parts north and south of the Yangtze River /艰苦～多年 jiānkǔ ～ duō nián fight arduously in one place after another for many years

【转账】zhuǎn＝zhàng 不收付现金，只在账簿上记载收付关系 transfer accounts

【转折】zhuǎnzhé（动）事物在发展过程中原来方向的改变 a turn in the course of events: 鸦片战争以后，中国历史发展到一个～时期。Yāpiàn zhànzhēng yǐhòu, Zhōngguó lìshǐ fāzhǎn dào yí ge ～ shíqī. After the Opium War, Chinese history came to a period of transition. / 小说的第五回是一个～。Xiǎoshuō de dìwǔ huí shì yí ge ～. There's a turn of events in the novel's fifth chapter.

【转折点】zhuǎnzhédiǎn（名）turning point

【转正】zhuǎnzhèng（动·不及物）(1)组织机构、企事业单位中的非正式成员变成正式成员 (of a probationary member of a group or organization, a temporary worker, etc.) become a full member; become a regular worker (2)中国共产党预备党员变为正式党员 (of a probationary member of the Chinese Communist Party) become a full member (after the completion of the probationary period)

【转租】zhuǎnzū（动）把自己租来的（房子等）再租给别人 sublet; sublease

zhuàn

传〔傳〕zhuàn
（名）(1)传记 biography: 给他写个～。Gěi tā xiě ge ～. write his biography (2)解释经文的著作 commentaries on classics: 经—jīng— Confucian classics and commentaries on them (3)叙述历史故事的作品，多用作小说名称 a novel or story written in historical style (usu. used in the title of a novel): 《水浒～》《Shuǐhú ～》《Water Margin》/《儿女英雄～》《Érnǚ Yīngxióng ～》The Heroic Tale of the Sons and Daughters 另见 chuán

【传记】zhuànjì（名）记录某人生平事迹的文字 biography
【传略】zhuànlüè（名）比较简略的传记（short）biography

转〔轉〕zhuàn
（动）(1)旋转，转动 turn; revolve; rotate: 车轮～得飞快。Chēlún ～ de fēikuài. The car wheel is turning at lightning speed. / 螺旋桨～起来了。Luóxuánjiǎng ～ qilai le. The propeller started to rotate. / 电风扇修好了，又能～了。Diànfēngshàn xiūhǎo le, yòu néng ～ le. The electric fan has been repaired and can now rotate again. (2)绕着某物移动 move round (sth.); 绕着操场～一圈儿。Ràozhe cāochǎng ～ yì quānr. He made a circle of the sports ground. / 他在屋里～来～去，不知在找什么。Tā zài wū lǐ ～lái ～qù, bù zhī zài zhǎo shénme. He's in the room pacing round and round. I don't know what he's looking for. (3)走一走，看一看 stroll around and have a look: 我出去～，活动活动。Wǒ chūqu ～～, huódòng huódòng. I'm going out to take a stroll around, to get some exercise. /他是随便～～，并不想买东西。Tā zhǐshì suíbiàn ～～, bìng bù xiǎng mǎi dōngxi. He's just strolling and looking around. He has no intention of buying anything. 另见 zhuǎn

【转动】zhuàndòng（动）turn; revolve; rotate: 机器出毛病了，不～了。Jīqì chū máobing le, bú ～ le. The machinery has broken down. It doesn't turn anymore.
【转炉】zhuànlú（名）converter
【转盘】zhuànpán（名）turntable
【转速】zhuànsù（名）rotational speed
【转台】zhuàntái（名）中心部分能旋转的舞台 revolving stage
【转向】zhuàn＝xiàng 迷失方向 lose one's bearings; get lost: 这一带都是小胡同，很容易让人～。Zhè yídài dōu shì xiǎo hútòng, hěn róngyì ràng rén ～. This area is full of small alleys and it's easy for someone to get lost here.
【转椅】zhuànyǐ（名）swivel chair
【转悠】zhuànyou（动）〈口〉(1)转动 turn: 车轱辘怎么不～了? Chē gūlu zěnme bú ～ le? Why isn't the car wheel turning? (2)漫步，随便走走 stroll; saunter; take a leisurely walk: 每天晚饭后，他都要到外边～一会儿。Měi tiān wǎnfàn hòu, tā dōu yào dào wàibianr ～ yíhuìr. After supper every evening, he always goes out for a stroll. /我只是出来～～，没什么目的。Wǒ zhǐshì chūlai ～～, méi shénme mùdì. I just came out for a stroll, I don't have any particular reason in mind.
【转游】zhuànyou（动）同"转悠" zhuànyou same as "转悠" zhuànyou

赚〔賺〕zhuàn
（动）make a profit: 他搞长途贩运，～了很多钱。Tā gǎo chángtú fànyùn, ～le hěn duō qián. He's engaged in the long-distance transport of goods and has made a lot of money.

撰 zhuàn
（动）〈书〉写作 write; compose: ～稿 ～ gǎo write articles
【撰述】zhuànshù（动）著述 write; compose
【撰写】zhuànxiě（动）写作，编写 write; compose: 近两三年，他～了二十多篇学术论文。Jìn liǎng-sān nián, tā ～le èrshí duō piān xuéshù lùnwén. He has written more than twenty academic theses in the past two or three years.
【撰著】zhuànzhù（动）写作，著述 write; compose

篆 zhuàn
（名）同"篆书" zhuànshū same as "篆书" zhuànshū
【篆刻】zhuànkè（名）刻印章 seal cutting

【篆书】zhuànshū（名）汉字的一种字体。秦朝整理字体后,规定的写法 one form of Chinese calligraphy（after the Qin Dynasty systematized style of writing）
【篆字】zhuànzì（名）同"篆书" zhuànshū same as "篆书" zhuànshū

zhuāng

庄〔莊〕zhuāng
（名）（～儿）（1）村庄 village：王家～ Wángjiā ～ Wangjia Village（2）旧时规模较大的或做批发生意的商店 a relatively large place of business；place that does wholesale business（in former times）：茶～ chá～ tea shop /饭～ fàn～ restaurant /布～ bù～ textile store
【庄稼】zhuāngjia（名）crops：～人～ rén farmer
【庄严】zhuāngyán（形）solemn；dignified；stately：～的面容～ de miànróng a solemn face /～的殿堂～ de diàntáng a stately palace hall /他态度～. Tā tàidù ～. His manner is dignified. /举行～的仪式 jǔxíng ～ de yíshì hold a solemn ceremony
【庄园】zhuāngyuán（名）manor
【庄重】zhuāngzhòng（形）serious；grave；solemn：神态～ shéntài ～ have a grave expression on one's face /语气～ yǔqì ～ speak in a serious tone/ ～的样子 ～ de yàngzi a solemn manner

桩〔樁〕zhuāng
（名）stake；pole：木头～ mùtou ～ wooden stake /打～ dǎ ～ drive piles /桥～ qiáo ～ bridge pile（量）件（用于事情）（for matters, events, etc.）：一～案件 yì ～ ànjiàn a law case /一～事情 yì ～ shìqing a matter
【桩子】zhuāngzi（名）[根 gēn] stake；pile：木桥的～坏了,要换。Mùqiáo de ～ huài le, yào huàn. The poles under the wooden bridge are rotten and must be changed.

装〔裝〕zhuāng
（名）（1）服装 clothing；outfit：新～ xīn ～ a new outfit /青年～ qīngnián ～ clothing for young people（2）演员装时穿戴涂抹的东西 stage makeup and costume：上～ shàng ～ dress and put on makeup for a stage performance /卸～ xiè ～ remove stage makeup and costume（动）（1）假装 pretend；feign；make believe：～傻 ～ shǎ pretend to be stupid/ ～没看见 ～ méi kànjiàn pretend to have not seen /～疯卖傻 ～ fēng mài shǎ feign madness and act like an idiot / ～神弄鬼 ～ shén nòng guǐ pretend to call on ghosts and spirits / 不懂～懂 bù dǒng ～ dǒng pretend to know what one doesn't know /他没病,是～出来的。Tā méi bìng shì ～ chulai de. He's not ill. He's just pretending to be.（2）扮演 play the part of；act：在这个剧里,小于～一个老太婆。Zài zhège jù lǐ, Xiǎo Yú ～ yí ge lǎotàipó. In this play, Xiao Yu played the part of an old woman.（3）装入或装运 load；pack：～在箱子里 ～ zài xiāngzi lǐ pack（sth.）in a suitcase /～上了火车 ～shàngle huǒchē loaded onto the train /车上～满了木材. Chē shang ～ mǎnle mùcái. The truck is loaded with lumber.（4）安装,装配 install；fit；assemble：～电灯 ～ diàndēng install electric lights /～收音机 ～ shōuyīnjī assemble a radio /给电视机～天线 gěi diànshìjī ～ tiānxiàn install an antenna on a TV
【装扮】zhuāngbàn（动）（1）打扮 dress up：她出门前总要～一下。Tā chū ménr qián zǒng yào ～ yíxià. She always dresses up a bit before she goes out.（2）化装,扮演 play the part of；act：在戏里他～一个老头儿。Zài xì lǐ tā ～ yí ge lǎotóur. He played the part of an old man in the play.（3）假装 disguise；masquerade：做地下工作时,她常～成阔小姐。Zuò dìxià gōngzuò shí, tā cháng ～ chéng kuò

xiǎojie. She often disguised herself as a wealthy young woman when she did underground work.
【装备】zhuāngbèi（动）配备（武器、军装、器材、技术力量等）equip（with weapons, military uniforms, equipment, technical personnel, etc.）；用新机器～工厂 yòng xīn jīqì ～ gōngchǎng equip the factory with new machinery/ 以现代化武器～部队 yǐ xiàndàihuà wǔqì ～ bùduì equip the troops with modernized weapons（名）配备的武器、军装、器材、技术力量等 equipment；outfit：进口了一大批技术～. Jìnkǒule yí dà pī jìshù ～. We've imported a large shipment of technological equipment. / 这个厂的～都是新的。Zhège chǎng de ～ dōu shì xīn de . All the equipment in this factory is new.
【装点】zhuāngdiǎn（动）decorate；dress：～门面 ～ ménmian decorate a shop front /～一新 ～ yì xīn dress up like new/ 各色鲜花把校园～得十分美丽。Gè sè xiānhuā bǎ xiàoyuán ～ de shífēn měilì. Flowers of every colour adorned the campus and rendered it beautiful. /人们建楼房、铺公路、种花草,～新的山城。Rénmen jiàn lóufáng、pū gōnglù、zhòng huācǎo, ～ xīn de shānchéng. People built buildings, paved roads and planted flowers and plants to dress up the new mountain city.
【装订】zhuāngdìng（动）bind（books）：新书已全部～好了。Xīn shū yǐ quánbù ～ hǎo le. All the new books have already been bound. /把1988年的《人民文学》杂志～在一起。Bǎ yījiǔbābā nián de 《Rénmín Wénxué》zázhì ～ zài yìqǐ. Bind The People's Literature magazines of 1988 together.
【装潢】zhuānghuáng（动）装饰物品使美观 decorate；mount（a picture, etc.）；dress：商店不要只注意～门面,还得改进服务态度。Shāngdiàn búyào zhǐ zhùyì ～ ménmian, hái děi gǎijìn fúwù tàidù. A store shouldn't only pay attention to how it dresses its shop front but must also improve its service.（名）物品装饰 decoration；mounting；packaging：这种饼干的～很漂亮。Zhè zhǒng bǐnggān de ～ hěn piàoliang. The packaging for this kind of biscuit is very pretty.
【装甲兵】zhuāngjiǎbīng（名）armoured force
【装甲车】zhuāngjiǎchē（名）[辆 liàng] armoured automobile or train
【装假】zhuāng＝jiǎ pretend；feign：她顶会～了,你别相信她。Tā dǐng huì ～ le, nǐ bié xiāngxìn tā. She really knows how to pretend so don't believe her. / 你明明是去看他的,干吗～呀! Nǐ míngmíng shì qù kàn tā de, gàn má ～ ya! It's very obvious that you went to see him. Why on earth are you pretending otherwise! /他是个老实人,根本装不了假。Tā shì ge lǎoshí rén, gēnběn zhuāng bu liǎo jiǎ. He's a very honest person and simply never pretends.
【装殓】zhuāngliàn（动）给死者穿好衣装,放到棺材里去 dress and lay a corpse in a coffin
【装聋作哑】zhuāng lóng zuò yǎ 假装不知道 pretend not to know：事发之后,他却～,好像什么都不知道。Shì fā zhīhòu, tā què ～, hǎoxiàng shénme dōu bù zhīdào. He played deaf and mute, pretending to know nothing about the matter after it occurred.
【装门面】zhuāng ménmian 比喻为了表面好看,或得到人们的欢心,而加以粉饰、点缀 put up a front；maintain an outward show；keep up appearances：我就靠这两套西服～,可不能弄脏了。Wǒ jiù kào zhè liǎng tào xīfú ～, kě bù néng nòngzāng le. I depend on these two suits to keep up appearances so I can't afford to get them dirty.
【装模作样】zhuāng mú zuò yàng 故意作样子给人看 put on an act：爸爸回来了,小明赶紧～地看起书来。Bàba huílai le, Xiǎo Míng gǎnjǐn ～ de kàn qǐ shū lai. When his father came back, Xiao Ming hastily picked up a book and pre-

tended to have been reading.

【装配】zhuāngpèi（动）assemble；fit together

【装配线】zhuāngpèixiàn（名）assembly line

【装腔作势】zhuāng qiāng zuò shì 故意装出一种腔调、作出一种姿态（以表示自己的身分、地位），引人注意或吓唬人 strike a pose；adopt a certain attitude（so as to show one's status，postition，etc.）；act pretentious（so as to attract attention or intimidate others）：他那种～的样子，最让人讨厌。Tā nà zhǒng ～ de yàngzi，zuì ràng rén tǎoyàn. That pretentious manner of his is most disgusting.

【装饰】zhuāngshì（动）在身体或物体表面加些附属的东西使好看 decorate；adorn：节日前，校门～一新。Jiérì qián，xiàomén ～ yì xin. The school gate is decorated like new prior to festivals.（名）装饰品 decoration；ornament：妇女用的围巾、皮包等等，有时就是～。Fùnǚ yòng de wéijin，píbāo děngděng，yǒushí jiù shì ～. The scarves, purses, etc. that women use are quite often nothing but ornaments.

【装饰品】zhuāngshìpǐn（名）decoration；ornament

【装束】zhuāngshù（名）衣着穿戴 dress；attire：看他的～大概是阿拉伯人。Kàn tā de ～ dàgài shì Ālābó rén. Judging from his dress, he is probably an Arab.

【装卸】zhuāngxiè（动）（1）装车和卸车 load and unload（a vehicle）：～工 ～ gōng loader／在车站搞～。Zài chēzhàn gǎo ～. He loads and unloads at the railway station.（2）装配和拆卸 assemble and disassemble：他可以自己～自行车。Tā kěyǐ zìjǐ ～ zìxíngchē. He can take a bicycle apart and put it back together again by himself.

【装样子】zhuāng yàngzi 作假作样子 put on an act：他桌上放着几本书，纯粹是～，其他连翻都没翻过。Tā zhuō shang fàngzhe jǐ běn shū，chúncuì shì ～，qíshí tā lián fān dōu méi fānguo. There are a few books sitting on his desk. It's nothing but an act, as he has in fact never even so much as turned a page.

【装运】zhuāngyùn（动）装入（运输工具中）并运输 load and transport；ship：那批货物已经～。Nà pī huòwù yǐjing ～. That shipment of goods has already been loaded and sent off.

【装载】zhuāngzài（动）〈书〉用运输工具装（人或物）load：卡车上～着货物。Kǎchē shang ～zhe huòwù. The truck is loaded with goods.

【装置】zhuāngzhì（动）安装 install：图书馆～了空调机。Túshūguǎn ～ le kōngtiáoji. Air conditioning has been installed in the library.／通风设备已经～好了。Tōng fēng shèbèi yǐjing ～ hǎo le. The ventilation equipment has been installed.（名）机器等设备中，构造较复杂并具有某种独立功用的构件 installation；unit；device：工厂配备了自动化～。Gōngchǎng pèibèile zìdònghuà ～. The factory has been fitted with units for automation.／他研究成功了一种节能装置。Tā yánjiū chénggōngle yì zhǒng jié néng device.

zhuàng

壮〔壯〕zhuàng
（形）◇强壮 strong；robust：年轻力～ nián qīng lì ～ young and robust／他身体真～。Tā shēntǐ zhēn ～. He is very sturdy.（动）加强，使壮大 strengthen；make better：鼓号齐鸣，以～声威。Gǔ hào qí míng，yǐ ～ shēngwēi. Drums beat and trumpets sounded, thus strengthening the momentum.／我陪你去跟他讲理，给你～～胆子。Wǒ péi nǐ qù gēn tā jiǎng lǐ，gěi nǐ ～～ dǎnzi. I'll go with you to reason with him so as to boost your courage a bit.

【壮大】zhuàngdà（动）使强大，加强 grow in strength；expand：～力量 ～ liliang expand forces／～声势 ～

shēngshì lend impetus and strength／～革命队伍 ～ gémìng duìwu expand the revolutionary ranks／知识分子的队伍日益～。Zhishi fènzǐ de duìwu rìyì ～. The ranks of the intellectuals are growing daily.

【壮丁】zhuàngdīng（名）旧时指青年男子（多指达到当兵年龄的人）able-bodied man（liable for conscription）：抓～ zhuā ～ pressgang able-bodied man

【壮工】zhuànggōng（名）从事体力劳动，没有专门技术的工人 unskilled labourer

【壮观】zhuàngguān（形）景象宏伟 grand（or magnificent）sight：海上日出的景象十分～。Hǎi shàng rì chū de jingxiàng shífēn ～. Sunrise at sea is a magnificent sight.

【壮举】zhuàngjǔ（名）〈书〉伟大的举动 magnificent feat；great undertaking

【壮阔】zhuàngkuò（形）〈书〉（1）雄壮宽广 majestic；full of power and grandeur：大草原上万马奔腾的～场面 dà cǎoyuán shang wàn mǎ bēnténg de ～ chǎngmiàn the majestic scene of thousands of horses galloping ahead on the grasslands（2）宏伟 great；grand：规模～ guīmó ～ on a grand scale

【壮丽】zhuànglì（形）〈书〉雄壮美丽 majestic；magnificent；glorious：山河～ shānhé ～ a glorious land／～的场面 ～ de chǎngmiàn a majestic scene／～的诗篇 ～ de shīpiān a magnificent epic poem／宏伟的事业 hóngwěi ～ de shìyè a grand and magnificent undertaking

【壮烈】zhuàngliè（形）〈书〉heroic；brave：～牺牲 ～ xīshēng heroically gave one's life

【壮年】zhuàngnián（名）三四十岁年纪 prime of life（between the ages of 30 and 50）

【壮士】zhuàngshì（名）〈书〉豪壮而勇敢的男人 hero；paragon

【壮实】zhuàngshi（形）（身体）强壮结实 healthy；robust；sturdy：～的汉子 ～ de hànzi robust fellow

【壮志】zhuàngzhì（名）伟大的志向 great aspiration；lofty ideal：树雄心，立～ shù xióngxīn，lì ～ set up lofty ambitions.／～凌云 ～ língyún with soaring aspirations／～未酬 ～ wèi chóu with one's great aspirations unrealized

状〔狀〕zhuàng
（名）◇（1）形状 form；shape：这种花呈马蹄～。Zhè zhǒng huā chéng mǎtí ～. This type of flower takes the shape of a horseshoe.（2）情况 situation；condition：病～加重。Bìng ～ jiāzhòng. His condition has worsened.（3）诉状 plaint：他告了我一～。Tā gàole wǒ yí ～. He lodged a complaint against me.

【状况】zhuàngkuàng（名）事物呈现出来的样子 condition；state；situation：身体～ shēntǐ ～ condition of one's health／健康～ jiànkāng ～ state of one's health／经济～ jingjì ～ economic situation／生活～ shēnghuó ～ situation in life／农作物生长～良好。Nóngzuòwù shēngzhǎng ～ liánghǎo. The crops are coming along very well.

【状态】zhuàngtài（名）（人或事物）表现出的样子 state of affairs；appearance：固体～ gùtǐ ～ solid state／精神～ jingshén ～ state of mind／我看他心理～不太正常。Wǒ kàn tā xīnlǐ ～ bú tài zhèngcháng. I don't think he's in a normal state of mind.

【状语】zhuàngyǔ（名）〈语〉动词、形容词前边的表示性质、状态、程度、时间、处所等的修饰成分 adverbial modifier；adverbial（a modifying element placed before a verb or adjective which expresses the nature or state of sth.，degree，time，place，etc.）

【状元】zhuàngyuan（名）（1）科举时代的一种称号，元代以后称殿试一甲第一名 title conferred on the scholar who came top of the list in the old imperial examinations：中～ zhòng ～ come top of the list in the examinations（2）比喻在

本行业中成绩最好的人 *top authority in any field*：行行出 ~ háng háng chū ~ *Every profession has its leading authority.*

撞 zhuàng

（动）(1) 相碰 *bump against*；*run into*：摩托车~在了树上。Mótuōchē ~ zàile shù shang. *The motorcycle ran into a tree.* / 自行车把他~倒了。Zìxíngchē bǎ tā ~dǎo le. *A bicycle knocked him down.* (2) 击 *strike*：当一天和尚~一天钟。Dāng yì tiān héshang ~ yì tiān zhōng. *The monk strikes a bell for every day that he's a monk. — only do what is required of one, no more.* (3) 闯 *rush*；*charge*；*dash*：小鸟~进网里。Xiǎoniǎo ~ jìn wǎng lǐ. *The little bird dashed into the net.* / 他一下子~了进来。Tā yíxiàzi ~le jìnlai. *He suddenly came rushing in.* (4) 碰见（多为不想见到的），后边多带"见、上"等补语 *meet by chance*；*run into*；*bump into (followed by complements such as "见、上", etc.)*：没想到在这儿~见他了。Méi xiǎngdào zài zhèr ~jiàn tā le. *I never expected to bump into him here.* / 这小偷偷东西的时候，~上警察了。Zhè xiǎotōur tōu dōngxi de shíhou, ~shang jǐngchá le. *This thief ran into the police just as he was stealing something.*

【撞车】zhuàng＝chē 车辆相撞。常比喻不同部门的领导机构向同一单位下达的指示、规定、政策精神等相抵触 *collision of vehicles (often used figuratively to indicate that the directives, regulations, gist of policies, etc. transmitted to one unit by the leading organizations of different departments contradict each other)*：最近~事故多起来了，必须注意交通安全。Zuìjìn ~ shìgù duō qǐlai le, bìxū zhùyì jiāotōng ānquán. *Vehicle collisions have been on the increase recently. We must all pay attention to traffic safety.* / 这两个规定精神很不一致，~了。Zhè liǎng ge guīdìng jīngshén hěn bù yízhì, ~ le. *The gists of these two regulations are very inconsistent. They contradict each other.*

【撞击】zhuàngjī（动）因一物运动或两物同时运动，而使两物相碰撞 *ram (into each other)*；*dash against*

【撞骗】zhuàngpiàn（动）到处找机会行骗 *look around for a chance to swindle*

【撞锁】zhuàngsuǒ（名）[把 bǎ] *spring lock*：门上新安了一把~。Mén shang xīn ānle yì bǎ ~. *A new spring lock has been installed on the door.*

幢 zhuàng

（量）房屋 一座叫一幢 *(for a building)*：路边又新盖了两~楼。Lù biān yòu xīn gàile liǎng ~ lóu. *Two more buildings have gone up by the roadside.*

zhuī

追 zhuī

（动）(1) 追赶 *chase*；*run after*；*pursue*；*try to catch up to*：咱们快跑，他们~上来了。Zánmen kuài pǎo, tāmen ~ shanglai le. *Let's hurry up. They're catching up to us.* / 人们你~我赶，谁也不甘落后。Rénmen nǐ ~ wǒ gǎn, shuí yě bù gān luòhòu. *People are always trying to catch up with each other. Nobody is willing to lag behind.* (2) 追究 *look into*；*investigate*；*trace*：~赃 ~ zāng *trace stolen goods or money* / ~根问底 ~ gēn wèn dǐ *get to the bottom of (a matter)* (3) 追求（异性）*woo*；*chase after (the opposite sex)*：有两个小伙子~她。Yǒu liǎng ge xiǎohuǒzi ~ tā. *There are two fellows chasing after her.*

【追本溯源】zhuī běn sù yuán 比喻寻求历史根源 *trace the historical source of*；*trace the roots of*

【追逼】zhuībī（动）(1) 追赶进逼 *pursue closely* (2) 用强迫的方式追究或索取 *press (for repayment)*；*extort*；*exact*：

~他所欠的税款 ~ tā suǒ qiàn de shuìkuǎn *press for the tax payments he owes*

【追捕】zhuībǔ（动）追赶捉拿 *pursue and capture an escaped convict*：~逃犯 ~ táofàn *pursue and capture an escaped convict*

【追查】zhuīchá（动）*investigate*；*trace*；*find out*：~肇事者 ~ zhàoshìzhě *trace the troublemaker* / ~责任 ~ zérèn *find out who is responsible*

【追悼】zhuīdào（动）*mourn over a person's death*：~死难烈士 ~ sǐnàn lièshì *mourn over the death of a martyr* / 开~会 kāi ~ huì *hold a memorial meeting*

【追肥】zhuīféi（名）农作物生长时所施的肥料 *top application (of fertilizer)*；*top dressing*：这块麦地又施了一次~。Zhè kuài màidì yòu shīle yí cì ~. *Another layer of fertilizer has been applied on top of this wheat field.*

【追肥】zhuī＝féi 在农作物生长期内施肥 *apply fertilizer on the top of (crops)*：给稻田追了一次肥。Gěi dàotián zhuīle yí cì féi. *Fertilizer has been applied on the top of the rice fields.*

【追赶】zhuīgǎn（动）*run after*；*pursue*

【追怀】zhuīhuái（动）〈书〉回忆 *reminisce*；*recall*：~往事 ~ wǎngshì *recall past events*

【追悔】zhuīhuǐ（动）〈书〉回忆过去感到悔恨 *repent*；*regret*：自己做错了事，~莫及。Zìjǐ zuòcuòle shì, ~ mò jí. *Once one has done something wrong, it's too late to repent.*

【追击】zhuījī（动）*pursue and attack*：~敌人 ~ dírén *pursue and attack the enemy* / ~匪徒 ~ fěitú *pursue and attack bandits* / 跟踪~ gēnzōng ~ *go in hot puruit of*

【追记】zhuījì（动）根据事后回忆，把当时的情况记录下来 *write down afterwards (from memory)*：这是事后~的原始记录，是事后~的。Zhège tánhuà jìlù bú shì yuánshǐ jìlù, shì shìhòu ~ de. *The minutes of this dialogue are not firsthand. They were written down afterwards.*

【追加】zhuījiā（动）在原定的数额外再增加 *add to (the original amount)*：~预算 ~ yùsuàn *supplement a budget* / ~投资 ~ tóuzī *make an additional investment* / 再~一笔款子 zài ~ yì bǐ kuǎnzi *add another sum of money*

【追剿】zhuījiǎo（动）追击消灭 *pursue and wipe out*

【追究】zhuījiū（动）*look into*；*find out*；*investigate*：~原因 ~ yuányīn *investigate the reason for* / ~责任 ~ zérèn *find out who is responsible for* / ~犯罪动机 ~ fànzuì dòngjī *determine the motive for a crime*

【追求】zhuīqiú（动）(1) *seek*；*pursue*：~救国真理 ~ jiù guó zhēnlǐ *seek the truth that will save the nation* / ~进步 ~ jìnbù *seek progress* / 不要单纯~产品数量。Búyào dānchún ~ chǎnpǐn shùliàng. *Don't concentrate on product quantity alone.* (2) 向异性求爱 *woo*；*court*；*chase after*：小王正在~赵小平。Xiǎo Wáng zhèngzài ~ Zhào Xiǎopíng. *Xiao Wang is courting Zhao Xiaoping.* / ~她的人不少。~ tā de rén bù shǎo. *There are many who are chasing after her.*

【追认】zhuīrèn（动）(1) 事后认可某项法令、决议等 *subsequently approve a decree, resolution, etc.*；*recognize retroactively*：这项决议是在大会闭幕后被~的。Zhè xiàng juéyì shì zài dàhuì bì mù hòu bèi ~ de. *This resolution was approved after the conference closed.* / 对他的任命是后来~的。Duì tā de rènmìng shì hòulái ~ de. *His appointment was subsequently approved.* (2) 批准某人生前参加党、团组织的要求 *admit or confer posthumously*：他死后被~为共产党员。Tā sǐ hòu bèi ~ wéi gòngchǎndǎngyuán. *He was posthumously admitted as a member of the Communist Party.*

【追述】zhuīshù（动）述说过去的事情 *recount sth. that happened in the past*：这一段是~过去，不是谈现在。Zhè yí duàn shì ~ guòqù, bú shì tán xiànzài. *This passage recounts the past; it doesn't tell about the present.*

【追溯】zhuīsù（动）〈书〉*trace back to*：～原因 ～ yuányīn *trace back to the cause of* /～根源 ～ gēnyuán *trace back to the origin*

【追随】zhuīsuí（动）*follow*：他一生～孙中山先生。Tā yìshēng ～ Sūn Zhōngshān xiānsheng. *He followed Dr Sun Yat-sen all his life.* / 他一向好～潮流。Tā yíxiàng hào ～ cháoliú. *He always likes to follow the tide.*

【追问】zhuīwèn（动）*question closely; make a detailed inquiry*：～原因 ～ yuányīn *make a detailed inquiry about the reason* /～下落 ～ xiàluò *make detailed inquiries about the where-abouts* /～动机 ～ dòngjī *closely question the motive* /在大家～之下，他才承认了。Zài dàjiā ～ zhī xià, tā cái chéngrèn le. *He finally admitted it under close questioning.*

【追寻】zhuīxún（动）跟踪寻找 *pursue; search; track down*：～失散多年的亲人 ～ shīsàn duō nián de qīnrén *He tracked down his loved ones with whom he had lost touch for many years.*

【追忆】zhuīyì（动）回忆（较久远的事）*recollect; recall (sth. that happened long ago)*：～延安时代的战斗经历 ～ Yán'ān shídài de zhàndòu jīnglì *He recalled his fighting experience during the Yan'an period.* /有许多往事已经无从～了。Yǒu xǔduō wǎngshì yǐjīng wúcóng ～ le. *There are many past events that I can't call to mind anymore.*

【追逐】zhuīzhú（动）*pursue; seek*：～名利 ～ mínglì *seek fame and fortune*

【追踪】zhuīzōng（动）按照踪迹去追赶或根据线索追查 *follow the trail of; track; trace*：这案件有了些线索，一定要继续～。Zhè ànjiàn yǒule xiē xiànsuǒ, yídìng yào jìxù ～. *There are some clues to this case. We must continue to follow them.*

椎 zhuī
（名）◇椎骨 *vertebra*

【椎骨】zhuīgǔ（名）〈生理〉*vertebra*

锥 〔錐〕zhuī
（名）锥子 *awl*（动）用锥子形的工具钻 *bore; drill*：在木板上～个洞。Zài mùbǎn shang ～ ge dòng. *He drilled a hole in the board.*

【锥形】zhuīxíng（名）*taper; cone*

【锥子】zhuīzi（名）[把 bǎ] *awl*

zhuì

坠 〔墜〕zhuì
（动）(1)〈书〉落、跌下 *fall; drop*：～马 ～ mǎ *fall off a horse* /～入泥潭 ～ rù nítán *fall into a mire* /～楼自杀 ～ lóu zìshā *jump off a building to commit suicide* (2)（重物）往下垂 *weigh down; droop*：绳子的一头～个铁块。Shéngzi de yì tóu ～le ge tiěkuàir. *One end of the rope was weighed down by a piece of iron.* / 果实把树枝～弯了。Guǒshí bǎ shùzhī ～wān le. *The fruit weighed the branches down.* （名）(～儿) 吊在下面的东西（多为装饰品）*weight; a hanging object (usu. refers to an ornament)*：扇～ shàn ～ *pendant of a fan* /耳～ ěr ～ *earring*

【坠毁】zhuìhuǐ（动）(of a plane, etc.) *fall and break; crash*：飞机失事～。Fēijī shīshì ～. *The airplane crashed.*

【坠落】zhuìluò（动）*fall; drop*：降落伞～到地上。Jiàngluòsǎn ～dào dì shang. *The parachute dropped to the ground.*

【坠子】zhuìzi（名）(1)垂在物体下面的小装饰品，有时专指耳坠 *suspended weight; pendant; earring* (2)流行于河南省的一种曲艺（河南坠子）*type of folk ballad peculiar to Henan province* (3)坠琴 *zither used to accompany Henan*

zhuizi

缀 zhuì
（动）(1)用针线等使连起来 *sew; stitch*：～网 ～ wǎng *mend nets* / 袜子破了，～上几针吧。Wàzi pò le, ～shang jǐ zhēn ba. *This sock is worn out. You should put a couple of stiches in it.* (2)◇组合字句篇章 *compose a piece of writing*：～字成文 ～ zì chéng wén *compose an essay*

惴 zhuì
【惴惴】zhuìzhuì（形）〈书〉形容又发愁又不安的样子 *nervous; anxious*：终日～不安 zhōngrì ～ bù'ān *be on tenterhooks all day*

zhūn

谆 〔諄〕zhūn
（形）恳切 *earnest; sincere*

【谆谆】zhūnzhūn（形）〈书〉恳切而不厌烦的 *earnestly and tirelessly*：～教导 ～ jiàodǎo *earnestly and tirelessly instruct* /～教诲 ～ jiàohuì *earnest teachings* /～嘱咐 ～ zhǔfu *earnestly enjoin*

zhǔn

准 〔準〕zhǔn
（名）◇标准 *standard; norm*：以这个规定为～。Yǐ zhège guīdìng wéi ～. *Take this stipulation as the standard.* （形）准确 *accurate; exact; precise*：我的手表很～。Wǒ de shǒubiǎo hěn ～. *My watch is very accurate.* / 他枪打得很～。Tā qiāng dǎ de běn ～. *He's an accurate shot.* / 我看～了，是他，没错。Wǒ kàn ～ le, shì tā, méi cuòr. *I saw correctly, there's no doubt about it. That was him.* /我算～了，他今天一定来。Wǒ suàn～ le, tā jīntiān yídìng lái. *I calculated correctly. He'll definitely come today.*（动）同意，准许 *allow; grant; permit*：～假 ～ jià *grant sb. leave* / 此处不～拍照。Cǐ chù bù ～ pāizhào. *It is not permitted to take photographs here.*（副）(1)意思同"一定" yídìng (1) 表示对行为、状态等有把握的推测 *same as* "一定" yídìng (1); *must (a conjecture)*：那人～是他哥哥，你看长得多像他。Nà rén ～ shì tā gēge, nǐ kàn zhǎng de duō xiàng tā. *That must be his older brother; see how he looks like him.* /现在去找他，他～不在家。Xiànzài qù zhǎo tā, tā ～ bú zài jiā. *He's more than likely not home right now, if you're looking for him.* /放心吧！他～能按时把书还来的。Fàng xīn ba! tā ～ néng ànshí bǎ shū huánlai de. *Don't worry, he will definitely return the book on time.* /这几种颜色配在一起～好看。Zhè jǐ zhǒng yánsè pèi zài yìqǐ ～ hǎokàn. *These different colours will match beautifully.* (2)同"一定" yídìng (2) 表示坚定的决心或意志，一般不修饰否定形式 *same as* "一定" yídìng (2) *(does not usu. modify a negative form)*：明天上午我～来找你。Míngtiān shàngwǔ wǒ ～ lái zhǎo nǐ. *I will definitely come to see you tomorrow morning.* /他说本月十号～回北京。Tā shuō běn yuè shí hào ～ huí Běijīng. *He said he was coming back to Beijing by the tenth of this month.* /我离开之前～找他谈一次。Wǒ líkāi zhī qián ～ zhǎo tā tán yí cì. *I will definitely have a talk with him before I leave.* (3)同"一定" yídìng (3) 表示必然 *same as* "一定" yídìng (3); *surely*：每天晚饭后，他～到图书馆去看书。Měi tiān wǎnfàn hòu, tā ～ dào túshūguǎn qù kàn shū. *He's always sure to go read at the library after supper every night.* /每次开会，他～迟到。Měi cì kāi huì, tā ～ chídào. *He's always late for every meeting.* /不知为什么，我一吃凉东西，胃～疼。Bù zhī wèi

shénme, wǒ yì chī liáng dōngxi, wèi ~ téng. *I don't know why, but every time I eat something cold, I get a stomachache.* /他平时话多得很, 可一见了生人, ~ 不说话。Tā píngshí huà duō de hěn, kě yí jiànle shēngrén, ~ bù shuō huà. *He's usually very talkative, but as soon as he meets a stranger, he doesn't say a thing.* (4)"不准"的意思是"也许不"或"可能不""不准" *means "perhaps not"*: 他对这个晚会不~感兴趣。Tā duì zhège wǎnhuì bù ~ gǎn xìngqu. *He may not be interested in this evening party.* /现在才动身, 不~能赶上最后一班汽车。Xiànzài cái dòng shēn, bù ~ néng gǎnshang zuìhòu yì bān qìchē. *Leaving so late, we may not catch the last bus.* /这只是我的估计, 不~正确。Zhè zhǐ shì wǒ de gūjì, bù ~ zhèngquè. *This is just my guess. It may not be right.*

【准保】zhǔnbǎo (副) 有"准"的意思, 并含有"保证"的意味, 可放在句首 *certain; for sure (can be placed at the beginning of a sentence)*: 你听我的话, ~不会吃亏。Nǐ tīng wǒ de huà, ~ bú huì chī kuī. *You can be sure you won't suffer if you listen to my advice.* /这桃子熟透了, ~甜。Zhè táozi shóutòu le, ~ tián. *This peach is fully ripe and must surely be sweet.* /我以后~不迟到, 早早来上班。Wǒ yǐhòu bù chídào, zǎozǎo lái shàng bān. *I will certainly never be late again, but will come to work well in advance.* /每回到她家去, ~有好吃的招待。Měi huí dào tā jiā qù, ~ yǒu hǎochī de zhāodài. *Whenever one goes to her house, one is certain to be treated to some good food.* /~他唱歌唱得比你好。~ tā chàng gēr chàng de bǐ nǐ hǎo. *He must surely sing better than you.*

【准备】zhǔnbèi (动) (1) 安排、筹划 *prepare; get ready*: 材料~ cáiliào *prepare materials*/ ~工具 ~ gōngjù *get the tools ready*/ 大家都~好了, 就等你了。Dàjiā dōu ~ hǎo le, jiù děng nǐ le. *Everybody else is ready. We're just waiting for you.* (2) 打算 *intend; plan*: 看样子他~发言。Kàn yàngzi tā ~ fā yán. *It looks as if he intends to speak.* /你也~去天津吗? Nǐ yě ~ qù Tiānjīn ma? *Are you also planning to go to Tianjin?* (名) *preparation*: 有思想~ yǒu sīxiǎng ~ *be mentally prepared*/ 毫无精神~ háowú jīngshén ~ *not be the least bit mentally prepared*/作好一切~ zuòhǎo yíqiè ~ *get everything ready*

【准将】zhǔnjiàng (名) 某些国家军衔的一级, 在少将之下, 校官之上 (*in the British army*) *brigadier*; (*in the British air force*) *air commodore*; (*in the British and American navies*) *commodore*; (*in the American army and air force*) *brigadier general*

【准确】zhǔnquè (形) *accurate; exact; precise*: 发音~ fāyīn ~ *pronounce accurately* /~的数字 ~ de shùzì *accurate numbers*/ 情报~无误。Qíngbào ~ wú wù. *The information is accurate and has no mistakes.* /化验结果十分~。Huàyàn jiéguǒ shífēn ~. *The result of the laboratory test is very precise.*

【准绳】zhǔnshéng (名) 衡量事物是否正确的标准或原则 *criterion; yardstick*

【准时】zhǔnshí (形) *punctual; on time; on schedule*: ~到来 ~ dàolái *arrive on time* /~开船 ~ kāi chuán *set sail at the scheduled time*/ ~完成 ~ wánchéng *finish on schedule* /上班~ shàng bān *be punctual for work* /他一向~, 从不迟到。Tā yíxiàng ~, cóng bù chídào. *He's always punctual. He never arrives late.*

【准尉】zhǔnwèi (名) 某些国家军衔的一级, 在上士之上, 少尉之下 *warrant officer*

【准许】zhǔnxǔ (动) 允许 *permit; allow; grant*: 工厂~他脱产进修一年。Gōngchǎng ~ tā tuō chǎn jìnxiū yì nián. *The factory has granted him a year's leave to take a refresher course*/ 没有得到有关人员~, 不能进入仓库。Méiyou dédào yǒuguān rényuán ~, bù néng jìnrù cāngkù. *No ad-

mittance into the warehouse without first obtaining perimission from the personnel concerned.*

【准予】zhǔnyǔ (动) 〈书〉准许 (多用于公文) *grant; permit; approve* (*an official document, etc.*): ~通过 ~ tōngguò *allow* (*sb.*) *to pass through* /~营业 ~ yíngyè *grant permission to do business*

【准则】zhǔnzé (名) *norm; standard; criterion*: 行动的~ xíngdòng de ~ *code of action* /共同遵守的~ gòngtóng zūnshǒu de ~ *commonly observed standard*

zhuō

拙 zhuō (形) ◇ (1) 笨 *clumsy; awkward*: ~嘴笨腮 ~ zuǐ bèn sāi *speak awkwardly* /这孩子手~, 不会做活儿。Zhè háizi shǒu ~, bú huì zuò huór. *This child is all thumbs. He can't do anything.* /我眼~, 没认出您来。Wǒ yǎn ~, méi rèn chū nín lai. *How clumsy of me. I didn't recognize you.* (2) 谦词, 指自己的 (文章、见解、看法等) (*self-depreciatory expression*) *my* (*article, opinion, view, etc.*): ~见 ~ jiàn *my opinion* /~著 ~ zhù *my writing*

【拙笨】zhuōbèn (形) *clumsy; unskilful; awkward*

【拙劣】zhuōliè (形) *clumsy; inferior*: 他是个骗子, 骗术~。Tā shì ge piànzi, piànshù ~. *He's a cheat who plays inferior tricks.*

捉 zhuō (动) *catch; capture*: ~老鼠 ~ lǎoshǔ *catch mice* /~住了小偷儿 ~zhule xiǎotōur *captured the thief*

【捉迷藏】zhuō mícáng *hide-and-seek; blindman's buff*

【捉摸】zhuōmō (动) 猜测、预料, 多用于否定句 *fathom; predict* (*usu. used in negative sentences*): 他真叫人不可~。Tā zhēn jiào rén bù kě ~. *He's really unfathomable.* /这人的言语、行动, 我真~不透。Zhè rén de yányǔ, xíngdòng, wǒ zhēn ~ bú tòu. *I just can't fathom this person's speech and actions.* /他的思想复杂, 难以~。Tā de sīxiǎng fùzá, nányǐ ~. *His thinking is very complex and difficult to fathom.*

【捉拿】zhuōná (动) 捉 (犯人) *catch; arrest; apprehend*: ~凶犯 ~ xiōngfàn *arrest a dangerous criminal* /~归案 guī àn *bring a person to justice*

【捉弄】zhuōnòng (动) 戏弄, 拿人开心 *tease; make fun of*: 你可真会~人。Nǐ kě zhēn huì ~ rén. *You really know how to make fun of others.*

桌 zhuō (名) ◇ *desk; table*

【桌布】zhuōbù (名) [块 kuài] *tablecloth*

【桌面儿上】zhuōmiànrshang (名) 指公开和正式的场合 *on the table; aboveboard; in public*: 有什么问题, 摆在~谈, 相信一定能解决。Yǒu shénme wèntí, bǎi zài ~ tán, xiāngxìn yídìng néng jiějué. *If you have a problem, bring it out into the open and have faith that it will be solved.* / 对同志有什么意见, 在~讲, 别在下边议论。Duì tóngzhì yǒu shénme yìjiàn, zài ~ jiǎng, bié zài xiàbiānr yìlùn. *If you have a complaint against a comrade, be aboveboard about it. Don't talk about him behind his back.*

【桌子】zhuōzi (名) [张 zhāng] *desk; table*

zhuó

灼 zhuó (动) 火烧 *burn; scorch*: 皮肤被~伤。Pífū bèi ~shāng. *His skin was burned.* (形) 明白、透彻 *explicit; penetrating*

【灼见】zhuójiàn (名) 透彻的见解 *penetrating view*

【灼热】zhuórè（形）〈书〉*scorching hot*：～ 的 炉火 ～ de lúhuǒ *a scorching hot stove fire*/ 夏天的阳光猛烈而～。 Xiàtiān de yángguāng měngliè ér ～. *Sunshine in the summertime is fierce and scorching hot.*

苗 zhuó

【苗壮】zhuózhuàng（形）*healthy and strong*；*sturdy*：～ 成长 ～ chéngzhǎng *reach maturity*/ 孩子们～、活泼 ～、huópo. *Children are healthy, strong and lively.* /满山 遍野是 ～的牛羊。 Mǎn shān biàn yě shì ～ de niú yáng. *The open fields on the mountain are full of sturdy oxen and sheep.* / 小麦长得十分～。 Xiǎomài zhǎng de shífēn ～. *The wheat has grown sturdy.*

卓 zhuó

（形）◇ 高明 *brilliant*；*outstanding*
【卓见】zhuójiàn（名）高明的见解 *brilliant idea*
【卓绝】zhuójué（形）〈书〉程度极高，超过一般的，含赞美意 *unsurpassed*；*of the highest degree*；*extreme*（*expresses praise*）：艰苦 ～ jiānkǔ ～ *extreme hardships and difficulties*/英勇 ～ yīngyǒng ～ *extremely brave*
【卓识】zhuóshí（名）卓越的见识 *sagacity*；*remarkable knowledge*
【卓有成效】zhuó yǒu chéngxiào 有卓越成绩和效果 *successful and remarkably effective*：新厂长上任以来,工作～。 Xīn chǎngzhǎng shàng rèn yǐlái, gōngzuò ～. *Work has met with remarkable success ever since the new factory director assumed his post.*
【卓越】zhuóyuè（形）非常优秀,超出一般的,多作定语 *outstanding*；*brilliant*；*remarkable*（*usu. used as an attributive*）：～的成就 ～ de chéngjiù *remarkable achievements* /～的贡献 ～ de gòngxiàn *an outstanding contribution* /～的人材 ～ de réncái *outstanding talent* /～的演出 ～ de yǎnchū *a brilliant performance*
【卓著】zhuózhù（形）优异而显著 *distinguished*；*eminent*；*outstanding*：功勋 ～ gōngxūn ～ *distinguished service* /成绩 ～ chéngjì ～ *achieve outstanding success* /～的成就 ～ de chéngjiù *outstanding achievements*

浊〔濁〕zhuó

（形）(1) 浑浊,污浊 *turbid*；*muddy*：～ 水 ～ shuǐ *turbid water*/ 不分清 ～ bù fēn qīng ～ *make no distinction between what is clear and what isn't* /清自清,～自～,随你 议论好了。 Qīng zì qīng, ～ zì ～, suí tā yìlùn hǎo le. *What is clear is clear and what is not is not, regardless of what others say.* (2) 声音低沉粗重 (*of a voice*) *deep and heavy*：～声～气 ～ shēng ～ qì *in a deep, raucous voice*
【浊音】zhuóyīn（名）〈语〉*voiced sound*

酌 zhuó

（动）〈书〉(1) 斟（酒）；饮（酒）*pour out*（*wine*）；*drink*（*wine*）：自斟自～ zì zhēn zì ～ *pour oneself some wine and drink it alone* /花下独～ huā xià dú ～ *drink alone amidst the flowers* /二人对～ èr rén duì ～ *two people are having a drink together* (2) 斟酌 *consider*；*deliberate*；*think over*：请～定。 Qǐng ～ dìng. *Please think it over and decide* /当否,请～。 Dàng fǒu, qǐng ～. *Please consider whether or not this is right.* /请～办。 Qǐng ～ bàn. *Please do as you think fit.*
【酌量】zhuóliàng（动）根据或估量情况（决定）,宾语多为动 词或动词性词组 *use one's judgment*（*in making a decision*）；*consider*（*the object is usu. a verb or verbal phrase*）：～调拨一些原料 ～ diàobō yìxiē yuánliào *use one's judgment in allotting some raw materials* /～ 给予经济上

的补助 ～ jǐyǔ jīngjì shang de bǔzhù *give subsidies according to the circumstances* /你～着办吧,我没什么意见。Nǐ ～ zhe bàn ba, wǒ méi shénme yìjiàn. *Do as you think fit. I have no objections.*
【酌情】zhuóqíng（副）根据情况考虑 *take into consideration the circumstances*；*use one's discretion*：～处理 ～ chǔlǐ *handle*（*a matter*）*at one's discretion* /～办理 ～ bànlǐ *act as one sees fit* /～安排 ～ ānpái *arrange at one's discretion*

啄 zhuó

（动）*peck*：鸡 ～ 米。Jī ～ mǐ. *The chickens are pecking at the rice.* / 小鸟儿 ～ 食。Xiǎoniǎor ～ shí. *The little birds are pecking at the food.*
【啄木鸟】zhuómùniǎo（名）[只 zhī] *woodpecker*

着 zhuó

（动）◇ (1) 接触 *come into contact with*；*touch upon*：他 讲的离题万里,根本～不上边儿。Tā jiǎng de lí tí wàn lǐ, gēnběn ～ bu shàng biānr. *His lecture strayed far from the subject and didn't even come close to touching upon it.* (2) 使附着（在其它物体上）*apply*；*use*：～ 色 ～ sè *apply colour* /书中这个人物～墨不多,却十分生动。Shū zhōng zhège rénwù ～ mò bù duō, què shífēn shēngdòng. *Although the character in the novel is sketchily painted, it's still extremely vivid.* (3) 〈书〉派遣 *send*：请～人来取。Qǐng ～ rén lái qǔ. *Please send someone here to get it.* /火 速～人来此办理。Huǒsù ～ rén lái cǐ bànlǐ. *Send somebody here post haste to handle this.* 另见 zhāo；zháo；zhe
【着笔】zhuóbǐ（动）(1) 下笔 *put pen to paper*；*begin to write*：他～的字～有力 Tā ～ de zì ～ yǒu lì. *He wrote with a forceful hand.* (2) 用笔墨 *use words*：此处虽然～不多,却 惟妙惟肖地勾画出了一个官僚主义者的形象。Cǐ chù suīrán ～ bù duō, què wéi miào wéi xiào de gōuhuà chūle yí ge guānliáozhǔyìzhě de xíngxiàng. *Although this place doesn't use many words, it has sketched a remarkably vivid image of a bureaucrat.*
【着陆】zhuó=lù *land*；*touch down*：飞机～了。Fēijī ～ le. *The plane landed.*
【着落】zhuóluò（名）(1) 下落 *whereabouts*：听说他丢的箱子 有～了。Tīng shuō tā diū de xiāngzi yǒu ～ le. *I heard that his missing luggage has been located.* (2) 可以指望的来源 *assured source*：演出的费用还没有～呢！Yǎnchū de fèiyòng hái méi yǒu ～ ne! *We still don't know how we're going to cover the costs for the performance!*
【着实】zhuóshí（副）(1)"确实"的意思,但不单纯肯定事物的 真实性,偏重强调程度深,放在动词前,"着实"后可以带 "地"（*has the same meaning as "确实", but it not only simply affirms the authenticity of sth., it lays particular stress on the extent of a degree*；*placed before a verb and may take "地"）really*；*indeed*：刚才你一喊,～吓了我一跳。Gāngcái nǐ yì hǎn, ～ xiàle wǒ yí tiào. *Your yelling just now really scared the daylights out of me.* /那个故事～感人。Nàge gùshi ～ gǎnrén. *That story is very moving indeed.* /让她 一个人承担那么重的任务,我心里～地不安。Ràng tā yí ge rén chéngdān nàme zhòng de rènwù, wǒ xīnli ～ de bù ān. *I really feel uneasy about asking her to assume such a heavy task by herself.* /你让母亲这样伤心,～不应该。Nǐ ràng mǔqīn zhèyàng shāng xīn, ～ bù yīnggāi. *You really shouldn't make your mother grieve so.* /用科学方法管理企 业,成效～显著。Yòng kēxué fāngfǎ guǎnlǐ qǐyè, chéngxiào ～ xiǎnzhù. *Using scientific methods to manage a business has produced a marked effect indeed.* (2) 表示动作、行为 的认真、实在的态度,可重叠为"着着实实" *seriously*；*severely*（*can be reduplicated as "着着实实"*）：我气得～批 评了他一顿。Wǒ qì de ～ pīpingle tā yí dùn. *I was so an-*

gry that I criticized him severely. /他把这样做的利弊～地考虑了一遍。Tā bǎ zhèyàng zuò de lìbì ～ de kǎolùle yí biàn. *He seriously weighed the pros and cons of doing it this way.* /老李计划在三年内着着实实地搞完这项研究。Lǎo Lǐ jìhuà zài sān nián nèi zhuózhuóshíshí de gǎowán zhè xiàng yánjiū. *Lao Li seriously plans on finishing this research project within three years.*

【着手】zhuóshǒu（动）开始作，动手 *set about*；*start to do sth.*；*put one's hand to*：这事让我从何～? Zhè shì ràng wǒ cóng hé ～? *From where do I start to do this?* /那套丛书他已经～编辑了。Nà tào cóngshū tā yǐjing ～ biānjí le. *He has already set about editing that series of books.* /赶快～准备，还来得及。Gǎnkuài ～ zhǔnbèi, hái lái de jí. *Hurry up and start getting ready. There's still time.*

【着想】zhuóxiǎng（动·不及物）(为某人或某事的利益)考虑 *consider (the interests of sb. or sth.)*：他总替别人～。Tā zǒng tì biérén ～. *He always considers the interests of others.* /我这个建议完全是为办好学校～。Wǒ zhège jiànyì wánquán shì wèi bànhǎo xuéxiào ～. *I was thinking solely about running the school well when I made this suggestion.* /他这是为你～。Tā zhè shì wèi nǐ ～. *He did this for your good.*

【着眼】zhuóyǎn（动）观察、考虑 *have sth. in mind*；*watch*：～未来 ～ *have one's eyes on the future* /设计方案要～于发展。Shèjì fāng'àn yào ～ yú fāzhǎn. *We must keep development in mind when designing a programme.* /我们办事要从大处～，不要计较小事。Wǒmen bàn shì yào cóng dà chù ～, búyào jìjiào xiǎo shì. *When handling matters, we must keep the whole in mind and not be too particular about trifles.* /你看问题的～点是不对的。Nǐ kàn wèntí de ～diǎn shì bú duì de. *The starting point from which you look at problems is incorrect.*

【着重】zhuózhòng（动）把重点放在(某一方面) *stress*；*emphasize*：这次讨论要～计划的可行性。Zhè cì tǎolùn yào ～ jìhuà de kěxíngxìng. *We must emphasize the feasibility of the plan in this discussion.* /～指出 ～ zhǐchū *emphatically point out* /～讲解 ～ jiǎngjiě *emphatically explain* /～讲清两个问题 ～ jiǎngqīng liǎng ge wèntí *go into two questions in particular and explain them clearly* /他～说明了经济改革的重要意义。Tā ～ shuōmíngle jīngjì gǎigé de zhòngyào yìyì. *He stressed the deep significance of economic reform.* /请您～介绍一下老舍先生后期的作品。Qǐng nín ～ jièshào yíxià Lǎo Shě xiānsheng hòuqī de zuòpǐn. *Please introduce in particular the later works of Mr. Lao She.*

【着重号】zhuózhònghào（名）标点符号(.)，用在横行文字的下边或竖行文字的右边，表示这些语句特别重要 *mark of emphasis (used beneath words in a horizontal line or to the right of words in a vertical line to stress their importance)*

琢 zhuó
（动）雕刻玉器 *carve (jade ware)*：精雕细～ *work at something with the care and precision of a jade sculptor* 另见 zuó

【琢磨】zhuómó（动）雕刻和打磨(玉器等)，也比喻加工使精美(指文章等) *carve and polish (jade, etc.)*；(*fig.*) *improve (an article, etc.)*；*polish*；*refine*：雕成一件玉器得反复～。Diāochéng yí jiàn yùqì děi fǎnfù ～. *Carving out a jade article requires repeated carving and polishing.* /这篇短文很费～。Zhè piān duǎnwén hěn fèi ～. *This article needs a lot of polishing.* 另见 zuómo

擢 zhuó
（动）〈书〉提拔 *pull out*；*promote*

【擢升】zhuóshēng（动）〈书〉提高(职位、级别等) *promote*；*advance (to a higher position, rank, etc.)*

濯 zhuó
（动）〈书〉洗 *wash*

镯 〔鐲〕zhuó
（名）◇ *bracelet*

【镯子】zhuózi（名）[只 zhī、对 duì、副 fù] *bracelet*

zī

吱 zī
（象声）多形容小动物叫声 *chirp*；*squeak*；*cheep*：老鼠～～叫。Lǎoshǔ ～～ jiào. *The mouse was squeaking.*

【吱声】zī=shēng 发出语声(多为否定式) *make a sound*；*utter a word*：你怎么不～? Nǐ zěnme bù ～? *Why can't we get a peep out of you?* /他没～就走了，也不知道什么时候回家。Tā méi ～ jiù zǒu le, yě bù zhīdào shénme shíhou huí jiā. *He went off without saying a word, and I don't know when he'll be back.*

孜 zī

【孜孜不倦】zīzī bù juàn 孜孜：勤勉的样子。十分勤奋，不知疲倦 (孜孜：*diligent*) *diligently*；*indefatigably*：她一生从事幼儿教育工作。Tā yìshēng ～ cóngshì yòu'ér jiàoyù gōngzuò. *Sue has been indefatigably engaged all her life in educational work for preschool children.* /他每夜～攻读外语。Tā měi yè ～ gōngdú wàiyǔ. *Every evening he diligently studies foreign languages.*

咨 zī
（动）◇ 商量、询问 *consult*；*discuss*；*ask about*

【咨文】zīwén（名）*report delivered by the head of a government on affairs of state*：国情～ guóqíng ～ *State of the Union Message*

【咨询】zīxún（动）*seek advice from*；*consult*：～机关 ～ jīguān *advisory body* /接受～ jiēshòu ～ *provide consulting service*

【咨议】zīyì（动）〈书〉顾问性的讨论 *ask for advice*；*hold a consultation* (名) 旧时一种顾问性官职 *advisory official (obsolete)*

姿 zī
（名）◇ 容貌；姿势 *looks*；*appearance*；*gesture*

【姿色】zīsè（名）〈旧〉(妇女) 美好的容貌 *(of a woman) good looks*

【姿势】zīshì（名）*posture*；*gesture*：～优美 ～ yōuměi *have a graceful carriage*

【姿态】zītài（名）(1)姿势，样子 *posture*；*carriage*：这个舞蹈～很美。Zhège wǔdǎo ～ hěn měi. *This dance posture is very beautiful.* (2)态度 *attitude*：领导人以普通劳动者的～出现在群众之中。Lǐngdǎorén yǐ pǔtōng láodòngzhě de ～ chūxiàn zài qúnzhòng zhī zhōng. *Leaders appear among the masses as ordinary workers.* (3) 风格 *style*：他的～高，一切都不计较。Tā de ～ hěn gāo, yíqiè dōu bú jìjiào. *His style is very noble. He doesn't haggle over anything.* /你是干部，～应该高一些。Nǐ shì gànbù, ～ yīnggāi gāo yìxiē. *You're a cadre, so you should be a little more magnanimous.* /为个人的一点小利与人争执，～未免太低了。Wèi gèrén de yìdiǎn xiǎo lì yǔ rén zhēngzhí, ～ wèimiǎn tài dī le. *Arguing with others just for the slightest personal gain is really being low.*

资

〔资〕zī
（名）◇ (1) 钱，财物 money；property；belongings；筹～办厂 chóu ~ bàn chǎng raise funds to start a factory (2) 资格；资历 qualifications；record of service（动）◇ (1) 资助 subsidize；aid financially (2) 提供 supply；provide；以～参考 yǐ ~ cānkǎo for reference

【资本】zīběn（名）〈经〉capital

【资本家】zīběnjiā（名）capitalist

【资本主义】zīběnzhǔyì（名）capitalism

【资财】zīcái（名）〈书〉资金和物资 capital and goods assets

【资产】zīchǎn（名）(1) 财产 property (2) 企业资金 capital fund；assets；固定～ gùdìng ~ fixed assets /这个公司拥有大量～. Zhège gōngsī yōngyǒu dàliàng ~. This company owns a large amount of assets.

【资产阶级】zīchǎnjiējí（名）the capitalist class；the bourgeoisie

【资方】zīfāng（名）在公私合营企业中的资本家一方 those representing capital (in a joint state-private enterprise)

【资格】zīgé（名）(1) 参加某种工作或活动所具备的身份或条件 qualifications；代表～ dàibiǎo ~ qualifications for a representative /取消比赛～ qǔxiāo bǐsài ~ be disqualified from the competition /他最有～参加评审委员会了。Tā zuì yǒu ~ cānjiā píngshěn wěiyuánhuì le. He was the most qualified to join the credentials committee. (2) 从事某种工作或活动的经历 record of service；seniority：老～ lǎo ~ veteran /在我们几个人里边，他的～最老，已经从事教育工作快四十年了。Zài wǒmen jǐ ge rén lǐbiān, tā de ~ zuì lǎo, yǐjīng cóngshì jiàoyù gōngzuò kuài sìshí nián le. He has the most seniority among us. He has been engaged in educational work for almost forty years.

【资金】zījīn（名）〈经〉fund

【资历】zīlì（名）qualifications and record of service：用干部不能只看～。Yòng gànbù bù néng zhǐ kàn ~. When appointing a cadre, one should not only look at the record of service. /他参加革命早，～长。Tā cānjiā gémìng zǎo, ~ cháng. He joined the revolution early and has a long record of service.

【资料】zīliào（名）(1) 生产、生活中必需的东西 means：生产～ shēngchǎn ~ means of production /生活～ shēnghuó ~ means of subsistence (2) 用做依据的材料 data；material：参考～ cānkǎo ~ reference material /统计～ tǒngjì ~ statistical data /整理～ zhěnglǐ ~ sort out the data /占有大量～ zhànyǒu dàliàng ~ have a vast amount of data /～室 ~ shì reference room

【资源】zīyuán（名）natural resources；resources：水力～ shuǐlì ~ water resources /地下～ dìxià ~ underground resources /开发人力～ kāifā rénlì ~ tap human resources

【资助】zīzhù（动）用财物帮助 aid financially；subsidize：拍这部电视片，有很多单位～。Pāi zhè bù diànshìpiàn, yǒu hěn duō dānwèi ~. There are many units that have given financial aid for the making of this television movie. /伯父～我上大学。Bófù ~ wǒ shàng dàxué. My uncle gave me financial help to go to university.

辎

〔辎〕zī

【辎重】zīzhòng（名）行军时由运输部队携带的物资 an army's baggage; impedimenta

孳

孳 zī（动）◇ 繁殖 multiply; propagate

【孳生】zīshēng（动）同“滋生”zīshēng (1) same as "滋生" zīshēng (1)

滋

滋 zī（动）滋生 cause; create; grow; multiply；泡的豆子～了。Pào de dòuzi ~ yár le. The beans that were soaked have grown sprouts. /酗酒～事 xùjiǔ ~ shì get drunk and create a disturbance

【滋补】zībǔ（动）（用营养丰富的食物或营养性药品）补养（身体）nourish (with vitamin-rich food, tonics, etc.)

【滋润】zīrùn（动）增添水分，使不干枯 moisten：肥水～着土地。Féishuǐ ~ zhe tǔdì. Fertilized water moistens earth. /这种美容霜可以～皮肤。Zhè zhǒng méiróngshuāng kěyǐ ~ pífū. This type of facial cream moisturizes the skin. /他的爱～着玉秀的心田。Tā de ài ~ zhe Yùxiù de xīntián. His love brought tenderness to Yuxiu's heart.（形）含水分多，不干枯 moist：土地～、禾苗壮。Tǔdì ~, hémiáo zhuàng. Young crops grow strong in moist earth. /她皮肤～、脸色白里透红。Tā pífū ~, liǎnsè bái lǐ tòu hóng. Her skin is soft and her complexion is fair with a touch of red.

【滋生】zīshēng（动）〈书〉(1) 繁殖、生长 multiply；breed；propagate：清除污水，防止～蚊蝇。Qīngchú wūshuǐ, fángzhǐ ~ wén yíng. Eliminate polluted water so as to prevent the breeding of flies and mosquitoes. (2) 引起、发生 cause；create；provoke：这几个孩子，如不严加管教，又要～事端。Zhè jǐ ge háizi, rú bù yán jiā guǎnjiào, yòu yào ~ shìduān. If these children are not sternly disciplined, they will cause more trouble.

【滋味】zīwèi（名）（～儿）(1) taste；flavour：这菜的～儿怎么样？Zhè cài de ~r zěnmeyàng? How does this dish taste? (2) (used figuratively)：心里酸甜苦辣，真是什么～儿都有。Xīnli suān tián kǔ là, zhēn shì shénme ~r dōu yǒu. My heart feels a bit of everything — sourness, sweetness, bitterness and what not. / 妻离子散，家破人亡，这种～你尝过吗？Qī lí zǐ sàn, jiā pò rén wáng, zhè zhǒng ~ nǐ chángguo ma? Have you ever had a taste of life with your family broken up, some dead?

【滋养】zīyǎng（动）供给养分 nourish

【滋长】zīzhǎng（动）生长（多用于缺点方面）(of a shortcoming, etc.) grow；develop：最近，他～了自满情绪。Zuìjìn, tā ~ le zìmǎn qíngxù. He has grown very complacent recently.

龇

龇 zī（动）〈口〉（稍过分地）露出（牙齿）bare (one's teeth)：～牙咧嘴 yá liě zuǐ grimace；look fierce /～着牙～zhe yá with bared teeth

zǐ

子

子 zǐ（名）(1) ◇ 儿子 son：母与～ mǔ yǔ ~ mother and son /独生～女 dúshēng ~ nǚ an only son or daughter (2) （～儿）种子 seed：今年春天她找了不少花～种在院子里。Jīnnián chūntiān tā zhǎole bù shǎo huā ~r zhòng zài yuànzi li. She found quite a few flower seeds to plant in the courtyard this spring. (3) 卵 ovum；egg；spawn：鱼～ yú ~ roe /虾～ xiā ~ shrimp roe /鸡～儿 jī ~r hen's egg (4) 小而硬的东西 something small and hard：棋～ qí ~r chess piece /石头～ shítou ~r pebble /枪～ qiāng ~r bullet (5) 古代对男子的美称，特指有学问，有道德的男子 ancient title of respect, usu. for a learned or virtuous man：孔～ Kǒng ~ Confucius /孟～ Mèng ~ Mencius /诸～百家 zhū ~ bǎi jiā the various schools of thought and theire exponents (during the period from pre-Qin times to the early years of the Han Dynasty) 另见 zi

【子畜】zǐchù（名）幼小的牲畜 young domestic animal

【子弹】zǐdàn（名）［发 fā、粒 lì、颗 kē］bullet；cartridge

【子弟】zǐdì（名）指年轻的后辈 juniors；children：干部～ gànbù～ the children of cadres/工农～ gōngnóng～ the children of workers and peasants /职工～中学 zhígōng～ zhōngxué middle school for the children of the workers and staff (of a factory, etc.)

【子弟兵】zǐdìbīng（名）原指由本乡本土的青年组成的军队，现在是对人民军队亲热的称呼 (originally) army made up of young people from one's native soil；(now) term of endearment used by the people in addressing the PLA：人民热爱～。Rénmín rè'ài～. The people dearly love their army.

【子宫】zǐgōng（名）〈生理〉uterus；womb

【子棉】zǐmián（名）摘下后还没去掉种子的棉花 unginned cotton

【子母扣】zǐmǔkòur（名）snap fastener

【子女】zǐnǚ（名）儿子和女儿 sons and daughtrs；children：他的～都长大了。Tā de～ dōu zhǎngdà le. All his children have grown up.

【子孙】zǐsūn（名）儿子和孙子，泛指后代 sons and grandsons；descendants：～万代～ wàndài endless coming generations /后代～ bòudài～ later generations

【子午线】zǐwǔxiàn（名）meridian line

【子夜】zǐyè（名）半夜 midnight

【子音】zǐyīn（名）〈语〉辅音 consonant

仔 zǐ
（形）◇ 幼小的（多指牲畜家禽等）(of domestic animals, fowls, etc.) young：～猪～ zhū piglet /～鸡～ jī chick

【仔细】zǐxì（形）(1) 细心，周密 careful；attentive：他做事很～，可以放心。Tā zuò shì hěn～, kěyǐ fàng xīn. You can rest assured, He's very careful in everything he does. / 我看得很～。Wǒ kàn de hěn～. I read it very carefully. /他是个～人，不会忘的。Tā shì ge～ rén, bú huì wàng de. He's a very careful person. He won't forget. /观察～ guānchá observe carefully/～探索～ tànsuǒ explore very carefully (2) 小心，当心 be careful；be cautious：你拿的时候～点儿，别把杯子碰坏了。Nǐ ná de shíhou～ diǎnr, bié bǎ bēizi pènghuài le. Be careful not to break the glasses when you carry them. (3) 节俭 be frugal：日子过得很～。Rìzi guò de hěn～. be very frugal in daily expenses

姊 zǐ
（名）◇ 姐姐 elder sister；sister

【姊妹】zǐmèi（名）elder and younger sisters；sisters

籽 zǐ
（名）(～儿) 植物的种子，同"子"zǐ (2) seed (same as "子" zǐ (2))

【籽棉】zǐmián（名）同 "子棉" zǐmián same as "子棉" zǐmián

紫 zǐ
（形·非谓）purple；violet

【紫菜】zǐcài（名）laver

【紫貂】zǐdiāo（名）sable

【紫红】zǐhóng（形·非谓）purplish red

【紫禁城】Zǐjìnchéng（名）北京故宫的旧称，旧时也叫"皇城" the Forbidden City (i. e., the Imperial Palace in Beijing；also formerly called "皇城")

【紫罗兰】zǐluólán（名）violet

【紫色】zǐsè（名）purple colour

【紫外线】zǐwàixiàn（名）〈物〉ultraviolet ray

【紫药水】zǐyàoshuǐr（名）gentian violet

zì

自 zì
（代）◇ 自己（多用于书面语）self；oneself；one's own (usu. used in the written language)：～找麻烦～ zhǎo máfan be looking for trouble /～寻烦恼～ xún fánnǎo bring vexation on oneself /～找罪受～ zhǎo zuì shòu bring suffering on oneself /～不量力～ bú liànglì not know one's own limitations /～画像～ huàxiàng self-portrait (副)〈书〉与副词"自然""当然"意思相同 (same as the adverbs "自然" and "当然") of course；certainly：由于疏忽，他在账目上出了差错，今后～当特别小心。Yóuyú shūhū, tā zài zhàngmù shang chūle chācuò, jīnhòu～ dāng tèbié xiǎoxīn. Owing to carelessness, he made an error in the accounts. From now on, he will certainly be very careful. /如果你能帮我修好电视机，我～是感激不尽。Rúguǒ nǐ néng bāng wǒ xiūhǎo diànshìjī, wǒ～ shì gǎnjī bú jìn. I would of course be immensely grateful if you would help me fix the TV set. /放心吧! 到时候～会有人来帮忙。Fàng xīn ba! dào shíhou～ huì yǒu rén lái bāng máng. Don't worry! Someone will certainly come to help when it's time. /操作程序并不复杂，你练习一个星期～能掌握。Cāozuò chéngxù bìng bú fùzá, nǐ liànxí yí ge xīngqī～ néng zhǎngwò. The operation sequence is not at all complicated. You're bound to master it after a week's practice. (介) (1) 意思同"从" cóng，多用于书面语 same as "从" cóng (usu. used in the written language) ① 表示时间的起点 (indicates a starting point in time)：他～幼好学。Tā～ yòu hào xué. He has been eager to learn since childhood. /～参加工作以来，她一直努力上进。～ cānjiā gōngzuò yǐlái, tā yìzhí nǔ lì shàngjìn. She has been working hard and making progress ever since she started work. /～ 认识他到现在，已经三年了。～ rènshi tā dào xiànzài, yǐjīng sān nián le. It has already been three years since I first met him. /～ 1953 年开始，她就住在北京。～ yījiǔwǔsān nián kāishǐ, tā jiù zhù zài Běijīng. She has been living in Beijing since 1953. ②表示空间的起点 (indicates a starting point in space)：这班飞机～北京飞往广州。Zhè bān fēijī～ Běijīng fēi wǎng Guǎngzhōu. This regular flight goes from Beijing to Guangzhou. /～第一个房间到最后一个房间，足有四五十米远。～ dìyī ge fángjiān dào zuìhòu yí ge'fángjiān, zú yǒu sì-wǔshí mǐ yuǎn. It's a full forty or fifty metres from the first room to the last one. /练习～第五题做起。Liànxí～ dìwǔ tí zuò qǐ. Start doing the exercises from the fifth question. ③ 表示来源或出发的处所 (indicates the place of origin or from which one sets out)：河水～西向东流去。Héshuǐ～ xī xiàng dōng liú qù. The river flows from west to east. /小刘～瓜地里抱来两个大西瓜。Xiǎo Liú～ guādì lǐ bàolái liǎng ge dà xīguā. Xiao Liu carried over two big watermelons from the melon patch. /他～雄蕊上取下了花粉。Tā～ xióngruǐ shang qǔxiàle huāfěn. He got pollen from the stamen. ④ 与"至""而"等呼应，表示范围 (used together with "至", "而", etc. to indicate scope)：方圆几十里，～老至幼没有不认识他的。Fāngyuán jǐ shí lǐ,～ lǎo zhì yòu méi yǒu bú rènshi tā de. From the old to the young, there isn't a soul within a circumference of dozens of li who doesn't know him. /这个文件～上而下进行传达。Zhège wénjiàn～ shàng ér xià jìnxíng chuándá. This document was passed on from the top level to the bottom. ⑤ 表示动作经过的路线或处所 (indicates the route or place through which an action passes)：演员～舞台左侧上场。Yǎnyuán～ wǔtái zuǒcè shàng chǎng. The actors entered from the left side of the stage. /战士们刚～阵地上下来。Zhànshimen gāng～ zhèndì shang xiàlai. The soldiers have

just come from the advance position. （2）"自……"放在动词后，表示动作发出的处所或发生的原因（"自..." *is placed after a verb to indicate the place from which an action starts or the reason it occurs*）：消息来～前线。Xiāoxi lái ～ qiánxiàn. *This news comes from the front.* /这是出～内心的喜悦。Zhè shì chū ～ nèixīn de xǐyuè. *This is a joy that comes from the heart.* /这句话引～昨天报上的社论。Zhè jù huà yǐn ～ zuótiān bào shang de shèlùn. *This quote is taken from yesterday's newpaper editorial.* /他俩的争执，完全出～个人恩怨。Tā liǎ de zhēngzhí, wánquán chū ～ gèrén ēnyuàn. *The dispute between those two is based wholly on personal feelings.*

【自爱】zì'ài（动）爱惜自己的（人格、名誉、尊严等）*self-respect; self-regard*：这个人不知自～。Zhège rén bù zhīdào ～. *This person has no self-respect.* /一个人应当～。Yí ge rén yīngdāng ～. *A person should have regard for himself.*

【自拔】zìbá（动·不及物）自己从痛苦或罪恶中解脱出来（多用于否定）*free oneself (from pain, evil doing, etc.) (usu. used in the negative)*：他堕入罪恶的泥潭，不能～。Tā duòrù zuì'è de nítán, bù néng ～. *He has sunk into the mire of evil and is unable to extricate himself.*

【自白】zìbái（名）自己的表白 *vindicate oneself*

【自暴自弃】zì bào zì qì：糟踏，损害。弃：抛弃。指自己甘心堕落，不求上进（暴：*harm*; 弃：*abandon*）*give oneself up as hopeless; resign oneself to being backward and not seek to advance*：你应该振作精神，不要～。Nǐ yīnggāi zhènzuò jīngshén, búyào ～. *You should pull yourself together. Don't resign yourself to being backward.*

【自卑】zìbēi（形）觉得自己不如别人，自己看不起自己 *feel oneself inferior; look down upon oneself*：他～感～gǎn *inferiority complex* /他不自满也不～。Tā bú zìmǎn yě bù ～. *He's neither complacent nor does he feel inferior.*

【自备】zìbèi（动）自己带（集体不给准备）*provide for oneself*：去学校食堂用餐，要～碗筷。Qù xuéxiào shítáng yòng cān, yào ～ wǎnkuài. *Those who take their meals at the school cafeteria must bring their bowls and chopsticks.* /明天去长城游览，午饭～。Míngtiān qù Chángchéng yóulǎn, wǔfàn ～. *Those who are going to the Great Wall tomorrow provide their own lunches.*

【自便】zìbiàn（动·不及物）按自己的意愿行动，随自己的方便 *at one's convenience; as one pleases*：听其～，不要管得太多。Tīng qí ～, búyào guǎn de tài duō. *Let him do as he pleases. Don't bother about him too much.* /您～吧，别为我耽误您的时间了。Nín ～ ba, bié wèi wǒ dānwu nín de shíjiān le. *Do as you please. Don't let me hold you up.*

【自惭形秽】zì cán xíng huì　惭：惭愧；形秽：不体面。因为自己不如别人而感到惭愧（惭：*be ashamed*；形秽：*dishonourable*）*feel ashamed of one's inferiority*

【自称】zìchēng（动）（1）自己称呼自己 *call oneself*：他住的地方叫绿园，他～绿园居士。Tā zhù de dìfang jiào Lǜyuán, tā ～ Lǜyuán Jūshì. *He lives in a place called Green Park, so he calls himself the Lay Buddhist of Green Park.* （2）自己说 *claim to be; profess*：他～是海军大将的儿子，到处行骗。Tā ～ shì hǎijūn dàjiàng de érzi, dàochù xíngpiàn. *He claims to be the son of a high-ranking naval officer and goes around practising deception everywhere.*

【自成一家】zì chéng yī jiā　在某种学问或技术上有与众不同的见解和风格，能自己成为一个体系（*in a certain type of scholarship, skill, etc.*）*have a style of one's own; be unique in one's style*

【自吹自擂】zì chuī zì léi *blow one's own horn*：你别听他的，他一贯会～。Nǐ bié tīng tā de, tā yíguàn huì ～. *Don't listen to him. He always blows his own horn.*

【自从】zìcóng（介）意思同"从"cóng，但仅表示过去时间的起点；常与"就""起""到""以后""以来"等呼应，宾语必是表示时间的词语、结构，必须多于一个音节，述语可以是否定的 *since; from (has the same meaning as "从" cóng, but only indicates a starting point in the past; often used together with "就","起","到","以后","以来", etc.; its object must be a word or structure denoting time which must have more than one syllable; the verb may be in the negative)*：～五月以后，天气就渐渐热起来了。～ wǔyuè yǐhòu, tiānqi jiù jiànjiàn rè qǐlai le. *The weather has been gradually getting warmer since May.* /～六岁起，她就常跟妈妈到地里去劳动。～ liù suì qǐ, tā jiù cháng gēn māma dào dìlǐ qù láodòng. *From the time she was six years old, she started to work in the fields with her mother.* /～参军到现在，他没回过一趟家。～ cān jūn dào xiànzài, tā méi huíguo yí tàng jiā. *From the time he joined the army till now, he hasn't returned home once.* /～开春以来，这里的游人不断增加。～ kāichūn yǐlái, zhèlǐ de yóurén búduàn zēngjiā. *The number of tourists has been steadily increasing since the beginning of spring.*

【自大】zìdà（形）自己以为了不起 *feel self-important; arrogant; conceited*

【自得】zìdé（动·不及物）自己感到得意或舒适（有时含贬义）*satisfied; contented*：洋洋～ yángyáng ～ *complacent; smug*

【自动】zìdòng（形）（1）自己主动，多作状语 *voluntarily; of one's own accord (usu. used as an adverbial)*：我没叫他，是他～来帮忙的。Wǒ méi jiào tā, shì tā ～ lái bāng máng de. *I didn't call him, he came to help of his own accord.* /水～地流到田里。Shuǐ ～ de liúdào tián lì. *The water flows by itself into the fields.* （2）用人力可用机械装置直接操作的 *automatic*：～开关 ～ kāiguān *automatic switch* /～生产线 ～ shēngchǎnxiàn *automatic production line* /～控制 ～ kòngzhì *automatic control*

【自动化】zìdònghuà（动·不及物）*automate*：十字路口的红绿灯已经～了。Shízì lùkǒu de hónglùdēng yǐjing ～ le. *Traffic lights at crossroads are already automated.*

【自发】zìfā（形·非谓）不受外力影响，自己产生的 *spontaneous*：～势力 ～ shìlì *spontaneous force* /～性 ～xìng *spontaneity* /～倾向 ～ qīngxiàng *spontaneous tendency* /这种学习热情是～的，根本没有动员。Zhè zhǒng xuéxí rèqíng shì ～ de, gēnběn méiyou dòngyuán. *This kind of enthusiasm for learning is spontaneous. It wasn't mobilized by anybody.* /群众～地组织起来。Qúnzhòng ～ de zǔzhī qǐlai. *The masses spontaneously organized themselves.*

【自费】zìfèi（形）自己负担费用 *at one's own expense; (financially) self-supporting*：～生 ～ shēng *a self supporting student* /～留学 ～ liúxué *study abroad at one's own expense* /他们去旅行完全～。Tāmen qù lǚxíng wánquán ～. *They are travelling at their own expense.*

【自封】zìfēng（动）自己以为自己有某种身份，含贬义 *proclaim oneself (has a sarcastic meaning)*：～为文学家 ～ wéi wénxuéjiā *proclaim oneself a man of letters* /他这个专家是～的。Tā zhège zhuānjiā shì ～ de. *He's a self-proclaimed expert.*

【自负】zìfù（形）自以为了不起 *arrogant, conceited*：这个人很～。Zhège rén hěn ～. *This person is very conceited.* （动）自己负责 *be responsible for (one's own actions, etc.)*：文责～ wénzé ～ *The author takes sole responsibility for his views.*

【自负盈亏】zì fù yíng kuī　企业在经营中，盈亏由自己负责（亏损国家不补贴）*(of an enterprise) assume sole responsibility for its profits or losses*

【自甘堕落】zì gān duòluò　自己甘心往坏里变 *wallow in degeneration; abandon oneself to vice*

【自高自大】zì gāo zì dà　自以为了不起 *feel self-important; arrogant; conceited*：他的毛病就是～。Tā de máobing jiù

shì ～. *His shortcoming is that he's full of his own self-importance.*

【自告奋勇】zì gào fènyǒng 告：表示，主动要求担当某项任务（告：*show*）*offer to undertake (a difficult task); volunteer (to do sth. difficult)*：小杨～，主动承担抄写任务。Xiǎo Yáng ～, zhǔdòng chéngdān chāoxiě rènwù. *Xiao Yang has volunteered to undertake the task of copying.*

【自供状】zìgòngzhuàng（名）*confession*

【自顾不暇】zì gù bù xiá 暇：空闲。连自己都顾不过来（哪能帮助别人）（暇：*idle*）*be unable even to look after oneself (much less help others); be busy enough with one's own affairs*：他现在～，还能给你帮什么忙？Tā xiànzài ～, hái néng gěi nǐ bāng shénme máng? *He's too busy with his own affairs right now, so how can he help you?*

【自豪】zìháo（形）～ 感 ～ gǎn *sense of pride*：以此～ yǐ cǐ ～ *be proud of this* /全村人为村里出现这样的英雄而感到～. Quán cūn rén wèi cūn lǐ chūxiàn zhèyàng de yīngxióng ér gǎndào ～. *All the people in the village felt proud that such a hero came from their village.*

【自己】zìjǐ（代）(1) 指"本人"、"本身"或复指前面的名词或代词 *self; oneself; itself*：克服困难要靠～. Kèfú kùnnan yào kào ～. *One must depend on oneself to overcome difficulties.* / ～ 的房间～打扫。～ de fángjiān ～ dǎsǎo. *Each must sweep his own room.* /书怎么会～不见了？准是谁拿走了。Shū zěnme huì ～ bú jiàn le? Zhǔn shì shuí názǒu le. *How could the book have disappeared of itself? Somebody must have taken it.* (2) 单独一个人 *alone; by oneself*：今天家里就我～，没别人。Jīntiān jiā lǐ jiù wǒ ～, méi biérén. *I'm home alone today. There's nobody else here.* (3) 亲近的，关系密切的 *closely related; own*：都是～的同志，不必谦让了。Dōu shì ～ de tóngzhì, búbì qiānràng le. *We're all comrades. There's no need to decline out of modesty.*

【自己人】zìjǐrén（名）彼此关系密切的人 *people on one's own side; one of us*：～，有什么事不好商量。～, yǒu shénme shì bù hǎo shāngliang. *There's nothing that can't be discussed among one's own people.* /都是～，说话不要有那么多顾虑。Dōu shì ～, shuō huà búyào yǒu nàme duō gùlǜ. *You're among friends, so don't have so many misgivings about speaking up.*

【自给】zìjǐ（动·不及物）*self-sufficient; self-supporting*：～ 有余 ～ yǒuyú *be more than self-sufficient* /这个省粮食完全～. Zhège shěng liángshi wánquán ～. *This province is completely self-sufficient in grain.*

【自给自足】zì jǐ zì zú 给：供给。依靠自己的生产，满足自己的需求（给：*supply*）*autarky; be completely self-sufficient*：小农经济是一种～的经济。Xiǎonóng jīngjì shì yì zhǒng ～ de jīngjì. *Small-scale peasant economy is one type of autarky.*

【自荐】zìjiàn（动）自己推荐自己 *recommend oneself (for a job); offer one's services*：小王～当厂长。Xiǎo Wáng ～ dāng chǎngzhǎng. *Xiao Wang recommended himself for the position of factory director.*

【自救】zìjiù（动·不及物）自己救自己 *save oneself*：灾区要组织生产～. Zāiqū yào zǔzhī shēngchǎn ～. *We must ensure that those in the disaster areas can provide for and help themselves by engaging in production.*

【自居】zìjū（动）自以为具有某种身分，常用于"以……自居"的句式中，含贬义 *consider oneself to be; pose as (often used in the construction "以…自居"; has a sarcastic meaning)*：以领导～ yǐ lǐngdǎo ～ *consider oneself to be the leader* / 以老教师～ yǐ lǎo jiàoshī ～ *pose as a veteran teacher* /以专家～ yǐ zhuānjiā ～ *consider oneself to be an expert*

【自决】zìjué（动）自己决定自己的事 *be self-determined*：～权 ～ quán *right to self-determination*

【自觉】zìjué（动）自己感觉到（多用于否定句）*feel; perceive (usu. used in a negative sentence)*：他开始走下坡路而不

～. Tā kāishǐ zǒu xiàpōlù ér bú ～. *He didn't feel it when he started to go downhill.* /我没什么～症状。Wǒ méi shénme ～ zhèngzhuàng. *I don't feel any symptoms.* (形) 有认识有觉悟，因而主动 *conscious; aware; conscientious*：他参加业余学习，十分～. Tā cānjiā yèyú xuéxí, shífēn ～. *He studies in his spare time and is extremely conscientious about it.* / 请～遵守会场秩序。Qǐng ～ zūnshǒu huìchǎng zhìxù. *Please conscientiously observe order in the conference hall.* /请你～点儿，别大声说话。Qǐng nǐ ～ diǎnr, bié dà shēng shuō huà. *Please be a little more conscientious and don't speak in a loud voice.* /他做错了事，不是～的。Tā zuòcuòle shì, hú shì ～ de. *He made a mistake but was not aware of it.* /他帮护士打扫病房，完全是～的。Tā bāng hùshi dǎsǎo bìngfáng, wánquán shì ～ de. *He was entirely conscientious about helping the nurse clean the ward.*

【自觉性】zìjuéxìng（名）由于有觉悟而主动去做应做的事的一种品质 *(level of) consciousness*：这班学生～很高，从来不用老师操心。Zhè bān xuésheng ～ hěn gāo, cónglái bú yòng lǎoshī cāo xīn. *This class of students has a high level of consciousness so the teacher has never had to worry about it.* / 提高～，克服盲目性。Tígāo ～, kèfú mángmùxìng. *Heighten the level of consciousness and overcome blindness.*

【自觉自愿】zìjué zìyuàn 自己认识到应该这样做而心甘情愿地（去做）*be conscious of sth., and do it willingly; of one's own free will*：人们都～地踊跃认购国库券。Rénmen dōu ～ de yǒngyuè rèngòu guókùquàn. *All the people eagerly subscribed for government bonds.*

【自绝】zìjué（动·不及物）*alienate oneself*：～于人民 ～ yú rénmín *alienate oneself from the people*

【自控】zìkòng（动·不及物）(1) *control oneself*：无法～ wúfǎ ～ *have no way to control oneself*

【自夸】zìkuā（动）*sing one's own praises*：即使你的功劳再大，也不要～. Jíshǐ nǐ de gōngláo zài dà, yě búyào ～. *Even if you made a greater contribution, you still shouldn't sing your own praises.*

【自来水】zìláishuǐ（名）*running water; tap water*：～笔 ～bǐ *fountain pen*

【自理】zìlǐ（动）自己承担、料理 一般不带宾语 *take care of sth. by oneself; provide for oneself (does not usu. have an object)*：参加会议的人，饭费～. Cānjiā huìyì de rén, fànfèi ～. *Those who are attending the conference must pay for their own meals.* /他半身瘫痪，生活不能～. Tā bànshēn tānhuàn, shēnghuó bù néng ～. *Half of his body is paralysed so he can't take care of himself.*

【自力更生】zì lì gēng shēng 更生：重新获得生命。形容靠自己的力量把事情做好（更生：*regenerate*）*regeneration through one's own efforts; be self-reliant*：这个厂是靠～发展起来的。Zhège chǎng shì kào ～ fāzhǎn qilai de. *This factory developed by depending on its own self-reliance.*

【自立】zìlì（动·不及物）靠自己的劳动而生活 *earn one's own living; support oneself*：他在经济上已经能够～了。Tā zài jīngjì shang yǐjīng nénggòu ～ le. *He can already support himself financially.*

【自量】zìliàng（动·不及物）正确估计自己的力量或能力 *(accurately) estimate one's own strength or ability*：干不了非得干，太不～了。Gàn bu liǎo fēi děi gàn, tài bú ～ le. *He insists on doing something he can't do. He overestimates his own ability.*

【自流】zìliú（动·不及物）(1)（水）自动地流 *(of water, etc.) flow automatically; by itself*：～井 ～jǐng *artesian well* / ～灌溉 ～ guàngài *gravity irrigation* (2) 比喻在缺乏领导的情况下自由发展，不能达到预期的目的 *(of a thing) take its natural course; (of a person) do as one pleases (and thus not attain the anticipated object for lack of a leader)*：任其～ rèn qí ～ *let things drift along* / 业余

文娱活动，工会如不过问，容易～。Yèyú wényú huódòng, gōnghuì rú bú guòwèn, róngyì ～. *If the labour union doesn't concern itself with sparetime recreational activities, they can easily drift by the wayside.*

【自留地】zìliúdì（名）中国实行农业合作化时留给农民个人经营的小块土地，产品为个人所有 *family plot; private plot of land for personal needs (allotted to peasants during the implementation of the agricultural cooperative movement)*

【自满】zìmǎn（形）*self-satisfied; complacent*：克服一情绪 kèfú ～ qíngxù *overcome complacency* / 他有点儿成就就不愿继续努力了。Tā róngyì ～, yǒu diǎnr chéngjiù jiù bú yuàn jìxù nǔ lì le. *He becomes self-satisfied very easily. As soon as he meets with a little success, he isn't willing to continue working hard.*

【自命不凡】zì mìng bù fán 命：认为。不凡：不同一般。自以为超出一般人，形容骄傲自大（命：*consider*; 不凡：*out of the ordinary*）*consider oneself no ordinary being; consider oneself head and shoulders above the ordinary run; extremely conceited*：我一见他那种～的样子就反感。Wǒ yí jiàn tā nà zhǒng ～ de yàngzi jiù fǎngǎn. *As soon as I see that excessively conceited manner of his, I get disgusted.*

【自欺欺人】zì qī qī rén 欺骗自己，也欺骗别人 *deceive oneself as well as others*：有错就承认，不要狡辩，～。Yǒu cuò jiù chéngrèn, búyào jiǎobiàn, ～. *If you've made a mistake, admit it. Don't quibble and try to deceive yourself as well as others.*

【自强不息】zì qiáng bù xī 自己努力向上，永远不懈怠 *constantly strive to advance; make unceasing efforts to improve oneself and never slack off*

【自然】zìrán（名）*natural world; nature*：大一 dà～ *nature* / 征服～ zhēngfú ～ *conquer nature*（形）（1）不造作，不呆板 *natural*：演戏最怕不～ Yǎn xì zuì pà bú ～. *The thing I dread most about performing is not doing it naturally.* / 他这张照片拍得很～。Tā zhè zhāng zhàopiàn pāi de hěn ～. *He looks very natural in this photograph.* 合乎情理的 *reasonable; natural*：他怕考不上，口试时非常紧张，这很～。Tā pà kǎo bu shàng, kǒushì shí fēicháng jǐnzhāng, zhè hěn ～. *He was afraid of failing, so naturally he was nervous during the oral exam.* / 他的建议很好，你一点儿也不考虑，他～不高兴。Tā de jiànyì hěn hǎo, nǐ yìdiǎnr yě bù kǎolǜ, tā ～ bù gāoxìng. *His suggestion was a very good one. It is only natural that he isn't happy as you aren't even considering it.*（副）表示某种现象的产生是合乎规律、合乎情理的 *naturally; of course; stand to reason*：他家人口多，收入少，生活～不富裕。Tā jiā rénkǒu duō, shōurù shǎo, shēnghuó ～ bú fùyù. *He has a large family and a low income, so naturally he's not well-off.* / 这是他的私事，～不愿别人过问。Zhè shì tā de sīshì, ～ bú yuànyì biérén guòwèn. *This is his own private business. Naturally, he doesn't want others to poke their noses in it.* / 你开车总是慌慌张张的，～让人担心。Nǐ kāi chē zǒngshì huānghuāngzhāngzhāng de, ～ ràng rén dān xīn. *You always get flustered when you drive, so of course it makes others anxious.* / 卖出去的产品如果不合格，工厂～要负责。Mài chuqu de chǎnpǐn rúguǒ bù hégé, gōngchǎng ～ yào fùzé. *Should products that have been sold not be up to standard, the factory would of course take responsibility.*（连）连接分句或句子，表示轻微的转折，引进补充事实。后面多有停顿（*links clauses or sentences; indicates a slight change in a situation and introduces further fact usu. followed by a pause*）*naturally; of course*：你提出这样的要求不太合理，～，你也是不得已。Nǐ tíchū zhèyàng de yāoqiú bú tài hélǐ, ～, nǐ yě shì bùdéyǐ. *Your demand is unreasonable; but of course, you has no choice.* / 我敢这么说，是有根据的，～也许不承认我的根据。Wǒ gǎn zhème shuō,

shì yǒu gēnjù de, ～ nǐ yěxǔ bù chéngrèn wǒ de gēnjù. *I only dare to say such a thing because I have good grounds to; of course, you may not accept those grounds.* / 对于这个问题，大家可以各有各的看法，～，看法总有正确的有错误的。Duìyú zhège wèntí, dàjiā kěyǐ gè yǒu gè de kànfǎ, ～, kànfǎ zǒng yǒu zhèngquè de yǒu cuòwù de. *Each can have his own point of view on this matter; of course, there is always a correct view and an erroneous one.*

【自然保护区】zìrán bǎohùqū *natural reserve*
【自然辩证法】zìrán biànzhèngfǎ *dialectics of nature*
【自然博物馆】zìrán bówùguǎn *museum of natural history*
【自然而然】zìrán ér rán 自由发展，不经人力干预 *naturally; automatically; of oneself*：学外语，只要多说多听，～地就会说得流利。Xué wàiyǔ, zhǐyào duō shuō duō tīng, ～ de jiù huì shuō de liúlì. *When learning a foreign language, as long as one speaks and listens as much as possible, fluency will come naturally.* / 他们俩相爱是～的事。Tāmen liǎ xiāng'ài shì ～ de shì. *Their mutual love grew of itself.*
【自然规律】zìrán guīlǜ 存在于自然界的客观事物内部的规律。也叫"自然法则" *natural law; also called* 自然法则）：人总是要老的，这是～。Rén zǒngshì yào lǎo de, zhè shì ～. *People grow old. This is natural law.*
【自然界】zìránjiè（名）*natural world; nature*
【自然科学】zìrán kēxué *natural science*
【自然灾害】zìrán zāihài *natural calamity (or disaster)*
【自然主义】zìránzhǔyì（名）*naturalism*
【自燃】zìrán（动·不及物）〈化〉*spontaneous combustion*
【自如】zìrú（形·非定）〈书〉活动、运转没有阻碍（*move, operate, etc.*）*freely; smoothly; with facility*：运转～ yùnzhuǎn ～ *run smoothly* / 操纵～ cāozòng ～ *operate with facility* / 行动～ xíngdòng ～ *move freely* / 他的断指再植后，情况很好，活动～。Tā de duàn zhǐ zàizhí hòu, qíngkuàng hěn hǎo, huódòng ～. *After his finger that had been severed was put back on, it healed well and he can now move it with facility.* / 他伤完全好了，一切都很～。Tā shāng wánquán hǎo le, yíqiè dōu hěn ～. *His wound has completely healed. Everything is going smoothly now.*
【自若】zìruò（形·非定）〈书〉不变常态 *self-possessed; composed*：临危不惧，神态～。Lín wēi bú jù, shéntài ～. *appear composed in face of danger* / 谈笑～ tánxiào ～ *talk and laugh with calm and ease*
【自身】zìshēn 本身，自己 *self; oneself*：他不顾～的安全，排除了地雷。Tā búgù ～ de ānquán, páichúle dìléi. *Without giving a thought to his own safety, he removed the land mine.* / 我们要改革的是体制的～的缺陷。Wǒmen yào gǎigé de shì tǐzhì ～ de quēxiàn. *What we want to reform is the defects of the system itself.*
【自食其果】zì shí qí guǒ 自己承受作了坏事的后果，自作自受。比喻干了坏事，结果自己受到损害或惩罚 *eat one's own bitter fruit; reap what one sows; get a taste of one's own medicine*：他这是～，别人谁也救不了他。Tā zhè shì～, biérén shuí yě jiù bu liǎo tā. *He's reaping what he has sown and nobody can save him.*
【自食其力】zì shí qí lì 依靠自己的劳动来生活 *earn one's own living; support oneself by one's own labour*：小余决心去当保姆；她想：靠劳动生活～，有什么不好意思？Xiǎo Yú juéxīn qù dāng bǎomǔ; Tā xiǎng: kào láodòng shēnghuó ～, yǒu shénme bù hǎoyìsi? *Xiao Yu was determined to work as a housekeeper. She thought to herself: "I'm working for a living and supporting myself by my own labour. What's there to be ashamed of?"*
【自始至终】zì shǐ zhì zhōng 从开始到最后 *from start to finish; from beginning to end*
【自是】zìshì（形·非定）自以为是 *consider oneself (always) in the right; be opinionated*：他非常～，从来不听别人的意

见。Tā fēicháng ～, cónglái bù tīng biérén de yìjiàn. *He's very opinionated and never listens to what others have to say.*

【自恃】zìshì〈书〉(动) 自认为有所倚仗 *be self-assured for having sth. or sb. to rely on; capitalize on*: 他～有功，认为该有优厚的待遇。Tā ～ yǒu gōng, rènwéi gāi yǒu yōuhòu de dàiyù. *He wants to capitalize on his achievements and thinks he should receive favourable pay and conditions.* (形) 过分自信 *overly self-assured*: 他十分～, 把什么都看得很容易。Tā shífēn ～, bǎ shénme dōu kàn de hěn róngyì. *He's overly self-assured and thinks that everything is easy.*

【自首】zìshǒu (动·不及物) *(of a criminal) surrender oneself; give oneself up*

【自述】zìshù (动) *give an account of oneself*

【自私】zìsī (形) *selfish; self-centred*: 这个人非常～, 自己的小算盘打得很细。Zhège rén fēicháng ～, zìjǐ de xiǎosuànpán dǎ de hěn xì. *This person is extremely selfish and calculating.*

【自私自利】zìsī zìlì 同 "自私" zìsī *same as "自私" zìsī*

【自投罗网】zì tóu luówǎng 投:投入; 罗网: 捕鸟兽的器具。比喻自己走进对手预先设下的圈套或自己走上死路 (投: *throw into*; 罗网: *net for catching birds*) *hurl oneself into the opponent's net; go willingly down the road to destruction*

【自卫】zìwèi (动·不及物) *defend oneself*: ～战争 zhànzhēng *war of self-defence*

【自慰】zìwèi (动) 自己安慰自己 *console oneself*: 她觉得虽然自己没有什么成就, 但是儿子却很出色, 也可以聊以～了。Tā juéde suīrán zìjǐ méi yǒu shénme chéngjiù, dànshi érzi què hěn chūsè, yě kěyǐ liáo yǐ ～ le. *She feels that, although she doesn't have any achievements, she can at least console herself with the fact that her son is outstanding.* /看到今天的胜利, 我想, 九泉之下的烈士也会～的吧! Kàndào jīntiān de shènglì, wǒ xiǎng, jiǔquán zhī xià de lièshì yě huì ～ de ba! *After today's victory, I think that even the martyrs in the nether world can console themselves.*

【自我】zìwǒ (代) 自己(用在双音节动词前, 表示这个动作由自己发出, 同时又以自己为对象) *self; oneself (used before a disyllabic verb to indicate that the action is performed by oneself and the recipient of the action is also oneself)*: ～改造 ～ gǎizào *remould oneself* /～批评 ～ pīpíng *criticize oneself* /～欣赏 ～ xīnshǎng *admire oneself* /～表现是很惹人讨厌的。～ biǎoxiàn shì hěn rě rén tǎoyàn de. *Expressing onself is making a nuisance of oneself.*

【自习】zìxí (动) *(of a student) study by oneself outside of class*

【自相矛盾】zìxiāng máodùn 自己的言行前后之间相互矛盾 *contradict oneself; be self-contradictory*: 有关评卷的规定, 前后～。Yǒuguān píng juàn de guīdìng, qián hòu ～. *The regulations concerning the judging of examination papers are altogether self-contradictory.*

【自新】zìxīn (动·不及物) 改正过错, 重新做人 *turn over a new leaf; make a fresh start*: 能改过～的人, 不应受到歧视。Néng gǎi guò ～ de rén, bù yīng shòudào qíshì. *Those who can turn over a new leaf shouldn't be subject to discrimination.*

【自信】zìxìn (动) *have confidence in oneself; be confident*: 他～能独立完成这个任务。Tā ～ néng dúlì wánchéng zhège rènwù. *He's confident that he can fulfil this task on his own.* (形) *self-confident*: ～心 ～xīn *self-confidence* /他很～, 而且有毅力。Tā hěn ～, érqiě yǒu yìlì. *He's self-confident and has stamina.*

【自行】zìxíng (副)〈书〉(1) 有"自己(做)"的意思, 修饰多音节词语 *(do sth.) by oneself (modifies a polysyllabic word)*: 旅行的一切费用由个人～解决。Lǚxíng de yíqiè

fèiyòng yóu gèrén ～ jiějué. *Each is responsible for his or her own travelling expenses.* /这么大的事怎么能一个人～决定呢? Zhème dà de shì zěnme néng yí ge rén ～ juédìng ne? *How can one person decide such a major issue by himself?* /商品种类繁多, 顾客可以～选购。Shāngpǐn zhǒnglèi fánduō, gùkè kěyǐ ～ xuǎngòu. *Customers can choose themselves from a wide variety of goods.* (2) 不凭借人为的力量, "自动"的意思 *of oneself; spontaneously*: 煤长期堆放在那里, 有时会～燃烧。Méi chángqī duīfàng zài nàlǐ, yǒushí huì ～ ránshāo. *When left sitting for a long time, coal can sometimes ignite spontaneously.* /反动势力不会～消灭。Fǎndòng shìlì bú huì ～ xiāomiè. *Reactionary forces will not perish of themselves.*

【自行车】zìxíngchē (名) [辆 liàng] *bicycle*

【自行其是】zì xíng qí shì 不经请示汇报或不考虑别人意见, 自己擅自行动 *act as one sees fit (without considering the advice of others); act on one's own*: 这么大的一个集体, 必须有一个统一的领导, 不能每个人～。Zhème dà de yí ge jítǐ, bìxū yǒu yí ge tǒngyī de lǐngdǎo, bù néng měi ge rén ～. *Such a large collective must have a central leader. Each cannot act on his own.* /这么重要的事, 你怎么能不问大家就～呢? Zhème zhòngyào de shì, nǐ zěnme néng bú wènwen dàjiā jiù ～ ne? *How can you just act on your own without asking us about such an important matter?*

【自修】zìxiū (动) (1) 自习 *(of a student) study by oneself outside of class*: 现在是～时间。Xiànzài shì ～ shíjiān. *It is now time for you to study by yourselves.* (2) 自学 *study on one's own; study independently*: ～成材 ～ chéng cái *teach oneself to become useful* /大学课程～ dàxué kèchéng *study university courses on one's own* /他学习外语完全靠～。Tā xuéxí wàiyǔ wánquán kào ～. *He's learning foreign languages completely on his own.*

【自诩】zìxǔ (动)〈书〉自夸 *praise oneself; brag*: 他不过画了几幅画, 就～为画家。Tā búguò huàguo jǐ fú huà, jiù ～ wéi huàjiā. *After painting only a few paintings, he already started praising himself as a great artist.*

【自选动作】zìxuǎn dòngzuò〈体〉*optional exercise*

【自选市场】zìxuǎn shìchǎng 顾客自己在商店内自由选取商品, 在出口处统一结算付款的零售商店 *supermarket*

【自学】zìxué (动) 不入学校, 没有教师指导, 自己独立学习 *study on one's own; study independently; teach oneself*: 我们鼓励～成材。Wǒmen gǔlì ～ chéng cái. *We encourage people to teach themselves to become useful.* /他的～能力很强。Tā de ～ nénglì hěn qiáng. *His ability to teach himself is very strong.* /他每天～英语。Tā měi tiān ～ Yīngyǔ. *He teaches himself English every day.*

【自言自语】zì yán zì yǔ 自己跟自己说话 *talk to oneself; soliloquize*

【自以为是】zì yǐ wéi shì 是:正确, 对。自己以为自己正确, 一般用来形容主观, 不虚心 (是: *right*) *consider oneself in the right; regard oneself as infallible; be opinionated (usu. used to describe sb. who is not open-minded but is highly subjective)*: 他那种～的毛病要是不改, 跟谁也很难合作。Tā nà zhǒng ～ de máobing yàoshi bù gǎi, gēn shuí yě hěn nán hézuò. *It will be difficult for anybody to cooperate with him if he doesn't change that opinionated attitude of his.*

【自由】zìyóu (名) *freedom; liberty*: 争取～ zhēngqǔ ～ *fight for freedom* /获得～ huòdé ～ *achieve freedom* /～受到限制 ～ shòudào xiànzhì *freedom is subject to restrictions* (形) *free; unrestrained*: 参观～ cānguān ～ *look around freely* /报名～ bào míng ～ *sign up freely* /发表意见～ fābiǎo yìjiàn ～ *freely express one's views* /行动十分～。Xíngdòng shífēn ～. *move about without any restrictions*

【自由港】zìyóugǎng (名) *free port*

【自由化】zìyóuhuà（动·不及物）不要集体领导，否定社会纪律,追求抽象的民主,凭个人意志行事的思想、行为偏向 liberalization

【自由竞争】zìyóu jìngzhēng free competition

【自由落体运动】zìyóu luòtǐ yùndòng movement of a free-falling body

【自由诗】zìyóushī（名）[首 shǒu] 结构自由,有语言自然节奏而没有一定格律的诗 free verse; unorthodox verse

【自由市场】zìyóu shìchǎng free market; open market

【自由体操】zìyóu tǐcāo free exercise; floor exercise

【自由王国】zìyóu wángguó（哲）指人们认识和掌握客观规律以后,处于自由地改造客观世界的境界;与"必然王国"相对而言 realm of freedom (wherein those who understand and have mastered objective law are in a position to freely remould the objective world; opposite of "必然王国" (realm of necessity))

【自由泳】zìyóuyǒng（名）freestyle swimming

【自由职业者】zìyóuzhíyèzhě（名）professional

【自由主义】zìyóuzhǔyì（名）(1)一种错误的思想作风,它的主要表现是缺乏原则性,自由放任,无组织,无纪律,过分强调个人利益等等 liberalism (an erroneous ideological style which manifests itself by its lack of a sense of principle, by letting things drift, by its excessive emphasis on private gain, etc.)；你不要犯～,随便议论别人。Nǐ búyào fàn ～, suíbiàn yìlùn biéren. Don't be too liberal about discussing others as you please. (2)十九世纪和二十世纪初的一种资产阶级政治思潮。自由主义者反对政治的、社会的、宗教的束缚,主张个人活动发展的完全自由,提倡个人权利等等 liberalism (political ideological trend in the 19th and beginning of the 20th centuries whereby liberalists opposed political, social and religious ties, advocated the complete freedom of individual action, individual rights, etc.)

【自由自在】zìyóu zìzài 不受拘束,非常随便,安闲、舒适 leisurely and carefree; free and unrestrained; happy-go-lucky；这个星期日什么事都没有,可以～地出去玩玩了。zhège xīngqīrì shénme shì dōu méi yǒu, kěyǐ ～ de chūqu wánrwanr le. I don't have anything to do this Sunday so I can go out and have a leisurely and carefree time.

【自圆其说】zì yuán qí shuō 圆：满,周全。使自己的论断没有漏洞,不自相矛盾。也形容找出理由来掩饰自己的谎言（圆：full; complete）make one's argument flawless and without contradictions; justify oneself; find a plausible excuse to conceal one's lie；他的论断太绝对了,很难～。Tā de lùnduàn tài juéduì le, hěn nán ～. His thesis is too absolute. It's not plausible. /～是对论文起码的要求。～ shì duì lùnwén qǐmǎ de yāoqiú. Plausibility is the minimum requirement for a treatise.

【自愿】zìyuàn（动）自己愿意 volunteer; be willing：～参加 ～ cānjiā volunteer to participate /～献血 ～ xiàn xiě be willing to donate blood /我帮助他是出于～。Wǒ bāngzhu tā shì chūyú ～. I'm helping him on a voluntary basis.

【自在】zìzai（形）安闲舒适 comfortable; at ease; leisurely and cosy；老太太一个人过得挺～。Lǎotàitai yí ge rén guò de tǐng ～. The eldery woman leads quite a comfortable life on her own. / 他一想起家里发生的争吵,心里就很不～。Tā yì xiǎngqǐ jiā lǐ fāshēng de zhēngchǎo, xīnli jiù hěn bú ～. As soon as he thinks of his family quarrel, he feels very ill at ease.

【自知之明】zì zhī zhī míng 明：洞察事物的能力。能够正确估价自己的能力（明：insight）estimate one's own ability; know one's own limitations；他很有～,从来不做非分之想。Tā hěn yǒu ～, cónglái bú zuò fēifèn zhī xiǎng. He knows this own limitations well, so he has never had any inordinarily great ambitions. /小李毫无～,英语水平不高,还非要翻译小说。Xiǎo Lǐ háowú ～, Yīngyǔ shuǐpíng bù gāo,

hái fēi yào fānyì xiǎoshuō. Xiao Li has no idea of his own limitations. His English is not very good, yet he is determined to translate a novel.

【自治】zìzhì（动·不及物）autonomy; self-government：～区 ～ qū autonomous region /～县 ～ xiàn autonomous county / ～州 ～ zhōu autonomous prefecture /～权 ～ quán autonomy

【自制】zìzhì（动）(1)自己制造 make by oneself：～教具可以节省很多开支。～ jiàojù kěyǐ jiéshěng hěn duō kāizhī. Making one's own teaching aids can cut down on a lot of expenses. (2)自己克制自己 restrain oneself; control oneself：他冲动起来不能～。Tā chōngdòng qilai bù néng ～. Once he gets excited he can't restrain himself.

【自重】zìzhòng（名）机器、运输工具或建筑物承重构件的本身重量 dead weight (of a machine, means of transport, a building, etc.)（动）注意自己的言行 be self-possessed; watch what one says and does

【自主】zìzhǔ（动·不及物）自己做主 decide for oneself：独立～ dúlì ～ act on one's own /～婚姻 ～ hūnyīn decide for oneself whom to marry /这件事哪能由我～? Zhè jiàn shì nǎ néng yóu wǒ ～? How am I supposed to decide by myself in this matter?

【自传】zìzhuàn（名）autobiography

【自转】zìzhuàn（天）rotate：地球～,同时也绕着太阳转。Dìqiú ～, tóngshí yě ràozhe tàiyáng zhuàn. The earth rotates on its own axis while at the same time, revolving around the sun.

【自尊】zìzūn（动·不及物）尊重自己,不向别人卑躬屈节,也不容许别人侮辱、歧视 respect oneself; have self-esteem

【自尊心】zìzūnxīn（名）self-esteem; self-respect：有～ yǒu ～ have respect for oneself /～很强 ～ hěn qiáng his self-esteem is very strong

【自作自受】zì zuò zì shòu 自己做了错事,自己承受它的不好后果 suffer from one's own actions

【自作聪明】zì zuò cōngmíng 自以为聪明而自做主张、逞能 think oneself clever (and show off, etc.)：他总是～,往往把事情办糟。Tā zǒngshi ～, wǎngwǎng bǎ shìqing bànzāo. He always thinks he's clever, but he more often than not makes a mess of things.

【自做主张】zì zuò zhǔzhāng 不经过请示,不与人商量,由一个人主观作出决定 act on one's own; decide for oneself

字 zì（名）(1)文字 word; character：汉～ Hàn ～ Chinese character /常用～ chángyòng ～ commonly used words (2)字音 pronunciation (of a word or charactar)：京剧的吐～发音很讲究。Jīngjù de tǔ ～ fā yīn hěn jiǎngjiu. The pronunciation of words in Beijing opera is very particular. / 他唱得～正腔圆。Tā chàng de ～ zhèng qiāng yuán. He sings clearly and flawlessly. (3) ◇字体 form of a written or printed character; style of handwriting; printing type：篆～ zhuàn ～ Zhuan style of calligraphy /草～ cǎo ～ Chinese character written in the cursive hand (4) 字眼,词 wording; diction：这个～用得很恰当。Zhège ～ yòng de hěndàdàng. This word is used very appropriately. /这篇文章用～很费斟酌。Zhè piān wénzhāng yòng ～ hěn fèi zhēnzhuó. This article was written with carefully chosen words. (5) ◇字据 written pledge; receipt：有～为据 yǒu ～ wéi jù have a written pledge as proof /收到后,写个～儿给我。Shōudào hòu, xiě ge ～ gěi wǒ. Please drop me a line when you get it. (6)（人）名字以外另取的别名,常与名字中的字义有关 other name (somewhat related to the meaning of a character in one's own name)：李白～太白。Lǐ Bái ～ Tàibái. Li Bai's other name is Taibai.

【字典】zìdiǎn（名）[本 běn, 部 bù] dictionary

【字号】zìhao（名）商店的名称 the name of a shop

【字画】zìhuà（名）书法和绘画 calligraphy and painting

【字迹】zìjì（名）handwriting：～模糊 ～ móhu illegible handwriting /你看～知道是谁写的吗？Nǐ kàn ～ zhīdào shì shuí xiě de ma? Can you recognize whose handwriting this is?

【字句】zìjù（名）文章里的字、词和句子 words and expressions used in an article or writing

【字据】zìjù（名）written pledge；receipt

【字里行间】zì lǐ háng jiān 指文章中没有直接说出，而在字句中透露出来的思想感情 between the lines：他这封信～有一种不满情绪。Tā zhè fēng xìn ～ yǒu yì zhǒng bùmǎn qíngxù. There's a certain feeling of dissatisfaction between the lines in his letter.

【字面】zìmiàn（名）文字表面的意义 literal meaning（of a word）：这段话你不要只从～上理解，得深入想想。Zhè duàn huà nǐ búyào zhǐ cóng ～ shang lǐjiě, děi shēnrù xiǎngxiang. Don't just take this passage literally. You must think it over in depth.

【字母】zìmǔ（名）letters of an alphabet；letter

【字幕】zìmù（名）captions（of a motion picture，etc.）；subtitles

【字体】zìtǐ（名）同一种文字的各种不同的体式，如汉字的楷书、行书、草书，印刷的宋体、黑体等 form of a written or printed character：script；typeface；style of calligraphy；e. g. a Chinese character can be written in a regular script, running hand, cursive hand, printed character, boldface type, etc.

【字帖】zìtiè（名）[本 běn]供学习书法的人临摹的范本 copy book for calligraphy

【字眼】zìyǎn（名）（口）（～儿）用在句子中的字或词 wording；diction：我是大老粗儿，我说话你可别挑～。Wǒ shì dàlǎocūr, wǒ shuō huà nǐ kě bié tiāo ～r. I'm a rough and ready fellow, so don't pick at my wording when I speak.

【字斟句酌】zì zhēn jù zhuó 对每一字、每一句都仔细推敲、斟酌，形容写作或讲话的态度慎重 choose one's words with great care；weigh every word：他这篇讲话真是～，颇费了一番心思。Tā zhè piān jiǎnghuà zhēn shì ～, pō fèile yì fān xīnsi. He really racked his brains and chose his words carefully for this lecture. /王老正在～地修改文章。Wáng Lǎo zhèngzài ～ de xiūgǎi wénzhāng. Old Wang is revising the article and weighing its every word.

【字纸】zìzhǐ（名）有字的废纸 waste paper with writing on it：～篓 ～ lǒu wastepaper basket

zi

子 zi
（尾）（1）加在名词性语素后（placed after a nominal mopheme）：桌～ zhuō～ table /孩～ hái～ child /孙～ sūn ～ grandson /炉～ lú～ stove /棍～ gùn～ stick /柜～ guì～ cupboard（2）加在形容词性语素或动词性语素后构成名词 placed after an adjectival or verbal morpheme to form a noun：胖～ bàng～ fat person /瘦～ shòu～ thin person /矮～ ǎi～ dwarf /钩～ gōu～ hook /锤～ chuí～ hammer /剪～ jiǎn～ scissors 另见 zi

zōng

宗 zōng
（名）◇（1）祖宗 ancestor：列祖列～ liè zǔ liè ～ unbroken line of ancestors（2）家族 clan；family：同～ tóng～ of the same family or clan（3）宗旨：开～明义 kāi～ míng yì make one's purpose clear from the start（量）有时表示心事、款项、货物的量（measure word of a matter, sum or amount of goods）：一～心事 yì ～ xīnshì something on one's

mind /大～款项 dà ～ kuǎnxiàng large sum of money/ 有好几～事儿等着他办呢！Yǒu hǎo jǐ～ shìr dèngzhe tā bàn ne! There are many matters awaiting his attention.

【宗法社会】zōngfǎ shèhuì patriarchal society

【宗教】zōngjiào（名）religion

【宗派】zōngpài（名）faction；sect

【宗派主义】zōngpàizhǔyì（名）主观主义在组织关系上的一种表现，特点是思想狭隘，只顾小集团的利益，闹独立性，搞无原则的派系斗争等 sectarianism；factionalism

【宗旨】zōngzhǐ（名）aim；purpose

【宗主国】zōngzhǔguó（名）suzerain；metropolitan state

【宗族】zōngzú（名）patriarchal clan

综 〔綜〕zōng
（动）总括，总起来聚在一起 put together；sum up：～上所述，可以看出这项工作的重要性。～ shàng suǒ shù, kěyǐ kànchū zhè xiàng gōngzuò de zhòngyàoxìng. To sum up what is stated above one can see the significance of this work.

【综观】zōngguān（动）总起来看 to sum up and take a look at：～ 以上各点，我们可以得出如下结论。～ yǐshàng gè diǎn, wǒmen kěyǐ déchū rúxià jiélùn. If we sum up all the above points and look at them, we can reach the following conclusion.

【综合】zōnghé（动）synthesize；sum up：～ 各方面的意见，拟定了这个方案。～ gè fāngmiàn de yìjiàn, nǐdìngle zhège fāng'àn. Opinions from all quarters were synthesized and a plan was worked out.（形）synthetical；comprehensive；composite：～治理 ～ zhìlǐ tackle in a comprehensive way /～利用 ～lìyòng comprehensive utilization /～研究 ～ yánjiū synthetical study /～艺术 ～ yìshù composite art

【综述】zōngshù（动）综合叙述 summarize；sum up：现将各种意见～如下。Xiàn jiāng gè zhǒng yìjiàn ～ rúxià. I will now summarize all the different ideas as follows.

棕 zōng
（名）palm

【棕榈】zōnglǘ（名）palm

【棕色】zōngsè（名）brown

【棕绳】zōngshéng（名）用棕榈树叶鞘的纤维做成的绳子 coir rope

踪 zōng
（名）◇踪迹 trace；track：跑得无影无～。Pǎo de wú yǐng wú ～. He left without leaving a single trace.

【踪迹】zōngjì（名）trace；track

【踪影】zōngyǐng（名）指（被寻找对象的）踪迹和形影；多用于否定式 trace；sign（usu. used in the negative）：不见～ bú jiàn ～ not see any sign of /毫无～ háowú ～ without a trace /好几天没见到他的～了。Hǎo jǐ tiān méi jiàndào tā de ～ le. I haven't seen hide or hair of him for several days.

鬃 zōng
（名）long hair on the neck of a horse, pig, etc.

【鬃毛】zōngmáo（名）马、猪等颈上的长毛 long hair on the neck of a horse, pig, etc.

zǒng

总 〔總〕zǒng
（动）总括，汇集 assemble；put together；sum up：～而言之 ～ ér yán zhī in short /～起来看 ～ qilai kàn to sum up /～起来讲 ～ qilai jiǎng to sum up in a word /把几笔账～起

来算。Bǎ jǐ bǐ zhàng ~ qilai suàn. *Settle these few accounts together.* （形·非谓）（1）全部的，全面的 overall；total；general：~的形势 ~ de xíngshì *the overall situation* /~ 攻击 ~ gōngjī *a geneal offensive* /~ 同盟 ~ tóngméng *general alliance*/ 各厂工人举行 ~ 罢工。Gè chǎng gōngrén jǔxíng ~bàgōng. *Workers from every factory held a general strike.* （2）为首的，主要的，概括全部的 chief；head；general；main：~书记 ~shūjì *general secretary* / ~预算 ~yùsuàn *main budget* / 这种商品~店还有，分店已经卖完了。Zhè zhǒng shāngpǐn ~ diàn hái yǒu，fēndiàn yǐjīng màiwán le. *This commodity is still available in the head shop，but is already sold out in the branch store.* /根据各系的工作计划制定出全校~的工作计划。Gēnjù gè xì de gōngzuò jìhuà zhìdìng chū quán xiào ~ de gōngzuò jìhuà. *Work out a general plan for the whole school according to the work plans of every department.* （副）（1）表示经常如此 always；invariably：你怎么~不锁门？Nǐ zěnme ~ bù suǒ mén? *Why don't you ever lock the door?* /他俩每天~一起去上学。Tā liǎ měi tiān ~ yìqǐ qù shàng xué. *They invariably go to school together every day.* /我~也忘不了那山间美丽的景色。Wǒ ~ yě wàng bu liǎo nà shān jiān měilì de jǐngsè. *I can never forget that beautiful moutain scene.* （2）强调事物根本的性质、状态、特点等，相当于"毕竟"的意思 all in all；after all (has the same meaning as "毕竟")：坐汽车~比骑自行车快得多。Zuò qìchē ~ bǐ qí zìxíngchē kuài de duō. *When all is said and done，taking the bus is much faster than riding a bicycle.* /小何~学过两年护士，护理病人比我们强。Xiǎo Hé ~ xuéguo liǎng nián hùshì，hùlì bìngrén bǐ wǒmen qiáng. *Xiao He did，after all，study nursing for two years，so she takes better care of patients than we.* /你们~还年轻，将来的日子长着呢！Nǐmen ~ hái niánqīng，jiānglái de rìzi chángzhe ne！*After all，you are still young. You have a long time left ahead of you.* （3）表示(对事物的发展、变化等)很肯定的推断，用于未然 (indicates that an inference is very likely to come true；used for that which has not yet become fact)：~有一天他会懂得做人的道理的。~ yǒu yì tiān tā huì dǒngde zuò rén de dàolǐ de . *One day he is bound to understand how to conduct himself.* /旧事物~要被新事物代替。Jiù shìwù ~ yào bèi xīn shìwù dàitì. *Old things are bound to be replaced by new ones.* /不管道路多么曲折，我们的事业~会发展下去。Bùguǎn dàolù duōme qūzhé，wǒmen de shìyè ~ huì fāzhǎn xiaqu. *No matter how winding the road，our cause is bound to develop further.* /这种困难局面~不会长久的。Zhè zhǒng kùnnan júmiàn ~ bú huì chángjiǔ de. *This kind of difficult situation can't go on forever.* （4）表示估计，有"至少"的意思，动词后一般有带数量的宾语 (indicates an estimation；has the same meaning as "至少"；the verb usu. takes a numeral-measure object)：他离开家~有两年了。Tā líkāi jiā ~ yǒu liǎng nián le. *He has been away from home for at least two years.* /到会的~能达到五百人。Dào huì de ~ néng dádào wǔbǎi rén. *At least five hundred will attend the conference.* /每亩产量~在一千斤左右吧！Měi mǔ chǎnliàng ~ zài yìqiān jīn zuǒyòu ba！*There is an output of at least a thousand jin per mu.*

【总裁】zǒngcái（名）某些政党、社团首领的名称 governor；director-general（of a political party，mass organization，etc.）

【总产值】zǒngchǎnzhí（名）用货币表现的全部产品的价值。它反映生产单位、生产部门或整个国民经济在一定时期内生产活动的成果，也称生产总值 total output value；also called 生产总值（shēngchǎn zǒngzhí）：工业～ gōngyè ~ *gross value of industrial output*／农业～ nóngyè ~ *gross value of agricultural output*／国民经济～ guómín jīngjì ~ *gross national product*（GNP）

【总称】zǒngchēng（动）总括称为 general term：报纸和杂志等～报刊。Bàozhǐ hé zázhì děng ~ bàokān. *A general term for newspapers and magazines is "publications".*

【总得】zǒngděi（助动）表示事理或情理的必要，一定要。同"必须"bìxū（1）must；have to；same as "必须" bìxū（1）：他既然邀请我了，～去一趟。Tā jìrán yāoqǐng wǒ le，~ qù yí tàng. *Since he has invited me，I have to go.* /这个问题～想个办法解决一下。Zhège wèntí ~ xiǎng ge bànfǎ jiějué yíxià. *We must find a way to solve this problem.*

【总动员】zǒngdòngyuán（名）genreal (or total) mobilization

【总督】zǒngdū（名）governor-general；governor

【总额】zǒng'é（名）total：工资～ gōngzī ~ total wages

【总而言之】zǒng ér yán zhī 总括起来说 in short；in a word；in brief；to make a long story short：～，学习靠自觉，自己不努力，别人着急也没用。~，xuéxí kào zìjué，zìjǐ bù nǔ lì，biéren zháo jí yě méi yòng. *In short，learning depends on conscientiousness. If you don't work hard yourself，it's useless for others to worry about you.*

【总纲】zǒnggāng（名）general programme；general outline

【总工程师】zǒnggōngchéngshī（名）chief engineer

【总工会】zǒnggōnghuì（名）federation of trade unions

【总共】zǒnggòng（副）"一共"的意思，表示数量的总和；后边一定有数量短语 in all；altogether（must be followed by a numeral-measure word phrase）：这座立交桥从开工到建成～不到十个月。Zhè zuò lìjiāoqiáo cóng kāi gōng dào jiànchéng ~ bú dào shí ge yuè. *Fewer than ten months in all were used to build this overpass，from the time construction started to the moment it was completed.* /这个教室～只有二十个座位，怎么能坐二十五个学生？Zhège jiàoshì ~ zhǐ yǒu èrshí ge zuòwèi，zěnme néng zuò èrshíwǔ ge xuésheng? *There are only twenty seats altogether in this classroom，so how can it seat twenty-five students?* /那个学校教职工和学生～有三千人。Nàge xuéxiào jiàozhígōng hé xuésheng ~ yǒu sānqiān rén. *There are altogether three thousand people in this school，including teaching and administrative staff，as well as students.* "总共"可直接放在数量短语前（"总共" can be placed directly before the numeral-measure word phrase）：他家～五口人。Tā jiā ~ wǔ kǒu rén. *His family has five members in all.* /这两条铁路加在一起～六百公里。zhè liǎng tiáo tiělù jiā zài yìqǐ ~ liùbǎi gōnglǐ. *These two railways added together come to six hundred kilometres in all.*

【总管】zǒngguǎn（名）在某个部门掌管一切的人 manager；person in charge（of a department）

【总归】zǒngguī（副）（1）同"终归"zhōngguī（1），指出最后必然如此，多用于未然 same as "终归" zhōngguī（1）（usu. used for that which has not become established fact）：这任务～会交给我们单位的。Zhè rènwù ~ huì jiāo gěi wǒmen dānwèi de. *This task will eventually be handed over to our unit.* /不管怎么说，～还得咱们让步才行。Bùguǎn zěnme shuō，~ hái děi zánmen rànglbù cái xíng. *No matter what you say，we must make concessions in the end.* /在这儿～住不长，不要买很多家具了。Zài zhèr ~ zhù bu cháng，búyào mǎi hěn duō jiājù le. *We won't be living here for very long anyhow，so don't buy too much furniture.* （2）同"终归"zhōngguī（2），强调事物最根本之点 same as 终归 zhōngguī（2）：你们～是学生，学校的纪律怎么能不遵守？Nǐmen ~ shì xuésheng，xuéxiào de jìlǜ zěnme néng bù zhūnshǒu? *After all，you are students，so how can you not observe school discipline?* /咱们～是老朋友了，有什么话不能说呢？Zánmen ~ shì lǎo péngyou le，yǒu shénme huà bù néng shuō ne? *We're old friends after all，so what is there that we can't say to each other?* /我~比你大几岁，经历的事要多些。Wǒ ~ bǐ nǐ dà jǐ suì，jīnglì de shì yào duō xiē. *I am，after all，older than you by a few years，so I've expe-*

rienced a few more things.

【总和】zǒnghé（名）sum；total；sum total

【总汇】zǒnghuì（动）(水流) 会合 (of streams) come or flow together（名）汇合在一起的事物 confluence；concourse；aggregation：力量的～ lìliàng de ～ the aggregation of strength

【总机】zǒngjī（名）switchboard；telephone exchange

【总计】zǒngjì（动）amount to；add up to；total：本周参加校园内植树的～一千一百人。Běn zhōu cānjiā xiàoyuán nèi zhí shù de ～ yìqiān yìbǎi rén. Those participating in the planting of trees on campus this week total 1,100 people.

【总结】zǒngjié（动）对一定时期内的情况、某方面的经验，进行分析研究，作出有指导性的结论 summarize；sum up：～经验 ～ jīngyàn sum up one's experience /～教学工作 ～ jiàoxué gōngzuò summarize the teaching work（名）通过总结而概括出来的结论 summary；summing-up：作个～ zuò ge ～ make a summary /工作结束后，要写个～。Gōngzuò jiéshù hòu，yào xiě ge ～ You must write a summary of the work when it is finished.

【总括】zǒngkuò（动）把各方面合在一起，概括 summarize；generalize：他这几句话～了大家的意见。Tā zhè jǐ jù huà ～ le dàjiā de yìjiàn. His statement summed up all our views.

【总理】zǒnglǐ（名）premier；prime minister

【总量】zǒngliàng（名）total (capacity，amount，etc.)

【总领事】zǒnglǐngshì（名）consul general

【总路线】zǒnglùxiàn（名）(1)指一个国家、政党在一定历史时期内制定的指导各方面工作的根本方针、准则；是制定和指导各项具体工作路线和政策的依据 general line (of a state，political party，etc. for the implementation of policies，work，etc.)（2)指1958年5月中国共产党第八次全国代表大会第二次会议通过的社会主义建设总路线，即"鼓足干劲，力争上游，多快好省地建设社会主义" General Line for Socialist Construction (adopted in May 1958 at the Second Session of the 8th National Congress of the Communist Party of China)，namely "Go all out，aim high and achieve greater，faster，better and more economical results in building socialism."

【总目】zǒngmù（名）(书籍) 总的目录 comprehensive table of contents

【总评】zǒngpíng（名）总的评论、评比、评价 general commentary；overall appraisal；general review

【总是】zǒngshì（副）同"总" zǒng (1)，表示经常如此 same as "总" zǒng (1)：她待人～那么热情。Tā dài rén ～ nàme rèqíng. She always treats people warmly. /她～舍不得让孩子吃苦。Tā ～ shě bu de ràng háizi chī kǔ. She's always reluctant to let her children bear hardships. /我们～十分珍惜时间。Wǒmen ～ shífēn zhēnxī shíjiān. We always value our time greatly. 在主谓结构前，一般用"总是"，不用"总"（"总是"，not "总"，is usu. used before a subject-predicate structure)：他骄傲得很，～目中无人。Tā jiāo'ào de hěn，～ mù zhōng wú rén. He's extremely arrogant and always considers everyone beneath his notice. /遇到困难的时候，～他来帮助我。Yùdào kùnnan de shíhou，～ tā lái bāngzhu wǒ. He invariably comes to help me whenever I meet up with difficulties.

【总数】zǒngshù（名）加在一起的数目 total；sum total：本月各项结余～是230元。Běn yuè gè xiàng jiéyú ～ shì èrbǎi sānshí yuán. The total surplus for all items this month is 230 yuan.

【总司令】zǒngsīlìng（名）全国或一方面的军队的最高统帅 commander-in-chief

【总算】zǒngsuàn（副）(1)表示结果来之不易，但结果是确定的，叙述已完成的动作 at (long) last；finally (used for an established fact)：这条路～修好了，用了整整一年的时间。Zhè tiáo lù ～ xiūhǎo le，yòngle zhěngzhěng yì nián de shíjiān. This road has been built at last. A full year was needed for this. /真不容易，我们～请到了一位好老师。Zhēn bù róngyì，wǒmen ～ qǐngdàole yí wèi hǎo lǎoshī. It wasn't easy but we finally managed to engage a good teacher. /大家的力气～没白费，那些小树都成活了。Dàjiā de lìqì ～ méi báifèi，nàxiē xiǎo shù dōu chénghuó le. At last，our efforts are not in vain—those saplings have all survived.（2)表示勉强达到某个标准，或虽不满意，但有了结果 on the whole，all things considered：她文化水平不高，可～是个初中毕业生。Tā wénhuà shuǐpíng bù gāo，kě ～ shì ge chūzhōng bìyèshēng. Her educational level is not high，but she can be considered a junior middle school graduate on the whole. /不管你住了几天，你～来过北京了。Bùguǎn nǐ zhùle jǐ tiān，nǐ ～ láiguo Běijīng le. It can still be said that you've come to Beijing once，no matter how many days you stayed. /文章写得不太理想，但她～完成了。Wénzhāng xiě de bú tài lǐxiǎng，dàn tā ～ wánchéng le. Her article isn't ideal，but she has，on the whole，finished it. /他能来参加会～不错了，不发言也就算了。Tā néng lái cānjiā huì ～ búcuò le，bù fā yán yě jiù suàn le. His attending the meeting is already something，all things considered. Never mind if he doesn't speak up.

【总体】zǒngtǐ（名）若干个体联合成的事物整体 overall；total：～规划 ～ guīhuà overall plan /～设计 ～ shèjì overall design /考虑问题要从～出发。Kǎolǜ wèntí yào cóng ～ shūfǎ. One must start by looking at the total picture when considering a problem.

【总统】zǒngtǒng（名）president (of a republic)

【总务】zǒngwù（名）(1)机关学校等单位中的行政琐碎事务 general affairs (2)负责总务工作的人 person in charge of general affairs

【总则】zǒngzé（名）法律、条例、规章等开头的概括性的条文 general rules；general principles (of law，ordinances，regulations，etc.)

【总政治部】zǒng zhèngzhìbù "中国人民解放军总政治部"的简称。它在中共中央及中央军委的领导下，负责全军的党务工作和政治工作 abbrev. for "中国人民解放军总政治部" (the General Political Department of the People's Liberation Army of China)，which falls under the leadership of the Central Committee of the Communist Party of China and the Military Commission of the Central Committee of the Communist Party of China and is responsible for party and political affairs for the entire armed forces

【总之】zǒngzhī（连）表示下文是总括性的话；后面多有停顿 in short (can be followed by a pause)：诗歌、散文、小说，～一切文艺作品都是为人民群众的。Shīgē、sǎnwén、xiǎoshuō，～ yíqiè wényì zuòpǐn dōu shì wèi rénmín qúnzhòng de. Poetry，prose，novels — in short，all literary and artistic works are for the masses. /他哪一年回过一次家，我记不清了，～是我上小学的时候。Tā nǎ yì nián huíguo yí cì jiā，wǒ jì bu qīng le，～ shì wǒ shàng xiǎoxué de shíhou. I don't remember exactly which year he went home；in short，it was when I was going to primary school. /你说他也罢，不说他也罢，～，他自己想怎么办就怎么办。Nǐ shuō tā yěbà，bù shuō tā yěbà，～，tā zìjǐ xiǎng zěnme bàn jiù zěnme bàn. It doesn't matter whether you criticize him or not；in short，he'll do what he wants to do. /～，从今天起，你得自己照顾自己的生活了。～，cóng jīntiān qǐ，nǐ děi zìjǐ zhàogu zìjǐ de shēnghuó le. In short，from now on you must take care of yourself.

【总值】zǒngzhí（名）总价值 (常用货币量表示) total value

zòng

纵〔縱〕zòng
(名)(1)地理上南北向的，与"横"相对 *from north to south (opposite of "横" (from east to west))*：这条大河～贯我省三个县市。Zhè tiáo dà hé ～ guàn wǒ shěng sān ge xiàn shì. *This river flows southwards through three counties and cities in our province.* (2)跟物体长的一边平行的 *vertical; longitudinal; lengthwise*：～剖面 ～ pōumiàn *longitudinal section* /～切面 ～ qiēmiàn *vertical section* (动)〔书〕(1)放走 *release; let go; set free*：欲擒故～ yù qín gù ～ *allow somebody more latitude just to keep a tighter rein on afterwards* (2)任意，放任 *let loose; indulge*：～酒 ～ jiǔ *drink to excess* /～声大笑 ～ shēng dàxiào *laugh heartily* (3)身体向前或向上跃起 *jump up; leap forward*：身子一～就跳了过去。Shēnzi yí ～ jiù tiàole guoqu. *He leaped over in one bound.* (连)〔书〕意思同"纵然" zòngrán，多用于主语后 *same as "纵然" zòngrán (usu. used after the subject) even if; even though*：你单枪匹马，～有万夫不当之勇，也难取胜。Nǐ dān qiāng pǐ mǎ, ～ yǒu wàn fū bù dāng zhī yǒng, yě nán qǔ shèng. *Even though you have enormous courage, you still cannot win victory single-handedly.* /他～不念夫妻之间的旧情，也应该为自己的孩子着想啊！Tā ～ bú niàn fūqī zhī jiān de jiù qíng, yě yīnggāi wèi zìjǐ de háizi zhuóxiǎng a! *Even though he doesn't cherish the affection he and his wife shared before, he should still think of the interests of his children.* /～有千难万险，也阻挡不住我的决心。～ yǒu qiān nán wàn xiǎn, yě zǔdǎng bú zhù wǒ de juéxīn. *Even if there were the thousand difficulties and dangers, it would still not stem my determination.*

【纵断面】zòngduànmiàn (名) *vertical section*

【纵队】zòngduì (名) *column; file*

【纵横】zònghéng (形)竖的和横的交错的样子 *vertical and horizontal; crisscrossed; intersecting*：道路交叉～ dàolù jiāochā ～ *a crisscross of roads* /铁路～ tiělù ～ *a crisscross of railway lines* /老泪～ lǎolèi ～ *the old person's tears flowed freely* (动)奔驰无阻 *run quickly and freely*：行程两万多里，～十一个省。Xíngchéng liǎngwàn duō li, ～ shíyī ge shěng. *Travelled through eleven provinces and covered a distance of over 20,000 li.* /游击队～于我省广大地区。Yóujīduì ～ yú wǒ shěng guǎngdà dìqū. *The guerrillas swept through vast regions of our province.*

【纵横驰骋】zònghéng chíchěng 骑马奔驰，毫无阻挡。比喻部队英勇善战，四处奔驰，所向无敌，也比喻写作上笔意豪放自如 *to gallop forward without hindrance—(of troops) be brave and skilful in battle and advance quickly and freely; to sweep through the length and breadth of; write boldly and with great ease*

【纵横交错】zònghéng jiāocuò 竖的和横的交叉在一起，形容事物或情况很复杂 *to be crisscrossed; the zigzags of; complicated situation; complex object*：路轨～ lùguǐ ～ *the tracks crisscross*

【纵虎归山】zòng hǔ guī shān 纵：放走。比喻放走坏人，留下祸根 (纵: *release*) *let the tiger return to the mountain—let the evildoer go unpunished and keep the cause of the trouble*

【纵火】zònghuǒ (动·不及物)放火 *set on fire; commit arson*：～犯 ～ fàn *arsonist*

【纵令】zònglìng (连)意思同"纵然" zòngrán，常用于书面语 *same as "纵然" zòngrán (usu. used in the written language)*：情况～多么复杂，总是有办法解决的。Qíngkuàng ～ duōme fùzá, zǒngshì yǒu bànfǎ jiějué de. *Even though the situation is so complex, there is still a way to resolve it.* /～有天大困难，也吓不倒我们。～ yǒu tiān dà kùnnan, yě xià bu dǎo wǒmen. *Even though there are*

extreme difficulties, they won't scare us away. /～是一点一滴的知识，也应该学习。～ shì yì diǎn yì dī de zhīshì, yě yīnggāi xuéxí. *Even though it's a tiny bit of knowledge, you should still learn it.* /你再找他商量商量，～不行，也没关系。Nǐ zài zhǎo tā shāngliang shāngliang, ～ bù xíng, yě méi guānxi. *Go and discuss it with him again. Even if that doesn't work, it doesn't matter.*

【纵情】zòngqíng (副)尽情，使感情不受拘束。多修饰多音节词语 *to the heart's content; heartily (usu. modifies a polysyllabic word)*：～欢呼 ～ huānhū *cheer heartily* /～歌唱 ～ gēchàng *sing to one's heart's content* /人们～谈笑，直到深夜才散。Rénmen ～ tánxiào, zhídào shēnyè cái sàn. *People talked and laughed heartily, and didn't disperse until late into the night.*

【纵然】zòngrán (连)"即使"的意思，表示假设的让步；后一分句常有"也""然而"等与之呼应 *even if; though; even though (usu. followed by "也", "然而", etc.; has a literary flavour)*：他体质好，～有点病，也能挺住。Tā tǐzhì hǎo, ～ yǒu diǎn bìng, yě néng tǐngzhu. *He has a good physique, so even if he's a little sick, he can still hold out.* /这部电视剧～有些缺陷，但总的来说，还是不错的。Zhè bù diànshìjù ～ yǒu xiē quēxiàn, dàn zǒng de lái shuō, hái shì búcuò de. *Even though this TV play has a few shortcomings, all in all it's still pretty good.* /只要你亲自登门去请，～有些难处，他也不好不来。Zhǐyào nǐ qīnzì dēng mén qù qǐng, ～ yǒu xiē nánchu, tā yě bù hǎo bù lái. *So long as you go to invite him yourself, he has to come even though there may be some difficulties.*

【纵容】zòngróng (动)对错误言行放任不管 *let alone; not interfere (when sb. does or says sth. wrong)*：不要～他犯错误。Búyào ～ tā fàn cuòwù. *Don't let him get away with his mistakes.* /他对孩子从小娇惯，以致发展到犯罪的地步。Tā duì háizi cóng xiǎo jiāoguàn, ～ yǐzhì fāzhǎn dào fàn zuì de dìbù. *Ever since the child was young, he has spoiled him and let him get away with things to such an extent that the child has committed crimes.*

【纵身】zòngshēn (动·不及物)全身猛力向前或向上跳 *jump up; leap forward*：～上马 ～ shàng mǎ *leap onto a horse* /他～跳过壕沟。Tā ～ tiàoguò háogōu. *He leaped over the ditch.*

【纵深】zòngshēn (名)〔军〕军队作战地域的方向的深度 *depth (of a combat area)*：部队一过桥，立即向～进展。Bùduì yí guò qiáo, lìjí xiàng ～ jìnzhǎn. *As soon as the troops crossed the bridge, they immediately made in-depth headway.*

【纵使】zòngshǐ (连)同"纵然" zòngrán *same as "纵然" zòngrán*：住在姨父家里，～生活条件优越，但毕竟寄人篱下。Zhù zài yífu jiā li, ～ shēnghuó tiáojiàn yōuyuè, dàn bìjìng jì rén lí xià. *Even though conditions are favourable living at my uncle's place, I'm still depending on somebody else for a living.* /工作中～作出了成绩，也不能骄傲自满。Gōngzuò zhōng ～ zuòchūle chéngjì, yě bù néng jiāo'ào zìmǎn. *Even if you meet with success in your work, you must not become arrogant.* /～你有理，那也不能咄咄逼人。～ nǐ yǒu lǐ, nà yě bù néng duōduō bī rén. *Even though you're in the right, you mustn't be overbearing.* /这条河很浅，～有鱼，也不会很多。Zhè tiáo hé hěn qiǎn, ～ yǒu yú, yě bú huì hěn duō. *This river is very shallow. Even though there are fish in it, there can't be many.*

zǒu

走 zǒu
(动)(1)行走 *walk*：他头也不回地向前～去。Tā tóu yě bù huí de xiàng qián ～ qù. *He walked ahead without so*

much as looking back. /我～不动了。Wǒ ～ bu dòng le. *I can't walk anymore.* (2) 离开 *leave*; *go away*:你别～，我还有话说呢。Nǐ bié ～, wǒ hái yǒu huà shuō ne. *Don't leave. I still have something to say to you.* /他～了，还有我呢。Tā ～ le, hái yǒu wǒ ne. *He has left, but I'm still here.* /把这本书拿～! Bǎ zhè běn shū ná～! *Take this book away!* /包裹已经寄～了。Bāoguǒ yǐjīng jì～ le. *The parcel has already been sent off.* /自行车让他骑～了。Zìxíngchē ràng tā qí～ le. *He rode the bicycle away.* (3) 移动 *move*; *shift*:这个闹钟～得很准。zhège nàozhōng ～ de hěn zhǔn. *This alarm clock keeps accurate time.* /我的表不～了。Wǒ de biǎo bù ～ le. *My watch isn't working.* /我～错了一步棋。Wǒ～cuòle yí bù qí. *I made a wrong move in chess.* (4) 去（某目的地）*go* (*to a certain destination*):你往哪儿～? 哪儿也不如家里好。Nǐ wǎng nǎr ～? Nǎr yě bùrú jiā lǐ hǎo. *Where are you going? There's no place like home.* /只好请你～一趟了。Zhǐhǎo qǐng nǐ ～ yí tàng le. *I had no choice but to ask you to make a trip.* (5) 通过，经由（某条道路）*through*; *from*:从我们学校去动物园怎么～? Cóng wǒmen xuéxiào qù dòngwùyuán zěnme zǒu? *How does one get to the zoo from our school?* /进城～西直门最近。Jìn chéng ～ Xīzhímén zuì jìn. *The nearest way to down town is by way of Xizhimen.* /去北京站，城外比～城里快得多。Qù Běijīngzhàn, ～ chéng wài bǐ ～ chéng lǐ kuài de duō. *Taking the outer route is faster than going through the city to get to the Beijing railway station.* (6)泄漏 *leak*; *let out*; *escape*:千万别～了风。Qiānwàn bié ～ le fēng. *Don't let the secret out.* /他不小心，～了消息。Tā bù xiǎoxīn, ～ le xiāoxi. *He wasn't careful and leaked the news.* /他说～了嘴, 泄漏了机密。Tā shuō ～ le zuǐ, xièlòule jīmì. *He made a slip of the tongue and leaked a classified secret.* (7)（亲友之间）来往 *visit*; *call on*:～亲戚 *call on relatives* /～ 娘家 ～ niángjia (*of a married woman*) *visit her parents' home* /他们两家～得很近。Tāmen liǎng jiā ～ de hěn jìn. *Their two families often visit each other.* (8) 改变或失去了原样 *depart from the original*; *lose the original shape*, *etc.*:他唱歌～了调。Tā chàng gē ～le diàor. *He sang out of tune.* /这香皂放久了～了味儿。Zhè xiāngzào fàngjiǔ le, ～le wèir. *This soap has been sitting there for a long time, so it has lost its fragrance.* /他把话传～了样儿。Tā bǎ huà chuán～le yàngr. *He distorted the message when he passed it on.*

【走道】zǒudào（名）街旁或住宅内外供人行走的道路 *sidewalk*; *footpath*; *pavement*

【走道】zǒu=dàor same as 走路 zǒu=lù

【走动】zǒudòng（动·不及物）(1)行走，活动 *walk about*; *stretch one's legs*:别老呆在家里，多出去～～。Bié lǎo dāi zài jiā lǐ, duō chūqu ～ ～. *Don't always sit at home. Go out for a walk more often.* /我这病不能多～。Wǒ zhè bìng bù néng duō ～. *I can't get about too much with this illness.* (2)指亲友间彼此来往（*of relatives and friends*）*visit each other*:我们两家多年不～了。Wǒmen liǎng jiā duō nián bù ～ le. *Our two families haven't visited each other for many years.*

【走读】zǒudú（动·不及物）(大中学生) 只在学校上课，不在学校住宿叫"走读"（区别于"住宿"）(*of middle school and university students*) *attend a day school* (*as distinguished from "住宿"*（*attend a boarding school*)):～ 生 ～ shēng *nonresident student* /～大学 ～ dàxué *day university*

【走访】zǒufǎng（动）(为工作) 访问，拜访 *interview* (*as part of one's work*); *have an interview with*:他们为了提高产品质量，先后～了两千多家用户。Tāmen xiāncì tígāo chǎnpǐn zhīliàng, xiānhòu ～le liǎngqiān duō jiā yònghù. *They interviewed more than 2,000 consumers successively so as to determine how to improve product quality.* /教员常常～学

生家长。Jiàoyuán chángcháng ～ xuéshēng jiāzhǎng. *Teachers often have interviews with the parents of students.*

【走狗】zǒugǒu（名）*running dog*; *lackey*; *servile follower*

【走过场】zǒu guòchǎng 比喻作事情敷衍了事，只讲形式，不求实效；或故意作样子给人看 *go through the motions*; *do sth. perfunctorily*; *give the impression of doing sth.*:办事要讲求实效，不要～。Bàn shì yào jiǎngqiú shíxiào, búyào ～. *One must strive for substantial results when doing things, not just give the impression of doing them.* /他到厂里来，不过是走走过场，什么问题也没解决。Tā dào chǎng lǐ lái, búguò shì zǒuzou guòchǎng, shénme wèntí yě méi jiějué. *When he came to the factory, it was just for appearances' sake. He didn't solve a single problem.*

【走后门】zǒu hòumén (儿) 比喻通过不正当的手段或凭借私人关系去谋取私利 *get in by the back door*; *secure advantages through pull or influence*:他那台电视机是～买的。Tā nà tái diànshìjī shì ～ mǎi de. *He bought that TV set by "going through the back door."* /他爸爸～给他找到一个好工作。Tā bàba ～ gěi tā zhǎodào yí ge hǎo gōngzuò. *His father found a good job for him by pulling some strings.*

【走火】zǒu=huǒ *discharge accidentally*:枪～了。Qiāng ～ le. *The rifle went off accidentally.* /电线～了。Diànxiàn ～ le. *The electric wire sparked.*

【走廊】zǒuláng（名）*corridor*; *passage*; *passageway*

【走漏】zǒulòu（动）*leak out*; *divulge*:～消息 ～ xiāoxi *divulge information* /～风声 ～ fēngshēng *leak information*

【走路】zǒu=lù *walk*; *go on foot*:孩子刚学～，还走不稳。Háizi gāng xué ～, hái zǒu bu wěn. *The child has just learned to walk and is not very steady yet.* /我～去，不坐车。Wǒ ～ qù, bú zuò chē. *I'm going on foot, not by bus.* /他腿受伤了，走不了路了。Tā tuǐ shòu shāng le, zǒu bu liǎo lù le. *He was wounded in the leg and can't walk.*

【走马灯】zǒumǎdēng（名）一种供玩赏的灯，用彩纸剪成各种人骑着马的形象（或别的形象），贴在灯里特制的轮子上，轮子因蜡烛的火焰所造成的空气对流而转动，纸剪的人物就随着转圈儿;也用来比喻人物轮换频繁（含贬义）*a lantern with papercut figures of men on horses, etc. pasted onto a specially-made disc inside the lantern; the current of air created by the flame when the lantern is lit makes these figures revolve*; (*of people, etc.*) *rotate frequently like a merry-go-round* (*has a sarcastic meaning*):这个厂的厂长～似地换来换去，生产怎么搞得好? Zhège chǎng de chǎngzhǎng ～ shìde huànlái huànqù, shēngchǎn zěnme gǎo de hǎo? *How can production go smoothly when this factory's directors are shifted about as often as if they were on a merry-go-round?*

【走马观花】zǒu mǎ guān huā 走:跑。骑在奔跑的马上看花，形容粗略地观察事物，也说"走马看花"（走:*run*) *look at flowers while riding on horseback — to give a hurried and cursory glance at things*; *also said as "走马看花"*:到了基层要深入下去，不要～。Dàole jīcéng yào shēnrù xiaqu, búyào ～. *You must immerse yourself when you go to the grassroots level. Don't just take a hurried and cursory glance at things.* /我这次来，只有几天时间，只能～。Wǒ zhè cì lái, zhǐ yǒu jǐ tiān shíjiān, zhǐ néng ～. *I only have a few days' visit this time, so I can only take a cursory glance at things.*

【走俏】zǒuqiào（动）(商品等) 销路好 *sell well*:最近这种原料在国际市场上～。Zuìjìn zhè zhǒng yuánliào zài guójì shìchǎng shang ～. *Nowadays this type of raw material is selling well on the international market.*

【走失】zǒushī（动）(人) 出去后因迷路没有回到自己家里 *wander away from home and get lost*; *be missing*:那老人已～五天了。Nà lǎorén yǐ ～ wǔ tiān le. *That elderly person has been missing for five days now.* /他家～了一个孩子。

Tā jiā ～le yí ge háizi. *Their family has a missing child.*

【走私】zǒu＝sī *smuggle*：打击～活动 dǎjī ～ huódòng *crack down on smuggling activities* /～船 ～ chuán *boat that carries smuggled goods* /～犯 ～fàn *smuggler*

【走投无路】zǒu tóu wú lù 无路可走，比喻处境极其困难，毫无办法 *have no way out*；*come to an impasse*；*to have one's back against the wall*：她如果不是～，也不会自杀。Tā rúguǒ bú shì ～，yě bú huì zìshā. *If she hasn't had her back against the wall, she wouldn't have committed suicide.*

【走向】zǒuxiàng（名）岩层、矿层、山脉等延伸的方向（*of a rock formation*，*ore bed*，*mountain range*，*etc.*）*run*；*trend*；*alignment*

【走样】zǒu＝yàng（～儿）失去原来的样子 *lose the original shape*；*go out of form*：他传达得～了，王主任不是这么说的。Tā chuándá de ～ le，Wáng zhǔrèn bú shì zhème shuō de. *He distorted the message when he passed it on. Director Wang didn't put it this way.* /这张照片照～了，一点不像你。Zhè zhāng zhàopiànr zhào de ～ le，yìdiǎnr bú xiàng nǐ. *This photograph is distorted. It doesn't look like you at all.*

【走运】zǒu＝yùn（口）运气好，遇到好事 *be in luck*；*have good luck*：他真～，最近两年连升三级。Tā zhēn ～，zuìjìn liǎng nián lián shēng sān jí. *He's really lucky. He has been promoted three ranks in succession during the past two years.*

【走卒】zǒuzú（名）差役，比喻受人豢养而帮助作坏事的人 *pawn*；*lackey*：他不过是恶霸手下的一名～而已。Tā búguò shì èbà shǒuxià de yì míng ～ éryǐ. *He's nothing but the local tyrant's lackey.*

zòu

奏 zòu（动）（1）演奏 *play (music)*；*perform (on a musical instrument)*：～了两个曲子 ～ le liǎng ge qǔzi *played two songs* （2）发生，取得（功效）*achieve*；*produce (an effect etc.)*；*perform (a service, etc.)*：大～奇功 dà ～ qígōng *perform outstanding service*

【奏鸣曲】zòumíngqǔ（名）*sonata*

【奏效】zòu＝xiào 见效 *prove effective*；*get the desired result*：这药吃下去准能～。Zhè yào chī xiaqu zhǔn néng ～. *As soon as this medicine is taken, it will have immediate efficacy.* /我腿疼，不知按摩奏不奏效。Wǒ tuǐ téng，bù zhī ànmó zòu bu zòu xiào. *My legs are sore. I don't know whether or not a massage will prove effective.*

【奏乐】zòu＝yuè *play music*；*strike up a tune*

揍 zòu（动）〈口〉*beat*；*hit*；*strike*：挨～了。Ái ～ le. *He was beaten.* /他挨了一顿～。Tā áile yí dùn ～. *He got a thrashing.*

zū

租 zū（动）租赁，出租 *rent*；*hire*；*charter*；*lease*：～了三间屋子 ～le sān jiān wūzi *rented three rooms* /这间屋子已经～出去了。Zhè jiān wūzi jījīng ～ chuqu le. *This room has already been let.* /到那个湖区去度假，可以～自行车骑。Dào nàge húqū qù dù jià，kěyǐ ～ zìxíngchē qí. *When you go vacationing in that lake region, you can rent a bicycle.* /他把一所房子～给一位医生。Tā bǎ yì suǒ fángzi ～ gěi yí wèi yīshēng. *He leased a house to a doctor.* （名）①租所收的钱、物 *rent*；～金 ～jīn *rent* /房～ fáng～ *house rent*

【租佃】zūdiàn（动）土地所有者把土地租给别人耕种（*of a landlord*）*rent out land for cultivation*

【租界】zūjiè（名）帝国主义国家强迫半殖民地国家，如旧中国，在某些通商口岸或城市划出的作为外侨"居留和经商"的一定区域，该帝国主义国家享有统治权 *concession (in a semi-colonial country seized by an imperialist contry，e. g.，in former times，some Chinese trading ports and tracts of land in cities were reserved as residence and business districts for foreign nationals and put under the control of these imperialist countries)*

【租借】zūjiè（动）*rent*；*hire*；*lease*：在溜冰场可以～冰鞋。Zài liūbīngchǎng kěyǐ ～ bīngxié. *Skates can be rented at the skating rink.*

【租赁】zūlìn（动）（1）租用别人的东西 *rent*；*hire*；*lease (from sb.)*：这汽车是他～的。Zhè qìchē shì tā ～ de. *He has rented this car.* （2）出租 *rent out*；*lease (to sb.)*：此处有房屋两间～. Cǐ chù yǒu fángwū liǎng jiān ～. *There are two rooms for rent in this place.*

【租子】zūzi（名）*landrent*；*ground rent*；*rent*

zú

足 zú（名）〈书〉脚 *foot*：赤～ chì ～ *barefoot* /～尖 ～jiān *the tip of a foot* （形）（1）充足，满，够得上某种数量或程度 *suffient*；*enough*；*ample*；*full*：吃饱喝～ chībǎo hē ～ *eat and drink one's fill* /干劲儿～ gànjìnr ～ *be full of vigour* /精神很～。Jīngshén hěn ～. *He's full of energy.* /十块钱～能买本小词典。Shí kuài qián ～ néng mǎi běn xiǎo cídiǎn. *Ten yuan is enough to buy a small dictionary.* /这口袋米～有五十公斤。Zhè kǒudài mǐ ～ yǒu wǔshí gōngjīn. *This sack has a good fifty kilograms of rice in it.* / 我～用了两天才改完这篇稿子。Wǒ ～ yòng le liǎng tiān cái gǎiwán zhè piān gǎozi. *I used a full two days before I finally finished revising this manuscript.* （副）（1）表示够得上某种程度或某个数量，所修饰的动词多是单音节的（*indicates that a certain degree or amount is reached；the modified verb is usu. monosyllabic*）*enough*；*full*：这些小说～够你看一个暑假的。Zhèxiē xiǎoshuō ～ gòu nǐ kàn yí ge shǔjià de. *There are enough novels here for you to read during the entire summer vacation.* / 雪～有半米厚。Xuě ～ yǒu bàn mǐ hòu. *There is a full half metre of snow.* /有一个星期的时间，你～能复习完。Yǒu yí ge xīngqī de shíjiān，nǐ ～ néng fùxí wán. *You have a week, which is enough to finish reviewing.* （2）表示达到能满足需要的程度，所修饰的动词多为单音节（*indicates that a degree which is enough to satisfy one's needs is reached；the modified verb is usu. monosyllabic*）*enough*；*full*；*sufficient*；*ample*：孩子们放了假～玩儿。Háizimen fàngle jià，～ wánr. *The children were on holidays and had ample time to play.* /他一个人在家，～睡了一天。Tā yí ge rén zài jiā，～ shuìle yì tiān. *He was at home alone and slept for a full day.* /老没吃肉了，今天～吃了一顿。Lǎo méi chī ròu le，jīntiān ～ chīle yí dùn. *I hadn't eaten meat for a long time, so I ate my fill today.*

【足够】zúgòu（动）*enough*；*ample*；*sufficient*：你给我的钱～了。Nǐ gěi wǒ de qián ～ le. *The money you gave me is enough.* /这些纸～用的了。Zhèxiē zhǐ ～ yòng de le. *This paper is enough for our use.* /对自己所犯的错误他已有～的认识。Duì zìjǐ suǒ fàn de cuòwù tā yǐ yǒu ～ de rènshi. *He has already sufficiently acknowledged his own mistakes.* /要准备报告，得有～的时间。Yào zhǔnbèi bàogào，děi yǒu ～ de shíjiān. *We have to have enough time to prepare the report.* /这些饭～两个人吃。Zhèxiē fàn ～ liǎng ge rén chī. *This is ample food for two.*

【足迹】zújì（名）*footprint*；*footmark*：这位画家的～遍布全国的名山大川。Zhè wèi huàjiā de ～ biànbù quán guó de

míng shān dà chuān. *This artist's footprints can be found in all the famous moutains and great rivers of the country.*

【足见】zújiàn（连）可以清楚地看出。用于下一分句的开头，引出结论 one can well perceive; it serves to show：这么一篇短文几易其稿，～作者写作态度之认真。Zhème yì piān duǎnwén jǐ yì qí gǎo，～zuòzhě xiězuò tàidù zhī rènzhēn. *Such a short article was revised several times, which shows that the author had a very conscientious attitude.*

【足球】zúqiú（名）(1)〔个 gè〕soccer ball; football (2) 指运动项目 soccer; football：我们一起去看～。Wǒmen yìqǐ qù kàn ～. *Let's go see a football game together.*

【足以】zúyǐ（副）有"完全可以"的意思，修饰多音节词语，可受否定副词"不"修饰 (has the same meaning as "完全可以"; usu. modifies a polysyllabic word; can be modified by the negative adverb "不") enough; sufficient; fully able to：他已满十八岁了，～独立生活了。Tā yǐ mǎn shíbā suì le, ～ dúlì shēnghuó le. *He's already eighteen years old and is fully able to live on his own.* /证据确凿，～给他定罪。Zhèngjù quèzuò, ～ gěi tā dìng zuì. *The evidence is conclusive enough to declare him guilty.* /用多少语言也不～表达我对你的感激之情。Yòng duōshǎo yǔyán yě bù ～ biǎodá wǒ duì nǐ de gǎnjī zhī qíng. *No words can fully express my gratitude to you.* /这些表面现象不～说明问题。Zhèxiē biǎomiàn xiànxiàng bù ～ shuōmíng wèntí. *These superficial phenomena do not sufficiently illustrate the problem.*

【足智多谋】zú zhì duō móu 头脑聪明，善于谋略。形容善于想办法解决问题 wise and full of stratagems; resourceful

【足足】zúzú（副）表示完全够（某一数量），后边要有数量短语 full (amount) (must be followed by a numeral-measure word phrase)：人们跟洪水一斗争了七天七夜。Rénmen gēn hóngshuǐ ～ dòuzhēngle qī tiān jiǔ yè. *The people fought the flood for a full seven days and seven nights.* /我们～有一年没通信了。Wǒmen ～ yǒu yì nián méi tōng xìn le. *We haven't written to each other for a full year.* /修改这篇文章，我～用了两个小时。Xiūgǎi zhè piān wénzhāng, wǒ ～ yòngle liǎng ge xiǎoshí. *It took me full two hours to revise this article.* /一星期没回家，他去哪儿了？～一年没回家，他去哪儿了？Yì xīngqī méi huí jiā, tā qù nǎr le? *He didn't go home for a full week. Where did he go?* /他走了～两年。Tā zǒule ～ liǎng nián. *He has been gone for a full two years.*

族 zú

（名）(1)民族 nationality; race：你是哪～人？Nǐ shì nǎ ～ rén? *What nationality are you?* (2)家族，宗族 clan; patriarchal clan：他是这个～的～长。Tā shì zhège ～ de ～ zhǎng. *He is the head of this clan.* (3)事物有某共同属性的一大类 a class or group of things with common features：水～ shuǐ～ aquatic animals /猫～ māo～ the cat family

zǔ

诅 〔詛〕zǔ

（动）◇诅咒 curse; swear

【诅咒】zǔzhòu（动）curse; swear

阻 zǔ

（动）◇拦阻，阻挡 block; hinder; obstruct：通行无～ tōngxíng wú ～ go through without hindrance

【阻碍】zǔ'ài（动）hinder; block; impede：封建制度～着社会的发展。Fēngjiàn zhìdù ～zhe shèhuì de fāzhǎn. *The feudal system hinders the development of society.* /你的车停在这里～交通。Nǐ de chē tíng zài zhèlǐ ～ jiāotōng. *Stopping your car here blocks the traffic.* （名）hindrance; obstruction; impediment：旧的经济体制已成为生产发展的～。Jiù de jīngjì tǐzhì yǐ chéngwéi shēngchǎn fāzhǎn de ～. *The old* economic system has become an impediment to the development of production.*

【阻挡】zǔdǎng（动）stop; stem; resist; obstruct：他那么大劲儿，我哪～得了哇！Tā nàme dà jìnr, wǒ nǎ ～ de liǎo wa! *He's so strong. How am I supposed to stop him?* /历史的发展是无法～的。Lìshǐ de fāzhǎn shì wúfǎ ～ de. *There's no way to stem the development of history.*

【阻隔】zǔgé（动）两地隔开，交通来往受到阻碍 cut off; separate (two places)：两地之间有高山～。Liǎng dì zhī jiān yǒu gāo shān ～. *The two places are separated by high mountains.*

【阻击】zǔjī（动）〈军〉block; check：～敌人 ～ dírén check the enemy /～战 ～zhàn blocking action

【阻拦】zǔlán（动）stop; obstruct; bar the way：他决定要去做什么，谁也～不住。Tā juédìng yào qù zuò shénme, shuí yě ～ bu zhù. *Once he has decided to do something, nobody can stop him.*

【阻力】zǔlì（名）obstruction; resistance：小船逆水而行，水的～很大。Xiǎo chuán nì shuǐ ér xíng, shuǐ de ～ hěn dà. *The water's resistance was very strong as the small boat sailed against the current.* /冲破～，争取婚姻自由。Chōngpò ～, zhēngqǔ hūnyīn zìyóu. *Break through the resistance and achieve freedom of marriage.*

【阻挠】zǔnáo（动）阻碍扰乱使不能顺利进行 obstruct; thwart; stand in the way：由于有人从中～，我们的协商进展很慢。Yóuyú yǒu rén cóngzhōng ～, wǒmen de xiéshāng jìnzhǎn hěn màn. *Our talks are making very slow progress because there are some people standing in the way.*

【阻塞】zǔsè（动）(1)有障碍不能通过 be clogged; be blocked：交通～了。Jiāotōng ～ le. *There's a traffic jam.* (2)使不能通过 block; obstruct; clog：因为路窄，车辆经常～。Yīnwèi lù zhǎi, chēliàng jīngcháng ～ dàolù. *Vehicles often block the road because it is very narrow.*

【阻止】zǔzhǐ（动）使不能前进或进行（某件事）prevent; hold back; stop (sb. from doing sth.)：天气转暖，冰将融化，必须～孩子们到湖面去溜冰。Tiānqì zhuǎn nuǎn, bīng jiāng rónghuà, bìxū ～ háizimen dào húmiàn qù liū bīng. *Now that the weather has turned warm and the ice is melting, you must stop your children from skating on the lake.*

组 zǔ

（名）group：教研～ jiàoyán ～ teaching and research group /科学考察～ kēxué kǎochá ～ scientific observation and study group /十个人一～ shí ge rén yì ～ ten people per group（动）◇组织 organize; form：～阁 ～ gé form a cabinet /用词～句 yòng cí ～ jù use words to make a sentence（量）用于事物的集体 group; set; collection; battery：一～线圈 yì ～ xiànquān a battery of coils /两～连环画 liǎng ～ liánhuánhuà two sets of picture-story books /三～学生 sān ～ xuésheng three groups of students

【组成】zǔchéng（动）form; make up; compose; consist of：～内阁 ～ nèigé form a cabinet /～统一战线 ～ tǒngyī zhànxiàn form a united front /这个医疗队是由北京各大医院的有经验的医生～的。Zhège yīliáoduì shì yóu Běijīng gè dà yīyuàn de yǒu jīngyàn de yīshēng ～ de. *This medical team is made up of experienced doctors from major hospitals in Beijing.*

【组稿】zǔ＝gǎo 书、报、刊物编辑者按照编辑计划向作者约稿 (of editors) commission authors to write of given topics; solicit contributions

【组歌】zǔgē（名）suite of songs

【组合】zǔhé（动）部分组成整体 (of parts) make up; compose; constitute (a whole)：他们几个人～成一个小组。Tāmen jǐ ge rén ～ chéng yí ge xiǎozǔ. *Those few people make up a small group.* /这本选集是由八篇小说～而成

的。Zhè běn xuǎnjí shì yóu bā piān xiǎoshuō ～ ér chéng de. *This anthology is composed of eight novels.* （名）组织起来的整体 *combination*：劳动～ láodòng ～ *labour combination*/词的～ cí de ～ *word combination* /柜～guì *a combination of cabinets* /～机床 ～ jīchuáng *combined lathe*

【组合家具】zǔhé jiājù 由数个不同用途的家具，紧靠在一起，组成一个整体的家具 *combination furniture*（*composed of several pieces with different uses placed together to form one whole*）

【组建】zǔjiàn（动）组织建立 *set up*；*organize*（*a group, etc.*）；院一级的领导班子正在～。Yuàn yì jí de lǐngdǎo bānzi zhèngzài ～. *The college's leading group is being organized.*

【组曲】zǔqǔ（名）〈乐〉*suite*

【组诗】zǔshī（名）*a series of poems*

【组织】zǔzhī（动）*organize*；*form*；把农民～起来。Bǎ nóngmín ～ qilai. *Organize the peasants.* /用这些材料～成一篇文章 yòng zhèxiē cáiliào ～ chéng yì piān wénzhāng *organize these materials into an article* /这次联欢会～得不错。Zhè cì liánhuānhuì ～ de búcuò. *This get-together was fairly well-organized.* （名）(1)〈生理〉机体中构成器官的单位 *tissue*：肌肉～ jīròu ～ *muscle tissue* /神经～ shénjīng ～ *nerve tissue* (2) 按照一定的宗旨和系统建立起来的集体 *organization*；*organized system*：工会～ gōnghuì ～ *labour union* /党团～ dǎngtuán ～ *Party and Youth League organizations*

【组织关系】zǔzhī guānxi (1) 指党、团员受哪个基层组织的管辖与领导 *relationship to the Communist Party of China or the Communist Youth League of China*（*at the basic level*）(2) 指转移所属组织时的证件 *credentials showing membership in an organzation*；*membership credentials*

【组织疗法】zǔzhī liáofǎ〈医〉*tissue therapy*；*histotherapy*

【组织路线】zǔzhī lùxiàn 组织工作的根本方针，准则 *basic principle or criterion for organizing work*

【组织性】zǔzhīxìng（名）对于有目的、有系统、有秩序结合起来的团体的宗旨、准则、纪律表现忠诚的一种品质 *sense of organization*

【组织液】zǔzhīyè（名）〈生理〉*tissue fluid*

祖 zǔ（名）◇ (1) 父亲、母亲的上一辈 *one generation senior to one's parents*；*grandparent*：～孙二人 ～ sūn èr rén *grandparent and grandchild* (2) 祖宗 *ancestor*；*forefather*：远～yuǎn ～ *remote ancestors*

【祖辈】zǔbèi（名）一个民族或一个家族的上代，特指年代久远的 *ancestors*；*forefathers*；*ancestry*

【祖传】zǔchuán（动）祖宗传下来的 *handed down from one's ancestors*：～秘方 ～ mìfāng *a secret prescription handed down in the family from generation to generation* /他的手艺是～的。Tā de shǒuyì shì ～ de. *His craftsmanship has been passed down in his family from generation to generation.*

【祖父】zǔfù（名）父亲的父亲。口语中称爷爷 *paternal grandfather, called "爷爷" in spoken Chinese*

【祖国】zǔguó（名）*homeland*；*native land*；*motherland*；*fatherland*

【祖母】zǔmǔ（名）父亲的母亲。口语中称奶奶 *paternal grandmother, called "奶奶" in spoken Chinese*

【祖先】zǔxiān（名）一个民族或家族的上代，特指年代较久远的 *ancestors*；*forefathers*；*ancestry*；*forbears*（*of a nationality or family clan*）

【祖宗】zǔzōng（名）一个家族的上辈，多指较早的 *ancestors*；*forefathers*；*ancestry*（*of a family clan*）

【祖祖辈辈】zǔ zǔ bèi bèi 世世代代 *for generations*；*from generation to generation*

zuān

钻〔鑽〕zuān（动）(1) *drill*；*bore*：～了一个洞 ～ le yí ge dòng *drilled a hole* /在木板上～个孔。Zài mùbǎn shang ～ ge kǒng. *He drilled a hole in the plank.* (2) 穿过，进入 *go through*；*get into*：～入洞中 ～ rù dòng zhōng *go into the hole* /～到水里去～dào shuǐ li qu *get into the water* (3)〈口〉学习，研究 *study intensively*；*research*：死～书本 sǐ ～ shūběn *delve mechanically into books* /整天～外文 zhěng tiān ～ wàiwén *study foreign languages intensively all day long* 另见 zuàn

【钻劲儿】zuānjìnr（名）〈口〉钻研的精神，劲头儿 *zeal*；*intensive energy*：他工作上很有股～。Tā gōngzuò shang hěn yǒu gǔ ～. *He works with zeal.*

【钻空子】zuān kòngzi（贬）利用对方工作、言谈中的漏洞，进行对自己有利的活动 *take advantage of loopholes*（*in sb.'s work, words, etc.*）；*exploit an advantage*：你让坏人钻了空子。Nǐ ràng huàirén zuānle kòngzi. *You left loopholes for evildoers to exploit.* /他这是～，搞投机倒把。Tā zhè shì ～, gǎo tóujī dǎobǎ. *He's taking advantage of loopholes and is engaging in speculation and profiteering.*

【钻牛角尖儿】zuān niújiǎojiānr 比喻头脑不灵活，费力地研究没有意义、不值得研究或无法解决的问题，也指思想固执，对某一问题无法摆脱 *take unnecessary pains to study an insignificant or insoluble problem*；*get into a dead end*；*split hairs*：大家都想通了，只有他还～。Dàjiā dōu xiǎngtōng le, zhǐyǒu tā hái ～. *We're all convinced; he's the one who is still splitting hairs.* /这样做是绝对不行的，你别～了。Zhèyàng zuò shì juéduì bù xíng de, nǐ bié ～ le. *Doing it this way is absolutely out of the question. Don't waste your time trying to solve unimportant problems.*

【钻探】zuāntàn（动）(*exploration*) *drilling*

【钻研】zuānyán（动）*study intensively*；*dig into*

【钻营】zuānyíng（动）〈贬〉*curry favour with sb. in authority for personal gain*：他很善于～，所以受到某些人的赏识。Tā hěn shànyú ～, suǒyǐ shòudào mǒu xiē rén de shǎngshi. *He's really adept at currying favour for personal gain, so he's in the good graces of some people.*

zuàn

钻〔鑽〕zuàn（名）(1) 打眼用的工具 *drill*；*auger* (2) ◇ 钻石 *diamond*；*jewel*（*in a watch*）：～戒 ～ jiè *diamond ring* /他的手表是十七～的。Tā de shǒubiǎo shì shíqī ～ de. *He has a 17-jewel watch.* 另见 zuān

【钻床】zuànchuáng（名）*drilling machine*；*driller*

【钻工】zuàngōng（名）专门操作钻床的工人 *drilling machine operator*；*driller*

【钻机】zuànjī（名）(*drilling*) *rig*；*drilling machine*

【钻井】zuàn＝jǐng *drill a well*

【钻石】zuànshí（名）*diamond*；*jewel*（*in a watch*）

【钻台】zuàntái（名）钻井平台 *drilling platform*

【钻头】zuàntóu（名）*bit*（*of a drill*）

攥 zuàn（动）〈口〉*hold*；*grip*；*grasp*：～紧拳头 ～ jǐn quántou *clench one's fist* /他～得～住我的手。Tā yì bǎ ～ zhu wǒ de shǒu. *He clasped me by the hand.* /他手里～着一根棍子。Tā shǒu li ～ zhe yì gēn gùnzi. *He's holding a stick in his hand.* /两手～得很紧。Liǎng shǒu ～ de hěn jǐn. *His two fists are tightly clenched.*

zuǐ

嘴 zuǐ（名）[张 zhāng］mouth
【嘴巴】zuǐba（名）（1）mouth：把～张开。Bǎ ～ zhāngkāi. Open your mouth.（2）slap（usu. used in the following construction）：打了他一个～ dǎle tā yí ge ～ I slapped him in the face.
【嘴唇】zuǐchún（名）lip
【嘴脸】zuǐliǎn（名）〈贬〉面貌，脸色 looks；features；countenance（derog.）：丑恶的～ chǒu'è de ～ ugly features /他完全是一副市侩的～。Tā wánquán shì yí fù shìkuài de ～. He has none other than a sordid look on his face.

zuì

最 zuì（副）（1）表示某一人或事物的某种性质在程度上超过同类的人或事物。修饰形容词、一部分动词、助动词、短语，不能被否定词修饰（indicates the superlative degree；modifies adjectives, some verbs, auxiliary verbs and phrases；cannot be modified by a negative word）① 由上文或一定的语言环境看出比较（indicates a comparison within the context of the mentioned）：这次田径赛，她的成绩～好。Zhè cì tiánjìng sài, tā de chéngjī ～ hǎo. She had the best results in this track and field meet. /我最近看了几个话剧，觉得这个剧～感人。Wǒ zuìjìn kànle jǐ ge huàjù, juéde zhège jù ～ gǎnrén. I've seen a few plays recently and feel that this one is the most touching. /这几个年轻人，小王～能吃苦。Zhè jǐ ge niánqīngrén, Xiǎo Wáng ～ néng chī kǔ. Of these few young people, Xiao Wang is the most able to bear hardships. /我想这个例子～说明问题。Wǒ xiǎng zhège lìzi ～ shuōmíng wèntí. I feel that this example best illustrates the problem. /他的那些缺点都不算什么，我～不能容忍的是他不诚实。Tā de nàxiē quēdiǎn dōu bú suàn shénme, wǒ ～ bù néng róngrěn de shì tā bù chéngshí. These shortcomings of his are nothing, what I can tolerate the least is his dishonesty. ② 没有明显的比较，只表示一种极高的程度（simply expresses the superlative degree when there is no obvious comparison）：哪里的工作～苦、～累，她就到哪里去。Nǎli de gōngzuò ～ kǔ、～ lèi, tā jiù dào nǎli qù. She always goes to where the work is the most toilsome. /他是～坚决～勇敢的战士。Tā shì ～ jiānjué ～ yǒnggǎn de zhànshì. He is the most resolute and bravest of soldiers. /她～能关心人、体贴人。Tā ～ néng guānxīn rén, tītiē rén. She is the most able to show consideration for others. /这是～让我为难的事了。Zhè shì ～ ràng wǒ wéinán de shì le. This is the most embarrassing thing for me. / 我～不愿意在很多人面前讲话。Wǒ ～ bú yuànyì zài hěn duō rén miànqián jiǎng huà. I am most unwilling to talk in front of many people. "最"可以重叠，强调程度更深（"最" can be reduplicated to emphasize an even greater degree）：我～～喜欢的是这支歌。Wǒ ～～ xǐhuan de shì zhè zhī gē. This is absolutely my most favourite song. /现在对你来说～～重要的是养好身体。Xiànzài duì nǐ láishuō ～～ zhòngyào de shì yǎnghǎo shēntǐ. The most important thing for you right now is to recuperate.（2）修饰方位词，表示某个方向中的首位（modifies a word denoting position to indicate the first place within a certain direction）：他的座位在～前边。Tā de zuòwèi zài ～ qiánbiānr. His seat is in the very front. /字典放在书架～上层。Zìdiǎn fàng zài shūjià ～ shàng céng. The dictionary is on the top shelf. /胡同里～南边的那个门是他家。Hútòng lǐ ～ nánbiānr de nàge mén shì tā jiā. The door at the southernmost end of the alley is where his home is.

【最初】zuìchū（名）initial；first
【最低纲领】zuì dī gānglǐng minimum programme
【最多】zuìduō（副）（1）同"至多" zhìduō（1）same as "至多" zhìduō（1）：这个教室～能放下二十套桌椅。Zhège jiàoshì ～ néng fàngxià èrshí tào zhuō yǐ. This classroom will hold a maximum of twenty sets of desks and chairs. /那筐苹果～十五公斤。Nà kuāng píngguǒ ～ shíwǔ gōngjīn. There are at most fifteen kilograms of apples in that basket.（2）同"至多" zhìduō（2）same as "至多" zhìduō（2）：如果他生气了，～骂我一顿，没什么了不起。Rúguǒ tā shēng qì le, ～ mà wǒ yí dùn, méi shénme liǎobuqǐ. At most he'll give me a scolding if he's angry. There's nothing great about that. /他不会去远处，～到附近街上走走。Tā bú huì qù yuǎnchù, ～ dào fùjìn jiē shang zǒuzou. He won't go far. At most, he'll go for a walk on the street nearby.
【最高纲领】zuì gāo gānglǐng maximum programme
【最好】zuìhǎo（副）表示说话人认为对某事物的处理方法或某种情况是最理想的、合适的。多用于建议、希望或祈求 had better；it would be best（usu. used in expressing a suggestion, wish, earnest hope. etc.）：演唱的时候，你～穿那条白裙子。Yǎnchàng de shíhou, nǐ ～ chuān nà tiáo bái qúnzi. You had best wear that white skirt when you sing in the performance. /这里光线太暗，～换个地方。Zhèli guāngxiàn tài àn, ～ huàn ge dìfang. The light is too dim here. We'd better go else where. /你们说话～小点儿声，别影响人家休息。Nǐmen shuō huà ～ xiǎo diǎnr shēngr, bié yǐngxiǎng rénjia xiūxi. You'd better talk a little lower so as not to disturb the rest of others. /这个问题很难解决，今天～不讨论。Zhège wèntí hěn nán jiějué, jīntiān ～ bù tǎolùn. It would be best if we didn't discuss this problem today, as it is difficult to settle.
【最后】zuìhòu（名）final；last；ultimate；back：我站在～。Wǒ zhàn zài ～. I'm standing at the very back. /书的～一页 shū de ～ yí yè the last page of a book /～的结果 ～ de jiéguǒ the final result /他～还是同意了。Tā ～ háishi tóngyì le. He agreed in the end. /～讲讲这本书的影响。～ jiǎngjiang zhè běn shū de yǐngxiǎng. Lastly, I will talk about this book's influence.
【最后通牒】zuìhòu tōngdié ultimatum
【最惠国】zuìhuìguó（名）most-favoured nation
【最佳】zuìjiā（形）optimum：～方案 ～ fāng'àn optimum plan /～效果 ～ xiàoguǒ optimum effect /～男主角 ～ nán zhǔjué the finest male lead /～竞技状态 ～ jìngjì zhuàngtài optimum form（of an athlete）
【最近】zuìjìn（名）（1）不久前；不久前直到现在 recently；lately：他～没有到我这儿来。Tā ～ méiyou dào wǒ zhèr lái. He hasn't come here recently. /～是西瓜的旺季，到处都卖西瓜。～ shì xīguā de wàngjì, dàochù dōu mài xīguā. It has been the peak period for watermelons lately so they're being sold everywhere. /我～还看见他呢！Jiù ～ wǒ hái kànjian tā ne! I just saw him recently.（2）不久后 in the near future；soon：这书～就要出版了。Zhè shū ～ jiù yào chūbǎn le. This book will soon be published.
【最少】zuìshǎo（副）（1）同"至少" zhìshǎo（1）same as "至少" zhìshǎo（1）：你要掌握这门技术，～得学三年。Yào zhǎngwò zhè ménr jìshù, ～ děi xué sān niān. You must study a minimum of three years if you want to master this technology. /寄航空信～五天才能到。Jì hángkōng xìn ～ wǔ tiān cái néng dào. It will take at least five days for an airmail letter to reach there.（2）同"至少" zhìshǎo（2）same as "至少" zhìshǎo（2）：你们结婚可以不举行仪式，但是～得通知一下朋友们吧！Nǐmen jié hūn kěyǐ bù jǔxíng yíshì, dànshì ～ děi tōngzhī yíxià péngyoumen ba! You don't have to hold a ceremony when you get married, but

you must at least let your friends know！/今天你～要把实验报告写出来，别的以后再说。Jīntiān nǐ ～ yào bǎ shíyàn bàogào xiě chulai. You must at least write out a report of the experiment today. The rest can wait till later.

【最为】zuìwéi（副）〈书〉意思同"最"zuì（1），但只修饰双音节词语 same as "最" zuì（1）, but only modifies a disyllabic word：大家都认为第一个方案～可取。Dàjiā dōu rènwéi dìyī ge fāng'àn ～ kěqǔ. We all consider the first plan to be the most desirable. /这里黄昏的景色～美丽。Zhèlǐ huánghūn de jǐngsè ～ měilì. The scenery at dusk here is the most beautiful. /近几年来，这里的变化很大，～明显的是人们服装的色彩、样式多起来了。Jìn jǐ nián lái, zhèlǐ de biànhuà hěn dà, ～ míngxiǎn de shì rénmen fúzhuāng de sècǎi, yàngshì duō qǐlai le. During these past few years, this place has undergone major changes, the most obvious of which is that the colours and styles of people's clothing have multiplied.

【最终】zuìzhōng（形·非谓）最后的；到最后的 final; ultimate：～目的 ～ mùdì ultimate aim /这个问题～总得解决。Zhège wèntí ～ zǒng děi jiějué. This problem must, in the end, be resolved.

罪 zuì

（名）(1) crime; guilt：有～的人 yǒu ～ de rén person guilty of a crime /无～释放 wú ～ shìfàng set a person free with a verdict of "not guilty" /～该万死 ～ gāi wàn sǐ be guilty of a crime for which one deserves to die ten thousand deaths /以贪污～逮捕了他。Yǐ tānwū ～ dàibǔle tā. He was arrested for embezzlement. (2) 苦难 suffering; pain; hardship：过去他真受了不少～。Guòqù tā zhēn shòule bù shǎo ～. He really suffered many hardships in the past.

【罪大恶极】zuì dà è jí 罪恶大到极点 be guilty of the most heinous crimes

【罪恶】zuì'è（名）crime; evil：～昭彰 ～ zhāozhāng commit flagrant crimes /～极大 ～ jí dà have committed the most heinous crime

【罪恶滔天】zuì'è tāotiān 滔天：漫天，弥天。形容罪恶极大（滔天：all over the sky; boundless) be guilty of monstrous crimes：这帮土匪真是～！Zhè bāng tǔfěi zhēn shi ～! This gang of thieves is guilty of the most monstrous crimes!

【罪犯】zuìfàn（名）criminal; offender; culprit

【罪过】zuìguò（名）fault; offence; sin：这都是我的～。Zhè dōu shì wǒ de ～. This is all my fault. /他的～真是不小。Tā de ～ zhēn shì bù xiǎo. He has committed no small offence.

【罪魁祸首】zuìkuí huòshǒu 魁：头目，领头的人。指作恶犯罪或干坏事的头子（魁：chief; head) chief criminal (or culprit, offender)：盗窃铜料的～就是王小三。Dàoqiè tóngliào de ～ jiù shì Wáng Xiǎosān. Wang Xiaosan is the chief culprit who stole the copper materials.

【罪名】zuìmíng（名）charge; accusation

【罪孽】zuìniè（名）迷信的人认为应受到报应的罪恶 sin; wrong doing that brings retribution：～深重 ～ shēnzhòng sinful /前世的～ qiánshì de ～ sin committed in one's previous life

【罪人】zuìrén（名）有罪的人 guilty person; offender; sinner：这片森林是在我们管辖区内，如遭到破坏，我们将成为千古～。Zhè piàn sēnlín shì zài wǒmen guǎnxiáqū nèi, rú zāodào pòhuài, wǒmen jiāng chéngwéi qiāngǔ ～. This forest falls within our jurisdiction. If it is destroyed, we will stand condemned for all ages.

【罪行】zuìxíng（名）crime; guilt; offence

【罪责】zuìzé（名）对所犯罪行应负的责任 responsibility for an offence：～难逃 ～ nán táo cannot escape the responsibi-

lity for the offence

【罪证】zuìzhèng（名）evidence of a crime; proof of sb.'s guilt

【罪状】zuìzhuàng（名）facts about a crime; charges in an indictment：十大～ shí dà ～ ten major indictments /查明～ chámíng ～ ascertain the facts about a crime

醉 zuì

（动）get drunk; become intoxicated：他～了。Tā ～ le. He's drunk. /喝～了。Hē～ le. He's tipsy. /他～得人事不知。Tā ～ de rénshì bù zhī. He's dead drunk. /～人的春夜 ～ rén de chūnyè an intoxicating spring night

【醉汉】zuìhàn（名）drunkard; drunken man

【醉生梦死】zuì shēng mèng sǐ 糊里糊涂地活着，像在醉梦中一样 live as if intoxicated or dreaming; lead a befuddled life

【醉心】zuìxīn（动）be bent on; be wrapped up in：～革命 gémìng be wrapped up in the revolution /～于戏曲研究 ～ yú xìqǔ yánjiū be engrossed in research on traditional opera

【醉醺醺】zuìxūnxūn（形）dead drunk：他喝得～的，不知自己干了些什么。Tā hē de ～, bù zhī zìjǐ gànle xiē shénme. He was dead drunk, so he didn't even know what he was doing.

【醉意】zuìyì（名）酒醉的感觉或神情 signs or feeling of getting drunk：别再让他喝了，他已有几分～了。Bié zài ràng tā hē le, tā yǐ yǒu jǐ fēn ～ le. Don't let him drink anymore; he's already a bit tipsy.

zūn

尊 zūn

（动）◇ 尊敬 respect; venerate; honour：～师 ～ shī respect one's teacher /～干爱兵 ～ gàn ài bīng (the soldiers) respect the cadres and (the cadres) love the soldiers （量）用于塑像或炮（for a statue or artillery piece）：一～铜像 yī ～ tóngxiàng a bronze statue /两～佛像 liǎng ～ fóxiàng two statues of Buddha /五～大炮 wǔ ～ dàpào five artillery pieces

【尊称】zūnchēng（名）尊敬的称呼 a respectful form of address："您"是一种。"Nín" shì yī zhǒng. "您" is one respectful form of address. /"子"在古代是男人的～。"Zǐ" zài gǔdài shì nánrén de ～. In ancient times, "子" was a respectful form of address for men. （动）尊敬地称呼 address sb. respectfully：我～您为师傅。Wǒ ～ nín wéi shīfu. I respectfully call you Master Worker. /孔子被～为圣人。Kǒngzǐ bèi ～ wéi shèngrén. Confucius was respectfully referred to as a sage.

【尊崇】zūnchóng（动）worship; revere; venerate

【尊贵】zūnguì（形）honourable; respectable：～的客人 ～ de kèrén an honoured guest /～的小姐 ～ de xiǎojie a respectable young miss

【尊敬】zūnjìng（动）respect; honour：～老师 ～ lǎoshī honour one's teacher /对长辈应该～。Duì zhǎngbèi yīnggāi ～. One should respect one's elders.

【尊严】zūnyán（名）dignity; honour：法律～ fǎlǜ ～ the sanctity of the law /民族～ mínzú ～ national dignity /失去了～ shīqùle ～ lost his honour

【尊重】zūnzhòng（动）respect; value; esteem：互相～ hùxiāng ～ respect each other /～人格 ～ réngé value somebody for his or her personality /～你的感情 ～ nǐ de gǎnqíng value your affection /我对你一直很～。Wǒ duì nǐ yīzhí hěn ～. I have always held you in esteem.

遵 zūn

（动）◇ 依照 abide by; obey; follow; observe：服用此

药,要～医嘱。Fúyòng cǐ yào, yào ～ yīzhǔ. *Follow the doctor's advice when taking this medicine.*

【遵从】zūncóng(动)〈书〉遵照并服从 *comply with；obey*：您的命令～ nín de mìnglìng *obey your command* /～上级的指示 ～ shàngjí de zhǐshì *comply with the directives of the leadership* /～老师的教导 ～ lǎoshī de jiàodǎo *follow the teacher's advice*

【遵命】zūn = mìng *comply with your wish；obey your command*

【遵守】zūnshǒu(动)*observe；abide by*：～纪律 ～ jìlǜ *observe discipline* /～规章制度 ～ guīzhāng zhìdù *observe rules and regulations* /～时间 ～ shíjiān *be punctual* /车间有关规定,请注意～! Chējiān de yǒuguān guīdìng, qǐng zhùyì ～! *Please observe the regulations concerned in the workshop.*

【遵行】zūnxíng(动)〈书〉遵照实行 *act on；follow*

【遵循】zūnxún(动)*follow；abide by；adhere to*：～父命 ～ fùmìng *follow one's father's orders* /～领导的意见 ～ lǐngdǎo de yìjiàn *follow the leader's advice* /～上级的决定 ～ shàngjí de juédìng *abide by the leadership's decision*

【遵照】zūnzhào(动)〈书〉*obey；conform to；comply with*：～指示 ～ zhǐshì *comply with directives* /～命令 ～ mìnglìng *obey orders* /～规定办理手续 ～ guīdìng bànlǐ shǒuxù *go through procedures in accordance with regulations*

zuō

作 zuō
另见 zuó、zuò

【作坊】zuōfang(名)手工业工场 *workshop*

【作弄】zuōnòng(动)同"捉弄" zhuōnòng *same as "捉弄" zhuōnòng*

【作揖】zuō = yī *make a bow with hands clasped in front*

zuó

作 zuó
另见 zuō、zuò

【作料】zuóliao(名)*condiments；seasoning*

昨 zuó
(名)◇昨天 *yesterday*：～晚 ～ wǎn *last night* /代表团～抵京。Dàibiǎotuán ～ dǐ Jīng. *The delegation arrived in Beijing yesterday.*

【昨天】zuótiān(名)*yesterday*

琢 zuó
另见 zhuó

【琢磨】zuómo(动)思索,考虑 *ponder；think over；consider*：这幅漫画,越～越有意思。Zhè fú mànhuà, yuè ～ yuè yǒu yìsi. *The more one ponders over this caricature, the more it takes on meaning.* /他一边吸烟,一边～着该怎样回答。Tā yìbiānr xī yān, yìbiānr ～ zhe gāi zěnyàng huídá. *He smoked while considering how to answer.* 另见 zhuómó

zuǒ

左 zuǒ
(名)*the left；the left side*：房～房右都是树。Fáng ～ fáng yòu dōu shì shù. *There are trees on both sides of the house.* (形)*left*：他思想很～。Tā sīxiǎng hěn ～. *He's a leftist in his thinking.* /极～思想要不得。Jí ～ sīxiǎng yào bu de. *Ultra-left ideology is intolerable.* /这个人～得很。Zhège rén ～ de hěn. *This person is ultra-left.*

【左边】zuǒbiān(名)*the left；the left (or left-hand) side*

【左不过】zuǒ bu guò〈口〉(1)"只不过"的意思,带有轻蔑的感情色彩(*has the same meaning as "只不过"；expresses slight disdain*)*only；merely；just*：～是个芝麻官,有什么了不起。～ shì ge zhīma guān, yǒu shénme liǎobuqǐ. *He's nothing but a petty official. What's so great about that.* /暑期活动站～看书、下棋、打扑克,没什么新鲜的。Shǔqī huódòng zhàn ～ kàn shū, xià qí, dǎ pūkè, méi shénme xīnxiān de. *One just reads books, or plays chess or cards at a summer recreation centre. There's nothing new about it.* (2)"至多""反正"的意思(*has the same meaning as "至多" and "反正"*)*anyhow；anyway；at any rate；at (the) most*：他生气了,甭管他,～三天不跟我们说话。Tā shēng qì le, béng guǎn tā, ～ sān tiān bù gēn wǒmen shuō huà. *Don't mind him, he's angry. He won't talk to us for three days at the most.* /这种活动参加也行,不参加也没关系,～是个形式。Zhè zhǒng huódòng cānjiā yě xíng, bù cānjiā yě méi guānxi, ～ shì ge xíngshì. *It doesn't matter whether you participate in this kind of activity or not. There's nothing in it really.*

【左面】zuǒmiàn(名)同"左边" zuǒbiān *same as "左边" zuǒbiān*

【左派】zuǒpài(名)*the Left；Leftist*

【左倾】zuǒqīng(名)(1)思想进步的,倾向革命的 *progressive；inclined towards the revolution；left-leaning*：他在三十年代是～的,靠拢革命的。Tā zài sānshí niándài shì ～ de, kàolǒng gémìng de. *He leaned towards the left in the nineteen-thirties and was inclined towards the revolution.* (2)分不清事物发展的不同阶段,在革命斗争中表现急躁盲动的"左"倾冒险主义(这时左字带引号作"左")*"Left" deviation；"Left" adventurism (here, "左" is placed in quotation marks)*

【左倾机会主义】zuǒqīng jīhuìzhǔyì 工人运动中或无产阶级政党内部的反马克思主义思潮；它的特点是不能对革命形势作具体分析,不能正确估计敌我双方力量对比,而采取盲目冒险行动 *"Left" opportunism (anti-Marxist trend of thought found within a workers' movement or proletarian political party；characterized in particular by its inability to make a concrete analysis of the revolutionary situation, its inability to accurately estimate the relative strength of the enemy forces and our own and its tendency to blindly take risks)*

【左首】zuǒshǒu(名)〈书〉左边 *the left-hand side*

【左翼】zuǒyì(名)(1)〈军〉作战时在正面部队左侧的部队 *left wing；left flank (troops)*：进攻敌军的～ jìngōng díjūn de ～ *attack the enemy's left flank* /保护我军～安全渡河。Bǎohù wǒ jūn ～ ānquán dù hé. *protect our army's left flank when crossing the rive* (2)政党或阶级、集团中在政治思想上倾向革命的一部分 *the Left wing；the Left*：～作家联盟 ～ zuòjiā liánméng *the alliance of Left-wing writers* /～文艺运动 ～ wényì yùndòng *the Left-wing movemevt in literature and art*

【左右】zuǒyòu(助)用于数量词后表示概数(*used after a numerical measure word to indicate an approximate number*)：两千斤～ liǎngqiān jīn ～ *approximately 2,000 jin* /五公尺～ wǔ gōngchǐ ～ *about 5 metres* (动)支配,操纵 *master；control*：～局势 ～ júshì *master the situation* /他已经事事受别人～了。Tā yǐjīng shìshì shòu biérén ～ le. *He's manipulated by others in everything he does.* (名)左和右两方面 *the left and right sides*：主席台～ zhǔxítái ～ *the left and right sides of the rostrum* /～为难 ～ wéinán *be in a dilemma*

【左右逢源】zuǒ yòu féng yuán 逢:遇到；源:水源。向左向右都能找到水源,比喻学问深了,思路通畅,材料充足,取之不尽,用之不竭。也用来比喻作事得心应手,顺利,没有阻碍 (逢：*meet；come upon*；源：*water source*) *be able to find the water source on both sides— be able to achieve success one*

way or another (*because of one's profound knowledge, clear thinking and resourcefulness*); *be highly proficient*; *do sth. with facility and without hindrance*

【左……右……】zuǒ…… yòu …… 嵌入两个相同或相似的动词,表示动作长时间持续或一再重复;有时也可以嵌入数量词(有时带名词)表示大量或多次重复 (*inserted before two identical or similar verbs to indicate the long duration or repetition of an action; a numeral-classifier compound* (*which sometimes takes a noun*) *may also be inserted to indicate a great number or several repetitions*):左看右看,看不出名堂来。Zuǒ kàn yòu kàn, kàn bu chū mingtang lai. *I've looked again and again, but can't see any reason to it.* /左思右想,觉得他话中有话。Zuǒ sī yòu xiǎng, juéde tā huà zhōng yǒu huà. *I've been turning it over in my mind, and I feel that he was implying something.* /我们左请右请他都不来。Wǒmen zuǒ qǐng yòu qǐng tā dōu bù lái. *We've invited him again and again but he won't come.* /年轻时候爱看小说,左一本右一本看个没够。Niánqīng shíhou ài kàn xiǎoshuō, zuǒ yì běn yòu yì běn kàn ge méi gòu. *I loved to read novels when I was young. I used to read one after another and never seemed to read enough.* /他左一杯右一杯,一瓶酒一会儿就喝光了。Tā zuǒ yì bēi yòu yì bēi, yì píng jiǔ yíhuìr jiù hēguāng le. *He drank one glassful after another and finished off a bottle of wine in no time.*

zuò

作 zuò (动)◇(1)起 *rise*; *get up*:枪声大～ qiāngshēng dà ～ *Heavy firing broke out.* (2)做、制作 *do*; *make*:精耕细～ jīng gēng xì ～ *intensive and meticulous farming* /～衣服 ～ yīfu *make clothes* (3)装作 *pretend*; *make believe*:故～镇静 gù ～ zhènjìng *pretend to be calm* /～～样子 ～～ yàngzi *put on an act* (4)从事或进行 *be engaged in*; *carry out*; *do*:～工作 ～ gōngzuò *do one's work* /同坏人～斗争 tóng huàirén ～ dòuzhēng *carry out a struggle against evildoers* /～报告 ～ bàogào *make a report* (5)写作,创作 *write*; *compose*; *create*:～了一首诗 ～ le yì shǒu shī *composed a poem* /～一支曲子 ～ yì zhī qǔzi *wrote a song* (6)当作,作为 *regard as*; *take sb. or sth. for*:认贼～父 rèn zéi ～ fù *take the foe for one's father* /过期～废 guò qī ～ fèi *invalid after the specified date* /拜这位画家～老师 bài zhè wèi huàjiā ～ lǎoshī *take this artist as one's teacher* (名)◇著作,作品 *writings*; *work*:这是他的得意之一～。Zhè shì tā de déyì zhī ～. *This is the work of which he is very proud.* 另见 zuō; zuó

【作案】zuò=àn *commit a crime or an offence*

【作罢】zuòbà (动·不及物) *drop*; *relinquish*; *give up*:你如果不愿意,这件事就～。Nǐ rúguǒ bú yuànyì, zhè jiàn shì jiù ～. *If you're not willing then just let this matter drop.* /他不来,这次聚会只好～。Tā bù lái, zhè cì jùhuì zhīhǎo ～. *He's not coming, so this get-together will have to be cancelled.*

【作弊】zuò=bì *practise fraud*; *cheat*:考试～ kǎoshì ～ *cheat during an exam* /选举～ xuǎnjǔ ～ *elect somebody through fraud*

【作对】zuòduì (动·不及物) *set oneself against*; *oppose*:他老跟我～,我提什么意见他都不赞成。Tā lǎo gēn wǒ ～, wǒ tí shénme yìjian tā dōu bú zànchéng. *He's always opposing me. No matter what suggestion I make, he won't support it.*

【作恶多端】zuò è duō duān 坏事干得很多 *do all kinds of evil*; *be steeped in iniquity*:他～,早就该抓起来了。Tā ～, zǎo jiù gǎi zhuā qilai le. *He has done all kinds of evil. He should have been arrested long ago.*

【作法】zuòfǎ (名)(1)作文或作诗习题等的方法 *technique of writing*; *method of doing exercises*:这道题有几个～。Zhè dào tí yǒu jǐ gè ～. *There are several ways of doing this exercise.* /请讲讲文章的～. Qǐng jiǎngjiang wénzhāng de ～. *Please explain the technique of writing.* (2)处理事情或制作物品的方法 *way of doing things*; *method*; *practice*:你这种～欠妥。Nǐ zhè zhǒng ～ qiàn tuǒ. *This method of yours is inappropriate.* /我觉得这菜很好吃,想问问～。Wǒ juéde zhè cài hěn hǎochī, xiǎng wènwen ～. *I find this dish very tasty. I'd like to know how to make it.* /馒头怎么～? Mántou zěnme ge ～? *How do you make mantous?*

【作废】zuòfèi (动·不及物) *become invalid*:这是上星期的电影票,早～了。Zhè shì shàng xīngqī de diànyǐngpiào, zǎo ～ le. *This is last week's movie ticket. It became invalid long ago.*

【作风】zuòfēng (名)工作上、生活上一贯表现出来的行为、态度 *style*; *style of work*; *way*:俭朴的～ jiǎnpǔ de ～ *thrifty and simple style* /主观主义的～ zhǔguānzhǔyì de ～ *subjective style* /～谨慎 ～ jǐnshèn *have a prudent style of work* /～很好 ～ hěn hǎo *have a very good style of work*

【作梗】zuògěng (动·不及物) 使事情不能顺利进行 *hinder*; *create difficulties*

【作古】zuògǔ (动·不及物) 〈书〉婉辞,去世 *die*; *pass away*

【作怪】zuòguài (动·不及物) *create mischief*; *make trouble*:肚子疼原来是胆结石在～。Dùzi téng yuánlái shì dǎnjiéshí zài ～. *It was cholelithiasis that was causing my stomach trouble.*

【作官】zuò=guān 充当官吏(一般指旧时官吏) *be an official* (*usually referring to the dynastic period*)

【作家】zuòjiā (名) *writer*

【作假】zuò=jiǎ (1)制造假的,冒充真的,或真的里边掺上假的,好的里边掺上坏的 *counterfeit*; *falsify*; *cheat* (*by mixing sth. bad in with sth. good or by putting a false interior in a genuine exterior*):奸商在酒里～,掺了不少水。Jiānshāng zài jiǔ lǐ ～, chānle bù shǎo shuǐ. *That profiteer cheated by mixing a lot of water in with the wine.* (2)要花招,假装糊涂 *behave affectedly*; *play tricks*; *play the fool*:我从不会～,说的全是实话。Wǒ cóng bú huì ～, shuǒ de quán shì shíhuà. *I never play tricks. I always tell the truth.*

【作价】zuò=jià *fix a price for sth.*; *evaluate*:他那幅古画要出卖,～一千元。Tā nà fú gǔ huà yào chūmài, ～ yìqiān yuán. *He has put that ancient painting on sale and has set the price at 1,000 yuan.*

【作茧自缚】zuò jiǎn zì fù 蚕吐丝作茧,把自己包在里面。比喻自己使自己陷于困境或自己束缚自己 (*of a silkworm*) *spin a cocoon around itself—get enmeshed in a web of one's own making*; *get oneself into a mess*:他这样作,岂不是～? Tā zhèyàng zuò, qǐ bú shì ～? *Isn't he just getting himself into a mess by doing it this way?*

【作客】zuò=kè 〈书〉寄居在外 *sojourn*; *live away from home*:～他乡 ～ tāxiāng *sojourn in a strange land* /在外乡～ zài wàixiāng ～ *live in another part of the country* (*other than one's own home*) /不要有～思想。Búyào yǒu ～ sīxiǎng. *Don't develop a guest mentality.*

【作乐】zuò=lè 取乐 *make merry*; *enjoy oneself*:寻欢～ xún huān ～ *seek pleasure and make merry*

【作难】zuònán (动·不及物) 为难 *feel embarrassed*; *feel awkward*:这事使我～。Zhè shì shǐ wǒ ～. *This matter has made me feel embarrassed.* /小于～了半天,也没想出好办法。Xiǎo Yú ～ le bàntiān, yě méi xiǎngchū hǎo bànfǎ. *Xiao Yu stood there awkwardly for a long time, but still couldn't think of a good method.*

【作呕】zuò'ǒu (动·不及物) 恶心,比喻非常厌恶 *feel sick* (*or nausea*); *be extremely disgusted with*:他在领导面前卑

躬屈膝，阿谀奉承，令人～。Tā zài lǐngdǎo miànqián bēi gōng qū xi，ēyú fèngcheng，ling rén ～. *He bows and scrapes to leaders and flatters them no end. It's really sickening.*

【作陪】zuòpéi（动·不及物）当陪客 *be invited to attend a banquet, etc. given in honour of a distinguished guest; be invited along with the guest of honour*：明天我们请王老师吃饭，请您～。Míngtiān wǒmen qǐng Wáng lǎoshī chī fàn，qǐng nín ～. *We're having Teacher Wang over for dinner tomorrow. Please come and join us.* /那天宴请外籍教师，有我～。Nà tiān yànqǐng wàijí jiàoshī，yǒu wǒ ～. *I was also invited to that banquet in honour of foreign teachers.*

【作品】zuòpǐn（名）*works (of literature and art)*

【作曲】zuò＝qǔ *write music; compose (music)*

【作曲家】zuòqǔjiā（名）*composer*

【作数】zuò＝shù 算数 *count; be valid*：你说了不～，得大家同意才行。Nǐ shuōle bú ～，děi dàjiā tóngyì cái xíng. *What you said doesn't count. We must have everybody's approval.* /你这话～不～? 可不能说了不算。Nǐ zhè huà ～ bu ～? kě bù néng shuōle bú suàn. *Does what you say count or not? You mustn't keep your word.*

【作祟】zuòsuì（动·不及物）迷信的人指鬼神跟人为难，比喻坏人或坏的思想捣乱，妨碍事情顺利进行（*of ghosts, spirits, etc.*）*haunt*；（*used figuratively*）*make trouble; create mischief; exercise a bad (or evil) influence*：因为有人～，所以这事没办成。Yīnwèi yǒu rén ～，suǒyǐ zhè shì méi bànchéng. *This matter didn't come through because somebody was stirring up trouble.* /不知是谁从中～，购买新设备的计划吹了。Bù zhī shì shuí cóngzhōng ～，gòumǎi xīn shèbèi de jìhuà chuī le. *I don't know who caused trouble, but the plan for buying new equipment has fallen through.* /由于迷信思想，老太太不同意他俩结婚。Yóuyú míxìn sīxiǎng ～，lǎotàitai bù tóngyì tā liǎ jié hūn. *The old lady did not consent to their marriage because her superstitious beliefs stood in the way.*

【作威作福】zuò wēi zuò fú 威：权威，福：给人赏赐。原指封建统治者独揽威权，任意赏罚。后用来形容妄自尊大，滥用权势，横行霸道（威：*authority*；福：*reward sb.*）（*of feudal rulers*）*monopolize power and arbitrarily reward and punish*；（*present meaning*）*tyrannically abuse one's power; act like a tyrant*

【作为】zuòwéi（动）（1）当做，常用于主语是受事的句子或"把"字句 *regard as; treat as; serve as (often used in "把" sentences or sentences whose subject is the recipient of the action)*：这篇文章可以～范文来学习。Zhè piān wénzhāng kěyǐ ～ fànwén lái xuéxí. *This article can serve as a model essay for us to study.* /她把幼儿教育～终身的事业。Tā bǎ yòu'ér jiàoyù ～ zhōngshēn de shìyè. *She has taken preschool education as her life's work.*（2）就一个人的某种身份或一个事物的某种性质来说 *be in a certain capacity*：我现在是～你的朋友而不是～你的老师跟你谈话的。Wǒ xiànzài shì ～ nǐ de péngyou ér bú shì ～ nǐ de lǎoshī gēn nǐ tán huà de. *I'm now talking to you as a friend, not as a teacher.* /～领导，处处要起模范作用。～ lǐngdǎo，chùchù yào qǐ mófàn zuòyòng. *As a leader, you must play an exemplary role in all respects.*（名）◇（1）成绩 *accomplishment*：年轻人应该胸怀大志，有所～。Niánqīng rén yīnggāi xiōng huái dà zhì，yǒu suǒ ～. *Young people should have high aspirations and accomplish something worth while.* /这人将来一定大有～，不可小看。Zhè rén jiānglái yídìng dàyǒu ～，bùkě xiǎo kàn. *You shouldn't belittle this person. He is bound to accomplish a lot in future.*（2）行为 *conduct; deed; action*：评论一个人不能只听他怎么说，还要看他的～如何。Pínglùn yí ge rén bù néng zhǐ tīng tā zěnme shuō，hái yào kàn tā de ～ rúhé. *You cannot judge a person just by what he says, but must also look at his actions.*

【作文】zuòwén（名）学生作为练习所写的文章（*students'*）*composition*

【作文】zuò＝wén（学生练习）写文章（*of students*）*write a composition*：这学期我们一共作了十篇文。Zhè xuéqī wǒmen yígòng zuòle shí piān wén. *We wrote ten compositions this semester.*

【作物】zuòwù（名）*crop*：经济～ jīngjì ～ *industrial crop*

【作息】zuòxī（动·不及物）*work and rest*：按时～ àn shí ～ *observe the work and rest schedule* / 遵守～时间 zūnshǒu ～ shíjiān *observe the work and rest schedule*

【作协】zuòxié（名）"作家协会"的简称 *abbrev. for "作家协会"*

【作业】zuòyè（名）（1）老师给学生布置的功课 *homework; school assignment*：今天老师给留了很多～。Jīntiān lǎoshī gěi liúle hěn duō ～. *The teacher assigned a lot of homework today.* /你的～做完了没有? Nǐ de ～ zuòwánle méiyou? *Have you finished your homework?*（2）训练性的军事活动，或生产单位布置的生产活动 *work; operation; assigned task; production*：连队今天进行野外～。Liánduì jīntiān jìnxíng yěwài ～. *The company is doing field work today.* /电工班正进行高空～。Diàngōngbān zhèng jìnxíng gāokōng ～. *The electrical engineering team is doing work high above the ground.*

【作业班】zuòyèbān（名）*work team*

【作用】zuòyòng（名）（1）*function; role*：他在教学工作中起了骨干～。Tā zài jiàoxué gōngzuò zhōng qǐle gǔgàn ～. *He was the backbone of the teaching work.* /这次举行联欢会，小于发挥了很大～。Zhè cì jǔxíng liánhuānhuì，Xiǎo Yú fāhuīle hěn dà ～. *Xiao Yu played a large role in organizing this get-together.*（2）*effect; action*：光合～ guānghé ～ *photosynthesis* /离心～ líxīn ～ *centrifugal effect*（动·不及物）*影响 affect; act on*：外界事物～于我们的感官，我们的头脑中就～产生形象。Wàijiè shìwù ～ yú wǒmen de gǎnguān，wǒmen de tóunǎo zhōng jiù chǎnshēng xíngxiàng. *External things act on our sense organs and give rise to images in our brains.*

【作用点】zuòyòngdiǎn（名）〈物〉*point of action*

【作用力】zuòyònglì（名）〈物〉*effort; applied force*

【作战】zuòzhàn（动·不及物）*fight; do battle*

【作者】zuòzhě（名）*author; writer*

【作证】zuò＝zhèng 作证明（1）*testify; give evidence; bear witness*：此案需要他出庭～. Cǐ àn xūyào tā chū tíng ～. *This case requires that he appear in court as a witness.* /他们没有受贿，我敢～. Tāmen méiyou shòu huì，wǒ gǎn ～. *I'm sure enough to testify that they didn't accept any bribes.*

坐 zuò

（动）（1）*sit; take a seat*：～在椅子上 ～ zài yǐzi shang *sit on a chair*（2）（房屋）背对某一方向（*of a building*）*have its back towards*：那排房子～北朝南。Nà pái fángzi ～ běi cháo nán. *That row of houses faces south.*（3）乘，搭～（*train, etc.*）～火车走 ～ huǒchē zǒu *travel by train* /～船过河 ～ chuán guò hé *cross the river by boat* /～公共汽车进城 ～ gōnggòng qìchē jìn chéng *go down town by bus*（4）放在（火上）*put (on a fire)*：水壶已经～在炉子上了。Shuǐhú yǐjīng ～ zài lúzi shang le. *The kettle has already been put on the stove.* /把水～开了好泡茶。Bǎ shuǐ ～ kāile hǎo qì chá. *Boil some water to make tea.*（5）（枪炮）由于反作用力而向后移动（*of rifles, guns, etc.*）*recoil; kick back*：让枪托一～了一下 ràng qiāngtuō ～le yí xià *be hit by the rifle butt as it recoiled*（6）（建筑物）下沉（*of a building*）*sink; subside*：房基往下～了。Fángjī wǎng xià ～ le. *The building's foundation has sunk.*

【坐标】zuòbiāo（名）〈数〉*coordinate*

【坐标轴】zuòbiāozhóu (名)〈数〉*coordinate axis*

【坐吃山空】zuò chī shān kōng 坐吃：只坐着吃，而不生产。只消费而不生产，即使有积财如山的财物，总要消耗光 (坐吃：*sit idle and eat*) *sit idle and eat and do nothing and your whole fortune will vanish*

【坐井观天】zuò jǐng guān tiān 坐在井里看天，比喻眼界狭窄，目光短浅 *look at the sky from the bottom of a well—have a very narrow view*：他的这个主张是～，只看到眼前小利，看不到未来的广阔前景。Tā zhège zhǔzhāng shì ～, zhǐ kàndào yǎnqián xiǎo lì, kàn bu dào wèilái de guǎngkuò qiánjǐng. *His view is very narrow. He just look at the immediate petty advantages, not at the broad prospects of the future.*

【坐牢】zuò=láo 关在监牢里 *be in jail; be imprisoned*：犯了法就得～。Fànle fǎ jiù děi ～. *If you break the law, you must go to jail.*

【坐立不安】zuò lì bù ān 坐着、站着都不安宁，形容心中有事，焦虑不安 *feel uneasy whether sitting or standing; be fidgety; be on pins and needles*：都十二点了，孩子还没回家，妈妈～，放心不下。Dōu shí'èr diǎn le, háizi hái méi huí jiā, māma ～, fàng xīn bú xià. *It was already 12 o'clock, yet her child hadn't returned home. She was on pins and needles.*

【坐落】zuòluò (动·不及物) *(of a building) be situated; be located*：新建的图书馆～在湖滨。Xīn jiàn de túshūguǎn ～ zài húbīn. *The newly-built library is located by the lakeside.*

【坐山观虎斗】zuò shān guān hǔ dòu 比喻在一旁看别人争斗，等待机会从中渔利；也比喻抱着幸灾乐祸的态度旁观别人争斗 *sit on top of the mountain to watch the tigers fight—watch while others fight and wait until both sides are exhausted to reap the spoils; take pleasure in watching others fight*

【坐失良机】zuò shī liáng jī 不主动采取行动而把良好的机会失掉 *let slip a golden opportunity*

【坐视】zuòshì (动) 坐着看，指对该管的事故意不管或漠不关心 *sit by and watch*：～不顾 ～ bú gù *sit by and watch with indifference* /～不救 ～ bú jiù *sit back and watch without going to the rescue* /别人有困难，你不能一旁～。Biérén yǒu kùnnan, nǐ bù néng yìpáng ～. *You cannot sit back and watch as others go through difficulties.*

【坐卧不宁】zuò wò bù níng 坐着、躺着都不安宁，形容心神不安 *be uneasy whether sitting or lying down; feel restless; be on tenderhooks*

【坐享其成】zuò xiǎng qí chéng 坐着不动而享受别人的劳动成果 *sit idle and enjoy the fruits of others' labours*

座 zuò

(名)(～儿)(1)座位 *seat; place*：前边的～舒服，请前边坐。Qiánbiānr de ～ shūfu, qǐng qiánbiānr zuò. *The front seats are comfortable. Please sit there.* /这个电影上映以来，场场满～。Zhège diànyǐng shàngyìng yǐlái, chǎngchǎng mǎn ～. *Ever since this film has been showing, the cinema has had a full house.* (2)器物下边垫着的东西 *stand; pedestal; base*：钟～ zhōng ～ *clock stand* /英雄铜像的～ yīngxióng tóngxiàng de ～ *Pedestal of the statue of the hero* (3)同"座子"zuòzi(2) *same as "座子" zuòzi (2)*：自行车～ zìxíngchē ～ *bicycle saddle* (量)用于较大的固定的物体 *(for a relatively large and solid object)*：一～高山 yí ～ gāo shān *a high mountain* /一～城市 yí ～ chéngshì *a city* /一～神像 yí ～ shénxiàng *a statue of a god* /两～桥 liǎng ～ qiáo *two bridges* /三～庙 sān ～ miào *three temples* /一～楼 yí ～ lóu *a storied building*

【座次】zuòcì (名) 坐位的次序 *order of seats; seating arrangement*：～表 ～biǎo *seating-arrangement list* /排～ pái ～ make seating arrangements

【座上客】zuòshàngkè (名) 指在席上受主人尊敬的客人，泛指受邀请的客人 *guest of honour*

【座谈】zuòtán (动) *have an informal discussion*：～会 ～ huì *symposium* /举行～ jǔxíng ～ *hold an informal discussion* /与职工代表～ yǔ zhígōng dàibiǎo ～ *have an informal discussion with representatives of the staff and workers*

【座位】zuòwèi (名) 供人坐的地方 (多用于公共场所) *seat (usu. in a public place)*：我的～在前边儿。Wǒ de ～ zài qiánbiānr. *My seat is in the front.* /一节车厢有多少～？Yì jié chēxiāng yǒu duōshao ～? *How many seats are there in a railway coach?*

【座无虚席】zuò wú xū xí 席位：没有空座位，形容观众、听众或客人很多 (座：*seat*) *there isn't one empty seat left; filled to capacity*：这个报告真吸引人，礼堂里～，人挤得满满的。Zhège bàogào zhēn xīyǐn rén, lǐtáng lǐ ～, rén jǐ de mǎnmān de. *This report was so fascinating that people crowded into the auditorium, not leaving one empty seat.*

【座右铭】zuòyòumíng (名) 写出来放在座位旁边的格言。也指有普遍教育意义的名言 *motto; maxim; aphorism*："正大光明"是他的～。"Zhèngdà guāngmíng" shì tā de ～. *"Be open and aboveboard" is his motto.*

【座钟】zuòzhōng (名) *desk clock*

【座子】zuòzi (名) (1) 同"座"zuò (2) *same as "座" zuò (2)*：花瓶的～ huāpíng de ～ *vase stand* /佛像的～ fóxiàng de ～ *pedestal of a statue of Buddha* (2) 自行车、摩托车等上面供人坐的部分 *saddle (of a bicycle, motorcycle, etc.)*：自行车～坏了。Zìxíngchē ～ huài le. *The bicycle's saddle is broken.* /摩托车换了一个新的。Mótuōchē huànle yí ge xīn de. *A new saddle was put on the motorcycle.*

做 zuò

(动)(1) 制造 *make; manufacture*：～鞋 ～ xié *make shoes* /～被子 ～ bèizi *make quilts* /人造革～的提包 rénzàogé ～ de tíbāo *man-made leather handbag* (2) 写作 *write; compose*：～诗 ～ shī *compose a poem* /～文章 ～ wénzhāng *write an article* (3) 从事 *be engaged in; do*：～生意 ～ shēngyì *do business* /～教育工作 ～ jiàoyù gōngzuò *be engaged in educational work* (4) 充任，当 *be; hold the postition of*：～售票员 ～ shòupiàoyuán *be a ticket seller* /～主任 ～ zhǔrèn *serve as a chairman* /～哥哥的应当帮助弟弟。～ gēge de yīngdāng bāngzhu dìdi. *An older brother should help his younger brother.* (5) 用做 *be used as*：不少废品可以～工业原料。Bù shǎo fèipǐn kěyǐ ～ gōngyè yuánliào. *A lot of waste products can be used as raw material for industry.*

【做伴】zuò=bàn (～儿) *keep sb. company*：她父母不在家，我去跟她～。Tā fùmǔ bú zài jiā, wǒ qù gēn tā ～. *Her parents aren't home, so I'm going there to keep her company.*

【做法】zuòfǎ (名) 同"作法"zuòfǎ (2) *same as "作法" zuòfǎ (2)*

【做饭】zuò=fàn *do the cooking; prepare a meal*

【做工】zuògōng (名) 戏曲中的动作和表情 *acting*：唱腔、～俱佳 chàngqiāng、～ jù jiā *The music and acting in the opera were both very fine*

【做工】zuò=gōng *do manual work; work*：他在工厂做过两年工。Tā zài gōngchǎng zuòguo liǎng nián gōng. *He worked in a factory for two years.*

【做功】zuògōng (名) 同"做工"zuògōng *same as "做工" zuògōng*

【做客】zuò=kè 访问别人，自己当客人 *be a guest*

【做礼拜】zuò lǐbài *go to church (on Sundays)*

【做媒】zuò=méi 给人介绍对象 *be a matchmaker*

【做梦】zuò=mèng (1) *dream*：昨天夜里，我做了一个梦，梦

见我母亲从家乡来了。Zuótiān yèli, wǒ zuòle yí ge mèng, mèngjian wǒ mǔqin cóng jiāxiāng lái le. *Last night I dreamt that my mother came here from my hometown.* (2) 比喻幻想 *have illusions about sth.*；*daydream*：你别～了，主任肯定不会同意你的做法。Nǐ bié ～ le, zhǔrèn kěndìng bú huì tóngyì nǐ de zuòfǎ. *Don't delude yourself. There's no way the director will agree with your method.* /你还想当教授，真是白日～。Nǐ hái xiǎng dāng jiàoshòu, zhēn shì báirì ～. *You're daydreaming if you think that you can become a professor.*

【做人】zuò＝rén (1)指待人接物，为人 *conduct oneself*；*behave*：～要胸怀坦荡。～ yào xiōnghuái tǎndàng. *One must behave in a frank way.* (2)◇ 当正派人 *be an upright person*：重新～ chóngxīn ～ *turn over a new leaf*

【做生日】zuò shēngrì 庆祝生日 *celebrate sb.'s birthday*；*have a birthday party*

【做寿】zuò＝shòu (给老人)做生日 *celebrate the birthday of an elderly person*

【做贼心虚】zuò zéi xīn xū 比喻做了坏事的人，害怕别人察觉，总是提心吊胆 *have a guilty conscience (after doing sth. bad)*

【做主】zuò＝zhǔ 对某事负完全责任而作出决定 *decide*；*take the responsibility for a decision*：当家～ dāng jiā ～ *be master in one's own home* /不能～ bù néng ～ *be unable to decide* /由他～ yóu tā ～ *let him decide* /他怎么能做我的主？Tā zěnme néng zuò wǒ de zhǔ? *How can he decide for me?* /这事你做得了主做不了主？Zhè shì nǐ zuò de liǎo zhǔ zuò bu liǎo zhǔ? *Can you take responsibility for deciding this matter or not?* /我可做不了他的主，等他回来，让他自己决定吧！Wǒ kě zuò bu liǎo tā de zhǔ, děng tā huílai, ràng tā zìjǐ juédìng ba! *I'm in no position to decide for him. Wait until he comes back, then let him decide for himself!*

【做作】zuòzuo (形) 故意作出某种表情、腔调等 *affected*；*artificial*：这个演员表演得很～。Zhège yǎnyuán biǎoyǎn de hěn ～. *This actor's performance was very affected.*

附 录 APPENDICES

一 汉语拼音方案
Scheme for the Chinese phonetic alphabet

（一）汉语拼音字母表
Table of the Chinese phonetic alphabet

字母(Letters)		字母的名称 Names	字母(Letters)		字母的名称 Names
印刷体 Printed form	书写体 Written form		印刷体 Printed form	书写体 Written form	
A a	A a	[a]	N n	N n	[nɛ]
B b	B b	[pɛ]	O o	O o	[o]
C c	C c	[ts'ɛ]	P p	P p	[p'ɛ]
D d	D d	[tɛ]	Q q	Q q	[tɕ'iou]
E e	E e	[ɣ]	R r	R r	[ar]
F f	F f	[ɛf]	S s	S s	[ɛs]
G g	G g	[kɛ]	T t	T t	[t'ɛ]
H h	H h	[xa]	U u	U u	[u]
I i	I i	[i]	*V v	V v	[vɛ]
J j	J j	[tɕiɛ]	W w	W w	[wa]
K k	K k	[k'ɛ]	X x	X x	[ɕi]
L l	L l	[ɛl]	Y y	Y y	[ja]
M m	M m	[ɛm]	Z z	Z z	[tsɛ]

* V 只用来拼写外来语、少数民族语言和方言。

V is used only to transcribe foreign words, words of national minority languages and local dialects.

（二）汉语拼音方案、国际音标、威妥玛式注音法
声韵母对照简表

Initials and finals of the Chinese phonetic
system，and their corresponding international
phonetic symbols and Wade system symbols

1. 声母表 Table of initials

汉语拼音 Chinese phonetic symbol	国际音标 International phonetic symbol	威妥玛式注音法 Wade system symbol	汉语拼音 Chinese phonetic symbol	国际音标 International phonetic symbol	威妥玛式注音法 Wade system symbol
b	[p]	p	shi	[ʂɿ]	shih
p	[pʻ]	pʻ	r	[ʐ]	j
m	[m]	m	ri	[ʐɿ]	jih
f	[f]	f	j	[tɕ]	ch
d	[t]	t	ji	[tɕi]	chi
t	[tʻ]	tʻ	ju	[tɕy]	chü
n	[n]	n	q	[tɕʻ]	chʻ
l	[l]	l	qi	[tɕʻi]	chʻi
z	[ts]	ts	qu	[tɕʻy]	chʻü
zi	[tsɿ]	tzŭ	x	[ɕʻ]	hs
c	[tsʻ]	tsʻ	xi	[ɕi]	hsi
ci	[tsʻɿ]	tzʻŭ	xu	[ɕy]	hsü
s	[s]	s	g	[k]	k
si	[sɿ]	ssŭ，szŭ	k	[kʻ]	kʻ
zh	[tʂ]	ch	h	[x]	h
zhi	[tʂɿ]	chih	（半元音）	（semi- vowels）	
ch	[tʂʻ]	chʻ			
chi	[tʂʻɿ]	chʻih	y	[j]	y
sh	[ʂ]	sh	w	[w]	w

2. 韵母表 Table of finals

汉语拼音 Chinese phonetic symbol	国际音标 International phonetic symbol	威妥玛式注音法 Wade system symbol	汉语拼音 Chinese phonetic symbol	国际音标 International phonetic symbol	威妥玛式注音法 Wade system symbol
a	[a]	a	iu	[iou]	iu
o	[o]	o	ian	[iɛn]	ien
e	[ɤ]	ê	in	[in]	in
ê	[ɛ]	-	iang	[iɑŋ]	iang
er	[ər]	êrh	ing	[iŋ]	ing
ai	[ai]	ai	iong	[iuŋ]	iung
ei	[ei]	ei	u	[u]	u
ao	[au]	ao	ua	[ua]	ua
ou	[ou]	ou	uo	[uo]	uo
an	[an]	an	uai	[uai]	uai
en	[ən]	ên	ui	[uei]	ui
ang	[ɑŋ]	ang	uan	[uan]	uan
eng	[əŋ]	êng	un	[uən]	un
ong	[uŋ]	ung	uang	[uaŋ]	uang
i	[i]	i	ü (yu)	[y]	ü (yü)
ia	[ia]	ia	üe (yue)	[yɛ]	üeh (yüeh)
ie	[iɛ]	ieh	üan (yuan)	[yɛn]	üan (yüan)
iao	[iau]	iao	ün (yun)	[yn]	ün (yün)

3. 声调符号 Tone marks

阴平	阳平	上声	去声
-	´	ˇ	`
1st tone	2nd tone	3rd tone	4th tone

声调符号标在音节的主要元音上。轻声不标。例如：

Tone marks are put above the main vowel of the syllable. The neutral tone is not

marked. Thus：

妈 mā	麻 má	马 mǎ	骂 mà	吗 ma
（阴平）	（阳平）	（上声）	（去声）	（轻声）
1st tone	2nd tone	3rd tone	4th tone	neutral tone

4. 隔音符号　The dividing sign

ɑ，o，e 开头的音节连接在其它音节后面的时候，如果音节的界限发生混淆，用隔音符号（'）隔开，例如：pí'ǎo, hǎi'ōu, míng'é.

When a syllable beginning with ɑ, o, e is immediately preceded by a syllable such that it is likely to be confused with another syllable, the dividing sign（'）is used，e. g. pí'ǎo, hǎi'ōu, míng'é.

二　繁简体字对照表
The simplified Chinese characters and
their original complex forms

第一表 Table 1
不作简化偏旁用的简化字

A
碍〔礙〕
肮〔骯〕
袄〔襖〕

B
坝〔壩〕
板〔闆〕
办〔辦〕
帮〔幫〕
宝〔寶〕
报〔報〕
币〔幣〕
毙〔斃〕
标〔標〕
表〔錶〕
别〔彆〕
卜〔蔔〕
补〔補〕

C
才〔纔〕
蚕〔蠶〕
灿〔燦〕
层〔層〕
搀〔攙〕
谗〔讒〕
馋〔饞〕
缠〔纏〕
忏〔懺〕
偿〔償〕
厂〔廠〕
彻〔徹〕
尘〔塵〕
衬〔襯〕
称〔稱〕
惩〔懲〕
迟〔遲〕
冲〔衝〕
丑〔醜〕
出〔齣〕
础〔礎〕
处〔處〕
触〔觸〕
辞〔辭〕
聪〔聰〕
丛〔叢〕

D
担〔擔〕

胆〔膽〕
导〔導〕
灯〔燈〕
邓〔鄧〕
敌〔敵〕
籴〔糴〕
递〔遞〕
点〔點〕
淀〔澱〕
电〔電〕
冬〔鼕〕
斗〔鬥〕
独〔獨〕
吨〔噸〕
夺〔奪〕
堕〔墮〕

E
儿〔兒〕

F
矾〔礬〕
范〔範〕
飞〔飛〕
坟〔墳〕
奋〔奮〕
粪〔糞〕
凤〔鳳〕
肤〔膚〕
妇〔婦〕
复〔復〕
〔複〕

G
盖〔蓋〕
干〔乾〕
〔幹〕
赶〔趕〕
个〔個〕
巩〔鞏〕
沟〔溝〕
构〔構〕
购〔購〕
顾〔顧〕
刮〔颳〕
关〔關〕
观〔觀〕
柜〔櫃〕

H
汉〔漢〕

号〔號〕
合〔閤〕
轰〔轟〕
后〔後〕
胡〔鬍〕
壶〔壺〕
沪〔滬〕
护〔護〕
划〔劃〕
怀〔懷〕
坏〔壞〕
欢〔歡〕
环〔環〕
还〔還〕
回〔迴〕
伙〔夥〕
获〔獲〕
〔穫〕

J
击〔擊〕
鸡〔鷄〕
积〔積〕
极〔極〕
际〔際〕
继〔繼〕
家〔傢〕
价〔價〕
艰〔艱〕
奸〔姦〕
茧〔繭〕
拣〔揀〕
硷〔鹼〕
舰〔艦〕
姜〔薑〕
浆〔漿〕
桨〔槳〕
奖〔獎〕
讲〔講〕
酱〔醬〕
胶〔膠〕
阶〔階〕
疖〔癤〕
洁〔潔〕
借〔藉〕
仅〔僅〕
惊〔驚〕
竞〔競〕
旧〔舊〕
剧〔劇〕
据〔據〕

惧〔懼〕
卷〔捲〕

K
开〔開〕
克〔剋〕
垦〔墾〕
恳〔懇〕
夸〔誇〕
块〔塊〕
亏〔虧〕
困〔睏〕

L
腊〔臘〕
蜡〔蠟〕
兰〔蘭〕
拦〔攔〕
栏〔欄〕
烂〔爛〕
累〔纍〕
垒〔壘〕
类〔類〕
里〔裏〕
礼〔禮〕
隶〔隸〕
帘〔簾〕
联〔聯〕
怜〔憐〕
炼〔煉〕
练〔練〕
粮〔糧〕
疗〔療〕
辽〔遼〕
了〔瞭〕
猎〔獵〕
临〔臨〕
邻〔鄰〕
岭〔嶺〕
庐〔廬〕
芦〔蘆〕
炉〔爐〕
陆〔陸〕
驴〔驢〕
乱〔亂〕

〔濛〕
梦〔夢〕
面〔麵〕
庙〔廟〕
灭〔滅〕
蔑〔衊〕
亩〔畝〕

N
恼〔惱〕
脑〔腦〕
拟〔擬〕
酿〔釀〕
疟〔瘧〕

P
盘〔盤〕
辟〔闢〕
苹〔蘋〕
凭〔憑〕
扑〔撲〕
仆〔僕〕
朴〔樸〕

Q
启〔啟〕
签〔籤〕
千〔韆〕
牵〔牽〕
纤〔縴〕
窍〔竅〕
窃〔竊〕
寝〔寢〕
庆〔慶〕
琼〔瓊〕
秋〔鞦〕
曲〔麯〕
权〔權〕
劝〔勸〕
确〔確〕

R
让〔讓〕
扰〔擾〕
热〔熱〕
认〔認〕

S
洒〔灑〕
伞〔傘〕
丧〔喪〕

扫〔掃〕
涩〔澀〕
晒〔曬〕
伤〔傷〕
舍〔捨〕
沈〔瀋〕
声〔聲〕
胜〔勝〕
湿〔濕〕
实〔實〕
适〔適〕
势〔勢〕
兽〔獸〕
书〔書〕
术〔術〕
树〔樹〕
帅〔帥〕
松〔鬆〕
苏〔蘇〕
〔囌〕
虽〔雖〕
随〔隨〕

T
台〔臺〕
〔颱〕
〔檯〕
态〔態〕
坛〔壇〕
〔罎〕
叹〔嘆〕
誊〔謄〕
体〔體〕
粜〔糶〕
铁〔鐵〕
听〔聽〕
厅〔廳〕
头〔頭〕
图〔圖〕
涂〔塗〕
团〔團〕
〔糰〕
椭〔橢〕

W
洼〔窪〕
袜〔襪〕
网〔網〕
卫〔衛〕
稳〔穩〕
务〔務〕

雾〔霧〕

X
牺〔犧〕
习〔習〕
系〔係〕
〔繫〕
戏〔戲〕
虾〔蝦〕
吓〔嚇〕
纤〔纖〕
咸〔鹹〕
显〔顯〕
宪〔憲〕
县〔縣〕
响〔響〕
向〔嚮〕
协〔協〕
胁〔脅〕
亵〔褻〕
衅〔釁〕
兴〔興〕
须〔鬚〕
悬〔懸〕
选〔選〕
旋〔鏇〕

Y
压〔壓〕
盐〔鹽〕
阳〔陽〕
痒〔癢〕
样〔樣〕
钥〔鑰〕
药〔藥〕
爷〔爺〕
叶〔葉〕
医〔醫〕
亿〔億〕
忆〔憶〕
应〔應〕
痈〔癰〕
拥〔擁〕
佣〔傭〕
踊〔踴〕
忧〔憂〕
优〔優〕
邮〔郵〕
余〔餘〕
御〔禦〕

吁〔籲〕
郁〔鬱〕
誉〔譽〕
渊〔淵〕
园〔園〕
远〔遠〕
愿〔願〕
跃〔躍〕
运〔運〕
酝〔醞〕

Z
杂〔雜〕
赃〔贓〕
脏〔臟〕
〔髒〕
凿〔鑿〕
枣〔棗〕
灶〔竈〕
斋〔齋〕
毡〔氈〕
战〔戰〕
赵〔趙〕
折〔摺〕
这〔這〕
征〔徵〕
症〔癥〕
证〔證〕
只〔隻〕
〔祗〕
致〔緻〕
制〔製〕
钟〔鐘〕
〔鍾〕
肿〔腫〕
种〔種〕
众〔眾〕
昼〔晝〕
朱〔硃〕
烛〔燭〕
筑〔築〕
庄〔莊〕
桩〔樁〕
妆〔妝〕
装〔裝〕
壮〔壯〕
状〔狀〕
准〔準〕
浊〔濁〕
总〔總〕
钻〔鑽〕

第二表 Table2
可作简化偏旁用的简化字和简化偏旁

A

爱〔愛〕

B

罢〔罷〕
备〔備〕
贝〔貝〕
笔〔筆〕
毕〔畢〕
边〔邊〕
宾〔賓〕

C

参〔參〕
仓〔倉〕
产〔產〕
长〔長〕
尝〔嘗〕
车〔車〕
齿〔齒〕
虫〔蟲〕
刍〔芻〕
窜〔竄〕

D

达〔達〕
带〔帶〕
单〔單〕
当〔當〕
〔噹〕
党〔黨〕
东〔東〕
动〔動〕
断〔斷〕
对〔對〕
队〔隊〕

E

尔〔爾〕

F

发〔發〕
〔髮〕
丰〔豐〕
风〔風〕

G

冈〔岡〕

广〔廣〕
归〔歸〕
龟〔龜〕
国〔國〕
过〔過〕

H

华〔華〕
画〔畫〕
汇〔匯〕
〔彙〕
会〔會〕

J

几〔幾〕
夹〔夾〕
戋〔戔〕
监〔監〕
见〔見〕
荐〔薦〕
将〔將〕
节〔節〕
尽〔盡〕
〔儘〕

进〔進〕
举〔舉〕

K

壳〔殻〕

L

来〔來〕
乐〔樂〕
离〔離〕
历〔歷〕
〔曆〕
丽〔麗〕
两〔兩〕
灵〔靈〕
刘〔劉〕
龙〔龍〕
娄〔婁〕
卢〔盧〕
虏〔虜〕
卤〔鹵〕
〔滷〕
录〔錄〕
虑〔慮〕

仑〔侖〕
罗〔羅〕

M

马〔馬〕
买〔買〕
卖〔賣〕
麦〔麥〕
门〔門〕
黾〔黽〕

N

难〔難〕
鸟〔鳥〕
聂〔聶〕
宁〔寧〕
农〔農〕

Q

齐〔齊〕
岂〔豈〕
气〔氣〕
迁〔遷〕
佥〔僉〕

乔〔喬〕
亲〔親〕
穷〔窮〕
区〔區〕

S

啬〔嗇〕
杀〔殺〕
审〔審〕
圣〔聖〕
师〔師〕
时〔時〕
寿〔壽〕
属〔屬〕
双〔雙〕
肃〔肅〕
岁〔歲〕
孙〔孫〕

T

条〔條〕

W

万〔萬〕

为〔爲〕
韦〔韋〕
乌〔烏〕
无〔無〕

X

献〔獻〕
乡〔鄉〕
写〔寫〕
寻〔尋〕

Y

亚〔亞〕
严〔嚴〕
厌〔厭〕
尧〔堯〕
业〔業〕
页〔頁〕
义〔義〕
艺〔藝〕
阴〔陰〕
隐〔隱〕
犹〔猶〕
鱼〔魚〕

与〔與〕
云〔雲〕

Z

郑〔鄭〕
执〔執〕
质〔質〕
专〔專〕

简化偏旁

讠〔言〕
饣〔食〕
昜〔易〕
纟〔糸〕
坚〔臤〕
𡿨〔巜〕
𬺰〔臨〕
只〔戠〕
钅〔金〕
𤇾〔𤇾〕
羊〔羍〕
圣〔巠〕
亦〔䜌〕
呙〔咼〕

第三表 Table 3
繁简字对照表

7画

〔車〕车
〔夾〕夹
〔貝〕贝
〔見〕见
〔壯〕壮
〔妝〕妆

8画

【一】
〔長〕长①
〔亞〕亚
〔軋〕轧
〔東〕东
〔兩〕两
〔協〕协
〔來〕来
〔戔〕戋
【丨】
〔門〕门
〔岡〕冈
【丿】
〔侖〕仑
〔兒〕儿
【丶】
〔祇〕只
【乛】
〔狀〕状
〔糾〕纠

9画

【一】
〔剋〕克
〔軌〕轨
〔庫〕厍
*〔頁〕页
〔郟〕郏
〔剄〕刭
〔勁〕劲
【丨】
〔貞〕贞
〔則〕则
〔閂〕闩
〔迴〕回
【丿】
〔俠〕侠

〔係〕系
〔鳧〕凫
〔帥〕帅㉞
〔後〕后
〔釓〕钆
〔釔〕钇
〔負〕负
*〔風〕风
【丶】
〔訂〕订
〔計〕计
〔訃〕讣
〔軍〕军
【乛】
〔陣〕阵
*〔韋〕韦
〔陝〕陕
〔陘〕陉
〔飛〕飞
〔紆〕纡
〔紅〕红
〔紂〕纣
〔紈〕纨
〔級〕级
〔約〕约
〔紇〕纥
〔紀〕纪
〔紉〕纫

10画

【一】
*〔馬〕马②
〔挾〕挟
〔貢〕贡
*〔華〕华
〔莢〕荚
〔莖〕茎
〔莧〕苋
〔莊〕庄③
〔軒〕轩
〔連〕连
〔軔〕轫
〔剗〕刬
【丨】
〔鬥〕斗
*〔時〕时
*〔畢〕毕
〔財〕财
〔覎〕觃

〔閃〕闪
〔唄〕呗
〔員〕员
*〔豈〕岂
〔峽〕峡
〔峴〕岘
〔剛〕刚
〔剮〕剐
【丿】
*〔氣〕气
*〔郵〕邮
〔倀〕伥
〔倆〕俩
〔個〕个
〔倫〕伦
〔隻〕只
〔島〕岛
*〔烏〕乌⑤
*〔師〕师㉞
〔徑〕径
〔釘〕钉
〔針〕针
〔釗〕钊
〔釙〕钋
〔釕〕钌
*〔殺〕杀
*〔倉〕仓
〔脅〕胁
〔狹〕狭
〔狽〕狈
*〔芻〕刍

〔陸〕陆
〔陳〕陈
*〔孫〕孙
*〔陰〕阴
〔務〕务
〔紜〕纭
〔純〕纯
〔紕〕纰
〔紗〕纱
〔納〕纳
〔紝〕纴
〔紛〕纷
〔紙〕纸
〔紋〕纹
〔紡〕纺
〔紖〕纼
〔紐〕纽
〔紓〕纾

11画

【一】
〔責〕责
〔現〕现
〔匭〕匦
〔規〕规
*〔殼〕壳⑥
〔埡〕垭
〔掗〕挜
〔捨〕舍
〔捫〕扪
〔堝〕埚
〔頂〕顶
〔掄〕抡
*〔執〕执
〔捲〕卷
〔掃〕扫
〔堊〕垩
〔萊〕莱
〔萵〕莴
〔乾〕干⑦
〔梘〕枧
〔軛〕轭
〔斬〕斩
〔軟〕软
*〔專〕专
*〔區〕区⑧
〔堅〕坚
*〔帶〕带

〔廁〕厕
〔硃〕朱
〔麥〕麦
〔頃〕顷
【丨】
〔鹵〕卤
〔處〕处
〔敗〕败
〔販〕贩
〔貶〕贬
〔啞〕哑
〔閉〕闭
〔問〕问
*〔婁〕娄
〔啢〕唡
*〔國〕国
〔喎〕㖞
〔帳〕帐
〔崠〕岽
〔崍〕崃
〔崗〕岗
〔圇〕囵
*〔過〕过
【丿】
*〔氫〕氢
*〔動〕动
〔偵〕侦
〔側〕侧
〔貨〕货
〔進〕进
〔梟〕枭
*〔鳥〕鸟⑨
〔偉〕伟
〔徠〕徕
〔術〕术⑩
*〔從〕从
〔釷〕钍
〔釺〕钎
〔釧〕钏
〔釵〕钗
〔釣〕钓
〔釩〕钒
〔釹〕钕
〔貪〕贪
〔覓〕觅
〔飥〕饦
〔貧〕贫
〔脛〕胫
*〔鄉〕乡

【丶】
〔詎〕讵
〔訝〕讶
〔訥〕讷
〔許〕许
〔訛〕讹
〔訢〕䜣
〔訩〕讻
〔訟〕讼
〔設〕设
〔訪〕访
〔訣〕诀
*〔產〕产
〔牽〕牵
〔烴〕烃
〔淶〕涞
〔渦〕涡
〔淪〕沦
〔悵〕怅
〔鄆〕郓
〔啟〕启
〔視〕视
【乛】
*〔將〕将⑪
〔晝〕昼
〔張〕张
〔階〕阶
〔陽〕阳
*〔隊〕队
〔婭〕娅
〔媧〕娲
〔婦〕妇
*〔習〕习
*〔參〕参
〔紺〕绀
〔紲〕绁
〔紱〕绂
〔組〕组
〔紳〕绅
〔細〕细
〔終〕终
〔絆〕绊
〔紼〕绋
〔絀〕绌
〔紹〕绍
〔紿〕绐
〔貫〕贯
【丨】
〔覘〕觇
〔睏〕困

12画

【一】
〔貳〕贰
〔預〕预
*〔堯〕尧⑫
〔揀〕拣
〔馭〕驭
〔項〕项
〔賁〕贲
〔場〕场
〔揚〕扬
〔塊〕块
〔塋〕茔
〔惡〕恶
〔葉〕叶⑬
〔貰〕贳
*〔萬〕万
〔葷〕荤
〔萇〕苌
〔葤〕荮
〔棖〕枨
〔棟〕栋
〔棧〕栈
〔棡〕㭎
〔極〕极
〔軲〕轱
〔軻〕轲
〔軸〕轴
〔軼〕轶
〔軤〕轷
〔軫〕轸
〔軺〕轺
*〔畫〕画
〔腎〕肾
〔棗〕枣
〔硨〕砗
〔硤〕硖
〔硯〕砚
〔殘〕残
*〔雲〕云
【丨】

〔貼〕贴
〔貺〕贶
〔貯〕贮
〔貽〕贻
〔閏〕闰
〔開〕开
〔閑〕闲
〔間〕间
〔閔〕闵
〔悶〕闷
〔貴〕贵
〔鄖〕郧
〔勛〕勋
〔單〕单
〔喲〕哟
*〔買〕买
〔剴〕剀
〔凱〕凯
〔幀〕帧
〔嵐〕岚
〔幃〕帏
〔圍〕围
【丿】
*〔無〕无⑭
〔氬〕氩
*〔喬〕乔
*〔筆〕笔
*〔備〕备
〔貸〕贷
〔順〕顺
〔傖〕伧
〔傯〕偬
〔傢〕家
〔鄒〕邹
〔衆〕众
〔復〕复
〔須〕须

———

*表示按《简化字总表》规定可作偏旁使用的字。

①②③……表示注释,释文附于表末(第1214页)。

〔鈃〕钘　〔鈣〕钙　〔鈈〕钚　〔鈦〕钛　〔�〕钔　〔鈍〕钝　〔鈔〕钞　〔鈉〕钠　〔鈐〕钤　〔欽〕钦　〔鈞〕钧　〔鈎〕钩　〔鈧〕钪　〔鈁〕钫　〔鈥〕钬　〔鈄〕钭　〔鈕〕钮　〔鈀〕钯　〔傘〕伞　〔爺〕爷　〔創〕创　〔鈍〕饨　〔飪〕饪　〔飫〕饫　〔飭〕饬　〔飯〕饭　〔飲〕饮　*〔爲〕为　〔脹〕胀　〔腖〕胨　〔勝〕胜　*〔猶〕犹　〔貿〕贸　〔鄒〕邹

【丶】
〔詁〕诂　〔訶〕诃　〔評〕评　〔詛〕诅　〔詞〕词　〔詐〕诈　〔訴〕诉　〔診〕诊　〔詆〕诋　〔詞〕词　〔詘〕诎　〔詔〕诏　〔詒〕诒　〔馮〕冯　〔痙〕痉　〔勞〕劳　〔湞〕浈　〔湯〕汤　〔淵〕渊　〔渢〕沨

〔渾〕浑　〔愜〕惬　〔側〕侧　〔惲〕恽　〔惱〕恼　〔運〕运　〔補〕补　〔禍〕祸

【乛】
*〔尋〕寻　〔費〕费　〔違〕违　〔韌〕韧　〔隕〕陨　〔賀〕贺　*〔發〕发　〔綁〕绑　〔絨〕绒　〔結〕结　〔絝〕绔　〔絰〕绖　〔絎〕绗　〔給〕给　〔絢〕绚　〔絳〕绛　〔絞〕绞　〔統〕统　〔絕〕绝　〔絲〕丝

13画
【一】
〔項〕项　〔琿〕珲　〔瑋〕玮　〔頑〕顽　〔載〕载　〔馱〕驮　〔馴〕驯　〔馳〕驰　〔塒〕埘　〔塤〕埙　〔損〕损　〔遠〕远　〔塏〕垲　〔勢〕势　〔搶〕抢　〔搗〕捣　〔塢〕坞　〔壺〕壶　*〔聖〕圣　〔蓋〕盖　〔蓮〕莲　〔蒔〕莳

〔蓽〕荜　〔夢〕梦　〔蒼〕苍　〔幹〕干　〔蓀〕荪　〔蔭〕荫　〔蒓〕莼　〔楨〕桢　〔楊〕杨　〔嗇〕啬　〔楓〕枫　〔軾〕轼　〔輊〕轾　〔輅〕辂　〔較〕较　〔豎〕竖　〔賈〕贾　*〔匯〕汇　〔電〕电　〔頓〕顿　〔盞〕盏

【丨】
*〔歲〕岁　*〔虜〕虏　*〔業〕业　*〔當〕当　〔睞〕睐　〔賊〕贼　〔賄〕贿　〔賂〕赂　〔賅〕赅　〔嗎〕吗　〔嗶〕哔　〔嗊〕唝　〔暘〕旸　〔閘〕闸　*〔黽〕黾⑮　〔暈〕晕　〔號〕号　〔園〕园　〔蛺〕蛱　〔蜆〕蚬　*〔農〕农　〔嗩〕唢　〔嗆〕呛　〔圓〕圆　〔骯〕肮

【丿】
〔覓〕觅　*〔節〕节　*〔與〕与　〔債〕债　〔僅〕仅　〔傳〕传　〔傴〕伛

〔傾〕倾　〔僂〕偻　〔賃〕赁　〔傷〕伤　〔傭〕佣　〔裊〕袅　〔頎〕颀　〔鈺〕钰　〔鉦〕钲　〔鉗〕钳　〔鈷〕钴　〔鉢〕钵　〔鉅〕钜　〔鈳〕钶　〔鉥〕铢　〔鈸〕钹　〔鉬〕钼　〔鉭〕钽　〔鉀〕钾　〔鈾〕铀　〔鈿〕钿　〔鉑〕铂　〔鈴〕铃　〔鉛〕铅　〔鉚〕铆　〔鈰〕铈　〔鉉〕铉　〔鉈〕铊　〔鈮〕铌　〔鉍〕铋　〔鈹〕铍　*〔僉〕佥　*〔會〕会　*〔亂〕乱　*〔愛〕爱　〔飾〕饰　〔飽〕饱　〔飼〕饲　〔飴〕饴　〔頒〕颁　〔頌〕颂　〔腸〕肠　〔腫〕肿　〔腦〕脑　〔剷〕刬　〔獁〕犸　〔鳩〕鸠　〔獅〕狮　〔猻〕狲

【丶】
〔誆〕诓　〔誄〕诔　〔試〕试　〔詿〕诖　〔詩〕诗　〔詰〕诘

〔誇〕夸　〔詼〕诙　〔誠〕诚　〔誅〕诛　〔話〕话　〔誕〕诞　〔詬〕诟　〔詮〕诠　〔詭〕诡　〔詢〕询　〔詣〕诣　〔諍〕净　〔該〕该　〔詳〕详　〔詫〕诧　〔詡〕诩　〔裏〕里　〔準〕准　〔頏〕颃　〔資〕资　〔羥〕羟　*〔義〕义⑯　〔煉〕炼　〔煩〕烦　〔煬〕炀　〔塋〕茔　〔煒〕炜　〔遞〕递　〔溝〕沟　〔漣〕涟　〔滅〕灭　〔溳〕涢　〔滌〕涤　〔溮〕浉　〔塗〕涂　〔滄〕沧　〔愷〕恺　〔愾〕忾　〔愴〕怆　〔窩〕窝　〔禎〕祯　〔禕〕袆

【乛】
*〔肅〕肃⑰　〔裝〕装　〔遜〕逊　〔際〕际　〔媽〕妈　〔預〕预　〔綆〕绠　〔經〕经　〔綃〕绡　〔絹〕绢　〔綉〕绣　〔綏〕绥

〔綈〕绨　〔彙〕汇

14画
【一】
〔瑪〕玛　〔璉〕琏　〔瑣〕琐　〔瑲〕玱　〔駁〕驳　〔摶〕抟　〔摳〕抠　〔趙〕赵　〔趕〕赶　〔摟〕搂　〔摑〕掴　〔臺〕台　〔墊〕垫　*〔壽〕寿　〔摺〕折⑱　〔摻〕掺　〔摜〕掼　〔勩〕勚　〔蔞〕蒌　〔蓯〕苁　〔蔔〕卜　〔蔣〕蒋　〔薌〕芗　〔構〕构　〔樺〕桦　〔榿〕桤　〔覡〕觋　〔槍〕枪　〔輒〕辄　〔輔〕辅　〔輕〕轻　〔塹〕堑　〔匱〕匮　*〔監〕监　〔緊〕紧　〔厲〕厉　*〔厭〕厌　〔碩〕硕　〔碭〕砀　〔碸〕砜　〔奩〕奁　〔爾〕尔　〔奪〕夺　〔殞〕殒　〔鳶〕鸢　〔巰〕巯

【丨】
*〔對〕对　〔幣〕币

〔彆〕别　*〔嘗〕尝⑲　〔嘖〕啧　〔曄〕晔　〔夥〕伙⑳　〔賑〕赈　〔賒〕赊　〔嘆〕叹　〔暢〕畅　〔嘜〕唛　〔閨〕闺　〔聞〕闻　〔閩〕闽　〔閭〕闾　〔閥〕阀　〔閤〕合　〔閣〕阁　〔閡〕阂　〔嘔〕呕　〔蝸〕蜗　〔團〕团　〔嘍〕喽　〔鄲〕郸　〔鳴〕鸣　〔幘〕帻　〔嶄〕崭　〔嶇〕岖　〔幗〕帼　〔圖〕图

【丿】
〔製〕制　〔種〕种　〔稱〕称　〔箋〕笺　〔僥〕侥　〔債〕债　〔僨〕偾　〔僕〕仆㉑　〔僑〕侨　〔僞〕伪　〔銜〕衔　〔鉶〕铏　〔銬〕铐　〔銠〕铑　〔鉺〕铒　〔銪〕铕　〔鋁〕铝　〔銅〕铜　〔銱〕铞　〔銦〕铟　〔銖〕铢　〔銑〕铣　〔銩〕铥　〔鉿〕铪　〔銓〕铨　〔銚〕铫　〔銘〕铭　〔鉻〕铬　〔錚〕铮　〔鉋〕铇　〔鉸〕铰　〔銃〕铳　〔銨〕铵　〔銀〕银　〔銣〕铷　〔餌〕饵　〔蝕〕蚀　〔餉〕饷　〔餄〕饸　〔餎〕饹　〔餃〕饺　〔餏〕饻　〔餅〕饼　〔領〕领　〔鳳〕凤　〔颱〕台　〔獄〕狱

【丶】
〔誡〕诫　〔誣〕诬　〔語〕语　〔誚〕诮　〔誤〕误　〔誘〕诱　〔誨〕诲　〔誑〕诳　〔說〕说　〔認〕认　〔誦〕诵　〔誒〕诶　*〔廣〕广　〔麼〕么㉒　〔瘧〕疟　〔瘍〕疡　〔瘋〕疯　〔塵〕尘　〔颯〕飒　〔適〕适㉓　*〔齊〕齐　〔養〕养　〔鄴〕邺　*〔鄭〕郑　〔燁〕烨　〔熗〕炝　〔榮〕荣　〔熒〕荧

〔摯〕挚
〔熒〕荧
〔潰〕溃
〔漢〕汉
〔滿〕满
〔漸〕渐
〔漚〕沤
〔滯〕滞
〔滷〕卤
〔漊〕溇
〔漁〕渔
〔滸〕浒
〔滻〕浐
〔滬〕沪
〔漲〕涨
〔滲〕渗
〔慚〕惭
〔慪〕怄
〔慳〕悭
〔慟〕恸
〔慘〕惨
〔慣〕惯
〔寬〕宽
*〔賓〕宾
*〔寧〕宁⑭
〔寢〕寝
〔實〕实
〔皸〕皲
〔複〕复
【乛】
〔劃〕划
*〔盡〕尽
〔屨〕屦
〔獎〕奖⑪
〔墮〕堕
〔隨〕随
〔骲〕鞁
〔墜〕坠
〔嫗〕妪
〔頠〕颓
〔態〕态
〔鄧〕邓
〔緒〕绪
〔綾〕绫
〔綺〕绮
〔綫〕线
〔緋〕绯
〔綽〕绰
〔緄〕绲
〔綱〕纲
〔網〕网
〔維〕维
〔綿〕绵
〔綸〕纶
〔綬〕绶
〔綳〕绷

〔綢〕绸
〔綹〕绺
〔綣〕绻
〔綜〕综
〔綻〕绽
〔綃〕绡
〔綴〕缀
〔緇〕缁

15画

【一】
〔鬧〕闹㉕
〔璉〕琏
〔靚〕靓
〔髮〕发
〔撓〕挠
〔墳〕坟
〔撻〕挞
〔駔〕驵
〔駛〕驶
〔駟〕驷
〔駒〕驹
〔駐〕驻
〔駝〕驼
〔駘〕骀
〔撲〕扑
〔頡〕颉
〔撣〕掸
*〔賣〕卖㉖
〔撫〕抚
〔撟〕挢
〔撳〕揿
〔熱〕热
〔鞏〕巩
〔摯〕挚
〔賞〕赏㉗
〔賦〕赋
〔賬〕账
〔賭〕赌
〔賤〕贱
〔賜〕赐
〔賙〕赒
〔賠〕赔
〔蕘〕荛
〔蕎〕荞
〔蕩〕荡
〔蕁〕荨
〔樁〕桩
〔樞〕枢

〔標〕标
〔樓〕楼
〔樅〕枞
〔斅〕敩
〔樣〕样
〔橢〕椭
〔輛〕辆
〔輥〕辊
〔輞〕辋
〔槧〕椠
〔暫〕暂
〔輪〕轮
〔輟〕辍
〔輻〕辐
〔甌〕瓯
〔歐〕欧
〔毆〕殴
〔賢〕贤
*〔遷〕迁
〔鴇〕鸨
〔憂〕忧
〔碼〕码
〔磑〕硙
〔確〕确
〔賚〕赉
〔遼〕辽
〔殤〕殇
〔鴉〕鸦
【丨】
〔輩〕辈
〔劌〕刿
*〔齒〕齿
〔膚〕肤
*〔慮〕虑
〔鄲〕郸
〔鋰〕锂
〔鋇〕钡
〔鋤〕锄
〔鋯〕锆
〔鋨〕锇
〔銹〕锈
〔銼〕锉
〔鋒〕锋
〔鋅〕锌
〔銳〕锐
〔銻〕锑
〔鋃〕锒
〔鋟〕锓
〔鋼〕钢
〔鋦〕锔
〔領〕领
〔劍〕剑
〔劊〕刽
〔鄶〕郐
〔餓〕饿

〔踐〕践
〔遺〕遗
〔蝦〕虾
〔嘸〕呒
〔嘮〕唠
〔噥〕哝
〔嘰〕叽
〔嶢〕峣
〔嶠〕峤
〔嶔〕嵚
〔幟〕帜
〔嶗〕崂
【丿】
〔頤〕颐
〔篋〕箧
〔範〕范
〔價〕价
〔儂〕侬
〔儉〕俭
〔億〕亿
〔儀〕仪
〔皚〕皑
*〔樂〕乐
*〔質〕质
〔徵〕征㉘
〔衝〕冲
〔慫〕怂
〔徹〕彻
〔衛〕卫
〔盤〕盘
〔鋪〕铺
〔鋏〕铗
〔鋱〕铽
〔銷〕销
〔鋥〕锃
〔鋰〕锂
〔鋝〕锊
〔鋃〕锒
〔鋒〕锋
〔鋅〕锌
〔鋁〕铝
〔鋤〕锄
〔鋒〕锋
〔銳〕锐
〔鋯〕锆
〔鋨〕锇
〔銼〕锉
〔鋃〕锒
〔鋟〕锓
〔鋦〕锔
〔鋼〕钢
〔劊〕刽
〔慶〕庆㉚
〔廢〕废
〔敵〕敌
〔頦〕颏
〔導〕导
〔瑩〕莹
〔潑〕泼
〔潔〕洁
〔澆〕浇
〔潯〕浔
〔潿〕涠
〔潤〕润
〔澗〕涧
〔潰〕溃
〔澇〕涝
〔潯〕浔
〔潑〕泼

〔餘〕余㉙
〔餒〕馁
〔膞〕䏝
〔膕〕腘
〔膠〕胶
〔鴒〕鸰
〔魯〕鲁
〔魴〕鲂
〔潁〕颍
〔颳〕刮
*〔劉〕刘
〔皺〕皱
【丶】
〔請〕请
〔諸〕诸
〔諏〕诹
〔諾〕诺
〔諑〕诼
〔誹〕诽
〔課〕课
〔諉〕诿
〔諛〕谀
〔誰〕谁
〔論〕论
〔諗〕谂
〔調〕调
〔諂〕谄
〔諒〕谅
〔諄〕谆
〔誶〕谇
〔談〕谈
〔誼〕谊
〔廟〕庙
〔廠〕厂
〔廡〕庑
〔瘞〕瘗
〔瘡〕疮
〔賡〕赓
〔慶〕庆㉚
〔廢〕废
〔敵〕敌
〔頦〕颏
〔導〕导
〔瑩〕莹
〔潑〕泼
〔潔〕洁
〔澆〕浇
〔潿〕涠
〔潤〕润
〔澗〕涧
〔潰〕溃
〔澇〕涝
〔潯〕浔
〔潑〕泼

16画

【一】
〔璣〕玑
〔墻〕墙
〔駱〕骆

〔慎〕愦
〔憫〕悯
〔憒〕愦
〔憚〕惮
〔憮〕怃
〔憐〕怜
*〔寫〕写㉛
*〔審〕审
*〔窮〕穷
〔褳〕裢
〔褲〕裤
〔鴆〕鸩
〔鴆〕鸩
【乛】
〔遲〕迟
〔層〕层
〔彈〕弹
〔選〕选
〔槳〕桨⑪
〔漿〕浆⑪
〔險〕险
〔嬈〕娆
〔嫻〕娴
〔嬌〕娇
〔嫵〕妩
〔嬀〕妫
〔駑〕驽
〔羣〕群
〔毿〕毵
〔緙〕缂
〔緗〕缃
〔緘〕缄
〔緬〕缅
〔緹〕缇
〔緲〕缈
〔緝〕缉
*〔歷〕历
〔曆〕历
〔奮〕奋
〔頰〕颊
〔殨〕殨
〔殫〕殚
〔頸〕颈
【丨】
〔頻〕频
*〔盧〕卢
〔曉〕晓
〔瞞〕瞒
〔縣〕县㉜
〔嘔〕呕
〔賵〕赗
〔鴨〕鸭
〔閾〕阈

〔閹〕阉
〔閭〕阆
〔閶〕阊
〔閼〕阏
〔閻〕阎
〔曇〕昙
〔噸〕吨
〔鴞〕鸮
〔踴〕踊
〔螞〕蚂
〔蜥〕蜥
〔噹〕当
〔罵〕骂
〔噥〕哝
〔噲〕哙
〔鶿〕鸶
〔曖〕暧
〔嘯〕啸
〔還〕还
〔嶧〕峄
〔嶼〕屿
【丿】
〔積〕积
〔穎〕颖
〔穆〕穆
〔篤〕笃
〔築〕筑
〔篩〕筛
*〔舉〕举
〔興〕兴
〔嶨〕峃
〔學〕学
〔儔〕俦
〔憊〕惫
〔儕〕侪
〔儐〕傧
〔儘〕尽
〔鴕〕鸵
〔艙〕舱
〔錶〕表
〔鍺〕锗
〔錯〕错
〔鍩〕锘
〔錨〕锚
〔錛〕锛
〔錸〕铼
〔錢〕钱
〔錒〕锕
〔鍀〕锝
〔錁〕锞
〔錕〕锟
〔錫〕锡
〔錮〕锢

〔鋼〕钢
〔鍋〕锅
〔錘〕锤
〔錐〕锥
〔錦〕锦
〔鍁〕锨
〔錇〕锫
〔錠〕锭
〔鍵〕键
*〔録〕录
〔鋸〕锯
〔錳〕锰
〔鎦〕镏
〔鍶〕锶
〔墾〕垦
〔饅〕馒
〔餜〕馃
〔餛〕馄
〔餡〕馅
〔館〕馆
〔領〕领
〔鴿〕鸽
〔膩〕腻
〔鴟〕鸱
〔鮁〕鲅
〔鮎〕鲇
〔鮓〕鲊
〔穌〕稣
〔鮒〕鲋
〔鴝〕鸲
〔鮑〕鲍
〔鮍〕鲏
〔鮐〕鲐
〔鴰〕鸹
〔穎〕颖
〔獨〕独
〔獫〕猃
〔獪〕狯
〔駕〕驾
【丶】
〔謀〕谋
〔諶〕谌
〔諜〕谍
〔謊〕谎
〔諫〕谏
〔諧〕谐
〔謔〕谑
〔謁〕谒
〔謂〕谓
〔潿〕涠
〔諭〕谕
〔諼〕谖
〔諷〕讽
〔諾〕诺
〔諂〕谄

〔諺〕谚
〔諦〕谛
〔謎〕谜
〔諢〕诨
〔諞〕谝
〔諱〕讳
〔憑〕凭
〔鄺〕邝
〔瘻〕瘘
〔瘮〕瘆
*〔親〕亲
〔辦〕办
*〔龍〕龙
〔劑〕剂
〔燒〕烧
〔燜〕焖
〔熾〕炽
〔螢〕萤
〔營〕营
〔縈〕萦
〔燈〕灯
〔濛〕蒙
〔燙〕烫
〔澠〕渑
〔澤〕泽
〔濁〕浊
〔澮〕浍
〔澱〕淀
〔澦〕滪
〔懞〕蒙
〔憚〕惮
〔憶〕忆
〔憲〕宪
〔窺〕窥
〔窶〕窭
〔褸〕褛
〔禪〕禅
【乛】
*〔隱〕隐
〔嬙〕嫱
〔嬡〕嫒
〔縉〕缙
〔縛〕缚
〔縟〕缛
〔緻〕致
〔縧〕绦
〔縐〕绉
〔縞〕缟
〔縭〕缡
〔縊〕缢

17画

【一】
〔耬〕耧
〔環〕环
〔贅〕赘
〔璦〕瑷
〔覯〕觏
〔黿〕鼋
〔幫〕帮
〔騁〕骋
〔駿〕骏
〔趨〕趋
〔擱〕搁
〔擬〕拟
〔擴〕扩
〔壙〕圹
〔擠〕挤
〔蟄〕蛰
〔繁〕繁
〔擲〕掷
〔擯〕摈
〔擰〕拧
〔轂〕毂
〔聲〕声
〔藉〕借㉝
〔聰〕聪
〔聯〕联
〔艱〕艰
〔藍〕蓝
〔舊〕旧㉞
〔薺〕荠
〔蓋〕盖
〔韓〕韩
〔隸〕隶
〔檉〕柽
〔檣〕樯
〔檟〕槚
〔檔〕档
〔櫛〕栉
〔檢〕检
〔檜〕桧
〔麯〕曲
〔轅〕辕
〔轄〕辖
〔輾〕辗
〔擊〕击
〔臨〕临㉞
〔磽〕硗
〔壓〕压㉟
〔礄〕硚
〔磯〕矶
〔邇〕迩
〔尷〕尴

〔劽〕裂
〔殮〕殓
【丨】
〔齔〕龀
〔戲〕戏
〔虧〕亏
〔斃〕毙
〔瞭〕了㊱
〔顆〕颗
〔購〕购
〔賻〕赙
〔嬰〕婴
〔賺〕赚
〔嚇〕吓㊲
〔闌〕阑
〔闃〕阒
〔闈〕闱
〔闊〕阔
〔闋〕阕
〔曖〕暧
〔蹕〕跸
〔蹌〕跄
〔蟎〕螨
〔螻〕蝼
〔蟈〕蝈
〔雖〕虽
〔嚀〕咛
〔覬〕觊
〔嶺〕岭㊳
〔嶸〕嵘
〔點〕点
【丿】
〔矯〕矫
〔鵠〕鹄
〔賾〕赜
〔輿〕舆
〔歟〕欤
〔鵂〕鸺
*〔龜〕龟
〔優〕优
〔氈〕毡
〔應〕应
〔癘〕疠
〔療〕疗
〔癆〕痨
〔癉〕瘅
〔鴴〕鸻
〔鮺〕鲝
〔齋〕斋
〔鶬〕鸧
〔羞〕羞
〔糞〕粪
〔糝〕糁
〔燦〕灿
〔燭〕烛

〔鍛〕锻
〔鎪〕锼
〔鍬〕锹
〔鍍〕镀
〔鎂〕镁
〔鎇〕镅
〔錮〕锢
〔懇〕恳
〔餷〕馇
〔餿〕馊
〔斂〕敛
〔鴒〕鸰
〔膾〕脍
〔膿〕脓
〔臉〕脸
〔膽〕胆
〔謄〕誊
〔鮭〕鲑
〔鮚〕鲒
〔鮪〕鲔
〔鮦〕鲖
〔鮫〕鲛
〔鮮〕鲜
〔颶〕飓
〔獷〕犷
〔獰〕狞
【丶】
〔講〕讲
〔謨〕谟
〔謖〕谡
〔謝〕谢
〔謠〕谣
〔謅〕诌
〔謗〕谤
〔謚〕谥
〔謙〕谦
〔謐〕谧
〔褻〕亵
〔氊〕毡
〔鶉〕鹑
〔膺〕膺
〔癇〕痫
〔鷂〕鹞
〔獮〕狝
〔糜〕糜
〔縻〕縻
〔總〕总
〔縱〕纵
〔縴〕纤㊷
〔縮〕缩
〔繆〕缪
〔繅〕缫
〔繚〕缭
〔繕〕缮
〔嚮〕向

18画

【一】
〔耮〕耢
〔閱〕阅㉕
〔瓊〕琼
〔攆〕撵
〔鬆〕松
〔翹〕翘
〔擷〕撷
〔擾〕扰
〔騏〕骐
〔騎〕骑
〔騍〕骒
〔騅〕骓
〔攄〕摅
〔擻〕擞
〔鼕〕冬
〔擺〕摆
〔贄〕贽
〔聶〕聂
〔蕘〕荛
〔薷〕薷
*〔聶〕聂
〔瞽〕瞽
〔簡〕简

〔燴〕烩
〔鎄〕锿
〔鴻〕鸿
〔濤〕涛
〔濫〕滥
〔濕〕湿
〔濟〕济
〔濱〕滨
〔濘〕泞
〔澀〕涩
〔濰〕潍
〔賽〕赛
〔襇〕裥
〔襖〕袄
〔禮〕礼
【乛】
〔屨〕屦
〔彌〕弥
〔嬪〕嫔
〔嬤〕嬷
〔績〕绩
〔縹〕缥
〔縷〕缕
〔縵〕缦
〔縲〕缧
〔繃〕绷
〔縭〕缡
〔繦〕襁

【丨】
*〔豐〕丰㊴
〔覷〕觑
〔懟〕怼
〔叢〕丛
〔矇〕蒙
〔題〕题
〔韙〕韪
〔闖〕闯
〔闔〕阖
〔闐〕阗
〔闑〕阒
〔闕〕阙
〔曠〕旷
〔蹣〕蹒
〔嚙〕啮
〔壘〕垒
〔蟯〕蛲
*〔蟲〕虫
〔蟬〕蝉
〔蟣〕虮
〔嚕〕噜
〔顓〕颛
【丿】
〔鵠〕鹄
〔鵝〕鹅
〔獲〕获
〔穡〕穑
〔穢〕秽
〔簡〕简

〔職〕职
*〔藝〕艺
*〔雙〕双
〔軀〕躯
*〔邊〕边
*〔歸〕归㉞
〔鏵〕铧
〔鎮〕镇
〔鏈〕链
〔鎘〕镉
〔鎖〕锁
〔鎧〕铠
〔鏽〕锈
〔鎳〕镍
〔鎢〕钨
〔鎩〕铩
〔鎦〕镏
〔鎬〕镐
〔鎊〕镑
〔鎰〕镒
〔鎵〕镓
〔鎒〕耨
〔饃〕馍
〔饋〕馈
〔饈〕馐
〔饉〕馑
〔饊〕馓
〔餾〕馏
〔臍〕脐
〔鯁〕鲠
〔鯉〕鲤
〔鯈〕鲦
〔鯀〕鲧
〔鯇〕鲩
〔鯽〕鲫
〔鯊〕鲨
〔颸〕飔
〔颼〕飕
〔獵〕猎
〔雛〕雏
〔臏〕膑
【丶】
〔謹〕谨
〔謳〕讴
〔謾〕谩
〔謫〕谪
〔謬〕谬
〔癤〕疖
〔雜〕杂
*〔離〕离
〔顏〕颜
〔糧〕粮
〔燼〕烬
〔鵜〕鹈
〔瀠〕潆
〔灃〕沣

〔濾〕滤
〔鱟〕鲎
〔濺〕溅
〔瀏〕浏
〔濼〕泺
〔瀉〕泻
〔瀋〕沈
*〔竄〕窜
〔竅〕窍
〔額〕额
〔禰〕祢
〔襠〕裆
〔襝〕裣
〔襦〕裯
【乛】
〔醬〕酱⑪
〔轀〕辒
〔隴〕陇
〔嬸〕婶
〔繞〕绕
〔繚〕缭
〔織〕织
〔繕〕缮
〔繒〕缯
*〔斷〕断

19画
【一】
〔鶄〕䴖
〔韻〕韵
〔鬍〕胡
〔騙〕骗
〔騷〕骚
〔壢〕坜
〔壚〕垆
〔壞〕坏⑩
〔攏〕拢
〔蘀〕萚
*〔難〕难
〔鵲〕鹊
〔藶〕苈
〔蘋〕苹
〔蘆〕芦
〔鶓〕鹋
〔藺〕蔺
〔躉〕趸
〔蘄〕蕲
〔勸〕劝
〔蘇〕苏
〔藹〕蔼
〔蘢〕茏
〔顛〕颠
〔櫝〕椟
〔櫟〕栎
〔櫓〕橹
〔櫧〕槠

〔櫞〕橼
〔轎〕轿
〔鏨〕錾
〔轍〕辙
〔轔〕辚
〔繫〕系㊶
〔鶇〕鸫
*〔麗〕丽㊷
〔厴〕厣
〔礪〕砺
〔礫〕砾
〔礎〕础
〔贋〕赝
〔願〕愿
〔鵪〕鹌
〔璽〕玺
〔豶〕豮
【丨】
〔贈〕赠
〔闞〕阚
〔關〕关
〔嚦〕呖
〔疇〕畴
〔蹺〕跷
〔蟶〕蛏
〔蠅〕蝇
〔蟻〕蚁
*〔嚴〕严
〔獸〕兽
〔嚨〕咙
〔羆〕罴
〔贇〕赟
〔龐〕庞
【丿】
〔犢〕犊
〔贊〕赞
〔穩〕稳
〔簽〕签
〔簾〕帘
〔簫〕箫
〔牘〕牍
〔懲〕惩
〔鏗〕铿
〔鏢〕镖
〔鏜〕镗
〔鏤〕镂
〔鏝〕镘
〔鏟〕铲
〔鏑〕镝
〔鏃〕镞
〔鏇〕旋
〔辭〕辞

〔饉〕馑
〔饅〕馒
〔鵬〕鹏
〔臘〕腊
〔鱗〕鳞
〔鯖〕鲭
〔鯪〕鲮
〔鯫〕鲰
〔鯡〕鲱
〔鯤〕鲲
〔鯧〕鲳
〔鯢〕鲵
〔鯰〕鲶
〔鯛〕鲷
〔鯨〕鲸
〔鯔〕鲻
〔獺〕獭
〔鵮〕鹐
〔颼〕飕
【丶】
〔譚〕谭
〔譖〕谮
〔譙〕谯
〔識〕识
〔譜〕谱
〔證〕证
〔譎〕谲
〔譏〕讥
〔鶉〕鹑
〔廬〕庐
〔癟〕瘪
〔癢〕痒
〔龐〕庞
〔壟〕垄
〔鵰〕雕
〔類〕类㊸
〔爍〕烁
〔瀟〕潇
〔瀨〕濑
〔瀝〕沥
〔瀕〕濒
〔瀘〕泸
〔瀧〕泷
〔懶〕懒
〔懷〕怀
〔寵〕宠
〔襪〕袜㊸
〔襤〕褴
【乛】
〔韜〕韬
〔騖〕骛
〔鶩〕鹜
〔顙〕颡
〔繮〕缰
〔繩〕绳
〔繾〕缱
〔繰〕缲
〔繹〕绎

20画
【一】
〔瓏〕珑
〔鷙〕鸷
〔驊〕骅
〔騮〕骝
〔騶〕驺
〔騸〕骟
〔攖〕撄
〔攔〕拦
〔攙〕搀
〔聹〕聍
〔顢〕颟
〔蘑〕蘑
〔蘭〕兰
〔蘞〕蔹
〔蘚〕藓
〔鶘〕鹕
〔飄〕飘
〔櫪〕枥
〔櫨〕栌
〔櫸〕榉
〔礬〕矾
〔麵〕面
〔櫬〕榇
〔櫳〕栊
〔礫〕砾
【丨】
〔鹹〕咸
〔鹺〕鹾
〔齟〕龃
〔齡〕龄
〔齣〕出
〔齙〕龅
〔齠〕龆
*〔獻〕献
*〔黨〕党
〔懸〕悬
〔鶪〕䴗
〔罌〕罂
〔贍〕赡
〔闥〕闼
〔闡〕阐
【丶】
〔鶊〕鹒
〔譴〕谴
〔譯〕译
〔譫〕谵
〔議〕议
〔癥〕症
〔辮〕辫
〔龑〕䶮
〔競〕竞

【丿】
〔犧〕牺
〔鶩〕鹜
〔籌〕筹
〔籃〕篮
〔譽〕誉
〔覺〕觉
〔嶸〕嵘
〔艦〕舰
〔鐃〕铙
〔鐋〕铴
〔鐦〕锎
〔鐧〕锏
〔鐵〕铁
〔鐯〕镨
〔鐒〕铹
〔鐓〕镦
〔鐺〕铛
〔鐘〕钟
〔鐠〕镨
〔鐒〕铹
〔鐋〕铴
〔鐙〕镫
〔鐝〕镢
〔饒〕饶
〔饊〕馓
〔饋〕馈
〔饌〕馔
〔饑〕饥
〔臚〕胪
〔朧〕胧
〔騰〕腾
〔鰆〕䲠
〔鰈〕鲽
〔鰂〕鲗
〔鰳〕鳓
〔�〕
〔鰒〕鳆
〔鰍〕鳅
〔鰉〕鳇
〔鰁〕鳈
〔獼〕猕
〔觸〕触
【丶】
〔護〕护
〔譴〕谴
〔譯〕译
〔譫〕谵
〔議〕议
〔癥〕症
〔辯〕辩
〔讌〕䜩
〔嚳〕喾
〔鶡〕鹖
〔顥〕颢

〔躊〕踌
〔躋〕跻
〔躑〕踯
〔躍〕跃
〔纍〕累
〔蠟〕蜡
〔囂〕嚣
〔巋〕岿
【丿】
〔儺〕傩
〔儷〕俪
〔鷯〕鹩
〔爐〕炉
〔瀾〕澜
〔瀲〕潋
〔彌〕弥
〔懺〕忏
〔朧〕胧
〔寶〕宝
〔騫〕骞
〔竇〕窦
〔襬〕摆
【乛】
〔鐦〕铜
〔銅〕铜
〔鐐〕镣
〔鐘〕钟
〔鐯〕镨
〔鐒〕铹
〔鐋〕铴
〔鐺〕铛
〔響〕响

21画
【一】
〔耮〕耢
〔瓔〕璎
〔鰲〕鳌
〔攝〕摄
〔騾〕骡
〔驅〕驱
〔顥〕颢
〔聰〕聪
〔驂〕骖
〔攛〕撺
〔權〕权
〔櫻〕樱
〔欄〕栏
〔轟〕轰
〔覽〕览
〔酈〕郦
〔飆〕飙
〔殲〕歼
【丨】
〔齜〕龇
〔齦〕龈
〔齬〕龉
〔贐〕赆
〔囁〕嗫
〔囈〕呓
〔嚙〕啮
〔囀〕啭
〔顧〕顾
〔襯〕衬
〔嚕〕噜
〔鶴〕鹤
【乛】

〔躊〕踌
〔躋〕跻
〔躑〕踯
〔躍〕跃
〔纍〕累
〔蠟〕蜡
〔囂〕嚣
〔巋〕岿
〔髏〕髅
【丿】
〔儷〕俪
〔儼〕俨
〔鷁〕鹢
〔鐵〕铁
〔鏤〕镂
〔鏑〕镝
〔鏗〕铿
〔鐸〕铎
〔鐮〕镰
〔鐿〕镱
〔鷈〕䴘
〔鷓〕鹧
〔鶺〕鹡
〔鷚〕鹨
【丶】
〔癩〕癞
〔癧〕疬
〔癮〕瘾
〔斕〕斓
〔辯〕辩
〔纈〕缬
〔續〕续
〔嚙〕啮
〔襯〕衬
〔顥〕顾
〔鶻〕鹘
〔鶴〕鹤
【乛】

*〔屬〕属
〔纈〕缬
〔續〕续
〔纏〕缠㊺

22画
【一】
〔鬚〕须
〔驍〕骁
〔驕〕骄
〔攤〕摊
〔覿〕觌
〔攢〕攒
〔鷙〕鸷
〔轢〕轹
〔蘿〕萝
〔驚〕惊
〔攀〕攀
〔鷗〕鸥
〔鑒〕鉴
〔邐〕逦
【丨】
〔齬〕龉
〔齪〕龊
〔鱉〕鳖
〔贖〕赎
〔躓〕踬
〔躕〕蹰
〔囌〕苏
〔囉〕啰
〔囁〕嗫
〔巔〕巅
〔邏〕逻
〔體〕体
【丿】
〔罎〕坛
〔籜〕箨
〔籟〕籁
〔籠〕笼
〔鷩〕鳖
〔儻〕傥
〔艫〕舻
〔鑄〕铸
〔鑌〕镔
〔鑔〕镲
〔龕〕龛
〔糴〕籴
〔鰳〕鳓
〔鰵〕鳘
〔鰻〕鳗
〔鱈〕鳕

〔鰻〕鳗　〔驛〕驿　〔鑣〕镳　〔攬〕揽　〔鱠〕鲙　〔籮〕箩　〔躝〕躝　〔纜〕缆
〔鱅〕鳙　〔驗〕验　〔攪〕搅　〔驍〕骁　〔鱨〕鲿　〔鋼〕钢　28画　〔讚〕赞
〔鰲〕鳌　〔欏〕椤　〔鱻〕鲜　'壩〕坝　〔丶〕　〔鑰〕钥
〔囉〕罗　〔轤〕轳　〔鱠〕鳝　〔玃〕...　〔讕〕谰　〔鑲〕镶　〔酇〕峰
【丶】　〔臚〕胪　〔鱒〕鳟　〔觀〕观　〔讒〕谗　〔饞〕馋　〔鑷〕镊　〔鸛〕鹳
〔讀〕读　〔黶〕黡　〔鱏〕鲟　〔鹽〕盐　〔讓〕让　〔鱭〕鲚　〔鑹〕镩　〔樏〕椠
〔譸〕诪　〔顳〕颥　〔鱨〕鲟　〔釀〕酿　〔鸛〕鹳　〔鱮〕鲥　【丶】　〔鑿〕凿
〔戀〕峦　〔鶊〕鹒　〔讌〕谦　〔瘖〕疬　〔鷹〕鹰　【丶】　〔灤〕滦　〔鸚〕鹦
〔孿〕孪　〔鑿〕键　〔欒〕栾　*〔靈〕灵　〔癱〕瘫　〔蠻〕蛮　27画　〔鑼〕镙
〔變〕变　〔顥〕颢　〔攣〕挛　〔蠶〕蚕㊾　〔顯〕颣　〔鬭〕斋㊾　〔鏻〕锳
〔顫〕颤　【丨】　〔變〕变　【丨】　〔灨〕赣　〔灝〕灏　【一】　〔戀〕恋
〔鷗〕鸥　〔曬〕晒　【丨】　〔艷〕艳　〔灘〕灏　〔鬮〕阄㉕　〔戀〕恋
〔癭〕瘿　〔鷴〕鹇　〔戀〕恋　〔顰〕颦　〔攤〕攫　【丨】　〔釀〕襄　29画
〔癬〕癣　〔顥〕显　〔鷥〕鸶　〔齷〕龋　〔癰〕痈　〔顴〕颧　〔顳〕颥
〔鷺〕鹭　〔蠱〕蛊　〔齏〕齑　〔醒〕醒　25画　26画　【丨】　〔驪〕骊
〔癰〕痈　〔髖〕髋　〔讐〕雠㊻　〔鹼〕碱　〔鸕〕鸬　〔鬱〕郁
〔龔〕龚　〔髕〕髌　〔贓〕赃　【一】　【一】　〔颧〕颧　30画
〔襲〕袭　【乛】　〔鷥〕鸶　〔鷥〕鸶　〔糱〕糵　〔驥〕骥　【丿】
〔灘〕滩　〔籛〕笺　〔繰〕缫　〔囑〕嘱　〔馕〕馕　〔驢〕驴　〔鸝〕鹂　〔鸝〕鹂
〔灑〕洒　〔讎〕雠㊻　〔織〕纤㊷　【丿】　〔欖〕榄　〔顴〕颧　〔钻〕钻　〔讓〕让
〔竊〕窃　仇　〔纜〕纟　〔邊〕迓　〔戀〕戆　【丨】　〔艫〕舻　〔鱷〕鳄
【乛】　〔鷚〕鹨　〔鷥〕鸶　〔籬〕篱　〔顱〕颅　【丶】　〔鸞〕鸾
〔鷄〕鸡　〔徽〕霉　24画　〔籤〕签　〔蹶〕蹶　〔躪〕躏　〔讞〕谳
〔釁〕衅　〔鏷〕铼　〔顫〕颤　〔纜〕纷　〔躞〕躞　〔讝〕谵　32画
23画　〔鑌〕锁　【一】　〔邊〕边　【丨】　【丿】　〔戀〕恋　〔籲〕吁㊿
【一】　〔鑣〕镳　〔鬢〕鬓　〔矚〕瞩　〔瞩〕瞩　【乛】
〔瓚〕瓒

注 释 Notes

① 长：四笔。笔顺是 丿 一 匕 长。
② 马：三笔。笔顺是 一 𠃑 马。
③ 庄：六笔。下从土，不从土。
④ 条：上从夂，三笔，不从夊。
⑤ 乌：四笔。笔顺是 丿 𠃌 乌 乌。
⑥ 壳：八笔。上从士，下从几。
⑦ 乾坤、乾隆的乾读 qián(前)，不简化。
⑧ 区：不作区。
⑨ 鸟：五笔。笔顺是 丿 𠃌 勹 鸟 鸟。
⑩ 中药苍术、白术的术读 zhú(竹)，异体为术。
⑪ 将、浆、桨、奖、酱：右上角从夕，不从夕或爫。
⑫ 尧：六笔。右上作戈，无点；不可误作戈。
⑬ 叶韵的叶读 xié(协)。
⑭ 无：四笔。上从二，不可误作无。
⑮ 黾：从口从电。
⑯ 义：从乂(读 yì)加点。不可误作叉(读 chā)。
⑰ 肃：中间一竖下面的两边从八，下半中间不从米。
⑱ 在折和摺意义可能混淆时，摺仍用摺。
⑲ 尝：不同赏的简化字。赏的简化字是赏。

⑳ 作多解的夥不简化。
㉑ 前仆后继的仆读 pū(扑)。
㉒ 么读 me 轻声。读 yāo(夭)的么应作幺，么为异体。吆(呦)喝的吆为异体，应作吆。麽读 mó(摩)时不简化，如幺麽小丑。
㉓ 古人南宫适、洪适的适(古字罕用)读 kuò(括)。此适字本作适，为了避免混淆，可恢复本字适。
㉔ 作门屏之间解的宁(古字罕用)读 zhù(柱)。为避免此字与寧的简化字混淆，原读 zhù 的宁作㝉，如㝉(佇)立。
㉕ 門字头的字，一般也写作门字头，如鬧、鬮、鬩也可写作闹、阄、鬩。因此，这些门字头的字可化作门字头。但鬥争的鬥应简化作斗。
㉖ 卖：从十从买，上不从士或土。
㉗ 赏：不可误作尝。尝是嘗的简化字。
㉘ 宫商角徵羽的徵读 zhǐ(止)，不简化。
㉙ 在余和餘意义可能混淆时，仍用餘。如文言句"餘年无多"。
㉚ 庆：下从大，不从犬。
㉛ 写：上从宀，不从⺜。
㉜ 县：七笔。上从且。

㉝ 藉口、凭藉的藉简化作借；慰藉、狼藉等的藉仍用藉。
㉞ 临：左从一短竖一长竖，不从丨。归、帅、师引同，左从刀。旧与归也不同，左一竖，右从日。
㉟ 压：六笔。土的右旁有一点。
㊱ 瞭：读 liǎo(了解)时，简作了；读 liào(瞭望)时仍作瞭，不简化。
㊲ 恐吓的吓读 hè(赫)。
㊳ 岭：不作岑，免与岑混。
㊴ 四川省酆都县已改丰都县。姓酆的酆不简化。
㊵ 坏(壞)，不作坯。坯是砖坯的坯，读 pī(批)。坏坯二字不可互混。
㊶ 系带子的系读 jì(计)。
㊷ 丽：七笔。上边一横，不作两小横。
㊸ 类：下从大，不从犬。
㊹ 袜：下从末，不从未。
㊺ 缠：右从㢆，不从厘。
㊻ 雠：用于校雠、雠定、仇雠等，表示仇恨、仇敌义时用仇。
㊼ 纤维的纤读 xiān(先)。拉纤的纤读 qiàn(欠)。
㊽ 蚕：上从天，不从夭。
㊾ 厅：从厂，不从广。
㊿ 喘吁吁、长吁短叹的吁读 xū(虚)。

三　常用标点符号用法简表
Common punctuation

名　称 Name	符　号 Punctuation mark	用法说明 Usage	举例 Examples
句　号 Period	。	表示一句话完了之后停顿。 indicates the end of a sentence	我们的朋友遍天下。
逗　号 Comma	，	表示一句话中间的停顿。 indicates a pause within a sentence	国家无论大小,都应一律平等。
顿　号 Pause mark	、	表示句中并列的词或词组之间的停顿。 indicates a short pause between items of a series	中国古代有许多重要发明,比如指南针、造纸、印刷术、火药等。
分　号 Semicolon	；	用于分句之间,表示大于逗号而小于句号的停顿。 indicates a longer pause than comma, between coordinate clauses	对人民有利的事,我们一定要办;对人民不利的事,我们一定不办。
冒　号 Colon	：	用以提示下文。 introduces a quotation, explanation, etc.	各位代表:现在会议正式开始。
问　号 Question mark	？	用在问句之后。 used at the end of an interrogative sentence	刚才谁来了? 这个问题是怎样解决的?
叹　号 Exclamation mark	！	表示强烈的感情。 used at the end of an exclamatory sentence	啊! 多美呀! 全世界人民大团结万岁!
引　号 Quotation marks	" " ' '	1. 表示引用的部分。常用的是双引号(" ")。引号中再用引号时,用单引号(' ')。 Double quotation marks are used to indicate a quotation or direct speech. If there is a quotation within a quotation, single quotation marks are used.	小王说:"我同意大家的意见。" 老师问学生:"你们懂得'青出于蓝'的意思吗?"
		2. 表示特定的称谓或需要着重指出的部分。 distinguish a term or phrase from the rest of the text	"教师"是个光荣的称号。 领袖是人民的带路人,是人民的公仆,而不是"全能全知"的救世主。
		3. 表示讽刺的意思。 used with an ironic implication	这样的"理论家",实在还是少一点好。

名 称 Name	符 号 Punctuation mark	用法说明 Usage	举 例 Examples
括 号 Parentheses	（ ）	表示文中注释的部分。 mark off explanatory or qualifying remarks	各类文艺工作者(包括创作、表演、评论、研究、翻译等)自愿结合,组成自己的专业团体。
省 略 号 Suspension points	……	表示文中省略的部分。用六个圆点,占两个字的位置。 six dots, indicating the omission of a word or words	菜市场里,蔬菜很多,有白菜、黄瓜、西红柿、豆角儿……真是琳琅满目!
破折号 Dash	——	在文中占两个字的位置。 1. 表示下面是解释说明的部分,有括号的作用。 a line occupying a space of two characters, sets off a parenthetical phrase or clause	世界闻名的伟大建筑——万里长城,在两千多年前的秦代已经建成。
		2. 表示意思的递进。 indicates a progression in meaning	我们要用"团结——批评——团结"的方法解决人民内部矛盾。
		3. 表示意思的转折。 indicates a shift in meaning	海上的渔船可以随时了解风情,及时避入渔港——不过,有时意料不到,也会出事。
连接号 Hyphen (em or en dash)	—	1. 表示时间、地点、数目等的起止。在文中占一个字或两个字的位置。 indicates beginning and end, used between places, times, numbers, etc. It takes the space of one or two characters.	1949 年—1979 年 "北京——上海"直达快车
		2. 表示相关的人或事物的联系。 indicates some relationship between persons or things	第二次世界大战中,意、德、日法西斯组成了"罗马—柏林—东京"轴心。
书 名 号 Title marks	《 》 〈 〉	表示书籍、文件、报刊、文章等的名称。 used around titles of books, articles, newspapers, journals, etc.	《毛泽东选集》 《人民日报》,《红旗》杂志,《学习〈为人民服务〉》
间 隔 号 Separation dot	•	1. 表示月份和日期之间的分界。 separates the day from the month	十·一
		2. 表示有些民族人名中名、父名、姓等的分界。 separates the different parts of some foreign full names	诺尔曼·白求恩 弗拉基米尔·伊里奇·乌里扬诺夫
着 重 号 Mark of emphasis	•	放在文中需要强调部分的每个字下面。 a dot under each character of the part of text which needs to be emphasized	工艺美术应在保持传统特色的基础上,进一步革新和提高。

四　数目表达方式简表
Numerals

（一）基数的表达方式
Cardinal numbers

类别 Category	小　写 Ordinary form	大　写 Capital form	阿拉伯数字 Arabic numerals	读　音 Pronunciations	说　明 Notes
简单数	一	壹	1	yī	"二"和"两"表示相同的数目，但用法有区别。详见词典正文"两"条。
	二	贰	2	èr	
	两	两	2	liǎng	
	三	叁	3	sān	
	四	肆	4	sì	
	五	伍	5	wǔ	
	六	陆	6	liù	
	七	柒	7	qī	
	八	捌	8	bā	
	九	玖	9	jiǔ	
	十	拾	10	shí	"十"既可表示具体数目，又是位数，"百"、"千"、"万"、"亿"只是位数。位数前的数表示相乘，位数后的数表示相加，如：六百二十五＝100×6＋10×2＋5＝625
	百	佰	100	bǎi	
	千	仟	1000	qiān	
	万	万	10000	wàn	
	亿	亿	100000000	yì	
	半	半	0.5	bàn	"半"只与"一"和"百"组成"一半"和"半百"，分别表示 0.5 和 50，不与其它数结合。
	○	零	0	líng	"○"表示没有数，常用在数的缺位，如：一○五号，二○○○年。
复合数	十一	拾壹	11	shíyī	
	十二	拾贰	12	shí'èr	
	十三	拾叁	13	shísān	
	十九	拾玖	19	shíjiǔ	
	二十	贰拾	20	èrshí	
	二十一	贰拾壹	21	èrshíyī	
	二十九	贰拾玖	29	èrshíjiǔ	
	三十	叁拾	30	sānshí	
	四十	肆拾	40	sìshí	
	五十	伍拾	50	wǔshí	
	九十	玖拾	90	jiǔshí	
	九十九	玖拾玖	99	jiǔshíjiǔ	
	一百	壹佰	100	yìbǎi	
	三百五十六	叁佰伍拾陆	356	sānbǎi wǔshíliù	
	五千零三	伍仟零叁	5003	wǔqiān líng sān	一数中间无论有几个零，都只读一个"零"。
	二万五千	贰万伍仟	25000	èrwàn wǔqiān	
	三十万	叁拾万	300000	sānshíwàn	
	十亿六千万	拾亿陆仟万	1060000000	shíyì liùqiān wàn	

注：大写数字仅用于货币面值、合同、契约等场合，以示庄重，并防止涂改。一般行文都用小写数字或阿拉伯数字。

（二）序数的表达方式
Ordinal numbers

表示方法 Way of expression	举 例 Examples	表示方法 Way of expression	举 例 Examples
在基数前加"第" 阴历每月从 1—10 的 日子，在基数前加"初" 在基数后直接与名 词（或量词）相连	第一、第二、第二百零 五 初一、初二、初十 三月五日上午九时三 十五分 国庆三十六周年 十六楼五单元八号 三十九中二年级三班 二姐、三姨、四闺女、 三小子、三姑娘	用"大"、"小"分别表示 排行第一和最末的亲 属 用"长 zhǎng"表示排 行第一的儿孙辈	大妹、小妹 大姑、小姑 大姨、小姨 大儿子、小儿子 大闺女、小闺女 大孙女、小孙女 长子、长女、长孙

（三）小数、分数、百分数的表达方式
Decimals，fractions，percentages

小 数 Decimals	读 法 Way to read	分 数 Fractions	读 法 Way to read	百分数 Percentages	读 法 Way to read	说 明 Notes
0.01	零点零一 百分之一	$\frac{1}{100}$	百分之一	1%	百分之一	
0.1	零点一 十分之一	$\frac{1}{10}$	十分之一	10%	百分之十	也说"一成"
0.5	零点五 十分之五	$\frac{1}{2}$	二分之一	50%	百分之五十	也说"五成"
1.25	一点二五 一 又 百 分 之 二十五	$1\frac{1}{4}$	一 又 四 分 之 一	125%	一 又 百 分 之 二十五	
6.375	六点三七五 六 又 千 分 之 三百七十五	$6\frac{3}{8}$	六 又 八 分 之 三	6375‰	六 又 千 分 之 三百七十五	
0.4369	零 点 四 三 六 九 万 分 之 四 千 三百六十九	$\frac{4369}{10000}$	万分之四千 三百六十九	4369‰	万 分 之 四 千 三百六十九	

（四）概数的表达方式
Approximate numbers

表示方法 Way of expression	说　明 Notes	举　例 Examples
几	表示不很多	几天前　这几本书
两	表示不多	前两天　聊了两句
若干	表示一时记不清或无须说出的某数	住了若干年　去了若干人
（一）些	表示较多数量	一些书　买了（一）些苹果
许多	表示多	许多椅子　养了许多鸽子
多少	表示任何数量	要多少有多少　用多少买多少
多数	表示多，与"少数"比较而言	多数人同意
少数	表示少，与"多数"比较而言	只有少数人不同意
基数后加"多"，"以上"	表示多于前面的基数	二十多元　五百以上
基数后加"来"	只用在"十、百、千、万、亿"后，表示接近前面的数。	三十来人　二百来块　七千来斤 三万六千来元
在"百、千、万"后加"把"	表示接近前面的数，可能多点儿，也可能少点儿。	百把人　千把条枪　万把块
基数后加"左右"、"上下"	表示接近前面的数，可能多点儿，也可能少点儿。	三米左右　十八岁上下　三百五十斤左右　五千元上下
基数后加"以下"、"以内"	表示少于前面的数	三十五以下　六百二十斤以内
基数前加"约"、"大约"	表示在基数以上或以下	约四十斤　大约八百五十元
基数前加"近"、"上"、"小"	表示将近到前面的基数	近千人　上百户　小两万
邻近的数连说	表示大致在这两数的范围内	两三下，三五次，七八个，四五十，八九百，五六万，百儿八十
相邻的位数"十、百、千、万、亿"等连说	极言其多的概数，其搭配格式是固定的。	百十户　千百年　千万家　千百万人民　好话说了千千万　亿万群众

（五）增减倍数的表达方式
Increase and decrease of multiples

类 别 Category	表示方法 Ways of expression	举 例 Examples	说 明 Notes
增加的表示法 increase	基数后带"倍"	增加一倍 增加二倍 增加两倍半 增加 3.8 倍	等于底数的 2 倍 等于底数的 3 倍 等于底数的 3.5 倍 等于底数的 4.8 倍
	增加数量较大时,常说翻几番	翻一番 翻两番 翻三番	等于底数的 2 倍 等于底数的 $2^2=4$ 倍 等于底数的 $2^3=8$ 倍
	增加数量不足一倍时,常说"几成"	增产一成 增产三成 增产两成半	等于底数的 1.1 倍 等于底数的 1.3 倍 等于底数的 1.25 倍
减少的表示法 decrease	多用分数表示	减少一半 减少三分之二 减少四分之一	剩下的是底数的 $\frac{1}{2}$ 剩下的是底数的 $\frac{1}{3}$ 剩下的是底数的 $\frac{3}{4}$
	也用百分数表示	减少百分之二十,或减少二成 减少百分之七十五,或减少七成半 减少百分之四十八	剩下的是底数的 80% 剩下的是底数的 25% 剩下的是底数的 52%

（六）问数表达方式
Interrogation of number

类 别 Category	所用词语 Expressions	举 例 Examples	说 明 Notes
所问数量不多 numbers below ten	几	几个？几斤？几元？几岁？几点？十几棵？你十几了？	多用于 1—10 的范围内,一般后面带量词
问任何数量 any number	多少	多少钱？多少人？壶里有多少水？树有多少？书有多少页？	后面可以不带量词
问大人年龄,问面积、体积、容积 age of an adult, area, volume, capacity	多大	多大岁数？你有多大了？房间多大？那个球有多大？那个桶有多大？	可以不带量词

类　　别 Category	所用词语 Expressions	举　例 Examples	说　明 Notes
问时间 time	多久　多会儿 （问什么时间）	你去了多久？ 你多会儿回来？	回答可以是"去了两年" 回答可以是"下午三点回来"等
问距离 distance	多远	学校离工厂多远？	
问长、宽、高、厚 和粗细、重量等	多长 多宽 多高 多粗 多重	竹竿多长？ 尺子有多宽？ 楼房有多高？ 树有多粗？ 这筐苹果多重？	

注："多大、多久、多会儿、多远、多长、多宽、多高、多粗、多重"中的"多"，都是疑问代词"多少"的意思。

五　常用量词表
Table of common measure words

	说　明 Explanation or English equivalent	例　子 Examples
bǎ　把	名量：(1)用于有柄的器物 *for things with a handle* (2)用于成把的东西 bunch；bundle (3)用于一手抓拢的数量 handful (4)用于某种人物 *for leadership, with ordinal number* *only; for people with special skill* 动量：用于同手有关的一些动作，或抽象事物的 形象说法 *for actions done with the hand or some* *abstract nouns*	一～刀子（斧子、胡琴、伞、扫帚、 钥匙、椅子） 一～菊花（菠菜、萝卜、筷子） 两～豆子（花生、米） 第一～手｜一、二～手｜一～好手 擦一～脸｜拉他一～｜一～攥住｜ 加一～劲儿
bān　班	名量：(1)用于学习、工作等组织 class (2)用于人群 bunch（of people） (3)用于军队的编制单位 squad (4)用于定时开行的交通运输工具 *for scheduled service of communica-* *tion*	两～学生 咱们村里这～年轻人真不错。 两～战士 一～车｜今天最后一～飞机
bàn　瓣（～儿）	名量：用于果实、种子等分开的小块 segment or section（of a tangerine, etc.）；piece	两～橘子｜把苹果切成几～｜一～ 蒜

	说 明 Explanation or English equivalent	例 子 Examples
bāng 帮	名量:用于人 bunch (of people)	一～孩子
bāo 包	名量:用于成包的东西 pakage; bundle	一～点心(礼品、香烟)
bèi 倍	名量:用于倍数 times; -fold	二的五～是十。|产量增长一～。
běn 本	名量:(1)用于书籍簿册 *for books, etc.* (2)用于电影胶片的盘数 reel (of cinema film)	两～书(杂志、账、字典) 这部电影一共七～。
bǐ 笔	名量:(1)用于书画艺术 *for handwriting or painting, used* *only with numeral* 一 *or* 几 (2)用于款项等 sum	一～好字|他能画几～山水画。 两～钱(贷款、经费)
biàn 遍	动量:用于动作次数 time	那本书我已经看了一～。
bō 拨	名量:多用于分批的人 batch (of people)	一～参观的人|分两～出发
bù 部	名量:(1)用于电影、书籍 *for films, books, etc.* (2)用于车辆、机器 *for vehicles, machines, etc.*	一～电影(纪录片、小说) 两～汽车(机器)
步	名量:用于距离 *for distance* 动量:走动步数 *for steps*	三两～远 走两～退一～
cān 餐	名量:〈书〉用于饮食顿数 *for meals*	一～饭|一日三～
cè 册	名量:用于书等 volume	一～书|藏书三万多～。|这部书 共六～。
céng 层	名量:(1)多用于建筑物、建筑部件等分层物 storey; layer (2)用于分项、分步的事物(多为文章、思想等) *for a component part in a sequence* *(referring to writing or thought)* (3)用于物体表层物 sheet; coat	两～玻璃窗(楼、台阶) 去了一～顾虑|还有一～意思 一～薄膜(水、灰、皮、漆、土、油)
chá 茬(～儿)	名量:用于同一块土地上作物种植的次数 crop	一～庄稼

		说　明 Explanation or English equivalent	例　子 Examples
cháng	场	名量:用于事物的经过 *for the process of a matter or an occasion* 动量:用于某些行动 *for certain actions*	一～大病(风波、争论)|一～雨(雪) 哭了一～|闹了一～
chǎng	场	名量:用于文娱、体育项目的场次 *for recreational activities or sports*	一～电影(戏、篮球、球赛)
chóng	重	名量:用于门、山等 layer, *for doors, mountains, etc. (implying the sense of obstacle)*	两～门|万～山|冲破一～又一～困难
chū	出	名量:用于戏剧等 *for drama*	一～喜剧(丑剧、京剧、戏)
chuàn	串	名量:用于某些连贯起来的事物 string; cluster	一～珠子(烤肉、钥匙)
chuáng	床	名量:用于被子等 *for quilt, sheet, etc.*	一～被子
cì	次	名量:用于事物经过的次数、届次等 *for events*, No. ; session, etc. 动量:用于行动的次数 time	一～试验(事故、手术)|十二～列车|二～会议 来过两～|进了一～城
cù	簇	名量:多用于聚集成团成堆的花卉、植物等 cluster; grove	一～鲜花|两～竹子
dá	打	名量:十二个叫一打 dozen	三～铅笔(乒乓球、毛巾、手套)
dài	代	名量:用于表示辈分 generation	一～新人
dàn	担	名量:用于成担的东西 *for things that can be carried on a shoulder pole*	一～水(柴)
dào	道	名量:(1)用于某些长条形物 *for things in the shape of a line* (2)用于门、墙等 *for doors, walls, etc. (as a barrier)* (3)用于命令、题目等 *for orders, questions, etc.* (4)其他 course, etc.	一～缝|一～光线|几～皱纹 一～门(围墙、防线、铁丝网) 一～命令(禁令、算术题、手续) 上了好几～菜|上了三～漆
dī	滴	名量:用于成滴的少量液体 drop	几～眼泪(汗、水、眼药)
diǎn	点	名量:(1)用于事项等 point; item (2)时间单位 o'clock	几～注意事项|两～意见|几～内容 五～钟|四～三刻

		说 明 Explanation or English equivalent	例 子 Examples
dǐng	顶	名量:用于帽子以及有顶的东西 *for hats and things with a top*	一～帽子(钢盔、草帽)｜一～轿子 (帐篷、蚊帐)
dòng	栋	名量:用于房子(多为整座的) *for buildings*	几～房子(楼房、平房)
dǔ	堵	名量:用于墙 *for walls*	一～墙
dù	度	名量:用于有周期性或间隔性的事项 *for occasions*	两～会谈｜一年一～的中秋节｜这 个剧曾两～公演。
duàn	段	名量:(1)用于长条物分成的部分 　　　section；segment (2)用于时间、路程等的一定长度 　　　period；length (3)用于语言、文字等的一部分 　　　paragraph	一～木头(管道、绳子、铁轨) 一～时间(路程、距离、经历) 一～话(台词、文章)
duī	堆	名量:用于成堆物 　　　pile	一～石头(垃圾、书)
duì	队	名量:用于行列 　　　troop	一～士兵(民兵、人马)
	对	名量:用于成对的人、事、物 　　　pair	一～夫妻｜一～矛盾｜一～花瓶
dūngōnglǐ 吨公里		复合量词:用于统计货物运输量 　　　ton kilometer	500～
dùn	顿	名量:用于饮食 *for meals* 动量:用于批评、斥责、劝说、打骂等行为 *for criticism, reproach, beating, etc.*	一～饭(晚饭、早餐) 批评了一～｜骂了一～｜打了一～
duǒ	朵	名量:多用于花朵、云彩 *for flowers, clouds, etc.*	几～花(白云)
fā	发	名量:用于枪弹、炮弹 round (of shells)	十～子弹(炮弹)
fān	番	名量:(1)常用于费时、费力、费心或过程较长的 　　　行为。前面常加数词"一"或"几" 　　　*for the course of any action which* 　　　*takes time, usu. used with* 　　　*numeral 一 or 几* (2)略同于"种",前面常加数词"一" 　　　*kind, usu. used with numeral 一* (3)用在"翻"后,表示倍数 　　　*used after 翻 to mean -fold* 动量:用于行动,前面常加数词"一" 　　　*for certain actions, used with numeral 一*	一～心血(唇舌、工夫、周折) 别有一～风味｜别有一～天地｜完 全是一～好意 翻了一～｜翻了几～ 打量一～｜研究一～｜整顿一～

	说　明 Explanation or English equivalent	例　子 Examples
fāng　方	名量:〈书〉用于少数方形物 *for things in a square shape*	一～砚台(图章)
fēn　分	名量:(1)货币单位 *unit of currency*	二～钱|五角三～
	(2)时间单位 *minute*	八点三十五～|五十～钟一节课
	(3)把一个整体分做十分(常用于抽象意义),"十二分"表示超出一般的 $\frac{1}{10}$ (*for abstract things*);十二分 *means more than usual amount*	九～成绩,一～缺点|十～指标,十二～措施
	(4)评定成绩或胜负的记数单位 *point*	甲队胜了十～。|他数学考了八十～。
fèn　份	名量:(1)用于搭配成组的东西 *portion; share*	两～菜(点心、礼品)
	(2)用于报刊文件等 *for papers, periodicals, manuscripts, etc.*	两～报(文件)
fēng　封	名量:用于信件等 *for letters, etc.*	一～电报(信)
峰	名量:用于骆驼 *for camels*	两～骆驼
fú　幅	名量:用于布帛、字画等 *for cloth, calligraphy, painting, etc.*	一～布|一～挂图(山水画、宣传画)
fù　副	名量:(1)用于成对或成组的东西 *set; pair*	几～扑克牌(对联、耳机、眼镜)
	(2)用于面部表情 *for facial expressions*	一～笑脸|一～凶相|一～严肃的表情|两～不同的面孔
	(3)用于中药(同"服") *dose (of traditional Chinese medicine)*	三～药
gǎn　杆	名量:用于长形有杆的器物 *for things with a stick*	一～枪(秤、旗、烟袋)
gè　个	名量:应用范围很广,可代替一般名量词 *the most extensively used measure word which can take the place of many nominal measure words*	一～杯子(苹果、鸡蛋、故事、节目、人、国家、钟头)
gēn　根	名量:用于细长物 *for long and slender things*	几～火柴(钉子、粉笔、绳子、竹竿、香肠)

		说 明 Explanation or English equivalent	例 子 Examples
gǔ	股	名量:(1)用于成条物 *for things in the shape of a stream* (2)用于气味、气体、气力等,前面常加数 词"一" *for smell, gas, strength, etc., usu.* *used with numeral 一* (3)用于成批的人,多含贬义 *gang, horde (usu. derog.)*	一～清泉|一～暖流|一～逆流| 山上有两～小道。 一～香味(臭味、烟、热气、劲儿) 一～土匪|两～敌军
háng	行	名量:用于成行的东西 *line*	两～字(热泪、诗、手迹、小树)
hù	户	名量:用于人家、住户 *household*	那里有几～人家。|这个合作社是 三～贫农办起来的。
huí	回	名量:用于旧长篇小说的章回 *chapter (of traditional Chinese novel)* 动量:用于动作次数 *time*	《红楼梦》第六十～ 去过一～长城|我再试一～。
huǒ	伙	名量:用于人群,有时有贬义 *group; band (usu. derog.)*	一～人|一～流氓
jí	级	名量:(1)用于台阶、楼梯等 *step; stage* (2)用于等级 *grade; class*	十多～台阶|这个楼梯有十三～。 八～风|三～工|八～工资|一～ 运动员
jiā	家	名量:用于家庭或事业、企业单位等 *for families, enterprises, etc.*	一～人家|一～报纸(银行、饭馆)
jià	架	名量:(1)用于机器、机械等多带支架的物体 *for machines* (2)用于有架的植物等 *for plants on a trellis*	一～飞机(显微镜、照相机) 一～葡萄|两～黄瓜
jiàcì	架次	复合量词:用于统计飞机飞行的次数 *flight*	飞行 30～
jiān	间	名量:用于房间 *for rooms*	一～屋子(病房、会客室)
jiàn	件	名量:用于衣服、家具、事情等 *for clothes, furniture, affairs, etc.*	三～衣服(皮袄、家具、事情)
jiǎo	角	名量:货币单位 *unit of currency*	两～钱|三元四～
jié	节	名量:(1)用于带节的植物,或可连续的物体的 一部分 *for plants with joins; length; section* (2)用于诗文、课程等的部分 *section*	一～竹子|两～甘蔗|三～电池| 两～车厢 第三章第八～|这首诗有四～。

		说　明 Explanation or English equivalent	例　子 Examples
	截	名量：用于长条形物体的部分 section；chunk；length	一～木头｜两～粉笔
jiè	届	名量：用于定期的会议、运动会、毕业班级或政府的任期等 *for regular conference，sports meet，graduating class，term of office，etc.；session*	第三十～联合国大会｜第五～运动会｜第三～毕业生｜美国第三十九～总统
jú	局	名量：用于比赛(排球、乒乓球、棋类等) *game；set；innings*	第三～他以二十一比六取胜｜输了两～
jù	句	名量：用于语言、诗等 *for sentences or lines of poem*	一～话(歌词、诗)
	具	名量：用于尸体、棺木等 *for corpses，coffins，etc.*	一～尸体
juǎn	卷	名量：用于卷成筒状的东西 *fold；scroll；spool*	一～报纸(画、胶卷)
juàn	卷	名量：用于书(现在多为整部书所分成的单册) *volume*	《鲁迅全集》第五～｜两～本
jūn	军	名量：用于军队的编制单位 *army*	调来了一～人
kē	棵	名量：用于植物 *for plants*	一～树(草、牡丹、庄稼)
	颗	名量：用于颗粒状或球形物(一般比"粒"大) *for small and roundish things (bigger than 粒)*	一～珠子｜几～豆子｜一～红心｜一～人造地球卫星｜两～炸弹
kè	刻	名量：时间单位 *quarter of an hour*	三点一～｜一～钟
	课	名量：用于课文 *for lessons*	第三～｜两～课文
kǒu	口	名量：(1)用于人 *for human beings*	一家五～人
		(2)用于猪 *for pigs*	两～猪
		(3)用于有口或有刃的器物 *for things with an opening or edge*	一～井(缸、锅、剑)
		(4)用于语言，前面用数词"一" *for languages，usu. used with numeral 一*	一～北京话｜一～流利的英语
		动量：用于吃或咬的次数 *bite*	吃了两～｜咬了一～

		说　明 Explanation or English equivalent	例　子 Examples
kuài	块	名量：(1)用于块状物 　　　piece；cake (2)用于片状物 　　for things in the shape of a sheet (3)货币单位，同"元" 　　unit of currency，same as 元	一～肥皂(糖、石头、手表) 三～毯子(木板、手绢、秧田) 两～钱｜两～三毛钱
kǔn	捆	名量：用于捆起来的东西 　　bundle	一～稻草(柴火、旧书)
lèi	类	名量：用于种类 　　sort；kind	两～矛盾(情况、问题)｜两～书｜ 一～货物
lì	粒	名量：用于颗粒状物(一般比"颗"小) 　　grain	一～米(药、子弹)
lián	连	名量：用于军队的编制单位 　　company	两～战士
liàng	辆	名量：用于车辆 　　for vehicles	三～车(轿车、坦克、自行车)
liè	列	名量：用于成行列的人、物 　　for things in a series	一～横队｜一～火车
lún	轮	名量：(1)〈书〉用于太阳、月亮 　　　for sun or moon (2)用于比赛、会谈 　　round (of games，contests，talks， 　　etc.)	一～红日｜一～明月 比赛进入第二～。｜第二～会谈
lǚ	旅	名量：用于某些军队的编制单位 　　brigade	一～骑兵
máo	毛	名量：货币单位 　　unit of currency	两～钱｜三块一～
méi	枚	名量：用于圆形或圆锥形物等 　　for small roundish things	一～纪念章(棋子、硬币、导弹)
mén	门	名量：(1)用于亲事、亲戚 　　　for marriages，relatives (2)用于炮 　　　for cannons (3)用于课程、学科、知识等 　　for courses in a school，disciplines， 　　etc.	一～亲戚(亲事) 几～大炮 一～功课(科学、学问)
miàn	面	名量：用于有扁平面的东西 　　for flat things or things with a flat sur- 　　face	一～旗子(锦旗、镜子、鼓)
miǎo	秒	名量：时间单位 　　second	几～钟｜三分二十～

	说　明 Explanation or English equivalent	例　子 Examples
miǎolìfāngmǐ 秒立方米	复合量词：用于统计流量 　　　　cubic meter per second	20～
miǎomǐ　秒米	复合量词：用于速度 　　　　meter per second	15～
míng　　名	名量：(1)用于人 　　　　for people (2)用于名次 　　　　for place in a competition	一～学生 第一～|前八～
mù　　幕	名量：(1)用于景象，前面常加数词"一" 　　　　for scenes, usu. used with numeral 一 (2)用于戏剧 　　　　act	一～动人的景象 五～话剧|第二～|一～丑剧
pái　　排	名量：(1)用于成排的人、物 　　　　row (2)用于军队的编制单位 　　　　platoon	小朋友站成了一～。|一～座位|一～果树 两～战士
pài　　派	名量：(1)用于派别、流派 　　　　school; faction; clique (2)用于景象、语言等，前面只加数词"一" 　　　　for scenes or speech, used only with 　　　　numeral 一	分成几～ 一～新气象|一～跃进形势|一～胡言
pán　　盘	名量：(1)用于盘状物或绕成盘状的物件 　　　　for things of a plate-shape or coiled (2)用于棋赛或某些球赛 　　　　game; set	一～磨(电线、铁丝、绳子、磁带) 一～棋|今天的男子乒乓球单打，每一～都打满了五局。
pī　　批	名量：用于较多数量的人、动物、东西 　　　　batch; lot	代表们一～一～到达。|进了一～货
pǐ　　匹	名量：用于骡、马、布等 　　　　for horses, mules, etc.; bolt	三～马(骡子)|一～布
piān　　篇	名量：(1)用于文稿 　　　　for writings (2)用于本册零页或纸张，常儿化 　　　　sheet, often retroflexed	一～论文(稿子、日记、社论) 这本书缺了一～。|给我几～纸

	说 明 Explanation or English equivalent	例 子 Examples

piàn 片	名量：(1)用于片状物,有时儿化
	    piece, often retroflexed
	(2)用于地面、水面
	    stretch; sheet; expanse
	(3)用于景象、声音、语言、心意等,前面只
	    加数词"一"
	    for scenes, sound, speech, intention,
	    etc.; used only with numeral 一
		几～饼干(面包、药片)
		
		一～绿色的原野|这两～麦子长
		得真好。|一～汪洋
		
		一～大好形势(丰收景象、欢腾、
		哭声、胡言乱语、好心)

piě 撇	名量：用于像撇儿的东西 *for things like the left-falling stroke of a* *Chinese character*	两～胡子|他有两～漆黑的眉毛
qī 期	名量：用于分期的刊物、班级等 *for periodicals, training-courses etc.; is-* *sue*	第三～《红旗》|咱们是同一～毕 业的。

qǐ 起	名量：(1)用于事件
	    case
	(2)用于人的分拨
	    lot; batch (of people)
		一～案件(车祸、事故)
		
		今天来参观的已经有好几～了。

qǔ 曲	名量：用于歌曲 *for songs or musical pieces*	一～悲歌
qún 群	名量：用于成群的人、动物等 *group; flock; crowd*	一～人(学生、孩子)|一～鸽子 (牛、羊)
réncì 人次	复合量词：用于观众数量 *person-time*	560～
réngōnglǐ 人公里	复合量词：用于乘客运输量 *passenger-kilometre*	8000～
shàn 扇	名量：用于门、窗等 *for doors, windows, etc.*	一～门(窗户、屏风)
shī 师	名量：用于军队的编制单位 *division*	一～民兵
shǒu 首	名量：用于诗词、歌曲 *for poems, songs, etc.*	两～诗(歌曲)
shù 束	名量：用于某些顺着捆、放在一起的东西(多为 花、文稿等) *bunch; sheaf*	一～鲜花(诗稿、文件)
shuāng 双	名量：用于成对物 *pair*	几～袜子(鞋)|一～手
sōu 艘	名量：用于船只(较大者) *for ships*	一～轮船(货轮、军舰)

		说　　明 Explanation or English equivalent	例　子 Examples
suì	岁	名量：用于年龄 *for age*	十八～
suǒ	所	名量：用于成栋的房屋、建筑等 *for houses，buildings*	三～房子(楼房、医院、住宅)
tāi	胎	名量：用于人和哺乳动物怀胎、生育的次数 birth；litter	第一～｜一窝三～
tái	台	名量：(1)用于某些机器 *for machines*	几～机器(车床、发电机、收音机)
		(2)用于戏曲演出等 performance	一～戏
tān	滩	名量：用于摊开的糊状物 puddle；pool	一～血｜一～泥
táng	堂	名量：用于课时 *for classes*	一～课
tàng	趟	名量：用于班车等 *for scheduled service of communication*	还有一～车｜今天最后一～班机
		动量：用于来往、走动的次数 trip	走一～｜白跑了一～
tào	套	名量：用于成套成组的事物等 set	一～规矩(制度)｜一～课本(丛书、邮票)｜两～衣服(房间、家具)｜一～班子
tiāo	挑	名量：同"担"(dàn)	一～谷子
tiáo	条	名量：(1)用于长条形物 *for anything of a long narrow piece*	一～带子(管子、街、裤子、口袋)
		(2)用于某些动植物 *for some longish animals or fruit*	两～鱼｜三～狗｜三～黄瓜
		(3)用于肢体器官 *for limbs*	一～胳臂(腿)
		(4)用于消息、办法等 *for news，method，etc.*	一～消息(新闻、办法、定律、路线、纪律、意见)
		(5)用于以固定数量组合成的某些长条形物 *for bar-like things*	一～肥皂(两块)｜一～香烟(十包)
		(6)用于人命 *for human lives*	四～人命
tiē	贴	名量：用于药 *for medical plaster*	一～膏药
tǐng	挺	名量：用于机枪 *for machine guns*	两～机枪

		说 明 Explanation or English equivalent	例 子 Examples
tóu	头	名量:(1)用于某些牲畜 *for some domestic animals* (2)用于大蒜等 *bulb*	一～牛(驴、猪、羊) 一～蒜
tuán	团	名量:(1)用于成团物 *ball* (2)用于其引申义,前面只加数词"一" *for some abstract things, used only with numeral 一* (3)用于军队的编制单位 *regiment*	两～毛线|一～纸 一～漆黑|心里一～火 一～军队
wán	丸	名量:用于中药丸 *for rather big pills of traditional Chinese medicine*	两～药|每次服一～
wěi	尾	名量:〈书〉用于鱼类 *for fish*	一～鲜鱼
wèi	位	名量:用于人(较客气的说法) *for people (polite term)*	两～客人|各～代表
	味	名量:用于中药配方 *for ingredients of a Chinese medicine prescription*	十几～药
wō	窝	名量:(1)多用于一个窝里的小动物 *for small animals or insects in a nest* (2)用于一胎所生或一次孵出的动物 *litter; brood* (3)用于坏人的集团 *for a group of bandits, rascals, etc.*	一～蚂蚁 下了一～小猪(狗) 一～贼(坏蛋、流氓、土匪)
xí	席	名量:(1)用于整桌的筵席 *for banquets* (2)〈书〉用于谈话,前面只加数词"一" *for talks, used only with numeral 一*	一～酒|一～酒筵(jiǔyán) 一～话
xià	下	动量:用于动作次数 *time*	打了几～|敲了三～门

		说　明 Explanation or English equivalent	例　子 Examples
xiàng	项	名量:(1)用于文件、工作等 　　　*for manuscripts , work , etc.* (2)用于事物所分的项目 　　　*item*	一～指示(声明、决定、工程) 三～议程(决议、内容)
xiē	些	名量:用于不定的数量,前面常加数词"一" 　　　some , *used only with numeral* 一	一～日用品|一～作家|一～时候
yǎn	眼	名量:多用于井 　　　*for wells*	一～井
yàng	样	名量:用于事物的种类 　　　*kind*	两～礼物|几～菜
yè	页	名量:用于书页 　　　*page*	一～稿子
yíng	营	名量:用于军队的编制单位 　　　*battalion*	两～战士
yuán	元	名量:货币单位 　　　*unit of currency*	一～钱|三～五角
	员	名量:用于武将 　　　*for generals*	一～猛将(女将、闯将)
zāo	遭	动量:用于行动的次数,或表示周、圈儿 　　　*trip; round*	到外面转了一～|去过一～|用绳子绕了两～
zé	则	名量:〈书〉用于寓言、随笔、题目、新闻等 　　　*for fables , notes , news , etc.*	一～寓言(试题、新闻)|随笔二～
zhǎn	盏	名量:用于灯 　　　*for lamps*	一～灯(电灯、煤油灯)
zhāng	张	名量:(1)用于平面物体或有平面的物体 　　　　*for flat things or things with a flat 　　　　face* (2)用于少数能张开的物 　　　　*for bows and mouths*	一～纸(票、扑克牌)|两～桌子(皮、饼、床) 两～弓|一～嘴
	章	名量:用于文章、歌曲的段落 　　　*chapter; movement*	第二～
zhèn	阵	名量:用于段落,前面常加数词"一" 　　　*spatter; gust; fit, etc.* 动量:用于动作段落,前面常加数词"一" 　　　*for actions that last for sometime , used 　　　only with numeral* 一	一～风(雨)|一～枪声(掌声、骚动) 打了一～|闹了一～|说笑了一～

		说　明 Explanation or English equivalent	例　子 Examples
zhī	支	名量：(1)用于队伍等 *for troops* (2)用于歌曲、乐曲 *for songs, melodies, etc.* (3)用于杆状物 *for stick-like things*	一～队伍(部队、舰队) 一～歌(民歌、曲子) 一～铅笔(香烟、蜡烛)
	只	名量：(1)用于某些成对物的一个 *one of a pair* (2)用于某些动物 *for some animals* (3)用于某些器具、工具 *for some utensils*	两～耳朵(脚、鞋) 一～羊(猫、猴子) 一～箱子｜一～船
	枝	名量：(1)用于带枝的花 *spray* (2)用于杆状物(同"支"(3)) *for stick-like things*	一～梅花 一～香烟(钢笔、蜡烛、枪)
zhǒng	种	名量：用于人、事、物的种类、样式 *kind, type*	两～人(人物、动物、制度、习惯、思想、意见、颜色、东西)
zhōu	周	动量：用于绕行次数 *circuit*	绕场一～
zhóu	轴	名量：用于卷在轴上的线，或装裱的带轴字画 *spool; scroll*	一～线(丝线)｜一～山水画(中国画)
zhū	株	名量：〈书〉用于植物 *for plants*	一～松树｜一～玫瑰
zhuāng	桩	名量：用于事项 *for matters, affairs, etc.*	一～喜事(大事、心事)
zōng	宗	名量：用于货物等 *for goods, etc.*	一～货物(款项、生意)
zǔ	组	名量：(1)用于成组事物 *set; series* (2)用于学习、工作等组织 *group* (3)用于成组的文艺作品 *for literary or musical compositions made up of several parts*	一～电池｜两～仪器 一～学生 一～诗｜一～歌｜两～画
zuò	座	名量：用于较大、较稳固的物体 *for big buildings, structures, etc.*	一～山(碉堡、宫殿、楼房、纪念碑、石雕、桥梁、大钟)

六 中国的民族
Nationalities in China

汉　　　族	Hànzú		柯尔克孜族	Kē'ěrkèzīzú (Kirgiz)
蒙 古 族	Měnggǔzú (Mongol)		土　　　族	Tǔzú
回　　　族	Huízú		达斡尔族	Dáwò'ěrzú (Daur)
藏　　　族	Zàngzú		仫 佬 族	Mùlǎozú (Mulam)
维吾尔族	Wéiwú'ěrzú (Uygur)		羌　　　族	Qiāngzú
苗　　　族	Miáozú		布 朗 族	Bùlǎngzú (Blang)
彝　　　族	Yízú		撒 拉 族	Sālāzú (Salar)
壮　　　族	Zhuàngzú		毛 难 族	Máonánzú
布 依 族	Bùyīzú (Bouyei)		仡 佬 族	Gēlǎozú (Gelo)
朝 鲜 族	Cháoxiǎnzú		锡 伯 族	Xībózú (Xibe)
满　　　族	Mǎnzú		阿 昌 族	Āchāngzú
侗　　　族	Dòngzú		普 米 族	Pǔmǐzú
瑶　　　族	Yáozú		塔吉克族	Tǎjíkèzú (Tajik)
白　　　族	Báizú		怒　　　族	Nùzú
土 家 族	Tǔjiāzú		乌孜别克族	Wūzībiékèzú (Ozbek)
哈 尼 族	Hānízú		俄罗斯族	Éluósīzú
哈萨克族	Hāsàkèzú (Kazak)		鄂温克族	Èwēnkèzú (Ewenki)
傣　　　族	Dǎizú		德 昂 族	dé'ángzú
黎　　　族	Lízú		保 安 族	Bǎo'ānzú (Bonan)
傈 僳 族	Lìsùzú		裕 固 族	Yùgùzú (Yugur)
佤　　　族	Wǎzú (Va)		京　　　族	Jīngzú
畲　　　族	Shēzú		塔塔尔族	Tǎtǎ'ěrzú (Tatar)
高 山 族	Gāoshānzú		独 龙 族	Dúlóngzú (Drung)
拉 祜 族	Lāhùzú		鄂伦春族	Èlúnchūnzú (Oroqen)
水　　　族	Shuǐzú		赫 哲 族	Hèzhézú (Hezhen)
东 乡 族	Dōngxiāngzú		门 巴 族	Ménbāzú (Moinba)
纳 西 族	Nàxizú		珞 巴 族	Luòbāzú (Lhoba)
景 颇 族	Jǐngpōzú		基 诺 族	Jīnuòzú (Jino)

七 中国主要姓氏
Common Chinese family names

二 画		尹	Yǐn	毕	Bì	阴	Yīn	吴	Wú	武	Wǔ	项	Xiàng	秦	Qín
卜	Bǔ	尤	Yóu	成	Chéng	仲	Zhòng	肖	Xiāo	冼	Xiǎn	胥	Xū	容	Róng
刁	Diāo	仉	Zhǎng	池	Chí	朱	Zhū	辛	Xīn	易	Yì	宣	Xuān	桑	Sāng
丁	Dīng	五 画		达	Dá	七 画		轩辕		郁	Yù	荀	Xún	谈	Tán
三 画		艾	Ài	巩	Gǒng	岑	Cén		Xuānyuán	岳	Yuè	姚	Yáo	唐	Táng
弓	Gōng	白	Bái	关	Guān	陈	Chén	严	Yán	郑	Zhèng	俞	Yú	陶	Táo
马	Mǎ	包	Bāo	华	Huà	迟	Chí	杨	Yáng	周	Zhōu	禹	Yǔ	铁	Tiě
千	Qiān	边	Biān	吉	Jí	狄	Dí	应	Yīng	竺	Zhú	查	Zhā	翁	Wēng
上官		冯	Féng	纪	Jì	杜	Dù	余	Yú	卓	Zhuó	赵	Zhào	奚	Xī
	Shàngguān	甘	Gān	江	Jiāng	贡	Gòng	张	Zhāng	宗	Zōng	钟	Zhōng	席	Xí
万	Wàn	古	Gǔ	匡	Kuāng	谷	Gǔ	邹	Zōu	九 画		祝	Zhù	夏	Xià
卫	Wèi	弘	Hóng	刘	Liú	何	Hé	八 画		柏	Bǎi	祖	Zǔ	徐	Xú
习	Xí	邝	Kuàng	吕	Lǚ	花	Huā	法	Fǎ	种	Chóng	十 画		晏	Yàn
于	Yú	乐	Lè	米	Mǐ	来	Lái	范	Fàn	段	Duàn	敖	Áo	殷	Yīn
四 画		厉	Lì	那	Nà	劳	Láo	房	Fáng	费	Fèi	班	Bān	袁	Yuán
贝	Bèi	龙	Lóng	年	Nián	冷	Lěng	国	Guó	封	Fēng	柴	Chái	原	Yuán
卞	Biàn	卢	Lú	农	Nóng	李	Lǐ	杭	Háng	革	Gé	晁	Cháo	诸	Zhū
车	Chē	宁	Níng	朴	Piáo	连	Lián	季	Jì	宫	Gōng	党	Dǎng	诸葛	Zhūgě
从	Cóng	皮	Pí	齐	Qí	陆	Lù	金	Jīn	郝	Hǎo	恩	Ēn	十一 画	
邓	Dèng	冉	Rǎn	祁	Qí	麦	Mài	经	Jīng	贺	Hè	高	Gāo	曹	Cáo
方	Fāng	司	Sī	乔	Qiáo	闵	Mǐn	居	Jū	洪	Hóng	耿	Gěng	常	Cháng
丰	Fēng	司马	Sīmǎ	曲	Qū	邱	Qiū	郎	Láng	胡	Hú	郭	Guō	崔	Cuī
公孙		司徒	Sītú	全	Quán	芮	Ruì	林	Lín	宦	Huàn	海	Hǎi	符	Fú
	Gōngsūn	申	Shēn	任	Rén	沙	Shā	罗	Luó	姜	Jiāng	姬	Jī	龚	Gōng
孔	Kǒng	石	Shí	戎	Róng	邵	Shào	茅	Máo	刑	Xíng	贾	Jiǎ	扈	Hù
毛	Máo	史	Shǐ	阮	Ruǎn	佘	Shé	孟	Mèng	柯	Kē	晋	Jìn	黄	Huáng
牛	Niú	帅	Shuài	师	Shī	沈	Shěn	宓	Mì	柳	Liǔ	凌	Líng	康	Kāng
区	Ōu	田	Tián	孙	Sūn	时	Shí	苗	Miáo	娄	Lóu	栾	Luán	寇	Kòu
仇	Qiú	叶	Yè	汤	Tāng	宋	Sòng	欧	Ōu	骆	Luò	秘	Mì	隗	Kuí
水	Shuǐ	印	Yìn	邬	Wū	苏	Sū	欧阳		饶	Ráo	莫	Mò	梁	Liáng
王	Wáng	乐	Yuè	伍	Wǔ	邰	Tái		Ōuyáng	荣	Róng	倪	Ní	隆	Lóng
韦	Wéi	左	Zuǒ	向	Xiàng	佟	Tóng	庞	Páng	施	Shī	聂	Niè	鹿	Lù
文	Wén	六 画		邢	Xíng	汪	Wāng	屈	Qū	闻	Wén	浦	Pǔ	麻	Má
		安	Ān	许	Xǔ	沃	Wò	单	Shàn					梅	Méi
				延	Yán	巫	Wū	尚	Shàng	郗	Xī	钱	Qián	盘	Pán
				伊	Yī										

戚	Qī	储	Chǔ	覃	Qín	楚	Chǔ	裘	Qiú	蔺	Lìn	黎	Lí	燕	Yān
萨	Sà	董	Dǒng	舒	Shū	褚	Chǔ	筱	Xiǎo	缪	Miào	潘	Pān	**十七画**	
盛	Shèng	傅	Fù	粟	Sù	窦	Dòu	解	Xiè	裴	Péi	滕	Téng	戴	Dài
屠	Tú	富	Fù	逷	Tí	靳	Jìn	雍	Yōng	谭	Tán	颜	Yán	鞠	Jū
隗	Wěi	葛	Gě	童	Tóng	赖	Lài	虞	Yú	熊	Xióng	**十六画**		糜	Mí
尉	Wèi	韩	Hán	温	Wēn	蓝	Lán	詹	Zhān	臧	Zāng	薄	Bó	魏	Wèi
续	Xù	稽	Jī	谢	Xiè	雷	Léi	甄	Zhēn	翟	Zhái	霍	Huò	**十八画**	
阎	Yán	蒋	Jiǎng	游	Yóu	廉	Lián	**十四画**		**十五画**		冀	Jì	瞿	Qú
章	Zhāng	焦	Jiāo	越	Yuè	路	Lù	蔡	Cài	樊	Fán	穆	Mù	鄷	Fēng
十二画		景	Jǐng	曾	Zēng	蒙	Méng	管	Guǎn	稽	Jī	薛	Xuē		
		鲁	Lǔ	**十三画**		蒲	Pú	廖	Liào						
程	Chéng	彭	Péng	鲍	Bào										

八　中国亲属关系简表
Table of family relationships

名　称 Name of relationship	性　别 Sex	亲属的关系 Relationship	称　呼 Form of address
祖　父 zǔfù	男	父亲的父亲 father's father	爷爷 yéye
祖　母 zǔmǔ	女	父亲的母亲 father's mother	奶奶 nǎinai
外祖父 wàizǔfù	男	母亲的父亲 mother's father	外公；姥爷 wàigōng；lǎoye
外祖母 wàizǔmǔ	女	母亲的母亲 mother's mother	外婆；姥姥 wàipó；lǎolao
父亲 fùqin	男	father	爸爸；爹 bàba；diē
母亲 mǔqin	女	mother	妈妈；娘 māma；niáng
公公 gōnggong	男	丈夫的父亲 husband's father	爸爸；爹 bàba；diē
婆婆 pópo	女	丈夫的母亲 husband's mother	妈妈；娘 māma；niáng

名 称 Name of relationship	性 别 Sex	亲属的关系 Relationship	称 呼 Form of address
岳父 yuèfù 老丈人 lǎozhàngren	男	妻子的父亲 wife's father	爸爸；爹 bàba；diē
岳母 yuèmǔ 丈母娘 zhàngmǔniáng	女	妻子的母亲 wife's mother	妈妈；娘 māma；niáng
伯父 bófù	男	父亲的哥哥 father's elder brother	伯伯；大爷 bóbo；dàye
伯母 bómǔ	女	伯父的妻子，父亲的嫂嫂 wife of father's elder brother	大娘；大妈 dàniáng；dàmā
叔父 shūfù	男	父亲的弟弟 father's younger brother	叔叔 shūshu
婶母 shěnmǔ	女	叔父的妻子 wife of father's younger brother	婶婶；婶娘 shěnshen；shěnniáng 婶子；婶儿 shěnzi；shěnr
姑母 gūmǔ	女	父亲的姐姐或妹妹 father's sister	姑姑；姑妈 gūgu；gūmā
姑父 gūfu	男	姑母的丈夫 husband of father's sister	姑父 gūfu
舅父 jiùfù	男	母亲的哥哥或弟弟 mother's brother	舅舅 jiùjiu
舅母 jiùmu	女	舅父的妻子 wife of mother's brother	舅母；舅妈 jiùmu；jiùmā
姨母 yímǔ	女	母亲的姐姐或妹妹 mother's sister	姨妈；姨 yímā；yí
姨父 yifu	男	姨母的丈夫 husband of mother's sister	姨父 yífu
妻子 qīzi 爱人 àiren 媳妇儿 xifur	女	wife	

名 称 Name of relationship	性 别 Sex	亲 属 的 关 系 Relationship	称 呼 Form of address
丈夫 zhàngfu 爱人 àiren	男	husband	
亲家 qìngjia	男	儿子的岳父或女儿的公公 son's or daughter's father-in-law	亲家 qìngjia
亲家母 qìngjiamǔ	女	儿子的岳母或女儿的婆婆 son's or daughter's mother-in-law	亲家 qìngjia
兄 xiōng	男	elder brother	哥哥 gēge
嫂 sǎo	女	哥哥的妻子 elder brother's wife	嫂子；嫂嫂 sǎozi；sǎosao
弟 dì	男	younger brother	弟弟 dìdi
弟妹 dìmèi 弟媳妇 dìxífu	女	younger brother's wife	弟妹 dìmèi
姐 jiě	女	elder sister	姐姐 jiějie
姐夫 jiěfu	男	姐姐的丈夫 elder sister's husband	姐夫 jiěfu
妹 mèi	女	younger sister	妹妹 mèimei
妹夫 mèifu	男	妹妹的丈夫 younger sister's husband	妹夫 mèifu
堂兄 tángxiōng 叔伯哥哥 shūbai gēge	男	伯父或叔父的儿子（比自己年龄大的） son of 伯父 or 叔父 (older than oneself)	哥哥 gēge
堂嫂 tángsǎo	女	堂兄的妻子 wife of 堂兄	嫂嫂；嫂子 sǎosao；sǎozi

名 称 Name of relationship	性 别 Sex	亲 属 的 关 系 Relationship	称 呼 Form of address
堂弟 tángdì 叔伯兄弟 shūbai xiōngdi	男	伯父或叔父的儿子（比自己年龄小的） son of 伯父 or 叔父 (younger than oneself)	弟弟 dìdi
堂弟妹 tángdìmèi	女	堂弟的妻子 wife of 堂弟	弟妹 dìmèi
堂姐 tángjiě	女	伯父或叔父的女儿（比自己年龄大的） daughter of 伯父 or 叔父 (older than oneself)	姐姐 jiějie
堂姐夫 tángjiěfu	男	堂姐的丈夫 husband of 堂姐	姐夫 jiěfu
堂妹 tángmèi	女	伯父或叔父的女儿（比自己年龄小的） daughter of 伯父 or 叔父 (younger than oneself)	妹妹 mèimei
堂妹夫 tángmèifu	男	堂妹的丈夫 husband of 堂妹	妹夫 mèifu
姑表兄 gūbiǎoxiōng	男	姑母的儿子（比自己年龄大的） son of 姑母 (older than oneself)	表哥 biǎogē
姑表嫂 gūbiǎosǎo	女	姑表兄的妻子 wife of 姑表兄	表嫂 biǎosǎo
姑表弟 gūbiǎodì	男	姑母的儿子（比自己年龄小的） son of 姑母 (younger than oneself)	表弟 biǎodì
姑表弟妹 gūbiǎodìmèi	女	姑表弟的妻子 wife of 姑表弟	表弟妹 biǎodìmèi
姑表姐 gūbiǎojiě	女	姑母的女儿（比自己年龄大的） daughter of 姑母 (older than oneself)	表姐 biǎojiě
姑表姐夫 gūbiǎojiěfu	男	姑表姐的丈夫 husband of 姑表姐	表姐夫 biǎojiěfu
姑表妹 gūbiǎomèi	女	姑母的女儿（比自己年龄小的） daughter of 姑母 (younger than oneself)	表妹 biǎomèi

名 称 Name of relationship	性 别 Sex	亲属的关系 Relationship	称 呼 Form of address
姑表妹夫 gūbiǎomèifu	男	姑表妹的丈夫 husband of 姑表妹	表妹夫 biǎomèifu
舅表兄 jiùbiǎoxiōng	男	舅父的儿子（比自己年龄大的） son of 舅父 (older than oneself)	表哥 biǎogē
舅表嫂 jiùbiǎosǎo	女	舅表兄的妻子 wife of 舅表兄	表嫂 biǎosǎo
舅表弟 jiùbiǎodì	男	舅父的儿子（比自己年龄小的） son of 舅父 (younger than oneself)	表弟 biǎodì
舅表弟妹 jiùbiǎodìmèi	女	舅表弟的妻子 wife of 舅表弟	表弟妹 biǎodìmèi
舅表姐 jiùbiǎojiě	女	舅父的女儿（比自己年龄大的） daughter of 舅父 (older than oneself)	表姐 biǎojiě
舅表姐夫 jiùbiǎojiěfu	男	舅表姐的丈夫 husband of 舅表姐	表姐夫 biǎojiěfu
舅表妹 jiùbiǎomèi	女	舅父的女儿（比自己年龄小的） daughter of 舅父 (younger than oneself)	表妹 biǎomèi
舅表妹夫 jiùbiǎomèifu	男	舅表妹的丈夫 husband of 舅表妹	表妹夫 biǎomèifu
姨表兄 yíbiǎoxiōng	男	姨母的儿子（比自己年龄大的） son of 姨母 (older than oneself)	表哥 biǎogē
姨表嫂 yíbiǎosǎo	女	姨表兄的妻子 wife of 姨表兄	表嫂 biǎosǎo
姨表弟 yíbiǎodì	男	姨母的儿子（比自己年龄小的） son of 姨母 (younger than oneself)	表弟 biǎodì
姨表弟妹 yíbiǎodìmèi	女	姨表弟的妻子 wife of 姨表弟	表弟妹 biǎodìmèi
姨表姐 yíbiǎojiě	女	姨母的女儿（比自己年龄大的） daughter of 姨母 (older than oneself)	表姐 biǎojiě
姨表姐夫 yíbiǎojiěfu	男	姨表姐的丈夫 husband of 姨表姐	表姐夫 biǎojiěfu
姨表妹 yíbiǎomèi	女	姨母的女儿（比自己年龄小的） daughter of 姨母 (younger than oneself)	表妹 biǎomèi

名 称 Name of relationship	性 别 Sex	亲 属 的 关 系 Relationship	称 呼 Form of address
姨表妹夫 yíbiǎomèifu	男	姨表妹的丈夫 husband of 姨表妹	表妹夫 biǎomèifu
内兄 nèixiōng 大舅子 dàjiùzi	男	妻子的哥哥 wife's elder brother	哥哥 gēge
内嫂 nèisǎo	女	内兄的妻子 wife of 内兄	嫂嫂；嫂子 sǎosao；sǎozi
内弟 nèidì 小舅子 xiǎojiùzi	男	妻子的弟弟 wife's younger brother	弟弟 dìdi
内弟妹 nèidìmèi	女	内弟的妻子 wife of 内弟	弟妹 dìmèi
大姨子 dàyízi	女	妻子的姐姐 wife's elder sister	姐姐 jiějie
襟兄 jīnxiōng	男	大姨子的丈夫 husband of 大姨子	姐夫 jiěfu
小姨子 xiǎoyízi	女	妻子的妹妹 wife's younger sister	妹妹 mèimei
襟弟 jīndì	男	小姨子的丈夫 husband of 小姨子	妹夫 mèifu
儿子 érzi	男	son	
儿媳妇儿 érxífur	女	儿子的妻子 son's wife	
女儿 nǚ'ér 闺女 guīnü 姑娘 gūniang	女	daughter	

名 称 Name of relationship	性 别 Sex	亲属的关系 Relationship	称 呼 Form of address
女婿 nǚxu 姑爷 gūye	男	女儿的丈夫 daughter's husband	
侄儿 zhír 侄子 zhízi	男	哥哥或弟弟的儿子 brother's son	
侄媳妇儿 zhíxífur	女	侄儿的妻子 wife of 侄儿	
侄女儿 zhínǚr	女	哥哥或弟弟的女儿 brother's daughter	
侄女婿 zhínǚxu	男	侄女儿的丈夫 husband of 侄女儿	
外甥 wàisheng	男	姐姐或妹妹的儿子 sister's son	
外甥媳妇儿 wàishengxífur	女	外甥的妻子 wife of 外甥	
外甥女儿 wàishengnǚr	女	姐姐或妹妹的女儿 sister's daughter	
外甥女婿 wàishengnǚxu	男	外甥女儿的丈夫 husband of 外甥女儿	
内侄 nèizhí	男	内兄或内弟的儿子 son of 内兄 or 内弟	
内侄女儿 nèizhínǚr	女	内兄或内弟的女儿 daughter of 内兄 or 内弟	
孙子 sūnzi	男	儿子的儿子 son's son	
孙媳妇儿 sūnxífur	女	孙子的妻子 wife of 孙子	
孙女儿 sūnnǚr	女	儿子的女儿 son's daughter	
孙女婿 sūnnǚxu	男	孙女儿的丈夫 husband of 孙女儿	

名　称 Name of relationship	性　别 Sex	亲 属 的 关 系 Relationship	称　呼 Form of address
外孙子 wàisūnzi	男	女儿的儿子 daughter's son	
外孙媳妇儿 wàisūnxífur	女	外孙子的妻子 wife of 外孙子	
外孙女儿 wàisūnnür	女	女儿的女儿 daughter's daughter	
外孙女婿 wàisūnnǚxu	男	外孙女儿的丈夫 husband of 外孙女儿	

注：① 本表"名称"栏目的名称，只用于书面或间接称呼，一般不作口头直接称呼。

② 本表"称呼"栏内的名称，用于口头直接称呼，也可用于书面或间接称呼。对自己的晚辈或同辈但比自己小的人，一般多直呼其名。

Notes：

① The forms listed in the "Name of relationship" column are used in the written language or when the person is referred to and not as forms of address.

② The terms listed in the "Form of address" column are used as forms of address or when the person is referred to. For people of the same generation but younger than oneself or younger generations, personal names are usually used as forms of address.

九　中国历代纪元简表
Chronological table of Chinese history

原始社会 Primitive Society		约 100 万年—约 4000 年前 C. 1,000,000 years—some 4,000 years ago
奴 隶 社 会 Slave Society	夏 Xià	约公元前 21 世纪—约公元前 16 世纪 C. 21st Century—C. 16th Century B.C.
	商 Shāng	约公元前 16 世纪—约公元前 11 世纪 C. 16th Century—C. 11th Century B.C.
	西　周 Xīzhōu	约公元前 11 世纪—公元前 771 年 C. 11th Century—771 B.C.
	春　秋 Chūnqiū	公元前 770 年—公元前 476 年 770—476 B.C.
封 建 社 会 Feudal Society	战　国 Zhànguó	公元前 475 年—公元前 221 年 475—221 B.C.
	秦 Qín	公元前 221 年—公元前 206 年 221—206 B.C.
	汉 Hàn	西汉 Xīhàn	公元前 206 年—公元 25 年 206B.C.—25 A.D.
		东汉 Dōnghàn	公元 25 年—公元 220 年 25—220
	三国 Sānguó	魏 Wèi	公元 220 年—公元 265 年 220—265
		蜀 Shǔ	公元 221 年—公元 263 年 221—263
		吴 Wú	公元 222 年—公元 280 年 222—280

封建社会 Feudal Society	西晋 Xījìn		公元 265 年—公元 317 年 265—317
	东晋 Dōngjìn		公元 317 年—公元 420 年 317—420
	南北朝 Nánběicháo	南朝 Náncháo	宋 Sòng	公元 420 年—公元 479 年 420—479
			齐 Qí	公元 479 年—公元 502 年 479—502
			梁 Liáng	公元 502 年—公元 557 年 502—557
			陈 Chén	公元 557 年—公元 589 年 557—589
		北朝 Běicháo	北魏 Běiwèi	公元 386 年—公元 534 年 386—534
			东魏 Dōngwèi	公元 534 年—公元 550 年 534—550
			北齐 Běiqí	公元 550 年—公元 577 年 550—577
			西魏 Xīwèi	公元 535 年—公元 556 年 535—556
			北周 Běizhōu	公元 557 年—公元 581 年 557—581
	隋 Suí		公元 581 年—公元 618 年 581—618
	唐 Táng		公元 618 年—公元 907 年 618—907
	五代 Wǔdài		后梁 Hòuliáng	公元 907 年—公元 923 年 907—923
			后唐 Hòutáng	公元 923 年—公元 936 年 923—936
			后晋 Hòujìn	公元 936 年—公元 947 年 936—947

封建社会 Feudal Society	五 代 Wǔdài	后汉 Hòuhàn	公元 947 年—公元 950 年 947—950
		后周 Hòuzhōu	公元 951 年—公元 960 年 951—960
	辽 Liáo		公元 907 年—公元 1125 年 907—1125
	北 宋 Běisòng		公元 960 年—公元 1127 年 960—1127
	金 Jīn		公元 1115 年—公元 1234 年 1115—1234
	南 宋 Nánsòng		公元 1127 年—公元 1279 年 1127—1279
	元 Yuán		公元 1271 年—公元 1368 年 1271—1368
	明 Míng		公元 1368 年—公元 1644 年 1368—1644
	清 Qīng		公元 1644 年—公元 1840 年 1644—1840
			公元 1840 年—公元 1911 年 1840—1911
半殖民地半封建社会 Semi-colonial and Semi-feudal Society	中华民国 Zhōnghuá Mínguó		公元 1912 年—公元 1949 年 1912—1949
新民主主义社会 New-democratic Society 社会主义社会 Socialist Society	中华人民共和国 Zhōnghuá Rénmín Gònghéguó		公元 1949 年建立 founded in 1949

十 中国各省、自治区、直辖市的名称、简称及其行政机关所在地和所属重要城市

Names and abbreviated forms of China's provinces, autonomous regions, municipalities directly under the central authority and seats of their administrative organs and their subordinate important cities

名 称 Name	简 称 Abbrevi- ated form	行政机关所在地 Seat of the admini- strative organ	所 属 重 要 城 市 Important Cities
北京市 Beijing Shi	京 Jing	北京市 Beijing Shi	
上海市 Shanghai Shi	沪 Hu	上海市 Shanghai Shi	
天津市 Tianjin Shi	津 Jin	天津市 Tianjin Shi	
河北省 Hebei Sheng	冀 Ji	石家庄市 Shijiazhuang Shi	唐山　　邯郸　　秦皇岛　　　　承德 Tangshan Handan Qinhuangdao Chengde
山西省 Shanxi Sheng	晋 Jin	太原市 Taiyuan Shi	大同　　阳泉　　　长治 Tatong Yangquan Changzhi
内蒙古自治区 Nei Mongol Zizhiqu	内蒙古 Nei Mongol	呼和浩特市 Huhhot Shi	包头　　海拉尔 赤峰 Baotou Hailar Chifeng
辽宁省 Liaoning Sheng	辽 Liao	沈阳市 Shenyang Shi	大连　　鞍山　　抚顺　　营口　　　丹东 Dalian Anshan Fushun Yingkou Dandong
吉林省 Jilin Sheng	吉 Ji	长春市 Changchun Shi	吉林 四平　通化　　　延吉 Jilin Siping Tonghua Yanji
黑龙江省 Heilongjiang Sheng	黑 Hei	哈尔滨市 Harbin Shi	齐齐哈尔 牡丹江　　　佳木斯 大庆 Qiqihar　Mudanjiang Jiamusi Daqing
山东省 Shandong Sheng	鲁 Lu	济南市 Jinan Shi	青岛　　烟台　　淄博　潍坊 Qingdao Yantai Zibo Weifang

名 称 Name	简 称 Abbrevi- ated form	行政机关所在地 Seat of the admini- strative organ	所属重要城市 Important Cities
河南省 Henan Sheng	豫 Yu	郑州市 Zhengzhou Shi	开封　洛阳　安阳 Kaifeng Luoyang Anyang
江苏省 Jiangsu Sheng	苏 Su	南京市 Nanjing Shi	无锡　苏州　南通　连云港　徐州 Wuxi Suzhou Nantong Lianyungang Xuzhou
安徽省 Anhui Sheng	皖 Wan	合肥市 Hefei Shi	蚌埠　淮南　芜湖　安庆 Bengbu Huainan Wuhu Anqing
浙江省 Zhejiang Sheng	浙 Zhe	杭州市 Hangzhou Shi	宁波　温州　绍兴　金华 Ningbo Wenzhou Shaoxing Jinhua
江西省 Jiangxi Sheng	赣 Gan	南昌市 Nanchang Shi	九江　赣州　景德镇 Jiujiang Ganzhou Jingdezhen
福建省 Fujian Sheng	闽 Min	福州市 Fuzhou Shi	厦门　泉州　漳州 Xiamen Quanzhou Zhangzhou
台湾省 Taiwan Sheng	台 Tai	台北市 Taibei Shi	基隆　台中　台南　高雄 Jilong Taizhong Tainan Gaoxiong
湖北省 Hubei Sheng	鄂 E	武汉市 Wuhan Shi	黄石　襄樊　沙市　宜昌 Huangshi Xiangfan Shashi Yichang
湖南省 Hunan Sheng	湘 Xiang	长沙市 Changsha Shi	株州　湘潭　衡阳 Zhuzhou Xiangtan Hengyang
广东省 Guangdong Sheng	粤 Yue	广州市 Guangzhou Shi	汕头　深圳　珠海　湛江　韶关 Shantou Shenzhen Zhuhai Zhanjiang Shaoguan
广西壮族自治区 Guangxi Zhuangzu Zizhiqu	桂 Gui	南宁市 Nanning Shi	桂林　柳州　梧州 Guilin Liuzhou Wuzhou
海南省 Hainan Sheng		海口市 Haikou Shi	
甘肃省 Gansu Sheng	甘、陇 Gan、Long	兰州市 Lanzhou Shi	天水　玉门　酒泉 Tianshui Yumen Jiuquan
青海省 Qinghai Sheng	青 Qing	西宁市 Xining Shi	格尔木 Golmud

名 称 Name	简 称 Abbrevi- ated form	行政机关所在地 Seat of the admini- strative organ	所属重要城市 Important Cities
宁夏回族自治区 Ningxia Huizu Zizhiqu	宁 Ning	银川市 Yinchuan Shi	吴忠　　石嘴山 Wuzhong Shizuishan
陕西省 Shaanxi Sheng	陕 Shaan	西安市 Xi'an Shi	咸阳　　宝鸡 汉中　　延安 Xianyang Baoji Hanzhong Yan'an
新疆维吾尔自治区 Xinjiang Uygur Zizhiqu	新 Xin	乌鲁木齐市 Ürümqi Shi	克拉玛依 喀什 伊宁 Karamay Kashi Yining
四川省 Sichuan Sheng	川、蜀 Chuan、Shu	成都市 Chengdu Shi	重庆　　自贡　宜宾 Chongqing Zigong Yibin
贵州省 Guizhou Sheng	贵、黔 Gui、Qian	贵阳市 Guiyang Shi	遵义 安顺 Zunyi Anshun
云南省 Yunnan Sheng	云、滇 Yun、Dian	昆明市 Kunming Shi	个旧 下关　　东川 Gejiu Xiaguan Dongchuan
西藏自治区 Xizang Zizhiqu	藏 Zang	拉萨市 Lhasa Shi	日喀则 昌都 Xigaze Qabdo